LANGENSCHEIDTS
Großes Schulwörterbuch
ENGLISCH-DEUTSCH

Neubearbeitung 1988

von

HEINZ MESSINGER

LANGENSCHEIDT

BERLIN · MÜNCHEN · WIEN · ZÜRICH · NEW YORK

„Langenscheidts Großes Schulwörterbuch Englisch-Deutsch", Neubearbeitung 1988, ist inhaltsgleich mit „Langenscheidts Handwörterbuch Englisch-Deutsch", Neubearbeitung 1988.

Auflage:	*5.*	*4.*	*3.*	*2.*		*Letzte Zahlen*
Jahr:	*1992*	*91*	*90*	*89*	*88*	*maßgeblich*

Druck: C. H. Beck'sche Buchdruckerei, Nördlingen
Printed in Germany · ISBN 3-468-07122-1

Unregelmäßige Verbformen an alphabetischer Stelle.	**went** [went] *pret. von* **go**. **gone** [gɒn] **I** *p.p. von* **go** …
Bei unregelmäßigen Steigerungsformen Hinweis auf die Grundform.	**bet·ter¹** ['betə] **I** *comp. von* **good** *adj.* … **III** *comp. von* **well** *adv.* … **best** [best] **I** *sup. von* **good** *adj.* … **II** *sup. von* **well** *adv.* …
Kennzeichnung des Lebens-, Arbeits- und Fachbereiches durch Symbole und Abkürzungen.	**fuse** [fju:z] **I** *s.* … **2.** ⚡ (Schmelz)Sicherung *f* … … '**learn·er** [-nə] *s.* **1.** Anfänger(in); **2.** (*a. mot.* Fahr)Schüler(in) …
Kennzeichnung der Stilebene durch Abkürzungen und einfache Anführungszeichen.	**cock·y** ['kɒkɪ] *adj.* Ⓕ großspurig, anmaßend. **loon·y** ['lu:nɪ] *sl.* **I** *adj.* ‚bekloppt' … **~ bin** *s. sl.* ‚Klapsmühle' *f.*
Kennzeichnung des britischen und amerikanischen Sprachgebrauchs bzw. der amerikanischen Schreibung.	… '**pave·ment** [-mənt] *s.* **1.** (Straßen-)Pflaster *n*; **2.** *Brit.* Bürgersteig *m* … '**side**| … '**~·walk** *s. bsd. Am.* Bürgersteig *m* … **cen·ter** *etc. Am.* → **centre** *etc.*
Erläuterungen zur Übersetzung.	**leap** [li:p] … **2.** … c) *a.* **~ up** (auf)lodern (*Flammen*), d) *a.* **~ up** hochschnellen (*Preise etc.*) …
Objektangabe zum Verb.	**leap** [li:p] … **II** *v/t.* … **4.** *Pferd etc.* springen lassen …
Präpositionen und ihre deutschen Entsprechungen (mit Rektionsangabe).	**lean²** [li:n] … **4.** lehnen (**against** gegen, an *acc.*), (auf)stützen (**on, upon** auf *acc.*) …
Anwendungsbeispiele und idiomatische Ausdrücke in Auszeichnungsschrift.	**heart** [hɑ:t] *s.* … **3.** Herz *n*, (*das*) Innere, Kern *m*, Mitte *f*: **in the ~ of** inmitten (*gen.*) … **~ and soul** mit Leib u. Seele …

Mehr über den Umgang mit diesem Wörterbuch auf den Seiten 7–20.
Die in diesem Wörterbuch verwandten Abkürzungen finden Sie am Ende des Buchs und auf der Innenseite des Buchdeckels.

Vorwort

Wörterbücher aus dem Langenscheidt-Verlag sind unverwechselbar. Sie haben eine lange Tradition, und sie stammen aus einer großen „lexikographischen Werkstatt“: mehrere Teams von qualifizierten Lexikographen und Redakteuren bemühen sich, die Wünsche der deutschen Wörterbuchbenutzer zu erfüllen und gleichzeitig bei Neubearbeitungen dem Wandel der Sprachen Rechnung zu tragen.

Dies gilt auch für die vorliegende Neubearbeitung des Standardwerkes „Langenscheidts Großes Schulwörterbuch Englisch-Deutsch“. Im folgenden eine kurze Darstellung der wichtigsten Verbesserungen, die das neue Wörterbuch aufweist:

Benutzerfreundlicher durch neue Schriftarten

Gegenüber dem Vorgänger haben die Wörterbuchseiten der Neubearbeitung an Übersichtlichkeit gewonnen. Dies wurde vor allem durch zwei typographische Änderungen erzielt:

(1) Für die Stichwörter findet jetzt eine Schriftart Verwendung, die sich bisher schon in „Langenscheidts Universal-Wörterbuch Englisch“ bewährt hat. Durch ihre „neue Sachlichkeit“ mit den gleichmäßig starken (serifenlosen) Buchstaben ermöglicht sie ein leichteres Auffinden der Stichwörter.

(2) Systematische Meinungsumfragen bei Lehrern und Schülern haben ergeben, daß die bisher verwandte Schrift für die Wendungen (Anwendungsbeispiele, idiomatische Redensarten und Kollokationen) als zu schwach empfunden wurde. Wir verwenden deshalb in der vorliegenden Neubearbeitung für diese Wendungen eine „halbfette“ Schrift. Im Gegensatz zu der für die Stichwörter verwandten Schrift ist diese „halbfette“ Schrift jedoch eine Kursivschrift (Schrägschrift), so daß sie bei der Stichwortsuche nicht störend wirkt. Die Wendungen werden durch diese Auszeichnungsschrift stärker hervorgehoben – sie sind daher innerhalb eines Stichwortartikels leichter zu finden.

Hochaktuell mit „yuppies“, „rumpies“ und „woopies“!

Es versteht sich von selbst, daß bei dieser Neubearbeitung viele neue Wörter aufgenommen wurden, die den augenblicklichen

Stand der Sprache widerspiegeln. Nicht nur neue griffige allgemeinsprachliche Ausdrücke wie *yuppie, rumpie* oder *woopie* sind als Stichwörter vorhanden. Die Vielgestaltigkeit des neuen Wortschatzes zeigt sich auch im Fachwortschatz.

Einige Beispiele: Im Bereich der Technik wurden *pixel, APT, DAT, Eftpos* aufgenommen; für die Wirtschaft seien *management buy-out, cash dispenser,* für den Sport *paraglider,* für die Entwicklung in der Schule das *GCSE* genannt. Auch unerfreuliche staatliche Neuerungen (z.B. *withholding tax*) wurden nicht vergessen, und der USA-Reisende erfährt jetzt auch, was ein *Jacuzzi* ist.

Umfangreicher von A–Z plus neun Anhänge

Durch die neue typographische Gestaltung war es möglich, noch mehr Stichwörter, Wendungen und Übersetzungen unterzubringen. Dies kam vor allem dem Wörterbuchteil (A–Z) zugute. Aber auch der Gesamtumfang der Anhänge konnte wesentlich erweitert werden.
Die Eigennamen- und Abkürzungsverzeichnisse allein nehmen über 40 Seiten ein. Die biographischen und geographischen Namen sowie die Vornamen stellen den Lernenden ja immer wieder vor Ausspracheprobleme. Mit diesen Anhängen wurden sie vorbildlich gelöst.
Auch die „Nebensachen“ wurden nicht vernachlässigt: selten nur wird der Lernende so exakte und umfassende Informationen über die Schuhlängenmaße (englische und amerikanische Längen) oder über die Kennzeichnung der Spielfilme in englischen und amerikanischen Kinos finden wie in diesen Anhängen.

Stichwort oder Wendung: der „overkill“

Die Anzahl der Stichwörter ist eine Aussage, die sich auf das „Skelett“ eines Wörterbuchs bezieht; das sogenannte „Fleisch“ sind die Anwendungsbeispiele, die idiomatischen Redensarten und die Kollokationen.

Der Lexikograph hat die Aufgabe, eine Ausgewogenheit zwischen den Stichwörtern und diesen Wendungen herzustellen – denn zuviel Fleisch ist ungesund! Belanglose Stilvarianten und unwichtige Anwendungsbeispiele (die lediglich die Grundübersetzung in einem Satz zeigen, ohne Bedeutungsveränderung) führen zu einem „overkill“, einem Übermaß an Beispielen, die das Suchen in einem Stichwortartikel für den Benutzer zur Qual machen.

Idiomatik und Kollokationen in angemessener Anzahl zu bieten, daneben aber nicht die Anzahl der Stichwörter und Übersetzungen zu vermindern – dies ist auch die Grundstruktur der vorliegenden Neubearbeitung. Nur so konnten wir den vielfältigen Bedürfnissen der Wörterbuchbenutzer Rechnung tragen, die durchaus auch das fachsprachliche Wort in einem Wörterbuch dieser Größenordnung erwarten.

Erläuterungen in Deutsch

In dem vorliegenden, speziell für die deutschsprachigen Länder konzipierten „Großen Schulwörterbuch" werden die Erläuterungen, Zusatzinformationen und Bedeutungsdifferenzierungen in deutscher Sprache gegeben. Der Zugriff zur Übersetzung wird dadurch für den Deutschsprechenden beträchtlich erleichtert.

Lautschrift und Silbentrennung

Durchweg findet die dem Lernenden heute vertraute Internationale Lautschrift (*English Pronouncing Dictionary,* 14. Auflage) Verwendung. Die Angabe der Silbentrennungsmöglichkeiten in den englischen Stichwörtern wurde – da oft sehr hilfreich – beibehalten.

Great dictionaries don't change – they mature! Wir hoffen, daß dies auch auf die vorliegende Neubearbeitung zutrifft: benutzerfreundliche Neuerungen und Modernität unter Beibehaltung der bewährten Grundstruktur.

LANGENSCHEIDT

Inhaltsverzeichnis

Wie benutzen Sie das Wörterbuch?

Keine Angst vor unbekannten Wörtern!

Das Wörterbuch tut alles, um Ihnen das Nachschlagen und Kennenlernen eines gesuchten Wortes so leicht wie möglich zu machen. Legen Sie diese Einführung daher bitte nicht gleich zur Seite. Folgen Sie uns Schritt für Schritt. Wir versprechen Ihnen, daß Sie mit uns am Ende sagen werden "It isn't as bad as all that, is it?"

Und damit Sie in Zukunft von Ihrem Wörterbuch den besten Gebrauch machen können, wollen wir Ihnen zeigen, wie und wo Sie all die Informationen finden können, die Sie für Ihre Übersetzungen in der Schule und privat, im Beruf, in Briefen oder zum Sprechen brauchen.

Wie und wo finden Sie ein Wort?

Sie suchen ein bestimmtes Wort. Und wir sagen Ihnen erst einmal, daß das Wörterbuch in die Buchstaben von A–Z unterteilt ist. Auch innerhalb der einzelnen Buchstaben sind die Wörter **alphabetisch geordnet:**

ha**y** – haze
se·cre·tar·**i**·al – sec·re·tar·**y**

Neben den Stichwörtern mit ihren Ableitungen und Zusammensetzungen finden Sie an ihrem alphabetischen Platz auch noch

a) die unregelmäßigen Formen des Komparativs und Superlativs,
b) die verschiedenen Formen der Pronomina,
c) die Stammformen (Infinitiv, Präteritum, Partizip Perfekt) der unregelmäßigen Verben.

Eigennamen und Abkürzungen haben wir für Sie am Schluß des Buches – ebenfalls alphabetisch geordnet – in einem besonderen Verzeichnis zusammengestellt.

Wenn Sie nun ein bestimmtes englisches Wort suchen, wo fangen Sie damit an? – Sehen Sie sich einmal die fettgedruckten Wörter über den Spalten in den oberen äußeren Ecken auf jeder Seite an. Das sind die sogenannten **Leitwörter**, an denen Sie sich orientieren können. Diese Leitwörter geben Ihnen jeweils (links) das ***erste*** fettgedruckte Stichwort auf der linken Seite des Wörterbuches an bzw. (rechts) das ***letzte*** fettgedruckte Stichwort auf der rechten Seite, z.B.

backhand – bag

Wollen Sie nun ein Wort wie ***badly*** suchen, so muß es in unserem Beispiel im Alphabet zwischen ***backhand*** und ***bag*** liegen. Suchen Sie jetzt z.B. das Wort ***effort***. Blättern Sie dazu schnell das Wörterbuch durch, und achten Sie dabei auf die linken und rechten Leitwörter. Welches Leitwort steht Ihrem gesuchten Wort ***effort*** wohl am nächsten? Dort schlagen Sie das Wörterbuch auf (in diesem Fall zwischen ***edition*** und ***ego***). Vielleicht müssen Sie auch noch einige Male vor- oder zurückblättern. Sie werden so aber sehr bald die gewünschte Spalte mit *Ihrem Stichwort* finden.

Wie ist das aber nun, wenn Sie auch einmal ein Stichwort nachschlagen wollen, das aus zwei einzelnen Wörtern besteht? Nehmen Sie z.B. ***evening classes*** oder einen Begriff, bei dem die Wörter mit einem Bindestrich (hyphen) miteinander verbunden sind, wie in ***baby-sit(ter)***. Diese Wörter werden wie ein einziges Wort behandelt und dementsprechend alphabetisch eingeordnet. Sollten Sie einmal ein solches zusammengesetztes Wort nicht finden, so zerlegen Sie es einfach in seine Einzelbestandteile und schlagen dann bei diesen an ihren alphabetischen Stellen nach. Sie werden sehen, daß Sie sich auf diese Weise viele Wörter selbst erschließen können.

Beim Nachschlagen werden Sie auch merken, daß viele sogenannte „Wortfamilien" entstanden sind. Das sind Stichwortartikel, die von einem gemeinsamen Stamm oder Grundwort ausgehen und deshalb – aus Gründen der Platzersparnis – in einem Artikel zusammengefaßt sind:

de·pend – **de·pend·a·bil·i·ty** – **de·pend·a·ble** – **de·pend·ance** etc.
hair – **'~·breadth** – **'~·brush** – **~ clip·pers** – **'~·cloth** etc.

Wie schreiben Sie ein Wort?

Sie können in Ihrem Wörterbuch wie in einem Rechtschreibwörterbuch nachschlagen, wenn Sie wissen wollen, wie ein Wort richtig geschrieben wird. Sind die **britische** und die **amerikanische Schreibung** eines Stichwortes verschieden, so wird von der amerikanischen Form auf die britische verwiesen:

a·ne·mi·a, **a·ne·mic** *Am.* → ***anaemia, anaemic***
cen·ter *etc. Am.* → ***centre*** *etc.*
col·or *etc. Am.* → ***colour*** *etc.*

Ein eingeklammertes u oder l in einem Stichwort oder Anwendungsbeispiel kennzeichnet ebenfalls den Unterschied zwischen britischer und amerikanischer Schreibung:

> **col·o(u)red** bedeutet: britisch ***coloured***, amerikanisch ***colored***; **trav·el·(l)er** bedeutet: britisch ***traveller***, amerikanisch ***traveler***.

In seltenen Fällen bedeutet ein eingeklammerter Buchstabe aber auch ganz allgemein zwei Schreibweisen für ein und dasselbe Wort: **lan·o·lin(e)** wird entweder ***lanolin*** oder ***lanoline*** geschrieben.

Für die Abweichungen in der Schreibung geben wir Ihnen für das amerikanische Englisch ein paar einfache Regeln:

Die amerikanische Rechtschreibung

weicht von der britischen hauptsächlich in folgenden Punkten ab:

1. Für **...our** tritt **...or** ein, z.B. hon*or* = honour, lab*or* = labour.
2. **...re** wird zu **...er**, z.B. cent*er* = centre, theat*er* = theatre, meag*er* = meagre; ausgenommen sind og*re* und die Wörter auf ...cre, z.B. massa*cre*, na*cre*.
3. Statt **...ce** steht **...se**, z.B. defen*se* = defence, licen*se* = licence.
4. Bei sämtlichen Ableitungen der Verben auf **...l** und **...p** unterbleibt die Verdoppelung des Endkonsonanten, also travel – trave*l*ed – trave*l*ing – trave*l*er, worship – worshi*p*ed – worshi*p*ing – worshi*p*er. Auch in einigen anderen Wörtern wird der Doppelkonsonant durch einen einfachen ersetzt, z.B. wa*g*on = waggon, woo*l*en = woollen.
5. Ein stummes **e** wird in gewissen Fällen weggelassen, z.B. abrid*gm*ent = abridg*e*ment, acknowled*gm*ent = acknowledg*e*ment, jud*gm*ent = judg*e*ment, ax = ax*e*, good-by = good-by*e*.
6. Bei einigen Wörtern mit der Vorsilbe **en...** gibt es auch noch die Schreibung **in...**, z.B. *in*close = enclose, *in*snare = ensnare.
7. Der Schreibung **ae** und **oe** wird oft diejenige mit **e** vorgezogen, z.B. an*e*mia = anaemia, diarrh*e*a = diarrhoea.
8. Aus dem Französischen stammende stumme Endsilben werden meist weggelassen, z.B. catalog = catalog*ue*, program = program*me*, prolog = prolog*ue*.
9. Einzelfälle sind: st*a*nch = staunch, m*o*ld = mould, m*o*lt = moult, gr*a*y = grey, pl*ow* = plough, ski*ll*ful = skilful, t*i*re = tyre.

Wie trennen Sie ein Wort?

Die Silbentrennung im Englischen ist für uns Deutsche ein heikles Kapitel. Aus diesem Grunde haben wir Ihnen die Sache erleichtert und geben Ihnen für jedes englische Wort die Aufteilung in Silben an. Bei mehrsilbigen Stichwörtern müssen Sie nur darauf achten, wo zwischen den Silben ein halbhoher Punkt oder ein Betonungsakzent steht, z. B. **ex·pect**, **ex'pect·ance**. Bei Wortbildungselementen, wie z. B. **electro-** entfällt die Angabe der Silbentrennung, weil diese sich je nach der weiteren Zusammensetzung ändern kann.

Die Silbentrennungspunkte haben für Sie den Sinn, zu zeigen, an welcher Stelle im Wort Sie am Zeilenende trennen können. Sie sollten es aber vermeiden, nur einen Buchstaben abzutrennen, wie z. B. in **a·mend** oder **cit·y**. Hier nehmen Sie besser das ganze Wort auf die neue Zeile.

Was bedeuten die verschiedenen Schriftarten?

Sie finden **fettgedruckt** alle englischen Stichwörter, alle römischen Ziffern zur Unterscheidung der Wortarten (Substantiv, transitives und intransitives Verb, Adjektiv, Adverb etc.) und alle arabischen Ziffern zur Unterscheidung der einzelnen Bedeutungen eines Wortes:

> **feed** ... **I** *v/t.* [*irr.*] **1.** Nahrung zuführen (*dat.*) ...; **II** *v/i.* [*irr.*] **10.** a) fressen (*Tier*) ...; **III** *s.* **12.** Fütterung *f* ...

Sie finden *kursiv*

a) alle Grammatik- und Sachgebietsabkürzungen: *s.*, *v/t.*, *v/i.*, *adj.*, *adv.*, *hist.*, *pol.* etc.;
b) alle Genusangaben (Angaben des Geschlechtswortes): *m*, *f*, *n*;
c) alle Zusätze, die entweder als Dativ- oder Akkusativobjekt der Übersetzung vorangehen oder ihr als erläuternder Hinweis vor- oder nachgestellt sind:

> **e·lect** ... **1.** *j-n in ein Amt* wählen ...
> **cut** ... **19.** ... *Baum* fällen ...
> **byte** ... *Computer*: Byte *n*
> **bike** ... ‚Maschine' *f* (*Motorrad*) ...

d) alle Erläuterungen bei Wörtern, die keine genaue deutsche Entsprechung haben:

> **cor·o·ner** ... ⚖ Coroner *m* (*richterlicher Beamter zur Untersuchung der Todesursache in Fällen unnatürlichen Todes*) ...

Sie finden in ***halbfetter kursiver Auszeichnungsschrift*** alle Wendungen und Hinweise zur Konstruktion mit Präpositionen:

> **gain** ... ***~ experience*** ...
> **de·pend** ... ***it ~s on you*** ...

de·part … **1.** (***for*** nach) weg-, fortgehen …
glance … **6.** flüchtiger Blick (***at*** auf *acc.*) …

Sie finden in normaler Schrift

a) alle Übersetzungen;

b) alle kleinen Buchstaben zur weiteren Bedeutungsdifferenzierung eines Wortes oder einer Wendung:

Goth·ic … **4.** … a) ba'rock, ro'mantisch, b) Schauer…
give in … **2.** (***to*** *dat.*) a) nachgeben (*dat.*), b) sich anschließen (*dat.*) …

Wie sprechen Sie ein Wort aus?

Nehmen wir an, Sie haben nach einigem Hin- und Herblättern das von Ihnen gesuchte Stichwort mit Hilfe der Leitwörter gefunden. Plötzlich stehen Sie vor einem neuen Hindernis – der eckigen Ausspracheklammer. Kein Grund zu verzweifeln!

Die Lautschrift beschreibt nur, wie Sie ein Wort aussprechen sollen. So ist das „th" in ***thin*** ein ganz anderer Laut als das „th" in ***these***. Da die normale Schrift für solche Unterschiede keine Hilfe bietet, ist es nötig, diese Laute mit anderen Zeichen zu beschreiben. Damit *jeder* genau weiß, welches Zeichen welchem Laut entspricht, hat man sich international auf eine Lautschrift geeinigt. Da die Zeichen von der **I**nternational **P**honetic **A**ssociation als verbindlich angesehen werden, nennt man sie auch **IPA-Lautschrift**.

Wenn Sie sich also vorher mit der (zugegeben) „trockenen" Materie der Lautschriftzeichen etwas beschäftigt haben und sich dabei die Zeichen einigermaßen eingeprägt haben, so rufen Sie sie jetzt aus Ihrem Gedächtnis ab, und Sie werden sehen: im Nu haben Sie die Nuß – sprich Lautschriftklammer – geknackt!

Hier sind nun die so vielgeschmähten Zeichen, ohne die Sie aber leider bei unbekannten englischen Wörtern nicht auskommen werden.

Die englischen Laute in der Internationalen Lautschrift

[ʌ]	much [mʌtʃ], come [kʌm]	kurzes *a* wie in *Matsch*, *Kamm*
[ɑː]	after ['ɑːftə], park [pɑːk]	langes *a*, etwa wie in *Bahn*
[æ]	flat [flæt], madam ['mædəm]	mehr zum *a* hin als *ä* in *Wäsche*
[ə]	after ['ɑːftə], arrival [ə'raɪvl]	wie das End-*e* in *Berge*, *mache*, *bitte*
[e]	let [let], men [men]	*ä* wie in *hätte*, *Mäntel*

[ɜː]	first [fɜːst], learn [lɜːn]	etwa wie *ir* in *flirten*, aber offener
[ɪ]	in [ɪn], city ['sɪtɪ]	kurzes *i* wie in *Mitte*, *billig*
[iː]	see [siː], evening ['iːvnɪŋ]	langes *i* wie in *nie*, *lieben*
[ɒ]	shop [ʃɒp], job [dʒɒb]	wie *o* in *Gott*, aber offener
[ɔː]	morning ['mɔːnɪŋ], course [kɔːs]	wie in *Lord*, aber ohne *r*
[ʊ]	good [gʊd], look [lʊk]	kurzes *u* wie in *Mutter*
[uː]	too [tuː], shoot [ʃuːt]	langes *u* wie in *Schuh*, aber offener
[aɪ]	my [maɪ], night [naɪt]	etwa wie in *Mai*, *Neid*
[aʊ]	now [naʊ], about [ə'baʊt]	etwa wie in *blau*, *Couch*
[əʊ]	home [həʊm], know [nəʊ]	von [ə] zu [ʊ] gleiten
[eə]	air [eə], square [skweə]	wie *är* in *Bär*, aber kein *r* sprechen
[eɪ]	eight [eɪt], stay [steɪ]	klingt wie *äi*
[ɪə]	near [nɪə], here [hɪə]	von [ɪ] zu [ə] gleiten
[ɔɪ]	join [dʒɔɪn], choice [tʃɔɪs]	etwa wie *eu* in *neu*
[ʊə]	sure [ʃʊə], tour [tʊə]	wie *ur* in *Kur*, aber kein *r* sprechen
[j]	yes [jes], tube [tjuːb]	wie *j* in *jetzt*
[w]	way [weɪ], one [wʌn], quick [kwɪk]	sehr kurzes *u* – kein deutsches *w*!
[ŋ]	thing [θɪŋ], English ['ɪŋglɪʃ]	wie *ng* in *Ding*
[r]	room [ruːm], hurry ['hʌrɪ]	nicht rollen!
[s]	see [siː], famous ['feɪməs]	stimmloses *s* wie in *lassen*, *Liste*
[z]	zero ['zɪərəʊ], is [ɪz], runs [rʌnz]	stimmhaftes *s* wie in *lesen*, *Linsen*
[ʃ]	shop [ʃɒp], fish [fɪʃ]	wie *sch* in *Scholle*, *Fisch*
[tʃ]	cheap [tʃiːp], much [mʌtʃ]	wie *tsch* in *tschüs*, *Matsch*
[ʒ]	television ['telɪvɪʒn]	stimmhaftes *sch* wie in *Genie*, *Etage*
[dʒ]	just [dʒʌst], bridge [brɪdʒ]	wie in *Job*, *Gin*
[θ]	thanks [θæŋks], both [bəʊθ]	wie *ß* in *Faß*, aber gelispelt
[ð]	that [ðæt], with [wɪð]	wie *s* in *Sense*, aber gelispelt
[v]	very ['verɪ], over ['əʊvə]	etwa wie deutsches *w*, aber Oberzähne auf Oberkante der Unterlippe
[x]	loch [lɒx]	wie *ch* in *ach*

[ː] bedeutet, daß der vorhergehende Vokal lang zu sprechen ist.

Lautsymbole der nichtanglisierten Stichwörter

In nichtanglisierten Stichwörtern, d.h. in Fremdwörtern, die noch nicht als eingebürgert empfunden werden, werden gelegentlich einige Lautsymbole der französischen Sprache verwandt, um die nichtenglische Lautung zu kennzeichnen. Die nachstehende Liste gibt einen Überblick über diese Symbole:

[ɑ̃] ein nasaliertes, offenes a wie im französischen Wort *enfant*.

[ɛ̃] ein nasaliertes, offenes ä wie im französischen Wort *fin*.

[ɔ̃] ein nasaliertes, offenes o wie im französischen Wort *bonbon*.

[œ] ein offener ö-Laut wie im französischen Wort *jeune*.

[ø] ein geschlossener ö-Laut wie im französischen Wort *feu*.

[y] ein kurzes ü wie im französischen Wort *vu*.

[ɥ] ein kurzer Reibelaut, Zungenstellung wie beim deutschen ü („gleitendes ü"). Wie im französischen Wort *muet*.

[ɲ] ein j-haltiges n, noch zarter als in *Champagner*. Wie im französischen Wort *Allemagne*.

Kursive phonetische Zeichen

Ein kursives phonetisches Zeichen bedeutet, daß der Buchstabe gesprochen oder nicht gesprochen werden kann. Beide Aussprachen sind dann im Englischen gleich häufig. Z.B. das kursive *ʊ* in der Umschrift von molest [mə*ʊ*ˈlest] bedeutet, daß die Aussprache des Wortes mit [ə] oder mit [əʊ] etwa gleich häufig ist.

Die **Betonung** der englischen Wörter wird durch das Zeichen ˈ für den Hauptakzent bzw. ˌ für den Nebenakzent vor der zu betonenden Silbe angegeben:

on·ion [ˈʌnjən] – **dis·loy·al** [ˌdɪsˈlɔɪəl]

Bei den zusammengesetzten Stichwörtern ohne Lautschriftangabe wird der Betonungsakzent im zusammengesetzten Stichwort selbst gegeben, z.B. **ˌupˈstairs**. Die Betonung erfolgt auch dann im Stichwort, wenn nur ein Teil der Lautschrift gegeben wird, z.B. **adˈmin·is·tra·tor** [-treɪtə], **ˈripˌsnort·er** [-ˌsnɔːtə].

Bei einem Stichwort, das aus zwei oder mehreren einzelnen Wörtern besteht, können Sie die Aussprache bei dem jeweiligen Einzelwort nachschlagen, z.B. **school leav·ing cer·tif·i·cate**.

Einige Worte noch zur amerikanischen Aussprache:
Amerikaner sprechen viele Wörter anders aus als die Briten. In diesem Wörterbuch geben wir Ihnen aber meistens nur die britische Aussprache, wie Sie sie auch in Ihren Lehrbüchern finden. Ein paar Regeln für die Abweichungen in der amerikanischen Aussprache wollen wir Ihnen hier aber doch geben.

Die amerikanische Aussprache

weicht hauptsächlich in folgenden Punkten von der britischen ab:

1. ɑː wird zu (gedehntem) æ(ː) in Wörtern wie *ask* [æ(ː)sk = ɑːsk], *castle* ['kæ(ː)sl = 'kɑːsl], *grass* [græ(ː)s = grɑːs], *past* [pæ(ː)st = pɑːst] etc.; ebenso in *branch* [bræ(ː)ntʃ = brɑːntʃ], *can't* [kæ(ː)nt = kɑːnt], *dance* [dæ(ː)ns = dɑːns] etc.
2. ɒ wird zu ɑ in Wörtern wie *common* ['kɑmən = 'kɒmən], *not* [nɑt = nɒt], *on* [ɑn = ɒn], *rock* [rɑk = rɒk], *bond* [bɑnd = bɒnd] und vielen anderen.
3. juː wird zu uː, z.B. *due* [duː = djuː], *duke* [duːk = djuːk], *new* [nuː = njuː].
4. r zwischen vorhergehendem Vokal und folgendem Konsonanten wird stimmhaft gesprochen, indem die Zungenspitze gegen den harten Gaumen zurückgezogen wird, z.B. *clerk* [klɜːrk = klɑːk], *hard* [hɑːrd = hɑːd]; ebenso im Auslaut, z.B. *far* [fɑːr = fɑː], *her* [hɜːr = hɜː].
5. Anlautendes p, t, k in unbetonter Silbe (nach betonter Silbe) wird zu b, d, g abgeschwächt, z.B. in *property*, *water*, *second*.
6. Der Unterschied zwischen stark- und schwachbetonten Silben ist viel weniger ausgeprägt; längere Wörter haben einen deutlichen Nebenton, z.B. *dictionary* ['dɪkʃəˌnerɪ = 'dɪkʃənrɪ], *ceremony* ['serəˌməʊnɪ = 'serɪmənɪ], *inventory* ['ɪnvənˌtɔːrɪ = 'ɪnvəntrɪ], *secretary* ['sekrəˌterɪ = 'sekrətrɪ].
7. Vor, oft auch nach nasalen Konsonanten (m, n, ŋ) sind Vokale und Diphthonge nasal gefärbt, z.B. *stand*, *time*, *small*.

Was sagen Ihnen die Symbole und Abkürzungen?

Wir geben Ihnen die Symbole und Abkürzungen im Wörterbuch, um Sie davor zu bewahren, durch falsche Anwendung einer Übersetzung in das berühmte „Fettnäpfchen" zu treten.

Die Liste mit den **Abkürzungen** zur Kennzeichnung des Grammatik- und Sachgebietsbereiches finden Sie am Ende des Buches.

Die **Symbole** zeigen Ihnen, in welchem Lebens-, Arbeits- und Fachbereich ein Wort am häufigsten benutzt wird.

~ ≗ siehe Seite 15: Tilde.
⚘ Botanik, *botany*.
⚙ Handwerk, *handicraft*; Technik, *engineering*.
⚒ Bergbau, *mining*.
⚔ militärisch, *military term*.
⚓ Schiffahrt, *nautical term*.
☤ Handel u. Wirtschaft, *commercial term*.
🚂 Eisenbahn, *railway*, *railroad*.
✈ Flugwesen, *aviation*.
✆ Postwesen, *post and telecommunications*.

♪ Musik, *musical term*.
⚠ Architektur, *architecture*.
ϟ Elektrotechnik, *electrical engineering*.
⚖ Rechtswissenschaft, *legal term*.
A Mathematik, *mathematics*.
✓ Landwirtschaft, *agriculture*.
⚗ Chemie, *chemistry*.
⚕ Medizin, *medicine*.
→ siehe Seite 18: Verweiszeichen.

Ein weiteres Symbol ist das Kästchen: □. Steht es nach einem englischen Adjektiv, so bedeutet das, daß das Adverb regelmäßig durch Anhängung von ***-ly*** an das Adjektiv oder durch Umwandlung von ***-le*** in ***-ly*** oder von ***-y*** in ***-ily*** gebildet wird, z. B.

bald □ = ***baldly***
change·a·ble □ = ***changeably***
bus·y □ = ***busily***

Es gibt auch noch die Möglichkeit, ein Adverb durch Anhängen von ***-ally*** an das Stichwort zu bilden. In diesen Fällen haben wir auch das angegeben:

his·tor·ic (□ *~ally*) = ***historically***

Bei Adjektiven, die auf ***-ic*** und ***-ical*** enden können, wird die Adverbbildung auf folgende Weise gekennzeichnet:

phil·o·soph·ic, **phil·o·soph·i·cal** *adj.* □

d. h. ***philosophically*** ist das Adverb zu beiden Adjektivformen.

Wird bei der Adverbangabe auf das Adverb selbst verwiesen, so bedeutet dies, daß unter diesem Stichwort vom Adjektiv abweichende Übersetzungen zu finden sind:

a·ble □ → ***ably***

Was bedeutet das Zeichen ~, die Tilde?

Ein Symbol, das Ihnen ständig in den Stichwortartikeln begegnet, ist ein Wiederholungszeichen, die Tilde (~ 𝟸).

Zusammengehörige oder verwandte Wörter sind häufig zum Zwecke der Raumersparnis unter Verwendung der Tilde zu Gruppen vereinigt. Die Tilde vertritt dabei entweder das ganze Stichwort oder den vor dem senkrechten Strich (|) stehenden Teil des Stichworts. Bei den in halbfetter kursiver Auszeichnungsschrift gesetzten Redewendungen vertritt die Tilde stets das unmittelbar vorhergehende Stichwort, das selbst schon mit Hilfe der Tilde gebildet worden sein kann. Wechselt die Schreibung von klein zu groß oder von groß zu klein, steht statt der einfachen Tilde (~) die Kreistilde (𝟸), z. B.

drink·ing ... ~ **wa·ter** = ***drinking water***
ˌdou·ble|-ˈact·ing ... **ˌ~-ˈedged** ...: ~ ***sword*** = ***double-edged sword***
ho·ly ... ♀ **Scrip·ture** = ***Holy Scripture***
Ren·ais·sance ... **2.** ♀ 'Wiedergeburt *f* ... = ***renaissance***

Einige Worte zu den Übersetzungen und Wendungen

Nach dem fettgedruckten Stichwort, der Ausspracheangabe in eckigen Klammern und der Bezeichnung der Wortart kommt als nächstes das, was für Sie wahrscheinlich das Wichtigste ist: **die Übersetzung**. Na endlich! werden Sie sagen. Aber vergessen Sie bitte nicht, daß die Vorarbeit einen wichtigen Schritt zum besseren Verständnis des Wörterbuches bedeutet. Und Sie wollen doch *Ihr* Wörterbuch ebenso gut „lesen" können wie Ihre übrigen Fachbücher oder Ihren Computer. Es hilft also nichts, wir müssen noch einmal ans „Trockene" gehen:

Die Übersetzungen haben wir folgendermaßen untergliedert: römische Ziffern zur Unterscheidung der Wortarten (Substantiv, Verb, Adjektiv, Adverb etc.), arabische Ziffern zur Unterscheidung der einzelnen Bedeutungen, kleine Buchstaben zur weiteren Bedeutungsdifferenzierung, z.B.

face ... **I** *s.* **1.** Gesicht *n* ...; ***in*** (***the***) ~ ***of*** a) angesichts (*gen.*), gegenüber (*dat.*), b) trotz (*gen. od. dat.*) ...; **II** *v/t.* **11.** ansehen ...; **III** *v/i.* ...

Weist ein Stichwort grundsätzlich verschiedene Bedeutungen auf, so wird es mit einer hochgestellten Zahl, dem Exponenten, als eigenständiges Stichwort wiederholt:

chap[1] [tʃæp] *s.* F Bursche *m*, Junge *m* ...
chap[2] [tʃæp] *s.* Kinnbacken *m* ...
chap[3] [tʃæp] **I** *v/t. u. v/i.* rissig machen *od.* werden ...; **II** *s.* Riß *m*, Sprung *m*.

Dies geschieht aber nicht in Fällen, in denen sich die zweite Bedeutung aus der Hauptbedeutung des Grundwortes entwickelt hat.

Anwendungsbeispiele in halbfetter kursiver Auszeichnungsschrift werden meist unter den zugehörigen Ziffern aufgeführt. Sind es sehr viele Beispiele, so werden sie in einem eigenen Abschnitt „*Besondere Redewendungen*" zusammengefaßt (siehe Stichwort ***heart***). Eine Übersetzung der Beispiele wird nicht gegeben, wenn diese sich aus der Grundübersetzung von selbst ergibt:

a·like ... **II** *adv.* gleich, ebenso, in gleichem Maße: ***she helps enemies and friends*** ~.

Bei sehr umfangreichen Stichwortartikeln werden auch die Zusammensetzungen von **Verben mit Präpositionen oder Adverbien** an das Ende der betreffenden Artikel angehängt und bekommen dann Stichwortcharakter (siehe Stichwort ***get***, ***give***, ***go***).

Bei den Übersetzungen wird in Fällen, in denen die Aussprache Schwierigkeiten verursachen könnte, die Betonung durch **Akzent(e)** vor der zu betonenden Trennsilbe gegeben. Akzente werden gesetzt bei Wörtern, die nicht auf der ersten Silbe betont werden, z.B. „Bäcke'rei", „je'doch", außer wenn es sich um eine der stets unbetonten Vorsilben handelt, sowie bei Zusammensetzungen mit Vorsilben, deren Betonung wechselt, z.B. „'Mißtrauen", „miß'trauen". Grundsätzlich entfällt der Akzent jedoch bei Verben auf „-ieren" und deren Ableitungen. Bei kursiven Erläuterungen und bei den Übersetzungen von Anwendungsbeispielen werden keine Akzente gesetzt.

Der **verkürzte Bindestrich** (-) steht zwischen zwei Konsonanten, um anzudeuten, daß sie getrennt auszusprechen sind, z.B. „Häus-chen", ebenso in Fällen, die zu Mißverständnissen führen können, z.B. „Erb-lasser".

Wie Sie sicher wissen, gibt es im **britischen und amerikanischen Englisch** hier und da unterschiedliche Bezeichnungen für dieselbe Sache. Ein Engländer sagt z.B. ***pavement***, wenn er den „Bürgersteig" meint, der Amerikaner spricht dagegen von ***sidewalk***. Im Wörterbuch finden Sie die Wörter, die hauptsächlich im britischen Englisch gebraucht werden, mit *Brit.* gekennzeichnet. Die Wörter, die typisch für den amerikanischen Sprachgebrauch sind, werden mit *Am.* gekennzeichnet.

Auf die verschiedenen Wortarten haben wir bereits hingewiesen. Der Eintrag ***dependence*** z.B. ist ein Substantiv (Hauptwort). Dies können Sie daran erkennen, daß hinter der Lautschriftklammer ein kursives *s.* steht. Dementsprechend steht hinter der deutschen Übersetzung „Abhängigkeit" ein kursives *f*, bzw. hinter „Vertrauen" ein kursives *n*. Diese Buchstaben geben – wie auch das kursive *m* – das **Genus** (Geschlecht) des deutschen Wortes an und kennzeichnen es damit als Substantiv. Die Genusangabe unterbleibt, wenn das Genus aus dem Zusammenhang ersichtlich ist, z.B. „scharfes Durchgreifen", und wenn die weibliche Endung in Klammern steht, z.B. „Verkäufer(in)". Sie unterbleibt auch bei Erläuterungen in kursiver Schrift, wird aber in den Anwendungsbeispielen dann gegeben, wenn sich das Genus der Übersetzungen hier nicht aus der Grundübersetzung ergibt.

Oft wird Ihnen aber auch die folgende Abweichung begegnen:

Unter ***dependant*** finden Sie die Übersetzung „(Fa'milien)Angehörige(r *m*) *f*". „Angehörige" ist weiblich; deshalb steht hinter der Klammer ein *f*. Es besteht aber auch die Möglichkeit, ***dependant*** als „Angehöriger" zu übersetzen – und das ist männlich. Genau das steht in der Klammer: (r *m*), das Endungs-r und *m* = maskulin.

Sie werden bereits gemerkt haben, daß es selten vorkommt, daß nur eine Übersetzung hinter dem jeweiligen Stichwort steht. Meist ist es so, daß ein Stichwort mehrere sinnverwandte Übersetzungen hat, die durch **Komma** voneinander getrennt werden.

Die Bedeutungsunterschiede in den Übersetzungen werden gekennzeichnet:

a) durch das **Semikolon** und die Unterteilung in **arabische Ziffern**:

bal·ance ... **1.** Waage *f* ...; **2.** Gleichgewicht *n* ...

b) durch Unterteilung in **kleine Buchstaben** zur weiteren Bedeutungsdifferenzierung,

c) durch **Erläuterungen** in kursiver Schrift,

d) durch vorangestellte **bildliche Zeichen** und **abgekürzte Begriffsbestimmungen** (siehe das Verzeichnis auf Seite 14 und die Liste mit den Abkürzungen am Ende des Buches).

Siehe auch das Kapitel über die verschiedenen Schriftarten auf Seite 10.

Einfache Anführungszeichen bedeuten, daß eine Übersetzung entweder einer niederen Sprachebene angehört:

gov·er·nor ... **4.** F *der* ‚Alte'

oder in figurativer (bildlicher) Bedeutung gebraucht wird:

land·slide ... **1.** Erdrutsch *m*; **2.** ... *fig.* ‚Erdrutsch' *m*

Häufig finden Sie auch bei einem Stichwort oder einem Stichwortartikel ein **Verweiszeichen** (→). Es hat folgende Bedeutungen:

a) Verweis von Stichwort zu Stichwort bei Bedeutungsgleichheit, z. B.

gaun·try → ***gantry***

b) Verweis innerhalb eines Stichwortartikels, z. B.

dice [daɪs] **I** *s. pl. von* ***die***[2] 1 Würfel *pl.*, Würfelspiel *n*: ***play* (*at*) ~** → II ... **II** *v/i.* würfeln, knobeln

c) oft wurde an Stelle eines Anwendungsbeispiels auf ein anderes Stichwort verwiesen, das ebenfalls in dem Anwendungsbeispiel enthalten ist:

square ... **15.** A a) den Flächeninhalt berechnen von (*od. gen.*), b) *Zahl* quadrieren, ins Qua'drat erheben, c) *Figur* quadrieren; → ***circle*** 1

Das heißt, daß die Wendung ***square the circle*** unter dem Stichwort ***circle*** aufgeführt und dort übersetzt ist.

Runde Klammern werden verwendet

a) zur Vereinfachung der Übersetzung, z. B.

cov·er ... **4.** ... (Bett-, Möbel- *etc.*)Bezug *m* ...

b) zur Raumersparnis bei gekoppelten Anwendungsbeispielen, z. B.

make (break) contact Kontakt herstellen (unterbrechen) = ***make contact/break contact*** ...

Grammatik auch im Wörterbuch?

Etwas Grammatik wollen wir Ihnen zumuten. Mit diesem letzten Punkt sind Sie, wie wir glauben, für die Arbeit mit *Ihrem Wörterbuch* bestens gerüstet.

Den grammatisch richtigen Gebrauch eines Wortes können Sie häufig den „Zusätzen" entnehmen.

Die **Rektion** von deutschen Präpositionen wird dann angegeben, wenn sie verschiedene Fälle regieren, z. B. „vor", „über".

Die Rektion von Verben wird nur dann angegeben, wenn sie von der des Grundwortes abweicht oder wenn das englische Verb von einer bestimmten Präposition regiert wird. Folgende Anordnungen sind möglich:

a) wird ein Verb, das im Englischen transitiv ist, im Deutschen intransitiv übersetzt, so wird die abweichende Rektion angegeben:

con·tro·vert *v/t.* ... **2.** wider'sprechen (*dat.*) ...

b) gelten für die deutschen Übersetzungen verschiedene Rektionen, so steht die englische Präposition in halbfetter kursiver Auszeichnungsschrift in Klammern vor der ersten Übersetzung, die deutschen Rektionsangaben stehen hinter jeder Einzelübersetzung:

de·scend ... **4.** (***to***) zufallen (*dat.*), 'übergehen, sich vererben (auf *acc.*) ...

c) stimmen Präposition und Rektion für alle Übersetzungen überein, so stehen sie in Klammern hinter der letzten Übersetzung:

ob·serve ... **4.** Bemerkungen machen, sich äußern (***on***, ***upon*** über *acc.*) ...

Außerdem finden Sie bei den Stichwörtern noch die folgenden **besonderen Grammatikpunkte** aufgeführt:

a) unregelmäßiger Plural:

child ... *pl.* **chil·dren** ...
a·nal·y·sis ... *pl.* **-ses** ... (= *pl.* ***analyses***)

b) unregelmäßige Verben:

give ... **II** *v/t.* [*irr.*] ... **III** *v/i.* [*irr.*] ...
out·grow ... [*irr.* → ***grow***] ...

Der Hinweis *irr.* bedeutet: in der Liste der unregelmäßigen englischen Verben auf Seite 1425 ff. finden Sie die unregelmäßigen Formen.

c) auslautendes ***-c*** wird zu ***-ck*** vor ***-ed***, ***-er***, ***-ing*** und ***-y***:

frol·ic ... **II** *v/i. pret. u. p.p.* ˈ**frol·icked** ...

d) bei unregelmäßigen Steigerungsformen Hinweis auf die Grundform:

bet·ter ... **I** *comp. von* ***good*** ... **III** *comp. von* ***well*** ...
best ... **I** *sup. von* ***good*** ... **II** *sup. von* ***well*** ...

Die vorausgegangenen Seiten zeigen, daß Ihnen das Wörterbuch mehr bietet als nur einfache Wort-für-Wort-Gleichungen, wie Sie sie in den Vokabelspalten von Lehrbüchern finden.

Und nun viel Erfolg bei der Suche nach den lästigen, aber doch so notwendigen Vokabeln!

A

A, a [eɪ] **I** *s.* **1.** A *n*, a *n* (*Buchstabe,* ♪ *Note*): ***from A to Z*** von A bis Z; **2.** ***A*** *ped. Am.* Eins *f* (*Note*); **II** *adj.* **3.** ***A*** erst; **4.** ***A*** *Am.* ausgezeichnet.

A 1 [ˌeɪ'wʌn] *adj.* **1.** ⚓ erstklassig (*Schiff*); **2.** F I a, 'prima.

a [eɪ; ə], *vor vokalischem Anlaut* **an** [æn; ən] **1.** ein, eine (*unbestimmter Artikel*): ***a woman***; *manchmal vor pl.*: ***a barracks*** eine Kaserne; ***a bare five minutes*** knappe fünf Minuten; **2.** der-, die-, das'selbe: ***two of a kind*** zwei (von jeder Art); **3.** per, pro, je: ***twice a week*** zweimal wöchentlich *od.* in der Woche; ***fifty pence a dozen*** fünfzig Pence pro *od.* das Dutzend; **4.** einzig: ***at a blow*** auf 'einen Schlag.

Aar·on's rod [ˌeərənz-] *s.* ⚘ **1.** Königskerze *f*; **2.** Goldrute *f*.

a·back [ə'bæk] *adv.* **1.** ⚓ back, gegen den Mast; **2.** nach hinten, zurück; **3.** *fig.* ***taken ~*** bestürzt, verblüfft, sprachlos.

ab·a·cus ['æbəkəs] *pl.* **-ci** [-saɪ] *u.* **-cus·es** *s.* 'Abakus *m*: a) Rechenbrett *n*, -gestell *n*, b) △ Kapi'telldeckplatte *f*.

a·baft [ə'bɑ:ft] ⚓ **I** *prp.* achter, hinter; **II** *adv.* achteraus.

a·ban·don [ə'bændən] **I** *v/t.* **1.** auf-, preisgeben, verzichten auf (*acc.*) (*a.* ⚖), entsagen (*dat.*), *Hoffnung* fahrenlassen; **2.** (*a.* ⚓ *Schiff*) aufgeben, verlassen; *Aktion* einstellen; *sport* Spiel abbrechen; **3.** im Stich lassen; *Ehefrau* böswillig verlassen; *Kinder* aussetzen; **4.** (***s.th. to s.o.*** j-m et.) über'lassen, ausliefern; **5.** ***~ o.s.*** (***to***) sich 'hingeben, sich über'lassen (*dat.*); **II** *s.* [abɑ̃dɔ̃] **6.** Hemmungslosigkeit *f*, Wildheit *f*; ***with ~*** mit Hingabe, wie toll; **a'ban·doned** [-nd] *adj.* **1.** verlassen, aufgegeben; herrenlos; **2.** liederlich; **3.** hemmungslos, wild; **a'ban·don·ment** [-mənt] *s.* **1.** Auf-, Preisgabe *f*, Verzicht *m*; (***to*** an *acc.*) Über'lassung *f*, Abtretung *f*; **2.** (⚖ böswilliges) Verlassen; (Kindes-)Aussetzung *f*; **3.** → ***abandon*** 6.

a·base [ə'beɪs] *v/t.* erniedrigen, demütigen, entwürdigen; **a'base·ment** [-mənt] *s.* Erniedrigung *f*, Demütigung *f*, Verfall *m*.

a·bash [ə'bæʃ] *v/t.* beschämen; in Verlegenheit *od.* aus der Fassung bringen.

a·bate [ə'beɪt] **I** *v/t.* **1.** vermindern, verringern; *Preis etc.* her'absetzen, ermäßigen; **2.** *Schmerz* lindern; *Stolz, Eifer* mäßigen; **3.** ⚖ *Mißstand* beseitigen; *Verfügung* aufheben; *Verfahren* einstellen; **II** *v/i.* **4.** abnehmen, nachlassen; sich legen (*Wind, Schmerz*); fallen (*Preis*); **a'bate·ment** [-mənt] *s.* **1.** Abnehmen *n*, Nachlassen *n*, Verminderung *f*, Linderung *f*; (*Lärm- etc.*)Bekämpfung *f*; **2.** Abzug *m*, (*Preis- etc.*)Nachlaß *m*; **3.** ⚖ Beseitigung *f*, Aufhebung *f*.

ab·a·tis ['æbətɪs] *s. sg. u. pl.* [*pl.* -ti:z] ⚔ Baumverhau *m*.

ab·at·toir ['æbətwɑ:] (*Fr.*) *s.* Schlachthaus *n*.

ab·ba·cy ['æbəsɪ] *s.* Abtswürde *f*; **ab·bess** ['æbes] *s.* Äb'tissin *f*; **ab·bey** ['æbɪ] *s.* **1.** Ab'tei *f*: ***the*** ~ *Brit.* die Westminsterabtei; **2.** *Brit.* herrschaftlicher Wohnsitz (*frühere Abtei*); **ab·bot** ['æbət] *s.* Abt *m*.

ab·bre·vi·ate [ə'bri:vɪeɪt] *v/t.* (ab)kürzen; **ab·bre·vi·a·tion** [əˌbri:vɪ'eɪʃn] *s.* (*bsd. ling.* Ab)Kürzung *f*.

ABC, Abc [ˌeɪbi:'si:] **I** *s.* **1.** *Am. oft pl.* Abc *n*, Alpha'bet *n*; **2.** *fig.* Anfangsgründe *pl.*; **3.** alpha'betisch angeordnetes Handbuch; **II** *adj.* **4.** ***the ~ powers*** die ABC-Staaten (*Argentinien, Brasilien, Chile*); **5.** ***~ weapons*** ABC-Waffen, atomare, biologische u. chemische Waffen; ***~ warfare*** ABC-Kriegführung *f*.

ab·di·cate ['æbdɪkeɪt] **I** *v/t. Amt, Recht etc.* aufgeben, niederlegen; verzichten auf (*acc.*), entsagen (*dat.*); **II** *v/i.* abdanken; **ab·di·ca·tion** [ˌæbdɪ'keɪʃn] *s.* Abdankung *f*, Verzicht *m* (***of*** auf *acc.*); freiwillige Niederlegung (*e-s Amtes etc.*): ***~ of the throne*** Thronverzicht *m*.

ab·do·men ['æbdəmen] *s.* **1.** *anat.* Ab'domen *n*, 'Unterleib *m*, Bauch *m*; **2.** *zo.* ('Hinter)Leib *m* (*von Insekten etc.*); **ab·dom·i·nal** [æb'dɒmɪnl] *adj.* **1.** *anat.* Unterleibs…, Bauch…; **2.** *zo.* Hinterleibs...

ab·duct [æb'dʌkt] *v/t. gewaltsam* entführen; **ab'duc·tion** [-kʃn] *s.* Entführung *f.*

a·beam [ə'bi:m] *adv. u. adj.* ⚓, ✈ querab, dwars.

a·be·ce·dar·i·an [ˌeɪbi:si:'deərɪən] **I** *s.* **1.** Abc-Schütze *m*; **II** *adj.* **2.** alpha'betisch (geordnet); **3.** *fig.* elemen'tar.

a·bed [ə'bed] *adv.* zu *od.* im Bett.

Ab·er·don·i·an [ˌæbə'dəʊnjən] **I** *adj.* aus Aber'deen stammend; **II** *s.* Einwohner (-in) von Aberdeen.

ab·er·ra·tion [ˌæbə'reɪʃn] *s.* **1.** Abweichung *f*; **2.** *fig.* a) Verirrung *f*, Fehltritt *m*, b) (geistige) Verwirrung; **3.** *phys., ast.* Aberrati'on *f.*

a·bet [ə'bet] *v/t.* begünstigen, Vorschub leisten (*dat.*); aufhetzen; anstiften; ⚖ → ***aid*** 1; **a'bet·ment** [-mənt] *s.* Beihilfe *f*, Vorschub *m*; Anstiftung *f*; **a'bet·tor** [-tə] *s.* Anstifter *m*, (Helfers)Helfer *m*, ⚖ *a.* Gehilfe *m.*

a·bey·ance [ə'beɪəns] *s.* Unentschiedenheit *f*, Schwebe *f*: ***in ~*** a) *bsd.* ⚖ in der Schwebe, schwebend unwirksam, b) ⚖ herrenlos (*Grund u. Boden*); ***fall into ~*** zeitweilig außer Kraft treten.

ab·hor [əb'hɔ:] *v/t.* ver'abscheuen; **ab·hor·rence** [əb'hɒrəns] *s.* **1.** Abscheu *m* (***of*** vor *dat.*); **2.** → ***abomination*** 2; **ab·hor·rent** [əb'hɒrənt] *adj.* □ verabscheuungswürdig; abstoßend; verhaßt (***to*** *dat.*).

a·bide [ə'baɪd] [*irr.*] **I** *v/i.* **1.** bleiben, fortdauern; **2.** ***~ by*** treu bleiben (*dat.*), bleiben bei, festhalten an (*dat.*); sich halten an (*acc.*); sich abfinden mit; **II** *v/t.* **3.** erwarten; **4.** F (*mst neg.*) (v)ertragen, ausstehen: ***I can't ~ him***; **a'bid·ing** [-dɪŋ] *adj.* □ dauernd, beständig.

Ab·i·gail ['æbɪgeɪl] (*Hebrew*) **I** *npr.* **1.** *bibl.* Abi'gail *f*; **2.** *weiblicher Vorname*; **II** *s.* **3.** ♀ (Kammer)Zofe *f.*

a·bil·i·ty [ə'bɪlətɪ] *s.* **1.** Fähigkeit *f*, Befähigung *f*; Können *n*; *psych.* A'bility *f*: ***to the best of one's ~*** nach besten Kräften; ***~ to pay*** ☤ Zahlungsfähigkeit; ***~ test*** Eignungsprüfung *f*; **2.** *mst pl.* geistige Anlagen *pl.*

ab·ject ['æbdʒekt] *adj.* □ **1.** niedrig, gemein; elend; kriecherisch; **2.** *fig.* tiefst, höchst, äußerst: ***~ despair***, ***~ misery***.

ab·ju·ra·tion [ˌæbdʒʊə'reɪʃn] *s.* Abschwörung *f*; **ab·jure** [əb'dʒʊə] *v/t.* abschwören, (feierlich) entsagen (*dat.*); aufgeben; wider'rufen.

ab·lac·ta·tion [ˌæblæk'teɪʃn] *s.* Abstillen *n e-s Säuglings.*

ab·la·ti·val [ˌæblə'taɪvl] *adj. ling.* Ablativ...; **ab·la·tive** ['æblətɪv] **I** *s.* 'Ablativ *m*; **II** *adj.* Ablativ...

ab·laut ['æblaʊt] (*Ger.*) *s. ling.* Ablaut *m.*

a·blaze [ə'bleɪz] *adv. u. adj.* **1.** *a. fig.* in Flammen, *a. fig.* lodernd: ***set ~*** entflammen; **2.** *fig.* (***with***) a) entflammt (von), b) glänzend (vor *dat.*, von): ***all ~*** Feuer und Flamme.

a·ble ['eɪbl] *adj.* □ → ***ably***; **1.** fähig, geschickt, tüchtig: ***be ~ to*** können, imstande sein zu; ***he was not ~ to get up*** er konnte nicht aufstehen; ***~ to work*** arbeitsfähig; ***~ to pay*** ☤ zahlungsfähig; ***~ seaman*** → ***able-bodied*** 1; **2.** begabt, befähigt; **3.** (vor)'trefflich: ***an ~ speech***; **4.** ⚖ befähigt, fähig; **ˌable-'bod·ied** *adj.* **1.** körperlich leistungsfähig, kräftig: ***~ seaman*** *Brit.* Vollmatrose (*abbr.* ***A.B.***); **2.** ⚔ wehrfähig, (dienst)tauglich.

ab·let ['æblɪt] *s. ichth.* Weißfisch *m.*

a·bloom [ə'blu:m] *adv. u. adj.* in Blüte (stehend), blühend.

ab·lu·tion [ə'blu:ʃn] *s. eccl. u. humor.* Waschung *f.*

a·bly ['eɪblɪ] *adv.* geschickt, mit Geschick, gekonnt.

A-B meth·od *s.* ϟ A-B-Betrieb *m.*

ab·ne·gate ['æbnɪgeɪt] *v/t.* (ab-, ver-) leugnen; aufgeben, verzichten auf (*acc.*); **ab·ne·ga·tion** [ˌæbnɪ'geɪʃn] *s.* **1.** Ab-, Verleugnung *f*; **2.** Verzicht *m* (***of*** auf *acc.*); **3.** *mst* ***self-~*** Selbstverleugnung *f.*

ab·nor·mal [æb'nɔ:ml] *adj.* □ **1.** 'abnorˌmal, 'anomal, ungewöhnlich; geistig behindert; mißgebildet; **2.** ⚙ 'normwidrig; **ab·nor·mal·i·ty** [ˌæbnɔ:'mælətɪ] *s.*, **ab'nor·mi·ty** [-mətɪ] *s.* Abnormi'tät *f*; Anoma'lie *f.*

a·board [ə'bɔ:d] *adv. u. prp.* ⚓, ✈ an Bord; in (*e-m od. e-n Bus etc.*): ***go ~*** an Bord gehen, ⚓ *a.* sich einschiffen; ***all ~!*** a) alle Mann *od.* alle Reisenden an Bord!, b) 🚂 *etc.* alles einsteigen!

a·bode [ə'bəʊd] **I** *pret. u. p.p. von* ***abide***; **II** *s.* Aufenthalt *m*; Wohnort *m*, -sitz *m*; Wohnung *f*: ***take one's ~*** s-n Wohnsitz aufschlagen; ***of no fixed ~*** ⚖ ohne festen Wohnsitz.

a·boil [ə'bɔɪl] *adv. u. adj.* siedend, kochend, in Wallung (*alle a. fig.*).

a·bol·ish [ə'bɒlɪʃ] *v/t.* **1.** abschaffen, aufheben; **2.** vernichten; **ab·o·li·tion** [ˌæbəʊ'lɪʃn] *s.* Abschaffung *f* (*Am. bsd. der Sklaverei*), Aufhebung *f*, Beseitigung *f*; ⚖ Niederschlagung *f* (*e-s Verfahrens*); **ˌab·o'li·tion·ism** [-ʃənɪzəm] *s.* Abolitio'nismus *m*: a) *hist.* (Poli'tik *f* der) Sklavenbefreiung *f*, b) Bekämpfung *f* e-r bestehenden Einrichtung; **ˌab·oˈli·tion·ist** [-ʃənɪst] *s. hist.* Abolitioˈnist(in).

ˈA-bomb *s.* Aˈtombombe *f.*

a·bom·i·na·ble [əˈbɒmɪnəbl] *adj.* □ abscheulich, scheußlich; **aˈbom·i·nate** [-neɪt] *v/t.* verˈabscheuen; **a·bom·i·na·tion** [əˌbɒmɪˈneɪʃn] *s.* **1.** Abscheu *m* (**of** vor *dat.*); **2.** Greuel *m*, Gegenstand *m* des Abscheus: ***smoking is her pet ~*** F das Rauchen ist ihr ein wahrer Greuel.

ab·o·rig·i·nal [ˌæbəˈrɪdʒənl] **I** *adj.* □ eingeboren, ureingesessen, ursprünglich, einheimisch; **II** *s.* Ureinwohner *m*; **ab·oˈrig·i·nes** [-dʒəniːz] *s. pl.* **1.** Ureinwohner *pl.*, Urbevölkerung *f*; **2.** *die* ursprüngliche Flora und Fauna.

a·bort [əˈbɔːt] **I** *v/i.* **1.** ⚕ e-e Fehl- *od.* Frühgeburt haben; **2.** *biol.* verkümmern; **3.** fehlschlagen; **II** *v/t.* **4.** *Raumflug etc.* abbrechen; **aˈbort·ed** [-tɪd] *adj.* → ***abortive*** 1, 3, 4; **aˌbor·tiˈfa·cient** [-tɪˈfeɪʃənt] *s.* Abtreibungsmittel *n*; **a·bor·tion** [əˈbɔːʃn] *s.* **1.** ⚕ a) Abˈort *m*, Fehl- *od.* Frühgeburt *f*, b) Abtreibung *f*, ˈSchwangerschaftsunterˌbrechung *f*: ***procure an ~*** e-e Abtreibung vornehmen (***on s.o.*** bei j-m); **2.** ˈMißgeburt *f* (*a. fig.*); Verkümmerung *f*; **3.** *fig.* Fehlschlag *m*; **a·bor·tion·ist** [əˈbɔːʃnɪst] *s.* Abtreiber(in); **aˈbor·tive** [-tɪv] *adj.* □ **1.** zu früh geboren; **2.** vorzeitig; **3.** mißˈlungen, erfolg-, fruchtlos: ***prove ~*** sich als Fehlschlag erweisen; **4.** *biol.* verkümmert; **5.** ⚕ Frühgeburt verursachend; abtreibend.

a·bound [əˈbaʊnd] *v/i.* **1.** im ˈÜberfluß *od.* reichlich vorˈhanden sein; **2.** ˈÜberfluß haben (***in*** an *dat.*); **3.** voll sein, wimmeln (***with*** von); **aˈbound·ing** [-dɪŋ] *adj.* reichlich (vorˈhanden); reich (***in*** an *dat.*), voll (***with*** von).

a·bout [əˈbaʊt] **I** *prp.* **1.** um, um ... herum; **2.** umher in (*dat.*): ***wander ~ the streets***; **3.** bei, auf (*dat.*), an (*dat.*), um, in (*dat.*): (***somewhere***) ***~ the house*** irgendwo im Haus; ***have you any money ~ you?*** haben Sie Geld bei sich?; ***look ~ you!*** sieh dich um!; ***there is nothing special ~ him*** an ihm ist nichts Besonderes; **4.** wegen, über (*acc.*), um (*acc.*), von: ***talk ~ business*** über Geschäfte sprechen; ***I'll see ~ it*** ich werde danach sehen *od.* mich darum kümmern; ***what is it ~?*** worum handelt es sich?; **5.** im Begriff, daˈbei: ***he was ~ to go out***; **6.** beschäftigt mit: ***what is he ~?*** was macht er (da)?; ***he knows what he is ~*** er weiß, was er tut *od.* was er will; **II** *adv.* **7.** umˈher, (ˈrings-, ˈrund)herˌum: ***drive ~*** umher- *od.* herumfahren; ***the wrong way ~*** falsch herum; ***three miles ~*** drei Meilen im Umkreis; ***all ~*** überall; ***a long way ~*** ein großer Umweg; ***~ face!*** *Am.*, ***~ turn!*** *Brit.* ⚔ (ganze Abteilung) kehrt!; **8.** ungefähr, etwa, um, gegen: ***~ three miles*** etwa drei Meilen; ***~ this time*** ungefähr um diese Zeit; ***~ noon*** um die Mittagszeit, gegen Mittag; ***that's just ~ enough!*** das reicht (mir gerade)!; **9.** auf, in Bewegung: ***be*** (***up and***) ***~*** auf den Beinen sein; ***there is no one ~*** es ist niemand in der Nähe *od.* da; ***smallpox is ~*** die Pocken gehen um; **10.** → ***bring about*** *etc.*; **~-face**, **~-turn** *s.* Kehrtwendung *f*, *fig. a.* (völliger) ˈUmschwung.

a·bove [əˈbʌv] **I** *prp.* **1.** über (*dat.*), oberhalb (*gen.*): ***~ sea level*** über dem Meeresspiegel; ***~*** (***the***) ***average*** über dem Durchschnitt; **2.** *fig.* über, mehr als; erhaben über (*acc.*): ***~ all*** vor allem; ***you, ~ all others*** von allen Menschen gerade du; ***he is ~ that*** er steht über der Sache, er ist darüber erhaben; ***she was ~ taking advice*** sie war zu stolz, Rat anzunehmen; ***he is not ~ accepting a bribe*** er scheut sich nicht, Bestechungsgelder anzunehmen; ***~ praise*** über alles Lob erhaben; ***be ~ s.o.*** j-m überlegen sein; ***it is ~ me*** es ist mir zu hoch, es geht über m-n Verstand; **II** *adv.* **3.** oben, oberhalb; **4.** *eccl.* droben im Himmel: ***from ~*** von oben, vom Himmel; ***the powers ~*** die himmlischen Mächte; **5.** über, darˈüber (hinˈaus): ***over and ~*** obendrein, überdies; **6.** weiter oben, oben...: ***~-mentioned***; **7.** nach oben; **III** *adj.* **8.** obig, obenerwähnt: ***the ~ remarks***; **IV** *s.* **9.** *das* Obige, *das* Obenerwähnte.

aˌbove|-ˈboard *adv. u. adj.* **1.** offen, ehrlich; **2.** einwandfrei; **~ˈground** *adj.* **1.** ⚙, ⚒ über Tage, oberirdisch; **2.** *fig.* (noch) am Leben.

A-B pow·er pack *s.* ⚡ Netzteil *n* für Heiz- u. Anˈodenleistung.

ab·ra·ca·dab·ra [ˌæbrəkəˈdæbrə] *s.* **1.** Abrakaˈdabra *n* (*Zauberwort*); **2.** *fig.* Kauderwelsch *n.*

ab·rade [əˈbreɪd] *v/t.* abschürfen, ab-, aufscheuern; abnutzen, verschleißen (*a. fig.*); ⚙ *a.* abschleifen.

A·bra·ham [ˈeɪbrəhæm] *npr. bibl.* ˈAbraham *m*: ***in ~'s bosom*** (sicher wie) in Abrahams Schoß.

ab·ra·sion [əˈbreɪʒn] *s.* **1.** Abreiben *n*, Abschleifen *n* (*a.* ⚙); **2.** ⚙ Abrieb *m*;

Abnützung *f*, Verschleiß *m*; **3.** ⚕ (Haut)Abschürfung *f*, Schramme *f*; **ab'ra·sive** [-sɪv] **I** *adj.* □ abreibend, abschleifend, Schleif…, Schmirgel…; *fig.* ätzend; **II** *s.* ⚙ Schleifmittel *n*.

ab·re·act [ˌæbrɪ'ækt] *v/t. psych.* abreagieren; **ˌab·re'ac·tion** [-kʃn] *s.* 'Abreaktiˌon *f*.

a·breast [ə'brest] *adv.* Seite an Seite, nebenein'ander: ***four ~***; ***~ of*** *od.* ***with*** auf der Höhe *gen. od.* von, neben; ***keep ~ of*** (*od.* ***with***) *fig.* Schritt halten mit.

a·bridge [ə'brɪdʒ] *v/t.* **1.** (ab-, ver)kürzen; zs.-ziehen; **2.** *fig.* beschränken, beschneiden; **a'bridged** [-dʒd] *adj.* (ab-) gekürzt, Kurz…; **a'bridg(e)·ment** [-mənt] *s.* **1.** (Ab-, Ver)Kürzung *f*; **2.** Abriß *m*, Auszug *m*; gekürzte (Buch-) Ausgabe; **3.** Beschränkung *f*.

a·broad [ə'brɔːd] *adv.* **1.** im *od.* ins Ausland, auswärts, draußen: ***go ~*** ins Ausland reisen; ***from ~*** aus dem Ausland; **2.** draußen, im Freien: ***be ~ early*** schon früh aus dem Haus sein; **3.** weit um'her, überall'hin: ***spread ~*** (weit) verbreiten; ***the matter has got ~*** die Sache ist ruchbar geworden; ***a rumo(u)r is ~*** es geht das Gerücht; **4.** *fig.* ***all ~*** a) ganz im Irrtum, b) völlig verwirrt.

ab·ro·gate ['æbrəʊgeɪt] *v/t.* abschaffen, *Gesetz etc.* aufheben; **ab·ro·gation** [ˌæbrəʊ'geɪʃn] *s.* Abschaffung *f*, Aufhebung *f*.

ab·rupt [ə'brʌpt] *adj.* □ **1.** abgerissen, zs.-hanglos (*a. fig.*); **2.** jäh, steil; **3.** kurz angebunden, schroff; **4.** plötzlich, ab'rupt, jäh; **ab'rupt·ness** [-nɪs] *s.* **1.** Abgerissenheit *f*, Zs.-hangslosigkeit *f*; **2.** Steilheit *f*; **3.** Schroffheit *f*; **4.** Plötzlichkeit *f*.

ab·scess ['æbsɪs] *s.* ⚕ Ab'szeß *m*, Geschwür *n*, Eiterbeule *f*.

ab·scis·sion [æb'sɪʒn] *s.* Abschneiden *n*, Abtrennung *f*.

ab·scond [əb'skɒnd] *v/i.* **1.** sich heimlich da'vonmachen, flüchten (***from*** vor *dat.*); *a.* ***~ from justice*** sich den Gesetzen *od.* der Festnahme entziehen: ***~ing debtor*** flüchtiger Schuldner; **2.** sich verstecken.

ab·sence ['æbsəns] *s.* **1.** Abwesenheit *f* (***from*** von): ***~ of mind*** → ***absent-mindedness***; **2.** (***from***) Fernbleiben *n* (von), Nichterscheinen *n* (in *dat.*, bei, zu): ***~ without leave*** ⚔ unerlaubte Entfernung von der Truppe; **3.** (***of***) Fehlen *n* (*gen. od.* von), Mangel *m* (an *dat.*): ***in the ~ of*** in Ermangelung von (*od. gen.*).

ab·sent I *adj.* □ ['æbsənt] **1.** abwesend, fehlend, nicht vor'handen *od.* zu'gegen: ***be ~*** fehlen; **2.** geistesabwesend, zerstreut; **II** *v/t.* [æb'sənt] **3.** ***~ o.s.*** (***from***) fernbleiben (*dat. od.* von), sich entfernen (von, aus); **ab·sen·tee** [ˌæbsən'tiː] *s.* **1.** Abwesende(r *m*) *f*: ***~ ballot***, ***~ vote*** *pol.* Briefwahl *f*; ***~ voter*** Briefwähler(in); **2.** (unentschuldigt) Fehlende(r *m*) *f*; **3.** Eigentümer, der nicht auf s-m Grundstück lebt; **ab·sen·tee·ism** [ˌæbsən'tiːɪzəm] häufiges *od.* längeres (unentschuldigtes) Fehlen (am Arbeitsplatz, in der Schule); **ˌab·sent-'mind·ed** *adj.* □ geistesabwesend, zerstreut; **ˌab·sent-'mind·ed·ness** [-nɪs] *s.* Geistesabwesenheit *f*, Zerstreutheit *f*.

ab·sinth(e) ['æbsɪnθ] *s.* **1.** ⚘ Wermut *m*; **2.** Ab'sinth *m* (*Branntwein*).

ab·so·lute ['æbsəluːt] **I** *adj.* □ **1.** abso'lut (*a.* ⚗, *ling.*, *phys.*, *phls.*): ***~ altitude*** ✈ absolute (Flug)Höhe; ***~ majority*** *pol.* absolute Mehrheit; ***~ temperature*** absolute (*od.* Kelvin)Temperatur; ***~ zero*** absoluter Nullpunkt; **2.** unbedingt, unbeschränkt: ***~ monarchy*** absolute Monarchie; ***~ ruler*** unumschränkter Herrscher; ***~ gift*** Schenkung *f*; **3.** ⚗ rein, unvermischt: ***~ alcohol*** absoluter Alkohol; **4.** rein, völlig, abso'lut, voll'kommen: ***~ nonsense***; **5.** bestimmt, wirklich; 'positiv: ***~ fact*** nackte Tatsache; ***become ~*** ⚖ rechtskräftig werden; **II** *s.* **6.** ***the ~*** das Absolute; **'ab·so·lute·ly** [-lɪ] *adv.* **1.** abso'lut, völlig, vollkommen, 'durchaus; **2.** F abso'lut(!), unbedingt(!), ganz recht(!); **ab·so·lu·tion** [ˌæbsəluːʃn] *s.* **1.** *eccl.* Absoluti'on *f*, Sündenerlaß *m*; **2.** ⚖ Freisprechung *f*; **ab·so·lu·tism** ['æbsəluːtɪzəm] *s. pol.* Absolu'tismus *m*, unbeschränkte Regierungsform *od.* Herrschergewalt.

ab·solve [əb'zɒlv] *v/t.* **1.** frei-, lossprechen (***of*** von *Sünde*, ***from*** von *Verpflichtung*), entbinden (***from*** von *od. gen.*); **2.** *eccl.* Absoluti'on erteilen (*dat.*)

ab·sorb [əb'sɔːb] *v/t.* **1.** absorbieren, auf-, einsaugen, (ver)schlucken; *a. fig. Wissen etc.* (in sich) aufnehmen; vereinigen (***into*** mit); **2.** sich einverleiben, trinken; **3.** *fig.* aufzehren, verschlingen, schlucken; ✝ *Kaufkraft* abschöpfen; **4.** *fig.* ganz in Anspruch nehmen *od.* beschäftigen, fesseln; **5.** *phys.* absorbieren, resorbieren, in sich aufnehmen, auffangen, *Schall* schlucken, *Schall, Stoß* dämpfen; **ab'sorbed** [-bd] *adj.* □

fig. (***in***) gefesselt (von), vertieft *od.* versunken (in *acc.*): ~ ***in thought***; **ab'sorb·ent** [-bənt] **I** *adj.* absorbierend, aufsaugend: ~ ***cotton*** ⚕ Verbandwatte *f*; **II** *s.* Absorpti'onsmittel *n*; **ab'sorb·ing** [-bɪŋ] *adj.* □ **1.** aufsaugend; *fig.* fesselnd, packend; **2.** ⚙, *biol.* Absorptions…, Aufnahme… (*a.* ✝); **ab·sorp·tion** [əb'sɔːpʃn] *s.* **1.** *a.* ⚡, ⚘, ⚙, *biol.*, *phys.* Auf-, Einsaugung *f*, Aufnahme *f*, Absorpti'on *f*; Vereinigung *f*; **2.** Verdrängung *f*, Verbrauch *m*; (*Schall-, Stoß*)Dämpfung *f*; **3.** *fig.* (***in***) Vertieftsein *n* (in *acc.*), gänzliche In'anspruchnahme (durch); **ab·sorp·tive** [əb'sɔːp-tɪv] *adj.* absorp'tiv, Absorptions…, absorbierend, (auf)saug-, aufnahmefähig.

ab·stain [əb'steɪn] *v/i.* **1.** sich enthalten (***from*** *gen.*); **2.** *a.* ~ ***from voting*** sich der Stimme enthalten; **ab'stain·er** [-nə] *s. mst* ***total*** ~ Absti'nenzler *m*.

ab·ste·mi·ous [æb'stiːmjəs] *adj.* □ enthaltsam, mäßig, fru'gal (*a. Essen*).

ab·sten·tion [æb'stenʃn] *s.* **1.** Enthaltung *f* (***from*** von); **2.** *a.* ~ ***from voting*** *pol.* Stimmenthaltung *f*.

ab·sti·nence ['æbstɪnəns] *s.* Absti'nenz *f*, Enthaltung *f* (***from*** von), Enthaltsamkeit *f*: ***total*** ~ (völlige) Abstinenz, vollkommene Enthaltsamkeit; ***day of*** ~ *R.C.* Abstinenztag *m*; **'ab·sti·nent** [-nt] *adj.* □ enthaltsam, mäßig, absti'nent.

ab·stract[1] ['æbstrækt] **I** *adj.* □ **1.** ab'strakt, theo'retisch, rein begrifflich; **2.** *ling.* ab'strakt (*Ggs. konkret*); **3.** ⩲ ab'strakt, rein (*Ggs. angewandt*): ~ ***number*** abstrakte Zahl; **4.** → ***abstruse***; **5.** *paint.* ab'strakt; **II** *s.* **6.** *das* Ab'strakte: ***in the*** ~ rein theoretisch (betrachtet), an u. für sich; **7.** *ling.* Ab'straktum *n*, Begriffs(haupt)wort *n*; **8.** Auszug *m*, Abriß *m*, Inhaltsangabe *f*, 'Übersicht *f*: ~ ***of account*** ✝ Konto-, Rechnungsauszug; ~ ***of title*** ⚖ Besitztitel *m*, Eigentumsnachweis *m*.

ab·stract[2] [æb'strækt] *v/t.* **1.** *Geist etc.* ablenken; (ab)sondern, trennen; **2.** abstrahieren; für sich *od.* (ab)gesondert betrachten; **3.** e-n Auszug machen von, kurz zs.-fassen; **4.** ⚗ destillieren; **5.** entwenden; **ab'stract·ed** [-tɪd] *adj.* □ **1.** (ab)gesondert, getrennt; **2.** zerstreut, geistesabwesend; **ab'strac·tion** [-kʃn] *s.* **1.** Abstrakti'on *f*, *a.* ⚗ Absonderung *f*; **2.** *a.* ⚖ Wegnahme *f*, Entwendung *f*; **3.** *phls.* Abstrakti'on *f*, ab'strakter Begriff; **4.** Versunkenheit *f*, Zerstreutheit *f*; **5.** ab'straktes Kunstwerk.

ab·struse [æb'struːs] *adj.* □ dunkel, schwerverständlich, ab'strus.

ab·surd [əb'sɜːd] *adj.* □ ab'surd (*a. thea.*), unsinnig, lächerlich; **ab'surd·i·ty** [-dətɪ] *s.* Absurdi'tät *f*, Sinnlosigkeit *f*, Albernheit *f*, Unsinn *m*: ***reduce to*** ~ ad absurdum führen.

a·bun·dance [ə'bʌndəns] *s.* **1.** (***of***) 'Überfluß *m* (an *dat.*), Fülle *f* (von), (große) Menge (von): ***in*** ~ in Hülle und Fülle; **2.** 'Überschwang *m der Gefühle*; **3.** Wohlstand *m*, Reichtum *m*; **a'bun·dant** [-nt] *adj.* □ **1.** reichlich (vor'handen); **2.** (***in*** *od.* ***with***) im 'Überfluß besitzend (*acc.*), reich (an *dat.*), reichlich versehen (mit); **3.** ⩲ abun'dant; **a'bun·dant·ly** [-ntlɪ] *adv.* reichlich, völlig, in reichem Maße.

a·buse **I** *v/t.* [ə'bjuːz] **1.** miß'brauchen; 'übermäßig beanspruchen; **2.** grausam behandeln, miß'handeln; *Frau* miß'brauchen; **3.** beleidigen, beschimpfen; **II** *s.* [ə'bjuːs] **4.** 'Mißbrauch *m*, -stand *m*, falscher Gebrauch; 'Übergriff *m*: ~ ***of authority*** ⚖ Amts-, Ermessensmißbrauch; **5.** Miß'handlung *f*; **6.** Kränkung *f*, Beschimpfung *f*, Schimpfworte *pl.*; **a'bu·sive** [-juːsɪv] *adj.* □ **1.** 'mißbräuchlich; **2.** beleidigend, ausfallend: ***he became*** ~; ~ ***language*** Schimpfworte *pl.*; **3.** falsch (angewendet).

a·but [ə'bʌt] *v/i.* angrenzen, -stoßen, (sich) anlehnen (***on***, ***upon***, ***against*** an *acc.*); **a'but·ment** [-mənt] *s.* ⚠ Strebepfeiler *m*, 'Widerlager *n e-r Brücke etc.*; **a'but·tals** [-tlz] *s. pl.* (Grundstücks-) Grenzen *pl*; **a'but·ter** [-tə] *s.* ⚖ Anlieger *m*, Anrainer *m*.

a·bysm [ə'bɪzəm] *s. poet.* Abgrund *m*; **a'bys·mal** [-zml] *adj.* □ abgrundtief, bodenlos, unergründlich (*a. fig.*): ~ ***ignorance*** grenzenlose Dummheit; **a·byss** [ə'bɪs] *s.* **1.** *a. fig.* Abgrund *m*, Schlund *m*; **2.** Hölle *f*.

Ab·ys·sin·i·an [ˌæbɪ'sɪnjən] **I** *adj.* abes'sinisch; **II** *s.* Abes'sinier(in).

a·ca·cia [ə'keɪʃə] *s.* **1.** ⚘ a) A'kazie *f*, b) *a.* ***false*** ~ Gemeine Ro'binie; **2.** A'kazienˌgummi *m*, *n*.

ac·a·dem·i·a [ˌækə'diːmɪə] *s.* die akademische Welt; **ac·a·dem·ic** [ˌækə'demɪk] **I** *adj.* (□ ~***ally***) **1.** aka'demisch, Universitäts…: ~ ***dress*** *od.* ***costume*** akademische Tracht; ~ ***year*** Studienjahr *n*; **2.** (geistes)wissenschaftlich: ~ ***achievement***; ***an*** ~ ***course***; **3.** a) aka'demisch, (rein) theo'retisch: ***an*** ~ ***question***, b) unpraktisch, nutzlos; **4.** konventio'nell, traditio'nell; **II** *s.* **5.** Aka'demiker(in); **6.** Universi'tätsmitglied *n* (*Dozent, Student etc.*); ˌ**ac·a·ˈdem·i·cal** [-kl] **I** *adj.* □ → ***academic*** 1, 2; **II** *s. pl.* akaˈdemische Tracht; **a·cad·e·mi·cian** [əˌkædəˈmɪʃn] *s.* Akadeˈmiemitglied *n*; **a·cad·e·my** [əˈkædəmɪ] *s.* **1.** ~ Akadeˈmie *f* (*Platos Philosophenschule*); **2.** a) Hochschule *f*, b) höhere Lehranstalt (*allgemeiner od. spezieller Art*): ***military ~*** Militärakademie *f*, Kriegsschule *f*; ***riding ~*** Reitschule *f*; **3.** Akadeˈmie *f der Wissenschaften etc.*, gelehrte Gesellschaft.

ac·a·jou [ˈækəʒuː] → ***cashew***.

a·can·thus [əˈkænθəs] *s.* **1.** ♀ Bärenklau *m, f*; **2.** △ Aˈkanthus *m*, Laubverzierung *f*.

ac·cede [ækˈsiːd] *v/i.* ***~ to*** **1.** *e-m Vertrag, Verein etc.* beitreten; *e-m Vorschlag* beipflichten, in *et.* einwilligen; **2.** zu *et.* gelangen; *Amt* antreten; *Thron* besteigen.

ac·cel·er·ant [ækˈselərənt] **I** *adj.* beschleunigend; **II** *s.* ⚗ ˈpositiver Katalyˈsator; **ac·cel·er·ate** [ækˈseləreɪt] **I** *v/t.* **1.** beschleunigen, die Geschwindigkeit erhöhen von (*od. gen.*); *fig. Entwicklung etc.* beschleunigen, fördern; *et.* ankurbeln; **2.** *Zeitpunkt* vorverlegen; **II** *v/i.* **3.** schneller werden; **acˈcel·er·at·ing** [-reɪtɪŋ] *adj.* Beschleunigungs...: ***~ grid*** ⚡ Beschleunigungs-, Schirmgitter *n*; **ac·cel·er·a·tion** [ækˌseləˈreɪʃn] *s.* **1.** *bsd.* ⚙, *phys., ast.* Beschleunigung *f*: ***~ lane*** *mot.* Beschleunigungsspur *f*; **2.** ⚕ Akzeleratiˈon *f*, Entwicklungsbeschleunigung *f*; **acˈcel·er·a·tor** [-reɪtə] *s.* **1.** *bsd.* ⚙ Beschleuniger *m*, *mot. a.* Gashebel *m*, ˈGaspeˌdal *n*: ***step on the ~*** Gas geben; **2.** *anat.* Symˈpathikus *m*.

ac·cent I *s.* [ˈæksənt] Akˈzent *m*: a) *ling.* Ton *m*, Betonung *f*, b) *ling.* Tonzeichen *n*, c) Tonfall *m*, Aussprache *f*, d) ♪ Akˈzent(zeichen *n*) *m*, e) *fig.* Nachdruck (***on*** auf *dat.*); **II** *v/t.* [ækˈsent] → **ac·cen·tu·ate** [ækˈsentjʊeɪt] *v/t.* akzentuieren, betonen: a) herˈvorheben (*a. fig.*), b) mit e-m Akˈzent(zeichen) versehen; **ac·cen·tu·a·tion** [ækˌsentjʊˈeɪʃn] *s. allg.* Betonung *f*.

ac·cept [əkˈsept] **I** *v/t.* **1.** annehmen: a) entgegennehmen: ***~ a gift***, b) akzeptieren: ***~ a proposal***; **2.** *fig.* akzeptieren: a) *j-n od. et.* anerkennen, *bsd. et.* gelten lassen, b) *et.* ˈhinnehmen, sich mit *et.* abfinden; **3.** *j-n* aufnehmen (***into*** in *acc.*); **4.** auffassen, verstehen: → ***accepted***; **5.** ✝ *Auftrag* annehmen; *Wechsel* akzeptieren: ***~ the tender*** den Zuschlag erteilen; **II** *v/i.* **6.** annehmen, zusagen, einverstanden sein; **ac·cept·a·bil·i·ty** [əkˌseptəˈbɪlətɪ] *s.* **1.** Annehmbarkeit *f*, Eignung *f*; **2.** Erwünschtheit *f*; **acˈcept·a·ble** [-təbl] *adj.* □ **1.** akzepˈtabel, annehmbar, tragbar (***to*** für); **2.** angenehm, willˈkommen; **3.** ✝ beleihbar, lomˈbardfähig; **acˈcept·ance** [-təns] *s.* **1.** Annahme *f*, Empfang *m*; **2.** Aufnahme *f* (***into*** in *acc.*); **3.** Zusage *f*, Billigung *f*, Anerkennung *f*; **4.** ˈÜbernahme *f*; **5.** ˈHinnahme *f*; **6.** *bsd.* ✝ Abnahme *f von Waren*: ***~ test*** Abnahmeprüfung *f*; **7.** ✝ a) Annahme *f od.* Anerkennung *f e-s Wechsels*, b) Akˈzept *n*, angenommener Wechsel; **ac·cep·ta·tion** [ˌæksepˈteɪʃn] *s. ling.* gebräuchlicher Sinn, landläufige Bedeutung; **acˈcept·ed** [-tɪd] *adj.* allgemein anerkannt; üblich, landläufig: ***in the ~ sense***; ***~ text*** offizieller Text; **acˈcept·er, acˈcep·tor** [-tə] *s.* **1.** Annehmer *m*, Abnehmer *m etc.*; **2.** ✝ Akzepˈtant *m*, Wechselnehmer *m*.

ac·cess [ˈækses] *s.* **1.** Zugang *m* (*Weg*): ***~ hatch*** ⚓, ✈ Einsteigluke *f*; ***~ road*** *Am.* a) Zufahrtsstraße *f*, b) (Autobahn-) Zubringerstraße *f*; **2.** *fig.* (***to***) Zugang *m* (zu), Zutritt *m* (zu, bei); Gehör *n* (bei); *Computer*: Zugriff (auf *acc*): ***~ to means of education*** Bildungsmöglichkeiten *pl.*; ***easy of ~*** leicht zugänglich; **3.** (Wut-, Fieber- *etc.*)Anfall *m*, Ausbruch *m*; **acˈces·sa·ry** → ***accessory***; **ac·ces·si·bil·i·ty** [ækˌsesəˈbɪlətɪ] *s.* Erreichbarkeit *f*, Zugänglichkeit *f* (*a. fig.*); **ac·ces·si·ble** [ækˈsesəbl] *adj.* □ **1.** zugänglich, erreichbar (***to*** für); **2.** *fig.* ˈum-, zugänglich; **3.** zugänglich, empfänglich (***to*** für); **ac·ces·sion** [ækˈseʃn] *s.* **1.** (***to***) Gelangen *n* (zu *e-r Würde*): ***~ to power*** Machtübernahme *f*; **2.** (***to***) Anschluß *m* (an *acc.*), Beitritt *m* (zu); Antritt *m* (*e-s Amtes*): ***~ to the throne*** Thronbesteigung *f*; **3.** (***to***) Zuwachs *m* (an *dat.*), Vermehrung *f* (*gen.*): ***recent ~s*** Neuanschaffungen; **4.** Wertzuwachs *m*, Vorteil *m*; **5.** (***to***) Erreichung *f e-s Alters*.

ac·ces·so·ry [ækˈsesərɪ] **I** *adj.* **1.** zusätzlich, beitragend, Hilfs..., Neben..., Begleit...; **2.** nebensächlich, ˈuntergeordnet; **3.** teilnehmend, mitschuldig (***to*** an *dat.*); **II** *s.* **4.** Zusatz *m*, Anhang *m*; **5.** *pl.* ⚙ Zubehör(teile *pl.*) *n, m*; **6.** *oft pl.* Hilfsmittel *n*, Beiwerk *n*; **7.** ⚖ Teilnehmer *m an e-m Verbrechen*: ***~ after the fact*** Begünstiger *m*, *z. B.* Hehler *m*; ***~ before the fact*** a) Anstifter *m*, b) (Tat-) Gehilfe *m*.

ac·ci·dence [ˈæksɪdəns] *s. ling.* Formenlehre *f.*

ac·ci·dent ['æksɪdənt] *s.* **1.** Zufall *m*, zufälliges Ereignis: ***by ~*** zufällig; **2.** zufällige Eigenschaft, Nebensächlichkeit *f*; **3.** Unfall *m*, Unglücksfall *m*: ***in an ~*** bei e-m Unfall; ***~ benefit*** Unfallentschädigung *f*; ***~-free*** unfallfrei; ***~-prone*** unfallgefährdet; **4.** Mißgeschick *n*; **ac·ci·den·tal** [ˌæksɪ'dentl] **I** *adj.* □ **1.** zufällig, unbeabsichtigt; nebensächlich; **2.** Unfall...: ***~ death*** Tod *m* durch Unfall; **II** *s.* **3.** ♪ Vorzeichen *n*; **4.** *mst pl. paint.* Nebenlichter *pl.*

ac·claim [ə'kleɪm] **I** *v/t.* **1.** *j-n*, *fig. et.* mit (lautem) Beifall *od.* Jubel begrüßen; *j-m* zujubeln; **2.** jauchzend ausrufen: ***they ~ed him (as) king*** sie riefen ihn zum König aus; **3.** sehr loben; **II** *s.* **4.** Beifall *m.*

ac·cla·ma·tion [ˌæklə'meɪʃn] *s.* **1.** lauter Beifall; **2.** hohes Lob; **3.** *pol.* Abstimmung *f* durch Zuruf: ***by ~*** durch Akklamation.

ac·cli·mate [ə'klaɪmət] *bsd. Am.* → ***acclimatize***; **ac·cli·ma·tion** [ˌæklaɪ'meɪʃn] *s.*, **ac·cli·ma·ti·za·tion** [əˌklaɪmətaɪ'zeɪʃn] *s.* Akklimatisierung *f*, Eingewöhnung *f* (*beide a. fig.*); ⚘ *zo.* Einbürgerung *f*; **ac·cli·ma·tize** [ə'klaɪmətaɪz] *v/t. u. v/i.* (sich) akklimatisieren, (sich) gewöhnen (***to*** an *acc.*) (*a. fig.*).

ac·cliv·i·ty [ə'klɪvətɪ] *s.* Steigung *f.*

ac·co·lade ['ækəʊleɪd] *s.* **1.** Akko'lade *f*: a) Ritterschlag *m*, b) (feierliche) Um'armung. **2.** *fig. Am.* Auszeichnung *f.* **3.** ♪ Klammer *f.*

ac·com·mo·date [ə'kɒmədeɪt] **I** *v/t.* **1.** (***to***) a) anpassen (*dat.*, an *acc.*): ***~ o.s. to circumstances***, b) in Einklang bringen (mit): ***~ facts to theory***; **2.** *j-n* versorgen, *j-m* aushelfen *od.* gefällig sein (***with*** mit): ***~ s.o. with money***; **3.** *Streit* schlichten, beilegen; **4.** 'unterbringen, Platz haben für, fassen; **II** *v/i.* **5.** sich einstellen (***to*** auf *acc.*); **6.** ⚕ sich akkommodieren; **ac'com·mo·dat·ing** [-tɪŋ] *adj.* □ gefällig, entgegenkommend; anpassungsfähig; **ac·com·mo·da·tion** [əˌkɒmə'deɪʃn] *s.* **1.** Anpassung *f* (***to*** an *acc.*); Über'einstimmung *f*; **2.** Über'einkommen *n*, gütliche Einigung; **3.** Gefälligkeit *f*, Aushilfe *f*, geldliche Hilfe; **4.** Versorgung *f* (***with*** mit); **5.** *a. pl.* Einrichtung(en *pl.*) *f*; Bequemlichkeit(en *pl.*) *f*; Räumlichkeit (-en *pl.*) *f*: ***seating ~*** Sitzgelegenheit *f*; **6.** *Brit. sg.*, *Am. mst pl.* (Platz *m* für) 'Unterkunft *f*, -bringung *f*, Quar'tier *n*; **7.** *a. ~ **train*** *Am.* Per'sonenzug *m.*

ac·com·mo·da·tion| ad·dress *s.* 'Deckaˌdresse *f*; ***~ bill***, ***~ draft*** *s.* ✝ Gefälligkeitswechsel *m*; ***~ lad·der*** *s.* ⚓ Fallreep *n*; ***~ road*** *s.* Hilfs-, Zufahrtsstraße *f.*

ac·com·pa·ni·ment [ə'kʌmpənɪmənt] *s.* **1.** ♪ Begleitung *f*, *a. fig. iro.* Begleitmusik *f*; **2.** *fig.* Begleiterscheinung *f*; **ac'com·pa·nist** [-pənɪst] *s.* ♪ Begleiter (-in); **ac·com·pa·ny** [ə'kʌmpənɪ] *v/t.* **1.** *a.* ♪ *u. fig.* begleiten; **2.** *fig.* e-e Begleiterscheinung sein von *od. gen.*: ***accompanied by*** *od.* ***with*** begleitet von, verbunden mit; ***~ing address (phenomenon)*** Begleitadresse *f* (-erscheinung *f*); **3.** verbinden (***with*** mit): ***~ the advice with a warning.***

ac·com·plice [ə'kʌmplɪs] *s.* Kom'plice *m*, 'Mittäter(in).

ac·com·plish [ə'kʌmplɪʃ] *v/t.* **1.** *Aufgabe* voll'bringen, voll'enden, erfüllen, *Absicht* ausführen, *Zweck* erreichen, erfüllen, *Ziel* erreichen; **2.** leisten; **3.** ver'vollkommnen, schulen; **ac'com·plished** [-ʃt] *adj.* **1.** 'vollständig ausgeführt; **2.** kultiviert, (fein *od.* vielseitig) gebildet; **3.** voll'endet, per'fekt (*a. iro.*): ***an ~ liar*** ein Erzlügner; **ac'com·plish·ment** [-mənt] *s.* **1.** Ausführung *f*, Voll'endung *f*; Erfüllung *f*; **2.** Ver'vollkommnung *f*; **3.** Voll'kommenheit *f*; Könnerschaft *f*; **4.** *mst pl.* Fertigkeiten *pl.*, Ta'lente *pl.*, Künste *pl.*; **5.** Leistung *f.*

ac·cord [ə'kɔːd] **I** *v/t.* **1.** bewilligen, gewähren, *Lob* spenden; **II** *v/i.* **2.** über'einstimmen, harmonieren, passen; **III** *s.* **3.** Über'einstimmung *f*, Einklang *m*; **4.** Zustimmung *f*; **5.** Über'einkommen *n*, *pol.* Abkommen *n*; ⚖ Vergleich *m*: ***with one ~*** einstimmig, einmütig; ***of one's own ~*** aus eigenem Antrieb, freiwillig; **ac'cord·ance** [-dəns] *s.* Über'einstimmung *f*: ***to be in ~ with*** übereinstimmen mit; ***in ~ with*** in Übereinstimmung mit, gemäß; **ac'cord·ing** [-dɪŋ] **I** ***~ as*** *cj.* je nach'dem (wie *od.* ob), so wie; **II** ***~ to*** *prp.* gemäß, nach, laut (*gen.*): ***~ to taste*** (je) nach Geschmack; ***~ to directions*** vorschriftsmäßig; **ac'cord·ing·ly** [-dɪŋlɪ] *adv.* demgemäß, folglich; entsprechend.

ac·cor·di·on [ə'kɔːdjən] *s.* Ak'kordeon *n*, 'Zieh-, 'Handharˌmonika *f.*

ac·cost [ə'kɒst] *v/t.* her'antreten an (*acc.*), *j-n* ansprechen.

ac·couche·ment [ə'kuːʃmɑ̃ːŋ] (*Fr.*) *s.* Entbindung *f*, Niederkunft *f*; **ac·cou·cheur** [ˌækuː'ʃɜː; akuʃœːr] *s.* Geburtshelfer *m*; **ac·cou·cheuse** [ˌækuː-

ˈʃɜːz; akuʃøːz] *s.* Hebamme *f.*

ac·count [əˈkaʊnt] **I** *v/t.* **1.** ansehen als, erklären für, betrachten als: **~ *s.o.*** (***to be***) ***guilty***; **~ *o.s. happy*** sich glücklich schätzen; **II** *v/i.* **~ *for* 2.** Rechenschaft ablegen über *acc.*; verantwortlich sein für; **3.** (er)klären, begründen: ***how do you ~ for that?*** wie erklären Sie das?; ***Henry ~s for ten of them*** zehn davon kommen auf H.; ***there is no ~ing for it*** das ist nicht zu begründen, das ist Ansichtssache; (***not***) ***~ed for*** (un)geklärt; **4.** *hunt.* (ab)schießen; *fig. sport* ‚erledigen'; **III** *s.* **5.** Rechnung *f*, Ab-, Berechnung *f*; ☨ *pl.* (Geschäfts)Bücher *pl.*, (Rechnungs-, Jahres)Abschluß *m*; ˈKonto *n*: ***~-book*** Konto-, Geschäftsbuch *n*; **~ *current*** *od.* ***current ~*** laufende Rechnung, Kontokorrent *n*; **~ *sales*** Verkaufsabrechnung; ***~s payable*** Verbindlichkeiten, Kreditoren; ***~s receivable*** Außenstände, Debitoren; ***on ~*** auf Abschlag, a conto, als Teilzahlung; ***for ~ only*** nur zur Verrechnung; ***for one's own ~*** auf eigene Rechnung; ***payment on ~*** Anzahlung *f*; ***on one's own ~*** auf eigene Rechnung (u. Gefahr), für sich selber; ***balance an ~*** e-e Rechnung bezahlen, ein Konto ausgleichen; ***carry to a new ~*** auf neue Rechnung vortragen; ***charge to s.o.'s ~*** j-s Konto belasten mit, j-m in Rechnung stellen; ***keep an ~*** Buch führen; ***open an ~*** ein Konto eröffnen; ***place to s.o.'s ~*** j-m in Rechnung stellen; ***render an ~*** (***for***) Rechnung (vor)legen (für); **~ *rendered*** vorgelegte Rechnung; ***settle an ~*** e-e Rechnung begleichen; ***settle*** *od.* ***square ~s with***, ***make up one's ~ with*** *a. fig.* abrechnen mit; ***square an ~*** ein Konto ausgleichen; → ***statement*** 5; **6.** Rechenschaft(sbericht *m*) *f*: ***bring to ~*** *fig.* abrechnen mit; ***call to ~*** zur Rechenschaft ziehen; ***give*** *od.* ***render an ~ of*** Rechenschaft ablegen über (*acc.*) → 7; ***give a good ~ of*** *et.* gut erledigen, *Gegner* abfertigen; ***give a good ~ of o.s.*** s-e Sache gut machen, sich bewähren; **7.** Bericht *m*, Darstellung *f*, Beschreibung *f*: ***by all ~s*** nach allem, was man hört; ***give*** *od.* ***render an ~ of*** Bericht erstatten über (*acc.*) → 6; **8.** Liste *f*, Verzeichnis *n*; **9.** ˈUmstände *pl.*, Erwägung *f*: ***on ~ of*** um … willen, wegen; ***on his ~*** seinetwegen; ***on no ~*** keineswegs, unter keinen Umständen; ***leave out of ~*** außer Betracht lassen; ***take ~ of***, ***take into ~*** Rechnung tragen (*dat.*), in Betracht ziehen, berücksichtigen; **10.** Wichtigkeit *f*, Wert *m*: ***of no ~*** ohne Bedeutung; **11.** Vorteil *m*: ***find one's ~ in*** bei *et.* profitieren *od.* auf s-e Kosten kommen; ***turn to*** (***good***) **~** (gut) (aus)nutzen, Kapital schlagen aus; **ac·count·a·bil·i·ty** [əˌkaʊntəˈbɪlətɪ] *s.* Verantwortlichkeit *f*; **acˈcount·a·ble** [-təbl] *adj.* ☐ **1.** verantwortlich, rechenschaftspflichtig (***to*** *dat.*); **2.** erklärlich; **acˈcount·an·cy** [-tənsɪ] *s.* Buchhaltung *f*; Buchführung *f*, Rechnungswesen *n*; *Brit.* Steuerberatung *f*; **acˈcount·ant** [-tənt] *s.* **1.** (*a.* Bilanz)Buchhalter *m*, Rechnungsführer *m*; **2.** (***chartered*** *od.* ***certified ~*** amtlich zugelassener) Buchprüfer *od.* Steuerberater; ***certified public ~*** *Am.* Wirtschaftsprüfer *m*; **3.** *Brit.* Steuerberater *m*; **acˈcount·ing** [-tɪŋ] *s.* **1.** → ***accountancy***; **2.** Abrechnung *f*: **~ *period*** Abrechnungszeitraum *m*; **~ *year*** Geschäftsjahr *n*.

ac·cou·tred [əˈkuːtəd] *adj.* ausgerüstet; **acˈcou·tre·ment** [-təmənt] *s. mst pl.* **1.** Kleidung *f*, Ausstattung *f*; **2.** ⚔ Ausrüstung *f* (*außer Uniform u. Waffen*).

ac·cred·it [əˈkredɪt] *v/t.* **1.** *bsd. e-n Gesandten* akkreditieren, beglaubigen (***to*** bei); **2.** bestätigen, als berechtigt anerkennen; **3.** **~ *s.th. to s.o.*** *od.* ***s.o. with s.th.*** j-m et. zuschreiben.

ac·cre·tion [æˈkriːʃn] *s.* **1.** Zuwachs *m*, Zunahme *f*, Anwachsen *n*; **2.** ⚖ Anwachsung *f* (*Erbschaft*); (Land)Zuwachs *m*; **3.** ⚕ Zs.-wachsen *n*.

ac·cru·al [əˈkruːəl] *s.* ☨, ⚖ Anfall *m* (*Dividende, Erbschaft etc.*); Entstehung *f* (*Anspruch etc.*); Auflaufen *n* (*Zinsen*); Zuwachs *m*.

ac·crue [əˈkruː] *v/i.* erwachsen, entstehen, zufallen, zukommen (***to*** *dat.*, ***from***, ***out of*** aus): ***~d interest*** aufgelaufene Zinsen *pl.*

ac·cu·mu·late [əˈkjuːmjʊleɪt] **I** *v/t.* ansammeln, anhäufen, aufspeichern (*a.* ⚙), aufstauen; **II** *v/i.* anwachsen, sich anhäufen *od.* ansammeln *od.* akkumulieren, ⚙ sich summieren; auflaufen (*Zinsen*); **ac·cu·mu·la·tion** [əˌkjuːmjʊˈleɪʃn] *s.* Ansammlung *f*, Auf-, Anhäufung *f*, Akkumulation *f*, *a.* ⚙ (Auf-)Speicherung *f*, *a. psych.* (Auf)Stauung *f*: **~ *of capital*** ☨ Kapitalansammlung *f*; **~ *of interest*** Auflaufen *n* von Zinsen; **~ *of property*** Vermögensanhäufung *f*; **acˈcu·mu·la·tive** [-lətɪv] *adj.* (sich) anhäufend *etc.*; Häufungs…, Zusatz…, Sammel…; **acˈcu·mu·la·tor** [-tə] *s.* ϟ Akkumuˈlator *m*, ˈAkku *m*, (Strom-)Sammler *m*.

ac·cu·ra·cy ['ækjʊrəsɪ] *s.* Genauigkeit *f*, Sorgfalt *f*, Präzisi'on *f*; Richtigkeit *f*, Ex'aktheit *f*; **'ac·cu·rate** [-rət] *adj.* □ **1.** genau; sorgfältig; pünktlich; **2.** richtig, zutreffend, ex'akt.

ac·curs·ed [ə'kɜ:sɪd] *adj., a.* **ac'curst** [-st] *adj.* verflucht, verwünscht, F *a.* ‚verflixt'.

ac·cu·sa·tion [ˌækju:'zeɪʃn] *s.* Anklage *f*, An-, Beschuldigung *f*: ***bring an ~ against s.o.*** e-e Anklage gegen j-n erheben; **ac·cu·sa·ti·val** [əˌkju:zə'taɪvl] *adj.* □ *ling.* 'akkusativisch; **ac·cu·sa·tive** [ə'kju:zətɪv] *s. a.* ***~ case*** 'Akkusativ *m*, 4. Fall.

ac·cuse [ə'kju:z] *v/t. a.* ⚖ anklagen, beschuldigen (***of*** *gen.*; ***before, to*** bei); **ac'cused** [-zd] *s.* a) Angeklagte(r *m*) *f*, b) *die* Angeklagten *pl*; **ac'cus·ing** [-zɪŋ] *adj.* □ anklagend.

ac·cus·tom [ə'kʌstəm] *v/t.* gewöhnen (***to*** an *acc.*): ***be ~ed to do(ing) s.th.*** gewohnt sein, et. zu tun, et. zu tun pflegen; ***get ~ed to s.th.*** sich an et. gewöhnen; **ac'cus·tomed** [-md] *adj.* **1.** gewohnt, üblich; **2.** gewöhnt (***to*** an *acc.*, zu *inf.*).

ace [eɪs] **I** *s.* **1.** As *n* (*Spielkarte*): ***an ~ in the hole*** *Am.* F ein Trumpf in petto; **2.** Eins *f* (*Würfel*); **3.** *fig.* ***he came within an ~ of losing*** um ein Haar hätte er verloren; **4.** ⚔ (Flieger)As *n*; **5.** *bsd. sport* ‚Ka'none' *f*, As *n*; **6.** *Tennis:* (Aufschlag)As *n*. **II** *adj.* **7.** her'vorragend, Spitzen…, Star…: ***~ reporter***.

ac·er·bate ['æsəbeɪt] *v/t.* er-, verbittern; **a·cer·bi·ty** [ə'sɜ:bətɪ] *s.* **1.** Herbheit *f*, Bitterkeit *f* (*a. fig.*); **2.** saurer Geschmack, Säure *f*; **3.** *fig.* Schärfe *f*, Heftigkeit *f*.

ac·e·tate ['æsɪteɪt] *s.* **1.** ⚗ Ace'tat *n*; **2.** *a.* ***~ rayon*** Acetatseide *f*; **a·ce·tic** [ə'si:tɪk] *adj.* ⚗ essigsauer: ***~ acid*** Essigsäure *f*; **a·cet·i·fy** [ə'setɪfaɪ] **I** *v/t.* in Essig verwandeln, säuern; **II** *v/i.* sauer werden; **a·cet·y·lene** [ə'setɪlɪn] *s.* ⚗ Acety'len *n*: ***~ welding*** ⚙ Autogenschweißen *n*.

ache [eɪk] **I** *v/i.* **1.** schmerzen, weh tun; Schmerzen haben: ***I am aching all over*** mir tut alles weh; **2.** F sich sehnen (***for*** nach), dar'auf brennen (***to do*** *et.* zu tun); **II** *s.* **3.** (*anhaltender*) Schmerz.

a·chieve [ə'tʃi:v] *v/t.* **1.** zu'stande bringen, voll'bringen, schaffen, leisten; **2.** erlangen; *Ziel* erreichen, *Erfolg* erzielen; **a'chieve·ment** [-mənt] *s.* **1.** Voll'bringung *f*, Schaffung *f*, Zu'standebringen *n*; **2.** Erzielung *f*, Erreichen *n*; **3.** Erringung *f*; **4.** (Groß)Tat *f*, (große) Leistung, Errungenschaft *f*: ***~-oriented*** leistungsorientiert; ***~ test*** *psych.* Leistungstest *m*; **a'chiev·er** [-və] *s.* j-d, der es zu et. bringt.

A·chil·les [ə'kɪli:z] *npr.* A'chill(es) *m*: ***~ heel*** *fig.* Achillesferse *f*; ***~ tendon*** *anat.* Achillessehne *f*.

ach·ing ['eɪkɪŋ] *adj.* schmerzend.

ach·ro·ma·tic [ˌækrəʊ'mætɪk] *adj.* (□ ***~ally***) **1.** *phys., biol.* achro'matisch, farblos: ***~ lens***; **2.** ♪ dia'tonisch.

ac·id ['æsɪd] **I** *adj.* □ **1.** sauer, scharf (*Geschmack*): ***~ drops*** *Brit.* saure (Frucht)Bonbons, Drops; **2.** *fig.* bissig, beißend: ***~ remark***; **3.** ⚗, ⚙ säurehaltig, Säure…: ***~ bath*** Säurebad *n*; ***~ rain*** saurer Regen; **II** *s.* **4.** ⚗ Säure *f*: ***~-proof*** ⚙ säurefest; **5.** *sl.* LS'D *n*: ***~-head*** LSD-Süchtiger *m*; **a·cid·i·fy** [ə'sɪdɪfaɪ] *v/t.* (an)säuern; in Säure verwandeln; **a·cid·i·ty** [ə'sɪdətɪ] *s.* **1.** Säure *f*, Schärfe *f*, Säuregehalt *m*; **2.** ('überschüssige) Magensäure; **ac·id re·sist·ance** *s.* Säurefestigkeit *f*; **ac·id test** *s.* **1.** ⚗, ⚡ Scheide-, Säureprobe *f*; **2.** *fig.* strengste Prüfung, Feuerprobe *f*: ***put to the ~*** auf Herz u. Nieren prüfen.

a·cid·u·lat·ed [ə'sɪdjʊleɪtɪd] *adj.* (an-) gesäuert: ***~ drops*** saure Bonbons; **a'cid·u·lous** [-ləs] *adj.* säuerlich; *fig.* → ***acid*** 2.

ack-ack [ˌæk'æk] *s* ⚔ *sl.* Flak(feuer *n*, -kanone[n *pl.*] *f*) *f*.

ack·em·ma [æk'emə] *Funkerwort für* ***a.m.*** *Brit. sl.* **I** *adv.* vormittags; **II** *s.* 'Flugzeugmeˌchaniker *m*.

ac·knowl·edge [ək'nɒlɪdʒ] *v/t.* **1.** anerkennen; **2.** zugeben, einräumen; **3.** sich bekennen zu; **4.** (dankbar) anerkennen; sich erkenntlich zeigen für; **5.** *Empfang* bestätigen, quittieren; *Gruß* erwidern; **6.** ⚖ *Urkunde* beglaubigen; **ac'knowl·edged** [-dʒd] *adj.* anerkannt; **ac'knowl·edg(e)·ment** [-mənt] *s.* **1.** Anerkennung *f*; **2.** Ein-, Zugeständnis *n*; **3.** Bekenntnis *n*; **4.** (lobende) Anerkennung; Erkenntlichkeit *f*, Dank *m* (***of*** für); **5.** (Empfangs)Bestätigung *f*; **6.** ⚖ Beglaubigungsklausel *f* (*Urkunde*).

ac·me ['ækmɪ] *s.* **1.** Gipfel *m*; *fig. a.* Höhepunkt *m*; **2.** ⚕ 'Krisis *f*.

ac·ne ['æknɪ] *s.* ⚕ 'Akne *f*.

ac·o·lyte ['ækəʊlaɪt] *s.* **1.** *eccl.* Meßgehilfe *m*, Al'tardiener *m*; **2.** Gehilfe *m*; Anhänger *m*.

a·corn ['eɪkɔ:n] *s.* ♀ Eichel *f*.

a·cous·tic *adj.*, **a·cous·ti·cal** [ə'ku:stɪk(l)] *adj.* □ ⚙, *phys.* a'kustisch, Schall…, *a.* ⚕ Gehör…, Hör…: ***~ en-***

gineering Tontechnik *f*; **~ *frequency*** Hörfrequenz *f*; **~ *nerve*** Gehörnerv *m*; **a'cous·tics** [-ks] *s. pl. phys.* **1.** *mst sg. konstr.* A'kustik *f*, Lehre *f* vom Schall; **2.** *pl. konstr.* A'kustik *f e-s Raumes.*

ac·quaint [ə'kweınt] *v/t.* **1.** (***o.s.*** sich) bekannt (*fig. a.* vertraut) machen (***with*** mit); → ***acquainted***; **2.** *j-m* mitteilen (***with a th.*** et., ***that*** daß); **ac'quaint·ance** [-təns] *s.* **1.** (***with***) Bekanntschaft *f* (mit), Kenntnis *f* (von *od. gen.*): ***make s.o.'s*** **~** j-n kennenlernen; ***on closer*** **~** bei näherer Bekanntschaft; **2.** Bekanntschaft *f*: a) Bekannte(r *m*) *f*, b) Bekanntenkreis *m*: ***an*** **~** ***of mine*** eine(r) meiner Bekannten; **ac'quaint·ed** [-tıd] *adj.* bekannt: ***be*** **~** ***with*** kennen; ***become*** **~** ***with*** *j-n od. et.* kennenlernen.

ac·qui·esce [ˌækwı'es] *v/i.* **1.** (***in***) sich fügen (in *acc.*), hinnehmen (*acc.*), dulden (*acc.*); **2.** einwilligen; **ˌac·qui'es·cence** [-sns] *s.* (***in***) Ergebung *f* (in *acc.*); Einwilligung *f* (in *acc.*); Nachgiebigkeit *f* (gegenüber); **ˌac·qui'es·cent** [-snt] *adj.* □ ergeben, fügsam.

ac·quire [ə'kwaıə] *v/t.* (käuflich *etc.*) erwerben; erlangen, erreichen, gewinnen; *fig. a. Wissen etc.* erwerben, (er-) lernen, sich aneignen: **~*d taste*** anerzogener *od.* angewöhnter Geschmack; **ac'quire·ment** [-mənt] *s.* **1.** Erwerbung *f*; **2.** (erworbene) Fähig- *od.* Fertigkeit; *pl.* Kenntnisse *pl.*

ac·qui·si·tion [ˌækwı'zıʃn] *s.* **1.** Erwerbung *f*, Erwerb *m*; Kauf *m*, (Neu-) Anschaffung *f*; Errungenschaft *f*; **2.** Gewinn *m*, Bereicherung *f*.

ac·quis·i·tive [ə'kwızıtıv] *adj.* **1.** auf Erwerb gerichtet, gewinnsüchtig, Erwerbs...; **2.** (lern)begierig; **ac'quis·i·tive·ness** [-nıs] *s.* Gewinnsucht *f*, Erwerbstrieb *m*.

ac·quit [ə'kwıt] *v/t.* **1.** *Schuld* bezahlen, *Verbindlichkeit* erfüllen; **2.** entlasten; ⚖ freisprechen (***of*** von); **3.** (***of***) *j-n e-r Verpflichtung* entheben; **4.** **~** ***o.s.*** (***of***) *Pflicht etc.* erfüllen; sich *e-r Aufgabe* entledigen: **~** ***o.s. well*** s-e Sache gut machen; **ac'quit·tal** [-tl] *s.* **1.** ⚖ Freisprechung *f*, Freispruch *m*; **2.** Erfüllung *f e-r Pflicht*; **ac'quit·tance** [-təns] *s.* **1.** Erfüllung *f e-r Verpflichtung*, Begleichung *f*, Tilgung *f e-r Schuld*; **2.** Quittung *f*.

a·cre ['eıkə] *s.* Acre *m* (*4047 qm*): **~*s and*** **~*s*** weite Flächen; **a·cre·age** ['eıkərıdʒ] *s.* Fläche(ninhalt *m*) *f* (nach Acres).

ac·rid ['ækrıd] *adj.* □ scharf, ätzend, beißend (*alle fig.*).

ac·ri·mo·ni·ous [ˌækrı'məʊnjəs] *adj.* □ *fig.* scharf, bitter, beißend; **ac·ri·mo·ny** ['ækrımənı] *s.* Schärfe *f*, Bitterkeit *f*.

ac·ro·bat ['ækrəbæt] *s.* Akro'bat *m*; **ac·ro·bat·ic**, **ac·ro·bat·i·cal** [ˌækrəʊ'bætık(l)] *adj.* □ akro'batisch: ***acrobatic flying*** Kunstfliegen *n*; **ac·ro·bat·ics** [ˌækrəʊ'bætıks] *s. pl. mst sg. konstr.* Akro'batik *f*; akro'batische Kunststücke *pl.*; Kunstflug *m*.

ac·ro·nym ['ækrəʊnım] *s. ling.* Akro'nym *n*, Initi'alwort *n*.

a·cross [ə'krɒs] **I** *prp.* **1.** (quer *od.* mitten) durch; **2.** a) (quer) über (*acc.*), b) jenseits (*gen.*), auf der anderen Seite (*gen.*): **~** ***the street*** über die Straße *od.* auf der gegenüberliegenden Straßenseite; ***from*** **~** ***the lake*** von jenseits des Sees; **II** *adv.* **3.** kreuzweise, über Kreuz; verschränkt; **4.** ***ten feet*** **~** zehn Fuß im Durchmesser *od.* breit; **5.** (quer) hin- *od.* herüber, (quer) durch; → ***come across*** *etc.*; **6.** drüben, auf der anderen Seite; **aˌcross-the-'board** *adj.* glo'bal, line'ar: **~** ***tax cut***.

a·cros·tic [ə'krɒstık] *s.* A'krostichon *n*.

act [ækt] **I** *s.* **1.** Tat *f*, Werk *n*, Handlung *f*, Maßnahme *f*, Akt *m*: **~** ***of force*** Gewaltakt; **~** ***of God*** ⚖ höhere Gewalt; **~** ***of grace*** Gnadenakt; **~** ***of state*** (staatlicher) Hoheitsakt; **~** ***of war*** kriegerische Handlung; (***sexual***) **~** Geschlechts-, Liebesakt; ***catch s.o. in the*** **~** j-n auf frischer Tat ertappen; **2.** ⚖ a) *a.* **~** ***and deed*** Urkunde *f*, Akte *f*, Willenserklärung *f*, b) Rechtshandlung *f*, c) Tathandlung *f*, d) (Straf)Tat *f*: → ***bankruptcy*** 1; **3.** *mst* **2** Verordnung *f*, Gesetz *n*: **2** ***of Parliament*** *Brit.*, **2** ***of Congress*** *Am.* (verabschiedetes) Gesetz; **4.** **2*s*** (***of the Apostles***) *pl. bibl.* Apostelgeschichte *f*; **5.** *thea.* Aufzug *m*, Akt *m*; **6.** Stück *n*, (Zirkus)Nummer *f*; **7.** F *fig.* Pose *f*, ‚Tour' *f*: ***put on an*** **~** ‚Theater spielen'; **II** *v/t.* **8.** aufführen, spielen; darstellen: **~** ***a part*** e-e Rolle spielen; **~** ***the fool*** a) sich wie ein Narr benehmen, b) sich dumm stellen; **~** ***one's part*** s-e Pflicht tun; **~** ***out*** F *et.* durchspielen; **III** *v/i.* **9.** (The'ater) spielen, auftreten; *fig.* ‚The'ater spielen'; **10.** handeln, tätig sein *od.* werden, eingreifen: **~** ***as*** fungieren *od.* amtieren *od.* dienen als; **~** ***in a case*** in e-r Sache vorgehen; **~** ***for s.o.*** für j-n handeln, j-n vertreten; **~** (***up***)***on*** handeln *od.* sich richten nach; **11.** (***towards***) sich (*j-m* gegenüber) verhalten; **12.** *a.* ⚕, ⚙

(***on***) (ein)wirken (auf *acc.*); **13.** funktionieren, gehen, arbeiten; **14.** ***~ up*** F a) verrückt spielen (*Person od. Sache*), b) sich aufspielen; **'act·a·ble** [-təbl] *adj. thea.* bühnengerecht; **'act·ing** [-tɪŋ] **I** *adj.* **1.** handelnd, tätig: ***~ on your instructions*** gemäß Ihren Anweisungen; **2.** stellvertretend, amtierend, geschäftsführend: ***the ≈ Consul***; **3.** *thea.* spielend, Bühnen...: ***~ version*** Bühnenfassung *f*; **II** *s.* **4.** Handeln *n*, A'gieren *n*; **5.** *thea.* Spiel(en) *n*, Aufführung *f*; Schauspielkunst *f*.

ac·tion ['ækʃn] *s.* **1.** Handeln *n*, Handlung *f*, Tat *f*, Akti'on *f*: ***man of ~*** Mann *m* der Tat; ***full of ~*** → ***active*** 1; ***course of ~*** Handlungsweise *f*; ***for further ~*** zur weiteren Veranlassung; ***~ committee*** *pol.* Aktionskomitee *n*, (Bürger)Initiative *f*; ***put into ~*** in die Tat umsetzen; ***take ~*** Schritte unternehmen, handeln, et. *in e-r Angelegenheit* tun; ***take ~ against*** vorgehen gegen; → 9; **2.** *a.* ⚙ a) Tätigkeit *f*, Gang *m*, Funktionieren *n*, b) Mecha'nismus *m*, Werk *n*: ***~ of the bowels*** (***heart***) ⚕ Stuhlgang *m* (Herztätigkeit *f*); ***put out of ~*** unfähig *od.* unbrauchbar machen, außer Betrieb setzen; → 10; ***~!*** *Film*: Aufnahme!; **3.** *a.* ⚗, ⚙, *phys.* (Ein)Wirkung *f*, Einfluß *m*; Vorgang *m*, Pro'zeß *m*: ***the ~ of acid on metal*** die Einwirkung der Säure auf Metall; **4.** Handlung *f e-s Dramas*; **5.** Verhalten *n*, Benehmen *n*; **6.** Bewegung *f*, Gangart *f e-s Pferdes*; **7.** *rhet., thea.* Vortragsweise *f*, Ausdruck *m*; **8.** *Kunst u. fig.*: Action *f*, (dra'matisches) Geschehen: ***~ painting*** Action-painting *n*; ***where the ~ is*** F wo was los ist; **9.** ⚖ Klage *f*, Prozeß *m*: ***bring an ~ against*** *j-n* verklagen; ***take ~*** Klage erheben; → 1; **10.** ⚔ Gefecht *n*, Kampf *m*, Einsatz *m*: ***killed*** (***wounded***) ***in ~*** gefallen (verwundet); ***go into ~*** eingreifen, in Aktion treten (*a. fig.*); ***put out of ~*** außer Gefecht setzen (*a. sport etc.*; → 2); ***~ station*** Gefechtsstation *f*; ***~ stations!*** Alarm!; ***he saw ~*** er war im Einsatz *od.* an der Front; **'ac·tion·able** [-ʃnəbl] *adj.* ⚖ (ein-, ver)klagbar; strafbar.

ac·ti·vate ['æktɪveɪt] *v/t* **1.** ⚗, ⚙ aktivieren, in Betrieb setzen, (*a.* radio)ak'tiv machen: ***~d carbon*** Aktivkohle *f*; **2.** ⚔ a) *Truppen* aufstellen, b) *Zünder* scharf machen; **ac·ti·va·tion** [ˌæktɪ'veɪʃn] *s.* Aktivierung *f*.

ac·tive ['æktɪv] *adj.* ☐ **1.** tätig, emsig, geschäftig, rührig, lebhaft, tatkräftig, ak'tiv: ***an ~ mind*** ein reger Geist; ***~ volcano*** tätiger Vulkan; ***become ~*** in Aktion treten, aktiv werden; **2.** wirklich, tatsächlich: ***take an ~ interest*** reges Interesse zeigen; **3.** *a.* ⚗, ⚕, *biol., phys.* (schnell) wirkend, wirksam, ak'tiv: ***~ current*** Wirkstrom *m*; **4.** † pro-duk'tiv, zinstragend (*Wertpapiere*); rege, lebhaft (*Markt*): ***~ balance*** Aktivsaldo *m*; **5.** ⚔ ak'tiv: ***on ~ service***, ***on the ~ list*** im aktiven Dienst; **6.** *ling.* ak'tiv(isch): ***~ verb*** aktivisch konstruiertes Verb; ***~ voice*** Aktiv *n*, Tatform *f*; **'ac·ti·vist** [-vɪst] *s. pol.* Akti'vist *m*; **ac·tiv·i·ty** [æk'tɪvətɪ] *s.* **1.** Tätigkeit *f*, Betätigung *f*; Rührigkeit *f*; *pl.* Leben *n* u. Treiben *n*, Unter'nehmungen *pl.*, Veranstaltungen *pl.*: ***social activities***; ***political activities*** politische Betätigung(en *pl.*) *f od.* Aktivitäten *od. b.s.* Umtriebe *pl.*; ***in full ~*** in vollem Gang; ***~ holiday*** Aktivurlaub *m*; **2.** Lebhaftigkeit *f*, Beweglichkeit *f*; Betrieb(samkeit *f*) *m*, Aktivi'tät *f*; **3.** Wirksamkeit *f*.

ac·tor ['æktə] *s.* **1.** Schauspieler *m*; **2.** *fig.* Ak'teur *m*, Täter *m* (*a.* ⚖); **'~-ˌman·ag·er** *s.* Theaterdiˌrektor, der selbst Rollen über'nimmt.

ac·tress ['æktrɪs] *s.* Schauspielerin *f*.

ac·tu·al ['æktʃʊəl] *adj.* ☐ **1.** wirklich, tatsächlich, eigentlich: ***an ~ case*** ein konkreter Fall; ***~ power*** ⚙ effektive Leistung; **2.** gegenwärtig, jetzig: ***~ cost*** † Ist-Kosten *pl.*; ***~ inventory*** (*od.* ***stock***) Ist-Bestand *m*; **ac·tu·al·ity** [ˌæktʃʊ'ælətɪ] *s.* **1.** Wirklichkeit *f*; **2.** *pl.* Tatsachen *pl.*, Gegebenheiten *pl.*; **ac·tu·a·lize** ['æktʃʊəlaɪz] **I** *v/t.* **1.** verwirklichen; **2.** rea'listisch darstellen; **II** *v/i.* **3.** sich verwirklichen; **'ac·tu·al·ly** [-lɪ] *adv.* **1.** wirklich, tatsächlich; **2.** augenblicklich, jetzt; **3.** so'gar, tatsächlich (*obwohl nicht erwartet*); **4.** F eigentlich (*unbetont*): ***what time is it ~?***

ac·tu·ar·i·al [ˌæktjʊ'eərɪəl] *adj.* ver'sicherungsstaˌtistisch; **ac·tu·ar·y** ['æktjʊərɪ] *s.* Ver'sicherungsstaˌtistiker *m*, -matheˌmatiker *m*.

ac·tu·ate ['æktjʊeɪt] *v/t.* **1.** in Gang bringen; **2.** antreiben, anreizen; **3.** ⚙ betätigen, auslösen; **ac·tu·a·tion** [ˌæktjʊ'eɪʃn] *s.* Anstoß *m*, Antrieb *m* (*a.* ⚙); ⚙ Betätigung *f*.

a·cu·i·ty [ə'kju:ətɪ] *s.* Schärfe *f* (*a. fig.*); → ***acuteness*** 2.

a·cu·men [ə'kju:men] *s.* Scharfsinn *m*.

ac·u·pres·sure ['ækjʊˌpreʃə] *s.* ⚕ Aku-pres'sur *f*; **'ac·uˌpunc·ture** [-ˌpʌŋktʃə] ⚕ **I** *s.* Akupunk'tur *f*; **II** *v/t.* akupunktieren; **ˌac·u'punc·tur·ist** [-'pʌŋktʃərɪst] *s.* Akupunk'teur *m*.

a·cute [ə'kju:t] *adj.* □ **1.** scharf; *bsd.* ⩚ spitz: **~ *triangle*** spitzwink(e)liges Dreieck; → ***angle¹*** 1; **2.** scharf (*Sehvermögen*); heftig (*Schmerz, Freude etc.*); fein (*Gehör*); a'kut, brennend (*Frage*); bedenklich: **~ *shortage***; **3.** scharfsinnig, schlau; **4.** schrill, 'durchdringend; **5.** ⚕ a'kut, heftig; **6.** *ling.* **~ *accent*** A'kut *m*; **a'cute·ness** [-nɪs] *s.* **1.** Schärfe *f*, Heftigkeit *f*, A'kutheit *f* (*a.* ⚕); **2.** Scharfsinnigkeit *f*.

ad [æd] *s. abbr. für* ***advertisement***: ***small* ~** Kleinanzeige *f*.

ad·age ['ædɪdʒ] *s.* Sprichwort *n*.

Ad·am ['ædəm] *npr.* 'Adam *m*: ***I don't know him from* ~** F ich kenne ihn überhaupt nicht; ***cast off the old* ~** F den alten Adam ausziehen; **~*'s ale*** F ‚Gänsewein' *m*; **~*'s apple*** Adamsapfel *m*.

ad·a·mant ['ædəmənt] *adj.* **1.** steinhart; **2.** *fig.* unerbittlich, unnachgiebig, eisern (***to*** gegenüber).

a·dapt [ə'dæpt] **I** *v/t.* **1.** anpassen, angleichen (***for***, ***to*** an *acc.*), *a.* ⚙ 'umstellen (***to*** auf *acc.*), zu'rechtmachen: **~ *the means to the end*** die Mittel dem Zweck anpassen; **2.** anwenden (***to*** auf *acc.*); **3.** *Text* bearbeiten: **~*ed from English*** nach dem Englischen bearbeitet; **~*ed from*** (frei) nach; **II** *v/i.* **4.** sich anpassen (***to*** *dat. od.* an *acc.*); **a·dapt·a·bil·i·ty** [əˌdæptə'bɪlətɪ] *s.* **1.** Anpassungsfähigkeit *f* (***to*** an *acc.*); **2.** (***to***) Anwendbarkeit *f* (auf *acc.*), Verwendbarkeit *f* (für, zu); **a'dapt·a·ble** [-təbl] *adj.* **1.** anpassungsfähig (***to*** an *acc.*); **2.** anwendbar (***to*** auf *acc.*); **3.** verwendbar (***to*** für); **ad·ap·ta·tion** [ˌædæp'teɪʃn] *s.* **1.** *a. biol.* Anpassung *f* (***to*** an *acc.*); **2.** Anwendung *f*; **3.** *thea. etc.* Bearbeitung *f* (***from*** nach, ***to*** für); **a'dapt·er** [-tə] *s.* **1.** *thea. etc.* Bearbeiter *m*; **2.** *phys.* A'dapter *m*, Anpassungsvorrichtung *f*; **3.** ⚙ Zwischen-, Paß-, Anschlußstück *n*, Vorsatzgerät *n*; ⚡ Zwischenstecker *m*; **a'dap·tive** [-tɪv] *adj.* → ***adaptable*** 1; **a'dap·tor** [-tə] → ***adapter***.

add [æd] **I** *v/t.* **1.** (***to***) hin'zufügen, -rechnen (zu); ⚗ beimischen, zufügen (*dat.*): ***he* ~*ed that ...*** er fügte hinzu, daß ...; **~ *to this that ...*** hinzu kommt, daß ...; **2.** *a.* **~ *up*** *od.* ***together*** addieren, zs.-zählen; **3.** ✝, ⩚, ⚙ aufschlagen: **~ *5% to the price*** 5% auf den Preis aufschlagen; **II** *v/i.* **4.** **~ *to*** hin'zukommen zu, beitragen zu, vermehren (*acc.*); **5.** **~ *up*** a) ⩚ aufgehen, stimmen (*a. fig.*), b) *fig.* e-n Sinn ergeben, ‚hinhauen'; **~ *up to*** a) sich belaufen auf (*acc.*), b) *fig.* hinauslaufen auf (*acc.*), bedeuten; **add·ed** ['ædɪd] *adj.* vermehrt, erhöht, zusätzlich.

ad·den·dum [ə'dendəm] *pl.* **-da** [-də] *s.* Zusatz *m*, Nachtrag *m*.

ad·der ['ædə] *s. zo.* Natter *f*, Otter *f*, 'Viper *f*: ***common* ~** Gemeine Kreuzotter.

ad·dict I *s.* ['ædɪkt] **1.** Süchtige(r *m*) *f*: ***alcohol*** (***drug***) **~**; **2.** *humor.* (*Fußball- etc.*)Fan *m*; (*Film- etc.*)Narr *m*; **II** *v/t.* [ə'dɪkt] **3.** **~ *o.s.*** sich hingeben (***to s.th.*** e-r Sache); **4.** *j-n* süchtig machen, *j-n* gewöhnen (***to*** an *Rauschgift etc.*); **III** *v/i.* **5.** süchtig machen; **ad'dic·ted** [-tɪd] *adj.* süchtig, abhängig (***to*** von), verfallen (***to*** *dat.*): **~ *to drugs*** (***television***) drogen- *od.* rauschgift- (fernseh-) süchtig; ***be* ~ *to films*** (***football***) ein Filmnarr (Fußballfanatiker) sein; **ad·dic·tion** [æ'dɪkʃən] *s.* **1.** Hingabe *f* (to an *acc.*); **2.** Sucht *f*, (*Zustand*) *a.* Süchtigkeit *f*: **~ *to drugs*** (***television***) Drogen- *od.* Rauschgift- (Fernseh)Sucht *f*; **ad·dic·tive** [æ'dɪktɪv] *adj.* suchterzeugend: ***be* ~** süchtig machen; **~ *drug*** Suchtmittel *n*.

add·ing ma·chine ['ædɪŋ] *s.* Ad'dier-, Additi'onsmaˌschine *f*.

ad·di·tion [ə'dɪʃn] *s.* **1.** Hin'zufügung *f*, Ergänzung *f*, Zusatz *m*, Beigabe *f*: ***in* ~** noch dazu, außerdem; ***in* ~ *to*** außer (*dat.*), zusätzlich zu; **2.** Vermehrung *f* (***to*** *gen.*), (*Familien-, Vermögens- etc.*) Zuwachs *m*: ***recent* ~*s*** Neuerwerbungen; **3.** ⩚ Additi'on *f*, Zs.-zählen *n*: **~ *sign*** Pluszeichen *n*; **4.** ✝ Auf-, Zuschlag *m*; **5.** ⚗, ⚙ Zusatz *m*, Beimischung *f*; ⚙ Anbau *m*, Zusatz *m*; **6.** *Am.* neuerschlossenes Baugelände; **ad'di·tion·al** [-ʃənl] *adj.* □ **1.** zusätzlich, ergänzend, weiter(er, -e, -es); **2.** Zusatz..., Mehr..., Extra..., Über..., Nach...: **~ *charge*** ✝ Auf-, Zuschlag *m*; **~ *charges*** ✝ Mehrkosten; **~ *postage*** Nachporto *n*; **ad'di·tion·al·ly** [-ʃnəlɪ] *adv.* zusätzlich, in verstärktem Maße, außerdem; **ad·di·tive** ['ædɪtɪv] **I** *adj.* zusätzlich; **II** *s.* Zusatz *m* (*a.* ⚗).

ad·dle ['ædl] **I** *v/i.* **1.** faul werden, verderben (*Ei*); **II** *v/t.* **2.** *Ei* verderben; **3.** *Verstand* verwirren; **III** *adj.* **4.** unfruchtbar, faul (*Ei*); **5.** verwirrt, kon'fus; **'~-brain** *s.* Hohlkopf *m*; **'~-ˌhead·ed**, **'~-ˌpat·ed** *adj.* **1.** hohlköpfig; **2.** → ***addle*** 5.

ad·dress [ə'dres] **I** *v/t.* **1.** *Worte etc.* richten (***to*** an *acc.*), *j-n* anreden (***as*** als); *Brief* adressieren, richten, schreiben (***to*** an *acc.*); **2.** e-e Ansprache halten an (*acc.*); **3.** *Waren* (ab)senden (***to*** an *acc.*); **4.** **~ *o.s. to*** sich zuwenden (*dat.*), sich an *et.* machen; sich anschikken zu; sich an *j-n* wenden; **II** *s.* **5.** Anrede *f*; Ansprache *f*, Rede *f*; **6.** A'dresse *f*, Anschrift *f*: ***change one's* ~** s-e Adresse ändern, umziehen; **~ *tag*** Kofferanhänger *m*; **7.** Eingabe *f*, Bitt-, Dankschrift *f*, Er'gebenheitsa,dresse *f*: ***the*** ♀ *Brit. parl.* die Erwiderung des Parlaments auf die Thronrede; **8.** Lebensart *f*, Manieren *pl.*; **9.** Geschick *n*, Gewandtheit *f*; **10.** *pl.* Huldigungen *pl.*: ***pay one's* ~*es to a lady*** e-r Dame den Hof machen; **ad·dress·ee** [,ædre'si:] *s.* Adres'sat *m*, Empfänger(in).

ad·duce [ə'dju:s] *v/t. Beweis etc.* bei-, erbringen.

ad·e·noid ['ædınɔıd] ⚕ **I** *adj.* die Drüsen betreffend, Drüsen..., drüsenartig; **II** *mst pl.* Po'lypen *pl.* (*in der Nase*); (Rachenmandel)Wucherungen *pl.*

ad·ept ['ædept] **I** *s.* **1.** Meister *m*, Ex'perte *m* (***at, in*** in *dat.*); **2.** A'dept *m*, Anhänger *m* (*e-r Lehre*); **II** *adj.* **3.** erfahren, geschickt (***at, in*** in *dat.*).

ad·e·qua·cy ['ædıkwəsı] *s.* Angemessenheit *f*, Zulänglichkeit *f*; **ad·e·quate** ['ædıkwət] *adj.* □ **1.** angemessen, entsprechend (***to*** *dat.*); **2.** aus-, 'hinreichend, genügend.

ad·here [əd'hıə] *v/i.* (***to***) **1.** kleben, haften (an *dat.*); **2.** *fig.* festhalten (an *dat.*), *Regel etc.* einhalten, sich halten (an *e-e Regel etc.*), bleiben (bei *e-r Meinung, e-r Gewohnheit, e-m Plan*), *j-m, e-r Partei, e-r Sache etc.* treu bleiben, halten (zu *j-m*); **3.** angehören (*dat.*); **ad'her·ence** [-ərəns] *s.* (***to***) **1.** (An-, Fest)Haften *n* (an *dat.*); **2.** Anhänglichkeit *f* (an *dat.*); **3.** Festhalten *n* (an *dat.*), Befolgung *f*, Einhaltung (*e-r Regel*); **ad'her·ent** [-ərənt] **I** *adj.* **1.** (an-) haftend, (an)klebend; **2.** *fig.* festhaltend, (fest)verbunden (***to*** mit), anhänglich; **II** *s.* **3.** Anhänger(in).

ad·he·sion [əd'hi:ʒn] *s.* **1.** (An-, Fest)Haften *n*; ⚙ *phys.* Haftvermögen *n*, Klebkraft *f*, Adhäsi'on *f*; **2.** *fig.* → ***adherence*** 2, 3; **3.** Beitritt *m*; Einwilligung *f*; **ad'he·sive** [-sıv] **I** *adj.* □ **1.** (an)haftend, klebend, gummiert, Klebe...: **~ *plaster*** Heftpflaster *n*; **~ *powder*** Haftpulver *n*; **~ *tape*** a) Heftpflaster *n*, b) Klebstreifen *m*; **~ *rubber*** Klebgummi *m*, *n*; **2.** gar zu anhänglich, aufdringlich; **3.** ⚙, *phys.* haftend, Adhäsions...: **~ *power*** → ***adhesion*** 1; **II** *s.* **4.** Bindemittel *n*, Klebstoff *m*.

ad hoc [,æd'hɒk] (*Lat.*) *adv. u. adj.* ad hoc, (eigens) zu diesem Zweck (gemacht), spezi'ell; Augenblicks..., Ad-hoc-...

a·dieus, a·dieux [ə'dju:z] *pl.* Lebe'wohl *n*: ***make one's* ~** Lebewohl sagen.

ad in·fi·ni·tum [,æd ınfı'naıtəm] (*Lat.*) *adv.* endlos, ad infi'nitum.

ad·i·pose ['ædıpəʊs] **I** *adj.* fett(haltig), Fett...: **~ *tissue*** Fettgewebe *n*; **II** *s.* (Körper)Fett *n*.

ad·it ['ædıt] *s.* **1.** *bsd.* ⚒ Zugang *m*, Stollen *m*; **2.** *fig.* Zutritt *m*.

ad·ja·cent [ə'dʒeısənt] *adj.* □ angrenzend, -liegend, -stoßend (***to*** an *acc.*); benachbart (*dat.*), Nachbar..., Neben...: **~ *angle*** ⩓ Nebenwinkel *m*.

ad·jec·ti·val [,ædʒek'taıvl] *adj.* □ 'adjektivisch; **ad·jec·tive** ['ædʒıktıv] **I** *s.* **1.** 'Adjektiv *n*, Eigenschaftswort *n*; **II** *adj.* □ **2.** 'adjektivisch; **3.** abhängig; **4.** *Färberei*: 'adjektiv: **~ *dye*** Beizfarbe *f*; **5.** ⚖ for'mell (*Recht*).

ad·join [ə'dʒɔın] **I** *v/t.* **1.** (an)stoßen *od.* (an)grenzen an (*acc.*); **2.** beifügen (***to*** *dat.*); **II** *v/i.* **3.** angrenzen; **ad'join·ing** [-nıŋ] *adj.* angrenzend, benachbart, Nachbar..., Neben...

ad·journ [ə'dʒɜ:n] **I** *v/t.* **1.** aufschieben, vertagen: **~ *sine die*** ⚖ auf unbestimmte Zeit vertagen; **2.** *Sitzung etc.* schließen; **II** *v/i.* **3.** *a.* ***stand* ~*ed*** sich vertagen; **4.** den Sitzungsort verlegen (***to*** nach): **~ *to the sitting-room*** F sich ins Wohnzimmer zurückziehen; **ad'journ·ment** [-mənt] *s.* **1.** Vertagung *f*, Verschiebung *f;* **2.** Verlegung *f* des Sitzungsortes.

ad·judge [ə'dʒʌdʒ] *v/t.* **1.** ⚖ entscheiden (über *acc.*), erkennen (für), für *schuldig etc.* erklären, *ein Urteil* fällen: **~ *s.o. bankrupt*** über j-s Vermögen den Konkurs eröffnen; **2.** ⚖, *a. sport* zuerkennen; zusprechen; **3.** verurteilen (***to*** zu).

ad·ju·di·cate [ə'dʒu:dıkeıt] **I** *v/t.* **1.** gerichtlich *od.* als Schiedsrichter entscheiden, ein Urteil fällen über (*acc.*): **~*d bankrupt*** Gemeinschuldner *m*; **II** *v/i.* **2.** (zu Recht) erkennen, entscheiden (***upon*** über *acc.*); **3.** als Schieds- *od.* Preisrichter fungieren (***at*** bei); **ad·ju·di·ca·tion** [ə,dʒu:dı'keıʃn] *s.* **1.** richterliche Entscheidung, Urteil *n*; **2.** Zuerkennung *f*; **3.** Kon'kurseröffnung *f*.

ad·junct ['ædʒʌŋkt] *s.* **1.** Zusatz *m*, Beigabe *f*, Zubehör *n*; **2.** *ling.* Attri'but *n*, Beifügung *f*; **ad·junc·tive** [ə'dʒʌŋktıv] *adj.* □ beigeordnet, verbunden.

ad·ju·ra·tion [,ædʒʊ'reıʃn] *s.* **1.** Beschwörung *f*, inständige Bitte; **2.** Auferlegung *f* des Eides; **ad·jure** [əˈdʒʊə] *v/t.* **1.** beschwören, inständig bitten; **2.** *j-m* den Eid auferlegen.

ad·just [əˈdʒʌst] **I** *v/t.* **1.** in Ordnung bringen, ordnen, regulieren, abstimmen; berichtigen; **2.** anpassen (*a. psych.*), angleichen (***to*** *dat.*, an *acc.*); **3.** ~ ***o.s.*** (***to***) sich anpassen (*dat.*, an *acc.*) *od.* einfügen (in *acc.*) *od.* einstellen (auf *acc.*); **4.** ✝ *Konto etc.* bereinigen; *Schaden etc.* berechnen, festsetzen; **5.** *Streit* schlichten; **6.** ⚙ an-, einpassen, (ein-, ver-, nach)stellen, richten, regulieren; *a. Gewehr etc.* justieren; **7.** *Maße* eichen; **II** *v/i.* **8.** sich anpassen; **9.** sich einstellen lassen; **adˈjust·a·ble** [-təbl] *adj.* □ *bsd.* ⚙ regulierbar, ein-, nach-, verstellbar, Lenk…, Dreh…, Stell…: ~ ***speed*** regelbare Drehzahl; **adˈjust·er** [-tə] *s.* **1.** j-d der *od.* et. was regelt, ausgleicht, ordnet; Schlichter *m;* **2.** *Versicherung*: Schadenssachverständige(r) *m*; **adˈjust·ing** [-tɪŋ] *adj. bsd.* ⚙ (Ein)Stell…, Richt…, Justier…: ~ ***balance*** Justierwaage *f*; ~ ***lever*** (Ein)Stellhebel *m*; ~ ***screw*** Stellschraube *f*; **adˈjust·ment** [-tmənt] *s.* **1.** *a.* ✝, *psych. etc.* Anpassung *f* (***to*** an *acc.*); **2.** Regelung *f*, Berichtigung *f*; Abstimmung *f*, Ausgleich *m;* **3.** Schlichtung *f*, Beilegung *f* (*e-s Streits*); **4.** ⚙ Ein-, Nach-, Verstellung *f*; Einstellvorrichtung *f*; Berichtigung *f*; Regulierung *f*; Eichung *f*; **5.** Berechnung *f* von Schadens(ersatz)ansprüchen.

ad·ju·tant [ˈædʒʊtənt] *s.* ⚔ Adjuˈtant *m*; **ˈ~-ˌgen·er·al** *pl.* **ˈ~s-ˌgen·er·al** *s.* ⚔ Geneˈraladjuˌtant *m.*

ad-lib [ˌædˈlɪb] **I** *v/i. u. v/t.* F improvisieren, aus dem Stegreif sagen; **II** *adj.* Stegreif…, improvisiert.

ad lib·i·tum [ˌæd ˈlɪbɪtəm] (*Lat.*) *adj. u. adv.* ad libitum: a) nach Belieben, b) aus dem Stegreif.

ad·man [ˈædmæn] *s.* [*irr.*] F **1.** Anzeigen-, Werbetexter *m*; **2.** Anzeigenvertreter *m*; **3.** *typ.* Akziˈdenzsetzer *m*; **ad·mass** [ˈædmæs] *s.* **1.** Konˈsumbeeinflussung *f*; **2.** werbungsmanipulierte Gesellschaft.

ad·min [ˈædmɪn] *s.* F Verwaltung *f.*

ad·min·is·ter [ədˈmɪnɪstə] **I** *v/t.* **1.** verwalten; **2.** ausüben, handhaben: ~ ***justice*** (*od.* ***the law***) Recht sprechen; ~ ***punishment*** Strafe(n) verhängen; **3.** verabreichen, erteilen (***to*** *dat.*): ~ ***medicine*** Arznei (ein)geben; ~ ***a shock*** e-n Schrecken einjagen; ~ ***an oath*** e-n Eid abnehmen; ~ ***the Blessed Sacrament*** das heilige Sakrament spenden; **II** *v/i.* **4.** als Verwalter fungieren; **5.** *obs.* beitragen (***to*** zu); **ad·min·is·trate** [ədˈmɪnɪstreɪt] *v/t. u. v/i.* verwalten; **ad·min·is·tra·tion** [ədˌmɪnɪˈstreɪʃn] *s.* **1.** (*Betriebs-, Vermögens-, Nachlaß-, etc.*)Verwaltung *f*; **2.** Verwaltung(sbehörde) *f*, Miniˈsterium *n*; Staatsverwaltung *f*, Regierung *f*; **3.** *Am.* ˈAmtsperiˌode *f* (*bsd. e-s Präsidenten*); **4.** Handhabung *f*, ˈDurchführung *f*: ~ ***of justice*** Rechtsprechung *f*; ~ ***of an oath*** Eidesabnahme *f*; **5.** Aus-, Erteilung *f*; Verabreichung *f* (*Arznei*); Spendung *f* (*Sakrament*); **adˈmin·is·tra·tive** [-trətɪv] *adj.* □ verwaltend, Verwaltungs…, Regierungs…: ~ ***body*** Behörde *f*, Verwaltungskörper *m*; **adˈmin·is·tra·tor** [-treɪtə] *s.* **1.** Verwalter *m*, Verwaltungsbeamte(r) *m*; **2.** ⚖ Nachlaß-, Vermögensverwalter *m*; **adˈmin·is·tra·trix** [-treɪtrɪks] *pl.* **-trices** [-trɪsiːz] *s.* (Nachlaß)Verwalterin *f.*

ad·mi·ra·ble [ˈædmərəbl] *adj.* □ bewundernswert, großartig.

ad·mi·ral [ˈædmərəl] *s.* **1.** Admiˈral *m*: ♀ ***of the Fleet*** Großadmiral; **2.** *zo.* Admiˈral *m* (*Schmetterling*); **ˈad·mi·ral·ty** [-tɪ] *s.* **1.** Admiˈralsamt *n*, -würde *f*; **2.** Admiraliˈtät *f*: ***Lords Commissioners of*** ♀ (*od.* ***Board of*** ♀) *Brit.* Marineministerium *n*; ***First Lord of the*** ♀ (britischer) Marineminister; ~ ***law*** ⚖ Seerecht *n*; **3.** ♀ *Brit.* Admiralitätsgebäude *n* (*in London*).

ad·mi·ra·tion [ˌædməˈreɪʃn] *s.* Bewunderung *f* (***of, for*** für): ***she was the*** ~ ***of everyone*** sie wurde von allen bewundert.

ad·mire [ədˈmaɪə] *v/t.* **1.** bewundern (***for*** wegen); **2.** hochschätzen, verehren; **adˈmir·er** [-ərə] *s.* Bewunderer *m*; Verehrer *m*; **adˈmir·ing** [-ərɪŋ] *adj.* □ bewundernd.

ad·mis·si·bil·i·ty [ədˌmɪsəˈbɪlətɪ] *s.* Zulässigkeit *f*; **ad·mis·si·ble** [ədˈmɪsəbl] *adj.* **1.** *a.* ⚖ zulässig; statthaft; **2.** würdig, zugelassen zu werden; **ad·mis·sion** [ədˈmɪʃn] *s.* **1.** Einlaß *m*, Ein-, Zutritt *m*: ***gain*** ~ Einlaß finden; ~ ***free*** Eintritt frei; ~ ***ticket*** Eintrittskarte *f*; **2.** Eintrittserlaubnis *f*; *a.* ~ ***fee*** Eintritt(sgeld *n*, -gebühr *f*) *m*; **3.** Zulassung *f*, Aufnahme *f* (*als Mitglied etc.*; *Am. a. e-s Staates in die Union*): ♀ ***Day*** Jahrestag *m* der Aufnahme in die Union; **4.** Ernennung *f*; **5.** Eingeständnis *n*, Einräumung *f*: ***by*** (*od.* ***on***) ***his own*** ~ wie er selbst zugibt *od.* zugab; **6.** ⚙ Eintritt *m*, -laß *m*, Zufuhr *f*: ~ ***stroke*** Einlaßhub *m*.

ad·mit [əd'mɪt] **I** *v/t.* **1.** zu-, ein-, vorlassen: ***~ bearer*** dem Inhaber *dieser Karte* ist der Eintritt gestattet; ***~ s.o. into one's confidence*** j-n ins Vertrauen ziehen; **2.** Platz haben für, fassen: ***the theatre ~s 800 persons***; **3.** *als Mitglied in e-e Gemeinschaft, Schule etc.* aufnehmen; *in ein Krankenhaus* einliefern, *zu e-m Amt etc.* zulassen: → ***bar*** 10; **4.** gelten lassen, anerkennen, zugeben: ***I ~ this to be wrong*** *od.* ***that this is wrong*** ich gebe zu, daß dies falsch ist; ***~ a claim*** e-e Reklamation anerkennen; **5.** ⚖ a) für amtsfähig erklären, b) als rechtsgültig anerkennen; **6.** ⚙ zuführen, einlassen; **II** *v/i.* **7.** ***~ of*** gestatten, *a. weitS. Zweifel etc.* zulassen: ***it ~s of no excuse*** es läßt sich nicht entschuldigen; **ad'mit·tance** [-təns] *s.* **1.** Zulassung *f*, Einlaß *m*, Zutritt *m*: ***no ~ (except on business)*** Zutritt (für Unbefugte) verboten; **2.** Aufnahme *f*; **3.** ϟ Admit'tanz *f*, Scheinleitwert *m*; **ad'mit·ted** [-tɪd] *adj.* □ anerkannt, zugegeben: ***an ~ fact***; ***an ~ thief*** anerkanntermaßen ein Dieb; **ad'mit·ted·ly** [-tɪdlɪ] *adv.* anerkanntermaßen, zugegeben(ermaßen).

ad·mix [əd'mɪks] *v/t.* beimischen (***with*** *dat.*); **ad'mix·ture** [-tʃə] *s.* Beimischung *f*, Mischung *f*; Zusatz(stoff) *m*.

ad·mon·ish [əd'mɒnɪʃ] **1.** *v/t.* (er-) mahnen, *j-m* dringend raten (***to*** *inf.* zu *inf.*, ***that*** daß); **2.** *j-m* Vorhaltungen machen (***of*** *od.* ***about*** wegen *gen.*); **3.** warnen (***not to*** *inf.* davor, zu *inf. od.* ***of*** vor *dat.*): ***he was ~ed not to go*** er wurde davor gewarnt zu gehen; **ad·mo·ni·tion** [ˌædmə'nɪʃn] *s.* **1.** Ermahnung *f*; **2.** Warnung *f*, Verweis *m*; **ad'mon·i·to·ry** [-ɪtərɪ] *adj.* ermahnend, warnend.

ad nau·se·am [ˌæd 'nɔːzɪæm] (*Lat.*) *adv.* (bis) zum Erbrechen.

ad·noun ['ædnaʊn] *s. ling.* Attri'but *n*.

a·do [ə'duː] *s.* Getue *n*, Wirbel *m*, Mühe *f*: ***much ~ about nothing*** viel Lärm um nichts; ***without more ~*** ohne weitere Umstände.

a·do·be [ə'dəʊbɪ] *s.* Lehmstein(haus *n*) *m*, Luftziegel *m*, A'dobe *m*.

ad·o·les·cence [ˌædəʊ'lesns] *s.* jugendliches Alter, Adoles'zenz *f*; **ˌad·o'les·cent** [-nt] **I** *s.* Jugendliche(r *m*) *f*, Her'anwachsende(r *m*) *f*; **II** *adj.* her'anwachsend, jugendlich; Jünglings…

A·do·nis [ə'dəʊnɪs] *npr. antiq. u. s. fig.* A'donis *m*.

a·dopt [ə'dɒpt] *v/t.* **1.** adoptieren, (an Kindes Statt) annehmen: ***~ out*** *Am.* zur Adoption freigeben; **2.** *fig.* annehmen, über'nehmen, einführen, sich *ein Verfahren etc.* zu eigen machen; *Handlungsweise* wählen; *Maßregeln* ergreifen; **3.** *pol. e-r Gesetzesvorlage* zustimmen; **4.** ***~ a town*** die Patenschaft für e-e Stadt über'nehmen; **5.** *pol. e-n Kandidaten* (*für die nächste Wahl*) annehmen; **6.** F sti'bitzen; **a'dopt·ed** [-tɪd] *adj.* *an Kindes Statt* angenommen, Adoptiv…: ***his ~ country*** s-e Wahlheimat; **a'dop·tion** [-pʃn] *s.* **1.** Adopti'on *f*, Annahme *f* (an Kindes Statt); **2.** Aufnahme *f in e-e Gemeinschaft*; **3.** *fig.* Annahme *f*, Aneignung *f*, 'Übernahme *f*, Wahl *f*; **a'dop·tive** [-tɪv] → ***adopted***: ***~ parents*** Adoptiveltern.

a·dor·a·ble [ə'dɔːrəbl] *adj.* □ **1.** anbetungswürdig; liebenswert; **2.** allerliebst, entzückend; **ad·o·ra·tion** [ˌædə'reɪʃn] *s.* **1.** *a. fig.* Anbetung *f*, Verehrung *f*; **2.** *fig.* (innige) Liebe, (tiefe) Bewunderung; **a·dore** [ə'dɔː] *v/t.* **1.** anbeten (*a. fig.*); **2.** *fig.* (innig) lieben, (heiß) verehren, (tief) bewundern; **3.** schwärmen für; **a'dor·er** [-rə] *s.* Anbeter(in); Verehrer(in); Bewunderer *m*; **a'dor·ing** [-rɪŋ] *adj.* □ anbetend, bewundernd, schmachtend.

a·dorn [ə'dɔːn] *v/t.* **1.** schmücken, zieren (*a. fig.*); **2.** *fig.* verschöne(r)n, Glanz verleihen (*dat*); **a'dorn·ment** [-mənt] *s.* Schmuck *m*, Verzierung *f*; Zierde *f*, Verschönerung *f*.

ad·re·nal [ə'driːnl] *anat.* **I** *adj.* Nebennieren…: ***~ gland*** → **II** *s.* Nebennierendrüse *f*; **ad·ren·al·in** [ə'drenəlɪn] *s.* Adrena'lin *n*.

A·dri·at·ic [ˌeɪdrɪ'ætɪk] *geogr.* **I** *adj.* adri'atisch: ***~ Sea*** → **II** *s.* ***the ~*** das Adriatische Meer, die 'Adria.

a·drift [ə'drɪft] *adv. u. adj.* **1.** (um'her-) treibend, Wind und Wellen preisgegeben: ***cut ~*** treiben lassen; **2.** *fig.* aufs Geratewohl; hilflos: ***be all ~*** weder aus noch ein wissen; ***cut o.s. ~*** sich losreißen *od.* frei machen *od.* lossagen; ***turn s.o. ~*** j-n auf die Straße setzen.

a·droit [ə'drɔɪt] *adj.* □ geschickt, gewandt; schlagfertig, pfiffig.

ad·u·late ['ædjʊleɪt] *v/t.* *j-m* schmeicheln, lobhudeln; **ad·u·la·tion** [ˌædjʊ'leɪʃn] *s. niedere* Schmeiche'lei, Lobhude'lei *f*; **'ad·u·la·tor** [-tə] *s.* Schmeichler *m*, Speichellecker *m*; **'ad·u·la·to·ry** [-tərɪ] *adj.* schmeichlerisch, lobhudelnd.

a·dult ['ædʌlt] **I** *adj.* **1.** erwachsen; reif, *fig. a.* mündig; **2.** (nur) für Erwachsene: ~ ***film***; ~ ***education*** Erwachsenenbildung *f*, *engS.* Volkshochschule *f*; **3.** ausgewachsen (*Tier, Pflanze*); **II** *s.* **4.** Erwachsene(r *m*) *f*.

a·dul·ter·ant [əˈdʌltərənt] *s.* Verfälschungsmittel *n*; **a·dul·ter·ate** [əˈdʌltəreɪt] *v/t.* **1.** *Nahrungsmittel* verfälschen; **2.** *fig.* verschlechtern, verderben; **a·dul·ter·a·tion** [əˌdʌltəˈreɪʃn] *s.* Verfälschung *f*, verfälschtes Proˈdukt, Fälschung *f*; **aˈdul·ter·er** [-rə] *s.* Ehebrecher *m*; **aˈdul·ter·ess** [-rɪs] *s.* Ehebrecherin *f*; **aˈdul·ter·ous** [-tərəs] *adj.* □ ehebrecherisch; **aˈdul·ter·y** [-rɪ] *s.* Ehebruch *m*.

a·dult·hood [ˈædʌlthʊd] *s.* Erwachsensein *n*, Erwachsenenalter *n*.

ad·um·brate [ˈædʌmbreɪt] *v/t.* **1.** skizzieren, umˈreißen, andeuten; **2.** ˈhindeuten auf (*acc.*), vorˈausahnen lassen; **ad·um·bra·tion** [ˌædʌmˈbreɪʃn] *s.* Andeutung *f*: a) flüchtiger Entwurf, Skizze *f*, b) Vorahnung *f*.

ad va·lo·rem [ˌædvəˈlɔːrem] (*Lat.*) *adj. u. adv.* dem Wert entsprechend: ~ ***duty*** Wertzoll *m*.

ad·vance [ədˈvɑːns] **I** *v/t.* **1.** vorwärtsbringen, vorrücken (lassen), vorschieben; **2.** a) *Uhr, Fuß* vorstellen, b) *Zeitpunkt* vorverlegen, c) hinˈaus-, aufschieben; **3.** *Meinung, Grund, Anspruch* vorbringen, geltend machen; **4.** a) fördern, verbessern: ~ ***one's position***, b) beschleunigen: ~ ***growth***; **5.** *pol. Am.* als Wahlhelfer fungieren in (*dat.*); **6.** erheben (*im Amt od. Rang*), befördern (***to the rank of general*** zum General); **7.** *Preis* erhöhen; **8.** *Geld* vorˈausbezahlen; vorschießen, leihen; im voraus liefern; **II** *v/i.* **9.** vor-, vorwärtsgehen, vordringen, vormarschieren, vorrücken (*a. fig. Zeit*); **10.** vorˈankommen, Fortschritte machen: ~ ***in knowledge***; **11.** *im Rang* aufrücken, befördert werden; **12.** a) zunehmen (***in*** an *dat.*), steigen, b) ✝ steigen (*Preis*); teurer werden (*Ware*); **13.** *pol. Am.* a) als Wahlhelfer fungieren, b) Wahlveranstaltungen vorbereiten (***for*** für); **III** *s.* **14.** Vorwärtsgehen *n*, Vor-, Anrücken *n*, Vormarsch *m* (*a. fig.*); Vorrücken *n des Alters*; **15.** Aufrücken *n* (*im Amt*), Beförderung *f*; **16.** Fortschritt *m*, Verbesserung *f*; **17.** Vorsprung *m*: ***in*** ~ a) voraus, b) vorn, c) im voraus, vorher; ~ ***section*** vorderer Teil; ***be in*** ~ (e-n) Vorsprung haben (***of*** vor *dat.*); ***arrive in*** ~ ***of the others*** vor den anderen ankommen; ***order*** (*od.* ***book***) ***in*** ~ vor(aus)bestellen; ~ ***booking*** a) Vor(aus)bestellung *f*, b) Vorverkauf *m*; ~ ***censorship*** Vorzensur *f*; ~ ***copy*** *typ.* Vorausexemplar *n*; **18.** *a.* ~ ***payment*** Vorschuß *m*, Vorˈauszahlung *f*: ***in*** ~ in pränumerando; **19.** (Preis)Erhöhung *f*; Mehrgebot *n* (*Versteigerung*); **20.** *mst pl.* Entgegenkommen *n*, Vorschlag *m*, erster Schritt (*zur Verständigung*): ***make*** ~***s to s.o.*** a) j-m entgegenkommen, b) sich an j-n heranmachen, *bsd. e-r Frau* Avancen machen; **21.** ⚔ *Am.* Vorhut *f*, Spitze *f*: ~ ***guard*** *a. Brit.* Vorhut *f*; **22.** *pol. Am.* Wahlhilfe *f*: ~ ***man*** Wahlhelfer *m*; **adˈvanced** [-st] *adj.* **1.** vorgerückt (*Alter, Stunde*), vorgeschritten: ~ ***in pregnancy*** hochschwanger; **2.** fortgeschritten (*Stadium etc.*); fortschrittlich, modern: ~ ***opinions***; ~ ***students***; ~ ***English*** Englisch für Fortgeschrittene; ***highly*** ~ hochentwickelt (*Kultur, Technik*); **3.** gar zu fortschrittlich, exˈtrem, kühn; **4.** ⚔ vorgeschoben, Vor(aus)...; **adˈvance·ment** [-mənt] *s.* **1.** Förderung *f*; **2.** Beförderung *f*; **3.** Emˈpor-, Weiterkommen *n*, Aufstieg *m*, Fortschritt *m*, Wachstum *n*.

ad·van·tage [ədˈvɑːntɪdʒ] **I** *s.* **1.** Vorteil *m*: a) Überˈlegenheit *f*, Vorsprung *m*, b) Vorzug *m*: ***to*** ~ günstig, vorteilhaft; ***have an*** ~ ***over*** *j-m* gegenüber im Vorteil sein; ***you have the*** ~ ***of me*** ich kenne leider Ihren (werten) Namen nicht; **2.** Nutzen *m*, Gewinn *m*: ***take*** ~ ***of s.o.*** j-n übervorteilen *od.* ausnutzen; ***take*** ~ ***of s.th.*** et. ausnutzen; ***derive*** *od.* ***gain*** ~ ***from s.th.*** aus et. Nutzen ziehen; **3.** günstige Gelegenheit; **4.** *Tennis etc.*: Vorteil *m*; **II** *v/t.* **5.** fördern, begünstigen; **ad·van·ta·geous** [ˌædvənˈteɪdʒəs] *adj.* □ vorteilhaft, günstig, nützlich.

Ad·vent [ˈædvənt] *s.* **1.** *eccl.* Adˈvent *m*, Adˈventszeit *f*; **2.** ♀ Kommen *n*, Erscheinen *n*, Ankunft *f*; **ˈAd·vent·ist** [-tɪst] *s.* Advenˈtist *m*; **ˌad·venˈti·tious** [-ˈtɪʃəs] *adj.* □ **1.** (zufällig) hinˈzugekommen; zufällig, nebensächlich: ~ ***causes*** Nebenursachen; **2.** ⚘, ⚖ zufällig erworben.

ad·ven·ture [ədˈventʃə] **I** s. **1.** Abenteuer *n*: a) Wagnis *n*: ***life of*** ~ Abenteurerleben *n*, b) (tolles) Erlebnis, c) ✝ Spekulatiˈonsgeschäft *n*; ~ ***playground*** Abenteuerspielplatz *m*; **II** *v/t.* **2.** wagen, gefährden; **3.** ~ ***o.s.*** sich wagen (***into*** in *acc.*); **III** *v/i.* **4.** sich wagen (***on***, ***upon*** in, auf *acc.*); **adˈven·tur·er** [-tʃərə] *s.* Abenteurer *m*: a) Wagehals *m*, b) Glücksritter *m*, Hochstapler *m*, c) Speku'lant *m*; **ad'ven·ture·some** [-tʃə-səm] *adj.* → ***adventurous***; **ad'ven·tur·ess** [-tʃərɪs] *s.* Abenteu(r)erin *f* (*a. fig. b.s.*); **ad'ven·tur·ism** [-tʃərɪzəm] *s.* Abenteurertum *n*; **ad'ven·tur·ous** [-tʃərəs] *adj.* □ **1.** abenteuerlich: a) waghalsig, verwegen, b) gewagt, kühn (*Sache*); **2.** abenteuerlustig.

ad·verb ['ædvɜ:b] *s.* Ad'verb *n*, Umstandswort *n*; **ad·ver·bi·al** [əd'vɜ:bjəl] *adj.* □ adverbi'al: ~ ***phrase*** adverbiale Bestimmung.

ad·ver·sar·y ['ædvəsərɪ] *s.* **1.** Gegner (-in), 'Widersacher(in); **2.** ♀ *eccl.* Teufel *m*; **ad·ver·sa·tive** [əd'vɜ:sətɪv] *adj.* □ *ling.* gegensätzlich, adversa'tiv: ~ ***word***; **ad·verse** ['ædvɜ:s] *adj.* □ **1.** entgegenwirkend, zu'wider, widrig (***to*** *dat.*): ~ ***winds*** widrige Winde; **2.** gegnerisch, feindlich: ~ ***party*** Gegenpartei *f*; **3.** ungünstig, nachteilig (***to*** für): ~ ***decision***; ~ ***balance of trade*** passive Handelsbilanz; ***have an ~ effect (up)on, affect ~ly*** sich nachteilig auswirken auf (*acc.*); **4.** ⚖ entgegenstehend: ~ ***claim***; **ad·ver·si·ty** [əd'vɜ:sətɪ] *s.* Mißgeschick *n*, Not *f*, Unglück *n*.

ad·vert I *v/i.* [əd'vɜ:t] hinweisen, sich beziehen (***to*** auf *acc.*); **II** *s.* ['ædvɜ:t] *Brit.* F *für* ***advertisement***.

ad·ver·tise, *Am. a.* **ad·ver·tize** ['ædvətaɪz] **I** *v/t.* **1.** ankündigen, anzeigen, *durch die Zeitung etc.* bekanntmachen: ~ ***a post*** eine Stellung *öffentlich* ausschreiben; **2.** *fig.* ausposaunen: ***you need not ~ the fact*** *a.* du brauchst es nicht an die große Glocke zu hängen; **2.** *durch Zeitungsanzeige etc.* Re'klame machen für, werben für; **II** *v/i.* **3.** inserieren, annoncieren, öffentlich ankündigen: ~ ***for*** durch Inserat suchen; **4.** werben, Reklame machen; **ad·ver·tise·ment** [əd'vɜ:tɪsmənt] *s.* **1.** *öffentliche* Anzeige, Ankündigung *f in e-r Zeitung*, Inse'rat *n*, An'nonce *f*: ***put an ~ in a paper*** ein Inserat in e-r Zeitung aufgeben; **2.** Re'klame *f*, Werbung *f*; **'ad·ver·tis·er** [-zə] *s.* **1.** Inse'rent(in); **2.** Werbeträger *m*; **3.** Werbefachmann *m*; **4.** Anzeiger *m*, Anzeigenblatt *n*; **'ad·ver·tis·ing** [-zɪŋ] **I** *s.* **1.** Inserieren *n*; Ankündigung *f*; **2.** Reklame *f*, Werbung *f*; **II** *adj.* **3.** Reklame…, Werbe…: ~ ***agency*** Werbeagentur *f*; ~ ***agent*** a) Anzeigenvertreter *m*, b) Werbeagent *m*; ~ ***campaign*** Werbefeldzug *m*; ~ ***expert*** Werbefachmann *m*; ~ ***space*** Reklamefläche *f*; **'ad·ver·tize** *etc.* → ***advertise*** *etc.*

ad·vice [əd'vaɪs] *s.* **1.** (*a.* ***piece of***) Rat(schlag) *m*; Ratschläge *pl.*: ***at*** (*od.* ***on***) ***s.o.'s ~*** auf j-s Rat hin; ***take medical ~*** e-n Arzt zu Rate ziehen; ***take my ~*** folge meinem Rat; **2.** Nachricht *f*, Anzeige *f*, (schriftliche) Mitteilung; **3.** ✝ A'vis *m*, Bericht *m*: ***letter of ~*** Benachrichtigungsschreiben *n*; ***as per ~*** laut Aufgabe *od.* Bericht.

ad·vis·a·bil·i·ty [əd,vaɪzə'bɪlətɪ] *s.* Ratsamkeit *f*; **ad·vis·a·ble** [əd'vaɪzəbl] *adj.* □ ratsam; **ad·vis·a·bly** [əd'vaɪzəblɪ] *adv.* ratsamerweise.

ad·vise [əd'vaɪz] **I** *v/t.* **1.** *j-m* raten *od.* empfehlen (***to*** *inf.* zu *inf.*); *et.* (an)raten; *j-n* beraten: ***he was ~d to go*** man riet ihm zu gehen; **2.** ~ ***against*** warnen vor (*dat.*); *j-m* abraten von; **3.** ✝ benachrichtigen (***of*** von, ***that*** daß), avisieren (***s.o. of s.th.*** j-m et.); **II.** *v/i.* **4.** sich beraten (***with*** mit); **ad'vised** [-zd] *adj.* □ **1.** beraten: ***badly ~***; **2.** wohlbedacht, über'legt; → ***ill-advised***; ***well-advised***; **ad'vis·ed·ly** [-zɪdlɪ] *adv.* **1.** mit Bedacht *od.* Über'legung; **2.** vorsätzlich, absichtlich; **ad'vis·er** *od.* **ad'vi·sor** [-zə] *s.* **1.** Berater *m*, Ratgeber *m*; **2.** *ped. Am.* 'Studienberater *m*; **ad'vi·so·ry** [-zərɪ] *adj.* beratend, Beratungs…: ~ ***board***, ~ ***committee*** Beratungsausschuß *m*, Beirat *m*, Gutachterkommission *f*; ~ ***body***, ~ ***council*** Beirat *m*; → ***capacity*** 6.

ad·vo·ca·cy ['ædvəkəsɪ] *s.* (***of***) Befürwortung *f*, Empfehlung *f* (*gen.*), Eintreten *n* (für); **ad·vo·cate I** *s.* ['ædvəkət] **1.** Verfechter *m*, Befürworter *m*, Verteidiger *m*, Fürsprecher *m*: ***an ~ of peace***; **2.** *Scot. u. hist.* Advo'kat *m*, (plädierender) Rechtsanwalt: ***Lord*** ♀ Oberster Staatsanwalt; **3.** *Am.* Rechtsbeistand *m*; **II** *v/t.* ['ædvəkeɪt] **4.** verteidigen, befürworten, eintreten für.

adze [ædz] *s.* Breitbeil *n*.

Ae·ge·an [i:'dʒi:ən] *geogr.* **I** *adj.* ä'gäisch: ~ ***Sea*** Ägäisches Meer; **II** *s.* ***the ~*** die Ä'gäis.

ae·gis ['i:dʒɪs] *s. myth.* 'Ägis *f*; *fig.* Ä'gide *f*, Schirmherrschaft *f*: ***under the ~ of.***

Ae·o·li·an [i:'əʊljən] *adj.* ä'olisch: ~ ***harp*** Äolsharfe *f*.

ae·on ['i:ən] *s.* Ä'one *f*; Ewigkeit *f*.

aer·ate ['eɪəreɪt] *v/t.* **1.** (*a.* ⚙ be- *od.* 'durch- *od.* ent)lüften; **2.** a) mit Kohlensäure sättigen, b) zum Sprudeln bringen; **3.** ⚕ *dem Blut* Sauerstoff zuführen.

aer·i·al ['eərɪəl] **I** *adj.* □ **1.** Luft…, in der Luft lebend *od.* befindlich, fliegend, hoch: ~ ***advertising*** Luftwerbung *f*, Himmelsschrift *f*; ~ ***cableway*** Seilschwebebahn *f*; ~ ***camera*** Luftbildkamera *f*; ~ ***railway*** Hänge-, Schwebebahn *f*; ~ ***spires*** hochragende Kirchtürme; **2.** aus Luft bestehend, leicht, gasförmig, flüchtig; **3.** ä'therisch, zart: ~ ***fancies*** Phantastereien; **4.** ✈ Flug(zeug)..., Luft..., Flieger...: ~ ***attack*** Luft-, Fliegerangriff *m*; ~ ***barrage*** a) (Luft)Sperr-, Flakfeuer *n*, b) Ballonsperre *f*; ~ ***combat*** Luftkampf *m*; ~ ***map*** Luftbildkarte *f*; ~ ***navigation*** Luftschiffahrt *f*; ~ ***survey*** Luftbildvermessung *f*; ~ ***view*** Flugzeugaufnahme *f*, Luftbild *n*; **5.** ⚙ oberirdisch, Ober..., Frei..., Luft...: ~ ***cable*** Luftkabel *n*; ~ ***wire*** ⚡ Ober-, Freileitung *f*; **6.** ⚡, *Radio, TV*: Antennen...: ~ ***wire***; **II** *s.* **7.** ⚡, *Radio, TV*: An'tenne *f*; '**aer·i·al·ist** [-lɪst] *s.* Tra'pezkünstler *m*.

aer·ie, *Am. a.* **aër·ie** ['eərɪ] *s.* **1.** Horst *m* (*Raubvogelnest*); **2.** *fig.* Adlerhorst *m* (*hochgelegener Wohnsitz etc.*).

aer·o ['eərəʊ] **I** *pl.* **-os** *s.* Flugzeug *n*, Luftschiff *n*; **II** *adj.* Luft(schiffahrt)..., Flug(zeug)...: ~ ***engine***.

aero- [eərəʊ] *in Zssgn*: Aëro..., Luft...

aer·o·bat·ics [ˌeərəʊ'bætɪks] *s. pl. sg. konstr.* Kunstflug *m*; '**aer·o·drome** [-ədrəʊm] *s. bsd. Brit.* Flugplatz *m*.

aer·o|·dy·nam·ic [ˌeərəʊdaɪ'næmɪk] **I** *adj.* ☐ aerody'namisch, Stromlinien...; **II** *s. pl. sg. konstr.* Aerody'namik *f*; '**~·dyne** [-əʊdaɪn] *s.* Luftfahrzeug *n* schwerer als Luft; '**~·foil** [-əʊfɔɪl] *s. Brit.* Tragfläche *f*, *a.* Höhen-, Kiel- *od.* Seitenflosse *f*; '**~·gram** [-əʊgræm] *s.* **1.** Funkspruch *m*; **2.** Luftpostleichtbrief *m*; '**~·lite** [-əʊlaɪt] *s.* Aero'lith *m*, Mete'orstein *m*.

aer·ol·o·gy [eə'rɒlədʒɪ] *s. phys.* **1.** Aerolo'gie *f*, Erforschung *f* der höheren Luftschichten; **2.** aero'nautische Wetterkunde; **aer·o·med·i·cine** [ˌeərəʊ'medsɪn] *s.* 'Aero-, 'Luftfahrtmediˌzin *f*; **aer'om·e·ter** [-'ɒmɪtə] *s. phys.* Aero'meter *m*, Luftdichtemesser *m*.

aer·o|·naut ['eərənɔːt] *s.* Aero'naut *m*, Luftschiffer *m*; **~·nau·tic, ~·nau·ti·cal** [ˌeərə'nɔːtɪk(l)] *adj.* ☐ aero'nautisch, Flug...; **~·nau·tics** [ˌeərə'nɔːtɪks] *s. pl. sg. konstr.* Aero'nautik *f*: a) *obs.* Luftfahrt *f*, b) Luftfahrtkunde *f*; **~·plane** ['eərəpleɪn] *s. bsd. Brit.* Flugzeug *n*; **~·sol** ['eərəʊsɒl] *s.* **1.** ⚗ Aero'sol *n*; **2.** Spraydose *f*; **~·space** ['eərəʊspeɪs] **I** *s.* Weltraum *m*; **II** *adj.* a) Raumfahrt..., b) (Welt)Raum...; **~·stat** ['eərəʊstæt] *s.* Luftfahrzeug *n* leichter als Luft; **~·stat·ic, ~·stat·i·cal** [ˌeərəʊ'stætɪk(l)] *adj.* ☐ aero'statisch; **~·stat·ics** [ˌeərəʊ'stætɪks] *s. pl. sg. konstr.* Aero'statik *f*.

Aes·cu·la·pi·an [ˌiːskjʊ'leɪpjən] *adj.* **1.** Äskulap...; **2.** ärztlich.

aes·thete ['iːsθiːt] *s.* Äs'thet *m*; **aes·thet·ic, aes·thet·i·cal** [iːs'θetɪk(l)] *adj.* ☐ äs'thetisch; **aes·thet·i·cism** [iːs'θetɪsɪzəm] *s.* **1.** Ästheti'zismus *m*; **2.** Schönheitssinn *m*; **aes·thet·ics** [iːs'θetɪks] *s. pl. sg. konstr.* Äs'thetik *f*.

aes·ti·val [iː'staɪvl] *adj.* sommerlich.

ae·ther *etc.* → ***ether*** *etc.*

a·far [ə'fɑː] *adv.* fern: ~ ***off*** in der Ferne; ***from*** ~ von fern, weither.

af·fa·bil·i·ty [ˌæfə'bɪlətɪ] *s.* Leutseligkeit *f*, Freundlichkeit *f*; **af·fa·ble** ['æfəbl] *adj.* ☐ leutselig, freundlich, 'umgänglich.

af·fair [ə'feə] *s.* **1.** Angelegenheit *f*, Sache *f*: ***a disgraceful*** ~; ***that is his*** ~ das ist seine Sache; ***that is not my*** ~ das geht mich nichts an; ***make an*** ~ ***of s.th.*** et. aufbauschen; ***my own*** ~ meine (eigene) Angelegenheit, meine Privatsache; ~ ***of honour*** Ehrensache *f*, -handel *m*; **2.** *pl.* Angelegenheiten *pl.*, Verhältnisse *pl.*: ***public*** **~*s*** öffentliche Angelegenheiten; ***state of*** **~*s*** Lage *f* der Dinge, Sachlage *f*; → ***foreign*** 1; **3.** Af'färe *f*: a) Ereignis *n*, b) Skan'dal *m*, c) (Liebes)Verhältnis *n*; **4.** F Ding *n*, Sache *f*, ‚Appa'rat' *m*: ***the car was a shiny*** ~.

af·fect[1] [ə'fekt] *v/t.* **1.** lieben, e-e Vorliebe haben für, neigen zu, be'vorzugen: ~ ***bright colo(u)rs*** lebhafte Farben bevorzugen; ***much*** **~*ed by*** sehr beliebt bei; **2.** zur Schau tragen, erkünsteln, nachahmen: ***he*** **~*s an Oxford accent*** er redet mit gekünstelter Oxforder Aussprache; ***he*** **~*s the freethinker*** er spielt den Freidenker; **3.** vortäuschen: ~ ***ignorance***; ~ ***a limp*** so tun, als hinke man; **4.** bewohnen, vorkommen in (*dat.*) (*Tiere u. Pflanzen*).

af·fect[2] [ə'fekt] *v/t.* **1.** betreffen: ***that does not*** ~ ***me***; **2.** (ein- *od.* sich aus-) wirken auf (*acc.*), beeinflussen, beeinträchtigen, in Mitleidenschaft ziehen, ⚕ *a.* angreifen, befallen: ~ ***the health***; **3.** bewegen, rühren, ergreifen.

af·fec·ta·tion [ˌæfek'teɪʃn] *s.* **1.** Affektiertheit *f*, Gehabe *n*; **2.** Verstellung *f*; **3.** Vorliebe (***of*** für).

af·fect·ed[1] [ə'fektɪd] *adj.* ☐ **1.** affektiert, gekünstelt, geziert; **2.** angenommen, vorgetäuscht; **3.** geneigt, gesinnt.

af·fect·ed[2] [ə'fektɪd] *adj.* **1.** ⚕ befallen (***with*** von *Krankheit*), angegriffen (*Augen etc.*); **2.** betroffen, berührt; **3.** gerührt, bewegt, ergriffen.

af·fect·ing [əˈfektɪŋ] *adj.* □ ergreifend; **afˈfec·tion** [-kʃn] *s.* **1.** *oft pl.* Liebe *f*, (Zu)Neigung *f* (***for***, ***towards*** zu); **2.** Gemütsbewegung *f*, Stimmung *f*; **3.** ⚕ Erkrankung *f*, Leiden *n*; **4.** Einfluß *m*, Einwirkung *f*; **afˈfec·tion·ate** [-kʃnət] *adj.* □ gütig, liebevoll, herzlich, zärtlich; **afˈfec·tion·ate·ly** [-kʃnətlɪ] *adv.*: ***yours ~*** Dein Dich liebender (*Briefschluß*); ***~ known as Pat*** unter dem Kosenamen Pat bekannt.

af·fi·ci·o·na·do → ***aficionado***.

af·fi·ance [əˈfaɪəns] **I** *s.* **1.** Vertrauen *n*; **2.** Eheversprechen *n*; **II** *v/t.* **3.** *j-n od. sich* verloben (***to*** mit).

af·fi·ant [əˈfaɪənt] *s. Am.* Aussteller (-in) e-s ***affidavit***.

af·fi·da·vit [ˌæfɪˈdeɪvɪt] *s.* ⚖ *schriftliche* beeidigte Erklärung: ***~ of means*** Offenbarungseid *m*.

af·fil·i·ate [əˈfɪlɪeɪt] **I** *v/t.* **1.** *als Mitglied* aufnehmen; **2.** *j-m* die Vaterschaft *e-s Kindes* zuschreiben: ***~ a child on*** (*od.* ***to***); **3.** (***on***, ***upon***) zuˈrückführen (auf *acc.*), zuschreiben (*dat.*); **4.** (***to***) verknüpfen, verbinden (mit); angliedern, anschließen (*dat.*, an *acc.*); **II** *v/i.* **5.** sich anschließen (***with*** an *acc.*); **III** *s.* [-ɪɪt] **6.** *Am.* ˈZweigorganisatiˌon *f*, Tochtergesellschaft *f*; **afˈfil·i·at·ed** [-tɪd] *adj.* angeschlossen: ***~ company*** Tochter-, Zweiggesellschaft *f*; **af·fil·i·a·tion** [əˌfɪlɪˈeɪʃn] *s.* **1.** Aufnahme *f* (*als Mitglied etc.*); **2.** Zuschreibung *f* der Vaterschaft; **3.** Zuˈrückführung *f* (*auf den Ursprung*); **4.** Angliederung *f*; **5.** *oft eccl.* Zugehörigkeit *f*, Mitgliedschaft *f*.

af·fin·i·ty [əˈfɪnətɪ] *s.* **1.** ⚖ Schwägerschaft *f*; **2.** *fig.* a) (Wesens)Verwandtschaft *f*, Affiniˈtät *f*, b) (Wahl-, Seelen-) Verwandtschaft *f*, gegenseitige Anziehung; **3.** ⚗ Affiniˈtät *f*, stofflich-ˈchemische Verwandtschaft.

af·firm [əˈfɜːm] *v/t.* **1.** versichern, beteuern; **2.** bekräftigen; ⚖ *Urteil* bestätigen; **3.** ⚖ an Eides Statt versichern; **af·fir·ma·tion** [ˌæfɜːˈmeɪʃn] *s.* **1.** Versicherung *f*, Beteuerung *f*; **2.** Bestätigung *f*, Bekräftigung *f*; **3.** ⚖ Versicherung *f* an Eides Statt; **afˈfirm·a·tive** [-mətɪv] **I** *adj.* □ **1.** bejahend, zustimmend, positiv; **2.** positiv, bestimmt: ***~ action*** *Am.* Aktion *f* gegen die Diskriminierung von Minderheitsgruppen; **II** *s.* **3.** Bejahung *f*: ***answer in the ~*** bejahen.

af·fix **I** *v/t.* [əˈfɪks] **1.** (***to***) befestigen, anbringen (an *dat.*), anheften, ankleben (an *acc.*); **2.** (***to***) beilegen, -fügen (*dat.*), hinˈzufügen (zu); *Siegel* anbringen (an *dat.*); *Unterschrift* setzen (unter *acc.*); **II** *s.* [ˈæfɪks] **3.** *ling.* Afˈfix *n*, Anhang *m*, Hinˈzufügung *f*.

af·flict [əˈflɪkt] *v/t.* betrüben, quälen, plagen, heimsuchen; **afˈflict·ed** [-tɪd] *adj.* **1.** niedergeschlagen, betrübt; **2.** (***with***) leidend (an *dat.*); belastet, behaftet (mit), geplagt (von); **afˈflic·tion** [-kʃn] *s.* **1.** Betrübnis *f*, Kummer *m*; **2.** a) Gebrechen, b) *pl.* Beschwerden; **3.** Elend *n*, Not *f*; Heimsuchung *f*.

af·flu·ence [ˈæflʊəns] *s.* **1.** Fülle *f*, ˈÜberfluß *m*; **2.** Reichtum *m*, Wohlstand *m*: ***demoralization by ~*** Wohlstandsverwahrlosung *f*; **ˈaf·flu·ent** [-nt] **I** *adj.* □ **1.** reichlich; **2.** wohlhabend, reich (***in*** an *dat.*): ***~ society*** Wohlstandsgesellschaft *f*; **II** *s.* **3.** Nebenfluß *m*; **af·flux** [ˈæflʌks] *s.* **1.** Zufluß *m*, Zustrom *m* (*a. fig.*); **2.** ⚕ (Blut-) Andrang *m*.

af·ford [əˈfɔːd] *v/t.* **1.** gewähren, bieten; *Schatten* spenden; *Freude* bereiten; **2.** *als Produkt* liefern; **3.** sich leisten, sich erlauben, die Mittel haben für; *Zeit* erübrigen: ***I can't ~ it*** ich kann es mir nicht leisten (*a. fig.*); **afˈford·a·ble** *adj.* erschwinglich.

af·for·est·a·tion [æˌfɒrɪˈsteɪʃn] *s.* Aufforstung *f*.

af·fran·chise [əˈfræntʃaɪz] *v/t.* befreien (***from*** aus).

af·fray [əˈfreɪ] *s.* **1.** Schlägeˈrei *f*, Kraˈwall *m*; **2.** ⚖ Raufhandel *m*.

af·freight [əˈfreɪt] *v/t.* ⚓ chartern, befrachten.

af·fri·cate [ˈæfrɪkət] *s. ling.* Affriˈkata *f* (*Verschlußlaut mit folgendem Reibelaut*).

af·front [əˈfrʌnt] **I** *v/t.* **1.** beleidigen, beschimpfen; **2.** trotzen (*dat.*); **II** *s.* **3.** Beleidigung *f*, Afˈfront *m*.

Af·ghan [ˈæfgæn] **I** *s.* **1.** Afˈghane *m*, Afˈghanin *f*; **2.** Afˈghan *m* (*Teppich*); **II** *adj.* **3.** afˈghanisch.

afi·ci·o·na·do [əˌfɪsjəˈnɑːdəʊ] *s.* (*Span.*) begeisterter Anhänger *m*, ‚Fan' *m*.

a·field [əˈfiːld] *adv.* **1.** a) im *od.* auf dem Feld, b) ins *od.* aufs Feld; **2.** in der *od.* in die Ferne, draußen, hinˈaus: ***far ~*** weit entfernt; **3.** *bsd. fig.* in die Irre: ***lead s.o. ~***; ***quite ~*** a) auf dem Holzwege (*Person*), b) ganz falsch (*Sache*).

a·fire [əˈfaɪə] *adv. u. adj.* brennend, in Flammen: ***all ~*** *fig.* Feuer und Flamme.

a·flame [əˈfleɪm] → ***afire***.

a·float [əˈfləʊt] *adv. u. adj.* **1.** flott, schwimmend: ***keep ~*** (sich) über Wasser halten (*a. fig.*); **2.** an Bord, auf See;

3. in 'Umlauf; **4.** im Gange; **5.** über'schwemmt.

a·foot [ə'fʊt] *adv. u. adj.* **1.** zu Fuß, auf den Beinen; **2.** *fig.* a) im Gange, b) im Anzug, im Kommen.

a·fore [ə'fɔː] *obs.* **I** *prp.* vor; **II** *adv.* (nach) vorn; **III** *cj.* ehe, bevor; **~·men·tioned** [əˌfɔː'menʃənd], **~·said** [ə'fɔːsed] *adj.* obenerwähnt *od.* -genannt; **~·thought** [ə'fɔːθɔːt] *adj.* vorbedacht; → ***malice*** 3.

a·fraid [ə'freɪd] *adj.*: ***be ~*** Angst haben, sich fürchten (***of*** vor *dat.*); ***I am ~*** (***that***) ***he will not come*** ich fürchte, er wird nicht kommen; ***I am ~ I must go*** F leider muß ich gehen; ***I'm ~ so*** leider ja!; ***I shall tell him, don't be ~!*** F (nur) keine Angst, ich werde es ihm sagen!; ***~ of hard work*** F arbeitsscheu; ***be ~ to do*** sich scheuen zu tun.

a·fresh [ə'freʃ] *adv.* von neuem, von vorn: ***start ~***.

Af·ri·can ['æfrɪkən] **I** *s.* **1.** Afri'kaner (-in); **2.** Neger(in) (*in Amerika lebend*); **II** *adj.* **3.** afri'kanisch; **4.** afri'kanischer Abstammung, Neger…

Af·ri·kaans [ˌæfrɪ'kɑːns] *s. ling.* Afri'kaans(ch) *n*, Kapholländisch *n*; **ˌAf·ri·'kan·(d)er** [-'kæn(d)ə] *s.* Afri'kander *m* (*Weißer mit Afrikaans als Muttersprache*).

Af·ro ['æfrəʊ] *pl.* **-ros** *s.* **1.** Afro-Look *m*; **2.** *a.* ***~ hairdo*** 'Afro-Friˌsur *f*.

ˌAf·ro|-A'mer·i·can [ˌæfrəʊ-] *s.* Afroameri'kaner(in); **ˌ~-'A·sian** *adj.* 'afroasi'atisch.

aft [ɑːft] *adv.* ⚓ (nach) achtern.

aft·er ['ɑːftə] **I** *prp.* **1.** nach: ***~ lunch***; ***~ a week***; ***day ~ day*** Tag für Tag; ***the day ~ tomorrow*** übermorgen; ***the month ~ next*** der übernächste Monat; ***~ all*** schließlich, im Grunde, immerhin, (also) doch; ***~ all my trouble*** nach *od.* trotz all meiner Mühe; → ***look after*** *etc.*; **2.** hinter … (*dat.*) (her): ***I came ~ you***; ***shut the door ~ you***; ***the police are ~ you*** die Polizei ist hinter dir her; ***~ you, sir!*** nach Ihnen!; ***one ~ another*** nacheinander; **3.** nach, gemäß: ***named ~ his father*** nach s-m Vater genannt; ***~ my own heart*** ganz nach m-m Herzen *od.* Wunsch; ***a picture ~ Rubens*** ein Gemälde nach (*im Stil von*) Rubens; **II** *adv.* **4.** nach'her, hinter'her, da'nach, später: ***follow ~*** nachfolgen; ***for months ~*** noch monatelang; ***shortly ~*** kurz danach; **III** *adj.* **5.** später, künftig, Nach…: ***in ~ years***; **6.** ⚓ Achter…; **IV** *cj.* **7.** nach'dem: ***~ he*** (***had***) ***sat down***; **V** *s. pl.* **8.** *Brit.* F Nachspeise *f*: ***for ~s*** zum Nachtisch; **'~·birth** *s.* ⚕ Nachgeburt *f*; **'~ˌburn·er** *s.* ✈ Nachbrenner *m*; **'~-ˌcab·in** *s.* ⚓ 'Heckkaˌbine *f*; **'~-care** *s.* **1.** ⚕ Nachbehandlung *f*; **2.** ⚖ Resozialisierungshilfe *f*; **'~-crop** *s.* Nachernte *f*; **'~·death** → ***afterlife*** 1; **'~·deck** *s.* ⚓ Achterdeck *n*; **'~-ˌdin·ner** *adj.* nach Tisch: ***~ speech*** Tischrede *f*; **'~-efˌfect** [-ərɪ-] *s.* Nachwirkung *f* (*a.* ⚕), Folge *f*; **'~·glow** *s.* **1.** Nachglühen *n* (*a.* ⚙ *u.* *fig.*); **2.** a) Abendrot *n*, b) Alpenglühen *n*; **'~·hold** *s.* ⚓ Achterraum *m*; **'~-hours** *s. pl.* Zeit *f* nach Dienstschluß; **'~·life** *s.* **1.** Leben *n* nach dem Tode; **2.** (zu)künftiges Leben; **'~·math** [-mæθ] *s.* **1.** ⸙ Grummet *n*, Spätheu *n*; **2.** *fig.* Nachwirkungen *pl.*; **ˌ~'noon** *s.* Nachmittag *m*: ***in the ~*** am Nachmittag, nachmittags; ***this ~*** heute nachmittag; ***~ of life*** Herbst *m* des Lebens; → ***good*** 1; **'~·pains** *s. pl.* ⚕ Nachwehen *pl.*; **'~·play** *s.* (sexu'elles) Nachspiel; **'~-sales ser·vice** *s.* ✝ Kundendienst *m*; **'~-ˌsea·son** *s.* 'Nachsaiˌson *f*; **'~-shave lo·tion** *s.* After-shave-Lotion *f*, Rasierwasser *n*; **'~·taste** *s.* Nachgeschmack *m* (*a. fig.*); **~ tax** *adj.* ✝ nach Abzug der Steuern, *a.* Netto…; **'~·thought** *s.* nachträglicher Einfall: ***as an ~*** nachträglich; **'~-ˌtreat·ment** *s.* ⚕, ⚙ Nachbehandlung *f*.

aft·er|·ward ['ɑːftəwəd] *Am.*, **'~·wards** [-dz] *adv.* später, nach'her, hinter'her; **'~·years** *s. pl.* Folgezeit *f*.

a·gain [ə'gen] *adv.* **1.** 'wieder(um), von neuem, aber-, nochmals: ***come ~!*** komm wieder!; ***~ and ~*** immer wieder; ***now and ~*** hin und wieder; ***be o.s. ~*** wieder gesund *od.* der alte sein; **2.** schon wieder: ***that fool ~*** schon wieder dieser Narr!; ***what's his name ~?*** F wie heißt er doch schnell?; **3.** außerdem, ferner; **4.** noch einmal: ***as much ~*** noch einmal so viel; ***half as much ~*** anderthalbmal so viel; **5.** *a.* ***then ~*** andererseits, da'gegen, aber: ***these ~ are more expensive***.

a·gainst [ə'genst] *prp.* **1.** gegen, wider, entgegen: ***~ the law***; ***to run*** (***up***) ***~ s.o.*** j-n zufällig treffen; **2.** gegen, gegen'über: ***my rights ~ the landlord***; ***over ~ the town hall*** gegenüber dem Rathaus; **3.** auf … (*acc.*) zu, an (*dat. od. acc.*), vor (*dat. od. acc.*), gegen: ***~ the wall***; **4.** *a.* ***as ~*** verglichen mit, gegenüber; **5.** in Erwartung (*gen.*), für.

a·gamic' [ˌeɪ'gæmɪk] *adj. biol.* a'gam, geschlechtslos.

a·gape [ə'geɪp] *adv. u. adj.* gaffend, mit offenem Munde (*vor Staunen*).

a·gar·ic ['ægərɪk] *s.* ⚘ Blätterpilz *m*, -schwamm *m*; → ***fly agaric***.

ag·ate ['ægət] *s.* **1.** *min.* A'chat *m*; **2.** *Am.* bunte Glasmurmel; **3.** *typ. Am.* Pa'riser Schrift *f*.

a·ga·ve [ə'geɪvɪ] *s.* ⚘ A'gave *f*.

age [eɪdʒ] **I** *s.* **1.** (Lebens)Alter *n*, Altersstufe *f*: ***what is his ~*** *od.* ***what ~ is he?*** wie alt ist er?; ***ten years of ~*** 10 Jahre alt; ***at the ~ of*** im Alter von; ***at his ~*** in seinem Alter; ***be over ~*** über der Altersgrenze liegen; ***act one's ~*** sich s-m Alter entsprechend benehmen; ***be your ~!*** sei kein Kindskopf!; ***a girl your ~*** ein Mädchen deines Alters; ***he does not look his ~*** man sieht ihm sein Alter nicht an; **2.** (Zeit *f* der) Reife: ***full ~*** Volljährigkeit *f*; (***come***) ***of ~*** mündig *od.* volljährig (werden); ***under ~*** minderjährig; **3.** *a.* ***old ~*** Alter *n*: ***~ before beauty*** Alter kommt vor Schönheit; **4.** Zeit *f*, Zeitalter *n*; Menschenalter *n*, Generati'on *f*: ***Ice 2*** Eiszeit; ***the ~ of Queen Victoria***; ***in our ~*** in unserer (*od.* der heutigen) Zeit; ***down the ~s*** durch die Jahrhunderte; **5.** *oft pl.* F lange Zeit, Ewigkeit *f*: ***I haven't seen him for ~s*** ich habe ihn seit e-r Ewigkeit nicht gesehen; **II** *v/t.* **6.** alt machen; **7.** *j-n* um Jahre älter machen; **8.** ⚙ altern, vergüten; *Wein etc.* ablagern lassen; *Käse etc.* reifen lassen; **III** *v/i.* **9.** alt werden, altern; **age brack·et** → ***age group***; **aged** [eɪdʒd] *adj.* … Jahre alt: ***~ twenty***; **a·ged** ['eɪdʒɪd] *adj.* bejahrt, betagt; **age group** *s.* Altersklasse *f*, Jahrgang *m*; **age·ing** → ***aging***; **age·less** ['eɪdʒlɪs] *adj.* nicht alternd, zeitlos; **age lim·it** *s.* Altersgrenze *f*; **'age·long** *adj.* lebenslänglich, dauernd.

a·gen·cy ['eɪdʒənsɪ] *s.* **1.** (wirkende) Kraft *f*, (ausführendes) Or'gan, Werkzeug *n* (*fig.*); **2.** Tätigkeit *f*, Wirkung *f*; **3.** Vermittlung *f*, Mittel *n*, Hilfe *f*: ***by*** *od.* ***through the ~ of***; **4.** ✝ Agen'tur *f*: a) (Handels)Vertretung *f*, b) Bü'ro *n* *od.* Amt *n* e-s A'genten; **5.** ⚖ ('Handlungs)ˌVollmacht *f*; **6.** ('Nachrichten-)Agenˌtur *f*; **7.** Geschäfts-, Dienststelle *f*; Amt *n*, Behörde *f*; ***~ busi·ness*** *s.* Kommissi'onsgeschäft *n*.

a·gen·da [ə'dʒendə] *s.* Tagesordnung *f*.

a·gent ['eɪdʒənt] *s.* **1.** Handelnde(r *m*) *f*, Urheber(in): ***free ~*** selbständig Handelnde(r), *weitS. ein* freier Mensch; **2.** ⚗, ⚕, *biol.*, *phys.* 'Agens *n*, Wirkstoff *m*, (be)wirkende Kraft *od.* Ursache, Mittel *n*, Werkzeug *n*: ***protective ~*** Schutzmittel; **3.** a) ✝ (Handels)Vertreter *m*, A'gent *m*, *a.* Makler *m*, Vermittler *m*, b) ⚖ (Handlungs)Bevollmächtigte(r *m*) *f*, (Stell)Vertreter(in); **4.** *pol.* (Geheim)Agent(in).

a·gent pro·vo·ca·teur *pl.* **a·gents pro·vo·ca·teurs** ['æʒɑ̃:ŋ prəˌvɒkə'tɜ:] (*Fr.*) *s.* Lockspitzel *m*.

'age|-old *adj.* uralt; **'~-worn** *adj.* altersschwach.

ag·glom·er·ate **I** *v/t. u. v/i.* [ə'glɒməreɪt] **1.** (sich) zs.-ballen, (sich) an- *od.* aufhäufen; **II** *s.* [-rət] **2.** angehäufte Masse, Ballung *f*; **3.** ⚙, *geol.*, *phys.* Agglome'rat *n*; **III** *adj.* [-rət] **4.** zs.-geballt, gehäuft; **ag·glom·er·a·tion** [əˌglɒmə'reɪʃn] *s.* Zs.-ballung *f*; Anhäufung *f*; (wirrer) Haufen.

ag·glu·ti·nate **I** *adj.* [ə'glu:tɪnət] **1.** zs.-geklebt, verbunden; **2.** *ling.* agglutiniert; **II** *v/t.* [-neɪt] **3.** zs.-kleben, verbinden; **4.** *biol.*, *ling.* agglutinieren; **ag·glu·ti·na·tion** [əˌglu:tɪ'neɪʃn] *s.* **1.** Zs.-kleben *n*; anein'anderklebende Masse; **2.** *biol.*, *ling.* Agglutinati'on *f*.

ag·gran·dize [ə'grændaɪz] *v/t.* **1.** *Macht, Reichtum* vermehren, -größern, erhöhen; **2.** verherrlichen, ausschmücken, *j-n* erhöhen; **ag'gran·dize·ment** [-dɪzmənt] *s.* Vermehrung *f*, Vergrößerung *f*, Erhöhung *f*, Aufstieg *m*.

ag·gra·vate ['ægrəveɪt] *v/t.* **1.** erschweren, verschärfen, verschlimmern; verstärken: ***~d larceny*** ⚖ schwerer Diebstahl; **2.** F erbittern, ärgern; **'ag·gra·vat·ing** [-tɪŋ] *adj.* □ **1.** erschwerend *etc.*, gra'vierend; **2.** F ärgerlich, aufreizend; **ag·gra·va·tion** [ˌægrə'veɪʃn] *s.* **1.** Erschwerung *f*, Verschlimmerung *f*, erschwerender 'Umstand; **2.** F Ärger *m*.

ag·gre·gate ['ægrɪgət] **I** *adj.* □ **1.** angehäuft, vereinigt, gesamt, Gesamt…: ***~ amount*** → II; **2.** zs.-gesetzt, Sammel…; **II** *s.* **3.** Anhäufung *f*; (Gesamt-)Menge *f*; Summe *f*: ***in the ~*** insgesamt; **4.** ⚡, ⚙, *biol.* Aggre'gat *n*; **III** *v/t.* [-geɪt] **5.** anhäufen, ansammeln; vereinigen (***to*** mit); **6.** sich insgesamt belaufen auf (*acc.*); **ag·gre·ga·tion** [ˌægrɪ'geɪʃn] *s.* **1.** Anhäufung *f*, Ansammlung *f*; Zs.-fassung *f*; **2.** *phys.* Aggre'gat *n*: ***state of ~*** Aggregatzustand *m*.

ag·gres·sion [ə'greʃn] *s.* Angriff *m*, 'Überfall *m*; Aggressi'on *f* (*a. pol. u. psych.*); **ag'gres·sive** [-esɪv] *adj.* □ aggres'siv: a) streitsüchtig, angriffslustig, b) e'nergisch, draufgängerisch, dy'namisch, forsch; **ag'gres·sor** [-esə] *s.* Angreifer *m*.

ag·grieved [ə'gri:vd] *adj.* **1.** bedrückt, betrübt; **2.** *bsd.* ⚖ geschädigt, beschwert, benachteiligt.

a·ghast [ə'gɑːst] *adj.* entgeistert, bestürzt, entsetzt (***at*** über *acc.*).

ag·ile ['ædʒaɪl] *adj.* □ flink, be'hend(e) (*Verstand etc.*); **a·gil·i·ty** [ə'dʒɪlətɪ] *s.* Flinkheit *f*, Be'hendigkeit *f*; Aufgewecktheit *f*.

ag·ing ['eɪdʒɪŋ] **I** *s.* **1.** Altern *n*; **2.** ⚙ Alterung *f*, Vergütung *f*; **II** *pres. p. u. adj.* **3.** alternd.

ag·i·o ['ædʒəʊ] *pl.* **ag·i·os** *s.* ✝ 'Agio *n*, Aufgeld *n*; **ag·i·o·tage** ['ædʒətɪdʒ] *s.* Agio'tage *f*.

ag·i·tate ['ædʒɪteɪt] **I** *v/t.* **1.** hin und her bewegen, schütteln; (um)rühren; **2.** *fig.* beunruhigen, auf-, erregen; **3.** aufwiegeln; **4.** erwägen, lebhaft erörtern; **II** *v/i.* **5.** agitieren, wühlen, hetzen; Propa'ganda machen (***for*** für, ***against*** gegen); **'ag·i·tat·ed** [-tɪd] *adj.* □ aufgeregt; **ag·i·ta·tion** [ˌædʒɪ'teɪʃn] *s.* **1.** Erschütterung *f*, heftige Bewegung; **2.** Aufregung *f*, Unruhe *f*; **3.** Agitati'on *f*, Hetze'rei *f*; Bewegung *f*, Gärung *f*; **'ag·i·ta·tor** [-tə] *s.* **1.** Agi'tator *m*, Aufwiegler *m*, Wühler *m*, Hetzer *m*; **2.** ⚙ 'Rührappaˌrat *m*, -werk *n*, -arm *m*; **ag·it·prop** [ˌædʒɪt'prɒp] **1.** Agit'prop *f* (*kommunistische Agitation u. Propaganda*); **2.** Agit'propredner *m*.

a·glow [ə'gləʊ] *adv. u. adj. a. fig.* glühend (***with*** von, vor *dat.*).

ag·nate ['ægneɪt] **I** *s.* **1.** A'gnat *m* (*Verwandter väterlicherseits*); **II** *adj.* **2.** väterlicherseits verwandt; **3.** stamm-, wesensverwandt; **ag·nat·ic** *adj.*; **ag·nat·i·cal** [æg'nætɪk(l)] *adj.* □ → ***agnate*** 2, 3.

ag·nos·tic [æg'nɒstɪk] **I** *s.* A'gnostiker *m*; **II** *adj.* → ***agnostical***; **ag'nos·ti·cal** [-kl] *adj.* a'gnostisch; **ag'nos·ti·cism** [-tɪsɪzəm] *s.* Agnosti'zismus *m*.

a·go [ə'gəʊ] *adv. u. adj.* vor'über, her, vor: ***ten years ~*** vor zehn Jahren; ***long ~*** vor langer Zeit; ***long, long ~*** lang, lang ist's her; ***no longer ~ than last month*** erst vorigen Monat.

a·gog [ə'gɒg] *adv. u. adj.* gespannt, erpicht (***for*** auf *acc.*): ***all ~*** ganz aus dem Häuschen, ‚gespannt wie ein Regenschirm'.

ag·o·nize ['ægənaɪz] **I** *v/t.* **1.** quälen, martern; **II** *v/i.* **2.** mit dem Tode ringen; **3.** Höllenqualen leiden; **4.** sich (ab-) quälen, verzweifelt ringen; **'ag·o·niz·ing** [-zɪŋ] *adj.* □ qualvoll, herzzerreißend; **'ag·o·ny** [-nɪ] *s.* **1.** heftiger Schmerz, Höllenqualen *pl.*, Qual *f*, Pein *f*, Seelenangst *f*: ***~ of despair***; ***~ column*** F *Zeitung*: Seufzerspalte *f*; ***pile on the ~*** F ‚dick auftragen'; **2.** ♀ Ringen *n* Christi mit dem Tode; **3.** Todeskampf *m*, Ago'nie *f*.

ag·o·ra·pho·bi·a [ˌægərə'fəʊbjə] *s.* ⚕ Platzangst *f*.

a·grar·i·an [ə'greərɪən] **I** *adj.* **1.** a'grarisch, landwirtschaftlich, Agrar...: ***~ unrest*** Unruhe in der Landwirtschaft; **2.** gleichmäßige Landaufteilung betreffend; **II** *s.* **3.** Befürworter *m* gleichmäßiger Aufteilung des (Acker)Landes.

a·gree [ə'griː] **I** *v/i.* **1.** (***to***) zustimmen (*dat.*), einwilligen (in *acc.*), beipflichten (*dat.*), genehmigen (*acc.*), einverstanden sein (mit), eingehen (auf *acc.*), gutheißen (*acc.*): ***~ to a plan***; ***I ~ to come with you*** ich bin bereit mitzukommen; ***you will ~ that*** du mußt zugeben, daß; **2.** (***on***, ***upon***, ***about***) sich einigen *od.* verständigen (über *acc.*); vereinbaren, verabreden (*acc.*): ***they ~d about the price***; ***~ to differ*** sich auf verschiedene Standpunkte einigen; ***let us ~ to differ!*** ich fürchte, wir können uns da nicht einigen!; **3.** über'einkommen, vereinbaren (***to*** *inf.* zu *inf.*, ***that*** daß): ***it is ~d*** es ist vereinbart, es steht fest; → ***agreed*** 2; **4.** (***with*** mit) über'einstimmen (*a. ling.*), (sich) einig sein, gleicher Meinung sein: ***I ~ that your advice is best*** auch ich bin der Meinung, daß Ihr Rat der beste ist; → ***agreed*** 1; **5.** sich vertragen, auskommen, zs.-passen, sich vereinigen (lassen); **6.** ***~ with*** *j-m* bekommen, zuträglich sein: ***wine does not ~ with me***; **II** *v/t.* **7.** ✝ *Konten etc.* abstimmen.

a·gree·a·ble [ə'grɪəbl] *adj.* □ → ***agreeably***; **1.** angenehm; gefällig, liebenswürdig; **2.** einverstanden (***to*** mit): ***~ to the plan***; **3.** F bereit, gefügig; **4.** (***to***) über'einstimmend (mit), entsprechend (*dat.*): ***~ to the rules***; **a'gree·a·ble·ness** [-nɪs] *s.* angenehmes Wesen; Annehmlichkeit *f*; **a'gree·a·bly** [-lɪ] *adv.* **1.** angenehm: ***~ surprised***; **2.** einverstanden (***to*** mit); entsprechend (***to*** *dat.*): ***~ to his instructions***.

a·greed [ə'griːd] *adj.* **1.** einig (***on*** über *acc.*); einmütig: ***~ decisions***; **2.** vereinbart: ***the ~ price***; ***~!*** abgemacht!, einverstanden!; **a'gree·ment** [-mənt] *s.* **1.** a) Abkommen *n*, Vereinbarung *f*, Einigung *f*, Verständigung *f*, Über'einkunft *f*, b) Vertrag *m*, c) (gütlicher) Vergleich: ***by ~*** wie vereinbart; ***come to an ~*** sich einigen, sich verständigen; ***by mutual ~*** in gegenseitigem Einvernehmen; ***~ country*** (***currency***) ✝ Verrechnungsland *n* (-währung *f*); **2.** Einigkeit *f*, Eintracht *f*; **3.** Über'einstimmung *f* (*a. ling.*), Einklang *m*; **4.** Genehmigung *f*, Zustimmung *f*.

ag·ri·cul·tur·al [ˌægrɪ'kʌltʃərəl] *adj.* □ landwirtschaftlich, Landwirtschaft(s)...: **~ *labo(u)rer*** Landarbeiter *m*; **~ *show*** Landwirtschaftsausstellung *f*; ˌ**ag·ri'cul·tur·al·ist** [-rəlɪst] → ***agriculturist***; **ag·ri·cul·ture** ['ægrɪkʌltʃə] *s.* Landwirtschaft *f*, Ackerbau *m* (u. Viehzucht *f*); ˌ**ag·ri'cul·tur·ist** [-tʃərɪst] *s.* (Dip'lom)Landwirt *m*.

ag·ro·nom·ics [ˌægrə'nɒmɪks] *s. pl. sg. konstr.* Agrono'mie *f*, Ackerbaukunde *f*; **a·gron·o·mist** [ə'grɒnəmɪst] *s.* Agro'nom *m*, (Dip'lom)Landwirt *m*; **a·gron·o·my** [ə'grɒnəmɪ] → ***agronomics***.

a·ground [ə'graʊnd] *adv. u. adj.* ⚓ gestrandet: ***run* ~** a) auflaufen, stranden, b) auf Grund setzen; ***be* ~** a) aufgelaufen sein, b) *fig.* auf dem trocknen sitzen.

a·gue ['eɪgju:] *s.* Schüttelfrost *m*; (Wechsel)Fieber *n*.

ah [ɑ:] *int.* ah, ach, oh, ha, ei!

a·ha [ɑ:'hɑ:] **I** *int.* a'ha, ha'ha!; **II** *adj.*: **~ *experience*** Aha-Erlebnis *n*.

a·head [ə'hed] *adv. u. adj.* **1.** vorn; vor'aus, vor'an; vorwärts, nach vorn; einen Vorsprung habend, an der Spitze; be'vorstehend: ***right*** (*od.* ***straight***) **~** geradeaus; ***the years* ~** (***of us***) die bevorstehenden (*od.* vor uns liegenden) Jahre; ***look*** (***think***, ***plan***) **~** vorausschauen (-denken, -planen); ***look ~!*** a) sieh dich vor!, b) *fig.* denk an die Zukunft!; → ***get ahead***, ***go ahead***, ***speed*** 1; **2. ~ *of*** vor (*dat.*), vor'aus (*dat.*): ***be ~ of the others*** vor den anderen sein *od.* liegen, den anderen voraus sein, (e-n) Vorsprung vor den anderen haben, die anderen übertreffen; ***get ~ of s.o.*** j-n überholen *od.* überflügeln; **~ *of the times*** der *od.* s-r Zeit voraus.

a·hem [m'mm] *int.* hm!

a·hoy [ə'hɔɪ] *int.* ⚓ ho!, a'hoi!

aid [eɪd] **I** *v/t.* **1.** unter'stützen, fördern; *j-m* helfen, behilflich sein (***in*** bei, ***to*** *inf.* zu *inf.*): **~ *and abet*** ⚖ a) Beihilfe leisten (*dat.*), b) begünstigen (*acc.*); **II** *s.* **2.** Hilfe *f* (***to*** für), -leistung *f* (***in*** bei), Unter'stützung *f*: ***he came to her* ~** er kam ihr zu Hilfe; ***by*** *od.* ***with*** (***the***) **~ *of*** mit Hilfe von; ***in* ~ *of*** zugunsten von (*od. gen.*); **3.** Helfer(in), Beistand *m*, Assis'tent(in); **4.** Hilfsmittel *n*, (Hilfs-)Gerät *n*, Mittel *n*: → ***hearing*** 2.

aide [eɪd] *s.* **1.** Berater *m*; **2.** → **aid(e)-de-camp** [ˌeɪddə'kɑ̃:ŋ] *pl.* ˌ**aid(e)s-de-'camp** [ˌeɪdz-] *s.* ⚔ Adju'tant *m*.

aide-mé·moire [ˌeɪdmem'wɑ:] (*Fr.*) *s. sg. u. pl.* **1.** Gedächtnisstütze *f*, No'tiz *f*; **2.** *pol.* Denkschrift *f*.

ai·grette ['eɪgret] *s.* **1.** *orn.* kleiner, weißer Reiher; **2.** Ai'grette *f*, Kopfschmuck *m* (*aus Federn etc.*).

ail [eɪl] **I** *v/t.* schmerzen: ***what ~s you?*** *a. fig.* was hast du denn?; **II** *v/i.* kränkeln.

ai·ler·on ['eɪlərɒn] (*Fr.*) *s.* ✈ Querruder *n*.

ail·ing ['eɪlɪŋ] *adj.* kränklich, leidend; **ail·ment** ['eɪlmənt] *s.* Unpäßlichkeit *f*, Leiden *n*.

aim [eɪm] **I** *v/i.* **1.** zielen (***at*** auf *acc.*, nach); **2.** *mst* **~ *at*** *fig. et.* beabsichtigen, an-, erstreben, bezwecken: ***~ing to please*** zu gefallen suchend; ***be ~ing to do*** *Am.* vorhaben *et.* zu tun; **3.** abzielen (***at*** auf *acc.*): ***that was not ~ed at you*** das war nicht auf dich gemünzt; **II** *v/t.* (***at***) **4.** *Waffe etc., a. Bestrebungen* richten (auf *acc.*); **5.** *Bemerkungen* richten (gegen); **III** *s.* **6.** Ziel *n*, Richtung *f*: ***take ~ at*** zielen auf (*acc.*) *od.* nach; **7.** Ziel *n*, Zweck *m*, Absicht *f*; '**aim·less** [-lɪs] *adj.* □ ziel-, zweck-, planlos.

ain't [eɪnt] V *abbr. für*: ***am not***, ***is not***, ***are not***, ***has not***, ***have not***.

air[1] [eə] **I** *s.* **1.** Luft *f*, Atmo'sphäre *f*, Luftraum *m*: ***by* ~** auf dem Luftwege, mit dem Flugzeug; ***in the open* ~** im Freien; ***hot* ~** *sl.* leeres Geschwätz, blauer Dunst; → ***beat*** 11; ***clear the* ~** die Luft (*fig.* die Atmosphäre) reinigen; ***vanish into thin* ~** *fig.* sich in nichts auflösen; ***change of* ~** Luftveränderung *f*; ***be in the* ~** *fig.* a) in der Luft liegen, b) in der Schwebe sein (*Frage etc.*), c) im Umlauf sein (*Gerücht etc.*); ***be up in the* ~** *fig.* a) (völlig) in der Luft hängen, b) völlig ungewiß sein, c) F ganz aus dem Häuschen sein (***about*** wegen); ***take the* ~** a) frische Luft schöpfen, b) ✈ abheben, aufsteigen; ***walk on* ~** sich wie im Himmel fühlen, selig sein; ***in the* ~** *fig.* (völlig) ungewiß; ***give s.o. the* ~** *Am.* j-n an die (frische) Luft setzen; **2.** Brise *f*, Luftzug *m*, Lüftchen *n*; **3.** ⚒ Wetter *n*: ***foul* ~** schlagende Wetter *pl.*; **4.** *Radio, TV*: 'Äther *m*: ***on the* ~** im Rundfunk *od.* Fernsehen; ***be on the* ~** a) senden, b) gesendet werden, c) auf Sendung sein (*Person*), d) zu hören *od.* zu sehen sein (*Person*); ***go off the* ~** a) die Sendung beenden (*Person*), b) sein Programm beenden (*Sender*); ***put on the* ~** senden, übertragen; ***stay on the* ~** auf Sendung bleiben; **5.** Art *f*, Stil *m*; **6.**

Miene *f*, Aussehen *n*, Wesen *n*: ***an ~ of importance*** e-e gewichtige Miene; **7.** *mst pl.* Getue *n*; ‚Gehabe' *n*, Pose *f*: **~s *and graces*** affektiertes Getue; ***put on*** (*od.* ***give o.s***) **~s** vornehm tun; **II** *v/t.* **8.** der Luft aussetzen, lüften; **9.** *Wäsche* trocknen, zum Trocknen aufhängen; **10.** *Getränke* abkühlen; **11.** an die Öffentlichkeit *od.* zur Sprache bringen, äußern: ***~ one's grievances***; **12.** ***~ o.s.*** frische Luft schöpfen; **III** *adj.* **13.** Luft..., pneu'matisch.

air² [eə] *s.* ♪ **1.** Lied *n*, Melo'die *f*, Weise *f*; **2.** Arie *f*.

air| a·lert *s.* 'Flieger-, 'Lufta‚larm *m*; **~ arm** *s.* ✈ *Brit.* Luftwaffe *f*; **~ bag** *s.* *mot.* Luftsack *m*; **~ bar·rage** *s.* ✈ Luftsperre *f*; **'~-base** *s.* ✈ Luft-, Flugstützpunkt *m*, Fliegerhorst *m*; **'~-bath** *s.* Luftbad *n*; **~ bea·con** *s.* ✈ Leuchtfeuer *n*; **'~-bed** *s.* 'Luftma‚tratze *f*; **'~-‚blad·der** *s.* *ichth.* Schwimmblase *f*; **'~·borne** *adj.* **1.** a) im Flugzeug befördert *od.* eingebaut, Bord...: ***~ transmitter*** Bordfunkgerät *n*, b) Luftlande...: ***~ troops***, c) auf dem Luftwege; **2.** in der Luft befindlich, aufgestiegen: ***be~***; **~ brake** *s.* **1.** ⚙ Luft(druck)bremse *f*; **2.** ✈ Landeklappe *f*: ***~ parachute*** Landefallschirm *m*; **'~-brick** *s.* ⚙ Luftziegel *m*; **'~-bridge** *s.* ✈ **1.** Luftbrücke *f*; **2.** Fluggastbrücke *f*; **~ bub·ble** *s.* Luftblase *f*; **~ bump** *s.* ✈ Bö *f*, aufsteigender Luftstrom; **~ bus** *s.* ✈ Airbus *m*; **~ car·go** *s.* Luftfracht *f*; **~ car·ri·er** *s.* ✈ **1.** Fluggesellschaft *f*; **2.** Charterflugzeug *n*; **~ cas·ing** *s.* ⚙ Luftmantel *m*; **~ cham·ber** *s.* ⚘, *zo.*, ⚙ Luftkammer *f*; **~ com·pres·sor** *s.* ⚙ Luftverdichter *m*; **'~-con‚di·tion** *v/t.* ⚙ mit Klimaanlage versehen, klimatisieren; **'~-con‚di·tion·ing** *s.* ⚙ Klimatisierung *f*; *a.* ***~ plant*** Klimaanlage *f*; **'~-cooled** *adj.* luftgekühlt; **♀ Corps** *s.* *hist. Am.* Luftwaffe *f*; **~ cor·ri·dor** *s.* 'Luft‚korridor *m*, Einflugschneise *f*; **~ cov·er** *s.* Luftsicherung *f*.

'air·craft *s.* Flugzeug *n*; *coll.* Luftfahr-, Flugzeuge *pl.*; **~ car·ri·er** *s.* Flugzeugträger *m*; **~ en·gine** *s.* 'Flug‚motor *m*; **~ in·dus·try** *s.* 'Luftfahrt-, 'Flugzeugindu‚strie *f*; **'~·man** [-mən] *s.* [*irr.*] *Brit.* Flieger *m* (*Dienstgrad*); **~ weap·ons** *s.* *pl.* Bordwaffen *pl.*

air| crash *s.* Flugzeugabsturz *m*; **~ crew** *s.* (Flugzeug)Besatzung *f*; **~ cush·ion** *s.* *a.* ⚙ Luftkissen *n*; **'~-‚cush·ion ve·hic·le** *s.* ⚙ Luftkissenfahrzeug *n*; **~ de·fence**, *Am.* **~ de·fense** *s.* ⚔ Luftschutz *m*, -verteidigung *f*, Fliegerabwehr *f*.

air·drome ['eədrəʊm] *s.* *Am.* Flugplatz *m*.

'air|·drop I *s.* a) Fallschirmabwurf *m*, b) ⚔ Luftlandung *f*; **II** *v/t.* a) mit dem Fallschirm abwerfen, b) ⚔ *Fallschirmjäger etc.* absetzen; **'~-dry** *v/t. u. v/i.* lufttrocknen; **'~·field** *s.* Flugplatz *m*; **~ flap** *s.* ⚙ Luftklappe *f*; **'~·foil** *s.* ✈ Tragfläche *f*; **~ force**, **♀ Force** *s.* ✈ Luftwaffe *f*, Luftstreitkräfte *pl.*; **'~·frame** *s.* ✈ Flugwerk *n*, (Flugzeug-)Zelle *f*; **'~·freight** *s.* Luftfracht *f*; **'~‚freight·er** *s.* **1.** Luftfrachter *m*; **2.** 'Luftspediti‚on *f*; **'~·graph** [-grɑːf] *s.* 'Fotoluftpostbrief *m*; **‚~-'ground** *adj.* ✈ Bord-Boden-...; **'~·gun** *s.* Luftgewehr *n*; **~ host·ess** *s.* ✈ ('Luft)‚Stewardeß *f*; **'~·house** *s.* Traglufthalle *f*.

air·i·ly ['eərɪlɪ] *adv.* 'leicht'hin, unbekümmert; **'air·i·ness** [-nɪs] *s.* **1.** Luftigkeit *f*; luftige Lage; **2.** Leichtigkeit *f*; Munterkeit *f*; **3.** Leichtfertigkeit *f*; **'air·ing** [-rɪŋ] *s.* **1.** (Be)Lüftung *f*, Trocknen *n*: ***give s.th. an ~*** et. lüften; **2.** Spaziergang *m*: ***take an ~*** frische Luft schöpfen; **3.** Äußerung *f*; Erörterung *f*.

air| in·take *s.* ⚙ **1.** Lufteinlaß *m*; **2.** Zuluftstutzen *m*; **~ jack·et** *s.* **1.** Schwimmweste *f*; **2.** ⚙ Luftmantel *m*; **~ jet** *s.* ⚙ Luftstrahl *m*, -düse *f*; **~ lane** *s.* Luftroute *f*.

air·less ['eəlɪs] *adj.* **1.** ohne Luft(zug); **2.** dumpf, stickig.

air| let·ter *s.* **1.** Luftpostbrief *m* (*auf Formular*); **2.** *Am.* Luftpostleichtbrief *m*; **~ lev·el** *s.* ⚙ Li'belle *f*, Setzwaage *f*; **'~·lift I** *s.* Luftbrücke *f*; **II** *v/t.* über e-e Luftbrücke befördern; **'~·line** *s.* Luft-, Flugverkehrsgesellschaft *f*; **~ liner** *s.* ✈ Verkehrs-, Linienflugzeug *n*; **'~·lock** *s.* ⚙ **1.** Luftschleuse *f*; **2.** Druckstauung *f*; **~ mail** *s.* (***by ~*** mit *od.* per) Luftpost *f*; **'~·man** [-mən] *s.* [*irr.*] Flieger *m*; **'~-me‚chan·ic** *s.* ✈ 'Bordmon‚teur *m*; **'~-‚mind·ed** *adj.* ✈ luft(fahrt)-, flug(sport)begeistert; **'~-‚op·er·at·ed** *adj.* ⚙ preßluftbetätigt; **~ par·cel** *Brit.* 'Luftpostpa‚ket *n*; **~ pas·sage** *s.* **1.** *anat.*, *biol.*, Luft-, Atemweg *m*; **2.** ⚙ Luftschlitz *m*; **~ pas·sen·ger** *s.* ✈ Fluggast *m*; **~ pho·to(·graph)** *s.* ✈ Luftbild *n*, -aufnahme *f*; **~ pi·ra·cy** *s.* 'Luftpirate‚rie *f*; **~ pi·rate** *s.* 'Luftpi‚rat *m*; **'~·plane** *s.* ✈ *bsd. Am.* Flugzeug *n*; **'~·plane car·ri·er** *bsd. Am.* → ***aircraft carrier***; **~ pock·et** *s.* Fallbö *f*, Luftloch *n*; **~ pol·lu·tion** *s.* Luftverschmutzung *f*; **'~·port** *s.* ✈ Flughafen *m*; **'~·proof** *adj.* luftbeständig, -dicht; **~ pump** *s.* ⚙

Luftpumpe *f*; **~ raft** *s.* Schlauchboot *n*; **~ raid** *s.* Luftangriff *m*.

'air-raid| pre·cau·tions *s. pl.* Luftschutz *m*; **~ shel·ter** *s.* Luftschutzraum *m*, -bunker *m*, -keller *m*; **~ ward·en** *s.* Luftschutzwart *m*; **~ warn·ing** *s.* Luft-, Fliegerwarnung *f*, 'Fliegera,larm *m*.

air| ri·fle *s.* Luftgewehr *n*; **~ route** *s.* ✈ Flugroute *f*; **~ sched·ule** *s.* Flugplan *m*; **'~·screw** *s.* ✈ Luftschraube *f*; **'~-seal** *v/t.* ⚙ luftdicht verschließen; **'~·ship** *s.* Luftschiff *n*; **'~-sick** *adj.* luftkrank; **'~-,sick·ness** *s.* Luftkrankheit *f*; **'~·space** *s.* Luftraum *m*; **~ speed** *s.* ✈ (Flug)Eigengeschwindigkeit *f*; **'~·strip** *s.* ✈ **1.** Behelfslandeplatz *m*; **2.** *Am.* Roll-, Start-, Landebahn *f*; **~ tax·i** *s.* ✈ Lufttaxi *n*; **~ tee** *s.* ✈ Landekreuz *n*; **~ ter·mi·nal** *s.* ✈ **1.** Großflughafen *m*; **2.** Terminal *m*, *n*: a) (Flughafen)Abfertigungsgebäude, b) *Brit.* 'Endstati,on *f* der 'Zubringer,linie zum und vom Flughafen; **'~·tight** *adj.* **1.** luftdicht; **2.** *fig.* todsicher, völlig klar; **,~-to-'air** *adj.* ✈ Bord-Bord-...; **,~-to-'ground** *adj.* ✈ Bord-Boden-...; **~ traf·fic** *s.* Luft-, Flugverkehr *m*; **'~-,traf·fic con·trol** *s.* ✈ Flugsicherung *f*; **'~-,traf·fic con·trol·ler** *s.* ✈ Fluglotse *m*; **'~-tube** *s.* **1.** ⚙ Luftschlauch *m*; **2.** *anat.* Luftröhre *f*; **~ um·brel·la** *s.* ✈ Luftschirm *m*; **'~·way** *s.* **1.** ⚙, ⚒ Wetterstrecke *f*, Luftschacht *m*; **2.** ✈ a) Luft(verkehrs)weg *m*, Luftroute *f*, b) → ***airline***; **'~,wom·an** *s.* [*irr.*] Fliegerin *f*; **'~,wor·thi·ness** *s.* ✈ Lufttüchtigkeit *f*.

air·y ['eərɪ] *adj.* □ → ***airily***; **1.** Luft...; **2.** luftig, *a.* windig; **3.** körperlos; **4.** grazi'ös; **5.** lebhaft, munter; **6.** über'spannt, verstiegen: ***~ plans***; **7.** lässig: ***an ~ manner***; **8.** vornehmtuerisch.

aisle [aɪl] *s.* **1.** ⩓ a) Seitenschiff *n*, -chor *m* (*e-r Kirche*), b) Schiff *n*, Abteilung *f* (*e-r Kirche od. e-s Gebäudes*); **2.** (Mittel)Gang *m* (*zwischen Bänken etc.*); **3.** *fig.* Schneise *f*.

aitch [eɪtʃ] *s.* H *n*, h *n* (*Buchstabe*): ***drop one's ~es*** das H nicht aussprechen (*Zeichen der Unbildung*); **'aitch-bone** *s.* **1.** Lendenknochen *m*; **2.** Lendenstück *n* (*vom Rind*).

a·jar [ə'dʒɑː] *adv. u. adj.* **1.** halb offen, angelehnt (*Tür*); **2.** *fig.* im Zwiespalt.

a·kim·bo [ə'kɪmbəʊ] *adv. die Arme* in die Seite gestemmt.

a·kin [ə'kɪn] *adj.* **1.** (bluts- *od.* stamm-) verwandt (***to*** mit); **2.** verwandt; sehr ähnlich (***to*** *dat.*).

al·a·bas·ter ['æləbɑːstə] **I** *s. min.* Ala'baster *m*; **II** *adj.* ala'bastern, ala'basterweiß, Alabaster...

a·lac·ri·ty [ə'lækrətɪ] *s.* **1.** Munterkeit *f*; **2.** Bereitwilligkeit *f*, Eifer *m*.

A·lad·din's lamp [ə'lædɪnz] *s.* 'Aladins Wunderlampe *f*; *fig.* wunderwirkender 'Talisman.

à la mode [,ɑːlɑː'məʊd] (*Fr.*) *adj.* **1.** à la mode, modisch; **2.** gespickt u. geschmort u. mit Gemüse zubereitet: ***beef ~***; **3.** *Am.* mit (Speise)Eis (serviert): ***cake ~***.

a·larm [ə'lɑːm] **I** *s.* **1.** A'larm *m*, Warnruf *m*, Warnung *f*: ***false ~*** blinder Alarm, falsche Meldung; ***give*** (***raise, sound***) ***the ~*** Alarm geben *od. fig.* schlagen; **2.** a) Weckvorrichtung *f*, b) Wecker *m*; **3.** A'larmvorrichtung *f*; **4.** Lärm *m*, Aufruhr *m*; **5.** Angst *f*, Unruhe *f*, Bestürzung *f*; **II** *v/t.* **6.** alarmieren, warnen; **7.** beunruhigen, erschrecken (***at*** über *acc.*, ***by*** durch): ***be ~ed*** sich ängstigen, bestürzt sein; **~ bell** *s.* A'larm-, Sturmglocke *f*; **~ clock** *s.* Wecker *m* (*Uhr*).

a·larm·ing [ə'lɑːmɪŋ] *adj.* □ beunruhigend, beängstigend; **a'larm·ist** [-mɪst] **I** *s.* Bangemacher *m*, Schwarzseher *m*, ‚Unke' *f*; **II** *adj.* schwarzseherisch.

a·las [ə'læs] *int.* ach!, leider!

alb [ælb] *s. eccl.* Albe *f*, Chorhemd *n*.

Al·ba·ni·an [æl'beɪnjən] **I** *adj.* al'banisch; **II** *s.* Al'ban(i)er(in).

al·ba·tross ['ælbətrɒs] *s. orn.* 'Albatros *m*, Sturmvogel *m*.

al·be·it [ɔːl'biːɪt] *cj.* ob'gleich, wenn auch.

al·bert ['ælbət] *s. a.* ***2 chain Brit.*** (kurze) Uhrkette.

al·bi·no [æl'biːnəʊ] *pl.* **-nos** *s.* Al'bino *m*, 'Kakerlak *m*.

Al·bion ['ælbjən] *npr. poet.* 'Albion *n* (*Britannien od. England*).

al·bum ['ælbəm] *s.* **1.** 'Album *n*, Stammbuch *n*; **2.** (Briefmarken-, Foto-, Schallplatten- *etc.*)Album *n*; **3.** a) 'Schallplattenkas,sette *f*, b) Album *n* (*Langspielplatte*[*n*]); **4.** Gedichtsammlung *etc.* (in Buchform).

al·bu·men ['ælbjʊmɪn] *s.* **1.** *zo.* Eiweiß *n*, Al'bumen *n*; **2.** ⚘, ⚗, ⚕ Eiweiß(stoff *m*) *n*, Albu'min *n*; **al·bu·min** ['ælbjʊmɪn] → ***albumen*** 2; **al·bu·mi·nous** [æl'bjuːmɪnəs] *adj.* eiweißartig, -haltig.

al·chem·ic *adj.*; **al·chem·i·cal** [æl'kemɪk(l)] *adj.* □ alchi'mistisch; **al·che·mist** ['ælkɪmɪst] *s.* Alchi'mist *m*, Goldmacher *m*; **al·che·my** ['ælkɪmɪ] *s.* Alchi'mie *f*.

al·co·hol ['ælkəhɒl] *s.* 'Alkohol *m*: a)

Sprit *m*, ˈSpiritus *m*, Weingeist *m*: ***ethyl* ~** Äthylalkohol *m*, b) geistige *od.* alkoˈholische Getränke *pl.*; **al·co·hol·ic** [ˌælkəˈhɒlɪk] **I** *adj.* **1.** alkoˈholisch, ˈalkoholartig, -haltig, Alkohol…: **~ *drinks*; ~ *strength*** Alkoholgehalt *m*; **II** *s.* **2.** (Gewohnheits)Trinker(in), Alkoˈholiker(in); **3.** *pl.* Alkoˈholika *pl.*, alkoholische Getränke *pl.*; **ˈal·co·hol·ism** [-lɪzəm] *s.* Alkohoˈlismus *m*: a) Trunksucht *f*, b) *durch Trunksucht verursachte Organismusschädigungen.*

al·cove [ˈælkəʊv] *s.* Alˈkoven *m*, Nische *f*; (Garten)Laube *f*, Grotte *f*.

al·de·hyde [ˈældɪhaɪd] *s.* ⚗ Aldeˈhyd *m*.

al·der [ˈɔːldə] *s.* ⚘ Erle *f*.

al·der·man [ˈɔːldəmən] *s.* [*irr.*] Ratsherr *m*, Stadtrat *m*; **ˈal·der·man·ry** [-rɪ] *s.* **1.** (von e-m Ratsherrn vertretener) Stadtbezirk; **2.** → **ˈal·der·man·ship** [-ʃɪp] *s.* Amt *n* e-s Ratsherrn; **al·der·wom·an** [ˈɔːldəˌwʊmən] *s.* [*irr.*] Stadträtin *f*.

ale [eɪl] *s.* Ale *n* (*helles, obergäriges Bier*).

a·leck [ˈælɪk] *s. Am.* F → ***smart aleck.***

a·lee [əˈliː] *adv. u. adj.* leewärts.

ˈale-house *s.* ˈBierloˌkal *n*.

a·lem·bic [əˈlembɪk] *s.* **1.** Destillierkolben *m*; **2.** *fig.* Reˈtorte *f*.

a·lert [əˈlɜːt] **I** *adj.* □ **1.** wachsam, auf der Hut; achtsam: **~ *to*** klar bewußt (*gen.*); **2.** rege, munter; **3.** aufgeweckt, forsch, aˈlert; **II** *s.* **4.** (Aˈlarm-)Bereitschaft *f*: ***on the* ~** auf der Hut, in Alarmbereitschaft; **5.** Aˈlarm(siˌgnal *n*) *m*, Warnung *f*; **III** *v/t.* **6.** alarmieren, warnen, ⚔ *a.* in Aˈlarmzustand versetzen, *weitS.* mobilisieren: **~ *s.o. to s.th.*** *fig.* j-m et. zum Bewußtsein bringen; **aˈlert·ness** [-nɪs] *s.* **1.** Wachsamkeit *f*; **2.** Munterkeit *f*, Flinkheit *f*; **3.** Aufgewecktheit *f*, Forschheit *f*.

A lev·el *s. Brit. ped.* (*etwa*) Abiˈtur *n*: ***he has three* ~*s*** er hat das Abitur in drei Fächern gemacht.

Al·ex·an·drine [ˌælɪgˈzændraɪn] *s.* Alexanˈdriner *m* (*Versart*).

al·fal·fa [ælˈfælfə] *s.* ⚘ Luˈzerne *f*.

al·fres·co [ælˈfreskəʊ] (*Ital.*) *adj. u. adv.* im Freien: **~ *lunch.***

al·ga [ˈælgə] *pl.* **-gae** [-dʒiː] *s.* ⚘ Alge *f*, Tang *m*.

al·ge·bra [ˈældʒɪbrə] *s.* 𝔄 Algebra *f*; **ˌal·geˈbra·ic** [-reɪɪk] *adj.* □ algeˈbraisch: **~ *calculus*** Algebra *f*.

Al·ge·ri·an [ælˈdʒɪərɪən] **I** *adj.* alˈgerisch; **II** *s.* Alˈgerier(in).

Al·gol [ˈælgɒl] *s.* ALGOL *n* (*Computersprache*).

a·li·as [ˈeɪlɪæs] **I** *adv.* ˈalias, sonst (… genannt); **II** *s. pl.* **-as·es** angenommener Name, Deckname *m*.

al·i·bi [ˈælɪbaɪ] *s.* **1.** ⚖ ˈAlibi *n*: ***establish one's* ~** sein Alibi erbringen; **3.** F Ausrede *f*, ˈAlibi *n*.

al·ien [ˈeɪljən] **I** *adj.* **1.** fremd; ausländisch: **~ *subjects*** ausländische Staatsangehörige; **2.** außerirdisch (*Wesen*); **3.** *fig.* andersartig, fernliegend, fremd (***to*** *dat.*); **4.** *fig.* zuˈwider, ˈunsymˌpathisch (***to*** *dat.*); **II** *s.* **5.** Fremde(r *m*) *f*, Ausländer(in): ***enemy* ~** feindlicher Ausländer; **~*s police*** Fremdenpolizei *f*; **6.** nicht naturalisierter Bewohner des Landes; **7.** *fig.* Fremdling *m*; **8.** außerirdisches Wesen; **9.** *ling.* Fremdwort *n*; **ˈal·ien·a·ble** [-nəbl] *adj.* veräußerlich; überˈtragbar; **ˈal·ien·age** [-nɪdʒ] *s.* Ausländertum *n*; **ˈal·ien·ate** [-neɪt] *v/t.* **1.** ⚖ veräußern, überˈtragen; **2.** entfremden, abspenstig machen (***from*** *dat.*); **al·ien·a·tion** [ˌeɪljəˈneɪʃn] *s.* **1.** ⚖ Veräußerung *f*, Überˈtragung *f*; **2.** Entfremdung *f* (*a. psych., pol.*) (***from*** von), Abwendung *f*, Abneigung *f*: **~ *of affections*** ⚖ Entfremdung (ehelicher Zuneigung); **3.** *a.* ***mental* ~** Alienatiˈon *f*, Psyˈchose *f*; **4.** *literarische* Verfremdung: **~ *effect*** Verfremdungs-, V-Effekt *m*; **ˈal·ien·ist** [-nɪst] *s. obs.* Nervenarzt *m*.

a·light[1] [əˈlaɪt] *v/i.* **1.** ab-, aussteigen; **2.** sich niederlassen, sich setzen (*Vogel*), fallen (*Schnee*): **~ *on one's feet*** auf die Füße fallen; **3.** ✈ niedergehen, landen; **4.** (***on***) (zufällig) stoßen (auf *acc.*), antreffen (*acc.*).

a·light[2] [əˈlaɪt] *adj.* **1.** → ***ablaze***; **2.** erleuchtet (***with*** von).

a·lign [əˈlaɪn] **I** *v/t.* **1.** ausfluchten, in e-e (gerade) ˈLinie bringen; in gerader Linie *od.* in Reih und Glied aufstellen; ausrichten (***with*** nach); **2.** *fig.* zu e-r Gruppe (*Gleichgesinnter*) zs.-schließen; **3. ~ *o.s.*** (***with***) sich anschließen, sich anpassen (an *acc.*); **II** *v/i.* **4.** sich in gerader Linie *od.* in Reih und Glied aufstellen; sich ausrichten (***with*** nach); **aˈlign·ment** [-mənt] *s.* **1.** Anordnung *f* in ˈeiner Linie, Ausrichten *n*; Anpassung *f*: ***in* ~ *with*** in ˈeiner Linie *od.* Richtung mit (*a. fig.*); **2.** ⚙ a) Ausfluchten *n*, Ausrichten *n*, b) ˈLinien-, Zeilenführung *f*, c) ˈAbsteckungsˌlinie *f*, Trasse *f*, Flucht *f*, Gleichlauf *m*; **3.** *fig.* Ausrichtung *f*, Gruppierung *f*: **~ *of political forces.***

a·like [əˈlaɪk] **I** *adj.* gleich, ähnlich; **II** *adv.* gleich, ebenso, in gleichem Maße: ***she helps enemies and friends* ~.**

al·i·ment ['ælımənt] *s.* Nahrung(smittel *n*) *f*; **2.** *et.* Lebensnotwendiges; **al·i·men·ta·ry** [ˌælı'mentərı] *adj.* **1.** nahrhaft; **2.** Nahrungs…, Ernährungs…: **~ canal** Verdauungskanal *m*; **al·i·men·ta·tion** [ˌælımen'teıʃn] *s.* Ernährung *f*, Unterhalt *m*.

al·i·mo·ny ['ælımənı] *s.* ⚖ 'Unterhalt(szahlung *f*) *m*.

a·line *etc.* → **align** *etc.*

al·i·quant ['ælıkwənt] *adj.* ℞ ali'quant, mit Rest teilend; **'al·i·quot** [-kwɒt] *adj.* ℞ ali'quot, ohne Rest teilend.

a·live [ə'laıv] *adj.* **1.** lebend, (noch) am Leben: ***the proudest man ~*** der stolzeste Mann der Welt; ***no man ~*** kein Sterblicher; ***man ~!*** F Menschenskind!; **2.** tätig, in voller Kraft *od.* Wirksamkeit, im Gange: ***keep ~*** a) aufrechterhalten, bewahren, b) am Leben bleiben; **3.** lebendig, lebhaft, belebt: ***~ and kicking*** F gesund u. munter; ***look ~!*** F (mach) fix!, paß auf!; **4.** (***to***) empfänglich (für), bewußt (*gen.*), achtsam (auf *acc.*); **5.** voll, belebt, wimmelnd (***with*** von); **6.** ⚡ stromführend, geladen, unter Strom stehend.

al·ka·li ['ælkəlaı] ⚗ **I** *pl.* **-lies** *od.* **-lis** *s.* **1.** Al'kali *n*; **2.** (in wäßriger Lösung) stark al'kalisch reagierende Verbindung: ***caustic ~*** Ätzalkali; ***mineral ~*** kohlensaures Natron; **3.** *geol.* kalzinierte Soda; **II** *adj.* **4.** al'kalisch: ***~ soil***; **'al·ka·line** [-laın] *adj.* ⚗ al'kalisch, al'kalihaltig, basisch; **al·ka·lin·i·ty** [ˌælkə'lınətı] *s.* ⚗ Alkalini'tät *f*, al'kalische Eigenschaft; **'al·ka·lize** [-laız] *v/t.* ⚗ alkalisieren, auslaugen; **'al·ka·loid** [-lɔıd] ⚗ **I** *s.* Alkalo'id *n*; **II** *adj.* al'kaliartig, laugenhaft.

all [ɔ:l] **I** *adj.* **1.** all, sämtlich, vollständig, ganz: ***~ the wine*** der ganze Wein; ***~ day (long)*** den ganzen Tag; ***for ~ that*** dessenungeachtet, trotzdem; ***~ the time*** die ganze Zeit; ***for ~ time*** für immer; ***~ the way*** die ganze Strecke, *fig.* völlig, rückhaltlos; ***with ~ respect*** bei aller Hochachtung; **2.** jeder, jede, jedes (beliebige); alle *pl.*: ***at ~ hours*** zu jeder Stunde; ***beyond ~ question*** fraglos; → ***event*** 3, ***mean***[3] 3; **3.** ganz, rein: ***~ wool*** reine Wolle; → ***all-American***; **II** *s.* **4.** das Ganze, alles; Gesamtbesitz *m*: ***his ~*** a) sein Hab u. Gut, b) sein ein u. alles; **III** *pron.* **5.** alles: ***~ of it*** alles; ***~ of us*** wir alle; ***~'s well that ends well*** Ende gut, alles gut; ***when ~ is said (and done)*** F letzten Endes, im Grunde genommen; ***what is it ~ about?*** um was handelt es sich?; ***the best of ~ would be*** das allerbeste wäre; ***in ~*** insgesamt; ***~ in ~*** alles in allem; ***is that ~?*** a) sonst noch et.?, b) F schöne Geschichte!; **IV** *adv.* **6.** ganz, gänzlich, völlig, höchst: ***~ wrong*** ganz falsch, völlig im Irrtum; ***that is ~ very well, but …*** das ist ja ganz schön u. gut, aber …; ***he was ~ ears (eyes)*** er war ganz Ohr (Auge); ***she is ~ kindness*** sie ist die Güte selber; ***~ the better*** um so besser; ***~ one*** einerlei, gleichgültig; ***~ the same*** a) ganz gleich, gleichgültig, b) gleichwohl, trotzdem, immerhin; → ***above*** 2, ***after*** 1, ***at***[1] 7, ***but*** 13, ***once*** 4b; **7.** *Sport:* ***two ~*** zwei beide, zwei zu zwei;

Zssgn mit adv. u. prp.:

all| a·long a) der ganzen Länge nach, b) F die ganze Zeit, schon immer; **~ in** *sl.* ‚fertig', ganz ‚erledigt'; **~ out** a) ‚auf dem Holzweg', b) völlig ‚ka'putt', c) mit aller Macht: ***be ~ for s.th.*** mit aller Macht auf et. aussein; → ***go*** 16; **~ o·ver** a) *es ist* alles aus, b) gänzlich: ***that is Max ~*** F das sieht Max ähnlich, das ist typisch Max, c) am ganzen Körper, d) über'all(hin); **~ right** ganz richtig; in Ordnung(!), schön!, (na) gut!; **~ round** 'ringsum'her, über'all; **~ there**: ***he is not ~*** F er ist nicht ganz bei Trost; **~ up**: ***it's ~ with him*** mit ihm ist's aus; **for ~** a) trotz: ***~ his smartness***; ***~ that*** trotzdem, b) so'viel: ***~ I know***; ***~ I care*** F das ist mir doch egal!, meinetwegen!; **in ~** insgesamt.

ˌall|-A'mer·i·can *adj.* rein ameri'kanisch, die ganzen USA vertretend; *Sport*: National…; **ˌ~-a'round** *Am.* → ***all-round***; **'all-ˌau·to'mat·ic** *adj.* ⚙ 'vollautoˌmatisch.

al·lay [ə'leı] *v/t.* beschwichtigen, beruhigen; *Streit* schlichten; mildern, lindern, *Hunger, Durst* stillen.

ˌall|-'clear *s.* **1.** Ent'warnung(ssiˌgnal *n*) *f*; **2.** *fig.* ‚grünes Licht'; **'~-ˌdu·ty** *adj.* ⚙ Allzweck…

al·le·ga·tion [ˌælı'geıʃn] *s. unerwiesene* Behauptung, Aussage *f*, Vorbringen *n*; Darstellung *f*.

al·lege [ə'ledʒ] *v/t.* **1.** *Unerwiesenes* behaupten, erklären, vorbringen; **2.** vorgeben, vorschützen; **al'leged** [-dʒd] *adj*; **al'leg·ed·ly** [-dʒıdlı] *adv.* an-, vorgeblich.

al·le·giance [ə'li:dʒəns] *s.* **1.** 'Untertanenpflicht *f*, -treue *f*, -gehorsam *m*: ***oath of ~*** Treu-, ⚔ Fahneneid *m*; ***change one's ~*** s-e Staats- *od.* Parteiangehörigkeit wechseln; **2.** (***to***) Treue *f* (zu), Loyali'tät *f*; Bindung *f* (an *acc.*);

Ergebenheit *f*, Gefolgschaft *f*.

al·le·gor·ic, al·le·gor·i·cal [ˌælɪˈgɒrɪk(l)] *adj.* □ alleˈgorisch, (sinn)bildlich; **al·le·go·rize** [ˈælɪgəraɪz] **I** *v/t.* allegorisch darstellen; **II** *v/i.* in Gleichnissen reden; **al·le·go·ry** [ˈælɪgərɪ] *s.* Allegoˈrie *f*, Sinnbild *n*, sinnbildliche Darstellung, Gleichnis *n*.

al·le·lu·ia [ˌælɪˈluːjə] **I** *s.* Halleˈluja *n*, Loblied *n*; **II** *int.* halleluja!

al·ler·gic [əˈlɜːdʒɪk] *adj.* ⚕ *u.* F *fig.* allˈergisch, äußerst empfindlich (*to* gegen); **al·ler·gy** [ˈælədʒɪ] *s.* **1.** ♀, ⚕, *zo.* Allerˈgie *f*, ˈÜberempfindlichkeit *f*; **2.** F ,Allerˈgie' *f*, ˈWiderwille *m* (*to* gegen).

al·le·vi·ate [əˈliːvɪeɪt] *v/t.* erleichtern, lindern, mildern, (ver)mindern; **al·le·vi·a·tion** [əˌliːvɪˈeɪʃn] *s.* Erleichterung *f etc.*

al·ley [ˈælɪ] *s.* **1.** (schmale) Gasse, Verbindungsgang *m*, ˈDurchgang *m* (*a. fig.*): ***that's down*** (*od.* ***up***) ***my ~*** F das ist et. für mich, das ist ganz mein Fall; → ***blind alley***; **2.** Spielbahn *f*; → ***bowling-alley*** *etc.*; ˈ**~·way** *s.* → ***alley*** 1.

All| Fools' Day [ˌɔːlˈfuːlzdeɪ] *s.* der 1. Aˈpril; ♀ **fours** alle vier (*Kartenspiel*); → ***four*** 2; **~ Hal·lows** [ˌɔːlˈhæləʊz] *s.* Allerˈheiligen *n*.

al·li·ance [əˈlaɪəns] *s.* **1.** Verbindung *f*, Verknüpfung *f*; **2.** Bund *m*, Bündnis *n*: ***offensive and defensive ~*** Schutz- und Trutzbündnis; ***form an ~*** ein Bündnis schließen; **3.** Heirat *f*, Verwandtschaft *f*, Verschwägerung *f*; **4.** *weitS.* Verwandtschaft *f*; **5.** *fig.* Bund *m*, (Interˈessen)Gemeinschaft *f*; **6.** Überˈeinkunft *f*; **al·lied** [əˈlaɪd; *attr.* ˈælaɪd] *adj.* **1.** verbündet, alliiert (***with*** mit): ***the*** ♀ ***Powers***; **2.** *fig.* (art)verwandt (*to* mit); **Al·lies** [ˈælaɪz] *s. pl.*: ***the ~*** die Alliierten, die Verbündeten.

al·li·ga·tor [ˈælɪgeɪtə] *s. zo.* Alliˈgator *m*; ˈKaiman *m*; **~ pear** *s.* → ***avocado***; **~ skin** *s.* Krokoˈdilleder *n*.

ˈ**all|-imˌpor·tant** *adj.* äußerst wichtig; ˌ**~-ˈin**, ˈ**all-inˌclu·sive** *adj. bsd. Brit.* alles inbegriffen, Gesamt…, Pauschal…: ***~ insurance*** Generalversicherung *f*; ***~ wrestling*** *sport* Catchen *n*.

al·lit·er·ate [əˈlɪtəreɪt] *v/t.* **1.** alliterieren; **2.** im Stabreim dichten; **al·lit·er·a·tion** [əˌlɪtəˈreɪʃn] *s.* Alliteratiˈon *f*, Stabreim *m*; **alˈlit·er·a·tive** [-rətɪv] *adj.* □ alliterierend.

ˌ**all|-ˈmains** *adj.* ⚡ Allstrom…, mit Netzanschluß; ˌ**~-ˈmet·al** *adj.* Ganzmetall…

al·lo·cate [ˈæləʊkeɪt] *v/t.* **1.** ver-, zuteilen, an-, zuweisen (*to dat.*): ***~ duties***; ***~ shares*** Aktien zuteilen; **2.** → ***allot*** 3; **3.** den Platz bestimmen für; **al·lo·ca·tion** [ˌæləʊˈkeɪʃn] *s.* **1.** Zu-, Verteilung *f*; An-, Zuweisung *f*, Kontinˈgent *n*; Aufschlüsselung *f*; **2.** ✝ Bewilligung *f*, Zahlungsanweisung *f*.

al·lo·cu·tion [ˌæləʊˈkjuːʃn] *s.* feierliche *od.* ermahnende Ansprache.

al·lo·path [ˈæləʊpæθ] *s.* ⚕ Alloˈpath *m*; **al·lop·a·thy** [əˈlɒpəθɪ] *s.* ⚕ Allopaˈthie *f*.

al·lot [əˈlɒt] *v/t.* **1.** zu-, aus-, verteilen; auslosen; **2.** bewilligen, abtreten; **3.** bestimmen (***to, for*** für *j-n od. e-n Zweck*); **alˈlot·ment** [-mənt] *s.* **1.** Ver-, Zuteilung *f*; Anteil *m*; zugeteilte ˈAktien *pl.*; **2.** *Brit.* Parˈzelle *f*; (*a.* ***~ garden***) Schrebergarten *m*; **3.** Los *n*, Schicksal *n*.

ˌ**all-ˈout** *adj.* **1.** toˈtal, umˈfassend, Groß…: ***~ effort***; **2.** komproˈmißlos, radiˈkal.

al·low [əˈlaʊ] **I** *v/t.* **1.** erlauben, gestatten, zulassen: ***he is not ~ed to go there*** er darf nicht hingehen; **2.** gewähren, bewilligen, gönnen, zuerkennen: ***~ more time***; ***we are ~ed two ounces a day*** uns stehen täglich zwei Unzen zu; ***~ an item of expenditure*** e-n Ausgabeposten billigen; **3.** a) zugeben: ***I ~ I was rather nervous***, b) gelten lassen, *Forderung* anerkennen: ***~ a claim***; **4.** lassen, dulden, ermöglichen: ***you must ~ the soup to get cold*** du mußt die Suppe abkühlen lassen; **5.** *Summe für gewisse Zeit* zuwenden, geben: ***my father ~s me £100 a year*** mein Vater gibt mir jährlich £ 100 (*Zuschuß od. Unterhaltsgeld*); **6.** ab-, anrechnen, abziehen, nachlassen, vergüten: ***~ a discount*** e-n Rabatt gewähren; ***~ 10% for inferior quality***; **7.** *Am.* a) meinen, b) beabsichtigen; **II** *v/i.* **8.** ***~ of*** erlauben, zulassen, ermöglichen (*acc.*): ***it ~s of no excuse*** es läßt sich nicht entschuldigen; **9.** ***~ for*** berücksichtigen, bedenken, in Betracht ziehen, anrechnen (*acc.*): ***~ for wear and tear***; **alˈlow·a·ble** [-əbl] *adj.* □ **1.** erlaubt, zulässig, rechtmäßig; **2.** abziehbar, -zugsfähig: ***~ expenses*** ✝ abzugsfähige Ausgaben; **alˈlow·ance** [-əns] **I** *s.* **1.** Erlaubnis *f*, Be-, Einwilligung *f*, Anerkennung *f*; **2.** *geldliche* Zuwendung; Zuteilung *f*, Ratiˈon *f*, Maß *n*; Zuschuß *m*, Beihilfe *f*, Taschengeld *n*: ***weekly ~***; ***family ~*** Familienunterstützung *f*; ***dress ~*** Kleidergeld *n*; **3.** Nachsicht *f*: ***make ~ for*** berücksichtigen, bedenken, in Betracht ziehen; **4.** Entschädigung *f*, Vergütung *f*: ***expense ~*** Aufwandsentschädigung;

5. ✝ Nachlaß *m*, Ra'batt *m*: **~ *for cash*** Skonto *m*, *n*; ***tax* ~** Steuerermäßigung *f*; **6.** ⚙, ⚒ Tole'ranz *f*, Spiel(raum *m*) *n*, zulässige Abweichung; **7.** *sport* Vorgabe *f*; **II** *v/t.* **8.** a) *j-n* auf Rationen setzen, b) *Waren* rationieren.

al·loy I *s.* ['ælɔɪ] **1.** Me'tallegierung *f*; **2.** ⚙ Legierung *f*, Gemisch *n*; **3.** [ə'lɔɪ] *fig.* (Bei)Mischung *f*: ***pleasure without* ~** ungetrübte Freude; **II** *v/t.* [ə'lɔɪ] **4.** *Metalle* legieren, mischen; **5.** *fig.* beeinträchtigen, verschlechtern.

ˌ**all|-'par·ty** *adj. pol.* Allparteien...; ˌ**~-'pur·pose** *adj.* für jeden Zweck verwendbar, Allzweck..., Universal...: **~ *outfit***; ˌ**~-'red** *adj. bsd. geogr.* rein 'britisch; ˌ**~-'round** *adj.* all-, vielseitig, Allround...; ˌ**~-'round·er** *s.* Alleskönner *m*; *sport* All'roundsportler *m*, -spieler *m*; **♀ Saints' Day** [ˌɔːl'seɪntsdeɪ] *s.* Aller'heiligen *n*; **♀ Souls' Day** [ˌɔːl'səʊlzdeɪ] *s.* Aller'seelen *n*; ˌ**~-'star** *adj. thea., sport* nur mit ersten Kräften besetzt: **~ *cast*** Star-, Galabesetzung *f*; ˌ**~-'steel** *adj.* Ganzstahl...; ˌ**~-ter'rain** *adj. mot.* geländegängig, Gelände...; ˌ**~-'time** *adj.* **1.** bisher unerreicht, *der (die, das) beste etc.* aller Zeiten: **~ *high*** Höchstleistung *f*, -stand *m*; **~ *low*** Tiefststand *m*; **2.** hauptberuflich, Ganztags...: **~ *job*.**

al·lude [ə'luːd] *v/i.* (***to***) anspielen, hinweisen (auf *acc.*); *et.* andeuten, erwähnen.

al·lure [ə'ljʊə] **I** *v/t.* **1.** (an-, ver)locken, gewinnen (***to*** für); abbringen (***from*** von); **2.** anziehen, reizen; **II** *s.* **3.** → **al'lure·ment** [-mənt] *s.* **1.** (Ver)Lokkung *f*; **2.** Lockmittel *n*, Köder *m*; **3.** Anziehungskraft *f*, Zauber *m*, Reiz *m*; **al'lur·ing** [-ərɪŋ] *adj.* □ verlockend, verführerisch.

al·lu·sion [ə'luːʒn] *s.* (***to***) Anspielung *f*, Hinweis *m* (auf *acc.*); Erwähnung *f*, Andeutung *f* (*gen.*); **al'lu·sive** [-uːsɪv] *adj.* □ anspielend, verblümt, vielsagend.

al·lu·vi·al [ə'luːvjəl] *adj. geol.* angeschwemmt, alluvi'al; **al'lu·vi·on** [-ən] *s.* **1.** *geol.* Anschwemmung *f*; **2.** Alluvi'on *f*, angeschwemmtes Land; **al'lu·vi·um** [-əm] *pl.* **-vi·ums** *od.* **-vi·a** [-vjə] *s. geol.* Al'luvium *n*, Schwemmland *n*.

ˌ**all|-'wave** *adj.* ⚡: **~ *receiving set*** Allwellenempfänger *m*; ˌ**~-'weath·er** *adj.* ⚙ Allwetter...; ˌ**~-'wheel** *adj.* ⚙, *mot.* Allrad...

al·ly [ə'laɪ] **I** *v/t.* **1.** (*durch Heirat, Verwandtschaft, Ähnlichkeit*) vereinigen, verbinden (***to***, ***with*** mit); **2. ~ *o.s.*** sich verbinden *od.* verbünden (***with*** mit); **II** *v/i.* **3.** sich vereinigen, sich verbinden, sich verbünden (***to***, ***with*** mit); → ***allied***; **III** *s.* ['ælaɪ] **4.** Alliierte(r *m*) *f*, Verbündete(r *m*) *f*, Bundesgenosse *m*, Bundesgenossin *f* (*a. fig.*); **5.** ⚘, *zo.* verwandte Sippe.

al·ma·nac ['ɔːlmənæk] *s.* 'Almanach *m*, Ka'lender *m*, Jahrbuch *n*.

al·might·y [ɔːl'maɪtɪ] *adj.* **1.** allmächtig: ***the* ♀** der Allmächtige; **2.** *a. adv.* F ‚riesig', ‚mächtig'.

al·mond ['ɑːmənd] *s.* ⚘ Mandel *f*; Mandelbaum *m*; '**~-eyed** *adj.* mandeläugig.

al·mon·er ['ɑːmənə] *s.* **1.** *hist.* 'Almosenpfleger *m*; **2.** *Brit.* Sozi'alarbeiter(in) im Krankenhaus.

al·most ['ɔːlməʊst] *adv.* fast, beinahe.

alms [ɑːmz] *s. sg. u. pl.* 'Almosen *n*; '**~·house** *s.* **1.** *Brit.* a) pri'vates Altenheim, b) privates Wohnheim für sozi'al Schwache; **2.** *hist.* Armenhaus *n*; '**~·man** [-mən] *s.* [*irr.*] *hist.* 'Almosenempfänger *m*.

al·oe ['æləʊ] *s.* **1.** ⚘ 'Aloe *f*; **2.** *pl. sg. konstr.* ⚕ Aloe *f* (*Abführmittel*).

a·loft [ə'lɒft] *adv.* **1.** *poet.* hoch (oben *od.* hin'auf), em'por, droben, in der *od.* die Höhe; **2.** ⚓ oben, in der *od.* die Takelung.

a·lone [ə'ləʊn] **I** *adj.* al'lein, einsam; → ***leave alone***, ***let alone***, ***let***[1] *Redew.*; **II** *adv.* allein, bloß, nur.

a·long [ə'lɒŋ] **I** *prp.* **1.** entlang, längs; **II** *adv.* **2.** entlang, längs; **3.** vorwärts, weiter: → ***get along***; **4.** zu'sammen (mit), mit, bei sich: ***take* ~** mitnehmen; ***come* ~** komm mit!, ‚komm doch schon!'; ***I'll be* ~ *in a few minutes*** ich werde in ein paar Minuten da sein; **5.** → ***all along***;

aˌ**long'shore** *adv.* längs der Küste; **a**ˌ**long'side I** *adv.* **1.** ⚓ längsseits; **2.** *fig.* (***of***, ***with***) verglichen (mit), im Vergleich (zu); **II** *prp.* **3.** längsseits (*gen.*); neben (*dat.*).

a·loof [ə'luːf] **I** *adv.* fern, abseits, von fern: ***keep* ~** sich fernhalten (***from*** von), Distanz wahren; ***stand* ~** für sich bleiben; **II** *adj.* zu'rückhaltend, reser'viert; **a'loof·ness** [-nɪs] *s.* Zu'rückhaltung *f*, Reser'viertheit *f*, Dis'tanz *f*.

a·loud [ə'laʊd] *adv.* laut, mit lauter Stimme.

alp [ælp] *s.* Alp(e) *f*, Alm *f*.

al·pac·a [æl'pækə] *s.* **1.** *zo.* 'Pako *n*, Al'paka *n*; **2.** a) Al'pakawolle *f*, b) Al'pakastoff *m*.

'**al·pen|·glow** ['ælpən-] *s.* Alpenglühen *n*; '**~·horn** (*Ger.*) *s.* Alphorn *n*; '**~·stock** ['ælpɪn-] (*Ger.*) *s.* Bergstock *m.*

al·pha ['ælfə] *s.* **1.** 'Alpha *n*: ***the ~ and omega*** *fig.* das A u. O; **2.** ***~ particles*** (***rays***) *pl. phys.* 'Alphateilchen (-strahlen) *pl.*; **3.** *univ. Brit.* Eins *f* (*beste Note*): ***~ plus*** hervorragend.

al·pha·bet ['ælfəbɪt] *s.* **1.** Alpha'bet *n*, Abc *n*; **2.** *fig.* Anfangsgründe *pl.*, Abc *n*; **al·pha·bet·ic**, **al·pha·bet·i·cal** [ˌælfə'betɪk(l)] *adj.* □ alpha'betisch: ***~ order*** alphabetische Reihenfolge.

Al·pine ['ælpaɪn] *adj.* **1.** Alpen...; **2.** al'pin, Hochgebirgs...: ***~ sun*** ⚕ Höhensonne *f*; ***~ combined*** *sport* Alpine Kombination; **'Al·pin·ism** [-pɪnɪzəm] *s.* **1.** Alpi'nismus *m*; **2.** al'piner Skisport; **'Al·pin·ist** [-pɪnɪst] *s.* Alpi'nist(in);

Alps [ælps] *s. pl. die* Alpen *pl.*

al·read·y [ɔːl'redɪ] *adv.* schon, bereits.

al·right [ˌɔːl'raɪt] *adv. Brit.* F *od. Am. für* ***all right***.

Al·sa·tian [æl'seɪʃjən] **I** *adj.* **1.** elsässisch; **II** *s.* **2.** Elsässer(in); **3.** *a.* ***~ dog*** (deutscher) Schäferhund.

al·so ['ɔːlsəʊ] *adv.* auch, ferner, außerdem, ebenfalls; **'al·so-ran** *s.* **1.** *sport Rennteilnehmer* (*a. Pferd*), *der sich nicht plazieren kann*: ***she was an ~*** sie kam unter ‚ferner liefen' ein; **2.** F Versager *m*, Niete *f*.

al·tar ['ɔːltə] *s.* Al'tar *m*: ***lead to the ~*** zum Altar führen, heiraten; ***~* boy** *s.* Mini'strant *m*; ***~* cloth** *s.* Al'tardecke *f*; **'~-piece** *s.* Al'tarblatt *n*, -gemälde *n*; **'~-screen** *s. reichverzierte* Al'tarrückwand, Re'tabel *n*.

al·ter ['ɔːltə] **I** *v/t.* **1.** (ver)ändern, ab-, 'umändern; **2.** *Am. dial. Tiere* kastrieren; **II** *v/i.* **3.** sich (ver)ändern; **'al·ter·a·ble** [-tərəbl] *adj.* veränderlich, wandelbar; **al·ter·a·tion** [ˌɔːltə'reɪʃn] *s.* **1.** (Ab-, 'Um-, Ver)Änderung *f*; **2.** *a. pl.* 'Umbau *m*.

al·ter·ca·tion [ˌɔːltə'keɪʃn] *s.* heftige Ausein'andersetzung.

al·ter e·go [ˌæltər'egəʊ] (*Lat.*) *s.* Alter ego *n*: a) *das* andere Ich, b) *j-s* Busenfreund(in).

al·ter·nate [ɔːl'tɜːnət] **I** *adj.* □ → ***alternately***; **1.** (mitein'ander) abwechselnd, wechselseitig: ***on ~ days*** jeden zweiten Tag; **2.** ⚔ Ausweich...: ***~ position***; **II** *s.* **3.** *pol. Am.* Stellvertreter *m*; **III** *v/t.* ['ɔːltəneɪt] **4.** wechselweise tun; abwechseln lassen, *miteinander* vertauschen; **5.** ⚡, ⚙ peri'odisch verändern; **IV** *v/i.* ['ɔːltəneɪt] **6.** abwechseln, alternieren; **7.** ⚡ wechseln; **al'ter·nate·ly** [-lɪ] *adv.* abwechselnd, wechselweise; **al·ter·nat·ing** ['ɔːltəneɪtɪŋ] *adj.* abwechselnd, Wechsel...: ***~ current*** ⚡ Wechselstrom *m*; ***~ voltage*** ⚡ Wechselspannung *f*; **al·ter·na·tion** [ˌɔːltə'neɪʃn] *s.* Abwechslung *f*, Wechsel *m*; **al'ter·na·tive** [-nətɪv] **I** *adj.* □ → ***alternatively***; **1.** alterna'tiv, die Wahl lassend, ein'ander ausschließend, nur 'eine Möglichkeit lassend; **2.** ander(er, e, es) (*von zweien*), Ersatz..., Ausweich...: ***~ airport*** Ausweichflughafen *m*; **II** *s.* **3.** Alterna'tive *f*, Wahl *f*: ***have no*** (***other***) ***~*** keine andere Möglichkeit *od.* Wahl *od.* keinen anderen Ausweg haben; **al'ter·na·tive·ly** [-nətɪvlɪ] *adv.* im anderen Falle, ersatz-, hilfsweise; **al·ter·na·tor** ['ɔːltəneɪtə] *s.* ⚡ 'Wechselstromma,schine *f*.

al·tho [ɔːl'ðəʊ] *Am.* → ***although***.

alt-horn ['ælthɔːn] *s.* ♪ Althorn *n*.

al·though [ɔːl'ðəʊ] *cj.* ob'wohl, ob'gleich, wenn auch.

al·tim·e·ter ['æltɪmiːtə] *s. phys.* Höhenmesser *m*.

al·ti·tude ['æltɪtjuːd] *s.* **1.** Höhe *f* (*bsd. über dem Meeresspiegel, a.* ⚠, ✈, *ast.*): ***~ control*** Höhensteuerung *f*; ***~ flight*** Höhenflug *m*; ***~ of the sun*** Sonnenstand *m*; **2.** *mst pl.* hochgelegene Gegend, (Berg)Höhen *pl.*; **3.** *fig.* Erhabenheit *f*.

al·to ['æltəʊ] *pl.* **'al·tos** (*Ital.*) *s.* ♪ **1.** Alt *m*, Altstimme *f*; **2.** Al'tist(in), Altsänger(in).

al·to·geth·er [ˌɔːltə'geðə] **I** *adv.* **1.** völlig, gänzlich, ganz u. gar *schlecht etc.*; **2.** insgesamt, im ganzen genommen; **II** *s.* **3.** ***in the ~*** splitternackt.

al·to-re·lie·vo [ˌæltəʊrɪ'liːvəʊ] (*Ital.*) *s.* 'Hochreli,ef *n*.

al·tru·ism ['æltruɪzəm] *s.* Altru'ismus *m*, Nächstenliebe *f*, Uneigennützigkeit *f*; **'al·tru·ist** [-ɪst] *s.* Altru'ist(in); **al·tru·is·tic** [ˌæltru'ɪstɪk] *adj.* (□ ***~ally***) altru'istisch, uneigennützig, selbstlos.

al·um ['æləm] *s.* ⚗ A'laun *m*.

a·lu·mi·na [ə'ljuːmɪnə] *s.* ⚗ Tonerde *f*.

al·u·min·i·um [ˌæljʊ'mɪnjəm], *Am.* **a·lu·mi·num** [ə'luːmɪnəm] *s.* ⚗ Alu'minium *n*.

a·lum·na [ə'lʌmnə] *pl.* **-nae** [-niː] *s.* ehemalige Stu'dentin *od.* Schülerin; **a'lum·nus** [-nəs] *pl.* **-ni** [naɪ] *s.* ehemaliger Stu'dent *od.* Schüler.

al·ve·o·lar [æl'vɪələ] *adj.* **1.** *anat.* alveo'lär, das Zahnfach betreffend; **2.** *ling.* alveo'lar, am Zahndamm artikuliert; **al·ve·o·lus** [æl'vɪələs] *pl.* **-li** [-laɪ] *s. anat.* Alve'ole *f*: a) Zahnfach *n*, b) Zungenbläs-chen *n*.

al·ways ['ɔːlweɪz] *adv.* **1.** immer, stets,

jederzeit; **2.** F auf jeden Fall, immer'hin.

a·lys·sum ['ælɪsəm] *s.* ♀ Steinkraut *n.*

am [æm; əm] *1. sg. pres. von* **be**.

a·mal·gam [ə'mælgəm] *s.* **1.** Amal'gam *n*; **2.** *fig.* Mischung *f*, Gemenge *n*, Verschmelzung *f*; **a'mal·gam·ate** [-meɪt] **I** *v/t.* **1.** amalgamieren; **2.** *fig.* vereinigen, verschmelzen; zs.-legen, zs.-schließen, ✝ fusionieren; **II** *v/i.* **3.** sich amalgamieren; **4.** sich vereinigen, verschmelzen, sich zs.-schließen, ✝ fusionieren; **a·mal·gam·a·tion** [əˌmælgə'meɪʃn] *s.* **1.** Amalgamieren *n*; **2.** Vereinigung *f*, Verschmelzung *f*, Mischung *f*; **3.** *bsd.* ✝ Zs.-schluß *m*, Fusi'on *f*.

a·man·u·en·sis [əˌmænjʊ'ensɪs] *pl.* **-ses** [-si:z] *s.* Amanu'ensis *m*, (Schreib)Gehilfe *m*, Sekre'tär(in).

am·a·ranth ['æmərænθ] *s.* **1.** ♀ Ama'rant *m*, Fuchsschwanz *m*; **2.** *poet.* unverwelkliche Blume; **3.** Ama'rantfarbe *f*, Purpurrot *n*.

am·a·ryl·lis [ˌæmə'rɪlɪs] *s.* ♀ Ama'ryllis *f*, Nar'zissenlilie *f*.

a·mass [ə'mæs] *v/t.* *bsd. Geld etc.* an-, aufhäufen, ansammeln.

am·a·teur ['æmətə] *s.* Ama'teur *m*: a) (Kunst- *etc.*)Liebhaber *m*, b) Amateursportler(in): **~ *flying*** Sportfliegerei *f*, c) Nichtfachmann *m*, *contp.* Dilet'tant *m*, Stümper *m* (***at painting*** im Malen), d) Bastler *m*; **am·a·teur·ish** [ˌæmə'tɜ:rɪʃ] *adj.* □ dilet'tantisch; **'am·a·teur·ism** [-ərɪzəm] *s.* **1.** *sport* Amateu'rismus *m*; **2.** Dilet'tantentum *n*.

am·a·tive ['æmətɪv] *adj.*, **'am·a·to·ry** [-tərɪ] → ***amorous***.

a·maze [ə'meɪz] *v/t.* in Staunen setzen, verblüffen, über'raschen; **a'mazed** [-zd] *adj.*; **a'maz·ed·ly** [-zɪdlɪ] *adv.* erstaunt, verblüfft (***at*** über *acc.*); **a'maze·ment** [-mənt] *s.* (Er)Staunen *n*, Verblüffung *f*, Verwunderung *f*; **a'maz·ing** [-zɪŋ] *adj.* □ erstaunlich, verblüffend; unglaublich, ‚toll'.

Am·a·zon ['æməzən] *s.* **1.** *antiq.* Ama'zone *f*; **2.** ♀ *fig.* Ama'zone *f*, Mannweib *n*; **Am·a·zo·ni·an** [ˌæmə'zəʊnjən] *adj.* **1.** ama'zonenhaft, Amazonen…; **2.** *geogr.* Amazonas…

am·bas·sa·dor [æm'bæsədə] *s.* **1.** *pol.* a) Botschafter *m* (*a. fig.*), b) Gesandte(r) *m*; **2.** Abgesandte(r) *m*, Bote *m* (*a. fig.*): **~ *of peace***; **am·bas·sa·do·ri·al** [æmˌbæsə'dɔ:rɪəl] *adj.* Botschafts…; **am'bas·sa·dress** [-drɪs] *s.* **1.** Botschafterin *f*; **2.** Gattin *f* e-s Botschafters.

am·ber ['æmbə] **I** *s.* **1.** *min.* Bernstein *m*; **2.** Gelb *n*, gelbes Licht (*Verkehrsampel*): ***at* ~** bei Gelb; ***the lights were at* ~** die Ampel stand auf Gelb; **II** *adj.* **3.** Bernstein…; **4.** bernsteinfarben.

am·ber·gris ['æmbəgri:s] *s.* (graue) Ambra.

am·bi·dex·trous [ˌæmbɪ'dekstrəs] *adj.* □ **1.** beidhändig; **2.** mit beiden Händen gleich geschickt, *weitS.* ungewöhnlich geschickt; **3.** doppelzüngig, 'hinterhältig.

am·bi·ence ['æmbɪəns] *s.* *Kunst*: Ambi'ente *n*, *fig. a.* a) Mili'eu *n*, 'Umwelt *f*, b) Atmo'sphäre *f*; **'am·bi·ent** [-nt] *adj.* um'gebend, um'kreisend; ⚙ Umgebungs…(*-temperatur etc.*), Neben…(*-geräusch*).

am·bi·gu·i·ty [ˌæmbɪ'gju:ɪtɪ] *s.* Zwei-, Vieldeutigkeit *f*, Doppelsinn *m*; Unklarheit *f*; **am·big·u·ous** [æm'bɪgjʊəs] *adj.* □ zweideutig; unklar.

am·bit ['æmbɪt] *s.* **1.** 'Umkreis *m*; **2.** a) Um'gebung *f*, b) Grenzen *pl.*; **3.** *fig.* Bereich *m*.

am·bi·tion [æm'bɪʃn] *s.* Ehrgeiz *m*, Ambiti'on *f* (*beide a. Gegenstand des Ehrgeizes*); Streben *n*, Begierde *f*, Wunsch *m* (***of*** nach *od. inf.*), Ziel *n*, *pl.* Bestrebungen *pl.*; **am'bi·tious** [-ʃəs] *adj.* □ **1.** ehrgeizig (*a. Plan etc.*); **2.** strebsam; begierig (***of*** nach); **3.** ambiti'ös, anspruchsvoll.

am·bi·va·lence [ˌæmbɪ'veɪləns] *s.* *psych.*, *phys.* Ambiva'lenz *f*, Doppelwertigkeit *f*; *fig.* Zwiespältigkeit *f*; **ˌam·bi'va·lent** [-nt] *adj. bes. psych.* ambiva'lent.

am·ble ['æmbl] **I** *v/i.* im Paßgang gehen *od.* reiten; *fig.* schlendern; **II** *s.* Paß(-gang) *m* (*Pferd*); *fig.* gemächlicher (Spazier)Gang, Schlendern *n*.

am·bro·si·a [æm'brəʊzjə] *s.* *antiq.* Am'brosia *f*, Götterspeise *f* (*a. fig.*); **am'bro·si·al** [-əl] *adj.* □ am'brosisch; *fig.* köstlich (duftend).

am·bu·lance ['æmbjʊləns] *s.* **1.** Ambu'lanz *f*, Kranken-, Sani'tätswagen *m*; **2.** ⚔ 'Feldlazaˌrett *n*; **~ bat·tal·ion** *s.* ⚔ 'Krankentransˌportbataiˌlon *n*; **~ box** *s.* Verbandskasten *m*; **~ sta·tion** *s.* Sani'tätswache *f*, 'Unfallstatiˌon *f*.

am·bu·lant ['æmbjʊlənt] *adj.* ambu'lant: a) wandernd: **~ *trade*** Wandergewerbe *n*, b) ⚕ gehfähig: **~ *patients***; **~ *treatment*** ambulante Behandlung; **'am·bu·la·to·ry** [-ətərɪ] **I** *adj.* **1.** beweglich, (orts)veränderlich; **2.** → ***ambulant***; **II** *s.* **3.** Ar'kade *f*, Wandelgang *m*.

am·bus·cade [ˌæmbəs'keɪd], **am·bush** ['æmbʊʃ] **I** *s.* **1.** 'Hinterhalt *m*; **2.** im

'Hinterhalt liegende Truppen *pl.*; **II** *v/i.* **3.** im 'Hinterhalt liegen; **III** *v/t.* **4.** in e-n 'Hinterhalt legen; **5.** aus dem 'Hinterhalt über'fallen, auflauern (*dat.*).

a·me·ba, **a·me·bic** *Am.* → ***amoeba***, ***amoebic***.

a·mel·io·rate [ə'mi:ljəreɪt] **I** *v/t.* verbessern (*bsd.* ✓); **II** *v/i.* besser werden, sich bessern; **a·mel·io·ra·tion** [əˌmi:ljə'reɪʃn] *s.* (✓ Boden)Verbesserung *f.*

a·men [ˌɑ:'men; ˌeɪ'men] **I** *int.* 'amen!; **II** *s.* 'Amen *n.*

a·me·na·ble [ə'mi:nəbl] *adj.* □ (***to***) **1.** zugänglich (*dat.*): ~ ***to flattery***; **2.** gefügig; **3.** unter'worfen (*dat.*): ~ ***to a fine***; **4.** verantwortlich (*dat.*).

a·mend [ə'mend] **I** *v/t.* **1.** (ver)bessern, berichtigen; **2.** *Gesetz etc.* (ab)ändern, ergänzen; **II** *v/i.* **3.** sich bessern (*bsd. Betragen*).

a·mende ho·no·ra·ble [amɑ̃:d ɔnɔrabl] (*Fr.*) *s.* öffentliche Ehrenerklärung *od.* Abbitte.

a·mend·ment [ə'men*d*mənt] *s.* **1.** (*bsd. sittliche*) Besserung; **2.** Verbesserung *f*, Berichtigung *f*, Neufassung *f*; **3.** *bsd.* ⚖, *parl.* (Ab)Änderungs-, Ergänzungsantrag *m* (*zu e-m Gesetz*), *Am.* 'Zusatzarˌtikel *m* zur Verfassung, Nachtragsgesetz *n*: ***the Fifth*** ♀.

a·mends [ə'mendz] *s. pl. sg. konstr.* (Schaden)Ersatz *m*, Genugtuung *f*: ***make*** ~ Schadenersatz leisten, es wiedergutmachen.

a·men·i·ty [ə'mi:nətɪ] *s.* **1.** Annehmlichkeit *f*, angenehme Lage; **2.** Anmut *f*, Liebenswürdigkeit *f*; **3.** *pl.* Konventi'on *f*, Eti'kette *f*; Höflichkeiten *pl.*; **4.** *pl.* (na'türliche) Vorzüge *pl.*, Reize *pl.*, Annehmlichkeiten *pl.*

Am·er·a·sian [ˌæmə'reɪʃjən] *adj. u. s.* (Per'son *f*) ameri'kanisch-asi'atischer Abstammung.

A·mer·i·can [ə'merɪkən] **I** *adj.* **1.** a) ameri'kanisch, b) die USA betreffend: ***the*** ~ ***navy***; **II** *s.* **2.** a) Ameri'kaner(in), b) Bürger(in) der USA; **3.** Ameri'kanisch *n* (*Sprache der USA*); **A·mer·i·ca·na** [əˌmerɪ'kɑ:nə] *s. pl.* Ameri'kana *pl.* (*Schriften etc. über Amerika*).

A·mer·i·can| cloth *s.* Wachstuch *n*; ~ **foot·ball** *s. sport* American Football *m* (*rugbyähnliches Spiel*); ~ **In·di·an** *s.* Indi'aner(in).

A·mer·i·can·ism [ə'merɪkənɪzəm] *s.* **1.** Ameri'kanertum *n*; **2.** Amerika'nismus *m*: a) ameri'kanische Spracheigentümlichkeit, b) ameri'kanischer Brauch; **A·mer·i·can·i·za·tion** [əˌmerɪkənaɪ'zeɪʃən] *s.* Amerikanisierung *f*; **A·mer·i·can·ize** [ə'merɪkənaɪz] **I** *v/t.* amerikanisieren; **II** *v/i.* Ameri'kaner *od.* ameri'kanisch werden.

A·mer·i·can| leath·er → ***American cloth***; ~ **Le·gion** *s. Am.* Frontkämpferbund *m*; ~ **or·gan** *s.* ♪ Har'monium *n*; ~ **plan** *s. Am.* 'Vollpensiˌon *f.*

Am·er·ind ['æmərɪnd], **Am·er·in·di·an** [ˌæmər'ɪndjən] *s.* ameri'kanischer Indi'aner *od.* 'Eskimo.

am·e·thyst ['æmɪθɪst] *s. min.* Ame'thyst *m.*

a·mi·a·bil·i·ty [ˌeɪmjə'bɪlətɪ] *s.* Freundlichkeit *f*, Liebenswürdigkeit *f*; **a·mi·a·ble** ['eɪmjəbl] *adj.* □ liebenswürdig, freundlich, gewinnend, reizend.

am·i·ca·ble ['æmɪkəbl] *adj.* □ freund(schaft)lich, friedlich: ~ ***settlement*** gütliche Einigung; **'am·i·ca·bly** [-lɪ] *adv.* freundschaftlich, in Güte, gütlich.

a·mid [ə'mɪd] *prp.* in'mitten (*gen.*), (mitten) in *od.* unter (*dat. od. acc.*); **a'mid·ship(s)** [-ʃɪp(s)] ⚓ **I** *adv.* mittschiffs; **II** *adj.* in der Mitte des Schiffes (befindlich); **a'midst** [-st] → ***amid***.

a·mine ['æmaɪn] *s.* ⚗ A'min *n.*

amino- [əmi:nəʊ] ⚗ *in Zssgn* Amino...: ~ ***acid***.

a·miss [ə'mɪs] **I** *adv.* verkehrt, verfehlt, schlecht: ***take*** ~ übelnehmen; **II** *adj.* unpassend, verkehrt, falsch, übel: ***there is s.th.*** ~ etwas stimmt nicht; ***it would not be*** ~ es würde nicht schaden.

am·i·ty ['æmətɪ] *s.* Freundschaft *f*, gutes Einvernehmen.

am·me·ter ['æmɪtə] *s.* ⚡ Am'pereˌmeter *n*, Strom(stärke)messer *m.*

am·mo ['æməʊ] *s. sl.* Muniti'on *f.*

am·mo·ni·a [ə'məʊnjə] *s.* ⚗ Ammoni'ak *n*: ***liquid*** ~ (*od.* ~ ***solution***) Salmiakgeist *m*; **am'mo·ni·ac** [-nɪæk] *adj.* ammonia'kalisch: (***gum***) ~ Ammoniakgummi *m, n*; → ***sal***.

am·mo·ni·um [ə'məʊnjəm] s. ⚗ Am'monium *n*; ~ **car·bon·ate** *s.* ⚗ Hirschhornsalz *n*; ~ **chlo·ride** *s.* ⚗ Am'moniumchloˌrid *n*, 'Salmiak *m*; ~ **ni·trate** *s.* ⚗ Am'moniumniˌtrat *n*, Ammoni'aksalˌpeter *m.*

am·mu·ni·tion [ˌæmjʊ'nɪʃn] *s.* Muniti'on *f* (*a. fig.*): ~ ***belt*** Patronengurt *m*; ~ ***carrier*** Munitionswagen *m*; ~ ***dump*** Munitionslager *n.*

am·ne·si·a [æm'ni:zjə] *s.* ⚕ Amne'sie *f*, Gedächtnisschwund *m.*

am·nes·ty ['æmnɪstɪ] **I** *s.* Amne'stie *f*, allgemeiner Straferlaß; **II** *v/t.* begnadigen, amnestieren.

a·moe·ba [ə'mi:bə] *s. zo.* A'möbe *f*;

a'moe·bic [-bɪk] *adj.* a'möbisch: **~ *dysentery*** Amöbenruhr *f.*
a·mok [ə'mɒk] → ***amuck.***
a·mong(**st**) [ə'mʌŋ(st)] *prp.* (mitten) unter (*dat. od. acc.*), in'mitten (*gen.*), zwischen (*dat. od. acc.*), bei: ***who ~ you?*** wer von euch?; ***a custom ~ the savages*** e-e Sitte bei den Wilden; ***be ~ the best*** zu den Besten gehören; ***~ other things*** unter anderem; ***from among*** aus der Zahl (derer), aus ... heraus; ***they had two pounds ~ them*** sie hatten zusammen zwei Pfund.
a·mor·al [ˌeɪ'mɒrəl] *adj.* 'amoˌralisch.
am·o·rist ['æmərɪst] *s.* E'rotiker *m*: a) Herzensbrecher *m*, b) Verfasser *m* von 'Liebesroˌmanen *etc.*
am·o·rous ['æmərəs] *adj.* □ amou'rös: a) e'rotisch, sinnlich, Liebes..., b) liebebedürftig, verliebt (***of*** in *acc.*); **'am·o·rous·ness** [-nɪs] *s.* amou'röse Art, Verliebtheit *f.*
a·mor·phous [ə'mɔːfəs] *adj.* a'morph: a) formlos, b) ungestalt, c) *min.* 'unkriˌstalˌlinisch.
a·mor·ti·za·tion [əˌmɔːtɪ'zeɪʃn] *s.* **1.** Amortisierung *f*, Tilgung *f* (*von Schulden*); **2.** Abschreibung *f* (*von Anlagewerten*); **3.** ⚖ Veräußerung *f* (*von Grundstücken*) an die tote Hand; **a·mor·tize** [ə'mɔːtaɪz] *v/t.* **1.** amortisieren, tilgen, abzahlen; **2.** ⚖ an die tote Hand veräußern.
a·mount [ə'maʊnt] **I** *v/i.* **1.** (***to***) sich belaufen (auf *acc.*), betragen (*acc.*): ***his debts ~ to £120***; **2.** hin'auslaufen (***to*** auf *acc.*), bedeuten: ***it ~s to the same thing*** es läuft *od.* kommt auf dasselbe hinaus; ***that doesn't ~ to much*** das ist unbedeutend; ***you'll never ~ to much*** F aus dir wird nie etwas werden; **II** *s.* **3.** Betrag *m*, Summe *f*, Höhe *f* (*e-r Summe*); Menge *f*: ***to the ~ of*** bis zur *od.* in Höhe von, im Betrag *od.* Wert von; ***net ~*** Nettobetrag; ***~ carried forward*** Übertrag *m*; **4.** *fig.* Inhalt *m*, Ergebnis *n*, Wert *m*, Bedeutung *f.*
a·mour [ə'mʊə] (*Fr.*) *s.* Liebschaft *f*, A'mour *f*, ‚Verhältnis' *n*; **~-pro·pre** [ˌæmʊə'prɒprə] (*Fr.*) *s.* Eigenliebe *f*, Eitelkeit *f.*
amp [æmp] *s.* F **1.** a) → ***ampere***, b) → ***amplifier***; **2.** ♪ 'E-Giˌtarre *f.*
am·per·age ['æmpeərɪdʒ] *s.* ⚡ Stromstärke *f*, Am'perezahl *f*; **am·pere, am·père** ['æmpeə] (*Fr.*) *s.* ⚡ Am'pere *n*; **~me·ter** → ***ammeter.***
am·per·sand ['æmpəsænd] *s. typ.* das Zeichen & (*abbr. für* ***and***).
am·phet·a·mine [æm'fetəmɪn] *s.* ⚕ Ampheta'min *n.*
amphi- [æmfɪ] *in Zssgn* doppelt, zwei..., zweiseitig, beiderseitig, umher...
Am·phib·i·a [æm'fɪbɪə] *s. pl. zo.* Am'phibien *pl.*, Lurche *pl.*; **am'phibi·an** [-ən] **I** *adj.* **1.** *zo.*, *a.* ⚔, ⚙ am'phibisch, Amphibien...; **II** *s.* **2.** *zo.* Am'phibie *f*, Lurch *m*; **3.** a) Am'phibienflugzeug *n*, b) Am'phibien-, Schwimmfahrzeug *n*, c) ⚔ Schwimmkampfwagen *m*; **am'phib·i·ous** [-əs] *adj.* **1.** → ***amphibian*** 1: ***~ landing*** amphibische Landung *od.* Operation; ***~ tank → amphibian*** 3 c; ***~ vehicle → amphibian*** 3 b; **3.** von gemischter Na'tur, zweierlei Wesen habend.
am·phi·the·a·tre, *Am.* **am·phi·the·a·ter** ['æmfɪˌθɪətə] *s.* Am'phitheˌater *n* (*a. fig. Gebäudeteil od. Tal etc. in der Form e-s Amphitheaters*).
am·pho·ra ['æmfərə] *pl.* **-rae** [-riː] *od.* **-ras** (*Lat.*) *s.* Am'phore *f.*
am·ple ['æmpl] *adj.* □ → ***amply***; **1.** weit, groß, geräumig; weitläufig; stattlich (*Figur*), üppig (*Busen*); **2.** ausführlich, um'fassend; **3.** reich(lich), mehr als genug, (vollauf) genügend: ***~ means*** reich(lich)e Mittel; **'am·ple·ness** [-nɪs] *s.* **1.** Weite *f*, Geräumigkeit *f*; **2.** Reichlichkeit *f*, Fülle *f.*
am·pli·fi·ca·tion [ˌæmplɪfɪ'keɪʃn] *s.* **1.** Erweiterung *f*, Vergrößerung *f*, Ausdehnung *f*; **2.** weitere Ausführung, Weitschweifigkeit *f*, Ausschmückung *f*; **3.** ⚡, *Radio, phys.* Vergrößerung *f*, Verstärkung *f.*
am·pli·fi·er ['æmplɪfaɪə] *s.* **1.** *phys.* Vergrößerungslinse *f*; **2.** *Radio, phys.* Verstärker *m*: ***~ tube*** (*od.* ***valve***) Verstärkerröhre *f*; **am·pli·fy** ['æmplɪfaɪ] **I** *v/t.* **1.** erweitern, vergrößern, ausdehnen; **2.** ausmalen, -schmücken; weitläufig darstellen; näher ausführen *od.* erläutern; **3.** *Radio*, *phys.* verstärken; **II** *v/i.* **4.** sich weitläufig ausdrücken *od.* auslassen; **'am·pli·tude** [-tjuːd] *s.* **1.** Weite *f*, 'Umfang *m* (*a. fig.*), Reichlichkeit *f*, Fülle *f*; **2.** *phys.* Ampli'tude *f*, Schwingungsweite *f* (*Pendel etc.*).
am·ply ['æmplɪ] *adv.* reichlich.
am·poule ['æmpuːl] *s.* Am'pulle *f.*
am·pul·la [æm'pʊlə] *pl.* **-lae** [-liː] *s.* **1.** *antiq.* Am'pulle *f*, Phi'ole *f*, Salbengefäß *n*; **2.** Blei- *od.* Glasflasche *f der Pilger*; **3.** *eccl.* Krug *m* für Wein u. Wasser (*Messe*); Gefäß *n* für das heilige Öl (*Salbung*).
am·pu·tate ['æmpjʊteɪt] *v/t.* **1.** *Bäume* stutzen; **2.** ⚕ amputieren (*a. fig.*), *ein Glied* abnehmen; **am·pu·ta·tion**

[ˌæmpjʊˈteɪʃn] *s.* Amputatiˈon *f*; **ˈam·pu·tee** [-tiː] *s.* Ampuˈtierte(r *m*) *f*.

a·muck [əˈmʌk] *adv.*: ***run ~*** Amok laufen, *fig. a.* blindwütig rasen (***at***, ***on***, ***against*** gegen *et.*).

am·u·let [ˈæmjʊlɪt] *s.* Amuˈlett *n*.

a·muse [əˈmjuːz] *v/t.* (***o.s.*** sich) amüsieren, unterˈhalten, belustigen: ***you ~ me!*** da muß ich (über dich) lachen!; ***be ~d*** sich freuen (***at***, ***by***, ***in***, ***with*** über *acc.*); ***it ~s them*** es macht ihnen Spaß; ***he ~s himself with gardening*** er gärtnert zu s-m Vergnügen; **aˈmused** [-zd] *adj.* amüsiert, belustigt, erfreut; **aˈmuse·ment** [-mənt] *s.* Unterˈhaltung *f*, Belustigung *f*, Vergnügen *n*, Freude *f*, Zeitvertreib *m*: ***to the ~ of*** zur Belustigung (*gen.*); ***~ arcade*** *Brit.* Spielsalon *m*; ***~ park*** Vergnügungspark *m*; **aˈmus·ing** [-zɪŋ] *adj.* □ amüˈsant, unterˈhaltsam; ˈkomisch.

am·yl [ˈæmɪl] *s.* ⚗ Aˈmyl *n*; **am·y·la·ceous** [ˌæmɪˈleɪʃəs] *adj.* stärkemehlartig, stärkehaltig.

an [æn; ən] *unbestimmter Artikel* (*vor Vokalen od. stummem h*) ein, eine.

an·a·bap·tism [ˌænəˈbæptɪzəm] *s.* Anabapˈtismus *m*; **ˌan·aˈbap·tist** [-ɪst] *s.* Wiedertäufer *m*.

an·a·bol·ic [ˌænəˈbɒlɪk] *s.* ⚕ Anaˈbolikum *n*.

a·nach·ro·nism [əˈnækrənɪzəm] *s.* Anachroˈnismus *m*; **a·nach·ro·nis·tic** [əˌnækrəˈnɪstɪk] *adj.* (□ ***~ally***) anachroˈnistisch.

a·nae·mi·a [əˈniːmjə] *s.* ⚕ Anäˈmie *f*, Blutarmut *f*, Bleichsucht *f*; **aˈnae·mic** [-mɪk] *adj.* **1.** ⚕ blutarm, bleichsüchtig, anˈämisch; **2.** *fig.* farblos, blaß.

an·aes·the·si·a [ˌænɪsˈθiːzjə] *s.* ⚕ **1.** Anästheˈsie *f*, Narˈkose *f*, Betäubung *f*; **2.** Unempfindlichkeit *f* (*gegen Schmerz*); **ˌan·aesˈthet·ic** [-ˈθetɪk] **I** *adj.* (□ ***~ally***) narˈkotisch, betäubend, Narkose…; **II** *s.* Betäubungsmittel *n*; **an·aes·the·tist** [æˈniːsθətɪst] *s.* Anästheˈsist *m*, Narˈkosearzt *m*; **an·aes·the·tize** [æˈniːsθətaɪz] *v/t.* betäuben, narkotisieren.

an·a·gram [ˈænəgræm] *s.* Anaˈgramm *n*.

a·nal [ˈeɪnl] *adj. anat.* aˈnal, Anal…

an·a·lects [ˈænəlekts] *s. pl.* Anaˈlekten *pl.*, Lesefrüchte *pl.*

an·al·ge·si·a [ˌænælˈdʒiːzjə] *s.* ⚕ Unempfindlichkeit *f* gegen Schmerz, Schmerzlosigkeit *f*; **ˌan·alˈge·sic** [-ˈdʒesɪk] **I** *adj.* schmerzlindernd; **II** *s.* schmerzlinderndes Mittel.

an·a·log·ic, **an·a·log·i·cal** [ˌænəˈlɒdʒɪk(l)] *adj.* □, **a·nal·o·gous** [əˈnæləgəs] *adj.* □ anaˈlog, ähnlich, entsprechend, paralˈlel (***to*** *dat.*); **an·a·logue** [ˈænəlɒg] *s.* Aˈnalogon *n*, Entsprechung *f*: ***~ computer*** Analogrechner *m*; **a·nal·o·gy** [əˈnælədʒɪ] *s.* **1.** *a. ling.* Analoˈgie *f*, Entsprechung *f*: ***on the ~ of*** (*od.* ***by ~ with***) analog, nach, gemäß (*dat.*); **2.** ⩘ Proportiˈon *f*.

an·a·lyse [ˈænəlaɪz] *v/t.* **1.** analysieren: a) ⚗, ⩘, *psych. etc.* zergliedern, zerlegen, b) *fig.* genau unterˈsuchen, c) erläutern, darlegen; **a·nal·y·sis** [əˈnæləsɪs] *pl.* **-ses** [-siːz] *s.* **1.** Anaˈlyse *f*: a) ⚗ *etc.* Zerlegung *f*, (ˈkritische) Zergliederung, b) *fig.* gründliche Unterˈsuchung, Darlegung *f*, Deutung *f*: ***in the last ~*** im Grunde, letzten Endes; **2.** ⩘ Aˈnalysis *f*; **3.** (Psycho)Anaˈlyse *f*; **ˈan·a·lyst** [-lɪst] *s.* **1.** ⚗, ⩘ Anaˈlytiker(in); *fig.* Unterˈsucher(in): ***public ~*** (behördlicher) Lebensmittelchemiker; **2.** Psychoanaˈlytiker *m*; **3.** Staˈtistiker *m*; **an·a·lyt·ic**, **an·a·lyt·i·cal** [ˌænəˈlɪtɪk(l)] *adj.* □ **1.** anaˈlytisch: ***analytical chemist*** Chemiker(in); **2.** psychoanaˈlytisch; **an·a·lyt·ics** [ˌænəˈlɪtɪks] *s. pl. sg. konstr.* Anaˈlytik *f*.

an·a·lyze *bsd. Am.* → ***analyse***.

an·am·ne·sis [ˌænæmˈniːsɪs] *pl.* **-ses** [-siːz] *s.* Anamˈnese *f*: a) Wiedererinnerung *f*, b) ⚕ Vorgeschichte *f*.

an·aph·ro·dis·i·ac [æˌnæfrəʊˈdɪzɪæk] ⚕ **I** *adj.* den Geschlechtstrieb hemmend; **II** *s.* Anaphrodiˈsiakum *n*.

an·ar·chic, **an·ar·chi·cal** [æˈnɑːkɪk(l)] *adj.* □ anˈarchisch, anarˈchistisch, gesetzlos, zügellos.

an·arch·ism [ˈænəkɪzəm] *s.* **1.** Anarˈchie *f*, Regierungs-, Gesetzlosigkeit *f*; **2.** Anarˈchismus *m*; **ˈan·arch·ist** [-ɪst] **I** *s.* Anarˈchist(in), ˈUmstürzler *m*; **II** *adj.* anarˈchistisch, ˈumstürzlerisch.

an·ar·cho- [ænɑːkəʊ] *in Zssgn* Anarcho…: ***~-scene***; ***~-situationist*** Chaote *m*.

an·arch·y [ˈænəkɪ] *s.* **1.** → ***anarchism***; **2.** *fig.* ˈChaos *n*.

an·as·tig·mat·ic [əˌnæstɪgˈmætɪk] *adj. phys.* anastigˈmatisch (*Linse*).

a·nath·e·ma [əˈnæθəmə] (*Greek*) *s.* **1.** *eccl.* Aˈnathema *n*, Kirchenbann *m*; *fig.* Fluch *m*, Verwünschung *f*; **2.** *eccl.* Exkommunizierte(r *m*) *f*, Verfluchte(r *m*) *f*; **3.** *fig. etwas* Verhaßtes, Greuel *m*; **aˈnath·e·ma·tize** [-ətaɪz] *v/t.* in den Bann tun, verfluchen.

an·a·tom·ic, **an·a·tom·i·cal** [ˌænəˈtɒmɪk(l)] *adj.* □ anaˈtomisch.

a·nat·o·mist [əˈnætəmɪst] *s.* **1.** Anaˈtom *m*; **2.** Zergliederer *m* (*a. fig.*); **aˈnat·o-**

mize [-maɪz] *v/t.* **1.** ⚕ zerlegen, sezieren; **2.** *fig.* zergliedern; **aˈnat·o·my** [-mɪ] *s.* **1.** Anatoˈmie *f* (*Aufbau, Wissenschaft, Abhandlung*); **2.** F a) ‚Wanst' *m*, Körper *m*, b) ‚Gerippe' *n*, Gestell *n*.

an·ces·tor [ˈænsestə] *s.* **1.** Vorfahr *m*, Ahn(herr) *m*, Stammvater *m* (*a. fig.*): **~ *worship*** Ahnenkult *m*; **2.** *fig.* Vorläufer *m*; **3.** ⚖ Vorbesitzer *m*; **an·ces·tral** [ænˈsestrəl] *adj.* der Vorfahren, Ahnen…, angestammt, Erb…, Ur…; **ˈan·ces·tress** [-trɪs] *s.* Ahnfrau *f*, Stammmutter *f*; **ˈan·ces·try** [-trɪ] *s.* Abstammung *f*, *hohe* Geburt; Ahnen(reihe *f*) *pl*; *fig.* Vorgänger *pl.*: **~ *research*** Ahnenforschung *f*.

an·chor [ˈæŋkə] **I** *s.* **1.** ⚓ Anker *m*: ***at* ~** vor Anker; ***weigh* ~** a) den Anker lichten, b) abfahren; ***cast*** (*od.* ***drop***) **~** ankern, vor Anker gehen; ***ride at* ~** vor Anker liegen; **2.** *fig.* Rettungsanker *m*, Zuflucht *f*; **3.** ⚙ Anker *m*, Schließe *f*, Klammer *f*; **4.** *Radio, TV*: *Am.* a) Moderator *m*, Moderaˈtorin *f e-r Nachrichtensendung*, b) Diskussiˈonsleiter (-in), **5.** *sport.* a) Schlußläufer(in), b) Schlußschwimmer(in); **II** *v/t.* **6.** verankern, vor Anker legen; **7.** ⚙ *u. fig.* verankern; **8.** *Radio, TV*: *Am.* a) *e-e Nachrichtensendung* moderieren, b) *e-e Diskussion* leiten; **9.** Schlußläufer(in) *od.* -schwimmer(in) *e-r Staffel* sein; **III** *v/i.* **10.** ankern, vor Anker gehen *od.* liegen; **11.** *Radio, TV*: *Am.* Moderator (-in) *od.* Diskussiˈonsleiter(in) sein.

an·chor·age [ˈæŋkərɪdʒ] *s.* **1.** Ankerplatz *m*; **2.** *a.* **~*-dues*** Anker-, Liegegebühr *f*; **3.** fester Halt, Verankerung *f*; **4.** *fig.* → ***anchor*** 2.

an·cho·ress [ˈæŋkərɪs] *s.* Einsiedlerin *f*; **ˈan·cho·ret** [-ret], **ˈan·cho·rite** [-raɪt] *s.* Einsiedler *m*.

ˈan·chor|·man [-mən] *s.* [*irr.*], **ˈ~ˌwo·man** *s* [*irr.*] → ***anchor*** 4, 5.

an·cho·vy [ˈæntʃəvɪ] *s. ichth.* Anˈ(s)chovis *f*, Sarˈdelle *f*.

an·cient [ˈeɪnʃənt] **I** *adj.* ☐ **1.** alt, aus alter Zeit, das Altertum betreffend, anˈtik: **~ *Rome***; **2.** uralt (*a. humor.*), altberühmt; **3.** altertümlich; ehemalig; **II** *s.* **4.** ***the* ~*s*** a) die Alten (*Griechen u. Römer*), b) die (antiken) Klassiker; **5.** Alte(r *m*) *f*, Greis(in); F ‚Olle(r' *m*) *f*; **ˈan·cient·ly** [-lɪ] *adv.* vorˈzeiten.

an·cil·lar·y [ænˈsɪlərɪ] *adj.* ˈuntergeordnet (***to*** *dat.*), Hilfs…, Neben…: **~ *equipment*** Zusatz-, Hilfsgerät *n*; **~ *industries*** Zulieferbetriebe; **~ *road*** Nebenstraße *f*.

and [ænd; ən(d)] *cj.* und: **~ *so forth*** und so weiter; ***there are books* ~ *books*** es gibt gute und schlechte Bücher; ***nice* ~ *warm*** schön warm; **~ *all*** F und so weiter; ***skin* ~ *all*** mitsamt der Haut; ***a little more* ~ …** es fehlte nicht viel, so …; ***try* ~ *come*** versuchen Sie zu kommen.

and·i·ron [ˈændaɪən] *s.* Feuer-, Brat-, Kaˈminbock *m*.

An·drew [ˈændruː] *npr.* Anˈdreas *m*: ***St.* ~*'s cross*** Andreaskreuz *n*.

an·drog·y·nous [ænˈdrɒdʒɪnəs] *adj.* zwitterartig, zweigeschlechtig; ⚘ zwitterblütig.

an·droid [ˈændrɔɪd] *s.* Androˈid(e) *m* (*Kunstmensch*).

an·droph·a·gous [ænˈdrɒfəgəs] *adj.* menschenfressend.

an·dro·pho·bi·a [ˌændrəʊˈfəʊbjə] *s.* Androphoˈbie *f*, Männerscheu *f*.

an·ec·do·tal [ˌænekˈdəʊtl] → ***anecdotic***; **an·ec·dote** [ˈænɪkdəʊt] *s.* Anekˈdote *f*; **an·ec·dot·ic**, **an·ec·dot·i·cal** [ˌænekˈdɒtɪk(l)] *adj.* ☐ anekˈdotenhaft, anekˈdotisch.

a·ne·mi·a, **a·ne·mic** *Am.* → ***anaemia***, ***anaemic***.

an·e·mom·e·ter [ˌænɪˈmɒmɪtə] *s. phys.* Windmesser *m*.

a·nem·o·ne [əˈnemənɪ] *s.* **1.** ⚘ Aneˈmone *f*; **2.** *zo.* ˈSeeaneˌmone *f*.

an·er·oid [ˈænərɔɪd] *s. phys. a.* **~ *barometer*** Aneroˈidbaroˌmeter *n*.

an·es·the·si·a *etc. Am.* → ***anaesthesia*** *etc.*

a·new [əˈnjuː] *adv.* von neuem, aufs neue; auf neue Art und Weise.

an·gel [ˈeɪndʒəl] *s.* **1.** Engel *m*: **~ *of death*** Todesengel; ***rush in where* ~*s fear to tread*** sich törichter- *od.* anmaßenderweise in Dinge einmischen, an die sich sonst niemand heranwagt; **2.** *fig.* Engel *m* (*Person*): ***be an* ~ *and* …** sei doch so lieb und …; **3.** *sl.* Geldgeber *m*, fiˈnanzkräftiger ˈHintermann.

ˈan·gel|·food *Am.*, **ˈ~-cake** *s. Art* Bisˈkuitkuchen *m*.

an·gel·ic [ænˈdʒelɪk] *adj.* (☐ **~*ally***) engelhaft, -gleich, Engels…

an·gel·i·ca [ænˈdʒelɪkə] *s.* **1.** ⚘ Brustwurz *f* (*als Gewürz*); **2.** kandierte Anˈgelikawurzel.

an·gel·i·cal [ænˈdʒelɪkl] *adj.* ☐ → ***angelic***.

An·ge·lus [ˈændʒɪləs] *s. eccl.* ˈAngelus (-gebet *n*, -läuten *n*) *m*.

an·ger [ˈæŋgə] **I** *s.* Ärger *m*, Zorn *m*, Wut *f* (***at*** über *acc.*); **II** *v/t.* erzürnen, ärgern.

An·ge·vin [ˈændʒɪvɪn] **I** *adj.* **1.** aus Anˈjou (*in Frankreich*); **2.** die Planˈtagenets betreffend; **II** *s.* **3.** Mitglied *n* des Hauses Plan'tagenet.

an·gi·na [æn'dʒaɪnə] *s.* ⚕ An'gina *f*, Halsentzündung *f*; **~ pec·to·ris** ['pektərɪs] *s.* ⚕ An'gina *f* 'pectoris.

an·gle¹ ['æŋgl] **I** *s.* **1.** *bsd.* ⚹ Winkel *m*: ***acute*** (***obtuse***, ***right***) **~** spitzer (stumpfer, rechter) Winkel; **~ *of incidence*** Einfallswinkel; ***at right ~s to*** im rechten Winkel zu; **2.** ⚙ a) Knie(stück) *n*, b) *pl.* Winkeleisen *pl.*; **3.** Ecke *f*, Vorsprung *m*, spitze Kante; **4.** *fig.* a) Standpunkt *m*, Gesichtswinkel *m*, b) As'pekt *m*, Seite *f*: ***consider all ~s of a question***; **5.** *Am.* Me'thode *f* (*et. zu erreichen*); **6.** *sl.* Trick *m*, ‚Tour' *f*, ‚Masche' *f*; **II** *v/t.* **7.** 'umbiegen; **8.** *fig.* tendenzi'ös färben, verdrehen.

an·gle² ['æŋgl] *v/i.* angeln (*a. fig.* ***for*** nach).

an·gled ['æŋgld] *adj.* **1.** winklig, *mst in Zssgn*: ***right-~*** rechtwinklig; **2.** *fig.* tendenzi'ös.

'an·gle|-ˌdo·zer [-ˌdəʊzə] *s.* ⚙ Pla'nierraupe *f*, Winkelräumer *m*; **'~-park** *v/t. u. v/i. mot.* schräg parken.

an·gler ['æŋglə] *s.* **1.** Angler(in); **2.** *ichth.* Seeteufel *m*.

An·gles ['æŋglz] *s. pl. hist.* Angeln *pl.*; **'An·gli·an** [-glɪən] **I** *adj.* englisch; **II** *s.* Angehörige(r *m*) *f* des Volksstammes der Angeln.

An·gli·can ['æŋglɪkən] *eccl.* **I** *adj.* angli'kanisch, hochkirchlich; **II** *s.* Angli'kaner(in).

An·gli·cism ['æŋglɪsɪzəm] *s.* **1.** *ling.* Angli'zismus *m*; **2.** englische Eigenart; **'An·gli·cist** [-ɪst] *s.* An'glist(in); **'An·gli·cize** [-saɪz], *a.* ♀ *v/t. u. v/i.* (sich) anglisieren, englisch machen (werden).

an·gling ['æŋglɪŋ] *s.* Angeln *n*.

An·glist ['æŋglɪst] *s.* An'glist(in); **An·gli·stics** [æŋ'glɪstɪks] *s. pl. sg. konstr.* An'glistik *f*.

Anglo- [æŋgləʊ] *in Zssgn* Anglo…, anglo…, englisch, englisch und …

'An·glo|-A'mer·i·can [-əʊ-] **I** *s.* 'Anglo-Ameri'kaner(in); **II** *adj.* anglo-ameri'kanisch; **'~-'In·di·an** [-əʊ-] **I** *s.* Anglo-'inder(in); **II** *adj.* anglo'indisch; **ˌ~'ma·ni·a** [-əʊ-] *s.* Angloma'nie *f*; **'~-'Nor·man** [-əʊ-] **I** *s.* **1.** Anglonor'manne *m*; **2.** *ling.* Anglonor'mannisch *n*; **II** *adj.* **3.** anglonor'mannisch; **'~·phile** [-əʊfaɪl] **I** *s.* Anglo'phile *m*, Englandfreund *m*; **II** *adj.* anglo'phil, englandfreundlich; **'~·phobe** [-əʊfəʊb] **I** *s.* Anglo'phobe *m*, Englandfeind *m*; **II** *adj.* englandfeindlich; **ˌ~'pho·bi·a** [-əʊ'fəʊbjə] *s.* Anglopho'bie *f*; **ˌ~-'Sax·on** [-əʊ-] **I** *s.* **1.** Angelsachse *m*; **2.** *ling.* Altenglisch *n*, Angelsächsisch *n*; **3.** F urwüchsiges u. einfaches Englisch; **II** *adj.* **4.** angelsächsisch; **ˌ~-'Scot** [-əʊ-] *s.* dauernd in England lebender Schotte.

an·go·la [æŋ'gəʊlə], **an·go·ra** [æŋ'gɔːrə], *a.* ♀ *s.* Gewebe *n* aus An'gorawolle; **~ cat** *s. zo.* An'gorakatze *f*; **~ goat** *s. zo.* An'goraziege *f*; **~ wool** *s.* An'gorawolle *f*; Mo'här *m*.

an·gry ['æŋgrɪ] *adj.* □ **1.** (***at***, ***about***) ärgerlich, ungehalten (über *acc.*), zornig, böse (auf *j-n*, über *et.*, ***with*** mit *j-m*): **~ *young man*** *Literatur*: ‚zorniger junger Mann'; **2.** ⚕ entzündet, schlimm; **3.** *fig.* drohend, stürmisch; finster.

angst [æŋst] *s. psych.* Angst *f*.

ang·strom, *a.* ♀ ['æŋstrəm] *s. phys. a.* **~ *unit*** Angström(einheit *f*) *n*.

an·guish ['æŋgwɪʃ] *s.* Qual *f*, Pein *f*, Angst *f*, Schmerz *m*: **~ *of mind*** Seelenqual(en *pl.*) *f*.

an·gu·lar ['æŋgjʊlə] *adj.* □ **1.** winklig, winkelförmig, eckig; Winkel…; **2.** *fig.* knochig, hager; **3.** *fig.* eckig, steif; barsch; **an·gu·lar·i·ty** [ˌæŋgjʊ'lærətɪ] *s.* **1.** Winkligkeit *f*; **2.** *fig.* Eckigkeit *f*, Steifheit *f*.

an·hy·drous [æn'haɪdrəs] *adj.* ⚗, *biol.* kalziniert, wasserfrei; getrocknet, Dörr… (*Obst etc.*).

an·il ['ænɪl] *s.* ⚘ 'Indigopflanze *f*; Indigo (-farbstoff) *m*.

an·i·line ['ænɪliːn] *s.* Ani'lin *n*: **~ *dye*** Anilinfarbstoff *m*, *weitS.* chemisch hergestellte Farbe.

an·i·mad·ver·sion [ˌænɪmæd'vɜːʃn] *s.* Tadel *m*, Rüge *f*, Kri'tik *f*; **ˌan·i·mad'vert** [-'vɜːt] *v/i.* (***on***, ***upon***) kritisieren; tadeln, rügen (*acc.*).

an·i·mal ['ænɪml] **I** *s.* **1.** Tier *n*, ‚Vierfüß(l)er' *m*; tierisches Lebewesen (*Ggs. Pflanze*, F *a. Ggs. Vogel*): ***there's no such ~!*** F so was gibt's ja gar nicht!; **2.** *fig.* Tier *n*, viehischer Mensch, 'Bestie *f*; **II** *adj.* **3.** ani'malisch, tierisch (*beide a. fig.*); Tier…: **~ *kingdom*** Tierreich *n*; **~ *magnetism*** a) tierischer Magnetismus, b) *bsd. humor.* erotische Anziehungskraft; **~ *spirits*** *pl.* Lebenskraft *f*, -geister *pl.*, Vitalität *f*.

an·i·mal·cu·le [ˌænɪ'mælkjuːl] *s.* mikro'skopisch kleines Tierchen: ***infusorial ~s***.

an·i·mal·ism ['ænɪməlɪzəm] *s.* **1.** Vertiertheit *f*; **2.** Sinnlichkeit *f*; **3.** Lebenstrieb *m*, -kraft *f*; **'an·i·mal·ist** [-ɪst] *s.* Tiermaler(in), -bildhauer(in).

an·i·mate **I** *v/t.* ['ænɪmeɪt] **1.** beseelen,

beleben, mit Leben erfüllen (*alle a. fig.*); anregen, aufmuntern; **2.** lebendig gestalten: **~ *a cartoon*** e-n Zeichentrickfilm herstellen; **II** *adj.* [-mət] **3.** belebt, lebend; lebhaft, munter; **'an·i·mat·ed** [-tɪd] *adj.* □ **1.** lebendig, beseelt (***with***, ***by*** von), voll Leben: **~ *cartoon*** Zeichentrickfilm *m*; **2.** ermutigt; **3.** lebhaft, angeregt; **an·i·ma·tion** [ˌænɪ'meɪʃn] *s.* **1.** Leben *n*, Feuer *n*, Lebhaftigkeit *f*, Munterkeit *f*; Leben *n* und Treiben *n*; **2.** a) Herstellung *f* von Zeichentrickfilmen, b) (Zeichen)Trickfilm *m*; **'an·i·ma·tor** [-tə] *s.* Zeichner *m* von Trickfilmen.

an·i·mos·i·ty [ˌænɪ'mɒsətɪ] *s.* Feindseligkeit *f*, Erbitterung *f*, Animosi'tät *f*.

an·i·mus ['ænɪməs] *s.* **1.** (innewohnender) Geist; **2.** *psych.* Animus *m*; **3.** ⚖ Absicht *f*; **4.** → ***animosity***.

an·ise ['ænɪs] *s.* ⚘ A'nis *m*; **'an·i·seed** [-si:d] *s.* A'nis(samen) *m*.

an·i·sette [ˌænɪ'zet] *s.* Ani'sett *m*, A'nisliˌkör *m*.

an·kle ['æŋkl] **I** *s. anat.* **1.** (Fuß)Knöchel *m*: ***sprain one's*** **~** sich den Fuß verstauchen; **2.** Knöchelgegend *f des Beins*; **II** *v/i.* **3.** F marschieren; **'~·bone** *s.* Sprungbein *n*; **~ boot** *s.* Halbstiefel *m*; **ˌ~-'deep** *adj.* knöcheltief, bis zu den Knöcheln; **ˌ~-'length** *adj.* knöchellang; **'~·sock** *s.* Knöchelsocke *f*, Söckchen *n*; **'~-strap** *s.* Schuhspange *f*: **~ *shoes*** Spangenschuhe.

an·klet ['æŋklɪt] *s.* **1.** Fußkettchen *n*, -spange *f* (*als Schmuck od. Fessel*); **2.** → ***anklesock***.

an·na ['ænə] *s.* An'na *m* (*ind. Münze*).

an·nal·ist ['ænəlɪst] *s.* Chro'nist *m*; **an·nals** ['ænlz] *s. pl.* **1.** An'nalen *pl.*, Jahrbücher *pl.*; **2.** hi'storischer Bericht; **3.** *regelmäßig erscheinende* wissenschaftliche Berichte *pl.*; **4.** *a. sg. konstr.* (Jahres)Bericht *m*.

an·neal [ə'ni:l] *v/t.* **1.** ⚙ *Metall* ausglühen, anlassen, vergüten, tempern; *Glas* kühlen; **2.** *fig.* härten, stählen.

an·nex I *v/t.* [ə'neks] **1.** (***to***) beifügen (*dat.*), anhängen (an *acc.*); **2.** annektieren, (sich) einverleiben: ***the province was ~ed to France*** Frankreich verleibte sich das Gebiet ein; **3. ~ *to*** verknüpfen mit; **4.** F sich aneignen, ‚sich unter den Nagel reißen'; **II** *s.* ['æneks] **5.** Anhang *m*, Nachtrag *m*; Anlage *f zum Brief*; **6.** Nebengebäude *n*, Anbau *m*; **an·nex·a·tion** [ˌænek'seɪʃn] *s.* **1.** Hin'zufügung *f* (***to*** zu); **2.** Annexi'on *f*, Einverleibung *f* (***to*** in *acc.*); **3.** Aneignung *f*; **an·nexe** ['æneks] (*Fr.*) → ***annex*** 6; **an'nexed** [-kst] *adj.* ✝ beifolgend, beigefügt.

an·ni·hi·late [ə'naɪəleɪt] *v/t.* **1.** vernichten (*a. fig.*); **2.** ⚔ aufreiben; **3.** *sport* vernichtend schlagen; **4.** *fig.* zu'nichte machen, aufheben; **an·ni·hi·la·tion** [əˌnaɪə'leɪʃn] *s.* Vernichtung *f*; Aufhebung *f*.

an·ni·ver·sa·ry [ˌænɪ'vɜ:sərɪ] *s.* Jahrestag *m*, -feier *f*, jährlicher Gedenktag, Jubi'läum *n*: ***wedding*** **~** Hochzeitstag *m*; ***the 50th ~ of his death*** die 50. Wiederkehr s-s Todestages.

an·no Dom·i·ni [ˌænəʊ'dɒmɪnaɪ] (*Lat.*) im Jahre des Herrn, Anno Domini.

an·no·tate ['ænəʊteɪt] **I** *v/t. e-e Schrift* mit Anmerkungen versehen, kommentieren; **II** *v/i.* (***on***) Anmerkungen machen (zu), einen Kommen'tar schreiben (über *acc.*); **an·no·ta·tion** [ˌænəʊ'teɪʃn] *s.* Kommentieren *n*; Anmerkung *f*, Kommen'tar *m*; **'an·no·ta·tor** [-tə] *s.* Kommen'tator *m*.

an·nounce [ə'naʊns] **I** *v/t.* **1.** ankündigen; **2.** bekanntgeben, verkünden; **3.** a) *Radio*, *TV*: ansagen, b) (*über Lautsprecher*) 'durchsagen; **4.** *Besucher etc.* melden; **5.** *Geburt etc.* anzeigen, bekanntgeben; **II** *v/i.* **6.** *pol. Am.* seine Kandida'tur bekanntgeben (***for*** für das Amt *gen.*); **7. ~ *for*** *Am.* sich aussprechen für; **an'nounce·ment** [-mənt] *s.* **1.** Ankündigung *f*; **2.** Bekanntgabe *f*; (*Geburts- etc.*)Anzeige *f*; **3.** a) *Radio, TV*: Ansage *f*, b) ('Lautsprecher-) ˌDurchsage *f*; **an'nounc·er** [-sə] *s. Radio, TV*: Ansager(in), Sprecher(in).

an·noy [ə'nɔɪ] *v/t.* **1.** ärgern: ***be ~ed*** sich ärgern (***at s.th.*** über et., ***with s.o.*** über j-n); **2.** belästigen, stören; schikanieren; **an'noy·ance** [-ɔɪəns] *s.* **1.** Störung *f*, Belästigung *f*, Ärgernis *n*; Ärger *m*; **2.** Plage(geist *m*) *f*; **an'noyed** [-ɔɪd] *adj.* ärgerlich; **an'noy·ing** [-ɔɪɪŋ] *adj.* □ ärgerlich (*Sache*), lästig; **an'noy·ing·ly** [-ɔɪɪŋlɪ] *adv.* ärgerlicherweise.

an·nu·al ['ænjʊəl] **I** *adj.* □ **1.** jährlich, Jahres...; **2.** *bsd.* ⚘ einjährig: **~ *ring*** Jahresring *m*; **II** *s.* **3.** jährlich erscheinende Veröffentlichung, Jahrbuch *n*; **4.** einjährige Pflanze; → ***hardy*** 2.

an·nu·i·tant [ə'nju:ɪtənt] *s.* Empfänger(-in) e-r Jahresrente, Rentner(in); **an'nu·i·ty** [-tɪ] *s.* **1.** (Jahres)Rente *f*; **2.** Jahreszahlung *f*; **3.** ✝ *a.* **~ *bond*** Rentenbrief *m*; **4.** *pl.* 'Rentenpaˌpiere *pl.*

an·nul [ə'nʌl] *v/t.* aufheben, für ungültig erklären, annullieren.

an·nu·lar ['ænjʊlə] *adj.* □ ringförmig; **'an·nu·late** [-leɪt], **'an·nu·lat·ed** [-leɪtıd] *adj.* geringelt, aus Ringen bestehend, Ring…

an·nul·ment [əˈnʌlmənt] *s.* Aufhebung *f*, Nichtigkeitserklärung *f*, Annullierung *f*; ***action for ~*** Nichtigkeitsklage *f*.

an·nun·ci·ate [əˈnʌnʃıeıt] *v/t.* verkünden, ankündigen; **an·nun·ci·a·tion** [əˌnʌnsıˈeıʃn] *s.* **1.** An-, Verkündigung *f*; **2.** ***≗***, *a.* ***≗ Day*** *eccl.* Maˈriä Verkündigung *f*; **anˈnun·ci·a·tor** [-tə] *s.* ϟ Siˈgnalanlage *f*, -tafel *f*.

an·ode [ˈænəʊd] *s.* ϟ Anˈode *f*, ˈpositiver Pol: ***~ potential*** Anodenspannung *f*; ***DC ~*** Anodenruhestrom *m*; **an·od·ize** [ˈænəʊdaız] *v/t.* eloxieren.

an·o·dyne [ˈænəʊdaın] **I** *adj.* schmerzstillend; *fig.* a) lindernd, beruhigend, b) verwässert, kraftlos; **II** *s.* schmerzstillendes Mittel; *fig.* Beruhigungspille *f*.

a·noint [əˈnɔınt] *v/t.* **1.** einölen, einschmieren; **2.** *bsd. eccl.* salben; **aˈnoint·ment** [-mənt] *s.* Salbung *f*.

a·nom·a·lous [əˈnɒmələs] *adj.* □ ˈanomal, abˈnorm; ungewöhnlich, abweichend; **aˈnom·a·ly** [-lı] *s.* Anomaˈlie *f*.

a·non [əˈnɒn] *adv.* bald, soˈgleich: ***ever and ~*** immer wieder.

an·o·nym·i·ty [ˌænəˈnımətı] *s.* Anonymiˈtät *f*; **a·non·y·mous** [əˈnɒnıməs] *adj.* □ anoˈnym, namenlos, ungenannt; unbekannten Ursprungs.

a·noph·e·les [əˈnɒfıli:z] *s. zo.* Fiebermücke *f*.

a·no·rak [ˈænəræk] *s.* Anorak *m*.

an·oth·er [əˈnʌðə] *adj. u. pron.* **1.** ein anderer, eine andere, ein anderes (***than*** als): ***~ thing*** etwas anderes; ***one ~*** a) einander, b) uns (euch, sich) gegenseitig; ***one after ~*** einer nach dem andern; ***he is ~ man now*** jetzt ist er ein (ganz) anderer Mensch; **2.** ein zweiter *od.* weiterer *od.* neuer, eine zweite *od.* weitere *od.* neue, ein zweites *od.* weiteres *od.* neues; **3.** *a.* ***yet ~*** noch ein(er, e, es): ***~ cup of tea*** noch eine Tasse Tee; ***~ five weeks*** weitere *od.* noch fünf Wochen; ***tell us ~!*** F das glaubst du doch selbst nicht!; ***you are ~!*** F *iro.* danke gleichfalls!; ***~ Shakespeare*** ein zweiter Shakespeare; ***A.N.Other*** *sport* ein ungenannter (Ersatz)Spieler.

An·schluss [ˈɑ:nʃlʊs] (*Ger.*) *s. pol.* Anschluß *m*.

an·swer [ˈɑ:nsə] **I** *s.* **1.** Antwort *f*, Entgegnung *f* (***to*** auf *acc.*): ***in ~ to*** a) in Beantwortung (*gen.*), b) auf *et.* hin; **2.** *fig.* Antwort *f*, Erwiderung *f*; Reaktiˈon *f* (*alle*: ***to*** auf *acc.*); **3.** Gegenmaßnahme *f*, -mittel *n*; **4.** ⚖ Klagebeantwortung *f*, Gegenschrift *f*; *weitS.* Rechtfertigung *f*; **5.** Lösung *f* (***to*** *e-s Problems etc.*); ⅌ Auflösung *f*: ***he knows all the ~s*** a) ‚er blickt voll durch‘, b) *contp.* er weiß immer alles besser; **II** *v/i.* **6.** antworten (***to*** *j-m*, auf *acc.*): ***~ back*** a) freche Antworten geben, b) widersprechen, sich (*mit Worten*) verteidigen *od.* wehren; **7.** sich verantworten, Rechenschaft ablegen (***for*** für); **8.** verantwortlich sein, haften, bürgen (***for*** für); **9.** die Folgen tragen, büßen (***for*** für): ***you have much to ~ for*** du hast viel auf dem Kerbholz; **10.** *fig.* (***to***) reagieren (auf *acc.*), hören (auf *e-n Namen*); gehorchen, Folge leisten (*dat.*); **11.** ***~ to*** *e-r Beschreibung* entsprechen; **12.** sich eignen, taugen; gelingen (*Plan*); **III** *v/t.* **13.** a) *j-m* antworten, b) *et.* beantworten, antworten auf (*acc.*); **14.** a) sich *j-m gegenüber* verantworten, *j-m* Rechenschaft ablegen (***for*** für), b) sich gegen *e-e Anklage etc.* verteidigen; **15.** reagieren *od.* eingehen auf (*acc.*); *e-m Befehl etc.* Folge leisten; sich auf *eine Anzeige etc.* hin melden: ***~ the bell*** (*od.* ***door***) auf das Läuten *od.* Klopfen die Tür öffnen; ***~ the telephone*** den Anruf entgegennehmen, ans Telefon gehen; **16.** *dem Steuer* gehorchen; *Gebet* erhören; *Zweck, Wunsch etc.* erfüllen; *Auftrag etc.* ausführen: ***~ the call of duty*** dem Ruf der Pflicht folgen; **17.** *bsd. Aufgabe* lösen; **18.** *e-r Beschreibung, e-m Bedürfnis* entsprechen; **19.** *j-m* genügen, *j-n* zuˈfriedenstellen; **ˈan·swer·a·ble** [-sərəbl] *adj.* **1.** verantwortlich (***for*** für): ***to be ~ to s.o. for s.th.*** j-m für et. bürgen, sich vor j-m für et. verantworten müssen; **2.** (***to***) entsprechend, angemessen, gemäß (*dat.*); **3.** zu beantworten(d).

ant [ænt] *s. zo.* Ameise *f*.

an't [ɑ:nt; ænt] → ***ain't***.

ant·ac·id [ˌæntˈæsıd] *adj. u. s.* ⚕ gegen Magensäure wirkend(es Mittel).

an·tag·o·nism [ænˈtægənızəm] *s.* **1.** ˈWiderstreit *m*, Gegensatz *m*, ˈWiderspruch *m* (***between*** zwischen *dat.*); **2.** Feindschaft *f* (***to*** gegen); ˈWiderstand *m* (***against***, ***to*** gegen); **anˈtag·o·nist** [-ıst] *s.* Gegner(in), ˈWidersacher(in); **an·tag·o·nis·tic** [ænˌtægəˈnıstık] *adj.* (□ ***~ally***) gegnerisch, feindlich (***to*** gegen); widerˈstreitend (***to*** *dat.*); **anˈtag·o·nize** [-naız] *v/t.* ankämpfen gegen; sich *j-n* zum Feind machen, *j-n* gegen sich aufbringen.

ant·arc·tic [æntˈɑ:ktık] **I** *adj.* antˈarktisch, Südpol…: ***≗ Circle*** südlicher Polarkreis; ***≗ Ocean*** südliches Eismeer; **II**

s. Ant'arktis *f.*

'ant-bear *s. zo.* Ameisenbär *m.*

an·te ['æntɪ] (*Lat.*) **I** *adv.* vorn, vo'ran, b) *zeitlich*: vorher, zu'vor; **II** *prp.* vor; **III** *s.* F *Poker*: Einsatz *m*: ***raise the ~*** a) den Einsatz (*weitS.* den Preis *etc.*) erhöhen, b) F (das nötige) Geld beschaffen; **IV** *v/t. u. v/i. mst* ***~ up*** (ein)setzen; *fig. Am.* a) (be)zahlen, ‚blechen', b) (dazu) beisteuern.

'ant-ˌeat·er *s. zo.* Ameisenfresser *m.*

an·te·ced·ence [ˌæntɪ'si:dəns] *s.* **1.** Vortritt *m*, -rang *m*; **2.** *ast.* Rückläufigkeit *f*; **ˌan·te'ced·ent** [-nt] **I** *adj.* **1.** vor'hergehend, früher (***to*** als); **II** *s.* **2.** *pl.* Vorgeschichte *f*: ***his ~s*** sein Vorleben; **3.** *fig.* Vorläufer *m*; **4.** *ling.* Beziehungswort *n.*

an·te|·cham·ber ['æntɪˌtʃeɪmbə] *s.* Vorzimmer *n*; **~·date** [ˌæntɪ'deɪt] *v/t.* **1.** vor- *od.* zu'rückdatieren, ein früheres Datum setzen auf (*acc.*); **2.** vor'wegnehmen; **3.** *zeitlich* vor'angehen (*dat.*); **~·di·lu·vi·an** [ˌæntɪdɪ'lu:vjən] **I** *adj.* vorsintflutlich (*a. fig.*); **II** *s.* vorsintflutliches Wesen, *contp.* a) rückständige Per'son, b) ‚Fos'sil' *n* (*sehr alte Person*).

an·te·lope ['æntɪləʊp] *s.* **1.** *zo.* Anti'lope *f*; **2.** Anti'lopenleder *n.*

an·te me·rid·i·em [ˌæntɪmə'rɪdɪəm] (*Lat.*) *abbr.* **a.m.** vormittags.

an·te·na·tal [ˌæntɪ'neɪtl] **I** *adj.* präna'tal: ***~ care*** Mutterschaftsfürsorge *f*; **II** *s.* F Mutterschaftsvorsorgeuntersuchung *f.*

an·ten·na [æn'tenə] *s.* **1.** *pl.* **-nae** [-ni:] *zo.* Fühler *m*; Fühlhorn *n*; *fig.* Gespür *n*, ‚An'tenne' *f*; **2.** *pl.* **-nas** *bsd. Am.* ⚡ Antenne *f.*

an·te|·nup·tial [ˌæntɪ'nʌpʃl] *adj.* vorhochzeitlich; **~·pe·nul·ti·mate** [ˌæntɪpɪ'nʌltɪmət] **I** *adj.* drittletzt (*bsd. Silbe*); **II** *s.* drittletzte Silbe.

an·te·ri·or [æn'tɪərɪə] *adj.* **1.** vorder; **2.** vor'hergehend, früher (***to*** als).

an·te-room ['æntɪrʊm] *s.* Vor-, Wartezimmer *n.*

an·them ['ænθəm] *s.* 'Hymne *f*, Cho'ral *m*: ***national ~*** Nationalhymne.

an·ther ['ænθə] *s.* ⚘ Staubbeutel *m.*

'ant-hill *s. zo.* Ameisenhaufen *m.*

an·thol·o·gy [æn'θɒlədʒɪ] *s.* Antholo'gie *f*, (Gedicht)Sammlung *f.*

an·thra·cite ['ænθrəsaɪt] *s. min.* Anthra'zit *m*, Glanzkohle *f.*

an·thrax ['ænθræks] *s.* ⚕ 'Anthrax *m*, Milzbrand *m.*

an·thro·poid ['ænθrəʊpɔɪd] *zo.* **I** *adj.* menschenähnlich, Menschen…; **II** *s.* Menschenaffe *m*; **an·thro·po·log·i·cal** [ˌænθrəpə'lɒdʒɪk(l)] *adj.* □ anthropo'logisch; **an·thro·pol·o·gist** [ˌænθrə'pɒlədʒɪst] *s.* Anthropo'loge *m*; **an·thro·pol·o·gy** [ˌænθrə'pɒlədʒɪ] *s.* Anthropolo'gie *f*; **an·thro·po·mor·phous** [ˌænθrəpəʊ'mɔ:fəs] *adj.* anthropo'morph(isch), von menschlicher *od.* menschenähnlicher Gestalt; **an·thro·poph·a·gi** [ˌænθrəʊ'pɒfəgaɪ] *s. pl.* Menschenfresser *pl.*; **an·thro·poph·a·gous** [ˌænθrəʊ'pɒfəgəs] *adj.* menschenfressend.

an·ti ['æntɪ] F **I** *prp.* gegen; **II** *adj.*: ***be ~*** dagegen sein; **III** *s.* Gegner(in).

ˌan·ti|-'air·craft [ˌæntɪ-] *adj.* ⚔ Fliegerabwehr…: ***~ gun*** Flakgeschütz *n*, Fliegerabwehrkanone *f*; **'~·auˌthor·i'tar·i·an** *adj.* antiautori'tär; **ˌ~-'ba·by pill** *s.* ⚕ Anti'babypille *f*; **ˌ~·bal'lis·tic** *adj.* ⚔ antibal'listisch; **ˌ~·bi'ot·ic** [-baɪ'ɒtɪk] **I** *s.* Antibi'otikum *n*; **II** *adj.* antibi'otisch; **'~ˌbod·y** *s.* ⚕, *biol.* 'Antikörper *m*, Abwehrstoff *m*; **ˌ~'cath·ode** *s.* ⚡ Antika'thode *f*; **'~·christ** *s. eccl.* 'Antichrist *m*; **ˌ~'chris·tian I** *adj.* christenfeindlich; **II** *s.* Christenfeind(in).

an·tic·i·pate [æn'tɪsɪpeɪt] *v/t.* **1.** vor'ausempfinden, -sehen, -ahnen; **2.** erwarten, erhoffen: ***~d profit*** voraussichtlicher Verdienst; **3.** im vor'aus tun *od.* erwähnen, vor'wegnehmen; *Ankunft* beschleunigen; vor'auseilen (*dat.*); **4.** *j-m od. e-m Wunsch etc.* zu'vorkommen; **5.** *e-r Sache* vorbauen, verhindern; **6.** *bsd.* ✝ vorzeitig bezahlen *od.* verbrauchen; **an·tic·i·pa·tion** [ænˌtɪsɪ'peɪʃn] *s.* **1.** Vorgefühl *n*, Vorahnung *f*, Vorgeschmack *m*; **2.** Ahnungsvermögen *n*, Vor'aussicht *f*; **3.** Erwartung *f*, Hoffnung *f*, Vorfreude *f*; **4.** Zu'vorkommen *n*, Vorgreifen *n*, Vor'wegnahme *f*: ***in ~*** im voraus; **5.** Verfrühtheit *f*: ***payment by ~*** Vorauszahlung *f*; **an'tic·i·pa·to·ry** [-tərɪ] *adj.* **1.** vor'wegnehmend, vorgreifend, erwartend, Vor…; **2.** *ling.* vor'ausdeutend; **3.** *Patentrecht*: neuheitsschädlich: ***~ reference*** Vorwegnahme *f.*

ˌan·ti|'cler·i·cal *adj.* kirchenfeindlich; **ˌ~'cli·max** *s.* (enttäuschendes) Abfallen, Abstieg *m*; *a.* ***sense of ~*** plötzliches Gefühl der Leere *od.* Enttäuschung; **ˌ~'clock·wise** *adv. u. adj.* entgegen dem Uhrzeigersinn: ***~ rotation*** Linksdrehung *f*; **ˌ~·cor'ro·sive** *adj.* rostfest; Rostschutz…

an·tics ['æntɪks] *s. pl.* Possen *pl.*, *fig.* Mätzchen *pl.*, (tolle) Streiche *pl.*

ˌan·ti|'cy·cli·cal *adj.* ✝ anti'zyklisch, konjunk'turdämpfend; **ˌ~'cy·clone** *s. meteor.* Hoch(druckgebiet) *n*; **ˌ~-'daz-**

zle *adj.* Blendschutz…: **~ *switch*** Abblendschalter *m*; ˌ**~·deˈpres·sant** *s.* ⚕ Antidepresˈsivum *n*; ˈ**~·dim** *adj.* ⚙ Klar(sicht)…; ˌ**~·disˈtor·tion** *s.* ⚡ Entzerrung *f*; ˈ**~·dot·al** [-dəʊtl] *adj.* als Gegengift dienend (*a. fig.*); ˈ**~·dote** [-dəʊt] *s.* Gegengift *n*, -mittel *n* (***against, for, to*** gegen); ˌ**~ˈfad·ing** ⚡ **I** *s.* Schwundausgleich *m*; **II** *adj.* schwundmindernd; ˌ**~-ˈFas·cist** *pol.* **I** *s.* Antifaˈschist(in); **II** *adj.* antifaˈschistisch; ˌ**~ˈfe·brile** *s.* ⚕ Fiebermittel *n*; ˌ**≈ˈfed·er·al·ist** *s. Am. hist.* Antiföderaˈlist *m*; ˈ**~-freeze I** *adj.* Gefrier-, Frostschutz…; **II** *s.* Frostschutzmittel *n*; ˈ**~-ˌfric·tion** *s.* Schmiermittel *n*: **~ *metal*** Lagermetall *n*; ˈ**~-gas** *adj.* Gasschutz…

an·ti·gen [ˈæntɪdʒən] *s.* ⚕ Antiˈgen *n*, Abwehrstoff *m*.

ˌ**an·ti|-ˈglare** → ***anti-dazzle***; ˌ**~ˈha·lo** *adj. phot.* lichthoffrei; ˈ**~-ˌhe·ro** *s.* Antiheld *m*; ˌ**~·imˈpe·ri·al·ist** *s.* Gegner *m* des Imperiaˈlismus; ˈ**~-ˌin·terˈfer·ence** *adj.* ⚡ Entstörungs…, Störschutz…; ˈ**~-jam** *v/t. u. v/i. Radio* entstören; ˌ**~ˈknock** ⚗, *mot.* **I** *adj.* klopffest; **II** *s.* Antiˈklopfmittel *n*.

an·ti|·ma·cas·sar [ˌæntɪməˈkæsə] **I** *s.* Sofa- *od.* Sesselschoner *m*; **II** *adj. fig.* altmodisch; ˌ**~-maˈlar·i·al** *s.* ⚕ Maˈlariamittel *n*; ˈ**~ˌmat·ter** *s. phys.* ˈAntimaˌterie *f*; ˌ**~ˈmis·sile** *s.* ⚔ Antiraˈketenraˌkete *f*.

an·ti·mo·ny [ˈæntɪmənɪ] *s.* ⚗, *min.* Antiˈmon *n*.

an·tin·o·my [ænˈtɪnəmɪ] *s.* Antinoˈmie *f*, ˈWiderspruch *m*.

ˌ**an·ti·paˈthet·ic**, ˌ**an·ti·paˈthet·i·cal** [-pəˈθetɪk(l)] *adj.* ☐ (***to***) **1.** zuˈwider (*dat.*); **2.** abgeneigt (*dat.*); **an·tip·a·thy** [ænˈtɪpəθɪ] *s.* Antipaˈthie *f*, Abneigung *f* (***against, to*** gegen).

ˌ**an·ti|-per·sonˈnel** *adj.*: ⚔ **~ *bomb*** Splitterbombe *f*; **~ *mine*** Schützen-, Tretmine *f*; ˌ**~·phloˈgis·tic** [-fləʊˈdʒɪstɪk] **I** *adj.* **1.** ⚗ antiphloˈgistisch; **2.** ⚕ entzündungshemmend; **II** *s.* **3.** ⚕ Antiphloˈgistikum *n*.

an·tiph·o·ny [ænˈtɪfənɪ] *s.* Antiphoˈnie *f*, Wechselgesang *m*.

an·tip·o·dal [ænˈtɪpədl] *adj.* antiˈpodisch, *fig. a.* genau entgegengesetzt; **an·tip·o·de·an** [ænˌtɪpəˈdiːən] *s.* Antiˈpode *m*, Gegenfüßler *m*; **an·tip·o·des** [ænˈtɪpədiːz] *s. pl.* **1.** die diameˈtral gegenˈüberliegenden Teile *pl.* der Erde; **2.** *sg. u. pl.* Gegenteil *n*, -satz *m*, -seite *f*.

ˌ**an·ti|·polˈlu·tion** *adj.* umweltschützend; ˌ**~·polˈlu·tion·ist** [-pəˈluːʃənɪst] *s.* Umweltschützer *m*; ˈ**~·pope** *s.* Gegenpapst *m*; ˌ**~·pyˈret·ic** ⚕ **I** *adj.* fieberverhütend; **II** *s.* Fiebermittel *n*; ˌ**~ˈpy·rin(e)** [-ˈpaɪərɪn] *s.* ⚕ Antipyˈrin *n*.

an·ti·quar·i·an [ˌæntɪˈkweərɪən] **I** *adj.* altertümlich; **II** *s.* → **an·ti·quar·y** [ˈæntɪkwərɪ] *s.* **1.** Altertumskenner *m*, -forscher *m*; **2.** Antiquiˈtätensammler *m*, -händler *m*; **an·ti·quat·ed** [ˈæntɪkweɪtɪd] *adj.* veraltet, altmodisch, überˈholt, antiˈquiert.

an·tique [ænˈtiːk] **I** *adj.* ☐ **1.** anˈtik, alt; **2.** altmodisch, veraltet; **II** *s.* **3.** Antiquiˈtät *f*: **~ *dealer*** Antiquitätenhändler *m*; **4.** *typ.* Egyptiˈenne *f*; **an·tiq·ui·ty** [ænˈtɪkwətɪ] *s.* **1.** Altertum *n*, Vorzeit *f*; **2.** die Alten *pl.* (*bsd. Griechen u. Römer*); **3.** *die* Antike; **4.** *pl.* Antiquiˈtäten *pl.*, Altertümer *pl.*; **5.** (ehrwürdiges) Alter.

ˌ**an·ti|-ˈrust** *adj.* Rostschutz…; ˈ**~-ˌsab·baˈtar·i·an** *adj. u. s.* der strengen Sonntagsheiligung abgeneigt(e Perˈson); ˌ**~-ˈSem·ite** *s.* Antiseˈmit(in); ˌ**~-Seˈmit·ic** *adj.* antiseˈmitisch; ˌ**~-ˈSem·i·tism** *s.* Antisemiˈtismus *m*; ˌ**~ˈsep·tic** ⚕ **I** *adj.* (☐ ***~ally***) antiˈseptisch; **II** *s.* Antiˈseptikum *n*; ˌ**~-ˈskid** *adj.* ⚙, *mot.* gleit-, schleudersicher, Gleitschutz…; rutschfest; ˌ**~ˈso·cial** *adj.* ˈunsoziˌal, gesellschaftsfeindlich; ungesellig; ˌ**~-ˈtank** *adj.* ⚔ Panzerabwehr… (*-kanone etc.*), Panzer… (*-sperre etc.*); Panzerjäger…: **~ *battalion***.

an·tith·e·sis [ænˈtɪθɪsɪs] *pl.* **-ses** [-siːz] *s.* Antiˈthese *f*: a) Gegensatz *m*, b) ˈWiderspruch *m*; **an·ti·thet·ic**, **an·ti·thet·i·cal** [ˌæntɪˈθetɪk(l)] *adj.* ☐ im Widerspruch stehend, gegensätzlich, antiˈthetisch; **anˈtith·e·size** [-saɪz] *v/t.* in Gegensätzen ausdrücken; in ˈWiderspruch bringen.

ˌ**an·ti|ˈtox·in** *s.* ⚕ Antitoˈxin *n*, Gegengift *n*; ˌ**~-ˈtrust** *adj.* karˈtell- u. monoˈpolfeindlich, Antitrust…; ˌ**~ˈun·ion** *adj.* gewerkschaftsfeindlich; ˈ**~·world** *s.* Antiwelt *f*.

ant·ler [ˈæntlə] *s. zo.* **1.** Geweihsprosse *f*; **2.** *pl.* Geweih *n*.

an·to·nym [ˈæntənɪm] *s. ling.* Antoˈnym *n*.

a·nus [ˈeɪnəs] *s.* After *m*, Anus *m*.

an·vil [ˈænvɪl] *s.* Amboß *m* (*a. anat. u. fig.*).

anx·i·e·ty [æŋˈzaɪətɪ] *s.* **1.** Angst *f*, Unruhe *f*; Bedenken *n*, Besorgnis *f*, Sorge *f* (***for*** um); **2.** ⚕ Angst(gefühl *n*) *f*, Beklemmung *f*: **~ *neurosis*** Angstneurose *f*; **~ *state*** Angstzustand *m*; **3.** starkes Verlangen, eifriges (Be)Streben *n* (***for***

nach); **anx·ious** [ˈæŋkʃəs] *adj.* □ **1.** ängstlich, bange, besorgt, unruhig (***about*** um, wegen): ***~ about his health*** um s-e Gesundheit besorgt; **2.** *fig.* (***for, to*** *inf.*) begierig (auf *acc.*, nach, zu *inf.*), bestrebt (zu *inf.*), bedacht (auf *acc.*): ***~ for his report*** auf s-n Bericht begierig *od.* gespannt; ***he is ~ to please*** er gibt sich alle Mühe(, es recht zu machen); ***I am ~ to see him*** mir liegt daran, ihn zu sehen; ***I am ~ to know*** ich möchte zu gern wissen, ich bin begierig zu wissen.

an·y [ˈenɪ] **I** *adj.* **1.** (*fragend, verneinend od. bedingend*) (irgend)ein, (irgend)welch; etwaig; einige *pl.*; etwas: ***have you ~ money on you?*** haben Sie Geld bei sich?; ***if I had ~ hope*** wenn ich irgendwelche Hoffnung hätte; ***not ~*** kein; ***there was not ~ milk in the house*** es war keine Milch im Hause; ***I cannot eat ~ more*** ich kann nichts mehr essen; **2.** (*bejahend*) jeder, jede, jedes (beliebige): ***~ cat will scratch*** jede Katze kratzt; ***~ amount*** jede beliebige Menge, ein ganzer Haufen; ***in ~ case*** auf jeden Fall; ***at ~ rate*** jedenfalls, wenigstens; ***at ~ time*** jederzeit; **II** *pron. sg. u. pl.* **3.** irgendein; irgendwelche *pl.*; etwas: ***no money and no prospect of ~*** kein Geld und keine Aussicht auf welches; ***I'm not having ~!*** *sl.* ich pfeife drauf!; ***it doesn't help ~*** *sl.* es hilft einen Dreck; **III** *adv.* **4.** irgend(wie), (noch) etwas: ***~ more?*** noch (etwas) mehr?; ***not ~ more than*** ebensowenig wie; ***is he ~ happier now?*** ist er denn jetzt glücklicher?; → ***if*** 1; **ˈ~ˌbod·y** *pron.* irgend jemand, irgendeine(r), ein beliebiger, eine beliebige: ***~ but you*** jeder andere eher als du; ***is he ~ at all?*** ist er überhaupt jemand (von Bedeutung)?; ***ask ~ you meet*** frage den ersten besten, den du triffst; ***it's ~'s match*** F das Spiel ist (noch) völlig offen; → ***guess*** 7; **ˈ~·how** *adv.* **1.** irgendwie; so gut wie's geht, schlecht und recht; **2.** a) trotzdem, jedenfalls, b) sowieˈso, ohneˈhin, c) immerˈhin: ***you won't be late ~*** jedenfalls wirst du nicht zu spät kommen; ***who wants him to come ~?*** wer will denn überhaupt, daß er kommt?; ***I am going there ~*** ich gehe ohnehin dorthin; **ˈ~·one** → ***anybody***; **ˈ~·place** *Am.* → ***anywhere***; **ˈ~·thing** *pron.* **1.** (irgend) etwas, etwas Beliebiges: ***not ~*** gar nichts; ***not for ~*** um keinen Preis; ***take ~ you like*** nimm, was du willst; ***my head aches like ~*** F mein Kopf schmerzt wie toll; ***for ~ I know*** soviel ich weiß; ***~ goes!*** F alles ist ‚drin'!; **2.** alles: ***~ but*** alles andere (eher) als; **ˈ~·way** *adv.* **1.** irgendwie; **2.** → ***anyhow*** 2; **ˈ~·where** *adv.* **1.** irgendwo (-hin): ***not ~*** nirgendwo; **2.** überˈall: ***from ~*** von überall her.

A one → ***A 1***.

a·o·rist [ˈeərɪst] *s. ling.* Aoˈrist *m.*

a·or·ta [eɪˈɔːtə] *s. anat.* Aˈorta *f*, Hauptschlagader *f.*

a·pace [əˈpeɪs] *adv.* schnell, rasch, zusehends.

A·pach·e *pl.* **-es** *od.* **-e** *s.* **1.** [əˈpætʃɪ] Aˈpache *m* (*Indianer*); **2.** ♀ [əˈpæʃ] Aˈpache *m*, ˈUnterweltler *m.*

ap·a·nage → ***appanage***.

a·part [əˈpɑːt] *adv.* **1.** einzeln, für sich, (ab)gesondert (***from*** von): ***keep ~*** getrennt *od.* auseinanderhalten; ***take ~*** zerlegen, auseinandernehmen (*a. fig.* F *j-n*); ***~ from*** abgesehen von; **2.** abseits, beiˈseite: ***joking ~*** Scherz beiseite.

a·part·heid [əˈpɑːtheɪt] *s.* Aˈpartheid *f*, (Poliˈtik *f* der) Rassentrennung *f in Südafrika.*

a·part·ho·tel [əˌpɑːthəʊˈtel] *s. Brit. Eigentumswohnanlage, deren Wohneinheiten bei Abwesenheit der Eigentümer als Hotelsuiten vermietet werden.*

a·part·ment [əˈpɑːtmənt] *s.* **1.** Zimmer *n*; **2.** *Am.* (Eˈtagen)Wohnung *f*; **3.** *Brit.* große Luxuswohnung; **~ block** *s.*, **~ build·ing** *s.* Mietshaus *n*; **~ ho·tel** *s. Am.* Aˈparthoˌtel *n* (*das Appartements mit Bedienung u. Verpflegung vermietet*); **~ house** *s.* Mietshaus *n.*

ap·a·thet·ic, **ap·a·thet·i·cal** [ˌæpəˈθetɪk(l)] *adj.* □ aˈpathisch, teilnahmslos; **ap·a·thy** [ˈæpəθɪ] *s.* Apaˈthie *f*, Teilnahmslosigkeit *f*; Gleichgültigkeit *f* (***to*** gegen).

ape [eɪp] **I** *s. zo.* (*bsd.* Menschen)Affe *m*; *fig.* a) Nachäffer(in), b) ‚Affe' *m*, ‚Goˈrilla' *m*: ***go ~*** ‚überschnappen'; **II** *v/t.* nachäffen.

a·pe·ri·ent [əˈpɪərɪənt] ⚕ **I** *adj.* abführend; **II** *s.* Abführmittel *n.*

a·pé·ri·tif [ɑːˌperɪˈtiːf] *s.* Aperiˈtif *m.*

ap·er·ture [ˈæpəˌtjʊə] *s.* **1.** Öffnung *f*, Schlitz *m*, Loch *n*; **2.** *phot.*, *phys.* Blende *f.*

a·pex [ˈeɪpeks] *pl.* **ˈa·pex·es** *od.* **ˈa·pi·ces** [-pɪsiːz] *s.* **1.** (*a. anat. Lungen- etc.*) Spitze *f*, Gipfel *m*, Scheitelpunkt *m*; **2.** *fig.* Gipfel *m*, Höhepunkt *m.*

a·phe·li·on [æˈfiːljən] *s.* **1.** *ast.* Aˈphelium *n*; **2.** *fig.* entferntester Punkt.

a·phid [ˈeɪfɪd], *a.* **a·phis** [ˈeɪfɪs] *pl.* **ˈaph·i·des** [-diːz] *s. zo.* Blattlaus *f.*

aph·o·rism [ˈæfərɪzəm] *s.* Aphoˈrismus *m*, Gedankensplitter *m*; **ˈaph·o·rist** [-ɪst] *s.* Aphoˈristiker *m*.

aph·ro·dis·i·ac [ˌæfrəʊˈdɪzɪæk] ⚕ **I** *adj.* aphroˈdisisch, den Geschlechtstrieb steigernd; *weitS.* erotisierend, erregend; **II** *s.* Aphrodiˈsiakum *n*.

a·pi·ar·i·an [ˌeɪpɪˈeərɪən] *adj.* Bienen(zucht)...; **a·pi·a·rist** [ˈeɪpjərɪst] *s.* Bienenzüchter *m*, Imker *m*; **a·pi·ar·y** [ˈeɪpjərɪ] *s.* Bienenhaus *n*.

ap·i·cal [ˈæpɪkl] *adj.* □ Spitzen...: **~ *angle*** ⩓ Winkel *m* an der Spitze; **~ *pneumonia*** ⚕ Lungenspitzenkatarrh *m*.

a·pi·cul·ture [ˈeɪpɪkʌltʃə] *s.* Bienenzucht *f*.

a·piece [əˈpiːs] *adv.* für jedes Stück, je; pro Perˈson, pro Kopf.

ap·ish [ˈeɪpɪʃ] *adj.* □ **1.** affenartig; **2.** nachäffend; albern, läppisch.

a·plomb [əˈplɒm] (*Fr.*) *s.* **1.** Aˈplomb *m*, (selbst)sicheres Auftreten, Selbstbewußtsein *n*; **2.** Fassung *f*.

A·poc·a·lypse [əˈpɒkəlɪps] *s.* **1.** *bibl.* Apokaˈlypse *f*, Offenˈbarung *f* Joˈhannis; **2.** ♀ a) Enthüllung *f*, Offenˈbarung *f*, b) Apokaˈlypse *f*, (ˈWelt)kataˌstrophe *f*; **a·poc·a·lyp·tic** [əˌpɒkəˈlɪptɪk] *adj.* (□ **~*ally***) **1.** apokaˈlyptisch (*a. fig.*); **2.** *fig.* dunkel, rätselhaft; **3.** *fig.* unheilkündend.

a·poc·ry·pha [əˈpɒkrɪfə] *s. bibl.* Apoˈkryphen *pl.*; **aˈpoc·ry·phal** [-fl] *adj.* apoˈkryphisch, von zweifelhafter Verfasserschaft; zweifelhaft; unecht.

ap·o·gee [ˈæpəʊdʒiː] *s.* **1.** *ast.* Apoˈgäum *n*, Erdferne *f*; **2.** *fig.* Höhepunkt *m*, Gipfel *m*.

a·po·lit·i·cal [ˌeɪpəˈlɪtɪkl] *adj.* ˈapolitisch.

A·pol·lo [əˈpɒləʊ] *npr. myth. u. s. fig.* Aˈpoll(o) *m*.

a·pol·o·get·ic [əˌpɒləˈdʒetɪk] **I** *s.* **1.** Entschuldigung *f*, Verteidigung *f*; **2.** *mst pl. eccl.* Apoloˈgetik *f*; **II** *adj.* **3.** → **aˌpol·oˈget·i·cal** [-kl] *adj.* □ **1.** entschuldigend, rechtfertigend; **2.** kleinlaut, reumütig, schüchtern; **ap·o·lo·gi·a** [ˌæpəˈləʊdʒɪə] *s.* Verteidigung *f*, (Selbst-)Rechtfertigung *f*, Apoloˈgie *f*; **a·pol·o·gist** [əˈpɒlədʒɪst] *s.* **1.** Verteidiger(in); **2.** *eccl.* Apoloˈget *m*; **a·pol·o·gize** [əˈpɒlədʒaɪz] *v/i.* : **~ *to s.o.*** (***for s.th.***) sich bei j-m (für et.) entschuldigen, j-n (für et.) um Verzeihung bitten; **a·pol·o·gy** [əˈpɒlədʒɪ] *s.* **1.** Entschuldigung *f*, Abbitte *f*; Rechtfertigung *f*: ***make an ~ to s.o.*** (***for s.th***) → ***apologize***; **2.** Verteidigungsrede *f*, -schrift *f*; **3.** F minderwertiger Ersatz: ***an ~ for a meal*** ein armseliges Essen.

ap·o·phthegm → ***apothegm***.

ap·o·plec·tic, **ap·o·plec·ti·cal** [ˌæpəˈplektɪk(l)] *adj.* □ apoˈplektisch: a) Schlaganfall..., b) zum Schlaganfall neigend; *fig.* e-m Schlaganfall nahe (vor Wut): **~ *fit***, **~ *stroke*** → **ap·o·plex·y** [ˈæpəpleksɪ] *s.* ⚕ Apopleˈxie *f*, Schlaganfall *m*, (Gehirn)Schlag *m*.

a·pos·ta·sy [əˈpɒstəsɪ] *s.* Abfall *m*, Abtrünnigkeit *f* (*vom Glauben, von e-r Partei etc.*); **aˈpos·tate** [-teɪt] **I** *s.* Abtrünnige(r *m*) *f*, Reneˈgat *m*; **II** *adj.* abtrünnig; **aˈpos·ta·tize** [-tətaɪz] *v/i.* **1.** (***from***) abfallen (von), abtrünnig *od.* untreu werden (*dat.*); **2.** ˈübergehen (***from ... to*** von ... zu).

a·pos·tle [əˈpɒsl] *s.* **1.** *eccl.* Aˈpostel *m*: ***♀s' Creed*** Apostolisches Glaubensbekenntnis; **2.** *fig.* Aˈpostel *m*, Verfechter *m*, Vorkämpfer *m*: **~ *of Free Trade***;

a·pos·to·late [əˈpɒstəʊlət] *s.* Apostoˈlat *n*, Aˈpostelamt *n*, -würde *f*;

ap·os·tol·ic, *oft* ♀ [ˌæpəˈstɒlɪk] *adj.* (□ **~*ally***) apoˈstolisch: **~ *succession*** apostolische Nachfolge; ♀ ***See*** Heiliger Stuhl.

a·pos·tro·phe [əˈpɒstrəfɪ] *s.* **1.** (feierliche) Anrede; **2.** *ling.* Apoˈstroph *m*; **aˈpos·tro·phize** [-faɪz] *v/t.* apostrophieren: a) mit e-m Apoˈstroph versehen, b) *j-n besonders* ansprechen, sich wenden an (*acc.*).

a·poth·e·car·y [əˈpɒθəkərɪ] *s. obs. bsd. Am.* Apoˈtheker *m*.

ap·o·thegm [ˈæpəʊθem] *s.* Denk-, Kern-, Lehrspruch *m*; Maˈxime *f*.

a·poth·e·o·sis [əˌpɒθɪˈəʊsɪs] *s.* **1.** Apotheˈose *f*: a) Vergöttlichung *f*, b) *fig.* Verherrlichung *f*, Vergötterung *f*; **2.** *fig.* Ideˈal *n*.

Ap·pa·lach·i·an [ˌæpəˈleɪtʃjən] *adj.*: **~ *Mountains*** *die* Appalachen (*Gebirge im Nordosten der USA*).

ap·pal, *Am. a.* **ap·pall** [əˈpɔːl] *v/t.* erschrecken, entsetzen: ***be ~led*** entsetzt sein (***at*** über *acc.*); **apˈpal·ling** [-lɪŋ] *adj.* □ erschreckend, entsetzlich, beängstigend.

ap·pa·nage [ˈæpənɪdʒ] *s.* **1.** Apaˈnage *f e-s Prinzen*; *fig.* Erbteil *n*; Einnahme(-quelle) *f*; **2.** abhängiges Gebiet; **3.** *fig.* Merkmal *n*, Zubehör *n*.

ap·pa·ra·tus [ˌæpəˈreɪtəs] *pl.* **-tus** [-təs], **-tus·es** *s.* **1.** Appaˈrat *m*, Gerät *n*, Vorrichtung *f*; *coll.* Apparat(e *pl.*) *m* (*a. fig.*), Apparaˈtur *f*, Maschineˈrie *f* (*a. fig.*): **~ *work*** Geräteturnen *n*; **2.** ⚕ Syˈstem *n*, Appaˈrat *m*: ***respiratory ~*** Atmungsapparat, Atemwerkzeuge *pl*.

ap·par·el [əˈpærəl] *s.* **1.** Kleidung *f*, Tracht *f*; **2.** *fig.* Gewand *n*, Schmuck *m*.

ap·par·ent [əˈpærənt] *adj.* ☐ → ***apparently***; **1.** sichtbar; **2.** augenscheinlich, offenbar; ersichtlich, einleuchtend: → ***heir***; **3.** scheinbar, anscheinend, Schein...; **apˈpar·ent·ly** [-lɪ] *adv.* anscheinend, wie es scheint; **ap·pa·ri·tion** [ˌæpəˈrɪʃən] *s.* **1.** (plötzliches) Erscheinen; **2.** Erscheinung *f*, Gespenst *n*, Geist *m*.

ap·peal [əˈpiːl] **I** *v/i.* **1.** (***to***) appellieren, sich wenden (an *acc.*); *j-n od. et.* (als Zeugen) anrufen, sich berufen (auf *acc.*): ***~ to the law*** das Gesetz anrufen; ***~ to history*** die Geschichte als Zeugen anrufen; ***~ to the country*** *pol. Brit.* (das Parlament auflösen u.) Neuwahlen ausschreiben; **2.** (***to s.o. for s.th.***) (j-n) dringend (um et.) bitten, (j-n um et.) anrufen; **3.** Einspruch erheben; *bsd.* ⚖ Berufung *od.* Revisiˈon *od.* Beschwerde einlegen (***against***, ⚖ *mst* ***from*** gegen); **4.** (***to***) wirken (auf *acc.*), reizen (*acc.*), gefallen, zusagen (*dat.*), Anklang finden (bei); **II** *s.* **5.** (***to***) dringende Bitte (an *acc.*, ***for*** um); Aufruf *m*, Mahnung *f* (an *acc.*); Werbung *f* (bei); Aufforderung *f* (*gen.*); **6.** (***to***) Apˈpell *m* (an *acc.*), Anrufung *f* (*gen.*): ***~ to reason*** Appell an die Vernunft; **7.** (***to***) Verweisung *f* (an *acc.*), Berufung *f* (auf *acc.*); **8.** ⚖ Rechtsmittel *n* (***from*** *od.* ***against*** gegen): a) Berufung *f*, Revisiˈon *f*, b) (Rechts)Beschwerde *f*, Einspruch *m*: ***Court of*** ♀ Berufungs- *od.* Revisionsgericht *n*; **9.** (***to***) Wirkung *f*, Anziehung(skraft) *f* (auf *acc.*); ✝, *thea. etc.* Zugkraft *f*; Anklang *m*, Beliebtheit *f* (bei); **apˈpeal·ing** [-lɪŋ] *adj.* ☐ **1.** flehend; **2.** ansprechend, reizvoll, gefällig.

ap·pear [əˈpɪə] *v/i.* **1.** erscheinen (*a. von Büchern*), sich zeigen; *öffentlich* auftreten; **2.** erscheinen, sich stellen (*vor Gericht etc.*); **3.** scheinen, den Anschein haben, aussehen, *j-m* vorkommen: ***it ~s to me you are right*** mir scheint, Sie haben recht; ***he ~s to be tired***; ***it does not ~ that*** es liegt kein Anhaltspunkt dafür vor, daß; **4.** sich herˈausstellen: ***it ~s from this*** hieraus ergibt sich *od.* geht hervor; **ap·pearance** [əˈpɪərəns] *s.* **1.** Erscheinen *n*, *öffentliches* Auftreten, Vorkommen *n*: ***make one's ~*** sich einstellen, sich zeigen; ***put in an ~*** (persönlich) erscheinen; **2.** (äußere) Erscheinung, Aussehen *n*, *das* Äußere: ***at first ~*** beim ersten Anblick; **3.** äußerer Schein, (An)Schein *m*: ***there is every ~ that*** es hat ganz den Anschein, daß; ***in ~*** anscheinend; ***to all ~(s)*** allem Anschein nach; ***~s are against him*** der (Augen)Schein spricht gegen ihn; ***keep up*** (*od.* ***save***) ***~s*** den Schein wahren.

ap·pease [əˈpiːz] *v/t.* **1.** *j-n od. j-s Zorn etc.* beruhigen, beschwichtigen; *Streit* schlichten, beilegen; *Leiden* mildern; *Durst etc.* stillen; *Neugier* befriedigen; **2.** *bsd. pol.* (durch Nachgiebigkeit *od.* Zugeständnisse) beschwichtigen; **apˈpease·ment** [-mənt] *s.* Beruhigung *f etc.*; Beˈschwichtigung(spoliˌtik) *f*; **apˈpeas·er** [-zə] *s. pol.* Beˈschwichtigungspoˌlitiker *m*.

ap·pel·lant [əˈpelənt] **I** *adj.* appellierend; **II** *s.* Appelˈlant *m*, Berufungskläger(in); Beschwerdeführer(in); **apˈpel·late** [-lət] *adj.* Berufungs...: ***~ court*** Berufungsinstanz *f*, Revisions-, Appellationsgericht *n*.

ap·pel·la·tion [ˌæpəˈleɪʃn] *s.* Benennung *f*, Name *m*; **ap·pel·la·tive** [əˈpelətɪv] **I** *adj.* ☐ *ling.* appellaˈtiv: ***~ name*** Gattungsname *m*; **II** *s. ling.* Gattungsname *m*.

ap·pel·lee [ˌæpeˈliː] *s.* ⚖ Berufungsbeklagte(r *m*) *f*.

ap·pend [əˈpend] *v/t.* **1.** (***to***) befestigen, anbringen (an *dat.*), anhängen (an *acc.*); **2.** hinˈzu-, beifügen (***to*** *dat.*, zu): ***to ~ the signature***; ***to ~ a price-list***; **apˈpend·age** [-dɪdʒ] *s.* **1.** Anhang *m*, Anhängsel *n*, Zubehör *n*, *m*; **2.** *fig.* Anhängsel *n*: a) Beigabe *f*, b) (ständiger) Begleiter; **ap·pen·dec·to·my** [ˌæpenˈdektəmɪ] *s.* ˈBlinddarmoperatiˌon *f*; **ap·pen·di·ces** *pl. von* ***appendix***; **ap·pen·di·ci·tis** [əˌpendɪˈsaɪtɪs] *s.* ⚕ Blinddarmentzündung *f*; **ap·pen·dix** [əˈpendɪks] *pl.* **-dix·es, -di·ces** [-dɪsiːz] *s.* **1.** Anhang *m e-s Buches*; **2.** ⚙ Ansatz *m*; **3.** *anat.* Fortsatz *m*: (***vermiform***) ~ Wurmfortsatz *m*, Blinddarm *m*.

ap·per·tain [ˌæpəˈteɪn] *v/i.* (***to***) gehören (zu), (zu)gehören (*dat.*); *j-m* zustehen, gebühren (*dat.*).

ap·pe·tence [ˈæpɪtəns], **ˈap·pe·ten·cy** [-sɪ] *s.* **1.** Verlangen *n* (***of***, ***for***, ***after*** nach); **2.** instinkˈtive Neigung; (Naˈtur)Trieb *m*.

ap·pe·tite [ˈæpɪtaɪt] *s.* **1.** (***for***) Verlangen *n*, Gelüst *n* (nach); Neigung *f*, Trieb *m*, Lust *f* (zu), ‚Appeˈtit' (auf *acc.*); **2.** Appeˈtit *m* (***for*** auf *acc.*), Eßlust *f*: ***have an ~*** Appetit haben; ***take away*** (*od.* ***spoil***) ***s.o.'s ~*** j-m den Appetit nehmen *od.* verderben; ***loss of ~*** Appetitlosigkeit *f*; ***~ suppressant*** Appetitzügler *m*; **ˈap·pe·tiz·er** [-aɪzə] *s.* appeˈtitanregendes Mittel *od.* Getränk *od.* Gericht, Aperiˈtif *m*; ˈ**ap·pe·tiz·ing** [-aɪzɪŋ] *adj.* □ appeˈtitanregend; appeˈtitlich, lecker (*beide a. fig.*); *fig.* reizvoll, ‚zum Anbeißen'.

ap·plaud [əˈplɔːd] **I** *v/i.* applaudieren, Beifall spenden; **II** *v/t.* beklatschen, *j-m* Beifall spenden; *fig.* loben, billigen; *j-m* zustimmen; **ap·plause** [əˈplɔːz] *s.* **1.** Apˈplaus *m*, Beifall(klatschen *n*) *m*: ***break into ~*** in Beifall ausbrechen; **2.** *fig.* Zustimmung *f*, Anerkennung *f*, Beifall *m*.

ap·ple [ˈæpl] *s.* Apfel *m*: ***~ of discord*** *fig.* Zankapfel; ***~ of one's eye*** *anat.* Augapfel (*a. fig.*); ˈ**~-cart** *s.* Apfelkarren *m*: ***upset the*** *od.* ***s.o.'s ~*** *fig.* alle *od.* j-s Pläne über den Haufen werfen; **~ char·lotte** [ˈʃɑːlət] *s.* ˈApfelcharˌlotte *f* (*e-e Apfelspeise*); **~ dump·ling** *s.* Apfel *m* im Schlafrock; **~ frit·ters** *s. pl.* (in Teig gebackene) Apfelschnitten *pl.*; ˈ**~-jack** *s. Am.* Apfelschnaps *m*; ˈ**~-pie** *s.* (warmer) gedeckter Apfelkuchen; ˈ**~-pie or·der** *s.* F schönste Ordnung: ***everything is in ~*** alles ‚in Butter' *od.* in bester Ordnung; **~ pol·ish·er** *s. Am.* F Speichellecker *m*; ˈ**~-sauce** *s.* **1.** Apfelmus *n*; **2.** *Am. sl.* a) ‚Schmus' *m*, Schmeicheˈlei *f*, b) *int.* Quatsch!; ˈ**~-tree** *s.* ⚘ Apfelbaum *m*.

ap·pli·ance [əˈplaɪəns] *s.* Gerät *n*, Vorrichtung *f*, Appaˈrat *m*.

ap·pli·ca·bil·i·ty [ˌæplɪkəˈbɪlətɪ] *s.* (***to***) Anwendbarkeit *f* (auf *acc.*), Eignung *f* (für); **ap·pli·ca·ble** [ˈæplɪkəbl] *adj.* □ (***to***) anwendbar (auf *acc.*), passend, geeignet (für): ***not ~*** *in Formularen*: nicht zutreffend, entfällt; **ap·pli·cant** [ˈæplɪkənt] *s.* (***for***) Bewerber(in) (um), Besteller(in) (*gen.*); Antragsteller(in); (Paˈtent)Anmelder(in); **ap·pli·ca·tion** [ˌæplɪˈkeɪʃn] *s.* **1.** ⚕ Auf-, Anlegen *n e-s Verbandes etc.*; Anwendung *f* (***to*** auf *acc.*); **2.** (***to*** für) An-, Verwendung *f*, Gebrauch *m*: ***~ of poison***; ***~ of drastic measures***; **3.** (***to***) Anwendung *f*, Anwendbarkeit *f* (auf *acc.*); Beziehung *f* (zu): ***have no ~*** keine Anwendung finden, unangebracht sein, nicht zutreffen; **4.** (***for***) Gesuch *n*, Bitte *f* (um); Antrag *m* (auf *acc.*): ***an ~ for help***; ***make an ~*** ein Gesuch einreichen, e-n Antrag stellen; ***~ for a patent*** Anmeldung *f* zum Patent; ***samples on ~*** Muster auf Verlangen *od.* Wunsch; **5.** Bewerbung *f* (***for*** um): (***letter of***) ***~*** Bewerbungsschreiben *n*; **6.** Fleiß *m*, Eifer *m* (***in*** bei): ***~ in one's studies***; **ap·plied** [əˈplaɪd] *adj.* angewandt: ***~ chemistry*** (***psychology*** *etc.*); ***~ art*** Kunstgewerbe *n*, Gebrauchsgraphik *f*.

ap·pli·qué [æˈpliːkeɪ] *adj.* aufgelegt, -genäht, appliziert: ***~ work*** Applikation (-sstickerei) *f*.

ap·ply [əˈplaɪ] **I** *v/t.* **1.** (***to***) auflegen, -tragen, legen (auf *acc.*), anbringen (an, auf *dat.*): ***~ a plaster to a wound***; **2.** (***to***) a) verwenden (auf *acc.*, für), b) anwenden (auf *acc.*): ***~ a rule***; ***applied to modern conditions*** auf moderne Verhältnisse angewandt, c) gebrauchen (für): ***~ the brakes*** bremsen, d) verwerten (zu, für); **3.** *Sinn* richten (***to*** auf *acc.*); **4.** ***~ o.s.*** sich widmen (***to*** *dat.*): ***~ o.s. to a task***; **II** *v/i.* **5.** (***to***) sich wenden (an *acc.*, ***for*** wegen), sich melden (bei): ***~ to the manager***; **6.** (***for***) beantragen (*acc.*); sich bewerben, sich bemühen, ersuchen (um): ***~ for a job***; **7.** (***for***) (*bsd.* zum Paˈtent) anmelden (*acc.*); **8.** (***to***) Anwendung finden (bei, auf *acc.*), passen, zutreffen (auf *acc.*), gelten (für): ***cross out that which does not ~*** Nichtzutreffendes bitte streichen.

ap·point [əˈpɔɪnt] *v/t.* **1.** ernennen, berufen, an-, bestellen: ***~ a teacher*** e-n Lehrer anstellen; ***~ an heir*** e-n Erben einsetzen; ***~ s.o. governor*** j-n zum Gouverneur ernennen, j-n als Gouverneur berufen; ***~ s.o. to a professorship*** j-m e-e Professur übertragen; **2.** festsetzen, bestimmen; vorschreiben; verabreden: ***~ a time***; ***the ~ed day*** der festgesetzte Tag *od.* Termin, der Stichtag; ***the ~ed task*** die vorgeschriebene Aufgabe; **3.** einrichten, ausrüsten: ***a well-~ed house***; **ap·point·ee** [əpɔɪnˈtiː] *s.* Ernannte(r *m*) *f*; **apˈpoint·ment** [-mənt] *s.* **1.** Ernennung *f*, Anstellung *f*, Berufung *f*, Einsetzung *f* (*a. e-s Erben*), Bestellung *f* (*bsd. e-s Vormunds*); *2*(***s***) ***Board*** Behörde *f* zur Besetzung höherer Posten; ***by special ~ to the King*** Königlicher Hoflieferant; **2.** Amt *n*, Stellung *f*; **3.** Festsetzung *f bsd. e-s Termins*; **4.** Verabredung *f*; Zs.-kunft *f*; *geschäftlich, beim Arzt etc.*: Terˈmin *m*: ***by ~*** nach Vereinbarung; ***make an ~*** e-e Verabredung treffen; ***keep*** (***break***) ***an ~*** eine Verabredung (nicht) einhalten; ***~ book*** Terminkalender *m*; **5.** *pl.* Ausstattung *f*, Einrichtung *f e-r Wohnung etc.*

ap·por·tion [əˈpɔːʃn] *v/t. e-n Anteil* zuteilen, (proportioˈnal *od.* gerecht) ein-, verteilen; *Lob* erteilen, zollen; *Aufgabe* zuteilen; *Schuld* beimessen; *Kosten* ˈumlegen; **apˈpor·tion·ment** [-mənt] *s.* (gleichmäßige *od.* gerechte) Ver-, Zuteilung, Einteilung *f*; (ˈKosten)ˌUmlage *f*.

ap·po·site [ˈæpəʊzɪt] *adj.* □ (***to***) passend (für), angemessen (*dat.*), geeignet (für); angebracht, treffend; **ˈap·po·site·ness** [-nɪs] *s.* Angemessenheit *f*; **ap·po·si·tion** [ˌæpəˈzɪʃn] *s.* **1.** Bei-, Hinˈzufügung *f*; **2.** *ling.* Appositiˈon *f*, Beifügung *f*.

ap·prais·al [əˈpreɪzl] *s.* (Ab)Schätzung *f*, Taxierung *f*; Schätzwert *m*, *a. ped.* Bewertung *f*; *fig.* Beurteilung *f*, Würdigung *f*; **ap·praise** [əˈpreɪz] *v/t.* (ab-, ein)schätzen, taxieren, bewerten, beurteilen, würdigen; **apˈpraise·ment** [-mənt] → ***appraisal***; **apˈprais·er** [-zə] *s.* (Ab)Schätzer *m*.

ap·pre·ci·a·ble [əˈpriːʃəbl] *adj.* □ merklich, spürbar, nennenswert; **ap·pre·ci·ate** [əˈpriːʃɪeɪt] **I** *v/t.* **1.** (hoch-)schätzen; richtig einschätzen, würdigen, zu schätzen *od.* würdigen wissen; **2.** aufgeschlossen sein für, Gefallen finden an (*dat.*), Sinn haben für: **~ *music***; **3.** dankbar sein für: ***I ~ your kindness***; **4.** (richtig) beurteilen, einsehen, (klar) erkennen: **~ *a danger***; **5.** *bsd. Am.* a) den Wert *e-r Sache* erhöhen, b) aufwerten; **II** *v/i.* **6.** im Wert steigen; **ap·pre·ci·a·tion** [əˌpriːʃɪˈeɪʃn] *s.* **1.** Würdigung *f*, (Wert-, Ein)Schätzung *f*, Anerkennung *f*; **2.** Verständnis *n*, Aufgeschlossenheit *f*, Sinn *m* (***of*** für): **~ *of music***; **3.** richtige Beurteilung, Einsicht *f*; **4.** (kritische) Würdigung, *bsd. günstige* Kriˈtik; **5.** (***of***) Dankbarkeit *f* (für), (dankbare) Anerkennung (*gen.*); **6.** ✝ a) Wertsteigerung *f*, b) Aufwertung *f*; **apˈpre·ci·a·tive** [-ʃjətɪv] *adj.*; **apˈpre·ci·a·to·ry** [-ʃjətərɪ] *adj.* □ (***of***) **1.** anerkennend, würdigend (*acc.*); **2.** verständnisvoll, empfänglich, dankbar (für): ***be ~ of*** zu schätzen wissen.

ap·pre·hend [ˌæprɪˈhend] *v/t.* **1.** ergreifen, festnehmen, verhaften: **~ *a thief***; **2.** *fig.* wahrnehmen, erkennen; begreifen, erfassen; **3.** *fig.* (be)fürchten, ahnen, wittern; **ˌap·preˈhen·sion** [-nʃn] *s.* **1.** Festnahme *f*, Verhaftung *f*; **2.** *fig.* Begreifen *n*, Erfassen *n*; Verstand *m*, Fassungskraft *f*; **3.** Begriff *m*, Ansicht *f*: ***according to popular ~***; **4.** (Vor)Ahnung *f*, Besorgnis *f*: ***in ~ of*** *et.* befürchtend; **ˌap·preˈhen·sive** [-sɪv] *adj.* □ besorgt (***for*** um; ***of*** wegen; ***that*** daß), ängstlich: **~ *for one's life*** um sein Leben besorgt; ***be ~ of dangers*** sich vor Gefahren fürchten.

ap·pren·tice [əˈprentɪs] **I** *s.* Lehrling *m*, Auszubildende(r) *m*; Praktiˈkant(in); *fig.* Anfänger *m*, Neuling *m*; **II** *v/t.* in die Lehre geben: ***be ~d to*** in die Lehre kommen zu, in der Lehre sein bei; **apˈpren·tice·ship** [-tɪʃɪp] *s.* a) *a. fig.* Lehrjahre *pl.*, -zeit *f*, Lehre *f*: ***serve one's ~*** (***with***) in die Lehre gehen (bei), b) Lehrstelle *f*.

ap·prise [əˈpraɪz] *v/t.* in Kenntnis setzen, unterˈrichten (***of*** von).

ap·pro [ˈæprəʊ] *s.*: ***on ~*** ✝ F zur Ansicht, zur Probe.

ap·proach [əˈprəʊtʃ] **I** *v/i.* **1.** sich nähern; (herˈan)nahen, bevorstehen; **2.** *fig.* nahekommen, ähnlich sein (***to*** *dat.*); **3.** ✈ an-, einfliegen; **II** *v/t.* **4.** sich nähern (*dat.*): **~ *the city***; **~ *the end***; **5.** *fig.* nahekommen (*dat.*), (fast) erreichen: **~ *the required sum***; **6.** herˈangehen an (*acc.*): **~ *a task***; **7.** herˈantreten *od.* sich herˈanmachen an (*acc.*): **~ *a customer***; **~ *a girl***; **8.** *j-n* angehen, bitten; sich an *j-n* wenden (***for*** um, ***on*** wegen); **9.** auf *et.* zu sprechen kommen; **III** *s.* **10.** (Heran)Nahen *n* (*a. e-s Zeitpunktes etc.*); Annäherung *f*, Anmarsch *m* (*a.* ⚔), ✈ Anflug *m*; **11.** *fig.* (***to***) Nahekommen *n*, Annäherung *f* (an *acc.*); Ähnlichkeit *f* (mit): ***an ~ to truth*** annähernd die Wahrheit; **12.** Zugang *m*, Zufahrt *f*, Ein-, Auffahrt *f*; *pl.* ⚔ Laufgräben *pl.*; **13.** (***to***) Einführung *f* (in *acc.*), erster Schritt (zu), Versuch *m* (*gen.*): ***a good ~ to philosophy***; ***an ~ to a smile*** der Versuch e-s Lächelns; **14.** *oft pl.* Herantreten *n* (***to*** an *acc.*), Annäherungsversuche *pl.*; **15.** *a.* ***method*** *od.* ***line of ~*** (***to***) a) Art *f* und Weise *f et.* anzupacken, Meˈthode *f*, Verfahren *n*: (***basic***) **~** Ansatz *m*, b) Auffassung *f* (*gen.*), Haltung *f*, Einstellung *f* (zu), Stellungnahme *f* (zu); Behandlung *f e-s Themas etc.*; **apˈproach·a·ble** [-tʃəbl] *adj.* zugänglich (*a. fig.*).

ap·pro·ba·tion [ˌæprəʊˈbeɪʃn] *s.* Billigung *f*, Genehmigung *f*; Bestätigung *f*; Zustimmung *f*, Beifall *m*.

ap·pro·pri·ate I *adj.* [əˈprəʊprɪət] □ **1.** (***to***, ***for***) passend, geeignet (für, zu), angemessen (*dat.*), entsprechend (*dat.*), richtig (für); **2.** eigen, zugehörig (***to*** *dat.*); **II** *v/t.* [-ɪeɪt] **3.** verwenden, bereitstellen; *parl. bsd. Geld* bewilligen (***to*** zu, ***for*** für); **4.** sich *et.* aneignen (*a. widerrechtlich*); **ap·pro·pri·a·tion** [əˌprəʊprɪˈeɪʃn] *s.* **1.** Aneignung *f*, Besitzergreifung *f*; **2.** Verwendung *f*, Bereitstellung *f*; *parl.* (Geld)Bewilligung *f*.

ap·prov·a·ble [əˈpruːvəbl] *adj.* zu billigen(d), anerkennenswert; **apˈprov·al**

[-vl] *s.* **1.** Billigung *f*, Genehmigung *f*: ***the plan has my ~***; ***on ~*** zur Ansicht, auf Probe; **2.** Anerkennung *f*, Beifall *m*: ***meet with ~*** Beifall finden; **ap·prove** [ə'pruːv] **I** *v/t.* **1.** billigen, gutheißen, anerkennen, annehmen; bestätigen, genehmigen; **2.** ***~ o.s.*** sich erweisen *od.* bewähren (***as*** als); **II** *v/i.* **3.** billigen, anerkennen, gutheißen, genehmigen (***of*** *acc.*): ***~ of s.o.*** j-n akzeptieren; ***be ~d of*** Anklang finden; **ap'proved** [-vd] *adj.* **1.** erprobt, bewährt: ***an ~ friend***; ***in the ~ manner***; **2.** anerkannt: ***~ school*** *Brit. hist.* (staatliche) Erziehungsanstalt; **ap'prov·er** [-və] *s.* ⚖ *Brit.* Kronzeuge *m*; **ap'prov·ing·ly** [-vɪŋlɪ] *adv.* zustimmend, beifällig.

ap·prox·i·mate I *adj.* [ə'prɒksɪmət] □ → ***approximately***; **1.** annähernd, ungefähr; Näherungs… (*-formel, -rechnung, -wert*); **2.** *fig.* sehr ähnlich; **II** *v/t.* [-meɪt] **3.** sich *e-r Menge od. e-m Wert* nähern, nahe- *od.* näherkommen (*dat.*); **III** *v/i.* [-meɪt] **4.** nahe- *od.* näherkommen (*oft mit* ***to*** *dat.*); **ap'prox·i·mate·ly** [-lɪ] *adv.* annähernd, ungefähr, etwa; **ap·prox·i·ma·tion** [əˌprɒksɪ'meɪʃn] *s.* **1.** Annäherung *f* (***to*** an *acc.*): ***an ~ to the truth*** annähernd die Wahrheit; **2.** ⩲ a) (An)Näherung *f* (***to*** an *acc.*), b) Näherungswert *m*; annähernde Gleichheit; **ap'prox·i·ma·tive** [-ətɪv] *adj.* □ annähernd.

ap·pur·te·nance [ə'pɜːtɪnəns] *s.* **1.** Zubehör *n*, *m*; **2.** *pl.* ⚖ Re'alrechte *pl.* (*aus Eigentum an Liegenschaften*); **ap'pur·te·nant** [-nt] *adj.* zugehörig (***to*** *dat.*).

a·pri·cot ['eɪprɪkɒt] *s.* Apri'kose *f*.

A·pril ['eɪprəl] *s.* A'pril *m*: ***in ~*** im April; ***~ fool*** Aprilnarr *m*; ***~ Fools Day*** der 1. April; ***make an ~ fool of s.o.***, ***~-fool s.o.*** j-n in den April schicken.

a pri·o·ri [ˌeɪpraɪ'ɔːraɪ] *adv. u. adj. phls.* **1.** a pri'ori, deduk'tiv; **2.** F mutmaßlich, ohne (Über)'Prüfung.

a·pron ['eɪprən] *s.* **1.** Schürze *f*; Schurz (-fell *n*) *m*; **2.** Schurz *m von Freimaurern od. engl. Bischöfen*; **3.** ⚙ a) Schutzblech *n*, -haube *f*, b) *mot.* Blech-, Windschutz *m*, c) Schutzleder *n*, Kniedecke *f an Fahrzeugen*; **4.** ✈ (betoniertes) (Hallen)Vorfeld; **5.** *a.* ***~-stage*** *thea.* Vorbühne *f*; **'~-strings** *s. pl.* Schürzenbänder *pl.*; *fig.* Gängelband *n*: ***tied to one's mother's ~*** an Mutters Schürzenzipfel hängend; ***tied to s.o.'s ~*** unter j-s Fuchtel stehend.

ap·ro·pos ['æprəpəʊ] **I** *adv.* **1.** angemessen, zur rechten Zeit: ***he arrived very ~*** er kam wie gerufen; **2.** 'hinsichtlich (***of*** *gen.*): ***~ of our talk***; **3.** apro'pos, nebenbei bemerkt; **II** *adj.* **4.** passend, angemessen, treffend: ***his remark was very ~***.

apse [æps] *s.* ⛪ 'Apsis *f*.

apt [æpt] *adj.* □ **1.** passend, geeignet; treffend: ***an ~ remark***; **2.** geneigt, neigend (***to*** *inf.* zu *inf.*): ***he is ~ to believe it*** er wird es wahrscheinlich glauben; ***~ to be overlooked*** leicht zu übersehen; ***~ to rust*** leicht rostend; **3.** (***at***) geschickt (in *dat.*), begabt (für): ***an ~ pupil***.

ap·ter·ous ['æptərəs] *adj.* **1.** *zo.* flügellos; **2.** ⚘ ungeflügelt.

ap·ti·tude ['æptɪtjuːd] *s.* (*ped.* Sonder-) Begabung *f*, Befähigung *f*, Ta'lent *n*; Fähigkeit *f*; Auffassungsgabe *f*; Eignung *f* (***for*** für, zu): ***~ test*** *Am.* Eignungsprüfung *f*; **apt·ness** ['æptnɪs] *s.* **1.** Angemessenheit *f*, Tauglichkeit *f* (***for*** für, zu); **2.** (***for***, ***to***) Neigung *f* (zu), Eignung *f* (für, zu), Geschicklichkeit *f* (in *dat.*).

aq·ua·cul·ture ['ækwəkʌltʃə] *s.* 'Aquakulˌtur *f*.

aq·ua for·tis [ˌækwə'fɔːtɪs] *s.* ⚗ Scheidewasser *n*, Sal'petersäure *f*.

aq·ua·lung ['ækwəlʌŋ] *s.* Taucherlunge *f*, Atmungsgerät *n*; **'aq·ua·lun·ger** [-ŋə] *s.* Tiefsee-, Sporttaucher(in).

aq·ua·ma·rine [ˌækwəmə'riːn] *s.* **1.** *min.* Aquama'rin *m*; **2.** Aquama'rinblau *n*.

aq·ua·plane ['ækwəpleɪn] **I** *s.* **1.** *Wassersport*: Monoski *m*; **II** *v/i.* **2.** Monoski laufen; **3.** *mot.* a) aufschwimmen (*Reifen*), b) ‚schwimmen', die Bodenhaftung verlieren; **'aq·ua·plan·ing** *s.* **1.** Monoskilauf *m*; **2.** *mot.* Aqua'planing *n*.

aq·ua·relle [ˌækwə'rel] *s.* Aqua'rell(maleˌrei *f*) *n*; **ˌaq·ua'rel·list** [-lɪst] *s.* Aqua'rellmaler(in).

A·quar·i·an [ə'kweərɪən] *s. ast.* Wassermann *m* (*Person*).

a·quar·i·um [ə'kweərɪəm] *pl.* **-i·ums** *od.* **-i·a** [-ɪə] *s.* A'quarium *n*.

A·quar·i·us [ə'kweərɪəs] *s. ast.* Wassermann *m*.

aq·ua show ['ækwə] *s. Brit.* 'Wasserbalˌlett *n*.

a·quat·ic [ə'kwætɪk] **I** *adj.* **1.** Wasser…: ***~ plants***; ***~ sports*** Wassersport *m*; **II** *s.* **2.** *biol.* Wassertier *n*, -pflanze *f*; **3.** *pl.* Wassersport *m*.

aq·ua·tint ['ækwətɪnt] *s.* Aqua'tinta *f*, 'Tuschmaˌnier *f*.

aq·ua vi·tae [ˌækwə'vaɪtiː] *s.* **1.** ⚗ *hist.* 'Alkohol *m*; **2.** Branntwein *m*.

aq·ue·duct ['ækwɪdʌkt] *s.* Aquä'dukt *m*,

n.
a·que·ous ['eɪkwɪəs] *adj.* wässerig, wäßrig (*a. fig.*), wasserartig, -haltig.
Aq·ui·la ['ækwɪlə] *s. ast.* Adler *m.*
aq·ui·le·gi·a [ˌækwɪ'li:dʒjə] *s.* ⚘ Ake'lei *f.*
aq·ui·line ['ækwɪlaɪn] *adj.* gebogen, Adler..., Habichts...: ~ ***nose***.
Ar·ab ['ærəb] **I** *s.* **1.** Araber(in); **2.** Araber *m* (*Pferd*); **3.** → ***street Arab***; **II** *adj.* **4.** a'rabisch; **ar·a·besque** [ˌærə'besk] **I** *s.* Ara'beske *f*; **II** *adj.* ara'besk; **A·ra·bi·an** [ə'reɪbjən] **I** *adj.* **1.** a'rabisch: ***The*** ~ ***Nights*** Tausendundeine Nacht; **II** *s.* **2.** → ***Arab*** 1; **3.** → ***Arab*** 2; **'Ar·a·bic** [-bɪk] **I** *adj.* a'rabisch: ~ ***figures*** (*od.* ***numerals***) arabische Ziffern *od.* Zahlen; **II** *s. ling.* A'rabisch *n*; **'Ar·ab·ist** [-bɪst] *s.* Ara'bist *m.*
ar·a·ble ['ærəbl] **I** *adj.* pflügbar, anbaufähig; **II** *s.* Ackerland *n.*
Ar·a·by ['ærəbɪ] *s. poet.* A'rabien *n.*
ar·au·ca·ri·a [ˌærɔ:'keərɪə] *s.* ⚘ Zimmertanne *f*, Arau'karie *f.*
ar·bi·ter ['ɑ:bɪtə] *s.* **1.** Schiedsrichter *m*; **2.** *fig.* Richter *m* (***of*** über *acc.*); **3.** *fig.* Herr *m*, Gebieter *m*; **ar·bi·trage** [ˌɑ:bɪ'trɑ:ʒ] *s.* ✝ Arbi'trage *f*; **ar·bi·tral** ['ɑ:bɪtrəl] *adj.* schiedsrichterlich: ~ ***award*** Schiedsspruch *m*; ~ ***body*** *od.* ***court*** Schiedsgericht *n*, -stelle *f*; ~ ***clause*** Schiedsklausel *f*; **ar·bi·trar·i·ness** ['ɑ:bɪtrərɪnɪs] *s.* Willkür *f*, Eigenmächtigkeit *f*; **ar·bi·trar·y** ['ɑ:bɪtrərɪ] *adj.* □ **1.** willkürlich, eigenmächtig, -willig; **2.** launenhaft; **3.** ty'rannisch; **ar·bi·trate** ['ɑ:bɪtreɪt] **I** *v/t.* **1.** (als Schiedsrichter *od.* durch Schiedsspruch) entscheiden, schlichten, beilegen; **2.** e-m Schiedsspruch unter'werfen; **II** *v/i.* **3.** Schiedsrichter sein; **ar·bi·tra·tion** [ˌɑ:bɪ'treɪʃn] *s.* **1.** Schieds(gerichts)verfahren *n*; Schiedsspruch *m*; Schlichtung *f*: ***court of*** ~ Schiedsgericht *n*, -hof *m*; ~ ***board*** Schiedsstelle *f*; ***submit to*** ~ e-m Schiedsgericht unterwerfen; ***settle by*** ~ schiedsgerichtlich beilegen; **2.** ✝ (~ ***of exchange*** Wechsel)Arbitrage *f*; **'ar·bi·tra·tor** [-reɪtə] *s.* ⚖ Schiedsrichter *m*, -mann *m.*
ar·bor[1] *Am.* → ***arbour***; ≈ ***Day*** *Am.* Tag *m* des Baums.
ar·bor[2] ['ɑ:bə] *s.* ⚙ Achse *f*, Welle *f*; (Aufsteck)Dorn *m*, Spindel *f.*
ar·bo·re·al [ɑ:'bɔ:rɪəl] *adj.* baumartig; Baum...; auf Bäumen lebend; **ar'bo·re·ous** [-ɪəs] *adj.* **1.** baumreich, waldig; **2.** baumartig; Baum...; **ar·bo·res·cent** [ˌɑ:bə'resnt] *adj.* baumartig, verzweigt; **ar·bo·re·tum** [ˌɑ:bə'ri:təm] *pl.* **-ta** [-tə] *s.* Arbo'retum *n*; **ar·bo·ri·cul·ture** ['ɑ:bərɪkʌltʃə] *s.* Baumzucht *f.*
ar·bor vi·tae [ˌɑ:bə'vaɪtɪ] *s.* ⚘ Lebensbaum *m.*
ar·bour ['ɑ:bə] *s.* Laube *f.*
arc [ɑ:k] **I** *s.* **1.** *a.* ✈, ⚙, *ast.* Bogen *m*; **2.** ⚡ (Licht)Bogen *m*: ~ ***welding*** Lichtbogenschweißen *n*; **II** *v/i. a.* ~ ***over*** ⚡ e-n (Licht)Bogen bilden, ‚funken'.
ar·cade [ɑ:'keɪd] *s.* Ar'kade *f*: a) Säulen-, Bogen-, Laubengang *m*, b) Pas'sage *f*; **ar'cad·ed** [-dɪd] *adj.* mit Arkaden (versehen).
Ar·ca·di·a [ɑ:'keɪdjə] *s.* Ar'kadien *n*, ländliches Para'dies *od.* I'dyll; **Ar'ca·di·an** [-ən] *adj.* ar'kadisch, i'dyllisch.
ar·cane [ɑ:'keɪn] *adj.* geheimnisvoll; **ar'ca·num** [-nəm] *pl.* **-na** [-nə] *s.* **1.** *hist.* ⚗ Ar'kanum *n*; Eli'xier *n*; **2.** *mst pl.* Geheimnis *n*, My'sterium *n.*
arch[1] [ɑ:tʃ] **I** *s.* **1.** *mst* ⚠ (Brücken-, Fenster- *etc.*)Bogen *m*; über'wölbter (Ein-, 'Durch)Gang; ('Eisenbahn- *etc.*) Überˌführung *f*; Tri'umphbogen *m*; **2.** Wölbung *f*, Gewölbe *n*: ~ ***of the instep*** (Fuß)Rist *m*, Spann *m*; ~ ***support*** Senkfußeinlage *f*; ***fallen*** ~***es*** Senkfuß *m*; **II** *v/t.* **3.** *a.* ~ ***over*** mit Bogen versehen, über'wölben; **4.** wölben, krümmen: ~ ***the back*** e-n Buckel machen (*Katze*); **III** *v/i.* **5.** sich wölben; sich krümmen.
arch[2] [ɑ:tʃ] *adj.* *oft* **arch-** erst, oberst, Haupt..., Erz...; schlimmst, Riesen...: ~ ***rogue*** Erzschurke *m.*
arch[3] [ɑ:tʃ] *adj.* □ schalkhaft, schelmisch: ***an*** ~ ***look***.
arch- [ɑ:tʃ] *Präfix bei Titeln etc.*: erst, oberst, Haupt..., Erz...
ar·chae·o·log·ic, **ar·chae·o·log·i·cal** [ˌɑ:kɪə'lɒdʒɪk(l)] *adj.* □ archäo'logisch, Altertums...; **ar·chae·ol·o·gist** [ˌɑ:kɪ'ɒlədʒɪst] *s.* Archäo'loge *m*, Altertumsforscher *m*; **ar·chae·ol·o·gy** [ˌɑ:kɪ'ɒlədʒɪ] *s.* Archäolo'gie *f*, Altertumskunde *f.*
ar·cha·ic [ɑ:'keɪɪk] *adj.* (□ ~***ally***) ar'chaisch: a) altertümlich, b) *bsd. ling.* veraltet, altmodisch; **ar·cha·ism** ['ɑ:keɪɪzəm] *s.* **1.** *ling.* Archa'ismus *m*, veralteter Ausdruck; **2.** *et.* Veraltetes.
arch·an·gel ['ɑ:kˌeɪndʒəl] *s.* Erzengel *m.*
ˌarch|'bish·op [ˌɑ:tʃ-] *s.* Erzbischof *m*; **ˌ~'bish·op·ric** *s.* **1.** Erzbistum *n*; **2.** Amt *n* e-s Erzbischofs; **ˌ~'dea·con** *s.* Archidia'kon *m*; **ˌ~'di·o·cese** *s.* 'Erzdiöˌzese *f*; **ˌ~'du·cal** *adj.* erzherzoglich; **ˌ~'duch·ess** *s.* Erzherzogin *f*; **ˌ~'duch·y** *s.* Erzherzogtum *n*; **ˌ~'duke** *s.* Erzherzog *m.*
arched [ɑ:tʃt] *adj.* gewölbt, gebogen,

gekrümmt.

ˌarch-ˈen·e·my *s.* → ***arch-fiend.***

arch·er [ˈɑːtʃə] *s.* **1.** Bogenschütze *m*; **2.** ♎ *ast.* Schütze *m*; **ˈarch·er·y** [-ərɪ] *s.* **1.** Bogenschießen *n*; **2.** *coll.* Bogenschützen *pl*.

ar·che·typ·al [ˈɑːkɪtaɪpl] *adj.* archeˈtypisch; **ˈar·che·type** [-taɪp] *s.* Urform *f*, -bild *n*, Archeˈtyp(us) *m*.

ˌarch-ˈfiend [ˌɑːtʃ-] *s.* Erzfeind *m*: a) Todfeind *m*, b) ˈSatan *m*, Teufel *m*.

ar·chi·e·pis·co·pal [ˌɑːkɪɪˈpɪskəpl] *adj.* erzbischöflich; **ˌar·chi·eˈpis·co·pate** [-pɪt] *s.* Amt *n od.* Würde *f* e-s Erzbischofs.

Ar·chi·pel·a·go [ˌɑːkɪˈpelɪgəʊ] **I** *npr.* Äˈgäisches Meer; **II** ♎ *pl.* **-gos** *s.* Archiˈpel *m*, Inselmeer *n*, -gruppe *f*.

ar·chi·tect [ˈɑːkɪtekt] **I** *s.* **1.** Archiˈtekt (-in); **2.** *fig.* Schöpfer(in), Urheber(in), Archiˈtekt *m*: ***the ~ of one's fortunes*** des eigenen Glückes Schmied; **II** *v/t.* **3.** bauen, entwerfen; **ar·chi·tec·ton·ic** [ˌɑːkɪtekˈtɒnɪk] **I** *adj.* (☐ ***~ally***) **1.** architekˈtonisch, baulich; **2.** aufbauend, konstrukˈtiv, planvoll, schöpferisch, systeˈmatisch; **II** *s. mst pl. sg. konstr.* **3.** Architekˈtonik *f*: a) Baukunst *f* (*als Fach*), b) künstlerischer Aufbau; **ar·chi·tec·tur·al** [ˌɑːkɪˈtektʃərəl] *adj.* ☐ architekˈtonisch, Architektur…, Bau…; **ˈar·chi·tec·ture** [-tʃə] *s.* Architekˈtur *f*: a) Baukunst *f*; Bauart *f*, Baustil *m*, b) Konstruktiˈon *f*; (Auf)Bau *m*, Strukˈtur *f*, Anlage *f* (*a. fig.*), c) Bau (-werk *n*) *m*, *coll.* Gebäude *pl.*, Bauten *pl*.

ar·chi·trave [ˈɑːkɪtreɪv] *s.* ⚠ Archiˈtrav *m*, Tragbalken *m*.

ar·chive [ˈɑːkaɪv] *s. mst pl.* Arˈchiv *n*; Urkundensammlung *f*; **ar·chi·vist** [ˈɑːkɪvɪst] *s.* Archiˈvar *m*.

arch·ness [ˈɑːtʃnɪs] *s.* Schalkhaftigkeit *f*, Durchˈtriebenheit *f*.

ˌarchˈpriest [ˌɑːtʃ-] *s. eccl. hist.* Erzpriester *m*.

ˈarch|·way [ˈɑːtʃ-] *s.* ⚠ Bogengang *m*, überˈwölbter Torweg; **ˈ~·wise** [-waɪz] *adv.* bogenartig.

ˈarc|-lamp *s.* ⚡ Bogenlampe *f*; **ˈ~-light** *s.* Bogenlicht *n*, -lampe *f*.

arc·tic [ˈɑːktɪk] **I** *adj.* **1.** ˈarktisch, nördlich, Nord…, Polar…: ♎ ***Circle*** Nördlicher Polarkreis; ♎ ***Ocean*** Nördliches Eismeer; ***~ fox*** Polarfuchs *m*; **2.** *fig.* sehr kalt, eisig; **II** *s.* **3.** *die* ˈArktis; **4.** *pl. Am.* gefütterte, wasserdichte ˈÜberschuhe *pl*.

ar·dent [ˈɑːdənt] *adj.* ☐ **1.** *bsd. fig.* heiß, glühend, feurig: ***~ eyes***; ***~ love***; ***~ spirits*** hochprozentige Spirituosen; **2.** *fig.* feurig, heftig, inbrünstig, leidenschaftlich: ***~ wish***; ***~ admirer*** glühender Verehrer; **3.** *fig.* begeistert; **ardour**, *Am.* **ar·dor** [ˈɑːdə] *s. fig.* **1.** Feuer *n*, Glut *f*, Inbrunst *f*, Leidenschaft *f*; **2.** Eifer *m*, Begeisterung *f* (***for*** für).

ar·du·ous [ˈɑːdjʊəs] *adj.* ☐ **1.** schwierig, anstrengend, mühsam: ***an ~ task***; **2.** ausdauernd, zäh, eˈnergisch: ***an ~ worker***; **3.** steil, jäh (*Berg etc.*); **ˈar·du·ous·ness** [-nɪs] *s.* Schwierigkeit *f*, Mühsal *f*.

are[1] [ɑː; ə] *pres. pl. u. 2 sg. von* ***be***.

are[2] [ɑː] *s.* Ar *n* (*Flächenmaß*).

a·re·a [ˈeərɪə] *s.* **1.** (begrenzte) Fläche, Flächenraum *m od.* -inhalt *m*; Grundstück *n*, Areˈal *n*; Ober-, Grundfläche *f*; **2.** Raum *m*, Gebiet *n*, Gegend *f*: ***danger ~*** Gefahrenzone *f*; ***prohibited*** (*od.* ***restricted***) ***~*** Sperrzone *f*; ***~ code*** *teleph. Am.* Vorwahl *f*, Vorwählnummer *f*; ***in the Chicago ~*** im (Groß-) Raum (von) Chikago; **3.** *fig.* Bereich *m*, Gebiet *n*; **4.** *a.* ***~way*** Kellervorhof *m*; **5.** ⚔ Operatiˈonsgebiet *n*: ***~ bombing*** Bombenflächenwurf *m*; ***back ~*** Etappe *f*; ***forward ~*** Kampfgebiet *n*; **6.** *anat.* (*Seh- etc.*)Zentrum *n*; **a·re·al** [-əl] *adj.* Flächen(inhalts)…

a·re·na [əˈriːnə] *s.* Aˈrena *f*: a) Kampfplatz *m*, b) ˈStadion *n*, c) *fig.* Schauplatz *m*, Bühne *f*: ***political ~***.

aren't [ɑːnt] F *für* ***are not***.

a·rête [æˈreɪt] (*Fr.*) *s.* (Fels)Grat *m*.

ar·gent [ˈɑːdʒənt] **I** *s.* Silber(farbe *f*) *n*; **II** *adj.* silberfarbig.

Ar·gen·tine [ˈɑːdʒəntaɪn], **Ar·gen·tin·e·an** [ˌɑːdʒənˈtɪnɪən] **I** *adj.* argenˈtinisch; **II** *s.* Argenˈtinier(in).

ar·gil [ˈɑːdʒɪl] *s.* Ton *m*, Töpfererde *f*; **ar·gil·la·ceous** [ˌɑːdʒɪˈleɪʃəs] *adj.* tonartig, Ton…

ar·gon [ˈɑːgɒn] *s.* ⚗ ˈArgon *n*.

Ar·go·naut [ˈɑːgənɔːt] *s.* **1.** *myth.* Argoˈnaut *m*; **2.** *Am.* Goldsucher *m* in Kaliˈfornien (*1848/49*).

ar·got [ˈɑːgəʊ] *s.* Arˈgot *n*, Jarˈgon *m*, Slang *m*, *bsd.* Gaunersprache *f*.

ar·gu·a·ble [ˈɑːgjʊəbl] *adj.* ☐ diskuˈtabel, vertretbar: ***it is ~*** man könnte mit Recht behaupten; **ˈar·gu·a·bly** [-lɪ] *adv.* vertretbarerweise; **ar·gue** [ˈɑːgjuː] **I** *v/i.* **1.** argumentieren; Gründe (für *od.* wider) anführen: ***~ for s.th.*** a) für et. eintreten, b) für et. sprechen (*Sache*); ***~ against s.th.*** a) gegen et. Einwände machen, b) gegen et. sprechen (*Sache*); ***don't ~!*** keine Widerrede!; **2.** streiten, rechten (***with*** mit); disputieren (***about*** über *acc.*, ***for*** für, ***against*** gegen, ***with*** mit); **II** *v/t.* **3.** *e-e Angelegenheit* erörtern, diskutieren; **4.** *j-n* über'reden *od.* (durch Argu'mente) bewegen: **~ *s.o. into s.th.*** j-n zu et. überreden; **~ *s.o. out of s.th.*** j-n von et. abbringen; **5.** geltend machen, behaupten: **~ *that black is white*;** **6.** begründen, beweisen; folgern (***from*** aus); **7.** verraten, (an)zeigen, beweisen: ***his clothes ~ poverty*;** **ar·gu·ment** ['ɑːgjʊmənt] *s.* **1.** Argu'ment *n*, (Beweis)Grund *m*; Beweisführung *f*, Schlußfolgerung *f*; **2.** Behauptung *f*; Entgegnung *f*, Einwand *m*; **3.** Erörterung *f*, Besprechung *f*: ***hold an ~*** diskutieren; **4.** F (Wort)Streit *m*, Ausein'andersetzung *f*; Streitfrage *f*; **5.** 'Thema *n*, (Haupt)Inhalt *m*; **ar·gu·men·ta·tion** [ˌɑːgjʊmen'teɪʃn] *s.* **1.** Beweisführung *f*, Schlußfolgerung *f*; **2.** Erörterung *f*; **ar·gu·men·ta·tive** [ˌɑːgjʊ'mentətɪv] *adj.* ☐ **1.** streitlustig; **2.** strittig, um'stritten; **3.** 'kritisch; **4.** **~ *of*** hindeutend auf (*acc.*).

Ar·gus ['ɑːgəs] *npr. myth.* 'Argus *m*; '**~-eyed** *adj.* 'argusäugig, wachsam, mit 'Argusaugen.

a·ri·a ['ɑːrɪə] *s.* ♪ 'Arie *f*.

Ar·i·an ['eərɪən] *eccl.* **I** *adj.* ari'anisch; **II** *s.* Ari'aner *m*.

ar·id ['ærɪd] *adj.* ☐ dürr, trocken, unfruchtbar; *fig.* trocken, öde; **a·rid·i·ty** [æ'rɪdətɪ] *s.* Dürre *f*, Trockenheit *f*, Unfruchtbarkeit *f* (*a. fig.*).

A·ri·es ['eəriːz] *s. ast.* Widder *m*.

a·right [ə'raɪt] *adv.* recht, richtig: ***set ~*** richtigstellen.

a·rise [ə'raɪz] *v/i.* [*irr.*] **1.** (***from, out of***) entstehen, entspringen, her'vorgehen (aus), herrühren, stammen (von); **2.** entstehen, sich ergeben (***from*** aus); sich erheben, erscheinen, auftreten; **3.** aufstehen, sich erheben; **a·ris·en** [ə'rɪzn] *p.p. von* ***arise***.

ar·is·toc·ra·cy [ˌærɪ'stɒkrəsɪ] *s.* **1.** Aristokra'tie *f*, *coll. a.* Adel *m*; **2.** *fig.* E'lite *f*, Adel *m*; **a·ris·to·crat** ['ærɪstəkræt] *s.* Aristo'krat(in); Adlige(r *m*) *f*; *fig.* Pa'trizier(in); **a·ris·to·crat·ic, a·ris·to·crat·i·cal** [ˌærɪstə'krætɪk(l)] *adj.* ☐ aristo'kratisch, Adels…; *fig.* adlig, vornehm.

a·rith·me·tic [ə'rɪθmətɪk] *s.* Arith'metik *f*, Rechnen *n*, Rechenkunst *f*; **ar·ith·met·ic, ar·ith·met·i·cal** [ˌærɪθ'metɪk(l)] *adj.* ☐ arith'metisch, Rechen…; **a·rith·me·ti·cian** [əˌrɪθmə'tɪʃn] *s.* Rechner(in), Rechenmeister(in).

ark [ɑːk] *s.* **1.** Arche *f*: ***Noah's ~*** Arche Noah(s); **2.** Schrein *m*: ***♀ of the Covenant*** *bibl.* Bundeslade *f*.

arm¹ [ɑːm] *s.* **1.** *anat.* Arm *m*: ***keep s.o. at ~'s length*** *fig.* sich j-n vom Leibe halten; ***within ~'s reach*** in Reichweite; ***with open ~s*** *fig.* mit offenen Armen; ***fly into s.o.'s ~s*** j-m in die Arme fliegen; ***take s.o. in one's ~s*** j-n in die Arme nehmen; ***infant*** (*od.* ***babe***) ***in ~s*** Säugling *m*; **2.** Fluß-, Meeresarm *m*; **3.** Arm-, Seitenlehne *f*; **4.** Ast *m*, großer Zweig; **5.** Ärmel *m*; **6.** ⚙ Arm *m e-r Maschine etc.*: **~ *of a balance*** Waagebalken *m*; **7.** *fig.* Arm *m des Gesetzes etc.*

arm² [ɑːm] **I** *s.* **1.** ⚔ *mst pl.* Waffe(n *pl.*) *f*: ***do ~s drill*** Gewehrgriffe üben; ***in ~s*** bewaffnet; ***rise in ~s*** zu den Waffen greifen, sich empören; ***up in ~s*** a) in Aufruhr, b) *fig.* in Harnisch, in hellem Zorn; ***by force of ~s*** mit Waffengewalt; ***bear ~s*** a) Waffen tragen, b) als Soldat dienen; ***lay down ~s*** die Waffen strecken; ***take up ~s*** zu den Waffen greifen (*a. fig.*); ***~s dealer*** Waffenhändler *m*; ***~s control*** Rüstungskontrolle *f*; ***~s race*** Wettrüsten *n*; ***ground ~s!*** Gewehr nieder!; ***order ~s!*** Gewehr ab!; ***pile ~s!*** setzt die Gewehre zusammen!; ***port ~s!*** fällt das Gewehr!; ***present ~s!*** präsentiert das Gewehr!; ***slope ~s!*** das Gewehr über!; ***shoulder ~s!*** das Gewehr an Schulter!; ***to ~s!*** zu den Waffen!, ans Gewehr!; → ***passage at arms***; **2.** Waffengattung *f*, Truppe *f*: ***the naval ~*** die Kriegsmarine; **3.** *pl.* Wappen *n*; → ***coat*** 1; **II** *v/t.* **4.** bewaffnen: ***~ed to the teeth*** bis an die Zähne bewaffnet; **5.** ⚙ armieren, bewehren, befestigen, verstärken, *mit Metall* beschlagen; **6.** ⚔ *Munition, Mine* scharf machen; **7.** (aus)rüsten, bereit machen, versehen: ***be ~ed with an umbrella***; ***be ~ed with arguments***; **III** *v/i.* **8.** sich bewaffnen, sich (aus)rüsten.

ar·ma·da [ɑː'mɑːdə] *s.* **1.** ♀ *hist.* Ar'mada *f*; **2.** Kriegsflotte *f*, Luftflotte *f*, Geschwader *n*.

ar·ma·dil·lo [ˌɑːmə'dɪləʊ] *s. zo.* **1.** Arma'dill *n*, Gürteltier *n*; **2.** Apo'thekerassel *f*.

Ar·ma·ged·don [ˌɑːmə'gedn] *s. bibl. u. fig.* Entscheidungskampf *m*.

ar·ma·ment ['ɑːməmənt] *s.* ⚔ **1.** Kriegsstärke *f*, -macht *f e-s Landes*: ***naval ~*** Kriegsflotte *f*; **2.** Bewaffnung *f*, Bestückung *f e-s Kriegsschiffes etc.*; **3.** (Kriegsaus)Rüstung *f*: **~ *race*** Wettrüsten *n*; **ar·ma·ture** ['ɑːməˌtjʊə] *s.* **1.** Rüstung *f*, Panzer *m*; **2.** ⚙ Panzerung *f*,

Beschlag *m*, Bewehrung *f*, Armierung *f*, Arma'tur *f*; **3.** ⚡ Anker *m* (*a. e-s Magneten etc.*), Läufer *m*: ~ ***shaft*** Ankerwelle *f*; **4.** ⚘, *zo.* Bewehrung *f*.

'arm|·band *s.* Armbinde *f*; ˌ**~-'chair I** *s.* Lehnstuhl *m*, (Lehn)Sessel *m*; **II** *adj.* vom (*od.* am) grünen Tisch; Stammtisch..., Salon...: ~ ***strategists***.

armed [ɑːmd] *adj.* **1.** bewaffnet: ~ ***conflict***; ~ ***neutrality***; ~ ***forces*** (Gesamt-)Streitkräfte; ~ ***robbery*** schwerer Raub; **2.** ⚔ a) scharf, zündfertig (*Munition etc.*), b) *a.* ⚙ → ***armoured***.

Ar·me·ni·an [ɑː'miːnjən] **I** *adj.* ar'menisch; **II** *s.* Ar'menier(in).

'arm·ful [-fʊl] *s.* Armvoll *m*.

arm·ing ['ɑːmɪŋ] *s.* **1.** Bewaffnung *f*, (Aus)Rüstung *f*; **2.** ⚙ Armierung *f*, Arma'tur *f*; **3.** Wappen *n*.

ar·mi·stice ['ɑːmɪstɪs] *s.* Waffenstillstand *m* (*a. fig.*); ≗ **Day** *s.* Jahrestag *m* des Waffenstillstandes vom 11. November 1918.

arm·let ['ɑːmlɪt] *s.* **1.** Armbinde *f als Abzeichen*; Armspange *f*; **2.** kleiner Meeres- *od.* Flußarm.

ar·mor *etc. Am.* → ***armour*** *etc.*

ar·mo·ri·al [ɑː'mɔːrɪəl] **I** *adj.* Wappen..., he'raldisch: ~ ***bearings*** Wappen(schild *m*, *n*) *n*; **II** *s.* Wappenbuch *n*; **ar·mor·y** ['ɑːmərɪ] *s.* **1.** He'raldik *f*, Wappenkunde *f*; **2.** *Am.* → ***armoury***.

ar·mour ['ɑːmə] *s.* **1.** Rüstung *f*, Panzer *m* (*a. fig.*); **2.** ⚔, ⚙ Panzer(ung *f*) *m*, Armierung *f*; *coll.* Panzerfahrzeuge *pl.*, -truppen *pl.*; **3.** ⚘, *zo.* Panzer *m*, Schutzdecke *f*; **'~-clad** → ***armour-plated***.

ar·moured ['ɑːməd] *adj.* ⚔, ⚙ gepanzert, Panzer...: ~ ***cable*** armiertes Kabel, Panzerkabel *n*; ~ ***car*** a) Panzerkampfwagen *m*, b) gepanzerter (Geld-)Transportwagen; ~ ***infantry*** Panzergrenadiere *pl*; ~ ***train*** Panzerzug *m*; **'ar·mour·er** [-ərə] *s.* Waffenschmied *m*; ⚔, ⚓ Waffenmeister *m*.

'ar·mour|-ˌpierc·ing *adj.* panzerbrechend, Panzer...: ~ ***ammunition***; **'~-ˌplat·ed** *adj.* gepanzert, Panzer...

ar·mour·y ['ɑːmərɪ] *s.* **1.** Rüst-, Waffenkammer *f* (*a. fig.*), Arse'nal *n*, Zeughaus *n*; **2.** *Am.* a) 'Waffenfaˌbrik *f*, b) Exerzierhalle *f*.

'arm|·pit *s.* Achselhöhle *f*; **'~·rest** *s.* Armlehne *f*, -stütze *f*; **'~-ˌtwist·ing** *s.* F Druckausübung *f*.

ar·my ['ɑːmɪ] *s.* **1.** Ar'mee *f*, Heer *n*; Mili'tär *n*: ~ ***contractor*** Heereslieferant *m*; ***join the*** ~ Soldat werden; ~ ***of occupation*** Besatzungsarmee; ~ ***issue*** *die* dem Soldaten gelieferte Ausrüstung, Heereseigentum *n*; **2.** Ar'mee *f* (*als militärische Einheit*); **3.** *fig.* Heer *n*, Menge *f*: ***a whole*** ~ ***of workmen***; ~ **chap·lain** *s.* Mili'tärgeistliche(r) *m*; ~ **corps** *s.* Ar'meekorps *n*.

ar·ni·ca ['ɑːnɪkə] *s.* ⚘ 'Arnika *f*.

a·ro·ma [ə'rəʊmə] *s.* **1.** A'roma *n*, Duft *m*, Würze *f*; Blume *f* (*Wein*); **2.** *fig.* Würze *f*, Reiz *m*; **ar·o·mat·ic** *adj.* [ˌærəʊ'mætɪk] *adj.* (□ ***~ally***) aro'matisch, würzig, duftig: ~ ***bath*** Kräuterbad *n*.

a·rose [ə'rəʊz] *pret. von* ***arise***.

a·round [ə'raʊnd] **I** *adv.* **1.** 'ringsher'um, im Kreise; rundum, nach *od.* auf allen Seiten, über'all: ***I've been*** ~ F *fig.* ich kenn' mich aus; **2.** *bsd. Am.* F um'her, (in der Gegend) herum; in der Nähe, da'bei; **II** *prp.* **3.** um, um ... her(um), rund um; **4.** *bsd. Am.* F a) (rings- *od.* in der Gegend) herum; durch, hin und her, b) (nahe) bei, in, c) ungefähr, etwa; **aˌround-the-'clock** *adj.* den ganzen Tag dauernd, 24stündig; Dauer...

a·rouse [ə'raʊz] *v/t.* **1.** *j-n* (auf-)wecken; **2.** *fig.* aufrütteln; *Gefühle etc.* erregen.

ar·que·bus ['ɑːkwɪbəs] → ***harquebus***.

ar·rack ['ærək] *s.* 'Arrak *m*.

ar·raign [ə'reɪn] *v/t.* **1.** ⚖ a) vor Gericht stellen, b) zur Anklage vernehmen; **2.** *öffentlich* beschuldigen, rügen; **3.** *fig.* anfechten; **ar'raign·ment** [-mənt] *s.* ⚖ Vernehmung *f* zur Anklage; *bsd. fig.* Anklage *f*.

ar·range [ə'reɪndʒ] **I** *v/t.* **1.** (an)ordnen; aufstellen; einteilen; ein-, ausrichten; erledigen: ~ ***one's ideas*** s-e Gedanken ordnen; ~ ***one's affairs*** s-e Angelegenheiten regeln; **2.** verabreden, vereinbaren; festsetzen, planen: ***everything had been ~d beforehand***; ***an ~d marriage*** e-e (von den Eltern) arrangierte Ehe; **3.** *Streit etc.* beilegen, schlichten; **4.** ♪, *thea.* einrichten, bearbeiten; **II** *v/i.* **5.** sich verständigen (***about*** über *acc.*); **6.** Anordnungen *od.* Vorkehrungen treffen (***for***, ***about*** für, zu, ***to*** *inf.* zu *inf.*); es einrichten, dafür sorgen, veranlassen (***that*** daß): ~ ***for the car to be ready***; **7.** sich einigen (***with s.o. about s.th.*** mit j-m über et.); **ar'range·ment** [-mənt] *s.* **1.** (An)Ordnung *f*, Einrichtung *f*, Einteilung *f*, Auf-, Zs.-stellung *f*; Sy'stem *n*; **2.** Vereinbarung *f*, Verabredung *f*, Abmachung *f*: ***make an*** ~ ***with s.o.*** mit j-m e-e Verabredung treffen; **3.** Ab-, Über'einkommen *n*; Schlichtung *f*: ***come to an*** ~ e-n Vergleich schließen; **4.** *pl.*

make ~s Vorkehrungen *od.* Vorbereitungen *od.* s-e Dispositionen treffen; ***today's ~s*** die heutigen Veranstaltungen; **5.** *thea.* Bearbeitung *f*, ♪ *a.* Arrange'ment *n*.

ar·rant ['ærənt] *adj.* □ völlig, ausgesprochen, ‚kom'plett': ***an ~ fool***; ***~ nonsense***; ***an ~ rogue*** ein Erzgauner.

ar·ray [ə'reɪ] **I** *v/t.* **1.** ordnen, aufstellen (*bsd. Truppen*); **2.** ⚖ *Geschworene* aufrufen; **3.** *fig.* aufbieten; **4.** (***o.s.*** sich) kleiden, putzen; **II** *s.* **5.** Ordnung *f*; Schlachtordnung *f*; **6.** ⚖ Geschworenen(liste *f*) *pl.*; **7.** 'Phalanx *f*, stattliche Reihe, Menge *f*, Aufgebot *n*; **8.** Kleidung *f*, Staat *m*, Aufmachung *f*.

ar·rear [ə'rɪə] *s.* a) *mst pl.* Rückstand *m*, *bsd.* Schulden *pl.*: ***~s of rent*** rückständige Miete; ***in ~(s)*** im Rückstand *od.* Verzug, b) *et.* Unerledigtes, Arbeitsrückstände *pl.*

ar·rest [ə'rest] **I** *s.* **1.** Aufhalten *n*, Hemmung *f*, Stockung *f*; **2.** ⚖ a) Verhaftung *f*, Haft *f*: ***under ~*** verhaftet, in Haft, b) Beschlagnahme *f*, c) *a.* ***~ of judgment*** Urteilssistierung *f*; **II** *v/t.* **3.** an-, aufhalten, hemmen, hindern: ***~ progress***; ***~ed growth*** *biol.* gehemmtes Wachstum; ***~ed tuberculosis*** ⚕ inaktive Tuberkulose; **4.** ⚙ feststellen, sperren, arretieren; **5.** ⚖ a) verhaften, b) beschlagnahmen, c) ***~ judgment*** das Urteil vertagen; **6.** *Geld etc.* einbehalten, konfiszieren; **7.** *Aufmerksamkeit etc.* fesseln, festhalten; **ar'rest·ing** [-tɪŋ] *adj.* fesselnd, interes'sant; **ar'restment** [-mənt] *s.* Beschlagnahme *f*.

ar·rière-pen·sée [ˌærɪeə(r)'pɒnseɪ] (*Fr.*) *s.* 'Hintergedanke *m*.

ar·riv·al [ə'raɪvl] *s.* **1.** Ankunft *f*, Eintreffen *n*; *fig.* Gelangen *n* (***at*** zu); **2.** Erscheinen *n*, Auftreten *n*; **3.** a) Ankömmling *m*: ***new ~*** Neuankömmling, Familienzuwachs *m*, b) *et.* Angekommenes; **4.** *pl.* ankommende Züge *pl. od.* Schiffe *pl. od.* Flugzeuge *pl. od.* Per'sonen *pl.*; Zufuhr *f*; † (Waren)Eingänge *pl.*; **ar·rive** [ə'raɪv] *v/i.* **1.** (an-)kommen, eintreffen; **2.** erscheinen, auftreten; **3.** *fig.* (***at***) erreichen (*acc.*), gelangen (zu): ***~ at a decision***; **4.** kommen, eintreten (*Zeit, Ereignis*); **5.** Erfolg haben.

ar·ro·gance ['ærəgəns] *s.* Arro'ganz *f*, Anmaßung *f*, Über'heblichkeit *f*; **'ar·ro·gant** [-nt] *adj.* □ arro'gant, anmaßend, über'heblich; **ar·ro·gate** ['ærəʊgeɪt] *v/t.* **1.** ***~ to o.s.*** sich *et.* anmaßen, *et.* für sich in Anspruch nehmen; **2.** zuschreiben, zuschieben (***s.th. to s.o.*** j-m et.); **ar·ro·ga·tion** [ˌærəʊ'geɪʃn] *s.* Anmaßung *f*.

ar·row ['ærəʊ] *s.* **1.** Pfeil *m*; **2.** Pfeil (-zeichen *n*) *m*; **3.** *surv.* Zähl-, Markierstab *m*; **'ar·rowed** [-əʊd] *adj.* mit Pfeilen *od.* Pfeilzeichen (versehen).

'ar·row|·head *s.* **1.** Pfeilspitze *f*; **2.** (Zeichen *n* der) Pfeilspitze *f* (*brit. Regierungsgut kennzeichnend*); **'~·root** *s.* ⚘ a) Pfeilwurz *f*, b) Pfeilwurzstärke *f*.

arse [ɑːs] **I** *s.* V Arsch *m*; **II** *v/i. sl.* ***~ around*** ‚herumspinnen'; **'~·hole** *s.* V ‚Arschloch' *n* (*a. fig. contp.*); **~ lick·er** *s.* V ‚Arschkriecher' *m*.

ar·se·nal ['ɑːsənl] *s.* **1.** Arse'nal *n* (*a. fig.*), Zeughaus *n*, Waffenlager *n*; **2.** 'Waffen-, Muniti'onsfaˌbrik *f*.

ar·se·nic I *s.* ['ɑːsnɪk] Ar'sen(ik) *n*; **II** *adj.* [ɑː'senɪk] ar'senhaltig; Arsen...

ar·sis ['ɑːsɪs] *s.* **1.** *poet.* Hebung *f*, betonte Silbe; **2.** ♪ Aufschlag *m*.

ar·son ['ɑːsn] *s.* ⚖ Brandstiftung *f*; **'ar·son·ist** [-nɪst] *s.* Brandstifter *m*.

art[1] [ɑːt] **I** *s.* **1.** (*bsd.* bildende) Kunst: ***the fine ~s*** die schönen Künste; ***brought to a fine ~*** *fig.* zu e-r wahren Kunst entwickelt; ***work of ~*** Kunstwerk *n*; **2.** Kunst(fertigkeit) *f*, Geschicklichkeit *f*: ***the ~ of the painter***; ***the ~ of cooking***; ***industrial ~(s)*** (*od.* ***~s and crafts***) Kunstgewerbe *n*, -handwerk *n*; ***the black ~*** die Schwarze Kunst, die Zauberei; **3.** *pl. univ.* Geisteswissenschaften *pl.*: ***Faculty of 2s***, *Am.* ***2s Department*** philosophische Fakultät; ***liberal ~s*** humanistische Fächer; → ***master*** 10, ***bachelor*** 2; **4.** *mst pl.* Kunstgriff *m*, Kniff *m*, List *f*, Tücke *f*; **5.** *Patentrecht*: a) Fach(gebiet) *n*, b) Fachkenntnis *f*, c) (***state of the ~*** Stand *m* der) Technik; → ***prior*** 1; **II** *adj.* **6.** Kunst...: ***~ critic***; ***~ director*** a) *thea. etc.* Bühnenmeister *m*, b) *Werbung*: Art-director *m*, künstlerischer Leiter; **7.** künstlerisch, dekora'tiv: ***~ pottery***; **III** *v/t.* **8.** ***~ up*** *sl.* (künstlerisch) ‚aufmöbeln'.

art[2] [ɑːt] *obs. 2. pres. sg. von* ***be***.

ar·te·fact → ***artifact***.

ar·te·ri·al [ɑː'tɪərɪəl] *adj.* **1.** ⚕ arteri'ell, Arterien...: ***~ blood*** Pulsaderblut *n*; **2.** *fig.* ***~ road*** Hauptverkehrsader *f*, Ausfall-, Durchgangs-, Hauptverkehrs-, *a.* Fernverkehrsstraße *f*.

ar·te·ri·o·scle·ro·sis [ɑːˌtɪərɪəʊsklɪə'rəʊsɪs] *s.* ⚕ Arterioskle'rose *f*, Ar'terienverkalkung *f*.

ar·ter·y ['ɑːtərɪ] *s.* **1.** Ar'terie *f*, Puls-, Schlagader *f*; **2.** *fig.* Verkehrsader *f*, *bsd.* Hauptstraße *f*, -fluß *m*: **~ *of traffic***; **~ *of trade*** Haupthandelsweg *m*.

ar·te·sian well [ɑːˈtiːzjən] *s.* arˈtesischer (*Am.* tiefer) Brunnen.

art·ful [ˈɑːtfʊl] *adj.* ☐ schlau, listig, verschlagen; ˈ**art·ful·ness** [-nɪs] *s.* List *f*, Schläue *f*, Verschlagenheit *f*.

ar·thrit·ic, ar·thrit·i·cal [ɑːˈθrɪtɪk(l)] *adj.* ⚕ arˈthritisch, gichtisch; **ar·thri·tis** [ɑːˈθraɪtɪs] *s.* ⚕ Arˈthritis *f*; **ar·thro·sis** [ɑːˈθrəʊsɪs] *s.* Arˈthrose *f*.

Ar·thu·ri·an [ɑːˈθʊərɪən] *adj.* (König) Arthur *od.* Artus betreffend, Arthur…, Artus…

ar·ti·choke [ˈɑːtɪtʃəʊk] *s.* ♀ **1.** *a.* ***globe* ~** Artiˈschocke *f*; **2. *Jerusalem* ~** ˈErdartiˌschocke *f*.

ar·ti·cle [ˈɑːtɪkl] **I** *s.* **1.** (ˈZeitungs- *etc.*) Arˌtikel *m*, Aufsatz *m*; **2.** Arˈtikel *m*, Gegenstand *m*, Sache *f*; Posten *m*, Ware *f*: **~ *of trade*** Handelsware; ***the genuine* ~** F der ‚wahre Jakob'; **3.** Abschnitt *m*, Paraˈgraph *m*, Klausel *f*, Punkt *m*: **~*s of apprenticeship*** Lehrvertrag *m*; **~*s*** (***of association***, *Am.* ***incorporation***) ⚖ Satzung *f*; ***the Thirty-nine* ≈*s*** die 39 Glaubensartikel *der Anglikanischen Kirche*; ***according to the* ~*s*** ⚖ satzungsgemäß; **4.** *ling.* Arˈtikel *m*, Geschlechtswort *n*; **II** *v/t.* **5.** vertraglich binden; in die Lehre geben (***to*** bei); ˈ**ar·ti·cled** [-ld] *adj.* **1.** vertraglich gebunden; **2.** in der Lehre (***to*** bei): **~ *clerk*** *Brit.* Anwaltsgehilfe *m*.

ar·tic·u·late I *v/t.* [ɑːˈtɪkjʊleɪt] **1.** artikulieren, deutlich (aus)sprechen; **2.** gliedern; **3.** *Knochen* zs.-fügen; **II** *adj.* [-lət] **4.** klar erkennbar, deutlich (gegliedert), artikuliert, verständlich (*Wörter etc*); **5.** fähig, sich klar auszudrücken, sich klar ausdrückend; **6.** sich Gehör verschaffend; **7.** ⚕, ♀, *zo.* gegliedert; **arˈtic·u·lat·ed** [-tɪd] *adj.* ⚙ Gelenk…, Glieder…: **~ *train***; **~ *lorry*** *Brit.* Sattelschlepper *m*; **ar·tic·u·la·tion** [ɑːˌtɪkjʊˈleɪʃn] *s.* **1.** *bsd. ling.* Artikulatiˈon *f*, deutliche Aussprache; Verständlichkeit *f*; **2.** Aneinˈanderfügung *f*; **3.** ⚙ Gelenk(verbindung *f*) *n*; **4.** Gliederung *f*.

ar·ti·fact [ˈɑːtɪfækt] *s.* Arteˈfakt *n*: a) Werkzeug *n od.* Gerät *n bsd. primitiver od. prähistorischer Kulturen*, b) ⚕ ˈKunstproˌdukt *n*; ˈ**ar·ti·fice** [-fɪs] *s.* Kunstgriff *m*; Kniff *m*, List *f*; **ar·tif·i·cer** [ɑːˈtɪfɪsə] *s.* **1.** → ***artisan***; **2.** ⚔ a) Feuerwerker *m*, b) Handwerker *m*; **3.** Urheber(in).

ar·ti·fi·cial [ˌɑːtɪˈfɪʃl] *adj.* ☐ **1.** künstlich, Kunst…: **~ *silk***; **~ *leg*** Beinprothese *f*; **~ *teeth*** künstliche Zähne; **~ *person*** ⚖ juristische Person; **2.** *fig.* gekünstelt, falsch; **ar·ti·fi·ci·al·i·ty** [ˌɑːtɪfɪʃɪˈælətɪ] *s.* Künstlichkeit *f*; *et.* Gekünsteltes.

ar·til·ler·ist [ɑːˈtɪlərɪst] *s.* Artilleˈrist *m*, Kanoˈnier *m*.

ar·til·ler·y [ɑːˈtɪlərɪ] *s.* **1.** Artilleˈrie *f*; **2.** *sl.* ‚Artilleˈrie' *f*, Schießeisen *n od. pl.*

ar·ti·san [ˌɑːtɪˈzæn] *s.* (Kunst)Handwerker *m*.

art·ist [ˈɑːtɪst] *s.* **1.** a) Künstler(in), *bsd.* Kunstmaler(in), b) → ***artiste***; **2.** *fig.* Künstler(in), Könner(in); **ar·tiste** [ɑːˈtiːst] (*Fr.*) *s.* Arˈtist(in), Künstler (-in), Sänger(in), Schauspieler(in), Tänzer(in); **ar·tis·tic, ar·tis·ti·cal** [ɑːˈtɪstɪk(l)] *adj.* ☐ **1.** künstlerisch, Künstler…, Kunst…; **2.** kunstverständig; **3.** kunst-, geschmackvoll; ˈ**art·ist·ry** [-trɪ] *s.* **1.** Künstlertum *n*, *das* Künstlerische; **2.** künstlerische Wirkung *od.* Vollˈendung; **3.** Kunstfertigkeit *f*.

art·less [ˈɑːtlɪs] *adj.* ☐ **1.** ungekünstelt, naˈtürlich, schlicht, unschuldig, naˈiv; **2.** offen, arglos, ohne Falsch; **3.** unkünstlerisch, stümperhaft.

Art Nou·veau [ˌɑːrnuːˈvəʊ] (*Fr.*) *s.* *Kunst*: Art *f* nouˈveau, Jugendstil *m*.

ar·tsy [ˈɑːtsɪ] → ***arty***.

ˈ**art·work** *s.* Artwork *n*: a) künstlerische Gestaltung, Illustratiˈon(en *pl.*) *f*, Grafik *f*, b) (grafische *etc.*) Gestaltungsmittel *pl.*

art·y [ˈɑːtɪ] *adj.* F **1.** (gewollt) künstlerisch *od.* bohemiˈenhaft; **2.** ‚kunstbeflissen'; ˌ**~(-and)-ˈcraft·y** *adj.* **1.** *iro.* ‚künstlerisch', moˈdern-verrückt; **2.** → ***arty*** 1.

Ar·y·an [ˈeərɪən] **I** *s.* **1.** Arier *m*, Indogerˈmane *m*; **2.** *ling.* arische Sprachengruppe; **3.** Arier *m*, Nichtjude *m* (*in der Nazi-Ideologie*); **II** *adj.* **4.** arisch; **5.** arisch, nichtjüdisch.

as [æz; əz] **I** *adv.* **1.** (ebenso) wie, so: **~ *usual*** wie gewöhnlich *od.* üblich; **~ *soft* ~ *butter*** weich wie Butter; ***twice* ~ *large*** zweimal so groß; ***just* ~ *good*** ebenso gut; **2.** als: ***he appeared* ~ *Macbeth***; ***I knew him* ~ *a child***; **~ *prose style this is bad*** für Prosa ist das schlecht; **3.** wie (z. B.): ***cathedral cities***, **~ *Ely***; **II** *cj.* **4.** wie, so wie: **~ *follows***; ***do* ~ *you are told!*** tu, wie man dir sagt!; **~ *I said before***; **~ *you were!*** ⚔ Kommando zurück!; **~ *it is*** unter diesen Umständen, ohnehin; **~ *it were*** sozusagen, gleichsam; **5.** als, inˈdem, während: **~ *he entered*** als er eintrat, bei s-m Eintritt; **6.** obˈgleich,

wenn auch; wie, wie sehr, so sehr: ***old ~ I am*** so alt wie ich bin; ***try ~ he would*** so sehr er (es) auch versuchte; **7.** da, weil: ***~ you are sorry I'll forgive you***; **III** *pron.* **8.** was, wie: ***~ he himself admits***; → ***such*** 7;
Zssgn mit adv. u. prp.:
as| ... **as** (eben)so ... wie: ***as fast as I could*** so schnell ich konnte; ***as sweet as can be*** so süß wie möglich; ***as cheap as five pence a bottle*** schon für (*od.* für nur) fünf Pence die Flasche; ***as recently as last week*** noch (*od.* erst) vorige Woche; ***as good as*** so gut wie, sozusagen; ***not as bad as*** (***all***) ***that*** gar nicht so schlimm; ***as fine a song as I ever heard*** ein Lied, wie ich kein schöneres je gehört habe; **~ far as** so'weit (wie), so'viel: ***~ I know*** soviel ich weiß; ***~ Cologne*** bis (nach) Köln; ***as far back as 1890*** schon im Jahre 1890; **~ for** was ... (an)betrifft, bezüglich (*gen.*); **~ from** *vor Zeitangaben*: von ... an, ab, mit Wirkung vom...; **~ if** *od.* **though** als ob, als wenn: ***he talks ~ he knew them all***; **~ long as** a) so'lange (wie): ***~ he stays***, b) wenn (nur); vor'ausgesetzt, daß: ***~ you have enough money***; **~ much** gerade (*od.* eben) das: ***I thought ~***; ***~ again*** doppelt soviel; **~ much as** (*neg. mst* ***not so much as***) a) (eben)soviel wie: ***~ my son***, b) so sehr, so viel: ***did he pay ~ that?*** hat er so viel (dafür) bezahlt?, c) so'gar, über'haupt (*neg.* nicht einmal): ***without ~ looking at him*** ohne ihn überhaupt *od.* auch nur anzusehen; **~ per** laut, gemäß (*dat.*); **~ soon as** → ***soon*** 3; **~ to 1.** → ***as for***; **2.** (als *od.* so) daß: ***be so kind ~ come*** sei so gut und komm; **3.** nach, gemäß (*dat.*); **~ well** → ***well***[1] 11; **~ yet** → ***yet*** 2.

as·bes·tos [æz'bestɒs] *s. min.* As'best *m*: ***~ board*** Asbestpappe *f*.

as·cend [ə'send] **I** *v/i.* **1.** (auf-, em'por-, hin'auf)steigen; **2.** ansteigen, (schräg) in die Höhe gehen: ***the path ~s here***; **3.** *zeitlich* hin'aufreichen, zu'rückgehen (***to*** bis in *acc.*, bis auf *acc.*); **4.** ♪ steigen (*Ton*); **II** *v/t.* **5.** be-, ersteigen: ***~ a river*** e-n Fluß hinauffahren; ***~ the throne*** den Thron besteigen; **as'cend·an·cy**, **as'cend·en·cy** [-dənsɪ] *s.* (***over***) Über'legenheit *f*, Herrschaft *f*, Gewalt *f* (über *acc.*); (bestimmender) Einfluß (auf *acc.*); **as'cend·ant**, **as'cend·ent** [-dənt] **I** *s.* **1.** *ast.* Aufgangspunkt *m e-s Gestirns*: ***in the ~*** *fig.* im Kommen *od.* Aufstieg; **2.** → ***ascendancy***; **3.** Verwandte(r *m*) *f* (*in aufsteigender Linie*); Vorfahr *m*; **II** *adj.* **4.** aufgehend, aufsteigend; **5.** über'legen, (vor)herrschend; **as'cend·ing** [-dɪŋ] *adj.* (auf-) steigend (*a. fig.*): ***~ air current*** Aufwind *m*; **as'cen·sion** [-nʃn] *s.* **1.** Aufsteigen *n* (*a. ast.*), Besteigung *f*; **2.** ***the*** ***2*** die Himmelfahrt Christi: ***2 Day*** Himmelfahrtstag *m*; **as'cent** [-nt] *s.* **1.** Aufstieg *m* (*a. fig.*), Besteigung *f*; **2.** *bsd.* ⛏, ⚙ Steigung *f*, Gefälle *n*, Abhang *m*; **3.** Auffahrt *f*, Rampe *f*, (Treppen)Aufgang *m*.

as·cer·tain [ˌæsə'teɪn] *v/t.* feststellen, ermitteln; in Erfahrung bringen; **ˌas·cer'tain·a·ble** [-nəbl] *adj.* feststellbar, zu ermitteln(d); **ˌas·cer'tain·ment** [-mənt] *s.* Feststellung *f*, Ermittlung *f*.

as·cet·ic [ə'setɪk] **I** *adj.* (□ ***~ally***) as'ketisch, Asketen...; **II** *s.* As'ket *m*; **as'cet·i·cism** [-ɪsɪzəm] *s.* As'kese *f*; Ka'steiung *f*.

as·cor·bic ac·id [ə'skɔːbɪk] *s.* Askor'binsäure *f*, Vitamin C *n*.

as·crib·a·ble [ə'skraɪbəbl] *adj.* zuzuschreiben(d), beizumessen(d); **as·cribe** [ə'skraɪb] *v/t.* (***to***) zuschreiben, beimessen, beilegen (*dat.*); zu'rückführen (auf *acc.*).

a·sep·sis [æ'sepsɪs] *s.* ⚕ A'sepsis *f*; keimfreie Wundbehandlung; **a'sep·tic** [-ptɪk] *adj.* (□ ***~ally***) a'septisch, keimfrei, ste'ril.

a·sex·u·al [eɪ'seksjʊəl] *adj.* □ *biol.* asexual: a) geschlechtslos (*a. fig.*), b) ungeschlechtlich: ***~ reproduction*** ungeschlechtliche Fortpflanzung.

ash[1] [æʃ] *s.* ⚘ **1.** *a.* ***~-tree*** Esche *f*: ***weeping ~*** Traueresche; **2.** *a.* ***~ wood*** Eschenholz *n*.

ash[2] [æʃ] *s.* **1.** Asche *f* (*a.* ⚗): ***~ bin*** (*Am.* ***can***) Aschen-, Mülleimer *m*; ***~ furnace*** Glasschmelzofen *m*; **2.** *mst pl.* Asche *f*: ***lay in ~es*** niederbrennen; **3.** *pl. fig.* sterbliche 'Überreste *pl.*; Trümmer *pl.*, Staub *m*: ***rise from the ~es*** *fig.* (wie ein Phönix) aus der Asche aufsteigen; **4.** ***win the 2es*** (*Kricket*) gegen Australien gewinnen.

a·shamed [ə'ʃeɪmd] *adj.* □ sich schämend, beschämt: ***be*** (*od.* ***feel***) ***~ of*** sich *e-r Sache od. j-s* schämen; ***be ~ to*** (*inf.*) sich schämen zu (*inf.*); ***I am ~ that*** es ist mir peinlich, daß; ***you ought to be ~ of yourself!*** du solltest dich schämen!

ash·en[1] ['æʃn] *adj.* ⚘ eschen, aus Eschenholz.

ash·en[2] ['æʃn] *adj.* Aschen...; *fig.* aschfahl, -grau.

Ash·ke·naz·im [ˌæʃkɪ'næzɪm] (*Hebrew*) *s. pl.* As(ch)ke'nasim *pl.*

ash·lar ['æʃlə] *s.* ⚠ Quaderstein *m.*

a·shore [ə'ʃɔ:] *adv. u. adj.* ans *od.* am Ufer *od.* Land: ***go ~*** an Land gehen; ***run ~*** a) stranden, auflaufen, b) auf Strand setzen.

'ash|·pit *s.* Aschengrube *f*; **'~·tray** *s.* Aschenbecher *m*; ⩍ **Wednes·day** *s.* Ascher'mittwoch *m.*

ash·y ['æʃɪ] *adj.* **1.** aus Asche (bestehend); mit Asche bedeckt; **2.** → ***ashen***[2].

A·sian ['eɪʃn], **A·si·at·ic** [ˌeɪʃɪ'ætɪk] **I** *adj.* asi'atisch; **II** *s.* Asi'at(in).

a·side [ə'saɪd] **I** *adv.* **1.** bei'seite, auf die *od.* zur Seite, seitwärts; abseits: ***step*** (***set***) ~; **2.** *thea.* beiseite: ***speak ~***; **3.** ***~ from*** *Am.* abgesehen von; **II** *s.* **4.** *thea.* A'parte *n*, beiseite gesprochene Worte *pl.*; **5.** a) Nebenbemerkung *f*, b) geflüsterte Bemerkung.

as·i·nine ['æsɪnaɪn] *adj.* eselartig, Esels...; *fig.* eselhaft, dumm.

ask [ɑ:sk] **I** *v/t.* **1.** a) *j-n* fragen: ***~ the policeman***, b) nach *et.* fragen: ***~ the way***; ***~ the time*** fragen, wie spät es ist; ***~ a question of s.o.*** e-e Frage an j-n stellen; **2.** *j-n* nach *et.* fragen, sich bei *j-m* nach *et.* erkundigen: ***~ s.o. the way***; ***may I ~ you a question?*** darf ich Sie (nach) etwas fragen?; ***~ me another!*** F keine Ahnung!; **3.** *j-n* bitten (***for*** um, ***to*** *inf.* zu *inf.*, ***that*** daß): ***~ s.o. for advice***; ***we were ~ed to believe*** man wollte uns glauben machen; **4.** bitten um, erbitten: ***~ his advice***; ***be there for the ~ing*** umsonst *od.* mühelos zu haben sein; → ***favour*** 2; **5.** einladen, bitten: ***~ s.o. to lunch***; ***~ s.o. in*** j-n hereinbitten; **6.** fordern, verlangen: ***~ a high price***; ***that is ~ing too much!*** das ist zuviel verlangt!; **7.** → ***banns***; **II** *v/i.* **8.** (***for***) bitten (um), verlangen (*acc. od.* nach); fragen (nach), *j-n* zu sprechen wünschen; *et.* erfordern: ***~ (s.o.) for help*** (j-n) um Hilfe bitten; ***s.o. has been ~ing for you*** es hat jemand nach Ihnen gefragt; ***the matter ~s for great care*** die Angelegenheit erfordert große Sorgfalt; **9.** *fig.* her'beiführen: ***you ~ed for it*** (*od.* ***for trouble***) du wolltest es ja so haben; **10.** fragen, sich erkundigen (***after***, ***about*** nach, wegen).

a·skance [ə'skæns] *adv.* von der Seite; *fig.* schief, scheel, mißtrauisch: ***look ~ at s.o.*** (*od.* ***s.th.***).

a·skew [ə'skju:] *adv.* schief, schräg (*a. fig.*).

a·slant [ə'slɑ:nt] **I** *adv. u. adj.* schräg, quer; **II** *prp.* quer über *od.* durch.

a·sleep [ə'sli:p] *adv. u. adj.* **1.** schlafend, im *od.* in den Schlaf: ***be ~*** schlafen; ***fall ~*** einschlafen; **2.** *fig.* entschlafen, leblos; **3.** *fig.* schlafend, unaufmerksam; **4.** *fig.* eingeschlafen (*Glied*).

a·slope [ə'sləʊp] *adv. u. adj.* abschüssig, schräg.

a·so·cial [æ'səʊʃəl] *adj.* □ **1.** ungesellig, kon'taktfeindlich; **2.** → ***antisocial.***

asp[1] [æsp] *s. zo.* Natter *f.*

asp[2] [æsp] → ***aspen.***

as·par·a·gus [ə'spærəgəs] *s.* ⚘ Spargel *m*: ***~ tips*** Spargelspitzen.

as·pect ['æspekt] *s.* **1.** Aussehen *n*, Äußere(s) *n*, Erscheinung *f*, Anblick *m*, Gestalt *f*; **2.** Gebärde *f*, Miene *f*; **3.** A'spekt *m* (*a. ast.*), Gesichtspunkt *m*, Seite *f*; Hinsicht *f*, (Be)Zug *m*: ***in its true ~*** im richtigen Licht; **4.** Aussicht *f*, Lage *f*: ***the house has a southern ~*** das Haus liegt nach Süden.

as·pen ['æspən] ⚘ **I** *s.* Espe *f*, Zitterpappel *f*; **II** *adj.* espen: ***tremble like an ~ leaf*** wie Espenlaub zittern.

as·per·gill ['æspədʒɪl], **as·per·gil·lum** [ˌæspə'dʒɪləm] *s. eccl.* Weihwedel *m.*

as·per·i·ty [æ'sperətɪ] *s. bsd. fig.* Rauheit *f*, Schroffheit *f*; Schärfe *f*, Strenge *f*, Herbheit *f.*

as·perse [ə'spɜ:s] *v/t.* verleumden, in schlechten Ruf bringen, schlechtmachen, schmähen; **as'per·sion** [-ɜ:ʃn] *s.* **1.** *eccl.* Besprengung *f*; **2.** Verleumdung *f*, Anwurf *m*, Schmähung *f*: ***cast ~s on*** *j-n* verleumden *od.* mit Schmutz bewerfen.

as·phalt ['æsfælt] **I** *s. min.* As'phalt *m*; **II** *v/t.* asphaltieren.

as·phyx·i·a [æs'fɪksɪə] *s.* ⚕ a) Erstickung(stod *m*) *f*, b) Scheintod *m*; **as·phyx·i·ant** [əs'fɪksɪənt] **I** *adj.* erstickend; **II** *s.* erstickender (⚔ Kampf-)Stoff *m*; **as·phyx·i·ate** [əs'fɪksɪeɪt] *v/t.* ersticken: ***be ~d*** ersticken; **as·phyx·i·a·tion** [əsˌfɪksɪ'eɪʃn] *s.* Erstickung *f.*

as·pic ['æspɪk] *s.* A'spik *m*, Ge'lee *n.*

as·pir·ant [ə'spaɪərənt] *s.* (***to***, ***after***, ***for***) Aspi'rant(in), Kandi'dat(in) (für); (eifriger) Bewerber (um): ***~ officer*** Offiziersanwärter *m.*

as·pi·rate ['æspərət] *ling.* **I** *s.* Hauchlaut *m*; **II** *adj.* aspiriert; **III** *v/t.* [-pəreɪt] aspirieren; **as·pi·ra·tion** [ˌæspə'reɪʃn] *s.* **1.** Bestrebung *f*, Aspirati'on *f*, Trachten *n*, Sehnen *n* (***for***, ***after*** nach); **2.** *ling.* Aspirati'on *f*; Hauchlaut *m*; **3.** ⚙, ⚕ An-, Absaugung *f*; **as·pi·ra·tor** ['æspəreɪtə] *s.* ⚙, ⚕ 'Saugappaˌrat *m*; **as·pire** [əs'paɪə] *v/i.* **1.** streben, trachten, verlangen (***to***, ***after*** nach, ***to*** *inf.*

zu *inf.*); **2.** *fig.* sich erheben.

as·pi·rin ['æspərɪn] *s.* ⚕ Aspi'rin *n*: ***two ~s*** zwei Aspirintabletten.

as·pir·ing [əs'paɪərɪŋ] *adj.* □ hochstrebend, ehrgeizig.

ass[1] [æs] *s. zo.* Esel *m*; *fig.* Esel *m*, Dummkopf *m*: ***make an ~ of o.s.*** sich lächerlich machen.

ass[2] [æs] *s. Am.* V Arsch *m*.

as·sail [ə'seɪl] *v/t.* **1.** angreifen, über'fallen, bestürmen (*a. fig.*): ***~ a city***; ***~ s.o. with blows***; ***~ s.o. with questions*** j-n mit Fragen überschütten; ***~ed by fear*** von Furcht ergriffen; ***~ed by doubts*** von Zweifeln befallen; **2.** (eifrig) in Angriff nehmen; **as'sail·a·ble** [-ləbl] *adj.* angreifbar (*a. fig.*); **as'sail·ant** [-lənt], **as'sail·er** [-lə] *s.* Angreifer(in), Gegner(in); *fig.* 'Kritiker *m*.

as·sas·sin [ə'sæsɪn] *s.* (Meuchel)Mörder (-in); po'litischer Mörder, Atten'täter (-in); **as'sas·si·nate** [-neɪt] *v/t.* (meuchlings) (er)morden; **as·sas·si·na·tion** [əˌsæsɪ'neɪʃn] *s.* Meuchelmord *m*, Ermordung *f*, (politischer) Mord, Atten'tat *n*.

as·sault [ə'sɔːlt] **I** *s.* **1.** Angriff *m* (*a. fig.*), 'Überfall *m* (***upon***, ***on*** auf *acc.*); **2.** ⚔ Sturm *m*: ***carry*** (*od.* ***take***) ***by ~*** erstürmen; ***~ boat*** a) Sturmboot *n*, b) Landungsfahrzeug *n*; ***~ troops*** Stoßtruppen; **3.** ⚖ tätliche Bedrohung *od.* Beleidigung: ***~ and battery*** schwere tätliche Beleidigung, Mißhandlung *f*; ***indecent*** *od.* ***criminal ~*** unzüchtige Handlung (*Belästigung*), Sittlichkeitsvergehen *n*; **II** *v/t.* **4.** angreifen, über'fallen (*a. fig.*); anfallen, tätlich werden gegen; **5.** ⚔ bestürmen (*a. fig.*); **6.** ⚖ tätlich *od.* schwer beleidigen; **7.** vergewaltigen.

as·say [ə'seɪ] **I** *s.* **1.** ⚙, ⚒ Probe *f*, Ana'lyse *f*, Prüfung *f*, Unter'suchung *f*, *bsd.* Me'tall-, Münzprobe *f*: ***~ office*** Prüfungsamt *n*; **II** *v/t.* **2.** *bsd.* (*Edel*)*Metalle* prüfen, unter'suchen; **3.** *fig.* versuchen, probieren; **III** *v/i.* **4.** *Am.* 'Edelmeˌtall enthalten; **as'say·er** [-eɪə] *s.* (Münz-) Prüfer *m*.

as·sem·blage [ə'semblɪdʒ] *s.* **1.** Zs.-kommen *n*, Versammlung *f*; **2.** Ansammlung *f*, Schar *f*, Menge *f*; **3.** ⚙ Zs.-setzen *n*, Mon'tage *f*; **4.** *Kunst*: Assem'blage *f*; **as·sem·ble** [ə'sembl] **I** *v/t.* **1.** versammeln, zs.-berufen; *Truppen* zs.-ziehen; **2.** ⚙ *Teile* zs.-setzen, -bauen, montieren; *Computer*: assemblieren; **II** *v/i.* **3.** sich versammeln, zs.-kommen; *parl.* zs.-treten; **as'sem·bler** [-lə] *s.* **1.** ⚙ Mon'teur *m*; **2.** *Computer*: As'sembler *m*; **as'sem·bly** [-lɪ] *s.* **1.** Versammlung *f*, Zs.-kunft *f*, Gesellschaft *f*: ***~ hall***, ***~ room*** Gesellschafts-, Ballsaal *m*; **2.** *oft* ♀ *pol.* beratende *od.* gesetzgebende Körperschaft; *Am.* ♀, *a.* ***General*** ♀ 'Unterhaus *n* (*in einigen Staaten*): ***~ man*** Abgeordnete(r) (→ 3); **3.** ⚙ Zs.-bau *m*, Mon'tage *f*; *a. Computer*: Baugruppe *f*: ***~ line*** Montage-, Fließband *n*, (Fertigungs)Straße *f*, laufendes Band; ***~ man*** Fließbandarbeiter *m* (→ 2); ***~ plant*** Montagewerk *n*; ***~ shop*** Montagehalle *f*; **4.** ⚔ a) Bereitstellung *f*, b) 'Sammelsiˌgnal *n*: ***~ area*** Bereitstellungsraum *m*.

as·sent [ə'sent] **I** *v/i.* (***to***) zustimmen (*dat.*), beipflichten (*dat.*), billigen (*acc.*); genehmigen (*acc.*); **II** *s.* Zustimmung *f*: ***royal ~*** *pol. Brit.* königliche Genehmigung.

as·sert [ə'sɜːt] *v/t.* **1.** behaupten, erklären; **2.** *Anspruch*, *Recht* behaupten, geltend machen; 'durchsetzen; bestehen auf (*acc.*); verteidigen, einstehen für: ***~ one's liberties***; **3.** ***~ o.s.*** a) sich behaupten, sich geltend machen *od.* 'durchsetzen, b) sich zu'viel anmaßen; **as·ser·tion** [ə'sɜːʃn] *s.* **1.** Behauptung *f*, Erklärung *f*: ***make an ~*** e-e Behauptung aufstellen; **2.** Geltendmachung *f* *od.* 'Durchsetzung *f* *e-s Anspruches etc.*; **as'ser·tive** [-tɪv] *adj.* □ **1.** 'positiv, zur Geltung kommend, ausdrücklich; **2.** anspruchsvoll, anmaßend.

as·sess [ə'ses] *v/t.* **1.** besteuern, zur Steuer einschätzen *od.* veranlagen (***in*** *od.* ***at*** [***the sum of***] mit); **2.** *Steuer, Geldstrafe etc.* auferlegen (***upon*** *dat.*): ***~ed value*** Einheitswert *m*; **3.** *bsd. Wert zur Besteuerung od. e-s Schadens* schätzen, veranschlagen, festsetzen; **4.** *fig. Leistung etc.* bewerten, einschätzen, beurteilen, würdigen; **as'sess·a·ble** [-səbl] *adj.* □ **1.** (ab)schätzbar; **2.** (***~ to income tax*** einkommens)steuerpflichtig; **as'sess·ment** [-mənt] *s.* **1.** (Steuer)Veranlagung *f*, Einschätzung *f*, Besteuerung *f*: ***~ notice*** Steuerbescheid *m*; ***rate of ~*** Steuersatz *m*; **2.** Festsetzung *f* e-r Zahlung (*als Entschädigung etc.*), (*Schadens*)Feststellung *f*; **3.** (*Betrag der*) Steuer *f*, Abgabe *f*, Zahlung *f*; **4.** *fig.* Bewertung *f*, Beurteilung *f*, Würdigung *f*; **as'ses·sor** [-sə] *s.* **1.** Steuereinschätzer *m*; **2.** ⚖ (sachverständiger) Beisitzer *m*, Sachverständige(r) *m*.

as·set ['æset] *s.* **1.** ✝ Vermögen(swert *m*, -gegenstand *m*) *n*; *Bilanz*: Ak'tivposten *m*, *pl.* Ak'tiva *pl.*, (Aktiv-, Betriebs)Vermögen *n*; (Kapital)Anlagen *pl.*; Guthaben *n u. pl.*: ***~s and liabilities*** Aktiva u. Passiva; ***concealed*** (*od.* ***hidden***) ***~s*** stille Reserven; **2.** *pl.* ⚖ Vermögen(smasse *f*) *n*, Nachlaß *m*; (***bankrupt's***) ***~s*** Kon'kursmasse *f*; **3.** *fig.* a) Vorzug *m*, -teil *m*, Plus *n*, Wert *m*, b) Gewinn (***to*** für), wertvolle Kraft, guter Mitarbeiter *etc.*

as·sev·er·ate [ə'sevəreɪt] *v/t.* beteuern; **as·sev·er·a·tion** [əˌsevə'reɪʃn] *s.* Beteuerung *f.*

as·si·du·i·ty [ˌæsɪ'dju:ətɪ] *s.* Emsigkeit *f*, (unermüdlicher) Fleiß; Dienstbeflissenheit *f*; **as·sid·u·ous** [ə'sɪdjʊəs] *adj.* □ **1.** emsig, fleißig, eifrig, beharrlich; **2.** aufmerksam, dienstbeflissen.

as·sign [ə'saɪn] **I** *v/t.* **1.** *Aufgabe etc.* zu-, anweisen, zuteilen, über'tragen (***to s.o.*** j-m); **2.** *j-n zu e-r Aufgabe etc.* bestimmen, *j-n mit et.* beauftragen; *e-m Amt*, ⚔ *e-m Regiment* zuteilen; **3.** *fig. et.* zuordnen (***to*** *dat.*); **4.** *Zeit, Aufgabe* festsetzen, bestimmen; **5.** *Grund etc.* angeben, anführen; **6.** zuschreiben (***to*** *dat.*); **7.** ⚖ (***to***) über'tragen (auf *acc.*), abtreten (an *acc.*); **II** *s.* **8.** ⚖ Rechtsnachfolger(in), Zessio'nar *m*; **as'sign·a·ble** [-nəbl] *adj.* bestimmbar, zuweisbar; zuzuschreiben(d); anführbar; ⚖ über'tragbar; **as·sig·na·tion** [ˌæsɪg'neɪʃn] *s.* **1.** → ***assignment*** 1, 2, 4; **2.** *et.* Zugewiesenes, (Geld)Zuwendung *f*; **3.** Stelldichein *n*; **as·sign·ee** [ˌæsɪ'ni:] *s.* ⚖ **1.** → ***assign*** 8; **2.** Bevollmächtigte(r *m*) *f*; Treuhänder *m*: ***~ in bankruptcy*** Konkursverwalter *m*; **as'sign·ment** [-mənt] *s.* **1.** An-, Zuweisung *f*; **2.** Bestimmung *f*, Festsetzung *f*; **3.** Aufgabe *f*, Arbeit *f* (*a. ped.*); Auftrag *m*; *bes. Am.* Stellung *f*, Posten *m*; **4.** ⚖ a) Übertragung *f*, Abtretung *f*, b) Abtretungsurkunde *f*; **as·sign·or** [ˌæsɪ'nɔ:] *s.* ⚖ Ze'dent(in), Abtretende(r *m*) *f.*

as·sim·i·late [ə'sɪmɪleɪt] **I** *v/t.* **1.** assimilieren: a) angleichen (*a. ling.*), anpassen (***to, with*** *dat.*), b) *bsd. sociol.* aufnehmen, absorbieren, *a.* gleichsetzen (***to, with*** mit), c) *biol. Nahrung* einverleiben, 'umsetzen; **2.** vergleichen (***to, with*** mit); **II** *v/i.* **3.** sich assimilieren, gleich *od.* ähnlich werden, sich anpassen, sich angleichen; **4.** aufgenommen werden; **as·sim·i·la·tion** [əˌsɪmɪ'leɪʃn] *s.* (***to***) Assimilati'on *f* (an *acc.*): a) *a. sociol.* Angleichung *f* (an *acc.*), Gleichsetzung *f* (mit), b) *biol., sociol.* Aufnahme *f*, Einverleibung *f*, c) *bot.* Photosyn'these *f*, d) *ling.* Assimilierung *f.*

as·sist [ə'sɪst] **I** *v/t.* **1.** *j-m* helfen, beistehen; *j-n od. et.* unter'stützen: ***~ed take-off*** Abflug *m* mit Starthilfe; **2.** fördern, (*mit Geld*) unter'stützen: ***~ed immigration*** Einwanderung mit (staatlicher) Beihilfe; **II** *v/i.* **3.** Hilfe leisten, mithelfen (***in*** bei): ***~ in doing a job*** bei e-r Arbeit (mit)helfen; **4.** (***at***) beiwohnen (*dat.*), teilnehmen (an *dat.*); **III** *s.* **5.** F → ***assistance***; **6.** *Eishockey etc.*: Vorlage *f*; **as'sist·ance** [-təns] *s.* Hilfe *f*, Unter'stützung *f*, Beistand *m*: ***economic*** (***judicial***) ***~*** Wirtschafts- (Rechts)Hilfe; ***social ~*** Sozialhilfe *f*; ***afford*** (*od.* ***lend***) ***~*** Hilfe gewähren *od.* leisten; **as'sist·ant** [-tənt] **I** *adj.* **1.** behilflich (***to*** *dat.*); **2.** Hilfs..., Unter..., stellvertretend, zweite(r): ***~ driver*** Beifahrer *m*; ***~ judge*** ⚖ Beisitzer *m*; **II** *s.* **3.** Assi'stent(in), Gehilfe *m*, Gehilfin *f*, Mitarbeiter(in); Angestellte(r *m*) *f*; **4.** Ladengehilfe *m*, -gehilfin *f*, Verkäufer(in).

as·size [ə'saɪz] *s. hist.* **1.** ⚖ (Schwur-) Gerichtssitzung *f*, Gerichtstag *m*; **2.** ***≈s*** *pl.* ⚖ *Brit.* As'sisen *pl.*, peri'odische (Schwur)Gerichtssitzungen *pl.* des ***High Court of Justice*** in den einzelnen Grafschaften (*bis 1971*).

as·so·ci·a·ble [ə'səʊʃjəbl] *adj.* (gedanklich) vereinbar (***with*** mit).

as·so·ci·ate [ə'səʊʃɪeɪt] **I** *v/t.* **1.** (***with***) vereinigen, verbinden, verknüpfen (mit); hin'zufügen, angliedern, -schließen, zugesellen (*dat.*): ***~d company*** ✝ *Brit.* Schwestergesellschaft *f*; **2.** *bsd. psych.* assoziieren, (gedanklich) verbinden, in Zs.-hang bringen, verknüpfen; **3.** ***~ o.s.*** sich anschließen (***with*** *dat.*); **II** *v/i.* (***with*** mit) **4.** 'Umgang haben, verkehren; **5.** sich verknüpfen, sich verbinden; **III** *adj.* [-ʃɪət] **6.** eng verbunden, verbündet; verwandt (***with*** mit); **7.** beigeordnet, Mit...: ***~ editor*** Mitherausgeber *m*; ***~ judge*** beigeordneter Richter; **8.** außerordentlich: ***~ member***, ***~ professor***; **IV** *s.* [-ʃɪət] **9.** ✝ Teilhaber *m*, Gesellschafter *m*; **10.** Gefährte *m*, Genosse *m*, Kol'lege *m*, Mitarbeiter *m*; **11.** außerordentliches Mitglied, Beigeordnete(r *m*) *f*; **12.** *Am. univ.* Lehrbeauftragte(r *m*) *f.*

as·so·ci·a·tion [əˌsəʊsɪ'eɪʃn] *s.* **1.** Vereinigung *f*, Verbindung *f*, An-, Zs.-schluß *m*; **2.** Verein(igung *f*) *m*, Gesellschaft *f*; Genossenschaft *f*, Handelsgesellschaft *f*, Verband *m*; **3.** Freundschaft *f*, Kame'radschaft *f*; 'Umgang *m*, Verkehr *m*; **4.** Zs.-hang *m*, Beziehung *f*, Verknüpfung *f*; (Gedanken)Verbindung *f*, (I'deen)Assoziati₍on *f*: ~ ***of ideas***; ~ **foot·ball** *s. sport* (Verbands-) Fußball(spiel *n*) *m* (*Ggs. Rugby*).

as·so·nance ['æsənəns] *s.* Asso'nanz *f*, vo'kalischer Gleichklang; **'as·so·nant** [-nt] **I** *adj.* anklingend; **II** *s.* Gleichklang *m*.

as·sort [ə'sɔːt] **I** *v/t.* **1.** sortieren, gruppieren, (passend) zs.-stellen; **2.** ✝ assortieren; **II** *v/i.* **3.** (***with***) passen (zu), über'einstimmen (mit); **4.** verkehren, 'umgehen (***with*** mit); **as'sort·ed** [-tɪd] *adj.* **1.** sortiert, geordnet; **2.** ✝ assortiert, *a. fig.* gemischt, verschiedenartig, allerlei; **as'sort·ment** [-mənt] *s.* **1.** Sortieren *n*, Ordnen *n*; **2.** Zs.-stellung *f*, Sammlung *f*; **3.** *bsd.* ⚖ Sorti'ment *n*, Auswahl *f*, Mischung *f*, Kollekti'on *f*.

as·suage [ə'sweɪdʒ] *v/t.* **1.** erleichtern, lindern, mildern; **2.** besänftigen, beschwichtigen; **3.** *Hunger etc.* stillen.

as·sume [ə'sjuːm] *v/t.* **1.** annehmen, vor'aussetzen, unter'stellen: ***assuming that*** angenommen, daß; **2.** *Amt, Pflicht, Schuld etc.* über'nehmen, (*a. Gefahr*) auf sich nehmen: ~ ***office***; **3.** *Gestalt, Eigenschaft etc.* annehmen, bekommen; sich zulegen, sich geben, sich angewöhnen; **4.** sich anmaßen *od.* aneignen: ~ ***power*** die Macht ergreifen; **5.** vorschützen, vorgeben, (er)heucheln; **6.** *Kleider etc.* anziehen; **as'sumed** [-md] *adj.* □ **1.** angenommen, vor'ausgesetzt; **2.** vorgetäuscht, unecht: ~ ***name*** Deckname *m*; **as'sum·ed·ly** [-mɪdlɪ] *adv.* vermutlich; **as'sum·ing** [-mɪŋ] *adj.* □ anmaßend.

as·sump·tion [ə'sʌmpʃn] *s.* **1.** Annahme *f*, Vor'aussetzung *f*; Vermutung *f*: ***on the ~ that*** in der Annahme, daß; **2.** 'Übernahme *f*, Annahme *f*; **3.** ('widerrechtliche) Aneignung; **4.** Anmaßung *f*; **5.** Vortäuschung *f*; **6.** ♀ (***Day***) *eccl.* Mariä Himmelfahrt *f*.

as·sur·ance [ə'ʃʊərəns] *s.* **1.** Ver-, Zusicherung *f*; **2.** Bürgschaft *f*, Garan'tie *f*; **3.** ✝ (*bsd.* Lebens)Versicherung *f*; **4.** Sicherheit *f*, Gewißheit *f*; Sicherheitsgefühl *n*, Zuversicht *f*; **5.** Selbstsicherheit *f*, -vertrauen *n*; sicheres Auftreten; *b.s.* Dreistigkeit *f*; **as·sure** [ə'ʃʊə] *v/t.* **1.** sichern, sicherstellen, bürgen für: ***this will ~ your success***; **2.** ver-, zusichern: ~ ***s.o. of s.th.*** j-n e-r Sache versichern, j-m et. zusichern; ~ ***s.o. that*** j-m versichern, daß; **3.** beruhigen; **4.** (***o.s.*** sich) über'zeugen *od.* vergewissern; **5.** *Leben* versichern: ~ ***one's life with*** e-e Lebensversicherung abschließen bei *e-r Gesellschaft*; **as·sured** [ə'ʃʊəd] **I** *adj.* □ **1.** ge-, versichert; **2.** a) sicher, über'zeugt, b) selbstsicher, c) beruhigt, ermutigt; **3.** gewiß, zweifellos; **II** *s.* **4.** Versicherte(r *m*) *f*; **as'sur·ed·ly** [-rɪdlɪ] *adv.* ganz gewiß; **as·sured·ness** [ə'ʃʊədnɪs] *s.* Gewißheit *f*; Selbstvertrauen *n*; *b.s.* Dreistigkeit *f*; **as'sur·er** [-rə] *s.* Versicherer *m*.

As·syr·i·an [ə'sɪrɪən] **I** *adj.* as'syrisch; **II** *s.* As'syrer(in).

as·ter ['æstə] *s.* ⚘ Aster *f*.

as·ter·isk ['æstərɪsk] *s. typ.* Sternchen *n*.

a·stern [əs'tɜːn] *adv.* ⚓ **1.** achtern, hinten; **2.** achteraus.

as·ter·oid ['æstərɔɪd] *s. ast.* Astero'id *m* (*kleiner Planet*).

asth·ma ['æsmə] *s.* ⚕ 'Asthma *n*, Atemnot *f*; **asth·mat·ic** [æs'mætɪk] **I** *adj.* (□ ~***ally***) asth'matisch; **II** *s.* Asth'matiker (-in); **asth·mat·i·cal** [æs'mætɪkl] → ***asthmatic*** I.

as·tig·mat·ic [ˌæstɪg'mætɪk] *adj.* (□ ~***ally***) *phys.* astig'matisch; **a·stig·ma·tism** [æ'stɪgmətɪzəm] *s.* Astigma'tismus *m*.

a·stir [ə'stɜː] *adv. u. adj.* **1.** auf den Beinen: a) in Bewegung, rege, b) auf(gestanden), aus dem Bett, munter; **2.** in Aufregung (***with*** über *acc.*, wegen).

as·ton·ish [ə'stɒnɪʃ] *v/t.* **1.** in Erstaunen *od.* Verwunderung setzen; **2.** über'raschen, befremden: ***be ~ed*** erstaunt *od.* überrascht sein (***at*** über *acc.*, ***to*** *inf.* zu *inf.*), sich wundern (***at*** über *acc.*); **as'ton·ish·ing** [-ʃɪŋ] *adj.* □ erstaunlich, überraschend; **as'ton·ish·ing·ly** [-ʃɪŋlɪ] *adv.* erstaunlich(erweise); **as'ton·ish·ment** [-mənt] *s.* Verwunderung *f*, (Er)Staunen *n*, Befremden *n* (***at*** über *acc.*): ***to fill*** (*od.* ***strike***) ***with ~*** in Erstaunen setzen.

as·tound [ə'staʊnd] *v/t.* verblüffen, in Erstaunen setzen, äußerst über'raschen; **as'tound·ing** [-dɪŋ] *adj.* □ verblüffend, höchst erstaunlich.

as·tra·chan → ***astrakhan***.

a·strad·dle [ə'strædl] *adv.* rittlings.

as·tra·khan [ˌæstrə'kæn] *s.* 'Astrachan *m*, Krimmer *m* (*Pelzart*).

as·tral ['æstrəl] *adj.* Stern(en)..., Astral...: ~ ***body*** Astralleib *m*; ~ ***lamp*** Astrallampe *f*.

a·stray [ə'streɪ] **I** *adv.*: ***go ~*** a) vom Weg abkommen, b) *fig.* auf Abwege geraten, c) *fig.* irre-, fehlgehen, d) das Ziel verfehlen (*Schuß etc.*); ***lead ~*** *fig.* irreführen, verleiten; **II** *adj.* irregehend, abschweifend (*a. fig.*); irrig, falsch.

a·stride [ə'straɪd] *adv., adj. u. prp.* rittlings (***of*** auf *dat.*), mit gespreizten Beinen: ***ride*** ~ im Herrensattel reiten; ~ (***of***) ***a horse*** zu Pferde; ~ (***of***) ***a road*** quer über die Straße.

as·tringe [əˈstrɪndʒ] *v/t.* (*a.* ⚕) zs.-ziehen, adstringieren; **asˈtrin·gent** [-dʒənt] **I** *adj.* □ **1.** ⚕ adstringierend, zs.-ziehend; **2.** *fig.* streng, hart; **II** *s.* **3.** ⚕ Adˈstringens *n.*

as·tri·on·ics [ˌæstrɪˈɒnɪks] *s. pl. sg. konstr.* Astriˈonik *f*, ˈRaumfahrtelekˌtronik *f.*

as·tro·dome [ˈæstrəʊdəʊm] *s.* ✈ Kuppel *f* für astroˈnomische Navigatiˈon; **as·tro·labe** [ˈæstrəʊleɪb] *s. ast.* Astroˈlabium *n.*

as·trol·o·ger [əˈstrɒlədʒə] *s.* Astroˈloge *m*, Sterndeuter *m*; **as·tro·log·ic**, **as·tro·log·i·cal** [ˌæstrəˈlɒdʒɪk(l)] *adj.* □ astroˈlogisch; **as·trol·o·gy** [əˈstrɒlədʒɪ] *s.* Astroloˈgie *f*, Sterndeutung *f.*

as·tro·naut [ˈæstrənɔːt] *s.* (Welt-)Raumfahrer *m*, Astroˈnaut *m*; **as·tro·nau·tics** [ˌæstrəˈnɔːtɪks] *s. pl. sg. konstr.* Raumfahrt *f.*

as·tron·o·mer [əˈstrɒnəmə] *s.* Astroˈnom *m*; **as·tro·nom·ic**, **as·tro·nom·i·cal** [ˌæstrəˈnɒmɪk(l)] *adj.* □ **1.** astroˈnomisch, Stern…, Himmels…; **2.** *fig.* riesengroß: ~ ***figures*** astronomische Zahlen; **as·tron·o·my** [əˈstrɒnəmɪ] *s.* Astronoˈmie *f*, Sternkunde *f.*

as·tro·phys·i·cist [ˌæstrəʊˈfɪzɪsɪst] *s.* Astroˈphysiker *m*; **as·tro·phys·ics** [ˌæstrəʊˈfɪzɪks] *s. pl. sg. konstr.* Astrophyˈsik *f.*

as·tute [əˈstjuːt] *adj.* □ **1.** scharfsinnig; **2.** schlau, gerissen, raffiniert; **asˈtute·ness** [-nɪs] *s.* Scharfsinn *m*; Schlauheit *f.*

a·sun·der [əˈsʌndə] **I** *adv.* auseinˈander, entˈzwei, in Stücke: ***cut s.th.*** ~; **II** *adj.* auseinˈander(liegend); *fig.* verschieden.

a·sy·lum [əˈsaɪləm] *s.* **1.** Aˈsyl *n*, Heim *n*, (Pflege)Anstalt *f*: (***insane*** *od.* ***lunatic***) ~ Irrenanstalt *f*; **2.** Aˈsyl *n*: a) Freistätte *f*, Zufluchtsort *m*, b) *fig.* Zuflucht *f*, Schutz *m*, c) poˈlitisches Aˈsyl: ***right of*** ~ Asylrecht *n.*

a·sym·met·ric, **a·sym·met·ri·cal** [ˌæsɪˈmetrɪk(l)] *adj.* □ asymˈmetrisch, ˈunsymˌmetrisch, ungleichmäßig: ***asymmetrical bars*** *Turnen*: Stufenbarren *m*; **a·sym·me·try** [æˈsɪmətrɪ] *s.* Asymmeˈtrie *f*, Ungleichmäßigkeit *f.*

a·syn·chro·nous [æˈsɪŋkrənəs] *adj.* □ ˈasynchron, Asynchron…

at[1] [æt; *unbetont* ət] *prp.* **1.** (*Ort*) an (*dat.*), bei, zu, auf (*dat.*), in (*dat.*): ~ ***the corner*** an der Ecke; ~ ***the door*** an *od.* vor der Tür; ~ ***home*** zu Hause; ~ ***the baker's*** beim Bäcker; ~ ***school*** in der Schule; ~ ***a ball*** bei (*od.* auf) e-m Ball; ~ ***Stratford*** in Stratford (***at*** *vor dem Namen jeder Stadt außer London u. dem eigenen Wohnort; vor den beiden letzteren* ***in***); **2.** (*Richtung*) auf (*acc.*), nach, gegen, zu, durch: ***point*** ~ ***s.o.*** auf j-n zeigen; **3.** (*Art u. Weise, Zustand*) in (*dat.*), bei, zu, unter (*dat.*), auf (*acc.*): ~ ***work*** bei der Arbeit; ~ ***your service*** zu Ihren Diensten; ***good*** ~ ***Latin*** gut in Latein; ~ ***my expense*** auf meine Kosten; ~ ***a gallop*** im Galopp; ***he is still*** ~ ***it*** er ist noch dabei *od.* dran *od.* damit beschäftigt; **4.** (*Zeit*) um, bei, zu, auf (*dat.*): ~ ***3 o'clock*** um 3 Uhr; ~ ***dawn*** bei Tagesanbruch; ~ ***Christmas*** zu Weihnachten; ~ (***the age of***) ***21*** im Alter von 21 Jahren; **5.** (*Grund*) über (*acc.*), von, bei: ***alarmed*** ~ beunruhigt über; **6.** (*Preis, Maß*) für, um, zu: ~ ***6 dollars***; ***charged*** ~ berechnet mit; **7.** ~ ***all*** *in neg. od. Fragesätzen*: überˈhaupt, gar *nichts etc.*: ***is he suitable*** ~ ***all?*** ist er überhaupt geeignet?; ***not*** ~ ***all*** überhaupt nicht; ***not*** ~ ***all!*** F nichts zu danken!, gern geschehen!

At[2] [æt] *s. Brit.* ⚔ *hist.* F Angehörige *f* der Streitkräfte.

at·a·vism [ˈætəvɪzəm] *s. biol.* Ataˈvismus *m*, (Entwicklungs)Rückschlag *m*; **at·a·vis·tic** [ˌætəˈvɪstɪk] *adj.* ataˈvistisch.

a·tax·i·a [əˈtæksɪə], **aˈtax·y** [-ksɪ] *s.* Ataˈxie *f*, Bewegungsstörung *f.*

ate [et] *pret. von* ***eat***.

at·el·ier [ˈætəlɪeɪ] (*Fr.*) *s.* Ateliˈer *n.*

a·the·ism [ˈeɪθɪɪzəm] *s.* Atheˈismus *m*, Gottesleugnung *f*; **ˈa·the·ist** [-ɪst] *s.* **1.** Atheˈist(in); **2.** gottloser Mensch; **a·the·is·tic** *adj.*; **a·the·is·ti·cal** [ˌeɪθɪˈɪstɪk(l)] *adj.* □ **1.** atheˈistisch; **2.** gottlos.

A·the·ni·an [əˈθiːnjən] **I** *adj.* aˈthenisch; **II** *s.* Aˈthener(in).

a·thirst [əˈθɜːst] *adj.* **1.** durstig; **2.** begierig (***for*** nach).

ath·lete [ˈæθliːt] *s.* **1.** Athˈlet *m*: a) Sportler *m*, Wettkämpfer *m*, b) *fig.* Hüne *m*; **2.** *Brit.* ˈLeichtathˌlet *m*; ~**'s foot** *s.* ⚕ Fußpilz *m.*

ath·let·ic [æθˈletɪk] *adj.* (□ ~***ally***) athˈletisch: a) Sport…, b) von athletischem Körperbau, muskuˈlös, c) sportlich (gewandt); ~ **heart** *s.* ⚕ Sportherz *n.*

ath·let·i·cism [æθˈletɪsɪzəm] *s.* → ***athletics*** 2; **athˈlet·ics** [-ɪks] *s. pl. sg. konstr.* **1.** a) Sport *m*, b) *Brit.* ˈLeichtathˌletik *f*; **2.** sportliche Betätigung *od.* Gewandtheit, Sportlichkeit *f.*

at-home [ətˈhəʊm] *s.* (zwangloser) Empfang(stag), At-ˈhome *n.*

a·thwart [əˈθwɔːt] **I** *adv.* **1.** quer, schräg hinˈdurch; ⚓ dwars (über); **2.** *fig.* verkehrt, ungelegen, in die Quere; **II** *prp.* **3.** (quer) über (*acc.*) *od.* durch; ⚓ dwars (über *acc.*); **4.** *fig.* (ent)gegen.

a·tilt [əˈtɪlt] *adv. u. adj.* **1.** vorgebeugt, kippend; **2.** mit eingelegter Lanze: ***run*** (*od.* ***ride***) ***~ at s.o.*** *fig.* gegen j-n e-e Attacke reiten.

At·lan·tic [ətˈlæntɪk] **I** *adj.* atˈlantisch; **II** *s.*: ***the ~*** der Atˈlantik, der Atlantische Ozean; **~ Char·ter** *s. pol.* Atˈlantik-ˌCharta *f*; **~ (standard) time** *s.* Atˈlantische (ˈStandard)Zeit (*im Osten Kanadas*).

at·las [ˈætləs] *s.* **1.** Atlas *m* (*Buch*); **2.** △ Atˈlant *m*, Atlas *m* (*Gebälkträger*); **3.** *fig.* Hauptstütze *f*; **4.** *anat.* Atlas *m* (*oberster Halswirbel*); **5.** *großes Papierformat*; **6.** Atlas(seide *f*) *m*.

at·mos·phere [ˈætməˌsfɪə] *s.* **1.** Atmoˈsphäre *f*, Lufthülle *f*; **2.** Luft *f*: ***a moist ~***; **3.** ⚙ Atmoˈsphäre *f* (*Druckeinheit*); **4.** *fig.* Atmoˈsphäre *f*: a) Umˈgebung *f*, b) Stimmung *f*.

at·mos·pher·ic [ˌætməsˈferɪk] *adj.* (□ ***~ally***) **1.** atmoˈsphärisch, Luft...: ***~ pressure*** *phys.* Luftdruck; **2.** Witterungs..., Wetter...; **3.** ⚙ mit (Luft-) Druck betrieben; **4.** *fig.* stimmungsvoll, Stimmungs...; **at·mosˈpher·ics** [-ks] *s. pl.* **1.** ⚙ atmoˈsphärische Störungen *pl.*; **2.** *fig.* (*bsd.* optiˈmistische) Atmoˈsphäre.

at·oll [ˈætɒl] *s. geogr.* Aˈtoll *n*.

at·om [ˈætəm] *s.* **1.** *phys.* Aˈtom *n*: ***~ bomb*** Atombombe *f*; ***~ smashing*** Atomzertrümmerung *f*; ***~ splitting*** Atom(kern)spaltung *f*; **2.** *fig.* Aˈtom *n*, winziges Teilchen, bißchen *n*: ***not an ~ of truth*** kein Körnchen Wahrheit.

a·tom·ic [əˈtɒmɪk] *adj. phys.* (□ ***~ally***) atoˈmar, aˈtomisch, Atom...: ***~ age*** Atomzeitalter *n*; ***~ bomb*** Atombombe *f*; ***~ clock*** Atomuhr *f*; ***~ decay***, ***~ disintegration*** Atomzerfall *m*; ***~ energy*** Atomenergie *f*; ***~ fission*** Atomspaltung *f*; ***~ fuel*** Kernbrennstoff *m*; ***~ index***, ***~ number*** Atomzahl *f*; ***~ nucleus*** Atomkern *m*; ***~ pile*** Atombatterie *f*, -säule *f*, -meiler *m*; ***~-powered*** mit Atomkraft getrieben, Atom...; ***~ power plant*** Atomkraftwerk *n*; ***~ weight*** Atomgewicht *n*.

a·tom·i·cal [əˈtɒmɪkl] → ***atomic.***

a·tom·ics [əˈtɒmɪks] *s. pl. mst sg. konstr.* Aˈtomphyˌsik *f*.

at·om·ism [ˈætəmɪzəm] *s. phls.* Atoˈmismus *m*; **at·om·is·tic** [ˌætəʊˈmɪstɪk] *adj.* (□ ***~ally***) atoˈmistisch.

at·om·ize [ˈætəʊmaɪz] *v/t.* **1.** in Aˈtome auflösen; **2.** *Flüssigkeit* zerstäuben; **3.** in s-e Bestandteile auflösen, atomisieren; **4.** ⚔ mit Atombomben belegen; **ˈat·om·iz·er** [-maɪzə] *s.* ⚙ Zerstäuber *m*.

at·o·my¹ [ˈætəmɪ] *s.* **1.** Aˈtom *n*; **2.** *fig.* Zwerg *m*, Knirps *m*.

at·o·my² [ˈætəmɪ] *s.* F ‚Gerippe' *n*.

a·tone [əˈtəʊn] *v/i.* (***for***) büßen (für); sühnen, wiederˈgutmachen (*acc.*); **aˈtone·ment** [-mənt] *s.* **1.** Buße *f*, Sühne *f*, Genugtuung *f* (***for*** für): ***Day of ~*** *eccl.* a) Buß- und Bettag *m*, b) Versöhnungstag *m* (*jüd. Feiertag*); **2.** ***the ~*** *eccl.* das Sühneopfer Christi.

a·ton·ic [æˈtɒnɪk] *adj.* **1.** ⚕ aˈtonisch, schlaff, schwächend; **2.** *ling.* a) unbetont, b) stimmlos; **at·o·ny** [ˈætənɪ] *s.* ⚕ Atoˈnie *f*.

a·top [əˈtɒp] **I** *adv.* oben(auf), zuˈoberst; **II** *prp. a.* ***~ of*** (oben) auf (*dat.*); *fig.* besser als.

a·trip [əˈtrɪp] *adj.* ⚓ **1.** gelichtet (*Anker*); **2.** steifgeheißt (*Segel*).

a·tri·um [ˈɑːtrɪəm] *pl.* **-a** [-ə] *s.* ˈAtrium *n*: a) *antiq.* Hauptraum *m*, b) △ Lichthof *m*, c) *anat.* (*bsd.* Herz)Vorhof *m*, Vorkammer *f*.

a·tro·cious [əˈtrəʊʃəs] *adj.* □ scheußlich, gräßlich, grausam, *fig.* F *a.* miseˈrabel; **a·troc·i·ty** [əˈtrɒsətɪ] *s.* **1.** Scheußlichkeit *f*; **2.** Greuel(tat *f*) *m*; **3.** F a) Ungeheuerlichkeit *f*, (grober) Verstoß, b) ‚Greuel' *m*, *et.* Scheußliches.

at·ro·phied [ˈætrəfɪd] *adj.* ⚕ atrophiert, geschrumpft, verkümmert (*a. fig.*); **ˈat·ro·phy** [-fɪ] ⚕ **I** *s.* Atroˈphie *f*, Abzehrung *f*, Schwund *m*, Verkümmerung *f* (*a. fig.*); **II** *v/t.* abzehren *od.* verkümmern lassen; **III** *v/i.* schwinden, verkümmern (*a. fig.*).

Ats [æts] *s. pl. Brit. hist.* F *statt* ***A.T.S.*** [ˈeɪˈtiːˈes] *abbr. für* (***Women's***) ***Auxiliary Territorial Service*** *Organisation der weiblichen Angehörigen der Streitkräfte.*

at·ta·boy [ˈætəbɔɪ] *int. Am.* F bravo!, so ist's recht!

at·tach [əˈtætʃ] **I** *v/t.* **1.** (***to***) befestigen, anbringen (an *dat.*), beifügen (*dat.*), anheften, -binden, -kleben (an *acc.*), verbinden (mit); **2.** *fig.* (***to***) *Sinn etc.* verknüpfen, verbinden (mit); *Wert*, *Wichtigkeit*, *Schuld* beimessen (*dat.*), *Namen* beilegen (*dat.*): ***~ conditions*** (***to***) Bedingungen knüpfen (an *acc.*); → ***importance*** 1; **3.** *fig.* *j-n* fesseln, gewinnen, für sich einnehmen: ***be ~ed to***

s.o. an j-m hängen; ***be ~ed*** ‚in festen Händen sein' (*Mädchen etc.*); ***~ o.s.*** sich anschließen (***to*** *dat.*, an *acc.*); **4.** (***to***) *j-n* angliedern, zuteilen (*dat.*); **5.** ⚖ a) *j-n* verhaften, b) *et.* beschlagnahmen, *Forderung, Konto etc.* pfänden; **II** *v/i.* **6.** (***to***) anhaften (*dat.*), verknüpft *od.* verbunden sein (mit): ***no blame ~es to him*** ihn trifft keine Schuld; **7.** ⚖ als Rechtsfolge eintreten: ***liability ~es***;
at'tach·a·ble [-tʃəbl] *adj.* **1.** anfügbar, an-, aufsteckbar; **2.** *fig.* verknüpfbar (***to*** mit); **3.** ⚖ zu beschlagnahmen(d); beschlagnahmefähig, pfändbar.

at·ta·ché [ə'tæʃeɪ] (*Fr.*) *s.* Atta'ché *m*: ***commercial ~*** Handelsattaché; ***~ case*** *s.* Aktenkoffer *m*.

at·tached [ə'tætʃt] *adj.* **1.** befestigt, fest, da'zugehörig: ***with collar ~*** mit festem Kragen; **2.** angeschlossen, zugeteilt; **3.** anhänglich, *j-m* zugetan; **at'tach·ment** [-tʃmənt] *s.* **1.** Befestigung *f*, Anbringung *f*; Anschluß *m*; **2.** Verbindung *f*, Verknüpfung *f*; **3.** Anhängsel *n*, Beiwerk *n*; ⚙ Zusatzgerät *n*; **4.** *fig.* (***to, for***) Bindung *f* (an *acc.*); Zugehörigkeit *f* (zu); Anhänglichkeit *f* (an *acc.*), Neigung *f*, Liebe *f* (zu); **5.** ⚖ a) Verhaftung *f*, b) Beschlagnahme *f*, Pfändung *f*, dinglicher Ar'rest: ***~ of a debt*** Forderungspfändung; ***order of ~*** Beschlagnahmeverfügung *f*.

at·tack [ə'tæk] **I** *v/t.* **1.** angreifen, über'fallen; **2.** *fig.* angreifen, scharf kritisieren; **3.** *fig. Arbeit etc.* in Angriff nehmen, sich über *Essen etc.* hermachen; **4.** *fig.* befallen (*Krankheit*); angreifen: ***acid ~s metals***; **II** *s.* **5.** Angriff *m* (***on*** auf *acc.*) (*a.* ⚗ *Einwirkung*), 'Überfall *m*; **6.** *fig.* Angriff *m*, At'tacke *f*, (scharfe) Kri'tik: ***be under ~*** unter Beschuß stehen; **7.** ⚕ Anfall *m*, At'tacke *f*; **8.** In'angriffnahme *f*; **at'tack·er** [-kə] *s.* Angreifer *m*.

at·tain [ə'teɪn] **I** *v/t. Zweck etc.* erreichen; erlangen; erzielen; **II** *v/i.* (***to***) gelangen (zu), erreichen (*acc.*): ***after ~ing the age of 18 years*** nach Vollendung des 18. Lebensjahres; **at'tain·a·ble** [-nəbl] *adj.* erreichbar; **at'tain·der** [-ndə] *s.* ⚖ Verlust *m* der bürgerlichen Ehrenrechte u. Einziehung *f* des Vermögens; **at'tain·ment** [-mənt] *s.* **1.** Erreichung *f*, Erwerbung *f*; **2.** *pl.* Kenntnisse *pl.*, Fertigkeiten *pl.*; **at'taint** [-nt] **I** *v/t.* **1.** zum Tode und zur Ehrlosigkeit verurteilen; **2.** befallen (*Krankheit*); **3.** *fig.* beflecken, entehren; **II** *s.* **4.** Makel *m*, Schande *f*.

at·tar ['ætə] *s.* 'Blumenesˌsenz *f*, *bsd.* ***~ of roses*** Rosenöl *n*.

at·tempt [ə'tempt] **I** *v/t.* **1.** versuchen, probieren; **2.** ***~ s.o.'s life*** e-n Mordanschlag auf j-n verüben; ***~ed murder*** Mordversuch *m*; **3.** in Angriff nehmen, sich wagen *od.* machen an (*acc.*); **II** *s.* **4.** Versuch *m*, Bemühung *f* (***to*** *inf.* zu *inf.*): ***~ at explanation*** Erklärungsversuch; **5.** Angriff *m*: ***~ on s.o.'s life*** (Mord)Anschlag *m*, Attentat *n* auf j-n.

at·tend [ə'tend] **I** *v/t.* **1.** *j-m* aufwarten; als Diener *od.* dienstlich begleiten; **2.** *bsd. Kranke* pflegen; *ärztlich* behandeln; **3.** *fig.* begleiten: ***~ed by*** *od.* ***with*** begleitet von, verbunden mit (*Schwierigkeiten etc.*); **4.** beiwohnen (*dat.*), teilnehmen an (*dat.*); *Vorlesung, Schule, Kirche etc.* besuchen; **5.** ⚙ a) bedienen, b) warten, pflegen, über'wachen; **II** *v/i.* **6.** (***to***) beachten (*acc.*), hören, achten (auf *acc.*): ***~ to what I am saying***; **7.** (***to***) sich kümmern (um), sich widmen (*dat.*); ✝ *j-n* bedienen (*im Laden*), abfertigen; **8.** (***to***) sorgen (für); besorgen, erledigen (*acc.*); **9.** ([***up***]***on***) *j-m* aufwarten, zur Verfügung stehen; *j-n* bedienen; **10.** erscheinen, zu'gegen sein (***at*** bei); **11.** *obs.* achtgeben; **at'tend·ance** [-dəns] *s.* **1.** Bedienung *f*, Aufwartung *f*, Pflege *f* (***on, upon*** *gen.*), Dienst(leistung *f*) *m*: ***medical ~*** ärztliche Hilfe; ***hours of ~*** Dienststunden; ***in ~*** diensthabend, -tuend; → ***dance*** 3; **2.** (***at***) Anwesenheit *f*, Erscheinen *n* (bei), Beteiligung *f*, Teilnahme *f* (an *dat.*), Besuch *m* (*gen.*): ***~ list*** Anwesenheitsliste *f*; ***hours of ~*** Besuchszeit *f*; **3.** ⚙ Bedienung *f*; Wartung *f*; **4.** Begleitung *f*, Dienerschaft *f*, Gefolge *n*; **5.** a) Besucher(zahl *f*) *pl.*, b) Besuch *m*, Beteiligung *f*: ***in ~ at*** anwesend bei; **at'tend·ant** [-dənt] **I** *adj.* **1.** (***on, upon***) begleitend (*acc.*), diensttuend (bei); **2.** anwesend (***at*** bei); **3.** *fig.* (***upon***) verbunden (mit), zugehörig (*dat.*), Begleit...: ***~ circumstances*** Begleitumstände; ***~ expenses*** Nebenkosten; **II** *s.* **4.** Begleiter(in), Gefährte *m*, Gesellschafter(in); **5.** Diener(in), Bediente(r *m*) *f*; Aufseher(in), Wärter(-in); **6.** *pl.* Dienerschaft *f*, Gefolge *n*; **7.** ⚙ Bedienungsmann *m*; **8.** Begleiterscheinung *f*, Folge *f*.

at·ten·tion [ə'tenʃn] *s.* **1.** Aufmerksamkeit *f*, Beachtung *f*: ***call ~ to*** die Aufmerksamkeit lenken auf (*acc.*); ***come to s.o.'s ~*** j-m zur Kenntnis gelangen; ***pay ~ to*** *j-m od. et.* Beachtung schenken; **2.** Berücksichtigung *f*, Erledigung *f*: (***for the***) ***~ of*** zu Händen von (*od.*

gen.); ***for immediate ~*** zur sofortigen Erledigung; **3.** Aufmerksamkeit *f*, Freundlichkeit *f*; *pl.* Aufmerksamkeiten *pl.*: ***pay one's ~s to s.o.*** j-m den Hof machen; **4. *~!*** Achtung!, ⚔ *a.* stillgestanden!; ***stand at*** *od.* ***to ~*** ⚔ stillstehen, Haltung annehmen; **5.** Bedienung *f*, Wartung *f*; **at'ten·tive** [-ntɪv] *adj.* □ (***to***) aufmerksam: a) achtsam (auf *acc.*), b) *fig.* höflich (zu).

at·ten·u·ate I *v/t.* [ə'tenjʊeɪt] **1.** dünn *od.* schlank machen; verdünnen; ⚡ dämpfen; **2.** *fig.* vermindern, abschwächen; **II** *adj.* [-jʊət] **3.** verdünnt, vermindert, abgeschwächt, abgemagert; **at·ten·u·a·tion** [əˌtenjʊ'eɪʃn] *s.* Verminderung *f*, Verdünnung *f*, Schwächung *f*, Abmagerung *f*; ⚡ Dämpfung *f*.

at·test [ə'test] **I** *v/t.* **1.** a) beglaubigen, bescheinigen, b) amtlich begutachten *od.* attestieren: ***to ~ cattle***; **2.** bestätigen, beweisen; **3.** ⚔ *Br.* vereidigen; **II** *v/i.* **4.** zeugen (***to*** für); **at·tes·ta·tion** [ˌætes'teɪʃn] *s.* **1.** Bezeugung *f*, Zeugnis *n*, Beweis *m*, Bescheinigung *f*, Bestätigung *f*; **2.** Eidesleistung *f*, Vereidigung *f*.

at·tic[1] ['ætɪk] *s.* **1.** Dachstube *f*, Man'sarde *f*; *pl.* Dachgeschoß *n*; **2.** F *fig.* ‚Oberstübchen' *n*, Kopf *m*.

At·tic[2] ['ætɪk] *adj.* 'attisch: ***~ salt, ~ wit*** attisches Salz, feiner Witz.

at·tire [ə'taɪə] **I** *v/t.* **1.** kleiden, anziehen; **2.** putzen; **II** *s.* **3.** Kleidung *f*, Gewand *n*; **4.** Schmuck *m*.

at·ti·tude ['ætɪtju:d] *s.* **1.** Stellung *f*, Haltung *f*: ***strike an ~*** e-e Pose annehmen; **2.** *fig.* Haltung *f*: a) Standpunkt *m*, Verhalten *n*: ***~ of mind*** Geisteshaltung, b) Stellung(nahme) *f*, Einstellung *f* (***to, towards*** zu, gegenüber); **3.** (*a.* ✈) Lage *f*; **at·ti·tu·di·nize** [ˌætɪ'tju:dɪnaɪz] *v/i.* **1.** sich in Posi'tur setzen, posieren; **2.** affektiert tun.

at·tor·ney [ə'tɜ:nɪ] *s.* ⚖ (Rechts)Anwalt *m* (*Am. a.* ***~ at law***); Bevollmächtigte(r *m*) *f*, (Stell)Vertreter *m*: ***letter*** (*od.* ***warrant***) ***of ~*** schriftliche Vollmacht; ***power of ~*** Vollmacht(surkunde) *f*; ***by ~*** im Auftrag; **Atˌtor·ney-'Gen·er·al** *s.* ⚖ *Brit.* Kronanwalt *m*, Gene'ralstaatsanwalt *m*; *Am.* Ju'stizmiˌnister *m*.

at·tract [ə'trækt] *v/t.* **1.** anziehen (*a. phys.*); **2.** *fig.* anziehen, anlocken, fesseln, reizen; *Mißfallen etc.* auf sich lenken (*od.* ziehen): ***~ attention*** Aufmerksamkeit erregen; ***~ new members*** neue Mitglieder gewinnen; ***~ed by the music*** von der Musik angelockt; ***be ~ed*** (***to***) eingenommen sein (für), liebäugeln (mit), sich hingezogen fühlen (zu); **at'trac·tion** [-kʃn] *s.* **1.** *phys.* Anziehungskraft *f*: ***~ of gravity*** Gravitationskraft *f*; **2.** *fig.* Anziehungskraft *f*, -punkt *m*, Reiz *m*, Attrakti'on *f*; *thea.* ('Haupt)Attraktiˌon *f*, Zugstück *n*, -nummer *f*; **at'trac·tive** [-tɪv] *adj.* □ anziehend, *fig. a.* attrak'tiv, reizvoll, fesselnd, verlockend; zugkräftig; **at'trac·tive·ness** [-tɪvnɪs] *s.* Reiz *m*, *das* Attrak'tive.

at·trib·ut·a·ble [ə'trɪbjʊtəbl] *adj.* 'zuzuschreiben(d), beizumessen(d); **at·trib·ute I** *v/t.* [ə'trɪbju:t] (***to***) **1.** zuschreiben, beilegen, -messen (*dat.*); *b.s. a.* unter'stellen (*dat.*); **2.** zu'rückführen (auf *acc.*); **II** *s.* ['ætrɪbju:t] **3.** Attri'but *n* (*a. ling.*), Eigenschaft *f*, Merkmal *n*; **4.** (Kenn)Zeichen *n*, Sinnbild *n*; **at·tri·bu·tion** [ˌætrɪ'bju:ʃn] *s.* **1.** Zuschreibung *f*; **2.** beigelegte Eigenschaft; **3.** zuerkanntes Recht; **at'trib·u·tive** [-tɪv] **I** *adj.* □ **1.** zugeschrieben, beigelegt; **2.** *ling.* attribu'tiv; **II** *s.* **3.** *ling.* Attri'but *n*.

at·trit·ed [ə'traɪtɪd] *adj.* abgenutzt; **at·tri·tion** [ə'trɪʃn] *s.* **1.** Abrieb *m*, Abnutzung *f*, ⚙ *a.* Verschleiß *m*; **2.** Zermürbung *f*: ***war of ~*** Zermürbungs-, Abnutzungskrieg *m*.

at·tune [ə'tju:n] *v/t.* ♪ stimmen; *fig.* (***to***) in Einklang bringen (mit), anpassen (*dat.*); abstimmen (auf *acc.*).

a·typ·i·cal [ˌeɪ'tɪpɪkl] *adj.* □ 'atypisch.

au·ber·gine ['əʊbəʒi:n] *s.* ⚘ Auber'gine *f*.

au·burn ['ɔ:bən] *adj.* ka'stanienbraun (*Haar*).

auc·tion ['ɔ:kʃn] **I** *s.* Aukti'on *f*, Versteigerung *f*: ***sell by*** (*Am.* ***at***) ***~, put up for*** (*od.* ***to***, *Am.* ***at***) ***~*** verauktionieren, versteigern; ***Dutch ~*** Auktion, bei der der Preis so lange erniedrigt wird, bis sich ein Käufer findet; ***sale by*** (*od.* ***at***) ***~*** Versteigerung; ***~ bridge*** *Kartenspiel*: Auktionsbridge *n*; ***~ room*** Auktionslokal *n*; **II** *v/t. mst* ***~ off*** versteigern; **auc·tion·eer** [ˌɔ:kʃə'nɪə] **I** *s.* Auktio'nator *m*, Versteigerer *m*, *pl. a.* Aukti'onshaus *n*; **II** *v/t.* → ***auction*** II.

au·da·cious [ɔ:'deɪʃəs] *adj.* □ kühn: a) verwegen, b) keck, dreist, unverfroren; **au·dac·i·ty** [ɔ:'dæsətɪ] *s.* Kühnheit *f*: a) Verwegenheit *f*, Waghalsigkeit *f*, b) Dreistigkeit *f*, Unverfrorenheit *f*.

au·di·bil·i·ty [ˌɔ:dɪ'bɪlətɪ] *s.* Hörbarkeit *f*, Vernehmbarkeit *f*; Lautstärke *f*; **au·di·ble** ['ɔ:dəbl] *adj.* □ hör-, vernehmbar, vernehmlich; ⚙ a'kustisch: ***~ signal***.

au·di·ence ['ɔ:djəns] *s.* **1.** Anhören *n*,

Gehör *n* (*a.* ⚖): ***give ~ to s.o.*** j-m Gehör schenken, j-n anhören; ***right of ~*** ⚖ rechtliches Gehör; **2.** Audi'enz *f* (***of, with*** bei), Gehör *n*; **3.** 'Publikum *n*: a) Zuhörer(schaft *f*) *pl.*, b) Zuschauer *pl.*, c) Besucher *pl.*, d) Leser(kreis *m*) *pl.*: ***~ rating*** *Radio, TV* Einschaltquote *f*.

audio- [ɔːdɪəʊ] *in Zssgn* Hör..., Ton..., Audio...: ***~ frequency*** Tonfrequenz *f*; ***~ range*** Tonfrequenzbereich *m*.

au·di·on ['ɔːdɪən] *s. Radio*: 'Audion *n*: ***~ tube*** *Am.*, ***~ valve*** *Brit.* Verstärkerröhre *f*.

au·di·o·phile ['ɔːdɪəʊfaɪl] *s.* Hi-Fi-Fan *m*.

au·di·o|·tape ['ɔːdɪəʊteɪp] *s.* (besprochenes) Tonband; **~·typ·ist** ['ɔːdɪəʊˌtaɪpɪst] *s.* Phonoty'pistin *f*; **~·vis·u·al** [ˌɔːdɪəʊ'vɪzjʊəl] **I** *adj. ped.* audiovisu'ell: ***~ aids*** → **II** *s. pl.* audiovisu'elle 'Unterrichtsmittel *pl*.

au·dit ['ɔːdɪt] **I** *s.* **1.** ✝ (Rechnungs-, Wirtschafts)Prüfung *f*, 'Bücherrevisiˌon *f*: ***~ year*** Prüfungs-, Rechnungsjahr *n*; **2.** *fig.* Rechenschaftslegung *f*; **II** *v/t.* **3.** *Geschäftsbücher* (amtlich) prüfen, revidieren; **'au·dit·ing** [-tɪŋ] *s.* → ***audit*** 1.

au·di·tion [ɔː'dɪʃn] **I** *s.* **1.** ⚕ Hörvermögen *n*, Gehör *n*; **2.** *thea.*, ♪ a) Vorsprechen *n od.* -singen *n od.* -spielen *n*, b) Anhörprobe *f*; **II** *v/t.* **3.** *thea. etc. j-n* vorsprechen *od.* vorsingen *od.* vorspielen lassen.

au·di·tor ['ɔːdɪtə] *s.* **1.** Rechnungs-, Wirtschaftsprüfer *m*, 'Bücherreˌvisor *m*; **2.** *Am. univ.* Gasthörer(in); **au·di·to·ri·um** [ˌɔːdɪ'tɔːrɪəm] *s.* Audi'torium *n*, Zuhörer-, Zuschauerraum *m*, Hörsaal *m*; *Am.* Vortragssaal *m*, Festhalle *f*; **'au·di·to·ry** [-tərɪ] **I** *adj.* **1.** Gehör..., Hör...; **II** *s.* **2.** Zuhörer(schaft *f*) *pl.*; **3.** → ***auditorium***.

au fait [ˌəʊ 'feɪ] (*Fr.*) *adj.* auf dem laufenden, vertraut (***with*** mit).

au fond [ˌəʊ 'fɔ̃ːŋ] (*Fr.*) *adv.* im Grunde.

Au·ge·an [ɔː'dʒiːən] *adj.* Augias..., 'überaus schmutzig: ***cleanse the ~ stables*** *fig.* die Augiasställe reinigen.

au·ger ['ɔːgə] *s.* ⚙ *großer* Bohrer, Löffel-, Schneckenbohrer *m*; Förderschnecke *f*.

aught [ɔːt] *pron.* (irgend) etwas: ***for ~ I care*** meinetwegen; ***for ~ I know*** soviel ich weiß.

aug·ment [ɔːg'ment] **I** *v/t.* vermehren, vergrößern; **II** *v/i.* sich vermehren, zunehmen; **III** *s.* ['ɔːgmənt] *ling.* Aug'ment *n* (*Vorsilbe in griech. Verben*); **aug·men·ta·tion** [ˌɔːgmen'teɪʃn] *s.* Vergrößerung *f*, Vermehrung *f*, Zunahme *f*, Wachstum *n*, Zuwachs *m*; Zusatz *m*; **aug'ment·a·tive** [-tətɪv] **I** *adj.* vermehrend, verstärkend; **II** *s. ling.* Verstärkungsform *f*.

au gra·tin [ˌəʊ 'grætæ̃ŋ] (*Fr.*) *adj. Küche*: au gra'tin, über'krustet.

au·gur ['ɔːgə] **I** *s. antiq.* 'Augur *m*, Wahrsager *m*; **II** *v/t. u. v/i.* prophe'zeien, ahnen (lassen), verheißen: ***~ ill*** (***well***) ein schlechtes (gutes) Zeichen sein (***for*** für), Böses (Gutes) ahnen lassen; **au·gu·ry** ['ɔːgjʊrɪ] *s.* **1.** Weissagung *f*, Prophe'zeiung *f*; **2.** Vorbedeutung *f*, Anzeichen *n*, Omen *n*; Vorahnung *f*.

au·gust[1] [ɔː'gʌst] *adj.* □ erhaben, hehr, maje'stätisch.

Au·gust[2] ['ɔːgəst] *s.* Au'gust *m*: ***in ~*** im August.

Au·gus·tan age [ɔː'gʌstən] *s.* **1.** Zeitalter *n* des (Kaisers) Au'gustus; **2.** Blütezeit *f* e-r Nati'on.

Au·gus·tine [ɔː'gʌstɪn], *a.* **~ fri·ar** *s.* Augu'stiner(mönch) *m*.

auld [ɔːld] *adj. Scot.* alt; **~ lang syne** [ˌɔːldlæŋ'saɪn] *s. Scot.* die gute alte Zeit.

aunt [ɑːnt] *s.* Tante *f*; **'aunt·ie** [-tɪ] *s.* F Tantchen *n*; **Aunt Sal·ly** ['sælɪ] *s.* **1.** volkstümliches Wurfspiel; **2.** *fig.* (gute) Zielscheibe *f*, *a.* Haßobjekt *n*.

au pair [ˌəʊ 'peə] **I** *adv.* als Au-'pair-Mädchen (*arbeiten etc.*); **II** *s. a.* ***~ girl*** Au-'pair-Mädchen *n*; **III** *v/i.* als Au-'pair-Mädchen arbeiten.

au·ra ['ɔːrə] *pl.* **-rae** [-riː] *s.* **1.** Hauch *m*, Duft *m*; A'roma *n*; **2.** ⚕ Vorgefühl *n* vor Anfällen; **3.** *fig.* Aura *f*: a) Fluidum *n*, Ausstrahlung *f*, b) Atmo'sphäre *f*, c) 'Nimbus *m*.

au·ral ['ɔːrəl] *adj.* □ Ohr..., Ohren..., Gehör...; Hör..., a'kustisch: ***~ surgeon*** Ohrenarzt *m*.

au·re·o·la [ɔː'rɪəʊlə], **au·re·ole** ['ɔːrɪəʊl] *s.* **1.** Strahlenkrone *f*, Aure'ole *f*; **2.** *fig.* 'Nimbus *m*; **3.** *ast.* Hof *m*.

au·ri·cle ['ɔːrɪkl] *s. anat.* **1.** äußeres Ohr, Ohrmuschel *f*; **2.** Herzvorhof *m*; Herzohr *n*.

au·ric·u·la [ə'rɪkjʊlə] *s.* ⚘ Au'rikel *f*.

au·ric·u·lar [ɔː'rɪkjʊlə] *adj.* □ **1.** Ohren..., Hör...: ***~ confession*** Ohrenbeichte *f*; ***~ tradition*** mündliche Überlieferung; ***~ witness*** Ohrenzeuge *m*; **2.** *anat.* zu den Herzohren gehörig.

au·rif·er·ous [ɔː'rɪfərəs] *adj.* goldhaltig.

au·rist ['ɔːrɪst] *s.* ⚕ Ohrenarzt *m*.

au·rochs ['ɔːrɒks] *s. zo.* Auerochs *m*, Ur *m*.

au·ro·ra [ɔː'rɔːrə] *s.* **1.** *poet.* Morgenröte

f; **2.** ≗ *myth.* Au'rora *f*; **~ bo·re·a·lis** *s. phys.* Nordlicht *n.*
aus·cul·tate ['ɔːskəlteɪt] *v/t.* ⚕ *Lunge, Herz etc.* abhorchen; **aus·cul·ta·tion** [ˌɔːskəl'teɪʃn] *s.* ⚕ Abhorchen *n.*
aus·pice ['ɔːspɪs] *s.* **1.** (günstiges) Vor-, Anzeichen; **2.** *pl. fig.* Au'spizien *pl.*; Schutzherrschaft *f*: ***under the ~s of ...*** unter der Schirmherrschaft von ...; **aus·pi·cious** [ɔː'spɪʃəs] *adj.* □ günstig, verheißungsvoll, glücklich; **aus·pi·cious·ness** [ɔː'spɪʃəsnɪs] *s.* günstige Aussicht, Glück *n.*
Aus·sie ['ɒzɪ] F **I** *s.* Au'stralier(in); **II** *adj.* aus'tralisch.
aus·tere [ɒ'stɪə] *adj.* □ **1.** streng, herb; rauh, hart; **2.** einfach, nüchtern; mäßig, enthaltsam, genügsam; **3.** dürftig, karg; **aus·ter·i·ty** [ɒ'sterətɪ] *s.* **1.** Strenge *f*, Ernst *m*; **2.** As'kese *f*, Enthaltsamkeit *f*; **3.** Herbheit *f*; **4.** Nüchternheit *f*, Strenge *f*, Schmucklosigkeit *f*; **5.** Einfachheit *f*, Nüchternheit *f*; **6.** Mäßigung *f*, Genügsamkeit *f*; *Brit.* strenge (wirtschaftliche) Einschränkung, Sparmaßnahmen *pl.* (*in Notzeiten*): ***~ program(me)*** Sparprogramm *n.*
aus·tral ['ɔːstrəl] *adj. ast.* südlich.
Aus·tral·a·sian [ˌɒstrə'leɪʒn] **I** *adj.* au'stralˌasisch; **II** *s.* Au'stralˌasier(in), Bewohner(in) Oze'aniens.
Aus·tral·ian [ɒ'streɪljən] **I** *adj.* au'stralisch; **II** *s.* Au'stralier(in).
Aus·tri·an ['ɒstrɪən] **I** *adj.* österreichisch; **II** *s.* Österreicher(in).
Austro- [ɒstrəʊ] *in Zssgn* österreichisch: ***~-Hungarian Monarchy*** österreichisch-ungarische Monarchie.
au·tar·chic, au·tar·chi·cal [ɔː'tɑːkɪk(l)] *adj.* **1.** selbstregierend; **2.** → ***autarkic***; **au·tarch·y** ['ɔːtɑːkɪ] *s.* **1.** Selbstregierung *f*, volle Souveräni'tät; **2.** → ***autarky*** 1.
au·tar·kic, au·tar·ki·cal [ɔː'tɑːkɪk(l)] *adj.* au'tark, wirtschaftlich unabhängig; **au·tar·ky** ['ɔːtɑːkɪ] *s.* **1.** Autar'kie *f*, wirtschaftliche Unabhängigkeit; **2.** → ***autarchy***.
au·then·tic [ɔː'θentɪk] *adj.* (□ ***~ally***) **1.** au'thentisch: a) echt, verbürgt, b) glaubwürdig, zuverlässig, c) origi'nal, urschriftlich: ***~ text*** maßgebender Text, authentische Fassung; **2.** ⚖ rechtskräftig, -gültig, beglaubigt; **au'then·ti·cate** [-keɪt] *v/t.* **1.** die Echtheit (*gen.*) bescheinigen; **2.** beglaubigen, beurkunden, rechtskräftig machen; **au·then·ti·ca·tion** [ɔːˌθentɪ'keɪʃn] *s.* Beglaubigung *f*, Legalisierung *f*; **au·then·tic·i·ty** [ˌɔːθen'tɪsətɪ] *s.* **1.** Authentizi'tät *f*: a) Echtheit *f*, b) Glaubwürdigkeit *f*; **2.** ⚖ (Rechts)Gültigkeit *f.*
au·thor ['ɔːθə] *s.* **1.** Urheber(in); **2.** 'Autor *m*, Au'torin *f*, Schriftsteller(in), Verfasser(in); **au·thor·ess** ['ɔːθərɪs] *s.* Au'torin *f*, Schriftstellerin *f*, Verfasserin *f.*
au·thor·i·tar·i·an [ɔːˌθɒrɪ'teərɪən] *adj.* autori'tär; **auˌthor·i'tar·i·an·ism** [-nɪzəm] *s. pol.* autori'täres Re'gierungssyˌstem; **au·thor·i·ta·tive** [ɔː'θɒrɪtətɪv] *adj.* □ **1.** gebieterisch, herrisch; **2.** autorita'tiv, maßgebend, -geblich.
au·thor·i·ty [ɔː'θɒrətɪ] *s.* **1.** Autori'tät *f*, (Amts)Gewalt *f*: ***by ~*** mit amtlicher Genehmigung; ***on one's own ~*** aus eigener Machtbefugnis; ***be in ~*** die Gewalt in Händen haben; **2.** 'Vollmacht *f*, Ermächtigung *f*, Befugnis *f* (***for, to*** *inf.* zu *inf.*): ***on the ~ of ...*** im Auftrage *od.* mit Genehmigung von (*od. gen.*) ...; → 4; **3.** Ansehen *n* (***with*** bei), Einfluß *m* (***over*** auf *acc.*); Glaubwürdigkeit *f*: ***of great ~*** von großem Ansehen; **4.** a) Zeugnis *n e-r Persönlichkeit*, b) Gewährsmann *m*, Quelle *f*, Beleg *m*: ***on good ~*** aus glaubwürdiger Quelle; ***on the ~ of ...*** a) nach Maßgabe *od.* auf Grund von (*od. gen.*) ..., b) mit ... als Gewährsmann; → 2; **5.** Autori'tät *f*, Sachverständige(r *m*) *f*, Fachmann *m* (***on*** auf *e-m Gebiet*): ***he is an ~ on the subject of Law***; **6.** *mst pl.* Behörde *f*, Obrigkeit *f*: ***the local authorities*** die Ortsbehörde(n); **au·thor·i·za·tion** [ˌɔːθəraɪ'zeɪʃn] *s.* Ermächtigung *f*, Genehmigung *f*, Befugnis *f*; **au·thor·ize** ['ɔːθəraɪz] *v/t.* **1.** *j-n* ermächtigen, bevollmächtigen, berechtigen, autorisieren; **2.** *et.* gutheißen, billigen, genehmigen; *Handlung* rechtfertigen; **au·thor·ized** ['ɔːθəraɪzd] *adj.* **1.** autorisiert, bevollmächtigt, befugt; zulässig: ***~ capital*** ✝ autorisiertes Kapital; ***~ person*** Befugte(r *m*) *f*; ***~ to sign*** unterschriftsberechtigt; ≗ ***Version*** *eccl.* engl. Bibelübersetzung von 1611; **2.** ⚖ rechtsverbindlich; **au·thor·ship** ['ɔːθəʃɪp] *s.* **1.** 'Autorschaft *f*, Urheberschaft *f*; **2.** Schriftstellerberuf *m.*
au·tism ['ɔːtɪzm] *s. psych.* Au'tismus *m.*
au·to ['ɔːtəʊ] *Am.* F **I** *pl.* **-tos** *s.* Auto *n*: ***~ graveyard*** Autofriedhof *m*; **II** *v/i.* (mit dem Auto) fahren.
auto- [ɔːtəʊ] *in Zssgn* a) selbsttätig, selbst..., Selbst..., auto..., Auto..., b) Auto..., Kraftfahr...
au·to·bahn ['ɔːtəʊbɑːn] *pl.* **-bahnen** [-nən] (*Ger.*) *s.* Autobahn *f.*
au·to·bi·og·ra·pher [ˌɔːtəʊbaɪ'ɒgrəfə] *s.*

Autobio'graph(in); **au·to·bi·o·graph·ic** ['ɔ:təʊˌbaɪəʊ'græfɪk] *adj.* (□ **~ally**) autobio'graphisch; ˌ**au·to·bi'og·ra·phy** [-fɪ] *s.* Autobiogra'phie *f*, 'Selbstbiograˌphie *f*.

au·to·bus ['ɔ:təʊbʌs] *s. Am.* Autobus *m*.

au·to·cade ['ɔ:təʊkeɪd] → ***motorcade***.

au·to·car ['ɔ:təʊkɑ:] *s.* Auto(mo'bil) *n*, Kraftwagen *m*.

'au·to-ˌchang·er *s.* Plattenwechsler *m*.

au·toch·thon [ɔ:'tɒkθən] *s.* Auto'chthone *m*, Ureinwohner *m*; **au'toch·tho·nous** [-θənəs] *adj.* auto'chthon, ureingesessen, bodenständig.

au·to·cide ['ɔ:təʊsaɪd] *s.* **1.** Selbstvernichtung *f*; **2.** Selbstmord *m* mit dem Auto.

au·to·clave ['ɔ:təʊkleɪv] *s.* **1.** Schnell-, Dampfkochtopf *m*; **2.** ⚗, ⚙ Auto'klav *m*.

au·to·code ['ɔ:təʊkəʊd] *s. Computer*: Autocode *m*.

au·toc·ra·cy [ɔ:'tɒkrəsɪ] *s.* Autokra'tie *f*, Selbstherrschaft *f*; **au·to·crat** ['ɔ:təʊkræt] *s.* Auto'krat(in), unumschränkter Herrscher; **au·to·crat·ic**, **au·to·crat·i·cal** [ˌɔ:təʊ'krætɪk(l)] *adj.* □ auto'kratisch, selbstherrlich, unum'schränkt.

au·to·cue ['ɔ:təʊkju:] *s. TV* ‚Neger' *m*.

au·to-da-fé [ˌɔ:təʊdɑ:'feɪ] *pl.* **au·tos-da-fé** [ˌɔ:təʊzdɑ:'feɪ] *s.* **1.** *hist.* Autoda'fé *n*, Ketzergericht *n*, -verbrennung *f*; **2.** *pol.* (Bücher- *etc.*)Verbrennung *f*.

au·to·di·dact ['ɔ:təʊdɪˌdækt] *s.* Autodi'dakt(in).

au·to·e·rot·ic [ˌɔ:təʊɪ'rɒtɪk] *adj. psych.* autoe'rotisch.

au·tog·a·mous [ɔ:'tɒgəməs] *adj.* ⚘ auto'gam, selbstbefruchtend.

au·tog·e·nous [ɔ:'tɒdʒɪnəs] *adj. allg.* auto'gen: **~ *training***; **~ *welding*** ⚙ Autogenschweißen *n*.

au·to·gi·ro [ˌɔ:təʊ'dʒaɪərəʊ] *pl.* **-ros** *s.* ✈ Auto'giro *n*, Tragschrauber *m*.

au·to·graph ['ɔ:təgrɑ:f] **I** *s.* **1.** Auto'gramm *n*, eigenhändige 'Unterschrift; **2.** eigene Handschrift; **3.** Urschrift *f*; **II** *adj.* **4.** eigenhändig unter'schrieben: **~ *letter*** Handschreiben *n*; **III** *v/t.* **5.** eigenhändig (unter)'schreiben; mit s-m Auto'gramm versehen: **~*ing session*** Autogrammstunde *f*; **6.** ⚙ autographieren, 'umdrucken; **au·to·graph·ic** [ˌɔ:təʊ'græfɪk] *adj.* (□ **~*ally***) auto'graphisch, eigenhändig geschrieben; **au·tog·ra·phy** [ɔ:'tɒgrəfɪ] *s.* **1.** ⚙ Autogra'phie *f*, 'Umdruck *m*; **2.** Urschrift *f*.

au·to·ig·ni·tion [ˌɔ:təʊɪg'nɪʃn] *s.* ⚙ Selbstzündung *f*.

au·to·ist ['ɔ:təʊɪst] *s. Am.* F Autofahrer(in).

au·to·mat ['ɔ:təʊmæt] *s.* **1.** Auto'matenrestauˌrant *n*; **2.** (Ver'kaufs)Autoˌmat *m*; **3.** ⚙ Auto'mat *m* (*Maschine*); **'au·to·mate** [-meɪt] *v/t.* automatisieren; **au·to·mat·ic** [ˌɔ:tə'mætɪk] **I** *adj.* □ → ***automatically***; **1.** auto'matisch: a) selbsttätig, ⚙ *a.* Selbst…, zwangsläufig, ⚔ *a.* Selbstlade…, b) *fig.* unwillkürlich, me'chanisch; **II** *s.* **2.** 'Selbstladepiˌstole *f*, -gewehr *n*; **3.** → ***automat*** 3; **4.** *mot.* Auto *n* mit Auto'matik; **au·to·mat·i·cal** [ˌɔ:tə'mætɪkl] → ***automatic*** 1; **au·to·mat·i·cal·ly** [ˌɔ:tə'mætɪkəlɪ] *adv.* auto'matisch; ohne weiteres.

au·to·mat·ic| lathe *s.* ⚙ 'Drehautoˌmat *m*; **~ ma·chine** → ***automat*** 2; **~ pi·lot** *s.* ✈ → ***autopilot***; **~ pis·tol** *s.* 'Selbstladepiˌstole *f*; **~ start·er** *s.* ⚙ Selbstanlasser *m*.

au·to·ma·tion [ˌɔ:tə'meɪʃn] *s.* ⚙ Automati'on *f*; **au·tom·a·ton** [ɔ:'tɒmətən] *pl.* **-ta** [-tə], **-tons** *s.* Auto'mat *m*, 'Roboter *m* (*beide a. fig.*).

au·to·mo·bile ['ɔ:təməʊbi:l] *s. bsd. Am.* Auto *n*, Automo'bil *n*, Kraftwagen *m*; **au·to·mo·bil·ism** [ˌɔ:tə'məʊbɪlɪzəm] *s.* Kraftfahrwesen *n*; **au·to·mo·bil·ist** [ˌɔ:tə'məʊbɪlɪst] *s.* Kraftfahrer *m*; **au·to·mo·tive** [ˌɔ:tə'məʊtɪv] *adj.* selbstbewegend, -fahrend; *bsd. Am.* 'kraftfahrˌtechnisch, Auto(mobil)…, Kraftfahrzeug…

au·ton·o·mous [ɔ:'tɒnəməs] *adj.* auto'nom, sich selbst regierend; **au'ton·o·my** [-mɪ] *s.* Autono'mie *f*, Selbständigkeit *f*.

au·to·pi·lot ['ɔ:təʊˌpaɪlət] *s.* ✈ Autopi'lot *m*, auto'matische Steuervorrichtung.

au·top·sy ['ɔ:təpsɪ] **I** *s.* **1.** ⚕ Autop'sie *f*, Obdukti'on *f*; **2.** *fig.* kritische Ana'lyse; **II** *v/t.* **3.** ⚕ e-e Autop'sie vornehmen an (*dat.*).

au·to·sug·ges·tion [ˌɔ:təʊsə'dʒestʃən] *s.* Autosuggesti'on *f*.

au·to·type ['ɔ:tətaɪp] **I** *s. typ.* Autoty'pie *f*: a) Rasterätzung *f*, b) Fak'simileabdruck *m*; **II** *v/t.* mittels Autotypie vervielfältigen.

au·tumn ['ɔ:təm] *s. bsd. Brit.* Herbst *m* (*a. fig.*): ***the ~ of life***; **au·tum·nal** [ɔ:'tʌmnəl] *adj.* herbstlich, Herbst… (*a. fig.*).

aux·il·ia·ry [ɔ:g'zɪljərɪ] **I** *adj.* **1.** helfend, mitwirkend, Hilfs…: **~ *engine*** Hilfsmotor *m*; **~ *troops*** Hilfstruppen; **~ *verb*** Hilfszeitwort *n*; **2.** ⚔ Behelfs…, Ausweich…; **II** *s.* **3.** Helfer *m*, Hilfskraft *f*, *pl. a.* Hilfspersonal *n*; **4.** *pl.* ⚔ Hilfstruppen *pl.*; **5.** *ling.* Hilfszeitwort *n.*

a·vail [əˈveɪl] **I** *v/t.* **1.** nützen (*dat.*), helfen (*dat.*), fördern; **2.** ~ ***o.s. of s.th.*** sich e-r Sache bedienen, et. benutzen, Gebrauch von et. machen; **II** *v/i.* **3.** nützen, helfen; **III** *s.* **4.** Nutzen *m*, Vorteil *m*, Gewinn *m*: ***of no*** ~ nutzlos; ***of what*** ~ ***is it?*** was nützt es?; ***to no*** ~ vergeblich; **5.** *pl.* ✝ *Am.* Ertrag *m*; **a·vail·a·bil·i·ty** [əˌveɪləˈbɪlətɪ] *s.* **1.** Vorˈhandensein *n*; **2.** Verfügbarkeit *f*; **3.** *Am.* verfügbare Perˈson *od.* Sache; **4.** ⚖ Gültigkeit *f*; **aˈvail·a·ble** [-ləbl] *adj.* □ **1.** verfügbar, erhältlich, vorˈhanden, vorrätig, zu haben(d): ***make*** ~ bereitstellen, verfügbar machen; **2.** anwesend, abkömmlich; **3.** benutzbar; statthaft; **4.** ⚖ a) gültig, b) zulässig.

av·a·lanche [ˈævəlɑːnʃ] *s.* Laˈwine *f*, *fig. a.* Unmenge *f.*

av·ant-garde [ˌævɑ̃ːŋˈgɑːd] (*Fr.*) **I** *s.* *fig.* Aˈvantgarde *f*; **II** *adj.* avantgarˈdistisch; **ˌav·ant-ˈgard·ist(e)** [-dɪst] *s.* Avantgarˈdist(in).

av·a·rice [ˈævərɪs] *s.* Geiz *m*, Habsucht *f*; **av·a·ri·cious** [ˌævəˈrɪʃəs] *adj.* □ geizig (***of*** mit), habgierig.

a·ve [ˈɑːvɪ] **I** *int.* **1.** sei gegrüßt!; **2.** leb wohl!; **II** *s.* **3.** ♀ ˈAve(-Maˈria) *n.*

a·venge [əˈvendʒ] *v/t.* **1.** rächen (***on, upon*** an *dat.*): ~ ***one's friend*** s-n Freund rächen; ~ ***o.s.***, ***be*** ~***d*** sich rächen; **2.** *et.* rächen, ahnden; **aˈveng·er** [-dʒə] *s.* Rächer(in); **aˈveng·ing** [-dʒɪŋ] *adj.*: ~ ***angel*** Racheengel *m.*

av·e·nue [ˈævənjuː] *s.* **1.** *mst fig.* Zugang *m*, Weg *m* (***to***, ***of*** zu): ~ ***to fame*** Weg zum Ruhm; **2.** Alˈlee *f*; **3.** a) Haupt-, Prachtstraße *f*, Aveˈnue *f*, b) (Stadt)Straße *f.*

a·ver [əˈvɜː] *v/t.* **1.** behaupten, als Tatsache hinstellen (***that*** daß); **2.** ⚖ beweisen.

av·er·age [ˈævərɪdʒ] **I** *s.* **1.** ˈDurchschnitt *m*: ***on an*** (*od.* ***the***) ~ im Durchschnitt, durchschnittlich; ***strike an*** ~ den Durchschnitt schätzen *od.* nehmen; **2.** ⚓, ⚖ Havaˈrie *f*, Seeschaden *m*: ~ ***adjuster*** Dispacheur *m*; ***general*** ~ große Havarie; ***particular*** ~ besondere (*od.* partikulare) Havarie; ***petty*** ~ kleine Havarie; ***under*** ~ havariert; **3.** *Börse*: *Am.* ˈAktienindex *m*; **II** *adj.* □ **4.** ˈdurchschnittlich; Durchschnitts…: ~ ***amount*** Durchschnittsbetrag *m*; ~ ***Englishman*** Durchschnittsengländer *m*; ***be only*** ~ nur Durchschnitt sein; **III** *v/t.* **5.** den ˈDurchschnitt schätzen (***at*** auf *acc.*) *od.* nehmen von (*od. gen.*); **6.** ✝ anteilsmäßig auf-, verteilen: ~ ***one's losses***; **7.** ˈdurchschnittlich betragen, haben, erreichen, verlangen, tun *etc.*: ***I*** ~ ***£60 a week*** ich verdiene durchschnittlich £ 60 die Woche; **IV** *v/i.* **8.** ~ ***out at*** sich im Durchschnitt belaufen auf (*acc.*).

a·ver·ment [əˈvɜːmənt] *s.* **1.** Behauptung *f*; **2.** ⚖ Beweisangebot *n*, Tatsachenbehauptung *f.*

a·verse [əˈvɜːs] *adj.* □ **1.** abgeneigt (***to***, ***from*** *dat.*, ***to*** *inf.* zu *inf.*): ***not*** ~ ***to a drink***; ~ ***from such methods***; **2.** zuˈwider (***to*** *dat.*); **a·ver·sion** [əˈvɜːʃn] *s.* **1.** (***to***, ***for***, ***from***) ˈWiderwille *m*, Abneigung *f* (gegen), Abscheu *m* (vor *dat.*): ***take an*** ~ (***to***) e-e Abneigung fassen (gegen); **2.** Unlust *f*, Abgeneigtheit *f* (***to*** *inf.* zu *inf.*); **3.** Gegenstand *m* des Abscheus: ***beer is my pet*** (*od.* ***chief***) ~ Bier ist mir ein Greuel.

a·vert [əˈvɜːt] *v/t.* **1.** abwenden, -kehren: ~ ***one's face***; **2.** *fig.* abwenden, wehren, verhüten.

a·vi·ar·y [ˈeɪvjərɪ] *s.* Vogelhaus *n*, Voliˈere *f.*

a·vi·ate [ˈeɪvɪeɪt] *v/i.* ✈ fliegen; **a·vi·a·tion** [ˌeɪvɪˈeɪʃn] *s.* ✈ Luftfahrt *f*, Flugwesen *n*, Fliegen *n*, Flugsport *m*: ~ ***industry*** Flugzeugindustrie *f*; ***Ministry of*** ♀ Ministerium *n* für zivile Luftfahrt; **a·vi·a·tor** [ˈeɪvɪeɪtə] *s.* Flieger *m.*

a·vi·cul·ture [ˈeɪvɪkʌltʃə] *s.* Vogelzucht *f.*

av·id [ˈævɪd] *adj.* □ (be)gierig (***of*** nach, ***for*** auf *acc.*); *weitS.* leidenschaftlich, begeistert; **a·vid·i·ty** [əˈvɪdətɪ] *s.* Gier *f*, Begierde *f*, Habsucht *f.*

a·vi·on·ics [ˌeɪvɪˈɒnɪks] *s. pl. sg. konstr.* Aviˈonik *f*, ˈFlugelekˌtronik *f.*

a·vi·ta·min·o·sis [ˈeɪˌvaɪtəmɪˈnəʊsɪs] *s.* Vitaˈminmangel(krankheit *f*) *m.*

av·o·ca·do [ˌævəʊˈkɑːdəʊ] *s.* ♀ Avoˈcato(birne) *f.*

av·o·ca·tion [ˌævəʊˈkeɪʃn] *s. obs.* **1.** (Neben)Beschäftigung *f*; **2.** F (Haupt)Beruf *m.*

a·void [əˈvɔɪd] **1.** (ver)meiden, ausweichen (*dat.*), aus dem Wege gehen (*dat.*), *Pflicht etc.* umˈgehen, *e-r Gefahr* entgehen: ~ ***s.o.*** j-n meiden; ~ ***doing s.th.*** es vermeiden, et. zu tun; **2.** ⚖ a) aufheben, ungültig machen, b) anfechten; **aˈvoid·a·ble** [-dəbl] *adj.* **1.** vermeidbar; **2.** ⚖ a) annullierbar, b) anfechtbar; **aˈvoid·ance** [-dəns] *s.* **1.** Vermeidung *f* (*Sache*), Meidung *f* (*Person*); Umˈgehung *f*; **2.** ⚖ a) Aufhebung *f*, Nichtigkeitserklärung *f*, b) Anfechtung *f*.

av·oir·du·pois [ˌævədəˈpɔɪz] *s.* **1.** ⚕ *a.* **~ weight** Handelsgewicht *n* (*1 Pfund = 16 Unzen*): **~ pound** Handelspfund *n*; **2.** F ,Lebendgewicht' *n e-r Person*.

a·vow [əˈvaʊ] *v/t.* (offen) bekennen, (ein)gestehen; rechtfertigen; anerkennen: **~ o.s.** sich bekennen, sich erklären; **a·vow·al** [əˈvaʊəl] *s.* Bekenntnis *n*, Geständnis *n*, Erklärung *f*; **a·vowed** [əˈvaʊd] *adj.* □ erklärt: ***his ~ principle***; ***he is an ~ Jew*** er bekennt sich offen zum Judentum; **a·vow·ed·ly** [əˈvaʊɪdlɪ] *adv.* eingestandenermaßen.

a·vun·cu·lar [əˈvʌŋkjʊlə] *adj.* **1.** Onkel...; **2.** *iro.* onkelhaft.

a·wait [əˈweɪt] *v/t.* **1.** erwarten (*acc.*), entgegensehen (*dat.*); **2.** *fig.* *j-n* erwarten: ***a hearty welcome ~s you.***

a·wake [əˈweɪk] **I** *v/t.* [*irr.*] **1.** wecken; **2.** *fig.* erwecken, aufrütteln (***from*** aus): ***~ s.o. to s.th.*** j-m et. zum Bewußtsein bringen; **II** *v/i.* [*irr.*] **3.** auf-, erwachen; **4.** *fig. zu neuer Tätigkeit etc.* erwachen: ***~ to s.th.*** sich e-r Sache bewußt werden; **III** *adj.* **5.** wach; **6.** *fig.* munter, wach(sam), auf der Hut: ***be ~ to s.th.*** sich e-r Sache bewußt sein; **aˈwak·en** [-kən] → ***awake*** 1–4; **aˈwak·en·ing** [-knɪŋ] *s.* Erwachen *n*: ***a rude ~*** *fig.* ein unsanftes Erwachen.

a·ward [əˈwɔːd] **I** *v/t.* **1.** zuerkennen, zusprechen, ⚖ *a.* (*durch Urteil od. Schiedsspruch*) zubilligen: ***he was ~ed the prize*** der Preis wurde ihm zuerkannt; **2.** gewähren, verleihen, zuwenden, zuteilen; **II** *s.* **3.** ⚖ Urteil *n*, (Schieds)Spruch *m*; **4.** Belohnung *f*, Auszeichnung *f*, (*a.* Film- *etc.*)Preis *m*, (Ordens)Verleihung *f*, ⚕ ˈPrämie *f*; **5.** ⚕ Zuschlag *m* (*auf ein Angebot*), (Auftrags)Vergabe *f*.

a·ware [əˈweə] *adj.* **1.** gewahr (***of*** *gen.*, ***that*** daß): ***be ~*** sich bewußt sein, wissen, (er)kennen; ***become ~ of s.th.*** et. gewahr werden *od.* merken, sich e-r Sache bewußt werden; ***not that I am ~ of*** nicht, daß ich wüßte; **2.** aufmerksam, ,hellwach'; **aˈware·ness** [-nɪs] *s.* Bewußtsein *n*, Kenntnis *f*.

a·wash [əˈwɒʃ] *adv. u. adj.* ⚓ **1.** überˈflutet; **2.** überˈfüllt (***with*** von).

a·way [əˈweɪ] **I** *adv.* **1.** weg, hinˈweg, fort: ***go ~*** weg-, fortgehen; ***~ with you!*** fort mit dir!; **2.** (***from***) entfernt, (weit) weg (von), fern, abseits (*gen.*): ***~ from the question*** nicht zur Frage *od.* Sache gehörend; **3.** fort, abwesend, verreist: ***~ from home*** nicht zu Hause; ***~ on leave*** auf Urlaub; **4.** *bei Verben oft* (drauf)ˈlos: ***chatter ~***; ***work ~***; **5.** *bsd. Am.* bei weitem: ***~ below the average***; **II** *adj.* **6.** *sport* Auswärts...: ***~ match*** → **III** *s.* **7.** *sport* Auswärtsspiel *n*.

awe [ɔː] **I** *s.* **1.** Ehrfurcht *f*, (heilige) Scheu (***of*** vor *dat.*): ***hold s.o. in ~*** Ehrfurcht vor j-m haben; ***stand in ~ of*** a) e-e heilige Scheu haben *od.* sich fürchten vor (*dat.*), b) e-n gewaltigen Respekt haben vor (*dat.*); **2.** *fig.* Macht *f*, Majeˈstät *f*; **II** *v/t.* **3.** (Ehr)Furcht einflößen (*dat.*), einschüchtern; **ˈawe-inˌspir·ing** *adj.* ehrfurchtgebietend, eindrucksvoll; **awe·some** [ˈɔːsəm] *adj.* □ **1.** furchteinflößend, schrecklich; **2.** → ***awe-inspiring***; **ˈawe·struck** *adj.* von Ehrfurcht *od.* Scheu *od.* Schrecken ergriffen.

aw·ful [ˈɔːfʊl] *adj.* □ **1.** → ***awe-inspiring***; **2.** furchtbar, schrecklich; **3.** F [ˈɔːfl] furchtbar: a) riesig, kolosˈsal: ***an ~ lot*** e-e riesige Menge, b) scheußlich, schrecklich: ***an ~ noise***; **aw·ful·ly** [ˈɔːflɪ] *adv.* F furchtbar, schrecklich, äußerst: ***~ cold***; ***~ nice*** furchtbar *od.* riesig nett; ***I am ~ sorry*** es tut mir schrecklich leid; ***thanks ~!*** tausend Dank!; **ˈaw·ful·ness** [-nɪs] *s.* **1.** Schrecklichkeit *f*; **2.** Erhabenheit *f*.

a·while [əˈwaɪl] *adv.* ein Weilchen.

awk·ward [ˈɔːkwəd] *adj.* □ **1.** ungeschickt, unbeholfen, linkisch, tölpelhaft: ***feel ~*** verlegen sein; → ***squad*** 1; **2.** peinlich, mißlich, unangenehm: ***an ~ silence*** (***matter***); **3.** unhandlich, schwer zu behandeln, schwierig, lästig, ungünstig, ,dumm': ***an ~ door to open*** e-e schwer zu öffnende Tür; ***an ~ customer*** ein unangenehmer Zeitgenosse; ***it's a bit ~ on Sunday*** am Sonntag paßt es (mir) nicht so recht; **ˈawk·ward·ness** [-nɪs] *s.* **1.** Ungeschicklichkeit *f*, Unbeholfenheit *f*; **2.** Peinlichkeit *f*, Unannehmlichkeit *f*; **3.** Lästigkeit *f*.

awl [ɔːl] *s.* ⚙ Ahle *f*, Pfriem *m*.

awn [ɔːn] *s.* ⚘ Granne *f*.

awn·ing [ˈɔːnɪŋ] *s.* **1.** ⚓ Sonnensegel *n*; **2.** Wagendecke *f*, Plane *f*; **3.** Marˈkise *f*; ˈBaldachin *m*; Vorzelt *n*.

a·woke [əˈwəʊk] *pret. von* ***awake*** I *u.* II; **aˈwok·en** *p.p. von* ***awake*** I *u.* II.

a·wry [əˈraɪ] *adv. u. adj.* **1.** schief, krumm: ***look ~*** *fig.* schief *od.* scheel blicken; **3.** *fig.* verkehrt: ***go ~*** fehlgehen (*Person*), schiefgehen (*Sache*).

ax, *mst* **axe** [æks] **I** *s.* **1.** Axt *f*, Beil *n*: ***have an ~ to grind*** eigennützige Zwekke verfolgen, es auf et. abgesehen haben; **2.** F *fig.* a) rücksichtslose Sparmaßnahme, b) Abbau *m*, Entlassung *f*: ***get the ~*** entlassen werden, ‚rausfliegen'; **3.** ♪ *Am. sl.* Instru'ment *n*; **II** *v/t.* **4.** F *fig.* drastisch kürzen *od.* zs.-streichen; *Beamte etc.* abbauen, *Leute* entlassen, ‚feuern'.

ax·i·al ['æksɪəl] *adj.* □ ⚙ Achsen…, axi'al.

ax·il ['æksɪl] *s.* ⚘ Blattachsel *f*.

ax·i·om ['æksɪəm] *s.* Ax'iom *n*, allgemein anerkannter Grundsatz: ***~ of law*** Rechtsgrundsatz; **ax·i·o·mat·ic** [ˌæksɪəʊ'mætɪk] *adj.* (□ ***~ally***) axio'matisch, 'unumˌstößlich, selbstverständlich.

ax·is ['æksɪs] *pl.* **'ax·es** [-si:z] *s.* **1.** ⚘, ⚙, *phys.* Achse *f*, 'Mittelˌlinie *f*: ***~ of the earth*** Erdachse; **2.** *pol.* Achse *f*: ***the 2*** die Achse Berlin-Rom-Tokio (*vor dem u. im 2. Weltkrieg*); ***the 2 powers*** die Achsenmächte.

ax·le ['æksl] *s.* ⚙ **1.** *a.* ***~-tree*** (Rad-) Achse *f*, Welle *f*; **2.** Angel(zapfen *m*) *f*.

ay → ***aye***.

a·yah ['aɪə] *s. Brit. Ind.* 'Aja *f*, indisches Kindermädchen.

aye [aɪ] **I** *int. bsd.* ⚓ *u. parl.* ja: ***~, ~, Sir!*** zu Befehl!; **II** *s. parl.* Ja *n*, Jastimme *f*: ***the ~s have it*** die Mehrheit ist dafür.

a·za·le·a [ə'zeɪljə] *s.* ⚘ Aza'lee *f*.

az·i·muth ['æzɪməθ] *s. ast.* Azi'mut *m*, Scheitelkreis *m*.

a·zo·ic [ə'zəʊɪk] *adj. geol.* a'zoisch (*ohne Lebewesen*): ***the ~ age***.

Az·tec ['æztek] s. Az'teke *m*.

az·ure ['æʒə] **I** *adj.* a'zur-, himmelblau; **II** *s.* a) A'zur(blau *n*) *m*, b) *poet.* das blaue Himmelszelt.

B

B, b [biː] *s.* **1.** B *n*, b *n* (*Buchstabe*); **2.** ♪ H *n*, h *n* (*Note*): ***B flat*** B *n*, b *n*; ***B sharp*** His *n*, his *n*; **3.** *ped. Am.* Zwei *f* (*Note*); **4.** ***B flat*** *Brit. sl.* Wanze *f*.

baa [bɑː] **I** *s.* Blöken *n*; **II** *v/i.* blöken; **III** *int.* bäh!

Ba·al [ˈbeɪəl] **I** *npr. bibl. Gott* Baal *m*; **II** *s.* Abgott *m*, Götze *m*; **ˈBa·al·ism** [-lɪzəm] *s.* Götzendienst *m*.

baas [bɑːs] *s. S. Afr.* Herr *m*.

Bab·bitt [ˈbæbɪt] *s.* **1.** *Am.* (selbstzufriedener) Spießer; **2.** 2 (***metal***) ⚙ ˈLagerweißmeˌtall *n*.

bab·ble [ˈbæbl] **I** *v/t. u. v/i.* **1.** stammeln; plappern, schwatzen; nachschwatzen, ausplaudern; **2.** plätschern, murmeln (*Bach*); **II** *s.* **3.** Geplapper *n*, Geschwätz *n*; **ˈbab·bler** [-lə] *s.* **1.** Schwätzer(in); **2.** *orn. e-e* Drossel *f*.

babe [beɪb] *s.* **1.** kleines Kind, Baby *n*, *fig. a.* Naˈivling *m*; → ***arm***[1] 1; **2.** *Am. sl.* ‚Puppe‘ *f* (*Mädchen*).

Ba·bel [ˈbeɪbl] **I** *npr. bibl.* Babel *n*; **II** *s.* 2 *fig.* Babel *n*, Wirrwarr *m*, Stimmengewirr *n*.

ba·boo [ˈbɑːbuː] *s. Brit.-Ind.* **1.** Herr *m* (*bei den Hindus*); **2.** Inder *m* mit oberflächlicher engl. Bildung.

ba·boon [bəˈbuːn] *s. zo.* ˈPavian *m*.

ba·by [ˈbeɪbɪ] **I** *s.* **1.** Baby *n*: a) Säugling *m*, b) jüngstes Kind: ***be left holding the ~*** F der Dumme sein, die Sache am Hals haben; **2.** a) ‚Kindskopf‘ *m*, b) ‚Heulsuse‘ *f*; **3.** *sl.* ‚Schatz‘ *m*, ‚Kindchen‘ *n* (*Mädchen*); **4.** *sl.* Sache *f*: ***it's your ~***; **II** *adj.* **5.** Säuglings…, Baby…, Kinder…; **6.** kindlich, kindisch: ***plead the ~ act*** *Am.* F auf Unreife plädieren; **7.** klein; **~ bond** *s.* ✝ *Am.* Baby-Bond *m*, Kleinschuldverschreibung *f*; **~ bot·tle** *s.* (Saug)Flasche *f*; **~ car** *s.* Klein(st)wagen *m*; **~ car·riage** *s. Am.* Kinderwagen *m*; **~ farm·er** *s. mst contp.* Frau, die gewerbsmäßig Kinder in Pflege nimmt; **~ grand** *s.* ♪ Stutzflügel *m*.

ba·by·hood [ˈbeɪbɪhʊd] *s.* Säuglingsalter *n*; **ˈba·by·ish** [-ɪɪʃ] *adj.* **1.** kindlich; **2.** kindisch.

Bab·y·lon [ˈbæbɪlən] **I** *npr.* ˈBabylon *n*; **II** *s. fig.* (Sünden)Babel *n*; **Bab·y·lo·ni·an** [ˌbæbɪˈləʊnjən] **I** *adj.* babyˈlonisch; **II** *s.* Babyˈlonier(in).

ˈba·by|-ˌmind·er *s. Brit.* Tagesmutter *f*; **ˈ~-sit** *v/i.* [*irr.* → ***sit***] babysitten; **ˈ~-ˌsit·ter** *s.* Babysitter *m*; **~ snatch·er** *s. ältere Person* (*Mann od. Frau*), *die mit einem blutjungen Mädchen od. Mann ein Verhältnis hat*: ***I'm no ~*** ich vergreif' mich doch nicht an kleinen Kindern!; **~ spot** *s.* Baby-Spot *m* (*kleiner Suchscheinwerfer*); **~ talk** *s.* Babysprache *f*.

bac·ca·lau·re·ate [ˌbækəˈlɔːrɪət] *s. univ.* Bakkalaureˈat *n*; **2.** *a.* **~ *sermon*** *Am.* Predigt *f* an die promovierten Stuˈdenten.

bac·ca·ra(t) [ˈbækərɑː] *s.* ˈBakkarat *n* (*Glücksspiel*).

bac·cha·nal [ˈbækənl] **I** *s.* **1.** Bacˈchant (-in); **2.** ausgelassener *od.* trunkener Zecher; **3.** *a. pl.* Bacchaˈnal *n* (*wüstes Gelage*); **II** *adj.* **4.** ˈbacchisch; **5.** bacˈchantisch; **bac·cha·na·li·a** [ˌbækəˈneɪljə] → ***bacchanal*** 3; **bac·cha·na·li·an** [ˌbækəˈneɪljən] **I** *adj.* bacˈchantisch, ausschweifend; **II** *s.* Bacˈchant(in); **bac·chant** [ˈbækənt] **I** *s.* Bacˈchant *m*; *fig.* wüster Trinker *od.* Schwelger; **II** *adj.* bacˈchantisch; **bac·chan·te** [bəˈkæntɪ] *s.* Bacˈchantin *f*; **bac·chic** [ˈbækɪk] → ***bacchanal*** 4 *u.* 5.

bac·cy [ˈbækɪ] *s.* F *abbr. für* ***tobacco***.

bach [bætʃ] F **I** *s.* → ***bachelor*** 1; **II** *v/i. mst* **~ *it*** ein Strohwitwerdasein führen.

bach·e·lor [ˈbætʃələ] *s.* **1.** Junggeselle *m*; *in Urkunden*: ledig (*dem Namen nachgestellt*); **2.** *univ.* Bakkaˈlaureus *m* (*Grad*): **2 *of Arts*** (*abbr.* ***B.A.***) Bakkalaureus der philosophischen Fakultät; **2 *of Science*** (*abbr.* ***B.Sc.***) Bakkalaureus der Naturwissenschaften; **~ girl** *s.* Junggesellin *f*.

bach·e·lor·hood [ˈbætʃələhʊd] *s.* **1.** Junggesellenstand *m*; **2.** *univ.* Bakkalaureˈat *n*.

ba·cil·lar·y [bəˈsɪlərɪ] *adj.* **1.** stäbchenförmig; **2.** ⚕ Bazillen…; **ba·cil·lus** [bəˈsɪləs] *pl.* **-li** [-laɪ] *s.* ⚕ Baˈzillus *m* (*a. fig.*).

back[1] [bæk] **I** *s.* **1.** Rücken *m* (*Mensch,*

Tier); **2.** ˈHinter-, Rückseite *f* (*Kopf, Haus, Tür, Bild, Brief, Kleid etc*); (Rücken)Lehne *f* (*Stuhl*); **3.** *untere od. abgekehrte Seite*: (*Hand-*, *Buch-*, *Messer*)Rücken *m*, ˈUnterseite *f* (*Blatt*), linke Seite (*Stoff*), Kehrseite *f* (*Münze*), Oberteil *m*, *n* (*Bürste*); → ***beyond*** 6; **4.** *rückwärtiger od. entfernt gelegener Teil*: hinterer Teil (*Mund*, *Schrank*, *Wald etc.*), ˈHintergrund *m*; Rücksitz *m* (*Wagen*); **5.** Rumpf *m* (*Schiff*); **6.** ***the* ≈*s*** die Parkanlagen *pl.* hinter den Colleges in Cambridge; **7.** *sport* Verteidiger *m*; *Besondere Redewendungen*:
(***at the***) **~ *of*** hinter (*dat.*), hinten in (*dat.*); ***be at the ~ of s.th.*** *fig.* hinter e-r Sache stecken; **~ *to front*** die Rückseite nach vorn, falsch herum; ***have s.th. at the ~ of one's mind*** a) insgeheim an et. denken, b) sich dunkel an et. erinnern; ***turn one's ~ on*** *fig. j-m* den Rücken kehren, *et.* aufgeben; ***behind s.o.'s ~*** hinter j-s Rücken; ***on one's ~*** a) auf dem Körper (*Kleidungsstück*), b) bettlägerig, c) am Boden, hilflos, verloren; ***have one's ~ to the wall*** mit dem Rücken zur Wand stehen; ***break s.o.'s ~*** a) j-m das Kreuz brechen (*a. fig.*), b) j-n ‚fertigmachen' *od.* zugrunde richten; ***break the ~ of s.th.*** das Schwierigste e-r Sache hinter sich bringen; ***put one's ~ into s.th.*** sich bei e-r Sache ins Zeug legen, sich in et. hineinknien; ***put s.o.'s ~ up*** j-n ‚auf die Palme bringen';
II *adj.* **8.** rückwärtig, letzt, hinter, Rück…, Hinter…, Nach…: ***the ~ left-hand corner*** die hintere linke Ecke; **9.** rückläufig; **10.** rückständig (*Zahlung*); **11.** zuˈrückliegend, alt (*Zeitung etc.*); **12.** fern, abgelegen; *fig.* finster; **III** *adv.* **13.** zuˈrück, rückwärts; zurückliegend; (wieder) zurück: ***he is ~ again*** er ist wieder da; ***he is ~ home*** er ist wieder zu Hause; **~ *home*** *Am.* bei uns (zulande); **~ *and forth*** hin und her; **14.** zuˈrück, ˈvorher: ***20 years ~*** vor 20 Jahren; **~ *in 1900*** (schon) im Jahre 1900; **IV** *v/t.* **15.** *Buch* mit e-m Rücken *od. Stuhl* mit e-r Lehne *od.* Rückenverstärkung versehen; **16.** hinten grenzen an (*acc.*), den Hintergrund *e-r Sache* bilden; **17.** *a.* **~ *up*** *j-m* den Rücken dekken *od.* stärken, *j-n* unterˈstützen, eintreten für; **18.** *a.* **~ *up*** zuˈrückbewegen; *Wagen*, *Pferd*, *Maschine* rückwärts fahren *od.* laufen lassen: **~ *one's car up*** mit dem Auto zurückstoßen; **~ *a car out of the garage*** e-n Wagen rückwärts aus der Garage fahren; **~ *water*** (*od.* ***the oars***) rückwärts rudern; **~*ed up*** (***with traffic***) *Am.* verstopft (*Straße*); **19.** auf der Rückseite beschreiben; *Wechsel* verantwortlich gegenzeichnen, avalieren; **20.** wetten *od.* setzen auf (*acc.*); **V** *v/i.* **21.** *a.* **~ *up*** sich rückwärts bewegen, zuˈrückgehen *od.* -fahren; **22.** **~ *and fill*** a) ⚓ lavieren, b) *Am.* F unschlüssig sein; **~ down (from)**, **~ out (of)** *v/i.* zuˈrücktreten *od.* sich zuˈrückziehen (von), aufgeben (*acc.*); F sich drücken (vor *dat.*), abspringen (von), ‚aussteigen' (bei), kneifen (vor *dat.*); klein beigeben, ‚den Schwanz einziehen'.

back² [bæk] *s.* ⚙, *Brauerei, Färberei etc.*: Bottich *m*.

ˈ**back|·ache** *s.* Rückenschmerzen *pl.*; **~ al·ley** *s. Am.* finsteres Seitengäßchen; ˌ**~-ˈbench·er** *s. parl.* ˈHinterbänkler *m*; ˈ**~·bend** *s. sport* Brücke *f* (aus dem Stand); ˈ**~·bite** *v/t. u. v/i.* [*irr.* → ***bite***] *j-n* verleumden; ˈ**~ˌbit·er** *s.* Verleumder (-in); ˈ**~·bone** *s.* **1.** Rückgrat *n*: ***to the ~*** bis auf die Knochen, ganz u. gar; **2.** *fig.* Rückgrat *n*: a) (Chaˈrakter)Stärke *f*, Mut *m*, b) Hauptstütze *f*; ˈ**~-ˌbreak·ing** *adj.* ‚mörderisch', zermürbend: ***a ~ job***; ˈ**~-ˌburn·er** *adj.* F nebensächlich, zweitrangig; ˈ**~·chat** *s. sl.* **1.** freche Antwort(en *pl.*); **2.** *Brit.* schlagfertiges Hin und Her; **~·cloth** → ***backdrop***; ˈ**~-ˌcou·pled** *adj.* ↯ rückgekoppelt; ˌ**~-ˈdate** *v/t.* **1.** zuˈrückdatieren; **2.** rückwirkend in Kraft setzen; **~ door** *s.* ˈHintertür *f* (*a. fig. Ausweg*); ˌ**~-ˈdoor** *adj.* heimlich, geheim; ˈ**~·down** *s. Am.* F ‚Rückzieher' *m*; ˈ**~·drop** *s.* **1.** *thea.* Proˈspekt *m*; **2.** ˈHintergrund *m*, ˈFolie *f*.

backed [bækt] *adj.* **1.** mit Rücken, Lehne *etc.* (versehen); **2.** gefüttert: ***a curtain ~ with satin***; **3.** *in Zssgn*: ***straight-~*** mit geradem Rücken, geradlehnig.

back·er [ˈbækə] *s.* **1.** Unterˈstützer(in), Helfer(in), Förderer *m*; **2.** ✝ a) (Wechsel)Bürge *m*, b) ˈHintermann *m*, Geldgeber *m*; **3.** Wetter(in).

ˌ**back|ˈfire I** *v/i.* **1.** *mot.* früh-, fehlzünden; **2.** *fig.* fehlschlagen, ‚ins Auge gehen': ***the plan ~d*** der Schuß ging nach hinten los; **II** *s.* **3.** ⚙ Früh-, Fehlzündung *f*; **~ for·ma·tion** *s. ling.* Rückbildung *f*; **~ˈgam·mon** *s.* Backˈgammon *n*, Puffspiel *n*; ˈ**~·ground** *s.* **1.** ˈHintergrund *m*: ***keep in the ~***; **2.** *fig.* ˈHintergrund *m*, ˈHintergründe *pl.*, ˈUmstände *pl.*; ˈUmwelt *f*, Miliˈeu *n*; ˈHerkunft *f*; Werdegang *m*, Vorgeschichte *f*; Bildung *f*, Erfahrung *f*, Wissen *n*: ***educa-***

tional **~** Vorbildung *f*; **'~·hand I** *s.* **1.** nach links geneigte Handschrift; **2.** *sport* Rückhand(schlag *m*) *f*; **II** *adj.* **3.** *sport* Rückhand...: ***~ stroke*** Rückhandschlag *m*; **,~'hand·ed** *adj.* **1.** nach links geneigt (*Schrift*); **2.** Rückhand...; **3.** zweideutig; unredlich, 'indi,rekt; **'~·hand·er** *s.* **1.** a) → ***backhand*** 2, b) Schlag *m* mit dem Handrücken; **2.** F 'indi,rekter Angriff; **3.** F ‚Schmiergeld' *n.*

back·ing ['bækıŋ] *s.* **1.** Unter'stützung *f*, Hilfe *f*; Beifall *m*; *coll.* Unter'stützer *pl.*, Förderer *pl.*, 'Hintermänner *pl.*; **2.** rückwärtige Verstärkung; (*Rock- etc.*) Futter *n*; Stützung *f*; **3.** ☨ a) Wechselbürgschaft *f*, b) Gegenzeichnen *n*, c) Deckung *f*.

'back|·lash *s.* **1.** ⚙ toter Gang, Flankenspiel *n*; **2.** (heftige) Reakti'on, Rückwirkung *f*; **'~·log** *s.* **1.** großes Scheit hinten im Ka'min; **2.** (*Arbeits-, Auftrags- etc.*)Rückstand *m*, 'Überhang *m* (***of*** an *dat.*): ***~ demand*** Nachholbedarf *m*; **3.** Rücklage *f*, Re'serve *f* (***of*** an *dat.*, von); **~ num·ber** *s.* **1.** alte Nummer *e-r Zeitung etc.*; **2.** *fig.* rückständige *od.* altmodische Per'son *od.* Sache; **'~-pack I** *s.* Rucksack *m*, Back-Pack *m*; **II** *v/i.* ***~ it*** F (mit dem Rucksack) trampen; **~ pay** *s.* Lohn-, Gehaltsnachzahlung *f*; **,~-'ped·al** *v/i.* **1.** rückwärtstreten (*Radfahrer*); **2.** F *fig.* e-n ‚Rückzieher' machen; **'~,ped·al brake** *s.* Rücktrittbremse *f*; **'~·rest** *s.* Rückenstütze *f*; **~ room** *s.* 'Hinterzimmer *n*; **'~-room boy** *s. Brit.* F Wissenschaftler, der an Ge'heimpro,jekten arbeitet; **~ sal·a·ry** → ***back pay***; **~ scratch·ing** *s.* F gegenseitige Unter'stützung; **~ seat** *s.* Rücksitz *m*: ***back-seat driver*** *fig.* Besserwisser(in); ***take a ~*** *fig.* in den Hintergrund treten.

back·sheesh → ***baksheesh***.

,back|'side *s.* **1.** F Hintern *m*; **2.** *mst* ***back side*** Kehr-, Rückseite *f*, hintere *od.* linke Seite; **'~·sight** *s.* **1.** ⚙ Visier *n*; **2.** ⚔ (Visier)Kimme *f*; **~ slang** *s.* 'Umkehrung *f* der Wörter (*beim Sprechen*); **,~'slap·per** *s. Am.* jovi'aler *od.* plump-vertraulicher Mensch; **,~'slide** *v/i.* [*irr.* → ***slide***] **1.** rückfällig werden; **2.** auf die schiefe Bahn geraten, abtrünnig werden; **,~'slid·er** *s.* Rückfällige(r *m*) *f*; **'~·space con·trol** *s.* Rückholtaste *f* (*Tonbandgerät*); **,~'spac·er** *s.* Rücktaste *f* (*Schreibmaschine*); **~·stage I** *s.* ['bæksteıdʒ] **1.** *thea.* Garde'robenräume *pl.* u. Bühne *f* hinter dem Vorhang; **II** *adv.* [,bæk'steıdʒ] **2.** (hinten) auf der Bühne; **3.** hinter dem *od.* den Vorhang, hinter den *od.* die Ku'lissen (*a. fig.*); **,~'stairs** *s.* 'Hintertreppe *f*: ***~ talk*** (bösartige) Anspielungen *pl.*; ***~ influence*** Protektion *f*; **'~·stop** *s.* **1.** *Kricket*: Feldspieler *m*, Fänger *m*; **2.** *Baseball*: Gitter *n* (*hinter dem Fänger*); **3.** *Am. Schießstand*: Kugelfang *m*; **'~·stroke** *s. sport* **1.** Rückschlag *m des Balls*; **2.** Rückenschwimmen *n*; **'~·swept** *adj.* **1.** ⚙, ✈ nach hinten verjüngt, pfeilförmig; **2.** zu'rückgekämmt (*Haar*); **~ talk** *s. sl.* unverschämte Antwort(en *pl.*); **'~·track** *v/i. Am.* **1.** den'selben Weg zu'rückgehen; **2.** *fig.* a) → ***back down*** (***from***), b) e-e Kehrtwendung machen; **'~·up I** *s.* **1.** Unter'stützung *f*; **2.** → ***backing*** 2; **3.** *mot. Am.* (Rück)Stau *m*; **4.** *fig.* ‚Rückzieher' *m*; **5.** ⚙ Ersatzgerät *n*; **II** *adj.* **6.** Unterstützungs..., Hilfs...; ⚙ Ersatz..., Reserve...

back·ward ['bækwəd] **I** *adj.* **1.** rückwärts gerichtet, Rück(wärts)...; 'umgekehrt; **2.** hinten gelegen, Hinter...; **3.** langsam, schwerfällig, schleppend; **4.** zu'rückhaltend, schüchtern; **5.** *in der Entwicklung* zu'rückgeblieben (*Kind etc.*), rückständig (*Land, Arbeit*); **6.** vergangen; **II** *adv.* **7.** *a.* ***backwards*** [-dz] rückwärts, zu'rück: ***~ and forwards*** vor u. zurück; **8.** *fig.* 'umgekehrt; zum Schlechten; **back·ward·a·tion** [,bækwə'deıʃn] *s. Brit.* ☨ De'port *m*, Kursabschlag *m*; **'back·ward·ness** [-nıs] *s.* **1.** Rückständigkeit *f*; **2.** Langsamkeit *f*, Trägheit *f*; **3.** Wider'streben *n*; **'back·wards** [-dz] → ***backward*** 7.

'back|·wash *s.* **1.** Rückströmung *f*; Kielwasser *n*; **2.** *fig.* Nachwirkung *f*; **'~,wa·ter** *s.* **1.** totes Wasser, Stauwasser *n*; **2.** Seitenarm *m e-s Flusses*; **3.** *fig.* a) tiefste Provinz, (kultu'relles) Notstandsgebiet, b) Rückständigkeit *f*, Stagnati'on *f*; **'~·woods I** *s. pl.* **1.** 'Hinterwälder *pl.*, abgelegene Wälder; *fig.* (tiefste) Pro'vinz; **II** *adj.* **2.** 'hinterwälderisch (*a. fig.*), Provinz...; **3.** *fig.* rückständig; **'~·woods·man** [-mən] *s.* [*irr.*] **1.** 'Hinterwäldler *m* (*a. fig.*); **2.** *Brit. parl.* Mitglied *n* des Oberhauses, das selten erscheint; **~ yard** *s.* 'Hinterhof *m*; *Am. a.* Garten *m* hinter dem Haus.

ba·con ['beıkən] *s.* Speck *m*: ***~ and eggs*** Speck mit (Spiegel)Ei; ***he brought home the ~*** F er hat es geschafft; ***save one's ~*** F a) mit heiler Haut davonkommen, b) s-e Haut retten.

Ba·co·ni·an [beı'kəʊnjən] *adj.* Sir Francis Bacon betreffend; **~ the·o·ry** *s.* ˈBacon-Theoˌrie *f* (*daß Francis Bacon Shakespeares Werke verfaßt habe*).

bac·te·ri·a [bækˈtɪərɪə] *s. pl.* Bakˈterien *pl.*; **bacˈte·ri·al** [-əl] *adj.* Bakterien...; **bac·te·ri·cid·al** [bækˌtɪərɪˈsaɪdl] *adj.* bakteriˈzid, bakˈterientötend; **bac·te·ri·cide** [bækˈtɪərɪsaɪd] *s.* Bakteriˈzid *n*; **bac·te·ri·o·log·i·cal** [bækˌtɪərɪəˈlɒdʒɪkl] *adj.* □ bakterioˈlogisch; **bac·te·ri·ol·o·gist** [bækˌtɪərɪˈɒlədʒɪst] *s.* Bakterioˈloge *m*; **bac·te·ri·ol·o·gy** [bækˌtɪərɪˈɒlədʒɪ] *s.* Bakˈterienkunde *f*; **bac·te·ri·um** [bækˈtɪərɪəm] *sg. von* ***bacteria.***

Bac·tri·an cam·el [ˈbæktrɪən] *s. zo.* Trampeltier *n*, zweihöckriges Kaˈmel.

bad [bæd] **I** *adj.* □ → ***badly***; **1.** *allg.* schlecht, schlimm: ***~ manners*** schlechte Manieren; ***from ~ to worse*** immer schlimmer; **2.** böse, ungezogen: ***a ~ boy***; ***a ~ lot*** F ein schlimmes Pack; **3.** lasterhaft, schlecht: ***a ~ woman***; **4.** anstößig, häßlich: ***a ~ word***; ***~ language*** a) häßliche Ausdrücke *pl.*, b) lästerliche Reden *pl.*; **5.** unbefriedigend, ungünstig, schlecht: ***~ lighting*** schlechte Beleuchtung; ***~ name*** schlechter Ruf; ***in ~ health*** kränkelnd; ***his ~ German*** sein schlechtes Deutsch; ***he is ~ at mathematics*** er ist in Mathematik schwach; ***~ debts*** ⚕ zweifelhafte Forderungen; ***~ title*** mangelhafter Rechtstitel; **6.** unangenehm, schlecht: ***a ~ smell***; ***~ news***; (***that's***) ***too ~!*** F (das ist doch) zu dumm *od.* schade!; ***not*** (***half*** *od.* ***too***) ***~*** (gar) nicht übel; **7.** schädlich: ***~ for the eyes***; ***~ for you***; **8.** schlecht, verdorben (*Fleisch*, *Ei etc.*): ***go ~*** schlecht werden; **9.** ungültig, falsch (*Münze etc.*); **10.** unwohl, krank: ***he is*** (*od.* ***feels***) ***~***; ***a ~ finger*** ein schlimmer *od.* böser Finger; ***he is in a ~ way*** es geht ihm nicht gut, er ist schlecht d(a)ran; **11.** heftig, schlimm, arg: ***a ~ cold***; ***a ~ crime*** ein schweres Verbrechen; **II** *s.* **12.** *das* Schlechte: ***go to the ~*** F auf die schiefe Bahn geraten; → ***worse*** 4; **13.** ⚕ ˈDefizit *n*, Verlust *m*: ***be £5 to the ~*** £5 Defizit haben; **14.** ***be in ~ with s.o.*** *Am.* F bei j-m in Ungnade sein; **III** *adv.* **15.** → ***badly.***

bad·die [ˈbædɪ] *s.* F *Film etc.*: Bösewicht *m*, Schurke *m*.

bad·dish [ˈbædɪʃ] *adj.* ziemlich schlecht.

bad·dy → ***baddie.***

bade [beɪd] *pret. von* ***bid*** 7, 8, 9.

badge [bædʒ] *s.* Ab-, Kennzeichen *n* (*a. fig.*); (Dienst- *etc.*)Marke *f*; ⚔ (Ehren)Spange *f*; *fig.* Merkmal *n*, Stempel *m*.

badg·er [ˈbædʒə] **I** *s.* **1.** *zo.* Dachs *m*; **2.** *Am.* F Bewohner(in) von Wisˈconsin; **II** *v/t.* **3.** hetzen; **4.** *fig.* plagen, ‚piesakken', *j-m* zusetzen.

bad·i·nage [ˈbædɪnɑːʒ] *s.* Neckeˈrei *f*, Schäkeˈrei *f*.

ˈbad·lands *s. pl. Am.* Ödland *n*.

bad·ly [ˈbædlɪ] *adv.* **1.** schlecht, schlimm: ***he is ~*** (*Am. a.* ***bad***) ***off*** es geht ihm schlecht (*mst finanziell*); ***do*** (*od.* ***come off***) ***~*** schlecht fahren (***in*** bei, mit); ***be in ~ with*** (*od.* ***over***) *Am.* F über Kreuz stehen mit; ***feel ~*** (*Am. a.* ***bad***) (***about it***) ein ‚mieses' Gefühl haben (deswegen); **2.** dringend, heftig, sehr: ***~ needed*** dringend nötig; ***~ wounded*** schwerverwundet.

bad·min·ton [ˈbædmɪntən] *s.* **1.** *sport* Badminton *n*; **2.** Federballspiel *n*.

ˈbad·mouth *v/t.* F *j-n* übel beschimpfen.

bad·ness [ˈbædnɪs] *s.* **1.** schlechte Beschaffenheit; **2.** Schlechtigkeit *f*, Verderbtheit *f*; Bösartigkeit *f*.

ˌbad-ˈtem·pered *adj.* schlechtgelaunt, übellaunig.

Bae·de·ker [ˈbeɪdɪkə] *s.* Baedeker *m*, Reiseführer *m*; *weitS.* Handbuch *n*.

baf·fle [ˈbæfl] *v/t.* **1.** *j-n* verwirren, verblüffen, narren, täuschen, *j-m* ein Rätsel aufgeben: ***be ~d*** vor e-m Rätsel stehen; **2.** *Plan etc.* durchˈkreuzen, unmöglich machen: ***it ~s description*** es spottet jeder Beschreibung; **~ paint** *s.* ⚔ Tarnungsanstrich *m*; **~ plate** *s.* Ablenk-, Prallplatte *f*; Schlingerwand *f* (*im Kraftstoffbehälter*).

baf·fling [ˈbæflɪŋ] *adj.* □ **1.** verwirrend, vertrackt, rätselhaft; **2.** vereitelnd, hinderlich; **3.** ˈumspringend (*Wind*).

bag [bæg] **I** *s.* **1.** Sack *m*, Beutel *m*, Tüte *f*, (Schul-, Hand- *etc.*)Tasche *f*; *engS.* a) Reisetasche *f*, b) Geldbeutel *m*: ***mixed ~*** *fig.* Sammelsurium *n*; ***~ and baggage*** (mit) Sack u. Pack, mit allem Drum und Dran; ***the whole ~ of tricks*** alles, der ganze Krempel; ***give s.o. the ~*** F j-m den Laufpaß geben; ***be left holding the ~*** *Am.* F die Sache ausbaden müssen; ***that's*** (***just***) ***my ~*** *sl.* das ist genau mein Fall; ***that's not my ~*** *sl.* das ist nicht ‚mein Bier'; ***that's in the ~*** das haben wir (so gut wie) sicher; → ***bone*** 1; **2.** *hunt.* a) Jagdtasche *f*, b) Jagdbeute *f*, Strecke *f*; **3.** (***pair of***) ***~s*** F Hose *f*; **4.** (***old***) ***~*** *sl.* Weibsbild *n*, ‚alte Ziege'; **II** *v/t.* **5.** in e-n Sack *etc.* tun, ⚙ einsacken, abfüllen; **6.** *hunt.* zur Strecke bringen, fangen (*a. fig.*); **7.** *sl.* a) sich *et.* schnappen, b) ‚klauen', c) *j-n*

,in die Tasche stecken', besiegen; **8.** bauschen; **III** *v/i.* **9.** sich bauschen.

bag·a·telle [ˌbægə'tel] *s.* **1.** Baga'telle *f* (*a.* ♪), Kleinigkeit *f*; **2.** 'Tivolispiel *n*.

bag·gage ['bægɪdʒ] *s.* **1.** *bsd. Am.* (Reise)Gepäck *n*; **2.** ⚔ Ba'gage *f*, Gepäck *n*, Troß *m*; **3.** V ,Flittchen' *n*; **4.** F ,Fratz' *m*, (kleiner) Racker (*Mädchen*); **~ al·low·ance** *s.* ✈ Freigepäck *n*; **~ car** *s. Am.* Gepäckwagen *m*; **~ check** *s. Am.* Gepäckschein *m*; **~ claim** *s.* ✈ Gepäckausgabe *f*; **~ hold** *s. Am.* Gepäckraum *m*; **~ in·sur·ance** *s. Am.* (Reise)Gepäckversicherung *f*.

bag·ging ['bægɪŋ] **I** *s.* **1.** Sack-, Packleinwand *f*; **II** *adj.* **2.** sich bauschend; **3.** → **bag·gy** ['bægɪ] *adj.* bauschig, zu weit, sackartig herabhängend; ausgebeult (*Hose*).

'bag|·pipe *s.* ♪ Dudelsack(pfeife *f*) *m*; **'~ˌpip·er** *s.* Dudelsackpfeifer *m*; **'~ˌsnatch·er** *s.* Handtaschenräuber *m*.

bah [bɑ(:)] *int.* pah! (*Verachtung*).

bail[1] [beɪl] ⚖ **I** *s.* (*nur sg.*) **1.** a) Bürge *m*: ***find ~*** sich e-n Bürgen verschaffen, b) Bürgschaft *f*, Sicherheitsleistung *f*, Kauti'on *f*: ***admit to ~*** → 4; ***allow*** (*od.* ***grant***) ***~*** a) → 4, b) Kaution zulassen; ***be out on ~*** gegen Kaution auf freiem Fuß sein; ***forfeit one's ~*** (*bsd. wegen Nichterscheinens*) die Kaution verlieren; ***go*** (*od.* ***stand***) ***~ for s.o.*** für j-n Sicherheit leisten *od.* Kaution stellen; ***jump ~*** *Am.* F die Kaution ,sausenlassen' (u. verschwinden); ***release on ~*** → 4; ***surrender to*** (*od.* ***save***) ***one's ~*** vor Gericht erscheinen; **2.** *a.* ***release on ~*** Freilassung *f* gegen Kauti'on *od.* Sicherheitsleistung *f*; **II** *v/t.* **3.** *mst* ***~ out*** *j-s* Freilassung gegen Kauti'on erwirken; **4.** *j-n* gegen Kauti'on freilassen; **5.** *Güter* (*zur treuhänderischen Verwahrung*) übergeben (***to s.o.*** j-m); **6.** ***~ out*** *fig. j-n* retten, *j-m* her'aushelfen (***of*** aus *dat.*).

bail[2] [beɪl] **I** *v/t.* ⚓ ausschöpfen: ***~ out water*** (***a boat***); **II** *v/i.* ***~ out*** ,aussteigen': a) ✈ mit dem Fallschirm abspringen, b) *fig.* nicht mehr mitmachen.

bail[3] [beɪl] *s.* Bügel *m*, Henkel *m*.

bail·a·ble ['beɪləbl] *adj.* ⚖ kauti'onsfähig.

bail·ee [ˌbeɪ'li:] *s.* ⚖ Verwahrer *m* (*e-r beweglichen Sache*), *z.B.* Spedi'teur *m*.

bai·ley ['beɪlɪ] *s. hist.* Außenmauer *f*, Außenhof *m e-r Burg*: ***Old*** ℒ *Hauptkriminalgericht in London*.

bail·iff ['beɪlɪf] *s.* **1.** ⚖ a) Gerichtsvollzieher *m*, b) Gerichtsdiener *m*, c) *Am.* Jus'tizwachtmeister *m*; **2.** *bsd. Brit.* (Guts)Verwalter *m*; **3.** *hist. Brit.* königlicher Beamter.

bail·i·wick ['beɪlɪwɪk] *s.* ⚖ Amtsbezirk *m* e-s ***bailiff***.

bail·ment ['beɪlmənt] *s.* ⚖ (vertragliche) Hinter'legung (*e-r beweglichen Sache*), Verwahrung(svertrag *m*) *f*.

bail·or ['beɪlə] *s.* ⚖ Hinter'leger *m*.

bairn [beən] *s. Scot.* Kind *n*.

bait [beɪt] **I** *s.* **1.** Köder *m*; *fig. a.* Lokkung *f*, Reiz *m*: ***take*** (*od.* ***rise to***) ***the ~*** anbeißen, den Köder schlucken, *fig. a.* auf den Leim gehen; **2.** Rast *f*, Imbiß *m*; **3.** Füttern *n* (*Pferde*); **II** *v/t.* **4.** mit Köder versehen; **5.** *fig.* ködern, (an-) locken; **6.** *obs. Pferde unterwegs* füttern; **7.** mit Hunden hetzen; **8.** *fig. j-n* reizen, quälen, peinigen; **'bait·er** [-tə] *s.* Hetzer *m*, Quäler *m*; **'bait·ing** [-tɪŋ] *s.* **1.** *fig.* Hetze *f*, Quäle'rei *f*; **2.** Rast *f*.

baize [beɪz] *s.* Boi *m*, *mst grüner* Fries (*Wollstoff für Tischüberzug*).

bake [beɪk] **I** *v/t.* **1.** backen, im (Back-) Ofen braten: ***~d potatoes*** Folien-, Ofenkartoffeln *pl.*; **2.** a) dörren, austrocknen, härten: ***sun-baked ground***, b) *Ziegel* brennen, c) ⚙ *Lack* einbrennen; **II** *v/i.* **3.** backen, braten (*a. fig. in der Sonne*); gebacken werden (*Brot etc.*); **4.** dörren, hart werden; **III** *s.* **5.** *Am.* gesellige Zs.-kunft; **'~·house** *s.* Backhaus *n*, -stube *f*.

ba·ke·lite ['beɪkəlaɪt] *s.* ⚙ Bake'lit *n*.

bak·er ['beɪkə] *s.* **1.** Bäcker *m*: ***~'s dozen*** dreizehn; **2.** *Am.* tragbarer Backofen; **'bak·er·y** [-ərɪ] *s.* Bäcke'rei *f*.

bakh·shish → ***baksheesh***.

bak·ing ['beɪkɪŋ] **I** *s.* Backen *n*; Brennen *n* (*Ziegel*); **II** *adv. u. adj.* glühend heiß; **'~-pow·der** *s.* Backpulver *n*.

bak·sheesh, bak·shish ['bækʃi:ʃ] *s.* 'Bakschisch *n*, Trinkgeld *n*; Bestechungsgeld *n* (*im Orient*).

Ba·la·kla·va (hel·met) [ˌbælə'klɑ:və] *s.* ⚔ *Brit.* (wollener) Kopfschützer.

bal·a·lai·ka [ˌbælə'laɪkə] *s.* Bala'laika *f* (*russ. Zupfinstrument*).

bal·ance ['bæləns] **I** *s.* **1.** Waage *f* (*a. fig.*); **2.** Gleichgewicht *n* (*a. fig.*): ***~*** (***of mind***) inneres Gleichgewicht, Gelassenheit *f*; ***~ of nature*** Gleichgewicht der Natur; ***~ of power*** (politisches) Gleichgewicht der Kräfte; ***loss of ~*** ⚕ Gleichgewichtsstörungen *pl.*; ***hold the ~*** *fig.* das Zünglein an der Waage bilden; ***turn the ~*** den Ausschlag geben; ***lose one's ~*** das Gleichgewicht *od. fig.* die Fassung verlieren; ***in the ~*** in der Schwebe; ***tremble*** (*od.* ***hang***) ***in the ~*** auf Messers Schneide stehen; **3.** Gegengewicht *n*, Ausgleich *m*; **4.** ***on ~*** alles in allem, ‚unterm Strich'; **5.** → ***balance-wheel***; **6.** ☨ 'Saldo *m*, Ausgleichsposten *m*, 'Überschuß *m*, Guthaben *n*, 'Kontostand *m*; Bi'lanz *f*; Rest (-betrag) *m*: ***adverse ~*** Unterbilanz; ***~ brought*** (*od.* ***carried***) ***forward*** Übertrag *m*, Saldovortrag *m*; (***un***)***favo***(***u***)***rable ~ of trade*** aktive (passive) Handelsbilanz; ***~ due*** Debetsaldo; ***~ at the bank*** Bankguthaben; ***~ in hand*** Kassenbestand *m*; ***~ of payments*** Zahlungsbilanz; ***strike a ~*** den Saldo *od.* (*a. fig.*) die Bilanz ziehen; **7.** Bestand *m*; F ('Über)Rest *m*; **II** *v/t.* **8.** *fig.* (er-, ab)wägen; **9.** (*a.* ***o.s.*** sich) im Gleichgewicht halten; ins Gleichgewicht bringen, ausgleichen; ausbalancieren; ☨ *Rechnung od. Konto* ausgleichen, aufrechnen, saldieren, abschließen: ***~ the cash*** Kasse(nsturz) machen; → ***account*** 5; **10.** *Kunstwerk* har'monisch gestalten; **III** *v/i.* **11.** balancieren, *fig. a.* ***~ out*** sich im Gleichgewicht halten (*a. fig.*); **12.** sich (hin u. her) wiegen; *fig.* schwanken; **13.** ☨ sich ausgleichen; **14.** *a.* ***~ out*** ⚙ (sich) einspielen; ***~ beam*** *s. Turnen*: Schwebebalken *m*.

bal·anced ['bælənst] *adj. fig.* (gut) ausgewogen, wohlerwogen, ausgeglichen (*a.* ☨ *u.* ⚡), gleichmäßig: ***~ diet*** ausgeglichene Kost; ***~ judg***(***e***)***ment*** wohlerwogenes Urteil.

'bal·ance|-ˌi·tem *s.* Bi'lanzposten *m*; **'~-sheet** *s* ☨ Bi'lanz *f*; Rechnungsabschluß *m*: ***first*** (*od.* ***opening***) ***~*** Eröffnungsbilanz; **'~-wheel** *s.* ⚙ Hemmungsrad *n*, Unruh *f* (*Uhr*).

bal·co·ny ['bælkənı] *s.* Bal'kon *m* (*a. thea.*).

bald [bɔ:ld] *adj.* ☐ **1.** kahl (*ohne Haar, Federn, Laub, Pflanzenwuchs*): ***as ~ as a coot*** völlig kahl; **2.** *fig.* kahl, schmucklos, nüchtern, armselig, dürftig; **3.** *fig.* nackt, unverhüllt, trocken, unverblümt: ***a ~ statement***; **4.** *zo.* weißköpfig (*Vögel*), mit Blesse (*Pferde*).

bal·da·chin, bal·da·quin ['bɔ:ldəkın] *s.* 'Baldachin *m*, Thron-, Traghimmel *m*.

bal·der·dash ['bɔ:ldədæʃ] *s.* ‚Quatsch' *m*, Unsinn *m*.

'bald|·head *s.* Kahlkopf *m*; **ˌ~-'head·ed** *adj.* kahlköpfig: ***go ~ into*** *sl.* blindlings hineinrennen in (*acc.*).

bald·ing ['bɔ:ldıŋ] *adj.* kahl werdend; **bald·ness** ['bɔ:ldnıs] *s.* Kahlheit *f*; *fig.* Dürftigkeit *f*, Nacktheit *f*; **'bald·pate** *s.* **1.** Kahl-, Glatzkopf *m*; **2.** *orn.* Pfeifente *f*.

bale¹ [beıl] **I** *s.* ☨ Ballen *m*: ***~ goods*** Ballengüter *pl.*, Ballenware *f*; **II** *v/t.* in Ballen verpacken.

bale² → ***bail²***.

'bale·fire *s.* **1.** Si'gnalfeuer *n*; **2.** Freudenfeuer *n*.

bale·ful ['beılfʊl] *adj.* ☐ **1.** unheilvoll (*Einfluß*); **2.** a) bösartig, rachsüchtig, b) haßerfüllt (*Blick*); **3.** niedergeschlagen.

balk [bɔ:k] **I** *s.* **1.** Hindernis *n*; **2.** Enttäuschung *f*; **3.** *dial. u. Am.* Auslassung *f*, Fehler *m*, Schnitzer *m*; **4.** (Furchen-) Rain *m*; **5.** Hindernis *n*, Hemmnis *n*; **6.** △ Hauptbalken *m*; **7.** *Billard*: Quartier *n*; **8.** *Am. Baseball*: vorgetäuschter Wurf; **II** *v/i.* **9.** stocken, stutzen; scheuen (***at*** bei, vor. *dat.*) (*Pferd*); *Reitsport*: verweigern (*acc.*); **10.** ***~ at*** *fig.* a) sich sträuben gegen, b) zu'rückschrecken vor (*dat.*); **III** *v/t.* **11.** (ver)hindern, vereiteln: ***~ s.o. of s.th.*** j-n um et. bringen; **12.** ausweichen (*dat.*), um'gehen; **13.** sich entgehen lassen.

Bal·kan ['bɔ:lkən] **I** *adj.* Balkan...; **II** *s.*: ***the ~s*** *pl.* die 'Balkanstaaten, der 'Balkan; **'Bal·kan·ize** [-naız] *v/t. Gebiet* balkanisieren.

ball¹ [bɔ:l] **I** *s.* **1.** Ball *m*, Kugel *f*; Knäuel *m*, *n*, Klumpen *m*, Kloß *m*, Ballen *m*: ***three ~s*** drei Kugeln (*Zeichen des Pfandleihers*); **2.** Kugel *f* (*zum Spiel*); **3.** *sport* a) Ball *m*, b) *Am.* Ballspiel *n*, *bsd.* Baseball(spiel *n*) *m*, c) *Tennis*: Ball *m*, Schlag *m*, d) *Fußball*: Ball *m*, Schuß *m*, e) Wurf *m*: ***be on the ~*** F ‚auf Draht' sein; ***have a lot on the ~*** *Am.* F ‚schwer was los' haben; ***have the ~ at one's feet*** s-e große Chance haben; ***keep the ~ rolling*** das Gespräch *od.* die Sache in Gang halten; ***the ~ is with you*** *od.* ***in your court!*** jetzt bist 'du dran!; ***play ~*** F mitmachen, ‚spuren'; **4.** ⚔ *etc.* Kugel *f*; **5.** (Abstimmungs)Kugel *f*; → ***black ball***; **6.** *ast.* Himmelskörper *m*, Erdkugel *f*; **7.** ***~ of the eye*** Augapfel *m*; ***~ of the foot*** Fußballen *m*; ***~ of the thumb*** Handballen; **8.** *pl.* V → ***balls***; **II** *v/t.* **9.** (*v/i.* sich) zs.-ballen; **10.** ***~ up*** *Am. sl.* a) (völlig) durchein'anderbringen, b) ‚vermasseln': **11.** (*a. v/i.*) V ‚bumsen'.

ball² [bɔ:l] *s.* (Tanz- *etc.*)Ball *m*: ***open the ~*** a) den Ball (*mst fig.* den Reigen) eröffnen, b) *fig.* die Sache in Gang bringen; ***have a ~*** *Am.* F sich (prima) amüsieren; ***get a ~ out of s.th.*** *Am.* F an et. Spaß haben.

ball³ [bɔ:l] *s.* große Arz'neipille (*für Pferde etc.*).

bal·lad [ˈbæləd] *s.* Balˈlade *f*; ˈ**bal·lad-ˌmon·ger** *s.* Bänkelsänger *m*; Dichterling *m*; ˈ**bal·lad·ry** [-drı] *s.* Balˈladendichtung *f*.

ˌ**ball-and-ˈsock·et joint** *s.* ⚙, *anat.* Kugel-, Drehgelenk *n*.

bal·last [ˈbæləst] **I** *s.* **1.** ⚓, ✈ Ballast *m*, Beschwerung *f*: ***in*** ~ in Ballast; **2.** *fig.* (sittlicher) Halt; **3.** ⚙ Schotter *m*, ˈBettungsmateriˌal *n*; **II** *v/t.* **4.** ⚓, ✈ mit Ballast beladen; **5.** *fig. j-m* Halt geben; **6.** ⚙ beschottern.

ball| bear·ing(s *pl.*) *s.* ⚙ Kugellager *n*; ˈ~**·boy** *s. Tennis*: Balljunge *m*.

bal·le·ri·na [ˌbæləˈriːnə] *s.* **1.** (Prima-) Balleˈrina *f*; **2.** Balˈlettänzerin *f*.

bal·let [ˈbæleı] *s.* **1.** *allg.* Balˈlett *n*; **2.** Balˈlettkorps *n*; ~ **danc·er** [ˈbælı] *s.* Balˈlettänzer(in); ~ **danc·ing** [ˈbælı] *s.* Balˈlettanzen *n*; Tanzen *n*.

bal·let·o·mane [ˈbælıtəʊmeın] *s.* Balˈlettfaˌnatiker(in).

ˈ**ball|-ˌflow·er** *s.* ⚠ Ballenblume *f* (*gotische Verzierung*); ~ **game** *s.* **1.** *sport* (*Am.* Base)Ballspiel *n*; **2.** *Am.* F a) Situatiˈon *f*, b) Sache *f*.

bal·lis·tic [bəˈlıstık] *adj.* (□ ~***ally***) *phys.*, ⚔ balˈlistisch; → ***missile*** 2; **balˈlis·tics** [-ks] *s. pl. mst sg. konstr. phys.*, ⚔ Balˈlistik *f*.

ball joint *s. anat.*, ⚙ Kugelgelenk *n*.

bal·lon d'es·sai [balɔ̃ desɛ] (*Fr.*) *s. bsd. fig.* Verˈsuchsbalˌlon *m*.

bal·loon [bəˈluːn] **I** *s.* **1.** ✈ Balˈlon *m*: ~ ***barrage*** ⚔ Ballonsperre *f*; ***when the*** ~ ***goes up*** F wenn es losgeht; **2.** Luftballon *m* (*Spielzeug*); **3.** ⚠ (Pfeiler)Kugel *f*; **4.** ⚗ Balˈlon *m*, Rezipiˈent *m*; **5.** *in Comics etc.*: (Sprech-, Denk)Blase *f*; **6.** ~ (***glass***) ˈKognakschwenker *m*; **7.** *sl. sport* ‚Kerze' *f* (*Hochschuß*); **II** *v/i.* **8.** im Ballon aufsteigen; **9.** sich blähen; **III** *v/t.* **10.** *sl. sport den Ball* ‚in die Wolken jagen'; **11.** aufblasen; *fig.* aufblähen, überˈtreiben, steigern; **12.** ✝ *Am. Preise* in die Höhe treiben; **IV** *adj.* **13.** aufgebläht: ~ ***sleeve*** Puffärmel *m*; **bal·loon·ist** [bəˈluːnıst] *s.* Balˈlonfahrer *m*; **bal·loon tire** (*Brit.* **tyre**) *s.* ⚙ Balˈlonreifen *m*.

bal·lot [ˈbælət] **I** *s.* **1.** *hist.* Wahlkugel *f*; *weitS.* Stimmzettel *m*; **2.** (geheime) Wahl: ***voting is by*** ~ die Wahl ist geheim; ***at the first*** ~ im ersten Wahlgang; **3.** Zahl *f* der abgegebenen Stimmen, *weitS.* Wahlbeteiligung *f*; **II** *v/i.* **4.** (geheim) abstimmen; **5.** losen (***for*** um); ~ **box** *s.* Wahlurne *f*; ~ **pa·per** *s.* Stimmzettel *m*; ~ **vote** *s.* Urabstimmung *f* (*bei Lohnkämpfen*).

ˈ**ball|(-point) pen** *s.* Kugelschreiber *m*; ~ **race** *s.* ⚙ Kugellager-, Laufring *m*; ~ **re·cep·tion** *s. TV* Ball-, Reˈlaisempfang *m*; ˈ~**·room** *s.* Ball-, Tanzsaal *m*: ~ ***dancing*** Gesellschaftstanz *m*, -tänze *pl.*

balls [bɔːlz] **I** *s. pl.* V **1.** ‚Eier' *pl.* (*Hoden*); **II** *int.* ‚Quatsch'!, Blödsinn!

ˈ**ball·up** *s. Am. sl.* Durcheinˈander *n*.

bal·ly·hoo [ˌbælıˈhuː] F **I** *s.* (Reˈklame)Rummel *m*, Ballyhoo *n*, *a. weitS.* ‚Tamˈtam' *n*, ‚Wirbel' *m*; **II** *v/i. u. v/t.* e-n Rummel machen (um), marktschreierisch anpreisen.

bal·ly·rag [ˈbælıræg] *v/t.* mit *j-m* Possen *od.* Schindluder treiben.

balm [bɑːm] *s.* **1.** ˈBalsam *m*: a) aroˈmatisches Harz, b) wohlriechende Salbe, c) *fig.* Trost *m*, *a.* Wohltat *f*; **2.** *fig.* balˈsamischer Duft; **3.** ⚘ ~ ***of Gilead*** ˈBalsamstrauch *m od.* -harz *n*.

bal·mor·al [bælˈmɒrəl] *s.* Schottenmütze *f*.

balm·y [ˈbɑːmı] *adj.* □ **1.** balˈsamisch; **2.** *fig.* mild; heilend; **3.** *Brit. sl.* ‚bekloppt'.

bal·ne·ol·o·gy [ˌbælnıˈɒlədʒı] *s.* ⚕ Balneoloˈgie *f*, Bäderkunde *f*.

ba·lo·ney [bəˈləʊnı] → ***boloney***.

bal·sam [ˈbɔːlsəm] *s.* **1.** → ***balm*** 1; **2.** ⚘ a) Springkraut *n*, b) Balsaˈmine *f*; **bal·sam·ic** [bɔːlˈsæmık] *adj.* (□ ~***ally***) **1.** ˈbalsamartig, Balsam…; **2.** balˈsamisch (duftend); **3.** *fig.* mild, sanft; lindernd, heilend.

Balt [bɔːlt] *s.* Balte *m*, Baltin *f*; ˈ**Bal·tic** [-tık] **I** *adj.* **1.** baltisch; **2.** Ostsee…; **II** *s.* **3.** *a.* ~ ***Sea*** Ostsee *f*.

bal·us·ter [ˈbæləstə] → ***banister***; **bal·us·trade** [ˌbæləsˈtreıd] *s.* Baluˈstrade *f*, Brüstung *f*; Geländer *n*.

bam·boo [bæmˈbuː] *s.* **1.** ⚘ ˈBambus *m*: ~ ***curtain*** *pol.* Bambusvorhang *m* (*von Rotchina*); ~ ***shoot*** Bambussprosse *f*; **2.** ˈBambusrohr *n*, -stock *m*.

bam·boo·zle [bæmˈbuːzl] *v/t. sl.* **1.** beschwindeln (***out of*** um), übers Ohr hauen; **2.** foppen, verwirren.

ban [bæn] **I** *v/t.* **1.** verbieten: ~ ***a play***; ~ ***s.o. from speaking*** j-m verbieten zu sprechen; **2.** *sport j-n* sperren; **II** *s.* **3.** (amtliches) Verbot, Sperre *f* (*a. sport*): ***travel*** ~ Reiseverbot; ***lift a*** ~ ein Verbot aufheben; **4.** Ablehnung *f* durch die öffentliche Meinung: ***under a*** ~ allgemein mißbilligt, geächtet; **5.** ⚖, *eccl.* Bann *m*, Acht *f*: ***under the*** ~ in die Acht erklärt, exkommuniziert.

ba·nal [bəˈnɑːl] *adj.* baˈnal, abgedroschen, seicht; **ba·nal·i·ty** [bəˈnælətı] *s.*

Banali'tät *f*; **ba·na·lize** [bə'nɑːlaɪz] *v/t.* banalisieren.

ba·nan·a [bə'nɑːnə] *s.* ♀ Ba'nane *f*: ***go ~s*** *sl.* ‚überschnappen'; **~ plug** *s.* ⚡ Ba'nanenstecker *m*; **~ re·pub·lic** *s. iro.* Ba'nanenrepuˌblik *f*.

band[1] [bænd] **I** *s.* **1.** Schar, *f*, Gruppe *f*; Bande *f*: ***~ of robbers*** Räuberbande; **2.** Band *f*, (Mu'sik)Kaˌpelle *f*, ('Tanz-) Orˌchester *n*: ***big ~*** Big Band; → ***beat*** 12; **II** *v/t.* **3. *~ together*** (zu e-r Gruppe *etc.*) vereinigen; **III** *v/i.* **4. *~ together*** sich zs.-tun, *b.s.* sich zs.-rotten.

band[2] [bænd] **I** *s.* **1.** (flaches) Band; (Heft)Schnur *f*: ***rubber ~*** Gummiband; **2.** Band *n* (*an Kleidern*), Gurt *m*, Binde *f*, (Hosen- *etc.*)Bund *m*, Einfassung *f*; **3.** Band *n*, Ring *m* (*als Verbindung od. Befestigung*); Bauchbinde *f* (*Zigarre*); **4.** ⚕ (Gelenk)Band *n*; Verband *m*; **5.** (Me'tall)Reifen *m*; Ring *m*; Streifen *m*; **6.** ⚙ Treibriemen *m*; **7.** *pl.* Beffchen *n der Geistlichen u. Richter*; **8.** *andersfarbiger od. andersartiger* Streifen, Querstreifen *m*; Schicht *f*; **9.** *Radio*: (Fre'quenz)Band *n*; **II** *v/t.* **10.** mit e-m Band *od.* e-r Binde versehen, zs.-binden; *Am. Vogel* beringen; **11.** mit (e-m) Streifen versehen; **band·age** ['bændɪdʒ] **I** *s.* **1.** ⚕ Verband *m*, Binde *f*, Ban'dage *f*: ***~ case*** Verbandskasten *m*; **2.** Binde *f*, Band *n*; **II** *v/t.* **3.** *Wunde etc.* verbinden, *Bein etc.* bandagieren.

'band-aid *Am.* **I** *s.* Heftpflaster *n*; **II** *adj.* F Behelfs...

ban·dan·(n)a [bæn'dænə] *s.* buntes Taschen- *od.* Halstuch.

band|·box ['bændbɒks] *s.* Hutschachtel *f*: ***as if he (she) came out of a ~*** wie aus dem Ei gepellt; **'~-brake** *s.* ⚙ Band-, Riemenbremse *f*.

ban·deau ['bændəʊ] *pl.* **-deaux** [-dəʊz] (*Fr.*) *s.* Haar- *od.* Stirnband *n*.

ban·de·rol(e) ['bændərəʊl] *s.* **1.** langer Wimpel, Fähnlein *n*; **2.** Inschriftenband *n*.

ban·dit ['bændɪt] *pl. a.* **-ti** [bæn'dɪtɪ] *s.* Ban'dit *m*, (Straßen)Räuber *m*, *weitS.* Gangster *m*: ***a banditti*** *coll.* e-e Räuberbande; → ***one-armed***; **'ban·dit·ry** [-trɪ] *s.* Ban'ditentum *n*.

band·mas·ter ['bændˌmɑːstə] *s.* ♪ Ka'pellmeister *m*.

'ban·dog *s. Brit.* Kettenhund *m*.

ban·do·leer, ban·do·lier [ˌbændəʊ'lɪə] *s.* ⚔ (*um die Brust geschlungener*) Pa'tronengurt.

'band|-pass fil·ter *s. Radio*: Bandfilter *n, m*; **~ pul·ley** *s.* ⚙ Riemenscheibe *f*, Schnurrad *n*; **~ saw** *s.* ⚙ Bandsäge *f*; **~ shell** *s.* (muschelförmiger) Or'chesterˌpavillon.

bands·man ['bændzmən] *s.* [*irr.*] ♪ 'Musiker *m*, Mitglied *n* e-r (Mu'sik)Kaˌpelle.

'band|·stand *s.* Mu'sikˌpavillon *m*; Podium *n*; **~ switch** *s. Radio*: Fre'quenz(band)ˌumschalter *m*; **'~ˌwag·on** *s.* **1.** Wagen *m* mit e-r Mu'sikkaˌpelle; **2.** F *pol.* erfolgreiche Seite *od.* Par'tei: ***climb on the ~*** mit ‚einsteigen', sich der erfolgversprechenden Sache anschließen; **'~·width** *s. Radio*: Bandbreite *f*.

ban·dy ['bændɪ] **I** *v/t.* **1.** sich *et.* zuwerfen; **2.** sich *et.* erzählen; **3.** sich (gegenseitig) *Vorwürfe, Komplimente etc.* machen, *Blicke, böse Worte, Schläge etc.* tauschen: ***~ words*** sich streiten; **4.** *a.* ***~ about*** *Gerüchte* in 'Umlauf setzen *od.* weitertragen; **5.** *a.* ***~ about*** *j-s Namen* immer wieder erwähnen: ***his name was bandied about*** *a.* er war ins Gerede gekommen; **II** *s.* **6.** *sport* Bandy *n* (*Abart des Eishockey*).

'bandy-legged [-legd] *adj.* O- *od.* säbelbeinig.

bane [beɪn] *s.* Verderben *n*, Ru'in *m*: ***the ~ of his life*** der Fluch s-s Lebens; **'bane·ful** [-fʊl] *adj.* □ verderblich, tödlich, schädlich.

bang[1] [bæŋ] **I** *s.* **1.** Bums *m*, Schlag *m*, Krach *m*, Knall *m*: ***go over with a ~*** *Am.* F ein Bombenerfolg sein; **2.** V ‚Nummer' *f* (*Koitus*); **3.** *sl.* ‚Schuß' *m* (*Rauschgift*); **II** *v/t.* **4.** dröhnend schlagen, knallen mit, *Tür etc.* zuknallen: ***~ one's head against*** sich den Kopf anschlagen an (*dat.*); ***~ one's fist on the table*** mit der Faust auf den Tisch schlagen; ***~ sense into s.o.*** j-m Vernunft einbleuen; ***~ up*** kaputtmachen, -schlagen, *Auto* zu Schrott fahren; ***~ed(-)up*** zerbeult, (arg) mitgenommen, demoliert; **5. *~ about*** *fig. j-n* he'rumstoßen; **6.** V ‚bumsen', ‚vögeln'; **III** *v/i.* **7.** knallen: a) krachen, b) zuschlagen (*Tür etc.*), c) ballern, schießen: ***~ at*** an *die Tür etc.* schlagen; ***~ away*** drauflosballern; ***~ into*** bumsen *od.* knallen gegen; **8.** V ‚bumsen', ‚vögeln'; **IV** *adv.* **9.** bums: a) mit e-m Knall *od.* Krach, b) F *fig.* ‚zack', genau: ***~ in the eye***, c) F *fig.* plötzlich: ***~ off*** *sl.* sofort, ‚zack'; ***~ on*** *sl.* (haar)genau; **V** *int.* **10.** bums!, peng!

bang[2] [bæŋ] *s. mst pl.* Pony *m*; 'Ponyfriˌsur *f*.

bang·er ['bæŋə] *s.* **1.** et., das knallt, *z.B.* Knallkörper *m*; ‚Klapperkiste' *f* (*Auto*); **2.** (Brat)Würstchen *n*: ***~s pl. and***

mash Würstchen *pl.* mit Kartoffelbrei.

ban·gle ['bæŋgl] *s.* Armring *m*, -reif *m*; Fußring *m*, -spange *f*.

'**bang**|**-on** *adv.* F haargenau; genau (richtig); '**~-up** *adv. u. adj. Am. sl.* ‚prima'.

ban·ish ['bænɪʃ] *v/t.* **1.** verbannen, ausweisen (***from*** aus); **2.** *fig.* (ver)bannen, verscheuchen, vertreiben: ***~ care***; '**banish·ment** [-mənt] *s.* **1.** Verbannung *f*, Ausweisung *f*; **2.** *fig.* Vertreiben *n*, Bannen *n*.

ban·is·ter ['bænɪstə] *s.* Geländersäule *f*; *pl.* Treppengeländer *n*.

ban·jo ['bændʒəʊ] *pl.* **-jos, -joes** *s.* ♪ Banjo *n*; '**ban·jo·ist** [-əʊɪst] *s.* Banjospieler *m*.

bank¹ [bæŋk] **I** *s.* **1.** ✝ Bank *f*, Bankhaus *n*: ***the* ♀** *Brit.* die Bank von England; ***~ of deposit*** Depositenbank; ***~ of issue*** (*od.* ***circulation***) Noten-, Emissionsbank; **2.** (Spiel)Bank *f*: ***break*** (***keep***) ***the ~*** die Bank sprengen (halten); ***go*** (***the***) ***~*** Bank setzen; **3.** Vorrat *m*, Re'serve *f*, Bank *f*: → ***blood bank*** *etc.*; **II** *v/i.* **4.** ✝ Geld auf e-r Bank haben: ***I ~ with ...*** ich habe mein Bankkonto bei ...; **5.** *Glücksspiel*: die Bank halten; **6.** ***~ on*** *fig.* bauen *od.* s-e Hoffnung setzen auf (*acc.*); **III** *v/t.* **7.** *Geld* bei e-r Bank einzahlen *od.* hinter'legen.

bank² [bæŋk] **I** *s.* **1.** (Erd)Wall *m*, Damm *m*, (Straßen- *etc.*)Böschung *f*; Über'höhung *f e-r Straße*; **2.** Ufer *n*; **3.** (Sand)Bank *f*, Untiefe *f*: ***Dogger* ♀** Doggerbank; **4.** Bank *f*, Wand *f*, Wall *m*; Zs.-ballung *f*: ***~ of clouds*** Wolkenbank; ***snow ~*** Schneewall; **5.** ✈ Querneigung *f in der Kurve*; **II** *v/t.* **6.** eindämmen, mit e-m Wall um'geben; *fig.* dämpfen; **7.** *e-e Straße in der Kurve* über'höhen; **8.** *a.* ***~ up*** aufhäufen, zs.-ballen; **9.** ✈ in die Kurve legen, in Schräglage bringen; **10.** *a.* ***~ up*** *ein Feuer* mit Asche belegen; **III** *v/i.* **11.** *a.* ***~ up*** sich aufhäufen, sich zs.-ballen; **12.** ✈ in die Kurve gehen; **13.** e-e Über'höhung haben (*Straße in der Kurve*).

bank³ [bæŋk] *s.* **1.** Ruderbank *f od.* (Reihe *f* der) Ruderer *pl. in e-r Galeere*; **2.** ⚙ Reihe *f*, Gruppe *f*, Reihenanordnung *f*.

bank·a·ble ['bæŋkəbl] *adj.* ✝ bankfähig, diskontierbar; *fig.* verläßlich, zuverlässig.

bank| **ac·count** *s.* ✝ 'Bank,konto *n*; **~ bill** → ***bank draft***; **~ book** *s.* Sparbuch *n*; **~ clerk** *s.* Bankangestellte(r *m*) *f*, -beamte(r) *m*, -beamtin *f*; **~ code num·ber** *s.* Bankleitzahl *f*; **~ dis·count** *s.* 'Bankdis,kont *m*; **~ draft** *s.* Bankwechsel *m* (*von e-r Bank auf e-e andere gezogen*).

bank·er ['bæŋkə] *s.* **1.** ✝ Banki'er *m*: ***~'s discretion*** Bankgeheimnis *n*; ***~'s order*** Dauerauftrag *m*; **2.** *Kartenspiel etc.*: Bankhalter *m*.

bank hol·i·day *s.* Bankfeiertag *m*.

bank·ing¹ ['bæŋkɪŋ] ✝ **I** *s.* Bankwesen *n*; **II** *adj.* Bank...

bank·ing² ['bæŋkɪŋ] *s.* ✈ Schräglage *f*.

bank·ing| **ac·count** *s.* ✝ 'Bank,konto *n*; **~ charg·es** *s. pl.* Bankgebühren *pl.*; **~ house** *s.* Bankhaus *n*.

bank| **man·ag·er** *s.* 'Bankdi,rektor *m*; **~ note** *s.* ✝ Banknote *f*; **~ rate** *s.* ✝ Dis'kontsatz *m*; **~ re·turn** *s.* Bankausweis *m*; '**~-,rob·ber·y** *s.* Bankraub *m*; '**~·roll** *s. Am.* **1.** Bündel *n* Banknoten; **2.** Geld(mittel *pl.*) *n*.

bank·rupt ['bæŋkrʌpt] **I** *s.* **1.** ⚖ Kon'kurs-, Gemeinschuldner *m*, Bankrot'teur *m*: ***~'s certificate*** Dokument *n* über Einstellung des Konkursverfahrens; ***~'s creditor*** Konkursgläubiger *m*; ***~'s estate*** Konkursmasse *f*; ***declare o.s. a ~*** (s-n) Konkurs anmelden; **2.** *fig.* bank'rotter *od.* her'untergekommener Mensch; **II** *adj.* **3.** ⚖ bank'rott: ***go ~*** in Konkurs geraten, Bankrott machen; **4.** *fig.* bank'rott (*a. Politik, Politiker etc.*), ruiniert: ***morally ~*** moralisch bankrott, sittlich verkommen; ***~ in intelligence*** bar aller Vernunft; **III** *v/t.* **5.** ⚖ bank'rott machen; **6.** *fig.* zu'grunde richten; '**bank·rupt·cy** [-rəptsɪ] *s.* **1.** ⚖ Bank'rott *m*, Kon'kurs *m*: ***act of ~*** Konkurshandlung *f*; **♀ *Act*** Konkursordnung *f*; ***declaration of ~*** Konkursanmeldung *f*; ***petition in ~*** Konkursantrag *m*; ***referee in ~*** Konkursrichter *m*; **2.** *fig.* Ru'in *m*, Bank'rott *m*.

bank state·ment *s.* ✝ **1.** Bankausweis *m*; **2.** *Brit.* Kontoauszug *m*.

ban·ner ['bænə] **I** *s.* **1.** Banner *n*, Fahne *f*, Heeres-, Kirchen-, Reichsfahne *f*; **2.** *fig.* Banner *n*, Fahne *f*: ***the ~ of freedom***; **3.** Spruchband *n*, Transpa'rent *n bei politischen Umzügen*; **4.** *a.* ***~ headline*** 'Balken,überschrift *f*, Schlagzeile *f*; **II** *adj. Am.* **5.** führend, 'prima: ***~ class*** beste Sorte; '**~,bear·er** *s.* **1.** Fahnenträger *m*; **2.** Vorkämpfer *m*.

banns [bænz] *s. pl. eccl.* Aufgebot *n des Brautpaares vor der Ehe*: ***ask the ~*** das Aufgebot bestellen; ***publish*** (*od.* ***put up***) ***the ~*** (***of***) (*das Brautpaar*) kirchlich aufbieten.

ban·quet ['bæŋkwɪt] **I** *s.* Ban'kett *n*, Festessen *n*; **II** *v/t.* festlich bewirten; **III** *v/i.* tafeln; '**ban·quet·er** [-tə] *s.* Ban'ketteilnehmer(in).

ban·shee [bæn'ʃi:] *s. Ir., Scot.* Todesfee *f.*

ban·tam ['bæntəm] **I** *s.* **1.** *zo.* 'Bantam-, Zwerghuhn *n*, -hahn *m*; **2.** *fig.* Zwerg *m*, Knirps *m*; **II** *adj.* **3.** klein, ⚙ Klein..., *a.* handlich; '**~·weight** *s. sport* 'Bantamgewicht(ler *m*) *n*.

ban·ter ['bæntə] **I** *v/t.* necken, hänseln; **II** *v/i.* necken, scherzen; **III** *s.* Necke'rei *f*, Scherz(e *pl.*) *m*; '**ban·ter·er** [-ərə] *s.* Spaßvogel *m*.

Ban·tu [ˌbæn'tu:] **I** *pl.* **-tu, -tus** *s.* **1.** 'Bantu(neger) *m*; **2.** 'Bantusprache *f*; **II** *adj.* **3.** Bantu...

ban·zai [ˌbæn'zaɪ] *int.* Banzai! (*japanischer Hoch- od. Hurraruf*).

ba·o·bab ['beɪəʊbæb] *s.* ⚘ 'Baobab *m*, Affenbrotbaum *m*.

bap·tism ['bæptɪzəm] *s.* **1.** *eccl.* Taufe *f*: ***~ of blood*** Märtyrertod *m*; **2.** *fig.* Taufe *f*, Einweihung *f*, Namensgebung *f*: ***~ of fire*** ⚔ Feuertaufe; **bap·tis·mal** [bæp'tɪzml] *adj. eccl.* Tauf...; '**bap·tist** [-ɪst] *s. eccl.* **1.** Bap'tist(in); **2.** Täufer *m*: ***John the*** ♀; '**bap·tis·ter·y** [-ɪstərɪ], '**bap·tist·ry** [-ɪstrɪ] *s.* **1.** 'Taufkaˌpelle *f*; **2.** Taufbecken *n*; **bap·tize** [bæp'taɪz] *v/t. u. v/i. eccl. u. fig.* taufen.

bar [bɑ:] **I** *s.* **1.** Stange *f*, Stab *m*: ***~s*** Gitter *n*; ***prison ~s*** Gefängnis *n*; ***behind ~s*** *fig.* hinter Schloß u. Riegel; **2.** Riegel *m*, Querbalken *m*, -holz *n*, -stange *f*; Schranke *f*, Sperre *f*; **3.** *fig.* (***to***) Hindernis *n* (für) (*a.* ⚖), Verhinderung *f* (*gen.*), Schranke *f* (gegen); ⚖ Ausschließungsgrund *m*: ***~ to progress*** Hemmnis *n* für den Fortschritt; ***~ to marriage*** Ehehindernis *n*; ***as a ~ to, in ~ of*** ⚖ zwecks Ausschlusses (*gen.*); **4.** Riegel *m*, Stange *f*: ***a ~ of soap*** ein Riegel Seife; ***~ soap*** Stangenseife *f*; ***a chocolate ~*** ein Riegel (*a.* e-e Tafel) Schokolade; ***gold ~*** Goldbarren *m*; **5.** Barre *f*, Sandbank *f* (*am Hafeneingang*); **6.** Strich *m*, Streifen *m*, Band *n*, Strahl *m* (*Farbe*, *Licht*); **7.** ϟ La'melle *f*; **8.** ♪ a) Taktstrich *m*, b) *ein* Takt; **9.** Streifen *m*, Band *n an e-r Medaille*; Spange *f am Orden*; **10.** ⚖ a) Schranke *f vor der Richterbank*: ***prisoner at the ~*** Angeklagte(r *m*) *f*; ***trial at ~*** *Brit.* Verhandlung *f* vor dem vollen Strafsenat des ***High Court of Justice*** (*z.B. bei Landesverrat*), b) Schranke *f* in den ***Inns of Court***: ***be called*** (*Am.* ***admitted***) ***to the ~*** als Anwalt *od. Brit.* als Barrister (*plädierender Anwalt*) zugelassen werden; ***be at the ~*** Barrister sein; ***read for the ~*** Jura studieren, c) ***the ~*** die (gesamte) Anwaltschaft, *Brit.* die Barristers *pl.*: ♀ ***Association*** *Am.* (halbamtliche) Anwaltsvereinigung, -kammer; **11.** *parl.*: ***the ~ of the House*** Schranke im brit. Unterhaus (*bis zu der geladene Zeugen vortreten dürfen*); **12.** *fig.* Gericht *n*, Tribu'nal *n*: ***the ~ of public opinion*** das Urteil der Öffentlichkeit; **13.** Bar *f*: a) Bü'fett *n*, Theke *f*, b) Schankraum *m*, Imbißstube *f*; → ***ice-cream bar***; **II** *v/t.* **14.** verriegeln: ***~ in*** (***out***) ein- (aus)sperren; **15.** *a.* ***~ up*** vergittern, mit Schranken um'geben: ***~red window*** Gitterfenster *n*; **16.** versperren: ***~ the way*** (*a. fig.*); **17.** hindern (***from*** an *dat.*); hemmen, auf-, abhalten; **18.** ausschließen (***from*** von; *a.* ⚖), verbieten; → ***barred*** 4; **19.** absehen von; **20.** *Brit. sl.* nicht leiden können; **21.** mit Streifen versehen; **III** *prp.* **22.** außer, abgesehen von: ***~ one*** außer einem; ***~ none*** (alle) ohne Ausnahme.

barb[1] [bɑ:b] *s.* **1.** 'Widerhaken *m*; **2.** *fig.* a) Stachel *m*, b) Spitze *f*, spitze Bemerkung, Pfeil *m* des Spottes; **3.** *zo.* Bart (-faden) *m*; Fahne *f e-r Feder*.

barb[2] [bɑ:b] *s.* Berberpferd *n*.

bar·bar·i·an [bɑ:'beərɪən] **I** *s.* **1.** Bar'bar *m*; **2.** *fig.* Bar'bar *m*, roher u. ungesitteter Mensch; Unmensch *m*; **II** *adj.* **3.** bar'barisch, unzivilisiert; **4.** *fig.* roh, ungesittet, grausam; **bar·bar·ic** [bɑ:'bærɪk] *adj.* (□ ***~ally***) bar'barisch, wild, roh, ungesittet; **bar·ba·rism** ['bɑ:bərɪzəm] *s.* **1.** Barba'rismus *m*, Sprachwidrigkeit *f*; **2.** Barba'rei *f*, 'Unkulˌtur *f*; **bar·bar·i·ty** [bɑ:'bærətɪ] *s.* Barba'rei *f*, Roheit *f*, Grausamkeit *f*, Unmenschlichkeit *f*; **bar·ba·rize** ['bɑ:bəraɪz] **I** *v/t.* **1.** verrohen *od.* verwildern lassen; **2.** *Sprache, Kunst etc.* barbarisieren, verderben; **II** *v/i.* **3.** verrohen; **bar·ba·rous** ['bɑ:bərəs] *adj.* □ bar'barisch, roh, ungesittet, grausam.

bar·be·cue ['bɑ:bɪkju:] **I** *s.* **1.** Barbecue *n*: a) Grillfest *n* (*bei dem ganze Tiere gebraten werden*), b) Bratrost *m*, Grill *m*, c) gegrilltes *od.* gebratenes Fleisch; **2.** *Am.* in Essigsoße zubereitete Fleisch- *od.* Fischstückchen; **II** *v/t.* **3.** (auf dem Rost *od.* am Spieß) im ganzen *od.* in großen Stücken) braten; **2.** braten, grillen; **3.** *Am.* in stark gewürzter (Essig)Soße zubereiten; **4.** *Am.* a) dörren, b) räuchern.

barbed [bɑ:bd] *adj.* **1.** mit 'Widerhaken

od. Stacheln (versehen), Stachel...; **2.** *fig.* bissig, spitz: *~ remarks*; *~ wire s.* Stacheldraht *m.*

bar·bel [ˈbɑːbəl] *s. ichth.* Barbe *f.*

ˈbar·bell *s. sport* Hantel *f mit langer Stange*, Kugelstange *f.*

bar·ber [ˈbɑːbə] **I** *s.* Barˈbier *m*, (ˈHerren)Friˌseur *m*; **II** *v/t. Am.* rasieren; frisieren.

bar·ber·ry [ˈbɑːbərɪ] *s.* ⚘ Berbeˈritze *f.*

ˈbar·ber·shop *s.* **1.** *bsd. Am.* Friˈseurgeschäft *n*; **2.** *a. ~ singing Am.* F (zwangloses) Singen im Chor.

bar·ber's| itch [ˈbɑːbəz] *s.* ⚕ Bartflechte *f*; **~ pole** *s. spiralig bemalte Stange als Geschäftszeichen der Friseure.*

bar·bi·tal [ˈbɑːbɪtæl] *s. pharm. Am.* Barbiˈtal *n*; **~ so·di·um** *s. pharm.* ˈNatriumsalz *n* von Barbiˈtal.

bar·bi·tone [ˈbɑːbɪtəʊn] *s. Brit.* → ***barbital***; **bar·bi·tu·rate** [bɑːˈbɪtjʊrət] *s. pharm.* ☐ Barbituˈrat *n*; **bar·bi·tu·ric** [ˌbɑːbɪˈtjʊərɪk] *adj. pharm.*: *~ acid* Barbitursäure *f.*

bar·ca·rol(l)e [ˈbɑːkərəʊl] *s.* ♪ Barkaˈrole *f* (*Gondellied*).

bar cop·per *s.* ⚙ Stangenkupfer *n.*

bard [bɑːd] *s.* **1.** Barde *m* (*keltischer Sänger*); **2.** *fig.* Barde *m*, Sänger *m* (*Dichter*): *ℒ of Avon* Shakespeare; **ˈbard·ic** [-dɪk] *adj.* Barden...; **bard·ol·a·try** [bɑːˈdɒlətrɪ] *s.* Shakespearevergötterung *f.*

bare [beə] **I** *adj.* ☐ → ***barely***; **1.** nackt, unbekleidet, bloß: *in one's ~ skin* splitternackt; **2.** kahl, leer, nackt, unbedeckt: *~ walls* kahle Wände; *the ~ boards* der nackte Fußboden; *the larder was ~ fig.* es war nichts zu essen im Hause; *~ sword* bloßes *od.* blankes Schwert; **3.** ⚘, *zo.* kahl; **4.** unverhüllt, klar: *lay ~* zeigen, enthüllen (*a. fig.*); *the ~ facts* die nackten Tatsachen; *~ nonsense* barer *od.* reiner Unsinn; **5.** (*of*) entblößt (von), arm (an *dat.*), ohne; **6.** knapp, kaum hinreichend: *~ majority* a) knappe Mehrheit, b) (*of votes*) einfache Stimmenmehrheit; *a ~ ten pounds* gerade noch 10 Pfund; **7.** bloß, alˈlein, nur: *the ~ thought* der bloße (*od.* allein der) Gedanke; **II** *v/t.* **8.** entblößen, entkleiden; **9.** *fig.* bloßlegen, enthüllen: *~ one's heart* sein Herz öffnen (*to j-m*); **ˈ~·back(ed)** [-bæk(t)] *adj. u. adv.* ungesattelt; **ˈ~·faced** [-feɪst] *adj.* ☐ schamlos, frech; **ˈ~·foot** *adj. u. adv.* barfuß; **ˌ~ˈfoot·ed** [-ˈfʊtɪd] *adj.* barfuß, barfüßig; **ˌ~-ˈhead·ed** [-ˈhedɪd] *adj. u. adv.* mit bloßem Kopf, barhäuptig; **ˌ~-ˈlegged** [-ˈlegd] *adj.* mit nackten Beinen.

bare·ly [ˈbeəlɪ] *adv.* **1.** kaum, knapp, gerade (noch): *~ enough time*; **2.** ärmlich, spärlich; **bare·ness** [ˈbeənɪs] *s.* **1.** Nacktheit *f*, Blöße *f*, Kahlheit *f*; **2.** Dürftigkeit *f.*

bare·sark [ˈbeəsɑːk] **I** *s.* Berˈserker *m*; **II** *adv.* ohne Rüstung.

bar·gain [ˈbɑːgɪn] **I** *s.* **1.** (geschäftliches) Abkommen, Handel *m*, Geschäft *n*: *a good* (*bad*) *~*; **2.** *a. good ~* vorteilhaftes Geschäft, günstiger Kauf, Gelegenheitskauf *m* (*a. die gekaufte Sache*): *at £10 it is a* (*dead*) *~* für £10 ist es spottbillig; *it's a ~!* abgemacht!, topp!; *into the ~* obendrein, noch dazu; *strike od. make a ~* ein Abkommen treffen, e-n Handel abschließen; *make the best of a bad ~* sich so gut wie möglich aus der Affäre ziehen; *drive a hard ~* hart feilschen, ‚mächtig rangehen'; **3.** *Brit. Börse*: (*einzelner*) Abschluß: *~ for account* Termingeschäft *n*; **II** *v/i.* **4.** handeln, feilschen (*for*, *about* um); **5.** verhandeln, überˈeinkommen (*for* über *acc.*, *that* daß): *~ing point* Verhandlungspunkt *m*; *~ing position* Verhandlungsposition *f*; **6.** *~ for* rechnen mit, erwarten (*acc.*) (*mst neg.*): *I did not ~ for that* darauf war ich nicht gefaßt; *it was more than we had ~ed for* damit hatten wir nicht gerechnet; **7.** *~ on fig.* zählen auf (*acc.*); **III** *v/t.* **8.** (ein)tauschen (*for* gegen); **9.** *~ away* verschachern, *fig. a.* verschenken; **~ base·ment** *s.* Niedrigpreisabteilung *f* im Tiefgeschoß *e-s Warenhauses*; **~ count·er** *s.* **1.** ✝ Wühltisch *m*; **2.** *fig. pol.* ˈTauschobˌjekt *n.*

bar·gain·er [ˈbɑːgɪnə] *s.* **1.** Feilscher (-in); **2.** Verhandler *m*; **ˈbar·gain·ing** [-nɪŋ] *s.* Handeln *n*, Feilschen *n*; Verhandeln *n*: → ***collective bargaining***.

bar·gain| price *s.* Spott-, Schleuderpreis *m*; **~ sale** *s.* (Ramsch)Ausverkauf *m.*

barge [bɑːdʒ] **I** *s.* **1.** ⚓ a) flaches Fluß- *od.* Kaˈnalboot, Lastkahn *m*, b) Barˈkasse *f*, c) Hausboot *n*; **II** *v/i.* **2.** F ungeschickt gehen *od.* fahren *od.* sich bewegen, torkeln, stürzen, prallen (*into* in *acc.*, *against* gegen); **3.** *~ in* F herˈeinplatzen, sich einmischen; **bar·gee** [bɑːˈdʒiː] *s. Brit.* Kahnführer *m*: *swear like a ~* fluchen wie ein Landsknecht.

ˈbarge|·man [-mən] *s.* [*irr.*] *Am.* Kahnführer *m*; **ˈ~·pole** *s.* Bootsstange *f*: *I wouldn't touch him* (*it*) *with a ~ Brit.* F a) den (das) würde ich nicht mal mit e-r Feuerzange anfassen, b) mit dem (damit) will ich nichts zu tun haben.

bar·ic ['beərɪk] *adj.* ⚗ Barium…

bar i·ron *s.* ⚙ Stabeisen *n.*

bar·i·tone ['bærɪtəʊn] *s.* ♪ 'Bariton *m* (*Stimme u. Sänger*).

bar·i·um ['beərɪəm] *s.* ⚗ 'Barium *n*; **~ meal** *s.* ⚕ Kon'trastmittel *n*, -brei *m.*

bark[1] [bɑ:k] **I** *s.* **1.** ⚘ (Baum)Rinde *f*, Borke *f*; **2.** → ***Peruvian*** I; **3.** ⚙ (Gerber)Lohe *f*; **II** *v/t.* **4.** abrinden; **5.** abschürfen: ***~ one's knees.***

bark[2] [bɑ:k] **I** *v/i.* **1.** bellen, kläffen (*a. fig.*): ***~ at s.o.*** *fig.* j-n anschnauzen; ***~ing dogs never bite*** Hunde, die bellen, beißen nicht; ***~ up the wrong tree*** a) auf dem Holzweg sein, b) an der falschen Adresse sein; **2.** *fig.* ‚bellen' (*husten*); ‚bellen', krachen (*Schußwaffe*); **3.** F *Ware* marktschreierisch anpreisen; **II** *s.* **4.** Bellen *n*: ***his ~ is worse than his bite*** er kläfft nur (aber beißt nicht); **5.** *fig.* ‚Bellen' *n* (*Husten*); Krachen *n.*

bark[3] [bɑ:k] *s.* **1.** ⚓ Bark *f*; **2.** *poet.* Schiff *n.*

'bar|·keep *Am.* F → **'~ˌkeep·er** *s.* **1.** Barkellner *m*, -mixer *m*; **2.** Barbesitzer *m.*

bark·er ['bɑ:kə] *s.* **1.** Beller *m*, Kläffer *m*; **2.** F ‚Anreißer' *m* (*Kundenwerber*); Marktschreier *m*; *Am. a.* Fremdenführer *m.*

bark| pit *s. Gerberei*: Lohgrube *f*; **~ tree** *s.* ⚘ 'Chinarindenbaum *m.*

bar·ley ['bɑ:lɪ] *s.* ⚘ Gerste *f*: ***French ~, pearl ~*** Perlgraupen *pl.*; ***pot ~*** ungeschälte Graupen *pl.*; **'~·corn** *s.* Gerstenkorn *n*: ***John* ♀** *scherzhafte Personifikation* (*der Gerste als Grundstoff*) *von Bier* (*‚Gerstensaft'*) *od. Whisky*; **~ sug·ar** *s.* Gerstenzucker *m*; **~ wa·ter** *s. aromatisiertes Getränk aus Gerstenextrakt*; **~ wine** *s. ein Starkbier.*

bar line *s.* ♪ Taktstrich *m.*

barm [bɑ:m] *s.* Bärme *f*, (Bier)Hefe *f.*

'bar|·maid *s. bsd. Brit.* Bardame *f*, -kellnerin *f*; **'~·man** [-mən] *s.* [*irr.*] → ***barkeeper*** 1.

barm·y ['bɑ:mɪ] *adj.* **1.** heftig, gärend, schaumig; **2.** *Brit. sl.* ‚bekloppt': ***go ~*** überschnappen.

barn [bɑ:n] *s.* **1.** Scheune *f*; **2.** *Am.* (Vieh)Stall *m.*

bar·na·cle[1] ['bɑ:nəkl] *s.* **1.** *orn.* Ber'nikel-, Ringelgans *f*; **2.** *zo.* Entenmuschel *f*; **3.** *fig.* a) ‚Klette' *f* (*lästiger Mensch*), b) (lästige) Fessel.

bar·na·cle[2] ['bɑ:nəkl] *s.* **1.** *mst pl.* Nasenknebel *m für unruhige Pferde*; **2.** *pl. Brit.* F Kneifer *m*, Zwicker *m.*

barn| dance *s. Am.* ländlicher Tanz; **ˌ~'door** *s.*: ***as big as a ~*** F (so) groß wie ein Scheunentor, nicht zu verfehlen; **ˌ~'door fowl** *s.* Haushuhn *n*; **'~-owl** *s.* Schleiereule *f*; **'~·storm** *v/i.* F ‚auf die Dörfer gehen': a) *thea. etc.* auf Tour'nee (durch die Pro'vinz) gehen, b) *pol.* überall Wahlreden halten; **'~ˌstorm·er** *s.* F **1.** Wander- *od.* Schmierenschauspieler *m*; **2.** her'umreisender Wahlredner; **~ swal·low** *s.* Rauchschwalbe *f.*

bar·o·graph ['bærəʊgrɑ:f] *s. phys., meteor.* Baro'graph *m* (*selbstaufzeichnender Luftdruckmesser*).

ba·rom·e·ter [bə'rɒmɪtə] *s.* Baro'meter *n*: a) Wetterglas *n*, Luftdruckmesser *m*, b) *fig.* Grad-, Stimmungsmesser *m*;

bar·o·met·ric [ˌbærəʊ'metrɪk] *adj.* (□ ***~ally***) *phys.* baro'metrisch, Barometer…: ***~ maximum*** Hoch(druckgebiet) *n*; ***~ pressure*** Luftdruck *m*; **ˌbar·o'met·ri·cal** [-'metrɪkl] *adj.* → ***barometric.***

bar·on ['bærən] *s.* **1.** *hist.* Pair *m*, Ba'ron *m*; *jetzt*: Ba'ron *m* (*brit. Adelstitel*); **2.** *nicht-Brit.* Ba'ron *m*, Freiherr *m*; **3.** *fig.* (Indu'strie- *etc.*)Baˌron *m*, Ma'gnat *m*; **4.** **~** (***of beef***) *Küche*: doppeltes Lendenstück.

bar·on·age ['bærənɪdʒ] *s.* **1.** *coll. die* Ba'rone *pl.*; **2.** Verzeichnis *n* der Ba'rone; **3.** Rang *m* e-s Ba'rons; **'bar·on·ess** [-nɪs] *s.* **1.** *Brit.* Ba'ronin *f*; **2.** *nicht-Brit.* Ba'ronin *f*, Freifrau *f*; **'bar·on·et** [-nɪt] **I** *s.* Baronet *m* (*brit. Adelstitel*; *abbr.* ***Bart.***); **II** *v/t.* zum Baronet ernennen; **'bar·on·et·age** [-nɪtɪdʒ] *s.* **1.** *coll.* die Baronets *pl.*; **2.** Verzeichnis *n* der Baronets; **'bar·on·et·cy** [-nɪtsɪ] *s.* Titel *m od.* Rang *m* e-s Baronet; **ba·ro·ni·al** [bə'rəʊnjəl] *adj.* **1.** Barons…, freiherrlich; **2.** prunkvoll, großartig; **'bar·o·ny** [-nɪ] *s.* Baro'nie *f* (*Gebiet od. Würde*).

ba·roque [bə'rɒk] **I** *adj.* **1.** ba'rock (*a. von Perlen u. fig.*); **2.** *fig.* prunkvoll; über'steigert; bi'zarr, verschnörkelt; **II** *s.* **3.** *allg.* Ba'rock *n*, *m.*

'bar-ˌpar·lour *s. Brit.* Schank-, Gaststube *f.*

barque → ***bark***[3].

bar·rack ['bærək] **I** *s.* **1.** *mst pl.* Ka'serne *f*: ***a ~s*** e-e Kaserne; → ***confine*** 3; **2.** *mst pl. fig.* 'Mietskaˌserne *f*; **II** *v/t.* **3.** in Ka'sernen *od.* Ba'racken 'unterbringen; **4.** F *sport, pol.* auspfeifen, -buhen; **III** *v/i.* **5.** F buhen, pfeifen: ***~ for*** (lautstark) anfeuern; **~ square** *s.* ⚔ Ka'sernenhof *m.*

bar·rage[1] ['bærɑ:ʒ] *s.* **1.** ⚔ Sperrfeuer

n; **2.** ⚔ Sperre *f*: ***creeping ~*** Feuerwalze *f*; ***~ balloon*** Sperrballon *m*; **3.** *fig.* über'wältigende Menge: ***a ~ of questions*** ein Schwall *od.* Kreuzfeuer von Fragen.

bar·rage² ['bærɑːʒ] *s.* Talsperre *f*, Staudamm *m*.

bar·ra·try ['bærətrɪ] *s.* **1.** ⚖, ⚓ Baratte'rie *f* (*Veruntreuung*); **2.** ⚖ schika'nöses Prozessieren (*od.* Anstiftung *f* dazu); **3.** Ämterschacher *m*.

barred [bɑːd] *adj.* **1.** (ab)gesperrt, verriegelt; **2.** gestreift; **3.** ♪ durch Taktstriche abgeteilt; **4.** ⚖ verjährt.

bar·rel ['bærəl] **I** *s.* **1.** Faß *n*, Tonne *f*; *im Ölhandel*: Barrel *n*: ***have s.o. over a ~*** F j-n in s-r Gewalt haben; ***scrape the ~*** F den letzten, schäbigen Rest zs.-kratzen; **2.** ⚙ Walze *f*, Rolle *f*, Trommel *f*, Zy'linder *m*, (rundes) Gehäuse; (Gewehr)Lauf *m*, (Geschütz)Rohr *n*; Kolbenrohr *n*; Rumpf *m e-s Dampfkessels*; Tintenbehälter *m e-r Füllfeder*; Walze *f der Drehorgel*; Kiel *m e-r Feder*; Zylinder *m e-r Spritze*; **3.** Rumpf *m e-s Pferdes etc.*; **II** *v/t.* **4.** in Fässer füllen *od.* packen; **III** *v/i.* **5.** F rasen, sausen; **~ chair** *s.* Lehnstuhl *m* mit hoher runder Lehne; **'~-drain** *s.* ⚙, ⚠ gemauerter runder 'Abzugska͵nal; **~ house** *s. Am. sl.* Spe'lunke *f*, Kneipe *f*.

bar·rel(l)ed ['bærəld] *adj.* **1.** faßförmig; **2.** in Fässer gefüllt; **3.** ...läufig (*Gewehr*).

'bar·rel|͵mak·er *s.* Faßbinder *m*; **'~-͵organ** *s.* ♪ Drehorgel *f*; **~ roll** *s.* ✈ Rolle *f* (*im Kunstflug*); **~ roof** *s.* ⚠ Tonnendach *n*; **~ vault** *s.* ⚠ Tonnengewölbe *n*.

bar·ren ['bærən] **I** *adj.* □ **1.** unfruchtbar (*Lebewesen*, *Pflanze etc.*; *a. fig.*); **2.** öde, kahl, dürr; **3.** *fig.* trocken, langweilig, seicht; dürftig; **4.** 'unproduk͵tiv (*Geist*); tot (*Kapital*); **5.** leer, arm (***of*** an *dat.*); **II** *s.* **6.** *mst pl.* Ödland *n*; **'bar·ren·ness** [-nɪs] *s.* **1.** Unfruchtbarkeit *f* (*a. fig.*); **2.** *fig.* Trockenheit *f*, geistige Leere, Dürftigkeit *f*, Dürre *f*.

bar·ri·cade [͵bærɪ'keɪd] **I** *s.* **1.** Barri'kade *f*: ***mount*** (*od.* ***go to***) ***the ~s*** auf die Barrikaden steigen (*a. fig.*); **2.** *fig.* Hindernis *n*; **II** *v/t.* **3.** (ver)barrikadieren, (ver)sperren (*a. fig.*).

bar·ri·er ['bærɪə] *s.* **1.** Schranke *f* (*a. fig.*), Barri'ere *f*, Sperre *f*: ***~ cream*** Schutzcreme *f*; **2.** Schlag-, Grenzbaum *m*; **3.** *sport* 'Startma͵schine *f*; **4.** *fig.* Hindernis *n* (***to*** für); Mauer *f*; (*Sprach-etc.*)Barri'ere *f*; **5.** ♎ 'Eisbarri͵ere *f* der Ant'arktis: ***♎ Reef*** Barriereriff *n*.

bar·ring ['bɑːrɪŋ] *prp.* abgesehen von, ausgenommen: ***~ errors*** Irrtümer vorbehalten; ***~ a miracle*** wenn kein Wunder geschieht.

bar·ris·ter ['bærɪstə] *s.* ⚖ **1.** *a.* ***~-at-law*** *Brit.* Barrister *m*, *plädierender* Rechtsanwalt (vor höheren Gerichten); **2.** *Am. allg.* Rechtsanwalt *m*.

'bar-room *s.* Schankstube *f*.

bar·row¹ ['bærəʊ] *s.* **1.** 'Tumulus *m*, Hügelgrab *n*; **2.** Hügel *m*.

bar·row² ['bærəʊ] *s.* (Hand-, Schub-, Gepäck-, Obst)Karre(n *m*) *f*.

bar·row³ ['bærəʊ] *s.* 🖊 Bork *m* (*im Ferkelalter kastriertes Schwein*).

bar·row| boy *s.*, **'~·man** [-mən] *s.* [*irr.*] Straßenhändler *m*, ‚fliegender Händler'.

bar| steel *s.* ⚙ Stangenstahl *m*; **'~͵tender** *s.* → ***barkeeper*** 1.

bar·ter ['bɑːtə] **I** *v/i.* Tauschhandel treiben; **II** *v/t. im Handel* (ein-, 'um)tauschen, austauschen (***for***, ***against*** gegen): ***~ away*** verschachern, -kaufen (*a. fig. Ehre etc.*); **III** *s.* Tauschhandel *m*, Tausch *m* (*a. fig.*): ***~ shop*** Tauschladen *m*; **~ trans·ac·tion** *s.* ⚚ Tausch(handels)-, Kompensati'onsgeschäft *n*.

bar·y·tone → ***baritone***.

bas·al ['beɪsl] *adj.* □ **1.** an der Basis *od.* Grundfläche befindlich; **2.** *mst fig.* grundlegend: ***~ metabolism*** ⚕ Grundstoffwechsel *m*; ***~ metabolic rate*** ⚕ Grundumsatz *m*; ***~ cell*** *biol.* Basalzelle *f*.

ba·salt ['bæsɔːlt] *s. geol.* Ba'salt *m*; **ba·sal·tic** [bə'sɔːltɪk] *adj.* ba'saltisch, Basalt...

base¹ [beɪs] **I** *s.* **1.** Basis *f*, 'Unterteil *m*, *n*, Boden *m*; 'Unterbau *m*, -lage *f*; Funda'ment *n*; **2.** Fuß *m*, Sockel *m*; Sohle *f*; **3.** *fig.* Basis *f*: a) Grund(lage *f*) *m*, b) Ausgangspunkt *m*, c) *a.* ***~ camp*** *mount.* Basislager *n*; **4.** Grundstoff *m*, Hauptbestandteil *m*; **5.** Å Grundlinie *f*, -fläche *f*, -zahl *f*; **6.** ⚗ Base *f*; *Färberei*: Beize *f*; **7.** *sport* a) Grund-, Startlinie *f*, b) Mal *n*: ***not to get to first ~*** (***with s.o.***) F *fig.* keine Chance haben (bei j-m); **8.** ⚔, ⚓ a) Standort *m*, Stati'on *f*, b) (Operati'ons)Basis *f*, Stützpunkt *m*, c) (Flug)Basis *f*, *Am.* (Flieger)Horst *m*: ***naval ~*** Flottenstützpunkt, d) E'tappe *f*; **II** *v/t.* **9.** stützen, gründen (***on***, ***upon*** auf *acc.*): ***be ~d on*** beruhen auf (*dat.*), sich stützen auf (*acc.*); ***~ o.s. on*** sich verlassen auf (*acc.*); **10.** *a.* ⚔ stationieren; → ***based*** 2.

base² [beɪs] *adj.* □ **1.** gemein, niedrig, niederträchtig; **2.** minderwertig; unedel: ***~ metals***; **3.** falsch, unecht

(*Geld*): **~ *coin*** falsche Münze, *coll.* Falschgeld *n*, *Am.* Scheidemünze *f*; **4.** *ling.* unrein, unklassisch.

'**base·ball** *s. sport* **1.** Baseball(spiel *n*) *m*; **2.** Baseball *m*.

based [beɪst] *adj.* **1.** (*on*) gegründet (auf *acc.*), beruhend (auf *dat.*), mit e-r Grundlage (von); **2.** ⚔ *in Zssgn* mit ... als Stützpunkt, stationiert in (*dat.*), *a.* (land- *etc.*)gestützt; **3.** *in Zssgn* mit Sitz in (*dat.*): ***a London-~ company***.

base·less ['beɪslɪs] *adj.* grundlos, unbegründet.

base| line *s.* **1.** Grundlinie *f* (*a. sport*); **2.** *surv.* Standlinie *f*; **3.** ⚔ Basislinie *f*; **~ load** *s.* ⚡ Grundlast *f*, -belastung *f*; '**~·man** [-mən] *s.* [*irr.*] *Baseball*: Malhüter *m*.

base·ment ['beɪsmənt] *s.* △ **1.** Kellergeschoß *n*; **2.** Grundmauer(n *pl.*) *f*.

base·ness ['beɪsnɪs] *s.* **1.** Gemeinheit *f*, Niederträchtigkeit *f*; **2.** Minderwertigkeit *f*; **3.** Unechtheit *f*.

ba·ses ['beɪsi:z] *pl. von* ***basis***.

base wal·lah *s.* ⚔ *Brit. sl.* E'tappenschwein *n*.

bash [bæʃ] F **I** *v/t.* **1.** heftig schlagen, einhauen auf (*acc.*) (*a.* F *fig.*): **~ *in*** a) einschlagen, b) verbeulen; **~ *up*** a) *j-n* zs.-schlagen, b) *Auto* zu Schrott fahren; **II** *s.* **2.** heftiger Schlag: ***have a ~ at s.th.*** es mit et. probieren; **3.** Beule *f* (*am Auto etc.*); **4.** *Brit.* (tolle) Party.

bash·ful ['bæʃfʊl] *adj.* □ schüchtern, verschämt, scheu; zu'rückhaltend; '**bash·ful·ness** [-nɪs] *s.* Schüchternheit *f*, Scheu *f*.

bash·ing ['bæʃɪŋ] *s.* F ‚Senge' *f*, Prügel *pl.*: ***get*** (*od.* ***take***) ***a ~*** Prügel beziehen (*a. fig.*).

bas·ic ['beɪsɪk] **I** *adj.* (□ ***~ally***) **1.** grundlegend, die Grundlage bildend; elemen'tar; Einheits..., Grund...; **2.** ⚗, *geol.*, *min.* basisch; **3.** ⚡ ständig (*Belastung*); **II** *s.* **4.** *pl.* a) Grundlagen *pl.*, b) *das* Wesentliche; **5.** → ***Basic English***; '**bas·i·cal·ly** [-kəlɪ] *adv.* im Grunde, grundsätzlich.

Bas·ic| Eng·lish *s.* Basic English *n* (*vereinfachte Form des Englischen von C. K. Ogden*); **2 for·mu·la** *s.* ⩚ Grundformel *f*; **2 in·dus·try** *s.* 'Grund(stoff)-, 'Schlüsselindu,strie *f*; **2 i·ron** *s.* ⚙ Thomaseisen *n*; **2 load** *s.* ⚡ ständige Grundlast; **2 ma·ter·i·als** *s. pl.* Grund-, Ausgangsstoffe *pl.*; **2 ra·tion** *s.* ⚔ Mindestverpflegungssatz *m*; **2 re·search** *s.* Grundlagenforschung *f*; **2 sal·a·ry** *s.* ✝ Grundgehalt *n*; **2 size** *s.* ⚙ Sollmaß *n*; **2 slag** *s.* ⚗ Thomasschlacke *f*; **2 steel** *s.* ⚙ Thomasstahl *m*; **2 trai·ning** *s. a.* ⚔ Grundausbildung *f*; **2 wage** *s.* ✝ Grundlohn *m*.

bas·il ['bæzl] *s.* ⚘ Ba'silienkraut *n*, Ba'silikum *n*.

ba·sil·i·ca [bə'zɪlɪkə] *s.* △ Ba'silika *f*.

bas·i·lisk ['bæzɪlɪsk] **I** *s.* **1.** Basi'lisk *m* (*Fabeltier*); **2.** *zo.* Legu'an *m*; **II** *adj.* **3.** Basilisken...: **~ *eye***.

ba·sin ['beɪsn] *s.* **1.** (Wasser-, Wasch- *etc.*)Becken *n*, Schale *f*, Schüssel *f*; **2.** Fluß-, Hafenbecken *n*; Schwimmbekken *n*, Bas'sin *n*; **3.** a) Stromgebiet *n*, b) (kleine) Bucht; **4.** Wasserbehälter *m*; **5.** Becken *n*, Einsenkung *f*, Mulde *f*; **6.** (Kohlen- *etc.*)Lager *n od.* Revier *n*.

ba·sis ['beɪsɪs] *pl.* **-ses** [-si:z] *s.* **1.** Basis *f*, Grundlage *f*, Funda'ment *n*: **~ *of discussion*** Diskussionsbasis *f*; ***take as a ~*** zugrunde legen; **2.** Hauptbestandteil *m*; **3.** ⩚ Basis *f*, Grundlinie *f*, -fläche *f*; **4.** ⚔, ⚓ (Operati'ons)Basis *f*, Stützpunkt *m*.

bask [bɑ:sk] *v/i.* sich aalen, sich sonnen (*a. fig.*): **~ *in the sun*** ein Sonnenbad nehmen.

bas·ket ['bɑ:skɪt] *s.* **1.** Korb *m*; **2.** Korb (-voll) *m*; **3.** *Basketball*: a) Korb *m*, b) Treffer *m*, Korb *m*; **4.** (Passa'gier)Korb *m*, Gondel *f* (*e-s Luftballons od. Luftschiffes*); **5.** Säbelkorb *m*; **6.** Tastenfeld *n* (*der Schreibmaschine*); '**~·ball** *s. sport* **1.** Basketball(spiel *n*) *m*; **2.** Basketball *m*; **~ case** *Am.* F **1.** Arm- u. Beinamputierte(r *m*) *f*; **2.** to'tales ‚Wrack'; **~ chair** *s.* Korbsessel *m*; **~ din·ner** *s. Am.* Picknick *n*.

bas·ket·ful ['bɑ:skɪtfʊl] *pl.* **-fuls** *s. ein* Korb(voll) *m*.

bas·ket| hilt *s.* Säbelkorb *m*; **~ lunch** *s. Am.* Picknick *n*.

bas·ket·ry ['baskɪtrɪ] *s.* Korbwaren *pl.*

Basque [bæsk] **I** *s.* Baske *m*, Baskin *f*; **II** *adj.* baskisch.

bas-re·lief ['bæsrɪ,li:f] *s. sculp.* 'Bas-, 'Flachreli,ef *n*.

bass[1] [beɪs] ♪ **I** *adj.* Baß...; **II** *s.* Baß *m* (*Stimme*, *Sänger*, *Instrument u. Partie*).

bass[2] [bæs] *pl. mst* **bass** *s. ichth.* Barsch *m*.

bass[3] [bæs] *s.* **1.** (Linden)Bast *m*; **2.** Bastmatte *f*.

bas·set ['bæsɪt] *s. zo.* Basset *m* (*ein Dachshund*).

bas·si·net [,bæsɪ'net] *s.* **1.** Korbwiege *f*; Stubenwagen *m*; Korb(kinder)wagen *m* (*mit Verdeck*).

bas·soon [bə'su:n] *s.* ♪ Fa'gott *n*.

bas·so| pro·fun·do ['bæsəʊ prə'fʌndəʊ] (*Ital.*) *s.* ♪ tiefster Baß (*Stimme od.*

Sänger); ˌ**~-reˈlie·vo** [-rɪˈliːvəʊ] *pl.* **-vos** → ***bas-relief***.

ˈ**bass-reˌlief** [ˈbæs-] → ***bas-relief***.

bass vi·ol [beɪs] *s.* ♪ ˈCello *n*.

ˈ**bass-wood** [ˈbæs-] *s.* ⚘ **1.** Linde *f*; **2.** Lindenholz *n*.

bast [bæst] *s.* (Linden)Bast *m*.

bas·tard [ˈbæstəd] **I** *s.* **1.** Bastard *m*, *a.* ⚖ uneheliches Kind; **2.** *biol.* Bastard *m*, Mischling *m*; **3.** *fig.* a) Fälschung *f*, Nachahmung *f*, b) Scheußlichkeit *f*; **4.** a) V ‚Schwein' *n*, ‚Scheißkerl' *m*, b) *iro.* alter Haˈlunke, c) Kerl *m*; **II** *adj.* **5.** unehelich, Bastard…; **6.** *biol.* Bastard…; **7.** *fig.* unecht, falsch; **8.** abˈnorm; ˈ**bas·tard·ize** [-daɪz] **I** *v/t.* **1.** ⚖ für unehelich erklären; **2.** verschlechtern, verfälschen; **II** *v/i.* **3.** entarten; ˈ**bas·tard·ized** [-daɪzd] *adj.* entartet, Mischlings…, Bastard…

bas·tard| slip → ***bastard*** 1; **~ ti·tle** *s. typ.* Schmutztitel *m*.

bas·tar·dy [ˈbæstədɪ] *s.* uneheliche Geburt: ***~ procedure*** Verfahren *n* zur Feststellung der (unehelichen) Vaterschaft u. Unterhaltspflicht.

baste¹ [beɪst] *v/t.* **1.** ‚(ver)hauen', verprügeln; **2.** *fig.* beschimpfen, herfallen über (*acc.*).

baste² [beɪst] *v/t.* **1.** *Braten etc.* mit Fett begießen; **2.** *Docht der Kerze* mit geschmolzenem Wachs begießen.

baste³ [beɪst] *v/t.* lose (an)heften.

bast·ing [ˈbeɪstɪŋ] *s.* (Tracht *f*) Prügel *pl.*

bas·tion [ˈbæstɪən] *s.* ⚔ Baˈstei *f*, Bastiˈon *f*, Bollwerk *n* (*a. fig.*).

bat¹ [bæt] **I** *s.* **1.** *sport* a) Schlagholz *n*, Schläger *m* (*bsd. Baseball u. Kricket*): ***carry one's ~*** *Kricket*: noch im Spiel sein; ***off one's own ~*** *Kricket u. fig.* selbständig, ohne Hilfe, auf eigene Faust; ***right off the ~*** F auf Anhieb; ***be at*** (***the***) ***~*** am Schlagen sein, dran sein; ***go to ~ for s.o.*** *Baseball*: für j-n einspringen, *fig.* → 6, b) → ***batsman***; **2.** F Stockhieb *m*; **3.** *Brit. sl.* (Schritt)Tempo *n*: ***at a rare ~*** mit e-m ‚Affenzahn'; **4.** *Am. sl.* ‚Saufeˈrei' *f*: ***go on a ~*** e-e ‚Sauftour' machen; **II** *v/i.* **5.** a) (mit dem Schlagholz) schlagen, b) am Schlagen sein; → ***batting*** 3; **6.** ***~ for s.o.*** *fig.* für j-n eintreten.

bat² [bæt] *s.* **1.** *zo.* Fledermaus *f*: ***have ~s in the belfry*** verrückt sein, ‚e-n Vogel haben'; → ***blind*** 1; **2.** ✈, ⚔ ˈradargelenkte Bombe.

bat³ [bæt] *v/t.*: ***~ the eyes*** mit den Augen blinzeln *od.* zwinkern; ***without ~ting an eyelid*** (*Am.* ***eyelash***) ohne mit der Wimper zu zucken; ***I never ~ted an eyelid*** ich habe kein Auge zugetan.

ba·ta·ta [bəˈtɑːtə] *s.* ⚘ Baˈtate *f*, ˈSüßkarˌtoffel *f*.

batch [bætʃ] *s.* **1.** Schub *m* (*die auf einmal gebackene Menge Brot*): ***a ~ of bread***; **2.** ⚙ a) Schub *m*, b) Satz *m* (*Material*), Charge *f*, Füllung *f*; **3.** Schub *m*; ‚Schwung' *m*: a) Gruppe *f* (*von Personen*), Trupp *m* (*Gefangener*), b) Schicht *f*, Satz *m* (*Muster*), Stapel *m*, Stoß *m* (*Briefe etc.*), Parˈtie *f*, Posten *m* (*gleicher Dinge*), *Computer*: Stapel *m*: ***in ~es*** schubweise; ˈ**~-ˌpro·cess** *v/t. Computer*: stapelweise verarbeiten.

bate¹ [beɪt] **I** *v/i.* abnehmen, nachlassen; **II** *v/t.* schwächen, *Hoffnung etc.* vermindern, *Neugier etc.* mäßigen, *Forderung etc.* herˈabsetzen: ***with ~d breath*** mit verhaltenem Atem, gespannt.

bate² [beɪt] *s.* ⚙ *Gerberei*: Ätzlauge *f*.

bate³ [beɪt] *s. Brit. sl.* Wut *f*.

ba·teau [bɑːˈtəʊ] *pl.* **-teaux** [-ˈtəʊz] (*Fr.*) *s. Am.* leichtes langes Flußboot; **~ bridge** *s.* Ponˈtonbrücke *f*.

bath [bɑːθ] **I** *pl.* **baths** [-ðz] *s.* **1.** (Wannen)Bad *n*: ***take a ~*** ein Bad nehmen, baden, *Am. sl.* (*bsd. finanziell*) ‚baden gehen'; **2.** Badewasser *n*; **3.** Badewanne *f*: ***enamelled ~***; **4.** Badezimmer *n*; **5.** *mst pl.* a) Badeanstalt *f*, b) Badeort *m*; **6.** ⚗ *phot.* a) Bad *n* (*Behandlungsflüssigkeit*), b) Behälter *m dafür*; **7.** *Brit.*: ***order of the*** ***~*** Bathorden *m*; ***Knight of the ~*** Ritter *m* des Bathordens; ***Knight Commander of the ~*** Komtur *m* des Bathordens; **II** *v/t.* **8.** *Kind etc.* baden; **III** *v/i.* **9.** baden, ein Bad nehmen.

Bath| brick *s.* Meˈtallputzstein *m*; **~ bun** *s.* überˈzuckertes Kuchenbrötchen; **~ chair** *s.* Rollstuhl *m*.

bathe [beɪð] **I** *Auge*, *Hand*, (*verletzten*) *Körperteil* baden, in Wasser *etc.* tauchen; **2.** ***~d in sunlight*** (***perspiration***) in Sonne (Schweiß) gebadet; ***~d in tears*** in Tränen aufgelöst; **3.** *poet.* bespülen; **II** *v/i.* **4.** (sich) baden; **5.** schwimmen; **6.** (Heil)Bäder nehmen; **7.** *fig.* sich baden *od.* schwelgen (***in*** in *dat.*); **III** *s.* **8.** *bsd. Brit.* Bad *n im Freien*; ˈ**bath·er** [-ðə] *s.* **1.** Badende(r *m*) *f*; **2.** Badegast *m*.

ˈ**bath·house** *s. Am.* **1.** Badeanstalt *f*; **2.** ˈUmkleidekaˌbinen *pl.*

bath·ing [ˈbeɪðɪŋ] *s.* Baden *n*; **~ beau·ty** *s.*, **~ belle** *s.* F Badeschönheit *f*; ˈ**~-ˌcos·tume** → ***bathing-suit***; ˈ**~-ˌdraw·ers** *s. pl.* Badehose *f*; ˈ**~-dress** →

bathing-suit; **'~-gown** *s.* Bademantel *m*; **'~-ma,chine** *s. hist.* Badekarren *m* (*fahrbare Umkleidekabine*); **'~-suit** *s.* Badeanzug *m*.

Bath met·al *s.* ⚙ 'Tombak *m*.

ba·thos ['beɪθɒs] *s.* **1.** Abgleiten *n* vom Erhabenen zum Lächerlichen; **2.** Gemeinplatz *m*, Plattheit *f*; **3.** falsches Pathos; **4.** a) Null-, Tiefpunkt *m*, b) Gipfel *m der Dummheit etc.*

'bath|·robe *s.* Bademantel *m*; **'~·room** [-rʊm] *s.* Badezimmer *n*; *weitS.* Klo'sett *n*; **~ salts** *s. pl.* Badesalz *n*; **♀ stone** *s.* Muschelkalkstein *m*; **~ tow·el** *s.* Badetuch *n*; **'~·tub** *s.* Badewanne *f* (*a.* F *Skisport*).

ba·thym·e·try [bə'θɪmɪtrɪ] *s.* Tiefen- *od.* Tiefseemessung *f*.

bath·y·sphere ['bæθɪ,sfɪə] *s.* ⚙ Tiefseetaucherkugel *f*.

ba·tik ['bætɪk] *s.* 'Batik(druck) *m*.

ba·tiste [bæ'ti:st] *s.* Ba'tist *m*.

bat·man ['bætmən] *s.* [*irr.*] ⚔ *Brit.* Offi'ziersbursche *m*.

ba·ton ['bætən] *s.* **1.** (Amts-, Kom'mando)Stab *m*. ***Field-Marshal's ~*** Marschallsstab; **2.** ♪ Taktstock *m*, Stab *m*; **3.** *sport* (Staffel)Stab *m*; **4.** *Brit.* Schlagstock *m*, (Poli'zei)Knüppel *m*.

ba·tra·chi·an [bə'treɪkjən] *zo.* **I** *adj.* frosch-, krötenartig; **II** *s.* Ba'trachier *m*, Froschlurch *m*.

bats·man ['bætsmən] *s.* [*irr.*] *Kricket*, *Baseball etc.*: Schläger *m*, Schlagmann *m*.

bat·tal·ion [bə'tæljən] *s.* ⚔ Batail'lon *n*.

bat·tels ['bætlz] *s. pl.* (*Universität Oxford*) College-Rechnungen *pl.* für Lebensmittel *etc.*

bat·ten[1] ['bætn] *v/i.* **1.** fett werden (***on*** von *dat.*), gedeihen; **2.** (***on***) *a. fig.* sich mästen (mit), sich gütlich tun (an *dat.*): ***~ on others*** auf Kosten anderer dick u. fett werden.

bat·ten[2] ['bætn] **I** *s.* **1.** Latte *f*, Leiste *f*; **2.** Diele *f*, (Fußboden)Brett *n*; **II** *v/t.* **3.** mit Latten verkleiden *od.* befestigen; **4.** ***~ down the hatches*** a) ⚓ die Luken schalken, b) *fig.* dichtmachen.

bat·ter[1] ['bætə] ⚠ **I** *v/i.* sich nach oben verjüngen; **II** *s.* Böschung *f*, Verjüngung *f*, Abdachung *f*.

bat·ter[2] ['bætə] **I** *v/t.* **1.** mit heftigen Schlägen traktieren; (zer)schlagen, demolieren; *Ehefrau*, *Kind* (ständig) mißhandeln *od.* schlagen *od.* prügeln: ***~ed wives*** mißhandelte (Ehe)Frauen; ***~ down*** (*od.* ***in***) *Tür* einschlagen; **2.** ⚔ *u. weitS.* bombardieren: ***~ down*** zs.-schießen; **3.** beschädigen, zerbeulen, *a. j-n* böse zurichten, arg mitnehmen; **II** *v/i.* **4.** heftig *od.* wiederholt schlagen: ***~ at the door*** gegen die Tür hämmern;

'bat·tered [-təd] *adj.* **1.** zerschlagen, zerschmettert, demoliert; **2.** a) abgenutzt, zerbeult, beschädigt, b) *a. fig.* arg mitgenommen, übel zugerichtet, c) miß'handelt (*Kind etc.*).

'bat·ter·ing-ram ['bætərɪŋ-] *s.* ⚔ *hist.* (Belagerungs)Widder *m*, Sturmbock *m*.

bat·ter·y ['bætərɪ] *s.* **1.** a) ⚔ Batte'rie *f*, b) ⚓ Geschützgruppe *f*; **2.** ϟ, ⚙ Batte'rie *f*, Ele'ment *n*: **3.** *fig.* Reihe *f*, Satz *m*, Batte'rie *f* (*von Maschinen*, *Flaschen etc.*); **4.** ✓ 'Legebatte,rie *f*; **5.** ♪ Batte'rie *f*, Schlagzeuggruppe *f*; **6.** *Baseball*: Werfer *m* u. Fänger *m*; **7.** ⚖ Tätlichkeit *f*, *a.* Körperverletzung *f*; → ***assault*** 3; **~ cell** *s.* Sammlerzelle *f*; **'~-,charg·ing sta·tion** *s.* ϟ 'Ladestati,on *f*; **'~-,op·er·at·ed** *adj.* batteriebetrieben, Batterie…; **~ hen** *s.* Batte'riehenne *f*.

bat·ting ['bætɪŋ] *s.* **1.** Schlagen *n bsd. der Rohbaumwolle zu Watte*; **2.** (Baumwoll)Watte *f*; **3.** *Kricket*, *Baseball etc.*: Schlagen *n*, Schlägerspiel *n*: ***~ average*** *a. fig.* Durchschnitt(sleistung *f*) *m*.

bat·tle ['bætl] **I** *s.* **1.** Schlacht *f* (***of*** *mst* bei), Gefecht *n*: ***~ of Britain*** Schlacht um England (*2. Weltkrieg*); **2.** *fig.* Kampf *m*, Ringen *n* (***for*** um, ***against*** gegen): ***do ~*** kämpfen, sich schlagen; ***fight a ~*** e-n Kampf führen; ***fight a losing ~ against*** e-n aussichtslosen Kampf führen gegen; ***fight s.o.'s ~*** j-s Sache vertreten; ***give*** (*od.* ***join***) ***~*** e-e Schlacht liefern, sich zum Kampf stellen; ***that is half the ~*** damit ist es schon halb gewonnen; ***line of ~*** Schlachtlinie *f*; ***~ of words*** Wortgefecht *n*; ***~ of wits*** geistiges Duell; **II** *v/i.* **3.** *mst fig.* kämpfen, streiten, fechten (***with*** mit, ***for*** um, ***against*** gegen); **~ ar·ray** *s.* ⚔ Schlachtordnung *f*; **'~-ax(e)** *s.* **1.** ⚔ *hist.* Streitaxt *f*; **2.** F ‚alter Drachen' (*Frau*); **'~-,cruis·er** *s.* ⚔ Schlachtkreuzer *m*; **'~-cry** *s.* Schlachtruf *m* (*a. fig.*).

bat·tle·dore ['bætldɔ:] *s.* **1.** Waschschlegel *m*; **2.** *sport hist.* a) Federballschläger *m*, b) *a.* ***~ and shuttle-cock*** *Art* Federballspiel *n*.

bat·tle| dress *s. Brit.* ⚔ Dienst-, Feldanzug *m*; **~ fa·tigue** *s.* 'Kriegsneu,rose *f*; **'~·field**, **'~·ground** *s.* Schlachtfeld *n* (*a. fig.*).

bat·tle·ment ['bætlmənt] *s. mst pl.* (Brustwehr *f* mit) Zinnen *pl.*

bat·tle| or·der *s.* **1.** Schlachtordnung *f*;

2. Gefechtsbefehl *m*; **~ piece** *s.* Schlachtenszene *f* (*in Malerei od. Literatur*); **~ roy·al** *s.* erbitterter Kampf (*a. fig.*); Massenschläge'rei *f*; '**~·ship** *s.* ⚔ Schlachtschiff *n*.

bat·tue [bæ'tu:] (*Fr.*) *s.* **1.** Treibjagd *f*; **2.** (auf e-r Treibjagd erlegte) Strecke; **3.** *fig.* Mas'saker *n*.

bat·ty ['bætɪ] *adj. sl.* ‚bekloppt'.

bau·ble ['bɔ:bl] *s.* **1.** Nippsache *f*; **2.** (protziger) Schmuck; **3.** (Kinder)Spielzeug *n*; **4.** *fig.* Spiele'rei *f*, Tand *m*.

baulk [bɔ:k] → ***balk***.

Ba·var·i·an [bə'veərɪən] **I** *adj.* bay(e)risch; **II** *s.* Bayer(in).

bawd [bɔ:d] *s. obs.* Kupplerin *f*; '**bawd·ry** [-drɪ] *s.* **1.** Kuppe'lei *f*; **2.** Unzucht *f*; **3.** Obszöni'tät *f*.

bawd·y ['bɔ:dɪ] *adj.* unzüchtig, unflätig (*Rede*); '**~·house** *s.* Bor'dell *n*.

bawl [bɔ:l] **I** *v/i.* schreien, grölen, brüllen, *Am. a.* ‚heulen' (*weinen*): ***~ at s.o.*** j-n anbrüllen; **II** *v/t. a.* ***~ out*** F *j-n* anbrüllen, zs.-stauchen.

bay[1] [beɪ] *s.* **1.** ⚘ *a.* ***~ tree*** Lorbeer(-baum) *m*; **2.** *pl.* a) Lorbeerkranz *m*, b) *fig.* Lorbeeren *pl.*, Ehren *pl.*

bay[2] [beɪ] *s.* **1.** Bai *f*, Bucht *f*, Meerbusen *m*; **2.** Talbucht *f*.

bay[3] [beɪ] *s.* **1.** △ Fach *n*, Abteilung *f*, Feld *n zwischen Pfeilern, Balken etc.*; Brückenglied *n*, Joch *n*; **2.** △ Fensternische *f*, Erker *m*; **3.** ✈ Abteilung *f od.* Zelle *f* im Flugzeugrumpf; **4.** ⚓ 'Schiffslaza,rett *n*; **5.** 🚂 *Brit.* Seitenbahnsteig *m*, *bsd.* 'Endstati,on *f* e-s Nebengeleises.

bay[4] [beɪ] **I** *v/i.* **1.** (dumpf) bellen (*bsd. Jagdhund*): ***~ at s.o.*** *od.* ***s.th.*** j-n *od.* et. anbellen; **II** *v/t.* **2.** *obs.* anbellen: ***~ the moon***; **III** *s.* **3.** dumpfes Gebell *der Meute*: ***be*** (*od.* ***stand***) ***at ~*** gestellt sein (*Wild*), *fig.* in die Enge getrieben sein; ***bring to ~*** *Wild* stellen, *fig.* in die Enge treiben; ***keep*** (*od.* ***hold***) ***at ~*** a) sich *j-n* vom Leibe halten, b) *j-n* in Schach halten, fernhalten; *Seuche*, *Feuer etc.* unter Kontrolle halten; ***turn to ~*** sich stellen (*a. fig.*).

bay[5] [beɪ] **I** *adj.* ka'stanienbraun (*Pferd*): ***~ horse*** → **II** *s.* Braune(r) *m*.

bay leaf *s.* Lorbeerblatt *n*.

bay·o·net ['beɪənɪt] ⚔ **I** *s.* Bajo'nett *n*, Seitengewehr *n*: ***at the point of the ~*** mit dem Bajo'nett, im Sturm; ***fix the ~*** das Seitengewehr aufpflanzen; **II** *v/t.* mit dem Bajo'nett angreifen *od.* niederstechen; **III** *adj.* ⚙ Bajonett... (*-fassung*, *-verschluß*).

bay·ou ['baɪu:] *s. Am.* sumpfiger Flußarm (*Südstaaten der USA*).

bay| rum *s.* 'Bayrum *m*, Pi'mentrum *m*; **~ salt** *s.* Seesalz *n*; ♀ **State** *s. Am.* (*Beiname von*) Massachusetts; **~ window** *s.* **1.** Erkerfenster *n*; **2.** *Am. sl.*, ‚Vorbau' *m*, Bauch *m*; '**~·work** *s.* △ Fachwerk *n*.

ba·zaar [bə'zɑ:] *s.* **1.** (*Orient*) Ba'sar *m*; **2.** ✝ Warenhaus *n*; **3.** 'Wohltätigkeitsba,sar *m*.

ba·zoo·ka [bə'zu:kə] *s.* ⚔ Ba'zooka *f* (*Panzerabwehrwaffe*).

B bat·ter·y *s.* ⚡ An'odenbatte,rie *f*.

be [bi:; bɪ] [*irr.*] **I** *v/aux.* **1.** *bildet das Passiv transitiver Verben*: ***I was cheated*** ich wurde betrogen; ***I was told*** man sagte mir; **2.** *lit.*, *bildet das Perfekt einiger intransitiver Verben*: ***he is come*** er ist gekommen *od.* da; **3.** *bildet die umschriebene Form* (*continuous od. progressive form*) *der Verben*: ***he is reading*** er liest gerade; ***the house was being built*** das Haus war im Bau; ***what I was going to say*** was ich sagen wollte; **4.** *drückt die* (*nahe*) *Zukunft aus*: ***I am leaving for Paris tomorrow*** ich reise morgen nach Paris (ab); **5.** *mit inf. zum Ausdruck der Absicht*, *Pflicht*, *Möglichkeit etc.*: ***I am to go*** ich soll gehen; ***the house is to let*** das Haus ist zu vermieten; ***he is to be pitied*** er ist zu bedauern; ***it was not to be found*** es war nicht zu finden; **6.** *Kopula*: ***trees are green*** (die) Bäume sind grün; ***the book is mine*** (***my brother's***) das Buch gehört mir (m-m Bruder); **II** *v/i.* **7.** (vor'handen *od.* anwesend) sein, bestehen, sich befinden, geschehen; werden: ***I think, therefore I am*** ich denke, also bin ich; ***to be or not to be*** sein oder nicht sein; ***it was not to be*** es hat nicht sollen sein; ***so ~ it!*** so sei es!, gut so!; ***how is it that ...?*** wie kommt es, daß ...?; ***what will you be when you grow up?*** was willst du werden, wenn du erwachsen bist?; ***there is no substitute for wool*** für Wolle gibt es keinen Ersatz; **8.** stammen (***from*** aus): ***he is from Liverpool***; **9.** gleichkommen, bedeuten: ***seeing is believing*** was man (selbst) sieht, glaubt man; ***that is nothing to me*** das bedeutet mir nichts; **10.** kosten: ***the picture is £10*** das Bild kostet 10 Pfund; **11.** ***been*** (*p.p.*): ***have you been to Rome?*** sind Sie (je) in Rom gewesen?; ***has anyone been?*** F ist j-d dagewesen?

beach [bi:tʃ] **I** *s.* Strand *m*; **II** *v/t.* ⚓ *Schiff* auf den Strand setzen *od.* ziehen; **~ ball** *s.* Wasserball *m*; **~ bug·gy** *s.*

mot. Strandbuggy *m*; **'~ˌcomb·er** *s.* **1.** ⚓ F a) Strandgutjäger *m*, b) Her'umtreiber *m*, c) *fig.* Nichtstuer *m*; **2.** breite Strandwelle; **'~·head** *s.* **1.** ⚔ Lande-, Brückenkopf *m*; **2.** *fig.* Ausgangsbasis *f*; **~ wear** *s.* Strandkleidung *f*.

bea·con ['bi:kən] **I** *s.* **1.** Leucht-, Si'gnalfeuer *n*; (Feuer)Bake *f*, Seezeichen *n*; **2.** Leuchtturm *m*; **3.** ✈ Funkfeuer *n*, -bake *f*, Landelicht *n*; **4.** (***traffic***) **~** Verkehrsampel *f*, *bsd.* Blinklicht *n* an Zebrastreifen; **5.** *fig.* a) Fa'nal *n*, b) Leitstern *m*, c) 'Warnsigˌnal *n*; **II** *v/t.* **6.** mit Baken versehen; **7.** *fig.* a) erleuchten, b) *j-n* leiten.

bead [bi:d] **I** *s.* **1.** (Glas-, Stick-, Holz-) Perle *f*; **2.** (*Blei- etc.*)Kügelchen *n*; **3.** *pl. eccl.* Rosenkranz *m*: ***tell one's ~s*** den Rosenkranz beten; **4.** (Schaum-) Bläs-chen *n*, (Tau-, Schweiß- *etc.*)Perle *f*, Tröpfchen *n*; **5.** ⌂ perlartige Verzierung; **6.** ⚙ Wulst *m*; **7.** ⚔ (Perl)Korn *n am Gewehr*: ***draw a ~ on*** zielen auf (*acc.*); **II** *v/t.* **8.** mit Perlen *od.* perlartiger Verzierung *etc.* versehen; **9.** *wie Perlen* aufziehen, aufreihen; **III** *v/i.* **10.** perlen, Perlen bilden; **'bead·ed** [-dɪd] *adj.* **1.** mit Perlen versehen *od.* verziert; **2.** ⚙ mit Wulst; **'bead·ing** [-dɪŋ] *s.* **1.** 'Perlstickeˌrei *f*; **2.** ⌂ Rundstab *m*; **3.** ⚙ Wulst *m*.

bea·dle ['bi:dl] *s.* **1.** *bsd. Brit.* Kirchendiener *m*; **2.** *univ. Brit.* Pe'dell *m*, (Fest- *etc.*)Ordner *m*; **3.** *obs.* Büttel *m*, Gerichtsdiener *m*; **'bea·dle·dom** [-dəm] *s.* büttelhaftes Wesen.

bead mo(u)ld·ing *s.* ⌂ Perl-, Rundstab *m*, Perlleiste *f*.

bead·y ['bi:dɪ] *adj.* **1.** mit Perlen verziert; **2.** perlartig; **3.** perlend; **4.** ***~ eyes*** glänzende Knopfaugen.

bea·gle ['bi:gl] *s.* **1.** *zo.* Beagle *m* (*Hunderasse*); **2.** *fig.* Spi'on *m*.

beak[1] [bi:k] *s.* **1.** *zo.* Schnabel *m*; **2.** F (scharfe) Nase, ‚Zinken' *m*; **3.** ⚙ a) Tülle *f*, Ausguß *m*, b) Schnauze *f*, Nase *f*, Röhre *f*.

beak[2] [bi:k] *s. Brit. sl.* **1.** ‚Kadi' *m* (*Richter*); **2.** *ped.* ‚Rex' *m* (*Direktor*).

beaked [bi:kt] *adj.* **1.** geschnäbelt, schnabelförmig; **2.** vorspringend, spitz.

beak·er ['bi:kə] *s.* **1.** Becher *m*; **2.** ⚗ Becherglas *n*.

'be-all: ***the ~ and end-all*** F das A und O, das Wichtigste; *j-s* ein und alles.

beam [bi:m] **I** *s.* **1.** ⌂ Balken *m*; Tragbalken *m* (*Haus, Brücke*); *a.* ✈ Holm *m*; **2.** ⚓ a) Deckbalken *m*, b) größte Schiffsbreite: ***in the ~*** in der Breite; ***on the starboard ~*** querab an Steuerbord; **3.** *fig.* F Körperbreite *f e-s Menschen*: ***broad in the ~*** breit (gebaut); **4.** ⚙ a) (Waage)Balken *m*, b) Weberbaum *m*, c) Pflugbaum *m*, d) Spindel *f der Drehbank*; **5.** *zo.* Stange *f am Geweih*; **6.** (Licht)Strahl *m*; (Strahlen)Bündel *n*; *mot.* Fernlicht *n*; **7.** *Funk*: Richt-, Peil-, Leitstrahl *m*: ***ride the ~*** ✈ genau auf dem Leitstrahl steuern; ***on the ~*** a) auf dem richtigen Kurs, b) *fig.* F ‚auf Draht'; ***off the ~*** *fig.* auf dem Holzweg, (völlig) daneben (*abwegig*); **8.** strahlender Blick, Glanz *m*; **II** *v/t.* **9.** ⚙ *Weberei*: *Kette* aufbäumen; **10.** *a. phys.* (aus-) strahlen; **11.** a) ⚡ *Funkspruch* mit Richtstrahler senden, b) *Radio, TV*: ausstrahlen; **III** *v/i.* **12.** strahlen, glänzen (*a. fig.*): **~ (*up*)*on s.o.*** j-n anstrahlen; ***~ing with joy*** freudestrahlend; **~ aer·i·al**, *bsd. Am.* **~ an·ten·na** *s. Radio*: 'Richtstrahler *m*, -anˌtenne *f*; **ˌ~-'ends** *s. pl.* **1.** ⚓ ***on her ~*** mit starker Schlagseite, in Gefahr; **2.** *fig.*: ***on one's ~*** ‚pleite'; **~ trans·mis·sion** *s.* Richtsendung *f*; **~ trans·mit·ter** *s.* Richt(strahl)sender *m*.

bean [bi:n] **I** *s.* **1.** ⚘ Bohne *f*: ***full of ~s*** F ‚putzmunter', ‚aufgekratzt'; ***give s.o. ~s*** *sl.* j-m ‚Saures geben' (*j-n schlagen, strafen, schelten*); ***not to know ~s*** *Am. sl.* keine Ahnung haben; ***I haven't a ~*** *sl.* ich habe keinen roten Heller; ***spill the ~s*** *sl.* alles ausplaudern, ‚auspacken'; **2.** bohnenförmiger Samen, (*Kaffee- etc.*)Bohne *f*; **3.** *sl.* a) Kerl *m*, b) ‚Birne' *f* (*Kopf*), c) ‚Grips' *m* (*Verstand*); **II** *v/t.* **4.** *Am. sl. j-m* ‚auf die Rübe hauen'; **~ curd** *s.* 'Bohnengalˌlerte *f* (*Ostasien*); **'~·feast** *s. Brit.* F **1.** *jährliches Festessen für die Belegschaft*; **2.** (feucht)fröhliches Fest.

bean·o ['bi:nəʊ] F → ***beanfeast*** 2.

bean| pod *s.* Bohnenhülse *f*; **~ pole** *s.* Bohnenstange *f* (*a.* F *Person*).

bean·y ['bi:nɪ] *adj.* F ‚putzmunter', tempera'mentvoll.

bear[1] [beə] **I** *v/t.* [*irr.*] [*p.p.* ***borne***; ***born*** (*bei Geburt*; → *a.* ***borne*** 2)] **1.** *Lasten etc.* tragen, befördern: ***~ a message*** e-e Nachricht überbringen; → ***borne*** 1; **2.** *fig. Waffen, Namen etc.* tragen, führen; *Datum* tragen; **3.** *fig. Kosten, Verlust, Verantwortung, Folgen etc.* tragen, über'nehmen; → ***blame*** 4, ***palm***[2] 2, ***penalty*** 1; **4.** *fig. Zeichen, Stempel etc.* tragen, zeigen; → ***resemblance***; **5.** zur Welt bringen, gebären: ***~ children***; ***he was born into a rich family*** er kam als Kind reicher Eltern zur Welt; → ***born***; **6.** *fig.* her'vorbringen: ***~ fruit*** Früchte tragen (*a. fig.*); ~ ***interest*** Zinsen tragen; **7.** *fig. Schmerzen etc.* ertragen, (er)dulden, (er)leiden, aushalten; *e-r Prüfung etc.* standhalten: ~ ***comparison*** den Vergleich aushalten; *mst neg. od. interrog.*: ***I cannot ~ him*** ich kann ihn nicht leiden *od.* ausstehen; ***I cannot ~ it*** ich kann es nicht ausstehen *od.* aushalten; ***his words won't ~ repeating*** s-e Worte lassen sich unmöglich wiederholen; ***it does not ~ thinking about*** daran mag man gar nicht denken; **8.** *fig.*: ~ ***a hand*** zur Hand gehen, helfen (*dat.*); ~ ***love*** (***a grudge***) Liebe (Groll) hegen; ~ ***a part in*** e-e Rolle spielen bei; **9.** ~ ***o.s.*** sich betragen: ~ ***o.s. well***; **II** *v/i.* [*irr.*] **10.** tragen, halten (*Balken, Eis etc.*): ***will the ice ~ today?*** wird das Eis heute tragen?; **11.** Früchte tragen; **12.** Richtung annehmen: ~ (***to the***) ***left*** sich links halten; ~ ***to the north*** sich nach Norden erstrekken; **13.** → ***bring*** 1.

Zssgn mit prp.:

bear| a·gainst *v/i.* drücken gegen; 'Widerstand leisten (*dat.*); ~ **on** *od.* **up·on** *v/i.* **1.** sich beziehen auf (*acc.*), betreffen (*acc.*); **2.** einwirken *od.* zielen auf (*acc.*); **3.** drücken *od.* sich stützen auf (*acc.*), lasten auf (*dat.*); **4.** ***bear hard on*** *j-m* sehr zusetzen, *j-n* bedrükken; **5.** ⚔ beschießen; ~ **with** *v/i.* Nachsicht üben mit, Geduld haben mit;

Zssgn mit adv.:

bear| a·way I *v/t.* forttragen, -reißen (*a. fig.*); **II** *v/i.* ⚓ absegeln, abfahren; ~ **down I** *v/t.* über'winden, über'wältigen; **II** *v/i.*: ~ ***on*** a) sich wenden gegen, sich stürzen auf (*acc.*), überwältigen (*acc.*), b) sich (schnell) nähern (*dat.*), zusteuern auf (*acc.*); ~ **in** *v/t.*: ***it was borne in upon him*** es wurde ihm klar, es drängte sich ihm auf; ~ **out** *v/t.* **1.** bestätigen, bekräftigen: ***bear s.o. out*** j-m recht geben; **2.** unter'stützen; ~ **up I** *v/t.* **1.** stützen, ermutigen; **II** *v/i.* **2.** (***against***) (tapfer) standhalten (*dat.*), die Stirn bieten (*dat.*), mutig ertragen (*acc.*), *weitS.* sich fabelhaft halten; **3.** *Brit.* Mut fassen: ~***!*** Kopf hoch!

bear² [beə] **I** *s.* **1.** *zo.* Bär *m*; **2.** *fig.* a) Bär *m*, Tolpatsch *m*, b) ‚Brummbär' *m*, Ekel *n*; **3.** ✝ 'Baissespeku‚lant *m*, Baissi'er *m*: ~ ***market*** Baissemarkt *m*; **4.** *ast.*: ***Great***(***er***) ♎ Großer Bär; ***Little*** *od.* ***Lesser*** ♎ Kleiner Bär; **II** *v/i.* **5.** ✝ auf Baisse spekulieren; **III** *v/t.* **6.** ✝ ~ ***the market*** die Kurse drücken (wollen).

bear·a·ble ['beərəbl] *adj.* □ tragbar, erträglich, zu ertragen(d).

'**bear-bait·ing** *s. hist.* Bärenhetze *f*.

beard [bɪəd] **I** *s.* **1.** Bart *m* (*a. von Tieren*); → ***grow*** 6; **2.** ⚘ Grannen *pl.*; **3.** ⚙ 'Widerhaken *m* (*an Pfeil, Angel etc.*); **II** *v/t.* **4.** *fig.* mutig entgegentreten, Trotz bieten (*dat.*): ~ ***the lion in his den*** sich in die Höhle des Löwen wagen; '**beard·ed** [-dɪd] *adj.* **1.** bärtig; **2.** ⚘ mit Grannen; **3.** ⚙ mit (e-m) 'Widerhaken; '**beard·less** [-lɪs] *adj.* **1.** bartlos; **2.** ⚘ ohne Grannen; **3.** *fig.* jugendlich, unreif.

bear·er ['beərə] *s.* **1.** Träger(in); **2.** Über'bringer(in) *e-s Briefes, Schecks etc.*; **3.** ✝ Inhaber(in) *e-s Wechsels etc.*: ~ ***bond*** Inhaberobligation *f*; ~ ***cheque*** (*Am.* ***check***) Inhaberscheck *m*; ~ ***securities*** Inhaberpapiere; ~ ***share*** (*od.* ***stock***) Inhaberaktie *f*; → ***payable*** 1; **4.** ⚘ ***a good ~*** ein Baum, der gut trägt; **5.** *her.* Schildhalter *m*.

bear| gar·den *s.* **1.** Bärenzwinger *m*; **2.** *fig.* ‚Tollhaus' *n*; ~ **hug** *s.* F heftige Um'armung.

bear·ing ['beərɪŋ] **I** *adj.* **1.** tragend; **2.** ⚒, *min.* … enthaltend, …haltig; **II** *s.* **3.** (Körper)Haltung *f*: ***of noble ~***; **4.** Betragen *n*, Verhalten *n*: ***his kindly ~***; **5.** (***on***) Bezug *m* (auf *acc.*), Beziehung *f* (zu), Verhältnis *n* (zu), Zs.-hang *m* (mit); Tragweite *f*, Bedeutung *f*: ***have no ~ on*** keinen Einfluß haben auf (*acc.*), nichts zu tun haben mit; ***consider it in all its ~s*** es in s-r ganzen Tragweite *od.* von allen Seiten betrachten; **6.** *pl.* ⚓, ✈, *surv.* Richtung *f*, Lage *f*; Peilung *f*; *fig.* Orientierung *f*: ***take the ~s*** die Richtung *od.* Lage feststellen, peilen; ***take one's ~s*** sich orientieren; ***find*** (*od.* ***get***) ***one's ~s*** sich zurechtfinden; ***lose one's ~s*** die Orientierung verlieren, *fig.* in Verlegenheit *od.* ‚ins Schwimmen' geraten; **7.** Ertragen *n*, Erdulden *n*, Nachsicht *f*: ***beyond*** (***all***) ~ unerträglich; ***there is no ~ with such a fellow*** solch ein Kerl ist unerträglich; **8.** *mst pl.* ⚙ a) (Zapfen-, Achsen- *etc.*)Lager *n*, b) Stütze *f*; **9.** *pl. her.* → ***armorial*** I; **10.** (Früchte)Tragen *n*: ***beyond ~*** ⚘ nicht mehr tragend.

bear·ing| com·pass *s.* ⚓ 'Peil‚kompaß *m*; ~ **line** *s.* ⚓, ✈ 'Peil-, Vi'sier‚linie *f*; ~ **met·al** *s.* ⚙ 'Lagerme‚tall *n*; ~ **pin** *s.* ⚙ Lagerzapfen *m*.

bear·ish ['beərɪʃ] *adj.* **1.** bärenhaft; **2.** *fig.* plump; brummig, unfreundlich; **3.** ✝ flau, Baisse…: ~ ***operation*** Baissespekulation *f*.

bear lead·er *s. hist.* Bärenführer *m* (*a. fig. Reisebegleiter*).

'bear|·skin *s.* **1.** Bärenfell *n*; **2.** ⚔ Bärenfellmütze *f*; **'~·wood** *s.* ⚘ Kreuz-, Wegdorn *m*.

beast [bi:st] *s.* **1.** *bsd. vierfüßiges u. wildes* Tier: ***~ of burden*** Lasttier; ***~s of the forest*** Waldtiere; ***~ of prey*** Raubtier; ***the ~ in us*** *fig.* das Tier(ische) in uns; **2.** ⸗ Vieh *n* (*Rinder*), *bsd.* Mastvieh *n*; **3.** *fig.* a) bru'taler Mensch, Rohling *m*, 'Bestie *f*, b) ‚Biest' *n*, Ekel *n*; **beast·li·ness** ['bi:stlınıs] *s.* **1.** Brutali'tät *f*, Roheit *f*; **2.** F a) Scheußlichkeit *f*, b) Gemeinheit *f*; **beast·ly** ['bi:stlı] **I** *adj.* **1.** *fig.* viehisch, bru'tal, roh, gemein; **2.** F ab'scheulich, garstig, eklig, *Person*: *a.* ekelhaft, gemein; **II** *adv.* **3.** F scheußlich, ‚verdammt': ***it was ~ hot.***

beat [bi:t] **I** *s.* **1.** (*regelmäßig wiederholter*) Schlag; Herz-, Puls-, Trommelschlag *m*; Ticken *n* (*Uhr*); **2.** ♪ a) Takt (-schlag) *m*, b) *Jazz*: Beat *m*, 'rhythmischer Schwerpunkt, c) → ***beat music***; **3.** *Versmaß*: Hebung *f*; **4.** *phys.*, *Radio*: Schwebung *f*; **5.** Runde *f od.* Re'vier *n e-s Schutzmanns etc.*: ***be on one's ~*** die Runde machen; ***be off*** (*od.* ***out of***) ***one's ~*** *fig.* nicht in s-m Element sein; ***that is outside my ~*** *fig.* das schlägt nicht in mein Fach *od.* ist mir ungewohnt; **6.** *Am.* (Verwaltungs)Bezirk *m*; **7.** *Am.* F a) *wer od. was alles übertrifft*: ***I've never seen his ~*** der schlägt alles, was ich je gesehen habe, b) (sensatio'nelle) Erst- *od.* Al'leinmeldung *e-r Zeitung*, c) → ***deadbeat***, d) → ***beatnik***; **8.** *hunt.* Treibjagd *f*; **II** *adj.* **9.** F (wie) erschlagen: a) ‚ganz ka'putt', erschöpft, b) verblüfft; **10.** *Am. sl.* 'antikonfor,mistisch, illusi'onslos: ***the ♀ Generation*** die Beat generation; **III** *v/t.* [*irr.*] **11.** (*regelmäßig od. häufig*) schlagen; *Teppich etc.* klopfen; *Metall* hämmern *od.* schmieden; *Eier*, *Sahne* (zu Schaum *od.* Schnee) schlagen; *Takt*, *Trommel* schlagen: ***~ a horse*** ein Pferd schlagen; ***~ a path*** e-n Weg (durch Stampfen *etc.*) bahnen; ***~ the wings*** mit den Flügeln schlagen; ***~ the air*** *fig.* vergebliche Versuche machen, gegen Windmühlen kämpfen; ***~ a charge*** *Am. sl.* e-r Strafe entgehen; ***~ s.th. into s.o.'s head*** j-m et. einbleuen; ***~ one's brains*** sich den Kopf zerbrechen; ***~ it*** *sl.* ‚abhauen', ‚verduften'; → ***retreat*** 1; **12.** *Gegner* schlagen, besiegen; über'treffen, -'bieten; zu'viel sein für *j-n*: ***~ s.o. at tennis*** j-n im Tennis schlagen; ***~ the record*** den Rekord brechen; ***to ~ the band*** (*Wendung*) mit aller Macht, wie toll; ***~ s.o. hollow*** j-n vernichtend schlagen; ***~ s.o. to it*** j-m zuvorkommen; ***that ~s me!*** F das ist mir zu hoch!, da komme ich nicht mit!; ***this poster takes some ~ing*** dieses Plakat ist schwer zu überbieten; ***that ~s everything!*** F a) das ist die Höhe!, b) ist ja sagenhaft!; ***can you ~ that!*** F das darf doch nicht wahr sein!; ***the journey ~ me*** die Reise hat mich völlig erschöpft; ***hock ~s claret*** Weißwein ist besser als Rotwein; **13.** *Wild* aufstöbern, treiben: ***~ the woods*** e-e Treibjagd *od.* Suche durch die Wälder veranstalten; **14.** schlagen, verprügeln, (ver)hauen; **15.** abgehen, ‚abklopfen', e-n Rundgang machen um; **IV** *v/i.* [*irr.*] **16.** schlagen (*a. Herz etc.*); ticken (*Uhr*): ***~ at*** (*od.* ***on***) ***the door*** (fest) an die Tür pochen; ***rain ~ on the windows*** der Regen schlug *od.* peitschte gegen die Fenster; ***the hot sun was ~ing down on us*** die heiße Sonne brannte auf uns nieder; **17.** *hunt.* treiben; → ***bush***[1] 1; **18.** ⚓ lavieren: ***~ against the wind*** gegen den Wind kreuzen;

Zssgn mit adv.:

beat| back *v/t.* zu'rückschlagen, -treiben, abwehren; **~ down I** *v/t.* **1.** *fig.* niederschlagen, unter'drücken; **2.** ⚕ a) *den Preis* drücken, b) *j-n* her'unterhandeln (***to*** auf *acc.*); **II** *v/i.* **3.** a) her'unterbrennen (*Sonne*), b) niederprasseln (*Regen*); **~ off** *v/t. Angriff*, *Gegner* abschlagen, -wehren; **~ out** *v/t.* **1.** *Metall* (aus)schmieden, hämmern: ***~ s.o.'s brains*** j-m den Schädel einschlagen; **2.** *Feuer* ausschlagen; **3.** *fig. et.* ‚ausknobeln', her'ausarbeiten; **4.** F *j-n* ausstechen; **~ up** *v/t.* **1.** *Eier*, *Sahne* (zu Schaum *od.* Schnee) schlagen; **2.** ⚔ *Rekruten* werben; **3.** *j-n* zs.-schlagen, verprügeln; **4.** *fig.* aufrütteln; **5.** *et.* auftreiben.

beat·en ['bi:tn] *p.p. u. adj.* geschlagen; besiegt; erschöpft; ausgetreten, vielbegangen (*Weg*): ***~ gold*** Blattgold *n*; ***the ~ track*** *fig.* das ausgefahrene Geleise; ***off the ~ track*** a) abgelegen, b) *fig.* ungewohnt; ***~ biscuit*** *Am. ein* Blätterteiggebäck *n*.

beat·er ['bi:tə] *s.* **1.** Schläger *m*, Klopfer *m* (*Person od. Gerät*); Stößel *m*, Stampfe *f*; **2.** *hunt.* Treiber *m*.

be·a·tif·ic [ˌbi:ə'tıfık] *adj.* **1.** glück'selig; **2.** seligmachend; **be·at·i·fi·ca·tion** [bi:ˌætıfı'keıʃn] *s. eccl.* Seligsprechung *f*; **be·at·i·fy** [bi:'ætıfaı] *v/t.* **1.** beseligen, selig machen; **2.** *eccl.* seligsprechen, beatifizieren.

beat·ing ['bi:tıŋ] *s.* **1.** Schlagen *n* (*a.*

Herz, *Flügel etc.*); **2.** Prügel *pl.*: ***give s.o. a good ~*** j-m e-e tüchtige Tracht Prügel verabreichen, *fig.* j-m e-e böse Schlappe bereiten; ***give the enemy a good ~*** den Feind aufs Haupt schlagen; ***take a ~*** Prügel beziehen, e-e Schlappe erleiden.

be·at·i·tude [bi:ˈætɪtju:d] *s.* (Glück)ˈSeligkeit *f*: ***the* 2*s*** *bibl.* die Seligpreisungen.

beat mu·sic *s.* ˈBeatmuˌsik *f.*

beat·nik [ˈbi:tnɪk] *s. hist.* Beatnik *m*, junger ˈAntikonforˌmist.

beau [bəʊ] *pl.* **beaus** *od.* **beaux** [bəʊz] (*Fr.*) *s. obs.* **1.** Beau *m*, Geck *m*; **2.** Liebhaber *m*, ‚Kavaˈlier' *m*.

beau i·de·al *s.* **1.** (ˈSchönheits)Ideˌal *n*, Vorbild *n*; **2.** vollkommene Schönheit.

beaut [bju:t] *s. sl.* → ***beauty*** 3.

beau·te·ous [ˈbju:tjəs] *adj. mst poet.* (*äußerlich*) schön.

beau·ti·cian [bju:ˈtɪʃn] *s.* Kosˈmetiker (-in).

beau·ti·ful [ˈbju:təfʊl] **I** *adj.* □ **1.** schön: ***the ~ people*** F die ‚Schickeria'; **2.** wunderbar; **II** *s.* **3.** ***the ~*** das Schöne; die Schönen *pl.*; **ˈbeau·ti·ful·ly** [-təflɪ] *adv.* F schön, wunderbar, ausgezeichnet: ***~ warm*** schön warm; **ˈbeau·ti·fy** [-tɪfaɪ] *v/t.* verschönern, verzieren.

beau·ty [ˈbju:tɪ] *s.* **1.** Schönheit *f*; **2.** *das* Schön(st)e, *et.* Schönes: ***that is the ~ of it*** das ist das Schönste daran; **3.** a) Prachtstück *n*: ***a ~ of a vase*** ein Gedicht von e-r Vase, b) F ‚tolles Ding' schicke Sache: ***that goal was a ~!*** das Tor war Klasse!; **4.** Schönheit *f*, schöne Perˈson (*mst Frau*; *a. Tier*): ***~ queen*** Schönheitskönigin *f*; **5.** *iro.*: ***you are a ~!*** du bist mir ein Schöner *od.* ein Schlimmer!; **~ con·test** *s.* Schönheitswettbewerb *m*; **~ par·lo(u)r**, **~ sa·lon**, **~ shop** *s.* ˈSchönheitssaˌlon *m*; **~ sleep** *s.* Schlaf *m* vor Mitternacht; **~ spot** *s.* **1.** Schönheitspflästerchen *n*; **2.** schönes Fleckchen Erde, lohnendes Ausflugsziel.

beaux *pl. von* ***beau.***

bea·ver[1] [ˈbi:və] **I** *s.* **1.** *zo.* Biber *m*: ***work like a ~*** → 5; **2.** Biberpelz *m*; **3.** ✝ Biber *m* (*filziger Wollstoff*); **4.** *sl.* a) Bart(träger) *m*, b) *Am.* ‚Muschi' *f*; **II** *v/i.* **5.** *mst* ***~ away*** (schwer) schuften.

bea·ver[2] [ˈbi:və] *s.* ⚔ *hist.* Viˈsier *n*, Helmsturz *m*.

be·bop [ˈbi:bɒp] *s.* ♪ Bebop *m* (*Jazz*).

be·calm [bɪˈkɑ:m] *v/t.* **1.** beruhigen; **2.** ***be ~ed*** ⚓ in e-e Flaute geraten.

be·came [bɪˈkeɪm] *pret. von* ***become.***

be·cause [bɪˈkɒz] **I** *cj.* weil, da; **II** ***~ of*** *prp.* wegen (*gen.*), inˈfolge von (*od. gen.*).

bêche-de-mer [ˌbeɪʃdəˈmeə] (*Fr.*) *s. zo.* eßbare Seewalze, ˈTrepang *m*.

beck[1] [bek] *s.* Wink *m*, Nicken *n*: ***be at s.o.'s ~ and call*** j-m auf den (leisesten) Wink gehorchen, nach j-s Pfeife tanzen.

beck[2] [bek] *s. Brit.* (Wild)Bach *m*.

beck·on [ˈbekən] **I** *v/t.* *j-m* (zu)winken, zunicken, *j-n* herˈanwinken, *j-m* ein Zeichen geben; **II** *v/i.* winken, *fig. a.* locken.

be·cloud [bɪˈklaʊd] *v/t.* umˈwölken, verdunkeln, *fig. a.* vernebeln.

be·come [bɪˈkʌm] [*irr.* → ***come***] **I** *v/i.* **1.** werden: ***~ an actor***, ***~ warmer***; ***what has ~ of him?*** a) was ist aus ihm geworden?, b) F wo steckt er nur?; **II** *v/t.* **2.** sich schicken für, sich (ge)ziemen für: ***it does not ~ you***; **3.** *j-m* stehen, passen zu, *j-n* kleiden (*Hut etc.*); **beˈcom·ing** [-mɪŋ] *adj.* □ **1.** schicklich, geziemend, anständig; **2.** kleidsam.

bed [bed] **I** *s.* **1.** Bett *n*: ***~ and breakfast*** Übernachtung *f* mit Frühstück; ***his life is no ~ of roses*** er ist nicht auf Rosen gebettet; ***marriage is not always a ~ of roses*** die Ehe hat nicht nur angenehme Seiten; ***die in one's ~*** e-s natürlichen Todes sterben; ***get out of ~ on the wrong side*** mit dem verkehrten *od.* linken Fuß zuerst aufstehen; ***go to ~*** zu Bett *od.* schlafen gehen; ***keep one's ~*** das Bett hüten; ***make the ~*** das Bett machen; ***as you make your ~, so you must lie upon it*** wie man sich bettet, so schläft man; ***put to ~*** *j-n* zu Bett bringen; ***take to one's ~*** sich (krank) ins Bett legen; **2.** Federbett *n*; **3.** Ehebett *n*: ***~ and board*** Tisch *m* u. Bett (*Ehe*); **4.** Lager(statt *f*) *n* (*a. e-s Tieres*): ***~ of straw*** Strohlager; **5.** *fig.* letzte Ruhestätte; **6.** ˈUnterkunft *f*: ***~ and breakfast*** Zimmer *n* mit Frühstück; **7.** (Fluß- *etc.*)Bett *n*; **8.** ✓ Beet *n*; **9.** ⚙, △ Bett *n* (*a. e-r Werkzeugmaschine*), Bettung *f*, ˈUnterlage *f*, Schicht *f*: ***~ of concrete*** Betonunterlage *f*; **10.** *geol.*, ⚒ Bett *n*, Schicht *f*, Lage *f*, Lager *n*, Flöz *n* (*Kohle*); **11.** 🚂 ˈUnterbau *m*; **II** *v/t.* **12.** zu Bett bringen; **13.** ***be bedded*** bettlägerig sein; **14.** *mst* ***~ down*** a) *j-m* das Bett machen, b) *j-n* für die Nacht ˈunterbringen, d) *Pferd etc.* mit Streu versorgen; **15.** *mst* ***~ out*** in ein Beet pflanzen, auspflanzen; **III** *v/i.* **16.** *a.* ***~ down*** a) ins *od.* zu Bett gehen, b) sein Nachtlager aufschlagen; **17.** (sich ein)nisten (*a. fig.*).

be·dad [bɪ'dæd] *int. Ir.* bei Gott!
be·daub [bɪ'dɔ:b] *v/t.* beschmieren.
be·daz·zle [bɪ'dæzl] *v/t.* blenden.
'bed|·bug *s. zo.* Wanze *f*; **~ bun·ny** *s.* F ‚Betthäschen' *n*; **'~ˌcham·ber** *s.* (königliches) Schlafgemach: ***Gentleman*** *od.* ***Groom of the*** ♕ königlicher Kammerherr; ***Lady of the*** ♕ königliche Kammerzofe; **'~·clothes** *s. pl.* Bettwäsche *f.*
bed·ding ['bedɪŋ] **I** *s.* **1.** Bettzeug *n*, Bett *n* u. 'Zubehör *n*, *m*; **2.** (Lager-)Streu *f für Tiere*; **3.** ⚙ Bettung *f*, 'Unterschicht *f*, -lage *f*, Lager *n*; **II** *adj.* **4.** ***~ plants*** Beetpflanzen (*Blumen etc.*).
be·deck [bɪ'dek] *v/t.* (ver)zieren, schmücken.
be·del(l) [be'del] *s. Brit. univ.* Herold *m.*
be·dev·il [bɪ'devl] *v/t. fig.* **1.** *fig.* verhexen; **2.** a) plagen, peinigen, b) bedrükken, belasten; **3.** *fig.* verwirren, durchein'anderbringen.
be·dew [bɪ'dju:] *v/t.* betauen, benetzen.
'bed|·fast *adj.* bettlägerig; **'~ˌfel·low** *s.* **1.** 'Schlafkameˌrad *m*, Bettgenosse *m*; **2.** *fig.* Genosse *m*; **'~·gown** *s.* (Frauen)Nachthemd *n.*
be·dim [bɪ'dɪm] *v/t.* trüben.
be·diz·en [bɪ'daɪzn] *v/t.* (über'trieben) her'ausputzen.
bed·lam ['bedləm] *s. fig.* Tollhaus *n*: ***cause a ~*** e-n Tumult auslösen; **'bed·lam·ite** [-maɪt] *s. obs.* Irre(r *m*) *f.*
Bed·ou·in ['bedʊɪn] **I** *s.* Bedu'ine *m*; **II** *adj.* Beduinen…
'bed|·pan *s.* ⚕ Stechbecken *n*, Bettschüssel *f*; **'~·plate** *s.* ⚙ 'Unterlagsplatte *f*, -gestell *n od.* -rahmen *m*; **'~·post** *s.* Bettpfosten *m*: ***between you and me and the ~*** F unter uns *od.* im Vertrauen (gesagt).
be·drag·gled [bɪ'drægld] *adj.* **1.** a) verdreckt, b) durch'näßt; **2.** *fig.* verwahrlost.
'bed|ˌrid·den *adj.* bettlägerig; **'~·rock I** *s.* **1.** *geol.* unterste Felsschicht, Grundgestein *n*; **2.** (*mst fig.*) Grundlage *f*: ***get down to ~*** der Sache auf den Grund gehen; **3.** *fig.* Tiefpunkt *m*; **II** *adj.* **4.** F a) grundlegend, b) (felsen)fest, c) ✝ äußerst, niedrigst: ***~ price***; **'~·roll** *s.* zs.-gerolltes Bettzeug; **'~·room** [-rʊm] *s.* Schlafzimmer *n*: ***~ eyes*** F ‚Schlafzimmeraugen'; ***~ suburb*** Schlafstadt *f*; **'~-setˌtee** *s.* Schlafcouch *f*; **'~-sheet** *s.* Bettlaken *n.*
'bed·side *s.*: ***at the ~*** am (Kranken-)Bett; ***good ~ manner*** gute Art, mit Kranken umzugehen; ***~ lamp*** *s.* Nachttischlampe *f*; **~ read·ing** *s.* 'Bettlekˌtüre *f*; **~ rug** *s.* Bettvorleger *m*; **~ stor·y** *s.* Gutenachtgeschichte *f*; **~ ta·ble** *s.* Nachttisch *m.*
'bed|-sit *Brit.* **I** *v/i.* [*irr.*] ein möbliertes Zimmer bewohnen; **II** *s.* → **'~-ˌsit·ter** *s.*, **'~-ˌsit·ting·room** *s. Brit.* **1.** möbliertes Zimmer; **2.** Ein'zimmerapparteˌment *n*; **'~·sore** *s.* ⚕ wundgelegene Stelle; **'~·space** *s.* (An)Zahl *f* der Betten (*in Klinik etc.*); **'~·spread** *s.* (Zier-)Bettdecke *f*; Tagesdecke *f*; **'~·stead** *s.* Bettstelle *f*, -gestell *n*; **'~·straw** *s.* ⚘ Labkraut *n*; **'~·tick** *s.* Inlett *n*; **'~·time** *s.* Schlafenszeit *f*; **'~-ˌwet·ting** *s.* Bettnässen *n.*
bee[1] [bi:] *s.* **1.** *zo.* Biene *f*: ***have a ~ in one's bonnet*** F ‚e-n Vogel haben'; **2.** *fig.* Biene *f*, fleißiger Mensch; → ***busy*** 2; **3.** *bsd. Am.* a) Treffen *n von Freunden* zur Gemeinschaftshilfe *od.* Unter'haltung: ***sewing ~*** Nähkränzchen *n*, b) Wettbewerb *m.*
bee[2] [bi:] *s.* B, b *n* (*Buchstabe*).
Beeb [bi:b] *s.*: ***the ~*** *Brit.* F die BB'C.
beech [bi:tʃ] *s.* ⚘ Buche *f*, Buchenholz *n*; **beech·en** ['bi:tʃən] *adj.* aus Buchenholz, Buchen…
beech| mar·ten *s. zo.* Steinmarder *m*; **'~·mast** *s.* Bucheckern *pl.*; **'~-nut** *s.* Buchecker *f.*
beef [bi:f] *pl.* **beeves** [bi:vz], *a.* **beefs I** *s.* **1.** Mastrind *n*, -ochse *m*, -bulle *m*; **2.** Rindfleisch *n*; **3.** F a) Fleisch *n* (*am Menschen*), b) (Muskel)Kraft *f*; **4.** *sl.* ‚Mecke'rei' *f*, Beschwerde *f*; **5.** *Am. sl.* ‚dufte Puppe'; **II** *v/i.* **6.** *sl.* nörgeln, ‚meckern', sich beschweren; **III** *v/t.* **7.** ***~ up*** F *et.* ‚aufmöbeln'; **'~·cake** *s. Am. sl.* Bild *n* e-s Muskelprotzen; **'~ˌeat·er** *s. Brit.* Beefeater *m*, Tower-Wächter *m* (*in London*); **ˌ~'steak** *s.* 'Beefsteak *n*; **~ tea** *s.* (Rind)Fleisch-, Kraftbrühe *f*, Bouil'lon *f.*
beef·y ['bi:fɪ] *adj.* **1.** fleischig; **2.** F bullig, kräftig.
'bee|·hive *s.* **1.** Bienenstock *m*, -korb *m*; **2.** *fig.* ‚Taubenschlag' *m*; **'~ˌkeep·er** *s.* Bienenzüchter *m*, Imker *m*; **'~ˌkeep·ing** *s.* Bienenzucht *f*, Imke'rei *f*; **'~·line** *s.*: ***make a ~ for*** schnurgerade auf *et.* losgehen.
Be·el·ze·bub [bi:'elzɪbʌb] **I** *npr.* Be'elzebub *m*; **II** *s.* Teufel *m.*
'bee-ˌmas·ter *s.* → ***beekeeper.***
been [bi:n; bɪn] *p.p. von* ***be.***
beep [bi:p] *s.* **1.** ⚡ Piepton *m*; **2.** *mot.* 'Hupsigˌnal *n.*
beer [bɪə] *s.* **1.** Bier *n*: ***two ~s*** zwei Glas Bier; ***life is not all ~ and skittles*** *Brit.*

F das Leben besteht nicht nur aus Vergnügen; → ***small beer***; **2.** bierähnliches Getränk (*aus Pflanzen*); ~ **can** *s.* Bierdose *f*; ˈ~-ˌ**en·gine** *s.* ˈBierˌdruckappaˌrat *m*; ˈ~-ˌ**gar·den** *s.* Biergarten *m*; ˈ~**·house** *s. Brit.* Bierschenke *f*; ˈ~**-mat** *s.* Bierfilz *m*, -deckel *m*; ˈ~**-pull** *s.* (Griff *m* der) Bierpumpe *f*.

beer·y [ˈbɪərɪ] *adj.* **1.** bierartig; **2.** bierselig; **3.** nach Bier riechend.

beest·ings [ˈbi:stɪŋz] *s.* Biestmilch *f* (*erste Milch nach dem Kalben*).

bees·wax [ˈbi:zwæks] *s.* Bienenwachs *n.*

beet [bi:t] *s.* ⚘ **1.** Runkelrübe *f*, Mangold *m*, Bete *f*: ~ ***greens*** Mangoldgemüse *n*; **2.** *Am.* rote Bete.

bee·tle¹ [ˈbi:tl] *s. zo.* Käfer *m*; → ***blind*** 1.

bee·tle² [ˈbi:tl] **I** *s.* **1.** Holzhammer *m*, Schlegel *m*; **2.** ⚙ a) Erdstampfe *f*, b) ˈStampfkaˌlander *m*; **II** *v/t.* **3.** mit e-m Schlegel bearbeiten, (ein)stampfen; **4.** ⚙ kaˈlandern.

bee·tle³ [ˈbi:tl] **I** *adj.* ˈüberhängend; **II** *v/i.* vorstehen, ˈüberhängen.

ˈ**bee·tle|-browed** *adj.* **1.** mit buschigen Augenbrauen; **2.** finster blickend; ˈ~ˌ**crush·ers** *s. pl.* ‚Elbkähne' *pl.* (*riesige Schuhe*).

ˈ**beet|·root** *s.* ⚘ **1.** *Brit.* Wurzel *f* der roten Bete; **2.** *Am.* → ***beet*** 1; ~ **sug·ar** *s.* ⚘ Rübenzucker *m*.

beeves [bi:vz] *pl. von* ***beef***.

be·fall [bɪˈfɔ:l] [*irr.* → ***fall***] *obs. od. poet.* **I** *v/i.* sich ereignen; **II** *v/t.* zustoßen, widerˈfahren (*dat.*).

be·fit [bɪfɪt] *v/t.* sich ziemen *od.* schicken für; **beˈfit·ting** [-tɪŋ] *adj.* ☐ geziemend, schicklich.

be·fog [bɪˈfɒg] *v/t.* **1.** in Nebel hüllen; **2.** *fig.* a) umˈnebeln, b) verwirren.

be·fool [bɪˈfu:l] *v/t.* zum Narren haben, täuschen.

be·fore [bɪfɔ:] **I** *prp.* **1.** *räumlich*: vor: ***he sat ~ me***; ***~ my eyes***; ***the question ~ us*** die (uns) vorliegende Frage; **2.** vor, in Gegenwart von: ***~ witnesses***; **3.** *Reihenfolge, Rang*: vorˈaus: ***be ~ the others in class*** den anderen in der Klasse voraus sein; **4.** *zeitlich*: vor, früher als: ***~ lunch*** vor dem Mittagessen; ***an hour ~ the time*** e-e Stunde früher *od.* zu früh; ***~ long*** in Kürze, bald; ***~ now*** schon früher *od.* vorher; ***the day ~ yesterday*** vorgestern; ***the month ~ last*** vorletzten Monat; ***to be ~ one's time*** s-r Zeit voraus sein; **II** *cj.* **5.** beˈvor, ehe: ***he died ~ I was born***; ***not ~*** nicht früher *od.* eher als bis, erst als *od.* wenn; **6.** lieber ... als daß: ***I would die ~ I lied***; **III** *adv.* **7.** *räumlich*: vorn, voˈran: ***go ~*** vorangehen; ***~ and behind*** vorn u. hinten; **8.** *zeitlich*: ˈvorher, vormals, früher, zuˈvor; (schon) früher: ***the year ~*** das vorige *od.* vorhergehende Jahr, das Jahr zuvor; ***an hour ~*** e-e Stunde vorher *od.* früher *od.* zuvor; ***long ~*** lange vorher; ***never ~*** noch nie (-mals), nie zuvor; **beˈfore·hand** *adv.* zuˈvor, (im) voraus: ***know s.th. ~*** et. im voraus wissen; ***be ~ in one's suspicions*** zu früh e-n Verdacht äußern; **beˈfore-ˌmen·tioned** *adj.* vorerwähnt; **beˈfore-tax** *adj.* ✝ vor Abzug der Steuern, Brutto...

be·foul [bɪˈfaʊl] *v/t.* besudeln, beschmutzen (*a. fig.*).

be·friend [bɪˈfrend] *v/t.* *j-m* Freundschaft erweisen; *j-m* behilflich sein, sich *j-s* annehmen.

be·fud·dle [bɪˈfʌdl] *v/t.* ‚benebeln', berauschen.

beg [beg] **I** *v/t.* **1.** *et.* erbitten (***of s.o.*** von j-m), bitten um: ***to ~ leave*** um Erlaubnis bitten; → ***pardon*** 4; **2.** betteln *od.* bitten um: ***to ~ a meal***; **3.** *j-n* bitten (***to do s.th.*** et. zu tun); **II** *v/i.* **4.** betteln: ***go ~ging*** a) betteln (gehen), b) keinen Interessenten finden; **5.** (dringend) bitten (***for*** um, ***of s.o. to*** *inf.* j-n zu *inf.*): ***~ off*** sich entschuldigen, absagen; **6.** sich erlauben: ***I ~ to differ*** ich erlaube mir, anderer Meinung zu sein; ***I ~ to inform you*** ✝ *obs.* ich erlaube mir, Ihnen mitzuteilen; **7.** schönmachen, Männchen machen (*Hund*); **8.** → ***question*** 1.

be·gad [bɪˈgæd] *int.* F bei Gott!

be·gan [bɪˈgæn] *pret. von* ***begin***.

be·gat [bɪˈgæt] *obs. pret. von* ***beget***.

be·get [bɪˈget] *v/t.* [*irr.*] **1.** zeugen; **2.** *fig.* erzeugen, herˈvorbringen; **beˈget·ter** [-tə] *s.* **1.** Erzeuger *m*, Vater *m*; **2.** *fig.* Urheber *m*.

beg·gar [ˈbegə] **I** *s.* **1.** Bettler(in); Arme(r *m*) *f*: ***~s must not be choosers*** arme Leute dürfen nicht wählerisch sein; **2.** F Kerl *m*, Bursche *m*: ***lucky ~*** Glückspilz *m*; ***a naughty little ~*** ein kleiner Schelm; **II** *v/t.* **3.** an den Bettelstab bringen; **4.** *fig.* erschöpfen; überˈsteigen: ***it ~s description*** a) es spottet jeder Beschreibung, b) es läßt sich nicht mit Worten beschreiben; ˈ**beg·gar·ly** [-lɪ] *adj.* **1.** (sehr) arm; **2.** *fig.* armselig, lumpig; ˌ**beg·gar-my-ˈneigh·bo(u)r** [-mɪ-] *s.* Bettelmann *m* (*Kartenspiel*); ˈ**beg·gar·y** [-ərɪ] *s.* Bettelarmut *f*: ***reduce to ~*** an den Bettelstab bringen.

be·gin [bɪ'gɪn] [*irr.*] **I** *v/t.* **1.** beginnen, anfangen: ***to ~ a new book***; **2.** (be-) gründen; **II** *v/i.* **3.** beginnen, anfangen: ***~ with s.o.*** *od.* ***s.th*** mit *od.* bei j-m *od.* et. anfangen; ***to ~ with*** (*Wendung*) a) zunächst, b) erstens (einmal); ***~ on s.th.*** et. in Angriff nehmen; ***he began by asking*** zuerst fragte er; ***... began to be put into practice*** ... wurde bald in die Praxis umgesetzt; ***he does not even ~ to try*** er versucht es nicht einmal; ***it doesn't ~ to do him justice*** F es wird ihm nicht annähernd gerecht; **4.** entstehen; **be'gin·ner** [-nə] *s.* Anfänger(in), Neuling *m*: ***~'s luck*** Anfängerglück *n*; **be'gin·ning** [-nɪŋ] *s.* **1.** Anfang *m*, Beginn *m*: ***from the*** (***very***) ***~*** (ganz) von Anfang an; ***the ~ of the end*** der Anfang vom Ende; **2.** Ursprung *m*; **3.** *pl.* a) Anfangsgründe *pl.*, b) Anfänge *pl.*

be·gone [bɪ'gɒn] *int.* fort (mit dir)!

be·go·ni·a [bɪ'gəʊnjə] *s.* Be'gonie *f.*

be·got [bɪ'gɒt] *pret. von* ***beget***.

be·got·ten [bɪ'gɒtn] *p.p. von* ***beget***: ***God's only ~ son*** Gottes eingeborener Sohn.

be·grime [bɪ'graɪm] *v/t.* (*mit Ruß, Rauch etc.*) beschmutzen.

be·grudge [bɪ'grʌdʒ] *v/t.* **1.** ***~ s.o. s.th.*** j-m et. mißgönnen; **2.** *et.* nur ungern geben.

be·guile [bɪ'gaɪl] *v/t.* **1.** täuschen; betrügen (***of*** *od.* ***out of*** um); **2.** verleiten (***into doing*** zu tun); **3.** *Zeit* (angenehm) vertreiben; **4.** betören; **be'guil·ing** [-lɪŋ] *adj.* □ verführerisch, betörend.

be·gun [bɪ'gʌn] *p.p. von* ***begin***.

be·half [bɪ'hɑːf] *s.*: ***on*** (*od.* ***in***) ***~ of*** zugunsten *od.* im Namen *od.* im Auftrag von (*od. gen*), für *j-n*; ***on*** (*od.* ***in***) ***my ~*** zu m-n Gunsten, für mich; ***act on one's own ~*** im eigenen Namen handeln.

be·have [bɪ'heɪv] **I** *v/i.* **1.** sich (gut) benehmen, sich zu benehmen wissen: ***please ~!*** bitte benimm dich!; ***he doesn't know how to ~, he can't ~*** er kann sich nicht (anständig) benehmen; **2.** sich verhalten; funktionieren (*Maschine etc.*); **II** *v/t.* **3.** ***~ o.s.*** sich (gut) benehmen: ***~ yourself!*** beninmm dich!; **be'haved** [-vd] *adj.*: ***he is well-~*** er hat ein gutes Benehmen.

be·hav·io(u)r [bɪ'heɪvjə] *s.* Benehmen *n*, Betragen *n*; Verhalten *n* (*a.* ⚗, ⚙, *phys.*): ***~ pattern*** *psych.* Verhaltensmuster *n*; ***~ therapy*** *psych.* Verhaltenstherapie *f*; ***during good ~*** *Am.* auf Lebenszeit (*Ernennung*); ***be in office on one's good ~*** ein Amt auf Bewährung innehaben; ***be on one's best ~*** sich von seiner besten Seite zeigen; ***put s.o. on his good ~*** j-m einschärfen, sich gut zu benehmen; **be'hav·io(u)r·al** [-ərəl] *adj. psych.* Verhaltens...: ***~ science*** Verhaltensforschung *f*; **be'hav·io(u)r·ism** [-ərɪzəm] *s. psych.* Behavio'rismus *m.*

be·head [bɪ'hed] *v/t.* enthaupten.

be·held [bɪ'held] *pret. u. p.p. von* ***behold***.

be·he·moth [bɪ'hiːmɒθ] **1.** *Bibl.* Behemoth; **2.** *fig.* Ko'loß *m*, Ungeheuer *n.*

be·hest [bɪ'hest] *s. poet.* Geheiß *n*: ***at s.o.'s ~*** auf j-s Geheiß *od.* Befehl *od.* Veranlassung.

be·hind [bɪ'haɪnd] **I** *prp.* **1.** hinter: ***~ the tree*** hinter dem *od.* den Baum; ***he looked ~ him*** er blickte hinter sich; ***be ~ s.o.*** a) hinter j-m stehen, j-n unterstützen, b) j-m nachstehen, hinter j-m zurück sein; ***what is ~ all this?*** was steckt dahinter?; **II** *adv.* **2.** hinten, da'hinter, hinter'her: ***walk ~*** hinterhergehen; **3.** nach hinten, zu'rück: ***to look ~*** zurückblicken; **4.** zu'rück, im Rückstand: ***~ with one's work*** mit s-r Arbeit im Rückstand; ***my watch is ~*** meine Uhr geht nach; → ***time*** 7; **5.** *fig.* da'hinter, verborgen: ***there is more ~*** da steckt (noch) mehr dahinter; **III** *s.* **6.** F ‚Hintern' *m*, Gesäß *n*; **be'hind·hand** *adv. u. pred. adj.* **1.** → ***behind*** 4; **2.** *fig.* rückständig; altmodisch.

be·hold [bɪ'həʊld] **I** *v/t.* [*irr.* → ***hold***] erblicken, anschauen; **II** *int.* siehe da!; **be'hold·en** [-dən] *adj.* verpflichtet, dankbar (***to*** *dat.*); **be'hold·er** [-də] *s.* Beschauer(in), Betrachter(in).

be·hoof [bɪ'huːf] *s. lit.*: ***in*** (*od.* ***to, for, on***) (***the***) ***~ of*** um ... willen; ***on her ~*** zu ihren Gunsten.

be·hoove [bɪ'huːv] *Am.*, **be'hove** [-'həʊv] *Brit. v/t. impers.*: ***it ~s you*** (***to*** *inf.*), a) es obliegt dir *od.* ist deine Pflicht (zu *inf.*), b) es gehört sich für dich (zu *inf.*).

beige [beɪʒ] **I** *s.* Beige *f* (*Wollstoff*); **II** *adj.* beige(farben).

be·ing ['biːɪŋ] *s.* **1.** (Da)Sein *n*: ***in ~*** existierend, wirklich (vorhanden); ***come into ~*** entstehen; ***call into ~*** ins Leben rufen; **2.** *j-s* Wesen *n od.* Sein, Na'tur *f*; **3.** Wesen *n*; Geschöpf *n*: ***living ~*** Lebewesen.

be·la·bo(u)r [bɪ'leɪbə] *v/t.* **1.** (mit den Fäusten *etc.*) bearbeiten, 'durchprügeln; **2.** *fig.* *j-n* ‚bearbeiten', *j-m* zusetzen.

be·lat·ed [bɪˈleɪtɪd] *adj.* **1.** verspätet; **2.** von der Nacht überˈrascht.

be·laud [bɪˈlɔːd] *v/t.* preisen.

be·lay [bɪˈleɪ] *v/t.* [*irr.* → ***lay***] **1.** ⚓ festmachen, *Tau* belegen; **2.** *mount. j-n* sichern.

belch [beltʃ] **I** *v/i.* **1.** aufstoßen, rülpsen; **II** *v/t.* **2.** *Rauch etc.* ausspeien; **III** *s.* **3.** Rülpsen *n*; **4.** *fig.* Ausbruch *m* (*Rauch etc.*).

bel·dam(e) [ˈbeldəm] *s. obs.* Ahnfrau *f*; alte Frau; Vettel *f*, Hexe *f*.

be·lea·guer [bɪˈliːgə] *v/t.* **1.** belagern (*a. fig.*); **2.** *fig.* a) heimsuchen, b) umˈgeben.

bel es·prit [ˌbel esˈpriː] *pl.* **beaux es·prits** [ˌbəʊz esˈpriː] (*Fr.*) *s.* Schöngeist *m*.

bel·fry [ˈbelfrɪ] *s.* **1.** Glockenturm *m*; → ***bat***[2] 1; **2.** Glockenstuhl *m*.

Bel·gian [ˈbeldʒən] **I** *adj.* belgisch; **II** *s.* Belgier(in).

be·lie [bɪˈlaɪ] *v/t.* **1.** Lügen erzählen über (*acc.*), *et.* falsch darstellen; **2.** *j-n od. et.* Lügen strafen; **3.** widerˈsprechen (*dat.*); **4.** hinˈwegtäuschen über (*acc.*); **5.** *Hoffnung etc.* enttäuschen, *e-r Sache* nicht entsprechen.

be·lief [bɪˈliːf] *s.* **1.** *eccl.* Glaube *m*, Religiˈon *f*: ***the*** 𝔅 das apostolische Glaubensbekenntnis; **2.** (***in***) a) Glaube *m* (an *acc.*): ***beyond*** ~ unglaublich, b) Vertrauen *n* (auf *et. od.* zu *j-m*); **3.** Meinung *f*, Anschauung *f*, Überˈzeugung *f*: ***to the best of my*** ~ nach bestem Wissen u. Gewissen.

be·liev·a·ble [bɪˈliːvəbl] *adj.* glaubhaft; **be·lieve** [bɪˈliːv] **I** *v/i.* **1.** glauben (***in*** an *acc.*); **2.** (***in***) Vertrauen haben (zu), viel halten (von): ***I do not ~ in sports*** F ich halte nicht viel von Sport; **II** *v/t.* **3.** glauben, meinen, denken: ***~ it or not*** ob Sie es glauben *od.* nicht!, ganz sicher; ***do not ~ it*** glaube es nicht; ***would you ~ it!*** nicht zu glauben!; ***he is ~d to be a miser*** man hält ihn für e-n Geizhals; **4.** Glauben schenken, glauben (*dat.*): ***~ me*** glaube mir; ***not to ~ one's eyes*** s-n Augen nicht trauen; **beˈliev·er** [-və] *s.* **1.** ***be a great*** *od.* ***firm ~ in*** fest glauben an (*acc.*), viel halten von; **2.** *eccl.* Gläubige(r *m*) *f*: ***a true ~*** ein Rechtgläubiger; **beˈliev·ing** [-vɪŋ] *adj.* □ gläubig: ***a ~ Christian***.

Be·lish·a bea·con [bɪˈliːʃə] *s. Brit.* (gelbes) Blinklicht *n* an ˈFußgängerˌüberwegen.

be·lit·tle [bɪˈlɪtl] *v/t.* **1.** verkleinern; **2.** herˈabsetzen, schmälern; **3.** herabsetzen, schmähen; **4.** verharmlosen.

bell[1] [bel] **I** *s.* **1.** Glocke *f*, Klingel *f*, Schelle *f*: ***carry away*** (*od.* ***bear***) ***the ~*** Sieger sein; ***does that name ring a*** (*od.* ***the***) ***~?*** erinnert dich der Name an et.?; ***the ~ has rung*** es hat geklingelt; → ***clear*** 5, ***sound***[1] 1; **2.** *pl.* ⚓ (halbstündige Schläge *pl.* der) Schiffsglocke *f*; **3.** Taucherglocke *f*; **4.** ⚘ glockenförmige Blumenkrone, Kelch *m*; **5.** ⚠ Glocke *f*, Kelch *m* (*am Kapitell*); **II** *v/t.* **6.** ***~ the cat*** *fig.* der Katze die Schelle umhängen.

bell[2] [bel] *v/i.* röhren (*Hirsch*).

bel·la·don·na [ˌbeləˈdɒnə] *s.* ⚘ Bellaˈdonna *f* (*a. pharm.*), Tollkirsche *f*.

ˈbell|-ˌbot·tomed *adj.* unten weit ausladend: ***~ trousers***; **ˈ~·boy** *s. Am.* Hoˈtelpage *m*; **~ buoy** *s.* ⚓ Glockenboje *f*; **~ but·ton** *s.* ⚡ Klingelknopf *m*.

belle [bel] (*Fr.*) *s.* Schöne *f*, Schönheit *f*: ***~ of the ball*** Ballkönigin *f*.

belles-let·tres [ˌbelˈletrə] (*Fr.*) *s. pl. sg. konstr.* Belleˈtristik *f*, Unterˈhaltungsliteraˌtur *f*.

ˈbell|ˌflow·er *s.* ⚘ Glockenblume *f*; **~ found·ry** *s.* Glockengießeˈrei *f*; **~ glass** *s.* Glasglocke *f*; **ˈ~·hop** *s. Am.* Hoˈtelpage *m*.

bel·li·cose [ˈbelɪkəʊs] *adj.* □ kriegslustig, kriegerisch; **bel·li·cos·i·ty** [ˌbelɪˈkɒsətɪ] *s.* **1.** Kriegslust *f*; **2.** → ***belligerence*** 2.

bel·lied [ˈbelɪd] *adj.* bauchig; *in Zssgn* …bauchig, …bäuchig.

bel·lig·er·ence [bɪˈlɪdʒərəns] *s.* **1.** Kriegführung *f*; **2.** Kampfeslust *f*, Streitsucht *f*; **belˈlig·er·en·cy** [-rənsɪ] *s.* **1.** Kriegszustand *m*; **2.** → ***belligerence***; **belˈlig·er·ent** [-nt] **I** *adj.* □ **1.** kriegführend: ***the ~ powers***; ***~ rights*** Rechte der Kriegführenden; **2.** *fig.* streitlustig; **II** *s.* **3.** kriegführender Staat.

bell| lap *s. sport* letzte Runde; **ˈ~·man** [-mən] *s.* [*irr.*] öffentlicher Ausrufer; **~ met·al** *s.* ⚙ ˈGlockenmeˌtall *n*, -speise *f*; **ˈ~-mouthed** *adj.* (*a.* ⚔) mit trichterförmiger Öffnung.

bel·low [ˈbeləʊ] **I** *v/t. u. v/i.* brüllen; **II** *s.* Gebrüll *n*.

bel·lows [ˈbeləʊz] *s. pl.* (*a. sg. konstr.*) **1.** ⚙ a) Gebläse *n*, b) *a.* ***pair of ~*** Blasebalg *m*; **2.** Lunge *f*; **3.** *phot.* Balg *m*.

bell| pull *s.* Klingelzug *m*; **~ push** *s.* Klingelknopf *m*; **~ ring·er** *s.* Glöckner *m*; **~ rope** *s.* **1.** Glockenstrang *m*; **2.** Klingelzug *m*; **ˈ~-shaped** *adj.* glockenförmig; **~ tent** *s.* Rundzelt *n*; **ˈ~ˌweth·er**

s. Leithammel *m* (*a. fig., mst contp.*).

bel·ly ['belɪ] **I** *s.* **1.** Bauch *m* (*a. fig.*); 'Unterleib *m*: ***go ~ up*** → 8; **2.** Magen *m*; **3.** *fig.* a) Appe'tit *m*, b) Schlemme'rei *f*; **4.** Bauch *m*, Ausbauchung *f*, Höhlung *f*; **5.** 'Unterseite *f*; **6.** ♪ Reso'nanzboden *m*; Decke *f* (*Saiteninstrument*); **II** *v/i.* **7.** sich (aus)bauchen, (an)schwellen; **8.** ~ ***up*** a) ‚abkratzen' (*sterben*), b) ‚Pleite' machen, ‚eingehen'; '**~·ache I** *s.* Bauchweh *n*; **II** *v/i.* F ‚meckern', nörgeln; '**~-band** *s.* Bauch-, Sattelgurt *m*; ~ **but·ton** *s.* F (Bauch-) Nabel *m*; ~ **danc·er** *s.* Bauchtänzerin *f*; ~ **flop** *s.* F ‚Bauchklatscher' *m*; ✈ Bauchlandung *f*; '**~·ful** *s.*: ***have had a ~ (of)*** F die Nase voll haben (von); '**~·hold** *s.* ✈ Frachtraum *m*; ~ **land·ing** *s.* ✈ Bauchlandung *f*; ~ **laugh** *s.* F dröhnendes Lachen; ~ **tank** *s.* Rumpfabwurfbehälter *m*.

be·long [bɪ'lɒŋ] *v/i.* **1.** gehören (***to*** *dat.*): ***this ~s to me***; **2.** gehören (***to*** zu), da'zugehören, am richtigen Platz sein: ***this lid ~s to another pot*** dieser Deckel gehört zu e-m anderen Topf; ***where does this book ~?*** wohin gehört dieses Buch?; ***he does not ~*** er gehört nicht dazu *od.* hierher; **3.** (***to***) sich gehören (für), *j-m* ziemen; **4.** *Am.* a) verbunden sein (***with*** mit), gehören *od.* passen (***with*** zu), b) wohnen (***in*** in *dat.*); **5.** an-, zugehören (***to*** *dat*): ***~ to a club***; **be'long·ings** [-ŋɪŋz] *s. pl.* a) Habseligkeiten *pl.*, Habe *f*, Gepäck *n*, b) Zubehör *n*, c) F Angehörige *pl.*

be·lov·ed [bɪ'lʌvd] **I** *adj.* [*attr. a.* -vɪd] (innig) geliebt (***of, by*** von); **II** *s.* [*mst* -vɪd] Geliebte(r *m*) *f*.

be·low [bɪ'ləʊ] **I** *adv.* **1.** unten: ***he is ~*** er ist unten (*im Haus*); ***as stated ~*** wie unten erwähnt; **2.** hin'unter; **3.** *poet.* hie'nieden; **4.** in der Hölle; **5.** (dar-) 'unter, niedriger: ***the class ~***; **6.** strom'ab; **II** *prp.* **7.** unter, 'unterhalb, tiefer als: ***~ the line*** unter der *od.* die Linie; ***~ cost*** unter dem Kostenpreis; ***~ s.o.*** unter j-s Rang, Würde, Fähigkeit *etc.*; ***20 ~*** F 20 Grad Kälte.

belt [belt] **I** *s.* **1.** Gürtel *m*, Gurt *m*: ***hit below the ~*** *Boxen u. fig. j-m* e-n Tiefschlag versetzen; ***that was below the ~*** *a. fig.* das war unter der Gürtellinie *od.* unfair; ***tighten one's ~*** *fig.* den Gürtel enger schnallen; ***the Black ♀*** *Judo*: der Schwarze Gürtel (→ 5); ***under one's ~*** F a) im Magen, b) *fig.* ‚in der Tasche', c) hinter sich; **2.** ⚔ Koppel *n*; Gehenk *n*; **3.** ⚓ Panzergürtel *m* (*Kriegsschiff*); **4.** Gürtel *m*, Gebiet *n*, Zone *f*: ***green ~*** Grüngürtel (*um e-e Stadt*); ***cotton ~*** *Am. geogr.* Baumwollgürtel; **5.** *Am.* Gebiet *n* (*in dem ein Typus vorherrscht*): ***the black ~*** vorwiegend von Negern bewohnte Staaten der USA; **6.** ⚙ a) (Treib)Riemen *m*: ***~ drive*** Riemenantrieb *m*, b) *a.* ***conveyer ~*** Förderband *n*, c) Streifen *m*, d) ⚔ (Ma'schinengewehr)Gurt *m*; **II** *v/t.* **7.** um'gürten, mit Riemen befestigen; zs.-halten; **8.** 'durchprügeln; *j-m* ‚eine knallen'; **9.** ***~ out*** *sl. Lied* schmettern; **10.** *a.* ***~ down*** *Schnaps etc.* ‚kippen'; **III** *v/i.* **11.** ***~ up!*** *sl.* (halt die) Schnauze!; **12.** *sl.* rasen: ***~ down the road***; ~ **con·vey·er** *s.* ⚙ Bandförderer *m*; ~ **drive** *s.* ⚙ Riemenantrieb *m*; ~ **line** *s. Am.* Verkehrsgürtel *m um e-e Stadt*; ~ **pul·ley** *s.* ⚙ Riemenscheibe *f*; ~ **saw** *s.* Bandsäge *f*; ~ **trans·mis·sion** *s.* ⚙ 'Riementransmissiˌon *f*; '**~·way** *s. Am.* Um'gehungsstraße *f*.

be·lu·ga [bɪ'lu:gɑ:] *s. ichth.* Be'luga *f*: a) Weißwal *m*, b) Hausen *m*.

be·moan [bɪ'məʊn] *v/t.* beklagen, betrauern, beweinen.

be·muse [bɪ'mju:z] *v/t.* verwirren, benebeln, betäuben; nachdenklich stimmen; **be'mused** [-zd] *adj.* **1.** verwirrt *etc.*; **2.** nachdenklich; gedankenverloren.

bench [bentʃ] *s.* **1.** Bank *f* (*zum Sitzen*); **2.** ⚖ (*oft* ♀) a) Richterbank *f*, b) Gerichtshof *m*, c) *coll.* Richter *pl.*: ***raised to the ~*** zum Richter ernannt; ***~ and bar*** die Richter u. die Anwälte; ***be on the ~*** Richter sein; **3.** *parl. etc.* Platz *m*, Sitz *m*; **4.** ⚙ a) Werkbank *f*, -tisch *m*, Experimentiertisch *m*: ***carpenter's ~*** Hobelbank, b) Bank *f*, Reihe *f von Geräten*; **5.** *geogr. Am.* a) Riff *n*, b) ter'rassenförmiges Flußufer; **6.** *sport* a) (Teilnehmer-, Auswechsel-, Re'serve-) Bank *f*, b) Ruderbank *f*; '**bench·er** [-tʃə] *s.* **1.** *Brit.* Vorstandsmitglied *n* e-r Anwaltsinnung; **2.** *parl.* → ***back-bencher, front-bencher***.

bench| **lathe** *s.* ⚙ Me'chanikerdrehbank *f*; ~ **sci·en·tist** *s.* La'borwissenschaftler *m*; '**~ˌwar·rant** *s.* ⚖ richterlicher Haftbefehl.

bend [bend] **I** *v/t.* [*irr.*] **1.** biegen, krümmen: ***~ out of shape*** verbiegen; **2.** beugen, neigen: ***~ the knee*** a) das Knie beugen, *fig.* sich unterwerfen, b) beten; **3.** *Bogen, Feder* spannen; **4.** ⚓ *Tau, Segel* festmachen; **5.** *fig.* beugen: ***~ the law*** das Recht beugen; ***~ s.o. to one's will*** sich j-n gefügig machen; **6.** richten, (zu)wenden: ***~ one's steps towards home*** s-e Schritte heimwärts lenken; ~

o.s. (***one's mind***) ***to a task*** sich (s-e Aufmerksamkeit) e-r Sache zuwenden, sich auf e-e Sache konzentrieren; **II** *v/i.* [*irr.*] **7.** sich biegen, sich krümmen, sich winden: ***the road ~s here*** die Straße macht hier e-e Kurve; **8.** sich neigen, sich beugen: ***~ down*** sich niederbeugen, sich bücken; **9.** (***to***) *fig.* sich beugen, sich fügen (*dat.*); **10.** (***to***) sich zuwenden, sich widmen (*dat.*); **III** *s.* **11.** Biegung *f*, Krümmung *f*, Windung *f*, Kurve *f*; **12.** Knoten *m*, Schlinge *f*; **13.** ***drive s.o. round the ~*** *sl.* j-n verrückt machen; **14.** ***the ~s*** *pl.* ⚕ Cais'sonkrankheit *f*; **'bend·ed** [-dɪd] *adj.* gebeugt: ***on ~ knees*** kniefällig; **'bend·er** [-də] *s. sl.* ‚Saufe'rei' *f*, ‚Bummel' *m*; **'bend·ing** [-dɪŋ] *adj.* ⚙ Biege…: ***~ pressure***; ***~ test***.

bend sin·is·ter *s. her* Schrägbalken *m*.

be·neath [bɪ'ni:θ] **I** *adv.* dar'unter, 'unterhalb, (weiter) unten; **II** *prp.* unter, unterhalb (*gen.*): ***~ a tree*** unter e-m Baum; ***it is ~ him*** es ist unter s-r Würde; ***~ notice*** nicht der Beachtung wert; ***~ contempt*** unter aller Kritik.

Ben·e·dic·tine *s.* **1.** [ˌbenɪ'dɪktɪn] Benedik'tiner *m* (*Mönch*); **2.** [-ti:n] Benedik'tiner *m* (*Likör*).

ben·e·dic·tion [ˌbenɪ'dɪkʃn] *s. eccl.* Segnung *f*, Segen(sspruch) *m*.

ben·e·fac·tion [ˌbenɪ'fækʃn] *s.* **1.** Wohltat *f*; **2.** Spende *f*, Geschenk *n*; Zuwendungen *pl.*; **3.** wohltätige Stiftung; **ben·e·fac·tor** ['benɪfæktə] *s.* **1.** Wohltäter *m*; **2.** Gönner *m*; Stifter *m*; **ben·e·fac·tress** ['benɪfæktrɪs] *s.* Wohltäterin *f etc.*

ben·e·fice ['benɪfɪs] *s. eccl.* Pfründe *f*; **'ben·e·ficed** [-st] *adj.* im Besitz e-r Pfründe; **be·nef·i·cence** [bɪ'nefɪsns] *s.* Wohltätigkeit *f*; **be·nef·i·cent** [bɪ'nefɪsnt] *adj.* □ wohltätig, gütig, wohltuend.

ben·e·fi·cial [ˌbenɪ'fɪʃl] *adj.* □ **1.** (***to***) nützlich, wohltuend, förderlich (*dat.*); vorteilhaft (für); **2.** ⚖ nutznießend: ***~ owner*** unmittelbarer Besitzer, Nießbraucher *m*; **ˌben·e'fi·ci·ar·y** [-'fɪʃərɪ] *s.* **1.** Nutznießer(in); Begünstigte(r *m*) *f*; Empfänger(in); **2.** Pfründner *m*.

ben·e·fit ['benɪfɪt] **I** *s.* **1.** Vorteil *m*, Nutzen *m*, Gewinn *m*: ***for the ~ of*** zum Besten *od.* zugunsten (*gen.*); ***derive ~ from*** Nutzen ziehen aus *od.* haben von; ***give s.o. the ~ of*** j-n in den Genuß *e-r Sache* kommen lassen, j-m *et.* gewähren; ***~ of the doubt*** Rechtswohltat *f* des Grundsatzes ‚im Zweifel für den Angeklagten'; ***give s.o. the ~ of the doubt*** im Zweifelsfalle zu j-s Gunsten entscheiden; **2.** ✝ Zuwendung *f*, Beihilfe *f*: a) (*Sozial-*, *Versicherungs- etc.*)Leistung *f*, b) (*Alters- etc.*)Rente *f*, c) (*Arbeitslosen- etc.*)Unter'stützung *f*, d) (*Kranken-*, *Sterbe- etc.*)Geld *n*; **3.** Bene'fiz(vorstellung *f*, *sport* -spiel *n*) *n*, Wohltätigkeitsveranstaltung *f*; **4.** Wohltat *f*, Gefallen *m*, Vergünstigung *f*; **II** *v/t.* **5.** nützen (*dat.*), zu'gute kommen (*dat.*), fördern (*acc.*), begünstigen (*acc.*), *a. j-m* (gesundheitlich) guttun; **III** *v/i.* **6.** (***by***, ***from***) Vorteil haben (von, durch), Nutzen ziehen (aus).

Ben·e·lux ['benɪlʌks] *s.* Benelux-Länder *pl.* (*Belgien*, *Niederlande*, *Luxemburg*).

be·nev·o·lence [bɪ'nevələns] *s.* Wohlwollen *n*, Güte *f*; Wohltätigkeit *f*, Wohltat *f*; **be'nev·o·lent** [-nt] *adj.* □ wohl-, mildtätig, gütig; wohlwollend: ***~ fund*** Unterstützungsfonds *m*; ***~ society*** Hilfsverein *m* (auf Gegenseitigkeit).

Ben·gal [ˌbeŋ'gɔ:l] *npr.* Ben'galen *n*: ***~ light*** bengalisches Feuer; **Ben'ga·li** [-lɪ] **I** *s.* **1.** Ben'gale *m*, Ben'galin *f*; **2.** *ling.* das Ben'galische; **II** *adj.* **3.** ben'galisch.

be·night·ed [bɪ'naɪtɪd] *adj.* **1.** von der Dunkelheit über'rascht; **2.** *fig.* a) ‚geistig um'nachtet', ‚verblödet', b) unbedarft.

be·nign [bɪ'naɪn] *adj.* □ **1.** gütig; **2.** günstig, mild, zuträglich; **3.** ⚕ gutartig; **be·nig·nant** [bɪ'nɪgnənt] *adj.* □ **1.** gütig, freundlich; **2.** günstig, wohltuend; **3.** → ***benign*** 3; **be·nig·ni·ty** [bɪ'nɪgnətɪ] *s.* Güte *f*, Freundlichkeit *f*.

ben·i·son ['benɪzn] *s. poet.* Segen *m*, Gnade *f*.

bent[1] [bent] **I** *pret. u. p.p. von* ***bend*** I *u.* II; **II** *adj.* a) entschlossen (***on doing*** zu tun), b) erpicht (***on*** auf *acc.*), darauf aus (***on doing*** zu tun); **III** *s.* Neigung *f*, Hang *m*, Trieb *m* (***for*** zu); Veranlagung *f*: ***to the top of one's ~*** nach Herzenslust; ***allow full ~*** freien Lauf lassen (*dat.*).

bent[2] [bent] *s.* ⚘ **1.** *a.* ***~ grass*** Straußgras *n*; **2.** Sandsegge *f*.

'bent·wood *s.* Bugholz *n*: ***~ chair*** Wiener Stuhl *m*.

be·numb [bɪ'nʌm] *v/t.* betäuben: a) gefühllos machen, b) *fig.* lähmen; **be'numbed** [-md] *adj.* betäubt, gelähmt (*a. fig.*), starr, gefühllos.

ben·zene ['benzi:n] *s.* ⚗ Ben'zol *n*.

ben·zine ['benzi:n] *s.* ⚗ Ben'zin *n*.

ben·zo·ic [ben'zəʊɪk] *adj.* ⚗ Benzoe…: ***~ acid*** Benzoesäure *f*; **ben·zo·in** ['benzəʊɪn] *s.* Ben'zoeˌgummi *n*, *m*, -harz *n*, Ben'zoe *f*.

ben·zol(e) ['benzɒl] *s.* ⚗ Ben'zol *n*; '**ben·zo·line** [-zəʊli:n] → ***benzine***.

be·queath [bɪ'kwi:ð] *v/t.* **1.** *Vermögen* hinter'lassen, vermachen (***to s.o.*** j-m); **2.** über'liefern, vererben (*fig.*).

be·quest [bɪ'kwest] *s.* Vermächtnis *n*, Hinter'lassenschaft *f*.

be·rate [bɪ'reɪt] *v/t.* heftig ausschelten, auszanken.

Ber·ber ['bɜ:bə] **I** *s.* **1.** Berber(in); **2.** *ling.* Berbersprache(n *pl.*) *f*; **II** *adj.* **3.** Berber…

Ber·ber·is ['bɜ:bərɪs], **ber·ber·ry** ['bɜ:bərɪ] → ***barberry***.

be·reave [bɪ'ri:v] *v/t.* [*irr.*] **1.** berauben (***of*** *gen.*); **2.** hilflos zu'rücklassen; **be'reaved** [-vd] *adj.* durch den Tod beraubt, hinter'blieben: ***the ~*** die (trauernden) Hinterbliebenen; **be'reavement** [-mənt] *s.* schmerzlicher Verlust (*durch Tod*); Trauerfall *m*.

be·reft [bɪ'reft] **I** *pret. u. p.p. von* ***bereave***; **II** *adj.* beraubt (***of*** *gen.*) (*mst fig.*): ***~ of hope*** aller Hoffnung beraubt; ***~ of reason*** von Sinnen.

be·ret ['bereɪ] *s.* **1.** Baskenmütze *f*; **2.** ⚔ *Brit.* 'Felduni,formmütze *f*.

berg [bɜ:g] → ***iceberg***.

ber·ga·mot ['bɜ:gəmɒt] *s.* **1.** ⚘ Berga'mottenbaum *m*; **2.** Berga'mottöl *n*; **3.** Berga'motte *f* (*Birnensorte*).

be·rib·boned [bɪ'rɪbənd] *adj.* mit (Ordens)Bändern geschmückt.

ber·i·ber·i [,berɪ'berɪ] *s.* ⚕ Beri'beri *f*, Reisesserkrankheit *f*.

Ber·lin| black [bɜ:'lɪn] *s.* schwarzer Eisenlack; ***~ wool*** *s.* feine Strickwolle.

ber·ry ['berɪ] **I** *s.* **1.** ⚘ a) Beere *f*, b) Korn *n*, Kern *m* (*beim Getreide*); **2.** *zo.* Ei *n* (*vom Hummer od. Fisch*); **II** *v/i.* **3.** a) ⚘ Beeren tragen, b) Beeren sammeln.

ber·serk [bə'sɜ:k] *adj. u. adv.* wütend, rasend: ***go ~*** (***with***) rasend werden (vor), *fig. a.* wahnsinnig werden (vor); **ber'serk·er** [-kə] *s. hist.* Ber'serker *m* (*a. fig. Wüterich*): ***~ rage*** Berserkerwut *f*; ***go ~*** wild werden, Amok laufen.

berth [bɜ:θ] **I** *s.* **1.** ⚓ (genügend) Seeraum (*an der Küste od. zum Ausweichen*): ***give a wide ~ to*** a) weit abhalten von (*Land*, *Insel etc.*), b) *fig.* um *j-n* e-n Bogen machen; **2.** ⚓ Liegeplatz *m* (*e-s Schiffes am Kai*); **3.** a) ⚓ (Schlaf-) Koje *f*, b) Bett *n* (*Schlafwagen*); **4.** *Brit.* F Stellung *f*, ‚Pöstchen' *n*: ***he has a good ~***; **II** *v/t.* **5.** ⚓ am Kai festmachen; vor Anker legen, docken; **6.** *Brit* *j-m* einen (Schlaf)Platz anweisen; *j-n* 'unterbringen; **III** *v/i.* **7.** ⚓ anlegen.

ber·yl ['berɪl] *s. min.* Be'ryll *m*; **be·ryl·li·um** [be'rɪljəm] *s.* ⚗ Be'ryllium *n*.

be·seech [bɪ'si:tʃ] *v/t.* [*irr.*] *j-n* dringend bitten (***for*** um), ersuchen, anflehen (***to*** *inf.* zu *inf.*, ***that*** daß); **be'seech·ing** [-tʃɪŋ] *adj.* □ flehend, bittend; **be'seech·ing·ly** [-tʃɪŋlɪ] *adv.* flehentlich.

be·seem [bɪ'si:m] *v/t.* sich ziemen *od.* schicken für.

be·set [bɪ'set] [*irr.* → ***set***] *v/t.* **1.** um'geben, (von allen Seiten) bedrängen, verfolgen: ***~ with difficulties*** mit Schwierigkeiten überhäuft; **2.** *Straße* versperren; **be'set·ting** [-tɪŋ] *adj.* **1.** hartnäkkig, unausrottbar: ***~ sin*** Gewohnheitslaster *n*; **2.** ständig drohend (*Gefahr*).

be·side [bɪ'saɪd] *prp.* **1.** neben, dicht bei: ***sit ~ me*** setz dich neben mich; **2.** *fig.* außerhalb (*gen.*), außer, nicht gehörend zu: ***~ the point*** nicht zur Sache gehörig; ***~ o.s.*** außer sich (***with*** vor *dat.*); **3.** im Vergleich zu; **be'sides** [-dz] **I** *adv.* **1.** außerdem, ferner, über'dies, noch da'zu; **2.** *neg.* sonst; **II** *prp.* **3.** außer, neben (*dat.*); **4.** über … hin'aus.

be·siege [bɪ'si:dʒ] *v/t.* **1.** belagern (*a. fig.*); **2.** *fig.* bestürmen, bedrängen.

be·slav·er [bɪ'slævə] *v/t.* **1.** begeifern; **2.** *fig. j-m* lobhudeln.

be·slob·ber [bɪ'slɒbə] *v/t.* **1.** → ***beslaver***; **2.** ‚abschlecken', abküssen.

be·smear [bɪ'smɪə] *v/t.* beschmieren.

be·smirch [bɪ'smɜ:tʃ] *v/t.* besudeln (*bsd. fig.*).

be·som ['bi:zəm] *s.* (Reisig)Besen *m*.

be·sot·ted [bɪ'sɒtɪd] *adj.* □ **1.** töricht, dumm; **2.** (***on***, ***about***) vernarrt (in *acc.*), verrückt (auf *acc.*); **3.** berauscht (***with*** von).

be·sought [bɪ'sɔ:t] *pret. u. p.p. von* ***beseech***.

be·spat·ter [bɪ'spætə] *v/t.* **1.** (mit Kot *etc.*) bespritzen, beschmutzen; **2.** *fig.* (mit Vorwürfen *etc.*) über'schütten.

be·speak [bɪ'spi:k] [*irr.* → ***speak***] *v/t.* **1.** (vor'aus)bestellen, im voraus bitten um: ***~ a seat*** e-n Platz bestellen; ***~ s.o.'s help*** j-n um Hilfe bitten; **2.** zeigen, zeugen von; **3.** *poet.* anreden.

be·spec·ta·cled [bɪ'spektəkld] *adj.* bebrillt.

be·spoke [bɪ'spəʊk] **I** *pret. von* ***bespeak***; **II** *adj. Brit.* auf Bestellung *od.* nach Maß angefertigt, Maß…: ***~ tailor*** Maßschneider *m*; **be'spo·ken** [-kən] *p.p. von* ***bespeak***.

be·sprin·kle [bɪ'sprɪŋkl] *v/t.* besprengen, bespritzen, bestreuen.

Bes·se·mer steel ['besɪmə] *s.* ⚙ Bessemerstahl *m*.

best [best] **I** *sup. von* ***good*** *adj.* **1.** best: ***the ~ of wives*** die beste aller (Ehe-)Frauen; ***be ~ at*** hervorragend sein in (*dat.*); **2.** geeignetst; höchst; **3.** größt, meist: ***the ~ part of*** der größte Teil (*gen.*); **II** *sup. von* ***well*** *adv.* **4.** am besten (meisten, passendsten): ***as ~ I can*** so gut ich kann; ***the ~ hated man of the year*** der meist- *od.* bestgehaßte Mann des Jahres; ***~ used*** meistgebraucht; ***you had ~ go*** es wäre das beste, Sie gingen; **III** *v/t.* **5.** über'treffen; **6.** F über'vorteilen; **IV** *s.* **7.** *der* (*die*, *das*) Beste (Passendste *etc.*): ***at ~*** bestenfalls, höchstens; ***with the ~*** mindestens so gut wie jeder andere; ***for the ~*** zum besten; ***do one's*** (***level***) ***~*** sein Bestes geben, sein möglichstes tun; ***be at one's ~*** in bester Verfassung (*od.* Form) sein, *a.* in seinem Element sein; ***that is the ~ of ...*** das ist der Vorteil (*gen. od.* wenn ...); ***give s.o. ~*** sich vor j-m beugen; ***look one's ~*** am vorteilhaftesten *od.* blendend aussehen; ***have*** (*od.* ***get***) ***the ~ of it*** am besten dabei wegkommen; ***make the ~ of*** a) bestens ausnutzen, b) sich abfinden mit, c) *e-r Sache* die beste Seite abgewinnen, das Beste machen aus; ***all the ~!*** alles Gute!, viel Glück!; → ***ability*** 1, ***belief*** 3, ***job***[1] 5.

bes·tial ['bestjəl] *adj.* □ **1.** tierisch (*a. fig.*); *fig.* besti'alisch, entmenscht, viehisch; **2.** *fig.* gemein, verderbt; **bes·ti·al·i·ty** [bestı'ælətı] *s.* **1.** Bestiali'tät *f*: a) tierisches Wesen, b) *fig.* besti'alische Grausamkeit; **2.** ⚖ Sodo'mie *f.*

be·stir [bı'stɜ:] *v/t.*: ***~ o.s.*** sich rühren, sich aufraffen; sich bemühen: ***~ yourself!*** tummle dich!

best man *s.* [*irr.*] *Freund des Bräutigams, der bei der Ausrichtung der Hochzeit e-e wichtige Rolle spielt.*

be·stow [bı'stəʊ] *v/t.* **1.** schenken, gewähren, geben, spenden, erweisen, verleihen (***s.th.*** [***up***]***on s.o.*** j-m et.): ***~ one's hand on s.o.*** j-m die Hand fürs Leben reichen; **2.** *obs.* 'unterbringen; **be'stow·al** [-əʊəl] *s.* **1.** Gabe *f*, Schenkung *f*, Verleihung *f*; **2.** *obs.* 'Unterbringung *f.*

be·strew [bı'stru:] [*irr.* → ***strew***] *v/t.* **1.** bestreuen; **2.** verstreut liegen auf (*dat.*).

be·strid·den [bı'strıdn] *p.p. von* ***bestride***; **be·stride** [bı'straıd] *v/t.* [*irr.*] **1.** rittlings sitzen auf (*dat.*), reiten; **2.** mit gespreizten Beinen stehen auf *od.* über (*dat.*); **3.** über'spannen, über'brücken; **4.** sich (schützend) breiten über (*acc.*);

be·strode [bı'strəʊd] *pret. von* ***bestride.***

best| sell·er *s.* 'Bestseller *m*, Verkaufsschlager *m* (*Buch etc.*); **'~-ˌsell·ing** *adj.* meistgekauft, Erfolgs..., Bestseller...

bet [bet] **I** *s.* Wette *f*; Wetteinsatz *m*; gewetteter Betrag *od.* Gegenstand: ***the best ~*** F das Beste(, was man tun kann), die sicherste Methode; ***that's a better ~ than*** das ist viel besser *od.* sicherer als...; **II** *v/t. u. v/i.* [*irr.*] wetten, (ein)setzen: ***I ~ you ten pounds*** ich wette mit Ihnen um zehn Pfund; (***I***) ***you ~!*** *sl.* aber sicher!; ***~ one's bottom dollar*** *Am. sl.* den letzten Heller wetten, *a.* sich s-r Sache völlig sicher sein.

be·ta ['bi:tə] *s.* 'Beta *n*: a) *griech. Buchstabe,* b) ♈, *ast., phys. Symbol für 2. Größe,* c) *ped. Brit.* Zwei *f* (*Note*): ***~ rays*** *phys.* Betastrahlen *pl.*

be·take [bı'teık] [*irr.* → ***take***] *v/t.*: ***~ o.s.*** (***to***) sich begeben (nach); s-e Zuflucht nehmen (zu).

be·tel ['bi:tl] *s.* 'Betel *m*; **'~-nut** *s.* ⚘ 'Betelnuß *f.*

bête noire [ˌbeıt'nwɑ:] (*Fr.*) *s. fig.* Schreckgespenst *n.*

beth·el ['beθl] *s.* **1.** *Brit.* Dis'senterkaˌpelle *f*; **2.** *Am.* Kirche *f* für Ma'trosen.

be·think [bıθıŋk] *v/t.* [*irr.* → ***think***]: ***~ o.s.*** sich über'legen, sich besinnen; sich vornehmen; ***~ o.s. to do*** sich in den Kopf setzen zu tun.

be·thought [bı'θɔ:t] *pret. u. p.p. von* ***bethink.***

be·tide [bı'taıd] *v/i. u. v/t.* (*nur 3. sg. pres. subj.*) (*j-m*) geschehen; *v/t. j-m* zustoßen; → ***woe*** II.

be·times [bı'taımz] *adv.* **1.** bei'zeiten, rechtzeitig; **2.** früh(zeitig).

be·to·ken [bı'təʊkən] *v/t.* **1.** bezeichnen, bedeuten; **2.** anzeigen.

be·took [bı'tʊk] *pret. von* ***betake.***

be·tray [bı'treı] *v/t.* **1.** Verrat begehen an (*dat.*), verraten (***to*** an *acc.*); **2.** *j-n* hinter'gehen; *j-m* die Treue brechen: ***~ s.o.'s trust*** j-s Vertrauen mißbrauchen; **3.** *fig.* offen'baren; (*a.* ***o.s.*** sich) verraten; **4.** verleiten (***into***, ***to*** zu); **be'tray·al** [-eıəl] *s.* Verrat *m*, Treubruch *m.*

be·troth [bı'trəʊð] *v/t. j-n* (*od.* ***o.s.*** sich) verloben (***to*** mit); **be'troth·al** [-ðl] *s.* Verlobung *f*; **be'trothed** [-ðd] *s.* Verlobte(r *m*) *f.*

bet·ter[1] ['betə] **I** *comp. von* ***good*** *adj.* **1.** besser: ***I am ~*** es geht mir (*gesundheitlich*) besser; ***get ~*** a) besser werden, b) sich erholen; ***~ late than never*** besser spät als nie; ***go one ~ than s.o.*** j-n (noch) übertreffen; ~ ***off*** a) besser daran, b) wohlhabender; ***be ~ than one's word*** mehr tun als man versprach; ***my ~ half*** m-e bessere Hälfte; ***on ~ acquaintance*** bei näherer Bekanntschaft; **II** *s.* **2.** *das* Bessere: ***for ~ for worse*** a) in Freud u. Leid (*Trauformel*), b) was auch geschehe; ***get the ~ (of)*** die Oberhand gewinnen (über *acc.*), *j-n* besiegen *od.* ausstechen, *et.* überwinden; **3.** *pl. mit pers. pron.* Vorgesetzte *pl.*, Höherstehende *pl.*, Über'legene *pl.*; **III** *comp. von* ***well*** *adv.* **4.** besser: ***I know ~*** ich weiß es besser; ***think ~ of it*** sich e-s Besseren besinnen, es sich anders überlegen; ***think ~ of s.o.*** e-e bessere Meinung von j-m haben; ***so much the ~*** desto besser; ***you had ~*** (*od.* F *mst* ***you ~***) ***go*** es wäre besser, wenn du gingest; ***you'd ~ not!*** F laß das lieber sein!; ***know ~ than to …*** gescheit genug sein, nicht zu …; **5.** mehr: ***like ~*** lieber haben; ***~ loved***; **IV** *v/t.* **6.** *allg.* verbessern; **7.** über'treffen; **8.** ***~ o.s.*** sich (*finanziell*) verbessern, vorwärtskommen, *u.* sich weiterbilden, **V** *v/i.* **9.** besser werden.

bet·ter² ['betə] *s.* Wetter(in).

bet·ter·ment ['betəmənt] *s.* **1.** (Ver-)Besserung *f*; **2.** Wertzuwachs *m* (*bei Grundstücken*), Meliorati'on *f*.

bet·ting ['betɪŋ] *s. sport* Wetten *n*; **~ man** *s.* [*irr.*] (regelmäßiger) Wetter; **~ of·fice** *s.*, **~ shop** *s.* 'Wettbüˌro *n*.

bet·tor → ***better²***.

be·tween [bɪ'twiːn] **I** *prp.* **1.** zwischen: ***~ the chairs*** a) zwischen den Stühlen, b) zwischen die Stühle; ***~ nine and ten at night*** abends zwischen neun und zehn; **2.** unter: ***they shared the money ~ them*** sie teilten das Geld unter sich; ***~ ourselves***, ***~ you and me*** unter uns (gesagt); ***we had fifty pence ~ us*** wir hatten zusammen fünfzig Pence; **II** *adv.* **3.** da'zwischen: ***the space ~*** der Zwischenraum; ***in ~*** dazwischen, zwischendurch; **~ decks** *s. pl. sg. konstr.* ⚓ Zwischendeck *n*; **be'tween·times**; **be'tween·whiles** *adv.* zwischendurch.

be·twixt [bɪ'twɪkst] **I** *adv.* da'zwischen: ***~ and between*** halb u. halb, weder das e-e noch das andere; **II** *prp. obs.* zwischen.

bev·el ['bevl] ⚙ **I** *s.* **1.** Abschrägung *f*, Schräge *f*; **2.** Fase *f*, Fa'cette *f*; **2.** Schrägmaß *n*; **3.** Kegel *m*, Konus *m*; **II** *v/t.* **4.** abschrägen: ***~(l)ed edge*** abgeschrägte Kante; ***~(l)ed glass*** facettiertes Glas; **III** *adj.* **5.** abgeschrägt; **~ cut** *s.* Schrägschnitt *m*; **~ gear** *s.* ⚙ Kegelrad(getriebe) *n*, konisches Getriebe; **~ plane** *s.* ⚙ Schräghobel *m*; **~ wheel** *s.* ⚙ Kegelrad *n*.

bev·er·age ['bevərɪdʒ] *s.* Getränk *n*.

bev·y ['bevɪ] *s.* Schar *f*, Schwarm *m* (*Vögel; a. fig. Mädchen etc.*).

be·wail [bɪ'weɪl] **I** *v/t.* beklagen, betrauern; **II** *v/i.* wehklagen.

be·ware [bɪ'weə] *v/i.* sich in acht nehmen, sich hüten (***of*** vor *dat.*, ***lest*** daß nicht): ***~!*** Achtung!; ***~ of pickpockets!*** vor Taschendieben wird gewarnt!; ***~ of the dog!*** Warnung vor dem Hunde!

be·wil·der [bɪ'wɪldə] *v/t.* **1.** irreführen; **2.** verwirren, verblüffen; **3.** bestürzen; **be'wil·dered** [-əd] *adj.* verwirrt; verblüfft, bestürzt, verdutzt; **be'wil·der·ing** [-dərɪŋ] *adj.* □ verwirrend; **be'wil·der·ment** [-mənt] *s.* Verwirrung *f*, Bestürzung *f*.

be·witch [bɪ'wɪtʃ] *v/t.* berücken, betören, bezaubern; **be'witch·ing** [-tʃɪŋ] *adj.* □ berückend *etc.*

bey [beɪ] *s.* Bei *m* (*Titel e-s höheren türkischen Beamten*).

be·yond [bɪ'jɒnd] **I** *prp.* **1.** jenseits: ***~ the seas*** in Übersee; **2.** außer, abgesehen von: ***~ dispute*** außer allem Zweifel, unstreitig; **3.** über … (*acc.*) hin'aus; mehr als, weiter als: ***~ the time*** über die Zeit hinaus; ***~ belief*** unglaublich; ***~ all blame*** über jeden Tadel erhaben; ***~ endurance*** unerträglich; ***~ hope*** hoffnungslos; ***~ measure*** über die Maßen; ***it is ~ my power*** es übersteigt m-e Kraft; ***~ praise*** über alles Lob erhaben; ***~ repair*** nicht mehr zu reparieren; ***~ reproach*** untadelig; ***that is ~ me*** das ist mir zu hoch, das geht über m-n Verstand; ***~ me in Latin*** weiter als ich in Latein; **II** *adv.* **4.** da'rüber hin'aus, jenseits; **5.** weiter weg; **III** *s.* **6.** Jenseits *n*: ***at the back of ~*** im entlegensten Winkel, am Ende der Welt.

'B-girl *s. Am.* Animierdame *f*.

bi·an·nu·al [ˌbaɪ'ænjʊəl] *adj.* □ halbjährlich, zweimal jährlich.

bi·as ['baɪəs] **I** *s.* **1.** schiefe Seite, schräge Richtung; **2.** schräger Schnitt: ***cut on the ~*** diagonal geschnitten; **3.** *Bowling*: 'Überhang *m* der Kugel; **4.** (***towards***) *fig.* Hang *m*, Neigung *f* (zu); Vorliebe *f* (für); **5.** *fig.* a) Ten'denz *f*, b) Vorurteil *n*, c) ⚖ Befangenheit *f*: ***free from ~*** unvoreingenommen; ***challenge a judge for ~*** e-n Richter wegen Befangenheit ablehnen; **6.** *Statistik etc.*: Verzerrung *f*: ***cause ~ to the figures*** die Zahlen verzerren; **7.** ϟ (Gitter-)Vorspannung *f*; **II** *adj u. adv.* **8.** schräg, schief; **III** *v/t.* **9.** (*mst* ungünstig) beeinflussen; gegen *j-n* einnehmen; **'bias(s)ed** [-st] *adj.* voreingenommen; ⚖ befangen; tendenzi'ös.

bi·ath·lete [ˌbaɪ'æθliːt] *s. sport* 'Biathˌlet *m*, 'Biathlonkämpfer *m*; **bi'ath·lon** [-'æθlɒn] *s.* 'Biathlon *n*.

bi·ax·i·al [ˌbaɪ'æksɪəl] *adj.* zweiachsig.

bib [bɪb] **I** *s.* **1.** Lätzchen *n*; **2.** Schürzenlatz *m*; → ***tucker*** 2; **II** *v/i.* **3.** (unmäßig) trinken.

Bi·ble ['baɪbl] *s.* **1.** Bibel *f*; **2.** ♀ *fig.* Bibel *f* (*maßgebendes Buch*); **~ clerk** *s.* (*in Oxford*) *Student, der in der College-Kapelle während des Gottesdienstes die Bibeltexte verliest*; **~ thump·er** *s.* Mo'ralprediger *m*.

bib·li·cal ['bɪblɪkl] *adj.* □ biblisch, Bibel...

bib·li·og·ra·pher [ˌbɪblɪ'ɒgrəfə] *s.* Biblio'graph *m*; **bib·li·o·graph·ic, bib·li·o·graph·i·cal** [ˌbɪblɪəʊ'græfɪk(l)] *adj.* □ biblio'graphisch; **bib·li'og·ra·phy** [-fɪ] *s.* Bibliogra'phie *f*; **bib·li·o·ma·ni·a** [ˌbɪblɪəʊ'meɪnjə] *s.* Biblioma'nie *f*, (krankhafte) Bücherleidenschaft; **bib·li·o·ma·ni·ac** [ˌbɪblɪəʊ'meɪnɪæk] *s.* Büchernarr *m*; **bib·li·o·phil** ['bɪblɪəʊfɪl], **bib·li·o·phile** ['bɪblɪəʊfaɪl] *s.* Biblio'phile *m*, Bücherliebhaber(in); **bib·li·o·the·ca** [ˌbɪblɪəʊ'θiːkə] *s.* **1.** Biblio'thek *f*; **2.** 'Bücherkataˌlog *m*.

bib·u·lous ['bɪbjʊləs] *adj.* □ **1.** trunksüchtig; **2.** weinselig.

bi·cam·er·al [baɪ'kæmərəl] *adj. pol.* Zweikammer...

bi·car·bon·ate [baɪ'kɑːbənɪt] *s.* ⚗ Bikarbo'nat *n*: **~ *of soda*** doppel(t)kohlensaures Natrium.

bi·cen·te·nar·y [ˌbaɪsen'tiːnərɪ] **I** *adj.* zweihundertjährig; **II** *s.* Zweihundertjahrfeier *f*; ˌ**bi·cen'ten·ni·al** [-'tenjəl] **I** *adj.* zweihundertjährig; alle zweihundert Jahre eintretend; **II** *s. bsd. Am.* → ***bicentenary*** II.

bi·ceph·a·lous [ˌbaɪ'sefələs] *adj.* zweiköpfig.

bi·ceps ['baɪseps] *s. anat.* 'Bizeps *m*.

bick·er ['bɪkə] *v/i.* **1.** (sich) zanken; quengeln; **2.** plätschern (*Fluß, Regen*); **3.** zucken; **'bick·er·ing** [-ərɪŋ] *s. a. pl.* Gezänk *n*.

bi·cy·cle ['baɪsɪkl] **I** *s.* Fahrrad *n*, Zweirad *n*; **II** *v/i.* radfahren, radeln; **'bi·cy·cler** [-lə] *Am.*, **'bi·cy·clist** [-lɪst] *Brit. s.* Radfahrer(in).

bid [bɪd] **I** *s.* **1.** a) Gebot *n* (*bei Versteigerungen*), b) ✝ Angebot *n* (*bei öffentlichen Ausschreibungen*), c) *Börse*: Geld *n* (*Nachfrage*): **~ *and asked*** Geld u. Brief; ***higher* ~** Mehrgebot; ***highest* ~** Meistgebot; ***invitation for* ~s** Ausschreibung *f*; **2.** *Kartenspiel*: Reizen *n*, Melden *n*: ***no* ~** ich passe; **3.** Bemühung *f*, Bewerbung *f* (***for*** um); Versuch *m* (***to*** *inf.* zu *inf.*): **~ *for power*** Versuch, an die Macht zu kommen; ***make a* ~ *for*** sich bemühen um *et. od.* zu *inf.*; **4.** *Am.* F Einladung *f*; **II** *v/t.* [*irr.*] 5 *u.* 6 *pret. u. p.p.* **bid**; 7–9 *pret.* **bade** [beɪd], *p.p. mst* **bid·den** ['bɪdn] **5.** bieten (*bei Versteigerungen*): **~ *up*** *den Preis* in die Höhe treiben; **6.** *Kartenspiel*: melden, reizen; **7.** *Gruß* entbieten; wünschen: **~ *good morning*** e-n guten Morgen wünschen; **~ *farewell*** Lebewohl sagen; **8.** *lit. j-m et.* gebieten, befehlen; *j-n et. tun* lassen, heißen: **~ *him come in*** laß ihn hereinkommen; **9.** *obs.* einladen (***to*** zu); **III** *v/i.* [*irr., pret. u. p.p.* **bid**] **10.** ✝ ein (Preis)Angebot machen; **11.** *Kartenspiel*: melden, reizen; **12.** (***for***) werben, sich bemühen (um); **'bid·den** [-dn] *p.p. von* ***bid***; **'bid·der** [-də] *s.* **1.** Bieter *m* (*bei Versteigerungen*): ***highest* ~** Meistbietende(r); **2.** Bewerber *m bei Ausschreibungen*; **'bid·ding** [-dɪŋ] *s.* **1.** Gebot *n*, Bieten *n* (*bei Versteigerungen*); **2.** Geheiß *n*: ***do s.o.'s* ~** tun, was j-d will.

bide [baɪd] *v/t.* [*irr.*] er-, abwarten: **~ *one's time*** (den rechten Augenblick) abwarten.

bi·en·ni·al [baɪ'enɪəl] **I** *adj.* □ **1.** alle zwei Jahre eintretend; **2.** ⚘ zweijährig; **II** *s.* **3.** ⚘ zweijährige Pflanze; **bi'en·ni·al·ly** [-lɪ] *adv.* alle zwei Jahre.

bier [bɪə] *s.* (Toten)Bahre *f*.

biff [bɪf] *sl.* **I** *v/t.* ‚hauen', schlagen; **II** *s.* Schlag *m*, Hieb *m*.

bif·fin ['bɪfɪn] *s.* roter Kochapfel.

bi·fo·cal [ˌbaɪ'fəʊkl] **I** *adj.* **1.** Bifokal-, Zweistärken...; **II** *s.* **2.** Bifo'kal-, Zweistärkenlinse *f*; **3.** *pl.* Bifo'kal-, Zweistärkenbrille *f*.

bi·fur·cate ['baɪfəkeɪt] **I** *v/t.* gabelförmig teilen; **II** *v/i.* sich gabeln; **III** *adj.* gegabelt, gabelförmig; **bi·fur·ca·tion** [ˌbaɪfə'keɪʃn] *s.* Gabelung *f*.

big [bɪg] **I** *adj.* **1.** groß, dick; stark, kräftig (*a. fig.*): ***the* ~ *toe*** der große Zeh; **~ *business*** Großunternehmertum *n*, Großindustrie *f*; **~ *ideas*** F ‚große Rosinen im Kopf'; **~ *money*** ein Haufen Geld; ***a* ~ *voice*** e-e kräftige Stimme; **2.** groß, weit: ***get too* ~ *for one's boots*** (*od.* ***breeches***) *fig.* ‚üppig' *od.* größenwahnsinnig werden; **3.** groß, hoch: **~ *game*** Großwild *n*, *fig.* hochgestecktes Ziel; **4.** groß, erwachsen: ***my* ~ *broth-***

er; **5.** schwanger; *fig.* voll: **~ *with child*** hochschwanger; **~ *with fate*** schicksalsschwer; **6.** hochmütig, eingebildet: **~ *talk*** ‚große Töne', Angeberei *f*; **7.** F groß, bedeutend, wichtig, führend: ***the* *Three* (*Five*)** die großen Drei (Fünf) (*führende Staaten, Banken etc.*); **8.** großmütig, edel: ***a ~ heart***; ***that's ~ of you*** F das ist sehr anständig von dir; **II** *adv.* **9.** großspurig: ***talk ~*** ‚große Töne spucken', angeben; **10.** *sl.* a) ‚mächtig', b) *Am.* tapfer.

big·a·mist ['bɪgəmɪst] *s.* Biga'mist(in); **'big·a·mous** [-məs] *adj.* □ biga'mistisch; **'big·a·my** [-mɪ] *s.* Biga'mie *f*, Doppelehe *f*.

big| bang *s. phys.* Urknall *m*; **~ game** *s.* Großwild *n*; **~ gun** *s.* F **1.** ‚schweres Geschütz'; **2.** → ***bigwig***.

bight [baɪt] *s.* **1.** Bucht *f*; Einbuchtung *f*; **2.** Krümmung *f*; **3.** ⚓ Bucht *f* (*im Tau*).

'big·mouth *s.* F Großmaul *n*.

big·ness ['bɪgnɪs] *s.* Größe *f*.

big·ot ['bɪgət] *s.* **1.** blinder Anhänger, Fa'natiker *m*; **2.** Betbruder *m*, -schwester *f*, Frömmler(in); **'big·ot·ed** [-tɪd] *adj.* bi'gott, fa'natisch, frömmlerisch; **'big·ot·ry** [-trɪ] *s.* **1.** blinder Eifer, Fana'tismus *m*, Engstirnigkeit *f*; **2.** Bigotte'rie *f*, Frömme'lei *f*.

big| shot *s.* → ***bigwig***; **~ stick** *s.* F *pol.* ‚großer Knüppel': **~ *policy*** Politik *f* des Säbelrasselns; **'~-time** *adj. sl.* ‚groß', Spitzen...; **'~-ˌtim·er** *s.* ‚Spitzenmann' *m*, ‚großer Macher'; **~ top** *s. Am.* **1.** großes 'Zirkuszelt; **2.** 'Zirkus *m* (*a. fig.*).

'big·wig *s.* ‚großes' *od.* ‚hohes Tier', Bonze *m*.

bike [baɪk] F **I** *s.* a) (Fahr)Rad *n*, b) ‚Maschine' *f* (*Motorrad*); **II** *v/i.* a) radeln, b) (mit dem) Motorrad fahren.

bi·lat·er·al [ˌbaɪ'lætərəl] *adj.* □ zweiseitig, bilate'ral: a) ⚖ beiderseitig verbindlich, gegenseitig (*Vertrag etc.*), b) *biol.* beide Seiten betreffend, c) ⚙ doppelseitig (*Antrieb*).

bil·ber·ry ['bɪlbərɪ] *s.* ⚘ Heidel-, Blaubeere *f*.

bile [baɪl] *s.* **1.** ⚕ a) Galle *f*, b) Gallenflüssigkeit *f*; **2.** *fig.* Galle *f*, Ärger *m*.

bilge [bɪldʒ] *s.* **1.** ⚓ Kielraum *m*, Bilge *f*, Kimm *f*; **2.** → ***bilge water***; **3.** *sl.* ‚Quatsch' *m*, ‚Mist' *m*, Unsinn *m*; **~ pump** *s.* ⚓ Lenzpumpe *f*; **~ wa·ter** *s.* ⚓ Bilgenwasser *n*.

bi·lin·e·ar [ˌbaɪ'lɪnɪə] *adj.* doppellinig; ⚠ biline'ar.

bi·lin·gual [baɪ'lɪŋgwəl] *adj.* zweisprachig.

bil·ious ['bɪljəs] *adj.* □ **1.** ⚕ Gallen...: **~ *complaint*** Gallenleiden *n*; **2.** *fig.* gallig, gereizt, reizbar; **'bil·ious·ness** [-nɪs] *s.* **1.** Gallenkrankheit *f*; **2.** *fig.* Gereiztheit *f*.

bilk [bɪlk] **I** *v/t.* prellen, betrügen; **II** *s.*, *a.* **'bilk·er** [-kə] *s.* Betrüger *m*.

bill[1] [bɪl] **I** *s.* **1.** *zo.* a) Schnabel *m*, b) schnabelähnliche Schnauze; **2.** Spitze *f am Anker, Zirkel etc.*; **3.** *geogr.* spitz zulaufende Halbinsel; **4.** *hist.* ⚔ Pike *f*; **5.** → ***billhook***; **II** *v/i.* **6.** (sich) schnäbeln; **7.** *fig.*, *a.* **~ *and coo*** (mitein'ander) turteln.

bill[2] [bɪl] **I** *s.* **1.** *pol.* (Gesetzes)Vorlage *f*, Gesetzentwurf *m*: **~ *of Rights*** a) *Brit.* Staatsgrundgesetz *n*, Freiheitsurkunde *f* (*von 1689*), b) *USA*: die ersten 10 Zusatzartikel zur Verfassung; ***bring in a ~*** e-n Gesetzentwurf einbringen; **2.** ⚖ *a.* **~ *of indictment*** Anklageschrift *f*: ***find a true ~*** die Anklage für begründet erklären; **3.** ⚕ *a.* **~ *of exchange*** Wechsel *m*, Tratte *f*: ***~s payable*** Wechselschulden; ***~s receivable*** Wechselforderungen; ***long*(-*dated*) ~** langfristiger Wechsel; **~ *after date*** Datowechsel *m*; **~ *after sight*** Nachsichtwechsel *m*; **~ *of lading*** Seefrachtbrief *m*, Konnossement *n*, *Am. a.* Frachtbrief *m*; **4.** Rechnung *f*: **~ *of costs*** Kostenberechnung *f*; **~ *of sale*** Kauf-, Übereignungsvertrag *m*; F *fig.* ***fill the ~*** den Ansprüchen genügen; ***sell s.o. a ~ of goods*** F j-n ‚verschaukeln'; **5.** Liste *f*, Schein *m*, Zettel *m*, Pla'kat *n*: **~ *of fare*** Speisekarte *f*; (***theatre***) **~** Theaterzettel *m*, -programm *n*; (***clean***) **~ *of health*** Gesundheitszeugnis *n*, -paß *m*, *fig.* Unbedenklichkeitsbescheinigung *f*; **6.** *Am.* Banknote *f*, (Geld)Schein *m*; **II** *v/t.* **7.** **~ *s.o. for s.th.*** j-m et. in Rechnung stellen *od.* berechnen; **8.** (durch Pla'kate) ankündigen, *thea. etc. a. Am. Darsteller etc.* ‚bringen'.

'bill|·board *s.* Anschlagbrett *n*, Re'klamefläche *f*, -tafel *f*: **~ *advertising*** Plakatwerbung *f*; **~ case** *s.* ⚕ 'Wechselporteˌfeuille *n e-r Bank*; **~ dis·count** *s.* ⚕ 'Wechseldisˌkont *m*.

bil·let[1] ['bɪlɪt] **I** *s.* **1.** ⚔ a) Quartierzettel *m*, b) Quartier *n*: ***in ~s*** privat einquartiert; **2.** 'Unterkunft *f*; **3.** F ‚Job' *m*, Posten *m*; **II** *v/t.* **4.** 'unterbringen, einquartieren (***on*** bei).

bil·let[2] ['bɪlɪt] *s.* **1.** Holzscheit *n*, -klotz *m*; **2.** *metall.* Knüppel *m*.

bil·let-doux [ˌbɪleɪ'du:] (*Fr.*) *s. humor.* Liebesbrief *m*.

'bill|·fold *s. Am.* Scheintasche *f*; **'~·head**

s. gedrucktes ˈRechnungsformuˌlar; ˈ**~·hook** *s.* ✓ Hippe *f.*

bil·liard [ˈbɪljəd] **I** *s.* **1.** *pl. mst sg. konstr.* Billard(spiel) *n*; **2.** *Billard*: Karamboˈlage *f*; **II** *adj.* **3.** Billard...; **~ ball** *s.* Billardkugel *f*; **~ cue** *s.* Queue *n*, Billardstock *m.*

bill·ing [ˈbɪlɪŋ] *s.* **1.** ✝ a) Rechnungsschreibung *f*, b) Buchung *f*, *a.* (Vorˈaus)Bestellung *f*; **2.** *thea.* a) Ankündigung *f*, b) Reˈklame *f.*

Bil·lings·gate [ˈbɪlɪŋzgɪt] **I** *npr. Fischmarkt in London*; **II** ♀ *s.* wüstes Geschimpfe, Unflat *m*: ***talk ~*** keifen wie ein Fischweib.

bil·lion [ˈbɪljən] *s.* **1.** Milliˈarde *f*; **2.** *Brit. obs.* Billiˈon *f.*

ˈ**bill|-ˌjob·ber** *s.* ✝ *Brit.* Wechselreiter *m*; ˈ**~-ˌjob·bing** *s.* ✝ *Brit.* Wechselreiteˈrei *f.*

bil·low [ˈbɪləʊ] **I** *s.* **1.** Woge *f* (*a. fig.*); **2.** (Nebel- *etc.*)Schwaden *m*; **II** *v/i.* **3.** wogen; **4.** *a.* **~ *out*** sich bauschen *od.* blähen; **III** *v/t.* bauschen, blähen; ˈ**bil·low·y** [-əʊɪ] *adj.* **1.** wogend; **2.** gebauscht, gebläht.

ˈ**bill|-ˌpost·er**, ˈ**~-ˌstick·er** *s.* Plaˈkat-, Zettelankleber *m.*

bil·ly [ˈbɪlɪ] *s. Am.* (Poliˈzei)Knüppel *m*; ˈ**~·cock (hat)** *s. Brit.* F ,Meˈlone' *f* (*steifer Filzhut*); **~ goat** *s.* F Ziegenbock *m.*

bim·bo [ˈbɪmbəʊ] *s. sl.* ,Knülch' *m.*

bi·met·al·lism [ˌbaɪˈmetəlɪzəm] Bimetalˈlismus *m*, Doppelwährung *f* (*Gold u. Silber*).

bi·month·ly [ˌbaɪˈmʌnθlɪ] **I** *adj. u. adv.* **1.** a) zweimonatlich, alle zwei Monate (ˈwiederkehrend *od.* erscheinend), b) zweimal im Monat (erscheinend); **II** *s.* **2.** zweimonatlich erscheinende Veröffentlichung; **3.** Halbmonatsschrift *f.*

bi·mo·tored [ˌbaɪˈməʊtəd] *adj.* ✈ ˈzweimoˌtorig.

bin [bɪn] *s.* **1.** (großer) Behälter, Kasten *m*; *a.* Silo *m*, *n*; **2.** Verschlag *m*; **3.** *sl.* ,Klapsmühle' *f.*

bi·na·ry [ˈbaɪnərɪ] *adj.* ⚗, ⚙, 𝔄, *phys.* biˈnär, aus zwei Einheiten bestehend: **~ *digit*** Binärziffer *f*; **~ (*number*)** 𝔄 Binär-, Dualzahl *f*; **~ (*star*)** *ast.* Doppelstern *m*; **~ *fission*** *biol.* Zellteilung *f.*

bind [baɪnd] **I** *s.* **1.** Band *n*; **2.** ♪ Halte- *od.* Bindebogen *m*; **3.** F ***be in a ~*** in ,Schwulitäten' sein; ***be in a ~ for*** *et. od. j-n* dringend brauchen, verlegen sein um; **II** *v/t.* [*irr.*] **4.** binden, an-, ˈum-, festbinden, verbinden: **~ *to a tree*** an e-n Baum binden; ***bound hand and foot*** *fig.* an Händen u. Füßen gebunden; **5.** *Buch* (ein)binden; **6.** *Saum etc.* einfassen; **7.** *Rad etc.* (mit Meˈtall) beschlagen; **8.** *Sand etc.* fest *od.* hart machen; zs.-fügen; **9.** (***o.s.*** sich) binden (*a. vertraglich*), verpflichten; zwingen: **~ *an apprentice*** *j-n* in die Lehre geben (***to*** bei); **~ *a bargain*** e-n Handel (durch Anzahlung) verbindlich machen; → ***bound***[1] 1; **10.** ⚗, ⚙ binden; **11.** ⚕ verstopfen; **II** *v/i.* **12.** binden, fest *od.* hart werden, zs.-halten; **~ o·ver** *v/t.* ⚖ **1.** zum Erscheinen verpflichten (***to*** vor *e-m Gericht*); **2.** *Brit. j-n* auf Bewährung entlassen; **~ up** *v/t.* **1.** vereinigen, zs.-binden; *Wunde* verbinden; **2.** *pass.* ***be bound up*** (***in*** *od.* ***with***) a) eng verknüpft sein (mit), b) ganz in Anspruch genommen werden (von).

bind·er [ˈbaɪndə] *s.* **1.** a) (*Buch-, Garben*)Binder(in), b) Garbenbinder *m* (*Maschine*); **2.** Binde *f*, Band *n*, Schnur *f*; **3.** Aktendeckel *m*, ˈUmschlag *m*; **4.** ⚙ Bindemittel *n*; **5.** ✝ Vorvertrag *m*; ˈ**bind·er·y** [-ərɪ] *s.* Buchbindeˈrei *f.*

bind·ing [ˈbaɪndɪŋ] **I** *adj.* **1.** *fig.* bindend, (rechts)verbindlich ([***up***]***on*** für): **~ *force*** bindende Kraft; **~ *law*** zwingendes Recht; **II** *s.* **2.** (Buch)Einband *m*; **3.** a) Einfassung *f*, Borte *f*, b) (Meˈtall-) Beschlag *m* (*Rad*), c) (Ski)Bindung *f*; **~ a·gent** → ***binder*** 4; **~ post** *s.* ⚡ (Pol-, Anschluß)Klemme *f.*

ˈ**bind·weed** *s.* ⚘ *e-e* Winde *f.*

bine [baɪn] *s.* ⚘ Ranke *f.*

binge [bɪndʒ] *s.* F ,Sauf- *od.* Freßgelage' *n*: ***go on a ~*** ,einen draufmachen'.

bin·go [ˈbɪŋgəʊ] *s.* Bingo *n* (*ein Glücksspiel*): **~ !** F Zack!, Volltreffer!

bin·na·cle [ˈbɪnəkl] *s.* ⚓ ˈKompaßhaus *n.*

bin·oc·u·lar I *adj.* [ˌbaɪˈnɒkjʊlə] binokuˈlar, für beide *od.* mit beiden Augen; **II** *s.* [bɪˈn-] *mst pl.* Fernglas *n*; Opernglas *n.*

bi·no·mi·al [ˌbaɪˈnəʊmjəl] *adj.* **1.** 𝔄 biˈnomisch, zweigliedrig; **2.** ⚘, *zo.* → ***binominal.***

bi·nom·i·nal [ˌbaɪˈnɒmɪnl] *adj.* ⚘, *zo.* binomiˈnal, zweinamig: **~ *system*** (System *n* der) Doppelbenennung *f.*

bi·nu·cle·ar [ˌbaɪˈnjuːklɪə], **biˈnu·cle·ate** [-ɪət] *adj. phys.* zweikernig.

bi·o·chem·i·cal [ˌbaɪəʊˈkemɪkl] *adj.* □ bioˈchemisch; ˌ**bi·oˈchem·ist** [-ɪst] *s.* Bioˈchemiker *m*; ˌ**bi·oˈchem·is·try** [-ɪstrɪ] *s.* Biocheˈmie *f.*

bi·o·de·gra·dab·le [ˌbaɪəʊdɪˈgreɪdəbl] *adj.* ⚗ (bioˈlogisch) abbaubar.

bi·o·en·er·get·ics [ˈbaɪəʊˌenəˈdʒetɪks] *s.*

pl. sg. konstr. Bioener'getik *f.*

bi·o·en·gi·neer·ing ['baɪəʊˌendʒɪ'nɪərɪŋ] *s.* Biotechnik *f.*

bi·og·ra·pher [baɪ'ɒgrəfə] *s.* Bio'graph *m*; **bi·o·graph·ic, bi·o·graph·i·cal** [ˌbaɪəʊ'græfɪk(l)] *adj.* □ bio'graphisch; **bi'og·ra·phy** [-fɪ] *s.* Biogra'phie *f*, Lebensbeschreibung *f.*

bi·o·log·ic [ˌbaɪəʊ'lɒdʒɪk] *adj.* (□ ***~ally***) → **bi·o'log·i·cal** [-kl] *adj.* □ bio'logisch: ***~ warfare*** Bakterienkrieg *m*; **bi·ol·o·gist** [baɪ'ɒlədʒɪst] *s.* Bio'loge *m*; **bi·ol·o·gy** [baɪ'ɒlədʒɪ] *s.* Biolo'gie *f.*

bi·ol·y·sis [baɪ'ɒləsɪs] *s. biol.* Bio'lyse *f.*

bi·on·ics [baɪ'ɒnɪks] *s. pl. sg. konstr. phys.* Bi'onik *f.*

bi·o·nom·ics [ˌbaɪəʊ'nɒmɪks] *s. pl. sg. konstr. biol.* Ökolo'gie *f*; **bi·o·phys·ics** [ˌbaɪəʊ'fɪzɪks] *s. pl. sg. konstr.* Biophy'sik *f.*

bi·o·tope [ˌbaɪəʊ'təʊp] *s. biol. geogr.* Bio'top *m, n.*

bi·par·ti·san [ˌbaɪpɑːtɪ'zæn] *adj.* zwei Par'teien vertretend, Zweiparteien...; **ˌbi·par·ti'san·ship** [-ʃɪp] *s.* Zugehörigkeit *f* zu zwei Parteien; **bi·par·tite** [ˌbaɪ'pɑːtaɪt] *adj.* **1.** zweiteilig; **2.** *pol.*, ⚖ a) zweiseitig (*Vertrag etc.*), b) in doppelter Ausfertigung (*Dokumente*).

bi·ped ['baɪped] *s. zo.* Zweifüß(l)er *m.*

bi·plane ['baɪpleɪn] *s.* ✈ Doppel-, Zweidecker *m.*

birch [bɜːtʃ] **I** *s.* **1.** a) ⚘ Birke *f*, b) Birkenholz *n*; **2.** (Birken)Rute *f*; **II** *v/t.* **3.** mit der Rute züchtigen; **'birch·en** [-tʃən] *adj.* birken, Birken...; **'birch·ing** [-tʃɪŋ] *s.* (Ruten)Schläge *pl.*; **'birch-rod** → ***birch*** 2.

bird [bɜːd] *s.* **1.** Vogel *m*: ***~ of paradise*** Paradiesvogel; ***~ of passage*** Zugvogel (*a. fig.*); ***~ of prey*** Raub-, Greifvogel; F ***early ~*** Frühaufsteher *m*, wer früh kommt; ***the early ~ catches the worm*** Morgenstund hat Gold im Mund; ***~s of a feather flock together*** gleich u. gleich gesellt sich gern; ***kill two ~s with one stone*** zwei Fliegen mit e-r Klappe schlagen; ***a ~ in the hand is worth two in the bush*** ein Sperling in der Hand ist besser als e-e Taube auf dem Dach; ***fine feathers make fine ~s*** Kleider machen Leute; ***the ~ is*** (*od.* ***has***) ***flown*** *fig.* der Vogel ist ausgeflogen; ***give s.o. the ~*** j-n auspfeifen *od.* ‚abfahren lassen', j-m den Laufpaß geben; F ***a little ~ told me*** mein kleiner Finger hat es mir gesagt; ***tell a child about the ~s and the bees*** ein Kind aufklären; ***that's for the ~s*** F das ist ‚für die Katz'; **2.** a) F ‚Knülch' *m*, Kerl *m*, b) *Brit. sl.* ‚Puppe' *f* (*Mädchen*): ***queer ~*** komischer Kauz; ***old ~*** alter Knabe; ***gay ~*** lustiger Vogel; **3.** *sl.* a) ‚Vogel' *m* (*Flugzeug*), b) *Am.* Rangabzeichen *n e-s Colonel etc.*; **'~·brain** *s.* F ‚Spatzen(ge)hirn' *n*; **~ cage** *s.* Vogelbauer *n*, -käfig *m*; **'~·call** *s.* Vogelruf *m*; Lockpfeife *f*; **~ dog** *s.* Hühnerhund *m*; **'~-ˌfan·ci·er** *s.* Vogelliebhaber(in), -züchter(in), -händler(in).

bird·ie ['bɜːdɪ] *s.* **1.** Vögelchen *n*; **2.** ‚Täubchen' *n* (*Kosewort*); **3.** *Golf*: 'Birdie *n* (*1 Schlag unter Par*).

bird| life *s.* Vogelleben *n*, -welt *f*; **'~·lime** *s.* Vogelleim *m*; **'~·man** *s.* [*irr.*] **1.** Vogelkenner *m*; **2.** ✈ F Flieger *m*; **'~-ˌnest·ing** *s.* Ausnehmen *n* von Vogelnestern; **'~·seed** *s.* Vogelfutter *n.*

'bird's|-eye [bɜːdz] **I** *s.* **1.** ⚘ A'donisröschen *n*; **2.** Feinschnittabak *m*; **3.** ⚘ Pfauenauge(nmuster) *n*; **II** *adj.* **4.** ***~ view*** (Blick *m* aus der) Vogelperspektive *f*, allgemeiner Überblick; **~ nest** *s.* (*a. eßbares*) Vogelnest.

bird watch·er *s.* Vogelbeobachter *m.*

bi·ro ['baɪərəʊ] *s.* (*TM*) *Brit.* Kugelschreiber *m.*

birth [bɜːθ] *s.* **1.** Geburt *f*; Wurf *m* (*Hunde etc.*): ***give ~ to*** gebären, zur Welt bringen, *fig.* hervorbringen, -rufen; ***by ~*** von Geburt; **2.** Abstammung *f*, Herkunft *f*; *engS.* edle Herkunft; **3.** Ursprung *m*, Entstehung *f*; **~ cer·tif·i·cate** *s.* Geburtsurkunde *f*; **~ con·trol** *s.* Geburtenregelung *f*, -beschränkung *f*; **'~·day** *s.* Geburtstag *m*: ***~ honours*** *Brit.* Titelverleihungen zum Geburtstag des Königs *od.* der Königin; ***in one's ~ suit*** im Adams- *od.* Evaskostüm; ***~ party*** Geburtstagsparty *f*; **'~·mark** *s.* Muttermal *n*; **'~·place** *s.* Geburtsort *m*; **~ rate** *s.* Geburtenziffer *f*: ***falling ~*** Geburtenrückgang *m*; **'~·right** *s.* (Erst-)Geburtsrecht *n.*

bis·cuit ['bɪskɪt] **I** *s.* **1.** *Brit.* Keks *m*: ***that takes the ~!*** F a) das ist doch das Allerletzte!, b) das ist (einsame) Spitze!; **2.** *Am.* weiches Brötchen; **3.** → ***biscuit ware***; **II** *adj.* **4.** a) blaßbraun, b) graugelb; **~ ware** *s.* ⚙ Bis'kuit *n* (*Porzellan*).

bi·sect [baɪ'sekt] *v/t.* **1.** in zwei Teile zerschneiden; **2.** ⩓ halbieren; **bi·sec·tion** [ˌbaɪ'sekʃn] *s.* ⩓ Halbierung *f.*

bi·sex·u·al [ˌbaɪ'seksjʊəl] *adj. allg.* bisexu'ell.

bish·op ['bɪʃɒp] *s.* **1.** Bischof *m*; **2.** *Schach*: Läufer *m*; **3.** Bischof *m* (*Getränk*); **'bish·op·ric** [-rɪk] *s.* Bistum *n*, Diö'zese *f.*

bi·son ['baɪsn] *s. zo.* **1.** Bison *m*, amer. Büffel *m*; **2.** euro'päischer Wisent.

bis·sex·tile [bɪ'sekstaɪl] **I** *s.* Schaltjahr *n*; **II** *adj.* Schalt…: **~ day** Schalttag *m.*

bit[1] [bɪt] *s.* **1.** Gebiß *n* (*am Pferdezaum*): ***take the ~ between one's teeth*** a) durchgehen (*Pferd*), b) störrisch werden (*a. fig.*), c) *fig.* ‚rangehen'; → ***champ***[1]; **2.** *fig.* Zaum *m*, Zügel *m u. pl.*; **3.** ⚙ a) Bohrerspitze *f*, b) Hobeleisen *n*, c) Maul *n* der Zange *etc.*, d) Bart *m* des Schlüssels.

bit[2] [bɪt] *s.* **1.** Stückchen *n*: ***a ~ of bread***; ***a ~*** ein bißchen, ein wenig, leicht; ***a ~ of a …*** so et. wie ein(e) …; ***a ~ of a fool*** etwas närrisch; ***~ by ~*** Stück für Stück, allmählich; ***after a ~*** nach e-m Weilchen; ***every ~ as good*** ganz genauso gut; ***not a ~ better*** kein bißchen besser; ***not a ~*** (***of it***) ‚keine Spur', ganz und gar nicht; ***do one's ~*** a) s-e Pflicht tun, b) s-n Beitrag leisten; ***give s.o. a ~ of one's mind*** j-m (gehörig) die Meinung sagen; **2.** kleine Münze: a) *Brit.* F ***threepenny ~***, b) *Am.* F ***two ~s*** 25 Cent; **3.** F ‚Mieze' *f* (*Mädchen*); **4.** *a.* ***~ part*** *thea.* F kleine Rolle: ***~ player***.

bit[3] [bɪt] *s. Computer*: Bit *n.*

bit[4] [bɪt] *pret. von* ***bite***.

bitch [bɪtʃ] **I** *s.* **1.** Hündin *f*; **2.** *a.* ***~ fox*** Füchsin *f*; *a.* ***~ wolf*** Wölfin *f*; **3.** V *contp.* a) Schlampe *f*, b) ‚Miststück' *n*; **4.** *sl.* ‚Scheißding' *n*; **II** *v/t.* **5.** *sl. a.* ***~ up*** ‚versauen'; **III** *v/i.* **6.** *sl.* ‚meckern'; **bitch·y** ['bɪtʃɪ] *adj.* F ‚gemein'.

bite [baɪt] **I** *s.* **1.** Beißen *n*, Biß *m*; Stich *m* (*Insekt*): ***put the ~ on s.o.*** *Am. sl.* j-n unter Druck setzen; **2.** Bissen *m*, Happen *m*: ***not a ~ to eat***; **3.** (An-)Beißen *n* (*Fisch*); **4.** ⚙ Fassen *n*, Greifen *n*; **5.** *fig.* a) Bissigkeit *f*, Schärfe *f*, Spitze *f*, b) ‚Biß' *m* (*Aggressivität*): ***the ~ was gone***; **6.** *fig.* Würze *f*, Geist *m*; **II** *v/t.* [*irr.*] **7.** beißen: ***~ one's lips*** sich auf die Lippen (*fig.* auf die Zunge) beißen; ***~ one's nails*** an den Nägeln kauen; ***bitten with a desire*** *fig.* von e-m Wunsch gepackt; ***what's biting you?*** *Am. sl.* was ist mit dir los?; → ***dust*** 1; **8.** beißen, stechen (*Insekt*); **9.** ⚙ fassen, greifen; schneiden in (*acc.*); **10.** ⚗ beizen, zerfressen, angreifen; beschädigen; **11.** F *pass.*: ***be bitten*** hereingefallen sein; ***once bitten twice shy*** gebranntes Kind scheut das Feuer; **III** *v/i.* [*irr.*] **12.** beißen; **13.** (an-)beißen; *fig.* sich verlocken lassen; **14.** ⚙ fassen, greifen (*Rad*, *Bremse*, *Werkzeug*); **15.** *fig.* beißen, schneiden, brennen, stechen, scharf sein (*Kälte*, *Wind*, *Gewürz*, *Schmerz*); **16.** *fig.* beißend *od.* verletzend sein; ***~ off*** *v/t.* abbeißen: ***~ more than one can chew*** sich zuviel zumuten.

bit·er ['baɪtə] *s.*: ***the ~ bit*** der betrogene Betrüger; ***the ~ will be bitten*** wer andern e-e Grube gräbt, fällt selbst hinein.

bit·ing ['baɪtɪŋ] *adj.* □ *a. fig.* beißend, scharf, schneidend.

bit·ten ['bɪtn] *p.p. von* ***bite***.

bit·ter ['bɪtə] **I** *adj.* □ → *a.* 4; **1.** bitter (*Geschmack*); **2.** *fig.* bitter (*Schicksal*, *Wahrheit*, *Tränen*, *Worte etc.*), schmerzlich, hart: ***to the ~ end*** bis zum bitteren Ende; **3.** *fig.* verärgert, böse, verbittert; streng, unerbittlich; rauh, unfreundlich (*a. Wetter*); **II** *adv.* **4.** *nur*: ***~ cold*** bitter kalt; **III** *s.* **5.** Bitterkeit *f* (*a. fig.*): ***take the ~ with the sweet*** das Leben (so) nehmen, wie es ist; **6.** *a.* ***~ beer*** *Brit. stark gehopftes Faßbier*; **7.** *pl.* Magenbitter *m.*

bit·tern[1] ['bɪtən] *s. orn.* Rohrdommel *f.*

bit·tern[2] ['bɪtən] *s.* **1.** ⚗ Mutterlauge *f*; **2.** Bitterstoff *m* (*für Bier*).

bit·ter·ness ['bɪtənɪs] *s.* **1.** Bitterkeit *f*; **2.** *fig.* Bitterkeit *f*, Schmerzlichkeit *f*; **3.** *fig.* Verbitterung *f*, Härte *f*, Grausamkeit *f.*

'bit·ter·sweet **I** *adj.* bittersüß; halbbitter; **II** *s.* ⚘ Bittersüß *n.*

bi·tu·men ['bɪtjʊmɪn] *s.* **1.** *min.* Bi'tumen *n*, Erdpech *n*, As'phalt *m*; **2.** *geol.* Bergteer *m.*

bi·tu·mi·nous [bɪ'tju:mɪnəs] *adj. min.* bitumi'nös, as'phalt-, pechhaltig; ***~ coal*** *s.* Stein-, Fettkohle *f.*

bi·va·lent ['baɪˌveɪlənt] *adj.* ⚗ zweiwertig.

bi·valve ['baɪvælv] *s. zo.* zweischalige Muschel (*z.B. Auster*).

biv·ouac ['bɪvʊæk] **I** *s.* 'Biwak *n*; **II** *v/i.* biwakieren.

bi·week·ly [ˌbaɪ'wi:klɪ] **I** *adj. u. adv.* **1.** zweiwöchentlich, vierzehntägig, halbmonatlich; **2.** zweimal die Woche; **II** *s.* **3.** Halbmonatsschrift *f.*

biz [bɪz] *s.* F *für* ***business***.

bi·zarre [bɪ'zɑ:] *adj.* bi'zarr, phan'tastisch, ab'sonderlich.

blab [blæb] **I** *v/t.* ausplaudern; **II** *v/i.* schwatzen; **III** *s.* Schwätzer(in), Klatschbase *f*, -weib *n*; **'blab·ber** [-bə] *s.* Schwätzer(in).

black [blæk] **I** *adj.* **1.** schwarz (*a. Tee*, *Kaffee*): ***~ as coal*** (*od.* ***the devil*** *od.* ***ink*** *od.* ***night*** *od.* ***pitch***) kohlrabenschwarz, pechschwarz; → ***black eye***, ***belt*** 1, 5, ***diamond*** 1; **2.** dunkel: ***~ in the face***

dunkelrot im Gesicht (*vor Aufregung etc.*); **3.** dunkel(häutig): **~ man** Schwarzer *m*, Neger *m*; **4.** schwarz, schmutzig: **~ hands**; **5.** *fig.* dunkel, trübe, düster (*Gedanken, Wetter*); **6.** böse, schlecht: **~ soul** schwarze Seele; **not so ~ as he is painted** besser als sein Ruf; **7.** ‚schwarz', ungesetzlich; **8.** ärgerlich, böse: **~ look(s)** böser Blick; **look ~ at s.o.** j-n böse anblicken; **9.** schlimm: **~ despair** völlige Verzweiflung; **10.** *Am.* eingefleischt; **11.** ‚schwarz' (*makaber*): **~ humo(u)r**; **12.** *TV* schwarz'weiß; **II** *s.* **13.** Schwarz *n*; **14.** *et.* Schwarzes, schwarzer Fleck: **wear ~** Trauer(kleidung) tragen; **15.** Schwarze(r *m*) *f*, Neger(in); **16.** Schwärze *f*, schwarze Schuhkrem; **17. be in the ~** *bsd.* ✝ a) mit Gewinn arbeiten, b) aus den roten Zahlen heraus sein; **III** *v/t.* **18.** schwärzen, *Schuhe* wichsen; **~ out I** *v/t.* **1.** (völlig) abdunkeln, *a.* ⚔ verdunkeln; **2.** ⚙ *u. fig.* ausschalten, außer Betrieb setzen; *Funkstation* (durch Störgeräusche) ausschalten; **3.** *j-n* bewußtlos machen; **4.** *fig.* (*a. durch Zensur*) unter'drücken; **II** *v/i.* **5.** sich verdunkeln; **6.** a) das Bewußtsein verlieren, b) e-n ‚Blackout' haben; **7.** ⚙ *etc.* ausfallen.

black Af·ri·ca *s. pol.* Schwarzafrika *n*.

black·a·moor ['blækəˌmʊə] *s. obs.* Neger(in *f*) *m*, Mohr(in *f*) *m*.

black| and blue *adj.*: **beat s.o. ~** j-n grün und blau schlagen; **~ and tan** *adj.* schwarz mit braunen Flecken; **~ and white** *s.* **1.** Schwarz'weißzeichnung *f*; **2. in ~** schwarz auf weiß, schriftlich, gedruckt; **3.** *TV etc.* schwarz'weiß; **~ art** → **black magic**; **~ ball** *s.* schwarze (Wahl)Kugel; *fig.* Gegenstimme *f*; **'~·ball** *v/t.* gegen *j-n* stimmen, *j-n* ausschließen; **~ bee·tle** *s. zo.* Küchenschabe *f*; **'~·ber·ry** [-bərɪ] *s.* ⚘ Brombeere *f*; **'~·bird** *s. orn.* Amsel *f*; **'~·board** *s.* (Schul-, Wand)Tafel *f*; **~ box** *s.* ✈ Flugschreiber *m*; **~ cap** *s.* schwarze Kappe (*des Richters bei Todesurteilen*); **'~·cap** *s. orn.* a) Kohlmeise *f*, b) Schwarzköpfige Grasmücke; **~ cat·tle** *s. zo.* schwarze Rinderrasse; **'~-ˌcoat(·ed)** *adj. Brit.*: **~ worker** Büroangestellte(r) *m* (*Ggs. Arbeiter*); **'~-cock** *s. orn.* Schwarzes Schottisches Moorhuhn (*Hahn*); **♀ Coun·try** *s.* Indu'striegebiet *n* von Staffordshire u. Warwickshire; **♀ Death** *s. der* Schwarze Tod, Pest *f*; **~ dog** *s.* F schlechte Laune.

black·en ['blækən] **I** *v/t.* **1.** schwärzen; wichsen; **2.** *fig.* anschwärzen: **~ing the memory of the deceased** ⚖ Verunglimpfung *f* Verstorbener; **II** *v/i.* **3.** schwarz werden.

black| eye *s.* ‚blaues Auge': **get away with a ~** mit e-m blauen Auge davonkommen; **'~·face** *s. typ.* (halb)fette Schrift; **~ flag** *s.* schwarze (Pi'raten-) Flagge; **♀ Fri·ar** *s. eccl.* Domini'kaner *m*; **~ frost** *s.* strenge, aber trockene Kälte; **~ game** *s. orn.* schwarzes Rebhuhn; **~ grouse** *s. orn.* Birkhuhn *n*.

black·guard ['blægɑ:d] **I** *s.* Lump *m*, Schuft *m*; **II** *v/t.* *j-n* beschimpfen; **'black·guard·ly** [-lɪ] *adj.* gemein; unflätig.

'black|·head *s.* ⚕ Mitesser *m*; **~ ice** *s.* Glatteis *n*.

black·ie ['blækɪ] *s.* → **blacky**.

black·ing ['blækɪŋ] *s.* **1.** schwarze (Schuh)Wichse; **2.** (Ofen)Schwärze *f*.

black·ish ['blækɪʃ] *adj.* schwärzlich.

'black|·jack I *s.* **1.** → **black flag**; **2.** *Am.* Totschläger *m* (*Waffe*); **3.** 'Siebzehnund'vier *n* (*Kartenspiel*); **II** *v/t.* **4.** *Am.* mit e-m Totschläger zs.-schlagen; **~ lead** [led] *s. min.* Gra'phit *m*, Reißblei *n*; **ˌ~-'lead pen·cil** *s.* Graphitstift *m*; **'~·leg I** *s.* **1.** a) Falschspieler *m*, b) Wettbetrüger *m*; **2.** *Brit.* Streikbrecher *m*; **II** *v/i.* **3.** als Streikbrecher auftreten; **~ let·ter** *s. typ.* Frak'tur *f*, gotische Schrift; **ˌ~-'let·ter** *adj.*: **~ day** schwarzer Tag, Unglückstag *m*; **'~·list I** *s.* schwarze Liste; **II** *v/t.* *j-n* auf die schwarze Liste setzen; **~ mag·ic** *s.* Schwarze Ma'gie; **'~·mail I** *s.* **1.** ⚖ Erpressung *f*; **2.** Erpressungsgeld *n*; **II** *v/t.* **3.** *j-n* erpressen, von *j-m* Geld erpressen: **~ s.o. into s.th** j-n durch Erpressung zu et. zwingen; **'~ˌmail·er** *s.* Erpresser *m*; **♀ Ma·ri·a** [mə'raɪə] *s.* F ‚Grüne Minna', (Poli'zei)Gefangenenwagen *m*; **~ mark** *s.* schlechte Note, Tadel *m*; **~ mar·ket** *s.* schwarzer Markt, Schwarzmarkt *m*, -handel *m* (**in** mit); **~ mar·ket·eer** *s.* Schwarzhändler(in); **~ mass** *s.* Schwarze Messe, Teufelsmesse *f*; **~ monk** *s.* Benedik'tiner(mönch) *m*.

black·ness ['blæknɪs] *s.* **1.** Schwärze *f*, Dunkelheit *f*; **2.** *fig.* Verderbtheit *f*, Ab'scheulichkeit *f*.

'black|·out *s.* **1.** *bsd.* ⚔ Verdunkelung *f*; **2.** (*Nachrichten- etc.*)Sperre *f*: **news ~**; **3.** ⚕ a) Blackout *n*, *m* (*kurze Ohnmacht, Bewußtseinsstörung etc.*), b) Bewußtlosigkeit *f*, Ohnmacht *f*; **4.** ⚙ *u. fig.* Ausfall *m*; ⚡ to'taler Stromausfall; **5.** *TV* a) Austasten *n*, b) Pro'gramm- *od.* Bildausfall *m*; **6.** *phys. etc.*, *a. thea.*

Blackout *n*, *m*; ≈ **Prince** *s. der* Schwarze Prinz (*Eduard, Prinz von Wales*); ~ **pud·ding** *s. Brit.* Blutwurst *f*; ≈ **Rod** *s.* **1.** oberster Dienstbeamter des brit. Oberhauses; **2.** erster Zere'monienmeister des Hosenbandordens; ~ **sheep** *s. fig.* schwarzes Schaf; '~**·shirt** *s.* Schwarzhemd *n* (*italienischer Faschist*); '~**·smith** *s.* (Grob-, Huf)Schmied *m*; ~ **spot** *s. mot.* schwarzer Punkt, Gefahrenstelle *f*; '~**·strap** *s. Am.* **1.** *Getränk aus Rum u. Sirup*; **2.** F Rotwein *m* aus dem Mittelmeergebiet; '~**·thorn** *s.* ⚘ Schwarz-, Schlehdorn *m*; ~ **tie** *s.* **1.** schwarze Fliege; **2.** Smoking *m*; '~**·top** *s.* Asphaltbelag *m od.* -straße *f*; '~ˌ**wa·ter fe·ver** *s.* ⚕ Schwarzwasserfieber *n*; ~ **wid·ow** *s. zo.* Schwarze Witwe (*Spinne*).

black·y ['blækɪ] *s.* F Schwarze(r *m*) *f* (*Neger od. Schwarzhaarige*[*r*]).

blad·der ['blædə] *s.* **1.** *anat.* (Gallen-, *engS.* Harn)Blase *f*; **2.** (*Fußball- etc.*) Blase *f*; **3.** *zo.* Schwimmblase *f*; ~ **wrack** *s.* ⚘ Blasentang *m*.

blade [bleɪd] *s.* **1.** ⚘ Blatt *n* (*mst poet.*), Spreite *f* (*e-s Blattes*), Halm *m*: ***in the ~*** auf dem Halm; ***~ of grass*** Grashalm; **2.** ⚙ Blatt *n* (*Säge, Axt, Schaufel, Ruder*); **3.** ⚙ a) Flügel *m* (*Propeller*); *Hubschrauber*: Rotor *m*, Drehflügel *m*, b) Schaufel *f* (*Schiffsrad, Turbine*); **4.** ⚙ Klinge *f* (*Messer, Degen etc.*); **5.** → ***shoulder-blade***; **6.** *poet.* a) Degen *m*, Klinge *f*, b) Kämpfer *m*; **7.** F (forscher) Kerl, Bursche *m*.

blae·ber·ry ['bleɪbərɪ] → ***bilberry***.

blah¹ [blɑː] *a.* ˌ**blah-'blah** F **I** *s.* ‚Bla'bla' *n*, Geschwafel *n*; **II** *v/i.* schwafeln.

blah² [blɑː] F **I** *adj.* (stink)fad; **II** *s. pl. Am.* a) Langeweile *f*, b) ‚mieses Gefühl'.

blain [bleɪn] *s.* ⚕ Pustel *f*.

blam·a·ble ['bleɪməbl] *adj.* □ zu tadeln(d), schuldig; **blame** [bleɪm] **I** *v/t.* **1.** tadeln, rügen, *j-m* Vorwürfe machen (***for*** wegen); **2.** (***for***) verantwortlich machen (für), *j-m* die Schuld geben (an *dat.*): ***he is to ~ for it*** er ist daran schuld; ***he has only himself to ~*** das hat er sich selbst zuzuschreiben; ***I cannot ~ him for it*** ich kann es ihm nicht verübeln; **II** *s.* **3.** Tadel *m*, Vorwurf *m*, Rüge *f*; **4.** Schuld *f*, Verantwortung *f*: ***lay*** (*od.* ***put***) ***the ~ on s.o.*** j-m die Schuld geben; ***bear*** (*od.* ***take***) ***the ~*** die Schuld auf sich nehmen; '**blame·less** [-lɪs] *adj.* □ untadelig, schuldlos (***of*** an *dat.*); '**blame·less·ness** [-lɪsnɪs] *s.* Schuldlosigkeit *f*, Unschuld *f*; '**blameˌwor·thy** *adj.* tadelnswert, schuldig.

blanch [blɑːntʃ] **I** *v/t.* **1.** bleichen, weiß machen; *fig.* erbleichen lassen; **2.** ⚘ (*durch Ausschluß von Licht*) bleichen; **3.** *Küche*: *Mandeln etc.* blanchieren, brühen; **4.** ⚙ weiß sieden; brühen; **5.** ***~ over*** *fig.* beschönigen; **II** *v/i.* **6.** erbleichen.

blanc·mange [blə'mɒnʒ] *s. Küche*: Pudding *m*.

bland [blænd] *adj.* □ **1.** a) mild, sanft, b) höflich, verbindlich, c) (ein)schmeichelnd; **2.** a) kühl, b) i'ronisch.

blan·dish ['blændɪʃ] *v/t.* schmeicheln, zureden (*dat.*); '**blan·dish·ment** [-mənt] *s.* Schmeiche'lei *f*, Zureden *n*; *pl.* Über'redungskünste *pl.*

blank [blæŋk] **I** *adj.* □ **1.** leer, nicht ausgefüllt, unbeschrieben; Blanko… (*bsd.* ✝): ***a ~ page***; ***a ~ space*** ein leerer Raum; ***~ tape*** Leerband *n*; ***in ~*** blanko; ***leave ~*** frei lassen; ***~ acceptance*** Blankoakzept *n*; ***~ signature*** Blankounterschrift *f*; → ***cheque***; **2.** leer, unbebaut; **3.** blind (*Fenster, Tür*); **4.** leer, ausdruckslos; **5.** verdutzt, verblüfft, verlegen: ***a ~ look***; **6.** bar, rein, völlig: ***~ astonishment*** sprachloses Erstaunen; ***~ despair*** helle Verzweiflung; **7.** → ***cartridge*** 1, ***fire*** 13, ***verse*** 3; **II** *s.* **8.** Formblatt *n*, Formu'lar *n*, Vordruck *m*; unbeschriebenes Blatt (*a. fig.*); **9.** leerer *od.* freier Raum (*bsd. für Wort*[*e*] *od. Buchstaben*); Lücke *f*, Leere *f* (*a. fig.*): ***leave a ~*** e-n freien Raum lassen (*beim Schreiben etc.*); ***his mind was a ~*** a) er hatte alles vergessen, b) in s-m Kopf herrschte völlige Leere; **10.** *Lotterie*: Niete *f*: ***draw a ~*** a) e-e Niete ziehen, b) *fig.* kein Glück haben; **11.** *bsd. sport* Null *f*; **12.** *das* Schwarze (*Zielscheibe*); **13.** Öde *f*, Nichts *n*; **14.** ⚙ unbearbeitetes Werkstück, Rohling *m*; ungeprägte Münzplatte; **15.** Gedankenstrich *m* (*an Stelle e-s* [*unanständigen*] *Wortes*), ‚Pünktchen' *pl.*; **III** *v/t.* **16.** *mst* ***~ out*** a) verhüllen, auslöschen, b) *fig.* ‚erledigen', abtun; **17.** ***~ out*** *typ.* gesperrt drucken; **18.** *Wort* durch e-n Gedankenstrich *od.* Pünktchen ersetzen; **19.** *TV Brit.* austasten; **20.** *sport* zu Null schlagen.

blan·ket ['blæŋkɪt] **I** *s.* **1.** (wollene) Decke, Bettdecke *f*: ***to get between the ~s*** F in die Federn kriechen; ***born on the wrong side of the ~*** F unehelich; → ***wet*** 1; **2.** *fig.* Decke *f*, Hülle *f*: ***~ of snow*** Schneedecke; **3.** ⚙ 'FilzˌUnterlage *f*; **II** *v/t.* **4.** zudecken; **5.** ⚓ den

Wind abfangen (*dat.*); **6.** *fig.* verdekken, unter'drücken, ersticken, vertuschen; **7.** ⚡, ⚔ abschirmen; **8.** *Radio*: stören, über'lagern; **9.** prellen; **10.** *Am.* zs.-fassen, um'fassen; **III** *adj.* **11.** alles einschließend, gene'rell: **~ *clause*** Generalklausel *f*; **~ *insurance*** Kollektivversicherung *f*; **~ *mortgage*** Gesamthypothek *f*; **~ *policy*** Pauschalpolice *f*; **~ *sheet*** *Am.* Zeitung *f* in Großfolio.

blan·ket·ing ['blæŋkɪtɪŋ] *s.* Stoff *m* für Wolldecken.

blare [bleə] **I** *v/i. u. v/t.* a) schmettern (*Trompete*), b) brüllen, plärren (*a. Radio etc.*); **II** *s.* a) Schmettern *n*, b) Brüllen *n*, Plärren *n*, c) Lärm *m*.

blar·ney ['blɑːnɪ] F **I** (plumpe) Schmeiche'lei, ‚Schmus' *m*; **II** *v/t. u. v/i.* (*j-m*) schmeicheln.

bla·sé ['blɑːzeɪ] (*Fr.*) *adj.* gleichgültig, gelangweilt.

blas·pheme [blæs'fiːm] **I** *v/t.* (*engS. Gott*) lästern; schmähen; **II** *v/i.*: **~ *against*** *j-m* fluchen, *j-n* lästern; **blas'phem·er** [-mə] *s.* (Gottes)Lästerer *m*; **blas·phe·mous** ['blæsfəməs] *adj.* □ blas'phemisch; **blas·phe·my** ['blæsfəmɪ] *s.* **1.** Blasphe'mie *f*, (Gottes)Lästerung *f*; **2.** Fluchen *n*.

blast [blɑːst] **I** *s.* **1.** (heftiger) Windstoß *m*; **2.** ♪ Schmettern *n*, Schall *m*: **~ *of a trumpet*** Trompetenstoß *m*; **3.** Si'gnal *n*, (Heul-, Pfeif)Ton *m*; Tuten *n*; **4.** *fig.* Pesthauch *m*, Fluch *m*; **5.** ⚘ Brand *m*, Mehltau *m*; Verdorren *n*; **6.** ⚙ a) Sprengladung *f*, b) Sprengung *f*; **7.** a) Explosi'on *f*, Detonati'on *f*, b) *a.* **~ *wave*** Druckwelle *f*; **8.** ⚙ Gebläse(luft *f*) *n*: **(*at*) *full* ~** *a. fig.* auf Hochtouren, *a.* mit voller Lautstärke; **9.** F a) heftige At'tacke, b) ‚Anschiß' *m*; **10.** *Am. sl.* Party *f*; **II** *v/t.* **11.** sprengen; **12.** *a.* ⚘ vernichten (*a.* F *sport*), *fig. a.* zu'nichte machen; **13.** ⚔ unter Beschuß nehmen, *fig. a.* heftig attackieren, F ‚anscheißen'; *Science Fiction*: durch Strahler(schuß) töten; **14.** verfluchen: **~*ed*** verflucht; **~ *it!*** verdammt!; **~ *him!*** der Teufel soll ihn holen!; **15. ~ *off*** in den Weltraum schießen; **III** *v/i.* **16.** sprengen; **17.** ‚knallen': **~ *away at*** ballern auf (*acc.*), *fig.* heftig attackieren; **18. ~ *off*** abheben (*Rakete*); **~ fur·nace** *s.* ⚙ Hochofen *m*; '**~·hole** *s.* ⚙ Sprengloch *n*; '**~·off** *s.* (Ra'keten)Start *m*.

bla·tan·cy ['bleɪtənsɪ] *s.* lärmendes Wesen, Angebe'rei *f*; '**bla·tant** [-nt] *adj.* □ **1.** brüllend; **2.** marktschreierisch, lärmend; **3.** aufdringlich; **4.** offenkundig, ekla'tant: **~ *lie***.

blath·er ['blæðə] **I** *v/i.* ‚(blöd) quatschen'; **II** *s.* ‚Gewäsch' *n*; Quatsch *m*; '**~·skite** [-skaɪt] *s.* F **1.** ‚Quatschkopf' *m*; **2.** → ***blather*** II.

blaze [bleɪz] **I** *s.* **1.** *lodernde* Flamme, Feuer *n*, Glut *f*: ***be in a* ~** in Flammen stehen; **2.** *pl.* Hölle *f*: ***go to ~s!*** *sl.* scher dich zum Teufel!; ***like ~s*** F wie verrückt *od.* toll; ***what the ~s is the matter?*** F was zum Teufel ist denn los?; **3.** Leuchten *n*, Glanz *m* (*a. fig.*): **~ *of noon*** Mittagshitze *f*; **~ *of fame*** Ruhmesglanz *m*; **~ *of colo(u)r*** Farbenpracht *f*; **~ *of publicity*** volles Licht der Öffentlichkeit; **4.** *fig.* (plötzlicher) Ausbruch, Auflodern *n* (*Gefühl*): **~ *of anger*** Wutanfall *m*; **5.** Blesse *f* (*bei Rind od. Pferd*); **6.** Anschalmung *f*, Markierung *f an Waldbäumen*; **II** *v/i.* **7.** (auf)flammen, (auf)lodern, (ent)brennen (*alle a. fig.*): **~ *into prominence*** *fig.* e-n kometenhaften Aufstieg erleben; **~ *with anger*** vor Zorn glühen; ***in a blazing temper*** in heller Wut; **8.** leuchten, strahlen (*a. fig.*); **III** *v/t.* **9.** Bäume anschalmen; → ***trail*** 15;

Zssgn mit adv.:

blaze| a·broad *v/t.* verkünden, 'auspoˌsaunen; **~ a·way** *v/i.* drauf'losschießen; *fig.* F loslegen (***at*** mit *et.*), herziehen (***about*** über *acc.*); **~ out**, **~ up** *v/i.* **1.** auflodern, -flammen; **2.** *fig.* in Wut geraten, (wütend) auffahren.

blaz·er ['bleɪzə] *s.* Blazer *m*, Klub-, Sportjacke *f*.

blaz·ing ['bleɪzɪŋ] *adj.* **1.** lodernd (*a. fig.*); **2.** *fig.* a) schreiend, auffallend: **~ *colo(u)rs***, b) offenkundig, ekla'tant: **~ *lie***, c) *hunt.* warm (*Fährte*); → ***scent*** 3; **3.** F verteufelt; **~ star** *s.* Gegenstand *m* allgemeiner Bewunderung.

bla·zon ['bleɪzn] **I** *s.* **1.** a) Wappenschild *m*, *n* b) Wappenkunde *f*; **2.** lautes Lob; **II** *v/t.* **3.** *Wappen* ausmalen; **4.** *fig.* schmücken, zieren; **5.** *fig.* her'ausstreichen, rühmen; **6.** *mst* **~ *abroad***, **~ *out*** 'auspoˌsaunen; '**bla·zon·ry** [-rɪ] *s.* **1.** a) Wappenzeichen *n*, b) He'raldik *f*; **2.** *fig.* Farbenschmuck *m*.

bleach [bliːtʃ] **I** *v/t.* bleichen (*a. fig.*); **II** *s.* Bleichmittel *n*; '**bleach·er** [-tʃə] *s.* **1.** Bleicher(in); **2.** *mst pl. Am. sport* 'unüberˌdachte Tri'büne.

bleak [bliːk] *adj.* □ **1.** kahl, öde; **2.** ungeschützt, windig (gelegen); **3.** rauh (*Wind, Wetter*); **4.** *fig.* trost-, freudlos, trübe, düster: **~ *prospects*** trübe Aussichten.

blear [blɪə] **I** *adj.* verschwommen, trübe (*a. Augen*); **II** *v/t.* trüben; **~-eyed**

[ˈblɪəraɪd] *adj.* **1.** a) mit trüben Augen, b) verschlafen; **2.** kurzsichtig, *fig. a.* einfältig.

bleat [bli:t] *v/i.* **1.** blöken (*Schaf, Kalb*), meckern (*Ziege*); **2.** in weinerlichem Ton reden; **II** *s.* **3.** Blöken *n*, Gemecker *n* (*a. fig.*).

bled [bled] *pret. u. p.p. von* ***bleed***.

bleed [bli:d] [*irr.*] **I** *v/i.* **1.** (ver)bluten (*a. Pflanze*): ***~ to death*** verbluten; **2.** sein Blut vergießen, sterben (***for*** für); **3.** *fig.* (***for***) bluten (um) (*Herz*), (tiefes) Mitleid empfinden (mit); **4.** F ‚bluten' (*zahlen*): ***~ for s.th.*** für et. schwer bluten müssen; **5.** auslaufen, ‚bluten' (*Farbe*); zerlaufen (*Teer etc.*); leck sein, lekken; **6.** *typ.* angeschnitten *od.* bis eng an den Druck beschnitten sein (*Buch, Bild*); **II** *v/t.* **7.** ⚕ zur Ader lassen; **8.** *Flüssigkeit, Dampf etc.* ausströmen lassen, abzapfen: ***~ valve*** Ablaßventil *n*; **9.** ⚙, *bsd. mot. Bremsleitung* entlüften; **10.** F ‚bluten lassen', schröpfen: ***~ white*** *j-n* bis zum Weißbluten auspressen; ˈ**bleed·er** [-də] *s.* **1.** ⚕ Bluter *m*; **2.** F a) Erpresser *m*, b) (blöder *etc.*) Kerl, c) ‚Scheißding' *n*; **3.** ⚙ ˈAblaßvenˌtil *n*; **4.** ⚡ ˈVorbelastungsˌwiderstand *m*.

bleed·ing [ˈbli:dɪŋ] **I** *s.* **1.** Blutung *f*, Aderlaß *m* (*a. fig.*): ***~ of the nose*** Nasenbluten *n*; **2.** ⚙ ‚Bluten' *n*, Auslaufen *n* (*Farbe, Teer*); **3.** ⚙ Entlüften *n*; **II** *adj.* **4.** *sl.* verdammt; ***~ heart*** *s.* ⚘ F Flammendes Herz.

bleep [bli:p] **I** *s.* **1.** Piepton *m*; **2.** → ***bleeper***; **II** *v/i.* **3.** piepen; ˈ**bleep·er** [-pə] *s.* F ‚Piepser' *m* (*Funkrufempfänger*).

blem·ish [ˈblemɪʃ] **I** *v/t.* verunstalten, schaden (*dat.*); *fig.* beflecken; **II** *s.* Fehler *m*, Mangel *m*; Makel *m*, Schönheitsfehler *m*.

blench[1] [blentʃ] **I** *v/i.* **1.** verzagen; **2.** zuˈrückschrecken (***at*** vor *dat.*); **II** *v/t.* (ver)meiden.

blench[2] [blentʃ] → ***blanch*** 6.

blend [blend] **I** *v/t.* **1.** (ver)mengen, (ver)mischen, verschmelzen; **2.** mischen, mixen; e-e (*Tee-, Tabak-, Whisky*)Mischung zs.-stellen; *Wein etc.* verschneiden; **II** *v/i.* **3.** (***with***) sich mischen *od.* harˈmonisch verbinden (mit); **4.** verschmelzen, ineinˈander ˈübergehen (*Farben*); **III** *s.* **5.** Mischung *f*, (harmonische) Zs.-stellung (*Getränke, Tabak, Farben*); (*Wein*)Verschnitt *m*; ***~ word*** *s. ling.* Misch-, Kurzwort *n*.

blende [blend] *s. min.* Blende *f*, *engS.* Zinkblende *f*.

Blen·heim or·ange [ˈblenɪm] *s. Brit. eine Apfelsorte.*

blent [blent] *obs. pret. u. p.p. von* ***blend***.

bless [bles] *v/t.* **1.** segnen; **2.** segnen, preisen; glücklich machen: ***~ed with*** gesegnet mit (*Talent, Reichtum etc.*); ***I ~ the day I met you*** ich segne *od.* preise den Tag, an dem ich dich kennenlernte; ***~ one's stars*** sich glücklich schätzen; **3.** ***~ o.s.*** sich bekreuzigen;

Besondere Redewendungen:

(***God***) ***~ you!*** a) alles Gute!, b) *beim Niesen*: Gesundheit!; ***well, I'm ~ed!*** F na, so was!; ***I'm ~ed if I know*** F ich weiß es wirklich nicht; ***Mr. Brown, ~ him*** Herr Brown, der Gute; ***~ my soul!*** F du meine Güte!; ***not at all, ~ you!*** *iro.* o nein, mein Verehrtester! *od.* meine Beste!; ***~ that boy, what is he doing there?*** F was zum Kuckuck stellt der Junge dort an?; ***not to have a penny to ~ o.s. with*** keinen roten Heller besitzen.

bless·ed [ˈblesɪd] **I** *adj.* **1.** gesegnet, selig, glücklich: ***of ~ memory*** seligen Angedenkens; ***~ event*** freudiges Ereignis (*Geburt e-s Kindes*); **2.** gepriesen, selig, heilig: ***the ♀ Virgin*** die Heilige Jungfrau (Maria); **3.** ***the whole ~ day*** F den lieben langen Tag; ***not a ~ soul*** keine Menschenseele; **II** *s.* **4.** ***the ~*** (***ones***) die Seligen; ˈ**bless·ed·ness** [-nɪs] *s.* Glückˈseligkeit *f*, Glück *n*; Seligkeit *f*: ***live in single ~*** Junggeselle sein; ˈ**blessing** [-sɪŋ] *s.* Segen *m*, Segnung *f*, Wohltat *f*, Gnade *f*: ***ask a ~*** a) Segen erbitten, b) das Tischgebet sprechen; ***what a ~ that ...*** welch ein Segen, daß ...; ***it turned out to be a ~ in disguise*** es stellte sich im nachhinein als Segen heraus; ***count one's ~s*** dankbar sein für das, was e-m beschert ist; ***give one's ~ to*** s-n Segen geben zu, *fig. a.* et. absegnen.

blest [blest] **I** *poet. pret. u. p.p. von* ***bless***; **II** *pred. adj. poet.* → ***blessed***; **III** *s.*: ***the Isles of the ♀*** die Inseln der Seligen.

bleth·er [ˈbleðə] → ***blather***.

blew [blu:] *pret. von* ***blow***[1] II *u.* III *u.* ***blow***[3].

blight [blaɪt] **I** *s.* **1.** ⚘ Mehltau *m*, Fäule *f*, Brand *m* (*Pflanzenkrankheit*); **2.** *fig.* Gift-, Pesthauch *m*; Vernichtung *f*; Fluch *m*; Enttäuschung *f*, Schatten *m*; **3.** Verwahrlosung *f e-r Wohngegend*; **II** *v/t.* **4.** *fig.* im Keim ersticken, zuˈnichte machen, vereiteln; ˈ**blight·er** [-tə] *s. Brit.* F a) Kerl *m*, ‚Knülch' *m*, b) ‚Mistkerl‘ *m*, c) ‚Mistding‘ *n*.

Blight·y ['blaɪtɪ] *s.* ⚔ *Brit. sl.* **1.** die Heimat, England *n*; **2.** a) *a.* ***a ~ one*** ‚Heimatschuß‘ *m*, b) Heimaturlaub *m*.

bli·mey ['blaɪmɪ] *int.* F *Brit.* a) ich werd' verrückt! (*überrascht*), b) verdammt!

blimp[1] [blɪmp] *s.* F **1.** unstarres Kleinluftschiff; **2.** *phot.* schalldichte Kamerahülle.

Blimp[2] [blɪmp] *s.*: (***Colonel***) ~ *Brit.* selbstgefälliger Erzkonservativer.

blind [blaɪnd] **I** *adj.* □ → *a.* 9 **1.** blind: ***~ in one eye*** auf 'einem Auge blind; ***struck ~*** mit Blindheit geschlagen; ***as ~ as a bat*** (*od.* ***beetle***) stockblind; **2.** *fig.* blind, verständnislos (***to*** gegen['über]): ***~ to s.o.'s faults*** j-s Fehlern gegenüber blind; ***~ chance*** blinder Zufall; ***~ with rage*** blind vor Wut; ***~ side*** *fig.* schwache Seite; ***turn a ~ eye*** *fig.* ein Auge zudrücken, *et.* absichtlich übersehen; **3.** unbesonnen: ***~ bargain***; **4.** zweck-, ziellos, leer: ***~ excuse*** Ausrede *f*; **5.** verborgen, geheim: ***~ staircase*** Geheimtreppe; **6.** schwererkennbar: ***~ corner*** unübersichtliche Ecke *od.* Kurve; ***~ copy*** *typ.* unleserliches Manuskript; **7.** △ blind: ***~ window***; **8.** ⚘ blütenlos, taub; **II** *adv.* **9.** ***~ drunk*** sinnlos betrunken, ‚blau‘; *fig.* ***go it ~*** blindlings handeln; **III** *v/t.* **10.** blenden, blind machen; *j-m* die Augen verbinden: ***~ing rain*** alles verhüllender Regen; **11.** verblenden, täuschen; blind machen (***to*** gegen); **12.** *fig.* verdunkeln, verbergen, vertuschen, verwischen; **IV** *v/i.* **13.** *Brit. sl.* blind drauf'lossausen; **V** *s.* **14.** ***the ~*** die Blinden *pl.*; **15.** a) Rolladen *m*, b) Rou'leau *n*, Rollo *n*, c) Mar'kise *f*; → ***Venetian*** I; **16.** *pl.* Scheuklappen *pl.*; **17.** *fig.* a) Vorwand *m*, b) (Vor)Täuschung *f*, c) Tarnung *f*, d) F Strohmann *m*; **18.** *hunt.* Deckung *f*; **19.** *Brit. sl.* Saufe'rei *f*; ***~ al·ley*** *s.* Sackgasse *f* (*a. fig.*); ,**~-'al·ley** *adj.*: ***~ occupation*** Stellung *f* ohne Aufstiegsmöglichkeit; ***~ coal*** *s.* Anthra'zit *m*; ***~ date*** *s.* F a) Verabredung *f* mit e-r *od.* e-m Unbekannten, b) unbekannter Partner bei e-m solchen Rendezvous.

blind·er ['blaɪndə] *s. Am.* Scheuklappe *f* (*a. fig.*).

blind| flight *s.* ✈ Blindflug *m*; '**~·fold I** *adj. u. adv.* **1.** mit verbundenen Augen: ***~ chess*** Blindschach *n*; **2.** blind (-lings) (*a. fig.*): ***~ rage*** blinde Wut; **II** *v/t.* **3.** *j-m* die Augen verbinden; **4.** *fig.* blind machen; ***~ gut*** *s. anat.* Blinddarm *m*; ,**~-man's-'buff** [,blaɪndmænz-] *s.* Blindekuh(spiel *n*) *f*.

blind·ness ['blaɪndnɪs] *s.* **1.** Blindheit *f* (*a. fig.*); **2.** *fig.* Verblendung *f*.

blind| shell *s.* ⚔ Blindgänger *m*; ***~ spot*** *s.* **1.** ⚕ blinder Fleck *auf der Netzhaut;* **2.** *fig.* schwacher *od.* wunder Punkt; **3.** *mot.* toter Winkel *im Rückspiegel*; **4.** *Radio*: Empfangsloch *n*; ***~ stitch*** *s.* blinder (*unsichtbarer*) Stich; '**~·worm** *s. zo.* Blindschleiche *f*.

blink [blɪnk] **I** *v/i.* **1.** blinken, blinzeln, zwinkern: ***~ at*** a) *j-m* zublinzeln, b) → 2 *u.* 5; **2.** erstaunt *od.* verständnislos dreinblicken: ***~ at*** *fig.* sich maßlos wundern über (*acc.*); **3.** flimmern, schimmern; **II** *v/t.* **4.** ***~ one's eyes*** mit den Augen zwinkern; **5.** *et.* ignorieren, die Augen verschließen vor (*dat.*): ***there is no ~ing the fact*** (***that***) es ist nicht zu leugnen (, daß); **6.** *Meldung* blinken; **III** *s.* **7.** Blinzeln *n*; **8.** (Licht)Schimmer *m*; **9.** flüchtiger Blick; **10.** Augenblick *m*; **11.** ***on the ~*** *sl.* a) de'fekt, nicht in Ordnung, b) ‚am Eingehen‘ (*Gerät etc.*); '**blink·er** [-kə] **I** *s.* **1.** *pl.* Scheuklappen *pl.* (*a. fig.*); **2.** *pl.* F Schutzbrille *f*; **3.** F ‚Gucker‘ *pl.* (*Augen*); **4.** a) Blinklicht *n*, b) *mot.* Blinker *m*; **5.** a) Blinkgerät *n*, b) Blinkspruch *m*; **II** *v/t.* **6.** *e-m Pferd* Scheuklappen anlegen: ***~ed*** mit Scheuklappen (*a. fig.*); **7.** → ***blink*** 6.

'**blink·ing** [-kɪŋ] *adj. u. adv. Brit. sl.* verdammt.

blip [blɪp] *s.* **1.** Klicken *n*; **2.** *Radar*: 'Echoim,puls *m*, -zeichen *n*.

bliss [blɪs] *s.* Freude *f*, Entzücken *n*, (Glück)'Seligkeit *f*, Wonne *f*; '**bliss·ful** [-fʊl] *adj.* □ (glück)'selig, völlig glücklich; '**bliss·ful·ness** [-fʊlnɪs] *s.* Wonne *f*.

blis·ter ['blɪstə] **I** *s.* **1.** ⚕ (*Haut*)Blase *f*, Pustel *f*; **2.** Blase *f* (*auf bemaltem Holz, in Glas etc.*); **3.** ⚕ Zugpflaster *n*; **4.** ⚔, ✈ a) Bordwaffen- *od.* Beobachterstand *m*, b) Radarkuppel *f*; **II** *v/t.* **5.** Blasen her'vorrufen auf (*dat.*); **6.** *fig.* scharf kritisieren, ‚fertigmachen‘; **7.** brennenden Schmerz her'vorrufen auf (*dat.*): ***~ing heat*** glühende Hitze; **III** *v/i.* **8.** Blasen ziehen *od.* ⚙ werfen.

blithe [blaɪð] *adj.* □ vergnügt.

blith·er·ing ['blɪðərɪŋ] *adj. Brit.* F verdammt: ***~ idiot*** Vollidiot *m*.

blitz [blɪts] ⚔ **I** *s.* **1.** Blitzkrieg *m*; **2.** schwerer Luftangriff; schwere Luftangriffe *pl.*; **II** *v/t.* **3.** schwer bombardieren: ***~ed area*** zerbombtes Gebiet; '**~·krieg** [-kri:g] → ***blitz*** 1.

bliz·zard ['blɪzəd] *s.* Schneesturm *m*.

bloat[1] [bləʊt] **I** *v/t.* *a.* ~ ***up*** aufblasen, -blähen (*a. fig.*); **II** *v/i.* *a.* ~ ***out*** auf-, anschwellen; **'bloat·ed** [-tɪd] *adj.* aufgebläht (*a. fig.*), (auf)gedunsen.

bloat·er ['bləʊtə] *s.* Räucherhering *m.*

blob [blɒb] *s.* **1.** Tropfen *m*, Klümpchen *n*, Klecks *m*; **2.** *Kricket*: null Punkte; **3.** F ‚Kloß' (*Person*).

bloc [blɒk] *s. pol.* Block *m*: ***sterling*** ~ ✝ Sterlingblock

block [blɒk] **I** *s.* **1.** Block *m*, Klotz *m* (*mst Holz, Stein*): ***on the*** ~ zur Versteigerung anstehend, unterm Hammer; **2.** Hackklotz *m*; **3.** ***the*** ~ der Richtblock: ***go to the*** ~ das Schafott besteigen; **4.** ⚙ Block *m*, Rolle *f*; ***pulley*** 1, ***tackle*** 3; **5.** *typ.* Kli'schee *n*, Druckstock *m*; Prägestempel *m*; **6.** a) *a.* ~ ***of flats*** *Brit.* Wohnhaus *n*, b) → ***office block***, c) *Am.* Zeile *f* (*Reihenhäuser*), d) *bsd. Am.* Häuserblock *m*: ***three*** ~***s from here*** drei Straßen weiter; **7.** Block *m*, Masse *f*, Gruppe *f*; *attr.* Gesamt…: ~ ***of shares*** Aktienpaket *n*; (***data***) ~ *Computer*: (Daten)Block *m*; **8.** Abreißblock *m*: ***scribbling*** ~ Notiz-, Schmierblock; **9.** *fig.* Klotz *m*, Tölpel *m*; **10.** a) Verstopfung *f*, Hindernis *n*, Stockung *f*, b) Sperre *f*, Absperrung *f*: ***traffic*** ~ Verkehrsstockung *f*; ***mental*** ~ *fig.* ‚geistige Ladehemmung'; **11.** 🚂 Blockstrecke *f*; **12.** *sport:* a) Sperren *n*, b) *Volleyball etc.*: Block *m*; **II** *v/t.* **13.** (auf e-m Block) formen: ~ ***a hat***; **14.** hemmen, hindern, blockieren, *fig. a.* durch'kreuzen: ~ ***a bill*** *Brit. pol.* die Beratung e-s Gesetzentwurfs verhindern; **15.** *oft* ~ ***up*** (ab-, ver)sperren, verstopfen, blockieren: ***road*** ~***ed*** Straße ge-, versperrt; **16.** ✝ *Konto*, ⚡ *Röhre*, *Leitung* sperren; ✝ *Kredit etc.* einfrieren: ~***ed account*** Sperrkonto *n*; **17.** *sport* a) *Gegner* sperren, *a. Schlag etc.* abblocken, b) *Ball* stoppen, halten; ~ **in** *v/t.* skizzieren, entwerfen; ~ **out** *v/t.* **1.** → ***block in***; **2.** *Licht* nehmen (*Bäume etc.*); **3.** *phot.* *Negativteil* abdecken; ~ **up** *v/t.* → ***block*** 15.

block·ade [blɒ'keɪd] **I** *s.* Bloc'kade *f*, (Hafen)Sperre *f*: ***impose a*** ~ e-e Blokkade verhängen; ***raise a*** ~ e-e Blockade aufheben; ***run the*** ~ die Blockade brechen; **II** *v/t.* blockieren, absperren; **block'ad·er** [-də] *s.* Bloc'kadeschiff *n*; **block'ade-ˌrun·ner** *s.* Bloc'kadebrecher *m.*

block| brake *s.* Backenbremse *f*; **'~·buster** *s.* F **1.** ⚔ Minenbombe *f*; **2.** *fig.* ‚Knüller' *m*, ‚Hammer' *m*, tolles Ding; ~ **di·a·gram** *s.* ⚙, ⚡ 'Blockdiaˌgramm *n*, -schaltbild *n*; **'~·head** *s.* Dummkopf *m*; **'~·house** *s.* Blockhaus *n*; ~ **let·ters** *s. pl. typ.* Blockschrift *f*; ~ **print·ing** *s.* Handdruck *m*; ~ **sys·tem** *s.* **1.** 🚂 'Blocksyˌstem *n*; **2.** ⚡ Blockschaltung *f*; ~ **vote** *s.* Sammelstimme *f* (*e-e ganze Organisation vertretend*).

bloke [bləʊk] *s.* F Kerl *m.*

blond [blɒnd] *adj.* **1.** blond (*Haar*), hell (*Gesichtsfarbe*); **2.** blond(haarig); **blonde** [blɒnd] *s.* **1.** Blon'dine *f*; **2.** ✝ Blonde *f* (*seidene Spitze*).

blood [blʌd] *s.* **1.** Blut *n*: ***spill*** ~ Blut vergießen; ***give one's*** ~ (***for***) sein Blut (*od.* Leben) lassen (für); ***taste*** ~ *fig.* Blut lecken; ***fresh*** ~ *fig.* frisches Blut; ~***-and-thunder*** (***story***) *Brit.* F ‚Reißer' *m* (*Roman*); Schauergeschichte *f*; **2.** *fig.* Blut *n*, Tempera'ment *n*, Wesen *n*: ***it made his*** ~ ***boil***, ***his*** ~ ***was up*** er kochte vor Wut; ***his*** ~ ***froze*** (*od.* ***ran cold***) das Blut erstarrte ihm in den Adern; ***breed*** (*od.* ***make***) ***bad*** ~ böses Blut machen; → ***cold blood***, ***curdle*** II; **3.** (edles) Blut, Geblüt; *n* Abstammung *f*; Rasse *f* (*Mensch*), 'Vollblut *n* (*bes. Pferd*): ***prince of the*** ~ ***royal*** Prinz *m* von königlichem Geblüt; ***noble*** ~ → ***blue blood***; ***related by*** ~ blutsverwandt; ***it runs in the*** ~ es liegt im Blut *od.* in der Familie; ~ ***will out*** Blut bricht sich Bahn; ~ **al·co·hol (con·cen·tra·tion)** *s.* Blutalkohol(gehalt) *m*; ~ **bank** *s.* ⚕ Blutbank *f*; ~ **broth·er** *s.* **1.** leiblicher Bruder; **2.** Blutsbruder *m*; ~ **cir·cu·la·tion** *s.* ⚕ Blutkreislauf *m*; ~ **clot** *s.* ⚕ Blutgerinnsel *n*; **'~ˌcur·dler** *s.* F ‚Reißer' *m* (*Roman etc.*); **'~ˌcur·dling** *adj.* grauenhaft; ~ **do·nor** *s.* ⚕ Blutspender *m.*

blood·ed ['blʌdɪd] *adj.* **1.** Vollblut…; **2.** *in Zssgn* …blütig.

blood| feud *s.* Blut-, Todfehde *f*; ~ **group** *s.* ⚕ Blutgruppe *f*; ~ **group·ing** *s.* ⚕ Blutgruppenbestimmung *f*; **'~·guilt** *s.* Blutschuld *f*; ~ **heat** *s.* ⚕ Blutwärme *f*, 'Körpertemperaˌtur *f*; ~ **horse** *s.* 'Vollblut(pferd) *n*; **'~·hound** *s.* **1.** Schweiß-, Bluthund *m*; **2.** F ‚Schnüffler' *m* (*Detektiv*).

blood·less ['blʌdlɪs] *adj.* ☐ **1.** blutlos, -leer (*a. fig.*); **2.** bleich; **3.** *fig.* kalt; **4.** unblutig (*Kampf etc.*).

'blood|ˌlet·ting *s.* **1.** Aderlaß *m* (*a. fig.*); **2.** → ***bloodshed***; ~ **mon·ey** *s.* Blutgeld *n*; ~ **poi·son·ing** *s.* ⚕ Blutvergiftung *f*; ~ **pres·sure** *s.* ⚕ Blutdruck *m*; ~ **re·la·tion** *s.* Blutsverwandte(r *m*) *f*; ~ **sam·ple** *s.* ⚕ Blutprobe *f*; **'~·shed** *s.* Blutvergießen *n*; **'~·shot** *adj.* 'blutunter,laufen; ~ **spec·i·men** *s.* ⚕ Blutprobe *f*; ~ **sports** *s.* Hetz-, *bsd.* Fuchsjagd *f*; '~**·stained** *adj.* blutbefleckt (*a. fig.*); '~**·stock** *s.* 'Vollblutpferde *pl.*; ~ **stream** *s.* **1.** ⚕ Blut(kreislauf *m*) *n*; **2.** *fig.* Lebensstrom *m*; '~,**suck·er** *s.* Blutsauger *m* (*a. fig.*); ~ **sug·ar** *s.* ⚕ Blutzucker *m*; ~ **test** *s.* ⚕ Blutprobe *f*, 'Blutunter,suchung *f*; '~,**thirst·i·ness** *s.* Blutdurst *m*; '~,**thirst·y** *adj.* blutdürstig; ~ **trans·fu·sion** *s.* ⚕ 'Blutüber,tragung *f*; ~ **typ·ing** *s.* → ***blood grouping***; ~ **ves·sel** *s. anat.* Blutgefäß *n.*

blood·y ['blʌdɪ] **I** *adj.* ☐ **1.** blutig, blutbefleckt: ~ ***flux*** ⚕ rote Ruhr; **2.** blutdürstig, mörderisch, grausam: ***a ~ battle*** e-e blutige Schlacht; **3.** *Brit. sl.* verdammt, saumäßig, Scheiß… (*oft nur verstärkend*): ***not a ~ soul*** kein Schwanz; ***a ~ fool*** ein Vollidiot *m*; ~ ***thing*** ‚Scheißding' *n*; **II** *adv.* **4.** *Brit. sl.* mordsmäßig, verdammt: ~ ***awful*** ‚beschissen'; ***you ~ well know*** du weißt ganz genau; ♀ **Ma·ri·a** [mə'raɪə; mə'rɪə] *s. Am. Getränk aus Tequila u. Tomatensaft*; ♀ **Mar·y** ['meərɪ] *s. Getränk aus Wodka u. Tomatensaft*; ,~-'**mind·ed** *adj. Br.* F **1.** gemein, ekelhaft; **2.** störrisch, stur.

bloom¹ [blu:m] **I** *s.* **1.** Blüte *f*, Blume *f*: ***in full ~*** in voller Blüte; **2.** *fig.* Blüte (-zeit) *f*, Jugendfrische *f*; **3.** Flaum *m* (*auf Pfirsichen etc.*); **4.** *fig.* Schmelz *m*, Glanz *m*; **II** *v/i.* **5.** (er)blühen (*a. fig.*).

bloom² [blu:m] *metall.* **I** *s.* **1.** Walzblock *m*; **2.** Puddelluppe *f*: ~ ***steel*** Puddelstahl *m*; **II** *v/t.* **3.** luppen: ***~ing mill*** Luppenwalzwerk *n.*

bloom·er ['blu:mə] *s. sl.* grober Fehler, Schnitzer *m*, (Stil)Blüte *f.*

bloom·ers ['blu:məz] *s. pl.* a) *obs.* (Damen)Pumphose *f*, b) Schlüpfer *m* mit langem Bein, ‚Liebestöter' *m.*

bloom·ing ['blu:mɪŋ] *pres. p. u. adj.* **1.** blühend (*a. fig.*); **2.** *sl.* → ***bloody*** 3.

blos·som ['blɒsəm] **I** *s.* (*bsd.* Obst)Blüte *f*; Blütenfülle *f*: ***in ~*** in (voller) Blüte; **II** *v/i. a. fig.* blühen, Blüten treiben: ~ (***out***) (***into***) erblühen, gedeihen (zu).

blot [blɒt] **I** *s.* **1.** (Tinten)Klecks *m*, Fleck *m*; **2.** *fig.* Schandfleck *m*, Makel *m*; → ***escutcheon*** 1; **3.** Verunstaltung *f*, Schönheitsfehler *m*; **II** *v/t.* **4.** *mit Tinte* beschmieren, beklecksen; **5.** ~ ***out*** *Schrift* ausstreichen; **6.** ~ ***out*** *fig.* a) *Erinnerungen etc.* auslöschen, b) verdunkeln, verhüllen: ***fog ~ted out the view*** Nebel verhüllte die Aussicht; **7.** *mit Löschpapier* (ab)löschen.

blotch [blɒtʃ] **I** *s.* **1.** Fleck *m*, Klecks *m*; **2.** *fig.* → ***blot*** 2; **3.** ⚕ Hautfleck *m*; **II** *v/t.* **4.** beklecksen; **III** *v/i.* **5.** klecksen; '**blotch·y** [-tʃɪ] *adj.* **1.** klecksig; **2.** ⚕ fleckig.

blot·ter ['blɒtə] *s.* **1.** (Tinten)Löscher *m*; **2.** *Am.* Kladde *f*, Berichtsliste *f* (*bsd. der Polizei*).

blot·ting| pad ['blɒtɪŋ] *s.* 'Schreib,unterlage *f od.* Block *m* aus 'Löschpa,pier; ~ **pa·per** *s.* Löschpapier *n.*

blot·to ['blɒtəʊ] *adj. sl.* ‚sternhagelvoll', ‚stinkbesoffen'.

blouse [blaʊz] *s.* **1.** Bluse *f*; **2.** ⚔ a) Uni'formjacke *f*, b) Feldbluse *f.*

blow¹ [bləʊ] **I** *s.* **1.** Blasen *n*, Luftzug *m*, Brise *f*: ***go for a ~*** an die frische Luft gehen; **2.** Blasen *n*, Schall *m*: ***a ~ on a whistle*** ein Pfiff; **3.** *Am.* F a) Angebe'rei *f*, b) Angeber *m*; **II** *v/i.* [*irr.*] **4.** blasen, wehen, pusten: ***it is ~ing hard*** es weht ein starker Wind; ~ ***hot and cold*** *fig.* ‚mal so, mal so' *od.* wetterwendisch sein; **5.** ertönen: ***the horn is ~ing***; **6.** keuchen, schnaufen; **7.** spritzen, blasen (*Wal*), **8.** *Am.* F ‚angeben'; **9.** a) explodieren, b) platzen (*Reifen*), c) ⚡ 'durchbrennen (*Sicherung*), d) ausbrechen (*Erdöl etc.*); **III** *v/t.* [*irr.*] **10.** wehen, treiben (*Wind*): ***~n ashore*** auf Strand geworfen; **11.** anfachen: ~ ***the fire***; **12.** (an)blasen: ~ ***the soup***; **13.** blasen, ertönen lassen: ~ ***the horn*** ins Horn stoßen; **14.** auf-, ausblasen: ~ ***bubbles*** Seifenblasen machen; ~ ***glass*** Glas blasen; ~ ***one's nose*** sich die Nase putzen, sich schnauben; ~ ***an egg*** ein Ei ausblasen; **15.** *sl. Geld* ‚verpulvern'; **16.** zum Platzen bringen: ***blew itself to pieces*** zersprang in Stücke; → ***top*** 4; **17.** F (*p.p.* ***blowed***) verfluchen: ~ ***it!*** verflucht!; ***I'll be ~ed*** (***if***) ***…!*** zum Teufel (wenn) …!; **18.** *sl.* a) ‚verpfeifen', verraten, b) aufdecken, c) ‚verduften' aus (*dat.*); **19.** *sl.* ‚vermasseln'; **20.** V *j-m* ‚e-n blasen';

Zssgn mit adv.:

blow| a·way *v/t.* **1.** wegblasen; **2.** F *j-n* ‚wegpusten' (*töten*); ~ **down** *v/t.* her'unter-, 'umwehen; ~ **in I** *v/i. fig.* auftauchen, her'einschneien; **II** *v/t. Scheiben* eindrücken; ~ **off I** *v/i.* **1.** fortwehen; **2.** abtreiben (*Schiff*); **II** *v/t.* **3.** fortblasen; verjagen; **4.** *Dampf etc.* ablassen; → ***steam*** 1; ~ **out I** *v/i.* **1.** verlöschen; **2.** platzen; **3.** ⚡ 'durchbrennen (*Sicherung*); **II** *v/t.* **4.** *Licht* ausblasen, *Feuer* (aus)löschen; **5.** her'ausblasen, -treiben: ~ ***one's brains*** sich e-e Kugel durch den Kopf jagen; **6.** sprengen, zertrümmern; **~ o·ver I** *v/i. fig.* vor'beigehen, sich legen; **II** *v/t.* 'umwehen; **~ up I** *v/t.* **1.** a) (in die Luft) sprengen, b) vernichten, *fig. a.* ruinieren; **2.** aufblasen, -pumpen; *fig. et.* aufbauschen; **3.** *Foto* (stark) vergrößern; **4.** F *j-n* ‚anschnauzen'; **II** *v/i.* **5.** a) in die Luft fliegen, b) explodieren (*a.* F *fig. Person*): **~ *at s.o.*** j-m ‚ins Gesicht springen'; **6.** aus-, losbrechen; **7.** *fig.* eintreten, auftauchen.

blow² [bləʊ] *s.* **1.** Schlag *m*, Streich *m*, Stoß *m*: ***at a*** (*od.* ***one***) **~** mit 'einem Schlag *od.* Streich; ***without striking a ~*** *fig.* ohne jede Gewalt(anwendung), mühelos; ***come to ~s*** handgemein werden; ***strike a ~ at*** e-n Schlag führen gegen (*a. fig.*); ***strike a ~*** (***for***) sich einsetzen (für), helfen (*dat.*); **2.** *fig.* (Schicksals)Schlag *m*, Unglück *n*: ***it was a ~ to his pride*** es traf ihn schwer in s-m Stolz.

blow³ [bləʊ] *v/i.* [*irr.*] (auf)blühen, sich entfalten (*a. fig.*).

'blow|·ball *s.* ⚘ Pusteblume *f*; **'~-dry** *v/t.* (*j-m* die Haare) fönen; **~ dry·er** *s.* Haartrockner *m*.

blowed [bləʊd] *p.p. von* ***blow¹*** 17.

blow·er ['bləʊə] *s.* **1.** Bläser *m*: ***glass-~***; ***~ of a horn***; **2.** ⚙ a) Gebläse *n*, b) *mot.* Vorverdichter *m*; **3.** F Telefon *n*.

'blow|·fly *s. zo.* Schmeißfliege *f*; **'~·gun** *s.* **1.** Blasrohr *n*; **2.** ⚙ 'Spritzpis,tole *f*; **'~·hard** *s. Am.* F Angeber *m*; **'~·hole** *s.* **1.** Luft-, Zugloch *n*; **2.** Nasenloch *n* (*Wal*); **'~·lamp** *s.* ⚙ Lötlampe *f*.

blown¹ [bləʊn] **I** *p.p. von* ***blow¹*** II *u.* III; **II** *adj.* **1.** *oft* ***~ up*** aufgeblasen, -gebläht (*a. fig.*); **2.** außer Atem.

blown² [bləʊn] **I** *p.p. von* ***blow³***; **II** *adj. a. fig.* blühend, aufgeblüht.

'blow|-out *s.* **1.** a) Zerplatzen *n*, b) Reifenpanne *f*; **2.** F Koller *m*, (Wut)Ausbruch *m*; **3.** *sl.* a) große Party, b) ('Freß),Orgie *f*; **'~·pipe** *s.* **1.** ⚙ Lötrohr *n*, Schweißbrenner *m*; **2.** Puste-, Blasrohr *n*; **'~·torch** *s.* ⚙ *Am.* Lötlampe *f*; **'~·up** *s.* **1.** Explosi'on *f*; **2.** *fig.* a) ‚Krach' *m*, b) Koller *m*; **3.** *phot.* Vergrößerung *f*, Großfoto *n*.

blow·y ['bləʊɪ] *adj.* windig, luftig.

blowz·y ['blaʊzɪ] *adj.* **1.** schlampig (*bsd. Frau*); **2.** rotgesichtig (*Frau*).

blub·ber ['blʌbə] **I** *s.* Tran *m*, Speck *m*; **II** *v/i.* heulen, ‚flennen'.

bludg·eon ['blʌdʒən] **I** *s.* **1.** Knüppel *m*, Keule *f*; **II** *v/t.* **2.** 'niederknüppeln; **3.** *j-n* zwingen (***into*** zu).

blue [bluː] **I** *adj.* **1.** blau: ***till you are ~ in the face*** F bis Sie schwarz werden; → ***moon*** 1; **2.** F trübe, schwermütig, traurig: ***feel ~*** niedergeschlagen sein; ***look ~*** trübe aussehen (*Person, Umstände*); **3.** *pol. Brit.* ‚schwarz', konserva'tiv; **4.** *Brit.* F nicht sa'lonfähig, ordi'när: ***~ jokes***; ***~ movie*** Pornofilm *m*; **5.** F schrecklich; → ***funk*** 1, ***murder*** 1; **II** *s.* **6.** Blau *n*, blaue Farbe; **7.** Waschblau *n*; **8.** blaue Kleidung; **9.** *mst poet.* ***the ~*** a) der Himmel, b) das Meer: ***out of the ~*** aus heiterem Himmel, völlig unerwartet; **10.** *pol. Brit.* Konserva'tive(r *m*) *f*; **11.** ***the dark*** (***light***) ***~s*** *pl. Studenten von Oxford* (*Cambridge*), *die bei Wettkämpfen ihre Universität vertreten*: ***get one's ~*** in die Universitätsmannschaft aufgenommen werden; **12.** *pl.* F Trübsinn *m*: ***have the ~s*** ‚den Moralischen haben'; **13.** *pl.* ♪ Blues *m*; **III** *v/t.* **14.** *Wäsche* bläuen; **15.** *sl. Geld* ‚verjuxen'; **~ ba·by** *s.* ⚕ Blue baby *n* (*mit angeborenem Herzfehler*); **'~,beard** *s.* (Ritter) Blaubart *m* (*Frauenmörder*); **'~·bell** *s.* ⚘ **1.** 'Sternhya,zinthe *f* (*England*); **2.** *e-e* Glockenblume *f* (*Schottland*); **'~·ber·ry** [-bərɪ] *s.* ⚘ Blau-, Heidelbeere *f*; **~ blood** *s.* **1.** blaues Blut, alter Adel; **2.** Aristo'krat(in), Adlige(r *m*) *f*; **~ book** *s.* Blaubuch *n*: a) *Brit. amtliche politische Veröffentlichung*, b) F *Am. Verzeichnis prominenter Persönlichkeiten*; **'~,bot·tle** *s.* **1.** *zo.* Schmeißfliege *f*; **2.** ⚘ Kornblume *f*; **3.** F *Brit.* ‚Bulle' *m* (*Polizist*); **,~-'col·lar work·er** *s.* Fa'brikarbeiter *m*; **'~-eyed** *adj.* blauäugig (*a. fig.*): ***~ boy*** F ‚Liebling' *m des Chefs etc.*; **'~,jack·et** *s. fig.* Blaujacke *f*, Ma'trose *m*; **~ laws** *s. pl. Am.* strenge puri'tanische Gesetze *pl.* (*bsd. gegen die Entheiligung des Sonntags*).

blue·ness ['bluːnɪs] *s.* Bläue *f*.

blue| pen·cil *s.* **1.** Blaustift *m*; **2.** *fig.* Zen'sur *f*; **,~-'pen·cil** *v/t.* **1.** *Manuskript etc.* (mit Blaustift) korrigieren *od.* (zs.-, aus)streichen; **2.** *fig.* zensieren, unter'sagen; **~ print** *s.* **1.** Blaupause *f*; **2.** *fig.* Plan *m*, Entwurf *m*: ***do you need a ~?*** *iro.* ‚brauchst du e-e Zeichnung'?; **'~-print I** *v/t.* entwerfen, planen; **II** *adj.*: ***~ stage*** Planungsstadium *n*; **~ rib·bon** *s.* blaues Band: a) *des Hosenbandordens*, b) *als Auszeichnung für e-e Höchstleistung, bsd.* ⚓ *das* Blaue Band des 'Ozeans; **'~,stock·ing** *s. fig.* Blaustrumpf *m*; **'~-stone** *s.* ⚗ 'Kupfervitri,ol *n*; **'~·throat** *s. orn.* Blaukehlchen *n*; **~ tit** (**-mouse**) *s. orn.* Blaumeise *f*.

bluff¹ [blʌf] **I** *v/t.* **1.** a) *j-n* bluffen, b) ***~ it out*** sich (kühn) herausreden *od.* ‚durchmogeln'; **2.** *et.* vortäuschen; **II**

v/i. **3.** bluffen; **III** *s.* **4.** Bluff *m*: ***call s.o.'s ~*** j-n zwingen, Farbe zu bekennen.

bluff² [blʌf] **I** *adj.* **1.** ⚓ breit (*Bug*); **2.** schroff, steil (*Felsen*, *Küste*); **3.** rauh, aber herzlich; gutmütig-derb; **II** *s.* **4.** Steilufer *n*, Klippe *f*.

bluff·er [ˈblʌfə] *s.* Bluffer *m*.

blu·ish [ˈbluːɪʃ] *adj.* bläulich.

blun·der [ˈblʌndə] **I** *s.* **1.** (grober) Fehler, Schnitzer *m*; **II** *v/i.* **2.** e-n (groben) Fehler *od.* Schnitzer machen, e-n Bock schießen; **3.** pfuschen, unbesonnen handeln; **4.** stolpern (*a. fig.*): ***~ into a dangerous situation***; ***~ about*** umhertappen; ***~ on*** *fig.* weiterwursteln; ***~ upon s.th.*** zufällig auf et. stoßen; **III** *v/t.* **5.** verpfuschen, verpatzen; **6.** ***~ out*** herˈausplatzen mit.

blun·der·buss [ˈblʌndəbʌs] *s.* ⚔ *hist.* Donnerbüchse *f*.

blun·der·er [ˈblʌndərə] *s.* Stümper *m*, Pfuscher *m*, Tölpel *m*; **ˈblun·der·ing** [-dərɪŋ] *adj.* stümper-, tölpelhaft, ungeschickt.

blunt [blʌnt] **I** *adj.* □ **1.** stumpf: ***~ instrument*** ⚖ stumpfer Gegenstand (*Mordwaffe*); **2.** *fig.* unempfindlich (***to*** gegen); **3.** *fig.* ungeschliffen, derb, ungehobelt (*Manieren etc.*); **4.** schonungslos, offen; schlicht; **II** *v/t.* **5.** stumpf machen, abstumpfen (*a. fig.*); **6.** *Gefühle etc.* mildern, schwächen; **III** *s.* **7.** *pl.* kurze Nähnadeln *pl.*; **ˈblunt·ly** [-lɪ] *adv.* *fig.* frei herˈaus, grob: ***to put it ~*** um es ganz offen zu sagen; ***refuse ~*** glatt ablehnen; **ˈblunt·ness** [-nɪs] *s.* **1.** Stumpfheit *f* (*a. fig.*); **2.** *fig.* Grobheit *f*; schonungslose Offenheit.

blur [blɜː] **I** *v/t.* **1.** *Schrift* verwischen, verschmieren; *Bild* verschwommen machen; verschleiern; **2.** verdunkeln, verwischen, *Sinne* trüben; **3.** *fig.* besudeln, entstellen; **II** *v/i.* **4.** verschwimmen; **III** *s.* **5.** Fleck *m*, verwischte Stelle; **6.** *fig.* Makel *m*; **7.** undeutlicher *od.* nebelhafter Eindruck; **8.** (huschender) Schatten; **9.** Schleier *m* (*vor den Augen*).

blurb [blɜːb] *s.* F *Buchhandel*: a) ,Waschzettel' *m*, Klappentext *m*, b) ,Bauchbinde' *f* (*Reklamestreifen*).

blurred [blɜːd] *adj.* unscharf, verschwommen, verwischt; schattenhaft; *fig.* nebelhaft.

blurt [blɜːt] *v/t.* ***~ out*** (ˈvoreilig *od.* unbesonnen) herˈausplatzen mit, ausschwatzen.

blush [blʌʃ] **I** *v/i.* erröten, rot werden, in Verwirrung geraten (***at***, ***for*** über *acc.*); sich schämen (***to do*** zu tun); **II** *s.* Erröten *n*, (Scham)Röte *f*: ***at first ~*** *obs.* auf den ersten Blick; ***put to*** (***the***) ***~*** *j-n* zum Erröten bringen; **ˈblush·er** [-ʃə] *s.* F Rouge *n*; **ˈblush·ing** [-ʃɪŋ] *adj.* □ errötend; *fig.* züchtig.

blus·ter [ˈblʌstə] **I** *v/i.* **1.** brausen, tosen, stürmen; **2.** *fig.* poltern, toben, schimpfen; **3.** prahlen, bramarbasieren: ***~ing fellow*** Bramarbas *m*, Großmaul *n*; **II** *s.* **4.** Brausen *n*, Getöse *f*, Toben *n* (*a. fig.*); **5.** Schimpfen *n*; **6.** Prahlen *n*, ,große Töne' *pl.*

bo [bəʊ] *int.* hu!: ***he can't say ~ to a goose*** er ist ein Hasenfuß.

bo·a [ˈbəʊə] *s.* **1.** *zo.* Boa *f*, Riesenschlange *f*; **2.** *Mode*: Boa *f*.

boar [bɔː] *s.* *zo.* Eber *m*, Keiler *m*: ***wild ~*** Wildschwein *n*.

board [bɔːd] **I** *s.* **1.** Brett *n*, Planke *f*; **2.** (*Schach-*, *Bügel*)Brett *n*: ***~ game*** Brettspiel *n*; ***sweep the ~*** alles gewinnen; **3.** Anschlagbrett *n*; **4.** *ped.* → ***blackboard***; **5.** *sport* a) (Surf)Board *n*, b) *pl.* ,Bretter' *pl.*, Skier *pl.*; **6.** *pl.* *fig.* Bretter *pl.*, Bühne *f*: ***tread*** (*od.* ***walk***) ***the ~s*** auf den Brettern stehen, Schauspieler sein; **7.** Tisch *m*, Tafel *f* (*nur in festen Ausdrücken*): → ***above-board***, ***bed*** 3, ***groan*** 2; **8.** Kost *f*, Verpflegung *f*: ***~ and lodging*** Kost und Logis, Wohnung u. Verpflegung; **9.** *fig. oft* ♀ Ausschuß *m*, Behörde *f*, Amt *n*: ***♀ of Admiralty*** Admiralität *f*; ***♀ of Examiners*** Prüfungskommission *f*; ***♀ of Governors*** Verwaltungsrat *m*, (Schul- *etc.*)Behörde *f*; ***♀ of Trade*** a) *Brit.* Handelsministerium *n*, b) *Am.* Handelskammer *f*; **10.** ***~ of directors***, (***the***) ♀ ✝ Verwaltungsrat *m*, Direktiˈon *f* (*Vorstand u. Aufsichtsrat in einem*); ***~ of management*** ✝ Vorstand *m e-r AG*; **11.** ⚓ Bord *m*, Bordwand *f* (*nur in festen Ausdrücken*): ***on ~*** a) an Bord *e-s Schiffs*, *Flugzeugs*, b) im Zug *od.* Bus; ***on ~ a ship*** an Bord e-s Schiffes; ***free on ~*** (*abbr.* ***f.o.b.***) ✝ frei an Bord (geliefert); ***go by the ~*** über Bord gehen *od.* fallen, *fig. a.* zugrunde gehen, verlorengehen, scheitern; **12.** Pappe *f*: ***in ~s*** kartoniert (*Buch*); **II** *v/t.* **13.** täfeln; mit Brettern bedecken *od.* absperren, dielen, verschalen; **14.** beköstigen, in Kost nehmen *od.* geben (***with*** bei); **15.** a) an Bord *e-s Schiffs od. Flugzeugs* gehen, b) in *e-n Zug etc.* einsteigen, c) ⚔, ⚓ entern; **III** *v/i.* **16.** sich in Kost *od.* Pensiˈon befinden, wohnen (***with*** bei); ***~ out*** **I** *v/t.* außerhalb in Kost geben; **II** *v/i.* auswärts essen; ***~ up*** *v/t.* mit

Brettern vernageln.

board·er ['bɔːdə] *s.* **1.** a) Kostgänger (-in), b) Pensi'onsgast *m*; **2.** Inter'natsschüler(in).

board·ing ['bɔːdɪŋ] *s.* **1.** Bretterverschalung *f*, Dielenbelag *m*, Täfelung *f*; **2.** Kost *f*, Verpflegung *f*; **~ card** *s.* ✈ Bordkarte *f*; '**~·house** *s.* Pensi'on *f*; **~ school** *s.* Inter'nat *n*, Pensio'nat *n*.

board| meet·ing *s.* Vorstandssitzung *f*; **~ room** *s.* Sitzungssaal *m*; **~ wag·es** *s. pl.* Kostgeld *n des Personals*; '**~·walk** *s. Am.* Plankenweg *m*, (hölzerne) 'Strandprome,nade.

boast [bəʊst] **I** *s.* **1.** Prahle'rei *f*, Großtue'rei *f*; **2.** Stolz *m* (*Gegenstand des Stolzes*): ***it was his proud ~ that ...*** es war sein ganzer Stolz, daß ...; ***he was the ~ of his age*** er war der Stolz s-r Zeit; **II** *v/i.* **3.** (***of***, ***about***) prahlen, großtun (mit): ***he ~s of his riches***; ***it is not much to ~ of*** damit ist es nicht weit her; **4.** (***of***) sich rühmen (*gen.*), stolz sein (auf *acc.*): ***our village ~s of a fine church***; **III** *v/t.* **5.** sich (des Besitzes) *e-r Sache* rühmen, aufzuweisen haben: ***our street ~s the tallest house in the town***; '**boast·er** [-tə] *s.* Prahler(in); '**boast·ful** [-fʊl] *adj.* □ prahlerisch, über'heblich.

boat [bəʊt] **I** *s.* **1.** Boot *n*, Kahn *m*; *allg.* Schiff *n*; Dampfer *m*: ***we are all in the same ~*** *fig.* wir sitzen alle in 'einem Boot; ***miss the ~*** *fig.* den Anschluß verpassen; ***burn one's ~s*** alle Brücken hinter sich abbrechen; **2.** bootförmiges Gefäß, (*bsd.* Soßen)Schüssel *f*; **II** *v/i.* **3.** (in e-m) Boot fahren: ***go ~ing*** e-e Bootsfahrt machen (*mst* rudern).

boat·er ['bəʊtə] *s. Brit.* steifer Strohhut, ,Kreissäge' *f*.

boat·ing ['bəʊtɪŋ] *s.* Bootfahren *n*; Rudersport *m*; Bootsfahrt *f*.

'**boat|·man** [-mən] *s.* [*irr.*] Bootsführer *m*, -verleiher *m*; **~ race** *s.* 'Ruderre,gatta *f*; **~·swain** ['bəʊsn] *s.* ⚓ Bootsmann *m*; **~ train** *s.* Zug *m* mit Schiffsanschluß.

bob¹ [bɒb] **I** *s.* **1.** Haarschopf *m*, Büschel *n*; Bubikopf(haarschnitt) *m*; gestutzter Pferdeschwanz; Quaste *f*; **2.** Ruck *m*; Knicks *m*; **3.** *sg. u. pl. obs. Brit.* F Schilling *m*: ***five ~***; ***~ a job*** e-n Schilling für jede Arbeit; **4.** *abbr. für* ***bobsled***; **II** *v/t.* **5.** ruckweise (hin u. her, auf u. ab) bewegen; **6.** *Haare, Pferdeschwanz etc.* kurz schneiden, stutzen: ***~bed hair*** Bubikopf *m*; **III** *v/i.* **7.** sich auf u. ab *od.* hin u. her bewegen, baumeln, tänzeln; **8.** schnappen (***for*** nach); **9.** knicksen; **10.** Bob fahren; **11.** ***~ up*** (plötzlich) auftauchen: ***~ up like a cork*** *fig.* immer wieder hochkommen, sich nicht unterkriegen lassen.

Bob² [bɒb] *npr., abbr. für* ***Robert***: ***~'s your uncle*** ,fertig ist die Laube'.

bob·bin ['bɒbɪn] *s.* **1.** ⚙ Spule *f*, (Garn-) Rolle *f*; **2.** ⚡ Indukti'onsspule *f*; **3.** Klöppel(holz *n*) *m*; '**~-lace** *s.* Klöppelspitze *f*.

bob·by ['bɒbɪ] *s. Brit.* F ,Bobby' *m* (*Polizist*); **~ pin** *s.* Haarklemme *f* (*aus Metall*); **~ socks** *s. pl. Am.* F Söckchen *pl.*; '**~,sox·er** [-,sɒksə] *s. Am.* F *hist.* ,Backfisch' *m*.

'**bob|·sled**, '**~·sleigh** *s.* Bob *m* (*Rennschlitten*); '**~·tail** *s.* **1.** Stutzschwanz *m*; **2.** Pferd *n od.* Hund *m* mit Stutzschwanz.

bock (**beer**) [bɒk] *s.* Bockbier *n*.

bode¹ [bəʊd] **I** *v/t.* ahnen lassen: ***this ~s you no good*** das bedeutet nichts Gutes für dich; **II** *v/i.*: ***~ well*** Gutes versprechen: ***~ ill*** Schlimmes ahnen lassen.

bode² [bəʊd] *pret. von* ***bide***.

bod·ice ['bɒdɪs] *s.* **1.** *allg.* Mieder *n*; **2.** Oberteil *n*.

bod·ied ['bɒdɪd] *adj. in Zssgn* ...gebaut, von ... Körperbau *od.* Gestalt: ***small-~*** klein von Gestalt.

bod·i·less ['bɒdɪlɪs] *adj.* **1.** körperlos; **2.** unkörperlich, wesenlos; '**bod·i·ly** [-ɪlɪ] **I** *adj.* körperlich, leiblich: ***~ injury*** (⚖ ***harm***) Körperverletzung *f*; **II** *adv.* leib'haftig, per'sönlich.

bod·kin ['bɒdkɪn] *s.* **1.** ⚙ Ahle *f*, Pfriem *m*: ***sit ~*** eingepfercht sitzen; **2.** 'Durchzieh-, Schnürnadel *f*; **3.** *obs.* lange Haarnadel.

bod·y ['bɒdɪ] **I** *s.* **1.** Körper *m*, Leib *m*: ***heir of one's ~*** Leibeserbe *m*; ***in the ~*** lebend; ***~ and soul*** mit Leib u. Seele; ***keep ~ and soul together*** Leib u. Seele zs.-halten; **2.** *engS.* Rumpf *m*, Leib *m*: ***one wound in the leg and one in the ~***; **3.** *oft **dead ~*** Leiche *f*; **4.** Hauptteil *m*, *das* Wesentliche, Kern *m*, Stamm *m*, Rahmen *m*, Gestell *n*; Rumpf *m* (*Schiff*, *Flugzeug*); eigentlicher Inhalt, Sub'stanz *f* (*Schriftstück*, *Rede*): ***car ~*** Karosserie *f*; ***hat ~*** Hutstumpen *m*; **5.** Gesamtheit *f*, Masse *f*: ***in a ~*** zusammen, geschlossen, wie 'ein Mann; ***~ of water*** Wassermasse *f*, -fläche *f*, Gewässer *n*; ***~ of facts*** Tatsachenmaterial *n*; ***~ of laws*** Gesetz(es)-sammlung *f*; **6.** Körper(schaft *f*) *m*, Gesellschaft *f*; Gruppe *f*; Gremium *n*: ***~ politic*** a) juristische Person, b) Gemeinwesen *n*; ***diplomatic ~*** diplomatisches Korps; ***governing ~*** Verwaltungskörper *m*; ***a ~ of unemployed*** e-e Gruppe Arbeitsloser; ***student ~*** Studentenschaft *f*; **7.** ⚔ Truppenkörper *m*, Trupp *m*, Ab'teilung *f*; **8.** *phys.* Körper *m*: ***solid ~*** fester Körper; ***heavenly ~*** *ast.* Himmelskörper; **9.** ⚗ Masse *f*, Sub'stanz *f*; **10.** F Bursche *m*, Kerl *m*; **11.** *fig.* Güte *f*, Stärke *f*, Festigkeit *f*, Gehalt *m*, Körper *m* (*Wein*), (Klang-)Fülle *f*; **II** *v/t.* **12.** *mst* ***~ forth*** *fig.* verkörpern; **~ blow** *s. Boxen*: Körperschlag *m*; *fig.* harter Schlag; **~ build** *s. biol.* Körperbau *m*; **~ build·er** *s.* Bodybuilder *m*; **~ build·ing** *s.* Bodybuilding *n*; **'~·check** *s. sport* Bodycheck *m*; **'~·guard** *s.* **1.** Leibwächter *m*; **2.** Leibgarde *f*; **~ lan·guage** *s. psych.* Körpersprache *f*; **'~-ˌmak·er** *s.* ⚙ Karosse'riebauer *m*; **~ o·do(u)r** *s.* Körpergeruch *m*; **~ plasm** *s. biol.* 'Körperˌplasma *n*; **~ search** *s.* 'Leibesvisitatiˌon *f*; **~ seg·ment** *s. biol.* 'Rumpfsegˌment *n*; **~ serv·ant** *s.* Leib-, Kammerdiener *m*; **~ snatch·er** *s.* ⚖ Leichenräuber *m*; **~ stock·ing**, **~ suit** *s.* Bodystocking *m* (*einteilige Unterkleidung* [*mit Strümpfen*]); **'~·work** *s.* ⚙ Karosse'rie *f*.

bof·fin ['bɒfɪn] *s. Brit. sl.* (Geheim)Wissenschaftler *m*.

Boer ['bəʊə] **I** *s.* Bur(e) *m*, Boer *m* (*Südafrika*); **II** *adj.* burisch: ***~ War*** Burenkrieg *m*.

bog [bɒg] **I** *s.* **1.** Sumpf *m*, Mo'rast *m* (*a. fig.*); Moor *n*; **2.** V Scheißhaus *n*; **II** *v/t.* **3.** im Sumpf versenken; *fig. a.* ***~ down*** zum Stocken bringen, versanden lassen; **III** *v/i.* **4.** *a.* ***~ down*** im Sumpf *od.* Schlamm versinken; *a. fig.* steckenbleiben, sich festfahren, versanden.

bo·gey ['bəʊgɪ] *s.* **1.** *Golf*: a) Par *n*, b) Bogey *n* (*1 Schlag über Par*); **2.** → ***bogy***.

bog·gle ['bɒgl] *v/i.* **1.** (***at***) zu'rückschrecken (vor *dat.*): ***imagination ~s at the thought*** es wird einem schwindlig bei dem Gedanken; **2.** stutzen (***at*** vor, bei *dat.*); zögern (***at doing*** zu tun); **3.** pfuschen.

bog·gy ['bɒgɪ] *adj.* sumpfig.

bo·gie ['bəʊgɪ] *s.* **1.** ⚙ *Brit.* a) Blockwagen *m*, b) 🚃 Dreh-, Rädergestell *n*; **2.** ⚒ *Art* Förderkarren *m*; **3.** → ***bogy***; **~ wheel** *s.* ⚔ (Ketten)Laufrad *n*.

'bogˌtrot·ter *s. contp.* Ire *m*.

bo·gus ['bəʊgəs] *adj.* falsch, unecht, Schein…, Schwindel…

bo·gy ['bəʊgɪ] *s.* **1.** 'Kobold *m*, 'Popanz *m* **2.** (*a. fig.* Schreck)Gespenst *n*; **~·man** *s.* [*irr.*] **1.** Butzemann *m*, *der* Schwarze Mann (*Kindersprache*); **2.** *fig.* ‚Buhmann' *m*.

Bo·he·mi·an [bəʊ'hiːmjən] **I** *s.* **1.** Böhme *m*, Böhmin *f*; **2.** Bohemi'en *m* (*bsd. Künstler*); **II** *adj.* **3.** böhmisch; **4.** *fig.* bo'hemehaft; **bo'he·mi·an·ism** [-nɪzəm] *s.* Bo'heme *f*, ‚Künstlerleben' *n*.

boil[1] [bɔɪl] *s.* ⚕ Geschwür *n*, Fu'runkel *m*; Eiterbeule *f*.

boil[2] [bɔɪl] **I** *s.* **1.** Kochen *n*, Sieden *n*: ***bring to the ~*** zum Kochen bringen; ***come to the ~*** zu kochen anfangen, *fig.* F sich zuspitzen, s-n Höhepunkt erreichen; ***come off the ~*** F sich ‚legen' *od.* beruhigen; **2.** Wallen *n*, Wogen *n*, Schäumen *n* (*Gewässer*); **3.** *fig.* Erregung *f*, Wut *f*, Wallung *f*; **II** *v/i.* **4.** kochen, sieden; **5.** wallen, wogen, brausen, schäumen; **6.** *fig.* kochen, schäumen (***with*** vor *Wut*); **III** *v/t.* **7.** kochen (lassen), zum Kochen bringen, ab-, einkochen: ***~ eggs*** Eier kochen; ***to ~ clothes*** Wäsche kochen; ***go ~ your head!*** F häng dich doch auf!; **~ a·way** *v/i.* **1.** verdampfen; **2.** weiterkochen; **~ down I** *v/t.* verdampfen, einkochen; *fig.* zs.-fassen, kürzen; **II** *v/i.*: ***~ to*** hin'auslaufen auf (*acc.*); **~ o·ver** *v/i.* 'überkochen, -laufen, -schäumen (*alle a. fig.*).

boiled| din·ner [bɔɪld] *s. Am.* Eintopf (-gericht *n*) *m*; **~ po·ta·toes** *s. pl.* Salzkartoffeln *pl.*; **~ shirt** *s.* F Frackhemd *n*; **~ sweet** *s.* Bon'bon *m*, *n*.

boil·er ['bɔɪlə] *s.* **1.** Sieder *m*: ***soap ~***; **2.** ⚙ Dampfkessel *m*; **3.** 'Boiler *m*, Heißwasserspeicher *m*; **4.** Siedepfanne *f*; **5.** ***be a good ~*** sich (gut) zum Kochen eignen; **6.** Suppenhuhn *n*; **~ suit** *s.* 'Overall *m*.

boil·ing ['bɔɪlɪŋ] **I** *adj.* kochend, heiß; *fig.* kochend, schäumend (***with rage*** vor Wut); **II** *adv.*: ***~ hot*** kochend heiß; **~ point** *s.* Siedepunkt *m* (*a. fig.*).

bois·ter·ous ['bɔɪstərəs] *adj.* ☐ **1.** stürmisch, ungestüm, rauh; **2.** ausgelassen, lärmend, turbu'lent; **'bois·ter·ous·ness** [-nɪs] *s.* Ungestüm *n*.

bold [bəʊld] *adj.* ☐ **1.** kühn, zuversichtlich, mutig, unerschrocken; **2.** keck, verwegen, dreist, frech; anmaßend: ***make ~ to …*** sich erdreisten *od.* es wagen zu …; ***make ~ (with)*** sich Freiheiten herausnehmen (gegen); ***as ~ as brass*** F frech wie Oskar, unverschämt; **3.** kühn, gewagt: ***a ~ plan*** **4.** a) kühn (*Entwurf etc.*), b) scharf her'vortretend, ins Auge fallend: ***in ~ outline*** in deutlichen Umrissen; ***a few ~ strokes***

of the brush ein paar kühne Pinselstriche; **5.** steil (*Küste*); **6.** → **'bold-face** *adj. typ.* (halb)fett; **'~-faced** *adj.* **1.** kühn, frech; **2.** *typ.* → ***bold-face***.

bold·ness ['bəʊldnɪs] *s.* **1.** Kühnheit *f*: a) Mut *m*, Beherztheit *f*, b) Keckheit *f*, Dreistigkeit *f*; **2.** scharfes Her'vortreten.

bole [bəʊl] *s.* starker Baumstamm.

bo·le·ro¹ [bə'leərəʊ] *s.* Bo'lero *m* (*spanischer Tanz*).

bo·le·ro² ['bɒlərəʊ] *s.* Bo'lero *m* (*kurzes Jäckchen*).

boll [bəʊl] *s.* ⚘ Samenkapsel *f*.

bol·lard ['bɒləd] *s.* ⚓ Poller *m* (*a. weitS. Sperrpfosten an Verkehrsinseln etc.*).

bol·locks ['bɒləks] *s. pl.* V ‚Eier' *pl.* (*Hoden*).

Bo·lo·gna sau·sage [bə'ləʊnjə] *s. bsd. Am.* Morta'della *f*.

bo·lo·ney [bə'ləʊnɪ] *s.* **1.** *sl.* ‚Quatsch' *m*, Geschwafel *n*; **2.** *bsd. Am.* Morta'della *f*; → ***polony***.

Bol·she·vik ['bɒlʃɪvɪk] **I** *s.* Bolsche'wik *m*; **II** *adj.* bolsche'wistisch; **'Bol·she·vism** [-ɪzəm] *s.* Bolsche'wismus *m*; **'Bol·she·vist** [-ɪst] **I** *s.* Bolsche'wist *m*; **II** *adj.* bolsche'wistisch; **'Bol·she·vize** [-vaɪz] *v/t.* bolschewisieren.

bol·ster ['bəʊlstə] **I** *s.* **1.** Kopfpolster *n* (*unter dem Kopfkissen*), Keilkissen *n*; **2.** Polster *n*, Polsterung *f*, 'Unterlage *f* (*a.* ⚙); **II** *v/t.* **3.** *j-m* Kissen 'unterlegen; **4.** (aus)polstern; **5.** ~ ***up*** unter'stützen, stärken, künstlich aufrechterhalten.

bolt¹ [bəʊlt] **I** *s.* **1.** Schraube *f* (mit Mutter), Bolzen *m*: ~ ***nut*** Schraubenmutter *f*; **2.** Bolzen *m*, Pfeil *m*: ***shoot one's*** ~ e-n (letzten) Versuch machen; ***he has shot his*** ~ er hat sein Pulver verschossen; ~ ***upright*** kerzengerade; **3.** ⚙ (Tür-, Schloß)Riegel *m*: ***behind ~ and bar*** hinter Schloß u. Riegel; **4.** Schloß *n an Handfeuerwaffen*; **5.** Blitzstrahl *m*: ***a ~ from the blue*** ein Blitz aus heiterem Himmel; **6.** plötzlicher Sprung, Flucht *f*: ***he made a ~ for the door*** er machte e-n Satz zur Tür; ***he made a ~ for it*** F er machte sich aus dem Staube; **7.** *pol. Am.* Abtrünnigkeit *f* von der Poli'tik der eigenen Par'tei; **8.** ✝ a) (Stoff)Ballen *m*, b) (Ta'peten- *etc.*)Rolle *f*; **II** *v/t.* **9.** *Tür etc.* ver-, zuriegeln; **10.** *Essen* hin'unterschlingen; **11.** *Am. pol.* sich von *s-r Partei* lossagen; **III** *v/i.* **12.** 'durchgehen (*Pferd*); **13.** da'vonlaufen, ausreißen, ‚'durchbrennen'.

bolt² [bəʊlt] *v/t. Mehl* sieben.

bolt·er ['bəʊltə] *s.* **1.** 'Durchgänger *m* (*Pferd*); **2.** *pol. Am.* Abtrünnige(r *m*) *f*.

bo·lus ['bəʊləs] *s.* ⚕ Bolus *m*, große Pille.

bomb [bɒm] **I** *s.* **1.** Bombe *f*: ***the*** ≈ die (Atom)Bombe; **2.** ⚙ a) Gasflasche *f*, b) Zerstäuberflasche *f*; **3.** F a) Bombenerfolg *m*, b) Heidengeld *n*, c) *thea. etc. Am.* ‚'Durchfall' *m*, ‚Flop' *m*; **II** *v/t.* **4.** mit Bomben belegen, bombardieren; zerbomben: ***~ed out*** ausgebombt; ***~ed site*** Ruinengrundstück *n*; **5.** ~ ***up*** ✈ mit Bomben beladen; **III** *v/i.* **6.** *sl.* e-e ‚Pleite' sein, *thea.* ‚'durchfallen', *bsd. Am.* (*im Examen*) ‚'durchrasseln'.

bom·bard [bɒm'bɑːd] *v/t.* **1.** ⚔ bombardieren, Bomben werfen auf (*acc.*), beschießen; **2.** *fig.* (***with***) bombardieren, bestürmen (mit); **3.** *phys.* bombardieren, beschießen; **bom·bard·ier** [ˌbɒmbə'dɪə] *s.* ⚔ **1.** *Brit.* Artille'rieˌunteroffiˌzier *m*; **2.** Bombenschütze *m* (*im Flugzeug*); **bom'bard·ment** [-mənt] *s.* Bombarde'ment *n*, Beschießung *f* (*a. phys.*), Belegung *f* mit Bomben, Bombardierung *f*.

bom·bast ['bɒmbæst] *s. fig.* Bom'bast *m*, (leerer) Wortschwall, Schwulst *m*; **bom·bas·tic** [bɒm'bæstɪk] *adj.* (□ ***~ally***) bom'bastisch, schwülstig.

bomb| at·tack *s.* Bombenanschlag *m*; ~ **bay** *s.* ✈ Bombenschacht *m*; ~ **dis·pos·al** *s.* ⚔ Bombenräumung *f*: ~ ***squad*** Bombenräumungs-, Sprengkommando *n*.

bom·be [bɔ̃ːmb] (*Fr.*) *s.* Eisbombe *f*.

bombed [bɒmd] *adj. sl.* **1.** ‚besoffen'; **2.** ‚high' (*im Drogenrausch*).

bomb·er ['bɒmə] *s.* **1.** Bomber *m*, Bombenflugzeug *n*; **2.** Bombenleger *m*.

bomb·ing ['bɒmɪŋ] *s.* Bombenabwurf *m*: ~ ***raid*** Bombenangriff *m*.

'bomb|·proof ⚔ **I** *adj.* bombensicher; **II** *s.* Bunker *m*; ~ **scare** *s.* Bombendrohung *f*; **'~·shell** *s. fig.* Bombe *f*: ***the news came like a ~*** die Nachricht schlug ein wie e-e Bombe.

bo·na fi·de [ˌbəʊnə'faɪdɪ] *adj. u. adv.* **1.** in gutem Glauben, auf Treu u. Glauben: ~ ***owner*** ⚖ gutgläubiger Besitzer; **2.** ehrlich; echt; **ˌbo·na 'fi·des** [-diːz] *s. pl.* guter Glaube, Treu *f* und Glauben *m*, ehrliche Absicht; Rechtmäßigkeit *f*.

bo·nan·za [bəʊ'nænzə] **I** *s.* **1.** *min.* reiche Erzader (*bsd. Edelmetalle*); **2.** F Goldgrube *f*, Glücksquelle *f*, *a.* Fundgrube *f*; **3.** Fülle *f*, Reichtum *m*; **II** *adj.* **4.** sehr einträglich *od.* lukra'tiv.

bon·bon ['bɒnbɒn] *s.* Bon'bon *m, n*.

bond [bɒnd] **I** *s.* **1.** *pl. obs.* Fesseln *pl.*: ***in ~s*** in Fesseln, gefangen, versklavt; ***burst one's ~s*** s-e Ketten sprengen; **2.**

sg. od. pl. fig. Bande *pl.*: ***~s of love***; **3.** Verpflichtung *f*; Bürgschaft *f*; (*a.* 'Haft)Kauti,on *f*; Vertrag *m*; Urkunde *f*; Garan'tie(schein *m*) *f*: ***enter into a ~*** e-e Verpflichtung eingehen; ***his word is as good as his ~*** er ist ein Mann von Wort; **4.** ✝ a) Schuldschein *m*, b) *öffentliche* Schuldverschreibung, (festverzinsliches) 'Wertpa,pier *n*, Obligati'on *f*, (Schuld-, Staats)Anleihe *f*: ***industrial ~*** Industrieobligation, -anleihe; → ***mortgage bond***; **5.** ✝ Zollverschluß *m*: ***in ~*** unter Zollverschluß; **6.** ⚠ Verband *m*, Verbindungsstück *n*; **7.** ⚗ a) Bindung *f*, b) Bindemittel *n*, c) Wertigkeit *f*; **8.** → ***bond paper***; **II** *v/t.* **9.** verpfänden; **10.** ✝ unter Zollverschluß legen; **11.** ⚙ *Lack etc.* binden (*a. v/i.*): ***~ing agent*** Bindemittel *n*; **'bond·age** [-dɪdʒ] *s. hist.* Knechtschaft *f*, Sklave'rei *f* (*a. fig.*); *fig. a.* Hörigkeit *f*: ***in the ~ of vice*** dem Laster verfallen; **'bond·ed** [-dɪd] *adj.* ✝: ***~ debt*** fundierte Schuld; ***~ goods*** Waren unter Zollverschluß; ***~ warehouse*** Zollspeicher *m*.

'bond|,hold·er *s.* Obligati'onsinhaber *m*; **'~·man** [-mən] *s.* [*irr.*] Sklave *m*, Leibeigene(r) *m*; **~ mar·ket** *s.* ✝ Rentenmarkt *m*; **~ pa·per** *s.* Bankpost *f*, 'Post-, 'Banknotenpa,pier *n*; **~ slave** *s. fig.* Sklave *m*.

bonds·man ['bɒndzmən] *s.* [*irr.*] **1.** → ***bondman***; **2.** ⚖ a) Bürge *m*, b) *Am.* gewerblicher Kauti'onssteller.

bone [bəʊn] **I** *s.* **1.** Knochen *m*; Bein *n*: ***~ of contention*** Zankapfel *m*; ***to the ~*** bis auf die Knochen *od.* die Haut, durch u. durch (*naß od. kalt*); ***price cut to the ~*** aufs äußerste reduzierter Preis, Schleuderpreis; ***I feel it in my ~s*** *fig.* ich spüre es in den Knochen (*ahne es*); ***a bag of ~s*** F nur (noch) Haut u. Knochen, ein Skelett; ***my old ~s*** m-e alten Knochen; ***bred in the ~*** angeboren; ***make no ~s about it*** nicht viel Federlesens machen, nicht lange (damit) fackeln; ***have a ~ to pick with s.o.*** ein Hühnchen mit j-m zu rupfen haben; **2.** *pl.* Gebeine *pl.*; **3.** (Fisch-)Gräte *f*; **4.** *pl.* Kor'settstangen *pl.*; **5.** *pl. Am.* a) Würfel *pl.*, b) 'Dominosteine *pl.*; **II** *v/t.* **6.** die Knochen her'ausnehmen aus (*dat.*), *Fisch* entgräten; **III** *v/i.* **7.** *oft* ***~ up on*** *sl. et.* ‚büffeln', ‚ochsen', ‚pauken'; **IV** *adj.* **8.** beinern, knöchern, aus Bein *od.* Knochen; **'~·black** *s.* **1.** ⚗ Knochenkohle *f*; **2.** Beinschwarz *n* (*Farbe*); **~ chi·na** *s.* 'Knochenporzel,lan *n*.

boned [bəʊnd] *adj.* **1.** *in Zssgn* …knochig: ***strong-~*** starkknochig; **2.** *Küche*: a) ohne Knochen: ***~ chicken***, b) entgrätet: ***~ fish***.

,bone|-'dry *adj.* **1.** staubtrocken; **2.** F völlig ‚trocken': a) streng 'antialko,holisch, b) ohne jeden Alko'hol (*Party etc.*); **~ glue** *s.* Knochenleim *m*; **'~·head** *s. sl.* Holz-, Dummkopf *m*; **'~,head·ed** *adj. sl.* dumm; **~ lace** *s.* Klöppelspitze *f*; **,~'la·zy** *adj.* F ‚stinkfaul'; **~ meal** *s.* Knochenmehl *n*.

bon·er ['bəʊnə] *s. Am. sl.* Schnitzer *m*, (grober) Fehler.

'bone|,shak·er *s. sl.* ‚Klapperkasten' *m* (*Bus etc.*); **'~·yard** *s. Am.* **1.** Schindanger *m*; **2.** F (*a.* Auto- *etc.*)Friedhof *m*.

bon·fire ['bɒnfaɪə] *s.* **1.** Freudenfeuer *n*; **2.** Feuer *n* im Freien (*zum Unkrautverbrennen etc.*); **3.** *allg.* Feuer *n*, ‚Scheiterhaufen' *m*: ***make a ~ of s.th.*** et. vernichten.

bon·ho·mie ['bɒnɒmiː] (*Fr.*) *s.* Gutmütigkeit *f*, Joviali'tät *f*.

bon·kers ['bɒŋkəz] *adj. sl.* verrückt.

bon·net ['bɒnɪt] **I** *s.* **1.** (*bsd.* Schotten)Mütze *f*, Kappe *f*; → ***bee***[1] 1; **2.** (Damen)Hut *m*, (Damen- *od.* Kinder-) Haube *f* (*mst randlos*); **3.** Kopfschmuck *m* der Indi'aner; **4.** ⚙ Schornsteinkappe *f*; **5.** *mot. Brit.* 'Motorhaube *f*; **6.** ⚙ Schutzkappe *f* (*für Ventil, Zylinder etc.*); **II** *v/t.* **7.** *j-m* den Hut über die Augen drücken; **'bon·net·ed** [-tɪd] *adj.* e-e Mütze *etc.* tragend.

bon·ny ['bɒnɪ] *adj. bsd. Scot.* **1.** hübsch, nett (*a. iron.*), *fig.* ‚prima'; **2.** F drall.

bo·nus ['bəʊnəs] *s.* ✝ **1.** 'Bonus *m*, 'Prämie *f*, Gratifikati'on *f*, Sondervergütung *f*, (Sonder)Zulage *f*, Tanti'eme *f*: ***Christmas ~*** Weihnachtsgratifikation; **2.** 'Prämie *f*, 'Extradivi,dende *f*, Sonderausschüttung *f*: ***~ share*** Gratisaktie *f*; **3.** *Am.* Dreingabe *f* (*beim Kauf*); **4.** Vergünstigung *f*.

bon·y ['bəʊnɪ] *adj.* **1.** knöchern, Knochen…; **2.** starkknochig; **3.** voll Knochen *od.* Gräten; **4.** knochendürr.

bonze [bɒnz] *s.* Bonze *m* (*buddhistischer Mönch od. Priester*).

boo [buː] **I** *int.* **1.** huh! (*um j-n zu erschrecken*); → *a.* ***bo***; **2.** buh!, pfui! (*Ausruf der Verachtung*); **II** *s.* **3.** Buh (-ruf *m*) *n*, Pfui(ruf *m*) *n*; **III** *v/i.* **4.** buh! *od.* pfui! schreien, buhen; **IV** *v/t.* **5.** durch Pfui- *od.* Buhrufe verhöhnen; auspfeifen, ausbuhen, niederbrüllen.

boob [buːb] *sl.* **I** *s.* **1.** ‚Schnitzer' *m*, Fehler *m*; **2.** → ***booby*** 1; **3.** *pl.* ‚Titten' *pl.* (*Brüste*); **II** *v/i.* **4.** e-n ‚Schnitzer' machen, ‚Mist bauen'.

boo-boo ['bu:bu:] *s. Am. sl.* → ***boob*** 1.

boob tube *s. Am. sl. TV* ‚Röhre' *f*, ‚Glotze' *f* (*Fernseher*).

boo·by ['bu:bɪ] *s.* **1.** ‚Dussel' *m*, Trottel *m*; **2.** Letzte(r *m*) *f*, Schlechteste(r *m*) *f* (*in Wettkämpfen etc.*); **3.** *orn.* Tölpel *m*, Seerabe *m*; **~ hatch** *s. Am. sl.* ‚Klapsmühle' *f* (*Irrenanstalt*); **~ prize** *s.* Trostpreis *m*; **~ trap** *s.* (versteckte) Sprengladung *od.* Bombe; *allg.* (*bsd.* Todes)Falle *f*; **'~-trap** *v/t.* a) e-e Bombe *etc.* verstecken in (*dat.*), b) durch e-e versteckte Bombe *etc.* e-n Anschlag verüben auf (*acc.*).

boo·dle ['bu:dl] *s. Am. sl.* **1.** → ***caboodle***; **2.** Falschgeld *n*; **3.** Schmiergelder *pl.*

boo·gie-woo·gie ['bu:gɪˌwu:gɪ] *s.* ♪ Boogie-Woogie *m* (*Tanz*).

boo·hoo [ˌbu:'hu:] **I** *s.* lautes Geschluchze; **II** *v/i.* laut schluchzen, plärren.

book [bʊk] **I** *s.* **1.** Buch *n*: ***be at one's ~s*** über s-n Büchern sitzen; ***without the ~*** auswendig; ***he talks like a ~*** er redet sehr gestelzt; ***the ~ of life*** (***nature***) *fig.* das Buch des Lebens (der Natur); ***a closed ~*** a) ein Buch mit sieben Siegeln, b) e-e erledigte Sache; ***the*** 2 (***of*** 2***s***) die Bibel; ***kiss the*** 2 die Bibel küssen; ***swear on the*** 2 bei der Bibel schwören; ***suit s.o.'s ~*** *fig.* j-m passen *od.* recht sein; ***throw the ~ at s.o.*** F a) j-n (zur Höchststrafe) ‚verdonnern', b) j-n wegen sämtlicher einschlägigen Delikte belangen; ***by the ~*** a) ganz korrekt *od.* genau, b) ‚nach allen Regeln der Kunst'; ***in my ~*** F wie 'ich es sehe; → ***leaf*** 3; **2.** Buch *n* (*Teil e-s Gesamtwerkes*); **3.** ✝ Geschäfts-, Handelsbuch *n*: ***close the ~s*** die Bücher abschließen; ***keep ~s*** Bücher führen; ***be deep in s.o.'s ~s*** bei j-m tief in der Kreide stehen; ***bring to ~*** a) *j-n* zur Rechenschaft ziehen, b) ✝ (ver)buchen; ***be in s.o.'s good*** (***bad*** *od.* ***black***) ***~s*** bei j-m gut (schlecht) angeschrieben sein; **4.** (Schreib)Heft *n*, No'tizblock *m*; **5.** (Namens)Liste *f*, Verzeichnis *n*, Buch *n*: ***visitors' ~*** Gästebuch; ***be on the ~s*** auf der Mitgliedsliste (*univ.* Liste der Immatrikulierten) stehen; **6.** Heft(chen) *n*, Block *m*: ***~ of stamps*** Briefmarkenheft; **7.** Wettbuch *n*: ***you can make a ~ on that!*** F darauf kannst du wetten!; **8.** a) *thea.* Text *m*, b) ♪ Textbuch *n*, Lib'retto *n*; **II** *v/t.* **9.** ✝ (ver)buchen, eintragen; **10.** *j-n* verpflichten, engagieren; **11.** *j-n als* (*Fahr*)*Gast*, *Teilnehmer etc.* einschreiben, vormerken; **12.** *Platz*, *Zimmer* bestellen, *a. Überfahrt etc.* buchen; *Eintritts-*, *Fahrkarte* lösen; *Auftrag* notieren; *Güter*, *Gepäck* (*zur Beförderung*) aufgeben; *Ferngespräch* anmelden; → ***booked***; **13.** *j-n polizeilich* aufschreiben *od. sport* notieren (***for*** wegen); **III** *v/i.* **14.** eine Fahrkarte *etc.* lösen *od.* nehmen: ***~ through*** (***to***) durchlösen (bis, nach); **15.** Platz *etc.* bestellen; **16.** ***~ in*** sich (*im Hotel*) eintragen: ***~ in at*** absteigen in (*dat.*); **'book·a·ble** [-kəbl] *adj.* im Vorverkauf erhältlich (*Karten etc.*).

'book|ˌbind·er *s.* Buchbinder *m*; **'~ˌbinding** *s.* Buchbinderhandwerk *n*, Buchbinde'rei *f*; **'~·case** *s.* 'Bücherschrank *m*, -reˌgal *n*; **~ cloth** *s.* Buchbinderleinwand *f*; **~ club** *s.* Buchgemeinschaft *f*; **~ cov·er** *s.* 'Buchdecke *f*, -ˌumschlag *m*; **~ debt** *s.* ✝ Buchschuld *f*.

booked [bʊkt] *adj.* **1.** gebucht, eingetragen; **2.** vorgemerkt, bestimmt, bestellt: ***all ~*** (***up***) voll besetzt *od.* belegt, ausverkauft.

book end *s. mst pl.* Bücherstütze *f*.

book·ie ['bʊkɪ] *sl.* → ***bookmaker***.

book·ing ['bʊkɪŋ] *s.* **1.** Buchung *f*, Eintragung *f*; **2.** Bestellung *f*; **~ clerk** *s.* Schalterbeamte(r) *m*, Fahrkartenverkäufer *m*; **~ hall** *s.* Schalterhalle *f*; **~ of·fice** *s.* **1.** Fahrkartenschalter *m*; **2.** *thea. etc.* Kasse *f*; Vorverkaufsstelle *f*; **3.** *Am.* Gepäckschalter *m*.

book·ish ['bukɪʃ] *adj.* □ **1.** belesen, gelehrt; **2.** voll Bücherweisheit: ***~ person*** a) Büchernarr *m*, b) Stubengelehrte(r) *m*; ***~ style*** papierener Stil; **'book·ish·ness** [-nɪs] *s.* trockene Gelehrsamkeit.

'book|ˌkeep·er *s.* Buchhalter(in); **'~ˌkeep·ing** *s.* Buchhaltung *f*, -führung *f*: ***~ by single*** (***double***) ***entry*** einfache (doppelte) Buchführung; **~ knowl·edge**, **~ learn·ing** *s.* Buchwissen *n*, Bücherweisheit *f*.

book·let ['bʊklɪt] *s.* Büchlein *n*, Bro'schüre *f*.

'book|ˌmak·er *s.* Buchmacher *m*; **'~·man** [-mən] *s.* [*irr.*] Büchermensch *m*, Gelehrte(r) *m*; **'~·mark** *s.* Lesezeichen *n*; **'~·moˌbile** [-məʊˌbi:l] *s. Am.* 'Auto-, 'Wanderbücheˌrei *f*; **'~·plate** *s.* Ex'libris *n*; **~ post** *s. Brit.* (***by ~*** als) Büchersendung *f*; **~ prof·it** *s.* ✝ Buchgewinn *m*; **'~-rack** *s.* 'Büchergestell *n*, -reˌgal *n*; **'~-rest** *s.* **1.** Buchstütze *f*; **2.** (kleines) Lesepult; **~ re·view** *s.* Buchbesprechung *f*; **~ review·er** *s.* 'Buchˌkritiker *m*; **'~ˌsell·er** *s.* Buchhändler (-in); **'~·shelf** *s.* Bücherbrett *n*, -gestell *n*; '**~·shop** *s.* Buchhandlung *f*; '**~·stack** *s.* Bücherregal *n*; '**~·stall** *s.* **1.** Bücher(verkaufs)stand *m*; **2.** Zeitungsstand *m*; '**~·stand** → ***book-rack***; '**~·store** *s. Am.* Buchhandlung *f*.

book·sy ['bʊksɪ] *adj. Am.* F ‚hochgestochen'.

book| to·ken *s. Brit.* Büchergutschein *m*; **~ trade** *s.* Buchhandel *m*; **~ val·ue** *s.* ⚜ Buchwert *m*; '**~·worm** *s. zo. u. fig.* Bücherwurm *m*.

boom¹ [bu:m] **I** *s.* Dröhnen *n*, Donnern *n*, Brausen *n*; **II** *v/i.* dröhnen, donnern, brausen; **III** *v/t. a.* ***~ out*** dröhnen(d äußern).

boom² [bu:m] *s.* **1.** ⚓ Baum *m* (*Hafen- od. Flußsperrgerät*); **2.** ⚓ Baum *m*, Spiere *f* (*Stange am Segel*); **3.** *Am.* Schwimmbaum *m* (*zum Auffangen des Floßholzes*); **4.** *Film, TV*: (Mikro'phon)Galgen *m*.

boom³ [bu:m] **I** *s.* **1.** Aufschwung *m*; Berühmtheit *f*, *das* Berühmtwerden, Blüte(zeit) *f*; **2.** ⚜ Boom *m*: a) ('Hoch-)Konjunk,tur *f*: ***building ~*** Bauboom, b) Aufschwung *m*, c) *Börse*: Hausse *f*; **3.** Re'klamerummel *m*, aufdringliche Propa'ganda; **II** *v/i.* **4.** e-n (ra'piden) Aufschwung nehmen, in die Höhe schnellen, anziehen (*Preise, Kurse*), blühen: ***~ing*** florierend, blühend; **III** *v/t.* **5.** die Werbetrommel rühren für; *Preise* in die Höhe treiben; ,**~-and-'bust** *s. Am.* F außergewöhnlicher Aufstieg, dem e-e ernste Krise folgt.

boom·er·ang ['bu:məræŋ] **I** *s.* Bumerang *m* (*a. fig.*); **II** *v/i. fig.* (***on***) sich als Bumerang erweisen (für), zurückschlagen (auf *acc.*).

boon¹ [bu:n] *s.* **1.** Wohltat *f*, Segen *m*; **2.** Gefälligkeit *f*.

boon² [bu:n] *adj. lit.* freundlich, munter: ***~ companion*** lustiger Kumpan *od.* Zechbruder.

boon·docks ['bu:ndɒks] *s. pl. Am. sl. die* Pro'vinz.

boor [bʊə] *s. fig.* a) ‚Bauer' *m*, ungehobelter Kerl, b) Flegel *m*; **boor·ish** ['bʊərɪʃ] *adj.* □ *fig.* ungehobelt, flegelhaft; **boor·ish·ness** ['bʊərɪʃnɪs] *s.* ungehobeltes Benehmen *od.* Wesen.

boost [bu:st] **I** *v/t.* **1.** hochschieben, -treiben; nachhelfen (*dat.*) (*a. fig.*); **2.** ⚜ F a) fördern, Auftrieb geben (*dat.*) (*a. fig.*), *Produktion etc.* ‚ankurbeln', *Preise* in die Höhe treiben: ***~ the morale*** die (*Arbeits- etc.*)Moral heben, b) anpreisen, Re'klame machen für; **3.** ⚙, ϟ *Druck, Spannung* erhöhen, verstärken; **II** *s.* **4.** Förderung *f*, Erhöhung *f*; Auftrieb *m*; **5.** *fig.* Re'klame *f*.

boost·er ['bu:stə] *s.* **1.** F Förderer *m* Re'klamemacher *m*; Preistreiber *m*; **2.** ⚙, ϟ 'Zusatz(aggre,gat *n*, -dy,namo *m*, -verstärker *m*) *m*; Kom'pressor *m*; Servomotor *m*; *Rakete*: a) 'Antriebsaggre,gat *n*, b) Zündstufe *f*, c) 'Trägerra,kete *f*; **~ bat·ter·y** *s.* ϟ 'Zusatzbatte,rie *f*; **~ rock·et** *s.* 'Startra,kete *f*; **~ shot** *s.* ⚕ Wieder'holungsimpfung *f*.

boot¹ [bu:t] **I** *s.* **1.** (*Am.* Schaft)Stiefel *m*; *pl. Mode*: Boots *pl.*: ***the ~ is on the other leg*** a) der Fall liegt umgekehrt, b) die Verantwortung liegt bei der anderen Seite; ***die in one's ~s*** a) in den Sielen sterben, b) e-s plötzlichen *od.* gewaltsamen Todes sterben; ***get the ~*** *sl.* ‚rausgeschmissen' (*entlassen*) werden; → ***big*** 2; **2.** *Brit. mot.* Kofferraum *m*; **3.** ⚙ Schutzkappe *f*, -hülle *f*; **II** *v/t.* **4.** *sl. j-m* e-n Fußtritt geben; **5.** *sl. fig. j-n* ‚rausschmeißen' (*entlassen*); **6.** F *Fußball* treten; **7.** *Computer*: *Programm* booten, starten.

boot² [bu:t] *s. nur noch in*: ***to ~*** obendrein, noch dazu.

'**boot·black** *s. Am.* Schuhputzer *m*.

boot·ed ['bu:tɪd] *adj.* Stiefel tragend: ***~ and spurred*** gestiefelt u. gespornt.

booth [bu:ð] *s.* **1.** (Markt)Bude *f*; (Messe)Stand *m*; **2.** (Fernsprech-, *pol.* Wahl)Zelle *f*; **3.** a) *Radio, TV*: (Über'tragungs)Ka,bine *f*, b) ('Abhör-)Ka,bine *f* (*Schallplattengeschäft*); **4.** Nische *f*, Sitzgruppe *f im Restaurant*.

'**boot|·jack** *s.* Stiefelknecht *m*; '**~·lace** *s. bsd. Brit.* Schnürsenkel *m*.

boot·leg ['bu:tleg] *v/t. u. v/i. Am. sl. bsd. Spirituosen* 'illegal herstellen, schwarz verkaufen, schmuggeln; '**boot,leg·ger** [-gə] *s. Am. sl.* ('Alkohol-)Schmuggler *m*, (-)Schwarzhändler *m*; '**boot,leg·ging** [-gɪŋ] *s. Am. sl.* ('Alkohol)Schmuggel *m*.

boot·less ['bu:tlɪs] *adj.* □ nutzlos, vergeblich.

'**boot|·lick** *v/t. u. v/i.* F (vor *j-m*) kriechen; '**~,lick·er** *s.* F ‚Kriecher' *m*.

boots [bu:ts] *s. sg.* Hausdiener *m* (*im Hotel*).

'**boot|·strap** *s.* Stiefelstrippe *f*, -schlaufe *f*: ***pull o.s. up by one's own ~s*** sich aus eigener Kraft hocharbeiten; **~ top** *s.* Stiefelstulpe *f*; **~ tree** *s.* Schuh-, Stiefelleisten *m*.

boot·y ['bu:tɪ] *s.* **1.** (Kriegs)Beute *f*, Raub *m*; **2.** *fig.* Beute *f*, Fang *m*.

booze [bu:z] F **I** *v/i.* ‚saufen'; **II** *s.* a) Schnaps *m*, 'Alkohol *m*, b) ‚Saufe'rei' *f*, Besäufnis *n*: ***go on*** (*od.* ***hit***) ***the ~*** → I;

boozed [-zd] *adj.* F ‚blau', ‚voll', besoffen; '**booz·er** [-zə] *s.* **1.** F Säufer *m*; **2.** *Brit. sl.* Kneipe *f*.

'**booze-up** → ***booze*** II b.

booz·y ['buːzɪ] *adj.* F **1.** → ***boozed***; **2.** versoffen.

bo·rac·ic [bə'ræsɪk] *adj.* ⚗ 'boraxhaltig, Bor…: ***~ acid*** Borsäure *f*.

bor·age ['bɒrɪdʒ] *s.* ⚘ Borretsch *m*, Gurkenkraut *n*.

bo·rax ['bɔːræks] *s.* ⚗ 'Borax *m*.

bor·der ['bɔːdə] **I** *s.* **1.** Rand *m*, Kante *f*; **2.** (*Landes- od. Gebiets*)Grenze *f*; *a.* ***~ area*** Grenzgebiet *n*: ***the*** **2** Grenze *od.* Grenzgebiet zwischen England u. Schottland; ***north of the*** **2** in Schottland; ***~ incident*** Grenzzwischenfall *m*; **3.** Um'randung *f*, Borte *f*, Einfassung *f*, Saum *m*; Zierleiste *f*; **4.** Randbeet *n*, Ra'batte *f*; **II** *v/t.* **5.** einfassen, besetzen; **6.** begrenzen, (um)'säumen: ***a lawn ~ed by trees***; **7.** grenzen an (*acc.*): ***my park ~s yours***; **III** *v/i.* **8.** grenzen (***on*** an *acc.*) (*a. fig.*); '**bor·der·er** [-ərə] *s.* **1.** Grenzbewohner *m*; **2.** **2*****s*** *pl.* ⚔ 'Grenzregi,ment *n*.

'**bor·der|·land** *s.* Grenzgebiet *n* (*a. fig.*); '**~·line** **I** *s.* 'Grenz,linie *f*; *fig.* Grenze *f*; **II** *adj.* auf *od.* an e-r Grenze: ***~ case*** Grenzfall *m*.

bor·dure ['bɔː,djʊə] *s. her.* 'Schild-, 'Wappenum,randung *f*.

bore[1] [bɔː] **I** *v/t.* **1.** (durch)'bohren: ***~ a well*** e-n Brunnen bohren; ***to ~ one's way*** *fig.* sich (mühsam) e-n Weg bahnen; **II** *v/i.* **2.** (***for***) bohren, Bohrungen machen (nach); ⚒ schürfen (nach); **3.** ⚙ *bei Holz*: (ins Volle) bohren; *bei Metall*: (aus-, auf)bohren; **4.** sich einbohren (***into*** in *acc.*); **III** *s.* **5.** ⚒ Bohrung *f*, Bohrloch *n*; **6.** ⚔, ⚙ Bohrung *f*, Seele *f*, Ka'liber *n* (*e-r Schußwaffe*).

bore[2] [bɔː] **I** *s.* **1.** *et.* Langweiliges *od.* Lästiges *od.* Stumpfsinniges: ***what a ~*** a) wie langweilig, b) wie dumm; ***the book is a ~ to read*** das Buch ist ‚stinkfad'; **2.** a) fader Kerl, b) unangenehmer Kerl, (altes) Ekel; **II** *v/t.* **3.** langweilen: ***be ~d*** sich langweilen; ***look ~d*** gelangweilt aussehen.

bore[3] [bɔː] *s.* Springflut *f*.

bore[4] [bɔː] *pret. von* ***bear***[1].

bo·re·al ['bɔːrɪəl] *adj.* nördlich, Nord…; **bo·re·a·lis** [bɔːrɪ'eɪlɪs] → ***aurora borealis***; **Bo·re·as** ['bɒrɪæs] **I** *npr.* 'Boreas *m*; **II** *s. poet.* Nordwind *m*.

bore·dom ['bɔːdəm] *s.* **1.** Langeweile *f*, Gelangweiltsein *n*; **2.** Langweiligkeit *f*, Stumpfsinn *m*.

bor·er ['bɔːrə] *s.* **1.** ⚙ Bohrer *m*; **2.** *zo.* Bohrer *m* (*Insekt*).

bo·ric ['bɔːrɪk] *adj.* ⚗ Bor…: ***~ acid*** Borsäure *f*.

bor·ing ['bɔːrɪŋ] *adj.* **1.** bohrend, Bohr…; **2.** langweilig.

born [bɔːn] **I** *p.p. von* ***bear***[1]; **II** *adj.* geboren: ***~ of …*** geboren von …, Kind des *od.* der …; ***a ~ poet***, ***~ a poet*** ein geborener Dichter, zum Dichter geboren; ***a ~ fool*** ein völliger Narr; ***an Englishman ~ and bred*** ein echter Engländer; ***never in all my ~ days*** mein Lebtag (noch) nie.

borne [bɔːn] *p.p. von* ***bear***[1] **1.** getragen *etc.*: ***lorry-~*** mit (e-m) Lastwagen befördert; **2.** geboren (*in Verbindung mit* ***by*** *und dem Namen der Mutter*): ***Elizabeth I was ~ by Anne Boleyn***.

bor·né ['bɔːneɪ] (*Fr.*) *adj.* borniert.

bo·ron ['bɔːrɒn] *s.* ⚗ Bor *n*.

bor·ough ['bʌrə] *s.* **1.** *Brit.* a) Stadt *f od.* im Parla'ment vertretener städtischer Wahlbezirk, b) Stadtteil *m* (*von Groß-London*): **2** ***Council*** Stadtrat *m*; **2.** *Am.* a) Stadt- *od.* Dorfgemeinde *f*, b) Stadtbezirk *m* (*in New York*).

bor·row ['bɒrəʊ] *v/t.* **1.** (aus)borgen, (ent)leihen (***from***, ***of*** von): ***~ed funds*** ♰ Fremdmittel *pl.*; **2.** *fig.* entlehnen, *humor.* ‚borgen': ***~ed word*** Lehnwort *n*; '**bor·row·er** [-əʊə] *s.* **1.** Entleiher (-in), Borger(in); **2.** ♰ Kre'ditnehmer (-in); '**bor·row·ing** [-əʊɪŋ] *s.* (Aus)Borgen *n*; Darlehns-, Kre'ditaufnahme *f*, Anleihe *f*: ***~ power*** ♰ Kreditfähigkeit *f*.

Bor·stal (**In·sti·tu·tion**) ['bɔːstl] *s. Brit. erzieherisch gestaltete Jugendstrafanstalt*: ***Borstal training*** Strafvollzug *m* in e-m ***Borstal***.

bosh [bɒʃ] *s.* F ‚Quatsch' *m*.

bos·om ['bʊzəm] *s.* **1.** Busen *m*, Brust *f*, *fig. a.* Herz *n*: ***~ friend*** Busenfreund (-in); ***keep*** (*od.* ***lock***) ***in one's*** (***own***) ***~*** in s-m Busen verschließen; ***take s.o. to one's ~*** j-n ans Herz drücken; **3.** *fig.* Schoß *m*: ***in the ~ of one's family*** (***the Church***); → ***Abraham***; **4.** Brustteil *m* (*Kleid etc.*); *bsd. Am.* Hemdbrust *f*; **5.** Tiefe *f*, *das* Innere: ***in the ~ of the earth*** im Erdinnern; '**bos·omed** [-md] *adj. in Zssgn* …busig; '**bos·om·y** [-mɪ] *adj.* vollbusig.

boss[1] [bɒs] **I** *s.* Beule *f*, Buckel *m*, Knauf *m*, Knopf *m*, erhabene Verzierung; ⚙ (*Rad-, Schiffsschrauben*)Nabe *f*; **II** *v/t.* mit Buckeln *etc.* verzieren, bosseln, treiben.

boss[2] [bɒs] F **I** *s.* **1.** *a.* ***~-man*** Chef *m*, Vorgesetzte(r) *m*, ‚Boß' *m*; **2.** *fig.* ‚Macher' *m*, ‚Boß' *m*, Tonangebende(r) *m*; **3.** *Am. pol.* (Par'tei)Bonze *m*, (-)Boß *m*; **II** *v/t.* **4.** Herr sein über (*acc.*): ***~ the show*** der Chef vom Ganzen sein; **III** *v/i.* **5.** den Chef *od.* Herrn spielen, kommandieren; **6.** ***~ about*** herumkommandieren; **boss·y** ['bɒsɪ] *adj.* F **1.** herrisch, dikta'torisch; **2.** rechthaberisch.

bo·sun ['bəʊsn] → ***boatswain.***

bo·tan·ic, bo·tan·i·cal [bə'tænɪk(l)] *adj.* □ bo'tanisch.

bot·a·nist ['bɒtənɪst] *s.* Bo'taniker *m*, Pflanzenkenner *m*; **'bot·a·nize** [-naɪz] *v/i.* botanisieren; **'bot·a·ny** [-nɪ] *s.* Bo'tanik *f*, Pflanzenkunde *f*.

botch [bɒtʃ] **I** *s.* Flickwerk *n*, *fig. a.* Pfuscharbeit *f*: ***make a ~ of s.th*** et. verpfuschen; **II** *v/t.* zs.-schustern *od.* -stoppeln; verpfuschen; **III** *v/i.* pfuschen, stümpern; **'botch·er** [-tʃə] *s.* **1.** Flickschneider *m*, -schuster *m* (*a. fig.*); **2.** Pfuscher *m*, Stümper *m*.

both [bəʊθ] **I** *adj. u. pron.* beide, beides: ***~ my sons*** m-e beiden Söhne; ***~ parents*** beide Eltern; ***~ of them*** sie (*od.* alle) beide; ***you can't have it ~ ways*** du kannst nicht beides *od.* nur eins von beiden haben; **II** *adv. od. cj.*: ***~ ... and*** sowohl ... als (auch): ***~ boys and girls.***

both·er ['bɒðə] **I** *s.* **1.** a) Last *f*, Plage *f*, Mühe *f*, Ärger *m*, Schere'rei *f*, b) Aufregung *f*, ‚Wirbel' *m*, Getue *n*: ***this boy is a great ~*** dieser Junge ist e-e große Plage; **II** *v/t.* **2.** belästigen, quälen, stören, beunruhigen, ärgern: ***don't ~ me!*** laß mich in Frieden!; ***be ~ed about s.th.*** über et. beunruhigt sein; ***I can't be ~ed with it*** ich kann mich nicht damit abgeben; ***~ one's head about s.th.*** sich über et. den Kopf zerbrechen; ***~ (it)!*** F verflixt!; **III** *v/i.* **3.** (***about***) sich sorgen (um), sich aufregen (über *acc.*); **4.** sich Mühe geben: ***don't ~!*** bemüh dich nicht!; **5.** (***about***) sich kümmern (um), sich befassen (mit), sich Gedanken machen (wegen): ***I shan't ~ about it***; **both·er·a·tion** [ˌbɒðə'reɪʃn] F **I** *s.* Belästigung *f*; **II** *int.* ‚Mist'!

bo-tree ['bəʊtriː] *s. der* heilige Feigenbaum (*Buddhas*).

bot·tle ['bɒtl] **I** *s.* **1.** Flasche *f* (*a.* ⚙): ***wine in ~s*** Flaschenwein *m*; ***bring up on the ~*** *Säugling* mit der Flasche aufziehen; ***be fond of the ~*** gern ‚einen heben'; **II** *v/t.* **2.** in Flaschen abfüllen; **3.** *bsd. Brit. Früchte etc.* in Gläsern einmachen; ***~ up*** *v/t.* **1.** *fig. Gefühle etc.* unter'drücken: ***bottled-up*** aufgestaut; **2.** einschließen: ***~ the enemy's fleet.***

bot·tle cap *s.* Flaschenkapsel *f*.

bot·tled ['bɒtld] *adj.* in Flaschen *od.* (Einmach)Gläser (ab)gefüllt: ***~ beer*** Flaschenbier *n*; → ***bottle up*** 1.

'bot·tle|-feed *v/t.* [*irr.*] mit der Flasche aufziehen, aus der Flasche ernähren: ***bottle-fed child***; **~ gourd** *s.* ⚘ Flaschenkürbis *m*; **'~-green** *adj.* flaschen-, dunkelgrün; **'~-ˌhold·er** *s.* **1.** *Boxen*: Sekun'dant *m*; **2.** *fig.* Helfershelfer *m*; **~ imp** *s.* Flaschenteufelchen *n*; **'~-neck** *s.* Engpaß *m* (*a. fig.*); **'~-nosed** *adj.* mit e-r Säufernase; **'~ˌpar·ty** *s.* Bottle-Party *f* (*zu der jeder Gast e-e Flasche Wein etc. mitbringt*); **~ post** *s.* Flaschenpost *f*.

bot·tler ['bɒtlə] *s.* 'Abfüllmaˌschine *f od.* -betrieb *m*.

'bot·tle-ˌwash·er *s.* **1.** Flaschenreiniger *m*; **2.** *humor.* Fak'totum *n*, ‚Mädchen *n* für alles'.

bot·tom ['bɒtəm] **I** *s.* **1.** *der* unterste Teil, 'Unterseite *f*, Boden *m* (*Gefäß etc.*), Fuß *m* (*Berg, Treppe, Seite etc.*), Sohle *f* (*Brunnen, Tal etc.*): ***~s up!*** *sl.* ex! (*beim Trinken*); **2.** Boden *m*, Grund *m* (*Gewässer*): ***go to the ~*** versinken; ***send to the ~*** versenken; ***touch ~*** a) auf Grund geraten, b) *fig.* den Tiefpunkt erreichen; ***the ~ has fallen out of the market*** der Markt hat e-n Tiefstand erreicht; **3.** *fig.* Grund(lage *f*) *m*: ***what is at the ~ of it?*** was ist der Grund dafür?, was steckt dahinter?; ***knock the ~ out of s.th.*** et. gründlich widerlegen; ***get to the ~ of s.th.*** e-r Sache auf den Grund gehen *od.* kommen: ***from the ~ up*** von Grund auf; **4.** *fig. das* Innere, Tiefe *f*: ***from the ~ of my heart*** aus tiefstem Herzen; ***at ~*** im Grunde; **5.** ⚓ Schiffsboden *m*; Schiff *n*: ***~ up(wards)*** kieloben; ***shipped in British ~s*** in brit. Schiffen verladen; **6.** (*Stuhl*)Sitz *m*; **7.** F *der* Hintern, ‚Po (-'po)' *m*: ***smack the boy's ~*** den Jungen ‚versohlen'; ***smooth as a baby's ~*** glatt wie ein Kinderpopo; **8.** (unteres) Ende (*Tisch, Klasse, Garten*); **II** *adj.* **9.** unterst, letzt, äußerst: ***~ shelf*** unterstes (*Bücher*)Brett; ***~ drawer*** a) unterste Schublade (*a. fig.*), b) *Brit.* Aussteuer (-truhe) *f*; ***~ price*** äußerster Preis; ***~ line*** letzte Zeile; **III** *v/t.* **10.** mit e-m Boden *od.* Sitz versehen; **11.** ergründen; **'bot·tomed** [-md] *adj.*: ***~ on*** beruhend auf (*dat.*); ***double-~*** mit doppeltem Boden; ***cane-~*** mit Rohrsitz (*Stuhl*); **'bot·tom·less** [-lɪs] *adj.* bodenlos (*a. fig.*); unergründlich; unerschöpflich; **'bot·tom·ry** [-rɪ] *s.* ⚓ Bodme'rei(geld *n*) *f*.

bot·u·lism ['bɒtjʊlɪzəm] *s.* ⚕ Botu'lismus *m* (*Fleischvergiftung etc.*).

bou·doir ['bu:dwa:] (*Fr.*) *s.* Bou'doir *n.*

bough [baʊ] *s.* Ast *m*, Zweig *m*.

bought [bɔ:t] *pret. u. p.p. von* ***buy***.

boul·der ['bəʊldə] *s.* Fels-, Geröllblock *m*; *geol.* er'ratischer Block: ***~ period*** Eiszeit *f*.

bou·le·vard ['bu:lvɑ:] *s.* Boule'vard *m*, Prachtstraße *f*, *Am. a.* Hauptverkehrsstraße *f*.

boult → ***bolt***[2].

bounce [baʊns] **I** *v/i.* **1.** springen, (hoch)schnellen, hüpfen: ***the ball ~d***; ***he ~d out of his chair***; ***~ about*** herumhüpfen; **2.** stürzen, stürmen: ***~ into a room***; **3.** auf-, anprallen (***against*** gegen): ***~ off*** abprallen; **4.** ✝ ‚platzen' (*Scheck*); **II** *v/t.* **5.** *Ball* (auf)springen lassen; **6.** *Brit.* F *j-n* drängen (***into*** zu); **7.** *Am. sl. j-n* ‚rausschmeißen' (*a. fig. entlassen*); **III** *s.* **8.** Sprungkraft *f*; **9.** Sprung *m*, Schwung *m*, Stoß *m*; **10.** Unverfrorenheit *f*; **11.** F ‚Schwung' *m*, E'lan *m*; **12.** *Am. sl.* ‚Rausschmiß' *m* (*Entlassung*); '**bounc·er** [-sə] *s.* F **1.** a) Angeber *m*, b) Lügner *m*; **2.** freche Lüge; **3.** a) ‚Mordskerl' *m*, b) ‚Prachtweib' *n*, c) ‚Mordssache' *f*; **4.** *Am.* ‚Rausschmeißer' *m* (*in Nachtlokalen etc.*); **5.** ungedeckter Scheck; '**bounc·ing** [-sɪŋ] *adj.* **1.** stramm (*kräftig*): ***~ baby***; ***~ girl***; **2.** munter, lebhaft; **3.** Mords...

bound[1] [baʊnd] **I** *pret. u. p.p. von* ***bind***; **II** *adj.* **1.** ***be ~ to do*** zwangsläufig *et.* tun müssen; ***he is ~ to tell me*** er ist verpflichtet, es mir zu sagen; ***he is ~ to be late*** er muß ja zu spät kommen; ***he is ~ to come*** er kommt bestimmt; ***I'll be ~*** ich bürge dafür, ganz gewiß; **2.** *in Zssgn* festgehalten *od.* verhindert durch: ***ice-~***; ***storm~***.

bound[2] [baʊnd] *adj.* (***for***) bestimmt, unter'wegs (nach): ***~ for London***; ***homeward*** (***outward***) ***~*** ⚓ auf der Heimreise (Hin-, Ausreise) (befindlich); ***where are you ~ for?*** wohin reisen *od.* gehen Sie?

bound[3] [baʊnd] **I** *s.* **1.** Grenze *f*, Schranke *f*, Bereich *m*: ***beyond all ~s*** maß-, grenzenlos; ***keep within ~s*** in vernünftigen Grenzen halten; ***set ~s to*** Grenzen setzen (*dat.*), in Schranken halten; ***within the ~s of possibility*** im Bereich des Möglichen; ***out of ~s*** a) *sport* aus, im Aus, b) (***to***) Zutritt verboten (für); **II** *v/t.* **2.** be-, abgrenzen, die Grenze von *et.* bilden; **3.** *fig.* beschränken, in Schranken halten.

bound[4] [baʊnd] **I** *v/i.* **1.** (hoch)springen, hüpfen (*a. fig.*); **2.** lebhaft gehen, laufen; **3.** an-, abprallen; **II** *s.* **4.** Sprung *m*, Satz *m*, Schwung *m*: ***at a single ~*** mit 'einem Satz; ***on the ~*** beim Aufspringen (*Ball*).

bound·a·ry ['baʊndərɪ] *s.* **1.** *a. fig.* Grenze *f*, *a.* ***~ line*** 'Grenz,linie *f*; **2.** *fig.* Bereich *m*; **4.** ⚡, *phys.* a) Begrenzung *f*, b) Rand *m*, c) 'Umfang *m*.

bound·en ['baʊndən] *adj.*: ***my ~ duty*** m-e Pflicht u. Schuldigkeit.

bound·er ['baʊndə] *s. sl.* ‚Stromer' *m*, Kerl *m*.

bound·less ['baʊndlɪs] *adj.* □ grenzenlos, unbegrenzt, *fig. a.* 'übermäßig.

boun·te·ous ['baʊntɪəs] *adj.* □ **1.** freigebig, großzügig; **2.** (allzu) reichlich; '**boun·ti·ful** [-tɪfʊl] *adj.* □ → ***bounteous***; **boun·ty** ['baʊntɪ] *s.* **1.** Freigebigkeit *f*; **2.** (milde) Gabe; Spende *f* (*bsd. e-s Herrschers*); **3.** ⚔ Handgeld *n*; **4.** ✝ (*bsd.* Ex'port),Prämie *f*, Zuschuß *m* (***on*** auf, für); **5.** Belohnung *f*.

bou·quet [bʊ'keɪ] *s.* **1.** Bu'kett *n*, (Blumen)Strauß *m*; **2.** A'roma *n*; Blume *f* (*Wein*); **3.** *bsd. Am.* Kompli'ment *n*.

Bour·bon ['bʊəbən] *s.* **1.** *pol. Am.* Reaktio'när *m*; **2.** ♀ ['bɜ:bən] 'Bourbon *m* (*amer. Whiskey aus Mais*).

bour·geois[1] ['bʊəʒwɑ:] *contp.* **I** *s.* Bour'geois *m*; **II** *adj.* bour'geois, (spieß)bürgerlich.

bour·geois[2] [bɜ:'dʒɔɪs] *typ.* **I** *s.* 'Borgis *f*; **II** *adj.* in 'Borgis,lettern gedruckt.

bourn(e)[1] [bʊən] *s.* (Gieß)Bach *m*.

bourn(e)[2] [bʊən] *s.* **1.** *obs.* Grenze *f*; **2.** *poet.* Ziel *n*; Gebiet *n*, Bereich *m*.

bourse [bʊəs] *s.* ✝ Börse *f*.

bout [baʊt] *s.* **1.** Arbeitsgang *m*; *Fechten*, *Tanz*: Runde *f*: ***drinking ~*** Zecherei *f*; **2.** (Krankheits)Anfall *m*, At'tacke *f*; **3.** Zeitspanne *f*; **4.** Kraftprobe *f*, Kampf *m*; **5.** (*bsd.* Box-, Ring)Kampf *m*.

bo·vine ['bəʊvaɪn] *adj.* **1.** *zo.* Rinder...; **2.** *fig.* (*a. geistig*) träge, schwerfällig, dumm.

bov·ver ['bɒvə] *s. Brit. sl.* Schläge'rei *f* *bsd.* zwischen Rockern: ***~ boots*** Rokker-Stiefel *pl*.

bow[1] [baʊ] **I** *s.* **1.** Verbeugung *f*, Verneigung *f*: ***make one's ~*** a) sich vorstellen, b) sich verabschieden; ***take a ~*** sich verbeugen, sich für den Beifall bedanken; **II** *v/t.* **2.** beugen, neigen: ***~ one's head*** den Kopf neigen; ***~ one's neck*** *fig.* den Nacken beugen; ***~ one's thanks*** sich dankend verneigen; ***~ed with grief*** gramgebeugt; → ***knee*** 1; **3.**

biegen: ***the wind has ~ed the branches***; **III** *v/i.* **4.** (***to***) sich verbeugen *od.* verneigen (vor *dat.*), grüßen (*acc.*): ***a ~ing acquaintance*** e-e Grußbekanntschaft; ***on ~ing terms*** auf dem Grußfuße, flüchtig bekannt; ***~ and scrape*** Kratzfüße machen, *fig.* katzbuckeln; **5.** *fig.* sich beugen *od.* unter'werfen (***to*** *dat.*): ***~ to the inevitable*** sich in das Unvermeidliche fügen; **~ down** *v/i.* (***to***) **1.** verehren, anbeten (*acc.*); **2.** sich unter'werfen (*dat.*); **~ in** *v/t. j-n* unter Verbeugungen hin'eingeleiten; **~ out I** *v/t. j-n* hin'auskomplimentieren; **II** *v/i.* sich verabschieden.

bow² [bəʊ] **I** *s.* **1.** (Schieß)Bogen *m*: ***have more than one string to one's ~*** *fig.* mehrere Eisen im Feuer haben; ***draw the long ~*** *fig.* aufschneiden, übertreiben; **2.** ♪ (*Violin- etc.*)Bogen *m*; **3.** ⩓, ⚙ a) Bogen *m*, Kurve *f*, b) *pl.* 'Bogenˌzirkel *m*; **4.** Bügel *m* (*der Brille*); **5.** Knoten *m*, Schleife *f*; **II** *v/i.* **6.** ♪ den Bogen führen.

bow³ [baʊ] *s.* ⚓ **1.** *a. pl.* Bug *m*; **2.** Bugmann *m* (*im Ruderboot*).

Bow| bells [bəʊ] *s. pl.* Glocken *pl.* der Kirche ***St. Mary le Bow*** (*London*): ***be born within the sound of ~*** ein echter Cockney sein; ≈ **com·pass(·es)** *s. sg. od. pl.* ⩓, ⚙ → ***bow²*** 3b.

bowd·ler·ize ['baʊdləraɪz] *v/t. Bücher* (von anstößigen Stellen) säubern; *fig.* verwässern.

bow·els ['baʊəlz] *s. pl.* **1.** *anat.* Darm *m*; Gedärm *n*, Eingeweide *pl.*: ***open ~*** ⚕ offener Leib; ***have open ~*** regelmäßig Stuhlgang haben; **2.** *das* Innere, Mitte *f*: ***the ~ of the earth*** das Erdinnere.

bow·er¹ ['baʊə] *s.* (Garten)Laube *f*, schattiges Plätzchen; *obs.* (Frauen)Gemach *n*.

bow·er² ['baʊə] *s.* ⚓ Buganker *m*.

bow·er·y ['baʊərɪ] *s. hist. Am.* Farm *f*, Pflanzung *f*: ***the*** ≈ die Bowery (*heruntergekommene Straße u. Gegend in New York City*).

'bow-head ['bəʊ-] *s. zo.* Grönlandwal *m*.

'bow·ie-knife ['bəʊɪ-] *s.* [*irr.*] 'Bowiemesser *n* (*langes Jagdmesser*).

bowl¹ [bəʊl] *s.* **1.** Napf *m*, Schale *f*; Bowle *f* (*Gefäß*); **2.** Schüssel *f*, Becken *n*; **3.** *poet.* Gelage *n*; **4.** a) (Pfeifen-) Kopf *m*, b) Höhlung *f* (*Löffel etc.*); **5.** *Am.* 'Stadion *n*.

bowl² [bəʊl] **I** *s.* **1.** a) (*Bowling-, Bowls-, Kegel*)Kugel *f*, b) → ***bowls*** 1, c) Wurf *m*; **II** *v/t.* **2.** *allg.* rollen (lassen); *Bowling etc*: *die Kugel* werfen; *Ball* rollen, werfen (*a. Kricket*); *Reifen* schlagen, treiben; **III** *v/i.* **3.** a) bowlen, Bowls spielen, b) bowlen, Bowling spielen, c) kegeln, d) werfen; **4.** *mst* ***~ along*** ‚(da'hin)gondeln' (*Wagen*); **~ out** *v/t. Kricket*: *den Schläger* (durch Treffen des Dreistabes) ‚ausmachen'; *fig. j-n* ‚erledigen', schlagen; **~ o·ver** *v/t.* 'umwerfen (*a. fig.*).

'bow-legged ['bəʊ-] *adj.* säbel-, O-beinig; **'bow-legs** *s. pl.* Säbel-, O-Beine *pl.*

bowl·er ['bəʊlə] *s.* **1.** a) Bowls-Spieler (-in), b) Bowling-Spieler(in), c) Kegler (-in); **2.** *Kricket*: Werfer *m*; **3.** *a.* ***~ hat*** *Brit.* ‚Me'lone' *f*.

bow·line ['bəʊlɪn] *s.* ⚓ Bu'lin *f*.

bowl·ing ['bəʊlɪŋ] *s.* **1.** Bowling *n*; **2.** Kegeln *n*; **~ al·ley** *s.* **1.** Bowlingbahn *f*; **2.** Kegelbahn *f*; **~ green** *s. Bowls etc*: Rasenplatz *m*.

bowls [bəʊlz] *s. pl. sg. konstr.* **1.** Bowls (-Spiel) *n*; **2.** Kegeln *n*.

bow|·man ['bəʊmən] *s.* [*irr.*] Bogenschütze *m*; **'~·shot** *s.* Bogenschußweite *f*; **'~·sprit** *s.* ⚓ Bugspriet *m*; ≈ **Street** *npr. Straße in London mit dem Polizeigericht*; **'~·string I** *s.* Bogensehne *f*; **II** *v/t.* erdrosseln; **~ tie** *s.* (Frack)Schleife *f*, Fliege *f*; **~ win·dow** *s.* Erkerfenster *n*.

bow-wow I *int.* [ˌbaʊ'waʊ] wau'wau!; **II** *s.* ['baʊwaʊ] *Kindersprache*: Wau'wau *m* (*Hund*).

box¹ [bɒks] **I** *s.* **1.** Kasten *m*, Kiste *f*; *Brit. a.* Koffer *m*; **2.** Büchse *f*, Schachtel *f*, Etu'i *n*, Dose *f*, Kästchen *n*; **3.** Behälter *m*, (*a. Buch-, Film- etc.*)Kas'sette *f*, Hülse *f*, Gehäuse *n*, Kapsel *f*; **4.** Häus-chen *n*; Ab'teil *n*, Ab'teilung *f*, Loge *f* (*Theater etc.*); ⚖ a) Zeugenstand *m*, b) (Geschworenen)Bank *f*; **5.** Box *f*: a) *Pferdestand*, b) *mot. Einstellplatz in e-r Großgarage*; **6.** Fach *n* (*a. für Briefe etc.*); **7.** Kutschbock *m*; **8.** *Am.* Wagenkasten *m*; **9.** *Baseball*: Standplatz *m* (*des Schlägers*); **10.** a) Postfach *n*, b) → ***box number***, c) Briefkasten *m*; **11.** *pol.* (Wahl)Urne *f*; **12.** *typ.* Kasten *m*, Kästchen (*eingeschobener, umrandeter Text*), Rub'rik *f*; **13.** F ‚Kasten' *m* (*Fernsehapparat, Fußballtor etc.*); **II** *v/t.* **14.** in Schachteln, Kasten *etc.* legen, packen, einschließen; **15.** ***~ the compass*** a) ⚓ alle Kompaßpunkte aufzählen, b) *fig.* alle Gesichtspunkte vorbringen u. schließlich zum Ausgangspunkt zurückkehren, e-e völlige Kehrtwendung machen; **~ in** *v/t.* **1.** → ***box¹*** 14; **2.** → **~ up** *v/t.* einschließen, -klemmen.

box² [bɒks] **I** *s.* **1.** Schlag *m* mit der Hand: ~ ***on the ear*** Ohrfeige *f*; **II** *v/t.* **2.** ~ ***s.o.'s ears*** j-n ohrfeigen; **3.** gegen *j-n* boxen; **III** *v/i.* **4.** *sport* boxen.

box³ [bɒks] *s.* ⚘ Buchsbaum(holz *n*) *m*.

box| bar·rage *s.* ⚔ Abriegelungsfeuer *n*; **'~·calf** *s.* 'Boxkalf *n* (*Leder*); ~ **cam·er·a** *s. phot.* 'Box(ˌkamera) *f*; **'~·car** *s.* 🚃 *Am.* geschlossener Güterwagen.

box·er ['bɒksə] *s.* **1.** *sport* Boxer *m*; **2.** *zo.* Boxer *m* (*Hunderasse*); **3.** ♀ *hist.* Boxer *m* (*Anhänger e-s chinesischen Geheimbundes um 1900*).

box·ing ['bɒksɪŋ] *s.* **1.** *sport* Boxen *n*; **2.** Ver-, Einpacken *n*; ♀ **Day** *s. Brit.* der zweite Weihnachtsfeiertag; ~ **gloves** *s. pl.* Boxhandschuhe *pl.*; ~ **match** *s. sport* Boxkampf *m*.

'box|-ˌi·ron *s.* Bolzen(bügel)eisen *n*; ~ **junc·tion** *s. Brit. markierte Kreuzung, in die bei stehendem Verkehr nicht eingefahren werden darf*; **'~ˌkeep·er** *s. thea.* 'Logenschließer(in); ~ **num·ber** *s.* 'Chiffre(nummer) *f* (*in Zeitungsanzeigen*); ~ **of·fice** *s.* **1.** (The'ater- *etc.*) Kasse *f*; **2.** ***be good*** ~ ein Kassenerfolg *od.* -schlager sein; **3.** Einspielergebnis *n*; **'~-ˌof·fice** *adj.* Kassen...: ~ ***success*** *od.* ***draw*** Kassenschlager *m*; **'~·room** *s.* Abstellraum *m*; **'~ˌwal·lah** *s. Brit.-Ind.* **1.** F indischer Hausierer; **2.** *contp.* Handlungsreisende(r) *m*; **'~·wood** →***box³***.

boy [bɔɪ] **1.** Knabe *m*, Junge *m*, Bursche *m*, ‚Mann' *m*: ***the*** (*od.* ***our***) ~***s*** unsere Jung(en)s (*z. B. Soldaten*); ***old*** ~ a) ‚alter Knabe', b) → ***old boy***; ***a*** ~ ***child*** ein Kind männlichen Geschlechts, ein Junge; ~ ***singer*** Sängerknabe; ~ ***wonder*** *oft iro.* Wunderknabe; **2.** Laufbursche *m*; **3.** Boy *m*, (*bsd.* eingeborener) Diener.

boy·cott ['bɔɪkət] **I** *v/t.* boykottieren; **II** *s.* Boy'kott *m*.

'boy·friend *s.* Freund *m* (*e-s Mädchens*).

boy·hood ['bɔɪhʊd] *s.* Knabenalter *n*, Kindheit *f*, Jugend *f*.

boy·ish ['bɔɪɪʃ] *adj.* □ a) jungenhaft: ~ ***laughter***, b) knabenhaft.

boy scout *s.* Pfadfinder *m*.

bo·zo ['bəʊzəʊ] *s. Am. sl.* Kerl *m*.

B pow·er sup·ply *s.* ϟ Ener'gieversorgung *f* des An'odenkreises.

bra [brɑː] *s.* F *für* ***brassière***: B'H *m*.

brace [breɪs] **I** *s.* **1.** ⚙ Stütze *f*, Strebe *f*, (*a.* ⚕ Zahn)Klammer *f*, Anker *m*, Versteifung *f*; (Trag)Band *n*, Gurt *m*; ⚕ Stützband *n*; **2.** ⚙ Griff *m* der Bohrkurbel: ~ ***and bit*** Bohrkurbel *f*; **3.** △, ♪, ⚒, *typ.* (geschweifte) Klammer *f*; **4.** ⚓ Brasse *f*; **5.** (***a pair of***) ~***s*** *pl. Brit.* Hosenträger *m od. pl.*; **6.** (*pl.* ***brace***) ein Paar, zwei (*bsd. Hunde, Kleinwild, Pistolen; contp. Personen*); **II** *v/t.* **7.** ⚙ versteifen, -streben, stützen, verankern, befestigen; **8.** ⚙, ♪, *typ.* klammern; **9.** ⚓ brassen; **10.** *fig.* stärken, erfrischen; **11.** *a.* ~ ***up*** *s-e Kräfte, s-n Mut* zs.-nehmen; **12.** ~ ***o.s.*** (***up***) a) → 11, b) ***for s.th.*** sich auf et. gefaßt machen; **brace·let** ['breɪslɪt] *s.* **1.** Armband *n*, -reif *m*, -spange *f*; **2.** *pl. humor.* Handschellen *pl.*; **'brac·er** [-sə] *s. Am.* F Stärkung *f*, *bsd.* Schnäpschen *n*; *fig.* Ermunterung *f*.

bra·chi·al ['breɪkjəl] *adj.* Arm...; **'bra·chi·ate** [-kɪeɪt] *adj.* ⚘ paarweise gegenständig.

brach·y·ce·phal·ic [ˌbrækɪke'fælɪk] *adj.* kurzköpfig.

brac·ing ['breɪsɪŋ] *adj.* stärkend, kräftigend, erfrischend (*bsd. Klima*).

brack·en ['brækən] *s.* **1.** Farnkraut *n*; **2.** farnbewachsene Gegend.

brack·et ['brækɪt] **I** *s.* **1.** ⚙ Träger *m*, Halter *m*; **2.** Kon'sole *f*, Krag-, Tragstein *m*, Stützbalken *m*, Winkelstütze *f*; **3.** Wandarm *m*; **4.** ⚔ Gabel *f* (*Einschießen*); **5.** ⚒, *typ.* (*Am. mst* eckige) Klammer: ***in*** ~***s***; ***square*** ~***s*** eckige Klammern; **6.** Gruppe *f*, Klasse *f*, Stufe *f*: ***lower income*** ~ niedrige Einkommensstufe; **II** *v/t.* **7.** einklammern; **8.** *a.* ~ ***together*** in dieselbe Gruppe einordnen; auf gleiche Stufe stellen; **9.** ⚔ eingabeln.

brack·ish ['brækɪʃ] *adj.* brackig.

bract [brækt] *s.* ⚘ Deckblatt *n*.

brad [bræd] *s.* ⚙ Nagel *m* ohne Kopf; (Schuh)Zwecke *f*.

Brad·shaw ['brædʃɔː] *s. Brit.* (Eisenbahn)Kursbuch *n* (*1839–1961*).

brae [breɪ] *s. Scot.* Abhang *m*, Böschung *f*.

brag [bræg] **I** *s.* **1.** Prahle'rei *f*; **2.** → ***braggart*** I; **II** *v/i.* **3.** (***about***, ***of***) prahlen (mit), sich rühmen (*gen.*).

brag·ga·do·ci·o [ˌbrægə'dəʊtʃɪəʊ] *s.* Prahle'rei *f*, Aufschneide'rei *f*.

brag·gart ['brægət] **I** *s.* Prahler *m*, Aufschneider *m*; **II** *adj.* prahlerisch.

Brah·man ['brɑːmən] *s.* Brah'mane *m*; **'Brah·ma·ni** [-nɪ] *s.* Brah'manin *f*; **Brah·man·ic**, **Brah·man·i·cal** [brɑː'mænɪk(l)] *adj.* brah'manisch.

Brah·min ['brɑːmɪn] *s.* **1.** → ***Brahman***; **2.** gebildete, kultivierte Per'son; **3.** *Am. iro.* dünkelhafte(r) Intellektu'elle(r).

braid [breɪd] **I** *v/t.* **1.** *bsd. Haar, Bänder* flechten; **2.** mit Litze, Band, Borte besetzen, schmücken; **3.** ⚙ um'spinnen; **II** *s.* **4.** (*Haar*)Flechte *f*; **5.** Borte *f*, Litze *f*, Tresse *f* (*bsd.* ⚔): ***gold ~*** goldene Tresse(n); '**braid·ed** [-dɪd] *adj.* geflochten; mit Litze *etc.* besetzt; um'sponnen; '**braid·ing** [-dɪŋ] *s.* Litzen *pl.*, Borten *pl.*, Tressen *pl.*, Besatz *m.*

braille [breɪl] *s.* Blindenschrift *f.*

brain [breɪn] **I** *s.* **1.** Gehirn *n*; → ***blow out*** 5; **2.** *fig.* (*oft pl.*) a) ‚Köpfchen' *n*, ‚Grips' *m*, Verstand *m*, b) Kopf *m* (*Leiter*), *b.s.* ‚Drahtzieher' *m*: ***a clear ~*** ein klarer Kopf; ***who is the ~ behind it?*** wessen Idee ist das?; ***have ~s*** intelligent sein, ‚Köpfchen' haben; ***have*** (***got***) ***s.th on the ~*** et. dauernd im Kopf haben; ***cudgel*** (*od.* ***rack***) ***one's ~s*** sich den Kopf zerbrechen, sich das Hirn zermartern; ***pick s.o.'s ~s*** a) geistigen Diebstahl an j-m begehen, b) j-n ‚ausholen'; **II** *v/t.* **3.** *j-m* den Schädel einschlagen; **~ child** *s.* 'Geistespro‚dukt *n*; **~ drain** *s.* Abwanderung *f* von Wissenschaftlern, Brain-Drain *m.*

brained [breɪnd] *adj.*, *nur in Zssgn* …köpfig, mit e-m … Gehirn: ***feeble-~*** schwachköpfig.

'**brain|·fag** *s.* geistige Erschöpfung; **~ fe·ver** *s.* ⚕ Gehirnentzündung *f.*

brain·less ['breɪnlɪs] *adj.* **1.** hirnlos, dumm; **2.** gedankenlos.

'**brain|·pan** *s. anat.* Hirnschale *f*, Schädeldecke *f*; '**~·storm** *s.* **1.** geistige Verwirrung; **2.** verrückter Einfall; **3.** *Am.* F → ***brain wave*** 2 ; '**~‚storm·ing** *s.* Brainstorming *n* (*Problemlösung durch Sammeln spontaner Einfälle*).

brains trust [breɪnz] *s.* **1.** *Brit.* Teilnehmer *pl.* an e-r 'Podiumsdiskussi‚on; **2.** → ***brain trust.***

brain| trust *s. Am.* F po'litische *od.* wirtschaftliche Beratergruppe, Brain Trust *m*; **~ trust·er** *s. Am.* F Brain-Truster *m*, Mitglied *n* e-s ***brain trust***; **~ twist·er** *s.* ‚(harte) Nuß', schwierige Aufgabe; '**~·wash** *v/t. bsd. pol. j-n* e-r Gehirnwäsche unter'ziehen; *weitS.* verdummen; '**~‚wash·ing** *s. pol.* Gehirnwäsche *f*; **~ wave** *s.* **1.** Hirn(strom)welle *f*; **2.** F Geistesblitz *m*, ‚tolle I'dee'; '**~-‚work·er** *s.* Kopf-, Geistesarbeiter *m.*

brain·y ['breɪnɪ] *adj.* gescheit.

braise [breɪz] *v/t. Küche*: schmoren: ***~d beef*** Schmorbraten *m.*

brake[1] [breɪk] **I** *s.* ⚙ Bremse *f*, Hemmschuh *m* (*a. fig.*): ***put on*** (*od.* ***apply***) ***the ~*** bremsen, die Bremse ziehen, *fig. a.* der Sache Einhalt gebieten; **II** *v/t.* bremsen.

brake[2] [breɪk] ⚙ **I** *s.* (*Flachs- etc.*)Breche *f*; **II** *v/t. Flachs etc.* brechen.

brake[3] → ***break*** 11.

brake| block → ***brake shoe***; **~ horse-pow·er** *s.* ⚙ (*abbr.* ***b.h.p.***) Nutz-, Bremsleistung *f*; **~ flu·id** *s.* Bremsflüssigkeit *f*; **~ lin·ing** *s.* Bremsbelag *m*; '**~·man** *Am.* → ***brakesman***; **~ par·a·chute** *s.* ✈ Bremsfallschirm *m*; **~ shoe** *s.* ⚙ Bremsbacke *f*, -klotz *m.*

brakes·man ['breɪksmən] *s.* [*irr.*] 🚂 *Brit.* Bremser *m.*

brak·ing dis·tance ['breɪkɪŋ] *s. mot.* Bremsweg *m.*

bra·less ['brɑːlɪs] *adj.* F ohne B'H.

bram·ble ['bræmbl] *s.* **1.** ⚘ Brombeerstrauch *m*: ***~ jelly*** Brombeergelee *n*; **2.** Dornenstrauch *m*, -gestrüpp *n*; **~ rose** *s.* ⚘ Hundsrose *f.*

bram·bly ['bræmblɪ] *adj.* dornig.

bran [bræn] *s.* Kleie *f.*

branch [brɑːntʃ] **I** *s.* **1.** ⚘ Zweig *m*; **2.** *fig.* a) Zweig *m*, ('Unter)Abteilung *f*, Sparte *f*, b) Branche *f*, Wirtschafts-, Geschäftszweig *m*, c) *a.* ***~ of service*** ⚔ Waffen-, Truppengattung *f*; **3.** *fig.* Zweig *m*, 'Linie *f* (*Familie*); **4.** *a.* ***~ establishment*** ☤ Außen-, Zweig-, Nebenstelle *f*, Fili'ale *f*, Niederlassung *f*: ***~ bank*** Filialbank *f*; **5.** 🚂 Zweigbahn *f*; 'Neben‚linie *f*; **6.** *geogr.* a) Arm *m* (*Gewässer*), b) Ausläufer *m* (*Gebirge*), c) *Am.* Nebenfluß *m*, Flüßchen *n*; **II** *adj.* **7.** Zweig…, Tochter…, Filial…, Neben…; **III** *v/i.* **8.** Zweige treiben; **9.** *oft* ***~ off*** (*od.* ***out***) sich verzweigen, sich ausbreiten; abzweigen: ***here the road ~es*** hier gabelt sich die Straße; **~ out** *v/i.* s-e Unter'nehmungen ausdehnen, sich vergrößern; → ***branch*** 9.

bran·chi·a ['bræŋkɪə] *pl.* **-chi·ae** [-kiː] *s. zo.* Kieme *f*; '**bran·chi·ate** [-kɪeɪt] *adj. zo.* kiementragend.

branch| line *s.* **1.** 🚂 'Zweig-, 'Neben‚linie *f*, **2.** 'Seiten‚linie *f* (*Familie*); **~ man·ag·er** *s.* Fili'al-, Zweigstellenleiter *m*; **~ of·fice** *s.* Fili'ale *f*; **~ road** *s. Am.* Nebenstraße *f.*

brand [brænd] **I** *s.* **1.** Feuerbrand *m*; *fig.* Fackel *f*; **2.** Brandmal *n* (*auf Tieren, Waren etc.*); **3.** *fig.* Schandmal *n*, -fleck *m*: ***~ of Cain*** Kainszeichen *n*; **4.** Brand-, Brenneisen *n*; **5.** a) ☤ (Handels-, Schutz)Marke *f*, Warenzeichen *n*, Markenbezeichnung *f*, Sorte *f*, Klasse *f*: ***~ name*** Markenname *m*; ***best ~ of tea*** beste Sorte Tee, b) *fig.* ‚Sorte' *f*,

Art *f*: ***his ~ of humour***; **6.** ⚘ Brand *m* (*Getreidekrankheit*); **II** *v/t.* **7.** mit e-m Brandmal *od.* -zeichen *od.* ✝ mit e-r Schutzmarke *etc.* versehen: ***~ed goods*** Markenartikel; **8.** *fig.* brandmarken; **9.** einprägen (***on s.o's mind*** j-m).

brand·ing i·ron [ˈbrændɪŋ] → ***brand*** 4.

bran·dish [ˈbrændɪʃ] *v/t.* (*bsd.* drohend) schwingen.

brand·ling [ˈbrændlɪŋ] *s. ichth.* junger Lachs.

brand-new [ˌbrændˈnjuː] *adj.* (funkel-) nagelneu.

bran·dy [ˈbrændɪ] *s.* Weinbrand *m*, Kognak *m*; ˈ**~·ball** *s. Brit.* ˈWeinbrandbonˌbon *m, n*.

bran-new [ˌbrænˈnjuː] → ***brand-new***.

brant [brænt] *s. orn.* e-e Wildgans *f*.

brash [bræʃ] **I** *s.* **1.** *geol.* Trümmergestein *n*; **2.** ⚓ Eistrümmer *pl.*; **II** *adj. Am.* **3.** brüchig, bröckelig; **4.** *fig.* a) (naß)forsch, frech, unverfroren, b) ungestüm, c) grell, aufdringlich.

brass [brɑːs] **I** *s.* **1.** Messing *n*; **2.** *Brit.* ziselierte Gedenktafel (*aus Messing od. Bronze, bsd. in Kirchen*); **3.** Messingzierat *m*; **4.** ♪ ***the ~*** die ˈBlechinstruˌmente *pl.* (*e-s Orchesters*), Blechbläser *pl.*; **5.** F *coll.* ‚hohe Tiere' *pl.*, *a.* hohe Offiˈziere *pl.*: ***top ~*** die höchsten ‚Tiere' (*e-s Konzerns etc.*) *od.* Offiziere; **6.** *Brit. sl.* ‚Moos' *n*, ‚Kies' *m* (*Geld*); **7.** F Unverschämtheit *f*, Frechheit *f*; → ***bold*** 2; **II** *adj.* **8.** Messing…; **III** *v/t.* **9.** mit Messing überˈziehen.

bras·sard [ˈbræsɑːd] *s.* Armbinde *f* (*als Abzeichen*).

brass band *s.* ♪ ˈBlaskaˌpelle *f*; ˈBlechmuˌsik *f*; Miliˈtärkaˌpelle *f*.

bras·se·rie [ˈbræsərɪ] (*Fr.*) *s.* ˈBierstube *f*, -loˌkal *n*; Restauˈrant *n*.

brass| far·thing *s.* F ‚roter Heller': ***I don't care a ~*** das kümmert mich e-n Dreck; **~ hat** *s.* ⚔ *sl.* ‚hohes Tier', hoher Offiˈzier.

bras·sière [ˈbræsɪə] (*Fr.*) *s.* Büstenhalter *m*, F B'H *m*.

brass| knuck·les *s. pl. Am.* Schlagring *m*; **~ plate** *s.* Messingschild *n* (*mit Namen*), Türschild *n*; **~ tacks** *s. pl.*: ***get down to ~*** zur Sache kommen; ˈ**~·ware** *s.* Messinggeschirr *n*, -gegenstände *pl.*; **~ winds** *bsd. Am.* → ***brass*** 4.

brass·y [ˈbrɑːsɪ] *adj.* □ **1.** messingartig, -farbig; **2.** blechern (*Klang*); **3.** *fig.* unverschämt, frech.

brat [bræt] *s.* Balg *m, n*, Gör *n*, Racker *m* (*Kind*).

bra·va·do [brəˈvɑːdəʊ] *s.* gespielte Tapferkeit, herˈausforderndes Benehmen.

brave [breɪv] **I** *adj.* □ **1.** tapfer, mutig, unerschrocken: ***as ~ as a lion*** mutig wie ein Löwe; **2.** *obs.* stattlich, ansehnlich; **II** *s.* **3.** *poet.* Tapfere(r) *m*: ***the ~*** *coll.* die Tapferen; **III** *v/t.* **4.** mutig begegnen, trotzen, die Stirn bieten (*dat.*): ***~ death***; ***~ it out*** es (trotzig) durchstehen; **5.** herˈausfordern; ˈ**brav·er·y** [-vərɪ] *s.* **1.** Tapferkeit *f*, Mut *m*; **2.** Pracht *f*, Putz *m*, Staat *m*.

bra·vo[1] [ˌbrɑːˈvəʊ] **I** *int.* ˈbravo!; **II** *pl.* **-vos** *s.* ˈBravo(ruf *m*) *n*.

bra·vo[2] [ˈbrɑːvəʊ] *s.* ˈBravo *m*, Banˈdit *m*.

bra·vu·ra [brəˈvʊərə] *s.* ♪ *od. fig.* **1.** Braˈvour *f*, Meisterschaft *f*; **2.** Braˈvourstück *n*.

brawl [brɔːl] **I** *s.* **1.** Streiteˈrei *f*, Kraˈkeel *m*, Lärm *m*; **2.** Raufeˈrei *f*, Kraˈwall *m*, ⚖ Raufhandel *m*; **II** *v/i.* **3.** kraˈkeelen, zanken, keifen, lärmen; **4.** rauschen (*Fluß*); ˈ**brawl·er** [-lə] *s.* Raufbold *m*, Kraˈkeeler(in); ˈ**brawl·ing** [-lɪŋ] *s.* **1.** → ***brawl*** 1, 2; **2.** ⚖ *Brit.* Ruhestörung *f* *bsd. in Kirchen*.

brawn [brɔːn] *s.* **1.** Muskeln *pl.*; **2.** *fig.* Muskelkraft *f*, Stärke *f*; **3.** Preßkopf *m*, (Schweine)Sülze *f*; ˈ**brawn·y** [-nɪ] *adj.* muskuˈlös; *fig.* kräftig, stämmig, stark.

bray[1] [breɪ] **I** *s.* **1.** (*bsd.* Esels)Schrei *m*; **2.** Schmettern *n* (*Trompete*); gellender *od.* ˈdurchdringender Ton; **II** *v/i.* **3.** schreien (*bsd. Esel*); **4.** schmettern; kreischen, gellen.

bray[2] [breɪ] *v/t.* zerstoßen, -reiben, -stampfen (*im Mörser*).

braze [breɪz] *v/t.* ⚙ (hart)löten.

bra·zen [ˈbreɪzn] **I** *adj.* □ **1.** ehern, bronzen, Messing…; **2.** *fig.* meˈtallisch, grell (*Ton*); **3.** *a.* ***~-faced*** *fig.* unverschämt, frech, schamlos; **II** *v/t.* **4.** ***~ it out*** die Sache ‚frech wie Oskar' durchstehen; ˈ**bra·zen·ness** [-nɪs] *s.* Unverschämtheit *f*.

bra·zier [ˈbreɪzjə] *s.* **1.** Kupferschmied *m*, Gelbgießer *m*; **2.** große Kohlenpfanne.

Bra·zil [brəˈzɪl] → ***brazilwood***; **Braˈzil·ian** [-ljən] **I** *adj.* brasiliˈanisch; **II** *s.* Brasiliˈaner(in).

Bra·zil| nut *s.* ⚘ ˈParanuß *f*; **2·wood** *s.* ✝ Braˈsil-, Rotholz *n*.

breach [briːtʃ] **I** *s.* **1.** *fig.* Bruch *m*, Überˈtretung *f*, Verletzung *f*, Verstoß *m*: ***~ of contract*** Vertragsbruch; ***~ of duty*** Pflichtverletzung; ***~ of etiquette*** Verstoß gegen den guten Ton; ***~ of faith*** (*od.* ***trust***) Vertrauensbruch, Untreue *f*; ***~ of the law*** Übertretung des Gesetzes; ***~ of the peace*** öffentliche

Ruhestörung, Aufruhr *m*, *oft* grober Unfug; **~ *of promise*** (***to marry***) ⚖ Bruch des Eheversprechens; **~ *of prison*** Ausbruch *m* aus dem Gefängnis; **2.** *fig.* Bruch *m*, Riß *m*, Zwist *m*; **3.** ⚔ *u. fig.* Bresche *f*, Lücke *f*: ***stand in*** (*od.* ***step into***) ***the ~*** in die Bresche springen, (aus)helfen; **4.** ⚓ Einbruch *m* der Wellen; **5.** ⚙ ˈDurchbruch *m*; **II** *v/t.* **6.** ⚔ e-e Bresche schlagen in (*acc.*), durchˈbrechen; **7.** *Vertrag etc.* brechen.

bread [bred] **I** *s.* **1.** Brot *n*; **2.** *fig.*, *a.* ***daily ~*** (tägliches) Brot, ˈLebensˌunterhalt *m*: ***earn one's ~*** sein Brot verdienen; ***~ and butter*** a) Butterbrot, b) Lebensunterhalt, ‚Brötchen' *pl.*; ***quarrel with one's ~ and butter*** a) mit s-m Los hadern, b) sich ins eigene Fleisch schneiden; ***~ buttered both sides*** großes Glück, Wohlstand *m*; ***know which side one's ~ is buttered*** s-n Vorteil (er)kennen; ***take the ~ out of s.o.'s mouth*** j-n brotlos machen; ***cast one's ~ upon the waters*** et. ohne Aussicht auf Erfolg tun; ***~ and water*** Wasser u. Brot; ***~ and wine eccl.*** Abendmahl *n*, **3.** *sl.* ‚Kies' *m*, ‚Kohlen' *pl.* (*Geld*); **II** *v/t.* **4.** *Am. Küche*: panieren.

ˌ**bread|-and-ˈbut·ter** *adj.* F **1.** einträglich, Brot...: ***~ education*** Brotstudium *n*; **2.** praktisch, sachlich; **3.** ***~ letter*** Dankesbrief *m* für erwiesene Gastfreundschaft; **ˈ~ˌbas·ket** *s.* **1.** Brotkorb *m*; **2.** *sl.* Magen *m*; **~ bin** *s.* Brotkasten *m*; **ˈ~·board** *s. Brit.* Brotschneidebrett *n*: ***~ circuit*** ⚡ Brettschaltung *f*; **ˈ~·crumb I** *s.* **1.** Brotkrume *f*; **2.** *das* Weiche des Brotes (*ohne Rinde*); **II** *v/t.* **3.** *Küche*: panieren; **ˈ~·fruit** *s.* ⚘ **1.** Brotfrucht *f*; **2.** → ***bread tree***; **ˈ~-grain** *s.* Brotgetreide *n*; **ˈ~·line** *s.* Schlange *f* von Bedürftigen (*an die Nahrungsmittel verteilt werden*); **~ sauce** *s.* Brottunke *f*; **ˈ~-stuffs** *s. pl.* Brotgetreide *n*.

breadth [bredθ] *s.* **1.** Breite *f*, Weite *f*; **2.** ⚙ Bahn *f*, Breite *f* (*Stoff*); **3.** *fig.* Ausdehnung *f*, Größe *f*; **4.** *fig.*, *a. Kunst*: Großzügigkeit *f*.

bread| tree *s.* ⚘ Brotfruchtbaum *m*; **ˈ~ˌwin·ner** *s.* Ernährer *m*, Geldverdiener *m* (*e-r Familie*).

break [breɪk] **I** *s.* **1.** (Ab-, Zer-, ˈDurch)Brechen *n*, Bruch *m* (*a. fig.*), Abbruch *m* (*a. fig. von Beziehungen*), Bruchstelle *f*: ***~ in the voice*** Umschlagen *n* der Stimme; ***~ of day*** Tagesanbruch *m*; ***a ~ with tradition*** ein Bruch mit der Tradition; ***make a ~ for it*** (sich) flüchten, das Weite suchen; **2.** Lücke *f* (*a. fig.*), Zwischenraum *m*; Lichtung *f*; **3.** Pause *f*, Ferien *pl.*; Unterˈbrechung *f* (*a.* ⚡), Aufhören *n*, *fig. u. Metrik*: *a.* Zäˈsur *f*: ***without a ~*** ununterbrochen; ***tea ~*** Teepause; **4.** Wechsel *m*, Abwechslung *f*; ˈUmschwung *m*; Sturz *m* (*Wetter*, *Preis*); **5.** *typ.* Absatz *m*; **6.** *Billard*: Serie *f*; **7.** *Tennis*: Break *m*, *n* (*Durchbrechen des gegnerischen Aufschlagspiels*); **8.** *Jazz*: Break *m*, *n*; **9.** *Am. sl.* Chance *f*, Gelegenheit *f*: ***bad ~*** ‚Pech' *n*; ***give s.o. a ~*** j-m e-e Chance geben; **10.** *Am. sl.* Schnitzer *m*, Fauxˈpas *m*; **11.** a) Kremser *m*, b) Wagen *m* zum Einfahren von Pferden; **12.** ⚙ → ***brake***[1]; **II** *v/t.* [*irr.*] **13.** brechen (*a. fig.*), auf-, ˈdurch-, zerbrechen, entˈzweibrechen: ***~ one's arm*** (sich) den Arm brechen; ***~ s.o.'s heart*** j-m das Herz brechen; ***~ jail*** aus dem Gefängnis ausbrechen; ***~ a seal*** ein Siegel erbrechen; ***~ s.o.'s resistance*** j-s Widerstand brechen; **14.** *Geldschein* kleinmachen, wechseln; **15.** zerreißen, -schlagen, -trümmern, kaˈputtmachen: ***I've broken my watch*** m-e Uhr ist kaputt; **16.** unterˈbrechen (*a.* ⚡), aufheben, -geben: ***~ a journey*** e-e Reise unterbrechen; ***~ the circuit*** ⚡ den Stromkreis unterbrechen; ***~ the silence*** das Schweigen brechen; ***~ a custom*** e-e Gewohnheit aufgeben; **17.** *Vorrat etc.* anbrechen; **18.** *fig.* brechen, verletzen, verstoßen gegen, nicht (ein-) halten: ***~ a contract*** e-n Vertrag brechen; ***~ the law*** das Gesetz übertreten; **19.** *fig.* zuˈgrunde richten, ruinieren, *a. j-n* kaˈputtmachen: ***~ the bank*** die Bank sprengen; **20.** vermindern, abschwächen; **21.** *Tier* zähmen, abrichten; gewöhnen (***to*** an *acc.*): ***~ a horse to harness*** ein Pferd einfahren *od.* zureiten; **22.** *Nachricht* eröffnen: ***~ that news gently to her*** bring ihr diese (*schlechte*) Nachricht schonend bei; **23.** ⚒ pflügen, urbar machen; → ***ground***[1] 1; **24.** *Flagge* aufziehen; **III** *v/i.* [*irr.*] **25.** brechen, zerbrechen, -springen, -reißen, platzen, entˈzwei-, kaˈputtgehen: ***glass ~s easily*** Glas bricht leicht; ***the rope broke*** das Seil zerriß; **26.** *fig.* brechen (*Herz*, *Kraft*); **27.** sich brechen (*Wellen*); **28.** unterˈbrochen werden; **29.** sich (zer)teilen (*Wolken*); sich auflösen (*Heer*); **30.** nachlassen (*Gesundheit*); zuˈgrunde gehen (*Geschäft*); vergehen, aufhören; **31.** anbrechen (*Tag*); aufbrechen (*Wunde*); aus-, losbrechen (*Sturm*, *Gelächter*); **32.** brechen (*Stimme*): ***his***

voice broke *a.* er befand sich im Stimmwechsel, er mutierte; **33.** sich verändern, 'umschlagen (*Wetter*); **34.** ✝ im Preise fallen; **35.** bekannt(gegeben) werden (*Nachricht*); **36.** *Boxen*: brechen;

Zssgn mit adv. u. prp.:

break| a·way *v/i.* **1.** ab-, losbrechen; **2.** sich loßreißen, ausreißen; **3.** sich trennen, sich lossagen, absplittern; **4.** *sport* a) sich absetzen (***from***, ***of*** von), ausreißen, b) *Am.* e-n Fehlstart verursachen; **~ down I** *v/t.* **1.** niederreißen, abbrechen; **2.** *fig. j-n, j-s Widerstand* brechen; **3.** zerlegen (*a.* ⚙); auflösen; *Statistik*: aufgliedern, -schlüsseln; **II** *v/i.* **4.** zs.-brechen (*a. fig.*); **5.** zerbrechen (*a. fig.*); **6.** versagen, scheitern; steckenbleiben; *mot. a.* e-e Panne haben; **7.** *fig.* zerfallen (*in einzelne Gruppen etc.*); **~ e·ven** *v/i.* ✝ kostendeckend arbeiten; **~ forth** *v/i.* **1.** her'vorbrechen; **2.** sich erheben (*Geschrei etc.*); **~ in I** *v/t.* **1.** einschlagen; **2.** *Tier* abrichten; *Pferd* zureiten; *Auto etc.* einfahren; *Person* einarbeiten; *j-n* gewöhnen (***to*** an *acc.*); **II** *v/i.* **3.** einbrechen: **~ *on*** sich einmischen in (*acc.*), *Unterhaltung etc.* unterbrechen; **~ in·to** *v/i.* **1.** einbrechen *od.* -dringen in (*acc.*); **2.** *fig.* in *Gelächter etc.* ausbrechen; **3.** *Vorrat etc.* anbrechen; **~ off** *v/t. u. v/i.* abbrechen (*a. fig.*); **~ out** *v/i.* ausbrechen (*a. fig.*): ***~ in a rash*** ⚕ e-n Ausschlag bekommen; **~ through I** *v/t.* (durch)'brechen, über'winden; **II** *v/i.* 'durchbrechen, erscheinen; **~ up I** *v/t.* **1.** zer-, aufbrechen; zerlegen (*a. hunt. Wild*); *weitS.* zerstören, ka'puttmachen, *fig. a.* zerrütten: ***that breaks me up!*** F ich lach' mich tot!; **2.** abbrechen, *Sitzung etc.* aufheben, *Versammlung*, *Menge*, *a. Haushalt* auflösen; **II** *v/i.* **3.** aufgehoben werden, sich auflösen (*Versammlung etc.*, *a. Nebel etc.*); **4.** aufhören; schließen (*Schule etc.*); **5.** zerbrechen (*Ehe etc.*); sich trennen, Schluß machen (*Paar*); zerfallen (*Reich etc.*); **6.** *fig.* zs.-brechen (*Person*); **7.** aufklaren (*Wetter*, *Himmel*); **8.** aufbrechen (*Straße*, *Eis*); **~ with** *v/i.* brechen *od.* Schluß machen mit (*e-m Freund*, *e-r Gewohnheit*).

break·a·ble ['breɪkəbl] **I** *adj.* zerbrechlich; **II** *s. pl.* zerbrechliche Ware *sg.*; **'break·age** [-kɪdʒ] *s.* **1.** Bruch(stelle *f*) *m*; **2.** Bruchschaden *m*; **'break·a·way** *s.* **1.** (***from***) *pol.* Absplitterung *f*, Lossagung *f* (von), Bruch *m* (mit): **~ *group*** Splittergruppe *f*; **2.** *sport* a) Ausreißen *n*, b) 'Durchbruch *m*, c) *Am.* Fehlstart *m*.

'break·down *s.* **1.** Zs.-bruch *m*, Scheitern *n*: ***nervous ~*** Nervenzusammenbruch; **~ *of marriage*** ⚖ Zerrüttung *f* der Ehe; **2.** Panne *f*, (Ma'schinen)Schaden *m*, (Betriebs)Störung *f*; ⚡ 'Durchschlag *m*; **3.** Zerlegung *f*, *bsd. statistische* Aufgliederung, Aufschlüsselung *f*, Ana'lyse *f* (*a.* ⚗); **~ ser·vice** *s. mot. Brit.* Pannendienst *m*; **~ truck**, **~ van** *s. Brit.* Abschleppwagen *m*; **~ volt·age** *s.* ⚡ 'Durchschlagspannung *f*.

break·er ['breɪkə] *s.* **1.** Brecher *m* (*bsd. in Zssgn Person od. Gerät*); 'Abbruchsunter,nehmer *m*, Verschrotter *m*; **2.** Abrichter *m*, Dres'seur *m*; **3.** Brecher *m*, Sturzwelle *f*: **~s** Brandung *f*.

,break-'e·ven point *s.* ✝ Rentabili'tätsgrenze *f*, Gewinnschwelle *f*.

break·fast ['brekfəst] **I** *s.* Frühstück *n*: **~ *television*** Frühstücksfernsehen *n* (*am frühen Morgen*); ***have ~*** → **II** *v/i.* frühstücken.

'break-in → ***breaking-in***.

break·ing ['breɪkɪŋ] *s.* Bruch *m*: **~ *of the voice*** Stimmbruch, -wechsel *m*; **~ *and entering*** ⚖ Einbruch *m*; **'~-in** *s.* **1.** ⚖ Einbruch *m*; **2.** Abrichten *n*; Zureiten *n*; *mot.* Einfahren *n*; Einarbeitung *f*, Anlernen *n von Personen*; **~ point** *s.* ⚙, *phys.* Bruch-, Festigkeitsgrenze *f*: ***to ~*** *fig.* bis zur (totalen) Erschöpfung; ***have reached ~*** kurz vor dem Zs.-bruch stehen; **~ strength** *s.* ⚙, *phys.* Bruch-, Reißfestigkeit *f*.

'break|·neck *adj.* halsbrecherisch; **'~·out** *s.* Ausbruch *m* (*aus Gefängnis etc.*); **'~·through** *s. bsd.* ⚔ 'Durchbruch *m* (*a. fig. Erfolg*); **'~·up** *s.* **1.** Zerbrechen *n*, -bersten *n*; Bersten *n* (*von Eis*); **2.** *fig.* Zerrüttung *f*, Zs.-bruch *m*, Zerfall *m*; **3.** Bruch *m* (*e-r Freundschaft etc.*); **4.** Auflösung *f* (*e-r Versammlung etc.*); **'~,wa·ter** *s.* Wellenbrecher *m*.

bream¹ [bri:m] *s. ichth.* Brassen *m*.

bream² [bri:m] *v/t.* ⚓ den Schiffsboden reinkratzen u. -brennen.

breast [brest] **I** *s.* **1.** Brust *f*; (*weibliche*) Brust, Busen *m*; **2.** *fig.* Brust *f*, Herz *n*, Busen *m*: ***make a clean ~ of s.th.*** et. gestehen; **3.** Brust(stück *n*) *f e-s Kleides etc.*; **4.** Wölbung *f e-s Berges*; **II** *v/t.* **5.** mutig auf *et.* losgehen; gegen *et.* ankämpfen, mühsam bewältigen: **~ *the waves*** gegen die Wellen ankämpfen; **6.** *sport das Zielband* durch'reißen; **'~·bone** ['brest-] *s.* Brustbein *n*; **,~-'deep** *adj.* brusthoch.

breast·ed ['brestɪd] *adj. in Zssgn* ...brüstig.

ˈ**breast|-feed** *v/t. u. v/i.* [*irr.*] stillen: ***breast-fed child*** Brustkind *n*; ˈ**~·pin** [ˈbrest-] *s.* Ansteck-, Kraˈwattennadel *f*; ˈ**~·stroke** *s. sport* Brustschwimmen *n*; ˈ**~·work** *s.* ⚔, ⚠ Brustwehr *f*.

breath [breθ] *s.* **1.** Atem(zug) *m*: ***bad ~*** (übler) Mundgeruch; ***draw one's first ~*** das Licht der Welt erblicken; ***draw one's last ~*** den letzten Atemzug tun (*sterben*); ***it took my ~ away*** *fig.* es verschlug mir den Atem; ***take ~*** Atem schöpfen (*a. fig.*); ***catch one's ~*** den Atem anhalten; ***save your ~!*** spar dir die Worte!; ***waste one's ~*** *fig.* in den Wind reden; ***out of ~*** außer Atem; ***under one's ~*** leise, im Flüsterton; ***with his last ~*** mit s-m letzten Atemzug, als letztes; ***in the same ~*** im gleichen Atemzug; **2.** *fig.* Spur *f*, Anflug *m*; **3.** Hauch *m*, Lüftchen *n*: ***a ~ of air***; **4.** Duft *m*.

breath·a·lyz·er [ˈbreθəlaɪzə] *s. mot.* Alkoholtestgerät *n*.

breathe [bri:ð] **I** *v/i.* **1.** atmen; *fig.* leben; **2.** Atem holen; *fig.* sich verschnaufen: ***~ again*** (*od.* ***freely***) (erleichtert) aufatmen; **3.** ***~ upon*** anhauchen; *fig.* besudeln; **4.** duften (***of*** nach); **II** *v/t.* **5.** (ein- u. aus)atmen; *fig.* ausströmen: ***~ a sigh*** seufzen; **6.** hauchen, flüstern: ***not to ~ a word*** kein Sterbenswörtchen sagen; ˈ**breath·er** [-ðə] *s.* **1.** Atem-, Verschnaufpause *f* (*a. fig.*): ***take a ~*** sich verschnaufen; **2.** *sport* F ‚Spaˈziergang' *m*; **3.** F Straˈpaze *f*; ˈ**breath·ing** [-ðɪŋ] *s.* **1.** Atmen *n*, Atmung *f*; **2.** (Luft)Hauch *m*: ***~ space*** Atempause *f*.

breath·less [ˈbreθlɪs] *adj.* □ **1.** außer Atem; atemlos (*a. fig.*); **2.** *fig.* atemberaubend; **3.** windstill.

ˈ**breath|ˌtak·ing** *adj.* □ atemberaubend; **~ test** *s. Brit.* (*an e-m Verkehrsteilnehmer vorgenommener*) Alkoholtest.

bred [bred] *pret. u. p.p. von* ***breed***.

breech [bri:tʃ] *s.* **1.** Hosenboden *m*; **2.** ⚔ Verschluß *m* (*Geschütz, Hinterlader*); **~ de·liv·er·y** *s.* ⚕ Steißgeburt *f*.

breech·es [ˈbrɪtʃɪz] *s. pl.* Knie-, Reithose(n *pl.*) *f*, Breeches *pl.*; → ***big*** 1, ***wear*** 1.

ˈ**breechˌload·er** *s.* ⚔ ˈHinterlader *m*.

breed [bri:d] **I** *v/t.* [*irr.*] **1.** herˈvorbringen, gebären; **2.** *Tiere* züchten; *Pflanzen* züchten, ziehen: ***French-bred*** in Frankreich gezüchtet; **3.** *fig.* herˈvorrufen, verursachen, erzeugen: ***war ~s misery***; **4.** auf-, erziehen; ausbilden; **II** *v/i.* [*irr.*] **5.** zeugen, brüten, sich paaren, sich fortpflanzen, sich vermehren; **6.** entstehen; **III** *s.* **7.** Rasse *f*, Zucht *f*, Stamm *m*; **8.** Art *f*, Schlag *m*, Herkunft *f*; ˈ**breed·er** [-də] *s.* **1.** Züchter(in); **2.** Zuchttier *n*; **3.** *a.* ***~ reactor*** *phys.* Brüter *m*, ˈBrutreˌaktor *m*; ˈ**breed·ing** [-dɪŋ] *s.* **1.** Fortpflanzung *f*; Züchtung *f*, Zucht *f*: ***~ place*** *fig.* Brutstätte *f*; **2.** Erziehung *f*, Ausbildung *f*; **3.** Benehmen *n*; Bildung *f*, (gute) Lebensart *od.* ‚Kinderstube'.

breeze[1] [bri:z] **I** *s.* **1.** Brise *f*, leichter Wind; **2.** F Krach *m*: a) Lärm *m*, b) Streit *m*; **3.** *Am.* ‚Kinderspiel' *n*, ‚Spaziergang' *m*; **II** *v/i.* **4.** wehen; **5.** F a) ‚schweben' (*Person*), b) sausen.

breeze[2] [bri:z] *s.* ⚙ Kohlenlösche *f*.

breez·y [ˈbri:zɪ] *adj.* □ **1.** luftig, windig; **2.** F a) forsch, flott, unbeschwert, b) oberflächlich.

Bren gun [bren] *s.* leichtes Maˈschinengewehr.

brent goose [brent] → ***brant***.

breth·ren [ˈbreðrən] *pl. von* ***brother*** 2.

Bret·on [ˈbretən] **I** *adj.* breˈtonisch; **II** *s.* Breˈtone *m*, Breˈtonin *f*.

breve [bri:v] *s. typ.* Kürzezeichen *n*.

bre·vet [ˈbrevɪt] ⚔ **I** *s.* Breˈvet *n* (*Offizierspatent zu e-m Titularrang*): ***~ major*** Hauptmann *m* im Range e-s Majors (*ohne entsprechendes Gehalt*); **II** *adj.* Brevet…: ***~ rank*** Titularrang *m*.

bre·vi·ar·y [ˈbri:vjərɪ] *s.* Breˈvier *n*.

bre·vier [brəˈvɪə] *s. typ.* Peˈtitschrift *f*.

brev·i·ty [ˈbrevətɪ] *s.* Kürze *f*.

brew [bru:] **I** *v/t.* **1.** *Bier* brauen; **2.** *Getränke* (*a. Tee*) (zu)bereiten; **3.** *fig.* aushecken, -brüten; **II** *v/i.* **4.** brauen, Brauer sein; **5.** sich zs.-brauen, in der Luft liegen, im Anzuge sein (*Gewitter, Unheil*); **III** *s.* **6.** Gebräu *n* (*a. fig.*); **brew·age** [ˈbru:ɪdʒ] *s.* Gebräu *n* (*a. fig.*); **brew·er** [ˈbru:ə] *s.* Brauer *m*: ***~'s yeast*** Bierhefe *f*; **brew·er·y** [ˈbrʊərɪ] *s.* Braueˈrei *f*.

bri·ar → ***brier***.

brib·a·ble [ˈbraɪbəbl] *adj.* bestechlich; **bribe** [braɪb] **I** *v/t.* **1.** bestechen; **2.** *fig.* verlocken; **II** *s.* **3.** Bestechung *f*; **4.** Bestechungsgeld *n*, -geschenk *n*: ***taking (of) ~s*** ⚖ Bestechlichkeit *f*, passive Bestechung, *pol.* Vorteilsnahme *f*; ˈ**brib·er** [-bə] *s.* Bestecher *m*; ˈ**brib·er·y** [-bərɪ] *s.* Bestechung *f*.

bric-à-brac [ˈbrɪkəbræk] *s.* **1.** Antiquiˈtäten *pl.*; **2.** Nippsachen *pl.*

brick [brɪk] **I** *s.* **1.** Ziegel-, Backstein *m*: ***drop a ~*** F ‚ins Fettnäpfchen treten'; ***swim like a ~*** wie e-e bleierne Ente schwimmen; **2.** (Bau)Klötzchen *n* (*Spielzeug*): ***box of ~s*** Baukasten *m*; **3.** F prima Kerl; **II** *adj.* **4.** Ziegel..., Backstein...: ***red-~ university*** *Brit.* moderne Universität (*ohne jahrhundertealte Tradition*); **III** *v/t.* **5.** mit Ziegelsteinen belegen *od.* pflastern: ***to ~ in*** (*od.* ***up***) zumauern; **'~·bat** *s.* Ziegelbrocken *m* (*bsd. als Wurfgeschoß*); **'~ˌlay·er** *s.* Maurer *m*; **'~ˌlay·ing** *s.* Maure'rei *f*; **'~ˌmak·er** *s.* Ziegelbrenner *m*; **~ tea** *s.* (*chinesischer*) Ziegeltee; **~ wall** *s.* Backsteinmauer *f*; *fig.* Wand *f*: ***see through a ~*** das Gras wachsen hören; **'~·work** *s.* **1.** Mauerwerk *n*; **2.** *pl. sg. konstr.* Ziege'lei *f*.

brid·al ['braɪdl] **I** *adj.* □ bräutlich, Braut...; Hochzeits...; **II** *s. poet.* Hochzeit *f*.

bride [braɪd] *s.* Braut *f* (*am u. kurz vor u. nach dem Hochzeitstage*), Neuvermählte *f*: ***give away the ~*** Brautvater sein.

bride-groom ['braɪdgrʊm] *s.* Bräutigam *m*; **brides·maid** ['braɪdzmeɪd] *s.* Brautjungfer *f*.

bride·well ['braɪdwəl] *s.* Gefängnis *n*, Besserungsanstalt *f*.

bridge¹ [brɪdʒ] **I** *s.* **1.** Brücke *f*: ***burn one's ~s*** (***behind one***) *fig.* alle Brükken hinter sich abbrechen; ***don't cross your ~s before you come to them*** *fig.* laß doch die Dinge einfach auf dich zukommen; **2.** ⚓ Kom'mandobrücke *f*; **3.** ♪ (Vio'linen- *etc.*)Steg *m*; ⚕ (Zahn-) Brücke *f*; (Brillen)Steg *m*; **4.** *a.* ***~ of the nose*** Nasenrücken *m*; **5.** ('Straßen)Überˌführung *f*; **6.** *Turnen, Ringen*: Brücke *f*; **7.** ⚡ (Meß)Brücke *f*; Brückenschaltung *f*; **II** *v/t.* **8.** e-e Brükke schlagen über (*acc.*); **9.** *fig.* über'brücken: ***bridging loan*** ✝ Überbrükkungskredit *m*.

bridge² [brɪdʒ] *s.* Bridge *n* (*Kartenspiel*).

'bridge|·head *s.* ⚔ Brückenkopf *m*; **~ toll** *s.* Brückenmaut *f*; **'~·work** *s.* ⚕ (Zahn)Brücke *f*.

bri·dle ['braɪdl] **I** *s.* **1.** Zaum *m*, Zaumzeug *n*; **2.** Zügel *m*: ***give a horse the ~*** e-m Pferd die Zügel schießen lassen; **II** *v/t.* **3.** *Pferd* (auf)zäumen; **4.** *Pferd* (*a. fig. Leidenschaft etc.*) zügeln, im Zaum halten; **III** *v/i.* **5.** *a.* ***~ up*** (*verächtlich od. stolz*) den Kopf zu'rückwerfen, *weitS.* hochfahren, ärgerlich werden; **6.** Anstoß nehmen (***at*** an *dat.*); **~ hand** *s.* Zügelhand *f* (*Linke des Reiters*); **~ path** *s.* schmaler Reitweg, Saumpfad *m*; **~ rein** *s.* Zügel *m*.

brief [bri:f] **I** *adj.* □ **1.** kurz: ***be ~!*** fasse dich kurz!; **2.** kurz, gedrängt: ***in ~*** kurz (gesagt); **3.** kurz angebunden, schroff; **II** *s.* **4.** (päpstliches) Breve; **5.** ⚖ a) Schriftsatz *m*, b) *Brit.* Beauftragung *f* u. Informierung *f* (*des* ***barrister*** *durch den* ***solicitor***) zur Vertretung vor Gericht, *weitS.* Man'dat *n*, c) *Am.* (schriftliche) Informierung des Gerichts (*durch den Anwalt*): ***abandon*** (*od.* ***give up***) ***one's ~*** sein Mandat niederlegen; ***hold a ~ for s.o.*** ⚖ j-s Sache vertreten, *fig.* für j-n e-e Lanze brechen; ***I hold no ~ for*** ich halte nichts von ...; ***hold a watching ~*** j-s Interessen (*bei Gericht*) als Beobachter vertreten; **6.** → ***briefing***; **III** *v/t.* **7.** *j-n* instruieren *od.* einweisen, *j-m* genaue Anweisungen geben; **8.** ⚖ a) *e-m Anwalt* e-e Darstellung des Sachverhalts geben, b) *e-n Anwalt* mit s-r Vertretung beauftragen; **'~·case** *s.* Aktentasche *f*.

brief·ing ['bri:fɪŋ] *s.* **1.** ⚖ Beauftragung *f e-s Anwalts*; **2.** *a.* ⚔ (genaue) Anweisung, Instrukti'on *f*, Einweisung *f*; **3.** ⚔ Lage-, Einsatzbesprechung *f*, Befehlsausgabe *f*; **'brief·less** [-lɪs] *adj.* unbeschäftigt (*Anwalt*); **'brief·ness** [-nɪs] *s.* Kürze *f*.

briefs [bri:fs] *s. pl.* Slip *m* (*kurze Unterhose*).

bri·er ['braɪə] *s.* ⚘ **1.** Dornstrauch *m*; **2.** wilde Rose: ***sweet ~*** Weinrose; **3.** Bruy'èreholz *n*: ***~ (pipe)*** Bruyèrepfeife *f*.

brig [brɪg] *s.* **1.** ⚓ Brigg *f*; **2.** ⚔ F ‚Bau' *m*.

Bri·gade [brɪ'geɪd] *s.* **1.** ⚔ Bri'gade *f*; **2.** (*mst* uniformierte) Vereinigung; *contp.* ‚Verein' *m*; **brig·a·dier** [ˌbrɪgə'dɪə] *s.* ⚔ a) *Brit.* Bri'gadekommanˌdeur *m*, -geneˌral *m*, b) *Am. a.* ***~ general*** Brigadegeneral *m*.

brig·and ['brɪgənd] *s.* Ban'dit *m*, (Straßen)Räuber *m*; **'brig·and·age** [-dɪdʒ] *s.* Räuberunwesen *n*.

bright [braɪt] *adj.* □ **1.** hell, glänzend, blank, leuchtend; strahlend (*Wetter, Augen*): ***~ red*** leuchtend rot; **2.** klar, 'durchsichtig; heiter (*Wetter*); **3.** *fig.* ‚hell', gescheit, klug; **4.** munter, fröhlich; **5.** glänzend, berühmt; **6.** günstig; **7.** ⚙ blank, Blank...: ***~ wire***; **'bright·en** [-tn] **I** *v/t.* **1.** hell(er) machen; *a. fig.* auf-, erhellen; **2.** *fig.* a) heiter(er) machen, beleben, b) fröhlich stimmen; **3.** polieren, blank putzen; **II** *v/i.* *oft* ***~ up*** **4.** sich aufhellen (*Gesicht, Wetter etc.*), aufleuchten (*Gesicht*); **5.** *fig.* a) sich beleben, b) besser werden (*Aussichten* *etc.*); ˈ**bright·ness** [-nɪs] *s.* **1.** Glanz *m*, Helle *f*, Klarheit *f*: **~ *control*** *TV* Helligkeitssteuerung *f*; **2.** Aufgewecktheit *f*, Gescheitheit *f*; **3.** Munterkeit *f*.

Bright's dis·ease [braɪts] *s.* ⚕ Brightsche Krankheit *f*, Nierenentzündung *f*.

bril·liance [ˈbrɪljəns], ˈ**bril·lian·cy** [-sɪ] *s.* **1.** Leuchten *n*, Glanz *m*; Helligkeit *f* (*a. TV*); **2.** *fig.* a) Scharfsinn *m*, b) Brilˈlanz *f*, (*das*) Herˈvorragende; ˈ**bril·liant** [-nt] **I** *adj.* □ **1.** leuchtend, glänzend; **2.** *fig.* brilˈlant, glänzend, herˈvorragend; **II** *s.* **3.** Brilˈlant *m* (*Diamant*); **4.** *typ.* Brilˈlant *f* (*Schriftgrad*).

bril·lian·tine [ˌbrɪljənˈtiːn] *s.* **1.** Brillanˈtine *f*, ˈHaarpoˌmade *f*; **2.** *Am.* alˈpakaartiger Webstoff.

brim [brɪm] **I** *s.* **1.** Rand *m* (*bsd. Gefäß*); **2.** (Hut)Krempe *f*; **II** *v/i.* **3.** voll sein (***with*** von; *a. fig.*): **~ *over*** übervoll sein, überfließen, -sprudeln; ˌ**brimˈful** [-ˈfʊl] *adj.* rand-, ˈübervoll (*a. fig.*); **brimmed** [-md] *adj.* mit Rand, mit Krempe.

brim·stone [ˈbrɪmstən] *s.* **1.** Schwefel *m*; **2.** → **~ but·ter·fly** *s. zo.* Ziˈtronenfalter *m*.

brin·dled [ˈbrɪndld] *adj.* gestreift, scheckig.

brine [braɪn] *s.* **1.** Sole *f*, (Salz)Lake *f*; **2.** *poet.* Meer(wasser) *n*; ˈ**~-pan** *s.* Salzpfanne *f*.

bring [brɪŋ] *v/t.* [*irr.*] **1.** bringen, mit-, herbringen, herˈbeischaffen: **~ *him*** (***it***) ***with you*** bring ihn (es) mit; **~ *before the judge*** vor den Richter bringen; **~ *good luck*** Glück bringen; **~ *to bear*** *Einfluß etc.* zur Anwendung bringen, geltend machen, *Druck etc.* ausüben; **2.** *Gründe*, *Beschuldigung etc.* vorbringen; **3.** herˈvorbringen; *Gewinn* einbringen; mit sich bringen, herˈbeiführen: **~ *into being*** ins Leben rufen, entstehen lassen; **~ *to pass*** zustande bringen; **4.** *j-n* veranlassen, bewegen, dazu bringen (***to*** *inf.* zu *inf.*): ***I can't ~ myself to do it*** ich kann mich nicht dazu durchringen (, es zu tun);

Zssgn mit adv.:

bring| a·bout *v/t.* **1.** zuˈstande bringen; **2.** bewirken, verursachen; **3.** ⚓ wenden; **~ a·long** *v/t.* **1.** → ***bring*** 1; **2.** *fig.* mit sich bringen; **~ back** *v/t.* zuˈrück-, *a. fig.* wiederbringen; *fig.* a) *Erinnerungen* wachrufen (***of*** an *acc.*), b) Erinnerungen wachrufen an (*acc.*); **~ down** *v/t.* **1.** *a. Flugzeug* herˈunterbringen; **2.** *hunt. Wild* erlegen; **3.** ⚔ *Flugzeug* abschießen; **4.** *sport j-n* ‚legen'; **5.** *Regierung etc.* stürzen, zu Fall bringen; **6.** *Preise* drücken; **7.** **~ *on one's head*** sich *j-s Zorn* zuziehen; **8.** **~ *the house*** F a) stürmischen Beifall auslösen, b) Lachstürme entfesseln; **~ forth** *v/t.* **1.** herˈvorbringen, gebären; **2.** verursachen, zeitigen; **~ for·ward** *v/t.* **1.** *Wunsch etc.* vorbringen; **2.** ♆ *Betrag* überˈtragen: (***amount***) ***brought forward*** Übertrag *m*; **~ in** *v/t.* **1.** hereinbringen; **2.** *Ernte*, *a.* ♆ *Gewinn*, *Kapital*, *a. parl. Gesetzesentwurf* einbringen; **3.** a) *j-n* einschalten, b) *j-n* beteiligen (***on*** an *dat.*); **4.** ⚖ *Schuldspruch etc.* fällen: **~ *a verdict of guilty***; **~ off** *v/t.* **1.** retten; **2.** ‚schaffen', fertigbringen; **~ on** *v/t.* **1.** herˈbeibringen; **2.** herˈbeiführen, verursachen; **3.** in Gang bringen; **4.** zur Sprache bringen; **5.** *thea. Stück* ‚bringen', aufführen; **~ out** *v/t.* **1.** a) *Buch*, *Theaterstück* herˈausbringen, b) ♆ *Waren* auf den Markt bringen; **2.** *Sinn etc.* herˈausarbeiten; **3.** ***bring s.o. out of himself*** j-n dazu bringen, mehr aus sich herˈauszugehen; **4.** *j-n* in die Gesellschaft einführen; **~ o·ver** *v/t.* ˈumstimmen, bekehren; **~ round** *v/t.* **1.** *Ohnmächtigen* wieder zu sich bringen, *Patienten* ˈdurchbringen; **2.** *j-n* umstimmen, ‚herˈumkriegen'; **3.** *das Gespräch* bringen (***to*** auf *acc.*); **~ through** *v/t.* *Kranken od. Prüfling* ˈdurchbringen; **~ to** *v/t.* **1.** *Ohnmächtigen* wieder zu sich bringen; **2.** ⚓ stoppen; **~ up** *v/t.* **1.** *Kind* auf-, erziehen; **2.** zur Sprache bringen; **3.** ⚔ *Truppen* herˈanführen; **4.** zum Stillstand bringen; **5.** *et.* (er-) brechen: **~ *one's lunch***; **6.** **~ *short*** zum Halten bringen; **7.** → ***date***[2] 5, ***rear***[2] 3.

bring·ing-up [ˌbrɪŋɪŋˈʌp] *s.* **1.** Auf-, Großziehen *n*; **2.** Erziehung *f*.

brink [brɪŋk] *s.* Rand *m* (*mst fig.*): ***on the ~ of*** am Rande (*e-s Krieges*, *des Ruins etc.*); ***be on the ~ of the grave*** mit e-m Fuß im Grabe stehen; ˈ**~·man·ship** [-mənʃɪp] *s. pol.* Poliˈtik *f* des äußersten ˈRisikos.

brin·y [ˈbraɪnɪ] **I** *adj.* salzig, solehaltig; **II** *s. Brit.* F: ***the ~*** die See.

bri·oche [briːˈɒʃ] (*Fr.*) *s.* Briˈoche *f* (*süßes Hefegebäck*).

bri·quet(te) [brɪˈket] (*Fr.*) *s.* Briˈkett *n*.

brisk [brɪsk] **I** *adj.* □ **1.** lebhaft, flott, flink; **2.** frisch (*Wind*), lustig (*Feuer*); schäumend (*Wein*); **3.** a) lebhaft, munter, b) forsch, eˈnergisch; **4.** ♆ lebhaft, flott; **II** *v/t.* **5.** *mst* **~ *up*** anfeuern, beleben.

bris·ket [ˈbrɪskɪt] *s. Küche*: Brust(stück *n*) *f* (*Rind*).

bris·ling ['brɪslɪŋ] *s. ichth.* Sprotte *f.*

bris·tle ['brɪsl] **I** *s.* **1.** Borste *f*; (Bart-) Stoppel *f*; **II** *v/i.* **2.** sich sträuben (*Haar*); **3.** *a.* **~ up** (**with anger**) hochfahren, zornig werden: **~ with anger**; **4.** (**with**) strotzen, starren, voll sein (von).

bris·tling → **brisling**.

bris·tly ['brɪslɪ] *adj.* stachelig, rauh; struppig; stoppelig, Stoppel…

Brit [brɪt] *s.* F Brite *m*, Britin *f.*

Bri·tan·nic [brɪ'tænɪk] *adj.* bri'tannisch.

Brit·i·cism ['brɪtɪsɪzəm] *s.* Angli'zismus *m*; **'Brit·ish** [-tɪʃ] **I** *adj.* britisch: **~ subject** britischer Staatsangehöriger; **II** *s.*: **the ~** die Briten *pl.*; **'Brit·ish·er** [-tɪʃə] *s.* Brite *m*; **'Brit·on** [-tn] *s.* **1.** Brite *m*, Britin *f*; **2.** *hist.* Bri'tannier(in)

brit·tle ['brɪtl] *adj.* **1.** spröde, zerbrechlich; bröckelig; brüchig (*metall etc.*; *a. fig.*); **2.** reizbar.

broach [brəʊtʃ] **I** *s.* **1.** Stecheisen *n*; Räumnadel *f*; **2.** Bratspieß *m*; **3.** Turmspitze *f*; **II** *v/t.* **4.** *Faß* anstechen; **5.** ⚙ räumen; **6.** *fig. Thema* anschneiden.

broad [brɔːd] **I** *adj.* □ → **broadly**; **1.** breit: **it is as ~ as it is long** *fig.* es ist gehüpft wie gesprungen; **2.** weit, ausgedehnt; weitreichend, um'fassend, voll: **~ jump** *sport* Weitsprung *m*; **in the ~-est sense** im weitesten Sinne; **in ~ daylight** am hellichten Tage; **3.** deutlich, ausgeprägt; breit (*Akzent*, *Dialekt*); → **hint** 1; **4.** ungeschminkt, offen, derb: **a ~ joke** ein derber Witz; **5.** allgemein, einfach: **the ~ facts** die allgemeinen Tatsachen; **in ~ outline** in groben Umrissen, in großen Zügen; **6.** großzügig: **a ~ outlook** e-e tolerante Auffassung; **7.** *Radio*: unscharf; **II** *s.* **8.** *sl.* a) ‚Weib(sbild)' *n*, b) ‚Nutte' *f*; **~ ar·row** *s.* breitköpfiger Pfeil (*amtliches Zeichen auf brit. Regierungsgut u. auf Sträflingskleidung*); **'~-ax(e)** *s.* **1.** Breitbeil *n*; **2.** *hist.* Streitaxt *f*; **~ beam** *s.* ⚡ Breitstrahler *m*; **~ bean** *s.* ⚘ Saubohne *f.*

broad·cast ['brɔːdkɑːst] **I** *v/t.* [*irr.* → **cast**; *pret. u. p.p. a.* **~ed**] **1.** breitwürfig säen; **2.** *fig. Nachricht* verbreiten, *iro.* 'auspoˌsaunen; **3.** durch Rundfunk *od.* Fernsehen verbreiten, über'tragen, senden, ausstrahlen; **II** *v/i.* **4.** im Rundfunk *od.* Fernsehen auftreten; **5.** senden; **III** *s.* **6.** Rundfunk-, Fernsehsendung *f*, Über'tragung *f*; **IV** *adj.* **7.** Rundfunk…, Fernseh…; **'broad·cast·er** [-tə] *s.* **1.** Rundfunk-, Fernsehsprecher(in); **2.** → **broadcasting station**.

broad·cast·ing ['brɔːdkɑːstɪŋ] **I** *s.* **1.** → **broadcast** 6; **2.** a) Rundfunk *m od.* Fernsehen *n*: **~ area** Sendebereich *m*, b) Sendebetrieb *m*; **II** *adj.* **3.** Rundfunk…, Fernseh…; **~ sta·tion** *s.* 'Rundfunk-, 'FernsehstatiˌOn *f*, Sender *m*; **~ stu·di·o** *s.* Senderaum *m*, 'Studio *n.*

Broad| Church *s. liberale Richtung in der anglikanischen Kirche*; **'2·cloth** *s.* feiner Wollstoff.

broad·en ['brɔːdn] *v/t. u. v/i.* (sich) verbreitern, (sich) erweitern: **~ one's mind** *fig.* sich bilden, s-n Horizont erweitern; **travel(l)ing ~s the mind** Reisen bildet.

'broad-ga(u)ge *adj.* 🚂 Breitspur…

broad·ly ['brɔːdlɪ] *adv.* **1.** weitgehend (*etc.*, → **broad** I); **2.** allgemein (gesprochen), in großen Zügen.

ˌbroad'mind·ed *adj.* großzügig, tole'rant.

'broad|·sheet *s.* **1.** *typ.* Planobogen *m*; **2.** *hist.* große, einseitig bedruckte Flugschrift; Flugblatt *n*; **'~·side** *s.* **1.** ⚓ Breitseite *f* (*Geschütze u. Salve*): **fire a ~** e-e Breitseite abgeben; **2.** F ‚Breitseite' *f*, mas'sive At'tacke; **3.** → **broadsheet**; **'~·sword** *s.* breites Schwert, 'Pallasch *m.*

bro·cade [brəʊ'keɪd] *s.* ✝ **1.** Bro'kat *m*; **2.** Broka'tell(e *f*) *m.*

bro·chure ['brəʊʃə] *s.* Bro'schüre *f.*

brock·et ['brɒkɪt] *s. hunt.* Spießer *m*, zweijähriger Hirsch.

brogue [brəʊg] *s.* **1.** a) irischer Ak'zent (des Englischen), b) dia'lektisch gefärbte Aussprache; **2.** derber Straßenschuh.

broil[1] [brɔɪl] **I** *v/t.* auf dem Rost braten, grillen; **II** *v/i.* schmoren, braten, kochen (*alle a. fig.*).

broil[2] [brɔɪl] *s.* Krach *m*, Streit *m.*

broil·er[1] ['brɔɪlə] *s.* **1.** Bratrost *m*; Bratofen *m* mit Grillvorrichtung; **2.** Brathühnchen *n* (*bratfertig*); **3.** F glühend heißer Tag.

broil·er[2] ['brɔɪlə] *s.* Streithammel *m.*

broil·ing ['brɔɪlɪŋ] *adj. a.* **~ hot** glühend heiß.

broke[1] [brəʊk] *pret. von* **break**.

broke[2] [brəʊk] *adj.* F pleite: a) bank'rott, ruiniert, b) ‚abgebrannt', ‚blank': **go ~** pleite gehen; **go for ~** alles riskieren.

bro·ken ['brəʊkən] **I** *p.p. von* **break**; **II** *adj.* □ → **brokenly**; **1.** zerbrochen, entzwei, ka'putt; zerrissen; **2.** gebrochen; **3.** unter'brochen (*Schlaf*); angebrochen, unvollständig: **~ line** gestrichelte *od.* punktierte Linie; **4.** *fig.* (seelisch) gebrochen: ***a ~ man***; **5.** zerrüttet (*Ehe*, *Gesundheit*): ***~ home*** zerrüttete Familienverhältnisse *pl.*; **6.** uneben, holperig (*Boden*); zerklüftet (*Gelände*); bewegt (*Meer*); **7.** *ling.* gebrochen: ***~ German***; **ˌ~-ˈdown** *adj.* **1.** ruiniert, unbrauchbar; **2.** erschöpft, geschwächt, zerrüttet, ˌkaˈputtˈ; **3.** zs.-gebrochen (*a. fig.*); **ˌ~-ˈheart·ed** *adj.* unˈtröstlich, (ganz) gebrochen.

bro·ken·ly [ˈbrəʊkənlɪ] *adv.* **1.** stoßweise, mit Unterˈbrechungen; **2.** mit gebrochener Stimme.

bro·ken| num·ber *s.* gebrochene Zahl, Bruch *m*; **~ stone** *s.* Splitt *m*, Schotter *m*; **ˌ~-ˈwind·ed** *adj.* dämpfig, kurzatmig (*Pferd*).

bro·ker [ˈbrəʊkə] *s.* a) (Handels)Makler *m*, (*weitS. a.* Heirats)Vermittler *m*: ***honest ~*** *pol.*, *fig.* ehrlicher Makler, b) (Börsen)Makler *m*, Broker *m* (*der im Kundenauftrag Geschäfte tätigt*); **ˈbro·ker·age** [-ərɪdʒ] *s.* **1.** Maklergebühr *f*, Courˈtage *f*; **2.** Maklergeschäft *n*.

brol·ly [ˈbrɒlɪ] *s. Brit.* F Schirm *m*.

bro·mide [ˈbrəʊmaɪd] *s.* **1.** Broˈmid *n*: ***~ paper*** *phot.* Bromsilberpapier *n*; **2.** *fig.* a) Plattheit *f*, Banaliˈtät *f*, b) langweiliger Mensch; **ˈbro·mine** [-miːn] *s.* Brom *n*.

bron·chi [ˈbrɒŋkaɪ], **ˈbron·chi·a** [-kɪə] *s. pl. anat.* ˈBronchien *pl.*; **ˈbron·chi·al** [-kjəl] *adj.* Bronchial…; **bron·chi·tis** [brɒŋˈkaɪtɪs] *s.* Bronˈchitis *f*, Bronchiˈalkaˌtarrh *m*.

bron·co [ˈbrɒŋkəʊ] *pl.* **-cos** *s.* kleines, halbwildes Pferd (*Kalifornien*): ***~ buster*** Zureiter *m* (von wilden Pferden).

Bronx cheer [brɒŋks] *s. Am. sl.* ˌˈPfeifkonˌzertˈ *n*.

bronze [brɒnz] **I** *s.* **1.** Bronze *f*: ***~ age*** Bronzezeit *f*; ***~ medal(l)ist*** Bronzemedaillengewinner(in); **2.** (ˈStatue *f etc.* aus) Bronze *f*; **II** *v/t.* **3.** bronzieren; **III** *adj.* **4.** bronzefarben, Bronze…; **bronzed** [-zd] *adj.* **1.** bronziert; **2.** (sonnen)gebräunt.

brooch [brəʊtʃ] *s.* Brosche *f*, Spange *f*.

brood [bruːd] **I** *s.* **1.** Brut *f*; **2.** Nachkommenschaft *f*; **3.** *contp.* Brut *f*, Horde *f*; **II** *v/i.* **4.** brüten; **5.** *fig.* (***on***, ***over***) brüten (über *dat.*), grübeln (über *acc.*); **6.** brüten, lasten (*Hitze etc.*); **III** *adj.* **7.** Brut…, Zucht…: ***~ mare*** Zuchtstute *f*; **ˈbrood·er** [-də] *s.* **1.** Bruthenne *f*; **2.** Brutkasten *m*; **ˈbrood·y** [-dɪ] *adj.* **1.** brütig (*Henne*); **2.** *fig.* brütend, grüblerisch; trübsinnig.

brook[1] [brʊk] *s.* Bach *m*.

brook[2] [brʊk] *v/t.* erdulden: ***it ~s no delay*** es duldet keinen Aufschub.

broom [bruːm] *s.* **1.** Besen *m*: ***a new ~ sweeps clean*** neue Besen kehren gut; **2.** (Besen)Ginster *m*; **ˈ~·stick** [ˈbrʊm-] *s.* Besenstiel *m*.

broth [brɒθ] *s.* (Fleisch-, Kraft)Brühe *f*, Suppe *f*.

broth·el [ˈbrɒθl] *s.* Borˈdell *n*.

broth·er [ˈbrʌðə] *s.* **1.** Bruder *m*: ***~s and sisters*** Geschwister; ***Smith 2s*** Gebrüder Smith; **2.** *eccl. pl.* ***brethren*** Bruder *m*, Nächste(r) *m*, Mitglied *n* e-r (religiˈösen) Gemeinschaft; **3.** Amtsbruder *m*, Kolˈlege *m*: ***~ in arms*** Waffenbruder; ***~ student*** Kommilitone, Studienkollege *m*; ***~ officer*** Regimentskamerad *m*; ***~!*** F Mann!, Mensch!; **ˌbroth·er-ˈger·man** *s.* leiblicher Bruder; **ˈbroth·er·hood** [-hʊd] *s.* **1.** Bruderschaft *f*; **2.** Brüderlichkeit *f*; **broth·er-in-law** [ˈbrʌðərɪnlɔː] *s.* Schwager *m*.

broth·er·ly [ˈbrʌðəlɪ] *adj.* brüderlich.

brough·am [ˈbruːəm] *s.* **1.** Brougham *m* (*geschlossener*, *vierrädriger*, *zweisitziger Wagen*); **2.** *hist. mot.* Limouˈsine *f* mit offenem Fahrersitz.

brought [brɔːt] *pret. u. p.p. von* ***bring***.

brou·ha·ha [bruːˈhɑːhɑː] *s.* Getue *n*, Wirbel *m*, Lärm *m*.

brow [braʊ] *s.* **1.** (Augen)Braue *f*: ***knit*** (*od.* ***gather***) ***one's ~s*** die Stirn runzeln; **2.** Stirn *f*; **3.** Vorsprung *m*, Abhang *m*, (Berg)Kuppe *f*; **ˈ~·beat** *v/t.* [*irr.* → ***beat***] einschüchtern, tyrannisieren.

brown [braʊn] **I** *adj.* braun: ***do s.o.*** (***up***) ***~*** F j-n ˌanschmierenˈ *od.* ˌreinlegenˈ; **II** *s.* Braun *n*; **III** *v/t. Haut etc.* bräunen, *Fleisch etc.* (an)bräunen; brünieren: ***~ed off*** F ˌrestlos bedientˈ, ˌsauerˈ; **IV** *v/i.* braun werden; **~ bear** *s. zo.* Braunbär *m*; **~ bread** *s.* Vollkorn- *od.* Schwarzbrot *n*; **~ coal** *s.* Braunkohle *f*.

brown·ie [ˈbraʊnɪ] *s.* **1.** Heinzelmännchen *n*; **2.** *Am.* kleiner Schokoˈladenkuchen mit Nüssen; **3.** ˌWichtelˈ *m* (*junge Pfadfinderin*).

Brown·ing [ˈbraʊnɪŋ] *s.* Browning *m* (*e-e Pistole*).

ˈbrown|-nose *Am.* V **I** *s.* ˌArschkriecherˈ *m*; **II** *v/t. j-m* ˌin den Arsch kriechenˈ; **~ pa·per** *s.* ˈPackpaˌpier *n*; **ˈ2·shirt** *s. hist.* Braunhemd *n* (*SA-Mann od. Nazi*); **ˈ~·stone** *Am.* **I** *s.* brauner Sandstein; **II** *adj.* F wohlhabend, vornehm.

browse [braʊz] *v/i.* **1.** grasen, weiden; *fig.* naschen (***on*** von); **2.** *in Büchern* blättern *od.* schmökern; **3.** *a.* ***~ around*** sich (unverbindlich) ˈumsehen (*in e-m*

Laden).

bru·in ['bru:ɪn] *s. poet.* (Meister) Petz *m* (*Bär*).

bruise [bru:z] **I** *v/t.* **1.** *Körperteil* quetschen; *Früchte* anstoßen; **2.** zerstampfen, schroten; **3.** *j-n* grün u. blau schlagen; **II** *v/i.* **4.** e-e Quetschung *od.* e-n blauen Fleck bekommen; **III** *s.* **5.** ⚕ Quetschung *f*, Bluterguß *m*; blauer Fleck; **6.** Druckstelle *f* (*auf Obst*); **'bruis·er** [-zə] *s.* **1.** F Boxer *m*; **2.** a) ‚Schläger' *m*, b) ‚Schrank' *m* (*Hüne*).

bruit [bru:t] *v/t.*: **~ *about*** *obs. Gerücht* verbreiten.

Brum·ma·gem ['brʌmədʒəm] F **I** *s.* **1.** *npr.* Birmingham (*Stadt*); **2.** ♀ Schund(-ware *f*) *m* (*bsd. in Birmingham hergestellt*); **II** *adj.* **3.** billig, kitschig, Schund..., unecht.

brunch [brʌntʃ] *s.* F (*aus* ***breakfast*** *u.* ***lunch***) Brunch *m*.

bru·nette [bru:'net] **I** *adj.* brü'nett, dunkelbraun; **II** *s.* Brü'nette *f*.

brunt [brʌnt] *s.* Hauptstoß *m*, -last *f*, volle Wucht *des Angriffs* (*a. fig.*): ***bear the ~*** die Hauptlast tragen.

brush [brʌʃ] **I** *s.* **1.** Bürste *f*; Besen *m*: ***tooth-~*** Zahnbürste *f*; **2.** Pinsel *m*: ***shaving-~***; **3.** a) Pinselstrich *m* (*Maler*), b) Maler *m*, c) ***the ~*** die Malerei; **4.** Bürsten *n*: ***give a ~*** (***to***) *et.* abbürsten; **5.** buschiger Schwanz (*bsd. Fuchs*); **6.** ⚡ (Kon'takt)Bürste *f*; **7.** *phys.* Strahlenbündel *n*; **8.** ⚔ Feindberührung *f*; Schar'mützel *n* (*a. fig.*): ***have a ~ with s.o.*** mit j-m aneinandergeraten; **9.** → ***brushwood***; **II** *v/t.* **10.** bürsten; **11.** fegen: **~ *away*** (*od.* ***off***) abwischen, -streifen (*a. mit der Hand*); **~ *off*** *fig. j-n* abwimmeln *od.* abweisen; **~ *aside*** *fig.* beiseite schieben, abtun; **12. ~ *up*** *fig.* ‚aufpolieren', auffrischen; **13.** streifen, leicht berühren; **III** *v/i.* **14. ~ *against*** streifen (*acc.*); **15.** da'hinrasen: **~ *past*** vorbeisausen; **'brush·ing** [-ʃɪŋ] *s. mst pl.* Kehricht *m*, *n*; **'brush·less** [-lɪs] *adj.* **1.** ohne Bürste; **2.** ohne Schwanz (*Fuchs*); **'brush-off** *s.* F Abfuhr *f*; **'brush·wood** *s.* **1.** 'Unterholz *n*, Gestrüpp *n*; Busch *m* (*USA u. Australien*); **2.** Reisig *n*.

brusque [brʊsk] *adj.* □ brüsk, barsch, schroff.

Brus·sels ['brʌslz] *npr.* Brüssel *n*; **~ lace** *s.* Brüsseler Spitzen *pl.*; **~ sprouts** [ˌbrʌsl'sprauts] *s. pl.* Rosenkohl *m*.

bru·tal ['bru:tl] *adj.* □ **1.** viehisch; bru'tal, roh, unmenschlich; **2.** scheußlich; **bru·tal·i·ty** [bru:'tælətɪ] *s.* Brutali'tät *f*, Roheit *f*; **'bru·tal·ize** [-təlaɪz] **I** *v/t.* **1.** zum Tier machen, verrohen lassen; **2.** brutal behandeln; **II** *v/i.* verrohen, zum Tier werden.

brute [bru:t] **I** *s.* (*unvernünftiges*) Tier, Vieh *n*, *fig. a.* Untier *n*, Scheusal *n*: ***the ~ in him*** das Tier in ihm; **II** *adj.* tierisch (*a. = triebhaft, unvernünftig, brutal*); viehisch, roh; hirnlos, dumm; gefühllos: **~ *force*** rohe Gewalt; **'brut·ish** [-tɪʃ] *adj.* □ → ***brute*** II.

Bry·thon·ic [brɪ'θɒnɪk] *s.* Ursprache *f* der Kelten in Wales, 'Cornwall u. der Bre'tagne.

bub·ble ['bʌbl] **I** *s.* **1.** (*Luft-, Gas-, Seifen*)Blase *f*; **2.** *fig.* Seifenblase *f*; Schwindel(geschäft *n*) *m*: ***prick the ~*** den Schwindel aufdecken; **~ *company*** Schwindelfirma *f*; **3.** Sprudeln *n*, Brodeln *n*, (Auf)Wallen *n*; **4.** *Am.* Traglufthalle *f*; **II** *v/i.* sprudeln, brodeln, wallen; perlen: **~ *over*** übersprudeln (*a. fig.* ***with*** vor *dat.*); **~ *up*** aufsprudeln, in Blasen aufsteigen; **~ bath** *s.* Schaumbad *n*; **~ car** *s.* **1.** Kleinstauto *n*, Ka'binenroller *m*; **2.** Wagen *m* mit kugelsicherer Kuppel; **~ gum** *s.* Bal'lon-, Knallkaugummi *m*.

bu·bo ['bju:bəʊ] *pl.* **-boes** *s.* ⚕ 'Bubo *m* (*Drüsenschwellung*); Beule *f*; **bu·bon·ic** [bju:'bɒnɪk] *adj.*: **~ *plague*** ⚕ Beulenpest *f*.

buc·ca·neer [ˌbʌkə'nɪə] **I** *s.* Seeräuber *m*, Freibeuter *m*; **II** *v/i.* Seeräube'rei betreiben.

buck¹ [bʌk] **I** *s.* **1.** *zo.* Bock *m* (*Hirsch, Reh, Ziege etc.*; *a. Turnen*); Rammler *m* (*Hase, Kaninchen*); *engS.* Rehbock *m*; **2.** *obs.* Stutzer *m*, Geck *m*; Lebemann *m*; **3.** *Am. obs. contp.* a) Rothaut *f*, b) Nigger *m*; **4.** *Am. Poker*: *Spielmarke, die e-n Spieler daran erinnern soll, daß er am Geben ist*: ***pass the ~ to*** F *j-m* ‚den Schwarzen Peter (*die Verantwortung*) zuschieben'; **II** *v/i.* **5.** bocken (*Pferd, Esel etc.*); **6.** *Am.* F ‚meutern', sich sträuben (***at***, ***against*** bei, gegen); **7. ~ *up*** F a) sich ranhalten, b) sich zs.-reißen: **~ *up!*** Kopf hoch!; **III** *v/t.* **8.** *Reiter* durch Bocken abwerfen (wollen); **9.** *Am.* wütend angreifen; angehen gegen; **10.** *a.* **~ *up*** F aufmuntern: ***greatly ~ed*** hocherfreut; **IV** *adj.* **11.** männlich; **12. ~ *private*** ⚔ *Am.* F einfacher Soldat.

buck² [bʌk] *s. Am.* F Dollar *m*.

buck·et ['bʌkɪt] **I** *s.* **1.** Eimer *m*, Kübel *m*: ***champagne ~*** Sektkühler *m*; ***kick the ~*** F ‚abkratzen' (*sterben*); **2.** ⚙ a) Schaufel *f e-s Schaufelrades*, b) Eimer *m od.* Löffel *m e-s Baggers*, c) (Pumpen)Kolben *m*; **II** *v/t.* **3.** (aus)schöpfen; **4.** *Pferd* zu'schanden reiten; **III** *v/i.* **5.** F (da'hin)rasen; **~ con·vey·or** *s.* Becherwerk *n*; **~ dredg·er** *s.* Löffelbagger *m*; **'~·ful** [-fʊl] *pl.* **-fuls** *s. ein* Eimer(voll) *m.*

buck·et| seat *s.* **1.** *mot.*, ✈ Klapp-, Notsitz *m*; **2.** *mot.* Schalensitz *m*; **~ shop** *s.* **1.** 'unreˌelle Maklerfirma; **2.** ‚Klitsche' *f*, kleiner ‚Laden'.

'buck|·eye *s. Am.* **1.** ⚘ *e-e* 'Roßkaˌstanie *f*; **2.** ♀ F Bewohner(in) von Ohio; **'~·horn** *s.* Hirschhorn *n*; **'~·hound** *s. zo.* Jagdhund *m*; **'~ˌjump·er** *s.* störrisches Pferd.

buck·le ['bʌkl] **I** *s.* **1.** Schnalle *f*, Spange *f*; **2.** ⚔ Koppelschloß *n*; **3.** ⚙ verbogene *od.* verzogene Stelle; **II** *v/t.* **4.** *a.* **~ on, ~ up** an-, 'um-, zuschnallen; **5.** ⚙ (ver)biegen, krümmen; **6. ~ *o.s.* to** → 9; **III** *v/i.* **7.** ⚙ sich (ver)biegen *od.* verziehen, sich wölben *od.* krümmen; **8.** nachgeben *unter e-r Last*: **~ (*under*)** *fig.* zs.-brechen; **9. ~ *down to*** F sich hinter *e-e Aufgabe* ‚klemmen'.

buck·ling ['bʌklɪŋ] *(Ger.) s.* Bückling *m (geräucherter Hering)*.

buck·ling strength ['bʌklɪŋ] *s.* ⚙ Knickfestigkeit *f.*

buck·ram ['bʌkrəm] **I** *s.* **1.** Steifleinen *n*; **2.** *fig.* Steifheit *f*, Förmlichkeit *f*; **II** *adj.* **3.** *fig.* steif, for'mell.

'buck|·saw *s. Am.* Bocksäge *f*; **'~·shot** *s. hunt.* grober Schrot, Rehposten *m*; **'~·skin** *s.* **1.** a) Wildleder *n*, b) *pl.* Lederhose *f*; **2.** Buckskin *m (Wollstoff)*; **'~·thorn** *s.* ⚘ Kreuzdorn *m*; **'~·tooth** *s.* [*irr.*] vorstehender Zahn; **'~·wheat** *s.* ⚘ Buchweizen *m.*

bu·col·ic [bju:'kɒlɪk] **I** *adj.* (□ **~*ally***) **1.** bu'kolisch: a) Hirten…, b) ländlich, i'dyllisch; **II** *s.* **2.** I'dylle *f*, Hirtengedicht *n*; **3.** *humor.* Landmann *m.*

bud [bʌd] **I** *s.* **1.** ⚘ Knospe *f*; Auge *n (Blätterknospe)*: ***be in* ~** knospen; **2.** Keim *m*; **3.** *fig.* Keim *m*, Ursprung *m*; → ***nip***[1] 2; **4.** unentwickeltes Wesen; **5.** *Am.* F Debü'tantin *f*; **II** *v/i.* **6.** knospen, sprossen; **7.** sich entwickeln *od.* entfalten: **~*ding lawyer*** angehender Jurist; **III** *v/t.* **8.** ✓ okulieren.

Bud·dha ['bʊdə] *s.* 'Buddha *m*; **'Bud·dhism** [-dɪzəm] *s.* Bud'dhismus *m*; **'Bud·dhist** [-dɪst] **I** *s.* Bud'dhist *m*; **II** *adj.* → **Bud·dhis·tic** [bʊ'dɪstɪk] *adj.* bud'dhistisch.

bud·dy ['bʌdɪ] *s.* F **1.** ‚Kumpel' *m*, ‚Spezi' *m*, Kame'rad *m*; **2.** *Anrede*: Freundchen *n.*

budge [bʌdʒ] *mst neg.* **I** *v/i.* sich (von der Stelle) rühren, sich (im geringsten) bewegen: **~ *from*** *fig.* von *et.* abrücken; **II** *v/t.* (vom Fleck) bewegen.

budg·er·i·gar ['bʌdʒərɪgɑ:] *s. orn.* Wellensittich *m.*

budg·et ['bʌdʒɪt] **I** *s.* **1.** *bsd. pol.* Bud'get *n*, (Staats)Hauhalt *m*, E'tat *m*, (*a.* pri'vater) Haushaltsplan: ***open the* ~** das Budget vorlegen; **~ *cut*** Etatkürzung *f*; ***for the low* ~** für den schmalen Geldbeutel; **~(*-priced*)** preisgünstig; **2.** *fig.* Vorrat *m*: ***a* ~ *of news*** ein Sack voll Neuigkeiten; **II** *v/t.* **3.** a) *Mittel* bewilligen, vorsehen, *Ausgaben* einplanen; **III** *v/i.* **4.** planen, ein Bud'get machen: **~ *for s.th.*** et. im Haushaltsplan vorsehen, die Kosten für et. veranschlagen; **'budg·et·ar·y** [-tərɪ] *adj.* Budget…, Etat…, Haushalts…: **~ *deficit*.**

bud·gie ['bʌdʒɪ] *s.* F *für* ***budgerigar***.

buff[1] [bʌf] *s.* **1.** starkes Ochsen- *od.* Büffelleder; **2.** F bloße Haut: ***in the* ~** im Adams- *od.* Evaskostüm (*nackt*); **3.** Lederfarbe *f*; **4.** F ‚Fex' *m*, Fan *m*: ***hi-fi* ~**; **II** *adj.* **5.** lederfarben.

buff[2] [bʌf] *v/t.* ⚙ schwabbeln, polieren.

buf·fa·lo ['bʌfələʊ] *pl.* **-loes**, *Am. a.* **-los I** *s.* **1.** *zo.* Büffel *m*; nordamer. 'Bison *m*; **2.** ⚔ am'phibischer Panzerwagen; **II** *v/t.* **3.** *Am.* F *j-n* täuschen *od.* einschüchtern.

buf·fer ['bʌfə] **I** *s.* ⚙ a) Stoßdämpfer *m*, b) Puffer *m (a.* ⚗, *Computer u. fig.)*, c) Prellbock (*a. fig.*): **~ *solution*** ⚗ Pufferlösung *f*; **~ *state*** *pol.* Pufferstaat *m*; **3.** *a.* **~ *memory*** *Computer*: Pufferspeicher *m*; **II** *v/t.* **4.** als Puffer wirken gegen; **5.** *Computer*: puffern, zwischenspeichern.

buf·fet[1] ['bʌfɪt] **I** *s.* **1.** Puff *m*, Stoß *m*; Schlag *m (a. fig.)*; **II** *v/t.* **2.** a) *j-m* e-n Schlag versetzen, b) *j-n od. et.* her'umstoßen: **~ (*about*)** durchrütteln; **3.** gegen *Wellen etc.* (an)kämpfen.

buf·fet[2] *s.* **1.** ['bʌfɪt] Bü'fett *n*, Anrichte *f*; **2.** ['bʊfeɪ] Bü'fett *n*: a) Theke *f*, b) *Tisch mit Speisen*, c) Erfrischungsbar *f*, Imbißstube *f*: **~ *car*** 🚃 Büfettwagen *m*; **~ *dinner*** kaltes Büfett.

buf·foon [bʌ'fu:n] *s.* **1.** Possenreißer *m*, Hans'wurst *m (a. fig. contp.)*; **2.** derber Witzbold; **buf'foon·er·y** [-nərɪ] *s.* Possen(reißen *n*) *pl.*

bug [bʌg] **I** *s.* **1.** *zo.* (Bett)Wanze *f*; **2.** *zo. bsd. Am. allgemein* In'sekt *n (Ameise, Fliege, Spinne, Käfer)*; **3.** F Ba'zillus *m (a. fig.)*: ***the golf* ~** die Golfleidenschaft; **4.** ⚙ *Am.* F De'fekt *m*, *mst pl.* ‚Mucken' *pl.*; **5.** ***big* ~** F ‚großes' *od.*

'hohes Tier' (*Person*); **6.** *Am.* F Fan *m*, Fa'natiker *m*: ***baseball ~***; **7.** *sl.* 'Wanze' *f* (*Abhörgerät*); **II** *v/t. sl.* **8.** a) 'Wanzen' anbringen in *e-m Raum etc.*, b) (heimlich) abhören; **9.** *Am.* F *j-n* nerven: ***what's ~ging you?*** was hast du denn?

bug·a·boo ['bʌgəbu:] *s.* **1.** → ***bugbear***; **2.** 'Quatsch' *m.*

'**bug|·bear** *s.* a) 'Buhmann' *m*, b) Schreckgespenst *n*; '**~-eyed** *adj.* mit her'vorquellenden Augen.

bug·ger ['bʌgə] **I** *s.* **1.** a) Sodo'mit *m*, b) Homosexu'elle(r) *m*; **2.** V a) 'Scheißkerl' *m*, b) Kerl *m*, 'Knülch' *m*, c) 'Scheißding' *n*; **II** *v/t.* **3.** a) Sodo'mie treiben mit, b) a'nal verkehren mit: **~** (***it***)**!** V Scheiße!; ***~ you!*** V leck mich!; **4.** a) *j-n* 'fertigmachen', b) *j-n* 'nerven'; **5.** **~** (***up***) V *et.* versauen *od.* vermasseln; **III** *v/i.* **6.** ***~ around*** V he'rumgammeln; **7.** ***~ off*** V 'abhauen'; '**bug·ger·y** [-ərɪ] *s.* **1.** Sodo'mie *f*, 'widerna͵türliche Unzucht; **2.** Homosexuali'tät *f*.

bug·gy[1] ['bʌgɪ] *s.* **1.** leichter (Pferde-)Wagen; **2.** *mot.* Buggy *m* (*geländegängiges, offenes Freizeitauto*); **3.** *Am.* Kinderwagen *m*.

bug·gy[2] ['bʌgɪ] *adj.* **1.** verwanzt; **2.** *Am. sl.* 'bekloppt', verrückt.

'**bug|·house** *Am. sl.* **I** *s.* 'Klapsmühle' *f* (*Nervenheilanstalt*); **II** *adj.* verrückt; '**~-͵hunt·er** *s. sl.* In'sektensammler *m*.

bu·gle ['bju:gl] *s.* **1.** Wald-, Jagdhorn *n*; **2.** ⚔ Si'gnalhorn *n*: ***sound the ~*** ein Hornsignal blasen; '**bu·gle-call** *s.* 'Hornsi͵gnal *n*; '**bu·gler** [-lə] *s.* Hor'nist *m*.

buhl [bu:l] *s.* Einlege-, Boulearbeit *f*.

build [bɪld] **I** *v/t.* [*irr.*] **1.** (er)bauen, errichten: ***~ a fire*** (ein) Feuer machen; ***~ in*** a) einbauen (*a. fig.*), b) zubauen; **2.** ⚙ bauen: a) konstruieren, b) herstellen: ***~ cars***; **3.** *mst **~ up*** aufbauen, gründen, (er)schaffen: ***~ up a business*** ein Geschäft aufbauen; ***~ up one's health*** s-e Gesundheit festigen; ***~ up a reputation*** sich e-n Namen machen; ***~ up a case*** *bsd.* ⚖ (Beweis)Material zs.-tragen; **4.** ***~ up*** a) zubauen, vermauern: ***~ up a window***, b) *Gelände* aus-, bebauen; **5.** ***~ up*** *fig. j-n* 'aufbauen' *od.* groß her'ausstellen, Re'klame machen für; **6.** *fig.* gründen, setzen: ***~ one's hopes on s.th.***; **II** *v/i.* [*irr.*] **7.** bauen; gebaut werden: ***the house is ~ing*** das Haus ist im Bau; **8.** *fig.* bauen, sich verlassen (***on*** auf *acc.*); **9.** **~** (***up***) a) sich entwickeln, b) zunehmen, wachsen; **III** *s.* **10.** Bauart *f*, Gestalt *f*; **11.** Körperbau *m*, Fi'gur *f*; **12.** Schnitt *m* (*Kleid*); '**build·er** [-də] *s.* **1.** Erbauer *m*; **2.** Baumeister *m*; **3.** 'Bauunter͵nehmer *m*, Bauhandwerker *m*: ***~'s merchant*** Baustoffhändler *m*.

build·ing ['bɪldɪŋ] *s.* **1.** Bauen *n*, Bauwesen *n*; **2.** Gebäude *n*, Bau *m*, Bauwerk *n*; **~ block** *s.* **1.** ⚙ *u. fig.* Baustein *m*; **2.** Bauklötzchen *n für Kinder*; **~ con·trac·tor** *s.* 'Bauunter͵nehmer *m*; **~ lease** *s.* ⚖ *Brit.* Baupacht(vertrag *m*) *f*; **~ line** *s.* ⚙ 'Bauflucht(͵linie) *f*; **~ lot**, **~ plot**, **~ site** *s.* **1.** Bauplatz *m*, -stelle *f*; **2.** Baugrundstück *n*, Baugelände *n*; **~ own·er** *s.* Bauherr *m*; **~ so·ci·e·ty** *s. Brit.* Bausparkasse *f*.

'**build-up** *s.* **1.** Aufbau *m*, Zs.-stellung *f*; **2.** Zunahme *f*; **3.** 'Aufbauen' *n*, Re'klame *f*, Propa'ganda *f*; **4.** dra'matische Steigerung.

built [bɪlt] **I** *pret. u. p.p. von **build*** I *u.* II; **II** *adj.* gebaut, geformt: ***he is ~ that way*** F so ist er eben; **͵~-'in** *adj.* eingebaut (*a. fig.*), Einbau...; '**~-up a·re·a** *s.* **1.** bebautes Gelände; **2.** *Verkehr*: geschlossene Ortschaft.

bulb [bʌlb] **I** *s.* **1.** ⚘ Knolle *f*, Zwiebel *f* (*e-r Pflanze*); **2.** Zwiebelgewächs *n*; **3.** (*Glas- etc.*)Bal'lon *m od.* Kolben *m*; Kugel *f* (*Thermometer*); **4.** ϟ Glühbirne *f*, -lampe *f*; **II** *v/i.* **5.** rundlich anschwellen; Knollen bilden; **bulbed** [-bd] *adj.* knollenförmig; '**bulb·ous** [-bəs] *adj.* knollig, Knollen...: ***~ nose***.

Bul·gar ['bʌlgɑ:] *s.* Bul'gare *m*, Bul'garin *f*; **Bul·gar·i·an** [bʌl'geərɪən] **I** *adj.* bul'garisch; **II** *s.* → ***Bulgar***.

bulge [bʌldʒ] **I** *s.* **1.** (Aus)Bauchung *f*, (*a.* ⚔ Front)Ausbuchtung *f*; Anschwellung *f*, Beule *f*; Vorsprung *m*, Buckel *m*; Rundung *f*, Bauch *m*, Wulst *m*: ***Battle of the ~*** Ardennenschlacht *f* (*1944*); **2.** ⚓ → ***bilge*** 1; **3.** Anschwellen *n*, Zunahme *f*, plötzliches Steigen (*bsd. der Börsenkurse*); **4.** *a.* ***~ age-group*** geburtenstarker Jahrgang; **5.** ***have a ~ on s.o.*** *sl.* j-m gegenüber im Vorteil sein; **II** *v/i.* **6.** sich (aus)bauchen, her'vortreten, -ragen, -quellen, sich blähen *od.* bauschen; '**bulg·ing** [-dʒɪŋ] *adj.* (zum Bersten) voll (***with*** von).

bulk [bʌlk] **I** *s.* **1.** 'Umfang *m*, Größe *f*, Masse *f*; **2.** große *od.* massige Gestalt; 'Körper͵umfang *m*, -fülle *f*; **3.** Hauptteil *m*, -masse *f*, Großteil *m*, Mehrheit *f*; **4.** ✝ (gekaufte) Gesamtheit; ⚓ (unverpackte) Schiffsladung: ***in ~*** a) unverpackt, lose, b) in großen Mengen, en gros; ***break ~*** ⚓ zu löschen anfangen; ***~ cargo***, ***~ goods*** ✝ Schüttgut *n*, Massengüter *pl.*; ~ ***buying*** ✝ Mengeneinkauf *m*; ~ ***mail*** Postwurfsendung *f*; ~ ***mortgage*** *Am.* Fahrnishypothek *f*; **II** *v/i.* **5.** ˈumfangreich *od.* sperrig sein; **6.** *fig.* wichtig sein: ~ ***large*** e-e große Rolle spielen; **III** *v/t.* **7.** *bsd. Am.* aufstapeln; **ˈ~·head** *s.* **1.** ⚓ Schott *n*; **2.** ⚙ a) Schutzwand *f*, b) Spant *m*.

bulk·y [ˈbʌlkɪ] *adj.* **1.** (sehr) ˈumfangreich, massig; **2.** sperrig: ~ ***goods*** ✝ Sperrgut *n*.

bull¹ [bʊl] **I** *s.* **1.** *zo.* Bulle *m*, Stier *m*: ***like a ~ in a china shop*** wie ein Elefant im Porzellanladen; ***take the ~ by the horns*** den Stier bei den Hörnern packen; **2.** *zo.* (*Elefanten-*, *Elch-*, *Wal- etc.*)Bulle *m*; **3.** ✝ Haussiˈer *m*, ˈHaussespekuˌlant *m*; **4.** *Am. sl.* ‚Bulle' *m* (*Polizist*); **5.** *ast.* Stier *m*; **6.** → ***bull's-eye*** 3 *u.* 4; **II** *v/t.* **7.** ✝ Preise in die Höhe treiben für *et.*: ~ ***the market*** auf Hausse kaufen; **III** *v/i.* **8.** ✝ auf Hausse spekulieren; **IV** *adj.* **9.** männlich; **10.** ✝ steigend, Hausse...: ~ ***market***.

bull² [bʊl] *s.* (päpstliche) Bulle.

bull³ [bʊl] *s. sl.* **1.** *a.* ***Irish ~*** ungereimtes Zeug, ˈwidersprüchliche Behauptung; **2.** Schnitzer *m*, Fauxˈpas *m*; **3.** *Am.* Quatsch *m*, Blödsinn *m*.

ˈbull|-ˌbait·ing *s.* Stierhetze *f*; **ˈ~·dog I** *s.* **1.** *zo.* Bulldogge *f*; **2.** *Brit. univ.* Begleiter *m* des ˈProctors; **3.** *e-e* Piˈstole *f*; **II** *adj.* **4.** mutig, zäh, hartnäckig; **ˈ~·doze** *v/t.* **1.** planieren, räumen; **2.** F ‚überˈfahren', einschüchtern, terrorisieren; zwingen (***into*** zu); **ˈ~ˌdoz·er** [-ˌdəʊzə] *s.* **1.** ⚙ Planierraupe *f*, Bulldozer *m*; **2.** *fig.* F → ***bully²*** 1.

bul·let [ˈbʊlɪt] *s.* (Gewehr- *etc.*)Kugel *f*, Geschoß *n*: ***bite the ~*** *fig.* die bittere Pille schlucken; **ˈ~-head** *s.* **1.** Rundkopf *m*; **2.** *Am.* F Dickkopf *m*.

bul·le·tin [ˈbʊlɪtɪn] *s.* **1.** Bulleˈtin *n*: a) Tagesbericht *m* (*a.* ⚔), b) Krankenbericht *m*, c) offiziˈelle Bekanntmachung: ~ ***board*** *Am.* schwarzes Brett (*für Anschläge*); **2.** Mitteilungsblatt *n*; **3.** *Am.* Kurznachricht *f*.

ˈbul·let-proof *adj.* kugelsicher.

ˈbull|·fight *s.* Stierkampf *m*; **ˈ~ˌfight·er** *s.* Stierkämpfer *m*; **ˈ~·finch** *s.* **1.** *orn.* Dompfaff *m*; **2.** hohe Hecke; **ˈ~·frog** *s. zo.* Ochsenfrosch *m*; **ˌ~-ˈhead·ed** *adj.* starrköpfig.

bul·lion [ˈbʊljən] *s.* **1.** ungemünztes Gold *od.* Silber: ~ ***point*** ✝ Goldpunkt *m*; **2.** Gold *n od.* Silber *n* in Barren; **3.** Gold-, Silberlitze *f*, -schnur *f*, -troddel *f*.

bull·ish [ˈbʊlɪʃ] *adj.* **1.** dickköpfig; **2.** ✝ steigend, Hausse...

ˌbull-ˈnecked *adj.* stiernackig.

bull·ock [ˈbʊlək] *s. zo.* Ochse *m*.

bull| pen *s. Am.* **1.** *sl.* Baˈracke *f* für Holzfäller; **2.** F a) ‚Kittchen' *n*, b) große (Gefängnis)Zelle; **3.** *Baseball*: Übungsplatz *m* für Reˈservewerfer; **ˈ~·ring** *s.* ˈStierkampfaˌrena *f*.

bull's-eye [ˈbʊlzaɪ] *s.* **1.** ⚓, ⚠ Bullauge *n*, rundes Fensterchen; **2.** *a.* ~ ***pane*** Ochsenauge *n*, Butzenscheibe *f*; **3.** Zentrum *n od. das* Schwarze *der Zielscheibe*; **4.** *a. fig.* Schuß *m* ins Schwarze, ˈVolltreffer *m*; **5.** ˈBlendlaˌterne *f*; **6.** großer runder ˈPfefferminzbonˌbon.

ˈbull|·shit *s. u. int.* V Scheiß(dreck) *m*; **~ ter·ri·er** *s. zo.* ˈBullˌterrier *m*.

bul·ly¹ [ˈbʊlɪ] *s. a.* ~ ***beef*** Rinderpökelfleisch *n* (in Büchsen).

bul·ly² [ˈbʊlɪ] **I** *s.* **1.** bruˈtaler Kerl, ‚Schläger' *m*; Tyˈrann *m*; Maulheld *m*; **2.** *obs.* Zuhälter *m*; **3.** *Hockey*: Bully *n*, Anspiel *n*; **II** *v/t.* **4.** tyrannisieren, schikanieren, einschüchtern, piesacken; **III** *adj.* **5.** F ‚prima' (*a. int.*); **IV** *int.* **6.** F bravo!, Klasse!

bul·ly| beef → ***bully¹***; **ˈ~·rag** → ***ballyrag***.

bul·rush [ˈbʊlrʌʃ] *s.* ⚘ *große* Binse.

bul·wark [ˈbʊlwək] *s.* **1.** Bollwerk *n*, Wall *m* (*beide a. fig.*); **2.** ⚓ a) Hafendamm *m*, b) Schanzkleid *n*.

bum¹ [bʌm] *bsd. Brit.* F **1.** ‚Hintern' *m*; **2.** ‚Niete' *f*, ‚Flasche' *f*.

bum² [bʌm] *bsd. Am.* F **I** *s.* **1.** a) ‚Stromer' *m*, ‚Gammler' *m*, Heˈrumtreiber *m*, b) Tippelbruder *m*, c) Schnorrer *m*, d) Mistkerl *m*; **II** *v/i.* **2.** *mst* ~ ***around*** ‚heˈrumgammeln'; **3.** schnorren (***off*** bei); **III** *v/t.* **4.** *et.* schnorren (***of*** bei, von); **IV** *adj.* **5.** a) ‚mies', schlecht, b) kaˈputt.

bum·ble-bee [ˈbʌmblbi:] *s. zo.* Hummel *f*.

bum·ble·dom [ˈbʌmbldəm] *s.* Wichtigtueˈrei *f* der kleinen Beamten.

bumf [bʌmf] *s. Brit. sl.* **1.** *contp.* ‚Paˈpierkram' *m* (*Akten*, *Formulare etc.*); **2.** ‚Klopaˌpier' *n*.

bum·mer [ˈbʌmə] → ***bum²*** 1.

bump [bʌmp] **I** *v/t.* **1.** (heftig) stoßen, (an)prallen: ~ ***one's head*** sich den Kopf anstoßen; ***I ~ed my head against*** (*od.* ***on***) ***the door*** ich stieß *od.* rannte mit dem Kopf gegen die Tür; ~ ***a car*** auf ein Auto auffahren; **2.** *Rudern*: *Boot* überˈholen u. anstoßen; **3.** ~ ***off*** *sl.* ‚ˈumlegen', ‚kaltmachen'; **4.** ~ ***up*** F *Preise etc.* hochtreiben, *Gehalt etc.* aufbessern; **II** *v/i.* **5.** (***against, into***) stoßen, prallen, bumsen (gegen), zs.-stoßen (mit): ~ ***into*** *fig. j-n* zufällig treffen, zufällig stoßen auf (*acc.*); **6.** rütteln, holpern (*Wagen*); **III** *s.* **7.** heftiger Stoß, Bums *m*; **8.** ⚕ Beule *f*, Höcker *m*; **9.** Unebenheit *f* (*Straße*); **10.** Sinn *m* (*für et.*): ~ ***of locality*** Ortssinn; **11.** ✈ (Steig)Bö *f*; **IV** *adv.* **12.** bums!

bump·er [ˈbʌmpə] *s.* **1.** randvolles Glas (*Wein etc.*); **2.** F *et.* Riesiges: ~ ***crop*** Rekordernte *f*; ~ ***house*** *thea.* volles Haus; **3.** 🚂 *Am.* Puffer *m*; **4.** *mot.* Stoßstange *f*: ~ ***car*** (Auto)Skooter *m*; ~ ***guard*** Stoßstangenhorn *n*; ~ ***sticker*** Autoaufkleber *m*.

bump·kin [ˈbʌmpkɪn] *s.* Bauernlackel *m*.

ˈbump-start *s. Brit. mot.* **I** *s.* Anschieben *n*; **II** *v/t. Auto* anschieben.

bump·tious [ˈbʌmpʃəs] *adj.* □ aufgeblasen.

bump·y [ˈbʌmpɪ] *adj.* **1.** holperig, uneben; **2.** ✈ ‚bockig', böig.

bum| steer *s. Am. sl.*: ***give s.o. the*** ~ j-n ‚verschaukeln'; **ˈ~ˌsuck·er** *s.* V ‚Arschkriecher' *m*.

bun¹ [bʌn] *s.* **1.** süßes Brötchen: ***she has a ~ in the oven*** *sl.* bei ihr ist was unterwegs; **2.** (Haar)Knoten *m*.

bun² [bʌn] *s. Brit.* Kaˈninchen *n*.

bunch [bʌntʃ] **I** *s.* **1.** Bündel *n* (*a.* ⚡), Bund *n*, Büschel *n*: ~ ***of flowers*** Blumenstrauß *m*; ~ ***of grapes*** Weintraube *f*; ~ ***of keys*** Schlüsselbund; **2.** F a) Haufen *m*, b) ‚Verein' *m*: ***the best of the*** ~ der Beste von allen; **II** *v/t.* **3.** bündeln (*a.* ⚡), zs.-fassen, -binden; falten: **~*ed circuit*** ⚡ Leitungsbündel *n*; **III** *v/i.* **4.** sich zs.-legen, -schließen; **5.** sich bauschen; **ˈbunch·y** [-tʃɪ] *adj.* büschelig, bauschig, in Bündeln.

bun·co [ˈbʌŋkəʊ] *v/t. Am. sl.* ‚reinlegen', betrügen.

bun·dle [ˈbʌndl] **I** *s.* **1.** Bündel *n*, Bund *n*; Paˈket *n*; Ballen *m*: ~ ***of energy*** (***nerves***) *fig.* Kraft-(Nerven)Bündel *n*; **2.** *fig.* a) Menge *f*, Haufen *m*, b) F ‚Batzen' *m* Geld; **II** *v/t.* **3.** in Bündel zs.-binden, -packen; **4.** *et. wohin* stopfen; **5.** *mst* ~ ***off*** (*od.* ***out***) *j-n* abschieben, (eilig) fortschaffen: ***he was ~d into a taxi*** er wurde in ein Taxi verfrachtet *od.* gepackt; **III** *v/i.* **6.** ~ ***off*** (*od.* ***out***) sich packen *od.* daˈvonmachen.

bung [bʌŋ] **I** *s.* **1.** Spund(zapfen) *m*, Stöpsel *m*; **2.** ⚔ Mündungspfropfen *m* (*Geschütz*); **II** *v/t.* **3.** verspunden, verstopfen; zupfropfen; **4.** F ‚schmeißen', werfen; **5.** ~ ***up*** *Röhre, Öffnung* verstopfen (*mst pass.*): **~*ed up*** verstopft; **6.** *mst* ~ ***up*** *Am.* F *Auto etc.* schwer beschädigen, verbeulen.

bun·ga·low [ˈbʌŋgələʊ] *s.* ˈBungalow *m*.

ˈbung·hole *s.* Spund-, Zapfloch *n*.

bun·gle [ˈbʌŋgl] **I** *v/i.* **1.** stümpern, pfuschen; **II** *v/t.* **2.** verpfuschen; **III** *s.* **3.** Stümpeˈrei *f*; **4.** Fehler *m*, ‚Schnitzer' *m*; **ˈbun·gler** [-lə] *s.* Stümper *m*, Pfuscher *m*; **ˈbun·gling** [-lɪŋ] *adj.* □ ungeschickt, stümperhaft.

bun·ion [ˈbʌnjən] *s.* ⚕ entzündeter Fußballen.

bunk¹ [bʌŋk] **I** *s.* a) ⚓ (Schlaf)Koje *f*, b) Schlafstelle *f*, Bett *n*, ‚Falle' *f*: ~ ***bed*** Etagenbett *n*; **II** *v/i.* a) in e-r Koje schlafen, b) *oft* ~ ***down*** F ‚kampieren'.

bunk² [bʌŋk] *abbr. für* **bunkum**.

bunk³ [bʌŋk] *Brit.* F **I** *s.*: ***do a*** ~ → **II** *v/i.* ‚ausreißen', ‚türmen'.

bunk·er [ˈbʌŋkə] **I** *s.* **1.** ⚓ (Kohlen)Bunker *m*; **2.** ⚔ Bunker *m*, bombensicherer ˈUnterstand; **3.** *Golf*: Bunker *m* (*Hindernis*); **II** *v/t.* **4.** ⚓ bunkern; **5.** *Golf*: *Ball* in e-n Bunker schlagen; **ˈbunk·ered** [-əd] *adj.* F in der Klemme.

bun·kum [ˈbʌŋkəm] *s.* ‚Blech' *n*, Blödsinn *m*, Quatsch *m*.

bun·ny [ˈbʌnɪ] *s.* Häs-chen *n* (*a.* F *süßes Mädchen*).

bun·ting¹ [ˈbʌntɪŋ] *s.* **1.** Flaggentuch *n*; **2.** *coll.* Flaggen *pl.*

bun·ting² [ˈbʌntɪŋ] *s. orn.* Ammer *f*.

buoy [bɔɪ] **I** *s.* **1.** ⚓ Boje *f*, Bake *f*, Seezeichen *n*; **II** *v/t.* **2.** *a.* ~ ***out*** *Fahrrinne* durch Bojen markieren; **3.** *mst* ~ ***up*** flott erhalten; **4.** *fig.* Auftrieb geben (*dat.*), beleben: **~*ed up*** hoffnungsvoll; **buoy·an·cy** [ˈbɔɪənsɪ] *s.* **1.** *phys.* Schwimm-, Tragkraft *f*; **2.** ✈ Auftrieb *m* (*a. fig.*); **3.** *fig.* Schwung *m*, Spann-, Lebenskraft *f*; **buoy·ant** [ˈbɔɪənt] *adj.* □ **1.** schwimmend, tragend (*Wasser etc.*); **2.** *fig.* schwungvoll, lebhaft; **3.** † steigend; lebhaft.

bur [bɜː] *s.* **1.** ⚘ Klette *f* (*a. fig.*): ***cling to s.o. like a*** ~ *fig.* wie e-e Klette an j-m hängen; **2.** → **burr¹** I.

bur·ble [ˈbɜːbl] **I** *v/i.* **1.** brodeln, sprudeln; **2.** plappern; **II** *s.* **3.** ⚙, ✈ Wirbel *m*.

bur·bot [ˈbɜːbət] *s. ichth.* Quappe *f*.

bur·den¹ [bɜːdn] *s.* **1.** Reˈfrain *m*, Kehrreim *m*; **2.** Hauptgedanke *m*, Kern *m*.

bur·den² [ˈbɜːdn] **I** *s.* **1.** Last *f*, Ladung *f*; **2.** *fig.* Last *f*, Bürde *f*, (*a.* finanziˈelle) Belastung, Druck *m*: ~ ***of proof*** ⚖ Beweislast; ~ ***of years*** Last der Jahre; ***he is a ~ on me*** er fällt mir zur Last; **3.** ⚙ Traglast *f*; **4.** ⚓ Tragfähigkeit *f*; Ladung *f*; **II** *v/t.* **5.** belasten: **~ *s.o. with s.th.*** j-m et. aufbürden; **'bur·den·some** [-səm] *adj.* lästig, drückend.

bur·dock ['bɜːdɒk] *s.* ⚘ Große Klette.

bu·reau ['bjʊərəʊ] *pl.* **-reaus**, **-reaux** [-rəʊz] *s.* **1.** Bü'ro *n*; Geschäfts-, Amtszimmer *n*; **2.** Behörde *f*; **3.** *Brit.* Schreibpult *n*; **4.** *Am.* ('Spiegel)Kom-ˌmode *f*; **bu·reauc·ra·cy** [bjʊə'rɒkrəsɪ] *s.* **1.** Bürokra'tie *f*; **2.** *coll.* Beamtenschaft *f*; **'bu·reau·crat** [-əʊkræt] *s.* Büro'krat *m*; **bu·reau·crat·ic** [ˌbjʊərəʊ'krætɪk] *adj.* (□ **~*ally***) büro'kratisch; **bu·reauc·ra·tize** [bjʊə'rɒkrətaɪz] *v/t.* bürokratisieren.

bu·rette [bjʊə'ret] *s.* ⚗ Bü'rette *f*.

burg [bɜːg] *s. Am.* F Stadt *f*.

bur·geon ['bɜːdʒən] **I** *s.* ⚘ Knospe *f*; **II** *v/i.* knospen, (her'vor)sprießen (*a. fig.*).

bur·gess ['bɜːdʒɪs] *s. hist.* **1.** Bürger *m*; **2.** Abgeordnete(r) *m*.

burgh ['bʌrə] *s. Scot.* Stadt *f* (= *Brit.* ***borough***); **burgh·er** ['bɜːgə] *s.* **1.** (konserva'tiver) Bürger; **2.** Städter *m*.

bur·glar ['bɜːglə] *s.* Einbrecher: ***we had ~s last night*** bei uns wurde letzte Nacht eingebrochen; **~ a·larm** *s.* A'larmanlage *f*.

bur·glar·i·ous [bɜː'gleərɪəs] *adj.* □ Einbruchs…, einbrecherisch; **bur·glar·ize** ['bɜːgləraɪz] → ***burgle***.

'bur·glar-proof *adj.* einbruchsicher.

bur·gla·ry ['bɜːglərɪ] *s.* (nächtlicher) Einbruch; Einbruchdiebstahl *m*; **bur·gle** ['bɜːgl] *v/t.* einbrechen in (*acc.*).

bur·go·mas·ter ['bɜːgəʊˌmɑːstə] *s.* Bürgermeister *m* (*in Deutschland*, *Holland etc.*).

bur·gun·dy ['bɜːgəndɪ] *s. a.* **~ *wine*** Bur'gunder *m*.

bur·i·al ['berɪəl] *s.* **1.** Begräbnis *n*, Beerdigung *f*; **2.** Leichenfeier *f*; **3.** Ein-, Vergraben *n*; **~ ground** *s.* Begräbnisplatz *m*, Friedhof *m*; **~ mound** *s.* Grabhügel *m*; **~ place** *s.* Grabstätte *f*; **~ ser·vice** *s.* Trauerfeier *f*.

burke [bɜːk] *v/t. fig.* a) vertuschen, b) vermeiden.

bur·lap ['bɜːlæp] *s.* Sackleinwand *f*, Rupfen *m*, Juteleinen *n*.

bur·lesque [bɜː'lesk] **I** *adj.* **1.** bur'lesk, possenhaft; **II** *s.* **2.** Bur'leske *f*, Posse *f*; **3.** *Am.* Varie'té *n*.

bur·ly ['bɜːlɪ] *adj.* stämmig.

Bur·man ['bɜːmən] *s.* Bir'mane *m*, Bir'manin *f*; **Bur·mese** [ˌbɜː'miːz] **I** *adj.* bir'manisch; **II** *s.* a) → ***Burman***, b) Bir'manen *pl.*

burn¹ [bɜːn] **I** *s.* **1.** verbrannte Stelle; **2.** Brandwunde *f*, -mal *n*; **II** *v/i.* [*irr.*] **3.** (ver)brennen, in Flammen stehen, in Brand geraten: ***the house is ~ing*** das Haus brennt; ***the stove ~s well*** der Ofen brennt gut; ***all the lights were ~ing*** alle Lichter brannten; **4.** *fig.* (ent)brennen, dar'auf brennen (***to*** *inf.* zu *inf.*): ***~ing with anger*** wutentbrannt; ***~ing with love*** von Liebe entflammt; **5.** an-, verbrennen, versengen: ***the meat is ~t*** das Fleisch ist angebrannt; **6.** brennen (*Gesicht*, *Zunge etc.*); **7.** verbrannt werden, in den Flammen 'umkommen; → 9; **III** *v/t.* [*irr.*] **8.** (ver)brennen: ***our boiler ~s coke***; ***his house was ~t*** sein Haus brannte ab; **9.** ver-, anbrennen, versengen, durch Feuer *od.* Hitze verletzen: **~ *a hole*** ein Loch brennen; ***the soup is ~t*** die Suppe ist angebrannt; ***I have ~t my fingers*** ich habe mir die Finger verbrannt (*a. fig.*); **~ *to death*** verbrennen; → 7; **10.** ⚙ *Porzellan*, (*Holz*)*Kohle*, *Ziegel* brennen; **~ down** *v/t. u. v/i.* ab-, niederbrennen; **~ out I** *v/i.* ausbrennen; ⚡ 'durchbrennen; **II** *v/t.* ausbrennen, -räuchern: **~ *o.s. out*** *fig.* sich kaputtmachen *od.* völlig verausgaben; **~ up I** *v/t.* **1.** ganz verbrennen; **2.** *Am.* F *j-n* wütend machen; **II** *v/i.* **3.** auflodern; **4.** a) ab-, aus-, verbrennen, b) verglühen (*Rakete etc.*).

burn² [bɜːn] *s. Scot.* Bach *m*.

burn·er ['bɜːnə] *s.* Brenner *m* (*Person u. Gerät*): ***gas-~***.

burn·ing ['bɜːnɪŋ] *adj.* brennend, heiß, glühend (*a. fig.*): ***a ~ question*** e-e brennende Frage; **~ glass** *s.* Brennglas *n*.

bur·nish ['bɜːnɪʃ] **I** *v/t.* **1.** polieren, blank reiben; **2.** ⚙ brünieren; **II** *v/i.* **3.** blank *od.* glatt werden; **'bur·nish·er** [-ʃə] *s.* Polierer *m*, Brünierer *m*;

bur·nouse [bɜː'nuːz] *s.* 'Burnus *m*.

'burn·out *s.* **1.** ⚡ 'Durchbrennen *n*; **2.** Brennschluß *m* (*e-r Rakete*).

burnt| al·monds [bɜːnt] *s. pl.* gebrannte Mandeln *pl.*; **~ lime** *s.* ⚙ gebrannter Kalk; **~ of·fer·ing** *s. bibl.* Brandopfer *n*.

burp [bɜːp] **I** rülpsen, aufstoßen, ein ‚Bäuerchen' machen (*Baby*); **II** *v/t. Baby* ein ‚Bäuerchen' machen lassen.

burr¹ [bɜː] **I** *s.* **1.** ⚙ Grat *m* (*rauhe Kante*); **2.** ⚙ Schleif-, Mühlstein *m*; **3.** ⚕ (Zahn)Bohrer *m*; **II** *v/t.* **4.** ⚙ abgraten.

burr² [bɜː] **I** *s.* **1.** Zäpfchenaussprache *f* des R; **II** *v/t. u. v/i.* **2.** (das R) schnarren; **3.** undeutlich sprechen.

burr[3] [bɜː] → ***bur*** 1.

'burr-drill *s.* ⚙, ⚕ Drillbohrer *m.*

bur·row ['bʌrəʊ] **I** *s.* **1.** (*Fuchs- etc.*)Bau *m*, Höhle *f*; **II** *v/i.* **2.** sich eingraben; **3.** *fig.* sich verkriechen *od.* verbergen; sich vertiefen (***into*** in *acc.*); **III** *v/t.* **4.** *Bau* graben.

bur·sar ['bɜːsə] *s. univ.* **1.** 'Quästor *m*, Fi'nanzverwalter *m*; **2.** Stipendi'at *m*; **'bur·sa·ry** [-ərɪ] *s. univ.* **1.** Quä'stur *f*; **2.** Sti'pendium *n.*

bur·si·tis [bɜː'saɪtɪs] *s.* ⚕ Schleimbeutelentzündung *f.*

burst [bɜːst] **I** *v/i.* [*irr.*] **1.** bersten, (auf- *od.* zer)platzen, (auf-, zer)springen; explodieren; sich entladen (*Gewitter*); aufspringen (*Knospe*); aufgehen (*Geschwür*): ~ ***open*** aufplatzen, -springen; **2.** ~ ***in*** (***out***) herein-(hinaus)stürmen: ~ ***in*** (***up***)***on*** a) hereinplatzen bei *j-m*, b) sich einmischen in (*acc.*); **3.** *fig.* ausbrechen, her'ausplatzen: ~ ***into tears*** in Tränen ausbrechen; ~ ***into laughter***, ~ ***out laughing*** in Gelächter ausbrechen; ~ ***out*** herausplatzen (*sagen*); **4.** *fig.* platzen, bersten (***with*** vor *dat.*); gespannt sein, brennen: ~ ***with envy*** vor Neid platzen; ***I am ~ing to tell you*** ich brenne darauf, es dir zu sagen; **5.** zum Bersten voll sein (***with*** von): ***a larder ~ing with food***; ~ ***with health*** (***energy***) vor Gesundheit (Kraft) strotzen; **6.** *a.* ~ ***up*** zs.-brechen, bank'rott gehen; **7.** plötzlich sichtbar werden: ~ ***into view***; ~ ***forth*** hervorbrechen, -sprudeln; ~ ***upon s.o.*** j-m plötzlich klarwerden; **II** *v/t.* [*irr.*] **8.** sprengen, auf-, zerbrechen, zum Platzen bringen (*a. fig.*): ~ ***open*** sprengen, aufbrechen; ***I have ~ a bloodvessel*** mir ist e-e Ader geplatzt; ***the river ~ its banks*** a) der Fluß trat über die Ufer, b) der Fluß durchbrach die Dämme; ***the car ~ a tyre*** ein Reifen am Wagen platzte; ~ ***one's sides with laughter*** sich vor Lachen ausschütten; **9.** *fig.* zum Scheitern bringen, auffliegen lassen, ruinieren; **III** *s.* **10.** Bersten *n*, Platzen *n*, Explosi'on *f*; ⚔ Feuerstoß *m* (*Maschinengewehr*); Auffliegen *n*, Ausbruch *m*: ~ ***of laughter*** Lachsalve *f*; ~ ***of applause*** Beifallssturm *m*; ~ ***of hospitality*** plötzliche Anwandlung von Gastfreundschaft; **11.** Bruch *m*, Riß *m*, Sprung *m* (*a. fig.*); **12.** plötzliches Erscheinen; **13.** *sport* (Zwischen)Spurt *m.*

'burst-up *s. sl.* **1.** Bank'rott *m*, Zs.-bruch *m*, Pleite *f*; **2.** Krach *m*, Streit *m*; **3.** Saufe'rei *f.*

bur·y ['berɪ] *v/t.* **1.** begraben, beerdigen; **2.** ein-, vergraben, verschütten, versenken (*a. fig.*): ***buried cable*** ⚙ Erdkabel *n*; **3.** verbergen; **4.** *fig.* begraben, vergessen; **5.** ~ ***o.s.*** sich verkriechen; *fig.* sich vertiefen.

bus [bʌs] **I** *pl.* **'bus·es** [-sɪz] *s.* **1.** Omnibus *m*, (Auto)Bus *m*: ***miss the ~*** F den Anschluß (*Gelegenheit*) verpassen; **2.** *sl.* ‚Kiste' *f* (*Auto od. Flugzeug*); **II** *v/i.* **3.** *a.* ~ ***it*** mit dem Omnibus fahren; **III** *v/t.* **4.** mit dem Bus transportieren; ~ **bar** *s.* ⚡ Sammel-, Stromschiene *f*; ~ **boy** *s. Am.* 'Pikkolo *m*, Hilfskellner *m.*

bus·by ['bʌzbɪ] *s.* ⚔ Bärenmütze *f.*

bush[1] [bʊʃ] *s.* **1.** Busch *m*, Strauch *m*: ***beat about the ~*** *fig.* wie die Katze um den heißen Brei herumgehen, um die Sache herumreden; **2.** Gebüsch *n*, Dickicht *n*; **3.** Busch *m*, Urwald *m*; **4.** (Haar)Schopf *m.*

bush[2] [bʊʃ] *s.* ⚙ Lagerfutter *n.*

bushed [bʊʃt] *adj.* ‚erledigt', erschöpft.

bush·el[1] ['bʊʃl] *s.* Scheffel *m* (*36,37 l*); → ***light***[1] 1.

bush·el[2] ['bʊʃl] *v/t. Am. Kleidung* ausbessern, flicken, ändern.

'bush|-ˌfight·er *s.* Gue'rillakämpfer *m*; ~ **league** *s. bsd. Baseball*: *Am.* F a) untere Spielklasse, b) Pro'vinzliga *f*; **'~-league** *adj. Am.* F Schmalspur...; Provinz...; **'~·man** [-mən] *s.* [*irr.*] **1.** Buschmann *m*; **2.** 'Hinterwäldler *m.*

bush·y ['bʊʃɪ] *adj.* buschig.

busi·ness ['bɪznɪs] *s.* **1.** Geschäft *n*, Tätigkeit *f*, Arbeit *f*, Beruf *m*, Gewerbe *n*: ***what is his ~?*** was ist er von Beruf?; → *a.* 5; ***on ~*** beruflich, geschäftlich; ~ ***of the day*** Tagesordnung *f*; **2.** a) Handel *m*, Kaufmannsberuf *m*, Geschäftsleben *n*, b) *a.* ~ ***activity*** Ge'schäftsvoˌlumen *n*, 'Umsatz *m*: ***go into ~*** Kaufmann werden; ***be in ~*** Kaufmann sein; ***go out of ~*** das Geschäft *od.* den Beruf aufgeben; ***do good ~*** (***with***) gute Geschäfte machen (mit); ***lose ~*** Kundschaft *od.* Aufträge verlieren; ~ ***as usual!*** nichts Besonderes!; → ***big*** 1; **3.** Geschäft *n*, Firma *f*, Unter'nehmen *n*, Laden *m*, Ge'schäftsloˌkal *n*; **4.** Aufgabe *f*, Pflicht *f*; Recht *n*: ***make it one's ~*** (***to*** *inf.*) es sich zur Aufgabe machen (zu *inf.*); ***have no ~*** (***to*** *inf.*) kein Recht haben (zu *inf.*); ***what ~ had you*** (***to*** *inf.*)***?*** wie kamst du dazu (zu *inf.*)?; ***send s.o. about his ~*** j-m heimleuchten; ***he means ~*** er meint es ernst; **5.** Sache *f*, Angelegenheit *f*: ***that is none of your ~*** das geht dich nichts an; ***mind your own ~*** kümmere dich um d-e eigenen Angelegenheiten; ***what is your ~?*** was ist dein Anliegen?; → *a.* 1; ***what a ~ it is!*** das ist ja e-e schreckliche Geschichte!; ***like nobody's ~*** F ‚wie nichts', ‚ganz toll'; ***get down to ~*** zur Sache kommen; **~ ad·dress** *s.* Ge'schäftsa͵dresse *f*; **~ ad·min·is·tra·tion** → ***business economics***; **~ al·low·ance** *s.* Werbungskosten *pl.*; **~ cap·i·tal** *s.* Be'triebskapi͵tal *n*; **~ card** *s.* Geschäftskarte *f*; **~ col·lege** *s.* Wirtschaftsoberschule *f*; **~ con·sult·ant** *s.* Betriebsberater *m*; **~ cy·cle** *s.* Konjunk'tur(zyklus *m*) *f*; **~ e·co·nom·ics** *s. pl. sg. konstr. Brit.* Betriebswirtschaft (-slehre) *f*; **~ end** *s.* F wesentlicher Teil, *z.B.* Spitze *f e-s Bohrers od. Dolches*, Mündung *f e-s Gewehres*; **~ hours** *s. pl.* Geschäftsstunden *pl.*, -zeit *f*; **~ let·ter** *s.* Geschäftsbrief *m*; **'~·like** *adj.* **1.** geschäftsmäßig, sachlich, nüchtern; **2.** (geschäfts)tüchtig; **~ lunch** *s.* Arbeitsessen *n*; **'~·man** *s.* [*irr.*] Geschäfts-, Kaufmann *m*; **~ prac·tic·es** *s. pl.* Geschäftsmethoden *pl.*, -gebaren *n*; **~ prem·is·es** *s. pl.* Geschäftsräume *pl.*; **~ re·search** *s.* Konjunk'turforschung *f*; **~ suit** *Am.* → ***lounge suit***; **~ trip** *s.* Geschäfts-, Dienstreise *f*; **'~͵wom·an** *s.* [*irr.*] Geschäftsfrau *f*; **~ year** *s.* Geschäftsjahr *n*.

busk[1] [bʌsk] *s.* Kor'settstäbchen *n*.

busk[2] [bʌsk] *v/i. Brit.* F auf der Straße musizieren *etc.*; **'busk·er** [-kə] *s. Brit.* 'Straßenmusi͵kant *m od.* -akro͵bat *m*.

bus·kin ['bʌskɪn] *s.* **1.** Halbstiefel *m*; **2.** Ko'thurn *m*; **3.** *fig.* Tra'gödie *f*.

'bus·man [-mən] *s.* [*irr.*] Omnibusfahrer *m*: ***~'s holiday*** mit der üblichen Berufsarbeit verbrachter Urlaub.

bus·sing ['bʌsɪŋ] *s. Am. Beförderung von Schülern mit Bussen in andere Schulen, um Rassenintegration zu erreichen.*

bust[1] [bʌst] *s.* Büste *f*: a) Brustbild *n*, Kopf *m* (*aus Marmor, Bronze etc.*), b) *anat.* Busen *m*.

bust[2] [bʌst] *sl.* **I** *v/i.* **1.** *oft* ***~ up*** ‚ka'puttgehen', ‚eingehen', ✝ *a.* ‚pleite' gehen; **2.** ‚auffliegen', ‚platzen'; **II** *v/t.* **3.** ‚ka'puttmachen': a) sprengen, b) ruinieren; **4.** ‚auffliegen' lassen, zerschlagen; **5.** *Am.* ‚knallen', hauen; **6.** einbrechen in (*acc.*); **7.** einsperren; **8.** ⚔ degradieren; **III** *s.* **9.** Sauftour *f*: ***go on the ~*** ‚einen draufmachen'; **10.** ‚Pleite' *f*, Bank'rott *m*; **11.** Razzia *f*; **IV** *adv.* **12.** ***go ~*** → 1.

bus·tard ['bʌstəd] *s. orn.* Trappe *f*.

bust·er ['bʌstə] *s.* **1.** *sl.* a) ‚Mordsding' *n*, b) Kerl *m*, Bursche *m*, ‚Kumpel' *m*; **2.** *in Zssgn* …knacker *m*: ***safe ~*** Geldschrankknacker; **3.** → ***bust***[2] 9.

bus·tle[1] ['bʌsl] *s. hist.* Tur'nüre *f*.

bus·tle[2] ['bʌsl] **I** *v/i. a.* ***~ about*** geschäftig hin u. her rennen, ‚her'umfuhrwerken', hasten, sich tummeln; **II** *v/t.* ***~ up*** hetzen; **III** *s.* Geschäftigkeit *f*, geschäftiges Treiben, Getriebe *n*, Gewühl *n*; Gehetze *n*; Getue *n*; **'bus·tler** [-lə] *s.* geschäftiger Mensch; **'bus·tling** [-lɪŋ] *adj.* geschäftig.

'bust-up *s.* F ‚Krach' *m*.

bus·y ['bɪzɪ] **I** *adj.* □ **1.** beschäftigt, tätig: ***be ~ packing*** mit Packen beschäftigt sein; ***get ~*** F sich ‚ranmachen'; **2.** geschäftig, rührig, fleißig: ***as ~ as a bee*** bienenfleißig; **3.** belebt (*Straße etc.*); ereignis-, arbeitsreich (*Zeit*); **4.** auf-, zudringlich; **5.** *teleph. Am.* besetzt (*Leitung*): ***~ signal*** Besetztzeichen *n*; **II** *v/t.* **6.** (***o.s.*** sich) beschäftigen (***with***, ***in***, ***at***, ***about*** *ger.* mit); **'~͵bod·y** *s.* ‚Gschaftlhuber' *m*, 'Übereifrige(r) *m*, Wichtigtuer *m*.

bus·y·ness ['bɪzɪnɪs] *s.* Geschäftigkeit *f*.

but [bʌt; bət] **I** *cj.* **1.** aber, je'doch, sondern: ***small ~ select*** klein, aber fein; ***I wished to go ~ I couldn't*** ich wollte gehen, aber ich konnte nicht; ***not only … ~ also*** nicht nur …, sondern auch; **2.** außer, als: ***what could I do ~ refuse*** was blieb mir übrig, als abzulehnen; ***he couldn't ~ laugh*** er mußte einfach lachen; **3.** ohne daß: ***justice was never done ~ someone complained***; **4.** ***~ that*** a) wenn nicht: ***I would do it ~ that I am busy***, b) daß: ***you cannot deny ~ that it was you***, c) daß nicht: ***I am not so stupid ~ that I can learn it*** ich bin nicht so dumm, daß ich es nicht lernen könnte; **5.** ***~ then*** andererseits, immer'hin; **6.** ***~ yet***, ***~ for all that*** (aber) trotzdem; **II** *prp.* **7.** außer: ***~ that*** außer daß; ***all ~ me*** alle außer mir; → 13; ***anything ~ clever*** alles andere als klug; ***the last ~ one*** der vorletzte; ***the last ~ two*** der drittletzte; **8.** ***~ for*** ohne, wenn nicht: ***~ for the war*** ohne den Krieg, wenn der Krieg nicht (gewesen *od.* gekommen) wäre; **III** *adv.* **9.** nur, bloß: ***~ a child***; ***I did ~ glance*** ich blickte nur flüchtig hin; ***~ once*** nur 'einmal; **10.** erst, gerade: ***he left ~ an hour ago***; **11.** immerhin, wenigstens: ***you can ~ try***; **12.** ***nothing ~***, ***none ~*** nur; **13.** ***all ~*** fast: ***he all ~ died*** er wäre fast gestorben; → 7; **IV** *neg. rel. pron.* **14.** ***few of them ~ rejoiced*** es gab wenige, die sich nicht freuten; **V** *s.* **15.** Aber *n*; → ***if*** 5.

bu·tane ['bju:teɪn] *s.* ⚗ Bu'tan *n.*

butch·er ['bʊtʃə] **I** *s.* **1.** Fleischer *m*, Schlachter *m*, Metzger *m*: ***~'s meat*** Schlachtfleisch *n*; **2.** *fig.* Mörder *m*, Schlächter *m*; **3.** 🚂 *Am.* (Süßwaren- *etc.*)Verkäufer *m*; **II** *v/t.* **4.** schlachten; **5.** *fig.* morden, abschlachten; **'butch·er·ly** [-lɪ] *adj.* blutdürstig; **'butch·er·y** [-ərɪ] *s.* **1.** Schlachterhandwerk *n*; **2.** Schlachthaus *n*, -hof *m*; **3.** *fig.* Gemetzel *n*.

but·ler ['bʌtlə] *s.* **1.** Butler *m*; **2.** Kellermeister *m*.

butt [bʌt] **I** *s.* **1.** (dickes) Ende (*e-s Werkzeugs etc.*); **2.** (*Gewehr*)Kolben *m*; **3.** (*Zigaretten- etc.*)Stummel *m*; **4.** ⚘ unteres Ende (*von Stiel od. Stamm*); **5.** ⚙ Stoß *m*; → ***butt joint***; **6.** ⚔ Kugelfang *m*; *pl.* Schießstand *m*; **7.** *fig.* Zielscheibe *f* (*des Spottes etc.*); **8.** (Kopf- *etc.*)Stoß *m*; **9.** *sl.* ‚Hintern' *m*; **II** *v/t.* **10.** (*bsd.* mit dem Kopf) stoßen; **11.** ⚙ anein'anderfügen; **III** *v/i.* **12.** (an-) stoßen, angrenzen (***on***, ***against*** an *acc.*); **13.** ***~ in*** F sich einmischen: ***~ in on***, ***~ into*** sich einmischen in (*acc.*); **~ end** *s.* **1.** (Gewehr)Kolben *m*; **2.** dickes Endstück; Ende *n*.

but·ter ['bʌtə] **I** *s.* **1.** Butter *f*: ***melted ~*** zerlassene Butter; ***he looks as if ~ would not melt in his mouth*** er sieht aus, als könnte er nicht bis drei zählen; **2.** (*Erdnuß-*, *Kakao- etc.*)Butter *f*; **3.** F ‚Schmus' *m*, Schmeiche'lei(en *pl.*) *f*; **II** *v/t.* **4.** mit Butter bestreichen *od.* zubereiten; **5.** ***~ up*** F *j-n* ‚einwickeln', *j-m* schmeicheln; **~ bean** *s.* ⚘ Wachsbohne *f*; **~ churn** *s.* Butterfaß *n* (*zum Buttern*); **'~·cup** *s.* ⚘ Butterblume *f*; **~ dish** *s.* Butterdose *f*; **'~ˌfin·gers** *s. pl. sg. konstr.* F Tolpatsch *m*, ‚Tapps' *m*.

but·ter·fly ['bʌtəflaɪ] *s.* **1.** *zo.* Schmetterling *m* (*a. fig. flatterhafter Mensch*); **2.** *sport a.* ***~ stroke*** Schmetterlingsstil *m*; **~ nut** *s.* ⚙ Flügelmutter *f*; **~ valve** *s.* ⚙ Drosselklappe *f*.

but·ter·ine ['bʌtəri:n] *s.* Kunstbutter *f*.

'but·ter|·milk *s.* Buttermilch *f*; **'~·scotch** *s.* Kara'melbonˌbon *m*, *n*.

but·ter·y ['bʌtərɪ] **I** *adj.* **1.** butterartig, Butter…; **2.** F schmeichlerisch; **II** *s.* **3.** Speisekammer *f*; **4.** *Brit. univ.* Kan'tine *f*.

butt joint *s.* ⚙ Stoßfuge *f*, -verbindung *f*.

but·tock ['bʌtək] *s.* **1.** *anat.* 'Hinterbakke *f*; *mst pl.* 'Hinterteil *n*, Gesäß *n*; **2.** *Ringen*: Hüftschwung *m*.

but·ton ['bʌtn] **I** *s.* **1.** (Kleider)Knopf *m*: ***not worth a ~*** keinen Pfifferling wert; ***not to care a ~*** (***about***) F sich nichts machen (aus); ***a ~ short*** F ‚leicht beknackt'; (***boy in***) ***~s*** (Hotel)Page *m*; ***take by the ~*** a) *j-n* fest-, aufhalten, b) sich *j-n* vorknöpfen; **2.** (*Klingel-*, *Licht- etc.*)Knopf *m*; → ***press*** 2; **3.** Knopf *m* (*Gegenstand*), *z.B.* a) Abzeichen *n*, Pla'kette *f*, b) (Mikro'phon)Kapsel *f*; **4.** ⚘ Knospe *f*, Auge *n*; **5.** *sport sl.* ‚Punkt' *m*, Kinnspitze *f*; **II** *v/t.* **6.** *a.* ***~ up*** (zu-) knöpfen: ***~ one's mouth*** den Mund halten; ***~ed up*** *fig.* a) ‚zugeknöpft' (*Person*), b) ‚in der Tasche', unter Dach und Fach (*Sache*); **III** *v/i.* **7.** sich knöpfen lassen, geknöpft werden; **'~·hole I** *s.* **1.** Knopfloch *n*; **2.** *Brit.* Knopflochsträußchen *n*, Blume *f* im Knopfloch; **II** *v/t.* **3.** *j-n* festhalten (u. auf ihn einreden); **4.** mit Knopflöchern versehen.

but·tress ['bʌtrɪs] **I** *s.* **1.** ⚠ Strebepfeiler *m*, -bogen *m*; **2.** Stütze *f* (*a. fig.*); **II** *v/t.* *a.* ***~ up*** **3.** (durch Strebepfeiler) stützen; **4.** *fig.* stützen.

'butt-weld *v/t.* ⚙ stumpfschweißen.

bu·tyl ['bju:tɪl] *s.* ⚗ Bu'tyl *n*.

bu·tyr·ic [bju:'tɪrɪk] *adj.* ⚗ Butter…

bux·om ['bʌksəm] *adj.* drall.

buy [baɪ] **I** *s.* **1.** F Kauf *m*, *das* Gekaufte: ***a good ~*** ein günstiger Kauf; **II** *v/t.* [*irr.*] **2.** (an-, ein)kaufen (***of***, ***from*** von, ***at*** bei): ***money cannot ~ it*** es ist für Geld nicht zu haben; ***~ing power*** (überschüssige) Kaufkraft; **3.** *fig.* erkaufen: ***dearly bought*** teuer erkauft; **4.** *j-n* kaufen, bestechen; **5.** loskaufen, auslösen; **6.** *Am. sl. et.* ‚abkaufen', glauben; **7.** ***~ it*** *Brit. sl.* ‚dran glauben müssen'; **III** *v/i.* [*irr.*] **8.** kaufen; **9.** ***~ into*** ✝ sich einkaufen in (*acc.*);

Zssgn mit adv.:

buy| in *v/t.* **1.** sich eindecken mit; **2.** (*auf Auktionen*) zu'rückkaufen; **3.** ***buy o.s. in*** ✝ sich einkaufen; **~ off** *v/t.* → ***buy*** 4; **~ out** *v/t.* **1.** *Teilhaber etc.* auszahlen, abfinden; **2.** *Firma etc.* aufkaufen; **~ o·ver** *v/t.* → ***buy*** 4; **~ up** *v/t.* aufkaufen.

buy·er ['baɪə] *s.* **1.** Käufer(in), Abnehmer(in): ***~-up*** Aufkäufer; ***~s' market*** ✝ Käufermarkt *m*; ***~s' strike*** Käuferstreik *m*; **2.** ✝ Einkäufer(in).

buy-out ['baɪaʊt] *s. a.* ***management ~*** Aufkauf *m* e-r Firma durch deren Manager (*der damit neuer Eigentümer wird*).

buzz [bʌz] **I** *v/i.* **1.** summen, brummen, surren, schwirren: ***~ about*** (*od.* ***around***) herumschwirren (*a. fig.*); ***~ing with excitement*** in heller Aufregung;

~ off *sl.* ‚abschwirren‘, ‚abhauen‘; **2.** säuseln, sausen; **3.** murmeln, durchein'anderreden; **II** *v/t.* **4.** F a) *j-n* mit dem Summer rufen, b) *teleph. j-n* anrufen; **5.** ✈ a) in geringer Höhe über'fliegen, b) (bedrohlich) anfliegen; **III** *s.* **6.** Summen *n*, Brummen *n*, Schwirren *n*; **7.** Stimmengewirr *n*; **8.** Gerücht *n*.

buz·zard ['bʌzəd] *s. orn.* Bussard *m*.

buzz·er ['bʌzə] *s.* **1.** Summer *m*, *bsd.* summendes In'sekt; **2.** Summer *m*, Summpfeife *f*; **3.** ⚡ Summer *m*; **4.** ⚔ a) 'Feldtele₁graph *m*, b) *sl.* Telegra'phist *m*; **5.** *Am. sl.* Poli'zeimarke *f*.

buzz saw *s. Am.* Kreissäge *f*.

by [baɪ] **I** *prp.* **1.** (*Raum*) (nahe) bei *od.* an (*dat.*), neben (*dat.*): ***~ the window*** beim *od.* am Fenster; **2.** durch (*acc.*), über (*acc.*), via, an (*dat.*) … entlang *od.* vor'bei: ***he came ~ Park Road*** er kam über *od.* durch die Parkstraße; ***we drove ~ the park*** wir fuhren am Park entlang; ***~ land*** zu Lande; **3.** (*Zeit*) während, bei: ***~ day*** bei Tage; ***day ~ day*** Tag für Tag; ***~ lamplight*** bei Lampenlicht; **4.** bis (zu *od.* um *od.* spätestens): ***be here ~ 4.30*** sei um 4 Uhr 30 hier; ***~ the allotted time*** bis zum festgesetzten Zeitpunkt; ***~ now*** nunmehr, inzwischen, schon; **5.** (*Urheber*) von, durch: ***a book ~ Shaw*** ein Buch von Shaw; ***settled ~ him*** durch ihn *od.* von ihm geregelt; ***~ nature*** von Natur (aus); ***~ oneself*** aus eigener Kraft, selbst, allein; **6.** (*Mittel*) durch, mit, vermittels: ***~ listening*** durch Zuhören; ***driven ~ steam*** mit Dampf betrieben; ***~ rail*** per Bahn; ***~ letter*** brieflich; **7.** gemäß, nach: ***~ my watch it is now ten*** nach m-r Uhr ist es jetzt zehn; **8.** (*Menge*) um, nach: ***too short ~ an inch*** um einen Zoll zu kurz; ***sold ~ the metre*** meterweise verkauft; **9.** Ꭿ a) mal: ***3 (multiplied) ~ 4***; ***the size is 9 feet ~ 6*** die Größe ist 9 mal 6 Fuß, b) durch: ***6 (divided) ~ 2***; **10.** ***~ the way*** *od.* ***~ the ~(e)*** übrigens; **II** *adv.* **11.** da'bei: ***close ~, hard ~*** dicht dabei; **12.** ***~ and large*** im großen u. ganzen; ***~ and ~*** demnächst, nach u. nach; **13.** vor'bei, -'über: ***pass ~*** vorübergehen; **14.** bei'seite: ***put ~***.

by- [baɪ] *Vorsilbe* **1.** Neben…, Seiten…; **2.** geheim.

bye [baɪ] **I** *s. sport* a) *Kricket*: durch einen vor'beigelassenen Ball ausgelöster Lauf, b) Freilos *n*: ***draw a ~*** ein Freilos ziehen; **II** *adj.* 'untergeordnet, Neben…

bye- → ***by-***.

bye-bye **I** *s.* ['baɪbaɪ] *Kindersprache*: ‚Heia‘ *f*, Bett *n*, Schlaf *m*; **II** *int.* [₁baɪ'baɪ] F Wiedersehen!, Tschüs!

'bye-law → ***bylaw***.

'by|-e₁lec·tion *s.* Ersatz-, Nachwahl *f*; **'~·gone I** *adj.* vergangen; **II** *s. das* Vergangene: ***let ~s be ~s*** laß(t) das Vergangene ruhen; **'~·law** *s.* **1.** Gemeindeverordnung *f*, -satzung *f*; **2.** *pl.* Sta'tuten *pl.*, Satzung *f*; **3.** 'Durchführungsverordnung *f*; **'~·line** *s.* **1.** 🚂 'Neben₁linie *f*; **2.** Verfasserangabe *f* (*unter der Überschrift e-s Zeitungsartikels*); **3.** Nebenbeschäftigung *f*; **'~·name** *s.* **1.** Beiname *m*; **2.** Spitzname *m*; **'~·pass I** *s.* **1.** 'Umleitung *f*, Um'gehungsstraße *f*; **2.** Nebenleitung *f*; **3.** *Gasbrenner*: Dauerflamme *f*; **4.** ⚡ Nebenschluß *m*; **5.** ⚕ Bypass *m*; **II** *v/t.* **6.** 'umleiten; **7.** um'gehen (*a. fig.*); **8.** vermeiden, über'gehen; **'~·path** *s.* Seitenweg *m* (*a. fig.*); **'~·play** *s. thea.* Nebenhandlung *f*; **'~-₁prod·uct** *s.* 'Nebenpro₁dukt *n*, *fig. a.* Nebenerscheinung *f*.

byre ['baɪə] *s. Brit.* Kuhstall *m*.

'by|·road *s.* Seiten-, Nebenstraße *f*; **'~₁stand·er** *s.* Zuschauer(in); **'~·street** → ***byroad***.

byte [baɪt] *s. Computer*: Byte *n*.

'by|·way *s.* **1.** Seiten-, Nebenweg *m*; **2.** *fig.* 'Nebenas₁pekt *m*; **'~·word** *s.* **1.** Sprichwort *n*; **2.** (***for***) Inbegriff *m* (*gen.*), Musterbeispiel *n* (für); **3.** Schlagwort *n*.

By·zan·tine [bɪ'zæntaɪn] *adj.* byzan'tinisch.

C

C, c [siː] *s.* **1.** C *n*, c *n* (*Buchstabe*); **2.** ♪ C *n*, c *n* (*Note*); **3.** *ped. Am.* Drei *f*, Befriedigend *n* (*Note*); **4.** *Am. sl.* ‚Hunderter' *m* (*Banknote*).

cab [kæb] **I** *s.* **1.** a) Droschke *f*, b) Taxi *n*; **2.** a) 🚂 Führerstand *m*, b) Führersitz *m* (*Lastauto*), c) Lenkerhäus-chen *n* (*Kran*); **II** *v/i.* **3.** mit e-r Droschke *od.* e-m Taxi fahren.

ca·bal [kəˈbæl] **I** *s.* **1.** Kaˈbale *f*, Inˈtrige *f*; **2.** Clique *f*, Klüngel *m*; **II** *v/i.* **3.** intrigieren, Ränke schmieden, sich verschwören.

cab·a·ret [ˈkæbəreɪ] *s.* **1.** (*a. politisches*) Kabaˈrett, Kleinkunstbühne *f*: **~ *performer*** Kabarettist(in); **2.** Restauˈrant *n od.* Nachtklub *m* mit Varieˈtédarbietungen.

cab·bage [ˈkæbɪdʒ] *s.* ⚘ **1.** Kohl(pflanze *f*) *m*: ***become a ~*** F verblöden, dahinvegetieren; **2.** Kohlkopf *m*; **~ but·ter·fly** *s. zo.* Kohlweißling *m*; **ˈ~·head** *s.* **1.** Kohlkopf *m*; **2.** F Dummkopf *m*; **ˈ~-white** → ***cabbage butterfly***.

ca(b)·ba·la [kəˈbɑːlə] *s.* ˈKabbala *f*, Geheimlehre *f* (*a. fig.*).

cab·by [ˈkæbɪ] F → ***cab driver***.

cab driv·er *s.* **1.** Droschkenkutscher *m*; **2.** Taxifahrer *m*.

ca·ber [ˈkeɪbə] *s. Scot.* Baumstamm *m*: ***tossing the ~*** Baumstammwerfen *n*.

cab·in [ˈkæbɪn] *s.* **1.** Häus-chen *n*, Hütte *f*; **2.** ⚓ Kaˈbine *f*, Kaˈjüte *f*; **3.** ✈ Kaˈbine *f*: a) Fluggastraum *m*, b) Kanzel *f*; **4.** *Brit.* 🚂 Stellwerk *n*; **~ boy** *s.* ⚓ Kaˈbinenˌsteward *m*; **~ class** *s.* ⚓ Kaˈjütenklasse *f*; **~ cruis·er** *s.* Kaˈbinenkreuzer *m*.

cab·i·net [ˈkæbɪnɪt] *s.* **1.** *oft* ♀ *pol.* Kabiˈnett *n*: **~ *council*, ~ *meeting*** Kabinettssitzung *f*; **~ *crisis*** Regierungskrise *f*; **2.** (Schau-, Sammlungs-, *a.* Büˈro-, Karˈtei- *etc.*)Schrank *m*, (Wand-)Schränkchen *n*, Viˈtrine *f*; **3.** *Radio etc.*: Gehäuse *n*; **4.** *phot.* Kabiˈnettforˌmat *n*; **ˈ~ˌmak·er** *s.* **1.** Kunsttischler *m*; **2.** *humor.* Miˈnisterpräsiˌdent *m* bei der Regierungsbildung; **ˈ~ˌmak·ing** *s.* ˈKunsttischleˌrei *f*; ♀ **Min·is·ter** *s. pol.* Kabiˈnettsmiˌnister *m*; **~ size** → ***cabinet*** 4.

cab·in scoot·er *s. mot.* Kaˈbinenroller *m*.

ca·ble [ˈkeɪbl] **I** *s.* **1.** Kabel *n*, Tau *n*, (Draht)Seil *n*; **2.** ⚓ Trosse *f*, Ankertau *n*, -kette *f*; **3.** ⚡ (Leitungs)Kabel *n*; **4.** → ***cablegram***; **II** *v/t. u. v/i.* **5.** kabeln, telegraphieren; **~ car** *Seilbahn*: a) Kaˈbine *f*, b) Wagen *m*; **ˈ~·cast I** *v/t.* [*irr.* → ***cast***] per Kabelfernsehen überˈtragen; **II** *s.* Sendung *f* im Kabelfernsehen.

ca·ble·gram [ˈkeɪblgræm] *s.* Kabel *n*, (ˈÜbersee)Teleˌgramm *n*.

ca·ble rail·way *s.* **1.** Drahtseilbahn *f*; **2.** *Am.* Drahtseil-Straßenbahn *f*.

ca·blese [keɪˈbliːz] *s.* Teleˈgrammstil *m*.

ˈca·ble's-length [ˈkeɪblz-] *s.* ⚓ Kabellänge *f* (*100 Faden*).

ca·ble| tel·e·vi·sion *s.* Kabelfernsehen *n*; **ˈ~·way** *s.* Drahtseilbahn *f*.

ˈcab·man [-mən] *s.* [*irr.*] → ***cab driver***.

ca·boo·dle [kəˈbuːdl] *s. sl.*: ***the whole ~*** a) der ganze Klimbim, b) die ganze Sippschaft.

ca·boose [kəˈbuːs] *s.* **1.** ⚓ Komˈbüse *f*, Schiffsküche *f*; **2.** 🚂 *Am.* Dienst-, Bremswagen *m*.

cab rank *s. Brit.* Taxi-, Droschkenstand *m*.

cab·ri·o·let [ˈkæbrɪəleɪ] *s. a. mot.* Kabrioˈlett *n*.

ca'can·ny [ˌkɑːˈkænɪ] *s. Scot.* ✝ Bummelstreik *m*.

ca·ca·o [kəˈkɑːəʊ] *s.* **1.** ⚘ *a.* **~*-tree*** Kaˈkaobaum *m*; **2.** Kaˈkaobohnen *pl.*; **~ bean** *s.* Kaˈkaobohne *f*; **~ but·ter** *s.* Kaˈkaobutter *f*.

cache [kæʃ] **I** *s.* geheimes (Waffen- *od.* Proviˈant- *etc.*)Lager, Versteck *n*; **II** *v/t.* verstecken.

ca·chet [ˈkæʃeɪ] *s.* **1.** a) Siegel *n*, b) *fig.* Stempel *m*, Merkmal *n*; **2.** ⚕ Kapsel *f*.

cack·le [ˈkækl] **I** *v/i.* gackern (*a. fig. lachen*), schnattern (*a. fig. schwatzen*); **II** *s.* (*a. fig.*) Gegacker *n*, Geschnatter *n*: ***cut the ~!*** F quatsch nicht!

ca·coph·o·nous [kæˈkɒfənəs] *adj.* ˈmißtönend; **caˈcoph·o·ny** [-nɪ] *s.* Kakophoˈnie *f* (*Mißklang*).

cac·tus [ˈkæktəs] *pl.* **-ti** [-taɪ], **-tus·es** *s.*

♀ 'Kaktus *m*.

cad [kæd] *s.* **1.** ordi'närer Kerl; **2.** gemeiner Kerl.

ca·das·tral [kə'dæstrəl] *adj.*: **~ survey** Katasteraufnahme *f*.

ca·dav·er·ous [kə'dævərəs] *adj.* leichenhaft.

cad·die ['kædɪ] *s.* a) 'Caddie *m* (*Golfjunge*), b) → '**~-cart** *s.* 'Caddie *m* (*Golfschlägerwagen*).

cad·dish ['kædɪʃ] *adj.* **1.** pro'letenhaft, **2.** gemein, niederträchtig.

cad·dy[1] → *caddie*.

cad·dy[2] ['kædɪ] *s.* Teedose *f*; **~ spoon** *s.* Tee-, Meßlöffel *m*.

ca·dence ['keɪdəns] *s.* **1.** ('Vers-, 'Sprech),Rhythmus *m*; **2.** ♪ Ka'denz *f*; **3.** Tonfall *m* (*am Satzende*); '**ca·denced** [-st] *adj.* 'rhythmisch.

ca·det [kə'det] *s.* **1.** ⚔ Ka'dett *m*; **2.** (Poli'zei- *etc.*)Schüler *m*; **3.** jüngerer Sohn *od.* Bruder; **4.** *in Zssgn a.* Nachwuchs…: **~ researcher**, **~ nurse** Lernschwester *f*.

cadge [kædʒ] *v/i. u. v/t.* ‚schnorren'; '**cadg·er** [-dʒə] *s.* ‚Schnorrer' *m*, ‚Nassauer' *m*.

ca·di ['kɑːdɪ] *s.* Kadi *m*, Bezirksrichter *m* (*im Orient*).

cad·mi·um ['kædmɪəm] *s.* ⚗ 'Kadmium *n*; '**~-,plate** *v/t.* ⚙ kadmieren.

ca·dre ['kɑːdə] *s.* **1.** Kader *m*: a) ⚔ (Truppen)Stamm *m*, b) *pol.* Führungsgruppe *f*, c) 'Rahmenorganisati,on *f*; **2.** *fig.* Grundstock *m*.

ca·du·ce·us [kə'djuːsjəs] *pl.* **-ce·i** [-sjaɪ] *s.* Mer'kurstab *m* (*a. ärztliches Abzeichen*).

cae·cum ['siːkəm] *s. anat.* Blinddarm *m*.

Cae·sar ['siːzə] *s.* **1.** 'Cäsar *m* (*Titel römischer Kaiser*); **2.** Auto'krat *m*.

Cae·sar·e·an, **Cae·sar·i·an** [siː'zeərɪən] *adj.* cä'sarisch: **~** (*operation od. section*) ⚕ Kaiserschnitt *m*.

Cae·sar·ism ['siːzərɪzəm] *s.* Dikta'tur *f*; Herrschsucht *f*.

cae·su·ra [siː'zjʊərə] *s.* Zä'sur *f*: a) (Vers)Einschnitt *m*, b) ♪ Ruhepunkt *m*.

ca·fé ['kæfeɪ] *s.* **1.** a) Ca'fé *n*, b) Restau'rant *n*; **2.** *Am.* Bar *f*.

caf·e·te·ri·a [,kæfɪ'tɪərɪə] *s.* 'Selbstbedienungsrestau,rant *n*, Cafete'ria *f*.

caf·fe·ine ['kæfiːn] *s.* ⚗ Koffe'in *n*; '**~-free** *adj.* koffe'infrei.

caf·tan ['kæftæn] *s.* 'Kaftan *m* (*a. Damenmode*).

cage [keɪdʒ] **I** *s.* **1.** Käfig *m* (*a. fig.*); (Vogel)Bauer *n*; **2.** Gefängnis *n* (*a. fig.*); **3.** Kriegsgefangenenlager *n*; **4.** Ka'bine *f e-s Aufzuges*; **5.** ⚒ Förderkorb *m*; **6.** *a.* ⚠ Stahlgerüst *n*; **7.** a) *Baseball*: abgegrenztes Trainingsfeld, b) *Eishockey*: Tor *n*, c) *Basketball*: Korb *m*; **II** *v/t.* **8.** (in e-n Käfig) einsperren; **9.** *Eishockey*: *den Puck* ins Tor schießen; **~ aer·i·al** *s. Brit.*, **~ an·ten·na** *s. Am.* ⚡ 'Käfigan,tenne *f*.

ca·gey ['keɪdʒɪ] *adj.* F **1.** verschlossen; **2.** vorsichtig, berechnend; **3.** ‚gerissen', schlau.

ca·hoot [kə'huːt] *s.*: **be in ~s** (*with*) F unter e-r Decke stecken (mit).

Cain [keɪn] *s.*: **raise ~** F Krach schlagen.

cairn [keən] *s.* **1.** Steinhaufen *m* (*als Grenz- od. Grabmal*); **2.** *mount.* Steinmann *m*; **3.** *a.* **~ terrier** *zo.* 'Cairn-,Terrier *m* (*Hund*).

cais·son [kə'suːn] *s.* **1.** ⚙ Cais'son *m*, Senkkasten *m*; **2.** ⚔ Muniti'onswagen *m*; **~ dis·ease** *s.* ⚕ Cais'sonkrankheit *f*.

ca·jole [kə'dʒəʊl] *v/t. j-m* schmeicheln *od.* schöntun; *j-n* beschwatzen, verleiten (*into* zu): **~ s.th. out of s.o.** j-m et. abbetteln; **ca'jol·er·y** [-lərɪ] *s.* Schmeiche'lei *f*, gutes Zureden; Liebediene'rei *f*.

cake [keɪk] **I** *s.* **1.** Kuchen *m* (*a. fig.*): **parcel out the ~** *fig.* den (*finanziellen*) Kuchen verteilen; **take the ~** den Preis davontragen, *fig.* den Vogel abschießen; **that takes the ~!** F a) das ist (einsame) Spitze!, b) *contp.* das ist die Höhe!; **be selling like hot ~s** weggehen wie warme Semmeln; **you can't eat your ~ and have it!** du kannst nur eines von beiden tun *od.* haben!, entweder – oder!; **~s and ale** Lustbarkeit(en *pl.*) *f*, ‚süßes Leben'; **2.** Kuchen *m* (*Masse*); Tafel *f Schokolade*, Riegel *m Seife etc.*; **3.** (Schmutz- *etc.*)Kruste *f*; **II** *v/i.* **4.** zs.-backen, -ballen, verkrusten: **~d with filth** mit e-r Schmutzkruste (überzogen *od.* bedeckt); **~ mix** *s.* Backmischung *f*; '**~·walk** *s.* 'Cakewalk *m* (*Tanz*).

cal·a·bash ['kæləbæʃ] *s.* ♀ Kale'basse *f*: a) Flaschenkürbis *m*, b) *daraus gefertigtes Trinkgefäß*.

ca·lam·i·tous [kə'læmɪtəs] *adj.* □ katastro'phal, unheilvoll, Unglücks…

ca·lam·i·ty [kə'læmətɪ] *s.* **1.** Unglück *n*, Unheil *n*, Kata'strophe *f*; **2.** Elend *n*, Mi'sere *f*; **~ howl·er** *s. bsd. Am.* Schwarzseher *m*, 'Panikmacher *m*; ♀ **Jane** *s.* F Pechmarie *f*, Unglückswurm *m*.

cal·car·e·ous [kæl'keərɪəs] *adj.* ⚗ kalkartig, Kalk…; kalkhaltig.

cal·cif·er·ous [kælˈsɪfərəs] *adj.* ⚗ kalkhaltig; **cal·ci·fi·ca·tion** [ˌkælsɪfɪˈkeɪʃn] *s.* **1.** ⚕ Verkalkung *f*; **2.** *geol.* Kalkablagerung *f*; **cal·ci·fy** [ˈkælsɪfaɪ] *v/t. u. v/i.* verkalken; **cal·ci·na·tion** [ˌkælsɪˈneɪʃn] *s.* ⚙ Kalzinierung *f*, Glühen *n*; **cal·cine** [ˈkælsaɪn] *v/t.* ⚙ kalzinieren, (aus)glühen, zu Asche verbrennen.

cal·ci·um [ˈkælsɪəm] *s.* ⚗ ˈKalzium *n*; ~ **car·bide** *s.* ⚗ (ˈKalzium)Karˌbid *n*; ~ **chlo·ride** *s.* ⚗ Chlorˈkalzium *n*; ~ **light** *s.* Kalklicht *n*.

cal·cu·la·ble [ˈkælkjʊləbl] *adj.* berechenbar, kalkulierbar (*Risiko*).

cal·cu·late [ˈkælkjʊleɪt] **I** *v/t.* **1.** aus-, er-, berechnen; ✝ kalkulieren; **2.** *mst pass.* berechnen, planen; → ***calculated***; **3.** *Am.* F vermuten, glauben; **II** *v/i.* **4.** rechnen; ✝ kalkulieren; **5.** überˈlegen; **6.** (***upon***) rechnen (mit, auf *acc.*), sich verlassen (auf *acc.*); **ˈcal·cu·lat·ed** [-tɪd] *adj.* berechnet, gewollt, beabsichtigt: ~ ***indiscretion*** gezielte Indiskretion; ~ ***risk*** kalkuliertes Risiko; ~ ***to deceive*** darauf angelegt zu täuschen; ***not*** ~ ***for*** nicht geeignet *od.* bestimmt für; **ˈcal·cu·lat·ing** [-tɪŋ] *adj.* **1.** (schlau) berechnend, (kühl) überˈlegend; **2.** Rechen…: ~ ***machine***; **cal·cu·la·tion** [ˌkælkjʊˈleɪʃn] *s.* **1.** Kalkulatiˈon *f*, Berechnung *f*: ***be out in one's*** ~ sich verrechnet haben; **2.** Voranschlag *m*; **3.** Überˈlegung *f*; **4.** *fig.* a) Berechnung *f*, b) Schläue *f*; **ˈcal·cu·la·tor** [-tə] *s.* **1.** Kalkuˈlator *m*; **2.** ˈRechentaˌbelle *f*; **3.** ˈRechenmaˌschine *f*, Rechner *m*.

cal·cu·lus [ˈkælkjʊləs] *pl.* **-li** [-laɪ] *s.* **1.** ⚕ (*Blasen-, Gallen-, Nieren- etc.*)Stein *m*; **2.** ⅌ a) (*bsd. Differential-, Integral-*) Rechnung *f*, Rechnungsart *f*, b) höhere Aˈnalysis: ~ ***of probabilities*** Wahrscheinlichkeitsrechnung.

cal·dron [ˈkɔːldrən] → ***cauldron***.

Cal·e·do·ni·an [ˌkælɪˈdəʊnjən] *poet.* **I** *adj.* kaleˈdonisch (*schottisch*); **II** *s.* Kaleˈdonier *m* (*Schotte*).

cal·e·fac·tion [ˌkælɪˈfækʃn] *s.* Erwärmung *f*, Erhitzung *f*.

cal·en·dar [ˈkælɪndə] **I** *s.* **1.** Kaˈlender *m*; **2.** *fig.* Zeitrechnung *f*; **3.** Jahrbuch *n*; **4.** Liste *f*, Reˈgister *n*; **5.** *Brit. univ.* Vorlesungsverzeichnis *n*; **6.** ✝, *Am.* ⚖ Terˈminkaˌlender *m*; **II** *v/t.* **7.** registrieren; ~ **month** *s.* Kaˈlendermonat *m*.

cal·en·der [ˈkælɪndə] ⚙ **I** *s.* Kaˈlander *m*; **II** *v/t.* kaˈlandern.

cal·ends [ˈkælɪndz] *s. pl. antiq.* Kaˈlenden *pl.*: ***on the Greek*** ~ am St. Nimmerleinstag.

calf¹ [kɑːf] *pl.* **calves** [-vz] *s.* **1.** Kalb *n* (*der Kuh, a. von Elefant, Wal, Hirsch etc.*): ***with*** (*od.* ***in***) ~ trächtig (*Kuh*); **2.** Kalbleder *n*: ~***-bound*** in Kalbleder gebunden (*Buch*); **3.** F ‚Kalb' *n*, ‚Schaf' *n*; **4.** treibende Eisscholle.

calf² [kɑːf] *pl.* **calves** [-vz] *s.* Wade *f* (*Bein, Strumpf etc.*).

ˈcalf|·love *s.* F erste, junge Liebe; **ˈ~'s-foot jel·ly** [ˈkɑːvz-] *s.* Kalbsfußsülze *f*; **ˈ~·skin** *s.* Kalbleder *n*.

cal·i·ber *Am.* → ***calibre***; **ˈcal·i·bered** *Am.* → ***calibred***; **cal·i·brate** [ˈkælɪbreɪt] *v/t.* ⚙ kalibrieren: a) mit e-r Gradeinteilung versehen, b) eichen; **cal·i·bra·tion** [ˌkælɪˈbreɪʃn] *s.* ⚙ Kalibrierung *f*, Eichung *f*; **cal·i·bre** [ˈkælɪbə] *s.* **1.** ⚔ Kaˈliber *n*; **2.** ⚙ a) (ˈInnen)Durchmesser *m*, b) Kaˈliberlehre *f*; **3.** *fig.* Kaˈliber *n*, Forˈmat *n*; **ˈcal·i·bred** [-bəd] *adj.* …kalibrig.

cal·i·ces [ˈkælɪsiːz] *pl. von* ***calix***.

cal·i·co [ˈkælɪkəʊ] **I** *pl.* **-coes**, *Am. a.* **-cos** *s.* **1.** ˈKaliko *m*, (bedruckter) Katˈtun; **2.** *Brit.* weißer *od.* ungebleichter Baumwollstoff; **II** *adj.* **3.** Kattun…; **4.** F bunt.

ca·lif, **cal·if·ate** → ***caliph***, ***caliphate***.

Cal·i·for·ni·an [kælɪˈfɔːnjən] **I** *adj.* kaliˈfornisch; **II** *s.* Kaliˈfornier(in).

cal·i·pers [ˈkælɪpəz] *s. pl.* Greif-, Tastzirkel *m*; ⚙ Tast(er)lehre *f*.

ca·liph [ˈkælɪf] *s.* Kaˈlif *m*; **ˈcal·iph·ate** [-feɪt] *s.* Kaliˈfat *n*.

cal·is·then·ics → ***callisthenics***.

ca·lix [ˈkeɪlɪks] *pl.* **cal·i·ces** [ˈkælɪsiːz] *s. anat., zo., eccl.* Kelch *m*; → ***calyx***.

calk¹ [kɔːk] **I** *s.* **1.** Stollen *m* (*am Hufeisen*); **2.** Gleitschutzbeschlag *m* (*an der Schuhsohle*); **II** *v/t.* **3.** mit Stollen *od.* Griffeisen versehen.

calk² [kɔːk] *v/t.* (ˈdurch)pausen.

calk³ [kɔːk] → ***caulk***.

cal·kin [ˈkælkɪn] *Brit.* → ***calk¹*** I.

call [kɔːl] **I** *s.* **1.** Ruf *m* (*a. fig.*); Schrei *m*: ***within*** ~ in Rufweite; ***the*** ~ ***of duty***; ***the*** ~ ***of nature*** *humor.* ‚ein dringendes Bedürfnis'; **2.** (Teleˈfon)Anruf *m*, (-)Gespräch *n*: ***give s.o. a*** ~ j-n anrufen; → ***local*** 1, ***personal*** 1; **3.** *thea.* Herˈvorruf *m*; **4.** Lockruf *m* (*Tier*); *fig.* Ruf *m*, Lockung *f*: ***the*** ~ ***of the East***; **5.** Namensaufruf *m*; **6.** Ruf *m*, Berufung *f* (***to*** in *ein Amt etc.*, auf *e-n Lehrstuhl*); **7.** (innere) Berufung, Drang *m*, Missiˈon *f*; **8.** Siˈgnal *n*; **9.** (Auf)Ruf *m*; (✝ Zahlungs)Aufforderung *f*; ✝ Abruf *m*, Kündigung *f von Geldern*; ˈKaufoptiˌon *f*; *Brit.* Vorprämie *f*, Vorprämiengeschäfte *pl.*; *a.* Nachfrage *f* (***for*** nach): ~ ***on shares*** Aufforderung zur Einzahlung auf Aktien; ***at ~***, ***on ~*** auf Abruf *od.* sofort bereit(stehend), † *a.* jederzeit kündbar; ***money at ~*** † Tagesgeld *n*; **10.** a) Veranlassung *f*, Grund *m*, b) Recht *n*: ***he had no ~ to do that***; **11.** In'anspruchnahme *f*: ***many ~s on my time*** starke Beanspruchung m-r Zeit; ***have the first ~*** den Vorrang haben; **12.** kurzer Besuch (***at*** in *e-m Ort*, ***on*** bei *j-m*); ⚓ Anlaufen *n*: ***port of ~*** Anlaufhafen *m*; **II** *v/t.* **13.** *j-n* (her'bei)rufen; *et.* (*a. weitS. Streik*) ausrufen; *Versammlung* einberufen; *teleph.* anrufen; *thea. Schauspieler* her'vorrufen: ***~ into being*** *fig.* ins Leben rufen; **14.** berufen (***to*** in *ein Amt*); **15.** ⚖ a) *Zeugen*, *Sache* aufrufen, b) *als Zeugen* vorladen; **16.** *Arzt*, *Auto* kommen lassen; **17.** nennen, bezeichnen als; **18.** *pass.* heißen (***after*** nach): ***he is ~ed Max***; ***what is it ~ed in English?*** wie heißt es auf englisch?; **19.** nennen, heißen (*lit.*), halten für: ***I ~ that a blunder***; ***we'll ~ it a pound*** wir wollen es bei einem Pfund bewenden lassen; **20.** wecken: ***~ me at 6 o'clock***; **21.** *Kartenspiel*: a) *Farbe* ansagen, b) ***~ s.o.'s hand*** *Poker*: j-n auffordern, s-e Karten vorzuzeigen; **III** *v/i.* **22.** rufen: ***you must come when I ~***; ***duty ~s***; ***he ~ed for help*** er rief um Hilfe; → ***call for***; **23.** *teleph.* anrufen: ***who is ~ing?*** wer ist dort?; **24.** (kurz) vor'beischauen (***on s.o.*** bei j-m); *Zssgn mit prp. u. adv.*:

call| at *v/i.* **1.** besuchen (*acc.*), vorsprechen bei *od.* in (*dat.*), gehen *od.* kommen zu; **2.** ⚓ *Hafen* anlaufen; anlegen in (*dat.*); 🚂 halten in (*dat.*); **~ a·way** *v/t.* ab-, wegrufen; *fig.* ablenken; **~ back I** *v/t.* **1.** zu'rückrufen; **2.** wider'rufen; **II** *v/i.* **3.** *teleph.* zu'rückrufen; **~ down** *v/t.* **1.** *Segen etc.* her'abrufen, -flehen; *Zorn etc.* auf sich ziehen; **2.** *Am.* F ‚zs.-stauchen'; **~ for** *v/i.* **1.** nach *j-m* rufen; *Waren* abrufen; *thea.* her'ausrufen; **2.** *et.* erfordern, verlangen: ***~ courage***; ***your remark was not called for*** Ihre Bemerkung war unnötig; **3.** *j-n od. et.* abholen: ***to be called for*** a) abzuholen(d), b) postlagernd; **~ forth** *v/t.* **1.** her'vorrufen, auslösen; **2.** *Kraft* aufbieten; **~ in I** *v/t.* **1.** her'ein-, her'beirufen; hin'zu-, zu Rate ziehen; **2.** zu'rückfordern; *Geld* kündigen; *Schulden* einfordern; *Banknoten etc.* einziehen; **II** *v/i.* **3.** vorsprechen (***on*** bei *j-m*; ***at*** in *dat.*); **~ off** *v/t.* **1.** ab(be)rufen: ***~ goods*** Waren abrufen; **2.** *fig. et.* abbrechen, absagen, abblasen: ***~ a strike***; **3.** *Aufmerksamkeit*, *Gedanken* ablenken; **~ on** *od.* **up·on** *v/i.* **1.** *j-n* besuchen; bei *j-m* vorsprechen; **2.** *j-n* auffordern; **3.** ***~ s.o. for s.th.*** et. von j-m fordern, sich an j-n um et. wenden; ***I am*** (*od.* ***I feel***) ***called upon*** ich bin *od.* fühle mich genötigt (***to*** *inf.* zu *inf.*); **~ out I** *v/t.* **1.** her'ausrufen; **2.** *Polizei*, *Militär* aufbieten; **3.** *zum Kampf* her'ausfordern; *zum Streik* auffordern; **II** *v/i.* **4.** aufschreien; laut rufen; **~ o·ver** *v/t.* **1.** *Namen* verlesen; **2.** *Zahlen*, *Text* kollationieren; **~ to** *v/i.* *j-m* zurufen, *j-n* anrufen; **~ up** *v/t.* **1.** auf-, her'beirufen; *teleph.* anrufen; **2.** ⚔ einberufen; **3.** *fig.* her'vor-, wachrufen, her'aufbeschwören; **4.** sich ins Gedächtnis zu'rückrufen; **~ up·on** → ***call on***.

call·a·ble ['kɔːləbl] *adj.* † kündbar (*Geld*, *Kredit*); einziehbar (*Forderungen etc.*).

'call|·back *s.* †, ⚙ 'Rückrufaktiˌon *f in die Werkstatt*; **~ box** *s.* **1.** *Brit.* Fernsprechzelle *f*; **2.** *Am.* a) Postfach *n*, b) Notrufsäule *f*; **'~·boy** *s.* **1.** Ho'telpage *m*; **2.** *thea.* Inspizi'entengehilfe *m*; **~ but·ton** *s.* Klingelknopf *m*.

called [kɔːld] *adj.* genannt, namens.

call·er ['kɔːlə] *s.* **1.** *teleph.* Anrufer(in); **2.** Besucher(in); **3.** Abholer(in).

call| girl *s.* Callgirl *n* (*Prostituierte*); **~ house** *s. Am.* Bor'dell *n*.

cal·lig·ra·phy [kə'lɪgrəfɪ] *s.* Kalligra'phie *f*, Schönschreibkunst *f*.

'call-in *s. Radio*, *TV*: Sendung *f* mit tele'fonischer Publikumsbeteiligung.

call·ing ['kɔːlɪŋ] *s.* **1.** Beruf *m*, Geschäft *n*, Gewerbe *n*; **2.** *eccl.* Berufung *f*; **3.** Einberufung *f e-r Versammlung*; **~ card** *s.* Vi'sitenkarte *f*.

cal·li·pers → ***calipers***.

cal·lis·then·ics [ˌkælɪs'θenɪks] *s. pl. mst sg. konstr.* Freiübungen *pl.*

call| loan *s.* † täglich kündbares Darlehen; **~ mon·ey** *s.* † Tagesgeld *n*; **~ num·ber** *s. teleph.* Rufnummer *f*; **~ of·fice** *s.* Fernsprechstelle *f*, -zelle *f*.

cal·los·i·ty [kæ'lɒsətɪ] *s.* Schwiele *f*, Hornhautbildung *f*; **cal·lous** ['kæləs] **I** *adj.* ☐ schwielig; *fig.* abgebrüht, gefühllos; **II** *v/i.* sich verhärten, schwielig werden; *fig.* abstumpfen; **cal·lous·ness** ['kæləsnɪs] *s.* Schwieligkeit *f*; *fig.* Abgebrühtheit *f*, Gefühllosigkeit *f*.

cal·low ['kæləʊ] *adj.* **1.** ungefiedert, nackt; **2.** *fig.* ‚grün', unreif.

call| sign, **~ sig·nal** *s. teleph. etc.* Rufzeichen *n*; **'~-up** *s.* ⚔ a) Einberufung, b) Mobilisierung *f*.

cal·lus ['kæləs] *pl.* **-li** [-laɪ] *s.* ⚕ **1.** Knochennarbe *f*; **2.** Schwiele *f*.

calm [kɑːm] **I** *s.* **1.** Stille *f*, Ruhe *f* (*a. fig.*); **2.** Windstille *f*, Flaute *f*; **II** *adj.* □ **3.** still, ruhig; friedlich; **4.** windstill; **5.** *fig.* ruhig, gelassen: **~ and collected** ruhig u. gefaßt; **6.** F unverfroren, ‚kühl'; **III** *v/t.* **7.** beruhigen, besänftigen; **IV** *v/i.* **8.** *a.* **~ down** sich beruhigen; **'calm·ness** [-nɪs] *s.* **1.** Ruhe *f*, Stille *f*; **2.** Gemütsruhe *f*, Gelassenheit *f*.

ca·lor·ic [kə'lɒrɪk] *phys.* **I** *s.* Wärme *f*; **II** *adj.* ka'lorisch, Wärme…: **~ engine** Heißluftmaschine *f*; **cal·o·rie** ['kælərɪ] *s.* Kalo'rie *f*, Wärmeeinheit *f*; **cal·o·rif·ic** [ˌkælə'rɪfɪk] *adj.* (□ **~ally**) Wärme erzeugend; Wärme…, Heiz…; **cal·o·ry** → **calorie**.

cal·u·met ['kæljʊmet] *s.* Kalu'met *n*, (in'dianische) Friedenspfeife.

ca·lum·ni·ate [kə'lʌmnɪeɪt] *v/t.* verleumden; **ca·lum·ni·a·tion** [kəˌlʌmnɪ'eɪʃn] *s.* Verleumdung *f*; **ca'lum·ni·a·tor** [-tə] *s.* Verleumder(in); **ca'lum·ni·ous** [-ɪəs] *adj.* □ verleumderisch; **cal·um·ny** ['kæləmnɪ] *s.* Verleumdung *f*.

Cal·va·ry ['kælvərɪ] *s.* **1.** *bibl.* 'Golgatha *n*; **2.** *eccl.* Kal'varienberg *m*; **3.** ♀ Bildstock *m*, Marterl *n*; **4.** ♀ *fig.* Mar'tyrium *n*.

calve [kɑːv] *v/i.* **1.** *zo.* kalben; **2.** kalben, Eisstücke abstoßen (*Eisberg, Gletscher*).

calves [kɑːvz] *pl. von* **calf**; **'~-foot jel·ly** → **calf's-foot jelly**.

Cal·vin·ism ['kælvɪnɪzəm] *s. eccl.* Kalvi'nismus *m*; **'Cal·vin·ist** [-ɪst] *s.* Kalvi'nist(in).

ca·lyx ['keɪlɪks] *pl.* **'ca·lyx·es** [-ɪksɪz], **'ca·ly·ces** [-ɪsiːz] *s.* ⚘ (*Blüten*)Kelch *m*; → **calix**.

cam [kæm] *s.* ⚙ Nocken *m*, Mitnehmer *m*, (Steuer)Kurve *f*: **~ gear** Nockensteuerung *f*, Kurvengetriebe *n*; **~shaft** Nocken-, Steuerwelle *f*; **~-control(l)ed** nockengesteuert.

ca·ma·ra·de·rie [ˌkæmə'rɑːdərɪ] *s.* Kame'radschaft(lichkeit) *f*; *b.s.* Kumpa'nei *f*.

cam·a·ril·la [ˌkæmə'rɪlə] *s.* Kama'rilla *f*; 'Hofkaˌbale *f*.

cam·ber ['kæmbə] **I** *v/t. u. v/i.* (sich) wölben; **II** *s.* leichte Wölbung, Krümmung *f*; *mot.* (Rad)Sturz *m*; **'cam·bered** [-əd] *adj.* **1.** gewölbt, geschweift; **2.** gestürzt (*Achse, Rad*).

Cam·bo·di·an [kæm'bəʊdjən] **I** *s.* Kambo'dschaner(in); **II** *adj.* kambo'dschanisch.

Cam·bri·an ['kæmbrɪən] **I** *s.* **1.** Wa'liser (-in); **2.** *geol.* 'Kambrium *n*; **II** *adj.* **3.** wa'lisisch; **4.** *geol.* 'kambrisch.

cam·bric ['keɪmbrɪk] *s.* Ba'tist *m*.

came [keɪm] *pret. von* **come**.

cam·el ['kæml] *s.* **1.** *zo.* Ka'mel *n*: **Arabian ~** Dromedar *n*; → **Bactrian camel**; **2.** ⚓, ⚙ Ka'mel *n*, Hebeleichter *m*; **cam·el·eer** [ˌkæmɪ'lɪə] *s.* Ka'meltreiber *m*; **cam·el hair** → **camel's hair**.

ca·mel·li·a [kə'miːljə] *s.* ⚘ Ka'melie *f*.

cam·el's| hair ['kæmlz] *s.* Ka'melhaar (-stoff *m*) *n*; **'~-hair** *adj.* Kamelhaar…

cam·e·o ['kæmɪəʊ] **I** *s.* Ka'mee *f*; **II** *adj. fig.* Miniatur…

cam·er·a ['kæmərə] *s.* **1.** 'Kamera *f*: a) 'Fotoappaˌrat *m*, b) 'Film- *od.* 'Fernsehˌkamera *f*: **be on ~** a) auf Sendung *od.* im Bild sein, b) vor der Kamera stehen; **2. in ~** ⚖ unter Ausschluß der Öffentlichkeit, nicht öffentlich; *fig.* geheim; **'~·man** [-mæn] *s.* [*irr.*] **1.** 'Pressefotoˌgraf *m*; **2.** *Film*: 'Kameramann *m*; **~ ob·scu·ra** [ɒb'skjuərə] *s. opt.* 'Lochˌkamera *f*, 'Camera *f* ob'scura; **'~-shy** *adj.* 'kamerascheu.

cam·i·knick·ers ['kæmɪˌnɪkəz] *s. pl. Brit.* (Damen)Hemdhose *f*.

cam·i·sole ['kæmɪsəʊl] *s.* **1.** Bett-, Morgenjäckchen *n*; **2.** (Trachten- *etc.*)Mieder *n*.

cam·o·mile ['kæməʊmaɪl] *s.* ⚘ Ka'mille *f*: **~ tea** Kamillentee *m*.

cam·ou·flage ['kæmʊflɑːʒ] **I** *s.* ⚔ Tarnung *f* (*a. fig.*): **~ paint** Tarnanstrich *m*; **II** *v/t.* tarnen, *fig. a.* verschleiern.

camp[1] [kæmp] **I** *s.* **1.** (Zelt-, Ferien)Lager *n*, Lagerplatz *m*, Camp *n*: **break** *od.* **strike ~** das Lager abbrechen, aufbrechen; **2.** ⚔ Feld-, Heerlager *n*; **3.** *fig.* Lager *n*, Par'tei *f*, Anhänger *pl. e-r Richtung*: **the rival ~** das gegnerische Lager; **II** *adj.* **4.** Lager…, Camping…: **~ bed** a) Feldbett *n*, b) Campingliege *f*; **III** *v/i.* **5.** *a.* **~ out** zelten, campen, kampieren.

camp[2] [kæmp] F **I** *adj.* **1.** a) ‚schwul', ‚tuntenhaft', b) über'zogen, über'trieben, ‚irr', c) verkitscht; **II** *v/i.* **2.** → 4; **III** *v/t.* **3.** *et.* ‚aufmotzen', *thea. etc. a.* über'ziehen, über'trieben darstellen, *a.* verkitschen; **4. ~ it up** a) die Sache ‚aufmotzen', *thea. etc. a.* über'ziehen, b) sich ‚tuntenhaft' benehmen.

cam·paign [kæm'peɪn] **I** *s.* **1.** ⚔ Feldzug *m*; **2.** *pol. u. fig.* Schlacht *f*, Kam'pagne *f*, (*a.* Werbe)Feldzug *m*, Akti'on *f*; **3.** *pol.* 'Wahlkampf *m*, -kamˌpagne *f*: **~ button** Wahlkampfplakette *f*; **II** *v/i.* **4.** ⚔ an e-m Feldzug teilnehmen, kämpfen; **5.** *fig.* kämpfen, zu Felde ziehen (***for*** für; ***against*** gegen); **6.** *pol.* a) sich am Wahlkampf beteiligen, im Wahlkampf stehen, b) Wahlkampf machen (***for*** für), c) *Am.* kandidieren; **camˈpaign·er** [-nə] *s.* **1.** Feldzugteilnehmer *m*: ***old ~*** *fig.* alter Praktikus *od.* Hase; **2.** *fig.* Kämpfer *m* (***for*** für).

cam·pan·u·la [kəmˈpænjʊlə] *s.* ⚘ Glokkenblume *f.*

camp·er [ˈkæmpə] *s.* **1.** Camper(in); **2.** *Am.* a) Wohnanhänger *m*, -wagen *m*, b) ˈWohnmoˌbil *n.*

camp| fe·ver *s.* ⚕ ˈTyphus *m*; **ˈ~-ˌfire** *s.* Lagerfeuer *n*: ***~ girl*** Pfadfinderin *f*; **~ fol·low·er** *s.* **1.** Solˈdatenprostituierte *f*; **2.** *pol. etc.* Sympathiˈsant(in), Mitläufer(in); **ˈ~·ground** → ***camping ground.***

cam·phor [ˈkæmfə] *s.* ⚗ Kampfer *m*; **ˈcam·phor·at·ed** [-əreɪtɪd] *adj.* mit Kampfer behandelt, Kampfer…

cam·phor| ball *s.* Mottenkugel *f*; **ˈ~·wood** *s.* Kampferholz *n.*

camp·ing [ˈkæmpɪŋ] *s.* Camping *n*, Zelten *n*; Kampieren *n*; **~ ground**, **~ site** *s.* Zelt-, Campingplatz *m.*

cam·pi·on [ˈkæmpjən] *s.* ⚘ Lichtnelke *f.*

camp meet·ing *s. Am.* religiˈöse Versammlung im Freien; ˈZeltmissiˌon *f.*

cam·po·ree [ˌkæmpəˈriː] *s. Am.* regioˈnales Pfadfindertreffen.

cam·pus [ˈkæmpəs] *s.* Campus *m* (*Gesamtanlage e-r Universität od. Schule*), *weitS.* ‚Uni' *f od.* Gymˈnasium *n.*

ˈcam·wood *s.* Kam-, Rotholz *n.*

can¹ [kæn; kən] *v/aux.* [*irr.*], *pres. neg.* **ˈcan·not 1.** können: ***~ you do it?***; ***he cannot read***; ***we could do it now*** wir könnten es jetzt tun; ***how could you?*** wie konntest du nur (so etwas tun)?; ***~ do!*** *sl.* (wird) gemacht!; ***no ~ do!*** *sl.* das geht nicht!; **2.** dürfen, können: ***you ~ go away now.***

can² [kæn] **I** *s.* **1.** (Blech)Kanne *f*; (*Öl-*)Kännchen *n*: ***carry the ~*** *sl.* der Sündenbock sein, dran sein; **2.** (Konˈserven)Dose *f*, (-)Büchse *f*: ***~ opener*** Büchsenöffner *m*; ***in the ~*** F ‚abgedreht', ‚im Kasten' (*Film*), *allg.* unter Dach u. Fach; **3.** (Blech)Trinkgefäß *n*; **4.** Kaˈnister *m*; **5.** *Am. sl.* a) ‚Kittchen' *n*, ‚Knast' *m*, b) ‚Klo' *n*, c) ‚Arsch' *m*; **II** *v/t.* **6.** in Büchsen konservieren, eindosen; **7.** F auf Schallplatte *od.* Band aufnehmen; **8.** *Am sl.* a) ‚rausschmeißen', entlassen, b) ‚einlochen', c) aufhören mit.

Ca·na·di·an [kəˈneɪdjən] **I** *adj.* kaˈnadisch; **II** *s.* Kaˈnadier(in).

ca·naille [kəˈnɑːiː] (*Fr.*) *s.* Pöbel *m.*

ca·nal [kəˈnæl] *s.* **1.** Kaˈnal *m* (*für Schiffahrt etc.*): ***~s of Mars*** Marskanäle; **2.** *anat., zo.* Kaˈnal *m*, Gang *m*, Röhre *f*; **ca·nal·i·za·tion** [ˌkænəlaɪˈzeɪʃn] *s.* Kanalisierung *f*; Kaˈnalnetz *n*; **ca·nal·ize** [ˈkænəlaɪz] *v/t.* **1.** kanalisieren, schiffbar machen; **2.** *fig.* (in bestimmte Bahnen) lenken, kanalisieren.

can·a·pé [ˈkænəpeɪ] (*Fr.*) *s.* Appeˈtithappen *m*, belegtes Brot.

ca·nard [kæˈnɑːd] (*Fr.*) *s.* (Zeitungs)Ente *f*, Falschmeldung *f.*

ca·nar·y [kəˈneərɪ] **I** *s.* **1.** *a.* ***~ bird*** *orn.* Kaˈnarienvogel *m*; **2.** *a.* ***♀ wine*** Kaˈnarienwein *m*; **II** *adj.* **3.** hellgelb.

can·cel [ˈkænsl] **I** *v/t.* **1.** (durch-, aus-) streichen; **2.** widerˈrufen, aufheben (*a.* ♪), annullieren (*a.* ⚖), rückgängig machen, absagen; ⚖ stornieren; **3.** ungültig machen, tilgen; erlassen; *Briefmarke, Fahrschein etc.* entwerten; *fig.* zuˈnichte machen; *a.* ***~ out*** ausgleichen, kompensieren; **4.** Ⱥ heben, streichen; **II** *v/i.* **5.** *mst* ***~ out*** sich (gegenseitig) aufheben *od.* ausgleichen **6.** ***~ out*** absagen, die Sache abblasen; **III** *s.* **7.** Streichung *f*; **can·cel·la·tion** [ˌkænsəˈleɪʃn] *s.* **1.** Streichung *f*; Aufhebung *f*; ˈWiderruf *m*; Absage *f*; **2.** ⚖ Annullierung *f*, Stornierung *f*: ***~ clause*** Rücktrittsklausel *f*; ***~ charge***, ***~ fee*** Rücktrittsgebühr *f*; **3.** Entwertung *f* (*Briefmarke etc.*).

can·cer [ˈkænsə] *s.* **1.** ⚕ Krebs *m*; Karziˈnom *n*; **2.** *fig.* Krebsgeschwür *n*, Übel *n*; **3.** ♀ *ast.* Krebs *m*; **ˈcan·cer·ous** [-sərəs] *adj.* ⚕ a) krebsbefallen: ***~ lung***, b) Krebs…: ***~ tumo(u)r***, c) krebsartig: ***~ growth*** *fig.* Krebsgeschwür *n.*

can·de·la·bra [ˌkændɪˈlɑːbrə] *pl.* **-bras**, **can·deˈla·brum** [-brəm] *pl.* **-bra**, *Am. a.* **-brums** *s.* Kandeˈlaber *m*; (Arm-, Kron)Leuchter *m.*

can·des·cence [kænˈdesns] *s.* Weißglut *f.*

can·did [ˈkændɪd] *adj.* □ **1.** offen (u. ehrlich), freimütig; **2.** aufrichtig, unvoreingenommen, objekˈtiv; **3.** freizügig, (taˈbu)frei: ***a ~ film***; **4.** *phot.* ungestellt, unbemerkt aufgenommen: ***~ camera*** a) Kleinstbildkamera *f*, b) versteckte Kamera; ***~ shot*** Schnappschuß *m.*

can·di·da·cy [ˈkændɪdəsɪ] *s.* Kandidaˈtur *f*, Bewerbung *f*, Anwartschaft *f*; **can·di·date** [ˈkændɪdət] *s.* **1.** (***for***) Kandiˈdat *m* (für) (*a. fig.*), Bewerber *m* (um), Anwärter (auf *acc.*); **2.** (ˈPrüfungs-)Kandiˌdat(in); **ˈcan·di·da·ture** [-dətʃə] → ***candidacy.***

can·died ['kændɪd] *adj.* **1.** kandiert, über'zuckert: **~ *peel*** Zitronat *n*; **2.** *fig. contp.* ‚honigsüß'.

can·dle ['kændl] *s.* **1.** (Wachs- *etc.*)Kerze *f*, Licht *n*: ***burn the ~ at both ends*** *fig.* Raubbau mit s-r Gesundheit treiben; ***not to be fit to hold a ~ to*** das Wasser nicht reichen können (*dat.*); → ***game***[1] 4; **2.** → ***candlepower***; **'~ˌber·ry** [-ˌbərɪ] *s.* ⚘ Wachsmyrtenbeere *f*; **'~-end** *s.* **1.** Kerzenstummel *m*; **2.** *pl. fig.* Abfälle *pl.*, Krimskrams *m*; **'~·light** *s.* **1.** (***by ~*** bei) Kerzenlicht *n*; **2.** Abenddämmerung *f*.

Can·dle·mas ['kændlməs] *s. R.C.* (Ma'riä) Lichtmeß *f*.

'can·dle|ˌpow·er *s. phys.* (Nor'mal)Kerze *f* (*Lichteinheit*); **'~·stick** *s.* (Kerzen-)Leuchter *m*; **'~·wick** *s.* Kerzendocht *m*.

can·do(u)r ['kændə] *s.* **1.** Offenheit *f*, Aufrichtigkeit *f*; **2.** 'Unparˌteilichkeit *f*, Objektivi'tät *f*.

can·dy ['kændɪ] **I** *s.* **1.** Kandis(zucker) *m*; **2.** *Am.* a) Süßigkeiten *pl.*, Kon'fekt *n*, b) *a.* ***hard ~*** Bon'bon *m*, *n*; **II** *v/t.* **3.** kandieren, glacieren; mit Zucker einmachen; **4.** *Zucker* kristallisieren lassen; **III** *v/i.* **5.** kristallisieren (*Zucker*); **'~·floss** *s.* Zuckerwatte *f*; **~ store** *s. Am.* Süßwarengeschäft *n*.

cane [keɪn] **I** *s.* **1.** ⚘ (*Bambus-*, *Zucker-*, *Schilf*)Rohr *n*; **2.** spanisches Rohr; **3.** Rohrstock *m*; **4.** Spazierstock *m*; **II** *v/t.* **5.** (mit dem Stock) züchtigen *od.* prügeln; **6.** *Stuhl* mit Rohrgeflecht versehen: ***~-bottomed*** mit Sitz aus Rohr; **~ chair** *s.* Rohrstuhl *m*; **~ sug·ar** *s.* Rohrzucker *m*; **'~·work** *s.* Rohrgeflecht *n*.

ca·nine I *adj.* ['keɪnaɪn] Hunde…; *fig. contp.* hündisch; **II** *s.* ['kænaɪn] *anat. a.* ***~ tooth*** Eckzahn *m*.

can·ing ['keɪnɪŋ] *s.*: ***give s.o. a ~*** → ***cane*** 5.

can·is·ter ['kænɪstə] *s.* **1.** Ka'nister *m*, Blechdose *f*; **2.** ⚔ *a.* ***~ shot*** Kar'tätsche *f*.

can·ker ['kæŋkə] **I** *s.* **1.** ⚕ Mund- *od.* Lippengeschwür *n*; **2.** *vet.* Strahlfäule *f*; **3.** ⚘ Rost *m*, Brand *m*; **4.** *fig.* Krebsgeschwür *n*; **II** *v/t.* **5.** *fig.* an-, zerfressen, verderben; **III** *v/i.* **6.** angefressen werden, verderben; **'can·kered** [-əd] *adj.* **1.** ⚘ a) brandig, b) (von Raupen) zerfressen; **2.** *fig.* a) bösartig, b) mürrisch; **'can·ker·ous** [-ərəs] *adj.* **1.** → ***cankered*** 1; **2.** fressend, schädlich, vergiftend.

can·na·bis ['kænəbɪs] *s.* 'Cannabis *m*: a) ⚘ Hanf *m*, b) Haschisch *n*.

canned [kænd] *adj.* **1.** konserviert, Dosen…, Büchsen…: **~ *food*** Konserven *pl.*; **~ *meat*** Büchsenfleisch *n*; **2.** F ‚aus der Konserve': **~ *music***; **~ *film*** *TV* Aufzeichnung *f*; **3.** *sl.* ‚blau', betrunken; **4.** stereo'typ, scha'blonenhaft; **can·ner** ['kænə] *s.* **1.** Kon'servenfabriˌkant *m*; **2.** Arbeiter(in) in e-r Kon'servenfaˌbrik; **'can·ner·y** [-ərɪ] *s.* Kon'servenfaˌbrik *f*.

can·ni·bal ['kænɪbl] **I** *s.* Kanni'bale *m*, Menschenfresser *m*; **II** *adj.* kanni'balisch (*a. fig.*); **'can·ni·bal·ism** [-bəlɪzəm] *s.* Kanniba'lismus *m* (*a. zo.*); *fig.* Unmenschlichkeit *f*; **can·ni·bal·is·tic** [ˌkænɪbə'lɪstɪk] *adj.* (□ ***~ally***) kanni'balisch (*a. fig.*); **'can·ni·bal·ize** [-bəlaɪz] *v/t. altes Auto etc.* ‚ausschlachten'.

can·ning ['kænɪŋ] *s.* Kon'servenfabrikaˌtiˌon *f*: **~ *factory*** *od.* ***plant*** → ***cannery***.

can·non ['kænən] **I** *s.* **1.** ⚔ a) Ka'none *f*, Geschütz *n*, b) *coll.* Ka'nonen *pl.*, Artille'rie *f*; **2.** Wasserwerfer *m*; **3.** ⚙ Zy'linder *m* um e-e Welle; **4.** *Billard*: *Brit.* Karambo'lage *f*; **II** *v/i.* **5.** *Billard*: *Brit.* karambolieren; **6.** (***against***, ***into***, ***with***) rennen, prallen (gegen), karambolieren (mit); **can·non·ade** [ˌkænə'neɪd] **I** *s.* **1.** Kano'nade *f*; **2.** *fig.* Dröhnen *n*; **II** *v/t.* **3.** beschießen.

'can·non|·ball *s.* **1.** Ka'nonenkugel *f*; **2.** *Fußball*: F Bombe(nschuß *m*) *f*; **'~-bone** *s. zo.* Ka'nonenbein *n* (*Pferd*); **'~-ˌfod·der** *s. fig.* Ka'nonenfutter *n*.

can·not ['kænɒt] → ***can***[1].

can·nu·la ['kænjʊlə] *s.* ⚕ Ka'nüle *f*.

can·ny ['kænɪ] *adj.* □ *Scot.* **1.** schlau, gerissen; **2.** nett.

ca·noe [kə'nuː] **I** *s.* Kanu *n* (*a. sport*), Paddelboot *n*: **~ *slalom*** Kanu-, Wildwasserslalom *m*; ***paddle one's own ~*** auf eigenen Füßen stehen, selbständig sein; **II** *v/i.* Kanu fahren, paddeln; **ca'noe·ist** [-uːɪst] *s.* Ka'nute *m*, Ka'nutin *f*.

can·on[1] ['kænən] *s.* **1.** Regel *f*, Richtschnur *f*, Grundsatz *m*, 'Kanon *m*; **2.** *eccl.* 'Kanon *m*: a) ka'nonische Bücher *pl.*, b) 'Meßˌkanon *m*, c) Ordensregeln *pl.*, d) → ***canon law***; **3.** ♪ 'Kanon *m*; **4.** *typ.* 'Kanon(schrift) *f*.

can·on[2] ['kænən] *s. eccl.* Ka'noniker *m*, Dom-, Stiftsherr *m*.

ca·ñon ['kænjən] → ***canyon***.

can·on·ess ['kænənɪs] *s. eccl.* Kano'nissin *f*, Stiftsdame *f*.

ca·non·i·cal [kə'nɒnɪkl] **I** *adj.* □ ka'nonisch, vorschriftsmäßig; *bibl.* au'thentisch; **II** *s. pl. eccl.* kirchliche Amtstracht; **~ books** → ***canon***[1] 2 a; **~**

hours *s. pl.* a) regelmäßige Gebetszeiten *pl.*, b) *Brit.* Zeiten *pl.* für Trauungen.

can·on·ist ['kænənɪst] *s.* Kirchenrechtslehrer *m*; **can·on·i·za·tion** [ˌkænənaɪ'zeɪʃn] *s. eccl.* Heiligsprechung *f*; '**can·on·ize** [-naɪz] *v/t. eccl.* heiligsprechen; **can·on law** *s.* ka'nonisches Recht, Kirchenrecht *n*.

ca·noo·dle [kə'nu:dl] *v/t. u. v/i. sl.* ‚schmusen', ‚knutschen'.

can·o·py ['kænəpɪ] **I** *s.* **1.** 'Baldachin *m*, (Bett-, Thron-, Trag)Himmel *m*: **~ of heaven** Himmelszelt *n*; **2.** Schutz-, Ka'binendach *n*, Verdeck *n*; **3.** Fallschirm(-kappe *f*) *m*; **4.** ⚠ Über'dachung *f*; **II** *v/t.* **5.** über'dachen; *fig.* bedecken.

canst [kænst; kənst] *obs. 2. sg. pres. von* ***can***[1].

cant[1] [kænt] **I** *s.* **1.** Fach-, Zunftsprache *f*; **2.** Jar'gon *m*, Gaunersprache *f*; **3.** Gewäsch *n*; **4.** Frömme'lei *f*, scheinheiliges Gerede; **5.** (leere) Phrase(n *pl.*) *f*; **II** *v/i.* **6.** frömmeln, scheinheilig reden; **7.** Phrasen dreschen.

cant[2] [kænt] **I** *s.* **1.** (Ab)Schrägung *f*, schräge Lage; **2.** Ruck *m*, Stoß *m*; plötzliche Wendung; **II** *v/t.* **3.** (ver)kanten, kippen; **4.** ⚙ abschrägen; **III** *v/i.* **5.** *a.* **~ over** sich neigen, sich auf die Seite legen; 'umkippen.

can't [kɑ:nt] F *für* ***cannot***; → ***can***[1].

Can·tab ['kæntæb] *abbr. für* **Can·ta·brig·i·an** [ˌkæntə'brɪdʒɪən] *s.* Stu'dent(-in) *od.* Absol'vent(in) der Universi'tät Cambridge (*England*) *od.* der Harvard University (*USA*).

can·ta·loup(e) ['kæntəlu:p] *s.* ⚘ Kanta'lupe *f*, 'Warzenmeˌlone *f*.

can·tan·ker·ous [kæn'tæŋkərəs] *adj.* ☐ streitsüchtig.

can·ta·ta [kæn'tɑ:tə] *s.* ♪ Kan'tate *f*.

can·teen [kæn'ti:n] *s.* **1.** (Mili'tär-, Be'triebs- *etc.*)Kanˌtine *f*; **2.** ⚔ a) Feldflasche *f*, b) Kochgeschirr *n*; **3.** Besteck-, Silberkasten *m*.

can·ter ['kæntə] **I** *s.* 'Kanter *m*, kurzer Ga'lopp: ***win in a ~*** mühelos siegen; **II** *v/i.* im kurzen Galopp reiten.

can·ti·cle ['kæntɪkl] *s. eccl.* Lobgesang *m*: ***2s*** *bibl. das* Hohelied (Salo'monis).

can·ti·le·ver ['kæntɪli:və] **I** *s.* **1.** ⚠ Kon'sole *f*; **2.** ⚙ freitragender Arm, vorspringender Träger, Ausleger *m*; **II** *adj.* **3.** freitragend; **~ bridge** *s.* Auslegerbrücke *f*; **~ wing** *s.* ✈ unverspreizte Tragfläche.

can·to ['kæntəʊ] *pl.* **-tos** *s.* Gesang *m* (*Teil e-r größeren Dichtung*).

can·ton[1] ['kæntɒn] **I** *s.* Kan'ton *m*, (Verwaltungs)Bezirk *m*; **II** *v/t.* in Kan'tone *od.* Bezirke einteilen.

can·ton[2] ['kæntən] **I** *s.* **1.** *her.* Feld *n*; **2.** Gösch *f* (*Obereck an Flaggen*); **II** *v/t.* **3.** *her.* in Felder einteilen.

can·ton[3] [kæn'tu:n] *v/t.* ⚔ einquartieren.

Can·ton·ese [ˌkæntə'ni:z] **I** *adj.* kanto'nesisch; **II** *s.* Bewohner(in) 'Kantons.

can·ton·ment [kæn'tu:nmənt] *s.* ⚔ *oft pl.* Quar'tier *n*, 'OrtsˌunterkunFt *f*.

Ca·nuck [kə'nʌk] *s.* a) Ka'nadier(in) (*französischer Abstammung*), b) *Am. contp.* Ka'nadier(in).

can·vas ['kænvəs] *s.* **1.** a) Segeltuch *n*: ***~ shoes*** Segeltuchschuhe, b) *coll.* (*alle*) Segel *pl.*: ***under ~*** unter Segel; **2.** Pack-, Zeltleinwand *f*: ***under ~*** in Zelten; **3.** 'Kanevas *m*, Stra'min *m* (*zum Sticken*); **4.** a) (Maler)Leinwand *f*, b) (Öl)Gemälde *n*.

can·vass ['kænvəs] **I** *v/t.* **1.** gründlich erörtern *od.* prüfen; **2.** a) *pol. Stimmen* werben, b) *Am. Wahlresultate* prüfen, c) ✝ *Aufträge* her'einholen, *Abonnenten*, *Inserate* sammeln; **3.** *Wahlkreis od. Geschäftsbezirk* bereisen, bearbeiten; **4.** um *et.* werben, *j-n od. et.* anpreisen; **II** *v/i.* **5.** e-n Wahlfeldzug veranstalten; **6.** *Am.* 'Wahlresulˌtate prüfen; **7.** werben (***for*** um); **III** *s.* **8.** *pol.* a) Stimmenwerbung *f*, Wahlfeldzug *m*, b) *Am.* Wahl(stimmen)prüfung *f*; **9.** ✝ Kundenwerbung *f*; He'reinholen *n* von Aufträgen; '**can·vass·er** [-sə] *s.* **1.** ✝ Kundenwerber *m*; **2.** *pol.* a) Wahleinpeitscher *m*, b) *Am.* Wahl(stimmen)prüfer *m*; '**can·vass·ing** [-sɪŋ] *s.* **1.** 'Wahlpropaˌganda *f*; **2.** ✝ Kundenwerbung *f*.

can·yon ['kænjən] *s.* 'Cañon *m*, Felsschlucht *f*.

caou·tchouc ['kaʊtʃʊk] *s.* 'Kautschuk *m*, 'Gummi *n*, *m*.

cap[1] [kæp] **I** *s.* **1.** Mütze *f*, Kappe *f*, Haube *f*: ***~ and bells*** Schellen-, Narrenkappe; ***~ in hand*** mit der Mütze in der Hand, demütig; ***if the ~ fits wear it*** *fig.* wen's juckt, der kratze sich; ***set one's ~ at s.o.*** F hinter j-m her sein, sich j-n zu angeln suchen (*Frau*); **2.** *univ.* Ba'rett *n*: ***~ and gown*** *univ.* Barett u. Talar; **3.** (Sport-, Stu'denten-, Klub-, Dienst)Mütze *f*; **4.** *sport Brit.* Auswahl-, Natio'nalspieler(in): ***get*** *od.* ***win one's ~*** in die Nationalmannschaft berufen werden; **5.** (Schutz-, Verschluß)Kappe *f od.* (-)Kapsel *f*, Deckel *m*, Aufsatz *m*; ⚔ Zündkapsel *f*; **6.** *mot.* (Reifen)Auflage *f*: ***full ~*** Runderneuerung *f*; **7.** ⚕ Pes'sar *n*; **8.** Spitze *f*, Gipfel *m*; **II** *v/t.* **9.** (mit *od.* wie mit e-r Kappe) bedecken; **10.** mit (Schutz-) Kappe, Kapsel, Deckel, Aufsatz *etc.* versehen; *mot. Reifen* runderneuern; **11.** *Brit. univ. j-m* e-n aka'demischen Grad verleihen; **12.** oben liegen auf (*dat.*), krönen (*a. fig. abschließen*); **13.** *fig.* über'treffen, -'trumpfen; **14.** *sport Brit. j-n* in die Natio'nalmannschaft berufen.

cap² [kæp] *abbr. für* ***capital¹*** 2.

ca·pa·bil·i·ty [ˌkeɪpə'bɪlətɪ] *s.* **1.** Fähigkeit *f* (***of*** zu); **2.** Tauglichkeit *f* (***for*** zu); **3.** *a. pl.* Ta'lent *n*, Begabung *f*; **ca·pa·ble** ['keɪpəbl] *adj.* □ **1.** (*Personen*) a) fähig, tüchtig, b) (***of***) fähig (zu *od. gen.*), im'stande (zu *inf.*) (*mst b.s.*): ***legally ~*** rechts-, geschäftsfähig; **2.** (*Sachen*) a) geeignet, tauglich (***for*** zu), b) (***of***) (*et.*) zulassend, (zu *et.*) fähig: ***~ of being divided*** teilbar.

ca·pa·cious [kə'peɪʃəs] *adj.* □ geräumig, weit; um'fassend (*a. fig.*).

ca·pac·i·tance [kə'pæsɪtəns] *s.* ⚡ kapazi'tiver ('Blind)ˌWiderstand, Kapazi'tät *f*; **ca'pac·i·tate** [-teɪt] *v/t.* befähigen, ermächtigen (*a.* ⚖); **ca'pac·i·tor** [-tə] *s.* ⚡ Konden'sator *m*; **ca'pac·i·ty** [-sətɪ] **I** *s.* **1.** (Raum)Inhalt *m*, Fassungsvermögen *n*; Kapazi'tät *f* (*a.* ⚡, *phys.*): ***measure of ~*** Hohlmaß *n*; ***seating ~*** Sitzgelegenheit *f* (***of*** für); ***full to ~*** ganz voll, *thea. etc.* ausverkauft; **2.** Leistungsfähigkeit *f*, Vermögen *n*; **3.** †, ⚙ Kapazi'tät *f*, Leistungsfähigkeit *f*, (Nenn)Leistung *f*: ***working to ~*** mit Höchstleistung arbeitend, voll ausgelastet; **4.** *fig.* Auffassungsgabe *f*, *geistige* Fähigkeit; **5.** ⚖ (Geschäfts-, Tes'tier- *etc.*)Fähigkeit *f*: ***~ to sue and to be sued*** Prozeßfähigkeit; **6.** Eigenschaft *f*, Stellung *f*: ***in my ~ as*** in m-r Eigenschaft als; ***in an advisory ~*** in beratender Funktion; **II** *adj.* **7.** maxi'mal, Höchst...: ***~ business*** Rekordgeschäft *n*; **8.** *thea. etc.* voll, ausverkauft: ***~ house***; ***~ crowd*** *sport* ausverkauftes Stadion.

ca·par·i·son [kə'pærɪsn] *s.* **1.** Scha'brake *f*; **2.** *fig.* Aufputz *m*.

cape¹ [keɪp] *s.* Cape *n*, 'Umhang *m*; Schulterkragen *m*.

cape² [keɪp] *s.* Kap *n*, Vorgebirge *n*: ***the*** ≈ das Kap der Guten Hoffnung; ≈ ***Dutch*** Kapholländisch *n*; ≈ ***wine*** Kapwein *m*.

ca·per¹ ['keɪpə] **I** *s.* **1.** Kapri'ole *f*: a) Freuden-, Luftsprung *m*, b) Streich *m*, Schabernack *m*: ***cut ~s*** → 3; **2.** F *fig.* ‚Ding' *n*, ‚Spaß' *m*, Sache *f*; **II** *v/i.* **3.** a) Luftsprünge machen, b) he'rumtollen.

ca·per² ['keɪpə] *s.* **1.** ⚘ Kapernstrauch *m*; **2.** Kaper *f*.

cap·er·cail·lie [ˌkæpə'keɪlɪ], **ˌcap·er'cail·zie** [-lɪ] *s. orn.* Auerhahn *m*.

ca·pi·as ['keɪpɪæs] *s.* ⚖ Haftbefehl *m* (*bsd. im Vollstreckungsverfahren*).

cap·il·lar·i·ty [ˌkæpɪ'lærətɪ] *s. phys.* Kapillari'tät *f*; **cap·il·lar·y** [kə'pɪlərɪ] **I** *adj.* haarförmig, -fein, kapil'lar: ***~ attraction*** Kapillaranziehung *f*; ***~ tube*** → II; **II** *s. anat.* Kapil'largefäß *n*.

cap·i·tal¹ ['kæpɪtl] **I** *s.* **1.** Hauptstadt *f*; **2.** Großbuchstabe *m*; **3.** † Kapi'tal *n*: a) Vermögen *n*, b) Unter'nehmer(tum *n*) *pl.*: ≈ ***and Labo(u)r***; **4.** Vorteil *m*, Nutzen *m*: ***make ~ out of*** aus *et.* Kapital schlagen; **II** *adj.* **5.** ⚖ a) kapi'tal, todeswürdig: ***~ crime*** Kapitalverbrechen *n*, b) Todes...: ***~ punishment*** Todesstrafe *f*; **6.** größt, wichtigst, Haupt...: ***~ city*** Hauptstadt *f*; ***~ ship*** Großkampfschiff *n*; **7.** verhängnisvoll: ***a ~ error*** ein Kapitalfehler *m*; **8.** großartig: ***a ~ joke***; ***a ~ fellow*** ein Prachtkerl *m*; **9.** † Kapital...: ***~ fund*** Stamm-, Grundkapital *n*; **10.** ***~ letter*** → 2; ***~ B*** großes B.

cap·i·tal² ['kæpɪtl] *s.* ⚠ Kapi'tell *n*.

cap·i·tal| ac·count *s.* † Kapi'talkonto *n*; **~ as·sets** *s. pl.* Anlagevermögen *n*; **~ ex·pend·i·ture** *s.* Investiti'onsaufwand *m*; **~ flight** *s.* Kapi'talflucht *f*; **~ gains tax** *s.* Kapi'talertragssteuer *f*; **~ goods** *s. pl.* Investiti'onsgüter *pl.*; **'~-inˌten·sive** *adj.* kapi'talintenˌsiv; **~ in·vest·ment** *s.* Kapi'talanlage *f*.

cap·i·tal·ism ['kæpɪtəlɪzəm] *s.* Kapita'lismus *m*; **'cap·i·tal·ist** [-ɪst] **I** Kapita'list *m*; **II** *adj.* → **cap·i·tal·is·tic** [ˌkæpɪtə'lɪstɪk] *adj.* (□ ***~ally***) kapita'listisch; **cap·i·tal·i·za·tion** [ˌkæpɪtəlaɪ'zeɪʃn] *s.* **1.** † *allg.* Kapitalisierung *f*; **2.** Großschreibung *f*; **'cap·i·tal·ize** [-laɪz] **I** *v/t.* **1.** † kapitalisieren; **2.** *fig.* sich *et.* zu'nutze machen; **3.** groß (*mit Großbuchstaben od. mit großen Anfangsbuchstaben*) schreiben; **II** *v/i.* **4.** Kapi'tal anhäufen; **5.** e-n Kapi'talwert haben (***at*** von); **6.** *fig.* Kapital schlagen (***on*** aus).

cap·i·tal| lev·y *s.* † Vermögensabgabe *f*; **~ mar·ket** *s.* Kapi'talmarkt *m*; **~ stock** *s.* † 'Aktienkapiˌtal *n*.

cap·i·ta·tion [ˌkæpɪ'teɪʃn] *s.* **1.** *a.* ***~ tax*** Kopfsteuer *f*; **2.** Zahlung *f* pro Kopf: ***~ grant*** Zuschuß *m* pro Kopf.

Cap·i·tol ['kæpɪtl] *s.* Kapi'tol *n*: a) *im alten Rom*, b) *in Washington*.

ca·pit·u·lar [kə'pɪtjʊlə] *eccl.* **I** *adj.* kapitu'lar, zum Ka'pitel gehörig; **II** *s.* Kapitu'lar *m*, Domherr *m*.

ca·pit·u·late [kə'pɪtjʊleɪt] *v/i.* ⚔ *u. fig.* kapitulieren (***to*** vor *dat*); **ca·pit·u·la·tion** [kəˌpɪtjʊ'leɪʃn] *s.* ⚔ a) Kapitulati'on *f*, 'Übergabe *f*, b) Kapitulati'onsurkunde *f*.

ca·pon ['keɪpən] *s.* Ka'paun *m*; **'ca·pon·ize** [-naɪz] *v/t. Hahn* kastrieren, ka'paunen.

capped [kæpt] *adj.* mit e-r Kappe *od.* Mütze bedeckt: ***~ and gowned*** in vollem Ornat.

ca·price [kə'pri:s] *s.* Ka'price *f*, Laune *f*, Grille *f*; Launenhaftigkeit *f*; **ca'pri·cious** [-ɪʃəs] *adj.* □ launenhaft, launisch; kaprizi'ös; **ca'pri·cious·ness** [-ɪʃəsnɪs] *s.* Launenhaftigkeit *f*; kaprizi'öse Art.

Cap·ri·corn ['kæprɪkɔ:n] *s. ast.* Steinbock *m*.

cap·ri·ole ['kæprɪəʊl] **I** *s.* Kapri'ole *f* (*a. Reiten*), Bock-, Luftsprung *m*; **II** *v/i.* Kapri'olen machen.

cap·si·cum ['kæpsɪkəm] *s.* ⚘ 'Paprika *m*, Spanischer Pfeffer.

cap·size [kæp'saɪz] **I** *v/i.* **1.** ⚓ kentern; **2.** *fig.* 'umschlagen; **II** *v/t.* **3.** ⚓ zum Kentern bringen.

cap·stan ['kæpstən] *s.* ⚓ Gangspill *n*, Ankerwinde *f*; **~ lathe** *s.* ⚙ Re'volverdrehbank *f*.

cap·su·lar ['kæpsjʊlə] *adj.* kapselförmig, Kapsel...; **cap·sule** ['kæpsju:l] **I** *s.* **1.** *anat.* (Gelenk- *etc.*)Kapsel *f*, Hülle *f*, Schale *f*; **2.** ⚘ a) Kapselfrucht *f*, b) Sporenkapsel *f*; **3.** *pharm.* (Arz'nei-)Kapsel *f*; **4.** (Me'tall-, Verschluß)Kapsel *f*; **5.** (Raum)Kapsel *f*; **6.** ⚗ Abdampfschale *f*; **7.** *fig.* kurze 'Übersicht *od.* Beschreibung *etc.*; **II** *adj.* **8.** *fig.* kurz, gedrängt, Kurz...

cap·tain ['kæptɪn] **I** *s.* **1.** Führer *m*, Oberhaupt *n*: ***~ of industry*** Industriekapitän *m*; **2.** ⚔ a) Hauptmann *m*, b) *Kavallerie*: *hist.* Rittmeister *m*; **3.** ⚓ a) Kapi'tän *m*, Komman'dant *m*, b) *Kriegsmarine*: Kapitän *m* zur See; **4.** 'Flugkapiˌtän *m*; **5.** *sport* ('Mannschafts)Kapiˌtän *m*; **6.** *ped.* Klassensprecher(in); **7.** Vorarbeiter *m*; ⚒ Obersteiger *m*; **8.** *Am.* (Poli'zei-)ˌHauptkommisˌsar *m*; **II** *v/t.* **9.** (an)führen; **'cap·tain·cy** [-sɪ], **'cap·tain·ship** [-ʃɪp] *s.* **1.** ⚔ Hauptmanns-, Kapi'tänsposten *m*, -rang *m*; **2.** Führerschaft *f*.

cap·tion ['kæpʃn] **I** *s.* **1.** a) 'Überschrift *f*, Titel *m*, b) ('Bild)ˌUnterschrift *f*, c) *Film*: 'Untertitel *m*; **2.** ⚖ a) Prä'ambel *f*, b) *Prozeßrecht*: 'Rubrum *n*; **II** *v/t.* **3.** mit e-r Überschrift *etc.* versehen; *Film* unter'titeln.

cap·tious ['kæpʃəs] *adj.* □ **1.** verfänglich; **2.** spitzfindig; **3.** krittelig, pe'dantisch.

cap·ti·vate ['kæptɪveɪt] *v/t. fig.* gefangennehmen, fesseln, bestricken, bezaubern; **'cap·ti·vat·ing** [-tɪŋ] *adj. fig.* fesselnd, bezaubernd; **cap·ti·va·tion** [ˌkæptɪ'veɪʃn] *s. fig.* Bezauberung *f*.

cap·tive ['kæptɪv] **I** *adj.* **1.** gefangen, in Gefangenschaft: ***be held ~*** gefangengehalten werden; ***take ~*** gefangennehmen (*a. fig.*); **2.** festgehalten, ‚gefangen': ***~ balloon*** Fesselballon *m*; **3.** *fig.* gefangen, gefesselt (***to*** von); **II** *s.* **4.** Gefangene(r) *m*, *fig. a.* Sklave *m* (***to*** *gen.*); **cap·tiv·i·ty** [kæp'tɪvətɪ] *s.* **1.** Gefangenschaft *f*; **2.** *fig.* Knechtschaft *f*.

cap·tor ['kæptə] *s.* **1.** ***his ~*** der ihn gefangennahm; **2.** ⚓ Kaper *m*; **'cap·ture** [-tʃə] **I** *v/t.* **1.** fangen; gefangennehmen; **2.** ⚔ erobern; erbeuten; **3.** ⚓ kapern, aufbringen; **4.** *fig.* (*a. Stimmung etc.*, *a. phys. Neutronen*) einfangen; erobern, für sich einnehmen, gewinnen, erlangen; an sich reißen; **II** *s.* **5.** Gefangennahme *f*, Fang *m*; **6.** ⚔ Eroberung *f* (*a. fig.*); Erbeutung *f*; Beute *f*; **7.** ⚓ a) Kapern *n*, Aufbringung *f*, b) Prise *f*.

Cap·u·chin ['kæpjʊʃɪn] *s.* **1.** *eccl.* Kapu'ziner(mönch) *m*; **2.** ♀ 'Umhang *m* mit Ka'puze; **3.** *a.* ***~ monkey*** *zo.* Kapu'zineraffe *m*.

car [kɑ:] *s.* **1.** Auto *n*, Wagen *m*: ***by ~*** mit dem (*od.* im) Auto; **2.** (Eisenbahn *etc.*)Wagen *m*, Wag'gon *m*; **3.** Wagen *m*, Karren *m*; **4.** (*Luftschiff- etc.*)Gondel *f*; **5.** Ka'bine *f e-s Aufzuges*; **6.** *poet.* Kriegs- *od.* Tri'umphwagen *m*.

ca·rafe [kə'ræf] *s.* Ka'raffe *f*.

car·a·mel ['kærəmel] *s.* **1.** Kara'mel *m*, gebrannter Zucker; **2.** Kara'melle *f* (*Bonbon*).

car·a·pace ['kærəpeɪs] *s. zo.* Rückenschild *m* (*Schildkröte*, *Krebs*).

car·at ['kærət] *s.* Ka'rat *n*: a) *Juwelen- od. Perlengewicht*, b) *Goldfeingehalt*: ***18-~ gold*** 18karätiges Gold.

car·a·van ['kærəvæn] **I** *s.* **1.** Kara'wane *f* (*a. fig.*); **2.** a) Wohnwagen *m* (*von Schaustellern etc.*), b) *Brit.* Caravan *m*, Wohnwagen *m*, -anhänger *m*: ***~ park*** *od.* ***site*** Campingplatz *m* für Wohnwagen; **II** *v/i.* **3.** im Wohnwagen *etc.* reisen; **'car·a·van·ner** [-nə] *s.* **1.** Reisende(r) in e-r Kara'wane; **2.** *mot. Brit.* Caravaner *m*; **ˌcar·a'van·sa·ry** [-sərɪ], **ˌcar·a'van·se·rai** [-səraɪ] *s.* Karawanse'rei *f*.

car·a·vel ['kærəvəl] *s.* ⚓ Kara'velle *f.*
car·a·way ['kærəweɪ] *s.* ⚘ Kümmel *m*; ~ **seeds** *s. pl.* Kümmelkörner *pl.*
car·bide ['kɑːbaɪd] *s.* ⚗ Kar'bid *n.*
car·bine ['kɑːbaɪn] *s.* ⚔ Kara'biner *m.*
car bod·y *s.* ⚙ Karosse'rie *f.*
car·bo·hy·drate [ˌkɑːbəʊ'haɪdreɪt] *s.* ⚗ 'Kohle(n)hyˌdrat *n.*
car·bol·ic ac·id [kɑː'bɒlɪk] *s.* ⚗ Kar'bol(säure *f*) *n*, Phe'nol *n.*
car·bo·lize ['kɑːbəlaɪz] *v/t.* ⚗ mit Kar'bolsäure behandeln.
car·bon ['kɑːbən] *s.* **1.** ⚗ Kohlenstoff *m*; **2.** ⚡ 'Kohle(elekˌtrode) *f*; **3.** a) 'Kohlepaˌpier *n*, b) 'Durchschlag *m*; **car·bo·na·ceous** [ˌkɑːbəʊ'neɪʃəs] *adj.* kohlenstoff-, kohleartig; Kohlen…; '**car·bon·ate** ⚗ **I** *s.* [-nɪt] **1.** kohlensaures Salz: ~ ***of lime*** Kalziumkarbonat *n*, Kreide *f*; ~ ***of soda*** Natriumkarbonat *n*, kohlensaures Natrium, Soda *f*; **II** *v/t.* [-neɪt] **2.** mit Kohlensäure *od.* Kohlen'dioˌxyd behandeln: **~*d water*** kohlensäurehaltiges Wasser, Sodawasser; **3.** karbonisieren, verkohlen.
car·bon| brush *s.* ⚡ Kohlebürste *f*; ~ **cop·y** *s.* **1.** 'Durchschlag *m*, -schrift *f*, Ko'pie *f*; **2.** *fig.* Abklatsch *m*, Dupli'kat *n*; ~ **dat·ing** *s.* Radiokar'bonmeˌthode *f*, 'C-'14-Meˌthode *f* (*zur Altersbestimmung*); ~ **di·ox·ide** *s.* ⚗ Kohlen'dioˌxyd *n*; ~ **fil·a·ment** *s.* ⚡ Kohlefaden *m.*
car·bon·ic [kɑː'bɒnɪk] *adj.* ⚗ kohlenstoffhaltig; Kohlen…; ~ **ac·id** *s.* ⚗ Kohlensäure *f*; **~-'ac·id gas** *s.* ⚗ Kohlen'dioˌxyd *n*, Kohlensäuregas *n*; ~ **ox·ide** *s.* ⚗ Kohlen('mon)oˌxyd *n.*
car·bon·if·er·ous [ˌkɑːbə'nɪfərəs] *adj.* kohlehaltig, kohleführend: **2 *Period*** *geol.* Karbon *n*, Steinkohlenzeit *f*; **car·bon·i·za·tion** [ˌkɑːbənaɪ'zeɪʃn] *s.* **1.** Verkohlung *f*; **2.** Verkokung *f*: ~ ***plant*** Kokerei *f*; '**car·bon·ize** [-naɪz] *v/t.* **1.** verkohlen; **2.** verkoken.
car·bon| mi·cro·phone *s.* 'Kohlemikroˌphon *n*; ~ **pa·per** *s.* 'Kohlepaˌpier *n* (*a. phot.*); ~ **print** *s. typ.* Kohle-, Pig'mentdruck *m*; ~ **steel** *s.* Kohlenstoff-, Flußstahl *m.*
car·bo·run·dum [ˌkɑːbə'rʌndəm] *s.* ⚙ Karbo'rundum *n* (*Schleifmittel*).
car·boy ['kɑːbɔɪ] *s.* Korbflasche *f*, ('Glas)Balˌlon *m* (*bsd. für Säuren*).
car·bun·cle ['kɑːbʌŋkl] *s.* **1.** ⚕ Kar'bunkel *m*; **2.** Kar'funkel *m*, geschliffener Gra'nat.
car·bu·ret ['kɑːbjʊret] *v/t.* ⚙ karburieren; *mot.* vergasen; '**car·bu·ret·(t)ed** [-tɪd] *adj.* karburiert; '**car·bu·ret·ter**, **-ret·tor** [-tə], *Am. mst* **-ret·or** [-reɪtə] *s.* ⚙, *mot.* Vergaser *m.*
car·bu·rize ['kɑːbjʊraɪz] *v/t.* **1.** ⚗ a) mit Kohlenstoff verbinden, b) karburieren; **2.** ⚙ einsatzhärten.
car·cass, **car·case** ['kɑːkəs] *s.* **1.** Ka'daver *m*, (Tier-, Menschen)Leiche *f*; *humor.* ‚Leichnam' *m* (*Körper*); **2.** Rumpf *m* (*e-s geschlachteten Tieres*): ~ ***meat*** frisches Fleisch (*Ggs. konserviertes*); **3.** Gerippe *n*, Ske'lett *n*, ⚠ *a.* Rohbau *m*; **4.** ⚙ Kar'kasse *f e-s Gummireifens*; **5.** *fig.* Ru'ine *f.*
car·cin·o·gen [kɑː'sɪnədʒən] *s.* Karzino'gen *n*, Krebserreger *m*; **car·cin·o·gen·ic** [ˌkɑːsɪnə'dʒenɪk] *adj.* karzino'gen, krebserzeugend; **car·ci·nol·o·gy** [ˌkɑːsɪ'nɒlədʒɪ] *s.* ⚕, *a. zo.* Karzinolo'gie *f*; **car·ci·no·ma** [ˌkɑːsɪ'nəʊmə] *pl.* **-ma·ta** [-mətə] *od.* **-mas** *s.* ⚕ Karzi'nom *n*, Krebsgeschwür *n.*
card[1] [kɑːd] *s.* **1.** (*Spiel*)Karte *f*: ***play*** (***at***) **~*s*** Karten spielen; ***game of ~s*** Kartenspiel *n*; ***a pack of ~s*** ein Spiel Karten; ***house of ~s*** *fig.* Kartenhaus *n*; ***a safe ~*** *fig.* eine sichere Sache, et., auf das (*a.* j-d, auf den) man sich verlassen kann; ***play one's ~s well*** *fig.* geschickt vorgehen; ***put one's ~s on the table*** *fig.* s-e Karten auf den Tisch legen; ***show one's ~s*** *fig.* s-e Karten aufdekken; ***on the ~s*** *fig.* (durchaus) möglich, ‚drin'; **2.** (*Post-*, *Glückwunsch etc.*, *Geschäfts-*, *Visiten-*, *Eintritts-*, *Einladungs*)Karte *f*; **3.** Mitgliedskarte *f*: **~-*carrying member*** eingeschriebenes Mitglied; **4.** *pl.* ('Arbeits)Paˌpiere *pl.*: ***get one's ~s*** F entlassen werden; **5.** ⚙ (Loch)Karte *f*; **6.** *sport* Pro'gramm *n*; **7.** Windrose *f* (*Kompaß*); **8.** F ‚Type' *f*, Witzbold *m.*
card[2] [kɑːd] ⚙ **I** *s.* Wollkratze *f*, Krempel *f*; **II** *v/t. Wolle* krempeln, kämmen: **~*ed yarn*** Streichgarn *n.*
car·dan| joint ['kɑːdən] *s.* ⚙ Kar'dangelenk *n*; ~ **shaft** *s.* ⚙ Kar'dan-, Gelenkwelle *f.*
'**card|-ˌbas·ket** *s.* Vi'sitenkartenschale *f*; '**~·board I** *s.* **1.** Kar'ton(paˌpier *n*) *m*, Pappe *f*; **II** *adj.* **2.** Karton…, Papp…: ~ ***box*** Pappschachtel *f*, Karton *m*; **3.** *fig. contp.* ‚nachgemacht', Pappmaché-…; ~ **cat·a·logue** → ***card index***.
card·er ['kɑːdə] *s.* ⚙ **1.** Krempler *m*, Wollkämmer *m*; **2.** 'Krempelmaˌschine *f.*
car·di·ac ['kɑːdɪæk] ⚕ **I** *adj.* **1.** Herz…: ~ ***arrest*** Herzstillstand *m*; **II** *s.* **2.** Herzmittel *n*; **3.** 'Herzpatiˌent *m.*
car·di·gan ['kɑːdɪgən] *s.* Strickjacke *f.*

car·di·nal ['kɑːdɪnl] **I** *adj.* **1.** grundsätzlich, grundlegend, hauptsächlich, Haupt…, Kardinal…: **~ *points*** *die* vier (Haupt)Himmelsrichtungen; **~ *principles*** Grundprinzipien; **~ *number*** Kardinalzahl *f*; **2.** *eccl.* Kardinals…; **3.** scharlachrot, hochrot: **~*-flower*** ⚘ hochrote Lobelie; **II** *s.* **4.** *eccl.* Kardi'nal *m*; **5.** *orn. a.* **~*-bird*** Kardi'nal *m*; **'car·di·nal·ship** [-ʃɪp] *s.* Kardi'nalswürde *f*.

card in·dex *s.* Karto'thek *f*, Kar'tei *f*; **'card-ˌin·dex** *v/t.* **1.** e-e Kartei anlegen von, verzetteln; **2.** in e-e Kartei eintragen.

card·ing ['kɑːdɪŋ] *s.* ⚙ Krempeln *n*, Kratzen *n* (*Wolle*): **~ *machine*** Krempel-, Kratzmaschine *f*.

cardio- [kɑːdɪəʊ] *in Zssgn* Herz…

car·di·o·gram ['kɑːdɪəʊgræm] *s.* ⚕ Kardio'gramm *n*; **car·di·ol·o·gy** [ˌkɑːdɪ'ɒlədʒɪ] *s.* Kardiolo'gie *f*, Herz(heil)kunde *f*.

card| room *s.* (Karten)Spielzimmer *n*; **'~·sharp**, **'~ˌsharp·er** *s.* Falschspieler *m*; **~ ta·ble** *s.* Spieltisch *m*; **~ trick** *s.* Kartenkunststück *n*; **~ vote** *s. Brit.* (*mst gewerkschaftliche*) Abstimmung durch Wahlmänner.

care [keə] **I** *s.* **1.** Sorge *f*, Kummer *m*: ***be free from ~(s)*** keine Sorgen haben; ***without a ~ in the world*** völlig sorgenfrei; **2.** Sorgfalt *f*, Aufmerksamkeit *f*, Vorsicht *f*: ***ordinary ~*** ⚖ verkehrsübliche Sorgfalt; ***with due ~*** mit der erforderlichen Sorgfalt; ***have a ~!*** *Brit.* F a) paß doch auf!, b) ich bitte dich!; ***take ~*** a) vorsichtig sein, aufpassen, b) sich Mühe geben, c) darauf achten *od.* nicht vergessen (***to do*** zu tun; ***that*** daß); ***take ~ not to do s.th.*** sich hüten, et. zu tun; et. ja nicht tun; ***take ~ not to drop it!*** laß es ja nicht fallen; ***take ~!*** F mach's gut!; **3.** a) Obhut *f*, Schutz *m*, Fürsorge *f*, Betreuung *f*, (*Kinder- etc., a. Körper- etc.*)Pflege *f*, b) Aufsicht *f*, Leitung *f*: ***~ and custody*** (*od.* ***control***) ⚖ Sorgerecht *n* (***of*** für *j-n*); ***take ~ of*** a) → 6, b) aufpassen auf (*acc.*), c) *et.* erledigen *od.* besorgen; ***take ~ of yourself!*** paß auf dich auf!, mach's gut!; ***that takes ~ of that!*** F das wäre (damit) erledigt!; **4.** Pflicht *f*: ***his special ~s***; **II** *v/i.* **5.** sich sorgen (***about*** über *acc.*, um); **6.** **~ *for*** sorgen für, sich kümmern um, betreuen, pflegen: (***well***) **~*d-for*** (gut)gepflegt; **7.** (***for***) (*j-n*) gern haben *od.* mögen: ***he doesn't ~ for her*** er macht sich nichts aus ihr, er mag sie nicht; ***he does ~ (for her)*** er mag sie wirklich; **8.** sich etwas daraus machen: ***I don't ~ for whisky*** ich mache mir nichts aus Whisky; ***he ~s a great deal*** es ist ihm sehr daran gelegen, es macht ihm schon etwas aus; ***she doesn't really ~*** in Wirklichkeit liegt ihr nicht viel daran: ***I don't ~ a damn*** (*od.* ***fig***, ***pin***, ***straw***), ***I couldn't ~ less*** es ist mir völlig gleich(gültig) *od.* egal *od.* ‚schnuppe'; ***who ~s?*** na, und?, (und) wenn schon?; ***for all I ~*** meinetwegen, von mir aus; ***for all you ~*** wenn es nach dir ginge; ***I don't ~ to do it now*** ich habe keine Lust, es jetzt zu tun; ***I don't ~ to be seen with you*** ich lege keinen Wert darauf, mit dir gesehen zu werden; ***would you ~ for a drink?*** möchtest du et. zu trinken?; ***we don't ~ if you stay here*** wir haben nichts dagegen *od.* es macht uns nichts aus, wenn du hierbleibst; ***I don't ~ if I do!*** F von mir aus!

ca·reen [kə'riːn] **I** *v/t.* **1.** ⚓ *Schiff* kielholen; **II** *v/i.* **2.** ⚓ krängen, sich auf die Seite legen; **3.** *fig.* (hin u. her) schwanken, torkeln.

ca·reer [kə'rɪə] **I** *s.* **1.** Karri'ere *f*, Laufbahn *f*, Werdegang *m*: ***enter upon a ~*** e-e Laufbahn einschlagen; **2.** (*erfolgreiche*) Karri'ere: ***make a ~ for o.s.*** Karriere machen; **3.** (Lebens)Beruf *m*: **~ *diplomat*** Berufsdiplomat *m*; **~ *girl*** *od.* ***woman*** Karrierefrau *f*; **~*s guidance*** *Brit.* Berufsberatung *f*; **~*s officer*** *Brit.* Berufsberater *m*; **4.** gestreckter Ga'lopp, Karri'ere *f*: ***in full ~*** in vollem Galopp (*a. weitS.*); **II** *v/i.* **5.** galoppieren; **6.** rennen, rasen, jagen; **ca·reer·ist** [kə'rɪərɪst] *s.* Karri'eremacher *m*.

'care·free *adj.* sorgenfrei.

care·ful ['keəfʊl] *adj.* □ **1.** vorsichtig, achtsam: ***be ~!*** nimm dich in acht!; ***be ~ to*** *inf.* darauf achten zu *inf.*, nicht vergessen zu *inf.*; ***be ~ not to*** *inf.* sich hüten zu *inf.*; aufpassen, daß nicht; ***be ~ of your clothes!*** gib acht auf deine Kleidung!; **2.** bedacht, achtsam (***of***, ***for***, ***about*** auf *acc.*), 'umsichtig; **3.** sorgfältig, genau, gründlich: ***a ~ study***; **4.** *Brit.* sparsam; **'care·ful·ness** [-nɪs] *s.* Vorsicht *f*, Sorgfalt *f*; Gründlichkeit *f*; 'Umsicht *f*.

care·less ['keəlɪs] *adj.* □ **1.** nachlässig, unvorsichtig, unachtsam; leichtsinnig; **2.** (***of***, ***about***) unbekümmert (um), unbesorgt (um), gleichgültig (gegen'über): **~ *of danger***; **3.** unbedacht, unbesonnen: ***a ~ remark***; ***a ~ mistake*** ein Flüchtigkeitsfehler; **4.** sorgenfrei, fröhlich: **~ *youth***; **'care·less·ness** [-nɪs] *s.*

Nachlässigkeit *f*; Unbedachtheit *f*; Sorglosigkeit *f*, Unachtsamkeit *f*.

ca·ress [kəˈres] **I** *s*. Liebkosung *f*; *pl. a.* Zärtlichkeiten *pl.*; **II** *v/t.* liebkosen; streicheln; *fig. der Haut etc.* schmeicheln; **caˈress·ing** [-sɪŋ] *adj.* □ zärtlich; schmeichelnd.

car·et [ˈkærət] *s*. Einschaltungszeichen *n* (*für Auslassung im Text*).

ˈcare|-ˌtak·er *s*. **1.** a) Hausmeister *m*, b) (Haus- *etc.*)Verwalter *m*; **2.** *~ government* geschäftsführende Regierung, ˈÜbergangskabiˌnett *n*; **ˈ~-worn** *adj*. vergrämt, abgehärmt.

Ca·rey Street [ˈkeərɪ] *s*.: *in ~ Brit*. F ‚pleite', bankrott.

ˈcar·fare *s*. *Am.* Fahrgeld *n*, -preis *m*.

car·go [ˈkɑːgəʊ] *pl.* **-goes**, *Am. a.* **-gos** *s*. ⚓, ✈ Ladung *f*, Fracht(gut *n*) *f*; **~ boat** *s*. ⚓ Frachtschiff *n*; **ˈ~-ˌcar·ry·ing** *adj*. Fracht..., Transport...: *~ glider* Lastensegler *m*; **~ hold** *s*. Laderaum *m*; **~ par·a·chute** *s*. Lastenfallschirm *m*; **~ plane** *s*. ✈ Transˈportflugzeug *n*.

ˈcar·hop *s*. *Am.* Kellner(in) in e-m Drive-ˈin-Restauˌrant.

Car·ib·be·an [ˌkærɪˈbiːən] **I** *adj*. kaˈribisch; **II** *s*. *geogr.* Kaˈribisches Meer.

car·i·bou, **car·i·boo** [ˈkærɪbuː] *s*. *zo*. ˈKaribu *m*.

car·i·ca·ture [ˈkærɪkəˌtjʊə] **I** *s*. Karikaˈtur *f* (*a. fig.*); **II** *v/t.* karikieren; **ˈcar·i·caˌtur·ist** [-ʊərɪst] *s*. Karikatuˈrist *m*.

car·i·es [ˈkeəriːz] *s*. ⚕ ˈKaries *f*: a) Knochenfraß *m*, b) Zahnfäule *f*.

car·il·lon [ˈkærɪljən] *s*. (Turm)Glockenspiel *n*, ˈGlockenspielmuˌsik *f*.

car·ing [ˈkeərɪŋ] *adj*. liebevoll, mitfühlend; soziˈal (engagiert).

Ca·rin·thi·an [kəˈrɪnθɪən] **I** *adj*. kärntnerisch; **II** *s*. Kärntner(in).

car·i·ous [ˈkeərɪəs] *adj*. ⚕ kariˈös, angefressen, faul.

car| jack *s*. ⚙ Wagenheber *m*; **ˈ~·load** *s*. **1.** Wagenladung *f*; **2.** *Am.* a) Güterwagenladung *f*, b) Mindestladung *f* (*für Frachtermäßigung*); **3.** *Am. fig.* ‚Haufen' *m*, Menge *f*; **ˈ~·man** [-mən] *s*. [*irr.*] **1.** Fuhrmann *m*; **2.** (Kraft)Fahrer *m*; **3.** Spediˈteur *m*.

car·mine [ˈkɑːmaɪn] **I** *s*. Karˈminrot *n*; **II** *adj*. karˈminrot.

car·nage [ˈkɑːnɪdʒ] *s*. Blutbad *n*, Gemetzel *n*.

car·nal [ˈkɑːnl] *adj*. □ fleischlich, sinnlich; geschlechtlich: *~ knowledge* ⚖ Geschlechtsverkehr (*of* mit); **car·nal·i·ty** [kɑːˈnælətɪ] *s*. Fleischeslust *f*, Sinnlichkeit *f*.

car·na·tion [kɑːˈneɪʃn] *s*. **1.** ⚘ (Garten-)Nelke *f*; **2.** Blaßrot *n*.

car·net [ˈkɑːneɪ] *s*. *mot.* Carˈnet *n*, ˈZollpasˌsierschein *m*.

car·ni·val [ˈkɑːnɪvl] *s*. **1.** ˈKarneval *m*, Fasching *m*; **2.** Volksfest *n*; **3.** ausgelassenes Feiern; **4.** *Am.* (Sport- *etc.*)Veranstaltung *f*.

car·niv·o·ra [kɑːˈnɪvərə] *s*. *pl. zo*. Fleischfresser *pl.*; **car·ni·vore** [ˈkɑːnɪvɔː] *s*. *zo*. Fleischfresser *m*, *bsd.* Raubtier *n*; **carˈniv·o·rous** [-rəs] *adj*. *zo*. fleischfressend.

car·ob [ˈkærəb] *s*. ⚘ Joˈhannisbrot(baum *m*) *n*.

car·ol [ˈkærəl] **I** *s*. **1.** Freuden-, *bsd.* Weihnachtslied *n*; **II** *v/i*. **2.** Weihnachtslieder singen; **3.** jubilieren.

Car·o·lin·gi·an [ˌkærəʊˈlɪndʒɪən] *hist*. **I** *adj*. ˈkarolingisch; **II** *s*. ˈKarolinger *m*.

car·om [ˈkærəm] *bsd. Am.* **I** *s*. **1.** *Billard*: Karamboˈlage *f*; **II** *v/i*. **2.** karambolieren; **3.** abprallen.

ca·rot·id [kəˈrɒtɪd] *s*. *u. adj. anat.* (die) Halsschlagader (betreffend).

ca·rous·al [kəˈraʊzl] *s*. Trinkgelage *n*, Zecheˈrei *f*; **ca·rouse** [kəˈraʊz] **I** *v/i*. (lärmend) zechen; **II** *s*. → ***carousal***.

carp[1] [kɑːp] *v/i*. (*at*) nörgeln (an *dat.*), kritteln (über *acc.*).

carp[2] [kɑːp] *s*. *ichth.* Karpfen *m*.

car·pal [ˈkɑːpl] *anat.* **I** *adj*. Handwurzel...; **II** *s*. Handwurzelknochen *m*.

car park *s*. Parkplatz *m*, -haus *n*: *underground ~* Tiefgarage *f*.

car·pel [ˈkɑːpel] *s*. ⚘ Fruchtblatt *n*.

car·pen·ter [ˈkɑːpəntə] **I** *s*. Zimmermann *m*; **II** *v/t. u. v/i.* zimmern; **~ ant** *s*. *zo*. Holzameise *f*; **~ bee** *s*. *zo*. Holzbiene *f*.

car·pen·ter's| bench [ˈkɑːpəntəz] *s*. Hobelbank *f*; **~ lev·el** *s*. ⚙ Setzwaage *f*.

car·pen·try [ˈkɑːpəntrɪ] *s*. Zimmerhandwerk *n*; Zimmerarbeit *f*.

car·pet [ˈkɑːpɪt] **I** *s*. **1.** Teppich *m* (*a. fig.*), (*Treppen- etc.*)Läufer *m*: ***be on the ~*** *fig.* a) zur Debatte stehen, auf dem Tapet sein, b) F ‚zs.-gestaucht' werden; ***sweep under the ~*** *a. fig.* unter den Teppich kehren; → ***red carpet***; **II** *v/t.* **2.** mit (*od.* wie mit) e-m Teppich belegen; **3.** *Brit.* F ‚zs.-stauchen'; **~ bag** *s*. Reisetasche *f*; **ˈ~ˌbag·ger** *s*. *Am.* F **1.** (poˈlitischer) Abenteurer (*ursprünglich nach dem Bürgerkrieg*); **2.** *allg.* Schwindler *m*; **~ bomb·ing** *s*. ⚔ Bombenteppichwurf *m*; **~ dance** *s*. zwangloses Tänzchen; **ˈ~·knight** *s*. *Brit.* SaˈIonlöwe *m*; **~ sweep·er** *s*. ˈTeppichkehrmaˌschine *f*.

carp·ing [ˈkɑːpɪŋ] **I** *s*. Kritteˈlei *f*; **II** *adj*.

□ krittelig: *~ **criticism*** → I.

car| pool *s.* **1.** Fuhrpark *m*; **2.** Fahrgemeinschaft *f*; '**~·port** *s.* Einstellplatz *m* (*im Freien*).

car·pus ['kɑ:pəs] *pl.* **-pi** [-paɪ] *s. anat.* Handgelenk *n*, -wurzel *f*.

car·rel ['kærəl] *s.* Lesenische *f* (*in e-r Bibliothek*).

car·riage ['kærɪdʒ] *s.* **1.** Wagen *m*, Kutsche *f*: ***~ and pair*** Zweispänner *m*; **2.** *Brit.* Eisenbahnwagen *m*; **3.** Beförderung *f*, Trans'port *m*: ***~ by sea*** Seetransport; **4.** ☦ Trans'portkosten *pl.*, Fracht(gebühr) *f*; Fuhrlohn *m*, Rollgeld *n*: ***~ paid*** frachtfrei, franko; ***~ forward*** *Brit.* Fracht gegen Nachnahme; **5.** ⚔ La'fette *f*; **6.** ✈ Fahrgestell *n*; **7.** a) Karren *m*, Laufbrett *n* (*e-r Druckerpresse*), b) Wagen *m* (*e-r Schreibmaschine etc.*), c) Schlitten *m* (*e-r Werkzeugmaschine*); **8.** (Körper)Haltung *f*, Gang *m*: ***a graceful ~***; **9.** *pol.* 'Durchbringen *n*, Annahme *f* (*Gesetz etc.*); '**car·riage·a·ble** [-dʒəbl] *adj.* befahrbar.

car·riage| bod·y *s.* Wagenkasten *m*, Karosse'rie *f*; '**~·drive** *s.* Fahrweg *m*; '**~·road**, '**~·way** *s. Brit.* Fahrbahn *f*.

car·ri·er ['kærɪə] *s.* **1.** Über'bringer *m*, Bote *m*; **2.** Spedi'teur *m*, *a.* ***~s*** *pl.* Spediti'onsfirma *f*: ***common ~*** ☦ Frachtführer *m*, Transportunternehmer *m*, -unternehmen *n* (*a.* 🚂, ⚓ *etc.*); **3.** ⚕ ('Krankheits)Überˌträger *m*; Keimträger *m*; **4.** ⚗ (Über)'Träger *m*, Kataly'sator *m*; **5.** ⚡ Träger(strom *m*, -welle *f*) *m*; **6.** Träger *m*, Tragbehälter *m*, -netz *n*, -kiste *f*, -gestell *n*; Gepäckhalter *m am Fahrrad*; *mot.* Dachgepäckträger *m*; **7.** ⚙ a) Schlitten *m*, Trans'port *m*, b) Mitnehmer *m*; **8.** *abbr. für* ***aircraft carrier***; '**~·bag** *s.* Tragtasche *f*, -tüte *f*; **~ pi·geon** *s.* Brieftaube *f*; **~ rock·et** *s.* 'Trägerraˌkete *f*.

car·ri·on ['kærɪən] *s.* **1.** Aas *n*; **2.** verdorbenes Fleisch; **3.** *fig.* Unrat *m*, Schmutz *m*; **~ bee·tle** *s. zo.* Aaskäfer *m*.

car·rot ['kærət] *s.* **1.** ⚘ Ka'rotte *f*, Mohrrübe *f*: ***~ or stick*** *fig.* Zuckerbrot oder Peitsche; ***hold out a ~ to s.o.*** *fig.* j-n zu ködern versuchen; **2.** F a) *pl.* rotes Haar, b) Rotkopf *m*; '**car·rot·y** [-tɪ] *adj.* **1.** gelbrot; **2.** rothaarig.

car·rou·sel [ˌkærʊ'zel] *s. bsd. Am.* Karus'sell *n*.

car·ry ['kærɪ] **I** *s.* **1.** Trag-, Schußweite *f*; **2.** Flugstrecke *f* (*Golfball*); **3.** → ***portage*** 2; **II** *v/t.* **4.** tragen: ***~ a burden***; ***~ o.s.*** (*od.* ***one's body***) ***well*** e-e gute (Körper)Haltung haben; **5.** bei sich haben, (an sich) haben: ***~ money about one*** Geld bei sich haben; ***~ in one's head*** im Kopf haben *od.* behalten; ***~ authority*** großen Einfluß ausüben; ***~ conviction*** überzeugen(d sein *od.* klingen); ***~ a moral*** e-e Moral (zum Inhalt) haben; **6.** befördern, bringen; mit sich bringen *od.* führen; (ein)bringen: ***railways ~ goods*** die Eisenbahnen befördern Waren; ***~ a message*** e-e Nachricht überbringen; ***~ interest*** Zinsen tragen *od.* bringen; ***~ insurance*** versichert sein; ***~ consequences*** Folgen haben; **7.** (hin'durch-, he'rum)führen; fortsetzen, ausdehnen: ***~ a wall around the park*** e-e Mauer um den Park ziehen; ***~ to excess*** übertreiben; ***you ~ things too far*** du treibst die Dinge zu weit; **8.** erlangen, gewinnen; erobern (*a.* ⚔): ***~ all before one*** auf der ganzen Linie siegen, vollen Erfolg haben; ***~ the audience with one*** die Zuhörer mitreißen; ***~ an election*** e-e Wahl gewinnen; ***~ a district*** *Am.* e-n Wahlkreis *od.* -bezirk erobern, den Wahlsieg in e-m Bezirk davontragen; **9.** 'durchbringen, -setzen: ***~ a motion*** e-n Antrag durchbringen; ***carried unanimously*** einstimmig angenommen; ***~ one's point*** s-e Ansicht durchsetzen, sein Ziel erreichen; **10.** *Waren* führen; *Zeitungsmeldung* bringen; **11.** *Rechnen*: über'tragen, ‚sich merken': ***~ two*** gemerkt zwei; ***~ to a new account*** ☦ auf neue Rechnung vortragen; **III** *v/i.* **12.** *weit* tragen, reichen (*Stimme*, *Schall*; *Schußwaffen*);

Zssgn mit adv.:

car·ry| a·way *v/t.* **1.** wegtragen; fortreißen (*a. fig.*); **2.** *fig.* hinreißen: a) begeistern, b) verleiten: ***get carried away*** a) in Verzückung geraten, b) die Selbstkontrolle verlieren, sich hinreißen lassen (***into doing*** *et.* zu tun); **~ for·ward** *v/t.* **1.** fortsetzen, vor'anbringen; **2.** ☦ *Summe od. Saldo* vortragen: ***amount carried forward*** a) Vor-, Übertrag *m*, b) *Rechnen*: Transport *m*; **~ off** *v/t.* forttragen, -schaffen; ab-, entführen, verschleppen; *j-n* hinwegraffen (*Krankheit*); *Preis etc.* gewinnen, erringen; **~ on I** *v/t.* **1.** *fig.* fortführen, -setzen; *Plan* verfolgen; *Geschäft* betreiben; *Gespräch* führen; **II** *v/i.* **2.** fortfahren; weitermachen; **3.** fortbestehen; **4.** F a) ein ‚The'ater' *od.* e-e Szene machen, sich schlecht aufführen, es wild *od.* wüst treiben, b) ‚es (*ein Verhältnis*) haben' (***with*** mit); **~ out** *v/t.* aus-,

ˈdurchführen, erfüllen; **~ o·ver** *v/t.* ✝ **1.** → ***carry forward*** 2; **2.** *Waren* übrigbehalten; **3.** *Börse*: prolongieren; **~ through** *v/t.* ˈdurchführen; *j-m* ˈdurchhelfen, *j-n* ˈdurchbringen.

ˈcar·ry|·all *s. Am.* **1.** Perˈsonenˌauto *n* mit Längssitzen; **2.** große (Einkaufs-, Reise)Tasche; **ˈ~·cot** *s.* (Baby)Tragetasche *f*; **ˈ~ˌfor·ward** *s.* ✝ *Brit.* (ˈSaldo-)Vortrag *m*, ˈÜbertrag *m*.

car·ry·ing [ˈkærɪɪŋ] *s.* Beförderung *f*; Transˈport *m*; **~ a·gent** *s.* Spediˈteur *m*; **~ ca·pac·i·ty** *s.* Lade-, Tragfähigkeit *f*; **ˌ~-ˈon** *pl.* **ˌ~s-ˈon** *s.* F **1.** ‚Theˈater' *n*: a) Getue *n*, b) Afˈfäre *f*; **2.** schlechtes Benehmen; **~ trade** *s.* Speditiˈonsgewerbe *n*.

ˌcar·ryˈo·ver *s.* ✝ **1.** → ***carry-forward***; **2.** *Brit. Börse*: Prolongatiˈon *f*: **~ *rate*** Reportsatz *m*.

ˈcar|·sick *adj.* eisenbahn- *od.* autokrank; **ˈ~-ˌsick·ness** *s.* Autokrankheit *f*, Übelkeit *f* beim Autofahren.

cart [kɑːt] **I** *s.* (Fracht)Karren *m*, Lieferwagen *m*; Handwagen *m*: ***put the ~ before the horse*** *fig.* das Pferd beim Schwanz aufzäumen; ***in the ~*** *Brit.* F in der Klemme; **II** *v/t.* karren, fördern, fahren: **~ *about*** umherschleppen; **ˈcart·age** [-tɪdʒ] *s.* Fuhrlohn *m*, Rollgeld *n*.

carte blanche [ˌkɑːtˈblɑ̃ːnʃ] *s.* **1.** ✝ Blanˈkett *n*; **2.** *fig.* unbeschränkte Vollmacht: ***have ~*** (völlig) freie Hand haben.

car·tel [kɑːˈtel] *s.* **1.** ✝, *a. pol.* Karˈtell *n*; **2.** ⚔ Abkommen *n* über den Austausch von Kriegsgefangenen; **car·tel·i·za·tion** [ˌkɑːtəlaɪˈzeɪʃn] *s.* ✝ Kartellierung *f*; **car·tel·ize** [ˈkɑːtəlaɪz] *v/t. u. v/i.* ✝ kartellieren.

cart·er [ˈkɑːtə] *s.* (ˈRoll)Fuhrunterˌnehmer *m*.

Car·te·sian [kɑːˈtiːzjən] **I** *adj.* kartesiˈanisch; **II** *s.* Kartesiˈaner *m*, Anhänger *m* der Lehre Desˈcartes'.

ˈcart-horse *s.* Zugpferd *n*.

Car·thu·sian [kɑːˈθjuːzjən] *s.* **1.** Karˈtäuser(mönch) *m*; **2.** Schüler *m* der Charterhouse-Schule (*in England*).

car·ti·lage [ˈkɑːtɪlɪdʒ] *s. anat.*, *zo.* Knorpel *m*; **car·ti·lag·i·nous** [ˌkɑːtɪˈlædʒɪnəs] *adj.* knorpelig.

ˈcart·load *s.* Wagenladung *f*, Fuhre *f*; *fig.* Haufen *m*.

car·tog·ra·pher [kɑːˈtɒgrəfə] *s.* Kartoˈgraph *m*, Kartenzeichner *m*; **carˈtog·ra·phy** [-fɪ] *s.* Kartograˈphie *f*.

car·ton [ˈkɑːtən] *s.* **1.** (Papp)Schachtel *f*, Karˈton *m*: ***a ~ of cigarettes*** e-e Stange Zigaretten; **2.** das ‚Schwarze' (*der Zielscheibe*).

car·toon [kɑːˈtuːn] *s.* **1.** Karikaˈtur *f*: **~ (*film*)** Zeichentrickfilm *m*; **2.** *mst pl.* Cartoon(s *pl.*) *m*, Comics-Serie *f*, Bilder(fortsetzungs)geschichte *f*; **3.** *paint.* Karˈton *m*, Entwurf *m* (*in natürlicher Größe*); **carˈtoon·ist** [-nɪst] *s.* Karikaˈtuˈrist *m*.

car·touch(e) [kɑːˈtuːʃ] *s.* ⚠ Karˈtusche *f* (*Ornament*).

car·tridge [ˈkɑːtrɪdʒ] *s.* **1.** ⚔ a) Paˈtrone *f*, b) *Artillerie*: Karˈtusche *f*: ***blank ~*** Platzpatrone *f*; **2.** *phot.* (ˈFilm)Paˌtrone *f* (*Kleinbildkamera*), (-)Kasˌsette *f* (*Film- od. Kassettenkamera*); **3.** Tonabnehmer *m*; **4.** (ˈFüllhalter)Paˌtrone *f*; **~ belt** *s.* ⚔ Paˈtronengurt *m*; **~ case** *s.* Paˈtronenhülse *f*; **~ clip** *s.* Ladestreifen *m*; **~ pa·per** *s.* ˈZeichenpaˌpier *n*; **~ pen** *s.* Paˈtronenfüllhalter *m*.

ˈcart|·wheel *s.* **I** *s.* **1.** Wagenrad *n*; **2.** ***turn a ~*** *sport* radschlagen; **II** *v/i.* **3.** radschlagen; **4.** sich mehrmals (seitlich) überˈschlagen; **ˈ~·wright** *s.* Stellmacher *m*, Wagenbauer *m*.

carve [kɑːv] **I** *v/t.* **1.** (*in*) *Holz* schnitzen, (*in*) *Stein* meißeln: **~ *out of stone*** aus Stein meißeln *od.* hauen; **~ *one's name on a tree*** s-n Namen in e-n Baum einritzen *od.* -schneiden; **2.** mit Schnitzeˈreien *etc.* verzieren: **~ *the leg of a table***; **3.** *Fleisch* vorschneiden, zerlegen, tranchieren; **4.** *fig. oft* **~ *out*** gestalten: **~ *out a fortune*** ein Vermögen machen; **~ *out a career for o.s.*** sich e-e Karriere aufbauen; **5.** **~ *up*** aufteilen, zerstückeln; **6.** **~ *up*** F *j-n* mit dem Messer übel zurichten; **II** *v/i.* **7.** schnitzen, meißeln; **8.** (Fleisch) vorschneiden.

car·vel [ˈkɑːvl] → ***caravel***; **ˈ~-built** *adj.* ⚓ kraˈweelgebaut.

carv·er [ˈkɑːvə] *s.* **1.** (Holz)Schnitzer *m*, Bildhauer *m*; **2.** Tranchierer *m*; **3.** a) Tranchiermesser *n*, b) *pl.* Tranchierbesteck *n*; **ˈcarv·er·y** [-ərɪ] *s.* *Lokal, in dem man für e-n Einheitspreis soviel Fleisch essen kann, wie man will.*

carv·ing [ˈkɑːvɪŋ] *s.* Schnitzeˈrei *f*, Schnitzwerk *n*; **~ knife** → ***carver*** 3 a.

ˈcar·wash *s.* **1.** Autowäsche *f*; **2.** (Auto)Waschanlage *f*.

car·y·at·id [ˌkærɪˈætɪd] *s.* ⚠ Karyaˈtide *f*.

cas·cade [kæˈskeɪd] **I** *s.* **1.** Kasˈkade *f*, Wasserfall *m*; **2.** *fig.* Kasˈkade *f*, *z.B.* Feuerregen *m* (*Feuerwerk*), Faltenbesatz *m*, Faltenwurf *m* (*Kleidung*), *chem. Tandemanordnung von Gefäßen od. Geräten*; **3.** ⚡ *a.* **~ *connection***

Kas'kade(nschaltung) *f*; **II** *adj.* **4.** ϟ Kaskaden…(*-motor, -verstärker etc.*); **III** *v/i.* **5.** kas'kadenartig her'abstürzen; wellig fallen.

case¹ [keɪs] **I** *s.* **1.** Fall *m*, 'Umstand *m*, Vorfall *m*, Sache *f*, Frage *f*: ***a ~ in point*** ein typischer Fall, ein treffendes Beispiel; ***a ~ of fraud*** ein Fall von Betrug; ***a ~ of conscience*** e-e Gewissensfrage; ***a hard ~*** a) ein schwieriger Fall, b) ein schwerer Gegner, c) F ein ‚schwerer Junge'; ***that alters the ~*** das ändert die Sache *od.* Lage; ***in ~*** im Falle, falls; ***in ~ of*** im Falle von (*od. gen.*); ***in ~ of need*** im Notfall; ***in any ~*** auf jeden Fall, jedenfalls; ***in that ~*** in dem Falle; ***if that is the ~*** wenn das der Fall ist, wenn das zutrifft; ***as the ~ may be*** je nachdem; ***it is a ~ of*** es handelt sich um; ***the ~ is this*** die Sache liegt so; ***state one's ~*** s-e Sache *od.* s-n Standpunkt vortragen *od.* vertreten (*a.* ⚖); → 3; ***come down to ~s*** zur Sache kommen; **2.** ⚖ (Rechts)Fall *m*, Pro'zeß *m*: ***leading ~*** Präzedenzfall; **3.** ⚖ Sachverhalt *m*; Begründung *f*, Be'weismateri͵al *n*; (*a.* begründeter) Standpunkt *e-r Partei*: ***~ for the Crown*** Anklage *f*; ***~ for the defence*** Verteidigung *f*; ***make out a*** (*od.* ***one's***) ***~ for*** (***against***) alle Rechtsgründe *od.* Argumente vorbringen für (gegen); ***he has a strong ~*** er hat schlüssige Beweise, s-e Sache steht günstig; ***he has no ~*** s-e Sache ist unbegründet; ***there is a ~ for s.th.*** et. ist begründet *od.* berechtigt, es gibt triftige Gründe für et.; **4.** *ling.* 'Kasus *m*, Fall *m*,; **5.** ⚕ (Krankheits)Fall *m*; Pati'ent(in): ***two ~s of typhoid*** zwei Typhusfälle *od.* Typhuskranke; ***a mental ~*** F ein Geisteskranker; **6.** *Am.* F komischer Kauz; **II** *v/t.* **7.** ***~ the joint*** *sl.* ‚den Laden ausbaldowern'.

case² [keɪs] **I** *s.* **1.** Kiste *f*, Kasten *m*; Koffer *m*; (*Schmuck*)Kästchen *n*; Schachtel *f*; Behälter *m*; **2.** (*Bücher-, Glas*)Schrank *m*; (*Uhr*)Gehäuse *n*; (*Patronen*)Hülse *f*, (*Samen*)Kapsel *f*; (*Zigaretten*)E'tui *n*; (*Brillen-, Messer*)Futte'ral *n*; (Schutz)Hülle *f* (*für Bücher, Messer etc.*); (*Akten*)Tasche *f*; (*Schreib*)Mappe *f*; (*Kissen*)Bezug *m*, 'Überzug *m*: ***pencil ~*** Federmäppchen *n*; **3.** ⚙ Verkleidung *f*, Einfassung *f*, Mantel *m*, Rahmen *m*; Scheide *f*: ***lower*** (***upper***) ***~*** *typ.* (Setzkasten *m* für) kleine (große) Buchstaben *pl.*; **II** *v/t.* **4.** in ein Gehäuse *od.* Futte'ral *etc.* stecken; **5.** ver-, um'kleiden, um'geben (***in, with*** mit); **6.** *Buchbinderei*: *Buch* einhängen.

'case|·book *s.* **1.** ⚖ kommentierte Entscheidungssammlung; **2.** ⚕ Pati'entenbuch *n*; **~ end·ing** *s. ling.* 'Kasusendung *f*; **'~-͵hard·ened** *adj.* **1.** *metall.* schalenhart, im Einsatz gehärtet; **2.** *fig.* abgehärtet, hartgesotten; **~ his·to·ry** *s.* **1.** Vorgeschichte *f* (*e-s Falles*); **2.** ⚕ Krankengeschichte *f*, Ana'mnese *f*; **3.** typisches Beispiel.

ca·se·in ['keɪsiːɪn] *s.* Kase'in *n*.

case law *s.* ⚖ ‚Fallrecht' *n* (*auf Präzedenzfällen beruhend*).

case·mate ['keɪsmeɪt] *s.* ⚔ Kase'matte *f*.

case·ment ['keɪsmənt] *s.* a) Fensterflügel *m*, b) *a.* ***~-window*** Flügelfenster *n*.

ca·se·ous ['keɪsɪəs] *adj.* käsig, käseartig.

case| shot *s.* ⚔ Schrap'nell *n*, Kar'tätsche *f*; **~ stud·y** *s.* (Einzel)Fallstudie *f*; **'~·work** *s. sociol.* Einzelfallhilfe *f*, sozi'ale Einzelarbeit; **'~͵work·er** *s.* Sozi'alarbeiter(in) (für Individu'albetreuung).

cash¹ [kæʃ] **I** *s.* **1.** (Bar)Geld *n*; **2.** ♱ Barzahlung *f*, Kasse *f*: ***~ down, for ~*** gegen Barzahlung, in bar; ***~ in advance*** gegen Vorauszahlung; → ***cash and carry***; ***~ at bank*** Bankguthaben *n*; ***~ in hand*** Bar-, Kassenbestand *m*; ***~ on delivery*** per Nachnahme, zahlbar bei Lieferung; ***~ with order*** zahlbar bei Bestellung; ***be in*** (***out of***) ***~*** bei (nicht bei) Kasse sein; ***he is rolling in ~*** er hat Geld wie Heu; **II** *v/t.* **3.** *Scheck etc.* einlösen, -kassieren; **~ in I** *v/t.* **1.** *Poker etc.*: *s-e Spielmarken* einlösen; **II** *v/i.* **2.** F ‚abkratzen', sterben; **3.** F **~** (***on***) ‚absahnen' (bei), profitieren (von).

cash² [kæʃ] *s. sg. u. pl.* Käsch *n* (*kleine Münze in Indien u. China*).

cash| ac·count *s.* ♱ Kassenkonto *n*; **~ and car·ry I** *s.* **1.** Selbstabholung *f* gegen Barzahlung; **2.** Cash-and-carry-Geschäft *n*; **II** *adv.* **3.** (nur) gegen Barzahlung u. Selbstabholung; **͵~-and-'car·ry** *adj.* Cash-and-carry-…; **~ bal·ance** *s.* Kassenbestand *m*; Barguthaben *n*; **~ book** *s.* Kassenbuch *n*; **~ cheque** *s. Brit.* Barscheck *m*; **~ crop** *s.* für den Verkauf bestimmte Anbaufrucht; **~ desk** *s.* Kasse *f im Warenhaus etc.*; **~ dis·count** *s.* 'Barzahlungsra͵batt *m*; **~ dis·pens·er** *s.* 'Geldauto͵mat *m*.

ca·shew [kæ'ʃuː] *s.* **1.** Aca'joubaum *m*; **2.** *a.* ***~ nut*** Aca'jou-, 'Cashewnuß *f*.

cash flow *s.* ♱ Cash-flow *m*, Kassenzufluß *m*.

cash·ier¹ [kæ'ʃɪə] *s.* Kassierer(in): ***~'s check*** *Am.* Bankscheck *m*; ***~'s desk***

od. ***office*** Kasse *f.*

cash·ier² [kəˈʃɪə] *v/t.* ⚔ (unehrenhaft) entlassen.

cash·less [ˈkæʃlɪs] *adj.* † bargeldlos.

cash·mere [kæʃˈmɪə] *s.* **1.** ˈKaschmir *m* (*feiner Wollstoff*); **2.** ˈKaschmirwolle *f.*

cash·o·mat [ˈkæʃəʊmæt] → ***cash dispenser.***

cash| pay·ment *s.* Barzahlung *f*; **~ price** *s.* Bar(zahlungs)preis *m*; **~ reg·is·ter** *s.* Registrierkasse *f*; **~ sale** *s.* Barverkauf *m*; **~ sur·ren·der val·ue** *s.* Rückkaufswert *m* (*e-r Police*); **~ vouch·er** *s.* Kassenbeleg *m.*

cas·ing [ˈkeɪsɪŋ] *s.* **1.** Be-, Umˈkleidung *f*, Umˈhüllung *f*; **2.** (Fenster)Futter *n*; (Tür)Verkleidung *f*; **3.** Gehäuse *n*, Futteˈral *n*; *mot.* Mantel *m e-s Reifens*; **4.** (Wurst)Darm *m*, (-)Haut *f.*

ca·si·no [kəˈsiːnəʊ] *pl.* **-nos** *s.* (ˈSpiel-, Unterˈhaltungs)Kaˌsino *n.*

cask [kɑːsk] *s.* Faß *n*; (hölzerne) Tonne: ***a ~ of wine*** ein Faß Wein.

cas·ket [ˈkɑːskɪt] *s.* **1.** (Schmuck)Kästchen *n*; **2.** (Bestattungs)Urne *f*; **3.** *Am.* Sarg *m.*

Cas·pi·an [ˈkæspɪən] *adj.* kaspisch: **~ *Sea*** Kaspisches Meer.

Cas·san·dra [kəˈsændrə] *s. fig.* Kasˈsandra *f* (*Unglücksprophetin*).

cas·sa·tion [kæˈseɪʃn] *s.* ⚖ Kassatiˈon *f*: ***Court of* ♀** Kassationshof *m.*

cas·se·role [ˈkæsərəʊl] *s.* Kasseˈrolle *f*, Schmortopf *m* (mit Griff).

cas·sette [kæˈset] *s.* (ˈFilm-, ˈTonband- *etc.*)Kasˌsette *f*; **~ re·cord·er** *s.* Kasˈsettenreˌcorder *m.*

cas·sock [ˈkæsək] *s. eccl.* Souˈtane *f.*

cast [kɑːst] **I** *s.* **1.** Wurf *m* (*a. mit Würfeln*); **2.** a) Auswerfen *n* (*Angel, Netz, Lot*), b) Angelhaken *m*; **3.** a) Auswurf *m* (*gewisser Tiere*), *bsd.* Gewölle *n* (*von Raubvögeln*), b) abgestoßene Haut (*Schlange, Insekt*); **4. ~ *in the eye*** Schielen *n*; **5.** Aufrechnung *f*, Additiˈon *f*; **6.** ⚙ Gußform *f*, Abguß *m*, -druck *m*; ⚕ Gipsverband *m*; *fig.* Zuschnitt *m*, Anordnung *f*; **7.** *thea.* (Rollen)Besetzung *f*; Mitwirkende *pl.*; Truppe *f*; **8.** Farbton *m*; *fig.* Anflug *m*; **9.** Typ *m*, Art *f*, Schlag *m*: **~ *of mind*** Geistesart *f*; **~ *of features*** Gesichtsausdruck *m*; **II** *v/t.* [*irr.*] **10.** werfen: ***the die is ~*** die Würfel sind gefallen; **~ *s.th. in s.o.'s teeth*** j-m et vorwerfen; **11.** *Angel, Netz, Anker, Lot* (aus)werfen; **12.** *zo.* a) *Haut, Geweih* abwerfen, b) *Junge* vorzeitig werfen; **13.** *fig. Blick, Licht, Schatten* werfen; *Horoskop* stellen: **~ *the blame*** die Schuld zuschieben (***on*** *dat.*); **~ *a slur*** (***on***) verunglimpfen (*acc.*); **~ *one's vote*** s-e Stimme abgeben; **~ *lots*** losen; **14.** *thea.* a) *Stück* besetzen: ***the play is well ~***, b) *Rollen* besetzen, verteilen: ***he was badly ~*** er war e-e Fehlbesetzung; **15.** *Metall, Statue etc.* gießen; *fig.* formen, bilden, anordnen; **16.** ⚖ *pass.* ***be ~ in costs*** zu den Kosten verurteilt werden; **17.** *a.* **~ *up*** aus-, zs.-rechnen: ***to ~ accounts*** Abrechnung machen; **III** *v/i.* [*irr.*] **18.** sich werfen, sich (ver)ziehen; **19.** die Angel auswerfen.

Zssgn mit adv.:

cast| a·bout, ~ a·round *v/i.* **1. ~ *for*** suchen nach, *fig. a.* sich ˈumsehen nach; **2.** ⚓ umˈherlavieren; **~ a·way** *v/t.* **1.** wegwerfen; **2.** verschwenden; **3. *be ~*** ⚓ verschlagen werden; **~ back** *v/t.*: **~ *one's mind*** (***to***) zuˈrückdenken (an *acc.*); **~ down** *v/t.* **1.** *fig.* entmutigen: ***be ~*** niedergeschlagen sein; **2.** *die Augen* niederschlagen; **~ in** *v/t.*: **~ *one's lot with s.o.*** sein Los mit j-m teilen, sich j-m anschließen; **~ off I** *v/t.* **1.** ab-, wegwerfen; *Kleider etc.* ablegen, ausrangieren; **2.** sich befreien von, sich entledigen (*gen.*); **3.** *Freund etc.* fallenlassen; **4.** *Stricken*: *Maschen* abketten; **5.** *typ.* den ˈUmfang (*gen.*) berechnen; **II** *v/i.* **6.** ⚓ ablegen, losmachen; **~ on** *v/t. u. v/i. Stricken*: *die ersten Maschen* aufnehmen; **~ out** *v/t.* vertreiben, ausstoßen; **~ up** *v/t.* **1.** *die Augen* aufschlagen; **2.** anspülen; **3.** → ***cast*** 17.

cas·ta·net [ˌkæstəˈnet] *s.* Kastaˈgnette *f.*

ˈcast·a·way I *s.* **1.** Ausgestoßene(r *m*) *f*; **2.** ⚓ Schiffbrüchige(r *m*) *f* (*a. fig.*); **3.** *et.* Ausrangiertes, *bsd.* abgelegtes Kleidungsstück; **II** *adj.* **4.** ausgestoßen; **5.** ausrangiert (*Möbel etc.*), abgelegt (*Kleider*); **6.** ⚓ schiffbrüchig.

caste [kɑːst] *s.* **1.** (*indische*) Kaste: **~ *feeling*** Kastengeist *m*; **2.** Kaste *f*, Gesellschaftsklasse *f*; **3.** Rang *m*, Stellung *f*, Ansehen *n*: ***lose ~*** an gesellschaftlichem Ansehen verlieren (***with*** bei).

cas·tel·lan [ˈkæstələn] *s.* Kastelˈlan *m*; **ˈcas·tel·lat·ed** [-leɪtɪd] *adj.* **1.** mit Türmen u. Zinnen; **2.** burgenreich.

cast·er [ˈkɑːstə] *s.* → ***castor³***.

cas·ti·gate [ˈkæstɪgeɪt] *v/t.* **1.** züchtigen; **2.** *fig.* geißeln; **3.** *fig. Text* verbessern; **cas·ti·ga·tion** [ˌkæstɪˈgeɪʃn] *s.* **1.** Züchtigung *f*; **2.** Geißelung *f*; scharfe Kriˈtik; **3.** Textverbesserung *f.*

cast·ing [ˈkɑːstɪŋ] *s.* **1.** ⚙ a) Guß *m*, Gießen *n*, b) Gußstück *n*; *pl.* Gußwaren *pl.*; **2.** ⚠ (roher) Bewurf; **3.** *thea.* Rollenverteilung *f*; **4.** *a.* **~-*up*** Additi'on *f*; **5.** Fischen *n* (*mit dem Netz*); **~ net** *s.* Wurfnetz *n*; **~ vote** *s.* entscheidende Stimme.

cast| i·ron *s.* Gußeisen *n*; **ˌ~-'i·ron** *adj.* **1.** gußeisern; **2.** *fig.* eisern (*Konstitution, Wille etc.*); hart (*Gesetze etc.*); hieb- u. stichfest (*Alibi*), 'unumˌstößlich, unbeugsam: **~ *constitution*** eiserne Gesundheit.

cas·tle ['kɑːsl] **I** *s.* **1.** Burg *f*, Schloß *n*: ***~s in the air*** (*od.* ***in Spain***) *fig.* Luftschlösser; **2.** *Schach*: Turm *m*; **II** *v/i.* **3.** *Schach*: rochieren; **~ nut** *s.* ⚙ Kronenmutter *f*.

cas·tling ['kɑːslɪŋ] *s.* *Schach*: Ro'chade *f*.

'cast|·off *s.* **1.** ausrangiertes Kleidungsstück; **2.** *typ.* 'Umfangsberechnung *f*; **ˌ~-'off** *adj.* **1.** abgelegt, ausrangiert: **~ *clothes***; **2.** *et.* Abgelegtes *od.* Weggeworfenes.

Cas·tor[1] ['kɑːstə] *s.* *ast.* 'Kastor *m*.

cas·tor[2] ['kɑːstə] *s.* *vet.* Spat *m*.

cas·tor[3] ['kɑːstə] *s.* **1.** (*Salz- etc.*)Streuer *m*; **2.** *pl.* Me'nage *f*, Gewürzständer *m*; **3.** (schwenkbare) Laufrolle.

cas·tor| oil *s.* ⚕ 'Rizinus-, 'Kastoröl *n*; **~ sug·ar** *s.* 'Kastorzucker *m*.

cas·trate [kæ'streɪt] *v/t.* **1.** ⚕, *vet.* kastrieren (*a. fig. iro.*); **2.** *Buch* zensieren; **cas'tra·tion** [-eɪʃn] *s.* Kastrierung *f*, Kastrati'on *f*.

cast steel *s.* Gußstahl *m*.

cas·u·al ['kæʒjʊəl] **I** *adj.* ☐ **1.** zufällig, unerwartet; **2.** gelegentlich, unregelmäßig: **~ *labo(u)r(er)*** Gelegenheitsarbeit(er *m*) *f*; **3.** unbestimmt, ungenau; **4.** lässig: a) nachlässig, gleichgültig, b) ungezwungen, zwanglos, *bsd. Mode*: sa'lopp, sportlich: **~ *wear*** Freizeitkleidung *f*; **5.** beiläufig: ***a ~ remark***; **~ *glance*** flüchtiger Blick; **II** *s.* **6.** a) sportliches Kleidungsstück, Straßenanzug *m*, b) *pl.* Slipper *pl.* (*flache Schuhe*); **7.** *Brit.* a) Gelegenheitsarbeiter *m*, b) gelegentlicher Kunde *od.* Besucher; **'cas·u·al·ism** [-lɪzəm] *s.* *philos.* Kasua'lismus *m*; **'cas·u·al·ness** [-nɪs] *s.* (Nach)Lässigkeit *f*, Gleichgültigkeit *f*.

cas·u·al·ty ['kæʒjʊəltɪ] *s.* **1.** Unfall *m* (*e-r Person*); **2.** a) Verunglückte(r *m*) *f*, (Unfall)Opfer *n*, b) ⚔ Verwundete(r) *m od.* Gefallene(r) *m*: ***casualties*** Opfer *pl. e-r Katastrophe etc.*, ⚔ *mst* Verluste *pl.*; **~ *list*** Verlustliste *f*; **3.** *a.* **~ *ward*** ⚕ 'Unfallstatiˌon *f*.

cas·u·ist ['kæzjʊɪst] *s.* Kasu'ist *m*; **cas·u·is·tic, cas·u·is·ti·cal** [ˌkæzjʊ'ɪstɪk(l)] *adj.* ☐ **1.** kasu'istisch; **2.** spitzfindig; **'cas·u·ist·ry** [-trɪ] *s.* **1.** Kasu'istik *f*; **2.** Spitzfindigkeit *f*.

cat [kæt] *s.* **1.** *zo.* Katze *f*: ***let the ~ out of the bag*** die Katze aus dem Sack lassen; ***it's raining ~s and dogs*** F es gießt wie mit Kübeln; ***has the ~ got your tongue?*** hat es dir die Sprache verschlagen?; ***wait for the ~ to jump*** *od.* ***see which way the ~ jumps*** *fig.* sehen, wie der Hase läuft; ***that ~ won't jump!*** F so geht's nicht!; ***set the ~ among the pigeons*** für helle Aufregung sorgen; ***think one is the cat's whiskers*** *od.* ***pyjamas*** sich für was Besonderes halten; ***not room to swing a ~*** *sl.* kaum Platz zum Umdrehen; ***they lead a ~-and-dog life*** sie leben wie Hund u. Katze; ***it's enough to make a ~ laugh*** F da lachen ja die Hühner; **2.** *zo. bsd. pl.* (Fa'milie *f* der) Katzen *pl.*; **3.** *fig.* falsche Katze (*Frau*): ***old ~*** alte Hexe; **4.** *Am. sl.* a) 'Jazzfaˌnatiker *m*, b) *a.* ***cool ~*** ‚dufter Typ'; **5.** ⚓ Kattanker *m*.

cat·a·clysm ['kætəklɪzəm] *s.* **1.** *geol.* Kata'klysmus *m*, erdgeschichtliche Kata'strophe; **2.** Über'schwemmung *f*; **3.** *fig.* (gewaltige) 'Umwälzung.

cat·a·comb ['kætəkuːm] *s.* Kata'kombe *f*.

cat·a·falque ['kætəfælk] *s.* **1.** Kata'falk *m*; **2.** offener Leichenwagen.

Cat·a·lan ['kætələn] **I** *adj.* kata'lanisch; **II** *s.* Kata'lane *m*, Kata'lanin *f*.

cat·a·lep·sis [ˌkætə'lepsɪs], **cat·a·lep·sy** ['kætəlepsɪ] *s.* ⚕ Starrkrampf *m*.

cat·a·logue, *Am. a.* **cat·a·log** ['kætəlɒg] **I** *s.* **1.** Kata'log *m*; **2.** Verzeichnis *n*, (Preis- *etc.*)Liste *f*; **3.** *Am. univ.* Vorlesungsverzeichnis *n*; **II** *v/t.* **4.** katalogisieren.

ca·tal·y·sis [kə'tælɪsɪs] *s.* ⚗ Kata'lyse *f*; **cat·a·lyst** ['kætəlɪst] *s.* ⚗ *u. fig.* Kataly'sator *m*; **cat·a·lyt·ic** [ˌkætə'lɪtɪk] **I** *adj.* ⚗ kata'lytisch; **II** *s.* → ***catalyst***; **cat·a·lyze** ['kætəlaɪz] *v/t.* katalysieren (*a. fig.*); **cat·a·lyz·er** ['kætəlaɪzə] → ***catalyst***.

cat·a·ma·ran [ˌkætəmə'ræn] *s.* **1.** ⚓ a) Floß *n*, b) Auslegerboot *n*; **2.** F ‚Kratzbürste' *f*, Xan'thippe *f*.

cat·a·mite ['kætəmaɪt] *s.* Lustknabe *m*.

cat·a·plasm ['kætəplæzəm] *s.* ⚕ 'Breiˌumschlag *m*, Kata'plasma *n*.

cat·a·pult ['kætəpʌlt] **I** *s.* **1.** Kata'pult *m, n*: a) *hist.* 'Wurfmaˌschine *f*, b) (Spiel)Schleuder *f*, c) ✈ Startschleuder *f*; **II** *adj.* **2.** ✈ Schleuder…(*-sitz, -start*); **III** *v/t.* **3.** schleudern, katapultieren (*a.* ✈); **4.** mit e-r Schleuder beschießen.

cat·a·ract ['kætərækt] *s.* **1.** Kata'rakt *m*:

a) Wasserfall *m*, b) Stromschnelle *f*, c) *fig.* Flut *f*; **2.** ⚕ grauer Star.

ca·tarrh [kəˈtɑː] *s.* ⚕ Kaˈtarrh *m*; Schnupfen *m*; **caˈtarrh·al** [-ɑːrəl] *adj.* katarˈrhalisch: **~ *syringe*** Nasenspritze *f*.

ca·tas·tro·phe [kəˈtæstrəfɪ] *s.* Kataˈstrophe *f* (*a. im Drama u. geol.*), Verhängnis *n*, Unheil *n*, Unglück *n*; **cat·a·stroph·ic**, **cat·a·stroph·i·cal** [ˌkætəˈstrɒfɪk(l)] *adj.* katastroˈphal.

ˈcat|·bird *s. orn.* amer. Spottdrossel *f*; **ˈ~·boat** *s.* ⚓ kleines Segelboot (*mit einem Mast*); **~ bur·glar** *s.* Fasˈsadenkletterer *m*, Einsteigdieb *m*; **ˈ~·call I** *s.* a) Buh(ruf *m*) *n*, b) Pfiff *m*; **II** *v/i.* buhen, pfeifen; **III** *v/t. j-n* ausbuhen, -pfeifen.

catch [kætʃ] **I** *s.* **1.** Fangen *n*, Fang *m*; *fig.* Fang *m*, Beute *f*, Vorteil *m*: ***a good ~*** a) ein guter Fang (*beim Fischen u. fig.*), b) e-e gute Partie (*Heirat*); ***no ~*** kein gutes Geschäft; **2.** *Kricket, Baseball*: a) Fang *m*, b) Fänger *m*; **3.** Halter *m*, Griff *m*, Klinke *f*; Haken *m*; **4.** Sperr-, Schließhaken *m*, Schnäpper *m*; Sicherung *f*; Verschluß *m*; **5.** Stocken *n*, Anhalten *n*; **6.** *fig.* a) Haken *m*, Schwierigkeit *f*, b) Falle *f*, Trick *m*, Kniff *m*: ***there is a ~ in it*** die Sache hat e-n Haken; ***~-22*** F gemeiner Trick; **II** *v/t.* [*irr.*] **7.** *Ball, Tier etc.* fangen; *Dieb etc. a.* fassen, ,schnappen', *a. Blick* erhaschen; *Tropfendes* auffangen; *allg.* erwischen, ,kriegen': ***~ a train*** e-n Zug erreichen *od.* kriegen; → ***glimpse*** 1, ***sight*** 3; **8.** ertappen, überˈraschen (***s.o. at*** j-n bei): ***~ me (doing that)!*** F ich denke (ja) nicht dran!, ,denkste'!; ***I caught myself lying*** ich ertappte mich beim Lügen; ***caught in a storm*** vom Unwetter überrascht; **9.** ergreifen, pakken, *Gewohnheit, Aussprache* annehmen; → ***hold²*** 1; **10.** *fig.* fesseln, pakken, gewinnen; einfangen; → ***eye*** 2, ***fancy*** 5; **11.** *fig.* ,mitkriegen', verstehen: ***I didn't ~ what you said***; **12.** einholen: ***I soon caught him***; → ***catch up*** 2; **13.** sich holen *od.* zuziehen, angesteckt werden von (*Krankheit etc.*); → ***cold*** 8, ***fire*** 1; **14.** sich zuziehen, *Strafe, Tadel* bekommen: ***~ it*** F ,sein Fett bekommen'; **15.** streifen, mit *et.* hängenbleiben: ***a nail caught my dress*** mein Kleid blieb an e-m Nagel hängen; ***~ one's finger in the door*** sich den Finger in der Tür klemmen; **16.** a) schlagen: ***~ s.o. a blow*** j-m e-n Schlag versetzen, b) *mit e-m Schlag* treffen *od.* ,erwischen': ***the blow caught him on the chin***; **III** *v/i.* [*irr.*] **17.** greifen: ***~ at*** greifen *od.* schnappen nach, (*fig. Gelegenheit* gern) ergreifen; → ***straw*** 1; **18.** ⚙ (ein)greifen (*Räder*), einschnappen (*Schloß etc.*); **19.** sich verfangen, hängenbleiben: ***the plane caught in the trees***; **20.** klemmen; **21.** *mot.* anspringen;

Zssgn mit adv.:

catch| on *v/i.* F **1.** ,kapieren' (***to s.th.*** et.); **2.** Anklang finden, einschlagen; **~ out** *v/t.* **1.** ertappen; **2.** *Kricket*: (durch Fangen des Balles) *den Schläger* ,ausmachen'; **~ up I** *v/t.* **1.** *j-n* unterˈbrechen; **2.** *j-n* einholen; **3.** *et.* schnell ergreifen; *Kleid* aufraffen; **4. *be caught up in*** a) vertieft sein in (*acc.*), b) verwickelt sein in (*acc.*); **II** *v/i.* **5.** aufholen: ***~ with*** einholen (*a. fig.*); ***~ on*** *od.* ***with*** *et.* auf- *od.* nachholen.

ˈcatch|·all *s. Am.* **1.** Tasche *f od.* Behälter *m* für alles mögliche; **2.** *fig.* Sammelbezeichnung *f*, -begriff *m*; **ˈ~-as-ˌcatch-ˈcan** *s. sport* Catchen *n*; ***~ wrestler*** Catcher *m*.

catch·er [ˈkætʃə] *s.* Fänger *m*; **ˈcatch·ing** [-tʃɪŋ] *adj.* **1.** ⚕ ansteckend (*a. fig.*); **2.** *fig.* anziehend, fesselnd; **3.** eingängig (*Melodie*); **4.** verfänglich; arglistig.

catch·ment [ˈkætʃmənt] *s.* **1.** Auffangen *n von Wasser etc.*; **2.** *geol.* Reservoˈir *n*; **~ a·re·a** *s.* Einzugsgebiet *n* (*e-s Flusses; a. fig.*).

ˈcatch|ˌpen·ny I *adj.* Schund…; auf Kundenfang berechnet, Lock…, Schleuder…: ***~ title*** reißerischer Titel; **II** *s.* Schundware *f*, ˈRamscharˌtikel *m*; **ˈ~-phrase** *s.* Schlagwort *n*, (hohle) Phrase; **ˈ~·pole**, **ˈ~·poll** *s.* Gerichtsdiener *m*; **~ ques·tion** *s.* Fangfrage *f*; **ˈ~·up** → ***ketchup***; **ˈ~·weight** *s. sport* durch keinerlei Regeln beschränktes Gewicht e-s Wettkampfteilnehmers; **ˈ~·word** *s.* **1.** *bsd. thea.* Stichwort *n*; **2.** Schlagwort *n*; **3.** *typ.* a) *hist.* ˈKustos *m*, b) Koˈlumnentitel *m*.

catch·y [ˈkætʃɪ] *adj.* F **1.** → ***catching*** 2, 3; **2.** unregelmäßig; **3.** schwierig.

cat·e·chism [ˈkætɪkɪzəm] *s.* **1.** ♀ *eccl.* Kateˈchismus *m*; **2.** *fig.* Reihe *f od.* Folge *f* von Fragen; **ˈcat·e·chist** [-kɪst] *s.* Kateˈchet *m*, Religiˈonslehrer *m*; **ˈcat·e·chize** [-kaɪz] *v/t.* **1.** *eccl.* katechisieren; **2.** gründlich ausfragen, examinieren.

cat·e·chu [ˈkætɪtʃuː] *s.* ⚗ ˈKatechu *n*.

cat·e·chu·men [ˌkætɪˈkjuːmen] *s.* **1.** *eccl.* Konfirˈmand(in); **2.** *fig.* Neuling *m*.

cat·e·gor·i·cal [ˌkætɪˈgɒrɪkl] *adj.* □ ka-

te'gorisch, bestimmt, unbedingt; **cat·e·go·ry** ['kætɪgərɪ] *s.* Katego'rie *f*, Klasse *f*, Gruppe *f*.
ca·ter ['keɪtə] **I** *v/i.* **1.** (***for***) Speisen u. Getränke liefern (für): ***~ing industry*** *od.* ***trade*** Gaststättengewerbe *n*; **2.** sorgen (***for*** für); **3.** *fig.* befriedigen (***for, to*** *acc.*); etwas bieten (***to*** *dat.*); **II** *v/t.* **4.** mit Speisen u. Getränken beliefern; **'ca·ter·er** [-ərə] *s.* Liefe'rant *m* für Speisen u. Getränke.
cat·er·pil·lar ['kætəpɪlə] *s.* **1.** *zo.* Raupe *f*; **2.** ⚙ (*Warenzeichen*) Raupenfahrzeug *n*.
cat·er·waul ['kætəwɔːl] **I** *v/i.* **1.** jaulen (*Katze etc.*); **2.** kreischen; keifen; **II** *s.* **3.** Jaulen *n*; **4.** Keifen *n*, Kreischen *n*.
'cat|-eyed *adj.* katzenäugig; *weitS.* im Dunkeln sehend; **'~·fish** *s. ichth.* Katzenfisch *m*, Wels *m*; **'~-foot** *v/i. a.* ***~ it*** F schleichen; **'~·gut** *s.* **1.** Darmsaite *f*; **2.** ⚕ 'Katgut *n*; **3.** *Art* Steifleinen *n*.
ca·thar·sis [kə'θɑːsɪs] *s.* **1.** *Ästhetik, a. psych.*: 'Katharsis *f*; **2.** ⚕ Abführung *f*.
ca·the·dral [kə'θiːdrəl] **I** *s.* Kathe'drale *f*, Dom *m*; **II** *adj.* Dom...: ***~ church*** → I; ***~ town*** → ***city*** 2.
Cath·er·ine-wheel ['kæθərɪnwiːl] *s.* **1.** ⚠ Katha'rinenrad *n* (*Radfenster*); **2.** *Feuerwerk*: Feuerrad *n*; **3.** *sport* ***turn ~s*** radschlagen.
cath·e·ter ['kæθɪtə] *s.* ⚕ Ka'theter *m*.
cath·ode ['kæθəʊd] *s.* ⚡ Ka'thode *f*; **~ ray** *s.* Ka'thodenstrahl *m*; **'~-ray tube** *s.* Ka'thodenstrahlröhre *f*.
cath·o·lic ['kæθəlɪk] **I** *adj.* (□ ***~ally***) **1.** ('all)umˌfassend, univer'sal: ***~ interests*** vielseitige Interessen; **2.** großzügig, tole'rant; **3.** ♀ ka'tholisch; **II** *s.* **4.** ♀ Katho'lik(in); **Ca·thol·i·cism** [kə'θɒlɪsɪzəm] *s.* Katholi'zismus *m*; **cath·o·lic·i·ty** [ˌkæθəʊ'lɪsətɪ] *s.* **1.** Universali'tät *f*; **2.** Großzügigkeit *f*, Tole'ranz *f*; **3.** a) ka'tholischer Glaube, b) ♀ Katholizi'tät *f* (*Gesamtheit der katholischen Kirche*).
cat ice *s.* dünne Eisschicht.
cat·kin ['kætkɪn] *s.* ♀ (Blüten)Kätzchen *n* (*an Weiden etc.*).
'cat|·lick *s.* F ‚Katzenwäsche' *f*; **'~·nap** *s.* ‚Nickerchen' *n*, kurzes Schläfchen.
cat-o'-nine-tails [ˌkætə'naɪnteɪlz] *s.* neunschwänzige Katze (*Peitsche*).
'cat's|-eye ['kæts-] *s.* **1.** *min.* Katzenauge *n*; **2.** a) Katzenauge *n*, Rückstrahler *m*, b) Leuchtnagel *m*; **'~-paw** *s. fig.* Handlanger *m*, *j-s* Werkzeug *n*.
cat suit *s.* einteiliger Hosenanzug, Overall *m*.
cat·sup ['kætsəp] → ***ketchup***.
cat·tish ['kætɪʃ] *adj.* katzenhaft; *fig.* boshaft, gehässig, gemein.
cat·tle ['kætl] *s. coll.* (*mst pl. konstr.*) **1.** (Rind)Vieh *n*, Rinder *pl.*; **2.** *contp.* Viehzeug *n* (*Menschen*); **~ car** *s.* 🚃 *Am.* Viehwagen *m*; **'~-ˌfeed·er** *s.* ✓ 'Futtermaˌschine *f*; **'~-ˌlead·er** *s.* Nasenring *m*; **'~-ˌlift·er** *s.* Viehdieb *m*; **~ plague** *s. vet.* Rinderpest *f*; **~ ranch**, **~ range** *s.* Viehweide(land *n*) *f*.
cat·ty ['kætɪ] → ***cattish***.
'cat|·walk *s.* **1.** ⚙ Laufplanke *f*, Steg *m*; **2.** *Mode*: Laufsteg *m*; **~ whisk·er** *s.* ⚡ De'tektornadel *f*.
Cau·ca·sian [kɔː'keɪzjən] **I** *adj.* kau'kasisch; **II** *s.* Kau'kasier(in).
cau·cus ['kɔːkəs] *s. pol. bsd. Am.* **1.** Par'teiausschuß *m* zur Wahlvorbereitung; **2.** Par'teikonfeˌrenz *f*, -tag *m*; **3.** Par'teiclique *f*.
cau·dal ['kɔːdl] *adj. zo.* Schwanz...; **'cau·date** [-deɪt] *adj.* geschwänzt.
caught [kɔːt] *pret. u. p.p. von* ***catch***.
caul·dron ['kɔːldrən] *s.* (großer) Kessel.
cau·li·flow·er ['kɒlɪflaʊə] *s.* ♀ Blumenkohl *m*; **~ ear** *s. Boxen*: ‚Blumenkohlohr' *n*.
caulk [kɔːk] *v/t.* ⚓ kal'fatern, *a. allg.* abdichten; **'caulk·er** [-kə] *s.* ⚓, ⚙ Kal'faterer *m*.
caus·al ['kɔːzl] *adj.* □ ursächlich, kau'sal: ***~ connection*** → ***causality*** 2; **cau·sal·i·ty** [kɔː'zælətɪ] *s.* **1.** Ursächlichkeit *f*, Kausali'tät *f*: ***law of ~*** Kausalgesetz *n*; **2.** Kau'salzuˌsammenhang *m*; **cau·sa·tion** [kɔː'zeɪʃn] *s.* **1.** Verursachung *f*; **2.** Ursächlichkeit *f*; **3.** Kau'salprinˌzip *n*; **'caus·a·tive** [-zətɪv] *adj.* □ **1.** kau'sal, begründend, verursachend; **2.** *ling.* 'kausativ.
cause [kɔːz] **I** *s.* **1.** Ursache *f*: ***~ of death*** Todesursache; **2.** Grund *m*; Veranlassung *f*, Anlaß *m*: ***~ for complaint*** Grund *od.* Anlaß zur Klage; ***~ to be thankful*** Grund zur Dankbarkeit; ***without ~*** ohne (triftigen) Grund, grundlos (*entlassen etc.*); **3.** (gute) Sache: ***fight for one's ~*** für s-e Sache kämpfen; ***make common ~ with*** gemeinsame Sache machen mit; **4.** ⚖ a) (Streit)Sache *f*, Rechtsstreit *m*, Pro'zeß *m*, b) Gegenstand *m*; Rechtsgründe *pl.*: ***~-list*** Terminliste *f*; ***show ~*** s-e Gründe darlegen *od.* dartun (***why*** warum); ***upon good ~ shown*** bei Vorliegen von triftigen Gründen; ***~ of action*** Klagegrund *m*; **5.** Sache *f*, Angelegenheit *f*, Gegenstand *m*, 'Thema *n*, Frage *f*, Pro'blem *n*: ***lost ~*** verlorene *od.* aussichtslose Sache; ***in the ~ of*** um ... (*gen.*) willen, für; **II** *v/t.* **6.** veranlassen, (*j-n*

et.) lassen: ***I ~ed him to sit down*** ich ließ ihn sich setzen; ***he ~ed the man to be arrested*** er ließ den Mann verhaften, er veranlaßte, daß der Mann verhaftet wurde; **7.** verursachen, bewirken, her'vorrufen, her'beiführen: ***~ a fire*** e-n Brand verursachen; **8.** bereiten, zufügen: ***~ s.o. a loss*** j-m e-n Verlust zufügen; ***~ s.o. trouble*** j-m Schwierigkeiten bereiten.

cause cé·lè·bre [ˌkəʊz se'lebrə] (*Fr.*) *s.* Cause *f* célèbre.

cause·less ['kɔ:zlɪs] *adj.* □ grundlos.

cau·se·rie ['kəʊzərɪ] (*Fr.*) *s.* Plaude'rei *f.*

cause·way ['kɔ:zweɪ], *Brit. a.* **'cau·sey** [-zeɪ] *s.* erhöhter Fußweg, Damm *m* (*durch e-n See od. Sumpf*).

caus·tic ['kɔ:stɪk] **I** *adj.* (□ ***~ally***) **1.** ⚗ kaustisch, ätzend, beizend, brennend: ***~ potash*** Ätzkali *n*; ***~ soda*** Ätznatron *n*; ***~-soda solution*** Ätzlauge *f*; **2.** *fig.* ätzend, beißend, sar'kastisch (*Worte etc.*); **II** *s.* **3.** ⚗ Beiz-, Ätzmittel *n*: ***lunar ~*** ⚕ Höllenstein *m*; **caus·tic·i·ty** [kɔ:'stɪsətɪ] *s.* **1.** Ätz-, Beizkraft *f*; **2.** *fig.* Sar'kasmus *m*, Schärfe *f*.

cau·ter·i·za·tion [ˌkɔ:təraɪ'zeɪʃn] *s.* ⚕, ⚙ (Aus)Brennen *n*; Ätzen *n*; **cau·ter·ize** ['kɔ:təraɪz] *v/t.* **1.** ⚕, ⚙ (aus)brennen, ätzen; **2.** *fig. Gefühl etc.* abstumpfen; **cau·ter·y** ['kɔ:tərɪ] *s.* Brenneisen *n*; Ätzmittel *n*.

cau·tion ['kɔ:ʃn] **I** *s.* **1.** Vorsicht *f*, Behutsamkeit *f*: ***proceed with ~*** Vorsicht walten lassen; **2.** Warnung *f*; *a. sport* Verwarnung; **3.** ⚖ Eides- *od.* Rechtsmittelbelehrung *f*; **4.** ⚔ 'Ankündigungskomˌmando *n*; **5.** F a) *et.* Origi'nelles, ‚tolles Ding', b) ulkige ‚Nummer' (*Person*), c) unheimlicher Kerl; **II** *v/t.* **6.** warnen (***against*** vor *dat.*); **7.** verwarnen; **8.** ⚖ belehren (***as to*** über *acc.*); **'cau·tion·ary** [-ʃnərɪ] *adj.* warnend, Warnungs...: ***~ tale*** Geschichte *f* mit e-r Moral.

cau·tious ['kɔ:ʃəs] *adj.* □ vorsichtig, behutsam, auf der Hut; **'cau·tious·ness** [-nɪs] → ***caution*** 1.

cav·al·cade [ˌkævl'keɪd] *s.* Kaval'kade *f*, Reiterzug *m*, *a.* Zug *m* von Autos *etc.*

cav·a·lier [ˌkævə'lɪə] **I** *s.* **1.** *hist.* Ritter *m*; **2.** Kava'lier *m*; **3.** ♀ *hist.* Roya'list *m* (*Anhänger Karls I. von England*); **II** *adj.* □ **4.** anmaßend, rücksichtslos; **5.** unbekümmert, ‚eiskalt', keck.

cav·al·ry ['kævlrɪ] *s.* ⚔ Kavalle'rie *f*, Reite'rei *f*; **'~·man** [-mən] *s.* [*irr.*] Kavalle'rist *m*.

cave[1] [keɪv] **I** *s.* **1.** Höhle *f*; **2.** *pol. Brit.* a) Abspaltung *f e-s Teils e-r Partei*, b) Sezessi'onsgruppe *f*; **II** *v/t.* **3.** *mst* ***~ in*** eindrücken, zum Einsturz bringen; **III** *v/i.* **4.** *mst* ***~ in*** einstürzen, -sinken; **5.** *mst* ***~ in*** F a) nachgeben, klein beigeben (***to*** *dat.*), b) zs.-brechen, ‚zs.-klappen'; **6.** *pol. Brit.* sich *von der Partei* absondern.

ca·ve[2] ['keɪvɪ] (*Lat.*) *ped. sl.* **I** *int.* Vorsicht!, Achtung!; **II** *s.*: ***keep ~*** ‚Schmiere stehen', aufpassen.

ca·ve·at ['kævɪæt] *s.* **1.** ⚖ Einspruch *m*, Verwahrung *f*: ***enter a ~*** Verwahrung einlegen; ***~ emptor*** Mängelausschluß *m*; **2.** Warnung *f*.

cave| bear [keɪv] *s. zo.* Höhlenbär *m*; **~ dwell·er** → ***caveman*** 1; **'~·man** [-mæn] *s.* [*irr.*] **1.** Höhlenbewohner *m*, -mensch *m*; **2.** F a) Na'turbursche *m*, ‚Bär' *m*, b) ‚Tier' *n*.

cav·ern ['kævən] *s.* **1.** Höhle *f*; **2.** ⚕ Ka'verne *f*; **'cav·ern·ous** [-nəs] *adj.* **1.** voller Höhlen; **2.** po'rös; **3.** tiefliegend, hohl (*Augen*); eingefallen (*Wangen*); tief (*Dunkelheit*); **4.** ⚕ kaver'nös.

cav·i·ar(e) ['kævɪɑ:] *s.* 'Kaviar *m*: ***~ to the general*** Kaviar fürs Volk.

cav·il ['kævɪl] **I** *v/i.* nörgeln, kritteln (***at*** an *dat.*); **II** *s.* Nörge'lei *f*; **'cav·il·(l)er** [-lə] *s.* Nörgler(in).

cav·i·ty ['kævətɪ] *s.* **1.** (Aus)Höhlung *f*, Hohlraum *m*; **2.** *anat.* Höhle *f*, Raum *m*, Grube *f*: ***abdominal ~*** Bauchhöhle; ***mouth ~*** Mundhöhle; **3.** ⚕ Loch *n* (*im Zahn*).

ca·vort [kə'vɔ:t] *v/i.* F he'rumtollen, -tanzen.

ca·vy ['keɪvɪ] *s. zo.* Meerschweinchen *n*.

caw [kɔ:] **I** *s.* Krächzen *n* (*Rabe, Krähe etc.*); **II** *v/i.* krächzen.

cay·enne [keɪ'en], *a.* **~ pep·per** ['keɪən] *s.* Cay'ennepfeffer *m*.

cay·man ['keɪmən] *pl.* **-mans** *s. zo.* 'Kaiman *m*.

cease [si:s] **I** *v/i.* **1.** aufhören, enden: ***the noise ~d***; **2.** (***from***) ablassen (von), aufhören (mit): ***~ and desist order*** ⚖ *Am.* Unterlassungsanordnung *f*; **II** *v/t.* **3.** aufhören (***doing*** *od.* ***to do*** mit *et. od. et.* zu tun); **4.** einstellen: ***~ fire*** ⚔ das Feuer einstellen; ***~ payment*** † die Zahlungen einstellen; **ˌcease'fire** *s.* ⚔ **1.** (Befehl *m* zur) Feuereinstellung *f*; **2.** Waffenruhe *f*; **'cease·less** [-lɪs] *adj.* □ unaufhörlich.

ce·dar ['si:də] *s.* **1.** ⚘ Zeder *f*; **2.** Zedernholz *n*.

cede [si:d] **I** *v/t.* (***to***) abtreten (*dat. od.* an *acc.*), über'lassen (*dat.*); **II** *v/i.* nachgeben, weichen.

ce·dil·la [sɪˈdɪlə] *s.* Ceˈdille *f.*
cee [siː] *s.* C *n*, c *n* (*Buchstabe*).
ceil·ing [ˈsiːlɪŋ] *s.* **1.** Decke *f e-s Raumes*; **2.** ⚓ Innenbeplankung *f*; **3.** Höchstmaß *n*, -grenze *f*, ✝ *a.* Plaˈfond *m e-s Kredits*: ~ ***price*** ✝ Höchstpreis *m*; **4.** ✈ a) Gipfelhöhe *f*, b) Wolkenhöhe *f.*
cel·e·brant [ˈselɪbrənt] *s. eccl.* Zeleˈbrant *m*; **cel·e·brate** [ˈselɪbreɪt] **I** *v/t.* **1.** *Fest etc.* feiern, begehen; **2.** *j-n* feiern (*preisen*); **3.** *R. C. Messe* zelebrieren, lesen; **II** *v/i.* **4.** feiern; *R. C.* zelebrieren; ˈ**cel·e·brat·ed** [-breɪtɪd] *adj.* gefeiert, berühmt (***for*** für, wegen); **cel·e·bra·tion** [ˌselɪˈbreɪʃn] *s.* **1.** Feier *f*; Feiern *n*: ***in ~ of*** zur Feier (*gen.*); **2.** *R. C.* Zelebrieren *n*, Lesen *n* (*Messe*); **ce·leb·ri·ty** [sɪˈlebrətɪ] *s.* **1.** Berühmtheit *f*, Ruhm *m*; **2.** Berühmtheit *f* (*Person*).
ce·ler·i·ac [sɪˈlerɪæk] *s.* ⚘ Knollensellerie *m, f.*
ce·ler·i·ty [sɪˈlerɪtɪ] *s.* Geschwindigkeit *f.*
cel·er·y [ˈselərɪ] *s.* ⚘ (Stauden)Sellerie *m, f.*
ce·les·tial [sɪˈlestjəl] **I** *adj.* □ **1.** himmlisch, Himmels…, göttlich; selig; **2.** *ast.* Himmels…: ~ ***body*** Himmelskörper *m*; ~ ***map*** Himmelskarte *f*; **3.** ♀ chiˈnesisch: ♀ ***Empire*** China (*alter Name*); **II** *s.* **4.** Himmelsbewohner(in), Selige(r *m*) *f*; **5.** ♀ F Chiˈnese *m*, Chiˈnesin *f*; ♀ **City** *s. das* Himmlische Jeˈrusalem.
cel·i·ba·cy [ˈselɪbəsɪ] *s.* Zöliˈbat *n, m*, Ehelosigkeit *f*; ˈ**cel·i·bate** [-bət] **I** *s.* Unverheiratete(r *m*) *f*, Zölibaˈtär *m*; **II** *adj.* unverheiratet, zölibaˈtär.
cell [sel] *s.* **1.** (*Kloster-, Gefängnis- etc.*) Zelle *f*: ***condemned ~*** Todeszelle; **2.** *allg., a. biol., phys., pol.* Zelle *f, a.* Kammer *f*, Fach *n*: ~ ***division*** Zellteilung *f*; **3.** ⚡ Zelle *f*, Eleˈment *n.*
cel·lar [ˈselə] *s.* **1.** Keller *m*; **2.** Weinkeller *m*: ***he keeps a good ~*** er hat e-n guten Keller; ˈ**cel·lar·age** [-ərɪdʒ] *s.* **1.** Keller(räume *pl.*) *m*; **2.** Einkellerung *f*; **3.** Kellermiete *f*; ˈ**cel·lar·er** [-ərə] *s.* Kellermeister *m.*
-celled [seld] *adj. in Zssgn* …zellig.
cel·list [ˈtʃelɪst] *s.* ♪ Celˈlist(in); **cel·lo** [ˈtʃeləʊ] *pl.* **-los** *s.* (Violon)ˈCello *n.*
cel·lo·phane [ˈseləʊfeɪn] *s.* ⚙ Zelloˈphan *n*, Zellglas *n.*
cel·lu·lar [ˈseljʊlə] *adj.* **1.** zellig, Zell(en)…: ~ ***tissue*** Zellgewebe *n*; ~ ***therapy*** ⚕ Zelltherapie *f*; **2.** netzartig: ~ ***shirt*** Netzhemd *n*; ˈ**cel·lule** [-juːl] *s.* kleine Zelle.
cel·lu·loid [ˈseljʊlɔɪd] *s.* ⚙ Zelluˈloid *n.*
cel·lu·lose [ˈseljʊləʊs] *s.* Zelluˈlose *f*, Zellstoff *m.*
Cel·si·us [ˈselsjəs], ~ **ther·mom·e·ter** *s. phys.* ˈCelsiusthermoˌmeter *n.*
Celt [kelt] *s.* Kelte *m*, Keltin *f*; ˈ**Celt·ic** [-tɪk] **I** *adj.* keltisch; **II** *s. ling. das* Keltische; ˈ**Celt·i·cism** [-tɪsɪzəm] *s.* Keltiˈzismus *m* (*Brauch od. Spracheigentümlichkeit*).
ce·ment [sɪˈment] **I** *s.* **1.** Zeˈment *m*, (Kalk)Mörtel *m*; **2.** Klebstoff *m*, Kitt *m*; Bindemittel *n*; **3.** a) *biol.* ˈZahnzeˌment *m*, b) ⚕ Zeˈment *m* zur Zahnfüllung; **4.** *fig.* Band *n*, Bande *pl.*; **II** *v/t.* **5.** a) zementieren, b) kitten; **6.** *fig.* festigen, ‚zementieren'; **ce·men·ta·tion** [ˌsiːmenˈteɪʃn] *s.* **1.** Zementierung *f* (*a. fig.*); **2.** Kitten *n*; **3.** *metall.* Einsatzhärtung *f*; **4.** *fig.* Bindung *f.*
cem·e·ter·y [ˈsemɪtrɪ] *s.* Friedhof *m.*
cen·o·taph [ˈsenəʊtɑːf] *s.* (leeres) Ehren(grab)mal: ***the*** ♀ *das brit. Ehrenmal in London für die Gefallenen beider Weltkriege.*
cense [sens] *v/t.* (mit Weihrauch) beräuchern; ˈ**cen·ser** [-sə] *s.* (Weih-)Rauchfaß *n.*
cen·sor [ˈsensə] **I** *s.* **1.** (ˈKunst-, ˈSchrifttums)ˌZensor *m*; **2.** ˈBriefˌzensor *m*; **3.** *antiq.* ˈZensor *m*, Sittenrichter *m*; **II** *v/t.* **4.** zensieren; **cen·so·ri·ous** [senˈsɔːrɪəs] *adj.* □ **1.** ˈkritisch, streng; **2.** tadelsüchtig, krittelig; ˈ**cen·sor·ship** [-ʃɪp] *s.* **1.** Zenˈsur *f*; **2.** ˈZensoramt *n*; **cen·sur·a·ble** [ˈsenʃərəbl] *adj.* tadelnswert, sträflich; **cen·sure** [ˈsenʃə] **I** *s.* Tadel *m*, Verweis *m*; Kriˈtik *f*, ˈMißbilligung *f*: ***motion of ~*** *parl.* Mißtrauensantrag *m*; → ***vote*** 1; **II** *v/t.* tadeln, mißˈbilligen, kritisieren.
cen·sus [ˈsensəs] *s.* ˈZensus *m*, (*bsd.* Volks)Zählung *f*, Erhebung *f*: ***livestock ~*** Viehzählung *f*; ***~-taker*** Volkszähler *m*; ***take a ~*** e-e (Volks- *etc.*) Zählung vornehmen.
cent [sent] *s.* **1.** Hundert *n* (*nur noch in*): ***per ~*** Prozent, vom Hundert; **2.** *Am.* Cent *m* (1/100 *Dollar*): ***not worth a ~*** keinen (roten) Heller wert.
cen·taur [ˈsentɔː] *s.* **1.** *myth.* Zenˈtaur *m*; **2.** *fig.* Zwitterwesen *n*; **Cen·tau·rus** [senˈtɔːrəs] *s. ast.* Zenˈtaur *m.*
cen·te·nar·i·an [ˌsentɪˈneərɪən] **I** *adj.* hundertjährig; **II** *s.* Hundertjährige(r *m*) *f*; **cen·te·nar·y** [senˈtiːnərɪ] **I** *adj.* **1.** hundertjährig; **2.** hundert betragend; **II** *s.* **3.** Jahrˈhundert *n*; **4.** Hundertˈjahrfeier *f.*
cen·ten·ni·al [senˈtenjəl] **I** *adj.* hundertjährig; **II** *s. bsd. Am.* Hundertˈjahrfeier

f.

cen·ter *etc. Am.* → ***centre*** *etc.*

cen·tes·i·mal [sen'tesɪml] *adj.* □ zente-si'mal, hundertteilig.

cen·ti·grade ['sentɪgreɪd] *adj.* hundert-teilig, -gradig: ~ ***thermometer*** Celsius-thermometer *n*; ***degree(s)*** ~ Grad Celsius; **'cen·ti·gram(me)** [-græm] *s.* Zenti'gramm *n*; **'cen·tiˌme·tre**, *Am.* **'cen·tiˌme·ter** [-ˌmi:tə] *s.* Zenti'meter *m, n*; **'cen·ti·pede** [-pi:d] *s. zo.* Hundertfüßer *m.*

cen·tral ['sentrəl] **I** *adj.* □ **1.** zen'tral (gelegen); **2.** Haupt…, Zentral…: ~ ***office*** Hauptbüro *n*, Zentrale *f*; ~ ***idea*** Hauptgedanke *m*; **II** *s.* **3.** *Am.* a) (Tele-'fon)Zenˌtrale *f*, b) Telefo'nist(in) (*in e-r Zentrale*); ≈ **A·mer·i·can** *adj.* 'mittelameriˌkanisch; ~ **cit·y** *s. Am.* Stadtkern *m*, Innenstadt *f*; ≈ **Eu·ro·pe·an time** *s.* 'mitteleuroˌpäische Zeit (*abbr. MEZ*); ~ **heat·ing** *s.* Zen'tralheizung *f.*

cen·tral·ism ['sentrəlɪzəm] *s.* Zentra'lismus *m*, (Sy'stem *n* der) Zentralisierung *f*; **'cen·tral·ist** [-ɪst] *s.* Verfechter *m* der Zentralisierung; **cen·tral·i·za·tion** [ˌsentrəlaɪ'zeɪʃn] *s.* Zentralisierung *f*; **'cen·tral·ize** [-laɪz] *v/t.* (*v/i.* sich) zentralisieren.

cen·tral| lock·ing *s. mot.* Zen'tralverriegelung *f*; ~ **nerv·ous sys·tem** *s. anat.* Zen'tralˌnervensyˌstem *n*; ~ **point** *s.* ⩚ Mittelpunkt *m*; ⚡ Nullpunkt *m*; ≈ **Pow·ers** *s. pl. pol. hist.* Mittelmächte *pl.*; ~ **re·serve** *s. mot. Brit.* Mittelstreifen *m*; ~ **sta·tion** *s.* **1.** ⚓ ('Bord)ZenˌtraIe *f*, Kom'mandostand *m*; **2.** Haupt-, Zen'tralbahnhof *m*; **3.** ⚡ Zen-'trale *f.*

cen·tre ['sentə] **I** *s.* **1.** 'Zentrum *n*, Mittelpunkt *m* (*a. fig.*): ~ ***of attraction*** *fig.* Hauptanziehungspunkt *m*; ~ ***of gravity*** *phys.* Schwerpunkt *m*; ~ ***of motion*** *phys.* Drehpunkt *m*; ~ ***of trade*** Handelszentrum; **2.** Hauptstelle *f*, -gebiet *n*, Sitz *m*, Herd *m*: ***amusement*** ~ Vergnügungszentrum *n*; ~ ***of interest*** Hauptinteresse *n*; → ***shopping***, ***training centre***; **3.** *pol.* Mitte *f*, 'Mittelparˌtei *f*; **4.** ⚙ Spitze *f*: ~ ***lathe*** Spitzendrehbank *f*; **5.** *sport* Flanke *f*; **6.** (Pra'linen- *etc.*)Füllung *f*; **II** *v/t.* **7.** in den Mittelpunkt stellen (*a. fig.*); konzentrieren, vereinigen (***on***, ***in*** auf *acc.*); ⚙ einmitten, zentrieren; ankörnen: ~ ***the bubble*** die Libelle einspielen lassen; **III** *v/i.* **8.** im Mittelpunkt stehen (*a. fig.*); *fig.* sich drehen (***round*** um); **9.** (***in***, ***on***) sich konzentrieren, sich gründen (auf *acc.*); **10.** *Fußball*: flanken; '~-**bit** *s.* ⚙ 'Zentrumsbohrer *m*; '~-**board** *s.* ⚓ (Kiel)Schwert *n*; ~ **cir·cle** *s. Fußball*: Anstoßkreis *m*; ~ **court** *s. Tennis*: 'Centre Court *m*; ~ **for·ward** *s. Fußball*: Mittelstürmer *m*; ~ **half** *s. Fußball*: 'Vorˌstopper *m*; ~ **par·ty** *s. pol.* 'Mittelparˌtei *f*, 'Zentrum *n*; '~-**piece** *s.* **1.** Mittelstück *n*; **2.** (mittlerer) Tafelaufsatz; **3.** *fig.* Hauptstück *n*; ~ **punch** *s.* ⚙ (An)Körner *m*; ~ **sec·ond** *s.* Zen-'tralseˌkundenzeiger *m.*

cen·tric, **cen·tri·cal** ['sentrɪk(l)] *adj.* □ zen'tral, zentrisch.

cen·trif·u·gal [sen'trɪfjʊgl] *adj. phys.* zentrifu'gal; Schleuder…, Schwung…: ~ ***force*** Zentrifugal-, Fliehkraft *f*; ~ ***governor*** Fliehkraftregler *m*; **cen·tri·fuge** ['sentrɪfju:dʒ] **I** *s.* Zentri-'fuge *f*, Trennschleuder *f*; **II** *v/t.* zentrifugieren, schleudern.

cen·trip·e·tal [sen'trɪpɪtl] *adj.* zentripe-'tal: ~ ***force*** Zentripetalkraft *f.*

cen·tu·ple ['sentjʊpl], **cen·tu·pli·cate** [sen'tju:plɪkət] **I** *adj.* hundertfach; **II** *v/t.* verhundertfachen; **III** *s.* (*das*) Hundertfache.

cen·tu·ri·on [sen'tjʊərɪən] *s. antiq.* (*Rom*) ⚔ Zen'turio *m.*

cen·tu·ry ['sentʃʊrɪ] *s.* **1.** Jahr'hundert *n*: ***centuries-old*** jahrhundertealt; **2.** Satz *m od.* Gruppe *f* von hundert; *bsd. Kricket*: 100 Läufe *pl.*; **3.** *Am. sl.* hundert Dollar *pl.*; **4.** *antiq.* (*Rom*) Zen'turie *f*, Hundertschaft *f.*

ce·phal·ic [ke'fælɪk] *adj. anat., zo.* Schädel…, Kopf…; **ceph·a·lo·pod** ['sefələʊpɒd] *s. zo.* Kopffüßer *m*; **ceph·a·lous** ['sefələs] *adj. zo.* mit e-m … Kopf, …köpfig.

ce·ram·ic [sɪ'ræmɪk] **I** *adj.* **1.** ke'ramisch; **II** *s.* **2.** Ke'ramik *f* (*einzelnes Produkt*); **3.** *pl. mst sg. konstr.* Ke'ramik *f* (*Technik*); **4.** *pl.* Ke'ramik *f*, ke-'ramische Erzeugnisse; **cer·a·mist** ['serəmɪst] *s.* Ke'ramiker *m.*

Cer·ber·us ['sɜ:bərəs] *s. fig.* 'Zerberus *m* (*a. ast.*), grimmiger Wächter: ***sop to*** ~ Beschwichtigungsmittel *n.*

ce·re·al ['sɪərɪəl] **I** *adj.* **1.** Getreide…; **II** *s.* **2.** *mst pl.* Zere'alien *pl.*, Getreidepflanzen *pl.*, -früchte *pl.*; **3.** Frühstückskost *f aus Weizen, Hafer etc.*

cer·e·bel·lum [ˌserɪ'beləm] *s. anat.* Kleinhirn *n*; **cer·e·bral** ['serɪbrəl] *adj.* **1.** *anat.* Gehirn…: ~ ***death*** ⚕ Hirntod *m*; **2.** *ling.* alveo'lar; **ˌcer·e'bra·tion** [-'breɪʃn] *s.* Gehirntätigkeit *f*; Denken *n*, 'Denkproˌzeß *m*; **cer·e·brum** ['serɪbrəm] *s. anat.* Großhirn *n*, Ze'rebrum *n.*

cere·cloth ['sɪəklɒθ] *s.* Wachsleinwand *f*, *bsd. als* Leichentuch *n*.

cere·ment ['sɪəmənt] *s. mst pl.* Leichentuch *n*, Totenhemd *n*.

cer·e·mo·ni·al [ˌserɪ'məʊnjəl] **I** *adj.* □ **1.** feierlich, förmlich; **2.** ritu'ell; **II** *s.* **3.** Zeremoni'ell *n*; ˌ**cer·e'mo·ni·ous** [-jəs] *adj.* □ **1.** → ***ceremonial*** 1 *u.* 2; **2.** 'umständlich, steif; **cer·e·mo·ny** ['serɪmənɪ] *s.* **1.** Zeremo'nie *f*, Feierlichkeit *f*, feierlicher Brauch; Feier *f*; → ***master*** 12; **2.** Förmlichkeit(en *pl.*) *f*: ***without ~*** ohne Umstände; ***stand on ~*** a) sehr förmlich sein, b) Umstände machen; **3.** Höflichkeit *f*.

ce·rise [sə'ri:z] *adj.* kirschrot, ce'rise.

cert [sɜ:t] *s. a. **dead ~** Brit. sl.* ‚todsichere Sache'.

cer·tain ['sɜ:tn] *adj.* □ **1.** (*von Sachen*) sicher, gewiß, bestimmt: ***it is ~ to happen*** es wird gewiß geschehen; ***I know for ~*** ich weiß ganz bestimmt; **2.** (*von Personen*) über'zeugt, sicher, gewiß: ***to make ~ of s.th.*** sich e-r Sache vergewissern; **3.** bestimmt, zuverlässig, sicher: ***a ~ cure*** e-e sichere Kur; ***a ~ day*** ein (ganz) bestimmter Tag; **4.** gewiß: ***a ~ Mr. Brown*** ein gewisser Herr Brown; ***for ~ reasons*** aus bestimmten Gründen; '**cer·tain·ly** [-lɪ] *adv.* **1.** sicher, zweifellos, bestimmt; **2.** sicherlich, (aber) sicher *od.* na'türlich; '**cer·tain·ty** [-tɪ] *s.* **1.** Sicherheit *f*, Bestimmtheit *f*, Gewißheit *f*: ***know for a ~*** mit Sicherheit wissen; **2.** Über'zeugung *f*.

cer·ti·fi·a·ble [ˌsɜ:tɪ'faɪəbl] *adj.* □ **1.** feststellbar; **2.** ⚕ *Brit.* a) meldepflichtig (*Krankheit*), b) geisteskrank, c) F verrückt.

cer·tif·i·cate I *s.* [sə'tɪfɪkət] Bescheinigung *f*, At'test *n*, Zeugnis *n*, Schein *m*, Urkunde *f*: ***death ~*** Sterbeurkunde; ***school ~*** Schul(abgangs)zeugnis; ***~ of baptism*** Taufschein; ***~ of origin*** ✝ Ursprungszeugnis; ***share*** (*Am.* ***stock***) ***~*** Aktienzertifikat *n*; → ***health*** 1, ***master*** 7, ***medical*** 1; **II** *v/t.* [-keɪt] *j-m* e-e Bescheinigung *od.* ein Zeugnis geben; *et.* attestieren, bescheinigen: ***~d*** amtlich anerkannt *od.* zugelassen; ***~d bankrupt*** rehabilitierter Konkursschuldner; ***~ engineer*** Diplomingenieur *m*; **cer·ti·fi·ca·tion** [ˌsɜ:tɪfɪ'keɪʃn] *s.* **1.** Bescheinigung *f*; Bestätigung *f* (*Am.* ✝ *a. e-s Schecks*); **2.** (amtliche) Beglaubigung *od.* beglaubigte Erklärung.

cer·ti·fied ['sɜ:tɪfaɪd] *adj.* **1.** bescheinigt, beglaubigt, garantiert: ***~ copy*** beglaubigte Abschrift; **2.** staatlich zugelassen *od.* anerkannt, *Am.* Diplom…; **3.** ⚕ *Brit.* für geisteskrank erklärt; **~ ac·count·ant** *s.* ✝ *Brit.* konzessionierter Buch- *od.* Steuerprüfer; **~ cheque**, *Am.* **check** *s.* (*als gedeckt*) bestätigter Scheck; **~ mail** *s. Am.* eingeschriebene Sendung(en *pl.*) *f*; **~ milk** *s.* amtlich geprüfte Milch; **~ pub·lic ac·count·ant** *s.* ✝ *Am.* amtlich zugelassener 'Bücherreˌvisor *od.* Wirtschaftsprüfer.

cer·ti·fy ['sɜ:tɪfaɪ] **I** *v/t.* **1.** bescheinigen: ***this is to ~*** hiermit wird bescheinigt; **2.** beglaubigen; **3.** *Scheck* (als gedeckt) bestätigen (*Bank*); **4. *~ s.o.*** (***insane***) ⚖ *Brit.* j-n für geisteskrank erklären; **5.** ⚖ *Sache* verweisen (***to*** an *ein anderes Gericht*); **II** *v/i.* **6.** (***to***) bezeugen (*acc.*).

cer·ti·tude ['sɜ:tɪtju:d] *s.* Sicherheit *f*, Gewißheit *f*.

ce·ru·men [sɪ'ru:men] *s.* Ohrenschmalz *n*.

ce·ruse ['sɪəru:s] *s.* **1.** ⚗ Bleiweiß *n*; **2.** weiße Schminke.

cer·vi·cal [sɜ:'vaɪkl] *anat.* **I** *adj.* Hals…, Nacken…; **II** *s.* Halswirbel *m*.

Ce·sar·e·vitch [sɪ'zɑ:rəvɪtʃ] *s. hist.* Za'rewitsch *m*.

ces·sa·tion [se'seɪʃn] *s.* Aufhören *n*, Ende *n*; Stillstand *m*, Einstellung *f*.

ces·sion ['seʃn] *s.* Abtretung *f*, Zessi'on *f*.

cess·pit ['sespɪt], '**cess·pool** [-pu:l] *s.* **1.** Jauche-, Senkgrube *f*; **2.** *fig.* (Sünden)Pfuhl *m*.

ce·ta·cean [sɪ'teɪʃjən] *zo.* **I** *s.* Wal (-fisch) *m*; **II** *adj.* Wal(fisch)…

ce·tane ['si:teɪn] *s.* ⚗ Ce'tan *n*: ***~ number*** Cetanzahl *f*.

chafe [tʃeɪf] **I** *v/t.* **1.** warmreiben, frottieren; **2.** ('durch)reiben, wund reiben, scheuern; **3.** *fig.* ärgern, reizen; **II** *v/i.* **4.** sich ('durch)reiben, sich wund reiben, scheuern (***against*** an *dat.*); **5.** ⚙ verschleißen; **6.** a) sich ärgern, b) toben, wüten.

chaf·er ['tʃeɪfə] *s. zo.* Käfer *m*.

chaff [tʃɑ:f] **I** *s.* **1.** Spreu *f*: ***separate the ~ from the wheat*** die Spreu vom Weizen scheiden; ***as ~ before the wind*** wie Spreu im Winde; **2.** Häcksel *m*, *n*; **3.** ⚔ 'Störˌfolie *f* (*Radar*); **4.** *fig.* wertloses Zeug; **5.** Necke'rei *f*; **II** *v/t.* **6.** zu Häcksel schneiden; **7.** *fig.* necken, aufziehen; '**~-cut·ter** *s.* ✓ Häckselbank *f*.

chaf·fer ['tʃæfə] **I** *s.* Feilschen *n*; **II** *v/i.* feilschen, schachern.

chaf·finch ['tʃæfɪntʃ] *s.* Buchfink *m*.

chaf·ing dish ['tʃeɪfɪŋ] *s.* Re'chaud *m*, *n*.

cha·grin [ˈʃægrɪn] **I** *s.* **1.** Ärger *m*, Verdruß *m*; **2.** Kränkung *f*; **II** *v/t.* **3.** ärgern, verdrießen: ***~ed*** ärgerlich, gekränkt.

chain [tʃeɪn] **I** *s.* **1.** Kette *f* (*a.* ⚗, ⚡, ⚙, *phys.*): ***~ of office*** Amtskette; **2.** *fig.* Kette *f*, Fessel *f*: ***in ~s*** in Ketten, gefangen; **3.** *fig.* Kette *f*, Reihe *f*: ***~ of events***; **4.** *a.* ***~ of mountains*** Gebirgskette *f*; **5.** ✝ (Laden- *etc.*)Kette *f*; **6.** ⚙ Meßkette *f* (*66 engl. Fuß*); **II** *v/t.* **7.** (an)ketten, mit e-r Kette befestigen: ***~ (up) a dog*** e-n Hund an die Kette legen; ***~ a prisoner*** e-n Gefangenen in Ketten legen; ***~ a door*** e-e Tür durch e-e Kette sichern; **8.** *fig.* (***to***) verketten (mit), ketten *od.* fesseln (an *acc.*); **9.** *Land* mit der Meßkette messen; **~ ar·mo(u)r** *s.* Kettenpanzer *m*; **~ belt** *s.* ⚙ endlose Kette, ˈKettentransmissiˌon *f*; **~ bridge** *s.* Hängebrücke *f*; **~ drive** *s.* ⚙ Kettenantrieb *m*; **~ gang** *s.* Trupp *m* aneinˈandergeketteter Sträflinge; **ˈ~·less** [ˈtʃeɪnlɪs] *adj.* ⚙ kettenlos; **~ let·ter** *s.* Kettenbrief *m*; **~ mail** → ***chain armo(u)r***; **~ pump** *s.* Paterˈnosterwerk *n*; **~ re·ac·tion** *s. phys. u. fig.* ˈKettenreaktiˌon *f*; **ˈ~-smoke** *v/i. u. v/t.* Kette rauchen; **ˈ~-ˌsmok·er** *s.* Kettenraucher *m*; **~ stitch** *s. Nähen*: Kettenstich *m*; **~ store** *s.* ✝ Kettenladen *m*.

chair [tʃeə] **I** *s.* **1.** Stuhl *m*, Sessel *m*: ***take a ~*** sich setzen; **2.** *fig.* Vorsitz *m*: ***be in (take) the ~*** den Vorsitz führen (übernehmen); ***address the ~*** sich an den Vorsitzenden wenden; ***leave the ~*** die Sitzung aufheben; ***~! ~!*** *parl. Brit.* zur Ordnung!; **3.** Lehrstuhl *m*, Profesˈsur *f* (***of German*** für Deutsch); **4.** *Am.* F *der* eˈlektrische Stuhl; **5.** 🚂 Schienenstuhl *m*; **6.** Sänfte *f*; **II** *v/t.* **7.** (in ein Amt) einsetzen, auf *e-n Lehrstuhl etc.* berufen; **8.** den Vorsitz führen von (*od. gen.*); **9.** ***~ s.o. off*** j-n (im Triˈumph) auf den Schultern (daˈvon-) tragen; **~ back** *s.* Stuhllehne *f*; **~ bot·tom** *s.* Stuhlsitz *m*; **ˈ~-car** *s.* 🚂 Saˈlonwagen *m*; **~ lift** *s.* Sesselbahn *f*, -lift *m*.

chair·man [ˈtʃeəmən] *s.* [*irr.*] **1.** Vorsitzende(r) *m*, Präsiˈdent *m*; **2.** Sänftenträger *m*; **ˈchair·man·ship** [-ʃɪp] *s.* Vorsitz *m*.

chair·o·plane [ˈtʃeərəpleɪn] *s.* ˈKettenkarusˌsell *n*.

ˈchair|ˌper·son *s.* Vorsitzende(r *m*) *f*; **ˈ~ˌwom·an** *s.* [*irr.*] Vorsitzende *f*.

chaise [ʃeɪz] *s.* Chaise *f*, Halbkutsche *f*; **~ longue** [lɔ̃ːŋg] *s.* Chaiseˈlongue *f*, Liegesofa *n*.

chal·cog·ra·pher [kælˈkɒgrəfə] *s.* Kupferstecher *m*.

cha·let [ˈʃæleɪ] *s.* Chaˈlet *n*: a) Sennhütte *f*, b) Landhaus *n*.

chal·ice [ˈtʃælɪs] *s.* **1.** *poet.* (Trink)Becher *m*; **2.** *eccl.* (Abendmahls)Kelch *m*; **3.** ⚘ Blütenkelch *m*.

chalk [tʃɔːk] **I** *s.* **1.** *min.* Kreide *f*; **2.** (Zeichen)Kreide *f*, Kreidestift *m*: ***colo(u)red ~*** Buntstift; ***red ~*** a) Rötel *m*, b) Rotstift; ***as different as ~ and cheese*** grundverschieden; **3.** Kreidestrich *m*: a) (Gewinn)Punkt *m* (*bei Spielen*), b) *Brit.* (angekreidete) Schuld: ***by a long ~*** bei weitem; **II** *v/t.* **4.** mit Kreide (be)zeichnen; **5.** ***~ out*** entwerfen; *fig. Weg* vorzeichnen; **6.** ***~ up*** anschreiben; ankreiden, auf die Rechnung setzen: ***~ it up to s.o.*** es j-m ankreiden; **~ mark** *s.* Kreidestrich *m*; **ˈ~-pit** *s.* Kreidegrube *f*; **ˈ~-stone** *s.* ⚕ Gichtknoten *m*.

chalk·y [ˈtʃɔːkɪ] *adj.* kreidig; kreidehaltig.

chal·lenge [ˈtʃælɪndʒ] **I** *s.* **1.** Herˈausforderung *f* (*a. sport u. fig.*), Forderung *f* (*zum Duell etc.*); (Auf-, An)Forderung *f*; Aufruf *m*; **2.** ⚔ Anruf *m* (*Wachtposten*); **3.** *hunt.* Anschlagen *n* (*Hund*); **4.** *bsd.* ⚖ a) Ablehnung *f* (*e-s Geschworenen od. Richters*), b) Anfechtung *f* (*e-s Beweismittels*); **5.** ˈWiderspruch *m*, Kriˈtik *f*, Bestreitung *f*, Kampfansage *f*; Angriff *m*; Streitfrage *f*; **6.** Herˈausforderung *f*: a) Bedrohung *f*, kritische Lage, b) Schwierigkeit *f*, Proˈblem *n*, c) (schwierige *od.* lockende) Aufgabe; **7.** ⚕ Immuniˈtätstest *m*; **II** *v/t.* **8.** herˈausfordern (*a. sport u. fig.*); zur Rede stellen; aufrufen, -fordern; ⚔ anrufen; **9.** Anforderungen an *j-n* stellen; auf die Probe stellen; **10.** bestreiten, anzweifeln; *bsd.* ⚖ anfechten, *Geschworenen etc.* ablehnen; → ***bias*** 5; **11.** trotzen (*dat.*); angreifen; **12.** *j-n* reizen, lokken, fordern (*Aufgabe*); **13.** *j-m Bewunderung etc.* abnötigen; **ˈchal·lenge·a·ble** [-dʒəbl] *adj.* herˈauszufordern(d); anfechtbar; **chal·lenge cup** *s. sport* ˈWanderpoˌkal *m*; **ˈchal·leng·er** [-dʒə] *s.* Herˈausforderer *m*; **chal·lenge tro·phy** *s.* Wanderpreis *m*; **ˈchal·leng·ing** [-dʒɪŋ] *adj.* □ **1.** herˈausfordernd; **2.** *fig.* lockend *od.* schwierig (*Aufgabe*).

cha·lyb·e·ate [kəˈlɪbɪət] *min.* **I** *adj.* stahl-, eisenhaltig: ***~ spring*** Stahlquelle *f*; **II** *s.* Stahlwasser *n*.

cham·ber [ˈtʃeɪmbə] *s.* **1.** *obs.* Zimmer *n*, Kammer *f*, Gemach *n*; **2.** *pl. Brit.* a) (*zu vermietende*) Zimmer *pl.*: ***live in ~s***

privat wohnen, b) Geschäftsräume *pl.*; **3.** (*Empfangs*)Zimmer *n* (*im Palast etc.*); **4.** *parl.* a) Ple'narsaal *m*, b) Kammer *f*; **5.** *pl. Brit.* a) 'Anwaltsbü,ro *n*, b) Amtszimmer *n* des Richters: ***in ~s*** in nichtöffentlicher Sitzung; **6.** ⚙ Kammer *f*; Raum *m*; (Gewehr)Kammer *f*; **~ con·cert** *s.* 'Kammerkon,zert *n*; **~ coun·sel** *s. Brit.* (nur) beratender Anwalt.

cham·ber·lain ['tʃeɪmbəlɪn] *s.* **1.** Kammerherr *m*; **2.** Schatzmeister *m*.

'cham·ber|·maid *s.* Zimmermädchen *n* (*in Hotels*); **~ mu·sic** *s.* 'Kammermu,sik *f*; **⸗ of Com·merce** *s.* Handelskammer *f*; **~ pot** *s.* Nachtgeschirr *n*.

cha·me·le·on [kə'mi:ljən] *s. zo.* Cha'mäleon *n* (*a. fig.*).

cham·fer ['tʃæmfə] **I** *s.* **1.** ⚠ Auskehlung *f*; **2.** ⚙ Schrägkante *f*, Fase *f*; **II** *v/t.* **3.** ⚠ auskehlen; **4.** ⚙ abfasen, abschrägen.

cham·ois ['ʃæmwɑ:] *pl.* **~** [-ɑ:z] *s.* **1.** *zo.* Gemse *f*; **2.** *a.* ***~ leather*** [*mst* 'ʃæmɪ] a) Sämischleder *n*, b) ⚙ Polierleder *n*.

champ[1] [tʃæmp] *v/i. u. v/t.* (heftig *od.* geräuschvoll) kauen: ***~ at the bit*** a) am Gebiß kauen (*Pferd*), b) *fig.* vor Ungeduld (fast) platzen, c) mit den Zähnen knirschen.

champ[2] [tʃæmp] *sl.* → ***champion*** 3.

cham·pagne [,ʃæm'peɪn] *s.* **1.** Cham'pagner *m*, Sekt *m*, Schaumwein *m*: ***~ cup*** Sektkelch *m*, -schale *f*; **2.** Cham'pagnerfarbe *f*.

cham·pi·on ['tʃæmpjən] **I** *s.* **1.** Kämpe *m*, (Tur'nier)Kämpfer *m*; **2.** *fig.* Vorkämpfer *m*, Verfechter *m*, Fürsprecher *m*; **3.** a) *sport* Meister *m*, Titelhalter *m*, b) Sieger *m* (*Wettbewerb*); **II** *v/t.* **4.** verfechten, eintreten für, verteidigen; **III** *adj.* **5.** Meister…, best, preisgekrönt; **'cham·pi·on·ship** [-ʃɪp] *s.* **1.** Meisterschaft *f*, -titel *m*; **2.** *pl.* Meisterschaftskämpfe *pl.*, Meisterschaften *pl.*; **3.** Verfechten *n*, Eintreten *n für etwas*.

chance [tʃɑ:ns] **I** *s.* **1.** Zufall *m*: ***by ~*** zufällig; **2.** Glück *n*; Schicksal *n*; 'Risiko *n*: ***game of ~*** Glücksspiel *n*; ***take one's ~*** sein Glück versuchen; ***take a*** (*od.* ***one's***) ***~*** es darauf ankommen lassen, es riskieren; ***take no ~s*** nichts riskieren (wollen); **3.** Chance *f*: a) Glücksfall *m*, (günstige) Gelegenheit: ***the ~ of his lifetime*** die Chance s-s Lebens, e-e einmalige Gelegenheit; ***give him a ~!*** gib ihm e-e Chance!, versuch's mal mit ihm!; → ***main chance***, b) Aussicht *f* (***of*** auf *acc.*): ***stand a ~*** Aussichten haben, c) Möglichkeit *f*, Wahrscheinlichkeit *f*: ***the ~s are that*** aller Wahrscheinlichkeit nach; ***the ~s are against you*** die Umstände sind gegen dich; ***on the*** (***off***) ***~*** auf gut Glück, ‚auf Verdacht', für den Fall (*daß*); **II** *v/t.* **4.** riskieren: ***~ it*** es darauf ankommen lassen, es wagen; **III** *v/i.* **5.** (unerwartet) geschehen: ***I ~ed to meet her*** zufällig traf ich sie; **6.** ***~ upon*** auf *j-n od. et.* stoßen; **IV** *adj.* **7.** zufällig, Zufalls…, gelegentlich, ✝ *a.* Gelegenheits…; unerwartet: ***~ customers*** Laufkundschaft *f*.

chan·cel ['tʃɑ:nsl] *s.* ⚠ Al'tarraum *m*, hoher Chor.

chan·cel·ler·y ['tʃɑ:nsələrɪ] *s.* 'Botschafts- *od.* Konsu'latskanz,lei *f*.

chan·cel·lor ['tʃɑ:nsələ] *s.* **1.** Kanzler *m* (*a. univ.*); *univ. Am.* Rektor *m*; ***⸗ of the Exchequer*** *Brit.* Schatzkanzler *m*, Finanzminister *m*; → ***Lord ⸗***; **2.** Kanz'leivorstand *m*; **'chan·cel·lor·ship** [-ʃɪp] *s.* Kanzleramt *n*, -würde *f*.

chan·cer·y ['tʃɑ:nsərɪ] *s.* Kanz'leigericht *n* (*Brit. Gerichtshof des Lordkanzlers*; *Am. Billigkeitsgericht*): ***in ~*** a) unter gerichtlicher Verwaltung, b) F in der Klemme; ***ward in ~*** Mündel *n* unter Amtsvormundschaft; **⸗ Di·vi·sion** *s.* ⚖ *Brit.* Kammer *f* für Billigkeitsrechtsprechung des ***High Court of Justice***.

chan·cre ['ʃæŋkə] *s.* ⚕ Schanker *m*.

chan·de·lier [,ʃændə'lɪə] *s.* Arm-, Kronleuchter *m*, Lüster *m*.

chan·dler ['tʃɑ:ndlə] *s.* Krämer *m*; **⸗ Act** *s. Am.* Kon'kursordnung *f*.

change [tʃeɪndʒ] **I** *v/t.* **1.** (ver)ändern, 'umändern, verwandeln (***into*** in *acc.*): ***~ one's lodgings*** umziehen; ***~ the subject*** das Thema wechseln, von et. anderem reden; ***~ one's position*** die Stellung wechseln, sich beruflich verändern; → ***mind*** 4, ***colour*** 3; **2.** ('um-, ver)tauschen (***for*** gegen), wechseln: ***~ one's shirt*** ein anderes Hemd anziehen; ***~ hands*** den Besitzer wechseln; ***~ places with s.o.*** den Platz mit j-m tauschen; ***~ trains*** umsteigen; → ***side*** 9; **3.** *Geld, Banknoten* (ein)wechseln; *Scheck* einlösen; **4.** *j-m* andere Kleider anziehen; *Säugling* trockenlegen; *Bett* frisch über'ziehen *od.* beziehen; **5.** ⚙ schalten: ***~ up*** (***down***) hinauf- (herunter)schalten; ***~ over*** *Betrieb*, *Maschinen etc.* umstellen (***to*** auf *acc.*); **II** *v/i.* **6.** sich (ver)ändern, wechseln; **7.** sich verwandeln (***to*** *od.* ***into*** in *acc.*); **8.** 🚂 *etc.* 'umsteigen: ***all ~!*** alles umsteigen *od.* aussteigen!; **9.** sich 'umziehen: ***~ into evening dress*** sich für den Abend umziehen; **10.** *~ to* 'übergehen zu: *~ to cigars*; **III** *s.* **11.** (Ver)Änderung *f*, Wechsel *m*; Wandlung *f*, Wendung *f*, 'Umschwung *m*: ***no ~*** unverändert; ***~ for the better*** Besserung *f*; ***~ of heart*** Sinnesänderung *f*; ***~ of life*** Wechseljahre *pl.*; ***~ of moon*** Mondwechsel; ***~ of voice*** Stimmwechsel; ***~ in the weather*** Witterungsumschlag *m*; **12.** Abwechs(e)lung *f*, *et.* Neues; Tausch *m*: ***for a ~*** zur Abwechs(e)lung; ***a ~ of clothes*** Wäsche zum Wechseln; ***you need a ~*** Sie müssen mal ausspannen; **13.** Wechselgeld *n*: ***(small) ~*** Kleingeld; ***can you give me ~ for a pound?*** a) können Sie mir auf ein Pfund herausgeben?, b) können Sie mir ein Pfund wechseln?; ***get no ~ out of s.o.*** *fig.* nichts (*keine Auskunft od. keinen Vorteil*) aus j-m herausholen können, bei j-m nicht ‚landen' können; **14.** ♀ *Brit.* Börse *f*;

change·a·bil·i·ty [ˌtʃeɪndʒəˈbɪlətɪ] *s.* Veränderlichkeit *f*; *fig.* Wankelmut *m*; **'change·a·ble** [-dʒəbl] *adj.* □ **1.** veränderlich; **2.** wankelmütig; **'change·ful** [-fʊl] *adj.* □ veränderlich, wechselvoll; **change gear** *s.* ⚙ Wechselgetriebe *n*; **'change·less** [-lɪs] *adj.* unveränderlich, beständig; **'change·ling** [-lɪŋ] *s.* Wechselbalg *m*; 'untergeschobenes Kind; **'changeˌo·ver** *s.* **1.** (*to*) 'Übergang *m* (zu), Wechsel *m* (zu), 'Umstellung *f* (auf *acc.*) (*a.* ⚙ *von Maschinen, e-s Betriebs etc.*); **2.** ⚙ 'Umschaltung *f*; **3.** *sport* (Stab)Wechsel *m*; **'chang·er** [-dʒə] *s. in Zssgn* …wechsler *m* (*Person od. Gerät*); **'chang·ing** [-dʒɪŋ] *s.* Wechsel *m*, Veränderung *f*: ***~ of the guard*** ⚔ Wachablösung *f*; ***~ room*** Umkleidezimmer *n*; ***~ cubicle*** Umkleidekabine *f*.

chan·nel [ˈtʃænl] **I** *s.* **1.** Flußbett *n*; **2.** Fahrrinne *f*, Ka'nal *m*; **3.** Rinne *f*; 'Durchlaßröhre *f*; **4.** breite Wasserstraße: ***the (English)*** ♀ *geogr.* der (Ärmel-)Kanal; **5.** Rille *f*, Riefe *f*; ⚠ Auskehlung *f*; **6.** *fig.* Weg *m*, Ka'nal *m*: ***~s of trade*** Handelswege, *a.* Absatzgebiete; ***official ~s*** Dienstweg; ***through the usual ~s*** auf dem üblichen Wege; **7.** *Radio, TV*: Pro'gramm *n*, Ka'nal *m*: ***~ selector*** Kanalwähler *m*; **II** *v/t.* **8.** *fig.* leiten, lenken; **9.** ⚙ furchen, riefeln; ⚠ kannelieren, auskehlen.

chant [tʃɑːnt] **I** *s.* **1.** *eccl.* Kirchengesang *m*, -lied *n*; **2.** Singsang *m*, eintöniger Gesang *od.* Tonfall; **3.** Sprechchor *m* (*als Geschrei*); **II** *v/t.* **4.** *Kirchenlied* singen; **5.** absingen, 'herleiern; **6.** im Sprechchor rufen.

chan·te·relle [ˌtʃæntəˈrel] *s.* ⚘ Pfifferling *m*.

chan·ti·cleer [ˌtʃæntɪˈklɪə] *s. poet.* Hahn *m*.

chan·try [ˈtʃɑːntrɪ] *s. eccl.* **1.** Stiftung *f* von Seelenmessen; **2.** Vo'tivkaˌpelle *f od.* -alˌtar *m*.

chant·y [ˈtʃɑːntɪ] *s.* Ma'trosenlied *n*, Shanty *n*.

cha·os [ˈkeɪɒs] *s.* 'Chaos *n*, *fig. a.* Wirrwarr *m*, Durchein'ander *n*; **cha·ot·ic** [keɪˈɒtɪk] *adj.* (□ ***~ally***) cha'otisch, wirr.

chap¹ [tʃæp] *s.* F Bursche *m*, Junge *m*: ***a nice ~*** ein netter Kerl; ***old ~*** ‚alter Knabe'.

chap² [tʃæp] *s.* Kinnbacken *m* (*bsd. Tier*), *pl.* Maul *n*.

chap³ [tʃæp] **I** *v/t. u. v/i.* rissig machen *od.* werden: ***~ped hands*** aufgesprungene Hände; **II** *s.* Riß *m*, Sprung *m*.

chap·el [ˈtʃæpl] *s.* **1.** Ka'pelle *f*; Gotteshaus *n* (der Dis'senters): ***I am ~*** F ich bin ein Dissenter; **2.** ('Seiten)Kaˌpelle *f* in e-r Kathe'drale; **3.** Gottesdienst *m*; **4.** *typ.* betriebliche Ge'werkschaftsorganisatiˌon der Drucker; **'chap·el·ry** [-rɪ] *s. eccl.* Sprengel *m*.

chap·er·on [ˈʃæpərəʊn] **I** *s.* **1.** Anstandsdame *f*; **2.** Be'gleitperˌson *f*; **II** *v/t.* (als Anstandsdame) begleiten.

'chapˌfall·en *adj.* niedergeschlagen.

chap·lain [ˈtʃæplɪn] *s.* **1.** Ka'plan *m*, Geistliche(r) *m* (*an e-r Kapelle*); **2.** Hof-, Haus-, Anstalts-, Mili'tär-, Ma'rinegeistliche(r) *m*; **'chap·lain·cy** [-sɪ] *s.* Ka'plans-amt *n*, -pfründe *f*.

chap·let [ˈtʃæplɪt] *s.* **1.** Kranz *m*; **2.** *eccl.* Rosenkranz *m*.

chap·py [ˈtʃæpɪ] *adj.* rissig, aufgesprungen: ***~ hands***.

chap·ter [ˈtʃæptə] *s.* **1.** Ka'pitel *n* (*Buch u. fig.*): ***~ and verse*** a) *bibl.* Kapitel u. Vers, b) genaue Einzelheiten; ***give ~ and verse*** *a.* genau zitieren; ***to the end of the ~*** bis ans Ende; **2.** *eccl.* 'Dom-, 'Ordenskaˌpitel *n*; **3.** *Am.* Orts-, 'Untergruppe *f e-r Vereinigung*; ***~ house*** *s.* **1.** *eccl.* 'Domkaˌpitel *n*, Stiftshaus *n*; **2.** *Am.* Verbindungshaus *n* (*Studenten*).

char¹ [tʃɑ] *v/t. u. v/i.* verkohlen.

char² [tʃɑː] *s. ichth.* 'Rotfoˌrelle *f*.

char³ [tʃɑː] *Brit.* **I** *v/i.* **1.** als Putzfrau *od.* Raumpflegerin arbeiten; **II** *s.* **2.** Putzen *n* (*als Lebensunterhalt*); **3.** → ***charwoman***.

char-à-banc [ˈʃærəbæŋ] *pl.* **-bancs** [-z] *s.* **1.** Kremser *m* (*Kutsche*); **2.** Ausflugsautobus *m*.

char·ac·ter [ˈkærəktə] *s.* **1.** Chaˈrakter *m*, Wesen *n*, Naˈtur *f* (*e-s Menschen*): ***a bad ~*** a) ein schlechter Charakter, b) ein schlechter Kerl; ***a strange ~*** ein eigenartiger Mensch; ***quite a ~*** ein Original; **2.** Chaˈrakter(stärke *f*) *m*, (ausgeprägte) Perˈsönlichkeit: ***a man of ~***; ***a public ~*** e-e bekannte Persönlichkeit; ***~ actor*** *thea.* Charakterdarsteller *m*; ***~ part*** *thea.* Charakterrolle *f*; ***~ assassination*** Rufmord *m*; ***~ building*** Charakterbildung *f*; ***~ defect*** Charakterfehler *m*; **3.** Chaˈrakter *m*, Gepräge *n*, Eigenart *f*; Merkmal *n*, Kennzeichen *n*; **4.** Stellung *f*, Rang *m*, Eigenschaft *f*: ***he came in the ~ of a friend*** er kam (in s-r Eigenschaft) als Freund; **5.** Leumund *m*, Ruf *m*, Name *m*: ***have a good ~*** in gutem Ruf stehen; ***~ witness*** ⚖ Leumundszeuge *m*; **6.** Zeugnis *n* (*für Personal*): ***give s.o. a good ~*** a) j-m ein gutes Zeugnis geben, b) gut von j-m sprechen; **7.** *thea.* Perˈson *f*, Rolle *f*: ***in ~*** a) der Rolle gemäß, b) (zs.-)passend; ***it is out of ~*** es paßt nicht (dazu, zu ihm *etc.*); **8.** *Roman*: Fiˈgur *f*, Gestalt *f*; **9.** Schriftzeichen *n* (*a. Computer*), Schrift *f*; Handschrift *f*.

char·ac·ter·is·tic [ˌkærəktəˈrɪstɪk] **I** *adj.* □ → ***characteristically***; charakteˈristisch, bezeichnend, typisch (***of*** für): ***~ curve*** ⚙ Leistungskurve *f*; **II** *s.* charakteˈristisches Merkmal, Eigentümlichkeit *f*, Kennzeichen *n*, Eigenschaft *f*: (***performance***) ***~*** ⚙ (Leistungs)Angabe *f*, (-)Kennwert *m*; **ˌchar·ac·terˈis·ti·cal** [-kl] → ***characteristic*** I; **ˌchar·ac·terˈis·ti·cal·ly** [-kəlɪ] *adv.* bezeichnenderweise; **char·ac·ter·i·za·tion** [ˌkærəktəraɪˈzeɪʃn] *s.* Charakterisierung *f*, Kennzeichnung *f*; **char·ac·ter·ize** [ˈkærəktəraɪz] *v/t.* charakterisieren: a) beschreiben, b) kennzeichnen, charakteˈristisch sein für; **char·ac·ter·less** [ˈkærəktəlɪs] *adj.* nichtssagend.

cha·rade [ʃəˈrɑːd] *s.* **1.** Schaˈrade *f* (*Ratespiel mit Verkleidungsszenen*); **2.** *fig.* Farce *f*.

ˈchar·broil *v/t.* auf Holzkohle grillen.

char·coal [ˈtʃɑːkəʊl] *s.* **1.** Holzkohle *f*; **2.** (Zeichen)Kohle *f*, Kohlestift *m*; **3.** Kohlezeichnung *f*; **~ burn·er** *s.* Köhler *m*, Kohlenbrenner *m*; **~ draw·ing** *s.* Kohlezeichnung *f*.

chard [tʃɑːd] *s.* ⚘ Mangold(gemüse *n*) *m*.

charge [tʃɑːdʒ] **I** *v/t.* **1.** belasten, beladen, beschweren (***with*** mit) (*mst fig.*); **2.** *Gewehr etc.* laden; *Batterie* aufladen: (***emotionally***) ***~d atmosphere*** *fig.* geladene (*od.* angeheizte) Stimmung; **3.** (an)füllen; ⚙, ⚒ beschicken; ⚗ sättigen; **4.** beauftragen, betrauen: ***~ s.o. with a task***; **5.** ermahnen: ***I ~d him not to forget*** ich schärfte ihm ein, es nicht zu vergessen; **6.** Weisungen geben (*dat.*); belehren: ***~ the jury*** ⚖ den Geschworenen Rechtsbelehrung geben; **7.** zur Last legen, vorwerfen, anlasten (***on*** *dat.*): ***he ~d the fault on me*** er schrieb mir die Schuld zu; **8.** beschuldigen, anklagen (***with*** *gen.*): ***~ s.o. with murder***; **9.** angreifen, *sport a.* ‚angehen', rempeln; anstürmen gegen: ***~ the enemy***; **10.** *Preis etc.* fordern, berechnen: ***he ~d*** (***me***) ***a dollar for it*** er berechnete (mir) e-n Dollar dafür; **11.** † *j-n* mit *et.* belasten, *j-m et.* in Rechnung stellen: ***~ these goods to me*** (*od.* ***to my account***); **II** *v/i.* **12.** angreifen; stürmen: ***the lion ~d at me*** der Löwe fiel mich an; **13.** (e-n Preis) fordern, (Kosten) berechnen: ***~ too much*** zuviel berechnen; ***I shall not ~ for it*** ich werde es nicht berechnen; **III** *s.* **14.** ⚔, ⚡, *mot.* Ladung *f*; ⚙ (Spreng)Ladung *f*; Füllung *f*, Beschickung *f*; *metall.* Einsatz *m*; **15.** Belastung *f*, Forderung *f* (*beide a.* †), Last *f*, Bürde *f*; Anforderung *f*, Beanspruchung *f*: ***~*** (***on an estate***) (Grundstücks)Belastung; ***real ~*** Grundschuld *f*; ***be a ~ on s.o.*** j-m zur Last fallen; ***a first ~ on s.th.*** e-e erste Forderung an et. (*acc.*); **16.** (*a. pl.*) Preis *m*, Kosten *pl.*, Spesen *pl.*, Unkosten *pl.*; Gebühr *f*: ***no ~***, ***free of ~*** kostenlos, gratis; ***~s forward*** per Nachnahme; ***~s*** (***to be***) ***deducted*** abzüglich der Unkosten; **17.** Aufgabe *f*, Amt *n*, Pflicht *f*, Verantwortung *f*; **18.** Aufsicht *f*, Obhut *f*, Pflege *f*, Sorge *f*; Verwahrung *f*; Verwaltung *f*: ***person in ~*** verantwortliche Person, Verantwortliche(r), Leiter(in); ***be in ~ of*** verantwortlich sein für, die Aufsicht *od.* den Befehl führen über (*acc.*), leiten; ***have ~ of*** in Obhut *od.* Verwahrung haben, betreuen, versorgen; ***put s.o. in ~ of*** j-m die Leitung *od.* Aufsicht *etc.* übertragen (*gen.*); ***take ~*** die Leitung *etc.* übernehmen, die Sache in die Hand nehmen; **19.** Gewahrsam *m*: ***give s.o. in ~*** j-n der Polizei übergeben; ***take s.o. in ~*** j-n festnehmen; **20.** ⚖ Mündel *m*; Pflegebefohlene(r *m*) *f*, Schützling *m*; *a.* anvertraute Sache; **21.** Befehl *m*, Anweisung *f*, Mahnung *f*; ⚖ Rechtsbelehrung *f*; **22.** Vorwurf *m*, Beschuldigung *f*; ⚖ (Punkt *m* der) Anklage *f*: ***on a ~ of murder*** wegen Mord;

return to the ~ *fig.* noch einmal ‚einhaken' (*Diskussion*); **23.** Angriff *m*, (An)Sturm *m*; **24.** ***get a ~ out of*** *Am. sl.* an *e-r Sache* mächtig Spaß haben; **~ ac·count** *s.* ⚕ **1.** (ˈKunden)Kreˌditkonto *n*; **2.** Abzahlungskonto *n*.

charge·a·ble [ˈtʃɑːdʒəbl] *adj.* ☐ **1.** anzurechnen(d), zu Lasten gehen(d) (***to*** von); zu berechnen(d) (***on*** *dat.*); zu belasten(d) (***with*** mit); *teleph.* gebührenpflichtig; **2.** zahlbar; **3.** strafbar.

char·gé (d'af·faires) [ˌʃɑːʒeɪ(dæˈfeə)] *pl.* **char·gés (d'af·faires)** [-ʒeɪdæˈfeəz] (*Fr.*) *s. pol.* Geschäftsträger *m*.

ˈcharge-nurse *s.* ⚕ Statiˈons-, Oberschwester *f*.

charg·er [ˈtʃɑːdʒə] *s.* **1.** ⚔ Dienstpferd *n* (*es Offiziers*); **2.** *poet.* Schlachtroß *n*; **3.** ⚙ Aufgeber *m*.

ˈcharge-sheet *s. Brit.* **1.** polizeiliches Aktenblatt über den Beschuldigten u. die ihm zur Last gelegte Tat; **2.** ⚔ Tatbericht *m*.

char·i·ness [ˈtʃeərɪnɪs] *s.* **1.** Behutsamkeit *f*; **2.** Sparsamkeit *f*.

char·i·ot [ˈtʃærɪət] *s. antiq.* zweirädriger Streit- *od.* Triˈumphwagen; **char·i·ot·eer** [ˌtʃærɪəˈtɪə] *s. poet.* Wagen-, Rosselenker *m*.

cha·ris·ma [kəˈrɪzmə] *pl.* **-ma·ta** [-mətə] *s. eccl.* ˈCharisma *n* (*a. fig. persönliche Ausstrahlung*); **char·is·mat·ic** [ˌkærɪzˈmætɪk] *adj.* charisˈmatisch.

char·i·ta·ble [ˈtʃærətəbl] *adj.* ☐ **1.** mild-, wohltätig, karitaˈtiv, Wohltätigkeits…; **2.** mild, nachsichtig; **ˈchar·i·ta·ble·ness** [-nɪs] *s.* Wohltätigkeit *f*; Güte *f*, Milde *f*, Nachsicht *f*; **char·i·ty** [ˈtʃærətɪ] *s.* **1.** Nächstenliebe *f*; **2.** Wohltätigkeit *f*; Freigebigkeit *f*: **~ *stamp*** Wohlfahrtsmarke *f*; **~ *begins at home*** zuerst kommt die eigene Familie *od.* das eigene Land; → ***cold*** 3; **3.** Güte *f*; Milde *f*, Nachsicht *f*; **4.** Almosen *n*, milde Gabe; Wohltat *f*, gutes Werk; **5.** Wohlfahrtseinrichtung *f*.

cha·ri·va·ri [ˌʃɑːrɪˈvɑːrɪ] *s.* **1.** ˈKatzenmuˌsik *f*; **2.** Lärm *m*, Getöse *n*.

char·la·dy [ˈtʃɑːˌleɪdɪ] → ***charwoman***.

char·la·tan [ˈʃɑːlətən] *s.* ˈScharlatan *m*: a) Quacksalber *m*, Marktschreier *m*, b) Schwindler *m*; **ˈchar·la·tan·ry** [-tənrɪ] *s.* Scharlataneˈrie *f*.

Charles's Wain [ˌtʃɑːlzɪzˈweɪn] *s. ast.* Großer Bär.

char·ley horse [ˈtʃɑːlɪ] *s. Am.* F Muskelkater *m*.

char·lock [ˈtʃɑːlɒk] *s.* ⚘ Hederich *m*.

charm [tʃɑːm] **I** *s.* **1.** Anmut *f*, Charme *m*, (Lieb)Reiz *m*, Zauber *m*: (***feminine***) **~*s*** weibliche Reize; **~ *of style*** reizvoller Stil; ***turn on the old ~*** s-n Charme spielen lassen; **2.** Zauber *m*, Bann *m*; Zauberformel *f*: ***it worked like a ~*** *fig.* es klappte phantastisch; **3.** Amuˈlett *n*, ˈTalisman *m*; **II** *v/t.* **4.** bezaubern, reizen, entzücken: ***be ~ed to meet s.o.*** entzückt *od.* erfreut sein, j-n zu treffen; ***~ed with*** entzückt von; **5.** be-, verzaubern: ***~ed against*** gefeit gegen; **~ *away*** wegzaubern; **III** *v/i.* **6.** bezaubern(d wirken), entzücken; **ˈcharm·er** [-mə] *s.* **1.** *fig.* Zauberer *m*, Zauberin *f*; **2.** a) bezaubernder Mensch, Charˈmeur *m*, b) reizvolles Geschöpf, ‚Circe' *f*; **ˈcharm·ing** [-mɪŋ] *adj.* ☐ charˈmant; *a. Sache*: bezaubernd, entzückend, reizend.

char·nel house [ˈtʃɑːnl] *s.* Leichen-, Beinhaus *n*.

chart [tʃɑːt] **I** *s.* **1.** (*bsd.* See-, Himmels)Karte *f*: ***~room*** ⚓ Kartenhaus *n*; **2.** Taˈbelle *f*; **3.** a) graphische Darstellung, *z.B.* (Farb)Skala *f*, (Fieber)Kurve *f*, (Wetter)Karte *f*, b) *bsd.* ⚙ Diaˈgramm *n*, Schaubild *n*, Kurve(nblatt *n*) *f*; **II** *v/t.* **4.** auf e-r (See- *etc.*)Karte einzeichnen; **5.** graphisch darstellen, skizzieren; **6.** *fig.* planen, entwerfen.

char·ta [ˈtʃɑːtə] → ***Magna C(h)arta***.

char·ter [ˈtʃɑːtə] **I** *s.* **1.** Urkunde *f*; Freibrief *m*; Priviˈleg *n*; **2.** a) Gründungsurkunde *f*, b) *Am.* Satzung *f* (*e-r AG etc.*), c) Konzessiˈon *f*; **3.** *pol.* Charta *f*; **4.** ⚓, ✈ a) Chartern *n*, b) → ***charter party***; **II** *v/t.* **5.** *Bank etc.* konzessionieren: ***~ed company*** zugelassene Gesellschaft; → ***accountant*** 2; **6.** chartern: a) ⚓, ✈ mieten, b) befrachten; **ˈchar·ter·er** [-ərə] *s.* ⚓ Befrachter *m*.

char·ter| flight *s.* Charterflug *m*; **~ par·ty** *s.* ˈCharteparˌtie *f*, Miet-, Frachtvertrag *m*.

char·wom·an [ˈtʃɑːˌwʊmən] *s.* [*irr.*] Reinemach-, Putzfrau *f*, Raumpflegerin *f*.

char·y [ˈtʃeərɪ] *adj.* ☐ **1.** vorsichtig, behutsam (***in***, ***of*** in *dat.*, bei); **2.** sparsam, zuˈrückhaltend (***of*** mit).

chase[1] [tʃeɪs] **I** *v/t.* **1.** jagen, nachjagen (*dat.*), verfolgen; **2.** *hunt.* hetzen, jagen; **3.** *fig.* verjagen, vertreiben; **II** *v/i.* **4.** nachjagen (***after*** *dat.*); F sausen, rasen; **III** *s.* **5.** Verfolgung *f*: ***give ~*** die Verfolgung aufnehmen; ***give ~ to*** → 1; **6.** *hunt.* ***the ~*** die Jagd; **7.** *Brit.* ˈJagdreˌvier *n*; **8.** gejagtes Wild (*a. fig.*) *od.* Schiff *etc.*

chase[2] [tʃeɪs] **I** *s.* **1.** *typ.* Formrahmen *m*; **2.** Rinne *f*, Furche *f*; **II** *v/t.* **3.** ziselieren, ausmeißeln, punzen: **~d work** getriebene Arbeit; **4.** ⚙ *Gewinde* strehlen, schneiden.

chas·er¹ [ˈtʃeɪsə] *s.* **1.** Jäger *m*; Verfolger *m*; **2.** ⚓ a) Verfolgungsschiff *n*, (*bsd.* U-Boot-)Jäger *m*, b) Jagdgeschütz *n*; **3.** ✈ Jagdflugzeug *n*; **4.** F ‚Schluck *m* zum Nachspülen'; **5.** *sl.* a) Schürzenjäger *m*, b) mannstolles Weib.

chas·er² [ˈtʃeɪsə] *s.* ⚙ **1.** Zise'leur *m*; **2.** Gewindestahl *m*; Treibpunzen *m*.

chasm [ˈkæzəm] *s.* **1.** Kluft *f*, Abgrund *m* (*beide a. fig.*) **2.** Schlucht *f*; **3.** Riß *m*, Spalte *f*; **4.** Lücke *f*.

chas·sis [ˈʃæsɪ] *pl.* **ˈchas·sis** [-sɪz] *s.* **1.** Chas'sis *n*: a) ✈, *mot.* Fahrgestell *n*, b) *Radio*: Grundplatte *f*; **2.** ⚔ La'fette *f*.

chaste [tʃeɪst] *adj.* □ **1.** keusch (*a. fig. schamhaft; anständig, tugendhaft*); rein, unschuldig; **2.** rein, von edler Schlichtheit: **~ style**.

chas·ten [ˈtʃeɪsn] *v/t.* **1.** züchtigen, strafen; **2.** läutern; **3.** mäßigen, dämpfen; ernüchtern.

chas·tise [tʃæˈstaɪz] *v/t.* **1.** züchtigen, strafen; **2.** geißeln, tadeln; **chas·tise·ment** [ˈtʃæstɪzmənt] *s.* Züchtigung *f*, Strafe *f*.

chas·ti·ty [ˈtʃæstətɪ] *s.* **1.** Keuschheit *f*: **~ belt** Keuschheitsgürtel *m*; **2.** Reinheit *f*; **3.** Schlichtheit *f*.

chas·u·ble [ˈtʃæzjʊbl] *s. eccl.* Meßgewand *n*.

chat [tʃæt] **I** *v/i.* plaudern, schwatzen; **II** *v/t.* **~ s.o.** (**up**) F a) auf j-n einreden, b) j-n ‚anquatschen'; **III** *s.* Plaude'rei *f*: **~ show** *Brit.* Talk-Show *f*; **have a ~** → I.

chat·e·laine [ˈʃætəleɪn] *s.* **1.** Schloßherrin *f*; **2.** Kastel'lanin *f*; **3.** (Gürtel)Kette *f* (*für Schlüssel etc.*).

chat·tel [ˈtʃætl] *s.* **1.** *mst pl.* bewegliches Eigentum, Habe *f*: **~ mortgage** Mobiliarhypothek *f*; **~ paper** *Am.* Verkehrspapier *n*; → **good** 18; **2.** *mst* **~ slave** Leibeigene(r) *m*.

chat·ter [ˈtʃætə] **I** *v/i.* **1.** plappern, schwatzen; **2.** schnattern; **3.** klappern (*a. Zähne*), rattern; **4.** plätschern; **II** *s.* **5.** Geplapper *n*, Geschnatter *n*; Klappern *n*; **ˈchat·ter·box** *s.* Plappermaul *n*; **ˈchat·ter·er** [-ərə] *s.* Schwätzer(in).

chat·ty [ˈtʃætɪ] *adj.* **1.** gesprächig; **2.** unter'haltsam (*Person*, *Brief*), im Plauderton (geschrieben *etc.*).

chauf·feur [ˈʃəʊfə] (*Fr.*) *s.* Chauf'feur *m*, Fahrer *m*; **chauf·feuse** [ʃəʊˈfɜːz] *s.* Fahrerin *f*.

chau·vie [ˈʃəʊvɪ] *s.* F ‚Chauvie' *m* (→ **chauvinist** 2).

chau·vin·ism [ˈʃəʊvɪnɪzəm] *s.* Chauvi'nismus *m*; **ˈchau·vin·ist** [-ɪst] *s.* **1.** Chauvi'nist *m*; **2. male ~** *sociol.* männlicher Chauvinist; **chau·vin·is·tic** [ˌʃəʊvɪˈnɪstɪk] *adj.* (□ **~ally**) chauvi'nistisch.

cheap [tʃiːp] **I** *adj.* □ **1.** billig, preiswert: **get off ~** mit e-m blauen Auge davonkommen; **hold ~** wenig halten von; **~ as dirt** spottbillig; **2.** billig, minderwertig; schlecht, kitschig: **~ and nasty** billig u. schlecht; **3.** verbilligt, ermäßigt: **~ fare**; **~ money** billiges Geld; **4.** *fig.* billig, mühelos; **5.** *fig.* ‚billig', schäbig: **feel ~** a) sich ‚billig' *od.* ärmlich vorkommen, b) *sl.* sich elend fühlen; **II** *adv.* **6.** billig; **III** *s.* **7. on the ~** F billig; **ˈcheap·en** [-pən] *v/t.* (*v/i.* sich) verbilligen; her'absetzen (*a. fig.*): **~ o.s.** sich herabwürdigen; **ˈcheap·jack** **I** *s.* billiger Jakob; **II** *adj.* Ramsch...; **ˈcheap·ness** [-nɪs] *s.* Billigkeit *f* (*a. fig.*); **ˈcheap·skate** *s. Am. sl.* ‚Knikker' *m*, Geizhals *m*.

cheat [tʃiːt] **I** *s.* **1.** Betrüger(in), Schwindler(in); ‚Mogler(in)'; **2.** Betrug *m*, Schwindel *m*; Moge'lei *f*; **II** *v/t.* **3.** betrügen (**of**, **out of** um); **4.** durch List bewegen (**into** zu); **5.** sich entziehen (*dat.*), ein Schnippchen schlagen (*dat.*): **~ justice**; **III** *v/i.* **6.** betrügen, schwindeln, mogeln.

check [tʃek] **I** *s.* **1.** Schach(stellung *f*) *n*: **in ~** im Schach (stehend); **give ~** Schach bieten; **hold** (*od.* **keep**) **in ~** *fig.* in Schach halten; **2.** Hemmnis *n*, Hindernis *n* (**on** für): **put a ~ upon s.o.** j-m e-n Dämpfer aufsetzen, j-n zurückhalten; **3.** Unter'brechung *f*, Rückschlag *m*: **give a ~ to** Einhalt gebieten (*dat.*); **4.** Kon'trolle *f*, Über'prüfung *f*, Nachprüfung *f*, Über'wachung *f*: **keep a ~ upon s.th.** etwas unter Kontrolle halten; **5.** Kon'trollzeichen *n*, *bsd.* Häkchen *n* (*auf Listen etc.*); **6.** ✝ *Am.* Scheck *m* (**for** über *acc.*); **7.** *bsd. Am.* Kassenschein *m*, -zettel *m*, Rechnung *f* (*im Kaufhaus od. Restaurant*); **8.** Kon'trollabschnitt *m*, -marke *f*, -schein *m*; **9.** *bsd. Am.* Aufbewahrungsschein *m*: a) Garde'robenmarke *f*, b) Gepäckschein *m*; **10.** (*Essens- etc.*)Bon *m*, Gutschein *m*; **11.** a) Schachbrett-, Würfel-, Karomuster *n*, b) Karo *n*, Viereck *n*, c) karierter Stoff; **12.** Spielmarke *f*: **to pass** (*od.* **hand**) **in one's ~s** *Am.* F ‚abkratzen' (*sterben*); **13.** *Eishockey*: Check *m*; **II** *v/t.* **14.** Schach bieten (*dat.*): **~!** Schach!; **15.** hemmen, hindern, aufhalten, eindämmen; **16.** ⚙, *a. fig.* ✝ *etc.* drosseln, bremsen; **17.**

zu'rückhalten, bremsen, zügeln, dämpfen: ~ ***o.s.*** (plötzlich) innehalten, sich e-s anderen besinnen; **18.** *Eishockey: Gegner* checken; **19.** kontrollieren, über'prüfen, nachprüfen, ‚checken' (***for*** auf *e-e Sache* hin): ~ ***against*** vergleichen mit; **20.** *Am.* (*auf e-r Liste etc.*) abhaken, ankreuzen; **21.** *bsd. Am.* a) (zur Aufbewahrung *od.* in der Garde'robe) abgeben, b) (als Reisegepäck) aufgeben; **22.** *bsd. Am.* a) (zur Aufbewahrung) annehmen, b) zur Beförderung (als Reisegepäck) über'nehmen *od.* annehmen; **23.** karieren, mit e-m Karomuster versehen; **III** *v/i.* **24.** a) stimmen, b) (***with***) über'einstimmen (mit); **25.** *oft* ~ ***up*** (***on***) nachprüfen, (*e-e Sache od. j-n*) über'prüfen: ~***!*** *Am.* F klar!; **26.** *Am.* e-n Scheck ausstellen (***for*** über *acc.*); **27.** (plötzlich) inne- *od.* anhalten, stutzen.

Zssgn mit adv.:

check| back *v/i.* rückfragen (***with*** bei); ~ **in I** *v/i.* **1.** sich anmelden; **2.** ☨ einstempeln; **3.** ✈ einchecken; **II** *v/t.* **4.** anmelden; **5.** ✈ einchecken, abfertigen; ~ **off** → ***check*** 20; ~ **out I** *v/t.* **1.** → ***check*** 19; **II** *v/i.* **2.** (*aus e-m Hotel*) abreisen; **3.** ☨ ausstempeln; **4.** *Am. sl.* ‚abkratzen'; ~ **o·ver** → ***check*** 19; ~ **up** → ***check*** 25.

'**check|·back** *s.* Rückfrage *f*; ~ **bit** *s. Computer*: Kon'trollbit *n*; '~**·book** → ***chequebook***; '~**·card** *s. Am.* Scheckkarte *f.*

checked [tʃekt] *adj.* kariert: ~ ***pattern*** Karomuster *n.*

check·er ['tʃekə] *etc. Am.* → ***chequer*** *etc.*

'**check·in** *s.* **1.** Anmeldung *f in e-m Hotel*; **2.** ☨ Einstempeln *n*; **3.** ✈ Einchekken *n*: ~ ***counter*** Abfertigungsschalter *m*; ~ ***time*** Eincheckzeit *f.*

check·ing ac·count ['tʃekıŋ] *s. econ. Am.* Girokonto *n.*

check| list *s.* Kon'trolliste *f*; ~ **lock** *s.* kleines Sicherheitsschloß; '~**·mate I** *s.* **1.** (Schach)'Matt *n*, Mattstellung *f*; **2.** *fig.* Niederlage *f*; **II** *v/t.* **3.** (schach)'matt setzen (*a. fig.*); **III** *int.* **4.** schach'matt!; ~ **nut** *s.* ⚙ Gegenmutter *f*; '~**-out** *s.* **1.** Abreise *f aus e-m Hotel*; **2.** ☨ Ausstempeln *n*; **3.** *a.* ~ ***counter*** Kasse *f im Kaufhaus*; '~**-out test** *s.* ☨ Tauglichkeitstest *m für ein Produkt*; '~**-ˌo·ver** → ***checkup*** 1; '~**·point** *s. pol.* Kon'trollpunkt *m* (*an der Grenze*); '~**·room** *s. Am.* **1.** 🚂 Gepäckaufbewahrung(sstelle) *f*; **2.** Garde'robe(nraum *m*) *f*; '~**·up** *s.* **1.** Über'prüfung *f*, Kon'trolle *f*; **2.** ⚕ 'Vorsorgeunterˌsuchung *f*, Check-up *m*; ~ **valve** *s.* ⚙ 'Absperr- *od.* 'Rückschlagvenˌtil *n.*

Ched·dar (**cheese**) ['tʃedə] *s.* 'Cheddarkäse *m.*

cheek [tʃi:k] **I** *s.* **1.** Backe *f*, Wange *f*: ~ ***by jowl*** dicht *od.* vertraulich beisammen; **2.** ⚙ Backe *f*; **3.** F Frechheit *f*, Unverfrorenheit *f*: ***have the*** ~ die Frechheit *od.* Stirn besitzen (***to*** *inf.* zu *inf.*); **II** *v/t.* **4.** frech sein zu; '**cheek·bone** *s.* Backenknochen *m*; **cheeked** [-kt] *adj.* ...wangig, ...bäckig; '**cheek·i·ness** [-kınıs] *s.* F Frechheit *f*; '**cheek·y** [-kı] *adj.* □ frech.

cheep [tʃi:p] **I** *v/t. u. v/i.* piep(s)en; **II** *s.* Pieps(er) *m* (*a. fig.*).

cheer [tʃıə] **I** *s.* **1.** Beifall(sruf) *m*, Hur'ra(ruf *m*) *n*, Hoch(ruf *m*) *n*: ***three*** ~***s for him!*** ein dreifaches Hoch auf ihn!, er lebe hoch, hoch, hoch!; ***to the*** ~***s of*** unter dem Beifall *etc.* (*gen.*); **2.** Ermunterung *f*, Trost *m*: ***words of*** ~; ~***s!*** prosit!; **3.** a) gute Laune, vergnügte Stimmung, Fröhlichkeit *f*, b) Stimmung *f*: ***good*** ~ → a); ***be of good*** ~ guter Laune *od.* Dinge sein, vergnügt sein; ***be of good*** ~***!*** sei guten Mutes!; ***make good*** ~ sich amüsieren, *a.* gut essen u. trinken; **II** *v/t.* **4.** Beifall spenden (*dat.*), zujubeln (*dat.*), mit Hoch- *od.* Bravorufen begrüßen, hochleben lassen; **5.** *a.* ~ ***on*** anspornen, anfeuern; **6.** *a.* ~ ***up*** *j-n* er-, aufmuntern, aufheitern; **III** *v/i.* **7.** Beifall spenden, hoch *od.* hur'ra rufen, jubeln; **8.** *meist* ~ ***up*** Mut fassen, (wieder) fröhlich werden: ~ ***up!*** Kopf hoch!

cheer·ful ['tʃıəfʊl] *adj.* □ **1.** heiter, fröhlich; (*iro.* quietsch)vergnügt; **2.** erfreulich, freundlich; **3.** freudig, gern; '**cheer·ful·ness** [-nıs], **cheer·i·ness** ['tʃıərınıs] *s.* Heiterkeit *f*, Frohsinn *m*; **cheer·i·o** [ˌtʃıərı'əʊ] *int.* F *bsd. Brit.* a) mach's gut!, tschüs!, b) 'prosit!; '**cheer-ˌlead·er** *s. sport Am.* Einpeitscher *m* (*beim Anfeuern*); **cheer·less** ['tʃıəlıs] *adj.* □ freudlos, trüb, trostlos; unfreundlich (*Zimmer, Wetter etc.*); **cheer·y** ['tʃıərı] *adj.* □ fröhlich, heiter, vergnügt.

cheese [tʃi:z] **I** *s.* **1.** Käse *m*; → ***chalk*** 2; **2.** käseartige Masse; Ge'lee *n*, *m*; **3.** ***big*** ~ *sl.* ‚hohes Tier'; **4.** *sl. das* Richtige *od.* einzig Wahre: ***that's the*** ~***!*** so ist's richtig!; ***hard*** ~***!*** schöne Pleite!; **II** *v/t.* **5.** *sl.*: ~ ***it!*** ‚hau ab'!; '~**·cake** *s.* **1.** Käsekuchen *m*, -törtchen *n*; **2.** *Am.* Pin-up-Girl *n*, Sexbombe *f* (*Bild*); '~**·cloth** *s.* Mull *m*, Gaze *f*; '~ˌ**mon·ger**

s. Käsehändler *m*; **'~ˌpar·ing I** *s.* **1.** wertlose Sache; **2.** Knause'rei *f*; **II** *adj.* **3.** knauserig; **~ straws** *s. pl.* Käsestangen *pl.*

chee·tah ['tʃi:tə] *s. zo.* 'Gepard *m.*

chef [ʃef] (*Fr.*) *s.* Küchenchef *m.*

chem·i·cal ['kemɪkl] **I** *adj.* □ chemisch, Chemie...: ***~ agent*** ⚔ Kampfstoff *m*; ***~ engineer*** Chemotechniker *m*; ***~ fibre*** Chemie-, Kunstfaser *f*; ***~ warfare*** chemische Kriegführung; **II** *s.* Chemi'kalie, chemisches Präpa'rat.

che·mise [ʃɪ'mi:z] **1.** (Damen)Hemd *n*; **2.** *a.* ***~ dress*** Hängekleid *n*.

chem·ist ['kemɪst] *s.* **1.** *a.* ***analytical ~*** Chemiker *m*; **2.** *Brit. a.* ***dispensing ~*** Apo'theker *m*: ***~'s shop*** *Brit.* Apotheke *f*, Drogerie *f*; **'chem·is·try** [-trɪ] *s.* **1.** Che'mie *f*; **2.** chemische Zs.-setzung; **3.** *fig.* Na'tur *f*, Wirken *n*.

cheque [tʃek] *s.* ✝ *Brit.* Scheck *m* (***for*** über *e-e Summe*): ***blank ~*** Blankoscheck, *fig.* unbeschränkte Vollmacht; ***crossed ~*** Verrechnungsscheck; **~ account** *s.* ✝ *Brit.* 'Giroˌkonto *n*; **'~-book** *s. Brit.* Scheckbuch *n*.

cheq·uer ['tʃekə] *Brit.* **I** *s.* **1.** Schach-, Karomuster *n*; **2.** *pl. sg. konstr.* Damespiel *n*; **II** *v/t.* **3.** karieren; **4.** bunt *od.* unregelmäßig gestalten; **'cheq·uer-board** *s. Brit.* Damebrett *n*; **'cheq·uered** [-əd] *adj. Brit.* kariert; *fig.* bunt; wechselvoll, bewegt.

cher·ish ['tʃerɪʃ] *v/t.* **1.** schätzen, hochhalten; **2.** sorgen für, pflegen; **3.** *Gefühle etc.* hegen; bewahren; **4.** *fig.* festhalten an (*dat.*).

che·root [ʃə'ru:t] *s.* Stumpen *m* (*Zigarre*).

cher·ry ['tʃerɪ] **I** *s.* **1.** ⚘ Kirsche *f* (*Frucht od. Baum*); **2.** *sl.* a) Jungfräulichkeit *f*, b) Jungfernhäutchen *n*; **II** *adj.* **3.** kirschrot; **~ bran·dy** *s.* Cherry Brandy *m*, 'Kirschliˌkör *m*; **~ pie** *s.* **1.** Kirschtorte *f*; **2.** ⚘ Helio'trop *n*; **~ stone** *s.* Kirschkern *m*; **'~-wood** *s.* Kirschbaumholz *n*.

cher·ub ['tʃerəb] *pl.* **-ubs**, **-u·bim** [-əbɪm] *s.* **1.** *bibl.* 'Cherub *m*, Engel *m*; **2.** geflügelter Engelskopf; **3.** a) pausbäckiges Kind, b) *fig.* Engel(chen *n*) *m* (*Kind*).

cher·vil ['tʃɜ:vɪl] *s.* ⚘ Kerbel *m*.

Chesh·ire| cat ['tʃeʃə] *s.*: ***grin like a ~*** grinsen wie ein Affe; **~ cheese** *s.* 'Chesterkäse *m*.

chess [tʃes] *s.* Schach(spiel) *n*: ***a game of ~*** e-e Partie Schach; **'~-board** *s.* Schachbrett *n*; **'~·man** [-mæn] *s.* [*irr.*] 'Schachfiˌgur *f*; **~ prob·lem** *s.* Schachaufgabe *f*.

chest [tʃest] *s.* **1.** Kiste *f*, Kasten *m*, Truhe *f*: ***~ of drawers*** Kommode *f*; **2.** kastenartiger Behälter; **3.** Brust(kasten *m*) *f*: ***have a weak ~*** schwach auf der Brust sein; ***~ expander*** Expander *m*; ***~ note*** Brustton *m*; ***~ trouble*** Lungenleiden; ***beat one's ~*** *fig.* sich reuig an die Brust schlagen; ***get s.th. off one's ~*** F sich et. von der Seele schaffen; ***play*** (***one's cards***) ***close to one's ~*** *a. fig.* sich nicht in die Karten gucken lassen; **4.** Kasse *f*, Kassenverwaltung *f*; **'chest·ed** [-tɪd] *adj. in Zssgn* ...brüstig.

ches·ter·field ['tʃestəfi:ld] *s.* **1.** Chesterfield *m* (*Herrenmantel*); **2.** 'Polsterˌsofa *n*.

chest·nut ['tʃesnʌt] **I** *s.* **1.** ⚘ Ka'stanie *f* (*Frucht, Baum od. Holz*); **2.** Braune(r) *m* (*Pferd*); **3.** alter Witz, ‚alte Ka'melle'; **II** *adj.* **4.** ka'stanienbraun.

chest·y ['tʃestɪ] *adj.* **1.** F tief(sitzend) (*Husten*); **2.** F dickbusig; **3.** *sl.* eingebildet, arro'gant.

chev·a·lier [ˌʃevə'lɪə] *s.* **1.** (Ordens)Ritter *m*; **2.** *fig.* Kava'lier *m*.

chev·ron ['ʃevrən] *s.* **1.** *her.* Sparren *m*; **2.** ⚔ Winkel *m* (*Rangabzeichen*); **3.** ⚠ Zickzackleiste *f*.

chev·y ['tʃevɪ] → ***chiv(v)y***.

chew [tʃu:] **I** *v/t.* **1.** kauen: ***~ the rag*** *od.* ***fat*** a) ‚quatschen', plaudern, b) ‚meckern'; → ***cud***; **2.** *fig.* sinnen auf (*acc.*), über'legen, brüten; **3.** ***~ over*** F *et.* besprechen; **4.** ***~ up*** *Am. sl. j-n* ‚anscheißen'; **II** *v/i.* **5.** kauen; **6.** F 'Tabak kauen; **7.** nachsinnen, grübeln (***on***, ***over*** über *acc.*); **III** *s.* **8.** Kauen *n*; **9.** Priem *m*; **'chew·ing-gum** ['tʃu:ɪŋ-] *s.* 'Kauˌgummi *m*.

chi·a·ro·scu·ro [kɪˌɑ:rəs'kʊərəʊ] *pl.* **-ros** (*Ital*) *s. paint.* Helldunkel *n*.

chic [ʃi:k] **I** *s.* Schick *m*, Ele'ganz *f*, Geschmack *m*; **II** *adj.* schick, ele'gant.

chi·cane [ʃɪ'keɪn] **I** *s.* **1.** Schi'kane *f* (*a. Motorsport*); **2.** *Bridge*: Blatt *n* ohne Trümpfe; **II** *v/t. u. v/i.* **3.** schikanieren; **4.** betrügen (***out of*** um); **chi'can·er·y** [-nərɪ] *s.* Schi'kane *f*, (*bsd.* Rechts-) Kniff *m*.

chi·chi ['ʃi:ʃi:] *adj.* F **1.** (tod)schick; **2.** *contp.* auf schick gemacht.

chick [tʃɪk] *s.* **1.** Küken *n* (*a. fig. Kind*); junger Vogel; **2.** *sl.* ‚Biene' *f*, ‚Puppe' *f*.

chick·en ['tʃɪkɪn] **I** *s.* **1.** Küken *n*; Hühnchen *n*, Hähnchen *n*: ***count one's ~s before they are hatched*** das Fell des Bären verkaufen, ehe man ihn hat; **2.** Huhn *n*; **3.** Hühnerfleisch *n*; **4.** F ‚Küken' *n*: ***she is no ~*** sie ist auch nicht mehr die Jüngste; **5.** *sl.* Mutprobe-Spiel *n*; **6.** ***give s.o. ~*** ⚔ *sl.* ‚mit j-m Schlitten fahren'; **II** *adj.* **7.** *sl.* feig(e); **III** *v/i.* **8.** *sl.* ‚Schiß' bekommen: ***~ out*** ‚kneifen'; **'~-ˌbreast·ed** *adj.* hühnerbrüstig; **~ broth** *s.* Hühnerbrühe *f*; **'~-feed** *s.* **1.** Hühnerfutter *n*; **2.** *sl.* ‚ein paar Groschen', lächerliche Summe: ***no ~*** kein Pappenstiel; **'~-ˌheart·ed**, **'~-ˌliv·ered** *adj.* feig(e); **~ pox** *s.* ⚕ Windpocken *pl.*; **~ run** *s.* Hühnerauslauf *m.*

'chick·pea *s.* ⚘ Kichererbse *f.*

chic·le ['tʃɪkl], *a.* **~ gum** *s.* (Rohstoff *m* von) 'Kauˌgummi *m.*

chic·o·ry ['tʃɪkərɪ] *s.* ⚘ **1.** Zi'chorie *f*; **2.** Chicorée *m, f.*

chid [tʃɪd] *pret. u. p.p. von* ***chide***; **chid·den** [-dn] *p.p. von* ***chide***; **chide** [tʃaɪd] *v/t. u. v/i.* [*irr.*] schelten, tadeln, (aus-) schimpfen.

chief [tʃi:f] **I** *s.* **1.** Haupt *n*, Oberhaupt *n*, Anführer *m*; Chef *m*, Vorgesetzte(r) *m*; Leiter *m*: ***♀ of Staff*** ⚔ (General-) Stabschef *m*; ***♀ of State*** Staatschef *m*, -oberhaupt *n*; ***in ~*** hauptsächlich; **2.** Häuptling *m*; **3.** *her.* Schildhaupt *n*; **II** *adj.* ☐ → ***chiefly***; **4.** erst, oberst, höchst; bedeutendst, Ober..., Höchst..., Haupt...: ***~ designer*** Chefkonstrukteur *m*; ***~ mourner*** Hauptleidtragende(r *m*) *f*; ***~ part*** Hauptrolle *f*; **~ clerk** *s.* **1.** Bü'rovorsteher *m*; erster Buchhalter; **2.** *Am.* erster Verkäufer; **♀ Con·sta·ble** *s.* Poli'zeipräsiˌdent *m*; **~ en·gi·neer** *s.* **1.** 'Chefingeniˌeur *m*; **2.** ⚓ erster Maschi'nist; **♀ Ex·ec·u·tive** *s.* *Am.* Leiter *m* der Verwaltung, *bsd.* Präsi'dent *m* der U.S.A.; **♀ Jus·tice** *s.* Oberrichter *m.*

chief·ly ['tʃi:flɪ] *adv.* hauptsächlich.

chief·tain ['tʃi:ftən] *s.* Häuptling *m* (*Stamm*); Anführer *m* (*Bande*); **'chief·tain·cy** [-sɪ] *s.* Stellung *f* e-s Häuptlings.

chif·fon ['ʃɪfɒn] Chif'fon *m.*

chil·blain ['tʃɪlbleɪn] *s.* Frostbeule *f.*

child [tʃaɪld] *pl.* **chil·dren** ['tʃɪldrən] *s.* **1.** Kind *n*: ***with ~*** schwanger; ***from a ~*** von Kindheit an; ***be a good ~!*** sei artig!; ***~'s play*** *fig.* ein Kinderspiel (***to*** für); **2.** *fig.* Kind *n*, kindische *od.* kindliche Per'son; **3.** Kind *n*, Nachkomme *m*: ***the children of Israel***; **4.** *fig.* Kind *n*, Pro'dukt *n*; **5.** Jünger *m*; **~ al·low·ance** *s.* Kinderfreibetrag *m*; **'~ˌbear·ing** *s.* Gebären *n*; **'~·bed** *s.* Kind-, Wochenbett *n*; **~ ben·e·fit** *s.* *Brit.* Kindergeld *n*; **'~·birth** *s.* Geburt *f*, Entbindung *f*, Niederkunft *f*; **~ care** *s.* Jugendfürsorge *f*; **~ guid·ance** *s.* 'heilpädaˌgogische Betreuung (des Kindes).

child·hood ['tʃaɪldhʊd] *s.* Kindheit *f*: ***second ~*** zweite Kindheit (*Senilität*); **'child·ish** [-dɪʃ] *adj.* ☐ **1.** kindisch; **2.** kindlich; **'child·ish·ness** [-dɪʃnɪs] *s.* **1.** Kindlichkeit *f*; **2.** kindisches Wesen; **'child·less** [-lɪs] *adj.* kinderlos; **'child·like** *adj.* kindlich; **child mind·er** *s.* Tagesmutter *f*; **child prod·i·gy** *s.* Wunderkind *n.*

chil·dren ['tʃɪldrən] *pl. von* ***child***: ***~'s allowance*** Kindergeld; *Radio, TV*: ***~'s hour*** Kinderstunde *f.*

child| wel·fare *s.* Jugendfürsorge *f*: ***~ worker*** Jugendfürsorger(in), Jugendpfleger(in); **~ wife** *s.* Kindweib *n*, sehr junge Ehefrau.

chil·e → ***chilli.***

Chil·e·an ['tʃɪlɪən] **I** *s.* Chi'lene *m*, Chi'lenin *f*; **II** *adj.* chi'lenisch.

Chil·e| pine ['tʃɪlɪ] *s.* ⚘ Chiletanne *f*, Arau'karie *f*; **~ salt·pe·tre**, *Am.* **salt·pe·ter** *s.* ⚗ 'Chilesalˌpeter *m.*

chil·i *Am.* → ***chilli.***

chill [tʃɪl] **I** *s.* **1.** Kältegefühl *n*, Frösteln *n*; (*a.* Fieber)Schauer *m*: ***~ of fear*** eisiges Gefühl der Angst; **2.** Kälte *f*: ***take the ~ off*** leicht anwärmen, überschlagen lassen; **3.** Erkältung *f*: ***catch a ~*** sich erkälten; **4.** *fig.* Kälte *f*, Lieblosigkeit *f*, Entmutigung *f*: ***cast a ~ upon*** → 9; **5.** ⚙ Ko'kille *f*, Gußform *f*; **II** *adj.* **6.** kalt, frostig, kühl (*a. fig.*); entmutigend; **III** *v/i.* **7.** abkühlen; **IV** *v/t.* **8.** (ab)kühlen; erstarren lassen: ***~ed meat*** Kühlfleisch *n*; **9.** *fig.* abkühlen, dämpfen, entmutigen; **10.** ⚙ abschrecken, härten: ***~ed*** (***cast***) ***iron*** Hartguß *m.*

chil·li ['tʃɪlɪ] *s.* ⚘ Chili *m.*

chill·i·ness ['tʃɪlɪnɪs] *s.* Kälte *f*, Frostigkeit *f* (*beide a. fig.*); **chill·ing** ['tʃɪlɪŋ] *adj.* kalt, frostig; *fig.* niederdrückend; **chill·y** ['tʃɪlɪ] *adj.* a) kalt, frostig, kühl (*alle a. fig.*), b) fröstelnd: ***feel ~*** frösteln.

Chil·tern Hun·dreds ['tʃɪltən] *s.* *Brit. parl.*: ***apply for the ~*** s-n Sitz im Unterhaus aufgeben.

chi·mae·ra [kaɪ'mɪərə] *s.* **1.** *zo.* a) Chi'märe *f*, Seehase *m*, b) Seedrachen *m*; **2.** → ***chimera.***

chime [tʃaɪm] **I** *s.* **1.** *oft pl.* Glockenspiel *n*, Geläut(e) *n*; **2.** *fig.* Einklang *m*, Harmo'nie *f*; **II** *v/i.* **3.** läuten; ertönen; schlagen (*Uhr*); **4.** *fig.* über'einstimmen, harmonieren: ***~ in*** einfallen, -stimmen, *weitS.* sich (ins Gespräch) einmischen; ***~ in with*** a) beipflichten (*dat.*), b) übereinstimmen mit; **III** *v/t.* **5.** läuten, ertönen lassen; *die Stunde* schlagen.

chi·me·ra [kaɪˈmɪərə] *s.* **1.** *myth.* Chiˈmära *f*; **2.** Schiˈmäre *f*: a) Schreckgespenst *n*, b) Hirngespinst *n*; **chiˈmer·i·cal** [-ˈmerɪkl] *adj.* □ schiˈmärisch, phanˈtastisch.

chim·ney [ˈtʃɪmnɪ] *s.* **1.** Schornstein *m*, Schlot *m*, Kaˈmin *m*; Rauchfang *m*: ***smoke like a ~*** F rauchen wie ein Schlot; **2.** (*Lampen*)Zyˈlinder *m*; **3.** a) *geol.* Vulˈkanschlot *m*, b) *mount.* Kaˈmin *m*; **~ cor·ner** *s.* Sitzecke *f* am Kaˈmin; **~ piece** *s.* Kaˈminsims *m*, *n*; **~ pot** *s.* Schornsteinaufsatz *m*: ***~ hat*** F ‚Angströhre' *f* (*Zylinderhut*); **~ stack** *s.* Schornstein(kasten) *m*; **~ sweep (-er)** *s.* Schornsteinfeger *m*.

chimp [tʃɪmp] *s.* F, **chim·pan·zee** [ˌtʃɪmpənˈziː] *s. zo.* Schimˈpanse *m*.

chin [tʃɪn] **I** *s.* Kinn *n*: ***up to the ~*** *fig.* bis über die Ohren; ***take it on the ~*** *fig.* a) schwer einstecken müssen, b) e-e böse ‚Pleite' erleben, c) es standhaft ertragen; (***keep your***) ***~ up!*** halt die Ohren steif!; **II** *v/i. sl.* ‚quasseln'; **III** *v/t.* ***~ o.s.*** (***up***) *Am.* e-n Klimmzug *od.* Klimmzüge machen.

chi·na [ˈtʃaɪnə] **I** *s.* **1.** Porzelˈlan *n*; **2.** (Porzelˈlan)Geschirr *n*; **II** *adj.* **3.** Porzellan...; **≈ bark** *s.* ⚘ Chinarinde *f*; **~ clay** *s. min.* Kaoˈlin *n*, Porzelˈlanerde *f*; **ˈ≈·man** [-mən] *s.* [*irr.*] Chiˈnese *m*; **≈ tea** *s.* chiˈnesischer Tee; **ˈ≈·town** *s.* Chiˈnesenviertel *n*; **ˈ~·ware** *s.* Porzelˈlan(waren *pl.*) *n*.

chinch [tʃɪntʃ] *s. Am.* Wanze *f*.

chin-chin [ˌtʃɪnˈtʃɪn] *int.* (*Pidgin-English*) **1.** a) (guten) Tag!, b) tschüs!; **2.** ˈprosit!, prost!

chine [tʃaɪn] *s.* **1.** Rückgrat *n*, Kreuz *n* (*Tier*); **2.** *Küche*: Kammstück *n*; **3.** (Berg)Grat *m*, Kamm *m*.

Chi·nese [ˌtʃaɪˈniːz] **I** *adj.* **1.** chiˈnesisch; **II** *s.* **2.** Chiˈnese *m*, Chiˈnesin *f*, Chiˈnesen *pl.*; **3.** *ling.* Chiˈnesisch *n*; **~ cab·bage** *s.* ⚘ Chinakohl *m*; **~ lan·tern** *s.* **1.** Lampiˈon *m*, *n*; **2.** ⚘ Lampiˈonpflanze *f*; **~ puz·zle** *s.* **1.** Veˈxier-, Geduldspiel *n*; **2.** *fig.* schwierige Sache.

Chink[1] [tʃɪŋk] *s. sl.* Chiˈnese *m*.

chink[2] [tʃɪŋk] *s.* **1.** Riß *m*, Ritz *m*, Ritze *f*, Spalt *m*, Spalte *f*: ***the ~ in his armo(u)r*** *fig.* sein schwacher Punkt; **2.** ***~ of light*** dünner Lichtstrahl.

chink[3] [tʃɪŋk] **I** *v/i. u. v/t.* klingen *od.* klirren (lassen), klimpern (mit) (*Geld etc.*); **II** *s.* Klirren *n*, Klang *m*.

chin strap *s.* Kinnriemen *m*.

chintz [tʃɪnts] *s.* Chintz *m*, buntbedruckter ˈMöbelkatˌtun; **ˈchintz·y** [-sɪ] *adj.* **1.** Plüsch...; **2.** *fig.* kleinbürgerlich, spießig.

ˈchin·wag I *s.* **1.** Plausch *m*; **2.** Tratsch *m*; **II** *v/i.* **3.** plauschen; **2.** tratschen.

chip [tʃɪp] **I** *s.* **1.** (*Holz- od. Metall*)Splitter *m*, Span *m*, Schnitzel *n*, *m*; Scheibchen *n*; abgebrochenes Stückchen; *pl.* Abfall *m*: ***dry as a ~*** fade, *fig. a.* trokken, ledern; ***a ~ of the old block*** ganz (wie) der Vater; ***have a ~ on one's shoulder*** F sehr empfindlich sein; **2.** angeschlagene Stelle; **3.** *pl.* a) *Brit.* Pommes ˈfrites *pl.*: ***fish and ~s***, b) *Am.* (Karˈtoffel)Chips *pl.*; **4.** Spielmarke *f*: ***when the ~s are down*** *fig.* wenn es hart auf hart geht; ***hand in one's ~s*** *Am. sl.* ‚abkratzen'; ***have had one's ~s*** *sl.* ‚fertig' sein; **5.** *pl. sl.* ‚Zaster' *m* (*Geld*): ***in the ~s*** (gut) bei Kasse; **6.** *Computer*: Chip *m* (*Mikrobaustein*); **II** *v/t.* **7.** (ab)schnitzeln; abraspeln; **8.** *Kante von Geschirr etc.* ab-, anschlagen; *Stückchen* ausbrechen; **9.** F hänseln; **III** *v/i.* **10.** (leicht) abbrechen; **~ in** *v/i.* **1.** sich (in ein Gespräch) einmischen, **2.** F beisteuern (*u. v/t.*), **~ off** *v/i.* abblättern, abbröckeln.

chip| bas·ket *s.* Spankorb *m*; **~ hat** *s.* Basthut *m*; **ˈ~·board** *s.* (Holz)Spanplatte *f*.

chip·muck [ˈtʃɪpmʌk], **ˈchip·munk** [-mʌŋk] *s. zo.* amer. gestreiftes Eichhörnchen.

ˈchip-pan *s. Küche*: Friˈteuse *f*.

Chip·pen·dale [ˈtʃɪpəndeɪl] *s.* Chippendale(stil *m*) *n* (*Möbelstil*).

chip·per [ˈtʃɪpə] *Am.* **I** *v/i.* zwitschern; schwatzen; **II** *adj.* F munter, vergnügt.

chip·ping [ˈtʃɪpɪŋ] *s.* Schnitzel *n*, *m*, abgeschlagenes Stück, angestoßene Ecke; Span *m*; *pl.* Splitt *m*.

chip·py [ˈtʃɪpɪ] **I** *adj.* **1.** angeschlagen (*Geschirr etc.*); schartig; **2.** *fig.* trokken, fade; **3.** *sl.* verkatert; **II** *s.* **4.** *Am. sl.* ‚Flittchen' *n*.

chi·ro·man·cer [ˈkaɪərəʊmænsə] *s.* Handleser *m*; **ˈchi·ro·man·cy** [-sɪ] *s.* Handlesekunst *f*.

chi·rop·o·dist [kɪˈrɒpədɪst] *s.* Fußpfleger(in), Pediˈküre *f*; **chi·rop·o·dy** [-dɪ] *s.* Fußpflege *f*, Pediˈküre *f*.

chirp [tʃɜːp] **I** *v/i. u. v/t.* zirpen, zwitschern; schilpen (*Spatz*); **II** *s.* Gezirp *n*, Zwitschern *n*; **ˈchirp·y** [-pɪ] *adj.* F munter, vergnügt.

chirr [tʃɜː] *v/i.* zirpen (*Heuschrecke*).

chir·rup [ˈtʃɪrəp] *v/i.* **1.** zwitschern; **2.** schnalzen.

chis·el [ˈtʃɪzl] **I** *s.* **1.** Meißel *m*; **2.** ⚙ Beitel *m*, Grabstichel *m*; **II** *v/t.* **3.** meißeln; **4.** *fig.* sti'listisch ausfeilen; **5.** *sl.* a) betrügen, ‚reinlegen', b) ergaunern, her'ausschinden; **'chis·el(l)ed** [-ld] *adj. fig.* **1.** ausgefeilt: **~ style**; **2.** scharf geschnitten: **~ face**; **'chis·el·(l)er** [-lə] *s.* F Gauner(in); ‚Nassauer' *m.*

chit[1] [tʃɪt] *s.* Kindchen *n*: ***a ~ of a girl*** ein junges Ding, ein Fratz.

chit[2] [tʃɪt] *s.* **1.** kurzer Brief; Zettel *m*; **2.** vom Gast abgezeichnete (Speise-) Rechnung.

chit·chat ['tʃɪttʃæt] → ***chinwag.***

chit·ter·ling ['tʃɪtəlɪŋ] *s. mst pl.* Gekröse *n*, Inne'reien *pl.* (*bsd. Schwein*).

chiv·al·rous ['ʃɪvlrəs] *adj.* □ ritterlich, ga'lant; **'chiv·al·ry** [-rɪ] *s.* **1.** Ritterlichkeit *f*; **2.** Tapferkeit *f*; **3.** Rittertum *n*; **4.** Ritterdienst *m.*

chive[1] [tʃaɪv] *s.* ⚘ Schnittlauch *m.*

chive[2] [tʃaɪv] *sl.* **I** *s.* Messer *n*; **II** *v/t.* (er)stechen.

chiv·(v)y ['tʃɪvɪ] *v/t.* **1.** *j-n* her'umjagen, hetzen; **2.** schikanieren.

chlo·ral ['klɔːrəl] *s.* ⚗ Chlo'ral *n*: ***~ hydrate*** Chloralhydrat *n*; **'chlo·rate** [-reɪt] *s.* ⚗ chlorsaures Salz; **'chlo·ric** [-rɪk] *adj.* ⚗ Chlor...: ***~ acid*** Chlorsäure *f*; **'chlo·ride** [-raɪd] *s.* ⚗ Chlo'rid *n*, Chlorverbindung *f*: ***~ of lime*** Chlorkalk *m*; **'chlo·rin·ate** [-rɪneɪt] *v/t.* chloren, chlorieren; **chlo·rin·a·tion** [ˌklɔːrɪ'neɪʃn] *s.* Chloren *n*; **'chlo·rine** [-riːn] *s.* ⚗ Chlor *n.*

chlo·ro·form ['klɒrəfɔːm] **I** *s.* ⚗, ⚕ Chloro'form *n*; **II** *v/t.* chloroformieren; **'chlo·ro·phyll** [-fɪl] *s.* ⚘ Chloro'phyll *n*, Blattgrün *n.*

chlo·ro·sis [klə'rəʊsɪs] *s.* ⚕, ⚘ Bleichsucht *f*; **chlo·rous** ['klɔːrəs] *adj.* chlorig.

choc [tʃɒk] *s.* F *abbr. für* ***chocolate***: ***~ ice*** Eis *n* mit Schokoladenüberzug.

chock [tʃɒk] **I** *s.* **1.** (Brems-, Hemm-) Keil *m*; **2.** ⚓ Klampe *f*; **II** *v/t.* **3.** festkeilen; **4.** *fig.* vollpfropfen; **III** *adv.* **5.** dicht; **~-a-block** [ˌtʃɒkə'blɒk] *adj.* vollgepfropft; **ˌ~-'full** *adj.* zum Bersten voll.

choc·o·late ['tʃɒkələt] **I** *s.* **1.** Schoko'lade *f* (*a. als Getränk*); **2.** Pra'line *f*: ***~s*** Pralinen, Konfekt *n*; **II** *adj.* **3.** schoko'ladenbraun; **~ cream** *s.* 'Cremepraˌline *f.*

choice [tʃɔɪs] **I** *s.* **1.** Wahl *f*: ***make a ~*** wählen, e-e Wahl treffen; ***take one's ~*** s-e Wahl treffen; ***this is my ~*** dies habe ich gewählt; **2.** freie Wahl: ***at ~*** nach Belieben; ***by*** (*od.* ***for***) ***~*** vorzugsweise; ***from ~*** aus Vorliebe; **3.** (große) Auswahl; Sorti'ment *n*: ***a ~ of colours***; **4.** Wahl *f*, Möglichkeit *f*: ***I have no ~*** ich habe keine (andere) Wahl, *a.* es ist mir einerlei; **5.** Auslese *f*, *das* Beste; **II** *adj.* □ **6.** auserlesen, vor'züglich; ✝ Qualitäts...: ***~ fruit*** feinstes Obst; ***~ words*** a) gewählte Worte, b) *humor.* deftige Sprache; ***~ quality*** ✝ ausgesuchte Qualität; **'choice·ness** [-nɪs] *s.* Erlesenheit *f.*

choir ['kwaɪə] **I** *s.* **1.** (Kirchen-, Sänger-) Chor *m*; **2.** Chor *m*, ('Chor)Emˌpore *f*; **II** *v/i. u. v/t.* **3.** im Chor singen; **'~·boy** *s.* Chor-, Sängerknabe *m*; **'~ˌmas·ter** *s.* Chorleiter *m*; **~ stalls** *s. pl.* Chorgestühl *n.*

choke [tʃəʊk] **I** *s.* **1.** Würgen *n*; **2.** *mot.* Luftklappe *f*, Choke *m*: ***pull out the ~*** den Choke ziehen; **3.** → ***choke coil***; **4.** → ***chokebore***; **II** *v/i.* **5.** würgen; ersticken (*a. fig.*): ***with a choking voice*** mit erstickter Stimme; **III** *v/t.* **6.** ersticken (*a. fig.*); erwürgen; würgen (*a. weitS. Kragen etc.*); **7.** hindern; dämpfen, drosseln (*a.* ⚡, ⚙); **8.** *a.* ***~ up*** a) verstopfen, b) 'vollstopfen; **~ back** *v/t.* **1.** *Lachen etc.* ersticken, unter'drücken; **2.** → ***choke off***; **~ down** *v/t.* **1.** hin'unterwürgen (*a. fig.*); **2.** → ***choke back*** 1; **~ off** *v/t. fig.* ‚abwürgen', nicht aufkommen lassen; *Konjunktur etc.* drosseln; **~ up** → ***choke*** 8.

'choke|·bore *s.* ⚙ Chokebohrung *f*; **~ coil** *s.* ⚡ Drosselspule *f*; **'~·damp** *s.* ⚒ Nachschwaden *m.*

chok·er ['tʃəʊkə] *s.* F enger Kragen *od.* Schal; enge Halskette.

chol·er ['kɒlə] *s.* **1.** *obs.* Galle *f*; **2.** *fig.* Zorn *m.*

chol·er·a ['kɒlərə] *s.* ⚕ 'Cholera *f.*

chol·er·ic ['kɒlərɪk] *adj.* cho'lerisch.

cho·les·ter·ol [kə'lestərɒl] *s. physiol.* Choleste'rin *n.*

choose [tʃuːz] **I** *v/t.* [*irr.*] **1.** (aus)wählen, aussuchen: ***to ~ a hat***; ***he was chosen king*** er wurde zum König gewählt; ***the chosen people*** *bibl.* das auserwählte Volk; **2.** belieben (*a. iro.*), (es) vorziehen, lieber wollen; beschließen: ***he chose to go*** er zog es vor *od.* er beschloß fortzugehen; ***do as you ~*** tu, wie *od.* was du willst; **II** *v/i.* [*irr.*] **3.** wählen: ***not much to ~*** kaum ein Unterschied; ***he cannot ~ but come*** er hat keine andere Wahl als zu kommen; **'choos·er** [-zə] *s.* (Aus)Wählende(r *m*) *f*; → ***beggar*** 1; **'choos·y** [-zɪ] *adj.* F wählerisch.

chop[1] [tʃɒp] **I** *s.* **1.** Hieb *m*, Schlag *m* (*a. Karate*); *Boxen, Tennis*: Chop *m*; **2.** *Küche*: Kote'lett *n*; **3.** *pl.* a) (Kinn)Bakken *pl.*: ***lick one's ~s*** sich die Lippen lecken, b) *fig.* Maul *n*, Rachen *m*; **II** *v/t.* **4.** (zer)hacken, hauen, spalten: ***~ wood*** Holz hacken; ***~ one's words*** abgehackt sprechen; **5.** *Tennis*: *den Ball* choppen; **~ down** *v/t.* fällen; **~ in** *v/i.* sich einmischen; **~ off** *v/t.* abhauen; **~ up** *v/t.* zer-, kleinhacken.

chop² [tʃɒp] **I** *v/i. a.* ***~ about***, ***~ round*** sich drehen, ˈumschlagen (*Wind*): ***~ and change*** s-n Standpunkt dauernd ändern, hin u. her schwanken; **II** *v/t.* *Worte* wechseln; **III** *s. pl.* ***~s and changes*** ewiges Hin und Her.

chop³ [tʃɒp] *s.* (*Indien u. China*) **1.** Stempel *m*, Siegel *n*; **2.** Urkunde *f*; **3.** (Handels)Marke *f*; **4.** Qualiˈtät *f*: ***first-~*** erste Sorte, erstklassig.

ˈchop·house *s.* Steakhaus *n*.

chop·per [ˈtʃɒpə] *s.* **1.** Hackmesser *n*, -beil *n*; **2.** ⚡ Zerhacker *m*; **3.** *Am. sl.* Hubschrauber *m*; **4.** *pl. sl.* Zähne *pl.*

chop·ping¹ [ˈtʃɒpɪŋ] *adj.* stramm (*Kind*).

chop·ping² [ˈtʃɒpɪŋ] *s.* Wechsel *m*: ***~ and changing*** ewiges Hin und Her.

chop·ping| block [ˈtʃɒpɪŋ] *s.* Hackblock *m*, -klotz *m*; **~ board** *s.* Hackbrett *n*; **~ knife** *s.* [*irr.*] Hackmesser *n*.

chop·py [ˈtʃɒpɪ] *adj.* **1.** kabbelig (*Meer*); **2.** böig (*Wind*); **3.** *fig.* wechselnd; **4.** *fig.* abgehackt.

ˈchop|·stick *s.* Eßstäbchen *n* (*China etc.*); **ˌ~-ˈsu·ey** [-ˈsuːɪ] *s.* Chop-suey *n* (*chinesisches Mischgericht*).

cho·ral [ˈkɔːrəl] *adj.* □ Chor…, im Chor gesungen: ***~ service*** Gottesdienst *m* mit Chorgesang; ***~ society*** Chor *m*; **cho·rale** [kɒˈrɑːl] *s.* Choˈral *m*.

chord [kɔːd] *s.* **1.** ♪, *poet.*, *fig.* Saite *f*; **2.** ♪ Akˈkord *m*; *fig.* Ton *m*: ***break into a ~*** e-n Tusch spielen; ***strike the right ~*** *bei j-m* die richtige Saite anschlagen; ***does that strike a ~?*** erinnert *dich* das an etwas?; **3.** ⚕ Sehne *f*; **4.** *anat.* Band *n*, Strang *m*; **5.** ✈ Proˈfilsehne *f*; **6.** ⚙ Gurt *m*.

chore [tʃɔː] *s.* **1.** (Haus)Arbeit *f*; **2.** schwierige Aufgabe.

cho·re·a [kɒˈrɪə] *s.* ⚕ Veitstanz *m*.

cho·re·og·ra·pher [ˌkɒrɪˈɒgrəfə] *s.* Choreoˈgraph *m*; **cho·reˈog·ra·phy** [-fɪ] *s.* Choreograˈphie *f*.

chor·is·ter [ˈkɒrɪstə] *s.* **1.** Chorsänger(-in), *bsd.* Chorknabe *m*; **2.** *Am.* Kirchenchorleiter *m*.

chor·tle [ˈtʃɔːtl] **I** *v/i.* glucksen(d lachen); **II** *s.* Glucksen *n*.

cho·rus [ˈkɔːrəs] **I** *s.* **1.** Chor *m* (*a. antiq.*), Sängergruppe *f*; **2.** Tanzgruppe *f* (*e-r Revue*); **3.** *a. thea.* Chor *m*, gemeinsames Singen: ***~ of protest*** Protestgeschrei *n*; ***in ~*** im Chor (*a. fig.*); **4.** Chorsprecher *m* (*im elisabethanischen Theater*); **5.** (im Chor gesungener) Kehrreim; **6.** Chorwerk *n*; **II** *v/i. u. v/t.* **7.** im Chor singen *od.* sprechen *od.* rufen; **~ girl** *s.* (ReˈVue)Tänzerin *f*.

chose [tʃəʊz] *pret. von* ***choose***.

cho·sen [ˈtʃəʊzn] *p.p. von* ***choose***.

chough [tʃʌf] *s. orn.* Dohle *f*.

chow [tʃaʊ] *s.* **1.** *zo.* Chow-ˈChow *m* (*Hund*); **2.** *sl.* ‚Futter' *n*, Essen *n*.

chow·chow [ˌtʃaʊˈtʃaʊ] (*Pidgin-Englisch*) *s.* **1.** chiˈnesische Mixed Pickles *pl. od.* ˈFruchtkonfiˌtüre *f*; **2.** → ***chow*** 1.

chow·der [ˈtʃaʊdə] *s. Am. dicke Suppe aus Meeresfrüchten.*

Christ [kraɪst] **I** *s.* der Gesalbte, ˈChristus *m*: ***before ~*** (***B.C.***) vor Christi Geburt (*v. Chr.*); **II** *int. sl.* verdammt noch mal!; **~ child** *s.* Christkind *n*.

chris·ten [ˈkrɪsn] *v/t. eccl.*, ⚓ *u. fig.* taufen; **ˈChris·ten·dom** [-dəm] *s.* Christenheit *f*; **ˈchris·ten·ing** [-nɪŋ] **I** *s.* Taufe *f*; **II** *adj.* Tauf…

Chris·tian [ˈkrɪstjən] **I** *adj.* □ **1.** christlich; **2.** F anständig; **II** *s.* **3.** Christ(in); **4.** guter Mensch; **5.** Mensch *m* (*Ggs. Tier*); **~ e·ra** *s.* christliche Zeitrechnung.

Chris·ti·an·i·ty [ˌkrɪstɪˈænətɪ] *s.* Christentum *n*; **Chris·tian·ize** [ˈkrɪstjənaɪz] *v/t.* zum Christentum bekehren, christianisieren.

Chris·tian| name *s.* Tauf-, Vorname *m*; **~ Sci·ence** *s.* Christian Science *f*; **~ Sci·en·tist** *s.* Anhänger(in) der Christian Science.

Christ·mas [ˈkrɪsməs] *s.* Weihnachten *n u. pl.*: ***at ~*** zu *od.* an Weihnachten; ***merry ~!*** frohe Weihnachten!; **~ bo·nus** *s.* ✝ ˈWeihnachtsgratifikatiˌon *f*; **~ card** *s.* Weihnachtskarte *f*; **~ car·ol** *s.* Weihnachtslied *n*; **~ Day** *s.* der erste Weihnachtsfeiertag; **~ Eve** *s.* der Heilige Abend; **~ pud·ding** *s. Brit.* Plumpudding *m*; **ˈ~·tide**, **ˈ~·time** *s.* Weihnachtszeit *f*; **ˈ~·tree** *s.* Weihnachts-, Christbaum *m*.

Christ·mas·y [ˈkrɪsməsɪ] *adj.* F weihnachtlich.

chro·mate [ˈkrəʊmeɪt] *s.* ⚗ Chroˈmat *n*, chromsaures Salz.

chro·mat·ic [krəʊˈmætɪk] *adj.* (□ ***~ally***) **1.** *phys.* chroˈmatisch, Farben…; **2.** ♪ chromatisch; **chroˈmat·ics** [-ks] *s. pl. sg. konstr.* **1.** Farbenlehre *f*; **2.** ♪ Chroˈmatik *f*.

chrome [krəʊm] **I** *s.* **1.** ⚗ a) Chrom *n*, b) Chromgelb *n*; **2.** Chromleder *n*; **II** *v/t.* **3.** *a.* **~-plate** verchromen.

chro·mi·um [ˈkrəʊmjəm] *s.* ⚗ Chrom *n*; **ˌ~-ˈplat·ed** *adj.* verchromt; **ˌ~-ˈplat·ing** *s.* Verchromung *f*; **~ steel** *s.* Chromstahl *m*.

chro·mo·lith·o·graph [ˌkrəʊməʊˈlɪθəʊgrɑːf] *s.* Chromolithograˈphie *f*, Mehrfarbensteindruck *m* (*Bild*); **ˌchro·mo·liˈthog·ra·phy** [-lɪˈθɒgrəfɪ] *s.* Mehrfarbensteindruck *m* (*Verfahren*).

chro·mo·some [ˈkrəʊməsəʊm] *s. biol.* Chromoˈsom *n*; **ˈchro·mo·type** [-məʊtaɪp] *s.* **1.** Farbdruck *m*; **2.** Chromotyˈpie *f*.

chron·ic [ˈkrɒnɪk] *adj.* (□ **~ally**) **1.** ständig, (an)dauernd, ‚chronisch'; **2.** *mst* ⚕ chronisch, langwierig; **3.** *sl.* scheußlich.

chron·i·cle [ˈkrɒnɪkl] **I** *s.* **1.** Chronik *f*; **2.** **♀s** *pl. bibl.* (*das* Buch der) Chronik *f*; **II** *v/t.* **3.** aufzeichnen; **ˈchron·i·cler** [-lə] *s.* Chroˈnist *m*.

chron·o·gram [ˈkrɒnəʊgræm] *s.* Chronoˈgramm *n*; **ˈchron·o·graph** [-grɑːf] *s.* Chronoˈgraph *m*, Zeitmesser *m*; **chron·o·log·i·cal** [ˌkrɒnəˈlɒdʒɪkl] *adj.* □ chronoˈlogisch: **~ order** zeitliche Reihenfolge; **chro·nol·o·gize** [krəˈnɒlədʒaɪz] *v/t.* chronologisieren; **chro·nol·o·gy** [krəˈnɒlədʒɪ] *s.* **1.** Chronoloˈgie *f*, Zeitbestimmung *f*; **2.** Zeittafel *f*; **chro·nom·e·ter** [krəˈnɒmɪtə] *s.* Chronoˈmeter *n*; **chro·nom·e·try** [krəˈnɒmɪtrɪ] *s.* Zeitmessung *f*.

chrys·a·lis [ˈkrɪsəlɪs] *pl.* **-lis·es** [-lɪsɪz], **chry·sal·i·des** [krɪˈsælɪdiːz] *s. zo.* (*Insekten*)Puppe *f*.

chrys·an·the·mum [krɪˈsænθəməm] *s.* ⚘ Chrysanˈtheme *f*.

chub [tʃʌb] *s. ichth.* Döbel *m*.

chub·by [ˈtʃʌbɪ] *adj.* a) pausbäckig, b) rundlich.

chuck¹ [tʃʌk] **I** *s.* **1.** F Wurf *m*; **2.** zärtlicher Griff unters Kinn; **3.** ***give s.o. the ~*** F j-n ‚rausschmeißen' (*entlassen*); **II** *v/t.* **4.** F schmeißen, werfen; **5.** ***~ s.o. under the chin*** j-n unters Kinn fassen; **6.** F a) Schluß machen mit: ***~ it!*** laß das!, b) → ***chuck up***; **~ a·way** *v/t.* F **1.** ‚wegschmeißen'; **2.** *Geld* verschwenden; **3.** *Gelegenheit* ‚verschenken'; **~ out** *v/t.* F ‚rausschmeißen'; **~ up** *v/t.* F *Job etc.* ‚hinschmeißen'.

chuck² [tʃʌk] **I** *s.* **1.** Glucken *n* (*Henne*); **2.** F ‚Schnuckie' *m* (*Kosewort*); **II** *v/i. u. v/t.* **3.** glucken; **III** *int.* **4.** put, put! (*Lockruf für Hühner*).

chuck³ [tʃʌk] ⚙ **I** *s.* Spann- *od.* Bohrfutter *n*; **II** *v/t.* (in das Futter) einspannen.

chuck·er-out [ˌtʃʌkərˈaʊt] *s.* F ‚Rausschmeißer' *m* (*in Lokalen etc.*).

chuck·le [ˈtʃʌkl] **I** *v/i.* **1.** glucksen, in sich hinˈeinlachen; **2.** sich (insgeheim) freuen (***at, over*** über *acc.*); **3.** glucken (*Henne*); **II** *s.* **4.** leises Lachen, Glucksen *n*; **ˈ~·head** *s.* Dummkopf *m*.

chuffed [tʃʌft] *adj. Brit.* F froh.

chug [tʃʌg], **chug-chug** [ˌtʃʌgˈtʃʌg] **I** *s.* Tuckern *n* (*Motor*); **II** *v/i.* tuckern(d fahren).

chuk·ker [ˈtʃʌkə] *s. Polospiel*: Chukker *m* (*Spielabschnitt*).

chum [tʃʌm] F **I** *s.* **1.** ‚Kumpel' *m*, ‚Spezi' *m*, Kameˈrad *m*: ***be great ~s*** dicke Freunde sein; **2.** Stubengenosse *m*; **II** *v/i.* **3.** gemeinsam wohnen (***with*** mit); **4.** ***~ up with s.o.*** sich mit j-m anfreunden; **ˈchum·my** [-mɪ] *adj.* **1.** ‚dick' befreundet; **2.** gesellig; **3.** *contp.* plumpvertraulich.

chump [tʃʌmp] *s.* **1.** Holzklotz *m*; **2.** dickes Ende (*bsd. Hammelkeule*); **3.** F Dummkopf *m*; **4.** *bsd. Brit. sl.* ‚Kürbis' *m*, ‚Birne' *f* (*Kopf*): ***off one's ~*** (total) verrückt.

chunk [tʃʌŋk] *s.* F **1.** (Holz)Klotz *m*; Klumpen *m*, dickes Stück (*Fleisch etc.*), ‚Runken' *m* (*Brot*); *weitS.* ‚großer Brocken'; **2.** *Am.* a) unterˈsetzter Mensch, b) kleines, stämmiges Pferd; **ˈchunk·y** [-kɪ] *adj.* **1.** *Am.* unterˈsetzt, stämmig; **2.** klobig, klotzig.

church [tʃɜːtʃ] **I** *s.* **1.** Kirche *f*: ***in ~*** in der Kirche, beim Gottesdienst; ***~ is over*** die Kirche ist aus; **2.** Kirche *f*, Religiˈonsgemeinschaft *f*, *bsd.* Christenheit *f*; **3.** Geistlichkeit *f*: ***enter the ~*** Geistlicher werden; **II** *adj.* **4.** Kirch(en)...; kirchlich; **ˈ~ˌgo·er** *s.* Kirchgänger(in); **♀ of Eng·land** *s.* englische Staatskirche, anglikanische Kirche; **~ rate** *s.* Kirchensteuer *f*; **ˌ~ˈward·en** *s.* **1.** *Brit.* Kirchenvorsteher *m*: ***~ pipe*** langstielige Tonpfeife; **2.** *Am.* Verwalter *m* der weltlichen Angelegenheiten e-r Kirche; **~ wed·ding** *s.* kirchliche Trauung.

church·y [ˈtʃɜːtʃɪ] *adj.* F kirchlich (gesinnt).

ˈchurch·yard *s.* Kirchhof *m*.

churl [tʃɜːl] *s.* **1.** Flegel *m*, Grobian *m*; **2.** Geizhals *m*, Knauser *m*; **ˈchurl·ish** [-lɪʃ] *adj.* □ **1.** grob, ungehobelt, flegelhaft; **2.** geizig, knauserig; **3.** mürrisch.

churn [tʃɜːn] **I** *s.* **1.** Butterfaß *n* (*Maschine*); **2.** *Brit.* (große) Milchkanne; **II** *v/t.* **3.** verbuttern; **4.** (ˈdurch)schütteln, aufwühlen; **5.** *fig.* ***~ out*** am laufenden Band produzieren, ausstoßen; **III** *v/i.* **6.**

buttern; **7.** schäumen; **8.** sich heftig bewegen.

chute [ʃuːt] *s.* **1.** Stromschnelle *f*, starkes Gefälle; **2.** ⚙ a) Rutsche *f*, b) Schacht *m*, c) Müllschlucker *m*; **3.** Rutsche *f*, Rutschbahn *f* (*auf Spielplätzen etc.*); **4.** Rodelbahn *f*; **5.** F → ***parachute*** 1; ˌ**~-the-ˈchute(s)** → ***chute*** 3.

chutz·pa(h) [ˈhʊtspə] *s.* F Chuzpe *f*, Frechheit *f*.

ci·bo·ri·um [sɪˈbɔːrɪəm] *s. eccl.* **1.** ˈHostienkelch *m*, Ziˈborium *n*; **2.** Alˈtarˌbaldachin *m*.

ci·ca·da [sɪˈkɑːdə], **ciˈca·la** [-ɑːlə] *s. zo.* Ziˈkade *f*.

cic·a·trice [ˈsɪkətrɪs] *s.* Narbe *f*; ⚘ Blattnarbe *f*; **ˈcic·a·triced** [-st] *adj.* ⚕ vernarbt; **ˈcic·a·trize** [-raɪz] *v/i. u. v/t.* vernarben (lassen).

cic·er·o [ˈsɪsərəʊ] *s. typ.* Cicero *f* (*Schriftgrad*).

ci·ce·ro·ne [ˌtʃɪʃəˈrəʊnɪ] *pl.* **-ni** [-niː] *s.* Ciceˈrone *m*, Fremdenführer *m*.

ci·der [ˈsaɪdə] *s.* (*Am.* ***hard ~***) Apfelwein *m*: (***sweet***) **~** *Am.* Apfelmost *m*.

ci·gar [sɪˈgɑː] *s.* Ziˈgarre *f*; **~ box** *s.* Ziˈgarrenkiste *f*; **~ case** *s.* Ziˈgarreneˌtui *n*, -tasche *f*; **~ cut·ter** *s.* Ziˈgarrenabschneider *m*.

cig·a·ret(te) [ˌsɪgəˈret] *s.* Zigaˈrette *f*; **~ case** *s.* Zigaˈretteneˌtui *n*; **~ end** *s.* Zigaˈrettenstummel *m*; **~ hold·er** *s.* Zigaˈrettenspitze *f* (*Halter*).

cil·i·a [ˈsɪlɪə] *s. pl.* **1.** (Augen)Wimpern *pl.*; **2.** ⚘, *zo.* Wimper-, Flimmerhärchen *pl.*; **ˈcil·i·ar·y** [-ərɪ] *adj.* Wimper…; **ˈcil·i·at·ed** [-ɪeɪtɪd] *adj.* ⚘, *zo.* bewimpert.

cinch [sɪntʃ] *s.* **1.** *Am.* Sattelgurt *m*; **2.** *sl.* a) ‚todsichere Sache', ‚klarer Fall', b) ‚Kinderspiel' *n*.

cin·cho·na [sɪŋˈkəʊnə] *s.* **1.** ⚘ ˈChinarindenbaum *m*; **2.** ˈChinarinde *f*.

cinc·ture [ˈsɪŋktʃə] **I** *s.* **1.** Gürtel *m*, Gurt *m*; **2.** (Säulen)Kranz *m*; **II** *v/t.* **3.** umˈgürten, umˈgeben.

cin·der [ˈsɪndə] *s.* **1.** Schlacke *f*: ***burnt to a ~*** verkohlt, völlig verbrannt; **2.** *pl.* Asche *f*.

Cin·der·el·la [ˌsɪndəˈrelə] *s.* Aschenbrödel *n*, -puttel *n* (*a. fig.*).

cin·der| path *s.* **1.** Schlackenweg *m*; **2.** → **~ track** *s. sport* Aschenbahn *f*.

cine- [sɪnɪ] *in Zssgn* Kino…, Film…: **~ *camera*** (Schmal)Filmkamera *f*; **~ *film*** Schmalfilm *m*; ***~-record*** filmen, mit der Schmalfilmkamera aufnehmen.

cin·e·aste [ˈsɪnɪæst] *s.* Cineˈast *m*, Filmliebhaber(in).

cin·e·ma [ˈsɪnɪmə] *s.* **1.** ˈLichtspieltheˌater *n*, ˈKino *n*; **2.** ***the ~*** Film(kunst *f*) *m*; **ˈ~ˌgo·er** *s.* ˈKinobesucher(in).

cin·e·mat·ic [ˌsɪnɪˈmætɪk] *adj.* (□ ***~ally***) filmisch, Film…; **cin·e·mat·o·graph** [ˌsɪnəˈmætəgrɑːf] **I** *s.* Kinematoˈgraph *m*; **II** *v/t.* (ver)filmen; **cin·e·ma·tog·ra·pher** [ˌsɪnəməˈtɒgrəfə] *s.* ˈKameramann *m*; **cin·e·mat·o·graph·ic** [ˌsɪnəmætəˈgræfɪk] (□ ***~ally***) kinematoˈgraphisch; **cin·e·ma·tog·ra·phy** [ˌsɪnəməˈtɒgrəfɪ] *s.* Kinematograˈphie *f*.

cin·e·ra·ri·um [ˌsɪnəˈreərɪəm] *s.* Urnennische *f od.* -friedhof *m*.

cin·er·ar·y [ˈsɪnərərɪ] *adj.* Aschen…; **~ urn** *s.* Totenurne *f*.

cin·er·a·tor [ˈsɪnəreɪtə] *s.* Feuerbestattungsofen *m*.

cin·na·bar [ˈsɪnəbɑː] *s.* Zinˈnober *m*.

cin·na·mon [ˈsɪnəmən] **I** *s.* **1.** Zimt *m*, Kaˈneel *m*; **2.** Zimtbaum *m*; **II** *adj.* **3.** zimtfarbig.

cinque [sɪŋk] (*Fr.*) *s.* Fünf *f* (*Würfel od. Spielkarten*); **ˈ~·foil** [-fɔɪl] *s.* **1.** ⚘ Fingerkraut *n*; **2.** ⚠ Fünfpaß *m*; ♁ **Ports** [ˈsɪŋkpɔːts] *s. pl. Gruppe von ursprünglich fünf südenglischen Seestädten.*

ci·on [ˈsaɪən] → ***scion***.

ci·pher [ˈsaɪfə] **I** *s.* **1.** ⚹ *die Ziffer* Null *f*; **2.** (aˈrabische) Ziffer, Zahl *f*; **3.** *fig.* a) Null *f* (*Person*), b) Nichts *n*; **4.** Chiffre *f*, Geheimschrift *f*: ***in ~*** chiffriert; **5.** *fig.* Schlüssel *m*, Kennwort *n*; **6.** Monoˈgramm *n*; **II** *v/i.* **7.** rechnen; **III** *v/t.* **8.** chiffrieren; **9.** *a.* **~ *out*** be-, ausrechnen; entziffern; *Am.* F ‚ausknobeln'; **~ code** *s.* Codechiffre *f*, Teleˈgramm-, Chiffrierschlüssel *m*.

cir·ca [ˈsɜːkə] *prp.* um (*vor Jahreszahlen*).

Cir·ce [ˈsɜːsɪ] *npr. myth.* ˈCirce *f* (*a. fig. Verführerin*).

cir·cle [ˈsɜːkl] **I** *s.* **1.** ⚹ Kreis *m*: ***full ~*** im Kreise herum, volle Wendung, wieder da, wo *man* angefangen hat; ***run*** (*a.* ***talk***) ***in ~s*** *fig.* sich im Kreis bewegen; ***square the ~*** ⚹ den Kreis quadrieren (*a. fig. das Unmögliche vollbringen*); → ***vicious circle***; **2.** *ast.*, *geogr.* Kreis *m*; **3.** Kreis *m*, Gruppe *f*: **~ *of friends*** Freundeskreis; → ***upper*** I; **4.** Ring *m*, Kranz *m*, Reif *m*; **5.** Kreislauf *m*, ˈUmlauf *m*, Runde *f*; Wiederkehr *f*, ˈZyklus *m*; **6.** *thea.* Rang *m*; **7.** Kreis *m*, Gebiet *n*; **8.** a) *Turnen*: Welle *f*, b) *Hockey*: (Schuß)Kreis *m*; **II** *v/t.* **9.** umˈkreisen; umˈzingeln; **10.** umˈwinden; **III** *v/i.* **11.** sich im Kreise bewegen, kreisen; die Runde machen; **12.** ⚔ schwenken.

cir·clet [ˈsɜːklɪt] *s.* **1.** kleiner Kreis, Reif, Ring; **2.** Diaˈdem *n*.

circs [sɜːks] *s. pl.* F *für* ***circumstances***.

cir·cuit [ˈsɜːkɪt] **I** *s.* **1.** ˈKreisˌlinie *f*, ˈUm-, Kreislauf *m*; Bahn *f*; **2.** ˈUmkreis *m*; **3.** ˈUmweg *m*; **4.** Rundgang *m*, -flug *m*; *mot.* Rennstrecke *f*; **5.** ⚖ a) *Brit. hist.* Rundreise *f* der Richter e-s Bezirks (*zur Abhaltung der* ***assizes***), b) Anwälte *pl.* e-s Gerichtsbezirks, c) Gerichtsbezirk *m*; **6.** ⚡ a) Strom-, Schaltkreis *m*: → ***short*** (***closed***) ***circuit***, b) Schaltung *f*, ˈSchaltsyˌstem *n*; **7.** *Am.* (Perˈsonen)Kreis *m*; **8.** *sport* ‚Zirkus' *m*: ***the tennis ~***; **II** *v/t.* **9.** umˈkreisen; **III** *v/i.* **10.** kreisen; **~ break·er** *s.* ⚡ Ausschalter *m*; **~ di·a·gram** *s.* ⚡ Schaltbild *n*, -plan *m*.

cir·cu·i·tous [səˈkjuːɪtəs] *adj.* □ weitschweifig, -läufig: **~ *route*** Umweg *m*; **cir·cuit·ry** [ˈsɜːkɪtrɪ] *s.* ⚡ **1.** ˈSchaltsyˌstem *n*; **2.** Schaltungen *pl.*; **3.** Schaltbild *n*.

cir·cu·lar [ˈsɜːkjʊlə] **I** *adj.* □ **1.** (kreis-) rund, kreisförmig; **2.** Rund…, Kreis…, Ring…; **II** *s.* **3.** a) Rundschreiben *n*, b) (Post)Wurfsendung *f*; **ˈcir·cu·lar·ize** [-əraɪz] *v/t. a.* (Post)Wurfsendungen verschicken an (*acc.*); Fragebogen schicken an (*acc.*); durch (Post)Wurfsendungen werben für.

cir·cu·lar| let·ter → ***circular*** 3a; **~ let·ter of cred·it** *s.* ✝ ˈReisekreˌditbrief *m*; **~ note** *s.* **1.** *pol.* Zirkuˈlarnote *f*; **2.** ˈReisekreˌditbrief *m*; **~ saw** *s.* ⚙ Kreissäge *f*; **~ skirt** *s.* Glockenrock *m*; **~ tick·et** *s.* Rundreisekarte *f*; **~ tour**, **~ trip** *s.* Rundreise *f*, -fahrt *f*.

cir·cu·late [ˈsɜːkjʊleɪt] **I** *v/i.* **1.** zirkulieren: a) ˈumlaufen, kreisen, b) im ˈUmlauf sein, kursieren (*Geld, Gerücht etc.*); **2.** herˈumreisen, -gehen; **II** *v/t.* **3.** in Umlauf setzen, zirkulieren lassen.

cir·cu·lat·ing [ˈsɜːkjʊleɪtɪŋ] *adj.* zirkulierend, ˈumlaufend; **~ cap·i·tal** *s.* ˈUmlauf-, Beˈtriebskapiˌtal *n*; **~ dec·i·mal** *s.* ♈ periˈodischer Deziˈmalbruch; **~ li·brar·y** *s.* ˈLeihbücheˌrei *f*.

cir·cu·la·tion [ˌsɜːkjʊˈleɪʃn] *s.* **1.** Kreislauf *m*, Zirkulatiˈon *f*; **2.** *physiol.* (ˈBlut)Zirkulatiˌon *f*, (-)Kreislauf *m*; **3.** ✝ a) ˈUmlauf *m*, Verkehr *m*, b) Verbreitung *f*, Absatz *m*, c) Auflage(nziffer) *f* (*Zeitung etc.*), d) ˈZahlungsmittelˌumlauf *m*: ***out of ~*** außer Kurs (gesetzt); ***put into ~*** in Umlauf setzen; ***withdraw from ~*** aus dem Verkehr ziehen (*a. fig.*); **4.** Strömung *f*, ˈDurchzug *m*, -fluß *m*; **cir·cu·la·tor** [ˈsɜːkjʊleɪtə] *s.* Verbreiter(in); **cir·cu·la·to·ry** [ˌsɜːkjʊˈleɪtərɪ] *adj.* zirkulierend, ˈumlaufend; *physiol.* Kreislauf…: **~ *collapse***; **~ *system*** (Blut)Kreislauf *m*.

cir·cum·cise [ˈsɜːkəmsaɪz] *v/t.* **1.** ⚕, *eccl.* beschneiden; **2.** *fig.* läutern; **cir·cum·ci·sion** [ˌsɜːkəmˈsɪʒn] *s.* **1.** ⚕, *eccl.* Beschneidung *f*; **2.** *fig.* Läuterung *f*; **3.** ♀ Fest *n* der Beschneidung Christi; **4.** ***the ~*** *bibl.* die Beschnittenen *pl.* (*Juden*).

cir·cum·fer·ence [səˈkʌmfərəns] *s.* ˈUmkreis *m*, ˈUmfang *m*, Peripheˈrie *f*; **cir·cum·flex** [ˈsɜːkəmfleks] *s. a.* **~ *accent*** *ling.* Zirkumˈflex *m*; **cir·cum·ja·cent** [ˌsɜːkəmˈdʒeɪsənt] *adj.* ˈumliegend.

cir·cum·lo·cu·tion [ˌsɜːkəmləˈkjuːʃn] *s.* **1.** Umˈschreibung *f*; **2.** a) ˈUmschweife *pl.*, b) Weitschweifigkeit *f*; **cir·cum·loc·u·to·ry** [ˌsɜːkəmˈlɒkjʊtərɪ] *adj.* weitschweifig.

cir·cum·nav·i·gate [ˌsɜːkəmˈnævɪgeɪt] *v/t.* umˈschiffen, umˈsegeln; **cir·cum·nav·i·ga·tion** [ˈsɜːkəmˌnævɪˈgeɪʃn] *s.* Umˈsegelung *f*; **ˌcir·cumˈnav·i·ga·tor** [-tə] *s.* Umˈsegler *m*.

cir·cum·scribe [ˈsɜːkəmskraɪb] *v/t.* **1.** a) umˈschreiben (*a.* ♈), b) definieren; **2.** begrenzen, einschränken; **cir·cum·scrip·tion** [ˌsɜːkəmˈskrɪpʃn] *s.* **1.** Umˈschreibung *f* (*a.* ♈) **2.** ˈUmschrift *f* (*Münze etc.*); **3.** Begrenzung *f*, Beschränkung *f*.

cir·cum·spect [ˈsɜːkəmspekt] *adj.* □ ˈum-, vorsichtig; **cir·cum·spec·tion** [ˌsɜːkəmˈspekʃn] *s.* ˈUm-, Vorsicht *f*, Behutsamkeit *f*.

cir·cum·stance [ˈsɜːkəmstəns] *s.* **1.** ˈUmstand *m*, Tatsache *f*; Ereignis *n*; Einzelheit *f*: ***a fortunate ~*** ein glücklicher Umstand; **2.** *pl.* ˈUmstände *pl.*, Lage *f*, Sachverhalt *m*, Verhältnisse *pl.*: ***in*** (*od.* ***under***) ***the ~s*** unter diesen Umständen; ***under no ~s*** auf keinen Fall; **3.** *pl.* Verhältnisse *pl.*, Lebenslage *f*: ***in good ~s*** gut situiert; **4.** ˈUmständlichkeit *f*, Weitschweifigkeit *f*; **5.** Förmlichkeit(en *pl.*) *f*, Umstände *pl.*: ***without ~*** ohne (alle) Umstände; **ˈcir·cum·stanced** [-st] *adj.* in e-r … Lage; …situiert; gelagert (*Sache*): ***poorly ~*** in ärmlichen Verhältnissen; ***well timed and ~*** zur rechten Zeit u. unter günstigen Umständen; **cir·cum·stan·tial** [ˌsɜːkəmˈstænʃl] *adj.* □ **1.** ˈumständlich; **2.** ausführlich, genau; **3.** zufällig; **4. ~ *evidence*** ⚖ Indizienbeweis *m*; **cir·cum·stan·ti·ate** [ˌsɜːkəmˈstænʃɪeɪt] *v/t.* **1.** genau beschreiben; **2.** ⚖ durch Inˈdizien beweisen.

cir·cum·vent [ˌsɜːkəmˈvent] *v/t.* **1.** überˈlisten; **2.** vereiteln, verhindern; **3.** um-

ˈgehen; ˌ**cir·cum'ven·tion** [-nʃn] *s.* **1.** Vereitelung *f*; **2.** Umˈgehung *f*.

cir·cum·vo·lu·tion [ˌsɜːkəmvəˈluːʃn] *s.* **1.** ˈUmdrehung *f*; ˈUmwälzung *f*; **2.** Windung *f*.

cir·cus [ˈsɜːkəs] *s.* **1.** a) ˈZirkus *m*, b) ˈZirkustruppe *f*, c) (ˈZirkus)Vorstellung *f*, d) Aˈrena *f*; **2.** *Brit. runder Platz mit Straßenkreuzungen*; **3.** *Brit. sl.* ⚔ a) im Kreis fliegende Flugzeugstaffel, b) ‚fliegende' Einheit; **4.** F ‚ˈZirkus' *m*, Rummel *m*.

cir·rho·sis [sɪˈrəʊsɪs] *s.* ⚕ Zirˈrhose *f*, (*Leber*)Schrumpfung *f*.

cir·rose [sɪˈrəʊs], **cir·rous** [ˈsɪrəs] *adj.* **1.** ⚘ mit Ranken; **2.** *zo.* mit Haaren *od.* Fühlern; **3.** federartig.

cir·rus [ˈsɪrəs] *pl.* **-ri** [-raɪ] *s.* **1.** ⚘ Ranke *f*; **2.** *zo.* Rankenfuß *m*; **3.** ˈZirrus *m*, Federwolke *f*.

cis·al·pine [sɪsˈælpaɪn] *adj.* diesseits der Alpen; **cis·at·lan·tic** [sɪsətˈlæntɪk] *adj.* diesseits des Atˈlantischen ˈOzeans.

cis·sy → ***sissy***.

Cis·ter·cian [sɪˈstɜːʃjən] **I** *s.* Zisterziˈenser(mönch) *m*, **II** *adj.* Zisterzienser…

cis·tern [ˈsɪstən] *s.* **1.** Wasserbehälter *m*; **2.** Ziˈsterne *f*, (ˈunterirdischer) Regenwasserspeicher.

cit·a·del [ˈsɪtədəl] *s.* **1.** Zitaˈdelle *f* (*a. fig.*); **2.** Burg *f*; *fig.* Zuflucht *f*.

ci·ta·tion [saɪˈteɪʃn] *s.* **1.** Anführung *f*; **2.** a) Ziˈtat *n* (*zitierte Stelle*), b) ⚖ (***of***) Berufung *f* (auf *acc.*), Herˈanziehung *f* (*gen.*), c) ⚖ Vorladung *f*; **3.** *bsd.* ⚔ ehrenvolle Erwähnung.

cite [saɪt] *v/t.* **1.** zitieren; **2.** (als Beispiel *od.* Beweis) anführen; **3.** ⚖ vorladen; **4.** ⚔ lobend erwähnen.

cith·er [ˈsɪθə] *poet.* → ***zither***.

cit·i·fy [ˈsɪtɪfaɪ] *v/t.* verstädtern.

cit·i·zen [ˈsɪtɪzn] *s.* **1.** Bürger *m*, Staatsangehörige(r *m*) *f*: **~ *of the world*** Weltbürger; **2.** Städter(in); **3.** Einwohner(in): ***~s' band*** CB-Funk *m*; **4.** Ziviˈlist *m*; ˈ**cit·i·zen·ry** [-rɪ] *s.* Bürgerschaft *f* (*e-s Staates*); ˈ**cit·i·zen·ship** [-ʃɪp] *s.* **1.** Staatsangehörigkeit *f*; **2.** Bürgerrecht *n*.

cit·rate [ˈsɪtreɪt] *s.* ⚗ Ziˈtrat *n*.

cit·ric ac·id [ˈsɪtrɪk] *s.* ⚗ Ziˈtronensäure *f*.

cit·ri·cul·ture [ˈsɪtrɪkʌltʃə] *s.* Anbau *m* von ˈZitrusfrüchten.

cit·rus [ˈsɪtrəs] *s.* ⚘ ˈZitrusgewächs *n*, -frucht *f*.

cit·y [ˈsɪtɪ] *s.* **1.** (Groß)Stadt *f*: **2 *of God*** *fig.* Himmelreich *n*; **2.** *Brit.* inkorporierte Stadt (*mst mit Kathedrale*); **3. *the* 2** die (Londoner) City (*Altstadt od. Geschäftsviertel od. Geschäftswelt*); **4.** *Am.* inkorporierte Stadtgemeinde; **2 ar·ti·cle** *s.* Börsenbericht *m*; **2 Com·pa·ny** *s. Brit.* e-e der großen Londoner Gilden; **~ coun·cil** *s.* Stadtrat *m*; **~ desk** *s. Brit.* ˈWirtschafts-, *Am.* Loˈkalredaktiˌon *f*; **~ ed·i·tor** *s.* **1.** *Am.* Loˈkalredakˌteur *m*; **2.** *Brit.* Redakˈteur *m* des Handelsteiles; **~ fa·ther** *s.* Stadtrat *m*; *pl.* Stadtväter *pl.*; **~ hall** *s.* Rathaus *n*; **2 man** *s. Brit.* Fiˈnanz-, Geschäftsmann *m* der City; **~ man·ag·er** *s. Am.* ˈStadtdiˌrektor *m*; **~ state** *s.* Stadtstaat *m*.

civ·et (**cat**) [ˈsɪvɪt] *s. zo.* ˈZibetkatze *f*.

civ·ic [ˈsɪvɪk] *adj.* (□ ***~ally***) **1.** städtisch, Stadt…; **2.** → ***civil*** 2; **~ cen·tre**, *Am.* **cen·ter** *s.* Behördenviertel *n*, Verwaltungszentrum *n*.

civ·ics [ˈsɪvɪks] *s. pl. sg. konstr.* Staatsbürgerkunde *f*.

civ·ies [ˈsɪvɪz] *bsd. Am.* → ***civvies***.

civ·il [ˈsɪvl] *adj.* (□ *nur für* 6.) **1.** staatlich: **~ *affairs*** Verwaltungsangelegenheiten; **2.** (staats)bürgerlich, Bürger…: **~ *duty***; **~ *commotion*** Aufruhr *m*, Innere Unruhen *pl.*; **~ *death*** bürgerlicher Tod; **~ *liberties*** bürgerliche Freiheiten; **~ *list*** *Brit.* Zivilliste *f*; **~ *rights*** Bürgerrechte, bürgerliche Ehrenrechte; **~ *rights activist*** Bürgerrechtler(in); **~ *rights movement*** Bürgerrechtsbewegung *f*; **2 *Servant*** Staatsbeamte(r); **2 *Service*** Staats-, Verwaltungsdienst *m*; **~ *war*** Bürgerkrieg *m*; → ***disobedience*** 1; **3.** ziˈvil (*Ggs. militärisch*): **~ *aviation*** Zivilluftfahrt *f*; **~ *defence***, *Am.* **~ *defense*** Zivilverteidigung *f*, -schutz *m*; **~ *government*** Zivilverwaltung *f*; **~ *life*** Zivilleben *n*; **4.** ziˈvil (*Ggs. kirchlich*): **~ *marriage*** Ziviltrauung *f*; **5.** ⚖ ziˈvil(rechtlich), bürgerlich: **~ *case*** *od.* ***suit*** Zivilprozeß *m*; **~ *code*** Bürgerliches Gesetzbuch; **~ *year*** bürgerliches Jahr; **~ *law*** a) römisches *od.* kontinentales Recht, b) Zivilrecht *n*, bürgerliches Recht; **6.** höflich: ***~-spoken*** höflich; **~ en·gi·neer** *s.* ˈBauingeniˌeur *m*; **~ en·gi·neer·ing** *s.* Tiefbau *m*.

ci·vil·ian [sɪˈvɪljən] **I** *s.* Ziviˈlist *m*; **II** *adj.* ziˈvil, Zivil…: **~ *life***; **~ *casualties*** Verluste unter der Zivilbevölkerung; **ciˈvil·i·ty** [-lətɪ] *s.* Höflichkeit *f*, Artigkeit *f*.

civ·i·li·za·tion [ˌsɪvɪlaɪˈzeɪʃn] *s.* Zivilisatiˈon *f*, Kulˈtur *f*; **civ·i·lize** [ˈsɪvɪlaɪz] *v/t.* zivilisieren; **civ·i·lized** [ˈsɪvɪlaɪzd] *adj.* **1.** zivilisiert: **~ *nations*** Kulturvölker; **2.** gebildet, kultiviert.

civ·vies [ˈsɪvɪz] *s. pl. sl.* Ziˈvil(klaˌmotten

pl.) *n*; **civ·vy street** ['sɪvɪ] *s. sl.* Zi'villeben *n*.

clack [klæk] **I** *v/i.* **1.** klappern, knallen; **2.** plappern; **II** *s.* **3.** Klappern *n*; **4.** Plappern *n*; **5.** ⚙ (Ven'til)Klappe *f*.

clad [klæd] *adj.* gekleidet.

claim [kleɪm] **I** *v/t.* **1.** fordern, verlangen: **~ *damages*** Schadenersatz fordern; **2.** a) Anspruch erheben auf (*acc.*), beanspruchen: **~ *the crown***, b) *fig.* in Anspruch nehmen, erfordern: **~ *attention***; **3.** für sich in Anspruch nehmen: **~ *victory***; **4.** (*a.* von sich) behaupten (*a.* ***to*** *inf.* zu *inf.*, ***that*** daß): **~ *accuracy*** die Richtigkeit behaupten; ***the club ~s 200 members*** der Klub behauptet, 200 Mitglieder zu haben; **5.** zu'rück-, einfordern; *Opfer, Leben* fordern: ***death ~ed him*** der Tod ereilte ihn; **II** *v/i.* **6.** ✝ reklamieren; **7. ~ *against s.o.*** j-n verklagen; **III** *s.* **8.** Forderung *f* (***on s.o.*** gegen *od.* an j-n), (*a.* Rechts- *od.* Pa'tent)Anspruch *m*: **~ *for damages*** Schadensersatzanspruch; **~ *under a contract*** Anspruch aus e-m Vertrag; ***lay*** (*od.* ***make a***) **~ *to*** Anspruch erheben auf (*acc.*); ***put in a ~ for*** e-e Forderung auf *et.* stellen; ***make ~s upon*** *fig. j-n od. j-s Zeit* (stark) in Anspruch nehmen; **9.** (An)Recht *n* (***to*** auf *acc.*); **10.** Behauptung *f*; **11.** ✝ Reklamati'on *f*; **12.** Versicherungssumme *f*; Schaden(sfall) *m*; **13.** ⚖ Klage(begehren *n*) *f*; → ***statement*** 4; **14.** ⚒ Mutung *f*; *bsd. Am.* zugeteiltes *od.* beanspruchtes Stück Land; **'claim·a·ble** [-məbl] *adj.* zu beanspruchen(d); **'claim·ant** [-mənt] *s.* **1.** Antragsteller (-in), ⚖ *a.* Kläger(in); (Pa'tent)Anmelder(in); **2.** (***for***) Anwärter(in) (auf *acc.*), Bewerber(in) (für): ***rightful ~*** Anspruchsberechtigte(r).

clair·voy·ance [kleə'vɔɪəns] *s.* Hellsehen *n*; **clair'voy·ant** [-nt] **I** *adj.* hellseherisch; **II** *s.* Hellseher(in).

clam [klæm] *s.* **1.** *zo.* eßbare Muschel: ***hard*** *od.* ***round ~*** 'Venusmuschel *f*; **2.** *Am.* F ‚zugeknöpfter' Mensch; **'~·bake** *s. Am.* **1.** Picknick *n*; **2.** große Party; **3.** ‚Gaudi' *f*.

cla·mant ['kleɪmənt] *adj.* **1.** lärmend, schreiend (*a. fig.*); **2.** dringend.

clam·ber ['klæmbə] *v/i.* (mühsam) klettern, klimmen.

clam·my ['klæmɪ] *adj.* □ feuchtkalt (u. klebrig), klamm.

clam·or·ous ['klæmərəs] *adj.* □ lärmend, schreiend, laut; tobend; *fig.* lautstark; **clam·o(u)r** ['klæmə] **I** *s.* **1.** *a. fig.* Lärm *m*, (zorniges) Geschrei, Tu'mult *m*; **2.** *bsd. fig.* (Auf)Schrei *m* (***for*** nach); Schimpfen; **3.** Tu'mult *m*; **II** *v/i.* **4.** (laut) schreien (***for*** nach; *a. fig. wütend verlangen*); heftig protestieren; toben; **III** *v/t.* **5. ~ *down*** niederbrüllen.

clamp[1] [klæmp] *s.* **1.** Haufen *m*; **2.** (Kar'toffel- *etc.*)Miete *f*.

clamp[2] [klæmp] **I** *s.* **1.** ⚙ Klammer *f*, Krampe *f*, Klemmschraube *f*, Zwinge *f*, ⚡ Erdungsschelle *f*; **2.** *sport* Strammer *m* (*Ski*); **II** *v/t.* **3.** festklammern, -klemmen; befestigen; **4.** *fig. a.* **~ *down*** als Strafe auferlegen; **III** *v/i.* **5. ~ *down*** *fig.* zuschlagen, einschreiten, scharf vorgehen (***on*** gegen); **'clamp·down** *s.* F scharfes Vorgehen (***on*** gegen).

clan [klæn] *s.* **1.** *Scot.* Clan *m*, Stamm *m*, Sippe *f*; **2.** *fig.* Clan *m*, Sippschaft *f*, Clique *f*.

clan·des·tine [klæn'destɪn] *adj.* □ heimlich, verstohlen, Schleich…

clang [klæŋ] **I** *v/i.* schallen, klingen, klirren; **II** *v/t.* laut schallen *od.* erklingen lassen; **III** *s.* → ***clango(u)r***; **clang·er** ['klæŋə] *s. sl.* Faux'pas *m*: ***drop a ~*** ‚ins Fettnäpfchen treten'; **clang·or·ous** ['klæŋgərəs] *adj.* □ schallend, schmetternd; klirrend; **clang·o(u)r** ['klæŋgə] → ***clank***.

clank [klæŋk] **I** *s.* Klirren *n*, Gerassel *n*, harter Klang; **II** *v/i. u. v/t.* rasseln *od.* klirren (mit).

clan·nish ['klænɪʃ] *adj.* **1.** Sippen…; **2.** stammesbewußt; **3.** (unter sich) zs.-haltend, *contp.* cliquenhaft; **'clan·nish·ness** [-nɪs] *s.* **1.** Stammesbewußtsein *n*; **2.** Zs.-halten *n*, *contp.* Cliquenwesen *n*; **clan·ship** ['klænʃɪp] *s.* **1.** Vereinigung *f* in e-m Clan; **2.** → ***clannishness*** 1; **clans·man** ['klænzmən] *s.* [*irr.*] Mitglied *n* e-s Clans.

clap[1] [klæp] **I** *s.* **1.** (Hände)Klatschen *n*; **2.** (Beifall)Klatschen *n*; **3.** Klaps *m*; **4.** Knall *m*, Krach *m*: **~ *of thunder*** Donnerschlag *m*; **II** *v/t.* **5.** a) klatschen: **~ *one's hands*** in die Hände klatschen, b) schlagen: **~ *the wings*** mit den Flügeln schlagen; **6.** klopfen; **7.** *j-m* Beifall klatschen; **8.** hastig an-, auflegen *od.* ausführen: **~ *eyes on*** erblicken; **~ *a hat on one's head*** den Hut auf den Kopf stülpen; **9. ~ *on*** F *j-m et.* ‚aufbrummen'; **III** *v/i.* **10.** (Beifall) klatschen.

clap[2] [klæp] *s.* V (*a.* ***dose of ~***) Tripper *m*.

'clap|·board I *s.* **1.** *Brit.* Faßdaube *f*; **2.** *Am.* Verschalungsbrett *n*; **II** *v/t.* **3.** *Am.* verschalen; **'~-net** *s.* Fangnetz *n* (*für Vögel etc.*).

clap·per ['klæpə] *s.* **1.** Klöppel *m* (*Glokke*); **2.** Klapper *f*; **3.** Beifallsklatscher *m*; '**~·board** *s. Am. Film*: Klappe *f*.
clap·trap ['klæptræp] **I** *s.* Ef'fekthasche,rei *f*; Klim'bim *m*; Re'klame(rummel *m*) *f*; Gewäsch *n*, Unsinn *m*; **II** *adj.* ef'fekthaschend; hohl.
claque [klæk] *s.* Claque *f*.
clar·en·don ['klærəndən] *s. typ.* halbfette Egypti'enne.
clar·et ['klærət] *s.* **1.** roter Bor'deaux (-wein); *weitS.* Rotwein *m*; **2.** Weinrot *n*; **3.** *sl.* Blut *n*; **~ cup** *s.* Rotweinbowle *f*.
clar·i·fi·ca·tion [,klærıfı'keıʃn] *s.* **1.** ⚙ (Ab)Klärung *f*, Läuterung *f*; **2.** Aufklärung *f*, Klarstellung *f*; **clar·i·fy** ['klærıfaı] **I** *v/t.* **1.** ⚙ (ab)klären, läutern, reinigen; **2.** (auf-, er)klären; **II** *v/i.* **3.** ⚙ sich (ab)klären; **4.** sich (auf)klären, klar werden.
clar·i·net [,klærı'net] *s.* ♪ Klari'nette *f*; **,clar·i'net·(t)ist** [-tıst] *s.* Klarinet'tist *m*.
clar·i·on ['klærıən] **I** *s.* **1.** ♪ Cla'rino *n*; **2.** *poet.* Trom'petenschall *m*: **~ *call*** *fig.* Auf-, Weckruf *m*; Fan'fare *f*; **~ *voice*** Trompetenstimme *f*; **II** *v/t.* **3.** laut verkünden, 'auspo,saunen.
clar·i·ty ['klærətı] *s. allg.* Klarheit *f*.
clash [klæʃ] **I** *v/i.* **1.** klirren, rasseln; **2.** prallen (***into*** gegen), (*a. feindlich u. fig.*) zs.-prallen, -stoßen (***with*** mit); **3.** *fig.* (***with***) kollidieren: a) (zeitlich) zs.-fallen (mit), b) im 'Widerspruch stehen (zu), unvereinbar sein (mit); **4.** nicht zs.-passen (***with*** mit), sich ‚beißen' (*Farben*); **II** *v/t.* **5.** klirren *od.* rasseln mit; klirrend zs.-schlagen; **III** *s.* **6.** Geklirr *n*, Getöse *n*, Krach *m*; **7.** Zs.-prall *m*, Kollisi'on *f*; **8.** (feindlicher) Zs.-stoß; **9.** (zeitliches) Zs.-fallen; **10.** Kon'flikt *m*, 'Widerstreit *m*.
clasp [klɑ:sp] **I** *v/t.* **1.** ein-, zuhaken, zuschnallen; **2.** fest ergreifen, um'klammern, fest um'fassen; um'ranken: **~ *s.o.'s hand*** j-m die Hand drücken; **~ *s.o. in one's arms*** j-n umarmen; **~ *one's hands*** die Hände falten; **II** *v/i.* **3.** sich die Hand reichen; **III** *s.* **4.** Klammer *f*, Haken *m*; Schnalle *f*, Spange *f*, Schließe *f*; Schloß *n* (*Buch etc.*); **5.** Um'klammerung *f*, Um'armung *f*; Händedruck *m*; **6.** ⚔ (Ordens)Spange *f*; **~ knife** *s.* [*irr.*] Klapp-, Taschenmesser *n*.
class [klɑ:s] **I** *s.* **1.** Klasse *f* (*a.* 🚃 *etc.*, ⚘, *zo.*), Gruppe *f*; **2.** Klasse *f*, Sorte *f*, Güte *f*, Quali'tät *f*; *engS.* Erstklassigkeit *f*: ***in the same ~ with*** gleichwertig mit; ***in a ~ of one's*** (*od.* ***its***) ***own*** e-e Klasse für sich (*überlegen*); ***no ~*** F minderwertig; **3.** Stand *m*, Rang *m*, Schicht *f*: ***the*** (***upper***) ***~es*** die oberen (Gesellschafts)Klassen; ***pull ~ on s.o.*** F j-n s-e gesellschaftliche Überlegenheit fühlen lassen; **4.** *ped., univ.* a) Klasse *f*: ***top of the ~*** Klassenerste(r), b) 'Unterricht *m*, Stunde *f*: ***a ~ in cookery*** Kochstunde, c) *pl.* 'Kurs(us) *m*, d) Semi'nar *n*, e) *Brit.* Stufe *f* bei der Universi'tätsprüfung: ***take a ~*** e-n ***honours degree*** erlangen; **5.** *univ. Am.* Jahrgang *m*; **II** *v/t.* **6.** klassifizieren: a) in Klassen einteilen, b) einordnen, einstufen: **~ *with*** gleichstellen mit; ***be ~ed as*** angesehen werden als; '**~-book** *s. ped.* **1.** *Brit.* Lehrbuch *n*; **2.** *Am.* Klassenbuch *n*; '**~-,con·scious** *adj.* klassenbewußt; **~ dis·tinc·tion** *s. sociol.* 'Klassen,unterschied *m*; **~ ha·tred** *s.* Klassenhaß *m*.
clas·sic ['klæsık] **I** *adj.* (□ ***~ally***) **1.** erstklassig, ausgezeichnet; **2.** klassisch, mustergültig, voll'endet; **3.** klassisch: a) griechisch-römisch, b) die klassische Litera'tur *od.* Kunst *etc.* betreffend, c) berühmt, d) edel (*Stil etc.*); **4.** klassisch: a) 'herkömmlich, b) zeitlos; **II** *s.* **5.** Klassiker *m*; **6.** klassisches Werk; **7.** Jünger(in) der Klassik; **8.** *pl.* a) klassische Litera'tur, b) *die* alten Sprachen; '**clas·si·cal** [-kl] *adj.* □ **1.** → ***classic*** 1, 2, 3: **~ *music*** klassische Musik; **2.** a) altsprachlich, b) huma'nistisch (gebildet): **~ *education*** humanistische Bildung; ***the ~ languages*** die alten Sprachen; **~ *scholar*** Altphilologe *m*, Humanist *m*; '**clas·si·cism** [-ısızəm] *s.* **1.** Klassi'zismus *m*; **2.** klassische Redewendung; '**clas·si·cist** [-ısıst] *s.* Kenner *m od.* Anhänger *m* des Klassischen u. der Klassiker.
clas·si·fi·ca·tion [,klæsıfı'keıʃn] *s.* Klassifizierung *f* (*a.* ⚓), Einteilung *f*, -stufung *f*, Anordnung *f*; Ru'brik *f*: (***security***) **~** *pol.* a) Geheimhaltungseinstufung *f*, b) Geheimhaltungsstufe *f*; **clas·si·fied** ['klæsıfaıd] *adj.* **1.** klassifiziert, eingeteilt: **~ *advertisements*** Kleinanzeigen (*Zeitung*); **~ *directory*** Branchenverzeichnis *n*; **2.** ⚔, *pol.* geheim, Geheim…: **~ *material*; ~ *information*** Verschlußsache(n *pl.*) *f*; **clas·si·fy** ['klæsıfaı] *v/t.* klassifizieren, einteilen; einstufen; ⚔, *pol.* für geheim erklären.
class·less ['klɑ:slıs] *adj.* klassenlos: **~ *society***.
'**class|·mate** *s.* 'Klassenkame,rad(in); **~ room** *s.* Klassenzimmer *n*; **~ war** *s. pol.* Klassenkampf *m*.

class·y ['klɑːsɪ] *adj. sl.* ‚Klasse', ‚Klasse…'.

clat·ter ['klætə] **I** *v/i.* **1.** klappern, rasseln; **2.** trappeln, trampeln; **II** *v/t.* **3.** klappern *od.* rasseln mit; **III** *s.* **4.** Klappern *n*, Rasseln *n*, Krach *m*; **5.** Getrappel *n*; **6.** Lärm *m*; Stimmengewirr *n*.

clause [klɔːz] *s.* **1.** *ling.* Satz(teil *m*, -glied *n*) *m*; **2.** *jur.* a) 'Klausel *f*, Bestimmung *f*, Vorbehalt *m*, b) Absatz *m*, Para'graph *m*.

claus·tro·pho·bi·a [ˌklɔːstrə'fəʊbjə] *s.* Klaustropho'bie *f*.

clav·i·chord ['klævɪkɔːd] *s.* ♪ Clavi'chord *n*.

clav·i·cle ['klævɪkl] *s. anat.* Schlüsselbein *n*.

claw [klɔː] **I** *s.* **1.** *zo.* a) Klaue *f*, Kralle *f* (*beide a. fig.*), b) Schere *f* (*Krebs etc.*), c) Pfote *f* (*a. fig.* F *Hand*): ***get one's ~s into s.o.*** *fig.* j-n in s-e Klauen bekommen; ***pare s.o.'s ~s*** *fig.* j-m die Krallen beschneiden; **2.** ⚙ Klaue *f*, (Greif)Haken *m*; **II** *v/t.* **3.** (zer)kratzen, zerreißen, zerren; **4.** *a.* ***~ hold of*** um'krallen, packen; **5.** ***~ back*** *fig.* a) zurückgewinnen, b) zurücknehmen; **III** *v/i.* **6.** kratzen; **7.** reißen, zerren (***at*** an); **8.** packen, greifen (***at*** nach); **9.** ⚓ ***~ off*** vom Ufer abhalten; **'~-ˌham·mer** *s.* **1.** ⚙ Klauenhammer *m*; **2.** *a.* ***~ coat*** F Frack *m*.

clay [kleɪ] *s.* **1.** Ton *m*, Lehm *m*: ***~ hut*** Lehmhütte *f*; ***feet of ~*** *fig.* tönerne Füße; → ***potter²*** 1; **2.** *fig.* Erde *f*, Staub *m* u. Asche *f*; **3.** → ***clay pipe***; **~ court** *s. Tennis*: Rotgrantplatz *m*.

clay·ey ['kleɪɪ] *adj.* lehmig, Lehm…

clay·more ['kleɪmɔː] *s. hist.* schottisches Breitschwert.

clay| pi·geon *s. sport* Wurf-, Tontaube *f*; **~ pipe** *s.* Tonpfeife *f*; **~ pit** *s.* Lehmgrube *f*.

clean [kliːn] **I** *adj.* □ **1.** rein, sauber; → ***breast*** 2; **2.** sauber, frisch, neu (*Wäsche*); unbeschrieben (*Papier*); **3.** reinlich; stubenrein; **4.** einwandfrei, makellos (*a. fig.*); astfrei (*Holz*); fast fehlerlos (*Korrekturbogen*); → ***copy*** 1; **5.** (*moralisch*) lauter, sauber; anständig, gesittet; schuldlos: ***~ record*** tadelloser Ruf; ***keep it ~!*** keine Ferkeleien!; ***~ living!*** bleib sauber!; ***Mr.*** ***♀*** Saubermann *m*; **6.** ebenmäßig, von schöner Form; glatt (*Schnitt, Bruch*); **7.** sauber, geschickt (ausgeführt), tadellos; **8.** F ‚sauber' (*ohne Waffen, Schmuggelware etc.*); **II** *adv.* **9.** rein, sauber: ***sweep ~*** rein ausfegen; ***come ~*** F alles gestehen; **10.** rein, glatt, völlig, to'tal: ***I ~ forgot*** ich vergaß ganz; ***~ gone*** a) spurlos verschwunden, b) *sl.* total übergeschnappt; ***~ through the wall*** glatt durch die Wand; **III** *v/t.* **11.** reinigen, säubern; *Kleider* ('chemisch) reinigen; **12.** *Fenster, Schuhe, Zähne* putzen; **IV** *v/i.* **13.** sich reinigen lassen; **~ down** *v/t.* gründlich reinigen; abwaschen; **~ out** *v/t.* **1.** reinigen; **2.** auslesen, -räumen; räumen; **3.** *sl.* a) ‚ausnehmen', ‚schröpfen', b) *Am. a. j-n* ‚fertigmachen'; **4.** F *Kasse etc.* leer machen; *Laden etc.* leer kaufen; **5.** F *Bank etc.* ‚ausräumen'; **~ up** *v/t.* **1.** gründlich reinigen; **2.** aufräumen (mit *fig.*); in Ordnung bringen, erledigen, *fig. a.* bereinigen; *Stadt etc.* säubern; **3.** *sl.* (*v/i.* schwer) einheimsen.

clean| and jerk *s. Gewichtheben*: Stoßen *n*; **~ bill of lad·ing** *s.* ✝ reines Konosse'ment; **ˌ~-'bred** *adj.* reinrassig; **ˌ~-'cut** *adj.* **1.** klar um'rissen; klar, deutlich; **2.** regelmäßig; wohlgeformt; **3.** scharf geschnitten: ***~ face***.

clean·er ['kliːnə] *s.* **1.** Reiniger *m* (*Person, Gerät od. Mittel*); Reinemachfrau *f*, Raumpflegerin *f*; (Fenster- *etc.*)Putzer *m*; **2.** *pl.* Reinigung(sanstalt) *f*: ***take s.o. to the ~s*** *sl.* a) j-n total ‚ausnehmen', b) j-n ‚fertigmachen'.

ˌclean|-'hand·ed *adj.* schuldlos; **ˌ~-'limbed** *adj.* wohlproportioniert.

clean·li·ness ['klenlɪnɪs] *s.* Reinlichkeit *f*; **clean·ly** ['klenlɪ] *adj.* □ reinlich.

cleanse [klenz] *v/t.* **1.** (*a. fig.*) reinigen, säubern, reinwaschen (***from*** von); **2.** läutern; **'cleans·er** [-zə] *s.* Reinigungsmittel *n*; **'cleans·ing** [-zɪŋ] *adj.* Reinigungs…: ***~ cream***.

ˌclean|-'shav·en *adj.* glattrasiert; **'~·up** *s.* **1.** (gründliche) Reinigung *f*; **2.** F 'Säuberungsaktiˌon *f*; Ausmerzung *f*; **3.** *Am. sl.* ‚Schnitt' *m*, (großer) Pro'fit.

clear [klɪə] **I** *adj.* □ → ***clearly***; **1.** klar, hell, 'durchsichtig, rein (*a. fig.*): ***a ~ day*** ein klarer Tag; ***as ~ as day*** (***light***), ***~ as mud*** F sonnenklar; ***a ~ conscience*** ein reines Gewissen; **2.** klar, deutlich; 'übersichtlich; scharf (*Photo, Sprache, Verstand*): ***a ~ head*** ein klarer Kopf; ***~ judgment*** gesundes Urteil; ***be ~ in one's mind*** sich klar darüber sein; ***make o.s. ~*** sich verständlich machen; **3.** klar, offensichtlich; sicher, zweifellos: ***I am quite ~*** (***that***) ich bin ganz sicher (daß); **4.** klar, rein; unvermischt; ✝ netto: ***~ amount*** Nettobetrag *m*; ***~ profit*** Reingewinn *m*; ***~ loss*** reiner Verlust; ***~ skin*** reine Haut; ***~ soup*** klare Suppe; ***~ water*** (nur) reines Wasser;

5. klar, hell (*Ton*): ***as ~ as a bell*** glokkenrein; **6.** frei (***of*** von), offen; unbehindert; ohne: ***keep the roads ~*** die Straßen offenhalten; ***~ of debt*** schuldenfrei; ***~ title*** *jur.* unbestrittenes Recht; ***see one's way ~*** freie Bahn haben; ***keep ~ of*** a) (ver)meiden, b) sich fernhalten von; ***keep ~ of the gates!*** Eingang (*Tor*) freihalten!; ***be ~ of s.th.*** et. los sein; ***get ~ of*** loskommen von; **7.** ganz, voll: ***a ~ month*** ein voller Monat; **8.** ⚙ licht (*Höhe, Weite*); **II** *adv.* **9.** hell; klar, deutlich; **10.** frei, los, fort; **11.** völlig, glatt: ***~ over the fence*** glatt über den Zaun; **III** *s.* **12.** ⚙ lichte Weite; **13.** ***in the ~*** a) frei, her'aus, b) *sport* freistehend, c) aus der Sache heraus, vom Verdacht gereinigt, d) *Funk etc.*: im Klartext; **IV** *v/t.* **14.** *a.* ***~ up*** (auf)klären, erläutern; **15.** säubern, reinigen (*a. fig.*), befreien; losmachen (***of*** von): ***~ the street of snow*** die Straße von Schnee reinigen; **16.** *Saal etc.* räumen, leeren; ✝ *Waren(lager)* räumen (→ 23); *Tisch* abräumen, abdecken; *Straße* freimachen; *Land, Wald* roden: ***~ the way*** Platz machen, den Weg bahnen; ***~ out of the way*** *fig.* beseitigen; **17.** reinigen, säubern: ***~ the air*** *a. fig.* die Atmosphäre reinigen; ***~ one's throat*** sich räuspern; **18.** frei-, lossprechen; entlasten (***of, from*** von *e-m Verdacht etc.*); *Am. j-m* (po'litische) Unbedenklichkeit bescheinigen; *Am.* die Genehmigung für *et.* einholen (***with*** bei): ***~ one's conscience*** sein Gewissen entlasten; ***~ one's name*** s-n Namen reinwaschen; **19.** (knapp *od.* heil) vor'beikommen an (*dat.*): ***my car just ~ed the bus***; **20.** *Hindernis* nehmen, glatt springen über (*acc.*): ***~ the hedge***; ***~ 6 feet*** 6 Fuß hoch springen; **21.** Gewinn erzielen, einheimsen: ***~ expenses*** die Unkosten einbringen; **22.** ⚓ a) *Schiff* klarmachen (***for action*** zum Gefecht), b) *Schiff* ausklarieren, c) *Ladung* löschen, d) *aus e-m Hafen* auslaufen; **23.** ✝ bereinigen, bezahlen; verrechnen; *Scheck* einlösen; *Hypothek* tilgen; *Ware* verzollen (→ 16); abfertigen; **V** *v/i.* **24.** sich klären, klar werden; **25.** sich aufklären (*Wetter*): ***~ (away)*** sich verziehen (*Nebel etc.*); **26.** sich klären (*Wein etc.*); **27.** ⚓ a) die 'Zollformali,täten erledigen, b) ausklarieren;

Zssgn mit adv.:

clear| a·way I *v/t.* **1.** wegräumen; beseitigen; **II** *v/i.* **2.** verschwinden; → ***clear*** 25; **3.** (den Tisch) abdecken; **~ off I** *v/t.* **1.** beseitigen, loswerden; **2.** erledigen; **II** *v/i.* **3.** → ***clear out*** 3; **~ out I** *v/t.* **1.** ausräumen, reinigen; **2.** ✝ ausverkaufen; **II** *v/i.* **3.** verschwinden, ‚sich verziehen', ‚abhauen'; **~ up I** *v/t.* **1.** ab-, forträumen; **2.** bereinigen, erledigen; **3.** aufklären, lösen; **II** *v/i.* **4.** sich aufklären (*Wetter*).

clear·ance ['klɪərəns] *s.* **1.** Räumung *f* (*a.* ✝), Beseitigung *f*; Leerung *f*; Freilegung *f*; **2.** a) Rodung *f*, b) Lichtung *f*; **3.** ⚙ lichter Raum, Zwischenraum *m*; Spiel(raum *m*) *n*; *mot. etc.* Bodenfreiheit *f*; **4.** *allg.* Abfertigung *f*, *bsd.* a) ✈ Freigabe *f*, Start- od. 'Durchflugerlaubnis *f*, b) ⚓ Auslaufgenehmigung *f* (→ 7); **5.** ✝ a) Tilgung *f*, volle Bezahlung *f*, b) Verrechnung *f* (→ ***clearing*** 2), c) → ***clearance sale***; **6.** ⚓ a) (Ein-, Aus-) Klarierung *f*, Zollabfertigung *f*, b) Zollschein *m*: ***~ (papers)*** Zollpapiere; **7.** *pol. etc.* Unbedenklichkeitsbescheinigung *f*; **~ sale** *s. Brit.* (Räumungs)Ausverkauf *m*.

,clear|-'cut *adj.* scharf um'rissen; klar, eindeutig; **,~-'head·ed** *adj.* klardenkend, intelli'gent.

clear·ing ['klɪərɪŋ] *s.* **1.** Lichtung *f*, Rodung *f*; **2.** ✝ Clearing *n*, Verrechnungsverkehr *m* (*Bank*); **~ bank** *s.* 'Girobank *f*; ♀ **Hos·pi·tal** *s.* ⚔ *Brit.* 'Feldlaza,rett *n*; **~ house** *s.* ✝ 'Clearinginsti,tut *n*, Verrechnungsstelle *f*; **~ of·fice** *s.* Verrechnungsstelle *f*; **~ sys·tem** *s.* ✝ Clearingverkehr *m*.

clear·ly ['klɪəlɪ] *adv.* **1.** klar, deutlich; **2.** ***~, that is wrong*** offensichtlich ist das falsch; **3.** zweifellos, ‚klar'; **clear·ness** ['klɪənɪs] *s.* **1.** Klarheit *f*, Deutlichkeit *f*; **2.** *fig.* Reinheit *f*; Schärfe *f*.

,clear|-'sight·ed *adj.* **1.** scharfsichtig; **2.** *fig.* klardenkend, hellsichtig, klug; **'~-starch** *v/t. Wäsche* stärken; **'~·way** *s. Brit.* Schnellstraße *f*.

cleat [kli:t] *s.* **1.** ⚓ Klampe *f*; **2.** Keil *m*, Pflock *m*; **3.** ⚡ Isolierschelle *f*; **4.** ⚙ Querleiste *f*; **5.** breiter Schuhnagel.

cleav·age ['kli:vɪdʒ] *s.* **1.** Spaltung *f* (*a.* ⚗ *u. fig.*); Spaltbarkeit *f*; **2.** Zwiespalt *m*; **3.** *biol.* (Zell)Teilung *f*; **4.** Brustansatz *m*, Dekolleté *n*.

cleave[1] [kli:v] *v/i.* **1.** kleben (***to*** an *dat.*); **2.** *fig.* (***to***) festhalten (an *dat.*), halten (zu *j-m*), treu bleiben (*dat.*), anhängen (*dat.*).

cleave[2] [kli:v] **I** *v/t.* [*irr.*] **1.** (zer)spalten; **2.** hauen, reißen; *Weg* bahnen; **3.** *Wasser, Luft etc.* durch'schneiden, (zer)teilen; **II** *v/i.* [*irr.*] **4.** sich spalten, bersten; **'cleav·er** [-və] *s.* Hackmesser *n*, -beil *n*.

clef [klef] *s.* ♪ (Noten)Schlüssel *m*.

cleft[1] [kleft] *pret. u. p.p. von* ***cleave***[2].

cleft[2] [kleft] **I** *s.* Spalte *f*, Kluft *f*, Riß *m*; **II** *adj.* gespalten, geteilt; **~ pal·ate** *s.* Gaumenspalte *f*, Wolfsrachen *m*; **~ stick** *s.*: ***be in a ~*** ‚in der Klemme' sitzen.

clem·a·tis [ˈklemətɪs] *s.* ⚘ Kleˈmatis *f*.

clem·en·cy [ˈklemənsɪ] **I** *s.* Milde *f* (*a. Wetter*), Nachsicht *f*; **II** *adj.* Gnaden… (*-behörde etc.*); **ˈclem·ent** [-nt] *adj.* □ mild (*a. Wetter*), nachsichtig, gnädig.

clench [klentʃ] **I** *v/t.* **1.** *bsd. Lippen* zs.-pressen; *Zähne* zs.-beißen; *Faust* ballen: ***~ one's fist***; **2.** fest anpacken; (an)spannen (*a. fig.*); **3.** → ***clinch*** 1, 2, 3; **II** *v/i.* **4.** sich fest zs.-pressen; sich ballen.

cler·gy [ˈklɜːdʒɪ] *s. eccl.* Geistlichkeit *f*, Klerus *m*, *die* Geistlichen *pl.*: ***20 ~*** 20 Geistliche; **ˈ~·man** [-mən] *s.* [*irr.*] Geistliche(r) *m*.

cler·ic [ˈklerɪk] *s.* Kleriker *m*; **ˈcler·i·cal** [-kl] **I** *adj.* □ **1.** geistlich: ***~ collar*** Kragen *m* des Geistlichen; **2.** *pol.* kleriˈkal; **3.** Schreib…, Büro…: ***~ error*** Schreibfehler *m*; ***~ work*** Büroarbeit *f*; **II** *s.* **4.** *pol.* Kleriˈkale(r) *m*; **ˈcler·i·cal·ism** [-kəlɪzəm] *s. pol.* Klerikaˈlismus *m*, kleriˈkale Poliˈtik.

cler·i·hew [ˈklerɪhjuː] *s.* ˈClerihew *n* (*witziger Vierzeiler*).

clerk [klɑːk] **I** *s.* **1.** Sekreˈtär *m*; Schriftführer *m*; (Büˈro)Schreiber *m*: ***~ of the court*** Urkundsbeamte(r) *m*; → ***articled*** 2, ***town clerk***; **2.** Büˈroangestellte(r *m*) *f*; Buchhalter(in); (Bank)Beamte(r) *m*, (-)Beamtin *f*; **3.** *Brit.* Vorsteher *m*, Leiter *m*: ***~ of (the) works*** Bauleiter; ***~ of the weather*** *fig.* Wettergott, Petrus; **4.** *Am.* a) Verkäufer(in) *im Laden*, b) (Hoˈtel)Portiˌer *m*, Empfangschef *m*, -dame *f*; **5.** ***~ in holy orders*** *eccl.* Geistliche(r) *m*; **II** *v/i.* **6.** als Schreiber *etc. od. Am.* als Verkäufer (-in) tätig sein; **ˈclerk·ship** [-ʃɪp] *s.* Stellung *f* e-s Büˈroangestellten *etc. od. Am.* Verkäufers.

clev·er [ˈklevə] *adj.* □ **1.** geschickt, raffiniert (*Person u. Sache*); gewandt: ***~ dick*** F ‚Klugscheißer' *m*; **2.** klug, gescheit; begabt (***at*** in); **3.** geistreich (*Worte, Buch*); **4.** *a.* **ˈ~-ˈ~** *contp.* ‚superklug'; **ˈclev·er·ness** [-nɪs] *s.* Geschicklichkeit *f*; Klugheit *f etc.*

clew [kluː] **I** *s.* **1.** Knäuel *m*, *n* (*Garn*); **2.** → ***clue*** 1, 2; **3.** ⚓ Schothorn *n*; **II** *v/t.* **4.** ***~ up*** *Segel* aufgeien; **~ gar·net** *s.* ⚓ Geitau *n*.

cli·ché [ˈkliːʃeɪ] *s.* Kliˈschee *n*: a) *typ.* Druckstock *m*, b) *fig.* Gemeinplatz *m*, abgedroschene Phrase.

click [klɪk] **I** *s.* **1.** Klicken *n*, Knipsen *n*, Knacken *n*, Ticken *n*; Einschnappen *n*; **2.** ⚙ Schnapp-, Sperrvorrichtung *f*; Sperrhaken *m*, Klinke *f*; **3.** Schnalzen *n*; **II** *v/i.* **4.** klicken, knacken, ticken; **5.** schnalzen; **6.** (zu-, ein)schnappen: ***~ into place*** einrasten, *fig.* sein (richtiges) Plätzchen finden; **7.** *sl.* F ‚einschlagen', Erfolg haben (***with*** mit); **8.** sofort Gefallen aneinˈander finden, *engS.* sich ineinˈander ‚verknallen'; **9.** F überˈeinstimmen (***with*** mit); **10.** ***it ~ed*** F bei *mir etc.* ‚klingelte' es (*als ich hörte etc.*); **III** *v/t.* **11.** klicken *od.* ticken *od.* knakken *od.* einschnappen lassen: ***~ the door (to)*** die Tür zuklinken; ***~ one's heels*** die Hacken zs.-schlagen; **12.** schnalzen mit: ***~ one's tongue***.

cli·ent [ˈklaɪənt] *s.* **1.** ⚖ Kliˈent(in), Manˈdant(in): ***~ (state)*** *pol.* abhängiger Staat; **2.** ✝ Kunde *m*, Kundin *f*; **3.** Patiˈent(in) (*e-s Arztes*); **cli·en·tele** [ˌkliːɑ̃ːnˈtel] *s.* **1.** Klienˈtel *f*, Kliˈenten *pl.*; **2.** Paˈtienten(kreis *m*) *pl.*; **3.** Kunden(kreis *m*) *pl.*, Kundschaft *f*.

cliff [klɪf] *s.* Klippe *f*, Felsen *m*: ***go over the ~*** F *fig.* ‚eingehen', pleite gehen; **~ dwell·ing** *s.* Felsenwohnung *f*; **ˈ~-ˌhang·er** *s.* F **1.** ˈFortsetzungsroˌman *m* (*etc.*), der jeweils im spannendsten Moˈment abbricht; **2.** äußerst spannende Sache.

cli·mac·ter·ic [klaɪˈmæktərɪk] **I** *adj.* **1.** entscheidend, ˈkritisch; **2.** ⚕ klimakˈterisch; **II** *s.* **3.** ⚕ Klimakˈterium *n*, Wechseljahre *pl.*; **4.** a) kritische Zeit, b) (Lebens)Wende *f*.

cli·mate [ˈklaɪmɪt] *s.* **1.** ˈKlima *n*; **2.** Gegend *f*; **3.** *fig.* (*politisches, Betriebs- etc.*)ˈKlima *n*, Atmoˈsphäre *f*; **cli·mat·ic** [klaɪˈmætɪk] *adj.* (□ ***~ally***) kliˈmatisch; **cli·ma·to·log·ic**, **cli·ma·to·log·i·cal** [ˌklaɪmətəˈlɒdʒɪk(l)] *adj.* □ klimatoˈlogisch; **cli·ma·tol·o·gy** [ˌklaɪməˈtɒlədʒɪ] *s.* Klimatoloˈgie *f*, ˈKlimakunde *f*.

cli·max [ˈklaɪmæks] **I** *s.* **1.** Steigerung *f*; **2.** Gipfel *m*, Höhepunkt *m*; ˈKrisis *f*; **3.** (sexuˈeller) Höhepunkt, Orˈgasmus *m*; **II** *v/t.* **4.** auf e-n Höhepunkt bringen; *Laufbahn etc.* krönen; **III** *v/i.* **5.** e-n Höhepunkt erreichen; **6.** e-n Orˈgasmus haben.

climb [klaɪm] **I** *s.* **1.** Aufstieg *m*, Besteigung *f*; ˈKletterparˌtie *f*; **2.** ✈ Steigen *n*, Steigflug *m*; **II** *v/i.* **3.** klettern; **4.** steigen (*Straße, Flugzeug*); **5.** (auf-, em-

ˈpor)steigen, (hoch)klettern (*a. fig. Preise etc.*); **6.** ⚘ sich hinˈaufranken; **III** *v/t.* **7.** be-, ersteigen; steigen *od.* klettern auf (*acc.*), erklettern; **~ down** *v/i.* **1.** hinˈuntersteigen, -klettern; **2.** *fig.* e-n ‚Rückzieher' machen, klein beigeben; **~ up** *v/t. u. v/i.* hinˈaufsteigen, -klettern.

climb·a·ble [ˈklaɪməbl] *adj.* ersteigbar; **ˈclimb-down** *s.* F ‚Rückzieher' *m*, Nachgeben *n*; **ˈclimb·er** [-mə] *s.* **1.** Kletterer *m*; Bergsteiger(in); **2.** ⚘ Kletter-, Schlingpflanze *f*; **3.** *orn.* Klettervogel *m*; **4.** F (gesellschaftlicher) Streber, Aufsteiger *m*.

climb·ing| a·bil·i·ty [ˈklaɪmɪŋ] *s.* **1.** ✈ Steigvermögen *n*; **2.** *mot.* Bergfreudigkeit *f*; **~ i·rons** *s. pl. mount.* Steigeisen *pl.*

clime [klaɪm] *s. poet.* Gegend *f*, Landstrich *m*; *fig.* Gebiet *n*, Sphäre *f*.

clinch [klɪntʃ] **I** *v/t.* **1.** entscheiden, zum Abschluß bringen; *Handel* festmachen: ***that ~ed it*** damit war die Sache entschieden; ***~ an argument*** den Streit für sich entscheiden; **2.** ⚙ a) sicher befestigen, b) vernieten; **3.** *Boxen*: umˈklammern; **II** *v/i.* **4.** *Boxen*: clinchen; **III** *s.* **5.** fester Griff *od.* Halt; **6.** *Boxen*: Clinch *m* (*a. sl. Umarmung*); **7.** ⚙ Vernietung *f*; Niet *m*; **ˈclinch·er** [-tʃə] *s.* F entscheidender ˈUmstand *od.* Beweis *etc.*, Trumpf *m*.

cling [klɪŋ] *v/i.* [*irr.*] **1.** (***to***) *a. fig.* kleben, haften (an *dat.*); anhaften (*dat.*): ***~ together*** zs.-halten; **2.** (***to***) *a. fig.* sich klammern (an *j-n*, *e-e Hoffnung etc.*), festhalten (an *e-r Sitte*, *Meinung etc.*): ***~ to the text*** am Text kleben; **3.** sich (an)schmiegen (***to*** an *acc.*); **4.** *fig.* (***to***) hängen (an *dat.*), anhängen (*dat.*); **ˈcling·ing** [-ŋɪŋ] *adj.* enganliegend, hauteng (*Kleid*).

clin·ic [ˈklɪnɪk] *s.* **1.** Klinik *f*, (Priˈvat- *od.* Universiˈtäts)Krankenhaus *n*; **2.** Klinikum *n*, klinischer ˈUnterricht; **3.** ˈPoliklinik *f*, Ambuˈlanz *f*; **4.** *Am.* Fachkurs(us) *m*, Semiˈnar *n*; **ˈclin·i·cal** [-kl] *adj.* □ **1.** klinisch: ***~ instruction*** Unterweisung *f* am Krankenbett; ***~ thermometer*** Fieberthermometer *n*; **2.** *fig.* nüchtern, kühl analysierend; **clin·i·car** [ˈklɪnɪkɑː] *s.* Notarztwagen *m*; **cli·ni·cian** [klɪˈnɪʃn] *s.* Kliniker *m*.

clink¹ [klɪŋk] **I** *v/i.* klingen, klimpern, klirren; **II** *v/t.* klingen *od.* klirren lassen: ***~ glasses*** (mit den Gläsern) anstoßen; **III** *s.* Klingen *n etc.*

clink² [klɪŋk] *s. sl.* ‚Knast' *m*, ‚Kittchen' *n* (*Gefängnis*): ***in ~***.

clink·er¹ [ˈklɪŋkə] *s.* **1.** Klinker *m*, Hartziegel *m*; **2.** Schlacke *f*.

clink·er² [ˈklɪŋkə] *bsd. Am. sl.* **1.** ‚Patzer' *m*; **2.** ‚Pleite' *f* (*Mißerfolg*).

ˈclink·er-built *adj.* ⚓ klinkergebaut.

cli·nom·e·ter [klaɪˈnɒmɪtə] *s.* Neigungs-, Winkelmesser *m*.

Cli·o [ˈklaɪəʊ] *s. Am. alljährlicher Preis für die beste Leistung im Werbefernsehen.*

clip¹ [klɪp] **I** *v/t.* **1.** abschneiden; *a. fig.* beschneiden; *Schwanz, Flügel, Hecke* stutzen: ***~ s.o.'s wings*** *fig.* j-m die Flügel beschneiden; **2.** *Haare* (*mit der Maschine*) schneiden; *Tiere* scheren; **3.** *aus der Zeitung* ausschneiden; *Fahrschein* lochen; **4.** *Silben od. Buchstaben* verschlucken: ***~ped speech*** a) undeutliche (Aus)Sprache, b) knappe *od.* schneidige Sprechweise; **5.** *j-m* e-n Schlag ‚verpassen'; **6.** F a) *j-n* ‚erleichtern' (***for*** um), b) *j-n* ‚neppen'; **II** *s.* **7.** Haarschnitt *m*; **8.** Schur *f*; **9.** Wollertrag *m e-r Schur*; **10.** F Hieb *m*; **11.** F Tempo *n*: ***at a good ~*** in scharfem Tempo.

clip² [klɪp] **I** *s.* **1.** (Büˈro-, Heft)Klammer *f*, Klemme *f*, Spange *f*, Halter *m*; **2.** ⚔ (*Patronen*)Rahmen *m*, Ladestreifen *m*; **II** *v/t.* **3.** festhalten; befestigen, (an)klammern.

ˈclip-joint *s. sl.* ˈNepploˌkal *n*.

clip·per [ˈklɪpə] *s.* **1.** ⚓ Klipper *m*, Schnellsegler *m*; **2.** ✈ Clipper *m*; **3.** Renner *m* (*schnelles Pferd*); **4.** *pl.* ˈHaarschneide-, ˈSchermaˌschine *f*, Schere *f*.

clip·pie [ˈklɪpɪ] *s.* F *Brit.* Busschaffnerin *f*.

clip·ping [ˈklɪpɪŋ] *s.* **1.** *Am.* (Zeitungs-)Ausschnitt *m*: ***~ bureau*** Zeitungsausschnittsdienst *m*; **2.** *mst pl.* Schnitzel *pl.*, Abfälle *pl.*

clique [kliːk] *s.* Clique *f*, Klüngel *m*; **ˈcli·quish** [-kɪʃ] *adj.* cliquenhaft.

clit [klɪt] *sl. für* **cli·to·ris** [ˈklɪtərɪs] *s. anat.* ˈKlitoris *f*, Kitzler *m*.

clo·a·ca [kləʊˈeɪkə] *pl.* **-s, -cae** [-kiː] *s.* Kloˈake *f* (*a. zo.*; *a. fig. Sündenpfuhl*).

cloak [kləʊk] **I** *s.* **1.** (loser) Mantel, ˈUmhang *m*; **2.** *fig.* Deckmantel *m*: ***under the ~ of night*** im Schutz der Nacht; **II** *v/t.* **3.** (wie) mit e-m Mantel bedekken; **4.** *fig.* bemänteln, verhüllen; **ˌ~-and-ˈdag·ger** *adj.* **1.** ‚Mantel-und-Degen-...': ***~ drama***; **2.** Spionage...: ***~ story***; **ˈ~·room** *s.* **1.** Gardeˈrobe *f*; **2.** *Brit.* F Toiˈlette *f*.

clob·ber [ˈklɒbə] *v/t. sl.* **1.** verprügeln, *fig.* ‚fertigmachen'; **2.** *sport* ‚überˈfahren', ,vernaschen'.

cloche [kləʊʃ] *s.* **1.** Glasglocke *f* (*für Pflanzen*); **2.** Glocke *f* (*Damenhut*).

clock¹ [klɒk] **I** *s.* **1.** (*Wand-, Turm-, Stand*)Uhr *f*: ***five o'clock*** fünf Uhr; (***a***)***round the ~*** rund um die Uhr, den ganzen Tag (*arbeiten etc.*); ***put the ~ back*** *fig.* das Rad zurückdrehen; **2.** F a) Kon'troll-, Stoppuhr *f*, b) Fahrpreisanzeiger *m* (*Taxi*); **3.** *Computer*: Taktgeber *m*; **4.** F ⚘ Pusteblume *f*; **II** *v/t.* **5.** *bsd. sport* a) (*mit der Uhr*) (ab)stoppen, b) *Zeit* nehmen, c) *Zeit* erreichen; **6.** *a.* ***~ up*** F *Zeit, Zahlen etc.* registrieren; **III** *v/i.* **7.** ***~ in*** *od.* ***on*** (***off*** *od.* ***out***) einstempeln (ausstempeln) (*Arbeitnehmer*).

clock² [klɒk] *s.* (Strumpf)Verzierung *f*.

'clock|-face *s.* Zifferblatt *n*; **~ ra·di·o** *s.* 'Radiowecker *m*; **'~-ˌwatch·er** *s.* F Angestellte(r), der *od.* die immer nach der Uhr sieht; **'~·wise** *adj. u. adv.* im Uhrzeigersinn; rechtsläufig, Rechts...: ***~ rotation***; **'~·work** *s.* Uhrwerk *n*: ***like ~*** a) wie am Schnürchen, b) (pünktlich) wie die Uhr; ***~ toy*** mechanisches Spielzeug; ***~ fuse*** ⚔ Uhrwerkzünder *m*.

clod [klɒd] *s.* **1.** Erdklumpen *m*, Scholle *f*; **2.** *fig.* ,Heini' *m*, Trottel *m*; **'~ˌhop·per** *s.* Bauerntölpel *m*; **'~ˌhop·ping** *adj.* F ungehobelt.

clog [klɒg] **I** *s.* **1.** Holzklotz *m*; **2.** Pan'tine *f*, Holzschuh *m*; **3.** *fig.* Hemmnis *n*, Hindernis *n*; **II** *v/t.* **4.** (be)hindern, hemmen; **5.** verstopfen; **6.** *fig.* belasten, 'vollpfropfen; **III** *v/i.* **7.** sich verstopfen; stocken; **8.** klumpig werden, sich zs.-ballen; **~ dance** *s.* Holzschuhtanz *m*.

clois·ter ['klɔɪstə] **I** *s.* **1.** Kloster *n*; **2.** ⚠ a) Kreuzgang *m*, b) *oft pl.* gedeckter (Säulen)Gang *um e-n Hof*; **II** *v/t.* **3.** in ein Kloster stecken; **4.** *fig.* (*a.* ***o.s.*** sich) von der Welt abschließen; **'clois·tered** [-əd] *adj.* zu'rückgezogen, abgeschieden; **'clois·tral** [-trəl] *adj.* klösterlich.

clone [kləʊn] *n biol.* **I** *s.* Klon *m*; **II** *v/t.* klonen.

close¹ [kləʊs] **I** *adj.* □ → ***closely***; **1.** geschlossen (*a. ling.*): ***~ formation*** (*od.* ***order***) ⚔ (Marsch)Ordnung *f*; ***~ company*** *Brit.*, ***~ corporation*** ✝ *Am.* GmbH *f*; **2.** zu'rückgezogen, abgeschlossen; **3.** verschlossen, verschwiegen, zu'rückhaltend; **4.** verborgen, geheim; **5.** geizig; sparsam; **6.** knapp (*Geld*; *Sieg*): ***~ election*** knapper Wahlsieg; ***~ price*** ✝ scharf kalkulierter Preis; **7.** eng, beschränkt (*Raum*); **8.** nahe, dicht; *fig.* eng, vertraut: ***~ friend***; ***~ combat*** ⚔ Nahkampf *m*; ***~ proximity*** nächste Nähe; ***~ fight*** zähes Ringen, Handgemenge *n*; ***~ finish*** scharfer Endkampf; ***~ shave*** (*od.* ***call***) F knappes Entrinnen; ***that was ~!*** F das war knapp!; ***~ shot*** *phot.* Nahaufnahme *f*; → ***quarter*** 10; **9.** dicht, eng; fest; enganliegend (*Kleid*): ***~ texture*** dichtes Gewebe; ***~ writing*** gedrängte Schrift; **10.** genau, gründlich, streng, eingehend (*Prüfung, Verhör etc.*); scharf (*Aufmerksamkeit, Bewachung*); streng (*Haft*); scharf (*Wettbewerb*); stark (*Ähnlichkeit*); (wort)getreu (*Übersetzung, Abschrift*); **11.** schwül, dumpf; **II** *adv.* **12.** nahe, eng, dicht, gedrängt: ***~ by*** nahe (da)bei; ***~ at hand*** nahe bevorstehend; ***~ to the ground*** dicht am Boden; ***~ on 40*** beinahe 40; ***come ~ to*** *fig.* dicht herankommen an (*acc.*); ***cut ~*** sehr kurz schneiden; ***keep ~*** in der Nähe bleiben; ***keep o.s. ~*** sich zurückhalten; ***press s.o. ~*** j-n (be)drängen; ***run s.o. ~*** j-m fast gleichkommen; **III** *s.* **13.** Einfriedigung *f*, (eingefriedetes) Grundstück; **14.** (Schul)Hof *m*; **15.** Sackgasse *f*; **16.** *Scot.* 'Hausˌdurchgang *m zum Hof*.

close² [kləʊz] **I** *s.* **1.** (Ab)Schluß *m*, Ende *n*: ***bring to a ~*** beendigen; ***draw to a ~*** sich dem Ende nähern; **2.** a) Schlußwort *n*, b) Briefschluß *m*; **3.** ♪ Ka'denz *f*; **II** *v/t.* **4.** *Augen, Tür etc.* schließen, zumachen (→ ***door*** 2, ***eye*** 2); *Straße* sperren; *Loch* verstopfen: ***~ a shop*** a) e-n Laden schließen, b) ein Geschäft aufgeben; ***~ about s.o.*** j-n umschließen *od.* umgeben; **5.** beenden, ab-, beschließen; zum Abschluß bringen, erledigen: ***~ the books*** ✝ die Bücher abschließen; ***~ an account*** ein Konto auflösen; **III** *v/i.* **6.** schließen, geschlossen werden; sich schließen; **7.** enden, aufhören; **8.** sich nähern, her'anrücken; **9.** ***~ with*** a) (handels)einig werden mit *j-m*, sich mit *j-m* einigen (***on*** über *acc.*), b) handgemein mit *j-m* werden; **~ down I** *v/t.* **1.** schließen; *Geschäft* aufgeben; *Betrieb* stillegen; **II** *v/i.* **2.** schließen; stillgelegt werden; **3.** *Radio, TV*: Sendeschluß haben; **4.** ***~ on*** scharf vorgehen gegen; **~ in** *v/i.* (***upon***) her'einbrechen (über *acc.*), sich her'anarbeiten (an *acc.*); **~ out** *v/t.* **1.** ✝ a) *Lager* räumen, b) → ***wind up*** 4; **2.** *fig. Am.* abwickeln, erledigen; **~ up I** *v/t.* (ver)schließen, verstopfen, ausfüllen; **II** *v/i.* näher rücken, aufschließen; sich schließen *od.* füllen.

ˌclose|-'bod·ied [ˌkləʊs-] *adj.* enganliegend (*Kleider*); **ˌ~-'cropped** *adj.* kurzgeschoren.

closed| cir·cuit [kləʊzd] *s.* ⚡ geschlossener Stromkreis; **'~-ˌcir·cuit tel·e·vi·sion** *s.* Kurzschluß-, Betriebsfernsehen *n.*

'close-down ['kləʊz-] *s.* **1.** Schließung *f*, Stillegung *f*; **2.** *Radio, TV*: Sendeschluß *m.*

closed shop *s.* gewerkschaftspflichtiger Betrieb.

ˌclose|-'fist·ed [ˌkləʊs-] *adj.* geizig, knauserig; **~ fit** *s.* enge Paßform; ⚙ Edelpassung *f*; **ˌ~-'fit·ting** *adj.* enganliegend; **ˌ~-'grained** *adj.* feinkörnig (*Holz etc.*); **ˌ~-'hauled** *adj.* ⚓ hart am Winde; **ˌ~-'knit** *adj. fig.* engverbunden; **ˌ~-'lipped** *adj.* verschlossen.

close·ly ['kləʊslɪ] *adv.* **1.** dicht, eng, fest; **2.** aus der Nähe; **3.** genau; **4.** scharf, streng; **'close·ness** [-snɪs] *s.* **1.** Nähe *f*; **2.** Enge *f*, Knappheit *f*; **3.** Dichte *f*, Festigkeit *f*; **4.** Genauigkeit *f*, Schärfe *f*, Strenge *f*; **5.** Verschlossenheit *f*; **6.** Schwüle *f*; **7.** Geiz *m.*

'close|-out ['kləʊz-] *s. a.* **~ *sale*** Ausverkauf *m* wegen Geschäftsaufgabe; **'~-range** ['kləʊs-] *adj.* aus nächster Nähe, Nah...; **~ sea·son** [kləʊs] *s. hunt.* Schonzeit *f.*

clos·et ['klɒzɪt] **I** *s.* **1.** kleine Kammer; Gelaß *n*, Kabi'nett *n*; Geheimzimmer *n*: **~ *drama*** Lesedrama *n*; **2.** *Am.* (Wand)Schrank *m*; **3.** ('Wasser)Kloˌsett *n*; **II** *adj.* **4.** pri'vat, geheim; **III** *v/t.* **5.** einschließen: ***be ~ed together with s.o.*** e-e vertrauliche Besprechung mit j-m haben.

close| time [kləʊs] *s. hunt.* Schonzeit *f*; **ˌ~-'tongued** *adj.* verschlossen; **'~-up** *s.* **1.** *Film*: Nah-, Großaufnahme *f*; **2.** *fig.* genaue Betrachtung, scharfes Bild.

clos·ing| date ['kləʊzɪŋ] *s.* letzter Ter'min; **~ price** *s. Börse*: 'Schlußnoˌtierung *f*; **~ speech** *s.* Schlußrede; ⚖ 'Schlußplädoˌyer *n*; **~ time** *s.* **1.** Geschäftsschluß *m*; **2.** Poli'zeistunde *f.*

clo·sure ['kləʊʒə] **I** *s.* **1.** Verschluß *m* (*a. Vorrichtung*); **2.** Schließung *f e-s Betriebs*, Stillegung *f*; **3.** *parl.* Schluß *m* der De'batte: ***apply*** (*od.* ***move***) ***the ~*** Antrag auf Schluß der Debatte stellen; **II** *v/t.* **4.** *Debatte etc.* schließen.

clot [klɒt] **I** *s.* **1.** Klumpen *m*, Klümpchen *n*: **~ *of blood*** Blutgerinnsel *n*; **2.** F ‚Blödmann' *m*; **II** *v/i.* **3.** gerinnen, Klumpen bilden: ***~ted hair*** verklebtes Haar.

cloth [klɒθ] *pl.* **cloths** [-θs] *s.* **1.** Tuch *n*, Stoff *m*; *engS.* Wollstoff *m*: **~ *of gold*** Goldbrokat *m*; → ***coat*** 1, ***whole*** 3; **2.** Tuch *n*, Lappen *m*: ***lay the ~*** den Tisch decken; **3.** geistliche Amtstracht: ***the ~*** die Geistlichkeit; **4.** ⚓ a) Segeltuch *n*, b) Segel *pl.*; **5.** (Buchbinder)Leinwand *f*: **~ *binding*** Leinenband *m*; ***~-bound*** in Leinen gebunden.

clothe [kləʊð] *v/t.* **1.** (an- be)kleiden; **2.** einkleiden, mit Kleidung versehen; **3.** *fig. in Worte* kleiden; **4.** *fig.* einhüllen; um'hüllen.

clothes [kləʊðz] *s. pl.* **1.** Kleider *pl.*, Kleidung *f*; **2.** (Leib-, Bett)Wäsche *f*; **~ hang·er** *s.* Kleiderbügel *m*; **'~·horse** *s.* Wäscheständer *m*; **~ line** *s.* Wäscheleine *f*; **'~-peg**, **'~-pin** *s.* Wäscheklammer *f*; **'~·press** *s.* Wäsche-, Kleiderschrank *m*; **~ tree** *s.* Kleiderständer *m.*

cloth hall *s. hist.* Tuchbörse *f.*

cloth·ier ['kləʊðɪə] *s.* Tuch-, Kleiderhändler *m*; **'cloth·ing** [-ðɪŋ] *s.* Kleidung *f*: ***article of ~*** Kleidungsstück *n*; **~ *industry*** Bekleidungsindustrie *f.*

clo·ture ['kləʊtʃə] *Am.* → ***closure*** 3.

cloud [klaʊd] **I** *s.* **1.** Wolke *f* (*a. fig.*); Wolken *pl.*: **~ *of dust*** Staubwolke; ***have one's head in the ~s*** *fig.* a) in höheren Regionen schweben, b) geistesabwesend sein; ***be on ~ nine*** F im siebten Himmel schweben; → ***silver lining***; **2.** *fig.* Schwarm *m*, Haufen *m*: ***a ~ of flies***; **3.** dunkler Fleck, Fehlstelle *f*; **4.** *fig.* Schatten *m*: **~ *of title*** ⚖ (geltend gemachter) Fehler im Besitz; ***cast a ~ on s.th.*** e-n Schatten auf et. werfen; ***under the ~ of night*** im Schatten der Nacht; ***under a ~*** a) unter Verdacht, b) in Ungnade, c) in Verruf; **II** *v/t.* **5.** be-, um'wölken; **6.** *fig.* verdunkeln, trüben: **~ *the issue*** die Sache vernebeln; **7.** ädern, flecken; **8.** ⚙ *Stoff* moirieren; **III** *v/i.* **9.** *a.* **~ *over*** sich be- *od.* um'wölken, sich trüben (*a. fig.*); **'~-burst** *s.* Wolkenbruch *m*; **'~-ˌcuck·oo-land** *s.* Wolken'kuckucksheim *n.*

cloud·ed ['klaʊdɪd] *adj.* **1.** be-, um'wölkt; *fig.* nebelhaft; **2.** trübe, wolkig (*Flüssigkeit etc.*); beschlagen (*Glas*); **3.** gefleckt, geädert; **'cloud·ing** [-dɪŋ] *s.* **1.** Wolkigkeit *f*; Trübung *f* (*a. fig.*); **2.** Wolken-, Moirémuster *n*; **'cloud·less** [-lɪs] *adj.* □ **1.** wolkenlos; **2.** *fig.* ungetrübt; **'cloud·y** [-dɪ] *adj.* □ **1.** wolkig, bewölkt; **2.** geädert; moiriert (*Stoff*); **3.** trübe (*Flüssigkeit*); unklar, verschwommen; **4.** düster.

clout [klaʊt] F **I** *s.* **1.** Schlag *m*; **2.** *fig.* a) Macht *f*, Einfluß *m*, b) Wucht *f*; **II** *v/t.* **3.** hauen, schlagen; **~ nail** *s.* (Schuh)Nagel *m.*

clove[1] [kləʊv] *s.* ⚘ Gewürznelke *f.*

clove² [kləʊv] *s.* ⚘ Brut-, Nebenzwiebel *f*: ~ ***of garlic*** Knoblauchzehe *f*.
clove³ [kləʊv] *pret. von* ***cleave²***.
clove⁴ [kləʊv] *s. Am.* Bergschlucht *f*.
clo·ven [ˈkləʊvn] **I** *p.p. von* ***cleave²***; **II** *adj.* gespalten; ~ **foot** → ~ **hoof** *s.* **1.** Huf *m* der Paarhufer; **2.** *fig.* ‚Pferdefuß' *m*: ***show the*** ~ *fig.* den Pferdefuß *od.* sein wahres Gesicht zeigen; ˌ~-ˈ**hoofed** *adj.* **1.** *zo.* paarzehig, -hufig; **2.** teuflisch.
clove pink *s.* ⚘ Gartennelke *f*.
clo·ver [ˈkləʊvə] *s.* ⚘ Klee *m*: ***be*** (*od.* ***live***) ***in*** ~ ‚in der Wolle' sitzen, üppig leben; ˈ~**·leaf** *s.* Kleeblatt *n*: ~ (***intersection***) Kleeblatt (*Autobahnkreuzung*).
clown [klaʊn] **I** *s.* **1.** Clown *m*, Hansˈwurst *m*, Kasper *m* (*alle a. fig.*); **2.** Bauernlümmel *m*, ˈGrobian *m*; **II** *v/i.* **3.** *a.* ~ ***around*** heˈrumkaspern; ˈ**clown·er·y** [-nərɪ] *s.* **1.** Clowneˈrie *f*; **2.** Posse *f*; ˈ**clown·ish** [-nɪʃ] *adj.* □ **1.** bäurisch, tölpelhaft; **2.** närrisch.
cloy [klɔɪ] *v/t.* **1.** überˈsättigen; **2.** anwidern; **cloy·ing** [ˈklɔɪɪŋ] *adj.* widerlich.
club [klʌb] **I** *s.* **1.** Keule *f*, Knüppel *m*; **2.** *sport* a) Schlagholz *n*, Schläger *m*, b) *a.* ***Indian*** ~ (Schwing)Keule *f*; **3.** Klub *m*: a) Verein *m*, Gesellschaft *f*, b) Klub-, Vereinshaus *n*, c) *fig., a. pol.* Klub *m*; **4.** *Spielkarten*: Treff *n*, Kreuz *n*, Eichel *f*; **II** *v/t.* **5.** mit e-r Keule *od.* mit dem Gewehrkolben schlagen; **6.** *Geld* zs.-legen, -schießen; sich teilen in (*acc.*); **III** *v/i.* **7.** *mst* ~ ***together*** (Geld) zs.-legen, sich zs.-tun; **club·(b)a·ble** [ˈklʌbəbl] *adj.* **1.** klub-, gesellschaftsfähig; **2.** → ˈ**club·by** [-bɪ] *adj.* gesellig.
club| car *s.* 🚂 *Am.* Saˈlonwagen *m*; ˌ~-ˈ**foot** *s.* ⚕ Klumpfuß *m*; ˌ~-ˈ**foot·ed** *adj.* klumpfüßig; ˈ~**·house** → ***club*** 3b; ˈ~**·land** *s.* Klubviertel *n* (*bsd. in London*); ˈ~**·man** [-mən] *s.* [*irr.*] **1.** Klubmitglied *n*; **2.** Klubmensch *m*; ~ **sandwich** *s. Am.* ˈSandwich *n* (*aus drei Lagen bestehend*); ~ **steak** *s.* Clubsteak *n*.
cluck [klʌk] **I** *v/i.* **1.** glucken, locken: ~***ing hen*** Glucke *f*; **II 2.** Glucken *n*; **3.** *Am. sl.* ‚Blödmann' *m*.
clue [klu:] **I 1.** Anhaltspunkt *m*, Fingerzeig *m*, Spur *f*: ***I haven't a*** ~***!*** keine Ahnung!; **2.** *fig.* a) Faden *m*, b) Schlüssel *m* (*e-s Rätsels etc.*); **3.** → ***clew*** 1, 3; **II** *v/t.* **4.** ~ ***s.o.*** (***in*** *od.* ***up***) *sl.* j-n ins Bild setzen *od.* informieren.
clump [klʌmp] **I** *s.* **1.** Klumpen *m* (*Erde*), (*Holz*)Klotz *m*; **2.** (Baum)Gruppe *f*; **3.** Doppelsohle *f*; **4.** schwerer Tritt; **II** *v/i.* **5.** trampeln; **III** *v/t.* **6.** zs.-ballen; **7.** doppelt besohlen; **8.** F *j-m* e-n Schlag ‚verpassen'.
clum·si·ness [ˈklʌmzɪnɪs] *s.* Plumpheit *f*: a) Ungeschicklichkeit *f*, b) Unbeholfenheit *f*, Schwerfälligkeit *f*, c) Taktlosigkeit *f*, d) Unförmigkeit *f*; **clum·sy** [ˈklʌmzɪ] *adj.* □ plump: a) ungeschickt, unbeholfen, schwerfällig (*a. Stil*), b) taktlos, c) unförmig.
clung [klʌŋ] *pret. u. p.p. von* ***cling***.
clus·ter [ˈklʌstə] **I** *s.* **1.** ⚘ Büschel *n*, Traube *f*; **2.** Haufen *m* (*a. ast.*), Menge *f*, Schwarm *m*, Gruppe *f*; *a.* ⚙ Bündel *n*, traubenförmige Anordnung; **3.** ⚔ *Am.* (Ordens)Spange *f*; **II** *v/i.* **4.** in Büscheln *od.* Trauben wachsen; **5.** sich sammeln *od.* häufen *od.* drängen *od.* ranken (***round*** um); in Gruppen stehen.
clutch¹ [klʌtʃ] **I** *v/t.* **1.** fest (er)greifen, packen; drücken; **2.** ⚙ kuppeln; **II** *v/i.* **3.** (gierig) greifen (***at*** nach); **III** *s.* **4.** fester Griff: ***make a*** ~ ***at*** (gierig) greifen nach; **5.** *pl., mst. fig.* Klauen *pl.*; Gewalt *f*, Macht *f*, Bande *pl.*: ***in*** (***out of***) ***s.o.'s*** ~***es*** in (aus) j-s Klauen *od.* Gewalt; **6.** ⚙ (Schalt-, Ausrück)Kupplung *f*; Kupplungshebel *m*: ***let in the*** ~ einkuppeln; ***disengage the*** ~ auskuppeln; **7.** ⚙ Greifer *m*.
clutch² [klʌtʃ] *s.* **1.** Gelege *n*; Brut *f*; **2.** *fig.* F Schwarm *m von Leuten*.
clutch| disk *s.* Kupplungsscheibe *f*; ~ **le·ver** *s.*, ~ **ped·al** *s.* ˈKupplungspeˌdal *n*, -hebel *m*.
clut·ter [ˈklʌtə] **I** *v/t.* **1.** *a.* ~ ***up*** in Unordnung bringen; **2.** ˈvollstopfen, anfüllen, überˈhäufen; umˈherstreuen; **II** *s.* **3.** Wirrwarr *m*.
clys·ter [ˈklɪstə] *s.* ⚕ *obs.* Kliˈstier *n*.
coach [kəʊtʃ] **I** *s.* **1.** Kutsche *f*: ~ ***and four*** Vierspänner *m*; **2.** 🚂 *Brit.* (*Personen*)Wagen *m*; **3.** *mot.* a) (Fern-, Reise)Omnibus *m*, b) *Am.* Limouˈsine *f*, c) → ***coachwork***; **4.** Nachhilfe-, Priˈvatlehrer *m*, Einpauker *m*; **5.** *sport* ˈTrainer *m*, Betreuer *m*; **II** *v/t.* **6.** ˈNachhilfeˌunterricht *od.* Anweisungen geben (*dat.*), instruieren, einarbeiten: ~ ***s.o. in s.th.*** j-m et. einpauken; **7.** *sport* trainieren; **III** *v/i.* **8.** in e-r Kutsche reisen; **9.** Nachhilfeunterricht erteilen; ~ **box** *s.* Kutschbock *m*; ˈ~-ˌ**build·er** *s.* **1.** Stellmacher *m*; **2.** *mot. Brit.* Karosseˈriebauer *m*; ~ **horse** *s.* Kutschpferd *n*; ˈ~**-house** *s.* Wagenschuppen *m*.
coach·ing [ˈkəʊtʃɪŋ] *s.* **1.** Reisen *n* in e-r Kutsche; **2.** ˈNachhilfeˌunterricht *m*; **3.** Unterˈweisung *f*, Anleitung *f*.
ˈ**coach·work** *s. mot.* Karosseˈrie *f*.

co·ac·tion [kəʊ'ækʃn] *s.* **1.** Zs.-wirken *n*; **2.** Zwang *m*.

co·ag·u·late [kəʊ'ægjʊleɪt] **I** *v/i.* **1.** gerinnen; **2.** flockig *od.* klumpig werden; **II** *v/t.* **3.** gerinnen lassen; **co·ag·u·la·tion** [kəʊ͵ægjʊ'leɪʃn] *s.* Gerinnen *n*; Flockenbildung *f*.

coal [kəʊl] **I** *s.* **1.** Kohle *f*; *engS.* Steinkohle *f*; *a* (ein) Stück Kohle; **2.** *pl. Brit.* Kohle *f*, Kohlen *pl.*, Kohlenvorrat *m*: ***lay in ~s*** sich mit Kohlen eindecken; ***carry ~s to Newcastle*** *fig.* Eulen nach Athen tragen; ***call*** (*od.* ***haul***) ***s.o. over the ~s*** j-n ‚fertigmachen'; ***heap ~s of fire on s.o.'s head*** *fig.* feurige Kohlen auf j-s Haupt sammeln; **3.** glimmendes Stück Kohle *od.* Holz; **II** *v/t.* **4.** 🚂, ⚓ bekohlen, mit Kohle versorgen, **III** *v/i.* **5.** 🚂, ⚓ Kohle einnehmen, bunkern; **'~·bed** *s. geol.* Kohlenflöz *n*; **'~·box** *s.* Kohlenkasten *m*; **~ car** *s.* 🚂 *Am.* Kohlenwagen *m*; **'~·dust** *s.* Kohlengrus *m*.

coal·er ['kəʊlə] *s.* Kohlenschiff *n*; 'Kohlenzug *m*, -wag͵gon *m*.

co·a·lesce [͵kəʊə'les] *v/i.* **1.** verschmelzen, sich verbinden *od.* vereinigen; **2.** *fig.* zs.-passen; **͵co·a'les·cence** [-sns] *s.* Verschmelzung *f*, Vereinigung *f*.

'coal|·field *s.* 'Kohlenre͵vier *n*; **~ gas** *s.* Leuchtgas *n*.

coal·ing sta·tion ['kəʊlɪŋ] *s.* ⚓ 'Bunker-, 'Kohlenstati͵on *f*.

co·a·li·tion [͵kəʊə'lɪʃn] *s.* Zs.-schluß *m*, Vereinigung *f*; *pol.* Koaliti'on *f*; **~ partner** *s. pol.* Koaliti'onspartner *m*.

coal| mine *s.* Kohlenbergwerk *n*, Kohlengrube *f*, -zeche *f*; **~ min·er** *s.* Grubenarbeiter *m*, Bergmann *m*; **~ min·ing** *s.* Kohlenbergbau *m*; **~ oil** *s. Am.* Pe'troleum *n*; **'~·pit** *s.* Kohlengrube *f*; **~ seam** *s. geol.* Kohlenflöz *n*; **~ tar** *s.* Steinkohlenteer *m*; **~ wharf** *s.* ⚓ Bunkerkai *m*.

coarse [kɔːs] *adj.* □ **1.** grob (*Ggs. fein*): ***~ texture*** grobes Gewebe; **2.** grobkörnig: ***~ bread*** Schrotbrot *n*; **3.** *fig.* grob, derb, ungehobelt; unanständig, anstößig; **4.** einfach, gemein: ***~ fare*** grobe *od.* einfache Kost; **'~-grained** *adj.* **1.** grobkörnig, -faserig; grob (*Gewebe*); **2.** → ***coarse*** 3.

coars·en ['kɔːsn] **I** *v/t.* grob machen, vergröbern (*a. fig.*); **II** *v/i.* grob werden (*bsd. fig.*); **'coarse·ness** [-nɪs] *s.* **1.** grobe Quali'tät; **2.** *fig.* Grob-, Derbheit *f*; Unanständigkeit *f*.

coast [kəʊst] **I** *s.* **1.** Küste *f*, Meeresufer *n*: ***the ~ is clear*** *fig.* die Luft ist rein, die Bahn ist frei; **2.** Küstenlandstrich *m*; **3.** *Am.* a) Rodelbahn *f*, b) (Rodel-) Abfahrt *f*; **II** *v/i.* **4.** ⚓ a) die Küste entlangfahren, b) Küstenschiffahrt treiben; **5.** *Am.* rodeln; **6.** *mit e-m Fahrzeug* (berg'ab) rollen; im Freilauf (*Fahrrad*) *od.* im Leerlauf (*Auto*) fahren: ***~ on*** *sl.* auf *e-n Trick etc.* ‚reisen'; **7.** *sl.* mühelos vor'ankommen; **'coast·al** [-tl] *adj.* Küsten...

coast·er ['kəʊstə] *s.* **1.** ⚓ Küstenfahrer *m* (*bsd. Schiff*); **2.** *Am.* Rodelschlitten *m*; **3.** *Am.* Achterbahn *f*; **4.** Ta'blett *n*, *bsd.* Serviertischchen *n*; **~ brake** *s. Am.* Rücktrittbremse *f*.

coast guard *s.* **1.** *Brit.* Küstenwache *f* (*a.* ⚔); Küstenzollwache *f*; **2.** *Am.* ≈ (staatlicher) Küstenwach- u. Rettungsdienst; **3.** Angehörige(r) *m* von 1 u. 2.

coast·ing ['kəʊstɪŋ] *s.* **1.** Küstenschifffahrt *f*; **2.** *Am.* Rodeln *n*; **3.** Berg'abfahren *n* (*im Freilauf od. bei abgestelltem Motor*); **~ trade** *s.* Küstenhandel *m*.

'coast|·line *s.* Küstenlinie *f*, -strich *m*; **'~·wise** *adj. u. adv.* längs der Küste; Küsten...

coat [kəʊt] **I** *s.* **1.** Ja'ckett *n*, Jacke *f*: ***wear the king's ~*** *hist.* des Königs Rock tragen (*Soldat sein*); ***~ and skirt*** (Schneider)Kostüm *n*; ***~ of arms*** Wappen *n*; ***~ armo(u)r*** Familienwappen *n*; ***~ of mail*** Panzerhemd *n*; ***cut one's ~ according to one's cloth*** sich nach der Decke strecken; **2.** Mantel *m*: ***turn one's ~*** sein Mäntelchen nach dem Winde hängen; **3.** Fell *n*, Pelz *m* (*Tier*); **4.** Schicht *f*, Lage *f*; Decke *f*, Hülle *f*, (*a. Farb-, Metall- etc.*)'Überzug *m*, Belag *m*, Anstrich *m*; Bewurf *m*: ***a second ~ of paint*** ein zweiter Anstrich; **II** *v/t.* **5.** anstreichen, über'streichen, -'ziehen, beschichten: ***~ with silver*** plattieren; **6.** um'hüllen, -'kleiden, bedecken; auskleiden (***with*** mit); **'coat·ed** [-tɪd] *adj.* **1.** mit e-m (...) Rock *od.* Mantel *od.* Fell (versehen): ***black-~*** schwarzgekleidet; **2.** mit ... über'zogen *od.* gestrichen *od.* bedeckt: ***sugar-~*** mit Zuckerüberzug; **3.** ⚕ belegt (*Zunge*); **coat·ee** ['kəʊtiː] *s.* kurzer (Waffen)Rock.

'coat-͵hang·er *s.* Kleiderbügel *m*.

coat·ing ['kəʊtɪŋ] *s.* **1.** Mantelstoff *m*; **2.** ⚙ Anstrich *m*, 'Überzug *m*, Schicht *f*; Bewurf *m*; **3.** ⚙ Auskleidung *f*, Futter *n*.

coat| stand *s.* Garde'robenständer *m*; **'~-tail** *s.* Rockschoß *m*; **'~-͵trail·ing** *adj.* provoka'tiv.

co·au·thor [kəʊ'ɔːθə] *s.* Mitverfasser *m*, -autor *m*.

coax [kəʊks] **I** *v/t.* **1.** schmeicheln (*dat.*);

gut zureden (*dat.*), beschwatzen (***to do*** *od.* ***into doing*** zu tun): ***~ s.th. out of s.o.*** j-m et. abschwatzen; **2.** *et.* mit Gefühl *od.* ‚mit Geduld und Spucke' bringen (***into*** in *acc.*); **II** *v/i.* **3.** schmeicheln.

co·ax·al [ˌkəʊˈæksl], ˌ**coˈax·i·al** [-sɪəl] ⩓, ⚙ koaxiˈal, konˈzentrisch.

cob [kɒb] *s.* **1.** *a.* ***~ swan*** *orn.* männlicher Schwan; **2.** *zo.* kleineres Reitpferd; **3.** Klumpen *m*, Stück *n* (*z. B.* Kohle); **4.** Maiskolben *m*; **5.** *Brit.* Strohlehm *m* (*Baumaterial*); **6.** → ***cobloaf***; **7.** → ***cobnut***.

co·balt [kəʊˈbɔːlt] *s. min.*, ⚗ Kobalt *m*; ***~ blue*** *s.* Kobaltblau *n*; ***~ bomb*** *s.* **1.** ⚔ Kobaltbombe *f*; **2.** ⚕ ˈKobaltkaˌnone *f*.

cob·ble¹ [ˈkɒbl] **I** *s.* **1.** runder Pflasterstein, Kopfstein *m*; **2.** *pl.* → ***cob coal***; **II** *v/t.* **3.** mit Kopfsteinen pflastern.

cob·ble² [ˈkɒbl] *v/t. Schuhe* flicken; *fig.* zs.-flicken, zs.-schustern; ˈ**cob·bler** [-lə] *s.* **1.** (Flick)Schuster *m*: ***~'s wax*** Schusterpech *n*; **2.** *fig.* Stümper *m*; **3.** *Am.* Cobbler *m* (*ein Cocktail*).

ˈ**cob·ble·stone** → ***cobble¹*** 1.

cob coal *s.* Nuß-, Stückkohle *f*.

Cob·den·ism [ˈkɒbdənɪzəm] *s.* ✝ ˈManchestertum *n*, Freihandelslehre *f*.

co·bel·lig·er·ent [ˌkəʊbɪˈlɪdʒərənt] *s.* mitkriegführender Staat.

ˈ**cob|·loaf** *s.* rundes Brot; ˈ***~·nut*** *s.* ⚘ Haselnuß *f*.

Co·bol [ˈkəʊbɒl] *s.* COBOL *n* (*Computersprache*).

co·bra [ˈkəʊbrə] *s. zo.* Brillenschlange *f*, ˈKobra *f*.

cob·web [ˈkɒbweb] *s.* **1.** Spinn(en)gewebe *n*; Spinnenfaden *m*; **2.** feines, zartes Gewebe; **3.** *fig.* Hirngespinst *n*: ***blow away the ~s*** sich e-n klaren Kopf schaffen; **4.** *fig.* Netz *n*, Schlinge *f*; **5.** *fig.* alter Staub; ˈ**cob·webbed** [-bd], ˈ**cobˌweb·by** [-bɪ] *adj.* voller Spinnweben.

co·ca [ˈkəʊkə] *s.* ˈKoka(blätter *pl.*) *f*.

co·cain(e) [kəʊˈkeɪn] *s.* ⚗ Kokaˈin *n*; **coˈcain·ism** [-nɪzəm] *s.* **1.** Kokaˈinvergiftung *f*; **2.** Kokaˈinsucht *f*.

coc·cus [ˈkɒkəs] *pl.* **-ci** [-kaɪ] *s.* ⚕ ˈKokkus *m*, ˈKokke *f* (*a.* ⚘).

coch·i·neal [ˈkɒtʃɪniːl] *s.* Koscheˈnille (-laus) *f*; Koscheˈnille(rot *n*) *f*.

coch·le·a [ˈkɒklɪə] *s. anat.* Cochlea *f*, Schnecke *f* (*im Ohr*).

cock¹ [kɒk] **I** *s.* **1.** *orn.* Hahn *m*: ***old ~*** F alter Knabe; ***that ~ won't fight*** F a) so geht das nicht, b) das zieht nicht; **2.** Vogelmännchen *n*: ***~ sparrow*** Sperlingsmännchen; **3.** Wetterhahn *m*; **4.** ⚙ (*Absperr*)Hahn *m*; **5.** (*Gewehr- etc.*) Hahn *m*: ***full ~*** Hahn gespannt; ***half ~*** Hahn in Ruh; **6.** Anführer *m*: ***~ of the roost*** (*od.* ***walk***) *oft contp.* der Größte; ***~ of the school*** Anführer *m* unter den Schülern; **7.** Aufrichten *n*: ***~ of the eye*** (bedeutsames) Augenzwinkern; ***give one's hat a saucy ~*** s-n Hut keck aufs Ohr setzen; **8.** V ‚Schwanz' *m* (*Penis*); **9.** F Quatsch *m*; **II** *v/t.* **10.** *Gewehrhahn* spannen; **11.** aufrichten: ***~ one's ears*** die Ohren spitzen; ***~ one's eye at s.o.*** j-n vielsagend *od.* verächtlich ansehen; ***~ one's hat*** den Hut schief *od.* keck aufsetzen; → ***cocked hat***; **12.** ***~ up*** *sl.* ‚versauen'.

cock² [kɒk] *s.* kleiner Heuhaufen.

cock·ade [kɒˈkeɪd] *s.* Koˈkarde *f*.

cock·a·doo·dle·doo [ˌkɒkəduːdlˈduː] *s.* a) Kikeriˈki *n* (*Hahnenschrei*), b) *humor.* Kikeriˈki *m* (*Hahn*).

Cock·aigne [kɒˈkeɪn] *s.* Schlaˈraffenland *n*.

ˌ**cock-and-ˈbull sto·ry** *s.* Ammenmärchen *n*, Lügengeschichte *f*.

cock·a·too [ˌkɒkəˈtuː] *s.* ˈKakadu *m*.

cock·a·trice [ˈkɒkətraɪs] *s.* Basiˈlisk *m*.

Cock·ayne → ***Cockaigne***.

ˈ**cock|·boat** *s.* ⚓ Jolle *f*; ˈ***~ˌchaf·er*** *s.* Maikäfer *m*; ˈ***~·crow*** *s.* Hahnenschrei *m*; *fig.* Tagesanbruch *m*.

cocked hat [kɒkt] *s.* Zwei-, Dreispitz *m* (*Hut*): ***knock into a ~*** a) zu Brei schlagen, b) (restlos) ‚fertigmachen'.

cock·er¹ [ˈkɒkə] → ***cocker spaniel***.

cock·er² [ˈkɒkə] *v/t.* verhätscheln, verwöhnen: ***~ up*** aufpäppeln.

Cock·er³ [ˈkɒkə] *npr.*: ***according to ~*** nach Adam Riese, genau.

cock·er·el [ˈkɒkərəl] *s.* Hähnchen *n*.

cock·er span·iel *s.* ˈCockerˌspaniel *m*.

ˈ**cock|·eyed** *adj. sl.* **1.** schielend; **2.** (krumm u.) schief; **3.** ‚doof'; **4.** ‚blau' (*betrunken*); ˈ***~ˌfight·ing*** *s.* Hahnenkampf *m*: ***that beats ~!*** F das ist 'ne Wucht!

cock·i·ness [ˈkɒkɪnɪs] *s.* F Großspurigkeit *f*, Anmaßung *f*.

cock·le¹ [ˈkɒkl] **I** *s.* **1.** *zo.* (eßbare) Herzmuschel: ***that warms the ~s of my heart*** das tut mir gut; **2.** → ***cockleshell***; **II** *v/i.* **3.** sich bauschen *od.* kräuseln *od.* werfen; **III** *v/t.* **4.** kräuseln.

cock·le² [ˈkɒkl] → ***corncockle***.

ˈ**cock·le|·boat** → ***cockboat***; ˈ***~·shell*** *s.* **1.** Muschelschale *f*; **2.** ‚Nußschale' *f*, kleines Boot.

cock·ney [ˈkɒknɪ] *s. oft* ♀ **1.** Cockney *m*, (waschechter) Londoner; **2.** ˈCockney

(-dia,lekt *m*, -aussprache *f*) *n*; ˈ**cock·ney·dom** [-dəm] *s*. **1.** Cockneybezirk *m*; **2.** *coll.* die Cockneys *pl.*; ˈ**cock·ney·ism** [-ɪɪzəm] *s*. Cockneyausdruck *m*.

ˈ**cock|·pit** *s*. **1.** Hahnenkampfplatz *m*; **2.** *fig.* Kampfplatz *m*; **3.** ⚓, ✈, *mot.* Cockpit *n*; ˈ**~·roach** *s*. (Küchen)Schabe *f*.

cocks·comb [ˈkɒkskəʊm] *s*. **1.** *zo.* Hahnenkamm *m*; **2.** ⚘ Hahnenkamm *m*; **3.** → ***coxcomb*** 1.

ˈ**cock|-shy** Wurfziel *n*; *fig.* Zielscheibe *f*; ˈ**~·spur** *s*. **1.** *zo.* Hahnensporn *m*; **2.** ⚘ Hahnen-, Weißdorn *m*; ˌ**~ˈsure** *adj*. **1.** todsicher, ˈvollkommen überˈzeugt; **2.** überˈtrieben selbstsicher, anmaßend; ˈ**~·tail** *s*. *allg.* Cocktail *m*: ~ ***cabinet*** Hausbar *f*; ~ ***dress*** Cocktailkleid *n*.

ˈ**cock-up** *s*. *Brit. sl.* ˈDurcheinander *n*: ***make a ~ of s.th.*** et. vermasseln.

cock·y [ˈkɒkɪ] *adj*. F großspurig, anmaßend.

co·co [ˈkəʊkəʊ] *pl.* **-cos I** *s*. *mst in Zssgn* ⚘ ˈKokospalme *f*; **II** *adj*. Kokos…, aus ˈKokosfasern.

co·coa [ˈkəʊkəʊ] *s*. **1.** Kaˈkao(pulver *n*) *m*; **2.** Kaˈkao *m* (*Getränk*); ~ **bean** *s*. Kaˈkaobohne *f*.

co·co·nut [ˈkəʊkənʌt] *s*. **1.** ⚘ ˈKokosnuß *f*: ***that accounts for the milk in the ~*** F daher der Name!; **2.** *sl.* ‚Kürbis‘ *m* (*Kopf*); ~ **but·ter** *s*. ˈKokosbutter *f*; ~ **milk** *s*. ˈKokosmilch *f*; ~ **palm**, ~ **tree** *s*. ˈKokospalme *f*.

co·coon [kəˈkuːn] **I** *s*. *zo.* Koˈkon *m*, Puppe *f der Seidenraupe*; *weitS.* Gespinst *n*; ⚔, ⚙ Schutzhülle *f*; **II** *v/t. u. v/i.* (sich) einspinnen *od.* (*fig.*) einhüllen; *Gerät etc.* ‚einmotten‘.

co·cotte [kɒˈkɒt] *s*. Koˈkotte *f*.

cod¹ [kɒd] *s*. *ichth.* Kabeljau *m*, Dorsch *m*: ***dried ~*** Stockfisch *m*; ***cured ~*** Klippfisch *m*.

cod² [kɒd] *v/t. j-n* foppen.

co·da [ˈkəʊdə] *s*. ♪ ˈKoda *f*.

cod·dle [ˈkɒdl] *v/t*. verhätscheln, verzärteln, verwöhnen: ~ ***up*** aufpäppeln.

code [kəʊd] **I** *s*. **1.** *bsd.* ⚖ ˈKodex *m*, Gesetzbuch *n*; *weitS.* Regeln *pl.*: ~ ***of hono(u)r*** Ehrenkodex; **2.** ⚓, ⚔ Siˈgnalbuch *n*; **3.** (Teleˈgraphen)Kode *m*, (-)Schlüssel *m*; **4.** a) Code *m* (*a. Computer*), Schlüssel(schrift *f*) *m*, b) Chiffre *f*: ~ ***name*** Deckname *m*; ~ ***number*** Code-, Kennzahl *f*; ~ ***word*** Codewort *n*; **II** *v/t*. **5.** codieren, chiffrieren, verschlüsseln: ***~d message***; ***coding device*** → ***coder***.

co·de·ine [ˈkəʊdiːn] *s*. *pharm.* Kodeˈin *n*.

cod·er [ˈkəʊdə] *s*. Codiergerät *n*, Codierer *m*, Verschlüßler *m*.

co·de·ter·mi·na·tion [ˈkəʊdɪˌtɜːmɪˈneɪʃn] *s*. ✝ (***parity ~*** pariˈtätische) Mitbestimmung.

co·dex [ˈkəʊdeks] *pl.* ˈ**co·di·ces** [-dɪsiːz] *s*. ˈKodex *m*, alte Handschrift (*Bibel, Klassiker*).

ˈ**cod|·fish** → ***cod¹***; ˈ**~·fish·er** *s*. Kabeljaufischer *m*.

codg·er [ˈkɒdʒə] *s*. F alter Kauz.

co·di·ces *pl. von* ***codex***.

cod·i·cil [ˈkɒdɪsɪl] *s*. ⚖ Kodiˈzill *n*.

cod·i·fi·ca·tion [ˌkəʊdɪfɪˈkeɪʃn] *s*. Kodifizierung *f*; **cod·i·fy** [ˈkəʊdɪfaɪ] *v/t*. **1.** *bsd.* ⚖ kodifizieren; **2.** *Nachricht* verschlüsseln.

cod·ling¹ [ˈkɒdlɪŋ] *s*. junger Dorsch.

cod·ling² [ˈkɒdlɪŋ] *s*. *ein* Kochapfel *m*; ~ **moth** *s*. *zo.* Obstmade *f*.

cod-liv·er oil [ˌkɒdlɪvərˈɔɪl] *s*. Lebertran *m*.

co·driv·er [ˈkəʊˌdraɪvə] *s*. Beifahrer *m*.

co·ed [ˌkəʊˈed] *s*. *ped.* Stuˈdentin *f od.* Schülerin *f* e-r gemischten Schule;

co·ed·u·ca·tion [ˌkəʊedjuːˈkeɪʃn] *s*. *ped.* Koedukatiˈon *f*, Gemeinschaftserziehung *f*.

co·ef·fi·cient [ˌkəʊɪˈfɪʃnt] **I** *s*. **1.** ⅍, *phys.* Koeffiziˈent *m*; **2.** mitwirkende Kraft, ˈFaktor *m*; **II** *adj*. **3.** mitwirkend.

coe·li·ac [ˈsiːlɪæk] *adj*. *anat.* Bauch…

co·erce [kəʊˈɜːs] *v/t*. **1.** nötigen, zwingen (***into*** zu); **2.** erzwingen; **coˈer·ci·ble** [-sɪbl] *adj*. □ zu (er)zwingen(d); **coˈer·cion** [-ˈɜːʃn] *s*. **1.** Zwang *m*; Gewalt *f*; ⚖ Nötigung *f*; **2.** *pol.* Zwangsherrschaft *f*; **coˈer·cive** [-sɪv] **I** *adj*. □ zwingend (*a. fig.*), Zwangs…; **II** *s*. Zwangsmittel *n*.

co·es·sen·tial [ˌkəʊɪˈsenʃl] *adj*. wesensgleich.

co·e·val [kəʊˈiːvl] *adj*. □ **1.** gleichzeitig; **2.** gleichaltrig; **3.** von gleicher Dauer.

co·ex·ist [ˌkəʊɪgˈzɪst] *v/i*. gleichzeitig *od.* nebeneinˈander bestehen *od.* leben, koexistieren; ˌ**co·exˈist·ence** [-təns] *s*. Koexiˈstenz *f*; ˌ**co·exˈist·ent** [-tənt] *adj*. gleichzeitig *od.* nebeneinˈander bestehend, koexiˈstent.

cof·fee [ˈkɒfɪ] *s*. **1.** ˈKaffee *m* (*Getränk, Bohnen od. Baum*): ***black ~*** schwarzer Kaffee; ***white ~*** Milchkaffee; **2.** ˈKaffeebraun *n*; ~ **bar** *s*. **1.** Caˈfé *n*; **2.** Imbißstube *f*; ~ **bean** *s*. ˈKaffeebohne *f*; ~ **break** *s*. ˈKaffeepause *f*; ~ **grounds** *s*. *pl.* ˈKaffeesatz *m*; ˈ**~·house** *s*. ˈKaffeehaus *n*; ˈ**~ˌmak·er** *s*. *Am.* ˈKaffeemaˌschine *f*; ~ **mill** *s*. ˈKaffeemühle *f*;

ˈ**~·pot** *s.* ˈKaffeekanne *f*; **~ set** *s.* ˈKaffeeserˌvice *n*; **~ shop** *s. Am. für* ***coffee bar***; **~ ta·ble** *s.* Couchtisch *m*; **~ urn** *s.* (ˈGroß)ˌKaffeemaˌschine *f*.

cof·fer [ˈkɒfə] **I** *s.* **1.** Kasten *m*, Kiste *f*, Truhe *f*, Kasˈsette *f* (*für Wertsachen*); **2.** *pl.* a) Schatz *m*, Gelder *pl.*, b) Schatzkammer *f*, Treˈsor *m*; **3.** ⚠ Deckenfeld *n*, Kasˈsette *f*; **4.** → ***cofferdam***; **II** *v/t.* **5.** verwahren; ˈ**~·dam** *s.* ⚙ Kastendamm *m*, Senkkasten *m*, Caisˈson *m*.

cof·fin [ˈkɒfɪn] **I** *s.* Sarg *m* (*a.* F *schlechtes Schiff*); **II** *v/t.* einsargen; **~ bone** *s. zo.* Hufbein *n* (*Pferd*); **~ joint** *s.* Hufgelenk *n* (*Pferd*).

cog¹ [kɒg] *s.* **1.** ⚙ (Rad)Zahn *m*; **2.** *fig.* ***he's just a ~ in the machine*** er ist nur ein Rädchen im Getriebe.

cog² [kɒg] **I** *v/t. Würfel* beschweren: ***~ the dice*** beim Würfeln mogeln; **II** *v/i.* betrügen.

co·gen·cy [ˈkəʊdʒənsɪ] *s.* Schlüssigkeit *f*, Triftigkeit *f*; ˈ**co·gent** [-nt] *adj.* □ zwingend, triftig.

cogged [kɒgd] *adj.* ⚙ gezahnt, Zahn(rad)…: ***~ railway*** Zahnradbahn *f*.

cog·i·tate [ˈkɒdʒɪteɪt] **I** *v/i.* **1.** (nach-)denken, (nach)sinnen (***upon*** über *acc.*); **2.** *phls.* denken; **II** *v/t.* **3.** ersinnen; **cog·i·ta·tion** [ˌkɒdʒɪˈteɪʃn] *s.* **1.** (Nach)Denken *n*; **2.** Denkfähigkeit *f*; **3.** Gedanke *m*.

co·gnac [ˈkɒnjæk] *s.* ˈKognak *m*.

cog·nate [ˈkɒgneɪt] **I** *adj.* **1.** (*selten*) (bluts)verwandt; **2.** verwandt (*Wörter etc.*); **3.** *ling.* (sinn)verwandt: ***~ object*** Objekt *n* des Inhalts; **II** *s.* **4.** ⚖ Blutsverwandte(r *m*) *f*; **5.** verwandtes Wort.

cog·ni·tion [kɒgˈnɪʃn] *s. bsd. phls.* Erkennen *n*, Wahrnehmung *f*; Kenntnis *f*; **cog·ni·tive** [ˈkɒgnɪtɪv] *adj.* kogniˈtiv, erkenntnismäßig.

cog·ni·za·ble [ˈkɒgnɪzəbl] *adj.* □ **1.** erkennbar; **2.** ⚖ a) der Gerichtsbarkeit unterˈworfen, b) gerichtlich verfolgbar, c) zu verhandeln(d); ˈ**cog·ni·zance** [-zəns] *s.* **1.** Kenntnis *f*, Erkenntnis *f*; **2.** ⚖ a) Zuständigkeit *f*, b) (richterliche) Verhandlung, c) (richterliches) Erkenntnis, d) *Brit.* Anerkenntnis *n*: ***take ~ of*** sich zuständig mit *e-m Fall* befassen, *weitS.* zur Kenntnis nehmen; ***beyond my ~*** außerhalb m-r Befugnis; **3.** *her.* Ab-, Kennzeichen *n*; ˈ**cog·ni·zant** [-zənt] *adj.* **1.** unterˈrichtet (***of*** über *acc. od.* von); **2.** *phls.* erkennend.

cog·no·men [kɒgˈnəʊmen] *s.* **1.** Faˈmilien-, Zuname *m*; **2.** Bei-, *bsd.* Spitzname *m*.

ˈ**cog·wheel** *s.* ⚙ Zahnrad *n*; **~ drive** *s.* ⚙ Zahnradantrieb *m*; **~ rail·way** *s.* Zahnradbahn *f*.

co·hab·it [kəʊˈhæbɪt] *v/i.* (*bsd.* unverheiratet) zs.-leben; **co·hab·i·ta·tion** [ˌkəʊhæbɪˈteɪʃn] *s.* **1.** Zs.-leben *n*; **2.** Beischlaf *m*, Beiwohnung *f*.

co·heir [ˌkəʊˈeə] *s.* Miterbe *m*; **co·heir·ess** [ˌkəʊˈeərɪs] *s.* Miterbin *f*.

co·here [kəʊˈhɪə] *v/i.* **1.** zs.-hängen (*a. fig.*); **2.** *fig.* in Zs.-hang stehen; **3.** zs.-halten; **4.** zs.-passen, überˈeinstimmen (***with*** mit); **5.** *Radio*: fritten; **coˈher·ence** [-ɪərəns], **coˈher·en·cy** [-ɪərənsɪ] *s.* **1.** *phys.* Kohäsiˈon *f*; **2.** *fig.* a) Zs.-hang *m*, b) Klarheit *f*, c) Überˈeinstimmung *f*; **3.** *Radio*: Frittung *f*; **coˈher·ent** [-ɪərənt] *adj.* □ **1.** zs.-hängend (*a. fig.*), -haftend; *phys.* kohäˈrent; **2.** einheitlich, verständlich, klar; **3.** überˈeinstimmend, zs.-passend; **coˈher·er** [-ɪərə] *s. Radio*: Fritter(empfänger) *m*.

co·he·sion [kəʊˈhiːʒn] *s.* **1.** Zs.-halt *m*, -hang *m* (*a. fig.*); **2.** Bindekraft *f*; **3.** *phys.* Kohäsiˈon *f*; **coˈhe·sive** [-iːsɪv] *adj.* □ **1.** zs.-haltend *od.* -hängend, *fig. a.* bindend; **2.** Kohäsions…; **coˈhe·sive·ness** [-iːsɪvnɪs] *s.* **1.** *phys.* Kohäsiˈons-, Bindekraft *f*; **2.** Festigkeit *f*.

co·hort [ˈkəʊhɔːt] *s.* **1.** *antiq.* ⚔ Koˈhorte *f*; **2.** Schar *f*, Haufen *m*.

coif [kɔɪf] *s.* Kappe *f*, Haube *f*.

coif·feur [kwɑːˈfɜː] (*Fr.*) *s.* Friˈseur *m*; **coif·fure** [kwɑːˈfjʊə; kwafyːr] (*Fr.*) *s.* Friˈsur *f*.

coil¹ [kɔɪl] **I** *v/t.* **1.** *a.* ***~ up*** auf-, zs.-rollen, winden; **2.** ϟ wickeln; **II** *v/i.* **3.** *a.* ***~ up*** sich winden, sich zs.-rollen; **4.** sich schlängeln; **III** *s.* **5.** Rolle *f*, Spiˈrale *f* (*a. Pessar*), Knäuel *m*, *n*; **6.** ϟ Wicklung *f*; Spule *f*; **7.** Windung *f*; **8.** ⚙ (Rohr)Schlange *f*; **9.** Locke *f*, Wickel *m* (*Haar*).

coil² [kɔɪl] *s. poet.* Tuˈmult *m*, Wirrwarr *m*; Plage *f*: ***mortal ~*** Drang *m od.* Mühsal *f* des Irdischen.

coil| ig·ni·tion *s.* ϟ Abreißzündung *f*; **~ spring** *s.* ⚙ Spiˈralfeder *f*.

coin [kɔɪn] **I** *s.* **1.** a) Münze *f*, Geldstück *n*, b) Münzgeld *n*, c) Geld *n*: ***the other side of the ~*** *fig.* die Kehrseite (der Medaille); ***pay s.o. back in his own ~*** *fig.* es j-m mit gleicher Münze heimzahlen; **II** *v/t.* **2.** a) *Metall* münzen, b) *Münzen* prägen: ***be ~ing money*** F Geld wie Heu verdienen; **3.** *fig. Wort* prägen; ˈ**coin·age** [-nɪdʒ] *s.* **1.** Prägen *n*; **2.** *coll.* Münzgeld *n*; **3.** ˈMünzsyˌstem *n*; **4.** *fig.* Prägung *f* (*Wörter*); ˈ**coin-box tel·e·phone** *s.* Münzfernsprecher *m*.

co·in·cide [ˌkəʊɪnˈsaɪd] *v/i.* (***with***) **1.**

örtlich od. zeitlich zs.-treffen, -fallen (mit); **2.** über'einstimmen, sich decken (mit); genau entsprechen (*dat.*); **co·in·ci·dence** [kəʊ'ɪnsɪdəns] *s.* **1.** Zs.-treffen *n* (*Raum od. Zeit*); **2.** zufälliges Zs.-treffen: ***mere ~*** bloßer Zufall; **3.** Über'einstimmung *f*; **co·in·ci·dent** [kəʊ'ɪnsɪdənt] *adj.* □ (***with*** mit); **1.** zs.-fallend, -treffend; **2.** über'einstimmend, sich deckend; **co·in·ci·den·tal** [kəʊˌɪnsɪ'dentl] *adj.* **1.** → ***coincident*** 2; **2.** zufällig; **3.** *bsd.* ⚙ gleichzeitig.

coin·er ['kɔɪnə] *s.* **1.** Münzer *m*; **2.** *bsd. Brit.* Falschmünzer *m*; **3.** *fig.* Präger *m*, (Wort)Schöpfer *m*.

coin|-op ['kɔɪnɒp] F **1.** 'Waschsaˌlon *m*; **2.** Münztankstelle *f*; '**~-ˌop·er·at·ed** *adj.* Münz…

coir ['kɔɪə], *a.* **~ fi·bre** *s.* 'Kokosfaser *f*; **~ mat** *s.* 'Kokosmatte *f*.

co·i·tal ['kəʊɪtl] *adj.* (den) Geschlechtsverkehr betreffend; **co·i·tion** [kəʊ'ɪʃn], '**co·i·tus** [-təs] *s.* 'Koitus *m*, Geschlechtsverkehr *m*.

coke¹ [kəʊk] **I** *s.* **1.** Koks *m*; **2.** *sl.* ‚Koks' *m*, Koka'in *n*; **II** *v/t.* **3.** verkoken.

coke² [kəʊk] *s.* F a) ♀ ‚Cola' *f*, *n*, (*Coca-Cola*), b) Limo'nade *f etc.*

co·ker ['kəʊkə] *s.* ✝ *Brit.* → ***coco***; '**~·nut** *s. sl.* 'Kokosnuß *f*.

col [kɒl] *s.* Gebirgspaß *m*, Joch *n*.

co·la ['kəʊlə] *s.* ⚘ 'Kolabaum *m*.

col·an·der ['kʌləndə] *s.* Sieb *n*, 'Durchschlag *m*.

co·la nut *s.* 'Kolanuß *f*.

col·chi·cum ['kɒltʃɪkəm] *s.* **1.** ⚘ Herbstzeitlose *f*; **2.** *pharm.* 'Colchicum *n*.

cold [kəʊld] **I** *adj.* □ **1.** kalt: ***as ~ as ice*** eiskalt; ***~ meat*** *od.* ***cuts*** kalte Platte, Aufschnitt *m*; ***I feel*** (*od.* ***am***) ***~*** mir ist kalt, mich friert; **2.** kalt, kühl, ruhig, gelassen; trocken: ***that leaves me ~*** das läßt mich kalt; ***~ reason*** kalter Verstand; ***the ~ facts*** die nackten Tatsachen; ***~ scent*** kalte Fährte (*a. fig.*); → ***comfort*** 6, ***print*** 12; **3.** kalt (*Blick, Herz etc.*; *a. Frau*), kühl, frostig, unfreundlich, gefühllos: ***a ~ reception*** ein kühler Empfang; ***give s.o. the ~ shoulder*** → ***cold-shoulder***; ***have*** (***get***) ***~ feet*** F kalte Füße (*Angst*) haben (kriegen); ***as ~ as charity*** hart wie Stein, lieblos; **4.** kalt (*noch nicht in Schwung*): ***~ player***, ***~ motor***; **5.** ‚kalt' (*im Suchspiel u. fig.*); **6.** *Am. sl.* a) bewußtlos, b) (tod)sicher; **II** *s.* **7.** Kälte *f*; Frost *m*: ***leave s.o. out in the ~*** *fig.* a) j-n übergehen *od.* ignorieren *od.* kaltstellen, b) j-n im Stich lassen; **8.** ⚕ Erkältung *f*: ***common ~***, ***~ in the head*** Schnupfen *m*; ***~ on the chest*** Bronchialkatarrh *m*; ***catch*** (***a***) ***~*** sich erkälten.

cold| blood *s. fig.* kaltes Blut, Kaltblütigkeit *f*: ***murder s.o. in ~*** j-n kaltblütig *od.* kalten Blutes ermorden; ˌ**~-'blood·ed** *adj.* □ **1.** *zo.* kaltblütig; **2.** kälteempfindlich; **3.** *fig.* kaltblütig (begangen): ***~ murder***; **~ cream** *s.* Cold Cream *f*, *n*; ˌ**~-'drawn** *adj.* ⚙ kaltgezogen; kaltgepreßt; **~ duck** *s.* kalte Ente (*Getränk*); **~ front** *s.* Kaltfront *f*; ˌ**~-'ham·mer** *v/t.* ⚙ kalthämmern, -schmieden; ˌ**~'heart·ed** *adj.* □ kalt-, hartherzig.

cold·ish ['kəʊldɪʃ] *adj.* ziemlich kalt.

cold·ness ['kəʊldnɪs] *s.* Kälte *f* (*a. fig.*).

ˌ**cold|-'shoul·der** *v/t.* *j-m* die kalte Schulter zeigen, *j-n* kühl behandeln *od.* abweisen; **~ steel** *s.* blanke Waffe (*Bajonett etc.*); **~ stor·age** *s.* Kühllagerung *f*; Kühlraum *m*: ***put in ~*** *fig.* ‚auf Eis legen' (*aufschieben*); ˌ**~-'stor·age** *adj.* Kühl(haus)…; **~ store** *s.* Kühlhalle *f*; Kühlanlage *f*; ♀ **War** *s. pol.* kalter Krieg; ♀ **War·ri·or** *s. pol.* kalter Krieger; **~ wave** *s.* **1.** Kältewelle *f*; **2.** Kaltwelle *f* (*Frisur*); ˌ**~-'work·ing** *s.* ⚙ Kaltverformung *f*.

cole [kəʊl] *s.* ⚘ **1.** (*Blätter*)Kohl *m*; **2.** Raps *m*.

co·le·op·ter·a [ˌkɒlɪ'ɒptərə] *s. pl. zo.* Käfer *pl.*

'**cole|-seed** *s.* ⚘ Rübsamen *m*; '**~·slaw** *s. Am.* 'Kohlsaˌlat *m*.

col·ic ['kɒlɪk] *s.* ⚕ 'Kolik *f*; '**col·ick·y** [-ɪkɪ] *adj.* ⚕ 'kolikartig.

col·i·se·um [ˌkɒlɪ'sɪəm] *s.* **1.** a) Sporthalle *f*, b) 'Stadion *n*; **2.** ♀ Kolos'seum *n* (*Rom*).

co·li·tis [kɒ'laɪtɪs] *s.* ⚕ Ko'litis *f*, 'Dickdarmkaˌtarrh *m*.

col·lab·o·rate [kə'læbəreɪt] *v/i.* **1.** zs.-, mitarbeiten; **2.** behilflich sein; **3.** *pol.* mit dem Feind zs.-arbeiten, kollaborieren; **col·lab·o·ra·tion** [kəˌlæbə'reɪʃn] *s.* **1.** Zs.-arbeit *f*: ***in ~ with*** gemeinsam mit; **2.** *pol.* Kollaborati'on *f*; **col·lab·o·ra·tion·ist** [kəˌlæbə'reɪʃnɪst] *s. pol.* Kollabora'teur *m*; **col'lab·o·ra·tor** [-tə] *s.* **1.** Mitarbeiter *m*; **2.** *pol.* Kollabora'teur *m*.

col·lage [kɒ'lɑːʒ] *s. Kunst*: Col'lage *f*.

col·lapse [kə'læps] **I** *v/i.* **1.** zs.-brechen, einfallen, einstürzen; **2.** *fig.* zs.-brechen, scheitern, versagen; **3.** (körperlich *od.* seelisch) zs.-brechen, ‚zs.-klappen'; **II** *s.* **4.** Zs.-fallen *n*, Einsturz *m*; **5.** Zs.-bruch *m*, Versagen *n*; Sturz *m*: **~**

of a bank Bankkrach *m*; **~ *of prices*** Preissturz *m*; **6.** ⚕ Kol'laps *m*, Zs.-bruch *m*; **col'laps·i·ble** [-səbl] *adj*. zs.-klappbar, Klapp..., Falt...: **~ *boat*** Faltboot *n*; **~ *chair*** Klappstuhl *m*; **~ *hood***, **~ *roof*** Klappverdeck *n*.

col·lar ['kɒlə] **I** *s*. **1.** Kragen *m*: ***double* ~**, ***turn-down* ~** (Steh)Umlegekragen; ***stand-up* ~** Stehkragen; ***wing* ~** Eckenkragen; ***get hot under the* ~** F wütend werden; **2.** Halsband *n* (*Tier*); **3.** Kummet *n* (*Pferd etc.*): ***against the* ~** *fig.* angestrengt; **4.** Kolli'er *n*, Halskette *f*; Amts-, Ordenskette *f*; **5.** *zo*. Halsstreifen *m*; **6.** ⚙ Ring *m*, Bund *m*, Man'schette *f*, Muffe *f*; **II** *v/t*. **7.** *sport den Gegner* aufhalten; **8.** *j-n* beim Kragen packen; fassen, festnehmen; **9.** F *et*. ergattern, sich aneignen; **10.** *Fleisch etc.* rollen u. zs.-binden; **'~·bone** *s*. Schlüsselbein *n*; **~ stud** *s*. Kragenknopf *m*.

col·late [kɒ'leɪt] *v/t*. **1.** *Texte* vergleichen, kollationieren; zs.-stellen (u. vergleichen); **2.** *typ*. *Fahnen* kollationieren, auf richtige Anzahl prüfen.

col·lat·er·al [kɒ'lætərəl] **I** *adj*. □ **1.** seitlich, Seiten...; **2.** begleitend, paral'lel, zusätzlich, Neben...: **~ *acceptance*** ✝ Avalakzept *n*; **~ *circumstances*** Begleitumstände; **~ *credit*** Lombardkredit *m*; **3.** 'indirekt; **4.** in der Seitenlinie verwandt; **II** *s*. **5.** *a*. **~ *security*** zusätzliche Sicherheit, Nebenbürgschaft *f*; **6.** Seitenverwandte(r *m*) *f*.

col·la·tion [kɒ'leɪʃn] *s*. **1.** Vergleichung *f von Texten*, Über'prüfung *f*; **2.** leichte (Zwischen)Mahlzeit: ***cold* ~** kalter Imbiß.

col·league ['kɒli:g] *s*. Kol'lege *m*, Kol'legin *f*; Mitarbeiter(in).

col·lect¹ [kə'lekt] **I** *v/t*. **1.** *Briefmarken, Bilder etc.* sammeln: **~*ed work*(*s*)** gesammelte Werke; **2.** versammeln; **3.** einsammeln, auflesen; zs.-bringen, ansammeln; auffangen; **4.** *Sachen od. Personen* (ab)holen: ***we* ~ *and deliver*** ✝ wir holen ab und bringen zurück; **5.** *fig*. **~ *one's thoughts*** s-e Gedanken sammeln *od*. zs.-nehmen; **~ *courage*** Mut fassen; **6.** **~ *o.s.*** sich fassen; **7.** *Geld etc.* einziehen, (ein)kassieren; **8.** *Pferd* versammeln; **II** *v/i*. **9.** sich versammeln; sich ansammeln; **10.** **~ *on delivery*** ✝ *Am*. per Nachnahme; **III** *adj*. **11.** *Am*. Nachnahme...: **~ *call*** *teleph*. R-Gespräch *n*; **IV** *adv*. **12.** *Am*. gegen Nachnahme: ***telegram sent* ~** Nachnahmetelegramm *n*; ***call* ~** *Am*. ein R-Gespräch führen.

col·lect² ['kɒlekt] *s*. *eccl*. Kol'lekte *f*, *ein* Kirchengebet *n*.

col·lect·ed [kə'lektɪd] *adj*. □ *fig*. gefaßt; → ***calm*** 5; **col'lect·ed·ness** [-nɪs] *s*. *fig*. Sammlung *f*, Gefaßtheit *f*.

col·lect·ing| a·gent [kə'lektɪŋ] *s*. ✝ In'kassovertreter *m*; **~ bar** *s*. ⚡ Sammelschiene *f*; **~ cen·tre** (*Am*. **cen·ter**) *s*. Sammelstelle *f*.

col·lec·tion [kə'lekʃn] *s*. **1.** Sammeln *n*; **2.** Sammlung *f*; **3.** Kol'lekte *f*, (Geld-)Sammlung *f*; **4.** *bsd*. ✝ Einziehung *f*, In'kasso *n*; (Steuer-, *a*. sta'tistische) Erhebung(en *pl*.) *f*: ***forcible* ~** Zwangsbeitreibung *f*; **5.** ✝ Kollekti'on *f*, Auswahl *f*; **6.** Abholung *f*, Leerung *f* (*Briefkasten*); **7.** Ansammlung *f*, Anhäufung *f*; **8.** *Brit*. Steuerbezirk *m*; **9.** *pl*. *Brit*. *univ*. Prüfung *f* am Ende des Tri'mesters.

col·lec·tive [kə'lektɪv] **I** *adj*. □ → ***collectively***; **1.** gesammelt, vereint, zs.-gefaßt; gesamt, kollek'tiv, Sammel..., Gemeinschafts...: **~ (*wage*) *agreement*** Kollektiv-, Tarifvertrag *m*; **~ *guilt*** *pol*. Kollektivschuld *f*; **~ *interests*** Gesamtinteressen; **~ *name*** Sammelbegriff *m*; **~ *order*** ✝ Sammelbestellung *f*; **~ *ownership*** gemeinsamer Besitz *m*; **~ *security*** kollektive Sicherheit; **~ *subscription*** Sammelabonnement *n*; **II** *s*. **2.** *ling*. *a*. **~ *noun*** Kollek'tivum *n*, Sammelwort *n*; **3.** Gemeinschaft *f*, Gruppe *f*; **4.** *pol*. a) Kollek'tiv *n*, Produkti'onsgemeinschaft *f*, b) → ***collective farm***; **~ bar·gain·ing** *s*. Ta'rifverhandlungen *pl*. (*zwischen Arbeitgeber*[*n*] *u*. *Gewerkschaften*); **~ con·sign·ment** *s*. ✝ Sammelladung *f*; **~ farm** *s*. Kol'chose *f*.

col·lec·tive·ly [kə'lektɪvlɪ] *adv*. insgesamt, gemeinschaftlich, zu'sammen, kollek'tiv.

col·lec·tiv·ism [kə'lektɪvɪzəm] *s*. ✝, *pol*. Kollekti'vismus *m*; **col'lec·tiv·ist** [-ɪst] *s*. Anhänger *m* des Kollekti'vismus; **col·lec·tiv·i·ty** [ˌkɒlek'tɪvətɪ] *s*. **1.** *das* Ganze; **2.** Gesamtheit *f* des Volkes; **3.** → ***collectedness***; **col·lec·tiv·i·za·tion** [kəˌlektɪvaɪ'zeɪʃn] *s*. Kollektivierung *f*.

col·lec·tor [kə'lektə] *s*. **1.** Sammler *m*: **~'*s item*** Sammlerstück *n*; **~'*s value*** Liebhaberwert *m*; **2.** ✝ (Ein)Kassierer *m*, Einnehmer *m*: **~ *of taxes*** Steuereinnehmer; **3.** Einsammler *m*, Abnehmer *m* (*Fahrkarten*); **4.** ⚡ Stromabnehmer *m*, 'Auffangelekˌtrode *f*; **5.** ⚡ 'Sammelappaˌrat *m*.

col·leen ['kɒli:n] *s*. *Ir*. Mädchen *n*.

col·lege ['kɒlɪdʒ] *s*. **1.** College *n* (*Wohngemeinschaft von Dozenten u. Studen-*

ten innerhalb e-r Universität): **~ *of education*** *Brit.* Pädagogische Hochschule; **2.** höhere Lehranstalt, College *n*; Insti'tut *n*, Akade'mie *f* (*oft für besondere Studienzweige*): ***Naval*** **≈** Marineakademie; **3.** (*anmaßender*) *Name mancher Schulen*; **4.** College(gebäude) *n*; **5.** Kol'legium *n*; Vereinigung *f*: **~ *of cardinals*** Kardinalskollegium; ***electoral*** **~** Wahlausschuß *m*; **~ pud·ding** *s.* kleiner 'Plumpudding.

col·leg·er ['kɒlɪdʒə] *s.* **1.** *Brit.* (im College wohnender) Stipendi'at (*in Eton*); **2.** *Am.* → **col·le·gi·an** [kə'li:dʒjən] *s.* Mitglied *n od.* Stu'dent *m* e-s College; höherer Schüler.

col·le·gi·ate [kə'li:dʒɪət] *adj.* □ **1.** College..., Universitäts..., aka'demisch: **~ *dictionary*** Schulwörterbuch *n*; **2.** Kollegial...; **~ church** *s.* **1.** *Brit.* Kollegi'at-, Stiftskirche *f*; **2.** *Am.* Vereinigung *f* mehrerer Kirchen (*unter gemeinsamem Pastorat*); **~ school** *s. Brit.* höhere Schule.

col·lide [kə'laɪd] *v/i.* (***with***) kollidieren (mit), a) zs.-stoßen (mit) (*u. fig.*), stoßen (gegen), b) *fig.* im 'Widerspruch stehen (zu).

col·lie ['kɒlɪ] *s. zo.* Collie *m*, schottischer Schäferhund.

col·lier ['kɒlɪə] *s.* **1.** Kohlenarbeiter *m*, Bergmann *m*; **2.** ⚓ a) Kohlenschiff *n*, b) Ma'trose *m* auf e-m Kohlenschiff; **col·lier·y** ['kɒljərɪ] *s.* Kohlengrube *f*, (Kohlen)Zeche *f*.

col·li·mate ['kɒlɪmeɪt] *v/t. ast., phys.* **1.** *zwei Linien* zs.-fallen lassen; **2.** *Fernrohr* einstellen.

col·li·sion [kə'lɪʒn] *s.* **1.** Zs.-stoß *m*, Kollisi'on *f*: ***be on*** (***a***) **~ *course*** auf Kollisionskurs sein (*a. fig.*); **2.** *fig.* 'Widerspruch *m*, Gegensatz *m*, Kon'flikt *m*.

col·lo·cate ['kɒləʊkeɪt] *v/t.* zs.-stellen, ordnen; **col·lo·ca·tion** [ˌkɒləʊ'keɪʃn] *s.* **1.** Zs.-stellung *f*; **2.** *ling.* Kollokati'on *f*.

col·loc·u·tor ['kɒləkju:tə] *s.* Gesprächspartner(in).

col·lo·di·on [kə'ləʊdjən] *s.* ⚗ Kol'lodium *n*.

col·loid ['kɒlɔɪd] ⚗ **I** *s.* Kollo'id *n*; **II** *adj.* kolloi'dal, gallertartig.

col·lop ['kɒləp] *s. Scot.* Klops *m*.

col·lo·qui·al [kə'ləʊkwɪəl] *adj.* □ 'umgangssprachlich, famili'är: **~ *English*** Umgangsenglisch *n*; **~ *expression*** → **col'lo·qui·al·ism** [-lɪzəm] *s.* Ausdruck *m* der 'Umgangssprache.

col·lo·quy ['kɒləkwɪ] *s.* (förmliches) Gespräch; Konfe'renz *f*.

col·lo·type ['kɒləʊtaɪp] *s. phot.* **1.** Lichtdruckverfahren *n od.* -platte *f*; **2.** Farbenlichtdruck *m*.

col·lude [kə'lu:d] *v/i. obs.* in geheimem Einverständnis stehen; unter 'einer Decke stecken; **col'lu·sion** [-u:ʒn] *s.* ⚖ **1.** Kollusi'on *f*, geheimes *od.* betrügerisches Einverständnis; **2.** Verdunkelung *f des Sachverhalts*: ***danger of*** **~** Verdunkelungsgefahr *f*; **3.** abgekartete Sache, Schwindel *m*; **col'lu·sive** [-u:sɪv] *adj.* □ geheim *od.* betrügerisch verabredet.

col·ly·wob·bles ['kɒlɪˌwɒblz] *s. pl.*: ***have the*** **~** F ein flaues Gefühl in der Magengegend haben.

Co·lom·bi·an [kə'lɒmbɪən] **I** *adj.* ko'lumbisch; **II** *s.* Ko'lumbier(in).

co·lon[1] ['kəʊlən] *s.* Dickdarm *m*.

co·lon[2] ['kəʊlən] *s.* Doppelpunkt *m*.

colo·nel ['kɜ:nl] *s.* ⚔ Oberst *m*; **'colo·nel·cy** [-sɪ] *s.* Stelle *f od.* Rang *m* e-s Obersten.

co·lo·ni·al [kə'ləʊnjəl] **I** *adj.* □ **1.** koloni'al, Kolonial...: **≈ *Office*** *Brit.* Kolonialministerium *n*; **≈ *Secretary*** Kolonialminister *m*; **2.** *Am. hist.* die ersten 13 Staaten der heutigen USA *od.* die Zeit vor 1776 *od.* des 18. Jahrhunderts betreffend; **II** *s.* **3.** Bewohner(in) e-r Kolo'nie; **co'lo·ni·al·ism** [-lɪzəm] *s.* **1.** Kolonia'lismus *m*; **2.** koloni'aler (Wesens)Zug *od.* Ausdruck.

col·o·nist ['kɒlənɪst] *s.* Kolo'nist(in), (An)Siedler(in); **col·o·ni·za·tion** [ˌkɒlənaɪ'zeɪʃn] *s.* Kolonisati'on *f*, Besiedlung *f*; **'col·o·nize** [-naɪz] **I** *v/t.* **1.** kolonisieren, besiedeln; **2.** ansiedeln; **II** *v/i.* **3.** sich ansiedeln; **4.** e-e Kolo'nie bilden; **'col·o·niz·er** [-naɪzə] *s.* Koloni'sator *m*, An-, Besiedler *m*.

col·on·nade [ˌkɒlə'neɪd] *s.* **1.** Kolon'nade *f*, Säulengang *m*; **2.** Al'lee *f*.

col·o·ny ['kɒlənɪ] *s.* **1.** Kolo'nie *f* (*Siedlungsgebiet*): ***the Colonies*** *Am.* die ersten 13 Staaten der heutigen USA; **2.** Gruppe *f* von Ansiedlern: ***the German*** **~ *in Rome*** die deutsche Kolonie in Rom; ***a*** **~ *of artists*** e-e Künstlerkolonie; **3.** *biol.* (*Pflanzen-, Bakterien-, Zellen*)Kolo'nie *f*.

co·loph·o·ny [kə'lɒfənɪ] *s.* Kolo'phonium *n*, Geigenharz *n*.

col·or *etc. Am.* → ***colour*** *etc.*

Col·o·ra·do bee·tle [ˌkɒlə'rɑ:dəʊ] *s. zo.* Kar'toffelkäfer *m*.

col·o·ra·tu·ra [ˌkɒlərə'tʊərə] *s.* ♪ **1.** Kolora'tur *f*; **2.** Kolora'tursängerin *f*; **~ so·pran·o** *s.* ♪ Kolora'turso,pran *m* (*Stimme u. Sängerin*).

col·or·if·ic [ˌkɒləˈrɪfɪk] *adj.* farbgebend; **ˌcol·orˈim·e·ter** [-ˈrɪmɪtə] *s. phys.* Farbmesser *m*, Koloriˈmeter *n*.

co·los·sal [kəˈlɒsl] *adj.* □ **1.** kolosˈsal, riesig, Riesen…, ungeheuer (*alle a.* F *fig.*); riesenhaft; **2.** F kolosˈsal, eˈnorm; **col·os·se·um** [ˌkɒləˈsɪəm] → ***coliseum***; **Coˈlos·sians** [-ɒʃənz] *s. pl. bibl.* (Brief *m* des Paulus an die) Koˈlosser *pl.*; **coˈlos·sus** [-səs] *s.* **1.** Koˈloß *m*: a) Riese *m*, b) *et.* Riesengroßes; **2.** Riesenstandbild *n*.

col·our [ˈkʌlə] **I** *s.* **1.** Farbe *f*; Färbung *f*; ***what ~ is …?*** welche Farbe hat …?; **2.** *mst pl. Malerei*: Farbe *f*, Farbstoff *m*: ***lay on the ~s too thickly*** *fig.* zu dick auftragen; ***paint in bright*** (***dark***) ***~s*** *fig.* in rosigen (düsteren) Farben schildern; **3.** (*a.* gesunde) Gesichtsfarbe: ***she has little ~*** sie ist blaß; ***change*** (***lose***) ***~*** die Farbe wechseln (verlieren); → ***off-colo(u)r***; **4.** Hautfarbe *f*: ***~ problem*** Rassenfrage *f*; **5.** Anschein *m*, Anstrich *m*, Vorwand *m*, Deckmantel *m*: ***~ of law*** ⚖ Amtsmißbrauch *m*; ***~ of title*** ⚖ unzureichender Eigentumsanspruch; ***give ~ to*** den Anstrich der Wahrscheinlichkeit geben (*dat.*); ***under ~ of*** unter dem Vorwand *od.* Anschein von; **6.** a) Färbung *f*, Ton *m*, b) Farbe *f*, Lebendigkeit *f*, Koloˈrit *n*: ***lend*** (*od.* ***add***) ***~ to*** beleben, lebendig gestalten, *e-r Sache* Farbe verleihen; ***in one's true ~s*** in s-m wahren Licht; ***local ~*** Lokalkolorit; **7.** ♪ Klangfarbe *f*; **8.** *pl.* Farben *pl.*, Abzeichen *n* (*Klub*, *Schule*, *Partei*, *Jockei*): ***show one's ~s*** a) sein wahres Gesicht zeigen, b) Farbe bekennen; ***to get one's ~s*** sein Mitgliedsabzeichen bekommen; **9.** *pl.* bunte Kleider; **10.** *oft pl.* ⚔ *od. fig.* Fahne *f*, Flagge *f*: ***call to the ~s*** einberufen; ***join the ~s*** Soldat werden; ***with flying ~s*** *fig.* mit fliegenden Fahnen; ***come off with flying ~s*** e-n glänzenden Sieg *od.* Erfolg erzielen; ***nail one's ~s to the mast*** nicht kapitulieren (wollen), standhaft bleiben; ***sail under false ~s*** unter falscher Flagge segeln; ***stick to one's ~s*** e-r Sache treu bleiben; → ***troop*** 6; **11.** *Kartenspiel*: rote u. schwarze Farbe; **II** *v/t.* **12.** färben, kolorieren; anstreichen; **13.** *fig.* färben, e-n Anstrich geben (*dat.*); **14.** a) schönfärben, b) entstellen; **III** *v/i.* **15.** sich (ver)färben; e-e Farbe annehmen; *a.* ***~ up*** erröten.

col·o(u)r·a·ble [ˈkʌlərəbl] *adj.* □ *fig.* **1.** vor-, angeblich; fingiert: ***~ title*** ⚖ unzureichender Eigentumsanspruch; **2.** glaubhaft, plauˈsibel; **ˈcol·o(u)r·ant** [-rənt] *s.* Farbstoff *m*.

col·o(u)r·a·tion [ˌkʌləˈreɪʃn] *s.* Färben *n*; Färbung *f*; Farbgebung *f*.

col·o(u)r| bar *s.* Rassenschranke *f*; **ˈ~-blind** *adj.* farbenblind; **~ chart** *s.* Farbenskala *f*; **ˈ~-code** *v/t.* mit Kennfarben versehen.

col·o(u)red [ˈkʌləd] *adj.* **1.** farbig, bunt (*beide a. fig.*), koloriert; *in Zssgn* …farbig: ***~ pencil*** Bunt-, Farbstift *m*; ***~ plate*** → ***colo(u)r plate***; **2.** farbig, *Am. bsd.* Neger…: ***a ~ man*** ein Farbiger; **3.** *fig.* gefärbt: a) beschönigt, b) tendenziˈös entstellt; **4.** *fig.* angeblich, falsch; **ˈcol·o(u)r·fast** *adj.* farbecht; **ˈcol·o(u)r·ful** [-əfʊl] *adj.* **1.** farbenfreudig; **2.** *fig.* farbig, bunt, lebhaft, abwechslungsreich; **ˈcol·o(u)r·ing** [-ərɪŋ] **I** *s.* **1.** Farbe *f*, Farbton *m*; **2.** Farbgebung *f*; **3.** Gesichts- (u. Haar)farbe *f*; **4.** *fig.* Anstrich *m*, Färbung *f*; **II** *adj.* **5.** Farb…: ***~ matter*** Farbstoff *m*; **ˈcol·o(u)r·ist** [-ərɪst] *s.* Farbenkünstler *m*, *engS.* Koloˈrist *m*; **ˈcol·o(u)r·less** [-əlɪs] *adj.* □ farblos (*a. fig.*).

col·o(u)r| line *s.* Rassenschranke *f*; **~ pho·tog·ra·phy** *s.* ˈFarbfotograˌfie *f*; **~ plate** *s.* Farben(kunst)druck *m*; **~ print** *s. ein* Farbendruck *m*; **~ print·ing** *s.* Bunt-, Farbendruck *m* (*Verfahren*); **~ scheme** *s.* Farbgebung *f*, Farbenanordnung *f*; **~ ser·geant** *s.* ⚔ (*etwa*) Oberfeldwebel *m*; **~ set** *s.* Farbfernseher *m*; **~ sup·ple·ment** *s.* Farbbeilage *f* (*Zeitung*); **~ tel·e·vi·sion** *s.* Farbfernsehen *n*; **ˈ~-wash I** *s.* farbige Tünche; **II** *v/t.* farbig tünchen.

colt[1] [kəʊlt] **I** *s.* **1.** Füllen *n*, Fohlen *n*; **2.** *fig.* ‚Grünschnabel' *m*, *sport* F *a.* ‚Fohlen' *n*; **3.** ⚓ Tauende *n*; **II** *v/t.* **4.** mit dem Tauende prügeln.

colt[2] [kəʊlt] *s.* Colt *m* (*Revolver*).

col·ter [ˈkəʊltə] *Am.* → ***coulter***.

ˈcolts·foot *s.* ⚘ Huflattich *m*.

col·um·bine [ˈkɒləmbaɪn] *s.* **1.** ⚘ Akeˈlei *f*; **2.** ♀ *thea.* Kolomˈbine *f*.

col·umn [ˈkɒləm] *s.* **1.** △ Säule *f*, Pfeiler *m*; **2.** (*Rauch-, Wasser-, Luft- etc.*)Säule *f*; **3.** *typ.* (Zeitungs-, Buch)Spalte *f*; Ruˈbrik *f*: ***in double ~s*** zweispaltig; **4.** Spalte *f*, Koˈlumne *f* (*regelmäßig erscheinender Meinungsbeitrag*); **5.** ⚔ Koˈlonne *f*; → ***fifth column***; **6.** Koˈlonne *f*, senkrechte Zahlenreihe; **co·lum·nar** [kəˈlʌmnə] *adj.* säulenartig, -förmig; Säulen…; **ˈcol·um·nist** [-mnɪst] *s. Zeitung*: Kolumˈnist(in).

col·za [ˈkɒlzə] *s.* ⚘ Raps *m*: ***~ oil*** Rüb-, Rapsöl *n*.

co·ma¹ [ˈkəʊmə] *pl.* **-mae** [-miː] *s.* **1.** ⚘ Haarbüschel *n* (*an Samen*); **2.** *ast.* Nebelhülle *f e-s Kometen.*

co·ma² [ˈkəʊmə] *s.* ⚕ Koma *n*, tiefe Bewußtlosigkeit: ***be in*** (***fall into***) ***a ~*** im Koma liegen (ins Koma fallen); **ˈco·ma·tose** [-ətəʊs] *adj.* komaˈtös, im Koma (befindlich).

comb [kəʊm] **I** *s.* **1.** Kamm *m*; **2.** ⚙ a) (Wollweber)Kamm *m*, b) (Flachs)Hechel *f*, c) Gewindeschneider *m*, d) ⚡ (Kamm)Stromabnehmer *m*; **3.** *zo.* Hahnenkamm *m*; **4.** Kamm *m* (*Berg*; *Woge*); **5.** → ***honeycomb*** 1; **II** *v/t.* **6.** *Haar* kämmen; **7.** ⚙ a) *Wolle* kämmen, krempeln, b) *Flachs* hecheln; **8.** *Pferd* striegeln; **9.** *fig.* ˈdurchkämmen, durchˈkämmen, absuchen; **10.** *fig. a.* ***~ out*** a) sieben, sichten, b) aussondern, c) ⚔ ausmustern.

com·bat [ˈkɒmbæt] **I** *v/t.* bekämpfen, kämpfen gegen; **II** *v/i.* kämpfen; **III** *s.* Kampf *m*; Streit *m*; ⚔ *a.* Einsatz *m*: ***single ~*** Zweikampf; **ˈcom·bat·ant** [-bətənt] **I** *s.* **1.** Kämpfer *m*; **2.** ⚔ Frontkämpfer *m*; **II** *adj.* **3.** kämpfend; **4.** ⚔ zur Kampftruppe gehörig; Kampf…

com·bat| car *s.* ⚔ *Am.* Kampfwagen *m*; **~ fa·tigue** *s.* ⚔ *psych.* ˈKriegsneuˌrose *f*.

com·ba·tive [ˈkɒmbətɪv] *adj.* □ **1.** kampfbereit; **2.** kampflustig, streitsüchtig.

com·bat| plane *s.* ✈ *Am.* Kampfflugzeug *n*; **~ sport** *s.* Kampfsport *m*; **~ train·ing** *s.* Gefechtsausbildung *f*; **~ troops** *s. pl.* Kampftruppen *pl.*; **~ u·nit** *s.* ⚔ *Am.* Kampfverband *m*.

combe [kuːm] → ***coomb***(***e***).

comb·er [ˈkəʊmə] *s.* **1.** ⚙ a) ˈKrempelmaˌschine *f*, b) ˈHechelmaˌschine *f*; **2.** Sturzwelle *f*.

comb hon·ey *s.* Scheibenhonig *m*.

com·bi·na·tion [ˌkɒmbɪˈneɪʃn] *s.* **1.** Verbindung *f*, Vereinigung *f*; Zs.-setzung *f*; Kombinatiˈon *f* (*a. sport*, ♞ *etc.*); **2.** Zs.-schluß *m*, Bündnis *n*; *b.s.* Komˈplott *n*; **3.** ⚚ *etc.* → ***combine*** 6, 7, 8; **4.** ⚗ Verbindung *f*; **5.** *mot.* Gespann *n*, ˈMotorrad *n* mit Beiwagen; **6.** *mst. pl.* Kombinatiˈon *f*: a) Hemdhose *f*, b) Monˈtur *f*; **7.** ♪ → ***combo***; **~ lock** *s.* ⚙ Kombinatiˈons-, Veˈxierschloß *n*; **~ room** *s. Brit. univ.* Gemeinschaftsraum *m*.

com·bine [kəmˈbaɪn] **I** *v/t.* **1.** verbinden (*a.* ⚗), vereinigen, kombinieren; **2.** in sich vereinigen; **II** *v/i.* **3.** sich verbinden (*a.* ⚗), sich vereinigen; **4.** sich zs.-schließen; **5.** zs.-wirken; **III** *s.* [ˈkɒmbaɪn] **6.** Verbindung *f*, Vereinigung *f*; **7.** ⚚ Konˈzern *m*, Verband *m*; **8.** poˈlitische *od.* wirtschaftliche Interˈessengemeinschaft; **9.** *a.* ***~ harvester*** ⚒ Mähdrescher *m*.

com·bined [kəmˈbaɪnd] *adj.* vereinigt, verbunden; vereint, gemeinsam, Gemeinschafts…; kombiniert: ***~ arms*** ⚔ gemischte Verbände; ***~ event*** *sport* Mehrkampf *m*.

comb·ings [ˈkəʊmɪŋz] *s. pl.* ausgekämmte Haare *pl*.

com·bo [ˈkɒmbəʊ] *s.* Combo *f*, kleine Jazzband.

ˈcomb·out *s.* Auskämmen *n*; *fig.* Siebung *f*, Sichtung *f*.

com·bus·ti·bil·i·ty [kəmˌbʌstəˈbɪlətɪ] *s.* Brennbarkeit *f*, Entzündlichkeit *f*; **com·bus·ti·ble** [kəmˈbʌstəbl] **I** *adj.* **1.** brennbar, leichtentzündlich; **2.** *fig.* erregbar; **II** *s.* **3.** Brenn-, Zündstoff *m*; ˈBrennmateriˌal *n*.

com·bus·tion [kəmˈbʌstʃən] *s.* Verbrennung *f* (*a.* ⚗, *biol.*): ***spontaneous ~*** Selbstentzündung *f*, **~ cham·ber** *s.* ⚙ Verbrennungsraum *m*; **~ en·gine**, **~ mo·tor** *s.* ⚙ Verˈbrennungsˌmotor *m*.

come [kʌm] **I** *v/i.* [*irr.*] **1.** kommen: ***be long in coming*** lange auf sich warten lassen; ***he came to see us*** er besuchte uns, er suchte uns auf; ***that ~s on page 4*** das kommt auf Seite 4; ***~ what may!*** komme, was da wolle!; ***a year ago ~ March*** im März vor e-m Jahr; ***as stupid as they ~*** dumm wie Bohnenstroh; ***the message has ~*** die Nachricht ist gekommen *od.* eingetroffen; ***I was coming to that*** darauf wollte ich gerade hinaus; ***~ to that*** was das betrifft; ***~ again!*** F sag's noch mal!; **2.** (dran)kommen, an die Reihe kommen: ***who ~s first?***; **3.** kommen, erscheinen, auftreten: ***~ and go*** a) kommen u. gehen, b) erscheinen u. verschwinden; ***love will ~ in time*** mit der Zeit wird die Liebe sich einstellen; ***~*** (***to pass***) geschehen, sich ereignen, kommen; ***how ~?*** wie kommt das?, wieso (denn)?; **4.** kommen, gelangen (***to*** zu): ***~ to the throne*** den Thron besteigen; ***~ into danger*** in Gefahr geraten; **5.** kommen, abstammen (***of***, ***from*** von): ***he ~s of a good family*** er kommt *od.* stammt aus gutem Hause; ***I ~ from Leeds*** ich stamme aus Leeds; **6.** kommen, ˈherrühren (***of*** von): ***that's what ~s of your hurry*** das kommt von deiner Eile; ***nothing came of it*** es wurde nichts daraus; **7.** sich erweisen: ***it ~s expensive*** es kommt teuer; ***the expenses ~ rather high*** die Kosten kommen recht hoch; ***it ~s to this that*** es läuft darauf hinaus, daß; ***it ~s to the same thing*** es läuft auf dasselbe hinaus; → *a.* ***come to*** 4; **8.** *fig.* ankommen (***to s.o.*** j-n): ***it ~s hard*** (***easy***) ***to me*** es fällt mir schwer (leicht); **9.** werden, sich entwickeln, dahin *od.* dazu kommen: ***he has ~ to be a good musician*** er ist ein guter Musiker geworden; ***it has ~ to be the custom*** es ist Sitte geworden; ***~ to know s.o.*** j-n kennenlernen; ***I have ~ to believe that*** ich bin zu der Überzeugung gekommen, daß; ***how did you ~ to do that?*** wie kamen Sie dazu, das zu tun?; ***~ true*** wahr werden, sich erfüllen; ***~ undone*** auf-, ab-, losgehen, sich lösen: **10.** ⚘ (her'aus)kommen, sprießen, keimen; **11.** erhältlich *od.* zu haben sein: ***these shirts ~ in three sizes***; **12.** ***to ~*** (*als adj. gebraucht*) (zu)künftig, kommend: ***the life to ~*** das zukünftige Leben; ***for all time to ~*** für alle Zukunft; ***in the years to ~*** in den kommenden Jahren; **13.** *sport etc.* ‚kommen' (*angreifen, stärker werden*); **14.** *sl.* ‚kommen' (*e-n Orgasmus haben*); **II** *v/t.* **15.** F sich aufspielen als, *j-n od. etwas* spielen, her'auskehren: ***don't try to ~ the great scholar over me!*** versuche nicht, mir gegenüber den großen Gelehrten zu spielen!; **III** *int.* **16.** na (hör mal)!, komm!, bitte!: ***~, ~!*** a) *a.* ***~ now!*** nanu!, nicht so wild!, immer langsam!, b) (*ermutigend*) na komm schon!, auf geht's!; **IV** *s.* **17.** V ‚Saft' *m* (*Sperma*);

Zssgn mit prp.:

come| a·cross *v/i.* zufällig treffen *od.* finden, stoßen auf (*acc.*); **~ aft·er** *v/i.* **1.** *j-m* folgen; **2.** *et.* holen kommen; **3.** suchen, sich bemühen um; **~ at** *v/i.* **1.** erreichen, bekommen; **2.** angreifen, auf *j-n* losgehen; **~ by** *v/i.* zu *et.* kommen, bekommen; **~ for** *v/i.* **1.** abholen kommen; **2.** → ***come at*** 2; **~ in·to** *v/i.* **1.** eintreten in (*acc.*); **2.** *e-m Klub etc.* beitreten; **3.** (*rasch od. unerwartet*) zu *et.* kommen: ***~ a fortune*** ein Vermögen erben; **~ near** *v/i.* **1.** *fig.* nahekommen (*dat.*); **2.** ***~ doing*** (***s.th.***) beinahe (et.) tun; **~ on** → ***come upon***; **~ o·ver** *v/i.* **1.** über'kommen, beschleichen, befallen: ***what has ~ you?*** was ist mit dir los?, was fällt dir ein?; **2.** *sl.* *j-n* reinlegen; **3.** → ***come*** 15; **~ to** *v/i.* **1.** *j-m* zufallen (*bsd. durch Erbschaft*); **2.** *j-m* zukommen, zustehen: ***he had it coming to him*** F er hatte das längst verdient; **3.** zum *Bewußtsein etc.* kommen; **4.** kommen *od.* gelangen zu: ***what are things coming to?*** wohin sind wir (*od.* ist die Welt) geraten?; ***when it comes to paying*** wenn es ans Bezahlen geht; **5.** sich belaufen auf (*acc.*): ***it comes to £100***; → *a.* ***come*** 7; **~ un·der** *v/i.* **1.** kommen *od.* fallen unter (*acc.*): ***~ a law***; **2.** geraten unter (*acc.*); **~ up·on** *v/i.* **1.** *j-n* befallen, über'kommen, *j-m* zustoßen; **2.** über *j-n* 'herfallen; **3.** (*zufällig*) treffen, stoßen auf (*acc.*); **4.** *j-m* zur Last fallen; **~ with·in** → ***come under***.

Zssgn mit adv.:

come| a·bout *v/i.* **1.** geschehen, pas'sieren; **2.** entstehen; **3.** ⚓ 'umspringen (*Wind*); **~ a·cross** *v/i.* **1.** her'überkommen; **2.** a) verstanden werden, b) ‚ankommen' (*Rede etc.*), c) ‚rüberkommen' (*Filmszene etc.*); **3.** ***~ with*** F ‚rüberkommen' mit, *Geld etc.* her'ausrükken; **~ a·long** *v/i.* **1.** mitkommen, -gehen: ***~!*** F ‚dalli'!, komm schon!; **2.** sich ergeben (*Chance etc.*); **3.** F vorankommen, Fortschritte machen; **~ a·part** *v/i.* ausein'anderfallen, in Stücke gehen; **~ a·way** *v/i.* **1.** ab-, losgehen (*Knopf etc.*); **2.** weggehen (*Person*); **~ back** *v/i.* **1.** zu'rückkommen, *a. fig.* 'wiederkehren: ***~ to s.th.*** auf e-e Sache zurückkommen; **2.** *sl.* ein ‚Comeback' feiern; **3.** wieder einfallen (***to s.o.*** j-m); **4.** (*bsd.* schlagfertig) antworten (***at s.o.*** j-m); **~ by** *v/i.* vor'beikommen, ‚reinschauen'; **~ down** *v/i.* **1.** her'ab-, her'unterkommen; **2.** (ein)stürzen, fallen; **3.** ✈ niedergehen; **4.** *a.* ***~ in the world*** *fig.* her'unterkommen (*Person*); **5.** *ped. univ. Brit.* a) die Universi'tät verlassen, b) in die Ferien gehen; **6.** über'liefert werden; **7.** her'untergehen, sinken (*Preis*), billiger werden (*Dinge*); **8.** nachgeben, kleinlaut werden; **9.** ***~ on*** a) sich stürzen auf (*acc.*), b) 'herfallen über (*acc.*), *j-m* ‚aufs Dach steigen'; **10.** ***~ with*** F her'ausrücken mit: ***~ handsome(ly)*** sich spendabel zeigen; **11.** ***~ with*** erkranken an (*dat.*); **12.** ***~ to*** hin'auslaufen auf (*acc.*); **~ forth** *v/i.* her'vorkommen; **~ for·ward** *v/i.* **1.** her'vortreten; **2.** sich melden (*Zeuge etc.*); **~ home** *v/i.* **1.** nach Hause kommen; **2.** *fig.* Eindruck machen, wirken, ‚einschlagen', ‚ziehen'; **~ in** *v/i.* **1.** her'einkommen: ***~!*** a) herein!, b) (*Funk*) bitte kommen!; **2.** eingehen, -treffen (*Nachricht, Geld etc.*), ⚓, 🏇 *sport* einlaufen: ***~ second*** den zweiten Platz belegen; **3.** aufkommen, in Mode kommen: ***long skirts ~ again***; **4.** an die

Macht kommen; **5.** sich *als nützlich etc.* erweisen: ***this will ~ useful***; **6.** Berücksichtigung finden: ***where do I ~?*** wo bleibe ich?; ***that's were you ~*** da bist dann du dran; ***where does the joke ~?*** was ist daran so witzig?; **7.** ***~ for*** a) bekommen, ‚kriegen', b) *Bewunderung etc.* erregen: ***~ for it*** F ‚sein Fett kriegen'; **~ off** *v/i.* **1.** ab-, losgehen, sich lösen; **2.** *fig.* stattfinden, ‚über die Bühne gehen'; **3.** a) abschneiden: ***he came off best***, b) erfolgreich verlaufen, glükken; **4.** ***~ it!*** F hör schon auf damit!; **~ on** *v/i.* **1.** her'ankommen: ***~!*** a) komm (mit)!, b) komm her!, c) na, komm schon!, los!, d) F na, na!; **2.** beginnen, einsetzen: ***it came on to rain*** es begann zu regnen; **3.** an die Reihe kommen; **4.** *thea.* a) auftreten, b) aufgeführt werden; **5.** stattfinden; ⚖ verhandelt werden; **6.** a) wachsen, gedeihen, b) vor'ankommen, Fortschritte machen; **~ out** *v/i.* **1.** her'aus-, her'vorkommen, sich zeigen; **2.** *a.* ***~ on strike*** streiken; **3.** her'auskommen: a) erscheinen (*Bücher*), b) bekanntwerden, ans Licht kommen; **4.** ausgehen (*Haare*), her'ausgehen (*Farbe*); **5.** F werden, sich *gut etc.* entwickeln; *phot. etc. gut etc.* werden (*Bild*); **6.** debü'tieren: a) zum ersten Male auftreten (*Schauspieler*), b) in die Gesellschaft eingeführt werden; **7.** ***~ with*** F mit *et.* her'ausrücken (*sagen*); **8.** ***~ against*** sich aussprechen gegen, den Kampf ansagen (*dat.*); **~ o·ver** *v/i.* **1.** her'überkommen; **2.** 'übergehen (***to*** zu); **3.** verstanden werden; **~ round** *v/i.* **1.** ‚vor'beikommen' (*Besucher*); **2.** 'wiederkehren (*Fest*, *Zeitabschnitt*); **3.** ***~ to s.o.'s way of thinking*** sich zu j-s Meinung bekehren; **4.** → ***come to*** 1; **~ through** *v/i.* **1.** 'durchkommen (*a. allg. fig. Kranker*, *Meldung etc.*); **2.** *fig.* a) es ‚schaffen', b) → ***come across*** 3; **~ to** *v/i.* **1.** a) wieder zu sich kommen, das Bewußtsein 'wiedererlangen, b) sich erholen; **2.** ⚓ vor Anker gehen; **~ up** *v/i.* **1.** her'aufkommen; **2.** her'ankommen: ***~ to s.o.*** an j-n herantreten; ***coming up!*** kommt gleich!; **3.** ⚖ zur Verhandlung kommen; **4.** *a.* ***~ for discussion*** zur Sprache kommen, angeschnitten werden; **5.** ***~ for*** zur *Abstimmung*, *Entscheidung* kommen; **6.** aufkommen, Mode werden; **7.** *Brit.* sein Studium aufnehmen; **8.** *Brit.* nach London kommen; **9.** ***~ to*** a) reichen bis an (*acc.*) *od.* zu, b) erreichen (*acc.*), c) *fig.* her'anreichen an (*acc.*); **10.** ***~ with*** a) *j-n* einholen, b) *fig.* es *j-m* gleichtun; **11.** ***~ with*** ‚da'herkommen' mit, *e-e Idee etc.* präsentieren.

come-at-a·ble [ˌkʌm'ætəbl] *adj.* F **1.** zugänglich; **2.** erreichbar.

'come·back *s.* **1.** *sport*, *thea. etc.* Come'back *n*: ***make*** *od.* ***stage a ~*** ein Comeback feiern; **2.** (schlagfertige) Antwort.

co·me·di·an [kə'mi:djən] *s.* **1.** a) Ko'mödienschauspieler *m*, b) Komiker *m* (*a. contp.*); **2.** Lustspieldichter *m*; **3.** Witzbold *m* (*a. contp.*); **co·me·di·enne** [kəˌmi:dɪ'en] *s.* a) Ko'mödienschauspielerin *f*, b) Komikerin *f*.

com·e·do ['kɒmədəʊ] *pl.* **-dos** *s.* ⚕ Mitesser *m*.

'come·down *s.* **1.** *fig.* Abstieg *m*, Abfall *m* (***from*** gegenüber); **2.** F Enttäuschung *f*.

com·e·dy ['kɒmɪdɪ] *s.* **1.** Ko'mödie *f*: a) Lustspiel *n*: ***light ~*** Schwank *m*, b) *fig.* komische Sache; **2.** Komik *f*.

ˌcome-'hith·er *adj.*: ***~ look*** F einladender Blick.

come·li·ness ['kʌmlɪnɪs] *s.* Anmut *f*, Schönheit *f*; **'come·ly** ['kʌmlɪ] *adj.* attrak'tiv, hübsch.

'come-on *s. Am. sl.* **1.** Köder *m* (*bsd. für Käufer*); **2.** Schwindler *m*; **3.** Gimpel *m* (*einfältiger Mensch*).

com·er ['kʌmə] *s.* **1.** Ankömmling *m*: ***first ~*** wer zuerst kommt, *weitS.* (*der od. die*) erste beste; ***all ~s*** jedermann; **2.** ***he is a ~*** F er ist der kommende Mann.

co·mes·ti·ble [kə'mestɪbl] **I** *adj.* genießbar; **II** *s. pl.* Nahrungs-, Lebensmittel *pl.*

com·et ['kɒmɪt] *s. ast.* Ko'met *m*.

come·up·pance [ˌkʌm'ʌpəns] *s.* F wohlverdiente Strafe.

com·fit ['kʌmfɪt] *s. obs.* Zuckerwerk *n*, kan'dierte Früchte *pl.*

com·fort ['kʌmfət] **I** *v/t.* **1.** trösten, *j-m* Trost spenden; **2.** beruhigen; **3.** erfreuen; **4.** *j-m* Mut zusprechen; **5.** *obs.* unter'stützen, *j-m* helfen; **II** *s.* **6.** Trost *m*, Erleichterung *f* (***to*** für): ***derive*** *od.* ***take ~ from s.th.*** aus etwas Trost schöpfen; ***what a ~!*** Gott sei Dank!; welch ein Trost!; ***he was a great ~ to her*** er war ihr ein großer Trost *od.* Beistand; ***cold ~*** ein schwacher *od.* schlechter Trost; **7.** Wohltat *f*, Labsal *n*, Erquickung *f* (***to*** für); **8.** Behaglichkeit *f*, Wohlergehen *n*: ***live in ~*** ein behagliches u. sorgenfreies Leben führen; **9.** *a. pl.* Kom'fort *m*: ***with all modern ~s***; **10.** *a.* ***soldiers' ~s*** *pl.* Liebesgaben *pl.* (für Sol'daten); **11.** *obs.* Hilfe *f*.

com·fort·a·ble ['kʌmfətəbl] *adj.* (*adv.* ***comfortably***) **1.** komfor'tabel, bequem, behaglich, gemütlich: ***make o.s. ~*** es sich bequem machen; ***are you ~?*** haben Sie es bequem?, sitzen *od.* liegen *etc.* Sie bequem?; ***feel ~*** sich wohl fühlen; **2.** bequem, sorgenfrei: ***live in ~ circumstances*** in guten Verhältnissen leben; **3.** gut, reichlich: ***a ~ income***; **4.** *bsd. sport* beruhigend (*Vorsprung etc.*); **5.** ohne Beschwerden (*Patient*); '**com·fort·er** [-tə] *s.* **1.** Tröster *m*: → ***Job²***; **2.** ***the*** ≈ *eccl.* der Heilige Geist; **3.** *bsd. Brit.* Wollschal *m*; **4.** *Am.* Steppdecke *f*; **5.** *bsd. Brit.* Schnuller *m* (*für Babys*); '**com·fort·ing** [-tɪŋ] *adj.* tröstlich; '**com·fort·less** [-lɪs] *adj.* **1.** unbequem; **2.** trostlos; **3.** unerfreulich.

com·frey ['kʌmfrɪ] *s.* ⚘ Schwarzwurz *f.*

com·fy ['kʌmfɪ] F → ***comfortable*** 1.

com·ic ['kɒmɪk] **I** *adj.* □ → ***comically***; **1.** komisch, Lustspiel...: ***~ actor*** Komiker *m*; ***~ opera*** komische Oper; ***~ writer*** Lustspieldichter *m*; **2.** komisch, humo'ristisch: ***~ paper*** Witzblatt *n*; ***~ strips*** Comic strips, Comics; **3.** drollig, spaßig; **II** *s.* **4.** Komiker *m*; **5.** Witzblatt *n*; *pl. Zeitung*: Comics *pl.*; **6.** 'Filmko,mödie *f*; '**com·i·cal** [-kəl] *adj.* □ **1.** komisch, ulkig; **2.** F komisch, sonderbar; **com·i·cal·i·ty** [ˌkɒmɪ'kælətɪ] *s.* Spaßigkeit *f*; '**com·i·cal·ly** [-kəlɪ] *adv.* komisch(erweise).

com·ing ['kʌmɪŋ] **I** *adj.* kommend, (zu)künftig: ***the ~ man*** der kommende Mann; ***~ week*** nächste Woche; **II** *s.* Kommen *n*, Ankunft *f*; Beginn *m*: ***~ of age*** Mündigwerden *n*; ***the Second*** ≈ (***of Christ***) die Wiederkunft Christi.

com·i·ty ['kɒmɪtɪ] *s.* **1.** Höflichkeit *f*; **2.** ***~ of nations*** gutes Einvernehmen der Nationen.

com·ma ['kɒmə] *s.* Komma *n*; ***~*** **ba·cil·lus** *s.* [*irr.*] ⚕ 'Kommabaˌzillus *m.*

com·mand [kə'mɑːnd] **I** *v/t.* **1.** *j-m* befehlen, gebieten; **2.** gebieten, fordern, verlangen: ***~ silence*** Ruhe gebieten; **3.** beherrschen, gebieten über (*acc.*): ***the hill ~s the plain*** der Hügel beherrscht die Ebene; **4.** ⚔ kommandieren: a) *j-m* befehlen, b) *Truppe* befehligen, führen; **5.** *Gefühle*, *die Lage* beherrschen: ***~ o.s.*** sich beherrschen; **6.** verfügen über (*acc.*) (*Dienste*, *Gelder*); **7.** *Vertrauen*, *Liebe* einflößen: ***~ respect*** Achtung gebieten; ***~ admiration*** Bewunderung abnötigen *od.* verdienen; **8.** *Aussicht* gewähren, bieten; **9.** ✝ *Preis* erzielen; *Absatz* finden; **II** *v/i.* **10.** befehlen, herrschen; **11.** ⚔ kommandieren; **III** *s.* **12.** *allg.* Befehl *m*: ***by ~*** auf Befehl; **13.** ⚔ Kom'mando *n*: a) Befehl *m*: ***word of ~*** Kommando(wort) *n*, b) (Ober)Befehl *m*, Befehlsgewalt *f*, Führung *f*: ***be in ~*** a) (***of***) das Kommando führen (über *acc.*), b) *sport* den Gegner beherrschen; ***take ~*** das Kommando übernehmen; **14.** ⚔ a) Oberkom'mando *n*, Führungsstab *m*, b) Befehls-, Kom'mandobereich *m*; **15.** *fig.* Gewalt *f*, Herrschaft *f* (***of*** über *acc.*); Beherrschung *f*, Meisterung *f* (*Gefühle*): ***have ~ of*** *Fremdsprache etc.* beherrschen; ***his ~ of English*** s-e Englischkenntnisse *pl.*; **16.** Verfügung *f* (***of*** über *acc.*): ***at your ~*** zu Ihrer Verfügung; ***be*** (***have***) ***at ~*** zur Verfügung stehen (haben).

com·man·dant [ˌkɒmən'dænt] *s.* ⚔ Komman'dant *m*, Befehlshaber *m.*

com·mand car *s.* ⚔ *Am.* Befehlsfahrzeug *n.*

com·man·deer [ˌkɒmən'dɪə] *v/t.* **1.** zum Mili'tärdienst zwingen; **2.** ⚔ requirieren, beschlagnahmen; **3.** F ‚organisieren', sich aneignen.

com·mand·er [kə'mɑːndə] *s.* **1.** ⚔ Komman'dant *m* (*e-r Festung*, *e-s Flugzeugs etc.*), Befehlshaber *m*; Komman'deur *m* (*e-r Einheit*), Führer *m*; *Am.* ⚓ Fre'gattenkapiˌtän *m*: ***~-in-chief*** Oberbefehlshaber; **2.** ≈ ***of the Faithful*** *hist.* Beherrscher *m* der Gläubigen (*Sultan*); **3.** *hist.* (*Ordens*)Kom'tur *m*; **com'mand·ing** [-dɪŋ] *adj.* □ **1.** herrschend, gebietend; **2.** *die Gegend* beherrschend: ***~ point*** strategischer Punkt; **3.** ⚔ kommandierend, befehlshabend; **4.** imponierend, eindrucksvoll; **5.** gebieterisch; **com'mand·ment** [-dmənt] *s.* Gebot *n*, Vorschrift *f*: ***the Ten*** ≈***s*** *bibl.* die Zehn Gebote.

com·mand mod·ule *s. Raumfahrt*: Kom'mandokapsel *f.*

com·man·do [kə'mɑːndəʊ] *pl.* **-dos** *s.* ⚔ **1.** Kom'mando(truppe *f*, -einheit *f*) *n*: ***~ squad***; ***~ raid*** Kommandoüberfall *m*; **2.** Angehörige(r) *m* e-s Kom'mandos.

com·mand| pa·per *s. pol. Brit.* (*dem Parlament vorgelegter*) Kabi'nettsbeschluß *m*; ***~*** **per·form·ance** *s. thea.* Aufführung *f* auf königlichen Befehl *od.* Wunsch; ***~*** **post** *s.* ⚔ Befehls-, Gefechtsstand *m.*

com·mem·o·rate [kə'meməreɪt] *v/t.* (ehrend) gedenken (*gen.*); erinnern an (*acc.*): ***a monument to ~ a victory*** ein Denkmal zur Erinnerung an e-n Sieg; **com·mem·o·ra·tion** [kəˌmemə'reɪʃn] *s.* **1.** Gedenk-, Gedächtnisfeier *f*: ***in ~ of*** zum Gedächtnis an (*acc.*); **2.** *Brit. univ.* Stiftergedenkfest *n* (*Oxford*); **com'mem·o·ra·tive** [-rətɪv] *adj.* Gedächtnis…, Erinnerungs…: ***~ issue*** Gedenkausgabe *f* (*Briefmarken etc.*); ***~ plaque*** Gedenktafel *f*.

com·mence [kə'mens] *v/t. u. v/i.* **1.** beginnen, anfangen; ⚖ *Klage* anhängig machen; **2.** *Brit. univ.* promovieren (***M.A.*** zum M.A.); **com'mence·ment** [-mənt] *s.* **1.** Anfang *m*, Beginn *m*; **2.** *Am.* (Tag *m* der) Feier *f* der Verleihung aka'demischer Grade; **com'menc·ing** [-sɪŋ] *adj.* Anfangs…: ***~ salary***.

com·mend [kə'mend] *v/t.* **1.** empfehlen, loben: ***~ me to …*** F da lobe ich mir …; **2.** empfehlen, anvertrauen (***to*** *dat.*); **3.** ***~ o.s.*** sich (*als geeignet*) empfehlen; **com'mend·a·ble** [-dəbl] *adj.* □ empfehlens-, lobenswert; **com·men·da·tion** [ˌkɒmen'deɪʃn] *s.* **1.** Empfehlung *f*; **2.** Lob *n*; **com'mend·a·to·ry** [-dətərɪ] *adj.* **1.** empfehlend, Empfehlungs…; **2.** lobend.

com·men·sal [kə'mensəl] *s.* **1.** Tischgenosse *m*; **2.** *biol.* Kommen'sale *m*.

com·men·su·ra·ble [kə'menʃərəbl] *adj.* □ **1.** kommensu'rabel, vergleichbar (***with***, ***to*** mit); **2.** angemessen, im richtigen Verhältnis; **com'men·su·rate** [-rət] *adj.* □ **1.** gleich groß, von gleicher Dauer (***with*** wie); **2.** (***with***, ***to***) im Einklang stehend (mit), angemessen *od.* entsprechend (*dat.*).

com·ment ['kɒment] **I** *s.* **1.** Be-, Anmerkung *f*, Stellungnahme *f*, Kommen'tar *m* (***on*** zu): ***no ~!*** kein Kommentar!; **2.** Erläuterung *f*, Kommen'tar *m*, Deutung *f*; Kri'tik *f*; **3.** Gerede *n*; **II** *v/i.* **4.** (***on***) kommentieren (*acc.*), Erläuterungen *od.* Anmerkungen machen (zu); **5.** sich (kritisch) äußern (***on*** über *acc.*); **'com·men·tar·y** [-tərɪ] *s.* Kommen'tar *m* (***on*** zu): ***radio ~*** Rundfunkkommentar; **'com·men·tate** [-teɪt] *v/i.* → ***comment*** 4; **'com·men·ta·tor** [-teɪtə] *s.* *allg.*, *a. TV etc.*: Kommen'tator *m*.

com·merce ['kɒmɜːs] *s.* **1.** Handel *m*, Handelsverkehr *m*; **2.** Verkehr *m*, 'Umgang *m*.

com·mer·cial [kə'mɜːʃl] **I** *adj.* □ **1.** kommerzi'ell (*a. Theaterstück etc.*), kaufmännisch, geschäftlich, gewerblich, Handels…, Geschäfts…; **2.** handeltreibend; **3.** für den Handel bestimmt, Handels…; **4.** a) in großen Mengen erzeugt, b) mittlerer *od.* niederer Quali'tät, c) nicht (ganz) rein (*Chemikalien*); **5.** handelsüblich: ***~ quality***; **6.** *Radio*, *TV*: Werbe…: ***~ television*** a) Werbefernsehen *n*, b) kommerzielles Fernsehen; **II** *s.* **7.** *Radio, TV*: a) von e-m Sponsor finanzierte Sendung, b) Werbespot *m*; **~ al·co·hol** *s.* handelsüblicher Alkohol, Sprit *m*; **~ art** *s.* Werbegraphik *f*; **~ a·vi·a·tion** *s.* Verkehrsluftfahrt *f*; **~ col·lege** *s.* Wirtschafts(ober)schule *f*; **~ cor·re·spond·ence** *s.* 'Handelskorresponˌdenz *f*; **~ court** *s.* ⚖ Handelsgericht *n*; **~ ge·og·ra·phy** *s.* 'Wirtschaftsgeograˌphie *f*.

com·mer·cial·ism [kə'mɜːʃəlɪzəm] *s.* **1.** Handels-, Geschäftsgeist *m*; **2.** Handelsgepflogenheit *f*; **3.** kommerzi'elle Ausrichtung; **com·mer·cial·i·za·tion** [kəˌmɜːʃəlaɪ'zeɪʃn] *s.* Kommerzialisierung *f*, Vermarktung *f*, kaufmännische Verwertung *od.* Ausnutzung; **com·mer·cial·ize** [kə'mɜːʃəlaɪz] *v/t.* kommerzialisieren, vermarkten, verwerten, ein Geschäft machen aus; in den Handel bringen.

com·mer·cial| let·ter of cred·it *s.* Akkredi'tiv *n*; **~ loan** *s.* 'Warenkreˌdit *m*; **~ man** *s.* [*irr.*] Geschäftsmann *m*; **~ pa·per** *s.* 'Inhaberpaˌpier *n* (*bsd. Wechsel*); **~ plane** *s.* Verkehrsflugzeug *n*; **~ room** *s. Brit. Hotelzimmer*, *in dem Handlungsreisende Kunden empfangen können*; **~ school** *s.* Handelsschule *f*; **~ trav·el·(l)er** *s.* Handlungsreisende(r) *m*; **~ trea·ty** *s.* Handelsvertrag *m*; **~ val·ue** *s.* Handels-, Marktwert *m*; **~ ve·hi·cle** *s.* Nutzfahrzeug *n*.

com·mie ['kɒmɪ] *s.* F Kommu'nist(in).

com·mi·na·tion [ˌkɒmɪ'neɪʃn] *s.* Drohung *f*; *bsd. eccl.* Androhung *f* göttlicher Strafe; *a.* ***~ service*** Bußgottesdienst *m*.

com·mi·nute ['kɒmɪnjuːt] *v/t.* zerkleinern, zerstückeln; zerreiben: ***~d fracture*** ⚕ Splitterbruch *m*; **com·mi·nu·tion** [ˌkɒmɪ'njuːʃn] *s.* **1.** Zerkleinerung *f*; Zerreibung *f*; **2.** ⚕ Splitterung *f*; **3.** Abnutzung *f*.

com·mis·er·ate [kə'mɪzəreɪt] **I** *v/t. j-n* bemitleiden, bedauern; **II** *v/i.* Mitleid haben (***with*** mit); **com·mis·er·a·tion** [kəˌmɪzə'reɪʃn] *s.* Mitleid *n*, Erbarmen *n*.

com·mis·sar [ˌkɒmɪ'sɑː] *s.* Kommis'sar *m* (*bsd. Rußland*): ***People's ≈*** Volkskommissar; **ˌcom·mis'sar·i·at** [-'seərɪət] *s.* ⚔ a) Intendan'tur *f*, b) Ver'pflegungsorganisatiˌon *f*; **com·mis·sar·y** ['kɒmɪsərɪ] *s.* **1.** Kommis'sar *m*, Beauftragte(r) *m*; **2.** *eccl.* bischöflicher Kommis'sar; **3.** 'Volkskommisˌsar *m*; **4.** *Am.* a) ⚔ Verpflegungsstelle *f*, b) Restau-

'rant *n im Filmstudio etc.*

com·mis·sion [kə'mɪʃn] **I** *s.* **1.** Auftrag *m*, Vollmacht *f*; **2.** Bestallung *f*; Bestallungsurkunde *f*; **3.** ⚔ Offi'zierspa,tent *n*: ***hold a ~*** Offizier sein; ***receive one's ~*** Offizier werden; **4.** (An)Weisung *f*, Aufgabe *f*; **5.** Auftrag *m*, Bestellung *f*; **6.** Amt *n*, Dienst *m*, Tätigkeit *f*, Betrieb *m*: ***put into ~*** *Schiff* in Dienst stellen (F *a. Maschine etc.*); ***in ~*** im Dienst, in Betrieb; ***out of ~*** a) außer Dienst (*bsd. Schiff*), b) außer Betrieb, nicht funktionierend, kaputt; **7.** ✝ a) Kommissi'on *f*: ***have on ~*** in Kommission *od.* Konsignation haben, b) Provisi'on *f*, Vergütung *f*: ***~ agent*** Kommissionär *m*, Provisionsvertreter *m*; ***goods on ~*** Kommissionswaren; ***on a ~ basis*** in Kommission, auf Provisionsgrundlage; ***sell on ~*** gegen Provision verkaufen; **8.** Ausführung *f*, Verübung *f*; → ***sin*** 1; **9.** Kommissi'on *f*, Ausschuß *m*; Vorstand *m* (*Klub*): ***Royal*** ≈ *Brit.* Untersuchungsausschuß; **II** *v/t.* **10.** beauftragen, be'vollmächtigen; **11.** *j-m* e-e Bestellung *od.* e-n Auftrag geben; **12.** in Auftrag geben, bestellen: ***~ a statue***; ***~ed work*** Auftragsarbeit *f*; **13.** ⚔ zum Offi'zier ernennen: ***~ed officer*** (durch Patent bestallter) Offizier; **14.** *Schiff* in Dienst stellen.

com·mis·sion·aire [kə,mɪʃə'neə] *s.* **1.** *Brit.* (livrierter) Porti'er; **2.** ✝ *Am.* Vertreter *m*, Einkäufer *m*.

com·mis·sion·er [kə'mɪʃnə] *s.* **1.** Be'vollmächtigte(r) *m*, Beauftragte(r) *m*; **2.** (Re'gierungs)Kommis,sar *m*: ***High*** ≈ Hochkommissar; **3.** Leiter *m* des Amtes: ***~ of police*** Polizeichef *m*; ≈ ***for Oaths*** (*etwa*) Notar *m*; **4.** ⚖ beauftragter Richter; **5.** a) Mitglied *n* e-r (Re'gierungs)Kommissi,on, Kommis'sar *m*, b) *pl.* Kommissi'on *f*, Behörde *f*.

com·mis·sure ['kɒmɪ,sjʊə] *s.* **1.** Naht *f*; Band *n* (*bsd. anat.*); **2.** *anat.* Nervenstrang *m*.

com·mit [kə'mɪt] *v/t.* **1.** anvertrauen, über'geben, über'tragen: ***~ to the ground*** beerdigen; ***~ to memory*** auswendig lernen; ***~ to paper*** zu Papier bringen; ⚖ ***~ s.o. to prison*** (***to an institution***) j-n in e-e Strafanstalt (Heil- u. Pflegeanstalt) einweisen; ***~ for trial*** dem zuständigen Gericht zur Hauptverhandlung überstellen; **2.** anvertrauen, empfehlen; **3.** *pol.* an e-n Ausschuß über'weisen; **4.** (***to***) *pol. etc.* verpflichten (zu), binden (an *acc.*); festlegen (auf *acc.*) (*alle a.* ***o.s.*** sich): ***be ~ted*** sich festgelegt haben, gebunden sein; ***~ted writer*** engagierter Schriftsteller; **5.** *Verbrechen etc.* begehen, verüben; **6.** (***o.s.*** sich) kompromittieren; **com'mit·ment** [-mənt] *s.* **1.** (***to***) Verpflichtung *f* (zu), Bindung *f* (an *acc.*): ***without ~*** unverbindlich; **2.** ✝ Verbindlichkeit *f*; *Am. engS.* Börsengeschäft *n*; **3.** → ***committal*** 2; **4.** *fig.* Engage'ment *n*; **com'mit·tal** [-tl] *s.* **1.** → ***commitment*** 1; **2.** 'Übergabe *f*, Über'weisung *f* (***to*** an *acc.*): ***~ to prison*** (***an institution***) Einlieferung *f* in e-e Strafanstalt (Einweisung *f* in e-e Heil- und Pflegeanstalt); ***~ order*** Haftbefehl *m*, Einweisungsbeschluß *m*; ***~ service*** Bestattung(sfeier) *f*; **3.** Verübung *f*, Begehung *f* (*von Verbrechen etc.*).

com·mit·tee [kə'mɪtɪ] *s.* Komi'tee *n*, Ausschuß *m*, Kommissi'on *f*: ***be*** (*od.* ***sit***) ***on a ~*** in e-m Ausschuß sein; ***the House goes into*** (*od.* ***resolves itself into a***) ≈ *parl.* das Haus konstituiert sich als Ausschuß; ***~ stage*** *parl.* Stadium *n* der Ausschußberatung (*zwischen 2. u. 3. Lesung e-s Gesetzentwurfes*); ***~man***, ***~woman*** Komiteemitglied *n*.

com·mo·di·ous [kə'məʊdjəs] *adj.* □ geräumig.

com·mod·i·ty [kə'mɒdətɪ] *s.* ✝ Ware *f*, ('Handels-, *bsd.* Ge'brauchs)Ar,tikel *m*; *oft pl.* Waren *pl.*: ***~ value*** Waren-, Sachwert *m*; ***~ dol·lar*** *s. Am.* Warendollar *m*; ***~ ex·change*** *s.* Warenbörse *f*; ***~ mar·ket*** *s.* **1.** Warenmarkt *m*; **2.** Rohstoffmarkt *m*; ***~ pa·per*** *s.* Doku'mententratte *f*.

com·mo·dore ['kɒmədɔː] *s.* ⚓ **1.** *allg.* Kommo'dore *m*; **2.** Präsi'dent *m* e-s Jachtklubs; **3.** Leitschiff *n* (*Geleitzug*).

com·mon ['kɒmən] **I** *adj.* □ → ***commonly***; **1.** gemeinsam (*a.* ⩚), gemeinschaftlich: ***make ~ cause*** gemeinsame Sache machen; ***~ ground*** gleiche Grundlage, Gemeinsamkeit *f* (der Interessen *etc.*); ***that's ~ ground*** darüber besteht Einigkeit; **2.** allgemein, öffentlich: ***~ knowledge*** allgemein bekannt; ***~ rights*** Menschenrechte; ***~ talk*** Stadtgespräch *n*; ***~ usage*** allgemein üblich; **3.** gewöhnlich, üblich, häufig, alltäglich: ***~ coin of the realm*** übliche Landesmünze; ***~ event*** normales Ereignis; ***~ sight*** alltäglicher Anblick; ***a very ~ name*** ein sehr häufiger Name; ***~ as dirt*** häufig, gewöhnlich; **4.** einfach, gewöhnlich: ***~ looking*** von gewöhnlichem Aussehen; ***the ~ people*** das (einfache) Volk; ***~ salt*** Kochsalz *n*; ***~ soldier*** einfacher Soldat; ***~ or garden ...*** F Feld-

Wald-u.-Wiesen-...; → ***cold*** 8; **5.** gewöhnlich, gemein: **~ *accent*** ordinäre Aussprache; ***the ~ herd*** die große Masse; **~ *manners*** schlechtes Benehmen; **6.** *ling.* **~ *gender*** doppeltes Geschlecht; **~ *noun*** Gattungsname *m*; **II** *s.* **7.** Gemeindeland *n* (*heute oft mit Parkanlage*): (***right of***) **~** Mitbenutzungsrecht *n*; **~ *of pasturage*** Weiderecht *n*; **8.** *fig.* ***in ~*** gemeinsam; ***in ~ with*** (genau) wie; ***have s.th. in ~ with*** et. gemein haben mit; ***out of the ~*** außergewöhnlich, besonders; **9.** → ***commons***.

com·mon·al·ty ['kɒmənltɪ] *s. das* gemeine Volk, Allgemeinheit *f*.

com·mon| car·ri·er → ***carrier*** 2; **~ chord** *s.* ♪ Dreiklang *m*; **~ de·nom·i·na·tor** *s.* ⩚ gemeinsamer Nenner (*a. fig.*).

com·mon·er ['kɒmənə] *s.* **1.** Bürger(licher) *m*; **2.** *Brit.* Stu'dent (*Oxford*), der s-n 'Unterhalt selbst bezahlt; **3.** *Brit.* a) Mitglied *n* des 'Unterhauses, b) Mitglied *n* des Londoner Stadtrats.

com·mon| frac·tion *s.* ⩚ gemeiner Bruch; **~ law** *s.* a) *das gesamte angloamerikanische Rechtssystem* (*Ggs.* ***civil law***), b) *obs. das engl. Gewohnheitsrecht*; **ˌ~-'law** *adj.* gewohnheitsrechtlich: **~ *marriage*** Konsensehe *f*, eheähnliches Zs.-leben; **~ *wife*** Lebensgefährtin *f*.

com·mon·ly ['kɒmənlɪ] *adv.* gewöhnlich, im allgemeinen.

Com·mon Mar·ket *s.* ✝ Gemeinsamer Markt.

com·mon·ness ['kɒmənnɪs] *s.* **1.** All'täglichkeit *f*, Häufigkeit *f*; **2.** Gewöhnlichkeit *f*, ordi'näre Art.

'com·mon|·place I *s.* **1.** Gemeinplatz *m*, Plati'tüde *f*; **2.** *et.* All'tägliches; **II** *adj.* all'täglich, 'uninteresˌsant, abgedroschen, platt; **♀ Prayer** *s. eccl.* **1.** die angli'kanische Litur'gie; **2.** (***Book of***) **~** Gebetbuch *n* der angli'kanischen Kirche; **~ room** [rʊm] *s.* **1.** *univ.* Gemeinschaftsraum *m*: a) ***junior ~*** für Studenten, b) ***senior ~*** für Dozenten; **2.** *Schule*: Lehrerzimmer *n*.

com·mons ['kɒmənz] *s. pl.* **1.** *das* gemeine Volk, *die* Bürgerlichen: ***the ♀*** *parl. Brit.* das Unterhaus; **2.** *bsd. Brit. univ.* Gemeinschaftskost *f*, -essen *n*: ***kept on short ~*** auf schmale Kost gesetzt.

com·mon| school *s.* staatliche Volksschule; **~ sense** *s.* gesunder Menschenverstand; **ˌ~-'sen·si·cal** [-'sensɪkl] *adj.* vernünftig; **~ ser·geant** *s.* Richter *m* u. Rechtsberater *m* des Magi'strats der ***City of London***; **~ stock** *s.* ✝ *Am.* 'StammˌAktie(n *pl.*) *f*; **'~·weal** *s.* **1.** Gemeinwohl *n*; **2.** → **'~·wealth** *s.* **1.** Gemeinwesen *n*, Staat *m*; **2.** Repu'blik *f*: ***the ♀*** *Brit. hist.* die engl. Republik unter Cromwell; **3.** ***British ♀*** (***of Nations***) *das* Commonwealth, *die* Britische Nationengemeinschaft; ***♀ of Australia*** *der* Australische Staatenbund; **4.** *Am. Bezeichnung für einige Staaten der USA*.

com·mo·tion [kə'məʊʃn] *s.* **1.** Erschütterung *f*, Aufregung *f*; Aufsehen *n*; **2.** Aufruhr *m*, Tu'mult *m*; → ***civil*** 2; **3.** Wirrwarr *m*.

com·mu·nal ['kɒmjʊnl] *adj.* **1.** Gemeinde..., Kommunal...: **~ *tax***; **2.** Gemeinschafts...; Volks...: **~ *aerial*** (*bsd. Am.* ***antenna***) *TV* Gemeinschaftsantenne *f*; **~ *kitchen*** Volksküche *f*; **3.** *Indien*: Volksgruppen betreffend; **'com·mu·nal·ism** [-nəlɪzəm] *s.* Kommuna'lismus *m* (*Regierungssystem nach Gemeindegruppen*); **'com·mu·nal·ize** [-nəlaɪz] *v/t.* in Gemeindebesitz über'führen, kommunalisieren.

com·mu·nard ['kɒmjʊnəd] *s. sociol.* Kommu'narde *m*.

com·mune[1] [kə'mju:n] *v/i.* **1.** sich vertraulich besprechen: **~ *with o.s.*** mit sich zu Rate gehen; **2.** *eccl.* kommunizieren, die (heilige) Kommuni'on *od.* das Abendmahl empfangen.

com·mune[2] ['kɒmju:n] *s.* Kom'mune *f* (*a. sociol.*).

com·mu·ni·ca·ble [kə'mju:nɪkəbl] *adj.* ☐ **1.** mitteilbar; **2.** ⚕ über'tragbar, ansteckend; **com'mu·ni·cant** [-ənt] **I** *s.* **1.** *eccl.* Kommuni'kant(in); **2.** Gewährsmann *m*, Informant(in); **II** *adj.* **3.** mitteilend; **4.** teilhabend; **com'mu·ni·cate** [-keɪt] **I** *v/t.* **1.** mitteilen (***to*** *dat.*); **2.** (*a.* ⚕) über'tragen (***to*** auf *acc.*); **II** *v/i.* **3.** sich besprechen, Gedanken *etc.* austauschen, in Verbindung stehen, kommunizieren (***with*** mit), sich mitteilen (***with*** *dat.*); **4.** sich in Verbindung setzen (***with*** mit); **5.** in Verbindung stehen, zs.-hängen (***with*** mit): ***these two rooms ~*** diese beiden Räume haben e-e Verbindungstür; **6.** sich mitteilen (*Erregung etc.*) (***to*** *dat.*); **7.** *eccl.* → ***commune***[1] 2.

com·mu·ni·ca·tion [kəˌmju:nɪkeɪʃn] *s.* **1.** (***to***) *allg.* Mitteilung *f* (an *acc.*): a) Verständigung *f* (*gen. od.* von), b) Über'mittlung *f e-r Nachricht* (an *acc.*), c) Nachricht *f* (an *acc.*), d) Kommunikati'on *f* (*e-r Idee etc.*); **2.** Kommunikati'on *f*, Gedankenaustausch *m*, Verständigung *f*; (Brief-, Nachrichten)Verkehr *m*; Verbindung *f*: ***be in ~ with s.o.*** mit j-m in Verbindung stehen; **3.** (*a. phys.*) Über'tragung *f*, Fortpflanzung *f* (***to*** auf *acc.*); **4.** Kommunikati'on *f*, Verkehrsweg *m*, Verbindung *f*, 'Durchgang *m*; **5.** *pl.* a) Fernmelde-, Nachrichtenwesen *n* (*a.* ⚔): ***~ net*** Fernmeldenetz *n*; ***~ officer*** Fernmeldeoffizier *m*, b) Verbindungswege *pl.*, Nachschublinien *pl.*; **6.** *pl.* Kommunikati'onswissenschaft *f*; **~ cen·tre** (*Am.* **cen·ter**) *s.* ⚔ 'Fernmeldezen,trale *f*; **~ cord** *s.* 🚂 Notleine *f*, -bremse *f*; **~ en·gi·neer·ing** *s.* 'Nachrichten,technik *f*; **~s gap** *s.* Kommunikati'onslücke *f*; **~s sat·el·lite** *s.* 'Nachrichtensatel,lit *m*; **~ trench** *s.* ⚔ Verbindungs-, Laufgraben *m*.

com·mu·ni·ca·tive [kə'mju:nɪkətɪv] *adj.* □ mitteilsam, kommunika'tiv; **com'mu·ni·ca·tor** [-keɪtə] *s.* **1.** Mitteilende(r *m*) *f*; **2.** *tel.* (Zeichen)Geber *m*.

com·mun·ion [kə'mju:njən] *s.* **1.** Gemeinschaft *f*; **2.** enge Verbindung; 'Umgang *m*: ***hold ~ with o.s.*** Einkehr bei sich selbst halten; **3.** Religi'onsgemeinschaft *f*; **4.** *eccl.* ♀, *a.* ***Holy*** ♀ (heilige) Kommuni'on, (heiliges) Abendmahl: ♀ ***cup*** Abendmahlskelch *m*; ♀ ***table*** Abendmahlstisch *m*.

com·mu·ni·qué [kə'mju:nɪkeɪ] (*Fr.*) *s.* Kommuni'qué *n*.

com·mu·nism ['kɒmjʊnɪzəm] *s.* Kommu'nismus *m*; **'com·mu·nist** [-nɪst] **I** *s.* Kommu'nist(in); **II** *adj.* → **com·mu·nis·tic** [ˌkɒmjʊ'nɪstɪk] *adj.* kommu'nistisch.

com·mu·ni·ty [kə'mju:nətɪ] *s.* **1.** Gemeinschaft *f*: ***~ aerial*** (*bsd. Am.* ***antenna***) Gemeinschaftsantenne *f*; ***~ spirit*** Gemeinschaftsgeist *m*; ***~ singing*** Gemeinschaftssingen *n*; **2.** Gemeinde *f*, Körperschaft *f*: ***the mercantile ~*** die Kaufmannschaft; ***~ centre*** (*Am.* ***center***) Gemeindezentrum *n*; ***~ chest***, ***~ fund*** *Am.* Wohlfahrtsfonds *m*; ***~ home*** *Brit.* Erziehungsheim *n*; **3.** Gemeinwesen *n*: ***the ~*** a) die Allgemeinheit, das Volk, b) der Staat; ***~ ownership*** öffentliches Eigentum; **4.** Gemeinschaft *f*, Gemeinsamkeit *f*; Gleichheit *f*: ***~ of goods*** *od.* ***property*** (eheliche) Gütergemeinschaft; ***~ of interest*** Interessengemeinschaft; ***~ of goods acquired during marriage*** Errungenschaftsgemeinschaft; ***~ of heirs*** ⚖ Erbengemeinschaft.

com·mu·nize ['kɒmjʊnaɪz] *v/t.* **1.** in Gemeineigentum 'überführen, sozialisieren; **2.** kommu'nistisch machen.

com·mut·a·ble [kə'mju:təbl] *adj.* **1.** austauschbar, 'umwandelbar; **2.** *durch Geld* ablösbar; **com·mu·tate** ['kɒmjʊteɪt] *v/t.* ⚡ *Strom* a) wenden, b) gleichrichten; **com·mu·ta·tion** [ˌkɒmju:'teɪʃn] *s.* **1.** 'Um-, Austausch *m*, 'Umwandlung *f*; **2.** Ablösung *f*, Abfindung *f*; **3.** ⚖ 'Straf,umwandlung *f*, -milderung *f*; **4.** ⚡ 'Umschaltung *f*, Stromwendung *f*; **5.** 🚂 *etc.* Pendelverkehr *m*: ***~ ticket*** Zeitkarte *f*; **com'mu·ta·tive** [-ətɪv] *adj.* □ **1.** auswechselbar, Ersatz..., Tausch...; **2.** wechselseitig; **com·mu·ta·tor** ['kɒmjʊteɪtə] *s.* ⚡ a) Kommu'tator *m*, Pol-, Stromwender *m*, b) Kol'lektor *m*, c) *mot.* Zündverteiler *m*; Gleichrichter *m*; **com·mute** [kə'mju:t] **I** *v/t.* **1.** ein-, 'umtauschen, auswechseln; **2.** *Zahlung* 'umwandeln (***into*** in *acc.*), ablösen (***for***, ***into*** durch); **3.** ⚖ *Strafe* umwandeln (***to***, ***into*** in *acc.*); **4.** → ***commutate***; **II** *v/i.* **5.** 🚂 *etc.* pendeln; **com'mut·er** [-tə] *s.* **1.** 🚂 *etc.* Zeitkarteninhaber(in), Pendler *m*: ***~ belt*** Einzugsbereich *m* (*e-r Stadt*); ***~ train*** Nahverkehrszug *m*; **2.** → ***commutator***.

com·pact¹ ['kɒmpækt] *s.* Pakt *m*, Vertrag *m*.

com·pact² [kəm'pækt] **I** *adj.* □ **1.** kom'pakt, fest, dicht (zs.-)gedrängt; mas'siv: ***~ car*** → 6; ***~ cassette*** Kompaktkassette *f*; **2.** gedrungen; **3.** knapp, gedrängt (*Stil*); **II** *v/t.* **4.** zs.-drängen, -pressen, fest verbinden; zs.-fügen: ***~ed of*** zs.-gesetzt aus; **III** *s.* ['kɒmpækt] **5.** Kom'paktpuder(dose *f*) *m*; **6.** *Am.* Kom'paktwagen *m*; **com'pact·ness** [-nɪs] *s.* **1.** Kom'paktheit *f*, Festigkeit *f*; **2.** *fig.* Knappheit *f*, Gedrängtheit *f* (*Stil*).

com·pan·ion¹ [kəm'pænjən] **I** *s.* **1.** Begleiter(in), Gesellschafter(in); *engS.* Gesellschafterin *f e-r Dame*; **2.** Kame'rad(in), Genosse *m*, Genossin *f*, Gefährte *m*, Gefährtin *f*: ***~-in-arms*** Waffenbruder *m*; ***~ in misfortune*** Leidensgefährte; ***constant ~*** ‚ständiger Begleiter' (*e-r Dame*); **3.** Gegen-, Seitenstück *n*, Pen'dant *n*: ***~ volume*** Begleitband *m*; **4.** Handbuch *n*; **5.** Ritter *m*: ♀ ***of the Bath*** Ritter des Bath-Ordens; **II** *v/t.* **6.** begleiten; **III** *v/i.* **7.** verkehren (***with*** mit); **IV** *adj.* **8.** (dazu) passend, da'zugehörig.

com·pan·ion² [kəm'pænjən] *s.* ⚓ **1.** → ***companion hatch***; **2.** Ka'jütstreppe *f*; **3.** Deckfenster *n*.

com·pan·ion·a·ble [kəm'pænjənəbl] *adj.* □ 'umgänglich, gesellig; **com'pan·ion·a·ble·ness** [-nɪs] *s.* 'Umgänglichkeit *f*; **com'pan·ion·ate** [-nɪt] *adj.* kame'radschaftlich: ~ ***marriage*** Kameradschaftsehe *f*.

com·pan·ion| hatch *s.* ⚓ Ka'jütsklappe *f*, -luke *f*; ~ **lad·der** → ***companion²*** 2.

com·pan·ion·ship [kəm'pænjənʃɪp] *s.* **1.** Kame'radschaft *f*; Gesellschaft *f*; **2.** *typ. Brit.* Ko'lonne *f* von Setzern.

com'pan·ion·way → ***companion²*** 2.

com·pa·ny ['kʌmpənɪ] *s.* **1.** Gesellschaft *f*, Begleitung *f*: ***for*** ~ zur Gesellschaft; ***in*** ~ ***with*** in Gesellschaft von, zusammen mit; ***he is good*** ~ man ist gern mit ihm zusammen; ***I am*** (*od.* ***err***) ***in good*** ~ ich bin in guter Gesellschaft (*wenn ich das tue*); ***keep*** (*od.* ***bear***) ***s.o.*** ~ j-m Gesellschaft leisten; ***part*** ~ a) sich trennen (***with*** von), b) uneinig werden; **2.** Gesellschaft *f*, Besuch *m*, Gäste *pl.*: ***have*** ~ Besuch haben; ***be fond of*** ~ die Geselligkeit lieben; ***see much*** ~ a) viel Besuch haben, b) oft in Gesellschaft gehen; **3.** Gesellschaft *f*, 'Umgang *m*: ***avoid bad*** ~ schlechte Gesellschaft meiden; ***keep*** ~ ***with*** verkehren mit; **4.** ⚚ (Handels)Gesellschaft *f*, Firma *f*: ~ ***car*** Firmenwagen *m*; ~ ***law*** Gesellschaftsrecht *n*; ~ ***store*** *Am.* betriebseigenes (Laden)Geschäft; ~ ***union*** *Am.* Betriebsgewerkschaft *f*; ~***'s water*** Leitungswasser *n*; → ***private*** 2, ***public*** 3; **5.** Innung *f*, Zunft *f*, Gilde *f*; **6.** *thea.* Truppe *f*; **7.** ⚔ Kompa'nie *f*; **8.** ⚓ Mannschaft *f*.

com·pa·ra·ble ['kɒmpərəbl] *adj.* □ (***to, with***) vergleichbar (mit): ~ ***period*** Vergleichszeitraum *m*; **com·par·a·tive** [kəm'pærətɪv] **I** *adj.* □ **1.** vergleichend: ~ ***literature*** vergleichende Literaturwissenschaft; **2.** Vergleichs…; **3.** verhältnismäßig, rela'tiv; **4.** beträchtlich, ziemlich: ***with*** ~ ***speed***; **5.** *ling.* komparativ, Komparativ…; **II** *s.* **6.** *a.* ~ ***degree*** Komparativ *m*; **com·par·a·tive·ly** [kəm'pærətɪvlɪ] *adv.* verhältnismäßig, ziemlich.

com·pare [kəm'peə] **I** *v/t.* **1.** vergleichen (***with*** mit): ***as*** ~***d with*** im Vergleich zu; → ***note*** 2; **2.** vergleichen, gleichstellen, -setzen: ***not to be*** ~***d to*** (*od.* ***with***) nicht zu vergleichen mit; **3.** *ling.* steigern; **II** *v/i.* **4.** sich vergleichen (lassen), e-n Vergleich aushalten (***with*** mit): ~ ***favo(u)rably with*** den Vergleich mit … nicht zu scheuen brauchen; besser sein als; **III** *s.* **5.** ***beyond*** ~ unvergleichlich; **com'par·i·son** [-'pærɪsn] *s.* **1.** Vergleich *m*: ***by*** ~ vergleichsweise; ***in*** ~ ***with*** im Vergleich mit *od.* zu; ***bear*** ~ ***with*** e-n Vergleich aushalten mit; ***beyond*** (***all***) ~ unvergleichlich; **2.** Ähnlichkeit *f*; **3.** *ling.* Steigerung *f*; **4.** Gleichnis *n*.

com·part·ment [kəm'pɑːtmənt] *s.* **1.** Ab'teilung *f*; Fach *n*, Feld *n*; **2.** 🚂 (Wagen)Abteil *n*; **3.** ⚓ Schott *n*: → ***watertight***; **4.** *parl. Brit.* Punkt *m* der Tagesordnung; **com·part·men·tal·ize** [ˌkɒmpɑːt'mentəlaɪz] *v/t. bsd. fig.* (auf)teilen.

com·pass ['kʌmpəs] **I** *s.* **1.** *phys.* Kompaß *m*: ***mariner's*** ~ ⚓ Schiffskompaß; ***points of the*** ~ *die* Himmelsrichtungen; **2.** *pl. oft* ***pair of*** ~***es*** Zirkel *m*; **3.** 'Umkreis *m*, 'Umfang *m*, Ausdehnung *f* (*a. fig.*): ***within the*** ~ ***of*** innerhalb; ***it is beyond my*** ~ es geht über m-n Horizont; **4.** Bereich *m*, Gebiet *n*; **5.** ♪ 'Umfang *m* (*Stimme etc.*); **6.** Grenzen *pl.*, Schranken *pl.*: ***to keep within*** ~ in Schranken halten; **II** *v/t.* **7.** erreichen, zu'stande bringen; **8.** planen; *b.s.* anzetteln; **9.** → ***encompass***; ~ **bear·ing** *s.* ⚓ Kompaßpeilung *f*; ~ **box** *s.* ⚓ Kompaßgehäuse *n*; ~ **card** *s.* ⚓ Kompaßscheibe *f*, Windrose *f*.

com·pas·sion [kəm'pæʃn] *s.* Mitleid *n*, Erbarmen *n* (***for*** mit): ***to have*** (*od.* ***take***) ~ (***on***) Mitleid haben (mit), sich erbarmen (*gen.*); **com'pas·sion·ate** [-ʃənət] *adj.* □ mitleidsvoll: ~ ***allowance*** (gesetzlich nicht verankerte Beihilfe als) Härteausgleich *m*; ~ ***leave*** ⚔ Sonderurlaub *m* aus familiären Gründen.

com·pass| nee·dle *s.* Kompaßnadel *f*; ~ **plane** *s.* ⚙ Rundhobel *m*; ~ **rose** *s.* ⚓ Windrose *f*; ~ **saw** *s.* Stichsäge *f*; ~ **win·dow** *s.* △ Rundbogenfenster *n*.

com·pat·i·bil·i·ty [kəmˌpætə'bɪlətɪ] *s.* **1.** Vereinbarkeit *f*; **2.** Verträglichkeit *f*; **3.** *Nachrichtentechnik*: Kompatibili'tät *f*; **com·pat·i·ble** [kəm'pætəbl] *adj.* □ **1.** (mitein'ander) vereinbar, im Einklang (***with*** mit); **2.** angemessen (***with*** *dat.*); **3.** ⚕ verträglich; **4.** *Nachrichtentechnik*: kompa'tibel.

com·pa·tri·ot [kəm'pætrɪət] *s.* Landsmann *m*, -männin *f*.

com·peer [kɒm'pɪə] *s.* **1.** Standesgenosse *m*; Gleichgestellte(r *m*) *f*: ***have no*** ~ nicht seinesgleichen haben; **2.** Kame'rad(in).

com·pel [kəm'pel] *v/t.* **1.** zwingen, nötigen; **2.** *et.* erzwingen; *a. Bewunderung etc.* abnötigen (***from s.o.*** j-m); **3.** ~ ***s.o. to s.th.*** j-m et. aufzwingen; **com'pel·ling** [-lɪŋ] *adj.* **1.** zwingend, stark; **2.** 'unwiderˌstehlich; verlockend.

com·pen·di·ous [kəm'pendɪəs] *adj.* □ kurz(gefaßt), gedrängt; **com'pen-**

di·um [-əm] *pl.* **-ums**, **-a** [-ə] *s.* **1.** Kom'pendium *n*, Handbuch *n*; **2.** Zs.-fassung *f*, Abriß *m*.

com·pen·sate ['kɒmpenseɪt] **I** *v/t.* **1.** *j-n* entschädigen (***for*** für, ***by*** durch), *Am. a.* bezahlen, entlohnen; **2.** *et.* ersetzen, vergüten (***to s.o.*** j-m); **3.** aufwiegen, ausgleichen (*a.* ⚙), *bsd. psych. u.* ⚙ kompensieren; **II** *v/i.* **4.** (***for***) ersetzen (*acc.*); Ersatz leisten (für); wettmachen (*acc.*); **5.** ***~ for*** → 3; **6.** sich ausgleichen *od.* aufheben; **com·pen·sa·tion** [ˌkɒmpen'seɪʃn] *s.* **1.** Entschädigung *f*, (Schaden)Ersatz *m*; **2.** *Am.* Vergütung *f*, Entgelt *n*; **3.** Belohnung *f*; **4.** *pl.* Vorteile *pl.*; **5.** ⚖ Abfindung *f*; Aufrechnung *f*; **6.** ⚗, ϟ, ⚙, *psych.* Kompensati'on *f*; **com·pen·sa·tive** [kəm'pensətɪv] *adj.* **1.** entschädigend, Entschädigungs...; vergütend; **2.** Ersatz...; **3.** kompensierend, ausgleichend; **'com·pen·sa·tor** [-tə] *s.* ⚙ Kompen'sator *m*, Ausgleichsvorrichtung *f*; **com·pen·sa·to·ry** [kəm'pensətərɪ] → ***compensative***.

com·père ['kɒmpeə] (*Fr.*) *bsd. Brit.* **I** *s.* Conférenci'er *m*, Ansager(in); **II** *v/t. u. v/i.* konferieren, ansagen (bei).

com·pete [kəm'pi:t] *v/i.* **1.** in Wettbewerb treten, sich (mit)bewerben (***for*** um); **2.** konkurrieren (*a.* ☤), wetteifern, sich messen (***with*** mit); sich behaupten; **3.** *sport* am Wettkampf teilnehmen; kämpfen (***for*** um).

com·pe·tence ['kɒmpɪtəns], **'com·pe·ten·cy** [-sɪ] *s.* **1.** (***for***) Befähigung *f* (zu), Tauglichkeit *f* (für); **2.** ⚖ a) Kompe'tenz *f*, Zuständigkeit *f*, Befugnis *f*, b) Zurechnungsfähigkeit *f*; **3.** Auskommen *n*; **'com·pe·tent** [-nt] *adj.* □ **1.** (leistungs)fähig, tüchtig; fachkundig, qualifiziert; **2.** ausreichend, angemessen; **3.** ⚖ a) zuständig, befugt, b) zulässig (*Zeuge*), c) zurechnungs-, geschäftsfähig; **4.** statthaft.

com·pe·ti·tion [ˌkɒmpɪ'tɪʃn] *s.* **1.** Wettbewerb *m*, -kampf *m* (***for*** um), *sport a.* Ver'anstaltung *f*, Konkur'renz *f*; **2.** ☤ Konkur'renz *f*: a) Wettbewerb *m*: ***open*** (***unfair***) ***~*** freier (unlauterer) Wettbewerb, b) Konkur'renzkampf *m*, c) Konkur'renzfirmen *pl.*; **3.** Preisausschreiben *n*; **4.** Gegner *pl.*, Ri'valen *pl.*, Konkur'renz *f*; **com·pet·i·tive** [kəm'petətɪv] *adj.* □ **1.** konkurrierend, Konkurrenz..., Wettbewerbs...: ***~ capacity*** ☤ Konkurrenzfähigkeit *f*; ***~ sport(s)*** Kampfsport *m*; **2.** konkur'renz-, wettbewerbsfähig (*Preise etc.*); **com·pet·i·tive·ness** [kəm'petətɪvnɪs] *s.* ☤ Konkur'renz-, Wettbewerbsfähigkeit *f*;

com·pet·i·tor [kəm'petɪtə] *s.* **1.** Mitbewerber(in) (***for*** um); **2.** ☤ Konkur'rent(in); **3.** *sport* Teilnehmer(in), Ri'vale *m*, Ri'valin *f*.

com·pi·la·tion [ˌkɒmpɪ'leɪʃn] *s.* Kompilati'on *f*: a) Zs.-stellung *f*, b) Sammelwerk *n* (*Buch*); **com·pile** [kəm'paɪl] *v/t.* **1.** zs.-stellen, kompilieren; **2.** *Material* zs.-tragen; **com·pil·er** [kəm'paɪlə] *s.* **1.** Bearbeiter(in), Verfasser(in); **2.** *Computer*: Com'piler *m*.

com·pla·cence [kəm'pleɪsns], **com'pla·cen·cy** [-sɪ] *s.* 'Selbstzuˌfriedenheit *f*, -gefälligkeit *f*; **com'pla·cent** [-nt] *adj.* □ 'selbstzuˌfrieden, -gefällig.

com·plain [kəm'pleɪn] *v/i.* **1.** sich beklagen, sich beschweren (***of***, ***about*** über *acc.*, ***to*** bei, ***that*** daß); **2.** klagen (***of*** über *acc.*); **3.** ☤ reklamieren: ***~ about*** *a. et.* beanstanden; **4.** ⚖ a) klagen, b) (Straf)Anzeige erstatten (***of*** gegen); **com'plain·ant** [-nənt] *s.* ⚖ Kläger(in); Beschwerdeführer *m*; **com'plaint** [-nt] *s.* **1.** Klage *f*, Beschwerde *f*, Beanstandung *f*: ***make a ~ about*** Klage führen über (*acc.*); **2.** ⚖ Klage *f*, *a.* Strafanzeige *f*; **3.** ☤ Reklamati'on *f*, Beanstandung *f*; **4.** ⚕ Beschwerde *f*, Leiden *n*.

com·plai·sance [kəm'pleɪzəns] *s.* Gefälligkeit *f*, Willfährigkeit *f*, Höflichkeit *f*; **com'plai·sant** [-nt] *adj.* □ gefällig, entgegenkommend.

com·ple·ment **I** *v/t.* ['kɒmplɪment] **1.** ergänzen, ver'vollständigen: ***~ each other*** sich (gegenseitig) ergänzen; **II** *s.* [-mənt] **2.** Ergänzung *f*, Ver'vollständigung *f*; **3.** 'Vollständigkeit *f*, -zähligkeit *f*; **4.** *a.* ***full ~*** volle Anzahl *od.* Menge; ⚓ volle Besatzung; **5.** *ling.* Ergänzung *f*; **6.** 🎨 Komple'ment *n*; **com·ple·men·tal** [ˌkɒmplɪ'mentl] *adj.* □, **com·ple·men·ta·ry** [ˌkɒmplɪ'mentərɪ] *adj.* Ergänzungs..., Komplementär... (*a.* 🎨, *Farben*); (sich) ergänzend.

com·plete [kəm'pli:t] **I** *adj.* □ **1.** 'vollständig, voll'kommen, völlig, ganz, kom'plett: ***~ with ...*** samt (*dat.*), ... eingeschlossen; **2.** 'vollzählig, sämtlich; **3.** beendet, fertig; **4.** völlig: ***a ~ surprise***; **5.** *obs.* per'fekt; **II** *v/t.* **6.** ver'vollständigen, ergänzen; **7.** beenden, abschließen, fertigstellen, erledigen; **8.** voll'enden, ver'vollkommnen; *Formular* ausfüllen; **com'plete·ly** [-lɪ] *adv.*: ***~ automatic*** vollautomatisch; **com'plete·ness** [-nɪs] *s.* 'Vollständigkeit *f*, Voll'kommenheit *f*; **com'ple·tion** [-i:ʃn] *s.* **1.** Voll'endung *f*, Fertigstellung *f*, Abschluß *m*, Ablauf *m*: (***up***)***on ~ of*** nach Vollendung *od.* Ablauf von *od. gen.*; ***bring to ~*** zum Abschluß bringen, fertigstellen; ***~ date*** Fertigstellungstermin *m*; **2.** Ver'vollständigung *f*; **3.** (Vertrags- *etc.*)Erfüllung *f*; **4.** Ausfüllung *f* (*e-s Formulars*).

com·plex ['kɒmpleks] **I** *adj.* □ **1.** zs.-gesetzt (*a. ling.*); **2.** kompliziert, verwickelt; **II** *s.* **3.** Kom'plex *m* (*a. psych.*), Gesamtheit *f*, *das* Ganze; **4.** (Ge'bäude- *etc.*)Komˌplex *m*; **5.** ⚗ Kom'plexverbindung *f*; **com·plex·ion** [kəm'plekʃn] *s.* **1.** Gesichtsfarbe *f*, Teint *m*; **2.** *fig.* Aussehen *n*, Anstrich *m*, Cha'rakter *m*: ***that puts a different ~ on it*** das gibt der Sache ein (ganz) anderes Gesicht; **3.** *fig.* Cou'leur *f*, (po'litische) Richtung; **com·plex·i·ty** [kəm'pleksɪtɪ] *s.* **1.** Komplexi'tät *f* (*a.* ✗), Kompliziertheit *f*, Vielschichtigkeit *f*; **2.** *et.* Kom'plexes.

com·pli·ance [kəm'plaɪəns] *s.* **1.** Einwilligung *f*, Erfüllung *f*; Befolgung *f* (***with*** *gen.*): ***in ~ with*** gemäß; **2.** Willfährigkeit *f*; **com'pli·ant** [-nt] *adj.* □ willfährig.

com·pli·ca·cy ['kɒmplɪkəsɪ] *s.* Kompliziertheit *f*; **com·pli·cate** ['kɒmplɪkeɪt] *v/t.* komplizieren; **'com·pli·cat·ed** [-keɪtɪd] *adj.* kompliziert; **com·pli·ca·tion** [ˌkɒmplɪ'keɪʃn] *s.* **1.** Komplikati'on *f* (*a.* ⚕); **2.** Kompliziertheit *f*.

com·plic·i·ty [kəm'plɪsətɪ] *s.* Mitschuld *f*, Mittäterschaft *f*: ***look of ~*** komplizenhafter Blick.

com·pli·ment I *s.* ['kɒmplɪmənt] **1.** Kompli'ment *n*: ***pay s.o. a ~*** j-m ein Kompliment machen; → ***fish*** 8; **2.** Ehrenbezeigung *f*, Lob *n*: ***do s.o. the ~*** j-m die Ehre erweisen (***of*** zu *inf. od. gen.*); **3.** Empfehlung *f*, Gruß *m*: ***my best ~s*** m-e Empfehlung; ***with the ~s of the season*** mit den besten Wünschen zum Fest; **II** *v/t.* [-ment] **4.** (***on***) beglückwünschen (zu); *j-m* Kompli'mente machen (über *acc.*); **com·pli·men·ta·ry** [ˌkɒmplɪ'mentərɪ] *adj.* **1.** höflich, Höflichkeits...; schmeichelhaft: ***~ close*** Gruß-, Schlußformel *f* (*in Briefen*); **2.** Ehren...: ***~ ticket*** Ehren-, Freikarte *f*; ***~ dinner*** Festessen *n*; **3.** Frei..., Gratis...: ***~ copy*** Freiexemplar *n*; ***~ meals*** kostenlose Mahlzeiten.

com·plot ['kɒmplɒt] **I** *s.* Kom'plott *n*, Verschwörung *f*; **II** *v/i.* sich verschwören.

com·ply [kəm'plaɪ] *v/i.* (***with***) *e-r Bitte etc.* nachkommen *od.* entsprechen, erfüllen (*acc.*), *Regel etc.* befolgen, einhalten: ***he would not ~*** er wollte nicht einwilligen.

com·po ['kɒmpəʊ] (*abbr. für* ***composition***) *s.* Putz *m*, Gips *m*, Mörtel *m etc.*

com·po·nent [kəm'pəʊnənt] **I** *adj.* e-n Teil bildend, Teil...: ***~ part*** → **II** *s.* (Bestand)Teil *m*, ⚙ *a.* 'Baueleˌment *n*.

com·port [kəm'pɔːt] **I** *v/t.* ***~ o.s.*** sich betragen; **II** *v/i.* ***~ with*** passen zu.

com·pos ['kɒmpəs] → ***compos mentis***.

com·pose [kəm'pəʊz] **I** *v/t.* **1.** *mst pass.* zs.-setzen: ***be ~d of*** bestehen aus; **2.** bilden; **3.** entwerfen, ordnen, zurechtlegen; **4.** aufsetzen, verfassen; **5.** ♪ komponieren; **6.** *typ.* setzen; **7.** *Streit* schlichten; *s-e Gedanken* sammeln; **8.** besänftigen: ***~ o.s.*** sich beruhigen, sich fassen; **9.** ***~ o.s.*** sich anschicken (***to*** zu); **II** *v/i.* **10.** schriftstellern, dichten; **11.** komponieren; **com'posed** [-zd] *adj.*, **com'pos·ed·ly** [-zɪdlɪ] *adv.* ruhig, gelassen; **com'pos·ed·ness** [-zɪdnɪs] *s.* Gelassenheit *f*, Ruhe *f*; **com'pos·er** [-zə] *s.* **1.** ♪ Kompo'nist(in); **2.** Verfasser(in).

com·pos·ing [kəm'pəʊzɪŋ] *adj.* **1.** beruhigend, Beruhigungs...; **2.** *typ.* Setz...: ***~ machine***; ***~ room*** Setzerei *f*; ***~ stick*** Winkelhaken *m*.

com·pos·ite ['kɒmpəzɪt] **I** *adj.* □ **1.** zs.-gesetzt (*a.* ✗), gemischt; vielfältig; Misch...: ***~ construction*** ⚠ Gemischtbauweise *f*; ***~ metal*** Verbundmetall *n*; **2.** ⚘ Korbblütler...; **II** *s.* **3.** Zs.-setzung *f*, Mischung *f*; **4.** ⚘ Korbblütler *m*; ***~ pho·to·graph*** *s.* 'Fotomonˌtage *f*.

com·po·si·tion [ˌkɒmpə'zɪʃn] *s.* **1.** Zs.-setzung *f* (*a. ling.*), Bildung *f*; **2.** Abfassung *f*, Entwurf *m*, Anordnung *f*, Gestaltung *f*, Aufbau *m*; **3.** Satzbau *m*; Stilübung *f*, Aufsatz *m*, *a.* Über'setzung *f*: ***English ~***; **4.** Schrift(werk *n*) *f*, Dichtung *f*; **5.** ♪ Kompositi'on *f*, Mu'sikstück *n*; **6.** *typ.* Setzen *n*, Satz *m*; **7.** *a.* ⚙, ⚗ Zs.-setzung *f*, Verbindung *f*, 'Mischmateriˌal *n*; **8.** Über'einkunft *f*, Abkommen *n*; **9.** ⚖, ✝ Vergleich *m mit Gläubigern*: ***~ proceedings*** (Konkurs)Vergleichsverfahren *n*; **10.** Wesen *n*, Na'tur *f*, Anlage *f*; **com·pos·i·tor** [kəm'pɒzɪtə] *s. typ.* (Schrift)Setzer *m*.

com·pos men·tis [ˌkɒmpəs'mentɪs] (*Lat.*) *adj.* ⚖ bei klarem Verstand, geschäftsfähig.

com·post ['kɒmpɒst] **I** *s.* Mischdünger *m*, Kom'post *m*; **II** *v/t.* kompostieren.

com·po·sure [kəm'pəʊʒə] *s.* (Gemüts-) Ruhe *f*, Gelassenheit *f*, Fassung *f*.

com·pote ['kɒmpɒt] *s.* **1.** Kom'pott *n*; **2.** Kom'pottschale *f*.

com·pound¹ ['kɒmpaʊnd] *s.* **1.** Lager *n*; **2.** Gefängnishof *m*; **3.** (Tier)Gehege *n*.

com·pound² [kəm'paʊnd] **I** *v/t.* **1.** mischen, mengen; zs.-setzen, vereinigen, verbinden; **2.** (zu)bereiten, herstellen; **3.** in Güte *od.* durch Vergleich beilegen; erledigen; **4.** ⚖, ✝ a) in Raten abzahlen, b) durch einmalige Zahlung regeln: **~ *creditors*** Gläubiger befriedigen; **5.** gegen Schadloshaltung auf Strafverfolgung (*gen.*) verzichten; **6.** verschlimmern, steigern; **II** *v/i.* **7.** *a.* ⚖, ✝ sich (durch Abfindung) einigen *od.* vergleichen (***with*** mit, ***for*** über *acc.*); **III** *s.* ['kɒmpaʊnd] **8.** Zs.-setzung *f*, Mischung *f*; Masse *f*; Präpa'rat *n*; **9.** ⚗ Verbindung *f*; **10.** *ling.* Kom'positum *n*; **IV** *adj.* ['kɒmpaʊnd] **11.** zs.-gesetzt (*a.* ⚘, ⚕, *ling.*); ⚡, ⚙ Verbund...(*-dynamo, -motor, -stahl etc.*): **~ *eye*** *zo.* Netz-, Facettenauge *n*; **~ *fracture*** ⚕ komplizierter Bruch; **~ *fruit*** ⚘ Sammelfrucht *f*; **~ *interest*** Staffel-, Zinseszinsen *pl.*; **~ *sentence*** *ling.* zs.-gesetzter Satz.

com·pre·hend [ˌkɒmprɪ'hend] *v/t.* **1.** um'fassen, einschließen; **2.** begreifen, verstehen; **ˌcom·pre'hen·si·ble** [-nsəbl] *adj.* begreiflich, verständlich; **ˌcom·pre'hen·sion** [-nʃən] *s.* **1.** 'Umfang *m*; **2.** Einbeziehung *f*; **3.** Begriffsvermögen *n*; Verstand *m*; Verständnis *n*, Einsicht *f*: ***quick*** (***slow***) ***of*** **~** schnell (schwer) von Begriff; **4.** *bsd. eccl.* Duldung *f* (*anderer Ansichten*); **ˌcom·pre'hen·sive** [-nsɪv] **I** *adj.* □ **1.** um'fassend; inhaltsreich: (***fully***) **~ *insurance*** *mot.* Vollkaskoversicherung *f*; **~ *school*** Gesamtschule *f*; ***go*** **~** F a) die Gesamtschule einführen, b) in e-e Gesamtschule umgewandelt werden; **2.** verstehend: **~ *faculty*** Begriffsvermögen *n*; **II** *s.* **3.** *Brit.* Gesamtschule *f*; **ˌcom·pre'hen·sive·ness** [-nsɪvnɪs] *s.* 'Umfang *m*, Weite *f*; Reichhaltigkeit *f*; *das* Um'fassende.

com·press I *v/t.* [kəm'pres] zs.-drükken, -pressen, komprimieren; **II** *s.* ['kɒmpres] ⚕ Kom'presse *f*, 'Umschlag *m*; **com'pressed** [-st] *adj.* **1.** komprimiert, zs.-gepreßt: **~ *air*** Preß-, Druckluft *f*; **2.** *fig.* zs.-gefaßt, gedrängt, gekürzt; **com'press·i·ble** [-səbl] *adj.* komprimierbar; **com'pres·sion** [-eʃn] *s.* **1.** Zs.-pressen *n*, -drücken *n*; Verdichtung *f*, Druck *m*; **2.** *fig.* Zs.-drängung *f*; **3.** ⚙ Druck *m*, Kompressi'on *f*: **~ *mo(u)lding*** Formpressen *n*; **~-*mo(u)lded*** formgepreßt (*Plastik*); **com'pres·sive** [-sɪv] *adj.* zs.-pressend, Preß..., Druck...; **com'pres·sor** [-sə] *s.* **1.** ⚙ Kom'pressor *m*, Verdichter *m*; ✈ Lader *m*; **2.** *anat.* Schließmuskel *m*; **3.** ⚕ Druckverband *m*.

com·prise [kəm'praɪz] *v/t.* einschließen, um'fassen, enthalten, beinhalten.

com·pro·mise ['kɒmprəmaɪz] **I** *s.* **1.** Kompro'miß *m*, (gütlicher) Vergleich; Über'einkunft *f*; **II** *v/t.* **2.** durch Kompro'miß regeln; **3.** gefährden, aufs Spiel setzen; beeinträchtigen; **4.** (*a.* ***o.s.*** sich) bloßstellen *od.* kompromittieren; **III** *v/i.* **5.** e-n Kompro'miß schließen, zu e-r Über'einkunft gelangen (***on*** über *acc.*).

comp·trol·ler [kən'trəʊlə] *s.* (staatlicher) Rechnungsprüfer: ♀ ***General*** *Am.* Präsident *m* des Rechnungshofes.

com·pul·sion [kəm'pʌlʃn] *s.* Zwang *m* (*a. psych.*): ***under*** **~** unter Zwang *od.* Druck, gezwungen; **com'pul·sive** [-lsɪv] *adj.* □ zwingend, (*a. psych.*) Zwangs...; **com'pul·so·ry** [-lsərɪ] *adj.* □ obliga'torisch, zwangsmäßig, Zwangs...; bindend; Pflicht...: **~ *auction*** ⚖ Zwangsversteigerung *f*; **~ *education*** allgemeine Schulpflicht; **~ *insurance*** Pflichtversicherung *f*; **~ *military service*** allgemeine Wehrpflicht; **~ *purchase*** ⚖ Enteignung *f*; **~ *subject*** *ped.* Pflichtfach *n*.

com·punc·tion [kəm'pʌŋkʃn] *s.* a) Gewissensbisse *pl.*, b) Reue *f*, c) Bedenken *pl.*: ***without*** **~**.

com·put·a·ble [kəm'pju:təbl] *adj.* berechenbar; **com·pu·ta·tion** [ˌkɒmpju:'teɪʃn] *s.* Berechnung *f*, 'Überschlag *m*, Schätzung *f*; **com·pute** [kəm'pju:t] **I** *v/t.* berechnen, schätzen, veranschlagen (***at*** auf *acc.*); **II** *v/i.* rechnen; **com'put·er** [-tə] *s.* **1.** (Be)Rechner *m*; **2.** ⚡ Com'puter *m*: **~ *centre*** (*Am.* ***center***) Rechenzentrum *n*; **~ *science*** Informatik *f*; **~-*aided*** computergestützt; **~-*control(l)ed*** computergesteuert; **com'put·er·ize** [-təraɪz] *v/t.* a) auf Com'puter 'umstellen, b) mit Com'putern betreiben.

com·rade ['kɒmrɪd] *s.* **1.** Kame'rad *m*, Genosse *m*, Gefährte *m*: **~-*in-arms*** Waffenbruder *m*; **2.** *pol.* Genosse *m*; **'com·rade·ly** [-lɪ] *adj.* kame'radschaftlich; **'com·rade·ship** [-ʃɪp] *s.* Kame'radschaft *f*.

com·sat ['kɒmsæt] → ***communications satellite***.

con¹ [kɒn] *v/t.* (auswendig) lernen, sich (*dat.*) *et.* einprägen.

con² → ***conn***.

con³ [kɒn] **I** *s.* **1.** Neinstimme *f*; **2.** 'Gegenarguˌment *n*; → ***pro¹*** I; **II** *adv.* (da-)

ˈgegen.

con⁴ [kɒn] *sl.* **I** *adj.* **1.** betrügerisch: ***~ game*** → ***confidence game***; ***~ man*** → 3; **II** *v/t.* **2.** ‚reinlegen': ***~ s.o. out of*** j-n betrügen um; ***~ s.o. into doing s.th.*** j-n (durch Schwindel) dazu bringen, et. zu tun; **III** *s.* **3.** Betrüger *m*; Hochstapler *m*; Gaˈnove *m*; **4.** Sträfling *m*.

con·cat·e·nate [kɒnˈkætɪneɪt] *v/t.* verketten, verknüpfen; **con·cat·e·na·tion** [kɒnˌkætɪˈneɪʃn] *s.* **1.** Verkettung *f*; **2.** Kette *f*.

con·cave [ˌkɒnˈkeɪv] **I** *adj.* □ **1.** konˈkav, hohl, ausgehöhlt; **2.** ⚙ hohlgeschliffen, Hohl...: ***~ lens*** Zerstreuungslinse *f*; ***~ mirror*** Hohlspiegel *m*; **II** *s.* **3.** (Aus)Höhlung *f*, Wölbung *f*; **con·cav·i·ty** [kɒnˈkævətɪ] → ***concave*** 3.

con·ceal [kənˈsiːl] *v/t.* (***from*** vor *dat.*) verbergen: a) (*a.* ⚙) verdecken, kaschieren, b) verhehlen, verschweigen, verheimlichen, *a.* ⚔ verschleiern, tarnen, c) verstecken: ***~ed assets*** ✝ verschleierte Vermögenswerte, *Bilanz*: unsichtbare Aktiva; **conˈceal·ment** [-mənt] *s.* **1.** Verbergung *f*, Verheimlichung *f*, Geheimhaltung *f*; **2.** Verborgenheit *f*; **3.** Versteck *n*.

con·cede [kənˈsiːd] **I** *v/t.* **1.** zugestehen, einräumen, zugeben, anerkennen (*a.* ***that*** daß); **2.** gewähren, einräumen: ***~ a point*** a) in e-m Punkt nachgeben, b) (***to***) *sport dem Gegner* e-n Punkt abgeben; ***~ a goal*** ein Tor zulassen; **II** *v/i.* **3.** *sport, pol.* F sich geschlagen geben; **conˈced·ed·ly** [-dɪdlɪ] *adv.* zugestandenermaßen.

con·ceit [kənˈsiːt] *s.* **1.** Eingebildetheit *f*, Einbildung *f*, (Eigen)Dünkel *m*: ***in my own ~*** nach m-r Ansicht; ***out of ~ with*** überdrüssig (*gen.*); **2.** *obs.* guter *od.* seltsamer Einfall; **conˈceit·ed** [-tɪd] *adj.* □ eingebildet, dünkelhaft, eitel.

con·ceiv·a·ble [kənˈsiːvəbl] *adj.* □ denkbar, erdenklich, begreiflich, vorstellbar: ***the best plan ~*** der denkbar beste Plan; **conˈceiv·a·bly** [-blɪ] *adv.* es ist denkbar, daß; **con·ceive** [kənˈsiːv] **I** *v/t.* **1.** *biol. Kind* empfangen; **2.** begreifen; sich denken *od.* vorstellen: ***~ an idea*** auf e-n Gedanken kommen; **3.** er-, ausdenken, ersinnen; **4.** *in Worten* ausdrücken; **5.** *Wunsch* hegen, *(Ab)Neigung* fassen, entwikkeln; **II** *v/i.* **6.** (***of***) sich *et.* vorstellen; **7.** empfangen (*schwanger werden*); *zo.* aufnehmen (*trächtig werden*).

con·cen·trate [ˈkɒnsəntreɪt] **I** *v/t.* **1.** konzentrieren (***on***, ***upon*** auf *acc.*): a) zs.-ziehen, -ballen, massieren, b) *Gedanken etc.* richten; **2.** *fig.* zs.-fassen (***in*** in *dat.*); **3.** ⚗ a) sättigen, konzentrieren, b) verstärken, *bsd. Metall* anreichern; **II** *v/i.* **4.** sich konzentrieren (*etc.*; → 1); **5.** sich *an e-m Punkt* sammeln; **III** *s.* **6.** ⚗ Konzenˈtrat *n*; **ˈcon·cen·trat·ed** [-tɪd] *adj.* konzentriert; **con·cen·tra·tion** [ˌkɒnsənˈtreɪʃn] *s.* **1.** Konzentrierung *f*, Konzentratiˈon *f*: a) Zs.-ziehung *f*, -fassung *f*, (Zs.-)Ballung *f*, Massierung *f*, (An)Sammlung *f* (*alle a.* ⚔): ***~ camp*** Konzentrationslager *n*, b) Hinlenkung *f* auf ˈeinen Punkt, c) (geistige) Sammlung, gespannte Aufmerksamkeit; **2.** ⚗ Konzentratiˈon *f*, Dichte *f*, Sättigung *f*.

con·cen·tric [kɒnˈsentrɪk] *adj.* (□ ***~al·ly***) konˈzentrisch.

con·cept [ˈkɒnsept] *s.* **1.** Begriff *m*; **2.** Gedanke *m*, Auffassung *f*, Konzeptiˈon *f*; **con·cep·tion** [kənˈsepʃn] *s.* **1.** *biol.* Empfängnis *f*; **2.** Begriffsvermögen *n*, Verstand *m*; **3.** Begriff *m*, Auffassung *f*, Vorstellung *f*: ***no ~ of ...*** keine Ahnung von ...; **4.** Gedanke *m*, Iˈdee *f*; **5.** Plan *m*, Anlage *f*, Konˈzept *n*, Entwurf *m*; Schöpfung *f*; **con·cep·tion·al** [kənˈsepʃənl] *adj.* begrifflich, abˈstrakt; **con·cep·tive** [kənˈseptɪv] *adj.* **1.** begreifend, Begriffs...; **2.** ⚕ empfängnisfähig; **con·cep·tu·al** [kənˈseptjʊəl] → ***conceptive*** 1.

con·cern [kənˈsɜːn] **I** *v/t.* **1.** betreffen, angehen; interessieren, von Belang sein für: ***it does not ~ me*** *od.* ***I am not ~ed*** es geht mich nichts an; ***to whom it may ~*** an alle, die es angeht; Bescheinigung (*Überschrift auf Urkunden*); ***his hono(u)r is ~ed*** es geht um s-e Ehre; → ***concerned*** 1; **2.** beunruhigen: ***don't let that ~ you*** mache dir deswegen keine Sorgen!; → ***concerned*** 4; **3.** ***~ o.s.*** (***with***, ***about***) sich beschäftigen *od.* befassen (mit); sich kümmern (um); **II** *s.* **4.** Angelegenheit *f*, Sache *f*: ***that is no ~ of mine*** das ist nicht meine Sache, das geht mich nichts an; **5.** ✝ Geschäft *n*, Unterˈnehmen *n*, Betrieb *m*; → ***going*** 4; **6.** Beziehung *f*: ***have no ~ with*** nichts zu tun haben mit; **7.** Interˈesse *n* (***for*** für, ***in*** an *dat.*); **8.** Wichtigkeit *f*, Bedeutung *f*; **9.** Unruhe *f*, Sorge *f*; Bedenken *pl.* (***at***, ***about***, ***for*** um, wegen); **10.** F Ding *n*, Geschichte *f*; **conˈcerned** [-nd] *adj.* □ **1.** betroffen, berührt; **2.** (***in***) beteiligt, interessiert (an *dat.*); verwickelt (in *acc.*): ***the parties ~*** die Beteiligten; **3.** (***with***, ***in***) beschäftigt (mit); handelnd (von);

4. besorgt (***about***, ***at***, ***for*** um, ***that*** daß), *a.* (po'litisch *od.* sozi'al) engagiert; **5.** betrübt, sorgenvoll; **con'cern·ing** [-nɪŋ] *prp.* betreffend, betreffs, hinsichtlich (*gen.*), was ... betrifft, über (*acc.*), wegen.

con·cert I *s.* ['kɒnsət] **1.** ♪ Kon'zert *n*: ~ ***hall*** Konzertsaal *m*; ~ ***pitch*** Kammerton *m*; ***at ~ pitch*** *fig.* in Höchstform; ***screw o.s. up to ~ pitch*** *fig.* sich enorm steigern; ***up to ~ pitch*** *fig.* auf der Höhe, in Form; **2.** [-sɜːt] Einvernehmen *n*, Über'einstimmung *f*, Harmo'nie *f*: ***in ~ with*** im Einvernehmen *od.* gemeinsam mit; ***2 of Europe*** *pol. hist.* Europäisches Konzert; **II** *v/t.* [kən'sɜːt] **3.** *et.* verabreden, vereinbaren; *Kräfte etc.* vereinigen; **4.** planen; **III** *v/i.* [kən'sɜːt] **5.** zs.-arbeiten; **con·cert·ed** [kən'sɜːtɪd] *adj.* **1.** gemeinsam, gemeinschaftlich: ~ ***action*** gemeinsames Vorgehen, konzertierte Aktion; **2.** ♪ mehrstimmig arrangiert.

'con·cert|ˌ**go·er** *s.* Kon'zertbesucher *m*; ~ **grand** *s.* Kon'zertflügel *m.*

con·cer·ti·na [ˌkɒnsə'tiːnə] *s.* Konzer'tina *f* (*Ziehharmonika*): ~ ***door*** Falttür *f*;

con·cer·to [kən'tʃeətəʊ] *pl.* **-tos** *s.* ♪ ('Solo)Konˌzert *n.*

con·ces·sion [kən'seʃn] *s.* **1.** Zugeständnis *n*, Entgegenkommen *n*; **2.** Genehmigung *f*, Erlaubnis *f*, Gewährung *f*; **3.** amtliche *od.* staatliche Konzessi'on, Privi'leg *n*: a) Genehmigung *f*: ***mining ~*** Bergwerkskonzession, b) *Am.* Gewerbeerlaubnis *f*, c) über'lassenes Siedlungs- *od.* Ausbeutungsgebiet; **con·ces·sion·aire** [kənˌseʃə'neə] *s.* ✝ Konzessi'onsinhaber *m*; **con'ces·sion·ar·y** [-ʃnərɪ] *adj.* Konzessions...; bewilligt; **con'ces·sive** [-esɪv] *adj.* **1.** einräumend; **2.** *ling.* ~ ***clause*** Konzes'sivsatz *m.*

conch [kɒŋk] *s. zo.* (Schale *f* der) See- *od.* Schneckenmuschel *f*; **con·cha** ['kɒŋkə] *pl.* **-chae** [-kiː] *s.* **1.** *anat.* Ohrmuschel *f*; **2.** ⚠ Kuppeldach *n.*

con·chy ['kɒntʃɪ] *s. Brit. sl.* Kriegs-, Wehrdienstverweigerer *m* (*von* ***conscientious objector***).

con·cil·i·ate [kən'sɪlɪeɪt] *v/t.* **1.** aus-, versöhnen; beschwichtigen; **2.** *Gunst etc.* gewinnen; **3.** ausgleichen; in Einklang bringen; **con·cil·i·a·tion** [kənˌsɪlɪ'eɪʃn] *s.* **1.** Versöhnung *f*, Schlichtung *f*: ~ ***board*** Schlichtungsausschuß *m*; **2.** Ausgleich *m*: ***debt ~*** Schuldenausgleich; **con'cil·i·a·tor** [-tə] *s.* Vermittler *m*, Schlichter *m*; **con'cil·i·a·to·ry** [-ɪətərɪ] *adj.* versöhnlich, vermittelnd, Versöhnungs...

con·cin·ni·ty [kən'sɪnətɪ] *s.* Feinheit *f*, Ele'ganz *f* (*Stil*).

con·cise [kən'saɪs] *adj.* □ kurz, gedrängt, knapp, prä'gnant: ~ ***dictionary*** Handwörterbuch *n*; **con'cise·ness** [-nɪs] *s.* Kürze *f*, Prä'gnanz *f.*

con·clave ['kɒnkleɪv] *s.* **1.** *R.C.* Kon'klave *n*; **2.** geheime Sitzung.

con·clude [kən'kluːd] **I** *v/t.* **1.** beenden, zu Ende führen; (be-, ab)schließen: ***to be ~d*** Schluß folgt; ***he ~d by saying*** zum Schluß sagte er (noch); **2.** *Vertrag etc.* (ab)schließen; **3.** schließen, folgern (***from*** aus); **4.** beschließen, entscheiden; **II** *v/i.* **5.** schließen, enden, aufhören (***with*** mit); **con'clud·ing** [-dɪŋ] *adj.* (ab)schließend, End..., Schluß...; **con'clu·sion** [-uːʒn] *s.* **1.** (Ab)Schluß *m*, Ende *n*: ***bring to a ~*** zum Abschluß bringen; ***in ~*** zum Schluß, schließlich; **2.** (*Vertrags- etc.*)Abschluß *m*: ~ ***of peace*** Friedensschluß *m*; **3.** Schluß *m*, (Schluß)Folgerung *f*: ***come to the ~*** zu dem Schluß *od.* der Überzeugung kommen; ***draw a ~*** e-n Schluß ziehen; ***jump*** *od.* ***rush to ~s*** voreilige Schlüsse ziehen; **4.** Beschluß *m*, Entscheidung *f*; **5.** Ausgang *m*, Folge *f*, Ergebnis *n*; **6.** ***try ~s with*** sich *od.* s-e Kräfte messen mit; **con'clu·sive** [-uːsɪv] *adj.* □ schlüssig, endgültig, entscheidend, über'zeugend, maßgebend: ~ ***evidence*** ⚖ schlüssiger Beweis; **con'clu·sive·ness** [-uːsɪvnɪs] *s.* Endgültigkeit *f*, Triftigkeit *f*; Schlüssigkeit *f*, Beweiskraft *f.*

con·coct [kən'kɒkt] *v/t.* zs.-brauen (*a. fig.*); *fig.* aushecken, sich ausdenken; **con'coc·tion** [-kʃn] *s.* **1.** (Zs.-)Brauen *n*, Bereiten *n*; **2.** Mischung *f*, Trank *m*; Gebräu *n*; **3.** *fig.* Aushecken *n*, Ausbrüten *n*; **4.** *fig.* Gebräu *n*; Erfindung *f*: ~ ***of lies*** Lügengewebe *n.*

con·com·i·tance [kən'kɒmɪtəns], **con'com·i·tan·cy** [-sɪ] *s.* **1.** Zs.-bestehen *n*, Gleichzeitigkeit *f*; **2.** *eccl.* Konkomi'tanz *f*; **con'com·i·tant** [-nt] **I** *adj.* □ begleitend, Begleit..., gleichzeitig; **II** *s.* Begleiterscheinung *f*, -umstand *m.*

con·cord ['kɒŋkɔːd] *s.* **1.** Eintracht *f*, Einklang *m*; Über'einstimmung *f* (*a. ling.*); **2.** ♪ Zs.-klang *m*, Harmo'nie *f.*

con·cord·ance [kən'kɔːdəns] *s.* **1.** Über'einstimmung *f*; **2.** Konkor'danz *f*;

con·cord·ant [kən'kɔːdənt] *adj.* □ (***with***) über'einstimmend (mit), entsprechend (*dat.*); har'monisch (*a.* ♪);

con·cor·dat [kɒn'kɔːdæt] *s. eccl.* Konkor'dat *n.*

con·course ['kɒŋkɔːs] *s.* **1.** Zs.-treffen

n; **2.** Ansammlung *f*, Auflauf *m*, Menge *f*; **3.** a) *Am.* Fahrweg *m od.* Prome'nadeplatz *m* (*im Park*), b) Bahnhofshalle *f*, c) freier Platz.

con·crete [kən'kriːt] **I** *v/t.* **1.** zu e-r festen Masse verbinden, zs.-ballen *od.* vereinigen; **2.** ['kɒnkriːt] ⚙ betonieren; **II** *v/i.* **3.** sich zu e-r festen Masse verbinden; **III** *adj.* □ ['kɒnkriːt] **4.** kon'kret (*a. ling.*, *phls.*, ♪ *etc.*), greifbar, wirklich, dinglich; **5.** fest, dicht, kom'pakt; **6.** ⩓ benannt; **7.** ⚙ betoniert, Beton...; **IV** *s.* ['kɒnkriːt] **8.** kon'kreter Begriff: ***in the ~*** im konkreten Sinne, in Wirklichkeit; **9.** ⚙ Be'ton *m*: ***~ jungle*** Betonwüste *f*; **con'cre·tion** [-iːʃn] *s.* **1.** Zs.-wachsen *n*, Verwachsung *f*; **2.** Festwerden *n*; Verhärtung *f*, feste Masse; **3.** Häufung *f*; **4.** ⚕ Absonderung *f*, Stein *m*, Knoten *m*; **con·cre·tize** ['kɒnkriːtaɪz] *v/t.* konkretisieren.

con·cu·bi·nage [kɒn'kjuːbɪnɪdʒ] *s.* Konkubi'nat *n*, wilde Ehe; **con·cu·bine** ['kɒŋkjʊbaɪn] *s.* **1.** Konku'bine *f*, Mä'tresse *f*; **2.** Nebenfrau *f*.

con·cu·pis·cence [kən'kjuːpɪsns] *s.* Begierde *f*, Lüsternheit *f*; **con'cu·pis·cent** [-nt] *adj.* lüstern.

con·cur [kən'kɜː] *v/i.* **1.** zs.-treffen, -fallen; **2.** mitwirken, beitragen (***to*** zu); **3.** (***with s.o.***, ***in s.th.***) über'einstimmen, gleicher Meinung sein (mit j-m, in e-r Sache), beipflichten (j-m, e-r Sache); **con'cur·rence** [-'kʌrəns] *s.* **1.** Zs.-treffen *n*; **2.** Mitwirkung *f*; **3.** Zustimmung *f*, Einverständnis *n*; **4.** ⩓ Schnittpunkt *m*; **con'cur·rent** [-'kʌrənt] **I** *adj.* □ **1.** gleichzeitig: ***~ condition*** ✝ Zug um Zug zu erfüllende Bedingung; ***~ sentence*** ⚖ gleichzeitige Verbüßung zweier Freiheitsstrafen; **2.** gemeinschaftlich; **3.** mitwirkend; **4.** über'einstimmend; **5.** ⩓ durch 'einen Punkt laufend; **II** *s.* **6.** Be'gleitˌumstand *m*.

con·cuss [kən'kʌs] *v/t. mst fig.* erschüttern; **con'cus·sion** [-ʌʃn] *s.* (*a.* ⚕ Gehirn)Erschütterung *f*: ***~ fuse*** ⚔ Aufschlagzünder *m*; ***~ spring*** ⚙ Stoßdämpfer *m*.

con·demn [kən'dem] *v/t.* **1.** verdammen, verurteilen, miß'billigen, tadeln: ***his looks ~ him*** sein Aussehen verrät ihn; **2.** ⚖ verurteilen (***to death*** zum Tode); *fig. a.* verdammen (***to*** zu): ***~ed cell*** Todeszelle *f*; → ***cost*** 4; **3.** ⚖ als verfallen erklären, beschlagnahmen; *Am.* (zu öffentlichen Zwecken) enteignen; **4.** verwerfen; für gebrauchsunfähig *od.* unbewohnbar *od.* gesundheitsschädlich *od.* seeuntüchtig erklären; *Schwerkranke* aufgeben: ***~ed building*** abbruchreifes Gebäude; **con'dem·na·ble** [-mnəbl] *adj.* verdammenswert, verwerflich, sträflich; **con·dem·na·tion** [ˌkɒndem'neɪʃn] *s.* **1.** Verurteilung *f* (*a.* ⚖), Verdammung *f*, 'Mißbilligung *f*; **2.** Verwerfung *f*; Untauglichkeitserklärung *f*; **3.** Beschlagnahme *f*; *Am.* Enteignung *f*; **con'dem·na·to·ry** [-mnətərɪ] *adj.* verurteilend; verdammend.

con·den·sa·ble [kən'densəbl] *adj. phys.* kondensierbar; **con·den·sa·tion** [ˌkɒnden'seɪʃn] *s.* **1.** *bsd. phys.* Verdichtung *f*, Kondensati'on *f* (*Gase etc.*); Konzentrati'on *f* (*Licht*); **2.** Zs.-drängung *f*, Anhäufung *f*; **3.** *fig.* Zs.-fassung *f*, (Ab-) Kürzung *f*; **con·dense** [kən'dens] **I** *v/t.* **1.** *bsd. phys. Gase etc.* verdichten, kondensieren, niederschlagen; eindicken: ***~d milk*** Kondensmilch *f*; **2.** *fig.* zs.-drängen, -fassen; zs.-streichen, kürzen; **II** *v/i.* **3.** sich verdichten; flüssig werden; **con·dens·er** [kən'densə] *s.* **1.** ⚡, ⚙, *phys.* Konden'sator *m*; **2.** Kühlrohr *n*.

con·dens·ing| coil [kən'densɪŋ] *s.* ⚙ Kühlschlange *f*; **~ lens** *s. opt.* Sammel-, Kondensati'onslinse *f*.

con·de·scend [ˌkɒndɪ'send] *v/i.* **1.** sich her'ablassen, geruhen (***to*** [*mst inf.*] zu [*mst inf.*]); **2.** *b.s.* sich (soweit) erniedrigen (***to do*** zu tun); **3.** leutselig sein (***to*** gegen); **ˌcon·de'scend·ing** [-dɪŋ] *adj.* □ her'ablassend, gönnerhaft; **ˌcon·de'scen·sion** [-nʃn] *s.* Her'ablassung *f*, gönnerhaftes Wesen.

con·dign [kən'daɪn] *adj.* □ gebührend, angemessen (*Strafe*).

con·di·ment ['kɒndɪmənt] *s.* Würze *f*, Gewürz *n*.

con·di·tion [kən'dɪʃn] **I** *s.* **1.** Bedingung *f*; Vor'aussetzung *f*: ***on ~ that*** unter der Bedingung, daß; vorausgesetzt, daß; ***on no ~*** unter keinen Umständen, keinesfalls; ***to make it a ~*** es zur Bedingung machen; **2.** ⚖, ✝ (*Vertrags- etc.*) Bedingung *f*, Bestimmung *f*; Vorbehalt *m*, Klausel *f*; **3.** Zustand *m*, Verfassung *f*, Beschaffenheit *f*; *sport* Kondi'tion *f*, Form *f*: ***out of ~*** in schlechter Verfassung; ***in good ~*** gut in Form (*Person*, *Pferd etc.*), in gutem Zustand (*Sachen*); **4.** (*a.* Fa'milien)Stand *m*, Stellung *f*, Rang *m*: ***change one's ~*** heiraten; **5.** *pl.* 'Umstände *pl.*, Verhältnisse *pl.*, Lage *f*: ***weather ~s*** Witterung *f*; ***working ~s*** Arbeitsbedingungen; **6.** *Am. ped.* (Gegenstand *m* der) Nachprüfung *f*; **II** *v/t.* **7.** bedingen, bestimmen; regeln, abhängig machen: → ***conditioned***; **8.** *fig.* formen, gestalten; **9.** gewöhnen (***to*** an *acc.*, zu *tun*); **10.** *Tiere* in Form bringen; *Sachen* herrichten, in'stand setzen; ⚙ konditionieren, in den *od.* e-n (*gewünschten*) Zustand bringen; *fig. j-n* programmieren (***to***, ***for*** auf *acc.*); **11.** ⚕ (*bsd. Textil*)*Waren* prüfen; **12.** *Am. ped.* e-e Nachprüfung auferlegen (*dat.*); **con'di·tion·al** [-ʃənl] **I** *adj.* □ **1.** (***on***) bedingt (durch), abhängig (von), eingeschränkt (durch); unverbindlich; ⚕ unter Eigentumsvorbehalt (*Verkauf*): ~ ***discharge*** ⚖ bedingte Entlassung; ***make ~ on*** abhängig machen von; **2.** *ling.* konditio'nal: ~ ***clause*** → 3 a; ~ ***mood*** → 3 b; **II** *s.* **3.** *ling.* a) Bedingungs-, Konditio'nalsatz *m*, b) Bedingungsform *f*, Konditio'nalis *m*, c) Be'dingungspar,tikel *f*; **con'di·tion·al·ly** [-nəlɪ] *adv.* bedingungsweise; **con'di·tioned** [-nd] *adj.* **1.** (***by***) bedingt (durch), abhängig (von): ~ ***reflex*** *psych.* bedingter Reflex; **2.** (so) beschaffen *od.* geartet; in … Verfassung.

con·do ['kɒndəʊ] *s. Am.* F Eigentumswohnung *f.*

con·do·la·to·ry [kən'dəʊlətərɪ] *adj.* Beileids…, Kondolenz…; **con·dole** [kən'dəʊl] *v/i.* Beileid bezeigen, kondolieren (***with s.o. on s.th.*** j-m zu et.); **con'do·lence** [-əns] *s.* Beileid *n*, Kondo'lenz *f.*

con·dom ['kɒndəm] *s.* Kon'dom *n*, *m*, Präserva'tiv *n.*

con·do·min·i·um [,kɒndə'mɪnɪəm] *s.* **1.** *pol.* Kondo'minium *n*; **2.** *Am.* a) Eigentumswohnanlage *f*, b) *a.* ~ ***apartment*** Eigentumswohnung *f.*

con·do·na·tion [,kɒndəʊ'neɪʃn] *s.* Verzeihung *f* (*bsd. ehelicher Untreue*); stillschweigende Duldung; **con·done** [kən'dəʊn] *v/t.* verzeihen.

con·dor ['kɒndɔ:] *s. orn.* 'Kondor *m.*

con·duce [kən'dju:s] *v/i.* (***to***) dienen, führen, beitragen (zu); förderlich sein (*dat.*); **con'du·cive** [-sɪv] *adj.* dienlich, förderlich (***to*** *dat.*).

con·duct I *v/t.* [kən'dʌkt] **1.** führen, (ge)leiten; → ***tour*** 1; **2.** (be)treiben, handhaben; führen, leiten, verwalten; **3.** *Feldzug*, *Krieg*, *Prozeß etc.* führen; **4.** ♪ dirigieren; **5.** ⚡, *phys.* leiten; **6.** ~ ***o.s.*** sich betragen *od.* benehmen, sich (auf)führen; **II** *s.* ['kɒndʌkt] **7.** Führung *f*, Leitung *f*, Verwaltung *f*; Handhabung *f*; **8.** *fig.* Führung *f*, Betragen *n*; Verhalten *n*, Haltung *f*: ~ ***sheet*** Strafregister(auszug *m*) *n*; **con'duct·ance** [-təns], **con·duct·i·bil·i·ty** [kən,dʌktɪ'bɪlətɪ] *s.* ⚡, *phys.* Leitfähigkeit *f*; **con'duct·i·ble** [-tɪbl] *adj.* ⚡, *phys.* leitfähig; **con'duct·ing** [-tɪŋ] *adj.* ⚡, *phys.* Leit…, Leitungs…: ~ ***wire*** Leitungsdraht *m*; **con'duc·tion** [-kʃn] *s. oft* ⚙, *phys.* Leitung *f*, (Zu)Führung *f*, Über'tragung *f*; **con'duc·tive** [-tɪv] *adj. phys.* leitend, leitfähig; **con·duc·tiv·i·ty** [,kɒndʌk'tɪvətɪ] *s.* ⚡, *phys.* Leitfähigkeit *f*; **con'duc·tor** [-tə] *s.* **1.** Führer *m*, Leiter *m*; **2.** ♪ Diri'gent *m*; **3.** (Bus- *etc.*)Schaffner *m*; *Am.* 🚆 Zugbegleiter *m*; **4.** ⚡, *phys.* Leiter *m*; Ader *f* (*Kabel*); *Am. a.* Blitzableiter *m*; **con'duc·tress** [-trɪs] *s.* Schaffnerin *f.*

con·duit ['kɒndɪt] *s.* **1.** Rohrleitung *f*, Röhre *f*; Ka'nal *m* (*a. fig.*); **2.** Leitung *f* (*a. fig.*); **3.** ⚡ a) Rohrkabel *n*, b) Isolierrohr *n* (*für Leitungsdrähte*); ~ ***pipe*** *s.* Leitungsrohr *n.*

cone [kəʊn] *s.* **1.** ⩓ *u. fig.* Kegel *m*: ~ ***of fire*** Feuergarbe *f*; ~ ***of rays*** Strahlenbündel *n*; ~ ***sugar*** Hutzucker *m*; **2.** ⚙ Kegel *m*, Konus *m* (*a.* ⚡): ~ ***drive*** Stufen(scheiben)antrieb *m*; ~ ***friction clutch*** Reibungskupplung *f*; ~ ***valve*** Kegelventil *n*; **3.** Bergkegel *m*; **4.** ⚘ (Tannen- *etc.*)Zapfen *m*; **5.** Waffeltüte *f für Speiseeis*; **coned** [-nd] *adj.* kegelförmig.

con·fab ['kɒnfæb] F *abbr. für* ***confabulation*** *u.* ***confabulate***; **con·fab·u·late** [kən'fæbjʊleɪt] *v/i.* plaudern; **con·fab·u·la·tion** [kən,fæbjʊ'leɪʃn] *s.* **1.** Plaude'rei *f*; **2.** *psych.* Konfabulati'on *f.*

con·fec·tion [kən'fekʃn] *s.* **1.** Kon'fekt *n*, Süßwaren *pl.*, *mit Zucker* Eingemachtes *n*; **2.** 'Damen,modear,tikel *m* (*Kleid*, *Hut etc.*); **con'fec·tion·er** [-nə] *s.* Kon'ditor *m*: ~***'s sugar*** *Am.* Puderzucker *m*; **con'fec·tion·er·y** [-nərɪ] *s.* **1.** Süßigkeiten *pl.*, Kon'ditorwaren *pl.*; **2.** Süßwarengeschäft *n*, Kondito'rei *f.*

con·fed·er·a·cy [kən'fedərəsɪ] *s.* **1.** Bündnis *n*, Bund *m*; **2.** Staatenbund *m*; **3.** ♀ *Am.* Konföderati'on *f* (*der Südstaaten im Bürgerkrieg*); **4.** Verschwörung *f*; **con'fed·er·ate** [-rət] **I** *adj.* **1.** verbündet, verbunden, Bundes…: ♀ *Am.* zur Konföderation der Südstaaten gehörig; **2.** mitschuldig; **II** *s.* **3.** Verbündete(r) *m*, Bundesgenosse *m*: ♀ *Am. hist.* Konföderierte(r) *m*, Südstaatler *m*; **4.** Kom'plize *m*, Helfershelfer *m*; **III** *v/t. u. v/i.* [-dəreɪt] **5.** (sich) verbünden *od.* vereinigen *od.* zs.-schließen; **con·fed·er·a·tion** [kən,fedə'reɪʃn] *s.* **1.** Bund *m*, Bündnis *n*; Zs.-schluß *m*; **2.** Staatenbund *m*: ***Swiss*** ♀ (Schweizer) Eidgenossenschaft *f.*

con·fer [kən'fɜː] **I** *v/t.* **1.** *Titel etc.* verleihen, er-, zuteilen, über'tragen, *Gunst* erweisen (***on, upon*** *dat.*); **2.** *nur noch Imperativ, abbr.* ***cf.*** vergleiche; **II** *v/i.* **3.** sich beraten, Rücksprache nehmen, verhandeln (***with*** mit); **con·fer·ee** [ˌkɒnfə'riː] *s. Am.* **1.** Konfe'renzteilnehmer *m*; **2.** Empfänger *m e-s Titels etc.*; **con·fer·ence** ['kɒnfərəns] *s.* **1.** Konfe'renz *f*: a) Tagung *f*, Sitzung *f*, Zs.-kunft *f*, b) Besprechung *f*, Beratung *f*, Verhandlung *f*: ***at the ~*** auf der Konferenz *od.* Tagung; ***in ~*** bei e-r Besprechung (***with*** mit); ***~ call*** *teleph.* Sammel-, Konferenzgespräch *n*; **2.** Verband *m*; *Am. sport* Liga *f*; **con'fer·ment** [-mənt] *s.* Verleihung *f* (***on, upon*** an *acc.*).

con·fess [kən'fes] **I** *v/t.* **1.** *Schuld etc.* bekennen, (ein)gestehen; anerkennen, zugeben (*a.* ***that*** daß); **2.** *eccl.* a) beichten, b) *j-m* die Beichte abnehmen; **II** *v/i.* **3.** (***to***) (ein)gestehen (*acc.*), sich schuldig bekennen (*gen. od.* an *dat.*); **4.** *eccl.* beichten; **con'fessed** [-st] *adj.* □ zugestanden; erklärt: ***a ~ enemy*** ein erklärter Gegner; **con'fess·ed·ly** [-sɪdlɪ] *adv.* zugestandenermaßen; **con'fes·sion** [-eʃn] *s.* **1.** Geständnis *n* (*a.* ⚖), Bekenntnis *n*: ***by*** (*od.* ***on***) ***his own ~*** nach (s-m) eigenen Geständnis; **2.** Einräumung *f*, Zugeständnis *n*; **3.** ⚖ *Zivilrecht*: Anerkenntnis *n*; **4.** *eccl.* Beichte *f*: ***dying ~*** Geständnis *n* auf dem Sterbebett; **5.** *eccl.* Konfessi'on *f*: a) Glaubensbekenntnis *n*, b) Glaubensgemeinschaft *f*; **con'fes·sion·al** [-eʃənl] **I** *adj.* konfessio'nell, Bekenntnis...; Beicht...; **II** *s.* Beichtstuhl *m*; **con'fes·sor** [-sə] *s.* **1.** (Glaubens)Bekenner *m*; **2.** *eccl.* Beichtvater *m*.

con·fet·ti [kən'fetɪ] (*Ital.*) *s. pl. sg. konstr.* Kon'fetti *n*.

con·fi·dant [ˌkɒnfɪ'dænt] *s.* Vertraute(r) *m*, Mitwisser *m*; ˌ**con·fi'dante** [-'dænt] *s.* Vertraute *f*, Mitwisserin *f*.

con·fide [kən'faɪd] **I** *v/i.* **1.** sich anvertrauen; (ver)trauen (***in*** *dat.*); **II** *v/t.* (***to***) **2.** vertraulich mitteilen, anvertrauen (*dat.*); **3.** *j-n* betrauen mit.

con·fi·dence ['kɒnfɪdəns] *s.* **1.** (***in***) Vertrauen *n* (auf *acc.*, zu), Zutrauen *n* (zu): ***have*** (*od.* ***place***) ***~ in s.o.*** zu j-m Vertrauen haben; ***take s.o. into one's ~*** j-n ins Vertrauen ziehen; ***be in s.o.'s ~*** j-s Vertrauen genießen; ***in ~*** vertraulich; **2.** Selbstvertrauen *n*, Zuversicht *f*; Über'zeugung *f*; **3.** vertrauliche Mitteilung, Geheimnis *n*; → ***vote*** 1; **~ game** *s.*, **~ trick** *s.* **1.** a) (aufgelegter) Schwindel, b) Hochstape'lei *f*; **~ man** *s.* [*irr.*], **~ trick·ster** *s.* **1.** a) Betrüger *m*, b) Hochstapler *m*; **2.** *weitS.* Ga'nove *m*.

con·fi·dent ['kɒnfɪdənt] *adj.* □ **1.** (***of, that***) über'zeugt (von, daß), gewiß, sicher (*gen.*, daß); **2.** vertrauensvoll; **3.** zuversichtlich, getrost; **4.** selbstsicher; **5.** eingebildet, kühn; **con·fi·den·tial** [ˌkɒnfɪ'denʃəl] *adj.* □ **1.** vertraulich, geheim; **2.** in'tim, vertraut, Vertrauens...: ***~ agent*** Geheimagent *m*; ***~ clerk*** ✝ Prokurist *m*; ***~ secretary*** Privatsekretär(in); **con·fi·den·tial·ly** [ˌkɒnfɪ'denʃəlɪ] *adv.* im Vertrauen: ***~ speaking*** unter uns gesagt; **con·fid·ing** [kən'faɪdɪŋ] *adj.* □ vertrauensvoll, zutraulich.

con·fig·u·ra·tion [kənˌfɪɡjʊ'reɪʃn] *s.* **1.** Gestalt(ung) *f*, Bau *m*, Struk'tur *f*; Anordnung *f*, Stellung *f*; **2.** *ast.* Konfigurati'on *f*, A'spekt *m*.

con·fine I *s.* ['kɒnfaɪn] *mst pl.* **1.** Grenze *f*, Grenzgebiet *n*; *fig.* Rand *m*, Schwelle *f*; **II** *v/t.* [kən'faɪn] **2.** begrenzen; be-, einschränken (***to*** auf *acc.*): ***~ o.s. to*** sich beschränken auf; ***be ~d to*** beschränkt sein auf (*acc.*); **3.** einsperren, einschließen: ***~d to bed*** bettlägerig; ***~d to one's room*** ans Zimmer gefesselt; ***be ~d to barracks*** Kasernenarrest haben, die Kaserne nicht verlassen dürfen; **4.** *pass.* (***of***) niederkommen (mit), entbunden werden (von); **con'fined** [-nd] *adj.* **1.** beschränkt *etc.* (→ ***confine*** 2, 3); **2.** ⚕ verstopft; **con'fine·ment** [-mənt] *s.* **1.** Beschränkung *f* (***to*** auf *acc.*); Beengtheit *f*; Gebundenheit *f*; **2.** Haft *f*, Gefangenschaft *f*; Ar'rest *m*: ***close ~*** strenge Haft; ***solitary ~*** Einzelhaft; **3.** Niederkunft *f*, Wochenbett *n*.

con·firm [kən'fɜːm] *v/t.* **1.** *Nachricht, Auftrag, Wahrheit etc.* bestätigen; **2.** *Entschluß* bekräftigen; bestärken (***s.o. in s.th.*** j-n in e-r Sache); **3.** *Macht etc.* festigen; **4.** *eccl.* konfirmieren; *R.C.* firmen; **con'firm·a·ble** [-məbl] *adj.* zu bestätigen(d); **con·firm·and** ['kɒnfəmænd] *s. eccl.* a) Konfir'mand(in), b) *R.C.* Firmling *m*; **con·fir·ma·tion** [ˌkɒnfə'meɪʃn] *s.* **1.** Bestätigung *f*; Bekräftigung *f*; **2.** Festigung *f*; **3.** *eccl.* Konfirmati'on *f*; *R.C.* Firmung *f*; **con'firm·a·tive** [-mətɪv] *adj.* □, **con'firm·a·to·ry** [-mətərɪ] *adj.* bestätigend: ***~ letter*** Bestätigungsschreiben *n*; **con'firmed** [-md] *adj.* fest, hartnäckig, eingewurzelt, unverbesserlich, Gewohnheits...; chronisch: ***~ bachelor*** eingefleischter Junggeselle.

con·fis·cate ['kɒnfɪskeɪt] *v/t.* beschlagnahmen, einziehen, konfiszieren; **con·fis·ca·tion** [ˌkɒnfɪ'skeɪʃn] *s.* Einziehung *f*, Beschlagnahme *f*, Konfiszierung *f*; F Plünderung *f*; **con·fis·ca·to·ry** [kən'fɪskətərɪ] *adj.* konfiszierend, Beschlagnahme…; F räuberisch.

con·fla·gra·tion [ˌkɒnflə'greɪʃn] *s.* Feuersbrunst *f*, (großer) Brand.

con·flict I *s.* ['kɒnflɪkt] **1.** Kon'flikt *m*: a) Zs.-prall *m*, Zs.-stoß *m*, Kampf *m*, Ausein'andersetzung *f*, Kollisi'on *f*, Streit *m*, b) 'Widerstreit *m*, -spruch *m*: ***armed ~*** bewaffnete Auseinandersetzung; ***inner ~*** innerer (*od.* seelischer) Konflikt; ***~ of interests*** Interessenkonflikt, -kollision; ***~ of laws*** Gesetzeskollision, *weitS.* internationales Privatrecht; **II** *v/i.* [kən'flɪkt] **2.** (***with***) kollidieren, im 'Widerspruch *od.* Gegensatz stehen (zu); **3.** sich wider'sprechen; **con·flict·ing** [kən'flɪktɪŋ] *adj.* wider'streitend, gegensätzlich; *a.* ⚖ entgegenstehend, kollidierend.

con·flu·ence ['kɒnflʊəns] *s.* **1.** Zs.-fluß *m*; **2.** Zustrom *m*, Zulauf *m* (*Menschen*); **3.** (Menschen)Menge *f*; **'con·flu·ent** [-nt] **I** *adj.* zs.-fließend, -laufend; **II** *s.* Nebenfluß *m*; **con·flux** ['kɒnflʌks] → ***confluence***.

con·form [kən'fɔːm] **I** *v/t.* **1.** (*a.* ***o.s.*** sich) anpassen (***to*** *dat. od.* an *acc.*); **II** *v/i.* **2.** (***to***) sich anpassen (*dat.*), sich richten (nach); sich fügen (*dat.*); entsprechen (*dat.*); **3.** *eccl. Brit.* sich der engl. Staatskirche unter'werfen; **con'form·a·ble** [-məbl] *adj.* □ (***to***) **1.** kon'form, gleichförmig (mit); entsprechend, gemäß (*dat.*); **2.** vereinbar (mit); **3.** fügsam, nachgiebig; **con'form·ance** [-məns] *s.* Anpassung *f* (***to*** an *acc.*); Über'einstimmung *f* (***with*** mit): ***in ~ with*** gemäß (*dat.*); **con·for·ma·tion** [ˌkɒnfɔː'meɪʃn] *s.* **1.** Anpassung *f*, Angleichung *f* (***to*** an *acc.*); **2.** Gestalt (-ung) *f*, Anordnung *f*, Bau *m*; **con'form·ism** [-mɪzəm] *s.* Konfor'mismus *m*; **con'form·ist** [-mɪst] *s.* Konfor'mist (-in): a) Angepaßte(r *m*) *f*, b) Anhänger(in) der engl. Staatskirche; **con'form·i·ty** [-mətɪ] *s.* **1.** Gleichförmigkeit *f*, Ähnlichkeit *f*, Über'einstimmung *f*: ***in ~ with*** in Übereinstimmung mit, gemäß (*dat.*); **2.** (***to***) Anpassung *f* (an *acc.*); Befolgung *f* (*gen.*); **3.** *hist.* Zugehörigkeit *f* zur englischen Staatskirche.

con·found [kən'faʊnd] *v/t.* **1.** vermengen, verwechseln (***with*** mit); **2.** in Unordnung bringen, verwirren; **3.** bestürzen, verblüffen; **4.** vernichten, vereiteln; **5.** [*a.* ˌkɒn-] F ***~ him!*** zum Teufel mit ihm!; ***~ it!*** verdammt!; **con'found·ed** [-dɪd] F **I** *adj.* □ (*a. int.*) verwünscht, verflixt; scheußlich; **II** *adv.*, *a.* ***~ly*** ‚verdammt' (*kalt, etc.*).

con·fra·ter·ni·ty [ˌkɒnfrə'tɜːnətɪ] *s.* **1.** *bsd. eccl.* Bruderschaft *f*, Gemeinschaft *f*; **2.** Brüderschaft *f*; **con·frère** ['kɒnfreə] (*Fr.*) *s.* Amtsbruder *m*, Kol'lege *m*.

con·front [kən'frʌnt] *v/t.* **1.** (*oft* feindlich) gegen'übertreten, -stehen (*dat.*); **2.** mutig begegnen (*dat.*); **3.** ***~ s.o. with*** j-n konfrontieren mit, j-m *et.* entgegenhalten; ***be ~ed with*** sich gegenübersehen, gegenüberstehen (*dat.*); **con·fron·ta·tion** [ˌkɒnfrən'teɪʃn] *s.* Gegen'überstellung *f*, (*a. feindliche*) Konfrontati'on.

Con·fu·cian [kən'fjuːʃjən] **I** *adj.* konfuzi'anisch; **II** *s.* Konfuzi'aner(in); **Con'fu·cian·ism** [-nɪzəm] *s.* Konfuzia'nismus *m*.

con·fuse [kən'fjuːz] *v/t.* **1.** verwechseln, durchein'anderbringen (***with*** mit); **2.** verwirren: a) verlegen machen, aus der Fassung bringen, b) in Unordnung bringen; **3.** verworren *od.* undeutlich machen; **con'fused** [-zd] *adj.* □ **1.** verwirrt: a) kon'fus, verworren, wirr, b) verlegen, bestürzt; **2.** undeutlich, verworren: ***~ sounds***; **con'fus·ing** [-zɪŋ] *adj.* verwirrend; **con'fu·sion** [-uːʒn] *s.* **1.** Verwirrung *f*, Durchein'ander *n*, Unordnung *f*, Wirrwarr *m*; **2.** Aufruhr *m*, Lärm *m*; **3.** Bestürzung *f*: ***put s.o. to ~*** j-n in Verlegenheit bringen; **4.** Verworrenheit *f*; **5.** geistige Verwirrung; **6.** Verwechslung *f*.

con·fut·a·ble [kən'fjuːtəbl] *adj.* wider'legbar; **con·fu·ta·tion** [ˌkɒnfjuː'teɪʃn] *s.* Wider'legung *f*; **con·fute** [kən'fjuːt] *v/t.* **1.** *et.* wider'legen; **2.** *j-n* wider'legen, e-s Irrtums über'führen.

con·geal [kən'dʒiːl] **I** *v/t.* gefrieren *od.* gerinnen *od.* erstarren lassen (*a. fig.*); **II** *v/i.* gefrieren, gerinnen, erstarren (*a. fig.*); fest werden; **con'geal·ment** [-mənt] → ***congelation*** 1.

con·ge·la·tion [ˌkɒndʒɪ'leɪʃn] *s.* **1.** Gefrieren *n*, Gerinnen *n*, Erstarren *n*, Festwerden *n*; **2.** gefrorene (*etc.*) Masse.

con·ge·ner ['kɒndʒɪnə] *bsd. biol.* **I** *s.* gleichartiges *od.* verwandtes Ding *od.* Wesen; **II** *adj.* (art- *od.* stamm)verwandt (***to*** mit); **con·gen·er·ous** [kən'dʒenərəs] *adj.* gleichartig, verwandt.

con·gen·ial [kən'dʒiːnjəl] *adj.* □ **1.** (***with***) kongeni'al (*dat.*), (geistes)verwandt (mit *od. dat.*); **2.** sym'pathisch, zusagend, angenehm (***to** dat.*): ***be ~*** zusagen; **3.** zuträglich (***to** dat.*); **4.** freundlich; **5.** passend, angemessen, entsprechend (***to** dat.*); **con·ge·ni·al·i·ty** [kənˌdʒi:nɪ'ælətɪ] *s.* **1.** Geistesverwandtschaft *f*; **2.** Zuträglichkeit *f*.

con·gen·i·tal [kən'dʒenɪtl] *adj.* □ angeboren: ***~ defect*** Geburtsfehler *m*; **con'gen·i·tal·ly** [-təlɪ] *adv.* von Geburt (an); von Na'tur.

con·ger ['kɒŋgə], **~ eel** [ˌkɒŋgər'i:l] *s.* Meeraal *m*.

con·ge·ries [kɒn'dʒɪəri:z] *s. sg. u. pl.* Anhäufung *f*, (wirre) Masse.

con·gest [kən'dʒest] **I** *v/t.* **1.** zs.-drängen, über'füllen, anhäufen, stauen; **2.** *fig.* über'schwemmen; **3.** verstopfen; **II** *v/i.* **4.** sich ansammeln, sich stauen, sich verstopfen; **con'gest·ed** [-tɪd] *adj.* **1.** über'füllt (***with*** von); über'völkert: ***~ area*** Ballungsraum *m*; **2.** ⚕ mit Blut über'füllt; **con'ges·tion** [-tʃn] *s.* **1.** Anhäufung *f*, Andrang *m*, Stauung *f*, Über'füllung *f*: ***~ of population*** Übervölkerung *f*; ***traffic ~*** Verkehrsstauung, **2.** ⚕ Blutandrang *m* (***of the brain*** zum Gehirn), (Gefäß)Stauung *f*.

con·glo·bate ['kɒngləʊbeɪt] **I** *adj.*(zs.-) geballt, kugelig; **II** *v/t. u. v/i.* (sich) zs.-ballen (***into*** zu).

con·glom·er·ate [kən'glɒməreɪt] **I** *v/t. u. v/i.* (sich) zs.-ballen, verbinden, anhäufen; **II** *adj.* [-rət] zs.-geballt; *fig.* zs.-gewürfelt; **III** *s.* [-rət] *fig.* (An)Häufung *f*, Gemisch *n*, zs.-gewürfelte Masse, Konglome'rat *n* (*a. geol.*); **con·glom·er·a·tion** [kənˌglɒmə'reɪʃn] → ***conglomerate*** III.

con·glu·ti·nate [kən'glu:tɪneɪt] **I** *v/t.* zs.-leimen, -kitten; **II** *v/i.* zs.-kleben, -haften; **con·glu·ti·na·tion** [kənˌglu:tɪ'neɪʃn] *s.* Zs.-kleben *n*; Verbindung *f*.

Con·go·lese [ˌkɒŋgəʊ'li:z] *hist.* **I** *adj.* Kongo…, kongo'lesisch; **II** *s.* Kongo'lese *m*, Kongo'lesin *f*.

con·grat·u·late [kən'grætjʊleɪt] *v/t.* *j-m* gratulieren, Glück wünschen; *j-n* beglückwünschen (***on*** zu) (*alle a.* **o.s.** sich); **con·grat·u·la·tion** [kənˌgrætjʊ'leɪʃn] *s.* Glückwunsch *m*: ***~s!*** ich gratuliere!; **con'grat·u·la·tor** [-tə] *s.* Gratu'lant(in); **con'grat·u·la·to·ry** [-lətərɪ] *adj.* Glückwunsch…, Gratulations…

con·gre·gate ['kɒŋgrɪgeɪt] *v/t. u. v/i.* (sich) (ver)sammeln.

con·gre·ga·tion [ˌkɒŋgrɪ'geɪʃn] *s.* **1.** (Kirchen)Gemeinde *f*; **2.** Versammlung *f*; **3.** *Brit. univ.* Versammlung *f* des Lehrkörpers *od.* des Se'nats; **ˌcon·gre'ga·tion·al** [-ʃənl] *adj. eccl.* **1.** Gemeinde…; **2.** ♀ unabhängig: ***♀ chapel*** Kapelle *f* der ‚freien' Gemeinden; **ˌCon·gre'ga·tion·al·ism** [-ʃnəlɪzəm] *s. eccl.* Selbstverwaltung *f* der ‚freien' Kirchengemeinden, Independen'tismus *m*; **ˌCon·gre'ga·tion·al·ist** [-ʃnəlɪst] *s.* Mitglied *n* e-r ‚freien' Kirchengemeinde.

con·gress ['kɒŋgres] *s.* **1.** Kon'greß *m*, Tagung *f*; **2.** *pol. Am.* ♀ Kon'greß *m*, gesetzgebende Versammlung; **3.** Geschlechtsverkehr *m*.

con·gres·sion·al [kəŋ'greʃənl] *adj.* **1.** Kongreß…; **2.** *pol. Am.* ♀ Kongreß…: ***♀ medal*** Verdienstmedaille *f*.

'Con·gress·man [-mən] *s.* [*irr.*] *pol.* Mitglied *n* des amer. Repräsen'tantenhauses, Kon'greßabgeordnete(r) *m*.

con·gru·ence ['kɒŋgrʊəns] *s.* **1.** Über'einstimmung *f*; **2.** ⩓ Kongru'enz *f*; **'con·gru·ent** [-nt] *adj.* kongru'ent: a) (***with***) über'einstimmend (mit), entsprechend (*dat.*), b) ⩓ deckungsgleich; **con·gru·i·ty** [kɒŋ'gru:ətɪ] *s.* **1.** Über'einstimmung *f*; Angemessenheit *f*; **2.** Folgerichtigkeit *f*; **3.** ⩓ Kongru'enz *f*; **'con·gru·ous** [-ʊəs] *adj.* □ **1.** (***to, with***) übereinstimmend (mit), entsprechend (*dat.*); **2.** folgerichtig; passend.

con·ic ['kɒnɪk] **I** *adj.* → ***conical***; **II** *s. a.* ***~ section*** ⩓ a) Kegelschnitt *m*, b) *pl.* → ***conics***; **'con·i·cal** [-kl] *adj.* □ 'konisch, kegelförmig: ***~ frustrum*** ⩓ Kegelstumpf *m*; **co·nic·i·ty** [kə'nɪsətɪ] *s.* Konizi'tät *f*, Kegelform *f*; **'con·ics** [-ks] *s. pl. sg. konstr.* ⩓ Lehre *f* von den Kegelschnitten.

co·ni·fer ['kɒnɪfə] *s.* ♀ Koni'fere *f*, Nadelbaum *m*; **co·nif·er·ous** [kəʊ'nɪfərəs] *adj.* ♀ a) zapfentragend, b) Nadel…: ***~ tree***.

con·jec·tur·a·ble [kən'dʒektʃərəbl] *adj.* □ zu vermuten(d); **con'jec·tur·al** [-rəl] *adj.* □ mutmaßlich; **con·jec·ture** [kən'dʒektʃə] **I** *s.* **1.** Vermutung *f*, Mutmaßung *f*; (vage) I'dee; **II** *v/t.* **2.** vermuten, mutmaßen; **III** *v/i.* **3.** Mutmaßungen anstellen, mutmaßen.

con·join [kən'dʒɔɪn] *v/t. u. v/i.* (sich) verbinden *od.* vereinigen.

con·joint ['kɒndʒɔɪnt] *adj.* □ verbunden, vereinigt, gemeinsam, Mit…; **'con·joint·ly** [-lɪ] *adv.* zu'sammen, gemeinsam.

con·ju·gal ['kɒndʒʊgl] *adj.* □ ehelich, Ehe…, Gatten…

con·ju·gate ['kɒndʒʊgeɪt] **I** *v/t.* **1.** *ling.* konjugieren, beugen; **II** *v/i.* **2.** *biol.* sich paaren; **III** *adj.* [-gɪt] **3.** verbunden, gepaart; **4.** *ling.* wurzelverwandt; **5.** ♇ zugeordnet; **6.** ⚘ paarig; **IV** *s.* [-gɪt] **7.** *ling.* wurzelverwandtes Wort; **con·ju·ga·tion** [ˌkɒndʒʊˈgeɪʃn] *s. ling.*, *biol.*, ⚗ Konjugatiˈon *f*, *ling. a.* Beugung *f*.

con·junct [kənˈdʒʌŋkt] *adj.* □ verbunden, vereint, gemeinsam; **conˈjunc·tion** [-kʃən] *s.* **1.** Verbindung *f*: ***in ~ with*** zusammen mit; **2.** Zs.-treffen *n*; **3.** *ast.*, *ling.* Konjunktiˈon *f*; **con·junc·ti·va** [ˌkɒndʒʌŋkˈtaɪvə] *s. anat.* Bindehaut *f*; **conˈjunc·tive** [-tɪv] **I** *adj.* □ **1.** verbindend, Verbindungs…: ***~ tissue*** *anat.* Bindegewebe *n*; **2.** *ling.* ˈkonjunktivisch: ***~ mood*** Konjunktiv *m*; **II** *s.* **3.** *ling.* ˈKonjunktiv *m*; **conˈjunc·tive·ly** [-tɪvlɪ] *adv.* gemeinsam; **con·junc·ti·vi·tis** [kənˌdʒʌŋktɪˈvaɪtɪs] *s.* ⚕ Bindehautentzündung *f*; **conˈjunc·ture** [-tʃə] *s.* **1.** Zs.-treffen *n* (*von Umständen*); **2.** ˈUmstände *pl.*; **3.** Krise *f*; **4.** *ast.* Konjunktiˈon *f*.

con·ju·ra·tion [ˌkɒndʒʊəˈreɪʃn] *s.* **1.** feierliche Anrufung; Beschwörung *f*; **2.** a) Zauberformel *f*, b) Zaubeˈrei *f*.

con·jure[1] [kənˈdʒʊə] *v/t.* beschwören, inständig bitten (***to*** *inf.* zu *inf.*).

con·jure[2] [ˈkʌndʒə] **I** *v/t.* **1.** *Geist etc.* beschwören: ***~ up*** heraufbeschwören (*a. fig.*), zitieren, hervorzaubern; **2.** behexen, (be)zaubern: ***~ away*** wegzaubern, bannen; **II** *v/i.* **3.** zaubern, hexen: ***a name to ~ with*** ein Name, der Wunder wirkt; **ˈcon·jur·er**, **ˈcon·jur·or** [-dʒərə] *s.* **1.** Zauberer *m*, Zauberin *f*; **2.** Zauberkünstler *m*, Taschenspieler *m*; **ˈcon·jur·ing trick** [-dʒərɪŋ] *s.* Zauberkunststück *n*.

conk[1] [kɒŋk] *s. sl.* ‚Riecher' *m* (*Nase*); *Am. a.* ‚Birne' (*Kopf*).

conk[2] [kɒŋk] *v/i. sl. mst* ***~ out*** **1.** ‚streiken', ‚den Geist aufgeben' (*Fernseher etc.*), ‚absterben' (*Motor*); **2.** ‚umkippen', ohnmächtig werden; **3.** ‚abkratzen', sterben.

con·ker [ˈkɒŋkə] *s.* F Kaˈstanie *f*.

conn [kɒn] *v/t.* ⚓ *Schiff* steuern.

con·nate [ˈkɒneɪt] *adj.* **1.** angeboren; **2.** *biol.* verwachsen.

con·nat·u·ral [kəˈnætʃrəl] *adj.* □ **1.** (***to***) gleicher Naˈtur (wie); verwandt (*dat.*); **2.** angeboren.

con·nect [kəˈnekt] **I** *v/t.* **1.** verbinden, verknüpfen (*mst* ***with*** mit): ***be ~ed*** (***with***) in Verbindung (mit) *od.* in Beziehungen (zu) treten *od.* stehen; ***be well ~ed*** *fig.* gute Beziehungen haben; **2.** ⚡ (***to***) anschließen (an *acc.*), verbinden (mit) (*a. teleph.*), zuschalten (*dat.*), Konˈtakt herstellen zwischen (*dat.*); **3.** ⚙ (***to***) verbinden, zs.-fügen, koppeln (mit), ankuppeln (an *acc.*); **II** *v/i.* **4.** in Verbindung *od.* Zs.-hang treten *od.* stehen; **5.** 🚂 *etc.* Anschluß haben (***with*** an *acc.*); **6.** *Boxen*: ‚landen' (***with a blow*** e-n Schlag); **conˈnect·ed** [-tɪd] *adj.* □ **1.** zs.-hängend; **2.** verwandt: ***~ by marriage*** verschwägert; → ***connect*** 1; **3.** (***with***) beteiligt (an *dat.*, bei), verwickelt (in *acc.*); **conˈnect·ed·ly** [-tɪdlɪ] *adv.* zs.-hängend; logisch; **conˈnect·ing** [-tɪŋ] *adj.* Binde…, Verbindungs…, Anschluß…: ***~ link*** Bindeglied *n*; ***~ rod*** ⚙ Kurbel-, Pleuelstange *f*; ***~ shaft*** ⚙ Transmissionswelle *f*; ***~ train*** Anschlußzug *m*.

con·nec·tion [kəˈnekʃn] *s.* **1.** Verbindung *f*; **2.** ⚙ Verbindung *f*, Bindeglied *n*: ***hot-water ~s*** Heißwasseranlage *f*; **3.** Zs.-hang *m*, Beziehung *f*: ***in this ~*** in diesem Zs.-hang; ***in ~ with*** mit Bezug auf; **4.** perˈsönliche Beziehung *od.* Verbindung; Verwandtschaft *f*, Verwandte(r *m*) *f*; **5.** *pl.* gute *od.* nützliche Beziehungen; Bekannten-, Kundenkreis *m*; **6.** ⚙ *allg.* Verbindung *f*, Anschluß *m* (*beide a.* ⚡, 🚂, *teleph. etc.*), Verbindungs-, Bindeglied *n*, ⚡ Schaltung *f*, Schaltverbindung *f*: ***~ plug*** Anschlußstecker *m*; ***catch one's ~*** 🚂 den Anschluß erreichen; ***run in ~ with*** Anschluß haben an (*acc.*); **7.** (*bsd. religiöse*) Gemeinschaft; **conˈnec·tive** [-ktɪv] **I** *adj.* verbindend: ***~ tissue*** *anat.* Binde-, Zellgewebe *n*; **II** *s. ling.* Bindewort *n*.

con·nex·ion → ***connection***.

con·ning tow·er [ˈkɒnɪŋ] *s.* ⚓, ⚔ Komˈmandoturm *m*.

con·niv·ance [kəˈnaɪvəns] *s.* stillschweigende Duldung *od.* Einwilligung (*a.* ⚖), bewußtes Überˈsehen (***at***, ***in*** *gen.*); ⚖ Begünstigung *f*; **con·nive** [kəˈnaɪv] *v/i.* (***at***) stillschweigend dulden (*acc.*), ein Auge zudrücken (bei), Vorschub leisten (*dat.*).

con·nois·seur [ˌkɒnəˈsɜː] (*Fr.*) *s.* (Kunst- *etc.*)Kenner *m*: ***~ of*** (*od.* ***in***) ***wines*** Weinkenner.

con·no·ta·tion [ˌkɒnəʊˈteɪʃn] *s.* **1.** Mitbezeichnung *f*; (Neben)Bedeutung *f*; **2.** *phls.* Begriffsinhalt *m*; **con·note** [kɒˈnəʊt] *v/t.* mitbezeichnen, (zuˈgleich) bedeuten.

con·nu·bi·al [kəˈnjuːbjəl] *adj.* □ ehelich, Ehe…; **con·nu·bi·al·i·ty** [kəˌnjuːbɪˈælətɪ] *s.* **1.** Ehestand *m*; **2.** eheliche Zärtlichkeiten *pl.*

co·noid [ˈkəʊnɔɪd] **I** *adj.* kegelförmig; **II**

s. ⩚ a) Kono'id *n*, b) Kono'ide *f* (*Fläche*).

con·quer ['kɒŋkə] **I** *v/t.* **1.** erobern, einnehmen, Besitz ergreifen von; **2.** *fig.* erobern, gewinnen; **3.** besiegen, über'winden; unter'werfen; **4.** *fig.* über'winden, bezwingen, Herr werden über (*acc.*); **II** *v/i.* **5.** siegen; Eroberungen machen; **'con·quer·ing** [-kərɪŋ] *adj.* siegreich; **'con·quer·or** [-kərə] *s.* **1.** Eroberer *m*; Sieger *m*: ***the* ~ *hist.*** Wilhelm der Eroberer; **2.** F Entscheidungsspiel *n*.

con·quest ['kɒŋkwest] *s.* **1.** Eroberung *f*: a) Einnahme *f*: ***the* ~ *hist.*** die normannische Eroberung, b) erobertes Gebiet, c) *fig.* Erringung *f*; **2.** Bezwingung *f*; **3.** *fig.* ‚Eroberung' *f*: ***make a ~ of s.o.*** j-n erobern.

con·san·guine [kɒn'sæŋgwɪn] *adj.* blutsverwandt; **con·san·guin·i·ty** [ˌkɒnsæŋ'gwɪnətɪ] *s.* Blutsverwandtschaft *f*.

con·science ['kɒnʃəns] *s.* Gewissen *n*: ***guilty ~*** schlechtes Gewissen; ***for ~ sake*** um das Gewissen zu beruhigen; ***in all ~*** F wahrhaftig; ***have s.th. on one's ~*** ein schlechtes Gewissen haben wegen e-r Sache; **~ clause** *s.* ⚖ Gewissensklausel *f*; **~ mon·ey** *s.* ano'nyme Steuernachzahlung; **'~-proof** *adj.* ‚abgebrüht'; **'~-ˌstrick·en** *adj.* von Gewissensbissen gepeinigt, reuevoll.

con·sci·en·tious [ˌkɒnʃɪ'enʃəs] *adj.* □ gewissenhaft, Gewissens…: ***~ objector*** Kriegs-, Wehrdienstverweigerer *m* (*aus Gewissensgründen*); **ˌcon·sci'en·tious·ness** [-nɪs] *s.* Gewissenhaftigkeit *f*.

-conscious [kɒnʃəs] *adj. in Zssgn* …bewußt; …freudig, …begeistert.

con·scious ['kɒnʃəs] *adj.* □ **1.** *pred.* bei Bewußtsein; **2.** bewußt: ***be ~ of*** sich bewußt sein (*gen.*), wissen von; ***be ~ that*** wissen *od.* überzeugt sein, daß; ***she became ~ that*** es kam ihr zum Bewußtsein, daß; **3.** wissentlich, bewußt: ***a ~ liar*** ein bewußter Lügner; **4.** (selbst)bewußt, über'zeugt: ***a ~ artist*** ein überzeugter Künstler; **5.** denkend: ***man is a ~ being***; **'con·scious·ly** [-lɪ] *adv.* bewußt, wissentlich; gewollt; **'con·scious·ness** [-nɪs] *s.* **1.** Bewußtsein *n*: ***lose ~*** das Bewußtsein verlieren; ***regain ~*** wieder zu sich kommen; **2.** (***of***) Bewußtsein *n* (*gen.*), Wissen *n* (um), Kenntnis *f* (von *od. gen.*): ***~-expanding*** bewußtseinserweiternd (*Droge*); ***~-raising*** Bewußtwerdung *f od.* -machung *f*; **3.** Denken *n*, Empfinden *n*.

con·script ['kɒnskrɪpt] **I** *adj.* zwangsweise eingezogen (*Soldat etc.*) *od.* verpflichtet (*Arbeiter*); **II** *s.* ⚔ Dienst-, Wehrpflichtige(r) *m*; ausgehobener Re'krut; **III** *v/t.* [kən'skrɪpt] *bsd.* ⚔ (zwangsweise) ausheben, einziehen; **con·scrip·tion** [kən'skrɪpʃn] *s.* **1.** *bsd.* ⚔ Zwangsaushebung *f*, Wehrpflicht *f*: ***industrial ~*** Arbeitsverpflichtung *f*; **2.** *a.* ***~ of wealth*** (Her'anziehung *f* zur) Vermögensabgabe *f*.

con·se·crate ['kɒnsɪkreɪt] **I** *v/t.* **1.** *eccl.* weihen; **2.** widmen; **3.** heiligen; **II** *adj.* **4.** geweiht, geheiligt; **con·se·cra·tion** [ˌkɒnsɪ'kreɪʃn] *s.* **1.** *eccl.* Weihung *f*, Einsegnung *f*; **2.** Heiligung *f*; **3.** Widmung *f*, Hingabe *f* (***to*** an *acc.*).

con·se·cu·tion [ˌkɒnsɪ'kju:ʃn] *s.* **1.** (Aufein'ander)Folge *f*, Reihe *f*; logische Folge; **2.** *ling.* Wort-, Zeitfolge *f*; **con·sec·u·tive** [kən'sekjʊtɪv] *adj.* □ **1.** aufein'anderfolgend, fortlaufend: ***six ~ days*** sechs Tage hintereinander; **2.** *ling.* **~ *clause*** Konsekutiv-, Folgesatz *m*; **con·sec·u·tive·ly** [kən'sekjʊtɪvlɪ] *adv.* nachein'ander, fortlaufend.

con·sen·sus [kən'sensəs] *s.* **1.** Über'einstimmung *f* (der Meinungen): ***~ of opinion*** übereinstimmende Meinung, allseitige Zustimmung; **2.** ⚕ Wechselwirkung *f* (*Organe*).

con·sent [kən'sent] **I** *v/i.* **1.** (***to***) zustimmen (*dat.*), einwilligen (in *acc.*); **2.** sich bereit erklären (***to*** *inf.* zu *inf.*); **II** *s.* **3.** (***to***) Zustimmung *f* (zu), Einwilligung *f* (in *acc.*), Genehmigung *f* (für), Einverständnis *n* (zu): ***age of ~*** ⚖ (*bsd.* Ehe-) Mündigkeit *f*; ***with one ~*** einstimmig; ***by common ~*** mit allgemeiner Zustimmung; → ***silence*** 1; **con'sen·tient** [-nʃənt] *adj.* zustimmend.

con·se·quence ['kɒnsɪkwəns] *s.* **1.** Konse'quenz *f*, Folge *f*, Resul'tat *n*, Wirkung *f*: ***in ~*** folglich, daher; ***in ~ of*** infolge von (*od. gen.*), wegen; ***in ~ of which*** weswegen; ***take the ~s*** die Folgen tragen; ***with the ~ that*** mit dem Ergebnis, daß; **2.** (Schluß)Folgerung *f*, Schluß *m*; **3.** Wichtigkeit *f*, Bedeutung *f*, Einfluß *m*: ***of no ~*** ohne Bedeutung, unwichtig; ***a man of ~*** ein bedeutender *od.* einflußreicher Mann; **4.** *pl. mst sg. konstr.* ein Erzählspiel; **'con·se·quent** [-nt] **I** *adj.* □ → ***consequently***; **1.** (***on***) folgend (auf *acc.*), sich ergebend (aus); **2.** *phls.* logisch (richtig); **II** *s.* **3.** Folge(-erscheinung) *f*, Folgerung *f*, Schluß *m*; **4.** *ling.* Nachsatz *m*; **con·se·quen·tial** [ˌkɒnsɪ'kwenʃl] *adj.* □ **1.** sich ergebend (***on*** aus): ***~ damage*** ⚖ Folgeschaden *m*; **2.** logisch (richtig); **3.** 'indi‚rekt; **4.** wichtigtuerisch; **'con·se·quent·ly** [-ntlɪ] *adv.* **1.** folglich, deshalb; **2.** als Folge.

con·serv·an·cy [kən'sɜːvənsɪ] *s.* **1.** Aufsichtsbehörde *f* für Flüsse, Häfen *etc.*; **2.** Forstbehörde *f*: ***nature ~*** Naturschutz(amt *n*) *m*; **con·ser·va·tion** [ˌkɒnsə'veɪʃn] *s.* **1.** Erhaltung *f*, Bewahrung *f*; Instandhaltung *f*, Schutz *m* (*von Forsten, Flüssen, Boden*); Na'tur-, Umweltschutz *m*: ***~ of energy*** *phys.* Erhaltung der Energie; **2.** Haltbarmachung *f*, Konservierung *f*; **con·ser·va·tion·ist** [ˌkɒnsə'veɪʃənɪst] *s.* Na'tur- *od.* 'Umweltschützer *m*.

con·serv·a·tism [kən'sɜːvətɪzəm] *s.* Konserva'tismus *m* (*a. pol.*); **con'serv·a·tive** [-tɪv] **I** *adj.* **1.** erhaltend, konservierend; **2.** konserva'tiv (*a. pol.*, *mst* ♎); **3.** zu'rückhaltend, vorsichtig (*Schätzung etc.*); **4.** unauffällig: ***~ dress***; **II** *s.* **5.** ♎ *pol.* Konserva'tive(r) *m*.

con·ser·va·toire [kən'sɜːvətwɑː] (*Fr.*) *s. bsd. Brit.* Konserva'torium *n*, Hochschule *f* für Mu'sik (*etc.*).

con·ser·va·tor [kən'sɜːvətə] *s.* **1.** Konser'vator *m*, Mu'seumsdi‚rektor *m*; **2.** ⚖ *Am.* Vormund *m*; **con'serv·a·to·ry** [-trɪ] *s.* **1.** Treib-, Gewächshaus *n*, Wintergarten *m*; **2.** → ***conservatoire***; **con·serve** [kən'sɜːv] **I** *v/t.* **1.** erhalten, bewahren; beibehalten; **2.** schonen, sparsam 'umgehen mit; **3.** einmachen, konservieren; **II** *s.* **4.** *mst pl.* Eingemachtes *n*, Konfi'türe *f*.

con·sid·er [kən'sɪdə] **I** *v/t.* **1.** nachdenken über (*acc.*), (sich) über'legen, erwägen: ***~ a plan***; **2.** in Betracht ziehen, berücksichtigen, beachten, bedenken: ***~ his age!*** bedenken Sie sein Alter!; ***all things ~ed*** wenn man alles in Betracht zieht; → ***considered***, ***considering***; **3.** Rücksicht nehmen auf (*acc.*): ***he never ~s others***; **4.** betrachten *od.* ansehen als, halten für: ***~ s.o.*** (***to be***) ***a fool*** j-n für e-n Narren halten; ***be ~ed rich*** als reich gelten; ***you may ~ yourself lucky*** du kannst dich glücklich schätzen; ***~ yourself at home*** tun Sie, als ob Sie zu Hause wären; ***~ yourself dismissed!*** betrachten Sie sich als entlassen!; **5.** denken, meinen, annehmen, finden (*a.* ***that*** daß); **II** *v/i.* **6.** nachdenken, über'legen; **con'sid·er·a·ble** [-dərəbl] **I** *adj.* □ beträchtlich, erheblich; bedeutend (*a. Person*); **II** *s. bsd. Am.* F e-e Menge, viel.

con·sid·er·ate [kən'sɪdərət] *adj.* □ rücksichtsvoll, aufmerksam (***towards***, ***of*** gegen): ***be ~ of*** Rücksicht nehmen auf (*acc.*); **con'sid·er·ate·ness** [-nɪs] *s.* Rücksichtnahme *f*; **con·sid·er·a·tion** [kənˌsɪdə'reɪʃn] *s.* **1.** Erwägung *f*, Über'legung *f*: ***take into ~*** in Betracht *od.* Erwägung ziehen; ***leave out of ~*** außer Betracht lassen, ausklammern; ***the matter is under ~*** die Sache wird (noch) erwogen *od.* geprüft; ***upon ~*** nach Prüfung; **2.** Berücksichtigung *f*; Begründung *f*: ***in ~ of*** in Anbetracht (*gen.*); ***on*** (*od.* ***under***) ***no ~*** unter keinen Umständen; ***that is a ~*** das ist ein triftiger Grund; ***money is no ~*** Geld spielt keine Rolle; **3.** Rücksicht (-nahme) *f* (***for*** auf *acc.*): ***lack of ~*** Rücksichtslosigkeit *f*; **4.** Entgelt *n*, Entschädigung *f*; (vertragliche) Gegenleistung: ***for a ~*** gegen Entgelt; **con'sid·ered** [-dəd] *adj. a.* ***well-~*** 'wohlüber‚legt; **con'sid·er·ing** [-rɪŋ] **I** *prp.* in Anbetracht (*gen.*); **II** *adv.* F den 'Umständen nach.

con·sign [kən'saɪn] *v/t.* **1.** über'geben, über'liefern; **2.** anvertrauen; **3.** bestimmen (***for***, ***to*** für); **4.** ♆ *Waren* a) (***to***) versenden (an *acc.*), zu-, über'senden (*dat.*), verfrachten (an *acc.*), b) in Kommissi'on *od.* Konsignati'on geben, konsignieren; **con·sign·ee** [ˌkɒnsaɪ'niː] *s.* ♆ **1.** Empfänger *m*, Adres'sat *m*; **2.** *Überseehandel*: Konsigna'tar *m*; **con'sign·ment** [-mənt] *s.* ♆ **1.** a) Über'sendung *f*, b) *Überseehandel*: Konsignati'on *f*: ***~ note*** Frachtbrief *m*; ***in ~*** in Konsignation *od.* Kommission; **2.** a) (Waren)Sendung *f*, b) *Überseehandel*: Konsignati'onsware(n *pl.*) *f*; **con'sign·or** [-nə] *s.* ♆ **1.** Über'sender *m*; **2.** *Überseehandel*: Konsi'gnant *m*.

con·sist [kən'sɪst] *v/i.* **1.** bestehen, sich zs.-setzen (***of*** aus); **2.** bestehen (***in*** in *dat.*); **con'sist·ence** [-təns] → ***consistency*** 1 *u.* 2; **con'sist·en·cy** [-tənsɪ] *s.* **1.** Konsi'stenz *f*, Beschaffenheit *f*; **2.** Festigkeit *f*, Dichtigkeit *f*, Dicke *f*; **3.** Konse'quenz *f*, Folgerichtigkeit *f*; **4.** Stetigkeit *f*; **5.** Über'einstimmung *f*, Vereinbarkeit *f*; **con'sist·ent** [-tənt] *adj.* □ **1.** konse'quent: a) folgerichtig, logisch, b) gleichmäßig, stetig, unbeirrbar (*a. Person*); **2.** über'einstimmend, vereinbar, im Einklang stehend (***with*** mit); **3.** beständig, kon'stant (*Leistung etc.*); **con'sist·ent·ly** [-təntlɪ] *adv.* **1.** im Einklang (***with*** mit); **2.** 'durchweg; **3.** logischerweise.

con·sis·to·ry [kən'sɪstərɪ] *s. eccl.* Konsi'storium *n*.

con·so·la·tion [ˌkɒnsə'leɪʃn] *s.* Trost *m*,

Tröstung *f*: ***poor ~*** schwacher Trost; ***~ goal*** *sport* Ehrentor *n*; ***~ prize*** Trostpreis *m*.

con·sole[1] [kən'səʊl] *v/t. j-n* trösten: ***~ o.s.*** sich trösten (***with*** mit).

con·sole[2] ['kɒnsəʊl] *s.* **1.** Kon'sole *f*: a) ⚠ Krag-, Tragstein *m*, b) Wandgestell *n*: ***~ (table)*** Wandtischchen *n*; **2.** (Fernseh-, Mu'sik)Truhe *f*, (Radio)Schrank *m*; **3.** ⚙, ϟ Schalt-, Steuerpult *n*, Kon'sole *f*.

con·sol·i·date [kən'sɒlɪdeɪt] **I** *v/t.* **1.** (ver)stärken, festigen, *fig. a.* konsolidieren; **2.** vereinigen: a) zs.-legen, zs.-schließen, b) *Truppen* zs.-ziehen; **3.** ✝ a) *Schulden* konsolidieren, fundieren, b) *Aktien, a.* ⚖ *Klagen* zs.-legen, c) *Gesellschaften* zs.-schließen; **4.** ⚙ verdichten; **II** *v/i.* **5.** fest werden; sich festigen (*a. fig.*); **con'sol·i·dat·ed** [-tɪd] *adj.* **1.** fest, dicht, kom'pakt; **2.** *bsd.* ✝ vereinigt, konsolidiert: ***~ annuities*** → ***consols***; ***~ debt*** fundierte Schuld; ***∼ Fund*** *Brit.* konsolidierter Staatsfonds; **con·sol·i·da·tion** [kənˌsɒlɪ'deɪʃn] *s.* **1.** (Ver)stärkung *f*, Festigung *f* (*beide a. fig.*); **2.** ⚔ a) Zs.-ziehung *f*, b) Ausbau *m*; **3.** ✝ a) Konsolidierung *f*, b) Zs.-legung *f*, Vereinigung *f*, c) Zs.-schluß *m*; **4.** ⚙ Verdichtung *f*; **5.** ✓ Flurbereinigung *f*.

con·sols ['kɒnsəlz] *s. pl.* ✝ *Brit.* Kon'sols *pl.*, konsolidierte Staatsanleihen *pl.*

con·som·mé [kən'sɒmeɪ] (*Fr.*) *s.* Consom'mé *f, n* (*klare Kraftbrühe*).

con·so·nance ['kɒnsənəns] *s.* **1.** Zs.-, Gleichklang *m*; **2.** ♪ Konso'nanz *f*; **3.** *fig.* Über'einstimmung *f*, Harmo'nie *f*; **'con·so·nant** [-nt] **I** *adj.* □ **1.** ♪ konso'nant; **2.** über'einstimmend, vereinbar (***with*** mit); **3.** gemäß (***to*** *dat.*); **II** *s.* **4.** *ling.* Konso'nant *m*; **con·so·nan·tal** [ˌkɒnsə'næntl] *adj. ling.* konso'nantisch.

con·sort I *s.* ['kɒnsɔːt] **1.** Gemahl(in); **2.** ⚓ Geleitschiff *n*; **II** *v/i.* [kən'sɔːt] **3.** (***with***) verkehren (mit), sich gesellen (zu); **4.** (***with***) über'einstimmen (mit), passen (zu); **con·sor·ti·um** [kən'sɔːtjəm] *s.* **1.** Vereinigung *f*, Gruppe *f*, Kon'sortium *n* (*a.* ✝): ***~ of banks*** Bankenkonsortium; **2.** ⚖ eheliche Gemeinschaft.

con·spi·cu·i·ty [ˌkɒnspɪ'kjuːətɪ] → ***conspicuousness***; **con·spic·u·ous** [kən'spɪkjʊəs] *adj.* □ **1.** deutlich sichtbar; **2.** auffallend: ***be ~*** in die Augen fallen; ***be ~ by one's absence*** durch Abwesenheit glänzen; ***make o.s. ~*** sich auffällig benehmen, auffallen; ***render o.s. ~*** sich hervortun; **3.** *fig.* bemerkenswert, her'vorragend; **con·spic·u·ous·ness** [kən'spɪkjʊəsnɪs] *s.* **1.** Deutlichkeit *f*; **2.** Auffälligkeit *f*, Augenfälligkeit *f*.

con·spir·a·cy [kən'spɪrəsɪ] *s.* Verschwörung *f*, Kom'plott *n*: ***~ of silence*** verabredetes Stillschweigen; ***~ (to commit a crime)*** (*strafbare*) Verabredung zur Verübung e-r Straftat; **con'spir·a·tor** [-ətə] *s.* Verschwörer *m*; **con·spir·a·to·ri·al** [kənˌspɪrə'tɔːrɪəl] *adj.* verschwörerisch, Verschwörungs...; **con·spire** [kən'spaɪə] **I** *v/i.* **1.** sich verschwören; sich (heimlich) zs.-tun; ⚖ sich *zu e-r Tat* verabreden; **2.** *fig.* zs.-wirken, (insgeheim) dazu beitragen, sich verschworen haben; **II** *v/t.* **3.** (heimlich) planen, anzetteln.

con·sta·ble ['kʌnstəbl] *s. bsd. Brit.* Poli'zist *m*, Wachtmeister *m*: ***special ~*** Hilfspolizist; → ***Chief Constable***; **con·stab·u·lar·y** [kən'stæbjʊlərɪ] *s.* Poli'zei(truppe) *f*.

con·stan·cy ['kɒnstənsɪ] *s.* **1.** Beständigkeit *f*, Unveränderlichkeit *f*; **2.** Bestand *m*, Dauer *f*; **3.** *fig.* Standhaftigkeit *f*; Treue *f*; **'con·stant** [-nt] **I** *adj.* □ **1.** (be)ständig, unveränderlich, gleichbleibend, kon'stant; **2.** dauernd, unaufhörlich; stetig, regelmäßig: ***~ rain*** anhaltender Regen; → ***companion***[1] 2; **3.** standhaft, beharrlich, fest; **4.** verläßlich, treu; **5.** ⚗, ϟ, *phys.* kon'stant; **II** *s.* **6.** ⚗, *phys.* kon'stante Größe, Kon'stante *f*.

con·stel·la·tion [ˌkɒnstə'leɪʃn] *s.* **1.** Konstellati'on *f*: a) *ast.* Sternbild *n*, b) *fig.* Gruppierung *f*; **2.** glänzende Versammlung.

con·ster·nat·ed ['kɒnstəneɪtɪd] *adj.* bestürzt, konsterniert; **con·ster·na·tion** [ˌkɒnstə'neɪʃn] *s.* Bestürzung *f*.

con·sti·pate ['kɒnstɪpeɪt] *v/t.* ⚕ verstopfen; **con·sti·pa·tion** [ˌkɒnstɪ'peɪʃn] *s.* ⚕ Verstopfung *f*.

con·stit·u·en·cy [kən'stɪtjʊənsɪ] *s.* **1.** Wählerschaft *f*; **2.** Wahlkreis *m*; **3.** *Am.* F Kundenkreis *m*; **con'stit·u·ent** [-nt] **I** *adj.* **1.** e-n (Bestand)Teil bildend: ***~ part*** Bestandteil *m*; **2.** *pol.* Wähler..., Wahl...: ***~ body*** Wählerschaft *f*; **3.** *pol.* konstituierend, verfassunggebend: ***~ assembly*** verfassunggebende Versammlung; **II** *s.* **4.** Bestandteil *m*; **5.** ⚖ Vollmachtgeber(in); **6.** *pol.* Wähler (-in); **7.** *ling.* Satzteil *m*; **8.** ⚗, *phys.* Kompo'nente *f*.

con·sti·tute ['kɒnstɪtjuːt] *v/t.* **1.** ernennen, einsetzen: ***~ s.o. president*** j-n als

Präsidenten einsetzen; **2.** *Gesetz* in Kraft setzen; **3.** *oft pol.* gründen, einsetzen, konstituieren: **~ a committee** e-n Ausschuß einsetzen; **the ~d authorities** die verfassungsmäßigen Behörden; **4.** ausmachen, bilden: **~ a precedent** e-n Präzedenzfall bilden; **be so ~d that** so geartet sein, daß.

con·sti·tu·tion [ˌkɒnstɪˈtjuːʃn] *s.* **1.** Zs.-setzung *f*, (Auf)Bau *m*, Beschaffenheit *f*; **2.** Einsetzung *f*, Bildung *f*, Gründung *f*; **3.** Konstituti'on *f*, Körperbau *m*, Na'tur *f*: **by ~** von Natur; **strong ~** starke Konstitution; **4.** Gemütsart *f*, Wesen *n*, Veranlagung *f*; **5.** *pol.* Verfassung *f*, Grundgesetz *n*, Satzung *f*; **ˌcon·stiˈtu·tion·al** [-ʃənl] **I** *adj.* □ **1.** körperlich bedingt, angeboren, veranlagungsgemäß; **2.** *pol.* verfassungsmäßig, rechtsstaatlich, Verfassungs...: **~ monarchy** konstitutionelle Monarchie; **~ state** Rechtsstaat *m*; **II** *s.* **3.** F (Verdauungs-)Spaziergang *m*; **ˌcon·stiˈtu·tion·al·ism** [-ʃnəlɪzəm] *s. pol.* verfassungsmäßige Regierungsform; **ˌcon·stiˈtu·tion·al·ist** [-ʃnəlɪst] *s. pol.* Anhänger *m* der verfassungsmäßigen Regierungsform.

con·strain [kənˈstreɪn] *v/t.* **1.** zwingen, nötigen, drängen: **be** (*od.* **feel**) **~ed** sich genötigt sehen; **2.** erzwingen; **3.** einzwängen; einsperren; **conˈstrained** [-nd] *adj.* □ gezwungen, steif, verkrampft, verlegen, befangen; **conˈstrain·ed·ly** [-nɪdlɪ] *adv.* gezwungen; **conˈstraint** [-nt] *s.* **1.** Zwang *m*, Nötigung *f*: **under ~** unter Zwang, zwangsweise; **2.** Beschränkung *f*; **3.** a) Befangenheit *f*, b) Gezwungenheit *f*; **4.** Zu'rückhaltung *f*.

con·strict [kənˈstrɪkt] *v/t.* zs.-ziehen, -pressen, -schnüren, einengen; **conˈstrict·ed** [-tɪd] *adj.* eingeengt; beschränkt; **conˈstric·tion** [-kʃn] *s.* Zs.-ziehung *f*, Einschnürung *f*; Beengtheit *f*; **conˈstric·tor** [-tə] *s.* **1.** *anat.* Schließmuskel *m*; **2.** *zo.* 'Boa *f*, Riesenschlange *f*.

con·strin·gent [kənˈstrɪndʒənt] *adj.* zs.-ziehend.

con·struct [kənˈstrʌkt] *v/t.* **1.** bauen, errichten; **2.** ⚙, ⩚, *ling.* konstruieren; **3.** *fig.* aufbauen, gestalten, formen; ausarbeiten, entwerfen, ersinnen; **conˈstruc·tion** [-kʃn] *s.* **1.** (Er)Bauen *n*, Bau *m*, Errichtung *f*: **under ~** im Bau; **2.** Bauwerk *n*, Bau *m*, Gebäude *n*; **3.** Bauweise *f*; *fig.* Aufbau *m*, Anlage *f*, Gestaltung *f*, Form *f*; **4.** ⚙, ⩚ Konstrukti'on *f*; **5.** *ling.* Konstrukti'on *f*, Satzbau *m*, Wortfügung *f*; **6.** Auslegung *f*, Deutung *f*: **put a wrong ~ on s.th.** et. falsch auslegen *od.* auffassen; **conˈstruc·tion·al** [-kʃənl] *adj.* Bau..., Konstruktions..., baulich; **conˈstruc·tive** [-tɪv] *adj.* □ **1.** aufbauend, schaffend, schöpferisch, konstruk'tiv; **2.** konstruk'tiv, positiv: **~ criticism**; **3.** Bau..., Konstruktions...; **4.** a) *a.* ⚖ abgeleitet, angenommen, b) ⚖ mittelbar; **conˈstruc·tor** [-tə] *s.* Erbauer *m*, Konstruk'teur *m*.

con·strue [kənˈstruː] **I** *v/t.* **1.** *ling.* a) *Satz* zergliedern, konstruieren, b) (Wort für Wort) über'setzen; **2.** auslegen; deuten; auffassen; **II** *v/i.* **3.** *ling.* sich konstruieren *od.* zergliedern lassen.

con·sub·stan·ti·al·i·ty [ˈkɒnsəbˌstænʃɪˈælətɪ] *s. eccl.* Wesensgleichheit *f* (*der drei göttlichen Personen*); **con·sub·stan·ti·ate** [ˌkɒnsəbˈstænʃɪeɪt] *v/t.* (*v/i.* sich) zu e-m einzigen Wesen vereinigen; **ˈcon·subˌstan·tiˈa·tion** [-ɪˈeɪʃn] *s. eccl.* Konsubstantiati'on *f* (*Mitgegenwart des Leibes u. Blutes Christi beim Abendmahl*).

con·sue·tude [ˈkɒnswɪtjuːd] *s.* Gewohnheit *f*, Brauch *m*; **con·sue·tu·di·nar·y** [ˌkɒnswɪˈtjuːdɪnərɪ] *adj.* gewohnheitsmäßig, Gewohnheits...

con·sul [ˈkɒnsəl] *s.* Konsul *m*: **~-general** Generalkonsul; **ˈcon·su·lar** [-sjʊlə] Konsulats..., Konsular..., konsu'larisch: **~ invoice** ✝ Konsulatsfaktura *f*; **ˈcon·su·late** [-sjʊlət] *s.* Konsu'lat *n* (*a. Gebäude*): **~-general** Generalkonsulat; **ˈcon·sul·ship** [-ʃɪp] *s.* Amt *n* e-s Konsuls.

con·sult [kənˈsʌlt] **I** *v/t.* **1.** um Rat fragen, befragen, *Arzt etc.* zu Rate ziehen, konsultieren: **~ one's watch** auf die Uhr sehen; **~ the dictionary** im Wörterbuch nachschlagen; **2.** beachten, berücksichtigen: **~ s.o.'s wishes**; **II** *v/i.* **3.** sich beraten *od.* besprechen (**with** mit, **about** über *acc.*); **conˈsult·ant** [-tənt] *s.* **1.** (*Fach-, Betriebs- etc.*)Berater *m*; **2.** ⚕ a) Facharzt *m*, b) fachärztlicher Berater; **con·sul·ta·tion** [ˌkɒnsəlˈteɪʃn] *s.* Beratung *f*, Rücksprache *f* (**on** über *acc.*), Konsultati'on *f* (*a.* ⚕): **~ hour** ⚕ Sprechstunde *f*; **conˈsult·a·tive** [-tətɪv] *adj.* beratend; **conˈsult·ing** [-tɪŋ] *adj.* beratend: **~ engineer** technischer (Betriebs)Berater; **~ room** ⚕ Sprechzimmer *n*.

con·sum·a·ble [kənˈsjuːməbl] **I** *adj.* verzehrbar, verbrauchbar, zerstörbar; **II** *s. mst pl.* Ver'brauchsarˌtikel *m*; **con·sume** [kənˈsjuːm] **I** *v/t.* **1.** verzehren (*a. fig.*), verbrauchen: ***be ~d with*** *fig.* erfüllt sein von, von *Haß*, *Verlangen* verzehrt werden, vor *Neid* vergehen; ***consuming desire*** brennende Begierde; **2.** zerstören: ***~d by fire*** ein Raub der Flammen; **3.** (auf)essen, trinken; **4.** verschwenden; *Zeit* rauben *od.* benötigen; **II** *v/i.* **5.** *a.* ***~ away*** sich verzehren (*a. fig.*); sich verbrauchen *od.* abnutzen; **con'sum·er** [-mə] *s.* Verbraucher *m*, Abnehmer *m*, Konsu'ment *m*: ***~ goods*** Konsumgüter; ***~ resistance*** Kaufunlust *f*; ***~ society*** Konsumgesellschaft *f*; ***ultimate ~*** Endverbraucher *m*; **con'sum·er·ism** [-mərɪzəm] *s.* **1.** Verbraucherschutzbewegung *f*; **2.** kritische Verbraucherhaltung.

con·sum·mate I *v/t.* ['kɒnsəmeɪt] voll'enden; *bsd. Ehe* voll'ziehen; **II** *adj.* □ [kən'sʌmɪt] voll'endet, 'vollkommen, völlig: ***~ skill*** höchste Geschicklichkeit; **con·sum·ma·tion** [ˌkɒnsə'meɪʃn] *s.* **1.** Voll'endung *f*, Ziel *n*, Ende *n*; **2.** Erfüllung *f*; **3.** ⚖ Voll'ziehung *f* (*Ehe*).

con·sump·tion [kən'sʌmpʃn] *s.* **1.** Verbrauch *m*, Kon'sum *m* (***of*** an *dat. od.* von); **2.** Verzehrung *f*; Zerstörung *f*; **3.** Verzehr *m*: ***unfit for human ~*** für menschlichen Verzehr ungeeignet; ***for public ~*** *fig.* für die Öffentlichkeit bestimmt; **4.** ⚕ *obs.* Schwindsucht *f*; **con'sump·tive** [-ptɪv] **I** *adj.* □ **1.** verbrauchend, Verbrauchs...; **2.** (ver)zehrend; **3.** ⚕ *obs.* schwindsüchtig; **II** *s.* **4.** ⚕ *obs.* Schwindsüchtige(r *m*) *f*.

con·tact ['kɒntækt] **I** *s.* **1.** Berührung *f* (*a.* ⩓), Kon'takt *m*; ⚔ Feindberührung *f*; **2.** *fig.* Kon'takt *m*: a) Verbindung *f*, Beziehung *f*, Fühlung *f* (*a.* ⚔), b) Verbindungs-, Gewährsmann *m*, c) *pol.* Kon'taktmann *m* (*Agent*): ***make ~s*** Verbindungen anknüpfen; ***business ~*** Geschäftsverbindung; **3.** ⚡ Kon'takt *m*: a) Anschluß *m*, b) Kon'taktstück *n*: ***make*** (***break***) ***~*** Kontakt herstellen (unterbrechen); **4.** ⚕ Kon'taktperˌson *f*; **II** *v/t.* **5.** in Berührung kommen mit; Kon'takt haben mit, berühren; **6.** *fig.* sich in Verbindung setzen mit, Beziehungen *od.* Kon'takt aufnehmen zu, sich an *j-n* wenden; **~ box** *s.* ⚡ Anschlußdose *f*; **~ break·er** *s.* ⚡ ('Strom-) Unterˌbrecher *m*; **~ flight** *s.* ✈ Sichtflug *m*; **~ lens** *s.* Haft-, Kon'taktschale *f*, Kon'taktlinse *f*; **~ light** *s.* ✈ Lande-(bahn)feuer *n*; **'~-ˌmak·er** *s.* ⚡ Einschalter *m*, Stromschließer *m*; **~ man** *s.* [*irr.*] → ***contact*** 2 b, c; **~ mine** *s.* ⚔ Tretmine *f*.

con·tac·tor ['kɒntæktə] *s.* ⚡ (Schalt-) Schütz *n*: ***~ switch*** Schütz(schalter *m*).

con·tact| print *s. phot.* Kon'taktabzug *m*; **~ rail** *s.* ⚡ Kon'taktschiene *f*.

con·ta·gion [kən'teɪdʒən] *s.* **1.** ⚕ a) Ansteckung *f* (*durch Berührung*), b) ansteckende Krankheit; **2.** *fig.* Vergiftung *f*; verderblicher Einfluß; **con'ta·gious** [-dʒəs] *adj.* □ **1.** ⚕ a) ansteckend (*a. fig. Stimmung etc.*), b) infiziert: ***~ matter*** Krankheitsstoff *m*; **2.** *fig. obs.* verderblich.

con·tain [kən'teɪn] *v/t.* **1.** enthalten; *fig. a.* beinhalten; **2.** (um)'fassen, einschließen, aufnehmen, Raum haben für; **3.** bestehen aus, messen; **4.** zügeln, im Zaum halten, bändigen: ***~ one's anger***; **5.** ***~ o.s.*** sich beherrschen *od.* mäßigen: ***be unable to ~ o.s. for*** sich nicht fassen können vor; **6.** *a.* ⚔ fest-, zu'rückhalten; ⚔ *Feindkräfte* fesseln, binden; *a. pol.* eindämmen: ***~ the attack*** den Angriff abriegeln; ***~ a fire*** e-n Brand unter Kontrolle bringen *od.* eindämmen; **7.** ⩓ teilbar sein durch; **con'tain·er** [-nə] *s.* **1.** Behälter *m*; Gefäß *n*; Ka'nɪster *m*; **2.** ✝ Con'tainer *m* (*Großbehälter*): ***~ port*** Containerhafen *m*; ***~ ship*** Containerschiff *n*; **con'tain·er·ize** [-nəraɪz] *v/t.* **1.** auf Con'tainerbetrieb 'umstellen; **2.** in Con'tainern transportieren; **con'tain·ment** [-mənt] *s. fig.* Eindämmung *f*, In-'Schach-Halten *n*: ***policy of ~*** Eindämmungspolitik *f*.

con·tam·i·nant [kən'tæmɪnənt] *s.* Verseuchungsstoff *m*; **con'tam·i·nate** [-neɪt] *v/t.* **1.** verunreinigen; **2.** *a. fig.* infizieren, vergiften, (*a.* radioak'tiv) verseuchen: ***~d area*** verseuchtes Gelände; **con·tam·i·na·tion** [kənˌtæmɪ'neɪʃn] *s.* **1.** Verunreinigung *f*; **2.** (*a.* radioak'tive *etc.*) Verseuchung: ***~ meter*** Geigerzähler *m*; **3.** *ling.* Kontaminati'on *f*.

con·tan·go [kən'tæŋgəʊ] *s.* ✝ *Börse*: Re'port *m* (*Kurszuschlag*).

con·temn [kən'tem] *v/t. poet.* verachten; **con'tem·nor** [-nə] *s.* ⚖ j-d der ***contempt of court*** begeht (→ ***contempt*** 4).

con·tem·plate ['kɒntempleɪt] **I** *v/t.* **1.** (nachdenklich) betrachten; nachdenken über (*acc.*); über'denken; **2.** ins Auge fassen, erwägen, beabsichtigen; **3.** erwarten, rechnen mit; **II** *v/i.* **4.** nachsinnen; **con·tem·pla·tion** [ˌkɒntem'pleɪʃn] *s.* **1.** (nachdenkliche) Betrachtung; **2.** Nachdenken *n*, -sinnen *n*; **3.** *bsd. eccl.* Meditati'on *f*, innere Einkehr, Versunkenheit *f*; **4.** Erwägung *f*:

have in ~ → ***contemplate*** 2; ***be in ~*** erwogen *od.* geplant werden; **5.** Absicht *f*; ˈ**con·tem·pla·tive** [-tɪv] *adj.* □ **1.** nachdenklich; **2.** beschaulich, besinnlich, kontemplaˈtiv.

con·tem·po·ra·ne·ous [kənˌtempəˈreɪnjəs] *adj.* □ gleichzeitig (***with*** mit); **conˌtem·poˈra·ne·ous·ness** [-nɪs] *s.* Gleichzeitigkeit *f*; **con·tem·po·rar·y** [kənˈtempərərɪ] **I** *adj.* **1.** zeitgenössisch: a) heutig, unserer Zeit, b) der damaligen Zeit: ***~ history*** Zeitgeschichte *f*; **2.** gleichalt(e)rig; **II** *s.* **3.** Zeitgenosse *m*, -genossin *f*; **4.** Altersgenosse *m*, -genossin *f*; **5.** gleichzeitig erscheinende Zeitung, Konkurˈrenz(blatt *n*) *f*.

con·tempt [kənˈtem*p*t] *s.* **1.** Verachtung *f*, Geringschätzung *f*: ***feel ~ for s.o., hold s.o. in ~*** j-n verachten; ***bring into ~*** verächtlich machen; → ***beneath*** II; **2.** Schande *f*, Schmach *f*: ***fall into ~*** in Schande geraten; **3.** ˈMißachtung *f*; **4.** ***~*** (***of court***) ⚖ ˈMißachtung des Gerichts (*Ungebühr*, *Nichterscheinen etc.*); **con·tempt·i·bil·i·ty** [kənˌtem*p*təˈbɪlətɪ] *s.* Verächtlichkeit *f*; **conˈtempt·i·ble** [-təbl] *adj.* □ **1.** verächtlich, verachtenswert, nichtswürdig: ***Old ~s*** *brit. Expeditionskorps in Frankreich 1914*; **2.** gemein, niederträchtig; **conˈtemp·tu·ous** [-tjʊəs] *adj.* □ verachtungsvoll, geringschätzig: ***be ~ of s.th.*** et. verachten; **conˈtemp·tu·ous·ness** [-tjʊəsnɪs] *s.* Verachtung *f*, Geringschätzigkeit *f*.

con·tend [kənˈtend] **I** *v/i.* **1.** kämpfen, ringen (***with*** mit, ***for*** um); **2.** *mit Worten* streiten, disputieren (***about*** über *acc.*, ***against*** gegen); **3.** wetteifern, sich bewerben (***for*** um); **II** *v/t.* **4.** behaupten, geltend machen (***that*** daß); **conˈtend·er** [-də] *s.* Kämpfer(in); Bewerber(in) (***for*** um); Konkurˈrent(in); **conˈtend·ing** [-dɪŋ] *adj.* **1.** streitend, kämpfend; **2.** widerˈstreitend; **3.** konkurrierend.

con·tent[1] [ˈkɒntent] *s.* **1.** *mst pl.* (*Raum*)Inhalt *m*, Fassungsvermögen *n*; ˈUmfang *m*; **2.** *pl. a. fig.* Inhalt *m* (*Buch etc.*); **3.** *mst* ⚗ Gehalt *m*: ***gold ~*** Goldgehalt.

con·tent[2] [kənˈtent] **I** *pred. adj.* **1.** zuˈfrieden; **2.** bereit, willens (***to*** *inf.* zu *inf.*); **3.** *parl. Brit.* (*nur House of Lords*) einverstanden: ***not ~*** dagegen; **II** *v/t.* **4.** befriedigen, zuˈfriedenstellen; **5.** ***~ o.s.*** zuˈfrieden sein, sich zufrieden geben *od.* begnügen *od.* abfinden (***with*** mit); **III** *s.* **6.** Zuˈfriedenheit *f*, Befriedigung *f*: ***to one's heart's ~*** nach Herzenslust; **7.** *mst pl. parl. Brit.* Ja-Stimmen *pl.*; **conˈtent·ed** [-tɪd] *adj.* □ zuˈfrieden (***with*** mit); **conˈtent·ed·ness** [-tɪdnɪs] *s.* Zuˈfriedenheit *f*.

con·ten·tion [kənˈtenʃn] *s.* **1.** Streit *m*, Zank *m*; **2.** Wortstreit *m*; **3.** Behauptung *f*: ***my ~ is that*** ich behaupte, daß; **4.** Streitpunkt *m*; **conˈten·tious** [-ʃəs] *adj.* □ **1.** streitsüchtig; **2.** streitig (*a.* ⚖), strittig, umˈstritten; **conˈten·tious·ness** [-ʃəsnɪs] *s.* Streitsucht *f*.

con·tent·ment [kənˈtentmənt] *s.* Zuˈfriedenheit *f*.

con·test **I** *s.* [ˈkɒntest] **1.** Kampf *m*, Streit *m*; **2.** Wettkampf *m*, -streit *m*, -bewerb *m* (***for*** um); **II** *v/t.* [kənˈtest] **3.** ⚔ *u. fig.* kämpfen um; **4.** konkurrieren *od.* sich bewerben um; **5.** *pol.* ***~ a seat*** *od.* ***an election*** für e-e Wahl kandidieren; **6.** bestreiten; *a.* ⚖ *Aussage*, *Testament*, *Wahl*(*ergebnis*) *etc.* anfechten; **III** *v/i.* [kənˈtest] **7.** wetteifern (***with*** mit); **con·test·a·ble** [kənˈtestəbl] *adj.* strittig; anfechtbar; **con·test·ant** [kənˈtestənt] *s.* **1.** (Wett)Bewerber(in); **2.** Wettkämpfer(in); **3.** Kandiˈdat(in); **4.** ⚖ a) streitende Parˈtei, b) Anfechter(in); **con·tes·ta·tion** [ˌkɒntesˈteɪʃn] *s.* Streit *m*; Disˈput *m*.

con·text [ˈkɒntekst] *s.* **1.** (*inhaltlicher*) Zs.-hang, Kontext *m*: ***out of ~*** aus dem Zs.-hang gerissen; **2.** Umˈgebung *f*, Miliˈeu *n*; **con·tex·tu·al** [kɒnˈtekstjʊəl] *adj.* □ dem Zs.-hang gemäß; **con·tex·ture** [kɒnˈtekstʃə] *s.* **1.** (Auf)Bau *m*, Gefüge *n*, Strukˈtur *f*; **2.** Gewebe *n*.

con·ti·gu·i·ty [ˌkɒntɪˈgjuːətɪ] *s.* **1.** (***to***) Angrenzen *n* (an *acc.*), Berührung *f* (mit); **2.** Nähe *f*, Nachbarschaft *f*; **con·tig·u·ous** [kənˈtɪgjʊəs] *adj.* □ (***to***) **1.** angrenzend (an *acc.*), berührend (*acc.*); **2.** nahe, benachbart (*dat.*).

con·ti·nence [ˈkɒntɪnəns] *s.* Mäßigkeit *f*, (*bsd. sexuelle*) Enthaltsamkeit; ˈ**con·ti·nent** [-nənt] **I** *adj.* □ **1.** mäßig; enthaltsam, keusch; **II** *s.* **2.** Kontiˈnent *m*, Erdteil *m*; **3.** Festland *n*: ***the ~*** *Brit.* das europäische Festland.

con·ti·nen·tal [ˌkɒntɪˈnentl] **I** *adj.* □ **1.** kontinenˈtal, Kontinental...: ***~ shelf*** Festlandsockel *m*; **2.** *mst ~ Brit.* kontinenˈtal (*das europäische Festland betreffend*); ausländisch: ***~ quilt*** *Brit.* Federbett *n*; ***~ tour*** Europareise *f*; **II** *s.* **3.** Festländer(in); **4.** *~ Brit.* Kontinenˈtaleuroˌpäer(in); ˌ**con·tiˈnen·tal·ize** [-təlaɪz] *v/t.* kontinenˈtalen Chaˈrakter geben (*dat.*): ***~d*** *Brit.* ‚europäisiert'.

con·tin·gen·cy [kənˈtɪndʒənsɪ] *s.* **1.** Eventualiˈtät *f*, Möglichkeit *f*, unvorhergesehener Fall: ***~ insured against***

Versicherungsfall *m*; **2.** Zufälligkeit *f*, Zufall *m*; **3.** *pl.* ✝ unvorhergesehene Ausgaben *pl.*; **con'tin·gent** [-nt] **I** *adj.* □ **1.** eventu'ell, möglich; zufällig, ungewiß; gelegentlich; **2.** (*on*, *upon*) abhängig (von), bedingt (durch), verbunden (mit): ~ *fee* Erfolgshonorar *n*; ~ *reserve* ✝ Sicherheitsrücklage *f*; **II** *s.* **3.** Anteil *m*, Beitrag *m*, Quote *f*, (⚔ 'Truppen)Kontin,gent *n*; **con'tin·gent·ly** [-ntlı] *adv.* möglicherweise.

con·tin·u·al [kən'tınjʊəl] *adj.* □ **1.** fortwährend, 'ununter,brochen, (an)dauernd, (be)ständig; **2.** immer 'wiederkehrend, (sehr) häufig, oft wieder'holt; **3.** *a.* ⅍ kontinuierlich, stetig; **con'tin·u·al·ly** [-lı] *adv.* **1.** fortwährend *etc.*; **2.** immer wieder; **con'tin·u·ance** [-əns] *s.* **1.** → *continuation* 1, 2; **2.** Dauer *f*, Beständigkeit *f*; **3.** (Ver)Bleiben *n*; **con'tin·u·ant** [-ənt] *s.* **1.** *ling.* Dauerlaut *m*; **2.** ⅍ Kontinu'ante *f*; **con·tin·u·a·tion** [kən,tınjʊ'eıʃn] *s.* **1.** Fortsetzung *f* (*a. e-s Romans etc.*), Weiterführung *f*: ~ *school* Fortbildungsschule *f*; **2.** Fortbestand *m*, -dauer *f*; **3.** Erweiterung *f*; **4.** Verlängerung(sstück *n*) *f*; **5.** ✝ Prolongati'on *f*; **con·tin·ue** [kən'tınju:] **I** *v/i.* **1.** fortfahren, weitermachen; **2.** fortdauern: a) (an)dauern, anhalten, b) sich fortsetzen, weitergehen, c) (fort)bestehen; **3.** (ver)bleiben: ~ *in office* im Amt bleiben; **4.** ver-, beharren (*in* bei, in *dat.*); **5.** ~ *doing*, ~ *to do* weiter *od.* auch weiterhin tun; ~ *talking* weiterreden; ~ (*to be*) *obstinate* eigensinnig bleiben; **II** *v/t.* **6.** fortsetzen, -führen, fortfahren mit: *to be* ~*d* Fortsetzung folgt; **7.** verlängern, weiterführen; **8.** aufrechterhalten; beibehalten, erhalten; belassen; **9.** vertagen; **con'tin·ued** [-ju:d] *adj.* □ **1.** → *continuous* 1–3: ~ *existence* Fortbestand *m*; **2.** in Fortsetzungen erscheinend; **con·ti·nu·i·ty** [,kɒntı'nju:ətı] *s.* **1.** Fortbestand *m*, Stetigkeit *f*; **2.** Zs.-hang *m*; enge Verbindung; **3.** 'ununter,brochene Folge; **4.** *fig.* roter Faden; **5.** *Film*: Drehbuch *n*; *Radio*, *TV*: Manu'skript *n*: ~ *girl* Skriptgirl *n*; ~ *writer* a) Drehbuchautor *m*, b) Textschreiber *m*.

con·tin·u·ous [kən'tınjʊəs] *adj.* □ **1.** 'ununter,brochen, (fort)laufend; zs.-hängend; **2.** unaufhörlich, andauernd, fortwährend; **3.** kontinuierlich (*a.* ⚙, *phys.*): ~ *function*; **4.** *ling.* progres'siv: ~ *form* Verlaufsform *f*; ~ **cur·rent** *s.* ⚡ Gleichstrom *m*; ~ **fire** *s.* ⚔ Dauerfeuer *n*; ~ **op·er·a·tion** *s.* ⚙ Dauerbetrieb *m*; ~ **pap·er** *s.* 'Endlospa,pier *n*; ~ **per·form·ance** *s. thea.* Non'stopvorstellung *f*.

con·tin·u·um [kɒn'tınjʊəm] **1.** ⅍ Kon'tinuum *n*; **2.** → *continuity* 3.

con·tort [kən'tɔ:t] *v/t.* **1.** (*a. Worte etc.*) verdrehen; **2.** *Gesicht etc.* verzerren, verziehen; **con'tor·tion** [-ɔ:ʃn] *s.* **1.** Verzerrung *f*; **2.** Verrenkung *f*; **con'tor·tion·ist** [-ɔ:ʃnıst] *s.* **1.** Schlangenmensch *m*; **2.** Wortverdreher(in).

con·tour ['kɒn,tʊə] **I** *s.* Kon'tur *f*, 'Umriß(linie *f*) *m*; **II** *v/t.* um'reißen, den 'Umriß zeichnen von; profilieren; *Straße* e-r Höhenlinie folgen lassen; ~ **chair** *s.* körpergerecht gestalteter Sessel; ~ **lathe** *s.* ⚙ Kopierdrehbank *f*; ~ **line** *s. surv.* Höhenlinie *f*; ~ **map** *s.* Höhenlinienkarte *f*.

con·tra ['kɒntrə] **I** *prp.* gegen, kontra (*acc.*); **II** *adv.* da'gegen; **III** *s.* ✝ Gegen-, 'Kreditseite *f*: ~ *account* Gegenrechnung *f*.

'con·tra|·band I *s.* **1.** 'Konterbande *f*, Bann-, Schmuggelware *f*: ~ *of war* Kriegskonterbande; **2.** Schmuggel *m*, Schleichhandel *m*; **II** *adj.* **3.** Schmuggel…, gesetzwidrig; **,~'bass** [-'beıs] *s.* ♪ 'Kontrabaß *m*; **,~·bas'soon** *s.* ♪ 'Kontrafa,gott *n*.

con·tra·cep·tion [,kɒntrə'sepʃn] *s.* Empfängnisverhütung *f*; **,con·tra'cep·tive** [-ptıv] *adj. u. s.* empfängnisverhütend(es Mittel).

con·tract I *s.* ['kɒntrækt] **1.** *a.* ⚖ Vertrag *m*, Kon'trakt *m*: *by* ~ vertraglich; *under* ~ a) (*to*) vertraglich verpflichtet (*dat.*), b) ✝ in Auftrag gegeben (*Arbeit*); ~ (*to kill*) Mordauftrag *m*; **2.** Vertragsurkunde *f*; **3.** ✝ (Liefer-, Werk-) Vertrag *m*, (fester) Auftrag: ~ *note* Schlußschein *m*, -note *f*; ~ *processing* Lohnveredelung *f*; **4.** Ak'kord(arbeit *f*) *m*; **5.** *a.* *marriage* ~ Ehevertrag *m*; **6.** a) *a.* ~ *bridge* Kontrakt-Bridge *n* (*Kartenspiel*), b) höchstes Gebot; **II** *v/t.* [kən'trækt] **7.** *Muskel* zs.-ziehen; *Stirn* runzeln; **8.** *ling.* zs.-ziehen, verkürzen; **9.** ein-, verengen, be-, einschränken; **10.** *Gewohnheit* annehmen, sich *e-e Krankheit* zuziehen; *Vertrag*, *Ehe*, *Freundschaft* schließen; *Schulden* machen; **III** *v/i.* [kən'trækt] **11.** sich zs.-ziehen, (ein)schrumpfen; **12.** enger *od.* kürzer *od.* kleiner werden; **13.** e-n Vertrag schließen, sich vertraglich verpflichten (*to inf.* zu *inf.*, *for* zu): ~ *for s.th.* et. vertraglich übernehmen; *as* ~*ed* wie (vertraglich) vereinbart; *the* ~*ing parties* die vertragschließenden Parteien; ~ **in** *v/i. pol. Brit.* sich zur

Bezahlung des Par'teibeitrages (*für die Labour Party*) verpflichten; **~ out** *v/i.* sich freizeichnen, sich von der Verpflichtung befreien.

con·tract·ed [kən'træktɪd] *adj.* □ **1.** zs.-gezogen; verkürzt; **2.** *fig.* engherzig; beschränkt; **con'tract·i·ble** [-təbl], **con'trac·tile** [-taɪl] *adj.* zs.-ziehbar.

con·trac·tion [kən'trækʃn] *s.* **1.** Zs.-ziehung *f*; **2.** *ling.* Ver-, Abkürzung *f*; Kurzwort *n*; **3.** Verkleinerung *f*, Einschränkung *f*; **4.** Zuziehung *f* (*Krankheit*); Eingehen *n* (*Schulden*); Annahme *f* (*Gewohnheit*); **con'trac·tive** [-ktɪv] *adj.* zs.-ziehend; **con'trac·tor** [-tə] *s.* **1.** (*bsd.* 'Bau- *etc.*)Unterˌnehmer *m*; **2.** Unter'nehmer *m* (*Dienst-, Werkvertrag*), (Ver'trags)Liefeˌrant *m*; **3.** *anat.* Schließmuskel *m*; **con'trac·tu·al** [-ktʃʊəl] *adj.* vertraglich, Vertrags...: **~ *capacity*** ⚖ Geschäftsfähigkeit *f*.

con·tra·dict [ˌkɒntrə'dɪkt] *v/t.* **1.** (*a.* ***o.s.*** sich) wider'sprechen (*dat.*); im 'Widerspruch stehen zu; **2.** *et.* bestreiten, in Abrede stellen; **ˌcon·tra'dic·tion** [-kʃn] *s.* **1.** 'Widerspruch *m*, -rede *f*: ***spirit of ~*** Widerspruchsgeist *m*; **2.** 'Widerspruch *m*, Unvereinbarkeit *f*: ***in ~ to*** im Widerspruch zu; **~ *in terms*** Widerspruch in sich; **3.** Bestreitung *f*; **ˌcon·tra'dic·tious** [-kʃəs] *adj.* □ zum 'Widerspruch geneigt, streitsüchtig; **ˌcon·tra'dic·to·ri·ness** [-tərɪnɪs] *s.* **1.** 'Widerspruch *m*; **2.** 'Widerspruchsgeist *m*; **ˌcon·tra'dic·to·ry** [-tərɪ] **I** *adj.* □ (sich) wider'sprechend, entgegengesetzt; unvereinbar; **II** *s.* 'Widerspruch *m*, Gegensatz *m*.

con·tra·dis·tinc·tion [ˌkɒntrədɪ'stɪŋkʃn] *s.* Gegensatz *m*: ***in ~ to*** (*od.* ***from***) im Gegensatz zu.

con·trail ['kɒntreɪl] *s.* ✈ Kon'densstreifen *m*.

con·tra·in·di·cate [ˌkɒntrə'ɪndɪkeɪt] *v/t.* ⚕ kontraindizieren.

con·tral·to [kən'træltəʊ] *pl.* **-tos** *s.* ♪ Alt *m*: a) Altstimme *f*, b) Al'tist(in), c) 'Altparˌtie *f*.

con·trap·tion [kən'træpʃn] *s.* F (neumodischer) Appa'rat, (komisches) Ding(s).

con·tra·pun·tal [ˌkɒntrə'pʌntl] *adj.* ♪ 'kontrapunktisch.

con·tra·ri·e·ty [ˌkɒntrə'raɪətɪ] *s.* **1.** Gegensätzlichkeit *f*, Unvereinbarkeit *f*; **2.** 'Widerspruch *m*, Gegensatz *m* (***to*** zu); **con·tra·ri·ly** ['kɒntrərəlɪ] *adv.* **1.** entgegen (***to*** *dat.*); **2.** andererseits; **con·tra·ri·ness** ['kɒntrərɪnɪs] *s.* **1.** Gegensätzlichkeit *f*, 'Widerspruch *m*; **2.** Widrigkeit *f*, Ungunst *f*; **3.** F [*a.* kən'treər-] 'Widerspenstigkeit *f*, Eigensinn *m*; **con·tra·ri·wise** ['kɒntrərɪwaɪz] *adv.* im Gegenteil; 'umgekehrt; and(e)rerseits.

con·tra·ry ['kɒntrərɪ] **I** *adj.* □ → ***contrarily***; **1.** entgegengesetzt, gegensätzlich, -teilig; **2.** (***to***) wider'sprechend (*dat.*), im 'Widerspruch (zu); gegen (*acc.*), entgegen (*dat.*): **~ *to expectations*** wider Erwarten; **3.** F [*a.* kən'treərɪ] 'widerspenstig, aufsässig; **II** *adv.* **4.** **~ *to*** gegen, wider: ***act ~ to nature*** wider die Natur handeln; **III** *s.* **5.** Gegenteil *n* (***to*** von *od. gen.*): ***on the ~*** im Gegenteil; ***unless I hear to the ~*** falls ich nichts Gegenteiliges höre; ***proof to the ~*** Gegenbeweis *m*.

con·trast **I** *s.* ['kɒntrɑːst] Kon'trast *m*, Gegensatz *m*: **~ *control*** *TV* Kontrastregler *m*; ***by ~ with*** im Vergleich mit; ***in ~ to*** im Gegensatz zu; ***be a great ~ to*** grundverschieden sein von; **II** *v/t.* [kən'trɑːst] (***with***) entgegensetzen, gegen'überstellen (*dat.*); vergleichen (mit); **III** *v/i.* [kən'trɑːst] (***with***) e-n Gegensatz bilden (zu), sich scharf unter'scheiden (von); sich abheben, abstechen (von): **~*ing colo(u)rs*** Kontrastfarben; **con·trast·y** [kən'trɑːstɪ] *adj.* kon'trastreich.

con·tra·vene [ˌkɒntrə'viːn] *v/t.* **1.** zu'widerhandeln (*dat.*), verstoßen gegen, über'treten, verletzen; **2.** im 'Widerspruch stehen zu; **3.** bestreiten; **ˌcon·tra'ven·tion** [-'venʃn] *s.* (***of***) Über'tretung *f* (von *od. gen.*); Verstoß *m*, Zu'widerhandlung *f* (gegen): ***in ~ of the rules*** entgegen den Vorschriften.

con·tre·temps ['kɔ̃ːntrətɑ̃ːŋ] (*Fr.*) *s.* unglücklicher Zufall, Widrigkeit *f*, ‚Panne' *f*.

con·trib·ute [kən'trɪbjuːt] **I** *v/t.* **1.** beitragen, beisteuern (***to*** zu) (*beide a. fig.*); spenden (***to*** für); ✝ a) *Kapital in e-e Firma* einbringen, b) *Brit. Geld* nachschießen; **2.** *Zeitungsartikel* beitragen; **II** *v/i.* **3.** (***to***) beitragen, e-n Beitrag leisten (zu), mitwirken (an *dat.*, bei): **~ *to a newspaper*** für e-e Zeitung schreiben; **con·tri·bu·tion** [ˌkɒntrɪ'bjuːʃn] *s.* **1.** Beitragen *n*; **2.** Beitrag *m* (*a. für Zeitung*), Beisteuer *f*, Beihilfe *f* (***to*** zu); Spende *f* (***to*** für): ***make a ~*** e-n Beitrag liefern; **3.** Mitwirkung *f* (***to*** an *dat.*); **4.** ✝ a) Einlage *f*: **~ *in kind*** (***cash***) Sach-(Bar-)einlage, b) Nachschuß *m*, c) Sozi'alversicherungsbeitrag *m*: ***employer's ~*** Arbeitgeberanteil *m*, Sozialleistung *f*; **con'trib·u·tive** [-jʊtɪv] *adj.* → ***contributory*** 1, 2; **con'trib·u·tor** [-jʊtə] *s.* **1.** Beitragende(r *m*) *f*; Beisteuernde(r *m*) *f*; **2.** Mitwirkende(r *m*) *f*; Mitarbeiter(in) (*bsd. Zeitung*); **con'trib·u·to·ry** [-jʊtərı] **I** *adj.* **1.** beisteuernd, beitragend (***to*** zu); Beitrags...; **2.** mitwirkend (***to*** an *dat.*, bei); Mit...: ~ ***causes*** ⚖ mitverursachende Umstände; ~ ***negligence*** mitwirkendes Verschulden; **3.** beitragspflichtig; **4.** ✝ *Brit.* nachschußpflichtig; **II** *s.* **5.** Beitrags- *od.* ✝ *Brit.* Nachschußpflichtige(r *m*) *f*.

con·trite ['kɒntraıt] *adj.* □ zerknirscht, reuevoll; **con·tri·tion** [kən'trıʃn] *s.* Zerknirschung *f*, Reue *f*.

con·triv·ance [kən'traıvns] *s.* **1.** Ein-, Vorrichtung *f*; Appa'rat *m*; **2.** Kunstgriff *m*, Erfindung *f*, Plan *m*; **3.** Findigkeit *f*, Scharfsinn *m*; **4.** Bewerkstelligung *f*; **con·trive** [kən'traıv] **I** *v/t.* **1.** erfinden, ersinnen, (sich) ausdenken, entwerfen; **2.** *Pläne* schmieden, aushecken; **3.** zu'stande bringen; **4.** es fertigbringen, es verstehen, es bewerkstelligen (***to*** *inf.* zu *inf.*); **II** *v/i.* **5.** Pläne *od.* Ränke schmieden; **6.** haushalten, auskommen.

con·trol [kən'trəʊl] **I** *v/t.* **1.** beherrschen, die Herrschaft *od.* Kon'trolle haben über (*acc.*), *et.* in der Hand haben *od.* kontrollieren: ~***ling share*** (*od.* ***interest***) ✝ maßgebliche Beteiligung; **2.** verwalten, beaufsichtigen, über'wachen; *Preise etc.* kontrollieren, nachprüfen; **3.** lenken, steuern, leiten; regeln, regulieren: ***radio-~led*** funkgesteuert; ~***led ventilation*** regulierbare Lüftung; **4.** (*a.* ***o.s.*** sich) beherrschen, meistern, im Zaum halten, Einhalt gebieten (*dat.*); zügeln; **5.** in Schranken halten, bekämpfen; **6.** (staatlich) bewirtschaften, planen, binden: ~***led economy*** Planwirtschaft *f*; ~***led prices*** gebundene Preise; ~***led rent*** preisrechtlich gebundene Miete; **II** *s.* **7.** Macht *f*, Gewalt *f*, Herrschaft *f*, Kon'trolle *f* (***of, over*** über *acc.*): ***foreign*** ~ Überfremdung *f*; ***bring under*** ~ Herr werden über (*acc.*); ***have the situation under*** ~ Herr der Lage sein; ***get*** ~ ***over*** in s-e Gewalt bekommen; ***get beyond s.o.'s*** ~ j-m über den Kopf wachsen; ***get out of*** ~ außer Kontrolle geraten; ***have*** ~ ***over*** a) → 1, b) Gewalt haben über (*acc.*); ***keep under*** ~ im Zaume halten; ***lose*** ~ ***over*** die Herrschaft *od.* Gewalt *od.* Kontrolle verlieren über (*acc.*); ***circumstances beyond our*** ~ unvorhersehbare Umstände; **8.** Machtbereich *m*, Verantwortung *f*; **9.** Aufsicht *f*, Kontrolle *f* (***of*** über *acc.*); Leitung *f*, Über'wachung *f*, (Nach)Prüfung *f*; ⚖ (***of***) a) Verfügungsgewalt (über *acc.*), b) (Per'sonen)Sorge *f* (für): ***be in*** ~ ***of s.th.*** et. unter sich haben, et. leiten; ***be under s.o.'s*** ~ j-m unterstellt sein *od.* unterstehen; ***traffic*** ~ Verkehrsregelung *f*; **10.** Bekämpfung *f*, Eindämmung *f*: ***without*** ~ uneingeschränkt, frei; ***beyond*** ~ nicht einzudämmen, nicht zu bändigen; ***be out of*** ~ nicht zu halten sein; ***get under*** ~ eindämmen, bewältigen; ***noise*** ~ Lärmbekämpfung *f*; **11.** *mst pl.* ⚙ a) Steuerung *f*, 'Steueror,gan *n*, b) Reguliervorrichtung *f*, Regler *m*, Kon'trollhebel *m*: ***be at the*** ~***s*** *fig.* an den Hebeln der Macht sitzen; **12.** ⚡, ⚙ Regelung *f*; **13.** *pl.* ✈ Steuerung *f*, Leitwerk *n*; **14.** ✝ a) (*Kapital-*, *Konsum- etc.*) Lenkung *f*, b) (Zwangs)Bewirtschaftung *f*: ***foreign exchange*** ~ Devisenkontrolle *f*; **15.** a) Kon'trolle *f*, Anhaltspunkt *m*, b) Vergleichswert *m*, c) Kon'troll-, Gegenversuch *m*.

con·trol| board *s.* ⚡ Schalttafel *f*; ~ **col·umn** *s.* **1.** ✈ Steuersäule *f*; **2.** ⚙ Lenksäule *f*; ~ **desk** *s.* ⚡ Steuer-, Schaltpult *n*; *Radio*, *TV*: Re'giepult *n*; ~ **en·gi·neer·ing** *s.* 'Steuerungs-, 'Regel,technik *f*; ~ **ex·per·i·ment** → ***control*** 15 c; ~ **knob** *s.* ⚙, ⚡ Bedienungsknopf *m*.

con·trol·la·ble [kən'trəʊləbl] *adj.* **1.** kontrollierbar, regulierbar, lenkbar; **2.** zu beaufsichtigen(d); zu beherrschen(d); **con'trol·ler** [-lə] *s.* **1.** Kontrol'leur *m*, Aufseher *m*; Leiter *m*; Kon'trollbe,amte(r) *m*, ✈ *a.* Fluglotse *m*; **2.** Rechnungsprüfer *m* (*Beamter*); **3.** ⚡, ⚙ Regler *m*; *mot.* Fahrschalter *m*; **4.** *sport* Kon'trollposten *m*.

con·trol| le·ver *s. mot.* Schalthebel *m*; ✈ Steuerknüppel *m*; ~ **pan·el** *s.* ⚙ Bedienungsfeld *n*; ~ **post** *s.* ⚔ Kon'trollposten *m*; ~ **room** *s.* **1.** Kon'trollraum *m*, (⚔ Be'fehls)Zen,trale *f*; **2.** *Radio, TV*: Re'gieraum *m*; ~ **stick** *s.* ✈ Steuerknüppel *m*; ~ **sur·face** *s.* Steuerfläche *f*; ~ **tow·er** *s.* ✈ Kon'trollturm *m*, Tower *m*.

con·tro·ver·sial [,kɒntrə'vɜːʃl] *adj.* □ **1.** strittig, um'stritten: ~ ***subject*** Streitfrage *f*; **2.** po'lemisch; streitlustig; **,con·tro'ver·sial·ist** [-ʃəlıst] *s.* Po'lemiker *m*; **con·tro·ver·sy** ['kɒntrəvɜːsı] *s.* **1.** Kontro'verse *f*, Meinungsstreit *m*; Debatte *f*; Aussprache *f*: ***beyond*** (*od.* ***without***) ~ fraglos, unstreitig; **2.** Streitfrage *f*; **3.** Streit *m*; **con·tro·vert**

[ˈkɒntrəvɜːt] *v/t.* **1.** bestreiten, anfechten; **2.** wider'sprechen (*dat.*); ˌ**con·tro'vert·i·ble** [-ɜːtəbl] *adj.* □ strittig; anfechtbar.

con·tu·ma·cious [ˌkɒntjuːˈmeɪʃəs] *adj.* □ **1.** 'widerspenstig, halsstarrig; **2.** ⚖ ungehorsam; **con·tu·ma·cy** [ˈkɒntjʊməsɪ] *s.* **1.** 'Widerspenstigkeit *f*, Halsstarrigkeit *f*; **2.** ⚖ Ungehorsam *m od.* (absichtliches) Nichterscheinen vor Gericht: ***condemn for*** ~ gegen *j-n* ein Versäumnisurteil fällen.

con·tu·me·ly [ˈkɒntjuːmlɪ] *s.* **1.** Unverschämtheit *f*; **2.** Beleidigung *f*.

con·tuse [kənˈtjuːz] *v/t.* ⚕ quetschen: ~***d wound*** Quetschwunde *f*; **con'tu·sion** [-uːʒn] *s.* ⚕ Quetschung *f*.

co·nun·drum [kəˈnʌndrəm] *s.* **1.** Scherzfrage *f*, -rätsel *n*; **2.** *fig.* Rätsel *n*.

con·ur·ba·tion [ˌkɒnɜːˈbeɪʃn] *s.* Ballungsraum *m*, -zentrum *n*, Stadtgroßraum *m*.

con·va·lesce [ˌkɒnvəˈles] *v/i.* gesund werden, genesen; ˌ**con·va'les·cence** [-sns] *s.* Rekonvales'zenz *f*, Genesung *f*; ˌ**con·va'les·cent** [-snt] **I** *adj.* genesend, auf dem Wege der Besserung: ~ ***home*** Genesungsheim *n*; **II** *s.* Rekonvales'zent(in).

con·vec·tion [kənˈvekʃn] *s. phys.* Konvekti'on *f*; **con'vec·tor** [-ktə] *s. phys.* Konvekti'ons(strom)leiter *m*.

con·vene [kənˈviːn] **I** *v/t.* **1.** zs.-rufen, (ein)berufen; versammeln; **2.** ⚖ vorladen; **II** *v/i.* **3.** zs.-kommen, sich versammeln.

con·ven·ience [kənˈviːnjəns] *s.* **1.** Annehmlichkeit *f*, Bequemlichkeit *f*: ***all*** (***modern***) ~***s*** alle Bequemlichkeiten *od.* aller Komfort (der Neuzeit); ***at your*** ~ wenn es Ihnen paßt; ***at your earliest*** ~ möglichst bald; ***at one's own*** ~ nach (eigenem) Gutdünken; ***suit your own*** ~ handeln Sie ganz nach Ihrem Belieben; ~ ***food*** Fertignahrung *f*; ~ ***goods*** ✝ *Am.* bequem erhältliche Waren des täglichen Bedarfs; **2.** Vorteil *m*, Nutzen *m*: ***it is a great*** ~ es ist sehr nützlich; → ***flag***[1] 1, ***marriage*** 2; **3.** Angemessenheit *f*, Eignung *f*; **4.** *Brit.* Klo'sett *n*: ***public*** ~ öffentliche Bedürfnisanstalt; **con'ven·ient** [-nt] *adj.* □ **1.** bequem, geeignet, günstig, passend: ***if it is*** ~ ***to you*** wenn es Ihnen paßt; ***it is not*** ~ ***for me*** (***to*** *inf.*) es paßt mir schlecht (zu *inf.*); ***make it*** ~ es (so) einrichten; **2.** (zweck)dienlich, praktisch, brauchbar; **3.** günstig gelegen.

con·vent [ˈkɒnvənt] *s.* (*bsd.* Nonnen-) Kloster *n*: ~ (***school***) Klosterschule *f*.

con·ven·ti·cle [kənˈventɪkl] *s. eccl.* Konven'tikel *n*.

con·ven·tion [kənˈvenʃn] *s.* **1.** Zs.-kunft *f*, (*Am. a.* Par'tei)Versammlung *f*, Kon'vent *m*, (*a.* Be'rufs-, 'Fach)Konˌgreß *m*, (-)Tagung *f*; **2.** *a. pol.* Vertrag *m*, Abkommen *n*, Konventi'on *f* (*a.* ⚔); **3.** *oft pl.* (gesellschaftliche) Konventi'on, Sitte *f*, Gewohnheits- *od.* Anstandsregel *f*, (stillschweigende) Gepflogenheit *od.* Über'einkunft; **con'ven·tion·al** [-ʃənl] *adj.* □ **1.** herkömmlich, konventio'nell (*beide a.* ⚔), üblich, traditio'nell: ~ ***weapons***; ~ ***sign*** (*bsd.* Karten)Zeichen *n*, Symbol *n*; **2.** förmlich, for'mell; **3.** vereinbart, Vertrags...; **4.** *contp.* 'unorigiˌnell; **con'ven·tion·al·ism** [-ʃnəlɪzəm] *s.* Festhalten *n* am Hergebrachten; **con·ven·tion·al·i·ty** [kənˌvenʃəˈnælətɪ] *s.* **1.** Herkömmlichkeit *f*, Üblichkeit *f*; **2.** Scha'blonenhaftigkeit *f*; **con'ven·tion·al·ize** [-ʃnəlaɪz] *v/t.* konventio'nell machen *od.* darstellen, den Konventi'onen unter'werfen.

con·verge [kənˈvɜːdʒ] *v/i.* zs.-laufen, sich (ein'ander) nähern, ⩚ *u. fig.* konvergieren; **con'ver·gence** [-dʒəns], **con'ver·gen·cy** [-dʒənsɪ] *s.* **1.** Zs.-laufen *n*; **2.** ⩚ a) Konver'genz *f* (*a. biol., phys.*), b) Annäherung *f*; **con'ver·gent** [-dʒənt] *adj. bsd.* ⩚ konver'gent; **con'verg·ing** [-dʒɪŋ] *adj.* zs.-laufend, konvergierend: ~ ***lens*** Sammellinse *f*; ~ ***point*** Konvergenzpunkt *m*.

con·vers·a·ble [kənˈvɜːsəbl] *adj.* □ unter'haltend, gesprächig; gesellig; **con'ver·sance** [-səns] *s.* Vertrautheit *f* (***with*** mit); **con'ver·sant** [-sənt] *adj.* **1.** bekannt, vertraut (***with*** mit); **2.** geübt, bewandert, erfahren (***with, in*** in *dat.*).

con·ver·sa·tion [ˌkɒnvəˈseɪʃn] *s.* **1.** Unter'haltung *f*, Gespräch *n*, Konversati'on *f*: ***enter into a*** ~ ein Gespräch anknüpfen; **2.** *obs.* (*a.* Geschlechts-) Verkehr *m*; → ***criminal conversation***; **3.** *a.* ~ ***piece*** a) *paint.* Genrebild *n*, b) *thea.* Konversati'onsstück *n*; ˌ**con·ver'sa·tion·al** [-ʃənl] *adj.* □ → ***conversationally***; **1.** gesprächig; **2.** Unterhaltungs..., Gesprächs...: ~ ***grammar*** Konversationsgrammatik *f*; ~ ***tone*** Plauderton *m*; ˌ**con·ver'sa·tion·al·ist** [-ʃnəlɪst] *s.* gewandter Unter'halter, guter Gesellschafter; ˌ**con·ver'sa·tion·al·ly** [-ʃnəlɪ] *adv.* **1.** gesprächsweise; **2.** im Plauderton.

con·ver·sa·zi·o·ne [ˌkɒnvəsætsɪˈəʊnɪ] *pl.* **-ni** [-niː], **-nes** (*Ital.*) *s.* **1.** 'Abendunterˌhaltung *f*; **2.** lite'rarischer Gesellschaftsabend.

con·verse¹ [kənˈvɜːs] *v/i.* sich unterˈhalten, sprechen (***with*** mit, ***on***, ***about*** über *acc.*).

con·verse² [ˈkɒnvɜːs] **I** *adj.* □ gegenteilig, ˈumgekehrt; wechselseitig; **II** *s.* ˈUmkehrung *f*; Gegenteil *n*; **ˈcon·verse·ly** [-lɪ] *adv.* ˈumgekehrt.

con·ver·sion [kənˈvɜːʃn] *s.* **1.** *allg.* ˈUm-, Verwandlung *f* (***from*** von, ***into*** in *acc.*); **2.** ☤ a) Konvertierung *f*, ˈUmwandlung *f* (*Effekten*, *Schulden*), b) Zs.-legung *f* (*von Aktien*), c) (ˈWährungs)ˌUmstellung *f*, d) (Geˈschäfts-, *a.* Verˈmögens)ˌUmwandlung *f*; **3.** 𝔄 a) ˈUmrechnung *f* (***into*** in *acc.*): **~ *table*** Umrechnungstabelle *f*, b) *a. Computer*: ˈUmwandlung *f*, c) *a. phls.* ˈUmkehrung *f*; **4.** ⚙, *a.* ☤ ˈUmstellung *f* (***to*** auf *e-e andere Produktion etc.*); **5.** ⚙, △ ˈUmbau *m* (***into*** in *acc.*); **6.** ⚡ ˈUmformung *f*; **7.** ⚗, *phys.* ˈUmsetzung *f*; **8.** geistige Wandlung; Meinungsänderung *f*; **9.** ˈÜbertritt *m*, *bsd. eccl.* Bekehrung *f* (***to*** zu); **10.** ⚖ *a.* **~ *to one's own use*** ˈwiderrechtliche Aneignung *od.* Verwendung, *a.* Veruntreuung *f*; **11.** *sport* Verwandlung *f* (*Torschuß*).

con·vert I *v/t.* [kənˈvɜːt] **1.** *allg.* ˈum-, verwandeln (*a.* ⚗), ˈumformen (*a.* ⚡), ˈumändern (***into*** in *acc.*); **2.** ⚙, △ ˈumbauen (***into*** zu); **3.** ☤, ⚙ *Betrieb*, *Maschine*, *Produktion* ˈumstellen (***to*** auf *acc.*); **4.** *metall.* frischen; **5.** ☤ a) *Geld* ˈum-, einwechseln, *a.* ˈumrechnen: **~ *into cash*** zu Geld machen, flüssigmachen, b) *Wertpapiere*, *Schulden* konvertieren, ˈumwandeln, c) *Aktien* zs.-legen, d) *Währung* ˈumstellen (***to*** auf *acc.*); **6.** 𝔄 a) ˈumrechnen (***into*** in *acc.*), b) *Gleichung* auflösen, c) *Proportionen* ˈumkehren (*a. phls.*); **7.** *Computer*: ˈumsetzen; **8.** *eccl.* bekehren (***to*** zu); **9.** (***to***) (zu *e-r anderen Ansicht*) bekehren, *a.* zum ˈÜbertritt (in *e-e andere Partei etc.*) veranlassen; **10.** ⚖ *a.* **~ *to one's own use*** sich ˈwiderrechtlich aneignen, veruntreuen; **11.** *sport* (zum Tor) verwandeln; **II** *v/i.* **12.** ˈumgewandelt (*etc.*) werden (→ I); **13.** sich verwandeln *od.* ˈumwandeln (***into*** zu); **14.** sich verwandeln (*etc.*) lassen (***into*** in *acc.*); **III** *s.* [ˈkɒnvɜːt] **15.** *bsd. eccl.* Bekehrte(r *m*) *f*, Konverˈtit(in): ***become a ~ to*** sich bekehren zu; **conˈvert·ed** [-tɪd] *adj.* ˈumge-, verwandelt *etc.*: **~ *cruiser*** ⚓ Hilfskreuzer *m*; **~ *flat*** in Teilwohnungen umgebaute große Wohnung; **~ *steel*** Zementstahl *m*; **conˈvert·er** [-tə] *s.* **1.** ⚙ ˈBessemerbirne *f*; **2.** ⚡ ˈUmformer *m*; **3.** *TV* Wandler *m*; **4.** ⚙ Bleicher *m*, Appreˈteur *m*; **5.** Bekehrer *m*; **con·vert·i·bil·i·ty** [kənˌvɜːtəˈbɪlətɪ] *s.* **1.** ˈUm-, Verwandelbarkeit *f*; **2.** ☤ Konvertierbar-, ˈUmwandelbarkeit *f*; **conˈvert·i·ble** [-təbl] **I** *adj.* □ **1.** ˈum-, verwandelbar; **2.** ☤ konvertierbar, ˈumwandelbar: **~ *bond*** Wandelobligation *f*; **3.** auswechselbar, gleichbedeutend; **4.** bekehrbar; **5.** *mot.* mit Klappverdeck; **II** *s.* **6.** *mot.* Kabrioˈlett *n*.

con·vex [kɒnˈveks] *adj.* □ konˈvex, nach außen gewölbt; 𝔄 ausspringend (*Winkel*); **con·vex·i·ty** [kɒnˈveksətɪ] *s.* konˈvexe Form.

con·vey [kənˈveɪ] *v/t.* **1.** *Waren etc.* befördern, (ver)senden, (fort)schaffen, bringen; **2.** *bsd.* ⚙ (zu)führen, fördern; **3.** überˈbringen, -ˈmitteln, bringen, geben: **~ *greetings*** Grüße übermitteln; **4.** *phys. Schall* fortpflanzen, leiten, überˈtragen; **5.** *Nachricht etc.* mitteilen, vermitteln; *Meinung*, *Sinn* ausdrücken; andeuten; (be)sagen: **~ *an idea*** e-n Begriff geben; ***this word ~s nothing to me*** dieses Wort sagt mir nichts; **6.** überˈtragen, abtreten (***to*** an *acc.*); **conˈvey·ance** [-eɪəns] *s.* **1.** Beförderung *f*, Überˈsendung *f*, Transˈport *m*, Speditiˈon *f*: ***means of ~*** Transportmittel *n*; **2.** Überˈbringung *f*, -ˈmittlung *f*; Vermittlung *f*, Mitteilung *f*; **3.** *phys.* Fortpflanzung *f*, Überˈtragung *f*; **4.** ⚙ (Zu-)Leitung *f*, Zufuhr *f*; **5.** Beförderungs-, Transˈport-, Verkehrsmittel *n*; **6.** ⚖ a) Überˈtragung *f*, Abtretung *f*, Auflassung *f*, b) Abtretungsurkunde *f*; **conˈvey·anc·er** [-eɪənsə] *s.* ⚖ Noˈtar *m* für ˈEigentumsüberˌtragungen.

con·vey·er, con·vey·or [kənˈveɪə] *s.* **1.** Beförderer *m*, (Über)ˈBringer(in); **2.** ⚙ Fördergerät *n*, -band *n*, Förderer *m*; **~ band**, **~ belt** *s.* laufendes Band, Förder-, Fließband *n*; **~ chain** *s.* Becher-, Förderkette *f*; **~ spi·ral** *s.* Förder-, Transˈportschnecke *f*.

con·vict I *v/t.* [kənˈvɪkt] **1.** ⚖ überˈführen, für schuldig erklären (***of*** *gen.*); **2.** verurteilen; **3.** überˈzeugen (***of*** von *e-m Unrecht, Fehler etc.*); **II** *s.* [ˈkɒnvɪkt] **4.** ⚖ a) Verurteilte(r *m*) *f*, b) Strafgefangene(r *m*) *f*, Sträfling *m*: **~ *colony*** Sträflingskolonie *f*; **~ *labo(u)r*** Sträflingsarbeit *f*; **conˈvic·tion** [-kʃn] *s.* **1.** ⚖ a) Überˈführung *f*, Schuldspruch *m*, b) Verurteilung *f*: ***previous ~*** Vorstrafe *f*; **2.** Überˈzeugung *f*: ***carry ~*** überzeugend wirken *od.* klingen; ***live up to one's ~s*** s-r Überzeugung gemäß leben; **3.** Anschauung *f*, Gesinnung *f*; **4.**

(*Schuld- etc.*)Bewußtsein *n.*

con·vince [kən'vɪns] *v/t.* **1.** (*a.* **o.s.** sich) über'zeugen (**of** von, **that** daß); **2.** ~ **s.o. of s.th.** j-m et. zum Bewußtsein bringen; **con'vinc·ing** [-sɪŋ] *adj.* □ über'zeugend: ~ **proof** schlagender Beweis; **be** ~ überzeugen.

con·viv·i·al [kən'vɪvɪəl] *adj.* □ **1.** gastlich, festlich, Fest…; **2.** gesellig, gemütlich, lustig; **con·viv·i·al·i·ty** [kənˌvɪvɪ'ælətɪ] *s.* Geselligkeit *f*, Gemütlichkeit *f*, unbeschwerte Heiterkeit.

con·vo·ca·tion [ˌkɒnvəʊ'keɪʃn] *s.* **1.** Ein-, Zs.-berufung *f*; **2.** *eccl. Brit.* Provinzi'alsyˌnode *f*; Kirchenversammlung *f*; **3.** *univ.* a) *Brit.* gesetzgebende Versammlung (*Oxford etc.*); außerordentliche Se'natssitzung, b) *Am.* Promoti'ons- *od.* Eröffnungsfeier *f.*

con·voke [kən'vəʊk] *v/t.* (*bsd. amtlich*) ein-, zs.-berufen.

con·vo·lute ['kɒnvəlu:t] *adj. bsd.* ⚘ zs.-gerollt, ringelförmig; **'con·vo·lut·ed** [-tɪd] *adj. bsd. zo.* zs.-gerollt, gebogen, gewunden, spi'ralig; **con·vo·lu·tion** [ˌkɒnvə'lu:ʃn] *s.* Zs.-rollung *f*, -wicklung *f*, Windung *f.*

con·voy ['kɒnvɔɪ] **I** *s.* **1.** Geleit *n*, (Schutz)Begleitung *f*; **2.** ⚔ a) Es'korte *f*, Bedeckung *f*, b) (bewachter) Trans'port; **3.** ⚓ Geleitzug *m*; **4.** *a.* ⚔ 'Lastwagenkoˌlonne *f*; **II** *v/t.* **5.** Geleitschutz geben (*dat.*), eskortieren.

con·vulse [kən'vʌls] *v/t.* **1.** erschüttern, in Zuckungen versetzen: **be** ~**d with pain** sich vor Schmerzen krümmen; **be** ~**d** (**with laughter**) e-n Lachkrampf bekommen; **2.** krampfhaft zs.-ziehen *od.* verzerren; **3.** *fig.* erschüttern, in Aufruhr versetzen; **con'vul·sion** [-lʃn] *s.* **1.** ⚕ Krampf *m*, Zuckung *f*: **be seized with** ~**s** Krämpfe bekommen; ~**s** (**of laughter**) *fig.* Lachkrämpfe; **2.** *pol.*, *fig.* Erschütterung *f* (*a. geol.*), Aufruhr *m*; **con'vul·sive** [-sɪv] *adj.* □ **1.** *a. fig.* krampfhaft, -artig, konvul'siv; **2.** *fig.* erschütternd.

co·ny ['kəʊnɪ] *s.* **1.** *zo.* Ka'ninchen *n*; **2.** Ka'ninchenfell *n.*

coo [ku:] **I** *v/i.* gurren (*a. fig.*); **II** *v/t. fig. et.* gurren; **III** *s.* Gurren *n*; **IV** *int. Brit. sl.* Mann!

cook [kʊk] **I** *s.* **1.** Koch *m*, Köchin *f*: **too many** ~**s spoil the broth** viele Köche verderben den Brei; **II** *v/t.* **2.** *Speisen* kochen, zubereiten, braten, backen: **be** ~**ed alive** F vor Hitze umkommen; **3.** *a.* ~ **up** *fig.* a) zs.-brauen, erdichten, b) ‚frisieren', verfälschen: ~**ed account** ✝ F frisierte Abrechnung; ~ **up a story** e-e Geschichte erfinden; **he is** ~**ed** *sl.* der ist ‚erledigt'; **III** *v/i.* **4.** kochen, sich kochen lassen: ~ **well**; **5. what's** ~**ing** F was tut sich?, was ist los?; **'**~**·book** *s. Am.* Kochbuch *n.*

cook·er ['kʊkə] *s.* **1.** Kocher *m*, Kochgerät *n*; Herd *m*; **2.** Kochgefäß *n*; **3.** *pl.* Kochobst *n*: **these apples are good** ~**s** das sind gute Kochäpfel.

cook·er·y ['kʊkərɪ] *s.* Kochen *n*; Kochkunst *f*; ~ **book** *s. Brit.* Kochbuch *n.*

ˌcook|-'gen·er·al *s. Brit.* Mädchen *n* für alles; **'**~**-house** *s.* **1.** Küche(ngebäude *n*) *f* (*a.* ⚔); **2.** ⚓ Schiffsküche *f.*

cook·ie ['kʊkɪ] *s. Am.* **1.** (süßer) Keks, Plätzchen *n*; **2.** *sl.* a) Kerl *m*, b) ‚Puppe' *f.*

cook·ing ['kʊkɪŋ] **I** *s.* **1.** Kochen *n*, Kochkunst *f*; **2.** Küche *f*, Kochweise *f*; **II** *adj.* **3.** Koch…: ~ **apple**; ~ **range** *s.* Kochherd *m*; ~ **so·da** *s.* ⚗ 'Natron *n.*

'cook·out *s. Am.* Abkochen *n* (am Lagerfeuer).

cook·y ['kʊkɪ] → **cookie.**

cool [ku:l] **I** *adj.* □ **1.** kühl, frisch; **2.** kühl, gelassen, kalt(blütig): **as** ~ **as a cucumber** ‚eiskalt', kaltblütig; **keep** ~**!** reg dich nicht auf!; ♪ ≗ **Jazz** ‚Cool Jazz' *m*; **3.** kühl, gleichgültig, lau; **4.** kühl, kalt, abweisend: **a** ~ **reception** ein kühler Empfang; **5.** unverfroren, frech: ~ **cheek** Frechheit *f*; **a** ~ **customer** ein geriebener Kunde; **6.** *fig.* glatt, rund: **a** ~ **thousand pounds** glatte *od.* die Kleinigkeit von tausend Pfund; **7.** *sl.* ‚dufte', ‚Klasse', ‚toll': **that's** ~**!**; **II** *s.* **8.** Kühle *f*, Frische *f* (*bsd. Luft*): **the** ~ **of the evening** die Abendkühle; **9.** *sl.* (Selbst)Beherrschung *f*: **blow** (*od.* **lose**) **one's** ~ hochgehen, die Beherrschung verlieren; **keep one's** ~ ruhig bleiben, die Nerven behalten; **III** *v/t.* **10.** (ab)kühlen; → **heel**[1] *Redew.*; **11.** *fig. Leidenschaften etc.* (ab)kühlen, beruhigen; *Zorn etc.* mäßigen; **IV** *v/i.* **12.** kühl werden, sich abkühlen; **13.** *a.* ~ **down** *fig.* sich abkühlen, erkalten, nachlassen, sich beruhigen; **14.** ~ **down** F ruhiger werden, sich abregen; **15.** ~ **it** *sl.* ruhig bleiben, die Nerven behalten: ~ **it!** immer mit der Ruhe!, reg dich ab!; **'cool·ant** [-lənt] *s.* ⚙ Kühlmittel *n*; **'cool·er** [-lə] *s.* **1.** (*Wein- etc.*)Kühler *m*; **2.** Kühlraum *m*; **3.** *sl.* ‚Kittchen' *n*, ‚Knast' *m*; **ˌcool-'head·ed** *adj.* **1.** besonnen, kaltblütig; **2.** leidenschaftslos.

coo·lie ['ku:lɪ] *s.* Kuli *m.*

cool·ing ['ku:lɪŋ] **I** *adj.* kühlend, erfrischend; Kühl…; **II** *s.* (Ab)Kühlung *f*; ~

coil *s.* Kühlschlange *f*; ~ **plant** *s.* Kühlanlage *f*.

cool·ness ['ku:lnɪs] *s.* **1.** Kühle *f* (*a. fig.*); **2.** Kaltblütigkeit *f*; **3.** Unfreundlichkeit *f*; **4.** Frechheit *f*.

coomb(**e**) [ku:m] *s.* Talmulde *f*.

coon [ku:n] *s.* **1.** *zo.* → ***raccoon***; **2.** *Am. sl.* a) Neger(in): ~ ***song*** Negerlied *n*, b) ‚schlauer Hund'.

coop [ku:p] **I** *s.* **1.** Hühnerstall *m*; **2.** Fischkorb *m* (*zum Fangen*); **3.** F ‚Ka'buff' *n*; **4.** F ‚Knast' *m*; **II** *v/t.* **5.** *oft* ~ ***up***, ~ ***in*** einsperren, einpferchen.

co-op ['kəʊɒp] *s.* F Co-op *m* (*Genossenschaft u. Laden*) (*abbr. für* ***cooperative***).

coop·er ['ku:pə] **I** *s.* **1.** Küfer *m*, Böttcher *m*; **2.** Mischbier *n*; **II** *v/t.* **3.** *Fässer* machen, ausbessern; '**coop·er·age** [-ərɪdʒ] *s.* Böttche'rei *f*.

co·op·er·ate [kəʊ'ɒpəreɪt] *v/t.* **1.** zs.-arbeiten (***with*** mit, ***to*** zu *e-m Zweck*, ***in*** an *dat.*); **2.** (***to***) mitwirken (an *dat.*), beitragen (zu), helfen (bei); **co·op·er·a·tion** [kəʊˌɒpə'reɪʃn] *s.* **1.** Zs.-arbeit *f*, Mitwirkung *f*, **2.** ✝ a) Kooperati'on *f*, Zs.-arbeit *f*, b) Zs.-schluß *m*, Vereinigung *f* (zu e-r Genossenschaft); **co'op·er·a·tive** [-pərətɪv] **I** *adj.* □ **1.** zs.-arbeitend, mitwirkend; **2.** koopera'tiv, hilfsbereit; **3.** genossenschaftlich: ~ ***movement*** Genossenschaftsbewegung *f*; ~ ***society*** Konsumgenossenschaft *f*; ~ ***store*** → 4; **II** *s.* **4.** Co-op *m*, Kon'sumladen *m*; **co'op·er·a·tive·ness** [-pərətɪvnɪs] *s.* Hilfsbereitschaft *f*; **co'op·er·a·tor** [-tə] *s.* **1.** Mitarbeiter(in), Mitwirkende(r *m*) *f*, Helfer(in); **2.** Mitglied *n* e-r Kon'sumgenossenschaft *f*.

co-opt [kəʊ'ɒpt] *v/t.* hin'zuwählen; **co-op·ta·tion** [ˌkəʊɒp'teɪʃn] *s.* Zuwahl *f*.

co·or·di·nate **I** *v/t.* [kəʊ'ɔ:dɪneɪt] **1.** koordinieren, bei-, gleichordnen, gleichschalten; zs.-fassen; **2.** in Einklang bringen, aufein'ander abstimmen; richtig anordnen, anpassen; **II** *adj.* [-dnət] **3.** koordiniert, bei-, gleichgeordnet; gleichrangig, -wertig, -artig: ~ ***clause*** *ling.* beigeordneter Satz; **4.** ⩓ Koordinaten…; **III** *s.* [-dnət] **5.** Beigeordnetes *n*, Gleichwertiges *n*; **6.** ⩓ Koordi'nate *f*; **co·or·di·na·tion** [kəʊˌɔ:dɪ'neɪʃn] *s.* **1.** Koordinati'on *f* (*a. physiol. der Muskeln etc.*), Gleich-, Beiordnung *f*, Gleichstellung *f*, -schaltung *f*; richtige Anordnung; **2.** Zs.-fassung *f*; Zs.-arbeit *f*; **co'or·di·na·tor** [-tə] *s.* Koordi'nator *m*.

coot [ku:t] *s. orn.* Bläß-, Wasserhuhn *n*; → ***bald*** 1.

cop[1] [kɒp] *s.* Garnwickel *m*.

cop[2] [kɒp] *sl.* **I** *v/t.* **1.** erwischen (***at*** bei): ~ ***it*** ‚sein Fett kriegen'; **2.** klauen; **II** *v/i.* **3.** ~ ***out*** a) ‚aussteigen' (***of***, ***on*** aus), b) ‚sich drücken'; **III** *s.* **4.** ***it's a fair*** ~ jetzt bin ich ‚dran'.

cop[3] [kɒp] *s. sl.* ‚Bulle' *m* (*Polizist*).

co·pal ['kəʊpəl] *s.* Ko'pal(harz *n*) *m*.

co·par·ce·nar·y [ˌkəʊ'pɑ:sənərɪ] *s.* ⚖ gemeinschaftliches (Grund)Eigentum (gesetzlicher Erben); **co·par·ce·ner** [ˌkəʊ'pɑ:sənə] *s.* ⚖ Miterbe *m*, -erbin *f*.

co·part·ner [ˌkəʊ'pɑ:tnə] *s.* Teilhaber *m*, Mitinhaber *m*; ˌ**co'part·ner·ship** [-ʃɪp] *s.* ✝ **1.** Teilhaberschaft *f*; **2.** a) Gewinnbeteiligung *f*, b) Mitbestimmungsrecht *n* (*der Arbeitnehmer*).

cope[1] [kəʊp] *v/i.* **1.** (***with***) gewachsen sein (*dat.*), fertig werden (mit), bewältigen (*acc.*), meistern (*acc.*); **2.** die Lage meistern, zu Rande kommen, ‚es schaffen'.

cope[2] [kəʊp] **I** *s.* **1.** *eccl.* Chorrock *m*; **2.** *fig.* Mantel *m*, Gewölbe *n*: ~ ***of heaven*** Himmelszelt *n*; **3.** → ***coping***; **II** *v/t.* **4.** bedecken.

co·peck ['kəʊpek] *s.* Ko'peke *f* (*russische Münze*).

cop·er ['kəʊpə] *s.* Pferdehändler *m*.

Co·per·ni·can [kəʊ'pɜ:nɪkən] *adj.* koperni'kanisch.

'**cope·stone** → ***coping stone***.

cop·i·er ['kɒpɪə] *s.* **1.** → ***copyist***; **2.** ⚙ Kopiergerät *n*, Kopierer *m*.

co·pi·lot ['kəʊˌpaɪlət] *s.* ✈ 'Kopiˌlot *m*.

cop·ing ['kəʊpɪŋ] *s.* Mauerkappe *f*, -krönung *f*; ~ **saw** *s.* Laubsäge *f*; ~ **stone** *s.* **1.** Deck-, Kappenstein *m*; **2.** *fig.* Krönung *f*, Schlußstein *m*.

co·pi·ous ['kəʊpjəs] *adj.* □ **1.** reichlich, aus-, ergiebig, reich, um'fassend; **2.** produk'tiv, fruchtbar: ~ ***writer***; **3.** wortreich; 'überschwenglich; '**co·pi·ous·ness** [-nɪs] *s.* **1.** Fülle *f*; 'Überfluß *m*; **2.** Wortreichtum *m*.

'**cop-out** *s. sl.* **1.** Vorwand *m*; **2.** ‚Rückzieher' *m*; **3.** a) ‚Aussteigen' *n*, b) *a.* ~ ***artist*** ‚Aussteiger(in)'.

cop·per[1] ['kɒpə] **I** *s.* **1.** *min.* Kupfer *n*; **2.** Kupfermünze *f*: ~***s*** Kupfer-, Kleingeld *n*; **3.** Kupferbehälter *m*, -gefäß *n*, -kessel *m*; *bsd. Brit.* Waschkessel *m*; **II** *adj.* **4.** kupfern, Kupfer…; **5.** kupferrot; **III** *v/t.* **6.** verkupfern; **7.** mit Kupferblech beschlagen.

cop·per[2] ['kɒpə] → ***cop***[3].

cop·per·as ['kɒpərəs] *s.* ⚗ Vitri'ol *n*.

cop·per| beech *s.* ⚘ Blutbuche *f*; ˌ~-'**bot·tomed** *adj.* **1.** ⚓ a) mit Kupferbeschlag, b) seetüchtig; **2.** *fig.* kerngesund; ~ **en·grav·ing** *s.* **1.** Kupferstich *m*; **2.** Kupferstechkunst *f*; ~ **glance** *s. min.* Kupferglanz *m*; '~·**head** *s. zo.* Mokas'sinschlange *f*; '~·**plate** *s.* ⚙ **1.** Kupferstichplatte *f*; **2.** Kupferstich *m*; **3.** *fig.* gestochene Handschrift; '~ˌ**plat·ed** *adj.* verkupfert; '~·**smith** *s.* Kupferschmied *m*.

cop·per·y ['kɒpərɪ] *adj.* kupferartig, -farbig, -haltig.

cop·pice ['kɒpɪs] *s.* **1.** 'Unterholz *n*, Gestrüpp *n*; Gebüsch *n*, Dickicht *n*; **2.** Gehölz *n*, niedriges Wäldchen.

cop·ra ['kɒprə] *s.* 'Kobra *f*.

copse [kɒps] → ***coppice***.

Copt [kɒpt] *s.* Kopte *m*, Koptin *f*.

'cop·ter ['kɒptə] F *für* ***helicopter***.

cop·u·la ['kɒpjʊlə] *s.* **1.** *ling. u. phls.* 'Kopula *f*; **2.** *anat.* Bindeglied *n*; '**cop·u·late** [-leɪt] *v/i.* kopulieren: a) koitieren, b) *zo.* sich paaren; **cop·u·la·tion** [ˌkɒpjʊ'leɪʃn] *s.* **1.** *ling. u. phls.* Verbindung *f*; **2.** Kopulati'on *f*: a) 'Koitus *m*, b) Paarung *f*; '**cop·u·la·tive** [-lətɪv] **I** *adj.* □ **1.** verbindend, Binde…; **2.** *ling.* kopula'tiv; **3.** *biol.* Kopulations…; **II** *s.* **4.** *ling.* 'Kopula *f*.

cop·y ['kɒpɪ] **I** *s.* **1.** Ko'pie *f*, Abschrift *f*: ***fair*** (*od.* ***clean***) ~ Reinschrift *f*; ***rough*** ~ erster Entwurf, Konzept *n*, Kladde *f*; ***true*** ~ (wort)getreue Abschrift; **2.** 'Durchschlag *m*, -schrift *f*; **3.** Abzug *m* (*a. phot.*), Abdruck *m*, Pause *f*; **4.** Nachahmung *f*, -bildung *f*, Reprodukti'on *f*, Ko'pie *f*, 'Wiedergabe *f*; **5.** Muster *n*, Mo'dell *n*, Vorlage *f*; Urschrift *f*; **6.** druckfertiges Manu'skript, lite'rarisches Materi'al; (*Zeitungs- etc.*)Stoff *m*, Text *m*; **7.** Ausfertigung *f*, Exem'plar *n*, Nummer *f* (*Zeitung etc.*); **8.** Urkunde *f*; **II** *v/t.* **9.** abschreiben, -drucken, -zeichnen, e-e Ko'pie anfertigen von; *Computer*: *Daten* über'tragen: ~ ***out*** ins reine schreiben, abschreiben; **10.** *phot.* e-n Abzug machen von; **11.** nachbilden, reproduzieren, kopieren; **12.** nachahmen, -machen; **13.** 'wiedergeben, *Zeitungstext* wieder'holen; **III** *v/i.* **14.** kopieren, abschreiben; **15.** (vom Nachbarn) abschreiben (*Schule*); **16.** nachahmen; '~·**book** **I** *s.* **1.** (Schön-) Schreibheft *n*: ***blot one's*** ~ F ‚sich danebenbenehmen'; **2.** ✝ Kopierbuch *n*; **II** *adj.* **3.** alltäglich; **4.** nor'mal; '~·**cat** F **I** *s.* (sklavischer) Nachahmer; **II** *v/t.* (sklavisch) nachahmen; ~ **desk** *s.* Redakti'onstisch *m*; ~ **ed·i·tor** *s.* a) 'Zeitungsredakˌteur(in), b) 'Lektor *m*, Lek'torin *f*; '~·**hold** *s.* ⚖ *Brit.* Zinslehen *n*, -gut *n*; '~·**hold·er** *s.* **1.** ⚖ *Brit.* Zinslehenbesitzer *m*; **2.** *typ.* a) Manu'skripthalter *m*, b) Kor'rektorgehilfe *m*.

cop·y·ing| ink ['kɒpɪɪŋ] *s.* Kopiertinte *f*; ~ **ma·chine** *s.* → ***copier*** 2; ~ **pa·per** *s.* Ko'pierpaˌpier *n*; ~ **pen·cil** *s.* Tintenstift *m*; ~ **press** *s.* ⚙ Kopierpresse *f*; ~ **test** *s.* Copy-test *m* (*werbepsychologischer Test*).

cop·y·ist ['kɒpɪɪst] *s.* **1.** Abschreiber *m*, Ko'pist *m*; **2.** Nachahmer *m*.

'**cop·y|ˌread·er** *Am.* → ***copy editor***; '~·**right** ⚖ **I** *s.* 'Copyright *n*, Urheberrecht *n* (***in*** an *dat.*): ~ ***in designs*** Musterschutz *m*; ~ ***reserved*** alle Rechte vorbehalten; **II** *v/t.* das Urheberrecht erwerben an (*dat.*); urheberrechtlich schützen; **III** *adj.* urheberrechtlich (geschützt); '~ˌ**writ·er** *s.* (*a.* Werbe)Texter *m*.

co·quet [kɒ'ket] **I** *v/i.* kokettieren, flirten; *fig.* liebäugeln (***with*** mit); **II** *adj.* → ***coquettish***; **co·quet·ry** ['kɒkɪtrɪ] *s.* Kokette'rie *f*; **co·quette** [kɒ'ket] *s.* ko'kette Frau; **co'quet·tish** [-tɪʃ] *adj.* □ ko'kett.

cor·al ['kɒrəl] **I** *s.* **1.** *zo.* Ko'ralle *f*; **2.** Ko'rallenstück *n*; **3.** Ko'rallenrot *n*; **4.** Beißring *m od.* Spielzeug *n* (für Babys) aus Ko'ralle; **II** *adj.* **5.** Korallen…; **6.** ko'rallenrot; ~ **bead** *s.* **1.** Ko'rallenperle *f*; **2.** *pl.* Ko'rallenkette *f*; ~ **is·land** *s.* Ko'ralleninsel *f*.

cor·al·lin ['kɒrəlɪn] *s.* ⚗ Koral'lin *n*; '**cor·al·line** [-laɪn] **I** *adj.* **1.** ko'rallenartig, -haltig; ko'rallenrot; **II** *s.* **2.** ⚘ Ko'rallenalge *f*; **3.** → ***corrallin***; '**cor·al·lite** [-laɪt] *s.* **1.** Ko'rallenskeˌlett *n*; **2.** versteinerte Ko'ralle.

cor·al reef *s.* Ko'rallenriff *n*.

cor an·glais [ˌkɔːr'ɑ̃ːŋgleɪ] (*Fr.*) *s.* ♪ Englischhorn *n*.

cor·bel ['kɔːbəl] △ **I** *s.* Kragstein *m*, Kon'sole *f*; **II** *v/t.* durch Kragsteine stützen.

cor·bie ['kɔːbɪ] *s. Scot.* Rabe *m*; '~·**steps** *s. pl.* △ Giebelstufen *pl*.

cord [kɔːd] **I** *s.* **1.** Schnur *f*, Kordel *f*, Strick *m*, Strang *m*; **2.** *anat.* Band *n*, Schnur *f*, Strang *m*; → ***spinal cord*** *etc.*; **3.** ⚡ (Leitungs-, Anschluß)Schnur *f*; **4.** a) Rippe *f* (*e-s Stoffes*), b) gerippter Stoff, Rips *m*, *bsd.* → ***corduroy*** 1, *pl.* → ***corduroy*** 2; **5.** Klafter *m*, *n* (*Holz*); **II** *v/t.* **6.** (zu)schnüren, (fest)binden, befestigen; **7.** *Bücherrücken* rippen; '**cord·age** [-dɪdʒ] *s.* ⚓ Tauwerk *n*.

cor·date ['kɔːdeɪt] *adj.* ⚘, *zo.* herzförmig (*Blatt*, *Muschel etc.*).

cord·ed ['kɔːdɪd] *adj.* **1.** ge-, verschnürt; **2.** gerippt (*Stoff*); **3.** Strick…; **4.** in

Klaftern gestapelt (*Holz*).

cor·de·lier [ˌkɔːdɪˈlɪə] *s. eccl.* Franzisˈkaner(mönch) *m.*

cor·dial [ˈkɔːdjəl] **I** *adj.* □ **1.** *fig.* herzlich, freundlich, warm, aufrichtig; **2.** ⚕ belebend, stärkend; **II** *s.* **3.** ⚕ belebendes Mittel, Stärkungsmittel *n*; **4.** Liˈkör *m*; **cor·dial·i·ty** [ˌkɔːdɪˈælətɪ] *s.* Herzlichkeit *f*, Wärme *f*.

cord·ite [ˈkɔːdaɪt] *s.* ⚔ Korˈdit *m.*

cor·don [ˈkɔːdn] **I** *s.* **1.** Korˈdon *m*: a) ⚔ Postenkette *f*, b) Absperrkette *f*: **~ *of police***; **2.** Kette *f*, Spaˈlier *n* (*Personen*); **3.** Spaˈlier(obst)baum *m*; **4.** ⚠ Mauerkranz *m*, -sims *m*, *n*; **5.** Ordensband *n*; **II** *v/t.* **6.** *a.* **~ *off*** (mit Posten *etc.*) absperren, abriegeln; **~ bleu** [ˌkɔːdɔ̃ːmˈblɜː] (*Fr.*) *s.* **1.** Cordon *m* bleu; **2.** hohe Perˈsönlichkeit; **3.** *humor.* erstklassiger Koch.

cor·do·van [ˈkɔːdəvən] *s.* ˈKorduan(leder) *n.*

cord| tire *Am.*, **~ tyre** *Brit. s. mot.* Kordreifen *m.*

cor·du·roy [ˈkɔːdərɔɪ] **I** *s.* **1.** Kord-, Rippsamt *m*; **2.** *pl.* Kordsamthose *f*; **II** *adj.* **3.** Kordsamt…; **~ road** *s. Am.* Knüppeldamm *m.*

cord·wain·er [ˈkɔːdˌweɪnə] *s.* Schuhmacher *m*: ***2s' Company*** Schuhmachergilde *f* (*London*).

ˈcord·wood *s. bsd. Am.* Klafterholz *n.*

core [kɔː] **I** *s.* **1.** ⚘ Kerngehäuse *n*, Kern *m* (*Obst*); **2.** *fig.* Kern *m* (*a.* ⚙, ⚡), *das* Innerste, Herz *n*, Mark *n*; Seele *f* (*a. Kabel*, *Seil*): ***to the ~*** bis ins Mark *od.* Innerste, durch u. durch; **~ *memory*** *Computer*: Kernspeicher *m*; → ***hard core***; **3.** (Eiter)Pfropf *m* (*Geschwür*); **II** *v/t.* **4.** *Äpfel etc.* entkernen.

co·re·late *etc.* → ***correlate*** *etc.*

co·re·li·gion·ist [ˌkəʊrɪˈlɪdʒənɪst] *s.* Glaubensgenosse *m*, -genossin *f*.

cor·er [ˈkɔːrə] *s.* Fruchtentkerner *m.*

co·re·spond·ent, *Am.* **co·re·spond·ent** [ˌkəʊrɪˈspɒndənt] *s.* ⚖ Mitbeklagte(r *m*) *f* (*im Ehebruchsprozeß*).

core time *s.* Kernzeit *f* (*Ggs. Gleitzeit*).

cor·gi, **cor·gy** [ˈkɔːgɪ] → ***Welsh corgi***.

co·ri·a·ceous [ˌkɒrɪˈeɪʃəs] *adj.* **1.** ledern, Leder…; **2.** lederartig, zäh.

Co·rin·thi·an [kəˈrɪnθɪən] **I** *adj.* **1.** koˈrinthisch: **~ *column*** korinthische Säule; **II** *s.* **2.** Koˈrinther(in); **3.** *pl. bibl.* (Brief *m* des Paulus an die) Koˈrinther *pl.*

cork [kɔːk] **I** *s.* **1.** ⚘ Kork *m*, Korkrinde *f*; Korkeiche *f*; **2.** Kork(en) *m*, Stöpsel *m*, Pfropfen *m*; **3.** Angelkork *m*, Schwimmer *m*; **II** *adj.* **4.** Kork…; **III** *v/t.* **5.** ver-, zukorken; **6.** *Gesicht* mit gebranntem Kork schwärzen; **ˈcork·age** [-kɪdʒ] *s.* **1.** Verkorken *n*; **2.** Entkorken *n*; **3.** Korkengeld *n*; **corked** [-kt] *adj.* **1.** ver-, zugekorkt, verstöpselt; **2.** korkig, nach Kork schmeckend; **3.** mit Korkschwarz gefärbt; **ˈcork·er** [-kə] *s. sl.* **1.** *das* Entscheidende; **2.** entscheidendes Arguˈment; **3.** a) ‚Knüller', ‚tolles Ding', b) ‚toller Kerl'; **ˈcork·ing** [-kɪŋ] *adj. sl.* ‚toll', ‚prima'.

cork| jack·et *s.* Kork-, Schwimmweste *f*; **~ oak** *s.* ⚘ Korkeiche *f*; **ˈ~·screw I** *s.* Korkenzieher *m*: **~ *curls*** Korkenzieherlocken; **II** *v/i.* sich schlängeln *od.* winden; **III** *v/t.* ˈdurchwinden, spiˈralig bewegen; F *fig.* mühsam herˈausziehen (***out of*** aus); **~ sole** *s.* Korkeinlegesohle *f*; **~ tree** → ***cork oak***; **ˈ~·wood** *s.* **1.** ⚘ Korkholzbaum *m*; **2.** Korkholz *n.*

cork·y [ˈkɔːkɪ] *adj.* **1.** korkartig, Kork…; **2.** → ***corked*** 2; **3.** F ‚putzmunter'.

cor·mo·rant [ˈkɔːmərənt] *s.* **1.** *orn.* Korˈmoˈran *m*, Scharbe *f*, Seerabe *m*; **2.** *fig.* Vielfraß *m.*

corn[1] [kɔːn] **I** *s.* **1.** *coll.* Getreide *n*, Korn *n* (*Pflanze od. Frucht*); *engS.* a) *England*: Weizen *m*, b) *Scot.*, *Ir.* Hafer *m*, c) *Am.* Mais *m*, d) Hafer *m* (*Pferdefutter*): **~ *on the cob*** Mais *m* am Kolben (*als Gemüse*); **2.** Getreide- *od.* Samenkorn *n*; **3.** *Am.* → ***corn whisky***; **II** *v/t.* **4.** pökeln, einsalzen: ***~ed beef*** Corned beef *n*, Büchsenfleisch *n.*

corn[2] [kɔːn] *s.* ⚕ Hühnerauge *n*: ***tread on s.o.'s ~s*** *fig.* j-m auf die Hühneraugen treten.

corn| belt *s. Am.* Maisgürtel *m* (*im Mittleren Westen*); **ˈ~·bind** *s.* ⚘ Ackerwinde *f*; **~ bread** *s. Am.* Maisbrot *n*; **~ cake** *s. Am.* (Pfann)Kuchen *m* aus Maismehl; **~ chan·dler** *s. Brit.* Korn-, Saathändler *m*; **ˈ~·cob** *s.* **1.** Maiskolben *m*; **2.** *a.* **~ *pipe*** Maiskolbenpfeife *f*; **ˈ~ˌcock·le** *s.* ⚘ Kornrade *f*.

cor·ne·a [ˈkɔːnɪə] *s. anat.* Hornhaut *f* (*des Auges*), ˈKornea *f*.

cor·nel [ˈkɔːnəl] *s.* ⚘ Korˈnelkirsche *f*.

cor·ne·ous [ˈkɔːnɪəs] *adj.* hornig.

cor·ner [ˈkɔːnə] **I** *s.* **1.** (Straßen-, Häuser)Ecke *f*, *bsd. mot.* Kurve *f*: ***round the ~*** um die Ecke; ***blind ~*** unübersichtliche (Straßen)Biegung; ***cut ~s*** a) *mot.* die Kurven schneiden, b) *fig.* die Sache abkürzen; ***take a ~*** e-e Kurve nehmen (*Auto*); ***cut off a ~*** ein Stück (Weges) abschneiden; ***turn the ~*** um die (*Straßen*)Ecke biegen; ***he's turned the ~*** *fig.* er ist über den Berg; **2.** Winkel *m*, Ecke *f*: ***put a child in the ~*** ein

Kind in die Ecke stellen; ***in a tight ~*** *fig.* in der Klemme, in Verlegenheit; ***drive s.o. into a ~*** j-n in die Enge treiben; ***look at s.o. from the ~ of one's eye*** j-n aus den Augenwinkeln ansehen; **3.** verborgener *od.* geheimer Winkel, entlegene Stelle; **4.** Gegend *f*, ‚Ecke' *f*: ***from the four ~s of the earth*** aus allen Himmelsrichtungen, von überall her; **5.** ✝ a) spekula'tiver Aufkauf, b) (Aufkäufer)Ring *m*, Mono'pol(gruppe *f*) *n*: ***~ in wheat*** Weizen-Korner *m*; **6.** *sport* a) *Fußball etc.*: Eckball *m*, Ecke *f*, b) *Boxen*: (Ring)Ecke *f*; **II** *v/t.* **7.** in die Enge treiben; in Bedrängnis bringen; **8.** ✝ *Ware* (spekula'tiv) aufkaufen, *fig.* mit Beschlag belegen: ***~ the market*** den Markt *od.* alles aufkaufen; **III** *v/i.* **9.** *Am.* a) e-e Ecke *od.* e-n Winkel bilden, b) an e-r Ecke gelegen sein; **IV** *adj.* **10.** Eck...: ***~ house***; **'~ˌchis·el** *s.* ⚙ Winkelmeißel *m.*

cor·nered ['kɔːnəd] *adj.* **1.** *in Zssgn*: ...eckig; **2.** in die Enge getrieben, in der Klemme.

cor·ner| kick *s. Fußball*: Eckstoß *m*; **~ seat** *s.* Eckplatz *m*; **'~·stone** *s.* ⚠ Eck- *od.* Grundstein *m*; *fig.* Eckpfeiler *m*, Grundstein *m*; **'~·ways**, **'~·wise** *adv.* **1.** mit der Ecke nach vorn; **2.** diago'nal.

cor·net ['kɔːnɪt] *s.* **1.** ♪ a) (Pi'ston)Korˌnett *n* (*a. Orgelregister*), b) Kornet'tist *m*; **2.** spitze Tüte; **3.** a) *Brit.* Eistüte *f*, b) Cremerolle *f*; **4.** Schwesternhaube *f*; **5.** ⚔ *hist.* a) Fähnlein *n*, b) Kor'nett *m*, Fähnrich *m*; **'cor·net·(t)ist** [-tɪst] *s.* ♪ Kornet'tist *m.*

corn| ex·change *s.* Getreidebörse *f*; **~ field** *s.* Getreidefeld *n*; *Am.* Maisfeld *n*; **'~·flakes** *s. pl.* Corn-flakes *pl.*; **~ flour** *s.* Stärkemehl *n*; **'~ˌflow·er** *s.* Kornblume *f.*

cor·nice ['kɔːnɪs] *s.* **1.** ⚠ Gesims *n*, Sims *m*, *n*; **2.** Kranz-, Randleiste *f*; **3.** Bilderleiste *f*; **4.** (Schnee)Wächte *f.*

Cor·nish ['kɔːnɪʃ] **I** *adj.* aus Cornwall, kornisch; **II** *s.* kornische Sprache; **'~·man** [-mən] *s.* [*irr.*] Einwohner *m* von Cornwall.

'corn|·loft *s.* Getreidespeicher *m*; **~ pop·py**, **~ rose** *s.* ⚘ Klatschmohn *m*, -rose *f*; **'~·stalk** *s.* **1.** Getreidehalm *m*; **2.** *Am.* Maisstengel *m*; **3.** F Bohnenstange *f* (*lange, dünne Person*); **'~·starch** *s. Am.* Stärkemehl *n.*

cor·nu·co·pi·a [ˌkɔːnjʊ'kəʊpjə] *s.* **1.** Füllhorn *n* (*a. fig.*); **2.** *fig.* (***of***) Fülle *f* (von), 'Überfluß *m* (an *dat.*).

corn whis·ky *s. Am.* Maiswhiskey.

corn·y ['kɔːnɪ] *adj.* **1.** a) *Brit.* Korn..., b) *Am.* Mais...; **2.** getreidereich; **3.** körnig; **4.** *Am. sl.* a) schmalzig, sentimen'tal (*bsd.* ♪), b) kitschig, abgedroschen, c) ländlich.

co·rol·la [kə'rɒlə] *s.* Blumenkrone *f.*

cor·ol·lar·y [kə'rɒlərɪ] *s.* **1.** ⅍, *phls.* Folgesatz *m*; **2.** logische Folge *f* (***of***, ***to*** von *od. gen.*).

co·ro·na [kə'rəʊnə] *pl.* **-nae** [-niː] *s.* **1.** *ast.* a) Krone *f* (*Sternbild*), b) Hof *m*, Ko'rona *f*, Strahlenkranz *m*; **2.** *a.* ***~ discharge*** ⚡ Glimmentladung *f*, Ko'rona *f*; **3.** ⚠ Kranzleiste *f*; **4.** *anat.* Zahnkrone *f*; **5.** ⚘ Nebenkrone *f*; **6.** Kronleuchter *m.*

cor·o·nach ['kɒrənək] *s. Scot. u. Ir.* Totenklage *f.*

cor·o·nal ['kɒrənl] *s.* **1.** Stirnreif *m*, Dia'dem *n*; **2.** (Blumen)Kranz *m.*

cor·o·nar·y ['kɒrənərɪ] **I** *adj.* **1.** kronen-, kranzartig; **2.** ⚕ koro'nar, (Herz-)Kranz...: ***~ artery*** Kranzarterie *f*; ***~ thrombosis*** → **II** *s.* **3.** ⚕ Koro'narthromˌbose *f.*

cor·o·na·tion [ˌkɒrə'neɪʃn] *s.* **1.** Krönung *f*; **2.** Krönungsfeier *f.*

cor·o·ner ['kɒrənə] *s.* ⚖ Coroner *m* (*richterlicher Beamter zur Untersuchung der Todesursache in Fällen unnatürlichen Todes*); → ***inquest*** 1.

cor·o·net ['kɒrənɪt] *s.* **1.** kleine Krone; **2.** Adelskrone *f*; **3.** Dia'dem *n*; **4.** *zo.* Hufkrone *f* (*Pferd*); **'cor·o·net·ed** [-tɪd] *adj.* **1.** e-e Adelskrone *od.* ein Dia'dem tragend; **2.** adelig; **3.** mit Adelswappen (*Briefpapier*).

cor·po·ral¹ ['kɔːpərəl] *s.* ⚔ 'Unteroffiˌzier *m.*

cor·po·ral² ['kɔːpərəl] *adj.* □ **1.** körperlich, leiblich: ***~ punishment*** körperliche Züchtigung; **2.** per'sönlich; **cor·po·ral·i·ty** [ˌkɔːpə'rælətɪ] *s.* Körperlichkeit *f.*

cor·po·rate ['kɔːpərət] *adj.* □ **1.** vereinigt, körperschaftlich, korpora'tiv, Körperschafts...; inkorporiert: ***~ body*** → ***corporation*** 1; ***~ seal*** a) *Brit.* Siegel *n* e-r juristischen Person, b) *Am.* Firmensiegel *n*; ***~ stock*** *Am.* (Gesellschafts)Aktien *pl.*; ***~ tax*** *Am.* Körperschaftssteuer *f*; ***~ town*** Stadt *f* mit eigenem Recht; **2.** gemeinsam, kollek'tiv;

cor·po·ra·tion [ˌkɔːpə'reɪʃn] *s.* **1.** ⚖ ju'ristische Per'son: ***~ tax*** Körperschaftssteuer *f*; **2.** *Brit.* (rechtsfähige) Handelsgesellschaft; **3.** *a.* ***stock ~*** ✝ *Am.* 'Aktiengesellschaft *f*; **4.** Vereinigung *f*; Gilde *f*, Innung *f*, Zunft *f*; **5.** Stadtbehörde *f*; inkorporierte Stadtgemeinde; **6.** F Schmerbauch *m*; **'cor·po·ra·tive** [-tɪv] *adj.* **1.** korpora'tiv, körperschaftlich; *Am.* ☨ Gesellschafts…; **2.** *pol.* korpora'tiv (*Staat etc.*).

cor·po·re·al [kɔː'pɔːrɪəl] *adj.* □ **1.** körperlich, leiblich; **2.** materi'ell, dinglich, greifbar; **cor·po·re·al·i·ty** [kɔːˌpɔːrɪ'ælətɪ] *s.* Körperlichkeit *f.*

cor·po·sant ['kɔːpəzənt] *s.* ⚡ Elmsfeuer *n.*

corps [kɔː] *pl.* **corps** [kɔːz] *s.* **1.** ⚔ a) (Ar'mee)Korps *n*, b) Korps *n*, Truppe *f*: ***volunteer ~*** Freiwilligentruppe; **2.** Körperschaft *f*, Korps *n*; **3.** Korps *n*, Korporati'on *f*, (Stu'denten)Verbindung *f*; **~ de bal·let** [ˌkɔːdə'bæleɪ] (*Fr.*) *s.* Bal'lettgruppe *f*; **♀ Di·plo·ma·tique** ['kɔːˌdɪpləmæ'tɪk] (*Fr.*) *s.* Diplo'matisches Korps.

corpse [kɔːps] *s.* Leichnam *m*, Leiche *f.*

cor·pu·lence ['kɔːpjʊləns], **'cor·pu·len·cy** [-sɪ] *s.* Korpu'lenz *f*, Beleibtheit *f*; **'cor·pu·lent** [-nt] *adj.* □ korpu'lent, beleibt.

cor·pus ['kɔːpəs] *pl.* **'cor·po·ra** [-pərə] *s.* **1.** Korpus *n*, Sammlung *f* (*Werk, Gesetz etc.*); **2.** Groß-, Hauptteil *m*; **3.** ☨ ('Stamm)Kapiˌtal *n* (*Ggs. Zinsen etc.*); **♀ Chris·ti** ['krɪstɪ] *s. eccl.* Fron'leichnam(sfest *n*) *m.*

cor·pus·cle ['kɔːpʌsl] *s.* **1.** *biol.* (Blut-)Körperchen *n*; **2.** *phys.* Kor'puskel *n*, *f*, Elemen'tarteilchen *n*; **cor·pus·cu·lar** [kɔː'pʌskjʊlə] *adj. phys.* Korpuskular…; **cor·pus·cule** [kɔː'pʌskjuːl] → ***corpuscle.***

cor·pus| de·lic·ti [dɪ'lɪktaɪ] *s.* ⚖ 'Corpus *n* de'licti: a) ⚖ Tatbestand *m*, b) Beweisstück *n*, *bsd.* Leiche *f* (des Ermordeten); **~ ju·ris** ['dʒʊərɪs] *s.* ⚖ Corpus *n* juris, Gesetzessammlung *f.*

cor·ral [kɒ'rɑːl] **I** *s.* **1.** Kor'ral *m*, (Vieh)Hof *m*, Pferch *m*, Einzäunung *f*; **2.** Wagenburg *f*; **II** *v/t.* **3.** *Wagen* zu e-r Wagenburg zs.-stellen; **4.** in e-n Pferch treiben; **5.** *fig.* einsperren; **6.** *Am.* F sich *et.* ‚schnappen'.

cor·rect [kə'rekt] **I** *v/t.* **1.** korrigieren, verbessern, berichtigen, richtigstellen; **2.** regulieren, regeln, ausgleichen; **3.** *Mängel* abstellen, beheben; **4.** zu'rechtweisen, tadeln: ***I stand ~ed*** ich gebe m-n Fehler zu; **5.** *j-n od. et.* bestrafen; **II** *adj.* □ **6.** richtig, fehlerfrei: ***be ~*** a) stimmen, b) recht haben; **7.** kor'rekt, schicklich, einwandfrei: ***it is the ~ thing*** es gehört sich; ***~ behavio(u)r*** korrektes Benehmen; **8.** genau, ordentlich; **cor'rec·tion** [-kʃn] *s.* **1.** Verbesserung *f*, Richtigstellung *f*, Berichtigen *n* (*a.* ⚙, *phys.*): ***I speak under ~*** ich kann mich natürlich (auch) irren; **2.** Korrek'tur *f* (*a.* ⚗, *phys., typ. etc.*), (Fehler)Verbesserung *f*; **3.** Zu'rechtweisung *f*; **4.** Bestrafung *f*, ⚖ *a.* Besserung *f*: ***house of ~*** ⚖ Strafanstalt *f*; **5.** Bereinigung *f*, Abstellung *f*, Regulierung *f*; **cor'rec·tion·al** [-kʃənl] → ***corrective***; **cor'rect·i·tude** [-tɪtjuːd] *s.* Kor'rektheit *f* (*Benehmen*); **cor'rec·tive** [-tɪv] **I** *adj.* □ **1.** verbessernd, Verbesserungs…, Berichtigungs…, Korrektur…: ***~ measure*** Abhilfemaßnahme *f*; **2.** mildernd, lindernd; **3.** ⚖ Besserungs…, Straf…: ***~ training*** Besserungsmaßregel *f*; **II** *s.* **4.** Korrek'tiv *n*, Abhilfe *f*, Heil-, Gegenmittel *n*: **cor'rect·ness** [-nɪs] *s.* Richtigkeit *f*; Kor'rektheit *f*; **cor'rec·tor** [-tə] *s.* **1.** Verbesserer *m*; **2.** 'Kritiker(in); **3.** *mst* ***~ of the press*** *Brit. typ.* Kor'rektor *m*; **4.** Besserungsmittel *n.*

cor·re·late ['kɒrəleɪt] **I** *v/t.* in Wechselbeziehung bringen (***with*** mit), aufein'ander beziehen; in Über'einstimmung bringen (***with*** mit); **II** *v/i.* in Wechselbeziehung stehen (***with*** mit), sich aufeinander beziehen; entsprechen (***with*** *dat.*); **III** *s.* Korre'lat *n*, Gegenstück *n*; **cor·re·la·tion** [ˌkɒrə'leɪʃn] *s.* Wechselbeziehung *f*, gegenseitige Abhängigkeit, Entsprechung *f*; **cor·rel·a·tive** [kɒ'relətɪv] **I** *adj.* □ korrela'tiv, in Wechselbeziehung stehend, sich ergänzend; entsprechend; **II** *s.* Korre'lat *n*, Gegenstück *n*, Ergänzung *f.*

cor·re·spond [ˌkɒrɪ'spɒnd] *v/i.* **1.** (***with, to***) entsprechen (*dat.*), über'einstimmen, in Einklang stehen (mit); **2.** (***with, to***) passen (zu), sich eignen (für); **3.** (***to***) entsprechen (*dat.*), das Gegenstück sein (von), ana'log sein (zu); **4.** in Briefwechsel (☨ in Geschäftsverkehr) stehen (***with*** mit).

cor·re·spond·ence [ˌkɒrɪ'spɒndəns] *s.* **1.** Über'einstimmung *f* (***with*** mit, ***between*** zwischen *dat.*); **2.** Angemessenheit *f*, Entsprechung *f*; **3.** Korrespon'denz *f*: a) Briefwechsel *m*, b) Briefe *pl.*; **4.** *Zeitung*: Beiträge *pl.*; **~ clerk** *s.* ☨ Korrespon'dent(in); **~ col·umn** *s.* Leserbriefspalte *f*; **~ chess** *s.* Fernschach *n*; **~ course** *s.* Fernkurs *m*; **~ school** *s.* 'Fernlehrinstiˌtut *n.*

cor·re·spond·ent [ˌkɒrɪ'spɒndənt] **I** *s.* Korrespon'dent(in): a) (Brief)Schreiber(in); Briefpartner(in), b) ☨ Geschäftsfreund *m*, c) *Zeitung*: Mitarbeiter(in); Einsender(in): ***foreign ~*** Auslandskorrespondent; ***special ~*** Sonderberichterstatter *m*; **II** *adj.* → ˌ**cor·re'spond·ing** [-dɪŋ] *adj.* □ **1.** entsprechend, gemäß (***to*** *dat.*); **2.** in Briefwechsel stehend (***with*** mit): **~ *member*** korrespondierendes Mitglied; ˌ**cor·re'spond·ing·ly** [-dɪŋlɪ] *adv.* entsprechend, demgemäß.

cor·ri·dor ['kɒrɪdɔː] *s.* **1.** 'Korridor *m*, Gang *m*, Flur *m*; **2.** 🚃 'Korridor *m*, Seitengang *m*: **~ *train*** D-Zug *m*; **3.** *geogr.*, *pol.* 'Korridor *m* (*Landstreifen durch fremdes Gebiet*).

cor·ri·gen·dum [ˌkɒrɪ'dʒendəm] *pl.* **-da** [-də] *s.* **1.** zu verbessernder Druckfehler; **2.** *pl.* Druckfehlerverzeichnis *n*; **cor·ri·gi·ble** ['kɒrɪdʒəbl] *adj.* **1.** zu verbessern(d); **2.** lenksam, fügsam.

cor·rob·o·rate [kə'rɒbəreɪt] *v/t.* bekräftigen, bestätigen, erhärten; **cor·rob·o·ra·tion** [kəˌrɒbə'reɪʃn] *s.* Bekräftigung *f*, Bestätigung *f*, Erhärtung *f*; **cor'rob·o·ra·tive** [-bərətɪv], **cor'rob·o·ra·to·ry** [-bərətərɪ] *adj.* bestärkend, bestätigend.

cor·rode [kə'rəʊd] **I** *v/t.* **1.** ⚗, ⚙ zer-, anfressen, angreifen, korrodieren; wegätzen, -beizen; **2.** *fig.* zerfressen, zerstören, unter'graben, aushöhlen: ***corroding care*** nagende Sorge; **II** *v/i.* **3.** zerfressen werden, korrodieren; rosten; **4.** sich einfressen; **5.** verderben, verfallen; **cor'ro·dent** [-dənt] *Am.* **I** *adj.* ätzend; **II** *s.* Ätzmittel *n*; **cor'ro·sion** [-əʊʒn] *s.* **1.** ⚗, ⚙ Korrosi'on *f*, An-, Zerfressen *n*; Rostfraß *m*; Ätzen *n*, Beizen *n*; **2.** *fig.* Zerstörung *f*; **cor'ro·sive** [-əʊsɪv] **I** *adj.* □ **1.** ⚗, ⚙ zerfressend, ätzend, beizend, angreifend, Korrosions…; **2.** *fig.* nagend, quälend; **II** *s.* **3.** ⚗, ⚙ Ätz-, Beizmittel *n*; **cor'ro·sive·ness** [-əʊsɪvnɪs] *s.* ätzende Schärfe.

cor·ru·gate ['kɒrʊgeɪt] **I** *v/t.* wellen, riefen; runzeln, furchen; **II** *v/i.* sich wellen *od.* runzeln, runz(e)lig werden; **'cor·ru·gat·ed** [-tɪd] *adj.* runz(e)lig, gefurcht; gewellt, gerieft: **~ *iron*** (*od.* ***sheet***) Wellblech *n*; **~ *cardboard***, **~ *paper*** Wellpappe *f*; **cor·ru·ga·tion** [ˌkɒrʊ'geɪʃn] *s.* **1.** Runzeln *n*, Furchen *n*; Wellen *n*, Riefen *n*; **2.** Furche *f*, Falte *f* (*auf der Stirn*).

cor·rupt [kə'rʌpt] **I** *adj.* □ **1.** (*moralisch*) verdorben, schlecht, verworfen; **2.** unredlich, unlauter; **3.** kor'rupt, bestechlich, käuflich: **~ *practices*** Bestechungsmanöver *pl.*, Korruption *f*; **4.** faul, verdorben, schlecht; **5.** unrein, unecht, verfälscht, verderbt (*Text*); **II** *v/t.* **6.** verderben, zu'grunde richten: ***~ing influences*** verderbliche Einflüsse; **7.** verleiten, verführen; **8.** korrumpieren, bestechen; **9.** *Texte etc.* verderben, verfälschen, verunstalten; **10.** *fig.* anstecken, infizieren; **III** *v/i.* **11.** (*moralisch*) verderben, verkommen; **12.** schlecht werden, verderben; **cor'rupt·i·ble** [-təbl] *adj.* □ **1.** zum Schlechten neigend; **2.** bestechlich; **3.** verderblich; vergänglich; **cor'rup·tion** [-pʃn] *s.* **1.** Verdorbenheit *f*, Verworfenheit *f*; **2.** verderblicher Einfluß; **3.** Korrupti'on *f*: a) Kor'ruptheit *f*, Bestechlichkeit *f*, Käuflichkeit *f*, b) kor'rupte Me'thoden *pl.*, Bestechung *f*; **4.** Verfälschung *f*, Korrumpierung *f* (*Text etc.*); **5.** Fäulnis *f*; **cor'rup·tive** [-tɪv] *adj.* **1.** zersetzend, verderblich; **2.** *fig.* ansteckend; **cor'rupt·ness** [-nɪs] → ***corruption*** 1, 3a.

cor·sage [kɔː'sɑːʒ] *s.* **1.** Mieder *n*; **2.** 'Ansteckbuˌkett *n*.

cor·sair ['kɔːseə] *s.* **1.** *hist.* Kor'sar *m*, Seeräuber *m*; **2.** Kaperschiff *n*.

corse·let ['kɔːslɪt] *s.* **1.** *Am. mst* **cor·se·let** [ˌkɔːsə'let] Korse'lett *n*, Mieder *n*; **2.** *hist.* Harnisch *m*.

cor·set ['kɔːsɪt] *s. oft pl.* Kor'sett *n*; **'cor·set·ed** [-tɪd] *adj.* (ein)geschnürt; **'cor·set·ry** [-trɪ] *s.* Miederwaren *pl.*

Cor·si·can ['kɔsɪkən] **I** *adj.* korsisch; **II** *s.* Korse *m*, Korsin *f*.

cor·tège [kɔː'teɪʒ] (*Fr.*) *s.* **1.** Gefolge *n* *e-s Fürsten etc.*; **2.** Zug *m*, Prozessi'on *f*: ***funeral* ~** Leichenzug *m*.

cor·tex ['kɔːteks] *pl.* **-ti·ces** [-tɪsiːz] *s.* ⚘, *zo.*, *anat.* Rinde *f*: ***cerebral* ~** Großhirnrinde.

cor·ti·sone ['kɔːtɪzəʊn] *s.* ⚕ Korti'son *n*.

co·run·dum [kə'rʌndəm] *s. min.* Ko'rund *m*.

cor·us·cate ['kɒrəskeɪt] *v/i.* (auf)blitzen, funkeln, glänzen (*a. fig.*).

cor·vée ['kɔːveɪ] (*Fr.*) *s.* Fronarbeit *f*, -dienst *m* (*a. fig.*).

cor·vette [kɔː'vet] *s.* ⚓ Kor'vette *f*.

cor·vine ['kɔːvaɪn] *adj.* raben-, krähenartig.

Cor·y·don ['kɒrɪdən] *s.* **1.** *poet.* 'Korydon *m*, Schäfer *m*; **2.** schmachtender Liebhaber.

cor·ymb ['kɒrɪmb] *s.* ⚘ Doldentraube *f*.

cor·y·phae·us [ˌkɒrɪ'fiːəs] *pl.* **-phae·i** [-'fiːaɪ] *s. antiq. u. fig.* Kory'phäe *f*; **co·ry·phée** ['kɒrɪfeɪ] *s.* Primaballe'rina *f*.

cos[1] [kɒs] *s.* ⚘ Lattich *m*.

cos[2] [kəz] *cj.* F weil, da.

co·se·cant [ˌkəʊ'siːkənt] *s.* Ꭿ 'Kosekans *m*.

cosh [kɒʃ] *Brit.* F **I** *s.* Totschläger *m*; **II**

v/t. mit e-m Totschläger schlagen, *j-m* ‚eins über den Schädel hauen'.
cosh·er [ˈkɒʃə] *v/t.* verhätscheln.
co·sig·na·to·ry [ˌkəʊˈsɪɡnətərɪ] *s.* ˈMitunterˌzeichner(in).
co·sine [ˈkəʊsaɪn] *s.* ⩓ ˈKosinus *m.*
co·si·ness [ˈkəʊzɪnɪs] *s.* Behaglichkeit *f*, Gemütlichkeit *f.*
cos·met·ic [kɒzˈmetɪk] **I** *adj.* (□ **~ally**) **1.** kosˈmetisch (*a. fig.*): **~ treatment** → 4; **~ (plastic) surgery** Schönheitschirurgie *f od.* -operation *f*; **2.** *fig.* kosmetisch, optisch; **II** *s.* **3.** kosmetisches Mittel, Schönheitsmittel *n*, *pl. a.* Kosˈmetika; **4.** *pl.* Kosˈmetik *f*, Schönheitspflege *f*; **cos·me·ti·cian** [ˌkɒzməˈtɪʃn] *s.*, **cos·me·tol·o·gist** [ˌkɒzməˈtɒlədʒɪst] Kosˈmetiker(in).
cos·mic, **cos·mi·cal** [ˈkɒzmɪk(l)] *adj.* □ kosmisch (*a. fig.*).
cos·mog·o·ny [kɒzˈmɒɡənɪ] *s.* Kosmogoˈnie *f* (*Theorie über die Entstehung des Weltalls*); **cosˈmog·ra·phy** [-ɡrəfɪ] *s.* Kosmograˈphie *f*, Weltbeschreibung *f*; **cosˈmol·o·gy** [-ɒlədʒɪ] *s.* Kosmoloˈgie *f.*
cos·mo·naut [ˈkɒzmənɔːt] *s.* (Welt-) Raumfahrer *m*, Kosmoˈnaut *m.*
cos·mo·pol·i·tan [ˌkɒzməˈpɒlɪtən] **I** *adj.* kosmopoˈlitisch; *weitS.* weltoffen; **II** *s.* Kosmopoˈlit *m*, Weltbürger(in); **ˌcos·moˈpol·i·tan·ism** [-tənɪzəm] *s.* Weltbürgertum *n*; *weitS.* Weltoffenheit *f.*
cos·mos [ˈkɒzmɒs] *s.* **1.** ˈKosmos *m*: a) Weltall *n*, b) Weltordnung *f*; **2.** Welt *f* für sich; **3.** ⚘ ˈKosmos *m* (*Blume*).
Cos·sack [ˈkɒsæk] *s.* Koˈsak *m.*
cos·set [ˈkɒsɪt] *v/t.* verhätscheln.
cost [kɒst] **I** *s.* **1.** *stets sg.* Kosten *pl.*, Preis *m*, Aufwand *m*: **~ of living** Lebenshaltungskosten; **~ of-living allowance** Teuerungszulage *f*; **~-of-living index** Lebenshaltungsindex *m*; **2.** ✝ a) *a.* **~ price** (Selbst-, Gestehungs)Kosten *pl.*, Selbstkosten-, (Netto)Einkaufspreis *m*, b) (Un)Kosten *pl.*, Auslagen *pl.*, Spesen *pl.*: **at ~** zum Selbstkostenpreis; **~ accounting** → **costing**; **~ accountant** (Betriebs)Kalkulator *m*; **~-covering** kostendeckend; **~ free** kostenlos; **~ plus** Gestehungskosten plus Unternehmergewinn; **~ of construction** Baukosten; **3.** *fig.* Kosten *pl.*, Schaden *m*, Nachteil *m*: **at my ~** auf m-e Kosten; **at a heavy ~** unter schweren Opfern; **at the ~ of his health** auf Kosten s-r Gesundheit; **to my ~** zu m-m Schaden; **I know to my ~** ich weiß aus eigener (bitterer) Erfahrung; **at all ~s**, **at any ~** um jeden Preis; **4.** *pl.* ⚖ (Gerichts)Kosten *pl.*, Gebühren *pl.*; **condemn s.o. in the ~s** j-n zu den Kosten verurteilen; **dismiss with ~s** kostenpflichtig abweisen; **allow ~s** die Kosten bewilligen; **II** *v/t.* [*irr.*] **5.** kosten: **it ~ me one pound** es kostete mich ein Pfund; **6.** kosten, bringen um: **it ~ him his life** es kostete ihn das Leben; **7.** kosten, verursachen: **it ~ me a lot of trouble** es verursachte mir (*od.* kostete mich) große Mühe; **8.** [*pret. u. p.p.* **cost·ed**] ✝ kalkulieren, den Preis berechnen von: **~ed at** mit e-m Kostenanschlag von; **III** *v/i.* [*irr.*] **9. it ~ him dearly** *fig.* es kam ihm teuer zu stehen.
cos·tal [ˈkɒstl] *adj.* **1.** *anat.* Rippen…, kosˈtal; **2.** ⚘ (Blatt)Rippen…; **3.** *zo.* (Flügel)Ader…
co-star [ˈkəʊstɑː] *thea.*, *Film* **I** *s.* e-r der Hauptdarsteller; **II** *v/i.* e-e der Hauptrollen spielen: **~ring** in e-r der Hauptrollen.
cos·ter·mon·ger [ˈkɒstəˌmʌŋɡə], *a.* **cos·ter** [ˈkɒstə] *s. Brit.* Straßenhändler(in) für Obst u. Gemüse *etc.*
cost·ing [ˈkɒstɪŋ] *s.* ✝ *Brit.* Kosten(be)rechnung *f*, Kalkulatiˈon *f.*
cos·tive [ˈkɒstɪv] *adj.* □ **1.** ⚕ verstopft, hartleibig; **2.** *fig.* geizig; **ˈcos·tive·ness** [-nɪs] *s.* **1.** ⚕ Verstopfung *f*; **2.** *fig.* Geiz *m.*
cost·li·ness [ˈkɒstlɪnɪs] *s.* **1.** Kostspieligkeit *f*; **2.** Pracht *f*; **cost·ly** [ˈkɒstlɪ] *adj.* **1.** kostspielig, teuer; **2.** kostbar, wertvoll; prächtig.
cost price → **cost** 2 a.
cos·tume [ˈkɒstjuːm] *s.* **1.** Koˈstüm *n*, Kleidung *f*, Tracht *f*: **~ jewel(le)ry** Modeschmuck *m*; **2.** *obs.* Koˈstüm(kleid) *n* (*für Damen*); **3.** (ˈMasken-, ˈBühnen-) Koˌstüm *n*: **~ piece** *thea.* Kostümstück *n*; **4.** Badeanzug *m*; **cos·tum·er** [kɒsˈtjuːmə], **cos·tum·i·er** [kɒsˈtjuːmɪə] *s.* **1.** Koˈstümverleiher(in); **2.** *thea.* Kostümiˈer *m.*
co·sy [ˈkəʊzɪ] **I** *adj.* □ behaglich, gemütlich, traulich, heimelig; **II** *s.* Teehaube *f*, -wärmer *m*; Eierwärmer *m.*
cot¹ [kɒt] *s.* **1.** *Brit.* Kinderbettchen *n*: **~ death** ⚕ plötzlicher Kindstod; **2.** Feldbett *n*; **3.** leichte Bettstelle; **4.** ⚓ Schwingbett *n*, Koje *f.*
cot² [kɒt] *s.* **1.** (Schaf- *etc.*)Stall *m*; **2.** *obs.* Häus-chen *n*, Hütte *f.*
co·tan·gent [ˌkəʊˈtændʒənt] *s.* ⩓ ˈKotangens *m.*
cote [kəʊt] *s.* Stall *m*, Hütte *f*, Häuschen *n* (*für Kleinvieh etc.*).
co·te·rie [ˈkəʊtərɪ] *s.* **1.** *contp.* Koteˈrie *f*, Klüngel *m*, ˈClique *f*; **2.** exkluˈsiver

Zirkel.

co·thur·nus [kəˈθɜːnəs] *pl.* **-ni** [-naɪ] *s.* **1.** *antiq.* Koˈthurn *m*; **2.** erhabener, paˈthetischer Stil.

co-tid·al lines [kəʊˈtaɪdl] *s. pl.* ⚓ Isorˈrhachien *pl.*

co-trus·tee, *Am.* **co·trus·tee** [ˌkəʊtrʌsˈtiː] *s.* Mittreuhänder *m.*

cot·tage [ˈkɒtɪdʒ] *s.* **1.** (kleines) Landhaus, Cottage *n*; **2.** *Am.* Ferienhaus *n*; **3.** *Am.* Wohngebäude *n* (*bsd. in e-m Heim*); *Hotel*: Depenˈdance *f*; **~ cheese** *s.* Hüttenkäse *m*; **~ hos·pi·tal** *s.* **1.** kleines Krankenhaus; **2.** *Am. aus Einzelgebäuden bestehendes Krankenhaus*; **~ in·dus·try** *s.* ˈHeimindu̩strie *f*; **~ pi·a·no** *s.* Piaˈnino *n*; **~ pud·ding** *s.* Kuchen *m* mit süßer Soße.

cot·tag·er [ˈkɒtɪdʒə] *s.* **1.** Cottagebewohner(in); **2.** *Am.* Urlauber(in) in e-m Ferienhaus.

cot·ter [ˈkɒtə] *s.* ⚙ a) (Schließ)Keil *m*, b) → **~ pin** *s.* Splint *m.*

cot·ton [ˈkɒtn] **I** *s.* **1.** Baumwolle *f*: ***absorbent ~*** Watte *f*; **2.** Baumwollpflanze *f*; **3.** Baumwollstoff *m*; **4.** *pl.* a) Baumwollwaren *pl.*, b) Baumwollkleidung *f*; **5.** (Näh-, Stick)Garn *n*; **II** *adj.* **6.** baumwollen, Baumwoll…; **III** *v/i.* **7.** *Am.* F (***with***) a) sich anfreunden (mit), b) gut auskommen (mit); **8.** ***~ on to*** F a) *et.* ‚kapieren', b) *Am.* → 7 a; **~ belt** *s. Am.* Baumwollzone *f*; **~ bud** *s.* Wattestäbchen *n*; **~ can·dy** *s. Am.* Zuckerwatte *f*; **~ gin** *s.* ⚙ Entˈkörnungsma̩schine *f* (*für Baumwolle*); **~ grass** *s.* ⚘ Wollgras *n*; **~ mill** *s.* ˈBaumwollspinne̩rei *f*; **~ pick·er** *s.* Baumwollpflücker *m*; **~ press** *s.* Baumwollballenpresse *f*; **~ print** *s.* bedruckter Katˈtun; **ˈ~·seed** *s.* ⚘ Baumwollsamen *m*: ***~ oil*** Baumwollsamenöl *n*; **ˈ~·tail** *s. zo.* amer. ˈWildka̩ninchen *n*; **~ waste** *s.* **1.** Baumwollabfall *m*; **2.** ⚙ Putzwolle *f*; **ˈ~·wood** *s.* ⚘ *e-e* amer. Pappel; **~ wool** *s.* **1.** Rohbaumwolle *f*; **2.** (Verband-)Watte *f.*

cot·ton·y [ˈkɒtnɪ] *adj.* **1.** baumwollartig; **2.** flaumig, weich.

cot·y·le·don [ˌkɒtɪˈliːdən] *s.* ⚘ **1.** Keimblatt *n*; **2.** ♀ Nabelkraut *n.*

couch¹ [kaʊtʃ] **I** *s.* **1.** Couch *f* (*a. des Psychoanalytikers*), ˈLiege(̩sofa *n*) *f*; **2.** Bett *n*; Lager *n* (*a. obs. hunt.*), Lagerstätte *f*; **3.** ⚙ Lage *f*, Schicht *f*, erster Anstrich; **II** *v/t.* **4.** *Gedanken etc.* in Worte fassen *od.* kleiden, ausdrücken; **5.** *Lanze* einlegen; **6.** ⚕ *Star* stechen; **7.** ***be ~ed*** liegen; **III** *v/i.* **8.** liegen, lagern (*Tier*); **9.** (sich) kauern *od.* ducken.

couch² [kaʊtʃ] → ***couch grass.***

couch·ant [ˈkaʊtʃənt] *adj. her.* mit erhobenem Kopf liegend.

cou·chette [kuːˈʃet] *s.* 🚃 (Platz *m* in e-m) Liegewagen.

couch grass *s.* ⚘ Quecke *f.*

cou·gar [ˈkuːgə] *s. zo.* ˈPuma *m.*

cough [kɒf] **I** *s.* **1.** Husten *m*: ***give a ~*** (einmal) husten; **II** *v/i.* **2.** husten; **3.** *mot.* F ‚stottern', husten (*Motor*); **III** *v/t.* **4.** ***~ out*** *od.* ***up*** aushusten; **5.** ***~ up*** *sl.* herˈausrücken mit (*Geld, der Wahrheit etc.*); **~ drop** *s.* ˈHustenbon̩bon *m*, *n*; **~ mix·ture** *s.* Hustensaft *m.*

could [kʊd] *pret. von* ***can¹***.

cou·loir [ˈkuːlwɑː] (*Fr.*) *s.* **1.** Bergschlucht *f*; **2.** ⚙ ˈBaggerma̩schine *f.*

cou·lomb [ˈkuːlɒm] *s.* ⚡ Couˈlomb *n*, Amˈpere-Se̩kunde *f.*

coul·ter [ˈkəʊltə] *s.* ⛏ Kolter *n*, Pflugmesser *n.*

coun·cil [ˈkaʊnsl] *s.* **1.** Rat *m*, Ratsversammlung *f*, beratende Versammlung; Beratung *f*: ***be in ~*** zu Rate sitzen; ***meet in ~*** e-e (Rats)Sitzung abhalten; ***Queen in ♀*** *Brit.* Königin und Kronrat; ***~ of war*** Kriegsrat (*a. fig.*); **2.** Rat *m* (*Körperschaft*); *engS.* Gemeinderat *m*: ***municipal ~*** Stadtrat (*Behörde*); ***~ school*** Gemeindeschule *f*; **3.** Kirchenrat *m*, Synˈode *f*, Konˈzil *n*; **4.** Vorstand *m*, Komiˈtee *n*; **~ cham·ber** *s.* Ratszimmer *n*; **~ es·tate** *s. Brit.* städtische (soziˈale Wohn)Siedlung; **~ house** *s. Brit.* stadteigenes (Soziˈal)Wohnhaus.

coun·ci(l)·lor [ˈkaʊnsələ] *s.* Ratsmitglied *n*, -herr *m*, Stadtrat *m*, -rätin *f.*

coun·sel [ˈkaʊnsl] **I** *s.* **1.** Rat(schlag) *m*: ***take ~ of s.o.*** von j-m (e-n) Rat annehmen; **2.** Beratung *f*, Überˈlegung *f*: ***take*** (*od.* ***hold***) ***~ with*** a) sich beraten mit, b) sich Rat holen bei; ***take ~ together*** zusammen beratschlagen; **3.** Plan *m*, Absicht *f*; Meinung *f*, Ansicht *f*: ***divided ~s*** geteilte Meinungen; ***keep one's*** (***own***) ***~*** s-e Meinung *od.* Absicht für sich behalten; **4.** ⚖ (*ohne Artikel*) a) *Brit.* (Rechts)Anwalt *m*, b) *Am.* Rechtsberater *m*, -beistand *m*: ***~ for the defence*** Anwalt des Beklagten, *Strafprozeß*: Verteidiger *m*; ***~ for the prosecution*** Anklagevertreter *m*; **5.** ⚖ *coll.* juˈristische Berater *pl.*; **II** *v/t.* **6.** *j-m* raten *od.* e-n Rat geben; **7.** zu *et.* raten: ***~ delay*** Aufschub empfehlen; **ˈcoun·se(l)·lor** [-lə] *s.* **1.** Berater(in), Ratgeber *m*; **2.** *a.* ***~-at-law*** *Am.* (Rechts)Anwalt *m*; **3.** (Studien-, Berufs)Berater *m.*

count¹ [kaʊnt] **I** *s.* **1.** Zählen *n*, (*a.* Volks- *etc.*)Zählung *f*, (Be)Rechnung *f*: ***keep ~ of s.th.*** et. genau zählen (können); ***lose ~*** a) die Übersicht verlieren (***of*** über), b) sich verzählen; ***by my ~*** nach m-r Schätzung; ***take the ~*** *Boxen*: ausgezählt werden; ***take a ~ of nine*** *Boxen*: bis neun angezählt werden; **2.** (End)Zahl *f*, Anzahl *f*, Ergebnis *n*; *sport* Punktzahl *f*; **3.** Berücksichtigung *f*: ***take*** (***no***) ***~ of*** (nicht) zählen *od.* (nicht) berücksichtigen (*acc.*); **4.** ⚖ (An)Klagepunkt *m*; **II** *v/t.* **5.** (ab-, auf-) zählen, (be)rechnen: ***~ the cost*** a) die Kosten berechnen, b) *fig.* die Folgen bedenken; **6.** (mit)zählen, einschließen, berücksichtigen: ***I ~ him among my friends*** ich zähle ihn zu m-n Freunden; ***~ing those present*** die Anwesenden eingeschlossen; ***not ~ing*** abgesehen von; **7.** erachten, schätzen, halten für: ***~ o.s. lucky*** sich glücklich schätzen; ***~ for*** (*od.* ***as***) ***lost*** als verloren ansehen; ***~ it a great hono(u)r*** es als große Ehre betrachten; **III** *v/i.* **8.** zählen, rechnen: ***he ~s among my friends*** er zählt zu m-n Freunden; ***~ing from today*** von heute an (gerechnet); ***I ~ on you*** ich rechne (*od.* verlasse mich) auf dich; **9.** mitzählen, gelten, von Wert sein: ***~ for nothing*** nichts wert sein, nicht von Belang sein; ***every little ~s*** auf jede Kleinigkeit kommt es an; ***he simply doesn't ~*** er zählt überhaupt nicht;

Zssgn mit adv.:

count| down *v/t.* **1.** *Geld* hinzählen; **2.** *a. v/i.* den Countdown ˈdurchführen (für), *a. weitS.* letzte (Start)Vorbereitungen treffen (für); **~ in** *v/t.* mitzählen, einschließen: ***count me in!*** ich bin dabei *od.* mache mit!; **~ off** *v/t. u. v/i.* abzählen; **~ out** *v/t.* **1.** (langsam) abzählen; **2.** ausschließen: ***count me out!*** ohne mich!; **3.** *Boxen u. Kinderspiel*: auszählen; **4.** *parl. Brit.* a) *Gesetzesvorlage* zu Fall bringen, b) *Unterhaussitzung* wegen Beschlußunfähigkeit vertagen; **~ o·ver** *v/t.* nachzählen; **~ up** *v/t.* zs.-zählen, ˈdurchrechnen.

count² [kaʊnt] *s.* (nichtbrit.) Graf *m*; → ***palatine¹*** 1.

count·down [ˈkaʊntdaʊn] *s.* ˈCountdown *m*, *n* (*a. fig.*).

coun·te·nance [ˈkaʊntənəns] **I** *s.* **1.** Gesichtsausdruck *m*, Miene *f*: ***his ~ fell*** er machte ein langes Gesicht; ***change one's ~*** s-n Gesichtsausdruck ändern, die Farbe wechseln; **2.** Fassung *f*, Haltung *f*, Gemütsruhe *f*: ***keep one's ~*** die Fassung bewahren; ***keep s.o. in ~*** j-n ermuntern, j-n unterstützen; ***put s.o. out of ~*** j-n aus der Fassung bringen; **3.** Ermunterung *f*, Unterˈstützung *f*: ***give*** (*od.* ***lend***) ***~ to*** *j-n* ermutigen, *j-n od. et.* unterstützen, Glaubwürdigkeit verleihen (*dat.*); **II** *v/t.* **4.** *j-n* ermuntern, (unter)ˈstützen; **5.** *et.* gutheißen.

count·er¹ [ˈkaʊntə] *s.* **1.** Ladentisch *m*, *a.* Theke *f* (*im Wirtshaus etc.*): ***under the ~*** unter dem Ladentisch (*verkaufen etc.*), unter der Hand, heimlich; **2.** Schalter *m* (*Bank etc.*); **3.** Spielmarke *f*; **4.** Zählperle *f*, -kugel *f* (*Kinder-Rechenmaschine*); **5.** ⚙ Zähler *m*, Zählgerät *n*, -werk *n*.

coun·ter² [ˈkaʊntə] **I** *adv.* **1.** entgegengesetzt; (***to***) entgegen, zuˈwider (*dat.*): ***run*** (*od.* ***go***) ***~ to*** zuwiderlaufen (*dat.*); ***~ to all rules*** entgegen allen *od.* wider alle Regeln; **II** *adj.* **2.** Gegen…, entgegengesetzt; **III** *s.* **3.** Abwehr *f*; *Boxen etc., a. fig.*: Konter(schlag) *m*; *fenc.* Paˈrade *f*; *Eislauf*: Gegenwende *f*; **4.** *zo.* Brustgrube *f* (*Pferd*); **IV** *v/t. u. v/i.* **5.** entgegenwirken, entgegnen; widerˈsprechen, zuˈwiderhandeln (*dat.*); **6.** *Boxen, Fußball etc., a. fig.*: kontern.

ˌcoun·ter|ˈact [-təˈræ-] *v/t.* **1.** entgegenwirken (*dat.*); bekämpfen, vereiteln; **2.** kompensieren, neutralisieren; **ˌ~ˈac·tion** [-təˈræ-] *s.* **1.** Gegenwirkung *f*, -maßnahme *f*; **2.** ˈWiderstand *m*, Oppositiˈon *f*; **3.** Durchˈkreuzung *f*; **ˌ~ˈac·tive** [-təˈræ-] *adj.* □ entgegenwirkend; **ˈ~·atˌtack** [-tərə-] **I** *s.* Gegenangriff *m* (*a. fig.*); **II** *v/i. u. v/t.* e-n Gegenangriff machen (gegen); **ˈ~·atˌtrac·tion** [-tərə-] *s.* **1.** *phys.* entgegengesetzte Anziehungskraft; **2.** *fig.* ˈGegenattraktiˌon *f*; **ˈ~ˌbal·ance I** *s.* Gegengewicht *n* (*a. fig.*); **II** *v/t.* [ˌkaʊntəˈbæləns] ein Gegengewicht bilden zu, ausgleichen, aufwiegen; die Waage halten (*dat.*); **ˈ~·blast** *s. fig.* Gegenschlag *m*, heftige Reaktiˈon; **ˈ~·blow** *s.* Gegenschlag *m* (*a. fig.*); **ˈ~·charge I** *s.* **1.** ⚖ Gegenklage *f*; **2.** ⚔ Gegenangriff *m*; **II** *v/t.* **3.** ⚖ e-e Gegenklage erheben gegen; **4.** ⚔ e-n Gegenangriff führen gegen; **ˈ~·check** *s.* **1.** a) Gegenwirkung *f*, b) Hindernis *n*; **2.** Gegen-, Nachprüfung *f*; **ˈ~·claim** ☨, ⚖ **I** *s.* Gegenforderung *f*; **II** *v/t.* als Gegenforderung verlangen; **ˌ~ˈclock·wise** → ***anticlockwise***; **ˌ~ˈcy·cli·cal** *adj.* □ ☨ konjunkˈturdämpfend; **ˌ~ˈes·pi·o·nage** [-tərˈe-] *s.* Spioˈnageabwehr *f*, Abwehr(dienst *m*) *f*; **ˈ~·feit** [-fɪt] **I** *adj.* **1.** nachgemacht, gefälscht, unecht, falsch: ***~ coin*** Falschgeld *n*; **2.** vorgetäuscht, falsch; verstellt; **II** *s.* **3.** Fälschung *f*; **4.** Falschgeld *n*; **III** *v/t.* **5.** fälschen; **6.** heucheln, vorgeben, vortäuschen; **'~ˌfeit·er** [-ˌfɪtə] *s.* **1.** Fälscher *m*, Falschmünzer *m*; **2.** Heuchler(in); **'~·foil** *s.* **1.** (Kon'troll-) Abschnitt *m* (*Scheckbuch etc.*), Ku'pon *m*; **2.** a) Ku'pon *m*, Zins-, Divi'dendenschein *m*, b) Ta'lon *m* (*Erneuerungsschein*); **'~·inˌtel·li·gence** [-tərɪn-] Spio'nageabwehr(dienst *m*) *f*; **'~ˌjump·er** *s.* F Ladenschwengel *m* (*Verkäufer*); **'~·man** [-mən] *s.* [*irr.*] Verkäufer *m*; **~·mand** [ˌkaʊntə'mɑːnd] **I** *v/t.* **1.** wider'rufen, rückgängig machen, ✝ stornieren: ***until ~ed*** bis auf Widerruf; **2.** absagen, abbestellen; **II** *s.* **3.** Gegenbefehl *m*; **4.** Wider'rufung *f*, Aufhebung; ✝ Stornierung *f*; **'~·march** *s.* **1.** ⚔ Rückmarsch *m*; **2.** *fig.* völlige 'Umkehr; **'~·mark** *s.* Gegen-, Kon'trollzeichen *n* (*bsd. für die Echtheit*); **'~ˌmeas·ure** *s.* Gegenmaßnahme *f*; **'~ˌmo·tion** *s.* **1.** Gegenbewegung *f*; **2.** *pol.* Gegenantrag *m*; **'~·move** *s.* Gegenzug *m*; **'~ˌof·fer** [-tərˌɒ-] *s.* ✝ Gegenangebot *n*; **'~ˌor·der** [-tərˌɔː-] **1.** ✝ Abbestellung *f*; **2.** ⚔ Gegenbefehl *m*; **'~·pane** *s.* Tagesdecke *f*; **'~·part** *s.* **1.** Gegen-, Seitenstück *n*; **2.** genaue Ergänzung; **3.** Ebenbild *n*; **4.** Dupli'kat *n*; **5.** *fig.* ‚Gegen'über' *n*, Kol'lege *m*: ***his Soviet ~***; **'~·plot** *s.* Gegenanschlag *m*; **'~·point I** *s.* ♪ 'Kontrapunkt *m*; **II** *v/t.* kontrapunktieren; **'~·poise I** *s.* **1.** Gegengewicht *n* (*a. fig.*); Gleichgewicht *n*; **II** *v/t.* **2.** als Gegengewicht wirken zu, ausgleichen; **3.** *fig.* im Gleichgewicht halten, ausgleichen, aufwiegen; **ˌ~·pro'duct·ive** *adj.* 'kontraproduk,tiv, das Gegenteil bewirkend; **'~·ref·orˌma·tion** *s.* 'Gegenreformatiˌon *f*; **'~·rev·oˌlu·tion** *s.* 'Gegenrevolutiˌon *f*; **'~·shaft** *s.* ⚙ Vorlegewelle *f*: ***~ gear*** Vorgelege *n*; **'~·sign I** *s.* **1.** ⚔ Losungswort *n*; **2.** Gegenzeichen *n*; **II** *v/t.* **3.** gegenzeichnen; **4.** *fig.* bestätigen; **ˌ~'sig·na·ture** *s.* Gegenzeichnung *f*; **'~·sink I** *s.* **1.** Versenkbohrer *m*; **2.** Senkschraube *f*; **II** *v/t.* [*irr.* → ***sink***] ⚙ **3.** *Loch* ausfräsen; **4.** *Schraubenkopf* versenken; **ˌ~'ten·or** *s.* ♪ hoher Te'nor (*Stimme u. Sänger*); **~·vail** ['kaʊntəveɪl] **I** *v/t.* aufwiegen, ausgleichen; **II** *v/i.* stark genug sein, ausreichen (***against*** gegen): ***~ing duty*** Ausgleichszoll *m*; **'~·weight** *s.* Gegengewicht *n* (*a. fig.* ***to*** gegen); **'~·word** *s.* Aller'weltswort *n*.

count·ess ['kaʊntɪs] *s.* **1.** Gräfin *f*; **2.** Kom'tesse *f*.

count·ing| glass ['kaʊntɪŋ] *s.* ⚙ Zählglas *n*, -lupe *f*; **'~·house** *s. bsd. Brit.* ✝ Bü'ro *n*; *engS.* Buchhaltung *f*; **~ tube** *s.* Zählrohr *n*.

count·less ['kaʊntlɪs] *adj.* zahllos, unzählig.

'count-out *s. parl. Brit.* Vertagung *f* wegen Beschlußunfähigkeit.

coun·tri·fied ['kʌntrɪfaɪd] *adj.* **1.** ländlich, bäuerlich; **2.** *contp.* bäurisch, verbauert.

coun·try ['kʌntrɪ] **I** *s.* **1.** Land *n*, Staat *m*: ***in this ~*** hierzulande; ***~ of destination*** Bestimmungsland; ***~ of origin*** Ursprungsland; ***~ of adoption*** Wahlheimat *f*; **2.** Nati'on *f*, Volk *n*: ***appeal*** (*od.* ***go***) ***to the ~*** *pol.* an das Volk appellieren, Neuwahlen ausschreiben; **3.** Vaterland *n*, Heimat(land *n*) *f*: ***the old ~*** die alte Heimat; **4.** Gelände *n*, Landschaft *f*; Gebiet *n* (*a. fig.*): ***flat ~*** Flachland *n*; ***wooded ~*** waldige Gegend; ***unknown ~*** unbekanntes Gebiet (*a. fig.*); ***new ~*** *fig.* Neuland *n* (***to me*** für mich); ***go up ~*** ins Innere reisen; **5.** Land *n* (*Ggs. Stadt*), Pro'vinz *f*: ***in the ~*** auf dem Lande; ***go*** (***down***) ***into the ~*** aufs Land *od.* in die Provinz gehen; **6.** *a.* ***~-and-western*** → ***country music***; **II** *adj.* **7.** Land…; Provinz…; ländlich: ***~ life*** Landleben *n*; **~ beam** *s. mot. Am.* Fernlicht *n*; **'~-bred** *adj.* auf dem Lande aufgewachsen; **~ bump·kin** *s.* Bauerntölpel *m*; **~ club** *s. Am.* Klub *m* auf dem Land (*für Städter*); **~ cous·in** *s.* **1.** Vetter *m od.* Base *f* vom Lande; **2.** ‚Unschuld *f* vom Lande'; **~ dance** *s.* englischer Volkstanz; **'~·folk** *s.* Landbevölkerung *f*; **~ gen·tle·man** *s.* [*irr.*] **1.** Landedelmann *m*; **2.** Gutsbesitzer *m*; **~ house** *s.* Landhaus *n*, Landsitz *m*; **'~·man** [-mən] *s.* [*irr.*] **1.** *a.* ***fellow ~*** Landsmann *m*; **2.** Landmann *m*, Bauer *m*; **~ mu·sic** *s.* Country-Music *f*; **'~·side** *s.* **1.** ländliche Gegend; Land (-schaft *f*) *n*; **2.** (Land)Bevölkerung *f*; **'~-wide** *adj.* landesweit, im ganzen Land; **'~ˌwom·an** *s.* [*irr.*] **1.** *a.* ***fellow ~*** Landsmännin *f*; **2.** a) Landbewohnerin *f*, b) Bäuerin *f*.

coun·ty ['kaʊntɪ] *s.* **1.** *Brit.* a) Grafschaft *f* (*Verwaltungsbezirk*); → ***county palatine***, b) ***the ~*** die Bewohner *pl. od.* die Aristokra'tie e-r Grafschaft; **2.** *Am.* (Land)Kreis *m*, (Verwaltungs)Bezirk *m*; **~ bor·ough** *s.*, **~ cor·po·rate** *s. Brit.* Stadt *f*, die e-e eigene Grafschaft bildet; **~ coun·cil** *s. Brit.* Grafschaftsrat *m* (*Behörde*); **~ court** *s.* ⚖ **1.** *Brit.* Grafschaftsgericht *n* (*erstinstanzliches Zivilgericht*); **2.** *Am.* Kreisgericht *n*; **~**

fam·i·ly *s. Brit.* vornehme Fa'milie mit Ahnensitz in e-r Grafschaft; **~ hall** *s. Brit.* Rathaus *n* e-r Grafschaft; **~ pal·a·tine** *s. Brit. hist.* Pfalzgrafschaft *f*; **~ seat** *s.*, **~ town** *s. Am.* Kreishauptstadt *f*.

coup [ku:] *s.* Coup *m*: a) Bra'vourstück *n*, Handstreich *m*, b) Staatsstreich *m*, Putsch *m*; **~ de grâce** [ˌku:də'grɑ:s] (*Fr.*) *s.* Gnadenstoß *m* (*a. fig.*); **~ de main** [ˌku:də'mɛ̃:ŋ] (*Fr.*) *s. bsd.* ⚔ Handstreich *m*; **~ d'é·tat** [ˌku:deɪ'tɑ:] (*Fr.*) → ***coup*** b.

cou·pé ['ku:peɪ] *s.* **1.** Cou'pé *n*: a) *mst zweisitzige Limousine*, b) *geschlossene Kutsche für zwei Personen*; **2.** 🚂 *Brit.* Halbabteil *n*.

cou·ple ['kʌpl] **I** *s.* **1.** Paar *n*: ***in ~s*** paarweise; ***a ~ of*** ein paar *Tage etc.*; **2.** (Braut-, Ehe-, Liebes)Paar *n*, Pärchen *n*; **3.** Koppel *f* (*Jagdhunde*): ***go*** (*od.* ***hunt***) ***in ~s*** *fig.* stets gemeinsam handeln; **II** *v/t.* **4.** (zs.-, ver)koppeln, verbinden: ***~d with*** *fig.* gepaart (*od.* verbunden, gekoppelt) mit; **5.** ehelich verbinden, paaren; **6.** *in Gedanken* verbinden, zs.-bringen; **7.** ⚙ (an-, ein-, ver-) kuppeln; **8.** ⚡, ♪ koppeln; **III** *v/i.* **9.** heiraten; sich paaren; **cou·pler** ['kʌplə] *s.* **1.** ♪ Kopplung *f* (*Orgel*); **2.** *Radio*: Koppler *m*; **3.** ⚙ Kupplung *f*; **4.** a) Koppel(glied *n*) *f*, b) (Leitungs)Muffe *f*: ***~ plug*** Gerätestecker *m*.

cou·ple skat·ing *s.* Paarlauf(en *n*) *m*.

cou·plet ['kʌplɪt] *s.* Reimpaar *n*.

cou·pling ['kʌplɪŋ] *s.* **1.** Verbindung *f*; **2.** Paarung *f*; **3.** ⚙ (*feste*) Kupplung; **4.** ⚡, *Radio*: Kopplung *f*; **~ box** *s.* ⚙ Kupplungsmuffe *f*; **~ chain** *s.* ⚙ Kupplungskette *f*; *pl.* 🚂 Kettenkupplung *f*; **~ coil** *s.* ⚡, *Radio*: Kopplungsspule *f*.

cou·pon ['ku:pɒn] *s.* **1.** † Cou'pon *m*, Ku'pon *m*, Zinsschein *m*: ***dividend ~*** Dividendenschein; ***~ bond*** *Am.* Inhaberschuldverschreibung *f* mit Zinsschein; ***~ sheet*** Couponbogen *m*; **2.** a) Kassenzettel *m*, Gutschein *m*, Bon *m*, b) Berechtigungs-, Bezugsschein *m*; **3.** Abschnitt *m der Lebensmittelkarte etc.*, Marke *f*; **4.** Kon'trollabschnitt *m*; **5.** *Brit.* Tippzettel *m* (*Fußballtoto*).

cour·age ['kʌrɪdʒ] *s.* Mut *m*, Tapferkeit *f*: ***have the ~ of one's convictions*** stets s-r Überzeugung gemäß handeln, Zivilcourage haben; ***pluck up*** (*od.* ***take***) ***~*** Mut fassen; ***screw up*** (*od.* ***summon up***) ***one's ~***, ***take one's ~ in both hands*** sein Herz in beide Hände nehmen; **cou·ra·geous** [kə'reɪdʒəs] *adj.* □ mutig, beherzt, tapfer.

cour·gette [ˌkʊə'ʒet] *s.* Zuc'chini *f*.

cour·i·er ['kʊrɪə] *s.* **1.** Eilbote *m*, (*a. diplomatischer etc.*) Ku'rier *m*; **2.** Reiseleiter(in); **3.** *Am.* Verbindungsmann *m* (*Agent*).

course [kɔ:s] **I** *s.* **1.** Lauf *m*, Bahn *f*, Weg *m*, Gang *m*; Ab-, Verlauf *m*, Fortgang *m*: ***the ~ of life*** der Lauf des Lebens; ***~ of events*** Gang der Ereignisse, Lauf der Dinge; ***the ~ of a disease*** der Verlauf e-r Krankheit; ***the ~ of nature*** der natürliche (Ver)Lauf; ***a matter of ~*** e-e Selbstverständlichkeit; ***of ~*** natürlich, gewiß, bekanntlich; ***in the ~ of*** im (Ver)Lauf (*gen.*), während (*gen.*); ***in ~ of construction*** im Bau (befindlich); ***in ~ of time*** im Laufe der Zeit; ***in due ~*** zur gegebenen *od.* rechten Zeit; ***in the ordinary ~ of things*** normalerweise; ***let things take*** (*od.* ***run***) ***their ~*** den Dingen ihren Lauf lassen; ***the disease took its ~*** die Krankheit nahm ihren (natürlichen) Verlauf; **2.** (feste) Bahn, Strecke *f*, *sport* (Renn)Bahn *f*, (-)Strekke *f*, Piste *f*: ***golf ~*** Golfbahn *f od.* -platz *m*; ***clear the ~*** die Bahn frei machen; **3.** Fahrt *f*, Weg *m*; Richtung *f*; ⚓, ✈ Kurs *m* (*a. fig.*): ***on*** (***off***) ***~*** (nicht) auf Kurs; ***stand upon the ~*** Kurs halten; ***steer a ~*** e-n Kurs steuern (*a. fig.*); ***change one's ~*** s-n Kurs ändern (*a. fig.*); ***keep to one's ~*** *fig.* beharrlich s-n Weg verfolgen; ***take a new ~*** e-n neuen Weg einschlagen; ***~ computer*** Kursrechner *m*; ***~ recorder*** Kursschreiber *m*; **4.** Lebensbahn *f*, -weise *f*: ***evil ~s*** üble Gewohnheiten; **5.** Handlungsweise *f*, Verfahren *n*: ***a dangerous ~*** ein gefährlicher Weg; → ***action*** 1; **6.** Gang *m*, Gericht *n* (*Speisen*); **7.** Reihe *f*, (Reihen)Folge *f*; 'Zyklus *m*: ***~ of lectures*** Vortragsreihe; ***~ of treatment*** ⚕ längere Behandlung, Kur *f*; **8.** *a.* ***~ of instruction*** Kurs(us) *m*, Lehrgang *m*: ***a German ~*** ein Deutschkursus, ein deutsches Lehrbuch; **9.** △ Schicht *f*, Lage *f* (*Ziegel etc.*); **10.** ⚓ unteres großes Segel: ***main ~*** Großsegel; **11.** (***monthly***) ***~s*** ⚕ Regel *f*, Periode *f*; **II** *v/t.* **12.** *bsd. Hasen* mit Hunden hetzen *od.* jagen; **III** *v/i.* **13.** rennen, eilen, jagen; **14.** an e-r Hetzjagd teilnehmen.

cours·er ['kɔ:sə] *s. poet.* Renner *m*, schnelles Pferd; '**cours·ing** [-sɪŋ] *s.* (*bsd.* Hasen)Hetzjagd *f* mit Hunden.

court [kɔ:t] **I** *s.* **1.** (Vor-, 'Hinter-, Innen)Hof *m*; **2.** 'Hintergäßchen *n*; Sackgasse *f*; kleiner Platz; **3.** *bsd. Brit.* stattliches Wohngebäude; **4.** (abgesteckter) Spielplatz: ***tennis ~*** Tennisplatz; ***grass***

~ Rasentennisplatz; **5.** Hof *m*, Resi'denz *f* (*Fürst etc.*): ***the* ꝏ *of St. James*** der britische Königshof; ***be presented at* ~** bei Hofe vorgestellt werden; **6.** a) fürstlicher Hof *od.* Haushalt, b) fürstliche Fa'milie, c) Hofstaat *m*; **7.** (Empfang *m* bei) Hof *m*: ***hold* ~** Hof halten (*a. fig.*); **8.** fürstliche Regierung; **9.** ⚖ a) *a.* **~ *of justice*, *law* ~** Gericht(shof *m*) *n*, b) Gerichtshof *m*, *der od. die* Richter, c) Gerichtssitzung *f*, d) Gerichtssaal *m*: ***in* ~** vor Gericht; ***out of* ~** a) außergerichtlich, gütlich, b) nicht zur Sache gehörig, c) indiskutabel; ***bring into* ~, *take to* ~** vor Gericht bringen; ***go to* ~** klagen; ***laugh out of* ~** *fig.* verlachen; → ***appeal*** 8, ***arbitration*** *etc.*; **10.** *fig.* Hof *m*, Cour *f*, Aufwartung *f*: ***pay* (*one's*) ~ *to*** a) *e-r Dame* den Hof machen, b) *j-m* s-e Aufwartung machen; **11.** Rat *m*, Versammlung *f*: **~ *of directors*** Direktion *f*, Vorstand *m*; **II** *v/t.* **12.** den Hof machen, huldigen (*dat.*); **13.** um'werben (*a. fig.*), werben *od.* freien um; ‚poussieren' mit: ***~ing couple*** Liebespaar *n*; **14.** *fig.* werben *od.* buhlen *od.* sich bemühen um *et.*; suchen: **~ *disaster*** das Schicksal herausfordern, mit dem Feuer spielen.

court| card *s. Kartenspiel*: Bildkarte *f*; **ꝏ Cir·cu·lar** *s.* (*tägliche*) Hofnachrichten *pl.*; **~ dress** *s.* Hoftracht *f*.

cour·te·ous ['kɜːtjəs] *adj.* ☐ höflich, liebenswürdig.

cour·te·san [ˌkɔːtɪ'zæn] *s.* Kurti'sane *f*.

cour·te·sy ['kɜːtɪsɪ] *s.* Höflichkeit *f*, Verbindlichkeit *f*, Liebenswürdigkeit *f* (*alle a. als Handlung*); Gefälligkeit *f*: ***by* ~** aus Höflichkeit *od.* Gefälligkeit; ***by* ~ *of*** a) mit freundlicher Genehmigung von (*od. gen.*), b) durch, mittels; **~ *light*** *mot.* Innenlampe *f*; **~ *title*** Höflichkeits- *od.* Ehrentitel *m*; **~ *call*, ~ *visit*** Höflichkeits- *od.* Anstandsbesuch *m*.

cour·te·zan → ***courtesan***.

court| guide *s.* 'Hof-, 'Adelskaˌlender *m* (*Verzeichnis der hoffähigen Personen*); **~ hand** *s.* gotische Kanz'leischrift; **'~·house** *s.* **1.** Gerichtsgebäude *n*; **2.** *Am.* Kreis(haupt)stadt *f*.

cour·ti·er ['kɔːtjə] *s.* Höfling *m*.

court·ly ['kɔːtlɪ] *adj.* **1.** vornehm, gepflegt, höflich; **2.** höfisch.

court| mar·tial *pl.* **courts mar·tial** *s.* Kriegsgericht *n*; **ˌ~-'mar·tial** *v/t.* vor ein Kriegsgericht stellen; **~ mourn·ing** *s.* Hoftrauer *f*; **~ or·der** *s.* ⚖ Gerichtsbeschluß *m*; **~ plas·ter** *s. hist.* Heftpflaster *n*; **~ room** *s.* Gerichtssaal *m*.

court·ship ['kɔːtʃɪp] *s.* **1.** Hofmachen *n*, Werben *n*, Freien *n*; **2.** *fig.* Werben *n* (***of*** um).

court| shoes *s. pl.* Pumps *pl.*; **'~·yard** *s.* Hof(raum) *m*.

cous·in ['kʌzn] *s.* **1.** a) Vetter *m*, Cou'sin *m*, b) Base *f*, Ku'sine *f*: ***first* ~, ~ *german*** leiblicher Vetter *od.* leibliche Base; ***second* ~** Vetter *od.* Base zweiten Grades; **2.** *weitS.* Verwandte(r *m*) *f*.

cou·tu·rier [kuː'tjʊrɪeɪ] (*Fr.*) *s.* (Haute) Couturi'er *m*, Modeschöpfer *m*; **cou·tu'rière** [-ɪeə] (*Fr.*) *s.* Modeschöpferin *f*.

cove¹ [kəʊv] **I** *s.* **1.** kleine Bucht; **2.** *fig.* Schlupfwinkel *m*; **3.** ⚠ Wölbung *f*; **II** *v/t.* **4.** ⚠ (über)'wölben.

cove² [kəʊv] *s. sl.* Bursche *m*, Kerl *m*.

cov·en ['kʌvn] *s.* Hexensabbat *m*.

cov·e·nant ['kʌvənənt] **I** *s.* **1.** Vertrag *m*; feierliches Abkommen; **2.** ⚖ a) Vertrag *m*, b) Ver'tragsˌklausel *f*, c) bindendes Versprechen, Zusicherung *f*, d) Satzung *f*; **3.** *bibl.* a) Bund *m*; → ***ark*** 2, b) Verheißung *f*: ***the land of the* ~** das Gelobte Land; **II** *v/i.* **4.** e-n Vertrag schließen, über'einkommen (***with*** mit, ***for*** über *acc.*); **5.** sich feierlich verpflichten, geloben; **III** *v/t.* **6.** vertraglich zusichern; **'cov·e·nant·ed** [-tɪd] *adj.* **1.** vertragsmäßig; **2.** vertraglich gebunden.

cov·en·trize ['kɒvəntraɪz] *v/t.* to'tal zerbomben, dem Erdboden gleichmachen;

Cov·en·try ['kɒvəntrɪ] *npr. englische Stadt*: ***send s.o. to* ~** *fig.* j-n gesellschaftlich ächten.

cov·er ['kʌvə] **I** *s.* **1.** Decke *f*; Deckel *m*; **2.** a) (Buch)Decke *f*, Einband *m*, b) 'Umschlag- *od.* Titelseite *f*: **~ *design*** Titelbild *n*; **~ *girl*** Covergirl *n*, Titelblattmädchen *n*; ***from* ~ *to* ~** von Anfang bis Ende; **3.** a) 'Briefˌumschlag *m*, b) *Philatelie*: Ganzsache *f*: ***under* (*the*) *same* ~** beiliegend; ***under separate* ~** mit getrennter Post; ***under* ~ *of*** unter der (Deck)Adresse von; **4.** 'Schutzˌumschlag *m*, Hülle *f*, Futte'ral *n*; 'Überzug *m*, (Bett-, Möbel- *etc.*)Bezug *m*; ⚙ Schutzhaube *f*, -platte *f*, -mantel *m*; *mot.* (Reifen)Decke *f*, Mantel *m*; **5.** Gedeck *n* (*bei Tisch*): **~ *charge*** (Kosten *pl.* für das) Gedeck; **6.** ⚔ a) Deckung *f*: ***take* ~** Deckung nehmen, b) Feuerschutz *m*, c) (Luft)Sicherung *f*, Abschirmung *f*: ***air* ~**; **7.** *hunt.* Dickicht *n*, Lager *n*: ***break* ~** ins Freie treten; **8.** Ob-, Schutzdach *n*: ***get under* ~** sich unterstellen; **9.** *fig.* Schutz *m*: ***under ~ of night*** im Schutz der Nacht; **10.** *fig.* Deckmantel *m*, Tarnung *f*, Vorwand *m*: ***under ~ of friendship***; ***~ address*** Deckadresse *f*; ***~ name*** Deckname *m*; ***blow one's ~*** ‚auffliegen'; **11.** ✝ Dekkung *f*, Sicherheit *f*; (Schadens-) Deckung *f*, Versicherungsschutz *m*; **II** *v/t.* **12.** be-, zudecken: ***remain ~ed*** den Hut aufbehalten; ***~ o.s. with glory*** *fig.* sich mit Ruhm bedecken; ***~ed with*** voll von, über u. über bedeckt mit; **13.** einhüllen, -wickeln (***with*** in *acc.*); **14.** be-, über'ziehen: ***~ed button*** bezogener Knopf; ***~ed wire*** umsponnener Draht; **15.** *fig.* decken, schützen, sichern (***from*** vor *dat.*, gegen): ***~ o.s.*** sich absichern (***against*** gegen); **16.** ✝ decken: a) *Kosten* bestreiten, b) *Schulden*, *Verlust* abdecken, c) versichern; **17.** dekken, genügen für; **18.** enthalten, einschließen, um'fassen, be'inhalten; *a. statistisch*, *durch Werbung etc.* erfassen; *Thema* (erschöpfend) behandeln; → ***ground*** 2; **19.** *Presse*, *TV etc.*: berichten über (*acc.*); **20.** *Gebiet* bearbeiten, bereisen; **21.** sich über *e-e Fläche od. Zeitspanne* erstrecken; **22.** *e-e Strecke* zu'rücklegen; **23.** a) be-, verdecken, verhüllen, verbergen, b) *fig.* → ***cover up*** 2; **24.** ⚔ decken, schützen, sichern (***from*** vor *dat.* gegen); **25.** ⚔ a) *ein Gebiet* beherrschen, im Schußfeld haben, b) *Gelände* bestreichen, mit Feuer belegen; **26.** *mit e-r Waffe* zielen auf (*acc.*), *j-n* in Schach halten; **27.** *sport den Gegner* decken; **28.** *j-n* ‚beschatten'; **29.** *Hündin etc.* decken, *Stute a.* beschälen; **~ in** *v/t.* **1.** decken, bedachen; **2.** füllen; **~ o·ver** *v/t.* **1.** über'decken; **2.** ✝ *Emission* über'zeichnen; **~ up I** *v/t.* **1.** zu-, verdecken; **2.** *fig.* vertuschen, verheimlichen, verbergen; **II** *v/i.* **3.** ***~ for s.o.*** j-n decken; **4.** *Boxen*: sich decken.

cov·er·age ['kʌvərɪdʒ] *s.* **1.** Erfassung *f*, Einschluß *m*; erfaßtes Gebiet, erfaßte Menge; *Werbung*: erfaßter Per'sonenkreis; **2.** 'Umfang *m*; Reichweite *f*; Geltungsbereich *m*; **3.** ✝ a) → ***cover*** 11, b) Ver'sicherungs,umfang *m*; **4.** *Zeitung etc.*: Berichterstattung *f* (***of*** über *acc.*); **5.** ⚔ → ***cover*** 6 c; **'cov·ered** [-əd] *adj.* be-, gedeckt: ***~ court*** *Tennis*: Hallenplatz *m*; ***~ market*** Markthalle *f*; ***~ wag(g)on*** a) Planwagen *m*, b) geschlossener Güterwagen; → ***cover*** 14; **'cov·er·ing** [-ərɪŋ] **I** *s.* **1.** Bedeckung *f*; Be-, Ver-, Um'kleidung *f*; (*Fußboden-*) Belag *m*; → *a.* ***cover*** 4; **2.** *fig.* Schutz *m*, Deckung *f*; **3.** ⚔ → ***cover*** 6; **II** *adj.* **4.** deckend, Deck(ungs)...; ***~ letter*** Begleitbrief *m*; ***~ note*** → ***cover note***; **cov·er·let** ['kʌvəlɪt], *a.* **'cov·er·lid** [-lɪd] *s.* Tagesdecke *f*.

cov·er| note *s.* ✝ Deckungsbrief *m* (*Versicherung*); **~ shot** *s.* *Film*: To'tale *f*; **~ sto·ry** *s.* Titelgeschichte *f*.

cov·ert I *adj.* □ ['kʌvət] **1.** heimlich, versteckt, verborgen; verschleiert; **2.** → ***feme covert***; **II** *s.* ['kʌvə] **3.** Obdach *n*; Schutz *m*; **4.** Versteck *n*; **5.** *hunt.* Dickicht *n*; Lager *n*; **~ coat** ['kʌvət] *s.* Covercoat *m* (*Sportmantel*).

cov·er·ture ['kʌvə,tjʊə] *s.* ⚖ Ehestand *m der Frau*.

'cov·er-up *s.* *Am.* Tarnung *f*, Vertuschung *f* (***for*** *gen.*).

cov·et ['kʌvɪt] *v/t.* begehren, trachten nach; **'cov·et·a·ble** [-təbl] *adj.* begehrenswert; **'cov·et·ous** [-təs] *adj.* □ **1.** begehrlich, lüstern (***of*** nach); **2.** habsüchtig; **'cov·et·ous·ness** [-təsnɪs] *s.* **1.** Begehrlichkeit *f*; **2.** Habsucht *f*.

cov·ey ['kʌvɪ] *s.* **1.** *orn.* Brut *f*, Hecke *f*; **2.** *hunt.* Volk *n*, Kette *f*; **3.** Schar *f*, Schwarm *m*, Trupp *m*.

cov·ing ['kəʊvɪŋ] *s.* △ **1.** Wölbung *f*; **2.** 'überhängendes Obergeschoß; **3.** schräge Seitenwände *pl.* (*Kamin*).

cow[1] [kaʊ] *s. zo.* **1.** Kuh *f*; **2.** Weibchen *n* (*bsd. Elefant, Wal etc.*).

cow[2] [kaʊ] *v/t.* einschüchtern: ***~ s.o. into*** j-n zwingen zu.

cow·ard ['kaʊəd] **I** *s.* Feigling *m*; **II** *adj.* feig(e); **'cow·ard·ice** [-dɪs] *s.* Feigheit *f*; **'cow·ard·li·ness** [-lɪnɪs] *s.* **1.** Feigheit *f*; **2.** Gemeinheit *f*; **'cow·ard·ly** [-lɪ] **I** *adj.* **1.** feig(e); **2.** gemein, 'hinterhältig; **II** *adv.* **3.** feig(e).

'cow|·ber·ry [-bərɪ] *s.* ⚘ Preiselbeere *f*; **'~·boy** *s.* **1.** *Am.* Cowboy *m*; **2.** Kuhjunge *m*; **'~,catch·er** *s.* 🚂 *Am.* Schienenräumer *m*.

cow·er ['kaʊə] *v/i.* **1.** kauern, hocken; **2.** sich ducken (*aus Angst etc.*).

cow| hand → ***cowboy*** 1; **'~·herd** *s.* Kuhhirt *m*; **'~·hide** *s.* **1.** Rindsleder *n*; **2.** Ochsenziemer *m*; **'~·house** *s.* Kuhstall *m*.

cowl [kaʊl] *s.* **1.** Mönchskutte *f* (*mit Kapuze*); **2.** Ka'puze *f*; **3.** ⚙ Schornsteinkappe *f*; **4.** ⚙ a) *mot.* Haube *f*, b) Verkleidung *f*, c) → **'cowl·ing** [-lɪŋ] *s.* ✈ 'Motorhaube *f*.

'cow·man [-mən] *s.* [*irr.*] **1.** *Am.* Rinderzüchter *m*; **2.** Kuhknecht *m*.

'co-,work·er *s.* Mitarbeiter(in).

cow| pars·nip *s.* ⚘ Bärenklau *f*, *m*; **'~·pat** *s.* Kuhfladen *m*; **'~·pox** *s.* ⚕ Kuhpocken *pl.*; '~|**punch·er** *s. Am.* F Cowboy *m.*

cow·rie, cow·ry ['kaʊrɪ] *s.* **1.** *zo.* 'Kaurischnecke *f*; **2.** 'Kauri(muschel *f*) *m, f,* Muschelgeld *n.*

'**cow**|**·shed** *s.* Kuhstall *m*; '**~·slip** *s.* ⚘ **1.** *Brit.* Schlüsselblume *f*; **2.** *Am.* Sumpfdotterblume *f.*

cox [kɒks] F **I** *s.* → ***coxswain***; **II** *v/t. Rennboot* steuern: ***~ed four*** Vierer *m* mit (Steuermann).

cox·comb ['kɒkskəʊm] *s.* **1.** Geck *m,* Stutzer *m*; **2.** → ***cockscomb*** 1, 2.

cox·swain ['kɒksweɪn; ⚓ 'kɒksn] **I** *s.* **1.** *Rudern*: Steuermann *m*; **2.** Bootsführer *m*; **II** *v/t.* **3.** → ***cox*** II.

coy [kɔɪ] *adj.* ☐ **1.** schüchtern, bescheiden, scheu; **2.** spröde, zimperlich (*Mädchen*); '**coy·ness** [-nɪs] *s.* Schüchternheit *f*; Sprödigkeit *f.*

coy·ote ['kɔɪəʊt] *s. zo.* Ko'jote *m,* Prä'rie-, Steppenwolf *m.*

coz·en ['kʌzn] *v/t. u. v/i.* **1.** betrügen, prellen (***out of*** um); **2.** betören; verleiten (***into doing*** zu tun).

co·zi·ness *etc.* → ***cosiness*** *etc.*

crab[1] [kræb] **I** *s.* **1.** *zo.* a) Krabbe *f,* b) Taschenkrebs *m*: ***catch a ~*** *Rudern*: ‚e-n Krebs fangen', mit dem Ruder im Wasser steckenbleiben; **2.** ♋ *ast.* Krebs *m*; **3.** ⚙ Winde *f,* Hebezeug *n,* Laufkatze *f*; **4.** *pl. Würfeln*: niedrigster Wurf; **5.** → ***crab louse***; **II** *v/t.* **6.** ✈ schieben.

crab[2] [kræb] **I** *s.* **1.** a) Nörgler *m,* b) Nörge'lei *f*; **II** *v/t.* **2.** F (her'um)nörgeln an (*dat.*); **3.** F verderben, -patzen; **III** *v/i.* **4.** nörgeln.

crab ap·ple *s.* ⚘ Holzapfel(baum) *m.*

crab·bed ['kræbɪd] *adj.* ☐ **1.** a) mürrisch, b) boshaft, bitter, c) halsstarrig; **2.** verworren; kraus; **3.** kritzelig, unleserlich (*Schrift*); **crab·by** ['kræbɪ] → ***crabbed*** 1, 2.

crab louse *s.* [*irr.*] *zo.* Filzlaus *f.*

crack [kræk] **I** *s.* **1.** Krach *m,* Knall *m* (*Peitsche, Gewehr etc.*): ***the ~ of doom*** die Posaunen des Jüngsten Gerichts; ***~ of dawn*** Morgengrauen *n*; **2.** (heftiger) Schlag: ***in a ~*** im Nu; ***take a ~ at s.th.*** *sl.* es mit et. versuchen; **3.** Riß *m,* Sprung *m*; Spalt(e *f*) *m,* Schlitz *m*; **4.** F ‚Knacks' (*geistiger Defekt*); **5.** *sl.* a) Witz *m,* b) Stiche'lei *f*; **6.** *sport* ‚Ka'none' *f,* ‚As' *n*; **7.** F Crack *n* (*Rauschgift*); **II** *adj.* **8.** F erstklassig, großartig: ***~ shot*** Meisterschütze *m*; ***~ regiment*** Eliteregiment *n*; **III** *int.* **9.** krach!; **IV** *v/i.* **10.** krachen, knallen, knacken, (auf)brechen; **11.** platzen, bersten, (auf-, zer)springen, Risse bekommen, (auf)reißen: ***get ~ing*** F loslegen (*anfangen*); ***~ing pace*** tolles Tempo; **12.** 'überschnappen (*Stimme*): ***his voice is ~ing*** er ist im Stimmbruch; **13.** *fig.* zs.-brechen; **V** *v/t.* **14.** knallen mit (*Peitsche*); knacken mit (*Fingern*): ***~ jokes*** Witze reißen; **15.** zerbrechen, (zer-) spalten, ein-, zerschlagen; **16.** *Nuß* (auf)knacken, *Ei* aufschlagen: ***~ a bottle*** e-r Flasche den Hals brechen; ***~ a code*** e-n Kode ‚knacken'; ***~ a crib*** *sl.* in ein Haus einbrechen; ***~ a safe*** e-n Geldschrank knacken; **17.** a) e-n Sprung machen in (*acc.*), b) sich *e-e Rippe etc.* anbrechen; **18.** *fig.* erschüttern, zerrütten, zerstören; **19.** ⚙ *Erdöl* kracken, spalten; ***~ down*** *v/i.* F (***on***) a) scharf vorgehen (gegen), 'durchgreifen (bei), b) 'Razzia abhalten (bei); ***~ up*** **I** *v/i.* **1.** *fig.* (*körperlich od. seelisch*) zs.-brechen; **2.** ✈ abstürzen; **3.** sein Auto zu Schrott fahren; **4.** *Am.* F sich ‚kaputtlachen'; **II** *v/t.* **5.** *Fahrzeug* zu Schrott fahren; **6.** F ‚hochjubeln', (an-) preisen.

'**crack**|**-brained** *adj.* verrückt; '**~·down** *s.* F (***on***) scharfes Vorgehen (gegen), 'Durchgreifen *n* (bei).

cracked [krækt] *adj.* **1.** zer-, gesprungen, geborsten, rissig: ***the cup is ~*** die Tasse hat e-n Sprung; **2.** F ‚angeknackst' (*Ruf etc.*); **3.** F verrückt.

crack·er ['krækə] *s.* **1.** Cracker *m,* Kräcker *m*: a) (Knusper)Keks *m,* b) Schwärmer *m,* Frosch *m* (*Feuerwerk*), *a.* 'Knallbon|bon *m, n*; **2.** Nußknacker *m*; '**~·jack** *Am.* F **I** *adj.* 'prima, toll; **II** *s.* a) tolle Sache, b) toller Kerl; '**crack·ers** *adj. Brit. sl.* verrückt, 'übergeschnappt: ***go ~*** überschnappen.

'**crack·jaw** F **I** *adj.* zungenbrecherisch; **II** *s.* Zungenbrecher *m.*

crack·le ['krækl] **I** *v/i.* **1.** knistern, prasseln, knattern; **II** *v/t.* **2.** ⚙ *Glas od. Glasur* krakelieren; **III** *s.* **3.** Knistern *n,* Knattern *n*; **4.** ⚙ Krakelierung *f,* Krake'lee *f, n*: ***~ finish*** Eisblumenlackierung *f*; **5.** ⚙ Haarrißbildung *f*; '**crack·ling** [-lɪŋ] *s.* **1.** → ***crackle*** 3; **2.** a) knusprige Kruste des Schweinebratens, b) *mst pl. Am.* Schweinegrieben *pl.*

crack·nel ['kræknl] *s.* **1.** Knusperkeks *m*; **2.** → ***crackling*** 2 a.

'**crack·pot** *sl.* **I** *s.* ‚Spinner' *m,* Verrückte(r *m*) *f,* **II** *adj.* verrückt.

cracks·man ['kræksmən] *s.* [*irr.*] *sl.* **1.** Einbrecher *m*; **2.** ‚Schränker' *m,* Geldschrankknacker *m.*

'**crack-up** *s.* F *pol.,* ✝ (*a. körperlicher od. seelischer*) Zs.-bruch.

crack·y ['krækı] → ***cracked*** 1, 3.

cra·dle ['kreıdl] **I** *s.* **1.** Wiege *f* (*a. fig.*): ***the ~ of civilization***; ***from the ~ to the grave*** von der Wiege bis zur Bahre; **2.** *fig.* Wiege *f*, Kindheit *f*, 'Anfangsˌstadium *n*, Ursprung *m*: ***from the ~*** von Kindheit an; ***in the ~*** in den ersten Anfängen (steckend); **3.** *wiegenartiges Gerät*, *bsd.* ⚙ a) Hängegerüst *n* (*Bau*), b) Gründungseisen *n* (*Graveur*), c) Räderschlitten *m* (*für Arbeiten unter e-m Auto*), d) Schwingtrog *m* (*Goldwäscher*), e) (Tele'fon)Gabel *f*, f) ⚔ Rohrwiege *f*; **4.** ⚓ Stapelschlitten *m*; **5.** ⚕ (Draht-)Schiene *f*, Schutzgestell *n*; **II** *v/t.* **6.** in die Wiege legen; **7.** in (den) Schlaf wiegen; **8.** auf-, großziehen; **9.** *den Kopf in den Armen etc.* bergen, betten.

craft [krɑːft] *s.* **1.** (Hand- *od.* Kunst-)Fertigkeit *f*, Kunst *f*, Geschicklichkeit *f*; → ***gentle*** 2; **2.** a) Gewerbe *n*, Handwerk *n*, b) Zunft *f*: ***film~*** Filmgewerbe; ***be one of the ~*** F vom ‚Bau' sein; **3.** ***the*** ♀ die Königliche Kunst (*Freimaurerei*); **4.** List *f*, Verschlagenheit *f*; **5.** ⚓ Fahrzeug *n*, Schiff *n*, *coll.* Fahrzeuge *pl.*, Schiffe *pl.*; **6.** a) ✈ Flugzeug *n*, *coll.* Flugzeuge *pl.*, b) Raumschiff *n*, -fahrzeug *n*; '**craft·i·ness** [-tınıs] *s.* List *f*, Schlauheit *f*.

crafts·man ['krɑːftsmən] *s.* [*irr.*] **1.** gelernter Handwerker; **2.** Kunsthandwerker *m*; **3.** *fig.* Könner *m*; '**crafts·man·ship** [-ʃıp] *s.* Kunstfertigkeit *f*, handwerkliches Können *od.* Geschick.

craft·y ['krɑːftı] *adj.* ☐ listig, schlau, verschlagen.

crag [kræg] *s.* Felsenspitze *f*, Klippe *f*; '**crag·ged** [-gıd], '**crag·gy** [-gı] *adj.* **1.** felsig, schroff; **2.** *fig.* knorrig (*Person*); **crags·man** ['krægzmən] *s.* [*irr.*] geübter Bergsteiger, Kletterer *m*.

cram [kræm] **I** *v/t.* **1.** *a. fig.* 'vollstopfen, -packen, -pfropfen, über'füllen (***with*** mit); **2.** über'füttern, 'vollstopfen; **3.** *Geflügel* stopfen, mästen; **4.** (hin'ein-)stopfen, (-)zwängen (***into*** in *acc.*); **5.** F a) mit *j-m* ‚pauken', b) *et.* ‚pauken' *od.* ‚büffeln'; **II** *v/i.* **6.** sich (gierig) 'vollessen, -stopfen; **7.** F ‚pauken', ‚büffeln': ***~ up on*** → 5 b; **III** *s.* **8.** F Gedränge *n*; **9.** F ‚Pauken' *n*: ***~ course*** Paukkurs *m*.

ˌ**cram-'full** *adj.* zum Bersten voll.

cram·mer ['kræmə] *s.* F **1.** ‚Einpauker' *m*; **2.** ‚Paukstudio' *n*; **3.** ‚Paukbuch' *n*.

cramp[1] [kræmp] **I** *s.* **1.** ⚙ Krampe *f*, Klammer *f*; Schraubzwinge *f*; **2.** *fig.* Zwang *m*, Fessel *f*; Einengung *f*; **II** *v/t.* **3.** ver-, anklammern, befestigen; **4.** *a.* ***~ up*** *fig.* einengen, einzwängen; hemmen: ***be ~ed for space*** (zu) wenig Platz haben; → ***style*** 1 b.

cramp[2] [kræmp] **I** *s.* ⚕ Krampf *m*; **II** *v/t.* Krämpfe auslösen in (*dat.*); **cramped** [-pt] *adj.* **1.** verkrampft; **2.** eng, beengt.

'**cramp|·fish** *s.* Zitterrochen *m*; **~ i·ron** *s.* **1.** (Stahl)Klammer *f*, Krampe *f*; **2.** ⚠ Steinanker *m*.

cram·pon ['kræmpən], *Am. a.* **cram·poon** [kræm'puːn] *s. oft pl.* **1.** ⚙ Kanthaken *m*; **2.** *mount.* Steigeisen *n*.

cran·ber·ry ['krænbərı] *s.* ⚘ Preisel-, Kranbeere *f*.

crane [kreın] **I** *s.* **1.** *orn. u.* ♀ *astr.* Kranich *m*; **2.** ⚙ Kran *m*: ***~ truck*** Kranwagen *m*; **II** *v/t.* **3.** mit e-m Kran heben; **4.** ***~ one's neck*** sich den Hals verrenken (***for*** nach); **~ fly** *s. zo.* (Erd)Schnake *f*.

cra·ni·a ['kreınjə] *pl. von* ***cranium***; '**cra·ni·al** [-jəl] *adj. anat.* Schädel…; **cra·ni·ol·o·gy** [ˌkreını'ɒlədʒı] *s.* Schädellehre *f*; '**cra·ni·um** [-jəm] *pl.* **-ni·a** [-jə] *Am. a.* **-ni·ums** *s. anat.* Schädel *m*.

crank [kræŋk] **I** *s.* **1.** ⚙ Kurbel *f*, Schwengel *m*: ***~ case*** Kurbelgehäuse *n*, -kasten *m*; ***~ handle*** Kurbelgriff *m*; ***~ pin*** Kurbelzapfen *m*; ***~ shaft*** Kurbelwelle *f*; **2.** Wortspiel *n*; **3.** Ma'rotte *f*, Grille *f*, fixe I'dee; **4.** ‚Spinner' *m*, (harmloser) Verrückter: ***~ letter*** Brief *m* von e-m ‚Spinner'; **II** *v/t.* **5.** ⚙ kröpfen, krümmen; **6.** *oft* ***~ up*** ankurbeln, *Motor* anlassen; *Maschine* 'durchdrehen; **III** *adj.* **7.** wack(e)lig, schwach; **8.** ⚓ rank; '**crank·i·ness** [-kınıs] *s.* Wunderlichkeit *f*, Verschrobenheit *f*; '**crank·y** [-kı] *adj.* ☐ **1.** wunderlich, verschroben; **2.** → ***crank*** 7, 8.

cran·ny ['krænı] *s.* **1.** Ritze *f*, Spalte *f*, Riß *m*; **2.** Schlupfwinkel *m*.

crap[1] [kræp] *s. Am.* Fehlwurf *m beim* ***craps***.

crap[2] [kræp] V **I** *s.* a) Scheiße *f*: ***have a ~*** → II, b) *fig.* ‚Mist' *m*, ‚Scheiß' *m*; **II** *v/i.* scheißen.

crape [kreıp] *s.* **1.** Krepp *m*; **2.** Trauerflor *m*.

crap·py ['kræpı] *adj. sl.* ‚mistig', Scheiß…

craps [kræps] *s. pl. sg. konstr. Am. ein* Würfelspiel *n*: ***shoot ~ craps*** spielen.

crap·u·lence ['kræpjʊləns] *s.* Unmäßigkeit *f*, *bsd.* unmäßiger Alko'holgenuß.

crash[1] [kræʃ] **I** *v/i.* **1.** zs.-krachen, zerbrechen; **2.** (krachend) ab-, einstürzen; **3.** ✈ abstürzen, Bruch machen; *mot.* a) zs.-stoßen, b) verunglücken: ***~ into*** krachen gegen; **4.** poltern, platzen, rasen, stürzen: ***~ in*** hereinplatzen; ***~ in on*** →

9; **5.** *fig. bsd.* ✝ zs.-brechen; **II** *v/t.* **6.** zertrümmern, zerschmettern; **7.** ✈ abstürzen *od.* e-e Bruchlandung machen mit; **8.** *mot.* zu Bruch fahren; **9.** *sl.* uneingeladen kommen zu *e-r Party*; **III** *s.* **10.** Krach(en *n*) *m*; **11.** Zs.-stoß *m*; Unfall *m*; **12.** ✈ Absturz *m*; **13.** ✝ (Börsen)Krach *m*, *allg.* Zs.-bruch; **IV** *adj.* **14.** *fig.* Schnell…, Sofort…

crash² [kræʃ] *s.* grober Leinendrell.

crash| bar·ri·er *s. Brit.* Leitplanke *f*; **~ course** *s.* Schnell-, Inten'sivkurs *m*; **~ di·et** *s.* radi'kale Abmagerungskur *f*; **'~-dive** *v/i.* ⚓ schnelltauchen (*U-Boot*); **~ halt** *s.* 'Vollbremsung *f*; **~ hel·met** *s.* Sturzhelm *m*; **~ job** *s.* brandeilige Arbeit, Eilauftrag *m*; **'~-land** *v/i.* ✈ e-e Bruchlandung machen; **~ land·ing** *s.* ✈ Bruchlandung *f*; **~ test** *s. mot.* 'Crashtest *m*; **~ truck** *s.* Rettungswagen *m*.

crass [kræs] *adj.* □ *fig.* kraß, grob; **'crass·ness** [-nɪs] *s.* **1.** Kraßheit *f*; **2.** krasse Dummheit.

crate [kreɪt] **I** *s.* **1.** Lattenkiste *f*, (Bier- *etc.*)Kasten *m*; **2.** großer Packkorb; **3.** *sl.* ‚Kiste' *f* (*Auto od. Flugzeug*); **II** *v/t.* **4.** in e-e Lattenkiste *etc.* verpacken.

cra·ter ['kreɪtə] *s.* **1.** *geol. etc. a.* ⚕ 'Krater *m*; **2.** (Bomben-, Gra'nat)Trichter *m*, -krater *m*.

cra·vat [krə'væt] *s.* Halstuch *n*; Kra'watte *f*.

crave [kreɪv] **I** *v/t.* **1.** flehen *od.* dringend bitten um; **II** *v/i.* **2.** sich (heftig) sehnen (***for*** nach); **3.** flehen, inständig bitten (***for*** um).

cra·ven ['kreɪvən] **I** *adj.* feige, zaghaft; **II** *s.* Feigling *m*, Memme *f*.

crav·ing ['kreɪvɪŋ] *s.* heftiges Verlangen, Sehnsucht *f*, (krankhafte) Begierde (***for*** nach).

craw [krɔː] *s. zo.* Kropf *m* (*Vogel*).

craw·fish ['krɔːfɪʃ] **I** *s. zo.* → ***crayfish***; **II** *v/i. Am.* F sich drücken, ‚kneifen'.

crawl [krɔːl] **I** *v/i.* **1.** kriechen: a) krabbeln, b) sich da'hinschleppen, schleichen (*a. Arbeit, Zeit*), c) im ‚Schneckentempo' gehen *od.* fahren; **2.** *fig.* (unter'würfig) kriechen (***to s.o.*** vor j-m); **3.** wimmeln (***with*** von); **4.** kribbeln, prickeln; **5.** *Schwimmen*: kraulen; **II** *s.* **6.** Kriechen *n*, Schleichen *n*: ***go at a ~*** → 1 c; **7.** *Schwimmen*: Kraulstil *m*, Kraul(en) *n*; **'crawl·er** [-lə] *s.* **1.** Kriechtier *n*, Gewürm *n*; **2.** *fig.* Kriecher(in); **3.** F a) ‚Schnecke' *f*, b) Taxi *n* auf Fahrgastsuche; **4.** *pl.* Krabbelanzug *m für Kleinkinder*; **5.** *a.* ***~ tractor*** ⚙ Raupen-, Gleiskettenfahrzeug *n*; **6.** *Schwimmen*: Krauler(in); **'crawl·y** [-lɪ] *adj.* F grus(e)lig.

cray·fish ['kreɪfɪʃ] *s. zo.* **1.** Flußkrebs *m*; **2.** Lan'guste *f*.

cray·on ['kreɪən] **I** *s.* **1.** Zeichen-, Bunt-, Pa'stellstift *m*: ***blue ~*** Blaustift; **2.** Kreide-, Pa'stellzeichnung *f*; **II** *v/t.* **3.** mit Kreide *etc.* zeichnen; **4.** *fig.* skizzieren.

craze [kreɪz] **I** *v/t.* **1.** verrückt machen; **2.** *Töpferei*: krakelieren; **II** *s.* **3.** a) Ma'nie *f*, fixe I'dee, Verrücktheit *f*, b) ‚Fimmel' *m*: ***be the ~*** die große Mode sein; ***the latest ~*** der letzte Schrei; **crazed** [-zd] *adj.* **1.** wahnsinnig (***with*** vor *dat.*); **2.** (wild) begeistert, hingerissen (***about*** von); **'cra·zi·ness** [-zɪnɪs] *s.* Verrücktheit *f*.

cra·zy ['kreɪzɪ] *adj.* □ **1.** verrückt, wahnsinnig: ***~ with pain***; **2.** F (***about***) begeistert (von); versessen (auf *acc.*); **3.** baufällig, wackelig; ⚓ seeuntüchtig; **4.** zs.-gestückelt; **~ bone** *Am.* → ***funny bone***; **~ pav·ing**, **~ pave·ment** *s.* Mosa'ikpflaster *n*; **~ quilt** *s.* Flickendecke *f*.

creak [kriːk] **I** *v/i.* knarren, kreischen, quietschen, knirschen: ***~ along*** *fig.* sich dahinschleppen (*Handlung etc.*); **II** *s.* Knarren *n*, Knirschen *n*, Quietschen *n*; **'creak·y** [-kɪ] *adj.* □ knarrend, knirschend.

cream [kriːm] **I** *s.* **1.** Rahm *m*, Sahne *f*; **2.** Creme(speise) *f*; **3.** (*Haut-, Schuh- etc.*)Creme *f*; **4.** Cremesuppe *f*; **5.** *fig.* Creme *f*, Auslese *f*, E'lite *f*: ***the ~ of society***; **6.** Kern *m*, Po'inte *f* (*Witz*); **7.** Cremefarbe *f*; **II** *v/i.* **8.** Sahne bilden; **9.** schäumen; **III** *v/t.* **10.** absahnen, den Rahm abschöpfen von (*a. fig.*); **11.** Sahne bilden lassen; **12.** schaumig rühren; **13.** (*dem Tee od. Kaffee*) Sahne zugießen: ***do you ~ your tea?*** nehmen Sie Sahne?; **14.** *Am. sl. j-n* ‚fertigmachen'; **IV** *adj.* **15.** creme(farben); **~ cake** *s.* Creme- *od.* Sahnetorte *f*; **'~-cheese** *s.* Rahm-, Vollfettkäse *m*; **'~-ˌcol·o(u)red** *adj.* creme(farben).

cream·er·y ['kriːmərɪ] *s.* **1.** Molke'rei *f*; **2.** Milchhandlung *f*.

cream| ice *s. Brit.* Sahneeis *n*, Speiseeis *n*; **~ jug** *s.* Sahnekännchen *n*, -gießer *m*; **ˌ~-'laid** *adj.* cremefarben und gerippt (*Papier*); **~ of tar·tar** *s.* ⚗ Weinstein *m*; **ˌ~-'wove** → ***cream-laid***.

cream·y ['kriːmɪ] *adj.* sahnig; *fig.* weich, samten.

crease [kriːs] **I** *s.* **1.** Falte *f*, Kniff *m*; **2.** Bügelfalte *f*; **3.** Eselsohr *n* (*Buch*); **4.** *Eishockey*: Torraum *m*; **II** *v/t.* **5.** falten, knicken, kniffen, 'umbiegen; **6.** zerknittern; **7.** *hunt. etc.* streifen, anschießen; **III** *v/i.* **8.** Falten bekommen *od.* werfen; knittern; **9.** sich falten lassen; **creased** [-st] *adj.* **1.** in Falten gelegt, gefaltet; **2.** mit Bügelfalte, gebügelt; **3.** zerknittert.

'crease|-proof, **'~-reˌsist·ant** *adj.* knitterfrei.

cre·ate [kri:'eɪt] *v/t.* **1.** (er)schaffen; **2.** schaffen, erzeugen: a) her'vorbringen, ins Leben rufen, b) her'vorrufen, verursachen; **3.** *thea.*, *Mode*: kre'ieren, gestalten; **4.** gründen, ein-, errichten; **5.** ⚖ *Recht etc.* begründen; **6.** *j-n* ernennen zu: **~ s.o. a peer**; **cre'a·tion** [-'eɪʃn] *s.* **1.** (Er)Schaffung *f*; **2.** Erzeugung *f*, Schaffung *f*: a) Her'vorbringung *f*, b) Verursachung *f*, c) **the** ♀ *eccl.* die Schöpfung, die Erschaffung (der Welt): **the whole ~** alle Geschöpfe, die ganze Welt; **3.** Geschöpf *n*, Krea'tur *f*; **4.** (Kunst-, Mode)Schöpfung *f*, Kreati'on *f*; Werk *n*; **5.** *thea.* Kre'ierung *f*, Gestaltung *f*; **6.** Gründung *f*, Errichtung *f*, Bildung *f*; **7.** Ernennung *f* (*zu e-m Rang*); **cre'a·tive** [-tɪv] *adj.* □ **1.** schöpferisch, (er)schaffend, *a.* krea'tiv; **2.** (**of s.th.**) *et.* verursachend; **cre'a·tive·ness** [-tɪvnɪs]; **cre·a·tiv·i·ty** [ˌkri:eɪ'tɪvətɪ] *s.* Kreativi'tät *f*, schöpferische Kraft; **cre'a·tor** [-tə] *s.* Schöpfer *m*, Erschaffer *m*, Erzeuger *m*, Urheber *m*: **the** ♀ der Schöpfer, Gott *m*.

crea·ture ['kri:tʃə] *s.* **1.** Geschöpf *n*, (Lebe)Wesen *n*, Krea'tur *f*: **fellow ~** Mitmensch *m*; **dumb ~** stumme Kreatur; **lovely ~** süßes Geschöpf (*Frau*); **silly ~** dummes Ding; **~ of habit** Gewohnheitstier *n*; **2.** *fig. j-s* Krea'tur *f*, Werkzeug *n*; **~ com·forts** *s. pl. die* leiblichen Genüsse, *das* leibliche Wohl.

crèche [kreɪʃ] (*Fr.*) *s.* **1.** Kinderhort *m*, -krippe *f*; **2.** *Am.* (Weihnachts)Krippe *f*.

cre·dence ['kri:dəns] *s.* **1.** Glaube *m*: **give ~ to** Glauben schenken (*dat.*); **2.** *a.* **~ table** *eccl.* Kre'denz *f*.

cre·den·tials [krɪ'denʃlz] *s. pl.* **1.** Beglaubigungs- *od.* Empfehlungsschreiben *n*; **2.** (Leumunds)Zeugnis *n*; **3.** 'Ausweis(paˌpiere *pl.*) *m*.

cred·i·bil·i·ty [ˌkredɪ'bɪlətɪ] *s.* Glaubwürdigkeit *f*; **cred·i·ble** ['kredəbl] *adj.* □ glaubwürdig; zuverlässig: **show credibly that** ⚖ glaubhaft machen, daß.

cred·it ['kredɪt] **I** *s.* **1.** ✝ a) Kre'dit *m*, b) Ziel *n*: (**letter of**) **~** Akkredi'tiv *n*; **on ~** auf Kredit; **open a ~** e-n Kredit *od.* ein Akkreditiv eröffnen; **30 days' ~** 30 Tage Ziel; **2.** ✝ a) Haben *n*, 'Kredit(seite *f*) *n*, b) Guthaben *n*, 'Kreditposten *m*, *pl. a.* Ansprüche: **enter** (*od.* **place**) **it to my ~** schreiben Sie es mir gut; **~ advice** Gutschriftsanzeige *f*; (**tax**) **~** *Am.* (Steuer)Freibetrag *m*; **3.** ✝ Kre'ditwürdigkeit *f*; **4.** Glaube(n) *m*, Ver-, Zutrauen *n*: **give ~ to** → 10; **5.** Glaubwürdigkeit *f*, Zuverlässigkeit *f*; **6.** Ansehen *n*, Achtung *f*, guter Ruf, Ehre *f*: **be a ~ to s.o.**, **reflect ~ on s.o.**, **do s.o. ~**, **be to s.o's ~** j-m Ehre machen *od.* einbringen; **he does me ~** mit ihm lege ich Ehre ein; **to his ~ it must be said** a) zu s-r Ehre muß man sagen, b) man muß es ihm hoch anrechnen; **add to s.o.'s ~** j-s Ansehen erhöhen; **with ~** ehrenvoll, mit Lob; **7.** Verdienst *n*, Anerkennung *f*, Lob *n*: **get ~ for** Anerkennung finden für; **very much to his ~** sehr anerkennenswert von ihm; **give s.o.** (**the**) **~ for s.th.** a) j-m et. hoch anrechnen, b) j-m et. zutrauen, c) j-m et. verdanken; **take** (**the**) **~ for** sich *et.* als Verdienst anrechnen, den Ruhm *od.* alle Lorbeeren für *et.* in Anspruch nehmen; **8.** (**title and**) **~s** *pl. Film*, *TV*: Vor- *od.* Abspann *m*, Erwähnungen *pl.*; **9.** *ped. Am.* a) Anrechnungspunkt *m*, b) Abgangszeugnis *n*; **II** *v/t.* **10.** Glauben schenken (*dat.*), *j-m od. et.* glauben; *j-m* trauen; **11. ~ s.o. with s.th.** a) j-m et. zutrauen, b) j-m et. zuschreiben; **12.** ✝ *Betrag* gutschreiben, kreditieren (**to s.o.** j-m); *j-n* erkennen (**with** für); **13.** *ped. Am.* (**s.o. with**) (j-m) Punkte anrechnen (für); **'cred·it·a·ble** [-təbl] *adj.* □ **1.** rühmlich, lobens-, anerkennenswert, ehrenvoll (**to** für): **be ~ to s.o.** j-m Ehre machen; **2.** glaubwürdig.

cred·it| bal·ance *s.* ✝ 'Kreditˌsaldo *m*, Guthaben *n*; **~ card** *s.* ✝ Kre'ditkarte *f*; **~ in·ter·est** *s.* Habenzinsen *pl.*; **~ note** *s.* ✝ Gutschriftsanzeige *f*.

cred·i·tor ['kredɪtə] *s.* ✝ **1.** Gläubiger (-in); **2.** a) *a.* **~ side** Haben *n*, 'Kreditseite *f e-s Kontobuchs*, b) *pl. Bilanz*: Verbindlichkeiten *pl.*

cred·it| rat·ing *s. Am.* Kre'ditfähigkeit *f*; **~ squeeze** *s.* ✝ Kre'ditzange *f*; **~ tit·les** *pl.* → **credit** 8; **'~ˌwor·thi·ness** *s.* ✝ Kre'ditwürdigkeit *f*; **'~ˌwor·thy** *adj.* ✝ kre'ditwürdig.

cre·do ['kri:dəʊ] *pl.* **-dos** *s.* **1.** *eccl.* 'Credo *n*, Glaubensbekenntnis *n*; **2.** → **creed** 2.

cre·du·li·ty [krɪ'dju:lətɪ] *s.* Leichtgläubigkeit *f*; **cred·u·lous** ['kredjʊləs] *adj.* □ leichtgläubig.

creed [kri:d] *s.* **1.** a) Glaubensbekenntnis *n*, b) Glaube *m*, Konfessi'on *f*; **2.** *fig.* (*a. politische etc.*) Über'zeugung, 'Kredo *n*.

creek [kri:k] *s.* **1.** Flüßchen *n*; kleiner Wasserlauf (*nur von der Flut gespeist*): ***up the ~*** *fig.* in der Klemme (sitzend); **2.** kleine Bucht.

creel [kri:l] *s.* Fischkorb *m*.

creep [kri:p] **I** *v/i.* [*irr.*] **1.** *a. fig.* kriechen, (da'hin)schleichen: ***~ up on*** sich heranschleichen an (*acc.*); ***~ into s.o.'s favo(u)r*** *fig.* sich bei j-m einschmeicheln; ***~ in*** sich einschleichen (*Fehler*); ***old age is ~ing upon me*** das Alter naht heran; **2.** ⚘ kriechen, sich ranken; **3.** ⚙ kriechen; ϟ nacheilen; **4.** kribbeln: ***it made my flesh ~*** dabei überlief es mich kalt, ich bekam eine Gänsehaut dabei; **II** *s.* **5.** → ***crawl*** 6; **6.** → ***creepage***; **7.** Schlupfloch *n*; **8.** *geol.* (Erd-)Rutsch *m*; **9.** *pl.* F Gruseln *n*, Gänsehaut *f*: ***the sight gave me the ~s*** bei dem Anblick überlief es mich kalt; **10.** *sl.* ‚Fiesling' *m*, ‚Scheißtyp' *m*; '**creep·age** [-pɪdʒ] *s.* ⚙, ϟ Kriechen *n*; '**creep·er** [-pə] *s.* **1.** *fig.* Kriecher(in); **2.** Kriechtier *n* (*Insekt, Wurm*); **3.** ⚘ Kriech- *od.* Kletterpflanze *f*; **4.** *orn.* Baumläufer *m*; **5.** *mount.* Steigeisen *n*; **6.** ⚓ Dragganker *m*; **7.** *pl. Am.* (einteiliger) Spielanzug; **8.** F weichsohliger Schuh; '**creep·ing** [-pɪŋ] *adj.* □ **1.** kriechend, schleichend (*a. fig.*); **2.** ⚘ kriechend, kletternd; **3.** a) kribbelnd, b) grus(e)lig; **4.** → ***barrage***[1] 2; '**creep·y** [-pɪ] *adj.* **1.** kriechend: a) krabbelnd, b) schleichend; **2.** grus(e)lig.

cre·mate [krɪ'meɪt] *v/t. bsd. Leichen* verbrennen, einäschern; **cre'ma·tion** [-eɪʃn] *s.* Feuerbestattung *f*, Einäscherung *f*; **cre·ma·to·ri·um** [ˌkremə'tɔ:rɪəm] *pl.* **-ri·ums**, **-ri·a** [-rɪə], **cre·ma·to·ry** ['kremətərɪ] *s.* Krema'torium *n*.

crème [kreɪm] (*Fr.*) *s.* Creme *f*; ***~ de menthe*** [ˌkreɪmdə'mɑ:nt] *s.* 'Pfefferminzliˌkör *m*; ***~ de la ~*** [-dlɑ:-] *s. fig.* a) *das* Beste vom Besten; *die* E'lite (der Gesellschaft), Crème *f* de la Crème.

cre·nate ['kri:neɪt], '**cre·nat·ed** [-tɪd] *adj.* ⚘, ⚕ gekerbt, gefurcht; **cre·na·tion** [kri:'neɪʃn] *s.* ⚘, ⚕ Kerbung *f*, Furchung *f*.

cren·el ['krenl] *s.* Schießscharte *f*; '**cren·el(l)ate** [-nəleɪt] *v/t.* krenelieren, mit Zinnen *od.* zinnenartigem Orna'ment versehen; **cren·el(l)a·tion** [ˌkrenə'leɪʃn] *s.* Krenelierung.

Cre·ole ['kri:əʊl] **I** *s.* Kre'ole *m*, Kre'olin *f*; **II** *adj.* kre'olisch.

cre·o·sote ['krɪəsəʊt] *s.* ⚗ Kreo'sot *n*.

crêpe [kreɪp] *s.* **1.** Krepp *m*; **2.** → ***~ rubber***; ***~ de Chine*** [ˌkreɪpdə'ʃi:n] *s.* Crêpe *m* de Chine; ***~ pa·per*** *s.* 'KrepppaˌPier *n*; ***~ rub·ber*** *s.* 'Kreppˌgummi *n*, *m*; ***~ su·zette*** [su:'zet] *s.* Crêpe *f* Su'zette.

crep·i·tate ['krepɪteɪt] *v/i.* knarren, knirschen, knacken, rasseln; **crep·i·ta·tion** [ˌkrepɪ'teɪʃn] *s.* Knarren *n*, Knirschen *n*, Knacken *n*, Rasseln *n*.

crept [krept] *pret. u. p.p.* von ***creep***.

cre·pus·cu·lar [krɪ'pʌskjʊlə] *adj.* **1.** Dämmerungs…, dämmerig; **2.** *zo.* im Zwielicht erscheinend.

cre·scen·do [krɪ'ʃendəʊ] (*Ital.*) ♪ **I** *pl.* **-dos** *s.* Cre'scendo *n* (*a. fig.*); **II** *adv.* cre'scendo, stärker werdend.

cres·cent ['kresnt] **I** *s.* **1.** Halbmond *m*, Mondsichel *f*; **2.** *hist. pol.* Halbmond *m* (*Türkei od. Islam*); **3.** halbmondförmiger Gegenstand, Straßenzug *etc.*; **4.** ♪ Schellenbaum *m*; **5.** Hörnchen *n* (*Gebäck*); **II** *adj.* **6.** halbmondförmig; **7.** zunehmend.

cress [kres] *s.* ⚘ Kresse *f*.

crest [krest] **I** *s.* **1.** *zo.* Kamm *m* (*Hahn*); **2.** *zo.* a) (Feder-, Haar)Schopf *m*, Haube *f* (*Vögel*), b) Mähne *f*; **3.** Helmbusch *m*, -schmuck *m*; **4.** Helm *m*; **5.** Bergrücken *m*, Kamm *m*; **6.** Kamm *m* (*Welle*): ***he's riding (along) a ~ of the wave*** *fig.* er schwimmt momentan ganz oben; **7.** Gipfel *m*, Krone *f*, Scheitelpunkt *m*; **8.** Verzierung *f* über dem (Fa'milien)Wappen: ***family ~*** Familienwappen *n*; **9.** ⚠ Bekrönung *f*; **II** *v/t.* **10.** erklimmen; **III** *v/i.* **11.** hoch aufwogen; '**crest·ed** [-tɪd] *adj.* mit e-m Kamm *od.* Schopf *od.* e-r Haube (versehen): ***~ lark*** Haubenlerche *f*; '**crestˌfall·en** *adj. fig.* geknickt, niedergeschlagen.

cre·ta·ceous [krɪ'teɪʃəs] *adj.* kreideartig, -haltig: ***~ period*** Kreide(zeit) *f*.

Cre·tan ['kri:tn] **I** *adj.* kretisch, aus Kreta; **II** *s.* Kreter(in).

cre·tin ['kretɪn] *s.* ⚕ Kre'tin *m* (*a. contp.*); '**cre·tin·ism** [-nɪzəm] *s.* Kreti'nismus *m*; '**cre·tin·ous** [-nəs] *adj.* kre'tinhaft.

cre·vasse [krɪ'væs] *s.* **1.** tiefer Spalt *od.* Riß; **2.** Gletscherspalte *f*; **3.** *Am.* Bruch *m* im Deich.

crev·ice ['krevɪs] *s.* Riß *m*, (Fels)Spalte *f*.

crew[1] [kru:] *pret. von* ***crow***[2].

crew[2] [kru:] *s.* **1.** ⚓, ✈ *etc.* Besatzung *f*, (*a. sport* Boots)Mannschaft *f*; **2.** (Arbeits)Gruppe *f*, ('Arbeiter)Koˌlonne *f*; **3.** ⚙ (Bedienungs)Mannschaft *f*; **4.**

('Dienst)Perso͵nal *n*; **5.** *Am.* Pfadfindergruppe *f*; **6.** *contp.* Bande *f*; **~ cut** *s.* Bürste(nschnitt *m*) *f*.

crib [krɪb] **I** *s.* **1.** a) (Futter)Krippe *f*, b) Hürde *f*, Stall *m*; **2.** Kinderbettchen *n*; **3.** a) Hütte *f*, b) kleiner Raum; **4.** Weidenkorb *m* (*Fischfalle*); **5.** F a) kleiner Diebstahl, b) ‚Anleihe' *f*, Plagi'at *n*; **6.** *ped.* F a) ‚Eselsbrücke' *f*, b) Spickzettel *m*; **7.** *Cribbage*: abgelegte Karten *pl.*; **II** *v/t.* **8.** ein-, zs.-pferchen; **9.** F ‚klauen' (*a. fig. plagiieren*), *ped.* abschreiben; **III** *v/i.* **10.** F abschreiben; **'crib·bage** [-bɪdʒ] *s.* 'Cribbage *n* (*Kartenspiel*).

crick [krɪk] **I** *s.* Muskelkrampf *m*: **~ *in one's back*** (***neck***) steifer Rücken (Hals); **II** *v/t.* **~ *one's back*** (***neck***) sich e-n steifen Rücken (Hals) holen.

crick·et¹ ['krɪkɪt] *s. zo.* Grille *f*, Heimchen *n*; → ***merry*** 1.

crick·et² ['krɪkɪt] *s. sport* Kricket *n*: **~ *bat*** Kricketschläger *m*; **~ *field***, **~ *ground*** Kricket(spiel)platz *m*; **~ *pitch*** Feld *n* zwischen den beiden Dreistäben; ***not* ~** F nicht fair *od.* anständig; **'crick·et·er** [-tə] *s.* Kricketspieler *m*.

cri·er ['kraɪə] *s.* **1.** Schreier *m*; **2.** (öffentlicher) Ausrufer.

cri·key ['kraɪkɪ] *int. sl.* Mann!

crime [kraɪm] **I** *s.* **1.** ⚖ *u. fig.* a) Verbrechen *n*, b) → ***criminality*** 1: **~ *novel*** Kriminalroman *m*; **~ *rate*** Verbrechensquote *f*; **~ *wave*** Welle *f* von Verbrechen; **2.** Frevel *m*, Übeltat *f*, Sünde *f*; **3.** *coll.* Krimi'nalro͵mane *f*: **~*-writer*** ‚Krimi-Schreiber(in)'; **4.** F ‚Verbrechen' *n*, ‚Jammer' *m*, ‚Schande' *f*; **II** *v/t.* **5.** ⚔ beschuldigen.

Cri·me·an [kraɪ'mɪən] *adj.* die Krim betreffend: **~ *War*** Krimkrieg *m*.

crim·i·nal ['krɪmɪnl] **I** *adj.* **1.** verbrecherisch, krimi'nell, strafbar: **~ *act***; **2.** ⚖ strafrechtlich, Straf…, … in Strafsachen: **~ *jurisdiction***; **~ *lawyer*** Strafrechtler *m*, Anwalt *m* für Strafsachen; **II** *s.* **3.** Verbrecher(in); **~ ac·tion** *s.* 'Strafpro͵zeß *m*; **~ code** *s.* Strafgesetzbuch *n*; **~ con·ver·sa·tion** *s.* ⚖ *Brit. obs. u. Am.* Ehebruch *m* (*als Schadensersatzgrund*); **♀ In·ves·ti·ga·tion De·part·ment** *s.* (*abbr.* ***CID***) *Brit.* oberste Krimi'nalpoli͵zeibehörde *f*.

crim·i·nal·ist ['krɪmɪnəlɪst] *s.* **1.** Krimina'list *m*, Strafrechtler *m*; **2.** Krimino'loge *m*; **crim·i·nal·i·ty** [͵krɪmɪ'nælətɪ] *s.* **1.** Kriminali'tät *f*, Verbrechertum *n*; **2.** Schuld *f*; Strafbarkeit *f*; **'crim·i·nal·ize** *v/t.* **1.** *et.* unter Strafe stellen; **2.** *j-n*, *et.* kriminalisieren.

crim·i·nal| law *s.* Strafrecht *n*; **~ neg·lect** *s.* grobe Fahrlässigkeit; **~ of·fence**, *Am.* **~ of·fense** *s.* strafbare Handlung; **~ pro·ceed·ings** *s. pl.* Strafverfahren *n*.

crim·i·nate ['krɪmɪneɪt] *v/t.* anklagen, (e-s Verbrechens) beschuldigen; **crim·i·na·tion** [͵krɪmɪ'neɪʃn] *s.* Anklage *f*, Beschuldigung *f*; **crim·i·nol·o·gist** [͵krɪmɪ'nɒlədʒɪst] *s.* Krimino'loge *m*; **crim·i·nol·o·gy** [͵krɪmɪ'nɒlədʒɪ] *s.* Kriminolo'gie *f*.

crimp¹ [krɪmp] **I** *v/t.* **1.** kräuseln, knittern, fälteln, wellen; **2.** *Leder* zu'rechtbiegen; **3.** ⚙ bördeln; **4.** *Küche*: *Fisch*, *Fleisch* schlitzen; **5.** *Am. sl.* hindern, stören; **II** *s.* **6.** Kräuselung *f*, Welligkeit *f*; Krause *f*, Falte *f*; **7.** ⚙ Falz *m*; **8.** (Haar)Welle *f*, Locke *f*; **9.** *Am.* F Behinderung *f*.

crimp² [krɪmp] *v/t.* ⚓, ⚔ gewaltsam anwerben, pressen.

crim·son ['krɪmzn] **I** *s.* Karme'sin-, Hochrot *n*; **II** *adj.* karme'sin-, hochrot; *fig.* puterrot (***from*** vor *Zorn etc.*); **III** *v/t.* hochrot färben; **IV** *v/i.* puterrot werden; **~ ram·bler** *s.* ⚘ *blutrote Kletterrose*.

cringe [krɪndʒ] *v/i.* **1.** sich ducken, sich krümmen: **~ *at*** zurückschrecken vor (*dat.*); **2.** *fig.* kriechen, ‚katzbuckeln' (***to*** vor *dat.*); **'cring·ing** [-dʒɪŋ] *adj.* □ kriecherisch, unter'würfig.

crin·kle ['krɪŋkl] **I** *v/i.* **1.** sich kräuseln *od.* krümmen *od.* biegen; **2.** Falten werfen, knittern; **II** *v/t.* **3.** kräuseln, krümmen; **4.** faltig machen, zerknittern; **III** *s.* **5.** Fältchen *n*, Runzel *f*; **'crin·kly** [-lɪ] *adj.* **1.** kraus, faltig; **2.** zerknittert.

crin·o·line ['krɪnəli:n] *s. hist.* Krino'line *f*, Reifrock *m*.

crip·ple ['krɪpl] **I** *s.* **1.** Krüppel *m*; **II** *v/t.* **2.** a) zum Krüppel machen, b) lähmen; **3.** *fig.* lähmen, lahmlegen; **4.** ⚔ akti'ons- *od.* kampfunfähig machen; **'crip·pled** [-ld] *adj.* **1.** verkrüppelt; **2.** *fig.* lahmgelegt; **'crip·pling** [-lɪŋ] *adj. fig.* lähmend.

cri·sis ['kraɪsɪs] *pl.* **-ses** [-si:z] *s.* ⚕, *thea. u. fig.* 'Krise *f*, 'Krisis *f*: **~ *management*** Krisenmanagement *n*; **~ *staff*** Krisenstab *m*.

crisp [krɪsp] **I** *adj.* □ **1.** knusp(e)rig, mürbe: **~*bread*** Knäckebrot *n*; **2.** kraus, gekräuselt; **3.** frisch, fest (*Gemüse*); steif, unzerknittert (*Papier*); **4.** a) forsch, schneidig, b) flott, lebhaft; **5.** klar, knapp (*Stil etc.*); **6.** scharf, frisch (*Luft*); **II** *s.* **7.** *pl. bsd. Brit.* (Kar'toffel)Chips *pl.*; **III** *v/t.* **8.** knusp(e)rig machen; **9.** kräuseln; **IV** *v/i.* **10.** knusp(e)rig werden; **11.** sich kräuseln; **'crisp·ness** [-nɪs] *s.* **1.** Knusp(e)rigkeit *f*; **2.** Frische *f*, Schärfe *f*, Le'bendigkeit *f*; **'crisp·y** [-pɪ] → ***crisp*** 1, 2, 4.

criss·cross ['krɪskrɒs] **I** *adj.* **1.** gekreuzt, kreuz u. quer (laufend), Kreuz...; **II** *adv.* **2.** kreuzweise, kreuz u. quer, durchein'ander; **3.** *fig.* in die Quere, verkehrt; **III** *s.* **4.** Gewirr *n* von Linien; **5.** Kreuzzeichen *n* (*als Unterschrift*); **IV** *v/t.* **6.** (wieder'holt 'durch-) kreuzen, kreuz u. quer durch'ziehen; **V** *v/i.* **7.** sich kreuzen; kreuz u. quer verlaufen.

cri·te·ri·on [kraɪ'tɪərɪən] *pl.* **-ri·a** [-rɪə] *s.* **1.** Kri'terium *n*, Maßstab *m*, Prüfstein *m*: ***that is no ~*** das ist nicht maßgebend (***for*** für); **2.** (Unter'scheidungs)Merkmal *n*.

crit·ic ['krɪtɪk] *s.* **1.** Kritiker(in); **2.** (Kunst- *etc.*)Kritiker(in), Rezen'sent (-in); **3.** Krittler *m*, Tadler *m*; **'crit·i·cal** [-kl] *adj.* □ **1.** kritisch, tadelsüchtig (***of s.o.*** j-m gegen'über): ***be ~ of s.th.*** et. kritisieren *od.* beanstanden, Bedenken gegen et. haben; **2.** kritisch, kunstverständig; sorgfältig: ***~ edition*** kritische Ausgabe; **3.** kritisch, entscheidend: ***the ~ moment***; **4.** kritisch, bedenklich, gefährlich: ***~ situation***; ***~ supplies*** Mangelgüter; **5.** *phys.* kritisch: ***~ speed***; ***~ load*** Grenzbelastung *f*; **'crit·i·cism** [-ɪsɪzəm] *s.* Kri'tik *f*: a) kritische Beurteilung, b) (Buch- *etc.*)Besprechung *f*, Rezensi'on *f*, c) kritische Unter'suchung, d) Tadel *m*: ***textual ~*** Textkritik; ***open to ~*** anfechtbar; ***above ~*** über jede Kritik *od.* jeden Tadel erhaben; **'crit·i·cize** [-ɪsaɪz] *v/t.* kritisieren (*a. v/i.*): a) kritisch beurteilen, b) besprechen, rezensieren; c) Kri'tik üben an (*dat.*), tadeln, rügen; **cri·tique** [krɪ'ti:k] *s.* Kri'tik *f*, kritische Besprechung *od.* Abhandlung.

croak [krəʊk] **I** *v/i.* **1.** quaken (*Frosch*); krächzen (*Rabe*); **2.** unken (*Unglück prophezeien*); **3.** *sl.* ‚abkratzen' (*sterben*); **II** *v/t.* **4.** *et.* krächzen(d sagen); **5.** *sl.* abmurksen (*töten*); **III** *s.* **6.** Quaken *n*; Krächzen *n*; **7.** → ***croaker*** 1; **'croak·er** [-kə] *s.* **1.** Schwarzseher *m*, Miesmacher *m*; **2.** *Am. sl.* Quacksalber *m*; **'croak·y** [-kɪ] *adj.* □ krächzend.

Cro·at ['krəʊæt] *s.* Kro'ate *m*, Kro'atin *f*; **Cro·a·tian** [krəʊ'eɪʃjən] *adj.* kro'atisch.

cro·chet ['krəʊʃeɪ] **I** *s. a.* ***~ work*** Häkelarbeit *f*, Häke'lei *f*: ***~ hook*** Häkelnadel *f*; **II** *v/t. u. v/i. pret. u. p.p.* **'cro·cheted** [-ʃeɪd] häkeln.

crock[1] [krɒk] **I** *s.* **1.** Klepper *m*, alter Gaul; **2.** *sl.* a) ‚altes Wrack' (*Person od. Sache*), b) *Am.* ‚altes Ekel' *od.* ‚alter Säufer'; **II** *v/i.* **3.** *mst* ***~ up*** zs.-brechen, -krachen; **III** *v/t.* **4.** ka'puttmachen.

crock[2] [krɒk] *s.* **1.** irdener Topf *od.* Krug; **2.** Topfscherbe *f*; **'crock·er·y** [-kərɪ] *s.* (irdenes) Geschirr, Steingut *n*, Töpferware *f*.

croc·o·dile ['krɒkədaɪl] *s.* **1.** *zo.* Kroko'dil *n*; **2.** Kroko'dilleder *n*; **3.** *Brit.* F Zweierreihe *f* von Schulmädchen; ***~ tears*** *s. pl.* Kroko'dilstränen *pl.*

cro·cus ['krəʊkəs] *s.* ⚘ 'Krokus *m*.

Croe·sus ['kri:səs] *s.* 'Krösus *m*.

croft [krɒft] *s. Brit.* **1.** kleines (Acker-) Feld (*beim Haus*); **2.** kleiner Bauernhof; **'croft·er** [-tə] *s. Brit.* Kleinbauer *m*.

crom·lech ['krɒmlek] *s.* 'Kromlech *m*, dru'idischer Steinkreis.

crone [krəʊn] *s.* altes Weib.

cro·ny ['krəʊnɪ] *s.* alter Freund, Kum'pan *m*: ***old ~*** Busenfreund, Intimus *m*, ‚Spezi' *m*.

crook [krʊk] **I** *s.* **1.** Hirtenstab *m*; **2.** *eccl.* Bischofs-, Krummstab *m*; **3.** Krümmung *f*, Biegung *f*; **4.** Haken *m*; **5.** (*Schirm*)Krücke *f*; **6.** F Gauner *m*, Betrüger *m*, *allg.* Ga'nove *m*: ***on the ~*** unehrlich, hintenherum; **II** *v/t. u. v/i.* **7.** (sich) krümmen, (sich) biegen; **'~·back** *s.* Buck(e)lige(r *m*) *f*; **'~·backed** *adj.* buck(e)lig.

crooked[1] [krʊkt] *adj.* mit e-r Krücke: ***~ stick*** Krückstock *m*.

crook·ed[2] ['krʊkɪd] *adj.* □ **1.** krumm, gekrümmt; gebeugt; **2.** buck(e)lig, verwachsen; **3.** *fig.* unehrlich, betrügerisch: ***~ ways*** ‚krumme' Wege.

croon [kru:n] *v/i. u. v/t.* leise *od.* schmachtend singen *od.* summen; **'croon·er** [-nə] *s.* Schlager-, Schnulzensänger *m*.

crop [krɒp] **I** *s.* **1.** Feldfrucht *f*, *bsd.* Getreide *n* auf dem Halm, Saat *f*: ***the ~s*** a) die Saaten, b) die Gesamternte; ***~ rotation*** Fruchtfolge *f*, -wechsel *m*; **2.** Bebauung *f*: ***in ~*** bebaut; **3.** Ernte *f*, Ertrag *m*: ***~ failure*** Mißernte *f*; **4.** *fig.* Ertrag *m*, Ausbeute *f* (***of*** an *dat.*); **5.** Menge *f*, Haufen *m* (*Sachen od. Personen*); **6.** *zo.* Kropf *m* (*Vögel*); **7.** a) Peitschenstock *m*, b) Reitpeitsche *f*; **8.** kurzer Haarschnitt, kurzgeschnittenes Haar; **II** *v/t.* **9.** abschneiden; *Haar* kurz scheren; *Ohren*, *Schwanz* stutzen; **10.** abbeißen, -fressen; **11.** ✓ bepflanzen, bebauen; **III** *v/i.* **12.** (Ernte) tragen;

13. *geol.* **~ up**, **~ out** zutage treten; **14. ~ up** *fig.* plötzlich auftauchen, -treten, sich zeigen; ˈ**crop·eared** *adj.* mit gestutzten Ohren; ˈ**crop·per** [-pə] *s.* **1. a good ~** e-e gut tragende Pflanze; **2.** F Fall *m*, Sturz *m*: **come a ~** ‚auf die Nase fallen' (*a. fig.*); **3.** *orn.* Kropftaube *f.*

cro·quet [ˈkrəʊkeɪ] *sport* **I** *s.* ˈKrocket *n*; **II** *v/t. u. v/i.* krockieren.

cro·quette [krɒˈket] *s. Küche*: Kroˈkette *f.*

cro·sier [ˈkrəʊʒə] *s. R.C.* Bischofs-, Krummstab *m.*

cross [krɒs] **I** *s.* **1.** Kreuz *n* (*zur Kreuzigung*); **2. the** ♀ a) das Kreuz Christi, b) das Christentum, c) das Kruziˈfix *n*; **3.** Kreuz *n* (*Zeichen od. Gegenstand*): **make the sign of the ~** sich bekreuzigen; **sign with a ~** mit e-m Kreuz (*statt Unterschrift*) unterzeichnen; **mark with a ~** ankreuzen; **4.** (Ordens)Kreuz *n*; **5.** *fig.* Kreuz *n*, Leiden *n*, Not *f*: **bear one's ~** sein Kreuz tragen; **6.** Querstrich *m* (des Buchstabens t); **7.** Gauneˈrei *f*, ‚krumme Tour': **on the ~** unehrlich; **8.** *biol.* Kreuzung *f*, Mischung *f*; *fig.* Mittelding *n*; **9.** Kreuzungspunkt *m*; **10.** *sport* Cross *m*: a) *Fußball etc.*: Schrägpaß *m*, b) *Tennis*: *diagonal geschlagener Ball*, c) *Boxen*: *Schlag über den Arm des Gegners*; **II** *v/t.* **11.** kreuzen, über Kreuz legen: **~ one's legs** die Beine kreuzen *od.* überschlagen; **~ swords with s.o.** die Klingen mit j-m kreuzen (*a. fig.*); **~ s.o.'s hand** (*od.* **palm**) a) j-m (Trink)Geld geben, b) j-n ‚schmieren'; **12.** e-n Querstrich ziehen durch: **~ one's t's** sehr sorgfältig sein; **~ a cheque** e-n Scheck ‚kreuzen' (*als Verrechnungsscheck kennzeichnen*); → **cheque**; **~ off** (*od.* **out**) ausstreichen; **~ off** *fig. et.* ‚abschreiben'; **13.** durch-, überˈqueren, *Grenze* überˈschreiten, *Zimmer* durchˈschreiten, (hinˈüber)gehen, (-)fahren über (*acc.*): **~ the ocean** über den Ozean fahren; **~ the street** über die Straße gehen; **it ~ed my mind** es fiel mir ein, es kam mir in den Sinn; **~ s.o.'s path** j-m in die Quere kommen; **14.** sich kreuzen mit: **your letter ~ed mine** Ihr Brief kreuzte sich mit meinem; **~ each other** sich kreuzen, sich schneiden, sich treffen; **15.** *biol.* kreuzen; **16.** *fig. Plan* durchˈkreuzen, vereiteln; entgegentreten (*dat.*): **be ~ed in love** Unglück in der Liebe haben; **17.** das Kreuzzeichen machen auf (*acc.*) *od.* über (*dat.*): **~ o.s.** sich bekreuzigen; **III** *v/i.* **18.** *a.* **~ over** hinˈübergehen, -fahren; ˈübersetzen; **19.** sich treffen; sich kreuzen (*Briefe*); **IV** *adj.* □ **20.** quer (liegend, laufend), Quer…; schräg; sich (über)ˈschneidend; **21.** (**to**) entgegengesetzt (*dat.*), im ˈWiderspruch (zu), Gegen…; **22.** F ärgerlich, mürrisch, böse (**with** mit): **as ~ as two sticks** bitterböse; **23.** *sl.* unehrlich.

cross| ac·tion *s.* ⚖ Gegen-, ˈWiderklage *f*; **~ ap·peal** *s.* ⚖ Anschlußberufung *f*; ˈ**~·bar** *s.* **1.** Querholz *n*, -riegel *m*, -stange *f*, -balken *m*; **2.** ⚙ Traˈverse *f*; **3.** a) *Fußball*: Querlatte *f*, b) *Hochsprung*: Latte *f*; ˈ**~·bench** *parl. Brit.* **I** *s.* Querbank *f* der Parˈteilosen (*im Oberhaus*); **II** *adj.* parˈteilos, unabhängig; ˈ**~·bones** *s. pl.* zwei gekreuzte Knochen unter e-m Totenkopf; ˈ**~·bow** [-bəʊ] *s.* Armbrust *f*; ˈ**~·bred** *adj. biol.* durch Kreuzung erzeugt, gekreuzt; ˈ**~·breed I** *s.* **1.** Mischrasse *f*; **2.** Kreuzung *f*, Mischling *m*; **II** *v/t.* [*irr.* → **breed**] **3.** kreuzen; ˌ**~-ˈChan·nel** *adj.* den (ˈÄrmel)Kaˌnal überˈquerend: **~ steamer** Kanaldampfer *m*; ˈ**~·check I** *v/t.* **1.** (von verschiedenen Gesichtspunkten aus) überˈprüfen; **2.** *Eishokkey*: crosschecken; **II** *s.* **3.** mehrfache Überˈprüfung; **4.** *Eishockey*: ˈCrosscheck *m*; ˌ**~-ˈcoun·try I** *adj.* Querfeldein…; Gelände…, *mot. a.* geländegängig: **~ skiing** Skilanglauf *m*; **~ race** → **II** *s. sport* a) Querfeldˈein-, Crosslauf *m*, b) *Radsport*: Querfeldˈeinrennen *n*; ˈ**~ˌcur·rent** *s.* Gegenströmung *f* (*a. fig.*); ˈ**~·cut I** *adj.* **1.** a) quer schneidend, Quer…, b) quergeschnitten: **~ file** Doppelfeile *f*; **~ saw** Ablängsäge *f*; **II** *s.* **2.** Querweg *m*; **3.** ⚙ Kreuzhieb *m.*

crosse [krɒs] *s. sport* Laˈcrosse-Schläger *m.*

cross| en·try *s.* † Gegenbuchung *f*; ˈ**~-exˌam·iˈna·tion** *s.* ⚖ Kreuzverhör *n*; ˌ**~-exˈam·ine** *v/t.* ⚖ ins Kreuzverhör nehmen; ˈ**~-eyed** *adj.* schielend; ˈ**~-fade** *v/t. Film etc.*: überˈblenden; ˌ**~-ˈfer·ti·lize** *v/i. biol.* sich kreuzweise (*fig.* gegenseitig) befruchten; **~ fire** *s.* ⚔ Kreuzfeuer *n* (*a. fig.*); ˈ**~-grained** *adj.* **1.** quergefasert; **2.** *fig.* ˈwiderspenstig, eigensinnig; kratzbürstig; ˈ**~ˌhatch·ing** *s.* Kreuzschraffierung *f*; **~ head**, **~ head·ing** *s. Zeitung*: ˈZwischenˌüberschrift *f.*

cross·ing [ˈkrɒsɪŋ] *s.* **1.** Kreuzen *n*, Kreuzung *f* (*a. biol.*); **2.** Durch-, Überˈquerung *f*; **3.** ˈÜberfahrt *f*; (ˈStraßen *etc.*)ˌÜbergang *m*; **4.** (Straßen-, Eisenbahn)Kreuzung *f*: **level** (*Am.* **grade**) **~**

schienengleicher (*oft* unbeschrankter) Bahnübergang; **'~ˌo·ver** *s. biol.* Crossing-'over *n*, Genaustausch *m* zwischen Chromo'somenpaaren.

'cross|-legged *adj.* mit 'übergeschlagenen Beinen, *a.* im Schneidersitz; **'~·light** *s.* schrägeinfallendes Licht.

cross·ness ['krɒsnɪs] *s.* Verdrießlichkeit *f*, schlechte Laune.

'cross|ˌo·ver *s.* **1.** → ***crossing*** 2–4; **2.** *biol.* ausgetauschtes Gen; **3.** ⚡ a) Über'kreuzung *f*, b) *opt.*, *TV* Bündelknoten *m*; **'~·patch** *s.* F ‚Kratzbürste' *f*; **'~-piece** *s.* ⚙ Querstück *n*, -balken *m*, -holz *n*; **'~-pol·liˌna·tion** *s. bot.* Fremdbestäubung *f*; **ˌ~-'pur·pos·es** *s. pl.* **1.** 'Widerspruch *m*: ***be at*** **~** a) einander entgegenarbeiten, b) sich mißverstehen; ***talk at*** **~** aneinander vorbeireden; **2.** *sg. konstr. ein* Frage- u. Antwort-Spiel *n*; **ˌ~-'ques·tion I** *s.* ⚖ Frage *f* im Kreuzverhör; **II** *v/t.* → ***cross-examine***; **~ ref·er·ence** *s.* Kreuz-, Querverweis *m*; **'~·road** *s.* **1.** Querstraße *f*; **2.** *pl. mst sg. konstr.* Straßenkreuzung *f*: ***at a ~s*** an e-r Kreuzung; ***at the ~s*** *fig.* am Scheidewege; **~ sec·tion** *s.* ⩚, ⚙ *u. fig.* Querschnitt *m* (***of*** durch); **'~-stitch** *s.* Kreuzstich *m*; **~ sum** *s.* Quersumme *f*; **~ talk** *s.* **1.** *teleph. etc.* Nebensprechen *n*; **2.** Ko'pierefˌfekt *m* (*Tonband*); **3.** *Brit.* Wortgefecht *n*; **'~·tie** *s.* Schienenschwelle *f*; **'~-town** *adj. Am.* quer durch die Stadt (gehend *od.* fahrend *od.* reichend); **~ vot·ing** *s. Brit. pol.* Abstimmung *f* über Kreuz (*wobei einzelne Abgeordnete mit der Gegenpartei stimmen*); **'~·walk** *s. Am.* 'Fußgängerˌüberweg *m*; **'~·ways** → ***crosswise***; **~ wind** *s.* ✈, ⚓ Seitenwind *m*; **'~·wise** *adv.* quer, kreuzweise; kreuzförmig; **'~-word (puz·zle)** *s.* Kreuzworträtsel *n*.

crotch [krɒtʃ] *s.* **1.** Gabelung *f*; **2.** Schritt *m* (*der Hose od. des Körpers*).

crotch·et ['krɒtʃɪt] *s.* **1.** ♩ Viertelnote *f*; **2.** Schrulle *f*, Ma'rotte *f*; **'crotch·et·y** [-tɪ] *adj.* **1.** grillenhaft; **2.** F mürrisch, schrullenhaft, verschroben.

cro·ton ['krəʊtən] *s.* ⚘ 'Kroton *m*; **≈ bug** *s. zo. Am.* Küchenschabe *f*.

crouch [kraʊtʃ] **I** *v/i.* **1.** hocken, sich (nieder)ducken, (sich zs.-)kauern; **2.** *fig.* kriechen, sich ducken (***to*** vor); **II** *s.* **3.** kauernde Stellung, geduckte Haltung; Hockstellung *f*.

croup¹ [kru:p] *s.* ⚕ Krupp *m*, Halsbräune *f*.

croup², croupe [kru:p] *s.* Kruppe *f des Pferdes*.

crou·pi·er ['kru:pɪə] *s.* Croupi'er *m*.

crow¹ [krəʊ] *s.* **1.** *orn.* Krähe *f*: ***as the ~ flies*** a) schnurgerade, b) (in der) Luftlinie; ***eat ~*** *Am.* F zu Kreuze kriechen, ‚klein und häßlich' sein *od.* werden; ***have a ~ to pluck*** (*od.* ***pick***) ***with s.o.*** mit j-m ein Hühnchen zu rupfen haben; **2.** rabenähnlicher Vogel; **3.** *Am. contp.* Neger *m*.

crow² [krəʊ] **I** *v/i.* [*irr.*] **1.** krähen (*Hahn, a. Kind*); **2.** (vor Freude) quietschen; **3.** (***over***, ***about***) a) triumphieren (über *acc.*), b) protzen, prahlen (mit); **II** *s.* **4.** Krähen *n* (*Hahn*); **5.** (Freuden)Schrei(e *pl.*) *m*.

'crow|·bar *s.* ⚙ Brech-, Stemmeisen *n*; **'~·ber·ry** [-bərɪ] *s.* ⚘ Krähenbeere *f*.

crowd [kraʊd] **I** *s.* **1.** (Menschen)Menge *f*, Gedränge *n*: ***~s of people*** Menschenmassen; ***~ scene*** *Film*: Massenszene *f*; ***he would pass in a ~*** er ist nicht schlechter als andere; **2.** ***the ~*** das gemeine Volk; der Pöbel: ***follow the ~*** mit der Masse gehen; **3.** F ‚Ver'ein' *m*, Bande *f* (*Gesellschaft*): ***a jolly ~***; **4.** Ansammlung *f*, Haufen *m*: ***a ~ of books***; **II** *v/i.* **5.** sich drängen, zs.-strömen; vorwärtsdrängen: ***~ in*** hin'einströmen, sich hin'eindrängen; ***~ in upon s.o.*** auf j-n einstürmen (*Gedanken etc.*); **III** *v/t.* **6.** über'füllen, 'vollstopfen (***with*** mit); → ***crowded*** 1; **7.** hin'einpressen, -stopfen (***into*** in *acc.*); **8.** (zs.-)drängen: ***~ (on) sail*** ⚓ alle Segel beisetzen; ***~ out*** verdrängen; ausschalten; (*wegen Platzmangels*) aussperren; **9.** *Am.* a) (vorwärts *etc.*)drängen, b) *Auto etc.* abdrängen, c) *j-m* im Nacken sitzen, d) *j-s Geduld, Glück etc.* strapazieren: ***~ing thirty*** an die Dreißig; ***~ up*** *Preise* in die Höhe treiben; **'crowd·ed** [-dɪd] *adj.* **1.** (***with***) über'füllt, 'vollgestopft (mit), voll, wimmelnd (von): ***~ to overflowing*** zum Bersten voll; ***~ profession*** überlaufener Beruf; **2.** gedrängt, zs.-gepfercht; **3.** bedrängt, beengt; **4.** voll ausgefüllt, arbeits-, ereignisreich: ***~ hours***.

'crow·foot *pl.* **-foots** *s.* **1.** ⚘ Hahnenfuß *m*; **2.** → ***crow's-feet***.

crown [kraʊn] **I** *s.* **1.** Siegerkranz *m*, Ehrenkrone *f*; **2.** a) (Königs- *etc.*)Krone *f*, b) Herrschermacht *f*, Thron *m*: ***succeed to the ~*** den Thron besteigen, c) ***the ≈*** die Krone, der König *etc.*, *a.* der Staat *od.* Fiskus: ***~ cases*** *Brit.* Strafsachen; **3.** Krone *f* (*Abzeichen*); **4.** *fig.* Krone *f*, Palme *f*, *sport a.* (Meister)Titel *m*; **5.** Gipfel *m*: a) höchster Punkt, b) *fig.* Krönung *f*, Höhepunkt *m*; **6.** Krone *f* (*Währung*): a) *Brit. obs.*

Fünfschillingstück *n*: ***half a ~*** 2 Schilling 6 Pence, b) *Währungseinheit von Dänemark, Norwegen, Schweden etc.*; **7.** a) Scheitel *m*, Wirbel *m* (*Kopf*), b) Kopf *m*, Schädel *m*; **8.** ⚘ (Baum)Krone *f*; **9.** a) *anat.* (Zahn)Krone *f*, b) (künstliche) Krone; **10.** a) Haarkrone *f*, b) Schopf *m*, Kamm *m* (*Vogel*); **11.** Kopf *m e-s Hutes*; **12.** ⚠ Krone *f*, Schlußstein *m* (*a. fig.*); **II** *v/t.* **13.** krönen: ***be ~ed king*** zum König gekrönt werden; ***~ed heads*** gekrönte Häupter; **14.** *fig.* krönen, ehren, belohnen; zieren, schmücken; **15.** *fig.* krönen, den Gipfel *od.* Höhepunkt bilden von: ***~ed with success*** von Erfolg gekrönt; **16.** *fig.* die Krone aufsetzen (*dat.*): ***~ all*** allem die Krone aufsetzen (*a. iro.*); ***to ~ all*** (*Redew.*) *iro.* zu allem Überfluß; **17.** *fig.* glücklich voll'enden; **18.** ⚕ *Zahn* über'kronen; **19.** *Damespiel*: zur Dame machen; **20.** *sl.* *j-m* ‚eins aufs Dach geben'; **~ cap** *s.* Kron(en)korken *m*; **♀ Col·o·ny** *s. Brit.* 'Kronkolo‚nie *f*; **~ glass** *s.* **1.** Mondglas *n*, Butzenscheibe *f*; **2.** Kronglas *n*.

crown·ing ['kraʊnɪŋ] *adj.* krönend, alles über'bietend, höchst: ***~ achievement*** Glanzleistung *f*.

crown| jew·els *s. pl.* 'Kronju‚welen *pl.*, 'Reichsklein‚odien *pl.*; **~ land** *s.* Kron-, Staatsgut *n*; **♀ law** *s.* ⚖ *Brit.* Strafrecht *n*; **~ prince** *s.* Kronprinz *m*; **~ princess** *s.* 'Kronprin‚zessin *f*; **~ wheel** *s.* ⚙ Kronrad *n* (*Uhr etc.*); *mot.* Antriebskegelrad *n*.

'crow's|-feet ['krəʊz-] *pl.* ‚Krähenfüße' *pl.*, Fältchen *pl.*; **~ nest** *s.* ⚓ Ausguck *m*, Krähennest *n*.

cru·cial ['kru:ʃl] *adj.* **1.** 'kritisch, entscheidend: ***~ moment***; ***~ point*** springender Punkt; ***~ test*** Feuerprobe *f*; **2.** schwierig; **3.** kreuzförmig, Kreuz...

cru·ci·ble ['kru:sɪbl] *s.* **1.** ⚙ (Schmelz-)Tiegel *m*: ***~ steel*** Tiegelgußstahl *m*; **2.** *fig.* Feuerprobe *f*.

cru·ci·fix ['kru:sɪfɪks] *s.* Kruzi'fix *n*; **cru·ci·fix·ion** [‚kru:sɪ'fɪkʃn] *s.* Kreuzigung *f*; **'cru·ci·form** [-fɔ:m] *adj.* kreuzförmig; **'cru·ci·fy** [-faɪ] *v/t.* **1.** kreuzigen (*a. fig.*); **2.** *fig.* a) martern, quälen, b) *Begierden* abtöten, c) *j-n* ‚fertigmachen'.

crud [krʌd] *s.* F Dreck *m*, ‚Mist' *m*.

crude [kru:d] *adj.* □ **1.** roh: a) ungekocht, b) unver-, unbearbeitet: ***~ oil*** Rohöl *n*; **2.** primi'tiv: a) plump, grob, b) simpel, c) bar'barisch; **3.** roh, grob, ungehobelt, unfein; **4.** roh, unfertig, unreif; 'undurch‚dacht: ***~ figures*** *Statistik*: rohe *od.* nicht aufgeschlüsselte Zahlen; **5.** grell, geschmacklos (*Farbe*); **6.** *fig.* ungeschminkt, nackt: ***~ facts***; **'crude·ness** [-nɪs] *s.* Roheit *f*, Grobheit *f*, Unfertigkeit *f*, Unreife *f* (*a. fig.*); **'cru·di·ty** [-dɪtɪ] *s.* **1.** → ***crudeness***; **2.** *et.* Unfertiges *od.* Unbearbeitetes; **3.** *et.* Geschmackloses.

cru·el ['krʊəl] **I** *adj.* □ **1.** grausam (***to*** gegen); **2.** hart, unbarmherzig, roh, gefühllos; **3.** schrecklich, mörderisch: ***~ heat***; **II** *adv.* **4.** F furchtbar, ‚grausam': ***~ hot***; **'cru·el·ty** [-tɪ] *s.* **1.** Grausamkeit *f* (***to*** gegen['über]); → ***mental cruelty***; **2.** Miß'handlung *f*, Quäle'rei *f*: ***~ to animals*** Tierquälerei; **3.** Schwere *f*, Härte *f*.

cru·et ['kru:ɪt] *s.* **1.** Essig-, Ölfläschchen *n*; **2.** *R.C.* Meßkännchen *n*; **3.** *a.* ***~ stand*** Me'nage *f*, Gewürzständer *m*.

cruise [kru:z] **I** *v/i.* **1.** a) ⚓ kreuzen, e-e Kreuzfahrt *od.* Seereise machen, b) her'umfahren: ***cruising taxi*** Taxi *n* auf Fahrgastsuche; **2.** ✈, *mot.* mit Reisegeschwindigkeit fliegen *od.* fahren; **II** *s.* **3.** Seereise *f*, Kreuz-, Vergnügungsfahrt *f*; **~ con·trol** *s. mot.* Temporegler *m*; **~ mis·sile** *s.* ⚔ Marschflugkörper *m*.

cruis·er ['kru:zə] *s.* **1.** ⚓ a) Kreuzer *m*, b) Kreuzfahrtschiff *n*; **2.** *Am.* (Funk-)Streifenwagen *m*; **3.** *Boxen*: ***~ weight*** *Am.* Halbschwergewicht *n*; **'cruis·ing** [-zɪŋ] *adj.* ✈, *mot.* Reise...: ***~ speed***; ***~ gear*** *mot.* Schongang *m*; ***~ radius*** Aktionsradius *m*; ***~ level*** ✈ Reiseflughöhe *f*.

crumb [krʌm] **I** *s.* **1.** Krume *f*: a) Krümel *m*, Brösel *m*, Brosame *m*, b) *weicher Teil des Brotes*; **2.** *fig.* a) Brocken *m*, b) Krümchen *n*, *ein* bißchen; **3.** *sl.* ‚Blödmann' *m*; **II** *v/t.* **4.** *Küche*: panieren; **5.** zerkrümeln; **'crum·ble** [-mbl] **I** *v/t.* **1.** zerkrümeln, -bröckeln; **II** *v/i.* **2.** zerbröckeln, -fallen; **3.** *fig.* a) zerfallen, zu'grunde gehen, b) (langsam) zs.-brechen; **4.** ✝ abbröckeln (*Kurse*); **'crum·bling** [-mblɪŋ], **'crum·bly** [-mblɪ] *adj.* **1.** krüm(e)lig, bröck(e)lig; **2.** zerbröckelnd, -fallend; **crumb·y** ['krʌmɪ] *adj.* **1.** voller Krumen; **2.** weich, krüm(e)lig.

crum·pet ['krʌmpɪt] *s.* **1.** *Brit.* Sauerteigfladen *m*; **2.** *sl.* ‚Miezen' *pl.*: ***she's a nice piece of ~*** sie ist sehr sexy.

crum·ple ['krʌmpl] **I** *v/t.* **1.** *a.* ***~ up*** zerknittern, zer-, zs.-knüllen; **2.** *fig.* *j-n* 'umwerfen; **II** *v/i.* **3.** faltig *od.* zerdrückt werden, zs.-schrumpeln; **4.** *oft* ***~ up*** zs.-brechen (*a. fig.*), einstürzen.

crunch [krʌntʃ] **I** *v/t.* **1.** knirschend (zer)kauen; **2.** zermalmen; **II** *v/i.* **3.** knirschend kauen; **4.** knirschen; **III** *s.* **5.** Knirschen *n*; **6.** F *fig.* a) Druck(ausübung *f*) *m*, b) böse Situati'on, c) 'kritischer Mo'ment, 'Krise *f*; ***when it comes to the ~*** wenn es hart auf hart geht.

crup·per ['krʌpə] *s.* a) Schwanzriemen *m*, b) Kruppe *f* (*des Pferdes*).

cru·sade [kru:'seɪd] **I** *s. hist.* Kreuzzug *m* (*a. fig.*); **II** *v/i.* e-n Kreuzzug unter'nehmen; *fig.* zu Felde ziehen, kämpfen; **cru'sad·er** [-də] *s. hist.* Kreuzfahrer *m*; *fig.* Kämpfer *m*.

cruse [kru:z] *s. bibl.* irdener Krug.

crush [krʌʃ] **I** *s.* **1.** (zermalmender) Druck; **2.** Gedränge *n*, Gewühl *n*; **3.** große Gesellschaft *od.* Party; **4.** *sl.* Schwarm *m*: ***have a ~ on s.o.*** in j-n ‚verknallt' sein; **II** *v/t.* **5.** *a.* ***~ up*** *od.* ***down*** zerquetschen, -drücken, -malmen; **6.** zerstoßen, -kleinern, mahlen: ***~ed stone*** Schotter *m*; **7.** *a.* ***~ up*** zerknittern, -knüllen; **8.** drücken, drängen; **9.** *a.* ***~ out*** ausquetschen, -drükken; **10.** *a.* ***~ out*** *od.* ***down*** *fig.* er-, unter'drücken, über'wältigen, zerschmettern, zertreten, vernichten; **III** *v/i.* **11.** zerknittern, sich zerdrücken; **12.** zerbrechen; **13.** sich drängen; **'crush·a·ble** [-ʃəbl] *adj.* **1.** knitterfest; **2.** ***~ zone*** (*od.* ***bin***) *mot.* Knautschzone *f*; **crush bar·ri·er** *s. Brit.* Absperrung *f*; **'crush·er** [-ʃə] *s.* **1.** ⚙ a) Zer'kleinerungsma͵schine *f*, Brechwerk *n*, b) Presse *f*, Quetsche *f*; **2.** F a) vernichtender Schlag, b) ‚tolles Ding'; **'crush·ing** [-ʃɪŋ] *adj.* □ *fig.* vernichtend, erdrükkend; **crush room** *s. thea.* Foy'er *n*.

crust [krʌst] **I** *s.* **1.** Kruste *f*, Rinde *f* (*Brot, Pastete*); **2.** Knust *m*, Stück *n* hartes Brot; **3.** *geol.* Erdkruste *f*; **4.** ⚕ Schorf *m*; **5.** ⚘, *zo.* Schale *f*; **6.** Niederschlag *m* (*in Weinflaschen*), Ablagerung *f*; **7.** *sl.* Frechheit *f*; **8.** Harsch *m*; **II** *v/t.* **9.** *a.* ***~ over*** mit e-r Kruste über'ziehen; **III** *v/i.* **10.** e-e Kruste bilden; verharschen (*Schnee*); → ***crusted***.

crus·ta·cea [krʌ'steɪʃjə] *s. pl. zo.* Krusten-, Krebstiere *pl.*; **crus'ta·cean** [-'steɪʃjən] **I** *adj.* zu den Krusten- *od.* Krebstieren gehörig, Krebs…; **II** *s.* Krusten-, Krebstier *n*; **crus'ta·ceous** [-'steɪʃjəs] → ***crustacean*** I.

crust·ed ['krʌstɪd] *adj.* **1.** mit e-r Kruste über'zogen: ***~ snow*** Harsch(schnee) *m*; **2.** abgelagert (*Wein*); **3.** *fig.* a) alt'hergebracht, b) eingefleischt, ‚verkrustet'; **'crust·y** [-tɪ] *adj.* □ **1.** krustig; **2.** mit e-r Kruste (versehen); **3.** *fig.* barsch.

crutch [krʌtʃ] *s.* **1.** Krücke *f*: ***go on ~es*** auf *od.* an Krücken gehen; **2.** *fig.* Krücke *f*, Stütze *f*.

crux [krʌks] *s.* **1.** springender Punkt; **2.** Schwierigkeit *f*: a) ‚Haken' *m*, b) harte Nuß, (schwieriges) Pro'blem; **3.** ♀ *ast.* Kreuz *n* des Südens.

cry [kraɪ] **I** *s.* **1.** Schrei *m* (*a. Tier*), Ruf *m* (***for*** nach): ***within ~*** (***of***) in Rufweite (von); ***a far ~ from*** *fig.* a) weit entfernt von, b) et. ganz anderes als; ***still a far ~*** *fig.* noch in weiter Ferne; **2.** Geschrei *n*: ***much ~ and little wool*** viel Geschrei u. wenig Wolle; ***the popular ~*** die Stimme des Volkes; **3.** Weinen *n*, Klagen *n*: ***have a good ~*** sich (ordentlich) ausweinen; **4.** Bitten *n*, Flehen *n*; **5.** (Schlacht)Ruf *m*; Schlag-, Losungswort *n*; **6.** *hunt.* Anschlagen *n*, Gebell *n* (*Meute*): ***in full ~*** *fig.* in voller Jagd *od.* Verfolgung; **7.** *hunt.* Meute *f*; *fig.* Herde *f*, Menge *f*: ***follow in the ~*** mit der Masse gehen; **II** *v/i.* **8.** schreien, laut (aus)rufen: ***~ for help*** um Hilfe rufen; ***~ for vengeance*** nach Rache schreien; **9.** weinen, heulen, jammern; **10.** *hunt.* anschlagen, bellen; **III** *v/t.* **11.** *et.* schreien, (aus)rufen; **12.** *Waren etc.* ausrufen; **13.** flehen um; **14.** weinen: ***~ one's eyes out*** sich die Augen ausweinen; ***~ o.s. to sleep*** sich in den Schlaf weinen; **~ down** *v/t.* her'untersetzen, -machen; **~ off** *v/t. u. v/i.* (plötzlich) absagen, zu'rücktreten (von); **~ out I** *v/t.* ausrufen; **II** *v/i.* aufschreien: ***~ against*** heftig protestieren gegen; ***for crying out loud!*** F verdammt noch mal!; **~ up** *v/t.* laut rühmen.

'cry͵ba·by *s.* kleiner Schreihals; *fig. contp.* Heulsuse *f*.

cry·ing ['kraɪɪŋ] *adj. fig.* a) (himmel-) schreiend: ***~ shame***, b) dringend: ***~ need***.

cryo- [kraɪəʊ] *in Zssgn* Kälte…, Kryo…: ***cryogen*** Kältemittel *n*; ***cryogenic*** a) ⚙ kälteerzeugend, b) kryogenisch: ***~-computer***; ***cryosurgery*** ⚕ Kryo-, Kältechirurgie *f*.

crypt [krɪpt] *s.* △ 'Krypta *f*, 'unterirdisches Gewölbe, Gruft *f*; **'cryp·tic** [-tɪk] *adj.* geheim, verborgen; rätselhaft, dunkel: ***~ colo(u)ring*** *zo.* Schutzfärbung *f*; **'cryp·ti·cal** [-tɪkl] *adj.* → ***cryptic***.

crypto- [krɪptəʊ] *in Zssgn* geheim, krypto…: ***~-communist*** verkappter Kommunist; **'cryp·to·gam** [-gæm] *s.* ⚘ Krypto'game *f*, Sporenpflanze *f*; **cryp·to·gam·ic** [͵krɪptəʊ'gæmɪk], **cryp·tog-**

a·mous [krɪp'tɒgəməs] *adj.* ⚘ krypto'gamisch; **'cryp·to·gram** [-græm] *s.* Text *m* in Geheimschrift, verschlüsselter Text; **'cryp·to·graph** [-grɑːf] *s.* **1.** → ***cryptogram***; **2.** Geheimschriftgerät *n*; **cryp·tog·ra·phy** [krɪp'tɒgrəfɪ] *s.* Geheimschrift *f*; **cryp·tol·o·gist** [krɪp'tɒlədʒɪst] *s.* (Ver-, Ent)Schlüsseler *m*.

crys·tal ['krɪstl] **I** *s.* **1.** Kri'stall *m* (*a.* ⚗, *min.*, *phys.*): ***as clear as ~*** *od.* ***~ clear*** a) kristallklar, b) *fig.* sonnenklar; **2.** *a.* ***~ glass*** a) Kri'stall(glas) *n*, b) *coll.* Kri'stall *n*, Glaswaren *pl.*; **3.** Uhrglas *n*; **4.** ϟ a) (De'tektor)Kri͵stall *m*, b) (Kri'stall)De͵tektor *m*, c) (Schwing)Quarz *m*: ***~ set*** Kristallempfänger *m*; **II** *adj.* Kristall…, kri'stallen; **5.** kri'stallklar; ***~ de·tec·tor*** → ***crystal*** 4 b; ***~ gaz·er*** *s.* Hellseher(in); ***~ gaz·ing*** *s.* Hellsehen *n*.

crys·tal·line ['krɪstəlaɪn] *adj. a.* ⚗, *min.* kristal'linisch, kri'stallen, kri'stallartig, Kristall…: ***~ lens*** *anat.* (Augen)Linse *f*; **'crys·tal·liz·a·ble** [-aɪzəbl] *adj.* kristallisierbar; **crys·tal·li·za·tion** [͵krɪstəlaɪ'zeɪʃn] *s.* Kristallisati'on *f*, Kristallisierung *f*, Kri'stallbildung *f*; **'crys·tal·lize** [-aɪz] **I** *v/t.* **1.** kristallisieren; **2.** *fig.* feste Form geben (*dat.*), klären; **3.** *Früchte* kandieren; **II** *v/i.* **4.** kristallisieren; **5.** *fig.* sich kristallisieren, kon'krete *od.* feste Form annehmen; **crys·tal·log·ra·phy** [͵krɪstə'lɒgrəfɪ] *s.* Kristallogra'phie *f*.

cub [kʌb] **I** *s.* **1.** *zo.* *das* Junge (*des Fuchses, Bären etc.*); **2.** *a.* ***unlicked ~*** grüner Junge; **3.** ‚Küken' *n*, Anfänger *m*: ***~ reporter*** (unerfahrener) junger Reporter; **4.** *a.* ***~ scout*** Wölfling *m*, Jungpfadfinder *m*; **II** *v/i.* **5.** Junge werfen (*Füchse etc.*).

cub·age ['kjuːbɪdʒ] → ***cubature***.

Cu·ban ['kjuːbən] **I** *adj.* ku'banisch; **II** *s.* Ku'baner(in).

cu·ba·ture ['kjuːbətʃə] *s.* A **1.** Raum(inhalts)berechnung *f*; **2.** Rauminhalt *m*.

cub·by(·hole) ['kʌbɪ(həʊl)] *s.* **1.** gemütliches Plätzchen; **2.** ‚Ka'buff' *n*, winziger Raum.

cube [kjuːb] **I** *s.* **1.** A Würfel *m*, 'Kubus *m*; **2.** (*a.* Eis-, *phot.* Blitz)Würfel *m*: ***~ sugar*** Würfelzucker *m*; **3.** A Ku'bikzahl *f*, dritte Po'tenz: ***~ root*** Kubikwurzel *f*; **4.** Pflasterstein *m* (*in Würfelform*); **II** *v/t.* **5.** A kubieren: a) zur dritten Po'tenz erheben: ***two ~d*** zwei hoch drei (2^3), b) den Rauminhalt messen von (*od. gen.*); **6.** in Würfel schneiden *od.* pressen.

cu·bic ['kjuːbɪk] *adj.* (□ ***~ally***) **1.** Kubik…, Raum…: ***~ capacity*** *mot.* Hubraum *m*; ***~ content*** Rauminhalt *m*, Volumen *n*; ***~ metre***, *Am.* ***meter*** Kubik-, Raum-, Festmeter *m*; **2.** kubisch, würfelförmig, Würfel…; **3.** A kubisch: ***~ equation*** kubische Gleichung, Gleichung dritten Grades.

cu·bi·cle ['kjuːbɪkl] *s.* kleiner abgeteilter (Schlaf)Raum; Zelle *f*, Nische *f*, Ka'bine *f*; ϟ Schallzelle *f*.

cub·ism ['kjuːbɪzəm] *s.* Ku'bismus *m*; **'cub·ist** [-ɪst] **I** *s.* Ku'bist *m*; **II** *adj.* ku'bistisch.

cu·bit ['kjuːbɪt] *s.* *hist.* Elle *f* (*Längenmaß*); **'cu·bi·tus** [-təs] *s.* *anat.* a) 'Unterarm *m*, b) Ell(en)bogen *m*.

cuck·old ['kʌkəʊld] **I** *s.* Hahnrei *m*; **II** *v/t.* zum Hahnrei machen, *j-m* Hörner aufsetzen.

cuck·oo ['kʊkuː] **I** *s.* **1.** *orn.* Kuckuck *m*; **2.** Kuckucksruf *m*; **3.** *sl.* ‚Heini' *m*; **II** *v/i.* **4.** ‚kuckuck' rufen; **III** *adj.* **5.** *sl.* ‚bekloppt'; ***~ clock*** *s.* Kuckucksuhr *f*; **'~͵flow·er** *s.* ⚘ Wiesenschaumkraut *n*.

cu·cum·ber ['kjuːkʌmbə] *s.* Gurke *f*; → ***cool*** 2; ***~ tree*** *s.* *e-e* amer. Ma'gnolie.

cu·cur·bit [kjuː'kɜːbɪt] *s.* ⚘ Kürbisgewächs *n*.

cud [kʌd] *s.* Klumpen *m*, 'wiedergekäutes Futter: ***chew the ~*** a) wiederkäuen, b) *fig.* überlegen, nachdenken.

cud·dle ['kʌdl] **I** *v/t.* hätscheln, ‚knuddeln', *a.* schmusen mit; **II** *v/i.* ***~ up*** a) sich kuscheln *od.* schmiegen (***to*** an *acc.*), b) sich (wohlig) zs.-kuscheln: ***~ up together*** sich aneinanderkuscheln; **III** *s.* enge Um'armung, Lieb'kosung *f*; **'cud·dle·some** [-səm], **'cud·dly** [-lɪ] *adj.* ‚knudd(e)lig'.

cudg·el ['kʌdʒəl] **I** *s.* Knüttel *m*, Keule *f*: ***take up the ~s for s.o.*** für j-n eintreten, für j-n e-e Lanze brechen; **II** *v/t.* prügeln: ***~ one's brains*** *fig.* sich den Kopf zerbrechen (***for*** wegen, ***about*** über *acc.*).

cue¹ [kjuː] **I** *s.* **1.** *thea. etc.*, *a. fig.* Stichwort *n*; ♪ Einsatz *m*: ***~ card*** *TV* ‚Neger' *m*; (***dead***) ***on ~*** (genau) aufs Stichwort, *fig.* wie gerufen; **2.** Wink *m*, Fingerzeig *m*: ***give s.o. his ~*** j-m die Worte in den Mund legen; ***take the ~ from s.o.*** sich nach j-m richten; **II** *v/t.* **3.** *j-m* das Stichwort *od.* (♪) den Einsatz geben: ***~ s.o. in*** *fig.* j-n ins Bild setzen.

cue² [kjuː] *s.* **1.** Queue *n*, 'Billardstock *m*; **2.** → ***queue*** 2.

cuff¹ [kʌf] *s.* **1.** Man'schette *f* (*a.* ⚙), Stulpe *f*; Ärmel- (*Am. a.* Hosen)aufschlag *m*: ~ ***link*** Manschettenknopf *m*; ***off the*** ~ *Am.* F aus dem Handgelenk *od.* Stegreif; ***on the*** ~ *Am.* F a) auf Pump, b) gratis; **2.** *pl.* Handschellen *pl.*

cuff² [kʌf] **I** *v/t.* schlagen, *a.* ohrfeigen; **II** *s.* Schlag *m*, Klaps *m.*

cui·rass [kwɪˈræs] *s.* **1.** *hist.* ˈKüraß *m*, Brustharnisch *m*; **2.** ⚕ a) Gipsverband *m* um Rumpf u. Hals, b) *ein* ˈSauerstoffappaˌrat *m*; **3.** *zo.* Panzer *m*; **cui·ras·sier** [ˌkwɪrəˈsɪə] *s.* ⚔ Kürasˈsier *m.*

cui·sine [kwiːˈziːn] *s.* Küche *f* (*Kochkunst*): ***French*** ~.

cul-de-sac [ˌkʊldəˈsæk, ˈkʌldəsæk] *pl.* **-sacs** (*Fr.*) *s.* Sackgasse *f* (*a. fig.*).

cu·li·nar·y [ˈkʌlɪnərɪ] *adj.* Koch…, Küchen…: ~ ***art*** Kochkunst *f*; ~ ***herbs*** Küchenkräuter.

cull [kʌl] **I** *v/t.* **1.** pflücken; **2.** *fig.* auslesen, -suchen; **II** *s.* **3.** *et.* (als minderwertig) Aussortiertes.

culm¹ [kʌlm] *s.* **1.** Kohlenstaub *m*, Grus *m*; **2.** *geol.* Kulm *m*, *n.*

culm² [kʌlm] *s.* (Gras)Halm *m.*

cul·mi·nate [ˈkʌlmɪneɪt] *v/i.* **1.** *ast.* kulminieren; **2.** *fig.* den Höhepunkt erreichen; gipfeln (***in*** in *dat.*); **cul·mi·na·tion** [ˌkʌlmɪˈneɪʃn] *s.* **1.** *ast.* Kulminatiˈon *f*; **2.** *bsd. fig.* Gipfel *m*, Höhepunkt *m*, höchster Stand.

cu·lottes [kjuːˈlɒts] *s. pl.* Hosenrock *m.*

cul·pa·bil·i·ty [ˌkʌlpəˈbɪlətɪ] *s.* Sträflichkeit *f*, Schuld *f*; **cul·pa·ble** [ˈkʌlpəbl] *adj.* □ sträflich, schuldhaft; strafbar: ~ ***negligence*** ⚖ grobe Fahrlässigkeit.

cul·prit [ˈkʌlprɪt] *s.* **1.** Schuldige(r *m*) *f*, *a. iro.* Missetäter(in); **2.** ⚖ a) Angeklagte(r *m*) *f*, b) Täter(in).

cult [kʌlt] *s.* **1.** *eccl.* Kult(us) *m*; **2.** *fig.* Kult *m* (*Verehrung*, *a. dumme Mode*): ~ ***figure*** a) Idol *n*, b) Kultbild *n.*

cul·ti·va·ble [ˈkʌltɪvəbl] *adj.* kultivierbar (*a. fig.*).

cul·ti·vate [ˈkʌltɪveɪt] *v/t.* **1.** ✓ a) *Boden* bebauen, bestellen, kultivieren, b) *Pflanzen* züchten, ziehen, (an)bauen; **2.** *fig.* entwickeln, verfeinern, fort-, ausbilden, *Kunst etc.* fördern; **3.** zivilisieren; **4.** *Kunst etc.* pflegen, betreiben, sich widmen (*dat.*); **5.** sich befleißigen (*gen.*), Wert legen auf (*acc.*); **6.** a) *e-e Freundschaft etc.* pflegen, b) freundschaftlichen Verkehr suchen *od.* pflegen mit, sich *j-n* ‚warmhalten'; **ˈcul·ti·vat·ed** [-tɪd] *adj.* **1.** bebaut, kultiviert (*Land*); **2.** ✓ gezüchtet, Kultur…; **3.** kultiviert, gebildet; **cul·ti·va·tion** [ˌkʌltɪˈveɪʃn] *s.* **1.** Bearbeitung *f*, Bestellung *f*, Bebauung *f*, Urbarmachung *f*: ***under*** ~ bebaut; **2.** Anbau *m*, Ackerbau *m*; **3.** Züchtung *f*; **4.** *fig.* (Aus)Bildung *f*, Pflege *f*; **5.** Kulˈtur *f*, Kultiviertheit *f*, Bildung *f*; **ˈcul·ti·va·tor** [-tə] *s.* **1.** Landwirt *m*; **2.** Züchter *m*; **3.** ✓ Kultiˈvator *m* (*Gerät*).

cul·tur·al [ˈkʌltʃərəl] *adj.* □ **1.** Kultur…, kultuˈrell; **2.** → ***cultivated*** 2;

cul·ture [ˈkʌltʃə] *s.* **1.** → ***cultivation*** 1, 2, 4; **2.** a) (*Obst- etc.*)Anbau *m*, (*Pflanzen*)Zucht *f*, b) (*Tier*)Zucht *f*, Züchtung *f* (*a. biol.*), c) (*Pflanzen-*, *a. Bakterien- etc.*)Kulˈtur *f*: ~ ***medium*** künstlicher Nährboden; ~ ***pearl*** Zuchtperle *f*; **3.** Kulˈtur *f*: a) (Geistes)Bildung *f*, b) Kultiviertheit *f*: ~ ***vulture*** F Kulturbeflissene(r *m*) *f*; **4.** Kulˈtur *f*: a) Kulˈturkreis *m*, b) Kulˈturform *f od.* -stufe *f*: ~ ***lag*** partielle Kulturrückständigkeit; ~ ***shock*** Kulturschock *m*; **ˈcul·tured** [-tʃəd] *adj.* **1.** kultiviert, gepflegt, gebildet; **2.** gezüchtet: ~ ***pearl*** Zuchtperle *f.*

cul·ver [ˈkʌlvə] *s.* Ringeltaube *f.*

cul·vert [ˈkʌlvət] *s.* ⚙ (überˈwölbter) ˈAbzugskaˌnal; ˈunterirdische (Wasser-) Leitung; (ˈBach)ˌDurchlaß *m.*

cum [kʌm] (*Lat.*) *prp.* **1.** mit, samt; **2.** *Brit.* F und gleichzeitig, … in ˈeinem: ***garage-~-workshop.***

cum·ber·some [ˈkʌmbəsəm] *adj.* □ **1.** lästig, beschwerlich, hinderlich; **2.** schwerfällig, klobig.

Cum·bri·an [ˈkʌmbrɪən] **I** *adj.* Cumberland betreffend; **II** *s.* Bewohner(in) von Cumberland.

cum·brous [ˈkʌmbrəs] → ***cumbersome.***

cum·in [ˈkʌmɪn] *s.* Kreuzkümmel *m.*

cum·mer·bund [ˈkʌməbʌnd] *s. Mode*: Kummerbund *m.*

cu·mu·la·tive [ˈkjuːmjʊlətɪv] *adj.* □ **1.** *a.* † kumulaˈtiv: ~ ***dividend***; **2.** sich (an)häufend *od.* steigernd *od.* summierend; anwachsend; **3.** zusätzlich, verstärkend; ~ **ev·i·dence** *s.* ⚖ verstärkender Beweis; ~ **vot·ing** *s.* Kumulieren *n* (*bei Wahlen*).

cu·mu·lus [ˈkjuːmjʊləs] *pl.* **-li** [-laɪ] *s.* ˈKumulus *m*, Haufenwolke *f.*

cu·ne·ate [ˈkjuːnɪɪt] *adj. bsd.* ⚘ keilförmig; **ˈcu·ne·i·form** [-ɪɪfɔːm] **I** *adj.* **1.** keilförmig; **2.** Keilschrift *f*: ~ ***characters*** → 3; **II** *s.* **3.** Keilschrift *f*; **ˈcu·ni·form** [-ɪfɔːm] → ***cuneiform.***

cun·ning [ˈkʌnɪŋ] **I** *adj.* □ **1.** listig, schlau; **2.** geschickt, klug; **3.** *Am.* F niedlich, ‚süß'; **II** *s.* **4.** Schlauheit *f*, Gerissenheit *f*; **5.** Geschicktheit *f.*

cunt [kʌnt] *s.* V Fotze *f.*

cup [kʌp] **I** *s.* **1.** Tasse *f*, Schale *f*: ~ ***and saucer*** Ober- und Untertasse; ***that's***

not my ~ of tea** Brit.* F das ist nicht mein Fall; **2.** Kelch *m* (*a. eccl.*), Becher *m*; **3.** *sport* Cup *m*, Po'kal *m*: ***~ final Pokalendspiel *n*; ***~ tie*** Pokalspiel *n*, -paarung *f*; **4.** Weinbecher *m*: ***be fond of the ~*** gern (einen) trinken; ***be in one's ~s*** zu tief ins Glas geschaut haben; **5.** Bowle *f*; **6.** *et.* Schalenförmiges, *z.B.* Büstenhalterschale *f od. sport* 'Unterleibs-, Tiefschutz *m*; **7.** *fig.* Kelch *m* (*der Freude, des Leidens*): ***drink the ~ of joy*** den Becher der Freude leeren; ***drain the ~ of sorrow to the dregs*** den Kelch des Leidens bis auf die Neige leeren; ***his ~ is full*** das Maß s-r Leiden (*od.* Freuden) ist voll; **8.** → ***cupful*** 2; **II** *v/t.* **9.** *Kinn* in die (hohle) Hand legen; *Hand* wölben über (*acc.*): ***cupped hand*** hohle Hand; **10.** ⚕ schröpfen; **'~ˌbear·er** *s.* Mundschenk *m*.

cup·board ['kʌbəd] *s.* (*bsd.* Speise-, Geschirr)Schrank *m*; **~ bed** *s.* Schrankbett *n*; **~ love** *s.* berechnende Liebe.

cu·pel [kju:pəl] *s.* ⚗, ⚙ Ku'pelle *f*.

cup·ful ['kʌpfʊl] *pl.* **-fuls** *s.* **1.** *e-e* Tasse (-voll); **2.** *Am. Küche*: ½ Pint *n* (*0,235 l*).

Cu·pid ['kju:pɪd] *s.* **1.** *antiq.* 'Kupido *m*, 'Amor *m* (*a. fig. Liebe*); **2.** ♀ Amo'rette *f*.

cu·pid·i·ty [kju:'pɪdətɪ] *s.* (Hab)Gier, Begierde *f*, Begehrlichkeit *f*.

cu·po·la ['kju:pələ] *s.* **1.** Kuppel(dach *n*) *f*; **2.** *a.* ***~ furnace*** ⚙ Ku'polofen *m*; **3.** ⚔, ⚓ Panzerturm *m*.

cu·pre·ous ['kju:prɪəs] *adj.* kupfern; kupferartig, -haltig; **'cu·pric** [-ɪk] *adj.* ⚗ Kupfer...; **ˌcu·pro'nick·el** [ˌkju:prəʊ-] *s.* Kupfernickel *n*; **'cu·prous** [-rəs] → ***cupric***.

cur [kɜ:] *s.* **1.** Köter *m*; **2.** *fig.* ‚Hund' *m*, ‚Schwein' *n*.

cur·a·bil·i·ty [ˌkjuərə'bɪlətɪ] *s.* Heilbarkeit *f*; **cur·a·ble** ['kjʊərəbl] *adj.* heilbar (*a.* ⚖ *Rechtsmangel*).

cu·ra·cy ['kjʊərəsɪ] *s. eccl.* Amt *n* e-s → **'cu·rate** [-rət] *s. eccl.* Hilfsgeistliche(r) *m*, Vi'kar *m*, Ku'rat *m*.

cur·a·tive ['kjuərətɪv] **I** *adj.* heilend, Heil...; **II** *s.* Heilmittel *n*.

cu·ra·tor [ˌkjʊə'reɪtə] *s.* **1.** Mu'seumsdiˌrektor *m*; **2.** *Brit. univ.* (*Oxford*) Mitglied *n* des Kura'toriums; **3.** ⚖ *Scot.* Vormund *m*; **4.** ⚖ Verwalter *m*, Pfleger *m*; **ˌcu'ra·tor·ship** [-ʃɪp] *s.* Amt *n od.* Amtszeit *f* e-s ***curator***.

curb [kɜ:b] **I** *s.* **1.** a) Kan'dare *f*, b) Kinnkette *f*; **2.** *fig.* Zaum *m*, Zügel(ung *f*) *m*: ***put a ~ on s.th.*** e-r Sache Zügel anlegen, et. zügeln; **3.** *Am.* → ***kerb***; **4.** *vet.* Spat *m*, Hasenfuß *m*; **II** *v/t.* **5.** an die Kan'dare nehmen; **6.** *fig.* zügeln, im Zaum halten; drosseln, einschränken; **~ bit** *s.* Kan'darenstange *f*; **~ mar·ket** *Am.* → ***kerb*** 3; **'~·stone** *Am.* → ***kerbstone***.

curd [kɜ:d] *s. oft pl.* geronnene *od.* dikke Milch, Quark *m*: ***~ cheese*** Quark-, Weißkäse *m*; **cur·dle** ['kɜ:dl] **I** *v/t. Milch* gerinnen lassen: ***~ one's blood*** einem das Blut in den Adern erstarren lassen; **II** *v/i.* gerinnen, dick werden (*Milch*): ***it made my blood ~*** das Blut erstarrte mir in den Adern; **'curd·y** [-dɪ] *adj.* geronnen; dick, flockig.

cure [kjʊə] **I** *s.* **1.** ⚕ Heilmittel *n*; *fig.* Mittel *n* Re'zept *n* (***for*** gegen); **2.** ⚕ Kur *f*, Heilverfahren *n*, Behandlung *f*; **3.** ⚕ Heilung *f*: ***past ~*** a) unheilbar krank, b) unheilbar (*Krankheit*), c) *fig.* hoffnungslos; **4.** *eccl.* a) *a.* ***~ of souls*** Seelsorge *f*, b) Pfar'rei *f*; **II** *v/t.* **5.** ⚕ *j-n* (***of*** von) *od. Krankheit od. fig. Übel* heilen (*a.* ⚖ *Rechtsmangel etc.*), kurieren: ***~ s.o. of lying*** j-m das Lügen abgewöhnen; **6.** haltbar machen: a) räuchern, b) einpökeln, -salzen, c) trocknen, d) beizen; **7.** ⚙ a) vulkanisieren, b) aushärten (*Kunststoffe*); **'~-all** *s.* All'heilmittel *n*.

cu·ret·tage [kjʊə'retɪdʒ] *s.* ⚕ Ausschabung *f*.

cur·few ['kɜ:fju:] *s.* **1.** *hist.* a) Abendläuten *n*, b) Abendglocke *f*; **2.** Sperrstunde *f*; **3.** ⚔ a) Ausgehverbot *n*, b) Zapfenstreich *m*.

cu·ri·a ['kjʊərɪə] *s. R.C.* 'Kurie *f*.

cu·rie ['kjʊərɪ] *s. phys.* Cu'rie *n*.

cu·ri·o ['kjʊərɪəʊ] *pl.* **-os** *s.* → ***curiosity*** 2 a *u.* c.

cu·ri·os·i·ty [ˌkjʊərɪ'ɒsətɪ] *s.* **1.** Neugier *f*; Wißbegierde *f*; **2.** Kuriosi'tät *f*: a) Rari'tät *f*, *pl.* Antiqui'täten, b) Sehenswürdigkeit *f*, c) Kuri'osum *n* (*Sache od. Person*); **~ shop** *s.* Antiqui'täten-, Rari'tätenladen *m*.

cu·ri·ous ['kjʊərɪəs] *adj.* □ **1.** neugierig; wißbegierig: ***I am ~ to know if*** ich möchte gern wissen, ob; **2.** kuri'os, seltsam, merkwürdig: ***~ly enough*** merkwürdigerweise; **3.** F komisch, wunderlich.

curl [kɜ:l] **I** *v/t.* **1.** *Haar* locken *od.* kräuseln; **2.** *Wasser* kräuseln; *Lippen* (verächtlich) schürzen; **3.** ***~ up*** zs.-rollen: ***~ o.s. up*** → 6 a; **II** *v/i.* **4.** sich locken *od.* kräuseln (*Haar*); **5.** wogen, sich wellen *od.* winden; **6.** ***~ up*** a) sich hochringeln (*Rauch*), b) sich zs.-rollen: ***~ up on the sofa*** es sich auf dem Sofa gemütlich machen; **7.** *sport* Curling spielen; **III** *s.* **8.** Locke *f*: ***in ~s*** gelockt; **9.** (Rauch-) Ring *m*, Kringel *m*; **10.** Windung *f*; **11.** Kräuseln *n der Lippen*; **12.** ⚘ Kräuselkrankheit *f*; **curled** [-ld] → ***curly***; **ˈcurl·er** [-lə] *s.* **1.** Lockenwickel *m*; **2.** *sport* Curlingspieler *m*.

cur·lew [ˈkɜːljuː] *s.* Brachvogel *m*.

curl·i·cue [ˈkɜːlɪkjuː] *s.* Schnörkel *m*.

curl·ing [ˈkɜːlɪŋ] *s.* **1.** Kräuseln *n*, Ringeln *n*; **2.** *sport* Curling *n*: ***~ stone*** Curlingstein *m*; **3.** ⚙ bördeln; ***~ i·rons***, ***~ tongs*** *s. pl.* (Locken)Brennschere *f*.

ˈcurlˌpa·per *s.* Paˈpierhaarwickel *m*.

curl·y [ˈkɜːlɪ] *adj.* **1.** lockig, kraus, gekräuselt, **2.** wellig; gewunden; **ˈ~-head**, **ˈ~-pate** *s.* F Locken- *od.* Krauskopf *m* (*Person*).

cur·mudg·eon [kɜːˈmʌdʒən] *s.* Brummbär *m*.

cur·rant [ˈkʌrənt] *s.* **1.** Koˈrinthe *f*; **2.** ***red*** (***white***, ***black***) ~ rote (weiße, schwarze) Joˈhannisbeere.

cur·ren·cy [ˈkʌrənsɪ] *s.* **1.** ˈUmlauf *m*, Zirkulatiˈon *f*: ***give ~ to*** *Gerücht etc.* in Umlauf setzen; **2.** a) (allgemeine) Geltung, (Allgeˈmein)Gültigkeit *f*, b) Gebräuchlichkeit *f*, Geläufigkeit *f*, c) Verbreitung *f*; **3.** ✝ a) Währung *f*, Vaˈluta *f*; → ***foreign*** 1, ***hard currency***, b) Zahlungsmittel *n od. pl.*, c) ˈGeldˌumlauf *m*, d) ˈumlaufendes Geld, e) Laufzeit *f* (*Wechsel*, *Vertrag*); ***~ ac·count*** *s.* ✝ ˈWährungs-, Deˈvisenˌkonto *n*; ***~ bill*** *s.* Deˈvisenwechsel *m*; ***~ bond*** *s.* Fremdwährungsschuldverschreibung *f*; ***~ re·form*** *s.* ˈWährungsreˌform *f*.

cur·rent [ˈkʌrənt] **I** *adj.* □ → ***currently***; **1.** laufend (*Jahr*, *Konto*, *Unkosten etc.*); **2.** gegenwärtig, jetzig, aktuˈell: ***~ events*** Tagesereignisse; ***~ price*** ✝ Tagespreis *m*; **3.** ˈumlaufend, kursierend (*Geld*, *Gerücht etc.*); **4.** a) allgemein bekannt *od.* verbreitet, b) üblich, geläufig, gebräuchlich: ***not in ~ use*** nicht allgemein üblich, c) allgemein gültig *od.* anerkannt; **5.** ✝ a) (markt)gängig (*Ware*), b) gültig (*Geld*), c) verkehrsfähig, d) → 3; **II** *s.* **6.** Strömung *f*, Strom *m* (*beide a. fig.*): ***against the ~*** gegen den Strom; ***~ of air*** Luftstrom; **7.** *fig.* a) Trend *m*, Tenˈdenz *f*, b) (Ver)Lauf *m*, Gang *m*; **8.** ⚡ Strom *m*; ***~ ac·count*** *s.* ✝ laufendes Konto, Girokonto *n*; ***~ coin*** *s.* gängige Münze (*a. fig.*); ***~ ex·change*** *s.* (***at the ~*** zum) Tageskurs *m*.

cur·rent·ly [ˈkʌrəntlɪ] *adv.* **1.** jetzt, zur Zeit, gegenwärtig; **2.** *fig.* fließend.

cur·rent me·ter *s.* ⚡ Stromzähler *m*; ***~ mon·ey*** *s.* ✝ ˈumlaufendes Geld.

cur·ric·u·lum [kəˈrɪkjʊləm] *pl.* **-lums**, **-la** [-lə] *s.* Lehr-, Studienplan *m*; ***~ vi·tae*** [ˈvaɪtiː] *s.* Lebenslauf *m*.

cur·ri·er [ˈkʌrɪə] *s.* Lederzurichter *m*.

cur·ry[1] [ˈkʌrɪ] **I** *s.* Curry(gericht *n*) *m*, *n*: ***~ powder*** Currypulver *n*; **II** *v/t.* mit Curry(soße) zubereiten: ***curried chicken*** Curryhuhn *n*.

cur·ry[2] [ˈkʌrɪ] *v/t.* **1.** *Pferd* striegeln; **2.** *Leder* zurichten; **3.** verprügeln; **4.** ***~ fa·vo(u)r with s.o.*** sich bei j-m lieb Kind machen (wollen); **ˈ~·comb** *s.* Striegel *m*.

curse [kɜːs] **I** *s.* **1.** Fluch(wort *n*) *m*; Verwünschung *f*; **2.** *eccl.* Bann(fluch) *m*; Verdammnis *f*; **3.** Fluch *m*, Unglück *n* (***to*** für); **4.** ***the ~*** F die ‚Tage' (*der Frau*); **II** *v/t.* **5.** verfluchen, verwünschen, verdammen: ***~ him!*** der Teufel soll ihn holen!; **6.** fluchen auf (*acc.*), beschimpfen; **7.** *pass.* ***be ~d with s.th.*** mit et. gestraft *od.* geplagt sein; **III** *v/i.* **8.** fluchen, Flüche ausstoßen; **ˈcurs·ed** [-sɪd] *adj.* □ *a.* F verflucht, verdammt, verwünscht.

cur·sive [ˈkɜːsɪv] **I** *adj.* kurˈsiv: ***~ characters*** → **II** *s. typ.* Schreibschrift *f*.

cur·sor [ˈkɜːrsə] *s.* ⩕, ⚙ Schieber *m*, ⚙ *a.* Zeiger *m*; *Computer*: Positiˈonsanzeiger *m*.

cur·so·ri·ness [ˈkɜːsərɪnɪs] *s.* Flüchtigkeit *f*, Oberflächlichkeit *f*; **cur·so·ry** [ˈkɜːsərɪ] *adj.* □ flüchtig, oberflächlich.

curst [kɜːst] *obs. pret. u. p.p. von* ***curse***.

curt [kɜːt] *adj.* □ **1.** kurz(gefaßt), knapp; **2.** (***with***) barsch, schroff (gegen), kurz angebunden (mit).

cur·tail [kɜːˈteɪl] *v/t.* **1.** (ab-, ver)kürzen; **2.** *Ausgaben etc.* kürzen, *a. Rechte* be-, einschränken, beschneiden; *Preise etc.* herˈabsetzen; **curˈtail·ment** [-mənt] *s.* **1.** (Ab-, Ver)Kürzung *f*; **2.** Kürzung *f*, Beschneidung *f*; Beschränkung *f*.

cur·tain [ˈkɜːtn] **I** *s.* **1.** Vorhang *m* (*a. fig.*), Garˈdine *f*: ***draw the ~(s)*** den Vorhang (die Gardinen) zuziehen; ***draw the ~ over s.th.*** *fig.* et. begraben; ***lift the ~*** *fig.* den Schleier lüften; ***behind the ~*** hinter den Kulissen; ***~ of fire*** ⚔ Feuervorhang; ***~ of rain*** Regenwand *f*; **2.** *thea.* a) Vorhang *m*, b) Aktschluß *m*: ***the ~ rises*** der Vorhang geht auf; ***the ~ falls*** der Vorhang fällt (*a. fig.*); ***it's ~s for him*** F es ist aus mit ihm; ***now it's ~s!*** F jetzt ist der Ofen aus!, aus ist's!; **3.** *thea.* Herˈvorruf *m*: ***take ten ~s*** zehn Vorhänge haben; **II** *v/t.* **4.** mit Vorhängen versehen; ***~ call***

→ ***curtain*** 3; ~ **fall** *s. thea.* Fallen *n* des Vorhanges; ~ **lec·ture** *s.* Gar'dinenpredigt *f*; ~ **rais·er** *s. thea.* **1.** kurzes Vorspiel; **2.** *fig.* Vorspiel *n*, Auftakt (***to*** zu); '~**-wall** *s.* ⚠ **1.** Blendwand; **2.** Zwischenwand *f*.

curt·s(e)y ['kɜːtsɪ] **I** *s.* Knicks *m*: ***drop a*** ~ → **II** *v/i.* e-n Knicks machen, knicksen (***to*** vor *dat.*).

cur·va·ceous [kɜː'veɪʃəs] *adj.* F ‚kurvenreich' (*Frau*); **cur·va·ture** ['kɜːvətjə] *s.* Krümmung *f* (*a.* ⩘, *geol.*): ~ ***of the spine*** ⚕ Rückgratverkrümmung *f*.

curve [kɜːv] **I** *s.* **1.** Kurve *f* (*a.* ⩘), Krümmung *f*, Biegung *f*, Bogen *m*; **2.** *pl.* F ‚Kurven' *pl.*, Rundungen *pl.*; **II** *v/t.* **3.** biegen, krümmen; **III** *v/i.* **4.** sich biegen *od.* wölben *od.* krümmen; **curved** [-vd] *adj.* gekrümmt, gebogen; krumm.

cur·vet [kɜː'vet] **I** *s.* *Reitkunst*: Kur'bette *f*, Bogensprung *m*; **II** *v/i.* kurbettieren.

cur·vi·lin·e·ar [ˌkɜːvɪ'lɪnɪə] *adj.* krummlinig (begrenzt).

cush·ion ['kʊʃn] **I** *s.* **1.** Kissen *n*, Polster *n* (*a. fig.*); **2.** Wulst *m* (*für die Frisur*); **3.** Bande *f* (*Billard*); **4.** *vet.* Strahl *m* (*Pferdehuf*); **5.** ⚙ Puffer *m*, Dämpfer *m*; **6.** *phys.* ⚙ Luftkissen *n*; **II** *v/t.* **7.** durch Kissen schützen, polstern (*a. fig.*); **8.** *Stoß*, *Fall* dämpfen *od.* auffangen; **9.** weich betten; **10.** ⚙ abfedern; '~**-craft** *s.* Luftkissenfahrzeug(e *pl.*) *n*.

cush·ioned ['kʊʃənd] *adj.* **1.** gepolstert, Polster...; **2.** *fig.* bequem, behaglich; **3.** ⚙ stoßgedämpft.

cush·y ['kʊʃɪ] *adj. Brit. sl.* ‚gemütlich', bequem, angenehm: ~ ***job***.

cusp [kʌsp] *s.* **1.** Spitze *f*; **2.** ⩘ Scheitelpunkt *m* (*Kurve*); **3.** *ast.* Horn *n* (*Halbmond*); **4.** ⚠ Nase *f* (*gotisches Maßwerk*); **cusped** [-pt], '**cus·pi·dal** [-pɪdl] *adj.* spitz (zulaufend).

cus·pi·dor ['kʌspɪdɔː] *s. Am.* **1.** Spucknapf *m*; **2.** ✈ Speitüte *f*.

cuss [kʌs] *s.* F **1.** Fluch *m*: ~ ***word*** Fluch *m*, Schimpfwort *n*; → ***tinker*** 1; **2.** Kerl *m*; '**cuss·ed** [-sɪd] *adj.* F **1.** verflucht, -flixt; **2.** boshaft, gemein; '**cuss·ed·ness** [-sɪdnɪs] *s.* F Bosheit *f*, Gemeinheit *f*, Tücke *f*.

cus·tard ['kʌstəd] *s.* Eiercreme *f*: (***running***) ~ Vanillesoße *f*; '~**-ap·ple** *s.* ⚘ Zimtapfel *m*; ~ **pow·der** *s. ein* 'Puddingˌpulver *n*; ~ **pie** *s.* **1.** Sahnetorte *f*; **2.** *thea.* F Kla'mauk(komödie *f*) *m*.

cus·to·di·an [kʌ'stəʊdjən] *s.* **1.** Aufseher *m*, Wächter *m*, Hüter *m*; **2.** (⚖ Vermögens)Verwalter *m*, ⚖ *a.* Verwahrer *m*, *Am. a.* Vormund *m*; **cus·to·dy** ['kʌstədɪ] *s.* **1.** Aufsicht *f* (***of*** über *acc.*), (Ob)Hut *f*, Schutz *m*; **2.** Verwahrung *f*; Verwaltung *f*; **3.** ⚖ a) Gewahrsam *m*, Haft *f*: ***protective*** ~ Schutzhaft *f*; ***take into*** ~ verhaften, in Gewahrsam nehmen, b) Gewahrsam *m* (*tatsächlicher Besitz*), c) Sorgerecht *n*; **4.** ⚚ *Am.* De'pot *n*.

cus·tom ['kʌstəm] **I** *s.* **1.** Brauch *m*, Gewohnheit *f*, Sitte *f*; *coll.* Sitten u. Gebräuche *pl.*, *pl.* Brauchtum *n*; **2.** ⚖ Gewohnheitsrecht *n*; **3.** ⚚ Kundschaft *f*, Kunden(kreis *m*) *pl.*: ***draw*** (*od.* ***get***) ***a lot of*** ~ ***from*** viel Geschäft machen mit; ***take one's custom elsewhere*** anderswo Kunde werden; ***withdraw one's*** ~ ***from*** s-e Kundschaft entziehen (*dat.*); **4.** *pl.* a) Zoll *m*, b) Zoll(behörde *f*) *m*, Zollamt *n*; **II** *adj.* **5.** *Am.* a) auf Bestellung *od.* nach Maß arbeitend: ~ ***tailor*** Maßschneider *m*, b) → ***custom-made***: ~**-*built*** einzeln (*od.* nach Kundenangaben) angefertigt; ~ ***shoes*** Maßschuhe; '**cus·tom·ar·i·ly** [-mərɪlɪ] *adv.* üblicherweise, herkömmlicherweise; '**cus·tom·ar·y** [-mərɪ] *adj.* □ **1.** gebräuchlich, herkömmlich, üblich, gewohnt, Gewohnheits...; **2.** ⚖ gewohnheitsrechtlich; '**cus·tom·er** [-mə] *s.* **1.** Kunde *m*, Kundin *f*; Abnehmer(in), Käufer(in): ~ ***country*** Abnehmerland *n*; ~***'s check*** *Am.* Barscheck *m*; ***regular*** ~ Stammkunde *m od.* -gast *m*; **2.** F Bursche *m*, ‚Kunde' *m*: ***queer*** ~ komischer Kauz; ***ugly*** ~ übler Kunde; '**cus·tom·ize** [-maɪz] *v/t.* **1.** ⚚ auf den Kundenbedarf zuschneiden; **2.** *Auto etc.* individu'ell herrichten.

'**cus·tom|·house** *s.* Zollamt *n*; '~**-made** *adj.* nach Maß *od.* auf Bestellung *od.* spezi'ell angefertigt, Maß...

cus·toms| clear·ance *s.* Zollabfertigung *f*; ~ **dec·la·ra·tion** *s.* 'Zolldeklaratiˌon *f*, -erklärung *f*; ~ **ex·am·i·na·tion**, ~ **in·spec·tion** *s.* 'Zollkonˌtrolle *f*; ~ **of·fi·cer** *s.* Zollbeamte(r) *m*; ~ **un·ion** *s.* 'Zollverein *m*, -uniˌon *f*; ~ **war·rant** *s.* Zollauslieferungsschein *m*; ~ **ware·house** *s.* Zollager *n*.

cut [kʌt] **I** *s.* **1.** Schnitt *m*: ***a*** ~ ***above*** e-e Stufe besser als; → ***haircut***; **2.** Schnittwunde *f*; **3.** Hieb *m*, Schlag *m*: ~ ***and thrust*** a) *Fechten*: Hieb u. Stoß *m* (*od.* Stich *m*), b) *fig.* (feindseliges) Hin u. Her, ‚Schlagabtausch' *m*; **4.** Schnitte *f*, Stück *n* (*bsd. Fleisch*); Ab-, Anschnitt *m*; Schur *f* (*Wolle*); Schlag *m* (*Holzfällen*); ✓ Mahd *f* (*Gras*); **5.** F (An)Teil *m*: ***my*** ~ ***is 10%***; **6.** (Zu)Schnitt *m*,

Fas'son *f* (*bsd. Kleidung*); *fig.* Art *f*, Schlag *m*; **7.** *typ.* a) Druckstock *m*, b) Holzschnitt *m*, (Kupfer)Stich *m*, c) Kli'schee *n*; **8.** Schnitt *m*, Schliff *m* (*Edelstein*); **9.** Gesichtsschnitt *m*; **10.** Beschneidung *f*, Kürzung *f*, Streichung *f*, Abzug *m*, Abstrich *m* (*Preis*, *Lohn*, *a. Text etc.*): ***power ~*** ⚡ Stromsperre *f*; → ***short cut***; **11.** ⚙, 🚂 *etc.* Einschnitt *m*, Kerbe *f*, Graben *m*; **12.** a) Stich *m*, Bosheit *f*, b) Grußverweigerung *f*: ***give s.o. the ~ direct*** j-n ostentativ schneiden; **13.** *Kartenspiel*: Abheben *n*; **14.** *Tennis*: Schnitt *m*; **15.** *Film etc.*: Schnitt *m*, (scharfe) Über'blendung; **II** *adj.* **16.** ge-, beschnitten, behauen: ***~ flowers*** Schnittblumen; ***~ glass*** geschliffenes Glas, Kristall *n*; ***~ prices*** herabgesetzte Preise; ***well-~ features*** feingeschnittene Züge; ***~ and dried*** fix u. fertig, schablonenhaft; ***badly ~ about*** arg zugerichtet; **III** *v/t.* [*irr.*] **17.** (ab-, be-, 'durch-, zer)schneiden: ***~ one's finger*** sich in den Finger schneiden; ***~ one's nails*** sich die Nägel schneiden; ***~ a book*** ein Buch aufschneiden; ***~ a joint*** e-n Braten vorschneiden, zerlegen; ***~ to pieces*** zerstückeln; **18.** *Hecke* beschneiden, stutzen; **19.** *Gras*, *Korn* mähen; *Baum* fällen; **20.** schlagen; *Kohlen* hauen; *Weg* aushauen, -graben; *Holz* hacken; *Graben* stechen; *Tunnel* bohren: ***to ~ one's way*** sich e-n Weg bahnen (*a. fig.*); **21.** *Tier* verschneiden, kastrieren: ***~ horse*** Wallach *m*; **22.** *Kleid* zuschneiden; *et.* zu'rechtschneiden; *Stein* behauen; *Glas*, *Edelstein* schleifen: ***~ it fine*** *fig.* a) es (zu) knapp bemessen, b) es gerade noch schaffen; **23.** einschneiden, -ritzen, schnitzen; **24.** *Tennis*: *Ball* schneiden; **25.** *Text etc.*, *a. Betrag* beschneiden, kürzen, zs.-streichen; *sport Rekord* brechen; **26.** *Film*: a) schneiden, über'blenden: ***~ to*** hinüberblenden zu, b) abbrechen; **27.** verdünnen, verwässern; **28.** *fig. j-n* schneiden, nicht grüßen: ***~ s.o. dead*** j-n völlig ignorieren; **29.** *fig.* schneiden (*Wind*); verletzen, kränken (*Worte*); **30.** *Verbindung* abbrechen, aufgeben; fernbleiben von, *Vorlesung* ‚schwänzen'; **31.** *Zahn* bekommen; **32.** *Schlüssel* anfertigen; **33.** *Spielkarten* abheben; **IV** *v/i.* [*irr.*] **34.** schneiden (*a. fig.*), hauen: ***it ~s both ways*** es ist ein zweischneidiges Schwert; ***~ and come again*** greifen Sie tüchtig zu! (*beim Essen*); ***it ~s into his time*** es kostet ihn Zeit; ***~ into a conversation*** in e-e Unterhaltung eingreifen; **35.** sich schneiden lassen; **36.** F ‚abhauen': ***~ and run*** Reißaus nehmen; **37.** (*in der Schule etc.*) ‚schwänzen'; **38.** *Kartenspiel*: abheben; **39.** *sport* (den Ball) schneiden; **40.** ***~ across*** a) quer durch *et.* gehen, b) *fig.* hin'ausgehen über (*acc.*), c) *fig.* wider'sprechen, d) *fig. Am.* einbeziehen;

Zssgn mit adv.:

cut| a·long *v/i.* F sich auf die Beine machen; **~ back I** *v/t.* beschneiden, stutzen, *fig. a.* kürzen, zs.-streichen, verringern; **II** *v/i.* (zu)'rückblenden (***to*** auf *acc.*) (*Film*, *Roman etc.*); **~ down I** *v/t.* **1.** zerschneiden; **2.** *Baum* fällen, *j-n a.* niederschlagen; **3.** *fig.* a) → ***cut back*** I, b) drosseln; **II** *v/i.* **4.** ***~ on s.th.*** et. einschränken; **~ in I** *v/t.* **1.** ⚙ einschalten (*a. Filmszene*); **2.** *j-n* beteiligen (***on*** an *dat.*); **II** *v/i.* **3.** unter'brechen, sich einmengen *od.* einschalten (*a. teleph.*); **4.** einspringen; **5.** *mot.* einscheren; **6.** F (*beim Tanzen*) abklatschen; **~ loose I** *v/t.* **1.** trennen, losmachen; **2.** ***cut o.s. loose*** sich trennen *od.* lossagen; **II** *v/i.* **3.** sich gehenlassen; **4.** sich lossagen; **5.** *sl.* a) loslegen (***with*** mit), b) ‚auf den Putz hauen'; **~ off** *v/t.* **1.** abschneiden, -schlagen, -hauen: ***~ s.o.'s head*** j-n köpfen; **2.** unter'brechen, trennen; **3.** *Strom etc.* absperren, abdrehen; **4.** *Debatte* beenden; **5.** niederschlagen, da'hinraffen; vernichten; **6.** ***cut s.o. off with a shilling*** j-n enterben; **~ out I** *v/t.* **1.** aus-, zuschneiden: ***~ for a job*** wie geschaffen für e-n Posten; → ***work*** 1; **2.** *j-n* ausstechen; verdrängen; **3.** *Am. sl.* unter'lassen: ***cut it out!*** laß den Quatsch!; **4.** aufgeben; entfernen; *Am. Tier* von der Herde absondern; **5.** ⚙ ausschalten; **II** *v/i.* **6.** ⚙ sich ausschalten, aussetzen; **7.** ausscheren (*Fahrzeug*); **8.** *Kartenspiel*: ausscheiden; **~ short** *v/t.* **1.** unter'brechen; *j-m* ins Wort fallen; **2.** plötzlich beenden, kürzen; *es* kurz machen; **~ un·der** *v/t.* ⚚ *j-n* unter'bieten; **~ up I** *v/t.* **1.** in Stücke schneiden, zerhauen; zerlegen; **2.** vernichten; **3.** F ‚verreißen', her'untermachen; **4.** tief betrüben, aufregen: ***be badly ~*** ganz ‚kaputt' sein; **II** *v/i.* **5.** *Brit.* F ***~ fat*** (*od.* ***rich***) reich sterben; **6.** F ‚den wilden Mann' spielen: ***~ rough*** ‚massiv' werden; **7.** *Am. sl.* a) ‚angeben', b) Unsinn treiben.

ˌcut-and-'dried *adj.* **1.** (fix und) fertig, fest(gelegt); **2.** scha'blonenhaft.

cu·ta·ne·ous [kjuːˈteɪnjəs] *adj.* ⚕ Haut...: ***~ eruption*** Hautausschlag *m*.

'cut·a·way I *s.* Cut(away) *m*; **II** *adj.* ⚙

Schnitt…(*-modell etc.*): **~ view** Ausschnitt(darstellung *f*) *m*.

'cut·back *s*. **1.** *Film*: Rückblende *f*; **2.** Kürzung *f*, Beschneidung *f*, Verringerung *f*.

cute [kju:t] *adj*. □ F **1.** schlau, clever; **2.** *Am*. niedlich, ‚süß'.

cu·ti·cle ['kju:tɪkl] *s*. ⚘, *anat*. Oberhaut *f*, Epi'dermis *f*; Nagelhaut *f*: **~ scissors** Hautschere *f*.

cu·tie ['kju:tɪ] *s*. *Am*. *sl*. ‚dufte Biene' (*Mädchen*).

'cut-in *s*. *Film*: a) Einschnitt(szene *f*) *m*, b) *a*. *Zeitung*: Zwischentitel *m*.

cu·tis ['kju:tɪs] *s*. *anat*. 'Kutis *f*, Lederhaut *f*.

cut·lass ['kʌtləs] *s*. **1.** ⚓ *hist*. Entermesser *n*; **2.** Ma'chete *f*.

cut·ler ['kʌtlə] *s*. Messerschmied *m*; **'cut·ler·y** [-ərɪ] *s*. **1.** Messerwaren *pl*.; **2.** *coll*. Eßbesteck(e *pl*.) *n*.

cut·let ['kʌtlɪt] *s*. Schnitzel *n*.

'cut|·off *s*. **1.** ⚙ (Ab)Sperrung *f*; **2.** ⚙, ⚡ Ab-, Ausschaltung *f* (*a*. *Vorrichtung*); **3.** *Am*. Abkürzung(sweg *m*) *f*; **'~·out** *s*. **1.** Ausschnitt *m*; 'Ausschneidefiˌgur *f*; **2.** ⚡ a) Ausschalter *m*, Sicherung *f*; **3.** *mot*. Auspuffklappe *f*; **'~·purse** *s*. Taschendieb(in); **'~-rate** *adj*. ✝ ermäßigt, her'abgesetzt, billig (*a*. *fig*.).

cut·ter ['kʌtə] *s*. **1.** Schneidende(r) *m*; (Blech-, Holz)Schneider *m* (Stein)Hauer *m*; (Glas-, Dia'mant)Schleifer *m*; **2.** Zuschneider *m*; **3.** ⚙ Schneidewerkzeug *n*; **4.** *Film*: Cutter(in); **5.** *Küche*: Ausstechform *f*; **6.** ⚓ a) Kutter *m*, b) Beiboot *n*, c) *Am*. Küstenwachboot *n*.

'cut·throat I *s*. **1.** Mörder *m*; **2.** *fig*. Halsabschneider *m*; **II** *adj*. **3.** *fig*. mörderisch, halsabschneiderisch: **~ competition**.

cut·ting ['kʌtɪŋ] **I** *s*. **1.** Schneiden *n*; Zuschneiden *n*; **2.** *bsd*. 🚂 Einschnitt *m*, 'Durchstich *m*; **3.** ⚙ a) Fräsen *n*, spanabhebende Bearbeitung, b) Kerbe *f*, Schlitz *m*, c) *pl*. Späne *pl*., Schnitzel *pl*.; **4.** (Zeitungs)Ausschnitt *m*; **5.** *pl*. Schnitzel *pl*., Abfälle *pl*.; **6.** ⚘ Ableger *m*, Steckling *m*; **7.** *Film*: Schnitt *m*; **II** *adj*. □ **8.** schneidend, Schneid(e)…; **9.** *fig*. schneidend (*Wind*), scharf (*Worte*), beißend (*Hohn*); **~ die** *s*. ⚙ Schneideisen *n*, 'Stanzschaˌblone *f*; **~ edge** *s*. Schneide *f*; **~ nip·pers** *s*. *pl*. Kneifzange *f*; **~ torch** *s*. ⚙ Schneidbrenner *m*.

cut·tle ['kʌtl], **'~·fish** *s*. *zo*. (Gemeiner) Tintenfisch.

cy·a·nate ['saɪəneɪt] *s*. ⚗ Zya'nat *n*; **cy·an·ic** [saɪ'ænɪk] *adj*. Zyan…: **~ acid** Zyansäure *f*; **'cy·a·nide** [-naɪd] *s*. Zya'nid *n*: **~ of potassium** (*od*. **potash**) Zyankali *n*; **cy·an·o·gen** [saɪ'ænədʒɪn] *s*. Zy'an *n*.

cy·ber·net·ics [ˌsaɪbə'netɪks] *s*. *pl*. (*sg*. *konstr*.) Kyber'netik *f*; **ˌcy·ber'net·ist** [-ɪst] *s*. Kyber'netiker *m*.

cyc·la·men ['sɪkləmən] *s*. ⚘ Alpenveilchen *n*.

cy·cle ['saɪkl] **I** *s*. **1.** 'Zyklus *m*, Kreis (-lauf) *m*, 'Umlauf *m*: **lunar ~** Mondzyklus; → **business cycle**; **come full ~** a) e-n ganzen Kreislauf beschreiben, b) *fig*. zum Anfangspunkt zurückkehren; **2.** *a*. ⚡, *phys*. Peri'ode *f*: **in ~s** periodisch wiederkehrend; **~s per second** (*abbr*. **cps**) Hertz; **3.** (Gedicht-, Sagen)Kreis *m*; **4.** Folge *f*, Reihe *f*, 'Serie *f*, 'Zyklus *m*; **5.** ⚙ 'Kreisproˌzeß *m*; Arbeitsgang *m*; **6.** *mot*. Takt *m*: **four-stroke ~** Viertakt; **four-~ engine** Viertaktmotor *m*; **7.** a) Fahrrad *n*, b) Motorrad *n*, c) Dreirad *n*; **II** *v/i*. **8.** radfahren, radeln; **III** *v/t*. **9.** e-n Kreislauf 'durchmachen lassen; **10.** *a*. ⚙ peri'odisch wieder'holen; **'cy·clic**, **'cy·cli·cal** [-lɪk(l)] *adj*. □ **1.** zyklisch, peri'odisch, kreisläufig; **2.** ✝ konjunk'turbedingt, -poˌlitisch, Konjunktur…; **'cy·cling** [-lɪŋ] *s*. **1.** Radfahren *n*: **~ tour** Radtour *f*; **2.** Rad(renn)sport *m*; **'cy·clist** [-lɪst] *s*. Radfahrer(in).

cy·clo-cross [ˌsaɪklə'krɒs] *s*. *Radsport*: Querfeld'einfahren *n*.

cy·clom·e·ter [saɪ'klɒmɪtə] *s*. **1.** ⚙ Wegmesser *m*; **2.** ⚹ Zyklo'meter *m*.

cy·cloid ['saɪklɔɪd] **I** *s*. ⚹ Zyklo'ide *f*; **II** *adj*. *allg*. zyklo'id.

cy·clone ['saɪkləʊn] *s*. **1.** *meteor*. a) Zy'klon *m*, Wirbelsturm *m*, b) Zy'klone *f*, Tief(druckgebiet) *n*; **2.** *fig*. Or'kan *m*.

cy·clo·p(a)e·di·a [ˌsaɪkləʊ'pi:djə] → **encyclop(a)edia**.

Cy·clo·pe·an [saɪ'kləʊpjən] *adj*. zy'klopisch, riesig; **Cy·clops** ['saɪklɒps] *pl*. **Cy·clo·pes** [saɪ'kləʊpi:z] *s*. Zy'klop *m*.

cy·clo·tron ['saɪklətrɒn] *s*. *Kernphysik*: 'Zyklotron *n*.

cy·der → **cider**.

cyg·net ['sɪgnɪt] *s*. junger Schwan.

cyl·in·der ['sɪlɪndə] *s*. **1.** ⚹, ⚙, *typ*. Zy'linder *m*, Walze *f*: **six-~ car** Sechszylinderwagen *m*; **2.** ⚙ Trommel *f*, Rolle *f*; 'Meß-, 'Dampfzyˌlinder *m*; Gas-, Stahlflasche *f*; Stiefel *m* (*Pumpe*); **~ block** *s*. *mot*. Zy'linderblock *m*; **~ bore** *s*. Zy'linderbohrung *f*; **~ es·cape·ment** *s*. Zy'linderhemmung *f* (*Uhr*); **~ head** *s*. Zy'linderkopf *m*; **~ jack·et** *s*. Zy'lindermantel *m*; **~ print·ing** *s*. *typ*. Walzendruck *m*.

cy·lin·dri·cal [sɪˈlɪndrɪkl] *adj.* zyˈlindrisch, Zylinder…

cym·bal [ˈsɪmbl] *s.* ♪ **1.** Becken *n*; **2.** ˈZimbel *f*; **ˈcym·bal·ist** [-bəlɪst] *s.* Bekkenschläger *m*; **ˈcym·ba·lo** [-bələʊ] *pl.* **-los** *s.* ♪ Hackbrett *n*.

Cym·ric [ˈkɪmrɪk] **I** *adj.* kymrisch, *bsd.* waˈlisisch; **II** *s. ling.* Kymrisch *n*.

cyn·ic [ˈsɪnɪk] *s.* **1.** Zyniker *m*, bissiger Spötter; **2.** ♀ *antiq. phls.* Kyniker *m*; **ˈcyn·i·cal** [-kl] *adj.* □ zynisch; **ˈcyn·i·cism** [-ɪsɪzəm] *s.* **1.** Zyˈnismus *m*; **2.** zynische Bemerkung.

cy·no·sure [ˈsɪnəzjʊə] *s.* **1.** *fig.* Anziehungspunkt *m*, Gegenstand *m* der Bewunderung; **2.** *fig.* Leitstern *m*; **3.** ♀ *ast.* a) Kleiner Bär, b) Poˈlarstern *m*.

cy·pher → ***cipher***.

cy·press [ˈsaɪprɪs] *s.* Zyˈpresse *f*.

Cyp·ri·ote [ˈsɪprɪəʊt], **ˈCyp·ri·ot** [-ɪət] **I** *s.* Zypriˈot(in), Zyprer(in); **II** *adj.* zyprisch.

Cy·ril·lic [sɪˈrɪlɪk] *adj.* kyˈrillisch.

cyst [sɪst] *s.* **1.** ⚕ Zyste *f*; **2.** Kapsel *f*, Hülle *f*; **ˈcyst·ic** [-tɪk] *adj.* **1.** ⚕ zystisch; **2.** *anat.* Blasen…; **cys·ti·tis** [sɪsˈtaɪtɪs] *s.* ⚕ Blasenentzündung *f*; **ˈcys·to·scope** [-təskəʊp] *s.* ⚕ Blasenspiegel *m*; **cys·tos·co·py** [sɪsˈtɒskəpɪ] *s.* ⚕ Blasenspiegelung *f*.

cy·to·blast [ˈsaɪtəʊblæst] *s. biol.* Zytoˈblast *m*, Zellkern *m*.

cy·tol·o·gy [saɪˈtɒlədʒɪ] *s. biol.* Zytoloˈgie *f*, Zellenlehre *f*.

czar [zɑː] *s.* Zar *m*.

czar·das [ˈtʃɑːdæʃ] *s.* ˈCsárdás *m*.

czar·e·vitch [ˈzɑːrəvɪtʃ] *s.* Zaˈrewitsch *m*; **cza·ri·na** [zɑːˈriːnə] *s.* Zarin *f*; **ˈczar·ism** [-rɪzəm] *s.* Zarentum *n*; **ˈczar·ist** [-rɪst], **czar·is·tic** [zɑːˈrɪstɪk] *adj.* zaˈristisch; **cza·rit·za** [zɑːˈrɪtsə] → ***czarina***.

Czech [tʃek] **I** *s.* **1.** Tscheche *m*, Tschechin *f*; **2.** *ling.* Tschechisch *n*; **II** *adj.* **3.** tschechisch.

Czech·o·slo·vak [ˌtʃekəʊˈsləʊvæk], *a.* **ˌCzech·o·sloˈvak·i·an** [-əʊsləʊˈvækɪən] **I** *s.* Tschechosloˈwake *m*, Tschechosloˈwakin *f*; **II** *adj.* tschechosloˈwakisch.

D

D, **d** [di:] *s.* **1.** D *n*, d *n* (*Buchstabe*); **2.** ♪ D *n*, d *n* (*Note*); **3.** *ped. Am.* Vier *f*, Ausreichend *n* (*Note*).

'd [-d] F *für* ***had***, ***should***, ***would***: ***you'd***.

dab¹ [dæb] **I** *v/t.* **1.** leicht klopfen, antippen; **2.** be-, abtupfen; **3.** bestreichen; **4.** *typ.* abklatschen, klischieren; **5.** *a.* ~ ***on*** *Farbe etc.* auftragen; **6.** *sl.* Fingerabdrücke machen von; **II** *v/i.* **7.** ~ ***at*** → 1, 2; **III** *s.* **8.** (leichter) Klaps, Tupfer *m*; **9.** Klecks *m*, Spritzer *m*; **10.** *Am. sl.* Fingerabdruck *m*.

dab² [dæb] *s.* F Könner *m*, ‚Künstler' *m*, Ex'perte *m*: ***be a ~ at s.th.*** et. aus dem Effeff können.

dab·ber ['dæbə] *s. typ.* a) Farbballen *m*, b) Klopfbürste *f*.

dab·ble ['dæbl] **I** *v/t.* **1.** bespritzen, besprengen; **II** *v/i.* **2.** planschen, plätschern; **3.** *fig.* ~ ***in s.th.*** sich aus Liebhaberei *od.* oberflächlich *od.* dilet'tantisch mit et. befassen, ein bißchen *malen etc.*; **'dab·bler** [-lə] *s.* Ama'teur *m*, *contp.* Dilet'tant(in), Stümper(in).

dab·ster ['dæbstə] *s.* **1.** → ***dab²***; **2.** F *Am.* Stümper *m*.

dace [deɪs] *s. ichth.* Häsling *m*.

da·cha ['dætʃə] *s.* Datscha *f*.

dachs·hund ['dækshʊnd] *s. zo.* Dachshund *m*, Dackel *m*.

dac·tyl ['dæktɪl] *s.* Daktylus *m* (*Versfuß*); **dac·tyl·ic** [dæk'tɪlɪk] *adj. u. s.* dak'tylisch(er Vers).

dac·ty·lo·gram [dæk'tɪləʊgræm] *s.* Fingerabdruck *m*.

dad [dæd] *s.* F ‚Paps' *m*, Vati *m*.

Da·da·ism ['dɑ:dəɪzəm] *s.* Dada'ismus *m*; **'Da·da·ist** [-ɪst] **I** *s.* Dada'ist *m*; **II** *adj.* dada'istisch.

dad·dy ['dædɪ] → ***dad***; ~ **long·legs** [ˌdædɪ'lɒŋlegz] *s. zo.* **1.** *Brit.* Schnake *f*; **2.** *Am.* Weberknecht *m*.

dae·mon → ***demon***.

daf·fo·dil ['dæfədɪl] *s.* ⚘ gelbe Nar'zisse, Osterblume *f*, -glocke *f*.

daft [dɑ:ft] *adj.* ☐ F verrückt, blöde, ‚doof', ‚bekloppt'.

dag·ger ['dægə] *s.* **1.** Dolch *m*: ***be at ~s drawn*** (***with***) *fig.* auf (dem) Kriegsfuß stehen (mit); ***look ~s at s.o.*** j-n mit Blicken durchbohren; **2.** *typ.* Kreuz (-zeichen) *n* (†).

da·go ['deɪgəʊ] *pl.* **-gos** *od.* **-goes** *s. sl. contp.* = *Spanier*, *Portugiese od. Italiener*; *weitS.* ‚Ka'nake' *m*, (verdammter) Ausländer.

da·guerre·o·type [də'gerəʊtaɪp] *s. phot.* a) Daguerreoty'pie *f*, b) Daguerreo'typ *n* (*Bild*).

dahl·ia ['deɪljə] *s.* ⚘ Dahlie *f*.

Dail Eir·eann [ˌdaɪl'eərən] *a.* **Dail** *s.* Abgeordnetenhaus *n von Eire*.

dai·ly ['deɪlɪ] **I** *adj.* **1.** täglich, Tage(s)...: ***our ~ bread*** unser täglich(es) Brot; ~ ***wages*** Tagelohn *m*; ~ ***newspaper*** → 5; **2.** alltäglich, häufig, ständig; **II** *adv.* **3.** täglich; **4.** immer, ständig; **III** *s.* **5.** Tageszeitung *f*; **6.** *Brit.* Zugeh-, Putzfrau *f*.

dain·ti·ness ['deɪntɪnɪs] *s.* **1.** Zierlichkeit *f*, Niedlichkeit *f*; **2.** wählerisches Wesen, Verwöhntheit *f*; **3.** Geziertheit *f*, Zimperlichkeit *f*; **4.** Schmackhaftigkeit *f*; **dain·ty** ['deɪntɪ] **I** *adj.* ☐ **1.** zierlich, niedlich, fein, reizend; **2.** köstlich, exqui'sit; **3.** wählerisch, verwöhnt (*bsd. im Essen*); **4.** geziert, zimperlich; **5.** lecker, schmackhaft; **II** *s.* **6.** *a. fig.* Lekkerbissen *m*, Delika'tesse *f*.

dair·y ['deərɪ] *s.* **1.** Molke'rei *f*; **2.** Milchwirtschaft *f*, Molke'rei(betrieb *m*) *f*; **3.** Milchhandlung *f*; ~ **bar** *s. Am.* Milchbar *f*; ~ **cat·tle** *s. pl.* Milchvieh *n*; ~ **farm** *s.* auf Milchwirtschaft spezialisierter Bauernhof; ~ **lunch** → ***dairy bar***; **'~·maid** *s.* **1.** Melkerin *f*; **2.** Molke'reiangestellte *f*; **'~·man** [-mən] *s.* [*irr.*] **1.** Milchmann *m*; **2.** Melker *m*, Schweizer *m*; ~ **prod·uce** *s.* Molke'reiproˌdukte *pl.*

da·is ['deɪɪs] *pl.* **-is·es** *s.* **1.** Podium *n*, E'strade *f*; **2.** *obs.* Baldachin *m*.

dai·sy ['deɪzɪ] **I** *s.* **1.** ⚘ Gänseblümchen *n*: (***double***) ~ Tausendschön(chen) *n*; ***be pushing up the daisies*** *sl.* ‚sich die Radies-chen von unten betrachten' (*tot sein*); → ***fresh*** 4; **2.** *sl.* a) 'Prachtexemˌplar *n*, b) Prachtkerl *m*, ‚Perle' *f*; **II** *adj.* **3.** *sl.* erstklassig, prima; **'~-chain** *s.* **1.** Gänseblumenkränzchen *n*; **2.** *fig.*

Reigen *m*, Kette *f*; **'~-ˌcut·ter** *s. sl.* **1.** Pferd *n* mit schleppendem Gang; **2.** *sport* Flachschuß *m*.

dale [deɪl] *s. poet.* Tal *n*; **dales·man** ['deɪlzmən] *s.* [*irr.*] Talbewohner *m* (*bsd. in Nordengland*).

dal·li·ance ['dælɪəns] *s.* **1.** Tröde'lei *f*, Bumme'lei *f*; **2.** Tände'lei *f*: a) Spiele'rei *f*, b) Schäke'rei *f*, Liebe'lei *f*; **dal·ly** ['dælɪ] **I** *v/i.* **1.** trödeln, Zeit vertändeln; **2.** tändeln, spielen, liebäugeln (***with*** mit); **3.** scherzen, schäkern; **II** *v/t.* **4.** ~ ***away*** *Zeit* vertrödeln; *Gelegenheit* verpassen.

Dal·ma·tian [dæl'meɪʃjən] **I** *adj.* **1.** dalma'tinisch; **II** *s.* **2.** Dalma'tiner(in); **3.** Dalma'tiner *m* (*Hund*).

dal·ton·ism ['dɔːltənɪzəm] *s.* ⚕ Farbenblindheit *f*.

dam¹ [dæm] **I** *s.* **1.** (Stau)Damm *m*, Wehr *n*, Talsperre *f*; **2.** Stausee *m*; **3.** *fig.* Damm *m*; **II** *v/t.* **4.** *a.* ~ ***up*** a) stauen, (ab-, ein-, zu'rück)dämmen (*a. fig.*), b) (ab)sperren, hemmen (*a. fig.*).

dam² [dæm] *s. zo.* Mutter(tier *n*) *f*.

dam·age ['dæmɪdʒ] **I** *s.* **1.** (***to***) Schaden *m* (an *dat.*), (Be)Schädigung *f* (*gen.*): ***do*** ~ Schaden anrichten; ***do*** ~ ***to*** → 6; ~ ***by sea*** ⚓ Seeschaden *m*, Havarie *f*; **2.** Nachteil *m*, Verlust *m*; **3.** *pl.* ⚖ Schadensersatz *m*: ***for*** ~***s*** auf Schadensersatz *klagen*; **4.** *sl.* Kosten *pl.*: ***what's the*** ~***?*** was kostet es?; **II** *v/t.* **5.** beschädigen; **6.** *j-n*, *j-s Ruf etc.* schädigen, Schaden zufügen, *j-m* schaden; **'dam·age·a·ble** [-dʒəbl] *adj.* leicht zu beschädigen(d); **'dam·aged** [-dʒd] *adj.* **1.** beschädigt, schadhaft, de'fekt; **2.** verletzt, (körper)geschädigt; **3.** verdorben; **'dam·ag·ing** [-dʒɪŋ] *adj.* □ schädlich, nachteilig (***to*** für).

dam·a·scene(d) ['dæməsiːn(d)] *adj.* Damaszener…, damasziert.

dam·ask ['dæməsk] **I** *s.* **1.** Da'mast *m* (*Stoff*); **2.** *a.* ~ ***steel*** Damas'zenerstahl *m*; **3.** *a.* ~ ***rose*** ⚘ Damas'zenerrose *f*; **II** *adj.* **4.** Damast…; Damaszener…; **5.** rosarot; **III** *v/t.* **6.** *Stahl* damaszieren; **7.** da'mastartig weben; **8.** *fig.* verzieren.

dame [deɪm] *s.* **1.** *Brit.* a) Freifrau *f*, b) ♀ *der dem* ***knight*** *entsprechende Titel*: ♀ ***Diana X***; **2.** alte Dame: ♀ ***Nature*** Mutter *f* Natur; **3.** *ped.* Schul- *od.* Heimleiterin *f*; **4.** *Am. sl.* ‚Frau' *f*, Weibsbild *n*.

damn [dæm] **I** *v/t.* **1.** verdammen (*a. eccl.*); verwünschen, verfluchen: (***oh***) ~***!***, ~ ***it*** (***all***)***!*** *sl.* verflucht!; ~ ***you!*** *sl.* hol dich der Teufel!; ***well, I'll be*** ~***ed!*** nicht zu glauben!, das ist die Höhe!; ***I'll be*** ~***ed if*** a) ich freß 'nen Besen, wenn…, b) es fällt mir nicht im Traum ein (*das zu tun*); ***I'll be*** ~***ed if I know!*** ich habe keinen blassen Dunst; **2.** verurteilen, verwerfen, ablehnen; **3.** vernichten, ruinieren; **II** *s.* **4.** Fluch *m*; **5.** ***I don't care a*** ~ *sl.* das kümmert mich einen Dreck; ***not worth a*** ~ keinen Pfifferling wert; **III** *adj. u. adv.* **6.** → ***damned*** 2, 3; **'dam·na·ble** [-nəbl] *adj.* □ **1.** verdammenswert; **2.** F ab'scheulich; **dam·na·tion** [dæm'neɪʃn] **I** *s.* **1.** Verdammung *f*; **2.** Ru'in *m*; **II** *int.* **3.** verflucht!;

damned [dæmd] **I** *adj.* **1.** verdammt: ***the*** ~ *eccl.* die Verdammten; **2.** *sl.* verflucht: ~ ***fool*** Idiot *m*, ‚Blödmann' *m*; ***do one's*** ~***est*** sein möglichstes tun; **3.** *a. adv. Bekräftigung*: *sl.* verdammt: ***a*** ~ ***sight better*** viel besser; ***every*** ~ ***one*** jeder einzelne; ~ ***funny*** urkomisch; ***he*** ~ ***well ought to know*** das müßte er wahrhaftig wissen; **II** *int.* **4.** verdammt!;

damn·ing ['dæmɪŋ] *adj. fig.* erdrükkend, vernichtend: ~ ***evidence***.

Dam·o·cles ['dæməkliːz] *npr.* Damokles: ***sword of*** ~ Damoklesschwert *n*.

damp [dæmp] **I** *adj.* □ **1.** feucht; dunstig: ~ ***course*** ⚠ Isolierschicht *f*; **II** *s.* **2.** Feuchtigkeit *f*; **3.** Dunst *m*; **4.** → ***fire-damp***; **5.** *fig.* Dämpfer *m*, Entmutigung *f*, Hemmnis *n*: ***cast a*** ~ ***over s.th.*** et. dämpfen *od.* lähmen, et. überschatten; **III** *v/t.* **6.** an-, befeuchten; **7.** *a.* ~ ***down*** *fig. Eifer etc.* dämpfen (*a.* ♪, ⚡, *phys.*); (ab)schwächen, drosseln (*a.* ⚙); ersticken; ~ **course** *s.* ⚠ Sperrbahn *f* (*gegen Nässe*).

damp·en ['dæmpən] **I** *v/t.* **1.** an-, befeuchten; **2.** *fig.* dämpfen, 'niederdrükken; entmutigen; **II** *v/i.* **3.** feucht werden; **'damp·er** [-pə] *s.* **1.** Dämpfer *m* (*bsd. fig.*): ***cast a*** ~ ***on*** dämpfen, lähmend wirken auf (*acc.*); **2.** ⚙ Ofen-, Zugklappe *f*, Schieber *m*; **3.** ♪ Dämpfer *m*; **4.** ⚡ Dämpfung *f*; **5.** *Brit.* Stoßdämpfer *m*; **'damp·ish** [-pɪʃ] *adj.* etwas feucht, klamm; **'damp·ness** [-nɪs] *s.* Feuchtigkeit *f*; **'damp·proof** *adj.* feuchtigkeitsbeständig.

dam·sel ['dæmzl] *s. obs. od. iro.* Maid *f*.

dam·son ['dæmzən] *s.* ⚘ Damas'zenerpflaume *f*; ~ **cheese** *s.* steifes Pflaumenmus.

dan [dæn] *s. Judo etc.*: Dan *m*.

dance [dɑːns] **I** *v/i.* **1.** tanzen: ~ ***to s.o.'s pipe*** (*od.* ***tune***) *fig.* nach j-s Pfeife tanzen; **2.** tanzen: a) (her'um)hüpfen, b) flattern, schaukeln (*Blätter etc.*); **II** *v/t.* **3.** *e-n Tanz* tanzen: ~ ***attendance on s.o.*** *fig.* um j-n scharwenzeln; **4.** *Tier* tanzen lassen; *Kind* schaukeln;

III *s.* **5.** Tanz *m*: ***give a ~*** e-n Ball geben; ***lead s.o. a ~*** a) j-n zum Narren halten, b) j-m das Leben sauer machen; ***♀ of Death*** Totentanz; **~ hall** *s.* ˈTanzloˌkal *n.*

danc·er [ˈdɑːnsə] *s.* Tänzer(in).

danc·ing [ˈdɑːnsɪŋ] *s.* Tanzen *n*, Tanzkunst *f*; **~ girl** *s.* (Tempel)Tänzerin *f* (*in Asien*); **~ les·son** *s.* Tanzstunde *f*; **~ mas·ter** *s.* Tanzlehrer *m.*

dan·de·li·on [ˈdændɪlaɪən] *s.* ⚘ Löwenzahn *m.*

dan·der [ˈdændə] *s.*: ***get s.o.'s ~ up*** F j-n ‚auf die Palme' bringen.

dan·di·fied [ˈdændɪfaɪd] *adj.* stutzer-, geckenhaft, geschniegelt.

dan·dle [ˈdændl] *v/t.* **1.** *Kind* auf den Armen *od.* auf den Knien schaukeln; **2.** hätscheln; **3.** verhätscheln, verwöhnen.

dan·druff [ˈdændrəf] *a.* ˈ**dan·driff** [-rɪf] *s.* (Kopf-, Haar)Schuppen *pl.*

dan·dy [ˈdændɪ] **I** *s.* **1.** Dandy *m*, Stutzer *m*; **2.** F *et.* Großartiges: ***the ~*** genau das Richtige; **3.** ⚓ Schaˈluppe *f*; **4.** ⚓ a) Heckmaster *m*, b) Besansegel *n*; **II** *adj.* **5.** stutzerhaft; **6.** F erstklassig, prima, ‚bestens'; **~ brush** *s.* Striegel *m.*

dan·dy·ish [ˈdændɪɪʃ] → ***dandy*** 5; ˈ**dan·dy·ism** [-ɪzəm] stutzerhaftes Wesen.

Dane [deɪn] *s.* **1.** Däne *m*, Dänin *f*; **2.** → ***Great Dane.***

dan·ger [ˈdeɪndʒə] **I** *s.* **1.** Gefahr *f* (***to*** für): ***in ~ of one's life*** in Lebensgefahr; ***be in ~ of falling*** Gefahr laufen zu fallen; ***the signal is at ~*** 🚂 das Signal steht auf Halt; **2.** Bedrohung *f*, Gefährdung *f* (***to*** *gen.*); **II** *adj.* Gefahren…: ***~ area*** Gefahrenzone *f*; Sperrgebiet *n*; ***be on*** (***off***) ***the ~ list*** in (außer) Lebensgefahr sein; ***~ money***, ***~ pay*** Gefahrenzulage *f*; ***~ point***, ***~ spot*** Gefahrenpunkt *m*; ***~ signal*** Not-, Warnsignal *n*; ˈ**dan·ger·ous** [-dʒərəs] *adj.* □ **1.** gefährlich, gefahrvoll (***to*** für); **2.** bedenklich.

dan·gle [ˈdæŋgl] **I** *v/i.* **1.** baumeln, (herˈab)hängen; **2.** ***~ after s.o.*** sich an j-n anhängen, j-m nachlaufen: ***~ after girls***; **II** *v/t.* **3.** schlenkern, baumeln lassen: ***~ s.th. before s.o.*** *fig.* j-m et. verlockend in Aussicht stellen.

Dan·iel [ˈdænjəl] *s. bibl.* (das Buch) Daniel *m.*

Dan·ish [ˈdeɪnɪʃ] **I** *adj.* **1.** dänisch; **II** *s.* **2.** ***the ~*** die Dänen; **3.** *ling.* Dänisch *n*, das Dänische; **~ pas·try** *s. ein* Blätterteiggebäck *n.*

dank [dæŋk] *adj.* feucht, naßkalt, dumpfig.

Da·nu·bi·an [dæˈnjuːbjən] *adj.* Donau…

daph·ne [ˈdæfnɪ] *s.* ⚘ Seidelbast *m.*

dap·per [ˈdæpə] *adj.* **1.** aˈdrett, eleˈgant, *iro.* geschniegelt; **2.** flink, gewandt.

dap·ple [ˈdæpl] *v/t.* tüpfeln, sprenkeln; ˈ**dap·pled** [-ld] *adj.* **1.** gesprenkelt, gefleckt, scheckig; **2.** bunt.

ˌ**dap·ple-ˈgrey** (**horse**) *s.* Apfelschimmel *m.*

dar·bies [ˈdɑːbɪz] *s. pl. sl.* Handschellen *pl.*

Dar·by and Joan [ˈdɑːbɪ ən(d) ˈdʒəʊn] glückliches älteres Ehepaar: ***~ club*** Seniorenklub *m.*

dare [deə] **I** *v/i.* [*irr.*] **1.** es wagen, sich (ge)trauen; sich erdreisten, sich unterˈstehen: ***he ~n't do it*** er wagt es nicht (zu tun); ***how ~ you say that?*** wie können Sie es wagen, das zu sagen?; ***don't*** (***you***) ***~ to touch me!*** untersteh dich nicht, mich anzurühren!; ***how ~ you!*** a) untersteh dich!, b) was fällt dir ein!; ***I ~ say*** a) ich glaube wohl, b) allerdings (*a. iro.*); **II** *v/t.* [*irr.*] **2.** *et.* wagen, riskieren; **3.** mutig begegnen (*dat.*), trotzen (*dat.*); **4.** *j-n* herˈausfordern: ***I ~ you!*** du traust dich ja nicht!; ***I ~ you to deny it*** wage nicht, es abzustreiten; ˈ**~ˌdev·il I** *s.* Wag(e)hals *m*, Draufgänger *m*, Teufelskerl *m*; **II** *adj.* tollkühn, waghalsig; ˈ**~ˌdev·il·(t)ry** *s.* Tollkühnheit *f.*

dar·ing [ˈdeərɪŋ] **I** *adj.* □ **1.** wagemutig, kühn, verwegen; **2.** unverschämt, dreist; **3.** *fig.* gewagt, kühn; **II** *s.* **4.** Wagemut *m.*

dark [dɑːk] **I** *adj.* □ → ***darkly***; **1.** dunkel, finster: ***it is getting ~*** es wird dunkel; **2.** dunkel (*Farbe*): ***~ blue*** dunkelblau; ***~ hair*** braunes *od.* dunkles Haar; → ***horse*** 1; **3.** geheim(nisvoll), dunkel, verborgen, unklar: ***a ~ secret*** ein tiefes Geheimnis; ***keep s.th. ~*** et. geheimhalten; **4.** böse, finster, schwarz: ***~ thoughts***; **5.** düster, trübe, freudlos: ***a ~ future***; ***the ~ side of things*** die Schattenseite der Dinge; **6.** dunkel, unerforscht; kulˈturlos; **II** *s.* **7.** Dunkel (-heit *f*) *n*, Finsternis *f*: ***in the ~*** im Dunkel(n); ***at ~*** bei Einbruch der Dunkelheit; **8.** *pl. paint.* Schatten *m*; **9.** *fig.* Dunkel *n*, Ungewißheit *f*, *das* Geheime, Unwissenheit *f*: ***keep s.o. in the ~*** j-n im ungewissen lassen; ***I am in the ~*** ich tappe im dunkeln; ***a leap in the ~*** ein Sprung ins Ungewisse; ♀ **A·ges** *s. pl. das* frühe Mittelalter; ♀ **Con·ti·nent** *s. hist. der* dunkle Erdteil, Afrika *n.*

dark·en [ˈdɑːkən] **I** *v/t.* **1.** verdunkeln (*a. fig.*), verfinstern: ***don't ~ my door again!*** komm mir nie wieder ins Haus!;

2. dunkel *od.* dunkler färben; 3. *fig.* verdüstern, trüben; II *v/i.* 4. dunkel werden, sich verdunkeln (*etc.* → I); **'dark·ish** [-kɪʃ] *adj.* 1. etwas dunkel, schwärzlich; 2. trübe; 3. dämmerig.

dark lan·tern *s.* 'Blendlaˌterne *f.*

dark·ling ['dɑːklɪŋ] *adj.* sich verdunkelnd; **'dark·ly** [-lɪ] *adv. fig.* 1. finster, böse; 2. dunkel, geheimnisvoll; 3. undeutlich; **'dark·ness** [-nɪs] *s.* 1. *a. fig.* Dunkelheit *f*, Finsternis *f*; 2. dunkle Färbung; 3. *das* Böse: ***the powers of ~*** die Mächte der Finsternis; 4. Unwissenheit *f*; 5. Unklarheit *f*; 6. Heimlichkeit *f*.

'dark|·room [-rʊm] *s. phot.* Dunkelkammer *f*; **'~-skinned** *adj.* dunkelhäutig; **'~·slide** *s. phot.* Kas'sette *f*.

dark·y ['dɑːkɪ] *s. contp.* Neger(in).

dar·ling ['dɑːlɪŋ] I *s.* 1. Liebling *m*, Schatz *m*: ***~ of fortune*** Glückskind *n*; ***aren't you a ~*** du bist doch ein Engel; II *adj.* 2. lieb, geliebt; Herzens...; 3. reizend, ‚süß', entzückend.

darn¹ [dɑːn] I *v/t. Strümpfe etc.* stopfen, ausbessern; II *s. das* Gestopfte.

darn² [dɑːn] *v/t. sl. für* ***damn*** 1; **darned** [-nd] *adj. u. adv. sl. für* ***damned*** 2, 3.

darn·er ['dɑːnə] *s.* 1. Stopfer(in); 2. Stopf-ei *n*, -pilz *m*.

darn·ing ['dɑːnɪŋ] *s.* Stopfen *n*; **~ egg** *s.* Stopf-ei *n*; **~ nee·dle** *s.* Stopfnadel *f*; **~ yarn** *s.* Stopfgarn *n*.

dart [dɑːt] I *s.* 1. Wurfspeer *m*, -spieß *m*; 2. (Wurf)Pfeil *m*; *fig.* Stachel *m des Spotts*; 3. Satz *m*, Sprung *m*: ***make a ~ for*** losstürzen auf (*acc.*); 4. *pl. sg. konstr.* Darts *n* (*Wurfpfeilspiel*): ***~-board*** Zielscheibe *f*; 5. Abnäher *m* (*in Kleidern*); II *v/t.* 6. schleudern, schießen; *Blicke* zuwerfen; III *v/i.* 7. sausen, flitzen: ***~ at s.o.*** auf j-n losstürzen; ***~ off*** davonstürzen; 8. sich blitzschnell bewegen, zucken, schnellen (*Schlange, Zunge*), huschen (*a. Auge*).

Dart·moor ['dɑːtˌmʊə] *a.* **~ pris·on** *s. englische Strafanstalt.*

Dar·win·ism ['dɑːwɪnɪzəm] *s.* Darwi'nismus *m*.

dash [dæʃ] I *v/t.* 1. schleudern, (heftig) stoßen *od.* schlagen, schmettern: ***~ to pieces*** zerschmettern; ***~ out s.o.'s brains*** j-m den Schädel einschlagen; 2. (be)spritzen; (über)'schütten, über'gießen (*a. fig.*): ***~ off** od.* ***down*** *Schriftliches* hinwerfen, -hauen; 3. *Hoffnung etc.* zunichte machen, vereiteln; 4. *fig.* a) niederdrücken, deprimieren, b) aus der Fassung bringen, verwirren; 5. (ver)mischen (*a. fig.*); 6. F → ***damn*** 1: ***~ it (all)!*** verflixt!; II *v/i.* 7. sausen, flitzen, stürmen; *sport* spurten: ***~ off*** davonjagen, -stürzen; 8. heftig (auf-) schlagen, prallen, klatschen; III *s.* 9. Sprung *m*, (Vor)Stoß *m*; Anlauf *m*, Ansturm *m*: ***at a** (od.* ***one***) ***~*** mit 'einem Schlag; ***make a ~*** (***for, at***) (los-) stürmen, sich stürzen (auf *acc.*); 10. (Auf)Schlagen *n*, Prallen *n*, Klatschen *n*; 11. Zusatz *m*; Schuß *m Rum etc.*; Prise *f Salz etc.*; Anflug *m*, Stich *m* (***of red*** ins Rote); Klecks *m* (*Farbe*): ***add a ~ of colo(u)r*** *fig.* e-n Farbtupfer aufsetzen; 12. Federstrich *m*; *typ.* Gedankenstrich *m*; ♪, ℞, *tel.* Strich *m*; 13. Schneid *m*, Schwung *m*, Schmiß *m*; Ele'ganz *f*: ***cut a ~*** Aufsehen erregen, e-e gute Figur abgeben; 14. *sport* a) Kurzstreckenlauf *m*, b) Spurt *m*; 15. ⚙ F → **'~·board** *s.* ✈, *mot.* Arma'turen-, Instru'mentenbrett *n*.

dashed [dæʃt] *adj. u. adv.* F verflixt; **'dash·er** [-ʃə] *s.* 1. Butterstößel *m*; 2. F ele'gante Erscheinung, fescher Kerl; **'dash·ing** [-ʃɪŋ] *adj.* □ 1. schneidig, forsch, kühn; 2. ele'gant, flott, fesch.

das·tard ['dæstəd] *s.* (gemeiner) Feigling, Memme *f*; **'das·tard·li·ness** [-lɪnɪs] *s.* 1. Feigheit *f*; 2. Heimtücke *f*; **'das·tard·ly** [-lɪ] *adj.* 1. feig(e); 2. (heim)tückisch, gemein.

da·ta ['deɪtə] *s. pl. von* ***datum*** (*oft* [*fälschlich*] *sg. konstr.*) (*a. technische*) Daten *pl. od.* Angaben *pl. od.* Einzelheiten *pl. od.* 'Unterlagen *pl.*; Tatsachen *pl.*; ⚙ (Meß-, Versuchs)Werte *pl.*; *Computer*: Daten *pl.*: ***personal ~*** Personalangaben, Personalien; (***electronic***) ***~ processing*** (elektronische) Datenverarbeitung; ***~ bank*** Datenbank *f*; ***~ collection*** Datenerfassung *f*; ***~ display device*** Datensichtgerät *n*; ***~ exchange*** Datenaustausch *m*; ***~ input*** Dateneingabe *f*; ***~ output*** Datenausgabe *f*; ***~ printer*** Datendrucker *m* (*Gerät*); ***~ protection*** Datenschutz *m*; ***~ typist*** Datentypist(in).

date¹ [deɪt] *s.* ⚘ 1. Dattel *f*; 2. *a.* ***~-tree*** Dattelpalme *f*.

date² [deɪt] I *s.* 1. Datum *n*, Zeitangabe *f*, (Monats)Tag *m*: ***what's the ~ today?*** der Wievielte ist heute?; 2. Datum *n*, Zeit(punkt *m*) *f*: ***at an early ~*** (recht) bald; ***of recent ~*** neu(eren Datums), modern; ***fix a ~*** e-n Termin festsetzen; 3. Zeit(raum *m*) *f*, E'poche *f*: ***of Roman ~*** aus der Römerzeit; 4. ✝ a) Ausstellungstag *m* (*Wechsel*), b) Frist *f*, Ziel *n*: ***~ of delivery*** Liefertermin *m*; ***~***

of maturity Fälligkeitstag *m*; ***at long ~*** auf lange Sicht; **5.** heutiger Tag: ***of this*** (*od.* ***today's***) **~** heutig; ***four weeks after ~*** heute in vier Wochen; ***to ~*** bis heute; ***out of ~*** veraltet, überholt, unmodern; ***go out of ~*** veralten; ***up to ~*** zeitgemäß, modern, auf der Höhe (der Zeit), auf dem laufenden; ***bring up to ~*** auf den neuesten Stand bringen, modernisieren; → ***up-to-date***; **6.** F Verabredung *f*, Rendez'vous *n*: ***have a ~ with s.o.*** mit j-m verabredet sein; ***make a ~*** sich verabreden; **7.** F (Verabredungs)Partner(in): ***who is your ~?*** mit wem bist du verabredet?; **II** *v/t.* **8.** *Brief etc.* datieren: ***~ ahead*** voraus-, vordatieren; **9.** a) ein Datum *od.* e-e Zeit festsetzen *od.* angeben für, b) e-r bestimmten Zeit zuordnen; **10.** herleiten (***from*** aus); **11.** als über'holt *od.* veraltet kennzeichnen; **12.** *a.* ***~ up*** F a) sich verabreden mit, b) (*regelmäßig*) ,gehen' mit: ***~ a girl***; **III** *v/i.* **13.** datieren, datiert sein (***from*** von); **14.** ***~ from*** (*od.* ***back to***) stammen *od.* sich herleiten aus, entstanden sein in (*dat.*); **15.** ***~ back to*** zu'rückreichen bis, zu'rückgehen auf (*e-e Zeit*); **16.** veralten, sich über'leben.

date block *s.* ('Abreiß)Ka,lender *m.*

dat·ed ['deɪtɪd] *adj.* **1.** veraltet, über'holt; **2.** ***~ up*** F ,ausgebucht' (*Person*), voll besetzt (*Tag*); **'date·less** [-lɪs] *adj.* **1.** undatiert; **2.** endlos; **3.** zeitlos (*Mode, Kunstwerk etc.*).

'date|·line *s.* **1.** Datumszeile *f* (*e-r Zeitung etc.*); **2.** *geogr.* Datumsgrenze *f*; **~ palm** → ***date***[1] 2; **~ stamp** *s.* Datums- *od.* Poststempel *m.*

da·ti·val [də'taɪvəl] *adj. ling.* Dativ…

da·tive ['deɪtɪv] **I** *s. a.* ***~ case*** *ling.* Dativ *m*, dritter Fall; **II** *adj.* da'tivisch, Dativ…

da·tum ['deɪtəm] *pl.* **-ta** [-tə] *s.* **1.** *et.* Gegebenes *od.* Bekanntes, Gegebenheit *f*; **2.** Vor'aussetzung *f*, Grundlage *f*; **3.** ⩕ gegebene Größe; **4.** → ***data***; **~ line** *s. surv.* Bezugslinie *f*; **~ point** *s.* **1.** ⩕, *phys.* Bezugspunkt *m*; **2.** *surv.* Nor'malfixpunkt *m.*

daub [dɔːb] **I** *v/t.* **1.** be-, verschmieren, bestreichen; **2.** (***on***) schmieren, streichen (auf *acc.*); **3.** *Wand* bewerfen, verputzen; **4.** *fig.* besudeln; **II** *v/i.* **5.** *paint.* klecksen, schmieren; **III** *s.* **6.** (Lehm-) Bewurf *m*; **7.** *paint.* Schmiere'rei *f*, Farbenkleckse'rei *f*, schlechtes Gemälde; **'daub·(st)er** [-b(st)ə] *s.* Schmierer(in); Farbenklecker(in).

daugh·ter ['dɔːtə] *s.* **1.** Tochter *f* (*a. fig.*): ***~ language*** Tochtersprache *f*; → ***Eve***[1]; **2.** → **~ com·pa·ny** *s.* ✝ Tochter (-gesellschaft) *f*; **~-in-law** ['dɔːtərɪnlɔː] *pl.* **~s-in-law** [-təz-] *s.* Schwiegertochter *f*; **'daugh·ter·ly** [-lɪ] *adj.* töchterlich.

daunt [dɔːnt] *v/t.* einschüchtern, (er-) schrecken; entmutigen: ***nothing ~ed*** unverzagt; ***a ~ing task*** e-e beängstigende Aufgabe; **'daunt·less** [-lɪs] *adj.* □ unerschrocken.

dav·en·port ['dævnpɔːt] *s.* **1.** kleiner Sekre'tär (*Schreibtisch*); **2.** *Am.* (*bsd.* Bett)Couch *f.*

Da·vy Jones's lock·er ['deɪvɪ'dʒəʊnzɪz] *s.* ⚓ Meeresgrund *m*, nasses Grab: ***go to ~*** ertrinken.

daw [dɔː] *s. orn. obs.* Dohle *f.*

daw·dle ['dɔːdl] **I** *v/i.* trödeln, bummeln; **II** *v/t. a.* ***~ away*** *Zeit* vertrödeln; **'daw·dler** [-lə] *s.* Trödler(in), Bummler(in).

dawn [dɔːn] **I** *v/i.* **1.** tagen, dämmern, anbrechen (*Morgen, Tag*); **2.** *fig.* (her'auf)dämmern, erwachen, entstehen; **3.** ***~ (up)on*** *fig. j-m* dämmern, klarwerden, zum Bewußtsein kommen; **II** *s.* **4.** Morgendämmerung *f*, Tagesanbruch *m*: ***at ~*** beim Morgengrauen, bei Tagesanbruch; **5.** (An)Beginn *m*, Erwachen *n*, Anbruch *m.*

day [deɪ] *s.* **1.** Tag *m* (*Ggs. Nacht*): ***by ~*** bei Tage; ***before ~*** vor Tagesanbruch; ***~ and night*** Tag u. Nacht, immer; **2.** Tag *m* (*Zeitraum*): ***~'s work*** Tagesleistung *f*; ***three ~s from London*** drei Tage(reisen) von London; ***she is 30 if a ~*** sie ist mindestens 30 Jahre alt; **3.** *bestimmter* Tag: ***New Year's*** ♀ Neujahrstag; **4.** festgesetzter Tag: ***~ of payment*** ✝ Zahlungstermin *m*; **5.** *pl.* (Lebens)Zeit *f*, Zeit(en *pl.*) *f*, Tage *pl.*: ***in my young ~s*** in m-r Jugend; ***student ~s*** Studentenzeit; ***~ after ~*** Tag für Tag; ***the ~ after*** tags darauf; ***the ~ after tomorrow*** übermorgen; ***all ~ long*** den ganzen Tag, den lieben langen Tag; ***the ~ before yesterday*** vorgestern; ***~ by ~*** (tag)täglich, Tag für Tag; ***for ~s (on end)*** tagelang; ***call it a ~*** F (für heute) Schluß machen; ***have a nice ~!*** *Am.* mach's gut!; ***let's call it a ~!*** F Feierabend!, Schluß für heute!; ***carry*** (*od.* ***win***) ***the ~*** den Sieg davontragen; ***end one's ~s*** s-e Tage beschließen; ***every other ~*** alle zwei Tage, e-n Tag um den andern; ***fall on evil ~s*** ins Unglück geraten; ***he*** (*od.* ***it***) ***has had his*** (*od.* ***its***) **~** s-e beste Zeit ist vorüber; ***~ in, ~ out*** tagaus, tagein; ***in his ~*** zu s-r

Zeit, einst; ***late in the ~*** reichlich spät; ***that's all in the ~'s work*** *fig.* das gehört alles mit dazu; ***that made my ~*** F damit war der Tag für mich gerettet; ***what's the time of ~?*** wieviel Uhr ist es?; ***know the time of ~*** *fig.* wissen, was die Glocke geschlagen hat; ***pass the time of ~ with s.o.*** j-n grüßen; ***one ~*** eines Tages, einmal; ***the other ~*** neulich; ***save the ~*** die Lage retten; ***some ~*** (***or other***) e-s Tages, nächstens einmal; (***in***) ***these ~s*** heutzutage; ***this ~*** heute; ***this ~ week*** heute in e-r Woche; ***this ~ last week*** heute vor e-r Woche; ***in those ~s*** damals; ***those were the ~s!*** das waren noch Zeiten!; ***to a ~*** auf den Tag genau; ***what ~ of the month is it?*** den Wievielten haben wir heute?; **~ bed** *s.* Bettcouch *f*; **'~·book** *s.* **1.** Tagebuch *n*; **2.** ✝ a) Jour'nal *n*, b) Verkaufsbuch *n*, c) Kassenbuch *n*; **'~·boy** *s. Brit.* Ex'terne(r) *m* (*e-s Internats*); **'~·break** *s.* (***at ~*** bei) Tagesanbruch *m*; **ˌ~-by-'day** *adj.* (tag)täglich; **'~-care cen·ter** *s. Am.* Kindertagesstätte *f*; **'~-care moth·er** *s. Am.* Tagesmutter *f*; **~ coach** *s.* 🚂 *Am.* Per'sonenwagen *m*; **'~·dream I** *s.* **1.** Wachtraum *m*, Träume'rei *f*; **2.** *fig.* Luftschloß *n*; **II** *v/i.* **3.** (mit offenen Augen) träumen; **'~ˌdream·er** *s.* Träumer(in); **'~·fly** *s. zo.* Eintagsfliege *f*; **'~·girl** *s. Brit.* Ex'terne *f* (*e-s Internats*); **~ la·bo(u)r·er** *s.* Tagelöhner *m*; **~ let·ter** *s. Am.* 'Briefteleˌgramm *n*.

'day·light *s.* **1.** Tageslicht *n*: ***by*** *od.* ***in ~*** bei Tag(eslicht); → ***broad*** 2; ***let ~ into s.th.*** *fig.* a) et. der Öffentlichkeit zugänglich machen, b) et. aufhellen; ***beat the ~s out of s.o.*** F j-n windelweich schlagen; ***he saw ~ at last*** *fig.* a) endlich ging ihm ein Licht auf, b) endlich sah er Land; **2.** (***at ~*** bei) Tagesanbruch *m*; **3.** (lichter) Zwischenraum; **~ sav·ing time** *s.* Sommerzeit *f*.

'day|-long *adj. u. adv.* den ganzen Tag (dauernd); **~ nurs·er·y** *s.* **1.** Kindertagesstätte *f*, -krippe *f*; **2.** Spielzimmer *n*; **~ re·lease** *s.* zur beruflichen Fortbildung freigegebene Zeit; **'~·room** *s.* Tagesraum *m*; **~ school** *s.* **1.** Exter'nat *n*, Schule *f* ohne Inter'nat; **2.** Tagesschule *f*; **~ shift** *s.* Tagschicht *f*: ***be on ~*** Tagschicht haben; **~ stu·dent** Ex'terne(r *m*) *f e-s Internats*; **~ tick·et** *s.* 🚂 Tagesrückfahrkarte *f*; **'~·time** *s.* **1.** Tageszeit *f*, (*heller*) Tag: ***in the ~*** bei Tage; **2.** ✝ Arbeitstag *m*; **ˌ~-to-'~** *adj.* (tag)'täglich: ***~ money*** ✝ Tagesgeld *n*.

daze [deɪz] **I** *v/t.* betäuben, lähmen (*a. fig.*); blenden; verwirren; **II** *s.* Betäubung *f*, Benommenheit *f*: ***in a ~*** benommen, betäubt; **'daz·ed·ly** [-zɪdlɪ] *adv.* betäubt *etc.* (→ ***daze*** I).

daz·zle ['dæzl] **I** *v/t.* **1.** blenden (*a. fig.*); **2.** *fig.* verwirren, verblüffen; **3.** ⚔ *durch Anstrich* tarnen; **II** *s.* **4.** Blenden *n*; Glanz *m*; **5.** *a.* ***~ paint*** ⚔ Tarnanstrich *m*; **'daz·zler** [-lə] *s.* F **1.** ‚Blender' *m*; **2.** ‚tolle Frau'; **'daz·zling** [-lɪŋ] *adj.* □ **1.** blendend, glänzend (*a. fig.*); *fig.* strahlend (schön); **2.** verwirrend.

D-Day ['di:deɪ] *s. Tag der alliierten Landung in der Normandie, 6. Juni 1944.*

dea·con ['di:kən] *s. eccl.* Dia'kon *m*; **'dea·con·ess** [-kənɪs] *s. eccl.* **1.** Dia'konin *f*; **2.** Diako'nisse *f*; **'dea·con·ry** [-rɪ] *s. eccl.* Diako'nat *n*.

de·ac·ti·vate [ˌdi:'æktɪveɪt] *v/t.* **1.** ⚔ a) *Einheit* auflösen, b) *Munition* entschärfen; **2.** außer Akti'on *od.* Betrieb setzen.

dead [ded] **I** *adj.* □ → ***deadly*** II; **1.** tot, gestorben, leblos: ***as ~ as a doornail*** (*od.* ***as mutton***) mausetot; ***~ body*** Leiche *f*, Leichnam *m*; ***he is a ~ man*** *fig.* er ist ein Kind des Todes; ***~ matter*** tote Materie (→ 11); ***~ and gone*** tot u. begraben (*a. fig.*); ***~ to the world*** F ‚total weg' (*bewußtlos, volltrunken*); ***I'm ~!*** F ich bin ‚total fertig'!; ***wait for a ~ man's shoes*** a) auf e-e Erbschaft warten, b) nur darauf warten, daß jemand stirbt (*um seine Position einzunehmen*); **2.** *fig. allg.* tot: a) ausgestorben: ***~ languages*** tote Sprachen, b) über'lebt, veraltet: ***~ customs***, c) matt, stumpf: ***~ colo(u)rs***; ***~ eyes***, d) nichtssagend, farb-, ausdruckslos, e) geistlos, f) leer, öde: ***~ streets***; ***~ land***, g) still, stehend: ***~ water***, h) *sport* nicht im Spiel: ***~ ball*** ‚toter Ball'; **3.** unzugänglich, unempfänglich (***to*** für), taub (***to*** gegen *Ratschläge etc.*); **4.** gefühllos, abgestorben: ***~ fingers***; **5.** *fig.* gefühllos, abgestumpft (***to*** gegen); **6.** erloschen: ***~ fire***; ***~ volcano***; ***~ passions***; **7.** ⚖ ungültig; **8.** *bsd.* ✝ still, ruhig, flau: ***~ season***; **9.** ✝ tot, umsatzlos: ***~ assets*** unproduktive (Kapital)Anlage; ***~ capital*** (***stock***) totes Kapital (Inventar); **10.** ⚙ a) tot, außer Betrieb, b) de'fekt: ***~ valve***; ***~ engine*** ausgefallener *od.* abgestorbener Motor, c) leer, erschöpft: ***~ battery***, d) tot, starr: ***~ axle***, e) ⚡ tot, strom-, spannungslos; **11.** *typ.* abgelegt: ***~ matter*** Ablegesatz *m*; **12.** *bsd.* △ blind, Blend...: ***~ floor***, ***~ window*** totes Fenster; **13.** Sack... (*ohne Ausgang*): ***~ street*** Sackgasse *f*; **14.** schal, abgestanden: ~ ***drinks***; **15.** verwelkt, dürr, abgestorben: ~ ***flowers***; **16.** völlig, to'tal: ~ ***calm*** Flaute *f*, (völlige) Windstille; ~ ***certainty*** absolute Gewißheit; ***in ~ earnest*** in vollem Ernst; ~ ***loss*** Totalverlust *m*, *fig.* totaler Ausfall (*Person*); ~ ***silence*** Totenstille *f*; ~ ***stop*** völliger Stillstand; ***come to a ~ stop*** schlagartig stehenbleiben *od.* aufhören; **17.** todsicher, unfehlbar: ***he is a ~ shot***; **18.** äußerst: ***a ~ strain***; ***a ~ push*** ein verzweifelter, aber vergeblicher Stoß; **II** *s.* **19.** stillste Zeit: ***at ~ of night*** mitten in der Nacht; ***the ~ of winter*** der tiefste Winter; **20.** ***the ~*** a) der (die, das) Tote, b) *coll.* die Toten: ***several ~*** mehrere Tote; ***rise from the ~*** von den Toten auferstehen; **III** *adv.* **21.** restlos, völlig, gänzlich, abso'lut, to'tal: ~ ***asleep*** in tiefstem Schlaf; ~ ***drunk*** sinnlos betrunken; ~ ***slow!*** *mot.* Schritt fahren; ~ ***straight*** schnurgerade; ~ ***tired*** todmüde; ***the facts are ~ against him*** alles spricht gegen ihn; **22.** plötzlich, schlagartig, abrupt: ***stop ~***; **23.** genau: ~ ***against*** genau gegenüber von (*od. dat.*); ~ (***set***) ***against*** ganz u. gar *od.* entschieden gegen (*et.* eingestellt); ~ ***set on*** scharf auf (*acc.*).

dead| ac·count *s.* ✝ 'umsatzloses Konto; **ˌ~-(and-)a'live** *adj. fig.* (tod)langweilig; **'~·beat** *s.* F **1.** Schnorrer *m*; **2.** Gammler *m*; **ˌ~-'beat** *adj.* F todmüde, völlig ka'putt; ~ **cen·ter** *Am.*, ~ **cen·tre** *Brit. s.* ⚙ **1.** toter Punkt; **2.** genaue Mitte; **3.** tote Spitze (*der Drehbank*); ~ **drop** *s. Spionage*: toter Briefkasten; ~ **duck** *s.*: ***be a ~*** F keine Chance mehr haben, passé sein.

dead·en ['dedn] *v/t.* **1.** *Gefühl etc.* (ab-)töten, abstumpfen (***to*** gegen); betäuben; **2.** *Geräusch*, *Schlag etc.* dämpfen, (ab)schwächen; **3.** ⚙ mattieren.

dead| end *s.* **1.** Sackgasse *f* (*a. fig.*): ***come to a ~*** in e-e Sackgasse geraten; **2.** ⚙ blindes Ende; **'~-end** *adj.* **1.** ohne Ausgang, Sack…: ~ ***street*** Sackgasse *f*; ~ ***station*** Kopfbahnhof *m*; **2.** *fig.* ausweglos; **3.** ohne Aufstiegschancen: ~ ***job***; **4.** verwahrlost, Slum…: ~ ***kid*** verwahrlostes Kind; **'~·fall** *s.* Baumfalle *f*; ~ **file** *s.* abgelegte Akte; ~ **fire** *s.* Elmsfeuer *n*; ~ **freight** *s.* ⚓ Fehlfracht *f*; ~ **hand** → ***mortmain***; **'~·head** *s.* F a) Freikarteninhaber(in), b) Schwarzfahrer(in), c) *Am. contp.* ‚Blindgänger' *m*, ‚Niete' *f*, d) *Am.* Mitläufer *m*; ~ **heat** *s. sport* totes Rennen; ~ **let·ter** *s.* **1.** *fig.* toter Buchstabe (*unwirksames Gesetz*); **2.** unzustellbarer Brief; **'~·line** *s.* **1.** letzter *od.* äußerster Termin, Frist(ablauf *m*) *f*; *Zeitung*: Redakti'onsschluß *m*: ~ ***pressure*** Termindruck *m*; ***meet the ~*** den Termin *od.* die Frist einhalten; **2.** Stichtag *m*; **3.** äußerste Grenze; **4.** *Am.* Todesstreifen *m* (*Strafanstalt*).

dead·li·ness ['dedlɪnɪs] *s. das* Tödliche; tödliche Wirkung.

dead| load *s.* ⚙ totes Gewicht, tote Last, Eigengewicht *n*; **'~·lock I** *s. fig.* toter Punkt, 'Patt(situatiˌon *f*) *n*: ***break the ~*** den toten Punkt überwinden; ***come to a ~*** → **II** *v/i.* sich festfahren, steckenbleiben, an e-m toten Punkt anlangen: ***~ed*** festgefahren.

dead·ly ['dedlɪ] **I** *adj.* **1.** tödlich, todbringend: ~ ***poison***; ~ ***precision*** tödliche Genauigkeit; ~ ***sin*** Todsünde *f*; ~ ***combat*** Kampf *m* auf Leben u. Tod; **2.** *fig.* unversöhnlich, grausam: ~ ***enemy*** Todfeind *m*; ~ ***fight*** mörderischer Kampf; **3.** totenähnlich: ~ ***pallor*** Leichenblässe *f*; **4.** F schrecklich, groß, äußerst: ~ ***haste***; **II** *adv.* **5.** totenähnlich: ~ ***pale*** leichenblaß; **6.** F schrecklich, tod…: ~ ***dull*** sterbenslangweilig.

dead| march *s.* ♪ Trauermarsch *m*; ~ **ma·rine** *s. sl.* leere ‚Pulle'.

dead·ness ['dednɪs] *s.* **1.** Leblosigkeit *f*, Erstarrung *f*; *fig. a.* Leere *f*, Öde *f*; **2.** Gefühllosigkeit *f*, Gleichgültigkeit *f*, Kälte *f*; **3.** *bsd.* ✝ Flauheit *f*, Flaute *f*; **4.** Glanzlosigkeit *f*.

dead| net·tle *s.* ⚘ Taubnessel *f*; ~ **pan** *s.* F ausdrucksloses Gesicht; **'~-pan** *adj.* **1.** ausdruckslos; **2.** mit ausdruckslosem Gesicht; **3.** *fig.* trocken (*Humor*); ~ **point** *s.* ⚙ toter Punkt; ~ **reck·on·ing** *s.* ⚓ gegißtes Besteck, Koppeln *n*; ~ **set** *s.* **1.** *hunt.* Stehen *n des Hundes*; **2.** verbissene Feindschaft; **3.** hartnäckiges Bemühen *od.* Werben (***at*** um): ***make a ~ at*** sich hartnäckig bemühen um; ~ **wa·ter** *s.* **1.** stehendes Wasser; **2.** ⚓ Kielwasser *n*, Sog *m*; ~ **weight** *s.* **1.** a) ganze Last, volles Gewicht, b) totes Gewicht, Eigengewicht *n*; **2.** *fig.* schwere Last; **'~-weight ca·pac·i·ty** *s.* Tragfähigkeit *f*; **'~·wood** *s.* **1.** totes Holz, *weitS.* Reisig *n*; **2.** *fig.* Plunder *m*; ✝ Ladenhüter *m*; **3.** *fig. et.* Veraltetes *od.* Über'holtes; (nutzloser) 'Ballast.

de-aer·ate [diː'eɪəreɪt] *v/t.* entlüften.

deaf [def] *adj.* □ **1.** ⚕ taub: ***the ~*** die Tauben *pl.*; ~ ***and dumb*** taubstumm; ***~-and-dumb language*** Taubstummensprache *f*; ~ ***as a post*** stocktaub; → ***ear***[1] 1; **2.** schwerhörig; **3.** *fig.* (***to***) taub (gegen), unzugänglich (für); **'deaf-aid** *s.* Hörgerät *n*; **'deaf·en** [-fn] *v/t.* **1.** taub machen; betäuben; **2.** *Schall* dämpfen; **3.** *Wände* schalldicht machen; **'deaf·en·ing** [-fnɪŋ] *adj.* ohrenbetäubend; **ˌdeaf-'mute I** *adj.* taubstumm; **II** *s.* Taubstumme(r *m*) *f*; **'deaf·ness** [-nɪs] *s.* **1.** ⚕ Taubheit *f* (*a. fig.* **to** gegen); **2.** Schwerhörigkeit *f*.

deal¹ [di:l] **I** *v/i.* [*irr.*] **1.** (**with**) sich befassen *od.* beschäftigen *od.* abgeben (mit); **2.** (**with**) handeln (von), *et.* behandeln *od.* zum Thema haben; **3.** ~ **with** sich mit *e-m Problem etc.* befassen *od.* ausein'andersetzen; *et.* in Angriff nehmen; **4.** ~ **with** *et.* erledigen, mit *et. od. j-m* fertigwerden; **5.** ~ **with** *od.* **by** behandeln (*acc.*), 'umgehen mit: ~ **fairly with s.o.** j-n anständig behandeln, sich fair gegen j-n verhalten; **6.** ~ **with** ⚕ Geschäfte machen *od.* Handel treiben mit, in Geschäftsverkehr stehen mit; **7.** ⚕ handeln, Handel treiben (**in** mit): ~ **in paper**; **8.** dealen (*mit Rauschgift handeln*); **9.** *Kartenspiel*: geben; **II** *v/t.* [*irr.*] **10.** *oft* ~ **out** *et.* ver-, austeilen: ~ **out rations**; ~ **s.o.** (**s.th.**) **a blow**, ~ **a blow at s.o.** (**s.th.**) j-m (e-r Sache) e-n Schlag versetzen; **11.** *j-m et.* zuteilen; **12.** *Karten od. j-m e-e Karte* geben; **III** *s.* F **13.** Handlungsweise *f*, Verfahren *n*, Poli'tik *f*; → **New Deal**; **14.** Behandlung *f*; → **raw** 10, **square** 37; **15.** Geschäft *n*, Handel *m*: **it's a ~!** abgemacht!; (**a**) **good ~!** gutes Geschäft!, nicht schlecht!; **no ~!** F da läuft nichts!; **big ~!** *Am. sl.* na und?, pah!; **no big ~** *Am. sl.* keine große Sache; **16.** Abkommen *n*, Über'einkunft *f*: **make** (*od.* **do**) **a ~** ein Abkommen treffen, sich einigen; **17.** *Kartenspiel*: **it is my ~** ich muß geben.

deal² [di:l] *s.* **1.** Menge *f*, Teil *m*: **a great ~** (**of money**) sehr viel (Geld); **a good ~** ziemlich viel, ein gut Teil; **think a great ~ of s.o.** sehr viel von j-m halten; **2.** e-e ganze Menge: **a ~ worse** F viel schlechter.

deal³ [di:l] *s.* **1.** Diele *f*, Brett *n*, Planke *f* (*bsd. aus Kiefernholz*); **2.** Tannen- *od.* Kiefernholz *n*.

deal·er ['di:lə] *s.* **1.** ⚕ Händler(in), Kaufmann *m*: ~ **in antiques** Antiquitätenhändler; **plain ~** *fig.* ehrlicher Mensch; **2.** *Brit. Börse*: Dealer *m* (*der auf eigene Rechnung Geschäfte tätigt*); **3.** Dealer *m* (*Rauschgifthändler*); **4.** *Kartenspiel*: Geber(in); **'deal·ing** [-lɪŋ] *s.* **1.** *mst pl.* 'Umgang *m*, Verkehr *m*, Beziehungen *pl.*: **have ~s with s.o.** mit j-m zu tun haben; **there is no ~ with her** mit ihr ist nicht auszukommen; **2.** ⚕ a) Handel *m*, Geschäft *n* (**in** in *dat.*, mit), b) Geschäftsverkehr *m*, c) Geschäftsgebaren *n*; **3.** Verhalten *n*, Handlungsweise *f*; **4.** Austeilen *n*, Geben *n* (*von Karten*).

dealt [delt] *pret. u. p.p. von* **deal¹**.

dean [di:n] *s.* **1.** *Brit. univ.* a) De'kan *m* (*Vorstand e-r Fakultät od. e-s College*), b) Fellow *m* mit besonderen Aufgaben (*Oxford, Cambridge*); **2.** *Am. univ.* a) Vorstand *m* e-r Fakul'tät, b) Hauptberater(in), Vorsteher(in) (*der Studenten*); **3.** *eccl.* De'kan *m*, De'chant *m*; **4.** Vorsitzende(r *m*) *f*, Präsi'dent(in): ♀ **of the Diplomatic Corps** Doyen *m* des Diplomatischen Korps; **'dean·er·y** [-nərɪ] *s.* Deka'nat *n*.

dear [dɪə] **I** *adj.* □ → **dearly**; **1.** teuer, lieb (**to** *dat.*): ~ **mother** liebe Mutter; ♀ **Sir,** (*in Briefen*) Sehr geehrter Herr (*Name*)!; **my ~est wish** mein Herzenswunsch; **for ~ life** als ob es ums Leben ginge; **hold ~** (wert)schätzen; **2.** teuer, kostspielig; **II** *adv.* **3.** teuer: **it cost him ~** es kam ihm teuer zu stehen; → **dearly** 2; **III** *s.* **4.** Liebste(r *m*) *f*, Liebling *m*, Schatz *m*: **isn't she a ~?** ist sie nicht ein Engel?; **there's a ~!** sei (so) lieb!; **IV** *int.* **5. oh ~!, ~, ~!, ~ me!** du liebe Zeit!, ach je!; **dear·ie** ['dɪərɪ] → **deary**; **'dear·ly** [-lɪ] *adv.* **1.** innig, herzlich; **2.** teuer; → **buy** 3; **'dear·ness** [-nɪs] *s.* **1.** Kostspieligkeit *f*, hoher Preis *od.* Wert (*a. fig.*); **2.** *das* Liebe(nswerte).

dearth [dɜ:θ] *s.* **1.** Mangel *m* (**of** an *dat.*); **2.** Hungersnot *f*.

dear·y ['dɪərɪ] *s.* F Liebling *m*, Schätzchen *n*.

death [deθ] *s.* **1.** Tod *m*: **~s** Todesfälle; **to** (**the**) ~ zu Tode, bis zum äußersten; **at ♀'s door** an der Schwelle des Todes; **bleed to ~** (sich) verbluten; **do to ~** a) *j-n* umbringen, b) *fig. et.* ‚kaputtmachen' *od.* ‚zu Tode reiten'; **done to ~** F *Küche*: totgekocht; **frozen to ~** erfroren; **sure as ~** tod-, bombensicher; **tired to ~** todmüde; **catch one's ~** sich den Tod holen (*engS. durch Erkältung*); **be in at the ~** *fig.* das Ende miterleben; **that will be his ~** das wird ihm das Leben kosten; **he'll be the ~ of me** a) er bringt mich noch ins Grab, b) ich lach' mich noch tot über ihn; **hold on like grim ~** verbissen festhalten, sich festkrallen (**to** an *dat.*); **put to ~** zu Tode bringen, *bsd.* hinrichten; **2.** Tod *m*, (Ab)Sterben *n*, Ende *n*, Vernichtung *f*: **united in ~** im Tode vereint; **~ ag·o·ny** *s.* Todeskampf *m*; **'~·bed** *s.* Sterbebett *n*: **~ repentance** Reue *f* auf dem Sterbebett; **~ ben·e·fit** *s.* **1.** Sterbegeld *n*; **2.** bei Todesfall fällige Versicherungsleistung; **'~·blow** *s.* Todesstreich *m*; *fig.* Todesstoß *m* (**to** für); **~ cell** *s.* ⚖ Todeszelle *f*; **~ cer·tif·i·cate** *s.* Sterbeurkunde *f*, Totenschein *m*; **~ du·ty** *s. obs.* Erbschaftssteuer *f*; **~ grant** *s.* Sterbegeld *n*; **~ house** → **~ *row***; **~ in·stinct** *s. psych.* Todestrieb *m*; **~ knell** *s.* Totengeläut *n*, -glocke *f* (*a. fig.*).

death·less ['deθlɪs] *adj.* □ *bsd. fig.* unsterblich; **'death·like** *adj.*, **'death·ly** [-lɪ] *adj. u. adv.* totenähnlich, Todes..., Leichen..., toten...: ***~ pale*** leichenblaß.

death| mask *s.* Totenmaske *f*; **~ pen·al·ty** *s.* Todesstrafe *f*; **~ rate** *s.* Sterblichkeitsziffer *f*; **~ rat·tle** *s.* Todesröcheln *n*; **~ ray** *s.* Todesstrahl *m*; **~ roll** *s.* Zahl *f* der Todesopfer; ⚔ Gefallenen-, Verlustliste *f*; **~ row** *s. Am.* Todestrakt *m* (*e-r Strafanstalt*); **~'s head** *s.* **1.** Totenkopf *m* (*bsd. als Symbol*); **2.** *zo.* Totenkopf *m* (*Falter*); **~ throes** *s. pl.* Todeskampf *m*; **'~·trap** *s. fig.* ‚Mausefalle' *f*; **~ war·rant** *s.* **1.** ⚖ Hinrichtungsbefehl *m*; **2.** *fig.* Todesurteil *n*; **'~·watch** *s. Brit. a.* ***~ beetle*** zo. Klopfkäfer *m*; **~ wish** *s.* Todeswunsch *m*.

deb [deb] *s.* F *abbr. für **débutante**.*

dé·bâ·cle [deɪ'bɑːkl] (*Fr.*) *s.* **1.** De'bakel *n*, Zs.-bruch *m*, Kata'strophe *f*; **2.** Massenflucht *f*, wildes Durchein'ander; **3.** *geol.* Eisgang *m*.

de·bar [dɪ'bɑː] *v/t.* **1.** (**from**) *j-n* ausschließen (von), hindern (an *dat. od.* zu *inf.*); **2.** ***~ s.o. s.th.*** j-m et. versagen; **3.** *et.* verhindern.

de·bark [dɪ'bɑːk] → ***disembark***.

de·base [dɪ'beɪs] *v/t.* **1.** (cha'rakterlich) verderben, verschlechtern; **2.** (***o.s.*** sich) entwürdigen, erniedrigen; **3.** entwerten; im Wert mindern; *Wert* mindern; **4.** *Münzen* verschlechtern; **5.** verfälschen; **de'based** [-st] *adj.* **1.** verderbt (*etc.*); **2.** minderwertig (*Geld*); **3.** abgegriffen (*Wort*).

de·bat·a·ble [dɪ'beɪtəbl] *adj.* **1.** disku'tabel; **2.** strittig, fraglich, um'stritten; **3.** bestreitbar, anfechtbar; **de·bate** [dɪ'beɪt] **I** *v/i.* **1.** debattieren, diskutieren; **2.** ***~ with o.s.*** hin u. her über'legen; **II** *v/t.* **3.** *et.* debattieren, erörtern, diskutieren; **4.** erwägen, sich *et.* über'legen; **III** *s.* **5.** De'batte *f* (*a. parl.*), Erörterung *f*: ***be under ~*** zur Debatte stehen; ***~ on request*** *parl.* aktuelle Stunde; **de'bat·er** [-tə] *s.* **1.** Debat'tierer *m*, Dispu'tant *m*; **2.** *parl.* Redner *m*; **de'bat·ing** [-tɪŋ] *adj.*: ***~ club*** *od.* ***society*** Debattierklub *m*.

de·bauch [dɪ'bɔːtʃ] **I** *v/t.* **1.** *sittlich* verderben; **2.** verführen, verleiten; **II** *s.* **3.** Ausschweifung *f*, Orgie *f*; **4.** Schwelge'rei *f*; **de'bauched** [-tʃt] *adj.* ausschweifend, liederlich, zügellos; **deb·au·chee** [ˌdebɔː'tʃiː] *s.* Wüstling *m*; **de'bauch·er** [-tʃə] *s.* Verführer *m*; **de'bauch·er·y** [-tʃərɪ] *s.* Ausschweifung (-en *pl.*) *f*, Orgie(n *pl.*) *f*; Schwelge'rei *f*.

de·ben·ture [dɪ'bentʃə] *s.* **1.** Schuldschein *m*; **2.** ✝ a) *a.* ***~ bond***, ***~ certificate*** Obligati'on *f*, Schuldverschreibung *f*, b) *Brit.* Pfandbrief *m*: ***~ holder*** Obligationsinhaber *m*; *Brit.* Pfandbriefinhaber(in); ***~ stock*** *Brit.* Obligationen *pl.*, Anleiheschuld *f*, *Am.* Vorzugsaktien erster Klasse; **3.** ✝ Rückzollschein *m*.

de·bil·i·tate [dɪ'bɪlɪteɪt] *v/t.* schwächen, entkräften; **de·bil·i·ta·tion** [dɪˌbɪlɪ'teɪʃn] *s.* Schwächung *f*, Entkräftung *f*; **de'bil·i·ty** [-lətɪ] *s.* Schwäche *f*, Kraftlosigkeit *f*, Erschöpfung(szustand *m*) *f*.

deb·it ['debɪt] **I** *s.* ✝ **1.** Debet *n*, Soll *n*, Schuldposten *m*: ***~ and credit*** Soll *n* u. Haben *n*; **2.** Belastung *f*: ***to the ~ of*** zu Lasten von; **3.** *a.* ***~ side*** Debetseite *f*: ***charge*** (*od.* ***carry***) ***a sum to s.o.'s ~*** j-s Konto mit e-r Summe belasten; **II** *v/t.* **4.** debitieren, belasten (***with*** mit); **III** *adj.* **5.** Debet..., Schuld...: ***~ account***; ***~ balance*** Debetsaldo *m*; ***your ~ balance*** Saldo *m* zu Ihren Lasten; ***~ entry*** Lastschrift *f*; ***~ note*** Lastschriftanzeige *f*.

de·block [ˌdiː'blɒk] *v/t.* ✝ *eingefrorene Konten* freigeben.

deb·o·nair(e) [ˌdebə'neə] *adj.* **1.** höflich, gefällig; **2.** heiter, fröhlich; **3.** 'lässig(-eleˌgant).

de·bouch [dɪ'baʊtʃ] *v/i.* **1.** ⚔ her'vorbrechen; **2.** einmünden, sich ergießen (*Fluß*).

De·brett [də'bret] *npr.*: ***~'s peerage*** *englisches Adelsregister*.

de·brief·ing [ˌdiː'briːfɪŋ] *s.* ⚔, ✈ Einsatzbesprechung *f* (*nach dem Flug*).

de·bris ['deɪbriː] *s.* Trümmer *pl.*, (Gesteins)Schutt *m* (*a. geol.*).

debt [det] *s.* Schuld *f* (*Geld od. fig.*); Verpflichtung *f*: ***~-collecting agency*** Inkassobüro *n*; ***~ collector*** Inkassobeauftragte(r) *m*; ***collection of ~s*** Inkasso *n*; ***bad ~s*** zweifelhafte Forderungen *od.* Außenstände; ***~ of gratitude*** Dankesschuld; ***~ of hono(u)r*** Ehrenschuld; ***pay one's ~ to nature*** der Natur s-n

Tribut entrichten, sterben; ***run into ~*** in Schulden geraten; ***run up ~s*** Schulden machen; ***be in ~*** verschuldet sein, Schulden haben; ***be in s.o.'s ~*** *fig.* j-m verpflichtet sein, in j-s Schuld stehen; **'debt·or** [-tə] *s.* Schuldner(in), ♆ Debitor *m*: ***common ~*** Gemeinschuldner *m*.

de·bug [ˌdiːˈbʌg] *v/t.* **1.** ⚙ F (die) ‚Mukken' *e-r Maschine* beseitigen; **2.** entwanzen (*a.* F *von Minispionen befreien*).

de·bunk [ˌdiːˈbʌŋk] *v/t.* F entlarven.

de·bu·reauc·ra·tize [ˌdiːbjʊəˈrɒkrətaɪz] *v/t.* entbürokratisieren.

de·bus [ˌdiːˈbʌs] *v/i.* aus dem *od.* e-m Bus aussteigen.

dé·but, *Am.* **de·but** [ˈdeɪbuː] (*Fr.*) *s.* Deˈbüt *n*: a) erstes Auftreten (*thea. od. in der Gesellschaft*), b) Anfang *m*, Antritt *m* (*e-r Karriere etc.*): ***make one's ~*** sein Debüt geben; **déb·u·tant**, *Am.* **deb·u·tant** [ˈdebjuːtɑ̃ːŋ] (*Fr.*) *s.* Debüˈtant *m*; **déb·u·tante**, *Am.* **deb·u·tante** [ˈdebjuːtɑːnt] (*Fr.*) *s.* Debüˈtantin *f*.

deca- [dekə] *in Zssgn* zehn(mal).

dec·ade [ˈdekeɪd] *s.* **1.** Deˈkade *f*: a) Jahrˈzehnt *n*, b) Zehnergruppe *f*; **2.** ⚡, ⚙ Deˈkade *f*.

dec·a·dence [ˈdekədəns] *s.* Dekaˈdenz *f*, Entartung *f*, Verfall *m*, Niedergang *m*; **ˈdec·a·dent** [-nt] **I** *adj.* dekaˈdent, entartet, verfallend; Dekadenz...; **II** *s.* dekaˈdenter Mensch.

de·caf·fein·ate [ˌdiːˈkæfɪneɪt] *v/t. Kaffee* koffeˈinfrei machen.

dec·a·gon [ˈdekəgən] *s.* ⩟ Zehneck *n*; **dec·a·gram(me)** [ˈdekəgræm] *s.* Dekaˈgramm *n*.

de·cal [dɪˈkæl] → ***decalcomania***.

de·cal·ci·fy [ˌdiːˈkælsɪfaɪ] *v/t.* entkalken.

de·cal·co·ma·ni·a [dɪˌkælkəʊˈmeɪnɪə] *s.* Abziehbild(verfahren) *n*.

dec·a|·li·ter *Am.*, **~·li·tre** *Brit.* [ˈdekəˌliːtə] *s.* Dekaˈliter *m*, *n*; **~·log(ue)** [ˈdekəlɒg] *s. bibl.* Dekaˈlog *m*, *die* Zehn Gebote *pl.*; **~·me·ter** *Am.*, **~·me·tre** *Brit.* [ˈdekəˌmiːtə] *s.* Dekaˈmeter *m*, *n*.

de·camp [dɪˈkæmp] *v/i.* **1.** ⚔ das Lager abbrechen; **2.** F sich aus dem Staube machen.

de·cant [dɪˈkænt] *v/t.* **1.** ab-, ˈumfüllen; **2.** dekantieren, vorsichtig abgießen; **deˈcant·er** [-tə] *s.* **1.** Kaˈraffe *f*; **2.** Klärflasche *f*.

de·cap·i·tate [dɪˈkæpɪteɪt] *v/t.* **1.** enthaupten, köpfen; **2.** *Am.* F entlassen, ‚absägen'; **de·cap·i·ta·tion** [dɪˌkæpɪˈteɪʃn] *s.* **1.** Enthauptung *f*; **2.** *Am.* F ‚Rausschmiß' *m*.

de·car·bon·ate [ˌdiːˈkɑːbəneɪt] *v/t.* Kohlensäure *od.* Kohlenˈdioxyd entziehen (*dat.*); **de·car·bon·ize** [ˌdiːˈkɑːbənaɪz] *v/t.* dekarbonisieren; **de·car·bu·rize** [ˌdiːˈkɑːbjʊəraɪz] → ***decarbonize***.

de·car·tel·i·za·tion [ˈdiːˌkɑːtəlaɪˈzeɪʃn] *s.* ♆ Entkartellisierung *f*, (Konˈzern-) Entflechtung *f*; **de·car·tel·ize** [ˌdiːˈkɑːtəlaɪz] *v/t.* entflechten.

de·cath·lete [dɪˈkæθliːt] *s. sport* Zehnkämpfer *m*; **de·cath·lon** [dɪˈkæθlɒn] *s.* Zehnkampf *m*.

dec·a·tize [ˈdekətaɪz] *v/t. Seide* dekatieren.

de·cay [dɪˈkeɪ] **I** *v/t.* **1.** verfallen, zerfallen (*a. phys.*), in Verfall geraten, zuˈgrunde gehen; **2.** verderben, verkümmern, verblühen; **3.** (ver)faulen (*a. Zahn*), (ver)modern, verwesen; **4.** schwinden, abnehmen, schwach werden, (herˈab)sinken: ***~ed with age*** altersschwach; **II** *s.* **5.** Verfall *m*, Zerfall *m* (*a. phys. von Radium etc.*): ***fall into ~*** → 1; **6.** Nieder-, Rückgang *m*, Verblühen *n*; Ruˈin *m*; **7.** ⚕ Karies *f*, (Zahn)Fäule *f*; Schwund *m*; **8.** Fäulnis *f*, Vermodern *n*; **deˈcayed** [-eɪd] *adj.* **1.** ver-, zerfallen; kraftlos; zerrüttet; **2.** herˈuntergekommen; **3.** verblüht; **4.** verfault, morsch; *geol.* verwittert; **5.** ⚕ kariˈös, schlecht (*Zahn*).

de·cease [dɪˈsiːs] **I** *v/i.* sterben, verscheiden; **II** *s.* Tod *m*, Ableben *n*; **deˈceased** [-st] **I** *adj.* verstorben; **II** *s.* ***the ~*** a) der *od.* die Verstorbene, b) die Verstorbenen *pl.*

de·ce·dent [dɪˈsiːdənt] *s.* ⚖ *Am.* **1.** → ***deceased*** II; **2.** Erb-lasser(in).

de·ceit [dɪˈsiːt] *s.* **1.** Betrug *m*, (bewußte) Täuschung; Betrügeˈrei *f*; **2.** Falschheit *f*, Tücke *f*; **deˈceit·ful** [-fʊl] *adj.* □ betrügerisch; falsch, ˈhinterlistig; **deˈceit·ful·ness** [-fʊlnɪs] *s.* Falschheit *f*, ˈHinterlist *f*, Arglist *f*.

de·ceiv·a·ble [dɪˈsiːvəbl] *adj.* leicht zu täuschen(d); **de·ceive** [dɪˈsiːv] **I** *v/t.* **1.** täuschen (*Person od. Sache*), trügen (*Sache*): ***be ~d*** sich täuschen lassen, sich irren (***in*** in *dat.*); ***~ o.s.*** sich et. vormachen; **2.** *mst pass. Hoffnung etc.* enttäuschen; **II** *v/i.* **3.** trügen, täuschen (*Sache*); **deˈceiv·er** [-və] *s.* Betrüger (-in).

de·cel·er·ate [ˌdiːˈseləreɪt] **I** *v/t.* verlangsamen; die Geschwindigkeit verringern von (*od. gen.*); **II** *v/i.* sich verlangsamen; s-e Geschwindigkeit verringern; **de·cel·er·a·tion** [ˈdiːˌseləˈreɪʃn] *s.* Verlangsamung *f*; Geschwindigkeitsabnah-

me *f*: ~ ***lane*** *mot.* Verzögerungsspur *f*.
De·cem·ber [dɪˈsembə] *s.* Deˈzember *m*: ***in*** ~ im Dezember.
de·cen·cy [ˈdiːsnsɪ] *s.* **1.** Anstand *m*, Schicklichkeit *f*: ***for ~'s sake*** anstandshalber; ***sense of*** ~ Anstandsgefühl *n*; **2.** Anständigkeit *f*; **3.** *pl.* Anstand *m*; **4.** *pl.* Annehmlichkeiten *pl. des Lebens*.
de·cen·ni·al [dɪˈsenjəl] **I** *adj.* □ **1.** zehnjährig; **2.** alle zehn Jahre ˈwiederkehrend; **II** *s.* **3.** *Am.* Zehnˈjahrfeier *f*; **deˈcen·ni·al·ly** [-lɪ] *adv.* alle zehn Jahre; **deˈcen·ni·um** [-jəm] *pl.* **-ni·ums, -ni·a** [-jə] *s.* Jahrˈzehnt *n*, Deˈzennium *n*.
de·cent [ˈdiːsnt] *adj.* □ **1.** anständig: a) schicklich, b) sittsam, c) ehrbar; **2.** deˈzent, unaufdringlich; **3.** F ‚anständig': a) annehmbar: ***a ~ meal***, b) nett: ***that was ~ of him***.
de·cen·tral·i·za·tion [diːˌsentrəlaɪˈzeɪʃn] *s.* Dezentralisierung *f*; **de·cen·tral·ize** [ˌdiːˈsentrəlaɪz] *v/t.* dezentralisieren.
de·cep·tion [dɪˈsepʃn] *s.* **1.** Täuschung *f*, Irreführung *f*; **2.** Betrug *m*; **3.** Trugbild *n*; **deˈcep·tive** [-ptɪv] *adj.* □ täuschend, irreführend, trügerisch: ***appearances are*** ~ der Schein trügt.
deci- [desɪ] *in Zssgn* Dezi…
dec·i·bel [ˈdesɪbel] *s. phys.* Deziˈbel *n*.
de·cide [dɪˈsaɪd] **I** *v/t.* **1.** *et.* entscheiden; **2.** *j-n* bestimmen, veranlassen; *et.* bestimmen, festsetzen: ~ ***the right moment***; ***that ~d me*** das gab für mich den Ausschlag, das bestärkte mich in m-m Entschluß; ***the weather ~d me against going*** aufgrund des Wetters entschloß ich mich, nicht zu gehen; **II** *v/i.* **3.** entscheiden, bestimmen, den Ausschlag geben; **4.** beschließen; sich entscheiden *od.* entschließen (***in favo[u]r of*** für; ***against doing*** nicht zu tun; ***to do*** zu tun); **5.** zu dem Schluß *od.* der Überˈzeugung kommen: ***I ~d that it was worth trying***; **6.** feststellen, finden: ***we ~d that the weather was too bad***; **7.** ~ (***up***)***on*** sich entscheiden für *od.* über (*acc.*); festsetzen, -legen, bestimmen (*acc.*); **deˈcid·ed** [-dɪd] *adj.* □ **1.** entschieden, unzweifelhaft, deutlich; **2.** entschieden, entschlossen, fest, bestimmt; **deˈcid·ed·ly** [-dɪdlɪ] *adv.* entschieden, fraglos, bestimmt; **deˈcid·er** [-də] *s.* **1.** *sport* Entscheidungskampf *m*, Stechen *n*; **2.** *das* Entscheidende, *die* Entscheidung.
de·cid·u·ous [dɪˈsɪdjʊəs] *adj.* **1.** ⚘ jedes Jahr abfallend: ~ ***tree*** Laubbaum *m*; **2.** *zo.* abfallend (*Geweih etc.*).
dec·i|·gram(me) [ˈdesɪgræm] *s.* Deziˈgramm *n*; **~·li·ter** *Am.*, **~·li·tre** *Brit.* [ˈdesɪˌliːtə] *s.* Deziˈliter *m*, *n*.
dec·i·mal [ˈdesɪml] ⚕ **I** *adj.* □ → ***decimally***; deziˈmal, Dezimal…: ~ ***fraction***; ***go*** ~ das Dezimalsystem einführen; **II** *s.* a) Deziˈmalzahl *f*, b) Deziˈmale *f*, Deziˈmalstelle *f*: ***circulating*** (***recurring***) ~ periodische (unendliche) Dezimalzahl; **ˈdec·i·mal·ize** [-məlaɪz] *v/t.* auf das Deziˈmalsyˌstem ˈumstellen; **ˈdec·i·mal·ly** [-məlɪ] *adv.* **1.** nach dem Deziˈmalsyˌstem; **2.** in Deziˈmalzahlen (ausgedrückt).
dec·i·mal| place *s.* Deziˈmalstelle *f*; ~ **point** *s.* Komma *n* (*im Englischen ein Punkt*) vor der ersten Deziˈmalstelle: ***floating*** ~ Fließkomma (*Taschenrechner etc.*); ~ **sys·tem** *s.* Deziˈmalsyˌstem *n*.
dec·i·mate [ˈdesɪmeɪt] *v/t.* dezimieren, *fig. a.* stark schwächen *od.* vermindern; **dec·i·ma·tion** [desɪˈmeɪʃn] *s.* Dezimierung *f*.
dec·i·me·ter *Am.*, **dec·i·me·tre** *Brit.* [ˈdesɪˌmiːtə] *s.* Deziˈmeter *m*, *n*.
de·ci·pher [dɪˈsaɪfə] *v/t.* **1.** entziffern; **2.** dechiffrieren; **3.** *fig.* enträtseln; **deˈci·pher·a·ble** [-fərəbl] *adj.* entzifferbar; *fig.* enträtselbar; **deˈci·pher·ment** [-mənt] *s.* Entzifferung *f etc.*
de·ci·sion [dɪˈsɪʒn] *s.* **1.** Entscheidung *f* (*a.* ⚖); Entscheid *m*, Urteil *n*, Beschluß *m*: ***make*** (*od.* ***take***) ***a*** ~ e-e Entscheidung treffen; **2.** Entschluß *m*: ***arrive at a ~, come to a ~, take a ~*** zu e-m Entschluß kommen; **3.** Entschlußkraft *f*, Entschlossenheit *f*: ~ ***of character*** Charakterstärke *f*; **~-ˌmak·er** *s.* Entscheidungsträger *m*; **~-ˌmak·ing** *adj.* entscheidungstragend, entscheidend: ~ ***board***.
de·ci·sive [dɪˈsaɪsɪv] *adj.* □ **1.** entscheidend, ausschlag-, maßgebend; endgültig, schlüssig: ***be ~ in*** entscheidend beitragen zu; ***be ~ of*** entscheiden (*acc.*); ~ ***battle*** Entscheidungsschlacht *f*; **2.** entschlossen, entschieden (*Person*); **deˈci·sive·ness** [-nɪs] *s.* **1.** entscheidende Kraft; **2.** Maßgeblichkeit *f*; **3.** Endgültigkeit *f*; **4.** Entschiedenheit *f*.
deck [dek] **I** *s.* **1.** ⚓ Deck *n*: ***on*** ~ a) auf Deck, b) *Am.* F bereit, zur Hand; ***all hands on ~!*** alle Mann an Deck!; ***below*** ~ unter Deck; ***clear the ~s*** (***for action***) a) das Schiff klar zum Gefecht machen, b) *fig.* sich bereitmachen; **2.** ✈ Tragdeck *n*, -fläche *f*; **3.** 🚃 (Wagˈgon)Dach *n*; **4.** (Ober)Deck *n* (*Bus*);

5. a) Laufwerk *n* (*e-s Plattenspielers*), b) → ***tape deck***; **6.** *sl.* ‚Briefchen' *n* (*Rauschgift*); Spiel *n*, Pack *m* (Spiel-) Karten; **II** *v/t.* **7.** *oft* **~ *out*** a) (aus-) schmücken, b) *j-n* her'ausputzen; **'~-chair** *s.* Liegestuhl *m.*

-deck·er [dekə] *s. in Zssgn* ...decker *m*; → ***three-decker.***

deck| game *s.* Bordspiel *n*; **~ hand** *s.* ⚓ Ma'trose *m.*

deck·le-edged [ˌdekl'edʒd] *adj.* **1.** mit Büttenrand; **2.** unbeschnitten: **~ *book.***

de·claim [dɪ'kleɪm] **I** *v/i.* **1.** reden, e-e Rede halten; **2. ~ *against*** eifern *od.* wettern gegen; **3.** Phrasen dreschen; **II** *v/t.* **4.** deklamieren, (*contp.* bom'bastisch) vortragen.

dec·la·ma·tion [ˌdeklə'meɪʃn] *s.* **1.** Deklamati'on *f* (*a.* ♪); **2.** bom'bastische Rede; **3.** Ti'rade *f*; **4.** Vortragsübung *f*; **de·clam·a·to·ry** [dɪ'klæmətərɪ] *adj.* □ **1.** Rede..., Vortrags...; **2.** deklama'torisch; **3.** eifernd; **4.** bom'bastisch, thea'tralisch.

de·clar·a·ble [dɪ'kleərəbl] *adj.* zollpflichtig; **de'clar·ant** [-rənt] *s.* **1.** ⚖ Erschienene(r *m*) *f*; **2.** *Am.* Einbürgerungsanwärter(in).

dec·la·ra·tion [ˌdeklə'reɪʃn] *s.* **1.** Erklärung *f*, Aussage *f*: ***make a* ~** eine Erklärung abgeben; **~ *of intent*** Absichtserklärung; **~ *of war*** Kriegserklärung; **2.** Mani'fest *n*, Proklamati'on *f*; **3.** ⚖ a) *Am.* Klageschrift *f*, b) Beteuerung *f* (*an Eides Statt*); **4.** Anmeldung *f*, Angabe *f*: **~ *of bankruptcy*** ⚕ Konkursanmeldung; ***customs* ~** Zolldeklaration *f*, -erklärung *f*; **5.** *Bridge*: Ansage *f*; **de·clar·a·tive** [dɪ'klærətɪv] *adj.*: **~ *sentence*** *ling.* Aussagesatz *m*; **de·clar·a·to·ry** [dɪ'klærətərɪ] *adj.* erklärend: ***be* ~ *of*** erklären, darlegen, feststellen; **~ *judgment*** ⚖ Feststellungsurteil *n.*

de·clare [dɪ'kleə] **I** *v/t.* **1.** erklären, aussagen, verkünden, bekanntmachen, proklamieren: **~ *war* (*on*)** (*j-m*) den Krieg erklären, *fig.* (*j-m*) den Kampf ansagen; ***he was* ~*d winner*** er wurde zum Sieger erklärt; **2.** erklären, behaupten; **3.** angeben, anmelden; erklären, deklarieren (*Zoll*); ⚕ *Dividende* festsetzen; **4.** *Kartenspiel*: ansagen; **5. ~ *o.s.*** a) sich erklären (*a. durch Heiratsantrag*), sich offenbaren, s-e Meinung kundtun, b) sich im wahren Licht zeigen; **~ *o.s. for s.th.*** sich zu e-r Sache bekennen; **II** *v/i.* **6.** erklären, bestätigen: ***well, I* ~!** ich muß schon sagen!, nanu!; **7.** sich erklären *od.* entscheiden (***for*** für; ***against*** gegen); **8. ~ *off*** a) absagen, b) sich lossagen (***from*** von); *Kricket*: ein Spiel vorzeitig abbrechen; **de'clared** [-eəd] *adj.* □ *fig.* erklärt (*Feind etc.*); **de'clar·ed·ly** [-eərɪdlɪ] *adv.* erklärtermaßen, ausgesprochen.

de·clas·si·fy [dɪ'klæsɪfaɪ] *v/t.* die Geheimhaltung (*gen.*) aufheben, *Dokumente etc.* freigeben.

de·clen·sion [dɪ'klenʃn] *s.* **1.** Abweichung *f*, Abfall *m* (***from*** von); **2.** Verfall *m*, Niedergang *m*; **3.** *ling.* Deklinati'on *f*; **de'clen·sion·al** [-ʃənl] *adj. ling.* Deklinations...

de·clin·a·ble [dɪ'klaɪnəbl] *adj. ling.* deklinierbar; **dec·li·na·tion** [ˌdeklɪ'neɪʃn] *s.* **1.** Neigung *f*, Abschüssigkeit *f*; **2.** Abweichung *f*; **3.** *ast.*, *phys.* Deklinati'on *f*: **~ *compass*** ⚓ Deklinationsbussole *f*; ***compass* ~** Mißweisung *f.*

de·cline [dɪ'klaɪn] **I** *v/i.* **1.** sich neigen, sich senken; **2.** sich neigen, zur Neige *od.* zu Ende gehen: ***declining years*** Lebensabend *m*; **3.** abnehmen, nachlassen, zu'rückgehen; sich verschlechtern, schwächer werden; verfallen; **4.** sinken, fallen (*Preise*); **5.** (höflich) ablehnen; **II** *v/t.* **6.** neigen, senken; **7.** ablehnen, nicht annehmen, ausschlagen; es ablehnen (***doing*** *od.* ***to do*** zu tun); **8.** *ling.* deklinieren, beugen; **III** *s.* **9.** Neigung *f*, Senkung *f*, Abhang *m*; **10.** Neige *f*, Ende *n*: **~ *of life*** Lebensabend *m*; **11.** Nieder-, Rückgang *m*, Abnahme *f*; Verschlechterung *f*: ***be on the* ~** a) zur Neige gehen, b) im Niedergang begriffen sein, sinken; **~ *of strength*** Kräfteverfall *m*; **~ *of* (*od. in*) *prices*** Preisrückgang; **~ *in value*** Wertminderung *f*; **12.** ⚕ körperlicher *od.* geistiger Verfall, Siechtum *n.*

de·cliv·i·tous [dɪ'klɪvɪtəs] *adj.* abschüssig, steil; **de'cliv·i·ty** [-vətɪ] *s.* **1.** Abschüssigkeit *f*; **2.** Abhang *m.*

de·clutch [ˌdiː'klʌtʃ] *v/i. mot.* auskuppeln.

de·coct [dɪ'kɒkt] *v/t.* auskochen, absieden; **de'coc·tion** [-kʃn] *s.* **1.** Auskochen *n*, Absieden *n*; **2.** Absud *m*; *pharm.* De'kokt *n.*

de·code [ˌdiː'kəʊd] *v/t.* decodieren (*a. ling., Computer*), dechiffrieren, entschlüsseln, über'setzen; **ˌde'cod·er** [-də] *s. a. Radio, Computer*: De'coder *m.*

dé·col·le·té [deɪ'kɒlteɪ] (*Fr.*) *adj.* **1.** (tief) ausgeschnitten (*Kleid*); **2.** dekolletiert (*Dame*).

de·col·o·nize [ˌdiː'kɒlənaɪz] *v/t.* dekolonisieren, in die Unabhängigkeit entlassen.

de·col·or·ant [diːˈkʌlərənt] **I** *adj.* entfärbend, bleichend; **II** *s.* Bleichmittel *n*; **deˈcol·o(u)r·ize** [-raiz] *v/t.* entfärben, bleichen.

de·com·pose [ˌdiːkəmˈpəʊz] **I** *v/t.* **1.** zerlegen, spalten; **2.** zersetzen; **3.** ⚗, *phys.* scheiden, abbauen; **II** *v/i.* **4.** sich auflösen, zerfallen; **5.** sich zersetzen, verwesen, verfaulen; **ˌde·comˈposed** [-zd] *adj.* verfault, verdorben; **de·com·po·si·tion** [ˌdiːkɒmpəˈzɪʃn] *s.* **1.** ⚗, *phys.* Zerlegung *f*, Aufspaltung *f*, Scheidung *f*, Auflösung *f*, Abbau *m*; **2.** Zersetzung *f*, Zerfall *m*; **3.** Verwesung *f*, Fäulnis *f*.

de·com·press [ˌdiːkəmˈpres] *v/t.* dekomprimieren, den Druck vermindern in (*dat.*); **ˌde·comˈpres·sion** [-eʃn] *s.* Dekompressiˈon *f*, Druckverminderung *f*.

de·con·tam·i·nate [ˌdiːkənˈtæmɪneɪt] *v/t.* entgiften, -seuchen, -strahlen; **de·con·tam·i·na·tion** [ˈdiːkənˌtæmɪˈneɪʃn] *s.* Entgiftung *f*, -seuchung *f*, -gasung *f*.

de·con·trol [ˌdiːkənˈtrəʊl] **I** *v/t.* die Zwangsbewirtschaftung aufheben von *od.* für; *Waren*, *Handel* freigeben; **II** *s.* Aufhebung *f* der Zwangsbewirtschaftung, Freigabe *f*.

dé·cor [ˈdeɪkɔː] (*Fr.*) *s.* ⚠, *thea. etc.* Deˈkor *m*, *n*, Ausstattung *f*.

dec·o·rate [ˈdekəreɪt] *v/t.* **1.** (aus-)schmücken, (ver)zieren, dekorieren; **2.** *Wohnung* a) (neu) tapezieren *od.* streichen, b) einrichten, ausstatten; **3.** *mit e-m Orden* dekorieren, auszeichnen; **dec·o·ra·tion** [ˌdekəˈreɪʃn] *s.* **1.** Ausschmückung *f*, Verzierung *f*; **2.** Schmuck *m*, Zierat *m*, Dekoratiˈon *f*; **3.** Orden *m*, Ehrenzeichen *n*; **4.** *a.* ***interior*** **~** a) Innenausstattung *f*, b) ˈInnenarchitekˌtur *f*.

Dec·o·ra·tion Day → ***Memorial Day***.

dec·o·ra·tive [ˈdekərətɪv] *adj.* □ dekoraˈtiv, schmückend, ornamenˈtal, Zier…, Schmuck…: **~ *plant*** Zierpflanze *f*; **dec·o·ra·tor** [ˈdekəreɪtə] *s.* **1.** Dekoraˈteur *m*; **2.** → ***interior*** 1; **3.** Maler *m* u. Tapezierer *m*.

dec·o·rous [ˈdekərəs] *adj.* □ schicklich, anständig.

de·cor·ti·cate [ˌdiːˈkɔːtɪkeɪt] *v/t.* **1.** entrinden; schälen; **2.** enthülsen.

de·co·rum [dɪˈkɔːrəm] *s.* **1.** Anstand *m*, Schicklichkeit *f*, Deˈkorum *n*; **2.** Etiˈkette *f*, Anstandsformen *pl.*

de·coy **I** *s.* [ˈdiːkɔɪ] **1.** Köder *m*, Lockspeise *f*; **2.** *a.* **~ *duck*** Lockvogel *m* (*a. fig.*); **3.** *hunt.* Entenfang *m*, -falle *f*; **4.** ⚔ Scheinanlage *f*; **II** *v/t.* [dɪˈkɔɪ] **5.** ködern, locken; **6.** *fig.* (ver)locken, verleiten; **~ *ship*** *s.* ⚓, ⚔ U-Boot-Falle *f*.

de·crease [diːˈkriːs] **I** *v/i.* abnehmen, sich vermindern, kleiner werden: **~ *in length*** kürzer werden; **II** *v/t.* vermindern, verringern, reduzieren, herˈabsetzen; **III** *s.* [ˈdiːkriːs] Abnahme *f*, Verminderung *f*, Verringerung *f*; Rückgang *m*: **~ *in prices*** Preisrückgang; ***be on the* ~** → I; **deˈcreas·ing·ly** [-sɪŋlɪ] *adv.* immer weniger: **~ *rare***.

de·cree [dɪˈkriː] **I** *s.* **1.** Deˈkret *n*, Erlaß *m*, Verfügung *f*, Verordnung *f*: ***issue a* ~** e-e Verfügung erlassen; ***by* ~** auf dem Verordnungsweg; **2.** ⚖ Entscheid *m*, Urteil *n*: **~ *absolute*** rechtskräftiges (Scheidungs)Urteil; → ***nisi***; **3.** *fig.* Ratschluß *m Gottes*, Fügung *f des Schicksals*; **II** *v/t.* **4.** verfügen, an-, verordnen.

dec·re·ment [ˈdekrɪmənt] *s.* Abnahme *f*, Verminderung *f*.

de·crep·it [dɪˈkrepɪt] *adj.* **1.** altersschwach, klapp(e)rig (*beide a. fig.*); **2.** verfallen, baufällig.

de·cres·cent [dɪˈkresnt] *adj.* abnehmend: **~ *moon***.

de·cry [dɪˈkraɪ] *v/t.* schlecht-, herˈuntermachen, herˈabsetzen.

dec·u·ple [ˈdekjʊpl] **I** *adj.* zehnfach; **II** *s. das* Zehnfache; **III** *v/t.* verzehnfachen.

de·cus·sate [dɪˈkʌsət] *adj.* **1.** sich kreuzend *od.* schneidend; **2.** ⚘ kreuzgegenständig.

ded·i·cate [ˈdedɪkeɪt] *v/t.* (***to*** *dat.*) **1.** weihen, widmen; **2.** *s-e Zeit etc.* widmen; **3.** **~ *o.s.*** sich widmen *od.* hingeben; sich zuwenden; **4.** *Buch etc.* widmen, zueignen; **5.** *Am.* feierlich eröffnen *od.* einweihen; **6.** a) der Öffentlichkeit zugänglich machen, b) dem öffentlichen Verkehr überˈgeben: **~ *a road***; **7.** *dem Feuer*, *der Erde* überˈantworten; **ˈded·i·cat·ed** [-tɪd] *adj.* **1.** pflichtbewußt, hingebungsvoll; **2.** engagiert; **ded·i·ca·tion** [ˌdedɪˈkeɪʃn] *s.* **1.** Weihung *f*, Widmung *f*; feierliche Einweihung; **2.** ˈHingabe *f* (***to*** an *acc.*), Engageˈment *n*; **3.** Widmung *f*, Zueignung *f*; **4.** *Am.* feierliche Einweihung *od.* Eröffnung; **5.** ˈÜbergabe *f* an den öffentlichen Verkehr; **ˈded·i·ca·tor** [-tə] *s.* Widmende(r *m*) *f*; **ˈded·i·ca·to·ry** [-kətərɪ] *adj.* (Ein)Weihungs…; Widmungs…, Zueignungs…

de·duce [dɪˈdjuːs] *v/t.* **1.** folgern, schließen (***from*** aus); **2.** ab-, ˈherleiten (***from*** von); **deˈduc·i·ble** [-səbl] *adj.* **1.** zu folgern(d); **2.** ab-, ˈherleitbar, ˈherzuleiten(d).

de·duct [dɪˈdʌkt] *v/t. e-n Betrag* abziehen (***from*** von), einbehalten; (*von der Steuer*) absetzen: ***after ~ing*** nach Abzug von *od. gen.*; ***~ing expenses*** abzüglich (der) Unkosten; **deˈduct·i·ble** [-təbl] *adj.* **1.** abzugsfähig; **2.** (*von der Steuer*) absetzbar; **deˈduc·tion** [-kʃn] *s.* **1.** Abzug *m*, Abziehen *n*; **2.** ✝ Abzug *m*, Raˈbatt *m*, (Preis)Nachlaß *m*; **3.** (Schluß)Folgerung *f*, Schluß *m*; **4.** ˈHerleitung *f*; **deˈduc·tive** [-tɪv] *adj.* □ **1.** dedukˈtiv, folgernd, schließend; **2.** → ***deducible***.

deed [di:d] **I** *s.* **1.** Tat *f*, Handlung *f*: ***in word and ~*** in Wort u. Tat; **2.** Helden-, Großtat *f*; **3.** ⚖ (Vertrags-, *bsd.* Überˈtragungs)Urkunde *f*, Dokuˈment *n*: ***~ of donation*** Schenkungsurkunde; **II** *v/t.* **4.** *Am.* urkundlich überˈtragen (***to*** auf *j-n*); **~ poll** *s.* ⚖ einseitige (gesiegelte) Erklärung (*e-r Vertragspartei*).

dee·jay [ˈdi:dʒeɪ] *s.* F Diskjockey *m*.

deem [di:m] **I** *v/i.* denken, meinen; **II** *v/t.* halten für, erachten für, betrachten als: ***I ~ it advisable***.

de-e·mo·tion·al·ize [ˌdi:ɪˈməʊʃnəlaɪz] *v/t.* versachlichen.

de-em·pha·size [ˌdi:ˈemfəsaɪz] *v/t.* bagatellisieren.

deem·ster [ˈdi:mstə] *s.* Richter *m* (*auf der Insel Man*).

deep [di:p] **I** *adj.* □ → ***deeply***; **1.** tief (*vertikal*): ***~ hole***; ***~ snow***; ***~ sea*** Tiefsee *f*; ***in ~ water(s)*** *fig.* in Schwierigkeiten; ***go off the ~ end*** a) *Brit.* in Rage kommen, b) *Am.* et. unüberlegt riskieren; **2.** tief (*horizontal*): ***~ cupboard***; ***~ forests***; ***~ border*** breiter Rand; ***they marched four ~*** sie marschierten in Viererreihen; ***three men ~*** drei Mann hoch (*zu dritt*); **3.** tief, vertieft, versunken (***in*** in *acc.*): ***~ in thought***; **4.** tief, gründlich, scharfsinnig: ***~ learning*** gründliches Wissen; ***~ intellect*** scharfer Verstand; ***a ~ thinker*** ein tiefer Denker; **5.** tief, heftig, stark, fest, schwer: ***~ sleep*** tiefer *od.* fester Schlaf; ***~ mourning*** tiefe Trauer; ***~ disappointment*** tiefe *od.* bittere Enttäuschung; ***~ interest*** großes Interesse; ***~ grief*** schweres Leid; ***~ in debt*** stark *od.* tief verschuldet; **6.** tief, innig, aufrichtig: ***~ love***; ***~ gratitude***; **7.** tief, dunkel; verborgen, geheim: ***~ night*** tiefe Nacht; ***~ silence*** tiefes *od.* völliges Schweigen; ***~ secret*** tiefes Geheimnis; ***~ designs*** dunkle Pläne; ***he is a ~ one*** *sl.* er hat es faustdick hinter den Ohren; **8.** schwierig: ***~ problem***; ***that is too ~ for me*** das ist mir zu hoch; **9.** tief, dunkel (*Farbe*, *Klang*); **10.** *psych.* un(ter)bewußt; **11.** ⚕ subkuˈtan; **II** *adv.* **12.** tief (*a. fig.*): ***~ into the flesh*** tief ins Fleisch; ***still waters run ~*** stille Wasser sind tief; ***~ into the night*** (bis) tief in die Nacht (hinein); ***drink ~*** unmäßig trinken; **III** *s.* **13.** Tiefe *f* (*a. fig.*); Abgrund *m*: ***in the ~ of night*** in tiefster Nacht; **14.** ***the ~*** *poet.* das Meer.

ˈdeep|-dish pie *s.* ˈNapfpaˌstete *f*; **ˌ~-ˈdraw** *v/t.* [*irr.*] ⚙ tiefziehen; **ˌ~-ˈdrawn** *adj.* **1.** ⚙ tiefgezogen; **2.** ***~ sigh*** tiefer Seufzer.

deep·en [ˈdi:pən] **I** *v/t.* **1.** tiefer machen, vertiefen; verbreitern; **2.** *fig.* vertiefen (*a. Farben*), verstärken, steigern; **II** *v/i.* **3.** tiefer werden, sich vertiefen; **4.** *fig.* sich vertiefen *od.* steigern, stärker werden; **5.** dunkler werden.

ˈdeep|-felt *adj.* tiefempfunden; **ˌ~-ˈfreeze I** *s.* Tiefkühlgerät *n*, -truhe *f*, -schrank *m*; **II** *adj.* Tiefkühl…, Gefrier…; **III** *v/t.* [*irr.*] tiefkühlen, einfrieren; **ˌ~-ˈfro·zen** *adj.* tiefgefroren, Tiefkühl…; **ˈ~-fry** *v/t.* fritieren, in schwimmendem Fett braten; **~ fry·er** *s.*, **ˈ~-ˌfry·ing pan** *s.* Friˈteuse *f*; **ˌ~-ˈlaid** *adj.* schlau (*Plan*).

deep·ly [ˈdi:plɪ] *adv.* tief (*a. fig.*): ***~ indebted*** äußerst dankbar; ***~ hurt*** tief *od.* schwer gekränkt; ***~ interested*** höchst interessiert; ***~ read*** sehr belesen; ***drink ~*** unmäßig trinken; ***go ~ into s.th.*** e-r Sache auf den Grund gehen.

deep·ness [ˈdi:pnɪs] *s.* **1.** Tiefe *f* (*a. fig.*); **2.** Dunkelheit *f*; **3.** Gründlichkeit *f*; **4.** Scharfsinn *m*; **5.** Durchˈtriebenheit *f*.

ˌdeep|-ˈread *adj.* sehr belesen; **ˌ~-ˈroot·ed** *adj. bsd. fig.* tief eingewurzelt, fest verwurzelt; *fig. a.* eingefleischt; **ˌ~-ˈsea** *adj.* Tiefsee…, Hochsee…: ***~ fish*** Tiefseefisch *m*; ***~ fishing*** Hochseefischerei *f*; **ˌ~-ˈseat·ed** → ***deep-rooted***; **ˈ~-set** *adj.* tiefliegend: ***~ eyes***; **the ♀ South** *s. Am.* der tiefe Süden (*südlichste Staaten der USA*).

deer [dɪə] *pl.* **deer** *s.* **1.** *zo.* a) Hirsch *m*, b) Reh *n*: ***red ~*** Rot-, Edelhirsch; **2.** Hoch-, Rotwild *n*; **ˈ~-ˌfor·est** *s.* Hochwildgehege *n*; **ˈ~-hound** *s.* schottischer Jagdhund; **ˈ~-lick** *s.* Salzlecke *f*; **ˈ~-park** *s.* Wildpark *m*; **ˈ~-shot** *s.* Rehposten *m* (*Schrot*); **ˈ~·skin** *s.* Hirsch-, Rehleder *n*; **ˈ~ˌstalk·er** *s.* **1.** Pirscher *m*; **2.** Jagdmütze *f*; **ˈ~ˌstalk·ing** *s.* (Rotwild)Pirsch *f*.

de-es·ca·late [ˌdi:ˈeskəleɪt] **I** *v/t.* **1.** *Krieg etc.* deeskalieren; **2.** *fig.* herˈunterschrauben; **II** *v/i.* **3.** deeskalieren; **de·es·ca·la·tion** [ˌdi:eskəˈleɪʃn] *s. pol.* Deeskalatiˈon *f* (*a. fig.*).

de·face [dɪˈfeɪs] *v/t.* **1.** entstellen, verunstalten, beschädigen; **2.** ausstreichen, unleserlich machen; **3.** *Briefmarken* entwerten; **deˈface·ment** [-mənt] *s.* Entstellung *f* (*etc.*).

de fac·to [di:ˈfæktəʊ] (*Lat.*) **I** *adj.* De-facto-…; **II** *adv.* de ˈfacto, tatsächlich.

de·fal·ca·tion [ˌdi:fælˈkeɪʃn] *s.* **1.** Veruntreuung *f*, Unterˈschlagung *f*; **2.** unterˈschlagenes Geld.

def·a·ma·tion [ˌdefəˈmeɪʃn] *s.* Verleumdung *f*, ⚖ *a.* (verleumderische) Beleidigung; **de·fam·a·to·ry** [dɪˈfæmətərɪ] *adj.* □ verleumderisch, Schmäh…: ***be ~ of s.o.*** j-n verleumden; **de·fame** [dɪˈfeɪm] *v/t.* verleumden; **de·fam·er** [dɪˈfeɪmə] *s.* Verleumder(in).

de·fat·ted [di:ˈfætɪd] *adj.* entfettet.

de·fault [dɪˈfɔ:lt] **I** *s.* **1.** (Pflicht)Versäumnis *n*, Unterˈlassung *f*; **2.** *bsd.* ✝ Nichterfüllung *f*, Verzug *m*, Versäumnis *n*, Säumnis *f*, Zahlungseinstellung *f*; *engS.* Zahlungsverzug *m*: ***be in ~*** im Verzug sein; **3.** ⚖ Nichterscheinen *n* vor Gericht: ***judg(e)ment by ~*** Versäumnisurteil *n*; **4.** *sport* Nichtantreten *n*; **5.** Fehlen *n*, Mangel *m*: ***in ~ of*** mangels, in Ermangelung (*gen.*); ***in ~ of which*** widrigenfalls; ***go by ~*** unterbleiben; **II** *v/i.* **6.** s-n Verpflichtungen nicht nachkommen: ***~ on s.th.*** et. vernachlässigen, mit et. im Rückstand sein; **7.** ✝ s-n Verbindlichkeiten nicht nachkommen, im (Zahlungs)Verzug sein: ***~ on a debt*** s-e Schuld nicht bezahlen; **8.** ⚖ nicht vor Gericht erscheinen; **9.** *sport* nicht antreten; **III** *v/t.* **10.** *e-r Verpflichtung* nicht nachkommen, in Verzug geraten mit; **11.** ⚖ wegen Nichterscheinens (vor Gericht) verurteilen; **12.** *sport* nicht antreten (*zu e-m Kampf*); **deˈfault·er** [-tə] *s.* **1.** Säumige(r *m*) *f*; **2.** ✝ a) säumiger Zahler *od.* Schuldner, b) Zahlungsunfähige(r *m*) *f*; **3.** ⚖ vor Gericht nicht Erscheinende(r *m*) *f*; **4.** ⚔ *Brit.* Delinˈquent *m*.

de·fea·sance [dɪˈfi:zns] *s.* ⚖ **1.** Aufhebung *f*, Annullierung *f*, Nichtigkeitserklärung *f*; **2.** Nichtigkeitsklausel *f*; **deˈfea·si·ble** [-zəbl] *adj.* anfecht-, annullierbar.

de·feat [dɪˈfi:t] **I** *v/t.* **1.** besiegen, schlagen: ***it ~s me to*** *inf.* es geht über m-e Kraft zu *inf.*; **2.** *Angriff etc.* zuˈrückschlagen, abwehren; **3.** *parl. Antrag* zu Fall bringen, ablehnen; **4.** vereiteln, zuˈnichte machen: ***that ~s the purpose*** das verfehlt den Zweck; **II** *s.* **5.** Niederwerfung *f*, Besiegung *f*; **6.** Niederlage *f* (*a. fig.*): ***admit ~*** sich geschlagen geben; **7.** *parl.* Ablehnung *f*; **8.** Vereitelung *f*, Vernichtung *f*; **9.** ˈMißerfolg *m*, Fehlschlag *m*; **deˈfeat·ism** [-tɪzəm] *s.* Defäˈtismus *m*, Miesmacheˈrei *f*; **deˈfeat·ist** [-tɪst] **I** *s.* Defäˈtist *m*; **II** *adj.* defäˈtistisch.

def·e·cate [ˈdefɪkeɪt] **I** *v/t.* reinigen; *fig.* läutern; **II** *v/i.* ⚕ Stuhlgang haben; **def·e·ca·tion** [ˌdefɪˈkeɪʃn] *s.* ⚕ Stuhlgang *m*.

de·fect I *s.* [ˈdi:fekt] **1.** Deˈfekt *m*, Fehler *m* (***in*** an *dat.*, in *dat.*): ***~ in title*** ⚖ Fehler im Recht; **2.** Mangel *m*, Unvollkommenheit *f*, Schwäche *f*; **3.** (*geistiger od. psychischer*) Deˈfekt; ⚕ Gebrechen *n*: ***~ in character*** Charakterfehler *m*; ***~ of vision*** Sehfehler *m*; **II** *v/i.* [dɪˈfekt] **4.** abtrünnig werden; **5.** *zum Feind* ˈübergehen; **de·fec·tion** [dɪˈfekʃn] *s.* **1.** Abfall *m*, Lossagung *f* (***from*** von); **2.** Treubruch *m*; **3.** ˈÜbertritt *m* (***to*** zu); **de·fec·tive** [dɪˈfektɪv] **I** *adj.* □ **1.** mangelhaft, unvollkommen: ***mentally ~*** schwachsinnig; ***he is ~ in*** es mangelt ihm an (*dat.*); **2.** schadhaft, deˈfekt; **II** *s.* **3.** ***mental ~*** Schwachsinnige(r *m*) *f*; **de·fec·tive·ness** [dɪˈfektɪvnɪs] *s.* **1.** Mangelhaftigkeit *f*; **2.** Schadhaftigkeit *f*; **de·fec·tor** [dɪˈfektə] *s.* Abtrünnige(r *m*) *f*, ˈÜberläufer(in).

de·fence, *Am.* **de·fense** [dɪˈfens] *s.* **1.** Verteidigung *f*, Schutz *m*, Abwehr *f*: ***come to s.o.'s ~*** j-n verteidigen; ***~ mechanism*** *biol.*, *psych.* Abwehrmechanismus *m*; **2.** ⚖ *allg.* Verteidigung *f*, *a.* Einrede *f*: ***in his ~*** zu s-r Entlastung; ***conduct one's own ~*** sich selbst verteidigen; → ***counsel*** 4; ***witness*** 1; **3.** Verteidigung *f*, Rechtfertigung *f*: ***in his ~*** zu s-r Rechtfertigung; **4.** ⚔ Verteidigùng *f*, *sport a.* Abwehr *f* (*Spieler od. deren Spielweise*); *pl.* Verteidigungsanlagen *pl.*: ***~ spending*** Verteidigungsausgaben *pl.*; **deˈfence·less** [-lɪs] *adj.* □ **1.** schutz-, wehr-, hilflos; **2.** ⚔ unbefestigt; **deˈfence·less·ness** [-lɪsnɪs] *s.* Schutz-, Wehrlosigkeit *f*.

de·fend [dɪˈfend] *v/t.* **1.** (***from***, ***against***) verteidigen (gegen), schützen (vor *dat.*, gegen); **2.** *Meinung etc.* verteidigen, rechtfertigen; **3.** *Rechte* schützen, wahren; **4.** ⚖ a) *j-n* verteidigen, b) sich auf *e-e Klage* einlassen: ***~ the suit*** den Klageanspruch bestreiten; **deˈfend·a·ble** [-dəbl] *adj.* zu verteidigen(d); **deˈfend·ant** [-dənt] ⚖ **I** *s.* a) *Zivilrecht*: Beklagte(r *m*) *f*, b) *Strafrecht*: Angeklagte(r *m*) *f*; **II** *adj.* a) beklagt, b) angeklagt; **de'fend·er** [-də] *s.* **1.** Verteidiger *m*, *sport a.* Abwehrspieler *m*; **2.** Beschützer *m*.

de·fense *etc. Am.* → ***defence*** *etc.*

de·fen·si·ble [dɪ'fensəbl] *adj.* □ **1.** zu verteidigen(d), haltbar; **2.** zu rechtfertigen(d), vertretbar; **de'fen·sive** [-sɪv] **I** *adj.* □ **1.** defen'siv, verteidigend, schützend; abwehrend (*a. fig. Geste etc.*); **2.** Verteidigungs...; Schutz..., Abwehr... (*a. biol.*); **II** *s.* **3.** Defen'sive *f*, Verteidigung *f*: ***on the ~*** in der Defensive.

de·fer¹ [dɪ'fɜː] *v/t.* **1.** auf-, verschieben; **2.** hin'ausschieben; zu'rückstellen (*Am. a.* ⚔).

de·fer² [dɪ'fɜː] *v/i.* (***to***) sich fügen, nachgeben (*dat.*), sich beugen (vor *dat.*); sich *j-s* Wunsche fügen; **def·er·ence** ['defərəns] *s.* **1.** Ehrerbietung *f*, Achtung *f*: ***with all due ~ to*** bei aller Hochachtung vor (*dat.*); **2.** Nachgiebigkeit *f*, Rücksicht(nahme) *f*: ***in ~ to your wishes*** wunschgemäß; **def·er·ent** ['defərənt] *adj.*, **def·er·en·tial** [ˌdefə'renʃl] *adj.* □ **1.** ehrerbietig; **2.** rücksichtsvoll.

de·fer·ment [dɪ'fɜːmənt] *s.* **1.** Aufschub *m*; **2.** ⚔ *Am.* Zu'rückstellung *f* (vom Wehrdienst); **de'fer·ra·ble** [-ɜːrəbl] *adj.* **1.** aufschiebbar; **2.** ⚔ *Am.* zu'rückstellbar.

de·ferred| an·nu·i·ty [dɪ'fɜːd] *s.* hin'ausgeschobene Rente; **~ bond** *s. Am.* Obligati'on *f* mit aufgeschobener Zinszahlung; **~ pay·ment** *s.* **1.** Zahlungsaufschub *m*, **2.** Ratenzahlung *f*; **~ shares** *s. pl.* ✝ Nachzugsaktien *pl.*; **~ terms** *s. pl. Brit.* 'Abzahlungssyˌstem *n*: ***on ~*** auf Abzahlung *od.* Raten.

de·fi·ance [dɪ'faɪəns] *s.* **1.** a) Trotz *m*, 'Widerstand *m*, b) Hohn *m*, offene Verachtung: ***in ~ of*** ungeachtet (*gen.*), trotz (*gen. od. dat.*), *e-m Gebot etc.* zuwider, *j-m* zum Trotz *od.* Hohn; ***bid ~***, ***set at ~*** Trotz bieten, hohnsprechen (***to*** *dat.*); **2.** Her'ausforderung *f*; **de'fi·ant** [-nt] *adj.* □ trotzig, her'ausfordernd.

de·fi·cien·cy [dɪ'fɪʃnsɪ] *s.* **1.** (***of***) Mangel *m* (an *dat.*), Fehlen *n* (von): ***~ disease*** ⚕ Mangelkrankheit *f*; **2.** Fehlbetrag *m*, Manko *n*, Ausfall *m*, Defizit *n*; **3.** Mangelhaftigkeit *f*, Schwäche *f*, Lücke *f*, Unzulänglichkeit *f*; **de'fi·cient** [-nt] *adj.* □ **1.** unzureichend, mangelhaft, ungenügend: ***be ~ in*** ermangeln (*gen.*), es fehlen lassen an (*dat.*), arm sein an (*dat.*); ***he is ~ in courage*** ihm fehlt es an Mut; **2.** fehlend: ***~ amount*** Fehlbetrag *m*.

def·i·cit ['defɪsɪt] *s.* **1.** ✝ Defizit *n*, Fehlbetrag *m*, 'Unterbiˌlanz *f*; **2.** Mangel (***in*** an *dat.*); **~ spend·ing** *s.* ✝ Deficit-spending *n*, Defizitfinanzierung *f*.

de·file¹ I *s.* ['diːfaɪl] **1.** Engpaß *m*, Hohlweg *m*; **2.** ⚔ Vor'beimarsch *m*; **II** *v/i.* [dɪ'faɪl] **3.** defilieren, vor'beimarschieren.

de·file² [dɪ'faɪl] *v/t.* **1.** beschmutzen, verunreinigen; **2.** *fig.* besudeln, beflecken, verunglimpfen; **3.** schänden; **4.** entweihen; **de'file·ment** [-mənt] *s.* Besudelung *f etc.*

de·fin·a·ble [dɪ'faɪnəbl] *adj.* □ definier-, erklär-, bestimmbar; **de·fine** [dɪ'faɪn] *v/t.* **1.** *Wort etc.* definieren, (genau) erklären; **2.** (genau) bezeichnen *od.* bestimmen; kennzeichnen, festlegen; klarmachen; **3.** scharf abzeichnen, (klar) um'reißen, be-, um'grenzen.

def·i·nite ['defɪnɪt] *adj.* □ **1.** bestimmt (*a. ling.*), prä'zis, klar, deutlich, eindeutig, genau; **2.** defini'tiv, endgültig; **'def·i·nite·ly** [-lɪ] *adv.* **1.** bestimmt (*etc.*); **2.** zweifellos, abso'lut, entschieden; **'def·i·nite·ness** [-nɪs] *s.* Bestimmtheit *f*; **def·i·ni·tion** [ˌdefɪ'nɪʃn] *s.* **1.** Definiti'on *f*, (genaue) Erklärung; (Begriffs)Bestimmung *f*; **2.** Genauigkeit *f*, Ex'aktheit *f*; **3.** (*a.* Bild-, Ton-) Schärfe *f*, Präzisi'on *f*; *TV* Auflösung *f*; **de·fin·i·tive** [dɪ'fɪnɪtɪv] **I** *adj.* □ **1.** defini'tiv, endgültig; maßgeblich (*Buch*); **2.** → ***definite*** 1; **II** *s.* **3.** *ling.* Bestimmungswort *n*.

def·la·grate ['defləgreɪt] *v/i.* (*u. v/t.*) ⚗ rasch abbrennen (lassen); **def·la·gra·tion** [ˌdeflə'greɪʃn] *s.* ⚗ Verpuffung *f*.

de·flate [dɪ'fleɪt] *v/t.* **1.** (die) Luft ablassen aus, entleeren; **2.** ✝ *Geldumlauf etc.* deflationieren, her'absetzen; **3.** *fig.* a) *j-n* ‚klein u. häßlich machen', b) ernüchtern; **de'fla·tion** [-eɪʃn] *s.* **1.** Ablassen *n* von Luft *od.* Gas; **2.** ✝ Deflati'on *f*; **de'fla·tion·ar·y** [-eɪʃnərɪ] *adj.* ✝ deflatio'nistisch, Deflations...

de·flect [dɪ'flekt] **I** *v/t.* ablenken, *sport a. Schuß* abfälschen; **II** *v/i.* abweichen (***from*** von); **de'flec·tion**, *Brit. a.* **de'flex·ion** [-ekʃn] *s.* **1.** Ablenkung *f* (*a. phys.*); **2.** Abweichung *f* (*a. fig.*); **3.** Ausschlag *m* (*Zeiger etc.*); **de'flec·tor** [-tə] *s.* De'flektor *m*, Ablenkvorrichtung *f*: ***~ coil*** ⚡ Ablenkspule *f*.

de·flo·rate ['diːflɔːreɪt] → ***deflower***; **def·lo·ra·tion** [ˌdiːflɔː'reɪʃn] *s.* Deflorati'on *f*, Entjungferung *f*.

de·flow·er [ˌdiː'flaʊə] *v/t.* **1.** deflorieren,

entjungfern; **2.** *fig. e-r Sache* den Reiz nehmen.

de·fo·li·ant [ˌdiːˈfəʊlɪənt] *s.* ⚗, ⚔ Entlaubungsmittel *n*; **de·fo·li·ate** [ˌdiːˈfəʊlɪeɪt] *v/t.* entblättern, entlauben; **de·fo·li·a·tion** [ˌdiːfəʊlɪˈeɪʃn] *s.* Entblätterung *f*.

de·for·est·a·tion [diːˌfɒrɪˈsteɪʃn] *s.* Abforstung *f*, -holzung *f*; Entwaldung *f*.

de·form [dɪˈfɔːm] *v/t.* **1.** *a.* ⚙, *phys.* verformen; **2.** verunstalten, entstellen, deformieren; verzerren (*a. fig.*, ⩓, *phys.*); **3.** *Charakter* verderben, ‚verbiegen'; **de·for·ma·tion** [ˌdiːfɔːˈmeɪʃn] *s.* **1.** *a.* ⚙, *phys.* Verformung *f*; **2.** Verunstaltung *f*, Entstellung *f*; ˈMißbildung *f*; **3.** ⩓, *phys.* Verzerrung *f*; **deˈformed** [-md] *adj.* verformt (*etc.* → ***deform***); **deˈform·i·ty** [-mətɪ] *s.* **1.** Entstelltheit *f*, Häßlichkeit *f*; **2.** ˈMißbildung *f*, Auswuchs *m*; **3.** ˈmißgestaltete Perˈson *od.* Sache; **4.** Verderbtheit *f*, moˈralischer Deˈfekt.

de·fraud [dɪˈfrɔːd] *v/t.* betrügen (***of*** um): ***~ the revenue*** Steuern hinterziehen; ***with intent to ~*** in betrügerischer Absicht, arglistig; **de·frau·da·tion** [ˌdiːfrɔːˈdeɪʃn] *s.* Betrug *m*; Hinterˈziehung *f*, Unterˈschlagung *f*; **deˈfraud·er** [-də] *s.* ˈSteuerhinterˌzieher *m*.

de·fray [dɪˈfreɪ] *v/t. Kosten* tragen, bestreiten, bezahlen.

de·frock [ˌdiːˈfrɒk] → ***unfrock***.

de·frost [ˌdiːˈfrɒst] *v/t.* von Eis befreien, *Windschutzscheibe etc.* entfrosten, *Kühlschrank etc.* abtauen, *Tiefkühlkost etc.* auftauen: ***~ing rear window*** *mot.* heizbare Heckscheibe.

deft [deft] *adj.* □ geschickt, gewandt; **ˈdeft·ness** [-nɪs] *s.* Geschicktheit *f*, Gewandtheit *f*.

de·funct [dɪˈfʌŋkt] **I** *adj.* **1.** verstorben; **2.** erloschen, nicht mehr existierend, ehemalig; **II** *s.* **3.** ***the ~*** der *od.* die Verstorbene.

de·fuse [ˌdiːˈfjuːz] *v/t. Bombe etc., fig. a. Lage etc.* entschärfen.

de·fy [dɪˈfaɪ] *v/t.* **1.** trotzen, Trotz *od.* die Stirn bieten (*dat.*); **2.** sich widerˈsetzen (*dat.*); **3.** sich hinˈwegsetzen über (*acc.*), verstoßen gegen; **4.** standhalten, Schwierigkeiten machen (*dat.*): ***~ description*** jeder Beschreibung spotten; ***~ translation*** (fast) unübersetzbar sein; **5.** herˈausfordern: ***I ~ anyone to do it*** den möchte ich sehen, der das fertigbringt; ***I ~ you to do it*** ich weiß genau, daß du es nicht (tun) kannst.

de·gauss [ˌdiːˈgaʊs] *v/t. Schiff* entmagnetisieren.

de·gen·er·a·cy [dɪˈdʒenərəsɪ] *s.* Degeneratiˈon *f*, Entartung *f*, Verderbtheit *f*; **de·gen·er·ate I** *v/i.* [dɪˈdʒenəreɪt] (***into***) entarten: a) *biol. etc.* degenerieren (zu), b) *allg.* ausarten (zu, in *acc.*), herˈabsinken (zu, auf die Stufe *gen.*), *a.* verflachen; **II** *adj.* [-rət] degeneriert, entartet; verderbt; **III** *s.* [-rət] degenerierter Mensch; **de·gen·er·a·tion** [dɪˌdʒenəˈreɪʃn] *s.* Degeneratiˈon *f*, Entartung *f*.

deg·ra·da·tion [ˌdegrəˈdeɪʃn] *s.* **1.** Degradierung *f* (*a.* ⚔), Ab-, Entsetzung *f*; **2.** Verminderung *f*, Schwächung *f*, Verschlechterung *f*; Entartung *f*, Degeneratiˈon *f* (*a. biol.*); **3.** Entwürdigung *f*, Erniedrigung *f*, Herˈabsetzung *f*; **4.** ⚗ Abbau *m*; **5.** *phys.* Degradatiˈon *f*; **6.** *geol.* Verwitterung *f*; **de·grade** [dɪˈgreɪd] **I** *v/t.* **1.** degradieren (*a.* ⚔), (her)ˈabsetzen; **2.** vermindern, herˈuntersetzen, verschlechtern; **3.** erniedrigen, entwürdigen; **4.** ⚗ abbauen; **II** *v/i.* **5.** (ab)sinken, herˈunterkommen; **6.** entarten; **de·grad·ing** [dɪˈgreɪdɪŋ] *adj.* erniedrigend, entwürdigend, herˈabsetzend.

de·gree [dɪˈgriː] *s.* **1.** Grad *m*, Stufe *f*, Maß *n*: ***by ~s*** allmählich; ***by slow ~s*** ganz allmählich; ***in some ~*** einigermaßen; ***in no ~*** keineswegs; ***in the highest ~*** im höchsten Maße *od.* Grad(e), aufs höchste; ***to what ~*** in welchem Maße, wie weit *od.* sehr; ***to a ~*** a) in hohem Maße, b) einigermaßen, c) → ***to a certain ~*** bis zu e-m gewissen Grade, ziemlich; **2.** ⩓, *geogr.*, *phys.* Grad *m*: ***~ of latitude*** Breitengrad; ***32 ~s centigrade*** 32 Grad Celsius; ***~ of hardness*** Härtegrad; ***of high ~*** hochgradig; **3.** *univ.* Grad *m*, Würde *f*: ***doctor's ~*** Doktorwürde; ***take one's ~*** e-n akademischen Grad erwerben, (*zum Doktor*) promovieren; ***~ day*** Promotionstag *m*; **4.** (Verwandtschafts)Grad *m*; **5.** Rang *m*, Stand *m*: ***of high ~*** von hohem Rang; **6.** *ling. a.* ***~ of comparison*** Steigerungsstufe *f*; **7.** ♪ Tonstufe *f*, Interˈvall *n*.

de·gres·sion [dɪˈgreʃn] *s.* ✝ Degressiˈon *f*; **deˈgres·sive** [-esɪv] *adj.* ✝ degresˈsiv: ***~ depreciation*** degressive Abschreibung.

de·hu·man·ize [ˌdiːˈhjuːmənaɪz] *v/t.* entmenschlichen.

de·hy·drate [ˌdiːˈhaɪdreɪt] *v/t.* ⚗ dehyˈdrieren, das Wasser entziehen (*dat.*); dörren, trocknen: ***~d vegetables*** Trocken-, Dörrgemüse *n*; **de·hy·dra·tion** [ˌdiːhaɪˈdreɪʃn] *s.* Dehyˈdrierung *f*,

Wasserentzug *m*; Dörren *n*, Trocknen *n*.

de-ice [ˌdiːˈaɪs] *v/t.* enteisen; ˌ**de-ˈic·er** [-sə] *s.* Enteisungsmittel *n*, -anlage *f*, -gerät *n*.

de·i·de·ol·o·gize [ˈdiːˌaɪdɪˈɒlədʒaɪz] *v/t.* entideologisieren.

de·i·fi·ca·tion [ˌdiːɪfɪˈkeɪʃn] *s.* **1.** Apoˈtheˈose *f*, Vergötterung *f*; **2.** *et.* Vergöttlichtes; **de·i·fy** [ˈdiːɪfaɪ] *v/t.* **1.** zum Gott erheben; **2.** als Gott verehren, anbeten (*a. fig.*).

deign [deɪn] **I** *v/i.* sich herˈablassen, geruhen, belieben (***to do*** zu tun); **II** *v/t.* sich herˈablassen zu: ***he ~ed no answer.***

de·ism [ˈdiːɪzəm] *s.* Deˈismus *m*; **de·ist** [ˈdiːɪst] *s.* Deˈist(in); **de·is·tic, de·is·ti·cal** [diːˈɪstɪk(l)] *adj.* □ deˈistisch; **de·i·ty** [ˈdiːɪtɪ] *s.* **1.** Gottheit *f*; **2.** ***the*** ♀ *eccl.* die Gottheit, Gott *m*.

de·ject·ed [dɪˈdʒektɪd] *adj.* □ niedergeschlagen, deprimiert; **deˈjec·tion** [-kʃn] *s.* **1.** Niedergeschlagenheit *f*, Trübsinn *m*; **2.** ⚕ a) Stuhlgang *m*, b) Stuhl *m*, Kot *m*.

de ju·re [ˌdiːˈdʒʊərɪ] (*Lat.*) **I** *adj.* De-jure-...; **II** *adv.* de ˈjure, von Rechts wegen.

dek·ko [ˈdekəʊ] *s. sl.* (kurzer) Blick: ***have a ~*** mal schauen.

de·lac·ta·tion [ˌdiːlækˈteɪʃn] *s.* ⚕ Abstillen *n*, Entwöhnung *f*.

de·lay [dɪˈleɪ] **I** *v/t.* **1.** ver-, auf-, hinˈausschieben, verzögern, verschleppen; **2.** auf-, hinhalten, hindern, hemmen; **II** *v/i.* **3.** zögern, zaudern; Zeit verlieren, sich aufhalten; **III** *s.* **4.** Aufschub *m*, Verzögerung *f*, Verzug *m*: ***without ~*** unverzüglich; ***~ of payment*** ✝ Zahlungsaufschub *m*; **de·layed** [dɪˈleɪd] *adj.* verzögert, verspätet, nachträglich, Spät...: ***~-action bomb*** Bombe *f* mit Verzögerungszünder; ***~ fuse*** Verzögerungszünder *m*; ***~ ignition*** ⚙ Spätzündung *f*; **de·lay·ing** [dɪˈleɪɪŋ] *adj.* aufschiebend, verzögernd; ˈhinhaltend: ***~ action*** Verzögerung(saktion) *f*, Hinhaltung *f*; ⚔ hinhaltendes Gefecht; ***~ tactics*** Hinhaltetaktik *f*.

del cred·er·e [ˌdelˈkredərɪ] *s.* ✝ Delˈkredere *n*, Bürgschaft *f*.

de·le [ˈdiːliː] (*Lat.*) *typ.* **I** *v/t.* tilgen, streichen; **II** *s.* Deleˈatur(zeichen) *n*.

de·lec·ta·ble [dɪˈlektəbl] *adj.* □ köstlich; **de·lec·ta·tion** [ˌdiːlekˈteɪʃn] *s.* Ergötzen *n*, Vergnügen *n*, Genuß *m*.

del·e·ga·cy [ˈdelɪgəsɪ] *s.* Abordnung *f*, Delegatiˈon *f*; ˈ**del·e·gate I** *s.* [-gət] **1.** Delegierte(r *m*) *f*, Vertreter(in), Abgeordnete(r *m*) *f*; **2.** *parl. Am.* Konˈgreßabgeordnete(r *m*) *f* (*e-s Einzelstaats);* **II** *v/t.* [-geɪt] **3.** abordnen, delegieren; bevollmächtigen; **4.** (***to***) *Aufgabe, Vollmacht etc.* überˈtragen, delegieren (an *acc.*); **del·e·ga·tion** [ˌdelɪˈgeɪʃn] *s.* **1.** Abordnung *f*, Ernennung *f*; **2.** Überˈtragung *f* (*Vollmacht etc.*), Delegieren *n*; Überˈweisung *f*; **3.** Delegatiˈon *f*, Abordnung *f*; **4.** *pl. parl. Am. die* (Konˈgreß)Abgeordneten *pl.* (*e-s Einzelstaats*).

de·lete [dɪˈliːt] *v/t.* tilgen, (aus)streichen, ausradieren.

del·e·te·ri·ous [ˌdelɪˈtɪərɪəs] *adj.* □ schädlich, verderblich, nachteilig.

de·le·tion [dɪˈliːʃn] *s.* Streichung *f*: a) Tilgung *f*, b) *das* Ausgestrichene.

delft [delft] *a.* **delf** [delf] *s.* **1.** Delfter Fayˈencen *pl.*; **2.** *allg.* glasiertes Steingut.

de·lib·er·ate I *adj.* □ [dɪˈlɪbərət] **1.** überˈlegt, wohlerwogen, bewußt, absichtlich, vorsätzlich: ***a ~ lie*** e-e bewußte Lüge; **2.** bedächtig: a) besonnen, vorsichtig, b) gemächlich, langsam; **II** *v/t.* [-bəreɪt] **3.** überˈlegen, erwägen; **III** *v/i.* [-bəreɪt] **4.** nachdenken, überˈlegen; **5.** beratschlagen, sich beraten (***on*** über *acc.*); **deˈlib·er·ate·ness** [-nɪs] *s.* **1.** Vorsätzlichkeit *f*; **2.** Bedächtigkeit *f*; **de·lib·er·a·tion** [dɪˌlɪbəˈreɪʃn] *s.* **1.** Überˈlegung *f*; **2.** Beratung *f*; **3.** Bedachtsam-, Behutsamkeit *f*, Vorsicht *f*; **deˈlib·er·a·tive** [-rətɪv] *adj.* beratend: ***~ assembly.***

del·i·ca·cy [ˈdelɪkəsɪ] *s.* **1.** Zartheit *f*, Feinheit *f*; Zierlichkeit *f*; **2.** Zartheit *f*, Schwächlichkeit *f*; Empfindlichkeit *f*, Anfälligkeit *f*; **3.** Anstand *m*, Zartgefühl *n*, Takt *m*: ***~ of feeling*** Feinfühligkeit *f*; **4.** Feinheit *f*, Genauigkeit *f*; **5.** *fig.* Kitzligkeit *f*: ***negotiations of great ~*** sehr heikle Besprechungen; **6.** (*a. fig.*) Leckerbissen *m*, Delikaˈtesse *f*; ˈ**del·i·cate** [-kət] *adj.* □ **1.** zart, fein, zierlich; **2.** zart (*a. Gesundheit, Farbe*), empfindlich, zerbrechlich, schwächlich: ***she was in a ~ condition*** sie war in anderen Umständen; **3.** fein, leicht, dünn; **4.** sanft, leise: ***~ hint*** zarter Wink; **5.** fein, genau; **6.** fein, anständig; **7.** vornehm; verwöhnt; **8.** heikel, kitzlig, schwierig; **9.** zartfühlend, feinfühlig, taktvoll; **10.** lecker, schmackhaft, deliˈkat; **del·i·ca·tes·sen** [ˌdelɪkəˈtesn] *s. pl.* **1.** Delikaˈtessen *pl.*, Feinkost *f*; **2.** *sg. konstr.* Feinkostgeschäft *n*.

de·li·cious [dɪˈlɪʃəs] *adj.* □ köstlich: a)

wohlschmeckend, b) herrlich.

de·lict ['di:lɪkt] *s.* ⚖ De'likt *n.*

de·light [dɪ'laɪt] **I** *s.* Vergnügen *n*, Freude *f*, Wonne *f*, Entzücken *n*: ***to my ~*** zu m-r Freude; ***take ~ in*** → III; **II** *v/t.* erfreuen, entzücken; **III** *v/i.* ***~ in*** (große) Freude haben an (*dat.*), Vergnügen finden an (*dat.*); sich ein Vergnügen machen aus; **de'light·ed** [-tɪd] *adj.* □ entzückt, (hoch)erfreut (***with*** über *acc.*): ***I am*** (*od.* ***shall be***) ***~ to come*** ich komme mit dem größten Vergnügen; **de'light·ful** [-fʊl] *adj.* □ entzückend, reizend; herrlich, wunderbar.

de·lim·it [di:'lɪmɪt], **de·lim·i·tate** [dɪ'lɪmɪteɪt] *v/t.* abgrenzen, die Grenze(n) festsetzen von (*od. gen.*); **de·lim·i·ta·tion** [dɪˌlɪmɪ'teɪʃn] *s.* Abgrenzung *f.*

de·lin·e·ate [dɪ'lɪnɪeɪt] *v/t.* **1.** skizzieren, entwerfen, zeichnen; **2.** beschreiben, schildern, darstellen; **de·lin·e·a·tion** [dɪˌlɪnɪ'eɪʃn] *s.* **1.** Skizze *f*, Entwurf *m*, Zeichnung *f*; **2.** Beschreibung *f*, Schilderung *f*, Darstellung *f.*

de·lin·quen·cy [dɪ'lɪŋkwənsɪ] *s.* **1.** Vergehen *n*; **2.** Pflichtvergessenheit *f*, **3.** ⚖ Kriminali'tät *f*; → ***juvenile*** 1; **de'linquent** [-nt] **I** *adj.* **1.** straffällig, krimi'nell; **2.** pflichtvergessen: ***~ taxes*** *Am.* Steuerrückstände; **II** *s.* **3.** Delin'quent (-in), Straffällige(r *m*) *f*, (Straf)Täter (-in); → ***juvenile*** 1; **4.** Pflichtvergessene(r *m*) *f.*

del·i·quesce [ˌdelɪ'kwes] *v/i. bsd.* ⚗ zerfließen; wegschmelzen.

de·lir·i·ous [dɪ'lɪrɪəs] *adj.* □ **1.** ⚕ irreredend, phantasierend: ***be ~*** irrereden, phantasieren; **2.** *fig.* rasend, wahnsinnig (***with*** vor *dat.*): ***~*** (***with joy***) überglücklich.

de·lir·i·um [dɪ'lɪrɪəm] *s.* **1.** ⚕ De'lirium *n*, (Fieber)Wahn *m*; **2.** *fig.* Rase'rei *f*, Verzückung *f*; ***~ tre·mens*** ['tri:menz] *s.* De'lirium *n* 'tremens, Säuferwahnsinn *m.*

de·liv·er [dɪ'lɪvə] *v/t.* **1.** befreien, erlösen, retten (***from*** von, aus); **2.** *Frau* entbinden (***of*** von), *Kind* ‚holen' (*Arzt*): ***be ~ed of a child*** entbunden werden, entbinden; **3.** *Meinung* äußern; *Urteil* aussprechen; *Rede etc.* halten; **4.** ***~ o.s.*** äußern (***of*** *acc.*), sich äußern (***on*** über *acc.*); **5.** *Waren* liefern: ***~*** (***the goods***) F Wort halten, die Sache ‚schaukeln', ‚es schaffen'; **6.** ab-, ausliefern; über'geben, -'bringen, -'liefern; über'senden, (hin)befördern; **7.** *Briefe* zustellen; *Nachricht* bestellen; ⚖ zustellen; **8.** ***~ up*** abgeben, -treten, über'geben, -'liefern; ⚖ her'ausgeben: ***~ o.s. up*** sich ergeben *od.* stellen (***to*** *dat.*); **9.** *Schlag* versetzen; ⚔ (ab)feuern; **de'liv·er·a·ble** [-vərəbl] *adj.* † lieferbar, zu liefern(d); **de'liv·er·ance** [-vərəns] *s.* **1.** Befreiung *f*, Erlösung *f*, (Er)Rettung *f* (***from*** aus, von); **2.** Äußerung *f*, Verkündung *f*; **de'liv·er·er** [-vərə] *s.* **1.** Befreier *m*, Erlöser *m*, (Er)Retter *m*; **2.** Über'bringer *m.*

de·liv·er·y [dɪ'lɪvərɪ] *s.* **1.** Lieferung *f*: ***on ~*** bei Lieferung, bei Empfang; ***take ~*** (***of***) abnehmen (*acc.*); **2.** 📯 Zustellung *f*; **3.** Ab-, Auslieferung *f*; Aushändigung *f*, 'Übergabe *f* (a. ⚖); **4.** Über'bringung *f*, -'sendung *f*, Beförderung *f*; **5.** ⚙ (Zu)Leitung *f*, Zuführung *f*; Förderung *f*; Leistung *f*; **6.** *rhet.* Vortragsweise *f*; **7.** *Baseball*, *Kricket*: 'Wurf (-ˌtechnik *f*) *m*; **8.** ⚔ Abfeuern *n*; **9.** ⚕ Entbindung *f*; ***~ charge*** *s.* 📯 Zustellgebühr *f*; ***~·man*** *s.* [*irr.*] Ausfahrer *m*; Verkaufsfahrer *m*; ***~ note*** *s.* † Lieferschein *m*; ***~ or·der*** *s.* † Auslieferungsschein *m*, Lieferschein *m*; ***~ pipe*** *s.* Leitungsröhre *f*; ***~ room*** *s.* ⚕ Entbindungssaal *m*, -zimmer *n*, Kreißsaal *m*; ***~ ser·vice*** *s.* 📯 Zustelldienst *m*; ***~ truck*** *s. mot. Am.*, ***~ van*** *s. Brit.* Lieferwagen *m.*

dell [del] *s.* kleines, enges Tal.

de·louse [ˌdi:'laʊs] *v/t.* entlausen.

Del·phic ['delfɪk] *adj.* delphisch, *fig. a.* dunkel, zweideutig.

del·phin·i·um [del'fɪnɪəm] *s.* ⚘ Rittersporn *m.*

del·ta ['deltə] *s. allg.* (*a.* Fluß)Delta *n*; ***~ con·nec·tion*** *s.* ⚡ Dreieckschaltung *f*; ***~ rays*** *s. pl. phys.* Deltastrahlen *pl.*; ***~ wing*** *s.* ✈ Deltaflügel *m.*

del·toid ['deltɔɪd] **I** *adj.* deltaförmig; **II** *s. anat.* Deltamuskel *m.*

de·lude [dɪ'lu:d] *v/t.* **1.** täuschen, irreführen; (be)trügen: ***~ o.s.*** sich Illusionen hingeben, sich et. vormachen; **2.** verleiten (***into*** zu).

del·uge ['delju:dʒ] **I** *s.* **1.** (große) Über'schwemmung: ***the 2*** *bibl.* die Sintflut; **2.** *fig.* Flut *f*, (Un)Menge *f*; **II** *v/t.* **3.** *a. fig.* über'schwemmen, -'fluten, -'schütten.

de·lu·sion [dɪ'lu:ʒn] *s.* **1.** (Selbst)Täuschung *f*, Verblendung *f*, Wahn *m*, Irrglauben *m*; **2.** Trug *m*, Wahnvorstellung *f*: ***be*** (*od.* ***labo[u]r***) ***under the ~ that*** in dem Wahn leben, daß; → ***grandeur*** 3; **de'lu·sive** [-u:sɪv] *adj.* □ irreführend, trügerisch, Wahn…

de luxe [də'lʊks] *adj.* Luxus…

delve [delv] *v/i. fig.* (***into***) sich vertiefen (in *acc.*), erforschen, ergründen (*acc.*);

graben (***for*** nach): ~ ***among*** stöbern in (*dat.*).

de·mag·net·ize [ˌdiːˈmægnɪtaɪz] *v/t.* entmagnetisieren.

dem·a·gog [ˈdemǝgɒg] *Am.* → ***demagogue***; **dem·a·gog·ic, dem·a·gog·i·cal** [ˌdemǝˈgɒgɪk(l)] *adj.* □ demaˈgogisch, aufwieglerisch; **ˈdem·a·gogue** [-gɒg] *s.* Demaˈgoge *m*; **ˈdem·a·gog·y** [-gɪ] *s.* Demagoˈgie *f*.

de·mand [dɪˈmɑːnd] **I** *v/t.* **1.** *Person*: *et.* verlangen, fordern, begehren (***of***, ***from*** von, *a.* ***that*** daß, ***to do*** zu tun): ***I ~ payment***; **2.** *Sache*: erfordern, verlangen (*acc.*, ***that*** daß), bedürfen (*gen.*): ***the matter ~s great care*** die Sache erfordert große Sorgfalt; **3.** *oft* ⚖ beanspruchen; **4.** wissen wollen, fragen nach: ***the police ~ed his name***; **II** *s.* **5.** Verlangen *n*, Forderung *f*, Ersuchen *n*: ***on ~*** a) auf Verlangen, b) ✝ bei Vorlage, bei Sicht; **6.** ✝ (***for***) Nachfrage *f* (nach), Bedarf *m* (an *dat.*) (*Ggs.* ***supply***): ***in ~*** *a. fig.* gefragt, begehrt, gesucht; **7.** (***on***) Anspruch *m*, Anforderung *f* (an *acc.*); Beanspruchung *f* (*gen.*): ***make great ~s on*** sehr in Anspruch nehmen (*acc.*), große Anforderungen stellen an (*acc.*); **8.** ⚖ (Rechts-) Anspruch *m*, Forderung *f*; **~ bill** *s.* ✝ *Am.* Sichtwechsel *m*; **~ de·pos·it** *s.* ✝ Sichteinlage *f*; **~ draft** → ***demand bill***.

de·mand·ing [dɪˈmɑːndɪŋ] *adj.* **1.** anspruchsvoll (*a. fig. Musik etc.*), schwierig; **2.** genau, streng; **3.** fordernd.

de·mand| man·age·ment *s.* Nachfragesteuerung *f*; **~ note** *s.* **1.** *Brit.* Zahlungsaufforderung *f*; **2.** Sichtwechsel *m*; **~ pull** *s.* ˈNachfrageinflatiˌon *f*.

de·mar·cate [ˈdiːmɑːkeɪt] *v/t. a. fig.* abgrenzen (***from*** gegen, von); **de·mar·ca·tion** [ˌdiːmɑːˈkeɪʃn] *s.* Abgrenzung *f*, Grenzziehung *f*: ***line of ~*** a) Grenzlinie *f* (*a. fig.*), b) *pol.* Demarkationslinie *f*, c) *fig.* Trennungslinie *f*, -strich *m*.

dé·marche [ˈdeɪmɑːʃ] (*Fr.*) *s.* Deˈmarche *f*, diploˈmatischer Schritt.

de·mean¹ [dɪˈmiːn] *v/t.*: **~ *o.s.*** sich benehmen, sich verhalten.

de·mean² [dɪˈmiːn] *v/t.*: **~ *o.s.*** sich erniedrigen; **deˈmean·ing** [-nɪŋ] *adj.* erniedrigend.

de·mean·o(u)r [dɪˈmiːnǝ] *s.* Benehmen *n*, Verhalten *n*, Haltung *f*.

de·ment·ed [dɪˈmentɪd] *adj.* □ wahnsinnig, verrückt (F *a. fig.*); **deˈmen·ti·a** [-nʃɪǝ] *s.* ⚕ **1.** Schwachsinn *m*; **2.** Wahn-, Irrsinn *m*.

de·mer·it [diːˈmerɪt] *s.* **1.** Schuld(haftigkeit) *f*, Fehler *m*, Mangel *m*; **2.** Unwürdigkeit *f*; **3.** Nachteil *m*, schlechte Seite; **4.** *mst* **~ *mark*** *ped. Am.* Tadel *m*, Minuspunkt *m*.

de·mesne [dɪˈmeɪn] *s.* **1.** ⚖ Eigenbesitz *m*, freier Grundbesitz; Landgut *n*, Doˈmäne *f*: ***Royal ~*** Krongut *n*; **2.** *fig.* Doˈmäne *f*, Gebiet *n*.

ˈdem·i|·god [ˈdemɪ-] *s.* Halbgott *m*; **ˈ~·john** [-dʒɒn] *s.* Korbflasche *f*, ˈGlasbalˌlon *m*.

de·mil·i·ta·rize [ˌdiːˈmɪlɪtǝraɪz] *v/t.* entmilitarisieren.

dem·i|-monde [ˌdemɪˈmɔ̃ːnd] *s.* Halbwelt *f*; **ˌ~-ˈpen·sion** *s.* ˈHalbpensiˌon *f*; **~·rep** [ˈdemɪrep] *s.* Frau *f* von zweifelhaftem Ruf.

de·mise [dɪˈmaɪz] ⚖ **I** *s.* **1.** Beˈsitzüberˌtragung *f od.* -verpachtung *f*: **~ *of the Crown*** Übergehen *n* der Krone *an den Nachfolger*; **2.** Ableben *n*, Tod *m*; **II** *v/t.* **3.** *allg. et.* überˈtragen, *a.* verpachten *od.* vermachen.

dem·i·sem·i·qua·ver [ˈdemɪsemɪˌkweɪvǝ] *s.* ♪ Zweiunddreißigstel(note *f*) *n*.

de·mis·sion [dɪˈmɪʃn] *s.* Rücktritt *m*, Abdankung *f*, Demissiˈon *f*.

de·mo [ˈdemǝʊ] *s.* F **1.** ‚Demo' *f* (*Demonstration*); **2.** a) Vorführband *n*, b) Vorführwagen *m*.

de·mob [ˌdiːˈmɒb] *v/t. Brit.* F → ***demobilize*** 1b.

de·mo·bi·li·za·tion [ˈdiːˌmǝʊbɪlaɪˈzeɪʃn] *s.* Demobilisierung *f*: a) Abrüstung *f*, b) Entlassung *f* aus dem Wehrdienst; **de·mo·bi·lize** [diːˈmǝʊbɪlaɪz] *v/t.* **1.** demobilisieren: a) abrüsten, b) *Truppen* entlassen, *Heer* auflösen; **2.** *Kriegsschiff* außer Dienst stellen.

de·moc·ra·cy [dɪˈmɒkrǝsɪ] *s.* **1.** Demokraˈtie *f*; **2.** ♀ *pol. Am.* die Demoˈkratische Parˈtei (*od.* deren Grundsätze); **dem·o·crat** [ˈdemǝkræt] *s.* **1.** Demoˈkrat(in); **2.** ♀ *Am. pol.* Demoˈkrat(in), Mitglied *n* der Demoˈkratischen Parˈtei; **dem·o·crat·ic** [ˌdemǝˈkrætɪk] *adj.* (□ ***~ally***) **1.** demoˈkratisch; **2.** ♀ *pol. Am.* demoˈkratisch (*die Demokratische Partei betreffend*); **de·moc·ra·ti·za·tion** [dɪˌmɒkrǝtaɪˈzeɪʃn] *s.* Demokratisierung *f*; **de·moc·ra·tize** [dɪˈmɒkrǝtaɪz] *v/t.* demokratisieren.

dé·mo·dé [ˌdeɪmǝʊˈdeɪ] (*Fr.*), **de·mod·ed** [diːˈmǝʊdɪd] *adj.* altmodisch, außer Mode.

de·mog·ra·pher [diːˈmɒgrǝfǝ] *s.* Demoˈgraph *m*; **deˈmog·ra·phy** [-fɪ] *s.* Demograˈphie *f*.

de·mol·ish [dɪˈmɒlɪʃ] *v/t.* **1.** ab-, niederreißen; **2.** *Festung* schleifen; **3.** ⚔ sprengen; **4.** *fig.* (*a.* *j-n*) vernichten, ka'puttmachen; **5.** *sport* F ‚über'fahren'; **dem·o·li·tion** [ˌdemə'lɪʃn] *s.* **1.** Abbruch *m*, Niederreißen *n*; **2.** Schleifen *n* (*Festung*); **3.** ⚔ Spreng…: **~ bomb** Sprengbombe *f*; **~ squad** Sprengkommando *n*; **4.** Vernichtung *f*.

de·mon (*myth. oft* **daemon**) ['di:mən] **I** *s.* **1.** 'Dämon *m*, böser Geist, 'Satan *m* (*a. fig.*); **2.** *fig.* Teufelskerl *m*: **~ for work** ‚Wühler' *m*, unermüdlicher Arbeiter; **II** *adj.* **3.** dä'monisch, *fig a.* wild, besessen.

de·mon·e·ti·za·tion [di:ˌmʌnɪtaɪ'zeɪʃn] *s.* Außer'kurssetzung *f*, Entwertung *f*; **de·mon·e·tize** [ˌdi:'mʌnɪtaɪz] *v/t.* außer Kurs setzen.

de·mo·ni·ac [dɪ'məʊnɪæk] **I** *adj.* **1.** dä'monisch, teuflisch; **2.** besessen, rasend, tobend; **II** *s.* **3.** Besessene(r *m*) *f*; **de·mo·ni·a·cal** [ˌdi:məʊ'naɪəkl] *adj.* □ → **demoniac** 1, 2; **de·mon·ic** [di:'mɒnɪk] *adj.* (□ **~ally**) dä'monisch, teuflisch; **de·mon·ism** ['di:mənɪzəm] *s.* Dä'monenglaube *m*; **de·mon·ize** ['di:mənaɪz] *v/t.* dämonisieren, *fig. a.* verteufeln; **de·mon·ol·o·gy** [ˌdi:mə'nɒlədʒɪ] *s.* Dä'monenlehre *f*.

de·mon·stra·ble ['demənstrəbl] *adj.* □ beweisbar, nachweislich; **dem·on·strate** ['demənstreɪt] **I** *v/t.* **1.** demonstrieren: a) be-, nachweisen, b) veranschaulichen, darlegen; **2.** vorführen; **II** *v/i.* **3.** demonstrieren, e-e Demonstrati'on veranstalten; **dem·on·stra·tion** [ˌdemən'streɪʃn] *s.* **1.** Demon'strierung *f*, Veranschaulichung *f*, Darstellung *f*; **2.** a) Beweis *m* (**of** für), b) Beweisführung *f*; **3.** Vorführung *f*, Demonstrati'on *f* (**to** vor *j-m*): **~ car** Vorführwagen *m*; **4.** (Gefühls)Äußerung *f*, Bekundung *f*; **5.** Demonstrati'on *f* (*a. pol. u.* ⚔), Kundgebung *f*; **6.** ⚔ 'Täuschungsmaˌnöver *n*; **de·mon·stra·tive** [dɪ'mɒnstrətɪv] **I** *adj.* □ **1.** anschaulich (zeigend); über'zeugend, beweiskräftig: **be ~ of** → **demonstrate** 1; **2.** demonstra'tiv, ostenta'tiv, auffällig, betont; **3.** ausdrucks-, gefühlvoll; **4.** *ling.* Demonstrativ…, hinweisend: **~ pronoun**; **II** *s.* **5.** *ling.* Demonstra'tivum *n*; **dem·on·stra·tive·ness** [dɪ'mɒnstrətɪvnɪs] *s.* das Demonstra'tive *od.* Ostenta'tive, Betontheit *f*; **'dem·on·stra·tor** [-reɪtə] *s.* **1.** Beweisführer *m*, Erklärer *m*; **2.** † a) Vorführer(in), b) 'Vorführmoˌdell *n*; **3.** *pol.* Demon'strant(in); **4.** *univ.* a) Assi'stent *m*, b) ⚕ 'Prosektor *m*.

de·mor·al·i·za·tion [dɪˌmɒrəlaɪ'zeɪʃn] *s.* Demoralisati'on *f*: a) Sittenverfall *m*, Zuchtlosigkeit *f*, b) Entmutigung *f*, Demoralisierung *f*; **de·mor·al·ize** [dɪ'mɒrəlaɪz] *v/t.* demoralisieren: a) (sittlich) verderben, b) zersetzen, c) zermürben, entmutigen, d) die ('Kampf)Moˌral *od.* die Diszi'plin *der Truppe* unter'graben; **de·mor·al·iz·ing** [dɪ'mɒrəlaɪzɪŋ] *adj.* demoralisierend.

de·mote [ˌdi:'məʊt] *v/t.* **1.** degradieren; **2.** *ped. Am.* zu'rückversetzen.

de·moth(·ball) [ˌdi:'mɒθ(bɔ:l)] *v/t.* ⚔ *Am. Flugzeuge etc.* ‚entmotten', wieder in Dienst stellen.

de·mo·tion [ˌdi:'məʊʃn] *s.* **1.** Degradierung *f*; **2.** *ped. Am.* Zu'rückversetzung *f*.

de·mo·ti·vate [ˌdi:'məʊtɪveɪt] *v/t.* demotivieren.

de·mount [ˌdi:'maʊnt] *v/t.* abmontieren, abnehmen; zerlegen; **de'mount·a·ble** [-təbl] *adj.* abmontierbar; zerlegbar.

de·mur [dɪ'mɜ:] **I** *v/i.* **1.** Einwendungen machen, Bedenken äußern (**to** gegen); zögern; **2.** ⚖ e-n Rechtseinwand erheben; **II** *s.* **3.** Einwand *m*, Bedenken *n*, Zögern *n*: **without ~** anstandslos, ohne Zögern.

de·mure [dɪ'mjʊə] *adj.* □ **1.** zimperlich, spröde; **2.** sittsam, prüde; **3.** zu'rückhaltend; **4.** gesetzt, ernst, nüchtern; **de'mure·ness** [-nɪs] *s.* **1.** Zimperlichkeit *f*; **2.** Zu'rückhaltung *f*; **3.** Gesetztheit *f*.

de·mur·rage [dɪ'mʌrɪdʒ] *s.* † **1.** a) ⚓ 'Überliegezeit *f*, b) 🚃 zu langes Stehen (*bei der Entladung*); **2.** a) ⚓ ('Über-)Liegegeld *n*, b) 🚃 Wagenstandgeld *n*, c) Lagergeld *n*.

de·mur·rer [dɪ'mʌrə] *s.* ⚖ Rechtseinwand *m*.

de·my [dɪ'maɪ] *pl.* **-'mies** [-aɪz] *s.* **1.** Stipendi'at *m* (*Magdalen College, Oxford*); **2.** *ein Papierformat*.

den [den] *s.* **1.** Lager *n*, Bau *m*, Höhle *f wilder Tiere*: **lion's ~** Löwengrube *f*, *fig.* Höhle des Löwen; **2.** *fig.* Höhle *f*, Versteck *n*: **robber's ~** Räuberhöhle; **~ of vice** Lasterhöhle; **3.** a) (gemütliches) Zimmer, ‚Bude' *f*, b) Arbeitszimmer *n*, c) *contp.* ‚Loch' *n*, Höhle *f*.

de·na·tion·al·ize [ˌdi:'næʃnəlaɪz] *v/t.* **1.** entnationalisieren, den natio'nalen Cha'rakter nehmen (*dat.*); **2.** *j-m* die Staatsbürgerschaft aberkennen; **3.** † entstaatlichen, reprivatisieren.

de·nat·u·ral·ize [ˌdi:'nætʃrəlaɪz] *v/t.* **1.** s-r wahren Na'tur entfremden; **2.** *j-n* denaturalisieren, ausbürgern.

de·na·ture [ˌdi:'neɪtʃə] *v/t.* ⚗ denaturieren.

de·na·zi·fi·ca·tion [diːˌnɑːtsɪfɪˈkeɪʃn] *s. pol.* Entnazifizierung *f.*
den·dri·form [ˈdendrɪfɔːm] *adj.* baumförmig; ˈ**den·droid** [-rɔɪd] *adj.* baumähnlich; ˈ**den·dro·lite** [-rəlaɪt] *s.* Pflanzenversteinerung *f*; **den·drol·o·gy** [denˈdrɒlədʒɪ] *s.* Dendroloˈgie *f*, Baumkunde *f.*
dene[1] [diːn] *s. Brit.* (Sand)Düne *f.*
dene[2] [diːn] *s.* kleines Tal.
de·ni·a·ble [dɪˈnaɪəbl] *adj.* abzuleugnen(d), zu verneinen(d); **de·ni·al** [dɪˈnaɪəl] *s.* **1.** Ablehnung *f*, Verweigerung *f*, -sagung *f*; Absage *f*, abschlägige Antwort: ***take no ~*** sich nicht abweisen lassen; **2.** Verneinung *f*, Leugnen *n*, Ab-, Verleugnung *f*: ***official ~*** Dementi *n.*
de·nic·o·tin·ize [ˌdiːnɪˈkɒtɪnaɪz] *v/t.* entnikotisieren: ***~d*** nikotinfrei, -arm.
de·ni·er[1] [dɪˈnaɪə] *s.* **1.** Leugner(in); **2.** Verweigerer *m.*
de·nier[2] [ˈdenɪə] *s.* ✝ Deniˈer *m* (*Einheit für die Fadenstärke bei Seidengarn etc.*).
de·nier[3] [dɪˈnɪə] *s. hist.* Deniˈer *m* (*Münze*).
den·i·grate [ˈdenɪgreɪt] *v/t.* anschwärzen, verunglimpfen; **den·i·gra·tion** [ˌdenɪˈgreɪʃn] *s.* Anschwärzung *f*, Verunglimpfung *f.*
den·im [ˈdenɪm] *s.* **1.** Köper *m*; **2.** *pl.* Overall *m od.* Jeans *pl.* aus Köper.
den·i·zen [ˈdenɪzn] *s.* **1.** Ein-, Bewohner *m* (*a. fig.*); **2.** *hist. Brit.* (teilweise) eingebürgerter Ausländer; **3.** *et.* Eingebürgertes (*Tier*, *Pflanze*, *Wort*); **4.** Stammgast *m.*
de·nom·i·nate [dɪˈnɒmɪneɪt] *v/t.* (be-) nennen, bezeichnen; **de·nom·i·na·tion** [dɪˌnɒmɪˈneɪʃn] *s.* **1.** Benennung *f*, Bezeichnung *f*; Name *m*; **2.** Gruppe *f*, Klasse *f*; **3.** (Maß- *etc.*)Einheit *f*; Nennwert *m* (*Banknoten*): ***shares in small ~s*** Aktien kleiner Stückelung; **4.** a) Konfessiˈon *f*, Bekenntnis *n*, b) Sekte *f*; **de·nom·i·na·tion·al** [dɪˌnɒmɪˈneɪʃənl] *adj.* konfessioˈnell, Konfessions…, Bekenntnis…: ***~ school***; **de·nom·i·na·tion·al·ism** [dɪˌnɒmɪˈneɪʃnəlɪzəm] *s.* Prinˈzip *n* des konfessioˈnellen ˈUnterrichts; **de·nom·i·na·tor** [dɪˈnɒmɪneɪtə] *s.* ⩕ Nenner *m*: ***common ~*** gemeinsamer Nenner (*a. fig.*); → ***reduce*** 11.
de·no·ta·tion [ˌdiːnəʊˈteɪʃn] *s.* **1.** Bezeichnung *f*; **2.** Bedeutung *f*; **3.** Beˈgriffsˌumfang *m*; **de·note** [dɪˈnəʊt] *v/t.* **1.** be-, kennzeichnen, anzeigen, andeuten; **2.** bedeuten.
dé·noue·ment [deɪˈnuːmɑ̃ːŋ] (*Fr.*) *s.* **1.** Lösung *f* (des Knotens *im Drama etc.*); **2.** Ausgang *m.*
de·nounce [dɪˈnaʊns] *v/t.* **1.** öffentlich anprangern, brandmarken, verurteilen; **2.** anzeigen, *contp.* denunzieren (***to*** bei); **3.** *Vertrag* kündigen; **deˈnounce·ment** [-mənt] *s.* **1.** (öffentliche) Anprangerung *od.* Verurteilung; **2.** Anzeige *f*, *contp.* Denunziatiˈon *f*; **3.** Kündigung *f* (***of*** *gen.*), Rücktritt *m* (*vom Vertrag*).
dense [dens] *adj.* □ **1.** dicht (*a. phys.*), dick (*Nebel etc.*); **2.** gedrängt, eng; **3.** *fig.* beschränkt, schwer von Begriff; **4.** *phot.* dicht, kräftig (*Negativ*); ˈ**dense·ness** [-nɪs] *s.* **1.** Dichtheit *f*, Dichte *f*; **2.** *fig.* Beschränktheit *f*, Schwerfälligkeit *f*; ˈ**den·si·ty** [-sətɪ] *s.* **1.** Dichte *f* (*a.* ⚗, *phys.*), Dichtheit *f*: ***traffic ~*** Verkehrsdichte; **2.** Gedrängtheit *f*, Enge *f*; **3.** *fig.* Beschränktheit *f*, Dummheit *f*; **4.** *phot.* Dichte *f*, Schwärzung *f.*
dent [dent] **I** *s.* Beule *f*, Einbeulung *f*: ***make a ~ in*** F a) ein Loch reißen in (*Ersparnisse etc.*), b) *j-s Stolz etc.* ‚anknacksen'; **II** *v/t. u. v/i.* (sich) einbeulen: ***~ s.o.'s image*** *fig.* j-s Image schaden.
den·tal [ˈdentl] **I** *adj.* **1.** ⚕ Zahn…; zahnärztlich: ***~ floss*** Zahnseide *f*; ***~ plate*** Platte *f*, Zahnersatz *m*; ***~ surgeon*** Zahnarzt *m*; ***~ technician*** Zahntechniker(in); **2.** *ling.* Dental…, Zahn…: ***~ sound*** → 3; **II** *s.* **3.** *ling.* Denˈtal(laut) *m*; **den·tate** [ˈdenteɪt] *adj.* ⚘, *zo.* gezähnt; **den·ta·tion** [denˈteɪʃn] *s.* ⚘, *zo.* Zähnung *f*; **den·ti·cle** [ˈdentɪkl] *s.* Zähnchen *n*; **den·tic·u·lat·ed** [denˈtɪkjʊleɪtɪd] *adj.* **1.** gezähnt; **2.** gezackt; **den·ti·form** [ˈdentɪfɔːm] *adj.* zahnförmig; **den·ti·frice** [ˈdentɪfrɪs] *s.* Zahnputzmittel *n*; **den·tils** [ˈdentɪlz] *s. pl.* ⚠ Zahnschnitt *m*; **den·tine** [ˈdentiːn] *s.* ⚕ Denˈtin *n*, Zahnbein *n*; **den·tist** [ˈdentɪst] *s.* Zahnarzt *m*, -ärztin *f*; **den·tist·ry** [ˈdentɪstrɪ] *s.* Zahnheilkunde *f*; **den·ti·tion** [denˈtɪʃn] *s.* ⚕ **1.** Zahnen *n* (*der Kinder*); **2.** ˈZahnformel *f*, -syˌstem *n*; **den·ture** [ˈdentʃə] *s.* **1.** *anat.* Gebiß *n*; **2.** a) künstliches Gebiß, (ˈVoll)Proˌthese *f*, b) (ˈTeil)Proˌthese *f.*
de·nu·cle·ar·ize [ˌdiːˈnjuːklɪəraɪz] *v/t.* aˈtomwaffenfrei machen, e-e atomwaffenfreie Zone schaffen in (*dat.*).
den·u·da·tion [ˌdiːnjuːˈdeɪʃn] *s.* **1.** Entblößung *f*; **2.** *geol.* Abtragung *f*; **de·nude** [dɪˈnjuːd] *v/t.* **1.** (***of***) entblößen (von), berauben (*gen.*) (*a. fig.*); **2.** *geol.* bloßlegen.
de·nun·ci·a·tion [ˌdɪnʌnsɪˈeɪʃn] → ***denouncement***; **de·nun·ci·a·tor** [dɪ-

ˈnʌnsɪeɪtə] *s.* Denunziˈant(in); **de·nun·ci·a·to·ry** [dɪˈnʌnsɪətərɪ] *adj.* **1.** denunzierend; **2.** anprangernd, brandmarkend.

de·ny [dɪˈnaɪ] *v/t.* **1.** ab-, bestreiten, in Abrede stellen, dementieren, (ab)leugnen, verneinen: ***it cannot be denied that ..., there is no ~ing*** (***the fact***) ***that ...*** es läßt sich nicht *od.* es ist nicht zu leugnen *od.* bestreiten, daß; ***I ~ saying so*** ich bestreite, daß ich das gesagt habe; ***~ a charge*** e-e Beschuldigung zurückweisen; **2.** *Glauben*, *Freund* verleugnen; *Unterschrift* nicht anerkennen; **3.** *Bitte etc.* ablehnen; ⚖ *Antrag* abweisen; *j-m et.* abschlagen, verweigern, versagen: ***~ o.s. the pleasure*** sich das Vergnügen versagen; ***he was denied the privilege*** das Vorrecht wurde ihm versagt; ***he was hard to ~*** es war schwer, ihn abzuweisen; ***she denied herself to him*** sie versagte sich ihm; **4. *~ o.s. to s.o.*** sich vor j-m verleugnen lassen.

de·o·dor·ant [diːˈəʊdərənt] **I** *s.* De(s)odoˈrant *n*, **II** *adj.* de(s)odorierend; **de·o·dor·i·za·tion** [diːˌəʊdəraɪˈzeɪʃn] *s.* Desodorierung *f*; **de·o·dor·ize** [diːˈəʊdəraɪz] *v/t.* de(s)odorieren; **deˈo·dor·iz·er** [-raɪzə] → ***deodorant*** I.

de·ox·i·dize [diːˈɒksɪdaɪz] *v/t.* ⚗ den Sauerstoff entziehen (*dat.*).

de·part [dɪˈpɑːt] *v/i.* **1.** (***for*** nach) weg-, fortgehen, *bsd.* abreisen, abfahren; **2.** 🚂 *etc.* abgehen, abfahren, ✈ abfliegen; **3.** *a.* ***~*** (***from***) ***this life*** ˈhinscheiden, entschlafen, sterben; **4.** (***from***) abweichen (von *e-r Regel*, *der Wahrheit etc.*), *Plan etc.* ändern, aufgeben: ***~ from one's word*** sein Wort brechen; **deˈpart·ed** [-tɪd] *adj.* **1.** vergangen; **2.** verstorben: ***the ~*** der *od.* die Verstorbene, *coll.* die Verstorbenen; **deˈpart·ment** [-mənt] *s.* **1.** Fach *n*, Gebiet *n*, Resˈsort *n*, Geschäftsbereich *m*: ***that's your ~!*** F das ist dein Ressort!; **2.** Abteilung *f*: ***~ of German*** *univ.* germanistische Abteilung; ***export ~*** ✝ Exportabteilung; ***~ store*** Waren-, Kaufhaus *n*; **3.** *pol.* Departeˈment *n* (*in Frankreich*); **4.** Dienst-, Geschäftsstelle *f*, Amt *n*: ***health ~*** Gesundheitsamt; **5.** *pol.* Miniˈsterium *n*: ***ℒ of Defense*** *Am.* Verteidigungsministerium; ***ℒ of the Interior*** *Am.* Innenministerium; **6.** ⚔ Bereich *m*, Zone *f*; **de·part·men·tal** [ˌdiːpɑːtˈmentl] *adj.* **1.** Abteilungs…; Bezirks…; Fach…; **2.** Ministerial…; **de·part·men·tal·ize** [ˌdiːpɑːtˈmentəlaɪz] *v/t.* in (viele) Abteilungen gliedern.

de·par·ture [dɪˈpɑːtʃə] *s.* **1.** Weggang *m*, *bsd.* ⚔ Abzug *m*: ***take one's ~*** sich verabschieden, weg-, fortgehen; **2.** a) Abreise *f*, b) 🚂 *etc.* Abfahrt *f*, ✈ Abflug *m*: (***time of***) ***~*** Abfahrts- *od.* Abflugzeit *f*; ***~ gate*** Flugsteig *m*; ***~ lounge*** Abflughalle *f*; ***~ platform*** Abfahrtsbahnsteig *m*; **3.** Abweichen *n*, Abweichung *f* (***from*** von *e-m Plan*, *e-r Regel etc.*); **4.** *fig.* Anfang *m*, Beginn *m*: ***a new ~*** a) ein neuer Anfang, b) ein neuer Weg, ein neues Verfahren; ***point of ~*** Ausgangspunkt *m*; **5.** ˈHinscheiden *n*, Tod *m*.

de·pend [dɪˈpend] *v/i.* **1.** (***on***, ***upon***) abhängen (von), ankommen (auf *acc.*): ***it ~s on the weather***; ***it ~s on you***; ***~ing on the quantity used*** je nach (der zu verwendenden) Menge; ***~ing on whether*** je nachdem, ob; ***that ~s*** F das kommt (ganz) darauf an, je nachdem; **2.** (***on***, ***upon***) a) abhängig sein (von), b) angewiesen sein (auf *acc.*): ***he ~s on my help***; **3.** sich verlassen (***on***, ***upon*** auf *acc.*): ***you may ~ on that man***; ***~ upon it!*** verlaß dich drauf!; **de·pend·a·bil·i·ty** [dɪˌpendəˈbɪlətɪ] *s.* Zuverlässigkeit *f*; **deˈpend·a·ble** [-dəbl] *adj.* □ verläßlich, zuverlässig; **de·pend·ance** [-dəns] *Am.* → ***dependence***; **de·pend·ant** [-dənt] **I** *s.* Abhängige(r *m*) *f*, *bsd.* (Faˈmilien)Angehörige(r *m*) *f*; **II** *adj. Am.* → ***dependent*** I; **deˈpend·ence** [-dəns] *s.* **1.** (***on***, ***upon***) Abhängigkeit *f* (von), Angewiesensein *n* (auf *acc.*); Bedingtsein *n* (durch); **2.** Vertrauen *n*, Verlaß *m* (***on***, ***upon*** auf *acc.*); **3. *in ~*** ⚖ in der Schwebe; **4.** Nebengebäude *n*, Depenˈdance *f*; **deˈpend·en·cy** [-dənsɪ] **1.** → ***dependence*** 1; **2.** *pol.* Schutzgebiet *n*, Koloˈnie *f*; **deˈpend·ent** [-dənt] **I** *adj.* **1.** (***on***, ***upon***) abhängig (von): a) angewiesen (auf *acc.*), b) bedingt (durch); **2.** vertrauend, sich verlassend (***on***, ***upon*** auf *acc.*); **3.** (***on***) ˈuntergeordnet (*dat.*), abhängig (von), unselbständig: ***~ clause*** *ling.* Nebensatz *m*; **4.** herˈabhängend (***from*** von); **II** *s.* **5.** *Am.* → ***dependant*** I.

de·peo·ple [ˌdiːˈpiːpl] *v/t.* entvölkern.

de·per·son·al·ize [ˌdiːˈpɜːsnəlaɪz] *v/t.* **1.** *psych.* entperˈsönlichen; **2.** ˈunperˌsönlich machen.

de·pict [dɪˈpɪkt] *v/t.* **1.** (ab)malen, zeichnen, darstellen; **2.** schildern, beschreiben, veranschaulichen.

dep·i·late [ˈdepɪleɪt] *v/t.* enthaaren, depilieren; **dep·i·la·tion** [ˌdepɪˈleɪʃn] *s.* Enthaarung *f*; **de·pil·a·to·ry** [dɪˈpɪlətərı] **I** *adj.* enthaarend; **II** *s.* Enthaarungsmittel *n.*

de·plane [ˌdiːˈpleın] *v/t. u. v/i.* aus dem Flugzeug ausladen (aussteigen).

de·plen·ish [dıˈplenıʃ] *v/t.* entleeren.

de·plete [dıˈpliːt] *v/t.* **1.** (ent)leeren; **2.** Raubbau treiben mit; *Vorräte, Kräfte etc.* erschöpfen; *Bestand etc.* dezimieren: **~ *a lake of fish*** e-n See abfischen; **de·ple·tion** [dıˈpliːʃn] *s.* **1.** Entleerung *f*; **2.** Raubbau *m*; Erschöpfung *f*; ⚕ *a.* Erschöpfungszustand *m*; ✝ *a.* Subˈstanzverlust *m.*

de·plor·a·ble [dıˈplɔːrəbl] *adj.* □ **1.** bedauerns-, beklagenswert; **2.** erbärmlich, kläglich; **de·plore** [dıˈplɔː] *v/t.* beklagen: a) bedauern, b) mißˈbilligen, c) betrauern.

de·ploy [dıˈplɔı] **I** *v/t.* **1.** ⚔ a) aufmarschieren lassen, entwickeln, entfalten, b) *a. allg.* verteilen, *Raketen etc.* aufstellen; **2.** *Arbeitskräfte etc.* einsetzen; **3.** *fig.* anwenden, einsetzen; **II** *v/i.* **4.** sich entwickeln, sich entfalten, ausschwärmen, Geˈfechtsformatiˌon annehmen; **III** *s.* **5.** → **deˈploy·ment** [-mənt] *s.* **1.** ⚔ Entfaltung *f*, -wicklung *f*, Aufmarsch *m*; Gliederung *f*; Aufstellung *f*; **2.** ✝ *etc.* Einsatz *m*, Verteilung *f.*

de·poi·son [ˌdiːˈpɔızn] *v/t.* entgiften.

de·po·lar·ize [ˌdiːˈpəʊləraız] *v/t.* **1.** ⚡, *phys.* depolarisieren; **2.** *fig. Überzeugung etc.* erschüttern.

de·po·lit·i·cize [ˌdiːpəˈlıtısaız] *v/t.* entpolitisieren.

de·pone [dıˈpəʊn] → ***depose*** II; **deˈpo·nent** [-nənt] **I** *adj.* **1.** **~ *verb*** *ling.* → 2; **II** *s.* **2.** *ling.* Deˈponens *n*; **3.** ⚖ vereidigter Zeuge; *in Urkunden*: *der* (*die*) Erschienene.

de·pop·u·late [ˌdiːˈpɒpjʊleıt] *v/t.* (*v/i.* sich) entvölkern; **de·pop·u·la·tion** [diːˌpɒpjʊˈleıʃn] *s.* Entvölkerung *f.*

de·port [dıˈpɔːt] *v/t.* **1.** (zwangsweise) fortschaffen; **2.** *pol.* a) deportieren, b) ausweisen, *Ausländer* abschieben, c) *hist.* verbannen; **3.** **~ *o.s.*** sich *gut etc.* betragen *od.* benehmen; **de·por·ta·tion** [ˌdiːpɔːˈteıʃn] *s.* Deportatiˈon *f*, Zwangsverschickung *f*; Ausweisung *f*; *hist.* Verbannung *f*; **de·por·tee** [ˌdiːpɔːˈtiː] *s.* Deportierte(r *m*) *f*; **deˈport·ment** [-mənt] *s.* **1.** Benehmen *n*, Betragen *n*, Verhalten *n*; **2.** (Körper)Haltung *f.*

de·pos·a·ble [dıˈpəʊzəbl] *adj.* absetzbar; **de·pos·al** [dıˈpəʊzl] *s.* Absetzung *f*; **de·pose** [dıˈpəʊz] **I** *v/t.* **1.** absetzen, entheben (***from*** *gen.*); entthronen; **2.** ⚖ eidlich erklären, unter Eid zu Protoˈkoll geben; **II** *v/i.* (*bsd.* in Form e-r schriftlichen, beeideten Erklärung) aussagen *od.* bezeugen (***to s.th.*** et., ***that*** daß).

de·pos·it [dıˈpɒzıt] **I** *v/t.* **1.** ab-, niedersetzen, ab-, niederlegen; *Eier* (ab)legen; **2.** ⚗, ⚙, *geol.* ablagern, -setzen, anschwemmen; **3.** *Geld* a) einzahlen, *a. Sache* hinterˈlegen, deponieren; überˈgeben, b) anzahlen; **II** *v/i.* **4.** ⚗ sich absetzen *od.* ablagern *od.* niederschlagen; **III** *s.* **5.** ⚗, ⚙ Ablagerung *f*, (Boden)Satz *m*, Niederschlag *m*, Sediˈment *n*; Schicht *f*, Belag *m*; **6.** ⚒, *geol.* Ablagerung *f*, Lager *n*, Flöz *n*; **7.** ✝ a) Deˈpot *n*: ***place on*** **~** einzahlen, hinterlegen, b) Einzahlung *f*, Einlage *f*, Guthaben *n*: **~*s*** Depositen; **~ *account*** Termineinlagekonto *n*; **deˈpos·i·tar·y** [-tərı] *s.* **1.** Depositˈtar *m*, Verwahrer(in); **2.** → ***depot*** 1.

dep·o·si·tion [ˌdepəˈzıʃn] *s.* **1.** Amtsenthebung *f*; Absetzung *f* (***from*** von); **2.** ⚗, ⚙, *geol.* Ablagerung *f*, Niederschlag *m*; **3.** ⚖ (Protoˈkoll *n od.* Abgabe *f* e-r beeideten) Erklärung *od.* Aussage; **4.** (Bild *n* der) Kreuzabnahme *f Christi*; **de·pos·i·tor** [dıˈpɒzıtə] *s.* ✝ a) Hinterˈleger(in), b) Einzahler(in), c) Kontoinhaber(in); **de·pos·i·to·ry** [dıˈpɒzıtərı] *s.* **1.** a) Aufbewahrungsort *m*, b) → ***depot*** 1; **2.** *fig.* Fundgrube *f.*

de·pot [ˈdepəʊ] *s.* **1.** Deˈpot *n*, Lagerhaus *n*, -platz *m*, Niederlage *f*; **2.** *Am.* Bahnhof *m*; **3.** ⚔ Deˈpot *n*: a) Gerätepark *m*, b) (Nachschub)Lager *n*, c) Sammelplatz *m*, d) Ersatztruppenteil *m*; **4.** ⚕ Deˈpot *n.*

dep·ra·va·tion [ˌdeprəˈveıʃn] → ***depravity***; **de·prave** [dıˈpreıv] *v/t. moralisch* verderben; **de·praved** [dıˈpreıvd] *adj.* verderbt, verkommen, verworfen, schlecht; **de·prav·i·ty** [dıˈprævətı] *s.* **1.** Verderbtheit *f*, Verworfenheit *f*; Schlechtigkeit *f*; **2.** böse Tat.

dep·re·cate [ˈdeprıkeıt] *v/t.* mißˈbilligen, verurteilen, verwerfen; **ˈdep·re·cat·ing** [-tıŋ] *adj.* □ **1.** mißˈbilligend, ablehnend; **2.** entschuldigend; **3.** wegwerfend, (bescheiden) abwehrend; **dep·re·ca·tion** [ˌdeprıˈkeıʃn] *s.* ˈMißbilligung *f*; **ˈdep·re·ca·tor** [-tə] *s.* Gegner(in); **ˈdep·re·ca·to·ry** [-kətərı] → ***deprecating***.

de·pre·ci·ate [dıˈpriːʃıeıt] **I** *v/t.* **1.** a) geringschätzen, b) herˈabsetzen, -würdigen; **2.** a) *im Preis od. Wert* herˈabsetzen, b) abschreiben; **3.** ✝ *Währung* abwerten; **II** *v/i.* **4.** im Preis *od.* Wert sinken; **de'pre·ci·at·ing** [-tɪŋ] → ***depreciatory***; **de·pre·ci·a·tion** [dɪˌpriːʃɪ'eɪʃn] *s.* **1.** a) Geringschätzung *f*, b) Her'absetzung *f*, -würdigung *f*; **2.** ✝ a) Wertminderung *f*, Kursverlust *m*, b) Abschreibung *f*, c) Abwertung *f*: **~ *fund*** Abschreibungsfond *m*; **de'pre·ci·a·to·ry** [-ʃjətərɪ] *adj.* geringschätzig, verächtlich, abschätzig.

dep·re·da·tion [ˌdeprɪ'deɪʃn] *s. oft pl.* **1.** Plünderung *f*, Verwüstung *f*; **2.** *fig.* Raubzug *m*; **dep·re·da·tor** ['deprɪdeɪtə] *s.* Plünderer *m*.

de·press [dɪ'pres] *v/t.* **1.** a) *j-n* deprimieren, bedrücken, b) *Stimmung* drücken; **2.** *Tätigkeit*, *Handel* niederdrücken; *Preis*, *Wert* (her'ab)drücken, senken: **~ *the market*** ✝ die Kurse drücken; **3.** *Leistung etc.* schwächen, her'absetzen; **4.** *Pedal*, *Taste etc.* (nieder)drücken; **de'pres·sant** [-snt] ⚕ **I** *adj.* dämpfend, beruhigend; **II** *s.* Depressi'onsmittel *n*.

de·pressed [dɪ'prest] *adj.* **1.** deprimiert, niedergeschlagen, bedrückt (*Person*), gedrückt (*Stimmung*, *a.* ✝ *Börse*); **2.** verringert, geschwächt (*Tätigkeit etc.*); **3.** ✝ flau (*Markt*), gedrückt (*Preis*), notleidend (*Industrie*); **~ a·re·a** *s.* Notstandsgebiet *n*.

de·press·ing [dɪ'presɪŋ] *adj.* ☐ **1.** deprimierend, bedrückend; **2.** kläglich; **de'pres·sion** [-eʃn] *s.* **1.** Depressi'on *f*, Niedergeschlagenheit *f*, Ge-, Bedrücktheit *f*; Melancho'lie *f*; **2.** Senkung *f*, Vertiefung *f*; *geol.* Landsenke *f*; **3.** ✝ Fallen *n* (*Preise*); Wirtschaftskrise *f*, Depressi'on *f*, Flaute *f*, Tiefstand *m*; **4.** *ast.*, *surv.* Depressi'on *f*; **5.** *meteor.* Tief(druckgebiet) *n*; **6.** Abnahme *f*, Schwächung *f*; **7.** ⚕ Schwäche *f*, Entkräftung *f*; **de'pres·sive** [-sɪv] *adj.* deprimiert, *psych.* depres'siv.

dep·ri·va·tion [ˌdeprɪ'veɪʃn] *s.* **1.** Beraubung *f*, Entziehung *f*, Entzug *m*; **2.** (schmerzlicher) Verlust; **3.** Entbehrung *f*, Mangel *m*; **4.** *psych.* Deprivati'on *f*, (Liebes- *etc.*)Entzug *m*; **de·prive** [dɪ'praɪv] *v/t.* **1.** (***of s.th.***) (*j-n od. et.* e-r Sache) berauben, (*j-m* et.) entziehen *od.* rauben *od.* nehmen: ***be ~d of s.th.*** et. entbehren (müssen); ***~d child*** *psych.* an Liebesentzug leidendes Kind; ***~d persons*** benachteiligte *od.* unterprivilegierte Personen; **2.** (***of s.th.***) *j-n* ausschließen (von et.), (*j-m* et.) vorenthalten; **3.** *eccl.* *j-n* absetzen.

depth [depθ] *s.* **1.** Tiefe *f*: ***eight feet in ~*** acht Fuß tief; ***get out of one's ~*** den (sicheren) Grund unter den Füßen verlieren (*a. fig.*); ***be out of one's ~*** a) *im Wasser* nicht mehr stehen können, b) *fig.* ratlos *od.* unsicher sein, ‚schwimmen'; ***it is beyond my ~*** es geht über m-n Horizont; **2.** Tiefe *f* (*als 3. Dimension*): ***~ of a cupboard***; **3.** a) *a.* ***~ of focus*** *od.* ***field*** Schärfentiefe *f*, b) *bsd. phot.* Tiefenschärfe *f*, c) Tiefe *f* (*von Farben*, *Tönen*); **4.** *oft pl.* Tiefe *f*, Mitte *f*, (*das*) Innerste (*a. fig.*): ***in the ~ of night*** mitten in der Nacht; ***in the ~ of winter*** mitten im Winter; ***from the ~ of misery*** aus tiefstem Elend; **5.** *fig.* a) Tiefe *f*: ***~ of meaning***, b) tiefer Sinn, c) Tiefe *f*, Intensi'tät *f*: ***~ of grief***; ***in ~*** eingehend, tiefschürfend, d) (Gedanken)Tiefe *f*, Tiefgründigkeit *f*, e) Scharfsinn *m*, f) Dunkelheit *f*, Unklarheit *f*; **6.** ⚒ Teufe *f*; **7.** *psych.* 'Unterbewußtsein *n*: **~ *analysis*** tiefenpsychologische Analyse; **~ *interview*** Tiefeninterview *n*; **~ *psychology*** Tiefenpsychologie *f*; **~ bomb**, **~ charge** *s.* ⚔ Wasserbombe *f*.

dep·u·rate ['depjʊreɪt] *v/t.* ⚗, ⚕, ⚙ reinigen, läutern.

dep·u·ta·tion [ˌdepjʊ'teɪʃn] *s.* Deputati'on *f*, Abordnung *f*; **de·pute** [dɪ'pjuːt] *v/t.* **1.** abordnen, delegieren, deputieren; **2.** *Aufgabe etc.* über'tragen (***to*** *dat.*); **dep·u·tize** ['depjʊtaɪz] **I** *v/t.* (als Vertreter) ernennen, abordnen; **II** *v/i.* **~ *for s.o.*** j-n vertreten; **dep·u·ty** ['depjʊtɪ] **I** *s.* **1.** (Stell)Vertreter(in), Beauftragte(r *m*) *f*; **2.** *pol.* Abgeordnete(r *m*) *f*; **II** *adj.* **3.** stellvertretend, Vize…: **~ *chairman*** stellvertretende(r) Vorsitzende(r), Vizepräsident(in).

de·rac·i·nate [dɪ'ræsɪneɪt] *v/t.* entwurzeln (*a. fig.*); ausrotten, vernichten.

de·rail [dɪ'reɪl] *v/i. u. v/t.* entgleisen (lassen); **de'rail·ment** [-mənt] *s.* Entgleisung *f*.

de·range [dɪ'reɪndʒ] *v/t.* **1.** in Unordnung bringen, durchein'anderbringen; **2.** stören; **3.** verrückt machen, (geistig) zerrütten; **de'ranged** [-dʒd] *adj.* **1.** in Unordnung, gestört: ***a ~ stomach*** e-e Magenverstimmung; **2.** ⚕ *a.* ***mentally ~*** geistesgestört; **de'range·ment** [-mənt] *s.* **1.** Unordnung *f*, Durchein'ander *n*; **2.** Störung *f*; **3.** ⚕ *a.* ***mental ~*** Geistesgestörtheit *f*.

de·ra·tion [ˌdiː'ræʃn] *v/t.* die Rationierung von … aufheben, *Ware* freigeben.

Der·by ['dɑːbɪ] *s.* **1.** *Rennsport*: a) (*das* englische) Derby (*in Epsom*), b) *allg.* Derby *n* (*Pferderennen*); **2.** ♀ *sport* (*bsd.* Lo'kal)Derby *n*; **3.** ♀ *Am.* ‚Me'lone' *f*.

der·e·lict ['derɪlɪkt] **I** *adj.* **1.** herrenlos,

aufgegeben, verlassen; **2.** her'untergekommen, zerfallen, baufällig; **3.** nachlässig: **~ *in duty*** pflichtvergessen; **II** *s.* **4.** ⚖ herrenloses Gut; **5.** ⚓ a) aufgegebenes Schiff, b) treibendes Wrack; **6.** menschliches Wrack, *a.* Obdachlose(r *m*) *f*; **7.** Pflichtvergessene(r *m*) *f*; **der·e·lic·tion** [ˌderɪ'lɪkʃn] *s.* **1.** Aufgeben *n*, Preisgabe *f*; **2.** Verlassenheit *f*; **3.** Vernachlässigung *f*, Versäumnis *n*: **~ *of duty*** Pflichtversäumnis; **4.** Versagen *n*; **5.** Ver-, Zerfall *m*; **6.** ⚖ a) Besitzaufgabe *f*, b) Verlandung *f*, Landgewinn *m* in'folge Rückgangs des Wasserspiegels.

de·re·strict [ˌdi:rɪ'strɪkt] *v/t.* die Einschränkungsmaßnahmen aufheben für; ˌ**de·re'stric·tion** [-kʃn] *s.* Aufhebung *f* der Einschränkungsmaßnahmen, *bsd.* der Geschwindigkeitsbegrenzung.

de·ride [dɪ'raɪd] *v/t.* verlachen, -höhnen, -spotten; **de'rid·er** [-də] *s.* Spötter *m*; **de'rid·ing·ly** [-dɪŋlɪ] *adv.* spöttisch.

de ri·gueur [dərɪ'gɜ:] (*Fr.*) *pred. adj.* **1.** streng nach der Eti'kette; **2.** unerläßlich, ‚ein Muß'.

de·ri·sion [dɪ'rɪʒn] *s.* Hohn *m*, Spott *m*: ***hold in* ~** verspotten; ***bring into* ~** zum Gespött machen; ***be the* ~ *of s.o.*** j-s Gespött sein; **de·ri·sive** [dɪ'raɪsɪv], **de·ri·so·ry** [dɪ'raɪsərɪ] *adj.* □ höhnisch, spöttisch.

de·riv·a·ble [dɪ'raɪvəbl] *adj.* **1.** ab-, herleitbar (***from*** von); **2.** erreichbar, zu gewinnen(d) (***from*** aus); **der·i·va·tion** [ˌderɪ'veɪʃn] *s.* **1.** Ab-, Herleitung *f* (*a. ling.*); **2.** Ursprung *m*, Herkunft *f*, Abstammung *f*; **de·riv·a·tive** [dɪ'rɪvətɪv] **I** *adj.* **1.** abgeleitet; **2.** sekun'där; **II** *s.* **3.** *et.* Ab- *od.* Hergeleitetes; **4.** *ling.* Ableitung *f*, abgeleitete Form (*od.* ⩚ Funkti'on); **5.** ⚗ Deri'vat *n*, Abkömmling *m*; **de·rive** [dɪ'raɪv] **I** *v/t.* **1.** (***from***) herleiten (von), zu'rückführen (auf *acc.*), verdanken (*dat.*): ***be ~d from*** → 4; ***~d income*** ♰ abgeleitetes Einkommen; **2.** bekommen, erlangen, gewinnen: ***~d from coffee*** aus Kaffee gewonnen; **~ *profit from*** Nutzen ziehen aus; **~ *pleasure from*** Freude haben an (*dat.*); **3.** ⚗, ⩚, *ling.* ableiten; **II** *v/i.* **4.** **~ *from*** (ab)stammen *od.* herrühren *od.* abgeleitet sein *od.* sich ableiten von.

derm [dɜ:m], **der·ma** ['dɜ:mə] *s. anat.* Haut *f*; **der·mal** ['dɜ:ml] *adj. anat.* Haut...; **der·ma·ti·tis** [ˌdɜ:mə'taɪtɪs] *s.* ⚕ Derma'titis *f*, Hautentzündung *f*; **der·ma·tol·o·gist** [ˌdɜ:mə'tɒlədʒɪst] *s.* Dermato'loge *m*, Hautarzt *m*; **der·ma·tol·o·gy** [ˌdɜ:mə'tɒlədʒɪ] *s.* ⚕ Dermato'lo'gie *f*.

der·o·gate ['derəgeɪt] **I** *v/i.* (***from***) **1.** Abbruch tun, schaden (*dat.*), beeinträchtigen, schmälern (*acc.*); **2.** abweichen (von *e-r Norm etc.*); **II** *v/t.* **3.** her'absetzen; **der·o·ga·tion** [ˌderə'geɪʃn] *s.* **1.** Beeinträchtigung *f*, Schmälerung *f*, Nachteil *m*; **2.** Her'absetzung *f*; **de·rog·a·to·ry** [dɪ'rɒgətərɪ] *adj.* **1.** (***to***) nachteilig (für), abträglich (*dat.*), schädlich (*dat. od.* für): ***be* ~** schaden, beeinträchtigen; **2.** abfällig, geringschätzig (*Worte*).

der·rick ['derɪk] *s.* **1.** ⚙ a) Mastenkran *m*, b) Ausleger *m*; **2.** ⚙ Bohrturm *m*; **3.** ⚓ Ladebaum *m*.

der·ring-do [ˌderɪŋ'du:] *s.* Verwegenheit *f*, Tollkühnheit *f*.

der·vish ['dɜ:vɪʃ] *s.* Derwisch *m*.

de·sal·i·nate [ˌdi:'sælɪneɪt] *v/t.* entsalzen.

des·cant I *s.* ['deskænt] **1.** *poet.* Lied *n*, Weise *f*; **2.** ♪ a) Dis'kant *m*, b) variierte Melo'die; **II** *v/i.* [dɪ'skænt] **3.** sich auslassen (***on*** über *acc.*); **4.** ♪ diskantieren.

de·scend [dɪ'send] **I** *v/i.* **1.** her'unter-, hin'untersteigen, -gehen, -kommen, -fahren, -fallen, -sinken; ab-, aussteigen; ⚒ einfahren; ✈ niedergehen, landen; **2.** sinken, fallen; sich senken (*Straße*), abfallen (*Gebirge*); **3.** *mst* ***be ~ed*** abstammen, herkommen (***from*** von, aus); **4.** (***to***) zufallen (*dat.*), 'übergehen, sich vererben (auf *acc.*); **5.** (***to***) sich hergeben, sich erniedrigen (zu); **6.** (***to***) 'übergehen (zu), eingehen (auf *ein Thema etc.*); **7.** (***on, upon***) sich stürzen (auf *acc.*), herfallen (über *acc.*), einfallen (in *acc.*); her'einbrechen (über *acc.*); *fig. j-n* ‚über'fallen' (*Besuch etc.*); **8.** ♪, *ast.* fallen, absteigen; **II** *v/t.* **9.** *Treppe etc.* her'unter-, hin'untersteigen, -gehen *etc.*; **de'scend·ant** [-dənt] *s.* **1.** Nachkomme *m*, Abkömmling *m*; **2.** *ast.* Deszen'dent *m*.

de·scent [dɪ'sent] *s.* **1.** Her'unter-, Hin'untersteigen *n*, Abstieg *m*; Talfahrt *f*; ⚒ Einfahrt *f*; ✈ Landung *f*; (*Fallschirm*)Absprung *m*; **2.** Abhang *m*, Abfall *m*, Senkung *f*, Gefälle *n*; **3.** *fig.* Abstieg *m*, Niedergang *m*, Fallen *n*, Sinken *n*; **4.** Abstammung *f*, Herkunft *f*, Geburt *f*; **5.** ⚖ Vererbung *f*, 'Übergang *m*, Über'tragung *f*; **6.** (***on, upon***) 'Überfall *m* (auf *acc.*), Einfall *m* (in *acc.*), Angriff *m* (auf *acc.*); **7.** *bibl.* Ausgießung *f* (*des Heiligen Geistes*); **8.** **~ *from the cross*** *paint.* Kreuzabnahme *f*.

de·scrib·a·ble [dɪ'skraɪbəbl] *adj.* zu beschreiben(d); **de·scribe** [dɪ'skraɪb] *v/t.* **1.** beschreiben, schildern; **2.** (*as*) bezeichnen (als), nennen (*acc.*); **3.** *bsd.* ⩚ *Kreis*, *Kurve* beschreiben; **de·scrip·tion** [dɪ'skrɪpʃn] *s.* **1.** Beschreibung *f* (*a.* ⩚ *etc.*), Darstellung *f*, Schilderung *f*: ***beautiful beyond ~*** unbeschreiblich *od.* unsagbar schön; **2.** Bezeichnung *f*; **3.** Art *f*, Sorte *f*: ***of the worst ~*** schlimmster Art; **de·scrip·tive** [dɪ'skrɪptɪv] *adj.* □ **1.** beschreibend, schildernd: ***~ geometry*** darstellende Geometrie; ***be ~ of*** beschreiben, bezeichnen; **2.** anschaulich (geschrieben *od.* schreibend).

de·scry [dɪ'skraɪ] *v/t.* gewahren, wahrnehmen, erspähen, entdecken.

des·e·crate ['desɪkreɪt] *v/t.* entweihen, -heiligen, schänden; **des·e·cra·tion** [ˌdesɪ'kreɪʃn] *s.* Entweihung *f*, -heiligung *f*, Schändung *f*.

de·seg·re·gate [ˌdiː'segrɪgeɪt] *v/t.* die Rassenschranken aufheben in (*dat.*); **de·seg·re·ga·tion** [ˌdiːsegrɪ'geɪʃn] *s.* Aufhebung *f* der Rassentrennung.

de·sen·si·tize [ˌdiː'sensɪtaɪz] *v/t.* **1.** ⚕ desensibilisieren, unempfindlich machen; **2.** *phot.* lichtunempfindlich machen.

de·sert[1] [dɪ'zɜːt] *s. oft pl.* **1.** Verdienst *n*; **2.** verdienter Lohn (*a. iro.*), Strafe *f*: ***get one's ~s*** s-n wohlverdienten Lohn empfangen.

des·ert[2] ['dezət] **I** *s.* **1.** Wüste *f*; **2.** Ödland *n*; **3.** *fig.* Öde *f*; Einöde *f*; **4.** *fig.* Öde *f*, Fadheit *f*; **II** *adj.* **5.** öde, wüst; verödet, verlassen; **6.** Wüsten…

de·sert[3] [dɪ'zɜːt] **I** *v/t.* **1.** verlassen; im Stich lassen; ⚖ *Ehepartner* (böswillig) verlassen; **2.** untreu *od.* abtrünnig werden (*dat.*): ***~ the colo(u)rs*** ⚔ fahnenflüchtig werden; **II** *v/i.* **3.** ⚔ desertieren, fahnenflüchtig werden; 'überlaufen, -gehen (***to*** zu); **de'sert·ed** [-tɪd] *adj.* **1.** verlassen, ausgestorben, menschenleer; **2.** verlassen, einsam; **de'sert·er** [-tə] *s.* **1.** ⚔ a) Fahnenflüchtige(r) *m*, Deser'teur *m*, b) 'Überläufer *m*; **2.** *fig.* Abtrünnige(r *m*) *f*; **de'ser·tion** [-ɜːʃn] *s.* **1.** Verlassen *n*, Im'stichlassen *n*; **2.** Abtrünnigwerden *n*, Abfall *m* (***from*** von); **3.** ⚖ böswilliges Verlassen; **4.** ⚔ Fahnenflucht *f*.

de·serve [dɪ'zɜːv] **I** *v/t.* verdienen, verdient haben (*acc.*), würdig *od.* wert sein (*gen.*): ***~ praise*** Lob verdienen; **II** *v/i.* ***~ well of*** sich verdient gemacht haben um; ***~ ill of*** e-n schlechten Dienst erwiesen haben (*dat.*); **de'serv·ed·ly** [-vɪdlɪ] *adv.* verdientermaßen, mit Recht; **de'serv·ing** [-vɪŋ] *adj.* **1.** verdienstvoll, verdient (*Person*); **2.** verdienstlich, -voll (*Tat*); **3.** ***be ~ of*** → ***deserve*** I.

des·ha·bille ['dezæbiːl] → ***dishabille***.

des·ic·cate ['desɪkeɪt] *v/t. u. v/i.* (aus-)trocknen, ausdörren: ***~d milk*** Trockenmilch *f*; ***~d fruit*** Dörrobst *n*; **des·ic·ca·tion** [ˌdesɪ'keɪʃn] *s.* (Aus)Trocknung *f*, Trockenwerden *n*; **'des·ic·ca·tor** [-tə] *s.* ⚙ 'Trockenappaˌrat *m*.

de·sid·er·a·tum [dɪˌzɪdə'reɪtəm] *pl.* **-ta** [-tə] *s. et.* Erwünschtes, Erfordernis *n*, Bedürfnis *n*.

de·sign [dɪ'zaɪn] **I** *v/t.* **1.** entwerfen, (auf)zeichnen, skizzieren: ***~ a dress*** ein Kleid entwerfen; **2.** gestalten, ausführen, anlegen; **3.** *fig.* entwerfen, ausdenken, ersinnen: ***~ed to do s.th.*** dafür bestimmt *od.* darauf angelegt, et. zu tun (*Sache*); **4.** planen, beabsichtigen: ***~ doing*** (*od.* ***to do***) beabsichtigen zu tun; **5.** bestimmen: a) vorsehen (***for*** für, ***as*** als), b) aussersehen: ***~ed to be a priest*** zum Priester bestimmt; **II** *v/i.* **6.** Zeichner *od.* Konstruk'teur *od.* De'signer sein; **III** *s.* **7.** Entwurf *m*, Zeichnung *f*, Plan *m*, Skizze *f*; **8.** Muster *n*, Zeichnung *f*, Fi'gur *f*, Des'sin *n*: ***floral ~*** Blumenmuster; ***registered ~*** ⚖ Gebrauchsmuster; ***protection of ~s*** ⚖ Musterschutz *m*; **9.** a) Gestaltung *f*, Formgebung *f*, De'sign *n*, b) Bauart *f*, Konstrukti'on *f*, Ausführung *f*, Mo'dell *n*; → ***industrial design***; **10.** Anlage *f*, Anordnung *f*; **11.** Absicht *f*, Plan *m*; Zweck *m*, Ziel *n*: ***by ~*** mit Absicht; **12.** böse Absicht, Anschlag *m*: ***have ~s on*** (*od.* ***against***) et. im Schilde führen gegen, *a. iro.* e-n Anschlag vorhaben auf (*acc.*).

des·ig·nate ['dezɪgneɪt] **I** *v/t.* **1.** bezeichnen, (be)nennen; **2.** kennzeichnen; **3.** berufen, aussersehen, bestimmen, ernennen (***for*** zu); **II** *adj.* **4.** designiert, einstweilig ernannt: ***bishop ~***; **des·ig·na·tion** [ˌdezɪg'neɪʃn] *s.* **1.** Bezeichnung *f*, Name *m*; **2.** Kennzeichnung *f*; **3.** Bestimmung *f*; **4.** einstweilige Ernennung *od.* Berufung.

de·signed [dɪ'zaɪnd] *adj.* □ **1.** (***for***) bestimmt *etc.* (für); → ***design*** 3, 4, 5; **2.** vorsätzlich, absichtlich; **de'sign·ed·ly** [-nɪdlɪ] *adv.* → ***designed*** 2; **de'sign·er** [-nə] *s.* **1.** Entwerfer(in): a) (Muster-)Zeichner(in), b) De'signer(in), (Form-)Gestalter(in), Gebrauchsgraphiker(in), c) ⚙ Konstruk'teur *m*; **2.** Ränkeschmied *m*, Intri'gant(in); **de'sign·ing** [-nɪŋ] *adj.* □ ränkevoll, intri'gant.

de·sir·a·bil·i·ty [dɪˌzaɪərə'bɪlətɪ] *s.* Erwünschtheit *f*; **de·sir·a·ble** [dɪˈzaɪərəbl] *adj.* □ **1.** wünschenswert, erwünscht; **2.** begehrenswert, reizvoll; **de·sire** [dɪˈzaɪə] **I** *v/t.* **1.** wünschen, begehren, verlangen, wollen: ***if ~d*** auf Wunsch; ***leaves much to be ~d*** läßt viel zu wünschen übrig; **2.** *j-n* bitten, ersuchen; **II** *s.* **3.** Wunsch *m*, Verlangen *n*, Begehren *n* (***for*** nach); **4.** Wunsch *m*, Bitte *f*: ***at*** (*od.* ***by***) ***s.o.'s ~*** auf (j-s) Wunsch; **5.** Lust *f*, Begierde *f*; **6.** *das* Gewünschte; **de·sir·ous** [dɪˈzaɪərəs] *adj.* □ (***of***) begierig, verlangend (nach), wünschend (*acc.*): ***I am ~ to know*** ich möchte (sehr) gern wissen; ***the parties are ~ to ...*** (*in Verträgen*) die Parteien beabsichtigen, zu ...

de·sist [dɪˈzɪst] *v/i.* abstehen, ablassen, Abstand nehmen (***from*** von): ***~ from asking*** aufhören zu fragen.

desk [desk] **I** *s.* **1.** Schreibtisch *m*; **2.** (Lese-, Schreib-, Noten-, Kirchen-, ⚙ Schalt)Pult *n*; **3.** ⚕ (Zahl)Kasse *f*: ***pay at the ~!*** zahlen Sie an der Kasse!; ***first ~*** ♪ erstes Pult (*Orchester*); **4.** *eccl. bsd. Am.* Kanzel *f*; **5.** *Am.* Redaktiˈon *f*: ***city ~*** Lokalredaktion; **6.** Auskunft (-sschalter *m*) *f*; **7.** Empfang *m*, Rezeptiˈon *f* (*im Hotel*): ***~ clerk*** *Am.* Empfangschef *m*; **II** *adj.* **8.** Schreibtisch..., Büro...: ***~ work***; ***~ calender*** Tischkalender *m*; ***~ sergeant*** diensthabender (Polizei)Wachtmeister; ***~ set*** Schreibzeug(garnitur *f*) *n*.

des·o·late **I** *adj.* □ [ˈdesələt] **1.** wüst, unwirtlich, öde; verwüstet; **2.** verlassen, einsam; **3.** trostlos, *fig. a.* öde; **II** *v/t.* [-leɪt] **4.** verwüsten; **5.** einsam zuˈrücklassen; **6.** betrüben, bekümmern; **ˈdes·o·late·ness** [-nɪs] → ***desolation*** 2, 3; **des·o·la·tion** [ˌdesəˈleɪʃn] *s.* **1.** Verwüstung *f*, -ödung *f*; **2.** Verlassenheit *f*, Einsamkeit *f*; **3.** Trostlosigkeit *f*, Elend *n*.

de·spair [dɪˈspeə] **I** *v/i.* (***of***) verzweifeln (an *dat.*), ohne Hoffnung sein, alle Hoffnung aufgeben *od.* verlieren (auf *acc.*): ***the patient's life is ~ed of*** man bangt um das Leben des Kranken; **II** *s.* Verzweiflung *f* (***at*** über *acc.*), Hoffnungslosigkeit *f*: ***drive s.o. to ~, be s.o.'s ~*** j-n zur Verzweiflung bringen; **deˈspair·ing** [-eərɪŋ] *adj.* □ verzweifelt.

des·patch *etc.* → ***dispatch*** *etc.*

des·per·a·do [ˌdespəˈrɑːdəʊ] *pl.* **-does, -dos** *s.* Despeˈrado *m*.

des·per·ate [ˈdespərət] *adj.* □ **1.** verzweifelt: ***she was ~*** sie war (völlig) verzweifelt; ***a ~ deed*** e-e Verzweiflungstat; ***~ efforts*** verzweifelte *od.* krampfhafte Anstrengungen; ***~ remedy*** äußerstes Mittel; ***be ~ for s.th.*** *od.* ***to get s.th.*** et. verzweifelt *od.* ganz dringend brauchen, et. unbedingt haben wollen; **2.** verzweifelt, hoffnungs-, ausweglos: ***~ situation***; **3.** verzweifelt, despaˈrat, zu allem fähig, zum Äußersten entschlossen (*Person*); **4.** F schrecklich: ***a ~ fool***; ***~ly in love*** wahnsinnig verliebt; ***not ~ly*** F a) nicht unbedingt, b) nicht übermäßig (*schön etc.*); **des·per·a·tion** [ˌdespəˈreɪʃn] *s.* **1.** (höchste) Verzweiflung, Hoffnungslosigkeit *f*; **2.** Raseˈrei *f*, Verzweiflung *f*: ***drive to ~*** rasend machen, zur Verzweiflung bringen.

des·pi·ca·ble [ˈdespɪkəbl] *adj.* □ verächtlich, verachtenswert.

de·spise [dɪˈspaɪz] *v/t.* verachten, *Speise etc. a.* verschmähen: ***not to be ~d*** nicht zu verachten.

de·spite [dɪˈspaɪt] **I** *prp.* trotz (*gen.*), ungeachtet (*gen.*); **II** *s.* Bosheit *f*, Tücke *f*; Trotz *m*, Verachtung *f*: ***in ~ of*** → I.

de·spoil [dɪˈspɔɪl] *v/t.* plündern; berauben (***of*** *gen.*); **deˈspoil·ment** [-mənt], **de·spo·li·a·tion** [dɪˌspəʊlɪˈeɪʃn] *s.* Plünderung *f*, Beraubung *f*.

de·spond [dɪˈspɒnd] **I** *v/i.* verzagen; verzweifeln (***of*** an *dat.*); **II** *s. obs.* Verzweiflung *f*; **deˈspond·en·cy** [-dənsɪ] *s.* Verzagtheit *f*, Mutlosigkeit *f*; **deˈspond·ent** [-dənt] *adj.* □, **deˈspond·ing** [-dɪŋ] *adj.* □ verzagt, mutlos, kleinmütig.

des·pot [ˈdespɒt] *s.* Desˈpot *m*, Gewaltherrscher *m*; *fig.* Tyˈrann *m*; **des·pot·ic**, **des·pot·i·cal** [deˈspɒtɪk(l)] *adj.* □ desˈpotisch, herrisch, tyˈrannisch; **ˈdes·pot·ism** [-pətɪzəm] *s.* Despoˈtismus *m*, Tyranˈnei *f*, Gewaltherrschaft *f*.

des·qua·mate [ˈdeskwəmeɪt] *v/i.* **1.** ⚕ sich abschuppen; **2.** sich häuten.

des·sert [dɪˈzɜːt] *s.* Desˈsert *n*, Nachtisch *m*: ***~ spoon*** Dessertlöffel *m*.

des·ti·na·tion [ˌdestɪˈneɪʃn] *s.* **1.** Bestimmungsort *m*; Reiseziel *n*: ***country of ~*** ⚕ Bestimmungsland *n*; **2.** Bestimmung *f*, Zweck *m*, Ziel *n*.

des·tine [ˈdestɪn] *v/t.* bestimmen, vorsehen (***for*** für, ***to do*** zu tun); **ˈdes·tined** [-nd] *adj.* bestimmt: ***~ for*** unterwegs nach (*Schiff etc.*); ***he was ~*** (***to*** *inf.*) es war ihm beschieden (zu *inf.*), er sollte (*inf.*); **ˈdes·ti·ny** [-nɪ] *s.* **1.** Schicksal *n*, Geschick *n*, Los *n*: ***he met his ~*** sein Schicksal ereilte ihn; **2.** Vorsehung *f*; **3.** Verhängnis *n*, zwingende Notwendigkeit; **4.** ***the Destinies*** die Parzen (*Schicksalsgöttinnen*).

des·ti·tute [ˈdestɪtju:t] **I** *adj.* **1.** verarmt, mittellos, notleidend; **2.** (**of**) ermangelnd, entblößt (*gen.*), ohne (*acc.*), bar (*gen.*); **II** *s.* **3. the ~** die Armen; **des·ti·tu·tion** [ˌdestɪˈtju:ʃn] *s.* **1.** Armut *f*, (bittere) Not, Elend *n*; **2.** (völliger) Mangel (**of** an *dat.*).

de·stroy [dɪˈstrɔɪ] *v/t.* **1.** zerstören, vernichten; **2.** zertrümmern, *Gebäude etc.* niederreißen; **3.** *et.* ruinieren, unbrauchbar machen; **3.** *j-n, e-e Armee etc.* vernichten, *Insekten etc. a.* vertilgen; **4.** töten; **5.** *fig. j-n, j-s Ruf, Gesundheit etc.* ruinieren, zuˈgrunde richten, *Hoffnungen etc.* zuˈnichte machen, zerstören; **6.** F *j-n* kaˈputt- *od.* fertigmachen; **deˈstroy·er** [-ɔɪə] *s. a.* ⚔, ⚓ Zerstörer *m*.

de·struct [dɪˈstrʌkt] **I** *v/t.* **1.** ⚔ (aus Sicherheitsgründen) zerstören; **II** *v/i.* **2.** zerstört werden; **3.** sich selbst zerstören; **deˈstruct·i·ble** [-təbl] *adj.* zerstörbar; **deˈstruc·tion** [-kʃn] *s.* **1.** Zerstörung *f*, Vernichtung *f*; **2.** Abriß *m* (*e-s Gebäudes*); **3.** Tötung *f*; **deˈstruc·tive** [-tɪv] *adj.* □ **1.** zerstörend, vernichtend (*a. fig.*): **be ~ of** *et.* zerstören *od.* unterˈgraben; **2.** zerstörerisch, destrukˈtiv, schädlich, verderblich: **~ to health** gesundheitsschädlich; **4.** rein negativ, destrukˈtiv (*Kritik*); **deˈstruc·tive·ness** [-tɪvnɪs] *s.* **1.** zerstörende *od.* vernichtende Wirkung; **2.** *das* Destrukˈtive, destrukˈtive Eigenschaft; **deˈstruc·tor** [-tə] *s.* ⚙ (Müll)Verbrennungsofen *m*.

des·ue·tude [dɪˈsju:ɪtju:d] *s.* Ungebräuchlichkeit *f*: **fall into ~** außer Gebrauch kommen.

de·sul·fu·rize [ˌdi:ˈsʌlfəraɪz] *v/t.* ⚗ entschwefeln.

des·ul·to·ri·ness [ˈdesəltərɪnɪs] *s.* **1.** Zs.-hangs-, Plan-, Ziellosigkeit *f*; **2.** Flüchtigkeit *f*, Oberflächlichkeit *f*, Sprunghaftigkeit *f*; **des·ul·to·ry** [ˈdesəltərɪ] *adj.* **1.** ˈunzuˌsammenhängend, planlos, ziellos, oberflächlich; **2.** abschweifend, sprunghaft; **3.** unruhig; **4.** vereinzelt, spoˈradisch.

de·tach [dɪˈtætʃ] **I** *v/t.* **1.** ab-, loslösen, losmachen, abtrennen, *a.* ⚙ abnehmen; **2.** absondern; befreien; **3.** ⚔ abkommandieren; **II** *v/i.* **4.** sich (los)lösen; **deˈtach·a·ble** [-tʃəbl] *adj.* abnehmbar (*a.* ⚙); abtrennbar; lose; **deˈtached** [-tʃt] *adj.*, **deˈtached·ly** [-tʃtlɪ] *adv.* **1.** getrennt, gesondert; **2.** einzeln, frei-, alˈleinstehend (*Haus*); **3.** *fig.* a) objekˈtiv, unvoreingenommen, b) uninteressiert, c) distanziert; **4.** *fig.* losgelöst, entrückt; **deˈtach·ment** [-mənt] *s.* **1.** Absonderung *f*, Abtrennung *f*, Loslösung *f*; **2.** *fig.* (innerer) Abstand, Diˈstanz *f*, Losgelöstsein *n*, (innere) Freiheit; **3.** *fig.* Objektiviˈtät *f*, Unvoreingenommenheit *f*; **4.** Gleichgültigkeit *f* (**from** gegen); **5.** ⚔ → **detail** 5 a u. b.

de·tail [ˈdi:teɪl] **I** *s.* **1.** Deˈtail *n*: a) Einzelheit *f*, b) *a. pl. coll.* (nähere) Einzelheiten *pl.*: **in ~** im einzelnen, ausführlich; **go** (*od.* **enter**) **into ~(s)** ins einzelne gehen, es ausführlich behandeln; **2.** Einzelteil *n*; **3.** ˈNebensache *f*, -ˌumstand *m*, Kleinigkeit *f*; **4.** *Kunst etc.*: a) Deˈtail(darstellung *f*) *n*, b) Ausschnitt *m*; **5.** ⚔ a) Abˈteilung *f*, Trupp *m*, b) (ˈSonder)Komˌmando *n*, c) ˈAbkommanˌdierung *f*, d) Sonderauftrag *m*; **II** *v/t.* **6.** ausführlich berichten über (*acc.*), genau schildern; einzeln aufzählen *od.* -führen; **7.** ⚔ abkommandieren; **ˈde·tailed** [-ld] *adj.* ausführlich, genau, eingehend.

de·tain [dɪˈteɪn] *v/t.* **1.** *j-n* auf-, abhalten, zuˈrück(be)halten, hindern; **2.** ⚖ *j-n* in (Unterˈsuchungs)Haft behalten; **3.** *et.* vorenthalten, einbehalten; **4.** *ped.* nachsitzen lassen; **de·tain·ee** [ˌdi:teɪˈni:] *s.* ⚖ Häftling *m*; **deˈtain·er** [-nə] *s.* ⚖ **1.** ˈwiderrechtliche Vorenthaltung; **2.** Anordnung *f* der Haftfortdauer.

de·tect [dɪˈtekt] *v/t.* **1.** entdecken; (herˈaus)finden, ermitteln; **2.** feststellen, wahrnehmen; **3.** aufdecken, enthüllen; **4.** ertappen (**in** bei); **5.** *Radio*: gleichrichten; **deˈtect·a·ble** [-təbl] *adj.* feststellbar; **deˈtec·ta·phone** [-təfəʊn] *s.* *teleph.* Abhörgerät *n*; **deˈtec·tion** [-kʃn] *s.* **1.** Ent-, Aufdeckung *f*; Feststellung *f*; **2.** *Radio*: Gleichrichtung *f*; **3.** *coll.* Krimiˈnalroˌmane *pl.*; **deˈtec·tive** [-tɪv] **I** *adj.* Detektiv..., Kriminal...: **~ force** Kriminalpolizei *f*; **~ story** Kriminalroman *m*; **do ~ work** *bsd. fig.* Detektivarbeit leisten; **II** *s.* Detekˈtiv *m*, Krimiˈnalbeamte(r) *m*, Geˈheimpoliˌzist *m*; **deˈtec·tor** [-tə] *s.* **1.** Auf-, Entdecker *m*; **2.** ⚙ a) Sucher *m*, b) Anzeigevorrichtung *f*; **3.** ⚡ a) Deˈtektor *m*, b) Gleichrichter *m*.

de·tent [dɪˈtent] *s.* ⚙ Sperrhaken *m*, -klinke *f*, Sperre *f*; Auslösung *f*.

dé·tente [deɪˈtɑ̃:nt] (*Fr.*) *s. bsd. pol.* Entspannung *f*.

de·ten·tion [dɪˈtenʃn] *s.* **1.** Festnahme *f*; **2.** (*a.* Unterˈsuchungs)Haft *f*, Gewahrsam *m*, Arˈrest *m*: **~ barracks** Militärgefängnis *n*; **~ center** *Am.*, **~ home** *Brit.* Jugendstrafanstalt *f*; **~ colony**

Strafkolonie *f*; **3.** *ped.* Nachsitzen *n*, Arrest *m*; **4.** Ab-, Zu'rückhaltung *f*; **5.** Einbehaltung *f*, Vorenthaltung *f*.

de·ter [dɪ'tɜː] *v/t.* abschrecken, abhalten (***from*** von).

de·ter·gent [dɪ'tɜːdʒənt] **I** *adj.* reinigend; **II** *s.* Reinigungs-, Wasch-, Geschirrspülmittel *n*.

de·te·ri·o·rate [dɪ'tɪərɪəreɪt] **I** *v/i.* **1.** sich verschlechtern *od.* verschlimmern, schlecht(er) werden, verderben; **2.** an Wert verlieren; **II** *v/t.* **3.** verschlechtern; **4.** beeinträchtigen; im Wert mindern; **de·te·ri·o·ra·tion** [dɪˌtɪərɪə'reɪʃn] *s.* **1.** Verschlechterung *f*; Verfall *m*; **2.** Wertminderung *f*.

de·ter·ment [dɪ'tɜːmənt] *s.* **1.** Abschreckung *f*; **2.** → ***deterrent*** II.

de·ter·mi·na·ble [dɪ'tɜːmɪnəbl] *adj.* bestimmbar; **de'ter·mi·nant** [-nənt] **I** *adj.* **1.** bestimmend, entscheidend; **II** *s.* **2.** entscheidender Faktor; **3.** ⩓, *biol.* Determi'nante *f*; **de'ter·mi·nate** [-nət] *adj.* □ bestimmt, fest(gesetzt), entschieden; **de·ter·mi·na·tion** [dɪˌtɜːmɪ'neɪʃn] *s.* **1.** Ent-, Beschluß *m*; **2.** Entscheidung *f*; Bestimmung *f*, Festsetzung *f*; **3.** Bestimmung *f*, Ermittlung *f*, Feststellung *f*; **4.** Bestimmtheit *f*, Entschlossenheit *f*, Zielstrebigkeit *f*; feste Absicht; **5.** Ziel *n*, Begrenzung *f*; Ablauf *m*, Ende *n*; **6.** Richtung *f*, Neigung *f*, Drang *m*; **de'ter·mi·na·tive** [-nətɪv] **I** *adj.* □ **1.** (näher) bestimmend, einschränkend; **2.** entscheidend; **II** *s.* **3.** *et.* Entscheidendes *od.* Charakte'ristisches; **4.** *ling.* a) Determina'tiv *n*, b) Bestimmungswort *n*; **de·ter·mine** [dɪ'tɜːmɪn] **I** *v/t.* **1.** entscheiden; regeln; **2.** *et.* bestimmen, festsetzen; beschließen (*a.* ***to do*** zu tun, ***that*** daß); **3.** feststellen, ermitteln, her'ausfinden; **4.** *j-n* bestimmen, veranlassen (***to do*** zu tun); **5.** *bsd.* ⚖ beendigen, aufheben; **II** *v/i.* **6.** (***on***) sich entscheiden (für), sich entschließen (zu); beschließen (***on doing*** zu tun); **7.** *bsd.* ⚖ enden, ablaufen; **de'ter·mined** [-mɪnd] *adj.* □ (fest) entschlossen, fest, entschieden, bestimmt; **de'ter·min·er** [-mɪnə] *s. ling.* Bestimmungswort *n*; **de'ter·min·ism** [-mɪnɪzəm] *s. phls.* Determi'nismus *m*.

de·ter·rence [dɪ'terəns] *s.* Abschreckung *f*; **de'ter·rent** [-nt] **I** *adj.* abschreckend; **II** *s.* Abschreckungsmittel *n*.

de·test [dɪ'test] *v/t.* verabscheuen, hassen; **de'test·a·ble** [-təbl] *adj.* □ ab'scheulich, hassenswert; **de·tes·ta·tion** [ˌdiːte'steɪʃn] *s.* (***of***) Verabscheuung *f* (*gen.*), Abscheu *m* (vor *dat.*): ***hold in ~*** verabscheuen.

de·throne [dɪ'θrəʊn] *v/t.* entthronen (*a. fig.*); **de'throne·ment** [-mənt] *s.* Entthronung *f*.

det·o·nate ['detəneɪt] **I** *v/t.* explodieren lassen, zur Explosi'on bringen; **II** *v/i.* explodieren; *mot.* klopfen; **'det·o·nat·ing** [-tɪŋ] *adj.* ⚙ Spreng…, Zünd…, Knall…; **det·o·na·tion** [ˌdetə'neɪʃn] *s.* Detonati'on *f*, Knall *m*; **'det·o·na·tor** [-tə] *s.* ⚙ **1.** Bri'sanzsprengstoff *m*; **2.** Zünd-, Sprengkapsel *f*.

de·tour, **dé·tour** ['diːˌtʊə] **I** *s.* **1.** 'Umweg *m*; Abstecher *m*; **2.** a) 'Umleitung *f*, b) Um'gehungsstraße *f*; **3.** *fig.* 'Umschweif *m*; **II** *v/i.* **4.** e-n 'Umweg machen; **III** *v/t.* **5.** e-n 'Umweg machen um; **6.** *Verkehr* 'umleiten.

de·tract [dɪ'trækt] **I** *v/t. Aufmerksamkeit etc.* ablenken; **II** *v/i.* (***from***) a) Abbruch tun (*dat.*), beeinträchtigen, schmälern (*acc.*), b) her'absetzen; **de'trac·tion** [-kʃn] *s.* **1.** a) Beeinträchtigung *f*, Schmälerung *f*, b) Her'absetzung *f*; **2.** Verunglimpfung *f*; **de'trac·tor** [-tə] *s.* **1.** Kritiker *m*, Her'absetzer *m*; **2.** Verunglimpfer *m*.

de·train [ˌdiː'treɪn] 🚂, ⚔ **I** *v/i.* aussteigen; **II** *v/t.* ausladen; **ˌde'train·ment** [-mənt] *s.* **1.** Aussteigen *n*; **2.** Ausladen *n*.

det·ri·ment ['detrɪmənt] *s.* Schaden *m*, Nachteil *m*: ***to the ~ of*** zum Schaden *od.* Nachteil (*gen.*); ***without ~ to*** ohne Schaden für; ***be a ~ to health*** gesundheitsschädlich sein; **det·ri·men·tal** [ˌdetrɪ'mentl] *adj.* □ (***to***) schädlich, nachteilig (für), abträglich (*dat.*).

de·tri·tal [dɪ'traɪtl] *adj. geol.* Geröll…, Schutt…; **de'trit·ed** [-tɪd] *adj.* **1.** abgenützt; abgegriffen (*Münze*); *fig.* abgedroschen; **2.** *geol.* verwittert; **de·tri·tion** [dɪ'trɪʃn] *s. geol.* Ab-, Zerreibung *f*; **de'tri·tus** [-təs] *s. geol.* Geröll *n*, Schutt *m*.

de trop [də'trəʊ] (*Fr.*) *pred. adj.* 'überflüssig, zu'viel (des Guten).

deuce [djuːs] *s.* **1.** *Würfeln, Kartenspiel*: Zwei *f*; **2.** *Tennis*: Einstand *m*; **3.** F Teufel *m*: ***who*** (***what***) ***the ~?*** wer (was) zum Teufel?; ***a ~ of a row*** ein Mordskrach (*Lärm od. Streit*); ***there's the ~ to pay*** F das dicke Ende kommt noch; ***play the ~ with*** Schindluder treiben mit *j-m*; **deuced** [-st] *adj.*, **'deuc·ed·ly** [-sɪdlɪ] *adv.* F verteufelt, verflixt.

deu·te·ri·um [djuː'tɪərɪəm] *s.* Deu'terium *n*, schwerer Wasserstoff.

Deu·ter·on·o·my [ˌdjuːtəˈrɒnəmɪ] *s. bibl.* Deuteroˈnomium *n*, Fünftes Buch Mose.

de·val·u·ate [ˌdiːˈvæljʊeɪt] ✝ abwerten; **de·val·u·a·tion** [ˌdiːvæljʊˈeɪʃn] *s.* ✝ Abwertung *f*; **de·val·ue** [ˌdiːˈvæljuː] → ***devaluate***.

dev·as·tate [ˈdevəsteɪt] *v/t.* verwüsten, vernichten (*beide a. fig.*); **ˈdev·as·tat·ing** [-tɪŋ] *adj.* □ **1.** verheerend, vernichtend (*a. Kritik etc.*); **2.** F eˈnorm, phanˈtastisch, ˈumwerfend; **dev·as·ta·tion** [ˌdevəˈsteɪʃn] *s.* Verwüstung *f*.

de·vel·op [dɪˈveləp] **I** *v/t.* **1.** *allg. Theorie, Kräfte, Tempo etc.* entwickeln (*a.* ♈, ♪, *phot.*), *Muskeln etc. a.* bilden, *Interesse etc. a.* zeigen, an den Tag legen, *Fähigkeiten etc. a.* entfalten, *Gedanken, Plan etc. a.* ausarbeiten, gestalten (***into*** zu); **2.** entwickeln, ausbauen: ***~ an industry***; **3.** *Bodenschätze, a. Bauland* erschließen, nutzbar machen; *Altstadt* sanieren; **4.** sich *e-e Krankheit* zuziehen, *Fieber etc.* bekommen; **II** *v/i.* **5.** sich entwickeln (***from*** aus); sich entfalten: ***~ into*** sich entwickeln zu, zu *et.* werden; **6.** zuˈtage treten, sich zeigen; **deˈvel·op·er** [-pə] *s.* **1.** *phot.* Entwickler *m*; **2.** ***late ~*** *psych.* Spätentwickler *m*; **3.** (Stadt)Planer *m*; **deˈvel·op·ing** [-pɪŋ] *adj.*: ***~ bath*** *phot.* Entwicklungsbad *n*; ***~ company*** Bauträger *m*; ***~ country*** *pol.* Entwicklungsland *n*; **deˈvel·op·ment** [-mənt] *s.* **1.** Entwicklung *f* (*a. phot.*); **2.** Entfaltung *f*, Entstehen *n*, Bildung *f*, Wachstum *n*; Schaffung *f*; **3.** Erschließung *f*, Nutzbarmachung *f*; Ausbau *m*, ˈUmgestaltung *f*: ***~ area*** Entwicklungs-, Notstandsgebiet *n*; ***ripe for ~*** baureif; **4.** ♁ ✝ Entwicklung(sabteilung) *f*; **5.** Darlegung *f*, Ausarbeitung *f*; ˈDurchführung *f* (*a.* ♪); **de·vel·op·ment·al** [dɪˌveləpˈmentl] *adj.* Entwicklungs…

de·vi·ate [ˈdiːvɪeɪt] **I** *v/i.* abweichen, abgehen, abkommen (***from*** von); **II** *v/t.* ablenken.

de·vi·a·tion [ˌdiːvɪˈeɪʃn] *s.* **1.** Abweichung *f*, Abweichen *n* (***from*** von); **2.** *bsd. phys., opt.* Ablenkung *f*; **3.** ✈, ⚓ Abweichung *f*, Ablenkung *f*, Abtrieb *m*; **ˌde·viˈa·tion·ism** [-ʃənɪzəm] *s. pol.* Abweichlertum *n*; **ˌde·viˈa·tion·ist** [-ʃənɪst], **de·vi·a·tor** [ˈdiːvɪeɪtə] *s. pol.* Abweichler(in).

de·vice [dɪˈvaɪs] *s.* **1.** Plan *m*, Einfall *m*, Erfindung *f*: ***left to one's own ~s*** sich selbst überlassen; **2.** Anschlag *m*, böse Absicht, Kniff *m*; **3.** ⚙ Vor-, Einrichtung *f*, Gerät *n*; *fig.* Behelf *m*, Kunstgriff *m*; **4.** Wahlspruch *m*, Deˈvise *f*; **5.** *her.* Sinn-, Wappenbild *n*; **6.** Muster *n*, Zeichnung *f*.

dev·il [ˈdevl] **I** *s.* **1.** ***the ~***, *a.* ***the*** ♁ der Teufel: ***between the ~ and the deep sea*** *fig.* zwischen zwei Feuern, in auswegloser Lage; ***like the ~*** F wie der Teufel, wie wahnsinnig; ***go to the ~*** *sl.* zum Teufel *od.* vor die Hunde gehen; ***go to the ~!*** scher dich zum Teufel!; ***play the ~ with*** F Schindluder treiben mit; ***the ~ take the hindmost*** den Letzten beißen die Hunde; ***there's the ~ to pay*** F das setzt was ab!; ***the ~!*** F a) (*verärgert*) zum Teufel!, zum Henker!, b) (*erstaunt*) Donnerwetter!; **2.** Teufel *m*, böser Geist, ˈSatan *m* (*a. fig.*); → ***due*** 9; ***tattoo***[1] 2; **3.** *fig.* Laster *n*, Übel *n*; **4.** ***poor ~*** armer Teufel *od.* Schlukker; **5.** *a.* ***~ of a fellow*** Teufelskerl *m*, toller Bursche; **6.** ***a*** (*od.* ***the***) ***~*** F e-e verflixte Sache: ***~ of a job*** Heiden-, Mordsarbeit *f*; ***who*** (***what, how***) ***the ~ …*** wer (was, wie) zum Teufel …; ***~ a one*** kein einziger; **7.** Handlanger *m*, Laufbursche *m*; → ***printer*** 1; **8.** ⚖ Asˈsessor m (*bei e-m* ***barrister***); **9.** scharf gewürztes Gericht; **10.** ⚙ Reißwolf *m*; **II** *v/t.* **11.** F schikanieren, piesacken; **12.** scharf gewürzt braten: ***devil(l)ed eggs*** gefüllte Eier; **13.** ⚙ zerfasern, wolfen; **III** *v/i.* **14.** als Asˈsessor (*bei e-m* ***barrister***) arbeiten; **ˈ~-ˌdodg·er** *s.* F Prediger *m*; **ˈ~-fish** *s.* Seeteufel *m*.

dev·il·ish [ˈdevlɪʃ] **I** *adj.* □ **1.** teuflisch; **2.** F fürchterlich, höllisch, verteufelt; **II** *adv.* **3.** → 2.

ˌdev·il-may-ˈcare *adj.* **1.** leichtsinnig; **2.** verwegen.

dev·il·ment [ˈdevlmənt] *s.* **1.** Unfug *m*; **2.** Schurkenstreich *m*; **dev·il·ry** [ˈdevlrɪ] *s.* **1.** Teufeˈlei *f*, Untat *f*; **2.** ˈÜbermut *m*; **3.** Teufelsbande *f*; **4.** Teufelskunst *f*.

dev·il's| ad·vo·cate [ˈdevlz] *s. R.C.* Advoˈcatus *m* Diˈaboli; **ˈ~-bones** *s. pl.* Würfel(spiel *n*) *pl.*; **~ book** *s.* (des Teufels) ‚Gebetbuch' *n* (*Spielkarten*); **~ darn·ing-nee·dle** *s. zo.* Liˈbelle *f*; **~ food cake** *s. Am.* schwere Schokoˈladentorte.

de·vi·ous [ˈdiːvjəs] *adj.* □ **1.** abwegig, irrig; **2.** gewunden (*a. fig.*): ***~ path*** Ab-, Umweg *m*; **3.** verschlagen, unredlich: ***by ~ means*** auf krummen Wegen, ‚hintenherum'; ***~ step*** Fehltritt *m*; **ˈde·vi·ous·ness** [-nɪs] *s.* **1.** Abwegigkeit *f*; **2.** Gewundenheit *f*; **3.** Unaufrichtigkeit *f*, Verschlagenheit *f*.

de·vis·a·ble [dɪˈvaɪzəbl] *adj.* **1.** erdenkbar, -lich; **2.** ⚖ vermachbar; **de·vise** [dɪˈvaɪz] **I** *v/t.* **1.** ausdenken, ersinnen, erfinden, konstruieren; **2.** ⚖ *Grundbesitz* vermachen, hinterˈlassen (***to*** *dat.*); **II** *s.* **3.** ⚖ Vermächtnis *n*; **dev·i·see** [ˌdevɪˈziː] *s.* ⚖ Vermächtnisnehmer (-in); **de·vis·er** [dɪˈvaɪzə] *s.* Erfinder (-in); Planer(in); **de·vi·sor** [ˌdevɪˈzɔː] *s.* ⚖ Erb-lasser(in).

de·vi·tal·ize [ˌdiːˈvaɪtəlaɪz] *v/t.* der Lebenskraft berauben, schwächen.

de·void [diˈvɔɪd] *adj.*: ~ ***of*** ohne (*acc.*), leer an (*dat.*), frei von, bar (*gen.*), ...los: ~ ***of feeling*** gefühllos.

de·voir [deˈvwɑː] (*Fr.*) *s. obs.* **1.** Pflicht *f*; **2.** *pl.* Höflichkeitsbezeigungen *pl.*, Artigkeiten *pl.*

dev·o·lu·tion [ˌdiːvəˈluːʃn] *s.* **1.** Ab-, Verlauf *m*; **2.** *bsd.* ⚖ ˈÜbergang *m*, Überˈtragung *f*; Heimfall *m*; *parl.* Überˈweisung *f*; **3.** *pol.* ˌDezentralisatiˈon *f*, Regionalisierung *f*; **4.** *biol.* Entartung *f*.

de·volve [dɪˈvɒlv] **I** *v/t.* **1.** (***upon***) überˈtragen (*dat.*), abwälzen (auf *acc.*); **II** *v/i.* **2.** (***on***, ***upon***) ˈübergehen (auf *acc.*), zufallen (*dat.*); sich vererben auf (*acc.*); **3.** *j-m* obliegen.

De·vo·ni·an [deˈvəʊnjən] **I** *adj.* **1.** Devonshire betreffend; **2.** *geol.* deˈvonisch; **II** *s.* **3.** Bewohner(in) von Devonshire; **4.** *geol.* Deˈvon *n*.

de·vote [dɪˈvəʊt] *v/t.* (***to*** *dat.*) **1.** widmen, opfern, weihen, ˈhingeben; **2.** ~ ***o.s.*** sich widmen *od.* ˈhingeben; sich verschreiben; **deˈvot·ed** [-tɪd] *adj.* □ **1.** ˈhingebungsvoll: a) aufopfernd, treu, b) anhänglich, liebevoll, zärtlich, c) eifrig, begeistert; **2.** todgeweiht; **dev·o·tee** [ˌdevəʊˈtiː] *s.* **1.** begeisterter Anhänger; **2.** Verehrer *m*; Verfechter *m*; **3.** Frömmler *m*; **4.** Faˈnatiker *m*, Eiferer *m*; **deˈvo·tion** [-əʊʃn] *s.* **1.** Widmung *f*; **2.** ˈHingabe *f*: a) Ergebenheit *f*, Treue *f*, b) (Auf)Opferung *f*, c) Eifer *m*, ˈHingebung *f*, d) Liebe *f*, Verehrung *f*, innige Zuneigung; **3.** *eccl.* a) Andacht *f*, Frömmigkeit *f*, b) *pl.* Gebet(e *pl.*) *n*; **deˈvo·tion·al** [-əʊʃənl] *adj.* **1.** andächtig, fromm; **2.** Andachts..., Erbauungs...

de·vour [dɪˈvaʊə] *v/t.* **1.** verschlingen, fressen; **2.** wegraffen; verzehren, vernichten; **3.** *fig. Buch* verschlingen; *mit Blicken* verschlingen *od.* verzehren; **4.** j-n verzehren (*Leidenschaft*): ***be ~ed by*** sich verzehren vor (*Gram etc.*); **deˈvour·ing** [-ərɪŋ] *adj.* □ **1.** gierig; **2.** *fig.* verzehrend.

de·vout [dɪˈvaʊt] *adj.* □ **1.** fromm; **2.** *a. fig.* andächtig; **3.** innig, herzlich; **4.** sehnlich, eifrig; **deˈvout·ness** [-nɪs] *s.* **1.** Frömmigkeit *f*; **2.** Andacht *f*, ˈHingabe *f*; **3.** Eifer *m*, Inbrunst *f*.

dew [djuː] *s.* **1.** Tau *m*; **2.** *fig.* Tau *m*: a) Frische *f*, b) Feuchtigkeit *f*, Tränen *pl.*; ˈ**~·ber·ry** *s.* ⚘ *e-e* Brombeere; ˈ**~-drop** *s.* Tautropfen *m*.

dew·i·ness [ˈdjuːɪnɪs] *s.* Tauigkeit *f*, (Tau)Feuchtigkeit *f*.

ˈ**dew|·lap** *s.* **1.** *zo.* Wamme *f*; **2.** F (*altersbedingte*) Halsfalte; ~ **point** *s. phys.* Taupunkt *m*; ~ **worm** *s. Angeln*: Tauwurm *m*.

dew·y [ˈdjuːɪ] *adj.* □ **1.** taufeucht; *a. fig.* taufrisch; **2.** feucht; *poet.* umˈflort (*Augen*); **3.** frisch, erfrischend; ˈ**~-eyed** *adj. iro.* naˈiv, ‚blauäugig'.

dex·ter [ˈdekstə] *adj.* **1.** recht, rechts (-seitig); **2.** *her.* rechts (*vom Beschauer aus links*); **dex·ter·i·ty** [dekˈsterətɪ] *s.* **1.** Geschicklichkeit *f*; Gewandtheit *f*; **2.** Rechtshändigkeit *f*; ˈ**dex·ter·ous** [-tərəs] *adj.* □ **1.** gewandt, geschickt, beˈhend, flink; **2.** rechtshändig; ˈ**dex·tral** [-trəl] *adj.* □ **1.** rechtsseitig; **2.** rechtshändig.

dextro- [dekstrəʊ] *in Zssgn* (nach) rechts.

dex·trose [ˈdekstrəʊs] *s.* ⚗ Dexˈtrose *f*, Traubenzucker *m*.

dex·trous [ˈdekstrəs] → ***dexterous***.

dhoo·ti [ˈduːtɪ], **dho·ti** [ˈdəʊtɪ] *pl.* **-tis** [-tɪz] *s.* (*Indien*) Lendentuch *n*.

di·a·be·tes [ˌdaɪəˈbiːtiːz] *s.* ⚕ Diaˈbetes *m*, Zuckerkrankheit *f*; **di·a·bet·ic** [ˌdaɪəˈbetɪk] **I** *adj.* diaˈbetisch, zuckerkrank; **II** *s.* Diaˈbetiker(in), Zuckerkranke(r *m*) *f*.

di·a·ble·rie [dɪˈɑːbləriː] *s.* Zaubeˈrei *f*, Hexeˈrei *f*, Teufeˈlei *f*.

di·a·bol·ic, **di·a·bol·i·cal** [ˌdaɪəˈbɒlɪk(l)] *adj.* □ diaˈbolisch, teuflisch; **di·ab·o·lism** [daɪˈæbəlɪzəm] *s.* **1.** Teufeˈlei *f*; **2.** Teufelskult *m*.

di·ac·id [daɪˈæsɪd] *adj.* zweisäurig.

di·ac·o·nate [daɪˈækəneɪt] *s. eccl.* Diakoˈnat *n*.

di·a·crit·ic [ˌdaɪəˈkrɪtɪk] **I** *adj.* diaˈkritisch, unterˈscheidend; **II** *s. ling.* diaˈkritisches Zeichen.

di·ac·tin·ic [ˌdaɪækˈtɪnɪk] *adj. phys.* die akˈtinischen Strahlen ˈdurchlassend.

di·a·dem [ˈdaɪədem] *s.* **1.** Diaˈdem *n*, Stirnband *n*; **2.** Hoheit *f*, Herrscherwürde *f*, -gewalt *f*.

di·aer·e·sis [daɪˈɪərɪsɪs] *s. ling.* a) Diäˈrese *f*, b) Trema *n*.

di·ag·nose [ˈdaɪəgnəʊz] *v/t.* ⚕ diagnostizieren, *fig. a.* bestimmen, feststellen;

di·ag·no·sis [ˌdaɪəgˈnəʊsɪs] *pl.* **-ses** [-siːz] *s.* ⚕ Diaˈgnose *f*, Befund *m*, *fig. a.* Beurteilung *f*, Bestimmung *f*; **di·ag·nos·tic** [ˌdaɪəgˈnɒstɪk] ⚕ **I** *adj.* (□ **~al·ly**) diaˈgnostisch: **~ of** *fig.* symptoˈmatisch für; **II** *s.* a) Symˈptom *n*, b) *pl. sg. konstr.* Diaˈgnostik *f*; **di·ag·nos·ti·cian** [ˌdaɪəgnɒsˈtɪʃn] *s.* ⚕ Diaˈgnostiker(in).

di·ag·o·nal [daɪˈægənl] **I** *adj.* □ **1.** diagoˈnal; schräg(laufend), über Kreuz; **II** *s.* **2.** *a.* **~ line** ⩘ Diagoˈnale *f*; **3.** *a.* **~ cloth** Diagoˈnal *m*, schräggeripptes Gewebe.

di·a·gram [ˈdaɪəgræm] *s.* Diaˈgramm *n*, graphische Darstellung, Schaubild *n*, Plan *m*, Schema *n*: **wiring ~** ⚡ Schaltbild *n*, -plan *m*: **you need a ~?** *iro.* brauchst du e-e Zeichnung (dazu)?; **di·a·gram·mat·ic** [ˌdaɪəgrəˈmætɪk] *adj.* (□ **~ally**) diagramˈmatisch, graphisch, scheˈmatisch.

di·al [ˈdaɪəl] **I** *s.* **1.** *a.* **~ plate** Zifferblatt *n* (*Uhr*); **2.** *a.* **~ plate** ⚙ Skala *f*, Skalen-, Ziffernscheibe *f*; **3.** *teleph.* Wähl-, Nummernscheibe *f*, **4.** *Radio.* Skalenscheibe *f*, Skala *f*: **~ light** Skalenbeleuchtung *f*; **5.** → **sundial**; **6.** *sl.* Viˈsage *f* (*Gesicht*); **II** *v/t.* **7.** *teleph.* wählen: **~ling code** *Brit.* Vorwahl(nummer) *f*; **~ tone** *Am.*, **~ling tone** *Brit.* Amtszeichen *n*.

di·a·lect [ˈdaɪəlekt] *s.* Diaˈlekt *m*, Mundart *f*; **di·a·lec·tal** [ˌdaɪəˈlektl] *adj.* □ diaˈlektisch, mundartlich; **di·a·lec·tic** [ˌdaɪəˈlektɪk] **I** *adj.* **1.** *phls.* diaˈlektisch; **2.** spitzfindig; **3.** *ling.* → **dialectal**; **II** *s.* **4.** *oft pl. phls.* Diaˈlektik *f*; **5.** Spitzfindigkeit *f*; **di·a·lec·ti·cal** [ˌdaɪəˈlektɪkl] *adj.* □ **1.** → **dialectal**; **2.** → **dialectic** 1, 2; **di·a·lec·ti·cian** [ˌdaɪəlekˈtɪʃn] *s. phls.* Diaˈlektiker *m*.

di·a·logue, *Am. a.* **di·a·log** [ˈdaɪəlɒg] *s.* Diaˈlog *m*, (Zwie)Gespräch *n*; **~ track** *s. Film*: Sprechband *n*.

di·al·y·sis [daɪˈælɪsɪs] *s.* **1.** ⚗ Diaˈlyse *f*; **2.** ⚕ Diaˈlyse *f*, Blutwäsche *f*.

di·am·e·ter [daɪˈæmɪtə] *s.* **1.** ⩘ Diaˈmeter *m*, ˈDurchmesser *m*; **2.** ˈDurchmesser *m*, Dicke *f*, Stärke *f*: **inner ~** lichte Weite; **di·a·met·ri·cal** [ˌdaɪəˈmetrɪkl] *adj.* □ **1.** diaˈmetrisch; **2.** *fig.* diameˈtral, genau entgegengesetzt.

di·a·mond [ˈdaɪəmənd] **I** *s.* **1.** *min.* Diaˈmant *m*: **black ~** a) schwarzer Diamant, b) *fig.* (Stein)Kohle *f*; **rough ~** a) ungeschliffener Diamant, b) *fig.* Mensch *m* mit gutem Kern u. rauher Schale; **it was ~ cut ~** es war Wurst wider Wurst, die beiden standen sich in nichts nach; **2.** ⚙ (ˈGlaser)Diaˌmant *m*; **3.** ⩘ a) Raute *f*, ˈRhombus *m*, b) spitzgestelltes Viereck; **4.** *Kartenspiel*: Karo *n*; **5.** *Baseball*: a) Spielfeld *n*, b) Innenfeld *n*; **6.** *typ.* Diaˈmant *f* (*Schriftgrad*); **II** *adj.* **7.** diaˈmanten, Diamant…; **8.** rhombisch, rautenförmig; **~ cut·ter** *s.* Diaˈmantschleifer *m*; **~ drill** *s.* ⚙ Diaˈmantbohrer *m*; **~ field** *s.* Diaˈmantenfeld *n*; **~ ju·bi·lee** *s.* diaˈmantenes Jubiˈläum; **~ mine** *s.* Diaˈmantenmine *f*; **~ pane** *s.* rautenförmige Fensterscheibe; **ˈ~-shaped** *adj.* rautenförmig; **~ wed·ding** *s.* diaˈmantene Hochzeit.

di·an·thus [daɪˈænθəs] *s.* ⚘ Nelke *f*.

di·a·per [ˈdaɪəpə] **I** *s.* **1.** Diˈaper *m*, Gänseaugenstoff *m*; **2.** *a.* **~ pattern** Rauten-, Karomuster *n*; **3.** *Am.* (Baby-)Windel *f*; **4.** Monatsbinde *f*; **II** *v/t.* **5.** mit Rautenmuster verzieren; **~ rash** *s.* ⚕ Wundsein *n beim Säugling*.

di·aph·a·nous [daɪˈæfənəs] *adj.* ˈdurchsichtig, -scheinend.

di·a·pho·ret·ic [ˌdaɪəfəˈretɪk] *adj. u. s.* ⚕ schweißtreibend(es Mittel).

di·a·phragm [ˈdaɪəfræm] *s.* **1.** *anat.* Scheidewand *f*, *bsd.* Zwerchfell *n*; **2.** ⚕ Diaˈphragma *n* (*Verhütungsmittel*); **3.** *teleph. etc.* Memˈbran(e) *f*; **4.** *opt.*, *phot.* Blende *f*; **~ shut·ter** *s. phot.* Blendenverschluß *m*; **~ valve** *s.* Memˈbranventil *n*.

di·a·rist [ˈdaɪərɪst] *s.* Tagebuchschreiber(in); **ˈdi·a·rize** [-raɪz] **I** *v/i.* Tagebuch führen; **II** *v/t.* ins Tagebuch eintragen.

di·ar·rh(o)e·a [ˌdaɪəˈrɪə] *s.* ⚕ Diarˈrhöe *f*, ˈDurchfall *m*.

di·a·ry [ˈdaɪərɪ] *s.* **1.** Tagebuch *n*: **keep a ~** ein Tagebuch führen; **2.** ˈTaschenkaˌlender *m*, (Vor)Merkbuch *n*, Terˈmin-, Noˈtizbuch *n*.

Di·as·po·ra [daɪˈæspərə] *s. allg.* Diˈaspora *f*.

di·as·to·le [daɪˈæstəlɪ] *s.* ⚕ *u. Metrik*: Diaˈstole *f*.

di·a·ther·my [ˈdaɪəθɜːmɪ] *s.* ⚕ Diatherˈmie *f*.

di·ath·e·sis [daɪˈæθɪsɪs] *pl.* **-ses** [-siːz] *s.* ⚕ *u. fig.* Neigung *f*, Anlage *f*.

di·a·to·ma·ceous earth [ˌdaɪətəˈmeɪʃəs] *s. geol.* Kieselgur *f*.

di·a·ton·ic [ˌdaɪəˈtɒnɪk] *adj.* ♪ diaˈtonisch.

di·a·tribe [ˈdaɪətraɪb] *s.* gehässiger Angriff, Hetze *f*, Hetzrede *f od.* -schrift *f*.

di·bas·ic [daɪˈbeɪsɪk] *adj.* ⚗ zweibasisch.

dib·ber [ˈdɪbə] → **dibble** I.

dib·ble [ˈdɪbl] **I** *s.* Dibbelstock *m*,

Pflanz-, Setzholz *n*; **II** *v/t. a.* **~ in** mit e-m Setzholz pflanzen; **III** *v/i.* mit e-m Setzholz Löcher machen, dibbeln.

dibs [dɪbz] *s.* **1.** *pl. sg. konstr. Brit. Kinderspiel mit Steinchen etc.*; **2.** F Recht *n* (**on** auf *acc.*); **3.** *Am. sl.* (ein paar) ‚Kröten' *pl.* (*Geld*).

dice [daɪs] **I** *s. pl. von* **die**[2] 1 Würfel *pl.*, Würfelspiel *n*: **play** (**at**) **~** → II; **no ~!** *Am. sl.* ‚da läuft nichts'!; → **load** 10; **II** *v/i.* würfeln, knobeln; **III** *v/t. Küche*: in Würfel schneiden.

dic·ey ['daɪsɪ] *adj.* F pre'kär, heikel.

di·chot·o·my [daɪ'kɒtəmɪ] *s.* Dichoto'mie *f*: a) *bsd. Logik*: Zweiteilung *f e-s Begriffs*, b) ⚘, *zo.* wieder'holte Gabelung.

di·chro·mat·ic [ˌdaɪkrəʊ'mætɪk] *adj.* **1.** dichro'matisch, zweifarbig; **2.** ⚕ dichro'mat.

dick [dɪk] *s.* **1.** *Brit. sl.* Kerl *m*; **2.** *Am. sl.* ‚Schnüffler' *m*: **private ~** Privatdetektiv *m*; **3.** V ‚Schwanz' *m*.

dick·ens ['dɪkɪnz] *s. sl.* Teufel *m*: **what the ~!** was zum Teufel!; **a ~ of a mess** ein böser Schlamassel.

dick·er[1] ['dɪkə] *v/i.* feilschen, schachern (**for** um).

dick·er[2] ['dɪkə] *s.* ✝ zehn Stück.

dick·(e)y[1] ['dɪkɪ] *s.* F **1.** Hemdbrust *f*; **2.** Bluseneinsatz *m*; **3.** *a.* **~ bow** ‚Fliege' *f*, Schleife *f*; **4.** *a.* **~-bird** Vögelchen *n*, Piepmatz *m*; **5.** Rück-, Not-, Klappsitz *m*; **6.** *Brit.* F Esel *m*.

dick·(e)y[2] ['dɪkɪ] *adj.* F wack(e)lig, ‚mies': **~ heart** schwaches Herz.

di·cot·y·le·don [ˌdaɪkɒtɪ'liːdən] *s.* ⚘ Diko'tyle *f*, zweikeimblättrige Pflanze.

dic·ta ['dɪktə] *pl. von* **dictum**.

dic·tate [dɪk'teɪt] **I** *v/t.* (**to** *dat.*) **1.** *Brief etc.* diktieren; **2.** diktieren, vorschreiben, gebieten (*a. fig.*); **3.** auferlegen; **4.** eingeben; **II** *v/i.* **5.** diktieren, ein Dik'tat geben; **6.** diktieren, befehlen: **he will not be ~d to** er läßt sich keine Vorschriften machen; **III** *s.* ['dɪkteɪt] **7.** Gebot *n*, Befehl *m*, Dik'tat *n*: **the ~s of reason** das Gebot der Vernunft; **dic'ta·tion** [-eɪʃn] *s.* **1.** Dik'tat *n*: a) Diktieren *n*, b) Dik'tatschreiben *n*, c) diktierter Text; **2.** Befehl(e *pl.*) *m*, Geheiß *n*; **dic'ta·tor** [-tə] *s.* Dik'tator *m*, Gewalthaber *m*; **dic·ta·to·ri·al** [ˌdɪktə'tɔːrɪəl] *adj.* □ dikta'torisch; **dic'ta·tor·ship** [-təʃɪp] *s.* Dikta'tur *f*; **dic'ta·tress** [-trɪs] *s.* Dikta'torin *f*.

dic·tion ['dɪkʃn] *s.* **1.** Dikti'on *f*, Ausdrucksweise *f*, Stil *m*, Sprache *f*; **2.** (deutliche) Aussprache.

dic·tion·ar·y ['dɪkʃənrɪ] *s.* **1.** Wörterbuch *n*; **2.** (*bsd.* einsprachiges) enzyklo'pädisches Wörterbuch; **3.** Lexikon *n*, Enzyklopä'die *f*: **a walking** (*od.* **living**) **~** *fig.* ein wandelndes Lexikon.

dic·to·graph ['dɪktəgrɑːf] *s.* Abhörgerät *n* (*beim Telefon*).

dic·tum ['dɪktəm] *pl.* **-ta** [-tə], **-tums** *s.* **1.** Machtspruch *m*; **2.** ⚖ richterliches Diktum, (Aus)Spruch *m*; **3.** Spruch *m*, geflügeltes Wort.

did [dɪd] *pret. von* **do**[1].

di·dac·tic [dɪ'dæktɪk] *adj.* (□ **~ally**) **1.** di'daktisch, lehrhaft, belehrend: **~ play** *thea.* Lehrstück *n*; **~ poem** Lehrgedicht *n*; **2.** schulmeisterlich.

did·dle[1] ['dɪdl] *v/t. sl.* beschwindeln, betrügen, übers Ohr hauen.

did·dle[2] ['dɪdl] *v/i.* F zappeln.

did·n't ['dɪdnt] F *für* **did not**.

didst [dɪdst] *obs. 2. sg. pret. von* **do**[1].

die[1] [daɪ] **I** *v/i. p.pr.* **dy·ing** ['daɪɪŋ] **1.** sterben (**of** an): **~ of hunger** Hungers sterben, verhungern; **~ from a wound** an e-r Verwundung sterben; **~ a violent death** e-s gewaltsamen Todes sterben; **~ of** (*od.* **with**) **laughter** *fig.* sich totlachen; **~ of boredom** vor Lange(r)weile fast umkommen; **~ a beggar** als Bettler sterben; **~ hard** a) zählebig sein (*a. Sache*), ‚nicht totzukriegen sein', b) nicht nachgeben (wollen); **never say ~!** nur nicht aufgeben!; → **bed** 1; **boot**[1] 1; **ditch** 1; **harness** 1; **2.** eingehen (*Pflanze, Tier*), verenden (*Tier*); **3.** *fig.* ver-, 'untergehen, schwinden, aufhören, sich verlieren, verhallen, erlöschen, vergessen werden; **4.** *mst* **be dying** (**for**, **to** *inf.*) sich sehnen (nach; danach, zu *inf.*), brennen (auf *acc.*; darauf, zu *inf.*): **I am dying to ...** ich würde schrecklich gern; **II** *v/t.* **5.** e-s *natürlichen etc.* Todes sterben;

Zssgn mit adv.:

die| a·way *v/i.* **1.** schwächer werden, nachlassen, sich verlieren, schwinden; **2.** ohnmächtig werden; **~ down** *v/i.* **1.** → **die away** 1; **2.** ⚘ (von oben) absterben; **~ off** *v/i.* 'hin-, wegsterben; **~ out** *v/i.* aussterben (*a. fig.*).

die[2] [daɪ] *s.* **1.** *pl.* **dice** Würfel *m*: **the ~ is cast** die Würfel sind gefallen; **straight as a ~** a) pfeilgerade, b) *fig.* grundehrlich; → **dice**; **straight** 4; **2.** Würfelspiel *n*; **3.** *bsd. Küche*: Würfel *m*; **4.** *pl.* **dies** △ Würfel *m e-s Sockels*; **5.** *pl.* **dies** ⚙ a) (Preß-, Spritz)Form *f*, Gesenk *n*: **lower ~** Matrize *f*; **upper ~** Patrize *f*, b) (Münz)Prägestempel *m*, c) Schneideisen *n*, Stanze *f*, d) Gußform *f*.

'die|-a·way *adj.* schmachtend; **'~-cast**

v/t. ⚙ spritzgießen, spritzen; ~ **casting** *s.* ⚙ Spritzguß *m*; '~-**hard I** *s.* **1.** unnachgiebiger Mensch, Dickschädel *m*; **2.** *pol.* hartnäckiger Reaktio'när; **3.** zählebige Sache; **II** *adj.* **4.** hartnäckig, zäh u. unnachgiebig; **5.** zählebig; ~ **head** *s.* ⚙ Schneidkopf *m*.

di·e·lec·tric [ˌdaɪɪ'lektrɪk] ⚡ **I** *s.* Die'lektrikum *n*; **II** *adj.* (□ ~**ally**) die'lektrisch: ~ ***strength*** Spannungs-, Durchschlagfestigkeit *f*.

die·en·ceph·a·lon [ˌdaɪɪn'sefələn] *s. anat.* Zwischenhirn *n*.

di·er·e·sis → ***diaeresis***.

Die·sel ['diːzl] **I** Diesel *m* (*Motor*, *Fahrzeug od. Kraftstoff*); **II** *adj.* Diesel...; **die·sel·ize** ['diːzəlaɪz] *v/t.* ⚙ auf Dieselbetrieb 'umstellen.

'**dieˌsink·er** *s.* ⚙ Werkzeugmacher *m*.

di·e·sis ['daɪɪsɪs] *pl.* **-ses** [-siːz] *s.* **1.** *typ.* Doppelkreuz *n*; **2.** ♪ Kreuz *n*.

di·es non [ˌdaɪiːz'nɒn] *s.* ⚖ gerichtsfreier Tag.

die stock *s.* ⚙ Schneidkluppe *f*.

di·et[1] ['daɪət] *s.* **1.** *parl.* a) 'Unterhaus *n* (*in Japan etc.*), b) *hist.* Reichstag *m*; **2.** ⚖ *Scot.* Ge'richtsterˌmin *m*.

di·et[2] ['daɪət] **I** *s.* **1.** Nahrung *f*, Ernährung *f*, (*a. fig. geistige*) Kost: ***vegetable*** ~ vegetarische Kost; ***full*** (***low***) ~ reichliche (magere) Kost; **2.** ⚕ Di'ät *f*, Schon-, Krankenkost *f*: ***be*** (***put***) ***on a*** ~ auf Diät gesetzt sein, diät leben (müssen); **II** *v/t.* **3.** *j-n* auf Di'ät setzen: ~ ***o.s.*** → 4; **III** *v/i.* **4.** Di'ät halten; '**di·e·tar·y** [-tərɪ] ⚕ **I** *adj.* **1.** diä'tetisch, Diät...; **II** *s.* **2.** Di'ätvorschrift *f*; **3.** 'Speise(ratiˌon) *f*.

di·e·tet·ic [ˌdaɪə'tetɪk] *adj.* (□ ~**ally**) → ***dietary*** 1; ˌ**di·e'tet·ics** [-ks] *s. pl. sg. od. pl. konstr.* ⚕ Diä'tetik *f*, Di'ätkunde *f*; ˌ**di·e'ti·tian**, ˌ**di·e'ti·cian** [-'tɪʃn] *s.* Diä'tetiker(in).

dif·fer ['dɪfə] *v/i.* **1.** sich unter'scheiden, verschieden sein, abweichen (***from*** von); **2.** (*mst* ***with***, *a.* ***from***) nicht über'einstimmen (mit), anderer Meinung sein (als): ***I beg to*** ~ ich bin (leider) anderer Meinung; **3.** uneinig sein (***on*** über *acc.*); → ***agree*** 2; **dif·fer·ence** ['dɪfrəns] *s.* **1.** 'Unterschied *m*, Verschiedenheit *f*: ~ ***in price*** Preisunterschied; ~ ***of opinion*** Meinungsverschiedenheit; ***that makes a*** (***great***) ~ a) das macht et. (*od.* viel) aus, b) das ändert die Sache; ***it made all the*** ~ das änderte die Sache vollkommen; ***it makes no*** ~ (***to me***) es ist (mir) gleich(gültig); ***what's the*** ~***?*** was macht es schon aus?; **2.** 'Unterschied *m*, unter'scheidendes Merkmal: ***the*** ~ ***between him and his brother***; **3.** 'Unterschied *m* (*in Menge*), Diffe'renz *f* (*a.* ⚚, 𝔄): ***split the*** ~ a) sich in die Differenz teilen, b) e-n Kompromiß schließen; **4.** Besonderheit *f*: ***a film with a*** ~ ein Film (von) ganz besonderer Art *od.* ‚mit Pfiff'; ***holidays with a*** ~ Ferien ‚mal anders'; **5.** Meinungsverschiedenheit *f*, Diffe'renz *f*; **dif·fer·ent** ['dɪfrənt] *adj.* □ **1.** (***from***, *a.* ***to***) verschieden (von), abweichend (von); anders (*pred.* als), ander (*attr.* als): ***in two*** ~ ***countries*** in zwei verschiedenen Ländern; ***that's a*** ~ ***matter*** das ist etwas anderes; ***at*** ~ ***times*** verschiedentlich, mehrmals; **2.** außergewöhnlich, besonder.

dif·fer·en·tial [ˌdɪfə'renʃl] **I** *adj.* □ **1.** 'unterschiedlich, charakte'ristisch, Unterscheidungs...; **2.** ⚙, ⚡, 𝔄, *phys.* Differential...; **3.** ⚚ gestaffelt, Differential..., Staffel...: ~ ***tariff***; **II** *s.* **4.** ⚙, *mot.* Differenti'al-, Ausgleichsgetriebe *n*; **5.** 𝔄 Differenti'al *n*; **6.** ('Preis-, 'Lohn- *etc.*)Gefälle *n*, (-)DiffeˌRenz *f*; ~ **cal·cu·lus** *s.* 𝔄 Differenti'alrechnung *f*; ~ **du·ty** *s.* ⚚ Differenti'alzoll *m*; ~ **gear** *s.* ⚙ Differenti'al-, Ausgleichsgetriebe *n*; ~ **rate** *s.* ⚚ 'AusnahmetaˌRif *m*.

dif·fer·en·ti·ate [ˌdɪfə'renʃɪeɪt] **I** *v/t.* **1.** einen 'Unterschied machen zwischen (*dat.*), unter'scheiden; **2.** vonein'ander abgrenzen; unter'scheiden, trennen (***from*** von): ***be*** ~***d*** → 4; **II** *v/i.* **3.** e-n 'Unterschied machen, unter'scheiden, differenzieren (***between*** zwischen *dat.*); **4.** sich unter'scheiden *od.* entfernen; sich verschieden entwickeln; **dif·fer·en·ti·a·tion** [ˌdɪfərenʃɪ'eɪʃn] *s.* Differenzierung *f*: a) Unter'scheidung *f*, b) (Auf)Teilung *f*, c) Spezialisierung *f*, d) 𝔄 Ableitung *f*.

dif·fi·cult ['dɪfɪkəlt] *adj.* **1.** schwierig, schwer; **2.** beschwerlich, mühsam; **3.** schwierig, schwer zu behandeln(d); '**dif·fi·cul·ty** [-tɪ] *s.* **1.** Schwierigkeit *f*: a) Mühe *f*: ***with*** ~ schwer, mühsam; ***have*** (*od.* ***find***) ~ ***in doing s.th.*** et. schwierig (zu tun) finden, b) schwierige Sache, c) Hindernis *n*, 'Widerstand *m*: ***make difficulties*** Schwierigkeiten bereiten; **2.** *oft pl.* (*a.* Geld)Schwierigkeiten *pl.*, (-)Verlegenheit *f*.

dif·fi·dence ['dɪfɪdəns] *s.* Schüchternheit *f*, mangelndes Selbstvertrauen; '**dif·fi·dent** [-nt] *adj.* □ schüchtern, ohne Selbstvertrauen, scheu: ***be*** ~ ***about doing*** sich scheuen zu tun, *et.* nur zaghaft *od.* zögernd tun.

dif·fract [dɪˈfrækt] *v/t. phys.* beugen; **difˈfrac·tion** [-kʃn] *s. phys.* Beugung *f*, Diffraktiˈon *f*.

dif·fuse [dɪˈfju:z] **I** *v/t.* **1.** ausgießen, -schütten; **2.** *bsd. fig.* verbreiten; **3.** ⚗, *phys., opt.* diffundieren: a) zerstreuen, b) vermischen, c) durchˈdringen; **II** *v/i.* **4.** sich verbreiten; **5.** ⚗, *phys.* diffundieren: a) sich zerstreuen, b) sich vermischen, c) eindringen; **III** *adj.* [dɪˈfju:s] □ **6.** difˈfus: a) weitschweifig, langatmig, b) unklar (*Gedanken etc.*), c) ⚗, *phys.* zerstreut: **~ light** diffuses Licht; **7.** *fig.* verbreitet; **dif·fus·i·bil·i·ty** [dɪˌfju:zəˈbɪlətɪ] *s. phys.* Diffusiˈonsvermögen *n*; **difˈfus·i·ble** [-zəbl] *adj. phys.* diffusiˈonsfähig; **dif·fu·sion** [dɪˈfju:ʒn] *s.* **1.** Ausgießen *n*; **2.** *fig.* Verbreitung *f*; **3.** Weitschweifigkeit *f*; **4.** ⚗, *phys., a. sociol.* Diffusiˈon *f*; **dif·fu·sive** [dɪˈfju:sɪv] *adj.* □ **1.** *bsd. fig.* sich verbreitend; **2.** *fig.* weitschweifig; **3.** ⚗, *phys.* Diffusions…; **dif·fu·sive·ness** [dɪˈfju:sɪvnɪs] *s.* **1.** *phys.* Diffusiˈonsfähigkeit *f*; **2.** *fig.* Weitschweifigkeit *f*.

dig [dɪg] **I** *s.* **1.** Grabung *f*; **2.** F (archäoˈlogische) Ausgrabung(sstätte); **3.** F Puff *m*, Stoß *m*: **~ in the ribs** Rippenstoß; **4.** F *fig.* (Seiten)Hieb *m* (**at** auf *j-n*); **5.** *Am.* F ‚Büffler' *m*; **6.** *pl. Brit.* F ‚Bude' *f*, (*bsd. Studenten*)Zimmer *n*; **II** *v/t.* [*irr.*] **7.** *Loch etc.* graben; *Boden* ˈumgraben; *Bodenfrüchte* ausgraben; **8.** *fig.* ‚ausgraben', ans Tageslicht bringen, herˈausfinden; **9.** F *j-m* e-n Stoß geben: **~ spurs into a horse** e-m Pferd die Sporen geben; **10.** F a) ‚kapieren', b) ‚stehen auf', ein ‚Fan' sein von, c) sich ansehen *od.* anhören; **III** *v/i.* [*irr.*] **11.** graben (**for** nach); **12.** *fig.* a) forschen (**for** nach), b) sich gründlich beschäftigen (**into** mit); **13. ~ into** F a) ‚reinhauen' in *e-n Kuchen etc.*, b) sich einarbeiten in (*acc.*); **14.** *Am. sl.* ‚büffeln', ‚ochsen';

Zssgn mit adv.:

dig| in I *v/t.* **1.** eingraben (*a. fig.*); **2. dig o.s. in** sich eingraben, *fig. a.* sich verschanzen; **II** *v/i.* **3.** ⚔ sich eingraben, sich verschanzen; **~ out** *v/t.* **1.** ausgraben; **2.** → **dig** 8; **~ up** *v/t.* **1.** ˈum-, ausgraben; **2.** → **dig** 8.

di·gest [dɪˈdʒest] **I** *v/t.* **1.** *Speisen* verdauen; **2.** *fig.* verdauen: a) (innerlich) verarbeiten, überˈdenken, in sich aufnehmen, b) ertragen, verwinden; **3.** ordnen, einteilen; **4.** ⚗ digerieren, ausziehen, auflösen; **II** *v/i.* **5.** sich verdauen lassen: **~ well** leicht verdaulich sein; **6.** ⚗ sich auflösen; **III** *s.* [ˈdaɪdʒest] **7.** (**of**) a) Auslese *f* (*a. Zeitschrift*), Auswahl *f* (aus), b) Abriß *m* (*gen.*), ˈÜberblick *m* (über *acc.*); **8.** ⚖ systematisierte Sammlung von Gerichtsentscheidungen; **diˈgest·i·ble** [-təbl] *adj.* □ verdaulich, bekömmlich; **diˈges·tion** [-tʃən] *s.* **1.** Verdauung *f*: **easy of ~** leichtverdaulich; **2.** *fig.* (innerliche) Verarbeitung; **diˈges·tive** [-tɪv] **I** *adj.* □ **1.** verdauungsfördernd; **2.** bekömmlich; **3.** Verdauungs… (*-apparat*, *-trakt etc.*); **II** *s.* **4.** verdauungsförderndes Mittel.

dig·ger [ˈdɪgə] *s.* **1.** Gräber(in); **2.** → **gold digger**; **3.** ˈGrabgerät *n*, -maˌschine *f*; **4.** Erdarbeiter *m*; **5.** *a.* **~ wasp** Grabwespe *f*; **6.** *sl.* Auˈstralier *m od.* Neuˈseeländer *m*; **ˈdig·gings** [-gɪŋz] *s. pl.* **1.** *sg. od. pl. konstr.* Goldbergwerk *n*; **2.** Aushub *m* (*Erde*); **3.** → **dig** 6.

dig·it [ˈdɪdʒɪt] *s.* **1.** *anat., zo.* Finger *m od.* Zehe *f*; **2.** Fingerbreite *f* (*Maß*); **3.** *ast.* astroˈnomischer Zoll (*1/12 des Sonnen- od. Monddurchmessers*); **4.** ✠ a) eine der Ziffern von 0 bis 9, Einer *m*, b) Stelle *f*: **three-~ number** dreistellige Zahl; **ˈdig·it·al** [-tl] **I** *adj.* **1.** Finger…; **2.** Digital…: **~ clock**; **~ computer** Digitalrechner *m*; **II** *s.* **3.** ♪ Taste *f*; **dig·i·tal·is** [ˌdɪdʒɪˈteɪlɪs] *s.* **1.** ⚘ Fingerhut *m*; **2.** ⚕ Digiˈtalis *n*; **ˈdig·i·tate**, **ˈdig·i·tat·ed** [-teɪt(ɪd)] *adj.* **1.** ⚘ gefingert, handförmig; **2.** *zo.* gefingert.

dig·ni·fied [ˈdɪgnɪfaɪd] *adj.* würdevoll, würdig; **dig·ni·fy** [ˈdɪgnɪfaɪ] *v/t.* **1.** ehren, auszeichnen; Würde verleihen (*dat.*); **2.** zieren, schmücken; **3.** hochtrabend benennen.

dig·ni·tar·y [ˈdɪgnɪtərɪ] *s.* **1.** Würdenträger *m*; **2.** *eccl.* Präˈlat *m*; **dig·ni·ty** [ˈdɪgnɪtɪ] *s.* **1.** Würde *f*, würdevolles Auftreten; **2.** Würde *f*, (hoher) Rang, *a.* Ansehen *n*: **beneath my ~** unter m-r Würde; **stand on one's ~** sich nichts vergeben wollen; **3.** *fig.* Größe *f*: **~ of soul** Seelengröße, -adel *m*.

di·graph [ˈdaɪgrɑ:f] *s. ling.* Diˈgraph *m* (*Verbindung von zwei Buchstaben zu einem Laut*).

di·gress [daɪˈgres] *v/i.* abschweifen; **diˈgres·sion** [-eʃn] *s.* Abschweifung *f*; **diˈgres·sive** [-sɪv] *adj.* □ **1.** abschweifend; **2.** abwegig.

digs [dɪgz] → **dig** 6.

di·he·dral [daɪˈhi:drəl] **I** *adj.* **1.** diˈedrisch, zweiflächig: **~ angle** ✠ Flächenwinkel *m*; **2.** ✈ V-förmig; **II** *s.* **3.** ✠ Diˈeder *m*, Zweiflächner *m*; **4.** ✈ V-Form *f*, V-Stellung *f*.

dike[1] [daɪk] **I** *s.* **1.** Deich *m*, Damm *m*; **2.** Erdwall *m*, erhöhter Fahrdamm; **3.** *a. fig.* Schutzwall *m*, *fig.* Bollwerk *n*; **4.** a) Graben *m*, b) Wasserlauf *m*; **5.** *a.* ~ ***rock*** *geol.* Gangstock *m*; **II** *v/t.* **6.** eindämmen, -deichen.
dike[2] [daɪk] *v/t. a.* ~ ***out*** *od.* ***up*** *Am.* F aufputzen.
dike[3] [daɪk] *s. sl.* ‚Lesbe' *f.*
dik·tat [dɪk'tɑ:t] *s.* (*Ger.*) *pol.* Dik'tat *n.*
di·lap·i·date [dɪ'læpɪdeɪt] **I** *v/t.* **1.** *Haus etc.* verfallen lassen; **2.** vergeuden; **II** *v/i.* **3.** verfallen, baufällig werden; **di'lap·i·dat·ed** [-tɪd] *adj.* **1.** verfallen, baufällig; **2.** klapp(e)rig (*Auto etc.*); **di·lap·i·da·tion** [dɪˌlæpɪ'deɪʃn] *s.* **1.** Verfall *m*, Baufälligkeit *f*; **2.** *geol.* Verwitterung *f*; **3.** *pl. Brit.* notwendige Repara'turen (*zu Lasten des Mieters*).
di·lat·a·bil·i·ty [daɪˌleɪtə'bɪlətɪ] *s. phys.* Dehnbarkeit *f*, (Aus)Dehnungsvermögen *n*; **di·lat·a·ble** [daɪ'leɪtəbl] *adj. phys.* (aus)dehnbar.
dil·a·ta·tion [ˌdaɪleɪ'teɪʃn] *s.* **1.** *phys.* Ausdehnung *f*; **2.** ⚕ Erweiterung *f.*
di·late [daɪ'leɪt] **I** *v/t.* **1.** (aus)dehnen, (aus)weiten, erweitern: ***with ~d eyes*** mit aufgerissenen Augen; **II** *v/i.* **2.** sich (aus)dehnen *od.* (aus)weiten *od.* erweitern; **3.** *fig.* sich (ausführlich) verbreiten *od.* auslassen ([***up***]***on*** über *acc.*); **di'la·tion** [-eɪʃn] → ***dilatation***; **di'la·tor** [-tə] *s.* Di'lator *m*: a) *anat.* Dehnmuskel *m*, b) ⚕ Dehnsonde *f.*
dil·a·to·ri·ness ['dɪlətərɪnɪs] *s.* Saumseligkeit *f*, Verschleppung *f*; **dil·a·to·ry** ['dɪlətərɪ] *adj.* □ **1.** aufschiebend (*a.* ⚖), verzögernd, 'hinhaltend, Verzögerungs…, Verschleppungs…, Hinhalte…: ~ ***tactics***; **2.** langsam, saumselig.
dil·do ['dɪldəʊ] *s.* Godemi'ché *m* (*künstlicher Penis*).
di·lem·ma [dɪ'lemə] *s.* Di'lemma *n*, Zwangslage *f*, Klemme *f*: ***on the horns of a ~*** in e-r Zwickmühle.
dil·et·tan·te [ˌdɪlɪ'tæntɪ] **I** *pl.* **-ti** [-ti:], **-tes** [-tɪz] *s.* **1.** Dilet'tant(in): a) Nichtfachmann *m*, Ama'teur(in), b) *contp.* Stümper(in); **2.** Kunstliebhaber(in); **II** *adj.* **3.** → **ˌdil·et'tant·ish** [-tɪʃ] *adj.* □ dilet'tantisch; **ˌdil·et'tant·ism** [-tɪzəm] *s.* Dilettan'tismus *m.*
dil·i·gence[1] ['dɪlɪʒɑ̃:ns] (*Fr.*) *s. hist.* Postkutsche *f.*
dil·i·gence[2] ['dɪlɪdʒəns] *s.* Fleiß *m*, Eifer *m*; *a.* ⚖ Sorgfalt *f*; **'dil·i·gent** [-nt] *adj.* □ **1.** fleißig, emsig; **2.** sorgfältig, gewissenhaft.
dill [dɪl] *s.* ⚘ Dill *m*, Gurkenkraut *n.*
dil·ly-dal·ly ['dɪlɪdælɪ] *v/i.* F **1.** die Zeit vertrödeln, (her'um)trödeln; **2.** zaudern, schwanken.
dil·u·ent ['dɪljʊənt] **I** *adj.* ⚗ verdünnend; **II** *s.* ⚕ Verdünnungsmittel *n.*
di·lute [daɪ'lju:t] **I** *v/t.* **1.** verdünnen, *bsd.* wässern; **2.** *Farben* dämpfen; **3.** *fig.* (ab)schwächen, verwässern: ~ ***labo(u)r*** *Facharbeit in Arbeitsgänge zerlegen, deren Ausführung nur geringe Fachkenntnisse erfordert*; **II** *adj.* **4.** verdünnt; **5.** *fig.* (ab)geschwächt, verwässert; **di'lut·ed** [-tɪd] *adj.* → ***dilute*** II; **dil·u·tee** [ˌdaɪlju:'ti:] *s. zwischen dem angelernten u. dem Facharbeiter stehender Beschäftigter*; **di·lu·tion** [daɪ'lu:ʃn] *s.* **1.** Verdünnung *f*, Verwässerung *f*; **2.** verdünnte Lösung; **3.** *fig.* Abschwächung *f*, Verwässerung *f*: ~ ***of labo(u)r*** *Zerlegung von Facharbeit in Arbeitsgänge, deren Ausführung nur geringe Fachkenntnisse erfordert.*
di·lu·vi·al [daɪ'lu:vjəl], **di'lu·vi·an** [-jən] *adj.* **1.** *geol.* diluvi'al, Eiszeit…; **2.** Überschwemmungs…; **3.** (Sint)Flut…; **di'lu·vi·um** [-jəm] *s. geol.* Di'luvium *n.*
dim [dɪm] **I** *adj.* □ **1.** (halb)dunkel, düster, trübe (*a. fig.*); **2.** undeutlich, verschwommen, schwach; **3.** blaß, matt (*Farbe*); **4.** F schwer von Begriff; **II** *v/t.* **5.** verdunkeln, verdüstern; trüben; **6.** *a.* ~ ***out*** *Licht* abblenden, dämpfen; **7.** mattieren; **III** *v/i.* **8.** sich verdunkeln; **9.** matt *od.* trübe werden; **10.** undeutlich werden; verblassen (*a. fig.*).
dime [daɪm] *s. Am.* Zehn'centstück *n*; *fig.* Groschen *m*: ~ ***novel*** Groschenroman *m*; ~ ***store*** billiges Warenhaus; ***they are a ~ a dozen*** a) sie sind spottbillig, b) es gibt jede Menge davon.
di·men·sion [dɪ'menʃn] **I** *s.* **1.** Dimensi'on *f* (*a.* ⩘): a) Abmessung *f*, Maß *n*, Ausdehnung *f*, b) *pl. oft fig.* Ausmaß *n*, Größe *f*, 'Umfang *m*: ***of vast ~s*** riesengroß; **II** *v/t.* **2.** bemessen, dimensionieren: ***amply ~ed***; **3.** mit Maßangaben versehen: ***~ed sketch*** Maßskizze *f*; **di'men·sion·al** [-ʃənl] *adj. mst in Zssgn* dimensio'nal.
di·min·ish [dɪ'mɪnɪʃ] **I** *v/t.* **1.** vermindern (*a.* ♪), verringern; **2.** verkleinern (*a.* ⩘), her'absetzen (*a. fig.*); **3.** (ab-)schwächen; **4.** ⩓ verjüngen; **II** *v/i.* **5.** sich vermindern, abnehmen: ~ ***in value*** an Wert verlieren.
dim·i·nu·tion [ˌdɪmɪ'nju:ʃn] *s.* **1.** Verminderung *f*, Verringerung *f*; Verkleinerung *f* (*a.* ♪); **2.** Abnahme *f*; **3.** ⩓ Verjüngung *f*; **di·min·u·ti·val** [dɪˌmɪnjʊ'taɪvl] *adj.* □ → ***diminutive*** 2; **di·min·u·tive** [dɪ'mɪnjʊtɪv] **I** *adj.* □ **1.**

klein, winzig; **2.** *ling.* Diminutiv…, Verkleinerungs…; **II** *s.* **3.** *ling.* Diminu'tiv(um) *n*, Verkleinerungsform *f od.* -silbe *f*.

dim·i·ty ['dɪmɪtɪ] *s.* Dimity *m*, Barchentköper *m*.

dim·mer ['dɪmə] *s.* **1.** Dimmer *m* (*Helligkeitseinsteller*); **2.** *pl. mot.* a) Abblendlicht *n*, b) Standlicht *n*: **~ *switch*** Abblendschalter *m*; **dim·ness** ['dɪmnɪs] *s.* **1.** Dunkelheit *f*, Düsterkeit *f*; **2.** Mattheit *f*; **3.** Undeutlichkeit *f*.

di·mor·phic [daɪ'mɔːfɪk], **di'mor·phous** [-fəs] *adj.* di'morph, zweigestaltig.

'dim-out *s.* ⚔ Teilverdunkelung *f*.

dim·ple ['dɪmpl] **I** *s.* **1.** Grübchen *n* (*Wange*); **2.** Vertiefung *f*; **3.** Kräuselung *f* (*Wasser*); **II** *v/t.* **4.** Grübchen machen in (*acc.*); **5.** *Wasser* kräuseln; **III** *v/i.* **6.** Grübchen bekommen; **7.** sich kräuseln (*Wasser*); **'dim·pled** [-ld], **'dimp·ly** [-lɪ] *adj.* **1.** mit Grübchen; **2.** gekräuselt (*Wasser*).

ˌdim'wit·ted *adj. sl.* ‚dämlich'.

din [dɪn] **I** *s.* **1.** Lärm *m*, Getöse *n*; **2.** Geklirr *n* (*Waffen*), Gerassel *n*; **II** *v/t.* **3.** *durch Lärm* betäuben; **4.** *et.* dauernd (vor)predigen: **~ *s.th. into s.o.('s ears)*** j-m et. einhämmern; **III** *v/i.* **5.** lärmen; **6.** dröhnen (***with*** von).

dine [daɪn] **I** *v/i.* **1.** speisen, essen: **~ *in*** (***out***) zu Hause (auswärts) essen; **~ *off*** (*od.* ***on***) ***roast beef*** Rostbraten essen; **II** *v/t.* **2.** *j-n* bei sich zu Gast haben, bewirten; **3.** für … *Personen* Platz zum Essen haben, fassen (*Zimmer*, *Tisch*); **'din·er** [-nə] *s.* **1.** Tischgast *m*; **2.** 🚃 Speisewagen *m*; **3.** *Am.* Imbißstube *f*, 'Eßloˌkal *n*.

di·nette [daɪ'net] *s.* Eßecke *f*.

ding [dɪŋ] **I** *v/t.* **1.** läuten; **2.** → ***din*** 4; **II** *v/i.* **3.** läuten.

ding·dong [ˌdɪŋ'dɒŋ] **I** *s.* Bimbam *n*; **II** *adj.*: ***a ~ fight*** ein hin u. her wogender Kampf.

din·ghy ['dɪŋgɪ] *s.* **1.** ⚓ a) Dingi *n*, b) Beiboot *n*; **2.** Schlauchboot *n*.

din·gi·ness ['dɪndʒɪnɪs] *s.* **1.** trübe *od.* schmutzige Farbe; **2.** Schmuddeligkeit *f*; **3.** Schäbigkeit *f* (*a. fig.*); **4.** *fig.* Anrüchigkeit *f*.

din·gle ['dɪŋgl] *s.* Waldschlucht *f*.

din·go ['dɪŋgəʊ] *pl.* **-goes** *s. zo.* Dingo *m* (*Wildhund Australiens*).

ding·us ['dɪŋgəs] *s. Am. sl.* **1.** Dingsda *n*; **2.** ‚Ding' *n* (*Penis*).

din·gy ['dɪndʒɪ] *adj.* □ **1.** schmutzig, schmuddelig; **2.** schäbig (*a. fig.*); **3.** *fig.* anrüchig.

din·ing| car ['daɪnɪŋ] *s.* 🚃 Speisewagen *m*; **~ hall** *s.* Speisesaal *m*; **~ room** *s.* Speise-, Eßzimmer *n*; **~ ta·ble** *s.* Eßtisch *m*.

din·kum ['dɪŋkəm] *adj. Austral.* F re'ell: **~ *oil*** die volle Wahrheit.

dink·y ['dɪŋkɪ] *adj.* F **1.** *Brit.* zierlich, niedlich, nett; **2.** *Am.* klein.

din·ner ['dɪnə] *s.* **1.** Hauptmahlzeit *f*, Mittag-, Abendessen *n*: ***after ~*** nach dem Essen, nach Tisch; ***be at ~*** bei Tisch sein; ***stay for*** (*od.* ***to***) **~** zum Essen bleiben; **~ *is ready*** es (*od.* das Essen) ist angerichtet; ***what are we having for ~?*** was gibt es zum Essen?; **2.** Di'ner *n*, Festessen *n*: ***at a ~*** bei *od.* auf e-m Diner; **~ coat** *s. bsd. Am.* Smoking *m*; **~ dance** *s.* Abendgesellschaft *f* mit Tanz; **~ jack·et** *s.* Smoking *m*; **~ pail** *s. Am.* Eßgefäß *n*; **~ par·ty** *s.* Tisch-, Abendgesellschaft *f*; **~ ser·vice**, **~ set** *s.* 'Speiseserˌvice *n*, Tafelgeschirr *n*; **~ ta·ble** *s.* Eßtisch *m*; **~ time** *s.* Tischzeit *f*; **~ wag·on** *s.* Servierwagen *m*.

di·no·saur ['daɪnəʊsɔː] *s. zo.* Dino'saurier *m*.

dint [dɪnt] **I** *s.* **1.** Beule *f*, Delle *f*; **2.** Strieme *f*; **3.** ***by ~ of*** kraft, vermöge, mittels (*alle gen.*); **II** *v/t.* **4.** einbeulen.

di·oc·e·san [daɪ'ɒsɪsn] *eccl.* **I** *adj.* Diözesan…; **II** *s.* (Diöze'san)Bischof *m*; **di·o·cese** ['daɪəsɪs] *s.* Diö'zese *f*.

di·ode ['daɪəʊd] *s.* ⚡ **1.** Di'ode *f*, Zweipolröhre *f*; **2.** Kri'stalldiˌode *f*.

Di·o·nys·i·ac [ˌdaɪə'nɪzɪæk], **Di·o'nysian** [-zɪən] *adj.* dio'nysisch.

di·op·ter *Am.*, *Brit.* **di·op·tre** [daɪ'ɒptə] *s. phys.* Diop'trie *f*; **di'op·tric** [-trɪk] *phys.* **I** *adj.* **1.** di'optrisch, lichtbrechend; **II** *s.* **2.** → ***diopter***; **3.** *pl. sg. konstr.* Di'optrik *f*, Brechungslehre *f*.

di·o·ra·ma [ˌdaɪə'rɑːmə] *s.* Dio'rama *n* (*plastisch wirkendes Schaubild*).

Di·os·cu·ri [ˌdaɪəʊ'skjʊəraɪ] *s. pl.* Dios'kuren *pl.* (*Castor u. Pollux*).

di·ox·ide [daɪ'ɒksaɪd] *s.* 'Dioˌxyd *n*.

dip [dɪp] **I** *v/t.* **1.** (ein)tauchen (***in***, ***into*** in *acc.*): **~ *one's hand into one's pocket*** in die Tasche greifen (*a. fig. Geld ausgeben*); **2.** färben; **3.** *Schafe etc.* dippen (*Desinfektionsbad*); **4.** *Kerzen* ziehen; **5.** ⚓ *Flagge* (zum Gruß) dippen, auf- u. niederholen; **6.** *a.* **~ *up*** schöpfen (***from***, ***out of*** aus); **7.** *mot. Scheinwerfer* abblenden; **II** *v/i.* **8.** 'unter-, eintauchen; **9.** sich senken *od.* neigen (*Gelände*, *Waage*, *Magnetnadel*); **10.** ⚒ ab-, einfallen; **11.** nieder- u. wieder auffliegen; **12.** ✈ vor dem Steigen tiefer gehen; **13.** *fig.* hin'eingreifen: **~ *into*** a) e-n Blick werfen in (*acc.*), sich flüchtig befassen mit, b) *Reserven* angreifen; ~ ***into one's purse*** (*od.* ***pocket***) (tief) in die Tasche greifen; ~ ***deep into the past*** die Vergangenheit erforschen; **III** *s.* **14.** Eintauchen *n*; **15.** kurzes Bad(en); **16.** ⚙ Farbbad *n*; Tauchbad *n*: ~ ***brazing*** Tauchlöten *n*; **17.** Desinfekti'onsbad *n* (*Schafe*); **18.** geschöpfte Flüssigkeit; **19.** *Am.* F Tunke *f*, Soße *f*; **20.** (gezogene) Kerze; **21.** Neigung *f*, Senkung *f*, Gefälle *n*; Neigungswinkel *m*; **22.** *geol.* Abdachung *f*; Einfallen *n*, Versinken *n*; **23.** schnelles Hin'ab(- u. Hin'auf)Fliegen; **24.** ✈ plötzliches Tiefergehen vor dem Steigen; **25.** ⚓ Dippen *n* (*kurzes Niederholen der Flagge*); **26.** *fig.* flüchtiger Blick, ‚Ausflug' *m* (*in die Politik etc.*); **27.** Angreifen *n* (***into*** *e-s Vorrats etc.*); **28.** *sl.* Taschendieb *m*.

diph·the·ri·a [dɪf'θɪərɪə] *s.* ⚕ Diphthe'rie *f*.

diph·thong ['dɪfθɒŋ] *s. ling.* **1.** Diph'thong *m*, 'Doppelvoˌkal *m*; **2.** *die Ligatur* æ *od.* œ; **diph·thon·gal** [dɪf'θɒŋgl] *adj. ling.* diph'thongisch; **diph·thong·i·za·tion** [ˌdɪfθɒŋgaɪ'zeɪʃn] *s. ling.* Diphthongierung *f*.

di·ple·gi·a [daɪ'pli:dʒɪə] *s.* ⚕ Diple'gie *f*, doppelseitige Lähmung.

di·plo·ma [dɪ'pləʊmə] *s.* Di'plom *n*, (*a.* Ehren-, Sieger)Urkunde *f*; **di'plo·ma·cy** [-əsɪ] *s. pol.*, *a. fig.* Diploma'tie *f*; **di'plo·maed** [-məd] *adj.* diplomiert, Diplom...; **dip·lo·mat** ['dɪpləmæt] *s. pol.*, *a. fig.* Diplo'mat *m*; **dip·lo·mat·ic** [ˌdɪplə'mætɪk] *adj.* (□ ~***ally***) **1.** *pol.* diplo'matisch (*a. fig.*): ~ ***body*** (*od.* ***corps***) diplomatisches Korps; ~ ***service*** diplomatischer Dienst; **2.** urkundlich; **dip·lo·mat·ics** [ˌdɪplə'mætɪks] *s. pl. sg. konstr.* Diplo'matik *f*, Urkundenlehre *f*; **di'plo·ma·tist** [-ətɪst] → ***diplomat***; **di'plo·ma·tize** [-ətaɪz] *v/i.* diplo'matisch vorgehen.

di·po·lar [daɪ'pəʊlə] *adj.* ⚡ zweipolig; **di·pole** ['daɪpəʊl] *s.* Dipol *m*.

dip·per ['dɪpə] *s.* **1.** *orn.* Taucher *m*; **2.** Schöpflöffel *m*; **3.** ⚙ a) Baggereimer *m*, b) Bagger *m*; **4.** ⚙ Färber *m*, Beizer *m*; **5.** *ast.* ♌, ***Big*** ♌ *Am.* Großer Bär; ***Little*** ♌ *Am.* Kleiner Bär; **6.** *s. eccl. obs.* 'Wiedertäufer *m*; ~ **dredg·er** *s.* Löffelbagger *m*.

dip·ping ['dɪpɪŋ] *s.* **1.** ⚙ (Tauch)Bad *n*; **2.** *in Zssgn* Tauch...: ~ ***electrode***; ~ ***compass*** Inklinationskompaß *m*; ~ ***rod*** Wünschelrute *f*.

dip·so·ma·ni·a [ˌdɪpsəʊ'meɪnjə] *s.* ⚕ Dipsoma'nie *f* (*periodisch auftretende Trunksucht*); ˌ**dip·so'ma·ni·ac** [-nɪæk] *s.* Dipso'mane *m*, Dipso'manin *f*.

'**dip|·stick** *s. mot.* (Öl- *etc.*)Meßstab *m*; ~ **switch** *s. mot. Brit.* Abblendschalter *m*.

dip·ter·a ['dɪptərə] *s. pl. zo.* Zweiflügler *pl.*; '**dip·ter·al** [-rəl], '**dip·ter·ous** [-rəs] *adj.* zweiflügelig.

dip·tych ['dɪptɪk] *s.* Diptychon *n*.

dire ['daɪə] *adj.* **1.** gräßlich, entsetzlich, schrecklich; **2.** unheilvoll; **3.** äußerst, höchst: ***be in ~ need of*** *et.* ganz dringend brauchen.

di·rect [dɪ'rekt] **I** *v/t.* **1.** lenken, leiten, führen; beaufsichtigen; ♪ dirigieren; *Film*, *TV*: Re'gie führen bei: ~***ed by*** unter der Regie von; **2.** *Aufmerksamkeit*, *Blicke* richten, lenken (***to***, ***towards*** auf *acc.*): ***be ~ed to doing s.th.*** darauf abzielen, et. zu tun (*Verfahren etc.*); **3.** *Worte etc.* richten, *Brief* richten, adressieren (***to*** an *acc.*); **4.** anweisen, beauftragen; (An)Weisung geben (*dat.*): ~ ***the jury as to the law*** ⚖ den Geschworenen Rechtsbelehrung erteilen; **5.** anordnen, verfügen, bestimmen: ~ ***s.th. to be done*** anordnen, daß et. geschieht; ***as ~ed*** nach Vorschrift, laut Anordnung; **6.** befehlen; **7.** (***to***) den Weg zeigen (nach, zu), verweisen (an *acc.*); **II** *v/i.* **8.** befehlen, bestimmen; **9.** ♪ dirigieren; *Film*, *TV*: Re'gie führen; **III** *adj.* □ → ***directly***; **10.** di'rekt, gerade; **11.** di'rekt, unmittelbar (*a.* ⚙, ✝, *phys.*, *pol.*): ~ ***action*** *pol.* direkte Aktion; ~ ***advertising*** Werbung *f* beim Konsumenten; ~ ***costing*** ✝ *Am.* Grenzkostenrechnung *f*; ~ ***current*** ⚡ Gleichstrom *m*; ~ ***dial(l)ing*** *teleph.* Durchwahl *f*; ~ ***distance dialing*** *teleph. Am.* Selbstwählfernverkehr *m*; ~ ***evidence*** ⚖ unmittelbarer Beweis; ~ ***hit*** Volltreffer *m*; ~ ***line*** direkte (Abstammungs)Linie; ~ ***method*** direkte Methode (*Sprachunterricht*); ***the ~ opposite*** das genaue Gegenteil; ~ ***responsibility*** persönliche Verantwortung; ~ ***selling*** ✝ Direktverkauf *m*; ~ ***taxes*** direkte Steuern; ~ ***train*** durchgehender Zug; **12.** gerade, offen, deutlich: ~ ***answer***, ~ ***question***; **13.** *ling.* ~ ***method*** direkte Methode; ~ ***object*** direktes Objekt; ~ ***speech*** direkte Rede; **14.** *ast.* rechtläufig; **IV** *adv.* **15.** di'rekt, unmittelbar (***to*** zu, an *acc.*).

di·rec·tion [dɪ'rekʃn] *s.* **1.** Richtung *f* (*a.* ⚙, *phys.*, *fig.*): ***sense of ~*** Orts-, Orientierungssinn *m*; ***in the ~ of*** in (der) Richtung nach *od.* auf (*acc.*); ***in all ~s*** nach allen Richtungen *od.* Seiten; ***in many ~s*** in vieler Hinsicht; **2.** Leitung *f*, Führung *f*, Lenkung *f*: ***under his ~*** unter s-r Leitung; **3.** Leitung *f*, Direkti'on *f*, Direk'torium *n*; **4.** *Film, TV*: Re'gie *f*; **5.** *mst pl.* (An)Weisung *f*, Anleitung *f*, Belehrung *f*, Anordnung *f*, Vorschrift *f*, Richtlinie *f*: ***by ~ of*** auf Anordnung von; ***give ~s*** Anweisungen *od.* Vorschriften geben; ***~s for use*** Gebrauchsanweisung; ***full ~s inside*** genaue Anweisung(en) anbei; **6.** Anschrift *f*, A'dresse *f* (*Brief*).

di·rec·tion·al [dɪ'rekʃənl] *adj.* **1.** Richtungs...; **2.** ⚡ a) Richt..., b) Peil...; **~ aer·i·al**, *bsd. Am.* **~ an·ten·na** *s.* ⚡ 'Richtanˌtenne *f*, -strahler *m*; **~ beam** *s.* ⚡ Richtstrahl *m*; **~ ra·di·o** *s.* ⚡ **1.** Richtfunk *m*: ***~ beacon*** ⚓ Richtfunkfeuer *n*; **2.** Peilfunk *m*; **~ trans·mit·ter** *s.* ⚡ **1.** Richtfunksender *m*; **2.** Peilsender *m*.

di'rec·tion| find·er *s.* ⚡ (Funk)Peiler *m*, Peilempfänger *m*; **~ find·ing** *s.* a) (Funk)Peilung *f*, Richtungsbestimmung *f*, b) Peilwesen *n*: ***~ set*** Peilgerät *n*; **~ in·di·ca·tor** *s.* **1.** *mot.* (Fahrt)Richtungsanzeiger *m*, Blinker *m*; **2.** ✈ Kursweiser *m*.

di·rec·tive [dɪ'rektɪv] **I** *adj.* lenkend, leitend, richtungweisend; **II** *s.* Direk'tive *f*, (An)Weisung *f*, Vorschrift *f*; **di·rect·ly** [dɪ'rektlɪ] **I** *adv.* **1.** gerade, di'rekt; **2.** unmittelbar, di'rekt (*a.* ⚙): ***~ proportional*** direkt proportional; ***~ opposed*** genau entgegengesetzt; **3.** *bsd. Brit.* [F *a.* 'drеklɪ] so'fort, gleich, bald; **II** *cj.* **4.** *bsd. Brit.* [F *a.* 'dreklɪ] so'bald (als): ***~ he entered*** sobald er eintrat; **di'rect·ness** [-tnɪs] *s.* **1.** Di'rekt-, Geradheit *f*, gerade Richtung; **2.** Unmittelbarkeit *f*; **3.** Offenheit *f*; **4.** Deutlichkeit *f*.

di·rec·tor [dɪ'rektə] *s.* **1.** Di'rektor *m*, Leiter *m*, Vorsteher *m*; **2.** ✝ a) Di'rektor *m*: ***~-general*** Generaldirektor *m*, b) Mitglied *n* des Verwaltungsrats (*e-r AG*); → ***board*** 10; **3.** *Film etc.*: Regis'seur *m*; **4.** ♪ Diri'gent *m*; **5.** ⚔ Kom'mandogerät *n*; **di'rec·to·rate** [-tərət] *s.* **1.** → ***directorship***; **2.** Direk'torium *n*, Leitung *f*; **3.** ✝ a) Direk'torium *n*, b) Verwaltungsrat *m*; **di'rec·tor·ship** [-ʃɪp] *s.* Direk'torenposten *m*, -stelle *f*.

di·rec·to·ry [dɪ'rektərɪ] *s.* **1.** a) A'dreßbuch *n*, b) Tele'fonbuch *n*, c) Branchenverzeichnis *n*: ***~ enquiries***, *Am.* ***~ assistance*** Telefonauskunft *f*; **2.** *eccl.* Gottesdienstordnung *f*; **3.** Leitfaden *m*; **4.** Direk'torium *n*; **5.** ♀ *hist.* Direk'torium *n* (*französische Revolution*).

di·rec·tress [dɪ'rektrɪs] *s.* Direk'torin *f*, Vorsteherin *f*, Leiterin *f*.

dire·ful ['daɪəfʊl] → ***dire***.

dirge [dɜːdʒ] *s.* Klage-, Trauerlied *n*, Totenklage *f*.

dir·i·gi·ble ['dɪrɪdʒəbl] **I** *adj.* lenkbar; **II** *s.* lenkbares Luftschiff.

dirk [dɜːk] *s.* Dolch *m*.

dirn·dl ['dɜːndl] (*Ger.*) *s.* Dirndl(kleid) *n*.

dirt [dɜːt] *s.* **1.** Schmutz *m* (*a. fig.*), Kot *m*, Dreck *m*; **2.** Staub *m*, Boden *m*, (lockere) Erde; **3.** *fig.* Plunder *m*, Schund *m*; **4.** *fig.* unflätige Reden *pl.*; Gemeinheit(en *pl.*) *f*: ***eat ~*** sich widerspruchslos demütigen; ***fling*** (*od.* ***throw***) ***~ at s.o.*** j-n in den Schmutz ziehen; ***do s.o. ~*** *sl.* j-n ganz gemein reinlegen; ***treat s.o. like ~*** j-n wie (den letzten) Dreck behandeln; **ˌ~-'cheap** *adj. u. adv.* spottbillig.

dirt·i·ness ['dɜːtɪnɪs] *s.* **1.** Schmutz *m*, Schmutzigkeit *f* (*a. fig.*); **2.** Gemeinheit *f*, Niedertracht *f*.

dirt| road *s. Am.* unbefestigte Straße; **~ track** *s. sport mot.* Aschenbahn *f*.

dirt·y ['dɜːtɪ] **I** *adj.* □ **1.** schmutzig, dreckig, Schmutz...: ***~ brown*** schmutzigbraun; ***~ work*** a) Schmutzarbeit *f*, b) *fig.* unsauberes Geschäft, Schurkerei *f*; **2.** *fig.* gemein, niederträchtig: ***a ~ look*** ein böser Blick; ***a ~ lot*** ein Lumpenpack; ***~ trick*** Gemeinheit *f*; ***do the ~ on s.o.*** *Brit. sl.* j-n gemein behandeln; **3.** *fig.* schmutzig, unflätig, unanständig: ***a ~ mind*** schmutzige Gedanken *od.* Phantasie; **4.** schlecht, *bsd.* ⚓ stürmisch (*Wetter*); **II** *v/t.* **5.** beschmutzen, besudeln (*a. fig.*); **III** *v/i.* **6.** schmutzig werden; schmutzen.

dis·a·bil·i·ty [ˌdɪsə'bɪlətɪ] *s.* **1.** Unvermögen *n*, Unfähigkeit *f*; **2.** ⚖ Rechtsunfähigkeit *f*; **3.** Körperbeschädigung *f*, -behinderung *f*; Gebrechen *n*; Arbeits-, Erwerbsunfähigkeit *f*; Invalidi'tät *f*; ⚔ → ***disablement*** 2; **4.** Unzulänglichkeit *f*; **5.** Benachteiligung *f*, Nachteil *m*; **~ ben·e·fit** *s.* Invalidi'tätsrente *f*; **~ in·sur·ance** *s.* Inva'lidenversicherung *f*; **~ pen·sion** *s.* (Kriegs)Versehrtenrente *f*.

dis·a·ble [dɪs'eɪbl] *v/t.* **1.** unfähig machen, außer'stand setzen (***from doing s.th.*** et. zu tun); **2.** unbrauchbar *od.* untauglich machen (***for*** für, zu); **3.** ⚔ a) dienstuntauglich machen, b) kampfunfähig machen; **4.** verkrüppeln; **5.** ⚖ geschäfts- *od.* rechtsunfähig machen; **dis'a·bled** [-ld] *adj.* **1.** ⚖ geschäfts- *od.* rechtsunfähig; **2.** arbeits-, erwerbsunfähig, inva'lide; **3.** ⚔ a) dienstuntauglich, b) kriegsversehrt: ***a ~ ex-sol-***

dier ein Kriegsversehrter, c) kampfunfähig; **4.** ⚔ manövrierunfähig, seeuntüchtig; **5.** *mot.* fahruntüchtig: ~ ***car***; **6.** unbrauchbar; **7.** (körperlich *od.* geistig) behindert; **dis'a·ble·ment** [-mənt] *s.* **1.** → ***disability*** 2, 3; **2.** ⚔ a) (Dienst-) Untauglichkeit *f*, b) Kampfunfähigkeit *f*.

dis·a·buse [ˌdɪsəˈbjuːz] *v/t.* aus dem Irrtum befreien, e-s Besseren belehren, aufklären (***of s.th.*** über *acc.*): ~ ***o.s.*** (*od.* ***one's mind***) ***of s.th.*** sich von et. (*Irrtümlichem*) befreien, sich et. aus dem Kopf schlagen.

dis·ac·cord [ˌdɪsəˈkɔːd] **I** *v/i.* nicht über'einstimmen; **II** *s.* Uneinigkeit *f*; 'Widerspruch *m*.

dis·ac·cus·tom [ˌdɪsəˈkʌstəm] *v/t.* abgewöhnen (***s.o. to s.th.*** j-m et.).

dis·ad·van·tage [ˌdɪsədˈvɑːntɪdʒ] *s.* Nachteil *m*, Schaden *m*: ***be at a*** ~, ***labo(u)r under a*** ~ im Nachteil sein; ***to s.o.'s*** ~ zu j-s Nachteil *od.* Schaden; ***put s.o. at a*** ~ j-n benachteiligen; ***take s.o. at a*** ~ j-s ungünstige Lage ausnutzen; ***sell to*** (*od.* ***at a***) ~ mit Verlust verkaufen; **dis·ad·van·ta·geous** [ˌdɪsædvɑːnˈteɪdʒəs] *adj.* □ nachteilig, ungünstig, unvorteilhaft, schädlich (***to*** für).

dis·af·fect·ed [ˌdɪsəˈfektɪd] *adj.* □ **1.** (***to***, ***towards***) unzufrieden (mit), abgeneigt (*dat.*); **2.** *pol.* unzuverlässig, untreu; ˌ**dis·af'fec·tion** [-kʃn] *s.* Unzufriedenheit *f* (***for*** mit), (*a. pol.* Staats-) Verdrossenheit *f*.

dis·af·firm [ˌdɪsəˈfɜːm] *v/t.* **1.** (ab)leugnen; **2.** ⚖ aufheben, 'umstoßen.

dis·af·for·est [ˌdɪsəˈfɒrɪst] *v/t.* **1.** ⚖ *e-m Wald* den Schutz durch das Forstrecht nehmen; **2.** abholzen.

dis·ag·i·o [dɪsˈædʒɪəʊ] *s.* ✝ Dis'agio *n*, Abschlag *m*.

dis·a·gree [ˌdɪsəˈgriː] *v/i.* **1.** (***with***) nicht über'einstimmen (mit), im 'Widerspruch stehen (zu, mit); sich wider'sprechen; **2.** (***with***) anderer Meinung sein (als), nicht zustimmen (*dat.*); **3.** (***with***) nicht einverstanden sein (mit), gegen *et.* sein, ablehnen (*acc.*); **4.** (sich) streiten (***on*** über *acc.*); **5.** (***with*** *j-m*) schlecht bekommen, nicht zuträglich sein (*Essen etc.*); ˌ**dis·a'gree·a·ble** [-ˈgrɪəbl] *adj.* □ **1.** unangenehm, widerlich, lästig; **2.** unliebenswürdig, eklig; ˌ**dis·a'gree·a·ble·ness** [-ˈgrɪəblnɪs] *s.* **1.** Widerwärtigkeit *f*; **2.** Lästigkeit *f*; **3.** Unliebenswürdigkeit *f*; ˌ**dis·a'gree·ment** [-mənt] *s.* **1.** Unstimmigkeit *f*, Verschiedenheit *f*, 'Widerspruch *m*; **2.** Meinungsverschiedenheit *f*, 'Mißhelligkeit *f*, Streit *m*.

dis·al·low [ˌdɪsəˈlaʊ] *v/t.* **1.** nicht zulassen (*a.* ⚖) *od.* erlauben, verweigern; **2.** nicht anerkennen, nicht gelten lassen, *sport a.* annullieren, nicht geben; ˌ**dis·al'low·ance** [-ˈlaʊəns] *s.* Nichtanerkennung *f*, *sport a.* Annullierung *f*.

dis·ap·pear [ˌdɪsəˈpɪə] *v/i.* **1.** verschwinden (***from*** von, aus); **2.** verlorengehen, aufhören; ˌ**dis·ap'pear·ance** [-ˈpɪərəns] *s.* **1.** Verschwinden *n*; **2.** ⚙ Schwund *m*; ˌ**dis·ap'pear·ing** [-ˈpɪərɪŋ] *adj.* **1.** verschwindend; **2.** versenkbar.

dis·ap·point [ˌdɪsəˈpɔɪnt] *v/t.* **1.** enttäuschen: ***be*** ~***ed*** enttäuscht sein (***at*** *od.* ***with*** über *acc.*, ***in*** von *dat.*); ***be*** ~***ed of s.th.*** um et. betrogen *od.* gebracht werden; **2.** *Hoffnung* (ent)täuschen, zu'nichte machen; ˌ**dis·ap'point·ed** [-tɪd] *adj.* □ enttäuscht; ˌ**dis·ap'point·ing** [-tɪŋ] *adj.* □ enttäuschend; ˌ**dis·ap'point·ment** [-mənt] *s.* **1.** Enttäuschung *f* (*a. von Hoffnungen etc.*): ***to my*** ~ zu m-r Enttäuschung; **2.** Enttäuschung *f* (*enttäuschende Person od. Sache*).

dis·ap·pro·ba·tion [ˌdɪsæprəʊˈbeɪʃn] *s.* 'Mißbilligung *f*.

dis·ap·prov·al [ˌdɪsəˈpruːvl] *s.* (***of***) 'Mißbilligung *f* (*gen.*), 'Mißfallen *n* (über *acc.*); **dis·ap·prove** [ˌdɪsəˈpruːv] **I** *v/t.* miß'billigen, ablehnen; **II** *v/i.* da'gegen sein: ~ ***of*** → I; ˌ**dis·ap'prov·ing·ly** [-vɪŋlɪ] *adv.* miß'billigend.

dis·arm [dɪsˈɑːm] **I** *v/t.* **1.** entwaffnen (*a. fig.*); **2.** unschädlich machen; *Bomben etc.* entschärfen; **3.** besänftigen; **II** *v/i.* **4.** *pol.*, ⚔ abrüsten; **dis'ar·ma·ment** [-məmənt] *s.* **1.** Entwaffnung *f*; **2.** *pol.*, ⚔ Abrüstung *f*; **dis'arm·ing** [-mɪŋ] *adj.* □ *fig.* entwaffnend.

dis·ar·range [ˌdɪsəˈreɪndʒ] *v/t.* in Unordnung bringen; ˌ**dis·ar'range·ment** [-mənt] *s.* Verwirrung *f*, Unordnung *f*.

dis·ar·ray [ˌdɪsəˈreɪ] **I** *v/t.* in Unordnung bringen, durchein'anderbringen; **II** *s.* Unordnung *f*: ***be in*** ~ a) in Unordnung sein, b) ⚔ in Auflösung begriffen sein; ***throw into*** ~ → I.

dis·as·sem·ble [ˌdɪsəˈsembl] *v/t.* ⚙ ausein'andernehmen, -montieren, zerlegen; ˌ**dis·as'sem·bly** [-blɪ] *s.* Zerlegung *f*, Abbau *m*.

dis·as·ter [dɪˈzɑːstə] *s.* Unglück *n* (***to*** für), Unheil *n*, Kata'strophe *f*: ~ ***area*** Katastrophengebiet *n*; **dis'as·trous** [-trəs] *adj.* □ unglückselig, unheil-, verhängnisvoll, katastro'phal, verheerend.

dis·a·vow [ˌdɪsəˈvaʊ] *v/t.* **1.** nicht anerkennen, abrücken *od.* sich lossagen von; **2.** in Abrede stellen, ableugnen; **ˌdis·aˈvow·al** [-ˈvaʊəl] *s.* **1.** Nichtanerkennung *f*; **2.** Ableugnung *f*.

dis·band [dɪsˈbænd] **I** *v/t.* ⚔ *Truppen etc.* entlassen, auflösen; **II** *v/i. bsd.* ⚔ sich auflösen; **disˈband·ment** [-mənt] *s.* ⚔ Auflösung *f*.

dis·bar [dɪsˈbɑː] *v/t.* ⚖ aus der Anwaltschaft ausschließen.

dis·be·lief [ˌdɪsbɪˈliːf] *s.* Unglaube *m*, Zweifel *m* (*in* an *dat.*); **ˌdis·beˈlieve** [-iːv] **I** *v/t. et.* nicht glauben, bezweifeln; *j-m* nicht glauben; **II** *v/i.* nicht glauben (*in* an *acc.*); **ˌdis·beˈliev·er** [-iːvə] *s. a. eccl.* Ungläubige(r *m*) *f*, Zweifler(in).

dis·bur·den [dɪsˈbɜːdn] *v/t. mst fig.* von e-r Bürde befreien, entlasten (*of*, *from* von): ~ *one's mind* sein Herz erleichtern.

dis·burse [dɪsˈbɜːs] *v/t.* **1.** be-, auszahlen; **2.** *Geld* auslegen; **disˈburse·ment** [-mənt] *s.* **1.** Auszahlung *f*; **2.** Auslage *f*, Verauslagung *f*.

disc [dɪsk] → ***disk***.

dis·card [dɪˈskɑːd] **I** *v/t.* **1.** *Gewohnheit, Vorurteil etc.* ablegen, aufgeben, *Kleider etc.* ausscheiden, ausrangieren; **2.** *Freund* fallenlassen; **3.** *Karten* ablegen *od.* abwerfen; **II** *v/i.* **4.** *Kartenspiel*: Karten ablegen *od.* abwerfen; **III** *s.* [ˈdɪskɑːd] **5.** *Kartenspiel*: a) Ablegen *n*, b) abgeworfene Karte(n *pl.*); **6.** *et.* Abgelegtes, ausrangierte Sache: ***go into the*** ~ *Am.* a) in Vergessenheit geraten, b) außer Gebrauch kommen.

dis·cern [dɪˈsɜːn] *v/t.* **1.** wahrnehmen, erkennen; **2.** feststellen; **3.** *obs.* unterˈscheiden (können); **disˈcern·i·ble** [-nəbl] *adj.* □ erkennbar, sichtbar; **disˈcern·ing** [-nɪŋ] *adj.* scharf(sichtig), kritisch (urteilend), klug; **disˈcern·ment** [-mənt] *s.* **1.** Scharfblick *m*, Urteilskraft *f*; **2.** Einsicht *f* (*of* in *acc.*); **3.** Wahrnehmen *n*; **4.** Wahrnehmungsvermögen *n*.

dis·charge [dɪsˈtʃɑːdʒ] **I** *v/t.* **1.** *Waren, Wagen* ab-, ausladen; *Schiff* aus-, entladen; *Personen* ausladen, absetzen; *(Schiffs)Ladung* löschen; **2.** ⚡ entladen; **3.** ausströmen (lassen), aussenden, -stoßen, ergießen; absondern: ~ ***matter*** ⚕ eitern; **4.** ⚔ *Geschütz etc.* abfeuern, abschießen; **5.** entlassen, verabschieden, fortschicken; **6.** *Gefangene* ent-, freilassen; *Patienten* entlassen; **7.** *s-n Gefühlen* Luft machen, *s-n Zorn* auslassen (*on* an *dat.*); *Flüche* ausstoßen; **8.** freisprechen, entlasten (*of* von); **9.** befreien, entbinden (*of*, *from* von); **10.** *Schulden* bezahlen, tilgen; *Wechsel* einlösen; *Verpflichtungen, Aufgabe* erfüllen; *s-n Verbindlichkeiten* nachkommen; *Schuldner* entlasten; *obs. Gläubiger* befriedigen; ⚖ *Urteil etc.* aufheben: ~***ed bankrupt*** entlasteter Gemeinschuldner; **11.** *Amt* ausüben, versehen; *Rolle* spielen; **12.** ~ ***o.s.*** sich ergießen, münden; **II** *v/i.* **13.** ⚡ sich entladen (*a. Gewehr*); **14.** sich ergießen, abfließen; **15.** ⚕ eitern; **III** *s.* **16.** Ent-, Ausladung *f*, Löschen *n* (*Schiff, Waren*); **17.** ⚡ Entladung *f*: ~ ***current*** Entladestrom *m*; **18.** Ausfließen *n*, -strömen *n*, Abfluß *m*; Ausstoßen *n* (*Rauch*); **19.** Absonderung *f* (*Eiter*), Ausfluß *m*; **20.** Abfeuern *n* (*Geschütz etc.*); **21.** a) (Dienst)Entlassung *f*, b) (Entlassungs)Zeugnis *n*; **22.** Ent-, Freilassung *f*; **23.** ✝, ⚖ Befreiung *f*, Entlastung *f*; Rehabilitatiˈon *f*: ~ ***of a bankrupt*** Aufhebung *f* des Konkursverfahrens; **24.** Erfüllung *f* (*Aufgabe*), Ausübung *f*, Ausführung *f*; **25.** Bezahlung *f*, Einlösung *f*; **26.** Quittung *f*: ~ ***in full*** vollständige Quittung; **disˈcharg·er** [-dʒə] *s.* ⚡ Entlader *m*.

dis·ci·ple [dɪˈsaɪpl] *s.* Jünger *m* (*bsd. bibl.*; *a. fig.*), Schüler *m*; **disˈci·ple·ship** [-ʃɪp] *s.* Jünger-, Anhängerschaft *f*.

dis·ci·pli·nar·i·an [ˌdɪsɪplɪˈneərɪən] *s.* Zuchtmeister *m*, strenger Lehrer *od.* Vorgesetzter; **dis·ci·pli·nar·y** [ˈdɪsɪplɪnərɪ] *adj.* **1.** erzieherisch, Zucht...; **2.** disziplinarisch: ~ ***action*** Disziplinarverfahren *n*; ~ ***punishment*** Disziplinarstrafe *f*; ~ ***transfer*** Strafversetzung *f*; **dis·ci·pline** [ˈdɪsɪplɪn] **I** *s.* **1.** Schulung *f*, Erziehung *f*; **2.** Disziˈplin *f* (*a. eccl.*), Zucht *f*; ˈSelbstdisziˌplin *f*; **3.** Bestrafung *f*, Züchtigung *f*; **4.** Disziˈplin *f*, Wissenszweig *m*; **II** *v/t.* **5.** schulen, erziehen; **6.** disziplinieren: a) an Disziˈplin gewöhnen, b) bestrafen: ***well*** ~***d*** (wohl)diszipliniert; ***badly*** ~***d*** disziplinlos, undiszipliniert.

dis·claim [dɪsˈkleɪm] *v/t.* **1.** abstreiten, in Abrede stellen; **2.** a) *et.* nicht anerkennen, b) *e-e Verantwortung* ablehnen, c) jede Verantwortung ablehnen für; **3.** widerˈrufen, dementieren; verzichten auf (*acc.*), keinen Anspruch erheben auf (*acc.*), ⚖ *a. Erbschaft* ausschlagen; **disˈclaim·er** [-mə] *s.* **1.** ⚖ Verzicht(leistung *f*) *m*, Ausschlagung *f* (*e-r Erbschaft*); **2.** ˈWiderruf *m*, De-

ˈmenti *n.*

dis·close [dɪsˈkləʊz] *v/t.* **1.** bekanntgeben, -machen; **2.** aufdecken, ans Licht bringen, enthüllen; **3.** zeigen, verraten, offenbaren; **disˈclo·sure** [-əʊʒə] *s.* **1.** Enthüllung *f*; **2.** Bekanntgabe *f*, Verlautbarung *f*; **3.** *Patentrecht*: Offenbarung *f*.

dis·co [ˈdɪskəʊ] *pl.* **-cos** *s.* F ‚Disko' *f* (*Diskothek*).

dis·cog·ra·phy [dɪsˈkɒgrəfɪ] *s.* Schallplattenverzeichnis *n*.

dis·col·o(u)r [dɪsˈkʌlə] **I** *v/t.* **1.** verfärben; entfärben; **2.** *fig.* entstellen; **II** *v/i.* **3.** sich verfärben; **4.** verschießen; **dis·col·o(u)r·a·tion** [dɪsˌkʌləˈreɪʃn] *s.* **1.** Verfärbung *f*; Entfärbung *f*; **2.** verschossene Stelle; **3.** Fleck *m*; **disˈcol·o(u)red** [-əd] *adj.* verfärbt; verschossen.

dis·com·fit [dɪsˈkʌmfɪt] *v/t.* **1.** aus der Fassung bringen, verwirren; **2.** *obs.* schlagen, besiegen; **3.** *j-s* Pläne durchˈkreuzen; **disˈcom·fi·ture** [-tʃə] *s.* **1.** *obs.* Niederlage *f*; **2.** Durchˈkreuzung *f*; **3.** a) Verwirrung *f*, b) Verlegenheit *f*.

dis·com·fort [dɪsˈkʌmfət] *s.* **1.** Unbehagen *n*; **2.** Verdruß *m*; **3.** *körperliche* Beschwerde.

dis·com·mode [ˌdɪskəˈməʊd] *v/t.* belästigen, *j-m* zur Last fallen.

dis·com·pose [ˌdɪskəmˈpəʊz] *v/t.* **1.** in Unordnung bringen; **2.** → ***disconcert*** 1; **ˌdis·comˈpos·ed·ly** [-zɪdlɪ] *adj.* verwirrt; **ˌdis·comˈpo·sure** [-əʊʒə] *s.* Verwirrung *f*, Fassungslosigkeit *f*.

dis·con·cert [ˌdɪskənˈsɜːt] *v/t.* **1.** aus der Fassung bringen, verwirren; **2.** beunruhigen; **3.** durcheinˈanderbringen; **ˌdis·conˈcert·ed** [-tɪd] *adj.* verwirrt; beunruhigt; **ˌdis·conˈcert·ing** [-tɪŋ] *adj.* beunruhigend, peinlich.

dis·con·nect [ˌdɪskəˈnekt] *v/t.* **1.** trennen (***with***, ***from*** von); **2.** ⚙ auskuppeln, *Kupplung* ausrücken; **3.** ⚡ trennen; *Gerät* ausstecken; **4.** *Gas*, *Strom*, *Telefon* abstellen; *Telefongespräch* unterˈbrechen, *Teilnehmer* trennen; **ˌdis·conˈnect·ed** [-tɪd] *adj.* □ **1.** getrennt, losgelöst; **2.** zs.-hanglos; **ˌdis·conˈnect·ing** [-tɪŋ] *adj.* ⚡ Trenn…, Ausschalt…; **ˌdis·conˈnec·tion** [-kʃn] *s.* **1.** Trennung *f* (*a.* ⚡); **2.** ⚙ Abstellung *f*; *teleph.* Unterˈbrechung *f*.

dis·con·so·late [dɪsˈkɒnsələt] *adj.* □ untröstlich; trostlos (*a. fig.*).

dis·con·tent [ˌdɪskənˈtent] *s.* **1.** Unzufriedenheit *f* (***at***, ***with*** mit); **2.** Unzufriedene(r *m*) *f*; **ˌdis·conˈtent·ed** [-tɪd] *adj.* □ unzufrieden (***with*** mit); **ˌdis·conˈtent·ment** [-mənt] → ***discontent*** 1.

dis·con·tin·u·ance [ˌdɪskənˈtɪnjʊəns], **ˌdis·con·tin·uˈa·tion** [-njʊˈeɪʃn] *s.* **1.** Unterˈbrechung *f*; **2.** Einstellung *f* (*a.* ⚖ *des Verfahrens*); **3.** Aufgeben *n*; **dis·con·tin·ue** [ˌdɪskənˈtɪnjuː] **I** *v/t.* **1.** unterˈbrechen, aussetzen; **2.** einstellen (*a.* ⚖), aufgeben; **3.** *Zeitung* abbestellen; **4.** aufhören (***doing*** zu tun); **II** *v/i.* **5.** aufhören; **ˌdis·con·tiˈnu·i·ty** [-tɪˈnjuːətɪ] *s.* Diskontinuiˈtät *f*, Zs.-hanglosigkeit *f*; **ˌdis·conˈtin·u·ous** [-jʊəs] *adj.* □ **1.** diskontinuierlich, unterˈbrochen, ˈunzuˌsammenhängend; **2.** sprunghaft.

dis·cord [ˈdɪskɔːd] *s.* **1.** Uneinigkeit *f*, Zwietracht *f*, Streit *m*; → ***apple***; **2.** ♪ Dissoˈnanz *f*, ˈMißklang *m*; **3.** Lärm *m*; **dis·cord·ance** [dɪˈskɔːdəns] *s.* **1.** Uneinigkeit *f*; **2.** ˈMißklang *m*, Dissoˈnanz *f*; **dis·cord·ant** [dɪˈskɔːdənt] *adj.* □ **1.** uneinig, sich widerˈsprechend; **2.** ˈunharˌmonisch; **3.** ♪ dissoˈnantisch, ˈmißtönend.

dis·co·theque [ˈdɪskəʊtek] *s.* Diskoˈthek *f*.

dis·count [ˈdɪskaʊnt] **I** *s.* **1.** ✝ Preisnachlaß *m*, Abschlag *m*, Raˈbatt *m*, Skonto *m*, *n*: ***allow a ~*** (e-n) Rabatt gewähren; **2.** ✝ a) Disˈkont *m*, Wechselzins *m*, b) → ***discount rate***; **3.** ✝ Abzug *m* (*vom Nominalwert*): ***at a ~*** a) unter Pari, b) *fig.* unbeliebt, nicht geschätzt *od.* gefragt; ***sell at a ~*** mit Verlust verkaufen; **4.** *fig.* Abzug *m*, Vorbehalt *m*, Abstriche *pl.*; **II** *v/t.* [*a.* dɪˈskaʊnt] **5.** ✝ e-n Abzug gewähren auf (*acc.*); **6.** *Wechsel* diskontieren; **7.** im Wert vermindern, beeinträchtigen; **8.** unberücksichtigt lassen; **9.** mit Vorsicht aufnehmen, nur teilweise glauben; **dis·count·a·ble** [dɪˈskaʊntəbl] *adj.* ✝ diskontierbar, disˈkontfähig.

dis·count| bank *s.* ✝ Disˈkontbank *f*; **~ bill** *s.* Disˈkontwechsel *m*; **~ bro·ker** *s.* ✝ Disˈkont-, Wechselmakler *m*.

dis·coun·te·nance [dɪˈskaʊntɪnəns] *v/t.* **1.** → ***discomfit*** 1; **2.** (offen) mißˈbilligen, ablehnen.

dis·count| house *s.* ✝ **1.** *Am.* Disˈcount-, Disˈkontgeschäft *n*; **2.** *Brit.* Disˈkontbank *f*; **~ rate** *s.* ✝ Disˈkontsatz *m*; **~ shop**, **~ store** → ***discount house*** 1.

dis·cour·age [dɪˈskʌrɪdʒ] *v/t.* **1.** entmutigen; **2.** abschrecken, abhalten, *j-m* abraten (***from*** von; ***from doing*** *et.* zu tun); **3.** hemmen, beeinträchtigen; **4.** mißˈbilligen; **dis·cour·age·ment** [dɪ-

ˈskʌrɪdʒmənt] *s.* **1.** Entmutigung *f*; **2.** a) Abschreckung *f*, b) Abschreckungsmittel *n*; **3.** Hemmung *f*, Hindernis *n*, Schwierigkeit *f* (*to* für); **dis·cour·ag·ing** [dɪˈskʌrɪdʒɪŋ] *adj.* □ entmutigend.

dis·course I *s.* [ˈdɪskɔːs] **1.** Unterˈhaltung *f*, Gespräch *n*; **2.** Abhandlung *f*, *bsd.* Vortrag *m*, Disˈkurs *m*, Predigt *f*; Abhandlung *f*; **II** *v/i.* [dɪˈskɔːs] **3.** e-n Vortrag halten (***on*** über *acc.*), *mst. fig.* predigen *od.* dozieren (***on*** über *acc.*); **4.** sich unterˈhalten (***on*** über *acc.*).

dis·cour·te·ous [dɪsˈkɜːtjəs] *adj.* □ unhöflich; **disˈcour·te·sy** [-tɪsɪ] *s.* Unhöflichkeit *f*.

dis·cov·er [dɪˈskʌvə] *v/t.* **1.** *Land etc.* entdecken; **2.** entdecken, ausfindig machen, erspähen; **3.** entdecken, (herˈaus)finden, (plötzlich) erkennen; **4.** aufdecken, enthüllen; **dis·cov·er·a·ble** [dɪˈskʌvərəbl] *adj.* **1.** zu entdecken(d); **2.** wahrnehmbar; **3.** feststellbar; **dis·cov·er·er** [dɪˈskʌvərə] *s.* Entdecker(in); **dis·cov·er·y** [dɪˈskʌvərɪ] *s.* **1.** Entdeckung *f* (*a. fig.*); **2.** Fund *m*; **3.** Feststellung *f*; **4.** Enthüllung *f*; **5.** ***~ of documents*** ⚖ Offenlegung *f* prozeßwichtiger Urkunden.

dis·cred·it [dɪsˈkredɪt] **I** *v/t.* **1.** in Verruf *od.* ˈMißkreˌdit bringen (***with*** bei); ein schlechtes Licht werfen auf (*acc.*), diskreditieren; **2.** anzweifeln; keinen Glauben schenken (*dat.*); **II** *s.* **3.** schlechter Ruf, ˈMißkreˌdit *m*, Schande *f*: ***bring s.o. into ~***, ***bring ~ on s.o.*** → 1; **4.** Zweifel *m*: ***throw ~ on*** *et.* zweifelhaft erscheinen lassen; **disˈcred·it·a·ble** [-təbl] *adj.* □ schändlich; **disˈcred·it·ed** [-tɪd] *adj.* **1.** verrufen, diskreditiert; **2.** unglaubwürdig.

dis·creet [dɪˈskriːt] *adj.* □ **1.** ˈum-, vorsichtig, besonnen, verständig; **2.** disˈkret, taktvoll, verschwiegen.

dis·crep·an·cy [dɪˈskrepənsɪ] *s.* **1.** Diskreˈpanz *f*, Unstimmigkeit *f*, Verschiedenheit *f*; **2.** ˈWiderspruch *m*, Zwiespalt *m*.

dis·crete [dɪˈskriːt] *adj.* □ **1.** getrennt, einzeln; **2.** unstet, unbeständig; **3.** ⩘ unstetig, disˈkret.

dis·cre·tion [dɪˈskreʃn] *s.* **1.** ˈUm-, Vorsicht *f*, Besonnenheit *f*, Klugheit *f*: ***act with ~*** vorsichtig handeln; **2.** Verfügungsfreiheit *f*, Machtbefugnis *f*: ***age*** (*od.* ***years***) ***of ~*** Alter *n* der freien Willensbestimmung, Strafmündigkeit *f* (*14 Jahre*); **3.** Gutdünken *n*, Belieben *n*; (⚖ freies) Ermessen: ***at*** (***your***) ***~*** nach (Ihrem) Belieben; ***it is within your ~*** es steht Ihnen frei; ***use your own ~*** handle nach eigenem Gutdünken *od.* Ermessen; ***surrender at ~*** bedingungslos kapitulieren; **4.** Diskretiˈon *f*: a) Takt (-gefühl *n*) *m*, b) Zuˈrückhaltung *f*, c) Verschwiegenheit *f*; **5.** Nachsicht *f*: ***ask for ~***; **dis·cre·tion·ar·y** [dɪˈskreʃnərɪ] *adj.* □ dem eigenen Gutdünken überˈlassen, ins freie Ermessen gestellt, wahlfrei: ***~ clause*** ⚖ Kannvorschrift *f*; ***~ income*** frei verfügbares Einkommen; ***~ powers*** unumschränkte Vollmacht, Handlungsfreiheit *f*.

dis·crim·i·nate [dɪˈskrɪmɪneɪt] **I** *v/i.* (scharf) unterˈscheiden, e-n ˈUnterschied machen: ***~ between*** unterschiedlich behandeln (*acc.*); ***~ against s.o.*** j-n benachteiligen *od.* diskriminieren; ***~ in favo(u)r of s.o.*** j-n begünstigen *od.* bevorzugen; **II** *v/t.* (scharf) unterˈscheiden; abheben, absondern (***from*** von); **dis·crim·i·nat·ing** [dɪˈskrɪmɪneɪtɪŋ] *adj.* □ **1.** unterˈscheidend, charakteˈristisch; **2.** scharfsinnig, klug, urteilsfähig; anspruchsvoll; **3.** diskriminierend, benachteiligend; **4.** ✝ Differential…, Sonder…: ***~ duty*** Differentialzoll *m*; **5.** ↯ Rückstrom…; Selektiv…; **dis·crim·i·na·tion** [dɪˌskrɪmɪˈneɪʃn] *s.* **1.** ˈunterschiedliche Behandlung, Diskriminierung *f*: ***~ against*** (***in favo[u]r of***) ***s.o.*** Benachteiligung *f* (Begünstigung *f*) e-r Person; **2.** Scharfblick *m*, Urteilsfähigkeit *f*, Unterˈscheidungsvermögen *n*; **dis·crim·i·na·tive** [dɪˈskrɪmɪnətɪv] *adj.* □, **dis·crim·i·na·to·ry** [dɪˈskrɪmɪnətərɪ] *adj.* **1.** charakteˈristisch, unterˈscheidend; **2.** ˈunterschiedlich (behandelnd); Sonder…, Ausnahme…

dis·cur·sive [dɪˈskɜːsɪv] *adj.* □ **1.** abschweifend, unbeständig; sprunghaft; **2.** weitschweifig, allgemein gehalten; **3.** *phls.* folgernd, diskurˈsiv.

dis·cus [ˈdɪskəs] *s. sport* Diskus *m*: ***~ throw*** Diskuswerfen *n*; ***~ thrower*** Diskuswerfer *m*.

dis·cuss [dɪˈskʌs] *v/t.* **1.** diskutieren, besprechen, erörtern; **2.** sprechen *od.* reden über (*acc.*); **3.** F sich *e-e Flasche Wein etc.* zu Gemüte führen; **dis·cus·sion** [dɪˈskʌʃn] *s.* **1.** Diskussiˈon *f*, Erörterung *f*, Besprechung *f*: ***be under ~*** zur Debatte stehen, erörtert werden; ***matter for ~*** Diskussionsthema *n*; ***~ group*** Diskussionsgruppe *f*; **2.** Behandlung *f* (*e-s Themas*).

dis·dain [dɪsˈdeɪn] **I** *v/t.* **1.** verachten; *a. Essen etc.* verschmähen; **2.** es für unter s-r Würde halten (***doing***, ***to do*** zu tun); **II** *s.* **3.** Verachtung *f*, Geringschätzung *f*; **4.** Hochmut *m*; **dis'dain·ful** [-fʊl] *adj.* □ **1.** verachtungsvoll, geringschätzig: ***be ~ of s.th.*** et. verachten; **2.** hochmütig.

dis·ease [dɪ'zi:z] *s.* ⚕, *biol. u. fig.* Krankheit *f*, Leiden *n*; **dis·eased** [dɪ'zi:zd] *adj.* **1.** krank, erkrankt; **2.** krankhaft.

dis·em·bark [ˌdɪsɪm'bɑ:k] **I** *v/t.* ausschiffen; **II** *v/i.* sich ausschiffen, von Bord *od.* an Land gehen; **dis·em·bar·ka·tion** [ˌdɪsembɑ:'keɪʃn] *s.* Ausschiffung *f.*

dis·em·bar·rass [ˌdɪsɪm'bærəs] *v/t.* **1.** *j-m* aus e-r Verlegenheit helfen; **2.** (***o.s.*** sich) befreien (***of*** von).

dis·em·bod·i·ment [ˌdɪsɪm'bɒdɪmənt] *s.* **1.** Entkörperlichung *f*; **2.** Befreiung *f* von der körperlichen Hülle; **dis·em·bod·y** [ˌdɪsɪm'bɒdɪ] *v/t.* **1.** entkörperlichen: ***disembodied voice*** geisterhafte Stimme; **2.** *Seele* von der körperlichen Hülle befreien.

dis·em·bow·el [ˌdɪsɪm'baʊəl] *v/t.* **1.** ausnehmen, *erlegtes Wild a.* ausweiden; **2.** *j-m* den Bauch aufschlitzen.

dis·en·chant [ˌdɪsɪn'tʃɑ:nt] *v/t.* desillusionieren, ernüchtern: ***be ~ed with*** sich keinen Illusionen mehr hingeben über (*acc.*), enttäuscht sein von; **ˌdis·en'chant·ment** [-mənt] *s.* Ernüchterung *f*, Enttäuschung *f.*

dis·en·cum·ber [ˌdɪsɪn'kʌmbə] *v/t.* **1.** befreien (***of*** von *e-r Last etc.*) (*a. fig.*); **2.** ⚖ entschulden; *Grundstück etc.* hypo'thekenfrei machen.

dis·en·fran·chise [ˌdɪsɪn'frænt*ʃ*aɪz] → ***disfranchise***.

dis·en·gage [ˌdɪsɪn'geɪdʒ] **I** *v/t.* **1.** los-, freimachen, (los)lösen, befreien (***from*** von); **2.** befreien, entbinden (***from*** von); **3.** ⚙ loskuppeln, ausrücken, ausschalten: ***~ the clutch*** auskuppeln; **4.** ⚗ abscheiden, entbinden; **II** *v/i.* **5.** sich freimachen, loskommen (***from*** von); **6.** ⚔ sich absetzen (*vom Feind*); **ˌdis·en'gaged** [-dʒd] *adj.* frei, nicht besetzt; abkömmlich; **ˌdis·en'gage·ment** [-mənt] *s.* **1.** Befreiung *f*; Loslösung *f* (*a.* ⚔), Entbindung *f* (*a.* ⚗); **2.** ⚔ Absetzen *n*; *pol.* Disen'gagement *n*; **ˌdis·en'gag·ing** [-dʒɪŋ] *adj.*: ⚙ ***~ gear*** Ausrück-, Auskuppelungsvorrichtung *f*; ***~ lever*** Ausrückhebel *m*.

dis·en·tan·gle [ˌdɪsɪn'tæŋgl] **I** *v/t.* entwirren (*a. fig.*), lösen; *fig.* befreien; **II** *v/i.* sich loslösen; *fig.* sich befreien; **ˌdis·en'tan·gle·ment** [-mənt] *s.* Loslösung *f*; Entwirrung *f*; Befreiung *f.*

dis·en·ti·tle [ˌdɪsɪn'taɪtl] *v/t.* *j-m* e-n Rechtsanspruch nehmen: ***be ~d to*** keinen Anspruch haben auf (*acc.*).

dis·e·qui·lib·ri·um [ˌdɪsekwɪ'lɪbrɪəm] *s.* *bsd. fig.* gestörtes Gleichgewicht, Ungleichgewicht *n*.

dis·es·tab·lish [ˌdɪsɪ'stæblɪʃ] *v/t.* **1.** abschaffen; **2.** *Kirche* vom Staat trennen; **dis·es·tab·lish·ment** [ˌdɪsɪ'stæblɪʃmənt] *s.*: ***~ of the Church*** Trennung *f* von Kirche u. Staat.

dis·fa·vo(u)r [ˌdɪs'feɪvə] **I** *s.* 'Mißbilligung *f*, -fallen *n*; Ungnade *f*: ***regard with ~*** mit Mißfallen betrachten; ***be in*** (***fall into***) ***~*** in Ungnade gefallen sein (fallen); **II** *v/t.* ungnädig behandeln; ablehnen.

dis·fig·ure [dɪs'fɪgə] *v/t.* **1.** entstellen, verunstalten; **2.** beeinträchtigen; Abbruch tun (*dat.*); **dis'fig·ure·ment** [-mənt] *s.* Entstellung *f*, Verunstaltung *f*.

dis·fran·chise [ˌdɪs'frænt*ʃ*aɪz] *v/t.* *j-m* die Bürgerrechte *od.* das Wahlrecht entziehen; **ˌdis'fran·chise·ment** [-t*ʃ*ɪzmənt] *s.* Entziehung *f* der Bürgerrechte *etc.*

dis·gorge [dɪs'gɔ:dʒ] **I** *v/t.* **1.** ausspeien, -werfen, -stoßen, ergießen; **2.** *widerwillig* wieder her'ausgeben; **II** *v/i.* **3.** sich ergießen, sich entladen.

dis·grace [dɪs'greɪs] **I** *s.* **1.** Schande *f*, Schmach *f*: ***bring ~ on s.o.*** → 4; **2.** Schande *f*, Schandfleck *m* (***to*** für): ***he is a ~ to the party***; **3.** Ungnade *f*: ***be in ~ with*** in Ungnade gefallen sein bei; **II** *v/t.* **4.** Schande bringen über (*acc.*), *j-m* Schande bereiten; **5.** *j-m* s-e Gunst entziehen; mit Schimpf entlassen: ***be ~d*** in Ungnade fallen; **6.** ***~ o.s.*** a) sich blamieren, b) sich schändlich benehmen; **dis'grace·ful** [-fʊl] *adj.* □ schändlich, schimpflich, schmachvoll.

dis·grun·tle [dɪs'grʌntl] *v/t.* *Am.* verärgern, verstimmen; **dis'grun·tled** [-ld] *adj.* verärgert, verstimmt (***at*** über *acc.*), unwirsch.

dis·guise [dɪs'gaɪz] **I** *v/t.* **1.** verkleiden, maskieren; tarnen; **2.** *Handschrift, Stimme* verstellen; **3.** *Gefühle, Wahrheit* verhüllen, verbergen, verhehlen; tarnen; **II** *s.* **4.** Verkleidung *f*, *a. fig.* Maske *f*, Tarnung *f*: ***in ~*** maskiert, verkleidet, *fig.* verkappt; → ***blessing***; **5.** Verstellung *f*; **6.** Vorwand *m*, Schein *m*; **dis'guised** [-zd] *adj.* verkleidet, maskiert *etc.*; *fig.* verkappt.

dis·gust [dɪs'gʌst] **I** *s.* **1.** (***at***, ***for***) Ekel *m* (vor *dat.*), 'Widerwille *m* (gegen): ***in ~*** mit Abscheu; **II** *v/t.* **2.** anekeln, anwidern; **3.** entrüsten, verärgern, empören; **dis'gust·ed** [-tɪd] *adj.* □ (***with***, ***at***) **1.** angeekelt, angewidert (von): ~ ***with life*** lebensüberdrüssig; **2.** em'pört, entrüstet (über *acc.*); **dis'gust·ing** [-tɪŋ] *adj.* □ **1.** ekelhaft, widerlich, ab'scheulich; **2.** F schrecklich.

dish [dɪʃ] **I** *s.* **1.** Schüssel *f*, Platte *f*, Teller *m*; **2.** Gericht *n*, Speise *f*: ***cold ~es*** kalte Speisen; **3.** *pl.* Geschirr *n*: ***~-cloth*** Spül-, *Brit.* Geschirrtuch *n*; → ***wash*** 16; **4.** F a) ‚dufte Puppe', b) ‚dufter Typ', c) ‚prima Sache'; **II** *v/t.* **5.** *mst* ***~ up*** *Speisen* anrichten, auftragen; **6.** ***~ up*** *fig.* auftischen; **7.** ***~ out*** a) austeilen, b) *sl.* auftischen, von sich geben; **8.** *sl.* ‚anschmieren', her'einlegen; **9.** *sl.* a) *j-n* ‚erledigen', ‚fertigmachen', b) *et.* restlos vermasseln; **10.** ⚙ *schüsselartig* wölben; vertiefen.

dis·ha·bille [ˌdɪsæ'bi:l] *s.* Negli'gé *n*, Morgenrock *m*: ***in ~*** im Negligé.

dis·har·mo·ni·ous [ˌdɪshɑ:'məʊnjəs] *adj.* □ dishar'monisch; **dis·har·mo·ny** [ˌdɪs'hɑ:mənɪ] *s.* Disharmo'nie *f*, 'Mißklang *m*.

dis·heart·en [dɪs'hɑ:tn] *v/t.* entmutigen, deprimieren; **dis'heart·en·ing** [-nɪŋ] *adj.* □ entmutigend, bedrückend.

dished [dɪʃt] *adj.* **1.** kon'kav gewölbt; ⚙ gestürzt (*Räder*); **2.** F ‚erledigt', ‚ka'putt'.

di·shev·el(l)ed [dɪ'ʃevld] *adj.* **1.** zerzaust, wirr, aufgelöst (*Haar*); **2.** unordentlich, ungepflegt, schlampig.

dis·hon·est [dɪs'ɒnɪst] *adj.* □ unehrlich, unredlich; unlauter, betrügerisch; **dis'hon·es·ty** [-tɪ] *s.* Unehrlichkeit *f*, Unredlichkeit *f*.

dis·hon·o(u)r [dɪs'ɒnə] **I** *s.* **1.** Unehre *f*, Schmach *f*, Schande *f* (***to*** für); **2.** Beschimpfung *f*; **II** *v/t.* **3.** entehren (*a. Frau*); Schande bringen über (*acc.*); **4.** schimpflich behandeln; **5.** *sein Wort* nicht einlösen; **6.** ✝ *Scheck etc.* nicht honorieren, nicht einlösen; **dis'hon·o(u)r·a·ble** [-nərəbl] *adj.* □ **1.** schimpflich, unehrenhaft: ***~ discharge*** ⚔ unehrenhafte Entlassung; **2.** ehrlos; **dis'hon·o(u)r·a·ble·ness** [-nərəblnɪs] *s.* **1.** Schändlichkeit *f*, Gemeinheit *f*; **2.** Ehrlosigkeit *f*.

dish| rack *s.* Geschirrständer *m*; **~ tow·el** *s.* Geschirrtuch *n*; **'~ˌwash·er** *s.* **1.** Tellerwäscher(in); **2.** Ge'schirrˌspülmaˌschine *f*; **'~ˌwa·ter** *s.* Spülwasser *n*.

dish·y ['dɪʃɪ] *adj. sl.* schick, ‚toll': ***~ girl.***

dis·il·lu·sion [ˌdɪsɪ'lu:ʒn] **I** *s.* Ernüchterung *f*, Enttäuschung *f*; **II** *v/t.* ernüchtern, desillusionieren, von Illusi'onen befreien; **ˌdis·il'lu·sion·ment** [-mənt] → ***disillusion*** I.

dis·in·cen·tive [ˌdɪsɪn'sentɪv] **I** *s.* **1.** Abschreckungsmittel *n*: ***be a ~ to*** abschreckend wirken auf (*acc.*); **2.** ✝ leistungshemmender Faktor; **II** *adj.* **3.** abschreckend; **4.** ✝ leistungshemmend.

dis·in·cli·na·tion [ˌdɪsɪnklɪ'neɪʃn] *s.* Abneigung *f* (***for***, ***to*** gegen): ***~ to buy*** Kaufunlust *f*; **dis·in·cline** [ˌdɪsɪn'klaɪn] *v/t.* abgeneigt machen; **ˌdis·in'clined** [-'klaɪnd] *adj.* abgeneigt (***to*** *dat.*, ***to do*** zu tun).

dis·in·fect [ˌdɪsɪn'fekt] *v/t.* desinfizieren, keimfrei machen; **ˌdis·in'fect·ant** [-tənt] **I** *s.* Desinfekti'onsmittel *n*; **II** *adj.* desinfizierend, keimtötend; **ˌdis·in'fec·tion** [-kʃən] *s.* Desinfekti'on *f*; **ˌdis·in'fec·tor** [-tə] *s.* Desinfekti'onsgerät *n*.

dis·in·fest [ˌdɪsɪn'fest] *v/t.* von Ungeziefer *etc.* befreien, entwesen, entlausen.

dis·in·fla·tion [ˌdɪsɪn'fleɪʃn] → ***deflation*** 2.

dis·in·gen·u·ous [ˌdɪsɪn'dʒenjʊəs] *adj.* □ **1.** unaufrichtig; **2.** 'hinterhältig, arglistig; **ˌdis·in'gen·u·ous·ness** [-nɪs] *s.* **1.** Unredlichkeit *f*, Unaufrichtigkeit *f*; **2.** 'Hinterhältigkeit *f*.

dis·in·her·it [ˌdɪsɪn'herɪt] *v/t.* enterben; **ˌdis·in'her·it·ance** [-təns] *s.* Enterbung *f*.

dis·in·hi·bi·tion [ˌdɪsɪnhɪ'bɪʃn] *s. psych.* Enthemmung *f*.

dis·in·te·grate [dɪs'ɪntɪgreɪt] **I** *v/t.* **1.** (*a. phys.*) (in s-e Bestandteile) auflösen, aufspalten, zerkleinern; **2.** *fig.* auflösen, zersetzen, zerrütten; **II** *v/i.* **3.** sich (in s-e Bestandteile, *fig. a.* in nichts) auflösen, sich aufspalten, sich zersetzen; **4.** ver-, zerfallen (*a. fig.*); **dis·in·te·gra·tion** [dɪsˌɪntɪ'greɪʃn] *s.* **1.** (*a. phys.*) Auflösung *f*, Aufspaltung *f*, Zerstückelung *f*, Zertrümmerung *f*, Zersetzung *f*; **2.** Zerfall *m* (*a. fig.*); **3.** *geol.* Verwitterung *f*.

dis·in·ter [ˌdɪsɪn'tɜ:] *v/t.* *Leiche* exhumieren, ausgraben (*a. fig.*).

dis·in·ter·est·ed [dɪs'ɪntrəstɪd] *adj.* □ **1.** uneigennützig, selbstlos; **2.** objek'tiv, unvoreingenommen; **3.** unbeteiligt; **dis'in·ter·est·ed·ness** [-nɪs] *s.* **1.** Uneigennützigkeit *f*; **2.** Objektivi'tät *f*.

dis·in·ter·ment [ˌdɪsɪn'tɜ:mənt] *s.* **1.** Exhumierung *f*; **2.** Ausgrabung *f* (*a. fig.*).

dis·joint [dɪs'dʒɔɪnt] *v/t.* **1.** ausein'andernehmen, zerlegen, zerstückeln; **2.** ⚕ ver-, ausrenken; **3.** (ab)trennen; **4.** *fig.* in Unordnung *od.* aus den Fugen bringen; **dis'joint·ed** [-tɪd] *adj.* □ *fig.* zu'sammenhanglos, wirr.

dis·junc·tion [dɪsˈdʒʌŋkʃn] *s.* Trennung *f*; **disˈjunc·tive** [-ktɪv] *adj.* □ **1.** (ab-)trennend, ausschließend; **2.** *ling.*, *phls.* disjunkˈtiv.

disk [dɪsk] *s.* **1.** *allg.* Scheibe *f*; **2.** ⚙ Scheibe *f*, Laˈmelle *f*; Siˈgnalscheibe *f*; **3.** ♀, *anat.*, *zo.* Scheibe *f*, *anat.* *a.* Bandscheibe *f*: ***slipped ~*** Bandscheibenvorfall *m*; **4.** *teleph.* Wählscheibe *f*; **5.** *sport* a) Diskus *m*, b) *Eishockey*: Scheibe *f*, Puck *m*; **6.** (Schall)Platte *f*; **7.** *Computer*: Platte *f*; **~ brake** *s.* ⚙ Scheibenbremse *f*; **~ clutch** *s.* *mot.* Scheibenkupplung *f*; **~ jock·ey** *s.* Diskjockey *m*; **~ pack** *s.* *Computer*: Plattenstapel *m*; **~ valve** *s.* ⚙ ˈTellervenˌtil *n*.

dis·like [dɪsˈlaɪk] **I** *v/t.* nicht leiden können, nicht mögen; *et.* nicht gern *od.* (nur) ungern tun: ***make o.s. ~d*** sich unbeliebt machen; **II** *s.* Abneigung *f*, ˈWiderwille *m* (***to***, ***of***, ***for*** gegen): ***take a ~ to*** e-e Abneigung fassen gegen.

dis·lo·cate [ˈdɪsləʊkeɪt] *v/t.* **1.** verrükken; *a.* *Industrie*, *Truppen etc.* verlagern; **2.** ⚕ ver-, ausrenken: ***~ one's arm*** sich den Arm verrenken; **3.** *fig.* erschüttern; **4.** *geol.* verwerfen; **dis·lo·ca·tion** [ˌdɪsləʊˈkeɪʃn] *s.* **1.** Verrückung *f*; Verlagerung *f* (*a.* ⚔); **2.** ⚕ Verrenkung *f*; **3.** *fig.* Erschütterung *f*; **4.** *geol.* Verwerfung *f*.

dis·lodge [dɪsˈlɒdʒ] *v/t.* **1.** entfernen, herˈausnehmen, losreißen; **2.** vertreiben, verjagen, verdrängen; **3.** ⚔ *Feind* aus der Stellung werfen; **4.** ausquartieren.

dis·loy·al [ˌdɪsˈlɔɪəl] *adj.* □ untreu, treulos, verräterisch; ˌ**disˈloy·al·ty** [-tɪ] *s.* Untreue *f*, Treulosigkeit *f*.

dis·mal [ˈdɪzməl] **I** *adj.* □ **1.** düster, trübe, bedrückend, trostlos; **2.** furchtbar, gräßlich; **II** *s.* **3.** ***the ~s*** der Trübsinn: ***be in the ~s*** Trübsinn blasen; ˈ**dis·mal·ly** [-məlɪ] *adv.* **1.** düster *etc.*; **2.** schmählich.

dis·man·tle [dɪsˈmæntl] *v/t.* **1.** ab-, demontieren; *Bau* abbrechen, niederreißen; **2.** auseinˈandernehmen, zerlegen; **3.** ⚓ a) abtakeln, b) abwracken; **4.** *Festung* schleifen; **5.** *Haus* (aus)räumen; **6.** unbrauchbar machen; **disˈman·tle·ment** [-mənt] *s.* **1.** Abbruch *m*, Demonˈtage *f*; Zerlegung *f*; **2.** ⚓ Abtakelung *f*; **3.** ⚔ Schleifung *f*.

dis·may [dɪsˈmeɪ] **I** *v/t.* erschrecken, in Schrecken versetzen, bestürzen, entsetzen: ***not ~ed*** unbeirrt; **II** *s.* Schreck(en) *m*, Entsetzen *n*, Bestürzung *f*.

dis·mem·ber [dɪsˈmembə] *v/t.* zergliedern, zerstückeln, verstümmeln (*a.* *fig.*); **disˈmem·ber·ment** [-mənt] *s.* Zerstückelung *f etc.*

dis·miss [dɪsˈmɪs] *v/t.* **1.** entlassen, gehen lassen, verabschieden: ***~!*** ⚔ weg(ge)treten!; **2.** entlassen (***from*** aus *dem Dienst*), absetzen, abbauen; wegschikken: ***be ~ed from the service*** ⚔ aus dem Heere *etc.* entlassen *od.* ausgestoßen werden; **3.** *Thema etc.* fallenlassen, aufgeben, hinˈweggehen über (*acc.*), *Vorschlag* ab-, zuˈrückweisen, *Gedanken* verbannen, von sich weisen; ⚖ *Klage* abweisen: ***~ from one's mind*** *et.* aus s-n Gedanken verbannen; ***~ as … als …*** abtun, kurzerhand als … betrachten; **disˈmiss·al** [-sl] *s.* **1.** Entlassung *f* (***from*** aus); **2.** Aufgabe *f*, Abtun *n*; **3.** ⚖ Abweisung *f*.

dis·mount [ˌdɪsˈmaʊnt] **I** *v/i.* **1.** absteigen, absitzen (***from*** von); **II** *v/t.* **2.** aus dem Sattel heben; abwerfen (*Pferd*); **3.** (ab)steigen von; **4.** abmontieren, ausbauen, auseinˈandernehmen.

dis·o·be·di·ence [ˌdɪsəˈbiːdjəns] *s.* **1.** Ungehorsam *m* (***to*** gegen), Gehorsamsverweigerung *f*: ***civil ~*** *pol.* ziviler *od.* bürgerlicher Ungehorsam; **2.** Nichtbefolgung *f*; ˌ**dis·oˈbe·di·ent** [-nt] *adj.* □ ungehorsam (***to*** gegen); **dis·o·bey** [ˌdɪsəˈbeɪ] *v/t.* **1.** *j-m* nicht gehorchen, ungehorsam sein gegen *j-n*; **2.** *Gesetz etc.* nicht befolgen, mißˈachten, *Befehl a.* verweigern: ***I will not be ~ed*** ich dulde keinen Ungehorsam.

dis·o·blige [ˌdɪsəˈblaɪdʒ] *v/t.* **1.** ungefällig sein gegen *j-n*; **2.** *j-n* kränken; ˌ**dis·oˈblig·ing** [-dʒɪŋ] *adj.* □ ungefällig, unfreundlich.

dis·or·der [dɪsˈɔːdə] **I** *s.* **1.** Unordnung *f*, Verwirrung *f*; **2.** (Ruhe)Störung *f*; Aufruhr *m*, Unruhe(n *pl.*) *f*; **3.** ungebührliches Betragen; **4.** ⚕ Störung *f*, Erkrankung *f*: ***mental ~*** Geistesstörung; **II** *v/t.* **5.** in Unordnung bringen, durcheinˈanderbringen, stören; **6.** *den Magen* verderben; **disˈor·dered** [-əd] *adj.* **1.** in Unordnung, durcheinˈander (*beide a.* *fig.*); **2.** gestört, (*a.* geistes)krank: ***my stomach is ~*** ich habe mir den Magen verdorben; **disˈor·der·li·ness** [-lɪnɪs] *s.* **1.** Unordentlichkeit *f*; **2.** Schlampigkeit *f*; **3.** Unbotmäßigkeit *f*; **4.** Liederlichkeit *f*; **disˈor·der·ly** [-lɪ] *adj.* **1.** unordentlich, schlampig; **2.** ordnungs-, gesetzwidrig, aufrührerisch; **3.** Ärgernis erregend: ***~ conduct*** ⚖ ordnungswidriges Verhalten, grober Unfug; ***~ house*** *mst* Bordell *n*, *a.* Spielhölle *f*; ***~ person*** Ruhestörer *m*.

dis·or·gan·i·za·tion [dɪsˌɔːgənaɪˈzeɪʃn]

s. Desorganisati'on *f*, Auflösung *f*, Zerrüttung *f*, Unordnung *f*; **dis·or·gan·ize** [dɪsˈɔːgənaɪz] *v/t.* auflösen, zerrütten, in Unordnung bringen, desorganisieren; **dis·or·gan·ized** [dɪsˈɔːgənaɪzd] *adj.* in Unordnung, desorganisiert.

dis·o·ri·ent [dɪsˈɔːrɪent] *v/t. a. psych.* desorientieren: **~ed** desorientiert, *psych. a.* ‚gestört', la'bil; **disˈo·ri·en·tate** [-teɪt] → **disorient**.

dis·own [dɪsˈəʊn] *v/t.* **1.** nicht (als sein eigen *od.* als gültig) anerkennen, nichts zu tun haben wollen mit; **2.** ableugnen; **3.** *Kind* verstoßen.

dis·par·age [dɪˈspærɪdʒ] *v/t.* **1.** in Verruf bringen; **2.** her'absetzen, verächtlich machen; **3.** verachten; **dis·par·age·ment** [dɪˈspærɪdʒmənt] *s.* Her'absetzung *f*, Verächtlichmachung *f*: ***no ~ (intended)*** ohne Ihnen nahetreten zu wollen; **dis·par·ag·ing** [dɪˈspærɪdʒɪŋ] *adj.* □ gering-, abschätzig, verächtlich.

dis·pa·rate [ˈdɪspərət] **I** *adj.* □ ungleich(artig), (grund)verschieden, unvereinbar, dispa'rat; **II** *s. pl.* unvereinbare Dinge *pl.*; **dis·par·i·ty** [dɪˈspærətɪ] *s.* Verschiedenheit *f*: **~ *in age*** (*zu großer*) Altersunterschied *m*.

dis·pas·sion·ate [dɪˈspæʃnət] *adj.* □ leidenschaftslos, ruhig, gelassen, sachlich, nüchtern.

dis·patch [dɪˈspætʃ] **I** *v/t.* **1.** *j-n od. et.* (ab)senden, *et.* (ab)schicken, versenden, befördern, *Telegramm* aufgeben; **2.** abfertigen (*a.* 🚂); **3.** rasch *od.* prompt erledigen *od.* ausführen; **4.** ins Jenseits befördern, töten; **5.** F ‚wegputzen', rasch aufessen; **II** *s.* **6.** Absendung *f*, Versand *m*, Abfertigung *f*, Beförderung *f*; **7.** rasche Erledigung; **8.** Eile *f*, Schnelligkeit *f*: ***with ~*** eilends, prompt; **9.** (*oft* verschlüsselte) (Eil)Botschaft; **10.** Bericht *m* (*e-s Korrespondenten*); **11.** *pl.* Kriegsberichte *pl.*: ***mentioned in ~es*** ⚔ im Kriegsbericht rühmend erwähnt; **12.** Tötung *f*: ***happy ~*** Harakiri *n*; **~ boat** *s.* Ku'rierboot *n*; **~ box** *s.*, **~ case** *s.* **1.** Ku'riertasche *f*; **2.** *Brit.* Aktenkoffer *m*.

dis·patch·er [dɪˈspætʃə] *s.* **1.** 🚂 Fahrdienstleiter *m*; **2.** ✝ *Am.* Abteilungsleiter *m* für Produkti'onsplanung.

dis·patch| goods *s. pl.* Eilgut *n*; **~ note** *s.* Pa'ketkarte *f* für 'Auslandspa,ket; **~ rid·er** *s.* ⚔ Meldereiter *m*, -fahrer *m*.

dis·pel [dɪˈspel] *v/t. Menge etc.*, *a. fig. Befürchtungen etc.* zerstreuen, *Nebel* zerteilen.

dis·pen·sa·ble [dɪˈspensəbl] *adj.* □ entbehrlich, verzichtbar; erläßlich; **dis·pen·sa·ry** [dɪˈspensərɪ] *s.* **1.** 'Werks-*od.* 'Krankenhausapo,theke *f*; **2.** ⚔ a) Laza'rettapo,theke *f*, b) ('Kranken)Re,vier *n*; **dis·pen·sa·tion** [ˌdɪspenˈseɪʃn] *s.* **1.** Aus-, Verteilung *f*; **2.** Gabe *f*; **3.** göttliche Fügung; Fügung *f* (*des Schicksals*), Walten *n* (*der Vorsehung*); **4.** reli-gi'öses Sy'stem; **5.** Regelung *f*, Sy'stem *n*; **6.** ⚖, *eccl.* (***with***, ***from***) Dis'pens *m*, Befreiung *f* (von,) Erlaß *m* (*gen.*); **7.** Verzicht *m* (***with*** auf *acc.*); **dis·pense** [dɪˈspens] **I** *v/t.* **1.** aus-, verteilen; *Sakrament* spenden: ***~ justice*** Recht sprechen; **2.** *Arzneien* (nach Re'zept) zubereiten u. abgeben; **3.** dispensieren, entheben, befreien, entbinden (***from*** von); **II** *v/i.* **4.** Dis'pens erteilen; **5.** ***~ with*** a) verzichten auf (*acc.*), b) 'überflüssig machen, auskommen ohne: ***it can be ~d with*** man kann darauf verzichten, es ist entbehrlich; **dis·pens·er** [dɪˈspensə] *s.* **1.** Ver-, Austeiler *m*; **2.** ⚙ Spender *m* (*Gerät*); (*Briefmarken- etc.*)Auto'mat *m*; → **dis·pens·ing chem·ist** [dɪˈspensɪŋ] *s.* Apo'theker(in).

dis·per·sal [dɪˈspɜːsl] *s.* **1.** (Zer)Streuung *f*; Verbreitung *f*; Zersplitterung *f*; **2.** ⚔, *a.* ✝ Auflockerung *f*; **~ a·pron** *s.* ✈ (ausein'andergezogener) Abstellplatz; **~ a·re·a** *s.* **1.** ✈ → ***dispersal apron***; **2.** ⚔ Auflockerungsgebiet *n*.

dis·perse [dɪˈspɜːs] **I** *v/t.* **1.** verstreuen; **2.** → **dispel**; **3.** *Nachrichten etc.* verbreiten; **4.** ⚗, *phys.* dispergieren, zerstreuen; **5.** ⚔ a) *Formation* auflockern, b) versprengen; **II** *v/i.* **6.** sich zerstreuen (*Menge*); **7.** sich auflösen; **8.** sich verteilen *od.* zersplittern; **dis·pers·ed·ly** [dɪˈspɜːsɪdlɪ] *adv.* verstreut, vereinzelt; **dis·per·sion** [dɪˈspɜːʃn] *s.* **1.** Zerstreuung *f* (*a. fig.*); Verteilung *f* (*von Nebel*); **2.** a) ⚐, ⚔ Streuung *f*: ***~ pattern*** Trefferbild *n*, b) → ***dispersal*** 2; **3.** ⚗ Dispersi'on(sphase) *f*: ***~ agent*** Dispersionsmittel *n*; **4.** ♎ Zerstreuung *f*, Di'aspora *f der Juden*.

dis·pir·it [dɪˈspɪrɪt] *v/t.* entmutigen, niederdrücken, deprimieren; **disˈpir·it·ed** [-tɪd] *adj.* □ niedergeschlagen, mutlos, deprimiert.

dis·place [dɪsˈpleɪs] *v/t.* **1.** versetzen, -rücken, -lagern, -schieben; **2.** verdrängen (*a.* ⚓); **3.** *j-n* ablösen, entlassen; **4.** ersetzen; **5.** verschleppen: ***~d person*** *hist.* Verschleppte(r *m*) *f*; **disˈplace·ment** [-mənt] *s.* **1.** Verlagerung *f*, Verschiebung *f*; **2.** Verdrängung *f* (*a.* ⚓, *phys.*); ⚙ Kolbenverdrängung *f*; **3.** Ersetzung *f*, Ersatz *m*; **4.** *psych.* Af'fektverlagerung *f*: ***~ activity*** Übersprunghandlung *f.*

dis·play [dɪ'spleɪ] **I** *v/t.* **1.** entfalten: a) ausbreiten, b) *fig.* an den Tag legen, zeigen: ~ ***activity*** (***strength*** *etc.*); **2.** (*contp.* protzig) zur Schau stellen, zeigen; **3.** ✝ ausstellen, -legen; **4.** *typ.* her'vorheben; **II** *s.* **5.** Entfaltung *f* (*a. fig. von Tatkraft, Macht etc.*); **6.** (*a.* protzige) Zur'schaustellung; **7.** ✝ Ausstellung *f*, (Waren)Auslage *f*, Dis'play *n*: ***be on*** ~ ausgestellt *od.* zu sehen sein; **8.** Aufwand *m*, Pomp *m*, Prunk *m*: ***make a great*** ~ a) großen Prunk entfalten, b) ***of s.th.*** et. (protzig) zur Schau stellen; **9.** *Computer*: Dis'play *n*: a) Sichtanzeige *f*, b) Sichtbildgerät *n*; **10.** *typ.* Her'vorhebung *f*; **III** *adj.* **11.** ✝ Ausstellungs…, Schau…: ~ ***advertising*** Displaywerbung *f*; ~ ***artist***, ~***man*** (Werbe)Dekorateur *m*; ~ ***box***, ~ ***pack*** Schaupackung *f*; ~ ***case*** Schaukasten *m*, Vitrine *f*; ~ ***window*** Auslagefenster *n*; **12.** *Computer*: Display…, Sicht(bild)…: ~ ***unit*** → 9 b; ~ **be'hav·io(u)r** *s. zo.* Imponiergehabe *n*.

dis·please [dɪs'pli:z] *v/t.* **1.** *j-m* miß'fallen; **2.** *j-n* ärgern, verstimmen; **3.** *das Auge* beleidigen; **dis'pleased** [-zd] *adj.* (***at, with***) unzufrieden (mit), ungehalten (über *acc.*); **dis'pleas·ing** [-zɪŋ] *adj.* □ unangenehm; **dis·pleas·ure** [dɪs'pleʒə] *s.* 'Mißfallen *n* (***at*** über *acc.*): ***incur s.o.'s*** ~ j-s Unwillen erregen.

dis·port [dɪ'spɔ:t] *v/t.*: ~ ***o.s.*** a) sich vergnügen *od.* amüsieren, b) her'umtollen, sich (ausgelassen) tummeln.

dis·pos·a·ble [dɪ'spəʊzəbl] **I** *adj.* **1.** (frei) verfügbar: ~ ***income***; **2.** ✝ Einweg…, Wegwerf…: ~ ***package***; **II** *s.* **3.** Einweg-, Wegwerfgegenstand *m*; **dis·pos·al** [dɪ'spəʊzl] *s.* **1.** Anordnung *f*, Aufstellung *f* (*a.* ⚔); Verwendung *f*; **2.** Erledigung *f*: a) (endgültige) Regelung *e-r Sache*, b) Vernichtung *f e-s Gegners etc.*; **3.** Verfügung(srecht *n*) *f* (***of*** über *acc.*): ***be at s.o.'s*** ~ j-m zur Verfügung stehen; ***place s.th. at s.o.'s*** ~ j-m et. zur Verfügung stellen; ***have the*** ~ ***of*** verfügen (können) über (*acc.*); **4.** ✝, ⚖ a) 'Übergabe *f*, Über'tragung *f*, b) Veräußerung *f*, Verkauf *m*: ***for*** ~ zum Verkauf; **5.** Beseitigung *f*, (Müll- *etc.*) Abfuhr *f*, (-)Entsorgung *f*; **dis·pose** [dɪ'spəʊz] **I** *v/t.* **1.** anordnen, aufstellen (*a.* ⚔); zu'rechtlegen, einrichten; ein-, verteilen; **2.** *j-n* bewegen, geneigt machen, veranlassen (***to*** zu; ***to do*** zu tun); **II** *v/i.* **3.** verfügen, Verfügungen treffen; **4.** ~ ***of*** a) (frei) verfügen *od.* disponieren über (*acc.*), b) entscheiden über (*acc.*), lenken, c) (endgültig) erledigen: ~ ***of an affair***, d) *j-n od. et.* abtun, abfertigen, e) loswerden, sich entledigen (*gen.*), f) wegschaffen, beseitigen: ~ ***of trash***, g) *e-n Gegner etc.* erledigen, unschädlich machen, vernichten, h) ⚔ *Bomben etc.* entschärfen, i) verzehren, trinken: ~ ***of a bottle***, j) über'geben, -'tragen: ~ ***of by will*** testamentarisch vermachen, letztwillig verfügen über (*acc.*); ***disposing mind*** ⚖ Testierfähigkeit *f*, k) verkaufen, veräußern, ✝ *a.* absetzen, abstoßen, l) *s-e Tochter* verheiraten (***to*** an *acc.*); **dis·posed** [dɪ'spəʊzd] *adj.* **1.** geneigt, bereit (***to*** zu; ***to do*** zu tun); **2.** ⚕ anfällig (***to*** für); **3.** gelaunt, gesinnt: ***well-***~ wohlgesinnt, ***ill-***~ übelgesinnt (***towards*** *dat.*); **dis·po·si·tion** [ˌdɪspə'zɪʃn] *s.* **1.** a) Veranlagung *f*, Dispositi'on *f*, b) (Wesens)Art *f*; **2.** a) Neigung *f*, Hang *m* (***to*** zu), b) ⚕ Anfälligkeit *f* (***to*** für); **3.** Stimmung *f*; **4.** Anordnung *f*, Aufstellung *f* (*a.* ⚔); **5.** (***of***) a) Erledigung *f* (*gen.*), b) *bsd.* ⚖ Entscheidung *f* (über *acc.*); **6.** (*bsd.* göttliche) Lenkung; **7.** *pl.* Dispositi'onen *pl.*, Vorkehrungen *pl.*: ***make*** (***one's***) ~***s*** (s-e) Vorkehrungen treffen, disponieren; **8.** → ***disposal*** 3.

dis·pos·sess [ˌdɪspə'zes] *v/t.* **1.** enteignen, aus dem Besitz (***of*** *gen.*) setzen; *Mieter* zur Räumung zwingen; **2.** berauben (***of*** *gen.*); **3.** *sport j-m* den Ball abnehmen; ˌ**dis·pos'ses·sion** [-eʃn] *s.* Enteignung *f etc.*

dis·praise [dɪs'preɪz] *s.* Her'absetzung *f*: ***in*** ~ geringschätzig.

dis·proof [ˌdɪs'pru:f] *s.* Wider'legung *f*.

dis·pro·por·tion [ˌdɪsprə'pɔ:ʃn] *s.* 'Mißverhältnis *n*; ˌ**dis·pro'por·tion·ate** [-ʃnət] *adj.* □ **1.** unverhältnismäßig (groß *od.* klein), in keinem Verhältnis stehend (***to*** zu); **2.** über'trieben, unangemessen; **3.** unproportioniert.

dis·prove [ˌdɪs'pru:v] *v/t.* wider'legen.

dis·pu·ta·ble [dɪ'spju:təbl] *adj.* □ strittig; **dis·pu·tant** [dɪ'spju:tənt] *s.* Dispu'tant *m*, Gegner *m*.

dis·pu·ta·tion [ˌdɪspju:'teɪʃn] **1.** Dis'put *m*, Streitgespräch *n*, Wortwechsel *m*; **2.** Disputati'on *f*, wissenschaftliches Streitgespräch; ˌ**dis·pu'ta·tious** [-ʃəs] *adj.* □ streitsüchtig; **dis·pute** [dɪ'spju:t] **I** *v/i.* **1.** streiten, *Wissenschaftler*: *a.* disputieren (***on, about*** über *acc.*); **2.** (sich) streiten, zanken; **II** *v/t.* **3.** streiten *od.* disputieren über (*acc.*); **4.** in Zweifel ziehen, anzweifeln; **5.** kämpfen um, *j-m et.* streitig machen; **III** *s.* **6.** Dis'put *m*, Kontro'verse *f*: ***in*** (*od.* ***under***) **~** umstritten, strittig; ***beyond*** (*od.* ***without***) **~** unzweifelhaft, fraglos; **7.** (heftiger) Streit.

dis·qual·i·fi·ca·tion [dɪsˌkwɒlɪfɪ'keɪʃn] *s.* **1.** Disqualifikati'on *f*, Disqualifizierung *f*; **2.** Untauglichkeit *f*, mangelnde Eignung *od.* Befähigung (***for*** für); **3.** disqualifizierender 'Umstand; **4.** *sport* Disqualifikati'on *f*, Ausschluß *m*; **dis·qual·i·fy** [dɪs'kwɒlɪfaɪ] *v/t.* **1.** ungeeignet *od.* unfähig *od.* untauglich machen (***for*** für): ***be disqualified for*** ungeeignet (*etc.*) sein für; **2.** für unfähig *od.* untauglich *od.* nicht berechtigt erklären (***for*** zu): **~ *s.o. from*** (***holding***) ***public office*** j-m die Fähigkeit zur Ausübung e-s öffentlichen Amtes absprechen *od.* nehmen; **~ *s.o. from driving*** j-m die Fahrerlaubnis entziehen; **3.** *sport* disqualifizieren, ausschließen.

dis·qui·et [dɪs'kwaɪət] **I** *v/t.* beunruhigen; **II** *s.* Unruhe *f*, Besorgnis *f*; **dis'qui·et·ing** [-tɪŋ] *adj.* beunruhigend; **dis'qui·e·tude** [-aɪətju:d] → ***disquiet*** II.

dis·qui·si·tion [ˌdɪskwɪ'zɪʃn] *s.* ausführliche Abhandlung *od.* Rede.

dis·rate [dɪs'reɪt] *v/t.* ⚓ degradieren.

dis·re·gard [ˌdɪsrɪ'gɑ:d] **I** *v/t.* **1.** a) nicht beachten, ignorieren, außer acht lassen, b) absehen von, ausklammern; **2.** nicht befolgen, miß'achten; **II** *s.* **3.** Nichtbeachtung *f*, Ignorierung *f* (***of***, ***for*** *gen.*); **4.** 'Mißachtung *f* (***of***, ***for*** *gen.*); **5.** Gleichgültigkeit *f* (***of***, ***for*** gegen'über); **ˌdis·re'gard·ful** [-fʊl] *adj.* □: ***be*** **~** ***of*** → ***disregard*** 1 a.

dis·rel·ish [ˌdɪs'relɪʃ] *s.* Abneigung *f*, 'Widerwille *m* (***for*** gegen).

dis·re·mem·ber [ˌdɪsrɪ'membə] *v/t.* F *et.* vergessen (haben).

dis·re·pair [ˌdɪsrɪ'peə] *s.* Verfall *m*; Baufälligkeit *f*, schlechter (baulicher) Zustand: ***in*** (***a state of***) **~** baufällig; ***fall into*** **~** baufällig werden.

dis·rep·u·ta·ble [dɪs'repjʊtəbl] *adj.* □ verrufen, anrüchig; **dis·re·pute** [ˌdɪsrɪ'pju:t] *s.* Verruf *m*, Verrufenheit *f*, schlechter Ruf: ***bring into*** **~** in Verruf bringen.

dis·re·spect [ˌdɪsrɪ'spekt] **I** *s.* **1.** Re'spektlosigkeit *f* (***to***, ***for*** gegenüber); **2.** Unhöflichkeit *f* (***to*** gegen); **II** *v/t.* **3.** sich re'spektlos benehmen gegen'über; **4.** unhöflich behandeln; **ˌdis·re'spect·ful** [-fʊl] *adj.* □ **1.** re'spektlos (***to*** gegen); **2.** unhöflich (***to*** zu).

dis·robe [ˌdɪs'rəʊb] **I** *v/t.* entkleiden (*a. fig.*) (***of*** *gen.*); **II** *v/i.* s-e Kleidung *od.* Amtstracht ablegen.

dis·root [ˌdɪs'ru:t] *v/t.* **1.** entwurzeln, ausreißen; **2.** vertreiben.

dis·rupt [dɪs'rʌpt] **I** *v/t.* **1.** zerbrechen, sprengen, zertrümmern; **2.** zerreißen, (zer)spalten; **3.** unter'brechen, stören; **4.** zerrütten; **5.** *Versammlung*, *Koalition etc.* sprengen; **II** *v/i.* **6.** zerreißen; **7.** ϟ 'durchschlagen; **dis'rup·tion** [-pʃn] *s.* **1.** Zerreißung *f*, Zerschlagung *f*; Unter'brechung *f*; **2.** Zerrissenheit *f*, Spaltung *f*; **3.** Bruch *m*; **4.** Zerrüttung *f*; **dis'rup·tive** [-tɪv] *adj.* **1.** zerbrechend, zertrümmernd, zerreißend; **2.** zerrüttend; **3.** ϟ Durchschlags…(*-festigkeit etc.*): **~ *discharge*** Durchschlag *m*.

dis·sat·is·fac·tion ['dɪsˌsætɪs'fækʃn] *s.* Unzufriedenheit *f* (***at***, ***with*** mit); **'disˌsat·is'fac·to·ry** [-ktərɪ] *adj.* unbefriedigend; **dis·sat·is·fied** [ˌdɪs'sætɪsfaɪd] *adj.* unzufrieden (***with***, ***at*** mit); **dis·sat·is·fy** [ˌdɪs'sætɪsfaɪ] *v/t.* nicht befriedigen, *j-n* verdrießen; *j-m* miß'fallen.

dis·sect [dɪ'sekt] *v/t.* **1.** zergliedern, zerlegen; **2.** a) ⚕ sezieren, b) ⚕, ♀, *zo.* präparieren; **3.** *fig.* zergliedern, analysieren; **dis'sec·tion** [-kʃn] *s.* **1.** Zergliederung *f*, *fig. a.* a) Aufgliederung *f*, b) (genaue) Ana'lyse; **2.** ⚕ Sezieren *n*; **3.** ⚕, ♀, *zo.* Präpa'rat *n*; **dis'sec·tor** [-tə] *s.* **1.** ⚕ Sezierer *m*; **2.** ⚕, ♀, *zo.* Präpa'rator *m*.

dis·seise, **dis·seize** [ˌdɪ'si:z] *v/t.* ⚖ *j-m* 'widerrechtlich den Besitz entziehen; **ˌdis'sei·sin**, **ˌdis'sei·zin** [-zɪn] *s.* ⚖ 'widerrechtliche Besitzentziehung.

dis·sem·ble [dɪ'sembl] **I** *v/t.* **1.** verhehlen, verbergen, sich *et.* nicht anmerken lassen; **2.** vortäuschen, simulieren; **3.** *obs.* unbeachtet lassen; **II** *v/i.* **4.** sich verstellen, heucheln; **dis'sem·bler** [-lə] *s.* **1.** Heuchler(in); **2.** Simu'lant (-in).

dis·sem·i·nate [dɪ'semɪneɪt] *v/t.* **1.** *Saat* ausstreuen (*a. fig.*); **2.** *fig.* verbreiten: **~ *ideas***; **~*d sclerosis*** ⚕ multiple Sklerose; **dis·sem·i·na·tion** [dɪˌsemɪ'neɪʃn] *s.* Ausstreuung *f*; *fig. a.* Verbreitung *f*.

dis·sen·sion [dɪ'senʃn] *s.* Meinungsverschiedenheit(en *pl.*) *f*, Diffe'renz(en *pl.*) *f*.

dis·sent [dɪ'sent] **I** *v/i.* **1.** (***from***) anderer Meinung sein (als), nicht über'einstimmen (mit); **2.** *eccl.* von der Staatskirche abweichen; **II** *s.* **3.** Meinungsverschiedenheit *f*, andere Meinung; **4.** *eccl.* Abweichen *n* von der Staatskirche; **dis'sent·er** [-tə] *s.* **1.** Andersdenkende(r *m*) *f*; **2.** *eccl.* a) Dissi'dent *m*, b) *oft* ♀ Dis'senter *m*, Nonkonfor'mist (-in); **dis'sen·tient** [-nʃɪənt] **I** *adj.* andersdenkend, abweichend: ***without a ~ vote*** ohne Gegenstimme; **II** *s.* a) Andersdenkende(r *m*) *f*, b) Gegenstimme *f*: ***with no ~*** ohne Gegenstimme.

dis·ser·ta·tion [ˌdɪsə'teɪʃn] *s.* **1.** (wissenschaftliche) Abhandlung; **2.** Dissertati'on *f*.

dis·serv·ice [ˌdɪs'sɜːvɪs] *s.* (***to***) schlechter Dienst (an *dat.*): ***do a ~ j-m*** e-n schlechten Dienst erweisen; ***be of ~ to s.o.*** j-m zum Nachteil gereichen.

dis·sev·er [dɪs'sevə] *v/t.* trennen, absondern, spalten.

dis·si·dence ['dɪsɪdəns] *s.* **1.** Meinungsverschiedenheit *f*; **2.** *pol.*, *eccl.* Dissi'dententum *n*; **'dis·si·dent** [-nt] **I** *adj.* **1.** andersdenkend, nicht über'einstimmend, abweichend; **II** *s.* **2.** Andersdenkende(r *m*) *f*; **3.** *eccl.* Dissi'dent(in), *pol. a.* Re'gimekritiker(in).

dis·sim·i·lar [ˌdɪ'sɪmɪlə] *adj.* □ (***to***) verschieden (von), unähnlich (*dat.*), **dis·sim·i·lar·i·ty** [ˌdɪsɪmɪ'lærətɪ] *s.* Verschiedenartigkeit *f*, Unähnlichkeit *f*; 'Unterschied *m*.

dis·sim·u·late [dɪ'sɪmjʊleɪt] **I** *v/t.* verbergen, verhehlen; **II** *v/i.* sich verstellen; heucheln; **dis·sim·u·la·tion** [dɪˌsɪmjʊ'leɪʃn] *s.* **1.** Verheimlichung *f*; **2.** Verstellung *f*, Heuche'lei *f*; **3.** ⚕ Dissimulati'on *f*.

dis·si·pate ['dɪsɪpeɪt] **I** *v/t.* **1.** zerstreuen (*a. fig. u. phys.*); *Nebel* zerteilen; **2.** a) verschwenden, vergeuden, verzetteln, b) *Geld* 'durchbringen, verprassen; **3.** *fig.* verscheuchen, vertreiben; **4.** *phys.* a) *Hitze* ableiten, b) in 'Wärmeenerˌgie 'umwandeln; **II** *v/i.* **5.** sich zerstreuen (*a. fig.*); sich zerteilen (*Nebel*); **6.** ein ausschweifendes Leben führen; **'dis·si·pat·ed** [-tɪd] *adj.* ausschweifend, zügellos; **dis·si·pa·tion** [ˌdɪsɪ'peɪʃn] *s.* **1.** Zerstreuung *f* (*a. fig. u. phys.*); **2.** Vergeudung *f*; **3.** Verprassen *n*, 'Durchbringen *n*; **4.** Ausschweifung(en *pl.*) *f*; zügelloses Leben; **5.** *phys.* a) Ableitung *f*, b) Dissipati'on *f*.

dis·so·ci·ate [dɪ'səʊʃɪeɪt] **I** *v/t.* **1.** trennen, loslösen, absondern (***from*** von); **2.** ⚗ dissoziieren; **3.** ***~ o.s.*** (***from***) sich lossagen *od.* distanzieren *od.* abrücken (von); **II** *v/i.* **4.** sich (ab)trennen *od.* loslösen; **5.** ⚗ dissoziieren; **dis·so·ci·a·tion** [dɪˌsəʊsɪ'eɪʃn] *s.* **1.** (Ab-) Trennung *f*, Loslösung *f*; **2.** Abrücken *n*; **3.** ⚗, *psych.* Dissoziati'on *f*.

dis·sol·u·bil·i·ty [dɪˌsɒljʊ'bɪlətɪ] *s.* **1.** Löslichkeit *f*; **2.** Auflösbarkeit *f*, Trennbarkeit *f*; **dis·sol·u·ble** [dɪ'sɒljʊbl] *adj.* **1.** löslich; **2.** ⚖ auflösbar, trennbar.

dis·so·lute ['dɪsəluːt] *adj.* □ ausschweifend, zügellos; **'dis·so·lute·ness** [-nɪs] *s.* Ausschweifung *f*, Zügellosigkeit *f*.

dis·so·lu·tion [ˌdɪsə'luːʃn] *s.* **1.** Auflösung *f* (*a. parl.*, ✝; *a. Ehe*); ⚖ *a.* Aufhebung *f*; **2.** Zersetzung *f*; **3.** Zerstörung *f*, Vernichtung *f*; **4.** ⚗ Lösung *f*.

dis·solv·a·ble [dɪ'zɒlvəbl] → ***dissoluble***; **dis·solve** [dɪ'zɒlv] **I** *v/t.* **1.** auflösen (*a. fig.*, *Ehe*, *Parlament*, *Firma etc.*); *Ehe a.* scheiden; lösen (*a.* ⚗): ***~d in tears*** in Tränen aufgelöst; **2.** ⚖ aufheben; **3.** auflösen, zersetzen; **4.** vernichten; **5.** *Geheimnis etc.* lösen; **6.** *Film*: über'blenden; **II** *v/i.* **7.** sich auflösen (*a. fig.*), zergehen, schmelzen; **8.** zerfallen; **9.** sich (in nichts) auflösen, verschwinden; **10.** *Film*: über'blenden, inein'ander 'übergehen; **III** *s.* **11.** *Film*: Über'blendung *f*; **dis'sol·vent** [-vənt] **I** *adj.* (auf)lösend; zersetzend; **II** *s.* ⚗ Lösungsmittel *n*.

dis·so·nance ['dɪsənəns] *s.* Disso'nanz *f*: a) ♪ 'Mißklang *m* (*a. fig.*), b) *fig.* Unstimmigkeit *f*; **'dis·so·nant** [-nt] *adj.* □ **1.** ♪ disso'nant (*a. fig.*); **2.** 'mißtönend; **3.** *fig.* unstimmig.

dis·suade [dɪ'sweɪd] *v/t.* **1.** *j-m* abraten (***from*** von); **2.** *j-n* abbringen (***from*** von); **dis'sua·sion** [-eɪʒn] *s.* **1.** Abraten *n*; **2.** Abbringen *n*; **dis'sua·sive** [-eɪsɪv] *adj.* □ abratend.

dis·syl·lab·ic, **dis·syl·la·ble** → ***disyllabic***, ***disyllable***.

dis·sym·met·ri·cal [ˌdɪsɪ'metrɪkl] *adj.* 'unsymˌmetrisch; **dis·sym·met·ry** [ˌdɪ'sɪmɪtrɪ] *s.* Asymme'trie *f*.

dis·taff ['dɪstɑːf] *s.* (Spinn)Rocken *m*; *fig. das* Reich der Frau: ***~ side*** weibliche Linie *e-r Familie*.

dis·tance ['dɪstəns] **I** *s.* **1.** a) Entfernung *f*, b) Ferne *f*: ***at a ~*** a) in einiger Entfernung, b) von weitem; ***in the ~*** in der Ferne; ***from a ~*** aus einiger Entfernung; ***at an equal ~*** gleich weit (entfernt); ***a good ~ off*** ziemlich weit entfernt; ***braking ~*** *mot.* Bremsweg *m*; ***stopping ~*** *mot.* Anhalteweg *m*; ***within striking ~*** handgreiflich nahe, in erreichbarer Nähe; → ***hail*** 7; ***walking*** II; **2.** Zwischenraum *m*, Abstand *m* (***between*** zwischen); **3.** Entfernung *f*, Strecke *f*: ***~ covered*** zurückgelegte Strecke; **4.** *zeitlicher* Abstand, Zeitraum *m*; **5.** *fig.* Abstand *m*, Entfernung *f*, 'Unterschied *m*; **6.** *fig.* Di'stanz *f*, Abstand *m*, Re'serve *f*, Zu'rückhaltung *f*: ***keep s.o. at a ~*** j-m gegenüber reserviert sein, sich j-n vom Leib halten; ***keep one's ~*** den Abstand wahren, (die gebührende) Distanz halten; **7.** *paint. etc.* a) Perspek'tive *f*, b) *a. pl.* 'Hintergrund *m*, c) Ferne *f*; **8.** ♪ Inter'vall *n*; **9.** *sport* a) Di'stanz *f*, Strecke *f*, b) *fenc.*, *Boxen*: Di'stanz *f*, c) Langstrecke *f*: ***~ race*** Langstreckenlauf *m*; ***~ runner*** Langstreckenläufer(in); **II** *v/t.* **10.** über'holen, hinter sich lassen, *sport a.* distanzieren: ***~d*** *fig.* distanziert; **11.** *fig.* über'flügeln; '**dis·tant** [-nt] *adj.* □ **1.** entfernt (*a. fig.*), weit (***from*** von); fern (*Ort od. Zeit*): ***~ relation*** entfernte(r) *od.* weitläufige(r) Verwandte(r); ***~ resemblance*** entfernte *od.* schwache Ähnlichkeit; ***~ dream*** vager Traum, schwache Aussicht; **2.** weit vonein'ander entfernt; **3.** zu'rückhaltend, kühl, distanziert; **4.** ⚙ Fern...: ***~ control*** Fernsteuerung *f*; ***~ reading instrument*** Fernmeßgerät *n*.

dis·taste [ˌdɪsˈteɪst] *s.* (***for***) 'Widerwille *m*, Abneigung *f* (gegen), Ekel *m*, Abscheu *m* (vor *dat.*); ˌ**dis'taste·ful** [-fʊl] *adj.* □ **1.** ekelerregend; **2.** *fig.* a) unangenehm, zu'wider (***to*** *dat.*), b) ekelhaft, widerlich.

dis·tem·per¹ [dɪˈstempə] **I** *s.* **1.** Tempera- *od.* Leimfarbe *f*; **2.** 'Temperamaleˌrei *f* (*a. Bild*); **II** *v/t.* **3.** mit Temperafarbe(n) (an)malen.

dis·tem·per² [dɪˈstempə] *s.* **1.** *vet.* a) Staupe *f* (*bei Hunden*), b) Druse *f* (*bei Pferden*); **2.** *obs.* a) üble Laune, b) Unpäßlichkeit *f*, c) po'litische Unruhe(n *pl.*).

dis·tend [dɪˈstend] **I** *v/t.* (aus)dehnen, weiten; aufblähen; **II** *v/i.* sich (aus)dehnen *etc.*; **dis·ten·si·ble** [dɪˈstensəbl] *adj.* (aus)dehnbar; **dis·ten·sion** [dɪˈstenʃn] *s.* (Aus)Dehnung *f*; Aufblähung *f*.

dis·tich [ˈdɪstɪk] *s.* **1.** Distichon *n* (*Verspaar*); **2.** gereimtes Verspaar.

dis·til, *Am.* **dis·till** [dɪˈstɪl] **I** *v/t.* **1.** ⚗ a) ('um)destillieren, abziehen, b) abdestillieren (***from*** aus), c) entgasen: ***~(l)ing flask*** Destillierkolben *m*; **2.** *Branntwein* brennen (***from*** aus); **3.** her'abtropfen lassen: ***be ~led*** sich niederschlagen; **4.** *fig. das Wesentliche* her'ausdestilˌlieren, -arbeiten (***from*** aus); **II** *v/i.* **5.** ⚗ destillieren; **6.** (her'ab)tropfen; **7.** *fig.* sich her'auskristalliˌsieren; **dis·til·late** [ˈdɪstɪlət] *s.* ⚗ Destil'lat *n*; **dis·til·la·tion** [ˌdɪstɪˈleɪʃn] *s.* **1.** ⚗ Destillati'on *f*; **2.** Brennen *n* (*von Branntwein*); **3.** Ex'trakt *m*, Auszug *m*; **4.** *fig.* 'Quintesˌsenz *f*, Kern *m*; **dis·til·ler** [dɪˈstɪlə] *s.* Branntweinbrenner *m*; **dis·til·ler·y** [dɪˈstɪlərɪ] *s.* **1.** ⚗ Destil'lierapˌpaˌrat *m*; **2.** Destilla'teur *m*, ('Branntwein)Brenneˌrei *f*.

dis·tinct [dɪˈstɪŋkt] *adj.* □ → ***distinctly***; **1.** ver-, unter'schieden: ***as ~ from*** im Unterschied zu, zum Unterschied von; **2.** einzeln, getrennt, (ab)gesondert; **3.** eigen, selbständig; **4.** ausgeprägt, charakte'ristisch; **5.** klar, eindeutig, bestimmt, entschieden, ausgesprochen, deutlich; **dis·tinc·tion** [dɪˈstɪŋkʃn] *s.* **1.** Unter'scheidung *f*: ***a ~ without a difference*** e-e spitzfindige Unterscheidung; **2.** 'Unterschied *m*: ***in ~ from*** (*od.* ***to***) im Unterschied zu, zum Unterschied von; ***draw*** (*od.* ***make***) ***a ~ between*** e-n Unterschied machen zwischen (*dat.*); **3.** Unter'scheidungsmerkmal *n*, Kennzeichen *n*; **4.** her'vorragende Eigenschaft; **5.** Auszeichnung *f*, Ehrung *f*; **6.** (hoher) Rang; **7.** Würde *f*; Vornehmheit *f*; **8.** Ruf *m*, Berühmtheit *f*; **dis·tinc·tive** [dɪˈstɪŋktɪv] *adj.* □ **1.** unter'scheidend, Unterscheidungs...; **2.** kenn-, bezeichnend, charakte'ristisch (***of*** für), besonder; **3.** deutlich, ausgesprochen; **dis·tinc·tive·ness** [dɪˈstɪŋktɪvnɪs] *s.* **1.** Besonderheit *f*; **2.** → ***distinctness*** 1; **dis·tinct·ly** [dɪˈstɪŋktlɪ] *adv.* deutlich, *fig. a.* ausgesprochen; **dis·tinct·ness** [dɪˈstɪŋktnɪs] *s.* **1.** Deutlichkeit *f*, Klarheit *f*; **2.** Verschiedenheit *f*; **3.** Verschiedenartigkeit *f*.

dis·tin·gué [dɪˈstæŋgeɪ] (*Fr.*) *adj.* distingu'iert, vornehm.

dis·tin·guish [dɪˈstɪŋgwɪʃ] **I** *v/t.* **1.** (***between***) unter'scheiden (zwischen), (*zwei Dinge etc.*) ausein'anderhalten: ***as ~ed from*** zum Unterschied von, im Unterschied zu; ***be ~ed by*** sich durch *et.* unterscheiden *od.* *weitS.* auszeichnen; **2.** wahrnehmen, erkennen; **3.** kennzeichnen, charakterisieren: ***~ing mark*** Merkmal *n*, Kennzeichen *n*; **4.** auszeichnen, rühmend her'vorheben: ***~ o.s.*** sich auszeichnen (*a. iro.*); **II** *v/i.* **5.** unter'scheiden, e-n 'Unterschied machen; **dis·tin·guish·a·ble** [dɪˈstɪŋgwɪʃəbl] *adj.* □ **1.** unter'scheidbar; **2.** wahrnehmbar, erkennbar; **3.** kenntlich (***by*** an *dat.*, durch); **dis·tin·guished** [dɪˈstɪŋgwɪʃt] *adj.* **1.** → ***distinguishable*** 1, 2; **2.** bemerkenswert, berühmt (***for*** wegen, ***by*** durch); **3.** vornehm; **4.** her'vorragend, ausgezeichnet.

dis·tort [dɪˈstɔːt] *v/t.* **1.** verdrehen (*a.*

fig.); *a. Gesicht* verzerren (*a.* ⚙, ϟ *u. fig.*); verrenken; ⚙ verformen: **~*ing mirror*** Vexier-, Zerrspiegel *m*; **2.** *fig. Tatsachen etc.* verdrehen, entstellen; **dis·tor·tion** [dɪˈstɔːʃn] *s.* **1.** Verdrehung *f* (*a. phys.*); Verrenkung *f*; Verzerrung *f* (*a.* ϟ, *phot.*); Verziehung *f*, Verwindung *f* (*a.* ⚙); **2.** *fig.* Entstellung *f*, Verzerrung *f*.

dis·tract [dɪˈstrækt] *v/t.* **1.** *Aufmerksamkeit, Person etc.* ablenken; **2.** *j-n* zerstreuen; **3.** erregen, aufwühlen; **4.** beunruhigen, stören, quälen; **5.** rasend machen; **dis·tract·ed** [dɪˈstræktɪd] *adj.* □ **1.** verwirrt; **2.** beunruhigt; **3.** außer sich, von Sinnen: **~ *with*** (*od.* ***by***) ***pain*** wahnsinnig vor Schmerzen; **dis·trac·tion** [dɪˈstrækʃn] *s.* **1.** Ablenkung *f*, *a.* Zerstreuung *f*; **2.** Zerstreutheit *f*; **3.** Verwirrung *f*; **4.** Wahnsinn *m*, Raseˈrei *f*: ***drive s.o. to ~*** j-n zur Raserei bringen; ***love to ~*** bis zum Wahnsinn lieben; **5.** *oft pl.* Ablenkung *f*, Zerstreuung *f*, Unterˈhaltung *f*.

dis·train [dɪˈstreɪn] ⚖ *v/i.*: **~ (*up*)*on*** a) *j-n* pfänden, b) *et.* mit Beschlag belegen; **dis·train·ee** [ˌdɪstreɪˈniː] *s.* Pfandschuldner(in); **dis·train·er** [dɪˈstreɪnə], **dis·train·or** [ˌdɪstreɪˈnɔː] *s.* Pfandgläubiger(in); **dis·traint** [dɪˈstreɪnt] *s.* Beschlagnahme *f*.

dis·traught [dɪˈstrɔːt] → ***distracted***.

dis·tress [dɪˈstres] **I** *s.* **1.** Qual *f*, Pein *f*, Schmerz *m*; **2.** Leid *n*, Kummer *m*, Sorge *f*; **3.** Elend *n*; Not(lage) *f*; **4.** ⚓ Seenot *f*: **~ *call*** Notruf *m*, SOS-Ruf *m*; **~ *rocket*** Notrakete *f*; **~ *signal*** Notsignal *n*; **5.** ⚖ a) Beschlagnahme *f*, b) mit Beschlag belegte Sache; **II** *v/t.* **6.** quälen, peinigen, bedrücken; beunruhigen; betrüben: **~ *o.s.*** sich sorgen (***about*** um); **7.** → ***distrain***; **dis·tressed** [dɪˈstrest] *adj.* **1.** (***about***) beunruhigt (über *acc.*, wegen), besorgt (um); **2.** bekümmert, betrübt; unglücklich; **3.** bedrängt, in Not, notleidend: **~ *area*** *Brit.* Notstandsgebiet *n*; **~ *ships*** Schiffe in Seenot; **4.** erschöpft; **dis·tress·ful** [dɪˈstresfʊl], **dis·tress·ing** [dɪˈstresɪŋ] *adj.* □ **1.** quälend; **2.** bedrückend.

dis·trib·ut·a·ble [dɪˈstrɪbjʊtəbl] *adj.* **1.** verteilbar; **2.** zu verteilen(d); **dis·trib·u·tar·y** [dɪˈstrɪbjʊtərɪ] *s. geogr.* abzweigender Flußarm, *bsd.* Deltaarm *m*; **dis·trib·ute** [dɪˈstrɪbjuːt] *v/t.* **1.** ver-, austeilen (***among*** unter *acc.*, ***to*** an *acc.*); **2.** zuteilen (***to*** *dat.*); **3.** ✝ a) *Waren* vertreiben, absetzen, b) *Filme* verleihen, c) *Dividende*, *Gewinne* ausschütten; **4.** *Post* zustellen; **5.** verbreiten; ausstreuen; *Farbe etc.* verteilen; **6.** auf-, einteilen; ⚔ gliedern; **7.** *typ.* a) *Satz* ablegen, b) *Farbe* auftragen; **dis·trib·u·tee** [dɪˌstrɪbjʊˈtiː] *s.* **1.** Empfänger(in); **2.** ⚖ Erbe *m*, Erbin *f*; **dis·trib·ut·er** → ***distributor***.

dis·trib·ut·ing| a·gent [dɪˈstrɪbjʊtɪŋ] *s.* ✝ (Großhandels)Vertreter *m*; **~ cen·ter** *Am.*, *Brit.* **~ cen·tre** *s.* ✝ ˈAbsatz-, Verˈteilungsˌzentrum *n*.

dis·tri·bu·tion [ˌdɪstrɪˈbjuːʃn] *s.* **1.** Ver-, Austeilung *f*; **2.** ⚙, ϟ a) Verteilung *f*, b) Verzweigung *f*; **3.** Ver-, Ausbreitung *f*; **4.** Einteilung *f*, *a.* ⚔ Gliederung *f*; **5.** a) Zuteilung *f*, b) Gabe *f*, Spende *f*; **6.** ✝ a) Vertrieb *m*, Absatz *m*, b) Verleih *m* (*von Filmen*), c) Ausschüttung *f* (*von Dividenden*, *Gewinnen*); **7.** Ausstreuen *n* (*von Samen*); **8.** Verteilen *n* (*von Farben etc.*); **9.** *typ.* a) Ablegen *n* (*des Satzes*), b) Auftragen *n* (*von Farbe*); **dis·trib·u·tive** [dɪˈstrɪbjʊtɪv] **I** *adj.* □ **1.** aus-, zu-, verteilend, Verteilungs...: **~ *share*** ⚖ gesetzlicher Erbteil; **~ *justice*** *fig.* ausgleichende Gerechtigkeit; **2.** jeden einzelnen betreffend; **3.** ✍, *ling.* distribuˈtiv, Distributiv...; **II** *s.* **4.** *ling.* Distribuˈtivum *n*; **dis·trib·u·tor** [dɪˈstrɪbjʊtə] *s.* **1.** Verteiler *m* (*a.* ⚙, ϟ); **2.** ✝ a) Großhändler *m*, Geneˈralvertreter *m*, b) *pl.* (Film)Verleih *m*; **3.** ⚙ Verteilerdüse *f*.

dis·trict [ˈdɪstrɪkt] *s.* **1.** Diˈstrikt *m*, (Verwaltungs)Bezirk *m*, Kreis *m*; **2.** (Stadt)Bezirk *m*, (-)Viertel *n*; **3.** Gegend *f*, Gebiet *n*, Landstrich *m*; **~ at·tor·ney** *s. Am.* Staatsanwalt *m*; **≈ Coun·cil** *s. Brit.* Bezirksamt *n*; **≈ Court** *s.* ⚖ *Am.* (Bundes)Bezirksgericht *n*; **~ heat·ing** *s.* Fernheizung *f*; **~ judge** *s.* ⚖ *Am.* Richter *m* an e-m (Bundes)Bezirksgericht; **~ nurse** *s.* Gemeindeschwester *f*.

dis·trust [dɪsˈtrʌst] **I** *s.* ˈMißtrauen *n*, Argwohn *m* (***of*** gegen): ***have a ~ of s.o.*** j-m mißtrauen; **II** *v/t.* mißˈtrauen (*dat.*); **disˈtrust·ful** [-fʊl] *adj.* □ ˈmißtrauisch, argwöhnisch (***of*** gegen): **~ *of o.s.*** gehemmt, ohne Selbstvertrauen.

dis·turb [dɪˈstɜːb] **I** *v/t.* stören (*a.* ⚙, ϟ, ✍, *meteor. etc.*): a) behindern, b) belästigen, c) beunruhigen, d) aufschrekken, -scheuchen, e) durcheinˈanderbringen, in Unordnung bringen: **~*ed at*** beunruhigt über (*acc.*); **~ *the peace*** ⚖ die öffentliche Sicherheit u. Ordnung stören; **II** *v/i.* stören; **dis·turb·ance** [dɪˈstɜːbəns] *s.* **1.** Störung *f* (*a.* ⚙, ϟ, ✍, ⚕); **2.** Belästigung *f*; Beunruhigung *f*; Aufregung *f*; **3.** Unruhe *f*,

Tu'mult *m*, Aufruhr *m*: **~ *of the peace*** ⚖ öffentliche Ruhestörung; ***cause*** (*od.* ***create***) ***a*** **~** ⚖ die öffentliche Sicherheit u. Ordnung stören; **4.** Verwirrung *f*; **5. ~ *of possession*** ⚖ Besitzstörung *f*; **dis·turb·er** [dɪ'stɜːbə] *s.* Störenfried *m*, Unruhestifter(in); **dis·turb·ing** [dɪ'stɜːbɪŋ] *adj.* ☐ beunruhigend.

dis·un·ion [ˌdɪs'juːnjən] *s.* **1.** Trennung *f*, Spaltung *f*; **2.** Uneinigkeit *f*, Zwietracht *f*; **dis·u·nite** [ˌdɪsjuː'naɪt] *v/t. u. v/i.* (sich) trennen; *fig.* (sich) entzweien; **dis·u·nit·ed** [ˌdɪsjuː'naɪtɪd] *adj.* entzweit, verfeindet; **dis·u·ni·ty** [ˌdɪs'juːnətɪ] → ***disunion*** 2.

dis·use I *s.* [ˌdɪs'juːs] Nichtgebrauch *m*; Aufhören *n e-s Brauchs*: ***fall into*** **~** außer Gebrauch kommen; **II** *v/t.* [ˌdɪs'juːz] nicht mehr gebrauchen; **dis·used** [ˌdɪs'juːzd] *adj.* **1.** ausgedient, nicht mehr benützt; **2.** stillgelegt (*Bergwerk etc.*), außer Betrieb.

dis·syl·lab·ic [ˌdɪsɪ'læbɪk] *adj.* (☐ **~*ally***) zweisilbig; **di·syl·la·ble** [dɪ'sɪləbl] *s.* zweisilbiges Wort.

ditch [dɪtʃ] **I** *s.* **1.** (Straßen)Graben *m*: ***last*** **~** verzweifelter Kampf, Not(lage) *f*; ***die in the last*** **~** bis zum letzten Atemzug kämpfen (*a. fig.*); **2.** Abzugsgraben *m*; **3.** Bewässerungs-, Wassergraben *m*; **4.** ✈ *sl.* ‚Bach' *m* (*Meer, Gewässer*); **II** *v/t.* **5.** mit e-m Graben versehen, Gräben ziehen durch; **6.** durch Abzugsgräben entwässern; **7.** F *Wagen* in den Straßengraben fahren: ***be*** **~*ed*** im Straßengraben landen; **8.** *sl.* a) *Wagen etc.* stehenlassen, b) *j-m* entwischen, c) *j-m* den ‚Laufpaß' geben, *j-n* ‚sausen' lassen, d) *et.* ‚wegschmeißen', e) *Am. Schule* schwänzen; **9.** ✈ *sl. Maschine* im ‚Bach' landen; **III** *v/i.* **10.** Gräben ziehen *od.* ausbessern; **11.** ✈ *sl.* notlanden, notwassern; **'ditch·er** [-tʃə] *s.* **1.** Grabenbauer *m*; **2.** Grabbagger *m*; **'ditchˌwa·ter** *s.* abgestandenes, fauliges Wasser; → ***dull*** 4.

dith·er ['dɪðə] **I** *v/i.* **1.** bibbern, zittern; **2.** *fig.* schwanken (***between*** zwischen *dat.*); **3.** aufgeregt sein; **II** *s.* **4.** *fig.* Schwanken *n*; **5.** Aufregung *f*: ***be all of*** (*od.* ***in***) ***a*** **~** F aufgeregt sein, ‚bibbern'.

dith·y·ramb ['dɪθɪræmb] *s.* **1.** Dithy'rambus *m*; **2.** Lobeshymne *f*; **dith·y·ram·bic** [ˌdɪθɪ'ræmbɪk] *adj.* dithy'rambisch; enthusi'astisch.

dit·to ['dɪtəʊ] (*abbr.* ***do.***) **I** *adv.* dito, des'gleichen: **~ *marks*** Ditozeichen *n*; ***say*** **~ *to s.o.*** j-m beipflichten; **II** *s.* F Dupli'kat *n*, Ebenbild *n*.

dit·ty ['dɪtɪ] *s.* Liedchen *n*.

di·u·ret·ic [ˌdaɪjʊə'retɪk] **I** *adj.* diu'retisch, harntreibend; **II** *s.* harntreibendes Mittel, Diu'retikum *n*.

di·ur·nal [daɪ'ɜːnl] *adj.* ☐ **1.** täglich ('wiederkehrend), Tag(es)…; **2.** *zo.* 'tagakˌtiv, bei Tag auftretend.

di·va ['diːvə] *s.* Diva *f*.

di·va·gate ['daɪvəgeɪt] *v/i.* abschweifen; **di·va·ga·tion** [ˌdaɪvə'geɪʃn] *s.* Abschweifung *f*, Ex'kurs *m*.

di·va·lent ['daɪˌveɪlənt] *adj.* ⚗ zweiwertig.

di·van [dɪ'væn] *s.* **1.** a) Diwan *m*, (Liege)Sofa *n*, b) *a.* **~ *bed*** Bettcouch *f*; **2.** Diwan *m*: a) *orientalischer Staatsrat*, b) *Regierungskanzlei*, c) *Gerichtssaal*, d) *öffentliches Gebäude*; **3.** Diwan *m* (*orientalische Gedichtsammlung*).

di·var·i·cate [daɪ'værɪkeɪt] *v/i.* sich gabeln, sich spalten; abzweigen.

dive [daɪv] **I** *v/i.* **1.** tauchen (***for*** nach, ***into*** in *acc.*); **2.** 'untertauchen; **3.** e-n Kopf- *od.* Hechtsprung (*a. Torwart*) machen; **4.** *Wasserspringen*: springen; **5.** ✈ e-n Sturzflug machen; **6.** (hastig) hin'eingreifen *od.* fahren (***into*** in *acc.*); **7.** sich stürzen, verschwinden (***into*** in *acc.*); **8.** (***into***) sich vertiefen (in *ein Buch etc.*); **9.** fallen (*Thermometer etc.*); **II** *s.* **10.** ('Unter)Tauchen *n*, ⚓ *a.* Tauchfahrt *f*; **11.** Kopfsprung *m*; Hechtsprung *m* (*a. des Torwarts*); ***make a*** **~** → 3; ***take a*** **~ *sport sl.*** a) *Fußball*: ‚e-e Schwalbe bauen', b) ‚sich (einfach) hinlegen' (*Boxer*); **12.** *Wasserspringen*: Sprung *m*; **13.** ✈ Sturzflug *m*; **14.** F Spe'lunke *f*, Kneipe *f*; **'~·bomb** *v/t. u. v/i.* im Sturzflug mit Bomben angreifen; **~ bomb·er** *s.* Sturzkampfflugzeug *n*, Sturzbomber *m*, Stuka *m*.

div·er ['daɪvə] *s.* **1.** Taucher(in); *sport* Wasserspringer(in); **2.** *orn. ein* Tauchvogel *m*, *bsd.* Pinguin *m*.

di·verge [daɪ'vɜːdʒ] *v/i.* **1.** divergieren (*a.* ⚗, *phys.*), ausein'andergehen, -laufen, sich trennen; abweichen; **2.** abzweigen (***from*** von); **3.** verschiedener Meinung sein; **di'ver·gence** [-dʒəns], **di'ver·gen·cy** [-dʒənsɪ] *s.* **1.** ⚗, *phys. etc.* Diver'genz *f*; **2.** Ausein'anderlaufen *n*; **3.** Abzweigung *f*; **4.** Abweichung *f*; **5.** Meinungsverschiedenheit *f*; **di'ver·gent** [-dʒənt] *adj.* ☐ **1.** divergierend (*a.* ⚗, *phys. etc.*); **2.** ausein'andergehend, -laufend; **3.** abweichend.

di·vers ['daɪvɜːz] *adj. obs.* etliche.

di·verse [daɪ'vɜːs] *adj.* ☐ **1.** verschieden, ungleich; **2.** mannigfaltig; **di·ver-**

si·fi·ca·tion [daɪˌvɜːsɪfɪˈkeɪʃn] *s.* **1.** abwechslungsreiche Gestaltung; **2.** ✝ Diversifizierung *f*, Streuung *f*: **~ (*of products*)** Verbreiterung *f* des Produktionsprogramms; **~ *of capital*** Anlagenstreuung *f*; **3.** Verschiedenartigkeit *f*; **di'ver·si·fied** [-sɪfaɪd] *adj.* **1.** verschieden(artig); **2.** ✝ a) verteilt (*Risiko*), b) verteilt angelegt (*Kapital*), c) diversifiziert (*Produktion*); **di'ver·si·fy** [-sɪfaɪ] *v/t.* **1.** verschieden(artig) *od.* abwechslungsreich gestalten, variieren; **2.** ✝ diversifizieren, streuen.

di·ver·sion [daɪˈvɜːʃn] *s.* **1.** Ablenkung *f*; **2.** ⚔ ˈAblenkungsmaˌnöver *n* (*a. fig.*); **3.** *Brit.* ˈUmleitung *f* (*Verkehr*); **4.** *fig.* Zerstreuung *f*, Zeitvertreib *m*; **di'ver·sion·ar·y** [-ʃnərɪ] *adj.* ⚔ Ablenkungs…; **di'ver·sion·ist** *pol.* **I** *s.* Diversioˈnist(in), Saboˈteur(in); **II** *adj.* diversioˈnistisch.

di·ver·si·ty [daɪˈvɜːsətɪ] *s.* **1.** Verschiedenheit *f*, Ungleichheit *f*; **2.** Mannigfaltigkeit *f*.

di·vert [daɪˈvɜːt] *v/t.* **1.** ablenken, ableiten, abwenden (***from*** von, ***to*** nach), lenken (***to*** auf *acc.*); **2.** abbringen (***from*** von); **3.** *Geld etc.* abzweigen (***to*** für); **4.** *Brit. Verkehr* ˈumleiten; **5.** zerstreuen, unterˈhalten; **di'vert·ing** [-tɪŋ] *adj.* ☐ unterˈhaltsam, amüˈsant.

di·vest [daɪˈvest] *v/t.* **1.** entkleiden (***of*** *gen.*); **2.** *fig.* entblößen, berauben (***of*** *gen.*): **~ *s.o. of*** j-m *ein Recht etc.* entziehen *od.* nehmen; **~ *o.s. of*** *et.* ablegen, *et.* ab- *od.* aufgeben, sich *e-s Rechts etc.* entäußern; **di'vest·i·ture** [-tɪtʃə], **di'vest·ment** [-stmənt] *s. fig.* Entblößung *f*, Beraubung *f*.

di·vide [dɪˈvaɪd] **I** *v/t.* **1.** (ein)teilen (***in***, ***into*** in *acc.*): ***be ~d into*** zerfallen in (*acc.*); **2.** ⩲ teilen, dividieren (***by*** durch); **3.** verteilen (***between***, ***among*** unter *acc. od. dat.*): **~ *s.th. with s.o.*** et. mit j-m teilen; **4.** *a.* **~ *up*** zerteilen, zerlegen; zerstückeln, spalten; **5.** entzweien, auseinˈanderbringen; **6.** trennen, absondern, scheiden (***from*** von); *Haar* scheiteln; **7.** *Brit. parl.* (im Hammelsprung) abstimmen lassen; **II** *v/i.* **8.** sich teilen; zerfallen (***in***, ***into*** in *acc.*); **9.** ⩲ a) sich teilen lassen (***by*** durch), b) aufgehen (***into*** in *dat.*); **10.** sich trennen *od.* spalten; **11.** *parl.* im Hammelsprung abstimmen; **III** *s.* **12.** *Am.* Wasserscheide *f*; **13.** *fig.* Trennlinie *f*: ***the Great*** ☊ der Tod; **di'vid·ed** [-dɪd] *adj.* geteilt (*a. fig.*): **~ *opinions*** geteilte Meinungen; **~ *counsel*** Uneinigkeit *f*; ***his mind was*** **~** er war unentschlossen; **~ *against themselves*** unter sich uneins; **~ *highway*** *Am.* Schnellstraße *f*; **~ *skirt*** Hosenrock *m*.

div·i·dend [ˈdɪvɪdend] *s.* **1.** ⩲ Diviˈdend *m*; **2.** ✝ Diviˈdende *f*, Gewinnanteil *m*: *Brit.* ***cum*** **~**, *Am.* **~ *on*** einschließlich Dividende; *Brit.* ***ex*** **~**, *Am.* **~ *off*** ausschließlich Dividende; ***pay ~s*** *fig.* sich bezahlt machen; **3.** ⚖ Rate *f*, (Konˈkurs)quote *f*; **~ cou·pon**, **~ war·rant** *s.* ✝ Diviˈdendenschein *m*.

di·vid·er [dɪˈvaɪdə] *s.* **1.** (Ver)Teiler(in); **2.** *pl.* Stechzirkel *m*; **3.** Trennwand *f*; **di'vid·ing** [-dɪŋ] *adj.* Trennungs…, Scheide…; ⚙ Teil…

div·i·na·tion [ˌdɪvɪˈneɪʃn] *s.* **1.** Weissagung *f*, Wahrsagung *f*; **2.** (Vor)Ahnung *f*.

di·vine [dɪˈvaɪn] **I** *adj.* ☐ **1.** Gottes…, göttlich, heilig: **~ *service*** Gottesdienst *m*; **~ *right of kings*** Königtum *n* von Gottes Gnaden, Gottesgnadentum *n*; **2.** *fig.* F göttlich, himmlisch; **II** *s.* **3.** Geistliche(r) *m*; **4.** Theoˈloge *m*; **III** *v/t.* **5.** (vorˈaus)ahnen; erraten; **6.** weissagen, propheˈzeien: ***divining rod*** Wünschelrute *f*; **di'vin·er** [-nə] *s.* **1.** Wahrsager *m*; **2.** (Wünschel)Rutengänger *m*.

div·ing [ˈdaɪvɪŋ] *s.* **1.** Tauchen *n*; **2.** *sport* Wasserspringen *n*; **~ bell** *s.* Taucherglocke *f*; **~ board** *s.* Sprungbrett *n*; **~ duck** *s.* Tauchente *f*; **~ dress** → ***diving suit***; **~ hel·met** *s.* Taucherhelm *m*; **~ suit** *s.* Taucheranzug *m*; **~ tow·er** *s.* Sprungturm *m*.

di·vin·i·ty [dɪˈvɪnətɪ] *s.* **1.** Göttlichkeit *f*, göttliches Wesen; **2.** Gottheit *f*: ***the*** ☊ die Gottheit, Gott; **3.** Theoloˈgie *f*; **4.** *a.* **~ *fudge*** *Am. ein Schaumgebäck*; **div·i·nize** [ˈdɪvɪnaɪz] *v/t.* vergöttlichen.

di·vis·i·bil·i·ty [dɪˌvɪzɪˈbɪlətɪ] *s.* Teilbarkeit *f*; **di·vis·i·ble** [dɪˈvɪzəbl] *adj.* ☐ teilbar; **di·vi·sion** [dɪˈvɪʒn] *s.* **1.** (Auf-, Ein)Teilung *f* (***into*** in *acc.*); Verteilung *f*, Gliederung *f*: **~ *of labo(u)r*** Arbeitsteilung; **~ *into shares*** ✝ Stückelung *f*; **2.** Trennung *f*, Grenze *f*, Scheidelinie *f*, -wand *f*; **3.** Teil *m*, Abˈteilung *f* (*a. e-s Amtes etc.*), Abschnitt *m*; **4.** Gruppe *f*, Klasse *f*; **5.** ⚔ Divisiˈon *f*; **6.** *sport* ˈLiga *f*, (Spiel-, *Boxen etc.*: Gewichts)Klasse *f*; **7.** *pol.* Bezirk *m*; **8.** *parl.* (Abstimmung *f* durch) Hammelsprung *m*: ***go into*** **~** zur Abstimmung schreiten; ***upon a*** **~** nach Abstimmung; **9.** *fig.* Spaltung *f*, Kluft *f*; Uneinigkeit *f*, Diffeˈrenz *f*; **10.** ⩲ Divisiˈon *f*, Dividieren *n*; **di·vi·sion·al** [dɪˈvɪʒənl] *adj.* ☐ **1.** Trenn…, Scheide…: **~ *line***; **2.** Abteilungs…; **3.** ⚔ Divisions…; **di·vi·sive**

[dɪˈvaɪsɪv] *adj.* **1.** teilend; scheidend; **2.** entzweiend; trennend; **di·vi·sor** [dɪˈvaɪzə] *s.* ♠ Diˈvisor *m*, Teiler *m*.

di·vorce [dɪˈvɔːs] **I** *s.* **1.** ⚖ (Ehe)Scheidung *f*: **~ *action*, ~ *suit*** Scheidungsklage *f*, -prozeß *m*; ***obtain a ~*** geschieden werden; ***seek a ~*** auf Scheidung klagen; **2.** *fig.* (völlige) Trennung *f* (***from*** von); **II** *v/t.* **3.** ⚖ *Ehegatten* scheiden; **4. ~ *one's husband*** (***wife***) ⚖ sich von s-m Manne (s-r Frau) scheiden lassen; **5.** *fig.* (völlig) trennen, scheiden, (los-)lösen (***from*** von); **di·vor·cee** [dɪˌvɔːˈsiː] *s.* Geschiedene(r *m*) *f*.

div·ot [ˈdɪvət] *s.* **1.** *Scot.* Sode *f*, Rasenstück *n*; **2.** *Golf*: Divot *n*, Koteˈlett *n*.

div·ul·ga·tion [ˌdaɪvʌlˈgeɪʃn] *s.* Enthüllung *f*, Preisgabe *f*.

di·vulge [daɪˈvʌldʒ] *v/t.* *Geheimnis etc.* enthüllen, preisgeben; **diˈvulge·ment** [-mənt], **diˈvul·gence** [-dʒəns] → ***divulgation***.

div·vy [ˈdɪvɪ] *v/t.* *oft* **~ *up*** *Am.* F aufteilen.

dix·ie[1] [ˈdɪksɪ] *s.* ⚔ *sl.* **1.** Kochgeschirr *n*; **2.** ‚ˈGulaschkaˌnone' *f*.

Dix·ie[2] [ˈdɪksɪ] → ***Dixieland***; **ˈDix·ie·crat** [-kræt] *s.* *Am. pol.* *Mitglied e-r Splittergruppe der Demokratischen Partei in den Südstaaten*; **ˈDix·ie·land** *s.* **1.** *Bezeichnung für den Süden der USA*; **2.** ♪ Dixieland *m*, Dixie *m*.

diz·zi·ness [ˈdɪzɪnɪs] *s.* Schwindel(anfall) *m*; Benommenheit *f*; **diz·zy** [ˈdɪzɪ] **I** *adj.* □ **1.** schwindlig: **~ *spell*** Schwindelanfall *m*; **2.** schwindelnd, schwindelerregend: **~ *heights***; **3.** verwirrt, benommen; **4.** unbesonnen; **5.** F verrückt; **II** *v/t.* **6.** schwindlig machen; **7.** verwirren.

D-mark [ˈdiːmɑːk] *s.* Deutsche Mark.

do[1] [duː; dʊ] **I** *v/t.* [*irr.*] **1.** tun, machen: ***what can I ~ for you?*** womit kann ich dienen?; ***what does he ~ for a living?*** womit verdient er sein Brot?; **~ *right*** recht tun; → ***done*** 1; **2.** tun, ausführen, sich beschäftigen mit, verrichten, vollˈbringen, erledigen: **~ *business*** Geschäfte machen; **~ *one's duty*** s-e Pflicht tun; **~ *French*** Französisch lernen; **~ *Shakespeare*** Shakespeare durchnehmen *od.* behandeln; **~ *it into German*** es ins Deutsche übersetzen; **~ *lecturing*** Vorlesungen halten; ***my work is done*** m-e Arbeit ist getan *od.* fertig; ***he had done working*** er war mit der Arbeit fertig; **~ *60 miles per hour*** 60 Meilen die Stunde fahren; ***he did all the talking*** er führte das große Wort; ***it can't be done*** es geht nicht; **~ *one's best*** sein Bestes tun, sich alle Mühe geben; **~ *better*** a) (et.) Besseres tun *od.* leisten, b) sich verbessern; → ***done***; **3.** herstellen, anfertigen: **~ *a translation*** e-e Übersetzung machen; **~ *a portrait*** ein Porträt malen; **4.** *j-m et.* tun, zufügen, erweisen, gewähren: **~ *s.o. harm*** j-m schaden; **~ *s.o. an injustice*** j-m ein Unrecht zufügen, j-m unrecht tun; ***these pills ~ me*** (***no***) ***good*** diese Pillen helfen mir (nicht); **5.** bewirken, erreichen: ***I did it*** ich habe es geschafft; ***now you've done it!*** *b.s.* nun hast du es glücklich geschafft!; **6.** herrichten, in Ordnung bringen, (zuˈrecht)machen, *Speisen* zubereiten: **~ *a room*** ein Zimmer aufräumen *od.* ‚machen'; **~ *one's hair*** sich das Haar machen, sich frisieren; ***I'll ~ the flowers*** ich werde die Blumen gießen; **7.** *Rolle etc.* spielen, ‚machen': **~ *Hamlet*** den Hamlet spielen; **~ *the host*** den Wirt spielen; **~ *the polite*** den höflichen Mann markieren; **8.** genügen, passen, recht sein (*dat.*): ***will this glass ~ you?*** genügt Ihnen dieses Glas?; **9.** F erschöpfen, ermüden: ***he was pretty well done*** er war ‚erledigt' (*am Ende s-r Kräfte*); **10.** F erledigen, abfertigen: ***I'll ~ you next*** ich nehme Sie als nächsten dran; **~ *a town*** e-e Stadt besichtigen *od.* ‚erledigen'; ***that has done me*** das hat mich ‚fertiggemacht' *od.* ruiniert; **~ *3 years in prison*** *sl.* drei Jahre ‚abbrummen'; **11.** F ‚reinlegen', ‚übers Ohr hauen', ‚einseifen': **~ *s.o. out of s.th.*** j-n um et. betrügen *od.* bringen; ***you have been done*** (***brown***) du bist schön angeschmiert worden; **12.** F behandeln, versorgen, bewirten: **~ *s.o. well*** j-n gut versorgen; **~ *o.s. well*** es sich gutgehen lassen, sich gütlich tun; **II** *v/i.* [*irr.*] **13.** handeln, vorgehen, tun, sich verhalten: ***he did well to come*** er tat gut daran zu kommen; ***nothing ~ing!*** a) es ist nichts los, b) F nichts zu machen!, ausgeschlossen!; ***it's ~ or die now!*** jetzt geht's ums Ganze!; ***have done!*** hör auf!, genug davon!; → ***Rome***; **14.** vorˈankommen, Leistungen vollˈbringen: **~ *well*** a) es gut machen, Erfolg haben, b) gedeihen, gut verdienen (→ 15); **~ *badly*** schlecht daran sein, schlecht *mit et.* fahren; ***he did brilliantly at his examination*** er hat ein glänzendes Examen gemacht; **15.** sich befinden: **~ *well*** a) gesund sein, b) in guten Verhältnissen leben, c) sich gut erholen; ***how ~ you ~?*** a) guten Tag!, b) *obs.* wie geht es Ihnen?, c) es freut mich (, Sie kennenzulernen); **16.** genügen, ausreichen, passen, recht sein: ***will this quality ~?*** reicht diese Qualität aus?; ***that will ~*** a) das genügt, b) genug davon!; ***it will ~ tomorrow*** es hat Zeit bis morgen; ***that won't ~*** a) das genügt nicht, b) das geht nicht (an); ***that won't ~ with me*** das verfängt bei mir nicht; ***it won't ~ to be rude*** mit Grobheit kommt man nicht weit(er), man darf nicht unhöflich sein; ***I'll make it ~*** ich werde damit (schon) auskommen *od.* reichen; **III** *v/aux.* **17.** *Verstärkung*: ***I ~ like it*** es gefällt mir sehr; ***~ be quiet!*** sei doch still!; ***he did come*** er ist tatsächlich gekommen; ***they did go, but*** sie sind zwar *od.* wohl gegangen, aber; **18.** *Umschreibung*: a) *in Fragesätzen*: ***~ you know him? No, I don't*** kennst du ihn? Nein (, ich kenne ihn nicht), b) *in mit* **not** *verneinten Sätzen*: ***he did not*** (*od.* ***didn't***) ***come*** er ist nicht gekommen; **19.** *bei Umstellung nach* **hardly**, **little** *etc.*: ***rarely does one see such things*** solche Dinge sieht man selten; **20.** *statt Wiederholung des Verbs*: ***you know as well as I ~*** Sie wissen so gut wie ich; ***did you buy it? – I did!*** hast du es gekauft? – jawohl!; ***I take a bath – so ~ I*** ich nehme ein Bad – ich auch; **21.** ***you learn German, don't you?*** du lernst Deutsch, nicht wahr?; ***he doesn't work too hard, does he?*** er arbeitet sich nicht tot, nicht wahr?;

Zssgn mit prp.:

do| by *v/i.* behandeln, handeln an (*dat.*): ***do well by s.o.*** j-n gut *od.* anständig behandeln; ***do*** (**[*un*]*to others***) ***as you would be done by*** was du nicht willst, daß man dir tu', das füg auch keinem andern zu; **~ for** *v/i.* **1.** passen *od.* sich eignen für *od.* als; ausreichen für; **2.** F *j-m* den Haushalt führen; **3.** sorgen für; **4.** F zu'grunde richten, ruinieren: ***he is done for*** er ist ‚erledigt'; **~ to** → ***do by***; **~ with** *v/t. u. v/i.* **1.** : ***I can't do anything with him*** (***it***) ich kann nichts mit ihm (damit) anfangen; ***I have nothing to ~ it*** ich habe nichts damit zu schaffen, es geht mich nichts an, es betrifft mich nicht; ***I won't have anything to ~ you*** ich will mit dir nichts zu schaffen haben; **2.** auskommen *od.* sich begnügen mit: ***can you ~ bread and cheese for supper?*** genügen dir Brot und Käse zum Abendessen?; **3.** er-, vertragen: ***I can't ~ him and his cheek*** ich kann ihn mit s-r Frechheit nicht ertragen; **4.** *mst* ***could ~*** (gut) gebrauchen können: ***I could ~ the money***; ***he could ~ a haircut*** er müßte sich mal (wieder) die Haare schneiden lassen; **~ with·out** *v/i.* auskommen ohne, *et.* entbehren, verzichten auf (*acc.*): ***we shall have to ~*** wir müssen ohne (es) auskommen;

Zssgn mit adv.:

do| a·way with *v/i.* **1.** beseitigen, abschaffen, aufheben; **2.** *Geld* 'durchbringen; **3.** 'umbringen, töten; **~ down** *v/t.* F **1.** reinlegen, ‚übers Ohr hauen', ‚bescheißen'; **2.** ‚her'untermachen'; **~ in** *v/t. sl.* **1.** *j-n* 'umbringen; **2.** → ***do down*** 1; **3.** *j-n* ‚erledigen', ‚schaffen'; **~ out** *v/t.* F *Zimmer etc.* säubern; **~ up** *v/t.* **1.** a) zs.-schnüren, b) *Päckchen* verschnüren, zu'rechtmachen, c) einpakken, d) *Kleid etc.* zumachen; **2.** *das Haar* hochstecken; **3.** herrichten, in Ordnung bringen; **4.** → ***do in*** 3.

do² [duː] *pl.* **dos**, **do's** [-z] *s.* **1.** *sl.* Schwindel *m*, ‚Beschiß' *m*, fauler Zauber; **2.** *Brit.* F Fest *n*, ‚Festivi'tät' *f*, ‚große Sache'; **3.** ***do's and don'ts*** Gebote *pl. u.* Verbote *pl.*, Regeln *pl.*

do³ [dəʊ] *s.* ♪ do *n* (*Solmisationssilbe*).

do·a·ble ['duːəbl] *adj.* 'durchführ-, machbar; **'do-all** *s.* Fak'totum *n.*

doat [dəʊt] → ***dote***.

doc [dɒk] F *abbr. für* ***doctor***.

do·cent [dəʊ'sent] *s. Am.* Pri'vatdoˌzent *m.*

doc·ile ['dəʊsaɪl] *adj.* □ **1.** fügsam, gefügig; **2.** gelehrig; **3.** fromm (*Pferd*); **do·cil·i·ty** [dəʊ'sɪlətɪ] *s.* **1.** Fügsamkeit *f*; **2.** Gelehrigkeit *f.*

dock¹ [dɒk] **I** *s.* **1.** Dock *n*: ***dry ~***, ***graving ~*** Trockendock; ***floating ~*** Schwimmdock; ***wet ~*** Dockhafen *m*; ***put in ~*** → 6; **2.** Hafenbecken *n*, Anlegeplatz *m*: ***~ authorities*** Hafenbehörde *f*; ***~ dues*** → ***dockage¹*** 1; ***~ strike*** Dockarbeiterstreik *m*; **3.** *pl.* Docks *pl.*, Dock-, Hafenanlagen *pl.*; **4.** *Am.* Kai *m*; **5.** 🚂 *Am.* Laderampe *f*; **II** *v/t.* **6.** *Schiff* (ein)docken; **7.** *Raumschiffe* koppeln; **III** *v/i.* **8.** ins Dock gehen, docken; im Dock liegen; **9.** anlegen (*Schiff*); **10.** andocken (*Raumschiffe*).

dock² [dɒk] **I** *s.* **1.** Fleischteil *m* des Schwanzes; **2.** Schwanzstummel *m*; **3.** Schwanzriemen *m*; **4.** (Lohn- *etc.*)Kürzung *f*; **II** *v/t.* **5.** a) stutzen, b) den Schwanz stutzen *od.* kupieren (*dat.*); **6.** *fig.* beschneiden, kürzen.

dock³ [dɒk] *s.* ⚖ Anklagebank *f*: ***be in the ~*** auf der Anklagebank sitzen; ***put in the ~*** *fig.* anklagen.

dock⁴ [dɒk] *s.* ⚘ Ampfer *m.*

dock·age¹ [ˈdɒkɪdʒ] *s.* ⚓ **1.** Dock-, Hafengebühren *pl.*, Kaigebühr *f*; **2.** Dokken *n*; **3.** → ***dock¹*** 3.

dock·age² [ˈdɒkɪdʒ] *s.* Kürzung *f*.

dock·er [ˈdɒkə] *s. Brit.* Dock-, Hafenarbeiter *m*.

dock·et [ˈdɒkɪt] **I** *s.* **1.** ⚖ a) Geˈrichts-, Terˈminkaˌlender *m*, b) *Brit.* ˈUrteilsreˌgister *n*, c) *Am.* Proˈzeßliste *f*; **2.** Inhaltsangabe *f*, -vermerk *m*; **3.** *Am.* Tagesordnung *f*; **4.** ☤ a) Aˈdreßzettel *m*, Etiˈkett *n*, b) *Brit.* Zollquittung *f*, c) *Brit.* Bestell-, Lieferschein *m*; **II** *v/t.* **5.** in e-e Liste eintragen (→ 1 b u. c); **6.** mit Inhaltsangabe *od.* Etiˈkett versehen; **7.** *Am.* auf die Tagesordnung setzen.

dock·ing [ˈdɒkɪŋ] *s. Raumfahrt*: Andokken *n*, Kopp(e)lung *f*.

ˈ**dock**|**·land** *s.* Hafenviertel *n*; ˈ**~ˌmas·ter** *s.* ˈHafenkapiˌtän *m*, Dockmeister *m*; ˈ**~ˌwar·rant** *s.* ☤ Docklagerschein *m*; **~ work·er** → ***docker***; ˈ**~·yard** *s.* ⚓ **1.** Werft *f*; **2.** *Brit.* Maˈrinewerft *f*.

doc·tor [ˈdɒktə] **I** *s.* **1.** Doktor *m*, Arzt *m*: ***~'s stuff*** F Medizin *f*; ***that's just what the ~ ordered*** das ist genau das richtige; ***doll ~*** F Puppendoktor; **2.** *univ.* Doktor *m*: ***ℒ of Divinity*** (***Laws***) Doktor der Theologie (Rechte); ***take one's ~'s degree*** (zum Doktor) promovieren; ***Dear ~*** Sehr geehrter Herr Doktor!; **3.** ***ℒ of the Church*** Kirchenvater *m*; **4.** ⚓ *sl.* Smutje *m*, Schiffskoch *m*; **5.** ⚙ Schaber *m*, Abstreichmesser *n*; **6.** *Angeln*: künstliche Fliege; **II** *v/t.* **7.** ‚verarzten', ärztlich behandeln; **8.** F *Tier* kastrieren; **9.** ‚ausbessern', ‚zuˈrechtflicken'; **10.** *a.* ***~ up*** a) *Wein etc.* (ver)panschen, b) *Abrechnungen etc.* ‚frisieren', (ver)fälschen; **III** *v/i.* **11.** F (als Arzt) praktizieren; ˈ**doc·tor·al** [-tərəl] *adj.* Doktor(s)...: ***~ candidate*** Doktorand(in); ***~ cap*** Doktorhut *m*; ˈ**doc·tor·ate** [-tərɪt] *s.* Doktoˈrat *n*, Doktorwürde *f*.

doc·tri·naire [ˌdɒktrɪˈneə] **I** *s.* Doktriˈnär *m*, Prinˈzipienreiter *m*; **II** *adj.* doktriˈnär.

doc·tri·nal [dɒkˈtraɪnl] *adj.* □ lehrmäßig, Lehr...; *weitS* dogˈmatisch: ***~ proposition*** Lehrsatz *m*; ***~ theology*** Dogmatik *f*; **doc·trine** [ˈdɒktrɪn] *s.* **1.** Dokˈtrin *f*, Lehre *f*, Lehrmeinung *f*; **2.** *bsd. pol.* Dokˈtrin *f*, Grundsatz *m*: ***party ~*** Parteiprogramm *n*.

doc·u·dra·ma [ˈdɒkjʊˌdrɑːmə] *s. Film, TV*: Dokumenˈtarspiel *n*.

doc·u·ment [ˈdɒkjʊmənt] **I** *s.* **1.** Dokuˈment *n*, Urkunde *f*, Schrift-, Aktenstück *n*, ˈUnterlage *f*, *pl. a.* Akten *pl.*; **2.** Beweisstück *n*; **3.** (***shipping***) ***~s*** *pl.* ☤ Verˈlade-, ˈSchiffspaˌpiere *pl.*: ***~s against acceptance*** (***payment***) Dokumente gegen Akzept (Bezahlung); **II** *v/t.* [-ment] **4.** dokumentieren (*a. fig.*), (urkundlich) belegen; **5.** *Buch etc.* mit (genauen) Beleghinweisen versehen; **6.** ☤ mit den notwendigen Paˈpieren versehen; **doc·u·men·ta·ry** [ˌdɒkjʊˈmentərɪ] **I** *adj.* **1.** dokumenˈtarisch, urkundlich: ***~ bill*** ☤ Dokumententratte *f*; ***~ evidence*** Urkundenbeweis *m*; **2.** *Film etc.*: Dokumentar..., Tatsachen...: ***~ film***; ***~ novel***; **II** *s.* Dokumenˈtar-, Tatsachenfilm *m*; **doc·u·men·ta·tion** [ˌdɒkjʊmenˈteɪʃn] *s.* Dokumentatiˈon *f*: a) Urkunden-, Quellenbenutzung *f*, b) dokumenˈtarischer Nachweis *od.* Beleg.

dod·der¹ [ˈdɒdə] *s.* ⚘ Teufelszwirn *m*, Flachsseide *f*.

dod·der² [ˈdɒdə] *v/i.* F **1.** zittern (*vor Schwäche*); **2.** wack(e)lig gehen, wakkeln; ˈ**dod·dered** [-əd] *adj.* **1.** astlos (*Baum*); **2.** altersschwach, tatterig; ˈ**dod·der·ing** [-ərɪŋ], ˈ**dod·der·y** [-ərɪ] *adj.* F seˈnil, tatterig, vertrottelt.

do·dec·a·gon [dəʊˈdekəgən] *s.* ⩓ Zwölfeck *n*.

do·dec·a·he·dron [ˌdəʊdekəˈhedrən] *pl.* **-drons, dra** [-drə] *s.* ⩓ Dodekaˈeder *n*, Zwölfflächner *m*; ˌ**do·dec·aˈsyl·la·ble** [-ˈsɪləbl] *s.* zwölfsilbiger Vers.

dodge [dɒdʒ] **I** *v/i.* **1.** (rasch) zur Seite springen, ausweichen; **2.** a) schlüpfen, b) sich verstecken, c) flitzen; **3.** Ausflüchte gebrauchen, Winkelzüge machen; **4.** sich drücken; **II** *v/t.* **5.** ausweichen (*dat.*); **6.** F sich drücken vor, umˈgehen, aus dem Weg gehen (*dat.*), vermeiden; **III** *s.* **7.** Sprung *m* zur Seite, rasches Ausweichen; **8.** Kniff *m*, Trick *m*: ***be up to all the ~s*** mit allen Wassern gewaschen sein; **dodg·em** (**car**) [ˈdɒdʒəm] *s.* (Auto)Scooter *m*; ˈ**dodg·er** [-dʒə] *s.* **1.** ‚Schlitzohr' *n*; **2.** Gauner *m*, Schwindler *m*; **3.** Drückeberger *m*; **4.** *Am.* Hand-, Reˈklamezettel *m*; ˈ**dodg·y** [-dʒɪ] *adj. Brit.* F **1.** vertrackt; **2.** risˈkant; **3.** nicht einwandfrei.

doe [dəʊ] *s. zo.* **1.** a) Damhirschkuh *f*, b) Rehgeiß *f*; **2.** *Weibchen der Hasen, Kaninchen etc.*

do·er [ˈduːə] *s.* ‚Macher' *m*, Tatmensch *m*.

does [dʌz; dəz] *3. pres. sg. von* ***do¹***.

ˈ**doe·skin** *s.* **1.** a) Rehfell *n*, b) Rehleder *n*; **2.** Doeskin *n* (*ein Wollstoff*).

doest [dʌst] *obs. od. poet. 2. pres. sg.*

von **do**[1]: ***thou ~*** du tust.

doff [dɒf] *v/t.* **1.** *Kleider* ablegen, ausziehen; *Hut* lüften, ziehen; **2.** *fig. Gewohnheit* ablegen.

dog [dɒg] **I** *s.* **1.** *zo.* Hund *m*; **2.** *engS.* Rüde *m* (*männlicher Hund, Wolf* [*a.* ***dog-wolf***], *Fuchs* [*a.* ***dog-fox***] *etc.*); **3.** *oft* ***dirty ~*** (gemeiner) Hund *m*, Schuft *m*; **4.** F Bursche *m*, Kerl *m*: ***gay ~*** lustiger Vogel; ***lucky ~*** Glückspilz *m*; ***sly ~*** schlauer Fuchs; **5.** *ast.* a) ***Greater*** (***Lesser***) ♀ Großer (Kleiner) Hund, b) → ***Dog Star***; **6.** ***the ~s*** *Brit.* F das Windhundrennen; **7.** ⚙ a) Klaue *f*, Knagge *f*, b) Anschlag(bolzen) *m*, c) Bock *m*, Gestell *n*; **8.** ⚒ Hund *m*, Förderwagen *m*; **9.** → ***fire-dog***;
Besondere Redewendungen:
not a ~'s chance nicht die geringste Chance; ***~ in the manger*** Neidhammel *m*; ***~s of war*** Kriegsfurien; ***~'s dinner*** FPfusch(arbeit *f*) *m*; ***~ does not eat ~*** eine Krähe hackt der anderen kein Auge aus; ***go to the ~s*** vor die Hunde gehen; ***every ~ has his day*** jeder hat einmal Glück im Leben; ***help a lame ~ over a stile*** j-m in der Not helfen; ***lead a ~'s life*** ein Hundeleben führen; ***lead s.o. a ~'s life*** j-m das Leben zur Hölle machen; ***let sleeping ~s lie*** a) schlafende Hunde soll man nicht wecken, laß die Finger davon, b) laß den Hund begraben sein, rühr nicht alte Geschichten auf; ***put on ~*** F ‚angeben', vornehm tun; ***throw to the ~s*** wegwerfen, vergeuden, *fig.* den Wölfen (zum Fraß) vorwerfen, opfern;
II *v/t.* **10.** *j-m* auf dem Fuße folgen, *j-n* verfolgen, jagen, *j-m* nachspüren: ***~ s.o.'s steps*** j-m auf den Fersen bleiben; **11.** *fig.* verfolgen: ***~ged by bad luck***.

dog| bis·cuit *s.* Hundekuchen *m*; **'~·cart** *s.* Dogcart *m* (*Wagen*); **ˌ~-'cheap** *adj. u. adv.* F spottbillig; **~ col·lar** *s.* **1.** Hundehalsband *n*; **2.** F Kol'lar *n*, (steifer) Kragen *e-s Geistlichen*; **~ days** *s. pl.* Hundstage *pl.*

doge [dəʊdʒ] *s. hist.* Doge *m*.

'dog|-ear *s.* Eselsohr *n*; **'~-eared** *adj.* mit Eselsohren (*Buch*); **~ end** *s. Brit.* F (Ziga'retten)Kippe *f*; **'~·fight** *s.* Handgemenge *n*; ⚔Einzel-, Nahkampf *m*; ✈Kurven-, Luftkampf *m*; **'~·fish** *s.* kleiner Hai, *bsd.* Hundshai *m*.

dog·ged ['dɒgɪd] *adj.* □ verbissen, hartnäckig, zäh; **'dog·ged·ness** [-nɪs] *s.* Verbissenheit *f*, Zähigkeit *f*.

dog·ger ['dɒgə] *s.* ⚓ *Dogger m* (*zweimastiges Fischerboot*).

dog·ger·el ['dɒgərəl] **I** *s.* Knittelvers *m*; **II** *adj.* holperig (*Vers etc.*).

dog·gie ['dɒgɪ] → ***doggy*** 1; **~ bag** *s.* F Beutel *m* zum Mitnehmen von Essensresten (*im Restaurant*).

dog·gish ['dɒgɪʃ] *adj.* □ **1.** hundeartig, Hunde…; **2.** bissig, mürrisch.

dog·go ['dɒgəʊ] *adv.*: ***lie ~*** a) sich nicht mucksen, b) sich versteckt halten.

dog·gone ['dɒgɒn] *adj. u. int. Am.* F verdammt.

dog·gy ['dɒgɪ] **I** *s.* **1.** Hündchen *n*, Wauwau *m*; **II** *adj.* **2.** hundeartig; **3.** hundeliebend; **4.** *Am.* F todschick.

'dog|·house *s.* Hundehütte *f*: ***in the ~*** *Am.* F in Ungnade; **~ Lat·in** *s.* 'Küchenlaˌtein *n*; **~ lead** [liːd] *s.* Hundeleine *f*.

dog·ma ['dɒgmə] *pl.* **-mas**, **-ma·ta** [-mətə] *s.* **1.** *eccl.* Dogma *n*: a) Glaubenssatz *m*, b) 'Lehrsysˌtem *n*; **2.** Lehrsatz *m*; **3.** *fig.* Dogma *n*, Grundsatz *m*; **dog·mat·ic** [dɒg'mætɪk] **I** *adj.* (□ ***~al·ly***) *eccl. u. fig. contp.* dog'matisch; **II** *s. pl. sg. konstr.* Dog'matik *f*; **'dog·ma·tism** [-ətɪzəm] *s. contp.* Dogma'tismus *m*; **'dog·ma·tist** [-ətɪst] *s. eccl. u. fig.* Dog'matiker *m*; **'dog·ma·tize** [-ətaɪz] **I** *v/i. bsd. contp.* dogmatisieren, dog'matische Behauptungen aufstellen (***on*** über *acc.*); **II** *v/t.* dogmatisieren, zum Dogma erheben.

ˌdo-'good·er *s.* F Weltverbesserer *m*, Humani'tätsaˌpostel *m*.

'dog|-ˌpad·dle *v/i.* (wie ein Hund) paddeln; **~ rac·ing** *s.* Hunderennen *n*; **'~-rose** *s.* ⚘ Heckenrose *f*.

'dogsˌbod·y ['dɒgz-] *s.* F ‚Kuli' *m* (*der die Dreckarbeit machen muß*).

'dog's-ear *etc.* → ***dog-ear*** *etc.*

'dog|-show *s.* Hundeausstellung *f*; **'~·skin** *s.* Hundsleder *n*; ♀ **Star** *s. ast.* Sirius *m*, Hundsstern *m*; **~ tag** *s.* **1.** Hundemarke *f*; **2.** ⚔ *Am. sl.* ‚Hundemarke' *f* (*Erkennungsmarke*); **~ tax** *s.* Hundesteuer *f*; **ˌ~-'tired** *adj.* F hundemüde; **'~-tooth** *s.* [*irr.*] ⚠ 'Zahnornaˌment *n*; **'~·trot** *s.* leichter Trab; **'~·watch** *s.* ⚓ ‚Plattfuß' *m* (*Wache*); **'~·wood** *s.* ⚘ Hartriegel *m*.

doi·ly ['dɔɪlɪ] *s.* (Zier)Deckchen *n*.

do·ing ['duːɪŋ] *s.* **1.** Tun *n*: ***that was your ~*** a) das hast du getan, b) es war deine Schuld; ***that will take some ~*** das will erst getan sein; **2.** *pl.* a) Taten *pl.*, Tätigkeit *f*, b) Vorfälle *pl.*, Begebenheiten *pl.*, c) Treiben *n*, Betragen *n*: ***fine ~s these!*** das sind mir schöne Geschichten!; **3.** *pl. sg. konstr. Brit.* F ‚Dingsbums' *n*.

doit [dɔɪt] *s.* Deut *m*: ***not worth a ~*** keinen Pfifferling wert.

ˌdo-it-your'self I *s.* Heimwerken *n*; **II** *adj.* Do-it-yourself…, Heimwerker…; **ˌdo-it-your'self·er** [-fə] *s.* F Heimwerker *m*.

dol·drums ['dɒldrəmz] *s. pl.* **1.** *geogr.* a) Kalmengürtel *m*, -zone *f*, b) Kalmen *pl.*, äquatori'ale Windstillen *pl.*; **2.** Niedergeschlagenheit *f*, Trübsinn *m*: ***in the ~*** a) deprimiert, Trübsal blasend, b) e-e Flaute durchmachend (*Geschäft etc.*).

dole [dəʊl] **I** *s.* **1.** milde Gabe, Almosen *n*; **2.** *bsd. Brit.* F ‚Stempelgeld' *n*: ***be*** (*od.* ***go***) ***on the ~*** stempeln gehen; **II** *v/t.* **3.** *mst* ***~ out*** sparsam aus-, verteilen.

dole·ful ['dəʊlfʊl] *adj.* □ traurig; trübselig; **'dole·ful·ness** [-nɪs] *s.* Trübseligkeit *f*.

dol·i·cho·ce·phal·ic [ˌdɒlɪkəʊse'fælɪk] *adj.* langköpfig, -schädelig.

'do-ˌlit·tle *s.* F Faulpelz *m*.

doll [dɒl] **I** *s.* **1.** Puppe *f*: ***~'s house*** Puppenstube *f*, -haus *n*; ***~'s pram*** *bsd. Brit.* Puppenwagen *m*; ***~'s face*** *fig.* Puppengesicht *n*; **2.** F ‚Puppe' *f* (*Mädchen*); *Am. sl. allg.* Frau *f*; **II** *v/t. u. v/i.* ***~ up*** F (sich) feinmachen: ***all ~ed up*** aufgedonnert.

dol·lar ['dɒlə] *s.* Dollar *m*: ***the almighty ~*** das Geld, der Mammon; ***~ diplomacy*** Dollardiplomatie *f*.

doll·ish ['dɒlɪʃ] *adj.* □ puppenhaft.

dol·lop ['dɒləp] *s.* F Klumpen *m*, ‚Klacks' *m*; *Am.* ‚Schuß' *m*: ***~ of brandy***.

doll·y ['dɒlɪ] **I** *s.* **1.** Püppchen *n*; **2.** ⚙ a) niedriger Trans'portkarren, b) *Film*: Kamerawagen *m*, c) 'Schmalspurlokoˌmoˌtive *f* (*an Baustellen*); **3.** ⚙ Nietkolben *m*; **4.** Wäschestampfer *m*, -stößel *m*; **5.** *Am.* Anhängerbock *m* (*Sattelschlepper*); **6.** *a.* ***~ bird*** F ‚Püppchen' *n* (*Mädchen*); **II** *adj.* **7.** puppenhaft; **III** *v/t.* **8.** ***~ in*** (***out***) *Film*: *die Kamera* vorfahren (zu'rückfahren); ***~ shot*** *s. Film*: Fahraufnahme *f*.

dol·man ['dɒlmən] *pl.* **-mans** *s.* **1.** Damenmantel *m* mit capeartigen Ärmeln: ***~ sleeve*** capeartiger Ärmel; **2.** Dolman *m* (*Husarenjacke*).

dol·men ['dɒlmen] *s.* Dolmen *m* (*vorgeschichtliches Steingrabmal*).

dol·o·mite ['dɒləmaɪt] *s. min.* Dolo'mit *m*: ***the 2s*** *geogr.* die Dolomiten.

do·lor *Am.* → ***dolour***; **dol·or·ous** ['dɒlərəs] *adj.* □ traurig, schmerzlich; **do·lour** ['dɒlə] *s.* Leid *n*, Pein *f*, Qual *f*, Schmerz *m*.

dol·phin ['dɒlfɪn] *s.* **1.** *zo.* a) Del'phin *m*, b) Tümmler *m*; **2.** *ichth.* 'Goldmaˌkrele *f*; **3.** ⚓ a) Ankerboje *f*, b) Dalbe *f*.

dolt [dəʊlt] *s.* Dummkopf *m*, Tölpel *m*; **'dolt·ish** [-tɪʃ] *adj.* □ tölpelhaft, dumm.

do·main [dəʊ'meɪn] *s.* **1.** Do'mäne *f*, Staatsgut *n*; **2.** Landbesitz *m*; Herrengut *n*; **3.** (***power of***) ***eminent ~*** *Am.* Enteignungsrecht *n des Staates*; **4.** *fig.* Do'mäne *f*, Gebiet *n*, Bereich *m*, Sphäre *f*, Reich *n*.

dome [dəʊm] *s.* **1.** *allg.* Kuppel *f*; **2.** Wölbung *f*; **3.** *obs.* Dom *m*, *poet. a.* stolzer Bau; **4.** ⚙ Haube *f*, Deckel *m*; **5.** *Am.* ‚Birne' *f* (*Kopf*); **domed** [-md] *adj.* gewölbt; kuppelförmig.

Domes·day Book ['du:mzdeɪ] *s. Reichsgrundbuch Englands* (*1086*).

'dome-shaped → ***domed***.

do·mes·tic [dəʊ'mestɪk] **I** *adj.* (□ ***~ally***) **1.** häuslich, Haus…, Haushalts…, Familien…, Privat…: ***~ affairs*** häusliche Angelegenheiten (→ 4); ***~ court*** *Am.* Familiengericht *n*; ***~ drama*** *thea.* bürgerliches Drama; ***~ economy*** *od.* ***science*** Hauswirtschaft(slehre) *f*; ***~ life*** Familienleben *n*; ***~ relations law*** ⚖ *Am.* Familienrecht *n*; ***~ servant*** → 6; **2.** häuslich (veranlagt): ***a ~ man***; **3.** inländisch, Inland(s)…, einheimisch, Landes…; Innen…, Binnen…: ***~ bill*** ✝ Inlandswechsel *m*; ***~ goods*** Inlandswaren; ***~ mail*** *Am.* Inlandspost *f*; ***~ trade*** Binnenhandel *m*; **4.** *pol.* inner, Innen…: ***~ affairs*** innere *od.* innenpolitische Angelegenheiten (→ 1); ***~ policy*** Innenpolitik *f*; **5.** zahm, Haus…: ***~ animal*** Haustier *n*; **II** *s.* **6.** Hausangestellte(r *m*) *f*, Dienstbote *m*; **do'mes·ti·cate** [-keɪt] *v/t.* **1.** domestizieren: a) zähmen, zu Haustieren machen, b) zu Kulturpflanzen machen; **2.** an häusliches Leben gewöhnen: ***not ~d*** a) nichts vom Haushalt verstehend, b) nicht am Familienleben hängend, ‚nicht gezähmt'; **3.** *Wilde* zivilisieren; **do·mes·ti·ca·tion** [dəʊˌmestɪ'keɪʃn] *s.* **1.** Domestizierung *f*: a) Zähmung *f*, b) ⚘ Kultivierung *f*; **2.** Gewöhnung *f* an häusliches Leben; **3.** Einbürgerung *f*; **do·mes·tic·i·ty** [ˌdəʊme'stɪsətɪ] *s.* **1.** (Neigung *f* zur) Häuslichkeit *f*; **2.** häusliches Leben; **3.** *pl.* häusliche Angelegenheiten *pl*.

dom·i·cile ['dɒmɪsaɪl], *Am. a.* **'dom·i·cil** [-sɪl] **I** *s.* **1.** a) (ständiger *od.* bürgerlichrechtlicher) Wohnsitz, b) Wohnort *m*, c) Wohnung *f*; **2.** ✝ Sitz *m* e-r Gesellschaft; **3.** *a.* ***legal ~*** ⚖ Gerichtsstand *m*; **II** *v/t.* **4.** ansässig *od.* wohnhaft machen, ansiedeln; **5.** ✝ *Wechsel* domizilieren; **'dom·i·ciled** [-ld] *adj.* **1.** ansässig, wohnhaft; **2.** ***~ bill*** ✝ Domizilwechsel *m*; **dom·i·cil·i·ar·y** [ˌdɒmɪˈsɪljərɪ] *adj.* Haus…, Wohnungs…: ***~ arrest*** Hausarrest *m*; ***~ visit*** Haussuchung *f*; **dom·i·cil·i·ate** [ˌdɒmɪˈsɪljeɪt] *v/t.* ✝ *Wechsel* domizilieren.

dom·i·nance [ˈdɒmɪnəns] *s.* **1.** (Vor-)Herrschaft *f*, (Vor)Herrschen *n*; **2.** Macht *f*; **3.** *biol.* Domiˈnanz *f*; **ˈdom·i·nant** [-nt] **I** *adj.* □ **1.** dominierend, vorherrschend; **2.** beherrschend: a) bestimmend, entscheidend: ***~ factor***, b) emˈporragend, weithin sichtbar; **3.** *biol.* domiˈnant, überlagernd; **4.** ♪ Dominant…; **II** *s.* **5.** *biol.* vorherrschendes Merkmal; ♪, *a.* ⚘ Domiˈnante *f*; **ˈdom·i·nate** [-neɪt] **I** *v/t.* beherrschen (*a. fig.*): a) herrschen über (*acc.*), b) emˈporragen über (*acc.*); **II** *v/i.* dominieren, (vor)herrschen: ***~ over*** herrschen über (*acc.*).

dom·i·na·tion [ˌdɒmɪˈneɪʃn] *s.* (Vor-)Herrschaft *f*; **ˌdom·iˈneer** [-ˈnɪə] *v/i.* **1.** den Herrn spielen, anmaßend auftreten; **2.** (***over***) desˈpotisch herrschen (über *acc.*), tyrannisieren (*acc.*); **ˌdom·iˈneer·ing** [-ˈnɪərɪŋ] *adj.* □ **1.** tyˈrannisch, herrisch, gebieterisch; **2.** anmaßend.

do·min·i·cal [dəˈmɪnɪkl] *adj. eccl.* des Herrn (Jesu): ***~ day*** Tag *m* des Herrn (*Sonntag*); ***~ prayer*** *das* Gebet des Herrn (*Vaterunser*); ***~ year*** Jahr *n* des Herrn.

Do·min·i·can [dəˈmɪnɪkən] *eccl.* **I** *adj.* **1.** *eccl.* Dominikaner…, dominiˈkanisch; **2.** *pol.* dominikanisch; **II** *s.* **3.** *a.* ***~ friar*** Dominiˈkaner(mönch) *m*; **4.** *pol.* Dominiˈkaner(in).

dom·i·nie [ˈdɒmɪnɪ] *s.* **1.** *Scot.* Schulmeister *m*; **2.** (Herr) Pastor *m*.

do·min·ion [dəˈmɪnjən] *s.* **1.** (Ober-)Herrschaft *f*, (Regierungs)Gewalt *f*; **2.** ⚖ a) Eigentumsrecht *n*, b) (tatsächliche) Gewalt (***over*** über *e-e Sache*); **3.** (Herrschafts)Gebiet *n*; **4.** a) *hist.* ♀ Doˈminion *n* (*im Brit. Commonwealth*), b) ***the*** ♀ *Am.* Kanada *n*.

dom·i·no [ˈdɒmɪnəʊ] *pl.* **-noes** *s.* **1.** a) *pl. sg. konstr.* Domino(spiel) *n*, b) Dominostein *m*; **2.** Domino *m* (*Maskenkostüm od. Person*); ***~*** **the·o·ry** *s. pol.* ˈDominotheoˌrie *f*.

don[1] [dɒn] *s.* **1.** ♀ *span. Titel*; *weitS.* Spanier *m*; **2.** *Brit.* Universitätslehrer *m* (*Fellow od. Tutor*); **3.** Fachmann *m* (***at*** in *dat.*, für).

don[2] [dɒn] *v/t. et.* anziehen, *den Hut* aufsetzen.

do·nate [dəʊˈneɪt] *v/t.* schenken (*a.* ⚖), stiften, *a. Blut etc.* spenden (***to s.o.*** j-m); **doˈna·tion** [-eɪʃn] *s.* Schenkung *f* (*a.* ⚖), Stiftung *f*, Gabe *f*, Geschenk *n*, Spende *f*.

done [dʌn] **I** *p.p. von* ***do***[1]; **II** *adj.* **1.** getan: ***well ~!*** gut gemacht!, bravo!; ***it isn't ~*** so et. tut man nicht, das gehört sich nicht; ***what is to be ~?*** was ist zu tun?, was soll geschehen?; ***~ at …*** *in Urkunden*: gegeben in *der Stadt New York etc.*; **2.** erledigt (*a. fig.*): ***get s.th. ~*** et. erledigen (lassen); ***he gets things ~*** er bringt et. zuwege; **3.** gar: ***is the meat ~ yet?***; ***well ~*** durchgebraten; **4.** F fertig: ***have ~ with*** a) fertig sein mit (*a. fig.*), b) nicht mehr brauchen, c) nichts mehr zu tun haben wollen mit; **5.** *a.* ***~ up***, ***~ in*** erschöpft, ‚erledigt‘, ‚fertig‘; **6.** ***~!*** abgemacht!

do·nee [dəʊˈniː] *s.* ⚖ Beschenkte(r *m*) *f*, Schenkungsempfänger(in).

dong [dɒŋ] *s. Am.* V ‚Pimmel‘ *m* (*Penis*).

don·jon [ˈdɒndʒən] *s.* **1.** Donˈjon *m*, Hauptturm *m*; **2.** Bergfried *m*, Burgturm *m*.

don·key [ˈdɒŋkɪ] **I** *s.* **1.** Esel *m* (*a. fig.*): ***~'s years*** *Brit.* F e-e ‚Ewigkeit‘; **2.** → ***donkey engine***; **II** *adj.* **3.** ⚙ Hilfs…: ***~ pump***; ***~*** **en·gine** *s.* ⚙ kleine (*transportable*) ˈHilfsmaˌschine; **ˈ~·work** *s.* F Dreckarbeit *f*.

don·nish [ˈdɒnɪʃ] *adj.* **1.** gelehrt; **2.** belehrend.

do·nor [ˈdəʊnə] *s.* Geber *m*; Schenker *m* (*a.* ⚖); Spender *m* (*a.* ⚕), Stifter *m*; ***~*** **card** *s.* Orˈganspenderausweis *m*.

ˈdo-ˌnoth·ing **I** *s.* Faulenzer(in); **II** *adj.* faul, nichtstuerisch.

Don Quix·ote [ˌdɒnˈkwɪksət] *s.* Don Quiˈchotte *m* (*weltfremder Idealist*).

don't [dəʊnt] **I** a) F *für* ***do not***, b) *sl. für* ***does not***; **II** *s.* F Verbot *n*; → ***do***[2] 3; ***~*** **know** *s.* a) Unentschiedene(r *m*) *f*, b) j-d, der (*bei e-r Umfrage*) keine Meinung hat.

doo·dle [ˈduːdl] **I** *s.* gedankenlos hingezeichnete Fiˈgur(en *pl.*), Gekritzel *n*; **II** *v/i.* et. (gedankenlos) ˈhinkritzeln, ‚Männchen malen‘.

doom [duːm] **I** *s.* **1.** Schicksal *n*; (*bsd.* böses) Geschick, Verhängnis *n*: ***he met his ~*** das Schicksal ereilte ihn; **2.** Verderben *n*, ˈUntergang *m*, *a.* Tod *m*, *fig.* Todesurteil *n*; **3.** *obs.* Urteilsspruch *m*, Verdammung *f*; **4.** ***the day of ~*** das

Jüngste Gericht; → ***crack*** 1; **II** *v/t.* **5.** verurteilen, verdammen (***to*** zu): **~ *to death***; **doomed** [-md] *adj.* a) verloren, dem ˈUntergang geweiht, b) *bsd. fig.* verdammt, verurteilt (***to*** zu, ***to do*** zu tun): **~ *to failure*** zum Scheitern verurteilt; ***the ~ train*** der Unglückszug *m*; **dooms·day** [ˈduːmzdeɪ] *s. das* Jüngste Gericht: ***till ~*** bis zum Jüngsten Tag; **Dooms·day Book** → ***Domesday Book***; **doom·ster** [ˈduːmstə] *s.* ˈWeltuntergangsproˌphet *m.*

door [dɔː] *s.* **1.** Tür *f*: ***out of ~s*** draußen, im Freien; ***within ~s*** im Hause, drinnen; ***from ~ to ~*** von Haus zu Haus; ***delivered to your ~*** frei Haus (geliefert); ***two ~s away*** (*od.* ***off***) zwei Häuser weiter; → ***next*** 1; **2.** Ein-, Zugang *m*, Tor *n*, Pforte *f* (*alle a. fig.*): ***at death's ~*** am Rande des Grabes; ***lay s.th. at s.o.'s ~*** j-m et. zur Last legen; ***lay the blame at s.o.'s ~*** j-m die Schuld zuschieben; ***close*** (*od.* ***bang, shut***) ***the ~ on*** a) *j-n* abweisen, b) *et.* unmöglich machen; ***open a ~ to s.th.*** et. ermöglichen, *b.s.* e-r Sache Tür u. Tor öffnen; ***see*** (*od.* ***show***) ***s.o. to the ~*** j-n zur Tür begleiten; ***show s.o. the ~*** j-m die Tür weisen; ***turn out of ~s*** *j-n* hinauswerfen; → ***darken*** 1; ˈ**~·bell** *s.* Türklingel *f*; **~ han·dle** *s.* Türgriff *m*, -klinke *f*; ˈ**~ˌkeep·er** *s.* Pförtner *m*; ˈ**~-key child** *s.* Schlüsselkind *n*; ˈ**~·knob** *s.* Türgriff *m*; ˈ**~ˌknock·er** *s.* Türklopfer *m*; ˈ**~·man** [-mən] *s.* [*irr.*] (livrierter) Portiˈer; ˈ**~·mat** *s.* Fußmatte *f*, Fußabstreifer *m* (*a. fig. contp.*); ˈ**~·nail** *s.* Türnagel *m*; → ***dead*** 1; ˈ**~·plate** *s.* Türschild *n*; ˈ**~·post** *s.* Türpfosten *m*; ˈ**~·step** *s.* (Haus)Türstufe *f*: ***on s.o.'s ~*** vor j-s Tür (*a. fig.*); ˌ**~-to-ˈ~** *adj.* Haus-zu-Haus-…: **~ *selling*** Verkauf *m* an der Haustür; ˈ**~·way** *s.* **1.** Torweg *m*; **2.** Türöffnung *f*; **3.** *fig.* Zugang *m*; ˈ**~·yard** *s. Am.* Vorgarten *m.*

dope [dəʊp] **I** *s.* **1.** Schmiere *f*, dicke Flüssigkeit; **2.** ✈ (Spann)Lack *m*, Firnis *m*; **3.** ⚙ Schmiermittel *n*; Zusatz (-stoff) *m*; Benˈzinzusatzmittel *n*; **4.** *sl.* ‚Stoff' *m*, Rauschgift *n*; **5.** *sl.* Reiz-, Aufputschmittel *n*; **6.** *oft* ***inside ~*** *sl.* Geheimtip(s *pl.*) *m*, Informatiˈon (-en *pl.*) *f*; **7.** *sl.* Trottel *m*, Idiˈot *m*; **II** *v/t.* **8.** ✈ lackieren, firnissen; **9.** ⚙ *dem Benzin* ein Zusatzmittel beimischen; **10.** *sl. j-m* ‚Stoff' geben; **11.** *sl.* a) *sport* dopen: ***doping test*** Dopingkontrolle *f*, b) *e-m Pferd* ein leistungshemmendes Präpaˈrat geben, c) *ein Getränk etc.* (mit e-m Betäubungsmittel) präparieren, d) *fig.* einschläfern, -lullen; **12.** *mst* **~ *out*** *sl.* a) herˈausfinden, ausfindig machen, b) ausknobeln; ˈ**~-fiend** *s. sl.* Rauschgiftsüchtige(r *m*) *f.*

dope·y [ˈdəʊpɪ] *adj. sl.* doof.

dor [dɔː], **dor·bee·tle** [ˈdɔːˌbiːtl] *s. zo.* **1.** Mist-, Roßkäfer *m*; **2.** Maikäfer *m.*

Do·ri·an [ˈdɔːrɪən] **I** *adj.* dorisch; **II** *s.* Dorier *m*; **Dor·ic** [ˈdɒrɪk] **I** *adj.* **1.** dorisch: **~ *order*** ⚠ dorische (Säulen)Ordnung; **2.** breit, grob (*Mundart*); **II** *s.* **3.** Dorisch *n*, dorischer Diaˈlekt; **4.** breiter *od.* grober Diaˈlekt.

dorm [dɔːm] *s.* F *für* ***dormitory.***

dor·man·cy [ˈdɔːmənsɪ] *s.* Schlafzustand *m*, Ruhe(zustand *m*) *f* (*a.* ♆); ˈ**dor·mant** [-nt] *adj.* **1.** schlafend (*a. her.*), ruhend (*a.* ♆), untätig (*a. Vulkan*); **2.** *zo.* Winterschlaf haltend; **3.** *fig.* a) schlummernd, laˈtent, verborgen, b) unbenutzt, brachliegend: **~ *talent***; **~ *capital*** ♆ totes Kapital: **~ *partner*** ♆ stiller Teilhaber; **~ *title*** ⚖ ruhender *od.* nicht beanspruchter Titel; ***lie ~*** ruhen, brachliegen.

dor·mer [ˈdɔːmə] *s.* ⚠ **1.** (Dach)Gaupe *f*; **2.** *a.* **~ *window*** stehendes Dachfenster.

dor·mi·to·ry [ˈdɔːmɪtrɪ] *s.* **1.** Schlafsaal *m*; **2.** (*bsd.* Stuˈdenten)Wohnheim *n*; **~ sub·urb** *s.* Schlafstadt *f.*

dor·mouse [ˈdɔːmaʊs] *pl.* **-mice** [-maɪs] *s. zo.* Haselmaus *f*; → ***sleep*** 1.

dor·my [ˈdɔːmɪ] *adj. Golf*: dormy (*mit so viel Löchern führend, wie noch zu spielen sind*): ***be ~ two*** dormy 2 stehen.

dor·sal [ˈdɔːsl] *adj.* □ dorˈsal (♆, *zo., anat., ling.*), Rücken…

do·ry[1] [ˈdɔːrɪ] *s.* Dory *n* (*Boot*).

do·ry[2] [ˈdɔːrɪ] → ***John Dory.***

dos·age [ˈdəʊsɪdʒ] *s.* **1.** Dosierung *f*; **2.** → ***dose*** 1, 2; **dose** [dəʊs] **I** *s.* **1.** ⚕ Dosis *f*, (Arzˈnei)Gabe *f*; **2.** *fig.* Dosis *f*, ‚Schuß' *m*, Portiˈon *f*; **3.** *a.* **~ *of clap*** V Tripper *m*; **II** *v/t.* **4.** *Arznei* dosieren; **5.** *j-m* Arzˈnei geben; **6.** *Wein* zuckern.

doss [dɒs] *Brit. sl.* **I** *s.* ‚Falle' *f*, ‚Klappe' *f*, Schlafplatz *m*; **II** *v/i.* ‚pennen'.

dos·ser[1] [ˈdɒsə] *s.* Rücken(trag)korb *m.*

dos·ser[2] [ˈdɒsə] *s. sl.* **1.** ‚Pennbruder' *m*; **2.** → ***dosshouse.***

ˈ**doss·house** *s. sl.* ‚Penne' *f* (*billige Pension*).

dos·si·er [ˈdɒsɪeɪ] *s.* Dossiˈer *n*, Akten *pl.*, Akte *f.*

dost [dʌst; dəst] *obs. od. poet. 2. pres. sg. von* ***do***[1].

dot[1] [dɒt] *s.* ⚖ Mitgift *f.*

dot[2] [dɒt] **I** *s.* **1.** Punkt *m* (*a.* ♪), Tüpfelchen *n*: ***~s and dashes*** Punkte u. Striche, *tel.* Morsezeichen; ***come on the ~*** F auf den Glockenschlag pünktlich kommen; ***since the year ~*** F seit e-r Ewigkeit; **2.** Tupfen *m*, Fleck *m*; **3.** *et.* Winziges, Knirps *m*; **II** *v/t.* **4.** punktieren (*a.* ♪): ***~ted line***; ***sign on the ~ted line*** (*fig.* ohne weiteres) unterschreiben; **5.** mit dem i-Punkt versehen: ***~ the*** (*od.* ***one's***) ***i's*** [***and cross the*** (*od.* ***one's***) ***t's***] *fig.* peinlich genau *od.* penibel sein; **6.** tüpfeln; **7.** über'säen, sprenkeln: ***~ted with flowers***; **8.** *sl.* ***~ s.o. one*** j-m eine ‚knallen'.

dot·age ['dəʊtɪdʒ] *s.* **1.** Senili'tät *f*: ***he is in his ~*** er ist kindisch *od.* senil geworden; **2.** *fig.* Affenliebe *f*, Vernarrtheit *f*; **'do·tard** [-təd] *s.* se'niler Mensch; **dote** [dəʊt] *v/i.* **1.** kindisch *od.* senil sein; **2.** (***on***) vernarrt sein (in *acc.*), abgöttisch lieben (*acc.*).

doth [dʌθ; dəθ] *obs. od. poet. 3. pres. sg. von* ***do***[1].

dot·ing ['dəʊtɪŋ] *adj.* □ **1.** vernarrt (***on*** in *acc.*): ***he is a doting husband*** er liebt s-e Frau abgöttisch; **2.** se'nil, kindisch.

dot·ter·el, **dot·trel** ['dɒtrəl] *s. orn.* Mori'nell(regenpfeifer) *m*.

dot·ty ['dɒtɪ] *adj.* **1.** punktiert, getüpfelt; **2.** F wackelig; **3.** F ‚bekloppt'.

dou·ble ['dʌbl] **I** *adj.* □ **1.** doppelt, Doppel…, zweifach, gepaart: ***~ the amount*** der doppelte *od.* zweifache Betrag; ***~ bottom*** doppelter Boden (*Schiff, Koffer*); ***~ doors*** Doppeltür *f*; ***~ taxation*** Doppelbesteuerung *f*; ***~ width*** doppelte Breite, doppelt breit; ***~ pneumonia*** ⚕ doppelseitige Lungenentzündung; ***~ standard of morals*** *fig.* doppelte *od.* doppelbödige Moral; ***~ (of) what it was*** doppelt *od.* zweimal soviel wie vorher; **2.** Doppel…, verdoppelt, verstärkt: ***~ ale*** Starkbier *n*; **3.** Doppel…, für zwei bestimmt: ***~ bed*** Doppelbett *n*; ***~ room*** Doppel-, Zweibettzimmer *n*; **4.** ⚘ gefüllt (*Blume*); **5.** ♪ eine Ok'tave tiefer, Kontra…; **6.** zwiespältig, zweideutig, doppelsinnig; **7.** unaufrichtig, falsch: ***~ character***; **8.** gekrümmt, gebeugt; **II** *adv.* **9.** doppelt, noch einmal: ***~ as long***; **10.** doppelt, zweifach: ***see ~*** doppelt sehen; ***play (at) ~ or quit(s)*** alles aufs Spiel setzen; **11.** paarweise, zu zweit: ***to sleep ~***; **III** *s.* **12.** *das* Doppelte *od.* Zweifache; **13.** Doppel *n*, Dupli'kat *n*: **14.** a) Gegenstück *n*, Ebenbild *n*, b) Double *n*, Doppelgänger *m*; **15.** Windung *f*, Falte *f*; **16.** Haken *m* (*bsd. Hase, a. Person*), plötzliche Kehrtwendung; **17.** ***at the ~*** ⚔ im Schnellschritt; **18.** *mst pl. sg. konstr. sport* Doppel *n*: ***play a ~s (match)***; ***men's ~s*** Herrendoppel; **19.** *sport* a) Doppelsieg *m*, b) Doppelniederlage *f*; **20.** Doppelwette *f*; **21.** *Film*: Double *n*, *thea.* zweite Besetzung; **22.** *Bridge etc.*: Doppel *n*; **IV** *v/t.* **23.** verdoppeln (*a.* ♪); **24.** um das Doppelte über'treffen; **25.** *oft* ***~ up*** ('um-, zs.-) falten, 'um-, zs.-legen, 'umschlagen; **26.** *Beine* 'überschlagen; *Faust* ballen; **27.** ⚓ um'segeln, -'schiffen; **28.** a) *Film, TV* als Double einspringen für, *j-n* doubeln, b) ***~ the parts of A. and B.*** *thea. etc.* A. u. B. in e-r Doppelrolle spielen; **29.** *Spinnerei*: doublieren; **30.** *Karten*: *Gebot* doppeln; **V** *v/i.* **31.** sich verdoppeln; **32.** sich falten (lassen); **33.** a) plötzlich kehrtmachen, b) e-n Haken schlagen; **34.** *thea.* a) e-e Doppelrolle spielen, b) ***~ for*** → 28a; **35.** ♪ zwei Instru'mente spielen; **36.** ⚔ a) im Schnellschritt marschieren, b) F Tempo vorlegen; **37.** a) den Einsatz verdoppeln, b) *Bridge*: doppeln.

Zssgn mit adv.:

dou·ble| back I *v/t.* → ***double*** 25; **II** *v/i.* kehrtmachen; ***~ in*** *v/t.* nach innen falten, einbiegen, -schlagen; ***~ up* I** *v/t.* **1.** → ***double*** 25; **2.** (zs.-)krümmen; **II** *v/i.* **3.** → ***double*** 32; **4.** sich krümmen *od.* biegen (*a. fig.* ***with*** vor *Schmerz, Lachen*); **5.** das Zimmer *etc.* gemeinsam benutzen: ***~ on s.th.*** sich (in) et. teilen.

ˌdou·ble|-'act·ing, **ˌ~-'ac·tion** *adj.* ⚙ doppeltwirkend; **~ a·gent** *s. pol.* 'Doppelaˌgent *m*; **'~-ˌbar·rel(l)ed** *adj.* **1.** doppelläufig: ***~ gun*** Doppelflinte *f*; **2.** zweideutig; **3.** zweifach: ***~ name*** F Doppelname *m*; **~ bass** [beɪs] → ***contrabass***; **'~-ˌbed·ded** *adj.*: ***~ room*** Zweibettzimmer *n*; **~ bend** *s.* S-Kurve *f*; **~ bill** *s.* Doppelveranstaltung *f*; **ˌ~-'breast·ed** *adj.* zweireihig (*Anzug*); **ˌ~-'check** *v/t.* genau nachprüfen; **~ chin** *s.* Doppelkinn *n*; **~ col·umn** *s.* Doppelspalte *f* (*Zeitung*): ***in ~s*** zweispaltig; **ˌ~-'cross** *v/t.* ein doppeltes *od.* falsches Spiel treiben mit, *bsd. den Partner* ‚anschmieren'; **~ date** *s.* 'Doppelrendezˌvous *n* (*zweier Paare*); **ˌ~-'deal·er** *s.* falscher *od.* ‚linker' Kerl, Betrüger *m*; **ˌ~-'deal·ing I** *adj.* falsch, betrügerisch; **II** *s.* Betrug *m*, Gemeinheit *f*; **ˌ~-'deck·er** *s.* **1.** Doppeldecker *m* (*Schiff, Flugzeug, Omnibus*); **2.** a) zweistöckiges Haus *etc.*, b) E'tagenbett *n*, c) Ro'man *m* in zwei Bänden, d) *Am.* F Doppelsandwich *n*; **~ Dutch** *s.* F Kauderwelsch *n*; ˌ**~-ˈdyed** *adj.* **1.** zweimal gefärbt; **2.** *fig.* eingefleischt, Erz...: **~ villain** Erzgauner *m*; **~ ea·gle** *s.* **1.** *her.* Doppeladler *m*; **2.** *Am.* *goldenes 20-Dollar-Stück*; ˌ**~-ˈedged** *adj.* zweischneidig (*a. fig.*): **~ sword**; **~ en·ten·dre** [ˌdu:blɑ̃:nˈtɑ̃:ndrə] (*Fr.*) *s. allg.* Zweideutigkeit *f*; **~ en·try** *s.* ✝ **1.** doppelte Buchung; **2.** doppelte Buchführung; **~ ex·po·sure** *s. phot.* Doppelbelichtung *f*; ˈ**~-faced** *adj.* heuchlerisch, scheinheilig, unaufrichtig; **~ fault** *s. Tennis*: Doppelfehler *m*; **~ fea·ture** *s. Film*: ˈDoppelproˌgramm *n* (*zwei Spielfilme in jeder Vorstellung*); **~ first** *s. univ. Brit.* mit Auszeichnung erworbener **honours degree** in zwei Fächern; ˈ**~ˌgang·er** [-ˌgæŋə] *s. psych.* Doppelgänger *m*; **~ har·ness** *s. fig.* Ehestand *m*, -joch *n*; **~ in·dem·ni·ty** *s. Am.* Verdoppelung *f* der Versicherungssumme (*bei Unfalltod*); ˌ**~-ˈjoint·ed** *adj.* mit ‚Gummigelenken' (*Person*); **~ life** *s.* Doppelleben *n*; **~ mean·ing** *s.* Zweideutigkeit *f*; ˌ**~-ˈmind·ed** *adj.* **1.** wankelmütig, unentschlossen; **2.** unaufrichtig; **~ mur·der** *s.* Doppelmord *m*.

dou·ble·ness [ˈdʌblnɪs] *s.* **1.** *das* Doppelte; **2.** Doppelzüngigkeit *f*, Falschheit *f*.

ˌ**dou·ble|-ˈpark** *v/t. u. v/i. mot.* in zweiter Reihe parken; ˌ**~-ˈquick** ⚔ **I** *s.* → **double time**; **II** *adv.* F im Eiltempo; ˌ**~-ˈspaced** *adj.* zweizeilig, mit doppeltem Zeilenabstand; **~ star** *s. ast.* Doppelstern *m*; ˌ**~-ˈstop** ♪ **I** *s.* Doppelgriff *m* (*Streichinstrument*); **II** *v/t.* Doppelgriffe spielen auf (*dat.*).

dou·blet [ˈdʌblɪt] *s.* **1.** *hist.* Wams *n*; **2.** Paar *n* (*Dinge*); **3.** Duˈblette *f*: a) Dupliˈkat *n*, b) *typ.* Doppelsatz *m*; **4.** *pl.* Pasch *m* (*beim Würfeln*).

ˌ**dou·ble|-ˈtake** *s. sl.* ‚Spätzündung' *f* (*verzögerte Reaktion*): **I did a ~ when** ich stutzte zweimal, als; **~ talk** *s.* F doppeldeutiges Gerede, ‚Augenauswischeˈrei' *f*; **~ tax·a·tion** *s.* ✝ Doppelbesteuerung *f*; ˈ**~-think** *s.* ‚Zwiedenken' *n*; **~ time** *s.* ⚔ a) Schnellschritt *m*, b) (langsamer) Laufschritt: **in ~** F im Eiltempo, fix; ˌ**~-ˈtongued** *adj.* doppelzüngig, falsch; ˌ**~-ˈtracked** *adj.* 🚂 zweigleisig.

dou·bling [ˈdʌblɪŋ] *s.* **1.** Verdoppelung *f*; **2.** Faltung *f*; **3.** Haken(schlagen *n*) *m*; **4.** Trick *m*; **dou·bly** [ˈdʌblɪ] *adv.* doppelt.

doubt [daʊt] **I** *v/i.* **1.** zweifeln; schwanken, Bedenken haben; **2.** zweifeln (**of**, **about** an *e-r Sache*); (darˈan) zweifeln, (es) bezweifeln (**whether**, **if** ob; **that** daß; *neg. u. interrog.* **that**, **but that**, **but** daß): **I ~ whether he will come** ich zweifle, ob er kommen wird; **II** *v/t.* **3.** *et.* bezweifeln: **I ~ his honesty**; **I ~ it**; **4.** mißˈtrauen (*dat.*), keinen Glauben schenken (*dat.*): **~ s.o.**; **~ s.o.'s words**; **III** *s.* **5.** Zweifel *m* (**of** an *dat.*, **about** hinsichtlich *gen.*; **that** daß): **no ~**, **without ~**, **beyond ~** zweifellos, fraglos, gewiß; **I have no ~** ich zweifle nicht (daran), ich bezweifle es nicht; **be in ~ about** Zweifel haben an (*dat.*); **leave s.o. in no ~ about s.th.** j-n nicht im ungewissen über et. lassen; → **benefit** 1; **6.** a) Bedenken *n*, Besorgnis *f*, (**about** wegen), b) Argwohn *m*: **raise ~s** Zweifel aufkommen lassen; **7.** Ungewißheit *f*: **be in ~** unschlüssig sein; ˈ**doubt·er** [-tə] *s.* Zweifler(in); ˈ**doubt·ful** [-fʊl] *adj.* ☐ **1.** zweifelnd, im Zweifel, unschlüssig: **be ~ of** (*od.* **about**) **s.th.** an e-r Sache zweifeln, im Zweifel über et. sein; **2.** zweifelhaft: a) unsicher, fraglich, unklar, b) fragwürdig, bedenklich, c) ungewiß, d) verdächtig, dubiˈos; ˈ**doubt·ful·ness** [-fʊlnɪs] *s.* **1.** Zweifelhaftigkeit *f*: a) Unsicherheit *f*, b) Fragwürdigkeit *f*, c) Ungewißheit *f*; **2.** Unschlüssigkeit *f*; ˈ**doubt·ing** [-tɪŋ] *adj.* ☐ zweifelnd: a) schwankend, unschlüssig, b) ˈmißtrauisch: **☊ Thomas** ungläubiger Thomas; ˈ**doubt·less** [-lɪs] *adv.* zweifellos, sicherlich.

dou·ceur [dʊˈsɜ:] (*Fr.*) *s.* **1.** (Geld)Geschenk *n*, Trinkgeld *n*; **2.** Bestechungsgeld *n*.

douche [du:ʃ] **I** *s.* **1.** Dusche *f*, Brause *f*: **cold ~** *a. fig.* kalte Dusche; **2.** ⚕ a) Spülung *f*, Dusche *f*, b) Irriˈgator *m*; **II** *v/t. u. v/i.* **3.** (sich) (ab)duschen; **4.** ⚕ (aus)spülen; **III** *v/i.* **5.** ⚕ e-e Spülung machen.

dough [dəʊ] *s.* **1.** Teig *m* (*a. weitS.*); **2.** *bsd. Am. sl.* ‚Zaster' *m* (*Geld*); ˈ**~·boy** *s.* **1.** Mehlkloß *m*; **2.** *a.* ˈ**~·foot** *Am. sl.* Landser *m* (*Infanterist*); ˈ**~·nut** *s.* Krapfen *m*, Berˈliner (Pfannkuchen) *m*.

dough·ty [ˈdaʊtɪ] *adj.* ☐ *obs. od. poet.* mannhaft, tapfer.

dough·y [ˈdəʊɪ] *adj.* **1.** teigig (*a. fig.*); **2.** klitschig, nicht ˈdurchgebacken.

dour [ˈdʊə] *adj.* ☐ **1.** mürrisch; **2.** streng, hart; **3.** halsstarrig, stur.

douse [daʊs] *v/t.* **1.** a) ins Wasser tauchen, b) begießen; **2.** F *Licht* auslöschen; **3.** ⚓ a) *Segel* laufen lassen, b) *Tau* loswerfen.

dove [dʌv] *s.* **1.** *orn.* Taube *f*: **~ of**

peace Friedenstaube; **2.** Täubchen *n*, ‚Schatz' *m*; **3.** *eccl.* Taube *f* (*Symbol des Heiligen Geistes*); **4.** *pol.* ‚Taube' *f*: ***~s and hawks*** Tauben u. Falken; **'~,col·o(u)r** *s.* Taubengrau *n*; **~-cot(e)** ['dʌvkɒt] *s.* Taubenschlag *m*; **'~-eyed** *adj.* sanftäugig; **'~·like** *adj.* sanft.

'dove's-foot ['dʌvz-] *s.* ⚘ Storchschnabel *m*.

'dove·tail I *s.* **1.** ⚙ Schwalbenschwanz *m*, Zinke *f*; **II** *v/t.* **2.** verschwalben, verzinken; **3.** *fig.* fest zs.-fügen, (inein'ander) verzahnen, verquicken; **4.** einfügen, -passen, -gliedern (***into*** in *acc.*); **5.** passend zs.-setzen; einpassen (***into*** in *acc.*); **III** *v/i.* **6.** genau passen (***into*** in *acc.*, zu; ***with*** mit); angepaßt sein (***with*** *dat.*); genau inein'andergreifen, -passen.

dow·a·ger ['daʊədʒə] *s.* **1.** Witwe *f* (von Stande): ***queen ~*** Königinwitwe; ***~ duchess*** Herzoginwitwe; **2.** Ma'trone *f*, würdevolle ältere Dame.

dow·di·ness ['daʊdɪnɪs] *s.* Schäbigkeit *f*, Schlampigkeit *f*; **dow·dy** ['daʊdɪ] **I** *adj.* ☐ **1.** schlechtgekleidet, 'unele,gant, schäbig, schlampig; **II** *s.* **2.** nachlässig gekleidete Frau; **3.** *Am.* (*ein*) Apfelauflauf *m*.

dow·el ['daʊəl] ⚙ **I** *s.* (Holz-, *a.* Wand-) Dübel *m*, Holzpflock *m*; **II** *v/t.* (ver)dübeln.

dow·er ['daʊə] **I** *s.* **1.** ⚖ Wittum *n*; **2.** *obs.* Mitgift *f*; **3.** Begabung *f*; **II** *v/t.* **4.** ausstatten (*a. fig.*).

Dow-Jones av·er·age *od.* **in·dex** [,daʊ'dʒəʊnz] *s.* † Dow-Jones-Index *m* (*Aktienindex der New Yorker Börse*).

down¹ [daʊn] *s.* **1.** a) Daunen *pl.*, flaumiges Gefieder, b) Daune *f*, Flaumfeder *f*: ***~ quilt*** Daunendecke *f*; **2.** Flaum *m* (*a.* ⚘), feine Härchen *pl.*

down² [daʊn] *s.* **1.** a) Hügel *m*, b) Düne *f*; **2.** *pl.* waldloses, *bsd.* grasbewachsenes Hügelland.

down³ [daʊn] **I** *adv.* **1.** (*Richtung*) nach unten, her-, hin'unter, her-, hin'ab, abwärts, zum Boden, nieder...: ***~ from*** von ... herab, von ... an, fort von; ***~ to*** bis (hinunter) zu; ***~ to the last man*** bis zum letzten Mann; ***~ to our times*** bis in unsere Zeit; ***burn ~*** niederbrennen; ***~!*** nieder!, *zum Hund*: leg dich!; ***~ with the capitalists!*** nieder mit den Kapitalisten!; **2.** *Brit.* a) nicht in London, b) nicht an der Universi'tät: ***~ to the country*** aufs Land, in die Provinz; **3.** *Am.* ins Geschäftsviertel, in die Stadt (-mitte); **4.** südwärts; **5.** angesetzt: ***~ for Friday*** für Freitag angesetzt; ***~ for second reading*** *parl.* zur zweiten Lesung angesetzt; **6.** (in) bar, so'fort: ***pay ~*** bar bezahlen; ***one pound ~*** ein Pfund sofort *od.* als Anzahlung; **7.** ***be ~ on s.o.*** F a) j-n ‚auf dem Kieker' haben, b) über j-n herfallen; **8.** (*Lage, Zustand*) unten; unten im Hause: ***~ below*** unten; ***~ there*** dort unten; ***~ under*** F in *od.* nach Australien *od.* Neuseeland; ***~ in the country*** auf dem Lande; ***~ south*** (unten) im Süden; ***he is not ~ yet*** er ist noch nicht unten *od.* (*morgens*) noch nicht aufgestanden; **9.** 'untergegangen (*Gestirne*); **10.** her'abgelassen (*Haare, Vorhänge*); **11.** gefallen (*Preise, Temperatur etc.*); billiger (*Ware*); **12.** ***he was two points ~*** *sport* er lag zwei Punkte zurück; ***he is £10 ~*** *fig.* er hat 10 £ verloren; **13.** a) niedergestreckt, am Boden (liegend), b) *Boxen*: am Boden, ‚unten': ***~ and out*** k.o., *fig.* (*a. physisch u. psychisch*) ‚erledigt', ‚kaputt', ‚fix u. fertig'; ***~ with flu*** mit Grippe im Bett; **14.** niedergeschlagen, deprimiert; **15.** her'untergekommen, in elenden Verhältnissen lebend: ***~ at heels*** abgerissen; **II** *adj.* **16.** abwärts gerichtet, nach unten, Abwärts...: ***~ trend*** fallende Tendenz; **17.** *Brit.* von London abfahrend *od.* kommend: ***~ train***; ***~ platform*** Abfahrtsbahnsteig *m* (*in London*); **18.** *Am.* in Richtung Stadt(mitte), zum Geschäftsviertel (hin); **III** *prp.* **19.** her-, hin'unter, her-, hin'ab, entlang: ***~ the hill*** den Hügel hinunter; ***~ the river*** flußabwärts; ***further ~ the river*** weiter unten am Fluß; ***~ the road*** die Straße entlang; ***~ the middle*** durch die Mitte; ***~ (the) wind*** ⚓ mit dem Wind; → ***downtown***; **20.** (*Zeit*) durch: ***~ the ages*** durch alle Zeiten; **IV** *s.* **21.** Nieder-, Rückgang *m*; Tiefstand *m*; **22.** Depressi'on *f*, (seelischer) Tiefpunkt; **23.** F Groll *m*: ***have a ~ on s.o.*** j-n auf dem ‚Kieker' haben; **V** *v/t.* **24.** zu Fall bringen (*a. sport u. fig.*); niederschlagen; bezwingen; ruinieren; **25.** niederlegen: ***~ tools*** die Arbeit niederlegen, in den Streik treten; **26.** ✈ abschießen, ‚runterholen'; **27.** F *ein Getränk* ‚runterkippen'.

,down|-and-'out I *adj.* völlig ‚erledigt', ‚restlos fertig'; ganz ‚auf den Hund' gekommen; **II** *s.* Pennbruder *m*; **,~-at-(the-)'heels** *adj. allg.* he'runtergekommen; **'~·beat I** *s.* **1.** ♪ erster Schlag (*des Taktes*); **2.** ***on the ~*** *fig.* im Rückgang (begriffen); **II** *adj.* **3.** F pessi'mistisch; **'~·cast I** *adj.* **1.** niedergeschlagen (*a. Augen*), deprimiert; **2.** ⚙ einziehend (*Schacht*); **II** *s.* **3.** ⚙ Wetterschacht *m.*

down·er [ˈdaʊnə] *s. sl.* Beruhigungsmittel *n.*

ˈdown|·fall *s.* **1.** *fig.* Sturz *m*; **2.** starker Regen- *od.* Schneefall; **3.** *fig.* Nieder-, ˈUntergang *m*; **ˈ~·grade** *s.* **1.** Gefälle *n*; **2.** *fig.* Niedergang *m*: ***on the ~*** im Niedergang begriffen; **II** *v/t.* **3.** im Rang herˈabsetzen, degradieren; **4.** niedriger einstufen; **5.** ✝ in der Qualiˈtät herabsetzen, verschlechtern; **ˌ~-ˈheart·ed** *adj.* niedergeschlagen, entmutigt; **ˌ~ˈhill I** *adv.* abwärts, bergˈab (*beide a. fig.*): ***he is going ~*** *fig.* es geht bergab mit ihm; **II** *adj.* abschüssig: ***~ race*** *Skisport*: Abfahrtslauf *m*; **ˈ~ˌhill·er** *s. Skisport*: Abfahrtsläufer(in).

Down·ing Street [ˈdaʊnɪŋ] *s.* Downing Street *f* (*Amtssitz des Premiers od. brit. Regierung*).

down| pay·ment *s.* **1.** Barzahlung *f*; **2.** Anzahlung *f*; **ˈ~·pipe** *s.* ⚙ Fallrohr *n*; **ˈ~·pour** *s.* Regenguß *m*, Platzregen *m*; **ˈ~·right I** *adj.* **1.** völlig, absoˈlut, toˈtal: ***a ~ lie*** e-e glatte Lüge; ***a ~ rogue*** ein Erzschurke; **2.** offen(herzig), gerade, ehrlich, unverblümt, unzweideutig; **II** *adv.* **3.** völlig, ganz u. gar, durch u. durch, ausgesprochen, toˈtal; **ˌ~ˈri·ver** → ***downstream***; **ˌ~ˈstairs I** *adv.* **1.** (die Treppe) hinˈunter *od.* herˈunter, nach unten; **2.** a) unten (im Haus), b) e-e Treppe tiefer; **II** *adj.* **3.** im unteren Stockwerk (gelegen), unter; **III** *s.* **4.** *pl. a. sg. konstr.* unteres Stockwerk, ˈUntergeschoß *n*; **ˌ~ˈstate** *Am.* **I** *adv.* in der *od.* die Proˈvinz; **II** *s.* (*bsd.* südliche) Proˈvinz (*e-s Bundesstaates*); **ˌ~ˈstream I** *adv.* **1.** stromˈabwärts; **2.** mit dem Strom; **II** *adj.* **3.** stromabwärts gelegen *od.* gerichtet; **ˈ~·stroke** *s.* **1.** Grundstrich *m beim Schreiben*; **2.** ⚙ Abwärts-, Leerhub *m*; **ˈ~·swing** *s.* Abwärtstrend *m*, Rückgang *m*; **ˌ~-to-ˈearth** *adj.* rein sachlich, nüchtern; **ˌ~ˈtown** *Am.* **I** *adv.* **1.** im *od.* ins Geschäftsviertel, in der *od.* die Innenstadt; **II** *adj.* [ˈdaʊntaʊn] **2.** zum Geschäftsviertel, im Geschäftsviertel (gelegen *od.* tätig): ***~ Chicago*** die Innenstadt *od.* City von Chicago; **3.** ins *od.* durchs Geschäftsviertel (fahrend *etc.*); **III** *s.* [ˈdaʊntaʊn] **4.** Geschäftsviertel *n*, Innenstadt *f*, City *f*; **ˈ~ˌtrod·den** *adj.* unterˈdrückt; **ˈ~·turn** → ***downswing***.

down·ward [ˈdaʊnwəd] **I** *adv.* **1.** abwärts, hinˈab, hinˈunter, nach unten; **2.** *fig.* abwärts, bergˈab; **3.** *zeitlich*: abwärts: ***from … ~ to*** von… (herab) bis…; **II** *adj.* **4.** Abwärts… (*a.* ⚙, *phys. u. fig.*); *fig.* sinkend (*Preise etc.*); **ˈdown·wards** [-wədz] → ***downward*** I.

down·y¹ [ˈdaʊnɪ] *adj.* **1.** mit Daunen *od.* Flaum bedeckt; **2.** flaumig, weich; **3.** *sl.* gerieben, ausgekocht.

down·y² [ˈdaʊnɪ] *adj.* sanft gewellt (u. mit Gras bewachsen).

dow·ry [ˈdaʊərɪ] *s.* **1.** Mitgift *f*, Aussteuer *f*; **2.** Gabe *f*, Taˈlent *n.*

dowse¹ [daʊz] → ***douse***.

dowse² [daʊz] *v/i.* mit der Wünschelrute suchen; **ˈdows·er** [-zə] *s.* (Wünschel-) Rutengänger *m*; **ˈdows·ing-rod** [-zɪŋ] *s.* Wünschelrute *f.*

doy·en [ˈdɔɪən] *s.* (*Fr.*) **1.** Rangälteste(r) *m*; **2.** Doyˈen *m eines diplomatischen Korps*; **3.** *fig.* Nestor *m*, Altmeister *m.*

doze [dəʊz] **I** *v/i.* dösen, (halb) schlummern: ***~ off*** einnicken; **II** *s.* a) Dösen *n*, b) Nickerchen *n.*

doz·en [ˈdʌzn] *s.* **1.** *sg. u. pl.* (*vor Haupt- u. nach Zahlwörtern etc. außer nach* ***some***) Dutzend *n*: ***two ~ eggs*** 2 Dutzend Eier; **2.** Dutzend *n* (*a. weitS.*): ***~s of birds*** Dutzende von Vögeln; ***some ~s of children*** einige Dutzend Kinder; ***~s of people*** F ein Haufen Leute; ***~s of times*** F x-mal, hundertmal; ***by the ~***, ***in ~s*** zu Dutzenden, dutzendweise; ***cheaper by the ~*** im Dutzend billiger; ***do one's daily ~*** Frühgymnastik machen; ***talk nineteen to the ~*** *Brit.* reden wie ein Wasserfall; → ***baker*** 1.

doz·y [ˈdəʊzɪ] *adj.* □ schläfrig, verschlafen, dösig.

drab¹ [dræb] **I** *adj.* gelbgrau, graubraun; *fig.* grau, trüb(e); düster (*Farben etc.*); freudlos (*Dasein etc.*); langweilig; **II** *s.* Gelbgrau *n*, Graubraun *n.*

drab² [dræb] **1.** Schlampe *f*; **2.** Dirne *f*, Hure *f.*

drab·ble [ˈdræbl] → ***draggle*** I.

drachm [dræm] *s.* **1.** → ***drachma*** 1; **2.** → ***dram***.

drach·ma [ˈdrækmə] *pl.* **-mas**, **-mae** [-miː] *s.* **1.** Drachme *f*; **2.** → ***dram***.

Dra·co [ˈdreɪkəʊ] *s. ast.* Drache *m*; **Dra·co·ni·an** [drəˈkəʊnjən], **Dra·con·ic** [drəˈkɒnɪk] *adj.* draˈkonisch, hart, äußerst streng.

draff [dræf] *s.* **1.** Bodensatz *m*; *engS.* Trester *m*; **2.** Vieh-, Schweinetrank *m.*

draft [drɑːft] **I** *s.* **1.** Skizze *f*, Zeichnung *f*; **2.** Entwurf *m*: a) Skizze *f*, b) ⚙, ⚠ Riß *m*, c) Konˈzept *n*: ***~ agreement*** Vertragsentwurf *m*; **3.** ⚔ a) (ˈSonder-) Komˌmando *n*, Abteilung *f*, b) Ersatz (-truppe *f*) *m*, c) Aushebung *f*, Einberufung *f*, Einziehung *f*: ~ ***evader*** *Am.* Drückeberger *m*; ~***-exempt*** *Am.* vom Wehrdienst befreit; **4.** ✝ a) Zahlungsanweisung *f*, b) Tratte *f*, (trassierter) Wechsel, c) Scheck *m*, d) Ziehung *f*, Trassierung *f*: ~ (***payable***) ***at sight*** Sichttratte, -wechsel; **5.** ✝ Abhebung *f*, Entnahme *f*: ***to make a ~ on*** *Geld* abheben von; **6.** *fig.* (starke) Beanspruchung: ***make a ~ on*** in Anspruch nehmen (*acc.*); **7.** → ***draught***; *bsd. Am.* → ***draught*** 1, 7, 8; **II** *v/t.* **8.** skizzieren, entwerfen; **9.** *Schriftstück* aufsetzen, abfassen; **10.** ⚔ a) auswählen, abkommandieren, b) ⚔ einziehen, -berufen (***into*** zu); **draft·ee** [drɑːfˈtiː] *s.* ⚔ *Am.* Einberufene(r) *m*, Eingezogene(r) *m*; ˈ**draft·er** [-tə] *s.* **1.** Urheber *m*, Verfasser *m*, Planer *m*; **2.** → ***draftsman*** 2.

draft·ing| board [ˈdrɑːftɪŋ] Zeichenbrett *n*; ~ **room** *s. Am.* ⚙ ˈZeichensaal, -büˌro *n*.

drafts·man [ˈdrɑːftsmən] *s.* [*irr.*] **1.** (Konstruktiˈons-, Muster)Zeichner *m*; **2.** Entwerfer *m*, Verfasser *m*.

draft·y [ˈdrɑːftɪ] *adj.* zugig.

drag [dræg] **I** *s.* **1.** ⚓ a) Schleppnetz *n*, b) Dregganker *m*; **2.** ✓ a) schwere Egge, b) Mistharke *f*; **3.** ⚙ Baggerschaufel *f*; **4.** ⚙ a) Rollwagen *m*, b) Lastschlitten *m*, Schleife *f*; **5.** vierspännige Kutsche; **6.** Hemmschuh *m* (*a. fig.* ***on*** für); **7.** *aer.*, *phys.* ˈLuftˌwiderstand *m*; **8.** *hunt.* a) Fährte *f*, Witterung *f*, b) Schleppe *f* (*künstliche Fährte*), c) Schleppjagd *f*; **9.** *fig.* schleppendes Verfahren; **10.** F mühsame Sache, ‚Schlauch' *m*; **11.** F a) fade Sache, b) unangenehme *od.* ‚blöde' Sache: ***what a ~!*** so ein Mist!, c) fader *od.* ‚mieser' Kerl; **12.** *Am.* F Einfluß *m*, Beziehungen *pl.*; **13.** F Zug *m* (***at***, ***on*** an *e-r Zigarette*); **14.** F (*bsd. von Transvestiten getragene*) Frauenkleidung: ~ ***queen*** Homosexuelle(r) *m* in Frauenkleidung; **15.** *Am.* F Straße *f*; **16.** F für ***drag race***; **II** *v/t.* **17.** schleppen, schleifen, zerren, ziehen: ~ ***one's feet*** schlurfen, *fig.* ‚langsam tun'; ~ ***the anchor*** ⚓ vor Anker treiben; **18.** mit e-m Schleppnetz absuchen (***for*** nach) *od.* fangen *od.* finden; **19.** ausbaggern; **20.** *fig.* hiˈneinziehen, -bringen (***into*** in *acc.*); → ***drag in***; **III** *v/i.* **21.** geschleppt werden; **22.** schleppen, schleifen, zerren; schlurfen (*Füße*); **23.** *fig.* zerren, ziehen (***at*** an *dat.*); **24.** mit e-m Schleppnetz suchen, dreggen (***for*** nach); **25.** → ***drag on***; **26.** → ***drag behind***; **27.** ✝ schleppend gehen; **28.** ♪ schleppen; ~ **a·long I** *v/t.* (weg-)schleppen; **II** *v/i.* sich daˈhinschleppen; ~ **a·way** *v/t.* wegschleppen, -zerren: ***drag o.s. away from*** *iro.* sich losreißen von; ~ **behind** *v/i. a. fig.* zuˈrückbleiben, nachhinken; ~ **down** *v/t.* **1.** herˈunterziehen; **2.** *fig. j-n* ‚fertigmachen', zermürben; ~ **in** *v/t.* **1.** hinˈeinziehen; **2.** *fig.* a) *j-n* (mit) hinˈeinziehen, b) *et.* (krampfhaft) aufs Tapet bringen, bei den Haaren herˈbeiziehen; ~ **on** *v/i. fig.* a) sich daˈhinschleppen, b) sich in die Länge ziehen, sich hinziehen (*Rede etc.*); ~ **out** *v/t.* **1.** in die Länge ziehen, hinˈausziehen; **2.** *fig. et.* aus j-m herˈausholen; ~ **up** *v/t.* **1.** hochziehen; **2.** F *Skandal etc.* ausgraben; **3.** *fig. Kind* recht u. schlecht aufziehen.

drag| an·chor *s.* Treib-, Schleppanker *m*; ~ **chain** *s.* Hemmkette *f*.

drag·gle [ˈdrægl] **I** *v/t.* **1.** beschmutzen; **II** *v/i.* **2.** nachschleifen; **3.** nachhinken; ˈ**drag·gle·tail** *s.* Schlampe *f*.

ˈ**drag|·hound** *s. hunt.* Jagdhund *m* für Schleppjagden; ~ **hunt** *s.* Schleppjagd *f*; ˈ~**·lift** *s.* Schlepplift *m*; ˈ~**·line** *s.* **1.** Schleppleine *f*, ✈ -seil *n*; **2.** Schürfkübelbagger *m*; ˈ~**·net** *s.* **1.** a) ⚓ Schleppnetz *n*, b) *hunt.* Streichnetz *n*; **2.** *fig.* (Fahndungs)Netz *n* (*der Polizei*): ~ ***operation*** Großfahndung *f*.

drag·o·man [ˈdrægəʊmən] *pl.* **-mans** *od.* **-men** *s. hist.* Dragoman *m*, Dolmetscher *m*.

drag·on [ˈdrægən] *s.* **1.** Drache *m*, Lindwurm *m*, Schlange *f*: ***the old*** ♀ Satan *m*; **2.** F ‚Drache(n)' *m* (*zänkische Frau etc.*); ˈ~**·fly** *s. zo.* Liˈbelle *f*; ~**'s teeth** *s. pl.* **1.** ⚔ (Panzer)Höcker *pl.*; **2.** *fig.* Drachensaat *f*: ***sow*** ~ Zwietracht säen.

dra·goon [drəˈguːn] **I** *s.* ⚔ Draˈgoner *m*; **II** *v/t. fig.* zwingen (***into*** zu).

drag| race *s. mot.* Dragsterrennen *n*; ˈ~**·rope** *s.* **1.** Schleppseil *n*; **2.** ✈ a) Leitseil *n*, b) Vertauungsleine *f*; ~ **show** *s.* F Transveˈstitenshow *f*.

drag·ster [ˈdrægstə] *s. mot.* Dragster *m* (*formelfreier Spezialrennwagen*).

drain [dreɪn] **I** *v/t.* **1.** *Land* entwässern, dränieren, trockenlegen; **2.** ⚕ a) *Wunde von Eiter* säubern, b) *Eiter* abziehen; **3.** *a.* ~ ***off***, ~ ***away*** (*Ab*)*Wasser etc.* ableiten, -führen, -ziehen; **4.** austrinken, leeren; → ***dreg*** 1; **5.** *Ort etc.* kanalisieren; **6.** *fig.* aufzehren, verschlukken; *Vorräte etc.* aufbrauchen, erschöpfen: ~***ed*** *fig.* erschöpft, *Person: a.* ausgelaugt; **7.** (***of***) berauben (*gen.*), arm machen (an *dat.*); **II** *v/i.* **8.** *a.* ~ ***off***, ~ ***away*** (langsam) abfließen, -tropfen;

versickern; **9.** *a.* **~ away** *fig.* da'hin-, verschwinden; **10.** (langsam) austrocknen; **11.** sich entwässern; **III** *s.* **12.** Ableitung *f*, Abfluß *m*, *fig. a.* Aderlaß *m*: **foreign ~** ✝ Kapitalabwanderung *f*; → **brain drain**; **13.** Abflußrohr *n*, 'Abzugska,nal *m*, Entwässerungsgraben *m*; Gosse *f*: **down the ~** F ‚futsch', ‚im Eimer'; **go down the ~** vor die Hunde gehen; **pour down the ~** *Geld* zum Fenster hinauswerfen; **14.** *pl.* Kanalisati'on *f*; **15.** ⚕ Drän *m*, Ka'nüle *f*; **16.** *fig.* (**on**) Belastung *f*, Beanspruchung *f* (*gen.*): **a great ~ on the purse** e-e schwere finanzielle Belastung.

drain·age ['dreɪnɪdʒ] *s.* **1.** Ableitung *f*, Abfluß *m*; Entleerung *f*; **2.** Entwässerung *f*, Trockenlegung *f*, *a.* ⚕ Drai'nage *f*; **3.** Entwässerungsanlage *f*; **4.** Kanalisati'on *f*; **5.** Abwasser *n*; **~ a·re·a**, **~ ba·sin** *s.* Einzugsgebiet *n e-s Flusses*; '**~-tube** *s.* ⚕ 'Abflußka,nüle *f*.

drain cock *s.* ⚙ Abflußhahn *m*.

drain·er ['dreɪnə] *s.* **1.** Abtropfgefäß *n*, Seiher *m*; **2.** → **draining board**.

drain·ing board ['dreɪnɪŋ] *s.* Abtropfbrett *n*.

'**drain-pipe** *s.* **1.** Abflußrohr *n*; **2.** *pl. a.* **~ trousers** F Röhrenhose(n *pl.*) *f*.

drake [dreɪk] *s. orn.* Enterich *m*.

dram [dræm] *s.* **1.** Drachme *f* (*Gewicht*); **2.** ‚Schluck' *m* (*Whisky etc.*).

dra·ma ['drɑːmə] **I** *s.* **1.** Drama *n*: a) Schauspiel *n*, b) dra'matische Dichtung *od.* Litera'tur, Dra'matik *f*; **2.** Schauspielkunst *f*; **3.** *fig.* Drama *n*; **II** *adj.* **4.** Schauspiel…: **~ school**.

dra·mat·ic [drə'mætɪk] *adj.* (□ **~ally**) **1.** dra'matisch (*a.* ♪), Schauspiel…, Theater…: **~ rights** Aufführungsrechte; **~ school** Schauspielschule *f*; **~ tenor** ♪ Heldentenor *m*; **2.** *fig.* dramatisch, spannend, aufregend, erregend; **3.** *fig.* drastisch: **~ changes**; **dra'mat·ics** [-ks] *s. pl. sg. od. pl. konstr.* **1.** Drama-tur'gie *f*; **2.** The'ater-, *bsd.* Liebhaberaufführungen *pl.*; **3.** *contp.* thea'tralisches Benehmen *od.* Getue.

dram·a·tis per·so·nae [,drɑːmətɪs pɜː'səʊnaɪ] *s. pl.* **1.** Per'sonen *pl.* der Handlung; **2.** Rollenverzeichnis *n*.

dram·a·tist ['dræmətɪst] *s.* Dra'matiker *m*; **dram·a·ti·za·tion** [,dræmətaɪ'zeɪʃn] *s.* Dramatisierung *f* (*a. fig.*), Bühnenbearbeitung *f*; **dram·a·tize** ['dræmətaɪz] **I** *v/t.* **1.** dramatisieren: a) für die Bühne bearbeiten, b) *fig.* aufbauschen: **~ o.s.** sich aufspielen; **II** *v/i.* **2.** sich für die Bühne *etc.* bearbeiten lassen; **3.** *fig.* über'treiben; **dram·a·tur·gic** [,dræmə'tɜːdʒɪk] *adj.* drama'turgisch; **dram·a·tur·gist** ['dræmə,tɜːdʒɪst] *s.* Drama'turg *m*; **dram·a·tur·gy** ['dræmə,tɜːdʒɪ] *s.* Dramatur'gie *f*.

drank [dræŋk] *pret. von* **drink**.

drape [dreɪp] **I** *v/t.* **1.** drapieren: a) (mit Stoff) behängen, b) in (schöne) Falten legen, c) *et.* hängen (**over** über *acc.*), (ein)hüllen (**in** in *acc.*); **II** *v/i.* **2.** schön fallen (*Stoff etc.*); '**drap·er** [-pə] *s.* Tuch-, Stoffhändler *m*: **~'s** (**shop**) Textilgeschäft *n*; '**dra·per·y** [-pərɪ] *s.* **1.** dekora'tiver Behang, Drapierung *f*; **2.** Faltenwurf *m*; **3.** *coll.* Tex'tilien *pl.*, Tex'til-, Webwaren *pl.*, Stoffe *pl.*; **4.** *Am.* Vorhangstoffe *pl.*, Vorhänge *pl.*

dras·tic ['dræstɪk] *adj.* (□ **~ally**) drastisch (*a.* ⚕), 'durchgreifend, rigo'ros.

drat [dræt] *int.* F: **~ it** (**you**)**!** zum Teufel damit (mit dir)!; '**drat·ted** [-tɪd] *adj.* F verdammt.

draught [drɑːft] **I** *s.* **1.** Ziehen *n*, Zug *m*: **~ animal** Zugtier *n*; **2.** Fischzug *m* (*Fischen od. Fang*); **3.** Abziehen *n* (aus dem Faß): **beer on ~** Bier *n* vom Faß; **~ beer** *Brit.* Faßbier *n*; **4.** Zug *m*, Schluck *m*: **a ~ of beer** ein Schluck Bier; **at a** (*od.* **one**) **~** auf 'einen Zug, mit 'einem Male; **5.** ⚕ Arz'neitrank *m*; **6.** ⚓ Tiefgang *m*; **7.** (Luft)Zug *m*, Zugluft *f*: **there is a ~** es zieht; **~ excluder** Dichtungsstreifen *m* (*für Türen etc.*); **feel the ~** F ‚den Wind im Gesicht spüren', in (finanzi'eller) Bedrängnis sein; **8.** ⚙ Zug *m* (*Schornstein etc.*); **9.** *pl. sg. konstr. Brit.* Damespiel *n*; **10.** → **draft** I; **II** *v/t.* **11.** → **draft** II; '**~-board** *s. Brit.* Dame- *od.* Schachbrett *n*.

draughts·man *s.* [*irr.*] **1.** ['drɑːftsmæn] *Brit.* Damestein *m*; **2.** [-mən] → **draftsman**.

draught·y ['drɑːftɪ] *adj.* zugig.

draw [drɔː] **I** *s.* **1.** *a.* ⚙ Ziehen *n*, Zug *m*: **quick on the ~** F a) schnell (mit der Pistole), b) *fig.* ‚fix', schlagfertig; **2.** Ziehung *f*, Verlosung *f*; **3.** *fig.* Zugkraft *f*; **4.** a) Attrakti'on *f*, Glanznummer *f* (*Person od. Sache*), b) *thea.* Zugstück *n*, Schlager *m*; → **box-office** 2; **5.** *sport* Unentschieden *n*: **end in a ~** unentschieden ausgehen; **II** *v/t.* [*irr.*] **6.** *Wagen*, *Pistole*, *Schwert*, *Los*, (*Spiel*)*Karte*, *Zahn etc.* ziehen; *Gardine* zuziehen *od.* aufziehen; *Bier*, *Wein* abziehen, -zapfen; *Bogen*(*sehne*) spannen: **~ s.o. into talk** j-n ins Gespräch ziehen; → **conclusion** 3, **bow²** 1, **parallel** 3; **7.** *fig.* anziehen, -locken, fesseln; her'vorrufen; *j-n zu et.* bewegen; *sich et.* zuziehen: **feel ~n to s.o.** sich zu j-m hingezogen fühlen; **~ *attention*** die Aufmerksamkeit lenken (***to*** auf *acc.*); **~ *an audience*** Zuhörer anlocken; **~ *ruin upon o.s.*** sich selbst sein Grab graben; **~ *tears from s.o.*** j-n zu Tränen rühren; **8.** *Gesicht* verziehen; → ***drawn*** 2; **9.** holen, sich verschaffen; entnehmen: **~ *water*** Wasser holen *od.* schöpfen; **~ (*a*) *breath*** Atem holen, *fig.* aufatmen; **~ *a sigh*** (auf)seufzen; **~ *consolation*** Trost schöpfen (***from*** aus); **~ *inspiration*** sich Anregung holen (***from*** von, bei, durch); **10.** *Mahlzeiten*, ⚔ *Rationen* in Empfang nehmen, *a. Gehalt*, *Lohn* beziehen; *Geld* holen, abheben, entnehmen; **11.** ziehen, auslosen: **~ *a prize*** e-n Preis gewinnen, *fig.* Erfolg haben; **~ *bonds*** ✝ Obligationen auslosen; **12.** *fig.* her'ausziehen, -bringen, her'aus-, entlocken: **~ *applause*** Beifall entlocken (***from*** *dat.*); **~ *information from s.o.*** j-n aushorchen; **~ *a reply from s.o.*** e-e Antwort aus j-m herausholen; **13.** ausfragen, -horchen (***s.o. on s.th*** j-n über et.); *j-n* aus s-r Reserve her'auslocken: ***he refused to be ~n*** er ließ sich nicht aushorchen; **14.** zeichnen: **~ *a portrait*; ~ *a line*** e-e Linie ziehen; **~ *it fine*** *fig.* es *zeitlich etc.* gerade noch schaffen; → ***line***[1] 12; **15.** gestalten, darstellen, schildern; **16.** *a.* **~ *up*** *Schriftstück* entwerfen, aufsetzen: **~ *a deed*** e-e Urkunde aufsetzen; **~ *a cheque*** (*Am.* ***check***) e-n Scheck ausstellen; **~ *a bill*** e-n Wechsel ziehen (***on*** auf *j-n*); **17.** ⚓ e-n Tiefgang von … haben; **18.** *Tee* ziehen lassen; **19.** *geschlachtetes Tier* ausnehmen, *Wild a.* ausweiden; **20.** *hunt. Wald*, *Gelände* durch'stöbern, abpirschen; *Teich* ausfischen; **21.** ⚙ *Draht* ziehen; strecken, dehnen; **22. ~ *the match*** *sport* unentschieden spielen; **III** *v/i.* [*irr.*] **23.** ziehen (*a. Tee*, *Schornstein*); **24.** das Schwert, die Pistole *etc.* ziehen, zur Waffe greifen; **25.** sich (*leicht etc.*) ziehen lassen; **26.** zeichnen, malen; **27.** Lose ziehen, losen (***for*** um); **28.** unentschieden spielen; **29.** sich (hin)begeben; sich nähern: **~ *close*** (***to s.o.*** j-m) näherrücken; **~ *round the table*** sich um den Tisch versammeln; **~ *into the station*** 🚂 in den Bahnhof einfahren; → ***draw near***, ***level*** 11; **30.** ✝ (e-n Wechsel) ziehen (***on*** auf *acc.*); **31. ~ *on*** in Anspruch nehmen (*acc.*), her'anziehen (*acc.*), Gebrauch machen von, zu'rückgreifen auf (*acc.*); *Kapital*, *Vorräte* angreifen: **~ *on one's imagination*** sich et. einfallen lassen;

Zssgn mit adv.:

draw| a·part I *v/i.* **1.** sich lösen, abrücken (***from*** von); **2.** sich ausein'anderleben; **II** *v/t.* **3.** → **~ a·side** *v/t. j-n* bei'seite nehmen, *a. et.* zur Seite ziehen; **~ a·way I** *v/t.* **1.** weg-, zu'rückziehen; **2.** ablenken; **3.** weglocken; **II** *v/i.* **4.** (***from***) sich entfernen (von); abrücken (von); **5.** (***from***) e-n Vorsprung gewinnen (vor *dat.*), sich lösen (von); **~ back I** *v/t.* **1.** *Truppen*, *Vorhang etc.* zu'rückziehen; **2.** ✝ *Zoll* zu'rückerhalten; **II** *v/i.* **3.** sich zu'rückziehen; **~ down** *v/t.* her'abziehen, *Jalousien* her'unterlassen; **~ in I** *v/t.* **1.** *a. Luft* einziehen; **2.** *fig. j-n* (mit) hin'einziehen; **3.** *Ausgaben etc.* einschränken; **II** *v/i.* **4.** einfahren (*Zug*); **5.** (an)halten (*Auto*); **6.** abnehmen, kürzer werden (*Tage*); **7.** sich einschränken; **~ near** *v/i.* sich nähern (***to*** *dat.*), her'anrücken; **~ off I** *v/t.* **1.** ab-, zu'rückziehen; **2.** ⛏ ausziehen; **3.** abzapfen; **4.** *Handschuhe etc.* ausziehen; **5.** *fig.* ablenken; **II** *v/i.* **6.** sich zurückziehen; **~ on I** *v/t.* **1.** anziehen: **~ *gloves***; **2.** *fig.* a) anziehen, anlocken, b) verursachen; **II** *v/i.* **3.** sich nähern; **~ out I** *v/t.* **1.** her'ausziehen, -holen; **2.** *fig.* a) *Aussage* her'ausholen, -locken, b) *j-n* ausholen, -horchen; **3.** ⚔ *Truppen* a) abkommandieren, b) aufstellen; **4.** *fig.* ausdehnen, hin'ausziehen, in die Länge ziehen; **II** *v/i.* **5.** länger werden (*Tage*); **6.** ausfahren (*Zug*); **~ up I** *v/t.* **1.** her'aufziehen, aufrichten: ***draw o.s. up*** sich aufrichten; **2.** *Truppen etc.* aufstellen; **3.** a) → ***draw*** 16, b) ✝ *Bilanz* aufstellen, c) *Plan etc.* entwerfen; **4.** *j-n* innehalten lassen; **5.** *Pferd* zum Stehen bringen; **II** *v/i.* **6.** (an)halten; **7.** vorfahren (*Wagen*); **8.** aufmarschieren; **9.** (***with***, ***to***) her'ankommen (an *acc.*), einholen (*acc.*).

'draw|·back *s.* **1.** Nachteil *m*, Hindernis *n*, ‚Haken' *m*; **2.** ✝ Zollrückvergütung *f*; **'~·bridge** *s.* Zugbrücke *f*; **'~·card** → ***drawing card***.

draw·ee [drɔː'iː] *s.* ✝ Bezogene(r) *m*.

draw·er ['drɔːə] *s.* **1.** Zeichner *m*; **2.** ✝ Aussteller *m e-s Wechsels*; **3.** [drɔː] a) Schublade *f*, -fach *n*, b) *pl.* Kom'mode *f*; **4.** *pl.* [drɔːz] *a.* ***pair of ~s*** a) 'Unterhose *f*, b) (Damen)Schlüpfer *m*.

draw·ing ['drɔːɪŋ] *s.* **1.** Ziehen *n*; **2.** Zeichnen *n*: ***out of ~*** verzeichnet; **3.** Zeichnung *f*, Skizze *f*; **4.** Ziehung *f*, Verlosung *f*; **5.** ✝ a) *pl.* Bezüge *pl.*, Einnahmen *pl.*, b) Abhebung *f*, c) Trassierung *f*, Ziehung *f* (*Wechsel*); **~ ac·count** *s.* ✝ **1.** Girokonto *n*; **2.** Spesenkonto *n*; **~ block** *s.* Zeichenblock *m*; **'~-board** *s.* Reiß-, Zeichenbrett *n*: ***back to the ~!*** F wir müssen noch einmal von vorn anfangen!; **~ card** *s. thea. Am.* Zugnummer *f* (*Stück od. Person*); **~ com·pass·es** *s. pl.* (Reiß-, Zeichen-) Zirkel *m*; **~ ink** *s.* (Auszieh)Tusche *f*; **~ pen** *s.* Reißfeder *f*; **~ pen·cil** *s.* Zeichenstift *m*; **~ pin** *s. Brit.* Reiß-, Heftzwecke *f*; **~ pow·er** *s. fig.* Zugkraft *f*; **~ room** *s.* **1.** Gesellschaftszimmer *n*, Sa'lon *m*: ***not fit for a ~*** nicht ‚salonfähig'; ***~ comedy*** Salonkomödie *f*; **2.** Empfang *m* (*Brit. bsd.* bei Hofe); **3.** 🚂 *Am.* Pri'vatabteil *n*: ***~ car*** Salonwagen *m*; **~ set** *s.* Reißzeug *n*.

drawl [drɔːl] **I** *v/t. u. v/i.* gedehnt *od.* schleppend sprechen; **II** *s.* gedehntes Sprechen.

drawn [drɔːn] **I** *p.p. von* ***draw***; **II** *adj.* **1.** gezogen (*a.* ⚙ *Draht*); **2.** *fig.* a) abgespannt, b) verhärmt (*Gesicht*): ***~ with pain*** schmerzverzerrt; **3.** *sport*: unentschieden: ***~ match*** Unentschieden *n*; **~ but·ter (sauce)** *s.* Buttersoße *f*; **~ work** *s.* Hohlsaumarbeit *f*.

draw| po·ker *s. Kartenspiel*: Draw Poker *n*; **'~·string** *s.* Zug- *od.* Vorhangschnur *f*; **~ well** *s.* Ziehbrunnen *m*.

dray [dreɪ] *a.* **~ cart** *s.* Rollwagen *m*; **~ horse** *s.* Zugpferd *n*; **'~·man** [-mən] *s.* [*irr.*] Rollkutscher *m*.

dread [dred] **I** *v/t.* (sehr) fürchten, (große) Angst haben *od.* sich fürchten vor (*dat.*); **II** *s.* Furcht *f*, große Angst, Grauen *n* (***of*** vor *dat.*); **III** *adj. poet.* → ***dreadful*** 1; **'dread·ed** [-dɪd] *adj.* gefürchtet; **'dread·ful** [-fʊl] *adj.* □ **1.** furchtbar, schrecklich (*beide a. fig.* F); → ***penny dreadful***; **2.** F a) gräßlich, scheußlich, b) furchtbar groß *od.* lang, kolos'sal; **'dread·nought** *s.* **1.** ⚔ Dreadnought *m*, Schlachtschiff *n*; **2.** dicker, wetterfester Stoff *od.* Mantel.

dream [driːm] **I** *s.* **1.** Traum *m*: ***pleasant ~s!*** F träume süß!; ***wet ~*** ‚feuchter Traum' (*Pollution*); **2.** Traum(zustand) *m*, Träume'rei *f*; **3.** *fig.* (Wunsch-) Traum *m*, Sehnsucht *f*, Ide'al *n*: ***~ factory*** ‚Traumfabrik' *f*; ***~ job*** Traumberuf *m*; **4.** *fig.* ‚Gedicht' *n*, Traum *m*: ***a ~ of a hat*** ein traumhaft schöner Hut; ***a perfect ~*** traumhaft schön; **II** *v/i.* [*a. irr.*] **5.** träumen (***of*** von) (*a. fig.*); **6.** träumerisch *od.* verträumt sein; **7.** *mst neg.* ahnen: ***I shouldn't ~ of such a thing*** das würde mir nicht einmal im Traume einfallen; ***I shouldn't ~ of doing that*** ich würde nie daran denken, das zu tun; ***he little dreamt that*** er ahnte kaum, daß; **III** *v/t.* [*a. irr.*] **8.** träumen (*a. fig.*); **9. *~ away*** verträumen; **10. *~ up*** F sich *et.* einfallen lassen *od.* ausdenken; **'dream·boat** *s. sl.* a) ‚Schatz' *m*, b) ‚dufter Typ', c) Schwarm *m*, Ide'al *n*; **'dream·er** [-mə] *s.* Träumer(in) (*a. fig.*); **'dream·i·ness** [-mɪnɪs] *s.* **1.** Verträumtheit *f*; **2.** Traumhaftigkeit *f*, Verschwommenheit *f*; **'dream·ing** [-mɪŋ] → ***dreamy*** 1.

'dream|·land *s.* Traumland *n*; **'~·like** *adj.* traumhaft; **~ read·er** *s.* Traumdeuter(in).

dreamt [dremt] *pret. u. p.p. von* ***dream***.

dream world *s.* Traumwelt *f*.

dream·y ['driːmɪ] *adj.* □ **1.** verträumt, träumerisch; **2.** traumhaft, verschwommen; **3.** F traumhaft (schön).

drear [drɪə] *adj. poet.* → ***dreary***; **drear·ie** ['drɪərɪ] *s.* F fader *od.* ‚mieser' Typ; **drear·i·ness** ['drɪərɪnɪs] *s.* **1.** Tristheit *f*, Trostlosigkeit *f*; **2.** Langweiligkeit *f*; **drear·y** ['drɪərɪ] *adj.* □ **1.** *allg.* trist, trüb(selig); **2.** langweilig, fad(e); **3.** F ‚mies', ‚blöd'.

dredge[1] [dredʒ] **I** *s.* **1.** ⚙ Bagger *m*; **2.** Schleppnetz *n*; **II** *v/t.* **3.** ausbaggern; **4.** *oft* ***~ up*** mit dem Schleppnetz fangen *od.* her'aufholen; **5.** *fig.* a) ***~ up*** *Tatsachen* ausgraben, b) durch'forschen; **III** *v/i.* **6.** mit dem Schleppnetz fischen (***for*** nach); **7. *~ for*** suchen nach.

dredge[2] [dredʒ] *v/t.* (mit Mehl *etc.*) bestreuen.

dredg·er[1] ['dredʒə] *s.* **1.** ⚙ Bagger *m*; **2.** Schwimmbagger *m*; **3.** Schleppnetzfischer *m*.

dredg·er[2] ['dredʒə] *s.* (Mehl- *etc.*)Streuer *m*.

dreg [dreg] *s.* **1.** *mst pl.* (Boden)Satz *m*, Hefe *f*: ***drain*** (*od.* ***drink***) ***to the ~s*** *Glas* bis zur Neige leeren; ***not a ~*** gar nichts; → ***cup*** 7; **2.** *mst pl. fig.* Abschaum *m* (*der Menschheit*), Hefe *f* (*des Volkes*): ***the ~s of mankind***.

drench [drentʃ] **I** *v/t.* **1.** durch'nässen: ***~ed in blood*** blutgetränkt; ***~ed with rain*** vom Regen (völlig) durchnäßt; ***~ed in tears*** in Tränen gebadet; **2.** *vet. Tieren* Arz'nei einflößen; **II** *s.* **3.** (Regen)Guß *m*; **4.** *vet.* Arz'neitrank *m*; **'drench·er** [-tʃə] *s.* **1.** Regenguß *m*; **2.** *vet.* Gerät *n* zum Einflößen von Arz'neien.

Dres·den (chi·na) ['drezdən] *s.* Meißner Porzel'lan *n*.

dress [dres] **I** *s.* **1.** Kleidung *f*, Anzug *m* (*a.* ⚔); **2.** (Damen)Kleid *n*; **3.**

Abend-, Gesellschaftskleidung *f*: ***full ~*** Gesellschaftsanzug *m*, Gala *f*; **4.** *fig.* Gewand *n*, Kleid *n*, Gestalt *f*; **II** *v/t.* **5.** be-, ankleiden, anziehen: ***~ o.s.*** → 11; **6.** einkleiden; **7.** *thea.* mit Ko'stümen ausstatten: ***~ it*** Kostümprobe abhalten; **8.** schmücken, *Schaufenster etc.* dekorieren: ***~ ship*** ⚓ über die Toppen flaggen; **9.** zu'rechtmachen, herrichten, zubereiten, behandeln, bearbeiten; *Salat* anmachen; *Huhn etc.* koch- *od.* bratfertig machen; *Haare* frisieren; *Leder* zurichten; *Tuch* glätten, appretieren; *Erz etc.* aufbereiten; *Stein* behauen; *Flachs* hecheln; *Boden* düngen; ⚕ *Wunde* behandeln, verbinden; **10.** ⚔ (aus)richten; **III** *v/i.* **11.** sich ankleiden *od.* anziehen; **12.** Abend- *od.* Festkleidung anziehen, sich ‚in Gala werfen'; **13.** sich (*geschmackvoll etc.*) kleiden: ***~ well*** (***badly***); **14.** ⚔ sich (aus)richten; **~ down** *v/t.* **1.** *Pferd* striegeln; **2.** F *j-m* ‚eins auf den Deckel geben'; **~ up I** *v/t.* **1.** fein anziehen, herausputzen; **II** *v/i.* **2.** sich feinmachen, sich auftakeln; **3.** sich kostümieren *od.* verkleiden.

dres·sage ['dresɑːʒ] **I** *s. sport* Dres'sur (-reiten *n*) *f*; **II** *adj.* Dressur…

dress| cir·cle *s. thea.* erster Rang; **~ clothes** *s. pl.* Gesellschaftskleidung *f*; **~ coat** *s.* Frack *m*; **~ de·sign·er** *s.* Modezeichner(in).

dress·er[1] ['dresə] *s.* **1.** *thea.* a) Kostümi'er *m*, b) Garderobi'ere *f*; **2.** j-d, der sich *sorgfältig etc.* kleidet; **3.** ⚕ Operati'onsassi,stent *m*; **4.** 'Schaufensterdekora,teur *m*; **5.** ⚙ a) Zurichter *m*, Aufbereiter *m*, b) Appretierer *m*.

dress·er[2] ['dresə] *s.* **1.** a) Küchen-, Geschirrschrank *m*, b) Anrichte *f*; **2.** → ***dressing table***.

dress·ing ['dresɪŋ] *s.* **1.** Ankleiden *n*; **2.** ⚙ a) (Nach)Bearbeitung *f*, Aufbereitung *f*, Zurichtung *f*; **3.** ⚙ Appre'tur *f*; **4.** Zubereitung *f von Speisen*; **5.** a) Dressing *n* (*Salatsoße*), b) *Am.* Füllung *f*; **6.** ⚕ a) Verbinden *n* (*Wunde*), b) Verband *m*; **7.** ✓ Dünger *m*; **~ case** *s.* Toi'lettentasche *f*, 'Reiseneces,saire *n*; **,~-'down** *s.* F Standpauke *f*, Rüffel *m*; **~ gown** *s.* Schlaf-, Morgenrock *m*; **~ room** *s.* **1.** Ankleidezimmer *n*; **2.** ('Künstler)Garde,robe *f*; **3.** *sport* ('Umkleide)Ka,bine *f*; **~ sta·tion** *s.* ⚔ (Feld)Verband(s)platz *m*; **~ ta·ble** *s.* Fri'sierkom,mode *f*.

'dress|,mak·er *s.* (Damen)Schneider (-in); **'~,mak·ing** *s.* Schneidern *n*; **~ pa·rade** *s.* **1.** Modevorführung *f*; **2.** Pa'rade *f* in 'Galauni,form; **~ pat·tern** *s.* Schnittmuster *n*; **~ re·hears·al** *s. thea.* Gene'ralprobe *f* (*a. fig.*), Ko'stümprobe *f*; **~ shield** *s.* Schweißblatt *n*; **~ shirt** *s.* Frackhemd *n*; **~ suit** *s.* Frackanzug *m*; **~ u·ni·form** *s.* ⚔ großer Dienstanzug *m*.

dress·y ['dresɪ] *adj.* **1.** ele'gant (gekleidet), *weitS.* modebewußt; **2.** geschniegelt; **3.** F schick, fesch (*Kleid*).

drew [druː] *pret. von* ***draw***.

drib·ble ['drɪbl] **I** *v/i.* **1.** tröpfeln (*a. fig.*); **2.** sabbern, geifern; **3.** *sport* dribbeln; **II** *v/t.* **4.** (her'ab)tröpfeln lassen, träufeln; **5.** *sport* ***~ the ball*** (mit dem Ball) dribbeln.

drib·(b)let ['drɪblɪt] kleine Menge; ***by ~s*** *fig.* in kleinen Mengen, kleckerweise.

dribs and drabs [,drɪbzən'dræbz] *s. pl.*: ***in ~*** F kleckerweise.

dried [draɪd] *adj.* getrocknet: ***~ cod*** Stockfisch *m*; ***~ fruit*** Dörrobst *n*; ***~ milk*** Trockenmilch *f*.

dri·er[1] ['draɪə] *s.* **1.** Trockenmittel *n*, Sikka'tiv *n*; **2.** 'Trockenappa,rat *m*, Trockner *m*: ***hair-~*** Fön *m*.

dri·er[2] ['draɪə] *comp. von* ***dry***.

dri·est ['draɪɪst] *sup. von* ***dry***.

drift [drɪft] **I** *s.* **1.** Treiben *n*; **2.** *fig.* Abwanderung *f*: ***~ from the land*** Landflucht *f*; **3.** ⚓, ✈ Abtrift *f*, -trieb *m*; **4.** *Ballistik*: Seitenabweichung *f*; **5.** Drift(strömung) *f* (*im Meer*); (Strömungs)Richtung *f*; **6.** *fig.* a) Strömung *f*, Ten'denz *f*, Lauf *m*, Richtung *f*, b) Absicht *f*, c) Gedankengang *m*, d) Sinn *m*: ***the ~ of what he said*** was er meinte *od.* sagen wollte; **7.** a) Treibholz *n*, b) Treibeis *n*, c) Schneegestöber *n*; **8.** Treibgut *n*; **9.** (Schnee)Verwehung *f*, (Schnee-, Sand)Wehe *f*; **10.** *geol.* Geschiebe *n*; **11.** *fig.* Einfluß *m*, (treibende) Kraft; **12.** (Sich)'Treibenlassen *n*, Ziellosigkeit *f*: ***policy of ~***; **II** *v/i.* **13.** treiben (*a. fig.* ***into*** in *e-n Krieg etc.*), getrieben werden: ***let things ~*** den Dingen ihren Lauf lassen; ***~ away*** a) abwandern, b) sich entfernen (***from*** von); ***~ apart*** *fig.* sich auseinanderleben; **14.** sich (willenlos) treiben lassen; **15.** *auf et.* zutreiben; **16.** gezogen werden, geraten *od.* (hinein)schlittern (***into*** in *acc.*); **17.** sich häufen (*Sand, Schnee*); **III** *v/t.* **18.** (da'hin)treiben, (fort)tragen; **19.** aufhäufen, zs.-tragen; **~ an·chor** *s.* ⚓ Treibanker *m*.

drift·er ['drɪftə] *s.* **1.** zielloser Mensch, ‚Gammler' *m*; **2.** Treibnetzfischer(boot *n*) *m*.

drift| ice *s.* Treibeis *n*; **~ net** *s.* Treibnetz *n*; '**~·wood** *s*. Treibholz *n*.

drill[1] [drɪl] **I** *s*. **1.** ⚙ 'Bohrgerät *n*, -maˌschine *f*, Bohrer *m*: **~ *chuck*** Bohrfutter *n*; **2.** Drill *m*: a) ⚔ Exerzieren *n*, b) (*Luftschutz- etc.*)Übung *f*, c) *fig*. strenge Schulung, d) 'Ausbildung(smeˌthode) *f*; **II** *v/t*. **3.** *Loch* bohren; **4.** ⚔ *u. fig*. drillen, einexerzieren: **~ *him in Latin*** ihm Lateinisch einpauken; **5.** *fig*. drillen, gründlich ausbilden; **III** *v/i*. **6.** (⚙ *engS*. ins Volle) bohren: **~ *for oil*** nach Öl bohren; **7.** ⚔ a) exerzieren (*a. fig*.), b) gedrillt *od*. ausgebildet werden.

drill[2] [drɪl] ⚘ **I** *s*. **1.** (Saat)Rille *f*, Furche *f*; **2.** 'Drill-, 'SämaˌSchine *f*; **II** *v/t*. **3.** *Saat* in Reihen säen; **4.** *Land* in Reihen besäen.

drill[3] [drɪl] *s*. Drill(ich) *m*, Drell *m*.

drill| bit *s*. ⚙ **1.** Bohrspitze *f*; **2.** Einsatzbohrer *m*; **~ ground** *s*. ⚔ Exerzierplatz *m*.

drill·ing ['drɪlɪŋ] *s*. **1.** Bohren *n*; **2.** Bohrung *f* (***for*** nach *Öl etc*.); **3.** → ***drill***[1] 2; **~ rig** *s*. Bohrinsel *f*.

'**drill|ˌmas·ter** *s*. **1.** ⚔ Ausbilder *m*; **2.** *fig*. ‚Einpauker' *m*; **~ ser·geant** *s*. ⚔ 'AusbildungsˌunteroffiˌZier *m*.

dri·ly ['draɪlɪ] *adv*. *von* ***dry*** (*mst fig*.).

drink [drɪŋk] **I** *s*. **1.** a) Getränk *n*, b) Drink *m*, alko'holisches Getränk, c) *coll*. Getränke *pl*.: ***have a ~*** et. trinken, e-n Drink nehmen; ***have a ~ with s.o.*** mit j-m ein Glas trinken; ***a ~ of water*** ein Schluck Wasser; ***food and ~*** Essen *n* u. Getränke *pl*.; **2.** das Trinken, der Alkohol: ***take to ~*** sich das Trinken angewöhnen; **3.** *sl*. *der* ‚große Teich' (*Meer*); **II** *v/t*. [*irr*.] **4.** *Tee etc*. trinken; *Suppe* essen: **~ *s.o. under the table*** j-n unter den Tisch trinken; **5.** trinken, saufen (*Tier*); **6.** trinken *od*. anstoßen auf (*acc*.); → ***health*** 3; **7.** (aus)trinken, leeren; → ***cup*** 7; **8.** *fig*. → ***drink in***; **III** *v/i*. [*irr*.] **9.** trinken; **10.** saufen (*Tier*); **11.** trinken, *weitS*. *a*. ein Trinker sein; **12.** trinken *od*. anstoßen (***to*** auf *acc*.): **~ *to s.o.*** *a*. j-m zuprosten; **~ a·way** *v/t*. **1.** *sein Geld etc*. vertrinken; **2.** *s-e Sorgen* im Alkohol ersäufen; **~ in** *v/t*. *fig*. **1.** *Luft etc*. einsaugen, (tief) einatmen; **2.** *fig*. (hingerissen) in sich aufnehmen, verschlingen: **~ *s.o.'s words***; **~ off**, **~ up** *v/t*. austrinken.

drink·a·ble ['drɪŋkəbl] *adj*. trinkbar, Trink...; **drink·er** ['drɪŋkə] *s*. **1.** Trinkende(r *m*) *f*: ***beer ~*** Biertrinker *m*; **2.** Trinker(in): ***a heavy ~***.

drink·ing ['drɪŋkɪŋ] *s*. **1.** *allg*. Trinken *n*; **2.** → **~ bout** *s*. Trinkgelage *n*; **~ cup** *s*. Trinkbecher *m*; **~ foun·tain** *s*. Trinkbrunnen *m*; **~ song** *s*. Trinklied *n*; **~ straw** *s*. Trinkhalm *m*; **~ wa·ter** *s*. Trinkwasser *n*.

drip [drɪp] **I** *v/i*. **1.** (her'ab)tropfen, (-)tröpfeln; **2.** tropfen (*Wasserhahn*); **3.** triefen (***with*** von, vor *dat*.) (*a. fig*.); **II** *v/t*. **4.** (her'ab)tröpfeln *od*. (her'ab-) tropfen lassen; **III** *s*. **5.** → ***dripping*** 1, 2; **6.** ⚠ Traufe *f*; **7.** ⚙ Tropfrohr *n*; **8.** ⚕ a) 'TropfinfusiˌOn *f*, b) Tropf *m*: ***be on the ~*** am Tropf hängen; **9.** F ‚Nulpe' *f*, ‚Blödmann' *m*; **~ cof·fee** *s*. *Am*. Filterkaffee *m*; ˌ**~-'dry I** *adj*. bügelfrei; **II** *v/t*. tropfnaß aufhängen; '**~-feed** *v/t*. ⚕ parente'ral *od*. künstlich ernähren.

drip·ping ['drɪpɪŋ] **I** *s*. **1.** Tröpfeln *n*, Tropfen *n*; **2.** *a. pl*. her'abtröpfelnde Flüssigkeit; **3.** (abtropfendes) Bratenfett: **~ *pan*** Fettpfanne *f*; **II** *adj*. **4.** *a. fig*. triefend (***with*** von); **5.** *a*. **~ *wet*** triefend naß, tropfnaß.

'**drip·proof** *adj*. ⚙ tropfwassergeschützt.

drive [draɪv] **I** *s*. **1.** Fahrt *f*, *bsd*. Aus-, Spa'zierfahrt *f*: ***take*** (*od*. ***go for***) ***a ~*** → ***drive out*** II; ***an hour's ~ away*** e-e Autostunde entfernt; **2.** a) Fahrweg *m*, -straße *f*, b) (pri'vate) Auf-, Einfahrt *f*, c) Zufahrtsstraße *f*; **3.** a) (Zs.-)Treiben *n* (*von Vieh etc*.), b) zs.-getriebene Tiere; **4.** Treibjagd *f*; **5.** ⚙ a) Antrieb *m*: ***rear***(***-wheel***) **~**, b) *mot. a*. Steuerung *f*: ***left-hand ~***; **6.** ⚔ Vorstoß *m*; **7.** *sport* a) Schuß *m*, b) *Golf*, *Tennis*: Drive *m*, Treibschlag *m*; **8.** Tatkraft *f*, Schwung *m*, E'lan *m*, Dy'namik *f*; **9.** Trieb *m*, Drang *m*: ***sexual ~*** Geschlechtstrieb; **10.** ('Sammel-, Ver'kaufs- *etc*.)AktiˌOn *f*, Kam'pagne *f*, (*bes*. Werbe)Feldzug *m*; **II** *v/t*. [*irr*.] **11.** *Vieh*, *Wild*, *Keil*, *etc*. treiben; *Ball* treiben, (weit) schlagen, schießen; *Nagel* einschlagen, treiben (***into*** in *acc*.); *Pfahl* einrammen; *Schwert etc*. stoßen; *Tunnel* bohren, treiben: **~ *s.th. into s.o.*** *fig*. j-m et. einbleuen; **~ *all before one*** *fig*. jeden Widerstand überwinden, unaufhaltsam sein; → ***home*** 13; **12.** vertreiben, -jagen; **13.** *hunt*. jagen, treiben; **14.** (zur Arbeit) antreiben, hetzen: **~ *s.o. hard*** a) j-n schinden, b) j-n in die Enge treiben; **~ *o.s.*** (***hard***) sich abschinden *od*. antreiben; **15.** *fig*. *j-n* dazu bringen *od*. treiben *od*. veranlassen *od*. zwingen (***to*** zu; ***to do*** zu tun): **~ *to despair*** zur Verzweiflung treiben; **~ *s.o. mad*** j-n verrückt machen; ***driven by hunger*** vom Hunger getrieben; **16.** *Wagen* fahren, lenken, steuern; **17.** *j-n od. et*. (im Auto) fahren, befördern; **18.** ⚙ (an-,

be)treiben (*mst pass.*): ***driven by steam*** mit Dampf betrieben, mit Dampfantrieb; **19.** zielbewußt ˈdurchführen: ***~ a hard bargain*** hart verhandeln; ***he ~s a roaring trade*** er treibt e-n schwunghaften Handel; **III** *v/i.* [*irr.*] **20.** (daˈhin)treiben, getrieben werden: ***~ before the wind*** ⚓ vor dem Winde treiben; **21.** eilen, stürmen, jagen; **22.** stoßen, schlagen; **23.** (e-n *od.* den Wagen) fahren: ***can you ~?*** können Sie Auto fahren?; **24.** ***~ at*** *fig.* (ab)zielen auf (*acc.*): ***what is he driving at?*** was will *od.* meint er eigentlich?, worauf will er hinaus?; **25.** schwer arbeiten (***at*** an *dat.*);
Zssgn mit adv.:
drive| a·way I *v/t. a. fig.* vertreiben, verjagen; **II** *v/i.* wegfahren; **~ in I** *v/t.* **1.** *Pfahl* einrammen, *Nagel* einschlagen; **2.** *Vieh* eintreiben; **II** *v/i.* **3.** hinˈeinfahren; **~ on I** *v/t.* voˈrantreiben (*a. fig.*); **II** *v/i.* weiterfahren; **~ out I** *v/t.* aus-, vertreiben; **II** *v/i.* spazieren-, ausfahren; **~ up I** *v/t. Preise* in die Höhe treiben; **II** *v/i.* vorfahren (***to*** vor *dat.*).

ˈdrive-in I *adj.* Auto..., Drive-in-...; **II** *s.* a) Auto-, Drive-in-Kino *n*, -rasthaus *n etc.*, b) Auto-, Drive-in-Schalter *m e-r Bank*.

driv·el [ˈdrɪvl] **I** *v/i.* **1.** sabbern, geifern; **2.** dummes Zeug schwatzen, faseln; **II** *s.* **3.** Geschwätz *n*, Gefasel *n*, Faseˈlei *f*; **ˈdriv·el·(l)er** [-lə] *s.* (blöder) Schwätzer.

driv·en [ˈdrɪvn] *p.p. von* ***drive***.

driv·er [ˈdraɪvə] *s.* **1.** (An)Treiber *m*; **2.** Fahrer *m*, Lenker *m*, b) (*Kran- etc., Brit. Lokomotiv*)Führer *m*, c) Kutscher *m*; **3.** (Vieh)Treiber *m*; **4.** F Antreiber *m*, (Leute)Schinder *m*; **5.** ⚙ a) Treibrad *n*, Ritzel *n*, b) Mitnehmer *m*, c) Ramme *f*; **6.** *Golf*: Driver *m* (*Holzschläger 1*); **~'s cab** *s.* ⚙ Führerhaus *n*; **~'s li·cense** *s. mot. Am.* Führerschein *m*; **~'s seat** *s.* Fahrer-, Führersitz *m*: ***in the ~*** *fig.* am Ruder.

drive| shaft → ***driving shaft***; **ˈ~·way** *s.* → ***drive*** 2; **ˈ~-yourˌself** *adj. Am.* Selbstfahrer...: ***~ car*** Mietwagen *m*.

driv·ing [ˈdraɪvɪŋ] **I** *adj.* **1.** (an)treibend: ***~ force*** treibende Kraft; ***~ rain*** stürmischer Regen; **2.** a) ⚙ Antriebs..., Treib..., Trieb..., b) *TV* Treiber...(*-impulse etc.*); **3.** *mot.* Fahr...: ***~ comfort***; ***~ instructor*** Fahrlehrer *m*; ***~ lessons*** Fahrstunden; ***take ~ lessons*** Fahrunterricht nehmen, den Führerschein machen; ***~ licence*** *Brit.* Führerschein *m*; ***~ mirror*** Rückspiegel *m*; ***~ school*** Fahrschule *f*; ***~ test*** Fahrprüfung *f*; **II** *s.* **4.** Treiben *n*; **5.** (Auto)Fahren *n*; **~ ax·le** *s.* Antriebsachse *f*; **~ belt** *s.* Treibriemen *m*; **ˈ~·gear** *s.* Triebwerk *n*, Getriebe *n*; **~ i·ron** *s. Golf*: Driving-Iron *m* (*Eisenschläger Nr. 1*); **~ pow·er** *s.* ⚙ Antriebskraft *f*, -leistung *f*; **~ shaft** *s.* ⚙ Antriebswelle *f*; **~ wheel** *s.* Triebrad *n*.

driz·zle [ˈdrɪzl] **I** *v/i.* nieseln; **II** *s.* Niesel-, Sprühregen *m*; **ˈdriz·zly** [-lɪ] *adj.* Niesel-, Sprüh...: ***~ rain***; ***it was a ~ day*** es nieselte den ganzen Tag.

droll [drəʊl] *adj.* □ drollig, spaßig, komisch; **droll·er·y** [ˈdrəʊlərɪ] *s.* **1.** Posse *f*, Schwank *m*; **2.** Spaß *m*; **3.** Komik *f*, Spaßigkeit *f*.

drome [drəʊm] F *für* ***aerodrome***, ***airdrome***.

drom·e·dar·y [ˈdrɒmədərɪ] *s. zo.* Dromeˈdar *n*.

drone[1] [drəʊn] **I** *s.* **1.** *zo.* Drohne *f*; **2.** *fig.* Drohne *f*, Schmaˈrotzer *m*; **3.** ⚔ ferngesteuertes Flugzeug *n*; ˈFernlenkraˌkete *f*; **II** *v/i.* **4.** faulenzen; **III** *v/t.* **5.** ***~ away*** vertrödeln.

drone[2] [drəʊn] **I** *v/i.* **1.** brummen, summen, dröhnen; **2.** *fig.* leiern, eintönig reden; **II** *v/t.* **3.** herleiern; **III** *s.* **4.** ♪ a) Borˈdun *m*, b) Baßpfeife *f des Dudelsacks*; **5.** Brummen *n*, Summen *n*; **6.** *fig.* a) Geleier *n*, b) einschläfernder Redner.

droop [druːp] **I** *v/i.* **1.** (schlaff) herˈabhängen *od.* -sinken; **2.** ermatten, erschlaffen; **3.** sinken, schwinden (*Mut etc.*), erlahmen (*Interesse etc.*); **4.** *fig.* den Kopf hängenlassen (*a. Blume*); **5.** ✝ abbröckeln (*Preise*); **II** *v/t.* **6.** (schlaff) herˈabhängen lassen; **III** *s.* **7.** Herˈabhängen *n*, Senken *n*; **8.** Erschlaffen *n*; **ˈdroop·ing** [-pɪŋ] *adj.* □ **1.** (herˈunter)hängend, schlaff (*a. fig.*); **2.** matt; **3.** welk.

drop [drɒp] **I** *s.* **1.** Tropfen *m*: ***in ~s*** tropfenweise (*a. fig.*); ***a ~ in the bucket*** (*od.* ***ocean***) *fig.* ein Tropfen auf e-n heißen Stein; **2.** ⚕ *mst pl.* Tropfen *pl.*; **3.** *fig.* a) Tropfen *m*, Tröpfchen *n*, b) Glas *n*, ‚Gläs-chen' *n*: ***he has had a ~ too much*** er hat ein Glas *od.* eins über den Durst getrunken; **4.** Bonˈbon *m*, *n*: ***fruit ~s*** Drops *pl.*; **5.** a) Fall *m*, Fallen *n*: ***at the ~ of a hat*** F beim geringsten Anlaß; ***get*** *od.* ***have the ~ on s.o.*** F j-m (*beim Ziehen e-r Waffe*) zuvorkommen, *fig.* j-m gegenüber im Vorteil sein, b) Fall(tiefe *f*) *m*, ˈHöhenˌunterschied *m*, c) steiler Abfall, Gefälle *n*; **6.** *fig.* Fall *m*, Sturz *m*, Rückgang *m*: ~ ***in prices*** Preissturz, -rückgang; ~ ***in the temperature*** Temperaturabfall, -sturz; ~ ***in the voltage*** ⚡ Spannungsabfall; **7.** → ***airdrop*** I; **8.** ⚙ a) (Fall-)Klappe *f*, -vorrichtung *f*, b) Falltür *f*, c) Vorrichtung *f* zum Her'ablassen von Lasten: (***letter***) ~ *Am.* (Brief)Einwurf *m*; **9.** *thea.* Vorhang *m*; **II** *v/i.* **10.** (her'ab)tropfen, (-)tröpfeln; **11.** (he'rab-, her'unter)fallen: ***let s.th.*** ~ a) et. fallen lassen, b) → 26; **12.** (nieder-)sinken, fallen: ~ ***into a chair***, ~ ***dead*** tot umfallen; ~ ***dead!*** *sl.* geh zum Teufel!; ***ready*** (*od.* ***fit***) ***to*** ~ zum Umfallen müde; **13.** *fig.* aufhören, ‚einschlafen': ***our correspondence*** ~***ped***; **14.** (verfallen: ~ ***into a habit*** in e-e Gewohnheit verfallen; ~ ***asleep*** einschlafen; **15.** a) (ab)sinken, sich senken, b) sinken, fallen, her'untergehen (*Preise*, *Thermometer etc.*); **16.** sich senken (*Stimme*); **17.** sich legen (*Wind*); **18.** zufällig *od.* unerwartet kommen: ~ ***into the room***; ~ ***across s.o.*** (***s.th.***) zufällig auf j-n (et.) stoßen; **19.** *zo.* (Junge) werfen, *bsd.* a) lammen, b) kalben, c) fohlen; **III** *v/t.* **20.** (her'ab)tropfen *od.* (-)tröpfeln lassen; **21.** senken, her'ablassen; **22.** fallen lassen: ~ ***a book***; **23.** (hin'ein)werfen (***into*** in *acc.*); **24.** *Bomben etc.* (ab)werfen; **25.** ⚓ *den Anker* auswerfen; **26.** *e-e Bemerkung* fallenlassen: ~ ***a remark***; ~ ***me a line!*** schreibe mir ein paar Zeilen!; **27.** *ein Thema*, *e-e Gewohnheit etc.* fallenlassen: ~ ***a subject*** (***habit*** *etc.*); **28.** *e-e Tätigkeit* aufgeben, aufhören mit: ~ ***the correspondence*** die Korrespondenz einstellen; ~ ***it!*** hör auf damit!, laß das!; **29.** *j-n* fallenlassen, nichts mehr zu tun haben wollen mit; **30** *Am.* a) *j-n* entlassen, b) *sport Spieler* aus der Mannschaft nehmen; **31.** *zo. Junge, bsd. Lämmer* werfen; **32.** *e-e Last*, *a. Passagiere* absetzen; **33.** F *Geld* a) loswerden, b) verlieren; **34.** *Buchstaben etc.* auslassen: ~ ***one's aitches*** a) das ‚h' nicht sprechen, b) *fig.* e-e vulgäre Aussprache haben; **35.** a) zu Fall bringen, zu Boden schlagen, b) F *j-n* ‚abknallen'; **36.** ab-, her'unterschießen: ~ ***a bird***; **37.** *die Augen od. die Stimme* senken; **38.** *sport e-n Punkt*, *ein Spiel* abgeben (***to*** gegen);

Zssgn mit adv.:

drop| a·round *v/i.* F vor'beikommen, (kurz) ‚her'einschauen'; ~ **a·way** *v/i.* **1.** abfallen; **2.** immer weniger werden; (e-r nach dem anderen) weggehen; ~ **back**, ~ **be·hind** *v/i.* **1.** zu'rückbleiben, -fallen; **2.** sich zu'rückfallen lassen; ~ **down** *v/i.* **1.** her'abtröpfeln; **2.** her'unterfallen; ~ **in** *v/i.* **1.** her'einkommen (*a. fig. Aufträge etc.*); **2.** (kurz) her'einschauen (***on*** bei), ‚her'einschneien'; ~ **off I** *v/i.* **1.** abfallen (*a.* ⚡); **2.** zu'rückgehen (*Umsatz etc.*), nachlassen (*Interesse etc.*); **3.** einschlafen, -nicken; **II** *v/t.* **4.** → ***drop*** 32; ~ **out** *v/i.* **1.** her'ausfallen (***of*** aus); **2.** ‚aussteigen' (***of*** aus *der Politik*, *s-m Beruf etc.*), *a.* die Schule, das Studium abbrechen.

drop| ball *s. Fußball*: Schiedsrichterball *m*; ~ **cur·tain** *s. thea.* Vorhang *m*; '~-**forge** *v/t.* ⚙ im Gesenk schmieden; ~ **forg·ing** *s.* ⚙ **1.** Gesenkschmieden *n*; **2.** Gesenkschmiedestück *n*; '~·**head** *s.* **1.** ⚙ Versenkvorrichtung *f*; **2.** *mot. Brit. a.* ~ ***coupé*** Kabrio'lett *n*; ~ **kick** *s. sport* Dropkick *m*.

drop·let ['drɒplɪt] *s.* Tröpfchen *n*.

drop| let·ter *s.* **1.** *Am.* postlagernder Brief; **2.** Ortsbrief *m*; '~·**out** *s.* Dropout *m*: a) ‚Aussteiger' *m aus der Gesellschaft*, b) (Schul-, Studien)Abbrecher *m*, c) *Computer*: Sig'nalausfall *m*, d) *Tonband*: Schadstelle *f*.

drop·per ['drɒpə] *s.* Tropfglas *n*, Tropfenzähler *m*: ***eye*** ~ Augentropfer *m*; '**drop·pings** [-pɪŋz] *s. pl.* **1.** Mist *m*, tierischer Kot; **2.** (Ab)Fallwolle *f*.

drop| scene *s.* **1.** *thea.* (Zwischen)Vorhang *m*; **2.** *fig.* Fi'nale *n*, Schlußszene *f*; ~ **seat** *s.* Klappsitz *m*; ~ **shot** *s. Tennis etc.*: Stoppball *m*; ~ **shut·ter** *s. phot.* Fallverschluß *m*.

drop·si·cal ['drɒpsɪkl] *adj.* □ ⚕ **1.** wassersüchtig; **2.** ödema'tös.

'**drop-stitch** *s.* Fallmasche *f*.

drop·sy ['drɒpsɪ] *s.* ⚕ Wassersucht *f*.

dross [drɒs] *s.* **1.** ⚙ Schlacke *f*; **2.** Abfall *m*, Unrat *m*; *fig.* wertloses Zeug.

drought [draʊt] *s.* Dürre *f* (*a. fig. Mangel* ***of*** an *dat.*); (Zeit *f* der) Trockenheit *f*; '**drought·y** [-tɪ] *adj.* **1.** trocken, dürr; **2.** regenlos.

drove¹ [drəʊv] *pret. von* ***drive***.

drove² [drəʊv] *s.* **1.** (Vieh)Herde *f*; **2.** *fig.* Schar *f*: ***in*** ~***s*** in hellen Scharen; '**dro·ver** [-və] *s.* Viehtreiber *m*.

drown [draʊn] **I** *v/i.* **1.** ertrinken; **II** *v/t.* **2.** ertränken, ersäufen: ***be*** ~***ed*** → 1; ~ ***one's sorrows*** s-e Sorgen (im Alkohol) ertränken; **3.** über'schwemmen (*a. fig.*): ~***ed in tears*** tränenüberströmt; **4.** *a.* ~ ***out*** *fig.* übertönen.

drowse [draʊz] **I** *v/i.* **1.** dösen: ~ ***off*** eindösen; **II** *v/t.* **2.** schläfrig machen; **3.** *mst* ~ ***away*** *Zeit etc.* verdösen; '**drow·si·ness** [-zɪnɪs] *s.* Schläfrigkeit *f*;

'**drow·sy** [-zı] *adj.* □ **1.** a) schläfrig, b) verschlafen (*a. fig.*); **2.** einschläfernd.

drub [drʌb] *v/t.* F **1.** (ver)prügeln: **~ *s.th. into s.o.*** j-m et. einbleuen; **2.** *sport* ‚über'fahren'; '**drub·bing** [-bıŋ] *s.* F (Tracht *f*) Prügel *pl.*: ***take a ~*** *a. sport* Prügel beziehen, ‚über'fahren werden'.

drudge [drʌdʒ] **I** *s.* **1.** *fig.* F Packesel *m*, Arbeitstier *n*, Kuli *m*; **2.** → ***drudgery***; **II** *v/i.* **3.** sich (ab)placken, sich abschinden, schuften; '**drudg·er·y** [-dʒərı] *s.* Placke'rei *f*, Schinde'rei *f*; '**drudg·ing** [-dʒıŋ] *adj.* □ **1.** mühsam; **2.** stumpfsinnig.

drug [drʌg] **I** *s.* **1.** Arz'nei(mittel *n*) *f*, Medika'ment *n*: ***be on a ~*** ein Medikament (ständig) nehmen; **2.** Rauschgift *n*, Droge *f* (*a. fig.*): ***be on ~s*** → 8; **3. *~ on*** (*Am. a.* ***in***) ***the market*** ☨ schwerverkäufliche Ware, *a.* Ladenhüter *m*; **II** *v/t.* **4.** *j-m* Medika'mente geben; **5.** *j-n* unter Drogen setzen; **6.** ein Betäubungsmittel beimischen (*dat.*); **7.** *j-n* betäuben (*a. fig.*): ***~ged with sleep*** schlaftrunken; **III** *v/i.* **8.** Drogen *od.* Rauschgift nehmen; **~ a·buse** *s.* **1.** 'Drogen͵mißbrauch *m*; **2.** Arz'neimittel͵mißbrauch *m*; **~ ad·dict** *s.* Drogen- *od.* Rauschgiftsüchtige(r *m*) *f*; '**~-ad͵dict·ed** *adj.* **1.** drogen- *od.* rauschgiftsüchtig; **2.** arz'neimittelsüchtig; **~ ad·dic·tion** *s.* **1.** Drogen- *od.* Rauschgiftsucht *f*; **2.** Arz'neimittelsucht *f*; **~ de·pend·ence** *s.* Drogenabhängigkeit *f*.

drug·gist ['drʌgıst] *s. Am.* **1.** Apo'theker *m*; **2.** Inhaber(in) e-s Drugstores.

drug| ped·dler, '**~͵push·er** *s.* Rauschgifthändler *m*, ‚Pusher' *m*; **~ scene** *s.* Drogenszene *f*.

drug·ster ['drʌgstə] → ***drug addict***.

'**drug·store** *s. Am.* **1.** Apo'theke *f*; **2.** Drugstore *m* (*Drogerie, Kaufladen u. Imbißstube*).

Dru·id ['dru:ıd] *s.* Dru'ide *m*; '**Dru·id·ess** [-dıs] *s.* Dru'idin *f*.

drum [drʌm] **I** *s.* **1.** ♪ Trommel *f*: ***beat the ~*** die Trommel schlagen *od.* (*a. fig.*) rühren, trommeln; **2.** *pl.* Schlagzeug *n*; **3.** Trommeln *n* (*a. fig. des Regens etc.*); **4.** ⚙ Trommel *f*, Walze *f*, Zy'linder *m*; **5.** ⚔ Trommel *f* (*am Maschinengewehr etc.*); **6.** Trommel *f*, trommelförmiger Behälter; **7.** *anat.* a) Mittelohr *n*, b) Trommelfell *n*; **8.** △ Säulentrommel *f*; **II** *v/i.* **9.** *a. weitS.* trommeln (***on*** auf *acc.*, ***at*** an *acc.*); **10.** (rhythmisch) dröhnen; **11.** *fig. Am.* die Trommel rühren (***for*** für); **III** *v/t.* **12.** *Rhythmus* trommeln: **~ *s.th. into s.o.*** j-m et. einhämmern; **13.** trommeln auf (*acc.*); **~ out** *v/t.* *j-n* ausstoßen (***of*** aus); **~ up** *v/t.* a) zs.-trommeln, (an)werben, ‚auf die Beine stellen', b) *Am.* sich *et.* einfallen lassen.

drum| brake *s.* Trommelbremse *f*; '**~͵fire** *s.* ⚔ Trommelfeuer *n* (*a. fig.*); '**~-head** *s.* **1.** ♪, *anat.* Trommelfell *n*; **2. *~ court martial*** ⚔ Standgericht *n*; **3. *~ service*** ⚔ Feldgottesdienst *m*; **~ ma·jor** *s.* ⚔ 'Tambourma͵jor *m*; **~ ma·jor·ette** *s.* 'Tambourma͵jorin *f*.

drum·mer ['drʌmə] *s.* **1.** ♪ a) Trommler *m*, b) Schlagzeuger *m*; **2.** ☨ *Am.* F Handlungsreisende(r) *m*.

'**drum·stick** *s.* **1.** Trommelstock *m*, -schlegel *m*; **2.** 'Unterschenkel *m* (*von zubereitetem Geflügel*).

drunk [drʌŋk] **I** *adj. mst pred.* **1.** betrunken (***on*** von): ***get ~*** sich betrinken; ***~ as a lord*** (*od.* ***a fish***) total blau; ***~ and incapable*** volltrunken; ***~ driving*** ⚖ Trunkenheit *f* am Steuer; **2.** *fig.* (be-) trunken, berauscht (***with*** vor, von): ***~ with joy*** freudetrunken; **II** *s.* **3.** *sl.* a) Betrunkene(r *m*) *f*, b) Säufer(in); **4.** a) Saufe'rei *f*, Besäufnis *n*, b) ‚Affe' *m*, Rausch *m*; **III** *p.p. von* ***drink***; '**drunk·ard** [-kəd] *s.* Säufer *m*, Trunkenbold *m*; '**drunk·en** [-kən] *adj.* □ betrunken; *fig.* → ***drunk*** 2: ***a ~ man*** ein Betrunkener; ***a ~ brawl*** ein im Rausch angefangener Streit; ***a ~ party*** ein Saufgelage *n*; '**drunk·en·ness** [-kənnıs] *s.* Betrunkenheit *f*.

drupe [dru:p] *s.* ⚘ Steinfrucht *f*, -obst *n*.

dry [draı] **I** *adj.* □ **1.** trocken: ***not yet ~ behind the ears*** noch nicht trocken hinter den Ohren; ***~ cough*** trockener Husten; ***run ~*** austrocknen, versiegen; → ***dock***[1] 1; **2.** trocken, regenarm, niederschlagsarm: ***~ country***; ***~ summer***; **3.** dürr, ausgedörrt; **4.** ausgetrocknet; **5.** F durstig; **6.** durstig machend: ***~ work***; **7.** trockenstehend (*Kuh*); **8.** F ‚trocken': a) mit Alkoholverbot: ***a ~ State***, b) ohne Alkohol: ***a ~ party***, c) weg vom Alkohol: ***he is now ~***; **9.** antialko'holisch: ***~ law*** Prohibitionsgesetz *n*; ***go ~*** das Alkoholverbot einführen; **10.** 'unproduk͵tiv, ‚ausgeschrieben': ***~ writer***; **11.** herb, trocken (*Wein etc.*); **12.** *fig.* trocken, langweilig; nüchtern: ***~ as dust*** strohtrocken, sterbenslangweilig; ***~ facts*** nüchterne *od.* nackte Tatsachen; **13.** *fig.* trocken: ***~ humo(u)r***; **II** *v/t.* **14.** (ab)trocknen: ***~ one's hands*** sich die Hände abtrocknen; **15.** *Obst* dörren; **16.** *a.* ***~ up*** austrocknen; trockenlegen; **III** *v/i.* **17.** trocknen, trocken werden; **18. *~ up*** a) ein-, ver-, austrocknen, b) F versiegen, aufhören, c) F die ‚Klappe' halten: *~ up!*; **IV** *s.* **19.** Trockenheit *f.*

dry·ad ['draɪəd] *s.* Dry'ade *f.*

dry·as·dust ['draɪəzdʌst] **I** *s.* Stubengelehrte(r) *m*; **II** *adj.* strohtrocken, sterbenslangweilig.

dry| bat·ter·y *s.* ⚡ 'Trockenbatte,rie *f*; **~ cell** *s.* ⚡ 'Trockenele,ment *n*; **,~-'clean** *v/t.* chemisch reinigen; **,~-'clean·er('s)** *s.* chemische Reinigung(sanstalt); **,~-'clean·ing** *s.* chemische Reinigung; **'~-cure** *v/t. Fleisch etc.* dörren *od.* einsalzen; **,~'dock** *v/t.* ⚓ ins Trockendock bringen.

dry·er ['draɪə] → ***drier***[1].

'dry|-farm *s.* Trockenfarm *f*; **'~-fly** *s. Angeln*: Trockenfliege *f*; **~ goods** *s. pl.* ✝ *Am.* Tex'tilien *pl.*; **~ ice** *s.* Trockeneis *n.*

dry·ing ['draɪɪŋ] *adj.* Trocken…

dry·ly → ***drily***.

dry meas·ure *s.* Trockenmaß *n.*

dry·ness ['draɪnɪs] *s.* Trockenheit *f*: a) trockener Zustand, b) Dürre *f*, c) Hu'morlosigkeit *f*, d) Langweiligkeit *f.*

'dry|-nurse I *s.* **1.** Säuglingsschwester *f*; **II** *v/t.* **2.** *Säuglinge* pflegen; **3.** F bemuttern (*a. fig.*); **'~-out farm** *s.* F Entziehungsheim *n*; **~ rot** *s.* **1.** Trockenfäule *f*; **2.** ⚘ Hausschwamm *m*; **3.** *fig.* Verfall *m*; **~ run** *s.* **1.** ⚔ *Am.* Übungsschießen *n* ohne scharfe Muniti'on; **2.** F Probe *f*, Test *m*; **'~-salt** *v/t.* dörren u. einsalzen; **,~-'shod** *adv.* trockenen Fußes.

du·al ['dju:əl] **I** *adj.* ☐ doppelt, Doppel…, Zwei…, ⚙ *a.* Zwillings…: ***~ carriageway*** *Brit.* Schnellstraße *f*; ***~-income family*** Doppelverdiener *pl.*; ***~ nationality*** doppelte Staatsangehörigkeit; ***~-purpose*** ⚙ Doppel…, Zwei…, Mehrzweck…; **II** *s. ling. a.* ***~ number*** 'Dual *m*, Du'alis *m*; **'du·al·ism** [-lɪzəm] *s.* Dua'lismus *m*; **du·al·i·ty** [dju:'æləti] *s.* Duali'tät *f*, Zweiheit *f.*

dub [dʌb] *v/t.* **1.** ***~ s.o. a knight*** j-n zum Ritter schlagen; **2.** *fig. humor.* titulieren, nennen: ***they ~bed him Fatty***; **3.** ⚙ zurichten; **4.** *Leder* einfetten; **5.** a) *Film* synchronisieren, b) (nach)synchronisieren, c) ***~ in*** einsynchronisieren.

dub·bin ['dʌbɪn] *s.* Lederfett *n.*

dub·bing ['dʌbɪŋ] *s.* **1.** Ritterschlag *m*; **2.** *Film*: ('Nach)Synchronisati,on *f*; **3.** → ***dubbin***.

du·bi·ous ['dju:bjəs] *adj.* ☐ **1.** zweifelhaft: a) unklar, zweideutig, b) ungewiß, unbestimmt, c) fragwürdig, dubi'os, d) unzuverlässig; **2.** a) im Zweifel (***of***, ***about*** über *acc.*), unsicher, b) unschlüssig; **'du·bi·ous·ness** [-nɪs] *s.* **1.** Zweifelhaftigkeit *f*; **2.** Ungewißheit *f*; **3.** Fragwürdigkeit *f.*

du·cal ['dju:kl] *adj.* herzoglich, Herzogs…

duc·at ['dʌkət] *s.* **1.** *hist.* Du'katen *m*; **2.** *pl. obs. sl.* ‚Mo'neten' *pl.*

duch·ess ['dʌtʃɪs] *s.* Herzogin *f*; **duch·y** ['dʌtʃɪ] *s.* Herzogtum *n.*

duck[1] [dʌk] *s.* **1.** *pl.* **ducks**, *coll.* **duck** *orn.* (*engS.* weibliche) Ente: ***like a dying ~*** (***in a thunderstorm***) F völlig verdattert; ***take to s.th. like a ~ takes to water*** F sich in et. sofort in s-m Element fühlen; ***it ran off him like water off a ~'s back*** F es ließ ihn völlig kalt; ***play ~s and drakes*** a) Steine (über das Wasser) hüpfen lassen, b) (***with***) *fig.* aasen (mit); **2.** Ente *f*, Entenfleisch *n*: ***roast ~*** Entenbraten *m*; **3.** F ‚(Gold-)Schatz' *m*, ‚Süße(r' *m*) *f*; **4.** F a) ‚Vogel' *m*, b) ‚Tante' *f*: ***a funny old ~***; **5.** ⚔ Am'phibien-Lastkraftwagen *m*; **6.** *Kricket*: Null *f*, null Punkte *pl.*

duck[2] [dʌk] **I** *v/i.* **1.** (rasch) 'untertauchen; **2.** (*a. fig.*) sich ducken (***to*** vor *dat.*); **3.** *a.* ***~ out*** F ‚verduften', verschwinden; ***~ out of*** → 5 c; **II** *v/t.* **4.** ('unter)tauchen; **5.** a) *den Kopf* ducken *od.* einziehen, b) *e-n Schlag* abducken, ausweichen (*dat.*), c) F sich ‚drücken' vor (*dat.*), ausweichen (*dat.*).

duck[3] [dʌk] *s.* **1.** Segeltuch *n*; **2.** *pl.* Segeltuchhose *f.*

'duck|·bill *s.* **1.** *zo.* Schnabeltier *n*; **2.** ⚘ *Brit.* roter Weizen; **'~-billed plat·y·pus** → ***duckbill*** 1; **'~-board** *s.* Laufbrett *n.*

duck·ie ['dʌkɪ] → ***duck***[1] 3.

duck·ing ['dʌkɪŋ] *s.*: ***give s.o. a ~*** j-n untertauchen; ***get a ~*** völlig durchnäßt werden.

duck·ling ['dʌklɪŋ] *s.* Entchen *n.*

duck shot *s.* Entenschrot *m*, *n.*

duck·y ['dʌkɪ] F **I** *s.* → ***duck***[1] 3; **II** *adj.* ‚goldig', ‚süß'.

duct [dʌkt] *s.* **1.** ⚙ Röhre *f*, Leitung *f*; (*a.* ⚡ *Kabel- etc.*)Ka'nal *m*; **2.** ⚘, *anat.*, *zo.* Gang *m*, Ka'nal *m*; **'duc·tile** [-taɪl] *adj.* **1.** ⚙ dehn-, streck-, schmied-, hämmerbar; **2.** biegsam, geschmeidig; **3.** fügsam; **duc·til·i·ty** [dʌk'tɪlətɪ] *s.* Dehnbarkeit *f etc.*; **'duct·less** [-lɪs] *adj.*: ***~ gland*** *anat.* endokrine Drüse, Hormondrüse *f.*

dud [dʌd] F **I** *s.* **1.** ⚔ Blindgänger *m* (*a. fig. Person*); **2.** ‚Niete' *f*: a) Versager *m*, b) Reinfall *m*; **3.** *pl.* a) ‚Kla'motten' *pl.* (*Kleider*), b) Krempel *m*; **4.** *a.* ***~ cheque*** (*Am.* ***check***) ungedeckter

Scheck; **II** *adj.* **5.** ‚mies', schlecht; **6.** gefälscht: ***~ note*** ‚Blüte' *f.*

dude [dju:d] *s. Am.* a) Dandy *m*, b) Stadtmensch *m*, ‚Stadtfrack' *m*: ***~ ranch*** Ferienranch *f.*

dudg·eon ['dʌdʒən] *s.*: ***in high ~*** sehr aufgebracht.

due [dju:] **I** *adj.* □ → ***duly***; **1.** ☤ fällig, so'fort zahlbar: ***fall*** (*od.* ***become***) ***~*** fällig werden; ***when ~*** bei Verfall *od.* Fälligkeit; ***~ date*** Fälligkeitstag *m*; ***the balance ~ to us from A.*** der uns von A. geschuldete Saldo; **2.** *zeitlich* fällig, erwartet: ***the train is ~ at ...*** der Zug ist um ... fällig *od.* soll um ... ankommen; ***he is ~ to return today*** er wird heute zurückerwartet; **3.** gebührend, angemessen, geziemend, gehörig: ***it is ~ to him*** (***to do***, ***to say***) es steht ihm zu (zu tun, zu sagen) (→ *a.* 5); ***hono(u)r to whom hono(u)r is ~*** Ehre, wem Ehre gebührt; ***with all ~ respect to you*** bei aller dir schuldigen Achtung; ***after ~ consideration*** nach reiflicher Überlegung; ***in ~ time*** zur rechten *od.* gegebenen Zeit; → ***care*** 2, ***course*** 1, ***form*** 3; **4.** verpflichtet: ***be ~ to go*** gehen müssen *od.* sollen; **5.** ***~ to*** zuzuschreiben(d) (*dat.*), verursacht durch: ***~ to an accident*** auf einen Unfall *od.* Zufall zurückzuführen; ***death was ~ to cancer*** Krebs war die Todesursache; ***it is ~ to him*** es ist ihm zu verdanken; **6.** ***~ to*** (*inkorrekt statt* ***owing to***) wegen (*gen.*), auf Grund *od.* in'folge von (*od. gen.*): ***~ to his poverty***; **7.** *Am.* im Begriff *sein*; **II** *adv.* **8.** genau, gerade: ***~ east*** genau nach Osten; **III** *s.* **9.** *das* Gebührende, (An-) Recht *n*, Anspruch *m*: ***it is my ~*** es gebührt mir; ***to give you your ~*** um dir nicht unrecht zu tun; ***give the devil his ~*** *fig.* selbst dem Teufel *od.* s-m Feind Gerechtigkeit widerfahren lassen; ***give him his ~!*** das muß man ihm lassen!; **10.** *pl.* Gebühren *pl.*, Abgaben *pl.*, Beitrag *m.*

du·el ['dju:əl] **I** *s. a. fig.* Du'ell *n*, (Zwei)Kampf *m*: ***students' ~*** Mensur *f*; **II** *v/i.* sich duellieren; **'du·el·ist** [-lɪst] *s.* Duel'lant *m.*

du·en·na [dju:'enə] *s.* Anstandsdame *f.*

du·et [dju:'et] *s.* **1.** ♪ Du'ett *n*, Duo *n*: ***play a ~*** ein Duo *od.* (*am Klavier*) vierhändig spielen; **2.** *fig.* Duo *n*, Paar *n*, ‚Pärchen' *n.*

duf·fel ['dʌfl] *s.* **1.** Düffel *m* (*Baumwollgewebe*): ***~ coat*** Dufflecoat *m*; **2.** *Am.* F Ausrüstung *f*: ***~ bag*** Matchbeutel *m.*

duff·er ['dʌfə] *s.* Trottel *m.*

duf·fle → ***duffel.***

dug[1] [dʌg] *pret. u. p.p. von* ***dig.***

dug[2] [dʌg] *s.* **1.** Zitze *f*; **2.** Euter *n.*

du·gong ['du:gɒŋ] *s. zo.* Seekuh *f.*

'dug·out *s.* **1.** ⚔ 'Unterstand *m*; **2.** Einbaum *m.*

duke [dju:k] *s.* Herzog *m*; **'duke·dom** [-dəm] *s.* **1.** Herzogswürde *f*; **2.** Herzogtum *n.*

dul·cet ['dʌlsɪt] *adj.* **1.** wohlklingend, einschmeichelnd: ***in ~ tone*** in süßem Ton; **'dul·ci·fy** [-sɪfaɪ] *v/t.* **1.** versüßen; **2.** *fig.* besänftigen; **'dul·ci·mer** [-sɪmə] *s.* ♪ **1.** Hackbrett *n*; **2.** Zimbal *n.*

dull [dʌl] **I** *adj.* □ **1.** dumm, schwer von Begriff; **2.** langsam, schwerfällig, träge; **3.** teilnahmslos, stumpf; **4.** langweilig, fade: ***a ~ evening***; ***~ as ditchwater*** F stinklangweilig; **5.** schwach (*Licht etc.*, *a. Sehkraft*, *Gehör*); **6.** matt, trübe (*Farbe*, *Augen*); dumpf (*Klang*, *Schmerz*); glanz-, leblos; **7.** stumpf (*Klinge*); **8.** trübe (*Wetter*); blind (*Spiegel*); **9.** ge-, betrübt; **10.** ⚓ windstill; ☤ flau, still; *Börse*: lustlos; **II** *v/t.* **11.** *Klinge* stumpf machen; **12.** mattieren, glanzlos machen; trüben; **13.** *fig.* a) abstumpfen, b) dämpfen, schwächen, mildern; *Schmerz* betäuben; **III** *v/i.* **14.** abstumpfen (*a. fig.*); **15.** sich trüben; **16.** abflauen; **'dull·ard** [-ləd] *s.* Dummkopf *m*; **'dull·ish** [-lɪʃ] *adj.* ziemlich dumm *etc.*; **'dul(l)·ness** [-nɪs] *s.* **1.** Dummheit *f*, Dumpfheit *f*; **2.** Langweiligkeit *f*; **3.** Trägheit *f*; **4.** Schwäche *f*; **5.** Mattheit *f*, Trübheit *f*; Stumpfheit *f*; **6.** ☤ Flaute *f.*

du·ly ['dju:lɪ] *adv.* **1.** ordnungsgemäß, vorschriftsmäßig, wie es sich gehört, richtig; **2.** gebührend, gehörig; **3.** rechtzeitig, pünktlich.

dumb [dʌm] *adj.* □ **1.** *allg.* stumm (*a. fig.*): ***~ animals*** stumme Geschöpfe; ***the ~ masses*** *fig.* die stumme Masse; ***strike s.o. ~*** j-m die Sprache verschlagen; ***struck ~ with horror*** sprachlos vor Entsetzen; → ***deaf*** 1; **2.** *bsd. Am.* F doof, blöd; **'~-bell** *s.* **1.** *sport* Hantel *f*; **2.** *Am. sl.* Trottel *m*; **~'found** *v/t.* verblüffen; **~'found·ed** *adj.* verblüfft, sprachlos; **~ show** *s.* **1.** Gebärdenspiel *n*, stummes Spiel; **2.** Panto'mime *f*; **,~-'wait·er** *s.* **1.** stummer Diener, Ser'viertisch *m*; **2.** Speisenaufzug *m.*

dum·dum ['dʌmdʌm], *a.* **~ bul·let** *s.* Dum'dum(geschoß) *n.*

dum·found *etc.* → ***dumbfound*** *etc.*

dum·my ['dʌmɪ] **I** *s.* **1.** *allg.* At'trappe *f*, ☤ *a.* Schau-, Leerpackung *f*; **2.** Kleider-, Schaufensterpuppe *f*; **3.** Puppe *f*,

Fi'gur *f* (*als Zielscheibe od. für Crashtests*); **4.** ⚕ *etc.* Strohmann *m*; **5.** (Karten-, *bsd.* Whistspiel *n* mit) Strohmann *m*; **6.** *Am.* F ‚Blödmann' *m*; **7.** *Am.* vierseitige (Verkehrs)Ampel; **8.** *Brit.* (Baby)Schnuller *m*; **9.** *typ.* Blindband *m*; **II** *adj.* **10.** Schein…: **~ *candidates***; **~ *cartridge*** ⚔ Exerzierpatrone *f*; **~ *gun*** Gewehr- *od.* Geschützattrappe *f*; **~ *warhead*** blinder Gefechtskopf.

dump [dʌmp] **I** *v/t.* **1.** ('hin)plumpsen *od.* ('hin)fallen lassen, 'hinwerfen; **2.** abladen, schütten, auskippen: **~ *truck*** *mot.* Kipper *m*; **3.** ⚔ lagern, stapeln; **4.** ⚕ zu Dumpingpreisen verkaufen, verschleudern; **5.** a) *et.* wegwerfen, ‚abladen', *Auto* loswerden, b) *j-n* abschieben, loswerden; **II** *s.* **6.** Plumps *m*, dumpfer Schlag; **7.** (Schutt-, Müll)Abladeplatz *m*, Müllhalde *f*; **8.** ⚒ Halde *f*; **9.** ⚔ (*Munitions- etc.*)De'pot *n*, Stapelplatz *m*, (Nachschub)Lager *n*; **10.** *sl.* a) Bruchbude *f* (*Haus*); ‚Dreckloch' *n* (*Haus, Wohnung*), b) (elendes) Kaff; '**~·cart** *s.* Kippkarren *m*, -wagen *m*.

dump·er (truck) ['dʌmpə] *s. mot.* Kipper *m*.

dump·ing ['dʌmpɪŋ] *s.* **1.** Schuttabladen *n*; **2.** ⚕ Dumping *n*, Ausfuhr *f* zu Schleuderpreisen; **~ ground** → ***dump*** 7.

dump·ling ['dʌmplɪŋ] *s.* **1.** Kloß *m*, Knödel *m*; **2.** F ‚Dickerchen' *n* (*Person*).

dumps [dʌmps] *s. pl.*: ***be (down) in the ~*** F ‚down' *od.* deprimiert sein.

dump·y ['dʌmpɪ] *adj.* plump, unter'setzt.

dun¹ [dʌn] *v/t.* **1.** *Schuldner* mahnen, drängen: ***~ning letter*** Zahlungsaufforderung *f*; **2.** bedrängen, belästigen.

dun² [dʌn] **I** *adj.* grau-, schwärzlichbraun; dunkel (*a. fig.*); **II** *s.* Braune(r) *m* (*Pferd*).

dunce [dʌns] *s.* **1.** Dummkopf *m*; **2.** *ped.* schlechter Schüler.

dun·der·head ['dʌndəhed] *s.* Schwachkopf *m*; '**dun·der₁head·ed** [-dɪd] *adj.* schwachköpfig.

dune [dju:n] *s.* Düne *f*: **~ *buggy*** *mot.* Strandbuggy *m*.

dung [dʌŋ] **I** *s.* Mist *m*, Dung *m*, Dünger *m*; (Tier)Kot *m*: **~ *beetle*** Mistkäfer *m*; **~ *fork*** Mistgabel *f*; **~ *heap***, **~ *hill*** Misthaufen *m*; **~ *hill fowl*** Hausgeflügel *n*; **II** *v/t.* düngen.

dun·ga·ree [₁dʌŋgə'ri:] *s.* **1.** grober Baumwollstoff; **2.** *pl.* Arbeitsanzug *m*, -hose *f*.

dun·geon ['dʌndʒən] *s.* Burgverlies *n*; Kerker *m*.

dunk [dʌŋk] *v/i. u. v/t.* eintunken; *fig.* (ein)tauchen.

dun·no [də'nəʊ] F *für (**I**)* ***don't know***.

du·o ['dju:əʊ] *pl.* **-os** → ***duet***.

duo- [dju:əʊ] *in Zssgn* zwei.

du·o·dec·i·mal [₁dju:əʊ'desɪml] *adj.* ⩤ duodezi'mal; ₁**du·o'dec·i·mo** [-məʊ] *pl.* **-mos** *s. typ.* **1.** Duo'dezfor₁mat *n*; **2.** Duo'dezband *m*.

du·o·de·nal [₁dju:əʊ'di:nl] *adj.*: **~ *ulcer*** ⚕ Zwölffingerdarmgeschwür *n*; ₁**du·o'de·num** [-nəm] *s. anat.* Zwölf'fingerdarm *m*.

du·o·logue ['djʊəlɒg] *s.* **1.** Zwiegespräch *n*; **2.** Duo'drama *n*.

dupe [dju:p] **I** *s.* **1.** Betrogene(r *m*) *f*, ‚Lackierte(r' *m*) *f*: ***be the ~ of s.o.*** auf j-n hereinfallen; **2.** Gimpel *m*, Leichtgläubige(r *m*) *f*; **II** *v/t.* **3.** *j-n* ‚reinlegen', ‚anschmieren', hinters Licht führen.

du·ple ['dju:pl] *adj.* zweifach: **~ *ratio*** ⩤ doppeltes Verhältnis; **~ *time*** ♪ Zweiertakt *m*; '**du·plex** [-leks] **I** *adj. mst* ⚙ doppelt, Doppel…, *a.* ⚡ Duplex…: **~ *apartment*** → II b; **~ *burner*** Doppelbrenner *m*; **~ *house*** → II a; **~ *telegraphy*** Gegensprech-, Duplextelegraphie *f*; **II** *s. Am.* a) 'Zweifa₁milien-, Doppelhaus *n*, b) Maiso'nette *f*.

du·pli·cate ['dju:plɪkət] **I** *adj.* **1.** doppelt, Doppel…: **~ *proportion*** ⩤ doppeltes Verhältnis; **2.** genau gleich *od.* entsprechend, Duplikat…: **~ *key*** Nachschlüssel *m*; **~ *part*** Ersatzteil *n*; **~ *production*** Reihen-, Serienfertigung *f*; **II** *s.* **3.** Dupli'kat *n*, Doppel *n*, Zweitschrift *f*; **4.** doppelte Ausfertigung: ***in ~***; **5.** ⚕ a) Se'kundawechsel *m*, b) Pfandschein *m*; **6.** Seitenstück *n*, Ko'pie *f*; **III** *v/t.* [-keɪt] **7.** verdoppeln, im Dupli'kat herstellen; **8.** ein Dupli'kat anfertigen von; **9.** kopieren, abschreiben; **10.** ver'vielfältigen, 'umdrucken; **11.** *fig. et.* 'nachvollziehen; wieder'holen; **du·pli·ca·tion** [₁dju:plɪ'keɪʃn] *s.* **1.** Verdoppelung *f*; Ver'vielfältigung *f*; 'Umdruck *m*; **2.** Wieder'holung *f*; '**du·pli·ca·tor** [-keɪtə] *s.* Ver'vielfältigungsappa₁rat *m*; **du·plic·i·ty** [dju:'plɪsətɪ] *s.* **1.** Doppelzüngigkeit *f*, Falschheit *f*; **2.** Duplizi'tät *f*.

du·ra·bil·i·ty [₁djʊərə'bɪlətɪ] *s.* **1.** Dauer (-haftigkeit) *f*; **2.** Haltbarkeit *f*; **du·ra·ble** ['djʊərəbl] **I** *adj.* □ **1.** dauerhaft; **2.** haltbar, ⚕ *a.* langlebig: **~ *goods*** → **II** *s. pl.* ⚕ Gebrauchsgüter *pl*.

du·ral·u·min [djʊə'ræljʊmɪn] *s.* Du'ral *n*, 'Duralu₁min *n*.

du·ra·tion [djʊə'reɪʃn] *s.* Dauer *f*: ***for the ~*** a) bis zum Ende, b) F für die

Dauer des Krieges.
du·ress [djʊə'res] *s.* ⚖ **1.** Zwang *m* (*a. fig.*), Nötigung *f*: ***act under ~*** unter Zwang handeln; **2.** Freiheitsberaubung *f*.
dur·ing ['djʊərɪŋ] *prp.* während: ***~ the night*** während (*od.* in *od.* im Laufe) der Nacht.
durst [dɜːst] *pret. obs. von* ***dare***.
dusk [dʌsk] **I** *s.* (Abend)Dämmerung *f*: ***at ~*** bei Einbruch der Dunkelheit; **II** *adj. poet.* düster; '**dusk·y** [-kɪ] *adj.* □ **1.** dunkel (*a. Hautfarbe*); **2.** dunkelhäutig.
dust [dʌst] **I** *s.* **1.** Staub *m*: ***bite the ~*** *fig.* ins Gras beißen; ***raise a ~*** a) e-e Staubwolke aufwirbeln, b) *fig.* viel Staub aufwirbeln; ***the ~ has settled*** *fig.* die Aufregung hat sich gelegt; ***shake the ~ off one's feet*** *fig.* a) den Staub von seinen Füßen schütteln, b) entrüstet weggehen; ***throw ~ in s.o.'s eyes*** *fig.* j-m Sand in die Augen streuen; ***in the ~*** *fig.* a) im Staube, gedemütigt, b) tot; ***lick the ~*** *fig.* im Staube kriechen; → ***dry*** 12; **2.** Staub *m*, Asche *f*, sterbliche 'Überreste *pl.*: ***turn to ~ and ashes*** zu Staub u. Asche werden, zerfallen; **3.** *Brit.* a) Müll *m*, b) Kehricht *m*, *n*; **4.** ⚘ Blütenstaub *m*; **5.** (Gold- *etc.*)Staub *m*; **6.** Bestäubungsmittel *n*, Pulver *n*; **II** *v/t.* **7.** abstauben; **8.** *a.* ***~ down*** ausbürsten, -klopfen: ***~ s.o.'s jacket*** F j-n vermöbeln; **9.** bestreuen, (ein)pudern; **10.** *Pulver etc.* stäuben, streuen; '**~·bin** [-st-] *s. Brit.* **1.** Mülleimer *m*; **2.** Mülltonne *f*; **~ bowl** *s. Am. geogr.* Trockengebiet *n*; '**~-cart** [-st-] *s. Brit.* Müllwagen *m*; **~ cloth** *s. Am.* Staubtuch *n*; '**~-coat** [-st-] *s.* Staubmantel *m*; **~ cov·er** *s.* **1.** 'Schutzˌumschlag *m* (*um Bücher*); **2.** Schonbezug *m*.
dust·er ['dʌstə] *s.* **1.** Staubtuch *n*, -wedel *m*; **2.** Streudose *f*; **3.** Staubmantel *m*.
dust·ing ['dʌstɪŋ] *s.* **1.** Abstauben *n*; **2.** (Ein)Pudern *n*: ***~ powder*** Körperpuder *m*; **3.** *sl.* Abreibung *f*, (Tracht *f*) Prügel *pl.*
dust| **jack·et** → ***dust cover*** 1; '**~·man** [-tmən] *s.* [*irr.*] *Brit.* Müllmann *m*; '**~·pan** [-st-] *s.* Kehrichtschaufel *f*; '**~·proof** *adj.* staubdicht; **~ trap** *s.* ‚Staubfänger' *m*; '**~·up** *s.* F **1.** ‚Krach' *m*; **2.** (handgreifliche) Ausein'andersetzung.
dust·y ['dʌstɪ] *adj.* □ **1.** staubig; **2.** sandfarben; **3.** *fig.* verstaubt, fade: ***not so ~*** F gar nicht so übel; **4.** vage, unklar.
Dutch [dʌtʃ] **I** *adj.* **1.** holländisch, niederländisch: ***talk to s.o. like a ~ uncle*** j-m e-e Standpauke halten; **2.** *sl.* deutsch; **II** *adv.* **3.** ***go ~*** F getrennte Kasse machen; **III** *s.* **4.** *ling.* Holländisch *n*, das Holländische: ***that's all ~ to me*** das sind für mich böhmische Dörfer; **5.** *sl.* Deutsch *n*; **6.** ***the ~*** *pl.* a) die Holländer *pl.*, b) *sl.* die Deutschen *pl.*: ***that beats the ~!*** F das ist ja die Höhe!; **7.** ***be in ~ with s.o.*** F bei j-m ‚unten durch' sein; **8.** ***my old ~*** *sl.* meine ‚Alte' (*Ehefrau*); **~ cour·age** *s.* F angetrunkener Mut.
'**Dutch**|**·man** [-mən] *s.* [*irr.*] **1.** Holländer *m*, Niederländer *m*: ***I'm a ~ if*** F ich lass' mich hängen, wenn; ***... or I'm a ~*** F ... oder ich will Hans heißen; **2.** *Am. sl.* Deutsche(r) *m*; **~ tile** *s.* glasierte Ofenkachel *f*; **~ treat** *s.* F Essen *n etc.*, bei dem jeder für sich bezahlt; '**~ˌwom·an** *s.* [*irr.*] Holländerin *f*, Niederländerin *f*.
du·te·ous ['djuːtjəs] → ***dutiful***; '**du·ti·a·ble** [-jəbl] *adj.* zoll- *od.* steuerpflichtig; '**du·ti·ful** [-tɪfʊl] *adj.* □ **1.** pflichtgetreu; **2.** gehorsam; **3.** pflichtgemäß.
du·ty ['djuːtɪ] *s.* **1.** Pflicht *f*, Schuldigkeit *f* (***to***, ***towards*** gegen['über]): ***do one's ~*** s-e Pflicht tun (***by s.o.*** an j-m); (***as***) ***in ~ bound*** a) pflichtgemäß, b) *a.* ***~-bound*** verpflichtet (*et. zu tun*); ***~ call*** Pflichtbesuch *m*; **2.** Pflicht *f*, Aufgabe *f*, Amt *n*; **3.** (amtlicher) Dienst: ***on ~*** diensthabend, -tuend, im Dienst; ***be on ~*** Dienst haben, im Dienst sein; ***be off ~*** dienstfrei haben; ***~ chemist*** dienstbereite Apotheke; ***~ doctor*** ⚕ Bereitschaftsarzt *m*: ***~ officer*** ⚔ Offizier *m* vom Dienst; ***~ solicitor*** ⚖ *Brit.* Offizialverteidiger *m*; ***do ~ for*** a) *j-n* vertreten, b) *fig.* dienen *od.* benutzt werden als; **4.** Ehrerbietung *f*; **5.** ⚙ a) (Nutz-) Leistung *f*, b) Arbeitsweise *f*, c) Funkti'on *f*; **6.** ✝ a) Abgabe *f*, b) Gebühr *f*, c) Zoll *m*: ***~ on exports*** Ausfuhrzoll; ***~-free*** zollfrei; ***~-free shop*** Duty-free-Shop *m*; ***~-paid*** verzollt; ***pay ~ on*** *et.* verzollen *od.* versteuern.
du·um·vi·rate [djuː'ʌmvɪrət] *s.* Duumvi'rat *n*.
dwarf [dwɔːf] **I** *pl. mst* **dwarv·es** [-vz] *s.* **1.** Zwerg(in) (*a. fig.*); **2.** ⚘, *zo.* Zwergpflanze *f od.* -tier *n*; **II** *adj.* **3.** *bsd.* ⚘, *zo.* Zwerg...; **III** *v/t.* **4.** verkümmern lassen, in der Entwicklung hindern *od.* hemmen (*beide a. fig.*); **5.** klein erscheinen lassen: ***be ~ed by*** verblassen neben (*dat.*); **6.** *fig.* in den Schatten stellen; '**dwarf·ish** [-fɪʃ] *adj.* □ zwergenhaft, winzig.

dwell [dwel] *v/i.* [*irr.*] **1.** wohnen, leben; **2.** *fig.* **~ *on*** verweilen bei, näher eingehen auf (*acc.*), Nachdruck legen auf (*acc.*); **3. ~ *on*** ♪ *Ton* (aus)halten; **4. ~ *in*** begründet sein in (*dat.*); **'dwell·er** [-lə] *s. mst in Zssgn* Bewohner(in); **'dwell·ing** [-lɪŋ] *s. a.* **~ *place*** Wohnung *f*, Wohnsitz *m*; Aufenthalt *m*: **~ *house*** Wohnhaus *n*; **~ *unit*** Wohneinheit *f*.

dwelt [dwelt] *pret. u. p.p.* von ***dwell***.

dwin·dle ['dwɪndl] *v/i.* abnehmen, schwinden, (zs.-)schrumpfen: **~ *away*** dahinschwinden.

dye [daɪ] **I** *s.* **1.** Farbstoff *m*, Farbe *f*; **2.** ⚙ Färbeflüssigkeit *f*; **3.** (Haar)Färbemittel *n*; **4.** Färbung *f* (*a. fig.*): ***of the deepest* ~** übelster Sorte; **II** *v/t.* **5.** färben: **~*d-in-the-wool*** in der Wolle gefärbt, *fig.* waschecht, *Politiker etc.* durch und durch; **III** *v/i.* **6.** sich färben (lassen); **'dye·house** *s.* Färbe'rei *f*.

dy·er ['daɪə] *s.* Färber *m*; **~'s oak** *s.* ⚘ Färbereiche *f*.

'dye|-stuff *s.* Farbstoff *m*; **'~-works** *s. pl. oft sg. konstr.* Färbe'rei *f*.

dy·ing ['daɪɪŋ] *adj.* **1.** sterbend: ***be* ~** im Sterben liegen; **~ *wish*** letzter Wunsch; **~ *words*** letzte Worte; ***to my* ~ *day*** bis an mein Lebensende; **2.** *a. fig.* aussterbend: **~ *tradition***; **3.** a) ersterbend (*Stimme*), b) verhallend; **4.** schmachtend (*Blick*).

dyke [daɪk] *s.* **1.** → ***dike***[1]; **2.** *sl.* ‚Lesbe' *f* (*Lesbierin*).

dy·nam·ic [daɪ'næmɪk] *adj.* (□ **~*ally***) dy'namisch (*a. allg. fig.*); **dy'nam·ics** [-ks] *s. pl. sg. konstr.* **1.** Dy'namik *f*: a) *phys. Bewegungslehre*, b) *fig.* Schwung *m*, Kraft *f*; **2.** *fig.* Triebkraft *f*, treibende Kraft; **dy·na·mism** ['daɪnəmɪzəm] *s.* **1.** *phls.* Dyna'mismus *m*; **2.** dy'namische Kraft, Dy'namik *f*.

dy·na·mite ['daɪnəmaɪt] **I** *s.* **1.** Dyna'mit *n*; **2.** F a) Zündstoff *m*, 'hochbri͵sante Sache, b) gefährliche Per'son *od.* Sache, c) ‚tolle' Person *od.* Sache, *e-e* ‚Wucht'; **II** *v/t.* **3.** (mit Dyna'mit) sprengen; **'dy·na·mit·er** [-tə] *s.* Sprengstoffattentäter *m*.

dy·na·mo ['daɪnəməʊ] *s.* **1.** ⚡ Dy'namo (-ma͵schine *f*) *m*, 'Gleichstrom-, 'Lichtma͵schine *f*; **2.** *fig.* ‚Ener'giebündel' *n*; **~-e·lec·tric** [͵daɪnəməʊɪ'lektrɪk] *adj.* (□ **~*ally***) *phys.* e'lektrody͵namisch; **͵dy·na'mom·e·ter** [-'mɒmɪtə] *s.* ⚙ Dynamo'meter *n*, Kraftmesser *m*.

dy·nas·tic [dɪ'næstɪk] *adj.* (□ **~*ally***) dy'nastisch; **dy·nas·ty** ['dɪnəstɪ] *s.* Dyna'stie *f*, Herrscherhaus *n*.

dyne [daɪn] *s. phys.* Dyn *n* (*Krafteinheit*).

dys·en·ter·y ['dɪsntrɪ] *s.* Dysente'rie *f*, Ruhr *f*.

dys·func·tion [dɪs'fʌŋkʃn] *s.* ⚕ Funkti'onsstörung *f*.

dys·lex·i·a [dɪs'leksɪə] *s.* ⚕ Dysle'xie *f*, Lesestörung *f*.

dys·pep·si·a [dɪs'pepsɪə] *s.* ⚕ Dyspep'sie *f*, Verdauungsstörung *f*; **dys'pep·tic** [-tɪk] **I** *adj.* **1.** ⚕ dys'peptisch; **2.** *fig.* mißgestimmt; **II** *s.* **3.** Dys'peptiker (-in).

dys·tro·phy ['dɪstrəfɪ] *s.* ⚕ Dystro'phie *f*, Ernährungsstörung *f*.

E

E, e [iː] *s.* **1.** E *n*, e *n* (*Buchstabe*); **2.** ♪ E *n*, e *n* (*Note*); **3.** *ped. Am.* Fünf *f*, Mangelhaft *n* (*Note*).

each [iːtʃ] **I** *adj.* jeder, jede, jedes: **~ man** jeder (Mann); **~ one** jede(r) einzelne; **~ and every one** jeder einzelne, all u. jeder; **II** *pron.* (ein) jeder, (e-e) jede, (ein) jedes: **~ of us** jede(r) von uns; **~ has a car** jede(r) hat ein Auto; **~ other** einander, sich (gegenseitig); **III** *adv.* je, pro Per'son *od.* Stück: **a penny ~** je e-n Penny.

ea·ger ['iːgə] *adj.* □ **1.** eifrig: **~ beaver** F Übereifrige(r) *m*, ‚Arbeitspferd' *n*; **2.** (**for, after, to** *inf.*) begierig (auf *acc.*, nach, zu *inf.*), erpicht (auf *acc.*); **3.** begierig, gespannt: **an ~ look**; **4.** heftig (*Begierde etc.*); **'ea·ger·ness** [-nɪs] *s.* Eifer *m*; Begierde *f*; Ungeduld *f*.

ea·gle ['iːgl] *s.* **1.** *orn.* Adler *m*; **2.** *Am.* goldenes Zehn'dollarstück; **3.** *pl.* ⚔ Adler *m* (*Rangabzeichen e-s Obersten der US-Armee*); **4.** *Golf*: Eagle *n* (*zwei Schläge unter Par*); **ˌ~-'eyed** *adj.* adleräugig, scharfsichtig; **~ owl** *s. orn.* Uhu *m*.

ea·glet ['iːglɪt] *s. orn.* junger Adler.

ea·gre ['eɪgə] *s.* Flutwelle *f*.

ear[1] [ɪə] *s.* **1.** *anat.* Ohr *n*: **up to the ~s** F bis über die Ohren; **a word in your ~** ein Wort im Vertrauen; **be all ~s** ganz Ohr sein; **bring s.th. about one's ~s** sich et. einbrocken *od.* auf den Hals laden; **not to believe one's ~s** s-n Ohren nicht trauen; **his ~s were burning** ihm klangen die Ohren; **have one's ~ to the ground** F die Ohren offenhalten; **set by the ~s** gegeneinander aufhetzen; **fall on deaf ~s** auf taube Ohren stoßen; **turn a deaf ~ to** taub sein gegen; **it came to my ~s** es kam mir zu Ohren; **2.** *fig.* Gehör *n*, Ohr *n*: **by ~** nach dem Gehör; **play by ~** nach dem Gehör spielen, improvisieren; **play it by ~** *fig.* (es) von Fall zu Fall entscheiden, es darauf ankommen lassen; **have a good ~** ein feines Gehör haben; **an ~ for music** musikalisches Gehör, *weitS.* Sinn *m* für Musik; **3.** *fig.* Gehör *n*, Aufmerksamkeit *f*: **give** (*od.* **lend**) **one's ~ to s.o.** j-m Gehör schenken; **have s.o.'s ~** j-s Vertrauen genießen; **4.** Henkel *m*; Öse *f*, Öhr *n*.

ear[2] [ɪə] *s.* (Getreide)Ähre *f*, (Mais-)Kolben *m*.

ear|·ache ['ɪəreɪk] *s.* ⚕ Ohrenschmerzen *pl.*; **'~-ˌcatch·er** *s.* eingängige Melo'die; **'~·drops** *s. pl.* **1.** Ohrgehänge *n*; **2.** ⚕ Ohrentropfen *pl.*; **'~·drum** *s. anat.* Trommelfell *n*; **'~·ful** [-fʊl] *s.*: **get an ~** F ‚et. zu hören bekommen'.

earl [ɜːl] *s.* (brit.) Graf *m*: ♀ **Marshal** Großzeremonienmeister *m*; **'earl·dom** [-dəm] *s.* **1.** Grafenwürde *f*; **2.** *hist.* Grafschaft *f*.

ear·li·er ['ɜːlɪə] *comp. von* **early**; **I** *adv.* früher, 'vorher; **II** *adj.* früher, vergangen; **'ear·li·est** [-ɪɪst] *sup. von* **early**; **I** *adv.* am frühesten, frühestens; **II** *adj.* frühest: **at the ~** frühestens; → **convenience** 1; **'ear·li·ness** [-ɪnɪs] *s.* **1.** Frühe *f*, Frühzeitigkeit *f*; **2.** Frühaufstehen *n*.

'ear·lobe *s.* Ohrläppchen *n*.

ear·ly ['ɜːlɪ] **I** *adv.* **1.** früh(zeitig): **~ in the day** früh am Tag; **as ~ as May** schon im Mai; **~ on** a) schon früh(zeitig), b) bald; **2.** bald: **as ~ as possible** so bald wie möglich; **3.** am Anfang; **4.** zu früh: **he arrived five minutes ~**; **5.** früher: **he left five minutes ~**; **II** *adj.* **6.** früh(zeitig): **at an ~ hour** zu früher Stunde; **in his ~ days** in s-r Jugend; **it's ~ days yet** *fig.* es ist noch früh am Tage; **~ fruit** Frühobst *n*; **~ history** Frühgeschichte *f*; **~ riser** Frühaufsteher(in); → **bird** 1; **7.** anfänglich, Früh...: **the ~ Christians** die ersten Christen; **8.** vorzeitig, zu früh: **an ~ death**; **you are ~ today** du bist heute (et.) zu früh (dran); **9.** baldig, schnell: **an ~ reply**; **~ morn·ing tea** *s.* e-e Tasse Tee(, die morgens ans Bett gebracht wird); **~ warn·ing sys·tem** *s.* ⚔ 'Frühwarnsysˌtem *n*.

'ear|·mark **I** *s.* **1.** Ohrmarke *f* (*Vieh*); **2.** *fig.* Kennzeichen *n*, Merkmal *n*; **3.** Eselsohr *n*; **II** *v/t.* **4.** kenn-, bezeichnen; **5.** *Geld etc.* bestimmen, vorsehen, zu'rücklegen (**for** für): **~ed** zweckgebunden (*Mittel etc.*); **ˈ~·muff** *s.* Ohrenschützer *m.*

earn [ɜːn] *v/t.* **1.** *Geld etc.* verdienen (*a. fig.*): ***~ed income*** Arbeitseinkommen *n*; ***~ing capacity*** Ertragsfähigkeit *f*; ***~ing power*** a) Erwerbsfähigkeit *f*, b) Ertragsfähigkeit *f*; ***~ value*** Ertragswert *m*; ***a well-~ed rest*** e-e wohlverdiente Ruhepause; **2.** *fig.* (sich) *et.* verdienen, *Lob etc.* ernten.

ear·nest[1] [ˈɜːnɪst] *s.* **1.** *a.* ***~ money*** Handgeld *n*, Anzahlung *f* (***of*** auf *acc.*): ***in ~*** als Anzahlung; **2.** *fig.* Zeichen *n* (*des guten Willens etc.*); **3.** *fig.* Vorgeschmack *m.*

ear·nest[2] [ˈɜːnɪst] **I** *adj.* ☐ **1.** ernst; **2.** ernst-, gewissenhaft; **3.** ernstlich: a) ernst(gemeint), b) dringend, c) ehrlich, aufrichtig; **II** *s.* **4.** Ernst *m*: ***in good ~*** in vollem Ernst; ***are you in ~?*** ist das Ihr Ernst?; ***be in ~ about s.th.*** es ernst meinen mit et.; **ˈear·nest·ness** [-nɪs] *s.* Ernst(haftigkeit *f*) *m.*

earn·ings [ˈɜːnɪŋz] *s. pl.* Verdienst *m*: a) Einkommen *n*, Lohn *m*, Gehalt *n*, b) Einnahmen *pl.*, Gewinn *m.*

ˈear|·phone *s.* **1.** a) Ohrhörer *m od.* -muschel *f*, b) Kopfhörer *m*; **2.** a) Haarschnecke *f*, b) *pl.* ˈSchneckenfriˌsur *f*; **ˈ~·piece** *s.* **1.** Ohrenklappe *f*; **2.** a) *teleph.* Hörmuschel *f*, b) → ***earphone*** 1; **3.** (Brillen)Bügel *m*; **ˈ~-ˌpierc·ing** *adj.* ohrenzerreißend; **ˈ~·ring** *s.* Ohrring *m*; **ˈ~·shot** *s.*: ***within*** (***out of***) ***~*** in (außer) Hörweite; **ˈ~ˌsplit·ting** *adj.* ohrenzerreißend.

earth [ɜːθ] **I** *s.* **1.** Erde *f*, Erdball *m*, Welt *f*: ***on ~*** auf Erden, auf der Erde; ***why on ~?*** F warum in aller Welt?; ***cost the ~*** *fig.* ein Vermögen kosten; **2.** *das* (trockene) Land; Erde *f*, (Erd-)Boden *m*: ***down to ~*** *fig.* nüchtern, prosaisch, reaˈlistisch; ***come back to ~*** auf den Boden der Wirklichkeit zurückkehren; **3.** ⚗ Erde *f*: ***rare ~s*** seltene Erden; **4.** (*Fuchs- etc.*)Bau *m*: ***run to ~*** a) *hunt. Fuchs etc.* bis in s-n Bau verfolgen (*Hund*, *Frettchen*), b) *fig.* aufstöbern, herausfinden, *a. j-n* zur Strecke bringen; ***gone to ~*** *fig.* untergetaucht; **5.** ⚡ *Brit.* a) Erdung *f*, Erde *f*, Masse *f*, b) Erdschluß *m*; **II** *v/t.* **6.** *mst* ***~ up*** ⚘ mit Erde bedecken, häufeln; **7.** ⚡ *Brit.* erden; **ˈ~-born** *adj.* staubgeboren, irdisch, sterblich; **ˈ~-bound** *adj.* erdgebunden.

earth·en [ˈɜːθn] *adj.* irden, tönern, Ton…; **ˈ~·ware I** *s.* Steingut(geschirr) *n*, Töpferware *f*; **II** *adj.* Steingut…, Ton…

earth·i·ness [ˈɜːθɪnɪs] *fig.* Derbheit *f*, Urigkeit *f.*

earth·ling [ˈɜːθlɪŋ] *s.* a) Erdenbürger (-in), b) *Science Fiction*: Erdbewohner (-in); **ˈearth·ly** [-lɪ] *adj.* **1.** irdisch, weltlich: ***~ joys***; **2.** F begreiflich: ***no ~ reason*** kein erfindlicher Grund; ***of no ~ use*** völlig unnütz; ***you haven't an ~*** (***chance***) du hast nicht die geringste Chance.

earth| moth·er *s. fig.* Urweib *n*; **ˈ~-ˌmov·ing** *adj.* ⚙ Erdbewegungs…: ***~ equipment***; **ˈ~·quake** *s.* **1.** Erdbeben *n*; **2.** *fig.* ˈUmwälzung *f*, Erschütterung *f*; **ˈ~ˌshak·ing** *adj. fig.* welterschütternd; **~ trem·or** *s.* leichtes Erdbeben; **ˈ~·ward(s)** [-wəd(z)] *adv.* erdwärts; **~ wave** *s.* **1.** Bodenwelle *f*; **2.** Erdbebenwelle *f*; **ˈ~-worm** *s.* Regenwurm *m.*

earth·y [ˈɜːθɪ] *adj.* **1.** erdig, Erd…; **2.** weltlich *od.* materiˈell (gesinnt); **3.** *fig.* a) grob, b) derb, roˈbust, urig (*Person*, *Humor etc.*).

ear| trum·pet *s.* ⚕ Hörrohr *n*; **ˈ~·wax** *s.* Ohrenschmalz *n*; **ˈ~·wig** *s. zo.* Ohrwurm *m*; **ˌ~ˈwit·ness** *s.* Ohrenzeuge *m.*

ease [iːz] **I** *s.* **1.** Bequemlichkeit *f*, Behagen *n*, Wohlgefühl *n*: ***at*** (***one's***) ***~*** a) ruhig, entspannt, gelöst, b) behaglich, c) gemächlich, d) ungeniert, ungezwungen, wie zu Hause; ***take one's ~*** es sich bequem machen; ***be*** (*od.* ***feel***) ***at ~*** sich wohl *od.* wie zu Hause fühlen; **2.** Gemächlichkeit *f*, *innere* Ruhe, Sorglosigkeit *f*, Entspannung *f*: ***ill at ~*** unbehaglich, unruhig; ***put*** (*od.* ***set***) ***s.o. at ~*** a) j-n beruhigen, b) j-m die Befangenheit nehmen; **3.** Ungezwungenheit *f*, Naˈtürlichkeit *f*, Zwanglosigkeit *f*, Freiheit *f*: ***live at ~*** in guten Verhältnissen leben; ***at ~!*** ⚔ rührt euch!; **4.** Linderung *f*, Erleichterung *f*; **5.** Spielraum *m*, Weite *f*; **6.** Leichtigkeit *f*: ***with ~*** bequem, mühelos; **7.** ✝ a) Nachgeben *n* (*Preise*), b) Flüssigkeit *f* (*Kapital*); **II** *v/t.* **8.** erleichtern, beruhigen: ***~ one's mind*** sich erleichtern *od.* beruhigen; **9.** *Schmerzen* lindern; **10.** lockern, entspannen (*beide a. fig.*); **11.** sacht *od.* vorsichtig bewegen *od.* manövrieren: ***~ one's foot into the shoe*** vorsichtig in den Schuh fahren; **12.** *mst* ***~ down*** *die Fahrt etc.* verlangsamen, vermindern; **III** *v/i.* **13.** erleichtern; **14.** *mst* ***~ off*** *od.* ***up*** a) nachlassen, sich abschwächen (*a.* ✝ *Preise*), b) sich entspannen (*Lage*); c) (*bei der Arbeit*) kürzertreten, d) weniger streng sein (***on*** zu).

ea·sel [ˈiːzl] *s. paint.* Staffeˈlei *f.*

ease·ment [ˈiːzmənt] *s.* ⚖ Grunddienstbarkeit *f.*

eas·i·ly [ˈiːzɪlɪ] *adv.* **1.** leicht, mühelos, bequem, glatt; **2.** a) sicher, durchaus, b) bei weitem; **ˈeas·i·ness** [-ɪnɪs] *s.* **1.** Leichtigkeit *f*; **2.** Ungezwungenheit *f*, Zwanglosigkeit *f*; **3.** Leichtfertigkeit *f*; **4.** Bequemlichkeit *f*.

east [iːst] **I** *s.* **1.** Osten *m*: (***to the***) **~ *of*** östlich von; **~ *by north*** ⚓ Ost zu Nord; **2.** *a.* ≗ Osten *m*: ***the*** ≗ a) *Brit.* Ostengland *m*, b) *Am.* die Oststaaten *pl.*, c) *pol.* der Osten, d) der Orient, e) *hist.* das Oströmische Reich; **3.** *poet.* Ost (-wind) *m*; **II** *adj.* **4.** Ost…, östlich; **III** *adv.* **5.** nach Osten, ostwärts; **6.** **~ *of*** östlich von (*od. gen.*); **ˈ~·bound** *adj.* nach Osten fahrend *etc.*; ≗ **End** *s.* Eastend *n* (*Stadtteil Londons*); ˌ≗-ˈ**End·er** *s. Bewohner*(*in*) *des* ***East End***.

East·er [ˈiːstə] *s.* Ostern *n od. pl.*, Osterfest *n*: ***at*** **~** an *od.* zu Ostern; **~ *Day*** Oster(sonn)tag *m*; **~ *egg*** Osterei *n*.

east·er·ly [ˈiːstəlɪ] **I** *adj.* östlich, Ost…; **II** *adv.* von *od.* nach Osten.

east·ern [ˈiːstən] *adj.* **1.** östlich, Ost…; **2.** ostwärts, Ost…; ≗ **Church** *s. die* griechisch-orthoˈdoxe Kirche; ≗ **Empire** *s. hist. das* Oströmische Reich.

east·ern·er [ˈiːstənə] *s.* **1.** Bewohner (-in) des Ostens e-s Landes; **2.** ≗ *Am.* Oststaatler(in).

ˈEast·er|·tide, **~ time** *s.* Osterzeit *f*.

East In·di·a·man *s.* [*irr.*] *hist.* Ostˈindienfahrer *m* (*Schiff*).

East Side *s. Am. Ostteil von Manhattan.*

east|·ward [ˈiːstwəd] *adj. u. adv.* ostwärts, nach Osten, östlich; **ˈ~·wards** [-z] *adv.* → ***eastward***.

eas·y [ˈiːzɪ] **I** *adj.* □ → ***easily***; **1.** leicht, mühelos: ***an*** **~ *victory***; **~ *of access*** leicht zugänglich *od.* erreichbar; **2.** leicht, einfach: ***an*** **~ *language***; ***an*** **~ *task***; **~ *money*** leichtverdientes Geld (→ 11 c); **3.** *a.* **~ *in one's mind*** ruhig, unbesorgt (***about*** um), unbeschwert, sorglos: ***I'm*** **~** F ich bin mit allem einverstanden; **4.** bequem, leicht, angenehm: ***an*** **~ *life***; ***live in*** **~ *circumstances***, F ***be on*** **~ *street*** in guten Verhältnissen leben; ***be*** **~ *on the ear*** (***eye***) F hübsch anzuhören (anzusehen) sein; **5.** frei von Schmerzen *od.* Beschwerden: ***feel easier*** sich besser fühlen; **6.** gemächlich, gemütlich: ***an*** **~ *walk***; **7.** nachsichtig (***on*** mit); **8.** leicht, mäßig, erträglich: ***an*** **~ *penalty***; ***on*** **~ *terms*** zu günstigen Bedingungen; ***be*** **~ *on*** *et.* schonen *od.* nicht belasten; **9.** a) leichtfertig, b) lokker, frei (*Moral etc.*); **10.** ungezwungen, zwanglos, natürlich, frei: **~ *manners***; **~ *style*** leichter *od.* flüssiger Stil; **11.** ♰ a) flau, lustlos (*Markt*), b) wenig gefragt (*Ware*), c) billig (*Geld*); **II** *adv.* **12.** leicht, bequem: **~ *to clean*** leicht zu reinigen(d), pflegeleicht; ***go*** **~**, ***take it*** **~** a) sich Zeit lassen, langsam tun, b) sich nicht aufregen; ***take it*** **~*!*** a) immer mit der Ruhe!, b) keine Bange!; ***go*** **~ *on*** a) *j-n od. et.* sachte anfassen, b) schonend *od.* sparsam umgehen mit; **~*!***, F **~ *does it!*** sachte!, langsam!; ***stand*** **~*!*** ⚔ rührt euch!; ***easier said than done*** (das ist) leichter gesagt als getan; **~ *come,*** **~ *go*** wie gewonnen, so zerronnen; **ˈ~-care** *adj.* pflegeleicht; **~ chair** *s.* Sessel *m*; **ˈ~ˌgo·ing** *adj.* **1.** gelassen; **2.** unbeschwert; **3.** leichtlebig.

eat [iːt] **I** *s.* **1.** *pl.* F ‚Fresˈsalien' *pl.*, ‚Futter' *n*; **II** *v/t.* [*irr.*] **2.** essen (*Mensch*), fressen (*Tier*): **~ *s.o. out of house and home*** j-n arm (fr)essen; **~ *one's words*** alles(, was man gesagt hat,) zurücknehmen; ***don't*** **~ *me*** F friß mich nur nicht (gleich) auf!; ***what's*** **~*ing him?*** F was (für e-e Laus) ist ihm über die Leber gelaufen?, was hat er denn?; (*siehe auch die Verbindungen mit anderen Substantiven*); **3.** zerfressen, -nagen, nagen an (*dat.*): **~*en by acid*** von Säure zerfressen; **4.** fressen, nagen: **~ *holes into s.th.***; **5.** → ***eat up***; **III** *v/i.* **6.** essen: **~ *well***; **7.** fressen (*Tier*); **8.** fressen, nagen (*a. fig.*): **~ *into*** a) sich (hin)einfressen in (*acc.*), b) *Reserven etc.* angreifen, ein Loch reißen in (*acc.*): **~ *through s.th.*** sich durch et. hindurchfressen; **9.** sich essen (lassen): ***it*** **~*s like beef***;

Zssgn mit adv.:

eat| a·way I *v/t.* **1.** *geol.* a) erodieren, auswaschen, b) abtragen; **II** *v/i.* **2.** (tüchtig) zugreifen; **3.** **~ *at*** → 1; **~ out** *v/i.* auswärts essen, essen gehen; **~ up** *v/t.* **1.** aufessen (*Mensch*), auffressen (*Tier*) (*beide a. v/i.*); **2.** *Reserven etc.* verschlingen, völlig aufbrauchen; **3.** *j-n* verzehren (*Gefühl*): ***be eaten up with envy*** vor Neid platzen; **4.** F a) ‚fressen', ‚schlucken' (*glauben*), b) *j-s Worte* verschlingen, c) *et.* mit den Augen verschlingen; **5.** F *Kilometer* ‚fressen' (*Auto*).

eat·a·ble [ˈiːtəbl] **I** *adj.* eß-, genießbar; **II** *s. mst pl.* Eßwaren *pl.*; **eat·en** [ˈiːtn] *p.p. von* ***eat***; **eat·er** [ˈiːtə] *s.* Esser(in): ***be a poor*** **~** ein schwacher Esser sein.

eat·ing [ˈiːtɪŋ] **I** *s.* **1.** Essen *n*, Speise *f*; **II** *adj.* **2.** Eß…: **~ *apple***; **3.** *fig.* nagend; zehrend; **~ house** *s.* ˈEßloˌkal *n*.

eau de Co·logne [ˌəʊdəkəˈləʊn] (*Fr.*) *s.* Kölnischwasser *n*.

eaves [iːvz] *s. pl.* **1.** Dachgesims *n*, -vorsprung *m*; **2.** Traufe *f*; **'~·drop** *v/i.* (heimlich) lauschen *od.* horchen: **~ on** *j-n, ein Gespräch* belauschen; **'~ˌdrop·per** *s.* Horcher(in), Lauscher(in): **~s hear what they deserve** der Lauscher an der Wand hört s-e eigne Schand.

ebb [eb] **I** *s.* **1.** Ebbe *f*: **~ and flow** Ebbe u. Flut, *fig. das* Hin u. Her *der Schlacht etc.*, *das* Auf u. Ab *der Wirtschaft etc.*; **2.** *fig.* Ebbe *f*, Tiefstand *m*: **at a low ~** *fig.* auf e-m Tiefstand; **II** *v/i.* **3.** zu'rückgehen (*a. fig.*): **~ and flow** steigen u. fallen, *fig. a.* kommen u. gehen; **4.** *a.* **~ away** *fig.* verebben, abnehmen; **~ tide** → **ebb** 1 u. 2.

eb·on ['ebən] *poet. für* **ebony**; **'eb·on·ite** [-naɪt] *s.* Ebo'nit *n* (*Hartkautschuk*); **'eb·on·ize** [-naɪz] *v/t.* schwarz beizen; **'eb·on·y** [-nɪ] **I** *s.* Ebenholz(baum *m*) *n*; **II** *adj.* a) aus Ebenholz, b) (tief-) schwarz.

e·bul·li·ence [ɪ'bʌljəns], **e'bul·li·en·cy** [-sɪ] *s.* **1.** Aufwallen *n* (*a. fig.*); **2.** *fig.* 'Überschäumen *n*, -schwenglichkeit *f*; **e'bul·li·ent** [-nt] *adj.* □ *fig.* sprudelnd, 'überschäumend (**with** von), 'überschwenglich; **eb·ul·li·tion** [ˌebə'lɪʃən] → **ebullience**.

ec·cen·tric [ɪk'sentrɪk] **I** *adj.* (□ **~ally**) **1.** ⚙, ⩘ ex'zentrisch; **2.** *ast.* nicht rund; **3.** *fig.* ex'zentrisch: a) wunderlich, über'spannt, verschroben, b) ausgefallen; **II** *s.* **4.** Ex'zentriker(in); **5.** ⚙ Ex'zenter *m*: **~ wheel** Exzenterscheibe *f*; **ec·cen·tric·i·ty** [ˌeksen'trɪsətɪ] *s.* ⚙, ⩘ *u. fig.* Exzentrizi'tät, *fig. a.* Über'spanntheit *f*, Verschrobenheit *f*.

Ec·cle·si·as·tes [ɪˌkliːzɪ'æstiːz] *s. bibl.* Ekklesi'astes *m*, der Prediger Salomo; **ecˌcle·si'as·ti·cal** [-tɪkl] *adj.* □ kirchlich, geistlich: **~ law** Kirchenrecht *n*; **ecˌcle·si'as·ti·cism** [-tɪsɪzəm] *s.* Kirchentum *n*; Kirchlichkeit *f*.

ech·e·lon ['eʃəlɒn] **I** *s.* **1.** ⚔ a) Staffel (-ung) *f*, (Angriffs)Welle *f*: **in ~** staffelförmig, b) ✈ 'Staffelflug *m*, -formatiˌon *f*, c) (Befehls)Ebene *f*; **2.** *fig.* Rang *m*, Stufe *f*: **the upper ~s** die höheren Ränge; **II** *v/t.* **3.** staffeln, (staffelförmig) gliedern.

e·chi·no·derm [e'kaɪnədɜːm] *s. zo.* Stachelhäuter *m*.

ech·o ['ekəʊ] **I** *pl.* **-oes** *s.* **1.** *a. fig.* Echo *n*, 'Widerhall *m*: (**sympathetic**) **~** Anklang *m*; **find an ~** ein (…) Echo finden, Anklang finden; **to the ~** laut, schallend; **2.** *fig.* Echo *n* (*Person*); **3.** ♪ Wieder'holung *f*; **4.** ⚡, *TV*: Echo *n*, *Radar*: *a.* Schattenbild *n*; **5.** (genaue) Nachahmung *f*; **II** *v/i.* **6.** 'widerhallen (**with** von); **7.** hallen; **III** *v/t.* **8.** *Ton* zu'rückwerfen, 'widerhallen lassen; **9.** *fig.* 'Widerhall erwecken; **10.** *Worte* echoen; (*j-m*) *et.* nachbeten; **11.** echoen, nachahmen; **~ sound·er** *s.* ⚓ Echolot *n*; **~ sound·ing** *s.* ⚓ Echolotung *f*.

é·clair [eɪ'kleə] (*Fr.*) *s.* E'clair *n*.

é·clat ['eɪklɑː] (*Fr.*) *s.* **1.** glänzender Erfolg, allgemeiner Beifall, öffentliches Aufsehen *n*; **2.** *fig.* Auszeichnung *f*, Geltung *f*.

ec·lec·tic [e'klektɪk] **I** *adj.* (□ **~ally**) ek'lektisch; **II** *s.* Ek'lektiker *m*; **ec·lec·ti·cism** [e'klektɪsɪzəm] *s. phls.* Eklekti'zismus *m*.

e·clipse [ɪ'klɪps] **I** *s.* **1.** *ast.* Verfinsterung *f*, Finsternis *f*: **~ of the moon** Mondfinsternis; **partial ~** partielle Finsternis; **2.** Verdunkelung *f*; **3.** *fig.* Schwinden *n*, Niedergang *m*: **in ~** im Schwinden, *a.* in der Versenkung verschwunden; **II** *v/t.* **4.** *ast.* verfinstern; **5.** verdunkeln; **6.** *fig.* in den Schatten stellen, über'ragen.

ec·logue ['eklɒg] *s.* Ek'loge *f*, Hirtengedicht *n*.

eco- [iːkəʊ] *in Zssgn* öko'logisch, Umwelt…, Öko…; **ˌe·co·ca'tas·tro·phe** *s.* 'Umweltkataˌstrophe *f*; **e·co·cide** ['iːkəʊsaɪd] *s.* 'Umweltzerstörung *f*.

ec·o·log·i·cal [ˌiːkə'lɒdʒɪkl] *adj.* □ *biol.* öko'logisch, Umwelt…: **~ system** → **ecosystem**; **ˌec·o'log·i·cal·ly** [-kəlɪ] *adv.*: **~ harmful** (*od.* **noxious**) umweltfeindlich; **~ beneficial** umweltfreundlich; **e·col·o·gist** [iː'kɒlədʒɪst] *s. biol.* Öko'loge *m*; **e·col·o·gy** [iː'kɒlədʒɪ] *s. biol.* Ökolo'gie *f*.

e·co·no·met·rics [ɪˌkɒnə'metrɪks] *s. pl. sg. konstr.* ✝ Ökonome'trie *f*.

e·co·nom·ic [ˌiːkə'nɒmɪk] **I** *adj.* (□ **~ally**) **1.** (natio'nal)ökoˌnomisch, (volks-) wirtschaftlich, Wirtschafts…: **~ geography** Wirtschaftsgeographie *f*; **~ growth** Wirtschaftswachstum *n*; **~ miracle** Wirtschaftswunder *n*; **~ policy** Wirtschaftspolitik *f*; **~ science** → 3; **2.** wirtschaftlich, ren'tabel; **II** *s. pl. sg. konstr.* **3.** a) Natio'nalökonoˌmie *f*, Volkswirtschaft(slehre) *f*, b) → **economy** 4; **ˌe·co'nom·i·cal** [-kl] *adj.* □ wirtschaftlich, sparsam, *Person a.* haushälterisch: **be ~ with s.th.** mit et. haushalten *od.* sparsam umgehen.

e·con·o·mist [ɪ'kɒnəmɪst] *s.* **1.** *a.* **political ~** Volkswirt(schaftler) *m*, Natio'nalökoˌnom *m*; **2.** sparsamer Wirtschafter, guter Haushälter; **e'con·o·mize**

[-maɪz] **I** *v/t.* **1.** sparsam ˈumgehen mit, haushalten mit, sparen; **2.** nutzbar machen; **II** *v/i.* **3.** sparen: a) sparsam wirtschaften, Einsparungen machen: ***~ on*** → 1, b) sich einschränken (***in*** in *dat.*); **eˈcon·o·miz·er** [-maɪzə] *s.* **1.** haushälterischer Mensch; **2.** ⚙ Sparanlage *f*, *bsd.* Wasser-, Luftvorwärmer *m*; **e·con·o·my** [ɪˈkɒnəmɪ] **I** *s.* **1.** Sparsamkeit *f*, Wirtschaftlichkeit *f*; **2.** *fig.* sparsame Anwendung, Sparsamkeit *f* in den (künstlerischen) Mitteln: ***~ of style*** knapper Stil; **3.** a) Sparmaßnahme *f*, b) Einsparung *f*, c) Ersparnis *f*; **4.** ✝ ˈWirtschaft(ssyˌstem *n od.* -lehre *f*) *f*: ***political ~*** → ***economic*** 3a; **5.** Syˈstem *n*, Aufbau *m*, Gefüge *n*; **II** *adj.* **6.** Spar...: ***~ bottle***; ***~ class*** ✈ Economyklasse *f*; ***~ drive*** Sparmaßnahmen *pl.*; ***~-priced*** preisgünstig, billig, Billig...

ˈe·co|ˌpol·i·cy *s.* ˈUmweltpoliˌtik *f*; **ˈ~ˌsys·tem** *s. biol.* ˈÖkosyˌstem *n*; **ˈ~·type** *s. biol.* Ökoˈtypus *m*.

ec·ru [ˈeɪkruː] *adj.* eˈkrü, naˈturfarben, ungebleicht (*Stoff*).

ec·sta·size [ˈekstəsaɪz] *v/t.* (*u. v/i.*) in Ekˈstase versetzen (geraten).

ec·sta·sy [ˈekstəsɪ] *s.* **1.** Ekˈstase *f*, Verzückung *f*, Rausch *m*, (Taumel *m* der) Begeisterung *f*: ***go into ecstasies over*** in Verzückung geraten über (*acc.*), hingerissen sein von; **2.** Aufregung *f*; **3.** ⚕ Ekˈstase *f*, krankhafte Erregung; **ec·stat·ic** [ɪkˈstætɪk] *adj.* (□ ***~ally***) **1.** ekˈstatisch, verzückt, begeistert, hingerissen; **2.** entzückend, hinreißend.

ec·to·blast [ˈektəʊblɑːst], **ˈec·to·derm** [-dɜːm] *s. biol.* Ektoˈderm *n*, äußeres Keimblatt; **ˈec·to·plasm** [-plæzəm] *s. biol. u. Spiritismus*: Ektoˈplasma *n*.

ec·u·men·i·cal [ˌiːkjuːˈmenɪkl] *adj. bsd. eccl.* ökuˈmenisch: ***~ council*** a) *R.C.* ökumenisches Konzil, b) Weltkirchenrat *m*.

ec·ze·ma [ˈeksɪmə] *s.* ⚕ Ekˈzem *n*.

E-Day [ˈiːdeɪ] *s. pol. Tag des Beitritts Großbritanniens zur EWG.*

ed·dy [ˈedɪ] **I** *s.* (*Wasser-*, *Luft*)Wirbel *m*, Strudel *m* (*a. fig.*); **II** *v/i.* (umˈher-) wirbeln.

e·del·weiss [ˈeɪdlvaɪs] *s.* Edelweiß *n*.

e·de·ma [iːˈdiːmə] → ***oedema***.

E·den [ˈiːdn] *s. bibl.* (der Garten) Eden *n*, das Paraˈdies (*a. fig.*).

edge [edʒ] **I** *s.* **1.** a) *a.* ***cutting ~*** Schneide *f*, b) Schärfe *f* (*der Klinge*): ***the knife has no ~*** das Messer schneidet nicht; ***put an ~ on s.th.*** et. schärfen *od.* schleifen; ***take the ~ off*** a) *Messer etc.* stumpf machen, b) *fig. e-r Sache* die Spitze abbrechen, die Schärfe nehmen; **2.** *fig.* Schärfe *f*, Spitze *f*, Heftigkeit *f*: ***give an ~ to s.th.*** et. verschärfen *od.* in Schwung bringen; ***not to put too fine an ~ on it*** kein Blatt vor den Mund nehmen; ***he is*** (*od.* ***his nerves are***) ***on ~*** er ist gereizt *od.* nervös; **3.** Ecke *f*, Zacke *f*, (scharfe) Kante; Grat *m*: ***~ of a chair*** Stuhlkante; ***set*** (***up***) ***on ~*** hochkant stellen; → ***tooth*** 1; **4.** Rand *m*, Saum *m*, Grenze *f*: ***the ~ of the lake*** der Rand *od.* das Ufer des Sees; ***~ of a page*** Rand e-r (Buch)Seite; ***on the ~ of*** a) am Rande (*der Verzweiflung etc.*), an der Schwelle (*gen.*), kurz vor (*dat.*), b) im Begriff (***of doing*** zu tun); **5.** Schnitt *m* (*Buch*); → ***gilt-edged*** 1; **6.** F Vorteil *m*: ***have the ~ on*** (*od.* ***over***) ***s.o.*** e-n Vorteil gegenüber j-m haben, j-m ‚voraus' *od.* ‚über' sein; **II** *v/t.* **7.** schärfen, schleifen; **8.** umˈsäumen, umˈranden; begrenzen, einfassen; **9.** ⚙ beschneiden, abkanten; **10.** *langsam* schieben, rücken, drängen: ***~ o.s. into s.th.*** sich in et. (hinein)drängen; **III** *v/i.* **11.** sich *wohin* schieben *od.* drängen;

Zssgn mit adv.:

edge| a·way *v/i.* **1.** (langsam) wegrükken; **2.** wegschleichen; **~ in I** *v/t.* einschieben; **II** *v/i.* sich hinˈeindrängen *od.* -schieben; **~ off** → ***edge away***; **~ on** *v/t. j-n* antreiben; **~ out** *v/t.* (*v/i.* sich) hinˈausdrängen.

edged [edʒd] *adj.* **1.** schneidend, scharf; **2.** *in Zssgn* ...schneidig; **3.** eingefaßt, gesäumt; **4.** *in Zssgn* ...randig; **~ tool** *s.* **1.** → ***edge tool***; **2.** ***play with edge(d) tools*** *fig.* mit dem Feuer spielen.

edge| tool *s.* Schneidewerkzeug *n*; **ˈ~·ways** [-weɪz], **ˈ~·wise** [-waɪz] *adv.* a) seitlich, mit der Kante nach oben *od.* vorn, b) hochkant(ig): ***I couldn't get a word in ~*** *fig.* ich bin kaum zu Wort gekommen.

edg·ing [ˈedʒɪŋ] *s.* Rand *m*; Besatz *m*, Einfassung *f*, Borte *f*; **edg·y** [ˈedʒɪ] *adj.* **1.** kantig, scharf; **2.** *fig.* nerˈvös, gereizt; **3.** *paint.* scharflinig.

ed·i·bil·i·ty [ˌedɪˈbɪlətɪ] *s.* Eß-, Genießbarkeit *f*; **ed·i·ble** [ˈedɪbl] **I** *adj.* eß-, genießbar: ***~ oil*** Speiseöl *n*; **II** *s. pl.* Eßwaren *pl.*

e·dict [ˈiːdɪkt] *s.* Erlaß *m*, *hist.* Eˈdikt *n*.

ed·i·fi·ca·tion [ˌedɪfɪˈkeɪʃn] *s. fig.* Erbauung *f*.

ed·i·fice [ˈedɪfɪs] *s. a. fig.* Gebäude *n*, Bau *m*; **ˈed·i·fy** [-faɪ] *v/t. fig.* erbauen, aufrichten; **ˈed·i·fy·ing** [-faɪɪŋ] *adj.* □ erbaulich (*a. iro.*).

ed·it [ˈedɪt] *v/t.* **1.** *Texte etc.* a) herˈausgeben, edieren, b) redigieren, druckfertig machen; **2.** *Zeitung* als Her'ausgeber leiten; **3.** *Buch etc.* bearbeiten, zur Veröffentlichung fertigmachen; kürzen; *Film, Tonband* schneiden: ***~ out*** a) herausstreichen, b) herausschneiden; ***~ing table*** *TV* Schneidetisch *m*; **4.** *Computer*: *Daten* aufbereiten; **5.** *fig.* zu'rechtstutzen; **e·di·tion** [ɪ'dɪʃn] *s.* **1.** Ausgabe *f*: ***pocket ~*** Taschen(buch)-ausgabe; ***morning ~*** Morgenausgabe (*Zeitung*); **2.** Auflage *f*: ***first ~*** erste Auflage, Erstdruck *m*, -ausgabe *f* (*Buch*); ***run into 20 ~s*** 20 Auflagen erleben; **3.** *fig.* (*kleinere etc.*) Ausgabe *f*; **'ed·i·tor** [-tə] *s.* **1.** *a.* ***~ in chief*** Her'ausgeber(in) (*e-s Buchs etc.*); **2.** *Zeitung*: a) *a.* ***~ in chief*** 'Chefredak,teur (-in), b) Redak'teur(in): ***the ~s*** die Redaktion; **3.** *Film, TV*: Cutter(in); **ed·i·to·ri·al** [,edɪ'tɔ:rɪəl] **I** *adj.* □ **1.** Herausgeber...; **2.** redaktio'nell, Redaktions...: ***~ staff*** Redaktion *f*; **II** *s.* **3.** 'Leitar,tikel *m*; **ed·i·to·ri·al·ize** [,edɪ'tɔ:rɪəlaɪz] *v/i.* (e-n) 'Leitar,tikel schreiben; **'ed·i·tor·ship** [-təʃɪp] *s.* Positi'on *f* e-s Her'ausgebers *od.* ('Chef)Redak,teurs; **'ed·i·tress** [-trɪs] *s.* Her'ausgeberin *f etc.* (→ ***editor***).

ed·u·cate ['edju:keɪt] *v/t.* erziehen (*a. weitS.* ***to*** zu), unter'richten, (aus)bilden: ***he was ~d at ...*** er besuchte die (Hoch)Schule in ...; **'ed·u·cat·ed** [-tɪd] *adj.* **1.** gebildet; **2.** ***an ~ guess*** e-e fundierte Annahme.

ed·u·ca·tion [,edju:'keɪʃn] *s.* **1.** Erziehung *f* (*a. weitS.* ***to*** zu *demokratischem Denken etc.*), (Aus)Bildung *f*; **2.** (*erworbene*) Bildung, Bildungsstand *m*: ***general ~*** Allgemeinbildung *f*; **3.** Bildungs-, Schulwesen *n*; **4.** (Aus)Bildungsgang *m*; **5.** Päda'gogik *f*, Erziehungswissenschaft *f*; **,ed·u'ca·tion·al** [-ʃnəl] *adj.* □ **1.** erzieherisch, Erziehungs..., päda'gogisch, Unterrichts...: ***~ film*** Lehrfilm *m*; ***~ psychology*** Schulpsychologie *f*; ***~ television*** Schulfernsehen *n*; ***~ toys*** pädagogisch wertvolles Spielzeug; **2.** Bildungs...: ***~ leave*** Bildungsurlaub *m*; ***~ level*** Bildungsniveau *n*; ***~ misery*** Bildungsnotstand *m*; **,ed·u'ca·tion·al·ist** [-ʃnəlɪst], *a.* **,ed·u'ca·tion·ist** [-ʃnɪst] *s.* Päda'goge *m*, Päda'gogin *f*: a) Erzieher(in), b) Erziehungswissenschaftler(in); **ed·u·ca·tive** ['edju:kətɪv] *adj.* **1.** erzieherisch, Erziehungs...; **2.** bildend, Bildungs...; **'ed·u·ca·tor** ['edju:keɪtə] → ***educationalist***.

e·duce [i:'dju:s] *v/t.* **1.** her'ausholen, entwickeln; **2.** *Begriff* ableiten; **3.** ⚗ ausziehen, extrahieren.

ed·u·tain·ment [,edju:'teɪnmənt] *s.* bildende Unter'haltung (*pädagogisch wertvolle Spiele etc.*).

Ed·war·di·an [ed'wɔ:djən] *adj.* aus *od.* im Stil der Zeit König Eduards (*bsd.* Eduards VII.).

eel [i:l] *s.* Aal *m*; **~ buck**, **'~·pot** *s.* Aalreuse *f*; **'~·spear** *s.* Aalgabel *f*; **'~·worm** *s. zo.* Älchen *n*, Fadenwurm *m*.

e'en [i:n] *poet.* → ***even***[1, 3].

e'er [eə] *poet.* → ***ever***.

ee·rie, ee·ry ['ɪərɪ] *adj.* □ unheimlich, schaurig; **'ee·ri·ness** [-nɪs] *s.* Unheimlichkeit *f*.

eff [ef] *v/i.*: ***~ off*** V ‚abhauen'; → ***effing***.

ef·face [ɪ'feɪs] *v/t.* **1.** wegwischen, -reiben, löschen; **2.** *bsd. fig.* auslöschen, tilgen; **3.** in den Schatten stellen: ***~ o.s.*** sich (bescheiden) zurückhalten, sich im Hintergrund halten; **ef'face·a·ble** [-səbl] *adj.* auslöschbar; **ef'face·ment** [-mənt] *s.* Auslöschung *f*, Tilgung *f*, Streichung *f*.

ef·fect [ɪ'fekt] **I** *s.* **1.** Wirkung *f* (***on*** auf *acc.*): ***take ~*** wirken (→ 4); **2.** (Ein-)Wirkung *f*, Einfluß *m*, Erfolg *m*, Folge *f*: ***of no ~*** nutzlos, vergeblich; **3.** (gesuchte) Wirkung, Eindruck *m*, Ef'fekt *m*: ***general ~*** Gesamteindruck; ***have an ~ on*** wirken auf (*acc.*); ***calculated*** *od.* ***meant for ~*** auf Effekt berechnet; ***straining after ~*** Effekthascherei *f*; **4.** Wirklichkeit *f*; ⚖ (Rechts)Wirksamkeit *f*, (-)Kraft *f*, Gültigkeit *f*: ***in ~*** a) tatsächlich, eigentlich, im wesentlichen, b) ⚖ *etc.* in Kraft, gültig; ***with ~ from*** mit Wirkung vom; ***come into*** (*od.* ***take***) ***~*** wirksam werden, in Kraft treten; ***carry into ~*** ausführen, verwirklichen; **5.** Inhalt *m*, Sinn *m*, Absicht *f*; Nutzen *m*: ***to the ~ that*** des Inhalts, daß; ***to this ~*** diesbezüglich, in diesem Sinn; ***words to this ~*** derartige Worte; **6.** ⚙ Leistung *f*, 'Nutzef,fekt *m*; **7.** *pl.* † a) Ef'fekten *pl.*, b) Vermögen(swerte *pl.*) *n*, Habe *f*, c) Barbestand *m*, d) (Bank)Guthaben *n*: ***no ~s*** ohne Deckung (*Scheck*); **II** *v/t.* **8.** be-, erwirken, verursachen; **9.** ausführen, erledigen, voll'ziehen, tätigen, bewerkstelligen: ***~ an insurance*** † e-e Versicherung abschließen; ***~ payment*** Zahlung leisten; **ef'fec·tive** [-tɪv] **I** *adj.* □ **1.** wirksam, erfolgreich, wirkungsvoll, kräftig: ***~ range*** ⚔ wirksame Schußweite; **2.** eindrucks-, ef'fektvoll; **3.** (rechts)wirksam, rechtskräftig, gültig, in Kraft: ***~ from*** *od.* ***as of*** mit Wirkung vom; ***~ immediately*** mit sofortiger Wirkung; ~ ***date*** Tag *m* des Inkrafttretens; ***become*** ~ in Kraft treten; **4.** tatsächlich, effek'tiv, wirklich; **5.** ⚔ dienstfähig, kampffähig, einsatzbereit: ~ ***strength*** → 7b; **6.** ⚙ wirksam, nutzbar, Nutz...: ~ ***capacity*** *od.* ***output*** Nutzleistung *f*; **II** *s. pl.* **7.** ⚔ a) einsatzfähige Sol'daten *pl.*, b) Ist-Stärke *f*; **ef'fec·tive·ness** [-tɪvnɪs] *s.* Wirksamkeit *f*; **ef'fec·tu·al** [-tʃʊəl] *adj.* □ **1.** wirksam; **2.** → ***effective*** 3; **3.** wirklich, tatsächlich; **ef'fectu·ate** [-tjʊeɪt] → ***effect*** 8, 9.

ef·fem·i·na·cy [ɪ'femɪnəsɪ] *s.* **1.** Weichlichkeit *f*, Verweichlichung *f*; **2.** unmännliches Wesen; **ef'fem·i·nate** [-nət] *adj.* □ **1.** weichlich, verweichlicht; **2.** unmännlich, weibisch.

ef·fer·vesce [ˌefə'ves] *v/i.* **1.** (auf)brausen, moussieren, sprudeln, schäumen; **2.** *fig.* ('über)sprudeln, 'überschäumen; **ˌef·fer'ves·cence** [-sns] *s.* **1.** (Auf-)brausen *n*, Moussieren *n*; **2.** *fig.* ('Über)Sprudeln *n*, 'Überschäumen *n*; **ˌef·fer'ves·cent** [-snt] *adj.* **1.** sprudelnd, schäumend; moussierend: ~ ***powder*** Brausepulver *n*; **2.** *fig.* ('über-)sprudelnd, 'überschäumend.

ef·fete [ɪ'fi:t] *adj.* erschöpft, entkräftet, kraftlos, verbraucht.

ef·fi·ca·cious [ˌefɪ'keɪʃəs] *adj.* □ wirksam; **ef·fi·ca·cy** ['efɪkəsɪ] *s.* Wirksamkeit *f*.

ef·fi·cien·cy [ɪ'fɪʃənsɪ] *s. allg.* Effizi'enz *f*: a) Tüchtigkeit *f*, Leistungsfähigkeit *f* (*a. e-s Betriebs etc.*), b) Wirksamkeit *f*, ⚙ (Nutz)Leistung *f*, Wirkungsgrad *m*, c) Tauglichkeit *f*, Brauchbarkeit *f*, d) ✝, ⚙ Wirtschaftlichkeit *f*: ~ ***engineer***, ~ ***expert*** ✝ Rationalisierungsfachmann *m*; ~ ***wages*** leistungsbezogener Lohn; ~ ***apartment*** *Am.* (Einzimmer)Appartement *n*; **ef'fi·cient** [-nt] *adj.* □ **1.** *allg.* effizi'ent: a) tüchtig, (*a.* ⚙ leistungs)fähig, b) wirksam, c) gründlich, d) zügig, rasch, e) ratio'nell, wirtschaftlich, f) tauglich, gut funktionierend, ⚙ *a.* leistungsstark; **2.** ~ ***cause*** *phls.* wirkende Ursache.

ef·fi·gy ['efɪdʒɪ] *s.* Bild(nis) *n*: ***burn s.o. in*** ~ j-n in effigie *od.* symbolisch verbrennen.

ef·fing ['efɪŋ] *adj.* V verdammt, Scheiß...

ef·flo·resce [ˌeflɔ:'res] *v/i.* **1.** *bsd. fig.* aufblühen, sich entfalten; **2.** ⚗ ausblühen, -wittern; **ˌef·flo'res·cence** [-sns] *s.* **1.** *bsd. fig.* (Auf)Blühen *n*; **2.** Efflores'zenz: a) ⚗ Ausblühen *n*, Beschlag *m*, b) ⚕ Ausschlag *m*; **ˌef·flo'res·cent** [-snt] *adj.* **1.** *bsd. fig.* (auf)blühend; **2.** ⚗ ausblühend.

ef·flu·ence ['eflʊəns] *s.* Ausfließen *n*, -strömen *n*; Ausfluß *m*; **'ef·flu·ent** [-nt] **I** *adj.* **1.** ausfließend, -strömend; **II** *s.* **2.** Ausfluß *m*; **3.** Abwasser *n*.

ef·flux ['eflʌks] *s.* **1.** Ausfluß *m*, Ausströmen *n*; **2.** *fig.* Ablauf *m* (*der Zeit*).

ef·fort ['efət] *s.* **1.** Anstrengung *f*: a) Bemühung *f*, Versuch *m*, b) Mühe *f*: ***make an*** ~ sich bemühen, sich anstrengen; ***make every*** ~ sich alle Mühe geben; ***put a lot of*** ~ ***into it*** sich gewaltig anstrengen bei der Sache; ***spare no*** ~ keine Mühe scheuen; ***with an*** ~ mühsam; **2.** F Leistung *f*: ***a good*** ~; **'effort·less** [-lɪs] *adj.* mühelos, leicht.

ef·fron·ter·y [ɪ'frʌntərɪ] *s.* Frechheit *f*, Unverschämtheit *f*.

ef·ful·gence [ɪ'fʌldʒəns] *s.* Glanz *m*; **ef'ful·gent** [-nt] *adj.* □ strahlend.

ef·fuse [ɪ'fju:z] **I** *v/t.* **1.** ausgießen, ausströmen (lassen); **2.** *Licht etc.* verbreiten; **II** *v/i.* **3.** ausströmen; **III** *adj.* [-s] **4.** ⚘ ausgebreitet; **ef·fu·sion** [ɪ'fju:ʒn] *s.* **1.** Ausströmen *n*; Ausgießung *f*; Erguß *m* (*a. fig.*). ~ ***of blood*** ⚕ Bluterguß; **2.** *phys.* Effusi'on *f*; **3.** 'Überschwenglichkeit *f*; **ef'fu·sive** [-sɪv] *adj.* □ 'überschwenglich; **ef'fu·sive·ness** [-sɪvnɪs] → ***effusion*** 3.

e·gad [ɪ'gæd] *int. obs.* F o Gott!

e·gal·i·tar·i·an [ɪˌgælɪ'teərɪən] **I** *s.* Verfechter(in) des Egalita'rismus; **II** *adj.* egali'tär; **eˌgal·i'tar·i·an·ism** [-nɪzəm] *s.* Egalita'rismus *m*.

egg[1] [eg] *s.* **1.** Ei *n*: ***in the*** ~ *fig.* im Anfangsstadium; ***a bad*** ~ *fig.* F ein übler Kerl; ***as sure as*** ~***s is*** *od.* ***are*** ~***s*** *sl.* todsicher; ***have*** (*od.* ***put***) ***all one's*** ~***s in one basket*** alles auf 'eine Karte setzen; ***lay an*** ~ *thea. sl.* durchfallen; ***lay an*** ~***!*** *sl.* ‚leck mich'!; → ***grandmother***; **2.** *biol.* Eizelle *f*; **3.** ⚔ *sl.* ‚Ei' *n*, ‚Koffer' *m* (*Bombe etc.*).

egg[2] [eg] *v/t. mst* ~ ***on*** anstacheln.

'egg|ˌbeat·er *s.* **1.** *Küche*: Schneebesen *m*; **2.** *Am.* F Hubschrauber *m*; ~ **coal** *s.* Nußkohle *f*; ~ **co·sy**, *Am.* ~ **co·zy** *s.* Eierwärmer *m*; **'~·cup** *s.* Eierbecher *m*; ~ **flip** *s.* Eierflip *m*; **'~·head** *s.* F ‚Eierkopf' *m* (*Intellektueller*); **'~·nog** → ***egg flip***; **'~·plant** *s.* ⚘ Eierfrucht *f*, Auber'gine *f*; ~ **roll** *s.* Frühlingsrolle *f*; **'~-shaped** *adj.* eiförmig; **'~·shell I** *s.* Eierschale *f*: ~ ***china*** Eierschalenporzellan *n*; **II** *adj.* zerbrechlich; **'~-spoon** *s.* Eierlöffel *m*; **'~-ˌtim·er** *s.* Eieruhr *f*; **'~-whisk** *s.* *Küche*: Schneebesen *m*.

e·go ['egəʊ] *pl.* **-os** *s.* **1.** *psych.* Ich *n*, Selbst *n*, Ego *n*; **2.** Selbstgefühl *n*, -bewußtsein *n*, *a.* Stolz *m*, F Selbstsucht *f*, Selbstgefälligkeit *f*: **~ trip** F ‚Egotrip' *m* (*geistige Selbstbefriedigung*, *Angeberei etc.*); **that will boost his ~** das wird ihm Auftrieb geben *od.* ‚guttun'; **it feeds his ~** das stärkt sein Selbstbewußtsein; **his ~ was low** s-e Moral war auf Null.

e·go·cen·tric [ˌegəʊˈsentrɪk] *adj.* egoˈzentrisch, ichbezogen; **e·go·ism** [ˈegəʊɪzəm] *s.* Egoˈismus *m* (*a. phls.*), Selbstsucht *f*; **e·go·ist** [ˈegəʊɪst] *s.* **1.** Egoˈist(in); **2.** → **egotist** 1; **e·go·is·tic**, **e·go·is·ti·cal** [ˌegəʊˈɪstɪk(l)] *adj.* □ egoˈistisch; **e·go·ma·ni·a** [ˌegəʊˈmeɪnjə] *s.* krankhafte Selbstsucht *od.* -gefälligkeit *f*; **e·go·tism** [ˈegəʊtɪzəm] *s.* **1.** Egoˈtismus *m*: a) ˈSelbstüberˌhebung *f*, b) Ichbezogenheit *f*, c) Geltungsbedürfnis *n*; **2.** → **egoism**; **e·go·tist** [ˈegəʊtɪst] *s.* **1.** Egoˈtist(in), geltungsbedürftiger *od.* selbstgefälliger Mensch; **2.** → **egoist** 1; **e·go·tis·tic**, **e·go·tis·ti·cal** [ˌegəʊˈtɪstɪk(l)] *adj.* □ **1.** selbstgefällig, egoˈtistisch, geltungsbedürftig; **2.** → **egoistic**.

e·gre·gious [ɪˈgriːdʒəs] *adj.* □ unerhört, ungeheuer(lich), kraß, Erz...

e·gress [ˈiːgres] *s.* **1.** Ausgang *m*; **2.** Ausgangsrecht *n*; **3.** *fig.* Ausweg *m*; **4.** *ast.* Austritt *m*; **e·gres·sion** [iːˈgreʃn] *s.* Ausgang *m*, -tritt *m*.

e·gret [ˈiːgret] *s.* **1.** *orn.* Silberreiher *m*; **2.** Reiherfeder *f*; **3.** ⚘ Federkrone *f*.

E·gyp·tian [ɪˈdʒɪpʃn] **I** *adj.* **1.** äˈgyptisch: **~ cotton** Mako *f*, *m*, *n*; **II** *s.* **2.** Äˈgypter (-in); **3.** *ling.* Äˈgyptisch *n*.

E·gyp·to·log·i·cal [ɪˌdʒɪptəˈlɒdʒɪkl] *adj.* ägyptoˈlogisch; **E·gyp·tol·o·gist** [ˌiːdʒɪpˈtɒlədʒɪst] *s.* Ägyptoˈloge *m*; **E·gyp·tol·o·gy** [ˌiːdʒɪpˈtɒlədʒɪ] *s.* Ägyptoloˈgie *f*.

eh [eɪ] *int.* **1.** eh?: a) wie (bitte)?, b) nicht wahr?; **2.** ei!, sieh da!

ei·der [ˈaɪdə] *s. orn. a.* **~ duck** Eiderente *f*; ˈ**~·down** *s.* **1.** *coll.* Eiderdaunen *pl.*; **2.** Daunendecke *f*.

ei·det·ic [aɪˈdetɪk] *psych.* **I** Eiˈdetiker (-in); **II** *adj.* eiˈdetisch.

eight [eɪt] **I** *adj.* **1.** acht: **~-hour day** Achtstundentag *m*; **II** *s.* **2.** Acht *f* (*Zahl*, *Spielkarte etc.*): **have one over the ~** *sl.* e-n ‚in der Krone' haben; **3.** *Rudern*: Achter *m* (*Boot od. Mannschaft*); **eight·een** [ˌeɪˈtiːn] **I** *adj.* achtzehn; **II** *s.* Achtzehn *f*; **eight·eenth** [ˌeɪˈtiːnθ] **I** *adj.* achtzehnt; **II** *s.* Achtzehntel *n*; ˈ**eight·fold** *adj. u. adv.* achtfach; **eighth** [eɪtθ] **I** *adj.* □ acht(er, e, es); **II** *s.* Achtel *n* (*a.* ♪); **eighth·ly** [ˈeɪtθlɪ] *adv.* achtens; ˈ**eight·i·eth** [-tɪɪθ] **I** *adj.* achtzigst; **II** *s.* Achtzigstel *n*; ˈ**eight·y** [-tɪ] **I** *adj.* achtzig; **II** *s.* Achtzig *f*: **the eighties** die achtziger Jahre (*eines Jahrhunderts*); **he is in his eighties** er ist in den Achtzigern.

Ein·stein·i·an [aɪnˈstaɪnjən] *adj.* Einsteinsch(er, -e, -es).

ei·ther [ˈaɪðə] **I** *adj.* **1.** jeder, jede, jedes (*von zweien*), beide: **on ~ side** auf beiden Seiten; **there is nothing in ~ bottle** beide Flaschen sind leer; **2.** (irgend)ein (*von zweien*): **~ way** auf die e-e od. andere Art; **~ half of the cake** (irgend-) eine Hälfte des Kuchens; **II** *pron.* **3.** (irgend)ein (*von zweien*): **~ of you can come** (irgend)einer von euch (beiden) kann kommen; **I didn't see ~** ich sah keinen (von beiden); **4.** beides: **~ is possible**; **III** *cj.* **5. ~ ... or** entweder ... oder: **~ be quiet or go!** entweder sei still oder geh!; **6.** *neg.*: **~ ... or** weder ... noch: **it isn't good ~ for parent or child** es ist weder für Eltern noch Kinder gut; **IV** *adv.* **7.** *neg.*: **nor ... ~** (und) auch nicht, noch: **he could not hear nor speak ~** er konnte weder hören noch sprechen; **I shall not go ~** ich werde auch nicht gehen; **she sings, and not badly ~** sie singt, und gar nicht schlecht; **8. without ~ good or bad intentions** ohne gute oder schlechte Absichten; ˈ**~-or** *s.* Entweder-Oder *n*.

e·jac·u·late [ɪˈdʒækjʊleɪt] **I** *v/t.* **1.** *physiol. Samen* ausstoßen; **2.** *Worte* ausstoßen; **II** *v/i.* **3.** *physiol.* ejakulieren; **4.** *fig.* aus-, herˈvorstoßen; **III** *s.* **5.** *physiol.* Ejakuˈlat *n*; **e·jac·u·la·tion** [ɪˌdʒækjʊˈleɪʃn] *s.* **1.** ⚕ Ejakulatiˈon *f*, Samenerguß *m*; **2.** a) Ausruf *m*, b) Stoßseufzer *m*, -gebet *n*; **eˈjac·u·la·to·ry** [-lətərɪ] *adj.* **1.** ⚕ Ejakulations...; **2.** hastig (ausgestoßen): **~ prayer** Stoßgebet *n*.

e·ject [ɪˈdʒekt] **I** *v/t.* **1.** (**from**) *j-n* hinˈauswerfen (aus), vertreiben (aus, von); entlassen (aus); **2.** ⚖ exmittieren, ausweisen (**from** aus); **3.** ⚙ ausstoßen, -werfen; **II** *v/i.* **4.** ✈ den Schleudersitz betätigen; **eˈjec·tion** [-kʃn] *s.* **1.** (**from** aus) Vertreibung *f*, Entfernung *f*; Entlassung *f*; **2.** ⚙ Ausstoßung *f*, Auswerfen *n*: **~ seat** ✈ Schleudersitz *m*; **eˈject·ment** [-mənt] *s.* **1.** → **ejection** 1; **2.** ⚖ a) Räumungsklage *f*, b) Herˈausgabeklage *f*; **eˈjec·tor** [-tə] *s.* **1.** Vertreiber *m*; **2.** ⚙ a) ˈAuswurfappaˌrat *m*, Strahlpumpe *f*, b) ⚔ (Paˈtronenhülsen)Auswerfer *m*: **~ seat** ✈ Schleudersitz *m*.

eke [iːk] *v/t.* **~ out** a) *Flüssigkeit*, *Vorrat etc.* strecken, b) *Einkommen* aufbessern, c) **~ out a living** sich (mühsam) durchschlagen.

el [el] *s.* **1.** L *n*, l *n* (*Buchstabe*); **2.** 🚋 F Hochbahn *f*.

e·lab·o·rate I *adj.* [ɪˈlæbərət] ☐ **1.** sorgfältig *od.* kunstvoll ausgeführt *od.* (aus)gearbeitet; **2.** (ˈwohl)durchˌdacht, (sorgfältig) ausgearbeitet: ***an ~ report***; **3.** a) kunstvoll, kompliziert, b) ˈumständlich; **II** *v/t.* [-bəreɪt] **4.** sorgfältig aus- *od.* herˈausarbeiten, verˈvollkommnen; **5.** *Theorie* entwickeln; **6.** genau darlegen; **III** *v/i.* **7.** ~ (***up***)***on*** ausführlich behandeln, sich verbreiten über (*acc.*); **eˈlab·o·rate·ness** [-nɪs] *s.* **1.** sorgfältige *od.* kunstvolle Ausführung; **2.** a) Sorgfalt *f*, b) Kompliziertheit *f*, c) ausführliche Behandlung; **e·lab·o·ra·tion** [ɪˌlæbəˈreɪʃn] *s.* **1.** → ***elaborateness*** 1; **2.** (Weiter)Entwicklung *f*.

é·lan [eɪˈlɑ̃:ŋ] (*Fr.*) *s.* Eˈlan *m*, Schwung *m*.

e·land [ˈi:lənd] *s.* ˈElenantiˌlope *f*.

e·lapse [ɪˈlæps] *v/i.* vergehen, verstreichen (*Zeit*), ablaufen (*Frist*).

e·las·tic [ɪˈlæstɪk] **I** *adj.* (☐ ***~ally***) **1.** eˈlastisch: a) federnd, spannkräftig (*alle a. fig.*), b) dehnbar, biegsam, geschmeidig (*a. fig.*): ***~ conscience*** weites Gewissen; ***an ~ word*** ein dehnbarer Begriff; **2.** *phys.* a) elastisch, b) expansiˈonsfähig (*Gas*), c) inkompresˈsibel (*Flüssigkeit*): ***~ force*** → ***elasticity***; **3.** Gummi…: ***~ band***; ***~ stocking*** Gummistrumpf *m*; **II** *s.* **4.** Gummiband *n*, -zug *m*; **5.** Gummigewebe *n*, -stoff *m*; **eˈlas·ti·cat·ed** [-keɪtɪd] *adj.* mit Gummizug; **e·las·tic·i·ty** [ˌelæˈstɪsətɪ] *s.* Elastiziˈtät *f*: a) Spannkraft *f* (*a. fig.*), b) Dehnbarkeit *f*, Biegsamkeit *f*, Geschmeidigkeit *f* (*a. fig.*).

e·late [ɪˈleɪt] *v/t.* **1.** mit Hochstimmung erfüllen, begeistern, freudig erregen; **2.** *j-m* Mut machen; **3.** *j-n* stolz machen; **eˈlat·ed** [-tɪd] *adj.* ☐ **1.** in Hochstimmung, freudig erregt (***at*** über *acc.*, ***with*** durch); **2.** stolz; **eˈla·tion** [-eɪʃn] *s.* **1.** Hochstimmung, freudige Erregung; **2.** Stolz *m*.

el·bow [ˈelbəʊ] **I** *s.* **1.** Ell(en)bogen *m*: ***at one's ~*** a) in Reichweite, bei der Hand, b) *fig.* an s-r Seite; ***out at ~s*** a) schäbig (*Kleidung*), b) schäbig gekleidet, heruntergekommen (*Person*); ***be up to the ~s in work*** bis über die Ohren in der Arbeit stecken; ***bend*** *od.* ***lift one's ~*** F ‚einen heben'; **2.** Biegung *f*, Krümmung *f*, Ecke *f*, Knie *n*; **3.** ⚙ Knie *n*; (Rohr)Krümmer *m*, Winkel (-stück *n*) *m*; **II** *v/t.* **4.** *mit dem Ellbogen* stoßen, drängen (*a. fig.*): ***~ s.o. out*** j-n hinausdrängen; ***~ o.s. through*** sich durchdrängeln; ***~ one's way*** → 5; **III** *v/i.* **5.** sich (mit den Ellbogen) e-n Weg bahnen (***through*** durch); **~ chair.** *s.* Arm-, Lehnstuhl *m*; **~ grease** *s. humor.* **1.** ‚Arm-, Knochenschmalz' *n* (*Kraft*); **2.** schwere Arbeit; **ˈ~·room** [-rʊm] *s.* Bewegungsfreiheit *f*, Spielraum *m* (*a. fig.*).

eld [eld] *s. obs.* **1.** (Greisen)Alter *n*; **2.** alte Zeiten *pl.*

eld·er[1] [ˈeldə] **I** *adj.* **1.** älter: ***my ~ brother*** mein älterer Bruder; **2.** rangälter: ***≈ Statesman*** *pol. u. fig.* ‚großer alter Mann'; **II** *s.* **3.** (der, die) Ältere: ***he is my ~ by two years*** er ist zwei Jahre älter als ich; ***my ~s*** ältere Leute als ich; **4.** Reˈspektsperˌson *f*; **5.** *oft pl.* (Kirchen-, Gemeinde- *etc.*)Älteste(r) *m*.

el·der[2] [ˈeldə] *s.* Hoˈlunder *m*; **ˈel·der·ˌber·ry** *s.* Hoˈlunderbeere *f*.

eld·er·ly [ˈeldəlɪ] *adj.* ältlich: ***an ~ couple*** ein älteres Ehepaar; **eld·est** [ˈeldɪst] *adj.* ältest: ***my ~ brother*** mein ältester Bruder.

El Do·ra·do [ˌeldəˈrɑ:dəʊ] *pl.* **-dos** *s.* (El)Doˈrado *n*.

e·lect [ɪˈlekt] **I** *v/t.* **1.** *j-n in ein Amt* wählen: ***~ s.o. to an office***; **2.** *et.* wählen, sich entscheiden für: ***~ to do s.th.*** sich (dazu) entschließen *od.* es vorziehen, et. zu tun; ***he was ~ed president*** er wurde zum Präsidenten gewählt; **3.** *eccl.* auserwählen; **II** *adj.* **4.** (*nachgestellt*) designiert, zukünftig: ***bride ~*** Zukünftige *f*, Braut *f*; ***the president ~*** *der* designierte Präsident; **5.** erlesen; **6.** *eccl.* (*von Gott*) auserwählt; **III** *s.* **7.** *eccl. u. fig.* ***the ~*** die Auserwählten *pl.*; **eˈlec·tion** [-kʃn] *s. mst pol.* Wahl *f*: ***~ campaign*** Wahlkampf *m*, -feldzug *m*; ***~ pledge*** Wahlversprechen *n*; ***~ returns*** Wahlergebnisse; **e·lec·tion·eer** [ɪˌlekʃəˈnɪə] *v/i. pol.* Wahlkampf betreiben: ***~ for s.o.*** für j-n Wahlpropaganda machen *od.* Stimmen werben; **e·lec·tion·eer·ing** [ɪˌlekʃəˈnɪərɪŋ] *s. pol.* ˈWahlpropaˌganda *f*, -kampf *m*, -feldzug *m*; **eˈlec·tive** [-tɪv] **I** *adj.* ☐ **1.** gewählt, durch Wahl, Wahl…; **2.** wahlberechtigt, wählend; **3.** *ped. Am.* wahlfrei, fakultaˈtiv: ***~ subject*** → 4; **II** *s.* **4.** *ped. Am.* Wahlfach *n*; **eˈlec·tor** [-tə] *s.* **1.** *pol.* a) Wähler(in), b) *Am.* Wahlmann *m*; **2.** ≈ *hist.* Kurfürst *m*; **eˈlec·tor·al** [-tərəl] *adj.* **1.** Wahl…, Wähler…: ***~ college*** *Am.* Wahlmänner *pl.* (*e-s Staates*); **2.** *hist.* Kurfürsten…;

e'lec·tor·ate [-tərət] *s.* **1.** *pol.* Wähler(-schaft *f*) *pl.*; **2.** *hist.* a) Kurwürde *f*, b) Kurfürstentum *n*; **e'lec·tress** [-trɪs] *s.* **1.** Wählerin *f*; **2.** ♀ *hist.* Kurfürstin *f*.

e·lec·tric [ɪ'lektrɪk] *adj.* (□ **~ally**) **1.** a) e'lektrisch: **~ cable** (**charge**, **current**, **light** *etc.*), b) Elektro...: **~ motor**, c) Elektrizitäts...: **~ works**, d) eˌlektro'technisch; **2.** *fig.* a) elektrisierend: **an ~ effect**, b) spannungsgeladen: **~ atmosphere**; **e'lec·tri·cal** [-kl] → **electric** 1: **~ engineer** Elektroingenieur *m od.* -techniker *m*; **~ engineering** Elektrotechnik *f*.

e·lec·tric| arc *s.* Lichtbogen *m*; **~ art** *s.* Lichtkunst *f*; **~ blan·ket** *s.* Heizdecke *f*; **~ blue** *s.* Stahlblau *n*; **~ chair** *s.* ⚖ e'lektrischer Stuhl; **~ cir·cuit** *s.* Stromkreis *m*; **~ cush·ion** *s.* Heizkissen *n*; **~ eel** *s. zo.* Zitteraal *m*; **~ eye** *s.* **1.** Fotozelle *f*; **2.** magisches Auge; **~ gui·tar** *s.* e'lektrische Gi'tarre, 'E-Giˌtarre *f*.

e·lec·tri·cian [ˌɪlek'trɪʃn] *s.* E'lektriker *m*, Eˌlektro'techniker *m*.

e·lec·tric·i·ty [ˌɪlek'trɪsətɪ] *s.* Elektrizi'tät *f*.

e·lec·tric| plant *s.* e'lektrische Anlage; **~ ray** *s. zo.* Zitterrochen *m*; **~ shock** *s.* **1.** e'lektrischer Schlag; **2.** ⚕ E'lektroschock *m*; **~ steel** *s.* ⚙ E'lektrostahl *m*; **~ storm** *s.* Gewittersturm *m*; **~ torch** *s.* (e'lektrische) Taschenlampe.

e·lec·tri·fi·ca·tion [ɪˌlektrɪfɪ'keɪʃn] *s.* **1.** Elektrisierung *f* (*a. fig.*); **2.** Elektrifizierung *f*; **e·lec·tri·fy** [ɪ'lektrɪfaɪ] *v/t.* **1.** elektrisieren (*a. fig.*), e'lektrisch laden; **2.** elektrifizieren; **3.** *fig.* anfeuern, erregen, begeistern.

e·lec·tro [ɪ'lektrəʊ] *pl.* **-tros** *s. typ.* F Gal'vano *n*, Kli'schee *n*.

electro- [ɪlektrəʊ] *in Zssgn* Elektro..., elektro..., e'lektrisch.

eˌlec·tro|·a'nal·y·sis [ɪˌlektrəʊ-] *s.* ⚗ Eˌlektroana'lyse *f*; **~'car·di·o·gram** *s.* ⚕ Eˌlektrokardio'gramm *n*, EK'G *n*; **~'chem·is·try** *s.* Eˌlektroche'mie *f*.

e·lec·tro·cute [ɪ'lektrəkju:t] *v/t.* **1.** auf dem e'lektrischen Stuhl hinrichten; **2.** durch elektrischen Strom töten; **e·lec·tro·cu·tion** [ɪˌlektrə'kju:ʃn] *s.* Hinrichtung *f od.* Tod *m* durch elektrischen Strom.

e·lec·trode [ɪ'lektrəʊd] *s.* ϟ Elek'trode *f*.

eˌlec·tro|·dy'nam·ics *s. pl. sg. konstr.* Eˌlektrody'namik *f*; **~·en·gi'neer·ing** *s.* Eˌlektro'technik *f*; **~·ki'net·ics** *s. pl. sg. konstr.* Eˌlektroki'netik *f*.

e·lec·trol·y·sis [ˌɪlek'trɒlɪsɪs] *s.* Elektro'lyse *f*; **e·lec·tro·lyte** [ɪ'lektrəʊlaɪt] *s.* Elektro'lyt *m*.

eˌlec·tro|'mag·net *s.* Eˌlektroma'gnet *m*; **~·mag'net·ic** *adj.* (□ **~ally**) eˌlektroma'gnetisch; **~·me'chan·ics** *s. pl. sg. konstr.* Eˌlektrome'chanik *f*.

e·lec·trom·e·ter [ˌɪlek'trɒmɪtə] *s.* Eˌlektro'meter *n*.

eˌlec·tro|'mo·tive *adj.* eˌlektromo'torisch; **~'mo·tor** *s.* Eˌlektro'motor *m*.

e·lec·tron [ɪ'lektrɒn] *phys.* **I** *s.* Elektron *n*; **II** *adj.* Elektronen...: **~ microscope**; **e·lec·tron·ic** [ˌɪlek'trɒnɪk] *adj.* (□ **~ally**) elek'tronisch, Elektronen...: **~ flash** *phot.* Elektronenblitz *m*; **~ music** elektronische Musik; **e·lec·tron·ics** [ˌɪlek'trɒnɪks] *s. pl. sg. konstr.* Elek'tronik *f* (*a. als Konstruktionsteil*).

e·lec·tro|·plate [ɪ'lektrəʊ-] **I** *v/t.* elektroplattieren, galvanisieren; **II** *s.* elektroplattierte Ware; **~·scope** [-əskəʊp] *s. phys.* Eˌlektro'skop *n*; **~·scop·ic** [ɪˌlektrə'skɒpɪk] *adj.* (□ **~ally**) eˌlektro'skopisch; **~'ther·a·py** [ɪˌlektrəʊ-] *s.* ⚕ Eˌlektrothera'pie *f*; **~·type I** *s.* **1.** Gal'vano *n*; **2.** galˌvano'plastischer Druck; **II** *v/t.* **3.** galˌvano'plastisch vervielfältigen.

el·e·gance ['elɪgəns] *s. allg.* Ele'ganz *f*; **'el·e·gant** [-nt] *adj.* □ **1.** ele'gant: a) fein, geschmackvoll, vornehm (u. schön), b) gewählt, gepflegt, c) anmutig, d) geschickt, gekonnt; **2.** F erstklassig, ‚prima'.

el·e·gi·ac [ˌelɪ'dʒaɪək] **I** *adj.* e'legisch (*a. fig. schwermütig*), Klage...; **II** *s.* elegischer Vers; *pl.* elegisches Gedicht; **el·e·gize** ['elɪdʒaɪz] *v/i.* e-e Ele'gie schreiben (**upon** auf *acc.*); **el·e·gy** ['elɪdʒɪ] *s.* Ele'gie *f*, Klagelied *n*.

el·e·ment ['elɪmənt] *s.* **1.** *allg.* Ele'ment *n*: a) *phls.* Urstoff *m*, b) Grundbestandteil *m*, c) ⚗ Grundstoff *m*, d) ⚙ Bauteil *n*, e) Grundlage *f*; **2.** Grundtatsache *f*, wesentlicher Faktor: **an ~ of risk** ein gewisses Risiko; **~ of surprise** Überraschungsmoment *n*; **~ of uncertainty** Unsicherheitsfaktor; **3.** ⚖ Tatbestandsmerkmal *n*; **4.** *pl.* Anfangsgründe *pl.*, Anfänge *pl.*, Grundlage(n *pl.*) *f*; **5.** *pl.* Na'turkräfte *pl.*, Ele'mente *pl.*; **6.** ('Lebens)Eleˌment *n*, gewohnte Um'gebung: **be in** (**out of**) **one's ~** (nicht) in s-m Element sein; **7.** *fig.* Körnchen *n*, Fünkchen *n*, Hauch *m*: **an ~ of truth** ein Körnchen Wahrheit; **8.** a) ⚔ Truppenteil *m*, b) ✈ Rotte *f*; **9.** (Bevölkerungs-) Teil *m*, (*kriminelle etc.*) Ele'mente *pl.*; **el·e·men·tal** [ˌelɪ'mentl] *adj.* **1.** elemen'tar: a) ursprünglich, na'türlich, b) urgewaltig, c) wesentlich; **2.** Elementar…, Ur…

el·e·men·ta·ry [ˌelɪˈmentərɪ] *adj.* □ **1.** → ***elemental*** 1 *u.* 2; **2.** elemenˈtar, Elementar…, Einführungs…, Anfangs…, grundlegend; **3.** elemenˈtar, einfach; **4.** ⚗, 𝔄, *phys.* elemenˈtar, Elementar…: ~ ***particle*** Elementarteilchen *n*; **5.** rudimenˈtär, unentwickelt; ~ **ed·u·ca·tion** *s.* **1.** Grundschul-, Volksschulbildung *f*; **2.** Volksschulwesen *n*; ~ **school** *s.* Volks-, Grundschule *f.*

el·e·phant [ˈelɪfənt] *s.* **1.** *zo.* Eleˈfant *m*: ~ ***seal*** See-Elefant; ***pink*** ~ F ‚weiße Mäuse' *pl.*, Halluzinationen *pl.*; ***white*** ~ *fig.* lästiger *od.* kostspieliger Besitz; **2.** *ein Papierformat* (*711 × 584 mm*); **el·e·phan·ti·a·sis** [ˌelɪfənˈtaɪəsɪs] *s.* ⚕ Elefanˈtiasis *f*; **el·e·phan·tine** [ˌelɪˈfæntaɪn] *adj.* **1.** eleˈfantenartig, Elefanten…; **2.** *fig.* riesenhaft; **3.** plump, schwerfällig.

El·eu·sin·i·an [ˌelju:ˈsɪnɪən] *adj. antiq.* eleuˈsinisch.

el·e·vate [ˈelɪveɪt] *v/t.* **1.** hoch-, emˈporheben; aufrichten; erhöhen; **2.** *Blick* erheben; *Stimme* heben; **3.** (***to***) *j-n* erheben (in *den Adelsstand*), befördern (zu *e-m Posten*); **4.** *fig. j-n* (*seelisch*) erheben, erbauen; **5.** erheitern; **6.** *Niveau etc.* heben; **7.** ⚔ *Geschützrohr* erhöhen; **ˈel·e·vat·ed** [-tɪd] **I** *adj.* **1.** erhöht; Hoch…: ~ ***railway***, *Am.* ~ ***railroad*** Hochbahn *f*; **2.** gehoben (*Position*, *Stil etc.*), erhaben (*Gedanken*); **3.** a) erheitert, b) F beschwipst; **II** *s.* **4.** *Am.* F Hochbahn *f*; **ˈel·e·vat·ing** [-tɪŋ] *adj.* **1.** *bsd.* ⚙ hebend, Hebe…, Höhen…; **2.** *fig.* a) erhebend, erbaulich, b) erheiternd; **el·e·va·tion** [ˌelɪˈveɪʃn] *s.* **1.** Hoch-, Emˈporheben *n*; **2.** (Boden)Erhebung *f*, (An)Höhe *f*; **3.** Höhe *f* (*a. ast.*), (Grad *m* der) Erhöhung *f*; **4.** *geogr.* Meereshöhe *f*; **5.** ⚔ Richthöhe *f*; **6.** ⚙ Aufstellung *f*, Errichtung *f*; **7.** △ Aufriß *m*: ***front*** ~ Vorderansicht *f*; **8.** a) (***to***) Erhebung *f* (in *den Adelsstand*), Beförderung *f* (zu *e-m Posten etc.*), b) gehobene Positiˈon; **9.** *fig.* (*seelische*) Erhebung, Erbauung *f*; **10.** *fig.* Hebung *f* (*des Niveaus etc.*); **11.** *fig.* Erhabenheit *f*, Gehobenheit *f* (*des Stils etc.*); **ˈel·e·va·tor** [-tə] *s.* **1.** ⚙ a) Hebe-, Förderwerk *n*, b) Hebewerk *n*, c) *Am.* Fahrstuhl *m*, Aufzug *m*; **2.** Getreidesilo *m*; **3.** ✈ Höhensteuer *n*, -ruder *n*; **4.** *anat.* Hebemuskel *m.*

e·lev·en [ɪˈlevn] **I** *adj.* **1.** elf; **II** *s.* **2.** Elf *f*; **3.** *sport* Elf *f*; **eˌlev·en-ˈplus** *s. ped. Brit. hist. im Alter von 11–12 Jahren abgelegte Prüfung, die über die schulische Weiterbildung entschied;* **eˈlev·en·ses** [-zɪz] *s. pl. Brit.* F zweites Frühstück; **eˈlev·enth** [-nθ] **I** *adj.* □ **1.** elft; → ***hour*** 2; **II** *s.* **2.** (*der, die, das*) Elfte; **3.** Elftel *n.*

elf [elf] *pl.* **elves** [elvz] *s.* **1.** Elf *m*, Elfe *f*; **2.** Kobold *m*; **3.** *fig.* a) Knirps *m*, b) (kleiner) Racker; **elf·in** [ˈelfɪn] **I** *adj.* Elfen…, Zwergen…; **II** *s.* → ***elf***; **elf·ish** [ˈelfɪʃ] *adj.* **1.** elfenartig; **2.** schelmisch, koboldhaft.

ˈelf·lock *s.* Weichselzopf *m*, verfilztes Haar.

e·lic·it [ɪˈlɪsɪt] *v/t.* **1.** (***from*** *j-m*, *e-m Instrument etc.*) *et.* entlocken; **2.** (***from*** aus *j-m*) *e-e Aussage etc.* herˈauslocken, -holen; **3.** *e-e Reaktion* auslösen, herˈvorrufen; **4.** *et.* ans Licht bringen.

e·lide [ɪˈlaɪd] *v/t. ling. Vokal od. Silbe* elidieren, auslassen.

el·i·gi·bil·i·ty [ˌelɪdʒəˈbɪlətɪ] *s.* **1.** Eignung *f*, Befähigung *f*: ***his eligibilities*** s-e Vorzüge; **2.** Berechtigung *f*; **3.** Wählbarkeit *f*; **4.** Teilnahmeberechtigung *f*, *sport a.* Startberechtigung *f*; **el·i·gi·ble** [ˈelɪdʒəbl] **I** *adj.* □ **1.** (***for***) in Frage kommend (für): a) geeignet, akzepˈtabel (für), b) berechtigt, befähigt (zu), qualifiziert (für): ~ ***for a pension*** pensionsberechtigt, c) wählbar; **2.** wünschenswert, vorteilhaft; **3.** teilnahmeberechtigt, *sport a.* startberechtigt; **II** *s.* **4.** F in Frage kommende Perˈson *od.* Sache.

e·lim·i·nate [ɪˈlɪmɪneɪt] *v/t.* **1.** beseitigen, entfernen, ausmerzen, *a.* 𝔄 eliminieren (***from*** aus); **2.** ausscheiden (*a.* ⚗, *physiol.*), ausschließen, *a. Gegner* ausschalten: ***be*** ~***d*** *sport* ausscheiden; **3.** *fig. et.* ausklammern, ignorieren; **e·lim·i·na·tion** [ɪˌlɪmɪˈneɪʃn] *s.* **1.** Beseitigung *f*, Entfernung *f*, Ausmerzung *f*, Eliminierung *f*; **2.** 𝔄 Eliminatiˈon *f*; **3.** ⚗, *physiol.*, *a. sport* Ausscheidung *f*: ~ ***contest*** Ausscheidungs-, Qualifikationswettbewerb *m*; **4.** Ausschaltung *f* (*e-s Gegners*); **5.** *fig.* Ignorierung *f*; **eˈlim·i·na·tor** [-tə] *s. Radio*: Sieb-, Sperrkreis *m.*

e·li·sion [ɪˈlɪʒn] *s. ling.* Elisiˈon *f*, Auslassung *f* (*e-s Vokals od. e-r Silbe*).

e·lite [eɪˈli:t] (*Fr.*) *s.* Eˈlite *f*: a) Auslese *f*, (*das*) Beste, (*die*) Besten *pl.*, b) Führungs-, Oberschicht *f*, c) ⚔ Eˈlite-, Kerntruppe *f*; **eˈlit·ism** [-tɪzəm] *s.* eliˈtäres Denken; **eˈlit·ist** [-tɪst] *adj.* eliˈtär.

e·lix·ir [ɪˈlɪksə] *s.* **1.** Eliˈxier *n*, Zauber-, Heiltrank *m*: ~ ***of life*** Lebenselixier; **2.** Allˈheilmittel *n.*

E·liz·a·be·than [ɪˌlɪzəˈbi:θn] **I** *adj.* elisabe'thanisch; **II** *s.* Zeitgenosse *m* E'lisabeths I. von England.

elk [elk] *s. zo.* **1.** Elch *m*, Elen *m*, *n*; **2.** *Am.* Elk *m*, Wa'piti *m*.

ell [el] *s.* Elle *f*; → ***inch*** 2.

el·lipse [ɪ'lɪps] *s.* **1.** ⩚ El'lipse *f*; **2.** → **el'lip·sis** [-sɪs] *pl.* **-ses** [-si:z] *s. ling.* El'lipse *f*, Auslassung *f* (*a. typ.*); **el'lip·soid** [-sɔɪd] *s.* ⩚ Ellipso'id *n*; **el'lip·tic**, **el'lip·ti·cal** [-ptɪk(l)] *adj.* □ **1.** ⩚ el'liptisch; **2.** *ling.* elliptisch, unvollständig (*Satz*).

elm [elm] *s.* Ulme *f*, Rüster *f*.

el·o·cu·tion [ˌelə'kju:ʃn] *s.* **1.** Vortrag(sweise *f*) *m*, Dikti'on *f*; **2.** Vortragskunst *f*; **3.** Sprechtechnik *f*; ˌ**el·o'cu·tion·ist** [-nɪst] *s.* **1.** Vortragskünstler(in); **2.** Sprecherzieher(in).

e·lon·gate ['i:lɒŋgeɪt] **I** *v/t.* **1.** verlängern; *bsd.* ⚙ strecken, dehnen; **II** *v/i.* **2.** sich verlängern; **3.** ⚘ spitz zulaufen; **III** *adj.* **4.** → **'e·lon·gat·ed** [-tɪd] *adj.* **1.** verlängert: ~ ***charge*** ⚔ gestreckte Ladung; **2.** lang u. dünn; **e·lon·ga·tion** [ˌi:lɒŋ'geɪʃn] *s.* **1.** Verlängerung *f*; **2.** ⚙ Streckung *f*, Dehnung *f*; **2.** *ast.*, *phys.* Elongati'on *f*.

e·lope [ɪ'ləʊp] *v/i.* (mit s-m *od.* s-r Geliebten) ‚'durchbrennen': ~ ***with*** *a. die Geliebte* entführen; **e'lope·ment** [-mənt] *s.* ‚'Durchbrennen' *n*; Flucht *f*; Entführung *f*; **e'lop·er** [-pə] *s.* Ausreißer(in).

el·o·quence ['eləkwsəns] *s.* Beredsamkeit *f*, Redegewandtheit *f*, -kunst *f*; **'el·o·quent** [-nt] *adj.* □ **1.** beredt, redegewandt; **2.** *fig.* a) sprechend, ausdrucksvoll, b) beredt, vielsagend (*Blick etc.*).

else [els] *adv.* **1.** (*neg. u. interrog.*) sonst, weiter, außerdem: ***anything ~?*** sonst noch etwas?; ***what ~ can we do?***; was können wir sonst (noch) tun?; ***no one ~*** sonst *od.* weiter niemand; ***where ~?*** wo anders?, wo sonst (noch)?; **2.** anderer, andere, anderes: ***that's something ~*** das ist et. anderes; ***everybody ~*** alle anderen *od.* übrigen; ***somebody ~'s dog*** der Hund e-s anderen; **3.** *oft* ***or ~*** oder, sonst, wenn nicht: ***hurry***, (***or***) ***~ you will be late*** beeile dich, oder du kommst zu spät *od.* sonst kommst du zu spät; ***or ~!*** (*drohend*) sonst passiert was!; ˌ**~'where** *adv.* **1.** sonst-, anderswo; **2.** 'anderswo'hin.

e·lu·ci·date [ɪ'lu:sɪdeɪt] *v/t. Geheimnis etc.* aufhellen, aufklären; *Text*, *Gründe etc.* erklären; **e·lu·ci·da·tion** [ɪˌlu:sɪ'deɪʃn] *s.* Erklärung *f*; Aufhellung *f*, -klärung *f*; **e'lu·ci·da·to·ry** [-tərɪ] *adj.* erklärend, aufhellend.

e·lude [ɪ'lu:d] *v/t.* **1.** (geschickt) ausweichen, entgehen, sich entziehen (*dat.*); *Gesetz etc.* um'gehen; **2.** *fig. j-m* entgehen, *j-s* Aufmerksamkeit entgehen; **3.** sich nicht (er)fassen lassen von, sich entziehen (*dat.*): ***it ~s definition*** es läßt sich nicht definieren; **4.** *j-m* nicht einfallen; **e'lu·sion** [-u:ʒn] *s.* **1.** (***of***) Ausweichen *n*, Entkommen *n* (vor *dat.*); Um'gehung *f* (*gen.*); **2.** Ausflucht *f*, List *f*; **e'lu·sive** [-u:sɪv] *adj.* □ **1.** ausweichend (***of*** *dat.*, vor *dat.*); **2.** schwer zu fassen(d) (*Dieb etc.*); **3.** schwerfaßbar, schwer zu definieren(d) *od.* zu übersetzen(d); **4.** um'gehend; **5.** unzuverlässig; **e'lu·sive·ness** [-u:sɪvnɪs] *s.* **1.** Ausweichen *n* (***of*** vor *dat.*), ausweichendes Verhalten; **2.** Unbestimmbarkeit *f*, Undefinierbarkeit *f*; **e'lu·so·ry** [-u:sərɪ] *adj.* **1.** trügerisch; **2.** → ***elusive***.

e·lu·tri·ate [ɪ'lu:trɪeɪt] *v/t.* ⚗ (aus-)schlämmen.

el·ver ['elvə] *s. ichth.* junger Aal.

elves [elvz] *pl. von* ***elf***; **'elv·ish** [-vɪʃ] → ***elfish***.

E·ly·sian [ɪ'lɪzɪən] *adj.* e'lysisch, *fig. a.* para'diesisch; **E'ly·si·um** [-əm] *s.* E'lysium *n*, *fig. a.* Para'dies *n*.

em [em] *s.* **1.** M *n*, m *n* (*Buchstabe*); **2.** *typ.* Geviert *n*.

'em [əm] F *für* ***them***: ***let 'em***.

e·ma·ci·ate [ɪ'meɪʃɪeɪt] *v/t.* **1.** auszehren, ausmergeln; **2.** *Boden* auslaugen; **e'ma·ci·at·ed** [-tɪd] *adj.* **1.** abgemagert, ausgezehrt, ausgemergelt; **2.** ausgelaugt (*Boden*); **e·ma·ci·a·tion** [ɪˌmeɪsɪ'eɪʃn] *s.* **1.** Auszehrung *f*, Abmagerung *f*; **2.** Auslaugung *f*.

em·a·nate ['eməneɪt] *v/i.* **1.** ausströmen (*Gas etc.*), ausstrahlen (*Licht*) (***from*** von); **2.** *fig.* herrühren, ausgehen (***from*** von); **em·a·na·tion** [ˌemə'neɪʃn] *s.* **1.** Ausströmen *n*; **2.** Ausströmung *f*, Ausstrahlung *f* (*beide a. fig.*); **3.** Auswirkung *f*; **4.** *phls.*, *psych.*, *eccl.* Emanati'on *f*.

e·man·ci·pate [ɪ'mænsɪpeɪt] *v/t.* **1.** (***o.s.*** sich) emanzipieren, unabhängig machen, befreien (***from*** von); **2.** *Sklaven* freilassen; **e'man·ci·pat·ed** [-tɪd] *adj.* **1.** *allg.* emanzipiert: ***an ~ woman***; ***an ~ citizen*** ein mündiger Bürger; **2.** freigelassen (*Sklave*); **e·man·ci·pa·tion** [ɪˌmænsɪ'peɪʃn] *s.* **1.** Emanzipati'on *f*; **2.** Freilassung *f*, Befreiung *f* (*a. fig.*) (***from*** von); **e·man·ci·pa·tion·ist** [ɪˌmænsɪ'peɪʃnɪst] *s.* Befürworter(in) der Emanzipati'on *od.* der Sklavenbefreiung; **e'man·ci·pa·to·ry** [-pətərɪ] *adj.* emanzipa'torisch.

e·mas·cu·late **I** *v/t.* [ɪ'mæskjʊleɪt] **1.** entmannen, kastrieren; **2.** *fig.* verweichlichen; **3.** entkräften, (ab)schwächen; verwässern; **4.** *Sprache* farb- *od.* kraftlos machen; **II** *adj.* [-lɪt] **5.** entmannt; **6.** verweichlicht; **7.** verwässert, kraftlos; **e·mas·cu·la·tion** [ɪˌmæskjʊ'leɪʃn] *s.* **1.** Entmannung *f*; **2.** Verweichlichung *f*; **3.** Schwächung *f*; **4.** *fig.* Verwässerung *f* (*Text etc.*).

em·balm [ɪm'bɑːm] *v/t.* **1.** einbalsamieren; **2.** *fig. j-s Andenken* bewahren *od.* pflegen: ***be ~ed in*** fortleben in (*dat.*); **em'balm·ment** [-mənt] *s.* Einbalsamierung *f*.

em·bank [ɪm'bæŋk] *v/t.* eindämmen, -deichen; **em'bank·ment** [-mənt] *s.* **1.** Eindämmung *f*, -deichung *f*; **2.** (Erd-) Damm *m*; **3.** (Bahn-, Straßen)Damm *m*; **4.** gemauerte Uferstraße.

em·bar·go [em'bɑːgəʊ] **I** *s.* **1.** ⚓ Em'bargo *n*: a) (Schiffs)Beschlagnahme *f* (*durch den Staat*), b) Hafensperre *f*; **2.** ✝ a) Handelssperre *f*, b) *a. allg.* Sperre *f*, Verbot *n*: ***~ on imports*** Einfuhrsperre; **II** *v/t.* **3.** *Handel*, *Hafen* sperren, ein Em'bargo verhängen über (*acc.*); **4.** beschlagnahmen.

em·bark [ɪm'bɑːk] **I** *v/t.* **1.** ⚓, ✈ Passagiere an Bord nehmen, ⚓ *a.* einschiffen, *Waren a.* verladen (***for*** nach); **2.** *Geld* investieren (***in*** in *dat.*); **II** *v/i.* **3.** ⚓ sich einschiffen (***for*** nach), an Bord gehen; **4.** *fig.* (***on***) (*et.*) anfangen *od.* unter'nehmen; **em·bar·ka·tion** [ˌembɑː'keɪʃn] *s.* ⚓ Einschiffung *f*, (*von Waren*) *a.* Verladung *f* (*a.* ✈); ✈ Einsteigen *n*.

em·bar·ras de rich·esse(s) [ɑ̃ːŋbɑˌrɑdəriː'ʃes] (*Fr.*) *s. die* Qual der Wahl.

em·bar·rass [ɪm'bærəs] *v/t.* **1.** *j-n* in Verlegenheit bringen *od.* in e-e peinliche Lage versetzen, verwirren; **2.** *j-n* behindern, *j-m* lästig sein; **3.** in Geldverlegenheit bringen; **4.** *et.* behindern, erschweren, komplizieren; **em'barrassed** [-st] *adj.* **1.** verlegen, peinlich berührt; **2.** ✝ in Geldverlegenheit; **em'bar·rass·ing** [-sɪŋ] *adj.* ☐ unangenehm, peinlich (***to*** *dat.*); **em'bar·rass·ment** [-mənt] *s.* **1.** Verlegenheit *f*; **2.** *bsd.* ⚕ Behinderung *f*, Störung *f*; **3.** Geldverlegenheit *f*.

em·bas·sy ['embəsɪ] *s.* **1.** Botschaft *f*: a) Botschaftsgebäude *n*, b) 'Botschaftsperso,nal *n*; **2.** diplo'matische Missi'on.

em·bat·tle [ɪm'bætl] *v/t.* **1.** ⚔ in Schlachtordnung aufstellen: ***~d*** kampfbereit (*a. fig.*); **2.** △ mit Zinnen versehen.

em·bed [ɪm'bed] *v/t.* **1.** (ein)betten, (ein)lagern, eingraben; **2.** *im Gedächtnis etc.* verankern.

em·bel·lish [ɪm'belɪʃ] *v/t.* **1.** verschöne(r)n, schmücken, verzieren; **2.** *fig. Erzählung etc.* ausschmücken; *die Wahrheit* beschönigen; **em'bel·lish·ment** [-mənt] *s.* **1.** Verschönerung *f*, Schmuck *m*; **2.** *fig.* a) Ausschmückung *f*, b) Beschönigung *f*.

em·ber[1] ['embə] *s.* **1.** *mst pl.* glühende Kohle *od.* Asche; **2.** *pl. fig.* letzte Funken *pl.*

em·ber[2] ['embə] *adj.*: ***~ days*** *eccl.* Quatember(fasten *n*) *pl.*

em·ber[3] ['embə] *s. orn. a.* ***~goose*** Eistaucher *m*.

em·bez·zle [ɪm'bezl] *v/t.* veruntreuen, unter'schlagen; **em'bez·zle·ment** [-mənt] *s.* Veruntreuung *f*, Unter'schlagung *f*; **em'bez·zler** [-lə] *s.* Veruntreuer(in).

em·bit·ter [ɪm'bɪtə] *v/t.* **1.** *j-n* verbittern; **2.** *et.* (noch) verschlimmern; **em'bit·ter·ment** [-mənt] *s.* **1.** Verbitterung *f*; **2.** Verschlimmerung *f*.

em·bla·zon [ɪm'bleɪzn] *v/t.* **1.** he'raldisch schmücken *od.* darstellen; **2.** schmükken; **3.** *fig.* feiern, verherrlichen, groß her'ausstellen; **4.** 'auspoˌsaunen; **em'bla·zon·ment** [-mənt] *s.* Wappenschmuck *m*; **em'bla·zon·ry** [-rɪ] *s.* **1.** Wappenmale'rei *f*; **2.** Wappenschmuck *m*.

em·blem ['embləm] *s.* **1.** Em'blem *n*, Sym'bol *n*: ***national ~*** Hoheitszeichen *n*; **2.** Kennzeichen *n*; **3.** *fig.* Verkörperung *f*; **em·blem·at·ic**, **em·blem·at·i·cal** [ˌemblɪ'mætɪk(l)] *adj.* ☐ sym'bolisch, sinnbildlich.

em·bod·i·ment [ɪm'bɒdɪmənt] *s.* **1.** Verkörperung *f*; **2.** Darstellung *f*; **3.** ⚙ Anwendungsform *f*; **4.** Einverleibung *f*; **em·bod·y** [ɪm'bɒdɪ] *v/t.* **1.** kon'krete Form geben (*dat.*); **2.** verkörpern, darstellen; **3.** aufnehmen (***in*** in *acc.*); **4.** um'fassen, in sich schließen.

em·bold·en [ɪm'bəʊldən] *v/t.* ermutigen.

em·bo·lism ['embəlɪzəm] *s.* ⚕ Embo'lie *f*.

em·bon·point [ˌɔ̃ːmbɔ̃ːm'pwæ̃ːŋ] (*Fr.*) *s.* Embon'point *m*, Beleibtheit *f*, ‚Bäuchlein' *n*.

em·bos·om [ɪm'bʊzəm] *v/t.* **1.** ans Herz drücken; **2.** *fig.* ins Herz schließen; **3.** *fig.* um'schließen.

em·boss [ɪm'bɒs] *v/t.* ⚙ **1.** a) bosseln, erhaben *od.* in Reli'ef ausarbeiten, prägen, b) (mit dem Hammer) treiben; **2.**

mit erhabener Arbeit schmücken; **3.** *Stoffe* gaufrieren; **em'bossed** [-st] *adj.* ⚙ a) erhaben gearbeitet, Relief..., getrieben, b) geprägt, gepreßt, c) gaufriert; **em'boss·ment** [-mənt] *s.* Reli'efarbeit *f.*

em·bou·chure [ˌɒmbʊ'ʃʊə] (*Fr.*) *s.* **1.** Mündung *f* (*Fluß*); **2.** ♪ a) Mundstück *n* (*Blasinstrument*), b) Ansatz *m.*

em·brace [ɪm'breɪs] **I** *v/t.* **1.** um'armen, in die Arme schließen; **2.** um'schließen, um'geben, um'klammern; *a. fig.* einschließen, um'fassen; **3.** erfassen, (in sich) aufnehmen; **4.** *Religion*, *Angebot* annehmen; *Beruf*, *Gelegenheit* ergreifen; *Hoffnung* hegen; **II** *v/i.* **5.** sich umarmen; **III** *s.* **6.** Um'armung *f.*

em·bra·sure [ɪm'breɪʒə] *s.* **1.** ⚠ Laibung *f*; **2.** ⚔ Schießscharte *f.*

em·bro·ca·tion [ˌembrəʊ'keɪʃn] *s.* ⚕ **1.** Einreibemittel *n*; **2.** Einreibung *f.*

em·broi·der [ɪm'brɔɪdə] *v/t.* **1.** *Muster* sticken; **2.** *Stoff* besticken, mit Sticke'rei verzieren; **3.** *fig. Bericht* ausschmücken, ‚garnieren'.

em·broi·der·y [ɪm'brɔɪdərɪ] *s.* **1.** Sticke'rei *f*: ***do ~*** sticken; **2.** *fig.* Ausschmükkung *f*; **~ cot·ton** *s.* Stickgarn *n*; **~ frame** *s.* Stickrahmen *m.*

em·broil [ɪm'brɔɪl] *v/t.* **1.** *j-n* verwickeln, hin'einziehen (***in*** in *acc.*); **2.** *j-n* in Kon'flikt bringen (***with*** mit); **3.** durchein'anderbringen, verwirren; **em'broil·ment** [-mənt] *s.* **1.** Verwicklung *f*; **2.** Verwirrung *f.*

em·bry·o ['embrɪəʊ] *pl.* **-os** *s. biol.* a) Embryo *m*, b) Fruchtkeim *m*: ***in ~*** *fig.* im Keim, im Entstehen, im Werden; **em·bry·on·ic** [ˌembrɪ'ɒnɪk] *adj.* **1.** Embryo..., embryo'nal; **2.** *fig.* (noch) unentwickelt, keimend, rudimen'tär.

em·bus [ɪm'bʌs] ⚔ **I** *v/t.* auf Kraftfahrzeuge verladen; **II** *v/i.* aufsitzen.

em·cee [em'si:] **I** *s.* Conférenci'er *m*; **II** *v/t.* (*u. v/i.*) als Conférencier leiten (fungieren).

e·mend [i:'mend] *v/t. Text* verbessern, korrigieren; **e·men·da·tion** [ˌi:men'deɪʃn] *s.* Verbesserung *f*, Korrek'tur *f*; **e·men·da·tor** ['i:mendeɪtə] *s.* (Text-) Verbesserer *m*; **e'mend·a·to·ry** [-dətərɪ] *adj.* (text)verbessernd.

em·er·ald ['emərəld] **I** *s.* **1.** Sma'ragd *m*; **2.** Sma'ragdgrün *n*; **3.** *typ.* In'sertie *f* (*e-e 6½-Punkt-Schrift*); **II** *adj.* **4.** sma'ragdgrün; **5.** mit Sma'ragden besetzt; ♀ **Isle** *s. die* Grüne Insel (*Irland*).

e·merge [ɪ'mɜ:dʒ] *v/i.* **1.** *allg.* auftauchen: a) an die (Wasser)Oberfläche kommen, b) *a. fig.* zum Vorschein kommen, sich zeigen, c) *fig.* sich erheben (*Frage*, *Problem*), d) *fig.* auftreten, in Erscheinung treten; **2.** her'vor-, her'auskommen (***from*** aus); **3.** sich her'ausstellen *od.* ergeben (*Tatsache*); **4.** (*als Sieger etc.*) her'vorgehen (***from*** aus); **5.** *fig.* aufstreben; **e'mer·gence** [-dʒəns] *s.* Auftauchen *n*, *fig. a.* Auftreten *n*, Entstehen *n.*

e·mer·gen·cy [ɪ'mɜ:dʒənsɪ] **I** *s.* Not(lage *f*, -fall *m*) *f*, kritische Lage, Krise *f*, unvorhergesehenes Ereignis, dringender Fall: ***in an ~***, ***in case of ~*** im Notfall, notfalls; ***state of ~*** Notstand *m*, *pol. a.* Ausnahmezustand *m*; **II** *adj.* Not..., Behelfs..., (Aus)Hilfs...; *pol.* Notstands..., Soforthilfe..., **~ brake** *s.* Not-, *mot.* Handbremse *f*; **~ call** *s. teleph.* Notruf *m*; **~ de·cree** *s.* Notverordnung *f*; **~ door**, **~ ex·it** *s.* Notausgang *m*; **~ hos·pi·tal** *s.* A'kutkrankenhaus *n*; **~ land·ing** *s.* ✈ Notlandung *f*; **~ laws** *s. pl. pol.* Notstandsgesetze *pl.*; **~ meet·ing** *s.* Dringlichkeitssitzung *f*; **~ num·ber** *s.* Notruf(nummer *f*) *m*; **~ pow·ers** *s. pl. pol.* Vollmachten *pl.* auf Grund e-s Notstandsgesetzes; **~ ra·tion** *s.* ⚔ eiserne Rati'on; **~ ser·vice** *s.* Notdienst *m*; **~ ward** *s.* Notaufnahme *f*, 'Unfallstatiˌon *f.*

e·mer·gent [ɪ'mɜ:dʒənt] *adj.* □ **1.** auftauchend (*a. fig.*); **2.** *fig.* (jung u.) aufstrebend (*Land*): ***~ country*** *a.* Schwellenland *n.*

e·mer·i·tus [i:'merɪtəs] *adj.* emeritiert: ***~ professor.***

em·er·y ['emərɪ] **I** *s. min.* Schmirgel *m*; **II** *v/t.* (ab)schmirgeln; **~ board** *s.* Sandblattnagelfeile *f*; **~ cloth** *s.* Schmirgelleinen *n*; **~ pa·per** *s.* 'Schmirgelpaˌpier *n*; **~ wheel** *s.* Schmirgelscheibe *f.*

e·met·ic [ɪ'metɪk] *pharm.* **I.** *adj.* e'metisch, Brechreiz erregend; **II** *s.* E'metikum *n*, Brechmittel *n* (*a. fig.*).

em·i·grant ['emɪgrənt] **I** *s.* Auswanderer *m*, Emi'grant(in); **II** *adj.* auswandernd, emigrierend, Auswanderungs...; **'em·i·grate** [-reɪt] *v/i.* emigrieren, auswandern; **em·i·gra·tion** [ˌemɪ'greɪʃn] *s.* Auswanderung *f*, Emigrati'on *f.*

em·i·nence ['emɪnəns] *s.* **1.** Erhöhung *f*, (An)Höhe *f*; **2.** hohe Stellung, (hoher) Rang, Würde *f*; **3.** Ansehen *n*, Berühmtheit *f*, Bedeutung *f*; **4.** bedeutende Per'sönlichkeit; **5.** ♀ *R.C.* Emi'nenz *f* (*Kardinal*).

é·mi·nence grise [ˌeɪmi:nɑ̃:ns'gri:z] (*Fr.*) *s. pol.* graue Emi'nenz.

em·i·nent ['emɪnənt] *adj.* □ **1.** her'vorragend, ausgezeichnet, berühmt; **2.** emi-

ˈnent, bedeutend, außergewöhnlich; **3.** → ***domain*** 3; ˈ**em·i·nent·ly** [-ntlɪ] *adv.* ganz besonders, in hohem Maße.

e·mir [eˈmɪə] *s.* Emir *m*; **eˈmir·ate** [-ɪərɪt] *s.* Emiˈrat *n* (*Würde od. Land e-s Emirs*).

em·is·sar·y [ˈemɪsərɪ] *s.* **1.** Abgesandte(r) *m*, Emisˈsär *m*; **2.** Geˈheimaˌgent *m*.

e·mis·sion [ɪˈmɪʃn] *s.* **1.** Ausstrahlung *f* (*von Licht etc.*), Ausstoß *m* (*von Rauch etc.*), Aus-, Verströmen *n*, *phys.* Emissiˈon *f*; **2.** *physiol.* Ausfluß *m*, (*bsd.* Samen)Erguß *m*; **3.** ✝ Ausgabe *f* (*von Banknoten*), *von Wertpapieren*: *a.* Emissiˈon *f*; **eˈmis·sive** [-ɪsɪv] *adj.* ausstrahlend; **e·mit** [ɪˈmɪt] *v/t.* **1.** *Lava, Rauch* ausstoßen, *Licht etc.* ausstrahlen, *Gas etc.* aus-, verströmen, *phys. Elektronen etc.* emittieren; **2.** a) *e-n Ton, a. e-e Meinung* von sich geben, b) *e-n Schrei etc.* ausstoßen; **3.** ✝ *Banknoten* ausgeben, *Wertpapiere a.* emittieren.

Em·my [ˈemɪ] *pl.* **-mys, -mies** *s. Am.* Emmy *m* (*Fernsehpreis*).

e·mol·li·ent [ɪˈmɒlɪənt] **I** *adj.* erweichend (*a. fig.*); **II** *s. pharm.* erweichendes Mittel, Weichmacher *m*.

e·mol·u·ment [ɪˈmɒljʊmənt] *s. mst pl.* Einkünfte *pl.*

e·mote [ɪˈməʊt] *v/i.* emotioˈnal reagieren, e-n Gefühlsausbruch erleiden *od.* (*thea.*) mimen.

e·mo·tion [ɪˈməʊʃn] *s.* **1.** Emotiˈon *f*, Gemütsbewegung *f*, (Gefühls)Regung *f*, Gefühl *n*; **2.** Gefühlswallung *f*, Erregung *f*, Leidenschaft *f*; **3.** Rührung *f*, Ergriffenheit *f*; **eˈmo·tion·al** [-ʃənl] *adj.* □ → ***emotionally***; **1.** emotioˈnal, emotioˈnell: a) gefühlsmäßig, -bedingt, b) Gefühls..., Gemüts..., seelisch, c) gefühlsbetont, empfindsam; **2.** gefühlvoll, rührselig; **3.** rührend, ergreifend; **eˈmo·tion·al·ism** [-ʃnəlɪzəm] *s.* **1.** Gefühlsbetontheit *f*, Empfindsamkeit *f*; **2.** Gefühlsduseˈlei; **3.** Gefühlsäußerung *f*; **eˈmo·tion·al·ist** [-ʃnəlɪst] *s.* Gefühlsmensch *m*; **e·mo·tion·al·i·ty** [ɪˌməʊʃəˈnælətɪ] *s.* Emotionaliˈtät *f*, emotioˈnale Verhaltensweise; **eˈmo·tion·al·ize** [-ʃnəlaɪz] **I** *v/t. j-n od. et.* emotionalisieren; **II** *v/i.* in Gefühlen schwelgen; **eˈmo·tion·al·ly** [-ʃnəlɪ] *adv.* gefühlsmäßig, seelisch, emotioˈnal, emotioˈnell: ~ ***disturbed*** seelisch gestört; **eˈmo·tion·less** [-lɪs] *adj.* ungerührt, gefühllos, kühl; **eˈmo·tive** [-əʊtɪv] *adj.* □ **1.** gefühlsbedingt, emoˈtiv; **2.** gefühlvoll; **3.** gefühlsbetont: ~ ***word*** Reizwort *n*.

em·pale → ***impale***.

em·pan·el [ɪmˈpænl] *v/t.* in die Liste (*bsd.* der Geschworenen) eintragen: ~ ***the jury*** *Am.* die Geschworenenliste aufstellen.

em·pa·thize [ˈempəθaɪz] *v/i.* Einfühlungsvermögen haben *od.* zeigen; sich einfühlen können (***with*** in *acc.*); ˈ**em·pa·thy** [-θɪ] *s.* Einfühlung(svermögen *n*) *f*, Empaˈthie *f*.

em·pen·nage [ɪmˈpenɪdʒ] *s.* ✈ Leitwerk *n*.

em·per·or [ˈempərə] *s.* Kaiser *m*; ~ **moth** *s. zo.* kleines Nachtpfauenauge.

em·pha·sis [ˈemfəsɪs] *s.* **1.** *ling.* Betonung *f*, Ton *m*, Akˈzent *m*; **2.** *fig.* Betonung *f*, Gewicht *n*, Nachdruck *m*, Schwerpunkt *m*: ***lay ~ on s.th.*** Gewicht *od.* Wert auf e-e Sache legen, et. hervorheben *od.* betonen; ***give ~ to*** → ˈ**em·pha·size** [-saɪz] *v/t.* (nachdrücklich) betonen (*a. ling.*), Nachdruck verleihen (*dat.*), herˈvorheben, unterˈstreichen; **em·phat·ic** [ɪmˈfætɪk] *adj.* (□ ~***ally***) nachdrücklich: a) betont, emˈphatisch, ausdrücklich, deutlich, b) bestimmt, (ganz) entschieden.

em·phy·se·ma [ˌemfɪˈsiːmə] *s.* ⚕ Emphyˈsem *n*.

em·pire [ˈempaɪə] **I** *s.* **1.** (Kaiser)Reich *n*: ***the British*** ♀ das Brit. Weltreich; ♀ ***Day*** *obs. brit. Staatsfeiertag* (*am 24. Mai, dem Geburtstag Königin Victorias*); ~ ***produce*** Erzeugnis *n* aus dem brit. Weltreich; **2.** ✝ *u. fig.* Imˈperium *n*: ***tobacco ~***; **3.** Herrschaft *f* (***over*** über *acc.*); **II** *adj.* **4.** Reichs...: ~ ***building*** a) Schaffung *f* e-s Weltreichs, b) *fig.* Schaffung e-s eigenen Imperiums *od.* e-r Hausmacht; **5.** Empire..., im Emˈpirestil: ~ ***furniture***.

em·pir·ic [emˈpɪrɪk] **I** *s.* **1.** Emˈpiriker (-in), **2.** *obs.* Kurpfuscher *m*; **II** *adj.* **3.** → **emˈpir·i·cal** [-kl] *adj.* □ emˈpirisch, erfahrungsmäßig, Erfahrungs...; **emˈpir·i·cism** [-ɪsɪzəm] *s.* **1.** Empiˈrismus *m*; **2.** *obs.* Kurpfuscheˈrei *f*; **emˈpir·i·cist** [-ɪsɪst] *s.* **1.** Emˈpiriker(in); **2.** *phls.* Empiˈrist(in).

em·place [ɪmˈpleɪs] *v/t.* ⚔ *Geschütz* in Stellung bringen; **emˈplace·ment** [-mənt] *s.* **1.** Aufstellung *f*; **2.** ⚔ a) Inˈstellungbringen *n*, b) Geschützstellung *f*, c) Bettung *f*.

em·plane [ɪmˈpleɪn] ✈ **I** *v/t. Passagiere* an Bord nehmen, *Waren a.* verladen (***for*** nach); **II** *v/i.* an Bord gehen.

em·ploy [ɪmˈplɔɪ] **I** *v/t.* **1.** *j-n* beschäftigen; an-, einstellen, einsetzen: ***be ~ed***

in doing s.th. damit beschäftigt sein, et. zu tun; **2.** an-, verwenden, gebrauchen; **II** *s.* **3.** a) → ***employment*** 1, b) Dienst(e *pl.*) *m*: ***be in s.o.'s ~*** in j-s Dienst(en) stehen, bei j-m angestellt *od.* beschäftigt sein; **em'ploy·a·ble** [-ɔɪəbl] *adj.* **1.** zu beschäftigen(d), anstellbar; **2.** arbeitsfähig; **3.** verwendbar; **em·ploy·é** [ɒm'plɔɪeɪ] *s.*, **em·ploy·ee** [ˌemplɔɪ'iː] *s.* Arbeitnehmer (-in), (*engS.* ***salaried ~***) Angestellte(r *m*) *f*: ***the ~s*** a) die Belegschaft *e-s Betriebs*, b) die Arbeitnehmer(schaft *f*) *pl*; **em'ploy·er** [-ɔɪə] *s.* **1.** Arbeitgeber(in), Unter'nehmer(in), Chef(in), Dienstherr(in): ***~'s contribution*** Arbeitgeberanteil *m*; ***~'s liability*** Unternehmerhaftpflicht *f*; ***~s' association*** Arbeitgeberverband *m*; **2.** † Auftraggeber(in).

em·ploy·ment [ɪm'plɔɪmənt] *s.* **1.** Beschäftigung *f* (*a. allg.*), Arbeit *f*, (An-) Stellung *f*, Arbeitsverhältnis *n*: ***in ~*** beschäftigt; ***out of ~*** stellen-, arbeitslos; ***full ~*** Vollbeschäftigung; **2.** Ein-, Anstellung *f*; **3.** Beruf *m*, Tätigkeit *f*, Geschäft *n*; **4.** Gebrauch *m*, Ver-, Anwendung *f*, Einsatz *m*; **~ a·gen·cy**, **~ bu·reau** *s.* 'Stellenvermittlung(sbüˌro *n*) *f*; **~ ex·change** *s. Brit. obs.* Arbeitsamt *n*; **~ mar·ket** *s.* Stellen-, Arbeitsmarkt *m*; **~ ser·vice a·gen·cy** *s. Brit.* Arbeitsamt *n*.

em·poi·son [ɪm'pɔɪzn] *v/t.* **1.** *bsd. fig.* vergiften; **2.** verbittern.

em·po·ri·um [em'pɔːrɪəm] *s.* **1.** a) Handelszentrum *n*, b) Markt *m* (*Stadt*); **2.** Warenhaus *n*.

em·pow·er [ɪm'paʊə] *v/t.* **1.** bevollmächtigen, ermächtigen (***to*** zu): ***be ~ed to*** befugt sein zu; **2.** befähigen (***to*** zu).

em·press ['emprɪs] *s.* Kaiserin *f*.

emp·ti·ness ['em*p*tɪnɪs] *s.* **1.** Leerheit *f*, Leere *f*; **2.** *fig.* Hohlheit *f*, Leere *f*.

emp·ty ['em*p*tɪ] **I** *adj.* **1.** leer: ***~ of*** *fig.* bar (*gen.*), ohne; ***~ of meaning*** nichtssagend; ***feel ~*** F ‚Kohldampf haben'; ***on an ~ stomach*** auf nüchternen Magen; **2.** leer(stehend), unbewohnt; **3.** leer, unbeladen; **4.** *fig.* leer, hohl, nichtssagend; **II** *v/t.* **5.** (aus-, ent)leeren; **6.** *Glas etc.* leeren, austrinken; **7.** *Haus etc.* räumen; **8.** leeren, gießen, schütten (***into*** in *acc.*); **9.** berauben (***of*** *gen.*); **10.** ***~ itself*** → 12; **III** *v/i.* **11.** sich leeren; **12.** sich ergießen, münden (***into the sea*** ins Meer); **IV** *s.* **13.** *pl.* † Leergut *n*; **ˌ~-'hand·ed** *adj.* mit leeren Händen; **ˌ~-'head·ed** *adj.* hohlköpfig.

e·mu ['iːmjuː] *s. orn.* Emu *m*.

em·u·late ['emjʊleɪt] *v/t.* wetteifern mit; nacheifern (*dat.*), es gleichtun wollen (*dat.*); **em·u·la·tion** [ˌemjʊ'leɪʃn] *s.* Wetteifer *m*; Nacheifern *n*.

e·mul·si·fy [ɪ'mʌlsɪfaɪ] *v/t.* emulgieren; **e'mul·sion** [-lʃn] *s.* ⚗, ⚕, *phot.* Emul'sion *f*.

en [en] *s. typ.* Halbgeviert *n*.

en·a·ble [ɪ'neɪbl] *v/t.* **1.** *j-n* befähigen, in den Stand setzen, es *j-m* ermöglichen *od.* möglich machen (***to do*** zu tun); **2.** *j-n* berechtigen, ermächtigen: ***Enabling Act*** Ermächtigungsgesetz *n*; **3.** *et.* möglich machen, ermöglichen: ***~ s.th. to be done*** es ermöglichen, daß et. geschieht; ***this ~s the housing to be detached*** dadurch kann das Gehäuse abgenommen werden.

en·act [ɪ'nækt] *v/t.* **1.** ⚖ a) *Gesetz* erlassen: ***~ing clause*** Einführungsklausel *f*, b) verfügen, verordnen, c) Gesetzeskraft verleihen (*dat.*); **2.** *thea.* a) *Stück* aufführen, inszenieren (*a. fig.*), b) *Person, Rolle* darstellen, spielen; **3.** ***be ~ed*** *fig.* stattfinden, über die Bühne *od.* vor sich gehen; **en·ac·tion** [ɪ'nækʃn], **en·act·ment** [ɪ'næktmənt] *s.* **1.** ⚖ a) Erlassen *n* (*Gesetz*), b) Erhebung *f* zum Gesetz, c) Verfügung *f*, Verordnung *f*, Erlaß *m*; **2.** *thea.* a) Inszenierung *f* (*a. fig.*), b) Darstellung *f* (*e-r Rolle*).

en·am·el [ɪ'næml] **I** *s.* **1.** E'mail(le *f*) *n*, Schmelzglas *n*; **2.** Gla'sur *f* (*auf Töpferwaren*); **3.** *a.* ***~ ware*** E'mailgeschirr *n*; **4.** Lack *m*; **5.** Nagellack *m*; **6.** E'mailmaleˌrei *f*; **7.** *anat.* Zahnschmelz *m*; **II** *v/t.* **8.** emaillieren: ***~(l)ing furnace*** Emaillierofen *m*; **9.** glasieren; **10.** lackieren; **11.** in E'mail malen; **en·am·el·(l)er** [ɪ'næmlə] *s.* Email'leur *m*, Schmelzarbeiter *m*.

en·am·o(u)r [ɪ'næmə] *v/t. mst pass.* verliebt machen: ***be ~ed of*** a) verliebt sein in (*acc.*), b) *fig.* sehr angetan sein von.

en bloc [ɑ̃ːŋ'blɒk] (*Fr.*) en bloc, im ganzen, als Ganzes.

en·cae·ni·a [en'siːnjə] *s.* Gründungs-, Stiftungsfest *n*.

en·cage [ɪn'keɪdʒ] *v/t.* (in e-n Käfig) einsperren, einschließen.

en·camp [ɪn'kæmp] **I** *v/i.* sein Lager aufschlagen, *bsd.* ⚔ lagern; **II** *v/t. bsd.* ⚔ lagern lassen: ***be ~ed*** lagern; **en'camp·ment** [-mənt] *s.* ⚔ **1.** (Feld)Lager *n*; **2.** Lagern *n*.

en·cap·su·late [ɪn'kæpsjʊleɪt] ein-, verkapseln; *fig.* kurz zs.-fassen.

en·case [ɪn'keɪs] *v/t.* **1.** einschließen; **2.** um'schließen, um'hüllen; **3.** ⚙ verkleiden, um'manteln.

en·cash [ɪn'kæʃ] *v/t. Brit. Scheck etc.* einlösen; **en'cash·ment** [-mənt] *s.* Einlösung *f.*

en·caus·tic [en'kɔːstɪk] *paint.* **I** *adj.* en'kaustisch, eingebrannt; **II** *s.* En'kaustik *f*; **~ tile** *s.* buntglasierte Kachel.

en·ce·phal·ic [ˌenke'fælɪk] *adj.* ⚕ Gehirn...; ˌ**en·ceph·a'li·tis** [-kefə'laɪtɪs] *s.* ⚕ Gehirnentzündung *f*, Enzepha'litis *f.*

en·chant [ɪn'tʃɑːnt] *v/t.* **1.** verzaubern: **~ed wood** Zauberwald *m*; **2.** *fig.* bezaubern, entzücken; **en'chant·er** [-tə] *s.* Zauberer *m*; **en'chant·ing** [-tɪŋ] *adj.* □ bezaubernd, entzückend; **en'chant·ment** [-mənt] *s.* **1.** Zauber *m*, Zaube'rei *f*; Verzauberung *f*; **2.** *fig.* a) Zauber *m*, b) Bezauberung *f*, c) Entzücken *n*; **en'chant·ress** [-trɪs] *s.* **1.** Zauberin *f*; **2.** *fig.* bezaubernde Frau.

en·chase [ɪn'tʃeɪs] *v/t.* **1.** *Edelstein* fassen; **2.** ziselieren: **~d work** getriebene Arbeit; **3.** (ein)gravieren.

en·ci·pher [ɪn'saɪfə] → **encode**.

en·cir·cle [ɪn'sɜːkl] *v/t.* **1.** um'geben, -'ringen; **2.** um'fassen, um'schlingen; **3.** einkreisen (*a. pol.*), um'zingeln, ⚔ *a.* einkesseln; **en'cir·cle·ment** [-mənt] *s.* Einkreisung *f* (*a. pol.*), Um'zingelung *f*, ⚔ *a.* Einkesselung *f.*

en·clasp [ɪn'klɑːsp] → **encircle** 2.

en·clave I *s.* ['enkleɪv] En'klave *f*; **II** *v/t.* [en'kleɪv] *Gebiet* einschließen, um'geben.

en·clit·ic [ɪn'klɪtɪk] *ling.* **I** *adj.* (□ **~ally**) en'klitisch; **II** *s.* enklitisches Wort, En'klitikon *n.*

en·close [ɪn'kləʊz] *v/t.* **1.** (**in**) einschließen, ⚙ *a.* einkapseln (in *dat. od. acc.*), um'geben (mit); **2.** um'ringen; **3.** um'fassen; **4.** *Land* einfried(ig)en, um'zäunen; **5.** beilegen, -fügen (**in a letter** e-m Brief); **en'closed** [-zd] *adj.* **1.** *a. adv.* an'bei, beiliegend, in der Anlage: **~ please find** in der Anlage erhalten Sie; **2.** ⚙ geschlossen, gekapselt: **~ motor**; **en'clo·sure** [-əʊʒə] *s.* **1.** Einschließung *f*; **2.** Einfried(ig)ung *f*, Um'zäunung *f*; **3.** eingehegtes Grundstück; **4.** Zaun *m*, Mauer *f*; **5.** Anlage *f* (*zu e-m Brief etc.*).

en·code [en'kəʊd] *v/t. Text* verschlüsseln, chiffrieren, kodieren.

en·co·mi·um [en'kəʊmjəm] *s.* Lobrede *f*, -lied *n*, Lobpreisung *f.*

en·com·pass [ɪn'kʌmpəs] *v/t.* **1.** um'geben (**with** mit); **2.** *fig.* um'fassen, einschließen; **3.** *fig. j-s Ruin etc.* her'beiführen.

en·core [ɒŋ'kɔː] (*Fr.*) **I** *int.* **1.** da 'capo!, noch einmal!; **II** *s.* **2.** Da'kapo(ruf *m*) *n*; **3.** a) Wieder'holung *f*, b) Zugabe *f*: **he got an ~** er mußte e-e Zugabe geben; **III** *v/t.* **4.** (durch Da'kaporufe) nochmals verlangen: **~ a song**; **5.** *j-n* um e-e Zugabe bitten; **IV** *v/i.* da 'capo rufen.

en·coun·ter [ɪn'kaʊntə] **I** *v/t.* **1.** *j-m od. e-r Sache* begegnen, *j-n od. et.* treffen, auf *j-n*, *a.* auf *Fehler*, *Widerstand*, *Schwierigkeiten etc.* stoßen; **2.** mit *j-m* (*feindlich*) zs.-stoßen *od.* anein'andergeraten; **3.** entgegentreten (*dat.*); **II** *v/i.* **4.** sich begegnen; **III** *s.* **5.** Begegnung *f*; **6.** Zs.-stoß *m* (*a. fig.*), Gefecht *n*; **7.** *psych.* Trainingsgruppensitzung *f*: **~ group** Trainingsgruppe *f.*

en·cour·age [ɪn'kʌrɪdʒ] *v/t.* **1.** *j-n* ermutigen, *j-m* Mut machen, *j-n* ermuntern (**to** zu); **2.** *j-n* anfeuern; **3.** *j-m* zureden; **4.** *j-n* unter'stützen, bestärken (**in** in *dat.*); **5.** *et.* fördern, unter'stützen, begünstigen; **en'cour·age·ment** [-mənt] *s.* **1.** Ermutigung *f*, Ermunterung *f*, Ansporn *m* (**to** für); **2.** Anfeuerung *f*; **3.** Unterstützung *f*, Bestärkung *f*; **4.** Förderung *f*, Begünstigung *f*; **en'cour·ag·ing** [-dʒɪŋ] *adj.* □ **1.** ermutigend; **2.** hoffnungsvoll, vielversprechend.

en·croach [ɪn'krəʊtʃ] *v/i.* **1.** (**on**, **upon**) unbefugt eindringen *od.* -greifen (in *acc.*), sich 'Übergriffe leisten (in, auf *acc.*), (*j-s Recht*) verletzen; **2.** (**on**, **upon**) über Gebühr beanspruchen, mißbrauchen; zu weit gehen; **3.** (**on**, **upon**) *et.* beeinträchtigen, schmälern; **en'croach·ment** [-mənt] *s.* **1.** (**on**, **upon**) Eingriff *m* (in *acc.*), 'Übergriff *m* (in, auf *acc.*), Verletzung *f* (*gen.*); **2.** Beeinträchtigung *f*, Schmälerung *f* (**on**, **upon** *gen.*); **3.** 'Übergreifen *n*, Vordringen *n.*

en·crust [ɪn'krʌst] **I** *v/t.* **1.** ver-, über'krusten; **2.** reich verzieren; **II** *v/i.* **3.** eine Kruste bilden; ˌ**en·crus'ta·tion** *s.* **1.** Krustenbildung *f*; **2.** reiche Verzierung.

en·cum·ber [ɪn'kʌmbə] *v/t.* **1.** belasten (*a. Grundstück etc.*): **~ed with mortgages** hypothekarisch belastet; **~ed with debts** (völlig) verschuldet; **2.** (be)hindern; **3.** *Räume* vollstopfen, über'laden; **en'cum·brance** [-brəns] *s.* **1.** Last *f*, Belastung *f*; **2.** Hindernis *n*, Behinderung *f*; **3.** ⚖ (Grundstücks)Belastung *f*, Hypo'theken-, Schuldenlast *f*; **4.** (Fa'milien)Anhang *m*, *bsd.* Kinder *pl.*: **without ~(s)**; **en'cum·branc·er** [-brənsə] *s.* ⚖ Hypo'thekengläubiger (-in).

en·cy·clic, **en·cy·cli·cal** [en'sɪklɪk(l)] **I**

adj. ☐ en'zyklisch; **II** *s. eccl.* (päpstliche) En'zyklika.

en·cy·clo·p(a)e·di·a [enˌsaɪkləʊ'piːdjə] *s.* Enzyklopä'die *f*; **enˌcy·clo'p(a)e·dic, enˌcy·clo'p(a)e·di·cal** [-dɪk(l)] *adj.* enzyklo'pädisch, um'fassend.

en·cyst [en'sɪst] *v/t.* ⚕, *zo.* ein-, verkapseln; **en'cyst·ment** [-mənt] *s.* ⚕, *zo.* Ein-, Verkapselung *f.*

end [end] **I** *s.* **1.** (*örtlich*) Ende *n*: ***begin at the wrong ~*** falsch herum anfangen; ***from one ~ to another, from ~ to ~*** von Anfang bis (zum) Ende; ***at the ~ of the letter*** am Ende *od.* Schluß des Briefes; ***no ~ of*** a) unendlich, unzählig, b) sehr viel(e); ***no ~ of trouble*** endlose Mühe *od.* Scherereien; ***no ~ of a fool*** F Vollidiot *m*; ***no ~ disappointed*** F maßlos enttäuscht; ***he thinks no ~ of himself*** er ist grenzenlos eingebildet; ***on ~*** a) ununterbrochen, b) aufrecht, hochkant; ***for hours on ~*** stundenlang; ***stand s.th. on ~*** et. hochkant stellen; ***my hair stood on ~*** mir standen die Haare zu Berge; ***at our*** (*od.* ***this***) ***~*** F bei uns, hier; ***be at an ~*** a) zu Ende sein, aussein, b) mit s-n Mitteln *od.* Kräften am Ende sein; ***at a loose ~*** a) müßig, b) ohne feste Bindung, c) verwirrt; ***there's an ~ of it!*** Schluß damit!, basta!; ***there's an ~ to everything*** alles hat mal ein Ende; ***come to an ~*** ein Ende nehmen, zu Ende gehen; ***come to a bad ~*** ein schlimmes Ende nehmen; ***go*** (***in***) ***off the deep ~*** F außer sich geraten, ‚hochgehen'; ***keep one's ~ up*** a) s-n Mann stehen, b) sich nicht unterkriegen lassen; ***make both ~s meet*** *finanziell* über die Runden kommen; ***make an ~ of*** (*od.* ***put an ~ to***) ***s.th.*** Schluß machen mit et., e-r Sache ein Ende setzen; ***put an ~ to o.s.*** s-m Leben ein Ende machen; ***he is the*** (***absolute***) ***~!*** F a) er ist das ‚Letzte'!, b) er ist ‚zum Brüllen'!; ***it's the ~*** F a) das ist das ‚Letzte', b) es ist ‚sagenhaft'; **2.** (äußerstes) Ende, *mst* entfernte Gegend: ***the other ~ of the street*** das andere Ende der Straße; ***the ~ of the road*** *fig.* das Ende; ***to the ~s of the earth*** bis ans Ende der Welt; **3.** ⚙ Spitze *f*, Kopf(ende *n*) *m*, Stirnseite *f*: ***~ to ~*** der Länge nach; ***~ on*** mit dem Ende *od.* der Spitze voran; **4.** (*zeitlich*) Ende *n*, Schluß *m*: ***in the ~*** am Ende, schließlich; ***at the ~ of May*** Ende Mai; ***to the bitter ~*** bis zum bitteren Ende; ***to the ~ of time*** bis in alle Ewigkeit; ***without ~*** unaufhörlich; ***no ~ in sight*** kein Ende abzusehen; **5.** Tod *m*, Ende *n*, 'Untergang *m*: ***near one's ~*** dem Tode nahe; ***the ~ of the world*** das Ende der Welt; ***you'll be the ~ of me!*** du bringst mich noch ins Grab!; **6.** Rest *m*, Endchen *n*, Stück(chen) *n*, Stummel *m*, Stumpf *m*: ***the ~ of a pencil***; **7.** ⚓ Kabel-, Tauende *n*; **8.** Folge *f*, Ergebnis *n*: ***the ~ of the matter was that*** die Folge (davon) war, daß; **9.** Ziel *n*, (End)Zweck *m*, Absicht *f*: ***to this ~*** zu diesem Zweck; ***to no ~*** vergebens; ***gain one's ~s*** s-n Zweck erreichen; ***for one's own ~*** zum eigenen Nutzen; ***private ~s*** Privatinteressen; ***the ~ justifies the means*** der Zweck heiligt die Mittel; **II** *v/t.* **10.** *a.* ***~ off*** beend(ig)en, zu Ende führen; *e-r Sache* ein Ende machen: ***~ it all*** F ‚Schluß machen' (*sich umbringen*); ***the dictionary to ~ all dictionaries*** das beste Wörterbuch aller Zeiten; **11.** a) *a.* ***~ up*** *et.* ab-, beschließen, b) *den Rest s-r Tage* verbringen, *s-e Tage* beschließen; **III** *v/i.* **12.** *a.* ***~ off*** enden, aufhören, schließen: ***all's well that ~s well*** Ende gut, alles gut; **13.** *a.* ***~ up*** enden, ausgehen (***by, in, with*** damit, daß): ***~ happily*** gut ausgehen; ***he ~ed by boring me*** schließlich langweilte er mich; ***~ in disaster*** mit e-m Fiasko enden; **14.** sterben; **15.** ***~ up*** a) enden, ‚landen' (***in prison*** im Gefängnis), b) enden (***as*** als): ***he ~ed up as an actor*** er wurde schließlich Schauspieler.

'end-all → ***be-all***.

en·dan·ger [ɪn'deɪndʒə] *v/t.* gefährden, in Gefahr bringen.

en·dear [ɪn'dɪə] *v/t.* beliebt machen (***to*** bei *j-m*): ***~ o.s. to s.o.*** a) j-s Zuneigung gewinnen, b) sich bei j-m lieb Kind machen; **en'dear·ing** [-ɪərɪŋ] *adj.* ☐ lieb, gewinnend; liebenswert; **en'dear·ment** [-mənt] *s.*: (***term of***) ***~*** Kosewort *n*, -name *m*; ***words of ~*** liebe *od.* zärtliche Worte.

en·deav·o(u)r [ɪn'devə] **I** *v/i.* (***after***) sich bemühen (um), streben (nach); **II** *v/t.* (ver)suchen, bemüht *od.* bestrebt sein (***to do s.th.*** et. zu tun); **III** *s.* Bemühung *f*, Bestreben *n*, Anstrengung *f*: ***to make every ~*** sich nach Kräften bemühen.

en·dem·ic [en'demɪk] **I** *adj.* (☐ ***~ally***) **1.** en'demisch: a) (ein)heimisch, b) ⚕ örtlich begrenzt (auftretend), c) *zo.*, ⚘ *in e-m bestimmten Gebiet verbreitet*; **II** *s.* **2.** ⚕ en'demische Krankheit; **3.** a) *zo.* en'demisches Tier, b) en'demische Pflanze.

end game *s.* **1.** Schlußphase *f* (*e-s Spiels*); **2.** *Schach*: Endspiel *n*.

end·ing ['endɪŋ] *s.* **1.** Ende *n*, (Ab-)Schluß *m*: ***happy ~*** glückliches Ende, Happy-End *n*; **2.** *ling.* Endung *f*; **3.** *fig.* Ende *n*, Tod *m*.

en·dive ['endɪv] *s.* ⚘ ('Winter)En,divie *f*.

end·less ['endlɪs] *adj.* □ **1.** endlos, ohne Ende, un'endlich; **2.** ewig, unauf'hörlich; **3.** unendlich lang; **4.** ⚙ endlos: ***~ belt*** endloses Band; ***~ chain*** endlose Kette, Raupenkette *f*, Paternosterwerk *n*; ***~ paper*** Endlos-, Rollenpapier *n*; ***~ screw*** Schraube *f* ohne Ende, Schnecke *f*; **'end·less·ness** [-nɪs] *s.* Un'endlichkeit *f*, Endlosigkeit *f*.

en·do·car·di·tis [ˌendəʊkɑː'daɪtɪs] *s.* ⚕ Herzinnenhautentzündung *f*, Endokar'ditis *f*; **en·do·car·di·um** [ˌendəʊ'kɑːdɪəm] *s. anat.* innere Herzhaut, Endo'kard *n*; **en·do·carp** ['endəʊkɑːp] *s.* ⚘ Endo'karp *n* (*innere Fruchthaut*); **en·do·crane** ['endəʊkreɪn] *s. anat.* Schädelinnenfläche *f*, Endo'kranium *n*; **en·do·crine** ['endəʊkraɪn] *adj.* endo'krin, mit innerer Sekreti'on: ***~ glands***; **en·dog·a·my** [en'dɒgəmɪ] *s. sociol.* Endoga'mie *f*; **en·dog·e·nous** [en'dɒdʒɪnəs] *adj. bsd.* ⚘ endo'gen; **en·do·par·a·site** [ˌendəʊ'pærəsaɪt] *s. zo.* Endopara'sit *m*; **en·do·plasm** ['endəʊplæzəm] *s. biol.* innere Proto'plasmaschicht, Endo'plasma *n*.

en·dorse [ɪn'dɔːs] *v/t.* **1.** a) *Dokument* auf der Rückseite beschreiben, b) e-n Vermerk *od.* Zusatz machen auf (*dat.*), c) *bsd. Brit.* e-e Strafe vermerken auf (*e-m Führerschein*); **2.** ⚖ a) *Scheck etc.* indossieren, girieren, b) *a.* ***~ over*** über'tragen, -'weisen (***to*** *j-m*), c) *e-e Zahlung* auf der Rückseite des Schecks *etc.* bestätigen; **3.** a) *e-n Plan etc.* billigen, gutheißen, b) sich *e-r Ansicht etc.* anschließen: ***~ s.o.'s opinion*** j-m beipflichten; **en·dor·see** [ˌendɔː'siː] *s.* ⚖ Indos'sat *m*, Indossa'tar *m*; Gi'rat *m*; **en'dorse·ment** [-mənt] *s.* **1.** Vermerk *m od.* Zusatz *m* (*auf der Rückseite von Dokumenten*); **2.** ⚖ a) Indossa'ment *n*, Giro *n*, b) Über'tragung *f*: ***~ in blank*** Blankogiro; ***~ in full*** Vollgiro; **3.** *fig.* Billigung *f*, Unter'stützung *f*; **en'dors·er** [-sə] *s.* ⚖ Indos'sant *m*, Gi'rant *m*: ***preceding ~*** Vormann *m*.

en·dow [ɪn'daʊ] *v/t.* **1.** dotieren, e-e Stiftung machen (*dat.*); **2.** *et.* stiften: ***~ s.o. with s.th.*** j-m et. stiften; **3.** *fig.* ausstatten (***with*** mit *e-m Talent etc.*); **en'dowed** [-aʊd] *adj.* **1.** gestiftet: ***well-~*** wohlhabend; ***~ school*** mit Stiftungsgeldern finanzierte Schule; **2.** ***~ with*** *fig.* ausgestattet mit: ***~ with many talents***; ***she is well ~*** *humor.* sie ist von der Natur reichlich ausgestattet; **en'dow·ment** [-mənt] *s.* **1.** a) Stiftung *f*, b) *pl.* Stiftungsgeld *n*: ***~ insurance*** (*Brit.* ***assurance***) ⚖ Versicherung *f* auf den Todes- u. Erlebensfall; **2.** *fig.* Begabung *f*, Ta'lent *n*, *mst pl.* (körperliche *od.* geistige) Vorzüge *pl.*

end| **pa·per** *s.* Vorsatzblatt *n*; **~ prod·uct** *s.* ⚖ *u. fig.* 'Endpro,dukt *n*; **~ rhyme** *s.* Endreim *m*.

en·dur·a·ble [ɪn'djʊərəbl] *adj.* □ erträglich, leidlich.

en·dur·ance [ɪn'djʊərəns] **I** *s.* **1.** Dauer *f*; **2.** Dauerhaftigkeit *f*; **3.** a) Ertragen *n*, Aushalten *n*, Erdulden *n*, b) Ausdauer *f*, Geduld *f*, Standhaftigkeit *f*: ***beyond*** (*od.* ***past***) ***~*** unerträglich, nicht auszuhalten(d); **4.** ⚙ Dauerleistung *f*; Lebensdauer *f*; **II** *adj.* **5.** Dauer…; **~ flight** *s.* ✈ Dauerflug *m*; **~ limit** *s.* ⚙ Belastungsgrenze *f*; **~ run** *s.* Dauerlauf *m*; **~ test** *s.* ⚙ Belastungs-, Ermüdungsprobe *f*.

en·dure [ɪn'djʊə] **I** *v/i.* **1.** an-, fortdauern; **2.** 'durchhalten; **II** *v/t.* **3.** aushalten, ertragen, erdulden, 'durchmachen: ***not to be ~d*** unerträglich; **4.** *fig.* (*nur neg.*) ausstehen, leiden: ***I cannot ~ him***; **en'dur·ing** [-ərɪŋ] *adj.* □ an-, fortdauernd, bleibend.

'end·ways [-weɪz], **'end·wise** [-waɪz] *adv.* **1.** mit dem Ende nach vorn *od.* oben; **2.** aufrecht; **3.** der Länge nach.

en·e·ma ['enɪmə] *s.* ⚕ **1.** Kli'stier *n*, Einlauf *m*; **2.** Kli'stierspritze *f*.

en·e·my ['ənəmɪ] **I** *s.* **1.** ⚔ Feind *m*; **2.** Gegner *m*, Feind *m*: ***the Old ∼*** *bibl.* der Teufel, der böse Feind; ***be one's own*** (***worst***) ***~*** sich selbst (am meisten) schaden *od.* im Wege stehen; ***make an ~ of s.o.*** sich j-n zum Feind machen; ***she made no enemies*** sie machte sich keine Feinde; **II** *adj.* **3.** feindlich, Feind…: ***~ action*** Feind-, Kriegseinwirkung *f*; ***~ alien*** feindlicher Ausländer; ***~ country*** Feindesland *n*; ***~ property*** ⚖ Feindvermögen *n*.

en·er·get·ic [ˌenə'dʒetɪk] **I** *adj.* (□ ***~ally***) **1.** e'nergisch: a) tatkräftig, b) nachdrücklich; **2.** (sehr) wirksam; **3.** *phys.* ener'getisch; **II** *s. pl. sg. konstr.* **4.** *phys.* Ener'getik *f*; **en·er·gize** ['enədʒaɪz] **I** *v/t.* **1.** *et.* kräftigen, Ener'gie verleihen (*dat.*); *j-n* anspornen; **2.** ⚡, ⚙, *phys.* erregen: ***~d*** ⚡ unter Spannung (stehend); **II** *v/i.* **3.** energisch handeln.

en·er·gu·men [ˌenɜː'gjuːmen] *s.* Enthusi'ast(in), Fa'natiker(in).

en·er·gy ['enədʒɪ] *s.* **1.** Ener'gie *f*: a)

Kraft *f*, Nachdruck *m*, b) Tatkraft *f*; **2.** Wirksamkeit *f*, 'Durchschlagskraft *f*; **3.** ⚗, *phys.* Ener'gie *f*, Kraft *f*, Leistung *f*: **~ crisis** Energiekrise *f*; **~-saving** energiesparend.

en·er·vate ['enɜːveɪt] *v/t.* a) entnerven, b) entkräften, schwächen (*alle a. fig.*); **en·er·va·tion** [ˌenɜː'veɪʃn] *s.* **1.** Entnervung; **2.** Entkräftung *f*, Schwächung *f*; **3.** Schwäche *f*.

en·fee·ble [ɪn'fiːbl] *v/t.* schwächen.

en·feoff [ɪn'fef] *v/t. hist.* belehnen (**with** mit); **en'feoff·ment** [-mənt] *s.* **1.** Belehnung *f*; **2.** Lehnsbrief *m*; **3.** Lehen *n*.

en·fi·lade [ˌenfɪ'leɪd] ⚔ **I** *s.* Flankenfeuer *n*; **II** *v/t.* (mit Flankenfeuer) bestreichen.

en·fold [ɪn'fəʊld] *v/t.* **1.** *a. fig.* einhüllen (**in** in *acc.*), um'hüllen (**with** mit); **2.** um'fassen, -'armen; **3.** falten.

en·force [ɪn'fɔːs] *v/t.* **1.** a) (mit Nachdruck) geltend machen: **~ an argument**, b) Geltung verschaffen (*dat.*), *Gesetz etc.* 'durchführen, c) ✝ *Forderungen* (gerichtlich) geltend machen, *Schuld* beitreiben, d) ⚖ Urteil voll'strecken: **~ a contract** (s-e) Rechte aus e-m Vertrag geltend machen; **2.** (**on**, **upon**) *et.* 'durchsetzen (bei *j-m*); *Gehorsam etc.* erzwingen (von *j-m*); **3.** (**on**, **upon** *dat.*) aufzwingen, auferlegen; **en'force·a·ble** [-səbl] *adj.* 'durchsetz-, erzwingbar; ⚖ voll'streckbar, beitreibbar; (ein)klagbar; **en'forced** [-st] *adj.* □ erzwungen, aufgezwungen: **~ sale** Zwangsverkauf *m*; **en'for·ced·ly** [-sɪdlɪ] *adv.* **1.** notgedrungen; **2.** zwangsweise, gezwungenermaßen; **en'force·ment** [-mənt] *s.* **1.** Erzwingung *f*, 'Durchsetzung *f*; **2.** a) ✝ (gerichtliche) Geltendmachung, b) ⚖ Voll'streckung *f*, Voll'zug *m*: **~ officer** Vollzugsbeamte(r) *m*.

en·frame [ɪn'freɪm] *v/t.* einrahmen.

en·fran·chise [ɪn'fræntʃaɪz] *v/t.* **1.** *j-m* die Bürgerrechte *od.* das Wahlrecht verleihen: **be ~d** das Wahlrecht erhalten; **2.** *e-r Stadt* po'litische Rechte gewähren; **3.** *Brit. e-m Ort* Vertretung im 'Unterhaus verleihen; **4.** *Sklaven* freilassen; **5.** befreien (**from** von); **en'fran·chise·ment** [-tʃɪzmənt] *s.* **1.** Verleihung *f* der Bürgerrechte *od.* des Wahlrechts; **2.** Gewährung *f* po'litischer Rechte; **3.** Freilassung *f*, Befreiung *f*.

en·gage [ɪn'geɪdʒ] **I** *v/t.* **1.** (**o.s.** sich) (*vertraglich etc.*) verpflichten *od.* binden (**to do s.th.** et. zu tun); **2. become** (*od.* **get**) **~d** sich verloben (**to** mit); **3.** *j-n* an-, einstellen, *Künstler etc.* engagieren; **4.** a) *et.* mieten, *Zimmer* belegen, nehmen, b) *Platz etc.* (vor)bestellen, belegen; **5.** *j-n*, *j-s Kräfte etc.* in Anspruch nehmen, *j-n* fesseln: **~ s.o. in conversation** j-n ins Gespräch ziehen; **~ s.o.'s attention** j-s Aufmerksamkeit auf sich lenken *od.* in Anspruch nehmen; **6.** ⚔ a) *Truppen* einsetzen, b) *Feind* angreifen, *Feindkräfte* binden; **7.** ⚙ einrasten lassen; *Kupplung etc.* einrücken, *e-n Gang* einlegen, -schalten; **II** *v/i.* **8.** sich verpflichten, es über'nehmen (**to do s.th.** et. zu tun); **9.** Gewähr leisten, garantieren, sich verbürgen (**that** daß); **10.** ⚔ angreifen, den Kampf beginnen; **~ in** sich beschäftigen *od.* befassen *od.* abgeben mit; **11. ~ in** sich beteiligen an (*dat.*), sich einlassen in *od.* auf (*acc.*); **12.** ⚙ inein'andergreifen, einrasten; **en'gaged** [-dʒd] *adj.* **1.** verpflichtet; **2.** *a.* **~ to be married** verlobt (**to** mit); **3.** beschäftigt, nicht abkömmlich, ‚besetzt': **are you ~?** sind Sie frei?; **be ~ in** (*od.* **on**) beschäftigt sein mit, arbeiten an (*dat.*); **deeply ~ in conversation** in ein Gespräch vertieft; **my time is fully ~** ich bin zeitlich völlig ausgelastet; **4.** *teleph. Brit.* besetzt: **~ tone** *od.* **signal** Besetztzeichen *n*; **5.** ⚙ eingerückt, im Eingriff (stehend); **en'gage·ment** [-mənt] *s.* **1.** (*vertragliche etc.*) Verpflichtung *f*: **without ~** unverbindlich, ✝ *a.* freibleibend; **be under an ~ to s.o.** j-m (gegenüber) verpflichtet sein; **~s** ✝ Zahlungsverpflichtungen *pl.*; **2.** Verabredung *f*: **~ diary** Terminkalender *m*; **3.** Verlobung *f* (**to** mit): **~ ring** Verlobungsring *m*; **4.** (An)Stellung *f*, Stelle *f*, Posten *m*; **5.** *thea.* Engage'ment *n*; **6.** Beschäftigung *f*, Tätigkeit *f*; **7.** ⚔ Kampf(handlung *f*) *m*, Gefecht *n*; **8.** ⚙ Eingriff *m*; **en'gag·ing** [-dʒɪŋ] *adj.* □ **1.** einnehmend, gewinnend; **2.** ⚙ Ein- u. Ausrück...: **~ gear**.

en·gen·der [ɪn'dʒendə] *v/t. fig.* erzeugen, her'vorbringen, -rufen.

en·gine ['endʒɪn] **I** *s.* **1.** a) *allg.* Ma'schine *f*, b) Motor *m*, c) 🚂 Lokomo'tive *f*; **2.** ⚙ Holländer *m*, Stoffmühle *f*; **3.** Feuerspritze *f*; **II** *v/t.* **4.** mit Ma'schinen *od.* Mo'toren *od.* e-m Motor versehen; **~ block** *s.* Motorblock *m*; **~ build·er** *s.* Ma'schinenbauer *m*; **~ driv·er** *s.* Lokomo'tivführer *m*.

en·gi·neer [ˌendʒɪ'nɪə] **I** *s.* **1.** a) Ingeni'eur *m*, b) Techniker *m*, c) Me'chaniker *m*: **~s** *teleph.* Stördienst *m*; **2.** *a.* **mechanical ~** Ma'schinenbauer *m*, -ingeniˌeur *m*; **3.** *a.* ⚓ Maschi'nist *m*; **4.**

Am. Lokomo'tivführer *m*; **5.** ⚔ Pio'nier *m*; **II** *v/t.* **6.** *Straßen*, *Brücken etc.* bauen, anlegen, konstruieren, errichten; **7.** *fig. geschickt* in die Wege leiten, ‚organisieren', ‚einfädeln', ‚deichseln'; **III** *v/i.* **8.** als Ingeni'eur tätig sein; ˌ**en·gi'neer·ing** [-ɪərɪŋ] *s.* **1.** Technik *f*, *engS.* Ingeni'eurwesen *n*; (*a.* ***mechanical*** **~**) Ma'schinen- u. Gerätebau *m*: **~** ***department*** technische Abteilung, Konstruktionsbüro *n*; **~** ***sciences*** technische Wissenschaften; **~** ***standards committee*** Fachnormenausschuß *m*; **~** ***works*** Maschinenfabrik *f*; **2.** ***social*** **~** angewandte Sozialwissenschaft; **3.** ⚔ Pio'nierwesen *n*.

en·gine| fit·ter *s.* Ma'schinenschlosser *m*, Mon'teur *m*; **~ lathe** *s.* ⚙ Leitspindeldrehbank *f*; '**~·man** [-mən] *s.* [*irr.*] **1.** Maschi'nist *m*; **2.** Lokomo'tivführer *m*; **~ room** *s.* Ma'schinenraum *m*.

en·gird [ɪn'gɜːd], **en'gir·dle** [-dl] *v/t.* um'gürten, -'geben, -'schließen.

Eng·land·er ['ɪŋgləndə] *s.* Engländer *m*: ***Little*** **~** *pol. hist.* Gegner der imperialistischen Politik.

Eng·lish ['ɪŋglɪʃ] **I** *adj.* **1.** englisch: **~** ***disease***, **~** ***sickness*** ✝ ‚englische Krankheit'; **~** ***flute*** ♪ Blockflöte *f*; **~** ***studies*** *pl.* Anglistik *f*; **II** *s.* **2.** ***the*** **~** die Engländer; **3.** *ling.* Englisch *n*, das Englische: **~ ~** britisches Englisch; ***in*** **~** auf englisch, im Englischen; ***into*** **~** ins Englische; ***from*** (***the***) **~** aus dem Englischen, ***the King's*** (*od.* ***Queen's***) **~** gutes, reines Englisch; ***in plain*** **~** *fig.* ‚auf gut Deutsch', ‚im Klartext'; **4.** *typ.* Mittel *f* (*Schriftgrad*); **Eng·lish·ism** ['ɪŋlɪʃɪzəm] *s. bsd. Am.* **1.** *ling.* Briti'zismus *m*; **2.** englische Eigenart; **3.** Anglophi'lie *f*; '**Eng·lish·man** [-mən] *s.* [*irr.*] Engländer *m*; '**Eng·lishˌwom·an** *s.* [*irr.*] Engländerin *f*.

en·gorge [ɪn'gɔːdʒ] *v/t.* **1.** gierig verschlingen; **2.** ⚕ *Gefäß etc.* anschoppen: **~*d kidney*** Stauungsniere *f*.

en·graft [ɪn'grɑːft] *v/t.* **1.** (auf)pfropfen (***into*** in *acc.*, ***upon*** auf *acc.*); **2.** *fig.* a) einfügen, b) verankern (***into*** in *dat.*).

en·grained [ɪn'greɪnd] *adj. fig.* **1.** eingefleischt, unverbesserlich; **2.** eingewurzelt.

en·gram [ɪn'græm] *s. biol.*, *psych.* En'gramm *n*.

en·grave [ɪn'greɪv] *v/t.* **1.** (ein)gravieren, (ein)meißeln, *in Holz*: (ein)schnitzen, einschneiden (***on*** in, auf *acc.*); **2.** ***it is*** **~*d*** (***up***)***on his memory*** (*od.* ***mind***) *fig.* es hat sich ihm tief eingeprägt; **en'grav·er** [-və] *s.* Gra'veur *m*, (Kunst-)Stecher *m*: **~** (***on copper***) Kupferstecher *m*; **en'grav·ing** [-vɪŋ] *s.* **1.** Gravieren *n*, Gravierkunst *f*; **2.** (Kupfer-, Stahl)Stich *m*; Holzschnitt *m*.

en·gross [ɪn'grəʊs] *v/t.* **1.** ⚖ a) *Urkunde* ausfertigen, b) e-e Reinschrift anfertigen von, c) in gesetzlicher *od.* rechtsgültiger Form ausdrücken, d) *parl. e-m Gesetzentwurf* die endgültige Fassung geben; **2.** ✝ a) *Ware* spekula'tiv aufkaufen, b) *den Markt* monopolisieren; **3.** *fig. j-s Aufmerksamkeit etc.* (ganz) in Anspruch nehmen; *et.* an sich reißen; **en'grossed** [-st] *adj.* vertieft, versunken (***in*** in *acc.*); **en'gross·ing** [-sɪŋ] *adj.* **1.** fesselnd, spannend; **2.** voll in Anspruch nehmend; **en'gross·ment** [-mənt] *s.* **1.** ⚖ Ausfertigung *f*, Reinschrift *f e-r Urkunde*; **2.** ✝ a) (spekula'tiver) Aufkauf, b) Monopolisierung *f*; **3.** Inanspruchnahme *f* (***of***, ***with*** durch).

en·gulf [ɪn'gʌlf] *v/t.* **1.** über'fluten; **2.** verschlingen (*a. fig.*).

en·hance [ɪn'hɑːns] *v/t.* **1.** erhöhen, vergrößern, steigern, heben; **2.** *et.* (vorteilhaft) zur Geltung bringen; **en'hance·ment** [-mənt] *s.* Steigerung *f*, Erhöhung *f*, Vergrößerung *f*.

e·nig·ma [ɪ'nɪgmə] *s.* Rätsel *n* (*a. fig.*); **e·nig·mat·ic**, **e·nig·mat·i·cal** [ˌenɪg'mætɪk(l)] *adj.* ☐ rätselhaft, dunkel; **e'nig·ma·tize** [-ətaɪz] **I** *v/i.* in Rätseln sprechen; **II** *v/t. et.* in Dunkel hüllen, verschleiern.

en·join [ɪn'dʒɔɪn] *v/t.* **1.** *et.* auferlegen, vorschreiben (***on s.o.*** j-m); **2.** *j-m* befehlen, einschärfen, *j-n* (eindringlich) mahnen (***to do*** zu tun); **3.** bestimmen, Anweisung(en) erteilen (***that*** daß); **4.** ⚖ unter'sagen (***s.th. on s.o.*** j-m et.; ***s.o. from doing s.th.*** j-m, et. zu tun).

en·joy [ɪn'dʒɔɪ] *v/t.* **1.** Vergnügen *od.* Gefallen finden *od.* Freude haben an (*dat.*), sich erfreuen an (*dat.*): ***I*** **~** ***dancing*** ich tanze gern, Tanzen macht mir Spaß; ***did you*** **~** ***the play?*** hat dir das (Theater)Stück gefallen?; **~** ***o.s.*** sich amüsieren *od.* gut unterhalten; ***did you*** **~** ***yourself in London?*** hat es dir in London gefallen?; **~** ***yourself!*** viel Spaß!; **2.** genießen, sich *et.* schmecken lassen: ***I*** **~** ***my food*** das Essen schmeckt mir; **3.** sich *e-s Besitzes* erfreuen, *et.* haben, besitzen, genießen; erleben: **~** ***good health*** sich e-r guten Gesundheit erfreuen; **~** ***a right*** ein Recht genießen *od.* haben; **en'joy·a·ble** [-ɔɪəbl] *adj.* ☐ **1.** brauch-, genießbar; **2.** angenehm, erfreulich, schön; **en'joy·ment** [-mənt] *s.* **1.** Genuß *m*, Vergnügen *n*, Gefallen *n*, Freude *f* (**of** an *dat.*); **2.** Genuß *m* (*e-s Besitzes od. Rechtes*), Besitz *m*: ***quiet ~*** ⚖ ruhiger Besitz; **3.** ⚖ Ausübung *f* (*e-s Rechts*).

en·kin·dle [ɪn'kɪndl] *v/t. fig.* entflammen, entzünden, entfachen.

en·lace [ɪn'leɪs] *v/t.* **1.** um'schlingen; **2.** verstricken.

en·large [ɪn'lɑːdʒ] **I** *v/t.* **1.** vergrößern (*a. phot.*), *Kenntnisse etc. a.* erweitern, *Einfluß etc. a.* ausdehnen: ***~d and revised edition*** erweiterte u. verbesserte Auflage; ***~ the mind*** den Gesichtskreis erweitern; **II** *v/i.* **2.** sich vergrößern *od.* ausdehnen *od.* erweitern, zunehmen; **3.** *phot.* sich vergrößern lassen; **4.** *fig.* sich verbreiten *od.* weitläufig auslassen (***upon*** über *acc.*); **en'large·ment** [-mənt] *s.* **1.** Vergrößerung *f* (*a. phot.*), Erweiterung *f*, Ausdehnung *f*; ⚕ (Herz)Erweiterung *f*, (*Mandel- etc.*) Schwellung *f*; **2.** Erweiterungs-, Anbau *m*; **en'larg·er** [-dʒə] *s.* Vergrößerungsgerät *n*.

en·light·en [ɪn'laɪtn] *v/t. fig.* erleuchten, aufklären, belehren (***on, as to*** über *acc.*); **en'light·ened** [-nd] *adj.* **1.** erleuchtet, aufgeklärt; **2.** verständig; **en'light·en·ing** [-nɪŋ] *adj.* aufschlußreich; **en'light·en·ment** [-mənt] *s.* Aufklärung *f*, Erleuchtung *f*: (***Age of***) ♀ *hist.* (Zeitalter *n* der) Aufklärung.

en·list [ɪn'lɪst] **I** *v/t.* **1.** *Soldaten* anwerben, *Rekruten* einstellen: ***~ed men*** *Am.* Unteroffiziere und Mannschaften; **2.** *fig. j-n* her'anziehen, gewinnen, engagieren (***in*** für): ***~ s.o.'s services*** j-s Dienste in Anspruch nehmen; **II** *v/i.* **3.** ⚔ sich anwerben lassen, Sol'dat werden, sich (freiwillig) melden; **4.** (***in***) mitwirken (bei), sich beteiligen (an *dat.*); **en'list·ment** [-mənt] *s.* **1.** ⚔ (An)Werbung *f*, Einstellung *f*; **2.** ⚔ *Am.* a) Eintritt *m* in den Wehrdienst, b) (Dauer *m* der) (Wehr)Dienstverpflichtung; **3.** *fig.* Gewinnung *f* (*zur Mitarbeit*), Her'an-, Hin'zuziehung *f* (*von Helfern*).

en·liv·en [ɪn'laɪvn] *v/t.* beleben, in Schwung bringen, ‚ankurbeln'.

en masse [ɑ̃ːŋ'mæs] (*Fr.*) *adv.* **1.** in Massen; **2.** im großen; **3.** zu'sammen, als Ganzes.

en·mesh [ɪn'meʃ] *v/t.* **1.** in e-m Netz fangen; **2.** *fig.* verstricken.

en·mi·ty ['enmətɪ] *s.* Feindschaft *f*, -seligkeit *f*, Haß *m*: ***at ~ with*** verfeindet *od.* in Feindschaft mit; ***bear no ~*** nichts nachtragen.

en·no·ble [ɪ'nəʊbl] *v/t.* adeln (*a. fig.*), in den Adelsstand erheben; *fig.* veredeln, erhöhen; **en'no·ble·ment** [-mənt] *s.* **1.** Erhebung *f* in den Adelsstand; **2.** *fig.* Veredelung *f*.

en·nui [ɑ̃ː'nwiː] (*Fr.*) *s.* Langeweile *f*.

e·nor·mi·ty [ɪ'nɔːmətɪ] *s.* Ungeheuerlichkeit *f*: a) Enormi'tät *f*, b) Untat *f*, Greuel *m*, Frevel *m*; **e'nor·mous** [-məs] *adj.* □ e'norm, ungeheuer(lich), gewaltig, riesig; **e'nor·mous·ness** [-məsnɪs] *s.* Riesengröße *f*.

e·nough [ɪ'nʌf] **I** *adj.* genug, ausreichend: ***~ bread, bread ~*** genug Brot, Brot genug; ***not ~ sense*** nicht genug Verstand; ***this is ~*** (***for us***) das genügt (uns); ***I was fool ~ to believe her*** ich war so dumm u. glaubte ihr; ***he was not man ~*** (*od.* ***~ of a man***) (***to*** *inf.*) er war nicht Manns genug (zu *inf.*); ***that's ~ to drive me mad*** das macht mich (noch) wahnsinnig; **II** *s.* Genüge *f*, genügende Menge: ***have*** (***quite***) ***~*** (völlig) genug haben; ***I've had ~, thank you*** danke, ich bin satt; ***I have ~ of it*** ich bin (*od.* habe) es satt, ‚ich bin bedient'; ***~ of that!, ~ said!*** genug davon!, Schluß damit!; ***~ and to spare*** mehr als genug; ***~ is as good as a feast*** allzuviel ist ungesund; **III** *adv.* genug, genügend; ganz, recht, ziemlich: ***it's a good ~ story*** die Geschichte ist nicht übel; ***he does not sleep ~*** er schläft nicht genug; ***be kind ~ to help me*** sei so gut und hilf mir; ***oddly ~*** sonderbarerweise; ***safe ~*** durchaus sicher; ***sure ~*** tatsächlich, gewiß; ***true ~*** nur zu wahr; ***well ~*** recht *od.* ziemlich *od.* ganz gut; ***he could do it well ~*** (***but ...***) er könnte es (zwar) recht gut(, aber ...); ***you know well ~*** du weißt es (ganz) genau; ***that's not good ~*** das reicht nicht, das lasse ich nicht gelten.

en pas·sant [ɑ̃ːm'pæsɑ̃ːŋ] (*Fr.*) *adv.* en pas'sant: a) im Vor'beigehen, b) beiläufig, neben'her, -'bei.

en·plane [ɪn'pleɪn] → ***emplane***.

en·quire *etc.* → ***inquire*** *etc.*

en·rage [ɪn'reɪdʒ] *v/t.* wütend machen; **en'raged** [-dʒd] *adj.* wütend, aufgebracht (***at, by*** über *acc.*).

en·rapt [ɪn'ræpt] *adj.* hingerissen, entzückt; **en'rap·ture** [-tʃə] *v/t.* entzücken: ***~d with*** hingerissen von.

en·rich [ɪn'rɪtʃ] *v/t.* **1.** (*a.* **o.s.** sich) bereichern (*a. fig.*); wertvoll(er) machen; **2.** anreichern: a) ⚙, ⚗ veredeln, b) 🌱 ertragreich(er) machen, c) den Nährwert erhöhen; **3.** ausschmücken, verzieren; **4.** *fig.* a) *Geist* bereichern, b) *Wert* steigern; **en'rich·ment** [-mənt] *s.*

1. Bereicherung *f* (*a. fig.*); **2.** ⚙, ⚗ Anreicherung *f*; **3.** *fig.* Befruchtung *f*; **4.** Ausschmückung *f*.

en·rol(l) [ɪnˈrəʊl] **I** *v/t.* **1.** *j-s Namen* eintragen, -schreiben (***in*** in *acc.*); *univ. j-n* immatrikulieren: **~ *o.s.*** → 5; **2.** a) *mst* ⚔ (an)werben, b) ⚓ anmustern, anheuern, c) *Arbeiter* einstellen: ***be enrolled*** eingestellt werden, *in e-e Firma* eintreten; **3.** als Mitglied aufnehmen: **~ *o.s. in a society*** e-r Gesellschaft beitreten; **4.** ⚖ registrieren, protokollieren; **II** *v/i.* **5.** sich einschreiben (lassen), *univ.* sich immatrikulieren: **~ *for a course*** e-n Kurs belegen; **enˈrol(l)·ment** [-mənt] *s.* **1.** Eintragung *f*, -schreibung *f*; *univ.* Immatrikulatiˈon *f*; **2.** *bsd.* ⚔ Anwerbung *f*, Einstellung *f*, Aufnahme *f*; **3.** Beitrittserklärung *f*; **4.** ⚖ Reˈgister *n*.

en route [ɑ̃:nˈru:t] (*Fr.*) *adv.* unterwegs (***for*** nach); auf der Reise (***from ... to*** von ... nach).

ens [enz] *pl.* **entia** [ˈenʃɪə] (*Lat.*) *s. phls.* Ens *n*, Sein *n*, Wesen *n*.

en·sconce [ɪnˈskɒns] *v/t.* **1.** (*mst* **~ *o.s.*** sich) verstecken, verbergen; **2. ~ *o.s.*** es sich bequem machen (*in e-m Sessel etc.*).

en·sem·ble [ɑ̃:nˈsɑ̃:mbl] (*Fr.*) *s.* **1.** *das* Ganze, Gesamteindruck *m*; **2.** ♪, *thea.* Enˈsemble *n*; **3.** *Mode*: Enˈsemble *n*, Komˈplet *n*.

en·shrine [ɪnˈʃraɪn] *v/t.* **1.** *in e-n Schrein* einschließen; **2.** (als Heiligtum) bewahren; **3.** als Schrein dienen für.

en·shroud [ɪnˈʃraʊd] *v/t.* ein-, verhüllen (*a. fig.*).

en·sign [ˈensaɪn; *bsd.* ⚔ *u.* ⚓ ˈensn] *s.* **1.** Fahne *f*, Stanˈdarte *f*, ⚓ (Schiffs-) Flagge, *bsd.* (Natioˈnal)Flagge *f*: ***white*** (***red***) **~** Flagge der brit. Kriegs- (Handels)marine; ***blue*** **~** Flagge der brit. Flottenreserve; **2.** [ˈensaɪn] *hist. Brit.* Fähnrich *m*; **3.** [ˈensn] ⚓ *Am.* Leutnant *m* zur See; **4.** (Rang)Abzeichen *n*.

en·si·lage [ˈensɪlɪdʒ] ⚘ **I** *s.* **1.** Silierung *f*; **2.** Silo-, Gärfutter *n*; **II** *v/t.* **3.** → **en·sile** [ɪnˈsaɪl] *v/t.* ⚘ *Futterpflanzen* silieren.

en·slave [ɪnˈsleɪv] *v/t.* versklaven, zum Sklaven machen (*a. fig.*): ***be ~d by*** *j-m od. e-r Sache* verfallen sein; **enˈslave·ment** [-mənt] *s.* **1.** Versklavung *f*, Sklaveˈrei *f*; **2.** *fig.* (***to***) sklavische Abhängigkeit *f* (von) *od.* Bindung (an *acc.*), Hörigkeit *f*.

en·snare [ɪnˈsneə] *v/t.* **1.** *in e-r Schlinge* fangen; **2.** *fig.* berücken, bestricken, umˈgarnen.

en·sue [ɪnˈsju:] *v/i.* **1.** ˈdarauf folgen, (nach)folgen; **2.** folgen, sich ergeben (***from*** aus); **enˈsu·ing** [-ɪŋ] *adj.* (nach-) folgend.

en·sure [ɪnˈʃʊə] *v/t.* **1.** (***against***, ***from***) (***o.s.*** sich) sichern, sicherstellen (gegen), schützen (vor); **2.** Gewähr bieten für, garantieren (*et.*, ***that*** daß, ***s.o. being*** daß j-d ist); **3.** für *et.* sorgen: **~ *that*** dafür sorgen, daß.

en·tail [ɪnˈteɪl] **I** *v/t.* **1.** ⚖ a) in ein Erbgut umwandeln, b) als Erbgut vererben (***on*** auf *acc.*): ***~ed estate*** Erb-, Familiengut *n*; ***~ed interest*** beschränktes Eigentumsrecht; **2.** *fig.* a) mit sich bringen, zur Folge haben, nach sich ziehen, verursachen, b) erforderlich machen, erfordern; **II** *s.* **3.** ⚖ a) (Überˈtragung *f* als) unveräußerliches Erbgut, b) (festgelegte) Erbfolge.

en·tan·gle [ɪnˈtæŋgl] *v/t.* **1.** *Haare, Garn etc.* verwirren, ‚verfitzen'; **2.** (***o.s.*** sich) verwickeln, -heddern (***in*** in *acc.*); **3.** *fig.* verwickeln, verstricken: **~ *o.s. in s.th.***, ***become ~d in s.th.*** in e-e Sache verwickelt werden; ***become ~d with s.o.*** sich mit j-m einlassen; **enˈtan·gle·ment** [-mənt] *s.* **1.** *a. fig.* Verwicklung *f*, Verwirrung *f*, Verstrickung *f*; **2.** *fig.* Kompliziertheit *f*; **3.** Liebschaft *f*, Liaiˈson *f*; **4.** ⚔ Drahtverhau *m*.

en·tente [ɑ̃:nˈtɑ̃:nt] (*Fr.*) *s.* Enˈtente *f*, Bündnis *n*.

en·ter [ˈentə] **I** *v/t.* **1.** eintreten, -fahren, -steigen, (hinˈein)gehen, (-)kommen in (*acc.*), *Haus etc.* betreten; in *ein Land* einreisen; ⚔ einrücken in (*acc.*); ⚓, 🚂 einlaufen in (*acc.*): **~ *the skull*** in den Schädel eindringen (*Kugel etc.*); ***the idea ~ed my head*** (*od.* ***mind***) mir kam der Gedanke, ich hatte die Idee; **2.** sich in *et.* begeben: **~ *a hospital*** ein Krankenhaus aufsuchen; **3.** eintreten in (*acc.*), beitreten (*dat.*), Mitglied werden (*gen.*): **~ *s.o.'s service*** in j-s Dienst treten; **~ *a club*** e-m Klub beitreten; **~ *the university*** sein Studium aufnehmen; **~ *the army*** (***the Church***) Soldat (Geistlicher) werden; **~ *a profession*** e-n Beruf ergreifen; **4.** eintragen, -schreiben; hinˈeinbringen; *j-n* aufnehmen, zulassen: **~ *one's name*** sich einschreiben *od.* anmelden; **~ *s.o. at a school*** j-n zur Schule anmelden; ***be ~ed*** *univ.* immatrikuliert werden; **5.** ⚚ (ver)buchen, eintragen: **~ *to s.o.'s debit*** j-m *et.* in Rechnung stellen; → ***credit*** 2; **~ *up*** *Posten* regelrecht verbuchen; **6.** *sport* melden, nennen (***for*** für); **7.** ⚓, ⚚ *Schiff* einklarieren; *Wa-*

ren beim Zollamt deklarieren; **8.** einreichen, -bringen, geltend machen: **~ an action** ⚖ e-e Klage einreichen; **~ a motion** *parl.* e-n Antrag einbringen; **~ a protest** Protest erheben; **II** *v/i.* **9.** (ein)treten, her'ein-, hin'einkommen, -gehen; ⚔ einrücken; eindringen: **I don't ~ in it** *fig.* ich habe damit nichts zu tun; **~!** herein!; **10.** *sport* sich melden, nennen (**for** für, zu); **11.** *thea.* auftreten: ♀ **Hamlet** Hamlet tritt auf; *Zssgn mit prp.*:

en·ter| in·to *v/i.* **1.** → **enter** 1, 2, 3; **2.** *Vertrag, Bündnis* eingehen, schließen: **~ an obligation** e-e Verpflichtung eingehen; **~ a partnership** sich assoziieren; **3.** *et.* beginnen, sich beteiligen an (*dat.*), eingehen auf (*acc.*), sich einlassen auf *od.* in (*acc.*): **~ correspondence** in Briefwechsel treten; **~ a joke** auf e-n Scherz eingehen; → **detail** 1; **4.** sich hin'einversetzen in (*acc.*): **~ s.o.'s feelings** sich in j-n hineinversetzen, j-s Gefühle verstehen; **~ the spirit** sich in den Geist *e-r Sache* einfühlen *od.* hineinversetzen; **~ the spirit of the game** mitmachen; **5.** e-e Rolle spielen bei: **this did not ~ our plans** das war nicht eingeplant; **~ on** *od.* **up·on** *v/i.* **1.** ⚖ Besitz ergreifen von: **~ an inheritance** e-e Erbschaft antreten; **2.** a) *Thema* anschneiden, b) sich in *ein Gespräch* einlassen; **3.** a) beginnen, in *ein* (*neues*) *Stadium od. ein neues Lebensjahr* eintreten, b) *Amt* antreten, *Laufbahn* einschlagen; **4.** in *ein neues Stadium* treten.

en·ter·ic [en'terɪk] *adj.* **1.** *anat.* en'terisch, Darm…: **~ fever** (Unterleibs)Typhus *m*; **2.** ⚕ darmlöslich: **~ pill**; **en·ter·i·tis** [ˌentə'raɪtɪs] *s.* ⚕ 'Darmkaˌtarrh *m*, Ente'ritis *f*; **en·ter·o·gas·tri·tis** [ˌentərəʊgæ'straɪtɪs] *s.* Magen-'Darm-Kaˌtarrh *m*; **en·ter·on** ['entərɒn] *pl.* **-ter·a** [-rə] *s.* Enteron *n*, (*bsd.* Dünn)Darm *m*.

en·ter·prise ['entəpraɪz] *s.* **1.** Unter'nehmen *n*, -'nehmung *f*; **2.** ✝ Unter'nehmen *n*, Betrieb *m*: **free ~** freies Unternehmertum, freie (Markt)Wirtschaft; **free ~ economist** Marktwirtschaftler *m*; **3.** Initia'tive *f*, Unter'nehmungsgeist *m*, -lust *f*; **'en·ter·pris·ing** [-zɪŋ] *adj.* □ **1.** unter'nehmend, unter'nehmungslustig, mit Unter'nehmungsgeist; **2.** kühn, wagemutig.

en·ter·tain [ˌentə'teɪn] **I** *v/t.* **1.** (angenehm) unter'halten, amüsieren (*a. iro.*); **2.** *j-n* gastlich aufnehmen, bewirten, einladen; **3.** *Furcht, Hoffnung etc.* hegen; **4.** *Vorschlag etc.* in Erwägung ziehen, eingehen auf (*acc.*), nähertreten (*dat.*): **~ an idea** sich mit e-m Gedanken tragen; **II** *v/i.* **5.** Gäste empfangen, ein gastliches Haus führen: **they ~ a great deal** sie haben oft Gäste; **ˌen·ter'tain·er** [-nə] *s.* **1.** Gastgeber(in); **2.** Unter'halter(in), *engS.* Enter'tainer (-in), Unter'haltungskünstler(in); **ˌen·ter'tain·ing** [-nɪŋ] *adj.* □ unter'haltend, -'haltsam, amü'sant; **ˌen·ter'tain·ment** [-mənt] *s.* **1.** Unter'haltung *f*, Belustigung *f*: **place of ~** Vergnügungsstätte *f*; **~ tax** Vergnügungssteuer *f*; **much to his ~** sehr zu s-r Belustigung; **2.** (*öffentliche*) Unterhaltung, *thea. etc. a.* Enter'tainment *n*: **~ electronics** Unterhaltungselektronik *f*; **~ industry** Unterhaltungsindustrie *f*; **~ value** Unterhaltungswert *m*; **3.** Gastfreundschaft *f*, Bewirtung *f*: **~ allowance** ✝ Aufwandsentschädigung *f*; **4.** Fest *n*, Gesellschaft *f*.

en·thral(l) [ɪn'θrɔːl] *v/t.* **1.** *fig.* bezaubern, fesseln, in s-n Bann schlagen; **2.** *obs.* unter'jochen; **en'thrall·ing** [-lɪŋ] *adj.* fesselnd, bezaubernd; **en'thral(l)·ment** [-mənt] *s.* **1.** Bezauberung *f*; **2.** *obs.* Unter'jochung *f*.

en·throne [ɪn'θrəʊn] *v/t.* auf den Thron setzen, *a. eccl. Bischof* inthronisieren: **be ~d** *fig.* thronen; **en'throne·ment** [-mənt] *s.* Inthronisati'on *f*.

en·thuse [ɪn'θjuːz] F **I** *v/t.* begeistern; **II** *v/i.* (**about**) begeistert sein (von), schwärmen (für, von); **en'thu·si·asm** [-zɪæzəm] *s.* **1.** Enthusi'asmus *m*, Begeisterung *f* (**for** für, **about** über *acc.*); **2.** Schwärme'rei *f*; **en'thu·si·ast** [-zɪæst] *s.* **1.** Enthusi'ast(in); **2.** Schwärmer(in); **en·thu·si·as·tic** [ɪnˌθjuːzɪ'æstɪk] *adj.* (□ **~ally**) enthusi'astisch, begeistert (**about, over** über *acc.*): **become** (*od.* **get**) **~** in Begeisterung geraten.

en·tice [ɪn'taɪs] *v/t.* **1.** locken: **~ s.o. away** a) j-n weglocken (**from** von), b) ✝ j-n abwerben; **~ s.o.'s wife away** j-m s-e Frau abspenstig machen; **2.** verlocken, -leiten, -führen (**into s.th.** zu et., **to do** *od.* **into doing** zu tun); **en'tice·ment** [-mənt] *s.* **1.** (Ver-)Lockung *f*, (An)Reiz *m*; **2.** Verführung *f*, -leitung *f*; **en'tic·ing** [-sɪŋ] *adj.* □ verlockend, verführerisch.

en·tire [ɪn'taɪə] **I** *adj.* □ → **entirely**; **1.** ganz, völlig, vollkommen, vollständig, vollzählig, kom'plett, Gesamt…; **2.** ganz, unversehrt, unbeschädigt; **3.** voll, ungeschmälert, uneingeschränkt: **he**

enjoys my ~ confidence; **4.** nicht kastriert: ***~ horse*** Hengst *m*; **II** *s.* **5.** *das* Ganze; **6.** nicht kastriertes Pferd, Hengst *m*; **7.** ✉ Ganzsache *f*; **en'tire·ly** [-lɪ] *adv.* **1.** völlig, gänzlich, ganz u. gar; **2.** ausschließlich: ***it is ~ his fault***; **en'tire·ty** [-tɪ] *s. das* Ganze, Ganzheit *f*, Gesamtheit *f*: ***in its ~*** in s-r Gesamtheit, als Ganzes.

en·ti·tle [ɪn'taɪtl] *v/t.* **1.** *Buch etc.* betiteln: ***~d*** *Buch etc.* mit dem Titel ...; **2.** *j-n* anreden, titulieren; **3.** (***to***) *j-n* berechtigen (zu), *j-m* ein Anrecht geben (auf *acc.*): ***be ~d to*** berechtigt sein zu, e-n (Rechts)Anspruch haben auf (*acc.*); ***~d to vote*** stimm-, wahlberechtigt; **en'ti·tle·ment** [-mənt] *s.* (berechtigter) Anspruch; zustehender Betrag.

en·ti·ty ['entətɪ] *s.* **1.** Dasein *n*; **2.** Wesen *n*, Ding *n*; **3.** ⚖ 'Rechtsper,sönlichkeit *f*: ***legal ~*** juristische Person.

en·tomb [ɪn'tu:m] *v/t.* **1.** begraben, beerdigen; **2.** verschütten, lebendig begraben; **en'tomb·ment** [-mənt] *s.* Begräbnis *n*.

en·to·mo·log·i·cal [,entəmə'lɒdʒɪk(l)] *adj.* □ entomo'logisch, Insekten...; **en·to·mol·o·gist** [,entəʊ'mɒlədʒɪst] *s.* Entomo'loge *m*; **en·to·mol·o·gy** [,entəʊ'mɒlədʒɪ] *s.* Entomolo'gie *f*, In'sektenkunde *f*.

en·tou·rage [,ɒntʊ'rɑ:ʒ] (*Fr.*) *s.* Entou'rage *f*: a) Um'gebung *f*, b) Gefolge *n*.

en·to·zo·on [,entəʊ'zəʊɒn] *pl.* **-zo·a** [-ə] *s. zo.* Ento'zoon *n* (*Parasit*).

entr'acte ['ɒntrækt] (*Fr.*) *s. thea.* Zwischenakt *m*, -spiel *n*.

en·trails ['entreɪlz] *s. pl.* **1.** *anat.* Eingeweide *pl.*; **2.** *fig. das* Innere.

en·train [ɪn'treɪn] 🚆 **I** *v/i.* einsteigen; **II** *v/t.* verladen.

en·trance¹ ['entrəns] *s.* **1.** a) Eintreten *n*, Eintritt *m*, b) 🚆, ⚓ Einlaufen *n*, Einfahrt *f*, c) ✈ Einflug *m*: ***~ duty*** ✝ Eingangszoll *m*; ***make one's ~*** eintreten, erscheinen (→ 4); **2.** Ein-, Zugang *m*; Zufahrt *f*, (*a.* Hafen)Einfahrt *f*: ***~ hall*** (Eingangs-, Vor)Halle *f*, Hausflur *m*; **3.** Einlaß *m*, Ein-, Zutritt *m*: ***~ fee*** a) Eintritt(sgeld *n*) *m*, b) Aufnahmegebühr *f*; ***~ examination*** Aufnahmeprüfung *f*; ***no ~!*** Zutritt verboten!; **4.** *thea.* Auftritt *m*: ***make one's ~*** auftreten; **5.** (***on***, ***upon***) Antritt *m* (*e-s Amtes*, *e-r Erbschaft etc.*); **6.** *fig.* (***to***) Beginn *m* (*gen.*), Einstieg *m* (in *acc.*).

en·trance² [ɪn'trɑ:ns] *v/t.* in Verzückung versetzen, hinreißen: ***~d*** ver-, entzückt, hingerissen; ***~d with joy*** freudetrunken; **en'trance·ment** [-mənt] *s.* Verzückung *f*; **en'tranc·ing** [-sɪŋ] *adj.* hinreißend, bezaubernd.

en·trant ['entrənt] *s.* **1.** Eintretende(r *m*) *f*; **2.** neues Mitglied; **3.** Berufsanfänger(in) (***to*** in *dat.*); **4.** *bsd. sport* Teilnehmer(in), Konkur'rent(in), *a.* Bewerber(in).

en·trap [ɪn'træp] *v/t.* **1.** (in e-r Falle) fangen; **2.** verführen, verleiten (***into doing*** zu tun).

en·treat [ɪn'tri:t] *v/t.* **1.** *j-n* dringend bitten *od.* ersuchen, anflehen; **2.** *et.* erflehen; **3.** *obs. od. bibl. j-n* behandeln; **en'treat·ing·ly** [-ɪŋlɪ] *adv.* flehentlich; **en'treat·y** [-tɪ] *s.* dringende Bitte, Flehen *n*.

en·trée ['ɒntreɪ] (*Fr.*) *s.* **1.** *bsd. fig.* Zutritt *m* (***into*** zu); **2.** *Küche*: a) En'tree *n*, Zwischengericht *n*, b) *Am.* Hauptgericht *n*; **3.** ♪ En'tree *n*.

en·tre·mets ['ɒntrəmeɪ; *pl.* 'ɒntrəmeɪz] (*Fr.*) *s.* a) Zwischengericht *n*, b) Süßspeise *f*.

en·trench [ɪn'trentʃ] *v/t.* ⚔ mit Schützengräben durch'ziehen, befestigen: ***~ o.s.*** sich verschanzen *od.* festsetzen (*beide a. fig.*); ***~ed*** *fig.* eingewurzelt, verwurzelt; **en'trench·ment** [-mənt] *s.* ⚔ **1.** Verschanzung *f*; **2.** *pl.* Schützengräben *pl.*

en·tre·pôt ['ɒntrəpəʊ] (*Fr.*) *s.* ✝ **1.** Lager-, Stapelplatz *m*; **2.** (Waren-, Zoll-) Niederlage *f*.

en·tre·pre·neur [,ɒntrəprə'nɜ:] (*Fr.*) *s.* **1.** ✝ Unter'nehmer *m*; **2.** *Am.* Veranstalter *m*; **,en·tre·pre'neur·i·al** [-ɜ:rɪəl] *adj.* ✝ unter'nehmerisch, Unternehmer...

en·tre·sol ['ɒntrəsɒl] (*Fr.*) *s.* ⚠ Zwischen-, Halbgeschoß *n*.

en·trust [ɪn'trʌst] *v/t.* **1.** anvertrauen (***to*** *dat.*); **2.** *j-n* betrauen (***with s.th.*** mit et.).

en·try ['entrɪ] *s.* **1.** Zugang *m*, Zutritt *m*, Einreise *f*: ***~ permit*** Einreisegenehmigung *f*; ***~ visa*** Einreisevisum *n*; ***no ~!*** Kein Zutritt!, *mot.* Keine Einfahrt!; **2.** Eintritt *m*, -gang *m*, -fahrt *f*, -zug *m*, -rücken *n*; **3.** Eingang(stür *f*) *m*, Einfahrt(stor *n*) *f*; (Eingangs)Halle *f*; **4.** *thea.* Auftritt *m*; **5.** (Amts-, Dienst)Antritt *m*: ***~ into office*** (***service***); **6.** ⚖ a) Besitzantritt *m*, -ergreifung *f* (***upon*** *gen.*), b) Eindringen *n*, -bruch *m*; **7.** *fig.* Beitritt *m* (***to***, ***into*** zu); **8.** ✝, ⚓ Einklarierung *f*: ***~ inwards*** Einfuhrdeklaration *f*; **9.** Eintragung *f*, Vermerk *m*; **10.** ✝ a) Buchung *f*: ***credit ~*** Gutschrift *f*; ***debit ~*** Lastschrift *f*; ***make an ~*** (***of***) (*et.*) buchen, b) Posten *m*, c)

Eingang *m* (*von Geldern*); **11.** Stichwort *n* (*Lexikon*); **12.** *bsd. sport* a) Meldung *f*, Nennung *f*, Teilnahme *f*: **~ form** (An)Meldeformular *n*; **~ fee** Nenngebühr *f*, Startgeld *n*, b) → ***entrant*** 4; **'~·phone** *s.* Sprechanlage *f.*

en·twine [ɪnˈtwaɪn] *v/t.* **1.** umˈschlingen, umˈwinden, (ver)flechten (*a. fig.*); ***~d letters*** verschlungene Buchstaben; **2.** winden, schlingen (***about*** um).

en·twist [ɪnˈtwɪst] *v/t.* (ver)flechten, umˈwinden, verknüpfen.

e·nu·cle·ate [ɪˈnjuːklɪeɪt] *v/t.* **1.** ⚕ *Tumor* ausschälen; **2.** *fig.* erläutern, deutlich machen.

e·nu·mer·ate [ɪˈnjuːməreɪt] *v/t.* **1.** aufzählen; **2.** spezifizieren; **e·nu·mer·a·tion** [ɪˌnjuːməˈreɪʃn] *s.* **1.** Aufzählung *f*; **2.** Liste *f*, Verzeichnis *n*; **eˈnu·mer·a·tor** [-tə] *s.* Zähler *m* (*bei Volkszählungen*).

e·nun·ci·ate [ɪˈnʌnsɪeɪt] *v/t.* **1.** (deutlich) ausdrücken, -sprechen; **2.** behaupten, erklären, formulieren; *Grundsatz* aufstellen; **e·nun·ci·a·tion** [ɪˌnʌnsɪˈeɪʃn] *s.* **1.** Ausdruck *m*; Ausdrucks-, Vortragsweise *f*; **2.** Erklärung *f*, Verkündung *f*; Aufstellung *f* (*e-s Grundsatzes*); **eˈnun·ci·a·tive** [-nʃɪətɪv] *adj.*: ***be ~ of s.th.*** et. ausdrücken.

en·ure → ***inure***.

en·vel·op [ɪnˈveləp] **I** *v/t.* **1.** einwickeln, -schlagen, (ein)hüllen (***in*** in *acc.*); **2.** *oft fig.* um-, verˈhüllen, umˈgeben; **3.** ⚔ umˈfassen, umˈklammern; **II** *s.* **4.** *Am.* → **en·ve·lope** [ˈenvələʊp] *s.* **1.** Decke *f*, Hülle *f* (*a. anat.*), ˈUmschlag *m*; **2.** ˈBriefˌumschlag *m*; **3.** ✈ (Balˈlon)Hülle *f*; **4.** ⚘ Kelch *m*; **enˈvel·op·ment** [-mənt] *s.* **1.** Umˈhüllung *f*, Hülle *f*; **2.** ⚔ Umˈfassung(sangriff *m*) *f*, Umˈklammerung *f.*

en·ven·om [ɪnˈvenəm] *v/t.* **1.** vergiften (*a. fig.*); **2.** *fig.* a) verschärfen, b) mit Haß erfüllen.

en·vi·a·ble [ˈenvɪəbl] *adj.* □ beneidenswert, zu beneiden(d); **ˈen·vi·er** [-vɪə] *s.* Neider(in); **ˈen·vi·ous** [-vɪəs] *adj.* □ (***of***) neidisch (auf *acc.*), ˈmißgünstig (gegen): ***be ~ of s.o. because of*** j-n beneiden um.

en·vi·ron [ɪnˈvaɪərən] *v/t.* umˈgeben (*a. fig.*); **enˈvi·ron·ment** [-mənt] *s.* **1.** *a.* ***~s*** *pl.* Umˈgebung *f e-s Ortes*; **2.** *biol.*, *sociol.* Umˈgebung *f*, ˈUmwelt *f*, Miliˈeu *n* (*a.* ⚗): ***~ policy*** Umweltpolitik *f*; **en·vi·ron·men·tal** [ɪnˌvaɪərənˈmentl] *adj.* □ *biol.*, *psych.* Milieu…, Umwelt(s)…: ***~ pollution*** Umweltverschmutzung *f*; ***~ protection*** Umweltschutz *m*; **en·vi·ron·men·tal·ism** [ɪnˌvaɪərənˈmentəlɪzəm] *s.* **1.** ˈUmweltschutz(bewegung *f*) *m*; **2.** *sociol.* Environmentaˈlismus *m*; **en·vi·ron·men·tal·ist** [ɪnˌvaɪərənˈmentəlɪst] *s.* ˈUmweltschützer(in); **en·vi·ron·men·tal·ly** [ɪnˌvaɪərənˈmentəlɪ] *adv.* in bezug auf *od.* durch die Umwelt: ***~ beneficial*** (***harmful***) umweltfreundlich (-feindlich); **en·vi·rons** [ɪnˈvaɪərənz] *s. pl.* Umˈgebung *f*, ˈUmgegend *f.*

en·vis·age [ɪnˈvɪzɪdʒ] *v/t.* **1.** in Aussicht nehmen, ins Auge fassen, gedenken (***doing*** *et.* zu tun); **2.** sich *et.* vorstellen; **3.** *j-n*, *et.* begreifen (***as*** als).

en·vi·sion [ɪnˈvɪʒn] *v/t.* sich *et.* vorstellen.

en·voy¹ [ˈenvɔɪ] *s.* Zueignungs-, Schlußstrophe *f* (*e-s Gedichts*).

en·voy² [ˈenvɔɪ] *s.* **1.** *pol.* Gesandte(r) *m*; **2.** Abgesandte(r) *m*, Beˈvollmächtigte(r) *m.*

en·vy [ˈenvɪ] **I** *s.* **1.** (***of***) Neid *m* (auf *acc.*), ˈMißgunst *f* (gegen): ***be eaten up with ~*** vor Neid platzen; → ***green*** 1; **2.** Gegenstand *m* des Neides: ***his car is the ~ of all*** alle beneiden ihn um sein Auto; **II** *v/t.* **3.** *j-n* (um *et.*) beneiden: ***I ~*** (***him***) ***his car*** ich beneide ihn um sein Auto; **4.** *j-m et.* mißˈgönnen.

en·wrap [ɪnˈræp] → ***wrap*** I.

en·zyme [ˈenzaɪm] *s.* ⚗ Enˈzym *n*, Ferˈment *n.*

e·o·cene [ˈiːəʊsiːn] *s. geol.* Eoˈzän *n*; **e·o·lith·ic** [ˌiːəʊˈlɪθɪk] *adj. geol.* eoˈlithisch.

e·on → ***aeon***.

ep·au·let(te) [ˈepəʊlet] *s.* ⚔ Epauˈlette *f*, Achselschnur *f*, -stück *n.*

é·pée [ˈepeɪ] (*Fr.*) *s. fenc.* Degen *m*; **é·pee·ist** [ˈepeɪɪst] *s.* Degenfechter *m.*

ep·en·the·sis [eˈpenθɪsɪs] *s. ling.* Epenˈthese *f*, Lauteinfügung *f.*

e·pergne [ɪˈpɜːn] (*Fr.*) *s.* Tafelaufsatz *m.*

e·phed·rin(e) [ɪˈfedrɪn; ⚗ ˈefɪdriːn] *s.* ⚗ Epheˈdrin *n.*

e·phem·er·a [ɪˈfemərə] *s.* **1.** *zo. u. fig.* Eintagsfliege *f*; **2.** *pl. von* ***ephemeron***; **eˈphem·er·al** [-rəl] *adj.* epheˈmer: a) eintägig, b) *fig.* flüchtig, kurzlebig; **eˈphem·er·on** [-rɒn] *pl.* **-a** [-ə], **-ons** *s. zo. u. fig.* Eintagsfliege *f.*

E·phe·sian [ɪˈfiːʒjən] *s.* **1.** ˈEpheser(in); **2.** *pl. bibl.* (Brief *m* des Paulus an die) ˈEpheser *pl.*

ep·ic [ˈepɪk] **I** *adj.* (□ ***~ally***) **1.** episch: ***~ poem*** Epos *n*; **2.** *fig.* heldenhaft, heˈroisch, Helden…: ***~ laughter*** homerisches Gelächter; **II** *s.* **3.** Epos *n*, Heldengedicht *n*; **4.** *allg.* episches Werk.

ep·i·cene ['episi:n] *adj. ling. u. fig.* beiderlei Geschlechts.

ep·i·cen·ter *Am.*, **ep·i·cen·tre** ['episentə] *Brit.*, **ep·i·cen·trum** [ˌepi'sentrəm] *s.* **1.** Epi'zentrum *n* (*Gebiet über dem Erdbebenherd*); **2.** *fig.* Mittelpunkt *m.*

ep·i·cure ['epiˌkjʊə] *s.* Genießer *m*, Genußmensch *m*; Feinschmecker *m*; **ep·i·cu·re·an** [ˌepikjʊə'ri:ən] **I** *adj.* **1.** ♀ *phls.* epiku'reisch; **2.** a) genußsüchtig, schwelgerisch, b) feinschmeckerisch; **II** *s.* **3.** ♀ *phls.* Epiku'reer *m*; **4.** → ***epicure***; '**ep·i·cur·ism** [-kjʊərizəm] *s.* **1.** ♀ *phls.* Epikure'ismus *m*; **2.** Genußsucht *f.*

ep·i·cy·cle ['episaikl] *s.* ⩘, *ast.* Epi'zykel *m*; **ep·i·cy·clic** [ˌepi'saiklik] *adj.* epi'zyklisch: **~ *gear*** ⚙ Planetengetriebe *n*; **ep·i·cy·cloid** [ˌepi'saikləid] *s.* ⩘ Epizyklo'ide *f.*

ep·i·dem·ic [ˌepi'demik] **I** *adj.* (□ ***~ally***) ⚕ epi'demisch, seuchenartig, *fig. a.* grassierend; **II** *s.* ⚕ Epide'mie *f*, Seuche *f* (*beide a. fig.*); ˌ**ep·i'dem·i·cal** [-kl] → ***epidemic*** I; **ep·i·de·mi·ol·o·gy** [ˌepidi:mi'ɒlədʒi] *s.* ⚕ Epidemiolo'gie *f.*

ep·i·der·mis [ˌepi'dɜ:mis] *s. anat.* Epi'dermis *f*, Oberhaut *f.*

ep·i·gas·tri·um [ˌepi'gæstriəm] *s. anat.* Epi'gastrium *n*, Oberbauchgegend *f*, Magengrube *f.*

ep·i·glot·tis [ˌepi'glɒtis] *s. anat.* Epi'glottis *f*, Kehldeckel *m.*

ep·i·gone ['epigəʊn] *s.* Epi'gone *m.*

ep·i·gram ['epigræm] *s.* Epi'gramm *n*, Sinngedicht *n*, -spruch *m*; **ep·i·gram·mat·ic** [ˌepigrə'mætik] *adj.* (□ ***~ally***) **1.** epigram'matisch; **2.** kurz u. treffend, scharf pointiert; **ep·i·gram·ma·tist** [ˌepi'græmətist] *s.* Epigram'matiker *m*; **ep·i·gram·ma·tize** [ˌepi'græmətaiz] **I** *v/t.* **1.** kurz u. treffend formulieren; **2.** ein Epi'gramm verfassen über *od.* auf (*acc.*); **II** *v/i.* **3.** Epi'gramme verfassen.

ep·i·graph ['epigrɑ:f] *s.* **1.** Epi'graph *n*, Inschrift *f*; **2.** Sinnspruch *m*, Motto *n*; **ep·i·graph·ic** [ˌepi'græfik] *adj.* epi'graphisch; **e·pig·ra·phist** [e'pigrəfist] *s.* Epi'graphiker *m*, Inschriftenforscher *m.*

ep·i·lep·sy ['epilepsi] *s.* ⚕ Epilep'sie *f*; **ep·i·lep·tic** [ˌepi'leptik] **I** *adj.* epi'leptisch; **II** *s.* Epi'leptiker(in).

ep·i·logue, *Am. a.* **ep·i·log** ['epilɒg] *s.* **1.** Epi'log *m*: a) Nachwort *n*, b) *thea.* Schlußrede *f*, c) *fig.* Ausklang *m*, Nachspiel *n*, -lese *f*; **2.** *Radio*, *TV*: (Wort *n* zum) Tagesausklang *m.*

E·piph·a·ny [i'pifəni] *s. eccl.* **1.** Epi'phanias *n*, Drei'königsfest *n*; **2.** ♀ Epipha'nie *f* (*göttliche Erscheinung*).

e·pis·co·pa·cy [i'piskəpəsi] *s. eccl.* Episko'pat *m*, *n*: a) bischöfliche Verfassung, b) Gesamtheit *f* der Bischöfe, c) Amtstätigkeit *f* e-s Bischofs, d) Bischofsamt *n*, -würde *f*; **e'pis·co·pal** [-pl] *adj.* □ *eccl.* bischöflich, Bischofs…: ♀ ***Church*** Episkopalkirche *f*; **e·pis·co·pa·li·an** [iˌpiskəʊ'peiljən] **I** *adj.* **1.** bischöflich; **2.** zu e-r Episko'palkirche gehörig; **II** *s.* **3.** Mitglied *n* e-r Episko'palkirche; **e'pis·co·pate** [-kəʊpət] *s. eccl.* Episko'pat *m*, *n*: a) → ***episcopacy*** b *u.* d, b) Bistum *n.*

ep·i·sode ['episəʊd] *s. allg.* Epi'sode *f*: a) Neben-, Zwischenhandlung *f* (*im Drama etc.*), eingeflochtene Erzählung, b) (Neben)Ereignis *n*, Vorfall *m*, Erlebnis *n*, c) ♪ Zwischenspiel *n*; **ep·i·sod·ic**, **ep·i·sod·i·cal** [ˌepi'sɒdik(l)] *adj.* □ epi'sodisch.

e·pis·te·mol·o·gy [eˌpisti:'mɒlədʒi] *s. phls.* Er'kenntnistheoˌrie *f.*

e·pis·tle [i'pisl] *s.* **1.** E'pistel *f*, Sendschreiben *n*; **2.** ♀ a) *bibl.* (*Römer- etc.*) Brief *m*, b) *eccl.* E'pistel *f* (*Auszug aus* a); **3.** E'pistel *f*, (*bsd.* langer) Brief; **e'pis·to·lar·y** [-stələri] *adj.* Brief…

ep·i·style ['epistail] *s.* ⩓ Epi'styl *n*, Tragbalken *m.*

ep·i·taph ['epitɑ:f] *s.* **1.** Epi'taph *n*, Grabschrift *f*; **2.** Totengedicht *n.*

ep·i·the·li·um [ˌepi'θi:ljəm] *pl.* **-ums** *od.* **-a** [-ə] *s. anat.* Epi'thel *n.*

ep·i·thet ['epiθet] *s.* **1.** E'pitheton *n*, Beiwort *n*, Attri'but *n*; **2.** Beiname *m.*

e·pit·o·me [i'pitəmi] *s.* **1.** Auszug *m*, Abriß *m*, (kurze) Inhaltsangabe *od.* Darstellung: ***in ~*** a) auszugsweise, b) in gedrängter Form; **2.** *fig.* (***of***) a) kleines Gegenstück (zu), Minia'tur *f* (*gen.*), b) Verkörperung *f* (*gen.*); **e'pit·o·mize** [-maiz] *v/t.* e-n Auszug machen aus, *et.* kurz darstellen *od.* ausdrücken.

ep·i·zo·on [ˌepi'zəʊɒn] *pl.* **-a** [-ə] *s. zo.* Epi'zoon *n*; **ep·i·zo·ot·ic** [ˌepizəʊ'ɒtik] *s. vet.* Epizoo'tie *f* (*Tierseuche*).

e·poch ['i:pɒk] *s.* **1.** E'poche *f* (*a. geol. u. ast.*), Zeitalter *n*, -abschnitt *m*: ***this marks an ~*** dies ist ein Markstein *od.* Wendepunkt (*in der Geschichte*); **ep·och·al** ['epɒkl] *adj.* epo'chal: a) Epochen…, b) → '**e·poch-ˌmak·ing** *adj.* e'pochemachend, bahnbrechend.

ep·o·nym ['epəʊnim] *s.* Epo'nym *n* (*Gattungsbezeichnung, die auf e-n Personennamen zurückgeht*).

ep·o·pee ['epəʊpi:] *s.* **1.** → ***epos***; **2.**

epische Dichtung.

ep·os ['epɒs] *s.* **1.** Epos *n*, Heldengedicht *n*; **2.** (*mündlich überlieferte*) epische Dichtung.

Ep·som salt ['epsəm] *s.*, *oft pl. sg. konstr.* Epsomer Bittersalz *n*.

eq·ua·bil·i·ty [ˌekwə'bɪlətɪ] *s.* **1.** Gleichmäßigkeit *f*; **2.** Gleichmut *m*; **eq·ua·ble** ['ekwəbl] *adj.* □ **1.** gleichförmig, -mäßig; **2.** ausgeglichen, gleichmütig, gelassen.

e·qual ['i:kwəl] **I** *adj.* □ → ***equally***; **1.** gleich: ***be ~ to*** gleich sein, gleichen (*dat.*) (→ *a.* 2); ***of ~ size***, ***~ in size*** gleich groß; ***with ~ courage*** mit demselben Mut; ***not ~ to*** geringer als; ***other things being ~*** unter sonst gleichen Umständen; **2.** entsprechend: ***~ to the demand***; ***be ~ to*** gleichkommen (*dat.*); → 1; ***~ to new*** wie neu; **3.** fähig, im'stande, gewachsen: ***~ to do*** fähig zu tun; ***~ to a task*** (***the occasion***) e-r Aufgabe (der Sache) gewachsen; **4.** aufgelegt, geneigt (***to*** *dat. od.* zu): ***~ to a cup of tea*** e-r Tasse Tee nicht abgeneigt; **5.** gleichmäßig; **6.** gleichberechtigt, -wertig, ebenbürtig: ***on ~ terms*** a) unter gleichen Bedingungen, b) auf gleicher Stufe stehend (***with*** mit); ***~ opportunities*** Chancengleichheit *f*; ***~ rights for women*** Gleichberechtigung *f* der Frau; **7.** gleichmütig, gelassen: ***~ mind*** Gleichmut *m*; **II** *s.* **8.** Gleichgestellte(r *m*) *f*, Ebenbürtige(r *m*) *f*: ***your ~s*** deinesgleichen; ***~s in age*** Altersgenossen; ***he has no ~***, ***he is without ~*** er hat nicht *od.* sucht seinesgleichen; ***be the ~ of s.o.*** j-m ebenbürtig sein; **III** *v/t.* **9.** gleichen (*dat.*), gleichkommen (***in*** an *dat.*): ***not to be ~(l)ed*** ohnegleichen (sein).

e·qual·i·tar·i·an [ɪˌkwɒlɪ'teərɪən] *etc.* → ***egalitarian*** *etc.*

e·qual·i·ty [i:'kwɒlətɪ] *s.* Gleichheit *f*: ***~*** (***of rights***) Gleichberechtigung *f*; ***~ of opportunity*** Chancengleichheit *f*; ***~ of votes*** Stimmengleichheit *f*; ***be on an ~ with*** a) auf gleicher Stufe stehen mit (*j-m*), b) gleichbedeutend sein mit (*et.*); ***~ sign***, ***sign of ~*** ⩘ Gleichheitszeichen *n*; **e·qual·i·za·tion** [ˌi:kwəlaɪ'zeɪʃn] *s.* **1.** Gleichstellung *f*, -machung *f*; **2.** *bsd.* ✝ Ausgleich(ung *f*) *m*: ***~ fund*** Ausgleichsfonds *m*; **3.** a) ⚙ Abgleich *m*, b) ⚡, *phot.* Entzerrung *f*.

e·qual·ize ['i:kwəlaɪz] **I** *v/t.* **1.** gleichmachen, -stellen, -setzen, angleichen; **2.** ausgleichen, kompensieren; **3.** a) ⚙ abgleichen, b) ⚡, *phot.* entzerren; **II** *v/i.* **4.** *sport* ausgleichen, den Ausgleich erzielen; **'e·qual·iz·er** [-zə] *s.* **1.** ⚙ Stabili'sator *m*; **2.** ⚡ Entzerrer *m*; **3.** *sport* Ausgleichstreffer *m od.* -punkt *m*; **4.** *sl.* Schießeisen *n*; **'e·qual·ly** [-əlɪ] *adv.* ebenso, gleich(ermaßen), in gleicher Weise.

e·qua·nim·i·ty [ˌekwə'nɪmətɪ] *s.* Gleichmut *m*, Gelassenheit *f*.

e·quate [ɪ'kweɪt] **I** *v/t.* **1.** ausgleichen; **2.** *j-n*, *et.* gleichstellen, -setzen (***to***, ***with*** *dat.*); **3.** ⩘ in die Form e-r Gleichung bringen; **4.** als gleich(wertig) ansehen *od.* behandeln; **II** *v/i.* **5.** gleichen, entsprechen (***with*** *dat.*); **e'quat·ed** [-tɪd] *adj.* ✝ Staffel…: ***~ calculation of interest*** Staffelzinsrechnung *f*; **e'qua·tion** [-eɪʃn] *s.* **1.** Ausgleich *m*; **2.** Gleichheit *f*; **3.** ⩘, ⚗, *ast.* Gleichung *f*: ***~ formula*** Gleichungsformel *f*; **4.** *sociol.* Ge'samtkomˌplex *m* der Fak'toren u. Mo'tive menschlichen Verhaltens; **e'qua·tor** [-tə] *s.* Ä'quator *m*; **e·qua·to·ri·al** [ˌekwə'tɔ:rɪəl] *adj.* □ äquatori'al.

eq·uer·ry ['ekwərɪ; ɪ'kwerɪ] *s. Brit.* **1.** königlicher Stallmeister; **2.** per'sönlicher Diener (*e-s Mitglieds der königlichen Familie*).

e·ques·tri·an [ɪ'kwestrɪən] **I** *adj.* Reit(er)…: ***~ sports*** Reitsport *m*; ***~ statue*** Reiterstandbild *n*; **II** *s.* (Kunst)Reiter (-in).

equi- [i:kwɪ] *in Zssgn* gleich.

ˌe·qui|'an·gu·lar *adj.* ⩘ gleichwink(e)lig; **ˌ~'dis·tant** *adj.* □ gleich weit entfernt, in gleichem Abstand (***from*** von); **ˌ~'lat·er·al** *bsd.* ⩘ **I** *adj.* gleichseitig: ***~ triangle***; **II** *s.* gleichseitige Fi'gur.

e·qui·li·brate [ˌi:kwɪ'laɪbreɪt] *v/t.* **1.** ins Gleichgewicht bringen (*a. fig.*); **2.** ⚙ auswuchten; **3.** ⚡ abgleichen; **e·qui·li·bra·tion** [ˌi:kwɪlaɪ'breɪʃn] *s.* **1.** Gleichgewicht *n*; **2.** Herstellung *f* des Gleichgewichts; **e·quil·i·brist** [i:'kwɪlɪbrɪst] *s.* Äquili'brist(in), *bsd.* Seiltänzer(in); **ˌe·qui'lib·ri·um** [-'lɪbrɪəm] *s. phys.* Gleichgewicht *n* (*a. fig.*), Ba'lance *f*.

e·quine ['i:kwaɪn] *adj.* Pferde…

e·qui·noc·tial [ˌi:kwɪ'nɒkʃl] **I** *adj.* **1.** Äquinoktial…, die Tagund'nachtgleiche betreffend: ***~ point*** → ***equinox*** 2; **II** *s.* **2.** *a.* ***~ circle*** *od.* ***line*** 'Himmelsäˌquator *m*; **3.** *pl.* → ***~ gale*** *s.* Äquinokti'alsturm *m*.

e·qui·nox ['i:kwɪnɒks] *s.* **1.** Äqui'noktium *n*, Tagund'nachtgleiche *f*: ***vernal ~*** Frühlingsäquinoktium; **2.** Äquinokti'alpunkt *m*.

e·quip [ɪ'kwɪp] *v/t.* **1.** ausrüsten, -statten (***with*** mit) (*a.* ⚙, ⚔, ⚓), *Klinik etc.* einrichten; **2.** *fig.* ausrüsten (***with*** mit), *j-m* das (geistige) Rüstzeug geben (**for** für); **eq·ui·page** ['ekwɪpɪdʒ] *s.* **1.** Ausrüstung *f* (*a.* ⚔, ⚓); **2.** *obs.* Gebrauchsgegenstände *pl.*; **3.** Equi'page *f*, Kutsche *f*; **e'quip·ment** [-mənt] *s.* **1.** ⚔, ⚓ Ausrüstung *f*; **2.** a) *a.* ⚙ Ausrüstung *f*, -stattung *f*, b) *mst pl.* Ausrüstung(sgegenstände *pl.*) *f*, Materi'al *n*, c) ⚙ Einrichtung *f*, (Betriebs)Anlage(n *pl.*) *f*, Ma'schine(n *pl.*) *f*, Gerät *n*, Appara'tur *f*, d) 🚂 *Am.* rollendes Materi'al; **3.** *fig.* (geistiges) Rüstzeug.

e·qui·poise ['ekwɪpɔɪz] **I** *s.* **1.** Gleichgewicht *n* (*a. fig.*); **2.** *fig.* Gegengewicht *n* (**to** zu); **II** *v/t.* **3.** im Gleichgewicht halten; **4.** ein Gegengewicht bilden zu.

eq·ui·ta·ble ['ekwɪtəbl] *adj.* □ **1.** gerecht, (recht u.) billig; **2.** 'unparˌteiisch; **3.** ⚖ a) auf dem Billigkeitsrecht beruhend, b) billigkeitsgerichtlich: ~ **mortgage** ⚕ Hypothek *f* nach dem Billigkeitsrecht; **'eq·ui·ta·ble·ness** [-nɪs] → **equity** 1; **'eq·ui·ty** [-tɪ] *s.* **1.** Billigkeit *f*, Gerechtigkeit *f*, 'Unparˌteilichkeit *f*: **in** ~ billiger-, gerechterweise; **2.** ⚖ a) (*ungeschriebenes*) Billigkeitsrecht: **Court of** ♀ Billigkeitsgericht *n*, b) Anspruch *m* nach dem Billigkeitsrecht; **3.** ⚖ Wert *m* nach Abzug aller Belastungen, reiner Wert (*e-s Hauses etc.*); **4.** ⚕ a) *a.* ~ **capital** Eigenkapital *n* (*e-r Gesellschaft*), b) *a.* ~ **security** Dividendenpapier *n*; **5.** ♀ *Brit.* Gewerkschaft *f* der Schauspieler.

e·quiv·a·lence [ɪ'kwɪvələns] *s.* Gleichwertigkeit *f* (*a.* ⚗); **e'quiv·a·lent** [-nt] **I** *adj.* □ **1.** gleichwertig, -bedeutend, entsprechend: **be** ~ **to** gleichkommen, entsprechen (*dat.*), den gleichen Wert haben wie; **2.** ⚗, ⩓ gleichwertig, äquiva'lent; **II** *s.* **3.** Gegenwert *m* (**of** von *od. gen.*); gleiche Menge; **4.** Gegen-, Seitenstück *n* (**of**, **to** zu); **5.** *genaue* Entsprechung, Äquiva'lent.

e·quiv·o·cal [ɪ'kwɪvəkl] *adj.* □ **1.** zweideutig, doppelsinnig; **2.** ungewiß, zweifelhaft; **3.** fragwürdig, verdächtig; **e'quiv·o·cal·ness** [-nɪs] *s.* Zweideutigkeit *f*; **e'quiv·o·cate** [-keɪt] *v/i.* zweideutig reden, Worte verdrehen; Ausflüchte machen; **e·quiv·o·ca·tion** [ɪˌkwɪvə'keɪʃn] *s.* Zweideutigkeit *f*; Ausflucht *f*; Wortverdrehung *f*; **e'quiv·o·ca·tor** [-keɪtə] *s.* Wortverdreher(in).

e·ra ['ɪərə] *s.* Ära *f*: a) Zeitrechnung *f*, b) E'poche *f*, Zeitalter *n*: **mark an** ~ e-e Epoche einleiten.

e·rad·i·ca·ble [ɪ'rædɪkəbl] *adj.* ausrottbar, auszurotten(d); **e'rad·i·cate** [-keɪt] *v/t.* *mst fig.* ausrotten; **e·rad·i·ca·tion** [ɪˌrædɪ'keɪʃn] *s.* Ausrottung *f*.

e·rase [ɪ'reɪz] *v/t.* **1.** a) *Farbe etc.* ab-, auskratzen, b) *Schrift etc.* ausstreichen, -radieren, *a. Tonbandaufnahme* löschen: **erasing head** Löschkopf *m*; **2.** *fig.* auslöschen, (aus)tilgen (**from** aus): ~ **from one's memory** aus dem Gedächtnis löschen; **3.** a) vernichten, auslöschen, b) *Am. sl.* ‚kaltmachen' (*töten*); **e'ras·er** [-zə] *s.* **1.** Radiermesser *n*; **2.** Radiergummi *m*; **e·ra·sion** [ɪ'reɪʒn] *s.* **1.** → **erasure**; **2.** ⚕ Auskratzung *f*; **e·ra·sure** [ɪ'reɪʒə] *s.* **1.** Ausradierung *f*, Tilgung *f*, Löschung *f*; **2.** ausradierte *od.* gelöschte Stelle.

ere [eə] *poet.* **I** *cj.* ehe, bevor; **II** *prp.* vor: ~ **long** bald; ~ **this** schon vorher; ~ **now** vordem, bislang.

e·rect [ɪ'rekt] **I** *v/t.* **1.** aufrichten, -stellen; **2.** *Gebäude etc.* errichten, bauen; **3.** ⚙ aufstellen, montieren; **4.** *fig. Theorie* aufstellen; **5.** ⚖ einrichten, gründen; **6.** ⩓ *das Lot, e-e Senkrechte* fällen, errichten; **II** *adj.* □ **7.** aufgerichtet, aufrecht: **with head** ~ erhobenen Hauptes; **stand** ~**(ly)** geradestehen, *fig.* standhaft bleiben; **8.** *physiol.* erigiert (*Penis*); **9.** zu Berge stehend, sich sträubend (*Haare*); **e'rec·tile** [-taɪl] *adj.* **1.** aufrichtbar; **2.** aufgerichtet; **3.** *physiol.* erek'til, Schwell...: ~ **tissue**; **e'rect·ing** [-tɪŋ] *s.* **1.** ⚙ Aufbau *m*, Mon'tage *f*; **2.** *opt.* 'Bildˌumkehrung *f*; **e'rec·tion** [-kʃn] *s.* **1.** Auf-, Errichtung *f*, Aufführung *f*; **2.** Bau *m*, Gebäude *n*; **3.** ⚙ Mon'tage *f*; **4.** *physiol.* Erekti'on *f*; **5.** ⚖ Gründung *f*; **e'rect·ness** [-nɪs] *s.* **1.** aufrechte Haltung (*a. fig.*); **2.** *a. fig.* Geradheit *f*; **e'rec·tor** [-tə] *s.* **1.** Erbauer *m*; **2.** *anat.* E'rektor *m*, Aufrichtmuskel *m*.

er·e·mite ['erɪmaɪt] *s.* Ere'mit *m*, Einsiedler *m*.

erg [ɜːg], **er·gon** ['ɜːgɒn] *s. phys.* Erg *n*, Ener'gieeinheit *f*.

er·go·nom·ics [ˌɜːgəʊ'nɒmɪks] *s. pl. sg. konstr. sociol.* Ergono'mie *f*, Ergo'nomik *f* (*Lehre von den Leistungsmöglichkeiten des Menschen*).

er·got ['ɜːgət] *s.* ⚘ Mutterkorn *n*.

er·i·ca ['erɪkə] *s.* ⚘ Erika *f*.

Er·in ['ɪərɪn] *npr. poet.* Erin *n*, Irland *n*.

er·mine ['ɜːmɪn] *s.* **1.** *zo.* Herme'lin *n* (*a. her.*); **2.** Herme'lin(pelz) *m*.

erne, *Am. a.* **ern** [ɜː] *s. orn.* Seeadler *m*.

e·rode [ɪ'rəʊd] *v/t.* **1.** an-, zer-, wegfressen; **2.** *geol.* erodieren, auswaschen; **3.** ⚙ *u. fig.* verschleißen; **4.** *fig.* aushöhlen, unter'graben.

er·o·gen·ic [ˌerəʊ'dʒenɪk], **e·rog·e·nous** [ɪ'rɒdʒɪnəs] *adj. physiol.* ero'gen: **~ zone**.

e·ro·sion [ɪ'rəʊʒn] *s.* **1.** Zerfressen *n*; **2.** *geol.* Erosi'on *f*, Auswaschung *f*; Verwitterung *f*; **3.** ⚙ Verschleiß *m*, Abnützung *f*, Schwund *m*; **4.** *fig.* Aushöhlung *f*; **e'ro·sive** [-əʊsɪv] *adj.* ätzend, zerfressend.

e·rot·ic [ɪ'rɒtɪk] **I** *adj.* (□ **~ally**) e'rotisch; **II** *s.* E'rotiker(in); **e'rot·i·ca** [-kə] *pl.* E'rotika *pl.*; **e'rot·i·cism** [-ɪsɪzəm] *s.* E'rotik *f*.

err [ɜː] *v/i.* **1.** (sich) irren: **~ on the safe side, ~ on the side of caution** übervorsichtig sein; **to ~ is human** Irren ist menschlich; **2.** falsch sein, fehlgehen (*Urteil*); **3.** (mo'ralisch) auf Abwege geraten.

er·rand ['erənd] *s.* Botengang *m*, Auftrag *m*: **go on** (*od.* **run**) **an ~** e-n (Boten)Gang *od.* e-e Besorgung machen, e-n Auftrag ausführen; **'~-boy** *s.* Laufbursche *m*.

er·rant ['erənt] *adj.* **1.** um'herziehend, (-)wandernd, fahrend: **~ knight**; **2.** *fig.* a) fehlgeleitet, auf Ab- *od.* Irrwegen, b) abtrünnig, fremdgehend (*Ehepartner*); **'er·rant·ry** [-trɪ] **1.** Um'herziehen *n*; **2.** *hist.* fahrendes Rittertum.

er·ra·ta [e'rɑːtə] → **erratum**.

er·rat·ic [ɪ'rætɪk] *adj.* (□ **~ally**) **1.** (um'her)wandernd, (-)ziehend; **2.** *geol.*, ⚕ er'ratisch: **~ block, ~ boulder** erratischer Block, Findling *m*; **3.** ungleich-, unregelmäßig, regel-, ziellos; **4.** unstet, unberechenbar, sprunghaft.

er·ra·tum [e'rɑːtəm] *pl.* **-ta** [-tə] *s.* **1.** Druckfehler *m*; **2.** *pl.* Druckfehlerverzeichnis *n*, Er'rata *pl.*

err·ing ['ɜːrɪŋ] *adj.* □ **1.** → **erroneous**; **2.** a) irrend, sündig, b) → **errant** 2.

er·ro·ne·ous [ɪ'rəʊnjəs] *adj.* □ irrig, irrtümlich, unrichtig, falsch; **er'ro·ne·ous·ly** [-lɪ] *adv.* irrtümlicherweise, fälschlich, aus Versehen.

er·ror ['erə] *s.* **1.** Irrtum *m*, Fehler *m*, Versehen *n*: **in ~** irrtümlicherweise; **be in ~** sich irren; **~s** (**and omissions**) **excepted** ✝ Irrtümer (u. Auslassungen) vorbehalten; **~ of omission** Unterlassungssünde *f*; **~ of judg**(**e**)**ment** Trugschluß *m*, irrige Ansicht, falsche Beurteilung; **2.** ⅌, *ast.* Fehler *m*, Abweichung *f*; **~ rate** Fehlerquote *f*; **~ in range** *a.* ⚔ Längenabweichung; **3.** ⚖ a) Tatsachen- *od.* Rechtsirrtum *m*: **~ in law** (**in fact**), b) Formfehler *m*, Verfahrensmangel *m*: **writ of ~** Revisionsbefehl *m*; **4.** Fehltritt *m*, Vergehen *n*.

er·satz ['eəzæts] (*Ger.*) **I** *s.* Ersatz(stoff) *m*; **II** *adj.* Ersatz…

Erse [ɛːs] *ling.* **I** *adj.* **1.** gälisch; **2.** irisch; **II** *s.* **3.** Gälisch *n*; **4.** Irisch *n*.

erst·while ['ɜːstwaɪl] **I** *adv.* ehedem, früher; **II** *adj.* ehemalig, früher.

e·ruc·tate [ɪ'rʌkteɪt] *v/i.* aufstoßen, rülpsen; **e·ruc·ta·tion** [ˌiːrʌk'teɪʃn] *s.* Aufstoßen *n*, Rülpsen *n*.

er·u·dite ['eruːdaɪt] *adj.* □ gelehrt (*a. Abhandlung etc.*), belesen; **er·u·di·tion** [ˌeruː'dɪʃn] *s.* Gelehrsamkeit *f*, Belesenheit *f*.

e·rupt [ɪ'rʌpt] *v/i.* **1.** ausbrechen (*Vulkan, a. Ausschlag, Streit etc.*); **2.** *geol.* her'vorbrechen, eruptieren (*Lava etc.*); **3.** 'durchbrechen (*Zähne*); **4.** plötzlich auftauchen: **~ into the room** ins Zimmer platzen; **5.** *fig.* (zornig) losbrechen, ‚explodieren'; **e'rup·tion** [-pʃn] *s.* **1.** Ausbruch *m* (*e-s Vulkans, Streits etc.*); **2.** Her'vorbrechen *n*, *geol.* Erupti'on *f*; **3.** 'Durchbruch *m* (*der Zähne*); **4.** ⚕ Erupti'on *f*: a) Ausbruch *m e-s Ausschlags*, b) Ausschlag *m*; **5.** (Wut- *etc.*)Ausbruch *m*; **e'rup·tive** [-tɪv] *adj.* □ **1.** *geol.* erup'tiv: **~ rock** Eruptivgestein; **2.** ⚕ von Ausschlag begleitet.

er·y·sip·e·las [ˌerɪ'sɪpɪləs] *s.* ⚕ (Wund-) Rose *f*; **ˌer·y'sip·e·loid** [-lɔɪd] *s.* ⚕ (Schweine)Rotlauf *m*.

es·ca·lade [ˌeskə'leɪd] ⚔ *hist.* **I** *s.* Eska'lade *f*, Mauerersteigung *f* (*mit Leitern*), Erstürmung *f*; **II** *v/t.* mit Sturmleitern ersteigen.

es·ca·late ['eskəleɪt] **I** *v/t.* **1.** *Krieg etc.* eskalieren (*stufenweise verschärfen*); **2.** *Erwartungen, Preise etc.* höherschrauben; **II** *v/i.* **3.** eskalieren; **4.** steigen, in die Höhe gehen (*Preise etc.*); **es·ca·la·tion** [ˌeskə'leɪʃn] *s.* **1.** ⚔, *pol.* Eskalati'on *f*; **2.** ✝ *Am.* Anpassung *f* der Löhne *od.* Preise an gestiegene (Lebenshaltungs)Kosten; **'es·ca·la·tor** ['eskəleɪtə] *s.* **1.** Rolltreppe *f*; **2.** *a.* **~ clause** ✝ (Preis-, Lohn)Gleitklausel *f*.

es·ca·lope ['eskələʊp] *s.* (*bsd.* Wiener) Schnitzel *n*.

es·ca·pade [ˌeskə'peɪd] *s.* Eska'pade *f*: a) toller Streich, b) ‚Seitensprung' *m*.

es·cape [ɪ'skeɪp] **I** *v/t.* **1.** *j-m* entfliehen, -kommen, -rinnen; **2.** *e-r Sache* entgehen, -rinnen, *et.* vermeiden: **he just ~d being killed** er entging knapp dem Tode; **I cannot ~ the impression** ich kann mich des Eindrucks nicht erwehren; **3.** *fig. j-m* entgehen, über'sehen *od.* nicht verstanden werden von *j-m*: **that fact ~d me** diese Tatsache entging mir; **the sense ~s me** der Sinn leuchtet mir nicht ein; ***it ~d my notice*** ich bemerkte es nicht; **4.** (*dem Gedächtnis*) entfallen: ***his name ~s me*** sein Name ist mir entfallen; **5.** entfahren, -schlüpfen: ***an oath ~d him***; **II** *v/i.* **6.** (***from***) (ent)fliehen, entkommen, -rinnen, -laufen, -wischen, -weichen (aus, von), flüchten, ausbrechen (aus); **7.** (*oft* ***from***) sich retten (vor *dat.*), (ungestraft *od.* mit dem Leben) da'vonkommen; **8.** a) ausfließen, b) entweichen, ausströmen (*Gas etc.*); **III** *s.* **9.** Entrinnen *n*, -weichen *n*, -kommen *n*, Flucht *f* (***from*** aus, von): ***have a narrow ~*** mit knapper Not davon- *od.* entkommen; ***that was a narrow ~!*** das war knapp!, das hätte ins Auge gehen können!; ***make one's ~*** entkommen, sich aus dem Staub machen; **10.** Rettung *f* (***from*** vor *dat.*): (***way of***) ~ Ausweg *m*; **11.** Fluchtmittel *n*; → ***fire escape***; **12.** Ausströmen *n*, Entweichen *n*; **13.** *fig.* (Mittel *n* der) Entspannung *f od.* Zerstreuung *f*, Unter'haltung *f*: ***~ reading*** Unterhaltungslektüre *f*; **~ art·ist** *s.* **1.** Entfesselungskünstler *m*; **2.** Ausbrecherkönig *m*; **~ car** *s.* Fluchtwagen *m*; **~ chute** *s.* ✈ Notrutsche *f*; **~ clause** *s.* Befreiungsklausel *f*.

es·ca·pee [ˌeskeɪ'piː] *s.* entwichener Strafgefangener, Ausbrecher *m*.

es·cape| hatch *s.* **1.** a) ⚓ Notluke *f*, b) ✈ Notausstieg *m*; **2.** *fig.* ‚Schlupfloch' *n*; **~ mech·a·nism** *s. psych.* 'Abwehrmechaˌnismus *m*.

es·cape·ment [ɪ'skeɪpmənt] *s.* **1.** Hemmung *f* (*der Uhr*); **2.** Vorschub *m* (*der Schreibmaschine*); **~ wheel** *s.* **1.** Hemmungsrad *n* (*der Uhr*); **2.** Schaltrad *n* (*der Schreibmaschine*).

es·cape| pipe *s.* **1.** Abflußrohr *n*; **2.** Abzugsrohr *n* (*für Gase*); **~-proof** *adj.* ausbruchssicher; **~ route** *s.* Fluchtweg *m*; **~ shaft** *s.* Rettungsschacht *m*; **~ valve** *s.* 'Sicherheitsvenˌtil *n*.

es·cap·ism [ɪs'keɪpɪzəm] *s. psych.* Eska'pismus *m*, Wirklichkeitsflucht *f*; **es·cap·ist** [ɪ'skeɪpɪst] **I** *s.* j-d, der vor der Reali'tät zu fliehen sucht; **II** *adj.* eska'pistisch, *weitS.* Zerstreuungs.., Unterhaltungs...: ***~ literature***.

es·ca·pol·o·gist [ˌeskeɪ'pɒlədʒɪst] *s.* **1.** → ***escape artist*** 1; **2.** *j-d, der sich immer wieder geschickt herauswindet.*

es·carp·ment [ɪ'skɑːpmənt] *s.* **1.** ⚔ Böschung *f*; **2.** *geol.* Steilabbruch *m*.

es·cha·to·log·i·cal [ˌeskətə'lɒdʒɪkl] *adj. eccl.* eschato'logisch; **es·cha·tol·o·gy** [ˌeskə'tɒlədʒɪ] *s.* Eschatolo'gie *f*.

es·cheat [ɪs'tʃiːt] ⚖ **I** *s.* **1.** Heimfall *m* (*an den Staat*); **2.** Heimfallsgut *n*; **3.** Heimfallsrecht *n*; **II** *v/i.* **4.** an'heimfallen; **III** *v/t.* **5.** (als Heimfallsgut) einziehen.

es·chew [ɪs'tʃuː] *v/t. et.* (ver)meiden, scheuen, sich enthalten (*gen.*).

es·cort I *s.* ['eskɔːt] **1.** ⚔ Es'korte *f*, Bedeckung *f*, Begleitmannschaft *f*; **2.** a) ✈, ⚓ Geleit(schutz *m*) *n*, b) *a.* ***~ vessel*** ⚓ Geleitschiff *n*: ***~ fighter*** ✈ Begleitjäger *m*; **3.** *fig.* a) Geleit *n*, Schutz *m*, b) Begleitung *f*, Gefolge *n*, c) Begleiter(in): ***~ agency*** Begleitagentur *f*; **II** *v/t.* [ɪ'skɔːt] **4.** ⚔ eskortieren; **5.** ✈, ⚓ Geleit(schutz) geben (*dat.*); **6.** *fig.* a) geleiten, b) begleiten.

es·cri·toire [ˌeskriː'twɑː] (*Fr.*) *s.* Schreibpult *n*.

es·crow [e'skrəʊ] *s.* ⚖ *bei e-m Dritten (als Treuhänder) hinterlegte Vertragsurkunde, die erst bei Erfüllung e-r Bedingung in Kraft tritt.*

es·cutch·eon [ɪ'skʌtʃən] *s.* **1.** Wappen(-schild *m*) *n*: ***a blot on his ~*** *fig.* ein Fleck auf s-r (weißen) Weste; **2.** ⚙ a) (Deck)Schild *n* (*e-s Schlosses*), b) Abdeckung *f* (*e-s Schalters*); **3.** *zo.* Spiegel *m*, Schild *m*.

Es·ki·mo ['eskɪməʊ] *pl.* **-mos** *s.* **1.** Eskimo *m*; **2.** Eskimosprache *f*.

e·soph·a·gus [iː'sɒfəgəs] → ***oesophagus***.

es·o·ter·ic [ˌesəʊ'terɪk] *adj.* (□ ***~ally***) eso'terisch: a) *phls.* nur für Eingeweihte bestimmt, b) geheim, pri'vat.

es·pal·ier [ɪ'spæljə] *s.* **1.** Spa'lier *n*; **2.** Spa'lierbaum *m*.

es·pe·cial [ɪ'speʃl] *adj.* □ besonder: a) her'vorragend, b) Haupt..., hauptsächlich, spezi'ell; **es·pe·cial·ly** [ɪ'speʃəlɪ] *adv.* besonders, hauptsächlich: ***more ~*** ganz besonders.

Es·pe·ran·tist [ˌespə'ræntɪst] *s. ling.* Esperan'tist(in); **Es·pe·ran·to** [ˌespə'ræntəʊ] *s.* Espe'ranto *n*.

es·pi·o·nage [ˌespɪə'nɑːʒ] *s.* Spio'nage *f*: ***industrial ~*** Werkspionage.

es·pla·nade [ˌesplə'neɪd] *s.* **1.** Espla'nade *f* (*a.* ⚔ *hist.*), großer freier Platz; **2.** (*bsd.* 'Strand)Promeˌnade *f*.

es·pous·al [ɪ'spaʊzl] *s.* **1.** (***of***) Eintreten *n*, Par'teinahme *f* (für); Annahme *f* (*gen.*); **2.** *pl. obs.* a) Vermählung *f*, b) Verlobung *f*; **es·pouse** [ɪ'spaʊz] *v/t.* **1.** Par'tei ergreifen für, eintreten für, sich *e-r Sache* verschreiben, *e-n Glauben* annehmen; **2.** *obs.* a) sich vermählen mit, zur Frau nehmen, b) (***to***) zur Frau geben (*dat.*), c) (***o.s.*** sich) verloben (***to*** mit).

es·pres·so [eˈspresəʊ] (*Ital.*) *s.* **1.** Esˈpresso *m*; **2.** Esˈpressomaˌschine *f*; **~ bar**, **~ ca·fé** *s.* Esˈpresso(bar *f*) *n*.

es·prit [ˈespriː] (*Fr.*) *s.* Esˈprit *m*, Geist *m*, Witz *m*; **~ de corps** [ˌespriːdəˈkɔː] (*Fr.*) *s.* Korpsgeist *m*.

es·py [ɪˈspaɪ] *v/t.* erspähen.

Es·qui·mau [ˈeskɪməʊ] *pl.* **-maux** [-məʊz] → ***Eskimo***.

es·quire [ɪˈskwaɪə] *s.* **1.** *Brit. obs.* → ***squire*** 1; **2.** *abbr.* ***Esq.*** (*ohne Mr., Dr. etc. auf Briefen dem Namen nachgestellt*): ***John Smith, Esq.*** Herrn John Smith.

ess [es] *s.* **1.** S *n*, s *n*; **2.** S-Form *f*.

es·say I *s.* [ˈeseɪ] **1.** Essay *m*, *n*, Abhandlung *f*, Aufsatz *m*; **2.** Versuch *m*; **II** *v/t. u. v/i.* [eˈseɪ] **3.** versuchen; **ˈes·say·ist** [-ɪst] *s.* Essayˈist(in).

es·sence [ˈesns] *s.* **1.** *phls.* a) Esˈsenz *f*, Wesen *n*, b) Subˈstanz *f*, absoˈlutes Sein; **2.** *fig.* Esˈsenz *f*, *das* Wesentliche, Kern *m*: ***of the ~*** von entscheidender Bedeutung; **3.** Esˈsenz *f*, Exˈtrakt *m*.

es·sen·tial [ɪˈsenʃl] **I** *adj.* □ → ***essentially***; **1.** wesentlich; **2.** wichtig, unentbehrlich, erforderlich; lebenswichtig: ***~ goods***; **3.** ⚗ äˈtherisch: ***~ oil***; **II** *s. mst pl.* **4.** *das* Wesentliche *od.* Wichtigste, Hauptsache *f*; wesentliche Punkte *pl.*; unentbehrliche Sache *od.* Perˈson; **es·sen·ti·al·i·ty** [ɪˌsenʃɪˈælətɪ] → ***essential*** 4; **esˈsen·tial·ly** [-lɪ] *adv.* im wesentlichen, eigentlich, in der Hauptsache; in hohem Maße.

es·tab·lish [ɪˈstæblɪʃ] *v/t.* **1.** ein-, errichten, gründen; einführen; *Regierung* bilden; *Gesetz* erlassen; *Rekord*, *Theorie* aufstellen; ✝ *Konto* eröffnen; **2.** *j-n* einsetzen, ˈunterbringen; ✝ etablieren: ***~ o.s.*** sich niederlassen *od.* einrichten, ✝ *u. fig.* sich etablieren; **3.** *Kirche* verstaatlichen; **4.** feststellen, festsetzen; *s-e Identität etc.* nachweisen; **5.** Geltung verschaffen (*dat.*); *Forderung*, *Ansicht* ˈdurchsetzen; *Ordnung* schaffen; **6.** *Verbindung* herstellen; **7.** begründen: ***~ one's reputation*** sich e-n Namen machen; **es·tab·lished** [ɪˈstæblɪʃt] *adj.* **1.** bestehend; **2.** feststehend, festbegründet, unzweifelhaft; **3.** planmäßig (*Beamter*): ***the ~ staff*** das Stammpersonal; **4.** ***℞ Church*** Staatskirche *f*; **es·tab·lish·ment** [ɪˈstæblɪʃmənt] *s.* **1.** Er-, Einrichtung *f*; Einsetzung *f*; Gründung *f*, Einführung *f*, Schaffung *f*; **2.** Feststellung *f*, -setzung *f*; **3.** (*großer*) Haushalt; ✝ Unterˈnehmen *n*, Firma *f*: ***keep a large ~*** a) ein großes Haus führen, b) ein bedeutendes Unternehmen leiten; **4.** Anstalt *f*, Instiˈtut *n*; **5.** organisierte Körperschaft: ***civil ~*** Beamtenschaft *f*; ***military ~*** stehendes Heer; ***naval ~*** Flotte *f*; **6.** festes Persoˈnal, Persoˈnal- *od.* ⚔ Mannschaftsbestand *m*; Sollstärke *f*: ***peace ~*** Friedensstärke; ***war ~*** Kriegsstärke; **7.** Staatskirche *f*; **8.** ***the ℞*** das Establishment (*etablierte Macht*, *herrschende Schicht*, *konventionelle Gesellschaft*).

es·tate [ɪˈsteɪt] *s.* **1.** Stand *m*, Klasse *f*, Rang *m*: ***the Three ℞s*** (***of the Realm***) *Brit.* die drei (*gesetzgebenden*) Stände; ***third ~*** *Fr. hist.* dritter Stand, Bürgertum *n*; ***fourth ~*** *humor.* Presse *f*; **2.** *obs.* (Zu)Stand *m*: ***man's ~*** *bibl.* Mannesalter; **3.** ⚖ a) Besitz *m*, Vermögen *n*; → ***personal*** 1, ***real*** 3, b) (Konˈkurs- *etc.*)Masse *f*, Nachlaß *m*; **4.** ⚖ Besitzrecht *n*, Nutznießung *f*; **5.** Grundbesitz *m*, Besitzung *f*, Gut *n*: ***family ~*** Familienbesitz *m*; **6.** (Wohn)Siedlung *f*; **7.** → ***estate car***; **~ a·gent** *s. Brit.* **1.** Grundstücksmakler *m*; **2.** Grundstücksverwalter *m*; **~-ˌbot·tled** *adj.* auf dem (Wein)Gut abgefüllt; *als Aufschrift*: Gutsabfüllung!; **~ car** *s. Brit.* Kombiwagen *m*; **~ du·ty** *s. Brit. obs.*, **~ tax** *s. Am.* Erbschaftssteuer *f*.

es·teem [ɪˈstiːm] **I** *v/t.* **1.** achten, (hoch-) schätzen; **2.** erachten *od.* ansehen als, halten für; **II** *s.* **3.** Wertschätzung *f*, Achtung *f*: ***to hold in*** (***high***) ***~*** achten.

es·ter [ˈestə] *s.* ⚗ Ester *m*.

Es·ther [ˈestə] *npr. u. s. bibl.* (das Buch) Esther *f*.

es·thete *etc.* → ***aesthete*** *etc.*

Es·tho·ni·an [eˈstəʊnjən] **I** *s.* **1.** Este *m*, Estin *f*; **2.** *ling.* Estnisch *n*; **II** *adj.* **3.** estnisch, estländisch.

es·ti·ma·ble [ˈestɪməbl] *adj.* □ achtens-, schätzenswert; **es·ti·mate I** *v/t.* [ˈestɪmeɪt] **1.** (ab-, ein)schätzen, taxieren, veranschlagen (***at*** auf *acc.*): ***an ~d 200 buyers*** schätzungsweise 200 Käufer; **2.** bewerten, beurteilen; **II** *s.* [ˈestɪmɪt] **3.** (Ab-, Ein)Schätzung *f*, Veranschlagung *f*, (Kosten)Anschlag *m*: ***rough ~*** grober Überschlag; ***at a rough ~*** grob geschätzt; **4.** ***the ℞s*** *pl. pol.* der (Staats-) Haushaltsplan; **5.** Bewertung *f*, Beurteilung *f*: ***form an ~ of*** *et.* beurteilen *od.* einschätzen; **es·ti·ma·tion** [ˌestɪˈmeɪʃn] *s.* **1.** Urteil *n*, Meinung *f*: ***in my ~*** nach m-r Ansicht; **2.** Bewertung *f*, Schätzung *f*; **3.** Achtung *f*: ***hold in*** (***high***) ***~*** hochschätzen.

es·ti·val → ***aestival***.

es·top [ɪˈstɒp] *v/t.* ⚖ rechtshemmenden Einwand erheben gegen, hindern (***from*** an *dat.*, ***from doing*** zu tun); **es·top·pel** [ɪ'stɒpl] *s.* ⚖ Ausschluß *m* e-r Klage *od.* Einrede.

es·trange [ɪ'streɪndʒ] *v/t. j-n* entfremden (***from*** *dat.*): ***become ~d*** a) sich entfremden (***from*** *dat.*), b) sich auseinanderleben; **es·tranged** [ɪ'streɪndʒd] *adj.* **1.** ***an ~ couple*** ein Paar, das sich auseinandergelebt hat; **2.** ⚖ getrennt lebend: ***his ~ wife*** s-e von ihm getrennt lebende Frau; ***she is ~ from her husband*** sie lebt von ihrem Mann getrennt; **es·trange·ment** [ɪ'streɪndʒmənt] *s.* Entfremdung *f* (***from*** von).

es·tro·gen ['estrədʒən] *s. biol.*, ⚗ Östro'gen *n.*

es·tu·ar·y ['estjʊərɪ] *s.* **1.** (den Gezeiten ausgesetzte) Flußmündung; **2.** Meeresarm *m*, -bucht *f.*

et cet·er·a [ɪt'setərə] *abbr.* ***etc.***, ***&c.*** (*Lat.*) und so weiter; **et'cet·er·a** *s.* **1.** (*lange etc.*) Reihe; **2.** *pl.* allerlei Dinge.

etch [etʃ] *v/t. u. v/i.* **1.** ätzen; **2.** a) kupferstechen, b) radieren; **3.** schneiden, kratzen (***on*** in *acc.*): ***sharply ~ed features*** *fig.* scharf geschnittene Gesichtszüge; ***the event was ~ed on*** (*od.* ***in***) ***his memory*** das Ereignis hatte sich s-m Gedächtnis (tief) eingeprägt; **4.** *fig.* (klar *etc.*) zeichnen, (gut *etc.*) her'ausarbeiten; **etch·er** ['etʃə] *s.* **1.** Kupferstecher *m*; **2.** Radierer *m*; **etch·ing** ['etʃɪŋ] *s.* **1.** Ätzen *etc.* (→ ***etch*** 1, 2); **2.** a) Radierung *f*, b) Kupferstich *m*: ***come up and see my ~s*** *humor.* wollen Sie sich m-e Briefmarkensammlung ansehen?

e·ter·nal [ɪ'tɜːnl] **I** *adj.* ☐ **1.** ewig, immerwährend: ***the* ♀ *City*** die Ewige Stadt (*Rom*); **2.** unab'änderlich; **3.** F ewig, unaufhörlich; **II** *s.* **4.** ***the* ♀** Gott *m*; **5.** *pl.* ewige Dinge *pl.*; **e'ter·nal·ize** [-nəlaɪz] *v/t.* verewigen; **e'ter·ni·ty** [-nətɪ] *s.* **1.** Ewigkeit *f* (*a.* F *fig. lange Zeit*): ***from here to ~***, ***to all ~*** bis in alle Ewigkeit; **2.** *eccl.* a) *das* Jenseits, b) *pl.* ewige Wahrheiten; **e'ter·nize** [-naɪz] → ***eternalize***.

eth·ane ['eθeɪn] *s.* ⚗ Ä'than *n*; **'eth·ene** ['eθiːn] *s.* Ä'then *n*, Äthy'len *n*; **eth·e·nol** ['eθənɒl] *s.* Vi'nylalkoˌhol *m*; **eth·e·nyl** ['eθənɪl] *s.* Äthyli'den *n.*

e·ther ['iːθə] *s.* **1.** ⚗, *phys.* Äther *m*; **2.** *poet.* Äther *m*, Himmel *m*; **e·the·re·al** [iː'θɪərɪəl] *adj.* ☐ **1.** ⚗ a) ätherartig, b) ä'therisch; **2.** ä'therisch, himmlisch; vergeistigt; **e·the·re·al·ize** [iː'θɪərɪəlaɪz] *v/t.* **1.** ⚗ ätherisieren; **2.** vergeistigen, verklären; **'e·ther·ize** [-əraɪz] *v/t.* ☐ **1.** ⚗ in Äther verwandeln; **2.** ⚕ mit Äther narkotisieren.

eth·ic ['eθɪk] **I** *adj.* **1.** → ***ethical***; **II** *s.* **2.** *pl. sg. konstr.* Sittenlehre *f*, Ethik *f*; **3.** *pl.* Sittlichkeit *f*, Mo'ral *f*, Ethos *n*: ***professional ~s*** Standesehre *f*, Berufsethos; **'eth·i·cal** [-kl] *adj.* ☐ **1.** *phls.*, *a. ling.* ethisch; **2.** ethisch, mo'ralisch, sittlich; **3.** von ethischen Grundsätzen (geleitet); **4.** dem Berufsethos entsprechend; **5.** *pharm.* re'zeptpflichtig; **'eth·i·cist** [-ɪsɪst] *s.* Ethiker *m.*

E·thi·o·pi·an [iːθɪ'əʊpjən] **I** *adj.* äthi'opisch; **II** *s.* Äthi'opier(in).

eth·nic ['eθnɪk] **I** *adj.* ☐ **1.** ethnisch, völkisch, Volks...: ***~ group*** Volksgruppe *f*; ***~ German*** Volksdeutsche(r *m*) *f*; ***~ joke*** Witz *m* auf Kosten e-r bestimmten Volksgruppe; **II** *s.* **2.** Angehörige(r *m*) *f* e-r (homo'genen) Volksgruppe; **3.** *pl.* sprachliche *od.* kultu'relle Zugehörigkeit; **'eth·ni·cal** [-kl] → ***ethnic*** I; **eth·nog·ra·pher** [eθ'nɒgrəfə] *s.* Ethno'graph *m*; **eth·no·graph·ic** [ˌeθnəʊ'græfɪk] *adj.* ☐ ethno'graphisch, völkerkundlich; **eth·nog·ra·phy** [eθ'nɒgrəfɪ] *s.* Ethnogra'phie *f*, (beschreibende) Völkerkunde; **eth·no·log·i·cal** [ˌeθnəʊ'lɒdʒɪkl] *adj.* ☐ ethno'logisch; **eth·nol·o·gist** [eθ'nɒlədʒɪst] *s.* Ethno'loge *m*, Völkerkundler *m*; **eth·nol·o·gy** [eθ'nɒlədʒɪ] *s.* Ethnolo'gie *f*, (vergleichende) Völkerkunde.

e·thol·o·gist [iː'θɒlədʒɪst] *s.* Etho'loge *m*, (Tier)Verhaltensforscher *m*; **e'thol·o·gy** [-dʒɪ] *s.* Etholo'gie *f*, Verhaltensforschung *f.*

e·thos ['iːθɒs] *s.* **1.** Ethos *n*, Cha'rakter *m*, Wesensart *f*, Geist *m*, sittlicher Gehalt (*e-r Kultur*); **2.** ethischer Wert.

eth·yl ['eθɪl; ⚗ 'iːθaɪl] *s.* ⚗ Ä'thyl *n*: ***~ alcohol*** Äthylalkohol *m*; **eth·yl·ene** ['eθɪliːn] *s.* Äthy'len *n*, Kohlenwasserstoffgas *n.*

et·i·quette ['etɪket] *s.* Eti'kette *f*: a) Zeremoni'ell *n*, b) Anstandsregeln *pl.*, (gute) 'Umgangsformen *pl.*

E·ton| col·lar ['iːtn] *s.* breiter, steifer 'Umlegekragen; ***~* Col·lege** *s. berühmte englische Public School*; ***~* crop** *s.* Herrenschnitt *m* (*für Damen*).

E·to·ni·an [iː'təʊnjən] **I** *adj.* Eton...; **II** *s.* Schüler *m* des ***Eton College***.

E·ton jack·et *s.* schwarze, kurze Jacke *der Etonschüler*.

E·trus·can [ɪ'trʌskən] **I** *adj.* **1.** e'truskisch; **II** *s.* **2.** E'trusker(in); **3.** *ling.* E'truskisch *n.*

et·y·mo·log·ic, **et·y·mo·log·i·cal** [ˌetɪmə'lɒdʒɪk(l)] *adj.* ☐ etymo'logisch; **et·y·mol·o·gist** [ˌetɪ'mɒlədʒɪst] *s.* Etymo'loge *m*; **et·y·mol·o·gy** [ˌetɪ'mɒlədʒɪ] *s. allg.* Etymolo'gie *f*; **et·y·mon** ['etɪmɒn] *s.* Etymon *n*, Stammwort *n*.

eu·ca·lyp·tus [ˌju:kə'lɪptəs] *s.* ⚘ Euka'lyptus *m*.

Eu·cha·rist ['ju:kərɪst] *s. eccl.* Euchari'stie *f*: a) *die Feier des heiligen Abendmahls*, b) *die eucharistische Gabe* (*Brot u. Wein*).

eu·chre ['ju:kə] *v/t. Am.* F prellen, betrügen.

Eu·clid ['ju:klɪd] *s.* die (Eu'klidische) Geome'trie.

eu·gen·ic [ju:'dʒenɪk] **I** *adj.* (□ **~ally**) eu'genisch; **II** *s. pl. sg. konstr.* Eu'genik *f* (*Erbhygiene*); **eu·ge·nist** ['ju:dʒɪnɪst] *s.* Eu'geniker *m*.

eu·lo·gist ['ju:lədʒɪst] *s.* Lobredner(in); **eu·lo·gis·tic** [ˌju:lə'dʒɪstɪk] *adj.* (□ **~ally**) preisend, lobend; '**eu·lo·gize** [-dʒaɪz] *v/t.* loben, preisen, rühmen; '**eu·lo·gy** [-dʒɪ] *s.* **1.** Lob(preisung *f*) *n*; **2.** Lobrede *f od.* -schrift *f*.

eu·nuch ['ju:nək] *s.* Eu'nuch *m*, *weitS. a.* Ka'strat *m*.

eu·pep·sia [ju:'pepsɪə] *s.* ⚕ nor'male Verdauung; **eu'pep·tic** [-ptɪk] *adj.* **1.** ⚕ gut verdauend; **2.** *fig.* gutgelaunt.

eu·phe·mism ['ju:fɪmɪzəm] *s.* Euphe'mismus *m*, beschönigender Ausdruck, sprachliche Verhüllung; **eu·phe·mis·tic** [ˌju:fɪ'mɪstɪk] *adj.* (□ **~ally**) euphe'mistisch, beschönigend, verhüllend.

eu·phon·ic [ju:'fɒnɪk] *adj.* (□ **~ally**) eu'phonisch, wohlklingend; **eu·pho·ny** ['ju:fənɪ] *s.* Eupho'nie *f*, Wohlklang *m*.

eu·phor·bi·a [ju:'fɔ:bjə] *s.* ⚘ Wolfsmilch *f*.

eu·pho·ri·a [ju:'fɔ:rɪə] *s.* ⚕ *u. fig.* Eupho'rie *f*; **eu'phor·ic** [-'fɒrɪk] *adj.* (□ **~ally**) eu'phorisch; **eu·pho·ry** ['ju:fərɪ] → ***euphoria***.

eu·phu·ism ['ju:fju:ɪzəm] *s.* Euphu'ismus *m* (*schwülstiger Stil od. Ausdruck*); **eu·phu·is·tic** [ˌju:fju:'ɪstɪk] *adj.* (□ **~ally**) euphu'istisch, schwülstig.

Eu·rail·pass ['jʊəreɪlpɑ:s] *s.* 🚂 Eu'railpaß *m*.

Eur·a·sian [juə'reɪʒjən] **I** *s.* Eu'rasier (-in); **II** *adj.* eu'rasisch.

Euro- [jʊərəʊ] *in Zssgn* euro'päisch, Euro…

'**Eu·ro|·cheque** *s.* ✝ Eurocheque *m*, -scheck *m*: **~ *card*** Eurocheque-Karte *f*; ˌ**~'com·mun·ism** *s.* 'Eurokommuˌnismus *m*; **~·crat** ['jʊərəʊkræt] *s.* Euro'krat *m*; '**~ˌdol·lar** *s.* ✝ Eurodollar *m*.

Eu·ro·pe·an [ˌjʊərə'pi:ən] **I** *adj.* euro'päisch: **~** (***Economic***) ***Community*** Europäische (Wirtschafts)Gemeinschaft; **~ *Parliament*** Europaparlament *n*; **~ *plan*** *Am.* Hotelzimmer-Vermietung *f* ohne Verpflegung; **II** *s.* Euro'päer(in); ˌ**Eu·ro'pe·an·ism** [-nɪzəm] *s.* Euro'päertum *n*; ˌ**Eu·ro'pe·an·ize** [-naɪz] *v/t.* europäisieren.

Eu·ro·vi·sion ['jʊərəʊˌvɪʒn] *s. u. adj. TV* Eurovision(s…) *f*.

Eu·sta·chi·an tube [ju:'steɪʃjən] *s. anat.* Eu'stachische Röhre, 'Ohrtromˌpete *f*.

eu·tha·na·si·a [ˌju:θə'neɪzjə] *s.* **1.** sanfter *od.* leichter Tod; **2.** Euthana'sie *f*: ***active*** (***passive***) **~** ⚕ aktive (passive) Sterbehilfe.

e·vac·u·ant [ɪ'vækjʊənt] **I** *adj.* abführend; **II** *s.* Abführmittel *n*; **e·vac·u·ate** [ɪ'vækjʊeɪt] *v/t.* **1.** ent-, ausleeren: **~ *the bowels*** a) den Darm entleeren, b) abführen; **2.** a) *Luft etc.* her'auspumpen, b) *Gefäß* luftleer pumpen; **3.** a) *Personen* evakuieren, b) ⚔ *Truppen* verlegen, *Verwundete etc.* abtransportieren, c) *Gebiet* evakuieren, *a. Haus* räumen; **e·vac·u·a·tion** [ɪˌvækjʊ'eɪʃn] *s.* **1.** Aus-, Entleerung *f*; **2.** ⚕ a) Stuhlgang *m*, b) Stuhl *m*, Kot *m*; **3.** a) Evakuierung *f*, b) ⚔ Verlegung *f* (*von Truppen*), 'Abtransˌport *m*, c) Räumung *f*; **e·vac·u·ee** [ɪˌvækju:'i:] *s.* Evakuierte(r *m*) *f*.

e·vade [ɪ'veɪd] *v/t.* **1.** ausweichen (*dat.*); **2.** *j-m* entkommen; **3.** sich *e-r Sache* entziehen, *e-r Sache* entgehen, ausweichen, *et.* um'gehen, vermeiden; sich *e-r Pflicht etc.* entziehen, ⚖ *Steuern* hinter'ziehen: **~ *a question*** e-r Frage ausweichen; **~ *definition*** sich nicht definieren lassen; **e'vad·er** [-də] *s. j-d, der sich e-r Sache entzieht*; → ***tax evader***.

e·val·u·ate [ɪ'væljʊeɪt] *v/t.* **1.** auswerten; **2.** bewerten, beurteilen; **3.** abschätzen; **4.** berechnen; **e·val·u·a·tion** [ɪˌvæljʊ'eɪʃn] *s.* **1.** Auswertung *f*; **2.** Bewertung *f*, Beurteilung *f*; **3.** Schätzung *f*; **4.** Berechnung *f*.

ev·a·nesce [ˌi:və'nes] *v/i.* sich verflüchtigen; schwinden; ˌ**ev·a'nes·cence** [-sns] *s.* (Da'hin)Schwinden *n*, Verflüchtigung *f*; ˌ**ev·a'nes·cent** [-snt] *adj.* □ **1.** (ver-, da'hin)schwindend, flüchtig; **2.** vergänglich.

e·van·gel·ic [ˌi:væn'dʒelɪk] *adj.* (□ **~ally**) **1.** die Evan'gelien betreffend, Evangelien…; **2.** evan'gelisch; ˌ**e·van'gel·i·cal** [-kl] *adj.* □ → ***evangelic***.

e·van·ge·lism [ɪ'vændʒəlɪzəm] *s.* Verkündigung *f* des Evan'geliums; **e'van·ge·list** [-lɪst] *s.* **1.** Evange'list *m*; **2.** Evange'list *m*, Erweckungs-, Wanderprediger *m*; **3.** Patri'arch *m der Mormonen*; **e'van·ge·lize** [-laɪz] **I** *v/i.* das Evan'gelium verkünden; **II** *v/t.* (zum Christentum) bekehren.

e·vap·o·rate [ɪ'væpəreɪt] **I** *v/i.* **1.** verdampfen, -dunsten, sich verflüchtigen; **2.** *fig.* verfliegen, sich verflüchtigen (*a.* F *abhauen*); **II** *v/t.* **3.** verdampfen *od.* verdunsten lassen; **4.** ⚙ ab-, eindampfen, evaporieren: **~d milk** Kondensmilch *f*; **e·vap·o·ra·tion** [ɪˌvæpə'reɪʃn] *s.* **1.** Verdampfung *f*, -dunstung *f*; **2.** *fig.* Verflüchtigung *f*, Verfliegen *n*; **e'vap·o·ra·tor** [-tə] *s.* ⚙ Abdampfvorrichtung *f*, Verdampfer *m*.

e·va·sion [ɪ'veɪʒn] *s.* **1.** Entkommen *n*, -rinnen *n*; **2.** Ausweichen *n*, Um'gehung *f*, Vermeidung *f*; → ***tax evasion***; **3.** Ausflucht *f*, Ausrede *f*.

e·va·sive [ɪ'veɪsɪv] *adj.* □ **1.** ausweichend: **~ *answer*; ~ *action*** Ausweichmanöver *n*; ***be* ~** *fig.* ausweichen; **2.** schwer faßbar *od.* feststellbar; **e'va·sive·ness** [-nɪs] *s.* ausweichendes Verhalten.

Eve¹ [i:v] *npr. bibl.* Eva *f*: ***daughter of* ~** Evastochter *f* (*typische Frau*).

eve² [i:v] *s.* **1.** *poet.* Abend *m*; **2.** *mst* ♀ Vorabend *m*, -tag *m* (*e-s Festes*); **3.** *fig.* Vorabend *m*: ***on the* ~ *of*** am Vorabend von (*od. gen.*); ***be on the* ~ *of*** kurz vor (*dat.*) stehen.

e·ven¹ ['i:vn] *adv.* **1.** so'gar, selbst, auch: **~ *the king*** sogar der König; ***he* ~ *kissed her*** er küßte sie sogar; **~ *if*, ~ *though*** selbst wenn, wenn auch; **~ *now*** a) selbst jetzt, noch jetzt, b) eben *od.* gerade jetzt, c) schon jetzt; ***not* ~ *now*** selbst jetzt noch nicht, nicht einmal jetzt; ***or* ~** oder auch (nur), oder gar; ***without* ~ *looking*** ohne auch nur hinzusehen; **2.** *vor comp.* noch: **~ *better*** (sogar) noch besser; **3.** *nach neg.*: ***not* ~** nicht einmal; ***I never* ~ *saw it*** ich habe es nicht einmal gesehen; **4.** gerade, eben: **~ *as I expected*** gerade *od.* genau wie ich erwartete; **~ *as he spoke*** gerade als er sprach; **~ *so*** dennoch, trotzdem, immerhin, selbst dann.

e·ven² ['i:vn] **I** *adj.* □ **1.** eben, flach, gerade; **2.** waag(e)recht, horizon'tal; → ***keel*** 1; **3.** in gleicher Höhe (***with*** mit): **~ *with the ground*** dem Boden gleich; **4.** gleich: **~ *chances*** gleiche Chancen; ***stand an* ~ *chance of winning*** e-e echte Siegeschance haben; **~ *money*** gleicher Einsatz (*Wette*); **~ *bet*** Wette *f* mit gleichem Einsatz; ***of* ~ *date*** ✝ gleichen Datums; **5.** ✝ a) ausgeglichen, schuldenfrei, b) ohne Gewinn od. Verlust: ***be* ~ *with s.o.*** mit j-m quitt sein; ***get* ~ *with s.o.*** mit j-m abrechnen *od.* quitt werden, *fig. a.* es j-m heimzahlen; → ***break even***; **6.** gleich-, regelmäßig; im Gleichgewicht (*a. fig.*); **7.** ausgeglichen, ruhig (*Gemüt etc.*): **~ *voice*** ruhige *od.* kühle Stimme; **8.** gerecht, 'unparˌteiisch; **9.** a) gerade (*Zahl*), b) geradzahlig (*Schwingungen etc.*), c) rund, voll (*Summe*): **~ *page*** (Buch)Seite *f* mit gerader Zahl; **10.** genau, prä'zise: ***an* ~ *dozen*** genau ein Dutzend; **II** *v/t.* **11.** (ein)ebnen, glätten; **12.** *a.* **~ *out*** ausgleichen; **13.** **~ *up*** ✝ *Rechnung* aus-, begleichen, *Konten* abstimmen; **III** *v/i.* **14.** *mst.* **~ *out*** eben werden; **15.** *a.* **~ *out*** sich ausgleichen; **16.** **~ *up on*** mit *j-m* quitt werden.

e·ven³ ['i:vn] *s. poet.* Abend *m*.

ˌe·ven-'hand·ed *adj.* 'unparˌteiisch, objek'tiv.

eve·ning ['i:vnɪŋ] *s.* **1.** Abend *m*: ***in the* ~** abends, am Abend; ***on the* ~ *of*** am Abend (*gen.*); ***this*** (***tomorrow***) **~** heute (morgen) abend; **2.** 'Abend(unterˌhaltung *f*) *m*, Gesellschaftsabend *m*; **3.** *fig.* Ende *n*, *bsd.* (*a.* **~ *of life***) Lebensabend *m*; **~ class·es** *s. pl. ped.* 'Abendunterˌricht *m*; **~ dress** *s.* **1.** Abendkleid *n*; **2.** Gesellschaftsanzug *m*, *bsd.* a) Frack *m*, b) Smoking *m*; **~ pa·per** *s.* Abendzeitung *f*; **~ school** → ***night-school***; **~ shirt** *s.* Frackhemd *n*; **~ star** *s.* Abendstern *m*.

e·ven·ness ['i:vnnɪs] *s.* **1.** Ebenheit *f*, Geradheit *f*; **2.** Gleichmäßigkeit *f*; **3.** Gleichheit *f*; **4.** Gelassenheit *f*, Seelenruhe *f*, Ausgeglichenheit *f*.

'e·ven·song *s.* Abendandacht *f*.

e·vent [ɪ'vent] *s.* **1.** Ereignis *n*, Vorfall *m*, Begebenheit *f*: (***quite***) ***an* ~** ein großes Ereignis; ***after the* ~** hinterher, im nachhinein; ***before the* ~** vorher, im voraus; **2.** Ergebnis *n*, Ausgang *m*: ***in the* ~** schließlich; **3.** Fall *m*, 'Umstand *m*: ***in either* ~** in jedem Fall; ***in any* ~** auf jeden Fall; ***at all* ~*s*** auf alle Fälle, jedenfalls; ***in the* ~ *of*** im Falle (*gen. od.* daß); **4.** *bsd. sport* a) Veranstaltung *f*, b) Diszi'plin *f* (*Sportart*), c) Wettbewerb *m*, -kampf *m*.

ˌe·ven-'tem·pered *adj.* ausgeglichen, gelassen, ruhig.

e·vent·ful [ɪ'ventfʊl] *adj.* **1.** ereignisreich; **2.** denkwürdig, bedeutsam.

'e·ven·tide *s. poet.* (***at* ~** zur) Abendzeit *f*.

e·ven·tu·al [ɪ'ventʃʊəl] *adj.* □ → ***eventually***; **1.** schließlich: ***this led to his* ~ *dismissal*** dies führte schließlich *od.*

letzten Endes zu s-r Entlassung; **2.** *obs.* eventu'ell, etwaig; **e·ven·tu·al·i·ty** [ɪˌventʃʊ'ælətɪ] *s.* Möglichkeit *f*, Eventuali'tät *f*; **e'ven·tu·al·ly** [-lɪ] *adv.* schließlich, endlich; **e'ven·tu·ate** [-ʃʊeɪt] *v/i.* **1.** ausgehen, enden (***in*** in *dat.*); **2.** die Folge sein (***from*** *gen.*).

ev·er ['evə] *adv.* **1.** immer, ständig, unaufhörlich: ***for ~*** (***and ~***), ***for ~ and a day*** für immer (u. ewig); ***~ and again*** (*obs.* ***anon***) dann u. wann, hin und wieder; ***~ since***, ***~ after*** seit der Zeit, seitdem; ***yours ~ ...*** Viele Grüße, Dein(e) *od.* Ihr(e) ...; **2.** *vor comp.* immer: ***~ larger*** immer größer; ***~ increasing*** ständig zunehmend; **3.** *neg.*, *interrog.*, *konditional*: je(mals): ***do you ~ see him?*** siehst du ihn jemals?; ***if I ~ meet him*** falls ich ihn je treffe; ***did you ~?*** F hast du Töne?, na, so was!; ***the fastest ~*** F der (die, das) Schnellste aller Zeiten; **4.** nur, irgend, über'haupt: ***as soon as ~ I can*** sobald ich nur kann; ***what ~ do you mean?*** was (in aller Welt) meinst du denn (eigentlich)?; ***how ~ did he manage?*** wie hat er es nur fertiggebracht?; ***hardly ~***, ***seldom if ~*** fast niemals; **5.** ***~ so*** sehr, noch so: ***~ so simple*** ganz einfach; ***~ so long*** e-e Ewigkeit; ***~ so many*** sehr viele; ***thank you ~ so much!*** tausend Dank!; ***if I were ~ so rich*** wenn ich noch so reich wäre; ***~ such a nice man*** wirklich ein netter Mann.

'ev·er|·glade *s. Am.* sumpfiges Flußgebiet; **'~·green I** *adj.* **1.** immergrün; **2.** unverwüstlich, nie veraltend, immer wieder gern gehört: ***~ song*** → 4; **II** *s.* **3.** ⚘ a) immergrüne Pflanze, b) Immergrün *n*; **4.** Evergreen *m*, *n* (*Schlager*); **ˌ~'last·ing I** *adj.* ☐ **1.** immerwährend, ewig (*a. Gott, Schnee*): ***~ flower*** → 5; **2.** *fig.* F unaufhörlich, endlos; **3.** dauerhaft, unbegrenzt haltbar, unverwüstlich; **II** *s.* **4.** Ewigkeit *f*; **5.** ⚘ Immor'telle *f*, Strohblume *f*; **ˌ~'more** *adv.* **1.** immerfort: ***for ~*** in Ewigkeit; **2.** je(mals) wieder.

ev·er·y ['evrɪ] *adj.* **1.** jeder, jede, jedes, all: ***he has read ~ book on this subject***; ***~ other*** a) jeder andere, b) → ***other*** 6; ***~ day*** jeden Tag, alle Tage, täglich; ***~ four days*** alle vier Tage; ***~ fourth day*** jeden vierten Tag; ***~ now and then*** (*od.* ***again***), ***~ so often*** F gelegentlich, hin u. wieder; ***~ bit*** (***of it***) ganz, völlig: ***~ bit as good*** genauso gut; ***~ time*** a) jedesmal(, wenn), sooft, b) jederzeit, F *a.* allemal; **2.** jeder, jede, jedes (einzelne *od.* erdenkliche), all: ***her ~ wish*** jeder ihrer Wünsche, alle ihre Wünsche; ***have ~ reason*** allen Grund haben; ***their ~ liberty*** ihre ganze Freiheit; **'~ˌbod·y** *pron.* jeder(mann); **'~·day** *adj.* **1.** (all)täglich; **2.** Alltags...; **3.** (mittel)mäßig; **'~·one**, **~ one** *pron.* jeder(mann): ***in ~'s mouth*** in aller Munde; **'♀·man** *s. bsd. thea.* Jedermann *m*; **'~·thing** *pron.* **1.** alles: ***~ new*** alles Neue; **2.** F die Hauptsache, alles: ***speed is ~***; ***he*** (***it***) ***has ~*** F er (es) hat alles *od.* ist ‚phantastisch'; **'~·where** *adv.* 'überall, allenthalben.

e·vict [ɪ'vɪkt] *v/t.* ⚖ **1.** *j-n* zur Räumung zwingen; *fig. j-n* gewaltsam vertreiben; **2.** wieder in Besitz nehmen; **e'vic·tion** [-kʃn] *s.* ⚖ **1.** Zwangsräumung *f*, Her'aussetzung *f*: ***~ order*** Räumungsbefehl *m*; **2.** Wiederinbe'sitznahme *f*.

ev·i·dence ['evɪdəns] **I** *s.* **1.** ⚖ a) Be'weis(mittel *n*, -stück *n*, -materiˌal *n*) *m*, Beweise *pl.*, Ergebnis *n* der Beweisaufnahme *f*, b) 'Unterlage *f*, Beleg *m*, c) (Zeugen)Aussage *f*, Zeugnis *n*: ***a piece of ~*** ein Beweisstück; ***medical ~*** Aussage *f od.* Gutachten *n* des medizinischen Sachverständigen; ***for lack of ~*** mangels Beweises; ***in ~ of*** zum Beweis (*gen.*); ***offer in ~*** Beweisantritt *m*; ***on the ~*** auf Grund des Beweismaterials; ***admit in ~*** als Beweis zulassen; ***call s.o. in ~*** j-n als Zeugen benennen; ***give*** *od.* ***bear ~*** (***of***) (als Zeuge) aussagen (über *acc.*), *fig.* zeugen (von); ***hear ~*** Zeugen vernehmen; ***hearing*** *od.* ***taking of ~*** Beweisaufnahme *f*; ***turn King's*** (*od.* ***Queen's***, *Am.* ***State's***) ***~*** als Kronzeuge auftreten; **2.** Augenscheinlichkeit *f*, Klarheit *f*: ***in ~*** sichtbar, er-, offensichtlich; ***be much in ~*** stark in Erscheinung treten, deutlich feststellbar sein; stark vertreten sein; **3.** (An)Zeichen *n*, Spur *f*: ***there is no ~*** es ist nicht ersichtlich *od.* feststellbar, nichts deutet darauf hin; **II** *v/t.* **4.** dartun, be-, nachweisen, zeigen; **'ev·i·dent** [-nt] *adj.* ☐ → ***evidently***; augenscheinlich, einleuchtend, offensichtlich, klar (ersichtlich); **ev·i·den·tial** [ˌevɪ'denʃl] *adj.* ☐, **ev·i·den·tia·ry** [ˌevɪ'denʃərɪ] *adj.* **1.** ⚖ beweiserheblich; Beweis...(*-kraft*, *-wert*); **2.** über'zeugend: ***be ~ of*** *et.* (klar) beweisen; **'ev·i·dent·ly** [-ntlɪ] *adv.* offensichtlich, zweifellos.

e·vil ['iːvl] **I** *adj.* ☐ **1.** übel, böse, schlimm: ***~ eye*** a) böser Blick, b) schlimmer Einfluß; ***the ♀ One*** der Teufel; ***~ repute*** schlechter Ruf; ***~ spirit*** böser Geist; **2.** gottlos, boshaft, schlecht: ~ ***tongue*** Lästerzunge *f*; **3.** unglücklich: ~ ***day*** Unglückstag *m*; ***fall on ~ days*** ins Unglück geraten; **II** *s.* **4.** Übel *n*, Unglück *n*: ***the lesser of two ~s, the lesser ~*** das geringere Übel; **5.** *das* Böse, Sünde *f*, Verderbtheit *f*: ***do ~*** Böses tun; ***the powers of ~*** die Mächte der Finsternis; ***the social ~*** die Prostitution; **ˌ~-disˈposed** → ***evil-minded***; **ˌ~-ˈdo·er** *s.* Übeltäter(in); **ˌ~-ˈmind·ed** *adj.* übelgesinnt, bösartig; **ˌ~-ˈspeak·ing** *adj.* verleumderisch.

e·vince [ɪˈvɪns] *v/t.* dartun, be-, erweisen, bekunden, zeigen.

e·vis·cer·ate [ɪˈvɪsəreɪt] *v/t.* **1.** *Tier* ausnehmen, *hunt. a.* ausweiden; **2.** *fig. et.* inhalts- *od.* bedeutungslos machen; **e·vis·cer·a·tion** [ɪˌvɪsəˈreɪʃn] *s.* Ausweidung *f.*

ev·o·ca·tion [ˌevəʊˈkeɪʃn] *s.* **1.** (Geister)Beschwörung *f*; **2.** *fig.* (***of***) a) Wachrufen *n* (*gen.*), b) Erinnerung *f* (an *acc.*); **3.** plastische Schilderung; **e·voc·a·tive** [ɪˈvɒkətɪv] *adj.* **1.** ***be ~ of*** erinnern an (*acc.*); **2.** sinnträchtig, beziehungsreich.

e·voke [ɪˈvəʊk] *v/t.* **1.** *Geister* herˈbeirufen, beschwören; **2.** *fig.* herˈvor-, wachrufen, wecken.

ev·o·lu·tion [ˌiːvəˈluːʃn] *s.* **1.** Entwicklung *f*, Entfaltung *f*, (Herˈaus)Bildung *f*; **2.** *biol.* Evolutiˈon *f*: ***theory of ~*** Evolutionstheorie *f*; **3.** Folge *f*, (Handlungs)Ablauf *m*; **4.** ⚔ Maˈnöver *n*, Bewegung *f*; **5.** *phys.* (*Gas-* *etc.*) Entwicklung *f*; **6.** A Wurzelziehen *n*; **ˌev·oˈlu·tion·ar·y** [-nərɪ] *adj.* Entwicklungs…, *biol.* Evolutions…; **ˌev·oˈlu·tion·ist** [-ʃənɪst] **I** *s.* Anhänger(in) der (*biologischen*) Entwicklungslehre; **II** *adj.* die Entwicklungslehre betreffend.

e·volve [ɪˈvɒlv] **I** *v/t.* **1.** entwickeln, entfalten, herˈausarbeiten; **2.** *Gas*, *Wärme* aus-, verströmen; **II** *v/i.* **3.** sich entwickeln *od.* entfalten (***into*** zu); **4.** entstehen (***from*** aus).

ewe [juː] *s. zo.* Mutterschaf *n*; **~ lamb** *s. zo.* Schaflamm *n.*

ew·er [ˈjuːə] *s.* Wasserkrug *m.*

ex[1] [eks] *prp.* **1.** † a) aus, ab, von: ***~ factory*** ab Fabrik; ***~ works*** ab Werk; → ***ex officio***, b) ohne, excluˈsive: ***~ all*** ausschließlich aller Rechte; ***~ dividend*** ohne Dividende; **2.** → ***ex cathedra*** *etc.*

ex[2] [eks] *s.* X *n*, x *n* (*Buchstabe*).

ex- [eks] *in Zssgn* Ex…, ehemalig; Alt…

ex·ac·er·bate [ekˈsæsəbeɪt] *v/t.* **1.** *j-n* verärgern; **2.** *et.* verschlimmern; **ex·ac·er·ba·tion** [ekˌsæsəˈbeɪʃn] *s.* **1.** Verärgerung *f*; **2.** Verschlimmerung *f.*

ex·act [ɪɡˈzækt] **I** *adj.* □ → ***exactly***; **1.** exˈakt, genau, (genau) richtig: ***the ~ time*** die genaue Zeit; ***the ~ sciences*** die exakten Wissenschaften; **2.** streng, genau: ***~ rules***; **3.** meˈthodisch, gewissenhaft, sorgfältig (*Person*); **4.** genau, tatsächlich: ***his ~ words***; **II** *v/t.* **5.** *Gehorsam*, *Geld etc.* fordern, verlangen; **6.** *Zahlung* eintreiben, einfordern; **7.** *Geschick etc.* erfordern; **exˈact·ing** [-tɪŋ] *adj.* **1.** streng, genau; **2.** anspruchsvoll: ***an ~ customer***; ***be ~*** hohe Anforderungen stellen; **3.** hart, aufreibend (*Aufgabe etc.*); **exˈac·tion** [-kʃn] *s.* **1.** Fordern *n*; **2.** Eintreiben *n*; **3.** (unmäßige) Forderung; **exˈact·i·tude** [-tɪtjuːd] → ***exactness***; **exˈact·ly** [-lɪ] *adv.* **1.** genau, exˈakt; **2.** sorgfältig; **3.** *als Antwort*: genau, ganz recht, du sagst (Sie sagen) es: ***not ~*** a) nicht ganz, b) *iro.* nicht gerade *od.* eben *schön etc.*; **4.** *wo*, *wann etc.* eigentlich; **exˈact·ness** [-nɪs] *s.* **1.** Exˈaktheit *f*, Genauigkeit *f*, Richtigkeit *f*; **2.** Sorgfalt *f.*

ex·ag·ger·ate [ɪɡˈzædʒəreɪt] **I** *v/t.* **1.** überˈtreiben, überˈtrieben darstellen; aufbauschen; **2.** ˈüberbewerten; **3.** ˈüberbetonen; **II** *v/i.* **4.** übertreiben; **exˈag·ger·at·ed** [-tɪd] *adj.* □ überˈtrieben, -ˈzogen; **ex·ag·ger·a·tion** [ɪɡˌzædʒəˈreɪʃn] *s.* Überˈtreibung *f.*

ex·alt [ɪɡˈzɔːlt] *v/t.* **1.** *im Rang* erheben, erhöhen (***to*** zu); **2.** (lob)preisen, verherrlichen: ***~ to the skies*** in den Himmel heben; **3.** verstärken (*a. fig.*); **ex·al·ta·tion** [ˌegzɔːlˈteɪʃn] *s.* **1.** Erhebung *f*: ***2 of the Cross*** *eccl.* Kreuzeserhöhung *f*; **2.** Begeisterung *f*, Ekˈstase *f*, Erregung *f*; **exˈalt·ed** [-tɪd] *adj.* **1.** gehoben: ***~ style***; **2.** hoch: ***~ rank***; ***~ ideal***; **3.** begeistert; **4.** überˈtrieben hoch: ***have an ~ opinion of o.s.***

ex·am [ɪɡˈzæm] F *für* ***examination*** 2.

ex·am·i·na·tion [ɪɡˌzæmɪˈneɪʃn] *s.* **1.** Unterˈsuchung *f* (*a.* ⚕), Prüfung *f* (***of***, ***into*** *gen.*); Besichtigung *f*, ˈDurchsicht *f*: (***up***)***on ~*** bei näherer Prüfung; ***be under ~*** geprüft *od.* erwogen werden (→ *a.* 3); **2.** *ped.* Prüfung *f*, Exˈamen *n*: ***~ paper*** Prüfungsarbeit *f*, -aufgabe(n *pl.*) *f*; ***take*** (*od.* ***go in for***) ***an ~*** sich e-r Prüfung unterziehen; **3.** ⚖ a) *Zivilprozeß*: Vernehmung *f*, b) *Strafprozeß*: Verhör *n*: ***be under ~*** vernommen werden (→ *a.* 1).

ex·am·ine [ɪɡˈzæmɪn] **I** *v/t.* **1.** unterˈsuchen (*a.* ⚕), prüfen (*a. ped.*), examinieren, besichtigen, ˈdurchsehen, revidieren: ***~ one's conscience*** sein Gewissen prüfen; **2.** ⚖ vernehmen, *Straf-*

täter verhören; **II** *v/i.* **3.** ***~ into s.th.*** et. untersuchen; **ex·am·i·nee** [ɪɡˌzæmɪˈniː] *s.* Prüfling *m*, (ˈPrüfungs)Kandiˌdat(in); **exˈam·in·er** [-nə] *s.* **1.** *allg.* Prüfer(in); **2.** ⚖ beauftragter Richter; **exˈam·in·ing bod·y** [-nɪŋ] *s.* Prüfungsausschuß *m.*

ex·am·ple [ɪɡˈzɑːmpl] *s.* **1.** Beispiel *n* (***of*** für): ***for ~*** zum Beispiel; ***without ~*** beispiellos, ohnegleichen; **2.** Vorbild *n*, Beispiel *n*: ***hold up as an ~*** als Beispiel hinstellen; ***set a good ~*** ein gutes Beispiel geben; ***take an ~ by*** sich ein Beispiel nehmen an (*dat.*); **3.** warnendes Beispiel: ***let this be an ~ to you*** laß dir das e-e Warnung sein; ***make an ~ of s.o.*** an j-m ein Exempel statuieren.

ex·as·per·ate [ɪɡˈzæspəreɪt] *v/t.* ärgern, wütend machen, aufbringen; **exˈas·per·at·ed** [-tɪd] *adj.* aufgebracht, erbost; **exˈas·per·at·ing** [-tɪŋ] *adj.* □ ärgerlich, zum Verzweifeln; **ex·as·per·a·tion** [ɪɡˌzæspəˈreɪʃn] *s.* Wut *f*: ***in ~*** wütend.

ex ca·the·dra [ˌekskəˈθiːdrə] **I** *adj.* maßgeblich, autoritaˈtiv; **II** *adv.* ex ˈcathedra; maßgeblich.

ex·ca·vate [ˈekskəveɪt] *v/t.* **1.** ausgraben (*a. fig.*), ausschachten, -höhlen; **2.** *Zahnmedizin*: exkavieren; **ex·ca·va·tion** [ˌekskəˈveɪʃn] *s.* **1.** Ausgrabung *f*; **2.** Ausschachtung *f*, Aushöhlung *f*; Aushub *m*; **3.** *geol.* Auskolkung *f*; **4.** *Zahnmedizin*: Exkavatiˈon *f*; **ˈex·ca·va·tor** [-tə] *s.* **1.** Ausgräber *m*; **2.** Erdarbeiter *m*; **3.** ⚙ (Trocken)Bagger *m.*

ex·ceed [ɪkˈsiːd] **I** *v/t.* **1.** überˈschreiten, -ˈsteigen (*a. fig.*); **2.** *fig.* a) hinˈausgehen über (*acc.*), b) *j-n*, *et.* überˈtreffen; **II** *v/i.* **3.** zu weit gehen, das Maß überˈschreiten; **4.** herˈausragen; **exˈceed·ing** [-dɪŋ] *adj.* □ → ***exceedingly***; **1.** außerˈordentlich, äußerst; **2.** mehr als, über: ***not ~*** (von) höchstens; **exˈceed·ing·ly** [-dɪŋlɪ] *adv.* ˈüberaus, äußerst, aufs äußerste.

ex·cel [ɪkˈsel] **I** *v/t.* überˈtreffen (***o.s.*** sich selbst); **II** *v/i.* sich auszeichnen, herˈvorragen (***in*** *od.* ***at*** in *dat.*).

ex·cel·lence [ˈeksələns] *s.* **1.** Vorˈtrefflichkeit *f*; **2.** vorˈzügliche Leistung; **ˈEx·cel·len·cy** [-sɪ] *s.* Exzelˈlenz *f* (*Titel*): ***Your ~*** Eure Exzellenz; **ˈex·cel·lent** [-nt] *adj.* □ vorˈzüglich, ausgezeichnet, herˈvorragend.

ex·cel·si·or [ekˈselsɪɔː] *s.* **1.** *Am.* Holzwolle *f*; **2.** *typ.* Brilˈlant *f* (*Schriftgrad*).

ex·cept [ɪkˈsept] **I** *v/t.* **1.** ausnehmen, -schließen (***from*** von, aus); **2.** sich *et.* vorbehalten; → ***error*** 1; **II** *v/i.* **3.** Einwendungen machen, Einspruch erheben (***against*** gegen); **III** *prp.* **4.** ausgenommen, außer, mit Ausnahme von (*od. gen.*): ***~ for*** abgesehen von, bis auf (*acc.*); **IV** *cj.* **5.** es sei denn, daß; außer, wenn: ***~ that*** außer, daß; **exˈcept·ing** [-tɪŋ] *prp.* (*nach* ***always*** *od. neg.*) ausgenommen, außer; **exˈcep·tion** [-pʃn] *s.* **1.** Ausnahme *f*: ***by way of ~*** ausnahmsweise; ***with the ~ of*** mit Ausnahme von (*od. gen.*), außer, bis auf (*acc.*); ***without ~*** ohne Ausnahme, ausnahmslos; ***make no ~(s)*** keine Ausnahme machen; ***an ~ to the rule*** e-e Ausnahme von der Regel; **2.** Einwendung *f*, Einwand *m*, Einspruch *m* (*a.* ⚖ *Rechtsmittelvorbehalt*): ***take ~ to*** a) Einwendungen machen *od.* protestieren gegen, b) Anstoß nehmen an (*dat.*); **exˈcep·tion·a·ble** [-pʃnəbl] *adj.* □ **1.** anfechtbar; **2.** anstößig; **exˈcep·tion·al** [-pʃənl] *adj.* □ → ***exceptionally***; **1.** außergewöhnlich, Ausnahme…, Sonder…: ***~ case*** Ausnahmefall *m*; **2.** ungewöhnlich (gut); **exˈcep·tion·al·ly** [-pʃnəlɪ] *adv.* **1.** ausnahmsweise; **2.** außergewöhnlich.

ex·cerpt I *v/t.* [ekˈsɜːpt] **1.** *Textstelle* exzerpieren, ausziehen; **II** *s.* [ˈeksɜːpt] **2.** Exˈzerpt *n*, Auszug *m*; **3.** Sonder(ab)druck *m.*

ex·cess [ɪkˈses] *s.* **1.** ˈÜbermaß *n*, -fluß *m* (***of*** an *dat.*): ***~ of …*** zuviel …; ***carry to ~*** übertreiben, *et.* zu weit treiben; **2.** Exˈzeß *m*, Unmäßigkeit *f*, Ausschweifung *f*; *mst pl.* Ausschreitungen *pl.*: ***drink to ~*** übermäßig trinken; **3.** ˈÜberschuß *m* (*a.* ✂, ⚗), Mehrsumme *f*: ***in ~ of*** mehr als, über …; ***be in ~ of*** überschreiten, -steigen; ***~ of exports*** Ausfuhrüberschuß *m*; **~ bag·gage** *s.* ✈ *Am.* ˈÜbergepäck *n*; **~ cost** *s.* Mehrkosten *pl.*; **~ cur·rent** *s.* ⚡ ˈÜberstrom *m*; **~ fare** *s.* (Fahrpreis)Zuschlag *m*; **~ freight** *s.* ˈÜberfracht *f.*

ex·ces·sive [ɪkˈsesɪv] *adj.* □ ˈübermäßig, überˈtrieben; unangemessen hoch (*Strafe etc.*).

ex·cess| lug·gage *s.* ✈ ˈÜbergepäck *n*; **~ post·age** *s.* Nachporto *n*, -gebühr *f*; **~ prof·its tax** *s. Am.* Mehrgewinnsteuer *f*; **~ volt·age** *s.* ⚡ ˈÜberspannung *f*; **~ weight** *s.* Mehrgewicht *n.*

ex·change [ɪksˈtʃeɪndʒ] **I** *v/t.* **1.** (***for***) aus-, ˈumtauschen (gegen), vertauschen (mit); **2.** *Geld* eintauschen, (ˈum)wechseln (***for*** gegen); **3.** (*gegenseitig*) *Blicke*, *Küsse*, *Plätze* tauschen; *Grüße*, *Gedanken*, *Gefangene etc.* austauschen; *Worte*, *Schüsse etc.* wechseln: ***~ blows*** sich prügeln; **4.** ersetzen (***for*** durch); **5.** ⚙ auswechseln; **II** *v/i.* **6.** ~ ***for*** wert sein: ***2.50 D-marks ~ for one dollar***; **III** *s.* **7.** Tausch *m* (*a. Schach*), Aus-, 'Umtausch *m*, Auswechselung *f*, Tauschhandel *m*: ***in ~*** als Ersatz, dafür; ***in ~ for*** gegen, als Entgelt für; ***~ of letters*** Schriftwechsel *m*; ***~ of blows*** Schlagwechsel *m*, *Boxen*: *a.* Schlagabtausch *m*; ***~ of shots*** Schußwechsel *m*; ***~ of views*** Meinungsaustausch; **8.** ✝ a) ('Um)Wechseln *n*, Wechselverkehr *m*: ***money ~*** Geldwechsel *m*, b) → ***bill***[2] 3, c) → ***rate***[1] 2, d) ***foreign ~*** Devisen *pl.*, Valuta *f*, e) Wechselstube *f*; **9.** ✝ Börse *f*; **10.** (Fernsprech)Amt *n*, Vermittlung *f*; **ex'change·a·ble** [-dʒəbl] *adj.* **1.** (aus)tausch-, auswechselbar (***for*** gegen); **2.** Tausch…

ex·change| bro·ker *s.* **1.** Wechselmakler *m*; **2.** De'visenmakler *m*; **~ con·trol** *s.* De'visenbewirtschaftung *f*, -kon,trolle *f*; **~ list** *s.* ✝ Kurszettel *m*; **~ of·fice** *s.* Wechselstube *f*; **~ rate** *s.* ✝ 'Umrechnungs-, Wechselkurs *m*; **~ reg·u·la·tions** *s. pl.* ✝ De'visenbestimmungen *pl.*; **~ re·stric·tions** *s. pl.* ✝ De'visenbeschränkungen *pl.*; **~ stu·dent** *s.* 'Austauschstu,dent(in).

ex·cheq·uer [ɪks'tʃekə] *s.* **1.** *Brit.* Schatzamt *n*, Staatskasse *f*, Fiskus *m*: ***the*** ♀ das Finanzministerium; ***~ bill*** *obs.* Schatzwechsel *m*; ***~ bond*** Schatzanweisung *f*; **2.** ✝ (Geschäfts)Kasse *f*.

ex·cis·a·ble [ek'saɪzəbl] *adj.* (verbrauchs)steuerpflichtig.

ex·cise[1] **I** *v/t.* [ek'saɪz] besteuern; **II** *s.* ['eksaɪz] *a.* ***~ duty*** Verbrauchssteuer *f*: ***~man*** Steuereinnehmer *m*.

ex·cise[2] [ek'saɪz] *v/t.* ⚕ her'ausschneiden, entfernen; **ex·ci·sion** [ek'sɪʒn] *s.* **1.** ⚕ Exzisi'on *f*, Ausschneidung *f*; **2.** Ausmerzung *f*.

ex·cit·a·bil·i·ty [ɪk,saɪtə'bɪlətɪ] *s.* Reizbar-, Erregbarkeit *f*, Nervosi'tät *f*; **ex·cit·a·ble** [ɪk'saɪtəbl] *adj.* reiz-, erregbar, ner'vös; **ex·cit·ant** ['eksɪtənt] *s.* ⚕ Reizmittel *n*, 'Stimulans *n*; **ex·ci·ta·tion** [,eksɪ'teɪʃn] *s.* **1.** *a.* ⚡, ⚗ Erregung *f*; **2.** ⚕ Reiz *m*, 'Stimulus *m*.

ex·cite [ɪk'saɪt] *v/t.* **1.** *j-n* er-, aufregen: ***get ~d*** (***over***) sich aufregen (über *acc.*); **2.** *j-n* an-, aufreizen, aufstacheln; **3.** *j-n* (*sexuell*) erregen; **4.** *Interesse etc.* erregen, erwecken, her'vorrufen; **5.** ⚕ *Nerv* reizen; **6.** ⚡ erregen; **7.** *phot.* lichtempfindlich machen; **ex'cit·ed** [-tɪd] *adj.* ☐ erregt; aufgeregt; **ex'cite·ment** [-mənt] *s.* **1.** Er-, Aufregung *f*; **2.** Reizung *f*; **ex'cit·er** [-tə] *s.* ⚡ Erreger *m*; **ex'cit·ing** [-tɪŋ] *adj.* **1.** erregend; aufregend; spannend, anregend, toll; **2.** ⚡ Erreger…

ex·claim [ɪk'skleɪm] **I** *v/i.* **1.** ausrufen, (auf)schreien; **2.** eifern, wettern (***against*** gegen); **II** *v/t.* **3.** ausrufen.

ex·cla·ma·tion [,eksklə'meɪʃn] *s.* **1.** Ausruf *m*, (Auf)Schrei *m*; **2.** *a.* ***~ mark***, ***note of ~***, *Am.* ***point of ~*** Ausrufe-, Ausrufungszeichen *n*; **3.** heftiger Pro'test; **4.** *ling.* a) Ausrufesatz *m*, b) Interjekti'on *f*; **ex·clam·a·to·ry** [ek'sklæmətərɪ] *adj.* **1.** exklama'torisch: ***~ style***; **2.** Ausrufe…: ***~ sentence***.

ex·clave ['eksklerv] *s.* Ex'klave *f*.

ex·clude [ɪk'sklu:d] *v/t.* ausschließen (***from*** von): ***not excluding myself*** mich selbst nicht ausgenommen; **ex'clu·sion** [-u:ʒən] *s.* **1.** Ausschließung *f*, Ausschluß *m* (***from*** von): ***to the ~ of*** unter Ausschluß von; **2.** ⚙ Absperrung *f*.

ex·clu·sive [ɪk'sklu:sɪv] **I** *adj.* ☐ → ***exclusively***; **1.** ausschließend: ***~ of*** ausschließlich (*gen.*), abgesehen von, ohne; ***be ~ of*** *et.* ausschließen; **2.** a) ausschließlich, al'leinig, Allein…, Sonder…: ***~ agent*** Alleinvertreter *m*; ***~ rights*** ausschließliche Rechte; ***be ~ to*** beschränkt sein auf (*acc.*), b) Exklusiv…: ***~ contract*** (***report*** *etc.*); **3.** exklu'siv: a) vornehm, b) anspruchsvoll; **4.** unnahbar; **II** *s.* **5.** Exklu'sivbericht *m*; **ex'clu·sive·ly** [-lɪ] *adv.* ausschließlich, nur; **ex'clu·sive·ness** [-nɪs] *s.* Exklusivi'tät *f*.

ex·cog·i·tate [eks'kɒdʒɪteɪt] *v/t.* (sich) *et.* ausdenken, ersinnen.

ex·com·mu·ni·cate [,ekskə'mju:nɪkeɪt] *v/t. R.C.* exkommunizieren; **ex·com·mu·ni·ca·tion** ['ekskə,mju:nɪ'keɪʃn] *s.* Exkommunikati'on *f*.

ex·co·ri·ate [eks'kɔ:rɪeɪt] *v/t.* **1.** die Haut abziehen von; *Baum* abrinden; **2.** *Haut* wund reiben, abschürfen; **3.** heftig angreifen, vernichtend kritisieren; **ex·co·ri·a·tion** [eks,kɔ:rɪ'eɪʃn] *s.* **1.** (Haut)Abschürfung *f*; **2.** Wundreiben *n*.

ex·cre·ment ['ekskrɪmənt] *s. oft pl.* Kot *m*, Exkre'mente *pl.*

ex·cres·cence [ɪk'skresns] *s.* **1.** Auswuchs *m* (*a. fig.*); **2.** ⚕ Wucherung *f*; **ex'cres·cent** [-nt] *adj.* **1.** auswachsend; wuchernd; **2.** *fig.* 'überflüssig; **3.** *ling.* eingeschoben.

ex·cre·ta [ek'skri:tə] *s. pl.* Ex'krete *pl.*; **ex·crete** [ek'skri:t] *v/t.* absondern, ausscheiden; **ex'cre·tion** [-i:ʃn] *s.* **1.** Ausscheidung *f*; **2.** Ex'kret *n*.

ex·cru·ci·ate [ɪkˈskruːʃɪeɪt] *v/t. fig.* quälen; **exˈcru·ci·at·ing** [-tɪŋ] *adj.* □ **1.** qualvoll, heftig; **2.** F schauderhaft, unerträglich.

ex·cul·pate [ˈekskʌlpeɪt] *v/t.* reinwaschen, rechtfertigen, freisprechen (***from*** von); **ex·cul·pa·tion** [ˌekskʌlˈpeɪʃn] *s.* Entschuldigung *f*, Rechtfertigung *f*, Entlastung *f*.

ex·cur·sion [ɪkˈskɜːʃn] *s.* **1.** (*a.* wissenschaftliche) Exkursiˈon, Ausflug *m*, Abstecher *m*, Streifzug *m* (*alle a. fig.*): **~ *train*** Sonder-, Ausflugszug *m*; **2.** Abschweifung *f*; **3.** Abweichung *f* (*a. ast.*); **exˈcur·sion·ist** [-ʃnɪst] *s.* Ausflügler (-in); **exˈcur·sive** [-ɜːsɪv] *adj.* □ **1.** abschweifend; **2.** weitschweifig; **3.** sprunghaft; **exˈcur·sus** [-ɜːsəs] *pl.* **-sus·es** *s.* Exˈkurs *m* (*Erörterung od. Abschweifung*).

ex·cus·a·ble [ɪkˈskjuːzəbl] *adj.* □ entschuldbar, verzeihlich.

ex·cuse I *v/t.* [ɪkˈskjuːz] **1.** *j-n od. et.* entschuldigen, *j-m et.* verzeihen: **~ *me*** a) entschuldigen Sie!, b) aber erlauben Sie mal!; ***~ me for being late***, ***~ my being late*** verzeih, daß ich zu spät komme; ***please ~ my mistake*** bitte entschuldige m-n Irrtum; **2.** Nachsicht mit *j-m* haben; **3.** *et.* entschuldigen, überˈsehen; **4.** *et.* entschuldigen, e-e Entschuldigung für *et.* sein, rechtfertigen: ***that does not ~ your conduct***; **5.** (***from***) *j-n* befreien (von), *j-m et.* erlassen: ***~ s.o. from attendance***; ***~d from duty*** vom Dienst befreit; ***he begs to be ~d*** er läßt sich entschuldigen; ***I must be ~d from doing this*** ich muß es leider ablehnen, dies zu tun; **6.** *j-m et.* erlassen; **II** *s.* [-kjuːs] **7.** Entschuldigung *f*: ***offer*** (*od.* ***make***) ***an ~*** sich entschuldigen; ***please make my ~s to her*** bitte entschuldige mich bei ihr; **8.** Rechtfertigung *f*: ***there is no ~ for his conduct*** sein Benehmen ist nicht zu entschuldigen; **9.** Vorwand *m*, Ausrede *f*, Ausflucht *f*; **10.** dürftiger Ersatz: ***a poor ~ for a car*** e-e armselige ‚Kutsche'; **exˈcuse-me** *s.* Tanz *m* mit Abklatschen.

ˌex-diˈrec·to·ry *adj.*: **~ *number*** *teleph.* Geheimnummer *f*.

ex·e·at [ˈeksɪæt] (*Lat.*) *s. Brit.* (kurzer) Urlaub (*für Studenten*).

ex·e·cra·ble [ˈeksɪkrəbl] *adj.* □ abˈscheulich, scheußlich; **ex·e·crate** [ˈeksɪkreɪt] **I** *v/t.* **1.** verfluchen, verwünschen; **2.** verabscheuen; **II** *v/i.* **3.** fluchen; **ex·e·cra·tion** [ˌeksɪˈkreɪʃn] *s.* **1.** Verwünschung *f*, Fluch *m*; **2.** Abscheu *m*: ***hold in ~*** verabscheuen.

ex·ec·u·tant [ɪgˈzekjʊtənt] *s.* Ausführende(r *m*) *f*, *bsd.* ♪ Vortragende(r *m*) *f*; **ex·e·cute** [ˈeksɪkjuːt] *v/t.* **1.** aus-, ˈdurchführen, verrichten, tätigen; **2.** *Amt* ausüben; **3.** ♪, *thea.* vortragen, spielen; **4.** ⚖ a) *Urkunde* (rechtsgültig) ausfertigen, durch ˈUnterschrift, Siegel *etc.* vollˈziehen, b) *Urteil* vollˈstrecken, *bsd. j-n* hinrichten, c) *j-n* pfänden; **ex·e·cu·tion** [ˌeksɪˈkjuːʃn] *s.* **1.** Aus-, ˈDurchführung *f*, Verrichtung *f*: ***carry into ~*** ausführen; **2.** (*Art u. Weise der*) Ausführung: a) ♪ Vortrag *m*, Spiel *n*, Technik *f*, b) *Kunst*, *Literatur*: Darstellung *f*, Stil *m*; **3.** ⚖ a) Ausfertigung *f*, b) Errichtung *f* (*e-s Testaments*), c) Vollˈziehung *f*, (ˈUrteils-, *a.* ˈZwangs-) Vollˌstreckung *f*, Pfändung *f*, d) Hinrichtung *f*: ***sale under ~*** Zwangsversteigerung *f*; ***levy ~ against a company*** die Zwangsvollstreckung in das Vermögen e-r Gesellschaft betreiben; **ex·e·cu·tion·er** [ˌeksɪˈkjuːʃnə] *s.* **1.** Henker *m*, Scharfrichter *m*; **2.** *sport* Vollˈstrecker *m*; **exˈec·u·tive** [-tɪv] **I** *adj.* □ **1.** ausübend, vollˈziehend, *pol.* Exekutiv…: **~ *officer*** Verwaltungsbeamte(r) *m*; **~ *power*** → 3; **2.** ✝ geschäftsführend, leitend: **~ *board*** Vorstand *m*; **~ *committee*** Exekutivausschuß *m*; **~ *floor*** Chefetage *f*; **~ *functions*** Führungsaufgaben; **~ *post*** leitende Stellung; **~ *staff*** leitende Angestellte *pl.*; **II** *s.* **3.** Exekuˈtive *f*, vollˈziehende Gewalt (*im Staat*); **4.** *a.* ***senior ~*** ✝ leitender Angestellter; **5.** ⚔ *Am.* stellvertretender Kommanˈdeur; **exˈec·u·tor** [-tə] *s.* ⚖ Testaˈmentsvollˌstrecker *m*, Erbschaftsverwalter *m*: ***literary ~*** Nachlaßverwalter e-s Autors; **exˈec·u·to·ry** [-tərɪ] *adj.* **1.** ⚖ bedingt, erfüllungsbedürftig: **~ *contract***; **2.** Ausführungs…; **exˈec·u·trix** [-trɪks] *s.* ⚖ Testaˈmentsvollˌstreckerin *f*.

ex·e·ge·sis [ˌeksɪˈdʒiːsɪs] *s.* Exeˈgese *f*, (Bibel)Auslegung *f*; **ex·e·gete** [ˈeksɪdʒiːt] *s.* Exeˈget *m*; **ˌex·eˈget·ic** [-ˈdʒetɪk] **I** *adj.* □ exeˈgetisch, auslegend; **II** *s. pl. sg. konstr.* Exeˈgetik *f*.

ex·em·plar [ɪgˈzemplə] *s.* **1.** Muster(beispiel) *n*, Vorbild *n*; **2.** typisches Beispiel; **3.** *typ.* (Druck)Vorlage *f*; **exˈem·pla·ry** [-ərɪ] *adj.* □ **1.** exemˈplarisch: a) beispiel-, musterhaft, b) warnend, abschreckend, draˈkonisch (*Strafe etc.*); **2.** typisch, Muster…

ex·em·pli·fi·ca·tion [ɪgˌzemplɪfɪˈkeɪʃn] *s.* **1.** Erläuterung *f* durch Beispiele; Veranschaulichung *f*; **2.** Beleg *m*, Beispiel *n*, Muster *n*; **3.** ⚖ beglaubigte Abschrift, Ausfertigung *f*; **ex·em·pli·fy** [ɪg'zemplɪfaɪ] *v/t.* **1.** veranschaulichen: a) durch Beispiele erläutern, b) als Beispiel dienen für; **2.** ⚖ e-e beglaubigte Abschrift machen von.

ex·empt [ɪg'zempt] **I** *v/t.* **1.** *j-n* befreien, ausnehmen (***from*** von *Steuern*, *Verpflichtungen etc.*): ***~ed amount*** ☤ (Steuer)Freibetrag *m*; **2.** ⚔ (*vom Wehrdienst*) freistellen; **II** *adj.* befreit, ausgenommen, frei (***from*** von): ***~ from taxes*** steuerfrei; **ex'emp·tion** [-pʃn] *s.* **1.** Befreiung *f*, Freisein *n* (***from*** von): ***~ from taxes*** Steuerfreiheit *f*; ***~ from liability*** ⚖ Haftungsausschluß *m*; **2.** ⚔ Freistellung *f* (*vom Wehrdienst*); **3.** *pl.* ⚖ unpfändbare Gegenstände *pl. od.* Beträge *pl.*; **4.** Sonderstellung *f*, Vorrechte *pl.*

ex·er·cise ['eksəsaɪz] **I** *s.* **1.** Ausübung *f* (*e-s Amtes*, *der Pflicht*, *e-r Kunst*, *e-s Rechts*, *der Macht etc.*), Gebrauch *m*, Anwendung *f*; **2.** *oft pl.* (*körperliche od. geistige*) Übung, (*körperliche*) Bewegung, *sport* (Turn)Übung *f*: ***do one's ~s*** Gymnastik machen; ***take ~*** sich Bewegung machen; ***~ therapy*** Bewegungstherapie *f*; ***physical ~*** Leibesübungen *pl.*; (***military***) ~ a) Exerzieren *n*, b) Manöver *n*; (***religious***) ~ Gottesdienst *m*, Andacht *f*; **3.** Übungsarbeit *f*, Schulaufgabe *f*: ***~-book*** Schul-, Schreibheft *n*; **4.** ♪ Übung(sstück *n*) *f*; **5.** *pl. Am.* Feier(lichkeiten *pl.*) *f*; **II** *v/t.* **6.** *ein Amt*, *ein Recht*, *Macht*, *Einfluß* ausüben, *Einfluß*, *Recht*, *Macht* geltend machen, *et.* anwenden; *Geduld* üben; **7.** *Körper*, *Geist* üben, trainieren; **8.** *j-n* üben, ausbilden; **9.** *s-e Glieder*, *Tiere* bewegen; **10.** *j-n*, *j-s Geist* stark beschäftigen, plagen, beunruhigen: ***be ~d*** beunruhigt sein (***about*** über *acc.*); **III** *v/i.* **11.** sich Bewegung machen; **12.** *sport* trainieren; **13.** ⚔ exerzieren.

ex·ert [ɪg'zɜːt] *v/t.* gebrauchen, anwenden; *Druck*, *Einfluß etc.* ausüben (***on*** auf *acc.*); *Autorität* geltend machen: ***~ o.s.*** sich anstrengen; **ex'er·tion** [-ɜːʃn] *s.* **1.** Anwendung *f*, Ausübung *f*; **2.** Anstrengung *f*: a) Stra'paze *f*, b) Bemühung *f*.

ex·e·unt ['eksɪʌnt] (*Lat.*) *thea.* (sie gehen) ab: ***~ omnes*** alle ab.

ex·fo·li·ate [eks'fəʊlɪeɪt] *v/i. mst* ⚘ abblättern, sich abschälen; **ex·fo·li·a·tion** [eksˌfəʊlɪ'eɪʃn] *s.* Abblätterung *f*.

ex·ha·la·tion [ˌeks*h*ə'leɪʃn] *s.* **1.** Ausatmen *n*; **2.** Verströmen *n*; **3.** a) Gas *n*, b) Rauch *m*, c) Geruch *m*, Ausdünstung *f*;

ex·hale [eks'heɪl] **I** *v/t.* **1.** ausatmen; **2.** *Gas*, *Geruch etc.* verströmen, *Rauch* ausstoßen; **II** *v/i.* **3.** ausströmen; **4.** ausatmen.

ex·haust [ɪg'zɔːst] **I** *v/t.* **1.** *mst* ⚙ a) (ent)leeren, b) luftleer pumpen, c) *Luft*, *Wasser etc.* her'auspumpen, *Gas* auspuffen, d) absaugen; **2.** *allg.* erschöpfen: a) *Boden* ausmergeln, b) *Bergwerk etc.* völlig abbauen, c) *Vorräte* ver-, aufbrauchen, d) *j-n* ermüden, entkräften, e) *j-s Kräfte* strapazieren; **3.** *Thema* erschöpfend behandeln; *alle Möglichkeiten* ausschöpfen; **II** *v/i.* **4.** ausströmen; **5.** sich entleeren; **III** *s.* **6.** ⚙ a) Dampfaustritt *m*, b) *a.* ***~ gas*** Abgas *n*, c) Auspuffgase *pl.*; **7.** *mot.* Auspuff *m*: ***~ box*** Auspufftopf *m*; ***~ brake*** Motorbremse *f*; ***~ fumes*** Abgase; **8.** → ***exhauster***; **ex'haust·ed** [-tɪd] *adj.* **1.** aufgebraucht, zu Ende, erschöpft (*Vorräte*), vergriffen (*Auflage*), abgelaufen (*Frist*, *Versicherung*); **2.** *fig.* erschöpft, ermattet; **ex'haust·er** [-tə] *s.* ⚙ (Ent-)Lüfter *m*, Absaugevorrichtung *f*, Ex'haustor *m*; **ex'haust·ing** [-tɪŋ] *adj.* ermüdend, anstrengend, strapazi'ös; **ex'haus·tion** [-tʃn] *s.* **1.** ⚙ a) (Ent)Leerung *f*, b) Her'auspumpen *n*, c) Absaugung *f*; **2.** Ausströmen *n* (*von Dampf etc.*); **3.** Erschöpfung *f*, (völliger) Verbrauch; **4.** *fig.* Erschöpfung *f*, Ermüdung *f*, Entkräftung *f*; **5.** ⩚ Approximati'on *f*; **ex'haus·tive** [-tɪv] *adj.* □ **1.** *fig.* erschöpfend; **2.** → ***exhausting***.

ex·haust| pipe *s.* ⚙ Auspuffrohr *n*; **~ pol·lu·tion** *s.* Luftverschmutzung *f* durch Abgase; **~ steam** *s.* ⚙ Abdampf *m*; **~ stroke** *s.* ⚙ Auspuffhub *m*; **~ valve** *s.* ⚙ 'Auslaßvenˌtil *n*.

ex·hib·it [ɪg'zɪbɪt] **I** *v/t.* **1.** ausstellen, zur Schau stellen: ***~ goods***; **2.** *fig.* zeigen, an den Tag legen, entfalten; **3.** ⚖ vorlegen; **II** *v/i.* **4.** ausstellen; **III** *s.* **5.** Ausstellungsstück *n*, Expo'nat *n*; **6.** ⚖ a) Eingabe *f*, b) Beweisstück *n*, Beleg *m*, c) Anlage *f zu e-m Schriftsatz*.

ex·hi·bi·tion [ˌeksɪ'bɪʃn] *s.* **1.** a) Ausstellung *f*, Schau *f*: ***be on ~*** ausgestellt sein, zu sehen sein, b) Vorführung *f*: ***~ contest*** *sport* Schaukampf *m*; ***make an ~ of o.s.*** sich lächerlich *od.* zum Gespött machen, ‚auffallen'; **2.** *fig.* Zur'schaustellung *f*, Bekundung *f*; **3.** ⚖ Vorlage *f*, Beibringung *f* (*von Beweisen etc.*); **4.** *Brit. univ.* Sti'pendium *n*; **ˌex·hi'bi·tion·er** [-ʃnə] *s. Brit. univ.* Stipendi'at *m*; **ˌex·hi'bi·tion·ism** [-ʃnɪzəm] *s. psych. u. fig.* Exhibitio'nismus *m*; **ˌex·hi'bi·tion·ist** [-ʃnɪst] *psych. u. fig.* **I** *s.*

Exhibitio'nist *m*; **II** *adj.* exhibitio'nistisch; **ex·hib·i·tor** [ɪg'zɪbɪtə] *s.* **1.** Aussteller *m*; **2.** Kinobesitzer *m*.

ex·hil·a·rant [ɪg'zɪlərənt] → ***exhilarating***; **ex·hil·a·rate** [ɪg'zɪləreɪt] *v/t.* **1.** erheitern; **2.** beleben, erfrischen; **ex'hil·a·rat·ed** [-tɪd] *adj.* erheitert, heiter, amüsiert; **ex'hil·a·rat·ing** [-tɪŋ] *adj.* □ erheiternd, erfrischend, amü'sant; **ex·hil·a·ra·tion** [ɪgˌzɪlə'reɪʃn] *s.* **1.** Erheiterung *f*; **2.** Heiterkeit *f*.

ex·hort [ɪg'zɔ:t] *v/t.* ermahnen; **ex·hor·ta·tion** [ˌegzɔ:'teɪʃn] *s.* Ermahnung *f*.

ex·hu·ma·tion [ˌeks*h*ju:'meɪʃn] *s.* Exhumierung *f*; **ex·hume** [eks'hju:m] *v/t.* **1.** *Leiche* exhumieren; **2.** *fig.* ausgraben.

ex·i·gence ['eksɪdʒəns], **ex·i·gen·cy** [-dʒənsɪ; ɪg'zɪ-] *s.* **1.** Dringlichkeit *f*; **2.** Not(lage) *f*; **3.** *mst pl.* (An)Forderung *f*; **'ex·i·gent** [-nt] *adj.* **1.** dringend, kritisch; **2.** anspruchsvoll.

ex·i·gu·i·ty [ˌeksɪ'gju:ətɪ] *s.* Dürftigkeit *f*; **ex·ig·u·ous** [eg'zɪgjʊəs] *adj.* dürftig.

ex·ile ['eksaɪl] **I** *s.* **1.** a) Ex'il *n*, b) Verbannung *f*: ***government in ~*** Exilregierung *f*; ***the*** ♀ *bibl.* die Babylonische Gefangenschaft; **2.** a) im Ex'il Lebende(r *m*) *f*, b) Verbannte(r *m*) *f*; **II** *v/t.* **3.** a) exilieren, b) verbannen (***from*** aus), in die Verbannung schicken.

ex·ist [ɪg'zɪst] *v/i.* **1.** existieren, vor'handen sein, dasein: ***do such things ~?*** gibt es so etwas?; ***right to ~*** Existenzberechtigung *f*; **2.** sich finden, vorkommen (***in*** in *dat.*); **3.** (***on***) existieren, leben (von); **ex'ist·ence** [-təns] *s.* **1.** Exi'stenz *f*, Vor'handensein *n*, Vorkommen *n*: ***call into ~*** ins Leben rufen; ***be in ~*** bestehen, existieren; ***remain in ~*** weiterbestehen; **2.** Exi'stenz *f*, Leben *n*, Dasein *n*: ***a wretched ~*** ein kümmerliches Dasein; **3.** Exi'stenz *f*, (Fort-)Bestand *m*; **ex'ist·ent** [-tənt] *adj.* **1.** existierend, bestehend, vor'handen, lebend; **2.** gegenwärtig.

ex·is·ten·tial [ˌegzɪ'stenʃl] *adj.* **1.** Existenz...; **2.** *phls.* Existential...; **ˌex·is'ten·tial·ism** [-ʃəlɪzəm] *s.* Existentia'lismus *m*, Exi'stenzphilosoˌphie *f*; **ˌex·is'ten·tial·ist** [-ʃəlɪst] *s.* Existentia'list (-in).

ex·ist·ing [ɪg'zɪstɪŋ] → ***existent***.

ex·it ['eksɪt] **I** *s.* **1.** Abgang *m*: a) *thea.* Abtreten *n* (*von der Bühne*), b) *fig.* Tod *m*: ***make one's ~*** → 6a, 7; **2.** (*a.* Not)Ausgang *m*; **3.** ⚙ Abzug *m*, -fluß *m*, Austritt *m*; **4.** Ausreise *f*: ***~ permit*** Ausreisegenehmigung *f*; ***~ visa*** Ausreisevisum *n*; **5.** (Autobahn)Ausfahrt *f*; **II** *v/i.* **6.** *thea.* a) abgehen, abtreten, b) *Bühnenanweisung*: (*er, sie* geht) ab: ♀ ***Romeo***; **7.** *fig.* sterben.

ex li·bris [eks'laɪbrɪs] (*Lat.*) *s.* Ex'libris *n*, Bücherzeichen *n*.

ˌex·o·bi'ol·o·gy [ˌeksəʊ-] *s.* Exo-, Ektobioloˈgie *f*.

ex·o·carp ['eksəʊkɑ:p] *s.* ⚘ Exo'karp *n*, äußere Fruchthaut.

ex·o·crine ['eksəʊkraɪn] *physiol.* **I** *adj.* **1.** exo'krin; **II** *s.* **2.** äußere Sekreti'on; **3.** exo'krine Drüse.

ex·o·don·ti·a [ˌeksəʊ'dɒnʃɪə] *s.* **ˌex·o'don·tics** [-ntɪks] *s. pl. sg. konstr.* 'Zahnchirurˌgie *f*.

ex·o·dus ['eksədəs] *s.* **1.** a) *bibl. u. fig.* Auszug *m*, b) ♀ *bibl.* Exodus *m*, Zweites Buch Mose; **2.** *fig.* Ab-, Auswanderung *f*, Massenflucht *f*; Aufbruch *m*: ***~ of capital*** ✝ Kapitalabwanderung; ***rural ~*** Landflucht.

ex of·fi·ci·o [ˌeksə'fɪʃɪəʊ] (*Lat.*) **I** *adv.* von Amts wegen; **II** *adj.* Amts..., amtlich.

ex·on·er·ate [ɪg'zɒnəreɪt] *v/t.* **1.** *Angeklagten etc., a. Schuldner* entlasten (***from*** von); **2.** *j-n* befreien, entbinden (***from*** von); **ex·on·er·a·tion** [ɪgˌzɒnə'reɪʃn] *s.* **1.** Entlastung *f*; **2.** Befreiung *f*.

ex·or·bi·tance [ɪg'zɔ:bɪtəns] *s.* Maßlosigkeit *f*; **ex'or·bi·tant** [-nt] *adj.* □ maßlos, über'trieben, unverschämt: ***~ price*** Wucherpreis *m*.

ex·or·cism ['eksɔ:sɪzəm] *s.* Exor'zismus *m*, Teufelsaustreibung *f*, Geisterbeschwörung *f*; **'ex·or·cist** [-ɪst] *s.* Exor'zist *m*, Teufelsaustreiber *m*, Geisterbeschwörer *m*; **'ex·or·cize** [-saɪz] *v/t.* *Teufel* austreiben, *Geister* beschwören, bannen.

ex·or·di·um [ek'sɔ:djəm] *s.* Einleitung *f*, Anfang *m* (*e-r Rede*).

ex·o·ter·ic [ˌeksəʊ'terɪk] *adj.* (□ ***~ally***) exo'terisch, für Außenstehende bestimmt, gemeinverständlich.

ex·ot·ic [ɪg'zɒtɪk] *adj.* (□ ***~ally***) ex'otisch: a) aus-, fremdländisch, b) fremdartig, bi'zarr; **ex'ot·i·ca** [-kə] *s. pl.* E'xotika *pl.* (*fremdländische Kunstwerke*).

ex·pand [ɪk'spænd] **I** *v/t.* **1.** ausbreiten, -spannen, entfalten; **2.** ✝, *phys. u. fig.* ausdehnen, -weiten, erweitern: ***~ed metal*** Streckmetall *n*; ***~ed plastics*** Schaumkunststoffe; ***~ed program(me)*** erweitertes Programm; **3.** *Abkürzung* ausschreiben; **II** *v/i.* **4.** sich ausbreiten *od.* -dehnen; sich erweitern (*a. fig.*): ***his heart ~ed with joy*** sein Herz schwoll vor Freude; **5.** *fig.* sich entwickeln, aufblühen (***into*** zu); größer werden; **6.** *fig.* a) *vor Stolz, Freude etc.* ‚aufblühen', b) aus sich her'ausgehen; **ex'pand·er** [-də] *s. sport* Ex'pander *m*; **ex'pand·ing** [-dɪŋ] *adj.* sich (aus)dehnend, dehnbar; **ex'panse** [-ns] *s.* weiter Raum, weite Fläche, Weite *f*, Ausdehnung *f*; *orn.* Spannweite *f*; **ex'pan·sion** [-nʃn] *s.* **1.** Ausbreitung *f*, Erweiterung *f*, Zunahme *f*; (✝ *Industrie-, Produktions-, a. Kredit*)Ausweitung *f*; *pol.* Expansi'on *f*: ***ego ~*** *psych.* gesteigertes Selbstgefühl; **2.** *a.* ⚙, *phys.* (Aus)Dehnung *f*, Expansi'on *f*: ***~ engine*** Expansionsmaschine *f*; ***~ stroke*** *mot.* Arbeitstakt *m*, Expansionshub *m*; **3.** 'Umfang *m*, Raum *m*, Weite *f*; **ex'pan·sion·ism** [-nʃənɪzəm] *s.* Expansi'onspoliˌtik *f*; **ex'pan·sion·ist** [-nʃənɪst] **I** *s.* Anhänger(in) der Expansi'onspoliˌtik; **II** *adj.* Expansions...; **ex'pan·sive** [-nsɪv] *adj.* ☐ **1.** ausdehnungsfähig, ausdehnend, (Aus)Dehnungs...; **2.** ausgedehnt, weit, um'fassend; **3.** *fig.* mitteilsam, aufgeschlossen; **4.** *fig.* 'überschwenglich; **ex'pan·sive·ness** [-nsɪvnɪs] *s.* **1.** Ausdehnungsvermögen *n*; **2.** *fig.* a) Mitteilsamkeit *f*, Aufgeschlossenheit *f*, b) 'Überschwenglichkeit *f*.

ex par·te [ˌeks'pɑːtɪ] (*Lat.*) *adj. u. adv.* ⚖ einseitig (*Prozeßhandlung*).

ex·pa·ti·ate [ek'speɪʃɪeɪt] *v/i.* sich weitläufig auslassen *od.* verbreiten (***on*** über *acc.*); **ex·pa·ti·a·tion** [ekˌspeɪʃɪ'eɪʃn] *s.* weitläufige Erörterung, Erguß *m*, ‚Salm' *m*.

ex·pa·tri·ate I *v/t.* [eks'pætrɪeɪt] **1.** ausbürgern, expatriieren, *j-m* die Staatsangehörigkeit aberkennen: ***~ o.s.*** auswandern, s-e Staatsangehörigkeit aufgeben; **II** *adj.* [-ɪət] **2.** verbannt, ausgebürgert; **3.** ständig im Ausland lebend; **III** *s.* [-ɪət] **4.** Ausgebürgerte(r *m*) *f*; **5.** (freiwillig) im Ex'il *od.* ständig im Ausland Lebende(r *m*) *f*; **ex·pa·tri·a·tion** [eksˌpætrɪ'eɪʃn] *s.* **1.** Ausbürgerung *f*; Aberkennung *f* der Staatsangehörigkeit; **2.** Auswanderung *f*; **3.** Aufgabe *f* s-r Staatsangehörigkeit.

ex·pect [ɪk'spekt] *v/t.* **1.** *j-n* erwarten: ***I ~ him to dinner*** ich erwarte ihn zum Essen; **2.** *et.* erwarten *od.* vor'hersehen; entgegensehen (*dat.*): ***I did not ~ that question*** auf diese Frage war ich nicht gefaßt *od.* vorbereitet; **3.** erwarten, hoffen, rechnen auf (*acc.*): ***I ~ you to come*** ich erwarte, daß du kommst; ***I ~ (that) he will come*** ich erwarte, daß er kommt; **4.** *et. von j-m* erwarten, verlangen: ***you ~ too much from him***; **5.** F annehmen, denken, vermuten: ***that is hardly to be ~ed*** das ist kaum anzunehmen; ***I ~ so*** ich denke ja (*od.* schon); **ex'pect·ance** [-təns], **ex'pect·an·cy** [-tənsɪ] *s.* (***of***) **1.** Erwartung *f* (*gen.*); Hoffnung *f*, Aussicht *f* (auf *acc.*); **2.** ✝, ⚖ Anwartschaft *f* (auf *acc.*); **ex'pect·ant** [-tənt] **I** *adj.* ☐ **1.** erwartend: ***be ~ of*** *et.* erwarten; ***~ heir*** a) ⚖ Erb(schafts)anwärter(in), b) Thronanwärter *m*; **2.** erwartungsvoll; **3.** zu erwarten(d); **4.** schwanger: ***~ mother*** werdende Mutter, Schwangere *f*; **II** *s.* **5.** ⚖ Anwärter(in) (***of*** auf *acc.*); **ex·pec·ta·tion** [ˌekspek'teɪʃn] *s.* **1.** Erwartung *f*, Erwarten *n*: ***beyond (contrary to) ~*** über (wider) Erwarten; ***according to ~*** erwartungsgemäß; ***come up to ~*** den Erwartungen entsprechen; **2.** Gegenstand *m* der Erwartung; **3.** *oft pl.* Hoffnung *f*, Aussicht *f*: ***~ of life*** Lebenserwartung *f*; **ex'pect·ing** [-tɪŋ] *adj.*: ***she is ~*** F sie ist in anderen Umständen.

ex·pec·to·rant [ek'spektərənt] *adj. u. s. pharm.* schleimlösend(es Mittel); **ex·pec·to·rate** [ek'spektəreɪt] **I** *v/t.* ausspucken, -husten; **II** *v/i.* a) (aus-) spucken, b) Blut spucken; **ex·pec·to·ra·tion** [ekˌspektə'reɪʃn] *s.* **1.** Auswerfen *n*, Aushusten *n*, -spucken *n*; **2.** Auswurf *m*.

ex·pe·di·ence [ɪk'spiːdjəns], **ex'pe·di·en·cy** [-sɪ] *s.* **1.** Ratsamkeit *f*, Zweckmäßigkeit *f*; **2.** Nützlichkeit *f*, Zweckdienlichkeit *f*; **3.** Eigennutz *m*; **ex'pe·di·ent** [-nt] **I** *adj.* ☐ **1.** ratsam, angebracht; **2.** zweckmäßig, -dienlich, praktisch, nützlich, vorteilhaft; **3.** eigennützig; **II** *s.* **4.** (Hilfs)Mittel *n*, (Not)Behelf *m*.

ex·pe·dite ['ekspɪdaɪt] *v/t.* **1.** beschleunigen, fördern; **2.** schnell ausführen; **3.** befördern, expedieren.

ex·pe·di·tion [ˌekspɪ'dɪʃn] *s.* **1.** Eile *f*, Schnelligkeit *f*; **2.** (Forschungs)Reise *f*, Expediti'on *f*; **3.** ⚔ Feldzug *m*; **ˌex·pe'di·tion·ar·y** [-ʃnərɪ] *adj.* Expeditions...: ***~ force*** Expeditionskorps *n*; **ˌex·pe'di·tious** [-ʃəs] *adj.* ☐ schnell, rasch, prompt.

ex·pel [ɪk'spel] *v/t.* (***from***) **1.** vertreiben, wegjagen (aus, von); **2.** ausstoßen, -schließen, hi'nauswerfen (aus); **3.** aus-, verweisen, verbannen (aus); **4.** *Rauch etc.* ausstoßen (aus); **ex·pel·lee** [ˌekspe'liː] *s.* (Heimat)Vertriebene(r *m*) *f*.

ex·pend [ɪk'spend] *v/t.* **1.** *Geld* ausgeben; **2.** *Mühe, Zeit etc.* ver-, aufwenden (***on*** für); **3.** verbrauchen; **ex'pend·a·ble** [-dəbl] **I** *adj.* **1.** verbrauchbar, Verbrauchs…; **2.** entbehrlich; **3.** ⚔ (*im Notfall*) zu opfern(d); **II** *s.* **4.** *mst pl. et.* Entbehrliches; **5.** ⚔ verlorener Haufen; **ex'pend·i·ture** [-dɪtʃə] *s.* **1.** Aufwand *m*, Verbrauch *m* (***of*** an *dat.*); **2.** (Geld)Ausgabe(n *pl.*) *f*, (Kosten-)Aufwand *m*, Auslage(n *pl.*) *f*, Kosten *pl.*: ***cash ~*** ✝ Barauslagen.

ex·pense [ɪk'spens] *s.* **1.** → ***expenditure*** 2; **2.** *pl.* Unkosten *pl.*, Spesen *pl.*: ***~ account*** ✝ Spesenkonto *n*; ***~ allowance*** ✝ Aufwandsentschädigung *f*, Spesenvergütung *f*; ***travel(l)ing ~s*** Reisespesen; ***and all ~s paid*** und alle Unkosten *od.* Spesen (werden) vergütet; ***at an ~ of*** mit e-m Aufwand von; ***at great ~*** mit großen Kosten; ***at my ~*** auf m-e Kosten, für m-e Rechnung; ***they laughed at my ~*** *fig.* sie lachten auf m-e Kosten; ***at the ~ of his health*** auf Kosten s-r Gesundheit; ***go to great ~*** sich in (große) (Un)Kosten stürzen; ***put s.o. to great ~*** j-n in große (Un-)Kosten stürzen; ***spare no ~*** keine Kosten scheuen; **ex'pen·sive** [-sɪv] *adj.* □ teuer, kostspielig, aufwendig.

ex·pe·ri·ence [ɪk'spɪərɪəns] **I** *s.* **1.** a) Erfahrung *f*, (Lebens)Praxis *f*, b) Erfahrenheit *f*, (praktische) Erfahrung, Praxis *f*, praktische Kenntnisse *pl.*, Fach-, Sachkenntnis *f*: ***by*** (*od.* ***from***) ***~*** aus (eigener) Erfahrung; ***in my ~*** nach m-n Erfahrungen, m-s Wissens; ***~ in cooking*** Kochkenntnisse; ***business ~*** Geschäftserfahrung, -routine *f*; ***driving ~*** Fahrpraxis; ***previous ~*** Vorkenntnisse; **2.** Erlebnis *n*: ***I had a strange ~***; **3.** Vorkommnis *n*, Geschehnis *n*; **4.** *Am. eccl.* religi'öse Erweckung; **II** *v/t.* **5.** erfahren: a) kennen'lernen, b) erleben, c) erleiden, *Schlimmes* 'durchmachen, *Vergnügen etc.* empfinden: ***~ kindness*** Freundlichkeit erfahren; ***~ difficulties*** auf Schwierigkeiten stoßen; **ex'pe·ri·enced** [-st] *adj.* erfahren, routiniert, bewandert, (fach-, sach)kundig.

ex·pe·ri·en·tial·ism [ɪkˌspɪərɪ'enʃəlɪzəm] *s. phls.* Empi'rismus *m*.

ex·per·i·ment I *s.* [ɪk'sperɪmənt] Versuch *m*, Experi'ment *n*; **II** *v/i.* [-ment] experimentieren, Versuche anstellen (***on***, ***upon*** an *dat.*; ***with*** mit): ***~ with s.th.*** *a.* et. erproben.

ex·per·i·men·tal [ekˌsperɪ'mentl] *adj.* □ **1.** *phys.* Versuchs…, experimen'tell, Experimental…: ***~ animal*** Versuchstier *n*; ***~ physics*** Experimentalphysik *f*; ***~ station*** Versuchsanstalt *f*; **2.** experimentierfreudig; **3.** Erfahrungs…; **exˌper·i'men·tal·ist** [-təlɪst] *s.* Experimen'tator *m*; **exˌper·i'men·tal·ly** [-təlɪ] *adv.* experimen'tell, versuchsweise; **ex·per·i·men·ta·tion** [ekˌsperɪmen'teɪʃn] *s.* Experimentieren *n*.

ex·pert ['ekspɜːt] **I** *adj* [*pred. a.* ɪk'spɜːt] □ **1.** erfahren, kundig; **2.** geschickt, gewandt (***at***, ***in*** in *dat.*); **3.** fachmännisch, fach-, sachkundig; Fach…(*-ingenieur, -wissen etc.*); **4.** Sachverständigen…: ***~ opinion*** (Sachverständigen-)Gutachten *n*; ***~ witness*** ⚖ Sachverständige(r *m*) *f*; **II** *s.* **5.** a) Fachmann *m*, Ex'perte *m*, b) Sachverständige(r *m*) *f*, Gutachter(in) (***at***, ***in*** in *dat.*; ***on s.th.*** [auf dem Gebiet] e-r Sache); **ex·per·tise** [ˌekspɜː'tiːz] *s.* **1.** Exper'tise *f*, (Sachverständigen)Gutachten *n*; **2.** Sach-, Fachkenntnis *f*; **3.** (fachmännisches) Können; **'ex·pert·ness** [-nɪs] *s.* **1.** Erfahrenheit *f*; **2.** Geschicklichkeit *f*.

ex·pi·a·ble ['ekspɪəbl] *adj.* sühnbar; **'ex·pi·ate** [-ɪeɪt] *v/t.* sühnen, wieder'gutmachen, (ab)büßen; **ex·pi·a·tion** [ˌekspɪ'eɪʃn] *s.* Sühne *f*, Buße *f*: ***in ~ of s.th.*** um et. zu sühnen, als Sühne für et.; **'ex·pi·a·to·ry** [-ɪətərɪ] *adj.* sühnend, Sühn(e)…, Buß…: ***be ~ of*** *et.* sühnen.

ex·pi·ra·tion [ˌekspɪ'reɪʃn] *s.* **1.** Ausatmen *n*; **2.** *fig.* Ablauf *m* (*e-r Frist, e-s Vertrags*), Ende *n*; **3.** ✝ a) Fälligwerden *n*, b) Verfall *m* (*e-s Wechsels*): ***~ date*** Verfallsdatum *n*; **ex·pir·a·to·ry** [ɪk'spaɪərətərɪ] *adj.* Ausatmungs…

ex·pire [ɪk'spaɪə] *v/i.* **1.** ausatmen, -hauchen (*a. v/t.*); **2.** sein Leben aushauchen, verscheiden; **3.** ablaufen (*Frist, Vertrag etc.*), erlöschen (*Patent, Recht etc.*), enden, ungültig werden, verfallen; **4.** ✝ fällig werden; **ex'pired** [-əd] *adj.* ungültig, verfallen, erloschen; **ex'pi·ry** [-ərɪ] → ***expiration*** 2, 3.

ex·plain [ɪk'spleɪn] **I** *v/t.* **1.** erklären, erläutern, ausein'andersetzen (***s.th. to s.o.*** j-m et.): ***~ s.th. away*** a) sich aus et. herausreden, b) e-e einleuchtende Erklärung für et. finden; **2.** erklären, begründen, rechtfertigen: ***~ o.s.*** a) sich erklären, b) sich rechtfertigen; **II** *v/i.* **3.** es erklären: ***you have got a little ~ing to do*** da müßtest du (mir, uns) schon einiges erklären; **ex'plain·a·ble** [-nəbl] *adj.* → ***explicable***; **ex·pla·na·tion** [ˌeksplə'neɪʃn] *s.* **1.** Erklärung *f*, Erläuterung *f* (***for***, ***of*** für): ***in ~ of*** als Erklärung für; ***make some ~*** e-e Erklärung abgeben; **2.** Er-, Aufklärung *f*; **3.** Verständigung *f*; **ex·plan·a·to·ry**

[ɪk'splænətərɪ] *adj.* □ erklärend, erläuternd.
ex·ple·tive [ek'spli:tɪv] **I** *adj.* **1.** ausfüllend, (Aus)Füll…; **II** *s.* **2.** *ling.* Füllwort *n*; **3.** Füllsel *n*, Lückenbüßer *m*; **4.** a) Fluch *m*, b) Kraftausdruck *m*.
ex·pli·ca·ble [ɪk'splɪkəbl] *adj.* erklärbar, erklärlich; **ex·pli·cate** ['eksplɪkeɪt] *v/t.* **1.** explizieren, erklären; **2.** *Theorie etc.* entwickeln; **ex·pli·ca·tion** [ˌekspli'keɪʃn] *s.* **1.** Erklärung *f*, Erläuterung *f*; **2.** Entwicklung *f*.
ex·plic·it [ɪk'splɪsɪt] *adj.* □ **1.** deutlich, klar, ausdrücklich; **2.** offen, deutlich (*Person*) (***on*** in bezug auf *acc.*); **3.** ⩚ expli'zit.
ex·plode [ɪk'spləʊd] **I** *v/t.* **1.** a) zur Explosi'on bringen, explodieren lassen, b) (in die Luft) sprengen; **2.** *fig.* a) *Plan etc.* über den Haufen werfen, zum Platzen bringen, zu'nichte machen: ***~ a myth*** e-e Illusion zerstören, b) *Theorie etc.* wider'legen, *e-m Gerücht etc.* den Boden entziehen; **II** *v/i.* **3.** a) explodieren, ⚔ *a.* krepieren (*Granate etc.*), b) in die Luft fliegen; **4.** *fig.* ausbrechen (***into***, ***with*** in *acc.*), ‚platzen' (***with*** vor *dat.*): ***~ with fury*** vor Wut platzen, ‚explodieren'; ***~ with laughter*** in schallendes Gelächter ausbrechen; **5.** *fig.* sprunghaft ansteigen, sich explosi'onsartig vermehren; **ex'plod·ed view** [-dɪd] *s.* ⚙ Darstellung *f e-r Maschine etc.* in zerlegter Anordnung.
ex·ploit I *v/t.* [ɪk'splɔɪt] **1.** *et.* auswerten; *kommerziell* verwerten; ⚒ *etc.* ausbeuten, abbauen; **2.** *fig. b.s. et. od. j-n* ausbeuten, -nutzen; *et.* ausschlachten, Kapi'tal schlagen aus; **II** *s.* ['eksplɔɪt] **3.** (Helden)Tat *f*; **4.** Großtat *f*, große Leistung; **ex·ploi·ta·tion** [ˌeksplɔɪ'teɪʃn] *s.* † (*Patent- etc.*)Verwertung *f*; ⚙ Ausnutzung *f*, -beutung *f* (*beide a. fig. b.s.*); ⚒ Abbau *m*, Gewinnung *f*; **ex'ploi·ter** [-tə] *s.* Ausbeuter *m* (*a. fig.*).
ex·plo·ra·tion [ˌeksplə'reɪʃn] *s.* **1.** Erforschung *f* (*e-s Landes*); **2.** Unter'suchung *f*.
ex·plor·a·tive [ek'splɒrətɪv], **ex'plor·a·to·ry** [-tərɪ] *adj.* **1.** (er)forschend, Forschungs…; **2.** Erkundungs…, untersuchend, sondierend; ⚙ *etc.* Versuchs…, Probe…: ***~ drilling***; ***~ talks*** Sondierungsgespräche; **ex·plore** [ɪk'splɔ:] *v/t.* **1.** *Land* erforschen; **2.** erforschen, erkunden, unter'suchen (*a.* ⚕), sondieren; **ex·plor·er** [ɪk'splɔ:rə] *s.* Forscher *m*, Forschungsreisende(r *m*) *f*.
ex·plo·sion [ɪk'spləʊʒn] *s.* **1.** a) Explosi'on *f* (*a. ling.*), Entladung *f*, b) Knall *m*, Detonati'on *f*; **2.** *fig.* Explosi'on *f*: ***population ~***; **3.** *fig.* Zerstörung *f*, Wider'legung *f*; **4.** *fig.* (*Wut- etc.*)Ausbruch *m*.
ex·plo·sive [ɪk'spləʊsɪv] **I** *adj.* □ **1.** explo'siv, Knall…, Spreng…, Explosions…; **2.** *fig.* jähzornig, aufbrausend; **II** *s.* **3.** Explo'siv-, Sprengstoff *m*; **4.** *ling.* → ***plosive*** II; **~ charge** *s.* Sprengladung *f*; **~ cot·ton** *s.* Schießbaumwolle *f*; **~ flame** *s.* Stichflamme *f*; **~ force** *s.* Sprengkraft *f*.
ex·po·nent [ek'spəʊnənt] *s.* **1.** ⩚ Expo'nent *m*, Hochzahl *f*; **2.** *fig.* Expo'nent (-in): a) Repräsen'tant(in), Vertreter (-in), b) Verfechter(in); **3.** Inter'pret (-in); **ex·po·nen·tial** [ˌekspəʊ'nenʃl] ⩚ **I** *adj.* Exponential…; **II** *s.* Exponenti'algröße *f*.
ex·port I *v/t. u. v/i.* [ek'spɔ:t] **1.** exportieren, ausführen; **II** *s.* ['ekspɔ:t] **2.** Ex'port *m*, Ausfuhr(handel *m*) *f*; **3.** Ex'port-, 'Ausfuhrarˌtikel *m*; **4.** *pl.* a) (Ge'samt)Exˌport *m*, (-)Ausfuhr *f*, b) Ex'portgüter *pl.*; **III** *adj.* ['ekspɔ:t] **5.** Ausfuhr…, Export…: ***~ duty*** Ausfuhrzoll *m*; ***~ license***, ***~ permit*** Ausfuhrgenehmigung *f*; ***~ trade*** Export-, Ausfuhr-, Außenhandel *f*; **ex'port·a·ble** [-təbl] *adj.* ex'portfähig, zur Ausfuhr geeignet; **ex·por·ta·tion** [ˌekspɔ:'teɪʃən] *s.* Ausfuhr *f*, Ex'port *m*; **ex'porter** [-tə] *s.* Expor'teur *m*.
ex·pose [ɪk'spəʊz] **I** *v/t.* **1.** *Kind* aussetzen; **2.** *Waren* ausstellen (***for sale*** zum Verkauf); **3.** *fig. e-r Gefahr*, *e-m Übel* aussetzen, preisgeben: ***~ o.s.*** sich exponieren; ***~ o.s. to ridicule*** sich lächerlich machen; **4.** *fig.* a) (***o.s.*** sich) bloßstellen, b) *j-n* entlarven, c) *et.* aufdecken, enthüllen; **5.** *et.* darlegen, ausein'andersetzen; **6.** entblößen (*a.* ⚔), enthüllen, zeigen; **7.** *phot.* belichten; **II** *s.* **8.** *Am.* → ***exposé*** 2.
ex·po·sé [ek'spəʊzeɪ] (*Fr.*) *s.* **1.** Expo'sé *n*, Darlegung *f*; **2.** Enthüllung *f*, Entlarvung *f*.
ex·posed [ɪk'spəʊzd] *adj.* **1.** *pred.* ausgesetzt (***to*** *dat.*); **2.** unverdeckt, offen (-liegend); **3.** ungeschützt, exponiert; **4.** *phot.* belichtet.
ex·po·si·tion [ˌekspəʊ'zɪʃn] *s.* **1.** Ausstellung *f*, Schau *f*; **2.** Darlegung(en *pl.*) *f*, Ausführung(en *pl.*) *f*; **3.** *thea. u.* ♪ Expositi'on *f*; **ex·pos·i·tor** [ek'spɒzɪtə] *s.* Erklärer *m*; **ex·pos·i·to·ry** [ek'spɒzɪtərɪ] *adj.* erklärend.
ex·pos·tu·late [ɪk'spɒstjʊleɪt] *v/i.* **1.** protestieren; **2.** ***~ with*** *j-m* ernste Vorhaltungen machen, *j-n* zu'rechtweisen;

ex·pos·tu·la·tion [ɪkˌspɒstjʊˈleɪʃn] *s.* **1.** Proˈtest *m*; **2.** ernste Vorhaltung, Verweis *m*.

ex·po·sure [ɪkˈspəʊʒə] *s.* **1.** (Kindes-)Aussetzung *f*; **2.** Aussetzen *n*, Preisgabe *f*; **3.** Ausgesetztsein *n*, Preisgegebensein *n* (*to dat.*): ***death from ~*** Tod *m* durch Erfrieren *od.* vor Entkräftung *etc.*; **4.** Entblößung *f*: ***indecent ~*** unsittliche (Selbst)Entblößung; **5.** *fig.* a) Bloßstellung *f*, b) Entlarvung *f*, c) Enthüllung *f*, Aufdeckung *f*; **6.** *phot.* Belichtung *f*: ***~ meter*** Belichtungsmesser *m*; ***time ~*** Zeitaufnahme *f*; ***~ value*** Lichtwert *m* (*e-s Films*); **7.** Lage *f* (*e-s Gebäudes*): ***southern ~*** Südlage.

ex·pound [ɪkˈspaʊnd] *v/t.* **1.** erklären, erläutern; *Theorie* entwickeln; **2.** auslegen.

ex·press [ɪkˈspres] **I** *v/t.* **1.** *obs. Saft* auspressen, ausdrücken; **2.** *fig.* ausdrükken, äußern, zum Ausdruck bringen: ***~ o.s.*** sich äußern, sich erklären; ***be ~ed*** zum Ausdruck kommen; **3.** bezeichnen, bedeuten, darstellen; **4.** *Gefühle etc.* offenˈbaren, zeigen, bekunden; **5.** a) *Brit.* durch Eilboten *od.* als Eilgut schicken, b) *bsd. Am.* durch ein (ˈSchnell)Transˌportunterˌnehmen befördern lassen; **II** *adj.* □ → ***expressly***; **6.** ausdrücklich, bestimmt, deutlich, eindeutig; **7.** besonder: ***for the ~ purpose*** eigens zu dem Zweck; **8.** Expreß…, Schnell…, Eil…; **III** *adv.* **9.** → ***expressly***; **10.** *Brit.* durch Eilboten, per Exˈpreß, als Eilgut; **IV** *s.* **11.** *Brit.* a) Eilbote *m*, b) Eilbeförderung *f*, c) Eilbrief *m*, -gut *n*; **12.** 🚂 D-Zug *m*; **13.** *Am.* → ***express company***; **exˈpress·age** [-sɪdʒ] *s. Am.* **1.** Beförderung *f* durch ein (ˈSchnell)Transˌportunterˌnehmen; **2.** Eilfracht(gebühr) *f*.

ex·press| com·pa·ny *s. Am.* (ˈSchnell-)Transˌportunterˌnehmen *n*; **~ de·liv·er·y** *s.* a) *Brit.* Eilzustellung *f*, b) → ***expressage*** 1; **~ goods** *s. pl.* Eilfracht *f*, -gut *n*.

ex·pres·sion [ɪkˈspreʃn] *s.* **1.** Ausdruck *m*, Äußerung *f*: ***find ~ in*** sich äußern in (*dat.*); ***give ~ to*** Ausdruck verleihen (*dat.*); ***beyond ~*** unsagbar; **2.** Redensart *f*, Ausdruck *m*; **3.** Ausdrucksweise *f*, Diktiˈon *f*; **4.** Ausdruck(skraft *f*) *m*: ***with ~*** mit Gefühl, ausdrucksvoll; **5.** (Gesichts)Ausdruck *m*; **6.** ⚗ Ausdruck *m*, Formel *f*; **exˈpres·sion·ism** [-ʃnɪzəm] *s.* Expressioˈnismus *m*; **exˈpres·sion·ist** [-ʃnɪst] **I** *s.* Expressioˈnist(in); **II** *adj.* expressioˈnistisch; **exˈpres·sion·less** [-lɪs] *adj.* ausdruckslos.

ex·pres·sive [ɪkˈspresɪv] *adj.* □ **1.** ausdrückend (***of*** *acc.*): ***be ~ of*** *et.* ausdrükken; **2.** ausdrucksvoll; **3.** Ausdrucks…; **exˈpres·sive·ness** [-nɪs] *s.* **1.** Ausdruckskraft *f*; **2.** *das* Ausdrucksvolle; **exˈpress·ly** [-slɪ] *adv.* **1.** ausdrücklich; **2.** eigens, besonders.

exˈpress|·man [-mæn] *s.* [*irr.*] *Am.* Angestellte(r) *m* e-s (ˈSchnell)Transˌportunterˌnehmens; **~ train** *s.* D-Zug *m*; **~·way** *s. bsd. Am.* Schnellstraße *f*.

ex·pro·pri·ate [eksˈprəʊprɪeɪt] *v/t.* ⚖ *j-n od. et.* enteignen; **ex·pro·pri·a·tion** [eksˌprəʊprɪˈeɪʃn] *s.* ⚖ Enteignung *f*.

ex·pul·sion [ɪkˈspʌlʃn] *s.* (***from***) **1.** Vertreibung *f* (aus); **2.** *pol.* Ausweisung *f*, Verbannung *f*, Abschiebung *f* (aus); **3.** Ausstoßung *f* (aus), Ausschließung (aus, von): ***~ from school***; **4.** ⚕ Austreibung *f*; **exˈpul·sive** [-lsɪv] *adj.* aus-, vertreibend.

ex·punge [ekˈspʌndʒ] *v/t.* **1.** (aus)streichen; *a. fig.* löschen (***from*** aus); **2.** *fig.* ausmerzen, vernichten.

ex·pur·gate [ˈekspɜːgeɪt] *v/t. Buch etc.* (von anstößigen Stellen) reinigen: ***~d version*** gereinigte Version; **ex·pur·gation** [ˌekspɜːˈgeɪʃn] *s.* Reinigung *f*.

ex·qui·site [ˈekskwɪzɪt] *adj.* □ **1.** köstlich, (aus)erlesen, vorˈzüglich, ausgezeichnet, exquiˈsit; **2.** gepflegt, fein: ***~ taste***; **3.** äußerst fein: ***an ~ ear***; **4.** äußerst, höchst; **5.** heftig: ***~ pain***; ***~ pleasure*** großes Vergnügen.

ex-serv·ice·man [ˌeksˈsɜːvɪsmən] *s.* [*irr.*] ehemaliger Solˈdat, Veteˈran *m*.

ex·tant [ekˈstænt] *adj.* (noch) vorˈhanden *od.* bestehend.

ex·tem·po·ra·ne·ous [ekˌstempəˈreɪnɪəs], **ex·tem·po·rar·y** [ɪkˈstempərərɪ] *adj.* □ improvisiert, extemporiert, unvorbereitet, aus dem Stegreif: ***~ translation*** Stegreifübersetzung *f*; **ex·tem·po·re** [ekˈstempərɪ] **I** *adj. u. adv.* → ***extemporaneous***; **II** *s.* Improvisatiˈon *f*, Stegreifgedicht *n*, unvorbereitete Rede; **ex·tem·po·rize** [ɪkˈstempəraɪz] *v/t. u. v/i.* aus dem Stegreif *od.* unvorbereitet reden *od.* dichten *od.* spielen, improvisieren; **ex·tem·po·riz·er** [ɪkˈstempəraɪzə] *s.* Improviˈsator *m*, Stegreifdichter *m*.

ex·tend [ɪkˈstend] **I** *v/t.* **1.** (aus)dehnen, ausbreiten; **2.** verlängern; **3.** vergrößern, erweitern, ausbauen: ***~ a factory***; **4.** *Seil etc.* spannen, ziehen; **5.** *Hand etc.* ausstrecken; **6.** *Nahrungsmittel* strecken; **7.** *fig. e-n Besuch, s-e Macht etc.* ausdehnen (***to*** auf *acc.*), *e-e Frist, s-n Paß, e-n Vertrag etc.* verlängern, ✝ *a.* prolongieren; **8.** (**to**, **towards** *dat.*) a) *Gunst*, *Hilfe etc.* gewähren, *Gutes* erweisen, b) *s-n Dank*, *Glückwunsch etc.* aussprechen, *e-e Einladung* schicken, c) *e-n* Gruß entbieten; **9.** ✈ *Fahrgestell* ausfahren; **10.** ⚔ ausschwärmen lassen; **11.** *Abkürzungen* voll ausschreiben; *Kurzschrift* in Normalschrift über'tragen; **12.** *sport* das Letzte her'ausholen aus (*e-m Pferd etc.*): **~ o.s.** sich völlig ausgeben; **II** *v/i.* **13.** sich ausdehnen *od.* erstrecken, reichen (**to** bis zu); hin'ausgehen (**beyond** über *acc.*); **14.** ⚔ ausschwärmen; **ex'tend·ed** [-dɪd] *adj.* **1.** ausgedehnt (*a. Zeitraum*); **2.** ausgestreckt: **~ hands**; **3.** verlängert; **4.** ausgebreitet; *typ.* breit: **~ formation** ⚔ auseinandergezogene Formation; **~ order** ⚔ geöffnete Ordnung; **5.** groß, um'fassend: **~ family** Großfamilie *f*.

ex·ten·si·bil·i·ty [ɪkˌstensə'bɪlətɪ] *s.* (Aus)Dehnbarkeit *f*; **ex·ten·si·ble** [ɪk'stensəbl] *adj.* (aus)dehnbar, (aus-) streckbar; ausziehbar (*Tisch*): **~ table** Ausziehtisch *m*.

ex·ten·sion [ɪk'stenʃn] *s.* **1.** Ausdehnung *f* (*a. fig.*; **to** auf *acc.*); Ausbreitung *f*; (*Frist- Kredit- etc.*)Verlängerung *f*, ✝ *a.* Prolongati'on *f*: **~ of leave** Nachurlaub *m*; **2.** ⚙ Dehnung *f*, Streckung *f* (*a.* ⚕); **3.** *fig.* Vergrößerung *f*, Erweiterung *f*, Ausbau *m*; **4.** Ausdehnung *f*, 'Umfang *m*; **5.** ⚠ Anbau *m* (*Gebäude*); **6.** *teleph.* Nebenanschluß *m*, *a.* Appa'rat *m*; **7.** *phot.* (Kamera-) Auszug *m*; **~ band·age** *s.* ⚕ Streckverband *m*; **~ board** *s. teleph.* 'Hauszenˌtrale *f*; **~ cord** *s.*, **~ flex** *s.* ⚡ Verlängerungskabel *n*; **~ lad·der** *s.* Ausziehleiter *f*; **~ ta·ble** *s. Am.* Ausziehtisch *m*.

ex·ten·sive [ɪk'stensɪv] *adj.* □ ausgedehnt (*a.* ⚔ *u. fig.*), um'fassend; eingehend; exten'siv (*a.* ✓); **ex'ten·sive·ness** [-nɪs] *s.* Ausdehnung *f*, 'Umfang *m*; **ex'ten·sor** [-sə] *s. anat.* Streckmuskel *m*.

ex·tent [ɪk'stent] *s.* **1.** Ausdehnung *f*, Länge *f*, Weite *f*, Höhe *f*, Größe *f*; **2.** ⚔ *u. fig.* Bereich *m*; **3.** Raum *m*, Strecke *f*; **4.** *fig.* 'Umfang *m*, (Aus)Maß *n*, Grad *m*: **to the ~ of** bis zum Betrag *od.* zur Höhe von; **to some** (*od.* **a certain**) **~** in gewissem Grade, einigermaßen; **to the full ~** in vollem Umfang, völlig.

ex·ten·u·ate [ek'stenjʊeɪt] *v/t.* **1.** abschwächen, mildern: **extenuating circumstances** ⚖ mildernde Umstände; **2.** beschönigen, bemänteln; **ex·ten·u·a·tion** [ekˌstenjʊ'eɪʃn] *s.* **1.** Abschwächung *f*, Milderung *f*; **2.** Beschönigung *f*.

ex·te·ri·or [ek'stɪərɪə] **I** *adj.* **1.** äußer, Außen...: **~ angle** Außenwinkel *m*; **~ to** abseits von, außerhalb (*gen.*); **2.** von außen (ein)wirkend *od.* kommend; **3.** *pol.* auswärtig: **~ possessions**; **~ policy**; **II.** *s.* **4.** *das* Äußere: a) Außenseite *f*, b) äußere Erscheinung *f* (*e-r Person*), c) *pol.* auswärtige Angelegenheiten *pl.*; **5.** *Film*: Außenaufnahme *f*.

ex·ter·mi·nant [ɪk'stɜːmɪnənt] *s.* Vertilgungsmittel *n*; **ex·ter·mi·nate** [ɪk'stɜːmɪneɪt] *v/t.* ausrotten (*a. fig.*), *Ungeziefer etc. a.* vertilgen; **ex·ter·mi·na·tion** [ɪkˌstɜːmɪ'neɪʃn] *s.* Ausrottung *f*, Vertilgung *f*: **~ camp** *hist.* Vernichtungslager *n*; **ex'ter·mi·na·tor** [-tə] *s.* **1.** Kammerjäger *m*; **2.** → **exterminant**.

ex·tern [ek'stɜːn] *s.* **1.** Ex'terne(r *m*) *f* (*e-s Internats*); **2.** *Am.* ex'terner 'Krankenhausarzt *od.* -assiˌstent; **ex'ter·nal** [-nl] **I** *adj.* □ → **externally**; **1.** äußer, äußerlich, Außen...: **~ angle** ⚔ Außenwinkel *m*; **~ ear** äußeres Ohr; **for ~ use** ⚕ zum äußerlichen Gebrauch, äußerlich; **~ to** außerhalb (*gen.*); **~ world** Außenwelt *f*; **2.** von außen (ein)wirkend *od.* kommend; **3.** (äußerlich) wahrnehmbar; **4.** ✝, *pol.* auswärtig, Außen..., Auslands...: **~ affairs** auswärtige Angelegenheiten; **~ loan** Auslandsanleihe *f*; **~ trade** Außenhandel *m*; **5.** ✝ außerbetrieblich, Fremd...; **II.** *s.* **6.** *mst pl. das* Äußere; **7.** *pl.* Äußerlichkeiten *pl.*, Nebensächlichkeiten *pl.*; **ex'ter·nal·ize** [-nəlaɪz] *v/t. psych.* **1.** objektivieren; **2.** *Konflikte* nach außen verlagern; **ex'ter·nal·ly** [-nəlɪ] *adv.* äußerlich, von außen.

ex·ter·ri·to·ri·al ['eksˌterɪ'tɔːrɪəl] *etc.* → **extraterritorial** *etc.*

ex·tinct [ɪk'stɪŋkt] *adj.* **1.** erloschen (*a. fig. Titel etc.*, *geol. Vulkan*); **2.** ausgestorben (*Pflanze*, *Tier etc.*), 'untergegangen (*Rasse*, *Reich etc.*); nicht mehr existierend; **3.** abgeschafft, aufgehoben; **ex'tinc·tion** [-kʃn] *s.* **1.** Erlöschen *n*; **2.** Aussterben *n*, 'Untergang *m*; **3.** (Aus)Löschen *n*; **4.** Vernichtung *f*; **5.** Abschaffung *f*; **6.** Tilgung *f*; **7.** ⚡, *phys.* Löschung *f*.

ex·tin·guish [ɪk'stɪŋgwɪʃ] *v/t.* **1.** *Feuer*, *Lichter* (aus)löschen; **2.** *fig. Leben*, *Gefühl* auslöschen, ersticken, töten; **3.** vernichten; **4.** *fig.* in den Schatten stellen; **5.** *fig. j-n* zum Schweigen bringen; **6.** (*a.* ⚖) abschaffen, aufheben; **7.** *Schuld* tilgen; **ex'tin·guish·er** [-ʃə] *s.* **1.** Löschgerät *n*; **2.** Löschhütchen *n* (*für Kerzen*); **3.** Glut-, Ziga'rettentöter *m*.

ex·tir·pate ['ekstɜ:peɪt] *v/t.* **1.** (mit den Wurzeln) ausreißen; **2.** *fig.* ausmerzen, ausrotten; **3.** ⚕ exstirpieren, entfernen.

ex·tol, *Am. a.* **ex·toll** [ɪk'stəʊl] *v/t.* (lob)preisen, rühmen.

ex·tort [ɪk'stɔ:t] *v/t.* (***from***) a) *et.* erpressen, erzwingen (von), b) *a. Bewunderung etc.* abringen, abnötigen (*dat.*).

ex·tor·tion [ɪk'stɔ:ʃn] *s.* **1.** Erpressung *f*; **2.** Wucher *m*; **ex'tor·tion·ate** [-nət] *adj.* **1.** erpresserisch; **2.** unmäßig, Wucher…; **ex'tor·tion·er** [-ʃnə], **ex'tor·tion·ist** [-nɪst] *s.* **1.** Erpresser *m*; **2.** Wucherer *m*.

ex·tra ['ekstrə] **I** *adj.* **1.** zusätzlich, Extra…, Sonder…, Neben…: ~ ***charge*** Zuschlag *m*; ~ ***charges*** Nebenkosten; ~ ***dividend*** Extra-, Zusatzdividende *f*; ~ ***pay*** Zulage *f*; ~ ***time*** *sport* (Spiel-) Verlängerung *f*; ***if you pay an*** ~ ***two pounds*** wenn Sie noch zwei Pfund zulegen; **2.** besonder, außergewöhnlich; besonders gut: ***it is nothing*** ~ es ist nichts Besonderes; **II** *adv.* **3.** extra, besonders: ~ ***high***; ~ ***late***; ***be charged for*** ~ gesondert berechnet werden; **III** *s.* **4.** *et.* Außergewöhnliches, *bsd.* a) Sonderarbeit *f*, -leistung *f*, b) *bsd. mot.* Extra *n*, c) Sonderberechnung *f*, Zuschlag *m*: ***heating and light are*** ~***s*** Heizung u. Licht werden gesondert berechnet; **5.** *pl.* Nebenkosten *pl.*; **6.** Extrablatt *n* (*Zeitung*); **7.** Aushilfskraft *f*; **8.** *thea.*, *Film*: Sta'tist(in).

ex·tract I *v/t.* [ɪk'strækt] **1.** her'ausziehen, -holen (***from*** aus); **2.** extrahieren: a) ⚕ *Zahn*(*wurzel*) ziehen, b) ⚗ ausscheiden, -ziehen, c) *Metall etc.* gewinnen, d) ⅍ *Wurzel* ziehen; **3.** *Honig etc.* schleudern; **4.** *Beispiele etc.* ausziehen, exzerpieren (***from a text*** aus e-m Text); **5.** *fig.* (***from***) *et.* her'ausholen (aus), entlocken (*dat.*); **6.** *fig.* ab-, herleiten; **II** *s.* ['ekstrækt] **7.** *a.* ⚗ Auszug *m*, Ex'trakt *m*: ~ ***of beef*** Fleischextrakt; ~ ***of account*** Kontoauszug; **ex'trac·tion** [-kʃn] *s.* **1.** Her'ausziehen *n*; **2.** Extrakti'on *f*: a) ⚕ Ziehen *n* (*e-s Zahns*), b) ⚗ Ausziehen *n*, Ausscheidung *f*, Gewinnung *f*, c) ⅍ Ziehen *n* (*Wurzel*); **3.** *fig.* Entlockung *f*; **4.** Abstammung *f*, Herkunft *f*; **ex'trac·tive** [-tɪv] *adj.*: ~ ***industry*** Industrie *f* zur Gewinnung von Naturprodukten; **ex'trac·tor** [-tə] *s.* **1.** ⚙, ⚔ Auszieher *m*, -werfer *m*; **2.** ⚕ (Geburts-, Zahn-, Wurzel)Zange *f*; **3.** Trockenschleuder *f*.

ex·tra·cur·ric·u·lar [ˌekstrəkə'rɪkjʊlə] *adj.* **1.** *ped.*, *univ.* außerhalb des Stunden- *od.* Lehrplans; **2.** außerplanmäßig.

ex·tra·dit·a·ble ['ekstrədaɪtəbl] *adj.* **1.** auszuliefern(d): ~ ***criminal***; **2.** auslieferungsfähig: ~ ***offence***; **ex·tra·dite** ['ekstrədaɪt] *v/t.* ausliefern; **ex·tra·di·tion** [ˌekstrə'dɪʃn] *s.* Auslieferung *f*: ***request for*** ~ Auslieferungsantrag *m*.

ˌex·tra|·ju'di·cial *adj.* ⚖ außergerichtlich; **ˌ~'mar·i·tal** *adj.* außerehelich; **ˌ~'mu·ral** *adj.* außerhalb der Mauern (*e-r Stadt od. Universität*): ~ ***courses*** Hochschulkurse außerhalb der Universität; ~ ***student*** Gasthörer(in).

ex·tra·ne·ous [ek'streɪnjəs] *adj.* □ **1.** fremd (***to*** *dat.*); **2.** unwesentlich; **3.** ***be*** ~ ***to*** nicht gehören zu.

ex·traor·di·nar·i·ly [ɪk'strɔ:dnrəlɪ] *adv.*, **ex·traor·di·nar·y** [ɪk'strɔ:dnrɪ] *adj.* **1.** außerordentlich: ***ambassador*** ~ Sonderbotschafter *m*; **2.** ungewöhnlich, seltsam, merkwürdig.

ex·trap·o·late [ek'stræpəʊleɪt] *v/t.* extrapolieren.

ˌex·tra|'sen·so·ry *adj. psych.* außersinnlich: ~ ***perception*** außersinnliche Wahrnehmung; **ˌ~·ter'res·trial** *adj.* außerirdisch; **'~ˌter·ri'to·ri·al** *adj.* ˌexterritori'al; **'~ˌter·ri·to·ri'al·i·ty** *s.* ˌExterritoriali'tät *f*; ~ **time** *s. sport* (Spiel)Verlängerung *f*.

ex·trav·a·gance [ɪk'strævəgəns] *s.* **1.** Verschwendung *f*; **2.** Ausschweifung *f*, Zügellosigkeit *f*; 'Übermut *m*; **3.** Extrava'ganz *f*, 'Übermaß *n*, Über'triebenheit *f*, Über'spanntheit *f*; **ex'trav·a·gant** [-nt] *adj.* □ **1.** verschwenderisch; **2.** ausschweifend, zügellos; **3.** extrava'gant, über'trieben, -'spannt; **ex·trav·a·gan·za** [ekˌstrævə'gænzə] *s.* **1.** phan'tastisches Werk (*Musik od. Literatur*); **2.** Ausstattungsstück *n*.

ex·treme [ɪk'stri:m] **I** *adj.* □ → ***extremely***; **1.** äußerst, weitest, letzt: ~ ***border*** äußerster Rand; ~ ***value*** Extremwert *m*; → ***unction*** 3 c; **2.** äußerst, höchst; außergewöhnlich, über'trieben: ~ ***case*** äußerster (Not)Fall; ~ ***measure*** drastische *od.* radikale Maßnahme; ~ ***necessity*** zwingende Notwendigkeit; ~ ***old age*** hohes Greisenalter; ~ ***penalty*** höchste Strafe, *a.* Todesstrafe *f*; **3.** *pol.* ex'trem, radi'kal: ~ ***Left*** äußerste Linke; ~ ***views***; **II** *s.* **4.** äußerstes Ende: ***at the other*** ~ am entgegengesetzten Ende; **5.** *das* Äußerste, höchster Grad, Ex'trem *n*: ***awkward in the*** ~ äußerst peinlich; ***go to*** ~***s*** vor nichts zurückschrecken; ***go to the other ~*** ins andere Extrem fallen; **6.** 'Übermaß *n*, Über'triebenheit *f*: ***carry s.th. to an ~*** et. zu weit treiben; **7.** Gegensatz *m*: ***~s meet*** Extreme berühren sich; **8.** *pl. obs.* äußerste Not; **ex'treme·ly** [-lɪ] *adv.* äußerst, höchst; **ex'trem·ism** [-mɪzəm] *s.* Extre'mismus *m*, Radika'lismus *m*; **ex'trem·ist** [-mɪst] *s.* **I** Extre'mist(in), Radi'kale(r *m*) *f*; **II** *adj.* extre'mistisch; **ex'trem·i·ty** [-remətɪ] *s.* **1.** *das* Äußerste, äußerstes Ende, äußerste Grenze: ***to the last ~*** bis zum Äußersten; ***drive s.o. to extremities*** j-n zum Äußersten treiben; ***resort to extremities*** zu drastischen Mitteln greifen; **2.** *fig.* a) höchster Grad: ***~ of joy*** Übermaß der Freude, b) äußerste Not, verzweifelte Situation: ***reduced to extremities*** in größter Not, c) verzweifelter Gedanke; **3.** *pl.* Gliedmaßen *pl.*, Extremi'täten *pl.*

ex·tri·cate ['ekstrɪkeɪt] *v/t.* **1.** (***from***) her'auswinden, -ziehen (aus), befreien (aus, von): ***~ o.s.*** sich befreien; **2.** ⚗ *Gas* frei machen; **ex·tri·ca·tion** [ˌekstrɪ'keɪʃn] *s.* **1.** Befreiung *f*; **2.** ⚗ Freimachen *n*.

ex·trin·sic [ek'strɪnsɪk] *adj.* (□ ***~ally***) **1.** äußer; **2.** a) nicht zur Sache gehörig, b) unwesentlich: ***be ~ to s.th.*** nicht zu et. gehören.

ex·tro·ver·sion [ˌekstrəʊ'vɜːʃn] *s. psych.* Extro- *od.* Extraversi'on *f*; **ex·tro·vert** ['ekstrəʊvɜːt] *psych.* **I** *s.* Extro- *od.* Extraver'tierte(r *m*) *f*; **II** *adj.* extro- *od.* extraver'tiert.

ex·trude [ek'struːd] **I** *v/t.* **1.** ausstoßen, (her)'auspressen; **2.** ⚙ strangpressen; **II** *v/i.* **3.** vorstehen; **ex'tru·sion** [-uːʒn] *s.* **1.** Ausstoßung *f*; **2.** ⚙ a) Strangpressen *n*, b) Strangpreßling *m*.

ex·u·ber·ance [ɪg'zjuːbərəns] *s.* **1.** (***of***) ('Über)Fülle (von *od. gen.*), Reichtum *m* (an *dat.*); **2.** 'Überschwang *m*; Ausgelassenheit *f*; **3.** (Wort)Schwall *m*; **ex'u·ber·ant** [-nt] *adj.* □ **1.** üppig, ('über)reichlich; **2.** *fig.* a) 'überschwenglich, b) ('über)sprudelnd, ausgelassen; **3.** *fig.* (äußerst) fruchtbar.

ex·ude [ɪg'zjuːd] **I** *v/t.* **1.** ausschwitzen, absondern; **2.** *fig.* von sich geben, verströmen; **II** *v/i.* **3.** *a. fig.* ausströmen (***from*** aus, von).

ex·ult [ɪg'zʌlt] *v/i.* froh'locken, jubeln, triumphieren (***at***, ***over***, ***in*** über *acc.*); **ex'ult·ant** [-tənt] *adj.* □ froh'lockend, jubelnd, triumphierend; **ex·ul·ta·tion** [ˌegzʌl'teɪʃn] *s.* Jubel *m*, Froh'locken *n*.

ex·urb ['eksɜːb] *s. Am.* (vornehmes) Einzugsgebiet (*e-r Großstadt*); **ex·ur·ban·ite** [ɪg'zɜːbənaɪt] *s. Am.* Bewohner(in) e-s ***exurb***; **ex·ur·bi·a** [ɪg'zɜːbɪə] *s.* die (vornehmen) Außenbezirke *pl.*

eye [aɪ] **I** *s.* **1.** Auge *n*: ***an ~ for an ~*** *bibl.* Auge um Auge; ***under my ~s*** vor m-n Augen; ***up to the ~s in work*** bis über die Ohren in Arbeit; ***with one's ~s shut*** mit geschlossenen Augen (*a. fig.*); ***be all ~s*** ganz Auge sein; ***cry one's ~s out*** sich die Augen ausweinen; **2.** *fig.* Blick *m*, Gesichtssinn *m*, Auge(nmerk) *n*: ***with an ~ to*** a) im Hinblick auf (*acc.*), b) mit der Absicht zu (*inf.*); ***cast an ~ over*** e-n Blick werfen auf (*acc.*); ***catch*** (*od.* ***strike***) ***the ~*** ins Auge fallen; ***she caught his ~*** sie fiel ihm auf; ***catch the Speaker's ~*** *parl.* das Wort erhalten; ***do s.o. in the ~*** F j-n ‚reinlegen' *od.* ‚übers Ohr hauen'; ***give an ~ to s.th.*** et. anblicken, ein Auge auf et. haben; ***give s.o. the*** (***glad***) ***~*** j-m e-n einladenden Blick zuwerfen; ***have an ~ for*** e-n Sinn *od.* Blick *od.* ein (offenes) Auge haben für; ***he has an ~ for beauty*** er hat Sinn für Schönheit; ***have an ~ to s.th.*** a) ein Auge auf et. haben, b) auf et. achten; ***keep an ~ on*** ein (wachsames) Auge haben auf (*acc.*); ***make ~s at*** *j-m* verliebte Blicke zuwerfen; → ***meet*** 9; ***open s.o.'s ~s*** (***to s.th.***) j-m die Augen öffnen (für et.); ***that made him open his ~s*** das verschlug ihm die Sprache; ***you can see that with half an ~*** das sieht doch ein Blinder!; ***set*** (*od.* ***clap***) ***~s on*** zu Gesicht bekommen; ***close one's ~s to*** die Augen verschließen vor (*dat.*); ***my ~!*** F denkste!, von wegen!, Quatsch!; **3.** Ansicht *f*: ***in the ~s of*** nach Ansicht von; ***see ~ to ~ with s.o.*** mit j-m übereinstimmen; **4.** Öhr *n* (*Nadel*); Öse *f*; **5.** ⚘ Auge *n*, Knospe *f*; **6.** *zo.* Auge *n* (*Schmetterling, Pfauenschweif*); **7.** ⚠ rundes Fenster; **8.** Auge *n*, windstilles Zentrum *e-s Sturms*; **II** *v/t.* **9.** ansehen, betrachten, (scharf) beobachten, ins Auge fassen: ***~ s.o. from top to toe*** j-n von oben bis unten mustern.

'eye|-apˌpeal *s.* optische Wirkung, attrak'tive Gestaltung; **'~·ball** *s.* Augapfel *m*; **'~·black** *s.* Wimperntusche *f*; **'~·brow** *s.* Augenbraue *f*: ***~ pencil*** Augenbrauenstift *m*; ***raise one's ~s*** *fig.* die Stirn runzeln; ***cause raised ~s*** Aufsehen *od.* Mißfallen erregen; **'~-ˌcatch·er** *s.* Blickfang *m*; **'~-ˌcatch·ing** *adj.* ins Auge fallend, auffallend.

eyed [aɪd] *adj. in Zssgn* ...äugig; mit (...) Ösen.

ˈ**eye|·ful** *s.* F **1.** ‚toller Anblick'; **2.** ‚tolle Frau'; **3.** ***get an ~ of this!*** sieh dir das mal an!; ˈ**~·glass** *s.* **1.** Monˈokel *n*; **2.** *opt.* Okuˈlar *n*; **3.** *pl. a.* ***pair of ~es*** *bsd. Am.* Brille *f*; ˈ**~·hole** *s.* **1.** Augenhöhle *f*; **2.** Guckloch *n*; ˈ**~·lash** *s. mst pl.* Augenwimper *f*; → ***bat***³; **~ lense** *s.* Okuˈlarlinse *f*.

eye·let [ˈaɪlɪt] *s.* **1.** Öse *f*; **2.** Loch *n*.

eye| lev·el *s.* (***on ~*** in) Augenhöhe *f*; ˈ**~·lid** *s.* Augenlid *n*; → ***bat***³; **~ lin·er** *s.* Eyeliner *m*; ˈ**~-ˌo·pen·er** *s.* **1.** *fig.* Überˈraschung *f*, Entdeckung *f*: ***that was an ~ to me*** das hat mir die Augen geöffnet; **2.** *Am.* F (*bsd. alkoholischer*) ‚Muntermacher'; ˈ**~·piece** *s. opt.* Okuˈlar *n*; **~ rhyme** *s.* Augenreim *m*; ˈ**~·shade** *s.* Sonnenschild *m*; **~ shad·ow** *s.* Lidschatten *m*; ˈ**~·shot** *s.*: (***with***)***in*** (***beyond*** *od.* ***out of***) **~** in (außer) Sichtweite; ˈ**~·sight** *s.* Augenlicht *n*, Sehkraft *f*: ***poor ~*** schwache Augen *pl.*; **~ sock·et** *s. anat.* Augenhöhle *f*; ˈ**~ sore** *s. fig.* Schandfleck *m*, *et.* Häßliches; ˈ**~·strain** *s.* Überˈanstrengung *f* der Augen; ˈ**~·tooth** *s.* [*irr.*] *anat.* Augen-, Eckzahn *m*: ***he'd give his eyeteeth for it*** er würde alles darum geben; ˈ**~·wash** *s.* **1.** *pharm.* Augenwasser *n*; **2.** *fig.* a) ‚Quatsch' *m*, b) Augen(aus)wischeˈrei *f*; ˌ**~ˈwit·ness I** *s.* Augenzeuge *m*; **II** *v/t.* Augenzeuge sein *od.* werden von (*od. gen.*).

ey·rie [ˈaɪərɪ] *s. orn.* Horst *m*.

E·ze·ki·el, **E·ze·chi·el** [ɪˈzi:kjəl] *npr. u. s. bibl.* (das Buch) Heˈsekiel *m od.* Eˈzechiel *m*; **Ez·ra** [ˈezrə] *npr. u. s. bibl.* (das Buch) Esra *m od.* Esdras *m*.

F

F, f [ef] *s.* **1.** F *n*, f *n* (*Buchstabe*); **2.** ♪ F *n*, f *n* (*Note*); **3.** ≗ *ped.* Sechs *f*, Ungenügend *n* (*Note*).

fab [fæb] *adj. sl.* → ***fabulous*** 2.

Fa·bi·an [ˈfeɪbjən] **I** *adj.* **1.** Hinhalte…, Verzögerungs…: ~ ***tactics***; **2.** *pol.* die ***Fabian Society*** betreffend; **II** *s.* **3.** *pol.* Fabier(in); ˈ**Fa·bi·an·ism** [-nɪzəm] *s.* Poliˈtik *f* der → **Fa·bi·an So·ci·e·ty** *s.* (*sozialistische*) Gesellschaft der Fabier.

fa·ble [ˈfeɪbl] *s.* **1.** Fabel *f* (*a. e-s Dramas*); Sage *f*, Märchen *n*; **2.** *coll.* a) Fabeln *pl.*, b) Sagen *pl.*; **3.** *fig.* ‚Märchen' *n*; ˈ**fa·bled** [-ld] *adj.* **1.** legenˈdär; **2.** (frei) erfunden.

fab·ric [ˈfæbrɪk] *s.* **1.** Bau *m* (*a. fig*); Gebilde *n*; **2.** *fig.* a) Gefüge *n*, Strukˈtur *f*, b) Syˈstem *n*; **3.** Stoff *m*, Gewebe *n*; ⚙ Leinwand *f*, Reifengewebe *n*: ~ ***gloves*** Stoffhandschuhe; ˈ**fab·ri·cate** [-keɪt] *v/t.* **1.** fabrizieren, herstellen, (an)fertigen; **2.** *fig.* ‚fabrizieren': a) erfinden, b) fälschen; **fab·ri·ca·tion** [ˌfæbrɪˈkeɪʃn] *s.* **1.** Herstellung *f*, Fabrikatiˈon *f*; **2.** *fig.* Erfindung *f*, ‚Märchen' *n*, Lüge *f*; **3.** Fälschung *f*; ˈ**fab·ri·ca·tor** [-keɪtə] *s.* **1.** Hersteller *m*; **2.** *fig. b.s.* Erfinder *m*, Urheber *m e-r Lüge etc.*, Lügner *m*; **3.** Fälscher *m*.

fab·u·list [ˈfæbjʊlɪst] *s.* **1.** Fabeldichter (-in); **2.** Schwindler(in); ˈ**fab·u·lous** [-ləs] *adj.* ☐ **1.** legenˈdär, Sagen…, Fabel…; **2.** *fig.* F fabel-, sagenhaft, ‚toll'.

fa·çade [fəˈsɑːd] (*Fr.*) *s.* ⚠ Fasˈsade *f* (*a. fig.*), Vorderseite *f*.

face [feɪs] **I** *s.* **1.** Gesicht *n*, Angesicht *n*, Antlitz *n* (*a. fig.*): ***for s.o.'s fair*** ~ *iro.* um j-s schönen Augen willen; ***in*** (***the***) ~ ***of*** a) angesichts (*gen.*), gegenüber (*dat.*), b) trotz (*gen. od. dat.*); ***in the ~ of danger*** angesichts der Gefahr; ***to s.o.'s*** ~ j-m ins Gesicht *sagen etc.*; ~ ***to*** ~ von Angesicht zu Angesicht; ~ ***to ~ with*** Auge in Auge mit, gegenüber, vor (*dat.*); ***fly in the ~ of*** a) *j-m* ins Gesicht fahren, b) *fig.* sich offen widersetzen (*dat.*), trotzen (*dat.*); ***I couldn't look him in the*** ~ ich konnte ihm (vor Scham) nicht in die Augen sehen; ***do*** (***up***) ***one's*** ~, F ***put one's ~ on*** sich ‚anmalen' (*schminken*); ***set one's ~ against s.th.*** sich e-r Sache widersetzen, sich gegen et. wenden; ***show one's*** ~ sich blicken lassen; ***shut the door in s.o.'s*** ~ j-m die Tür vor der Nase zuschlagen; **2.** (Gesichts)Ausdruck *m*, Aussehen *n*, Miene *f*: ***make*** (*od.* ***pull***) ***a*** ~ (*od.* ~***s***) ein Gesicht (*od.* e-e Grimasse) machen *od.* schneiden; ***make*** (*od.* ***pull***) ***a long*** ~ *fig.* ein langes Gesicht machen; ***put a bold ~ on*** a) *e-r Sache* gelassen entgegensehen, b) sich *et. Unangenehmes etc.* nicht anmerken lassen; ***put a good*** (*od.* ***brave***) ***~ on the matter*** gute Miene zum bösen Spiel machen; **3.** *fig.* Stirn *f*, Unverfrorenheit *f*, Frechheit *f*: ***have the ~ to*** *inf.* die Stirn haben zu *inf.*; **4.** Ansehen *n*: ***save*** (***one's***) ~ das Gesicht wahren; ***lose*** ~ das Gesicht verlieren; ***loss of*** ~ Prestigeverlust *m*; **5.** *das* Äußere, Gestalt *f*, Erscheinung *f*, Anschein *m*: ***on the ~ of it*** auf den ersten Blick, oberflächlich betrachtet, vordergründig; ***put a new ~ on s.th.*** et. in neuem *od.* anderem Licht erscheinen lassen; **6.** Ober-, Außenfläche *f*, Fläche *f* (*a.* ⩘), Seite *f*; ⚙ Stirnfläche *f*; ⚙ (Amboß-, Hammer)Bahn *f*: ***the ~ of the earth*** die Erdoberfläche, die Welt; **7.** Oberseite *f*; rechte Seite (*Stoff etc.*): ***lying on its*** ~ nach unten gekehrt liegend; **8.** Fasˈsade *f*, Vorderseite *f*; **9.** Bildseite *f* (*Spielkarte*); *typ.* Bild *n* (*Type*); Zifferblatt *n* (*Uhr*); **10.** Wand *f* (*Berg etc.*, ⚒ *Kohlenflöz*): ***at the*** ~ ⚒ am (Abbau)Stoß, vor Ort; **II** *v/t.* **11.** ansehen, *j-m* ins Gesicht sehen *od.* das Gesicht zuwenden; **12.** gegenˈüberstehen, -liegen, -sitzen, -treten (*dat.*); nach *Osten etc.* blicken *od.* liegen (*Raum*): ***the man facing me*** der Mann mir gegenüber; ***the house ~s the sea*** das Haus liegt nach dem Meer zu; ***the window ~s the street*** das Fenster geht auf die Straße; ***the room ~s east*** das Zimmer liegt nach Osten; **13.** (mutig) entgegentreten *od.* begegnen (*dat.*), ins Auge sehen (*dat.*), die Stirn bieten (*dat.*): ~ ***the enemy***; ~ ***death*** dem Tod ins Auge blicken; ~ ***it out*** die Sache durchstehen; ~ ***s.o. off*** *Am.* es auf e-e Kraft- *od.* Machtprobe mit j-m ankommen lassen; → ***music*** 1; **14.** *oft* ***be ~d with*** sich *e-r Gefahr etc.* gegen'übersehen, gegen'überstehen (*dat.*): ***he was ~d with ruin*** er stand vor dem Nichts; **15.** *et.* hinnehmen, sich mit *et.* abfinden: ~ ***the facts***; ***let's ~ it, ...!*** seien wir ehrlich, ...!; **16.** 'umkehren, -wenden; *Spielkarten* aufdecken; **17.** *Schneiderei*: besetzen, einfassen, mit Aufschlägen versehen; **18.** ⚙ verkleiden, verblenden, über'ziehen; **19.** ⚙ *Stirnflächen* bearbeiten, (plan)schleifen, glätten; **III** *v/i.* **20.** *bsd.* ⚔ ~ ***about*** kehrtmachen (*a. fig.*): ***left ~!*** *Am.* links um!; ***right about ~!*** rechts um kehrt!; **21.** ~ ***off*** *Eishockey*: das Bully ausführen; **22.** ~ ***up to*** → 13, 15.

'face|-a͵bout → ***about-face***; ~ **brick** *s.* ⚠ Verblendstein *m*; ~ **card** *s. Kartenspiel*: Bild(karte *f*) *n*; **'~-cloth** *s.* Waschlappen *m*; ~ **cream** *s.* Gesichtscreme *f*.

-faced [feɪst] *adj. in Zssgn* mit e-m ... Gesicht.

'face|-down *s. Am.* Kraft-, Machtprobe *f*; ~ **flan·nel** → ***facecloth***; ~ **grind·ing** *s.* ⚙ Planschleifen *n*; **'~-guard** *s.* Schutzmaske *f*; **'~-lathe** *s.* ⚙ Plandrehbank *f*.

face·less ['feɪslɪs] *adj.* gesichtslos, *fig. a.* ano'nym.

'face|-lift I *s.* → ***face-lifting***; **II** *v/t. fig.* verschönern; **'~-͵lift·ing** *s.* **1.** Gesichtsstraffung *f*, Facelifting *n*; **2.** *fig.* Verschönerung *f*, Renovierung *f*; **'~-off** *s.* **1.** *Eishockey*: Bully *n*: ~ ***circle*** Anspielkreis *m*; **2.** → ***facedown***; ~ **pack** *s.* Gesichtspackung *f*, -maske *f*.

fac·er ['feɪsə] *s.* **1.** Schlag *m* ins Gesicht (*a. fig.*); **2.** *fig.* Schlag *m* (ins Kon'tor); **3.** *Brit.* F ‚harte Nuß'.

'face-͵sav·ing *adj.*: ~ ***excuse*** Ausrede *f*, um das Gesicht zu wahren.

fac·et ['fæsɪt] **I** *s.* **1.** a) Fa'cette *f* (*a. fig.*), b) Schliff-, Kri'stallfläche *f*; **2.** *fig.* Seite *f*, A'spekt *m*; **II** *v/t.* **3.** facettieren: ***~ed eye*** *zo.* Facettenauge *n*.

fa·ce·tious [fə'siːʃəs] *adj.* □ scherzhaft, witzig, drollig, spaßig; **fa'ce·tious·ness** [-nɪs] *s.* Scherzhaftigkeit *f etc.*

͵face|-to-'face *adj.* **1.** per'sönlich; **2.** di'rekt; ~ **tow·el** *s.* (Gesichts)Handtuch *n*; ~ **val·ue** *s.* **1.** † Nenn-, Nomi'nalwert *m*; **2.** scheinbarer Wert, *das* Äußere: ***take s.th. at its ~*** et. für bare Münze nehmen *od.* unbesehen glauben.

fa·ci·a ['feɪʃə] *s. Brit.* **1.** Firmen-, Ladenschild *n*; **2.** *a.* ~ ***board***, ~ ***panel*** *mot.* Arma'turenbrett *n*.

fa·cial ['feɪʃl] **I** *adj.* □ a) Gesichts...: ~ ***pack*** Gesichtspackung *f*, b) des Gesichts, im Gesicht; **II** *s. Kosmetik*: Gesichtsbehandlung *f*.

-fa·cient [feɪʃənt] *in Zssgn* verursachend, machend.

fac·ile ['fæsaɪl] *adj.* □ **1.** leicht (zu tun *od.* zu meistern *etc.*); **2.** *fig.* oberflächlich; **3.** flüssig (*Stil*).

fa·cil·i·tate [fə'sɪlɪteɪt] *v/t.* erleichtern, fördern; **fa·cil·i·ta·tion** [fəsɪlɪ'teɪʃn] *s.* Erleichterung *f*, Förderung *f*; **fa'cil·i·ty** [-tɪ] *s.* **1.** Leichtigkeit *f* (*der Ausführung etc.*); **2.** Oberflächlichkeit *f*; **3.** Flüssigkeit *f* (*des Stils*); **4.** (günstige) Gelegenheit *f*, Möglichkeit *f* (***for*** für, zu); **5.** *mst pl.* Einrichtung(en *pl.*) *f*, Anlage(n *pl.*) *f*; **6.** *mst pl.* Erleichterung(en *pl.*) *f*, Vorteil(e *pl.*) *m*, Vergünstigung(en *pl.*) *f*, Annehmlichkeit(en *pl.*) *f*.

fac·ing ['feɪsɪŋ] *s.* **1.** ⚔ Wendung *f*, Schwenkung *f*: ***go through one's ~s*** *fig.* zeigen (müssen), was man kann; ***put s.o. through his ~s*** *fig.* j-n auf Herz u. Nieren prüfen; **2.** Außen-, Oberschicht *f*, Belag *m*, 'Überzug *m*; **3.** ⚙ Plandrehen *n*: ~ ***lathe*** Plandrehbank *f*; **4.** ⚠ a) Verkleidung *f*, -blendung *f*, b) Bewurf *m*: ~ ***brick*** Verblendstein *m*; **5.** *a.* ~ ***sand*** ⚙ feingesiebter Formsand; **6.** *Schneiderei*: a) Aufschlag *m*, b) Besatz *m*, Einfassung *f*: ***~s*** ⚔ (Uniform-) Aufschläge.

fac·sim·i·le [fæk'sɪmɪlɪ] **I** *s.* **1.** Fak'simile *n*, Reprodukti'on *f*; **2.** *a.* ~ ***transmission*** *od.* ***broadcast(ing)*** ⚡, *tel.* Bildfunk *m*: ~ ***apparatus*** Bildfunkgerät *n*; **II** *v/t.* **3.** faksimilieren.

fact [fækt] *s.* **1.** Tatsache *f*, Wirklichkeit *f*, Wahrheit *f*: ~ ***and fancy*** Dichtung u. Wahrheit; ***~s and figures*** genaue Daten; ***naked*** (*od.* ***hard***) ***~s*** nackte Tatsachen; ***in*** (***point of***) ~ in der Tat, tatsächlich, genau gesagt; ***it is a ~*** es stimmt, es ist e-e Tatsache; ***founded on ~*** auf Tatsachen beruhend; ***the ~*** (***of the matter***) ***is*** Tatsache ist *od.* die Sache ist die (***that*** daß); ***know s.th. for a ~*** et. (ganz) sicher wissen; ***tell the ~s of life to a child*** ein Kind (sexuell) aufklären; **2.** ⚖ a) Tatsache *f*: ***in ~ and law*** in tatsächlicher u. rechtlicher Hinsicht; ***the ~s*** (***of the case***) der Tatbestand *m*, die Tatumstände *pl.*, der Sachverhalt *m*, b) Tat *f*: ***before*** (***after***) ***the ~*** vor (nach) begangener Tat; → ***accessory*** 7; **'~͵find·ing** *adj.* Untersuchungs...: ~ ***committee***; ~ ***tour*** Informationsreise

f.

fac·tion [ˈfækʃn] *s.* **1.** Faktiˈon *f*, Splittergruppe *f*; **2.** Zwietracht *f*; **ˈfac·tion·al·ism** [-ʃnəlɪzəm] *s.* Parˈteigeist *m*; **ˈfac·tion·ist** [-ʃənɪst] *s.* Parˈteigänger *m*; **ˈfac·tious** [-ʃəs] *adj.* □ **1.** vom Parˈteigeist beseelt, faktiˈös; **2.** aufrührerisch.

fac·ti·tious [fækˈtɪʃəs] *adj.* □ gekünstelt, künstlich.

fac·ti·tive [ˈfæktɪtɪv] *adj. ling.* faktiˈtiv, bewirkend: *~ verb.*

fac·tor [ˈfæktə] *s.* **1.** *fig.* Faktor *m* (*a.* ℞, ⚘, *phys.*), (mitwirkender) ˈUmstand, Moˈment *n*, Eleˈment *n*: ***safety ~*** Sicherheitsfaktor; **2.** *biol.* Erbfaktor *m*; **3.** ✝ a) (Handels)Vertreter *m*, Kommissioˈnär *m*, b) *Am.* Finanˈzierungskommissioˌnär *m*; **4.** ⚖ *Scot.* (Guts-) Verwalter *m*; **ˈfac·tor·ing** [-tərɪŋ] *s.* ✝ Factoring *n* (*Absatzfinanzierung u. Kreditrisikoabsicherung*); **ˈfac·to·ry** [-tərɪ] *s.* **1.** Faˈbrik *f*: ***2 Acts*** Arbeiterschutzgesetze; ***~ cost*** Herstellungskosten *pl.*; ***~ expenses*** Gemeinkosten; ***~ hand*** Fabrikarbeiter *m*; ***~ ship*** Fabrikschiff *n*; ***~-made*** fabrikmäßig hergestellt, Fabrik… (*-ware etc.*); **2.** ✝ Handelsniederlassung *f*, Faktoˈrei *f*.

fac·to·tum [fækˈtəʊtəm] *s.* Fakˈtotum *n*, ‚Mädchen *n* für alles'.

fac·tu·al [ˈfæktʃʊəl] *adj.* □ **1.** tatsächlich: ***~ situation*** Sachlage *f*, -verhalt *m*; **2.** Tatsachen…: ***~ report***; **3.** sachlich.

fac·ul·ta·tive [ˈfækltətɪv] *adj.* fakultaˈtiv, wahlfrei: ***~ subject*** *ped.* Wahlfach *n*; **fac·ul·ty** [ˈfækltɪ] *s.* **1.** Fähigkeit *f*, Vermögen *n*, Kraft *f*: ***~ of hearing*** Hörvermögen; **2.** Gabe *f*, Anlage *f*, Taˈlent *n*, Fähigkeit *f*: (***mental***) ***faculties*** Geisteskräfte; **3.** *univ.* a) Fakulˈtät *f*, Abteilung *f*, b) (Mitglieder *pl.* e-r) Fakulˈtät, Lehrkörper *m*, c) (Verˈwaltungs)Persoˌnal *n* (*a. e-r Schule*): ***the medical ~*** die medizinische Fakultät, *weitS.* die Mediziner *pl.*; **4.** ⚖ Ermächtigung *f*, Befugnis *f* (***for*** zu, für).

fad [fæd] *s.* **1.** Mode(torheit) *f*; **2.** ‚Fimmel' *m*, Maˈrotte *f*; **ˈfad·dish** [-dɪʃ] **1.** Mode…, vorˈübergehend; **2.** exˈzentrisch: ***~ woman*** Frau, die jede Mode (-torheit) mitmacht.

fade [feɪd] **I** *v/i.* **1.** (ver)welken; **2.** verschießen, -blassen, ver-, ausbleichen (*Farbe etc.*); **3.** *a.* ***~ away*** verklingen (*Lied, Stimme etc.*), abklingen (*Schmerzen etc.*), verblassen (*Erinnerung*), schwinden, zerrinnen (*Hoffnungen etc.*), verrauchen (*Zorn etc.*), sich auflösen (*Menge*), (in der Ferne *etc.*) verschwinden, immer weniger werden, ⚘ immer schwächer werden (*Person*); **4.** *Radio*: schwinden (*Ton, Sender*); **5.** ⚙ nachlassen (*Bremsen*); **6.** nachlassen, abbauen (*Sportler*); **7.** *bsd. Am.* F ‚verduften'; **8.** *Film, Radio*: überˈblenden: ***~ in*** (*od.* ***up***) auf- *od.* eingeblendet werden; ***~*** (***out***) aus- *od.* abgeblendet werden; **II** *v/t.* **9.** (ver)welken lassen; **10.** *Farbe etc.* ausbleichen; **11.** *a.* ***~ out*** *Ton, Bild* aus- *od.* abblenden: ***~ in*** (*od.* ***up***) auf- *od.* einblenden; **ˈfad·ed** [-dɪd] *adj.* □ **1.** welk, verwelkt, -blüht (*alle a. fig. Schönheit etc.*); **2.** verblaßt, verblichen, -schossen; **ˈfade-in** *s. Film, Radio, TV*: Auf-, Einblendung *f*; **ˈfade·less** [-lɪs] *adj.* □ **1.** licht-, farbecht; **2.** *fig.* unvergänglich; **ˈfade-out** *s.* **1.** *Film, Radio, TV*: Aus-, Abblendung *f*: ***do a ~*** *sl.* ‚sich verziehen'; **2.** *phys.* Ausschwingen *n*; **ˈfad·er** [-də] *s. Radio, TV*: Auf- *od.* Abblendregler *m*; **ˈfad·ing** [-dɪŋ] **I** *adj.* **1.** (ver)welkend (*a. fig.*); **2.** ausbleichend (*Farbe*); **3.** matt, schwindend; **4.** *fig.* vergänglich; **II** *s.* **5.** (Ver)Welken *n*; **6.** Verblassen *n*, Ausbleichen *n*; **7.** *Radio*: Fading *n*, Schwund *m*: ***~ control*** Schwundregelung *f*; **8.** ⚙ Fading *n* (*Nachlassen der Bremswirkung*).

fae·cal [ˈfi:kl] *adj.* fäˈkal, Kot…: ***~ matter*** Kot *m*; **fae·ces** [ˈfi:si:z] *s. pl.* Fäˈkalien *pl.*, Kot *m*.

fa·er·ie, fa·er·y [ˈfeɪərɪ] **I** *s. obs.* **1.** → ***fairy*** 1; **2.** Märchenland *n*; **II** *adj.* **3.** Feen…, Märchen…

fag[1] [fæg] *s. sl.* **1.** ‚Glimmstengel' *m*, Zigaˈrette *f*; **2.** → ***fag(g)ot*** 5.

fag[2] [fæg] **I** *v/i.* **1.** *Brit.* sich (ab)schinden; **2.** ***~ for s.o.*** *Brit. ped.* e-m älteren Schüler Dienste leisten; **II** *v/t.* **3.** *a.* ***~ out*** F ermüden, erschöpfen; **4.** *Brit. ped.* sich von *e-m jüngeren Schüler* bedienen lassen; **III** *s.* **5.** Plackeˈrei *f*, Schindeˈrei *f*; **6.** Erschöpfung *f*; **7.** *Brit. ped.* ‚Diener' *m* (→ 2).

fag[3] [fæg] → ***fag(g)ot*** 5.

ˌfag-ˈend *s.* **1.** Ende *n*, Schluß *m*; **2.** letzter *od.* schäbiger Rest; **3.** *Brit. sl.* (Zigaˈretten)Kippe *f*.

fag·ging [ˈfægɪŋ] *s. a.* ***~ system*** *Brit. ped. die Sitte, daß jüngere Schüler den älteren Dienste leisten müssen.*

fag·(g)ot [ˈfægət] *s.* **1.** Reisigbündel *n*; **2.** Faˈschine *f*; **3.** ⚙ a) Bündel *n* Stahlstangen, b) ˈSchweißpaˌket *n*; **4.** *Brit. Küche*: Frikaˈdelle *f* aus Inneˈreien; **5.** *sl.* ‚Homo' *m*, Schwule(r) *m*.

Fahr·en·heit [ˈfærənhaɪt] *s.*: ***10° ~*** zehn Grad Fahrenheit, 10° F.

fa·ience [faɪˈɑ̃:ns] (*Fr.*) *s.* Fayˈence *f.*

fail [feɪl] **I** *v/i.* **1.** versagen (*Stimme, Herz, Motor etc., a. fig. Person*); aufhören, zu Ende gehen, nicht (aus)reichen, versiegen (*Vorrat*); **2.** mißˈraten (*Ernte*), nicht aufgehen (*Saat*); **3.** nachlassen, schwächer werden, schwinden, abnehmen: ***his health ~ed*** s-e Gesundheit ließ nach; **4.** unterˈlassen, versäumen, verfehlen, vernachlässigen: ***he ~ed to come*** er kam nicht; ***he never ~s to come*** er kommt immer; ***don't ~ to come!*** komm ja (*od.* bestimmt)!; ***he cannot ~ to win*** er muß (einfach) gewinnen; ***~ in one's duty*** s-e Pflicht versäumen; ***he ~s in perseverance*** es fehlt ihm an Ausdauer; **5.** a) s-n Zweck verfehlen, mißˈlingen, fehlschlagen, Schiffbruch erleiden, b) es nicht fertigbringen *od.* schaffen (zu *inf.*): ***the plan ~ed*** der Plan scheiterte; ***if everything else ~s*** wenn alle Stränge reißen; ***I ~ to see why*** ich sehe nicht ein, warum; ***he ~ed in his attempt*** der Versuch mißlang ihm; ***it ~ed in its effect*** die erhoffte Wirkung blieb aus; ***a ~ed husband*** als Ehemann ein Versager; ***a ~ed artist*** ein verkrachter Künstler; **6.** *ped.* ˈdurchfallen (***in*** in *dat.*); **7.** ✝ Bankˈrott machen, in Konˈkurs geraten; **II** *v/t.* **8.** im Stich lassen, enttäuschen: ***I will never ~ you***; ***my courage ~ed me*** mir sank der Mut; ***words ~ me*** mir fehlen die Worte; **9.** *j-m* fehlen; **10.** *ped.* a) *j-n* ˈdurchfallen lassen (*in der Prüfung*), b) ˈdurchfallen in (*der Prüfung*); **III** *s.* **11.** ***he got a ~ in biology*** *ped.* er ist in Biologie durchgefallen; **12.** ***without ~*** ganz bestimmt, unbedingt; **ˈfail·ing** [-lɪŋ] **I** *adj.*: ***never ~*** nie versagend, unfehlbar; **II** *prp.* in Ermangelung (*gen.*), ohne: ***~ this*** andernfalls; ***~ which*** widrigenfalls; **III** *s.* Mangel *m*, Schwäche *f*; Fehler *m*, Deˈfekt *m*.

ˈfail|-safe, **ˈ~-proof** *adj.* pannensicher (*a. fig.*).

fail·ure [ˈfeɪljə] *s.* **1.** Fehlen *n*; **2.** Ausbleiben *n*, Versagen *n*; **3.** Unterˈlassung *f*, Versäumnis *n*: ***~ to comply*** Nichtbefolgung *f*; ***~ to pay*** Nichtzahlung *f*; **4.** Fehlschlag(en *n*) *m*, Scheitern *n*, Mißˈlingen *n*, ˈMißerfolg *m*: ***crop ~*** Mißernte *f*; **5.** *fig.* Zs.-bruch *m*, Schiffbruch *m*; ✝ Bankˈrott *m*, Konˈkurs *m*: ***meet with ~*** → ***fail*** 5; **6.** ⚕, ⚙ (*Herz-, Nieren- etc.*)Versagen *n*, Störung *f*, Deˈfekt *m*, ⚙ *a.* Panne *f*; **7.** Abnahme *f*, Versiegen *n*; **8.** *ped.* ˈDurchfallen *n* (*in der Prüfung*); **9.** a) Versager *m*, ‚Niete' *f* (*Person od. Sache*), b) ‚Reinfall' *m*, ‚Pleite' *f* (*Sache*).

faint [feɪnt] **I** *adj.* □ **1.** schwach, matt, kraftlos: ***feel ~*** sich matt *od.* e-r Ohnmacht nahe fühlen; **2.** schwach, matt (*Ton, Farbe, a. fig.*): ***a ~ effort***; ***I haven't got the ~est idea*** ich habe nicht die leiseste Ahnung; ***~ hope*** schwache Hoffnung; **3.** furchtsam; **II** *s.* **4.** (***dead ~*** tiefe) Ohnmacht; **III** *v/i.* **5.** schwach *od.* matt werden (***with*** vor *dat.*); **6.** in Ohnmacht fallen (***with*** vor *dat.*): ***~ing fit*** Ohnmachtsanfall *m*; **ˈ~·heart** *s.* Feigling *m*; **ˌ~-ˈheart·ed** *adj.* □ feig(e), furchtsam.

faint·ness [ˈfeɪntnɪs] *s.* **1.** Schwäche *f* (*a. fig.*), Mattigkeit *f*: ***~ of heart*** Feigheit *f*, Furchtsamkeit *f*; **2.** Ohnmachtsgefühl *n*.

fair[1] [feə] **I** *adj.* □ → ***fairly***; **1.** schön, hübsch, lieblich: ***the ~ sex*** das schöne Geschlecht; **2.** a) hell (*Haut, Haar*), blond (*Haar*), zart (*Teint, Haut*), b) hellhäutig; **3.** rein, sauber, tadel-, makellos, *fig. a.* unbescholten: ***~ name*** guter Ruf; **4.** *fig.* schön, gefällig: ***give s.o. ~ words*** j-n mit schönen Worten abspeisen; **5.** deutlich, leserlich: ***~ copy*** Reinschrift *f*; **6.** klar, heiter (*Himmel*), schön, trocken (*Wetter, Tag*): ***set ~*** beständig; **7.** frei, unbehindert: ***~ game*** jagdbares Wild, *bsd. fig.* Freiwild *n* (***to*** für); **8.** günstig (*Wind*), aussichtsreich, gut: ***~ chance*** reelle Chance; ***be in a ~ way to*** auf dem besten Wege sein zu; **9.** anständig: a) *bsd. sport* fair, b) ehrlich, offen, aufrichtig, c) ˈunparˌteiisch, d) fair: ***~ price*** angemessener Preis; ***~ and square*** offen u. ehrlich, anständig; ***~ play*** a) faires Spiel, b) *fig.* Anständigkeit *f*, Fairneß *f*; ***by ~ means or foul*** so oder so; ***~ is ~*** Gerechtigkeit muß sein!; ***~ enough!*** in Ordnung!; ***all's ~ in love and war*** im Krieg u. in der Liebe ist alles erlaubt; **10.** leidlich, ziemlich *od.* einigermaßen gut, nicht übel: ***be a ~ judge*** ein recht gutes Urteil haben (***of*** über *acc.*); ***~ to middling*** gut bis mittelmäßig, *iro.* ‚mittelprächtig'; ***~ average*** guter Durchschnitt; **11.** ansehnlich, beträchtlich, ganz schön: ***a ~ sum***; **II** *adv.* → *a.* ***fairly***; **12.** schön, gut, freundlich, höflich; **13.** rein, sauber, leserlich; **14.** günstig: ***bid*** (*od.* ***promise***) ***~*** a) sich gut anlassen, zu Hoffnungen berechtigen, b) Aussicht haben, versprechen (***to*** *inf.* zu *inf.*); **15.** anständig, fair: ***play ~*** fair spielen, *a. fig.* sich an die Spielregeln halten; **16.** genau: ***~ in the face*** mitten ins Gesicht; **17.** völlig; **III** *v/t.* **18.** ⚙ zurichten, glätten; **19.** *Flugzeug etc.* verkleiden.

fair² [feə] *s.* **1.** a) Jahrmarkt *m*, b) Volksfest *n*; **2.** Messe *f*, Ausstellung *f*: ***at the industrial ~*** auf der Industriemesse; **3.** Ba'sar *m*.

'fair|-faced *adj.*: ***~ concrete*** ⚠ Sichtbeton *m*; **'~·ground** *s.* **1.** Messegelände *n*; **2.** Rummelplatz *m*; **,~-'haired** *adj.* blond: ***~ boy*** *fig. iro.* Liebling *m* (*des Chefs etc.*).

fair·ing¹ ['feərɪŋ] *s.* ✈ Verkleidung *f*.

fair·ing² ['feərɪŋ] *s. obs.* Jahrmarktsgeschenk *n*.

fair·ly ['feəlɪ] *adv.* **1.** ehrlich; **2.** anständig(erweise); **3.** gerecht(erweise); **4.** ziemlich; **5.** leidlich; **6.** völlig; **7.** geradezu; **8.** deutlich; **9.** genau.

,fair-'mind·ed *adj.* aufrichtig, gerecht (denkend).

fair·ness ['feənɪs] *s.* **1.** Schönheit *f*; **2.** a) Blondheit *f*, b) Hellhäutigkeit *f*; **3.** Klarheit *f* (*des Himmels*); **4.** Anständigkeit *f*: a) *bsd. sport* Fairneß *f*, b) Ehrlichkeit *f*, c) Gerechtigkeit *f*: ***in ~*** gerechterweise; ***in ~ to him*** um ihm Gerechtigkeit widerfahren zu lassen; **5.** ⚖, ✝ Lauterkeit *f* (*des Wettbewerbs etc.*).

,fair|-'spo·ken *adj.* freundlich, höflich; **'~·way** *s.* **1.** ⚓ Fahrwasser *n*, -rinne *f*; **2.** *Golf*: Fairway *n*; **'~-,weath·er** *adj.* Schönwetter...: ***~ friends*** *fig.* Freunde nur in guten Zeiten.

fair·y ['feərɪ] **I** *s.* **1.** Fee *f*, Elf(e *f*) *m*; **2.** *sl.* ,Homo' *m*, Schwule(r) *m*; **II** *adj.* □ **3.** feenhaft (*a. fig.*): ***~ godmother*** *fig.* gute Fee; **'~·land** *s.* Feen-, Märchenland *n*; **~ tale** *s.* Märchen *n* (*a. fig.*).

faith [feɪθ] *s.* **1.** (*in*) Glaube(n) *m* (an *acc.*), Vertrauen *n* (auf *acc.*, zu): ***have*** *od.* ***put ~ in*** a) Glauben schenken (*dat.*), b) Vertrauen haben zu; ***on the ~ of*** im Vertrauen auf (*acc.*); **2.** *eccl.* (*überzeugter*) Glaube(n), b) Glaube(nsbekenntnis *n*) *m*: ***the Christian ~***; **3.** Treue *f*, Redlichkeit *f*: ***breach of ~*** Treu-, Vertrauensbruch *m*; ***in good ~*** in gutem Glauben, gutgläubig (*a.* ⚖); ***in bad ~*** in böser Absicht, arglistig (*a.* ⚖), ⚖ bösgläubig; **4.** Versprechen *n*: ***keep one's ~*** (sein) Wort halten; **~ cure** → ***faith healing***.

faith·ful ['feɪθfʊl] **I** *adj.* □ **1.** treu (***to*** *dat.*); **2.** (pflicht)getreu; **3.** ehrlich, aufrichtig; **4.** gewissenhaft; **5.** (wahrheits- *od.* wort)getreu, genau; **6.** glaubwürdig, zuverlässig; **7.** *eccl.* gläubig; **II** *s.* **8.** ***the ~*** *eccl.* die Gläubigen *pl.*; **9.** *pl.* treue Anhänger *pl.*; **'faith·ful·ly** [-fʊlɪ] *adv.* **1.** treu, ergeben: ***Yours ~*** Mit freundlichen Grüßen (*Briefschluß*); **2.** → ***faithful*** 2–5; **3.** F nachdrücklich: ***promise ~*** fest versprechen; **'faith·ful·ness** [-nɪs] *s.* **1.** (*a.* Pflicht)Treue *f*; **2.** Ehrlichkeit *f*; **3.** Gewissenhaftigkeit *f*; **4.** Genauigkeit *f*; **5.** Glaubwürdigkeit *f*.

faith| heal·er *s.* Gesundbeter(in); **~ heal·ing** *s.* Gesundbeten *n*.

faith·less ['feɪθlɪs] *adj.* □ **1.** *eccl.* ungläubig; **2.** treulos; **3.** unehrlich.

fake [feɪk] F **I** *v/t.* **1.** nachmachen, fälschen; *Presse etc.*: *Foto etc.* ,türken'; **2.** *Bilanz etc.* ,frisieren'; **3.** vortäuschen; **4.** *sport* a) *Gegner* täuschen, b) *Schlag etc.* antäuschen; **II** *s.* **5.** Fälschung *f*, Nachahmung *f*; **6.** Schwindel *m*; **7.** Schwindler *m*, ,Schauspieler' *m*, j-d, der nicht ,echt' ist; **III** *adj.* **8.** nachgemacht, gefälscht; **9.** falsch; **10.** vorgetäuscht; **'fak·er** *s.* **1.** Fälscher *m*; **2.** Simu'lant(in); **3.** → ***fake*** 7.

fa·kir ['feɪ,kɪə] *s.* **1.** Fakir *m*; **2.** *Am.* F → ***fake*** 7.

fal·con ['fɔːlkən] *s. orn.* Falke *m*; **'fal·con·er** [-nə] *s. hunt.* Falkner *m*; **'fal·con·ry** [-kənrɪ] *s.* **1.** Falkne'rei *f*; **2.** Falkenbeize *f*, -jagd *f*.

fall [fɔːl] **I** *s.* **1.** Fall(en *n*) *m*, Sturz *m*: ***have a*** (***bad***) ***~*** (schwer) stürzen; ***ride for a ~*** a) verwegen reiten, b) *fig.* das Schicksal herausfordern; **2.** a) (Ab)Fallen *n* (*der Blätter etc.*), b) *Am.* Herbst *m*; **3.** Fallen *n* (*des Vorhangs*); **4.** Fall *m*, Faltenwurf *m* (*von Stoff*); **5.** *phys.* a) *a.* ***free ~*** freier Fall, b) Fallhöhe *f*, -strecke *f*; **6.** a) (*Regen-*, *Schnee*)Fall *m*, b) Regen-, Schneemenge *f*; **7.** Zs.-fallen *n*, Einsturz *m* (*e-s Hauses*); **8.** Fallen *n*, Sinken *n*, Abnehmen *n* (*Temperatur*, *Flut*, *Preis*): ***heavy ~ in prices*** Kurs-, Preissturz *m*; ***speculate on the ~*** auf Baisse spekulieren; **9.** Abfallen *n*, Gefälle *n*, Neigung *f* (*des Geländes*); **10.** Fall *m* (*a. e-r Festung etc.*), Sturz *m*, Nieder-, 'Untergang *m*, Abstieg *m*, Verfall *m*, Ende *n*; **11.** Fall *m*, Fehltritt: ***the ℒ*** (***of man***) *bibl.* der (erste) Sündenfall *m*; **12.** *mst pl.* Wasserfall *m*; **13.** Wurf *m* (*Lämmer etc.*); **14.** *Ringen*: Niederwurf *m*: ***win by ~*** Schultersieg *m*; ***try a ~ with s.o.*** *fig.* sich mit j-m messen; **II** *v/i.* [*irr.*] **15.** fallen: ***the curtain ~s*** der Vorhang fällt; **16.** (ab)fallen (*Blätter etc.*); **17.** (he'runter)fallen, abstürzen: ***he fell to his death*** er stürzte tödlich ab; **18.** ('um-, hin-, nieder)fallen, zu Boden fallen, zu Fall kommen; **19.** 'umfallen, -stürzen (*Baum etc.*); **20.** (*in Falten od. Locken*) her'abfallen; **21.** *fig. allg.* fallen: a) (*im Kampf*) getötet werden, b) erobert werden (*Stadt etc.*), c) gestürzt werden (*Regierung*), d) e-n Fehltritt begehen (*Frau*); **22.** *fig.* fallen (*Preis, Temperatur, Flut*), abnehmen, sinken: ***his courage fell*** ihm sank der Mut; ***his face fell*** er machte ein langes Gesicht; **23.** abfallen, sich senken (*Gelände*); **24.** (*in Stücke*) zerfallen; **25.** (*zeitlich*) fallen: ***Easter ~s late this year***; **26.** her'einbrechen (*Nacht*); **27.** *fig.* fallen (*Worte etc.*); **28.** *krank, fällig etc.* werden: ***~ ill*** (***due***);

Zssgn mit prp.:

fall| a·mong *v/i.* unter ... (*acc.*) geraten *od.* fallen: ***~ the thieves*** *bibl. u. fig.* unter die Räuber fallen; **~ be·hind** *v/i.* zu'rückbleiben hinter (*acc.*) (*a. fig.*); **~ for** *v/i.* F auf *et. od. j-n* reinfallen, *a.* sich in *j-n* ‚verknallen'; **~ from** *v/i.* abfallen von, abtrünnig *od.* untreu werden (*dat.*): ***~ grace*** a) sündigen, b) in Ungnade fallen; **~ in·to** *v/i.* **1.** kommen *od.* geraten *od.* verfallen in (*acc.*): ***~ disuse*** außer Gebrauch kommen; ***~ a habit*** in e-e Gewohnheit verfallen; → ***line***[1] 9; **2.** in *Teile* zerfallen: ***~ ruin*** zerfallen; **3.** münden in (*acc.*) (*Fluß*); **4.** fallen in (*ein Gebiet od. Fach*); **~ on** *v/i.* **1.** treffen, fallen auf (*acc.*) (*a. Blick etc.*); **2.** herfallen über (*acc.*), über'fallen (*acc.*); **3.** in *et.* geraten: ***~ evil days*** e-e schlimme Zeit durchmachen müssen; **~ o·ver** *v/i.* fallen über (*acc.*): ***~ o.s. to do s.th.*** F sich ‚fast umbringen', et. zu tun; **~ to** *v/i.* **1.** mit *et.* beginnen: ***~ work***; **2.** fallen an (*acc.*), *j-m* zufallen *od.* obliegen (***to do*** zu tun); **~ un·der** *v/i. fig.* **1.** unter *ein Gesetz etc.* fallen, zu *et.* gehören; **2.** *der Kritik etc.* unter'liegen; **~ with·in** → ***fall into*** 4.

Zssgn mit adv.:

fall| a·stern *v/i.* ⚓ zu'rückbleiben; **~ a·way** *v/i.* **1.** → ***fall*** 23; **2.** → ***fall off*** 1; **~ back** *v/i.* **1.** zu'rückweichen: ***~ (up)on*** *fig.* zurückgreifen auf (*acc.*); **2.** → **~ be·hind** *v/i. a. fig.* zu'rückbleiben, -fallen: ***~ with*** in Rückstand *od.* Verzug geraten mit; **~ down** *v/i.* **1.** hin-, hin'unterfallen; **2.** 'umfallen, einstürzen; **3.** (*ehrfürchtig*) auf die Knie sinken, niederfallen; **4.** F (***on***) a) versagen (bei), b) Pech haben (mit); **~ in** *v/i.* **1.** einfallen, -stürzen; **2.** ⚔ antreten; **3.** *fig.* a) sich anschließen (*Person*), b) sich einfügen (*Sache*); **4.** † ablaufen, fällig werden; **5. *~ with*** (zufällig) treffen (*acc.*), stoßen auf (*acc.*); **6. *~ with*** a) zustimmen (*dat.*), b) passen zu, entsprechen (*dat.*), c) sich anpassen (*dat.*); **~ off** *v/i. fig.* **1.** zu'rückgehen, sinken, nachlassen, abnehmen; **2.** (***from***) abfallen (von), abtrünnig werden (*dat.*); **3.** ⚓ (vom Strich) abfallen; **4.** ✈ abrutschen; **~ out** *v/i.* **1.** her'ausfallen; **2.** *fig.* ausfallen, sich erweisen als; **3.** sich ereignen; **4.** ⚔ wegtreten; **5.** sich streiten *od.* entzweien; **~ o·ver** *v/i.* 'umfallen, -kippen: ***~ backwards*** F sich ‚fast umbringen' (*et. zu tun*); **~ through** *v/i.* **1.** 'durchfallen (*a. fig.*); **2.** *fig.* a) miß'lingen, b) ins Wasser fallen; **~ to** *v/i.* **1.** zufallen (*Tür*); **2.** ‚reinhauen', (tüchtig) zugreifen (*beim Essen*); **3.** handgemein werden.

fal·la·cious [fə'leɪʃəs] *adj.* □ trügerisch: a) irreführend, b) irrig, falsch; **fal·la·cy** ['fæləsɪ] *s.* **1.** Trugschluß *m*, Irrtum *m*: ***popular ~*** weitverbreiteter Irrtum; **2.** Unlogik *f*; **3.** Täuschung *f*.

fall·en ['fɔːlən] **I** *p.p. von **fall***; **II** *adj. allg.* gefallen: a) gestürzt (*a. fig.*), b) entehrt (*Frau*), c) (*im Kriege*) getötet, d) erobert (*Stadt etc.*): ***~ angel*** gefallener Engel; **III** *s. coll.* ***the ~*** die Gefallenen *pl.*; **~ arch·es** *s. pl.* Senkfüße *pl.*

fall guy *s. Am.* F **1.** a) Opfer *n* (*e-s Betrügers*), b) ‚Gimpel' *m*; **2.** Sündenbock *m*.

fal·li·bil·i·ty [ˌfælə'bɪlətɪ] *s.* Fehlbarkeit *f*; **fal·li·ble** ['fæləbl] *adj.* □ fehlbar.

ˌ**fall·ing|-a'way, ~ off** ['fɔːlɪŋ] *s.* Rückgang *m*, Abnahme *f*, Sinken *n*; **~ sick·ness** *s.* ⚕ Fallsucht *f*; **~ star** *s.* Sternschnuppe *f*.

Fal·lo·pi·an tubes [fə'ləʊpɪən] *s. pl. anat.* Eileiter *pl.*

'**fall-out** *s.* **1.** *phys.* radioak'tiver Niederschlag, Fall'out *m*; **2.** *fig.* a) 'Nebenproˌdukt *n*, b) (böse) Auswirkung(en *pl.*).

fal·low[1] ['fæləʊ] **I** *adj.* brach(liegend): ***lie ~*** brachliegen; **II** *s.* Brache *f*: a) Brachfeld *n*, b) Brachliegen *n*.

fal·low[2] ['fæləʊ] *adj.* falb, fahl, braungelb; '**~-deer** [-ləʊd-] *s. zo.* Damhirsch *m*, -wild *n*.

false [fɔːls] **I** *adj.* □ *allg.* falsch: a) unrichtig, fehlerhaft, irrig, b) unwahr, c) (***to***) treulos (gegen), untreu (*dat.*), d) irreführend, vorgetäuscht, trügerisch, 'hinterhältig, e) gefälscht, unecht, künstlich, f) Schein..., fälschlich (so genannt), g) 'widerrechtlich, rechtswidrig: ***~ alarm*** blinder Alarm (*a. fig.*); ***~ ceiling*** ⚠ Zwischendecke *f*; ***~ coin*** Falschgeld *n*; ***~ hair*** falsche Haare; ***~ imprisonment*** ⚖ Freiheitsberaubung *f*; ***~ key*** Nachschlüssel *m*; ***~ pregnancy*** ⚕ Scheinschwangerschaft *f*; ***~ shame*** falsche Scham; ***~ start*** Fehlstart *m*; **~**

step Fehltritt *m*; ~ ***tears*** Krokodilstränen; ~ ***teeth*** falsche Zähne; **II** *adv.* falsch, unaufrichtig: ***play s.o.*** ~ ein falsches Spiel mit j-m treiben; **ˌfalse-ˈheart·ed** *adj.* falsch, treulos; **ˈfalse·hood** [-hʊd] *s.* **1.** Unwahrheit *f*, Lüge *f*; **2.** Falschheit *f*; **ˈfalse·ness** [-nɪs] *s. allg.* Falschheit *f*.

fal·set·to [fɔːlˈsetəʊ] *pl.* **-tos** *s.* Fistelstimme *f*, ♪ *a.* Falˈsett(stimme *f*) *n*.

fal·sies [ˈfɔːlsɪz] *s. pl.* F Schaumgummieinlagen *pl.* (*im Büstenhalter*).

fal·si·fi·ca·tion [ˌfɔːlsɪfɪˈkeɪʃn] *s.* (Ver-) Fälschung *f*; **fal·si·fi·er** [ˈfɔːlsɪfaɪə] *s.* Fälscher(in); **fal·si·fy** [ˈfɔːlsɪfaɪ] *v/t.* **1.** fälschen; **2.** verfälschen, falsch *od.* irreführend darstellen; **3.** *Hoffnungen* enttäuschen; **fal·si·ty** [ˈfɔːlsətɪ] *s.* **1.** Irrtum *m*, Unrichtigkeit *f*; **2.** Lüge *f*, Unwahrheit *f*.

falt·boat [ˈfɔːltbəʊt] *s.* Faltboot *n*.

fal·ter [ˈfɔːltə] **I** *v/i.* schwanken: a) taumeln, b) zögern, zaudern, c) stocken (*a. Stimme*): ***his courage*** ~***ed*** der Mut verließ ihn; **II** *v/t. et.* stammeln; **ˈfal·ter·ing** [-tərɪŋ] *adj.* □ *allg.* schwankend (→ ***falter*** I).

fame [feɪm] *s.* **1.** Ruhm *m*, (guter) Ruf, Berühmtheit *f*: ***of ill*** ~ berüchtigt; ***house of ill*** ~ Freudenhaus *n*; **2.** *obs.* Gerücht *n*; **famed** [-md] *adj.* berühmt, bekannt (***for*** wegen *gen.*, für).

fa·mil·iar [fəˈmɪljə] **I** *adj.* □ **1.** vertraut: a) gewohnt: ***a*** ~ ***sight***, b) bekannt: ***a*** ~ ***face***, c) geläufig: ***a*** ~ ***expression***; ~ ***quotations*** geflügelte Worte; **2.** vertraut, bekannt (***with*** mit): ***be*** ~ ***with*** *a. et.* gut kennen; ***make o.s.*** ~ ***with*** a) sich mit *j-m* bekannt machen, b) sich mit *et.* vertraut machen; ***the name is*** ~ ***to me*** der Name ist mir vertraut; **3.** vertraut, inˈtim, eng: ***a*** ~ ***friend***; ***be on*** ~ ***terms with s.o.*** mit j-m gut bekannt sein; (***too***) ~ *contp.* allzu familiär, plump-vertraulich; **4.** ungezwungen, familiˈär; **II** *s.* **5.** Vertraute(r *m*) *f*; **6.** *a.* ~ ***spirit*** Schutzgeist *m*; **fa·mil·i·ar·i·ty** [fəˌmɪlɪˈærətɪ] *s.* **1.** Vertrautheit *f*, Bekanntschaft *f* (***with*** mit); **2.** a) familiˈärer Ton, Ungezwungenheit *f*, Vertraulichkeit *f*, b) *contp.* plumpe Vertraulichkeit; **fa·mil·iar·i·za·tion** [fəˌmɪljəraɪˈzeɪʃn] *s.* (***with***) Vertrautmachen *n od.* -werden *n* (mit), Gewöhnung *f* (an *acc.*); **faˈmil·iar·ize** [-əraɪz] *v/t.* (***with***) vertraut *od.* bekannt machen (mit), gewöhnen (an *acc.*).

fam·i·ly [ˈfæməlɪ] **I** *s.* **1.** Faˈmilie *f* (*a. biol. u. fig.*): ~ ***of nations*** Völkerfamilie; ***she was living as one of the*** ~ sie gehörte zur Familie, sie hatte Familienanschluß; **2.** Faˈmilie *f*: a) Geschlecht *n*, Sippe *f*, *a.* Verwandtschaft *f*, b) Ab-, Herkunft *f*: ***of*** (***good***) ~ aus gutem *od.* vornehmem Hause; **3.** *ling.* (ˈSprach-) Faˌmilie *f*; **4.** ♧ Schar *f*; **II** *adj.* **5.** Familien...: ~ ***business*** (***tradition*** *etc.*); ~ ***doctor*** Hausarzt *m*; ~ ***environment*** häusliches Milieu; ~ ***warmth*** Nestwärme *f*; ***in a*** ~ ***way*** zwanglos; ***be in the*** ~ ***way*** F in anderen Umständen sein; ~ **al·low·ance** *s.* Kindergeld *n*; ~ **cir·cle** *s.* **1.** Faˈmilienkreis *m*; **2.** *thea. Am.* oberer Rang; ~ **court** *s.* ⚖ Faˈmiliengericht *n*; ~ **man** *s.* [*irr.*] **1.** Mann *m* mit Faˈmilie, Faˈmilienvater *m*; **2.** häuslicher Mensch; ~ **plan·ning** *s.* Faˈmilienplanung *f*; ~ **skel·e·ton** *s.* streng gehütetes Faˈmiliengeheimnis; ~ **tree** *s.* Stammbaum *m*.

fam·ine [ˈfæmɪn] *s.* **1.** Hungersnot *f*; **2.** Mangel *m*, Knappheit *f* (***of*** an *dat.*); **3.** Hunger *m* (*a. fig.*).

fam·ish [ˈfæmɪʃ] **I** *v/i.* **1.** *obs.* verhungern: ***be*** ~***ing*** F am Verhungern sein; **2.** darben; **II** *v/t. obs.* verhungern lassen: ***he ate as if*** ~***ed*** er aß, als ob er am Verhungern wäre.

fa·mous [ˈfeɪməs] *adj.* □ **1.** berühmt (***for*** wegen *gen.*, für); **2.** F faˈmos, ausgezeichnet, prima.

fan[1] [fæn] **I** *s.* **1.** Fächer *m*: ~ ***dance***; ~ ***aerial*** ϟ Fächerantenne *f*; **2.** ⚙ a) Ventiˈlator *m*, Lüfter *m*, b) *a.* ~ ***blower*** (Flügelrad)Gebläse *n*, c) ✓ (Worfel-) Schwinge *f*, d) ⚓ Flügel *m*, Schraubenblatt *n*; **II** *v/t.* **3.** *Luft* fächeln; **4.** umˈfächeln, *j-m* Luft zufächeln; **5.** *Feuer* anfachen: ~ ***the flame*** *fig.* Öl ins Feuer gießen; **6.** *fig.* entfachen; (an)wedeln; **7.** ✓ worfeln, schwingen; **III** *v/i.* **8.** *oft* ~ ***out*** a) sich (fächerförmig) ausbreiten, b) ⚔ ausschwärmen.

fan[2] [fæn] *s.* F Fan *m*, begeisterter Anhänger: ~ ***club*** Fanclub *m*; ~ ***mail*** Verehrerpost *f*.

fa·nat·ic [fəˈnætɪk] **I** *s.* Faˈnatiker(in); **II** *adj.* → **faˈnat·i·cal** [-kl] *adj.* □ faˈnatisch; **faˈnat·i·cism** [-ɪsɪzəm] *s.* Fanaˈtismus *m*.

fan·ci·er [ˈfænsɪə] *s.* (*Tier-, Blumen- etc.*)Liebhaber(in) *od.* Züchter(in); **ˈfan·ci·ful** [-ɪfʊl] *adj.* □ **1.** (allzu) phantaˈsiereich, schrullig, wunderlich (*Person*); **2.** biˈzarr, ausgefallen (*Sache*); **3.** eingebildet, unwirklich; **4.** phanˈtastisch, wirklichkeitsfremd.

fan·cy [ˈfænsɪ] **I** *s.* **1.** Phantaˈsie *f*: a) Einbildungskraft *f*, b) Phantaˈsievorstellung *f*, c) (bloße) Einbildung; **2.**

I'dee *f*, plötzlicher Einfall *m*: ***I have a ~ that*** ich habe so e-e Idee, daß; **3.** Laune *f*, Grille *f*; **4.** (individu'eller) Geschmack; **5.** (***for***) Neigung *f* (zu), Vorliebe *f* (für), Gefallen *n* (an *dat.*): ***have a ~ for*** gern haben (wollen) (*acc.*), Lust haben zu *od.* auf (*acc.*); ***take a ~ to*** Gefallen finden an (*dat.*), sympathisch finden (*acc.*); ***take*** (*od.* ***catch***) ***s.o.'s ~*** j-m gefallen; ***just as the ~ takes you*** nach Lust u. Laune; **6.** *coll.* ***the ~*** die (*Sport-*, *Tier-* *etc.*)Liebhaberwelt; **II** *adj.* **7.** Phantasie..., phan'tastisch: ***~ name*** Phantasiename *m*; ***~ price*** Phantasie-, Liebhaberpreis *m*; **8.** Mode...: ***~ article***; **9.** (reich) verziert, bunt, kunstvoll, ausgefallen, extrafein: ***~ cakes*** feines Gebäck; ***~ car*** schicker Wagen; ***~ dog*** Hund *m* aus e-r Liebhaberzucht; ***~ foods*** Delikatessen; ***~ words*** *contp.* geschwollene Ausdrücke; **III** *v/t.* **10.** sich *j-n od. et.* vorstellen: ***~*** (***that***)***!*** a) stell dir vor!, b) sieh mal einer an!, nanu!; ***~ meeting you here!*** nanu, du hier?; **11.** glauben, denken, annehmen; **12.** ***~ o.s.*** sich einbilden (***to be*** zu sein), sich halten für: ***~ o.s.*** (***very important***) sich sehr wichtig vorkommen; **13.** gern haben *od.* mögen: ***I don't ~ this suit*** dieser Anzug gefällt mir nicht; **14.** Lust haben (auf *acc.*; ***doing*** zu tun): ***I could ~ an ice-cream*** ich hätte Lust auf ein Eis; **15.** ***~ up*** *Am.* F aufputzen, ‚Pfiff geben' (*dat.*); **~ ball** *s.* Ko'stümfest *n*, Maskenball *m*; **~ dress** *s.* ('Masken)Ko,stüm *n*; **,~-'dress** *adj.*: ***~ ball → fancy ball***; **,~-'free** *adj.* frei u. ungebunden; **~ goods** *s. pl.* **1.** 'Modear,tikel *pl.*; **2.** kleine Ge'schenkar,tikel *pl.*, *a.* Nippes *pl.*; **~ man** *s.* [*irr.*] *sl.* **1.** ‚Louis' *m*, Zuhälter *m*; **2.** Liebhaber *m*; **~ pants** *s. Am. sl.* **1.** ‚feiner Pinkel'; **2.** ‚Waschlappen' *m*; **~ wom·an** *s.* [*irr.*] **1.** Geliebte *f*; **2.** Prostituierte *f*; **'~·work** *s.* feine (Hand-) Arbeit.

fan·dan·gle [fæn'dæŋl] *s.* F ‚Firlefanz' *m*.

fane [feɪn] *s. poet.* Tempel *m*.

fan·fare ['fænfeə] *s.* ♪ Fan'fare *f*, Tusch *m*: ***with much ~*** *fig.* mit großem Tamtam.

fang [fæŋ] *s.* **1.** *zo.* a) Fang(zahn) *m* (*Raubtier*), b) Hauer *m* (*Eber*), c) Giftzahn *m* (*Schlange*); **2.** *pl.* F Zähne *pl.*, ‚Beißer' *pl.*; **3.** *anat.* Zahnwurzel *f*; **4.** ⚙ Dorn *m*.

fan| heat·er *s.* Heizlüfter *m*; **'~·light** *s.* ⚠ (fächerförmiges) (Tür)Fenster, Oberlicht *n*.

fan·ner ['fænə] *s.* ⚙ Gebläse *n*.

fan·ny ['fænɪ] *s.* **1.** *Am. sl.* ‚Arsch' *m*; **2.** *Brit.* V ‚Möse' *f*.

fan·ta·sia [fæn'teɪzjə] *s.* ♪ Fanta'sia *f*; **fan·ta·size** ['fæntəsaɪz] *v/i.* **1.** phantasieren (***about*** von); **2.** (mit offenen Augen) träumen; **fan'tas·tic** [-'tæstɪk] *adj.* (□ ***~ally***) *allg.* phan'tastisch: a) unwirklich, b) verstiegen, über'spannt, c) ab'surd, aus der Luft gegriffen, d) F ‚toll'; **fan·ta·sy** ['fæntəsɪ] *s.* **1.** Phanta'sie *f*: a) Einbildungskraft *f*, b) Phanta'sievorstellung *f*, c) (Tag-, Wach)Traum *m*, d) Hirngespinst *n*; **2.** ♪ Fanta'sia *f*.

fan| trac·er·y *s.* ⚠ Fächermaßwerk *n*; **~ vault·ing** *s.* ⚠ Fächergewölbe *n*.

far [fɑː] **I** *adj.* **1.** fern, (weit) entfernt, weit; **2.** (*vom Sprecher aus*) entfernter: ***at the ~ end*** am anderen Ende; **3.** weit vorgerückt, fortgeschritten (***in*** in *dat.*); **II** *adv.* **4.** weit, fern: ***~ away***, ***~ off*** weit weg, weit entfernt; ***from ~*** von weit her; ***~ and near*** nah u. fern, überall; ***~ and wide*** weit und breit; ***~ and away the best*** a) bei weitem *od.* mit Abstand das Beste, b) bei weitem am besten; ***as ~ as*** a) soweit *od.* soviel (wie), insofern als, b) bis (nach); ***as ~ as that goes*** was das betrifft; ***as ~ back as 1907*** schon (im Jahre) 1907; ***in as*** (*od.* ***so***) ***~ as*** insofern als; ***so ~*** bisher, bis jetzt; ***so ~ so good*** so weit, so gut; ***~ from*** weit entfernt von, keineswegs; ***~ from completed*** noch lange *od.* längst nicht fertig; ***~ from rich*** alles andere als reich; ***~ from it!*** keineswegs!, ganz u. gar nicht!; ***I am ~ from believing it*** ich bin weit davon entfernt, es zu glauben; ***~ into*** bis weit *od.* hoch *od.* tief in (*acc.*); ***~ into the night*** bis spät *od.* tief in die Nacht; ***~ out*** a) weit draußen *od.* hinaus, b) F ‚toll'; ***be ~ out*** weit danebenliegen (*mit e-r Vermutung etc.*); ***~ up*** hoch oben; ***~ be it from me*** (***to*** *inf.*) es liegt mir fern (zu *inf.*); ***go ~*** a) weit *od.* lange (aus)reichen, b) es weit bringen; ***ten dollars don't go ~*** mit 10 Dollar kommt man nicht weit; ***go too ~*** *fig.* zu weit gehen; ***that went ~ to convince me*** das hat mich beinahe überzeugt; ***I will go so ~ as to say*** ich will sogar behaupten; **5.** *a.* ***by ~*** weit(aus), bei weitem, sehr viel, ganz: ***~ better*** viel besser; (***by***) ***~ the best*** a) weitaus der (die, das) beste, b) bei weitem am besten.

far·ad ['færəd] *s.* ⚡ Fa'rad *n*.

'far·a·way *adj.* **1.** → ***far*** 1; **2.** *fig.* verträumt, versonnen, (geistes)abwesend.

farce [fɑːs] *s.* **1.** *thea.* Posse *f*, Schwank

m; **2.** *fig.* Farce *f*, ‚The'ater' *n*; **'far·ci·cal** [-sɪkl] *adj.* □ **1.** possenhaft, Possen…; **2.** *fig.* ab'surd.

fare [feə] **I** *s.* **1.** a) Fahrpreis *m*, -geld *n*, b) Flugpreis *m*: ***what's the ~?*** was kostet die Fahrt *od.* der Flug?; ***~ stage*** *Brit.* Fahrpreiszone *f*, Teilstrecke *f* (*Bus etc.*); ***any more ~s?*** noch jemand zugestiegen?; **2.** Fahrgast *m* (*bsd. e-s Taxis*); **3.** Kost *f* (*a. fig.*), Verpflegung *f*, Nahrung *f*: ***slender ~*** magere Kost; ***literary ~*** literarische Kost, geistiges ‚Menü'; **II** *v/i.* **4.** sich befinden; (er)gehen: ***how did you ~?*** wie ist es dir ergangen?; ***he ~d ill, it ~d ill with him*** er war schlecht d(a)ran; ***we ~d no better*** uns ist es nicht besser ergangen; ***~ alike*** in der gleichen Lage sein; **5.** *poet.* reisen, sich aufmachen: ***~ thee well!*** leb wohl!

Far East *s.*: ***the ~*** der Ferne Osten.

ˌfare'well I *int.* lebe(n Sie) wohl!, lebt wohl!; **II** *s.* Lebe'wohl *n*, Abschiedsgruß *m*: ***bid s.o. ~*** j-m Lebewohl sagen; ***make one's ~s*** sich verabschieden; ***take one's ~ of*** Abschied nehmen von (*a. fig.*); ***~ to*** adieu …, nie wieder …; **III** *adj.* Abschieds…

ˌfar|-'famed *adj.* 'weithin berühmt; **ˌ~-'fetched** *adj.* *fig.* weithergeholt, an den Haaren her'beigezogen; **ˌ~-'flung** *adj.* **1.** weit(ausgedehnt); **2.** *fig.* weitgespannt; **3.** weitentfernt; **ˌ~-'go·ing** → ***far-reaching.***

fa·ri·na [fə'raɪnə] *s.* **1.** (feines) Mehl; **2.** ⚗ Stärke *f*; **3.** *Brit.* ⚘ Blütenstaub *m*; **4.** *zo.* Staub *m*; **far·i·na·ceous** [ˌfærɪ'neɪʃəs] *adj.* Mehl…, Stärke…

farm [fɑːm] **I** *s.* **1.** (Bauern)Hof *m*, landwirtschaftlicher Betrieb, Gut(shof *m*) *n*, Farm *f*; **2.** (*Geflügel- etc.*)Farm *f*; **3.** *obs.* Bauernhaus *n*; **4.** *bsd. Am.* a) Sana'torium *n*, b) Entziehungsanstalt *f*; **II** *v/t.* **5.** *Land* bebauen, bewirtschaften; **6.** *Geflügel etc.* züchten; **7.** pachten; **8.** *oft* ***~ out*** verpachten, in Pacht geben (***to. s.o.*** j-m *od.* an j-n); **9.** *mst* ***~ out*** a) *Kinder* in Pflege geben, b) ✝ *Arbeit* vergeben (***to*** an *acc.*); **III** *v/i.* **10.** Landwirt sein; **'farm·er** [-mə] *s.* **1.** (Groß-)Bauer *m*, Landwirt *m*, Farmer *m*; **2.** Pächter *m*; **3.** (*Geflügel- etc.*)Züchter *m*.

farm| hand *s.* Landarbeiter(in); **'~·house** *s.* Bauern-, Gutshaus *n*: ***~ bread*** Landbrot *n*; ***~ butter*** Landbutter *f*.

farm·ing ['fɑːmɪŋ] *s.* **1.** Landwirtschaft; **2.** (*Geflügel- etc.*)Zucht *f*.

farm| la·bo(u)r·er → ***farm hand***; **~ land** *s.* Ackerland *n*; **'~·stead** *s.* Bauernhof *m*, Gehöft *n*; **~ work·er** → ***farm hand***; **'~·yard** *s.* Wirtschaftshof *m* (e-s Bauernhofs).

far·o ['feərəʊ] *s.* Phar(a)o *n* (*Kartenglücksspiel*).

far-off [ˌfɑːr'ɒf] → ***far*** 1, ***faraway*** 2.

far-out [ˌfɑːr'aʊt] *adj.* *sl.* **1.** ‚toll', ‚super'; **2.** ‚verrückt'.

far·ra·go [fə'rɑːgəʊ] *pl.* **-gos**, *Am.* **-goes** *s.* Kunterbunt *n* (***of*** aus, von).

ˌfar-'reach·ing *adj.* **1.** *bsd. fig.* weitreichend; **2.** *fig.* folgenschwer, tiefgreifend.

far·ri·er ['færɪə] *s.* Hufschmied *m*; ⚔ Beschlagmeister *m*.

far·row ['færəʊ] **I** *s.* Wurf *m* Ferkel: ***with ~*** trächtig (*Sau*); **II** *v/i.* ferkeln; **III** *v/t.* *Ferkel* werfen.

ˌfar|'see·ing *adj.* *fig.* weitblickend; **ˌ~-'sight·ed** *adj.* **1.** *fig.* → ***farseeing***; **2.** ⚕ weitsichtig; **ˌ~'sight·ed·ness** *s.* **1.** *fig.* Weitblick *m*, 'Umsicht *f*; **2.** ⚕ Weitsichtigkeit *f*.

fart [fɑːt] V **I** *s.* Furz *m*; **II** *v/i.* furzen: ***~ around*** *fig.* herumalbern, -blödeln.

far·ther ['fɑːðə] **I** *adj.* **1.** *comp. von* ***far***; **2.** → ***further*** 3, 4; **3.** entfernter (*vom Sprecher aus*): ***the ~ shore*** das gegenüberliegende Ufer; ***at the ~ end*** am anderen Ende; **II** *adv.* **4.** weiter: ***so far and no ~*** bis hierher u. nicht weiter; **5.** → ***further*** 1, 2; **'far·ther·most** → ***farthest*** 2; **'far·thest** [-ðɪst] **I** *adj.* **1.** *sup.* von ***far***; **2.** entferntest, weitest; **II** *adv.* **3.** am weitesten, am entferntesten.

far·thing ['fɑːðɪŋ] *s.* *Brit. hist.* Farthing *m* (¼ *Penny*): ***not worth a (brass) ~*** *fig.* keinen (roten) Heller wert; ***it doesn't matter a ~*** das macht gar nichts.

Far West *s.* *Am. Gebiet der Rocky Mountains u. der pazifischen Küste.*

fas·ci·a ['feɪʃə] *pl.* **-ae** [-ʃiː] *s.* **1.** Binde *f*, (Quer)Band *n*; **2.** *zo.* Farbstreifen *m*; **3.** ['fæʃɪə] *anat.* Muskelhaut *f*; **4.** ⌂ a) Gurtsims *m*, b) Bund *m* (*von Säulenschäften*); **5.** ⚕ (Bauch- *etc.*)Binde *f*; **6.** → ***facia.***

fas·ci·cle ['fæsɪkl] *s.* **1.** *a.* ⚘ Bündel *n*, Büschel *n*; **2.** Fas'zikel *m*: a) (Teil)Lieferung *f*, Einzelheft *n* (*Buch*), b) Aktenbündel *n*; **fas·cic·u·lar** [fə'sɪkjʊlə], **fas·cic·u·late** [fə'sɪkjʊlət] *adj.* büschelförmig.

fas·ci·nate ['fæsɪneɪt] *v/t.* **1.** faszinieren: a) bezaubern, b) fesseln, packen, gefangennehmen: ***~d*** fasziniert, (wie) gebannt; **2.** hypnotisieren; **'fas·ci·nat·ing** [-tɪŋ] *adj.* □ faszinierend: a) hinreißend, b) fesselnd, spannend; **fas·ci-**

na·tion [ˌfæsɪˈneɪʃn] *s.* **1.** Faszinatiˈon *f*, Bezauberung *f*; **2.** Zauber *m*, Reiz *m*.

Fas·cism [ˈfæʃɪzəm] *s. pol.* Faˈschismus *m*; ˈ**Fas·cist** [-ɪst] **I** *s.* Faˈschist *m*; **II** *adj.* faˈschistisch.

fash·ion [ˈfæʃn] **I** *s.* **1.** Mode *f*: ***come into ~*** in Mode kommen; ***set the ~*** die Mode diktieren, *fig.* den Ton angeben; ***it is*** (***all***) ***the ~*** es ist (große) Mode; ***in the English ~*** nach englischer Mode (*od.* Art, → 2); ***out of ~*** aus der Mode, unmodern; ***~ designer*** Modedesigner(in); **2.** Sitte *f*, Brauch *m*, Art *f* (u. Weise *f*), Stil *m*, Maˈnier *f*: ***behave in a strange ~*** sich sonderbar benehmen; ***after their ~*** nach ihrer Weise; ***after*** (*od.* ***in***) ***a ~*** schlecht u. recht, ‚so lala'; ***an artist after a ~*** so etwas wie ein Künstler; **3.** (feine) Lebensart, gute Maˈnieren *pl.*: ***a man of ~***; **4.** Machart *f*, Form *f* (Zu)Schnitt *m*, Fasˈson *f*; **II** *v/t.* **5.** herstellen, machen; **6.** bilden, formen, gestalten; **7.** anpassen; **III** *adv.* **8.** wie: ***horse-~*** nach Pferdeart, wie ein Pferd; **fash·ion·a·ble** [ˈfæʃnəbl] **I** *adj.* □ **1.** modisch, moˈdern; **2.** vornehm, eleˈgant; **3.** in Mode, Mode…: ***~ complaint*** Modekrankheit *f*; **II** *s.* **4.** ***the ~s*** die elegante Welt, die Schickeria.

ˈ**fash·ion**|ˌ**mon·ger** *s.* Modenarr *m*; **~ pa·rade** *s.* Mode(n)schau *f*: **~ plate** *s.* **1.** Modebild *n*, -blatt *n*; **2.** F ‚ˈsupereleˌgante' Perˈson; **~ show** *s.* Mode(n)schau *f*.

fast[1] [fɑ:st] **I** *adj.* **1.** schnell, geschwind, rasch: ***~ train*** Schnell-, D-Zug *m*; ***my watch is ~*** m-e Uhr geht vor: ***pull a ~ one on s.o.*** *sl.* j-n ‚reinlegen'; **2.** ‚schnell' (*hohe Geschwindigkeit gestattend*): ***~ road***; ***~ tennis-court***; ***~ lane*** *mot.* Überholspur *f*; **3.** *phot.* lichtstark; **4.** flott, leichtlebig; **II** *adv.* **5.** schnell: ***~ and furious*** Schlag auf Schlag; **6.** häufig, reichlich, stark; **7.** leichtsinnig: ***live ~*** ein flottes Leben führen.

fast[2] [fɑ:st] **I** *adj.* **1.** fest(gemacht), befestigt, unbeweglich; fest zs.-haltend: ***make ~*** festmachen, befestigen, *Tür* (fest) verschließen; ***~ friend*** treuer Freund; **2.** beständig, haltbar: ***~ colo(u)r*** (wasch)echte Farbe; ***~ to light*** lichtecht; **II** *adv.* **3.** fest, sicher: ***be ~ asleep*** fest schlafen; ***stuck ~*** festgefahren; ***play ~ and loose*** Schindluder treiben (***with*** mit).

fast[3] [fɑ:st] *bsd. eccl.* **I** *v/i.* **1.** fasten; **II** *s.* **2.** Fasten *n*: ***break one's ~*** das Fasten brechen, *a.* frühstücken; **3.** Fastenzeit *f*.

ˈ**fast**|·**back** *s. mot.* (Wagen *m* mit) Fließheck *n*; **~ breed·er** (**re·ac·tor**) *s. phys.* schneller Brüter.

fas·ten [ˈfɑ:sn] **I** *v/t.* **1.** befestigen, festmachen, -binden (***to***, ***on*** an *dat.*); **2.** *a.* ***~ up*** (fest) zumachen, (ver-, ab)schließen, zuknöpfen, ver-, zuschnüren; zs.-fügen, verbinden: ***~ with nails*** zunageln; ***~ down*** a) befestigen, b) F *j-n* ‚festnageln' (***to*** auf *acc.*); **3.** *Augen* heften, *a. s-e Aufmerksamkeit* richten (***on*** auf *acc.*); **4.** ***~*** (***up***)***on*** *fig.* a) *j-m e-n Spitznamen* ‚anhängen', geben, b) *j-m et.* ‚anhängen' *od.* ‚in die Schuhe schieben'; **II** *v/i.* **5.** sich schließen *od.* festmachen lassen; **6.** ***~*** (***up***)***on*** a) sich heften *od.* klammern an (*acc.*), b) *fig.* sich stürzen auf (*acc.*), ‚einhaken' bei, aufs Korn nehmen (*acc.*); ˈ**fas·ten·er** [-nə] *s.* Befestigung(smittel *n*, -vorrichtung *f*) *f*, Verschluß *m*, Halter *m*, Druckknopf *m*; ˈ**fas·ten·ing** [-nɪŋ] *s.* **1.** → ***fastener***; **2.** Befestigung *f*, Sicherung *f*, Halterung *f*.

ˈ**fast-food res·tau·rant** *s.* Schnellimbiß *m*, -gaststätte *f*.

fas·tid·i·ous [fæsˈtɪdɪəs] *adj.* □ anspruchsvoll, heikel, wählerisch; **fasˈtid·i·ous·ness** [-nɪs] *s.* anspruchsvolles Wesen.

fast·ing cure [ˈfɑ:stɪŋ] *s.* Fasten-, Hungerkur *f*.

ˈ**fast**ˌ**mov·ing** *adj.* **1.** schnell; **2.** *fig.* tempogeladen, spannend.

fast·ness[1] [ˈfɑ:stnɪs] *s.* **1.** *obs.* Schnelligkeit *f*; **2.** *fig.* Leichtlebigkeit *f*.

fast·ness[2] [ˈfɑ:stnɪs] *s.* **1.** Feste *f*, Festung *f*; **2.** Zufluchtsort *m*; **3.** ˈWiderstandsfähigkeit *f*, Beständigkeit *f* (***to*** gegen), Echtheit *f* (*von Farben*): ***~ to light*** Lichtechtheit *f*.

ˈ**fast-talk** *v/t.* F *j-n* beschwatzen (***into doing s.th.*** et. zu tun).

fat [fæt] **I** *adj.* □ → ***fatly***; **1.** dick, beleibt, fett, feist: ***~ stock*** Mastvieh *n*; ***~ type*** *typ.* Fettdruck *m*; **2.** fett, fetthaltig, fettig, ölig: ***~ coal*** Fettkohle *f*; **3.** *fig.* ‚dick': ***~ bank account***; ***~ purse***; **4.** *fig.* fett, einträglich: ***a ~ job*** ein lukrativer Posten; ***~ soil*** fetter *od.* fruchtbarer Boden; ***a ~ lot it helps!*** *sl. iro.* das hilft mir (uns) herzlich wenig; ***a ~ chance*** *sl.* herzlich wenig Aussicht (-en); **II** *s.* **5.** *a.* ⚗, *biol.* Fett *n*: ***run to ~*** Fett ansetzen; ***the ~ is in the fire*** der Teufel ist los; **6.** ***the ~*** das Beste: ***live on*** (*od.* ***off***) ***the ~ of the land*** in Saus u. Braus leben; **III** *v/t.* **7.** *a.* ***~ up*** mästen: ***kill the ~ted calf*** a) *bibl.* das gemästete Kalb schlachten, b) ein Willkommensfest geben.

fa·tal ['feɪtl] *adj.* □ **1.** tödlich, todbringend, mit tödlichem Ausgang: ***a ~ accident*** ein tödlicher Unfall; **2.** unheilvoll, verhängnisvoll (***to*** für): ***~ mistake***; **3.** schicksalhaft, entscheidend; **4.** Schicksals...: ***~ thread*** Lebensfaden *m*; **'fa·tal·ism** [-təlɪzəm] *s.* Fata'lismus *m*; **'fa·tal·ist** [-təlɪst] *s.* Fata'list *m*; **fa·tal·is·tic** [ˌfeɪtə'lɪstɪk] *adj.* (□ ***~ally***) fata'listisch.

fa·tal·i·ty [fə'tælətɪ] *s.* **1.** Verhängnis *n*, Unglück *n*; **2.** Schicksalhaftigkeit *f*; **3.** tödlicher Ausgang *od.* Verlauf; **4.** Todesfall *m*, -opfer *n*.

fa·ta mor·ga·na [ˌfɑ:təmɔ:'gɑ:nə] *s.* Fata Mor'gana *f*.

fate [feɪt] *s.* **1.** Schicksal *n*, Geschick *n*, Los *n*: ***he met his ~*** das Schicksal ereilte ihn; ***he met his ~ calmly*** er sah s-m Schicksal ruhig entgegen; ***seal s.o.'s ~*** j-s Schicksal besiegeln; **2.** Verhängnis *n*, Verderben *n*, 'Untergang *m*: ***go to one's ~*** den Tod finden; **3.** Schicksalsgöttin *f*: ***the ℒs*** die Parzen; **'fat·ed** [-tɪd] *adj.* **1.** vom Schicksal (dazu) bestimmt: ***they were ~ to meet*** es war ihnen bestimmt, sich zu begegnen; **2.** dem 'Untergang geweiht; **'fate·ful** [-fʊl] *adj.* □ **1.** schicksalhaft; **2.** verhängnisvoll; **3.** schicksalsschwer.

'fat|-head *s.* F ‚Blödmann' *m*; **'~-ˌhead·ed** *adj.* dämlich, doof.

fa·ther ['fɑ:ðə] **I** *s.* **1.** Vater *m*: ***like ~ like son*** der Apfel fällt nicht weit vom Stamm; ***ℒ Time*** Chronos *m*, die Zeit; **2.** ℒ (Gott)Vater *m*; **3.** *eccl.* a) Pastor *m*, b) *R.C.* Pater *m*, c) *R.C.* Vater *m* (*Bischof*, *Abt*): ***the Holy ℒ*** der Heilige Vater; ***~ confessor*** Beichtvater; ***ℒ of the Church*** Kirchenvater; **4.** *mst pl.* Ahn *m*, Vorfahr *m*: ***be gathered to one's ~s*** zu s-n Vätern versammelt werden; **5.** *fig.* Vater *m*, Urheber *m*: ***the ~ of chemistry***; ***ℒ of the House*** *Brit.* dienstältestes Parlamentsmitglied; ***the wish was ~ to the thought*** der Wunsch war der Vater des Gedankens; **6.** *pl.* Stadt-, Landesväter *pl.*: ***the ℒs of the Constitution*** die Gründer der USA; **7.** väterlicher Freund (***to*** *gen.*); **II** *v/t.* **8.** *Kind* zeugen; **9.** *et.* ins Leben rufen, her'vorbringen; **10.** wie ein Vater sein zu *j-m*; **11.** die Vaterschaft (*gen.*) anerkennen; **12.** *fig.* a) die Urheberschaft (*gen.*) anerkennen, b) die Urheberschaft (*gen.*) *od.* die Schuld für *et.* zuschreiben (***on***, ***upon*** *dat.*); **ℒ Christ·mas** *s. Brit.* Weihnachtsmann *m*; **~ fig·ure** *s. psych.* 'Vaterfiˌgur *f*.

fa·ther·hood ['fɑ:ðəhʊd] *s.* Vaterschaft *f*; **'fa·ther-in-law** [-ərɪn-] *s.* Schwiegervater *m*; **'fa·ther·land** *s.* Vaterland *n*: ***the ℒ*** Deutschland *n*; **'fa·ther·less** [-lɪs] *adj.* vaterlos; **'fa·ther·li·ness** [-lɪnɪs] *s.* Väterlichkeit *f*; **'fa·ther·ly** [-lɪ] *adj. u. adv.* väterlich.

fath·om ['fæðəm] **I** *s.* **1.** a) ⚓ Faden *m* (*Tiefenmaß: 1,83 m*), b) *obs. u. fig.* Klafter *m*, *n*, c) ⚒ *Raummaß* (*= 1,17* m^3); **II** *v/t.* **2.** ⚓ (aus)loten (*a. fig.*); **3.** *fig.* ergründen; **'fath·om·less** [-lɪs] *adj.* □ unergründlich (*a. fig.*); **fath·om line** *s.* ⚓ Lotleine *f*.

fa·tigue [fə'ti:g] **I** *s.* **1.** Ermüdung *f* (*a.* ⚙), Erschöpfung *f* (*a.* ✓ *des Bodens*): ***~ strength*** ⚙ Dauerfestigkeit *f*; ***~ test*** ⚙ Ermüdungsprobe *f*; **2.** schwere Arbeit, Mühsal *f*, Stra'paze *f*; **3.** ⚔ a) *a.* ***~ duty*** Arbeitsdienst *m*: ***~ detail***, ***~ party*** Arbeitskommando *n*, b) *pl. a.* ***~ clothes***, ***~ dress*** Arbeits-, Drillichanzug *m*; **II** *v/t. u. v/i.* **4.** ermüden (*a.* ⚙); **fa'ti·guing** [-gɪŋ] *adj.* □ ermüdend, anstrengend.

fat·less ['fætlɪs] *adj.* ohne Fett, mager; **'fat·ling** [-lɪŋ] *s.* junges Masttier; **'fat·ly** [-lɪ] *adv. fig.* reichlich; **'fat·ness** [-nɪs] *s.* Fettheit *f*: a) Beleibtheit *f*, b) Fettigkeit *f*, Fetthaltigkeit *f*; **'fat·ten** [-tn] **I** *v/t.* **1.** fett *od.* dick machen: ***~ing*** dickmachend; **2.** *Tier*, F *a. Person* mästen; **3.** *Land* düngen; **II** *v/i.* **4.** fett *od.* dick werden; **5.** sich mästen (***on*** von); **'fat·tish** [-tɪʃ] *adj.* etwas fett, dicklich; **'fat·ty** [-tɪ] **I** *adj. a.* ⚗, ⚕ fetthaltig, fettig, Fett...: ***~ acid*** Fettsäure *f*; ***~ degeneration*** Verfettung *f*; ***~ heart*** Herzverfettung; ***~ tissue*** Fettgewebe *n*; **II** *s.* F Dickerchen *n*.

fa·tu·i·ty [fə'tju:ətɪ] *s.* Albernheit *f*; **fat·u·ous** ['fætjʊəs] *adj.* □ albern, dumm.

fau·cal ['fɔ:kl] *adj.* Kehl..., Rachen...; **fau·ces** ['fɔ:si:z] *s. pl. mst sg. konstr. anat.* Rachen *m*.

fau·cet ['fɔ:sɪt] *s.* ⚙ *Am.* a) (Wasser-)Hahn *m*, b) (Faß)Zapfen *m*.

faugh [fɔ:] *int.* pfui!

fault [fɔ:lt] **I** *s.* **1.** Schuld *f*, Verschulden *n*: ***it is not his ~*** er hat *od.* trägt *od.* ihn trifft keine Schuld, es ist nicht s-e Schuld; ***be at ~*** schuld(ig) sein, die Schuld tragen (→ 4a); **2.** Fehler *m*, (⚖ *a.* Sach)Mangel *m*: ***find ~*** nörgeln, kritteln; ***find ~ with*** et. auszusetzen haben an (*dat.*), herumnörgeln an (*dat.*); ***to a ~*** allzu(sehr), ein bißchen zu *ordnungsliebend etc.*; **3.** (Cha'rakter)Fehler *m*: ***inspite of all his ~s***; **4.** a) Fehler *m*, Irrtum *m*: ***be at ~*** sich irren, *hunt. u. fig. a.* auf der falschen Fährte sein, b)

Vergehen *n*, Fehltritt *m*; **5.** ⚙ De'fekt *m*: a) Fehler *m*, Störung *f*, b) ⚡ Erd-, Leitungsfehler *m*; **6.** *Tennis etc.*: Fehler *m*; **7.** *geol.* Verwerfung *f*; **II** *v/t.* **8.** etwas auszusetzen haben an (*dat.*): ***he*** (***it***) ***can't be ~ed*** an ihm (daran) ist nichts auszusetzen; **9.** *et.* ‚verpatzen'; **III** *v/i.* **10.** e-n Fehler machen; **'~ˌfind·er** *s.* Nörgler(in), Krittler(in); **'~ˌfind·ing I** *s.* Kritte'lei *f*, Nörge'lei *f*; **II** *adj.* nörglerisch, kritt(e)lig.

fault·i·ness ['fɔ:ltɪnɪs] *s.* Fehlerhaftigkeit *f*; **'fault·less** [-tlɪs] *adj.* □ einwand-, fehlerfrei, untadelig; **'fault·less·ness** [-tlɪsnɪs] *s.* Fehler-, Tadellosigkeit *f*; **'fault·y** [-tɪ] *adj.* □ fehlerhaft, schlecht, ⚙ *a.* de'fekt: ***~ design*** Fehlkonstruktion *f*.

faun [fɔ:n] *s. myth. u. fig.* Faun *m*.

fau·na ['fɔ:nə] *s.* Fauna *f*, (*a.* Abhandlung *f* über e-e) Tierwelt *f*.

faux pas [ˌfəʊ'pɑ:] *pl.* **pas** [pɑ:z] *s.* Faux'pas *m*.

fa·vo(u)r ['feɪvə] **I** *s.* **1.** Gunst *f*, Wohlwollen *n*: ***be*** (*od.* ***stand***) ***high in s.o.'s ~*** bei j-m in besonderer Gunst stehen *od.* gut angeschrieben sein; ***be in ~*** (***with***) beliebt sein (bei), begehrt sein (von); ***find ~*** Gefallen *od.* Anklang finden; ***find ~ with s.o.*** (*od.* ***in s.o.'s eyes***) Gnade vor j-s Augen finden, j-m gefallen; ***grant s.o. a ~*** j-m e-e Gunst gewähren; ***grant s.o. one's ~s*** j-m s-e Gunst gewähren (*Frau*); ***by ~ of*** a) mit gütiger Erlaubnis (*gen.*) *od.* von, b) überreicht von (*Brief*); ***in ~ of*** für, *a.* ⚖ zugunsten von (*od. gen.*); ***who is in ~*** (***of it***)***?*** wer ist dafür?; ***out of ~*** a) in Ungnade (gefallen), b) nicht mehr gefragt *od.* beliebt; **2.** Gefallen *m*, Gefälligkeit *f*: ***as a ~*** aus Gefälligkeit; ***by ~ of*** mit gütiger Erlaubnis von, durch gütige Vermittlung von; ***do me a ~*** tu mir e-n Gefallen; ***ask s.o. a ~*** j-n um e-n Gefallen bitten; ***we request the ~ of your company*** wir laden Sie höflich ein; **3.** Begünstigung *f*, Bevorzugung *f*: ***show ~ to s.o.*** j-n bevorzugen; ***under ~ of night*** im Schutze der Nacht; **4.** ✝ *obs.* Schreiben *n*; **5.** a) kleines (*auf e-r Party etc. verteiltes*) Geschenk, b) 'Scherzarˌtikel *m*; **6.** (Par'tei- *etc.*)Abzeichen *n*; **II** *v/t.* **7.** günstig gesinnt sein (*dat.*), *j-m* wohlwollen *od.* gewogen sein; **8.** begünstigen: a) bevorzugen, vorziehen, *a. sport* favorisieren, b) günstig sein für, fördern, c) eintreten für, für *et.* sein; **9.** einverstanden sein (***with*** mit); **10.** *j-n* beehren *od.* erfreuen (***with*** mit); **11.** *j-m* ähnlich sein; **12.** schonen: ***~ one's leg***; **'fa·vo(u)r·a·ble** [-vərəbl] *adj.* □ **1.** wohlgesinnt, gewogen, geneigt (***to*** *dat.*); **2.** *allg.* günstig: a) vorteilhaft (***to***, ***for*** für), b) befriedigend, gut, c) positiv, zustimmend: ***~ answer***, d) vielversprechend; **'fa·vo(u)red** [-vəd] *adj.* begünstigt: ***the ~ few*** die Auserwählten; → ***most-favo(u)red-nation clause***; **'fa·vo(u)r·ite** [-vərɪt] **I** *s.* **1.** Liebling *m* (*a. fig. Schriftsteller, Schallplatte etc.*), *contp.* Günstling *m*: ***be s.o.'s*** (***great***) ***~*** bei j-m (sehr) beliebt sein; ***that book is a great ~ of mine*** dieses Buch liebe ich sehr; **2.** *sport* Favo'rit(in); **II** *adj.* **3.** Lieblings...: ***~ dish*** Leibgericht *n*; **'fa·vo(u)r·it·ism** [-vərɪtɪzəm] *s.* Günstlings-, Vetternwirtschaft *f*.

fawn¹ [fɔ:n] **I** *s.* **1.** *zo.* Damkitz *n*, Rehkalb *n*; **2.** Rehbraun *n*; **II** *adj.* **3.** *a.* ***~-colo(u)red*** rehbraun; **III** *v/t.* **4.** *ein Kitz* setzen.

fawn² [fɔ:n] *v/i.* **1.** schwänzeln, wedeln; **2.** *fig.* (***upon***) schar'wenzeln (um), katzbuckeln (vor *j-m*); **'fawn·ing** [-nɪŋ] *adj.* □ *fig.* kriecherisch, schmeichlerisch.

fay [feɪ] *s. poet.* Fee *f*.

faze [feɪz] *v/t.* F *j-n* durchein'anderbringen: ***not to ~ s.o.*** j-n kaltlassen.

fe·al·ty ['fi:əltɪ] *s.* **1.** *hist.* Lehenstreue *f*; **2.** *fig.* Treue *f*.

fear [fɪə] **I** *s.* **1.** Furcht *f*, Angst *f* (***of*** vor *dat.*, ***that*** *od.* ***lest*** daß ...): ***be in ~ of*** → 6; ***in ~ of one's life*** in Todesangst; ***for ~ of*** a) aus Furcht vor (*dat.*) *od.* daß, b) um nicht, damit nicht; ***for ~ of losing it*** um es nicht zu verlieren; ***without ~ or favo(u)r*** ganz objektiv *od.* unparteiisch; ***no ~!*** keine Bange!; **2.** *pl.* Befürchtung *f*, Bedenken *n*; **3.** Sorge *f*, Besorgnis *f* (***for*** um); **4.** Gefahr *f*, Risiko *n*: ***there is not much ~ of that*** das ist kaum zu befürchten; **5.** Scheu *f*, Ehrfurcht *f* (***of*** vor): ***~ of God*** Gottesfurcht; ***put the ~ of God into s.o.*** j-m e-n heiligen Schrecken einjagen; **II** *v/t.* **6.** fürchten, sich fürchten vor (*dat.*), Angst haben vor (*dat.*); **7.** *et.* befürchten: ***~ the worst***; **8.** *Gott* fürchten; **III** *v/i.* **9.** sich fürchten, Angst haben; **10.** besorgt sein (***for*** um): ***never ~!*** sei unbesorgt!; **'fear·ful** [-fʊl] *adj.* □ **1.** furchtbar, fürchterlich, schrecklich (*alle a. fig.* F); **2.** furchtsam, angsterfüllt, bange (***of*** vor *dat.*); **3.** besorgt, in (großer) Sorge (***of*** um, ***that*** *od.* ***lest*** daß); **4.** ehrfürchtig; **'fear·less** [-lɪs] *adj.* □ furchtlos, unerschrocken; **'fear·less·ness** [-lɪsnɪs] *s.* Furchtlosigkeit *f*;

ˈ**fear·some** [-səm] *adj.* ☐ *mst humor.* furchterregend, schrecklich, gräßlich.

fea·si·bil·i·ty [ˌfi:zəˈbɪlətɪ] *s.* ˈDurchführbarkeit *f*, Machbarkeit *f*; **fea·si·ble** [ˈfi:zəbl] *adj.* ☐ aus-, ˈdurchführbar, machbar, möglich.

feast [fi:st] **I** *s.* **1.** *eccl.* Fest(tag *m*) *n*, Feiertag *m*; **2.** Festmahl *n*, -essen *n*; → ***enough*** II; **3.** (Hoch)Genuß *m*: ***a ~ for the eyes*** e-e Augenweide; **II** *v/t.* **4.** (festlich) bewirten; **5.** ergötzen: ***~ one's eyes on*** s-e Augen weiden an (*dat.*); **III** *v/i.* **6.** (***on***) schmausen (von), sich gütlich tun (an *dat.*); schwelgen (in *acc.*); **7.** (***on***) sich weiden (an *dat.*), schwelgen (in *dat.*).

feat [fi:t] *s.* **1.** Helden-, Großtat *f*: ***~ of arms*** Waffentat; **2.** (*technische etc.*) Großtat, große Leistung; **3.** a) Kunst-, Meisterstück *n*, b) Kraftakt *m*.

feath·er [ˈfeðə] **I** *s.* **1.** Feder *f*, *pl.* Gefieder *n*: ***in fine*** (*od.* ***full***) ***~*** F a) (bei) bester Laune, b) in Hochform; ***that is a ~ in his cap*** darauf kann er stolz sein; ***that will make the ~s fly*** da werden die Fetzen fliegen; ***you might have knocked me down with a ~*** ich war einfach ‚platt' (*erstaunt*); → ***bird*** 1, ***fur*** 3, ***white feather***; **2.** Pfeilfeder *f*; **3.** Schaumkrone *f* (*e-r Welle*); **II** *v/t.* **4.** mit Federn versehen *od.* schmücken; *Pfeil* fiedern; **5.** *Rudern*: *Riemen* flach drehen; ˈ**~-bed I** *s.* **1.** Maˈtratze *f* mit Federfüllung; **2.** *fig.* ‚gemütliche Sache'; **II** *v/t.* **3.** verhätscheln; **III** *v/i.* **4.** unnötige Arbeitskräfte einstellen; ˈ**~ˌbed·ding** *s.* (*gewerkschaftlich geforderte*) ˈÜberbesetzung mit Arbeitskräften; ˈ**~-brained** *adj.* **1.** schwachköpfig; **2.** leichtsinnig; ˈ**~-ˌdust·er** *s.* Staubwedel *m*.

feath·ered [ˈfeðəd] *adj.* gefiedert: ***~ tribe(s)*** Vogelwelt *f*.

feath·er·ing [ˈfeðərɪŋ] *s.* **1.** Gefieder *n*; **2.** Befiederung *f*; **3.** ✈ Segelstellung *f* (*Propeller*).

ˈ**feath·er·weight I** *s.* **1.** *sport* Federgewicht(ler *m*) *n*; **2.** ‚Leichtgewicht' *n* (*Person*); **3.** *fig. contp.* a) ‚Würstchen' *n* (*Person*), b) ‚kleine Fische' *pl.* (*et. Belangloses*); **II** *adj.* **4.** Federgewichts…

feath·er·y [ˈfeðərɪ] *adj.* feder(n)artig.

fea·ture [ˈfi:tʃə] **I** *s.* **1.** (Gesichts)Zug *m*; **2.** Merkmal *n*, Charakteˈristikum *n*, (Haupt)Eigenschaft *f*; Hauptpunkt *m*, -teil *m*, Besonderheit *f*; **3.** (Gesichts-)Punkt *m*, Seite *f*; **4.** (ˈHaupt)Attraktiˌon *f*, Darbietung *f*; **5.** *a.* ***~ film*** a) Spielfilm *m*, b) Hauptfilm *m*; **6.** *a.* ***~ program(me)*** *Radio*, *TV*: Feature *n*, (aktuˈeller) Dokumenˈtarbericht; **7.** *a.* ***~ article***, ***~ story*** Feature *n*, Speziˈalarˌtikel *m e-r Zeitung*; **II** *v/t.* **8.** kennzeichnen, bezeichnend sein für; **9.** (als Besonderheit) haben *od.* aufweisen, sich auszeichnen durch; **10.** (groß herˈaus-) bringen, herˈausstellen; (als Hauptschlager) zeigen *od.* bringen; *Film etc.*: in der Hauptrolle zeigen: ***a film featuring X*** ein Film mit X in der Hauptrolle; ˈ**fea·ture-length** *adj.* mit Spielfilmlänge; ˈ**fea·ture·less** [-lɪs] *adj.* nichtssagend.

feb·ri·fuge [ˈfebrɪfju:dʒ] *s.* ⚕ Fiebermittel *n*; **fe·brile** [ˈfi:braɪl] *adj.* fiebrig, Fieber…

Feb·ru·ar·y [ˈfebrʊərɪ] *s.* Februar *m*: ***in ~*** im Februar.

fe·cal *etc.* → ***faecal*** *etc.*

feck·less [ˈfeklɪs] *adj.* ☐ **1.** schwach, kraftlos; **2.** hilfslos; **3.** zwecklos.

fe·cund [ˈfi:kənd] *adj.* fruchtbar, produkˈtiv (*beide a fig.*); ˈ**fe·cun·date** [-deɪt] *v/t.* fruchtbar machen; befruchten (*a. biol.*); **fe·cun·da·tion** [ˌfi:kənˈdeɪʃn] *s.* Befruchtung *f*; **fe·cun·di·ty** [fɪˈkʌndətɪ] *s.* Fruchtbarkeit *f*, Produktiviˈtät *f*.

fed[1] [fed] *pret. u. p.p. von* ***feed***.

fed[2] [fed] *s. Am.* F **1.** FBˈI-Aˌgent *m*; **2.** *mst.* ♀ (*die*) ˈBundesreˌgierung.

fed·er·al [ˈfedərəl] **I** *adj.* ☐ *pol.* **1.** födeˈraˈtiv; **2.** *mst* ♀ Bundes…: a) bundesstaatlich, den Bund *od.* die ˈBundesreˌgierung betreffend, b) *USA* Unions…: ***~ government*** Bundesregierung *f*; ***~ jurisdiction*** Bundesgerichtsbarkeit *f*; ***the ♀ Republic*** (***of Germany***) die Bundesrepublik (Deutschland); ***♀ State*** *Am.* Bundesstaat *m*, (Einzel)Staat *m*; **3.** ♀ *Am. hist.* föderaˈlistisch; **II** *s.* **4.** (*Am. hist.* ♀) Föderaˈlist *m*; ♀ **Bu·reau of In·ves·ti·ga·tion** *s.* amer. Bundeskrimiˈnalamt *n od.* -poliˌzei *f* (*abbr.* ***FBI***).

fed·er·al·ism [ˈfedərəlɪzəm] *s. pol.* Föderaˈlismus *m*; ˈ**fed·er·al·ist** [-ɪst] **I** *adj.* föderaˈlistisch; **II** *s.* Föderaˈlist *m*; ˈ**fed·er·al·ize** [-laɪz] → ***federate*** I.

fed·er·ate [ˈfedəreɪt] **I** *v/t. u. v/i.* (sich) föderalisieren, (sich) zu e-m (Staaten-) Bund vereinigen; **II** *adj.* [-rət] föderiert, verbündet; **fed·er·a·tion** [ˌfedəˈreɪʃn] *s.* **1.** Föderatiˈon *f*: a) poˈlitischer Zs.-schluß, b) Staatenbund *m*; **2.** Bundesstaat *m*; **3.** ✝ (Zenˈtral-, Dach-) Verband *m*; ˈ**fed·er·a·tive** [-rətɪv] *adj.* ☐ → ***federal*** 1.

fe·do·ra [fɪˈdɔ:rə] *s. Am.* (weicher)

Filzhut.

fee [fiː] **I** *s.* **1.** Gebühr: a) (ˈAnwalts- *etc.*)Honoˌrar *n*, Vergütung *f*, b) amtliche Gebühr, Taxe *f*, c) (Mitglieds)Beitrag *m*, d) (***admission*** *od.* ***entrance***) **~** Eintrittsgeld *n*, e) Trinkgeld *n*: ***doctor's*** **~** Arztrechnung *f*; ***school*** **~**(***s***) Schulgeld *n*; **2.** *Fußball*: Transˈfersumme *f*; **3.** *hist.* Lehn(s)gut *n*; **4.** ⚖ Eigentum(srecht) *n*: **~** ***simple*** (unbeschränktes) Eigentumsrecht, Grundeigentum; **~** ***tail*** erbrechtlich gebundenes Grundeigentum; ***hold land in*** **~** Land zu eigen haben; **II** *v/t.* **5.** *j-m* e-e Gebühr *etc.* bezahlen.

fee·ble [ˈfiːbl] *adj.* □ *allg.* schwach, *fig. a.* lahm, kläglich (*Versuch*, *Ausrede etc.*), matt (*Lächeln*, *Stimme*); ˌ**fee·ble-ˈmind·ed** *adj.* schwachsinnig; ˈ**fee·ble·ness** [-nɪs] *s.* Schwäche *f*.

feed [fiːd] **I** *v/t.* [*irr.*] **1.** Nahrung zuführen (*dat.*), *Tier*, *Kind*, *Kranken* füttern (***on***, ***with*** mit), *e-m Menschen* zu essen geben, *e-m Tier* zu fressen geben, *Vieh* weiden lassen: **~** (***at the breast***) *Säugling* stillen; **~** ***up*** a) *Vieh* mästen, b) *j-n* ‚hochpäppeln'; ***be fed up with*** F *et.* satt haben, ‚die Nase voll haben' von; ***I'm fed up to the teeth with him*** (***it***) F er (es) ‚steht mir bis hierher'; **~** ***the fishes*** a) ‚die Fische füttern' (*bei Seekrankheit*), b) ertrinken; **~** ***a cold*** bei Erkältung tüchtig essen; **2.** *Familie etc.* ernähren (***on*** von), erhalten; **3.** versorgen (***with*** mit); **4.** ⚙ a) *Maschine* speisen, beschicken, b) *Material* zuführen, *Werkstück* vorschieben, *Daten in e-n Computer* eingeben: **~** ***back*** a) ⚡ rückkoppeln, b) *fig.* zuˈrückleiten (***to*** an *acc.*); **5.** *Feuer* unterˈhalten; **6.** *fig.* a) *Gefühl*, *Hoffnung etc.* nähren, Nahrung geben (*dat.*), b) befriedigen: **~** ***one's vanity***; **~** ***one's eyes on*** s-e Augen weiden an (*dat.*); **7.** *thea.* F *j-m* Stichworte liefern; **8.** *sport* F *j-n* ‚bedienen', mit Bällen ‚füttern'; **9.** *oft* **~** ***down***, **~** ***close*** *Wiese* abweiden lassen; **II** *v/i.* [*irr.*] **10.** a) fressen (*Tier*), b) F ‚futtern' (*Mensch*); **11.** sich ernähren, leben (***on*** von); **III** *s.* **12.** Fütterung *f*; F Mahlzeit *f*; **13.** Futter *n*, Nahrung *f*: ***off one's*** **~** ohne Appetit; ***out at*** **~** auf der Weide; **14.** ⚙ a) Speisung *f*, Beschickung *f*, (Materiˈal)Zuführung *f*, b) (Werkzeug)Vorschub *m*; **15.** Zufuhr *f*, Ladung *f*; Beschickungsgut *n*; ˈ**~·back** *s.* ⚡ *u. fig.* Feedback *n*; **~** **bag** *s. Am.* Futtersack *m*.

feed·er [ˈfiːdə] *s.* **1.** ***a heavy*** **~** ein starker Esser (*Mensch*) *od.* Fresser (*Tier*); **2.** ⚙ a) Beschickungsvorrichtung *f*, b) ⚡ Speiseleitung *f*, Feeder *m*; **3.** *Verkehr*: Zubringerlinie *f*, -strecke *f*: **~** (***road***) Zubringerstraße *f*; **4.** Bewässerungs-, Zuflußgraben *m*; Nebenfluß *m*; **5.** *Brit.* a) Lätzchen *n*, b) (Saug)Flasche *f*; **6.** *thea. Am.* F Stichwortgeber *m*; **~** **line** *s.* **1.** *Verkehr*: Zubringerlinie *f*; **2.** → ***feeder*** 2 b.

feed hop·per *s.* Fülltrichter *m*.

feed·ing [ˈfiːdɪŋ] **I** *s.* **1.** Fütterung *f*; **2.** Ernährung *f*; **3.** ⚙ → ***feed*** 14 a; **II** *adj.* **4.** Zufuhr…; **~** **bot·tle** *s.* (Saug)Flasche *f*; **~** **cup** *s.* ⚕ Schnabeltasse *f*.

feed pipe *s.* Zuleitungsrohr *n*.

feel [fiːl] **I** *v/t.* [*irr.*] **1.** (an-, be)fühlen, betasten; ***just*** **~** ***my hand*** fühl mal m-e Hand (an); **~** ***one's way*** sich vortasten (*a. fig.*), *fig.* vorsichtig vorgehen, sondieren; **~** ***s.o. up*** *sl.* j-n ‚abgrapschen' *od.* ‚befummeln'; **2.** a) fühlen, (ver-)spüren, wahrnehmen, merken, b) empfinden: **~** ***the cold***; **~** ***pleasure*** Freude *od.* Lust empfinden; ***he felt the loss deeply*** der Verlust traf ihn schwer; **~** ***s.o.'s wrath*** j-s Zorn zu spüren bekommen; ***make itself felt*** spürbar werden, zu spüren sein; ***a*** (***long-***)***felt want*** ein dringendes Bedürfnis, ein (längst) spürbarer Mangel; **3.** a) ahnen, spüren, b) glauben, c) halten für: ***I*** **~** ***it*** (***to be***) ***my duty*** ich halte es für m-e Pflicht; **4.** *a.* **~** ***out*** *et.* sondieren, *j-m* ‚auf den Zahn fühlen'; **II** *v/i.* **5.** fühlen: a) empfinden, b) durch Tasten feststellen *od.* festzustellen suchen (***whether***, ***if*** ob; ***how*** wie); **6.** **~** ***for*** a) tasten nach, b) suchen nach, c) *et.* herauszufinden suchen; **7.** sich fühlen, sich befinden, sich vorkommen wie, sein: **~** ***cold*** frieren; ***I*** **~** ***cold*** mir ist kalt; **~** ***ill*** sich krank fühlen; **~** ***certain*** sicher sein; **~** ***quite o.s. again*** wieder ‚auf dem Posten' sein; **~** ***like*** (***doing***) ***s.th.*** Lust haben zu et. (*od.* et. zu tun); **~** ***up to s.th.*** a) sich e-r Sache gewachsen fühlen, b) sich in der Lage fühlen zu et., c) in (der) Stimmung sein zu et.; **8.** **~** ***for*** (*od.* ***with***) ***s.o.*** Mitgefühl mit j-m haben; ***we*** **~** ***with you*** wir fühlen mit dir (*od.* euch); **9.** das Gefühl *od.* den Eindruck haben, finden, meinen, glauben (***that*** daß): ***I*** **~** ***that*** ich finde, daß…; ***how do you*** **~** ***about it?*** was meinst du dazu: ***it is felt in London*** in London ist man der Ansicht; **~** ***strongly*** a) entschiedene Ansichten haben, b) sich erregen (***about*** über *acc.*); **10.** sich *weich etc.* anfühlen: ***velvet*** **~*****s soft***; **11.** *impers.* ***I know how it*** **~*****s to be hungry*** ich weiß, was es heißt, hungrig zu sein; **III** *s.* **12.** Gefühl *n* (*wie sich et. anfühlt*): ***a sticky ~***; **13.** (An-)Fühlen *n*: ***soft to the ~*** weich anzufühlen; ***let me have a ~*** laß mich mal fühlen; **14.** Gefühl *n*: a) Empfindung *f*, Eindruck *m*, b) Stimmung *f*, Atmo'sphäre *f*, c) feiner In'stinkt, ‚Riecher' *m* (***for*** für): ***clutch ~*** *mot.* Gefühl für richtiges Kuppeln.

feel·er ['fi:lə] *s.* **1.** *zo.* Fühler *m* (*a. fig.*): ***put*** (*od.* ***throw***) ***out a ~*** s-e Fühler ausstrecken, sondieren; **2.** ⚙ a) Dorn *m*, Fühler *m*, b) Taster *m*; **'feel·ing** [-lɪŋ] **I** *s.* **1.** Gefühl *n*, Gefühlssinn *m*; **2.** Gefühl(szustand *m*) *n*, Stimmung *f*: ***bad*** (*od.* ***ill***) ***~*** Groll *m*, böses Blut, Feindseligkeit *f*; ***good ~*** a) gutes Gefühl, b) Wohlwollen *n*; ***no hard ~s!*** F a) nicht böse sein!, b) (das) macht nichts!; **3.** *pl.* Gefühle *pl.*, Empfindlichkeit *f*: ***hurt s.o.'s ~s*** j-s Gefühle *od.* j-n verletzen; **4.** Feingefühl, Empfindsamkeit: ***have a ~ for*** Gefühl haben für; **5.** (Gefühls)Eindruck *m*: ***I have a ~ that*** ich habe (so) das Gefühl, daß; **6.** Gefühl *n*, Gesinnung *f*, Ansicht *f*: ***strong ~s*** a) starke Überzeugung, b) Erregung *f*; **7.** Auf-, Erregung *f*, Rührung *f*: ***with ~*** a) mit Gefühl, gefühlvoll, b) mit Nachdruck, c) erbittert; ***~s ran high*** die Gemüter erhitzten sich; **8.** (Vor)Gefühl *n*, Ahnung *f*; **II** *adj.* □ **9.** fühlend, Gefühls…; **10.** gefühlvoll: a) mitfühlend, b) voll Gefühl, lebhaft.

feet [fi:t] *pl. von* ***foot***.

feign [feɪn] **I** *v/t.* **1.** *et.* vortäuschen, *Krankheit a.* simulieren: ***~ death*** sich totstellen; **2.** *e-e Ausrede etc.* erfinden; **II** *v/i.* **3.** sich verstellen, so tun als ob, simulieren; **'feign·ed·ly** [-nɪdlɪ] *adv.* zum Schein.

feint[1] [feɪnt] **I** *s.* **1.** *sport* Finte *f* (*a. fig.*); **2.** ⚔ Scheinangriff *m*, 'Täuschungsma‚növer *n* (*a. fig.*); **II** *v/i.* **3.** *sport* fintieren: ***~ at*** (*od.* ***upon***) *j-n* täuschen; **III** *v/t.* **4.** *sport Schlag etc.* antäuschen.

feint[2] [feɪnt] *adj. typ.* schwach: ***~ lines***.

feld·spar ['feldspɑ:] *s. min.* Feldspat *m*.

fe·lic·i·tate [fɪ'lɪsɪteɪt] *v/t.* (***on***) beglückwünschen, *j-m* gratulieren (zu); **fe·lic·i·ta·tion** [fɪ‚lɪsɪ'teɪʃn] *s.* Glückwunsch *m*; **fe'lic·i·tous** [-təs] *adj.* □ glücklich (gewählt), treffend (*Ausdruck etc.*); **fe'lic·i·ty** [-tɪ] *s.* **1.** Glück(seligkeit *f*) *n*; **2.** a) glücklicher Einfall, b) glücklicher Griff, c) treffender Ausdruck.

fe·line ['fi:laɪn] **I** *adj.* **1.** Katzen…; **2.** katzenartig, -haft: ***~ grace***; **3.** *fig.* falsch, tückisch; **II** *s.* **4.** Katze *f*.

fell[1] [fel] *pret. von* ***fall***.

fell[2] [fel] *v/t. Baum* fällen, *Gegner a.* niederstrecken.

fell[3] [fel] *adj. poet.* **1.** grausam, wild, mörderisch; **2.** tödlich.

fell[4] [fel] *s.* **1.** Balg *m*, Tierfell *n*; Vlies *n*; **2.** struppiges Haar.

fell[5] [fel] *s. Brit.* **1.** Hügel *m*, Berg *m*; **2.** Moorland *n*.

fel·lah ['felə] *pl.* **-lahs**, **fel·la·heen** [‚felə'hi:n] (*Arab.*) *s.* Fel'lache *m*.

fell·er ['felə] F → ***fellow*** 4.

fel·loe ['feləʊ] *s.* (Rad)Felge *f*.

fel·low ['feləʊ] **I** *s.* **1.** Gefährte *m*, Gefährtin *f*, Genosse *m*, Genossin *f*, Kame'rad(in): ***~s in misery*** Leidensgenossen; **2.** Mitmensch *m*, Zeitgenosse *m*; **3.** Ebenbürtige(r *m*) *f*: ***he will never have his ~*** er wird nie seinesgleichen finden; **4.** F Kerl *m*, Bursche *m*, ‚Mensch' *m*, ‚Typ' *m*: ***my dear ~*** mein lieber Freund!; ***good ~*** guter Kerl; ***old ~!*** alter Knabe!; ***a ~*** man, einer; **5.** *der* (*die*, *das*) Da'zugehörige, *der* (*die*, *das*) andere *e-s Paares*: ***where is the ~ of this shoe?***; **6.** Fellow *m*: a) Mitglied *n* e-s College (*Dozent, der im College wohnt*), b) Inhaber(in) e-s 'Forschungssti‚pendiums, c) *Am.* Stu'dent(in) höheren Se'mesters, c) Mitglied *n* e-r gelehrten *etc.* Gesellschaft; **II** *adj.* **7.** Mit…: ***~ being*** Mitmensch *m*; ***~ citizen*** Mitbürger *m*; ***~ countryman*** Landsmann *m*; ***~ feeling*** a) Zs.-gehörigkeitsgefühl *n*, b) Mitgefühl *n*; ***~ student*** Studienkollege *m*, -kollegin *f*, Kommilitone *m*, Kommilitonin *f*; ***~ travel(l)er*** a) Mitreisende(r *m*) *f*, b) *pol.* Mitläufer(in), Sympathisant(in), *bsd.* Kommunistenfreund (-in).

fel·low·ship ['feləʊʃɪp] *s.* **1.** *oft* ***good ~*** a) Kame'radschaft(lichkeit) *f*, b) Geselligkeit *f*; **2.** (*geistige etc.*) Gemeinschaft, Verbundenheit *f*; **3.** Gemein-, Gesellschaft *f*, Gruppe *f*; **4.** *univ.* a) die Fellows *pl.*, b) *Brit.* Stellung *f* e-s Fellow, c) Sti'pendienfonds *m*, d) 'Forschungssti‚pendium *n*.

fel·on[1] ['felən] *s.* Nagelgeschwür *n*.

fel·on[2] ['felən] *s.* (Schwer)Verbrecher *m*; **fe·lo·ni·ous** [fə'ləʊnjəs] *adj.* □ ⚖ verbrecherisch; **'fel·o·ny** [-nɪ] *s.* ⚖ *Am.* Verbrechen *n*, *Brit. obs.* Schwerverbrechen *n*.

fel·spar ['felspɑ:] → ***feldspar***.

felt[1] [felt] *pret. u. p.p. von* ***feel***.

felt[2] [felt] **I** *s.* Filz *m*; **II** *adj.* Filz…: ***~-tip(ped) pen***, ***~ tip*** Filzschreiber *m*, -stift *m*; **III** *v/t. u. v/i.* (sich) verfilzen; **'felt·ing** [-tɪŋ] *s.* Filzstoff *m*.

fe·male ['fi:meɪl] **I** *adj.* **1.** weiblich (*a.*

⚘): ~ ***dog*** Hündin *f*; ~ ***student*** Studentin *f*; **2.** weiblich, Frauen...: ~ ***dress*** Frauenkleidung *f*; **3.** ⚙ Hohl..., Steck...: ~ ***screw*** Schraubenmutter *f*; ~ ***thread*** Muttergewinde *n*; **II** *s.* **4.** a) Frau *f*, b) Mädchen *n*, c) *contp.* Weibsbild *n*, -stück *n*; **5.** *zo.* Weibchen *n*; **6.** ⚘ weibliche Pflanze.

feme| cov·ert [fiːm] *s.* ⚖ verheiratete Frau; ~ **sole** *s.* ⚖ a) unverheiratete Frau, b) vermögensrechtlich selbständige Ehefrau: ~ ***trader*** selbständige Geschäftsfrau.

fem·i·nine [ˈfemɪnɪn] **I** *adj.* □ **1.** weiblich (*a. ling.*); **2.** weiblich, Frauen...: ~ ***voice***; **3.** fraulich, sanft, zart; **4.** weibisch, femiˈnin; **II** *s.* **5.** *ling.* Femininum *n.*

fem·i·nin·i·ty [ˌfemɪˈnɪnətɪ] *s.* **1.** Fraulich-, Weiblichkeit *f*; **2.** weibische *od.* femiˈnine Art; **3.** *coll.* (*die*) (holde) Weiblichkeit; **fem·i·nism** [ˈfemɪnɪzəm] *s.* Femiˈnismus *m*; Frauenrechtsbewegung *f*; **fem·i·nist** [ˈfemɪnɪst] *s.* Frauenrechtler(in), Femiˈnist(in).

fem·o·ral [ˈfemərəl] *adj. anat.* Oberschenkel(knochen)...; **fe·mur** [ˈfiːmə] *pl.* **-murs** *od.* **fem·o·ra** [ˈfemərə] *s.* Oberschenkel(knochen) *m.*

fen [fen] *s.* Fenn *n*: a) Marschland *n*, b) (Flach)Moor *n*: ***the ~s*** die Niederungen in ***East Anglia***.

fence [fens] **I** *s.* **1.** Zaun *m*, Einzäunung *f*, Gehege *n*: ***mend one's ~s*** *Am. pol.* s-e angeschlagene Position festigen; ***sit on the ~*** a) sich abwartend *od.* neutral verhalten, b) unschlüssig sein; **2.** *Reitsport*: Hindernis *n*; **3.** *sport das* Fechten; **4.** *sl.* a) Hehler *m*, b) Hehlernest *n*; **II** *v/t.* **5.** *a.* ~ ***in*** einzäunen, einfriedigen: ~ ***in*** (*od.* ***round, off***) umˈzäunen; ~ ***off*** abzäunen; **6.** ~ ***in*** einsperren; **7.** *fig.* schützen, sichern (***from*** vor *dat.*): ~ ***off*** *Fragen etc.* abwehren, parieren; **8.** *sl. Diebesbeute* an e-n Hehler verkaufen; **III** *v/i.* **9.** fechten; **10.** *fig.* Ausflüchte machen, ausweichen; **11.** *sl.* Hehleˈrei treiben; ~ **month** *s. hunt. Brit.* Schonzeit *f.*

fenc·er [ˈfensə] *s. sport* **1.** Fechter(in); **2.** Springpferd *n.*

fence sea·son → ***fence month***.

fenc·ing [ˈfensɪŋ] *s.* **1.** *sport* Fechten *n*; **2.** *fig.* ausweichendes Verhalten, Ausflüchte *pl.*; **3.** a) Zaun *m*, b) Zäune *pl.*, c) ˈZaunmateriˌal *n.*

fend [fend] **I** *v/t.* **1.** ~ ***off*** abwehren; **II** *v/i.* **2.** sich wehren; **3.** ~ ***for*** sorgen für: ~ ***for o.s.*** für sich selbst sorgen, sich ganz allein durchs Leben schlagen; **ˈfend·er** [-də] *s.* **1.** ⚙ Schutzvorrichtung *f*; **2.** *rail. etc.* Puffer *m*; **3.** *mot. Am.* Kotflügel *m*: ~ ***bender*** F (Unfall *m* mit) Blechschaden *m*; **4.** Schutzblech *n am Fahrrad*; **5.** ⚓ Fender *m*; **6.** Kaˈminvorsetzer *m*, -gitter *n.*

fen·es·tra·tion [ˌfenɪˈstreɪʃn] *s.* **1.** △ Fensteranordnung *f*; **2.** ✂ ˈFensterung(soperatiˌon) *f.*

fen fire *s.* Irrlicht *n.*

Fe·ni·an [ˈfiːnjən] *hist.* **I.** *s.* Fenier *m*; **II** *adj.* fenisch; **ˈFe·ni·an·ism** [-nɪzəm] *s.* Feniertum *n.*

fen·nel [ˈfenl] *s.* ⚘ Fenchel *m.*

feoff [fef] → ***fief***; **feoff·ee** [feˈfiː] *s.* ⚖ Belehnte(r) *m*: ~ ***in*** (*od.* ***of***) ***trust*** Treuhänder(in); **feoff·er** [ˈfefə], **feof·for** [feˈfɔː] *s.* ⚖ Lehnsherr *m.*

fe·ral [ˈfɪərəl] *adj.* **1.** wild(lebend); **2.** *fig.* wild, barˈbarisch.

fer·e·to·ry [ˈferɪtərɪ] *s.* Reˈliquienschrein *m.*

fer·ment [fəˈment] **I** *v/t.* **1.** in Gärung bringen, *fig. a.* in Wallung bringen, erregen; **II** *v/i.* **2.** gären (*a. fig.*); **III** *s.* [ˈfɜːment] **3.** ⚗ Ferˈment *n*, Gärstoff *m*; **4.** ⚗ Gärung *f*, *fig. a.* (innere) Unruhe, Aufruhr *m*: ***the country was in a state of ~*** es gärte im Land; **fer·men·ta·tion** [ˌfɜːmenˈteɪʃn] *s.* **1.** ⚗ Fermentatiˈon *f*, Gärung *f* (*a. fig.*); **2.** *fig.* Aufruhr *m*, (innere) Unruhe.

fern [fɜːn] *s.* ⚘ Farn(kraut *n*) *m*; **ˈfern·y** [-nɪ] *adj.* **1.** farnartig; **2.** voller Farnkraut.

fe·ro·cious [fəˈrəʊʃəs] *adj.* □ **1.** wild, grausam, grimmig, heftig; **2.** *Am.* F a) ‚toll', b) *contp.* ‚grausam'; **fe·roc·i·ty** [fəˈrɒsətɪ] *s.* Grausamkeit *f*, Wildheit *f.*

fer·re·ous [ˈferɪəs] *adj.* eisenhaltig.

fer·ret [ˈferɪt] **I** *s.* **1.** *zo.* Frettchen *n*; **2.** *fig.* ‚Spürhund' *m* (*Person*); **II** *v/i.* **3.** *hunt.* mit Frettchen jagen; **4.** ~ ***about*** herˈumsuchen (***for*** nach); **III** *v/t.* **5.** ~ ***out*** *fig. et.* aufspüren, -stöbern, herˈausfinden.

fer·ric [ˈferɪk] *adj.* ⚗ Eisen...; **fer·ri·cy·a·nide** [ˌferɪˈsaɪənaɪd] *s.* Cyˈaneisenverbindung *f*; **fer·rif·er·ous** [feˈrɪfərəs] *adj.* ⚗ eisenhaltig.

Fer·ris wheel [ˈferɪs] *s.* Riesenrad *n.*

ferro- [ferəʊ] *in Zssgn* Eisen...; **ˌ~-ˈcon·crete** *s.* ˈEisenbeˌton *m*; **ˈ~type** *s. phot.* Ferrotyˈpie *f.*

fer·rous [ˈferəs] *adj.* eisenhaltig, Eisen...

fer·rule [ˈferuːl] *s.* **1.** ⚙ Stockzwinge *f*; **2.** Muffe *f.*

fer·ry [ˈferɪ] **I** *s.* **1.** Fähre *f*, Fährschiff *n*, -boot *n*; **2.** *a.* ~ ***service*** Fährdienst *m*;

3. ✈ Über'führungsdienst *m* (*von der Fabrik zum Flugplatz*); **4.** *Raumfahrt*: (Lande)Fähre *f*; **II** *v/t.* **5.** 'übersetzen; *bsd.* ✈ über'führen; befördern; **III** *v/i.* **6.** 'übersetzen; '**~·boat** → ***ferry*** 1; **~ bridge** *s.* **1.** Tra'jekt *m, n*, Eisenbahnfähre *f*; **2.** Landungsbrücke *f*; '**~·man** [-mən] *s.* [*irr.*] Fährmann *m.*

fer·tile ['fɜːtaɪl] *adj.* □ **1.** *a. fig.* fruchtbar, produk'tiv, reich (***in***, ***of*** an *dat.*); **2.** *fig.* schöpferisch; **fer·til·i·ty** [fə'tɪlətɪ] *s. a. fig.* Fruchtbarkeit *f*, Reichtum *m*; **fer·ti·li·za·tion** [ˌfɜːtɪlaɪ'zeɪʃn] *s.* **1.** Fruchtbarmachen *n*; **2.** *biol. u. fig.* Befruchtung *f*; **3.** ⚘ Düngung *f*; '**fer·ti·lize** [-tɪlaɪz] *v/t.* **1.** fruchtbar machen; **2.** *biol. u. fig.* befruchten; **3.** ⚘ düngen; '**fer·ti·liz·er** [-tɪlaɪzə] *s.* (Kunst)Dünger *m*, Düngemittel *n.*

fer·ule ['feruːl] **I** *s.* (flaches) Line'al (*zur Züchtigung*), (Zucht)Rute *f* (*a. fig.*); **II** *v/t.* züchtigen.

fer·ven·cy ['fɜːvənsɪ] → ***fervo(u)r*** 1; '**fer·vent** [-nt] *adj.* □ **1.** *fig.* glühend, feurig, inbrünstig, leidenschaftlich; **2.** (glühend)heiß; '**fer·vid** [-vɪd] *adj.* □ → ***fervent*** 1; '**fer·vo(u)r** [-və] *s.* **1.** *fig.* Glut *f*, Feuer(eifer *m*) *n*, Leidenschaft *f*, Inbrunst *f*; **2.** Glut *f*, Hitze *f.*

fess(e) [fes] *s. her.* (Quer)Balken *m.*

fes·tal ['festl] *adj.* □ festlich, Fest…

fes·ter ['festə] **I** *v/i.* **1.** schwären, eitern: ***~ing sore*** Eiterbeule *f* (*a. fig.*); **2.** verwesen, verfaulen; **3.** *fig.* gären: ***~ in s.o.'s mind*** an j-m nagen *od.* fressen; **II** *s.* **4.** a) Schwäre *f*, eiternde Wunde, b) Geschwür *n.*

fes·ti·val ['festəvl] **I** *s.* **1.** Fest(tag *m*) *n*, Feier *f*; **2.** Festspiele *pl.*, 'Festival *n*; **II** *adj.* **3.** festlich, Fest…; **4.** Festspiel…; '**fes·tive** [-tɪv] *adj.* □ **1.** festlich, Fest…; **2.** fröhlich, gesellig; **fes·tiv·i·ty** [fe'stɪvətɪ] *s.* **1.** *oft pl.* Fest(lichkeit *f*) *n*; **2.** festliche Stimmung.

fes·toon [fe'stuːn] **I** *s.* Gir'lande *f*; **II** *v/t.* mit Gir'landen schmücken.

fe·tal ['fiːtl] *etc.* → ***foetal*** *etc.*

fetch [fetʃ] **I** *v/t.* **1.** (her'bei)holen, (her)bringen: ***~ a doctor*** e-n Arzt holen; ***~ s.o. round*** F j-n ‚rumkriegen'; **2.** *et. od. j-n* abholen; **3.** *Atem* holen: ***~ a sigh*** (auf)seufzen; ***~ tears*** (ein paar) Tränen hervorlocken; **4.** ***~ up*** *et.* erbrechen; **5.** apportieren (*Hund*); **6.** *Preis etc.* (ein)bringen, erzielen; **7.** *fig.* fesseln, anziehen, für sich einnehmen; **8.** *j-m e-n Schlag* versetzen: ***~ s.o. one*** j-m ‚eine langen' *od.* ‚runterhauen'; **9.** ⚓ erreichen; **II** *v/i.* **10.** ***~ and carry for s.o.*** j-s Handlanger sein, j-n bedienen; **11.** ***~ up*** F ‚landen' (***at***, ***in*** in *dat.*); '**fetch·ing** [-tʃɪŋ] *adj.* F reizend, bezaubernd.

fête [feɪt] **I** *s.* Fest(lichkeit *f*) *n*; **II** *v/t. j-n od. et.* feiern.

fet·id ['fetɪd] *adj.* □ stinkend.

fe·tish ['fiːtɪʃ] *s.* Fetisch *m*; '**fe·tish·ism** [-ʃɪzəm] *s.* Fetischkult *m*, *a. psych.* Feti'schismus *m*; '**fet·ish·ist** [-ʃɪst] *s.* Feti'schist *m.*

fet·lock ['fetlɒk] *s. zo.* **1.** Behang *m*; **2.** *a.* ***~ joint*** Fesselgelenk *n* (*des Pferdes*).

fet·ter ['fetə] **I** *s.* **1.** (Fuß)Fessel *f*; **2.** *pl. fig.* Fesseln *pl.*; **II** *v/t.* **3.** fesseln, *fig. a.* hemmen, behindern.

fet·tle ['fetl] *s.* Verfassung *f*, Zustand *m*: ***in good*** (*od.* ***fine***) ***~*** (gut) in Form.

fe·tus ['fiːtəs] → ***foetus***.

feu [fjuː] *s.* ⚖ *Scot.* Lehen *n.*

feud[1] [fjuːd] **I** *s.* Fehde *f*: ***be at ~ with*** mit *j-m* in Fehde liegen; **II** *v/i.* sich befehden.

feud[2] [fjuːd] *s.* ⚖ Lehen *n*, Lehn(s)gut *n*; '**feu·dal** [-dl] *adj.* ⚖ Feudal…, Lehns…, feu'dal; '**feu·dal·ism** [-dəlɪzəm] *s.* Feuda'lismus *m*; **feu·dal·i·ty** [fjuː'dælətɪ] *s.* **1.** Lehenswesen *n*; **2.** Lehnbarkeit *f*; '**feu·da·to·ry** [-dətərɪ] **I** *s.* Lehnsmann *m*, Va'sall *m*; **II** *adj.* Lehns…

feuil·le·ton ['fɜːɪtɔ̃ːŋ] (*Fr.*) *s.* Feuille'ton *n*, kultu'reller Teil (*e-r Zeitung*).

fe·ver ['fiːvə] **I** *s.* **1.** ⚕ Fieber *n*: ***~ heat*** a) Fieberhitze *f*, b) *fig.* → 2; **2.** *fig.* Fieber *n*, fieberhafte Aufregung, *a.* Sucht *f*, Rausch *m*: ***gold ~***; ***in a ~ of excitement*** in fieberhafter Aufregung; ***reach ~ pitch*** den Höhe- *od.* Siedepunkt erreichen; ***work at ~ pitch*** fieberhaft arbeiten; **II** *v/i.* **3.** fiebern (*a. fig.* ***for*** nach); '**fe·vered** [-əd] *adj.* **1.** fiebernd, fiebrig; **2.** *fig.* fieberhaft, aufgeregt; '**fe·ver·ish** [-vərɪʃ] *adj.* □ **1.** fieberkrank, fiebrig, Fieber…; **2.** *fig.* fieberhaft; '**fe·ver·ish·ness** [-vərɪʃnɪs] *s.* Fieberhaftigkeit *f* (*a. fig.*).

few [fjuː] *adj. u. s.* (*pl.*) **1.** (*Ggs.* ***many***) wenige: ***~ persons***; ***some ~*** einige wenige; ***his friends are ~*** er hat (nur) wenige Freunde; ***no ~er than*** nicht weniger als; ***~ and far between*** (sehr) dünn gesät; ***the lucky ~*** die wenigen Glücklichen; **2.** ***a ~*** (*Ggs.* ***none***) einige, ein paar: ***a ~ days*** einige Tage; ***not a ~*** nicht wenige, viele; ***a good ~*** e-e ganze Menge; ***only a ~*** nur wenige; ***every ~ days*** alle paar Tage; ***have a ~*** F ein paar ‚kippen'; '**few·ness** [-nɪs] *s.* geringe Anzahl.

fey [feɪ] *adj. Scot.* **1.** todgeweiht; **2.**

ˈübermütig; **3.** ˈübersinnlich.

fez [fez] *s.* Fes *m.*

fi·an·cé [fɪˈɑ̃ːŋseɪ] (*Fr.*) *s.* Verlobte(r) *m*; **fiˈan·cée** [-seɪ] (*Fr.*) *s.* Verlobte *f.*

fi·as·co [fɪˈæskəʊ] *pl.* **-cos** *s.* Fiˈasko *n.*

fi·at [ˈfaɪæt] *s.* **1.** ⚖ *Brit.* Gerichtsbeschluß *m*; **2.** Befehl *m*, Erlaß *m*; **3.** Ermächtigung *f*; **~ mon·ey** *s. Am.* Paˈpiergeld *n* ohne Deckung.

fib [fɪb] **I** *s.* kleine Lüge, Schwindeˈlei *f*, Flunkeˈrei *f*: ***tell a ~*** → **II** *v/i.* schwindeln, flunkern; **ˈfib·ber** [-bə] *s.* F Flunkerer *m*, Schwindler *m.*

fi·ber *Am.*, **fi·bre** [ˈfaɪbə] *Brit. s.* **1.** ⚙, *biol.* Faser *f*, Fiber *f*; **2.** Faserstoff *m*, -gefüge *n*, Texˈtur *f*; **3.** *fig.* a) Strukˈtur *f*, b) Schlag *m*, Chaˈrakter *m*: ***moral ~*** ‚Rückgrat *n*'; ***of coarse ~*** grobschlächtig; **ˈ~·board** *s.* ⚙ Holzfaserplatte *f*; **ˈ~·glass** *s.* ⚙ Fiberglas *n.*

fi·bril [ˈfaɪbrɪl] *s.* **1.** Fäserchen *n*; **2.** ♀ Wurzelfaser *f*; **ˈfi·brin** [-brɪn] *s.* **1.** Fiˈbrin *n*, Blutfaserstoff *m*; **2.** *a.* ***plant ~*** Pflanzenfaserstoff *m*; **ˈfi·broid** [-brɔɪd] **I** *adj.* faserartig, Faser…; **II** *s.* → **fi·bro·ma** [faɪˈbrəʊmə] *pl.* **-ma·ta** [-mətə] *s.* ⚕ Fibˈrom *n*; Fasergeschwulst *f*; **fi·bro·si·tis** [ˌfaɪbrəʊˈsaɪtɪs] *s.* ⚕ Bindegewebsentzündung *f*; **ˈfi·brous** [-brəs] *adj.* □ **1.** faserig, Faser…; **2.** ⚙ sehnig (*Metall*).

fib·u·la [ˈfɪbjʊlə] *pl.* **-lae** [-liː] *s.* **1.** *anat.* Wadenbein *n*; **2.** *antiq.* Fibel *f*, Spange *f.*

fiche [fiːʃ] *s.* Fiche *n*, *m* (*Mikrodatenkarte*).

fick·le [ˈfɪkl] *adj.* unbeständig, launisch, *Person a.* wankelmütig; **ˈfick·le·ness** [-nɪs] *s.* Unbeständigkeit *f*, Wankelmut *m.*

fic·tile [ˈfɪktaɪl] *adj.* **1.** formbar; **2.** tönern, irden: ***~ art*** Töpferkunst *f*; ***~ ware*** Steingut *n.*

fic·tion [ˈfɪkʃn] *s.* **1.** (freie) Erfindung, Dichtung *f*; *contp.* ‚Märchen' *n*; **2.** a) Belleˈtristik *f*, ˈProsa-, Roˈmanliteraˌtur *f*: ***work of ~***, b) *coll.* Roˈmane *pl.*, Prosa *f* (*e-s Autors*); **3.** ⚖ Fiktiˈon *f*; **ˈfic·tion·al** [-ʃənl] *adj.* **1.** erdichtet; **2.** Roman…

fic·ti·tious [fɪkˈtɪʃəs] *adj.* □ **1.** (frei) erfunden, fikˈtiv; **2.** unwirklich, Phantasie…, Roman…; **3.** ⚖ *etc.* fikˈtiv: a) angenommen: ***~ name***, b) fingiert, falsch, Schein…: ***~ bill*** ✝ Kellerwechsel *m*; **ficˈti·tious·ness** [-nɪs] *s. das* Fikˈtive; Unechtheit *f.*

fid·dle [ˈfɪdl] **I** *s.* **1.** ♪ Fiedel *f*, Geige *f*: ***play first*** (***second***) ***~*** *fig.* die erste (zweite) Geige spielen; → ***fit*¹** 5; **2.** *Brit.* F a) Schwindel *m*, Betrug *m*, Schiebung *f*, b) Manipulatiˈon *f*; **II** *v/i.* **3.** F fiedeln, geigen; **4.** *a.* ***~ about*** (*od.* ***around***) herˈumtrödeln; **5.** (***with***) spielen (mit), herˈumfingern (an *dat.*), *contp.* herˈumpfuschen (an *dat.*); **III** *v/t.* **6.** F fiedeln; **7.** ***~ away*** F *Zeit* vertrödeln; **8.** *Brit.* F ‚frisieren', manipulieren; **IV** *int.* **9.** Quatsch!; **ˌ~-de-ˈdee** [-dɪˈdiː] → ***fiddle*** 9; **ˈ~-ˌfad·dle** [-ˌfædl] **I** *s.* **1.** Lapˈpalie *f*; **2.** Unsinn *m*; **II** *v/i.* **3.** dummes Zeug reden; **4.** die Zeit vertrödeln.

fid·dler [ˈfɪdlə] *s.* **1.** Geiger(in): ***pay the ~*** *Am.* F ‚blechen'; **2.** *Brit.* F Schwindler *m.*

ˈfid·dle·stick I *s.* Geigenbogen *m*; **II** *int.* ***~s!*** F Quatsch!

fid·dling [ˈfɪdlɪŋ] *adj.* F läppisch, geringfügig, ‚poplig'.

fi·del·i·ty [fɪˈdelətɪ] *s.* **1.** (*a.* eheliche) Treue (***to*** gegenüber, zu); **2.** Genauigkeit *f*, genaue Überˈeinstimmung *od.* ˈWiedergabe: ***with ~*** wortgetreu; **3.** ⚡ ˈWiedergabe(güte) *f*, Klangtreue *f.*

fidg·et [ˈfɪdʒɪt] **I** *s.* **1.** *oft pl.* nerˈvöse Unruhe, Zappeˈlei *f*; **2.** ‚Zappelphilipp' *m*, Zapp(e)ler *m*; **II** *v/t.* **3.** nerˈvös *od.* zapp(e)lig machen; **III** *v/i.* **4.** (herˈum)zappeln, zapp(e)lig sein; **5.** ***~ with*** (herum)spielen *od.* (-)fuchteln mit; **ˈfidg·et·i·ness** [-tɪnɪs] *s.* Zapp(e)ligkeit *f*, Nervosiˈtät *f*; **ˈfidg·et·y** [-tɪ] *adj.* nerˈvös, zappelig: ***~ Philipp*** → ***fidget*** 2.

fi·du·ci·ar·y [fɪˈdjuːʃjərɪ] ⚖ **I** *s.* **1.** Treuhänder(in); **II** *adj.* **2.** treuhänderisch, Treuhand…, Treuhänder…; **3.** ✝ ungedeckt (*Noten*).

fie [faɪ] *int. oft* ***~ upon you!*** pfui(, schäm dich)!

fief [fiːf] *s.* Lehen *n*, Lehn(s)gut *n.*

field [fiːld] **I** *s.* **1.** ✓ Feld *n*; **2.** ⚒ a) (*Gold-*, *Öl- etc.*)Feld *n*, b) (Gruben-) Feld *n*, (Kohlen)Flöz *n*: ***coal ~***; **3.** *fig.* Bereich *m*, (Sach-, Fach)Gebiet *n*: ***in the ~ of art*** auf dem Gebiet der Kunst; ***in his ~*** auf s-m Gebiet, in s-m Fach; ***~ of activity*** Tätigkeitsbereich; ***~ of application*** Anwendungsbereich; **4.** a) (weite) Fläche, b) ⚔, ⚡, *phys.*, *a. her.* Feld *n*: ***~ of force*** Kraftfeld; ***~ of vision*** Blick-, Gesichtsfeld, *fig.* Gesichtskreis *m*, Horizont *m*; **5.** *sport* a) Spielfeld *n*, (Sport)Platz *m*: ***take the ~*** einlaufen, auf den Platz kommen (→ 6), b) Feld *n* (*geschlossene Gruppe*), c) Teilnehmer(feld *n*) *pl.*, Besetzung *f*, *fig.* Wettbewerbsteilnehmer *pl.*: ***fair ~ and no favo(u)r*** gleiche Bedingungen für alle; ***play the ~*** F sich keine Chance entgehen lassen (*in der Liebe*), d) *Baseball*, *Kricket*: 'Fängerpar,tei *f*; **6.** ⚔ a) *poet.* (Schlacht)Feld *n*, (Feld)Schlacht *f*, b) Feld *n*, Front *f*: ***in the ~*** an der Front, im Felde; ***hold*** (*od.* ***keep***) ***the ~*** sich behaupten; ***take the ~*** ins Feld rücken, den Kampf eröffnen; ***win the ~*** den Sieg davontragen; **7.** ⚔ Feld *n* (*im Geschützrohr*); **8.** ⚕ (Operati'ons)Feld *n*; **9.** *TV* Feld *n*, Rasterbild *n*; **10.** a) *bsd. psych.*, *sociol.* Praxis *f*, Wirklichkeit *f*, b) ☨ Außendienst *m*, (praktischer) Einsatz; → ***field service***, ***field study***, ***fieldwork*** 2–4 *etc.*; **II** *v/t.* **11.** *sport Mannschaft*, *Spieler* aufs Feld schicken; **12.** *Baseball*, *Kricket*: a) *den Ball* auffangen u. zu'rückwerfen, b) *Spieler* im Feld aufstellen; **13.** *fig.* *e-e Frage etc.* kontern; **III** *v/i.* **14.** *Kricket etc.*: bei der 'Fängerpar,tei sein.

field| am·bu·lance *s.* ⚔ Sanka *m*, Sani'tätswagen *m*; **~ coil** *s.* ϟ Feldspule *f*; **~ day** *s.* **1.** ⚔ a) Felddienstübung *f*, b) 'Truppenpa,rade *f*; **2.** *Am.* a) *ped.* Sportfest *n*, b) Exkursi'onstag *m*; **3.** ***have a ~*** *fig.* a) s-n großen Tag haben, b) e-n Mordsspaß haben (***with*** mit).

field·er ['fi:ldə] *s.* *Kricket etc.*: a) Fänger *m*, b) Feldspieler *m*, c) *pl.* 'Fängerpar,tei *f*.

field| e·vent *s.* *sport* technische Diszi'plin, *pl. mst* 'Sprung- u. 'Wurfdiszi,plinen *pl.*; **~ glass**(**·es** *pl.*) *s.* Fernglas *n*, Feldstecher *m*; **~ goal** *s.* *Basketball*: Feldkorb *m*; **~ gun** *s.* ⚔ Feldgeschütz *n*; **~ hos·pi·tal** *s.* ⚔ 'Feldlaza,rett *n*; **~ kitch·en** *s.* ⚔ Feldküche *f*; ♀ **Mar·shal** *s.* ⚔ Feldmarschall *m*; **'~-mouse** *s.* [*irr.*] Feldmaus *f*; **~ of·fi·cer** *s.* ⚔ 'Stabsoffi,zier *m*; **~ pack** *s.* ⚔ Marschgepäck *n*, Tor'nister *m*; **~ re·search** *s.* ☨ *etc.* Feldforschung *f*; **~ ser·vice** *s.* ☨ Außendienst *m*.

fields·man ['fi:ldzmən] *s.* [*irr.*] → ***fielder*** a, b.

field| sports *s. pl.* Sport *m* im Freien (*bsd. Jagen*, *Fischen*); **~ stud·y** *s.* Feldstudie *f*; **~ test** *s.* praktischer Versuch; **~ train·ing** *s.* ⚔ Geländeausbildung *f*; **'~·work** *s.* **1.** ⚔ Feldschanze *f*; **2.** praktische (wissenschaftliche) Arbeit, *a.* Arbeit *f* im Gelände; **3.** ☨ Außendienst *m*, -einsatz *m*; **4.** *Markt-*, *Meinungsforschung*: Feldarbeit *f*; **'~,work·er** *s.* **1.** ☨ Außendienstmitarbeiter(in); **2.** Inter'viewer(in), Befrager(in).

fiend [fi:nd] *s.* **1.** a) *a. fig.* Satan *m*, Teufel *m*, b) Dämon *m*, *fig. a.* Unhold *m*; **2.** *bsd. in Zssgn*: a) Süchtige(r *m*) *f*: ***opium ~***, b) Fa'natiker(in), Narr *m*, Fex *m*: → ***fresh-air fiend***, c) *Am. sl.* ,Ka'none' *f* (***at*** in *dat.*); **'fiend·ish** [-dɪʃ] *adj.* □ teuflisch, unmenschlich; *fig.* F verteufelt, ,gemein'; **'fiend·ish·ness** [-dɪʃnɪs] *s.* teuflische Bosheit; *fig.* Gemeinheit *f*.

fierce [fɪəs] *adj.* □ **1.** wild, grimmig, wütend (*alle a. fig.*); **2.** heftig, scharf; **3.** grell; **'fierce·ness** [-nɪs] *s.* Wildheit *f*, Grimmigkeit *f*; Schärfe *f*, Heftigkeit *f*.

fi·er·y ['faɪərɪ] *adj.* □ **1.** brennend, glühend (*a. fig.*); **2.** *fig.* feurig, hitzig, heftig; **3.** feuerrot; **4.** feuergefährlich; **5.** Feuer…

fife [faɪf] ♪ **I** *s.* **1.** (Quer)Pfeife *f*; **2.** → ***fifer***; **II** *v/t. u. v/i.* **3.** (*auf der Querpfeife*) pfeifen; **'fif·er** [-fə] *s.* (Quer)Pfeifer *m*.

fif·teen [,fɪf'ti:n] **I** *adj.* **1.** fünfzehn; **II** *s.* **2.** Fünfzehn *f*; **3.** *Rugby*: Fünfzehn *f*; **,fif'teenth** [-nθ] **I** *adj.* **1.** fünfzehnt; **II** *s.* **2.** *der* (*die*, *das*) Fünfzehnte; **3.** Fünfzehntel *n*.

fifth [fɪfθ] **I** *adj.* □ **1.** fünft; **II** *s.* **2.** *der* (*die*, *das*) Fünfte; **3.** Fünftel *n*; **4.** ♪ Quinte *f*; **~ col·umn** *s.* *pol.* Fünfte Ko'lonne.

fifth·ly ['fɪfθlɪ] *adv.* fünftens.

fifth wheel *s.* **1.** *mot.* a) Ersatzrad *n*, b) Drehschemel(ring) *m* (*Sattelschlepper*); **2.** *fig.* fünftes Rad am Wagen.

fif·ti·eth ['fɪftɪɪθ] **I** *adj.* **1.** fünfzigst; **II** *s.* **2.** *der* (*die*, *das*) Fünfzigste; **3.** Fünfzigstel *n*; **fif·ty** ['fɪftɪ] **I** *adj.* fünfzig; **II** *s.* Fünfzig *f*: ***in the fifties*** in den fünfziger Jahren (*e-s Jahrhunderts*); ***he is in his fifties*** er ist in den Fünfzigern; **,fif·ty-'fif·ty** *adj. u. adv.* F fifty-fifty, ,halbe-halbe'.

fig[1] [fɪg] *s.* ⚘ **1.** Feige *f*: ***I don't care a ~*** (***for it***) F das ist mir schnuppe!; **2.** Feigenbaum *m*.

fig[2] [fɪg] **I** *s.* F **1.** Kleidung *f*, Gala *f*: ***in full ~*** in voller Gala; **2.** Zustand *m*: ***in good ~*** gut in Form; **II** *v/t.* **3.** **~ *out*** her'ausputzen.

fight [faɪt] **I** *s.* **1.** Kampf *m* (*a. fig.*), Gefecht *n*: ***make a ~ of it***, ***put up a ~*** kämpfen, sich wehren; ***put up a good ~*** sich tapfer schlagen; **2.** a) Schläge'rei *f*, Raufe'rei *f*, b) *sport* (Box)Kampf *m*: ***have a ~*** → 12; ***make a ~ for*** kämpfen um; **3.** Kampf(es)lust *f*, -fähigkeit *f*: ***show ~*** sich zur Wehr setzen; ***there is no ~ left in him*** er ist kampfmüde *od.* ,fertig'; **4.** Streit *m*, Kon'flikt *m*; **II** *v/t.* [*irr.*] **5.** *j-n od. et.* bekämpfen, bekriegen, kämpfen mit *od.* gegen, sich schlagen mit, *sport a.* boxen gegen; *fig.* ankämpfen gegen (*e-e schlechte Gewohnheit etc.*): **~ back** (*od.* **down**) *fig. Tränen, Enttäuschung* unterdrücken; **~ off** *j-n od. et.* abwehren, *a. e-e Erkältung etc.* bekämpfen; **6.** *e-n Krieg, e-n Prozeß* führen, *e-e Schlacht* schlagen *od.* austragen, *e-e Sache* ausfechten: **~ a duel** sich duellieren; **~ an election** kandidieren; **~ it out** es (untereinander) ausfechten; **7.** *et.* verfechten, sich einsetzen für; **8.** *et.* erkämpfen: **~ one's way** sich durchschlagen; **9.** ⚔ *Truppen etc.* kommandieren, (im Kampf) führen; **III** *v/i.* [*irr.*] **10.** kämpfen (**with** *od.* **against** mit *od.* gegen, **for** um): **~ against s.th.** gegen et. ankämpfen; **~ back** sich zur Wehr setzen; **11.** boxen; **12.** sich raufen *od.* prügeln *od.* schlagen.

fight·er [ˈfaɪtə] *s.* **1.** Kämpfer *m*, Streiter *m*; **2.** Schläger *m*, Raufbold *m*; **3.** *sport* (*bsd.* Offenˈsiv)Boxer *m*; **4.** *a.* **~ plane** ⚔, ✈ Jagdflugzeug *n*, Jäger *m*: **~-bomber** Jagdbomber *m*; **~ group** *Brit.* Jagdgruppe *f*, *Am.* Jagdgeschwader *n*; **~-interceptor** Abfangjäger *m*; **~ pilot** Jagdflieger *m*.

fight·ing [ˈfaɪtɪŋ] **I** *s.* Kampf *m*, Kämpfe *pl*; **II** *adj.* Kampf…; streitlustig; **~ chance** *s. e-e* reˈelle Chance (*wenn man sich anstrengt*); **~ cock** *s.* Kampfhahn *m* (*a. fig.*): **live like a ~** in Saus u. Braus leben.

fig leaf *s.* Feigenblatt *n* (*a. fig.*).

fig·ment [ˈfɪgmənt] *s.* **1.** *oft* **~ of the imagination** Phantaˈsieproˌdukt *n*, reine Einbildung; **2.** ‚Märchen' *n*, (pure) Erfindung.

fig tree *s.* Feigenbaum *m*.

fig·ur·a·tive [ˈfɪgjʊrətɪv] *adj.* □ **1.** *ling.* bildlich, überˈtragen, fiˈgürlich, metaˈphorisch; **2.** bilderreich (*Stil*); **3.** symˈbolisch.

fig·ure [ˈfɪgə] **I** *s.* **1.** Fiˈgur *f*, Form *f*, Gestalt *f*, Aussehen *n*: **keep one's ~** schlank bleiben; **2.** *fig.* Fiˈgur *f*, Perˈson *f*, Perˈsönlichkeit *f*, (bemerkenswerte) Erscheinung: **a public ~** e-e Persönlichkeit des öffentlichen Lebens; **~ of fun** komische Figur; **cut** (*od.* **make**) **a poor ~** e-e traurige Figur abgeben; **3.** Darstellung *f* (*bsd. des menschlichen Körpers*), Bild *n*, Statue *f*; **4.** *a.* ⚙, ✎ Fiˈgur *f*, *weitS. a.* Zeichnung *f*, Diaˈgramm *n*; *a.* Abbildung *f*, Illustratiˈon *f* (*in e-m Buch etc.*); **5.** *Tanz, Eiskunstlauf etc.*: Fiˈgur *f*; **6.** (Stoff)Muster *n*; **7.** *a.* **~ of speech** a) (ˈRede-, ˈSprach)Fiˌgur *f*, b) Meˈtapher *f*, Bild *n*; **8.** ♪ a) Fiˈgur *f*, b) (Baß)Bezifferung *f*; **9.** Zahl(zeichen *n*) *f*, Ziffer *f*: **run into three ~s** in die Hunderte gehen; **be good at ~s** ein guter Rechner sein; **10.** Preis *m*, Summe *f*: **at a low ~** billig; **II** *v/t.* **11.** gestalten, formen; **12.** bildlich darstellen, abbilden; **13.** *a.* **~ to o.s.** sich *et.* vorstellen; **14.** verzieren (*a.* ♪); ⚙ mustern; **15.** **~ out** F a) ausrechnen, b) ausknobeln, ‚rauskriegen', c) ‚kapieren': **I can't ~ him out** ich werde aus ihm nicht schlau; **III** *v/i.* **16.** **~ out at** sich belaufen auf (*acc.*); **17.** **~ on** *Am.* F a) rechnen mit, b) sich verlassen auf (*acc.*); **18.** erscheinen, vorkommen, e-e Rolle spielen: **~ large** e-e große Rolle spielen; **~ on a list** auf e-r Liste stehen; **19.** F (genau) passen: **that ~s!** das ist klar!; **~ dance** *s.* Fiˈgurentanz *m*; ˈ**~·head** *s.* ⚓ Galiˈonsfiˌgur *f*, *fig. a.* ‚Aushängeschild' *n*; **~ skat·er** *s. sport* (Eis)Kunstläufer(in); **~ skat·ing** *s. sport* Eiskunstlauf *m*.

fig·u·rine [ˈfɪgjʊriːn] *s.* Statuˈette *f*, Figuˈrine *f*.

fil·a·ment [ˈfɪləmənt] *s.* **1.** Faden *m* (*a. anat.*); Faser *f*; **2.** ⚘ Staubfaden *m*; **3.** ⚡ (Glüh-, Heiz)Faden *m*: **~ battery** Heizbatterie *f*.

fil·bert [ˈfɪlbət] *s.* ⚘ **1.** Haselnußstrauch *m*; **2.** Haselnuß *f*.

filch [fɪltʃ] *v/t.* F ‚klauen' (*stehlen*).

file[1] [faɪl] **I** *s.* **1.** Aufreihdraht *m*, -faden *m*; **2.** (Akten-, Brief-, Dokuˈmenten- *etc.*)Ordner *m*, Sammelmappe *f*, *a.* Karˈtei(kasten *m*) *f*; **3.** a) Akte(nstück *n*) *f*, *a.* Dossiˈer *n* (*der Polizei etc.*): **~ number** Aktenzeichen *n*, b) Akten (-bündel *n*, -stoß *m*) *pl.*; c) Ablage *f*, abgelegte Briefe *pl. od.* Paˈpiere *pl.*: **on ~** bei den Akten, d) *Computer*: Daˈtei *f*, e) Liste *f*, Verzeichnis *n*; **4.** ⚔ Reihe *f*; **5.** Reihe *f* (*Personen od. Sachen hintereinander*); **II** *v/t.* **6.** *Briefe etc.* ablegen, einordnen, ab-, einheften, zu den Akten nehmen; **7.** *Antrag*, ⚖ *Klage* einreichen; **III** *v/i.* **8.** hintereinˈander *od.* ⚔ in Reihe (hiˈnein-, hinˈaus- *etc.*)marschieren.

file[2] [faɪl] **I** *s.* **1.** ⚙ Feile *f*; **II** *v/t.* **2.** ⚙ feilen; **3.** *Stil* feilen, glätten.

fi·let [ˈfɪlɪt] (*Fr.*) *s.* **1.** *Küche*: Fiˈlet *n*; **2.** *a.* **~ lace** Fiˈlet *n*, Netz(stickeˈrei *f*) *n*.

fil·i·al [ˈfɪljəl] *adj.* □ kindlich, Kindes…, Sohnes…, Tochter…; **fil·i·a·tion** [ˌfɪlɪˈeɪʃn] *s.* **1.** Kindschaft(sverhältnis *n*) *f*: **~ proceeding** ⚖ *Am.* Vaterschaftsprozeß *m*; **2.** Abstammung *f*; **3.** Herkunftsfeststellung *f*; **4.** Verzweigung *f*.

fil·i·bus·ter [ˈfɪlɪbʌstə] **I** *s.* **1.** *hist.* Freibeuter *m*; **2.** *parl. Am.* a) Obstruktiˈon *f*, Verschleppungstaktik *f*, b) Obstrukti'onspo,litiker *m*; **II** *v/i*. **3.** *parl. Am.* Obstrukti'on treiben; **III** *v/t*. **4.** *Antrag etc.* durch Obstrukti'on zu Fall bringen.

fil·i·gree ['fılıgri:] *s*. Fili'gran(arbeit *f*) *n*.

fil·ing| cab·i·net ['faılıŋ] *s*. Aktenschrank *m*; **~ card** *s*. Kar'teikarte *f*.

fil·ings ['faılıŋz] *s. pl.* Feilspäne *pl*.

Fil·i·pi·no [,fılı'pi:nəʊ] **I** *pl*. **-nos** *s*. Fili'pino *m*; **II** *adj*. philip'pinisch.

fill [fıl] **I** *s*. **1.** ***eat one's ~*** sich satt essen; ***have one's ~ of s.th.*** genug von et. haben; ***weep one's ~*** sich ausweinen; **2.** Füllung *f* (*Material od. Menge*): ***a ~ of petrol*** *mot*. e-e Tankfüllung; **II** *v/t*. **3.** (an-, aus-, 'voll)füllen: ***~ s.o.'s glass*** j-m einschenken; ***~ the sails*** die Segel (auf)blähen; **4.** ab-, einfüllen: ***~ wine into bottles***; **5.** (*mit Nahrung*) sättigen; **6.** *Pfeife* stopfen; **7.** *Zahn* füllen, plombieren; **8.** *die Straßen, ein Stadion etc.* füllen; **9.** *a. fig.* erfüllen: ***smoke ~ed the room***; ***grief ~ed his heart***; ***~ed with fear*** angsterfüllt; **10.** *Amt, Posten* a) besetzen, b) ausfüllen, bekleiden: ***~ s.o.'s place*** j-s Stelle einnehmen, j-n ersetzen; **11.** *Auftrag* ausführen: ***~ an order***, → ***bill***[2] 4; **III** *v/i*. **12.** sich füllen, (*Segel*) sich (auf)blähen; **~ in I** *v/t*. **1.** Loch *etc.* auf-, ausfüllen; **2.** *Brit. Formular* ausfüllen; **3.** a) *Namen etc.* einsetzen, b) *Fehlendes* ergänzen; **4.** ***fill s.o. in*** F (***on*** über *acc*.) j-n ins Bild setzen, j-n informieren; **II** *v/i*. **5.** einspringen (***for s.o.*** für j-n); **~ out I** *v/t*. **1.** *bsd. Am. Formular* ausfüllen; **2.** *Bericht etc.* abrunden; **II** *v/i*. **3.** fülliger werden (*Figur*), (*Person a.*) zunehmen, (*Gesicht*) voller werden; **~ up I** *v/t*. **1.** auf-, 'vollfüllen: ***~ her up!*** F volltanken, bitte; **2.** → ***fill in*** 2; **II** *v/i*. **3.** sich füllen.

fill·er ['fılə] *s*. **1.** Füllvorrichtung *f*, *a*. 'Abfüllma,schine *f*, Trichter *m*: ***~ cap*** *mot*. Tankverschluß *m*; **2.** Füllstoff *m*, Zusatzmittel *n*; **3.** *paint*. Spachtel(masse *f*) *m*, Füller *m*; **4.** *fig*. Füllsel *n*, Füller *m*; **5.** *ling*. Füllwort *n*; **6.** Sprengladung *f*.

fil·let ['fılıt] **I** *s*. **1.** Stirn-, Haarband *n*; **2.** Leiste *f*, Band *n*; **3.** Zierstreifen *m*, Fi'let *n* (*am Buch*); **4.** ⚠ Leiste *f*, Rippe *f*; **5.** *Küche*: Fi'let *n*; **6.** ⚙ a) Hohlkehle *f*, b) Schweißnaht *f*; **II** *v/t*. **7.** mit e-m Haarband *od*. e-r Leiste *etc*. schmükken; **8.** *Küche*: a) filetieren, b) als Fi'let zubereiten.

fill·ing ['fılıŋ] **I** *s*. **1.** Füllung *f*, Füllmasse *f*, Einlage *f*, Füllsel *n*; **2.** (Zahn)Plombe *f*, (-)Füllung *f*; **3.** *das* 'Voll-, Aus-, Auffüllen, Füllung *f*: ***~ machine*** Abfüllmaschine *f*; ***~ station*** *Am*. Tankstelle *f*; **II** *adj*. **4.** sättigend.

fil·lip ['fılıp] **I** *s*. **1.** Schnalzer *m* (*mit Finger u. Daumen*); **2.** Klaps *m*; **3.** *fig*. Ansporn *m*, Auftrieb *m*: ***give a ~ to*** → 6; **II** *v/t*. **4.** schnippen, schnipsen; **5.** *j-m* e-n Klaps geben; **6.** *fig*. anspornen, in Schwung bringen.

fil·ly ['fılı] *s*. **1.** *zo*. Stutenfohlen *n*; **2.** *fig*. ‚wilde Hummel' (*Mädchen*).

film [fılm] **I** *s*. **1.** Mem'bran(e) *f*, Häutchen *n*, Film *m*; **2.** *phot*. Film *m*; **3.** Film *m*: ***the ~s*** die Filmindustrie, der Film, das Kino; ***be in ~s*** beim Film sein; ***shoot a ~*** e-n Film drehen; **4.** (hauch)dünne Schicht, 'Überzug *m* (*Zellophan- etc.*)Haut *f*; **5.** (hauch)dünnes Gewebe, *a*. Faser *f*; **6.** Trübung *f* (*des Auges*), Schleier *f*; **II** *v/t*. **7.** (mit e-m Häutchen *etc.*) über'ziehen; **8.** a) *Szene etc.* filmen: ***~ed report*** Filmbericht *m*, b) *Roman etc.* verfilmen; **III** *v/i*. **9.** *a*. ***~ over*** sich mit e-m Häutchen über'ziehen; **10.** a) sich (gut) verfilmen lassen, b) e-n Film drehen, filmen; **~ li·brar·y** *s*. 'Filmar,chiv *n*, **~ mak·er** *s*. Filmemacher *m*; **~ pack** *s. phot*. Filmpack *m*; **~ reel** *s*. Filmspule *f*; '**~·set** *v/t*. [*irr*.] *typ*. im Foto- *od*. Filmsatz herstellen; **~ star** *s*. Filmstar *m*; **~ strip** *s*. **1.** Bildstreifen *m*; **2.** Bildband *n*; **~ ver·sion** *s*. Verfilmung *f*.

film·y ['fılmı] *adj*. ☐ **1.** mit e-m Häutchen bedeckt; **2.** duftig, zart, hauchdünn; **3.** trübe, verschleiert (*Auge*).

fil·ter ['fıltə] **I** *s*. **1.** Filter *m*, Seihtuch *n*, Seiher *m*; **2.** ⚗, ⚙, ⚡, *phot., phys., tel.* Filter *n, m*; **3.** *mot. Brit.* grüner Pfeil (*für Abbieger*); **II** *v/t*. **4.** filtern: a) ('durch)seihen, b) filtrieren: ***~ off*** (***out***) ab- (heraus)filtern; **III** *v/i*. **5.** 'durchsikkern, (*Licht a.*) 'durchscheinen, -dringen; **6.** *fig*. ***~ out*** *od*. ***through*** 'durchsickern (*Nachrichten etc.*); ***~ into*** einsickern *od*. -dringen in (*acc*.); **7.** ***~ out*** langsam *od*. grüppchenweise herauskommen (***of*** aus); **8.** *mot. Brit.* a) die Spur wechseln, b) sich einordnen (***to the left*** links), c) abbiegen (*bei grünem Pfeil*); **~ bag** *s*. Filtertüte *f*; **~ bed** *s*. **1.** Kläranlage *f*, -becken *n*; **2.** Filterschicht *f*; **~ char·coal** *s*. ⚙ Filterkohle *f*; **~ cir·cuit** *s*. ⚡ Siebkreis *m*; **~ pa·per** *s*. 'Filterpa,pier *n*; **~ tip** *s*. **1.** Filter(mundstück *n*) *m*; **2.** 'Filterziga,rette *f*; '**~-tipped** mit Filter, Filter...: ***~ cigarette***.

filth [fılθ] *s*. **1.** Schmutz *m*, Dreck *m*; **2.** *fig*. Schmutz *m*, Schweine'rei(en *pl*.) *f*; **3.** a) unflätige Sprache, b) unflätige Ausdrücke *pl*., Unflat *m*; '**filth·i·ness**

[-θɪnɪs] *s.* Schmutzigkeit *f* (*a. fig.*); **'filth·y** [-θɪ] **I** *adj.* □ **1.** schmutzig, dreckig, *fig. a.* schweinisch; **2.** *fig.* unflätig; **3.** F ekelhaft, scheußlich: ~ ***mood***; ~ ***weather*** *a.* ‚Sauwetter' *n*; **II** *adv.* **4.** F ‚unheimlich', ‚furchtbar': ~ ***rich*** stinkreich.

fil·trate ['fɪltreɪt] **I** *v/t.* filtrieren; **II** *s.* Fil'trat *n*; **fil'tra·tion** [fɪl'treɪʃn] *s.* Filtrati'on *f.*

fin[1] [fɪn] *s.* **1.** *zo.* Flosse *f*, Finne *f*; **2.** ⚓ Kielflosse *f*; **3.** ✈ a) (Seiten)Flosse *f*, b) ⚔ Steuerschwanz *m* (*e-r Bombe*); **4.** ⚙ a) Grat *m*, (Guß)Naht *f*, b) (Kühl)Rippe *f*; **5.** Schwimmflosse *f*; **6.** *sl.* ‚Flosse' *f* (*Hand*).

fin[2] [fɪn] *s. Am. sl.* Fünf'dollarschein *m.*

fi·na·gle [fɪ'neɪgl] F **I** *v/t.* **1.** *et.* her'ausschinden; **2.** (sich) *et.* ergaunern; **3.** *j-n* betrügen, begaunern; **II** *v/i.* **4.** gaunern, mogeln.

fi·nal ['faɪnl] **I** *adj.* □ → ***finally*** **1.** letzt, schließlich; **2.** endgültig, End…, Schluß…: ~ ***assembly*** ⚙ Endmontage *f*; ~ ***date*** Schlußtermin *m*; ~ ***examination*** Abschlußprüfung *f*; ~ ***score*** *sport* Schlußstand *m*; ~ ***speech*** ⚖ Schlußplädoyer *n*; ~ ***storage*** Endlagerung *f* (*von Atommüll etc.*); ~ ***whistle*** *sport* Schlußpfiff *m*; **3.** endgültig: a) 'unwider,ruflich, b) entscheidend, c) ⚖ rechtskräftig: ***after*** ~ ***judg(e)ment*** nach Rechtskraft des Urteils; **4.** per'fekt; **5.** *ling.* a) auslautend, End…; Schluß…, b) Absichts…, Final…: ~ ***clause***; **II** *s.* **6.** *a. pl.* Fi'nale *n*, Endkampf *m od.* -runde *f od.* -spiel *n od.* -lauf *m*; **7.** *mst pl. univ.* 'Schlußeˌxamen *n*, -prüfung *f*; **8.** F Spätausgabe *f* (*e-r Zeitung*); **fi·na·le** [fɪ'nɑːlɪ] *s.* Fi'nale *n*: a) ♪ (*mst* schneller) Schlußsatz, b) *thea.* Schluß(szene *f*) *m* (*bsd. Oper*), c) *fig.* (dra'matisches) Ende; **'fi·nal·ist** [-nəlɪst] *s.* **1.** *sport* Fina'list(in), Endspiel-, Endkampf-, Endrundenteilnehmer(in); **2.** *univ.* Ex'amenskandiˌdat(in); **fi·nal·i·ty** [faɪ'nælətɪ] *s.* **1.** Endgültigkeit *f*; **2.** Entschiedenheit *f*; **'fi·nal·ize** [-nəlaɪz] *v/t.* **1.** be-, voll'enden, (endgültig) erledigen, abschließen; **2.** endgültige Form geben (*dat.*); **'fi·nal·ly** [-nəlɪ] *adv.* **1.** endlich, schließlich, zu'letzt; **2.** zum (Ab)Schluß; **3.** endgültig, defini'tiv.

fi·nance [faɪ'næns] **I** *s.* **1.** Fi'nanz *f*, Fi'nanzwesen *n*, -wirtschaft *f*, -wissenschaft *f*; **2.** *pl.* Fi'nanzen *pl.*, Einkünfte *pl.*, Vermögenslage *f*; **II** *v/t.* **3.** finanzieren; ~ **act** *s. pol.* Steuergesetz *n*; ~ **bill** *s.* **1.** *pol.* Fi'nanzvorlage *f*; **2.** ✝ Fi'nanzwechsel *m*; ~ **com·pa·ny** *s.* ✝ Finanzierungsgesellschaft *f*; ~ **house** *s.* ✝ *Brit.* 'Kundenkreˌditbank *f.*

fi·nan·cial [faɪ'nænʃl] *adj.* □ finanzi'ell, Finanz…, Geld…, Fiskal…: ~ ***aid*** Finanzhilfe *f*; ~ ***backer*** Geldgeber *m*; ~ ***columns*** Handels-, Wirtschaftsteil *m*; ~ ***paper*** Börsen-, Handelsblatt *n*; ~ ***plan*** Finanzierungsplan *m*; ~ ***policy*** Finanzpolitik *f*; ~ ***situation*** (*od.* ***condition***) Vermögenslage *f*; ~ ***standing*** Kreditwürdigkeit *f*; ~ ***statement*** ✝ Bilanz *f*; ~ ***year*** a) ✝ Geschäftsjahr *n*, b) *parl.* Haushalts-, Rechnungsjahr *n*; **fi'nan·cier** [-nsɪə] **I** *s.* **1.** Finanzi'er *m*; **2.** Fi'nanz(fach)mann *m*; **II** *v/t.* **3.** finanzieren; **III** *v/i.* **4.** (*bsd.* skrupellose) Geldgeschäfte machen.

finch [fɪntʃ] *s. orn.* Fink *m.*

find [faɪnd] **I** *v/t.* [*irr.*] **1.** finden; **2.** finden, (an)treffen, stoßen auf (*acc.*): ***I found him in*** ich traf ihn zu Hause an; ~ ***a good reception*** e-e gute Aufnahme finden; **3.** entdecken, bemerken, sehen, feststellen, (her'aus)finden: ***he found that ...*** er stellte fest *od.* fand, daß; ***I*** ~ ***it easy*** ich finde es leicht; ~ ***one's way*** den Weg finden (***to*** nach, zu), sich zurechtfinden (***in*** in *dat.*); ~ ***its way into*** *fig.* hineingeraten in (*acc.*) (*Sache*); ~ ***o.s.*** a) sich *wo od. wie* befinden, b) sich sehen: ~ ***o.s. surrounded***, c) sich finden, sich voll entfalten, s-e Fähigkeiten erkennen, d) zu sich selbst finden (→ 5); ***I found myself telling a lie*** ich ertappte mich bei e-r Lüge; **4.** finden: a) beschaffen, auftreiben, b) erlangen, sich verschaffen, c) *Zeit etc.* aufbringen; **5.** *j-n* versorgen, ausstatten (***in*** mit): ***be well found in clothes***; ***all found*** freie Station, freie Unterkunft u. Verpflegung; ~ ***o.s.*** sich selbst versorgen; **6.** ⚖ (be)finden für, erklären (für): ***he was found guilty***; **7.** ~ ***out*** a) *et.* herausfinden, -bekommen, b) *j-n* ertappen, entlarven, durch'schauen; **II** *v/i.* [*irr.*] **8.** ⚖ (be)finden, (für Recht) erkennen (***that*** daß): ~ ***for the defendant*** a) die Klage abweisen, b) *Strafprozeß*: den Angeklagten freisprechen; ~ ***against the defendant*** a) der Klage stattgeben, b) *Strafprozeß*: den Angeklagten verurteilen; **III** *s.* **9.** Fund *m*, Entdeckung *f*; **'find·er** [-də] *s.* **1.** Finder *m*, Entdecker *m*: ~***s keepers*** F wer etwas findet, darf es (auch) behalten; ~***'s reward*** Finderlohn *m*; **2.** *phot.* Sucher *m*; **'find·ing** [-dɪŋ] *s.* **1.** Fund *m*, Entdeckung *f*; **2.** *mst pl. phys. etc.* Befund *m* (*a.* ⚕), Feststellung(en *pl.*) *f*, Erkenntnis(se *pl.*) *f*; **3.** ⚖ Feststellung *f, der Geschworenen*: *a.* Spruch *m*: ***~s of fact*** Tatsachenfeststellungen; **4.** *pl.* Werkzeuge *pl. od.* Materi'al *n* (*von Handwerkern*).

fine¹ [faɪn] **I** *adj.* □ **1.** *allg.* fein: a) dünn, zart, zierlich: ***~ china***, b) scharf: ***a ~ edge***, c) rein: ***~ silver*** Feinsilber *n*; ***gold 24 carats ~*** 24karätiges Gold, d) *aus kleinsten Teilchen bestehend*: ***~ sand***, e) schön: ***a ~ ship***; ***~ weather***, f) vornehm, edel: ***a ~ man***, g) geschmackvoll, gepflegt, ele'gant, h) angenehm, lieblich: ***a ~ scent***, i) feinsinnig: ***a ~ distinction*** ein feiner Unterschied; **2.** prächtig, großartig: ***a ~ view***; ***a ~ musician***; ***a ~ fellow*** ein feiner *od.* prächtiger Kerl (→ 3); **3.** F, *a. iro.* fein, schön: ***that's all very ~ but ...*** das ist ja alles gut u. schön, aber ...; ***a ~ fellow you are!*** *contp.* du bist mir ein schöner Genosse!; ***that's ~ with me!*** in Ordnung!; **4.** ⚙ fein, genau, Fein...; **II** *adv.* **5.** F fein: a) vornehm (*a. contp.*): ***talk ~***, b) sehr gut, ,bestens': ***that will suit me ~*** das paßt mir ausgezeichnet; **6.** knapp: ***cut*** (*od.* ***run***) ***it ~*** ins Gedränge (*bsd.* in Zeitnot) kommen; **III** *v/t.* **7.** ***~ away***, ***~ down*** fein(er) machen, abschleifen, zuspitzen; **8.** *oft* ***~ down*** *Wein etc.* läutern, klären; **9.** *metall.* frischen; **IV** *v/i.* **10.** ***~ away***, ***~ down***, ***~ off*** fein(er) werden, abnehmen, sich abschleifen; **11.** sich klären.

fine² [faɪn] **I** *s.* **1.** ⚖ Geldstrafe *f*, Bußgeld *n*; **2.** ***in ~*** a) schließlich, b) kurzum; **II** *v/t.* **3.** mit e-r Geldstrafe *od.* e-m Bußgeld belegen: ***he was ~d £2*** er mußte 2 Pfund (Strafe) bezahlen.

fine| ad·just·ment *s.* ⚙ Feineinstellung *f*; **~ arts** *s. pl.* (*die*) schönen Künste *pl.*; **'~-bore** *v/t.* ⚙ präzisi'onsbohren; **~ cut** *s.* Feinschnitt *m* (*Tabak*); **ˌ~-'draw** *v/t.* [*irr.* → ***draw***] **1.** fein zs.-nähen, kunststopfen; **2.** ⚙ *Draht* fein ausziehen; **ˌ~-'drawn** → ***fine-spun***.

fine·ness ['faɪnnɪs] *s. allg.* Feinheit *f*; **'fin·er·y** [-nərɪ] *s.* **1.** Putz *m*, Staat *m*; **2.** ⚙ a) Frischofen *m*, b) Frische'rei *f*; **fines** [faɪnz] *s. pl.* ⚙ Grus *m*, feingesiebtes Materi'al; **ˌfine-'spun** *adj.* feingesponnen (*a. fig.*).

fi·nesse [fɪ'nes] **I** *s.* **1.** Fi'nesse *f*: a) Spitzfindigkeit *f*, b) (kleiner) Kunstgriff, Kniff *m*; **2.** Raffi'nesse *f*, Schlauheit *f*; **3.** *Kartenspiel*: Schneiden *n*; **II** *v/i.* **4.** *Kartenspiel*: schneiden; **5.** ,tricksen', Kniffe anwenden.

ˌfine|-'tooth(ed) *adj.* fein(gezahnt): ***~ comb*** Staubkamm *m*; ***go over s.th. with a ~ comb*** a) et. genau durchsuchen, b) et. genau unter die Lupe nehmen; **~ tun·ing** *s. Radio*: Feinabstimmung *f*.

fin·ger ['fɪŋgə] **I** *s.* **1.** Finger *m*: ***first***, ***second***, ***third ~*** Zeige-, Mittel-, Ringfinger; ***fourth*** (*od.* ***little***) ***~*** kleiner Finger; ***get*** (*od.* ***pull***) ***one's ~ out*** *Brit.* F ,Dampf dahintermachen'; ***have a*** (*od.* ***one's***) ***~ in the pie*** die Hand im Spiel haben; ***keep one's ~s crossed for s.o.*** j-m den Dauem drücken *od.* halten; ***lay*** (*od.* ***put***) ***one's ~ on s.th.*** *fig.* den Finger auf et. legen; ***not to lay a ~ on s.o.*** j-m kein Härchen krümmen, j-n nicht anrühren; ***not to lift*** (*od.* ***raise***, ***stir***) ***a ~*** keinen Finger rühren; ***put the ~ on s.o.*** → 10; ***twist*** (*od.* ***wrap***, ***wind***) ***s.o.*** (***a***)***round one's little ~*** j-n um den (kleinen) Finger wickeln; ***work one's ~s to the bone*** (***for s.o.***) sich (für j-n) die Finger abarbeiten; → *a. Verbindungen mit anderen Verben u. Substantiven*; **2.** Finger(ling) *m* (*am Handschuh*); **3.** (Uhr)Zeiger *m*; **4.** Fingerbreit *m*; **5.** schmaler Streifen; schmales Stück; **6.** ⚙ Daumen *m*, Greifer *m*; **7.** *sl.* → ***finger man***; **II** *v/t.* **8.** a) betasten, befühlen, b) her'umfingern an (*dat.*), spielen mit; **9.** ♪ a) *et.* mit den Fingern spielen, b) *Noten* mit Fingersatz versehen; **10.** *Am.* F a) *j-n* verpfeifen, b) *j-n* beschatten, c) *Opfer* ausspähen; **III** *v/i.* **11.** her'umfingern (***at*** an *dat.*), spielen (***with*** mit); **'~·board** *s.* ♪ a) Griffbrett *n*, b) Klavia'tur *f*, c) Manu'al *n* (*der Orgel*); **~ bowl** *s.* Fingerschale *f*; **'~·breadth** *s.* Fingerbreit *m*.

-fin·gered [fɪŋgəd] *adj. in Zssgn* mit ... Fingern, ...fing(e)rig.

fin·ger·ing ['fɪŋgərɪŋ] *s.* ♪ Fingersatz *m*.

fin·ger| man *s.* Spitzel *m* (*e-r Bande*); **'~·mark** *s.* Fingerabdruck *m* (*Schmutzfleck*); **'~·nail** *s.* Fingernagel *m*; **~ nut** *s.* ⚙ Flügelmutter *f*; **'~-paint I** *s.* Fingerfarbe *f*; **II** *v/t. u. v/i.* mit Fingerfarben malen; **~ post** *s.* **1.** Wegweiser *m*; **2.** *fig.* Fingerzeig *m*; **'~·print I** *s.* Fingerabdruck *m*; **II** *v/t.* von *j-m* Fingerabdrücke machen; **'~·stall** *s.* Fingerling *m*; **'~·tip** *s. mst fig.* Fingerspitze *f*: ***have at one's ~s*** *Kenntnisse* parat haben; ***to one's ~s*** durch u. durch.

fin·i·cal ['fɪnɪkl] *adj.* □, **'fin·ick·ing** [-kɪŋ], **'fin·ick·y** [-kɪ] *adj.* **1.** über'trieben genau, pe'dantisch; **2.** heikel, ,pingelig'; **3.** affek'tiert, geziert; **4.** knifflig.

fi·nis ['fɪnɪs] (*Lat.*) *s.* Ende *n*.

fin·ish ['fɪnɪʃ] **I** *s.* **1.** Ende *n*, Schluß *m*; **2.** *sport* a) Endspurt *m*, Finish *n*, b) Ziel *n*, c) Endkampf *m*, Entscheidung *f*: ***be in at the ~*** in die Endrunde kommen, *fig.* das Ende miterleben; **3.** Voll'endung *f*, letzter Schliff, Ele'ganz *f*; **4.** ⚙ a) (äußerliche) Ausführung, Bearbeitung(sgüte) *f*, Oberflächenbeschaffenheit *f*, b) ('Lack- *etc.*)ˌÜberzug *m*, c) Poli'tur *f*, d) Appre'tur *f*; **5.** gute Ausführung *od.* Verarbeitung; **6.** ⚠ a) Ausbau *m*, b) Verputz *m*; **II** *v/t.* **7.** *a.* ***~ off*** voll'enden, beendigen, fertigstellen, erledigen, zu Ende führen: ***~ a task***; ***~ a book*** ein Buch auslesen *od.* zu Ende lesen; **8.** *a.* ***~ off*** (*od.* ***up***) a) *Vorräte* auf-, verbrauchen, b) aufessen *od.* austrinken; **9.** *a.* ***~ off*** a) *j-n* ‚erledigen', *j-m* den Rest geben' (*töten od. erschöpfen od. ruinieren*), b) *bsd. e-m Tier* den Gnadenschuß *od.* -stoß geben; **10.** a) *a.* ***~ off*** (*od.* ***~ up***) *et.* vervollkommnen, *e-r Sache* den letzten Schliff geben, b) *j-m* feine Lebensart beibringen; **11.** ⚙ nach-, fertigbearbeiten, *Papier* glätten, *Stoff* zurichten, appretieren, *Möbel etc.* polieren; **III** *v/i.* **12.** *a.* ***~ off*** (*od.* ***up***) enden, schließen, aufhören (***with*** mit): ***have you ~ed?*** bist du fertig?; ***he ~ed by saying*** abschließend *od.* zum Abschluß sagte er; **13.** *a.* ***~ up*** enden, *im Gefängnis etc.* ‚landen'; **14.** enden, zu Ende gehen; **15.** ***~ with*** mit *j-m od. et.* Schluß machen: ***I'm ~ed with him!*** mit ihm bin ich fertig!; ***have ~ed with s.o.*** (*od.* ***s.th.***) j-n (et.) nicht mehr brauchen; ***I haven't ~ed with you yet!*** ich bin noch nicht fertig mit dir!; **16.** *sport* einlaufen, durchs Ziel gehen: ***~ third*** *a.* Dritter werden, den dritten Platz belegen, *allg.* als dritter fertig sein.

fin·ished ['fɪnɪʃt] *adj.* **1.** beendet, fertig: ***half-~ products*** Halbfabrikate; ***~ goods*** Fertigwaren; ***~ part*** Fertigteil *n*; **2.** *fig.* F ‚erledigt' (*erschöpft od. ruiniert od. todgeweiht*): ***he is ~*** *a.* mit ihm ist es aus!; **3.** voll'endet, voll'kommen; **'fin·ish·er** [-ʃə] *s.* **1.** ⚙ a) Fertigbearbeiter *m*; Appretierer *m*, b) Ma'schine *f* zur Fertigbearbeitung, *z.B.* Fertigwalzwerk *n*; **2.** F vernichtender Schlag, ‚K.-'o.-Schlag' *m*; **3.** ***strong ~*** *sport* (starker) Spurtläufer.

fin·ish·ing ['fɪnɪʃɪŋ] **I** *s.* **1.** Voll'enden *n*, Fertigmachen *n*, -stellen *n*; **2.** ⚙ a) Fertigbearbeitung *f*, b) (abschließende) Oberflächenbehandlung *f*, *z.B.* Hochglanzpolieren *n*, c) Veredelung, d) Appre'tur *f* (*von Stoffen*); **3.** *sport* Abschluß *m*; **II** *adj.* **4.** abschließend; → ***touch*** 3; ***~ a·gent*** *s.* ⚙ Appre'turmittel *n*; ***~ in·dus·try*** *s.* Ver'edelungsinduˌstrie *f*, verarbeitende Indu'strie; ***~ lathe*** *s.* ⚙ Fertigdrehbank *f*; ***~ line*** *s. sport* Ziellinie *f*; ***~ mill*** *s.* ⚙ **1.** Feinwalzwerk *n*; **2.** Schlichtfräser *m*; ***~ post*** *s. sport* Zielpfosten *m*; ***~ school*** *s.* 'Mädchenpensioˌnat *n* (*zur Vorbereitung auf das gesellschaftliche Leben*).

fi·nite ['faɪnaɪt] *adj.* **1.** begrenzt, endlich (*a.* ⅍); **2.** *ling.* fi'nit: ***~ form*** *a.* Personalform *f*; ***~ verb*** Verbum *n* finitum.

fink [fɪŋk] *Am. sl.* **I** *s.* **1.** Streikbrecher *m*; **2.** Spitzel *m*; **3.** ‚Dreckskerl' *m*; **II** *v/i.* **4.** ***~ on*** *j-n* verpfeifen; **5.** ***~ out*** sich drücken, ‚aussteigen'.

Finn [fɪn] *s.* Finne *m*, Finnin *f*.

fin·nan had·dock ['fɪnən] *s.* geräucherter Schellfisch.

finned [fɪnd] *adj.* **1.** *ichth.* mit Flossen; **2.** ⚙ gerippt; **fin·ner** ['fɪnə] *s. zo.* Finnwal *m*.

Finn·ish ['fɪnɪʃ] **I** *adj.* finnisch; **II** *s. ling.* Finnisch *n*.

fin·ny ['fɪnɪ] *adj.* **1.** → ***finned*** 1; **2.** Flossen…, Fisch…

fiord [fɪ'ɔːd] *s. geogr.* Fjord *m*.

fir [fɜː] *s.* **1.** ⚘ Tanne *f*, Fichte *f*; **2.** Tannen-, Fichtenholz *n*; ***~ cone*** *s.* Tannenzapfen *m*.

fire ['faɪə] **I** *s.* **1.** Feuer *n* (*a. Edelstein*): ***~ and brimstone*** a) *bibl.* Feuer u. Schwefel *m*, b) *eccl.* Hölle *f* u. Verdammnis *f*; ***be on ~*** brennen, in Flammen stehen, *fig.* Feuer u. Flamme sein; ***catch ~*** Feuer fangen, in Brand geraten, *fig.* in Hitze geraten; ***go through ~ and water for s.o.*** *fig.* für j-n durchs Feuer gehen; ***play with ~*** *fig.* mit dem Feuer spielen; ***pull s.th. out of the ~*** *fig.* et. aus dem Feuer reißen; ***set on ~***, ***set ~ to*** anzünden, in Brand stecken; **2.** Feuer *n* (*im Ofen etc.*): ***on a slow ~*** bei schwachem Feuer (*kochen*); **3.** Brand *m*, Feuer(sbrunst *f*) *n*: ***where's the ~?*** F wo brennt's?; **4.** *Brit.* Heizgerät *n*; **5.** *fig.* Feuer *n*, Glut *f*, Leidenschaft *f*, Begeisterung *f*; **6.** ⚔ Feuer *n*, Beschuß *m*: ***blank ~*** blindes Schießen; ***come under ~*** unter Beschuß geraten (*a. fig.*); ***come under ~ from s.o.*** *fig.* in j-s Schußlinie geraten; ***hang ~*** schwer losgehen (*Schußwaffe*), *fig.* auf sich warten lassen (*Sache*); ***hold one's ~*** *fig.* sich zurückhalten; ***miss ~*** versagen (*Schußwaffe*), *fig.* fehlschlagen; **II** *v/t.* **7.** anzünden, in Brand stecken; **8.** *Kessel* heizen, *Ofen* (be)feuern, beheizen: ***~ up inflation*** *fig.* die Inflation ‚anheizen'; **9.** *Ziegel* brennen; **10.** *Tee* feuern; **11.** *fig. j-n, j-s Gefühle* entflammen, *j-n* in Begeisterung versetzen, *j-s Phantasie* beflügeln; **12.** *a.* ***~ off*** a)

Schußwaffe abfeuern, b) *Schuß* abfeuern, -geben, c) *Sprengladung*, *Rakete* zünden; **13.** *a.* ~ ***off*** *fig.* a) *Fragen etc.* abschießen, b) *j-n mit Fragen* bombardieren; **14.** *Motor* anlassen; **15.** F *j-n* ‚feuern', ‚rausschmeißen'; **III** *v/i.* **16.** Feuer fangen, (an)brennen; **17.** ⚔ feuern, schießen (***at***, ***on*** auf *acc.*): ~ ***away!*** F schieß los!; **18.** zünden (*Motor*); **19.** *a.* ~ ***up*** ‚hochgehen', wütend werden.

fire| a·larm *s.* **1.** 'Feuera͵larm *m*; **2.** Feuermelder *m*; '**~·arm** [-ərɑːm] *s.* Feuer-, Schußwaffe *f*: ~ ***certificate*** *Brit.* Waffenschein *m*; '**~·ball** *s.* **1.** *hist.* ⚔ *u. ast.* Feuerkugel *f*; **2.** Feuerball *m* (*Sonne*, *Explosion etc.*); **3.** Kugelblitz *m*; ~ **bal·loon** *s.* 'Heißluftbal͵lon *m*; '**~·brand** *s.* **1.** brennendes Holzscheit; **2.** *fig.* Unruhestifter *m*, Aufwiegler *m*; '**~·brick** *s.* feuerfester Ziegel, Scha'mottestein *m*; ~ **bri·gade** *s. Brit.* Feuerwehr *f* (*a. fig. pol. etc.*); '**~·bug** *s. sl.* ‚Feuerteufel' *m*; ~ **clay** *s.* feuerfester Ton, Scha'motte *f*; ~ **com·pa·ny** *s.* **1.** *Am.* Feuerwehr *f*; **2.** → ***fire-office***; ~ **con·trol** *s.* **1.** ⚔ Feuerleitung *f*; **2.** Brandbekämpfung *f*; '**~͵crack·er** *s.* Frosch *m* (*Knallkörper*); '**~·damp** *s.* ⚒ schlagende Wetter *pl.*, Grubengas *n*; ~ **de·part·ment** *s. Am.* Feuerwehr *f*; '**~·dog** *s.* Ka'minbock *m*; '**~-͵drag·on** *s.* feuerspeiender Drache; ~ **drill** *s.* **1.** 'Feuera͵larmübung *f*; **2.** Feuerwehrübung *f*; '**~͵eat·er** [-ər͵iː-] *s.* **1.** Feuerschlucker *m*; **2.** *fig.* ‚Eisenfresser' *m*; ~ **en·gine** *s.* **1.** Feuerspritze *f*; **2.** Löschfahrzeug *n*; ~ **es·cape** *s.* Feuerleiter *f*, -treppe *f*; ~ **ex·tin·guish·er** *s.* Feuerlöscher *m*; ~ **fight·er** *s.* Feuerwehrmann *m*; *pl.* Löschmannschaft *f*; '**~-͵fight·ing I** *s.* Brandbekämpfung *f*; **II** *adj.* Lösch…, Feuerwehr…; '**~·fly** *s.* Glühwürmchen *n*; '**~·guard** *s.* **1.** Ka'mingitter *n*; **2.** Brandwache *f od.* -wart *m*; '**~-hose** *s.* Feuerwehrschlauch *m*; ~ **lane** *f* Feuerschneise *f*; '**~·man** [-mən] *s.* [*irr.*] **1.** Feuerwehrmann *m*; *pl.* Löschmannschaft *f*; **2.** Heizer *m*; '**~-͵of·fice** [-ər͵ɒ-] *s. Brit.* Feuerversicherung(sanstalt) *f*; '**~·place** *s.* (offener) Ka'min; '**~·plug** *s.* ⚙ Hy'drant *m*; ~ **point** *s.* Flammpunkt *m*; ~ **pol·i·cy** *s. Brit.* 'Feuerversicherungspo͵lice *f*; ~ **pow·er** *s.* ⚔ Feuerkraft *f*; '**~·proof I** *adj.* feuerfest, -sicher: ~ ***curtain*** *thea.* eiserner Vorhang; **II** *v/t.* feuerfest machen; ~ **rais·er** *s. Brit.* Brandstifter(in); ~ **ser·vice** *s. Brit.* Feuerwehr *f*; ~ **ship** *s.* ⚓ Brander *m*; '**~·side** *s.* **1.** (offener) Ka'min *m*: ~ ***chat*** Plauderei *f* am Kamin; **2.** *fig.* häuslicher Herd, Da'heim *n*; ~ **sta·tion** *s.* Feuerwehrwache *f*; '**~·storm** *s.* Feuersturm *m*; '**~·trap** *s.* ‚Mausefalle' *f* (*Gebäude ohne genügende Notausgänge*); ~ **wall** *s.* Brandmauer *f*; '**~͵ward·en** *s. Am.* **1.** Brandmeister *m*; **2.** Brandwache *f*; '**~͵watch·er** *s. Brit.* Brandwache *f*, Luftschutzwart *m*; '**~͵wa·ter** *s.* F ‚Feuerwasser' *n* (*Schnaps etc.*); '**~·wood** *s.* Brennholz *n*; '**~·works** *s. pl.* Feuerwerk *n* (*a. fig.*): ***a*** ~ ***of wit***; ***there were*** ~ da flogen die Fetzen.

fir·ing ['faɪərɪŋ] *s.* **1.** ⚔ (Ab)Feuern *n*; **2.** ⚙ Zünden *n*; **3.** a) Heizen *n*, b) Feuerung *f*, c) 'Brennmateri͵al *n*; ~ **line** *s.* ⚔ Feuerlinie *f*, -stellung *f*; Kampffront *f*: ***be in*** (*Am.* ***on***) ***the*** ~ *fig.* in der Schußlinie stehen; ~ **or·der** *s.* **1.** ⚔ Schießbefehl *m*; **2.** *mot.* Zündfolge *f*; ~ **par·ty**, ~ **squad** *s.* ⚔ a) 'Ehrensa͵lutkom͵mando *n*, b) Exekuti'onskom͵mando *n*.

fir·kin ['fɜːkɪn] *s.* **1.** (Holz)Fäßchen *n*; **2.** Viertelfaß *n* (*Hohlmaß = etwa 40 l*).

firm¹ [fɜːm] **I** *adj.* □ **1.** fest, stark, hart; **2.** ✝ fest: ~ ***offer***, ~ ***market***; **3.** fest, beständig; **4.** standhaft, fest, entschlossen, bestimmt: ***be*** ~ ***with s.o.*** j-m gegenüber hart sein; **II** *adv.* **5.** fest: ***stand*** ~ *fig.* festbleiben; **III** *v/t.* **6.** *a.* ~ ***up*** fest machen; **IV** *v/i.* **7.** *a.* ~ ***up*** fest werden; **8.** *a.* ~ ***up*** ✝ anziehen (*Preise*), sich erholen (*Markt*).

firm² [fɜːm] *s.* Firma *f*: a) Firmenname *m*, b) Unter'nehmen *n*, Geschäft *n*, Betrieb *m*.

fir·ma·ment ['fɜːməmənt] *s.* Firma'ment *n*, Himmelsgewölbe *n*.

firm·ness ['fɜːmnɪs] *s.* **1.** Festigkeit *f*, Entschlossenheit *f*, Beständigkeit *f*; **2.** ✝ Festigkeit *f*, Stabili'tät *f*.

fir nee·dle *s.* Tannennadel *f*.

first [fɜːst] **I** *adj.* □ → ***firstly***; **1.** erst: ***at*** ~ ***hand*** aus erster Hand, direkt; ***in the*** ~ ***place*** zuerst, an erster Stelle; ~ ***thing*** (***in the morning***) (morgens) als allererstes; ~ ***things*** ~***!*** das Wichtigste zuerst!; ***he doesn't know the*** ~ ***thing*** er hat keine (blasse) Ahnung; → ***cousin***; **2.** erst, best, bedeutendst, führend: ~ ***officer*** ⚓ Erster Offizier; ~ ***quality*** beste *od.* prima Qualität; **II** *adv.* **3.** zu'erst, voran: ***head*** ~ (mit dem) Kopf voraus; **4.** zum erstenmal; **5.** eher, lieber; **6.** *a.* ~ ***off*** F (zu)'erst (einmal): ***I must*** ~ ***do that***; **7.** zu'erst, als erst(er, -e, -es), an erster Stelle: ~ ***come***, ~ ***served*** wer zuerst kommt, mahlt zuerst; ~ ***or last*** früher oder später; ~ ***and last*** a) vor allen Dingen, b) im großen ganzen; ~ ***of all*** zuallererst, vor allen Dingen; → 8; **III** *s.* **8.** (*der, die, das*) Erste *od.* (*fig.*) Beste: ***be ~ among equals*** Primus inter pares sein; ***at ~*** zuerst, anfangs, zunächst; ***from the ~*** von Anfang an; ***from ~ to last*** durchweg, von A bis Z; **9.** ♪ erste Stimme; **10.** *mot.* (*der*) erste Gang; **11.** *der* (Monats)Erste; **12.** 🚂 F erste Klasse; **13.** *univ. Brit. akademischer Grad erster Klasse*; **14.** *pl.* ✝ Ware(n *pl.*) *f* erster Quali'tät, erste Wahl; **15.** ***~ of exchange*** ✝ Primawechsel *m*; ~ **aid** *s.* Erste Hilfe: ***render ~*** Erste Hilfe leisten; ˌ**~-'aid** *adj.* Erste-Hilfe-...: ***~ kit*** Verbandskasten *m*; ***~ post*** *od.* ***station*** Sanitätswache *f*, Unfallstation *f*; ~ **bid** *s.* ✝ Erstgebot *n*; '**~-born I** *adj.* erstgeboren; **II** *s.* (*der, die, das*) Erstgeborene; ~ **cause** *s. phls.* Urgrund *m* aller Dinge, Gott *m*; ~ **class** *s.* **1.** 🚂 *etc.* erste Klasse; **2.** *univ. Brit.* → ***first*** 13; ˌ**~-'class** *adj. u. adv.* **1.** erstklassig, ausgezeichnet; F prima; **2.** 🚂 *etc.* erster Klasse: ***~ mail*** a) *Am.* Briefpost *f*, b) *Brit.* bevorzugt beförderte Inlandspost; ~ **cost** *s.* ✝ Selbstkosten(preis *m*) *pl.*, Gestehungskosten *pl.*, Einkaufspreis *m*; ~ **floor** *s.* **1.** *Brit.* erste(r) Stock, erste E'tage; **2.** *Am.* Erdgeschoß *n*; ~ **fruits** *s. pl.* **1.** ⚘ Erstlinge *pl.*; **2.** *fig.* a) erste Erfolge *pl.*, b) Erstlingswerk(e *pl.*) *n*; ˌ**~-gen·er'a·tion** *adj. Computer etc.* der ersten Generati'on; ˌ**~-'hand** *adj. u. adv.* aus erster Hand, di'rekt; ~ **la·dy** *s.* First Lady *f*: a) *Gattin e-s Staatsoberhauptes*, b) *führende Persönlichkeit*: ***the ~ of jazz***; ~ **lieu·ten·ant** *s.* ⚔ Oberleutnant *m*.

first·ling ['fɜːstlɪŋ] *s.* Erstling *m*; **first·ly** ['fɜːstlɪ] *adv.* erstens, zu'erst (einmal).

first| name *s.* Vorname *m*; ~ **night** *s. thea.* Erst-, Uraufführung *f*, Premi'ere *f*; ˌ**~-'night·er** *s.* Premi'erenbesucher (-in); ~ **pa·pers** *s. pl. Am.* (*erster*) *Antrag e-s Ausländers auf amer. Staatsangehörigkeit*; ~ **per·son** *s.* **1.** *ling.* erste Per'son; **2.** Ich-Form *f* (*in Romanen etc.*); ~ **prin·ci·ples** *s. pl.* 'Grundprinˌzipien *pl.*; ˌ**~-'rate** → ***first-class*** 1; ~ **ser·geant** *s.* ⚔ *Am.* Hauptfeldwebel *m*; ~ **strike** *s.* ⚔ (ato'marer) Erstschlag; ˌ**~-'time** *adj.*: ***~ voter*** Erstwähler(in).

firth [fɜːθ] *s.* Meeresarm *m*, Förde *f*.

fir tree *s.* Tanne(nbaum *m*) *f*.

fis·cal ['fɪskl] *adj.* □ fis'kalisch, steuerlich, Finanz...: ***~ policy*** Finanzpolitik *f*; ***~ stamp*** Banderole *f*; ***~ year*** a) *Am.* Geschäftsjahr *n*, b) *parl. Am.* Haushalts-, Rechnungsjahr *n*, c) *Brit.* Steuerjahr *n*.

fish [fɪʃ] **I** *pl.* **fish** *od.* (*Fischarten*) **fishes** *s.* **1.** Fisch *m*: ***fried ~*** Bratfisch; ***drink like a ~*** saufen wie ein Loch; ***like a ~ out of water*** wie ein Fisch auf dem Trockenen; ***I have other ~ to fry*** ich habe Wichtigeres zu tun; ***all is ~ that comes to his net*** er nimmt unbesehen alles (mit); ***a pretty kettle of ~*** F e-e schöne Bescherung; ***neither ~ nor flesh*** (***nor good red herring***), ***neither ~ nor fowl*** F weder Fisch noch Fleisch, nichts Halbes und nichts Ganzes; ***there are plenty more ~ in the sea*** F es gibt noch mehr davon auf der Welt; ***loose ~*** F lockerer Vogel; ***queer ~*** F komischer Kauz; → ***feed*** 1; **2.** *ast.* ***the*** **2**(***es*** *pl.*) die Fische *pl.*: ***be*** (***a***) **2*es*** Fisch sein; **II** *v/t.* **3.** fischen, *Fische* fangen, angeln; **4.** a) fischen *od.* angeln in (*dat.*), b) *Fluß etc.* abfischen, absuchen: ***~ up*** *j-n* auffischen; **5.** *fig. a.* ***~ out*** her'vorkramen, -holen, -ziehen; **6.** ⚙ verlaschen; **III** *v/i.* **7.** (***for***) fischen, angeln (auf *acc.*); **8.** ***~ for*** *fig.* a) fischen nach: ***~ for compliments***, b) aussein auf (*acc.*): ***~ for information***; **9.** *a.* ***~ around*** kramen (***for*** nach).

fish| and chips *s. Brit.* Bratfisch *m* u. Pommes 'frites; ~ **ball** *s.* 'Fischfrikaˌdelle *f*, -klops *m*; ~ **bas·ket** *s.* (Fisch-) Reuse *f*; '**~·bone** *s.* Gräte *f*; ~ **bowl** *s.* Goldfischglas *n*; ~ **cake** → ***fish ball***; ~ **eat·ers** *s. pl.* Fischbesteck *n*.

fish·er ['fɪʃə] *s.* **1.** Fischer *m*, Angler *m*; **2.** *zo.* Fischfänger *m*; '**fish·er·man** [-mən] *s.* [*irr.*] **1.** (*a.* Sport)Fischer *m*; **2.** Fischdampfer *m*; '**fish·er·y** [-ərɪ] *s.* **1.** Fische'rei *f*, Fischfang *m*; **2.** Fischzuchtanlage *f*; **3.** Fischgründe *pl.*, Fanggebiet *n*.

'**fish|-eye** (**lens**) *s. phot.* 'Fischauge(nobjekˌtiv) *n*; ~ **fin·gers** *s. pl. Küche*: Fischstäbchen *pl.*; ~ **flour** *s.* Fischmehl *n*; '**~-glue** *s.* Fischleim *m*; '**~·hook** *s.* Angelhaken *m*.

fish·ing ['fɪʃɪŋ] *s.* **1.** Fischen *n*, Angeln *n*; **2.** → ***fishery*** 1, 3; ~ **boat** *s.* Fischerboot *n*; ~ **grounds** *s. pl.* → ***fishery*** 3; ~ **in·dus·try** *s.* Fische'rei(gewerbe *n*) *f*; '**~-line** *s.* Angelschnur *f*; '**~-net** *s.* Fischnetz *n*; ~ **pole** *s.*, ~ **rod** *s.* Angelrute *f*; ~ **tack·le** *s.* Angel- *od.* Fische'reigeräte *pl.*; ~ **vil·lage** *s.* Fischerdorf *n*.

fish| lad·der *s.* Fischleiter *f*, -treppe *f*; ~ **meal** *s.* Fischmehl *n*; '**~ˌmon·ger** *s. Brit.* Fischhändler *m*; '**~·net** *adj.* Netz...: ***~ shirt***; ***~ stockings***; ~ **oil** *s.*

Fischtran *m*; **'~·plate** *s.* ⚒ Lasche *f*; **'~·pond** *s.* Fischteich *m*; **'~·pot** *s.* Fischreuse *f*; **~ slice** *s.* Fischheber *m*; **~ stor·y** *s. Am.* F ‚Seemannsgarn' *n*; **~ tank** *s.* A'quarium *n*; **'~·wife** *s.* [*irr.*] Fischhändlerin *f*: ***swear like a ~*** keifen wie ein Fischweib.

fish·y ['fɪʃɪ] *adj.* □ **1.** fischartig, Fisch…: ***~ eyes*** *fig.* Fischaugen; **2.** fischreich; **3.** F ‚faul', verdächtig: ***there's s.th. ~ about it*** daran ist irgend etwas faul.

fis·sile ['fɪsaɪl] *adj. bsd. phys.* spaltbar; **fis·sion** ['fɪʃn] *s.* **1.** *phys.* Spaltung *f* (*a. fig.*): ***~ bomb*** Atombombe *f*; **2.** *biol.* (Zell)Teilung *f*; **fis·sion·a·ble** ['fɪʃnəbl] → ***fissile***.

fis·sip·a·rous [fɪ'sɪpərəs] *adj. biol.* sich durch Teilung vermehrend, fissi'par.

fis·sure ['fɪʃə] *s.* Spalt(e *f*) *m*, Riß *m* (*a.* ⚕), Ritz(e *f*) *m*, Sprung *m*; **'fis·sured** [-əd] *adj.* gespalten, rissig (*a.* ⚙); ⚕ schrundig.

fist [fɪst] **I** *s.* **1.** Faust *f*: ***~ law*** Faustrecht *n*; **2.** *humor.* a) ‚Pfote' *f*, Hand *f*, b) ‚Klaue' *f*, Handschrift *f* (*a. fig.*); **3.** F Versuch *m* (***at*** mit); **II** *v/t.* **4.** mit der Faust schlagen; **5.** packen.

-fist·ed [fɪstɪd] *adj. in Zssgn* mit e-r … Faust *od.* Hand, mit … Fäusten.

'fist·ful [-fʊl] *s.* (*e-e*) Handvoll.

fist·ic, **fist·i·cal** ['fɪstɪk(l)] *adj. sport* Box…; **'fist·i·cuffs** [-kʌfs] *s. pl.* Faustschläge *pl.*, Schläge'rei *f*.

fis·tu·la ['fɪstjʊlə] *s.* ⚕ Fistel *f*.

fit¹ [fɪt] **I** *adj.* □ **1.** a) passend, geeignet, b) fähig, tauglich: ***~ for service*** dienstfähig, (-)tauglich; ***~ to drink*** trinkbar; ***~ to drive*** fahrtüchtig; ***~ to eat*** eß-, genießbar; ***laugh ~ to burst*** F vor Lachen beinahe platzen; ***~ to kill*** F wie verrückt; ***he was ~ to be tied*** *Am.* F er hatte eine Stinkwut; ***he is not ~ for the job*** er ist für den Posten nicht geeignet; → ***drop*** 12; **2.** wert, würdig: ***not to be ~ to*** *inf.* es nicht verdienen zu *inf.*; ***not ~ to be seen*** nicht präsentabel *od.* vorzeigbar; **3.** angemessen, angebracht: ***more than ~*** über Gebühr; ***see*** (*od.* ***think***) ***~*** es für richtig *od.* angebracht halten (***to do*** zu tun); **4.** schicklich, geziemend: ***it is not ~ for us to do so*** es gehört sich *od.* ziemt sich nicht, daß wir das tun; **5.** a) gesund, b) fit, (gut) in Form: ***keep ~*** sich in Form *od.* fit halten; ***as ~ as a fiddle*** a) kerngesund, b) quietschvergnügt; **II** *s.* **6.** Paßform *f*, Sitz *m* (*Kleid*): ***it is a bad*** (***perfect***) ***~*** es sitzt schlecht (tadellos); ***it is a tight ~*** es sitzt stramm, *fig.* es ist sehr knapp bemessen; **7.** ⚙ Passung *f*; **III** *v/t.* **8.** passend *od.* geeignet machen (***for*** für), anpassen (***to*** an *acc.*); **9.** passen für *od.* auf (*j-n*), *e-r Sache* angemessen *od.* angepaßt sein: ***the key ~s the lock*** der Schlüssel paßt (ins Schloß); ***the description ~s him*** die Beschreibung trifft auf ihn zu; ***the name ~s him*** der Name paßt zu ihm; ***~ the facts*** (mit den Tatsachen überein)stimmen; ***to ~ the occasion*** (*Redew.*) dem Anlaß entsprechend; **10.** *j-m* passen (*Kleid etc.*); **11.** sich eignen für; **12.** *j-n* befähigen (***for*** für; ***to do*** zu tun); **13.** *j-n* vorbereiten, ausbilden (***for*** für); **14.** *a.* ⚙ ausrüsten, -statten, einrichten, versehen (***with*** mit); **15.** ⚙ a) einpassen, -bauen (***into*** in *acc.*), b) anbringen (***to*** an *dat.*), c) → ***fit up*** 2; **16.** a) an *j-m* Maß nehmen, b) *Kleid etc.* anprobieren; **IV** *v/i.* **17.** passen: a) sitzen (*Kleid*), b) angemessen sein, c) sich eignen; **18.** ***~ into*** passen in (*acc.*), sich einfügen in (*acc.*); **~ in I** *v/t.* einfügen, -passen, *a. fig. j-n od. et.* einschieben; **II** *v/i.* (***with***) passen (in *acc.*), über'einstimmen (mit); **~ on** *v/t.* **1.** *Kleid etc.* anprobieren; **2.** anbringen, (an)montieren (***to*** an *acc.*); **~ out** → ***fit¹*** 14; **~ up** *v/t.* **1.** → ***fit¹*** 14; **2.** ⚙ aufstellen, montieren.

fit² [fɪt] *s.* **1.** ⚕ *u. fig.* Anfall *m*, Ausbruch *m*: ***~ of coughing*** Hustenanfall; ***~ of anger*** Wutanfall; ***~ of laughter*** Lachkrampf *m*; ***have a ~*** F ‚Zustände' *od.* e-n Lachkrampf kriegen; ***give s.o. a ~*** F a) j-m e-n Schrecken einjagen, b) j-n ‚auf die Palme bringen'; **2.** (plötzliche) Anwandlung, Laune *f*: ***~ of generosity*** Anwandlung von Großzügigkeit, Spendierlaune; ***by ~s*** (***and starts***) a) stoß-, ruckweise, b) spo'radisch.

fitch [fɪtʃ], **fitch·ew** ['fɪtʃuː] *s. zo.* Iltis *m*.

fit·ful ['fɪtfʊl] *adj.* □ unstet, unbeständig, veränderlich; sprung-, launenhaft; **fit·ment** ['fɪtmənt] *s.* **1.** Einrichtungsgegenstand *m*; *pl.* Ausstattung *f*, Einrichtung *f*; **2.** *Am.* (Tropf- *etc.*)Vorrichtung *f*; **fit·ness** ['fɪtnɪs] *s.* **1.** Eignung *f*, Fähig-, Tauglichkeit *f*: ***~ test*** Eignungsprüfung *f* (→ 5); **2.** Zweckmäßigkeit *f*; **3.** Angemessenheit *f*; **4.** Schicklichkeit *f*; **5.** a) Gesundheit *f*, b) (gute) Form, Fitneß *f*: ***~ room*** Fitneßraum *m*; ***~ test*** *sport* Fitneßtest *m*; ***~ trail*** *Am.* Trimmpfad *m*; **fit·ted** ['fɪtɪd] *adj.* **1.** passend, geeignet; **2.** nach Maß (gearbeitet), zugeschnitten: ***~ carpet*** Teppichboden *m*; ***~ coat*** taillierter Mantel; **3.** Einbau…: *~ kitchen*; **fit·ter** ['fɪtə] *s.* **1.** Ausrüster *m*, Einrichter *m*; **2.** Schneider(in); **3.** ⚙ Mon'teur *m*, Me'chaniker *m*; Installa'teur *m*; (Ma'schinen)Schlosser *m*; **fit·ting** ['fɪtɪŋ] **I** *adj.* □ **1.** a) passend, geeignet, b) angemessen, c) schicklich; **II** *s.* **2.** Anprobe *f*; **3.** ⚙ Einpassen *n*, -bauen *n*; **4.** ⚙ Mon'tage *f*, Installieren *n*, Aufstellung *f*: *~ shop* Montagehalle *f*; **5.** *pl.* ⚙ Beschläge *pl.*, Zubehör *n*, Arma'turen *pl.*, Ausstattungsgegenstände *pl.*; **6.** ⚙ a) Paßarbeit *f*, b) Paßteil *n*, c) Bau-, Zubehörteil *n*, d) (Rohr)Verbindung *f*, e) Einrichtung *f*, Ausrüstung *f*, -stattung *f*; **'fit-up** *s. thea. Brit.* F **1.** provi'sorische Bühne; **2.** *a. ~ company* (kleine) Wanderbühne.

five [faɪv] **I** *adj.* fünf; *~-and-ten Am.* billiges Kaufhaus; *~-day week* Fünftagewoche *f*; *~-finger exercise* ♪ Fünffingerübung *f*, *fig.* Kinderspiel *n*; *~-o'clock shadow* Anflug *m* von Bartstoppeln am Nachmittag; *~-year plan* Fünfjahresplan *m*; **II** *s.* Fünf *f*: *the ~ of hearts* die Herzfünf (*Spielkarte*); **'five-fold** *adj. u. adv.* fünffach; **'fiv·er** [-və] *s.* F *Brit.* Fünf'pfund-, *Am.* Fünf'dollarschein *m*; **fives** [-vz] *s. pl. sg. konstr. sport Brit. ein* Wandballspiel *n*.

fix [fɪks] **I** *v/t.* **1.** befestigen, festmachen, anheften, anbringen (*to* an *acc.*); → *bayonet* I; **2.** *fig.* verankern: *~ s.th. in s.o.'s mind* j-m et. einprägen; **3.** *fig. Termin, Preis etc.* festsetzen, -legen (*at* auf *acc.*), bestimmen, verabreden; **4.** *Blick, s-e Aufmerksamkeit etc.* richten, heften, *Hoffnung* setzen (*on* auf *acc.*); **5.** *j-s Aufmerksamkeit* fesseln; **6.** *j-n, et.* fixieren, anstarren; **7.** *die Schuld etc.* zuschreiben (*on dat.*); **8.** ✈, ⚓ die Positi'on bestimmen von (*od. gen.*); **9.** *phot.* fixieren; **10.** (zur mikro'skopischen Unter'suchung) präparieren; **11.** ⚙ *Werkstücke* feststellen; **12.** reparieren, instand setzen; **13.** *bsd. Am. et.* zu'rechtmachen, *Essen* zubereiten: *~ s.o. a drink* j-m e-n Drink mixen; *~ one's face* sich schminken; *~ one's hair* sich frisieren; **14.** *a. ~ up et.* arrangieren, regeln, *a.* in Ordnung bringen, *Streit* beilegen; **15.** F a) *e-n Wahlkampf etc.* (vorher) ‚arrangieren', manipulieren, b) *j-n* ‚schmieren', bestechen; **16.** F es *j-m* ‚besorgen' *od.* ‚geben'; **17.** *mst ~ up* a) *j-n* 'unterbringen, b) *with j-m et.* besorgen; **18.** *mst ~ up Vertrag* (ab-) schließen; **II** *v/i.* **19.** ⚗ fest werden, erstarren; **20.** sich festsetzen; **21.** *~ (up)on* a) sich entscheiden *od.* entschließen für *od.* zu, *et.* wählen, b) → 3; **22.** *Am.* F vorhaben, planen: *it's ~ing to rain* es wird gleich regnen; **23.** *sl.* ‚fixen' (*Drogensüchtiger*); **III** *s.* **24.** F üble Lage, ‚Klemme' *f*, ‚Patsche' *f*; **25.** F a) Schiebung *f*, b) Bestechung *f*; **26.** ✈, ⚓ a) Standort *m*, Positi'on *f*, b) Ortung *f*; **27.** *sl.* ‚Fix' *m*, ‚Schuß' *m* (*Drogeninjektion*): *give o.s. a ~* sich ‚e-n Schuß setzen'; **fix·ate** ['fɪkseɪt] *v/t.* **1.** → *fix* 1; **2.** *Am. j-n, et.* fixieren; **3.** *fig.* erstarren *od.* stagnieren lassen; **4.** *be ~d on psych.* fixiert sein auf (*acc.*); **fix·a·tion** [fɪk'seɪʃn] *s.* **1.** Fi'xierung *f*, Befestigung *f*; **2.** Festlegung *f*; **3.** *psych.* a) → *fixed idea*, b) (*Mutter- etc.*)Bindung *f*, (-)Fi'xierung *f*; **'fix·a·tive** [-sətɪv] **I** *s.* Fixa'tiv *n*, Fi'xiermittel *n*; **II** *adj.* Fixier…

fixed [fɪkst] *adj.* □ → *fixedly*; **1.** fest (-angebracht), befestigt, (orts)fest, Fest…(*antenne etc.*); starr (*Geschütz, Kupplung etc.*): *of ~ purpose fig.* zielstrebig; **2.** ⚗ gebunden: *~ oil*; **3.** starr (*Blick*), unverwandt (*Aufmerksamkeit*); **4.** *bsd.* ✝ fest(gelegt, -stehend): *~ assets* feste Anlagen, Anlagevermögen *n*; *~ capital* ✝ Anlagekapital *n*; *~ cost* feste Kosten, Fixkosten *pl.*; *~ income* festes Einkommen; *~ price* fester Preis, Festpreis *m*, *a.* gebundener Preis; **5.** F abgekartet, manipuliert; **6.** F (*gut etc.*) versorgt *od.* versehen (*for* mit); *~ i·de·a s. psych.* fixe I'dee, Zwangsvorstellung *f*; **ˌ~-'in·ter·est (-ˌbear·ing)** *adj.* ✝ festverzinslich.

fix·ed·ly ['fɪksɪdlɪ] *adv.* starr, unverwandt.

fixed| point *s.* ⩓ Fixpunkt *m*; *~ **sight*** *s.* ⚔ 'Standviˌsier *n*; *~ **star*** *s.* Fixstern *m*; **ˌ~-'wing air·craft** *s.* ✈ Starrflügler *m*.

fix·er ['fɪksə] *s.* **1.** *phot.* Fi'xiermittel *n*; **2.** F ‚Organi'sator' *m*, Manipu'lator *m*; **3.** *sl.* ‚Dealer' *m*; **'fix·ing** [-ksɪŋ] *s.* **1.** Befestigen *n*, Anbringen *n*: *~ bolt* Haltebolzen *m*; *~ screw* Stellschraube *f*; **2.** Repara'tur *f*; **3.** *phot.* Fixieren *n*; **4.** *pl. bsd. Am.* a) Geräte *pl.*, b) Zubehör *n*, c) Zutaten *pl.*, *fig. a.* Drum u. Dran *n*; **'fix·i·ty** [-ksətɪ] *s.* Festigkeit *f*, Beständigkeit *f*: *~ of purpose* Zielstrebigkeit *f*; **'fix·ture** [-kstʃə] *s.* **1.** feste Anlage, Installati'onsteil *m*: *lighting ~* Beleuchtungskörper *m*; **2.** Inven'tarstück *n*, ⚖ festes Inven'tar *od.* Zubehör: *be a ~ humor.* zum (lebenden) Inventar gehören; *~s and fittings* bewegliche u. unbewegliche Einrichtungsgegenstände; **3.** ⚙ Spannvorrichtung *f*, -futter *n*; **4.** *bsd. sport Brit.* (Ter'min *m* für e-e)

Veranstaltung *f*.

fizz [fɪz] **I** *v/i.* **1.** zischen; **2.** moussieren, sprudeln; **3.** *fig.* sprühen (***with*** vor *dat.*); **II** *s.* **4.** Zischen *n*; **5.** Sprudeln *n*; **6.** a) Sprudel *m*, b) Fizz *m* (*Mischgetränk*), c) F ‚Schampus' *m* (*Sekt*); **'fiz·zle** [-zl] **I** *s.* **1.** → ***fizz*** 4; **2.** F ‚Pleite' *f*, Mißerfolg *m*; **II** *v/i.* **3.** → ***fizz*** 1; **4.** *a.* ~ ***out*** *fig.* verpuffen, im Sand verlaufen; **'fiz·zy** [-zɪ] *adj.* **1.** zischend; **2.** sprudelnd, moussierend.

fjord [fjɔːd] → ***fiord***.

flab·ber·gast ['flæbəgɑːst] *v/t.* F verblüffen: ***I was ~ed*** ich war ‚platt'.

flab·bi·ness ['flæbɪnɪs] *s.* **1.** Schlaffheit *f* (*a. fig.*); **2.** Schwammigkeit *f*; **flab·by** ['flæbɪ] *adj.* □ **1.** schlaff; **2.** schwammig; **3.** *fig.* ‚schlapp', ‚schlaff', schwach.

flac·cid ['flæksɪd] *adj.* → ***flabby***; **flac·cid·i·ty** [flæk'sɪdətɪ] → ***flabbiness***.

flack¹ [flæk] → ***flak***.

flack² [flæk] *s. Am. sl.* 'Pressea͵gent *m*.

flag¹ [flæg] **I** *s.* **1.** Fahne *f*, Flagge *f*: ~ ***of convenience*** ⚓ Billigflagge *f*; ***hoist*** (*od.* ***fly***) ***one's*** ~ a) die Fahne aufziehen, b) das Kommando übernehmen (*Admiral*); ***strike one's*** ~ a) die Flagge streichen, *fig. a.* kapitulieren, b) das Kommando abgeben (*Admiral*); ***keep the ~ flying*** *fig.* die Fahne hochhalten; **2.** → ***flagship***; **3.** *sport* (Markierungs-) Fähnchen *n*; **4.** a) (Kar'tei)Reiter *m*, b) Lesezeichen *n*; **5.** *hunt.* Fahne *f* (*Schwanz*); **6.** *typ.* Im'pressum *n* (*e-r Zeitung*); **II** *v/t.* **7.** beflaggen; **8.** *sport Strecke* ausflaggen; **9.** *et.* signalisieren: ~ ***offside*** *Fußball*: Abseits winken; **10.** ~ ***down*** *Fahrzeug* anhalten, *Taxi* herbeiwinken, *sport Rennen*, *Fahrer* abwinken.

flag² [flæg] *s.* ⚘ gelbe *od.* blaue Schwertlilie.

flag³ [flæg] *v/i.* **1.** schlaff her'abhängen; **2.** *fig.* nachlassen, erlahmen, ermatten; **3.** langweilig werden.

flag⁴ [flæg] **I** *s.* (Stein)Platte *f*, Fliese *f*; **II** *v/t.* mit (Stein)Platten *od.* Fliesen belegen.

flag| cap·tain *s.* Komman'dant *m* des Flaggschiffs; ~ **day** *s.* **1.** *Brit.* Opfertag *m* (*Straßensammlung*); **2.** ♀ *Am.* Jahrestag *m* der Natio'nalflagge (*14. Juni*).

flag·el·lant ['flædʒələnt] **I** *s. eccl.* Geißler *m*, Flagel'lant *m* (*a. psych.*); **II** *adj.* geißelnd (*a. fig.*); **'flag·el·late** [-leɪt] **I** *v/t.* geißeln (*a. fig.*); **II** *s. zo.* Geißeltierchen *n*; **flag·el·la·tion** [͵flædʒə'leɪʃn] *s.* Geißelung *f* (*a. fig.*).

flag·eo·let [͵flædʒəʊ'let] *s.* ♪ Flageo'lett *n*.

flag·ging¹ ['flægɪŋ] *adj.* erlahmend.

flag·ging² ['flægɪŋ] *s. collect.* a) (Stein-) Platten *pl.*, b) Fliesen *pl.*, c) gefliester Boden.

flag| lieu·ten·ant *s.* ⚓ *Brit.* Flaggleutnant *m*; ~ **of·fi·cer** *s.* ⚓ 'Flaggoffi͵zier *m*.

flag·on ['flægən] *s.* **1.** *bauchige* (Wein-) Flasche; **2.** (Deckel)Krug *m*.

fla·gran·cy ['fleɪgrənsɪ] *s.* **1.** Schamlosigkeit *f*, Ungeheuerlichkeit *f*; **2.** Kraßheit *f*; **'fla·grant** [-nt] *adj.* □ **1.** schamlos, schändlich, ungeheuerlich; **2.** kraß, ekla'tant, schreiend.

'flag|·ship *s.* ⚓ Flaggschiff *n* (*a. fig.*); *fig.* Aushängeschild *n*; **'~·staff**, **'~·stick** *s.* Fahnenstange *f*, -mast *m*, Flaggenmast, ⚓ Flaggenstock *m*; ~ **sta·tion** *s.* 🚂 *Am.* Bedarfshaltestelle *f*; **'~·stone** → ***flag⁴*** I; ~ **stop** → ***flag station***; **'~-͵wav·er** *s.* F Hur'rapatri͵ot *m*; **'~-͵wav·ing I** *s.* Hur'rapatrio͵tismus *m*; **II** *adj.* hur'rapatri͵otisch.

flail [fleɪl] **I** *s.* **1.** ✓ Dreschflegel *m*; **II** *v/t.* **2.** dreschen; **3.** wild einschlagen auf *j-n*; **4.** ~ ***one's arms*** mit den Armen fuchteln.

flair [fleə] *s.* **1.** (besondere) Begabung, Ta'lent *n*; **2.** (feines) Gespür (***for*** für).

flak [flæk] (*Ger.*) *s.* **1.** ⚔ Flak *f*: a) 'Fliegerabwehr(ka͵none *od.* -truppe) *f*, b) Flakfeuer *n*; **2.** *fig.* F (heftiger) ‚Beschuß', ‚Zunder' *m* (*Kritik etc.*).

flake [fleɪk] **I** *s.* **1.** (*Schnee-*, *Seifen-*, *Hafer- etc.*)Flocke *f*; **2.** dünne Schicht, Schuppe *f*, Blättchen *n*; **3.** Fetzen *m*, Splitter *m*; **4.** *Am. sl.* ‚Spinner' *m*; **II** *v/t.* **5.** abblättern; **6.** flockig machen; **III** *v/i.* **7.** in Flocken fallen; **8.** ~ ***off*** abblättern, sich abschälen; **9.** ~ ***out*** F a) ‚'umkippen' (*ohnmächtig werden*), b) ‚einpennen', c) ‚sich verziehen'; **flaked** [-kt] *adj.* flockig, Blättchen…, Flokken…; **'flak·y** [-kɪ] *adj.* **1.** flockig; **2.** blätterig: ~ ***pastry*** Blätterteig *m*; **3.** *Am. sl.* verrückt.

flam·beau ['flæmbəʊ] *pl.* **-x** [-z] *od.* **-s** *s.* **1.** Fackel *f*; **2.** Leuchter *m*.

flam·boy·ance [flæm'bɔɪəns] *s.* **1.** Extrava'ganz *f*; **2.** über'ladener Schmuck; **3.** Grellheit *f*; **4.** *fig.* a) Bom'bast *m*, b) Großartigkeit *f*; **flam'boy·ant** [-nt] *adj.* □ **1.** extrava'gant; **2.** grell, leuchtend; **3.** farbenprächtig; **4.** *fig.* flammend; **5.** auffallend; **6.** über'laden (*a. Stil*); **7.** bom'bastisch, pom'pös; **8.** ⚠ wellig: ~ ***style*** Flammenstil *m*.

flame [fleɪm] **I** *s.* **1.** Flamme *f*: ***be in ~s*** in Flammen stehen; **2.** *fig.* Feuer *n*,

Flamme *f*, Glut *f*, Leidenschaft *f*, Heftigkeit *f*: ***fan the ~*** Öl ins Feuer gießen; **3.** Leuchten *n*, Glanz *m*; **4.** F ‚Flamme' *f*, ‚Angebetete' *f*: ***an old ~ of mine***; **II** *v/i.* **5.** lodern: ***~ up*** a) auflodern, b) in Flammen aufgehen, c) *fig.* aufbrausen; **6.** leuchten, (rot) glühen: ***her eyes ~d with anger*** ihre Augen flammten vor Wut; ***her cheeks ~d red*** ihr Gesicht flammte; **~ cut·ter** *s.* ⚙ Schneidbrenner *m*; **'~-proof** *adj. tech.* **1.** feuerfest; **2.** explosi'onsgeschützt; **'~-ˌthrow·er** *s.* ⚔ Flammenwerfer *m*.

flam·ing ['fleɪmɪŋ] *adj.* **1.** lodernd (*a. Farben etc.*), brennend; **2.** *fig.* glühend, leidenschaftlich; **3.** *Brit.* F a) verdammt: ***you ~ idiot!***, b) gewaltig, Mords...: ***a ~ row*** ein ‚Mordskrach'.

flam·ma·ble ['flæməbl] → ***inflammable***.

flan [flæn] *s.* Obst-, Käsekuchen *m*.

flange [flændʒ] ⚙ **I** *s.* **1.** Flansch *m*; **2.** Rad-, Spurkranz *m*; **II** *v/t.* **3.** (an)flanschen: ***~d motor*** Flanschmotor *m*; ***~d rim*** umbördelter Rand.

flank [flæŋk] **I** *s.* **1.** Flanke *f*, Weiche *f* (*der Tiere*); **2.** Seite *f*, Flanke *f* (*e-r Person*); **3.** Seite *f* (*e-s Gebäudes etc.*): ***~ clearance*** ⚙ Flankenspiel *n*; **4.** ⚔ Flanke *f*, Flügel *m* (*beide a. fig.*): ***turn the ~ (of)*** die Flanke (*gen.*) aufrollen; **II** *v/t.* **5.** flankieren, seitlich stehen von, säumen, um'geben; **6.** ⚔ flankieren, die Flanke (*gen.*) decken *od.* angreifen; **7.** flankieren, (seitwärts) um'gehen; **III** *v/i.* **8.** angrenzen, -stoßen; seitlich liegen; **'flank·ing** [-kɪŋ] *adj.* seitlich; angrenzend; ⚔ Flanken..., Flankierungs...: ***~ fire***; ***~ march*** Flankenmarsch *m*.

flan·nel ['flænl] **I** *s.* **1.** Fla'nell *m*: ***~-mouthed*** *Am. fig.* (aal)glatt; **2.** *pl.* Fla'nellkleidung *f*, *bsd.* Fla'nellhose *f*; **3.** *pl.* Fla'nellˌunterwäsche *f od.* -ˌunterhose *f*; **4.** *Brit.* Waschlappen *m*; **5.** *Brit.* F ‚Schmus' *m*; **II** *v/t.* **6.** mit Fla'nell bekleiden; **7.** mit Fla'nell abreiben; **III** *v/i.* **8.** *Brit.* F ‚Schmus' reden.

flan·nel·et(te) [ˌflænl'et] *s.* 'Baumwollflaˌnell *m*.

flap [flæp] **I** *s.* **1.** Schlag *m*, Klaps *m*; **2.** Flügelschlag *m*; **3.** (*Verschluß*)Klappe *f* (*Tasche*, *Briefkasten*, *Buchumschlag etc.*); **4.** (*Tisch-*, *Fliegen-*, ✈ *Lande-*) Klappe *f*; Falltür *f*; **5.** Lasche *f* (*Schuh*, *Karton*); **6.** weiche Krempe; **7.** ⚕ Hautlappen *m*; **8.** F Aufregung *f*: ***be (all) in a ~*** (ganz) aus dem Häuschen sein; ***don't get into a ~!*** reg dich nicht auf!; **II** *v/t.* **9.** e-n Klaps *od.* Schlag geben (*dat.*); **10.** auf u. ab (*od.* hin u. her) bewegen, mit *den Flügeln etc.* schlagen; **III** *v/i.* **11.** flattern; **12.** flattern, mit den Flügeln schlagen: ***~ off*** davonflattern; **13.** klatschen, schlagen (***against*** gegen); **14.** F sich aufregen; **15.** *Am.* F ‚quasseln'; **'~ˌdoo·dle** *s.* F Quatsch *m*; **'~-eared** *adj.* schlappohrig; **'~·jack** *s. bsd. Am.* Pfannkuchen *m*.

flap·per ['flæpə] *s.* **1.** Fliegenklappe *f*; **2.** Klappe *f*, her'abhängendes Stück; **3.** *zo.* (breite) Flosse; **4.** *sl.* ‚Flosse' *f* (*Hand*); **5.** *sl. hist.* ‚irre Type' (*Mädchen in den 20er Jahren*).

flare [fleə] **I** *s.* **1.** (auf)flackerndes Licht; Aufflackern *n*, -leuchten *n*, Lodern *n*; **2.** a) Leuchtfeuer *n*, b) 'Licht-, 'Feuersiˌgnal *n*, c) ⚔ Leuchtkugel *f od.* -bombe *f*; **3.** *fig.* → ***flare-up*** 2; **4.** *Mode*: Schlag *m*: ***with a ~*** ausgestellt (*Rock*), *Hose a.* mit Schlag; **II** *v/i.* **5.** flackern, lodern, leuchten: ***~ up*** a) aufflammen, -flackern, -lodern (*alle a. fig.*), b) *a.* ***~ out*** *fig.* aufbrausen; **6.** ausgestellt sein (*Rock etc.*); **III** *v/t.* **7.** flackern lassen; **8.** aufflammen lassen; **9.** mit Licht *od.* Feuer signalisieren; **10.** flattern lassen; **11.** *Mode*: ausstellen (*Rock etc.*), bauschen (→ *a.* 4); **~ pis·tol** *s.* ⚔ 'Leuchtpiˌstole *f*; **ˌ~-'up** [-ər'ʌp] *s.* **1.** Aufflakkern *n*, -lodern *n* (*a. fig.*); **2.** *fig.* a) Aufbrausen *n*, Wutausbruch *m*, b) ‚Krach' *m*, (plötzlicher) Streit.

flash [flæʃ] **I** *s.* **1.** Aufblitzen *n*, Blitz *m*, Strahl *m*: ***~ of fire*** Feuergarbe *f*; ***~ of hope*** *fig.* Hoffnungsstrahl; ***~ of wit*** Geistesblitz; ***like a ~*** *fig.* wie der Blitz; ***catch a ~ of*** *fig.* e-n Blick erhaschen von; ***give s.o. a ~*** *mot.* j-n anblinken; **2.** Stichflamme *f*: ***a ~ in the pan*** *fig.* a) e-e ‚Eintagsfliege' *f*, b) ein ‚Strohfeuer'; **3.** Augenblick *m*: ***in a ~*** im Nu, blitzartig, -schnell; ***for a ~*** e-n Augenblick lang; **4.** *Radio etc.*: 'Durchsage *f*, Kurzmeldung *f*; **5.** ⚔ *Brit.* (Uni'form-) Abzeichen *n*; **6.** *phot.* F Blitz(licht *n*) *m*; **7.** *bsd. Am.* F Taschenlampe *f*; **8.** *sl.* ‚Flash' *m* (*Drogenwirkung*); **II** *v/t.* **9.** *a.* ***~ on*** aufleuchten *od.* (auf)blitzen lassen: ***he ~ed a light in my face*** er leuchtete mir (plötzlich) ins Gesicht; ***~ one's lights*** *mot.* die Lichthupe betätigen; ***his eyes ~ed fire*** s-e Augen sprühten Feuer *od.* blitzten; ***~ s.o. a glance*** j-m e-n Blick zuwerfen; **10.** (*mit Licht*) signalisieren; **11.** F *et.* zükken *od.* kurz zeigen (***at s.o.*** j-m): ***~ a badge***; **12.** F zur Schau tragen, protzen mit; **13.** *Nachricht* (*per Funk etc.*)

ˈdurchgeben; **III** *v/i.* **14.** aufflammen, (auf)blitzen; zucken (*Blitz, Lichtschein*); **15.** blinken; **16.** sich blitzartig bewegen, rasen, flitzen: **~ by** vorbeirasen, *fig.* wie im Flug(e) vergehen; ***it ~ed across*** (*od.* ***through***) ***his mind that*** plötzlich schoß es ihm durch den Kopf, daß; **~ *out*** *fig.* aufbrausen; **17. ~ *back*** zurückblenden (*im Film etc.*) (***to*** auf *acc.*); **IV** *adj.* **18.** F → ***flashy***; **19.** F a) geschniegelt, ‚aufgedonnert' (*Person*), b) protzig; **20.** F falsch, gefälscht; **21.** *in Zssgn* Schnell…; **ˈ~·back** *s.* **1.** Rückblende *f* (*Film, Roman etc.*); **2.** ⚙ (Flammen)Rückschlag *m*; **~ bomb** *s.* ⚔, *phot.* Blitzlichtbombe *f*; **~ bulb** *s. phot.* Blitzlicht(lampe *f*) *n*; **~ card** *s.* **1.** Illustratiˈonstafel *f*; **2.** *sport* Wertungstafel *f*; **~ cube** *s. phot.* Blitzwürfel *m*.

flash·er [ˈflæʃə] *s.* **1.** *mot.* Lichthupe *f*; **2.** *Brit.* F Exhibitioˈnist *m*.

flash| flood *s.* plötzliche Überschwemmung; **~ gun** *s. phot.* Blitzleuchte *f*, Elekˈtronenblitzgerät *n*; **~ lamp** → ***flash bulb***; **ˈ~·light** *s.* **1.** ⚓ Leuchtfeuer *n*; **2.** *phot.* Blitzlicht *n*; **3.** *Am.* Taschenlampe *f*; **4.** blinkendes Reˈklamelicht; **ˈ~ˌo·ver** *s.* ⚡ ˈÜberschlag *m*; **~ point** *s. phys.* Flammpunkt *m*; **~ weld·ing** *s.* ⚙ Abschmelzschweißen *n*.

flash·y [ˈflæʃɪ] *adj.* □ protzig, auffällig, grell, ‚knallig'.

flask [flɑːsk] *s.* **1.** (Taschen-, Reise-, Feld)Flasche *f*; **2.** ⚙ Kolben *m*, Flasche *f*; **3.** ⚙ Formkasten *m*.

flat¹ [flæt] **I** *s.* **1.** Fläche *f*, Ebene *f*; **2.** flache Seite: **~ *of the hand*** Handfläche *f*; **3.** Flachland *n*, Niederung *f*; **4.** Untiefe *f*, Flach *n*; **5.** ♪ B *n*; **6.** *thea.* Kuˈlisse *f*; **7.** *mot.* ‚Plattfuß' *m*, Reifenpanne *f*; **8.** → ***flatcar***; **9. *the ~*** *Pferdesport*: die Flachrennen *pl.*; **10.** *pl.* flache Schuhe; **II** *adj.* **11.** flach, eben; platt (*a. Reifen*); raˈsant (*Flugbahn*): **~ *feet*** Plattfüße; ***the ~ hand*** die flache *od.* offene Hand; **~ *nose*** platte Nase; ***as ~ as a pancake*** F flach wie ein Brett (*Mädchen*); **12.** hingestreckt, flach am Boden liegend: ***knock ~*** umhauen; ***lay ~*** dem Erdboden gleichmachen; **13.** entschieden, glatt: ***a ~ refusal***; ***and that's ~*** und damit basta!; **14.** fade, schal (*Bier etc.*); **15.** *a.* ✝ lustlos, flau; **16.** a) langweilig, fad(e), ‚lahm', b) flach, oberflächlich; **17.** a) einheitlich: **~ *price*** (*od.* ***rate***) Einheitspreis *m*, b) pauˈschal: **~ *fee*** Pauschalgebühr *f*; → ***flat price, flat rate***; **18.** *paint., phot.* a) matt, b) konˈtrastlos; **19.** klanglos (*Stimme*); **20.** ♪ a) erniedrigt (*Note*), b) mit B-Vorzeichen (*Tonart*); **21.** leer (*Batterie*); **III** *adv.* **22.** flach: ***fall ~*** a) der Länge nach hinfallen, b) *fig.* F ‚danebengehen' (*mißglücken od. s-e Wirkung verfehlen*), *thea. etc.* ‚durchfallen'; **23.** genau: ***in 10 seconds ~***; ***in nothing ~*** blitzschnell; **24.** eindeutig; **25.** entschieden, kateˈgorisch; **26.** ♪ a) um e-n halben Ton niedriger, b) zu tief: ***sing ~***; **27.** ohne Zinsen; **28.** F völlig: **~ *broke*** ‚total pleite'; **29. ~ *out*** F auf Hochtouren, ‚volle Pulle' (*fahren, arbeiten etc.*); **30. ~ *out*** F ‚toˈtal erledigt'.

flat² [flæt] *s. Brit.* (Eˈtagen)Wohnung *f*.

ˈflat|-bed trail·er *s. mot.* Tiefladeanhänger *m*; **ˈ~·boat** *s.* ⚓ Prahm *m*; **ˈ~·car** *s.* 🚃 *Am.* Plattformwagen *m*; **~ cost** *s.* ✝ Selbstkosten(preis *m*) *pl.*; **ˈ~·fish** *s.* Plattfisch *m*; **ˈ~·foot** *s.* [*irr.*] **1.** ⚕ Platt-, Senkfuß *m*; **2.** *pl. a.* **~s** *sl.* ‚Bulle' *m* (*Polizist*); **ˌ~-ˈfoot·ed** *adj.* **1.** ⚕ plattfüßig: ***be ~*** Plattfüße haben; **2.** ⚙ standfest; **3.** F ‚eisern', entschieden; **4.** *Brit.* F linkisch, unbeholfen; **ˈ~-hunt** *v/i.*: ***go ~ing*** *Brit.* auf Wohnungssuche gehen; **ˈ~ˌi·ron** *s.* **1.** Bügeleisen *n*; **2.** ⚙ Flacheisen *n*.

flat·let [ˈflætlɪt] *s. Brit.* Kleinwohnung *f*.

flat·ly [ˈflætlɪ] *adv.* kateˈgorisch, rundweg.

ˈflat·mate *s. Brit.* Mitbewohner(in).

flat·ness [ˈflætnɪs] *s.* **1.** Flachheit *f*; **2.** Plattheit *f*, Eintönigkeit *f*; **3.** Entschiedenheit *f*; **4.** ✝ Flauheit *f*.

ˈflat|-nosed pli·ers *s. pl.* ⚙ Flachzange *f*; **~ price** *s.* ✝ Pauˈschalpreis *m*; **~ race** *s.* Flachrennen *n*; **~ rate** *s.* Einheits-, Pauˈschalsatz *m*; **~ sea·son** *s.* ˈFlachrennsaiˌson *f*.

flat·ten [ˈflætn] **I** *v/t.* **1.** flach *od.* eben *od.* glatt machen, (ein)ebnen, planieren: **~ *o.s. against s.th.*** sich (platt) an et. drücken; **2.** ⚙ a) abflachen (*a.* ✈), b) ausbeulen, flach hämmern; **3.** dem Erdboden gleichmachen; **4.** F *Gegner* ‚flachlegen', *weitS.* ‚fertigmachen'; **5.** ♪ *Note* um e-n halben Ton erniedrigen; **6.** *paint. Farben* dämpfen, *a.* ⚙ grundieren; **II** *v/i.* **7.** flach *od.* eben werden; **~ out I** *v/t.* **1.** → ***flatten*** 2; **2.** ✈ *das Flugzeug* (*vor der Landung*) aufrichten; **II** *v/i.* **3.** → ***flatten*** 7; **4.** ✈ ausschweben.

flat·ter [ˈflætə] *v/t.* **1.** *j-m* schmeicheln: ***be ~ed*** sich geschmeichelt fühlen (***at, by*** durch); **~ *s.o. into doing s.th.*** j-n so lange umschmeicheln, bis er et. tut; **2.** *fig. j-m* schmeicheln (*Bild etc.*): ***the picture ~s him*** das Bild ist geschmeichelt; **3.** *fig. dem Ohr, j-s Eitelkeit etc.*

schmeicheln, wohltun; **4. ~ *o.s.*** a) sich schmeicheln *od.* einbilden (***that*** daß), b) sich beglückwünschen (***on*** zu); **'flat·ter·er** [-ərə] *s.* Schmeichler(in); **'flat·ter·ing** [-ərɪŋ] *adj.* □ schmeichelhaft: a) schmeichlerisch, b) geschmeichelt (*Bild etc.*); **'flat·ter·y** [-ərɪ] *s.* Schmeiche'lei *f.*

flat·tie ['flætɪ] → ***flatfoot*** 2.

'flat·top *s.* ⚓ *Am.* F Flugzeugträger *m.*

flat·u·lence ['flætjʊləns], **'flat·u·len·cy** [-sɪ] *s.* **1.** ⚕ Blähung(en *pl.*) *f*; **2.** *fig.* a) Hohlheit *f*, b) Schwülstigkeit *f*; **'flat·u·lent** [-nt] *adj.* □ **1.** blähend; **2.** *fig.* a) hohl, b) schwülstig.

'flat·ware *s. Am.* **1.** (Tisch-, Eß)Besteck *n*; **2.** flaches (Eß)Geschirr.

flaunt [flɔːnt] **I** *v/t.* **1.** zur Schau stellen, protzen mit: **~ *o.s.*** → 3; **2.** *Am. e-n Befehl etc.* miß'achten; **II** *v/i.* **3.** (her'um)stolzieren, paradieren; **4.** a) stolz wehen, b) prangen.

flau·tist ['flɔːtɪst] *s.* ♪ Flötenspieler(in).

fla·vo(u)r ['fleɪvə] **I** *s.* **1.** (Wohl)Geschmack *m*, A'roma *n*, *a.* Geschmacksrichtung *f*: **~ *enhancer*** Aromazusatz *m*; ***~-enhancing*** geschmacksverbessernd; **2.** Würze *f*, A'roma *n*, aro'matischer Geschmackstoff, ('Würz)Es,senz *f*; **3.** *fig.* Beigeschmack *m*, Anflug *m*; **II** *v/t.* **4.** würzen (*a. fig.*), Geschmack geben (*dat.*); **III** *v/i.* **5. ~ *of*** schmecken *od.* riechen nach (*a. fig. contp.*); **'fla·vo(u)red** [-əd] *adj.* würzig, schmackhaft; *in Zssgn* mit … Geschmack; **'fla·vo(u)r·ing** [-vərɪŋ] *s.* → ***flavo(u)r*** 2; **'fla·vo(u)r·less** [-lɪs] *adj.* ohne Geschmack, fad(e), schal.

flaw [flɔː] **I** *s.* **1.** Fehler *m*: a) Mangel *m*, Makel *m*, b) ⚙, ⚒ fehlerhafte Stelle, De'fekt *m* (*a. fig.*), Fabrikati'onsfehler *m*; **2.** Sprung *m*, Riß *m*, Bruch *m*; **3.** Blase *f*, Wolke *f* (*im Edelstein*); **4.** ⚖ a) Formfehler *m*, b) Fehler *m* im Recht; **5.** *fig.* schwacher Punkt, Mangel *m*; **II** *v/t.* **6.** brüchig *od.* rissig machen; **7.** *fig.* Fehler aufzeigen in (*dat.*); **8.** verunstalten; **'flaw·less** [-lɪs] *adj.* □ fehler-, einwandfrei, tadellos; lupenrein (*Edelstein*).

flax [flæks] *s.* ⚘ **1.** Flachs *m*, Lein *m*; **2.** Flachs(faser *f*) *m*; **flax·en** ['flæksən] *adj.* **1.** Flachs…; **2.** flachsartig; **3.** flachsen, flachsfarben: ***~-haired*** flachsblond; **'flax·seed** *s.* ⚘ Leinsamen *m.*

flay [fleɪ] *v/t.* **1.** *Tier* abhäuten, *hunt.* abbalgen: **~ *s.o. alive*** F a) kein gutes Haar an j-m lassen, b) j-n ‚zur Schnekke' machen; **2.** *et.* schälen; **3.** *j-n* auspeitschen; **4.** F *j-n* ausplündern *od.* ‚ausnehmen'.

flea [fliː] *s. zo.* Floh *m*: ***send s.o. away with a ~ in his ear*** j-m ‚heimleuchten'; **'~-bag** *s. sl.* **1.** a) ‚Flohkiste' *f* (*Bett*), b) Schlafsack *m*; **2.** ‚Schlampe' *f*; **'~-bite** *s.* **1.** Flohbiß *m*; **2.** Baga'telle *f*; **'~-,bit·ten** *adj.* **1.** von Flöhen zerbissen; **2.** rötlich gesprenkelt (*Pferd etc.*); **~ mar·ket** *s.* Flohmarkt *m.*

fleck [flek] **I** *s.* **1.** Licht-, Farbfleck *m*; **2.** a) (Haut)Fleck *m*, b) Sommersprosse *f*; **3.** (*Staub- etc.*)Teilchen *n*: **~ *of dust*; ~ *of mud*** Dreckspritzer *m*; **~ *of snow*** Schneeflocke *f*; **II** *v/t.* **4.** → **'fleck·er** [-kə] *v/t.* sprenkeln.

flec·tion ['flekʃn] *etc. Am.* → ***flexion*** *etc.*

fled [fled] *pret. u. p.p. von* ***flee.***

fledge [fledʒ] **I** *v/t. Pfeil etc.* befiedern, mit Federn versehen; **II** *v/i. orn.* flügge werden: ***~d*** flügge; **'fledg(e)·ling** [-dʒlɪŋ] *s.* **1.** eben flügge gewordener Vogel; **2.** *fig.* Grünschnabel *m*, Anfänger *m.*

flee [fliː] **I** *v/i.* [*irr.*] **1.** fliehen, flüchten (***before, from*** vor *dat.*; ***from*** aus, von): **~ *from justice*** sich der Strafverfolgung entziehen; **2.** eilen; **3. ~ *from*** → 5; **II** *v/t.* [*irr.*] **4.** fliehen aus: **~ *the country*;** **5.** aus dem Weg gehen (*dat.*), meiden.

fleece [fliːs] **I** *s.* **1.** Vlies *n*, Schaffell *n*; **2.** *a.* **~ *wool*** Schur(wolle) *f*; **3.** *fig.* dikkes Gewebe, Flausch *m*; **4.** (Haar)Pelz *m*; **5.** Schnee- *od.* Wolkendecke *f*; **II** *v/t.* **6.** *fig.* schröpfen (***of*** um), ‚rupfen'; **7.** bedecken; **'fleec·y** [-sɪ] *adj.* wollig, weich: **~ *cloud*** Schäfchenwolke *f.*

fleet[1] [fliːt] *s.* **1.** (*bsd.* Kriegs)Flotte *f*: **2 *Admiral*** *Am.* Großadmiral *m*; ***merchant ~*** Handelsflotte; **2.** ✈ Gruppe *f*, Geschwader *n*; **3. ~ (*of cars*)** Wagenpark *m.*

fleet[2] [fliːt] *adj.* □ **1.** schnell, flink: **~ *of foot, ~-footed*** schnellfüßig; **2.** *poet.* → ***fleeting.***

fleet·ing ['fliːtɪŋ] *adj.* □ (schnell) da'hineilend, flüchtig, vergänglich: **~ *time*; ~ *glimpse*** flüchtiger (An)Blick *od.* Eindruck; **'fleet·ness** [-tnɪs] *s.* **1.** Schnelligkeit *f*; **2.** Flüchtigkeit *f.*

Fleet Street *s.* Fleet Street *f*: a) *das Londoner Presseviertel*, b) *fig. die* (*Londoner*) *Presse.*

Flem·ing ['flemɪŋ] *s.* Flame *m*, Flamin *f*, Flämin *f*; **'Flem·ish** [-mɪʃ] **I** *s.* **1. *the ~*** die Flamen *pl.*; **2.** *ling.* Flämisch *n*; **II** *adj.* **3.** flämisch.

flench [flentʃ], **flense** [flenz] *v/t.* **1.** a) *den Wal* flensen, b) *den Walspeck* abziehen; **2.** *Seehund* häuten.

flesh [fleʃ] **I** *s.* **1.** Fleisch *n*: ***my own ~ and blood*** mein eigen Fleisch u. Blut; ***more than ~ and blood can bear*** einfach unerträglich; ***in ~*** *obs.* korpulent, dick; ***lose ~*** abmagern, abnehmen; ***put on ~*** Fett ansetzen, zunehmen; ***press*** (***the***) **~** *Am.* F Hände schütteln; (***bare***) **~** *iro.* (nacktes) Fleisch, ,Fleischbeschau' *f*; → ***creep*** 4; **2.** Körper *m*, Leib *m*: ***in the ~*** leibhaftig, (höchst)persönlich, *weitS.* in natura; ***become one ~*** 'ein Leib u. 'eine Seele werden; **3.** a) *sündiges* Fleisch, b) Fleischeslust *f*: ***pleasures of the ~*** Freuden des Fleisches; **4.** Menschheit *f*: ***go the way of all ~*** den Weg allen Fleisches gehen; **5.** (Frucht)Fleisch *n*; **II** *v/t.* **6.** *Jagdhund* Fleisch kosten lassen; **7.** *Tierhaut* ausfleischen; **8.** *mst* **~ *out*** *fig. Gesetz etc.* ,mit Fleisch versehen', Sub'stanz verleihen (*dat.*); **'~-ˌcol·o(u)r** *s.* Fleischfarbe *f*; **'~-ˌcol·o(u)red** *adj.* fleischfarben.

flesh·ings ['fleʃɪŋz] *s. pl.* fleischfarbene Strumpfhose *f*; **flesh·ly** ['fleʃlɪ] *adj.* **1.** fleischlich: a) leiblich, b) sinnlich; **2.** irdisch, menschlich.

'flesh|·pot *s.*: ***the ~s of Egypt*** *fig.* die Fleischtöpfe Ägyptens; **~ tights** → ***fleshings***; **~ tints** *s. pl. paint.* Fleischtöne *pl.*; **~ wound** *s.* Fleischwunde *f*.

flesh·y ['fleʃɪ] *adj.* **1.** fleischig (*a. Früchte etc.*), dick; **2.** fleischartig.

fleur-de-lis [ˌflɜːdə'liː] *pl.* **fleurs-de-lis** [ˌflɜːdə'liːz] (*Fr.*) *s.* **1.** *her.* Lilie *f*; **2.** *königliches Wappen Frankreichs.*

flew [fluː] *pret. von* ***fly***[1].

flews [fluːz] *s. pl.* Lefzen *pl.*

flex [fleks] **I** *v/t. anat.* beugen, biegen: **~ *one's knees***; **~ *one's muscles*** die Muskeln anspannen, s-e Muskeln spielen lassen (*a. fig.*); **II** *s.* ↯ *bsd. Brit.* (Anschluß-, Verlängerungs)Kabel *n*; **flex·i·bil·i·ty** [ˌfleksə'bɪlətɪ] *s.* **1.** Biegsamkeit *f*, Elastizi'tät *f*; **2.** *fig.* Flexibili'tät *f*, Wendigkeit *f*, Beweglichkeit *f*; **flex·i·ble** ['fleksəbl] *adj.* □ **1.** fle'xibel: a) biegsam, e'lastisch, b) *fig.* wendig, anpassungsfähig, geschmeidig: **~ *car*** *mot.* wendiger Wagen; **~ *drive shaft*** ⚙ Kardanwelle *f*; **~ *gun*** schwenkbares Geschütz; **~ *metal tube*** Metallschlauch *m*; **~ *policy*** flexible Politik; **~ *working hours*** gleitende Arbeitszeit; **2.** lenkbar, folg-, fügsam; **'flex·ile** [-sɪl] → ***flexible***; **'flex·ion** [-kʃn] *s.* **1.** *bsd. anat.* Biegen *n*, Beugung *f*; **2.** *ling.* Flexi'on *f*, Beugung *f*; **'flex·ion·al** [-kʃənl] *adj. ling.* flektiert, Flexions..., Beugungs...; **'flex·or** [-ksə] *s. anat.* Beuger *m*, Beugemuskel *m*; **'Flex·time** (*Warenzeichen*) *s.* ☨ gleitende Arbeitszeit.

flib·ber·ti·gib·bet [ˌflɪbətɪ'dʒɪbɪt] *s.* a) Klatschbase *f*, b) ,verrückte Nudel'.

flick[1] [flɪk] **I** *s.* **1.** leichter, schneller Schlag, Klaps *m*; **2.** a) Schnipser *m*, (Finger)Schnalzen *n*, b) (Peitschen-)Schnalzen *n*, (-)Knall *m*: ***a ~ of the wrist*** schnelle Drehung des Handgelenks; **II** *v/t.* **3.** schnippen, schnipsen; e-n Klaps geben (*dat.*); *Schalter* an- *od.* ausknipsen; *Messer* (auf)schnappen lassen; **III** *v/i.* **4.** schnellen; **5. ~ *through*** *Buch etc.* 'durchblättern.

flick[2] [flɪk] *s.* F a) Film *m*, b) *pl.* ,Kintopp' *m*, Kino *n*.

flick·er ['flɪkə] **I** *s.* **1.** Flackern *n*: ***a ~ of hope*** ein Hoffnungsfunke; **2.** Zucken *n*; **3.** *TV* Flimmern *n*; **4.** Flattern *n*; **II** *v/i.* **5.** *a. fig.* (auf)flackern; **6.** zucken; **7.** *TV* flimmern; **8.** huschen (***over*** über *acc.*) (*Augen*).

flick knife *s.* [*irr.*] *Brit.* Schnappmesser *n*.

fli·er ['flaɪə] *s.* **1.** etwas, das fliegt (*Vogel, Insekt, etc.*); **2.** ✈ Flieger *m*: a) Pi'lot *m*, b) ,Vogel' *m* (*Flugzeug*); **3.** Flieger *m* (*Trapezkünstler*); **4.** *Am.* a) Ex'preß(zug) *m*, b) Schnell(auto)bus *m*; **5.** ⚙ Schwungrad *n*; **6.** ***take a ~*** F a) e-n Riesensatz machen, b) *Am.* sich auf e-e gewagte Sache einlassen; **7.** *Am.* Flugblatt *n*, Re'klamezettel *m*; **8.** F *für* ***flying start***.

flight[1] [flaɪt] *s.* Flucht *f*: ***put to ~*** in die Flucht schlagen; ***take*** (***to***) **~** die Flucht ergreifen; **~ *of capital*** ☨ Kapitalflucht; **~ *capital*** Fluchtkapital *n*.

flight[2] [flaɪt] *s.* **1.** Flug *m*, Fliegen *n*: ***in ~*** im Flug; **2.** ✈ a) Flug *m*, b) Flug(strecke *f*) *m*; **3.** Schwarm *m* (*Vögel od. Insekten*), Flug *m*, Schar *f* (*Vögel*): ***in the first ~*** *fig.* an der Spitze; **4.** ✈, ⚔ a) Schwarm *m* (*4 Flugzeuge*), b) Kette *f* (*3 Flugzeuge*); **5.** (*Geschoß-, Pfeil- etc.*) Hagel *m*; **6.** (*Gedanken- etc.*)Flug *m*, Schwung *m*; **7.** **~ *of stairs*** (*od.* ***steps***) Treppe *f*; **~ at·tend·ant** *s.* Flugbegleiter(in); **~ deck** *s.* **1.** ⚓ Flugdeck *n*; **2.** ✈ Cockpit *n*; **~ en·gi·neer** *s.* 'Bordingeniˌeur *m*; **'~-ˌfeath·er** *s. orn.* Schwungfeder *f*.

flight·i·ness ['flaɪtɪnɪs] *s.* **1.** Flatterhaftigkeit *f*; **2.** Leichtsinn *m*.

flight| in·struc·tor *s.* ✈ Fluglehrer *m*; **~ lane** *s.* ✈ Flugschneise *f*; **~ lieu·ten·ant** *s. Brit.* (Flieger)Hauptmann *m*; **~ me·chan·ic** *s.* 'Bordmeˌchaniker *m*; **~ path** *s.* **1.** ✈ Flugroute *f*; **2.** *Ballistik*: Flugbahn *f*; **~ re·cord·er** *s.* ✈ Flugschreiber *m*; **'~-test** *v/t.* im Flug erproben: ***~ed*** flugerprobt; **~ tick·et** *s.* Flugticket *n*; **'~-,worth·y** *adj.* flugtauglich (*Person*); fluggeeignet (*Maschine*).

flight·y ['flaɪtɪ] *adj.* □ **1.** flatterhaft, launisch, fahrig; **2.** leichtsinnig.

flim·flam ['flɪmflæm] **I** *s.* **1.** Quatsch *m*; **2.** ‚fauler Zauber', Trick(s *pl.*) *m*; **II** *v/t. j-n* ‚reinlegen'.

flim·si·ness ['flɪmzɪnɪs] *s.* **1.** Dünnheit *f*; **2.** *fig.* Fadenscheinigkeit *f*; **3.** Dürftigkeit *f*; **flim·sy** ['flɪmzɪ] **I** *adj.* □ **1.** (hauch)dünn, zart, leicht, schwach; **2.** *fig.* dürftig, 'durchsichtig, schwach, fadenscheinig: ***a ~ excuse***; **II** *s.* **3.** a) 'Durchschlag-, 'Kohlepa,pier *n*, b) 'Durchschlag *m*; **4.** *pl.* F ‚Reizwäsche' *f*.

flinch[1] [flɪntʃ] *v/i.* **1.** zu'rückschrecken (***from, at*** vor *dat.*); **2.** (zu'rück)zucken, zs.-fahren (*vor Schmerz etc.*): ***without ~ing*** ohne mit der Wimper zu zucken.

flinch[2] [flɪntʃ] → ***flench***.

fling [flɪŋ] **I** *s.* **1.** Wurf *m*: (***at***) ***full ~*** mit voller Wucht; **2.** Ausschlagen *n* (*des Pferdes*); **3.** *fig.* F Versuch *m*: ***have a ~ at s.th.*** es mit et. probieren; ***have a ~ at s.o.*** über j-n herfallen, gegen j-n sticheln; **4.** ***have one's*** (*od.* ***a***) ***~*** sich austoben; **5.** *ein schottischer Tanz*; **II** *v/t.* [*irr.*] **6.** schleudern, werfen: ***~ open*** *Tür* aufreißen; ***~ s.th. in s.o.'s teeth*** *fig.* j-m et. ins Gesicht schleudern; ***~ o.s. at s.o.*** a) sich auf j-n stürzen, b) *fig.* sich j-m an den Hals werfen; ***~ o.s. into s.th.*** *fig.* sich in *od.* auf e-e Sache stürzen; **III** *v/i.* [*irr.*] **7.** eilen, stürzen (***out of the room*** aus dem Zimmer); **8.** ***~ out*** (***at***) ausschlagen (nach) (*Pferd*); *Zssgn mit adv.*:

fling| a·way *v/t.* **1.** wegwerfen; **2.** *fig. Zeit, Geld* vergeuden, verschwenden (***on*** für *et.*, an *j-n*); **~ back** *v/t. Kopf* zu'rückwerfen; **~ down** *v/t.* zu Boden werfen; **~ off I** *v/t.* **1.** *Kleider*, *a. Joch, Skrupel* abwerfen; **2.** *Verfolger* abschütteln; **3.** *Gedicht etc.* ‚hinhauen'; **4.** *Bemerkung* fallenlassen; **II** *v/i.* **5.** da'vonstürzen; **~ on** *v/t.* (sich) *Kleider* 'überwerfen; **~ out I** *v/t.* **1.** *j-n* hin'auswerfen; **2.** *et.* wegwerfen; **3.** *Worte* her'vorstoßen; **4.** *Arme* (plötzlich) ausstrecken; **II** *v/i.* **5.** → ***fling*** 7, 8.

flint [flɪnt] *s.* **1.** *min.* Flint *m*, Feuerstein *m* (*a. des Feuerzeugs*); **2.** → **~ glass** *s.* ⚙ Flintglas *n*; **'~·lock** *s.* ⚔ *hist.* Steinschloß(gewehr) *n*.

flint·y ['flɪntɪ] *adj.* □ **1.** aus Feuerstein; **2.** kieselhart; **3.** *fig.* hart(herzig).

flip[1] [flɪp] **I** *v/t.* **1.** schnipsen, schnellen: ***~ off*** wegschnipsen; ***~*** (***over***) *Buchseiten, Schallplatte etc.* wenden, *a. Spion* 'umdrehen; ***~ a coin*** e-e Münze hochwerfen (*zum Losen*); **2.** ***~ one's lid*** (*od.* ***top***) → 5; **II** *v/i.* **3.** schnipsen; **4.** ***~ through*** *Buch etc.* 'durchblättern; **5.** *a.* ***~ out*** *sl.* ‚ausflippen', ‚durchdrehen'; **III** *s.* **6.** Schnipser *m*; **7.** *sport* Salto *m*; **8.** ✈ *Brit.* F kurzer Rundflug; **IV** *adj.* **9.** F a) → ***flippant***, b) gut aufgelegt.

flip[2] [flɪp] *s.* Flip *m* (*alkoholisches Mischgetränk mit Ei*).

flip-flap ['flɪpflæp] → **'flip-flop** [-flɒp] *s.* **1.** Klappern *n*; **2.** *sport* Flic(k)flac(k) *m*, 'Handstand,überschlag *m*; **3.** *a.* ***~ circuit*** ⚡ Flipflopschaltung *f*; **4.** 'Zehensan,dale *f*; **II** *v/i.* **5.** klappern; **6.** *sport* e-n Flic(k)flac(k) machen.

flip·pan·cy ['flɪpənsɪ] *s.* **1.** ‚Schnoddrigkeit' *f*, vorlaute Art; **2.** Leichtfertigkeit *f*, Frivoli'tät *f*; **'flip·pant** [-nt] *adj.* □ **1.** ‚schnodd(e)rig', vorlaut, frech; **2.** fri'vol, leichtfertig.

flip·per ['flɪpə] *s.* **1.** *zo.* (Schwimm)Flosse *f*; **2.** *sport* Schwimmflosse *f*; **3.** *sl.* ‚Flosse' *f* (*Hand*).

flirt [flɜːt] **I** *v/t.* **1.** schnipsen; **2.** wedeln mit: ***~ a fan***; **II** *v/i.* **3.** her'umflattern; **4.** flirten (***with*** mit) (*a. fig. pol. etc.*): ***~ with death*** mit dem Leben spielen; **5.** *mit e-r Idee* spielen, liebäugeln; **III** *s.* **6.** a) ko'kette Frau, b) Schäker *m*; **7.** → **flir·ta·tion** [flɜː'teɪʃn] *s.* **1.** Flirten *n*; **2.** Flirt *m*; **3.** Liebäugeln *n*; **flir·ta·tious** [flɜː'teɪʃəs] *adj.* (gern) flirtend, ko'kett.

flit [flɪt] **I** *v/i.* **1.** flitzen, huschen, sausen; **2.** (um'her)flattern; **3.** verfliegen (*Zeit*); **4.** *Brit.* F heimlich ausziehen; **II** *s.* **5.** *a.* ***moonlight ~*** *Brit.* F Auszug *m* bei Nacht u. Nebel.

flitch [flɪtʃ] *s.* **1.** *a.* ***~ of bacon*** gesalzene *od.* geräucherte Speckseite; **2.** Heilbuttschnitte *f*; **3.** Walspeckstück *n*.

fliv·ver ['flɪvə] *s. Am. sl.* **1.** kleine ‚Blechkiste' (*Auto, Flugzeug*); **2.** ‚Pleite' *f* (*Mißerfolg*).

float [fləʊt] **I** *v/i.* **1.** (im Wasser) treiben, schwimmen; **2.** ⚓ flott sein *od.* werden; **3.** schweben, treiben, gleiten; **4.** *a.* ✝ 'umlaufen, in 'Umlauf sein; ✝ gegründet werden; **5.** (ziellos) her'umwandern; **6.** *Am.* häufig den Wohnsitz *od.* Arbeitsplatz wechseln; **II** *v/t.* **7.** schwimmen *od.* treiben lassen; *Baumstämme* flößen; **8.** ⚓ flottmachen; **9.** schwemmen, tragen (*Wasser*) (*a. fig.*); **10.** über'schwemmen (*a. fig.*); **11.** *fig. Verhandlungen etc.* in Gang bringen, lancieren; *Gerücht etc.* in 'Umlauf setzen; **12.** ✝ a) *Gesellschaft* gründen, b) *Anleihe* auflegen, c) *Wertpapiere* in 'Umlauf bringen; **13.** ✝ floaten, den

Wechselkurs (*gen.*) freigeben; **III** *s.* **14.** Floß *n*; **15.** schwimmende Landebrükke; **16.** *Angeln*: (Kork)Schwimmer *m*; **17.** *ichth.* Schwimmblase *f*; **18.** ⚙, ✈ Schwimmer *m*; **19.** *a.* ~ ***board*** (Rad-)Schaufel *f*; **20.** a) niedriger Plattformwagen (*für Güter*), b) Festwagen *m* (*bei Umzügen etc.*); **21.** ⚙ a) Raspel *f*, b) Pflasterkelle *f*; **22.** *pl. thea.* Rampenlicht *n*; **23.** *Brit.* Notgroschen *m*; **'float·a·ble** [-təbl] *adj.* **1.** schwimmfähig; **2.** flößbar (*Fluß*); **'float·age, float·a·tion** → ***flotage, flotation.***

float bridge *s.* Floßbrücke *f.*

float·er ['fləʊtə] *s.* **1.** ✝ Gründer *m e-r Firma*; **2.** ✝ *Brit.* erstklassiges 'Wertpaˌpier; **3.** *Am.* F ,Zugvogel' *m* (*j-d, der ständig Wohnsitz od. Arbeitsplatz wechselt*); **4.** Springer *m* (*im Betrieb*); **5.** *pol.* a) Wechselwähler *m*, b) *Wähler, der s-e Stimme illegal in mehreren Wahlbezirken abgibt*; **6.** *Am. sl.* Wasserleiche *f.*

float·ing ['fləʊtɪŋ] **I** *adj.* □ **1.** schwimmend, treibend, Schwimm..., Treib...; **2.** schwebend (*a. fig.*); **3.** lose, beweglich; **4.** schwankend; **5.** ohne festen Wohnsitz, wandernd; **6.** ✝ a) 'umlaufend (*Geld etc.*), b) schwebend (*Schuld*), c) flüssig (*Kapital*), d) fle'xibel (*Wechselkurs*), e) frei konvertierbar (*Währung*); **II** *s.* **7.** ✝ Floating *n*, Freigabe *f* des Wechselkurses; ~ **an·chor** *s.* ⚓ Treibanker *m*; ~ **as·sets** *s. pl.* ✝ flüssige Ak'tiva *pl.*; ~ **ax·le** *s.* ⚙ Schwingachse *f*; ~ **bridge** *s.* Tonnen-, Floßbrücke *f*; ~ **cap·i·tal** *s.* ✝ 'Umlaufvermögen *n*; ~ **crane** *s.* ⚙ Schwimmkran *m*; ~ **dec·i·mal point** → ***floating point***; ~ **dock** *s.* ⚓ Schwimmdock *n*; ~ **ice** *s.* Treibeis *n*; ~ **kid·ney** *s.* ⚕ Wanderniere *f*; ~ **light** *s.* ⚓ Leuchtboje *f od.* -schiff *n*; ~ **mine** *s.* ⚔ Treibmine *f*; ~ **point** *s. Computer etc.*: Fließkomma *n*; ~ **pol·i·cy** *s.* ✝ Pau'schalpoˌlice *f*; ~ **rib** *s. anat.* falsche Rippe; ~ **trade** *s.* ✝ Seefrachthandel *m*; ~ **vote** (*od.* **vot·ers** *pl.*) *s. pol.* Wechselwähler *pl.*

'float|·plane *s.* ✈ Schwimmerflugzeug *n*; ~ **switch** *s.* ⚡ Schwimmerschalter *m*; ~ **valve** *s.* ⚙ 'Schwimmervenˌtil *n.*

floc·cose ['flɒkəʊs], **'floc·cu·lent** [-kjʊlənt] *adj.* flockig, wollig; **'floc·cus** [-kəs] *pl.* **-ci** [-kaɪ] *s.* **1.** Flocke *f*; **2.** Büschel *n*; **3.** *orn.* Flaum *m.*

flock[1] [flɒk] **I** *s.* **1.** Herde *f* (*bsd. Schafe*); **2.** Schwarm *m*, *hunt.* Flug *m* (*Vögel*); **3.** Menge *f*, Schar *f* (*Personen*): ***come in ~s*** (in Scharen) herbeiströmen; **4.** *eccl.* Herde *f*, Gemeinde *f*; **II** *v/i.* **5.** *fig.* strömen: ~ ***to a place*** zu e-m Ort (hin)strömen; ~ ***to s.o.*** j-m zuströmen, in Scharen zu j-m kommen; ~ ***together*** zs.-strömen.

flock[2] [flɒk] *s.* **1.** (Woll)Flocke *f*; **2.** *sg. od. pl.* a) Wollabfall *m*, b) Wollpulver *n* (*für Tapeten etc.*): ~ (***wall***)***paper*** Velourstapete *f.*

floe [fləʊ] *s.* Treibeis *n*, Eisscholle *f.*

flog [flɒg] *v/t.* **1.** prügeln, schlagen: ~ ***a dead horse*** a) s-e Zeit verschwenden, b) offene Türen einrennen; ~ ***s.th. to death*** *fig.* et. zu Tode reiten; **2.** auspeitschen; **3.** ~ ***s.th. into s.o.*** j-m et. einbleuen; ~ ***s.th. out of s.o.*** j-m et. austreiben; **4.** *Brit.* F *et.* ,verscheuern', ,verkloppen'; **'flog·ging** [-gɪŋ] *s.* **1.** Tracht *f* Prügel; **2.** Prügelstrafe *f.*

flood [flʌd] **I** *s.* **1.** Flut *f* (*a. Ggs. Ebbe*): ***on the ~*** mit der (*od.* bei) Flut; **2.** Über'schwemmung *f* (*a. fig.*), Hochwasser *n*: ***the*** ♀ *bibl.* die Sintflut; **3.** *fig.* Flut *f*, Strom *m*, Schwall *m* (*von Briefen, Worten etc.*): ***a ~ of tears*** ein Tränenstrom; **II** *v/t.* **4.** über'schwemmen, -'fluten (*a. fig.*): ~ ***the market*** ✝ den Markt überschwemmen; **5.** unter Wasser setzen; **6.** ⚓ fluten; **7.** *mot. den Motor* ,absaufen' lassen; **8.** *Fluß* anschwellen lassen; **9.** *fig.* strömen in (*acc.*), sich ergießen über (*acc.*); **III** *v/i.* **10.** *a. fig.* fluten, strömen, sich ergießen: ~ ***in*** hereinströmen; **11.** a) anschwellen (*Fluß*), b) über die Ufer treten; **12.** 'überlaufen (*Bad etc.*); **13.** über'schwemmt werden; ~ **con·trol** *s.* Hochwasserschutz *m*; ~ **dis·as·ter** *s.* 'Hochwasserkataˌstrophe *f*; **'~·gate** *s.* Schleusentor *n*, *fig.* Schleuse *f*: ***open the ~s to*** *fig.* Tür u. Tor öffnen (*dat.*).

flood·ing ['flʌdɪŋ] *s.* **1.** Über'schwemmung *f*; **2.** ⚕ Gebärmutterblutung *f.*

'flood|·light I *s.* **1.** Scheinwerfer-, Flutlicht *n*; **2.** *a.* ~ ***projector*** Scheinwerfer *m*: ***under ~s*** bei Flutlicht; **II** *v/t.* [*irr.* → ***light***[1]] (mit Scheinwerfern) beleuchten *od.* anstrahlen: ***floodlit*** in Flutlicht getaucht; ***floodlit match*** *sport* Flutlichtspiel *n*; **'~·mark** *s.* Hochwasserstandszeichen *n*; **'~-tide** *s.* Flut(zeit) *f.*

floor [flɔː] **I** *s.* **1.** (Fuß)Boden *m*: ***mop*** (*od.* ***wipe***) ***the ~ with s.o.*** j-n ,fertigmachen', mit j-m ,Schlitten fahren'; **2.** Tanzfläche *f*: ***take the ~*** auf die Tanzfläche gehen (→ 3); **3.** *parl.* Sitzungs-, Ple'narsaal *m*: ***cross the ~*** zur Gegenpartei übergehen; ***admit to the ~*** *j-m* das Wort erteilen; ***get*** (***have*** *od.* ***hold***) ***the ~*** das Wort erhalten (haben); ***take the ~*** das Wort ergreifen (→ 2); **4.** ✝ Börsensaal *m*; **5.** Stock(werk *n*) *m*, Geschoß *n*; → ***first floor** etc.*; **6.** (Meeres- *etc.*)Boden *m*, Grund *m*, (*Fluß-, Tal- etc.*, ⚒ *Strecken*)Sohle *f*; **7.** Minimum *n*: ***price ~***; ***cost ~*** Mindestkosten *pl.*; **II** *v/t.* **8.** e-n (Fuß)Boden legen in (*dat.*); **9.** zu Boden strecken, niederschlagen; **10.** F a) *j-n* ,'umhauen': ***~ed*** sprachlos, ,platt', b) *j-n* ,schaffen'; **11.** *Am. das Gaspedal etc.* voll 'durchtreten; '**~·cloth** *s.* Scheuertuch *n*; **~ cov·er·ing** *s.* Fußbodenbelag *m*.

floor·er ['flɔːrə] *s.* F **1.** vernichtender Schlag, *fig. a.* ,Schlag *m* ins Kon'tor'; **2.** ,harte Nuß', knifflige Frage.

floor ex·er·cis·es *s. pl.* Bodenturnen *n*.

floor·ing ['flɔːrɪŋ] *s.* **1.** (Fuß)Boden *m*; **2.** Bodenbelag *m*.

floor| lamp *s.* Stehlampe *f*; **~ lead·er** *s. pol. Am.* Frakti'onsvorsitzende(r) *m*; **~ man·ag·er** *s.* **1.** ✝ Ab'teilungsleiter *m* (*in e-m Kaufhaus*); **2.** *pol. Am.* Geschäftsführer *m* (*e-r Partei*); **3.** *TV* Aufnahmeleiter *m*; **~ plan** *s.* **1.** Grundriß *m* (*e-s Stockwerks*); **2.** Raumverteilungsplan *m* (*auf e-r Messe etc.*); **~ show** *s.* Varie'tévorstellung *f* (*in e-m Nachtklub etc.*); **~ space** *s.* Bodenfläche *f*; **~ tile** *s.* Fußbodenfliese *f*; '**~ˌwalk·er** *s.* (aufsichtführender) Ab'teilungsleiter (*in e-m Kaufhaus*).

floo·zie ['fluːzɪ] *s. Am. sl.* ,Flittchen' *n*.

flop [flɒp] **I** *v/i.* **1.** ('hin)plumpsen; **2.** (***into***) sich (in *e-n Sessel etc.*) plumpsen lassen; **3.** a) zappeln, b) flattern; **4.** F a) *ped., thea. etc.* ,'durchfallen', b) *allg.* e-e ,Pleite' sein, ,da'nebengehen'; **II** *v/t.* **5.** ('hin)plumpsen lassen; **III** *s.* **6.** Plumps *m*; **7.** F a) *thea. etc.* ,'Durchfall' *m*, ,Flop' *m*, b) ,Pleite' *f*, ,Reinfall' *m*, c) Versager *m*, ,Niete' *f* (*Person*); **IV** *adv. u. int.* **8.** plumps; '**flop·house** *s. Am. sl.* ,Penne' *f*, (billige) ,Absteige'; '**flop·py** [-pɪ] *adj.* □ schlaff, schlotterig: ***~ ears*** Schlappohren; ***~ hat*** Schlapphut *m*; ***~ disk*** *Computer*: Diskette *f*.

flo·ra ['flɔːrə] *pl.* **-ras**, *a.* **-rae** [-riː] *s.* **1.** Flora *f*, (*a.* Abhandlung *f* über e-e) Pflanzenwelt *f*; **2.** *physiol.* (*Darm- etc.*) Flora *f*; '**flo·ral** [-rəl] *adj.* □ Blumen..., Blüten..., *a.* geblümt: ***~ design*** Blumenmuster *n*; ***~ emblem*** Wappenblume *f*.

Flor·en·tine ['flɒrəntaɪn] **I** *adj.* floren'tinisch, Florentiner...; **II** *s.* Floren'tiner(in).

flo·res·cence [flɔː'resns] *s.* ⚘ Blüte (-zeit) *f* (*a. fig.*); **flo·ret** ['flɔːrɪt] *s.* Blümchen *n*.

flo·ri·cul·tur·e ['flɔːrɪkʌltʃə] *s.* Blumenzucht *f*.

flor·id ['flɒrɪd] *adj.* □ **1.** rot, gerötet: ***~ complexion***; **2.** blühend (*Gesundheit*); **3.** über'laden: a) blumig (*Stil*), b) 'übermäßig verziert; **4.** ♪ figuriert; **5.** ⚕ stark ausgeprägt (*Krankheit*).

Flo·rid·i·an [flɒ'rɪdɪən] **I** *adj.* Florida...; **II** *s.* Bewohner(in) von Florida.

flor·in ['flɒrɪn] *s.* **1.** *Brit. hist.* Zwei'schillingstück *n*; **2.** *obs.* (*bsd.* niederländischer) Gulden.

flo·rist ['flɒrɪst] *s.* Blumenhändler(in), -züchter(in).

floss[1] [flɒs] *s.* **1.** Ko'kon-, Seidenwolle *f*; **2.** Flo'rettgarn *n*; **3.** *a.* ***~ silk*** Schappe-, Flo'rettseide *f*; **4.** ⚘ Seidenbaumwolle *f*; **5.** Flaum *m*, seidige Sub'stanz; **6.** *a.* ***dental ~*** Zahnseide *f*.

floss[2] [flɒs] *s.* ⚙ **1.** Glasschlacke *f*; **2.** *a.* ***~ hole*** Schlackenloch *n*.

floss·y ['flɒsɪ] *adj.* **1.** flo'rettseiden; **2.** seidig; **3.** *Am. sl.* ,schick'.

flo·tage ['fləʊtɪdʒ] *s.* **1.** Schwimmen *n*; **2.** Schwimmfähigkeit *f*; **3.** *et.* Schwimmendes *od.* Treibendes, Treibgut *n*.

flo·ta·tion [fləʊ'teɪʃn] *s.* **1.** → ***flotage*** 1; **2.** Schweben *n*; **3.** ✝ a) Gründung *f* (*e-er Gesellschaft*), b) In'umlaufbringung *f* (*von Wertpapieren etc.*), c) Auflegung *f* (*e-r Anleihe*); **4.** ⚙ Flotati'on *f*.

flo·til·la [fləʊ'tɪlə] *s.* ⚓ Flot'tille *f*.

flot·sam ['flɒtsəm], *a.* **~ and jet·sam** *s.* **1.** ⚓ Strand-, Treibgut *n*; **2.** *fig.* Strandgut *n* des Lebens; **3.** *fig.* 'Überbleibsel *pl.*, Krimskrams *m*.

flounce[1] [flaʊns] *v/i.* **1.** erregt stürmen *od.* stürzen; **2.** stolzieren; **3.** sich her'umwerfen, zappeln.

flounce[2] [flaʊns] **I** *s.* Vo'lant *m*, Besatz *m*; Falbel *f*; **II** *v/t.* mit Vo'lants besetzen.

floun·der[1] ['flaʊndə] *v/i.* **1.** zappeln, strampeln, *fig. a.* sich (ab)quälen; **2.** taumeln, stolpern, um'hertappen; **3.** *fig.* sich verhaspeln, nicht weiterwissen, *a. sport* ins ,Schwimmen' kommen.

floun·der[2] ['flaʊndə] *s. ichth.* Flunder *f*.

flour ['flaʊə] **I** *s.* **1.** Mehl *n*; **2.** feines Pulver, Mehl *n*; **II** *v/t.* **3.** *Am.* (zu Mehl) mahlen; **4.** mit Mehl bestreuen.

flour·ish ['flʌrɪʃ] **I** *v/i.* **1.** gedeihen, *fig. a.* blühen, florieren; **2.** auf der Höhe s-r Macht *od.* s-s Ruhmes stehen; **3.** wirken, erfolgreich sein (*Künstler etc.*); **4.** prahlen; **5.** sich geschraubt ausdrücken; **6.** sich auffällig benehmen; **7.** Schnörkel *od.* Floskeln machen; **8.** ♪ a) phantasieren, b) e-n Tusch spielen; **II** *v/t.* **9.** schwingen, schwenken; **10.** zur Schau stellen, protzen mit; **11.** (aus)schmükken; **III** *s.* **12.** Schwingen *n*, Schwenken *n*; **13.** Schwung *m*, schwungvolle Gebärde; **14.** Schnörkel *m*; **15.** Floskel *f*; **16.** ♪ a) bravou'röse Pas'sage, b) Tusch *m*: ***~ of trumpets*** Trompetenstoß *m*, Fanfare *f*, *fig.* (großes) Trara; **'flour·ish·ing** [-ʃɪŋ] *adj.* □ blühend, gedeihend, florierend: ***~ trade*** schwunghafter Handel.

flour·y ['flaʊərɪ] *adj.* mehlig.

flout [flaʊt] **I** *v/t.* **1.** verspotten, -höhnen; **2.** *Befehl, Ratschlag etc.* miß'achten, *Angebot etc.* ausschlagen; **II** *v/i.* **3.** spotten (***at*** über *acc.*), höhnen.

flow [fləʊ] **I** *v/i.* **1.** fließen, strömen, fluten, rinnen, laufen (*alle a. fig.*): ***~ freely*** in Strömen fließen (*Sekt etc.*); **2.** *fig.* da'hinfließen, gleiten; **3.** ⚓ steigen (*Flut*); **4.** wallen (*Haar, Kleid etc.*), lose he'rabhängen; **5.** *fig.* (***from***) herrühren (von), entspringen (*dat.*); **6.** *fig.* (***with***) reich sein (an *dat.*), 'überfließen (vor *dat.*), voll sein (von); **II** *v/t.* **7.** über'fluten, -'schwemmen; **III** *s.* **8.** Fließen *n*, Strömen *n* (*beide a. fig.*), Rinnen *n*: ***~ characteristics*** *phys.* Strömungsbild *n*; ***~ chart*** (*od.* ***sheet***) *Computer*, † Flußdiagramm *n*; ***~ pattern*** *phys.* Stromlinienbild *n*; ***~ production***, ***~ system*** † Fließbandfertigung *f*; **9.** Fluß *m*, Strom *m* (*beide a. fig.*): ***~ of traffic*** Verkehrsfluß, -strom; **10.** Zu- *od.* Abfluß *m*; **11.** Wallen *n*; **12.** *fig.* (*Wort- etc.*)Schwall *m*, Erguß *m* (*a. von Gefühlen*); **13.** *physiol.* F Peri'ode *f*.

flow·er ['flaʊə] **I** *s.* **1.** Blume *f*: ***say it with ~s!*** laßt Blumen sprechen!; **2.** ⚘ a) Blüte *f*, b) Blütenpflanze *f*, c) Blüte (-zeit) *f* (*a. fig.*): ***be in ~*** in Blüte stehen, blühen; ***in the ~ of his life*** in der Blüte s-r Jahre; **3.** *fig. das* Beste *od.* Feinste, Auslese *f*, E'lite *f*; **4.** *fig.* Blüte *f*, Zierde *f*; **5.** ('Blumen)Orna,ment *n*, (-)Verzierung *f*: ***~s of speech*** Floskeln; **6.** *typ.* Vi'gnette *f*; **7.** *pl.* ⚗ Blumen *pl.*: ***~s of sulphur*** Schwefelblumen *pl.*, -blüte *f*; **II** *v/i.* **8.** blühen, *fig. a.* in höchster Blüte stehen; **III** *v/t.* **9.** mit Blumen(mustern) verzieren, blüme(l)n; ***~ bed*** *s.* Blumenbeet *n*; ***~ child*** *s.* [*irr.*] ‚Blumenkind' *n* (*Hippie*).

flow·ered ['flaʊəd] *adj.* **1.** mit Blumen geschmückt; **2.** geblümt; **3.** *in Zssgn* ...blütig.

flow·er girl *s.* **1.** Blumenmädchen *n*; **2.** *Am.* blumenstreuendes Mädchen (*bei e-r Hochzeit*).

flow·er·ing ['flaʊərɪŋ] **I** *adj.* blühend, Blüten...: ***~ plant*** Blütenpflanze *f*; **II** *s.* Blüte(zeit) *f*.

flow·er| peop·le *s.* ‚Blumenkinder' *pl.* (*Hippies*); ***~ piece*** *s. paint.* Blumenstück *n*; **'~·pot** *s.* Blumentopf *m*; ***~ show*** *s.* Blumenausstellung *f*.

flow·er·y ['flaʊərɪ] *adj.* **1.** blumen-, blütenreich; **2.** geblümt; **3.** *fig.* blumig.

flow·ing ['fləʊɪŋ] *adj.* □ **1.** fließend, strömend; **2.** *fig.* flüssig (*Stil etc.*); **3.** wallend (*Bart, Kleid*); **4.** wehend, flatternd (*Haar etc.*).

'flow,me·ter *s.* ⚙ 'Durchflußmesser *m*.

flown [fləʊn] *p.p. von* ***fly***[1].

flu [flu:] *s.* ⚕ F Grippe *f*.

flub [flʌb] *Am. sl.* **I** *s.* (grober) Schnitzer; **II** *v/i.* (e-n groben) Schnitzer machen, patzen.

flub·dub ['flʌbdʌb] *s. Am. sl.* Geschwafel *n*, ‚Quatsch' *m*.

fluc·tu·ate ['flʌktjʊeɪt] *v/i.* schwanken: a) fluktuieren (*a.* †), sich (ständig) verändern, b) *fig.* unschlüssig sein; **'fluc·tu·at·ing** [-tɪŋ] *adj.* schwankend: a) fluktuierend, b) unschlüssig; **fluc·tu·a·tion** [,flʌktjʊ'eɪʃn] *s.* **1.** Schwankung *f*, Fluktuati'on *f* (*beide a.* †, ⚡, *phys.*): ***cyclical ~*** † Konjunkturschwankung; **2.** *fig.* Schwanken *n*.

flue[1] [flu:] *s.* **1.** ⚙ a) Rauchfang *m*, Esse *f*, b) Abzugsrohr *n*, (Feuerungs)Zug *m*: ***~ gas*** Rauch-, Abgas *n*, c) Heizröhre *f*, d) Flammrohr *n*, 'Feuerka,nal *m*; **2.** ♪ a) *a.* ***~ pipe*** Lippenpfeife *f*, b) Kernspalt *m der Orgelpfeife*.

flue[2] [flu:] *s.* Flusen *pl.*, Staubflocken *pl.*

flue[3] [flu:] *s.* ⚓ Schleppnetz *n*.

flu·en·cy ['flu:ənsɪ] *s.* Fluß *m* (*der Rede etc.*), Flüssigkeit *f* (*des Stils etc.*); Gewandtheit *f*; **'flu·ent** [-nt] *adj.* □ **1.** fließend, geläufig: ***speak ~ German***, ***be ~ in German*** fließend deutsch sprechen; **2.** flüssig, ele'gant (*Stil etc.*), gewandt (*Redner etc.*).

fluff [flʌf] **I** *s.* **1.** Staubflocke *f*, Fussel(n *pl.*) *f*; **2.** Flaum *m* (*a. erster Bartwuchs*); **3.** F *sport, thea. etc.* ‚Patzer' *m*; **4.** *Am.* Schaumspeise *f*; **5.** *thea. Am.* F ‚leichte Kost'; **6.** *oft* ***bit of ~*** F ‚Betthäschen' *n*, ‚Mieze' *f*; **II** *v/t.* **7.** ***~ out***, ***~ up*** a) *Federn* aufplustern, b) *Kissen etc.* aufschütteln; **8.** F *bsd. thea., sport* ‚verpatzen'; **III** *v/i.* **9.** F *thea., sport* ‚patzen'; **'fluf·fy** [-fɪ] *adj.* **1.** flaumig; **2.** *thea. Am.* F leicht, anspruchslos.

flu·id ['flu:ɪd] **I** *s.* **1.** Flüssigkeit *f*; **II** *adj.* **2.** flüssig; **3.** *fig.* → ***fluent***; **4.** *fig.* fließend, veränderlich; ***~ coupling***, ***~ clutch*** *s.* ⚙ hy'draulische Kupplung; ***~ drive*** *s.* ⚙ Flüssigkeitsgetriebe *n*.

flu·id·i·ty [flu:'ɪdətɪ] *s.* **1.** *phys.* a) flüssiger Zustand, Flüssigkeit(sgrad *m*) *f*, b)

Gasförmigkeit *f*; **2.** *fig.* Veränderlichkeit *f*; **3.** Flüssigkeit *f des Stils etc.*

flu·id| me·chan·ics *s. pl. sg. konstr. phys.* 'Strömungsme,chanik *f*; **~ ounce** *s. Hohlmaß*: a) *Brit.* = *28,4 ccm*, b) *Am.* = *29,6 ccm*; **~ pres·sure** *s.* ⚙, *phys.* hy'draulischer Druck.

fluke[1] [flu:k] *s.* **1.** ⚓ Ankerflügel *m*; **2.** ⚙ Bohrlöffel *m*; **3.** 'Widerhaken *m*; **4.** Schwanzflosse *f* (*des Wals*); **5.** *zo.* Leber-egel *m*.

fluke[2] [flu:k] *s.* **1.** ‚Dusel' *m*, ‚Schwein' *n*: **~ *hit*** Zufallstreffer *m*; **2.** *Billard*: glücklicher Stoß; '**fluk·(e)y** [-kɪ] *adj. sl.* **1.** Glücks…, Zufalls…; **2.** unsicher.

flume [flu:m] **I** *s.* **1.** Klamm *f*; **2.** künstlicher Wasserlauf, Ka'nal *m*; **II** *v/t.* **3.** durch e-n Kanal flößen.

flum·mer·y ['flʌmərɪ] *s.* **1.** *Küche*: a) (Hafer)Mehl *n*, b) Flammeri *m* (*Süßspeise*); **2.** F a) *fig.* leere Schmeiche'lei, b) ‚Quatsch' *m*.

flum·mox ['flʌməks] *v/t. sl.* verblüffen, aus der Fassung bringen.

flung [flʌŋ] *pret. u. p.p. von* ***fling***.

flunk [flʌŋk] *ped. Am. sl.* **I** *v/t.* **1.** ‚'durchrauschen' *od.* ‚'durchrasseln' lassen; **2.** *oft* **~ *out*** von der Schule ‚werfen'; **3.** ‚'durchrasseln' in (*e-r Prüfung, e-m Fach*); **II** *v/i.* **4.** ‚'durchrasseln', ‚'durchrauschen'; **III** *s.* **5.** 'Durchfallen *n*.

flunk·(e)y ['flʌŋkɪ] *s.* **1.** *oft contp.* La'kai *m*; **2.** *contp.* Kriecher *m*, Speichellekker *m*; **3.** *Am.* Handlanger *m*; '**flunk·(e)y·ism** [-ɪɪzəm] *s.* Speichellecke'rei *f*.

flu·or ['flu:ɔ:] → ***fluorspar***.

flu·o·resce [ˌflʊə'res] *v/i.* ⚗, *phys.* fluoreszieren; ˌ**flu·o'res·cence** [-sns] *s.* ⚗, *phys.* Fluores'zenz *f*; ˌ**flu·o'res·cent** [-snt] *adj.* fluoreszierend: **~ *lamp*** Leuchtstofflampe *f*; **~ *screen*** Leuchtschirm *m*; **~ *tube*** Leucht(stoff)röhre *f*.

flu·or·ic [flu:'ɒrɪk] *adj.* ⚗ Fluor…: **~ *acid*** Flußsäure *f*; **flu·o·ri·date** ['flʊərɪdeɪt] *v/t. Trinkwasser* fluorieren; **flu·o·ride** ['flʊəraɪd] *s.* ⚗ Fluo'rid *n*; **flu·o·rine** ['flʊəri:n] *s.* ⚗ Fluor *n*; **flu·o·rite** ['flʊəraɪt] *s.* → ***fluorspar***; **flu·o·ro·scope** ['flʊərəskəʊp] *s.* ⚕ Fluoro'skop *n*, Röntgenbildschirm *m*; **fluo·ro·scop·ic** [ˌflʊərə'skɒpɪk] *adj.*: **~ *screen*** → ***fluoroscope***; '**flu·or·spar** *s. min.* Flußspat *m*, Fluo'rit *n*.

flur·ry ['flʌrɪ] **I** *s.* **1.** a) Windstoß *m*, b) (Regen-, Schnee)Schauer *m*; **2.** *fig.* Hagel *m*, Wirbel *m von Schlägen etc.*; **3.** *fig.* Aufregung *f*, Unruhe *f*: ***in a ~*** aufgeregt; **4.** Hast *f*; **5.** ✝ kurze, plötzliche Belebung (*an der Börse*); **II** *v/t.* **6.** beunruhigen.

flush[1] [flʌʃ] **I** *v/i.* (aufgeregt) auffliegen; **II** *v/t. Vögel* aufscheuchen.

flush[2] [flʌʃ] **I** *s.* **1.** a) Erröten *n*, b) Röte *f*; **2.** (Wasser)Schwall *m*, Strom *m*; **3.** a) (Aus)Spülung *f*, b) (Wasser)Spülung *f* (*im WC*); **4.** (Gefühls)Aufwallung *f*, Hochgefühl *n*, Erregung *f*: **~ *of anger*** Wutanfall *m*; **~ *of success*** Triumphgefühl *n*; **~ *of victory*** Siegestaumel *m*; **5.** Glanz *m*, Blüte *f* (*der Jugend etc.*); **6.** ⚕ Wallung *f*, (Fieber)Hitze *f*; → ***hot flushes***; **II** *v/t.* **7.** *j-n* erröten lassen; **8.** *a.* **~ *out*** (aus)spülen: **~ *down*** hinunterspülen; **~ *the toilet*** spülen; **9.** unter Wasser setzen; **10.** erregen, erhitzen: ***~ed with anger*** wutentbrannt; ***~ed with joy*** außer sich vor Freude; **III** *v/i.* **11.** erröten, rot werden (***with*** vor *dat.*); **12.** strömen, schießen (*a. Blut*); **13.** spülen (*WC etc.*).

flush[3] [flʌʃ] **I** *adj.* **1.** eben, auf gleicher Höhe; **2.** ⚙ fluchtgerecht, glatt (anliegend), bündig (abschließend) (***with*** mit) (*alle a. adv.*); **3.** a) ⚙ versenkt, Senk…: **~ *screw***, b) ⚡ Unterputz…: **~ *socket***; **4.** ('über)voll (***with*** von); **5.** blühend, frisch; **6.** **~** (***with money***) F gut bei Kasse; **~ *with one's money*** verschwenderisch; **II** *v/t.* **7.** ebnen, bündig machen; **8.** ⚙ *Fugen* ausstreichen.

flush[4] [flʌʃ] *Poker*: Flush *m*; → ***royal*** 1, ***straight flush***.

flus·ter ['flʌstə] **I** *v/t.* durchein'anderbringen, aufregen, ner'vös machen; **II** *v/i.* a) ner'vös werden, durchein'anderkommen, b) sich aufregen; **III** *s.* → ***flutter*** 8.

flute [flu:t] **I** *s.* **1.** ♪ a) Flöte *f*, b) → ***flutist***, c) *a.* **~ *stop*** 'Flötenreˌgister *n* (*Orgel*); **2.** △, ⚙ Rille *f*, Riefe *f*, Hohlkehle *f*; **3.** ⚙ (Span-)Nut *f*; **4.** Rüsche *f*; **II** *v/i.* **5.** Flöte spielen, flöten (*a. fig.*); **III** *v/t.* **6.** *et.* auf der Flöte spielen, flöten (*a. fig.*); **7.** △, ⚙ riefen, riffeln, auskehlen, kannelieren; *Stoff* kräuseln; '**flut·ed** [-tɪd] *adj.* **1.** flötenartig, sanft; **2.** gerieft, gerillt; '**flut·ing** [-tɪŋ] *s.* **1.** △ Riffelung *f*; **2.** Falten *pl.*, Rüschen *pl.*; **3.** Flöten *n* (*a. fig.*); '**flut·ist** [-tɪst] *s.* Flö'tist(in).

flut·ter ['flʌtə] **I** *v/i.* **1.** flattern (*a.* ⚕ *Herz*), wehen; **2.** a) aufgeregt hin- und herrennen, b) aufgeregt sein; **3.** zittern; **4.** flackern; **II** *v/t.* **5.** schwenken, flattern lassen, wedeln mit, mit *den Flügeln* schlagen, mit *den Augendeckeln* ‚klimpern'; **6.** → ***fluster*** I; **III** *s.* **7.** Flattern *n* (*a.* ⚕ *Puls etc.*); **8.** Aufregung *f*, Tu'mult *m*: ***all in a ~*** ganz durcheinander;

9. *Brit.* F kleine Spekulati'on *od.* Wette; **10.** *Schwimmen*: Kraulbeinschlag *m*.

flu·vi·al ['flu:vjəl] *adj.* fluvi'al, Fluß…, in Flüssen vorkommend.

flux [flʌks] *s.* **1.** Fließen *n*, Fluß *m* (*a.* ⚡, *phys.*); **2.** Ausfluß *m* (*a.* ⚕); **3.** Strom *m* (*a. fig.*), Flut *f* (*a. fig.*): **~ and reflux** Flut u. Ebbe (*a. fig.*); **~ of words** Wortschwall *m*; **4.** ständige Bewegung; Wandel *m*: **in (a state of) ~** im Fluß; **5.** ⚙ Fluß-, Schmelzmittel *n*, Zuschlag *m*; **'flux·ion·al** [-kʃənl] *adj.* **1.** fließend, veränderlich; **2.** ⩘ Fluxions…

fly¹ [flaɪ] **I** *s.* **1.** Fliegen *n*, Flug *m* (*a.* ✈): **on the ~** im Fluge; **2.** *Brit. hist.* Einspänner *m*, Droschke *f*; **3.** a) Knopfleiste *f*, b) Hosenklappe *f*, -schlitz *m*; **4.** Zelttür *f*; **5.** ⚙ → **flywheel**; **6.** Unruh *f* (*Uhr*); **7.** *pl. thea.* Sof'fitten *pl.*; **II** *v/i.* [*irr.*] **8.** fliegen: **~ blind** (*od.* **on instruments**) ✈ blindfliegen; **~ high** (*od.* **at high game**) *fig.* hoch hinauswollen; → **let¹** *Redew.*; **9.** flattern, wehen; **10.** verfliegen (*Zeit*), zerrinnen (*Geld*); **11.** stieben, fliegen (*Funken etc.*): **~ to pieces** zerspringen, bersten, reißen; **12.** stürmen, stürzen, sausen: **~ to arms** zu den Waffen eilen; **he flew into her arms** er flog in ihre Arme; **send s.o. ~ing** a) j-n fortjagen, b) j-n zu Boden schleudern; **send things ~ing** Sachen umherwerfen; **~ at s.o.** auf j-n losgehen; **I must ~!** F ich muß schleunigst weiter!; → **temper** 3; **13.** (*nur pres., inf. u. p.pr.*) fliehen; **III** *v/t.* [*irr.*] **14.** fliegen lassen: **~ hawks** *hunt.* mit Falken jagen; → **kite** 1; **15.** ✈ a) *Flugzeug* fliegen, führen, b) *j-n, et.* (hin)fliegen, im Flugzeug befördern, c) *Strecke* fliegen, d) *Ozean etc.* über'fliegen; **16.** *Fahne, Flagge* a) führen, b) hissen, wehen lassen; **17.** *Zaun etc.* im Sprung nehmen; **18.** (*nur pres., inf. u. p.pr.*) a) fliehen aus, b) fliehen vor (*dat.*), meiden; **~ in** ✈ *v/t. u. v/i.* einfliegen; **~ off** *v/i.* **1.** fortfliegen; **2.** fortstürmen; **3.** abspringen (*Knopf*); **~ o·pen** *v/i.* auffliegen (*Tür etc.*); **~ out** *v/i.* **1.** ausfliegen; **2.** hin'ausstürzen; **3.** wütend werden: **~ at s.o.** auf j-n losgehen.

fly² [flaɪ] *s.* **1.** *zo.* Fliege *f*: **a ~ in the ointment** ein Haar in der Suppe; **break a ~ on the wheel** mit Kanonen nach Spatzen schießen; **no flies on him** (*od.* **it**) F ‚den legt man nicht so schnell aufs Kreuz'; **they died** (*od.* **dropped**) **like flies** sie starben wie die Fliegen; **he wouldn't hurt** (*od.* **harm**) **a ~** er tut keiner Fliege was zuleide; **I would like to be a ~ on the wall** da würde ich gern ‚Mäuschen spielen'; **2.** *Angeln*: (künstliche) (Angel)Fliege: **cast a ~** e-e Angel auswerfen.

fly³ [flaɪ] *adj. sl.* gerissen, raffiniert.

fly·a·ble ['flaɪəbl] *adj.* ✈ **1.** flugtüchtig; **2. ~ weather** Flugwetter *n*.

fly| a·gar·ic *s.* ⚘ Fliegenpilz *m*; **'~·a·way** *adj.* **1.** flatternd; **2.** flatterhaft; **3.** *Am.* flugbereit; **'~·blow** *s.* Fliegenei *n*, -dreck *m*; **'~·blown** *adj.* **1.** von Fliegen beschmutzt; **2.** *fig.* besudelt; **'~·by** *s.* **1.** ✈ Vorbeiflug *m*; **2.** *Raumfahrt*: Flyby *n* (*Navigationstechnik*); **'~-by-night** F **I** *s.* **1.** *zo.* Nachtschwärmer *m*; **2.** a) Schuldner, der sich heimlich *od.* bei der Nacht aus dem Staub macht, b) ✝ zweifelhafter Kunde; **II** *adj.* **3.** ✝ zweifelhaft, anrüchig; **'~ˌcatch·er** *s.* **1.** Fliegenfänger *m*; **2.** *orn.* Fliegenschnäpper *m*.

fly·er → **flier**.

'fly-fish *v/i.* mit (künstlichen) Fliegen angeln.

fly·ing ['flaɪɪŋ] **I** *adj.* **1.** fliegend, Flug…; **2.** flatternd, fliegend, wehend; → **colour** 10; **3.** kurz, flüchtig: **~ visit** Stippvisite *f*; **4.** *sport* a) fliegend: → **flying start**, b) mit Anlauf: **~ jump**; **5.** schnell; **6.** fliehend, flüchtig; **II** *s.* **7.** a) Fliegen *n*, Flug *m*, b) Fliege'rei *f*, Flugwesen *n*; **~ boat** *s.* ✈ Flugboot *n*; **~ bomb** *s.* ⚔ fliegende Bombe, Ra'ketenbombe *f*; **~ bridge** *s.* **1.** Rollfähre *f*; **2.** ⚓ Laufbrücke *f*; **~ but·tress** *s.* ⩓ Strebebogen *m*; **~ cir·cus** *s.* ✈ **1.** ⚔ rotierende 'Staffelformatiˌon (*im Einsatz*); **2.** Schaufliegergruppe *f*; **~ col·umn** *s.* ⚔ fliegende *od.* schnelle Ko'lonne; **~ ex·hi·bi·tion** *s.* Wanderausstellung *f*; **~ field** *s.* (*kleiner*) Flugplatz; **~ fish** *s.* Fliegender Fisch; **~ fox** *s. zo.* Flughund *m*; **~ lane** *s.* ✈ (Ein-)Flugschneise *f*; **♀ Of·fi·cer** *s.* ✈ *Brit.* Oberleutnant *m der* **RAF**; **~ range** *s.* ✈ Akti'onsradius *m*; **~ sau·cer** *s.* fliegende 'Untertasse; **~ school** *s.* Fliegerschule *f*; **~ speed** *s.* Fluggeschwindigkeit *f*; **~ squad** *s. Brit.* 'Überfallkomˌmando *n* (*Polizei*); **~ squad·ron** *s.* **1.** ✈ (Flieger)Staffel *f*; **2.** *Am.* a) fliegende Ko'lonne, b) 'Rollkomˌmando *n*; **~ start** *s. sport* fliegender Start: **get off to a ~** glänzend wegkommen, *a. fig.* e-n glänzenden Start haben; **~ u·nit** *s.* ✈ fliegender Verband; **~ weight** *s.* ✈ Fluggewicht *n*; **~ wing** *s.* Nurflügelflugzeug *n*.

'fly|·leaf *s. typ.* Vorsatz-, Deckblatt *n*; **'~ˌo·ver** *s.* **1.** → **fly-past**; **2.** *Brit.*

('Straßen-, 'Eisenbahn)Über͵führung *f*; '**~͵pa·per** *s.* Fliegenfänger *m*; '**~-past** *s.* ✈ 'Luftpa͵rade *f*; '**~-rod** *s.* Angelrute *f* (*für künstliche Fliegen*); **~ sheet** *s.* **1.** Flug-, Re'klameblatt *n*; **2.** ('Zelt)͵Überdach *n*; '**fly͵swat·ter** *s.* Fliegenklappe *f*, -klatsche *f*; '**~·weight** *sport* **I** *s.* Fliegengewicht(ler *m*) *n*; **II** *adj.* Fliegengewichts…; '**~·wheel** *s.* ⚙ Schwungrad *n*.

'**f-͵num·ber** *s. phot.* **1.** Blende *f* (*Einstellung*); **2.** Lichtstärke *f* (*vom Objektiv*).

foal [fəʊl] *zo.* **I** *s.* Fohlen *n*, Füllen *n*: ***in*** (*od.* ***with***) **~** trächtig (*Stute*); **II** *v/t. Fohlen* werfen; **III** *v/i.* fohlen, werfen; '**~·foot** *pl.* '**~·foots** *s.* ⚘ Huflattich *m*.

foam [fəʊm] **I** *s.* Schaum *m*; **II** *v/i.* schäumen (***with rage*** *fig.* vor Wut): ***he ~ed at the mouth*** der Schaum stand ihm vor dem Mund, *fig. a.* er schäumte vor Wut; **III** *v/t.* schäumen: ***~ed concrete*** Schaumbeton *m*; ***~ed plastic*** Schaumstoff *m*; **~ ex·tin·guish·er** *s.* Schaum(feuer)löscher *m*; **~ rub·ber** *s.* Schaumgummi *n*, *m*.

foam·y ['fəʊmɪ] *adj.* schäumend.

fob[1] [fɒb] *s.* **1.** Uhrtasche *f* (*im Hosenbund*); **2.** *a.* **~ *chain*** Chate'laine *f* (*Uhrband*, *-kette*).

fob[2] [fɒb] *v/t.* **1. ~ *off s.th. on s.o.*** j-m et. ‚andrehen' *od.* ‚aufhängen'; **2. ~ *s.o. off*** j-n abspeisen, *j-n* abwimmeln (***with*** mit).

fob[3], **f.o.b**, **F.O.B.** *abbr. für* ***free on board*** (→ ***free*** 13).

fo·cal ['fəʊkl] *adj.* **1.** ⚕, *phys.*, *opt.* im Brennpunkt stehend (*a. fig.*), fo'kal, Brenn(punkt)…: **~ *distance***, **~ *length*** Brennweite *f*; **~ *plane*** Brennebene *f*; **~ *point*** Brennpunkt *m* (*a. fig.*); **2.** ⚕ fo'kal, Herd…; '**fo·cal·ize** [-kəlaɪz] → ***focus*** 4, 5.

fo'c's'le ['fəʊksl] → ***forecastle***.

fo·cus ['fəʊkəs] *pl.* **-cus·es**, **-ci** [-saɪ] **I** *s.* **1.** a) ⚕, ⚙, *phys.* Brennpunkt *m*, Fokus *m*, b) *TV* Lichtpunkt *m*, c) *phys.* Brennweite *f*, d) *opt.* Scharfeinstellung *f*: ***in ~*** scharf eingestellt, *fig.* klar und richtig; ***out of ~*** unscharf, verschwommen (*a. fig.*); ***bring into ~*** → 4, 5; **~ *control*** Scharfeinstellung *f* (*Vorrichtung*); **2.** *fig.* Brenn-, Mittelpunkt *m*: ***be the ~ of attention*** im Mittelpunkt des Interesses stehen; ***bring*** (***in***)***to ~*** in den Brennpunkt rücken; **3.** Herd *m* (*e-s Erdbebens*, *Aufruhrs etc.*), ⚕ *a.* Fokus *m*; **II** *v/t.* **4.** *opt.*, *phot.* fokussieren, (*v/i.* sich) scharf einstellen; **5.** *phys.* (*v/i.* sich) im Brennpunkt vereinigen, (sich) sammeln; **6. ~ *on*** *fig.* (*v/i.* sich) konzentrieren *od.* richten auf (*acc.*).

fo·cus·(s)ing| lens ['fəʊkəsɪŋ] *s.* Sammellinse *f*; **~ scale** *s. phot.* Entfernungsskala *f*; **~ screen** *s. phot.* Mattscheibe *f*.

fod·der ['fɒdə] **I** *s.* (Trocken)Futter *n*; *humor.* ‚Futter' *n*; **II** *v/t. Vieh* füttern.

foe [fəʊ] *s.* Feind *m* (*a. fig.*); *a. sport u. fig.* Gegner *m*, 'Widersacher *m* (***to*** *gen.*).

foe·tal ['fi:tl] *adj.* ⚕ fö'tal; **foe·tus** ['fi:təs] *s.* ⚕ Fötus *m*.

fog [fɒg] **I** *s.* **1.** (dichter) Nebel; **2.** a) Dunst *m*, b) Dunkelheit *f*; **3.** *fig.* a) Nebel *m*, Verschwommenheit *f*, b) Verwirrung *f*: ***in a ~*** (völlig) ratlos; **4.** ⚙ (abgesprühter) Nebel; **5.** *phot.* Schleier *m*; **II** *v/t.* **6.** in Nebel hüllen, einnebeln; **7.** *fig.* verdunkeln, verwirren; **8.** *phot.* verschleiern; **III** *v/i.* **9.** neb(e)lig werden; (sich) beschlagen (*Scheibe etc.*); '**~-bank** *s.* Nebelbank *f*; '**~·bound** *adj.* **1.** in dichten Nebel eingehüllt; **2. *be ~*** ⚓, ✈ wegen Nebels festsitzen.

fo·gey → ***fogy***.

fog·gi·ness ['fɒgɪnɪs] *s.* **1.** Nebligkeit *f*; **2.** Verschwommenheit *f*, Unklarheit *f*; '**fog·gy** [-gɪ] *adj.* □ **1.** neb(e)lig; **2.** trüb, dunstig; **3.** *fig.* a) nebelhaft, verschwommen, unklar, b) benebelt (***with*** vor *dat.*): ***I haven't got the foggiest*** (***idea***) F ‚ich habe keinen blassen Schimmer'; **4.** *phot.* verschleiert.

'**fog|·horn** *s.* Nebelhorn *n*; '**~·light** *s. mot.* Nebelscheinwerfer *m*.

fo·gy ['fəʊgɪ] *s. mst* ***old ~*** ‚alter Knakker'; '**fo·gy·ish** [-ɪɪʃ] *adj.* verknöchert, verkalkt, altmodisch.

foi·ble ['fɔɪbl] *s. fig.* Faible *n*, (kleine) Schwäche *f*.

foil[1] [fɔɪl] *v/t.* **1.** a) vereiteln, durch'kreuzen, zu'nichte machen, b) *j-m* e-n Strich durch die Rechnung machen; **2.** *hunt. Spur* verwischen.

foil[2] [fɔɪl] **I** *s.* **1.** ⚙ (Me'tall- *od.* Kunststoff)Folie *f*, 'Blattme͵tall *n*; **2.** ⚙ (Spiegel)Belag *m*; **3.** Folie *f*, 'Unterlage *f* (*für Edelsteine*); **4.** *fig.* Folie *f*, 'Hintergrund *m*: ***serve as a ~ to*** als Folie dienen (*dat.*); **5.** △ Blattverzierung *f*; **II** *v/t.* **6.** ⚙ mit Me'tallfolie belegen; **7.** △ mit Blätterwerk verzieren.

foil[3] [fɔɪl] *s. fenc.* **1.** Flo'rett *n*; **2.** *pl.* Flo'rettfechten *n*.

foils·man ['fɔɪlzmən] *s.* [*irr.*] *fenc.* Flo'rettfechter *m*.

foist [fɔɪst] *v/t.* **1. ~ *s.th. on s.o.*** a) j-m et. ‚andrehen', b) j-m et. aufhalsen; **2.** einschmuggeln.

fold[1] [fəʊld] **I** *v/t.* **1.** falten: **~ *cloth***

(***one's hands***); ***~ed mountains*** *geol.* Faltengebirge *n*; ***~ one's arms*** die Arme verschränken; **2.** *oft* ***~ up*** zs.-falten, -legen, -klappen; **3.** *a.* ***~ down*** a) ˈumbiegen, kniffen, b) herˈunterklappen: ***~ back*** *Bettdecke etc.* zurückschlagen, *Stuhllehne etc.* zurückklappen; **4.** ⚙ falzen; **5.** einhüllen, umˈschließen: ***~ in one's arms*** in die Arme schließen; **6.** *Küche*: ***~ in*** *Ei etc.* einrühren, ˈunterziehen; **II** *v/i.* **7.** sich falten *od.* zs.-legen *od.* zs.-klappen (lassen); **8.** *mst* ***~ up*** F a) zs.-brechen (*a. fig.*), b) ✝ ‚zumachen' (müssen), ‚eingehen' (*Firma etc.*): ***~ up with laughter*** sich biegen vor Lachen; **III** *s.* **9.** Falte *f*; Windung *f*; ˈUmschlag *m*; **10.** ⚙ Falz *m*, Kniff *m*; **11.** *typ.* Bogen *m*; **12.** *geol.* Bodenfalte *f*.

fold² [fəʊld] **I** *s.* **1.** (Schaf)Hürde *f*, Pferch *m*; **2.** Schafherde; **3.** *eccl.* a) (Schoß *m* der) Kirche, b) Herde *f*, Gemeinde *f*; **4.** *fig.* Schoß *m* der Faˈmilie *od.* Parˈtei: ***return to the ~***; **II** *v/t.* **5.** *Schafe* einpferchen.

-fold [-fəʊld] *in Zssgn* …fach, …fältig.

ˈfold|·a·way *adj.* zs.-klappbar, Klapp…: ***~ bed***; **ˈ~·boat** *s.* Faltboot *n*.

fold·er [ˈfəʊldə] *s.* **1.** ˈFaltproˌspekt *m*, -blatt *n*, Broˈschüre *f*, Heft *n*; **2.** Aktendeckel *m*, Mappe *f*, Schnellhefter *m*; **3.** ⚙ ˈFalzmaˌschine *f*, -bein *n*; **4.** Falzer *m* (*Person*).

fold·ing [ˈfəʊldɪŋ] *adj.* zs.-legbar, zs.-klappbar, aufklappbar, Falt…, Klapp…; **~ bed** *s.* Klappbett *n*; **~ bi·cy·cle** *s.* Klapp(fahr)rad *n*; **~ boat** *s.* Faltboot *n*; **~ cam·er·a** *s.* ˈKlappˌkamera *f*; **~ car·ton** *s.* Faltschachtel *f*; **~ chair** *s.* Klappstuhl *m*; **~ doors** *s. pl.* Flügeltür *f*; **~ gate** *s.* zweiflügeliges Tor; **~ hat** *s.* Klapphut *m*; **~ lad·der** *s.* Klappleiter *f*; **~ rule** *s.* zs.-legbarer Zollstock; **~ screen** *s.* spanische Wand; **~ ta·ble** *s.* Klapptisch *m*; **~ top** *s. mot.* Rolldach *n*.

fo·li·a·ceous [ˌfəʊlɪˈeɪʃəs] *adj.* blattartig; blätt(e)rig, Blätter…; **fo·li·age** [ˈfəʊlɪɪdʒ] *s.* **1.** Laub(werk) *n*, Blätter *pl.*: ***~ plant*** Blattpflanze *f*; **2.** ⚠ Blattverzierung *f*; **fo·li·aged** [ˈfəʊlɪɪdʒd] *adj.* **1.** *in Zssgn* …blätt(e)rig; **2.** ⚠ mit Blätterwerk verziert.

fo·li·ate [ˈfəʊlɪeɪt] **I** *v/t.* **1.** ⚠ mit Blätterwerk verzieren: ***~d capital*** Blätterkapitell *n*; **2.** ⚙ mit Folie belegen; **II** *v/i.* **3.** ⚘ Blätter treiben; **4.** sich in Blätter spalten; **III** *adj.* [-ɪət] **5.** belaubt; **6.** blattartig; **fo·li·a·tion** [ˌfəʊlɪˈeɪʃn] *s.* **1.** ⚘ Blattbildung *f*, -wuchs *m*, Belaubung *f*; **2.** ⚠ (Verzierung *f* mit) Blätterwerk *n*; **3.** ⚙ Foliierung *f*; Folie *f*; **4.** Paginierung *f* (*Buch*); **5.** *geol.* Schieferung *f*.

fo·li·o [ˈfəʊlɪəʊ] **I** *pl.* **-os** *s.* **1.** (Folio-)Blatt *n*; **2.** ˈFolio(forˌmat) *n*; **3.** *a.* ***~ volume*** Foliˈant *m*; **4.** nur vorderseitig numeriertes Blatt; **5.** Seitenzahl *f* (*Buch*); **6.** ✝ Kontobuchseite; **II** *v/t.* **7.** *Buch etc.* paginieren.

folk [fəʊk] **I** *pl.* **folk**, **folks** *s.* **1.** *pl.* (*die*) Leute *pl.*: ***poor ~***; ***~s say*** die Leute sagen; **2.** *pl.* (*nur* ***~s***) F *m-e etc.* ‚Leute' *pl.* (*Familie*); **3.** *obs.* Volk *n*, Natiˈon *f*; **4.** F ‚Folk' *m* (*Volksmusik*); **II** *adj.* **5.** Volks…: ***~ dance***.

folk·lore [ˈfəʊklɔː] *s.* Folkˈlore *f*: a) Volkskunde *f*, b) Volkstum *n* (*Bräuche etc.*); **ˈfolkˌlor·ism** [-ˌlɔːrɪzəm] → ***folklore*** a; **ˈfolkˌlor·ist** [-ˌlɔːrɪst] *s.* Folkloˈrist *m*, Volkskundler *m*; **ˌfolk·lorˈis·tic** [-lɔːˈrɪstɪk] *adj.* folkloˈristisch.

folk song *s.* **1.** Volkslied *n*; **2.** Folksong *m* (*bsd. sozialkritisches Lied*).

folk·sy [ˈfəʊksɪ] *adj.* **1.** F gesellig, ˈumgänglich; **2.** volkstümlich, *contp. a.* volkstümelnd.

fol·li·cle [ˈfɒlɪkl] *s.* **1.** ⚘ Fruchtbalg *m*; **2.** *anat.* a) Folˈlikel *n*, Drüsenbalg *m*, b) Haarbalg *m*.

fol·low [ˈfɒləʊ] **I** *s.* **1.** *Billard*: Nachläufer *m*; **II** *v/t.* **2.** *allg.* folgen (*dat.*): a) (*zeitlich u. räumlich*) nachfolgen (*dat.*), sich anschließen (*dat.*): ***~ s.o. close*** j-m auf dem Fuß folgen; ***a dinner ~ed by a dance*** ein Essen mit anschließendem Tanz, b) verfolgen (*acc.*), entlanggehen, -führen (*acc.*) (*Straße*), c) (*zeitlich*) folgen auf (*acc.*), nachfolgen (*dat.*): ***~ one's father as manager*** s-m Vater als Direktor (nach)folgen, d) nachgehen (*dat.*), verfolgen (*acc.*), sich widmen (*dat.*), betreiben (*acc.*), *Beruf* ausüben: ***~ one's pleasure*** s-m Vergnügen nachgehen; ***~ the sea*** (***the law***) Seemann (Jurist) sein, e) befolgen, beachten, *die Mode* mitmachen; sich richten nach (*Sache*): ***~ my advice***, f) *j-m als Führer od. Vorbild* folgen, sich bekennen zu, zustimmen (*dat.*): ***I cannot ~ your view*** Ihren Ansichten kann ich nicht zustimmen, g) folgen können (*dat.*), verstehen (*acc.*): ***do you ~ me?*** können Sie mir folgen?, h) (*mit dem Auge od. geistig*) verfolgen, beobachten (*acc.*): ***~ a tennis match***; ***~ events***; **3.** verfolgen (*acc.*), ⚔ *a.* nachstoßen (*dat.*): ***~ the enemy***; **III** *v/i.* **4.** (*räumlich od. zeitlich*) (nach)folgen, sich anschließen: ***~ (up)on*** folgen auf (*acc.*); ***I ~ed after him*** ich folgte ihm nach; ***as ~s*** wie folgt, folgendermaßen; ***letter to ~*** Brief folgt; **5.** *mst impers.* folgen, sich ergeben (***from*** aus): ***it ~s from this*** hieraus folgt; ***it does not ~ that*** dies besagt nicht, daß; ***so what ~s?*** und was folgt daraus?; ***it doesn't ~!*** das ist nicht unbedingt so!

Zssgn mit adv.:

fol·low| a·bout *v/t.* überall(ˈhin) folgen (*dat.*); **~ on** *v/i.* gleich weitermachen *od.* -gehen; **~ out** *v/t. Plan etc.* ˈdurchziehen; **~ through I** *v/t.* → ***follow out***; **II** *v/i. bsd. Golf*: ˈdurchschwingen; **~ up I** *v/t.* **1.** (eifrig *od.* eˈnergisch weiter-) verfolgen, *e-r Sache* nachgehen; *auf e-n Brief, Schlag etc. e-n anderen* folgen lassen, nachstoßen mit; **2.** *fig. e-n Vorteil* ausnutzen; **II** *v/i.* **3.** ⚔ nachstoßen (*a. fig.* ***with*** mit); **4.** ✝ nachfassen.

fol·low·er [ˈfɒləʊə] *s.* **1.** *obs.* Verfolger (-in); **2.** a) Anhänger *m* (*pol., sport etc.*), Jünger *m*, Schüler *m*, b) *pl.* → ***following*** 1; **3.** *hist.* Gefolgsmann *m*; **4.** Begleiter *m*; **5.** *pol.* Mitläufer(in); **ˈfol·low·ing** [-əʊɪŋ] **I** *s.* **1.** a) Gefolge *n*, Anhang *m*, b) Gefolgschaft *f*, Anhänger *pl.*; **2. *the ~*** a) das Folgende, b) die Folgenden *pl.*; **II** *adj.* **3.** folgend; **III** *prp.* **4.** im Anschluß an (*acc.*).

ˌfol·low|-my-ˈlead·er [-əʊmɪ-] *s. Kinderspiel, bei dem jede Aktion des Anführers nachgemacht werden muß*; **ˌ~-ˈthrough** *s.* **1.** *bsd. Golf*: ˈDurchschwung *m*; **2.** *fig.* ˈDurchführung *f*; **ˈ~-up I** *s.* **1.** Weiterverfolgen *n e-r Sache*; **2.** Ausnutzung *f e-s Vorteils*; **3.** ⚔ Nachstoßen *n* (*a. fig.*); **4.** *bsd.* ✝ Nachfassen *n*; **5.** *Radio, TV etc.*: Fortsetzung *f* (***to*** *gen.*); **6.** ⚕ Nachbehandlung *f*; **II** *adj.* **7.** weiter, Nach...: **~ *advertising*** Nachfaßwerbung *f*; **~ *conference*** Nachfolgekonferenz *f*; **~ *file*** Wiedervorlagemappe *f*; **~ *letter*** Nachfaßschreiben *n*; **~ *order*** Anschlußauftrag *m*; **~ *question*** Zusatzfrage *f*.

fol·ly [ˈfɒlɪ] *s.* **1.** Narr-, Torheit *f*, Narreˈtei *f*; **2. *Follies*** *pl.* (*sg. konstr.*) *thea.* Reˈvue *f*.

fo·ment [fəʊˈment] *v/t.* **1.** ⚕ bähen, mit warmen ˈUmschlägen behandeln; **2.** *fig.* anfachen, schüren, aufhetzen (zu); **fo·men·ta·tion** [ˌfəʊmenˈteɪʃn] *s.* **1.** ⚕ Bähung *f*; heißer ˈUmschlag; **2.** *fig.* Aufhetzung *f*, -wiegelung *f*; **foˈment·er** [-tə] *s.* Aufwiegler(in), Schürer(in).

fond [fɒnd] *adj.* □ → ***fondly***; **1.** zärtlich, liebevoll; **2.** töricht, (allzu) kühn, überˈtrieben: **~ *hope***; ***it went beyond my ~est dreams*** es übertraf m-e kühnsten Träume; **3. *be ~ of*** *j-n od et.* lieben, mögen, gern haben: ***be ~ of smoking*** gern rauchen.

fon·dant [ˈfɒndənt] *s.* Fonˈdant *m*.

fon·dle [ˈfɒndl] *v/t.* (liebevoll) streicheln, hätscheln; **ˈfond·ly** [-lɪ] *adv.* **1.** → ***fond*** 1; **2. *I ~ hoped that ...*** ich war so töricht zu hoffen, daß ...; **ˈfond·ness** [-dnɪs] *s.* **1.** Zärtlichkeit *f*; **2.** Liebe *f*, Zuneigung (***of*** zu); **3.** Vorliebe (***for*** für).

font [fɒnt] *s.* **1.** *eccl.* Taufstein *m*, -becken *n*: **~ *name*** Taufname *m*; **2.** Ölbehälter *m* (*Lampe*); **3.** *poet.* Quelle *f*, Brunnen *m*.

fon·ta·nel(le) [ˌfɒntəˈnel] *s. anat.* Fontaˈnelle *f*.

food [fu:d] *s.* **1.** Essen *n*, Kost *f*, Nahrung *f*, Verpflegung *f*: **~ *and drink*** Essen u. Trinken; **~ *plant*** Nahrungspflanze *f*; **2.** Nahrungs-, Lebensmittel *pl.*: **~ *analyst*** Lebensmittelchemiker(in); **~ *poisoning*** Lebensmittelvergiftung *f*; **3.** Futter *n*; **4.** *fig.* Nahrung *f*, Stoff *m*: **~ *for thought*** Stoff zum Nachdenken; **ˈ~·stuff** → ***food*** 2.

fool[1] [fu:l] **I** *s.* **1.** Narr *m*, Närrin *f*, Dummkopf *m*, ‚Idiˈot(in)': ***he is no ~*** er ist nicht dumm; ***he is nobody's ~*** er läßt sich nichts vormachen; ***he is a ~ for*** Fer ist ganz verrückt auf (*acc.*); ***I am a ~ to him*** ich bin ein Waisenknabe gegen ihn; ***make a ~ of*** → 4; ***make a ~ of o.s.*** sich lächerlich machen, sich blamieren; **2.** (Hof)Narr *m*, Hansˈwurst *m*: ***play the ~*** → 8; **II** *adj.* **3.** *Am.* F blöd, ‚doof': ***a ~ question***; **III** *v/t.* **4.** *j-n* zum Narren *od.* zum besten haben; **5.** betrügen (***out of*** um), täuschen; verleiten (***into doing*** zu tun); **6. *~ away*** *Zeit etc.* vergeuden; **IV** *v/i.* **7.** Spaß machen, spaßen: ***he was only ~ing*** *Am.* er tat ja nur so (als ob); **8. *~ about, ~ around*** herˈumalbern, Unsinn *od.* Faxen machen; **9.** (herˈum)spielen (***with*** mit, an *dat.*).

fool[2] [fu:l] *s. bsd. Brit. Süßspeise aus Obstpüree u. Sahne.*

fool·er·y [ˈfu:lərɪ] *s.* → ***folly*** 1.

ˈfool|ˌhar·di·ness *s.* Tollkühnheit *f*; **ˈ~ˌhar·dy** *adj.* tollkühn, verwegen.

fool·ing [ˈfu:lɪŋ] *s.* Dummheit(en *pl.*) *f*, Unfug *m*, Spieleˈrei *f*; **ˈfool·ish** [-lɪʃ] *adj.* □ dumm, töricht: a) albern, läppisch, b) unklug; **ˈfool·ish·ness** [-lɪʃnɪs] *s.* Dumm-, Tor-, Albernheit *f*; **ˈfool·proof** *adj.* **1.** kinderleicht, idiˈotensicher; **2.** ⚙ betriebssicher; **3.** todsicher.

fools·cap [ˈfu:lskæp] *s. Schreib- u. Druckpapierformat* (*34,2×43,1 cm*).

fool's| er·rand [fuːlz] *s.* ‚Metzgergang' *m*; **~ par·a·dise** *s.* Wolken'kuckucksheim *n*: ***live in a ~*** sich Illusionen hingeben.

foot [fʊt] **I** *pl.* **feet** [fiːt] *s.* **1.** Fuß *m*: ***on ~*** a) zu Fuß, b) *fig.* im Gange; ***on one's feet*** auf den Beinen (*a. fig.*); ***my ~*** (*od.* ***feet***)! F von wegen!, Quatsch!; ***it is wet under ~*** der Boden ist naß; ***carry*** (*od.* ***sweep***) ***s.o. off his feet*** a) j-n begeistern, b) j-s Herz im Sturm erobern; ***fall on one's feet*** *fig.* immer auf die Füße fallen; ***get on*** (*od.* ***to***) ***one's feet*** aufstehen; ***find one's feet*** a) gehen lernen *od.* können, b) sich ‚finden', sich ‚freischwimmen', c) wissen, was man tun soll *od.* kann, d) festen Boden unter den Füßen haben; ***have one ~ in the grave*** mit einem Fuß im Grabe stehen; ***put one's ~ down*** a) energisch werden, ein Machtwort sprechen, b) *mot.* Gas geben; ***put one's ~ in it***, *Am. a.* ***put one's ~ in one's mouth*** F ins Fettnäpfchen treten, sich danebenbenehmen; ***put one's best ~ forward*** a) sein Bestes geben, sich mächtig anstrengen, b) sich von der besten Seite zeigen; ***put s.o.*** (*od.* ***s.th.***) ***on his*** (***its***) ***feet*** *fig.* j-n (*od.* et.) wieder auf die Beine bringen; ***put*** *od.* ***set a*** (*od.* ***one's***) ***~ wrong*** et. Falsches tun *od.* sagen; ***set on ~*** *et.* in Gang bringen *od.* in die Wege leiten; ***set ~ on*** *od.* ***in*** betreten; ***tread under ~*** mit Füßen treten (*mst fig.*); → ***cold*** 3; **2.** Fuß *m* (*0,3048 m*): ***3 feet long*** 3 Fuß lang; **3.** *fig.* Fuß *m* (*Berg*, *Glas*, *Säule*, *Seite*, *Strumpf*, *Treppe*): ***at the ~ of the page*** unten auf *od.* am Fuß der Seite; **4.** Fußende *n* (*Bett*, *Tisch etc.*); **5.** ⚔ a) *hist.* Fußvolk *n*: ***500 ~*** 500 Fußsoldaten, b) Infante'rie *f*: ***the 4th ~*** Infanterieregiment Nr. 4; **6.** Versfuß *m*; **7.** Schritt *m*, Tritt *m*: ***a heavy ~***; **8.** *pl.* ***~s*** Bodensatz *m*; **II** *v/t.* **9.** ***~ it*** F a) ‚tippeln', zu Fuß gehen, b) tanzen; **10.** e-n Fuß anstricken an (*acc.*); **11.** bezahlen, begleichen; ***~ the bill***; **12.** *mst* ***~ up*** zs.-zählen, addieren.

foot·age ['fʊtɪdʒ] *s.* **1.** Gesamtlänge *f*, -maß *n* (*in Fuß*); **2.** Filmmeter *pl.*

ˌ**foot|-and-'mouth dis·ease** *s. vet.* Maul- u. Klauenseuche *f*; '**~·ball** *s. sport* a) Fußball(spiel *n*) *m*: b) *Am.* Football(spiel *n*) *m*: ***~ match*** (***team***) Fußballspiel *n* (-mannschaft *f*); ***~ pools*** *pl.* Fußballtoto *n*; '**~ˌball·er** *s.* Fußballspieler *m*, Fußballer *m*; '**~·bath** *s.* Fußbad *n*; '**~·boy** *s.* **1.** Laufbursche *m*; **2.** Page *m*; **~ brake** *s.* Fußbremse *f*; '**~·bridge** *s.* Fußgängerbrücke *f*, (Lauf-) Steg *m*; **~ can·dle** *s. phys.* Foot-candle *f* (*Lichteinheit*); **~ con·trol** *s.* ⚙ Fußsteuerung *f*, -schaltung *f*; **~ drop** *s.* ⚕ Spitzfuß *m*.

foot·ed ['fʊtɪd] *adj. mst in Zssgn* mit … Füßen, …füßig; '**foot·er** [-tə] *s.* **1.** *in Zssgn* … Fuß groß *od.* lang: ***a six-~*** ein sechs Fuß großer Mensch; **2.** *Brit. sl.* Fußball(spiel *n*) *m*.

'**foot|·fall** *s.* Schritt *m*, Tritt *m* (*Geräusch*); **~ fault** *s. Tennis*: Fußfehler *m*; '**~·gear** *s.* Schuhwerk *n*; **~ guard** *s.* Fußschutz *m*; '**~·hill** *s.* **1.** Vorberg *m*; **2.** *pl.* Ausläufer *pl.* e-s Gebirges; '**~·hold** *s.* Stand *m*, Raum *m* zum Stehen; *fig.* Halt *m*, Stütze *f*; ('Ausgangs)Basis *f*, (-)Positiˌon *f*: ***gain a ~*** (festen) Fuß fassen.

foot·ing ['fʊtɪŋ] *s.* **1.** → ***foothold***: ***lose*** (*od.* ***miss***) ***one's ~*** ausgleiten, den Halt verlieren; **2.** Aufsetzen *n* der Füße.

foo·tle ['fuːtl] F **I** *v/i.* **1.** *oft* ***~ around*** her'umtrödeln; **2.** a) her'umalbern, b) ‚Stuß' reden; **II** *v/t.* **3.** ***~ away*** *Zeit*, *Geld etc.* vergeuden, *Chance* vertun; **III** *s.* **4.** ‚Stuß' *m*.

'**foot·lights** *s. pl. thea.* **1.** Rampenlicht (-er *pl.*) *n*; **2.** Bühne *f* (*a. Schauspielerberuf*).

foo·tling ['fuːtlɪŋ] *adj. sl.* albern, läppisch.

'**foot|·loose** *adj.* (völlig) ungebunden *od.* frei; '**~·man** [-mən] *s.* [*irr.*] La'kai *m*, Diener *m*; '**~·mark** *s.* Fußspur *f*; '**~·note** *s.* Fußnote *f*; ˌ**~-'op·er·at·ed** *adj.* mit Fußantrieb, Tret…, Fuß…; '**~·pad** *s. obs.* Straßenräuber *m*; **~ pas·sen·ger** *s.* Fußgänger(in); '**~·path** *s.* **1.** (Fuß)Pfad *m*; **2.** Bürgersteig *m*; '**~-pound** *s.* Foot-pound *n* (*Arbeits- u. Energie-Einheit*); '**~-ˌpound·al** [-ˌpaʊndl] *n* Foot-poundal *n* (*1/32 Foot-pound*); '**~·print** *s.* Fußabdruck *m*, *pl. a.* Fußspur(en *pl.*) *f*; '**~·race** *s.* Wettlauf *m*; '**~·rest** *s.* Fußstütze *f*, -raste *f*; **~ rule** *s.* Zollstock *m*; '**~·sore** *adj.* fußkrank; '**~·step** *s.* **1.** Tritt *m*, Schritt *m*; **2.** Fuß(s)tapfe *f*: ***follow in s.o.'s ~s*** in j-s Fußstapfen treten, j-s Beispiel folgen; '**~·stool** *s.* Schemel *m*, Fußbank *f*; **~ switch** *s.* ⚙ Fußschalter *m*; '**~·way** *s.* Fußweg *m*; '**~·wear** → ***footgear***; '**~·work** *s. sport* Beinarbeit *f*.

foo·zle ['fuːzl] *sl.* **I** *v/t.* ‚verpatzen'; **II** *v/i.* ‚patzen', ‚Mist bauen'; **III** *s.* Murks *m*; ‚Patzer' *m*.

fop [fɒp] *s.* Stutzer *m*, Geck *m*, ‚Fatzke' *m*; '**fop·per·y** [-pərɪ] *s.* Affigkeit *f*; '**fop·pish** [-pɪʃ] *adj.* □ geckenhaft, affig.

for [fɔː; fə] **I** *prp.* **1.** *allg.* für: ***a gift ~ him***; ***it is good ~ you***; ***I am ~ the plan***; ***an eye ~ beauty*** Sinn für das Schöne; ***it was very awkward ~ her*** es war sehr peinlich für sie, es war ihr sehr unangenehm; ***he spoilt their weekend ~ them*** er verdarb ihnen das ganze Wochenende; ***~ and against*** für u. wider; **2.** für, (mit der Absicht) zu, um (…willen): ***apply ~ the post*** sich um die Stellung bewerben; ***die ~ a cause*** für e-e Sache sterben; ***go ~ a walk*** spazierengehen; ***come ~ dinner*** zum Essen kommen; ***what ~?*** wozu?, wofür?; **3.** (*Wunsch*, *Ziel*) nach, auf (*acc.*): ***a claim ~ s.th.*** ein Anspruch auf e-e Sache; ***the desire ~ s.th.*** der Wunsch *od.* das Verlangen nach et.; ***call ~ s.o.*** nach j-m rufen; ***wait ~ s.th.*** auf etwas warten; ***oh, ~ a car!*** ach, hätte ich doch e-n Wagen!; **4.** a) (*passend od. geeignet*) für, b) (*bestimmt*) für *od.* zu: ***tools ~ cutting*** Werkzeuge zum Schneiden, Schneidewerkzeuge; ***the right man ~ the job*** der richtige Mann für diesen Posten; **5.** (*Mittel*) gegen: ***a remedy ~ influenza***; ***treat s.o. ~ cancer*** j-n gegen *od.* auf Krebs behandeln; ***there is nothing ~ it but to give in*** es bleibt nichts (anderes) übrig, als nachzugeben; **6.** (*als Belohnung*) für: ***a medal ~ bravery***; **7.** (*als Entgelt*) für, gegen, um: ***I sold it ~ £10*** ich verkaufte es für 10 Pfund; **8.** (*im Tausch*) für, gegen: ***I exchanged the knife ~ a pencil***; **9.** (*Betrag*, *Menge*) über (*acc.*): ***a postal order ~ £20***; **10.** (*Grund*) aus, vor (*dat.*), wegen (*gen. od. dat.*): ***~ this reason*** aus diesem Grund; ***~ fun*** aus *od.* zum Spaß; ***die ~ grief*** aus *od.* vor Gram sterben; ***weep ~ joy*** vor Freude weinen; ***I can't see ~ the fog*** ich kann nichts sehen wegen des Nebels *od.* vor lauter Nebel; **11.** (*als Strafe etc.*) für, wegen: ***punished ~ theft***; **12.** dank, wegen: ***were it not ~ his energy*** wenn er nicht so energisch wäre, dank s-r Energie; **13.** für, in Anbetracht (*gen.*), im Verhältnis zu: ***he is tall ~ his age*** er ist groß für sein Alter; ***it is rather cold ~ July*** es ist ziemlich kalt für Juli; ***~ a foreigner he speaks rather well*** für e-n Ausländer spricht er recht gut; **14.** (*zeitlich*) für, während (*gen.*), auf (*acc.*), für die Dauer von, seit: ***~ a week*** e-e Woche (lang); ***come ~ a week*** komme auf *od.* für e-e Woche; ***~ hours*** stundenlang; ***~ some time past*** seit längerer Zeit; ***the first picture ~ two months*** der erste Film in *od.* seit zwei Monaten; **15.** (*Strecke*) weit, lang: ***run ~ a mile*** e-e Meile (weit) laufen; **16.** nach, auf (*acc.*), in Richtung auf (*acc.*): ***the train ~ London*** der Zug nach London; ***the passengers ~ Rome*** die nach Rom reisenden Passagiere; ***start ~ Paris*** nach Paris abreisen; ***now ~ it!*** *Brit.* F jetzt (nichts wie) los *od.* drauf!, ran!; **17.** für, an Stelle von (*od. gen.*), (an)ˈstatt: ***he appeared ~ his brother***; **18.** für, in Vertretung *od.* im Auftrage *od.* im Namen von (*od. gen.*): ***act ~ s.o.***; **19.** für, als: ***~ example*** als *od.* zum Beispiel; ***books ~ presents*** Bücher als Geschenk; ***take that ~ an answer*** nimm das als Antwort; **20.** trotz (*gen. od. dat.*): ***~ all that*** trotz alledem; ***~ all his wealth*** trotz s-s ganzen Reichtums, bei allem Reichtum; ***~ all you may say*** sage, was du willst; **21.** was … betrifft: ***as ~ me*** was mich betrifft *od.* an(be)langt; ***as ~ that matter*** was das betrifft; ***~ all I know*** soviel ich weiß; **22.** *nach adj. u. vor inf.*: ***it is too heavy ~ me to lift*** es ist so schwer, daß ich es nicht heben kann; es ist zu schwer für mich; ***he ran too fast ~ me to catch him*** er rannte zu schnell, als daß ich ihn hätte einholen können; ***it is impossible ~ me to come*** es ist mir unmöglich zu kommen, ich kann unmöglich kommen; ***it seemed useless ~ him to continue*** es erschien sinnlos, daß er noch weitermachen sollte; **23.** *mit s. od. pron. u. inf.*: ***it is time ~ you to go home*** es ist Zeit, daß du heimgehst; ***it is ~ you to decide*** die Entscheidung liegt bei Ihnen; ***he called ~ the girl to bring him tea*** er rief nach dem Mädchen, damit es ihm Tee bringe; ***don't wait ~ him to turn up yet*** wartet nicht darauf, daß er noch auftaucht; ***wait ~ the rain to stop!*** warte, bis der Regen aufhört!; ***there is no need ~ anyone to know*** es braucht niemand zu wissen; ***I should be sorry ~ you to think that*** es täte mir leid, wenn du das dächtest; ***he brought some papers ~ me to sign*** er brachte mir einige Papiere zur Unterschrift; **24.** (*ethischer Dativ*): ***that's a wine ~ you*** das ist vielleicht ein Weinchen, das nenne ich e-n Wein; ***that's gratitude ~ you!*** a) das ist (wahre) Dankbarkeit!, b) *iro.* von wegen Dankbarkeit!; **25.** *Am.* nach: ***he was named ~ his father***; **II** *cj.* **26.** a) denn, weil, b) nämlich; **III** *s.* **27.** Für *n.*

for·age [ˈfɒrɪdʒ] **I** *s.* **1.** (Vieh)Futter *n*;

2. Nahrungssuche *f*; **3.** ⚔ 'Überfall *m*; **II** *v/i.* **4.** (nach) Nahrung *od.* Futter suchen; **5.** *fig.* her'umstöbern, -kramen (***for*** nach); **6.** ⚔ e-n 'Überfall machen; **III** *v/t.* **7.** mit Nahrung *od.* Futter versorgen; **8.** *obs.* (aus)plündern; **~ cap** *s.* ⚔ Feldmütze *f.*

for·ay ['fɒreɪ] **I** *s.* **1.** a) Beute-, Raubzug *m*, b) ⚔ Ein-, 'Überfall *m*; **2.** *fig.* ‚Ausflug' *m* (***into*** in *acc.*); **II** *v/i.* **3.** plündern; **4.** einfallen (***into*** in *acc.*).

for·bade [fə'bæd], *a.* **for'bad** [-'bæd] *pret. von* ***forbid.***

for·bear[1] ['fɔːbeə] *s.* Vorfahr *m.*

for·bear[2] [fɔː'beə] **I** *v/t.* [*irr.*] **1.** unter'lassen, Abstand nehmen von, sich enthalten (*gen.*): ***I cannot ~ laughing*** ich muß (einfach) lachen; **II** *v/i.* [*irr.*] **2.** Abstand nehmen (***from*** von); es unterlassen; **3.** nachsichtig sein (***with*** mit); **for'bear·ance** [-eərəns] *s.* **1.** Unter'lassung *f*; **2.** Geduld *f*, Nachsicht *f*; **for'bear·ing** [-eərɪŋ] *adj.* □ nachsichtig, geduldig.

for·bid [fə'bɪd] **I** *v/t.* [*irr.*] **1.** verbieten, unter'sagen (*j-m et. od. zu tun*); **2.** un möglich machen, ausschließen; **II** *v/i.* **3.** ***God ~!*** Gott behüte!; **for'bid·den** [-dn] *p.p. von* ***forbid*** *u. adj.* verboten: ***~ fruit*** *fig.* verbotene Frucht; ***2 City*** *hist. die* Verbotene Stadt (*in Peking*); **for'bid·ding** [-dɪŋ] *adj.* □ **1.** abschreckend, abstoßend, scheußlich; **2.** bedrohlich, gefährlich; **3.** ‚unmöglich', unerträglich.

for·bore [fɔː'bɔː] *pret. von* ***forbear***[2]; **for'borne** [-ɔːn] *p.p. von* ***forbear***[2].

force [fɔːs] **I** *s.* **1.** (*a. fig. geistige, politische etc.*) Kraft (*a. phys.*), Stärke *f* (*a. Charakter*), Wucht *f*: ***join ~s*** a) sich zs.-tun, b) ⚔ s-e Streitkräfte vereinigen; **2.** Gewalt *f*, Macht *f*: ***by ~*** a) gewaltsam, b) zwangsweise; ***by ~ of arms*** mit Waffengewalt; **3.** Zwang *m* (*a.* ⚖), Druck *m*: ***~ of circumstances*** Zwang der Verhältnisse; **4.** Einfluß *m*, Wirkung *f*, Wert *m*; Nachdruck *m*, Über'zeugungskraft *f*: ***by ~ of*** vermittels; ***~ of habit*** Macht *f* der Gewohnheit; ***lend ~ to*** Nachdruck verleihen (*dat.*); **5.** ⚖ (Rechts)Gültigkeit *f*, (-)Kraft *f*: ***in ~*** in Kraft, geltend; ***come*** (***put***) ***into ~*** in Kraft treten (setzen); **6.** *ling.* Bedeutung *f*, Gehalt *m*; **7.** ⚔ Streit-, Kriegsmacht *f*, Truppe(n *pl.*) *f*, Verband *m*: ***the*** (***armed***) ***~s*** die Streitkräfte; ***labo(u)r ~*** Arbeitskräfte *pl.*, Belegschaft *f*; ***a strong ~ of police*** ein starkes Polizeiaufgebot; **8.** ***the 2*** *Brit.* die Poli'zei; **9.** F Menge *f*: ***in ~*** in großer Zahl *od.* Menge; ***the police came out in ~*** die Polizei rückte in voller Stärke aus; **II** *v/t.* **10.** zwingen, nötigen: ***~ s.o.'s hand*** j-n (zum Handeln) zwingen; ***~ one's way*** sich durchzwängen; ***~ s.th. from s.o.*** j-m et. entreißen; **11.** erzwingen, forcieren, 'durchsetzen: ***~ a smile*** gezwungen lächeln; **12.** treiben, drängen; *Preise* hochtreiben: ***~ s.th. on s.o.*** j-m et. aufdrängen *od.* -zwingen; **13.** ⚘ treiben, hochzüchten; **14.** forcieren, beschleunigen: ***~ the pace***; **15.** *j-m, a. e-r Frau, a. fig. dem Sinn etc.* Gewalt antun; *Ausdruck* zu Tode hetzen; **16.** *Tür etc.* aufbrechen, (-)sprengen; **17.** ⚔ erstürmen; über'wältigen; **18.** ***~ down*** a) ✈ zur Landung zwingen, b) *Essen* hin'unterwürgen.

forced [fɔːst] *adj.* □ **1.** erzwungen, forciert, Zwangs...: ***~ lubrication*** → ***force feed***; ***~ labo(u)r*** Zwangsarbeit *f*; ***~ landing*** ✈ Notlandung *f*; ***~ loan*** ✝ Zwangsanleihe *f*; ***~ march*** ⚔ Eil-, Gewaltmarsch *m*; ***~ sale*** ⚖ Zwangsverkauf *m*, -versteigerung *f*; **2.** forciert, gekünstelt, gezwungen (*Lächeln etc.*); maniriert (*Stil etc.*), '**forc·ed·ly** [-sɪdlɪ] *adv.* → ***forced.***

force| feed *s.* ⚙ Druckschmierung *f*; '**~-feed** *v/t.* [*irr.* → ***feed***] *j-n* zwangsernähren; **~ field** *s. phys.* Kräftefeld *n.*

force·ful ['fɔːsfʊl] *adj.* □ **1.** kräftig, wuchtig (*a. fig.*); **2.** eindringlich, -drucksvoll; zwingend, über'zeugend (*Argumente etc.*); '**force·ful·ness** [-nɪs] *s.* Eindringlichkeit *f*, Wucht *f.*

'**force-land** **I** *v/t.* ✈ zur Notlandung zwingen; **II** *v/i.* notlanden.

force ma·jeure [ˌfɔːsmæ'ʒɜː] (*Fr.*) *s.* ⚖ höhere Gewalt.

'**force-meat** *s. Küche*: Farce *f*, (Fleisch-)Füllung *f.*

for·ceps ['fɔːseps] *s. sg. u. pl.* ⚕ a) Zange *f*, b) Pin'zette *f*: ***~ delivery*** ⚕ Zangengeburt *f.*

force pump *s.* ⚙ Druckpumpe *f.*

for·ci·ble ['fɔːsəbl] *adj.* □ **1.** gewaltsam: ***~ feeding*** Zwangsernährung *f*; **2.** → ***forceful.***

forc·ing| bed ['fɔːsɪŋ], **~ frame** *s.* ⚘ Früh-, Mistbeet *n*; **~ house** *s.* Treibhaus *n.*

ford [fɔːd] **I** *s.* Furt *f*; **II** *v/i.* 'durchwaten; **III** *v/t.* durch'waten; '**ford·a·ble** [-dəbl] *adj.* seicht.

fore [fɔː] **I** *adj.* vorder, Vorder..., Vor...; früher; **II** *s.* Vorderteil *m*, *n*, -seite *f*, Front *f*: ***to the ~*** a) bei der *od.* zur Hand, zur Stelle, b) am Leben, c) im Vordergrund: ***come to the ~*** a) hervortreten, in den Vordergrund treten,

b) sich hervortun; **III** *int. Golf*: Achtung!

ˌ**fore-and-ˈaft** [-ɔːrə-] *adj.* ⚓ längsschiffs: **~ *sail*** Stagsegel *n*.

fore·arm¹ [ˈfɔːrɑːm] *s.* ˈUnterarm *m*.

fore·arm² [fɔːrˈɑːm] *v/t.*: **~ *o.s.*** sich wappnen; → ***forewarn***.

ˈ**fore**|**·bear** → ***forbear***¹; **~ˈbode** [-ˈbəʊd] *v/t.* **1.** vorˈhersagen, propheˈzeien; **2.** ahnen lassen, deuten auf (*acc.*); **3.** ein böses Omen sein für; **4.** *Schlimmes* ahnen, vorˈaussehen; **~ˈbod·ing** [-ˈbəʊdɪŋ] *s.* **1.** (böses) Vorzeichen *od.* Omen; **2.** (böse) Ahnung; **3.** Propheˈzeiung *f*; ˈ**~·cast I** *v/t.* [*irr.* → ***cast***] **1.** vorˈaussagen, vorˈhersehen; **2.** vorˈausberechnen, im vorˈaus schätzen *od.* planen; **3.** *Wetter etc.* vorˈhersagen; **II** *s.* **4.** Vorˈher-, Vorˈaussage *f*: ***weather ~*** Wetterbericht *m*, -vorhersage; **~·cas·tle** [ˈfəʊksl] *s.* ⚓ Back *f*, Vorderdeck *n*; ˈ**~ˌcheck·ing** *s. sport* Forechecking *n*, frühes Stören; **~ˈclose** *v/t.* **1.** ⚖ ausschließen (***of*** von *e-m Rechtsanspruch*); **2. ~ *a mortgage*** a) e-e Hypothekenforderung geltend machen, b) e-e Hypothek (gerichtlich) für verfallen erklären, c) *Am.* aus e-r Hypothek die Zwangsvollstreckung betreiben; für verfallen erklären; **3.** (ver)hindern; **4.** *Frage etc.* vorˈwegnehmen; **~ˈclo·sure** *s.* ⚖ a) (gerichtliche) Verfallserklärung (*e-r Hypothek*), b) *Am.* Zwangsvollstreckung *f*: **~ *action*** Ausschlußklage *f*; **~ *sale*** *Am.* Zwangsversteigerung *f*; ˈ**~·deck** *s.* ⚓ Vorderdeck *n*; **~ˈdoom** *v/t.*: **~*ed*** (***to failure***) *fig.* von vornherein zum Scheitern verurteilt, totgeboren; ˈ**~ˌfa·ther** *s.* Ahn *m*, Vorfahr *m*; ˈ**~ˌfin·ger** *s.* Zeigefinger *m*; ˈ**~·foot** *s.* [*irr.*] **1.** *zo.* Vorderfuß *m*; **2.** ⚓ Stevenanlauf *m*; ˈ**~·front** *s.* vorderste Reihe (*a. fig.*): ***in the ~ of the battle*** ⚔ in vorderster Linie; ***be in the ~ of s.o.'s mind*** j-n (*geistig*) sehr beschäftigen; **~ˈgath·er** → ***forgather***; **~ˈgo** *v/t. u. v/i.* [*irr.* → ***go***] **1.** vorˈangehen (*dat.*), *zeitlich a.* vorˈhergehen (*dat.*): **~*ing*** vorhergehend, vorerwähnt, vorig; **2.** → ***forgo***; ˈ**~·gone** *adj.*: **~ *conclusion*** ausgemachte Sache, Selbstverständlichkeit *f*; ***his success was a ~ conclusion*** sein Erfolg stand von vornherein fest *od.* war ‚vorprogrammiert'; ˈ**~·ground** *s.* Vordergrund *m* (*a. fig.*); ˈ**~·hand I** *s.* **1.** Vorderhand *f* (*Pferd*); **2.** *sport* Vorhand(schlag *m*) *f*; **II** *adj.* **3.** *sport* Vorhand...

fore·head [ˈfɒrɪd] *s.* Stirn *f*.

ˈ**fore·hold** *s.* ⚓ vorderer Laderaum.

for·eign [ˈfɒrən] *adj.* **1.** fremd, ausländisch, auswärtig, Auslands..., Außen...: **~ *affairs*** *pol.* auswärtige Angelegenheiten; **~ *aid*** Auslandshilfe *f*; **~-*born*** im Ausland geboren; **~ *bill*** (***of exchange***) ☤ Auslandswechsel *m*; **~ *control*** Überfremdung *f*; **~ *country*, ~ *countries*** Ausland *n*; **~ *currency*** a) ausländische Währung, b) ☤ Devisen *pl.*; **~ *department*** Auslandsabteilung *f*; **~ *language*** Fremdsprache *f*; **~-*language*** a) fremdsprachig, b) fremdsprachlich, Fremdsprachen...; **2 *Legion*** ⚔ Fremdenlegion *f*; **~ *minister*** *pol.* Außenminister *m*; **2 *Office*** *Brit.* Außenministerium *n*; **~-*owned*** in ausländischem Besitz (befindlich); **~ *policy*** Außenpolitik *f*; **2 *Secretary*** *Brit.* Außenminister *m*; **~ *trade*** ☤ Außenhandel *m*; **~ *word*** a) Fremdwort *n*, b) Lehnwort *n*; **~ *worker*** Gastarbeiter(in); **2.** fremd (***to*** *dat.*): **~ *body*** (*od.* ***matter***) Fremdkörper *m*; ***that is ~ to his nature*** das ist ihm wesensfremd; **3. ~ *to*** nicht gehörig *od.* passend zu.

for·eign·er [ˈfɒrənə] *s.* **1.** Ausländer (-in); **2.** *et.* Ausländisches (*z. B. Schiff, Produkt etc.*).

fore|ˈ**judge** *v/t.* im vorˈaus *od.* voreilig entscheiden *od.* beurteilen; **~ˈknow** *v/t.* [*irr.* → ***know***] vorˈherwissen, vorˈaussehen; ˌ**~ˈknowl·edge** *s.* Vorˈherwissen *n*, vorˈherige Kenntnis; ˈ**~ˌla·dy** *Am.* → ***forewoman***; ˈ**~·land** [-lənd] *s.* Vorland *n*, Vorgebirge *n*, Landspitze *f*; ˈ**~·leg** *s.* Vorderbein *n*; ˈ**~·lock** *s.* Stirnlocke *f*, -haar *n*: ***take time by the ~*** die Gelegenheit beim Schopfe fassen; ˈ**~·man** [-mən] *s.* [*irr.*] **1.** Werkmeister *m*, Vorarbeiter *m*, △ Poˈlier *m*; Aufseher *m*; **2.** ⚖ Obmann *m der Geschworenen*; ˈ**~·mast** [-mɑːst; ⚓ -məst] *s.* ⚓ Fockmast *m*; ˈ**~·most I** *adj.* vorderst; erst, best, vornehmst; **II** *adv.* zuˈerst: ***first and ~*** zuallererst; ***feet ~*** mit den Füßen voran; ˈ**~·name** *s.* Vorname *m*; ˈ**~·noon** *s.* Vormittag *m*.

fo·ren·sic [fəˈrensɪk] *adj.* (□ **~*ally***) foˈrensisch, Gerichts...: **~ *medicine***.

ˌ**fore**|**·orˈdain** [-ɔːrɔː-] *v/t.* vorˈherbestimmen; ˌ**~·or·diˈna·tion** [-ɔːrɔː-] *s. eccl.* Vorˈherbestimmung *f*; ˈ**~·part** *s.* **1.** Vorderteil *m*; **2.** Anfang *m*; ˈ**~·play** *s.* (*sexuelles*) Vorspiel; ˈ**~ˌrun·ner** *s. fig.* **1.** Vorläufer *m*; **2.** Vorbote *m*, Anzeichen *n*; ˈ**~·sail** [-seɪl; ⚓ -sl] *s.* ⚓ Focksegel *n*; **~ˈsee** *v/t.* [*irr.* → ***see***¹] vorˈaussehen *od.* -wissen; **~ˈsee·a·ble** [-ˈsiːəbl] *adj.* vorˈauszusehen(d), absehbar: ***in the ~ future*** in absehbarer Zeit;

~'shad·ow *v/t.* ahnen lassen, (drohend) ankündigen; **'~·sheet** *s.* ⚓ **1.** Fockschot *f*; **2.** *pl.* Vorderboot *n*; **'~·shore** *s.* Uferland *n*, (Küsten)Vorland *n*; **~'short·en** *v/t. Figuren* in Verkürzung *od.* perspek'tivisch zeichnen; **'~·sight** *s.* **1.** a) Weitblick *m*, b) (weise) Vor'aussicht; → ***hindsight*** 2; **2.** Blick *m* in die Zukunft; **3.** ⚔ (Vi'sier)Korn *n*; **'~·skin** *s. anat.* Vorhaut *f*.

for·est ['fɒrɪst] **I** *s.* Wald *m* (*a. fig. von Masten etc.*), Forst *m*: **~ *fire*** Waldbrand *m*; **II** *v/t.* aufforsten.

fore|'stall *v/t.* **1.** *j-m* zu'vorkommen; **2.** *e-r Sache* vorbeugen, *et.* vereiteln; **3.** *Einwand etc.* vor'wegnehmen; **4.** ✝ (spekula'tiv) aufkaufen; **'~·stay** *s.* ⚓ Fockstag *n*.

for·est·ed ['fɒrɪstɪd] *adj.* bewaldet; **'for·est·er** [-tə] *s.* **1.** Förster *m*; **2.** Waldbewohner *m* (*a. Tier*); **'for·est·ry** [-trɪ] *s.* **1.** Forstwirtschaft *f*, -wesen *n*; **2.** Wälder *pl.*

'fore|·taste *s.* Vorgeschmack *m*; **~'tell** *v/t.* [*irr.* → ***tell***] **1.** vor'her-, vor'aussagen; **2.** andeuten, ahnen lassen; **'~·thought** → ***foresight*** 1; **'~·top** [-tɒp; ⚓ -təp] *s.* ⚓ Fock-, Vormars *m*; **ˌ~-top'gal·lant** *s.* ⚓ Vorbramsegel *n*: **~ *mast*** Vorbramstenge *f*; **'~-top·mast** *s.* ⚓ Fock-, Vormarsstenge *f*; **'~-top·sail** [-seɪl; ⚓ -sl] *s.* ⚓ Vormarssegel *n*.

for ev·er, for·ev·er [fə'revə] *adv.* **1.** *a.* **~ *and ever*** für *od.* auf immer, für alle Zeit; **2.** andauernd, ständig, unaufhörlich; **3.** F ‚ewig' (lang); **for ev·er more, for'ev·er·more** *adv.* für immer u. ewig.

fore|'warn *v/t.* vorher warnen (***of*** vor *dat.*): ***~ed is forearmed*** gewarnt sein heißt gewappnet sein; **'~·wom·an** *s.* [*irr.*] **1.** Vorarbeiterin *f*, Aufseherin *f*; **2.** ⚖ Obmännin *f der Geschworenen*; **'~·word** *s.* Vorwort *n*; **'~·yard** *s.* ⚓ Fockrahe *f*.

for·feit ['fɔːfɪt] **I** *s.* **1.** (Geld-, *a.* Vertrags)Strafe *f*, Buße *f*: ***pay the ~ of one's life*** mit s-m Leben bezahlen; **2.** Verlust *m*, Einbuße *f*; **3.** verwirktes Pfand: ***pay a ~*** ein Pfand geben; **4.** *pl.* Pfänderspiel *n*; **II** *v/t.* **5.** verwirken, verlieren, *fig.* einbüßen, verscherzen; **III** *adj.* **6.** verwirkt, verfallen; **'for·fei·ture** [-tʃə] *s.* Verlust *m*, Verwirkung *f*, Verfallen *n*, Einziehung *f*, Entzug *m*.

for·fend [fɔː'fend] *v/t.* **1.** *obs.* verhüten: ***God ~!*** Gott behüte!; **2.** *Am.* schützen, sichern (***from*** vor *dat.*).

for·gath·er [fɔː'gæðə] *v/i.* zs.-kommen, sich treffen; verkehren (***with*** mit).

for·gave [fə'geɪv] *pret. von* ***forgive***.

forge¹ [fɔːdʒ] *v/i.*: **~ *ahead*** a) sich (mühsam) vor'ankämpfen, sich Bahn brechen, b) *fig.* (allmählich) Fortschritte machen, c) (sich) nach vorn drängen, *a. sport* sich an die Spitze setzen.

forge² [fɔːdʒ] **I** *s.* **1.** Schmiede *f* (*a. fig.*); **2.** ⚙ a) Schmiedefeuer *n*, -esse *f*, b) Glühofen *m*, c) Hammerwerk *n*: **~ *lathe*** Schmiededrehbank *f*; **II** *v/t.* **3.** schmieden (*a. fig.*); **4.** *fig.* a) formen, schaffen, b) erfinden, sich ausdenken; **5.** fälschen: **~ *a document***; **'forge·a·ble** [-dʒəbl] *adj.* schmiedbar; **'forg·er** [-dʒə] *s.* **1.** Schmied *m*; **2.** Erfinder *m*, Erschaffer *m*; **3.** Fälscher *m*: **~ (*of coin*)** Falschmünzer *m*; **'for·ger·y** [-dʒərɪ] *s.* **1.** Fälschen *n*: **~ *of a document*** ⚖ Urkundenfälschung *f*; **2.** Fälschung *f*, Falsifi'kat *n*.

for·get [fə'get] **I** *v/t.* [*irr.*] **1.** vergessen, nicht denken an (*acc.*), nicht bedenken, sich nicht erinnern an (*acc.*): ***I ~ his name*** sein Name ist mir entfallen; **2.** vergessen, verlernen: ***I have forgotten my French***, **3.** vergessen, unter'lassen: **~ *it!*** F a) vergiß es!, schon gut!, b) *iro.* das kannst du vergessen!; ***don't you ~ it*** merk dir das!; **4.** **~ *o.s.*** a) (nur) an andere denken, b) sich vergessen, ‚aus der Rolle fallen'; **II** *v/i.* [*irr.*] **5.** vergessen: **~ *about it!*** denk nicht mehr daran!; ***I ~!*** das ist mir entfallen!; **for'get·ful** [-fʊl] *adj.* □ **1.** vergeßlich; **2.** achtlos, nachlässig (***of*** gegenüber): **~ *of one's duties*** pflichtvergessen; **for'get·ful·ness** [-fʊlnɪs] *s.* **1.** Vergeßlichkeit *f*; **2.** Achtlosigkeit *f*.

for'get-me-not *s.* ⚘ Ver'gißmeinnicht *n*.

for·giv·a·ble [fə'gɪvəbl] *adj.* verzeihlich, entschuldbar; **for·give** [fə'gɪv] *v/t.* [*irr.*] **1.** verzeihen, vergeben; **2.** *j-m e-e Schuld etc.* erlassen; **for'giv·en** [-vn] *p.p. von* ***forgive***; **for'give·ness** [-vnɪs] *s.* **1.** Verzeihung *f*, -gebung *f*; **2.** Versöhnlichkeit *f*; **for'giv·ing** [-vɪŋ] *adj.* □ **1.** versöhnlich, nachsichtig; **2.** verzeihend.

for·go [fɔː'gəʊ] *v/t.* [*irr.* → ***go***] verzichten auf (*acc.*).

for·got [fə'gɒt] *pret.* [*u. p.p. obs.*] *von* ***forget***; **for'got·ten** [-tn] *p.p. von* ***forget***.

fork [fɔːk] **I** *s.* **1.** (*Eß-, Heu-, Mist- etc.*) Gabel *f* (*a.* ⚙); **2.** ♪ (Stimm)Gabel *f*; **3.** Gabelung *f*, Abzweigung *f*; **4.** *Am.* a) Zs.-fluß *m*, b) *oft pl.* Gebiet *n* an e-r Flußgabelung; **II** *v/t.* **5.** gabelförmig machen, gabeln; **6.** mit e-r Gabel aufladen *od.* ˈumgraben *od.* wenden; **7.** *Schach*: *zwei Figuren* gleichzeitig angreifen; **III** *v/i.* **8.** sich gabeln *od.* spalten; ~ **out**, ~ **over**, ~ **up** *v/t. u. v/i.* ‚blechen' (*zahlen*); **forked** [-kt] *adj.* gabelförmig, gegabelt, gespalten; zickzackförmig (*Blitz*); ˈ**fork-lift** (**truck**) *s.* ⚙ Gabelstapler *m.*

for·lorn [fəˈlɔːn] *adj.* **1.** verlassen, einsam; **2.** verzweifelt, hilflos; unglücklich, elend; ~ **hope** *s.* **1.** aussichtsloses Unterˈnehmen; **2.** letzte (verzweifelte) Hoffnung; **3.** ⚔ a) verlorener Haufen *od.* Posten, b) ˈHimmelfahrtskomˌmando *n.*

form [fɔːm] **I** *s.* **1.** Form *f*, Gestalt *f*, Fiˈgur *f*; **2.** ⚙ Form *f*, Fasˈson *f*, Moˈdell *n*, Schaˈblone *f*; ⚠ Schalung *f*; **3.** Form *f*, Art *f*; Meˈthode *f*, (An)Ordnung *f*, Schema *n*: ***in due*** ~ vorschriftsmäßig; **4.** Form *f*, Fassung *f* (*Wort*, *Text*, *a. ling.*), Formel *f* (*Gebet etc.*); **5.** *phls.* Wesen *n*, Naˈtur *f*; **6.** ˈUmgangsform *f*, Maˈnieren *pl.*, Benehmen *n*: ***good*** (***bad***) ~ guter (schlechter) Ton; ***it is good*** (***bad***) ~ es gehört *od.* schickt sich (nicht); **7.** Formblatt *n*, Formuˈlar *n*: ***printed*** ~ Vordruck *m*; ~ ***letter*** Schemabrief *m*; **8.** Formaliˈtät *f*, Äußerlichkeit *f*: ***matter of*** ~ Formsache *f*; ***mere*** ~ bloße Förmlichkeit; **9.** Form *f*, (körperliche *od.* geistige) Verfassung: ***in*** (*od.* ***on***) ~ (gut) in Form; ***off*** (*od.* ***out of***) ~ nicht in Form; **10.** *Brit.* a) (Schul-)Bank *f*, b) (Schul)Klasse *f*: ~ ***master*** (***mistress***) Klassenlehrer(in); **11.** *typ.* → ***forme***; **II** *v/t.* **12.** formen, bilden (*a. ling.*); schaffen, gestalten (***into*** zu, ***after*** nach); *Regierung* bilden, *Gesellschaft etc.* gründen; **13.** *den Charakter etc.* formen, bilden; **14.** a) *e-n Teil etc.* bilden, ausmachen, b) dienen als; **15.** anordnen, zs.-stellen; **16.** ⚔ formieren, aufstellen; **17.** *e-n Plan* fassen, entwerfen; **18.** sich *e-e Meinung* bilden; **19.** *e-e Freundschaft etc.* schließen; **20.** *e-e Gewohnheit* annehmen; **21.** ⚙ formen; **III** *v/i.* **22.** sich formen *od.* bilden *od.* gestalten, Form annehmen, entstehen; **23.** *a.* ~ ***up*** ⚔ sich formieren *od.* aufstellen, antreten.

-form [-fɔːm] *in Zssgn* ...förmig.

for·mal [ˈfɔːml] **I** *adj.* □ → ***formally***; **1.** förmlich, forˈmell: a) offiziˈell: ~ ***call*** Höflichkeitsbesuch *m*, b) feierlich: ~ ***event*** → 5; ~ ***dress*** → 6, c) steif, ˈunperˌsönlich, d) (peinlich) genau, peˈdantisch (die Form wahrend), e) formgerecht, vorschriftsmäßig: ~ ***contract*** förmlicher Vertrag; **2.** forˈmal, forˈmell: a) rein äußerlich, b) rein gewohnheitsmäßig, c) scheinbar, Schein...; **3.** forˈmal: a) herkömmlich, konventioˈnell: ~ ***style***, b) schulmäßig, streng meˈthodisch, c) Form...: ~ ***defect*** ⚖ Formfehler *m*; **4.** regelmäßig: ~ ***garden*** architektonischer Garten; **II** *s. Am.* **5.** Veranstaltung, für die Gesellschaftskleidung vorgeschrieben ist; **6.** Gesellschafts-, Abendanzug *m od.* -kleid *n.*

form·al·de·hyde [fɔːˈmældɪhaɪd] *s.* ⚗ Formaldeˈhyd *m*; **for·ma·lin** [ˈfɔːməlɪn] *s.* ⚗ Formaˈlin *n.*

for·mal·ism [ˈfɔːməlɪzəm] *s. allg.* Formaˈlismus *m*; ˈ**for·mal·ist** [-lɪst] *s.* Formaˈlist *m*; **for·mal·is·tic** [ˌfɔːməˈlɪstɪk] *adj.* formaˈlistisch; **for·mal·i·ty** [fɔːˈmælətɪ] *s.* **1.** Förmlichkeit: a) Herkömmlichkeit *f*, b) Zeremoˈnie *f*, c) *das* Offiziˈelle, d) Steifheit *f*, e) Umständlichkeit *f*: ***without*** ~ ohne viel Umstände (zu machen); **2.** Formaliˈtät *f*: a) Formsache *f*, b) Formvorschrift *f*: ***for the sake of*** ~ aus formellen Gründen; **3.** Äußerlichkeit *f*, leere Geste; ˈ**for·mal·ize** [-laɪz] *v/t.* **1.** zur bloßen Formsache machen; **2.** formalisieren, feste Form geben (*dat.*); ˈ**for·mal·ly** [-əlɪ] *adv.* **1.** forˈmell, in aller Form; **2.** → ***formal***.

for·mat [ˈfɔːmæt] **I** *s.* **1.** *typ.* a) Aufmachung *f*, b) Forˈmat *n*; **2.** Ein-, Ausrichtung *f*; **II** *v/t.* **3.** *Computer*: formatieren.

for·ma·tion [fɔːˈmeɪʃn] *s.* **1.** Bildung *f*: a) Formung *f*, Gestaltung *f*, b) Entstehung *f*, Entwicklung *f*: ~ ***of gas*** Gasbildung *f*, c) Gründung *f*: ~ ***of a company***, d) Gebilde *n*: ***word*** ~***s*** Wortbildungen; **2.** Anordnung *f*, Zs.-setzung *f*, Strukˈtur *f*; **3.** ✈, ⚔, *sport* Formatiˈon *f*, Aufstellung *f*: ~ ***flight*** Formations-, Verbandsflug *m*; **4.** *geol.* Formatiˈon *f*;

form·a·tive [ˈfɔːmətɪv] **I** *adj.* **1.** formend, gestaltend, bildend; **2.** prägend, Entwicklungs...: ~ ***years of a person***; **3.** *ling.* formbildend: ~ ***element*** → 5; **4.** ⚘, *zo.* morphoˈgen; **II** *s.* **5.** *ling.* Formaˈtiv *n.*

forme [fɔːm] *s. typ.* (Druck)Form *f.*

form·er[1] [ˈfɔːmə] *s.* **1.** Former *m* (*a.* ⚙), Gestalter *m*; **2.** *ped. Brit. in Zssgn* Schüler(in) der ... Klasse; **3.** ✈ Spant *m.*

for·mer[2] [ˈfɔːmə] *adj.* □ **1.** früher, vorig, ehe-, vormalig, vergangen: ***in*** ~ ***times*** vormals, einst; ***he is his*** ~ ***self again*** er ist wieder (ganz) der alte; ***the*** ~ ***Mrs. A.*** die frühere Frau A.; **2.** ***the*** ~ *sg. u. pl.* ersterwähnt, -genannt, erster:

the ~ ..., the latter ... der erstere..., der letztere; **'for·mer·ly** [-lɪ] *adv.* früher, vor-, ehemals: ***Mrs. A., ~ B.*** a) Frau A., geborene B., b) Frau A., ehemalige Frau B.

'form,fit·ting *adj.* **1.** enganliegend: ***~ dress***; **2.** körpergerecht: ***~ chair.***

for·mic ac·id ['fɔːmɪk] *s.* ⚗ Ameisensäure *f.*

for·mi·da·ble ['fɔːmɪdəbl] *adj.* ☐ **1.** schrecklich, furchterregend; **2.** gewaltig, ungeheuer, e'norm; **3.** beachtlich, ernstzunehmend: ***~ opponent***; **4.** äußerst schwierig: ***~ problem.***

form·ing ['fɔːmɪŋ] *s.* **1.** Formen *n*; **2.** ⚙ (Ver)Formen *n*, Fassonieren *n*; **form·less** ['fɔːmlɪs] *adj.* ☐ formlos.

for·mu·la ['fɔːmjʊlə] *pl.* **-las**, **-lae** [-liː] *s.* **1.** ⚗, 𝔄 *etc.*, *a. mot.* Formel *f*, *pharm. u. fig. a.* Re'zept *n*; **2.** Formel *f*, fester Wortlaut; **3.** *contp.* a) ‚Schema F', b) (leere) Phrase; **'for·mu·lar·y** [-ərɪ] *s.* **1.** Formelsammlung *f*, -buch *n* (*bsd. eccl.*); **2.** *pharm.* Re'zeptbuch *n*; **'for·mu·late** [-leɪt] *v/t.* formulieren; **for·mu·la·tion** [ˌfɔːmjʊ'leɪʃn] *s.* Formulierung *f*, Fassung *f.*

'form·work *s.* ⚠ (Ver)Schalung *f*, Schalungen *pl.*

for·ni·cate ['fɔːnɪkeɪt] *v/i.* unerlaubten außerehelichen Geschlechtsverkehr haben; *bibl. u. weitS.* Unzucht treiben, huren; **for·ni·ca·tion** [ˌfɔːnɪ'keɪʃn] *s.* ⚖ unerlaubter außerehelicher Geschlechtsverkehr; *weitS.* Unzucht *f*, Hure'rei *f*; **'for·ni·ca·tor** [-tə] *s.* j-d, der unerlaubten außerehelichen Geschlechtsverkehr hat; *weitS.* Wüstling *m.*

for·rad·er ['fɒrədə] *adv.*: ***get no ~*** *Brit.* F nicht vom Fleck kommen.

for·sake [fə'seɪk] *v/t.* [*irr.*] **1.** *j-n* verlassen, im Stich lassen; **2.** *et.* aufgeben; **for'sak·en** [-kən] **I** *p.p. von* ***forsake***; **II** *adj.* (gott)verlassen, einsam; **for'sook** [-'sʊk] *pret. von* ***forsake.***

for·sooth [fə'suːθ] *adv. iro.* wahrlich, für'wahr.

for·swear [fɔː'sweə] *v/t.* [*irr.* → ***swear***] **1.** eidlich bestreiten; **2.** unter Pro'test zu'rückweisen; **3.** abschwören (*dat.*), feierlich entsagen (*dat.*); feierlich geloben (*es nie wieder zu tun etc.*); **4.** ***~ o.s.*** e-n Meineid leisten; **for'sworn** [-'swɔːn] **I** *p.p. von* ***forswear***, **II** *adj.* meineidig.

for·syth·i·a [fɔː'saɪθjə] *s.* ⚘ For'sythie *f.*

fort [fɔːt] *s.* ⚔ Fort *n*, Feste *f*, Festungswerk *n*: ***hold the ~*** *fig.* ‚die Stellung halten'.

forte[1] ['fɔːteɪ] *s. fig. j-s* Stärke *f*, starke Seite.

for·te[2] ['fɔːtɪ] *adv.* ♪ forte, laut.

forth [fɔːθ] *adv.* **1.** her'vor, vor, her; → ***bring forth*** *etc.*; **2.** her'aus, hinaus; **3.** (dr)außen; **4.** vo'ran, vorwärts; **5.** weiter: ***and so ~*** und so weiter; ***from that day ~*** von diesem Tag an; **6.** weg, fort; **ˌ~'com·ing** *adj.* **1.** bevorstehend, kommend; **2.** erscheinend, unter'wegs: ***be ~*** erfolgen, sich einstellen; **3.** in Kürze erscheinend (*Buch*) *od.* anlaufend (*Film*); **4.** bereitstehend, verfügbar; **5.** zu'vor-, entgegenkommend (*Person*); **6.** mitteilsam; **'~·right** *adj. u. adv.* offen (und ehrlich), gerade(her'aus); **ˌ~'with** [-'wɪθ] *adv.* so'fort, (so)'gleich, unverzüglich.

for·ti·eth ['fɔːtɪɪθ] **I** *adj.* **1.** vierzigst; **II** *s.* **2.** Vierzigste(r *m*) *f*, *n*; **3.** Vierzigstel *n.*

for·ti·fi·a·ble ['fɔːtɪfaɪəbl] *adj.* zu befestigen(d); **for·ti·fi·ca·tion** [ˌfɔːtɪfɪ'keɪʃn] *s.* **1.** ⚔ a) Befestigung *f*, b) Befestigung(sanlage) *f*, c) Festung *f*; **2.** (*a.* geistige *od.* mo'ralische) Stärkung; **3.** a) Verstärkung *f* (*a.* ⚙), b) Anreicherung *f*; **4.** *fig.* Unter'mauerung *f*; **'for·ti·fi·er** [-faɪə] *s.* Stärkungsmittel *n*; **for·ti·fy** ['fɔːtɪfaɪ] *v/t.* **1.** (*a.* geistig *od.* mo'ralisch) kräftigen, **2.** ⚙ verstärken; *Nahrungsmittel* anreichern; *Wein etc.* verstärken; **3.** ⚔ befestigen; **4.** bekräftigen, stützen, unter'mauern; **5.** bestärken, ermutigen.

for·tis·si·mo [fɔː'tɪsɪməʊ] *adv.* ♪ sehr stark *od.* laut, for'tissimo.

for·ti·tude ['fɔːtɪtjuːd] *s.* (seelische) Kraft: ***bear s.th. with ~*** et. mit Fassung *od.* tapfer ertragen.

fort·night ['fɔːtnaɪt] *s. bsd. Brit.* vierzehn Tage: ***this day ~*** a) heute in 14 Tagen, b) heute vor 14 Tagen; ***a ~'s holiday*** ein vierzehntägiger Urlaub; **'fort·night·ly** [-lɪ] *bsd. Brit.* **I** *adj.* vierzehntägig, halbmonatlich, Halbmonats...; **II** *adv.* alle 14 Tage; **III** *s.* Halbmonatsschrift *f.*

For·tran ['fɔːtræn] *s.* FORTRAN *n* (*Computersprache*).

for·tress ['fɔːtrɪs] *s.* ⚔ Festung *f*, *fig. a.* Bollwerk *n.*

for·tu·i·tous [fɔː'tjuːɪtəs] *adj.* ☐ zufällig; **for'tu·i·ty** [-tɪ] *s.* Zufall *m*, Zufälligkeit *f.*

for·tu·nate ['fɔːtʃnət] *adj.* ☐ **1.** glücklich: ***be ~*** a) Glück haben (*Person*), b) ein (wahres) Glück sein (*Sache*); ***how ~!*** welch ein Glück!, wie gut!; **2.** glückverheißend; günstig; vom Glück begünstigt (*Leben*); **'for·tu·nate·ly** [-lɪ] *adv.*

glücklicherweise, zum Glück.

for·tune ['fɔːtʃuːn] *s.* **1.** Glück(sfall *m*) *n*, (glücklicher) Zufall: ***good ~*** Gück; ***ill ~*** Unglück; ***try one's ~*** sein Glück versuchen; ***make one's ~*** sein Glück machen; **2.** *a.* ♀ *myth.* For'tuna *f*, Glücksgöttin *f*: ***~ favo(u)red him*** das Glück war ihm hold; **3.** Schicksal *n*, Geschick *n*, Los *n*: ***tell*** (*od.* ***read***) ***~s*** wahrsagen; ***read s.o.'s ~*** j-m die Karten legen *od.* aus der Hand lesen; ***have one's ~ told*** sich wahrsagen lassen; **4.** Vermögen *n*: ***make a ~*** ein Vermögen verdienen; ***come into a ~*** ein Vermögen erben; ***marry a ~*** e-e gute Partie machen; ***a small ~*** F ein kleines Vermögen (*viel Geld*); **'~-ˌhunt·er** ['fɔːtʃən-] *s.* Mitgiftjäger *m*; **'~-ˌtell·er** ['fɔːtʃən-] *s.* Wahrsager(in); **'~-ˌtell·ing** ['fɔːtʃən-] *s.* Wahrsage'rei *f*.

for·ty ['fɔːtɪ] **I** *adj.* **1.** vierzig: ***the ♀ Thieves*** die 40 Räuber (*1001 Nacht*); → ***wink*** 4; **II** *s.* **2.** Vierzig: ***he is in his forties*** er ist in den Vierzigern; ***in the forties*** in den vierziger Jahren (*e-s Jahrhunderts*); **3.** ***the Forties*** die See zwischen Schottlands Nord'ost- u. Norwegens Süd'westküste; **4.** ***the roaring forties*** stürmischer Teil des Ozeans (zwischen dem 39. u. 50. Breitengrad).

fo·rum ['fɔːrəm] *s.* **1.** *antiq. u. fig.* Forum *n*; **2.** Gericht *n*, Tribu'nal *n* (*a. fig.*); *engS.* ⚖ Gerichtsort *m*, örtliche Zuständigkeit; **3.** Forum *n*, (öffentliche) Diskussi'on(sveranstaltung).

for·ward ['fɔːwəd] **I** *adv.* **1.** vor, nach vorn, vorwärts, vor'an, vor'aus, weiter: ***from this day ~*** von heute an; ***freight ~*** ✝ Fracht gegen Nachnahme; ***buy ~*** ✝ auf Termin kaufen; ***go ~*** *fig.* Fortschritte machen, vorankommen; ***help ~*** weiterhelfen (*dat.*); → ***bring*** (***carry***, ***come***, *etc.*) ***forward***; **II** *adj.* □ **2.** vorwärts *od.* nach vorn gerichtet, Vorwärts...: ***a ~ motion***; ***~ defence*** ⚔ Vorwärtsverteidigung *f*; ***~ planning*** Vorausplanung *f*; ***~ speed*** *mot.* Vorwärtsgang *m*; ***~ strategy*** ⚔ Vorwärtsstrategie *f*; **3.** vorder; **4.** a) ⚘ frühreif (*a. fig. Kind*), b) zeitig (*Frühling etc.*); **5.** *zo.* a) hochträchtig, b) gutentwickelt; **6.** *fig.* a) fortgeschritten, b) fortschrittlich; **7.** *fig.* vorlaut, dreist; **8.** *fig.* a) vorschnell, -eilig, b) schnell bereit (***to do s.th.*** et. zu tun); **9.** ✝ auf Ziel *od.* Zeit, Termin...: ***~ business*** (***market***, ***sale***, *etc.*); ***~ rate*** Terminkurs *m*, Kurs *m* für Termingeschäfte; **III** *s.* **10.** *sport* Stürmer *m*: ***~ line*** Sturm(reihe *f*) *m*; **IV** *v/t.* **11.** a) fördern, begünstigen, b) beschleunigen; **12.** befördern, schikken, verladen; **13.** *Brief etc.* nachsenden, weiterbefördern.

for·ward·er ['fɔːwədə] *s.* Spedi'teur; **'for·ward·ing** [-dɪŋ] **I** *s.* Versand *m*; **II** *adj.* Versand...: ***~ charges***; ***~ instructions***; ***~ agent*** Spediteur *m*; ***~ note*** Frachtbrief *m*; ***~ address*** Nachsendeadresse *f*; **'for·ward-ˌlook·ing** *adj.* vor'ausschauend, fortschrittlich; **'for·ward·ness** [-dnɪs] *s.* **1.** Frühzeitigkeit *f*, Frühreife *f* (*a.* ⚘); **2.** Dreistigkeit *f*, vorlaute Art; **3.** Voreiligkeit *f*.

for·wards ['fɔːwədz] → ***forward*** I.

fosse [fɒs] *s.* **1.** (Burg-, Wall)Graben *m*; **2.** *anat.* Grube *f*.

fos·sil ['fɒsl] **I** *s.* **1.** *geol.* Fos'sil *n*; Versteinerung *f*; **2.** F ‚Fos'sil' *n*: a) verkalkter *od.* verknöcherter Mensch, b) *et.* ‚Vorsintflutliches'; **II** *adj.* **3.** fos'sil, versteinert: ***~ fuel*** fossiler Brennstoff; ***~ oil*** Erd-, Steinöl *n*; **4.** F a) verknöchert, verkalkt (*Person*), b) vorsintflutlich (*Sache*); **fos·sil·if·er·ous** [ˌfɒsɪ'lɪfərəs] *adj.* fos'silienhaltig; **fos·sil·i·za·tion** [ˌfɒsɪlaɪ'zeɪʃn] *s.* **1.** Versteinerung *f*; **2.** F Verknöcherung *f*; **'fos·sil·ize** [-sɪlaɪz] **I** *v/t. geol.* versteinern; **II** *v/i.* versteinern; *fig.* verknöchern, verkalken.

fos·so·ri·al [fɒ'sɔːrɪəl] *adj. zo.* grabend, Grab...

fos·ter ['fɒstə] **I** *v/t.* **1.** *Kind etc.* a) aufziehen, b) in Pflege haben *od.* geben; **2.** *et.* fördern; begünstigen, protegieren; **3.** *Wunsch etc.* hegen, nähren; **II** *adj.* **4.** Pflege...: ***~ child*** (***father***, ***mother*** *etc.*).

fos·ter·ling ['fɒstəlɪŋ] *s.* Pflegekind *n*.

fought [fɔːt] *pret. u. p.p. von* ***fight***.

foul [faʊl] **I** *adj.* □ **1.** a) stinkend, widerlich, übelriechend (*a. Atem*), b) verpestet, schlecht (*Luft*), c) faul, verdorben (*Lebensmittel etc.*); **2.** schmutzig, verschmutzt; **3.** verstopft; **4.** voll Unkraut, überwachsen; **5.** schlecht, stürmisch (*Wetter etc.*), widrig (*Wind*); **6.** ⚓ a) unklar (*Taue etc.*), b) in Kollisi'on (geratend) (***of*** mit); **7.** *fig.* a) widerlich, ekelhaft, b) abscheulich, gemein: ***~ deed*** ruchlose Tat, c) schädlich, gefährlich: ***~ tongue*** böse Zunge, d) schmutzig, zotig, unflätig: ***~ language***; **8.** F scheußlich; **9.** unehrlich, betrügerisch; **10.** *sport* unfair, regelwidrig; **11.** *typ.* a) unsauber (*Druck etc.*), b) voller Fehler *od.* Änderungen; **II** *adv.* **12.** auf gemeine Art, gemein (*etc.* → 7–10): ***play ~*** *sport* foul spielen; ***play s.o. ~*** j-m übel mitspielen; **13.** ***fall ~ of*** ⚓ zs.-stoßen mit (*a. fig.*); **III** *s.* **14.** ***through***

fair and* ~** durch dick u. dünn; **15.** ⚓ Zs.-stoß *m*; **16.** *sport* a) Foul *n*, Regelverstoß *m*, b) → ***foul shot; **IV** *v/t.* **17.** *a.* **~ *up*** a) beschmutzen (*a. fig.*), verschmutzen, verunreinigen, b) verstopfen; **18.** *sport* foulen; **19.** ⚓ zs.-stoßen mit; **20.** *a.* **~ *up*** sich verwickeln in (*dat.*) *od.* mit; **21. ~ *up*** F a) ‚vermasseln', ‚versauen', b) durchein'anderbringen; **V** *v/i.* **22.** schmutzig werden; **23.** ⚓ zs.-stoßen (***with*** mit); **24.** sich verwickeln; **25.** *sport* foulen, ein Foul begehen; **26. ~ *up*** F a), ‚Mist bauen', ‚patzen', b) durchein'anderkommen.

'foul|-mouthed *adj.* unflätig; **~ play** *s.* **1.** *sport* unfaires Spiel, Unsportlichkeit *f*; **2.** (Gewalt)Verbrechen *n*, *bsd.* Mord *m*; **~ shot** *s. Basketball*: Freiwurf *m*; **'~-ˌspo·ken** → ***foul-mouthed***.

found¹ [faʊnd] *pret. u. p.p. von* ***find***.

found² [faʊnd] *v/t.* ⚙ schmelzen; gießen.

found³ [faʊnd] *fig.* **I** *v/t.* **1.** gründen, errichten; **2.** begründen, einrichten, ins Leben rufen, *Schule etc.* stiften: ***2ing Fathers*** *Am.* Staatsmänner aus der Zeit der Unabhängigkeitserklärung; **3.** *fig.* gründen, stützen (***on*** auf *acc.*): ***be ~ed on*** → 4; ***well-~ed*** wohlbegründet, fundiert; **II** *v/i.* **4.** (***on***) sich stützen (auf *acc.*), beruhen, sich gründen (auf *dat.*);

foun·da·tion [faʊn'deɪʃn] *s.* **1.** *oft pl.* ⚠ Grundmauer *f*, Funda'ment *n* (*a. fig.*); 'Unterbau *m*, -lage *f*, Bettung *f* (*Straße etc.*); **2.** Grund(lage *f*) *m*, Basis *f*: ***without*** (***any***) **~** (völlig) unbegründet; ***shaken to the ~s*** in den Grundfesten erschüttert; ***lay the ~s of*** den Grund(stock) legen zu; **3.** Gründung *f*, Errichtung *f*; **4.** (gemeinnützige) Stiftung: ***be on the* ~** Geld aus der Stiftung erhalten; **5.** Ursprung *m*, Beginn *m*; **6.** steifes (Zwischen)Futter: **~ *muslin*** Steifleinen *n*; **7.** *a.* **~ *garment*** a) Mieder *n*, b) Kor'sett *n*, c) *pl.* Mieder (-waren) *pl.*; **8.** *a.* **~ *cream*** *Kosmetik*: Grundierung *f*; **~ stone** *s.* Grundstein *m* (*a. fig.*); → ***lay¹*** 5.

found·er¹ ['faʊndə] *s.* Gründer *m*, Stifter *m*: ***~s' shares*** ✝ Gründeraktien.

found·er² ['faʊndə] *s.* ⚙ Gießer *m*.

found·er³ ['faʊndə] **I** *v/i.* **1.** ⚓ sinken, 'untergehen; **2.** einstürzen, -fallen; **3.** *fig.* scheitern; **4.** *vet.* a) lahmen, b) zs.-brechen (*Pferd*); **5.** steckenbleiben; **II** *v/t.* **6.** *Pferd* lahm reiten; **7.** *Schiff* zum Sinken bringen.

found·ling ['faʊndlɪŋ] *s.* Findling *m*, Findelkind *n*: **~ *hospital*** Findelhaus *n*.

found·ress ['faʊndrɪs] *s.* Gründerin *f*, Stifterin *f*.

found·ry ['faʊndrɪ] *s.* ⚙ Gieße'rei *f*.

fount¹ [faʊnt] *s. typ.* (Setzkasten *m* mit) Schriftsatz *m*.

fount² [faʊnt] → ***fountain*** 2, 4a.

foun·tain ['faʊntɪn] *s.* **1.** Fon'täne *f*: a) Springbrunnen *m*, b) (Wasser)Strahl *m*; **2.** Quelle *f*, *fig. a.* Born *m*: ***2 of Youth*** Jungbrunnen *m*; **3.** a) (Trink-) Brunnen *m*, b) → ***soda fountain***; **4.** ⚙ a) (Öl-, Tinten- *etc.*)Behälter *m*, b) Reser'voir *n*; **ˌ~-'head** *s.* Quelle *f* (*a. fig.*); *fig.* Urquell *m*; **'~-pen** *s.* Füll(feder)-halter *m*.

four [fɔː] **I** *adj.* **1.** vier; **II** *s.* **2.** Vier *f* (*Zahl, Spielkarte etc.*): ***the ~ of hearts*** die Herzvier; ***by ~s*** immer vier (auf einmal); ***on all ~s*** a) auf allen vieren, b) *fig.* stimmend, richtig; ***be on all ~s with*** übereinstimmen mit, genau entsprechen (*dat.*); **3.** *Rudern*: Vierer *m* (*Boot od. Mannschaft*); **ˌ~-'cor·nered** *adj.* viereckig, mit vier Ecken; **'~-ˌcy·cle** *adj.*: **~ *engine*** ⚙ Viertaktmotor *m*; **'~·eyes** *s. pl. sg. konstr.* F ‚Brillenschlange' *f*, **~ flush** *s. Poker*: unvollständige Hand; **'~-ˌflush·er** *s. Am.* Bluffer *m*, ‚falscher Fuffziger'; **'~·fold** *adj. u. adv.* vierfach; **ˌ~-'four** (**time**) *s.* ♪ Vier'vierteltakt *m*; **ˌ~-'hand·ed** *adj.* ♪, *zo.* vierhändig; **2 Hun·dred** *s.*: ***the ~*** *Am.* die Hautevolee (*e-r Gemeinde*); **ˌ~-in-'hand** [-ɔːrɪn-] *s.* **1.** Vierspänner *m*; **2.** Viergespann *n*; **ˌ~-'leaf**(**ed**) **clo·ver** *s.* ⚘ vierblätt(e)riges Kleeblatt; **'~-legged** *adj.* vierbeinig; **ˌ~-'let·ter word** *s.* unanständiges Wort; **ˌ~-'oar** [-ɔːr'ɔː] *s.* Vierer *m* (*Boot*); **'~-part** *adj.* ♪ vierstimmig (*Satz*); **'~·pence** [-pəns] *s. Brit. hist.* Vierpencestück *n*; **ˌ~-'post·er** *s.* **1.** Himmelbett *n*; **2.** ⚓ *sl.* Viermaster *m*; **ˌ~'score** *adj. obs.* achtzig; **'~-ˌseat·er** *s. mot.* Viersitzer *m*; **'~·some** [-səm] *s. Golf*: Vierer *m*; *fig. humor.* ‚Quar'tett' *n*; **ˌ~-'speed gear** *s.* ⚙ Vierganggetriebe *n*; **ˌ~-'square** *adj. u. adv.* **1.** qua'dratisch; **2.** *fig.* a) fest, unerschütterlich, b) grob, barsch; **ˌ~-'star** *adj.* Viersterne...: **~ *general***; **~ *hotel***; **ˌ~-'stroke** *adj.*: **~ *engine*** ⚙ Viertaktmotor *m*.

four·teen [ˌfɔː'tiːn] **I** *adj.* vierzehn; **II** *s.* Vierzehn *f*; **ˌfour'teenth** [-nθ] **I** *adj.* vierzehnt; **II** *s.* a) (*der, die, das*) Vierzehnte, b) Vierzehntel *n*.

fourth [fɔːθ] **I** *adj.* □ **1.** viert; **2.** viertel; **II** *s.* **3.** (*der, die, das*) Vierte; **4.** Viertel *n*; **5.** ♪ Quarte *f*; **6.** ***the 2*** (***of July***) *Am.* der Vierte (Juli), der Unabhängigkeitstag; **'fourth·ly** [-lɪ] *adv.* viertens.

ˌfour|-ˈway *adj.*: **~ switch** ↯ Vierfach-, Vierwegeschalter *m*; **ˌ~-ˈwheel** *adj.* vierräd(e)rig; Vierrad...(*-antrieb*, *-bremse*).

fowl [faʊl] **I** *pl.* **fowls**, *coll. mst* **fowl** *s.* **1.** Haushuhn *n od.* -ente *f*, *a.* Truthahn *m*; *coll.* Geflügel *n* (*a. Fleisch*), Hühner *pl.*: **~ house** Hühnerstall *m*; **~ pest** Hühnerpest *f*; **~ pox** Geflügelpocken *pl*; **~ run** Hühnerhof *m*, Auslauf *m*; **2.** *selten* Vogel *m*, Vögel *pl.*: ***the ~(s) of the air*** *bibl.* die Vögel unter dem Himmel; **II** *v/i.* **3.** Vögel fangen *od.* schießen; **ˈfowl·er** [-lə] *s.* Vogelfänger *m*; **ˈfowl·ing** [-lɪŋ] *s.* Vogelfang *m*, -jagd *f*: **~-piece** Vogelflinte *f*; **~-shot** Hühnerschrot *n*.

fox [fɒks] **I** *s.* **1.** *zo.* Fuchs *m*: ***set the ~ to keep the geese*** den Bock zum Gärtner machen; ***~ and geese*** Wolf u. Schafe (*ein Brettspiel*); **2.** (***sly old***) **~** *fig.* (schlauer) Fuchs; **3.** Fuchspelz(kragen) *m*; **II** *v/t.* **4.** *sl.* über'listen, ‚reinlegen'; **III** *v/i.* **5.** stockfleckig werden (*Papier*); **~ brush** *s. hunt.* Lunte *f*, Fuchsschwanz *m*; **ˈ~·glove** *s.* ⚘ Fingerhut *m*; **ˈ~·hole** *s.* **1.** Fuchsbau *m*; **2.** ⚔ Schützenloch *n*; **ˈ~-hunt**, **ˈ~-ˌhunt·ing** *s.* Fuchsjagd *f*; **~ mark** *s.* Stockfleck *m*; **ˈ~·tail** *s.* **1.** Fuchsschwanz *m*; **2.** ⚘ Fuchsschwanzgras *n*; **ˌ~-ˈter·ri·er** *s. zo.* Foxterrier *m*; **ˈ~·trot** *s. u. v/i.* Foxtrott *m* (tanzen).

fox·y [ˈfɒksɪ] *adj.* **1.** gerissen, listig; **2.** fuchsrot; **3.** stockfleckig (*Papier*).

foy·er [ˈfɔɪeɪ] (*Fr.*) *s. allg.* Fo'yer *n*.

fra·cas [ˈfrækɑː] *pl.* **~** [-kɑːz] *s.* Aufruhr *m*, Spek'takel *m*.

frac·tion [ˈfrækʃn] *s.* **1.** ⩲ Bruch *m*: **~ bar**, **~ line**, **~ stroke** Bruchstrich *m*; **2.** Bruchteil *m*, Frag'ment *n*; Stückchen *n*, *ein* bißchen: ***not by a ~*** nicht im geringsten; ***by a ~ of an inch*** um ein Haar; ***~ of a share*** ✝ Teilaktie *f*; **3.** ♎ *eccl.* Brechen *n des Brotes*; **ˈfrac·tion·al** [-ʃənl] *adj.* **1.** *a.* ⩲ Bruch..., gebrochen: **~ amount** Teilbetrag *m*; **~ currency** Scheidemünze *f*; **~ part** Bruchteil *m*; **2.** *fig.* unbedeutend, mini'mal; **3.** ⚗ fraktioniert, teilweise; **ˈfrac·tion·ar·y** [-ʃnərɪ] *adj.* Bruch(stück)..., Teil...; **ˈfrac·tion·ate** [-ʃəneɪt] *v/t.* ⚗ fraktionieren.

frac·tious [ˈfrækʃəs] *adj.* ☐ **1.** mürrisch, zänkisch, reizbar; **2.** störrisch; **ˈfrac·tious·ness** [-nɪs] *s.* **1.** Reizbarkeit *f*; **2.** 'Widerspenstigkeit *f*.

frac·ture [ˈfræktʃə] **I** *s.* **1.** ⚕ Frak'tur *f*, Bruch *m* (*a. fig.*); **2.** *min.* Bruchfläche *f*; **3.** *ling.* Brechung *f*; **II** *v/t.* **4.** (zer)brechen: **~ *one's arm*** sich den Arm brechen; **~*d skull*** Schädelbruch *m*; **III** *v/i.* **5.** (zer)brechen.

frag·ile [ˈfrædʒaɪl] *adj.* **1.** zerbrechlich (*a. fig.*); **2.** ⚙ brüchig; **3.** *fig.* schwach, zart (*Gesundheit etc.*), gebrechlich (*Person*); **fra·gil·i·ty** [frəˈdʒɪlətɪ] *s.* **1.** Zerbrechlichkeit *f*; **2.** Brüchigkeit *f*; **3.** *fig.* Ge-, Zerbrechlichkeit *f*, Zartheit *f*.

frag·ment [ˈfrægmənt] *s.* **1.** Bruchstück *n* (*a.* ⚙), -teil *m*; **2.** Stück *n*, Brocken *m*, Splitter *m* (*a.* ⚔), Fetzen *m*; 'Überrest *m*; **3.** (lite'rarisches *etc.*) Frag'ment; **frag·men·tal** [frægˈmentl] *adj.* **1.** *geol.* Trümmer...; **2.** → **ˈfrag·men·tar·y** [-tərɪ] *adj.* **1.** zerstückelt, aus Stücken bestehend; **2.** fragmen'tarisch, unvollständig, bruchstückhaft; **frag·men·ta·tion** [ˌfrægmenˈteɪʃn] *s.* Zerstückelung *f*, -splitterung *f*: **~ bomb** ⚔ Splitterbombe *f*.

fra·grance [ˈfreɪgrəns] *s.* Wohlgeruch *m*, Duft *m*, A'roma *n*; **ˈfra·grant** [-nt] *adj.* ☐ **1.** wohlriechend, duftend: ***be ~ with*** duften nach; **2.** *fig.* angenehm, köstlich.

frail [freɪl] *adj.* ☐ **1.** zerbrechlich; **2.** a) zart, schwach, b) gebrechlich, c) (*charakterlich*) schwach, d) schwach, seicht (*Buch etc.*); **ˈfrail·ty** [-tɪ] *s.* **1.** Zerbrechlichkeit *f*; **2.** a) Zartheit *f*, b) Gebrechlichkeit *f*; **3.** a) Schwachheit *f*, (mo'ralische) Schwäche, b) Fehltritt *m*.

fraise [freɪz] *s.* **1.** ⚔ Pali'sade *f*; **2.** ⚙ Bohrfräse *f*.

fram·b(o)e·si·a [fræmˈbiːzɪə] *s.* ⚕ Frambö'sie *f* (*tropische Hautkrankheit*).

frame [freɪm] **I** *s.* **1.** (*Bilder-*, *Fenster- etc.*)Rahmen *m* (*a.* ⚙, *mot.*): **~ aerial** Rahmenantenne *f*; **2.** (*a. Brillen-*, *Schirm-*, *Wagen*)Gestell *n*, Gerüst *n*; **3.** Einfassung *f*; **4.** ⚠ a) Balkenwerk *n*: **~ house** Holz- *od.* Fachwerkhaus *n*, b) Gerippe *n*, Ske'lett *n*: ***steel ~***; **5.** *typ.* ('Setz)Reˌgal *n*; **6.** ↯ Stator *m*; **7.** ✈, ⚓ a) Spant *n*, *m*, b) Gerippe *n*; **8.** *TV* a) Abtastfeld *n*, b) Raster(bild *n*) *m*; **9.** *Film*: Einzelbild *n*; **10.** *Comic strips*: Bild *n*; **11.** ⚘ verglaster Treibbeetkasten; **12.** *Weberei*: ('Spinn-, 'Web)Maˌschine *f*; **13.** a) Rahmen(erzählung *f*) *m*, b) 'Hintergrund *m*; **14.** Körper(bau) *m*, Fi'gur *f*: ***the mortal ~*** die sterbliche Hülle; **15.** *fig.* Rahmen *m*, Sy'stem *n*: ***within the ~ of*** im Rahmen (*gen.*); **16.** *bsd.* **~ *of mind*** (Gemüts)Verfassung *f*, (-)Zustand *m*, Stimmung *f*; **17.** → ***frame-up***; **II** *v/t.* **18.** zs.-fügen, -setzen; **19.** a) *Bild etc.* (ein)rahmen, (-)fassen, b) *fig.* um'rahmen; **20.** *et.* ersinnen, entwerfen, *Plan* schmieden, *Gedicht etc.* machen, verfertigen, *Politik etc.* abstecken; **21.** *Worte, a. Entschuldigung etc.* formulieren; **22.** gestalten, formen, bilden; **23.** anpassen (***to*** *dat.*); **24.** *a.* **~ *up*** *sl.* a) *et.* ‚drehen', ‚schaukeln', b) *j-m* et. ‚anhängen', *j-n* ‚reinhängen': ***~ a match*** ein Spiel (vorher) absprechen; **framed** [-md] *adj.* **1.** gerahmt; **2.** ⚠ Fachwerk...; **3.** ⚓, ✈ in Spanten; **'fram·er** [-mə] *s.* **1.** (Bilder-) Rahmer *m*; **2.** *fig.* Gestalter *m*, Entwerfer *m*.

frame| saw *s.* ⚙ Spannsäge *f*; **~ sto·ry**, **~ tale** *s.* Rahmenerzählung *f*; **~ tent** *s.* Steilwandzelt *n*; **'~-up** *s.* F **1.** Kom'plott *n*, In'trige *f*; Falle *f*; **2.** abgekartetes Spiel, Schwindel *m*; **'~·work** *s.* **1.** ⚙, *a.* ✈ *u. biol.* Gerüst *n*, Gerippe *n*; **2.** ⚠ Fachwerk *n*, Gebälk *n*; **3.** 🚃 Gestell *n*; **4.** *fig.* Rahmen *m*, Gefüge *n*, Sy'stem *n*: ***within the ~ of*** im Rahmen (*gen.*).

franc [fræŋk] *s.* **1.** Franc *m* (*Währungseinheit Frankreichs etc.*); **2.** Franken *m* (*Währungseinheit der Schweiz*).

fran·chise ['fræn*t*ʃaɪz] *s.* **1.** *pol.* a) Wahl-, Stimmrecht *n*, b) Bürgerrecht(e *pl.*) *n*; **2.** *Am.* Privi'leg *n*; **3.** *hist.* Gerechtsame *f*; **4.** ✝ *bsd. Am.* a) *a. sport* Konzessi'on *f*, b) Al'leinverkaufsrecht *n*, c) 'Rechtsper,sönlichkeit *f*, d) Franchise *n*, Franchising *n* (*Vertriebsart*); **5.** *Versicherung*: Fran'chise *f*.

Fran·cis·can [fræn'sɪskən] **I** *s.* Franzis'kaner(mönch) *m*; **II** *adj.* Franziskaner...

Fran·co-Ger·man [ˌfræŋkəʊ'dʒɜːmən] *adj.*: ***the ~ War*** der Deutsch-Französische Krieg (*1870/71*).

Fran·co·ni·an [fræŋ'kəʊnjən] *adj.* fränkisch.

Fran·co|·phile ['fræŋkəʊfaɪl], **'~·phil** [-fɪl] **I** *s.* Franko'phile *m*, Fran'zosenfreund *m*; **II** *adj.* franko'phil; **'~·phobe** [-fəʊb] **I** *s.* Fran'zosenhasser *m*, -feind *m*; **II** *adj.* fran'zosenfeindlich.

fran·gi·ble ['frændʒɪbl] *adj.* zerbrechlich.

fran·gi·pane ['frænd*ʒ*ɪpeɪn] *s.* *Art* Mandelcreme *f*.

Fran·glais ['frɑ̃ːŋgleɪ] (*Fr.*) *s.* *stark anglisiertes Französisch.*

Frank¹ [fræŋk] *s.* *hist.* Franke *m*.

frank² [fræŋk] **I** *adj.* □ → ***frankly***; **1.** offen, aufrichtig, frei(mütig); **II** *s.* **2.** ✉ *hist.* a) Freivermerk *m*, b) Portofreiheit *f*; **III** *v/t.* **3.** *Brief* (*a.* mit der Ma'schine) frankieren: ***~ing machine*** Frankiermaschine *f*; **4.** *j-m* (freien) Zutritt verschaffen; **5.** *et.* amtlich freigeben.

frank³ [fræŋk] *Am.* F *für* **frank·furt·er** ['fræŋkfɜːtə] *s.* Frankfurter (Würstchen *n*) *f*.

frank·in·cense ['fræŋkɪn,sens] *s.* Weihrauch *m*.

Frank·ish ['fræŋkɪʃ] *adj.* *hist.* fränkisch.

frank·lin ['fræŋklɪn] *s.* *hist.* **1.** Freisasse *m*; **2.** kleiner Landbesitzer.

frank·ly ['fræŋklɪ] *adv.* **1.** → ***frank²*** 1; **2.** frei her'aus, frank u. frei; **3.** *a.* ***~ speaking*** offen gestanden *od.* gesagt; **'frank·ness** [-nɪs] *s.* Offenheit *f*, Freimütigkeit *f*.

fran·tic ['fræntɪk] *adj.* □ (*mst* ***~ally***) **1.** wild, außer sich, rasend (***with*** vor *dat.*); wütend; **2.** verzweifelt: ***~ efforts***; **3.** hektisch: ***a ~ search***.

frap·pé ['fræpeɪ] (*Fr.*) **I** *adj.* eisgekühlt; **II** *s.* Frap'pé *m* (*Getränk*).

frat [fræt] *sl.* → ***fraternity*** 3.

fra·ter·nal [frə'tɜːnl] **I** *adj.* □ **1.** brüderlich, Bruder...; **2.** *biol.* zweieiig: ***~ twins***; **II** *s.* **3.** *a.* ***~ association***, ***~ society*** *Am.* Verein *m* zur Förderung gemeinsamer Interessen; **fra'ter·ni·ty** [-nətɪ] *s.* **1.** Brüderlichkeit *f*; **2.** Vereinigung *f*, Zunft *f*, Gilde *f*: ***the angling ~*** die Zunft der Angler; ***the legal ~*** die Juristen *pl.*; **3.** *Am.* Stu'dentenverbindung *f*; **frat·er·ni·za·tion** [ˌfrætənaɪ'zeɪʃn] *s.* Verbrüderung *f*; **frat·er·nize** ['frætənaɪz] *v/i.* sich verbrüdern, *bsd.* ⚔ fraternisieren.

frat·ri·cid·al [ˌfrætrɪ'saɪdl] *adj.* brudermörderisch: ***~ war*** Bruderkrieg *m*; **frat·ri·cide** ['frætrɪsaɪd] *s.* **1.** Bruder-, Geschwistermord *m*; **2.** Bruder-, Geschwistermörder *m*.

fraud [frɔːd] *s.* **1.** ⚖ Betrug *m*, arglistige Täuschung: ***by ~*** arglistig; ***obtain by ~*** sich *et.* erschleichen; ***~ department*** Betrugsdezernat *n*; **2.** Schwindel *m*; **3.** F a) Schwindler *m*, ‚falscher Fuffziger', b) ‚Schauspieler' *m*, j-d, der nicht ‚echt' ist; **'fraud·u·lence** [-djʊləns] *s.* Betrüge'rei *f*; **'fraud·u·lent** [-djʊlənt] *adj.* □ betrügerisch, arglistig: ***~ bankruptcy*** betrügerischer Bankrott; ***~ conversion*** Unterschlagung *f*; ***~ preference*** Gläubigerbegünstigung *f*; ***~ representation*** Vorspiegelung *f* falscher Tatsachen.

fraught [frɔːt] *adj.* **1.** *mst fig.* (***with***) voll (von), beladen (mit): ***~ with danger*** gefahrvoll; ***~ with meaning*** bedeutungsschwer, -schwanger; ***~ with sorrow*** kummerbeladen; **2.** F a) schlimm, b) ‚schwer im Druck'.

fray¹ [freɪ] *s.* **1.** (lauter) Streit; **2.** a) Schläge'rei *f*, b) ⚔ *u. fig.* Kampf *m*: ***eager for the ~*** kampflustig.

fray² [freɪ] **I** *v/t.* **1.** *a.* **~ out** *Stoff etc.* abtragen, ˈdurchscheuern, ausfransen, *a. fig.* abnutzen: **~ed nerves** strapazierte Nerven; **~ed at the edges** *fig.* sehr mitgenommen; **~ed temper** *fig.* gereizte Stimmung; **2.** *Geweih* fegen; **II** *v/i.* **3.** *a.* **~ out** sich abnutzen (*a. fig.*), sich ausfransen *od.* ˈdurchscheuern; **4.** *fig.* sich ereifern: **tempers began to ~** die Stimmung wurde gereizt.

fraz·zle [ˈfræzl] **I** *v/t.* **1.** ausfransen; **2.** *oft* **~ out** F *j-n* ‚fix u. fertig' machen; **II** *v/i.* **3.** sich ausfransen *od.* ˈdurchscheuern; **III** *s.* **4.** Franse *f*: **worn to a ~** F ‚fix u. fertig'; **work o.s. to a ~** F sich ‚kaputtmachen' (vor Arbeit); **burnt to a ~** total verkohlt.

freak [fri:k] **I** *s.* **1.** ˈMißbildung *f*, (*Mensch, Tier*) *a.* ˈMißgeburt *f*, Monstrosiˈtät *f*: **~ of nature** Laune *f* der Natur, *contp.* Monstrum *n*; **~ show** Monstrositätenkabinett *n*; **2.** Grille *f*, Laune *f*; **3.** ‚verrückte' *od.* ‚irre' Sache; **4.** *sl.* ‚Freak' *m*: a) ‚irrer Typ', *contp.* ‚Ausgeflippte(r' *m*) *f*, ‚Spinner' *m*, b) (*Jazz-, Computer- etc.*)Narr *m*, c) Süchtige(r *m*) *f*: **pill ~**; **II** *adj.* **5.** → **freakish**; **III** *v/i.* **6.** **~ out** *sl.* ‚ausflippen' (*Süchtiger, a. allg. fig.*); **IV** *v/t.* **7.** *sl.* *j-n* ‚ausflippen' lassen; ˈ**freak·ish** [-kɪʃ] *adj.* □ **1.** launisch, unberechenbar; **2.** ‚verrückt', ‚irr'; ˈ**freak-out** *s. sl.* **1.** ‚Horrortrip' *m*; **2.** ‚Ausflippen' *n*.

freck·le [ˈfrekl] **I** *s.* **1.** Sommersprosse *f*; **2.** Fleck(chen *n*) *m*; **II** *v/t.* **3.** tüpfeln, sprenkeln; **III** *v/i.* **4.** Sommersprossen bekommen; ˈ**freck·led** [-ld] *adj.* sommersprossig.

free [fri:] **I** *adj.* □ (→ *a.* 18) **1.** frei: a) unabhängig, b) selbständig, c) ungebunden, d) ungehindert, e) uneingeschränkt, f) in Freiheit (befindlich): **a ~ man**; **the** ♀ **World**; **~ elections**; **you are ~ to go** es steht dir frei zu gehen; **2.** frei: a) *unbeschäftigt*: **I am ~ after 5 o'clock**, b) *ohne Verpflichtungen*: **a ~ evening**, c) nicht besetzt: **this room is ~**; **3.** frei: a) *nicht wörtlich*: **a ~ translation**, b) *nicht an Regeln gebunden*: **~ verse**; **~ skating** *sport* Kür(laufen *n*) *f*, c) frei gestaltet: **a ~ version**; **4.** (**from**, **of**) frei (von), ohne (*acc.*): **~ from error** fehlerfrei; **~ from infection** frei von ansteckenden Krankheiten; **~ from pain** schmerzfrei; **~ of debt** schuldenfrei; **~ and unencumbered** ⚖ unbelastet, hypothekenfrei; **~ of taxes** steuerfrei; **5.** ⚗ frei, nicht gebunden; **6.** frei, los(e); **7.** frei, unbefangen, ungezwungen: **~ manners**; **8.** a) offen(herzig), freimütig, b) unverblümt, c) unverschämt: **make ~ with** sich Freiheiten herausnehmen gegen *j-n*; **9.** allzu frei, unanständig: **~ talk**; **10.** freigebig, großzügig: **be ~ with s.th.**; **11.** leicht, flott, zügig; **12.** (kosten-, gebühren-) frei, kostenlos, unentgeltlich, gratis, zum Nulltarif: **~ copy** Freiexemplar *n*; **~ fares** Nulltarif *m*; **~ gift** ✝ Zugabe *f*, Gratisprobe *f*; **~ ticket** a) Freikarte *f*, b) Freifahrschein *m*; **13.** ✝ frei (*Klausel*): **~ on board** frei an Bord; **~ on rail** frei Waggon; **~ domicile** frei Haus; **14.** ✝ frei verfügbar: **~ assets**; **15.** öffentlich: **~ library** Volksbibliothek *f*; **be** (**made**) **~ of s.th.** freien Zutritt zu et. haben; **16.** willig, bereit; **17.** *Turnen*: ohne Geräte: **~ gymnastics** Freiübungen; **II** *adv.* **18.** *allg.* frei (→ I): **go ~** frei ausgehen; **run ~** ⚙ leer laufen (*Maschine*); **III** *v/t.* **19.** *a. fig.* befreien (**from** von, aus); **20.** freilassen; **21.** entlasten (**from**, **of** von).

free| ar·e·a *s. fig.* Freiraum *m*; **~ back** *s. sport* Libero *m*; ˈ**~·board** *s.* ⚓ Freibord *n*; ˈ**~ˌboot·er** *s.* Freibeuter *m*; ♀ **Church** *s.* Freikirche *f*; ˈ**~-ˌcut·ting** *adj.*: **~ steel** ⚙ Automatenstahl *m*.

freed·man [ˈfri:dmæn] *s.* [*irr.*] Freigelassene(r) *m*.

free·dom [ˈfri:dəm] *s.* **1.** a) Freiheit *f*, b) Unabhängigkeit *f*: **~ of the press** Pressefreiheit; **~ of the seas** Freiheit der Meere; **~ of the city** (*od.* **town**) Ehrenbürgerrecht; **~ from taxation** Steuerfreiheit; **~ fighter** Freiheitskämpfer (-in); **2.** freier Zutritt, freie Benutzung; **3.** Freimütigkeit *f*, Offenheit *f*; **4.** Zwanglosigkeit *f*; **5.** Aufdringlichkeit *f*, (plumpe) Vertraulichkeit; **6.** *phls.* Willensfreiheit *f*, Selbstbestimmung *f*.

free| en·er·gy *s. phys.* freie *od.* ungebundene Enerˈgie; **~ en·ter·prise** *s.* freies Unterˈnehmertum; **~ fall** *s.* ✈ *phys.* freier Fall; **~ fight** *s.* (ˈMassen-) Schlägeˌrei *f*; ˈ**~-forˌall** [-ərˌɔ:l] F **1.** → **free fight**; **2.** wildes ‚Gerangel'; **~ hand** *s.*: **give s.o. a ~** j-m freie Hand lassen; ˈ**~·hand** *adj.* **1.** Freihand…, freihändig: **~ drawing**; **2.** *fig.* a) frei, b) ausschweifend; ˌ**~ˈhand·ed** *adj.* **1.** freigebig, großzügig; **2.** → **freehand**; ˌ**~ˈheart·ed** *adj.* **1.** freimütig, offen (-herzig); **2.** → **freehanded** 1; ˈ**~·hold** *s.* (volles) Eigentumsrecht an Grundbesitz: **~ flat** *Brit.* Eigentumswohnung *f*; ˈ**~ˌhold·er** *s.* Grund- u. Hauseigentümer *m*; **~ kick** *s. Fußball*: Freistoß *m*: (**in**)**direct ~**; **~ la·bo**(**u**)**r** *s.* nichtorganisierte Arbeiter(schaft *f*) *pl.*; ˈ**~·lance**

I *s.* **1.** a) freier Schriftsteller *od.* Journa'list (*etc.*), Freiberufler *m*; freischaffender Künstler, b) freier Mitarbeiter; **2.** *pol.* Unabhängige(r) *m*, Par'teilose(r) *m*; **II** *adj.* **3.** freiberuflich (tätig), freischaffend; **III** *v/i.* **4.** freiberuflich tätig sein; '**~ˌlanc·er** → ***freelance*** 1; **~ list** *s.* **1.** Liste *f* zollfreier Ar'tikel; **2.** Liste *f* der Empfänger von 'Freikarten *od.* -exemˌplaren; **~ liv·er** *s.* Schlemmer *m*, Genießer *m*; '**~ˌload·er** *s. Am.* F ‚Schnorrer' *m*; **~ love** *s.* freie Liebe; **~ man** *s.* [*irr.*] *Fußball*: freier Mann, Libero *m*; '**~·man** *s.* [*irr.*] **1.** [-mæn] freier Mann; **2.** [-mən] (Ehren)Bürger *m* (*Stadt*); **~ mar·ket** *s.* ✝ **1.** freier Markt: ***~ economy*** freie Marktwirtschaft; **2.** *Börse*: Freiverkehr *m*; '**♀ˌma·son** *s.* Freimaurer *m*: ***~s' lodge*** Freimaurerloge *f*; '**♀ˌma·son·ry** *s.* **1.** Freimaure'rei *f*; **2.** *fig.* Zs.-gehörigkeitsgefühl *n*; **~ play** *s.* **1.** ⚙ Spiel *n*; **2.** *fig.* freie Hand; **~ port** *s.* Freihafen *m*; '**~-range** *adj.*: ***~ hens*** Freilandhühner; **~ rid·er** → ***freeloader***; **~ share** *s.* ✝ Freiaktie *f*.

free·si·a ['fri:zjə] *s.* ⚘ Freesie *f*.

free| speech *s.* Redefreiheit *f*; **ˌ~-'spo·ken** *adj.* offen, freimütig; **ˌ~-'standing** *adj.*: ***~ exercises*** Freiübungen *pl.*; ***~ sculpture*** Freiplastik *f*; **~ state** *s.* Freistaat *m*; **ˌ~-'style** *sport* **I** *s.* Freistil (-schwimmen *n etc.*) *m*; **II** *adj.* Freistil..., Kür...: ***~ skating*** Kür(laufen *n*) *f*; **ˌ~'think·er** *s.* Freidenker *m*, Freigeist *m*; **ˌ~'think·ing** *s.*, **~ thought** *s.* Freidenke'rei *f*, -geiste'rei *f*; **~ throw** *s.* *Basketball*: Freiwurf *m*; **ˌ~'trade a·re·a** *s.* Freihandelszone *f*; **ˌ~'trad·er** *s.* Anhänger *m* des Freihandels; **~ vote** *s. parl.* Abstimmung *f* ohne Frakti'onszwang; '**~·way** *s. Am.* gebührenfreie Schnellstraße; **ˌ~'wheel** ⚙ **I** *s.* Freilauf *m*; **II** *v/i.* im Freilauf fahren; **ˌ~'wheel·ing** *adj.* F **1.** sorglos; **2.** frei u. ungebunden; **~ will** *s.* freier Wille, Willensfreiheit *f*.

freeze [fri:z] **I** *v/i.* [*irr.*] → ***frozen***; **1.** frieren (*a. impers.*): ***it is freezing hard*** es friert stark; ***I am freezing*** mir ist eiskalt; ***~ to death*** erfrieren; **2.** gefrieren; **3.** *a.* ***~ up*** (*od.* ***over***) ein-, zufrieren, vereisen; **4.** an-, festfrieren: ***~ on to*** *sl.* sich wie eine Klette an *j-n* heften; **5.** (*vor Kälte*, *fig. vor Schreck etc.*) erstarren, eisig werden (*Person*, *Gesicht*): ***it made my blood ~*** es ließ mir das Blut in den Adern erstarren; ***~!*** *sl.* keine Bewegung!; **II** *v/t.* [*irr.*] **6.** zum Gefrieren bringen: ***I was frozen*** mir war eiskalt; **7.** erfrieren lassen; **8.** *Fleisch etc.* einfrieren, tiefkühlen; ✈ vereisen; **9.** *a. fig.* erstarren lassen, *fig. a.* lähmen: ***~ out*** *Am.* F *j-n* hinausekeln, kaltstellen; **10.** ✝ *Guthaben etc.* sperren, *a. Preise etc.*, *pol. diplomatische Beziehungen* einfrieren: ***~ prices*** (***wages***) *a.* e-n Preis- (Lohn)stopp einführen; **III** *s.* **11.** Gefrieren *n*; **12.** Erstarrung *f*; **13.** 'Frost(periˌode *f*) *m*, Kälte(welle) *f*; **14.** ✝, *pol.* Einfrieren *n*, ✝ *a.* (Preis-, Lohn)Stopp *m*: ***~ on wages***; ***put a ~ on*** → 10; **ˌ~-'dry** *v/t.* gefriertrocknen; **~ dry·er** *s.* Gefriertrockner *m*.

freez·er ['fri:zə] *s.* **1.** Ge'friermaˌschine *f od.* -kammer *f*; **2.** Tiefkühlgerät *n*; **3.** Gefrierfach *n* (*Kühlschrank*); '**freeze-up** *s.* starker Frost; '**freez·ing** [-zɪŋ] **I** *adj.* □ **1.** ⚙ Gefrier..., Kälte...: ***~ compartment*** → ***freezer*** 3; ***below ~ point*** unter dem Gefrierpunkt, unter Null; **2.** eisig; **3.** kalt, unnahbar; **II** *s.* **4.** Einfrieren *n* (*a.* ✝, *pol.*); **5.** *a.* ✈ Vereisung *f*; **6.** Erstarrung *f*.

freight [freɪt] **I** *s.* **1.** Fracht *f*, Beförderung *f*; **2.** ⚓ (*Am. a.* ✈, 🚂, *mot.*) Fracht(gut *n*) *f*, Ladung *f*: ***~ and carriage*** *Brit.* See- und Landfracht; **3.** Fracht(gebühr) *f*: ***~ forward*** Fracht gegen Nachnahme; **4.** *Am.* → ***freight train***; **II** *v/t.* **5.** *Schiff*, *Am. a. Güterwagen etc.* befrachten, beladen; **6.** *Güter* verfrachten; '**freight·age** [-tɪdʒ] *s.* **1.** Trans'port *m*; **2.** → ***freight*** 2, 3.

freight| bill *s.* ✝ *Am.* Frachtbrief *m*; **~ car** *s. Am.* Güterwagen *m*.

freight·er ['freɪtə] *s.* **1.** a) Frachtschiff *n*, Frachter *m*, b) Trans'portflugzeug *n*; **2.** a) Befrachter *m*, Reeder *m*, b) Ab-, Verlader *m*.

'**freight|ˌlin·er** *s. Brit.* Con'tainerzug *m*; **~ rate** *s.* ✝ Frachtsatz *m*; **~ sta·tion** *s. Am.* Güterbahnhof *m*; **~ train** *s. Am.* Güterzug *m*.

French [frentʃ] **I** *adj.* **1.** fran'zösisch: ***~ master*** Französischlehrer; **II** *s.* **2.** ***the ~*** die Franzosen *pl.*; **3.** *ling.* Fran'zösisch *n*: ***in ~*** a) auf französisch, b) im Französischen; **~ beans** *s. pl.* grüne Bohnen *pl.*; **~ Ca·na·di·an I** *s.* **1.** 'Frankokaˌnadier(in); **2.** *ling.* ka'nadisches Fran'zösisch; **II** *adj.* **3.** 'frankokaˌnadisch; **~ chalk** *s.* Schneiderkreide *f*; **~ doors** *Am.* → ***French windows***; **~ dress·ing** *s.* French Dressing *n* (*Salatsoße aus Öl, Essig, Senf u. Gewürzen*); **~ fried po·ta·toes**, F **~ fries** [fraɪz] *s. pl. Am.* Pommes 'frites *pl.*; **~ horn** *s.* ♪ (Wald)Horn *n*; **~ kiss** *s.* Zungenkuß *m*; **~ leave** *s.*: ***take ~*** sich (auf) französisch empfehlen; **~ let·ter** *s.*

F ‚Pa'riser' *m* (*Kondom*); **~ loaf** *s.* [*irr.*] Ba'guette *f*; '**~·man** [-mən] *s.* [*irr.*] Fran'zose *m*; **~ mar·i·gold** *s.* ⚘ Stu'dentenblume *f*; **~ pol·ish** *s.* 'Schellackpoli,tur *f*; **~ roof** *s.* △ Man'sardendach *n*; **~ win·dows** *s. pl.* Ter'rassen-, Bal'kontür *f*; '**~,wom·an** *s.* [*irr.*] Fran'zösin *f*.

fre·net·ic [frə'netɪk] *adj.* (□ ***~ally***) → ***frenzied***.

fren·zied ['frenzɪd] *adj.* **1.** fre'netisch (*Geschrei etc.*), rasend: ***~ applause***; **2.** a) außer sich, rasend (***with*** vor *dat.*), b) wild, hektisch; **fren·zy** ['frenzɪ] **I** *s.* **1.** Wahnsinn *m*, Rase'rei *f*: ***in a ~ of hate*** rasend vor Haß; **2.** wilde Aufregung; **3.** Verzückung *f*, Ek'stase *f*; **4.** Wirbel *m*, Hektik *f*; **II** *v/t.* **5.** rasend machen.

fre·quen·cy ['fri:kwənsɪ] *s.* **1.** Häufigkeit *f* (*a.* ⩚, *biol.*); **2.** *phys.* Fre'quenz *f*, Schwingungszahl *f*: ***high ~*** Hochfrequenz; **~ band** *s.* ⚡ Fre'quenzband *n*; **~ chang·er**, **~ con·vert·er** *s.* ⚡, *phys.* Fre'quenzwandler *m*; **~ curve** *s.* ⩚, *biol.* Häufigkeitskurve *f*; **~ mod·u·la·tion** *s. phys.* Fre'quenzmodulati,on *f*; **~ range** *s.* Fre'quenzbereich *m*.

fre·quent I *adj.* ['fri:kwənt] □ → ***frequently***; **1.** häufig, (häufig) wieder'holt: ***be ~*** häufig vorkommen; ***he is a ~ visitor*** er kommt häufig zu Besuch; **2.** ⚕ beschleunigt (*Puls*); **II** *v/t.* [frɪ'kwent] **3.** häufig *od.* oft be-, aufsuchen, frequentieren; **fre·quen·ta·tive** [frɪ'kwentətɪv] *ling.* **I** *adj.* frequenta'tiv; **II** *s.* Frequenta'tiv(um) *n*; **fre·quent·er** [frɪ'kwentə] *s.* (fleißiger) Besucher, Stammgast *m*; '**fre·quent·ly** [-lɪ] *adv.* oft, häufig.

fres·co ['freskəʊ] **I** *pl.* **-cos, -coes** *s.* a) 'Freskomale,rei *f*, b) Fresko(gemälde) *n*; **II** *v/t.* in Fresko (be)malen.

fresh [freʃ] **I** *adj.* □ (→ *a.* 8); **1.** *allg.* frisch; **2.** neu: ***~ evidence***; ***~ news***; ***~ arrival*** Neuankömmling *m*; ***make a ~ start*** neu anfangen; ***take a ~ look at*** *et.* noch einmal *od.* von e-r anderen Seite betrachten; **3.** frisch: a) zusätzlich: ***~ supplies***, b) *nicht alt*: ***~ eggs***, c) *nicht eingemacht*: ***~ vegetables*** *a.* Frischgemüse *n*; ***~ meat*** Frischfleisch *n*; ***~ herrings*** grüne Heringe, d) sauber, rein: ***~ shirt***; **4.** frisch: a) blühend, gesund: ***~ complexion***, b) ausgeruht, erholt: (***as***) ***~ as a daisy*** quicklebendig; **5.** frisch: a) unverbraucht, b) erfrischend, c) kräftig: ***~ wind***, d) kühl; **6.** *fig.* ‚grün', unerfahren; **7.** F frech, ‚pampig': ***don't get ~ with me!*** werd (mir) ja nicht frech!; **II** *adv.* **8.** frisch: ***~ from*** frisch *od.* direkt von *od.* aus; **III** *s.* **9.** Frische *f*, Kühle *f*: ***~ of the day*** *der* Tagesanfang; **10.** → ***freshet***.

,fresh-'air fiend *s.* F 'Frischluftfa,natiker(in), -a,postel *m*.

fresh·en ['freʃn] **I** *v/t.* *a.* ***~ up*** **1.** *j-n* erfrischen: ***~ o.s. up*** → 4; **2.** *fig. et.* auffrischen, ‚aufpolieren'; **II** *v/i.* *mst* ***~ up*** **3.** frisch werden, aufleben; **4.** sich frisch machen; **5.** auffrischen (*Wind*); '**fresh·er** [-ʃə] *Brit.* F → ***freshman***; '**fresh·et** [-ʃɪt] *s.* Hochwasser *n*, Flut *f* (*a. fig.*); '**fresh·man** [-mən] *s.* [*irr.*] Stu'dent *m* im ersten Se'mester; '**fresh·ness** [-ʃnɪs] *s.* Frische *f*; Neuheit *f*; Unerfahrenheit *f*.

fresh| wa·ter *s.* Süßwasser *n*; '**~,wa·ter** *adj.* **1.** Süßwasser...: ***~ fish***; **2.** *Am.* Provinz...: ***~ college***.

fret[1] [fret] *s.* ♪ Bund *m*, Griffleiste *f*.

fret[2] [fret] **I** *s.* △ *etc.* **1.** durch'brochene Verzierung; **2.** Gitterwerk *n*; **II** *v/t.* **3.** durch'brochen *od.* gitterförmig verzieren.

fret[3] [fret] **I** *v/t.* **1.** ⚙, ⚗ an-, zerfressen, angreifen; **2.** abnutzen, -scheuern; **3.** *j-n* ärgern, reizen; **II** *v/i.* **4.** a) sich ärgern: ***~ and fume*** vor Wut schäumen, b) sich Sorgen machen; **III** *s.* **5.** Ärger *m*, Verärgerung *f*; '**fret·ful** [-fʊl] *adj.* □ ärgerlich, gereizt.

fret| saw *s.* ⚙ Laubsäge *f*; '**~·work** *s.* **1.** △ *etc.* Gitterwerk *n*; **2.** Laubsägearbeit *f*.

Freud·i·an ['frɔɪdjən] **I** *s.* Freudi'aner (-in); **II** *adj.* freudi'anisch, Freudsch: ***~ slip*** *psych.* Freudsche Fehlleistung.

fri·a·ble ['fraɪəbl] *adj.* bröck(e)lig, krümelig.

fri·ar ['fraɪə] *s. eccl.* (*bsd.* Bettel-) Mönch *m*: ***Black*** ♀ Dominikaner *m*; ***Grey*** ♀ Franziskaner *m*; ***White*** ♀ Karmeliter *m*; '**fri·ar·y** [-ərɪ] *s.* Mönchskloster *n*.

fric·as·see ['frɪkəsi:] (*Fr.*) **I** *s.* Frikas'see *n*; **II** *v/t.* [,frɪkə'si:] frikassieren.

fric·a·tive ['frɪkətɪv] *ling.* **I** *adj.* Reibe...; **II** *s.* Reibelaut *m*.

fric·tion ['frɪkʃn] **I** *s.* **1.** ⚙, *phys.* Reibung *f*, Frikti'on *f*; **2.** *bsd.* ⚕ Einreibung *f*; **3.** *fig.* Reibungen *pl.*, Reibe'rei *f*, Spannung *f*, 'Mißhelligkeit *f*; **II** *adj.* **4.** ⚙, *phys.* Reibungs...: ***~ brake***; ***~ clutch***; ***~ drive*** Friktionsantrieb *m*; ***~ gear(ing)*** Friktionsgetriebe *n*; ***~ match*** Streichholz *n*; ***~ surface*** Lauffläche *f*; ***~ tape*** *Am.* Isolierband *n*; '**fric·tion·al** [-ʃənl] *adj.* **1.** Reibungs..., Friktions...; **2.** ***~ unemployment*** temporäre Arbeitslosigkeit; '**fric·tion·less** [-lɪs] *adj.* ⚙ reibungsfrei, -arm.

Fri·day ['fraɪdɪ] *s.* Freitag *m*: ***on ~*** am Freitag; ***on ~s*** freitags; → ***Good Friday***, ***girl Friday***.
fridge [frɪdʒ] *s. Brit.* F Kühlschrank *m*.
fried [fraɪd] *adj.* **1.** gebraten; → ***fry***[2] 1; **2.** *Am. sl.* ‚blau', besoffen; '**~·cake** *s. Am.* Krapfen *m*.
friend [frend] *s.* **1.** Freund(in): ***~ at court*** ‚Vetter' (*einflußreicher Freund*); ***~ of the court*** ⚖ sachverständiger Beistand (des Gerichts); → ***next*** 1; ***be ~s with s.o.*** mit j-m befreundet sein; ***make ~s with*** mit *j-m* Freundschaft schließen; ***a ~ in need is a ~ indeed*** der wahre Freund zeigt sich erst in der Not; **2.** Bekannte(r *m*) *f*; **3.** Helfer(in), Förderer *m*; **4.** Hilfe *f*, Freund(in); **5.** *Brit.* a) ***my honourable ~*** *parl.* mein Herr Kollege *od.* Vorredner (*Anrede*), b) ***my learned ~*** ⚖ mein verehrter Herr Kollege; **6.** ***Society of ~s*** Gesellschaft der Freunde, *die* Quäker; '**friend·less** [-lɪs] *adj.* ohne Freunde; '**friend·li·ness** [-lɪnɪs] *s.* Freund(schaft)lichkeit *f*; freundschaftliche Gesinnung; '**friend·ly** [-lɪ] **I** *adj.* **1.** freundlich; **2.** freundschaftlich, Freundschafts…: ***~ match*** *sport* Freundschaftsspiel *n*; ***a ~ nation*** e-e befreundete Nation; **3.** wohlwollend, -gesinnt: ***~ neutrality*** *pol.* wohlwollende Neutralität; ***~ Society*** Versicherungsverein *m* auf Gegenseitigkeit; ***~ troops*** ⚔ eigene Truppen; **4.** günstig; **II** *s.* **5.** *sport* F Freundschaftsspiel *n*; '**friend·ship** [-ʃɪp] *s.* **1.** Freundschaft *f*; **2.** → ***friendliness***.
fri·er → ***fryer***.
Frie·sian ['fri:zjən] → ***Frisian***.
frieze[1] [fri:z] **I** *s.* **1.** ⚠ Fries *m*; **2.** Zierstreifen *m* (*Tapete etc.*); **II** *v/t.* **3.** mit e-m Fries versehen.
frieze[2] [fri:z] *s.* Fries *m* (*Wollzeug*).
frig [frɪg] V **I** *v/t.* ‚ficken'; **II** *v/i.* ‚wichsen'.
frig·ate ['frɪgɪt] *s.* ⚓ Fre'gatte *f*.
frige [frɪdʒ] → ***fridge***.
fright [fraɪt] **I** *s.* Scheck(en) *m*, Entsetzen *n*: ***get*** (*od.* ***have***) ***a ~*** erschrecken; ***give s.o. a ~*** j-n erschrecken; ***take ~*** a) erschrecken, b) scheuen (*Pferd*); ***get off with a ~*** mit dem Schrecken davonkommen; ***he looked a ~*** F er sah ‚verboten' aus; **II** *v/t. poet.* → ***frighten***; '**fright·en** [-tn] **I** *v/t.* **1.** a) *j-n* erschrecken (***s.o. to death*** j-n zu Tode), *j-m* e-n Schrecken einjagen, b) *j-m* Angst einjagen: ***~ s.o. into doing s.th.*** j-n so einschüchtern, daß er et. tut; ***I was ~ed*** ich erschrak *od.* bekam Angst (***of*** vor *dat.*); **2.** ***~ away*** vertreiben, -scheuchen; **II** *v/i.* **3.** ***he ~s easily*** a) er ist sehr schreckhaft, b) dem kann man leicht Angst einjagen; '**fright·ened** [-tnd] *adj.* erschreckt, erschrocken, verängstigt; '**fright·en·ing** [-tnɪŋ] *adj.* □ erschreckend; '**fright·ful** [-fʊl] *adj.* □ furchtbar, schrecklich, entsetzlich, gräßlich, scheußlich (*alle a.* F *fig.*); '**fright·ful·ly** [-flɪ] *adv.* furchtbar (*etc.*); '**fright·ful·ness** [-fʊlnɪs] *s.* **1.** Schrecklichkeit *f*; **2.** Schreckensherrschaft *f*, Terror *m*.
frig·id ['frɪdʒɪd] *adj.* □ **1.** kalt, frostig, eisig (*alle a. fig.*): ***~ zone*** *geogr.* kalte Zone; **2.** *fig.* kühl, steif; **3.** *psych.* fri'gid, gefühlskalt; **fri·gid·i·ty** [frɪ'dʒɪdətɪ] *s.* Kälte *f*, Frostigkeit *f* (*a. fig.*); *psych.* Frigidi'tät *f*.
frill [frɪl] **I** *s.* **1.** (Hals-, Hand)Krause *f*, Rüsche *f*; **2.** Pa'pierkrause *f*, Man'schette *f*; **3.** *zo.*, *orn.* Kragen *m*; **4.** *mst pl. contp.* ‚Verzierungen' *pl.*, Kinkerlitzchen *pl.*, ‚Mätzchen' *pl.*, ‚Firlefanz' *m*: ***put on ~s*** *fig.* ‚auf vornehm machen', sich aufplustern; ***without ~s*** ‚ohne Kinkerlitzchen', schlicht; **II** *v/t.* **5.** mit e-r Krause besetzen; **6.** kräuseln; **III** *v/i.* **7.** *phot.* sich kräuseln; '**frill·ies** [-lɪz] *s. pl. Brit.* F ‚Reizwäsche' *f*, 'Spitzen,unterwäsche *f*.
fringe [frɪndʒ] **I** *s.* **1.** Franse *f*, Besatz *m*; **2.** Rand *m*, Einfassung *f*, Um'randung *f*; **3.** 'Ponyfri,sur *f*; **4.** a) Randbezirk *m*, -gebiet *n* (*a. fig.*), b) *fig.* Rand(zone *f*) *m*, Grenze *f*: ***~s of civilization***, c) → ***fringe group***; → ***lunatic*** I; **II** *v/t.* **5.** mit Fransen besetzen; **6.** (um)'säumen; ***~ ben·e·fits*** *s. pl.* (Gehalts-, Lohn)Nebenleistungen *pl.*
fringed [frɪndʒd] *adj.* gefranst.
fringe group *s. sociol.* Randgruppe *f*.
frip·per·y ['frɪpərɪ] *s.* **1.** Putz *m*, Flitterkram *m*; **2.** Tand *m*, Plunder *m*; **3.** *fig.* → ***frill*** 4.
Fri·sian ['frɪzɪən] **I** *s.* **1.** Friese *m*, Friesin *f*; **2.** *ling.* Friesisch *n*; **II** *adj.* **3.** friesisch.
frisk [frɪsk] **I** *v/i.* **1.** her'umtollen, -hüpfen; **II** *v/t.* **2.** wedeln mit; **3.** *j-n* ‚filzen', *a. et.* durch'suchen; **III** *s.* **4.** a) Ausgelassenheit *f*, b) Freudensprung *m*; **5.** F ‚Filzen' *n*; '**frisk·i·ness** [-kɪnɪs] *s.* Lustigkeit *f*, Ausgelassenheit *f*; '**frisk·y** [-kɪ] *adj.* □ lebhaft, munter, ausgelassen.
fris·son ['frɪsɔ̃:ŋ] (*Fr.*) *s.* (leichter) Schauer.
frit [frɪt] *v/t.* ⚙ fritten, schmelzen.
frith [frɪθ] → ***firth***.

frit·ter[1] ['frɪtə] *s.* Bei'gnet *m* (*Gebäck*).
frit·ter[2] ['frɪtə] *v/t.* **1.** *mst* ~ ***away*** verplempern, vergeuden; **2.** a) zerfetzen, b) in Streifen schneiden, *Küche*: schnetzeln.
fritz [frɪts] *s. Am. sl.*: ***on the*** ~ kaputt, ‚im Eimer'.
friv·ol ['frɪvl] **I** *v/i.* (he'rum)tändeln; **II** *v/t.* ~ ***away*** → ***fritter***[2] 1; **fri·vol·i·ty** [frɪ'vɒlətɪ] *s.* Frivoli'tät *f*: a) Leichtsinn(igkeit *f*) *m*, Oberflächlichkeit *f*, b) Leichtfertigkeit *f* (*Rede od. Handlung*); **'friv·o·lous** [-vələs] *adj.* □ **1.** fri'vol, leichtsinnig, -fertig; **2.** nicht ernst zu nehmen(d); **3.** ⚖ schika'nös.
frizz[1] [frɪz] **I** *v/t. u. v/i.* (sich) kräuseln; **II** *s.* gekräuseltes Haar.
frizz[2] [frɪz] → ***frizzle***[1] I.
friz·zle[1] ['frɪzl] **I** *v/i.* brutzeln; **II** *v/t.* (braun) rösten.
friz·zle[2] ['frɪzl] → ***frizz***[1]; **'friz·zly** [-lɪ], **'friz·zy** [-zɪ] *adj.* kraus, gekräuselt.
fro [frəʊ] *adv.*: ***to and*** ~ hin u. her, auf u. ab.
frock [frɒk] **I** *s.* **1.** (Mönchs)Kutte *f*; **2.** (Damen)Kleid *n*; **3.** ⚓ Wolljacke *f*; **4.** Kinderkleid *n*, Kittel *m*; **5.** Gehrock *m*; **6.** (Arbeits)Kittel *m*; **II** *v/t.* **7.** mit e-m geistlichen Amt bekleiden; **8.** mit e-m Kittel bekleiden; ~ **coat** *s.* Gehrock *m*.
frog [frɒg] *s.* **1.** *zo.* Frosch *m*: ***have a*** ~ ***in the throat*** e-n Frosch im Hals haben, heiser sein; **2.** Schnurbesatz *m*, -verschluß *m* (*Rock*); **3.** ⚔ Quaste *f*, Säbeltasche *f*; **4.** 🚂 Herz-, Kreuzungsstück *n*; **5.** ⚡ Oberleitungsweiche *f*; **6.** *zo.* Strahl *m* (*Pferdehuf*); **7.** *Am. sl.* Bizeps *m*; **8.** ♀ *sl. contp.* ‚Scheißfranzose' *m*; ~ **kick** *s. Schwimmen*: Grätschstoß *m*; **'~·man** [-mən] *s.* [*irr.*] Froschmann *m*, ⚔ *a.* Kampfschwimmer *m*; **'~·march** *v/t. j-n* (mit dem Gesicht nach unten) fortschleppen; **~'s legs** *s. pl.* Froschschenkel *pl.*; ~ **spawn** *s.* **1.** *zo.* Froschlaich *m*; **2.** ♀ Froschlaichalge *f*.
frol·ic ['frɒlɪk] **I** *s.* **1.** Her'umtollen *n*, Ausgelassenheit *f*; **2.** Jux *m*, Spaß *m*, Streich *m*; **II** *v/i. pret. u. p.p.* **'frol·icked** [-kt] **3.** her'umtollen, -toben; **'frol·ic·some** [-səm] *adj.* 'übermütig, ausgelassen.
from [frɒm; frəm] *prp.* von, von … her, aus, aus … her'aus: a) *Ort, Herkunft*: ***a gift*** ~ ***his son*** ein Geschenk von s-m Sohn; ~ ***outside*** (*od.* ***without***) von (dr)außen; ***the train*** ~ ***X*** der Zug von *od.* aus X; ***he is*** ~ ***Kent*** er ist *od.* stammt aus Kent; *auf Sendungen*: ~ **…** Absender …, b) *Zeit*: ~ ***2 to 4 o'clock*** von 2 bis 4 Uhr; ~ ***now*** von jetzt an; ~ ***a child*** von Kindheit an, c) *Entfernung*: ***6 miles*** ~ ***Rome*** 6 Meilen von Rom (entfernt); ***far*** ~ ***the truth*** weit von der Wahrheit entfernt, d) *Fortnehmen*: ***stolen*** ~ ***the shop*** (***the table***) aus dem Laden (vom Tisch) gestohlen; ***take it*** ~ ***him!*** nimm es ihm weg!, e) *Anzahl*: ~ ***six to eight boats*** sechs bis acht Boote, f) *Wandlung*: ~ ***bad to worse*** immer schlimmer, g) *Unterscheidung*: ***he does not know black*** ~ ***white*** er kann Schwarz u. Weiß nicht unterscheiden, h) *Quelle, Grund*: ~ ***my point of view*** von meinem Standpunkt (aus); ~ ***what he said*** nach dem, was er sagte; ***painted*** ~ ***life*** nach dem Leben gemalt; ***he died*** ~ ***hunger*** er verhungerte; ~ **a·bove** *adv.* von oben; ~ **a·cross** *adv. u. prp.* von jenseits (*gen.*), von der anderen Seite (*gen.*); ~ **a·mong** *prp.* aus … her'aus; ~ **be·fore** *prp.* aus der Zeit vor (*dat.*); ~ **be·neath** *adv.* von unten; *prp.* unter (*dat.*) … her'vor *od.* her'aus; ~ **be·tween** *prp.* zwischen (*dat.*) … her'vor; ~ **be·yond** *adv. u. prp.* von jenseits (*gen.*); ~ **in·side** *adv.* von innen; *prp.* aus … her'aus: ~ ***the house*** aus dem Inneren des Hauses (heraus); ~ **out of** *prp.* aus … her'aus; ~ **un·der** → ***from beneath***.
frond [frɒnd] *s.* ♀ (Farn)Wedel *m*.
front [frʌnt] **I** *s.* **1.** *allg.* Vorder-, Stirnseite *f*, Front *f*; **2.** ⚠ (Vorder)Front *f*, Fas'sade *f*; **3.** Vorderteil *n*; **4.** ⚔ a) Front *f*, Kampflinie *f*, -gebiet *n*, b) Frontbreite *f*: ***at the*** ~ an der Front; ***on all*** **~*s*** an allen Fronten (*a. fig.*); **5.** Vordergrund *f*, Spitze *f*: ***in*** ~ an der *od.* die Spitze, vorn, davor; ***in*** ~ ***of*** vor (*dat.*); ***to the*** ~ nach vorn; ***come to the*** ~ *fig.* in den Vordergrund treten; ***up*** ~ a) vorn, *fig. a.* an der Spitze, b) nach vorn, *fig. a.* an die Spitze; **6.** (Straßen-, Wasser)Front *f*: ***the*** ~ *Brit.* die Strandpromenade; **7.** *fig.* Front *f*: a) (*bsd. politische*) Organisati'on, b) Sektor *m*: ***on the economic*** ~ an der wirtschaftlichen Front; **8.** a) ‚Strohmann' *m*, b) ‚Aushängeschild' *n* (*e-r Interessengruppe od. Geheimorganisation etc.*); **9.** F ‚Fas'sade' *f*: ***put up a*** ~ a) sich Allüren geben, b) ‚Theater spielen'; ***show a bold*** ~ kühn auftreten; ***maintain a*** ~ den Schein wahren; **10.** *poet.* a) Stirn *f*, b) Antlitz *n*; **11.** *fig.* Frechheit *f*: ***have the*** ~ ***to*** (*inf.*) die Stirn haben zu (*inf.*); **12.** Hemdbrust *f*; **13.** (falsche) Stirnlocken *pl.*; **14.** *meteor.* Front *f*: ***cold*** ~; **II** *adj.* **15.** Front…, Vorder…: ~ ***en-***

trance; **~ *row*** vorder(st)e Reihe; **~ *tooth*** Vorderzahn *m*; **16. ~ *man*** ‚Strohmann' *m*; **17.** *ling.* Vorderzungen...; **III** *v/t.* **18.** gegen'überstehen, -liegen (*dat.*): ***the house ~s the sea*** das Haus liegt (nach) dem Meer zu; ***the windows ~ the street*** die Fenster gehen auf die Straße; **19.** *j-m* entgegen-, gegen'übertreten, *j-m* die Stirn bieten; **20.** mit e-r Front *od.* Vorderseite versehen; **21.** als Front *od.* Vorderseite dienen für; **22.** *ling.* palatalisieren; **23.** *TV Brit. Programm* moderieren; **IV** *v/i.* **24. ~ *on*** (*od.* ***to***[***wards***]) → 18; **25. ~ *for*** als ‚Strohmann' *od.* ‚Aushängeschild' fungieren für.

front·age ['frʌntɪdʒ] *s.* **1.** (Vorder)Front *f* (e-s Hauses): **~ *line*** Bau(flucht)linie *f*; **~ *road*** *Am. Parallelstraße zu e-r Schnellstraße* (*mit Wohnhäusern, Geschäften etc.*); ***have a ~ on*** → ***front*** 18; **2.** Land *n* an der Straßen- *od.* Wasserfront; **3.** Grundstück *n* zwischen der Vorderfront e-s Hauses u. der Straße; **4.** ⚔ Front- *od.* Angriffsbreite *f*.

fron·tal ['frʌntl] **I** *adj.* **1.** fron'tal, Vorder..., Front...: **~ *attack*** (***collision***) Frontalangriff *m* (-zs.-stoß *m*); **~ *axle*** ⚙ Vorderachse *f*; **2.** ⚙, *anat.* Stirn...; **II** *s.* **3.** *eccl.* Ante'pendium *n*; **4.** ⚠ Ziergiebel *m*; **~ bone** *s.* Stirnbein *n*; **~ sinus** *s.* Stirn(bein)höhle *f*.

front| bench *s. parl.* vordere Sitzreihe (*für Regierung u. Oppositionsführer*); **ˌ~-'bench·er** *s. parl.* führendes Frakti'onsmitglied; **~ door** *s.* Haus-, Vordertür *f*; **~ drive** *s. mot.* Frontantrieb *m*; **ˌ~-'end col·li·sion** *s. mot.* Auffahrunfall *m*; **~ en·gine** *s.* Frontmotor *m*.

fron·tier ['frʌnˌtɪə] **I** *s.* **1.** (Landes)Grenze *f*; **2.** *Am.* Grenzgebiet *n*, Grenze *f* (zum Wilden Westen): ***new ~s*** *fig.* neue Ziele; **3.** *fig. oft pl.* Grenze *f*, Grenzbereich *m*; Neuland *n*; **II** *adj.* **4.** Grenz...: **~ *town***; **ˌfron'tiers·man** [-ɪəzmən] *s.* [*irr.*] *Am. hist.* Grenzbewohner *m*.

fron·tis·piece ['frʌntɪspiːs] *s.* Fronti'spiz *n*: a) Titelbild *n* (*Buch*), b) ⚠ Giebelseite *f od.* -feld *n*.

front·let ['frʌntlɪt] *s.* **1.** *zo.* Stirn *f*; **2.** Stirnband *n*.

front| line *s.* ⚔ Kampffront *f*, Front(linie) *f*; **'~-line** *adj.*: **~ *officer*** Frontoffizier *m*; **~ page** *s.* Titelseite *f* (*Zeitung*); **'~-page** *adj.*: **~ *news*** wichtige *od.* aktuelle Nachricht(en); **~ pas·sen·ger** *s. mot.* Beifahrer(in); **ˌ~-'run·ner** *s.* **1.** *sport* a) Spitzenreiter *m* (*a. fig.*), b) Favo'rit(in); **2.** *pol.* 'Spitzenkandiˌdat(in); **3.** Tempoläufer *m*; **~ seat** *s.* Vordersitz *m*; **~ sight** *s.* ⚔ Korn *n*; **~ view** *s.* Vorderansicht *f*; **'~-wheel** *adj.*: **~ *drive*** ⚙ Vorderradantrieb *m*.

frosh [frɒʃ] *s. sg. u. pl. Am.* → ***freshman***.

frost [frɒst] **I** *s.* **1.** Frost *m*: ***10 degrees of ~*** *Brit.* 10 Grad Kälte; **2.** Eisblumen *pl.*, Reif *m*; **3.** *fig.* Kühle *f*, Kälte *f*, Frostigkeit *f*; **4.** *sl.* ‚Reinfall' *m*; ‚Pleite' *f*; **II** *v/t.* **5.** mit Reif *od.* Eis über'ziehen; **6.** ⚙ *Glas* mattieren; **7.** *Küche*: a) glasieren, mit Zuckerguß über'ziehen, b) mit (Puder)Zucker bestreuen; **8.** Frostschäden verursachen bei; **9.** *j-n* sehr kühl behandeln; **'~·bite** *s.* ⚕ Erfrierung *f*; **'~ˌbit·ten** *adj.* ⚕ erfroren.

frost·ed ['frɒstɪd] *adj.* **1.** bereift, über'froren; **2.** ⚙ mattiert: **~ *glass*** Matt-, Milchglas *n*; **3.** ⚕ erfroren; **4.** mit Zuckerguß, glasiert; **'frost·i·ness** [-tɪnɪs] *s.* Frost *m*, eisige Kälte (*a. fig.*); **'frost·ing** [-tɪŋ] *s.* **1.** Zuckerguß *m*, Gla'sur *f*; **2.** ⚙ Mattierung *f*; **'frost·work** *s.* Eisblumen *pl.*; **'frost·y** [-tɪ] *adj.* □ **1.** eisig, frostig (*a. fig.*); **2.** mit Reif *od.* Eis bedeckt; **3.** eisgrau: **~ *hair***.

froth [frɒθ] **I** *s.* **1.** Schaum *m*; **2.** ⚕ (Blasen)Schaum *m*; **3.** *fig.* ‚Firlefanz' *m*; **II** *v/t.* **4.** a) zum Schäumen bringen, b) zu Schaum schlagen; **III** *v/i.* **5.** schäumen (*a. fig. vor Wut*); **'froth·i·ness** [-θɪnɪs] *s.* **1.** Schäumen *n*, Schaum *m*; **2.** *fig.* Seicht-, Hohlheit *f*; **'froth·y** [-θɪ] *adj.* □ **1.** schaumig, schäumend; **2.** *fig.* seicht, hohl.

frou-frou ['fruːfruː] (*Fr.*) *s.* **1.** Knistern *n*, Rascheln *n* (*von Seide*); **2.** Flitter *m*.

fro·ward ['frəʊəd] *adj.* □ *obs.* eigensinnig.

frown [fraʊn] **I** *v/i.* a) die Stirn runzeln (***at*** über *acc.*; *a. fig.*), b) finster dreinschauen: **~** (***up***)***on*** stirnrunzelnd *od.* finster betrachten, *fig.* mißbilligen (*acc.*); **II** *v/t.* **~ *down*** *j-n* durch finstere Blicke einschüchtern; **III** *s.* Stirnrunzeln *n*; finsterer Blick; **'frown·ing** [-nɪŋ] *adj.* □ **1.** stirnrunzelnd; **2.** a) miß'billigend, b) finster (*Blick*); **3.** bedrohlich.

frowst [fraʊst] F **I** *s.* ‚Mief' *m*; **II** *v/i.* im ‚Mief' hocken; **'frowst·y** [-tɪ] *adj.* muffig, ‚miefig'.

frowz·i·ness ['fraʊzɪnɪs] *s.* **1.** Schlampigkeit *f*, Ungepflegtheit *f*; **2.** muffiger Geruch; **frowz·y** ['fraʊzɪ] *adj.* **1.** schlampig, ungepflegt; **2.** muffig.

froze [frəʊz] *pret. von* ***freeze***; **'fro·zen** [-zn] **I** *p.p. von* ***freeze***; **II** *adj.* **1.** (ein-, zu)gefroren; **2.** erfroren; **3.** gefroren,

Gefrier…: **~ *food*** Tiefkühlkost *f*; **~ *meat*** Gefrierfleisch *n*; **4.** eisig, frostig (*a. fig.*); **5.** kalt, teilnahms-, gefühllos; **6.** ⚕ eingefroren: a) festliegend: **~ *capital***, b) gestoppt: **~ *prices***; **~ *wages***; **7.** **~ *facts*** *Am.* unumstößliche Tatsachen.

fruc·ti·fi·ca·tion [ˌfrʌktɪfɪˈkeɪʃn] *s.* ⚘ **1.** Fruchtbildung *f*; **2.** Befruchtung *f*; **fruc·ti·fy** [ˈfrʌktɪfaɪ] ⚘ **I** *v/i.* Früchte tragen (*a. fig.*); **II** *v/t.* befruchten (*a. fig.*); **fruc·tose** [ˈfrʌktəʊs] *s.* Fruchtzucker *m.*

fru·gal [ˈfru:gl] *adj.* □ **1.** sparsam, haushälterisch (***of*** mit); **2.** genügsam, bescheiden; **3.** einfach, spärlich, fruˈgal: ***a ~ meal***; **fru·gal·i·ty** [fru:ˈgælətɪ] *s.* Sparsamkeit *f*; Genügsamkeit *f*; Einfachheit *f.*

fru·giv·o·rous [fru:ˈdʒɪvərəs] *adj. zo.* fruchtfressend.

fruit [fru:t] **I** *s.* **1.** ⚘ a) Frucht *f*, b) Samenkapsel *f*; **2.** *coll.* a) Früchte *pl.*: ***bear ~*** Früchte tragen (*a. fig.*), b) Obst *n*; **3.** *bibl.* Nachkommen(schaft *f*) *pl.*: ***~ of the body*** Leibesfrucht *f*; **4.** *mst pl. fig.* Frucht *f*, Früchte *pl.*, Ergebnis *n*, Erfolg *m*, Gewinn *m*; **5.** *sl.* ‚Spinner' *m*; **6.** *Am. sl.* ‚Homo' *m*; **II** *v/i.* **7.** ⚘ (Früchte) tragen; **fruit·ar·i·an** [fru:ˈteərɪən] *s.* Obstesser(in), Rohköstler(in).

ˈfruit|·cake *s.* **1.** englischer Kuchen; **2.** *Brit. sl.* ‚Spinner' *m*; **~ cock·tail** *s.* Früchtecocktail *m*; **~ cup** *s.* Früchtebecher *m.*

fruit·er·er [ˈfru:tərə] *s.* Obsthändler *m*; **ˈfruit·ful** [-tfʊl] *adj.* □ **1.** fruchtbar (*a. fig.*); **2.** *fig.* erfolgreich; **ˈfruit·ful·ness** [-tfʊlnɪs] *s.* Fruchtbarkeit *f.*

fru·i·tion [fru:ˈɪʃn] *s.* Erfüllung *f*, Verwirklichung *f*: ***come to ~*** sich verwirklichen, Früchte tragen.

fruit| jar *s.* Einweckglas *n*; **~ juice** *s.* Obstsaft *m*; **~ knife** *s.* [*irr.*] Obstmesser *n.*

fruit·less [ˈfru:tlɪs] *adj.* □ **1.** unfruchtbar; **2.** *fig.* frucht-, erfolglos, vergeblich.

fruit| ma·chine *s. Brit.* F ˈSpielautoˌmat *m*; **~ pulp** *s.* Fruchtfleisch *n*; **~ sal·ad** *s.* **1.** ˈObstsaˌlat *m*; **2.** *fig. humor.* ‚Laˈmetta' *n*, Ordenspracht *f*; **~ tree** *s.* Obstbaum *m.*

fruit·y [ˈfru:tɪ] *adj.* **1.** fruchtartig; **2.** fruchtig (*Wein*); **3.** soˈnor (*Stimme*); **4.** *Brit. sl.* ‚saftig', ‚gepfeffert' (*Witz*); **5.** *Am.* F ‚schmalzig'.

fru·men·ta·ceous [ˌfru:mənˈteɪʃəs] *adj.* getreideartig, Getreide…

frump [frʌmp] *s. a.* ***old ~*** ‚alte Schachtel', ‚Spiˈnatwachtel' *f*; **ˈfrump·ish** [-pɪʃ], **ˈfrump·y** [-pɪ] *adj.* **1.** altmodisch; **2.** schlampig, ungepflegt.

frus·trate [frʌˈstreɪt] *v/t.* **1.** *et.* vereiteln, durchˈkreuzen, zuˈnichte machen; **2.** *j-n od. et.* hemmen, (be)hindern, *j-n* einengen, *j-n* am Fortkommen hindern; **3.** *j-m* die *od.* jede Hoffnung *od.* Aussicht nehmen, *j-n* zuˈrückwerfen: ***I was ~d in my efforts*** meine Bemühungen wurden vereitelt; **4.** frustrieren: a) *j-n* entmutigen, b) *j-n* enttäuschen, c) mit Minderwertigkeitsgefühlen erfüllen; **frusˈtrat·ed** [-tɪd] *adj.* **1.** vereitelt, gescheitert: **~ *plans***; **2.** gescheitert (*Person*), ‚verhindert' (*Maler etc.*); **3.** frustriert: a) entmutigt, b) enttäuscht, c) voller Minderwertigkeitsgefühle; **frusˈtrat·ing** [-tɪŋ] *adj.* frustrierend, enttäuschend, entmutigend; **frusˈtra·tion** [-eɪʃn] *s.* **1.** Vereitelung *f*; **2.** Behinderung *f*, Hemmung *f*; **3.** Enttäuschung *f*, ˈMißerfolg *m*, Rückschlag *m*; **4.** *psych. u. allg.* Frustratiˈon *f*: a) Enttäuschung *f*, b) *a.* ***sense of ~*** *das* Gefühl, ein Versager zu sein, Minderwertigkeitsgefühle *pl.*, Niedergeschlagenheit *f*; **5.** aussichtslose Sache (***to*** für).

frus·tum [ˈfrʌstəm] *pl.* **-tums** *od.* **-ta** [-tə] *s.* ⩓ Stumpf *m*: ***~ of a cone*** Kegelstumpf.

fry¹ [fraɪ] *s. pl.* **1.** a) junge Fische *pl.*, b) Fischrogen *m*; **2.** ***small ~*** a) ‚junges Gemüse', Kinder *pl.*, b) kleine (*unbedeutende*) Leute *pl.*, c) ‚kleine Fische' *pl.*, Lappalien *pl.*

fry² [fraɪ] **I** *v/t.* **1.** braten: ***fried potatoes*** Bratkartoffeln; **2.** *Am. sl.* auf dem eˈlektrischen Stuhl hinrichten; **II** *v/i.* **3.** braten, schmoren; **4.** *Am. sl.* auf dem eˈlektrischen Stuhl hingerichtet werden; **III** *s.* **5.** Gebratenes *n*, *bsd.* gebratene Inneˈreien *pl.*; **6.** *Am. bsd. in Zssgn*: Brat-, Grillfest *n*: ***fish ~***; **fry·er** [ˈfraɪə] *s.* **1.** j-d, der et. brät: ***he is a fish-~*** er hat ein Fischrestaurant; **2.** (*Fisch- etc.*)Bratpfanne *f*; **3.** *et.* zum Braten Geeignetes, *bsd.* Brathühnchen *n*; **fry·ing pan** [ˈfraɪɪŋ] *s.* Bratpfanne *f*: ***jump out of the ~ into the fire*** vom Regen in die Traufe kommen.

fuch·sia [ˈfju:ʃə] *s.* ⚘ Fuchsie *f.*

fuch·sine [ˈfu:ksi:n] *s.* ⚗ Fuchˈsin *n.*

fuck [fʌk] V **I** *v/t.* **1.** ‚ficken', ‚vögeln': ***~ it!*** ‚Scheiße'!; ***~ you!, get ~ed!*** a) du Scheißkerl!, b) leck mich am Arsch!; **2.** ***~ up*** *et.* ‚versauen' *od.* ‚vermasseln': (***all***) ***~ed up*** (total) ‚im Arsch'; **II** *v/i.* **3.** ‚ficken', ‚vögeln'; **4.** ***~ around*** *fig.* her-

'umgammeln; **~ *off!*** verpiß dich!; **III** *s.* **5.** ‚Fick' *m*: ***I don't give a ~*** *fig.* das ist mir ‚scheißegal'; **~*!*** ‚Scheiße'!; **'fuck·er** [-kə] *s.* V **1.** ‚Ficker' *m*; **2.** ‚(Scheiß-) Kerl' *m*: ***poor ~*** armes Schwein; **'fuck·ing** [-kɪŋ] V **I** *adj.* verdammt, Scheiß... (*oft nur verstärkend*); **II** *adv.* verdammt: ***~ cold*** ‚saukalt'; ***~ good*** ‚unheimlich' gut, ‚sagenhaft'.

fud·dle ['fʌdl] F **I** *v/t.* **1.** berauschen: ***~ o.s.*** → 3; **2.** verwirren; **II** *v/i.* **3.** saufen, sich ‚vollaufen lassen'; **III** *s.* **4.** Verwirrung *f*: ***get in a ~*** durcheinanderkommen; **'fud·dled** [-ld] *adj.* F **1.** ‚benebelt'; **2.** verwirrt.

fud·dy-dud·dy ['fʌdɪˌdʌdɪ] F **I** *s.* ‚verkalkter Trottel'; **II** *adj.* ‚verkalkt'.

fudge [fʌdʒ] F **I** *v/t.* **1.** *oft* ***~ up*** zu'rechtpfuschen, zs.-stoppeln; **2.** ‚frisieren', fälschen; **II** *v/i.* **3.** ‚blöd da'herreden'; **4.** ***~ on*** *e-m Problem etc.* ausweichen; **III** *s.* **5.** ‚Quatsch' *m*, Blödsinn *m*; **6.** *Zeitung*: (Ma'schine *f od.* Spalte *f* für) letzte Meldungen *pl.*; **7.** *Küche*: (*Art*) Fon'dant *m*.

fu·el ['fjʊəl] **I** *s.* Brennstoff *m*: a) 'Brenn-, 'Heizmateriˌal *n*, b) Betriebs-, Treib-, Kraftstoff *m*: ***add ~ to the flames*** (*od.* ***fire***) *fig.* Öl ins Feuer gießen; ***add ~ to*** *fig. et.* schüren; **II** *v/i.* Brennstoff nehmen; *a.* ***~ up*** (auf)tanken, ⚓ bunkern; **III** *v/t.* mit Brennstoff versehen, ✈ *a.* betanken; ⚓ *Öl* bunkern: ***fuelled with*** be- *od.* getrieben mit; **ˌ~-'air mix·ture** *s. mot.* Kraftstoff-Luft-Gemisch *n*; **~ e·con·o·my** *s.* sparsamer Kraftstoffverbrauch; **~ feed** *s.* Brennstoffzuleitung *f*; **~ gas** *s.* Heizgas *n*; **~ ga(u)ge** *s. mot.* Kraftstoffmesser *m*, Ben'zinuhr *f*; **'~-ˌguzz·ling** *adj.* F ‚ben'zinfressend' (*Motor etc.*); **~ in·jec·tion en·gine** *s.* Einspritzmotor *m*; **~ jet** *s.* Kraftstoffdüse *f*; **~ oil** *s.* Heizöl *n*; **~ pump** *s. mot.* Kraftstoff-, Ben'zinpumpe *f*; **~ rod** *s. Kernphysik*: Brennstab *m*.

fug [fʌg] *s.* F ‚Mief' *m*.

fu·ga·cious [fju:'geɪʃəs] *adj.* kurzlebig (*a.* ⚘), flüchtig, vergänglich.

fug·gy ['fʌgɪ] *adj.* F ‚miefig'.

fu·gi·tive ['fju:dʒɪtɪv] **I** *s.* a) Flüchtige(r *m*) *f*, b) *pol. etc.* Flüchtling *m*, c) Ausreißer *m*: ***~ from justice*** flüchtiger Rechtsbrecher; **II** *adj.* flüchtig, *fig. a.* vergänglich, kurzlebig.

fu·gle·man ['fju:glmæn] *s.* [*irr.*] (An-, Wort)Führer *m*.

fugue [fju:g] **I** *s.* **1.** ♪ Fuge *f*; **2.** *psych.* Fu'gue *f*; **II** *v/t. u. v/i.* **3.** ♪ fugieren.

ful·crum ['fʌlkrəm] *pl.* **-cra** [-krə] *s.* **1.** *phys.* Dreh-, Hebe-, Stützpunkt *m*; **2.** *fig.* Angelpunkt *m*.

ful·fil(l) [fʊl'fɪl] *v/t.* **1.** *allg.* erfüllen; **2.** voll'bringen, -'ziehen, ausführen; **ful'fil(l)·ment** [-mənt] *s.* Erfüllung *f*.

ful·gent ['fʌldʒənt] *adj.* □ *poet.* strahlend, glänzend; **ful·gu·rant** ['fʌlgjʊərənt] *adj.* (auf)blitzend.

full[1] [fʊl] **I** *adj.* □ → ***fully***; **1.** *allg.* voll: ***~ of*** voll von, voller *Fische etc.*, *fig. a.* a) reich an (*dat.*), b) (ganz) erfüllt von; ***~ of plans*** voller Pläne; ***~ of o.s.*** (ganz) von sich eingenommen; ***a ~ heart*** ein (über)volles Herz; **2.** voll, ganz: ***a ~ mile***; ***a ~ hour*** e-e volle *od.* ‚geschlagene' Stunde; **3.** voll, rund, vollschlank; **4.** weit(geschnitten): ***a ~ skirt***; **5.** voll, kräftig: ***~ colo(u)r***; ***~ voice***; **6.** schwer, vollmundig: ***~ wine***; **7.** voll besetzt: ***~ up*** (voll) besetzt (*Bus etc.*); ***house ~!*** *thea.* ausverkauft!; **8.** ausführlich, genau, voll(ständig): ***~ details***; **9.** reichlich: ***a ~ meal***; **10.** a) voll, unbeschränkt: ***~ power*** Vollmacht *f*, b) voll (-berechtigt): ***~ member***; **11.** echt, rein: ***a ~ sister*** e-e leibliche Schwester; **12.** F ‚voll': a) *a.* ***~ up*** satt, b) betrunken; **II** *adv.* **13.** völlig, gänzlich, ganz: ***know ~ well that*** ganz genau wissen, daß; **14.** gerade, genau, di'rekt: ***~ in the face***; **15.** ***~ out*** mit Vollgas *fahren*, auf Hochtouren *arbeiten*; **III** *s.* **16.** ***in ~*** voll(ständig); ***write in ~*** *et.* ausschreiben; ***to the ~*** vollständig, bis ins kleinste, total; ***at the ~*** auf dem Höhepunkt *od.* Höchststand.

full[2] [fʊl] *v/t.* ⚙ *Tuch* walken.

full| age *s.*: ***of ~*** ⚖ mündig, volljährig; **'~·back** *s.* a) *Fußball, Hockey*: Verteidiger *m*, b) *Rugby*: Schlußspieler *m*; **~ blood** *s. biol.* Vollblut *n*; **ˌ~-'blood·ed** *adj.* **1.** reinrassig, Vollblut...; **2.** *fig.* Vollblut...: ***~ socialist***; **ˌ~-'blown** *adj.* **1.** ⚘ ganz aufgeblüht; **2.** *fig.* a) voll entwickelt, ausgereift, b) F → ***fully fledged*** 2, 3; **~ board** *s.* 'Vollpensiˌon *f*; **ˌ~-'bod·ied** *adj.* **1.** schwer, üppig; **2.** schwer, vollmundig: ***~ wine***; **ˌ~-'bot·tomed** *adj.* **1.** breit, mit großem Boden: ***~ wig*** Allongeperücke *f*; **2.** ⚓ mit großem Laderaum; **'~-bound** *adj.* Ganzleder..., Ganzleinen...: ***~ book***; **~ dress** *s.* **1.** Gesellschaftsanzug *m*; **2.** ⚔ 'Galauniˌform *f*; **ˌ~-'dress** *adj.* **1.** Gala...: ***~ uniform***; **2.** ***~ rehearsal*** → ***dress rehearsal***; **3.** *fig.* groß angelegt, um'fassend.

ful·ler ['fʊlə] *s.* ⚙ **1.** (Tuch)Walker *m*; **2.** (halb)runder Setzhammer; **~'s earth** *s. min.* Fullererde *f*.

ˌ**full|ˈface I** *s.* **1.** En-ˈface-Bild *n*, Vorderansicht *f*; **2.** *typ.* (halb)fette Schrift; **II** *adj.* **3.** en face; **4.** *typ.* (halb)fett; ˌ**~-ˈfaced** *adj.* **1.** mit vollem Gesicht, pausbäckig; **2.** *typ.* fett; ˌ**~-ˈfash·ioned** *Am.* → ***fully fashioned***; ˌ**~-ˈfledged** → ***fully fledged***; **~ gal·lop** *s.*: ***at ~*** in vollem *od.* gestrecktem Galopp; ˌ**~-ˈgrown** *adj.* ausgewachsen; **~ hand** → ***full house*** 2; ˌ**~-ˈheart·ed** *adj.* rückhaltlos, voll; **~ house** *s.* **1.** *thea. etc.* volles Haus; **2.** *Poker*: Full house *n*; ˌ**~-ˈlength** *adj.* **1.** in voller Größe, lebensgroß: ***~ portrait***; **2.** bodenlang (*Kleid*); **3.** abendfüllend (*Film*); **~ load** *s.* **1.** ⚙, ✈ Gesamtgewicht *n*; **2.** ↯ Volllast *f*; **~ nel·son** *s. Ringen*: Doppelnelson *m*.

full·ness [ˈfʊlnɪs] *s.* **1.** Fülle *f*: ***in the ~ of time*** zur gegebenen Zeit; **2.** *fig.* (ˈÜber)Fülle *f* (*des Herzens*); **3.** Körperfülle *f*; **4.** Sattheit *f* (*a. Farben*); **5.** ♪ Klangfülle *f*; **6.** Weite *f* (*Kleid*).

ˌ**full|-ˈpage** *adj.* ganzseitig; **~ pro·fes·sor** *s. Am. univ.* Ordiˈnarius *m*; ˌ**~-ˈrigged** *adj.* **1.** ⚓ vollgetakelt; **2.** voll ausgerüstet; **~ scale** *s.* ⚙ naˈtürliche Größe; ˌ**~-ˈscale** *adj.* **1.** in naˈtürlicher Größe; **2.** *fig.* großangelegt, umˈfassend: ***~ attack*** ⚔ Großangriff *m*; ***~ test*** Großversuch *m*; ***~ war*** regelrechter Krieg; **~ stop** *s.* **1.** (Schluß)Punkt *m*; **2.** *fig.* Schluß *m*, Ende *n*, Stillstand *m*; ˌ**~-ˈtime I** *adj.* ✝ hauptberuflich (tätig): ***~ job*** Ganztagsstellung *f*, -beschäftigung *f*; **II** *adv.* ganztags; ˈ**~-ˌtim·er** *s.* ganztägig Beschäftigte(r *m*) *f*; ˌ**~-ˈtrack** *adj.*: ***~ vehicle*** ⚙ Vollketten-, Raupenfahrzeug *n*; ˌ**~-ˈview** *adj.* ✈ Vollsicht…

ful·ly [ˈfʊlɪ] *adv.* voll, völlig, gänzlich; ausführlich: ***~ ten minutes*** volle zehn Minuten; ***~ automatic*** vollautomatisch; ***~ entitled*** vollberechtigt; **~ fash·ioned** *adj.* mit (voller) Paßform (*Strümpfe etc.*); **~ fledged** *adj.* **1.** flügge (*Vogel*); **2.** *fig.* richtig(gehend): ***a ~ pilot***; **3.** *fig.* ‚ausgewachsen': ***a ~ scandal***.

ful·mar [ˈfʊlmə] *s. orn.* Fulmar *m*, Eissturmvogel *m*.

ful·mi·nant [ˈfʌlmɪnənt] *adj.* **1.** krachend; **2.** ⚕ plötzlich ausbrechend; **ful·mi·nate** [ˈfʌlmɪneɪt] **I** *v/i.* **1.** donnern, explodieren (*a. fig.*); **2.** *fig.* (los)donnern, wettern; **II** *v/t.* **3.** zur Exploslˈon bringen; **4.** *fig. Befehle etc.* donnern; **III** *s.* **5.** ⚗ Fulmiˈnat *n*: ***~ of mercury*** Knallquecksilber *n*; ˈ**ful·mi·nat·ing** [-neɪtɪŋ] *adj.* **1.** ⚗ explodierend, Knall…: ***~ powder*** Knallpulver *n*; **2.** *fig.* donnernd, wetternd; **3.** → ***fulminant*** 2; **ful·mi·na·tion** [ˌfʌlmɪˈneɪʃn] *s.* **1.** Exploslˈon *f*, Knall *m*; **2.** *fig.* Donnern *n*, Wettern *n*.

ful·ness *bsd. Am.* → ***fullness***.

ful·some [ˈfʊlsəm] *adj.* ☐ **1.** überˈtrieben: ***~ flattery***; **2.** *obs.* widerlich.

ful·vous [ˈfʌlvəs] *adj.* rötlichgelb.

fum·ble [ˈfʌmbl] **I** *v/i.* **1.** *a.* ***~ around*** a) umˈhertappen, -tasten (***for*** nach): ***~ for*** tappen *od.* suchen nach, b) (herˈum-) fummeln (***at*** an *dat.*); **2.** (***with***) ungeschickt ˈumgehen (mit), sich ungeschickt anstellen (bei); **3.** *sport* ‚patzen'; **II** *v/t.* **4.** ‚verpatzen'; **5.** ***~ out*** *et.* mühsam (herˈvor)stammeln; **III** *s.* **6.** (Herˈum)Tappen *n*, (-)Fummeln *n*; **7.** *sport* ‚Patzer' *m*; ˈ**fum·bler** [-lə] *s.* Stümper *m*, ‚Patzer' *m*; ˈ**fum·bling** [-lɪŋ] *adj.* ☐ tappend; täppisch, ungeschickt.

fume [fjuːm] **I** *s.* **1.** *oft pl.* a) (*unangenehmer*) Dampf, Rauch(gas *n*) *m*, Schwade *f*, b) Dunst *m*, Nebel *m*; **2.** *fig.* Koller *m*, Erregung *f*, Wut *f*; **3.** *fig.* Schall *m* u. Rauch *m*; **II** *v/t.* **4.** *Holz* räuchern, dunkler machen, beizen: ***~d oak*** dunkles Eichenholz; **III** *v/i.* **5.** rauchen, dunsten, dampfen; **6.** *fig.* wüten (***at*** gegen), (vor Wut) schäumen: ***fuming with anger*** kochend vor Wut.

fu·mi·gant [ˈfjuːmɪgənt] *s.* Ausräucherungsmittel *n*; **fu·mi·gate** [ˈfjuːmɪgeɪt] *v/t.* ausräuchern; **fu·mi·ga·tion** [ˌfjuːmɪˈgeɪʃn] *s.* Ausräucherung *f*; ˈ**fu·mi·ga·tor** [-geɪtə] *s.* ˈAusräucherappaˌrat *m*.

fun [fʌn] **I** *s.* Scherz *m*, Spaß *m*, Ulk *m*: ***for*** (*od.* ***in***) ***~*** aus *od.* zum Spaß; ***for the ~ of it*** spaßeshalber, zum Spaß; ***it's not all ~ and games*** es ist gar nicht so rosig; ***it is ~*** es macht Spaß; ***he*** (***it***) ***is great ~*** F er (es) ist sehr amüsant *od.* lustig; ***have ~!*** viel Spaß!; ***make ~ of s.o.*** sich über j-n lustig machen; ***I don't see the ~ of it*** ich finde das (gar) nicht komisch; **II** *adj.* lustig, spaßig: ***~ man*** → ***funster***.

func·tion [ˈfʌŋkʃn] **I** *s.* **1.** Funktiˈon *f* (*a.* ⚒, ⚙, *biol.*, *ling.*, *phys.*): a) Aufgabe *f*, b) Zweck *m*, c) Tätigkeit *f*, d) Arbeits-, Wirkungsweise *f*, e) Amt *n*, f) (Amts-) Pflicht *f*, Obliegenheit *f*: ***out of ~*** ⚙ außer Betrieb, kaputt; **2.** a) feierlicher *od.* festlicher Anlaß, Feier *f*, Zeremoˈnie *f*, b) Veranstaltung *f*, (gesellschaftliches) Fest; **II** *v/i.* **3.** fungieren, tätig sein; **4.** ⚙ *etc.* funktionieren, arbeiten.

func·tion·al [ˈfʌŋkʃənl] *adj.* ☐ → ***functionally***; **1.** amtlich, dienstlich; **2.** a) ⚕,

⚡, ⚙ funktio'nell, Funktions…: **~ *disorder*** ⚕ Funktionsstörung *f*, b) funkti'onsfähig, -tüchtig; **3.** sachlich, praktisch, zweckbetont, -mäßig: **~ *building*** Zweckbau *m*; **'func·tion·al·ism** [-ʃnəlɪzəm] *s.* **1.** △, *psych.* Funktiona'lismus *m*; **2.** Zweckmäßigkeit *f*; **'func·tion·al·ize** [-ʃnəlaɪz] *v/t.* funktionstüchtig machen, wirksam gestalten; **'func·tion·al·ly** [-ʃnəlɪ] *adv.* in funktioneller Hinsicht; **'func·tion·ar·y** [-ʃnərɪ] *s.* Funktio'När *m*.

fund [fʌnd] **I** *s.* **1.** a) Kapi'tal *n*, Geldsumme *f*, b) *zweckgebunden*: Fonds *m*: ***relief ~*** Hilfsfonds; ***strike ~*** Streikfonds; **2.** *pl.* (Bar-, Geld)Mittel *pl.*, Gelder *pl.*: ***be in ~s*** (gut) bei Kasse sein; ***no ~s*** ✝ kein Guthaben, keine Deckung; ***public ~s*** öffentliche Gelder; **3.** ***2s*** *pl.* a) *Brit.* fundierte 'Staatspa,piere *pl.*, Kon'sols *pl.*, b) *Am.* Ef'fekten *pl.*; **4.** *fig.* Vorrat *m*, Schatz *m*, Fülle *f*, Grundstock *m* (***of*** von, an *dat.*); **II** *v/t.* **5.** ✝ a) in 'Staatspa,pieren anlegen, b) fundieren, konsolidieren: ***~ed debt*** fundierte Schuld; **~ rais·er** *s. Veranstaltung zum Aufbringen von Geldmitteln, bsd.* Wohltätigkeitsveranstaltung *f*.

fun·da·ment ['fʌndəmənt] *s.* **1.** △ *u. fig.* Funda'ment *n*; **2.** *humor. die* ‚vier Buchstaben' *pl.*, Gesäß *n*.

fun·da·men·tal [,fʌndə'mentl] **I** *adj.* □ → ***fundamentally***; **1.** fundamen'tal, grundlegend, wesentlich (***to*** für), Haupt…; **2.** grundsätzlich, Grund…, elemen'tar: **~ *colo(u)r*** Grund-, Primärfarbe *f*; **~ *particle*** *phys.* Elementarteilchen *n*; **~ *research*** Grundlagenforschung *f*; **~ *tone*** ♪ Grundton *m*; **~ *truth(s)*** Grundwahrheit(en) *f*; **II** *s.* **3.** *oft pl.* 'Grundlage *f*, -prin,zip *n*, -begriff *m*; **4.** ♪ Grundton *m*; **,fun·da'men·tal·ism** [-təlɪzəm] *s. eccl.* Fundamenta'lismus *m*, streng wörtliche Bibelgläubigkeit; **,fun·da'men·tal·ly** [-təlɪ] *adv.* im Grunde, im wesentlichen.

fu·ner·al ['fju:nərəl] **I** *s.* **1.** Begräbnis *n*, Beerdigung *f*, Bestattung *f*: ***that's your ~!*** *sl.* das ist deine Sache!; **2.** *a.* **~ *procession*** Leichenzug *m*; **3.** *Am.* Trauerfeier *f*; **II** *adj.* **4.** Begräbnis…, Leichen…, Trauer…, Grab…: **~ *director*** Bestattungsunternehmer *m*; **~ *home*** (*od.* ***parlor***) *Am.* Leichenhalle *f*; **~ *march*** ♪ Trauermarsch *m*; **~ *pile*, ~ *pyre*** Scheiterhaufen *m*; **~ *service*** Trauergottesdienst *m*; **~ *urn*** Totenurne *f*; **'fu·ner·ar·y** [-nərərɪ], **fu·ne·re·al** [fju:'nɪərɪəl] *adj.* □ **1.** Begräbnis…, Leichen… Trauer…; **2.** *fig.* düster, wie bei e-m Begräbnis.

'fun·fair *s. Brit.* Vergnügungspark *m*, Rummelplatz *m*.

fun·gal ['fʌŋgl] *adj.* Pilz…; **fun·gi** ['fʌŋgaɪ] *pl. von* ***fungus***.

fun·gi·ble ['fʌndʒɪbl] *adj.* ⚖ vertretbar (*Sache*): **~ *goods*** Fungibilien.

fun·gi·cid·al [,fʌndʒɪ'saɪdl] *adj.* pilztötend; **fun·gi·cide** ['fʌndʒɪsaɪd] *s.* pilztötendes Mittel; **fun·goid** ['fʌŋgɔɪd] *adj.*, **fun·gous** ['fʌŋgəs] *adj.* pilz-, schwammartig, *a.* ⚕ schwammig; **fun·gus** ['fʌŋgəs] *pl.* **fun·gi** ['fʌŋgaɪ] *od.* **-gus·es** *s.* **1.** ⚘ Pilz *m*, Schwamm *m*; **2.** ⚕ Fungus *m*, schwammige Geschwulst; **3.** *humor.* Bart *m*.

fu·nic·u·lar [fju:'nɪkjʊlə] **I** *adj.* Seil…, Ketten…; **II** *s. a.* **~ *railway*** (Draht-) Seilbahn *f*.

funk [fʌŋk] F **I** *s.* **1.** ‚Schiß' *m*, ‚Bammel' *m*, Angst *f*: ***be in a blue ~*** a) ‚schwer Schiß haben' (***of*** vor *dat.*), b) völlig ‚down' sein; **~ *hole*** ⚔ a) ‚Heldenkeller' *m*, Unterstand *m*, b) *fig.* Druckposten *m*; **2.** feiger Kerl; **3.** Drückeberger *m*; **II** *v/i.* **4.** ‚Schiß' haben *od.* bekommen; **5.** ‚kneifen', sich drücken; **III** *v/t.* **6.** ‚Schiß' haben vor (*dat.*); **7.** ‚kneifen' vor (*dat.*), sich drücken vor (*dat.*) *od.* um; **'funk·y** [-kɪ] *adj.* feig(e).

fun·nel ['fʌnl] **I** *s.* **1.** Trichter *m*; **2.** ⚓, 🚂 Schornstein *m*; **3.** ⚙ Luftschacht *m*; **4.** Vul'kanschlot *m*; **II** *v/t.* **5.** eintrichtern, -füllen; **6.** *fig.* schleusen.

fun·nies ['fʌnɪz] *s. pl.* F **1.** Comic strips *pl.*, Comics *pl.*; **2.** Witzseite *f*.

fun·ny ['fʌnɪ] *adj.* □ **1.** *a.* **~ *haha*** komisch, drollig, lustig, ulkig; **2.** ‚komisch': a) *a.* **~ *peculiar*** sonderbar, merkwürdig, b) F unwohl, c) F zweifelhaft, faul: ***the ~ thing is that*** das Merkwürdige ist, daß; ***funnily enough*** merkwürdigerweise; **~ *business*** F ‚faule Sache', ‚krumme Tour'; **~ bone** *s.* Musi'kantenknochen *m*; **~ farm** *s. sl.* ‚Klapsmühle' *f*; **'~·man** [-mən] *s.* [*irr.*] Komiker *m*; **~ pa·per** *s. Am.* Comic-Teil *m e-r Zeitung*.

fun·ster ['fʌnstə] *s.* F Spaßvogel *m*.

fur [fɜ:] **I** *s.* **1.** Pelz *m*, Fell *n*: ***make the ~ fly*** ‚Stunk' machen; **2.** a) Pelzbesatz *m*, b) *a.* **~ *coat*** Pelzmantel *m*, c) *pl.* Pelzwerk *n*, -kleidung *f*, Rauchwaren *pl.*; **3.** *coll.* Pelztiere *pl.*: **~ *and feather*** Haarwild u. Federwild *n*; **4.** ⚕ (Zungen)Belag *m*; **5.** ⚙ Kesselstein *m*; **II** *v/t.* **6.** mit Pelz besetzen *od.* füttern; **7.** ⚙ mit Kesselstein über'ziehen; **III** *v/i.* **8.** ⚙ Kesselstein ansetzen.

fur·be·low ['fɜːbɪləʊ] *s.* **1.** Falbel *f*; Faltensaum *m*; **2.** *pl. contp.* ‚Firlefanz' *m.*
fur·bish ['fɜːbɪʃ] *v/t.* **1.** polieren; **2.** *oft* **~ up** herrichten, renovieren; **3.** *mst* **~ up** *fig.* ‚aufpolieren', auffrischen.
fur·cate ['fɜːkeɪt] **I** *adj.* gabelförmig, gegabelt, gespalten; **II** *v/i.* sich gabeln *od.* teilen; **fur·ca·tion** [fɜː'keɪʃn] *s.* Gabelung *f.*
fu·ri·ous ['fjʊərɪəs] *adj.* □ **1.** wütend; **2.** wild, aufbrausend: **~ temper**; **3.** wild, heftig, furi'os: **a ~ attack.**
furl [fɜːl] *v/t. Fahne, Segel* aufrollen, *Schirm* zs.-rollen.
fur·long ['fɜːlɒŋ] *s.* Achtelmeile *f* (*201,17 m*).
fur·lough ['fɜːləʊ] *bsd.* ⚔ **I** *s.* (Heimat-) Urlaub *m*; **II** *v/t.* beurlauben.
fur·nace ['fɜːnɪs] *s.* **1.** ⚙ (Schmelz-, Brenn-, Hoch)Ofen *m*: **enamel(l)ing ~** Farbenschmelzofen; **2.** ⚙ (Heiz)Kessel *m*, Feuerung *f*; **3.** *fig.* ‚Backofen' *m*, glühendheißer Raum *od.* Ort; **4.** *fig.* Feuerprobe *f*, harte Prüfung: **tried in the ~** gründlich erprobt.
fur·nish ['fɜːnɪʃ] *v/t.* **1.** ausstatten, -rüsten, versehen, -sorgen (**with** mit); **2.** *Wohnung* einrichten, ausstatten, möblieren: **~ed room** möbliertes Zimmer; **3.** *allg. a. Beweise etc.* liefern, beschaffen, er- *od.* beibringen; **'fur·nish·er** [-ʃə] *s.* **1.** Liefe'rant *m*; **2.** *Am.* Herrenausstatter *m*; **'fur·nish·ing** [-ʃɪŋ] *s.* **1.** Ausrüstung *f*, -stattung *f*; **2.** *pl.* Einrichtung *f*, Mobili'ar *n*: **soft ~s** Möbelstoffe; **3.** *pl. Am.* ('Herren)Beˌkleidungsarˌtikel *pl.*; **4.** ⚙ a) Zubehör *n*, *m*, b) Beschläge *pl.*
fur·ni·ture ['fɜːnɪtʃə] *s.* **1.** Möbel *pl.*, Einrichtung *f*, Mobili'ar *n*: **piece of ~** Möbel(stück) *n*; **~ remover** Möbelspediteur *m od.* -packer *m*; **~ van** Möbelwagen *m*; **2.** Ausrüstung *f*, -stattung *f*; **3.** Inhalt *m*, Bestand *m*; **4.** *geistiges* Rüstzeug, Wissen *n*; **5.** ⚙ Zubehör *n*, *m.*
fu·ror ['fjuːrɔː] *s. Am.*, **fu·ro·re** [fjʊə'rɔːrɪ] *s.* **1.** Ek'stase *f*, Begeisterungstaumel *m*; **2.** Wut *f*; **3.** Fu'rore *n*, Aufsehen: **create a ~** Furore machen.
furred [fɜːd] *adj.* **1.** mit Pelz besetzt *od.* bekleidet; **2.** ⚕ belegt (*Zunge*); **3.** ⚙ mit Kesselstein belegt.
fur·ri·er ['fʌrɪə] *s.* Kürschner *m*, Pelzhändler *m*; **'fur·ri·er·y** [-ərɪ] *s.* **1.** Pelzwerk *n*; **2.** Kürschne'rei *f.*
fur·row ['fʌrəʊ] **I** *s.* **1.** ⚒ Furche *f*; **2.** Bodenfalte *f*; **3.** ⚙ Rille *f*; **4.** Runzel *f*, Furche *f* (*a. anat.*); **II** *v/t.* **5.** pflügen; **6.** ⚙ riefen, auskehlen; **7.** *Wasser* durch'furchen; **8.** runzeln; **III** *v/i.* **9.** sich furchen (*Stirn etc.*).
fur·ry ['fɜːrɪ] *adj.* **1.** pelzartig, Pelz...; **2.** → **furred** 2.
fur seal *s. zo.* Bärenrobbe *f.*
fur·ther ['fɜːðə] **I** *adv.* **1.** *comp. von* **far** weiter, ferner, entfernter: **no ~** nicht weiter; **I'll see you ~ first** F ich werde dir was husten!; **2.** ferner, weiterhin, über'dies, außerdem; **II** *adj.* **3.** weiter, ferner, entfernter: **the ~ end** das andere Ende; **4.** *fig.* weiter: **~ education** *Brit.* Fort-, Weiterbildung *f*; **~ particulars** weitere Einzelheiten, Näheres; **until ~ notice** bis auf weiteres; **anything ~?** (sonst) noch etwas?; **III** *v/t.* **5.** fördern, unter'stützen; **'fur·ther·ance** [-ðərəns] *s.* Förderung *f*, Unter'stützung *f*; **ˌfur·ther'more** *adv.* ferner, über'dies, außerdem; **'fur·ther·most** *adj.* **1.** fernst, weitest; **2.** äußerst; **fur·thest** ['fɜːðɪst] *adj. u. adv.* **1.** *sup. von* **far**; **2.** *fig.* weitest, meist: **at the ~** höchstens; **II** *adv.* **3.** am weitesten.
fur·tive ['fɜːtɪv] *adj.* □ **1.** heimlich, verstohlen; **2.** heimlichtuerisch; **'fur·tive·ness** [-nɪs] *s.* Heimlichkeit *f*, Verstohlenheit *f.*
fu·run·cle ['fjʊərʌŋkl] *s.* ⚕ Fu'runkel *m*; **fu·run·cu·lo·sis** [fjʊˌrʌŋkjʊ'ləʊsɪs] *s.* ⚕ Furunku'lose *f.*
fu·ry ['fjʊərɪ] *s.* **1.** (wilder) Zorn *m*, Wut *f*; **2.** Wildheit *f*, Heftigkeit *f*: **like ~** wie toll; **3.** ♀ *antiq.* Furie *f*; **4.** *fig.* Furie *f* (*böses Weib etc.*).
furze [fɜːz] *s.* ⚘ Stechginster *m.*
fuse [fjuːz] **I** *s.* **1.** ⚔ Zünder *m*: **~ cord** Abreißschnur *f*; **2.** ⚡ (Schmelz)Sicherung *f*: **~ box** Sicherungsdose *f*, -kasten *m*; **~ wire** Sicherungsdraht *m*; **he blew a ~** ihm ist die Sicherung durchgebrannt (*a. fig.* F); **he has a short ~** *Am.* F bei ihm brennt leicht die Sicherung durch; **II** *v/t.* **3.** ⚔ Zünder anbringen an (*dat.*); **4.** ⚙ (ab)sichern; **5.** *phys.*, ⚙ (ver)schmelzen; **6.** *fig.* verschmelzen, vereinigen, ✝ *a.* fusionieren; **III** *v/i.* **7.** ⚡ 'durchbrennen; **8.** ⚙ schmelzen; **9.** *fig.* verschmelzen, ✝ *a.* fusionieren.
fu·se·lage ['fjuːzɪlɑːʒ] *s.* ✈ (Flugzeug-) Rumpf *m.*
fu·sel (oil) ['fjuːzl] *s.* Fuselöl *n.*
fu·si·ble ['fjuːzəbl] *adj.* schmelzbar, -flüssig: **~ cut-out** ⚡ Schmelzsicherung *f.*
fu·sil ['fjuːzɪl] *s.* ⚔ *hist.* Steinschloßflinte *f*, Mus'kete *f*; **fu·sil·ier**, *Am. a.* **fu·sil·eer** [ˌfjuːzɪ'lɪə] *s.* ⚔ Füsi'lier *m*; **fu·sil·lade** [ˌfjuːzɪ'leɪd] **I** *s.* **1.** ⚔ Salve *f*; **2.** Exekuti'onskomˌmando *n*; **3.** *fig.*

Hagel *m*; **II** *v/t.* **4.** ⚔ unter Salvenfeuer nehmen; **5.** (standrechtlich) erschießen, füsilieren.

fus·ing ['fju:zɪŋ] *s.* ⚙ Schmelzen *n*: **~ *burner*** Schneidbrenner *m*; **~ *point*** Schmelzpunkt *m*; **fu·sion** ['fju:ʒn] *s.* **1.** ⚙ Schmelzen *n*: **~ *welding*** Schmelzschweißen *n*; **2.** Schmelzmasse *f*; **3.** *biol.*, *opt.*, *Kernphysik*: Fusi'on *f* (*Verschmelzung*): **~ *bomb*** Wasserstoffbombe *f*; **~ *reactor*** Fusionsreaktor *m*; **4.** *fig.* Verschmelzung *f*, Vereinigung *f*; Zs.-schluß *m*, Fusi'on *f* (*a.* ✝, *pol.*).

fuss [fʌs] **I** *s.* **1.** a) (unnötige) Aufregung, b) Hektik *f*; **2.** ‚Wirbel' *m*, ‚The'ater' *n*, Getue *n*: ***make a* ~** a) → 5, b) *a.* ***kick up a* ~** ‚Krach schlagen'; ***a lot of* ~ *about nothing*** viel Lärm um nichts; **3.** Ärger *m*, Unannehmlichkeiten *pl.*; **II** *v/i.* **4.** sich (unnötig) aufregen (***about*** über *acc.*): ***don't* ~!** nur keine Aufregung!, schon gut!; **5.** viel ‚Wirbel' *od.* ‚Wind' machen (***about***, ***of***, ***over*** um *j-n od. et.*); **6.** sich (viel) Umstände machen (***over*** mit *e-m Gast etc.*): **~ *over s.o.*** *a.* j-n bemuttern; **~ *about*** (*od.* ***around***) ‚herumfuhrwerken'; **7.** heikel sein; **III** *v/t.* **8.** *j-n* ner'vös machen; **'fuss,budg·et** *Am.* → ***fusspot***; **fuss·i·ness** ['fʌsɪnɪs] *s.* **1.** (unnötige) Aufregung; **2.** Hektik *f*; **3.** Kleinlichkeit *f*; **4.** heikle Art; **'fuss·pot** *s.* F Umstands-, Kleinigkeitskrämer *m*, ‚pingeliger' Kerl; **fuss·y** ['fʌsɪ] *adj.* □ **1.** a) aufgeregt, b) hektisch; **2.** kleinlich, ‚pingelig'; **3.** heikel, wählerisch, ‚eigen' (***about*** hinsichtlich *gen.*, mit).

fus·tian ['fʌstɪən] **I** *s.* **1.** Barchent *m*; **2.** *fig.* Schwulst *m*; **II** *adj.* **3.** Barchent...; **4.** *fig.* schwülstig.

fus·ti·ga·tion [ˌfʌstɪ'geɪʃn] *s. humor.* Tracht *f* Prügel.

fust·i·ness ['fʌstɪnɪs] *s.* **1.** Moder(geruch) *m*; **2.** *fig.* Rückständigkeit *f*; **fust·y** ['fʌstɪ] *adj.* **1.** mod(e)rig, muffig; **2.** a) verstaubt, antiquiert, b) rückständig.

fu·tile ['fju:taɪl] *adj.* □ nutz-, sinn-, zweck-, aussichtslos, vergeblich; **fu·til·i·ty** [fju:'tɪlətɪ] *s.* Zweck-, Nutz-, Wert-, Sinnlosigkeit *f*.

fu·ture ['fju:tʃə] **I** *s.* **1.** Zukunft *f*: ***in* ~** in Zukunft, künftig; ***in the near* ~** in der nahen Zukunft, bald; ***for the* ~** für die Zukunft, künftig; ***have no* ~** keine Zukunft haben; ***there is no* ~ *in that!*** das hat keine Zukunft!; **2.** *ling.* Fu'tur(um) *n*, Zukunft *f*: **~ *perfect*** Futurum exactum, zweite Zukunft; **3.** *pl.* ✝ a) Ter'mingeschäfte *pl.*, b) Ter'minwaren *pl.*; **II** *adj.* **4.** (zu)künftig, Zukunfts...; **5.** *ling.* fu'turisch: **~ *tense*** → 2; **6.** ✝ Termin...; **~ life** *s.* Leben *n* nach dem Tode.

fu·tur·ism ['fju:tʃərɪzəm] *s. Kunst*: Futu'rismus *m*; **'fu·tur·ist** [-ɪst] **I.** *adj.* **1.** futu'ristisch; **II.** *s.* **2.** Futu'rist *m*; **3.** → ***futurologist***; **fu·tu·ri·ty** [fju:'tjʊərətɪ] *s.* **1.** Zukunft *f*; **2.** zukünftiges Ereignis; **3.** Zukünftigkeit *f*.

fu·tur·ol·o·gist [ˌfju:tʃə'rɒlədʒɪst] *s.* Futuro'loge *m*, Zukunftsforscher *m*; **ˌfu·tur'ol·o·gy** [-dʒɪ] *s.* Futurolo'gie *f*, Zukunftsforschung *f*.

fuze *Am.* → ***fuse***.

fuzz [fʌz] **I** *s.* **1.** (feiner) Flaum *m*; **2.** Fusseln *pl.*, Fäserchen *pl.*; **3.** F a) Wuschelhaar(e *pl.*) *n*, b) ‚Zottelbart' *m*; **4.** *sl.* a) ‚Bulle' *m* (*Polizist*), b) ***the* ~** *coll.* die Bullen (*die Polizei*); **II** *v/t.* **5.** zerfasern; **6.** *fig.* ‚benebeln'; **III** *v/i.* **7.** zerfasern; **'fuzz·y** [-zɪ] *adj.* □ **1.** flaumig; **2.** faserig, fusselig; **3.** kraus, struppig (*Haar*); **4.** verschwommen; **5.** benommen.

fyl·fot ['fɪlfɒt] *s.* Hakenkreuz *n*.

G

G, g [dʒiː] *s.* **1.** G *n*, g *n* (*Buchstabe*); **2.** ♪ G *n*, g *n* (*Note*): ***G flat*** Ges *n*, ges *n*; ***G sharp*** Gis *n*, gis *n*; **3.** ***G*** *Am. sl.* ‚Riese' *m* (*1000 Dollar*).

gab [gæb] F **I** *s.* ‚Gequassel' *n*, Geschwätz *n*: ***stop your ~!*** halt den Mund!; ***the gift of the ~*** ein gutes Mundwerk; **II** *v/i.* ‚quasseln'.

gab·ar·dine [ˈgæbədiːn] *s.* Gabardine *m* (*feiner Wollstoff*).

gab·ble [ˈgæbl] **I** *v/i.* **1.** plappern; **2.** schnattern; **II** *v/t.* **3.** *et.* plappern; **4.** *et.* ‚herˈunterleiern'; **III** *s.* **5.** ‚Gebrabbel' *n*; **6.** Geschnatter *n*; **ˈgab·bler** [-lə] *s.* Schwätzer(in); **ˈgab·by** [-bɪ] *adj.* F geschwätzig.

gab·er·dine → ***gabardine***.

gab·fest [ˈgæbfest] *s. Am.* F ‚Quasseˈlei' *f.*

ga·bi·on [ˈgeɪbjən] *s.* ⚔ Schanzkorb *m.*

ga·ble [ˈgeɪbl] *s.* △ **1.** Giebel *m*; **2.** *a.* ***~ end*** Giebelwand *f*; **ˈga·bled** [-ld] *adj.* giebelig, Giebel…; **ˈga·blet** [-lɪt] *s.* giebelförmiger Aufsatz (*über Fenstern*), Ziergiebel *m.*

gad[1] [gæd] **I** *v/i. mst* ***~ about*** sich herˈumtreiben, ‚rumsausen'; **II** *s.* ***be on the ~*** → I.

gad[2] [gæd] *int.*: **(*by*) *~!*** *obs.* bei Gott!

ˈgad|·a·bout *s.* Herˈumtreiber(in); **ˈ~·fly** *s.* **1.** *zo.* Viehbremse *f*; **2.** *fig.* Störenfried *m*, lästiger Mensch.

gadg·et [ˈgædʒɪt] *s.* F **1.** a) Appaˈrat *m*, Gerät *n*, Vorrichtung *f*, b) *iro.* ‚Appaˈrätchen' *n*, ‚Kinkerlitzchen' *n*, technische Spieleˈrei; **2.** ‚Dingsbums' *n*; **3.** *fig.* ‚Dreh' *m*, Kniff *m*; **gad·ge·teer** [ˌgædʒɪˈtɪə] *s.* F Liebhaber *m* von technischen Spieleˈreien *od.* Neuerungen; **ˈgad·get·ry** [-trɪ] *s.* **1.** a) Appaˈrate *pl.*, b) *iro.* technische Spieleˈreien *pl.*; **2.** Beschäftigung *f* mit technischen Spieleˈreien; **ˈgad·get·y** [-tɪ] *adj.* F **1.** raffiniert (konstruiert); **2.** Apparate…; **3.** versessen auf technische Spieleˈreien.

Ga·dhel·ic [gæˈdelɪk] → ***Gaelic***.

gad·wall [ˈgædwɔːl] *s. orn.* Schnatterente *f.*

Gael [geɪl] *s.* Gäle *m*; **ˈGael·ic** [-lɪk] **I** *s. ling.* Gälisch *n*, das Gälische; **II** *adj.* gälisch.

gaff[1] [gæf] *s.* **1.** *Fischen*: Landungshaken *m*; **2.** ⚓ Gaffel *f*; **3.** Stahlsporn *m*; **4.** *Am. sl.* ‚Schlauch' *m*: ***stand the ~*** durchhalten; **5.** *Am. sl.* Schwindel *m*; **6.** *sl.* ‚Quatsch' *m*: ***blow the ~*** alles verraten, ‚plaudern'.

gaff[2] [gæf] *s. Brit. sl. a.* ***penny ~*** Varieˈté *n*, ‚Schmiere' *f.*

gaffe [gæf] *s.* Fauxˈpas *m*, (grobe) Taktlosigkeit.

gaf·fer [ˈgæfə] *s.* **1.** *humor.* ‚Opa' *m*; **2.** *Brit.* F a) Chef *m*, b) Vorarbeiter *m.*

gag [gæg] **I** *v/t.* **1.** knebeln, *fig. a.* mundtot machen; **2.** zum Würgen reizen; **3.** *a.* ***~ up*** *thea.* mit Gags spicken; **II** *v/i.* **4.** würgen (***on*** an *dat.*); **5.** *thea. etc.* F Gags anbringen, *allg.* witzeln; **III** *s.* **6.** Knebel *m*, *fig. a.* Knebelung *f*; **7.** ⚕ Mundsperrer *m*; **8.** *parl.* Schluß *m* der Deˈbatte; **9.** *thea. u. allg.* F Gag *m*: a) witziger Einfall, komische Poˈinte, ‚Knüller' *m*, b) Jux *m*, Ulk *m*, c) Trick *m.*

ga·ga [ˈgɑːgɑː] *adj. sl.* a) vertrottelt, b) ‚plemˈplem': ***go ~ over*** in Verzückung geraten über (*acc.*).

gag bit *s.* Zaumgebiß *n.*

gage[1] [geɪdʒ] **I** *s.* **1.** *hist. u. fig.* Fehdehandschuh *m*; **2.** (ˈUnter)Pfand *n*; **II** *v/t.* **3.** *obs.* zum Pfand geben.

gage[2] [geɪdʒ] → ***gauge***.

gage[3] [geɪdʒ] → ***greengage***.

gag·gle [ˈgægl] **I** *v/i.* **1.** schnattern; **II** *s.* **2.** Geschnatter *n*; **3.** a) Gänseherde *f*, b) F schnatternde Schar: ***a ~ of girls***.

gag·man [ˈgægmən] *s.* [*irr.*] *thea. etc.* Gagman *m* (*Pointenerfinder etc.*).

gai·e·ty [ˈgeɪətɪ] *s.* **1.** Frohsinn *m*, Fröhlich-, Lustigkeit *f*; **2.** *oft pl.* Lustbarkeit *f*, Fest *n*; **3.** *fig.* (Farben)Pracht *f.*

gai·ly [ˈgeɪlɪ] *adv.* **1.** → ***gay*** 1, 2; **2.** unbekümmert, sorglos.

gain [geɪn] **I** *v/t.* **1.** *s-n Lebensunterhalt etc.* verdienen; **2.** gewinnen: ***~ time***; **3.** *das Ufer etc.* erreichen; **4.** *fig.* erreichen, erlangen, erringen: ***~ wealth*** Reichtümer erwerben; ***~ experience*** Erfahrung(en) sammeln; ***~ admission*** Einlaß finden; **5.** *j-m et.* einbringen,

-tragen; **6.** zunehmen an (*dat.*): **~ strength** (**speed**) kräftiger (schneller) werden; **he ~ed 10 pounds** (**in weight**) er nahm 10 Pfund zu; **7. ~ over** *j-n* für sich gewinnen; **8.** vorgehen um *2 Minuten etc.* (*Uhr*); **II** *v/i.* **9.** besser *od.* kräftiger werden; **10.** ✝ Gewinn *od.* Pro'fit machen; **11.** (an Wert) gewinnen, im Ansehen steigen, besser zur Geltung kommen; **12.** zunehmen (**in** an *dat.*): **~** (**in weight**) (an Gewicht) zunehmen; **13.** (**on**, **upon**) a) näher her'ankommen (an *dat.*), (an) Boden gewinnen, aufholen (gegen'über), b) s-n Vorsprung vergrößern (vor *dat.*, gegen'über); **14.** (**on**, **upon**) 'übergreifen (auf *acc.*); **15.** vorgehen (*Uhr*); **III** *s.* **16.** Gewinn *m*, Vorteil *m*, Nutzen *m* (**to** für); **17.** Zunahme *f*, Steigerung *f*: **~ in weight** Gewichtszunahme; **18.** ✝ a) Gewinn *m*, Pro'fit *m*: **for ~** ⚖ gewerbsmäßig, in gewinnsüchtiger Absicht, b) Wertzuwachs *m*; **19.** ⚡, *phys.* Verstärkung *f*: **~ control** Lautstärkeregelung *f*; **'gain·er** [-nə] *s.* **1.** Gewinner *m*; **2.** *sport* Auerbach(sprung) *m*: **full ~** Auerbachsalto *m*; **half ~** Auerbachkopfsprung *m*; **'gain·ful** [-fʊl] *adj.* □ einträglich, gewinnbringend: **~ occupation** Erwerbstätigkeit *f*; **~ly employed** erwerbstätig; **'gain·ings** [-nɪŋz] *s. pl.* Gewinn(e *pl.*) *m*, Einkünfte *pl.*, Pro'fit *m*; **'gain·less** [-lɪs] *adj.* **1.** unvorteilhaft, ohne Gewinn; **2.** nutzlos.

gain·say [ˌgeɪn'seɪ] *v/t.* [*irr.* → **say**] *obs.* **1.** *et.* bestreiten, leugnen: **there is no ~ing that** das läßt sich nicht leugnen; **2.** *j-m* wider'sprechen.

gainst, **'gainst** [geɪnst] *poet. abbr. für* **against**.

gait [geɪt] *s.* Gangart *f* (*a. fig. Tempo*), Gang *m*.

gai·ter ['geɪtə] *s.* **1.** Ga'masche *f*; **2.** *Am.* Zugstiefel *m*.

gal¹ [gæl] *s.* F Mädchen *n*.

gal² [gæl] *s. phys.* Gal *n* (*Einheit der Beschleunigung*).

ga·la ['gɑːlə] **I** *adj.* **1.** festlich, Gala…; **II** *s.* **2.** *a.* **~ occasion** festlicher Anlaß, Fest *n*; **3.** Galaveranstaltung *f*; **4.** *sport Brit.* (*Schwimm- etc.*)Fest *n*.

ga·lac·tic [gə'læktɪk] *adj.* **1.** ga'laktisch, *ast.* Milchstraßen…; **2.** *physiol.* Milch…

Ga·la·tians [gə'leɪʃjənz] *s. pl. bibl.* (Brief *m* des Paulus an die) Galater *pl.*

gal·ax·y ['gæləksɪ] *s.* **1.** *ast.* Milchstraße *f*, Gala'xie *f*: **the** 𝔊 die Milchstraße, die Galaxis; **2.** *fig.* Schar *f* (*prominenter etc. Personen*).

gale¹ [geɪl] *s.* Sturm *m*; steife Brise: **~ force** Sturmstärke *f*; **~ of laughter** Lachsalve *f*.

gale² [geɪl] *s.* ♀ Heidemyrthe *f*.

ga·le·na [gə'liːnə] *s. min.* Gale'nit *m*, Bleiglanz *m*.

Ga·li·cian [gə'lɪʃɪən] **I** *adj.* ga'lizisch; **II** *s.* Ga'lizier(in).

Gal·i·le·an¹ [ˌgælɪ'liːən] **I** *adj.* **1.** gali'läisch; **II** *s.* **2.** Gali'läer(in); **3. the ~** der Gali'läer (*Christus*); **4.** Christ(in).

Gal·i·le·an² [ˌgælɪ'liːən] *adj.* gali'leisch: **~ telescope**.

gal·i·lee ['gælɪliː] *s.* ⚠ Vorhalle *f*.

gal·i·pot ['gælɪpɒt] Gali'pot-, Fichtenharz *n*.

gall¹ [gɔːl] *s.* **1.** *obs.* a) *anat.* Gallenblase *f*, b) *physiol.* Galle(nflüssigkeit) *f*; **2.** *fig.* Galle *f*: a) Bitterkeit *f*, Erbitterung *f*, b) Bosheit *f*; **3.** F Frechheit *f*.

gall² [gɔːl] **I** *s.* **1.** wund geriebene Stelle; **2.** *fig.* a) Ärger *m*, b) Ärgernis *n*; **II** *v/t.* **3.** wund reiben; **4.** (ver)ärgern; **III** *v/i.* **5.** reiben, scheuern; **6.** sich wund reiben; **7.** sich ärgern.

gall³ [gɔːl] *s.* ♀ Galle *f*.

gal·lant ['gælənt] **I** *adj.* □ **1.** tapfer, heldenhaft; **2.** prächtig, stattlich; **3.** ga'lant: a) höflich, ritterlich, b) amou'rös, Liebes…; **II** *s.* **4.** Kava'lier *m*; **5.** Verehrer *m*; **6.** Geliebte(r) *m*; **'gal·lant·ry** [-trɪ] *s.* **1.** Tapferkeit *f*; **2.** Galante'rie *f*, Ritterlichkeit *f*; **3.** heldenhafte Tat; **4.** Liebe'lei *f*.

gall| blad·der *s. anat.* Gallenblase *f*; **~ duct** *s. anat.* Gallengang *m*.

gal·le·on ['gælɪən] *s.* ⚓ *hist.* Gale'one *f*.

gal·ler·y ['gælərɪ] *s.* **1.** ⚠ a) Gale'rie *f*, b) Em'pore *f* (*in Kirchen*); **2.** *thea.* dritter Rang, *a. weitS.* Gale'rie *f*: **play to the ~** für die Galerie spielen, *fig. a.* nach Effekt haschen; **3.** ('Kunst-, Ge'mälde)Galeˌrie *f*; **4.** a) ⚓ Laufgang *m*, b) ⚙ Laufsteg *m*, c) ⚒ *u.* ⚔ Stollen *m*, d) → **shooting-gallery**; **5.** *fig.* Gale'rie *f*, Schar *f* (*Personen*).

gal·ley ['gælɪ] *s.* **1.** ⚓ a) Ga'leere *f*, b) Langboot *n*; **2.** ⚓ Kom'büse *f*, Küche *f*; **3.** *typ.* Setzschiff *n*; **4.** *a.* **~ proof** *typ.* Fahne *f*; **~ slave** *s.* **1.** Ga'leerensklave *m*; **2.** *fig.* Sklave *m*, ‚Kuli' *m*; **ˌ~-'west** *adv.*: **knock ~** *Am.* F a) *j-n* zs.-schlagen, b) *fig. j-n* ‚umhauen', c) *et.* (total) ‚kaputtmachen'.

'gall·fly *s. zo.* Gallwespe *f*.

gal·lic¹ ['gælɪk] *adj.*: **~ acid** ⚗ Gallussäure *f*.

Gal·lic² ['gælɪk] *adj.* **1.** gallisch; **2.** fran'zösisch; **'Gal·li·cism** [-ɪsɪzəm] *s. ling.* Galli'zismus *m*, französische Sprachei-

genheit; ˈ**Gal·li·cize** [-ɪsaɪz] *v/t.* französ(si)sieren.
gal·li·na·ceous [ˌgælɪˈneɪʃəs] *adj. orn.* hühnerartig.
gall·ing [ˈgɔːlɪŋ] *adj.* ärgerlich (*Sache*).
gal·li·pot¹ → ***galipot***.
gal·li·pot² [ˈgælɪpɒt] *s.* Salbentopf *m*, Medikaˈmentenbehälter *m*.
gal·li·vant [ˌgælɪˈvænt] *v/i.* **1.** sich amüsieren; **2.** *~ **around*** sich herˈumtreiben.
ˈ**gall·nut** *s.* ⚘ Gallapfel *m*.
gal·lon [ˈgælən] *s.* Galˈlone *f* (*Hohlmaß; Brit. 4,5459 l, Am. 3,7853 l*).
gal·loon [gəˈluːn] *s.* Tresse *f*.
gal·lop [ˈgæləp] **I** *v/i.* **1.** galoppieren; **2.** F ‚sausen': *~ **through s.th.*** et. ‚im Galopp' erledigen; *~ **through a book*** ein Buch durchfliegen; ***~ing consumption*** (***inflation***) galoppierende Schwindsucht (Inflation); **II** *v/t.* **3.** galoppieren lassen; **III** *s.* **4.** Gaˈlopp *m* (*a. fig.*): ***at full ~*** in gestrecktem Galopp; **gal·lo·pade** [ˌgæləˈpeɪd] → ***galop***.
Gal·lo·phile [ˈgæləʊfaɪl], ˈ**Gal·lo·phil** [-fɪl] *s.* Franˈzosenfreund *m*; ˈ**Gal·lo·phobe** [-fəʊb] *s.* Franˈzosenhasser *m*.
gal·lows [ˈgæləʊz] *s. pl. mst sg. konstr.* **1.** Galgen *m*; **2.** galgenähnliches Gestell, Galgen *m*; *~* **bird** *s.* F Galgenvogel *m*; *~* **hu·mo(u)r** *s.* ˈGalgenhuˌmor *m*; *~* **tree** → ***gallows*** 1.
ˈ**gall·stone** *s.* ⚕ Gallenstein *m*.
Gal·lup poll [ˈgæləp] *s.* ˈMeinungsˌumfrage *f*.
gal·lus·es [ˈgæləsɪz] *s. pl. Am.* F Hosenträger *pl*.
gal·op [ˈgæləp] **I** *s.* Gaˈlopp *m* (*Tanz*); **II** *v/i.* e-n Gaˈlopp tanzen.
ga·lore [gəˈlɔː] *adv.* F ‚in rauhen Mengen': ***whisk(e)y ~*** *a.* jede Menge Whisky.
ga·losh [gəˈlɒʃ] *s. mst pl.* ˈÜber-, Gummischuh *m*, Gaˈlosche *f*.
ga·lumph [gəˈlʌmf] *v/i.* F stapfen, trapsen.
gal·van·ic [gælˈvænɪk] *adj.* (☐ ***~ally***) ⚡, *phys.* galˈvanisch; *fig.* F elektrisierend; **gal·va·nism** [ˈgælvənɪzəm] *s.* **1.** *phys.* Galvaˈnismus *m*; **2.** ⚕ Galvanisatiˈon *f*; **gal·va·ni·za·tion** [ˌgælvənaɪˈzeɪʃn] *s.* ⚕, ⚗ Galvanisierung *f*; **gal·va·nize** [ˈgælvənaɪz] *v/t.* **1.** ⚙ galvanisieren, (feuer)verzinken; **2.** ⚕ mit Gleichstrom behandeln; **3.** *fig.* F *j-n* elektrisieren: *~ **into action*** *j-n* schlagartig aktiv werden lassen; **gal·va·nom·e·ter** [ˌgælvəˈnɒmɪtə] *s. phys.* Galvanoˈmeter *n*; **gal·va·no·plas·tic** [ˌgælvənəʊˈplæstɪk] *adj.* ⚙ galvanoˈplastisch; **gal·va·no·plas·tics** [ˌgælvənəʊˈplæstɪks] *s. pl. sg. konstr.*, **gal·va·no·plas·ty** [ˌgælvənəʊˈplæstɪ] *s.* Galvanoˈplastik *f*, Eˌlektrotyˈpie *f*; **gal·va·no·scope** [ˈgælvənəʊskəʊp] *s. phys.* Galvanoˈskop *n*.
gam·bit [ˈgæmbɪt] *s.* **1.** *Schach*: Gamˈbit *n*, Eröffnung *f*; **2.** *fig.* a) erster Schritt, Einleitung *f*, b) (raffinierter) Trick.
gam·ble [ˈgæmbl] **I** *v/i.* **1.** (um Geld) spielen: *~ **with s.th.*** *fig.* et. aufs Spiel setzen; ***you can ~ on that*** darauf kannst du wetten; ***she ~d on his coming*** sie verließ sich darauf, daß er kommen würde; **2.** *Börse*: spekulieren; **II** *v/t.* **3.** *~ **away*** verspielen (*a. fig.*); **4.** (als Einsatz) setzen (***on*** auf *acc.*), *fig.* aufs Spiel setzen; **III** *s.* **5.** Glücksspiel *n*, Haˈsardspiel *n* (*a. fig.*); **6.** *fig.* Wagnis *n*, Risiko *n*; ˈ**gam·bler** [-lə] *s.* Spieler(in); *fig.* Hasarˈdeur *m*; ˈ**gam·bling** [-blɪŋ] *s.* Spielen *n*: *~ **den*** Spielhölle *f*; *~ **debt*** Spielschuld *f*.
gam·boge [gæmˈbuːʒ] *s.* ⚗ Gummigutt *n*.
gam·bol [ˈgæmbl] **I** *v/i.* herˈumtanzen, Luftsprünge machen; **II** *s.* Freuden-, Luftsprung *m*.
game¹ [geɪm] **I** *s.* **1.** Spiel *n*, Zeitvertreib *m*, Sport *m*: ***2s*** *pl.* (*Olympische etc.*) Spiele, *ped.* Sport; *~ **of golf*** Golfspiel; *~ **of skill*** Geschicklichkeitsspiel; ***play the ~*** *a. fig.* sich an die Spielregeln halten; ***play a good ~*** gut spielen; ***play ~s with s.o.*** *fig.* mit j-m sein Spiel treiben; ***play a losing ~*** auf der Verliererstraße sein; ***be on*** (***off***) ***one's ~*** gut (nicht) in Form sein; ***the ~ is yours*** du hast gewonnen; **2.** *sport* (einzelnes) Spiel, Parˈtie *f* (*Schach etc.*); *Tennis*: Spiel *n* (*in e-m Satz*): ***~, set and match*** *Tennis*: Spiel, Satz u. Sieg; **3.** Scherz *m*, Ulk *m*: ***make ~ of*** sich lustig machen über (*acc.*); **4.** Spiel *n*, Unterˈnehmen *n*, Plan *m*: ***the ~ is up*** das Spiel ist aus *od.* verloren; ***give the ~ away*** F sich *od.* alles verraten; ***play a double ~*** ein doppeltes Spiel treiben; ***play a waiting ~*** e-e abwartende Haltung einnehmen; ***I know his*** (***little***) ***~*** ich weiß, was er im Schilde führt; ***see through s.o.'s ~*** j-s Spiel *od.* j-n durchschauen; ***beat s.o. at his own ~*** j-n mit s-n eigenen Waffen schlagen; ***two can play at this ~!*** das kann ich auch!; **5.** *pl. fig.* Schliche *pl.*, Tricks *pl.*; **6.** Spiel *n* (*Geräte etc.*); **7.** F Branche *f*, Geschäft *n*: ***he is in the advertising ~*** er macht in Werbung; ***she's on the ~*** ‚sie geht auf den Strich'; **8.** *hunt.* Wild *n*: ***big ~*** Großwild; ***fly at higher ~*** höher hinaus wollen; **9.** Wildbret *n*: *~ **pie*** Wildpastete *f*; **II** *adj.* ☐

10. Jagd..., Wild...; **11.** schneidig, mutig; **12.** a) aufgelegt (***for*** zu), b) bereit (***for*** zu, ***to do*** zu tun): ***I am ~!*** ich bin dabei!, ich mache mit!; **III** *v/i.* **13.** (um Geld) spielen; **IV** *v/t.* **14.** ***~ away*** verspielen.

game² [geɪm] *adj.* F lahm: ***a ~ leg.***

game| bag *s.* Jagdtasche *f*; **~ bird** *s.* Jagdvogel *m*; **'~·cock** *s.* Kampfhahn *m* (*a. fig.*); **~ fish** *s.* Sportfisch *m*; **~ fowl** *s.* **1.** Federwild *n*; **2.** Kampfhahn *m*; **'~ˌkeep·er** *s. Brit.* Wildhüter *m*; **~ licence** *s. Brit.* Jagdschein *m*.

game·ness ['geɪmnɪs] *s.* Mut *m*, Schneid *m*.

game| park *s.* Wildpark *m*; **~ plan** *s. Am. fig.* ‚Schlachtplan' *m*; **~ point** *s. sport* a) entscheidender Punkt, b) *Tennis*: Spielball *m*, c) *Tischtennis*: Satzball *m*; **~ pre·serve** *s.* Wildgehege *n*.

games·man·ship ['geɪmzmənʃɪp] *s. bsd. sport* die Kunst, mit allen (gerade noch erlaubten) Tricks zu gewinnen.

games| mas·ter [geɪmz] *s. ped. Brit.* Sportlehrer *m*; **~ mis·tress** *s. ped. Brit.* Sportlehrerin *f*.

game·some ['geɪmsəm] *adj.* ☐ lustig, ausgelassen.

game·ster ['geɪmstə] *s.* Spieler(in) (*um Geld*).

gam·ete [gæ'mi:t] *s. biol.* Ga'met *m* (*Keimzelle*).

game ward·en *s.* Jagdaufseher *m*.

gam·in ['gæmɪn] *s.* Gassenjunge *m*.

gam·ing ['geɪmɪŋ] *s.* Spielen *n* (*um Geld*): ***~ laws*** Gesetze über Glücksspiele u. Wetten; **~ house** *s.* Spielhölle *f*, 'Spielkaˌsino *n*; **~ ta·ble** *s.* Spieltisch *m*.

gam·ma ['gæmə] *s.* **1.** Gamma *n* (*griech. Buchstabe*): ***~ rays*** *phys.* Gammastrahlen; **2.** *phot.* Kon'trastgrad *m*; **3.** *ped. Brit.* Drei *f*, Befriedigend *n*.

gam·mer ['gæmə] *s. Brit.* F ‚Oma' *f*.

gam·mon¹ ['gæmən] *s.* **1.** (schwach)geräucherter Schinken; **2.** unteres Stück e-r Speckseite.

gam·mon² ['gæmən] *s.* ⚓ Bugsprietzurring *f*.

gam·mon³ ['gæmən] F **I** *s.* **1.** Humbug *m*: a) Schwindel *m*, b) ‚Quatsch' *m*; **II** *v/i.* **2.** ‚quatschen', Unsinn reden; **3.** sich verstellen, so tun als ob; **III** *v/t.* **4.** *j-n* ‚reinlegen'.

gamp [gæmp] *s. Brit.* F (großer) Regenschirm, ‚Fa'miliendach' *n*.

gam·ut ['gæmət] *s.* **1.** ♪ Tonleiter *f*; **2.** *fig.* Skala *f*: ***run the whole ~ of emotion*** von e-m Gefühl ins andere taumeln.

gam·y ['geɪmɪ] *adj.* **1.** nach Wild riechend *od.* schmeckend: ***~ taste*** a) Wildgeschmack *m*, b) Hautgout *m*; **2.** F schneidig, mutig.

gan·der ['gændə] *s.* **1.** Gänserich *m*; → ***sauce*** 1; **2.** *fig.* F ‚Esel' *m*, Dussel *m*; **3.** *sl.* Blick *m*: ***take a ~ at*** sich (rasch) *et.* angucken.

gang [gæŋ] **I** *s.* **1.** ('Arbeiter)Koˌlonne *f*, (-)Trupp *m*; **2.** Gang *f*, (Verbrecher-)Bande *f*; **3.** *contp.* Bande *f*, Horde *f*, Clique *f*; **4.** ⚙ Satz *m* (*Werkzeuge*): ***~ of tools***; **II** *v/i.* **5.** *mst* ***~ up*** sich zs.-tun, sich zs.-rotten (***on***, ***against*** gegen).

'gang|·bang *s. sl.* a) *Geschlechtsverkehr mehrerer Männer nacheinander mit 'einer Frau*, b) *Vergewaltigung e-r Frau durch mehrere Männer nacheinander*; **'~·board** *s.* ⚓ Laufplanke *f*; **~ boss** → ***ganger***; **~ cut·ter** *s.* ⚙ Satz-, Mehrfachfräser *m*.

gang·er ['gæŋə] *s.* Vorarbeiter *m*, Kapo *m*.

'gang·land *s.* ‚'Unterwelt' *f*.

gan·gling ['gæŋglɪŋ] *adj.* schlaksig.

gan·gli·on ['gæŋglɪən] *pl.* **-a** [-ə] *s.* **1.** *anat.* Ganglion *n*, Nervenknoten *m*: ***~ cell*** Ganglienzelle *f*; **2.** ⚕ 'Überbein *n*; **3.** *fig.* Knoten-, Mittelpunkt *m*, Zentrum *n*.

'gang|·plank → ***gangway*** 2b; **~ rape** → ***gangbang*** b.

gan·grene ['gæŋgri:n] **I** *s.* **1.** ⚕ Brand *m*, Gan'grän *n*; **2.** *fig.* Fäulnis *f*, sittlicher Verfall; **II** *v/t. u. v/i.* **3.** ⚕ brandig machen (werden); **'gan·gre·nous** [-rɪnəs] *adj.* ⚕ brandig.

gang saw *s.* ⚙ Gattersäge *f*.

gang·ster ['gæŋstə] *s.* Gangster *m*.

'gang·way I *s.* **1.** 'Durchgang *m*, Pas'sage *f*; **2.** a) ⚓ Fallreep *n*, b) ⚓ Gangway *f*, Landungsbrücke *f*, c) ✈ Gangway *f*; **3.** *Brit. thea. etc.* (Zwischen)Gang *m*; **4.** ⚒ Strecke *f*; **5.** ⚙ a) Schräge *f*, Rutsche *f*, b) Laufbühne *f*; **II** *int.* **6.** Platz (machen) (, bitte)!

gan·net ['gænɪt] *s. orn.* Tölpel *m*.

gant·let ['gæntlɪt] → ***gauntlet¹***.

gan·try ['gæntrɪ] *s.* **1.** ⚙ Faßlager *n*; **2.** *a.* ***~ bridge*** ⚙ Kranbrücke *f*: ***~ crane*** Portalkran *m*; **3.** a) 🚆 Si'gnalbrücke *f*, b) *mot.* Schilderbrücke *f*; **4.** *a.* ***~ scaffold*** *Raumfahrt*: Mon'tageturm *m*.

Gan·y·mede ['gænɪmi:d] *s.* **1.** *a.* ♀ Mundschenk *m*; **2.** *ast.* Gany'med *m*.

gaol [dʒeɪl] *bsd. Brit.* → ***jail*** *etc.*

gap [gæp] *s.* **1.** Lücke *f*, Spalt *m*, Öffnung *f*; **2.** ⚔ Bresche *f*, Gasse *f*; **3.** (Berg)Schlucht *f*; **4.** *fig.* a) Lücke *f*, b) Zwischenraum *m*, -zeit *f*, c) Unter'brechung *f*, d) Kluft *f*, 'Unterschied *m*: ***close the ~*** die Lücke schließen; ***fill*** (*od.* ***stop***) ***a ~*** e-e Lücke ausfüllen; ***leave a ~*** e-e Lücke hinterlassen; ***dollar ~*** ✝ Dollarlücke; ***rocket ~*** Raketenlücke; ***~ in one's education*** Bildungslücke; **5.** ϟ Funkenstrecke *f*.

gape [geɪp] **I** *v/i.* **1.** den Mund aufreißen (*vor Staunen etc.*), staunen: ***stand gaping*** Maulaffen feilhalten; **2.** starren, glotzen, gaffen: ***~ at s.o.*** j-n anstarren; **3.** gähnen; **4.** *fig.* klaffen, gähnen, sich öffnen *od.* auftun; **II** *s.* **5.** Gaffen *n*, Glotzen *n*; **6.** Staunen *n*; **7.** Gähnen *n*; **8.** ***the ~s*** *pl. sg. konstr.* a) *vet.* Schnabelsperre *f*, b) *humor.* Gähnkrampf *m*; **'gap·ing** [-pɪŋ] *adj.* □ **1.** gaffend, glotzend; **2.** klaffend (*Wunde*), gähnend (*Abgrund*).

gap·py ['gæpɪ] *adj.* lückenhaft (*a. fig.*).

ga·rage ['gærɑːdʒ] **I** *s.* **1.** Ga'rage *f*; **2.** Repara'turwerkstätte *f* u. Tankstelle *f*; **II** *v/t.* **3.** *Auto* a) in e-r Ga'rage ab- *od.* 'unterstellen, b) in die Ga'rage fahren.

garb [gɑːb] **I** *s.* Tracht *f*, Gewand *n* (*a. fig.*); **II** *v/t.* kleiden.

gar·bage ['gɑːbɪdʒ] *s.* **1.** *Am.* Abfall *m*, Müll *m*: ***~ can*** Mülleimer *m*, -tonne *f*; ***~ chute*** Müllschlucker *m*; **2.** *fig.* a) Schund *m*, b) ‚Abschaum' *m*; **3.** *Computer*: wertlose Daten *pl.*

gar·ble ['gɑːbl] *v/t.* *Text etc.* a) durchein'anderbringen, b) verstümmeln, entstellen, ‚frisieren'.

gar·den ['gɑːdn] **I** *s.* **1.** Garten *m*; **2.** *fig.* Garten *m*, fruchtbare Gegend: ***the ~ of England*** die Grafschaft Kent; **3.** *mst pl.* Gartenanlagen *pl.*, Park *m*: ***botanical ~(s)*** botanischer Garten; **II** *v/i.* **4.** gärtnern, im Garten arbeiten; **5.** Gartenbau treiben; **III** *adj.* **6.** Garten...: ***~ plants***; **~ cit·y** *s. Brit.* Gartenstadt *f*; **~ cress** *s.* ⚘ Gartenkresse *f*.

gar·den·er ['gɑːdnə] *s.* Gärtner(in).

gar·den| frame *s.* glasgedeckter Pflanzenkasten; **~ gnome** *s.* Gartenzwerg *m*.

gar·de·ni·a [gɑː'diːnjə] *s.* ⚘ Gar'denie *f*.

gar·den·ing ['gɑːdnɪŋ] *s.* **1.** Gartenbau *m*; **2.** Gartenarbeit *f*.

gar·den| mo(u)ld *s.* Blumen(topf)erde *f*; **~ par·ty** *s.* Gartenfest *n*, -party *f*; **~ path** *s.*: ***lead s.o. up the ~*** *fig.* j-n hinters Licht führen; **♀ State** *s. Am.* (*Beiname für*) New Jersey *n*; **~ stuff** *s.* Gartenerzeugnisse *pl.*; **~ sub·urb** *s. Brit.* Gartenvorstadt *f*; **~ truck** *Am.* → ***garden stuff***; **~ white** *s. zo.* Weißling *m*.

gar·gan·tu·an [gɑː'gæntjʊən] *adj.* riesig, gewaltig, ungeheuer.

gar·gle ['gɑːgl] **I** *v/t.* **1.** a) gurgeln mit: ***~ salt water***, b) ***~ one's throat*** → 3; **2.** *Worte* (her'vor)gurgeln; **II** *v/i.* **3.** gurgeln; **III** *s.* **4.** Gurgeln *n*; **5.** Gurgelmittel *n*.

gar·goyle ['gɑːgɔɪl] *s.* **1.** ⚠ Wasserspeier *m*; **2.** *fig.* Scheusal *n*.

gar·ish ['geərɪʃ] *adj.* □ grell, schreiend, aufdringlich, protzig.

gar·land ['gɑːlənd] **I** *s.* **1.** Gir'lande *f* (*a.* ⚠), Blumengewinde *n*, -gehänge *n*; (*a. fig.* Sieges)Kranz *m*; **2.** *fig.* (*bsd.* Gedicht)Sammlung *f*; **II** *v/t.* **3.** bekränzen.

gar·lic ['gɑːlɪk] *s.* ⚘ Knoblauch *m*; **'gar·lick·y** [-kɪ] *adj.* **1.** knoblauchartig; **2.** nach Knoblauch schmeckend *od.* riechend.

gar·ment ['gɑːmənt] *s.* **1.** Kleidungsstück *n*, *pl. a.* Kleider *pl.*; **2.** *fig.* Gewand *n*, Hülle *f*.

gar·ner ['gɑːnə] **I** *s.* **1.** *obs.* Getreidespeicher *m*; **2.** *fig.* Speicher *m*, Vorrat *m* (***of*** an *dat.*); **II** *v/t.* **3.** a) speichern (*a. fig.*), b) aufbewahren, c) sammeln (*a. fig.*), d) erlangen, erwerben.

gar·net ['gɑːnɪt] **I** *s. min.* Gra'nat *m*; **II** *adj.* gra'natrot.

gar·nish ['gɑːnɪʃ] **I** *v/t.* **1.** schmücken, verzieren; **2.** *Küche*: garnieren (*a. fig. iro.*); **3.** ⚖ a) *Forderung beim Drittschuldner* pfänden, b) *dem Drittschuldner* ein Zahlungsverbot zustellen; **II** *s.* **4.** Orna'ment *n*, Verzierung *f*; **5.** *Küche*: Garnierung *f* (*a. fig. iro.*); **gar·nish·ee** [ˌgɑːnɪ'ʃiː] ⚖ **I** *s.* Drittschuldner *m*; **II** *v/t.* → ***garnish*** 3; **'gar·nish·ment** [-mənt] *s.* **1.** → ***garnish*** 4; **2.** ⚖ a) (Forderungs)Pfändung *f*, b) Zahlungsverbot *n* an den Drittschuldner, c) *Brit.* Mitteilung *f* an den Pro'zeßgegner; **'gar·ni·ture** [-ɪtʃə] *s.* **1.** → ***garnish*** 4; **2.** Zubehör *n*, *m*, Ausstattung *f*.

ga·rotte → ***garrot(t)e***.

gar·ret ['gærət] *s.* a) Dachstube *f*, Man'sarde *f*, b) Dachgeschoß *n*.

gar·ri·son ['gærɪsn] ⚔ **I** *s.* **1.** Garni'son *f* (*Standort od. stationierte Truppen*); **II** *v/t.* **2.** *Ort* mit e-r Garni'son belegen; **3.** *Truppen* in Garni'son legen: ***be ~ed*** in Garnison liegen; **~ cap** *s.* Feldmütze *f*; **~ com·mand·er** *s.* 'Standortkommanˌdant *m*; **~ town** *s.* Garni'sonsstadt *f*.

gar·rot(t)e [gə'rɒt] **I** *s.* **1.** ('Hinrichtung *f* durch die) Ga(r)'rotte *f*; **2.** Erdrosselung *f*; **II** *v/t.* **3.** ga(r)rottieren; **4.** erdrosseln.

gar·ru·li·ty [gæ'ruːlətɪ] *s.* Geschwätzigkeit *f*; **gar·ru·lous** ['gærʊləs] *adj.* □ geschwätzig.

gar·ter ['gɑ:tə] **I** *s.* **1.** a) Strumpfband *n*, b) Sockenhalter *m*, c) *Am.* Strumpfhalter *m*, Straps *m*: **~ belt** Hüfthalter *m*, -gürtel *m*; **2. the** ♀ a) *a.* ***the Order of the*** ♀ der Hosenbandorden (*der höchste brit. Orden*), b) der Hosenbandorden (*Abzeichen*), c) die Mitgliedschaft des Hosenbandordens; **II** *v/t.* **3.** mit e-m Strumpfband *etc.* befestigen *od.* versehen.

gas [gæs] **I** *s.* **1.** ⚗ Gas *n*; **2.** (Leucht-) Gas *n*; **3.** ⚒ Grubengas *n*; **4.** ⚕ Lachgas *n*; **5.** ⚔ (Gift)Gas *n*, (Gas)Kampfstoff *m*: **~ *shell*** Gasgranate *f*; **6.** *mot.* F a) *Am.* Ben'zin *n*, ‚Sprit' *m*, b) 'Gas(pe,dal) *n*: ***step on the*** **~** Gas geben, ‚auf die Tube drücken' (*beide a. fig.*); **7.** *sl.* a) ‚Gequatsche' *n*, b) ‚Gaudi' *f*, Mordsspaß *m*: ***it's a*** (***real***) **~*!*** (das ist) zum Brüllen!, *weitS.* große Klasse!; **II** *v/t.* **8.** mit Gas versorgen *od.* füllen; **9.** ⚙ begasen; **10.** vergasen, mit Gas töten *od.* vernichten; **11. ~ *up*** *mot. Auto* volltanken; **III** *v/i.* **12.** *mst* **~ *up*** *Am.* F (auf-) tanken; **13.** F ‚quatschen'; '**~·bag** *s.* **1.** ⚙ Gassack *m*, -zelle *f*; **2.** F ‚Quatscher' *m*; **~ bomb** *s.* ⚔ Kampfstoffbombe *f*; **~ bot·tle** *s.* ⚙ Gas-, Stahlflasche *f*; **~ burn·er** *s.* Gasbrenner *m*; **~ cham·ber** *s.* **1.** Gaskammer *f* (*zur Hinrichtung*); **2.** ⚔ Gasprüfraum *m*; **~ coal** *s.* Gaskohle *f*; **~ coke** *s.* (Gas)Koks *m*; **~ cook·er** *s.* Gasherd *m*; **~ cyl·in·der** *s.* Gasflasche *f*; **~ en·gine** *s.* 'Gasmotor *m*, -ma,schine *f*.

gas·e·ous ['gæsjəs] *adj.* **1.** ⚗ a) gasartig, -förmig, b) Gas…; **2.** *fig.* leer.

gas| field *s.* (Erd)Gasfeld *n*; '**~-,fired** *adj.* mit Gasfeuerung, gasbeheizt; **~ fit·ter** *s.* 'Gasinstalla,teur *m*; **~ fit·ting** *s.* **1.** 'Gasinstallati,on *f*; **2.** *pl.* 'Gasarma,turen *pl.*; **~ gan·grene** *s.* ⚕ Gasbrand *m*.

gash [gæʃ] **I** *s.* **1.** klaffende Wunde, tiefer Schnitt *od.* Riß; **2.** Spalte *f*; **II** *v/t.* **3.** *j-m* e-e klaffende Wunde beibringen.

gas| heat·er *s.* Gasofen *m*; **~ heat·ing** *s.* Gasheizung *f*.

gas·i·fi·ca·tion [,gæsɪfɪ'keɪʃn] *s.* ⚙ Vergasung *f*; **gas·i·fy** ['gæsɪfaɪ] **I** *v/t.* vergasen, in Gas verwandeln; **II** *v/i.* zu Gas werden.

gas jet *s.* Gasflamme *f*, -brenner *m*.

gas·ket ['gæskɪt] *s.* ⚙ 'Dichtung(sman,schette *f*, -sring *m*) *f*: ***blow a*** **~** *fig.* F ‚durchdrehen'.

'**gas|·light** *s.* Gaslicht *n*, -lampe *f*; '**~,light·er** *s.* **1.** Gasfeuerzeug *n*; **2.** Gasanzünder *m*; **~ main** *s.* (Haupt-) Gasleitung *f*; '**~·man** [-mæn] *s.* [*irr.*] **1.** 'Gasinstalla,teur *m*; **2.** Gasmann *m*, -ableser *m*; **~ man·tle** *s.* (Gas)Glühstrumpf *m*; **~ mask** *s.* ⚔ Gasmaske *f*; **~ me·ter** *s.* ⚙ Gasuhr *f*, -zähler *m*; **~ mo·tor** → ***gas engine***.

gas·o·lene, gas·o·line ['gæsəʊli:n] *s.* **1.** ⚗ Gaso'lin *n*, Gasäther *m*; **2.** *Am.* Ben'zin *n*: **~ *ga*(*u*)*ge*** Kraftstoffmesser *m*, Benzinuhr *f*.

gas·om·e·ter [gæ'sɒmɪtə] *s.* Gaso'meter *m*, Gasbehälter *m*.

gas ov·en *s.* Gasherd *m*.

gasp [gɑ:sp] **I** *v/i.* keuchen (*a. Maschine etc.*): **~ *for breath*** nach Luft schnappen; ***it made me*** **~** mir stockte der Atem (*vor Erstaunen*); **~ *for s.th.*** *fig.* nach et. lechzen; **II** *v/t. a.* **~ *out*** *Worte* (her'vor)keuchen: **~ *one's life out*** sein Leben aushauchen; **III** *s.* a) Keuchen *n*, b) Laut *m* des Erstaunens *od.* Erschreckens: ***at one's last*** **~** in den letzten Zügen (liegend), *fig.* ‚am Eingehen'; '**gasp·er** [-pə] *s. Brit. sl.* ‚Stäbchen' *n* (*Zigarette*).

gas| pipe *s.* Gasrohr *n*; '**~·proof** *adj.* gasdicht; **~ pump** *s. mot. Am.* Zapfsäule *f*; **~ range** *s. Am.* Gasherd *m*; **~ ring** *s.* Gasbrenner *m*, -kocher *m*.

gassed [gæst] *adj.* vergast, gaskrank, -vergiftet; **gas·ser** ['gæsə] *s.* **1.** Gas freigebende Ölquelle; **2.** F ‚Quatscher' *m*; **gas·sing** ['gæsɪŋ] *s.* **1.** ⚙ Behandlung *f* mit Gas; **2.** Vergasung *f*; **3.** F ‚Quatschen' *n*.

gas| sta·tion *s. Am.* Tankstelle *f*; **~ stove** *s.* Gasherd *m od.* -ofen *m*; **~ tank** *s.* Gas- *od. Am.* F Ben'zinbehälter *m*; **~ tar** *s.* Steinkohlenteer *m*.

gas·ter·o·pod ['gæstərəpɒd] → ***gastropod***.

'**gas·tight** *adj.* gasdicht.

gas·tric ['gæstrɪk] *adj.* ⚕ gastrisch, Magen…: **~ *acid*** Magensäure *f*; **~ *flu*** Darmgrippe *f*; **~ *juice*** Magensaft *m*; **~ *ulcer*** Magengeschwür *n*; **gas·tri·tis** [gæ'straɪtɪs] *s.* ⚕ Ga'stritis *f*, Magenschleimhautentzündung *f*; **gas·tro·en·ter·i·tis** [,gæstrəʊentə'raɪtɪs] *s.* ⚕ Gastroente'ritis *f*, 'Magen-'Darm-Ka,tarrh *m*; **gas·tro·in·tes·ti·nal** [,gæstrəʊɪn'testɪnl] ⚕ gastrointesti'nal.

gas·trol·o·gist [gæ'strɒlədʒɪst] *s.* **1.** ⚕ Facharzt *m* für Magenkrankheiten; **2.** *humor.* Kochkünstler *m*.

gas·tro·nome ['gæstrənəʊm], **gas·tron·o·mer** [gæ'strɒnəmə] *s.* Feinschmecker *m*; **gas·tro·nom·ic, gas·tro·nom·i·cal** [,gæstrə'nɒmɪk(l)] *adj.* ☐ feinschmeckerisch; **gas·tron·o·mist** [gæ'strɒnəmɪst] → ***gastronome***; **gas-**

tron·o·my [gæ'strɒnəmɪ] *s.* **1.** Gastro'no'mie *f*, höhere Kochkunst; **2.** *fig.* Küche *f*: ***the Italian ~***.
gas·tro·pod ['gæstrəpɒd] *s. zo.* Gastro'pode *m*, Schnecke *f*.
gas·tro·scope ['gæstrəʊskəʊp] *s.* ⚕ Magenspiegel *m*.
gas| weld·ing *s.* ⚙ Gasschweißen *n*; '**~·works** *s. pl. sg. konstr.* Gaswerk *n*.
gat [gæt] *s. Am. sl.* ‚Ka'none' *f*, ‚Ballermann' *m*, ‚Schießeisen' *n*.
gate [geɪt] **I** *s.* **1.** Tor *n*, Pforte *f*, *fig. a.* Zugang *m*, Weg *m* (***to*** zu): ***crash the ~*** → ***gatecrash***; **2.** a) 🚂 Sperre *f*, Schranke *f*, b) ✈ Flugsteig *m*; **3.** (enger) Eingang, (schmale) 'Durchfahrt; **4.** (Gebirgs)Paß *m*; **5.** ⚙ (Schleusen-)Tor *n*; **6.** *sport*: a) *Slalom*: Tor *n*, b) → ***starting gate***; **7.** *sport* a) Besucherzahl *f*, b) (Gesamt)Einnahmen *pl.*, Kasse *f*; **8.** ⚙ Schieber *m*, Ven'til *n*; **9.** *Gießerei*: (Einguß)Trichter *m*, Anschnitt *m*; **10.** *phot.* Bild-, Filmfenster *n*; **11.** ⚡ 'Torimˌpuls *m*; **12.** *TV* Ausblendstufe *f*; **13.** *Am.* F a) ‚Rausschmiß' *m*, b) ‚Laufpaß' *m*: ***get the ~*** ‚gefeuert' werden; ***give s.o. the ~*** a) j-n ‚feuern', b) j-m den Laufpaß geben; **II** *v/t.* **14.** *ped.*, *univ. Brit. j-m* den Ausgang sperren: ***he was ~d*** er erhielt Ausgangsverbot; '**~·crash** *v/i.* (*u. v/t.*) F a) uneingeladen kommen *od.* gehen (zu *e-r Party etc.*), b) sich (ohne zu bezahlen) einschmuggeln (in *e-e Veranstaltung*); '**~ˌcrash·er** *s.* F Eindringling *m*: a) uneingeladener Gast, b) *j-d, der sich in e-e Veranstaltung einschmuggelt*; '**~ˌkeep·er** *s.* **1.** Pförtner *m*; **2.** 🚂 Bahn-, Schrankenwärter *m*; '**~·leg(ged) ta·ble** *s.* Klapptisch *m*; '**~-ˌmon·ey** → ***gate*** 7b; '**~·post** *s.* Tor-, Türpfosten *m*: ***between you and me and the ~*** im Vertrauen *od.* unter uns (gesagt); '**~·way** *s.* **1.** Torweg *m*, Einfahrt *f*; **2.** *fig.* Tor *n*, Zugang *m*.
gath·er ['gæðə] **I** *v/t.* **1.** *Personen* versammeln; → ***father*** 4; **2.** *Dinge* (an-)sammeln, anhäufen: ***~ wealth***; ***~ experience*** Erfahrung(en) sammeln; ***~ facts*** Fakten zs.-tragen, Material sammeln; ***~ strength*** Kräfte sammeln; **3.** a) ernten, sammeln, b) *Blumen*, *Obst etc.* pflücken; **4.** *a.* ***~ up*** aufsammeln, -lesen, -heben: ***~ together*** zs.-raffen; ***~ o.s. together*** sich zs.-raffen; ***~ s.o. in one's arms*** j-n in s-e Arme schließen; **5.** erwerben, gewinnen, ansetzen: ***~ dust*** verstauben; ***~ speed*** Geschwindigkeit aufnehmen, schneller werden; ***~ way*** ⚓ in Fahrt kommen (*a. fig.*), *fig.* sich durchsetzen; **6.** *fig.* folgern (*a.* ⚖), schließen (***from*** aus); **7.** *Näherei*: raffen, kräuseln, zs.-ziehen; → ***brow*** 1; **8.** ***~ up*** a) *Kleid etc.* aufnehmen, zs.-raffen, b) *die Beine* einziehen; **II** *v/i.* **9.** sich versammeln *od.* scharen (***round s.o.*** um j-n); **10.** sich (an)sammeln, sich häufen; **11.** sich zs.-ziehen *od.* -ballen (*Wolken*, *Gewitter*); **12.** anwachsen, sich entwickeln, zunehmen; **13.** ⚕ a) reifen (*Abszeß*), b) eitern (*Wunde*); '**gath·er·er** [-ərə] *s.* **1.** Erntearbeiter(in), Schnitter(in), Winzer *m*; **2.** (Ein)Sammler *m*; Geldeinnehmer *m*; '**gath·er·ing** [-ðərɪŋ] *s.* **1.** Sammeln *n*; **2.** Sammlung *f*; **3.** a) (Menschen)Ansammlung *f*, b) Versammlung *f*, Zs.-kunft *f*; **4.** ⚕ a) Reifen *n*, b) Eitern *n*; **5.** Kräuseln *n*; **6.** *Buchbinderei*: Lage *f*.
gat·ing ['geɪtɪŋ] *s.* **1.** ⚡ a) Austastung *f*, b) (Sig'nal)Auswertung *f*; **2.** *ped.*, *univ. Brit.* Ausgangsverbot *n*.
gauche [gəʊʃ] *adj.* **1.** linkisch; **2.** taktlos; **gau·che·rie** ['gəʊʃəriː] *s.* **1.** linkische Art; **2.** Taktlosigkeit *f*.
Gau·cho ['gaʊtʃəʊ] *pl.* **-chos** *s.* Gaucho *m*.
gaud [gɔːd] *s.* **1.** billiger Schmuck, Flitterkram *m*; **2.** *oft pl.* (über'triebener) Prunk; '**gaud·i·ness** [-dɪnɪs] *s.* **1.** → ***gaud***; **2.** Protzigkeit *f*, Geschmacklosigkeit *f*; '**gaud·y** [-dɪ] **I** *adj.* □ (farben-)prächtig, auffällig (bunt), *Farben*: grell, schreiend, *Einrichtung etc.*: protzig; **II** *s. ped.*, *univ. Brit.* jährliches Festessen.
gauf·fer → ***goffer***.
gauge [geɪdʒ] **I** *s.* **1.** Nor'mal-, Eichmaß *n*; **2.** ⚙ Meßgerät *n*, Messer *m*, Anzeiger *m*: *bsd.* a) Pegel *m*, Wasserstandsanzeiger *m*, b) Mano'meter *n*, Druckmesser *m*, c) Lehre *f*, d) Maß-, Zollstab *m*, e) *typ.* Zeilenmaß *n*; **3.** ⚙ (Blech-, Draht)Stärke *f*; **4.** *Strumpfherstellung*: Gauge *n* (*Maschenzahl*); **5.** ⚔ Ka'liber *n*; **6.** 🚂 Spur(weite) *f*; **7.** ⚓ *oft* ***gage*** Abstand *m*, Lage *f*: ***have the lee*** (***weather***) ***~*** zu Lee (Luv) liegen (*Schiff*); **8.** 'Umfang *m*, Inhalt *m*: ***take the ~ of*** → 12; **9.** *fig.* Maßstab *m*, Norm *f*; **II** *v/t.* **10.** (ab)lehren, (ab-, aus)messen; **11.** eichen, justieren; **12.** *fig.* (ab)schätzen, beurteilen; **~ lathe** *s.* Präzisi'onsdrehbank *f*.
gaug·er ['geɪdʒə] *s.* Eichmeister *m*.
gaug·ing ['geɪdʒɪŋ] *s.* ⚙ Eichung *f*, Messung *f*: ***~ office*** Eichamt *n*.
Gaul [gɔːl] *s.* **1.** Gallier *m*; **2.** Fran'zose *m*; '**Gaul·ish** [-lɪʃ] **I** *adj.* gallisch; **II** *s. ling.* Gallisch *n*.
Gaull·ism ['gəʊlɪzəm] *s. pol.* Gaul'lismus *m*.

gaunt [gɔ:nt] *adj.* □ **1.** a) hager, mager, b) ausgemergelt; **2.** verlassen, öde; **3.** kahl.

gaunt·let¹ [ˈgɔ:ntlɪt] *s.* **1.** ⚔ *hist.* Panzerhandschuh *m*; **2.** *fig.* Fehdehandschuh *m*: ***fling*** (*od.* ***throw***) ***down the ~*** (***to s.o.***) (j-m) den Fehdehandschuh hinwerfen, (j-n) herausfordern; ***pick*** (*od.* ***take***) ***up the ~*** die Herausforderung annehmen; **3.** Schutzhandschuh *m*.

gaunt·let² [ˈgɔ:ntlɪt] *s.*: ***run the ~*** Spießruten laufen (*a. fig.*); ***run the ~ of s.th.*** et. durchstehen müssen.

gaun·try [ˈgɔ:ntrɪ] → ***gantry***.

gauss [gaʊs] *s. phys.* Gauß *n*.

gauze [gɔ:z] *s.* **1.** Gaze *f*, ⚕ *a.* (Verbands)Mull *m*: ***~ bandage*** Mull-, Gazebinde *f*; **2.** *fig.* Dunst *m*, Schleier *m*; **ˈgauz·y** [-zɪ] *adj.* gazeartig, hauchdünn.

ga·vage [ˈgævɑ:ʒ] *s.* ⚕ künstliche Sonderernährung.

gave [geɪv] *pret. von* ***give***.

gav·el [ˈgævl] *s.* **1.** Hammer *m e-s Auktionators, Vorsitzenden etc.*; **2.** (Maurer)Schlegel *m*.

ga·vot(te) [gəˈvɒt] *s.* ♪ Gaˈvotte *f*.

gawk [gɔ:k] **I** *s. contp.* (Bauern)Lackel *m*; **II** *v/i.* → ***gawp***; **ˈgawk·y** [-kɪ] *adj. contp.* ‚blöd(e)', trottelhaft.

gawp [gɔ:p] *v/i.* glotzen: ***~ at*** anglotzen.

gay [geɪ] *adj.* □ → ***gaily***; **1.** lustig, fröhlich; **2.** a) bunt, (farben)prächtig: ***~ with*** belebt von, geschmückt mit, b) fröhlich, lebhaft (*Farben*); **3.** flott, *Person*: *a.* lebenslustig: ***a ~ dog*** ein ‚lockerer Vogel'; **4.** liederlich; **5.** *Am. sl.* ‚pampig', frech; **6.** F homosexuˈell, ‚schwul', Schwulen...: ***♀ Lib***(***eration***) *die* Schwulenbewegung.

gaze [geɪz] **I** *v/i.* starren: ***~ at*** anstarren; ***~*** (***up***)***on*** ansichtig werden (*gen.*); **II** *s.* (starrer) Blick, Starren *n*.

ga·ze·bo [gəˈzi:bəʊ] *s.* Gebäude *n* mit schönem Ausblick, Aussichtspunkt *m*.

ga·zelle [gəˈzel] *s. zo.* Gaˈzelle *f*.

gaz·er [ˈgeɪzə] *s.* Gaffer *m*.

ga·zette [gəˈzet] **I** *s.* **1.** Zeitung *f*; **2.** *Brit.* Amtsblatt *n*, Staatsanzeiger *m*; **II** *v/t.* **3.** *Brit.* im Amtsblatt bekanntgeben *od.* veröffentlichen; **gaz·et·teer** [ˌgæzəˈtɪə] *s.* alphaˈbetisches Ortsverzeichnis (mit Ortsbeschreibung).

gear [gɪə] **I** *s.* **1.** ⚙ a) Zahnrad *n*, b) *a. pl.* Getriebe *n*, Triebwerk *n*; **2.** ⚙ a) Überˈsetzung *f*, b) *mot. etc.* Gang *m*: ***first*** (***second***, *etc.*) ***~***; ***in high ~*** in e-m hohen *od.* schnellen Gang; ***get into*** (***high***) ***~*** *fig.* in Fahrt *od.* Schwung kommen; ***in low*** (*od.* ***bottom***) ***~*** im ersten Gang; (***in***) ***top ~*** im höchsten Gang; ***change*** (*Am.* ***shift***) ***~***(***s***) schalten; ***change into second ~*** den zweiten Gang einlegen, c) *pl.* Gangschaltung *f* (*e-s Fahrrads*); **3.** ⚙ Eingriff *m*: ***in ~*** a) eingerückt, eingeschaltet, b) *fig.* funktionierend, in Ordnung; ***in ~ with*** im Eingriff stehend mit; ***out of ~*** a) ausgerückt, ausgeschaltet, b) *fig.* in Unordnung, nicht funktionierend; ***throw out of ~*** ausrücken, -schalten, *fig.* durcheinanderbringen; **4.** ✈, ⚓ *etc. mst in Zssgn* Vorrichtung *f*, Gerät *n*; → ***landing gear*** *etc.*; **5.** Ausrüstung *f*, Gerät *n*, Werkzeug(e *pl.*) *n*, Zubehör *n*: ***fishing ~*** Angelgerät *n*, -zeug *n*; **6.** F a) Hausrat *m*, b) Habseligkeiten *pl.*, Sachen *pl.*, c) Aufzug *m*, Kleidung *f*; **7.** (Pferde- *etc.*)Geschirr *n*; **II** *v/t.* **8.** ⚙ a) mit e-m Getriebe versehen, b) überˈsetzen, c) in Gang setzen (*a. fig.*): ***~ up*** ins Schnelle übersetzen, *fig.* steigern, verstärken; **9.** *fig.* (***to***, ***for***) einstellen *od.* abstimmen (auf *acc.*), anpassen (*dat. od.* an *acc.*); **10.** ausrüsten; **11.** *a.* ***~ up*** *Tiere* anschirren; **III** *v/i.* **12.** ⚙ a) eingreifen (***into***, ***with*** in *acc.*), b) ineinˈandergreifen; **13.** ***~ up*** (***down***) *mot.* hinˈauf- (herˈunter)schalten; **14.** *fig.* (***with***) passen (zu), eingerichtet *od.* abgestimmt sein (auf *acc.*).

ˈgear|·box *s.* ⚙ Getriebe(gehäuse) *n*; **~ change** *s. Brit. mot.* (Gang)Schaltung *f*; **~ cut·ter** *s.* Zahnradfräser *m*; **~ drive** → ***gearing*** 1.

gear·ed [gɪəd] *adj.* ⚙ verzahnt; Getriebe...; **gear·ing** [ˈgɪərɪŋ] *s.* ⚙ **1.** (Zahnrad)Getriebe *n*, Vorgelege *n*; **2.** Überˈsetzung *f* (*e-s Getriebes*); Transmissiˈon *f*; **3.** Verzahnung *f*.

gear| le·ver *s.* Schalthebel *m*; **~ ra·tio** *s.* Überˈsetzung(sverhältnis *n*) *f*; **~ rim** *s.* Zahnkranz *m*; **~ shaft** *s.* Getriebe-, Schaltwelle *f*; **~ shift** *s. Am.* a) → ***gear change***, b) → ***gear lever***; **ˈ~·wheel** *s.* Getriebe-, Zahnrad *n*.

geck·o [ˈgekəʊ] *pl.* **-os**, **-oes** *s. zo.* Gecko *m* (*Echse*).

gee¹ [dʒi:] *s.* G *n*, g *n* (*Buchstabe*).

gee² [dʒi:] **I** *s.* **1.** *Kindersprache*: ‚Hotteˈhü' *n* (*Pferd*); **II** *int.* **2.** *a.* ***~ up!*** a) hott! (*nach rechts*), b) hü(h), hott! (*schneller*); **3.** *Am.* F na so was!, Mann!

geese [gi:s] *pl. von* ***goose***.

gee| whiz [ˌdʒi:ˈwɪz] → ***gee²*** 3; **ˈ~-whiz** *adj. Am.* F **1.** ‚toll', Super...; **2.** Sensations...

gee·zer [ˈgi:zə] *s.* F komischer (alter) Kauz, ‚Opa' *m*.

Gei·ger count·er [ˈgaɪgə] *s. phys.* Geigerzähler *m*.

gei·sha ['geɪʃə] *s*. Geisha *f*.

gel [dʒel] **I** *s*. **1.** Gel *n*; **II** *v/i*. **2.** gelieren; **3.** → ***jell*** 3.

gel·a·tin(e) [ˌdʒelə'ti:n] *s*. **1.** Gela'tine *f*; **2.** Gal'lerte *f*; **3.** *a*. ***blasting ~*** 'Sprenggelaˌtine *f*; **ge·lat·i·nize** [dʒə'lætɪnaɪz] *v/i. u. v/t.* gelatinieren (lassen); **ge·lat·i·nous** [dʒə'lætɪnəs] *adj*. gallertartig.

geld [geld] *v/t. Tier* kastrieren, verschneiden; **'geld·ing** [-dɪŋ] *s*. kastriertes Tier, *bsd*. Wallach *m*.

gel·id ['dʒelɪd] *adj*. □ eisig.

gel·ig·nite ['dʒelɪgnaɪt] *s*. ⚙ Gela'tinedynaˌmit *n*.

gem [dʒem] **I** *s*. **1.** Edelstein *m*; **2.** Gemme *f*; **3.** *fig*. Perle *f*, Ju'wel *n*, Glanz-, Prachtstück *n*: ***~ rôle*** *thea*. Glanzrolle *f*; **4.** *Am*. Brötchen *n*; **5.** *typ*. *e-e 3½-Punkt-Schrift*; **II** *v/t*. **6.** mit Edelsteinen schmücken.

gem·i·nate I *adj*. ['dʒemɪnət] paarweise, Doppel…; **II** *v/t. u. v/i.* [-neɪt] (sich) verdoppeln (*a. ling.*); **gem·i·na·tion** [ˌdʒemɪ'neɪʃn] *s*. Verdoppelung *f* (*a. ling.*).

Gem·i·ni ['dʒemɪnaɪ] *s. pl. ast.* Zwillinge *pl*.

gem·ma ['dʒemə] *pl*. **-mae** [-mi:] *s*. **1.** ⚘ a) Gemme *f*, Brutkörper *m*, b) Blattknospe *f*; **2.** *biol*. Knospe *f*, Gemme *f*; **'gem·mate** [-meɪt] *adj. biol.* sich durch Knospung fortpflanzend; **gem·ma·tion** [dʒe'meɪʃn] *s*. **1.** ⚘ Knospenbildung *f*; **2.** *biol*. Fortpflanzung *f* durch Knospen; **gem·mif·er·ous** [dʒe'mɪfərəs] *adj*. **1.** edelsteinhaltig; **2.** *biol*. → ***gemmate***.

gems·bok ['gemzbɒk] *s. zo.* 'Gemsantiˌlope *f*.

gen [dʒen] *Brit. sl.* **I** *s*. Informati'on(en *pl.*) *f*; **II** *v/t. u. v/i.*: ***~ up*** (sich) informieren.

gen·der ['dʒendə] *s. ling.* Genus *n*, Geschlecht *n* (*a. humor. von Personen*).

gene [dʒi:n] *s. biol.* Gen *n*, Erbfaktor *m*: ***~ pool*** Erbmasse *f*; ***~ technology*** Gentechnologie *f*.

gen·e·a·log·i·cal [ˌdʒi:njə'lɒdʒɪkl] *adj*. □ genea'logisch: ***~ tree*** Stammbaum *m*.

gen·e·al·o·gist [ˌdʒi:nɪ'ælədʒɪst] *s*. Genea'loge *m*, Ahnenforscher *m*; **ˌgen·e'al·o·gize** [-dʒaɪz] *v/i*. Stammbaumforschung treiben; **ˌgen·e'al·o·gy** [-dʒɪ] *s*. Genealo'gie *f*: a) Ahnenforschung *f*, b) Ahnentafel *f*, c) Abstammung *f*.

gen·er·a ['dʒenərə] *pl. von* ***genus***.

gen·er·al ['dʒenərəl] **I** *adj*. □ → ***generally***; **1.** allgemein, um'fassend: ***~ knowledge*** (***medicine***) Allgemeinbildung *f* (-medizin *f*); ***~ outlook*** allgemeine Aussichten; ***the ~ public*** die breite Öffentlichkeit; **2.** allgemein (*nicht spezifisch*): ***~ dealer*** *Brit*. Gemischtwarenhändler *m*; ***the ~ reader*** der Durchschnittsleser; ***~ store*** Gemischtwarenhandlung *f*; ***~ term*** Allgemeinbegriff *m*; ***in ~ terms*** allgemein (ausgedrückt); **3.** allgemein (üblich), gängig, verbreitet: ***~ practice***; ***as a ~ rule*** meistens; **4.** allgemein gehalten, ungefähr: ***a ~ idea*** e-e ungefähre Vorstellung; ***~ resemblance*** vage Ähnlichkeit; ***in a ~ way*** in großen Zügen, in gewisser Weise; **5.** allgemein, General…, Haupt…: ***~ agent*** ✝ Generalvertreter *m*; ***~ manager*** ✝ Generaldirektor *m*; ***~ meeting*** ✝ General-, Hauptversammlung *f*; **6.** (*Amtstiteln nachgestellt*) *mst* General…: ***consul ~*** Generalkonsul *m*; **II** *s*. **7.** ⚔ a) Gene'ral *m*, b) Heerführer *m*, Feldherr *m*, Stra'tege *m*; **8.** ⚔ *Am*. a) (Vier-'Sterne-)Geneˌral *m* (*zweithöchster Offiziersrang*), b) ***~ of the army*** Fünf-'Sterne-Geneˌral *m* (*höchster Offiziersrang*); **9.** *eccl*. ('Ordens)Geneˌral *m*; **10.** ***the ~*** das Allgemeine: ≳ (*Überschrift*) Allgemeines; ***in ~*** im allgemeinen.

gen·er·al| ac·cept·ance *s*. ✝ uneingeschränktes Ak'zept; ≳ **As·sem·bly** *s*. **1.** *pol*. Voll-, Gene'ralversammlung *f* (*der UNO*); **2.** *pol. Am.* Parla'ment *n* (*einiger Einzelstaaten*); **3.** *eccl*. oberstes Gericht der schottischen Kirche; **~ car·go** *s*. ✝, ⚓ Stückgut(ladung *f*) *n*; ≳ **Cer·tif·i·cate of Ed·u·ca·tion** *s. ped. Brit.*: ***~ O level*** *etwa*: mittlere Reife; ***~ A level*** *etwa*: Abitur *n*; **~ de·liv·er·y** *s*. 🕿 *Am*. **1.** (Ausgabestelle *f* für) postlagernde Sendungen *pl.*; **2.** ‚postlagernd'; **~ e·lec·tion** *s. pol.* allgemeine Wahlen *pl.*; **~ head·quar·ters** *s. pl. mst sg. konstr.* ⚔ Großes Hauptquartier; **~ hos·pi·tal** *s*. allgemeines Krankenhaus.

gen·er·al·is·si·mo [ˌdʒenərə'lɪsɪməʊ] *pl*. **-mos** *s*. ⚔ Genera'lissimus *m*, Oberbefehlshaber *m*.

gen·er·al·ist ['dʒenərəlɪst] *s*. Genera'list *m* (*Ggs. Spezialist*).

gen·er·al·i·ty [ˌdʒenə'rælətɪ] *s*. **1.** *pl*. allgemeine Redensarten *pl.*, Gemeinplätze *pl.*; **2.** Allgemeingültigkeit *f*; **3.** allgemeine Regel; **4.** Unbestimmtheit *f*; **5.** *obs*. Mehrzahl *f*, große Masse; **gen·er·al·i·za·tion** [ˌdʒenərəlaɪ'zeɪʃn] *s*. Verallgemeinerung *f*; **gen·er·al·ize** ['dʒenərəlaɪz] **I** *v/t*. **1.** verallgemeinern;

2. auf e-e allgemeine Formel bringen; **3.** *paint.* in großen Zügen darstellen; **II** *v/i.* **4.** verallgemeinern; **gen·er·al·ly** [ˈdʒenərəlɪ] *adv.* **1.** *oft* ~ ***speaking*** allgemein, im allgemeinen, im großen u. ganzen; **2.** allgemein; **3.** gewöhnlich, meistens.

gen·er·al| med·i·cine *s.* Allgeˈmeinmediˌzin *f*; ~ **meet·ing** *s.* ✝ Geneˈral-, Hauptversammlung *f*; ~ **of·fi·cer** *s.* ⚔ Geneˈral *m*, Offiˈzier *m* im Geneˈralsrang; ~ **par·don** *s.* (Geneˈral)Amneˌstie *f*; ♀ **Post Of·fice** *s.* Hauptpostamt *n*; ~ **prac·ti·tion·er** *s.* Arzt *m* für Allgeˈmeinmediˌzin, praktischer Arzt; ˌ~-ˈ**pur·pose** *adj.* ⚙ Mehrzweck…, Universal…

gen·er·al·ship [ˈdʒenərəlʃɪp] *s.* **1.** ⚔ Geneˈralsrang *m*; **2.** Strateˈgie *f*: a) ⚔ Feldherrnkunst *f*, b) *a. allg.* geschickte Taktik.

gen·er·al| staff *s.* ⚔ Geneˈralstab *m*: ***chief of*** ~ Generalstabschef *m*; ~ **strike** *s.* ✝ Geneˈralstreik *m*.

gen·er·ate [ˈdʒenəreɪt] *v/t.* **1.** *bsd.* ⚗, *phys.* erzeugen (*a.* ⚗), *Gas, Rauch* entwickeln, *a.* ⚗ bilden; **2.** *biol.* zeugen; **3.** *fig.* erzeugen, herˈvorrufen, bewirken, verursachen.

gen·er·at·ing sta·tion [ˈdʒenəreɪtɪŋ] *s.* ⚡ Kraftwerk *n*.

gen·er·a·tion [ˌdʒenəˈreɪʃn] *s.* **1.** Generatiˈon *f*: ***the rising*** ~ die junge (*od.* heranwachsende) Generation; ~ ***gap*** Generationsunterschied *m*, Generationenkonflikt *m*; **2.** Generatiˈon *f*, Menschenalter *n* (*etwa 33 Jahre*): ~***s*** F e-e Ewigkeit; **3.** ⚙, ✝ Generatiˈon *f*: ***a new*** ~ ***of cars***; **4.** *biol.* Entwicklungsstufe *f*; **5.** Zeugung *f*, Fortpflanzung *f*; **6.** *bsd.* ⚗, ⚡, *phys.* Erzeugung *f* (*a.* ⚗), Entwicklung *f*; **7.** Entstehung *f*; ˌ**gen·erˈa·tion·al** [-ʃənl] *adj.* Generations…: ~ ***conflict***; **gen·er·a·tive** [ˈdʒenərətɪv] *adj.* **1.** *biol.* Zeugungs…, Fortpflanzungs…, Geschlechts…; **2.** *biol.* fruchtbar; **3.** *ling.* generaˈtiv: ~ ***grammar***; **gen·er·a·tor** [ˈdʒenəreɪtə] *s.* **1.** ⚡ Geneˈrator *m*, Stromerzeuger *m*, Dyˈnamomaˌschine *f*; **2.** ⚙ a) Gaserzeuger *m*: ~ ***gas*** Generatorgas *n*, b) Dampferzeuger *m*, -kessel *m*; **3.** ⚙ (Ab)Wälzfräser *m*; **4.** ⚗ Entwickler *m*; **5.** ♪ Grundton *m*.

ge·ner·ic [dʒɪˈnerɪk] *adj.* (□ ~***ally***) **1.** allgemein, geneˈrell; **2.** geˈnerisch, Gattungs…: ~ ***term*** *od.* ***name*** Gattungsname *m*, Oberbegriff *m*.

gen·er·os·i·ty [ˌdʒenəˈrɒsətɪ] *s.* **1.** Großzügigkeit *f*: a) Freigebigkeit *f*, b) Edelmut *m*, Hochherzigkeit *f*; **2.** edle Tat; **3.** Fülle *f*; **gen·er·ous** [ˈdʒenərəs] *adj.* □ **1.** großzügig: a) freigebig, b) edel, hochherzig; **2.** reichlich, üppig: ~ ***mouth*** volle Lippen *pl.*; **3.** vollmundig, gehaltvoll (*Wein*); fruchtbar (*Boden*).

gen·e·sis [ˈdʒenɪsɪs] *s.* **1.** Genesis *f*, Geˈnese *f*, Entstehung *f*; **2.** ♀ *bibl.* Genesis *f*, Erstes Buch Mose; **3.** Ursprung *m*.

gen·et [ˈdʒenɪt] *s.* **1.** *zo.* Geˈnette *f*, Ginsterkatze *f*; **2.** Geˈnettepelz *m*.

ge·net·ic [dʒɪˈnetɪk] **I** *adj.* (□ ~***ally***) **1.** *bsd. biol.* geˈnetisch: a) entwicklungsgeschichtlich, b) Vererbungs…, Erb…: ~ ***code*** genetischer Kode; ~ ***engineering*** Genmanipulation *f*; **II** *s. pl. biol.* **2.** *sg. konstr.* Geˈnetik *f*, Vererbungslehre *f*; **3.** geˈnetische Formen *pl.* u. Erscheinungen *pl.*; **geˈnet·i·cist** [-ɪsɪst] *s. biol.* Geˈnetiker *m*.

ge·nette [dʒɪˈnet] → ***genet***.

ge·ne·va[1] [dʒɪˈniːvə] *s.* Geˈnever *m*, Waˈcholderschnaps *m*.

Ge·ne·va[2] [dʒɪˈniːvə] **I** *npr.* Genf *n*; **II** *adj.* Genfer(…); ~ **bands** *s. pl. eccl.* Beffchen *n*; ~ **Con·ven·tion** *s. pol.*, ⚔ Genfer Konventiˈon *f*; ~ **cross** → ***red*** 1; ~ **drive** *s.* ⚙ Malˈteserkreuzantrieb *m*; ~ **gown** *s. eccl.* Taˈlar *m*.

ge·ni·al [ˈdʒiːnjəl] *adj.* □ **1.** freundlich (*a. fig. Klima etc.*), herzlich: ***in*** ~ ***company*** in angenehmer Gesellschaft; **2.** belebend, anregend; **ge·ni·al·i·ty** [ˌdʒiːnɪˈælətɪ] *s.* **1.** Freundlichkeit *f*, Herzlichkeit *f*; **2.** Milde *f* (*Klima*).

ge·nie [ˈdʒiːnɪ] *s.* dienstbarer Geist, Dschinn *m*.

ge·ni·i [ˈdʒiːnɪaɪ] *pl. von* ***genie*** *u.* ***genius*** 4.

gen·i·tal [ˈdʒenɪtl] *adj.* Zeugungs…, Geschlechts…, geniˈtal: ~ ***gland*** Keimdrüse *f*; ˈ**gen·i·tals** [-lz] *s. pl.* Geniˈtalien *pl.*, Geschlechtsteile *pl.*

gen·i·ti·val [ˌdʒenɪˈtaɪvl] *adj.* Genitiv…, genitivisch; **gen·i·tive** [ˈdʒenɪtɪv] *s. a.* ~ ***case*** *ling.* Genitiv *m*, zweiter Fall.

gen·i·to-u·ri·nar·y [ˌdʒenɪtəʊˈjʊərɪnərɪ] *adj.* ⚕ urogeniˈtal.

ge·ni·us [ˈdʒiːnjəs] *pl.* ˈ**ge·ni·us·es** *s.* **1.** Geˈnie *n*: a) geniˈaler Mensch, b) (*ohne pl.*) Genialiˈtät *f*, geniˈale Schöpferkraft; **2.** Begabung *f*, Gabe *f*; **3.** Genius *m*, Geist *m*, Seele *f*, *das* Eigentümliche (*e-r Nation etc.*): ~ ***of a period*** Zeitgeist; **4.** *pl.* ˈ**ge·ni·i** [-nɪaɪ] *antiq.* Genius *m*, Schutzgeist *m*: ***good*** (***evil***) ~ guter (böser) Geist (*a. fig.*); ~ **lo·ci** [ˈləʊsaɪ] (*Lat.*) *s.* a) Genius *m* loci, Schutzgeist *m* e-s Ortes, b) Atmoˈsphäre *f* e-s Ortes.

gen·o·blast ['dʒenəʊblɑːst] *s. biol.* reife Geschlechtszelle.

gen·o·cide ['dʒenəʊsaɪd] *s.* Geno'zid *m*, *n*, Völker-, Gruppenmord *m*.

Gen·o·ese [ˌdʒenəʊ'iːz] **I** *s.* Genu'eser (-in); **II** *adj.* genu'esisch, Genueser…

gen·o·type ['dʒenəʊtaɪp] *s. biol.* Geno'typ(us) *m*.

gen·re ['ʒɑ̃ːŋrə] (*Fr.*) *s.* **1.** Genre *n*, (*a.* Litera'tur)Gattung *f*: **~ *painting*** Genremalerei *f*; **2.** Form *f*, Stil *m*.

gent [dʒent] *s.* **1.** F *für* ***gentleman***; **2.** *pl. sg. konstr.* F ‚Herrenklo' *n*; **3.** *Am.* F ‚Knabe' *m*, Kerl *m*.

gen·teel [dʒen'tiːl] *adj.* □ **1.** *obs.* vornehm; **2.** vornehm tuend, geziert, affek'tiert; **3.** ele'gant, fein.

gen·tian ['dʒenʃɪən] *s.* ⚘ Enzian *m*; **~ *bit·ter*** *s. pharm.* 'Enziantinkˌtur *f*.

gen·tile ['dʒentaɪl] **I** *s.* **1.** Nichtjude *m*, -jüdin *f*, *bsd.* Christ(in); **2.** Heide *m*, Heidin *f*; **3.** 'Nichtmorˌmone *m*, -morˌmonin *f*; **II** *adj.* **4.** nichtjüdisch, *bsd.* christlich; **5.** heidnisch; **6.** 'nichtmorˌmonisch.

gen·til·i·ty [dʒen'tɪlətɪ] *s.* **1.** *obs.* vornehme Herkunft; **2.** Vornehmheit *f*; **3.** Vornehmtue'rei *f*.

gen·tle ['dʒentl] *adj.* □ **1.** freundlich, sanft, gütig, liebenswürdig: **~ *reader*** geneigter Leser; **2.** milde, ruhig, mäßig, leicht, sanft, zart: **~ *blow*** leichter Schlag; **~ *craft*** Angelsport *m*; **~ *hint*** zarter Wink; **~ *rebuke*** sanfter Tadel; ***the* ~ *sex*** das zarte Geschlecht; **~ *slope*** sanfter Abhang; **3.** zahm, fromm (*Tier*); **4.** edel, vornehm: ***of* ~ *birth*** von vornehmer Geburt; **'~·folk(s)** *s. pl.* vornehme Leute *pl*.

gen·tle·man ['dʒentlmən] *s.* [*irr.*] **1.** Gentleman *m*: a) Ehrenmann *m*, b) Mann *m* von Lebensart u. Cha'rakter: ***~'s*** (*od.* ***gentlemen's***) ***agreement*** Gentleman's (*od.* Gentlemen's) Agreement *n*, ✝ *etc.* Vereinbarung *f* auf Treu u. Glauben; ***~'s ~*** (Kammer)Diener *m*; **2.** Herr *m*: ***gentlemen*** a) (*Anrede*) m-e Herren!, b) *in Briefen*: Sehr geehrte Herren (*oft unübersetzt*); **~ *farmer*** Gutsbesitzer *m*; **~ *friend*** Freund *m e-r Dame*; **~ *rider*** Herrenreiter *m*; ***Gentlemen('s)*** Herren(toilette *f*) *pl.*; **3.** *Titel von Hofbeamten*: **~ *in waiting*** Kämmerer *m*; **~*-at-arms*** Leibgardist *m*; **4.** *obs.* Privati'er *m*; **5.** *hist.* a) Mann *m* von Stand, b) Edelmann *m*; **'~·like** → ***gentlemanly***; **'gen·tle·man·li·ness** [-lɪnɪs] *s.* **1.** vornehmes *od.* feines Wesen, Vornehmheit *f*; **2.** gebildetes *od.* feines Benehmen; **'gen·tle·man·ly** [-lɪ] *adj.* ‚gentlemanlike', vornehm, fein.

gen·tle·ness ['dʒentlnɪs] *s.* **1.** Freundlichkeit *f*, Güte *f*, Milde *f*, Sanftheit *f*; **2.** *obs.* Vornehmheit *f*.

'gen·tleˌwom·an *s.* [*irr.*] Dame *f* (von Lebensart u. Cha'rakter; von Stand *od.* Bildung); **'gen·tleˌwom·an·like**, **'gen·tleˌwom·an·ly** [-lɪ] *adj.* damenhaft, vornehm.

gen·tly ['dʒentlɪ] *adv. von* ***gentle***.

gen·try ['dʒentrɪ] *s.* **1.** Oberschicht *f*; **2.** *Brit.* Gentry *f*, niederer Adel; **3.** *a. pl. konstr.* F Leute *pl.*, Sippschaft *f*.

gen·u·flect ['dʒenjuːflekt] *v/i.* (*bsd. eccl.*) knien, die Knie beugen, *contp.* e-n Kniefall machen (***before*** vor *dat.*); **gen·u·flec·tion**, *Brit. a.* **gen·u·flex·ion** [ˌdʒenjuː'flekʃn] *s.* Kniebeugung *f*; *fig.* Kniefall *m*.

gen·u·ine ['dʒenjʊɪn] *adj.* □ echt: a) au'thentisch, b) ernsthaft (*Angebot etc.*), c) aufrichtig (*Mitgefühl etc.*), d) ungekünstelt (*Lachen etc.*); **'gen·u·ine·ness** [-nɪs] *s.* Echtheit *f*.

ge·nus ['dʒiːnəs] *pl.* **gen·er·a** ['dʒenərə] *s.* **1.** ⚘, *zo.*, *phls.* Gattung *f*; **2.** *fig.* Art *f*, Klasse *f*.

ge·o·cen·tric [ˌdʒiːəʊ'sentrɪk] *adj. ast.* geo'zentrisch; **ˌge·o'chem·is·try** [-'kemɪstrɪ] *s.* Geoche'mie *f*; **ˌge·o'cy·clic** [-'saɪklɪk] *adj. ast.* geo'zyklisch.

ge·ode ['dʒiːəʊd] *s. min. allg.* Ge'ode *f*.

ge·o·des·ic, **ge·o·des·i·cal** [ˌdʒiːəʊ'desɪk(l)] *adj.* □ geo'dätisch; **ge·od·e·sist** [dʒiː'ɒdɪsɪst] *s.* Geo'dät *m*; **ge·od·e·sy** [dʒiː'ɒdɪsɪ] *s.* Geodä'sie *f* (*Erdvermessung*); **ˌge·o'det·ic**, **ˌge·o'det·i·cal** [-etɪk(l)] *adj.* geo'dätisch.

ge·og·ra·pher [dʒɪ'ɒgrəfə] *s.* Geo'graph (-in); **ge·o·graph·ic**, **ge·o·graph·i·cal** [dʒɪə'græfɪk(l)] *adj.* □ geo'graphisch: ***geographical mile***; **ge'og·ra·phy** [-fɪ] *s.* **1.** Geogra'phie *f*, Erdkunde *f*; **2.** geo'graphische Abhandlung; **3.** geo'graphische Beschaffenheit.

ge·o·log·ic, **ge·o·log·i·cal** [ˌdʒɪəʊ'lɒdʒɪk(l)] *adj.* □ geo'logisch; **ge·ol·o·gist** [dʒɪ'ɒlədʒɪst] *s.* Geo'loge *m*, Geo'login *f*; **ge·ol·o·gize** [dʒɪ'ɒlədʒaɪz] **I** *v/i.* geo'logische Studien betreiben; **II** *v/t.* geo'logisch unter'suchen; **ge·ol·o·gy** [dʒɪ'ɒlədʒɪ] *s.* **1.** Geolo'gie *f*; **2.** geo'logische Abhandlung; **3.** geo'logische Beschaffenheit.

ge·o·mag·net·ism [ˌdʒɪəʊ'mægnɪtɪzəm] *s. phys.* 'Erdmagneˌtismus *m*.

ge·o·man·cy ['dʒɪəʊmænsɪ] *s.* Geoman'tie *f*, Geo'mantik *f* (*Art Wahrsagerei*).

ge·om·e·ter [dʒɪ'ɒmɪtə] *s.* **1.** *obs.* Geo'meter *m*; **2.** Ex'perte *m* auf dem Gebiet der Geome'trie; **3.** *zo.* Spannerraupe *f*; **ge·o·met·ric**, **ge·o·met·ri·cal** [ˌdʒɪəʊ'metrɪk(l)] *adj.* □ geo'metrisch; **ge·om·e·tri·cian** [ˌdʒɪəʊme'trɪʃn] → ***geometer*** 1, 2; **ge'om·e·try** [-mətrɪ] *s.* **1.** Geome'trie *f*; **2.** geo'metrische Abhandlung.

ge·o·phys·i·cal [ˌdʒiːəʊ'fɪzɪkl] *adj.* geophysi'kalisch; **ˌge·o'phys·ics** [-ks] *s. pl., oft sg. konstr.* Geophy'sik *f.*

ge·o·pol·i·tics [ˌdʒiːəʊ'pɒlɪtɪks] *s. pl., oft sg. konstr.* Geopoli'tik *f.*

George [dʒɔːdʒ] *s.*: ***St ~*** der heilige Georg (*Schutzpatron Englands*): ***St ~'s Cross*** Georgskreuz *n*; ***~ Cross*** *od.* ***Medal*** ⚔ *Brit.* Georgskreuz *n* (*Orden*); ***by ~!*** a) beim Zeus!, b) Mann!; ***let ~ do it!*** *Am. sl.* soll's machen, wer Lust hat!

geor·gette [dʒɔː'dʒet] *Am.* ♀ *s.* Geor'gette *m* (*Seidenkrepp*).

Geor·gi·an ['dʒɔːdʒjən] **I** *adj.* **1.** georgi'anisch: a) *aus der Zeit der Könige Georg I.–IV. (1714–1830)*, b) *aus der Zeit der Könige Georg V. u. VI. (1910–52)*; **2.** geor'ginisch (*den Staat Georgia, USA, betreffend*); **3.** ge'orgisch (*die Sowjetrepublik Georgien betreffend*); **II** *s.* **4.** Ge'orgier(in).

ge·o·sci·ence [ˌdʒiːəʊ'saɪəns] *s.* Geowissenschaft *f.*

ge·ra·ni·um [dʒɪ'reɪnjəm] *s.* ⚘ **1.** Storchschnabel *m*; **2.** Ge'ranie *f.*

ger·fal·con ['dʒɜːˌfɔːlkən] *s. orn.* G(i)erfalke *m.*

ger·i·at·ric [ˌdʒerɪ'ætrɪk] **I** *adj.* ⚕ geri'atrisch; **II** *s. humor.* Greis *m*; **ger·i·a·tri·cian** [ˌdʒerɪə'trɪʃn] *s.* Geri'ater *m*, Facharzt *m* für Alterskrankheiten; **ˌger·i'at·rics** [-ks] *s. pl., oft sg. konstr.* Geria'trie *f.*

germ [dʒɜːm] **I** *s.* **1.** ⚘, *biol.* Keim *m* (*a. fig. Ansatz, Ursprung*); **2.** a) *biol.* Mi'krobe *f*, b) ⚕ Keim *m*, Ba'zillus *m*, Bak'terie *f*, Krankheitserreger *m*; **II** *v/i. u. v/t.* **3.** keimen (lassen).

ger·man[1] ['dʒɜːmən] *adj.* leiblich: ***brother ~*** leiblicher Bruder.

Ger·man[2] ['dʒɜːmən] **I** *adj.* **1.** deutsch; **II** *s.* **2.** Deutsche(r *m*) *f*; **3.** *ling.* Deutsch *n*, das Deutsche: ***in ~*** a) auf deutsch, b) im Deutschen; ***into ~*** ins Deutsche; ***from (the) ~*** aus dem Deutschen.

ˌGer·man-A'mer·i·can I *adj.* 'deutsch-ameriˌkanisch; **II** *s.* 'Deutschameriˌkaner(in).

ger·man·der [dʒɜː'mændə] *s.* ⚘ **1.** Ga'mander *m*; **2.** *a.* ***~ speedwell*** Ga'manderehrenpreis *m.*

ger·mane [dʒɜː'meɪn] *adj.* (***to***) gehörig (zu), zs.-hängend (mit), betreffend (*acc.*), passend (zu).

Ger·man·ic[1] [dʒɜː'mænɪk] **I** *adj.* **1.** ger'manisch; **2.** deutsch; **II** *s.* **3.** *ling. das* Ger'manische.

ger·man·ic[2] [dʒɜː'mænɪk] *adj.* ⚗ Germanium...: ***~ acid.***

Ger·man·ism ['dʒɜːmənɪzəm] *s.* **1.** *ling.* Germa'nismus *m*, deutsche Spracheigenheit; **2.** (typisch) deutsche Art; **3.** et. typisch Deutsches; **4.** Deutschfreundlichkeit *f*; **'Ger·man·ist** [-ɪst] *s.* Germa'nist(in); **Ger·man·i·ty** [dʒɜː'mænətɪ] → ***Germanism*** 2.

ger·ma·ni·um [dʒɜː'meɪnjəm] *s.* ⚗ Ger'manium *n.*

Ger·man·i·za·tion [ˌdʒɜːmənaɪ'zeɪʃn] *s.* Germanisierung *f*, Eindeutschung *f*; **Ger·man·ize** ['dʒɜːmənaɪz] **I** *v/t.* germanisieren, eindeutschen; **II** *v/i.* deutsch werden.

Ger·man mea·sles *s. pl. sg. konstr.* ⚕ Röteln *pl.*

Ger·man·o·phil [dʒɜː'mænəfɪl], **Ger'man·o·phile** [-faɪl] **I** *adj.* deutschfreundlich; **II** *s.* Deutschfreundliche(r *m*) *f*; **Ger'man·o·phobe** [-fəʊb] *s.* Deutschenhasser(in); **Ger·man·o·pho·bi·a** [dʒɜːˌmænə'fəʊbjə] *s.* Deutschfeindlichkeit *f.*

Ger·man| po·lice dog, ***~*** **shep·herd (dog)** *s. Am.* Deutscher Schäferhund; ***~*** **sil·ver** *s.* Neusilber *n*; ***~*** **steel** *s.* ⚙ Schmelzstahl *m*; ***~*** **text**, ***~*** **type** *s. typ.* Frak'tur(schrift) *f.*

germ| car·ri·er *s.* ⚕ Keim-, Ba'zillenträger *m*; ***~*** **cell** *s. biol.* Keimzelle *f.*

ger·men ['dʒɜːmɪn] *s.* ⚘ Fruchtknoten *m.*

ger·mi·cid·al [ˌdʒɜːmɪ'saɪdl] *adj.* keimtötend; **ger·mi·cide** ['dʒɜːmɪsaɪd] *adj. u. s.* keimtötend(es Mittel).

ger·mi·nal ['dʒɜːmɪnl] *adj.* □ **1.** *biol.* Keim(zellen)...; **2.** ⚕ Keim..., Bakterien...; **3.** *fig.* keimend, im Keim befindlich: ***~ ideas***; **'ger·mi·nant** [-nənt] *adj.* keimend (*a. fig.*); **'ger·mi·nate** [-neɪt] ⚘ **I** *v/i.* keimen (*a. fig. sich entwickeln*); **II** *v/t.* zum Keimen bringen, keimen lassen (*a. fig.*); **ger·mi·na·tion** [ˌdʒɜːmɪ'neɪʃn] *s.* ⚘ Keimen *n* (*a. fig.*); **'ger·mi·na·tive** [-nətɪv] *adj.* ⚘ **1.** Keim...; **2.** (keim)entwicklungsfähig.

'germ|·proof *adj.* keimsicher, -frei; ***~*** **war·fare** *s.* ⚔ Bak'terienkrieg *m*, bio'logische Kriegführung.

ge·ron·toc·ra·cy [ˌdʒerɒn'tɒkrəsɪ] *s.* Gerontokra'tie *f*, Altenherrschaft *f.*

ger·on·tol·o·gist [ˌdʒerɒn'tɒlədʒɪst] Geronto'loge *m*; ˌ**ger·on'tol·o·gy** [-dʒɪ] → ***geriatrics.***

ger·ry·man·der ['dʒerɪmændə] **I** *v/t.* **1.** *pol.* die Wahlbezirksgrenzen in *e-m Gebiet* manipulieren; **2.** *Fakten* manipulieren, verfälschen; **II** *s.* **3.** *pol.* manipulierte Wahlbezirksabgrenzung.

ger·und ['dʒerənd] *s. ling.* Ge'rundium *n*; **ge·run·di·al** [dʒɪ'rʌndjəl] *adj. ling.* Gerundial...; **ger·un·di·val** [ˌdʒerən'daɪvl] *adj. ling.* Gerundiv..., gerun'divisch; **ge·run·dive** [dʒɪ'rʌndɪv] *s. ling.* Gerun'div *n.*

ges·ta·tion [dʒes'teɪʃn] *s.* **1.** a) Schwangerschaft *f*, b) *zo.* Trächtigkeit *f*; **2.** *fig.* Reifen *n.*

ges·ta·to·ri·al chair [ˌdʒestə'tɔːrɪəl] *s.* Tragsessel *m des Papstes.*

ges·tic·u·late [dʒe'stɪkjʊleɪt] *v/i.* gestikulieren, (her'um)fuchteln; **ges·tic·u·la·tion** [dʒeˌstɪkjʊ'leɪʃn] *s.* **1.** Gestikulati'on *f*, Gestik *f*, Gebärdenspiel *n*, Gesten *pl.*; **2.** lebhafte Geste; **ges·tic·u·la·to·ry** [-lətərɪ] *adj.* gestikulierend.

ges·ture ['dʒestʃə] **I** *s.* **1.** Gebärde *f*, Geste *f*: ***~ of friendship*** *fig.* freundschaftliche Geste; **2.** Gebärdenspiel *n*; **II** *v/i.* **3.** → ***gesticulate.***

get [get] **I** *v/t.* [*irr.*] **1.** bekommen, erhalten, ‚kriegen': ***~ it*** F ‚sein Fett kriegen', etwas ‚erleben'; ***~ a*** (***radio***) ***station*** e-n Sender (rein)bekommen *od.* (-)kriegen; **2.** a) ***~ s.th.*** (***for o.s.***), ***get o.s. s.th.*** sich et. verschaffen *od.* besorgen, et. erwerben *od.* kaufen *od.* finden: ***~*** (***o.s.***) ***a car***, b) ***~ s.o. s.th.***, ***~ s.th. for s.o.*** j-m et. besorgen *od.* verschaffen; **3.** *Ruhm etc.* erlangen, erringen, erwerben, *Sieg* erringen, erzielen, *Reichtum* erwerben, kommen zu, *Wissen, Erfahrung* erwerben, sich aneignen; **4.** *Kohle etc.* gewinnen, fördern; **5.** erwischen: a) (zu fassen) kriegen, packen, fangen, b) ertappen, c) treffen, d) *sl.* ‚kriegen', ‚erledigen' (*abschießen, töten*): (***I've***) ***got him!*** (ich) hab' ihn!; ***he'll ~ you yet!*** er kriegt dich doch (noch)!; ***he's got it bad***(***ly***) F *allg.* ‚ihn hat's bös erwischt'; ***you've got me there!*** F da bin ich überfragt!, da muß ich passen!; ***that ~s me!*** F a) das kapier' ich nicht!, b) das geht mir auf die Nerven!, c) das geht mir unter die Haut *od.* an die Nieren!; **6.** a) holen: ***~ help*** (***a doctor***, *etc.*), b) bringen, holen: ***~ me the book***, c) ('hin)bringen, *wohin* schaffen: ***~ me to the hospital!***; **7.** (*a. telefonisch etc.*) erreichen; **8.** ***have got*** a) haben: ***I've got enough money***, b) (*mit inf.*) müssen: ***we have got to do it***; ***it's got to be wrong*** es muß falsch sein; **9.** machen, werden lassen: ***~ o.s. dirty*** sich schmutzig machen; ***~ one's feet wet*** nasse Füße bekommen; ***~ s.o. nervous*** j-n nervös machen; **10.** (*mit p.p.*) lassen: ***~ one's hair cut*** sich die Haare schneiden lassen; ***~ the door shut*** die Tür zubekommen; ***~ things done*** etwas zuwege bringen; **11.** (*mit inf. od. pres. p.*) dazu bringen *od.* bewegen: ***~ s.o. to talk*** j-n zum Sprechen bringen; ***~ the machine to work***, ***~ the machine working*** die Maschine in Gang bringen; → ***go*** 21; **12.** a) machen, zubereiten: ***~ dinner***, b) *Brit.* F essen, zu sich nehmen: ***~ breakfast*** frühstücken; **13.** F ‚kapieren', verstehen (*a. hören*): ***I didn't ~ that!***; ***I don't ~ him*** ich versteh' nicht, was er will; ***don't ~ me wrong!*** versteh mich nicht falsch!; ***got it?*** kapiert?; ***~ that!*** *iron.* a) was sagst du dazu?, b) sieh (*od.* hör) dir das (bloß mal) an!; **II** *v/i.* **14.** kommen, gelangen: ***~ home*** nach Hause kommen, zu Hause ankommen; ***~ into debt*** (***into a rage***) in Schulden (in Wut) geraten; ***~ somewhere*** F weiterkommen, Erfolg haben; ***now we are ~ting somewhere!*** jetzt kommen wir der Sache schon näher!; ***~ nowhere***, ***not to ~ anywhere*** nicht weiterkommen; ***that will ~ us nowhere!*** so kommen wir nicht weiter!; **15.** (*mit adj. od. p.p.*) werden: ***~ old***; ***~ better*** a) besser werden, sich (ver)bessern, b) sich erholen; ***~ caught*** gefangen *od.* erwischt werden; ***~ tired*** müde werden, ermüden; **16.** (*mit inf.*) dahin kommen: ***~ to like it*** daran Gefallen finden, es allmählich mögen; ***~ to know*** kennenlernen; ***how did you ~ to know that?*** wie hast du das erfahren?; ***~ to be friends*** Freunde werden; **17.** (*mit pres. p.*) anfangen, beginnen: ***they got quarrel***(***l***)***ing***; ***~ talking*** a) ins Gespräch kommen, b) zu reden anfangen; → ***go*** 21; **18.** *sl.* ‚abhauen': ***~!*** hau ab!;

Zssgn mit prp.:

get| a·round *v/i.* F **1.** *et.* um'gehen; **2.** a) *j-n* ‚her'umkriegen', b) *j-n* ‚reinlegen'; **~ at** *v/i.* **1.** (her'an)kommen an (*acc.*), erreichen: ***I can't ~ my books***; **2.** an *j-n* ‚rankommen', *j-m* beikommen; **3.** *et.* ‚kriegen', ‚auftreiben'; **4.** *et.* her'ausbekommen, *e-r Sache* auf den Grund kommen; **5.** sagen wollen: ***what is he getting at?*** worauf will er hinaus?; **6.** *j-n* ‚schmieren', bestechen; **~ be·hind** *v/i.* **1.** sich stellen hinter (*acc.*), *fig. a. j-n* unterstützen; **2.** zu-

ˈrückbleiben hinter (*dat.*); **~ off** *v/i.* **1.** a) absteigen von, b) aussteigen aus; **2.** freikommen von; **~ on** *v/i.* a) *Pferd, Wagen etc.* besteigen, b) einsteigen in (*acc.*): **~ *to one's feet*** sich erheben; **~ *to*** F hinter *et. od.* hinter *j-s* Schliche kommen; **~ out of** *v/i.* **1.** herˈaussteigen, -kommen, -gelangen aus; **2.** e-e Gewohnheit ablegen: **~ *smoking*** sich das Rauchen abgewöhnen; **3.** *fig.* aus *e-r Sache* ‚aussteigen'; sich herˈauswinden aus: **~ *from under*** F sich rauswinden; **4.** sich drücken vor (*dat.*); **5.** *Geld etc.* aus *j-m* ‚herˈausholen'; **6.** *et.* bei *e-r Sache* ‚kriegen'; **~ o·ver** *v/i.* **1.** (hinˈüber)kommen über (*acc.*); **2.** *fig.* hinˈwegkommen über (*acc.*); **3.** *et.* überˈstehen; **~ round** → ***get around***; **~ through** *v/i.* **1.** kommen durch (*e-e Prüfung, den Winter etc.*); **2.** *Geld* ˈdurchbringen; **3.** *et.* erledigen; **~ to** *v/i.* **1.** kommen nach, erreichen; **2.** a) sich machen an (*acc.*), b) (*zufällig*) dazu kommen: ***we got to talking about it*** wir kamen darauf zu sprechen;

Zssgn mit adv.:

get| a·bout *v/i.* **1.** herˈumgehen; **2.** heˈrumkommen; **3.** (wieder) auf den Beinen sein (*nach Krankheit*); **4.** sich herˈumsprechen *od.* verbreiten (*Gerücht*); **~ a·cross I** *v/i.* **1.** *fig.* ‚ankommen': a) ‚einschlagen', Anklang finden: ***the play got across***, b) sich verständlich machen; **2.** (***to*** *j-m*) klarwerden; **II** *v/t.* **3.** *e-r Sache* Wirkung *od.* Erfolg verschaffen, *et.* an den Mann bringen: ***get an idea across***; **4.** *et.* klarmachen; **~ a·head** *v/i.* F vorankommen, Fortschritte machen: **~ *of s.o.*** j-n überholen *od.* überflügeln; **~ a·long** *v/i.* **1.** auskommen (***with*** mit *j-m*); **2.** zuˈrecht-, auskommen (***with*** mit *et.*); **3.** → ***get on*** 1; **4.** weitergehen: **~*!*** verschwinde!; **~ *with you!*** F a) verschwinde!, b) jetzt hör aber auf!; **5.** älter werden; **~ a·way** *v/i.* **1.** loskommen, sich losmachen: ***you can't ~ from that*** a) darüber kannst du dich nicht hinwegsetzen, b) das mußt du doch einsehen; ***you can't ~ from the fact that*** man kommt um die Tatsache nicht herum, daß; **2.** *bsd. sport* ‚wegkommen': a) starten, b) sich lösen; **3.** → ***get along*** 4; **4.** entkommen, entwischen: ***he won't ~ with that*** damit kommt er nicht durch; ***he gets away with everything*** (*od.* ***with murder***) er kann sich alles erlauben; **~ back I** *v/t.* **1.** zuˈrückbekommen: ***get one's own back*** F sich rächen; ***get one's own back on s.o.*** → 3; **II** *v/i.* **2.** zuˈrückkommen; **3.** **~ *at s.o.*** F sich an j-m rächen; **~ be·hind** *v/i.* zuˈrückbleiben; in Rückstand kommen; **~ by** *v/i.* **1.** vorˈbei-, ˈdurchkommen; **2.** aus-, zuˈrechtkommen; ‚es schaffen'; **~ down I** *v/i.* **1.** herˈunterkommen, -steigen; **2.** aus-, absteigen; **3.** **~ *to s.th.*** sich an et. (herˈan-) machen; → ***business*** 5; **II** *v/t.* **4.** herˈunterholen, -schaffen; **5.** aufschreiben; **6.** *Essen etc.* runterkriegen; **7.** *fig. j-n* ‚fertigmachen'; **~ in I** *v/t.* **1.** hinˈeinbringen, -schaffen, -bekommen; **2.** *Ernte* einbringen; **3.** einfügen; **4.** *Bemerkung, Schlag etc.* anbringen; **5.** *Arzt etc.* (hin)ˈzuziehen; **II** *v/i.* **6.** hinˈein- *od.* herˈeingelangen, -kommen: **7.** einsteigen; **8.** *pol.* (ins Parlaˈment *etc.*) gewählt werden; **9.** **~ *on*** F mitmachen bei; **10.** **~ *with s.o.*** sich mit j-m anfreunden; **~ off I** *v/t.* **1.** *Kleid etc.* ausziehen; **2.** losbekommen, -kriegen; **3.** *Brief etc.* ‚loslassen'; **II** *v/i.* **4.** abreisen; **5.** ✈ abheben; **6.** (***from***) absteigen (von), aussteigen (aus): ***tell s.o. where to ~*** F j-m ‚Bescheid stoßen'; **7.** daˈvonkommen; **~ *cheaply*** a) billig wegkommen, b) mit e-m blauen Auge davonkommen; **8.** entkommen; **9.** (*von der Arbeit*) wegkommen; **~ on I** *v/i.* **1.** vorˈankommen (*a. fig.*): **~ *in life*** a) es zu et. bringen, b) *a.* **~ (*in years*)** älter werden; ***be getting on for sixty*** auf die Sechzig zugehen; **~ *without*** ohne *et.* auskommen; ***let's ~ with it!*** machen wir weiter!; ***it was getting on*** es wurde spät; **2.** → ***get along*** 1, 2; **3.** **~ *to*** F a) *Brit.* sich in Verbindung setzen mit, *teleph. j-n* anrufen, b) *et.* ‚spitzkriegen', c) *j-m* auf die Schliche kommen; **II** *v/t.* **4.** *et.* vorˈantreiben; **~ out I** *v/t.* **1.** herˈausbekommen, -kriegen (*a. fig.*); **2.** a) herˈausholen, b) hinˈausschaffen; **3.** *Worte* herˈausbringen; **II** *v/i.* **4.** a) aussteigen, b) herˈauskommen, c) hinˈausgehen: **~*!*** raus!; **~ *from under*** *Am.* F mit heiler Haut davonkommen; **5.** *fig.* F ‚aussteigen'; **6.** → ***get out of*** (*Zssgn mit prp.*); **~ round** *v/i.* dazu kommen (***to doing s.th.*** et. zu tun); **~ through I** *v/t.* **1.** ˈdurchbringen, -bekommen (*a. fig.*); **2.** *et.* hinter sich bringen; **3.** (***to*** *j-m*) *et.* klarmachen; **II** *v/i.* **4.** *a. fig., a. ped., teleph.* ˈdurchkommen; **5.** (***with***) fertig werden mit, (*et.*) ‚schaffen'; **6.** (***to*** *j-m*) klarwerden; **~ to·geth·er I** *v/t.* **1.** zs.-bringen; **2.** zs.-tragen; **3.** ***get it together*** F ‚es bringen'; **II** *v/i.* **4.** zs.-kommen; **5.** sich einig werden; **~ up I** *v/t.* **1.** hinˈaufbringen, -schaffen; **2.** ins Werk setzen; **3.** veranstalten, organisieren; **4.** (ein)richten, vorbereiten; **5.** konstruieren, zs.-basteln; **6.** (***o.s.*** sich) herˈausputzen; **7.** *Buch etc.* ausstatten; *Waren* (hübsch) aufmachen; **8.** *thea.* einstudieren; **9.** F ‚büffeln'; **II** *v/i.* **10.** aufstehen.

get|-at-a·ble [get'ætəbl] *adj.* **1.** erreichbar (*Ort od. Sache*); **2.** zugänglich (*Ort od. Person*); **'~-a·way** *s.* **1.** F Flucht *f*, Entkommen *n*: **~ car** Fluchtwagen *m*; ***make one's ~*** entkommen, entwischen, sich aus dem Staub machen; **2.** ✈, *sport* Start *m*; **3.** *mot.* Anzugsvermögen *n*; **'~-off** *s.* ✈ Abheben *n*.

get·ter ['getə] *s.* ⚒ Hauer *m*.

'get|-to,geth·er *s.* Zs.-kunft *f*, zwangloses Bei'sammensein; **,~-'tough** *adj. Am.* F hart, aggres'siv: ***~ policy***; **'~-up** *s.* **1.** Aufbau *m*, Anordnung *f*; **2.** Aufmachung *f*: a) Ausstattung *f*, b) ‚Aufzug' *m*, Kleidung *f*; **3.** *thea.* Inszenierung *f*.

gew·gaw ['gju:gɔ:] *s.* **1.** → ***gimcrack*** I; **2.** *fig.* Lap'palie *f*, Kleinigkeit *f*.

gey·ser *s.* **1.** ['gaɪzə] Geysir *m*, heiße Quelle; **2.** ['gi:zə] *Brit.* ('Gas-),Durchlauferhitzer *m*.

ghast·li·ness ['gɑ:stlɪnɪs] *s.* **1.** Grausigkeit *f*; schreckliches Aussehen; **2.** Totenblässe *f*; **ghast·ly** ['gɑ:stlɪ] **I** *adj.* **1.** gräßlich, greulich, entsetzlich (*alle a. fig.* F); **2.** gespenstisch; **3.** totenbleich; **4.** verzerrt (*Lächeln*); **II** *adv.* **5.** gräßlich *etc.*: ***~ pale*** totenblaß.

gher·kin ['gɜ:kɪn] *s.* Essig-, Gewürzgurke *f*.

ghet·to ['getəʊ] *pl.* **-tos** *s. hist. u. sociol.* G(h)etto *n*.

ghost [gəʊst] **I** *s.* **1.** Geist *m*, Gespenst *n*: ***lay a ~*** e-n Geist beschwören; ***lay the ~s of the past*** *fig.* Vergangenheitsbewältigung betreiben; ***the ~ walks*** *thea. sl.* es gibt Geld; **2.** Geist *m*, Seele *f* (*nur noch in*): ***give*** (*od.* ***yield***) ***up the ~*** den Geist aufgeben (*a. fig.* F); **3.** *fig.* Spur *f*, Schatten *m*: ***not the ~ of a chance*** F nicht die geringste Chance; ***the ~ of a smile*** der Anflug e-s Lächelns; **4.** → ***ghost writer***; **5.** *opt. TV* Doppelbild *n*; **II** *v/t.* **6.** *j-n* verfolgen (*Erinnerungen etc.*); **7.** *Buch etc.* als Ghostwriter schreiben; **III** *v/i.* **8.** Ghostwriter sein (***for*** für); **'~·like** → ***ghostly***.

ghost·li·ness ['gəʊstlɪnɪs] *s.* Geisterhaftigkeit *f*; **ghost·ly** ['gəʊstlɪ] *adj.* geisterhaft, gespenstisch.

ghost| sto·ry *s.* Geister-, Gespenstergeschichte *f*; **~ town** *s. Am.* Geisterstadt *f*, verödete Stadt; **~ train** *s.* Geisterbahn *f*; **~ word** *s.* Ghostword *n* (*falsche Wortbildung*); **'~·write** → ***ghost*** 7, 8; **~ writ·er** *s.* Ghostwriter *m*.

ghoul [gu:l] *s.* **1.** Ghul *m* (*leichenfressender Dämon*); **2.** *fig.* Unhold *m* (*Person mit makabren Gelüsten*), *z.B.* Grabschänder *m*; **'ghoul·ish** [-lɪʃ] *adj.* □ **1.** ghulenhaft; **2.** greulich, ma'kaber.

G.I. [,dʒi:'aɪ] (*von* ***Government Issue***) ⚔ *Am.* F **I** *s.* ‚G'I' *m* (*US-Soldat*); **II** *adj.* GI-..., Kommiß...; *weitS.* vorschriftsmäßig.

gi·ant ['dʒaɪənt] **I** *s.* Riese *m*, *fig. a.* Gi'gant *m*, Ko'loß *m*; **II** *adj.* riesenhaft, riesig; *a.* ⚘, *zo.* Riesen...: ***~ slalom*** Riesenslalom *m*; ***~ stride*** Riesenschritt *m*; ***~('s) stride*** Rundlauf *m* (*Turngerät*); ***~ wheel*** Riesenrad *n*; **'gi·ant·ess** [-tes] *s.* Riesin *f*.

gib [gɪb] *s.* ⚙ **1.** Keil *m*, Bolzen *m*; **2.** 'Führungsline,al *n* (*e-r Werkzeugmaschine*); **3.** Ausleger *m* (*e-s Krans*).

gib·ber ['dʒɪbə] *v/i.* schnattern, quatschen; **'gib·ber·ish** [-ərɪʃ] *s.* Geschnatter *n*; Geschwätz, ‚Geschwafel' *n*.

gib·bet ['dʒɪbɪt] **I** *s.* **1.** Galgen *m*; **2.** ⚙ Kran- *od.* Querbalken *m*; **II** *v/t.* **3.** *j-n* hängen; **4.** *fig.* anprangern, bloßstellen.

gib·bon ['gɪbən] *s. zo.* Gibbon *m*.

gib·bous ['gɪbəs] *adj.* **1.** gewölbt; **2.** buck(e)lig.

gibe [dʒaɪb] **I** *v/t.* verhöhnen, verspotten; **II** *v/i.* spotten (***at*** über *acc.*); **III** *s.* höhnische Bemerkung, Stiche'lei *f*, Seitenhieb *m*.

gib·lets ['dʒɪblɪts] *s. pl.* Inne'reien *pl.*, *bsd.* Hühner-, Gänseklein *n*.

gid·di·ness ['gɪdɪnɪs] *s.* **1.** Schwindel (-gefühl *n*) *m*; **2.** *fig.* a) Leichtsinn *m*, Flatterhaftigkeit *f*, b) Wankelmütigkeit *f*; **gid·dy** ['gɪdɪ] *adj.* □ **1.** schwind(e)lig: ***I am*** (*od.* ***feel***) ***~*** mir ist schwind(e)lig; **2.** *a. fig.* schwindelerregend, schwindelnd; **3.** *fig.* a) leichtsinnig, flatterhaft, b) ‚verrückt', ‚wild'.

gie [gi:] *Scot. für* ***give***.

gift [gɪft] **I** *s.* **1.** Geschenk *n*, Gabe *f*: ***make a ~ of*** *et.* schenken; ***I wouldn't have it as a ~*** das nähme ich nicht (mal) geschenkt; ***it's a ~!*** das ist ja geschenkt (*billig*)!; **2.** ⚖ Schenkung *f*; **3.** ⚖ Verleihungsrecht *n*: ***the office is in his ~*** er kann dieses Amt verleihen; **4.** *fig.* Begabung *f*, Gabe *f*, Ta'lent *n* (***for***, ***of*** für): ***~ for languages*** Sprachbegabung; ***of many ~s*** vielseitig begabt; → ***gab*** I; **II** *v/t.* **5.** (be)schenken; **'gift·ed** [-tɪd] *adj.* begabt, talen'tiert.

gift| horse *s.*: ***don't look a ~ in the mouth*** e-m geschenkten Gaul schaut man nicht ins Maul; ~ **shop** *s.* Geˈschenkarˌtikelladen *m*; ~ **tax** Schenkungssteuer *f*; ~ **to·ken**, ~ **vouch·er** *s.* Geschenkgutschein *m*; ˈ**~-wrap** *v/t.* geschenkmäßig verpacken; ˈ**~-ˌwrap·ping** *s.* Geˈschenkpaˌpier *n*.

gig[1] [gɪg] *s.* **1.** ⚓ Gig(boot *n*) *f*; **2.** Gig *f* (*Ruderboot*); **3.** Gig *n* (*zweirädriger, offener Einspänner*); **4.** Fischspeer *m*; **5.** ⚙ (ˈTuch)ˌRauhmaˌschine *f*.

gig[2] [gɪg] *s.* ♪ F a) Engageˈment *n*, b) Auftritt *m*.

gi·gan·tic [dʒaɪˈgæntɪk] *adj.* (□ **~ally**) giˈgantisch: a) riesenhaft, Riesen…, b) riesig, ungeheuer (groß).

gig·gle [ˈgɪgl] **I** *v/i. u. v/t.* kichern; **II** *s.* Gekicher *n*, Kichern *n*; ˈ**gig·gly** [-lɪ] *adj.* ständig kichernd.

gig·o·lo [ˈʒɪgələʊ] *pl.* **-los** *s.* Gigolo *m*.

Gil·ber·ti·an [gɪlˈbɜːtjən] *adj.* in der Art (*des Humors*) von W. S. Gilbert; *fig.* komisch, possenhaft.

gild[1] [gɪld] → ***guild***.

gild[2] [gɪld] *v/t.* [*irr.*] **1.** vergolden; **2.** *fig.* a) verschöne(r)n, (aus)schmücken, b) überˈtünchen, verbrämen, c) versüßen: ***~ the pill*** die bittere Pille versüßen; ˈ**gild·ed** [-dɪd] *adj.* vergoldet, golden (*a. fig.*): ***~ cage*** *fig.* goldener Käfig; ***~ youth*** Jeunesse dorée *f*; ˈ**gild·er** [-də] *s.* Vergolder *m*; ˈ**gild·ing** [-dɪŋ] *s.* **1.** Vergoldung *f*; **2.** *fig.* Verschönerung *f etc.* (→ ***gild***[2] 2).

gill[1] [gɪl] *s.* **1.** *ichth.* Kieme *f*; **2.** *pl.* Doppelkinn *n*: ***rosy*** (***green***) ***about the ~s*** rosig, frischaussehend (grün im Gesicht); **3.** *orn.* Kehllappen *m*; **4.** ⚘ Laˈmelle *f*: ***~ fungus*** Blätterpilz *m*; **5.** ⚙ (Heiz-, Kühl)Rippe *f*.

gill[2] [gɪl] *s. Scot.* **1.** waldige Schlucht; **2.** Gebirgsbach *m*.

gill[3] [dʒɪl] *s.* Viertelpinte *f* (*Brit. 0,14, Am. 0,12 Liter*).

Gill[4] [dʒɪl] *s. obs.* Liebste *f*.

gil·ly·flow·er [ˈdʒɪlɪˌflaʊə] *s.* ⚘ **1.** Gartennelke *f*; **2.** Levˈkoje *f*; **3.** Goldlack *m*.

gilt [gɪlt] **I** *pret. u. p.p. von* ***gild***[2]; **II** *adj.* **1.** → ***gilded***; **III** *s.* **2.** Vergoldung *f*; **3.** *fig.* Reiz *m*: ***take the ~ off the gingerbread*** der Sache den Reiz nehmen; ˌ**~-ˈedged** *adj.* **1.** mit Goldschnitt; **2.** ***~ securities*** ✝ mündelsichere (Wert)Papiere *pl*.

gim·bals [ˈdʒɪmbəlz] *s. pl.* ⚙ Karˈdanringe *pl.*, -aufhängung *f*.

gim·crack [ˈdʒɪmkræk] **I** *s.* **1.** wertloser *od.* kitschiger Gegenstand *od.* Schmuck, (*a.* technische) Spieleˈrei, ‚Mätzchen' *n*; **2.** *pl.* → ***gimcrackery***; **II** *adj.* **3.** wertlos, kitschig; ˈ**gimˌcrack·er·y** [-kərɪ] *s.* Plunder *m*, ‚Kinkerlitzchen' *pl*.

gim·let [ˈgɪmlɪt] *s.* **1.** ⚙ Handbohrer *m*: ***~ eyes*** *fig.* stechende Augen; **2.** *Am. ein Cocktail*.

gim·mick [ˈgɪmɪk] *s.* F **1.** → ***gadget***; **2.** *fig.* ‚Dreh' *m*, (Reˈklame- *etc.*)Masche *f*; ‚Aufhänger' *m*, ‚Knüller' *m*, *a.* Gimmick *m*, *n*; ˈ**gim·mick·ry** [-krɪ] *s.* F (technische) Mätzchen *pl*.

gimp [gɪmp] *s. Schneiderei*: Gimpe *f*.

gin[1] [dʒɪn] *s.* Gin *m*, Waˈcholderschnaps *m*: ***~ and it*** Gin u. Wermut *m*; ***~ and tonic*** Gin Tonic *m*.

gin[2] [dʒɪn] **I** *s.* **1.** *a.* ***cotton ~*** Entˈkörnungsmaˌschine *f*; **2.** ⚙ Hebezeug *n*, Winde *f*; ⚓ Spill *n*; **3.** ⚙ Göpel *m*, ˈFördermaˌschine *f*; **4.** *hunt.* Falle *f*, Schlinge *f*; **II** *v/t.* **5.** *Baumwolle* entkörnen; **6.** mit e-r Schlinge fangen.

gin·ger [ˈdʒɪndʒə] **I** *s.* **1.** ⚘ Ingwer *m*; **2.** Rötlich(gelb) *n*, Ingwerfarbe *f*; **3.** F a) ‚Mumm' *m*, Schneid *m* (*e-r Person*), b) Schwung *m*, ‚Schmiß' *m* (*a. e-r Sache*), c) ‚Pfeffer' *m*, ‚Pfiff' *m* (*e-r Geschichte etc.*); **II** *adj.* **4.** rötlich(gelb); **5.** F schwungvoll, ‚schmissig'; **III** *v/t.* **6.** mit Ingwer würzen; **7.** *a.* ***~ up*** *fig.* a) *et.* ‚ankurbeln', b) *j-n* aufmöbeln, c) *j-n* ‚scharfmachen', d) *e-m Film etc.* ‚Pfiff' geben; **~ ale**, **~ beer** *s.* Ginger-ale *n*, ˈIngwerlimoˌnade *f*; ˈ**~·bread I** *s.* **1.** Ingwer-, Pfefferkuchen *m*; → ***gilt*** 3; **2.** *fig. contp.* überˈladene Verzierung, Kitsch *m*; **II** *adj.* **3.** kitschig, überˈladen; **~ group** *s. pol. Brit.* Gruppe *f* von Scharfmachern.

gin·ger·ly [ˈdʒɪndʒəlɪ] *adv. u. adj.* sachte, behutsam; zimperlich.

ˈ**gin·ger|·nut** *s.* Ingwerkeks *m*; **~ pop** *s.* F *für* ***ginger ale***; ˈ**~·snap** *s.* Ingwerwaffel *f*; **~ wine** *s.* Ingwerwein *m*.

gin·ger·y [ˈdʒɪndʒərɪ] *adj.* **1.** Ingwer…; **2.** → ***ginger*** 4; **3.** *fig.* a) → ***ginger*** 5, b) beißend.

ging·ham [ˈgɪŋəm] *s.* Gingham *m*, Gingan *m* (*Baumwollstoff*).

gin·gi·vi·tis [ˌdʒɪndʒɪˈvaɪtɪs] *s.* ⚕ Zahnfleischentzündung *f*.

gink·go [ˈgɪŋkəʊ] *pl.* **-gos** *od.* **-goes** *s.* ⚘ Gingko *m* (*Baum*).

gin mill *s. Am.* F Kneipe *f*.

gin·ner·y [ˈdʒɪnərɪ] *s.* Entkörnungswerk *n* (*für Baumwolle*).

gin| pal·ace *s.* auffällig dekoriertes Wirtshaus; **~ rum·my** *s. Form des Rommés*; **~ sling** *s. Am.* Mischgetränk *n* mit Gin.

gip·sy [ˈdʒɪpsɪ] **I** *s.* **1.** Ziˈgeuner(in) (*a.*

fig.); **2.** Zi'geunersprache *f*; **II** *adj.* **3.** zi'geunerhaft, Zigeuner...; **III** *v/i.* **4.** ein Zi'geunerleben führen; **'gip·sy·dom** [-dəm] *s.* **1.** Zi'geunertum *n*; **2.** *coll.* Zi'geuner *pl.*

gi·raffe [dʒɪ'rɑːf] *s. zo.* Gi'raffe *f.*

gird [gɜːd] *v/t.* [*irr.*] **1.** *obs. j-n* (um)'gürten; **2.** *Kleid etc.* gürten, mit e-m Gürtel halten; **3.** *oft* **~ on** *Schwert etc.* 'umgürten, an-, 'umlegen: **~ s.th. on s.o.** j-m et. umgürten; **4.** *j-m, sich* ein Schwert 'umgürten: **~ o.s.** (**up**), **~** (**up**) **one's loins** *fig.* sich rüsten *od.* wappnen; **5.** binden (**to** an *acc.*); **6.** um'geben, -'schließen: **sea-girt** meerumschlungen; **7.** *fig.* ausstatten, -rüsten.

gird·er ['gɜːdə] *s.* ⚙ (Längs)Träger *m*: **~ bridge** Balken-, Trägerbrücke *f.*

gir·dle ['gɜːdl] **I** *s.* **1.** Gürtel *m*, Gurt *m*; **2.** Hüfthalter *m*, -gürtel *m*; **3.** *anat. in Zssgn* (Knochen)Gürtel *m*; **4.** *fig.* Gürtel *m* (*Umkreis*, *Umgebung*); **II** *v/t.* **5.** um'gürten; **6.** um'geben, einschließen; **7.** *Baum* ringeln.

girl [gɜːl] *s.* **1.** Mädchen *n*: **a German ~** e-e junge Deutsche; **~'s name** weiblicher Vorname; **my eldest ~** m-e älteste Tochter; **the ~s** F a) die Töchter *pl.* des Hauses, b) die Damen *pl.*; **2.** (Dienst-) Mädchen *n*; **3.** F ‚Mädchen' *n* (*e-s jungen Mannes*); **~ Fri·day** *s.* (unentbehrliche) Gehilfin, ‚rechte Hand' (*des Chefs*, *bsd. Sekretärin*); **'~·friend** *s.* Freundin *f*; **~ guide** *s. Brit.* Pfadfinderin *f.*

girl·hood ['gɜːlhʊd] *s.* Mädchenzeit *f*, -jahre *pl.*, Jugend(zeit) *f*; **'girl·ie** [-lɪ] *s.* F Mädchen *n*: **~ mag**(**azine**) ‚Titten u. Po'-Magazin *n*; **'girl·ish** [-lɪʃ] *adj.* □ mädchenhaft; **'girl·ish·ness** [-lɪʃnɪs] *s.* *das* Mädchenhafte; **girl scout** *s. Am.* Pfadfinderin *f.*

gi·ro ['dʒaɪrəʊ] *s.* (*der*) Postscheckdienst (*in England*): **~ account** Postscheckkonto *n.*

girt[1] [gɜːt] *pret. u. p.p. von* **gird**.

girt[2] [gɜːt] **I** *s.* 'Umfang *m*; **II** *v/t.* den 'Umfang messen von; **III** *v/i.* messen (*an Umfang*).

girth [gɜːθ] **I** *s.* **1.** 'Umfang *m*; **2.** 'Körperˌumfang *m*; **3.** (Sattel-, Pack)Gurt *m*; **4.** ⚙ Tragriemen *m*, Gurt *m*; **II** *v/t.* **5.** *Pferd* gürten; **6.** an-, aufschnallen; **7.** a) → **gird** 6, b) → **girt**[2] II.

gis·mo → **gizmo**.

gist [dʒɪst] *s.* **1.** *das* Wesentliche, Hauptpunkt *m*, -inhalt *m*, Kern *m der Sache*; **2.** ⚖ Grundlage *f*: **~ of action** Klagegrund *m.*

give [gɪv] **I** *s.* **1.** *fig.* a) Nachgiebigkeit *f*, b) Elastizi'tät *f*; → **give and take**; **2.** Elastizi'tät *f* (*des Fußbodens etc.*); **II** *v/t.* [*irr.*] **3.** geben, (über)'reichen; schenken: **he gave me a book**; **~ a present** ein Geschenk machen; **~ s.o. a blow** j-m e-n Schlag versetzen; **~ it to him!** F gib's ihm!, gib ihm Saures (*Strafe*, *Schelte*)!; **~ me Mozart any time** a) Mozart geht mir über alles, b) da lobe ich mir (doch) Mozart; **~ as good as one gets** (*od.* **takes**) mit gleicher Münze zurückzahlen; **~ or take** plus/minus; **4.** geben, zahlen: **how much did you ~ for that hat?**; **5.** (ab-, weiter)geben, über'tragen; (zu)erteilen, an-, zuweisen; verleihen: **she gave me her bag to carry** sie gab mir ihre Tasche zu tragen; **~ s.o. a part in a play** j-m e-e Rolle in e-m Stück geben; **~ s.o. a title** j-m e-n Titel verleihen; **6.** hingeben, widmen, schenken: **~ one's attention to** s-e Aufmerksamkeit widmen (*dat.*); **~ one's mind to s.th.** sich e-r Sache widmen; **~ one's life** sein Leben hingeben *od.* opfern (**for** für); **7.** geben, (dar)bieten, reichen: **he gave me his hand**; **do ~ us a song** singen Sie uns doch bitte ein Lied; **8.** gewähren, liefern, geben: **cows ~ milk** Kühe geben *od.* liefern Milch; **~ no result** kein Ergebnis zeitigen; **it was not ~n him to** *inf.* es war ihm nicht gegeben *od.* vergönnt, zu *inf.*; **9.** verursachen: **~ pleasure** Vergnügen bereiten *od.* machen; **~ pain** Schmerzen bereiten, weh tun; **10.** zugeben, -gestehen, erlauben: **just ~ me 24 hours** gib mir nur 24 Stunden (Zeit); **I ~ you till tomorrow!** ich gebe dir noch bis morgen Zeit!; **I ~ you that point** in diesem Punkt gebe ich dir recht; **11.** ausführen, äußern, vortragen: **~ a cry** e-n Schrei ausstoßen, aufschreien; **~ a loud laugh** laut auflachen; **~ s.o. a look** j-m e-n Blick zuwerfen, j-n anblicken; **~ a party** e-e Party geben; **~ a play** ein Stück geben *od.* aufführen; **~ a lecture** e-n Vortrag halten; **~ one's name** s-n Namen nennen *od.* angeben; **12.** beschreiben, mitteilen, geben: **~ us the facts**; (**come on,**) **~!** *Am.* F sag schon!, raus mit der Sprache!; **III** *v/i.* [*irr.*] **13.** geben, schenken, spenden (**to** *dat.*): **~ generously**; **~ and take** *fig.* geben u. nehmen, einander entgegenkommen; **14.** nachgeben (*a.* ✝ *Preise*), -lassen, weichen, versagen: **~ under pressure** unter Druck nachgeben; **his knees gave under him** s-e Knie versagten; **what ~s?** *sl.* was ist los?; **s.th.'s got to ~** *sl.*

es muß (doch) was passieren; **15.** a) nachgeben, (*Fußboden etc.*) *a.* federn, b) sich dehnen (*Schuhe etc.*): **~ *but not to break*** sich biegen, aber nicht brechen; ***the chair ~s comfortably*** der Stuhl federt angenehm; ***the foundations are giving*** das Fundament senkt sich; **16.** a) führen (***into*** in *acc.*; ***on*** auf *acc.*, nach) (*Straße etc.*), b) gehen (***on*** [***-to***] nach) (*Fenster etc.*);

Zssgn mit adv.:

give| a·way *v/t.* **1.** weg-, hergeben, verschenken (*a. fig. u. sport den Sieg etc.*); → ***bride***; **2.** *Preise* verteilen; **3.** aufgeben, opfern, preisgeben; **4.** verraten: ***his accent gives him away***; ***give o.s. away*** sich verraten *od.* verplappern; → ***show*** 14; **~ back** *v/t.* **1.** zu'rückgeben; **2.** *Blick* erwidern; **~ forth** *v/t.* **1.** → ***give off***; **2.** *Ansicht etc.* äußern; **3.** veröffentlichen, bekanntgeben; **~ in I** *v/t.* **1.** *Gesuch etc.* einreichen, abgeben; **II** *v/i.* **2.** (***to*** *dat.*) a) nachgeben (*dat.*), b) sich anschließen (*dat.*); **3.** aufgeben, sich geschlagen geben; **~ off** *v/t.* *Dampf etc.* abgeben, *Gas*, *Wärme etc.* aus-, verströmen, *Rauch etc.* ausstoßen, *Geruch* verbreiten, ausströmen; **~ out I** *v/t.* **1.** ausgeben, aus-, verteilen; **2.** bekanntgeben: ***give it out that*** a) verkünden, daß, b) behaupten, daß; **3.** → ***give off***; **II** *v/i.* **4.** zu Ende gehen (*Kräfte*, *Vorrat*): ***his strength gave out*** die Kräfte verließen ihn; **5.** versagen (*Kräfte*, *Maschine etc.*); **~ o·ver I** *v/t.* **1.** über'geben (***to*** *dat.*); **2.** *et.* aufgeben: **~ *doing s.th.*** aufhören, et. zu tun; **3.** ***give o.s. over to*** sich *der Verzweiflung etc.* hingeben, verfallen (*dat.*): ***give o.s. over to drink***; **II** *v/i.* **4.** aufhören; **~ up I** *v/t.* **1.** aufgeben, aufhören mit, *et.* sein lassen: **~ *smoking*** das Rauchen aufgeben; **2.** (*als aussichtslos*) aufgeben: **~ *a plan***; ***he was given up by the doctors***; **3.** *j-n* ausliefern: ***give o.s. up*** sich (freiwillig) stellen (***to the police*** der Polizei); **4.** *et.* abgeben, abtreten (***to*** an *acc.*); **5.** ***give o.s. up to*** a) → ***give over*** 3, b) sich *e-r Sache* widmen; **II** *v/i.* **6.** (es) aufgeben, sich geschlagen geben, *weitS. a.* resignieren.

give| and take *s.* **1.** (*ein*) Geben u. Nehmen, beiderseitiges Nachgeben, Kompro'miß(bereitschaft *f*) *m*; **2.** Meinungsaustausch *m*; **ˌ~-and-'take** [-vənt-] *adj.* Kompromiß..., Ausgleichs...; **'~·a·way I** *s.* **1.** (ungewolltes) Verraten, Verplappern *n*; **2.** ✝ a) Werbegeschenk *n*, b) kostenlos verteilte Zeitung; **3.** *a.* **~ *show*** *TV* Quiz(sendung *f*) *n*, Preisraten *n*; **II** *adj.* **4.** **~ *price*** Schleuderpreis *m*.

giv·en ['gɪvn] **I** *p.p. von* ***give***; **II** *adj.* **1.** gegeben, bestimmt: ***at a ~ time*** zur festgesetzten Zeit; ***under the ~ conditions*** unter den gegebenen Umständen; **2.** **~ *to*** a) ergeben, verfallen (*dat.*): **~ *to drinking***, b) neigend zu: **~ *to boasting***; **3.** ⩕, *phls.* gegeben, bekannt; **4.** vor'ausgesetzt: **~ *health*** Gesundheit vorausgesetzt; **5.** in Anbetracht (*gen.*): **~ *his temperament***; **6.** *auf Dokumenten*: gegeben, ausgefertigt (am): **~ *this 10th day of May***; **~ name** *s. Am.* Vorname *m*.

giv·er ['gɪvə] *s.* **1.** Geber(in), Spender (-in); **2.** ✝ (*Wechsel*)Aussteller *m*.

giz·mo ['gɪzməʊ] *s. Am.* F ‚Dingsbums' *n*.

giz·zard ['gɪzəd] *s.* **1.** *ichth.*, *orn.* Muskelmagen *m*; **2.** F Magen *m*: ***that sticks in my ~***.

gla·brous ['gleɪbrəs] *adj.* ⚘, *zo.* kahl.

gla·cé ['glæseɪ] (*Fr.*) *adj.* **1.** glasiert, mit Zuckerguß; **2.** kandiert; **3.** Glacé..., Glanz... (*Leder*, *Stoff*).

gla·cial ['gleɪsjəl] *adj.* **1.** *geol.* Eis..., Gletscher...: **~ *epoch*** *od.* ***period*** Eiszeit *f*; **~ *man*** Eiszeitmensch *m*; **2.** ⚗ Eis...: **~ *acetic acid*** Eisessig *m*; **3.** eisig (*a. fig.*); **gla·ci·a·tion** [ˌglæsɪ'eɪʃn] *s.* **1.** Vereisung *f*; **2.** Vergletscherung *f*.

gla·cier ['glæsjə] *s.* Gletscher *m*.

glac·i·ol·o·gy [ˌglæsɪ'ɒlədʒɪ] *s.* Glaziolo'gie *f*, Gletscherkunde *f*.

gla·cis ['glæsɪs; *pl.* -sɪz] *s.* **1.** Abdachung *f*; **2.** ⚔ Gla'cis *n*.

glad [glæd] *adj.* □ → ***gladly***; **1.** (*pred.*) froh, erfreut (***of***, ***at*** über *acc.*): ***I am ~ of it*** ich freue mich darüber, es freut mich; ***I am ~ to hear*** (***to say***) es freut mich zu hören (sagen zu können); ***I am ~ to come*** ich komme gern; ***I should be ~ to know*** ich möchte gern wissen; **2.** freudig, froh, fröhlich, erfreulich: ***give s.o. the ~ eye*** *sl.* j-m e-n einladenden Blick zuwerfen, j-m schöne Augen machen; ***give s.o. the ~ hand*** → ***gladhand***; **~ *rags*** F ‚Sonntagsstaat' *m*; **~ *news*** frohe Kunde; **'glad·den** [-dn] *v/t.* erfreuen.

glade [gleɪd] *s.* Lichtung *f*, Schneise *f*.

'glad-hand *v/t.* F *j-n* herzlich *od.* 'überschwenglich begrüßen.

glad·i·a·tor ['glædɪeɪtə] *s.* Gladi'ator *m*; *fig.* Streiter *m*, Kämpfer *m*; **glad·i·a·to·ri·al** [ˌglædɪə'tɔːrɪəl] *adj.* Gladiatoren...

glad·i·o·lus [ˌglædɪ'əʊləs] *pl.* **-li** [-laɪ] *od.*

-lus·es *s.* ⚘ Gladi'ole *f.*

glad·ly ['glædlɪ] *adv.* mit Freuden, gern(e); **glad·ness** ['glædnɪs] *s.* Freude *f*, Fröhlichkeit *f*; **glad·some** ['glædsəm] *adj.* □ *obs.* **1.** erfreulich; **2.** freudig, fröhlich.

Glad·stone (bag) ['glædstən] *s.* zweiteilige leichte Reisetasche.

glair [gleə] **I** *s.* **1.** Eiweiß *n*; **2.** Eiweißleim *m*; **3.** eiweißartige Sub'stanz; **II** *v/t.* **4.** mit Eiweiß(leim) bestreichen.

glaive [gleɪv] *s. poet.* (Breit)Schwert *n.*

glam·or *Am.* → ***glamour.***

glam·or·ize ['glæməraɪz] *v/t.* **1.** (mit viel Re'klame *etc.*) verherrlichen; **2.** e-n besonderen Zauber verleihen (*dat.*); **'glam·or·ous** [-rəs] *adj.* bezaubernd (schön), zauberhaft; **glam·our** ['glæmə] **I** *s.* **1.** Zauber *m*, Glanz *m*, bezaubernde Schönheit: ***~ boy*** a) Schönling *m*, b) ‚toller Kerl'; ***~ girl*** Glamourgirl *n*, (Re'klame-, Film)Schönheit *f*; ***cast a ~ over*** bezaubern, *j-n* in s-n Bann schlagen; **2.** falscher Glanz; **II** *v/t.* **3.** bezaubern.

glance¹ [glɑːns] **I** *v/i.* **1.** e-n Blick werfen, (rasch *od.* flüchtig) blicken (***at*** auf *acc.*): ***~ over*** (*od.* ***through***) ***a letter*** e-n Brief überfliegen; **2.** (auf)blitzen, (auf-)leuchten; **3.** ***~ off*** abgleiten (von) (*Messer etc.*), abprallen (von) (*Kugel etc.*): ***hit*** (*od.* ***strike***) ***s.o. a glancing blow*** j-n (mit einem Schlag) streifen; **4.** (***at***) *Thema* flüchtig berühren *od.* streifen, *bsd.* anspielen (auf *acc.*); **II** *v/t.* **5.** ***~ one's eye over*** (*od.* ***through***) → 1; **III** *s.* **6.** flüchtiger Blick (***at*** auf *acc.*): ***at a ~*** mit 'einem Blick; ***at first ~*** auf den ersten Blick; ***take a ~ at*** → 1; **7.** (Auf-)Blitzen *n*, (Auf)Leuchten *n*; **8.** Abprallen *n*, Abgleiten *n*; **9.** (***at***) flüchtige Erwähnung (*gen.*), Anspielung *f* (auf *acc.*).

glance² [glɑːns] *s. min.* Blende *f*, Glanz *m*: ***lead ~*** Bleiglanz.

gland¹ [glænd] *s. biol.* Drüse *f.*

gland² [glænd] *s.* ⚙ **1.** Dichtungsstutzen *m*; **2.** Stopfbuchse *f.*

glan·dered ['glændəd] *adj. vet.* rotzkrank; **'glan·der·ous** [-dərəs] *adj.* **1.** Rotz…; **2.** rotzkrank; **glan·ders** ['glændəz] *s. pl. sg. konstr.* Rotz(krankheit *f*) *m* (*der Pferde*).

glan·du·lar ['glændjʊlə] *adj. biol.* drüsig, Drüsen…: ***~ fever*** (Pfeiffersches) Drüsenfieber; **'glan·du·lous** [-əs] → ***glandular.***

glans [glænz] *pl.* **'glan·des** [-diːz] *s. anat.* Eichel *f.*

glare¹ [gleə] **I** *v/i.* **1.** grell leuchten *od.* sein, *Farben*: *a.* schreiend sein; → ***glaring***; **2.** wütend starren: ***~ at s.o.*** j-n wütend anstarren; **II** *s.* **3.** blendendes Licht, greller Schein, grelles Leuchten: ***be in the full ~ of publicity*** im Scheinwerferlicht der Öffentlichkeit stehen; **4.** *fig. das* Grelle *od.* Schreiende; **5.** wütender Blick.

glare² [gleə] *Am.* **I** *s.* spiegelglatte Fläche: ***a ~ of ice***; **II** *adj.* spiegelglatt: ***~ ice*** Glatteis *n.*

glar·ing ['gleərɪŋ] *adj.* □ **1.** grell (*Sonne etc.*), *Farben*: *a.* schreiend; **2.** *fig.* kraß, ekla'tant (*Fehler etc.*), (himmel)schreiend (*Unrecht etc.*); **3.** wütend, funkelnd (*Blick*).

glass [glɑːs] **I** *s.* **1.** Glas *n*: ***broken ~*** Glasscherben *pl.*; **2.** → ***glassware***; **3.** a) (Trink)Glas *n*, b) Glas(gefäß) *n*; **4.** Glas(voll) *n*: ***a ~ too much*** ein Gläschen zuviel; **5.** Glas(scheibe *f*) *n*; **6.** Spiegel *m*; **7.** *opt.* a) Lupe *f*, Vergrößerungsglas *n*, b) *pl. a.* ***pair of ~es*** Brille *f*, c) Linse *f*, Augenglas *n*, d) (Fern- *od.* Opern)Glas *n*, e) Mikro'skop *n*; **8.** Uhrglas *n*; **9.** a) Thermo'meter *n*, b) Baro'meter *n*; **10.** Sanduhr *f*; **II** *v/t.* **11.** verglasen: ***~ in*** einglasen; **~ bead** Glasperle *f*; **~ block** *s.* ⚠ Glasziegel *m*; **~ blow·er** *s.* Glasbläser *m*; **~ blow·ing** *s.* Glasbläse'rei *f*; **~ brick** → ***glass block***; **~ case** *s.* Glasschrank *m*, Vi'trine *f*; **~ cloth** *s.* **1.** ⚙ Glas(faser)gewebe *n*; **2.** Gläsertuch *n*; **~ cul·ture** *s.* 'Treibhauskulˌtur *f*; **~ cut·ter** *s.* **1.** Glasschleifer *m*; **2.** ⚙ Glasschneider *m* (*Werkzeug*); **~ eye** *s.* Glasauge *n*; **~ fi·bre** *s.* Glasfaser *f*, -fiber *f.*

glass·ful ['glɑːsfʊl] *pl.* **-fuls** *s. ein* Glasvoll *n.*

'glass|·house *s.* **1.** → ***glasswork*** 2; **2.** Treibhaus *n*: ***people who live in ~s should not throw stones*** wer im Glashaus sitzt, soll nicht mit Steinen werfen; **3.** ⚔ *Brit. sl.* ‚Bau' *m* (*Gefängnis*); **~ jaw** *s. Boxen*: F ‚Glaskinn' *n*; **~ pa·per** *s.* 'Glaspaˌpier *n*; **'~·ware** *s.* Glas(waren *pl.*) *n*, Glasgeschirr *n*, -sachen *pl.*; **~ wool** *s.* ⚙ Glaswolle *f*; **'~·work** *s.* ⚙ **1.** Glas(waren)herstellung *f*; **2.** *pl. mst sg. konstr.* 'Glashütte *f*, -faˌbrik *f.*

glass·y ['glɑːsɪ] *adj.* □ **1.** gläsern, glasartig, glasig; **2.** glasig (*Auge*).

Glas·we·gian [glæs'wiːdʒjən] **I** *adj.* aus Glasgow; **II** *s.* Glasgower(in).

Glau·ber('s) salt ['glɔːbə(z)] *s.* Glaubersalz *n.*

glau·co·ma [glɔː'kəʊmə] *s.* ⚕ Glau'kom *n*, grüner Star; **glau·cous** ['glɔːkəs] *adj.* graugrün.

glaze [gleɪz] **I** *v/t.* **1.** verglasen, mit Glasscheiben versehen: **~ *in*** einglasen; **2.** polieren, glätten; **3.** ⚙, *a. Küche*: glasieren, mit Gla'sur über'ziehen; **4.** *paint.* lasieren; **5.** ⚙ *Papier* satinieren; **6.** *Augen* glasig machen; **II** *v/i.* **7.** e-e Gla'sur *od.* Poli'tur annehmen, blank werden; **8.** glasig werden (*Augen*); **III** *s.* **9.** Poli'tur *f*, Glätte *f*, Glanz *m*; **10.** a) Gla'sur *f* (*a. auf Kuchen etc.*), b) Gla'surmasse *f*; **11.** La'sur *f*; **12.** ⚙ Satinierung *f*; **13.** Glasigkeit *f*; **14.** a) Eisschicht *f*, b) ✈ Vereisung *f*, c) *Am.* Glatteis *n*; **glazed** [-zd] *adj.* **1.** verglast, Glas…: **~ *veranda***; **2.** ⚙ glatt, blank, poliert, Glanz…: **~ *paper*** Glanzpapier *n*; **~ *tile*** Kachel *f*; **3.** glasiert; **4.** lasiert; **5.** satiniert; **6.** poliert; **7.** glasig (*Augen*); **8.** vereist: **~ *frost*** *Brit.* Glatteis *n*; '**glaz·er** [-zə] *s.* ⚙ **1.** Glasierer *m*; **2.** Polierer *m*; **3.** Satinierer *m*; **4.** Polier-, Schmirgelscheibe *f*; '**gla·zier** [-zjə] *s.* Glaser *m*; '**glaz·ing** [-zɪŋ] *s.* **1.** a) Verglasen *n*, b) Glaserarbeit *f*; **2.** Fenster(scheiben) *pl.*; **3.** ⚙ *u. Küche*: a) Gla'sur *f*, b) Glasieren *n*; **4.** a) Poli'tur *f*, b) Polieren *n*; **5.** Satinieren *n*; **6.** *paint.* a) La'sur *f*, b) Lasieren *n*; '**glaz·y** [-zɪ] *adj.* **1.** glasig, glasiert; **2.** glanzlos, glasig (*Auge*).

gleam [gliːm] **I** *s.* schwacher Schein, Schimmer *m* (*a. fig.*): **~ *of hope*** Hoffnungsschimmer; ***the ~ in his eye*** das Funkeln s-r Augen; **II** *v/i.* glänzen, leuchten, schimmern, *Augen a.* funkeln.

glean [gliːn] **I** *v/t.* **1.** *Ähren* (auf-, nach-) lesen, *Feld* sauber lesen; **2.** *fig.* sammeln, zs.-tragen, *a.* her'ausfinden: **~ *from*** schließen *od.* entnehmen aus; **II** *v/i.* **3.** Ähren lesen; '**glean·er** [-nə] *s.* Ährenleser *m*; *fig.* Sammler *m*; '**glean·ings** [-nɪŋz] *s. pl.* **1.** ✓ Nachlese *f*; **2.** *fig. das* Gesammelte.

glebe [gliːb] *s.* **1.** ⚖, *eccl.* Pfarrland *n*; **2.** *poet.* (Erd)Scholle *f*, Feld *n*.

glede [gliːd] *s. orn.* Gabelweihe *f*.

glee [gliː] *s.* **1.** Fröhlichkeit *f*, Ausgelassenheit *f*; **2.** (*a.* Schaden)Freude *f*, Froh'locken *n*; **3.** ♪ *hist.* Glee *m* (*geselliges Lied*): **~ *club*** *bsd. Am.* Gesangverein *m*; '**glee·ful** [-fʊl] *adj.* □ **1.** ausgelassen, fröhlich; **2.** schadenfroh, froh'lockend; '**glee·man** [-mən] *s.* [*irr.*] *hist.* fahrender Sänger.

glen [glen] *s.* Bergschlucht *f*, Klamm *f*.

glen·gar·ry [glen'gærɪ] *s.* Mütze *f der Hochlandschotten*.

glib [glɪb] *adj.* □ **1.** a) zungen-, schlagfertig, b) gewandt, ‚fix': ***a ~ tongue*** e-e glatte Zunge; **2.** oberflächlich; '**glib·ness** [-nɪs] *s.* **1.** Zungen-, Schlagfertigkeit *f*; Gewandtheit *f*; **2.** Glätte *f*, Oberflächlichkeit *f*.

glide [glaɪd] **I** *v/i.* **1.** gleiten (*a. fig.*): **~ *along*** dahingleiten, -fliegen (*a. Zeit*); **~ *out*** hinausgleiten, -schweben (*Person*); **2.** ✈ a) gleiten, e-n Gleitflug machen, b) segeln; **II** *s.* **3.** (Da'hin)Gleiten *n*; **4.** ✈ a) Gleitflug *m*, b) Segelflug *m*: **~ *path*** Gleitweg *m*; **5.** → ***glissade*** 2; **6.** *ling.* Gleitlaut *m*; '**glid·er** [-də] *s.* **1.** ⚓ Gleitboot *n*; **2.** ✈ a) Segelflugzeug *n*, b) *a.* **~ *pilot*** Segelflieger(in); **3.** *Skisport*: Gleiter(in); '**glid·ing** [-dɪŋ] *s.* **1.** Gleiten *n*; **2.** ✈ a) → ***glide*** 3, b) *das* Segelfliegen.

glim·mer ['glɪmə] **I** *v/i.* **1.** glimmen, schimmern; **II** *s.* **2.** a) Glimmen *n*, b) *a. fig.* Schimmer *m*, (schwacher) Schein: ***a ~ of hope*** ein Hoffnungsschimmer; **3.** *min.* Glimmer *m*.

glimpse [glɪmps] **I** *s.* **1.** flüchtiger (An-) Blick: ***catch a ~ of*** → 4; **2.** (***of***) flüchtiger Eindruck (von), kurzer Einblick (in *acc.*); **3.** *fig.* Schimmer *m*, schwache Ahnung; **II** *v/t.* **4.** *j-n, et.* (nur) flüchtig zu sehen bekommen, e-n flüchtigen Blick erhaschen von; **III** *v/i.* **5.** flüchtig blicken (***at*** auf *acc.*).

glint [glɪnt] **I** *s.* Schimmer *m*, Schein *m*, Glitzern *n*; **II** *v/i.* schimmern, glitzern, blinken.

glis·sade [glɪ'sɑːd] **I** *s.* **1.** *mount.* Abfahrt *f*; **2.** *Tanz*: Glis'sade *f*, Gleitschritt *m*; **II** *v/i.* **3.** *mount.* abfahren; **4.** *Tanz*: Gleitschritte machen.

glis·ten ['glɪsn] **I** *v/i.* glitzern, glänzen; **II** *s.* Glitzern *n*, Glanz *m*.

glit·ter ['glɪtə] **I** *v/i.* **1.** glitzern, funkeln, *a. fig.* strahlen, glänzen; → ***gold*** 1; **II** *s.* **2.** Glitzern *n* (*etc.*), Glanz *m*; **3.** *fig.* Pracht *f*, Prunk *m*, Glanz *m*; '**glit·ter·ing** [-tərɪŋ] *adj.* □ **1.** glitzernd (*etc.*); **2.** glanzvoll, prächtig.

gloat [gləʊt] *v/i.*: **~ *over*** sich weiden an (*dat.*): a) verzückt betrachten (*acc.*), b) sich hämisch *od.* diebisch freuen über (*acc.*); '**gloat·ing** [-tɪŋ] *adj.* □ schadenfroh, hämisch.

glob [glɒb] *s.* F ‚Klacks' *m*, ‚Klecks' *m*.

glob·al ['gləʊbl] *adj.* glo'bal: a) 'weltumˌfassend, Welt…, b) um'fassend, pau'schal, Gesamt…; '**glo·bate** [-beɪt] *adj.* kugelförmig.

globe [gləʊb] **I** *s.* **1.** Kugel *f*: **~ *of the eye*** Augapfel *m*; **2.** Pla'net *m*: ***the ~*** der Erdball, die Erdkugel, die Erde; **3.** *geogr.* Globus *m*; **4.** a) Lampenglocke *f*, b) Goldfischglas *n*; **5.** *hist.* Reichsapfel *m*; **II** *v/t. u. v/i.* **6.** kugelförmig machen (werden); **~ ar·ti·choke** *s.* ⚘ Arti'schocke *f*; **'~·fish** *s.* Kugelfisch *m*; **'~,trot·ter** *s.* Weltenbummler(in), Globetrotter(in); **'~,trot·ting I** *s.* Globetrotten *n*; **II** *adj.* Weltenbummler..., Globetrotter...

glo·bose ['gləʊbəʊs] → ***globular*** 1; **glo·bos·i·ty** [gləʊ'bɒsətɪ] *s.* Kugelform *f*, -gestalt *f*; **glob·u·lar** ['glɒbjʊlə] *adj.* □ **1.** kugelförmig: ***~ lightning*** Kugelblitz *m*; **2.** aus Kügelchen (bestehend); **glob·ule** ['glɒbju:l] *s.* Kügelchen *n*.

glom·er·ate ['glɒmərət] *adj.* (zs.-)geballt, knäuelförmig; **glom·er·a·tion** [,glɒmə'reɪʃn] *s.* Zs.-ballung *f*, Knäuel *m*, *n*.

gloom [glu:m] **I** *s.* **1.** *a. fig.* Dunkel *n*, Düsterkeit *f*; **2.** *fig.* düstere Stimmung, Schwermut *f*, Trübsinn *m*: ***cast a ~ over*** e-n Schatten werfen über (*acc.*); **II** *v/i.* **3.** traurig *od.* verdrießlich *od.* düster blicken *od.* aussehen; **4.** sich verdüstern; **'gloom·i·ness** [-mɪnɪs] *s.* **1.** → ***gloom*** 1, 2; **2.** *fig.* Hoffnungslosigkeit *f*; **'gloom·y** [-mɪ] *adj.* □ **1.** *a. fig.* düster, trübe; **2.** schwermütig, trübsinnig, düster, traurig; **3.** hoffnungslos.

glo·ri·fi·ca·tion [,glɔ:rɪfɪ'keɪʃn] *s.* **1.** Verherrlichung *f*; **2.** *eccl.* a) Verklärung *f*, b) Lobpreisung *f*; **3.** *Brit.* F lautes Fest; **glo·ri·fied** ['glɔ:rɪfaɪd] *adj.* F ‚besser': ***a ~ barn***; ***a ~ office boy***; **glo·ri·fy** ['glɔ:rɪfaɪ] *v/t.* **1.** verherrlichen; **2.** *eccl.* a) lobpreisen, b) verklären; **3.** erstrahlen lassen, e-e Zierde sein (*gen.*); **4.** F ‚aufmotzen', ‚hochjubeln'; → ***glorified***.

glo·ri·ole ['glɔ:rɪəʊl] *s.* Glori'ole *f*, Heiligenschein *m*.

glo·ri·ous ['glɔ:rɪəs] *adj.* □ **1.** ruhmvoll, -reich, glorreich; **2.** herrlich, prächtig, wunderbar (*alle a.* F *fig.*): ***a ~ mess*** *iro.* ein schönes Chaos.

glo·ry ['glɔ:rɪ] **I** *s.* **1.** Ruhm *m*, Ehre *f*: ***covered in ~*** ruhmbedeckt; ***~ be!*** F a) juchhu!, b) Donnerwetter!; → ***Old Glory***; **2.** Stolz *m*, Zierde *f*, Glanz (-punkt) *m*; **3.** *eccl.* Verehrung *f*, Lobpreisung *f*; **4.** Herrlichkeit *f*, Glanz *m*, Pracht *f*, Glorie *f*; höchste Blüte; **5.** *eccl.* a) himmlische Herrlichkeit, b) Himmel *m*: ***gone to ~*** F in die ewigen Jagdgründe eingegangen (*tot*); ***send to ~*** F *j-n* ins Jenseits befördern; **6.** → ***gloriole***; **II** *v/i.* **7.** sich freuen, triumphieren, froh'locken (***in*** über *acc.*); **8.** (***in***) sich sonnen (in *dat.*), sich rühmen (*gen.*); **'~-hole** *s.* F a) Rumpelkammer *f od.* -kiste *f*; b) Kramschublade *f*.

gloss¹ [glɒs] **I** *s.* **1.** Glanz *m*: ***~ paint*** Glanzlack *m*; **2.** *fig.* äußerer Glanz; **II** *v/t.* **3.** glänzend machen; **4.** *mst* ***~ over*** *fig.* a) beschönigen, b) vertuschen.

gloss² [glɒs] **I** *s.* **1.** (Rand)Glosse *f*, Erläuterung *f*, Anmerkung *f*; **2.** Kommen'tar *m*, Auslegung *f*; **II** *v/t.* **3.** glossieren; **4.** *oft* ***~ over*** (absichtlich) irreführend deuten; **'glos·sa·ry** [-sərɪ] *s.* Glos'sar *n*.

gloss·eme [glɒ'si:m] *s. ling.* Glos'sem *n*.

gloss·i·ness ['glɒsɪnɪs] *s.* Glanz *m*; **gloss·y** ['glɒsɪ] **I** *adj.* □ **1.** glänzend: ***~ paper*** (Hoch)Glanzpapier *n*; **2.** auf ('Hoch)Glanzpa,pier gedruckt, Hochglanz...: ***~ magazine***; **3.** *fig.* a) raffiniert, b) prächtig (aufgemacht); **II** *s.* **4.** 'Hochglanzmaga,zin *n*.

glot·tal ['glɒtl] *adj.* **1.** *anat.* Stimmritzen...: ***~ chink*** → ***glottis***; **2.** *ling.* glot'tal: ***~ stop*** Knacklaut *m*; **glot·tis** ['glɒtɪs] *s. anat.* Stimmritze *f*.

glove [glʌv] **I** *s.* **1.** Handschuh *m*: ***fit (s.o.) like a ~*** a) (j-m) wie angegossen sitzen, b) *fig.* (auf j-n) haargenau passen; ***take the ~s off*** Ernst machen, ‚massiv werden'; ***with the ~s off***, ***without ~s*** unsanft, rücksichts-, schonungslos; **2.** *sport* (Box-, Fecht-, Reit- *etc.*) Handschuh *m*; **3.** ***fling*** (*od.* ***throw***) ***down the ~*** (***to s.o.***) *fig.* (j-m) den Fehdehandschuh hinwerfen, (j-n) herausfordern; ***pick*** (*od.* ***take***) ***up the ~*** die Herausforderung annehmen; **II** *v/t.* **4.** mit Handschuhen bekleiden: ***~d*** behandschuht; **~ box**, **~ com·part·ment** *s. mot.* Handschuhfach *n*; **~ pup·pet** *s.* Handpuppe *f*.

glow [gləʊ] **I** *v/i.* **1.** glühen; **2.** *fig.* glühen: a) leuchten, strahlen, b) brennen (*Gesicht*); **3.** *fig.* (er)glühen, brennen (***with*** vor *dat.*): ***~ with anger*** vor Zorn glühen; **II** *s.* **4.** Glühen *n*, Glut *f*: ***in a ~*** glühend; **5.** *fig.* Glut *f*: a) Glühen *n*, Leuchten *n*, b) Hitze *f*, Röte *f* (*im Gesicht etc.*): ***in a ~***, ***all of a ~*** glühend, ganz gerötet, c) Feuer *n*, Leidenschaft *f*.

glow·er ['glaʊə] *v/i.* finster (drein)blikken: ***~ at*** finster anblicken.

glow·ing ['gləʊɪŋ] *adj.* □ **1.** glühend; **2.** *fig.* glühend: a) leuchtend, strahlend, b) brennend, c) 'überschwenglich, begeistert: ***a ~ account***; ***in ~ colo(u)rs*** in glühenden *od.* leuchtenden Farben *schildern etc.*

glow| plug *s. mot.* Glühkerze *f*; **'~·worm** *s.* Glühwürmchen *n*.

gloze [gləʊz] → ***gloss¹*** 4.

glu·cose ['glu:kəʊs] *s.* ⚗ Glu'kose *f*, Glu'cose *f*, Traubenzucker *m*.

glue [glu:] **I** *s.* **1.** Leim *m*; **2.** Klebstoff *m*; **II** *v/t.* **3.** leimen, kleben (***on*** auf *acc.*, ***to*** an *acc.*): ~ (***together***) zs.-kleben; **4.** *fig.* (***to***) heften (auf *acc.*), drücken (an *acc.*, gegen): ***she remained ~d to her mother*** sie ‚klebte' an ihrer Mutter; ***~d to his TV set*** *er saß* wie angewachsen vor dem Bildschirm; **glue·y** ['glu:ɪ] *adj.* klebrig.

glum [glʌm] *adj.* □ **1.** verdrossen; **2.** bedrückt, niedergeschlagen.

glume [glu:m] *s.* ⚘ Spelze *f*.

glut [glʌt] **I** *v/t.* **1.** *den Hunger* stillen; **2.** über'sättigen (*a. fig.*): ~ ***o.s. on*** (*od.* ***with***) sich überessen mit *od.* an (*dat.*); **3.** ✝ *Markt* über'schwemmen; **4.** verstopfen; **II** *s.* **5.** Über'sättigung *f*; **6.** ✝ 'Überangebot *n*, Schwemme *f*: ~ ***of eggs***; ***a ~ in the market*** e-e Marktschwemme.

glu·tam·ic ac·id [glu:'tæmɪk] *s.* ⚗ Gluta'minsäure *f*.

glu·ten ['glu:tən] *s.* ⚗ Kleber *m*, Glu'ten *n*; **'glu·ti·nous** [-tɪnəs] *adj.* □ klebrig.

glut·ton ['glʌtn] *s.* **1.** Vielfraß *m* (*a. zo.*); **2.** *fig. ein* Unersättlicher: ***a ~ for books*** ein Bücherwurm, e-e Leseratte; ***a ~ for work*** ein Arbeitstier; **'glut·ton·ous** [-nəs] *adj.* □ gefräßig, unersättlich (*a. fig.*); **'glut·ton·y** [-nɪ] *s.* Gefräßigkeit *f*, Unersättlichkeit *f* (*a. fig.*).

glyc·er·in(e) ['glɪsəri:n], **'glyc·er·ol** [-rɒl] *s.* ⚗ Glyze'rin *n*.

glyph [glɪf] *s.* △ Glypte *f*, Glyphe *f*: a) (verti'kale) Furche *od.* Rille, b) Skulp'tur *f*.

glyp·tic ['glɪptɪk] **I** *adj.* Steinschneide…; **II** *s. pl. sg. konstr.* Glyptik *f*, Steinschneidekunst *f*; **glyp·tog·ra·phy** [glɪp'tɒgrəfɪ] *s.* Glyptogra'phie *f*: a) Steinschneidekunst *f*, b) Gemmenkunde *f*.

G-man ['dʒi:mæn] *s.* [*irr.*] F G-Mann *m*, FB'I-A͵gent *m*.

gnarled [nɑ:ld] *adj.* **1.** knorrig (*Baum*, *a. Hand*, *Person etc.*); **2.** *fig.* mürrisch, ruppig.

gnash [næʃ] *v/t.* **1.** *et.* knirschend beißen; **2.** ~ ***one's teeth*** mit den Zähnen knirschen (*vor Wut etc.*): ***wailing and ~ing of teeth*** Heulen u. Zähneklappern *n*; **'gnash·ers** [-ʃəz] *s. pl.* F ‚dritte Zähne' *pl.*

gnat [næt] *s. zo.* **1.** (Stech)Mücke *f*: ***strain at a ~*** *fig.* Haarspalterei betreiben; **2.** *Am.* Kriebelmücke *f*.

gnaw [nɔ:] **I** *v/t.* **1.** nagen an (*dat.*) (*a. fig.*), ab-, zernagen; **2.** zerfressen (*Säure etc.*); **3.** *fig.* quälen, zermürben; **II** *v/i.* **4.** nagen: ~ ***at*** → 1; **5.** ~ ***into*** sich einfressen in (*acc.*); **6.** *fig.* nagen, zermürben; **gnaw·er** ['nɔ:ə] *s. zo.* Nagetier *n*; **gnaw·ing** ['nɔ:ɪŋ] **I** *adj.* nagend (*a. fig.*); **II** *s.* Nagen *n* (*a. fig.*); *fig.* Qual *f*.

gneiss [naɪs] *s. geol.* Gneis *m*.

gnome[1] [nəʊm] *s.* **1.** Gnom *m*, *Zwerg m* (*beide a. contp. Person*), Kobold *m*; **2.** Gartenzwerg *m*.

gnome[2] ['nəʊmi:] *s.* Gnome *f*, Sinnspruch *m*.

gnom·ish ['nəʊmɪʃ] *adj.* gnomenhaft, zwergenhaft.

gno·sis ['nəʊsɪs] *s. phls.* Gnosis *f*; **Gnos·tic** ['nɒstɪk] **I** *adj.* gnostisch; **II** *s.* Gnostiker *m*; **Gnos·ti·cism** ['nɒstɪsɪzəm] *s.* Gnosti'zismus *m*.

gnu [nu:] *s. zo.* Gnu *n*.

go [gəʊ] **I** *pl.* **goes** [gəʊz] *s.* **1.** Gehen *n*: ***on the ~*** F ständig in Bewegung, immer ‚auf Achse'; ***from the word ~*** F von Anfang an; ***it's a ~!*** abgemacht!; **2.** F Schwung *m*, ‚Schmiß' *m*: ***he is full of ~*** er hat Schwung, er ist voller Leben *od.* sehr unternehmungslustig; **3.** F Mode *f*: ***be all the ~*** große Mode sein; **4.** F Erfolg *m*: ***make a ~ of it*** es zu e-m Erfolg machen, bei *od.* mit et. Erfolg haben; ***it's no ~!*** es geht nicht!, nichts zu machen!; **5.** F Versuch *m*: ***have a ~ at it!*** probier's doch mal!; ***at one ~*** auf 'einen Schlag, auf Anhieb; ***at the first ~*** gleich beim ersten Versuch; ***it's your ~!*** du bist an der Reihe *od.* dran!; **6.** F ‚Geschichte' *f*: ***what a ~!*** 'ne schöne Geschichte *od.* Bescherung!; ***it was a near ~!*** es ging gerade noch (mal) gut!; **7.** F a) Porti'on *f* (*e-r Speise*), b) Glas *n*: ***his third ~ of brandy*** sein dritter Kognak; **8.** Anfall *m* (*e-r Krankheit*): ***my second ~ of influenza*** m-e zweite Grippe; **II** *adj.* **9.** ⚙ F: ***you are ~*** (***for take-off***)***!*** alles klar (zum Start)!; **III** *v/i.* [*irr.*] **10.** gehen, fahren, reisen, sich begeben (***to*** nach): ~ ***on foot*** zu Fuß gehen; ~ ***by train*** mit dem Zug fahren; ~ ***by plane*** (*od.* ***air***) mit dem Flugzeug reisen, fliegen; ~ ***to Paris*** nach Paris reisen *od.* gehen; ***there he goes!*** da ist er (ja)!; ***who goes there?*** ⚔ wer da?; **11.** verkehren, fahren (*Bus*, *Zug etc.*); **12.** (fort)gehen, abfahren, abreisen (***to*** nach): ***don't ~ yet*** geh noch nicht (fort)!; ***let me ~!*** a) laß mich gehen!, b) laß mich los!; **13.** anfangen, loslegen: ***~!*** *sport* los!; ~ ***to it!*** mach dich dran!, los!; ***here you ~ again!*** F jetzt fängst du schon wieder an!; ***here we ~ again*** F jetzt geht das schon wieder los!; ***just ~ and try it!*** versuch's doch mal!; ***here goes!*** also los!, jetzt geht's los!; **14.** gehen, führen: ***this road goes to York***; **15.** sich erstrecken, reichen, gehen (***to*** bis): ***the belt doesn't ~ round her waist*** der Gürtel geht *od.* reicht nicht um ihre Taille; ***it goes a long way*** es reicht lange (aus); ***as far as it goes*** bis zu e-m gewissen Grade, soweit man das sagen kann; **16.** *fig.* gehen: ***~ as far as to say*** so weit gehen zu sagen; ***let it ~ at that!*** laß es dabei bewenden!; ***~ all out*** F sich ins Zeug legen (***for*** für); *s. die Verbindungen mit anderen Stichwörtern*; **17.** ⩚ (***into***) gehen (in *acc.*), enthalten sein (in *dat.*): ***5 into 10 goes twice***; **18.** gehen, passen (***in, into*** in *acc.*): ***it does not ~ into my pocket***; **19.** gehören (***in, into*** in *acc.*, ***on*** auf *acc.*): ***the books ~ on this shelf*** die Bücher gehören *od.* kommen auf dieses Regal; **20.** ***~ to*** gehen an (*acc.*) (*Siegerpreis etc.*), zufallen (*dat.*) (*Erbe*); **21.** ⚙ *u. fig.* gehen, laufen, funktionieren: ***get ~ing*** ⚙ in Gang kommen, *fig. a.* in Schwung *od.* Fahrt kommen (*Person, Party etc.*), *Person*: *a.* loslegen; ***get s.th.*** (*od.* ***s.o.***) ***~ing*** et. (*Maschine, Projekt etc.*) in Gang bringen, et. (*Party etc.*) (*od.* j-n) in Schwung *od.* Fahrt bringen; ***keep ~ing*** ⚙ weiterlaufen, *fig.* weitermachen (*Person*); ***that hope kept her ~ing*** diese Hoffnung hielt sie aufrecht; ***this sum will keep you ~ing*** diese Summe wird dir (fürs erste) weiterhelfen; **22.** *kalt, schlecht, verrückt etc.* werden: ***~ blind*** erblinden; ***~ Conservative*** zu den Konservativen übergehen; ***~ decimal*** das Dezimalsystem einführen; **23.** (gewöhnlich) *in e-m Zustand* sein, sich befinden: ***~ armed*** bewaffnet sein; ***~ in rags*** (ständig) in Lumpen herumlaufen; ***~ hungry*** hungern; **24.** ***~ by*** (*od.* [***up***]***on***) sich halten an (*acc.*), gehen *od.* sich richten *od.* urteilen nach: ***have nothing to ~*** (***up***)***on*** keine Anhaltspunkte haben; ***~ing by her clothes*** ihrer Kleidung nach (zu urteilen); **25.** ˈumgehen, im ˈUmlauf sein, kursieren (*Gerüchte etc.*): ***the story goes*** es heißt, man erzählt sich; **26.** gelten (***for*** für): ***what he says goes*** F was er sagt, gilt; ***that goes for you too!*** das gilt auch für dich!; ***it goes without saying*** das versteht sich von selbst; **27.** ***~ by the name of*** a) unter dem Namen ... laufen, b) auf den Namen ... hören (*Hund*); **28.** im allgemeinen sein: ***as men ~*** wie Männer eben *od.* (nun ein-) mal sind; **29.** vergehen, verstreichen: ***how time goes!***; ***one minute to ~*** noch e-e Minute; **30.** ✝ (weg)gehen, verkauft werden: ***the coats went for £60***; **31.** (***on, in***) ausgegeben werden (für), aufgehen (in *dat.*) (*Geld*): ***all his money went in drink***; **32.** dazu beitragen, dienen (***to*** zu): ***it goes to show*** dies zeigt, daran erkennt man; ***this only goes to show you the truth*** dies dient nur dazu, Ihnen die Wahrheit zu zeigen; **33.** (aus)gehen, verlaufen, sich entwickeln *od.* gestalten: ***it went well*** es ging gut (aus), es lief (alles) gut; ***things have gone badly with me*** es ist mir schlecht ergangen; ***the decision went against him*** die Entscheidung fiel zu s-n Ungunsten aus; ***~ big*** F ein Riesenerfolg sein; **34.** ***~ with*** gehen *od.* sich vertragen mit, passen zu: ***black goes well with yellow***; **35.** ertönen, läuten (*Glocke*), schlagen (*Uhr*): ***the door bell went*** es klingelte; ***bang went the gun*** die Kanone machte bumm; **36.** lauten (*Worte etc.*), gehen: ***this is how the tune goes*** so geht die Melodie; **37.** gehen, verschwinden, abgeschafft werden: ***my hat is gone!*** mein Hut ist weg!; ***he must ~*** er muß weg; ***these laws must ~*** diese Gesetze müssen weg; ***warmongering must ~!*** Schluß mit der Kriegshetze!; **38.** (daˈhin)schwinden: ***his strength is ~ing***; ***my eyesight is ~ing*** m-e Augen werden immer schlechter; ***trade is ~ing*** der Handel kommt zum Erliegen; ***the shoes are ~ing*** die Schuhe gehen (langsam) kaputt; **39.** sterben: ***he is*** (***dead and***) ***gone*** er ist tot; **40.** (*pres. p. mit inf.*) *zum Ausdruck e-r Zukunft, e-r Absicht od. et. Unabänderlichem*: ***it is ~ing to rain*** es wird (gleich *od.* bald) regnen; ***he is ~ing to read it*** er wird *od.* will es (bald) lesen; ***she is ~ing to have a baby*** sie bekommt ein Kind; ***I was*** (***just***) ***~ing to do it*** ich wollte es eben tun, ich war gerade dabei *od.* im Begriff, es zu tun; **41.** (*mit nachfolgendem Gerundium*) *mst* gehen: ***~ swimming*** schwimmen gehen; ***he goes frightening people*** er erschreckt immer die Leute; **42.** (daˈran)gehen, sich anschicken: ***he went to find him*** er ging ihn suchen; ***he went and sold it*** F er hat es doch tatsächlich verkauft; **43.** erlaubt sein: ***everything goes here*** hier ist alles erlaubt; ***anything goes!*** F alles ist ‚drin' (*möglich*); **44.** ***pizzas to ~!*** *Am.* Pizzas zum Mitnehmen!; **IV** *v/t.*

[*irr.*] **45.** *e-n Betrag* wetten, setzen (***on*** auf *acc.*); **46.** ***~ it*** F a) (mächtig) rangehen, sich dahinterklemmen, b) es toll treiben, ‚auf den Putz hauen': ***~ it alone*** es ganz allein(e) machen; ***~ it!*** ran!, feste!, drauf!;

Zssgn mit prp.:

go| a·bout *v/i.* in Angriff nehmen, sich machen an (*acc.*), anpacken (*acc.*); **~ aft·er** *v/i.* **1.** nachlaufen (*dat.*); **2.** → ***go for*** 4; **~ a·gainst** *v/i.* wider'streben (*dat.*), *j-s Prinzipien* zu'widerlaufen; **~ at** *v/i.* **1.** losgehen auf (*acc.*); **2.** → ***go about***; **~ be·hind** *v/i.* unter'suchen, auf den Grund gehen (*dat.*); **~ be·tween** *v/i.* vermitteln zwischen (*dat.*); **~ be·yond** *v/i. fig.* über'schreiten, *Erwartungen etc.* über'treffen; **~ by** *v/i.* **1.** sich richten nach, sich halten an (*acc.*), urteilen nach; **2.** auf *e-n Namen* hören; **~ for** *v/i.* **1.** holen (gehen); **2.** *e-n Spaziergang etc.* machen; **3.** gelten als *od.* für; **4.** streben nach, sich bemühen um; **5.** F losgehen auf (*acc.*), sich stürzen auf (*acc.*), *fig.* herziehen über (*acc.*); **6.** *sl.* ‚stehen' auf (*dat.*); **~ in·to** *v/i.* **1.** hin'eingehen in (*acc.*); **2.** eintreten in (*ein Geschäft etc.*): ***~ business*** Kaufmann werden; **3.** (genau) unter'suchen *od.* prüfen; eingehen auf (*acc.*); **4.** geraten in (*acc.*): ***~ a faint*** in Ohnmacht fallen; **~ off** *v/i.* **1.** abgehen von; **2.** *j-n, et.* nicht mehr mögen *od.* wollen; **~ on** *v/i.* **1.** sich stützen auf (*acc.*); **2.** sich richten nach, sich halten an (*acc.*), urteilen nach: ***I have nothing to ~*** ich habe keine Anhaltspunkte; **~ o·ver** → ***go through*** 1, 2, 3; **~ through** *v/i.* **1.** 'durchgehen, -nehmen, -sprechen; **2.** (gründlich) über'prüfen *od.* unter'suchen; **3.** 'durchsehen, -gehen, -lesen; **4.** durch'suchen; **5.** a) 'durchmachen, erleiden, b) erleben; **6.** *Vermögen* 'durchbringen; **~ with** *v/i.* **1.** begleiten; **2.** gehören zu; **3.** über'einstimmen mit; **4.** passen zu; **5.** mit *j-m* ‚gehen'; **~ with·out** *v/i.* **1.** auskommen ohne, sich behelfen ohne; **2.** verzichten auf (*acc.*);

Zssgn mit adv.:

go| a·bout *v/i.* **1.** um'hergehen, -fahren, -reisen; **2.** a) kursieren, im 'Umlauf sein (*Gerüchte etc.*), b) 'umgehen (*Grippe etc.*); **3.** ⚓ wenden; **~ a·head** *v/i.* **1.** vorwärts-, vor'angehen: ***~!*** *fig.* los!, nur zu!; ***~ with*** a) weitermachen mit, b) Ernst machen mit, durchführen; **2.** (*erfolgreich*) vor'ankommen; **3.** *bsd. sport* sich an die Spitze setzen; **~ a·long** *v/i.* **1.** weitergehen; **2.** *fig.* weitermachen; **3.** mitgehen, -kommen (***with*** mit); **4.** ***~ with*** einverstanden sein mit, mitmachen bei; **~ a·round** *v/i.* **1.** → ***go about*** 1, 2; **2.** → ***go round***; **~ back** *v/i.* **1.** zu'rückgehen: ***~ to*** *fig.* zurückgehen auf (*acc.*), zurückreichen bis; **2.** ***~ on*** *fig.* a) *j-n* im Stich lassen, b) *sein Wort etc.* nicht halten, c) *Entscheidung* rückgängig machen; **~ by** *v/i.* **1.** vor'beigehen (*a. Chance etc.*), -fahren; **2.** vergehen (*Zeit*): ***in days gone by*** in längst vergangenen Tagen; **~ down** *v/i.* **1.** hin'untergehen: ***~ in history*** *fig.* in die Geschichte eingehen; **2.** 'untergehen (*Schiff, Sonne etc.*); **3.** zu Boden gehen (*Boxer etc.*); **4.** *thea.* fallen (*Vorhang*); **5.** zu'rückgehen, sinken, fallen (*Fieber, Preise etc.*); **6.** a) sich im Niedergang befinden, b) zugrunde gehen; **7.** *sport* absteigen; **8.** ‚(runter)rutschen' (*Essen*); **9.** *fig.* (***with***) a) Anklang finden, ‚ankommen' (bei): ***it went down well with him***, b) ‚geschluckt' werden: ***that won't ~ with me*** das nehme ich dir nicht ab; **10.** *Brit.* London verlassen; **11.** *univ. Brit.* a) die Universi'tät verlassen, b) in die Ferien gehen; **~ in** *v/i.* **1.** hin'eingehen: ***~ and win!*** auf in den Kampf!; **2.** ***~ for*** a) sich befassen mit, betreiben, *Sport etc.* treiben, b) mitmachen bei, c) *ein Examen* machen, d) hinarbeiten auf (*acc.*), e) sich einsetzen für, f) sich begeistern für; **~ off** *v/i.* **1.** fort-, weggehen, -laufen; (*Zug etc.*) abfahren; *thea.* abgehen; **2.** losgehen (*Gewehr, Sprengladung etc.*); **3.** (***into***) los-, her'ausplatzen (mit), ausbrechen (in *Gelächter etc.*); **4.** nachlassen, sich verschlechtern; **5.** (*gut etc.*) von'statten gehen; **6.** a) einschlafen, b) ohnmächtig werden; **7.** verderben, schlecht werden (*Essen etc.*), sauer werden (*Milch*); **8.** ausgehen (*Licht etc.*); **~ on** *v/i.* **1.** weitergehen *od.* -fahren; **2.** weitermachen, fortfahren (***with*** mit; ***doing*** zu tun): ***~!*** a) (mach) weiter!, b) *iro.* hör auf!, ach komm!; ***~ reading*** weiterlesen; **3.** fortdauern, weitergehen; **4.** vor sich gehen, vorgehen, passieren; **5.** sich ‚aufführen': ***don't ~ like that!*** hör schon auf damit!; **6.** F a) unaufhörlich reden (***about*** über *acc.*, von), b) ständig her'umnörgeln (***at*** an *dat.*); **7.** angehen (*Licht etc.*); **8.** ***~ for*** gehen auf (*acc.*), bald sein: ***it's going on for five o'clock***; **~ out** *v/i.* **1.** ausgehen: a) spazierengehen, b) zu Veranstaltungen *od.* Gesellschaften gehen, c) erlöschen (*Feuer, Licht*): ***~ fishing*** fischen (*od.* zum Fischen) gehen; **2.** in den Streik treten; **3.** aus der Mode kommen; **4.**

pol. abgelöst werden; **5.** *sport* ausscheiden; **6.** zu'rückgehen (*Flut*); **7.** *~ to j-m* entgegenschlagen (*Herz*), sich *j-m* zuwenden (*Sympathie*); **~ o·ver** *v/i.* **1.** hin'übergehen (*to* zu); **2.** 'übertreten, -gehen (*to* zu *e-r anderen Partei etc.*); **3.** vertagt werden; **4.** *~ big* F ein Bombenerfolg sein; **~ round** *v/i.* **1.** her'umgehen (*a. fig. j-m im Kopf*); **2.** (für alle) (aus)reichen: ***there is enough (of it) to ~***; **~ through** *v/i.* **1.** 'durchgehen, angenommen werden (*Antrag*); **2.** ***~ with*** 'durchführen; **~ to·geth·er** *v/i.* **1.** zs.-passen (*Farben etc.*); **2.** F mitein'ander ‚gehen' (*Liebespaar*); **~ un·der** *v/i.* **1.** 'untergehen (*a. fig.*); **2.** *fig.* ‚eingehen' (*Firma etc.*), ‚ka'puttgehen'; **~ up** *v/i.* **1.** hin'aufgehen (*a. fig.*); **2.** *fig.* steigen (*Fieber, Preise etc.*); **3.** *thea.* hochgehen (*Vorhang*); **4.** gebaut werden; **5.** *Brit.* nach London fahren; **6.** *Brit.* (zum Se'mesteranfang) zur Universi'tät gehen; **7.** *sport* aufsteigen.

goad [gəʊd] **I** *s.* **1.** Stachelstock *m des Viehtreibers*; **2.** *fig.* Stachel *m*; Ansporn *m*; **II** *v/t.* **3.** antreiben; **4.** *mst* ***~ on*** *fig. j-n* an-, aufstacheln, (an)treiben (***into doing s.th.*** dazu, et. zu tun).

'go-a·head I *adj.* **1.** voller Unter'nehmungsgeist *od.* Initia'tive, zielstrebig; **II** *s.* **2.** (Mensch *m* mit) Unter'nehmungsgeist *od.* Initia'tive; **3.** ***get the ~ (on)*** ‚grünes Licht' bekommen (für); ***give s.o. the ~*** j-m ‚grünes Licht' geben.

goal [gəʊl] *s.* **1.** Ziel *n* (*a. fig.*); **2.** *sport* a) Ziel *n*, b) (*Fußball- etc.*)Tor *n*, c) Tor(erfolg *m*, -schuß *m*) *n*: ***score a ~*** ein Tor schießen; **~ a·re·a** *s. sport* Torraum *m*; **'~ˌget·ter** *s.* Torjäger *m*.

goal·ie ['gəʊlɪ] F → ***goalkeeper***.

'goal|ˌkeep·er *s. sport* Tormann *m*, -wart *m*, -hüter(in); **~ kick** *s.* (Tor-) Abstoß *m*; **~ line** *s.* a) Torlinie *f*, b) Torauslinie *f*, c) *Rugby*: Mallinie *f*; **'~·mouth** *s.* Torraum *m*; **~ post** *s.* Torpfosten *m*.

ˌgo-as-you-'please *adj.* ungebunden.

goat [gəʊt] *s.* **1.** a) Ziege *f*, b) *a.* ***he-~*** Ziegenbock *m*: ***play the (giddy) ~*** *fig.* herumkaspern; ***get s.o.'s ~*** *sl.* j-n ‚auf die Palme bringen'; **2.** *fig.* (geiler) Bock; **3.** F Sündenbock *m*; **4.** ♑ *ast.* → ***Capricorn***; **goat·ee** [gəʊ'ti:] *s.* Spitzbart *m*; **'goat·herd** *s.* Ziegenhirt *m*; **'goat·ish** [-tɪʃ] *adj.* □ **1.** bockig; **2.** *fig.* geil.

'goat|'s-beard *s.* ⚘ Bocks- *od.* Geiß- *od.* Ziegenbart *m*; **'~·skin** *s.* Ziegenleder(flasche *f*) *n*; **'~·suck·er** *s. orn.* Ziegenmelker *m*.

gob¹ [gɒb] *s.* F **1.** (*a.* Schleim)Klumpen *m*; **2.** *oft pl.* ‚Haufen' *m*, Menge *f*.

gob² [gɒb] *s.* ⚓ *Am. sl.* ‚Blaujacke' *f*, Ma'trose *m* (*US-Kriegsmarine*).

gob·bet ['gɒbɪt] *s.* Brocken *m*.

gob·ble¹ ['gɒbl] **I** *v/t.* *mst* ***~ up*** verschlingen (*a. fig.*); **II** *v/i.* gierig essen.

gob·ble² ['gɒbl] **I** *v/i.* kollern (*Truthahn*); **II** *s.* Kollern *n*.

gob·ble·dy·gook ['gɒbldɪgu:k] *s.* F **1.** ‚Be'amtenchiˌnesisch' *n*; **2.** (Be'rufs-) Jarˌgon *m*; **3.** ‚Geschwafel' *n*.

gob·bler¹ ['gɒblə] *s.* Fresser(in).

gob·bler² ['gɒblə] *s.* Truthahn *m*, Puter *m*.

Gob·e·lin ['gəʊbəlɪn] **I** *adj.* Gobelin...; **II** *s.* Gobe'lin *m*.

'go-beˌtween *s.* **1.** Mittelsmann *m*, Vermittler(in); **2.** Makler(in); **3.** Kuppler(in).

gob·let ['gɒblɪt] *s.* **1.** *obs.* Po'kal *m*; **2.** Kelchglas *n*.

gob·lin ['gɒblɪn] *s.* Kobold *m*.

go·by ['gəʊbɪ] *s. ichth.* Meergrundel *f*.

go-by ['gəʊbaɪ] *s.*: ***give s.o. the ~*** F j-n ‚schneiden' *od.* ignorieren; ***give s.th. the ~*** F die Finger von et. lassen.

'go-cart *s.* **1.** Laufstuhl *m* (*Gehhilfe für Kinder*); **2.** Sportwagen *m* (*für Kinder*); **3.** Handwagen *m*; **4.** → ***go-kart***.

god [gɒd] *s.* **1.** Gott(heit *f*) *m*; Götze *m*, Abgott *m*: ***~ of love*** Liebesgott, Amor *m*; ***ye ~s!*** F heiliger Strohsack!; ***a sight for the ~s*** ein Bild für (die) Götter; **2.** ♀ Gott *m*: ***♀'s acre*** Gottesacker *m*; ***house of ♀*** Gotteshaus *n*; ***play ~*** den lieben Gott spielen; ***♀ forbid!*** Gott behüte!; ***♀ help him*** Gott sei ihm gnädig; ***so help me ♀*** so wahr mir Gott helfe; ***♀ knows*** a) weiß Gott, b) wer weiß(, *ob etc.*); ***♀ willing*** so Gott will; ***thank ♀*** Gott sei Dank; ***for ♀'s sake*** a) um Gottes willen, b) verdammt noch mal!; ***the good ♀*** der liebe Gott; ***good ♀!, my ♀!, (oh) ♀!*** du lieber Gott!, lieber Himmel!; → ***act*** 1 *etc.*; **3.** *fig.* (Ab)Gott *m*; **4.** *pl. thea.* (Publikum *n* auf der) Gale'rie *f*, ‚O'lymp' *m*; **ˌ~-'aw·ful** *adj.* F scheußlich, ‚beschissen'; **'~·child** *s.* [*irr.*] Patenkind *n*; **'~·damn(ed)** *adj., adv. u. int.* (gott)verdammt.

god·des ['gɒdɪs] *s.* Göttin *f* (*a. fig.*).

'god|ˌfa·ther I *s.* Pate *m* (*a. fig.*), Patenonkel *m*, Taufzeuge *m*: ***stand ~ to*** → **II** *v/t. a. fig.* Pate stehen bei, aus der Taufe heben; **'~ˌfear·ing** *adj.* gottesfürchtig; **'~·forˌsak·en** *adj. contp.* gottverlassen.

god·head ['gɒdhed] *s.* Gottheit *f*; **'god-**

less [-lɪs] *adj.* ohne Gott; *fig.* gottlos; ˈ**god·like** *adj.* **1.** gottähnlich, göttlich; **2.** göttergleich; ˈ**god·li·ness** [-lɪnɪs] *s.* Frömmigkeit *f*; Gottesfurcht *f*; ˈ**god·ly** [-lɪ] *adj.* fromm.

ˈ**god**|ˌ**moth·er** *s.* Patin *f*, Patentante *f*; ˈ**~**ˌ**par·ent** *s.* Pate *m*, Patin *f*; ˈ**~·send** *s.* *fig.* Geschenk *n* des Himmels, Glücksfall *m*, Segen *m*; ˈ**~·son** *s.* Patensohn *m*; ˌ**~**ˈ**speed** *s.*: ***bid s.o. ~*** j-m viel Glück *od.* glückliche Reise wünschen.

go·er [ˈgəʊə] *s.* **1.** ***be a good ~*** gut laufen (*bsd. Pferd*); **2.** *in Zssgn mst* ...besucher(in), ...gänger(in).

gof·fer [ˈgəʊfə] **I** *v/t.* kräuseln, plissieren; **II** *s.* Plisˈsee *n.*

ˌ**go-ˈget·ter** *s.* F j-d, der weiß, was er will; Draufgänger *m.*

gog·gle [ˈgɒgl] **I** *v/i.* **1.** stieren, glotzen; **II** *s.* **2.** stierer Blick; **3.** *pl.* Schutzbrille *f*; ˈ**~·box** *s. bsd. Brit.* F ‚Glotze' *f* (*Fernseher*).

go-go [ˈgəʊgəʊ] *adj.* **1.** ***~ girl*** Go-go-Girl *n*; **2.** *fig.* a) schwungvoll, b) schick.

Goid·el·ic [gɔɪˈdelɪk] → ***Gaelic.***

go-in [ˈgəʊɪn] *s.* Go-ˈin *n.*

go·ing [ˈgəʊɪŋ] **I** *s.* **1.** (Weg)Gehen *n*, Abreise *f*; **2.** Straßenzustand *m*, (*Pferdesport*) Geläuf *n*; **3.** Tempo *n*: ***good ~*** ein flottes Tempo; ***rough*** (*od.* ***heavy***) ***~*** e-e Schinderei; ***while the ~ is good*** a) solange noch Zeit ist, b) solange es noch gut läuft; **II** *adj.* **4.** in Betrieb, arbeitend: ***a ~ concern*** ein gutgehendes Geschäft; **5.** vorˈhanden: ***still ~*** noch zu haben; ***the best beer ~*** das beste Bier, das es gibt; ***~, ~, gone!*** (*Auktion*) zum ersten, zum zweiten, zum dritten!; ˌ**go·ing-ˈo·ver** *s.* F **1.** Überˈprüfung *f*; **2.** a) Tracht *f* Prügel, b) Standpauke *f*; ˌ**go·ings-ˈon** *s. pl.* F *mst b.s.* Vorgänge *pl.*, Treiben *n*: ***strange ~*** merkwürdige Dinge.

goi·ter *Am.*, **goi·tre** *Brit* [ˈgɔɪtə] *s.* ⚕ Kropf *m*; ˈ**goi·trous** [-trəs] *adj.* **1.** kropfartig; **2.** mit e-m Kropf (behaftet).

go-kart [ˈgəʊkɑːt] *s. mot.* Go-Kart *m.*

gold [gəʊld] **I** *s.* **1.** Gold *n*: ***all is not ~ that glitters*** es ist nicht alles Gold, was glänzt; ***a heart of ~*** *fig.* ein goldenes Herz; ***worth one's weight in ~*** unbezahlbar, nicht mit Gold aufzuwiegen; → ***good*** 8; **2.** Gold(münzen *pl.*) *n*; **3.** Geld *n*, Reichtum *m*; **4.** Goldfarbe *f*; **II** *adj.* **5.** aus Gold, golden, Gold...: ***~ dollar*** Golddollar *m*; ***~ watch*** goldene Uhr; **~ back·ing** *s.* ✝ Golddeckung *f*; **~ bar** *s.* ✝ Goldbarren *m*; **~ bloc** *s.* ✝ Goldblock(länder *pl.*) *m*; **~ brick** *Am.* F **I** *s.* **1.** falscher Goldbarren; **2.** *fig.* a) wertlose Sache, b) Schwindel *m*, ‚Beschiß' *m*: ***sell s.o. a ~*** → 4; **3.** Drückeberger *m*; **II** *v/t.* **4.** *j-n* ‚übers Ohr hauen'; **~ bul·lion** *s.* Gold *n* in Barren; ˈ**~**ˌ**dig·ger** *s.* **1.** Goldgräber *m*; **2.** *sl. Frau, die nur hinter dem Geld der Männer her ist*; **~ dust** *s.* Goldstaub *m.*

gold·en [ˈgəʊldən] *adj.* **1.** *mst fig.* golden: ***~ days***; ***~ disc*** goldene Schallplatte; ***~ opportunity*** einmalige Gelegenheit; **2.** goldgelb, golden (*Haar etc.*); **~ age** *s. das* Goldene Zeitalter; **~ calf** *s. bibl. u. fig. das* Goldene Kalb; **~ ea·gle** *s. orn.* Gold-, Steinadler *m*; **ꝍ Fleece** *s. myth. das* Goldene Vlies; **~ hand·shake** *s.* F **1.** Abfindung *f bei Entlassung*; **2.** ‚ˈUmschlag' *m* (*mit e-m Geldgeschenk der Firma*); **~ mean** *s. die* goldene Mitte, *der* goldene Mittelweg; **~ o·ri·ole** *s. orn.* Piˈrol *m*; **~ pheas·ant** *s. orn.* ˈGoldfaˌsan *m*; **~ rule** *s.* **1.** *bibl.* goldene Sittenregel; **2.** *fig.* goldene Regel; **~ sec·tion** *s.* Goldener Schnitt; **~ wed·ding** *s.* goldene Hochzeit.

gold| **fe·ver** *s.* Goldfieber *n*, rausch *m*; ˈ**~·field** *s.* Goldfeld *n*; ˈ**~·finch** *s. orn.* Stieglitz *m*, Distelfink *m*; ˈ**~·fish** *s.* Goldfisch *m*; ˈ**~·foil** *s.* Blattgold *n*; ˈ**~**ˌ**ham·mer** *s. orn.* Goldammer *f*; **~ lace** *s.* Goldtresse *f*, -borte *f*; **~ leaf** *s.* Blattgold *n*; **~ med·al** *s.* ˈGoldmeˌdaille *f*; **~ med·al·(l)ist** *s. sport* ˈGoldmeˌdaillengewinner(in); **~ mine** *s.* Goldbergwerk *n*; Goldgrube *f* (*a. fig.*); **~ plate** *s.* goldenes Tafelgeschirr; ˈ**~-**ˌ**plat·ed** *adj.* vergoldet; **~ point** *s.* ✝ Goldpunkt *m*; **~ rush** → ***gold fever***; ˈ**~·smith** *s.* Goldschmied *m*; **~ stand·ard** *s.* Goldwährung *f*; **ꝍ Stick** *s. Brit.* Oberst *m* der königlichen Leibgarde.

golf [gɒlf] *sport* **I** *s.* Golf(spiel) *n*; **II** *v/i.* Golf spielen; **~ ball** *s.* **1.** Golfball *m*; **2.** Kugelkopf *m* (*der Schreibmaschine*); **~ club** *s.* **1.** Golfschläger *m*; **2.** Golfklub *m.*

golf·er [ˈgɒlfə] *s.* Golfspieler(in).

golf links *s. pl.*, *a. sg. konstr.* Golfplatz *m.*

Go·li·ath [gəʊˈlaɪəθ] *s. fig.* Goliath *m*, Riese *m*, Hüne *m.*

gol·li·wog(g) [ˈgɒlɪwɒg] *s.* **1.** groˈteske schwarze Puppe; **2.** *fig.* ‚Vogelscheuche' *f* (*Person*).

gol·ly [ˈgɒlɪ] *int. a.* ***by ~!*** F Menschenskind!, Mann!

go·losh [gəˈlɒʃ] → ***galosh.***

Go·mor·rah, Go·mor·rha [gəˈmɒrə] *s. fig.* Goˈmorr(h)a *n*, Sündenpfuhl *m.*

gon·ad [ˈgəʊnæd] *s.* ⚕ Keim-, Geschlechtsdrüse *f.*

gon·do·la [ˈgɒndələ] *s.* **1.** Gondel *f* (*a. e-s Ballons, e-r Seilbahn etc.*); **2.** *Am.* flaches Flußboot; **3.** *a.* ~ **car** 🚂 *Am.* offener Güterwagen; **gon·do·lier** [ˌgɒndəˈlɪə] *s.* Gondoliˈere *m.*

gone [gɒn] **I** *p.p. von* **go**; **II** *adj.* **1.** weg(gegangen), fort: ***he is ~***; ***be ~!*** fort mit dir!; ***I must be ~*** ich muß weg; **2.** verloren, verschwunden, weg, daˈhin; **3.** ‚hin', ‚futsch': a) weg, verbraucht, b) kaˈputt, c) ruiniert, d) tot; ***a ~ case*** ein hoffnungsloser Fall; ***a ~ man*** → ***goner***; ***a ~ feeling*** ein Schwächegefühl; ***all his money is ~*** sein ganzes Geld ist weg *od.* ‚futsch'; **4.** mehr als, älter als, über: ***he is ~ forty***; **5.** F (***on***) ganz ‚weg' (von): a) begeistert (von), b) ‚verknallt' (in *acc.*); **6.** *sl.* ‚high', ‚weg'; **7.** ***she's four months ~*** F sie ist im 4. Monat; **gon·er** [ˈgɒnə] *s.* ˈTodeskandiˌdat *m*: ***he is a ~*** F er ist ‚erledigt' (*a. weitS.*).

gon·fa·lon [ˈgɒnfələn] *s.* Banner *n.*

gong [gɒŋ] **I** *s.* **1.** Gong *m*; **2.** ⚔ *Brit. sl.* Orden *m*; **II** *v/t.* **3.** *Brit. Auto* durch ˈGongsiˌgnal stoppen (*Polizei*).

go·ni·om·e·ter [ˌgəʊnɪˈɒmɪtə] *s.* ⚗ *u. Radio*: Winkelmesser *m.*

gon·o·coc·cus [ˌgɒnəʊˈkɒkəs] *pl.* **-coc·ci** [-ˈkɒkaɪ] *s.* ⚕ Gonoˈkokkus *m.*

gon·or·rhoe·a, *Am. mst* **gon·or·rhe·a** [ˌgɒnəˈriːə] *s.* ⚕ Gonorˈrhöe *f*, Tripper *m.*

goo [guː] *s. sl.* **1.** Schmiere *f*, klebriges Zeug; **2.** *fig.* sentimenˈtaler Kitsch, ‚Schmalz' *m.*

good [gʊd] **I** *adj.* **1.** gut, angenehm, erfreulich: ***~ news***; ***it is ~ to be rich*** es ist angenehm, reich zu sein; ***~ morning*** (***evening***)***!*** guten Morgen (Abend)!; ***~ afternoon!*** guten Tag! (*nachmittags*); ***~ night!*** a) gute Nacht! (*a.* F *fig.*), b) guten Abend!; ***have a ~ time*** sich amüsieren; (***it's a***) ***~ thing that*** es ist gut, daß; ***be ~ eating*** gut schmecken; **2.** gut, geeignet, nützlich, günstig, zuträglich: ***is this ~ to eat?*** kann man das essen?; ***milk is ~ for children*** Milch ist gut für Kinder; ***~ for gout*** gut für *od.* gegen Gicht; ***that's ~ for you!*** *a. iro.* das tut dir gut!; ***get in ~ with s.o.*** sich mit j-m gut stellen; ***what is it ~ for?*** wofür ist es gut?, wozu dient es?; **3.** befriedigend, reichlich, beträchtlich: ***a ~ hour*** e-e gute Stunde; ***a ~ day's journey*** e-e gute Tagereise; ***a ~ many*** ziemlich viele; ***a ~ threshing*** e-e ordentliche Tracht Prügel; ***~ money*** *sl.* hoher Lohn; **4.** (*vor adj.*) *verstärkend*: ***a ~ long time*** sehr lange (Zeit); ***~ old age*** hohes Alter; ***~ and angry*** F äußerst erbost; **5.** gut, tugendhaft: ***lead a ~ life*** ein rechtschaffenes Leben führen; ***a ~ deed*** e-e gute Tat; **6.** gut, gewissenhaft: ***a ~ father and husband*** ein guter Vater und Gatte; **7.** gut, gütig, lieb: ***~ to the poor*** gut zu den Armen; ***it is ~ of you to help me*** es ist nett (von Ihnen), daß Sie mir helfen; ***be ~ enough*** (*od.* ***so ~ as***) ***to fetch it*** sei so gut und hole es; ***be ~ enough to hold your tongue!*** halt gefälligst deinen Mund!; ***my ~ man*** F mein Lieber!; **8.** artig, lieb, brav (*Kind*): ***be a ~ boy***; ***as ~ as gold*** a) kreuzbrav, b) goldrichtig; **9.** gut, geschickt, tüchtig (***at*** in *dat.*): ***a ~ rider*** ein guter Reiter; ***he is ~ at golf*** er spielt gut Golf; **10.** gut, geachtet: ***of ~ family*** aus guter Familie; **11.** gültig (*a.* ⚖), echt: ***a ~ reason*** ein triftiger Grund; ***tell false money from ~*** falsches Geld von echtem unterscheiden; ***a ~ Republican*** ein guter *od.* überzeugter Republikaner; ***be as ~ as*** auf dasselbe hinauslaufen; ***as ~ as finished*** so gut wie fertig; ***he has as ~ as promised*** er hat es so gut wie versprochen; **12.** gut, genießbar, frisch: ***a ~ egg***; ***is this fish still ~?***; **13.** gut, gesund, kräftig: ***in ~ health*** bei guter Gesundheit, gesund; ***be ~ for*** ‚gut' sein für, fähig *od.* geeignet sein zu; ***I am ~ for another mile*** ich schaffe noch eine Meile; ***he is always ~ for a surprise*** er ist immer für e-e Überraschung gut; ***I am ~ for a walk*** ich habe Lust zu e-m Spaziergang; **14.** *bsd.* ⚖ gut, sicher, zuverlässig: ***a ~ firm*** e-e gute *od.* zahlungsfähige Firma; ***~ debts*** sichere Schulden; ***be ~ for any amount*** für jeden Betrag gut sein; **II** *s.* **15.** *das* Gute, Gutes *n*, Wohl *n*: ***the common ~*** das Gemeinwohl; ***do s.o. ~*** a) j-m Gutes tun, b) j-m gut-, wohltun; ***he is up to no ~*** er führt nichts Gutes im Schilde; ***it comes to no ~*** es führt zu nichts Gutem; **16.** Nutzen *m*, Vorteil *m*: ***for his ~*** zu s-m Nutzen; ***he is too nice for his own ~*** er ist viel zu nett; ***what is the ~ of it?***, ***what ~ is it?*** was nützt es?, wozu soll das gut sein?; ***it's no ~*** a) es taugt nichts, b) es ist zwecklos; ***it is no ~ trying*** es hat keinen Wert *od.* Sinn, es zu versuchen; ***much ~ may it do you*** *iro.* wohl bekomm's!; ***for ~*** (***and all***) für immer, endgültig, ein für allemal; ***to the ~*** obendrein, extra, ⚖ als Gewinn *od.* Kreditsaldo; ***it's all to the ~*** es ist nur zu s-m *etc.* Besten; **17.** ***the ~*** *pl.* die Guten *pl. od.* Rechtschaffenen *pl.*; **18.** *pl.* (bewegliche) Habe: ***~s and***

chattles Hab u. Gut *n*; F *j-s* ‚Siebensachen' *pl.*; **19.** *pl.* Güter *pl.*, Waren *pl.*, Gegenstände *pl.*: ***by ~s*** ✝ *Brit.* als Frachtgut; → ***deliver*** 5.

Good| Book *s. die* Bibel; **ˌ~'by(e)** [-'baɪ] **I** *s.* **1.** Abschiedsgruß *m*: ***say ~ to*** *j-m* auf Wiedersehen sagen, sich von *j-m* verabschieden; ***you may say ~ to that!*** F das kannst du vergessen!; **2.** Abschied *m*; **II** *adj.* Abschieds...: ***~ kiss***; **III** *int.* [ˌgʊd'baɪ] **3.** auf Wiedersehen!, adi'eu!, a'de!: ***then ~ democracy!*** *fig. iron.* dann ade Demokratie!; **ˌ~'fel·low·ship** *s.* gute Kame'radschaft, Kame'radschaftlichkeit *f*; **~-for-noth·ing I** ['gʊdfəˌnʌθɪŋ] *adj.* nichtsnutzig; **II** [ˌgʊdfə'n-] *s.* Taugenichts *m*, Nichtsnutz *m*; ♀ **Fri·day** *s. eccl.* Kar'freitag *m*; **~ hu·mo(u)r** *s.* gute Laune; **ˌ~-'hu·mo(u)red** *adj.* □ **1.** bei guter Laune, gutaufgelegt; **2.** gutmütig.

good·ish ['gʊdɪʃ] *adj.* **1.** ziemlich gut; **2.** ziemlich (*Menge*); **good·li·ness** ['gʊdlɪnɪs] *s.* **1.** Güte *f*, Wert *m*; **2.** Anmut *f*; **3.** Schönheit *f*.

ˌgood|-'look·ing *adj.* gutaussehend, hübsch, schön; **~ looks** *s. pl.* gutes Aussehen, Schönheit *f*.

good·ly ['gʊdlɪ] *adj.* **1.** schön, anmutig; **2.** beträchtlich, ansehnlich; **3.** *oft iro.* glänzend, prächtig.

'good|·man [-mæn] *s.* [*irr.*] *obs.* Hausvater *m*, Ehemann *m*: ♀ ***Death*** Freund Hein *m*; **ˌ~-'na·tured** *adj.* □ gutmütig, gefällig; **ˌ~-'neigh·bo(u)r·li·ness** *s.* gutnachbarliches Verhältnis; ♀ **Neigh·bo(u)r pol·i·cy** *s.* Poli'tik *f* der guten Nachbarschaft.

good·ness ['gʊdnɪs] *s.* **1.** Tugend *f*, Frömmigkeit *f*; **2.** Güte *f*, Freundlichkeit *f*; **3.** Wert *m*, Güte *f*; *engS. das* Wertvolle *od.* Nahrhafte; **4.** ***~ gracious!***, ***my ~!*** du meine Güte!, du lieber Gott!; ***~ knows*** weiß der Himmel; ***for ~' sake*** um Himmels willen; ***thank ~!*** Gott sei Dank!; ***I wish to ~*** wollte Gott.

goods| a·gent *s.* ✝ ('Bahn)Spediˌteur *m*; **~ en·gine** *s. Brit.* 'Güterzuglokomoˌtive *f*; **~ lift** *s. Brit.* Lastenaufzug *m*.

good speed *Am.* → ***godspeed***.

goods| sta·tion *s. Brit.* Güterbahnhof *m*; **~ train** *s. Brit.* Güterzug *m*; **~ van** *s. mot. Brit.* Lieferwagen *m*; **~ wag·on** *s. Brit.* Güterwagen *m*; **~ yard** *s. Brit.* Güter(bahn)hof *m*.

ˌgood|-'tem·pered *adj.* □ gutartig, -mütig, ausgeglichen; **ˌ~-'time Char·lie** ['tʃɑːlɪ] *s. Am.* F lebenslustiger *od.* vergnügungssüchtiger Mensch; **ˌ~'will** *s.* **1.** Wohlwollen *n*, guter Wille, Verständigungsbereitschaft *f*: ***~ tour*** *pol.* Goodwillreise *f*; ***~ visit*** Freundschaftsbesuch *m*; **2.** *mst* ***good will*** ✝ a) Goodwill *m*, (ide'eller) Firmen- *od.* Geschäftswert (*guter Ruf, Kundenstamm etc.*).

good·y ['gʊdɪ] F **I** *s.* **1.** Bon'bon *m*, *n*, *pl.* Süßigkeiten *pl.*, gute Sachen; **2.** *fig.* ‚klasse Ding'; **3.** *Film etc.*: Gute(r *m*) *f* (*Ggs Schurke*); **4.** Tugendbold *m*, Mukker *m*; **II** *adj.* **5.** frömmelnd, ‚mora'linsauer'; **III** *int.* **6.** prima!, ‚Klasse'!; **'~-ˌgood·y** → ***goody*** 4, 5, 6.

goo·ey ['guːɪ] *adj. sl.* klebrig, schmierig.

goof [guːf] F **I** *s.* **1.** ‚Pfeife' *f*, Idi'ot *m*; **2.** ‚Schnitzer' *m*, ‚Patzer' *m*; **II** *v/t.* **3.** *oft* ***~ up*** ‚vermasseln'; **III** *v/i.* **4.** ‚Mist bauen'; **5.** *oft* ***~ around*** ‚her'umspinnen'.

'go-off *s.* Start *m*: ***at the first ~*** (gleich) beim ersten Mal, auf Anhieb.

'goof·y ['guːfɪ] *adj.* □ *sl.* ‚doof', ‚bekloppt'.

gook [gʊk] *s. Am. sl. contp.* ‚Schlitzauge' *n* (*Asiate*).

goon [guːn] *s. sl.* **1.** *Am.* angeheuerter Schläger; **2.** → ***goof*** 1.

goose [guːs] **I** *pl.* **geese** [giːs] *s.* **1.** *orn.* Gans *f*: ***cook s.o.'s ~*** F es j-m ‚besorgen', j-n ‚fertigmachen'; ***he's cooked his ~ with me*** F bei mir ist er ‚untendurch'; ***all his geese are swans*** bei ihm ist immer alles besser als bei andern; ***kill the ~ that lays the golden eggs*** das Huhn schlachten, das goldene Eier legt; → ***sauce*** 1; **2.** Gans *f*, Gänsebraten *m*; **3.** *fig.* a) Dummkopf *m*, b) (dumme) Gans; **4.** (*pl.* **goos·es**) Schneiderbügeleisen *n*; **II** *v/t.* **5.** F *j-n* (in den ‚Po') zwicken.

goose·ber·ry ['gʊzbərɪ] *s.* **1.** ⚘ Stachelbeere *f*: ***play ~*** F den Anstandswauwau spielen; **2.** *a.* ***~ wine*** Stachelbeerwein *m*; **~ fool** *s.* Stachelbeercreme *f* (*Speise*).

goose| bumps *s. pl.*, **~ flesh** *s. fig.* Gänsehaut *f*; **'~·neck** *s.* ⚙ Schwanenhals *m*; **~ pim·ples** *s. pl.* → ***goose bumps***; **'~-quill** *s.* Gänsekiel *m*; **'~-skin** → ***goose bumps***; **'~-step** *s.* ⚔ Pa'rade-, Stechschritt *m*.

goos·ey ['guːsɪ] *s. fig.* Gäns-chen *n*.

go·pher[1] ['gəʊfə] *s. Am. zo.* a) Taschenratte *f*, b) Ziesel *m*, c) Gopherschildkröte *f*, d) *a.* ***~ snake*** Schildkrötenschlange *f*.

go·pher[2] → ***goffer***.

go·pher[3] ['gəʊfə] *s. bibl. Baum, aus dessen Holz Noah die Arche baute*; **'~·wood** *s. Am.* ⚘ Gelbholz *n*.

Gor·di·an [ˈgɔːdjən] *adj.*: ***cut the ~ knot*** den gordischen Knoten durchhauen.

gore¹ [gɔː] *s.* (*bsd.* geronnenes) Blut.

gore² [gɔː] **I** *s.* **1.** Zwickel *m*, Keil(stück *n*) *m*; **II** *v/t.* **2.** keilförmig zuschneiden; **3.** e-n Zwickel einsetzen in (*acc.*).

gore³ [gɔː] *v/t.* (*mit den Hörnern*) durchˈbohren, aufspießen.

gorge [gɔːdʒ] **I** *s.* **1.** enge (Fels-) Schlucht; **2.** *rhet.* Kehle *f*, Schlund *m*: ***my ~ rises at it*** *fig.* mir wird übel davon *od.* dabei; **3.** Schlemmeˈrei *f*, Völleˈrei *f*; **4.** ⚠ Hohlkehle *f*; **II** *v/i.* **5.** schlemmen: ***~ on*** (*od.* ***with***) → 7; **III** *v/t.* **6.** gierig verschlingen; **7.** ***~ o.s. on*** (*od.* ***with***) sich vollfressen mit, *et.* in sich hineinschlingen.

gor·geous [ˈgɔːdʒəs] *adj.* □ **1.** prächtig, prachtvoll (*beide a. fig.* F); **2.** F großartig, wunderbar, ‚toll'.

Gor·gon [ˈgɔːgən] *s.* **1.** *myth.* Gorgo *f*; **2.** a) häßliches *od.* abstoßendes Weib, b) ‚Drachen' *m*; **gor·go·ni·an** [gɔːˈgəʊnjən] *adj.* **1.** Gorgonen…; **2.** schauerlich.

go·ril·la [gəˈrɪlə] *s.* **1.** *zo.* Goˈrilla *m*; **2.** *Am. sl.* ‚Gorilla' *m*: a) Leibwächter *m e-s Gangsters etc.*, b) Scheusal *n*.

gor·mand·ize [ˈgɔːməndaɪz] **I** *v/t. et.* gierig verschlingen; **II** *v/i.* schlemmen; ˈ**gor·mand·iz·er** [-zə] *s.* Schlemmer (-in).

gorse [gɔːs] *s.* ⚘ *Brit.* Stechginster *m*.

gor·y [ˈgɔːrɪ] *adj.* **1.** *poet.* a) blutbefleckt, voll Blut, b) blutig: ***~ battle***; **2.** *fig.* blutrünstig.

gosh [gɒʃ] *int.* F Mensch!, Mann!

gos·hawk [ˈgɒshɔːk] *s. orn.* Hühnerhabicht *m*.

gos·ling [ˈgɒzlɪŋ] *s.* **1.** junge Gans, Gäns-chen *n*; **2.** *fig.* Grünschnabel *m*.

ˌgo-ˈslow *s.* ✝ *Brit.* Bummelstreik *m*.

gos·pel [ˈgɒspl] *s. eccl. a.* ♎ Evanˈgelium *n* (*a. fig.*): ***take s.th. for ~*** et. für bare Münze nehmen; ***~ song*** Gospelsong *m*; ***~ truth*** *fig.* absolute Wahrheit; ˈ**gos·pel·(l)er** [-pələ] *s.* Vorleser *m* des Evanˈgeliums: ***hot ~*** a) religiöser Eiferer, b) faˈnatischer Befürworter.

gos·sa·mer [ˈgɒsəmə] **I** *s.* **1.** Altˈweibersommer *m*, Spinnfäden *pl.*; **2.** a) feine Gaze, b) hauchdünner Stoff; **3.** *et.* sehr Zartes u. Dünnes; **II** *adj.* **4.** leicht u. zart, hauchdünn.

gos·sip [ˈgɒsɪp] **I** *s.* **1.** Klatsch *m*, Tratsch *m*: ***~ column*** Klatschspalte *f*; ***~ columnist*** Klatschkolumnist(in); **2.** Plaudeˈrei *f*, Schwatz *m*, Plausch *m*; **3.** Klatschbase *f*; **II** *v/i.* **4.** klatschen, tratschen; **5.** plaudern; ˈ**gos·sip·y** [-pɪ] *adj.* **1.** klatschhaft, -süchtig; **2.** schwatzhaft; **3.** im Plauderton (geschrieben).

got [gɒt] *pret. u. p.p. von* ***get***.

Goth [gɒθ] *s.* **1.** Gote *m*; **2.** *fig.* Barˈbar *m*.

Go·tham [ˈgəʊθəm, ˈgɒ-] *s. Am.* (*Spitzname für*) New York; ˈ**Go·tham·ite** *s.* [-maɪt] *humor.* New Yorker(in).

Goth·ic [ˈgɒθɪk] **I** *adj.* **1.** gotisch; **2.** *fig.* barˈbarisch, roh; **3.** *typ.* a) *Brit.* gotisch, b) *Am.* Grotesk…; **4.** *Literatur*: a) baˈrock, roˈmantisch, b) Schauer…: ***~ novel***; **II** *s.* **5.** *ling.* Gotisch *n*; **6.** ⚠ Gotik *f*, gotischer (Bau)Stil; **7.** *typ.* a) *Brit.* Frakˈtur *f*, gotische Schrift, b) *Am.* Groˈtesk *f*; **Goth·i·cism** [ˈgɒθɪsɪzəm] *s.* **1.** Gotik *f*; **2.** *fig.* Barbaˈrei *f*, ˈUnkulˌtur *f*.

ˌgo-to-ˈmeet·ing *adj.* F Sonntags…, Ausgeh…: ***~ suit***.

got·ten [ˈgɒtn] *obs. od. Am. p.p. von* ***get***.

gou·ache [gʊˈɑːʃ] (*Fr.*) *s. paint.* Gouˈache *f*.

gouge [gaʊdʒ] **I** *s.* **1.** ⚙ Hohlmeißel *m*; **2.** Rille *f*, Furche *f*; **3.** *Am.* F a) Gauneˈrei *f*, b) Erpressung *f*; **II** *v/t.* **4.** *a.* ***~ out*** ⚙ ausmeißeln, -höhlen, -stechen; **5.** ***~ out s.o.'s eye*** a) j-m den Finger ins Auge stoßen, b) j-m ein Auge ausdrükken *od.* -stechen; **6.** *Am.* F a) *j-n* überˈvorteilen, b) *e-e Summe* erpressen.

gou·lash [ˈguːlæʃ] *s.* Gulasch *n*: ***~ communism*** *pol. contp.* Gulaschkommunismus *m*.

gourd [gʊəd] *s.* **1.** ⚘ Flaschenkürbis *m*; **2.** Kürbisflasche *f*.

gour·mand [ˈgʊəmənd] **I** *s.* **1.** Schlemmer *m*, Gourˈmand *m*; **2.** → ***gourmet***; **II** *adj.* **3.** schlemmerisch.

gour·met [ˈgʊəmeɪ] *s.* Feinschmecker *m*, Gourˈmet *m*.

gout [gaʊt] *s.* **1.** ⚕ Gicht *f*; **2.** ↗ Gicht *f* (*Weizenkrankheit*): ***~-fly*** *zo.* gelbe Halmfliege; ˈ**gout·y** [-tɪ] *adj.* □ ⚕ **1.** gichtkrank; **2.** zur Gicht neigend; **3.** gichtisch, Gicht…: ***~ concretion*** Gichtknoten *m*.

gov·ern [ˈgʌvn] **I** *v/t.* **1.** regieren (*a. ling.*); beherrschen (*a. fig.*); **2.** leiten, führen, verwalten, lenken; **3.** *fig.* regeln, bestimmen, maßgebend sein für, leiten: ***~ed by circumstances*** durch die Umstände bestimmt; ***I was ~ed by*** ich ließ mich leiten von …; **4.** beherrschen, zügeln; **5.** ⚙ regeln, steuern; **II** *v/i.* **6.** regieren, herrschen (*a. fig.*); ˈ**gov·ern·ance** [-nəns] *s.* **1.** Regierungsgewalt *f od.* -form *f*; **2.** *fig.* Herrschaft *f*, Gewalt *f*, Konˈtrolle *f* (***of*** über *acc.*); '**gov·ern·ess** [-nɪs] **I** *s.* Erzieherin *f*, Gouver'nante *f*; **II** *v/i.* Erzieherin sein; '**gov·ern·ing** [-nɪŋ] *adj.* **1.** regierend, Regierungs...; **2.** leitend, Vorstands...: **~ body** Vorstand *m*, Leitung *f*; **3.** *fig.* leitend, Leit...: **~ idea** Leitgedanke *m*; **gov·ern·ment** ['gʌvnmənt] *s.* **1.** a) Regierung *f*, Herrschaft *f*, Kon'trolle *f* (**of**, **over** über *acc.*), b) Regierungsgewalt *f*, c) Leitung *f*, Verwaltung *f*; **2.** Re'gierung(sform *f*, -ssyˌstem *n*) *f*; **3.** (*e-s bestimmten Landes*) *mst* ℒ *die* Regierung: **the British ℒ**; **~ agency** Regierungsstelle *f*, (-)Behörde *f*; **~ bill** *parl.* Regierungsvorlage *f*; **~ spokesman** Regierungssprecher *m*; **4.** Staat *m*: **~ bonds, ~ securities** a) Staatsanleihen, -papiere, b) *Am.* Bundesanleihen; **~ employee** Angestellte(r *m*) *f* des öffentlichen Dienstes; **~ grant** staatlicher Zuschuß; **~ issue** *Am. von der Regierung gestellte Ausrüstung*; **~ monopoly** Staatsmonopol *n*; **5.** *univ.* Politolo'gie *f*; **6.** *ling.* Rekti'on *f*; **gov·ern·men·tal** [ˌgʌvn'mentl] *adj.* □ Regierungs..., Staats..., staatlich; **gov·ern·men·tal·ize** [ˌgʌvn'mentəlaɪz] *v/t.* unter staatliche Kon'trolle bringen.

ˌ**gov·ern·ment|-in-'ex·ile** *pl.* ˌ**~s-in-'ex·ile** *s. pol.* E'xilregierung *f*; '**~-owned** *adj.* staatseigen; '**~-run** *adj.* staatlich (*Rundfunk etc.*).

gov·er·nor ['gʌvənə] *s.* **1.** Gouver'neur *m* (*a. e-s Staates der USA*): **~ general** Generalgouverneur; **2.** ⚔ Komman'dant *m*; **3.** a) *allg.* Di'rektor *m*, Leiter *m*, Vorsitzende(r) *m*, b) Präsi'dent *m* (*e-r Bank*), c) *Brit.* Ge'fängnisdiˌrektor *m*, d) *pl.* Vorstand *m*, Direk'torium *n*; **4.** F *der* ‚Alte': a) ‚alter Herr' (*Vater*), b) Chef *m* (*a. als Anrede*); **5.** ⚙ Regler *m*: **~ valve** Reglerventil *n*; '**gov·er·nor·ship** [-ʃɪp] *s.* **1.** Gouver'neursamt *n*; **2.** Amtszeit *f* e-s Gouver'neurs.

gown [gaʊn] **I** *s.* **1.** Kleid *n*; **2.** *bsd.* ⚖ *u. univ.* Ta'lar *m*, Robe *f*; **3.** *coll.* Stu'denten(schaft *f*) *pl. u.* Hochschullehrer *pl.* (*e-r Universitätsstadt*): **town and ~** Stadt u. Universität; **II** *v/t.* **4.** mit e-m Ta'lar *etc.* bekleiden; **gowns·man** ['gaʊnzmən] *s.* [*irr.*] Robenträger *m* (*Anwalt, Richter, Geistlicher etc.*).

goy [gɔɪ] *s.* ‚Goi' *m* (*jiddisch für Nichtjude*).

grab [græb] **I** *v/t.* **1.** (hastig *od.* gierig) ergreifen, an sich reißen, fassen, packen, (sich) ‚schnappen'; **2.** *fig.* a) sich ‚schnappen', an sich reißen, b) *e-e Gelegenheit* beim Schopf ergreifen; **3.** F *Publikum* packen, fesseln; **II** *v/i.* **4. ~ at** (hastig *od.* gierig) greifen *od.* ‚schnappen' nach; **III** *s.* **5.** (hastiger *od.* gieriger) Griff (**for** nach): **make a ~ at** → 1 u. 4; **be up for ~s** F für jeden zu haben *od.* zu gewinnen sein; **6.** *fig.* Griff (**for** nach *der Macht etc.*); **7.** ⚙ (Bagger-, Kran)Greifer *m*: **~ crane** Greiferkran *m*; **~ dredge(r)** Greiferbagger *m*; **~ handle** Haltegriff *m*; **~ bag** *s. Am.* **1.** ‚Grabbelsack' *m*; **2.** *fig.* Sammel'surium *n*.

grab·ber ['græbə] *s.* Habgierige(r *m*) *f*, ‚Raffke' *m*.

grab·ble ['græbl] *v/i.* tasten, tappen, suchen (**for** nach).

grab raid *s.* 'Raubˌüberfall *m*.

grace [greɪs] **I** *s.* **1.** Anmut *f*, Grazie *f*, Liebreiz *m*, Charme *m*: **the three ℒs** *myth.* die drei Grazien; **2.** Anstand *m*, Takt *m*, Schicklichkeit *f*: **have the ~ to do** den Anstand haben zu tun; **with ~** mit Anstand *od.* Würde *od.* ‚Grazie' (→ *a.* 3); **3.** Bereitwilligkeit *f*: **with a good ~** bereitwillig, gern; **with a bad ~** widerwillig, (nur) ungern; **4.** *mst pl.* gute Eigenschaft, schöner Zug: **social ~s** feine Lebensart; **5.** Gunst *f*, Wohlwollen *n*, Huld *f*, Gnade *f*: **be in s.o.'s good ~s** in j-s Gunst stehen, bei j-m gut angeschrieben sein; **be in s.o.'s bad ~s** bei j-m in Ungnade sein; **fall from ~** in Ungnade fallen; **by way of ~** ⚖ auf dem Gnadenwege; **act of ~** Gnadenakt *m*; **6. by the ~ of God** von Gottes Gnaden; **in the year of ~** im Jahre des Heils; **7.** *eccl.* a) *a.* **state of ~** Stand *m* der Gnade, b) Tugend *f*: **~ of charity** (Tugend der) Nächstenliebe *f*, c) **say ~** das Tischgebet sprechen; **8.** ✝, ⚖ Aufschub *m*, (Zahlungs-, Nach)Frist *f*: **days of ~** Respekttage *pl.*; **grant s.o. a week's ~** j-m e-e Woche Aufschub gewähren; **9.** ℒ (*Eure, Seine, Ihre*) Gnaden *pl.* (*Titel*): **Your ℒ** a) Eure Hoheit (*Herzogin*), b) Eure Exzellenz (*Erzbischof*); **10.** *a.* **~ note** ♪ Verzierung *f*; **II** *v/t.* **11.** zieren, schmücken; **12.** *fig.* a) zieren, b) (be)ehren, auszeichnen; '**grace·ful** [-fʊl] *adj.* □ **1.** anmutig, grazi'ös, reizend, ele'gant; **2.** geziemend, takt-, würdevoll: **~ly** *fig.* mit Anstand *od.* Würde *alt werden etc.*; '**grace·ful·ness** [-fʊlnɪs] *s.* Anmut *f*, Grazie *f*; '**grace·less** [-lɪs] *adj.* □ **1.** 'ungraziˌös, reizlos, 'uneleˌgant; **2.** *obs.* verworfen.

grac·ile ['græsaɪl] *adj.* zierlich, gra'zil, zart(gliedrig).

gra·cious ['greɪʃəs] **I** *adj.* □ **1.** gnädig, huldvoll, wohlwollend; **2.** *poet.* gütig, freundlich; **3.** *eccl.* gnädig, barmherzig (*Gott*); **4.** *obs.* für ***graceful*** 1; **5.** a) angenehm, b) geschmackvoll, schön: ~ ***living*** elegantes Leben, kultivierter Luxus; **II** *int.* **6.** ~ ***me!***, ~ ***goodness!***, ***good ~!*** du meine Güte!, lieber Himmel!; **'gra·cious·ness** [-nɪs] *s.* **1.** Gnade *f*, *eccl. a.* Barm'herzigkeit *f*; **2.** *poet.* Güte *f*, Freundlichkeit *f*.

grad [græd] *s.* F Stu'dent(in).

gra·date [grə'deɪt] **I** *v/t.* *Farben* abstufen, inein'ander 'übergehen lassen, abtönen; **II** *v/i.* stufenweise (inein'ander) 'übergehen; **gra·da·tion** [grə'deɪʃn] *s.* **1.** Abstufung *f*: a) Abtönung *f*, b) Staffelung *f*; **2.** Stufenleiter *f*, -folge *f*; **3.** *ling.* Ablaut *m*.

grade [greɪd] **I** *s.* **1.** Grad *m*, Stufe *f*, Klasse *f*; **2.** ⚔ *Am.* Dienstgrad *m*; **3.** (*höherer etc.*) (Be'amten)Dienst; **4.** Art *f*, Gattung *f*, Sorte *f*; Quali'tät *f*, Güte *f*, Klasse *f*: ≈ ***A*** ✝ (Güte)Klasse A (→ 6); **5.** Steigung *f*, Gefälle *n*, Neigung *f*, Ni'veau *n* (*a. fig.*): ~ ***crossing*** (schienengleicher) Bahnübergang; ***at*** ~ *Am.* auf gleicher Höhe; ***on the up*** ~ aufwärts (-gehend), im Aufstieg; ***make the*** ~ ‚es schaffen'; **6.** *ped. Am.* a) (Schüler *pl.* e-r) Klasse *f*, b) Note *f*, Zen'sur *f*, c) *pl.* (Grund)Schule *f*: ~ ***A*** (Note *f*) Sehr Gut *n* (→ 4); **II** *v/t.* **7.** sortieren, einteilen, -reihen, -stufen, staffeln; **8.** *ped.* benoten, zensieren; **9.** ~ ***up*** verbessern, veredeln; ~ (***up***) Vieh (auf)kreuzen; **10.** *Gelände* planieren; **11.** *ling.* ablauten; **12.** → ***gradate*** I; **'grad·er** [-də] *s.* **1.** a) Sortierer(in), b) Sor'tierma,schine *f*; **2.** ⚙ Pla'nierma,schine *f*; **3.** *Am. ped. in Zssgn* ...kläßler *m*: ***fourth*** ~ Viertkläßler.

grade school *s. Am.* Grundschule *f*.

gra·di·ent ['greɪdjənt] **I** *s.* **1.** Neigung *f*, Steigung *f*, Gefälle *n* (*des Geländes etc.*); **2.** ⚗ Gradi'ent *m* (*a. meteor.*), Gefälle *n*; **II** *adj.* **3.** gehend, schreitend; **4.** *zo.* Geh..., Lauf...

grad·u·al ['grædjʊəl] **I** *adj.* □ all'mählich, schritt-, stufenweise, langsam (fortschreitend), gradu'ell; **II** *s. eccl.* Gradu'ale *n*; **'grad·u·al·ly** [-əlɪ] *adv.* a) nach u. nach, b) → ***gradual*** I.

grad·u·ate ['grædʒʊət] **I** *s.* **1.** *univ.* a) 'Hochschulabsol,vent(in), Aka'demiker (-in), b) Graduierte(r *m*) *f* (*bsd. Inhaber[in] des niedrigsten akademischen Grades*), c) *Am.* Stu'dent(in) an e-r ***graduate school***; **2.** *ped. Am.* ('Schul-) Absol,vent(in): ***high-school*** ~ *etwa* Abiturient(in); **3.** *fig. Am.* ‚Pro'dukt' *n* (*e-r Anstalt etc.*); **4.** *Am.* Meßgefäß *n*; **II** *adj.* **5.** *univ.* a) Akademiker..., b) graduiert: ~ ***student*** → 1, c) für Graduierte: ~ ***course*** (Fach)Kurs *m* an e-r ***graduate school***; **6.** *Am.* staatlich geprüft, Diplom...: ~ ***nurse***; **7.** → ***graduated*** 1; **III** *v/t.* [-djʊeɪt] **8.** ⚙ mit e-r Maßeinteilung versehen, in Grade einteilen, *a.* ⚗ gradieren; **9.** abstufen, staffeln; **10.** *univ.* graduieren, *j-m* e-n (*bsd. den niedrigsten*) aka'demischen Grad verleihen; **11.** *ped. Am.* a) *oft* ***be ~d from*** die Abschlußprüfung bestehen an (*e-r Schule*), absolvieren, her'vorgehen aus, b) *j-n* (*in die nächste Klasse*) versetzen; **IV** *v/i.* [-djʊeɪt] **12.** *univ.* graduieren, e-n (*bsd. den niedrigsten*) aka'demischen Grad erwerben (***from*** an *dat.*); **13.** *ped. Am.* die Abschlußprüfung bestehen: ~ ***from*** → 11a; **14.** sich staffeln, sich abstufen: ~ ***into*** a) sich entwickeln zu, b) allmählich übergehen in (*acc.*); **'grad·u·at·ed** [-jʊeɪtɪd] *adj.* **1.** abgestuft, gestaffelt; **2.** ⚙ graduiert, mit e-r Gradeinteilung: ~ ***dial*** Skalenscheibe *f*; **grad·u·ate school** *s. univ. Am.* a) höhere 'Fachse,mester *pl.* (*mit Studienziel ‚Magister'*), b) *Universität(seinrichtung) zur Erlangung höherer akademischer Grade*; **grad·u·a·tion** [,grædjʊ'eɪʃn] *s.* **1.** Abstufung *f*, Staffelung *f*; **2.** ⚙ a) Gradeinteilung *f*, b) Grad-, Teilstrich(e *pl.*) *m*; **3.** ⚗ Gradierung *f*; **4.** *univ.* Graduierung *f*, Erteilung *f od.* Erlangung *f* e-s aka'demischen Grades; **5.** *ped. Am.* a) Absolvieren *n* (***from*** *e-r Schule*), b) Schluß-, Verleihungsfeier *f*.

Graeco- [gri:kəʊ] *in Zssgn* griechisch, gräko...

graf·fi·to [grə'fi:təʊ] *pl.* **-ti** [-tɪ] *s.* **1.** (S)Graf'fito *m*, *n*, Kratzmale'rei *f*; **2.** *pl.* Wandkritze'leien *pl.*, Graf'fiti *pl.*

graft [grɑ:ft] **I** *s.* **1.** ⚘ a) Pfropfreis *n*, b) veredelte Pflanze, c) Pfropfstelle *f*; **2.** ⚕ a) Transplan'tat *n*, b) Transplantati'on *f*; **3.** *bsd. Am.* F a) Korrupti'on *f*, b) Bestechungs-, Schmiergelder *pl.*; **II** *v/t.* **4.** ⚘ a) *Zweig* pfropfen, b) *Pflanze* okulieren, veredeln; **5.** ⚕ *Gewebe* transplantieren, verpflanzen; **6.** *fig.* (***in***, [***up***]***on***) a) *et.* aufpfropfen (*dat.*), b) *Ideen etc.* einimpfen (*dat.*), c) über'tragen (auf *acc.*); **III** *v/i.* **7.** *bsd. Am.* F a) sich (durch 'Amts,mißbrauch) bereichern, b) Schmiergelder zahlen; **'graft·er** [-tə] *s.* **1.** ⚘ a) Pfropfer *m*, b) Pfropfmesser *n*; **2.** *bsd. Am.* F kor'rupter Be'amter *od.* Po'litiker *etc.*

Grail [greɪl] *s. eccl.* Gral *m*.

grain [greɪn] **I** *s.* **1.** ⚘ (Samen-, *bsd.*

Getreide)Korn *n*; **2.** *coll.* Getreide *n*, Korn *n*; **3.** Körnchen *n*, (*Sand- etc.*) Korn *n*: ***of fine ~*** feinkörnig; → ***salt*** 1; **4.** *fig.* Spur *f*, *ein* bißchen: ***a ~ of truth*** ein Körnchen Wahrheit; ***not a ~ of hope*** kein Funke Hoffnung; **5.** ✝ Gran *n* (*Gewicht*); **6.** a) Faser(ung) *f*, Maserung *f* (*Holz*), b) Narbe *f* (*Leder*), c) Korn *n*, Narbe *f* (*Papier*), d) *metall.* Korn *n*, Körnung *f*, e) Strich *m* (*Tuch*), f) *min.* Korn *n*, Gefüge *n*: ***~ (side)*** Narbenseite (*Leder*); ***it goes against the ~ (with me)*** *fig.* es geht mir gegen den Strich; **7.** *hist.* Coche'nille *f* (*Farbstoff*): ***dyed in ~*** a) im Rohzustand gefärbt, b) *a. fig.* waschecht; **8.** *phot.* a) Korn *n*, b) Körnigkeit *f* (*Film*); **II** *v/t.* **9.** körnen, granulieren; **10.** ⚙ *Leder*: a) enthaaren, b) körnen, narben; **11.** ⚙ *Holz etc.* (*künstlich*) masern, ädern; **12.** ⚙ a) *Papier* narben, b) in der Wolle färben; **~ al·co·hol** *s.* ⚗ Ä'thylalkohol *m*; **~ leath·er** *s.* genarbtes Leder.

gram[1] [græm] → ***chickpea***.

gram[2] [græm] *Am* → ***gramme***.

gram·i·na·ceous [ˌgræmɪ'neɪʃəs], **gra·min·e·ous** [grə'mɪnɪəs] *adj.* ⚘ grasartig, Gras...; **gram·i·niv·o·rous** [ˌgræmɪ'nɪvərəs] *adj.* grasfressend.

gram·mar ['græmə] *s.* **1.** Gram'matik *f* (*a. Lehrbuch*): ***bad ~*** ungrammatisch; **2.** *fig.* Grundbegriffe *pl.*; **gram·mar·i·an** [grə'meərɪən] *s.* **1.** Gram'matiker (-in); **2.** Verfasser(in) e-r Gram'matik; **gram·mar school** *s.* **1.** *Brit.* höhere Schule, *etwa* Gym'nasium *n*; **2.** *Am. etwa* Grundschule *f*; **gram·mat·i·cal** [grə'mætɪkl] *adj.* ☐ gram'matisch, grammati'kalisch: ***not ~*** grammatisch falsch.

gramme [græm] *s.* Gramm *n*.

gram mol·e·cule *s. phys.* 'Grammmoleˌkül *n*.

Gram·my ['græmɪ] *s.* Grammy *m* (*amer. Schallplattenpreis*).

gram·o·phone ['græməfəʊn] *s.* a) Grammo'phon *n*, b) Plattenspieler *m*; **~ rec·ord** *s.* Schallplatte *f*.

gram·pus ['græmpəs] *s. zo.* Schwertwal *m*: ***blow like a ~*** *fig.* wie ein Nilpferd schnaufen.

gran·a·ry ['grænərɪ] *s.* Kornkammer *f* (*a. fig.*), Kornspeicher *m*.

grand [grænd] **I** *adj.* ☐ **1.** großartig, gewaltig, grandi'os, eindrucksvoll, prächtig: ***in ~ style*** großartig; **2.** (*geistig etc.*) groß, bedeutend, über'ragend; **3.** erhaben (*Stil etc.*); **4.** (*gesellschaftlich*) groß, hochstehend, vornehm, distinguiert: ***~ air*** Vornehmheit *f*, Würde *f*, *iro.* Gran'dezza *f*; ***do the ~*** den vornehmen Herrn spielen; ***..., he said ~ly*** ..., sagte er großartig; **5.** Haupt...: ***~ question***; ***~ staircase*** Haupttreppe *f*; ***~ total*** Gesamtsumme *f*; **6.** F großartig, prächtig: ***a ~ idea***; ***have a ~ time*** sich glänzend amüsieren; **II** *s.* **7.** ♪ Flügel *m*; **8.** *pl.* ***grand*** *Am. sl.* ‚Riese' *m* (*1000 Dollar*).

gran·dad → ***granddad***.

gran·dam ['grændæm] *s.* **1.** Großmutter *f*; **2.** alte Dame.

'grand|·aunt *s.* Großtante *f*; **'~·child** [-ntʃ-] *s.* [*irr.*] Enkel(in); **'~·dad** [-ndæd] *s.* ‚Opa' *m* (*a. alter Mann*); **'~ˌdaugh·ter** [-nˌdɔː-] *s.* Enkelin *f*; **ˌ≈-'du·cal** [-nd'd-] *adj.* großherzoglich; **≈ Duch·ess** [-ndd-] *s.* Großherzogin *f*; **≈ Duch·y** *s.* Großherzogtum *n*; **≈ Duke** *s.* **1.** Großherzog *m*; **2.** *hist.* (*russischer*) Großfürst.

gran·dee [græn'diː] *s.* Grande *m*.

gran·deur ['grændʒə] *s.* **1.** Großartigkeit *f* (*a. iro.*); **2.** Größe *f*, Erhabenheit *f*; **3.** Vornehmheit *f*, Hoheit *f*, Würde *f*: ***delusions of ~*** Größenwahnsinn *m*; **4.** Herrlichkeit *f*, Pracht *f*.

'grandˌfa·ther ['grændˌf-] *s.* Großvater *m*: ***~('s) clock*** Standuhr *f*; ***~('s) chair*** Ohrensessel *m*; **'grandˌfa·ther·ly** [-lɪ] *adj.* großväterlich (*a. fig.*).

gran·dil·o·quence [græn'dɪləkwəns] *s.* **1.** (Rede)Schwulst *m*, Bom'bast *m*; **2.** Großsprecherei *f*; **gran'dil·o·quent** [-nt] *adj.* ☐ **1.** schwülstig, hochtrabend, ‚geschwollen'; **2.** großsprecherisch.

gran·di·ose ['grændɪəʊs] *adj.* ☐ **1.** großartig, grandi'os; **2.** pom'pös, prunkvoll; **3.** schwülstig, hochtrabend, bom'bastisch.

grand| ju·ry *s.* ⚖ *Am.* Anklagejury *f* (*Geschworene, die die Eröffnung des Hauptverfahrens beschließen od. ablehnen*); **~ lar·ce·ny** *s.* ⚖ *Am.* schwerer Diebstahl; **~·ma** ['grænmɑː], **~·mam·ma** ['grænməˌmɑː] *s.* F 'Großmaˌma *f*, ‚Oma' *f*; **~ mas·ter** *s.* **1.** *Schach*: Großmeister *m*; **2.** ***Grand Master*** Großmeister *m* (*der Freimaurer etc.*); **'~ˌmoth·er** [-nˌm-] *s.* Großmutter *f*: ***teach your ~ to suck eggs!*** das Ei will klüger sein als die Henne!; **'~ˌmoth·er·ly** [-lɪ] *adj.* großmütterlich (*a. fig.*); **≈ Na·tion·al** *s.* *Pferdesport*: Grand National *n* (*Hindernisrennen auf der Aintree-Rennbahn bei Liverpool*); **'~ˌneph·ew** [-nˌn-] *s.* Großneffe *m*.

grand·ness ['grændnɪs] → ***grandeur***.

'grand|·niece [-niːs] *s.* Großnichte *f*; **~ old man** *s.* ‚großer alter Mann' (*e-r*

Berufsgruppe etc.); ≈ **Old Par·ty**, *abbr.* **GOP** *s. pol. Am. die* Republi'kanische Par'tei *der USA*; ~ **op·er·a** *s.* ♪ große Oper; **~·pa** ['grænpɑː], **~·pa·pa** ['grænpəˌpɑː] *s.* ‚Opa' *m*, 'Großpaˌpa *m*; '**~ˌpar·ent** [-nˌp-] *s.* **1.** Großvater *m od.* -mutter *f*; **2.** *pl.* Großeltern *pl.*; ~ **pi·an·o** *s.* ♪ (Kon'zert)Flügel *m*; '**~ˌsire** [-nˌs-] *s. obs.* **1.** alter Herr; **2.** Großvater *m*; '**~·son** [-ns-] *s.* Enkel *m*; ~ **slam** *s.* **1.** *Tennis*: Grand Slam *m*; **2.** → ***slam***[2]; '**~·stand** [-ndʒ-] **I** *s. sport* 'Haupttriˌbüne *f*: ***play to the ~*** → III; **II** *adj.* Haupttribünen...: ~ ***seat***; ~ ***play*** F Effekthascherei *f*; ~ ***finish*** packendes Finish; **III** *v/i. Am.* F sich in Szene setzen, ‚e-e Schau abziehen'; ~ **tour** *s. hist.* Bildungs-, Kava'liersreise *f*; '**~ˌun·cle** *s.* Großonkel *m*.

grange [greɪndʒ] *s.* **1.** Farm *f*; **2.** kleiner Gutshof *od.* Landsitz.

gra·nif·er·ous [grə'nɪfərəs] *adj.* ⚘ körnertragend.

gran·ite ['grænɪt] **I** *s. min.* Gra'nit *m* (*a. fig.*): ***bite on ~ fig.*** auf Granit beißen; **II** *adj.* Granit...; *fig.* hart, eisern, unbeugsam; **gra·nit·ic** [græ'nɪtɪk] → ***granite*** II.

gra·niv·o·rous [grə'nɪvərəs] *adj.* körnerfressend.

gran·nie, **gran·ny** ['grænɪ] *s.* F **1.** ‚Oma' *f*: ~ ***glasses*** Nickelbrille *f*; **2.** *a.* ~***('s) knot*** ⚓ Alt'weiberknoten *m*.

grant [grɑːnt] **I** *v/t.* **1.** bewilligen, gewähren (***s.o. a credit*** *etc.* j-m e-n Kredit *etc.*): ***it was not ~ed to her*** es war ihr nicht vergönnt; ***God ~ that*** gebe Gott, daß; **2.** *e-e Erlaubnis etc.* geben, erteilen; **3.** *e-e Bitte etc.* erfüllen, (*a.* ⚖ *e-m Antrag etc.*) stattgeben; **4.** ⚖ über'tragen, -'eignen, verleihen, *Patent* erteilen; **5.** zugeben, zugestehen, einräumen: ***I ~ you that ...*** ich gebe zu, daß ...; ***~ed, but*** zugegeben, aber; ***~ed that ...*** a) zugegeben, daß, b) angenommen, daß; ***take for ~ed*** a) *et.* als erwiesen annehmen, b) *et.* als selbstverständlich betrachten, c) gar nicht mehr wissen, was man an *j-m* hat; **II** *s.* **6.** a) Bewilligung *f*, Gewährung *f*, b) Zuschuß *m*, Unter'stützung *f*, Subventi'on *f*; **7.** (Ausbildungs-, Studien)Beihilfe *f*, Sti'pendium *n*; **8.** ⚖ a) Verleihung *f e-s Rechts*, Erteilung *f e-s Patents etc.*, b) (urkundliche) Über'tragung (***to*** auf *acc.*); **9.** *Am.* zugewiesenes Amt; **gran·tee** [grɑːn'tiː] *s.* **1.** Begünstigte(r *m*) *f*; **2.** ⚖ a) Zessio'nar(in), Rechtsnachfolger(in), b) Privile'gierte(r *m*) *f*; ˌ**grant-in-'aid** *pl.* ˌ**grants-in-'aid** *s.* a) *Brit.* Re'gierungszuschuß *m* an Kom'munen, b) *Am.* Bundeszuschuß *m* an Einzelstaaten; **gran·tor** [grɑːn'tɔː] *s.* ⚖ a) Ze'dent(in), b) Li'zenzgeber(in).

gran·u·lar ['grænjʊlə] *adj.* **1.** gekörnt, körnig; **2.** granuliert; '**gran·u·late** [-leɪt] **I** *v/t.* **1.** körnen, granulieren; **2.** *Leder* rauhen, narben; **II** *v/i.* körnig werden; '**gran·u·lat·ed** [-leɪtɪd] *adj.* **1.** gekörnt, körnig, granuliert (*a.* ⚕): ~ ***sugar*** Kristallzucker *m*; **2.** gerauht; **gran·u·la·tion** [ˌgrænjʊ'leɪʃn] *s.* **1.** ⚙ Körnen *n*, Granulieren *n*; **2.** Körnigkeit *f*; **3.** ⚕ Granulati'on *f*; '**gran·ule** [-juːl] *s.* Körnchen *n*; '**gran·u·lous** [-ləs] → ***granular***.

grape [greɪp] *s.* **1.** Weintraube *f*, -beere *f*: ***the*** (***juice of the***) ~ der Saft der Reben (*Wein*); ***but that's just sour ~s*** *fig.* aber ihm (*etc.*) hängen die Trauben zu hoch; → ***bunch*** 1; **2.** → ***grapevine*** 1; **3.** *pl. vet.* a) Mauke *f*, b) 'Rindertuberkuˌlose *f*; ~ **cure** *s.* ⚕ Traubenkur *f*; '**~·fruit** *s.* ⚘ Grapefruit *f*, Pampelmuse *f*; ~ **juice** *s.* Traubensaft *m*; '**~-louse** *s.* [*irr.*] *zo.* Reblaus *f*; '**~·shot** *s.* ⚔ Kar'tätsche *f*; '**~·stone** *s.* (Wein)Traubenkern *m*; ~ **sug·ar** *s.* Traubenzucker *m*; '**~·vine** *s.* **1.** ⚘ Weinstock *m*; **2.** F a) Gerücht *n*, b) *a.* ~ ***telegraph*** ‚Buschtrommel' *f*, 'Nachrichtensyˌstem *n*: ***hear s.th. on the ~*** et. gerüchteweise hören.

graph [græf] *s.* **1.** Schaubild *n*, Dia'gramm *n*, graphische Darstellung, Kurvenblatt *n*, -bild *n*; **2.** *bsd.* ⚗ Kurve *f*: ~ ***paper*** Millimeterpapier *n*; **3.** *ling.* Graph *m*; '**graph·ic** [-fɪk] **I** *adj.* (☐ ***~ally***) **1.** anschaulich, plastisch, lebendig (geschildert *od.* schildernd); **2.** graphisch, zeichnerisch: ~ ***arts*** → 4; ~ ***artist*** Graphiker(in); **3.** Schrift..., Schreib...; **II** *s. pl. sg. konstr.* **4.** Graphik, graphische Kunst; **5.** technisches Zeichnen; **6.** graphische Darstellung (*als Fach*); '**graph·i·cal** [-fɪkl] *adj.* ☐ → ***graphic*** I.

graph·ite ['græfaɪt] *s. min.* Gra'phit *m*, Reißblei *n*; **gra·phit·ic** [grə'fɪtɪk] *adj.* Graphit...

graph·o·log·i·cal [ˌgræfə'lɒdʒɪkl] *adj.* ☐ grapho'logisch; **graph·ol·o·gist** [græ'fɒlədʒɪst] *s.* Grapho'loge *m*; **graph·ol·o·gy** [græ'fɒlədʒɪ] *s.* Grapholo'gie *f*, Handschriftendeutung *f*.

grap·nel ['græpnl] *s.* **1.** ⚓ a) Enterhaken *m*, b) Dregganker *m*, Dregge *f*; **2.** ⚙ a) Ankereisen *n*, b) (Greif)Haken *m*, Greifer *m*.

grap·ple ['græpl] **I** *s.* **1.** → ***grapnel*** 1 a

u. 2 b; **2.** a) Griff *m* (*a. beim Ringen etc.*), b) Handgemenge *n*, Kampf *m*; **II** *v/t.* **3.** ⚓ entern; **4.** ⚙ verankern, verklammern; **5.** packen, fassen; **III** *v/i.* **6.** e-n Enterhaken *od.* Greifer gebrauchen; **7.** ringen, kämpfen (*a. fig.*): **~ *with s.th.*** *fig.* sich mit et. herumschlagen.

grap·pling| hook, **~ i·ron** ['græplıŋ] → ***grapnel*** 1 a u. 2 b.

grasp [grɑ:sp] **I** *v/t.* **1.** packen, fassen, (er)greifen; → ***nettle*** 1; **2.** an sich reißen; **3.** *fig.* verstehen, begreifen, (er-)fassen; **II** *v/i.* **4.** zugreifen, zupacken; **5.** **~ *at*** greifen nach; → ***shadow*** 2, ***straw*** 1; **6.** **~ *at*** *fig.* streben nach; **III** *s.* **7.** Griff *m*; **8.** a) Reichweite *f*, b) *fig.* Macht *f*, Gewalt *f*, Zugriff *m*: ***within one's ~*** in Reichweite, *fig. a.* greifbar nahe; ***within the ~ of*** in der Gewalt von (*od. gen.*); **9.** *fig.* Verständnis *n*, Auffassungsgabe *f*: ***it is within his ~*** das kann er begreifen; ***it is beyond his ~*** es geht über seinen Verstand; ***have a good ~ of s.th.*** et. gut beherrschen; **'grasp·ing** [-pıŋ] *adj.* □ habgierig.

grass [grɑ:s] **I** *s.* **1.** ⚘ Gras *n*: ***hear the ~ grow*** *fig.* das Gras wachsen hören; ***not to let the ~ grow under one's feet*** nicht lange fackeln, keine Zeit verschwenden; **2.** Gras *n*, Rasen *m*: ***keep off the ~*** Betreten des Rasens verboten!; **3.** Grasland *n*, Weide *f*: ***be*** (***out***) ***at ~*** a) auf der Weide sein, b) F im Ruhestand sein; ***put*** (*od.* ***turn***) ***out to ~*** a) *Vieh* auf die Weide treiben, b) *bsd. e-m Rennpferd* das Gnadenbrot geben, c) F *j-n* in Rente schicken; **4.** *sl.* ‚Grass' *n*, Marihu'ana *n*; **II** *v/t.* **5.** a) *a.* **~ *down*** mit Gras besäen, b) *a.* **~ *over*** mit Rasen bedecken; **6.** *Vieh* weiden (lassen); **7.** *Wäsche* auf dem Rasen bleichen; **8.** *Vogel* abschießen; **9.** *sport Gegner* zu Fall bringen; **III** *v/i.* **10.** grasen, weiden; **11.** *Brit. sl.* ‚singen': **~ *on s.o.*** j-n ‚verpfeifen'; **~ blade** *s.* Grashalm *m*; **~ court** *s. Tennis*: Rasenplatz *m*; **ˌ~-'green** *adj.* grasgrün; **'~-grown** *adj.* mit Gras bewachsen; **'~ˌhop·per** *s.* **1.** *zo.* (Feld)Heuschrecke *f*, Grashüpfer *m*; **2.** ✈, ⚔ Leichtflugzeug *n*; **'~-land** *s.* Weide(land *n*) *f*; **'~-plot** *s.* Rasenplatz *m*; **~ roots** *s. pl.* **1.** *fig.* Wurzel *f*; **2.** *pol.* a) Basis *f* (*e-r Partei*), b) ländliche Bezirke *od.* Landbevölkerung *f*; **'~-roots** *adj. pol.* a) (an) der Basis (*e-r Partei*), b) bodenständig: **~ *democracy***; **~ snake** *s. zo.* Ringelnatter *f*; **~ wid·ow** *s.* **1.** Strohwitwe *f*; **2.** *Am.* geschiedene *od.* getrennt lebende Frau; **~ wid·ow·er** *s.* **1.** Strohwitwer *m*; **2.** *Am.* geschiedener *od.* getrennt lebender Mann.

grass·y ['grɑ:sı] *adj.* grasbedeckt, grasig, Gras…

grate[1] [greıt] **I** *v/t.* **1.** *Käse etc.* reiben, *Gemüse etc. a.* raspeln; **2.** a) knirschen mit: **~ *one's teeth***, b) kratzen mit, c) quietschen mit; **3.** *et.* krächzen(d sagen); **II** *v/i.* **4.** knirschen *od.* kratzen *od.* quietschen; **5.** weh tun (([***up***]***on s.o.*** j-m): **~ *on s.o.'s nerves*** an j-s Nerven zerren; **~ *on the ear*** dem Ohr weh tun; **~ *on s.o.'s ears*** j-m in den Ohren weh tun.

grate[2] [greıt] *s.* **1.** Gitter *n*; **2.** (Feuer-, ⚙ Kessel)Rost *m*; **3.** Ka'min *m*; **4.** *Wasserbau*: Fangrechen *m*; **'grat·ed** [-tıd] *adj.* vergittert.

grate·ful ['greıtfʊl] *adj.* □ **1.** dankbar (***to s.o. for s.th.*** j-m für et.): ***a ~ letter*** ein Dank(es)brief; **2.** *fig.* dankbar (*Aufgabe etc.*); **3.** angenehm, wohltuend, will'kommen (***to s.o.*** j-m); **'grate·ful·ness** [-nıs] *s.* Dankbarkeit *f*.

grat·er ['greıtə] *s.* Reibe *f*, Reibeisen *n*, Raspel *f*.

grat·i·cule ['grætıkju:l] *s.* ⚙ **1.** a) (Grad)Netz *n*, Koordi'natensyˌstem *n*, b) mit e-m Netz versehene Zeichnung; **2.** Fadenkreuz *n*.

grat·i·fi·ca·tion [ˌgrætıfı'keıʃn] *s.* **1.** Befriedigung *f*: a) Zu'friedenstellung *f*, b) Genugtuung *f* (***at*** über *acc.*); **2.** Freude *f*, Vergnügen *n*, Genuß *m*; **3.** *obs.* Gratifikati'on *f*; **grat·i·fy** ['grætıfaı] *v/t.* **1.** befriedigen: **~ *one's thirst for knowledge*** s-n Wissensdurst stillen; **2.** *j-m* gefällig sein; **3.** erfreuen: ***be gratified*** sich freuen; ***I am gratified to hear*** ich höre mit Genugtuung *od.* Befriedigung; **grat·i·fy·ing** ['grætıfaıŋ] *adj.* □ erfreulich, befriedigend (***to*** für).

gra·tin ['grætæ̃ŋ] (*Fr.*) *s.* **1.** Bratkruste *f*: ***au ~*** gratiniert, überbacken; **2.** Gra'tin *n*, gratinierte Speise.

grat·ing[1] ['greıtıŋ] *adj.* □ **1.** kratzend, knirschend; **2.** krächzend, heiser; **3.** unangenehm.

grat·ing[2] ['greıtıŋ] *s.* **1.** Gitter *n* (*a. phys.*), Gitterwerk *n*; **2.** ⚙ (Balken-, Lauf)Rost *m*; **3.** ⚓ Gräting *f*.

gra·tis ['greıtıs] **I** *adv.* gratis, unentgeltlich, um'sonst; **II** *adj.* unentgeltlich, frei, Gratis…

grat·i·tude ['grætıtju:d] *s.* Dankbarkeit *f*: ***in ~ for*** aus Dankbarkeit für.

gra·tu·i·tous [grə'tju:ıtəs] *adj.* □ **1.** → ***gratis*** II; **2.** ⚖ ohne Gegenleistung; **3.** freiwillig, unverlangt; **4.** grundlos, unberechtigt, unverdient; **gra'tu·i·ty** [-tɪ] *s.* **1.** (Geld)Geschenk *n*, Gratifikati'on *f*, Sondervergütung *f*, Zuwendung *f*; **2.** Trinkgeld *n*.

gra·va·men [grə'veɪmen] *s.* **1.** ⚖ a) (Haupt)Beschwerdegrund *m*, b) *das* Belastende *e-r Anklage*; **2.** *bsd. eccl.* Beschwerde *f*.

grave¹ [greɪv] *s.* **1.** Grab *n*: ***dig one's own ~*** sein eigenes Grab schaufeln; ***have one foot in the ~*** mit einem Bein im Grab stehen; ***rise from the ~*** (von den Toten) auferstehen; ***turn in one's ~*** sich im Grabe umdrehen; **2.** *fig.* Grab *n*, Tod *m*, Ende *n*.

grave² [greɪv] **I** *adj.* □ **1.** ernst: a) feierlich, b) bedenklich: ***~ illness*** (***voice***, *etc.*), c) gewichtig, schwerwiegend, d) gesetzt, würdevoll, e) schwer, tief: ***~ thoughts***; **2.** dunkel, gedämpft (*Farbe*); **3.** *ling.* fallend: ***~ accent*** → 5; **4.** tief (*Ton*); **II** *s.* **5.** *ling.* Gravis *m*, Ac'cent *m* grave.

grave³ [greɪv] *v/t.* [*irr.*] *obs.* **1.** *Figur* (ein)schnitzen, (-)meißeln; **2.** *fig.* eingraben, -prägen.

grave⁴ [greɪv] *v/t.* ⚓ *Schiffsboden* reinigen u. teeren.

'grave,dig·ger *s.* Totengräber *m* (*a. zo. u. fig.*).

grav·el ['grævl] **I** *s.* **1.** Kies *m*: ***~ pit*** Kiesgrube *f*; **2.** Schotter *m*; **3.** *geol.* Geröll *n*; **4.** ⚕ Harngrieß *m*; **II** *v/t.* **5.** a) mit Kies bestreuen, b) beschottern; **6.** *fig.* verwirren, verblüffen.

grav·en ['greɪvn] *p.p. von* ***grave³*** *u. adj.* geschnitzt: ***~ image*** Götzenbild *n*.

grav·er ['greɪvə] → ***graving tool***.

Graves' dis·ease [greɪvz] *s.* ⚕ Basedowsche Krankheit.

'grave|·side *s.*: ***at the ~*** am Grab; **'~·stone** *s.* Grabstein *m*; **'~·yard** *s.* Fried-, Kirchhof *m*.

grav·id ['grævɪd] *adj.* a) schwanger, b) trächtig (*Tier*).

gra·vim·e·ter [grə'vɪmɪtə] *s. phys.* Gravi'meter *n*: a) Dichtemesser *m*, b) Schweremesser *m*.

grav·ing| dock ['greɪvɪŋ] *s.* ⚓ Trockendock *n*; **~ tool** *s.* ⚙ Grabstichel *m*.

grav·i·tate ['grævɪteɪt] *v/i.* **1.** sich (durch Schwerkraft) fortbewegen; **2.** *a. fig.* gravitieren, (hin)streben (***towards*** zu, nach); **3.** *fig.* sich hingezogen fühlen, tendieren, (hin)neigen (***to***, ***towards*** zu); **4.** sinken, fallen; **grav·i·ta·tion** [,grævɪ'teɪʃn] *s.* **1.** *phys.* Gravitati'on *f*: a) Schwerkraft *f*, b) Gravitieren *n*; **2.** *fig.* Neigung *f*, Hang *m*, Ten'denz *f*; **grav·i·ta·tion·al** [,grævɪ'teɪʃənl] *adj.* *phys.* Gravitations...: ***~ force*** Schwerkraft *f*; ***~ field*** Schwerefeld *n*; ***~ pull*** Anziehungskraft *f*.

grav·i·ty ['grævətɪ] **I** *s.* **1.** Ernst *m*: a) Feierlichkeit *f*, b) Bedenklichkeit *f*, c) Gesetztheit *f*, d) Schwere *f*; **2.** ♪ Tiefe *f* (*Ton*); **3.** *phys.* a) *a.* ***force of ~*** Gravitati'on *f*, Schwerkraft *f*, b) (Erd)Schwere *f*, c) Erdbeschleunigung; → ***centre*** 1, ***specific*** 8; **II** *adj.* **4.** *phys.*, ⚙ Schwerkraft...: ***~ drive***; ***~ feed*** Gefällezuführung *f*; ***~ tank*** Falltank *m*.

gra·vure [grə'vjʊə] *s.* Gra'vüre *f*.

gra·vy ['greɪvɪ] *s.* **1.** Braten-, Fleischsaft *m*; **2.** (Fleisch-, Braten)Soße *f*; **3.** *sl.* a) lukra'tive Sache, b) (unverhoffter) Gewinn: ***that's pure ~!*** das ist ja phantastisch!; **~ beef** *s.* Saftbraten *m*; **~ boat** *s.* Sauci'ere *f*, Soßenschüssel *f*; **~ train** *s.*: ***get on the ~*** *sl.* a) leicht ans große Geld kommen, b) ein Stück vom ‚Kuchen' abkriegen.

gray *etc. bsd. Am.* → ***grey*** *etc.*

graze¹ [greɪz] **I** *v/t.* **1.** *Vieh* weiden (lassen); **2.** abweiden, -grasen; **II** *v/i.* **3.** weiden, grasen (*Vieh*): ***grazing ground*** Weideland *n*.

graze² [greɪz] **I** *v/t.* **1.** streifen: a) leicht berühren, b) schrammen; **2.** ⚕ (ab-) schürfen, (auf)schrammen; **II** *v/i.* **3.** streifen; **III** *s.* **4.** Streifen *n*; **5.** ⚕ Abschürfung *f*, Schramme *f*; **6.** *a.* ***grazing shot*** Streifschuß *m*.

gra·zier ['greɪzjə] *s.* Viehzüchter *m*.

grease I *s.* [gri:s] **1.** (*zerlassenes*) Fett, Schmalz *n*; **2.** ⚙ Schmierfett *n*, -mittel *n*, Schmiere *f*; **3.** a) Wollfett *n*, b) Schweißwolle *f*; **4.** *vet.* (Flechten)Mauke *f* (*Pferd*); **5.** *hunt.* Feist *n*: ***in ~ of pride*** (*od.* ***prime***) fett (*Wild*); **II** *v/t.* [gri:z] **6.** ⚙ (ein)fetten, (ab)schmieren; → ***lightning*** I; **7.** beschmieren; **8.** F *j-n* ‚schmieren', bestechen; **~ cup** *s.* ⚙ Staufferbüchse *f*; **~ gun** *s.* ⚙ (Ab-) Schmierpresse *f*; **~ mon·key** *s.* F ✈, *mot.* (*bsd.* 'Auto-, 'Flugzeug)Me,chaniker *m*; **~ paint** *s. thea.* (Fett)Schminke *f*; **'~·proof** *adj.* fettabstoßend.

greas·er ['gri:zə] *s.* **1.** Schmierer *m*, Öler *m*; **2.** ⚙ Schmiervorrichtung *f*; **3.** *Brit.* F 'Autome,chaniker *m*; **4.** *Brit.* F *contp.* ‚Schleimscheißer' *m*; **5.** *Am.* *contp.* Mexi'kaner *m*.

greas·i·ness ['gri:zɪnɪs] *s.* **1.** Fettig-, Öligkeit *f*; **2.** Schmierigkeit *f*; **3.** Schlüpfrigkeit *f*; **4.** *fig.* Aalglätte *f*; **greas·y** ['gri:zɪ] *adj.* □ **1.** fettig, schmierig, ölig; **2.** schmierig, beschmiert; **3.** glitschig, schlüpfrig; **4.** ungewaschen (*Wolle*); **5.** *fig.* a) aalglatt,

b) ölig, c) schmierig.

great [greɪt] **I** *adj.* □ → ***greatly***; **1.** groß, beträchtlich: ***a ~ number*** e-e große Anzahl; ***a ~ many*** sehr viele; ***the ~ majority*** die große Mehrheit; ***live to a ~ age*** ein hohes Alter erreichen; **2.** groß, Haupt...: ***to a ~ extent*** in hohem Maße; ***~ friends*** dicke Freunde; **3.** groß, bedeutend, berühmt: ***a ~ poet***; ***a ~ city*** e-e bedeutende Stadt; ***~ issues*** wichtige Probleme; **4.** hochstehend, vornehm, berühmt: ***a ~ family***; ***the ~ world*** die gute Gesellschaft; **5.** großartig, vor'züglich, wertvoll: ***a ~ opportunity*** e-e vorzügliche Gelegenheit; ***it is a ~ thing to be healthy*** es ist viel wert, gesund zu sein; **6.** erhaben, hoch: ***~ thoughts***; **7.** eifrig: ***a ~ reader***; **8.** groß(geschrieben); **9.** *nur pred.* a) gut: ***he is ~ at golf*** er spielt (sehr) gut Golf, er ist ‚ganz groß' im Golfspielen, b) interessiert: ***he is ~ on dogs*** er ist ein großer Hundeliebhaber; **10.** F großartig, wunderbar, prima; ***we had a ~ time*** wir haben uns herrlich amüsiert, es war sagenhaft (schön); ***the ~ thing is that ...*** das Großartige (daran) ist, daß; **11.** *in Verwandtschaftsbezeichnungen*: a) Groß..., b) (*vor* ***grand...***) Ur...; **12.** *als Beiname*: ***the ♀ Elector*** der Große Kurfürst; ***Frederick the ♀*** Friedrich der Große; **II** *s.* **13.** ***the ~*** *pl.* die Großen *pl.*, die Promi'nenten *pl.*; **14.** *pl. Brit. univ.* 'Schlußexˌamen *n* für den Grad des B.A. (*Oxford*).

ˌ**great|-'aunt** *s.* Großtante *f*; ♀ **Char·ter** → ***Magna C(h)arta***; ~ **cir·cle** *s.* ⚓ Großkreis *m* (*e-r Kugel*); '**~-coat** *s.* (Herren)Mantel *m*; ♀ **Dane** *s. zo.* Dänische Dogge; ~ **di·vide** *s.* **1.** *geogr.* Hauptwasserscheide *f*: ***the Great Divide*** die Rocky Mountains; ***cross the ~*** *fig.* die Schwelle des Todes überschreiten; **2.** *fig.* Krise *f*, entscheidende Phase.

Great·er Lon·don ['greɪtə] *s.* Groß-London *n.*

ˌ**great|-'grand·child** *s.* Urenkel(in); ˌ**~-'grandˌdaugh·ter** *s.* Urenkelin *f*; ˌ**~-'grandˌfa·ther** *s.* Urgroßvater *m*; ˌ**~-'grandˌmoth·er** *s.* Urgroßmutter *f*; ˌ**~-'grandˌpar·ents** *s. pl.* Urgroßeltern *pl.*; ˌ**~-'grand·son** *s.* Urenkel *m*; ~ **gross** *s.* zwölf Gros *pl.*; ˌ**~-'heart·ed** *adj.* **1.** beherzt; **2.** hochherzig; ♀ **Lakes** *s. pl. die* Großen Seen *pl.* (*USA*).

great·ly ['greɪtlɪ] *adv.* sehr, höchst, außerordentlich, 'überaus.

Great| Mo·gul ['məʊgʌl] *s. hist.* Großmogul *m*; ˌ**♀-'neph·ew** *s.* Großneffe *m.*

great·ness ['greɪtnɪs] *s.* **1.** Größe *f*, Erhabenheit *f*: ***~ of mind*** Geistesgröße; **2.** Größe *f*, Bedeutung *f*, Wichtigkeit *f*, Rang *m*; **3.** Ausmaß *n*.

ˌ**great|-'niece** *s.* Großnichte *f*; ♀ **Plains** *s. pl. Am. Präriegebiete im Westen der USA*; ♀ **Pow·ers** *s. pl. pol.* Großmächte *pl.*; ♀ **Seal** *s. Brit. hist.* Großsiegel *n*; ~ **tit** *s. orn.* Kohlmeise *f*; ˌ**~-'un·cle** *s.* Großonkel *m*; ♀ **Wall** (**of Chi·na**) *s. die* Chi'nesische Mauer; ♀ **War** *s.* (*bsd. der* Erste) Weltkrieg.

greave [gri:v] *s. hist.* Beinschiene *f.*

greaves [gri:vz] *s. pl.* Grieben *pl.*

grebe [gri:b] *s. orn.* (See)Taucher *m*.

Gre·cian ['gri:ʃn] **I** *adj.* **1.** (*bsd.* klassisch) griechisch; **II** *s.* **2.** Grieche *m*, Griechin *f*; **3.** Grä'zist *m*.

greed [gri:d] *s.* Gier *f* (***for*** nach); Habgier *f*, -sucht *f*: ***~ for power*** Machtgier; '**greed·i·ness** [-dɪnɪs] *s.* **1.** Gierigkeit *f*; **2.** Gefräßigkeit *f*; '**greed·y** [-dɪ] *adj.* □ **1.** gierig (***for*** auf *acc.*, nach): ***~ for power*** machtgierig; **2.** habgierig; **3.** gefräßig, gierig.

Greek [gri:k] **I** *s.* **1.** Grieche *m*, Griechin *f*: ***when ~ meets ~*** *fig.* wenn zwei Ebenbürtige sich miteinander messen; **2.** *ling.* Griechisch *n*, das Griechische: ***that's ~ to me*** das sind für mich böhmische Dörfer; **II** *adj.* **3.** griechisch; ~ **Church** *s.* ˌgriechisch-ortho'doxe *od.* -ka'tholische Kirche; ~ **cross** *s.* griechisches Kreuz; ~ **gift** *s. fig.* Danaergeschenk *n*; ~ **Or·tho·dox Church** → ***Greek Church***.

green [gri:n] **I** *adj.* □ **1.** *allg.* grün (*a. weitS. grünend, schneefrei, unreif*): ***~ apples*** (***fields***); ***~ food***, ***~ vegetables*** → 13; ***~ with envy*** grün *od.* gelb vor Neid; ***~ with fear*** schreckensbleich; **2.** grün, frisch: ***~ fish***; ***~ wine*** neuer Wein; **3.** roh, frisch, Frisch...: ***~ meat***; ***~ coffee*** Rohkaffee *m*; **4.** ⚙ nicht fertigverarbeitet: ***~ ceramics*** ungebrannte Töpferwaren; ***~ hide*** ungegerbtes Fell; ***~ ore*** Roherz *n*; **5.** ⚙ fa'brikneu: ***~ assembly*** Erstmontage *f*; ***~ run*** Einfahren *n*, erster Lauf; **6.** *fig.* frisch: a) neu, b) lebendig: ***~ memories***; **7.** *fig.* grün, unerfahren, na'iv: ***a ~ youth***; ***~ in years*** jung an Jahren; **8.** jugendlich: ***~ old age*** rüstiges Alter; **II** *s.* **9.** Grün *n*, grüne Farbe: ***the lights are at ~*** *mot.* die Ampel steht auf Grün; ***at ~*** bei Grün; **10.** Grünfläche *f*, Rasen(platz) *m*: ***village ~*** Dorfanger *m*, -wiese *f*; **11.** Golfplatz *m*; **12.** *pl.* Grün *n*, grünes Laub; **13.** *mst pl.* grünes Gemüse, Blattgemüse *n*; **14.** *fig.* Jugendfrische *f*;

15. *sl.* ‚Kies' *m* (*Geld*); **III** *v/t.* **16.** grün machen *od.* färben; **IV** *v/i.* **17.** grün werden, grünen.

'green|·back *s.* **1.** *Am.* F Dollarschein *m*; **2.** *zo.* Laubfrosch *m*; **~ belt** *s.* Grüngürtel *m* (*um e-e Stadt*); **~ cheese** *s.* **1.** unreifer Käse; **2.** Molkenkäse *m*; **3.** Kräuterkäse *m*; **~ cloth** *s. bsd. Am.* **1.** Spieltisch *m*; **2.** Billardtisch *m*; **~ crop** *s.* Grünfutter *n*.

green·er·y ['gri:nərı] *s.* **1.** Grün *n*, Laub *n*; **2.** → ***greenhouse*** 1.

'green|-eyed *adj. fig.* eifersüchtig, neidisch: ***the ~ monster*** die Eifersucht; **'~·finch** *s. orn.* Grünfink *m*; **~ fin·gers** *s. pl.* F gärtnerische Begabung: ***he has ~*** bei ihm gedeihen alle Pflanzen, ‚er hat einen grünen Daumen'; **'~·fly** *s. zo. Brit.* grüne Blattlaus; **'~·gage** *s.* Reine'claude *f*; **'~ˌgro·cer** *s.* Obst- u. Gemüsehändler *m*; **'~ˌgro·cer·y** *s.* **1.** Obst- u. Gemüsehandlung *f*; **2.** *pl.* Obst *n* u. Gemüse *n*; **'~·horn** *s.* F **1.** ‚Greenhorn' *n*, Grünschnabel *m*, (unerfahrener) Neuling; **2.** Gimpel *m*; **'~·house** *s.* **1.** Treib-, Gewächshaus *n*; **2.** F Vollsichtkanzel *f*.

green·ish ['gri:nıʃ] *adj.* grünlich.

Green·land·er ['gri:nləndə] *s.* Grönländer(in).

green| light *s.* grünes Licht (*bsd. der Verkehrsampel*; *a. fig. Genehmigung*): ***give s.o. the ~*** *fig.* j-m grünes Licht geben; **~ lung** *s. Brit.* ‚grüne Lunge', Grünflächen *pl.*; **'~·man** [-mən] *s.* [*irr.*] Platzmeister *m* (*Golfplatz*).

green·ness ['gri:nnıs] *s.* **1.** Grün *n*, *das* Grüne; **2.** *fig.* Frische *f*, Munterkeit *f*, Kraft *f*; **3.** *fig.* Unreife *f*, Unerfahrenheit *f*.

green| pound *s.* grünes Pfund (*EG-Verrechnungseinheit*); **'~·room** [-rʊm] *s. thea.* 'Künstlerzimmer *n*, -gardeˌrobe *f*; **'~ˌsick·ness** *s.* Bleichsucht *f*; **'~·stick** (**frac·ture**) *s.* Knickbruch *m*; **'~·stuff** *s.* **1.** Grünfutter *n*; **2.** grünes Gemüse; **'~·sward** *s.* Rasen *m*; **~ ta·ble** *s.* Konfe'renztisch *m*; **~ tea** *s.* grüner Tee; **~ thumb** *Am.* → ***green fingers.***

Green·wich (**Mean**) **Time** ['grınıdʒ] *s.* Greenwicher Zeit.

greet [gri:t] *v/t.* **1.** grüßen; **2.** begrüßen, empfangen; **3.** *fig. dem Auge* begegnen, *ans Ohr* dringen, sich *j-m* bieten (*Anblick*); **4.** *e-e Nachricht etc. freudig etc.* aufnehmen; **'greet·ing** [-tıŋ] *s.* **1.** Gruß *m*, Begrüßung *f*; **2.** *pl.* a) Grüße *pl.*, b) Glückwünsche *pl.*: ***~s card*** Glückwunschkarte *f*.

gre·gar·i·ous [grı'geərıəs] *adj.* □ **1.** gesellig; **2.** *zo.* in Herden *od.* Scharen lebend, Herden…; **3.** traubenartig wachsend; **gre'gar·i·ous·ness** [-nıs] *s.* **1.** Geselligkeit *f*; **2.** *zo.* Zs.-leben *n* in Herden.

Gre·go·ri·an [grı'gɔ:rıən] *adj.* Gregori'anisch: ***~ calendar***; ***~ chant*** ♪ Gregorianischer Gesang.

greige [greıʒ] *adj. u. s.* na'turfarben(e Stoffe *pl.*).

grem·lin ['gremlın] *s. sl.* böser Geist, Kobold *m* (*der Maschinenschaden etc. anrichtet*).

gre·nade [grı'neıd] *s.* **1.** ⚔ Ge'wehr-, 'Handgraˌnate *f*; **2.** 'Tränengaspaˌtrone *f*; **gren·a·dier** [ˌgrenə'dıə] *s.* ⚔ Grena'dier *m*.

gres·so·ri·al [gre'sɔ:rıəl] *adj. orn., zo.* Schreit…, Stelz…: ***~ birds.***

Gret·na Green mar·riage ['gretnə] *s.* Heirat *f* in Gretna Green (*Schottland*).

grew [gru:] *pret. von* ***grow.***

grey [greı] **I** *adj.* □ **1.** grau; **2.** grau (-haarig), ergraut: ***grow ~*** → 8; **3.** farblos, blaß; **4.** trübe, düster, grau: ***a ~ day***; ***~ prospects*** trübe Aussichten; **5.** neu'tral, farblos, na'turfarben: ***~ cloth*** ungebleichter Baumwollstoff; **II** *s.* **6.** Grau *n*, graue Farbe: ***dressed in ~*** grau *od.* in Grau gekleidet; **7.** *zo.* Grauschimmel *m*; **III** *v/i.* **8.** grau werden, ergrauen: ***~ing*** angegraut (*Haare*); **~ a·re·a** *s.* **1.** *Statistik*: Grauzone *f*; **2.** *Brit.* Gebiet *n* mit hoher Arbeitslosigkeit; **'~·back** *s.* **1.** *zo.* Grauwal *m*; **2.** *Am.* F ‚Graurock' *m* (*Soldat der Südstaaten im Bürgerkrieg*); **~ crow** *s. orn.* Nebelkrähe *f*; **'~·fish** *s. ein* Hai(fisch) *m*; **~ goose** → ***greylag***; **ˌ~-'head·ed** *adj.* **1.** grauköpfig; **2.** *fig.* alterfahren; **'~-hen** *s. orn.* Birk-, Haselhuhn *n*; **'~·hound** *s.* Windhund *m*; ***~-racing*** Windhundrennen *n*.

grey·ish ['greııʃ] *adj.* gräulich, Grau…

grey·lag ['greılæg] *s. orn.* Grau-, Wildgans *f*.

grey| mar·ket *s.* grauer Markt; **~ mat·ter** *s.* **1.** graue ('Hirnrinden-) Subˌstanz; **2.** F ‚Grips' *m*, ‚Grütze' *f* (*Verstand*); **~ mul·let** *s. ichth.* Meeräsche *f*.

grey·ness ['greınıs] *s.* **1.** Grau *n*; **2.** *fig.* Trübheit *f*, Düsterkeit *f*.

grey squir·rel *s. zo.* Grauhörnchen *n*.

grid [grıd] *s.* **1.** Gitter *n*, Rost *m*; **2.** ϟ a) Bleiplatte *f*, b) Gitter *n* (*in Elektronenröhre*); **3.** ϟ *etc.* Versorgungsnetz *n*; **4.** Gitternetz *n auf Landkarten*: ***~ded map*** Gitternetzkarte *f*; **5.** → ***gridiron***

1, 4, 6; **~ bi·as** *s.* ⚡ Gittervorspannung *f*; **~ cir·cuit** *s.* ⚡ Gitterkreis *m.*

grid·dle ['grɪdl] *s.* **1.** Kuchen-, Backblech *n*: ***~ cake*** Pfannkuchen *m*; ***be on the ~*** F ‚in die Mangel genommen werden'; **2.** ⚙ Drahtsieb *n.*

'grid,i·ron *s.* **1.** Bratrost *m*; **2.** ⚙ Gitterrost *m*; **3.** Netz(werk) *n* (*Leitungen, Bahnlinien etc.*); **4.** ⚓ Balkenrost *m*; **5.** *thea.* Schnürboden *m*; **6.** *American Football*: F Spielfeld *n.*

grid| leak *s.* ⚡ 'Gitter(ableit),widerstand *m*; **~ line** *s.* Gitternetzlinie *f* (*auf Landkarten*); **~ plate** *s.* ⚡ Gitterplatte *f*; **~ square** *s.* 'Planqua,drat *n.*

grief [gri:f] *s.* Gram *m*, Kummer *m*, Leid *n*, Schmerz *m*: ***bring to ~*** zu Fall bringen, zugrunde richten; ***come to ~*** a) zu Schaden kommen, verunglücken, b) zugrunde gehen, c) fehlschlagen, scheitern: ***good ~!*** F meine Güte!; **'~-,strick·en** *adj.* kummervoll.

griev·ance ['gri:vns] *s.* **1.** Beschwerde (-grund *m*) *f*, (Grund *m* zur) Klage *f*: ***~ committee*** Schlichtungsausschuß *m*; **2.** Mißstand *m*; **3.** Groll *m*; **4.** Unzufriedenheit *f*; **grieve** [gri:v] **I** *v/t.* betrüben, bekümmern, *j-m* weh tun; **II** *v/i.* bekümmert sein, sich grämen (***at, about*** über *acc.*, wegen; ***for*** um); **'griev·ous** [-vəs] *adj.* □ **1.** schmerzlich, bitter, quälend; **2.** schwer, schlimm: ***~ error***; ***~ bodily harm*** ⚖ schwere Körperverletzung; **3.** bedauerlich; **'griev·ous·ness** [-vəsnɪs] *s. das* Schmerzliche *etc.*

grif·fin[1] ['grɪfɪn] *s.* **1.** *myth., her.* Greif *m*; **2.** → ***griffon***[1].

grif·fin[2] ['grɪfɪn] *s.* Neuankömmling *m* (*im Orient*).

grif·fon[1] ['grɪfən], *a.* **~ vul·ture** *s. orn.* Weißköpfiger Geier.

grif·fon[2] ['grɪfən] *s.* **1.** → ***griffin***[1] 1; **2.** Grif'fon *m* (*ein Vorstehhund*).

grift·er ['grɪftə] *s. Am. sl.* Gauner *m.*

grill[1] [grɪl] **I** *s.* **1.** Grill *m*, (Brat)Rost *m*; **2.** Grillen *n*; **3.** Gegrillte(s) *n*; **4.** → ***grillroom***; **II** *v/t.* **5.** *Fleisch etc.* grillen; **6.** ***~ o.s.*** sich (in der Sonne) grillen; **7.** *a.* ***give a ~ing*** F *j-n* ‚in die Mangel nehmen', ‚ausquetschen' (*bsd. Polizei*); **III** *v/i.* **8.** gegrillt werden.

grill[2] [grɪl] → ***grille.***

grille [grɪl] *s.* **1.** Tür-, Fenster-, Schaltergitter *n*; **2.** Gitterfenster *n*, Sprechgitter *n*; **3.** *mot.* (Kühler)Grill *m*; **grilled** [-ld] *adj.* vergittert.

grill·er ['grɪlə] → ***grill***[1] 1; **'grill·room** *s.* Grill(room) *m.*

grilse [grɪls] *s., a. pl. ichth.* junger Lachs.

grim [grɪm] *adj.* □ **1.** grimmig: a) zornig, wütend, b) erbittert, verbissen: ***~ struggle***, c) hart, schlimm, grausam; **2.** schrecklich, grausig: ***~ accident.***

gri·mace [grɪ'meɪs] **I** *s.* Gri'masse *f*, Fratze *f*: ***make a ~, make ~s*** → **II** *v/i.* e-e Gri'masse *od.* Gri'massen schneiden, das Gesicht verzerren *od.* verziehen.

gri·mal·kin [grɪ'mælkɪn] *s.* **1.** (alte) Katze; **2.** alte Hexe (*Frau*).

grime [graɪm] **I** *s.* (zäher) Schmutz *od.* Ruß; **II** *v/t.* beschmutzen; **'grim·i·ness** [-mɪnɪs] *s.* Schmutzigkeit *f.*

Grimm's law [grɪmz] *s. ling.* (Gesetz *n* der) Lautverschiebung *f.*

grim·ness ['grɪmnɪs] *s.* Grimmigkeit *f*, Schrecklichkeit *f*; Grausamkeit *f*, Härte *f*; Verbissenheit *f.*

grim·y ['graɪmɪ] *adj.* □ schmutzig, rußig.

grin [grɪn] **I** *v/i.* grinsen, feixen, *oft nur* (verschmitzt) lächeln: ***~ at s.o.*** j-n angrinsen *od.* anlächeln; ***~ to o.s.*** in sich hineingrinsen; ***~ and bear it*** a) gute Miene zum bösen Spiel machen, b) die Zähne zs.-beißen; **II** *v/t. et.* grinsend sagen; **III** *s.* Grinsen *n*, (verschmitztes) Lächeln.

grind [graɪnd] **I** *v/t.* [*irr.*] **1.** *Messer etc.* schleifen, wetzen, schärfen; *Glas* schleifen: ***~ in*** *Ventile* einschleifen; → ***ax*** 1; **2.** *a.* ***~ down*** (zer)mahlen, zerreiben, -kleinern, -stoßen, -stampfen, schroten; **3.** *Kaffee, Korn, Mehl etc.* mahlen; **4.** ⚙ schmirgeln, glätten, polieren; **5.** ***~ down*** abwetzen; → 2 *u.* 11; **6.** ***~ one's teeth*** mit den Zähnen knirschen; **7.** knirschend (*hinein*)bohren; **8.** *Leierkasten etc.* drehen; **9.** ***~ out*** a) *Zeitungsartikel etc.* her'unterschreiben, b) ♪ her'unterspielen; **10.** ***~ out*** *et.* mühsam her'vorbringen; **11.** *a.* ***~ down*** *fig.* (unter)'drücken, schinden, quälen: ***~ the faces of the poor*** die Armen (gnadenlos) ausbeuten; **12.** ***~ s.th. into s.o.*** F j-m et. ‚einpauken'; **II** *v/i.* [*irr.*] **13.** mahlen; **14.** knirschen; **15.** F sich plagen *od.* abschinden; **16.** *ped.* F ‚pauken', ‚ochsen', ‚büffeln'; **III** *s.* **17.** F Schinde'rei *f*: ***the daily ~***; **18.** *ped.* F a) ‚Pauken' *n*, ‚Büffeln' *n*, b) Streber(in), ‚Büffler(in)'; **19.** *Brit. sl.* ‚Nummer' *f* (*Koitus*); **'grind·er** [-də] *s.* **1.** (*Messer-, Scheren-, Glas*)Schleifer *m*; **2.** Schleifstein *m*; **3.** oberer Mühlstein; **4.** ⚙ a) 'Schleifma,schine *f*, b) Mahlwerk *n*, Mühle *f*, c) Quetschwerk *n*; **5.** a) (Kaffee)Mühle *f*, b) *a.* ***meat ~*** Fleischwolf *m*; **6.** *anat.* a) Backenzahn *m*, b) *pl. sl.*

Zähne *pl.*; ˈ**grind·ing** [-dɪŋ] **I** *s.* **1.** Mahlen *n*; **2.** Schleifen *n*; **3.** Knirschen *n*; **II** *adj.* **4.** mahlend (*etc.* → ***grind*** I *u.* II); **5.** Mahl…, Schleif…: **~ *mill*** a) Mahlwerk *n*, Mühle *f*, b) Schleif-, Reibmühle *f*; **~ *paste*** Schleifpaste *f*; **6. ~ *work*** ‚Schinderei' *f*.

ˈ**grind·stone** [-ndʒ-] *s.* Schleifstein *m*: ***keep s.o.'s nose to the ~*** *fig.* j-n hart *od.* schwer arbeiten lassen; ***keep one's nose to the ~*** schwer arbeiten, sich ranhalten; ***get back to the ~*** sich wieder an die Arbeit machen.

grin·go [ˈgrɪŋgəʊ] *pl.* **-gos** *s.* Gringo *m* (*lateinamer. Spottname für Ausländer, bsd. Angelsachsen*).

grip [grɪp] **I** *s.* **1.** Griff *m* (*a. die Art, et. zu packen*): ***come to ~s with*** a) aneinandergeraten mit, b) *fig.* sich auseinandersetzen mit, *et.* in Angriff nehmen; ***be at ~s with*** a) in e-n Kampf verwikkelt sein mit, b) *fig.* sich auseinandersetzen *od.* ernsthaft beschäftigen mit *e-r Sache*; **2.** *fig.* a) Griff *m*, Halt *m*, b) Herrschaft *f*, Gewalt *f*, Zugriff *m*, c) Verständnis *n*, ‚ˈDurchblick' *m*: ***in the ~ of*** in den Klauen *od.* in der Gewalt (*gen.*); ***get a ~ on*** in s-e Gewalt *od.* (*geistig*) in den Griff bekommen; ***have a ~ on*** *et.* in der Gewalt haben, *fig. Zuhörer etc.* fesseln, gepackt halten; ***have a*** (***good***) ***~ on*** *die Lage*, *e-e Materie etc.* (sicher) beherrschen, *die Situation etc.* (klar) erfassen; ***lose one's ~*** a) die Herrschaft verlieren (***of*** über *acc.*), b) (*bsd. geistig*) nachlassen; **3.** (*bestimmter*) Händedruck *m* (*z.B. der Freimaurer*); **4.** (Hand)Griff *m* (*Koffer etc.*); **5.** Haarspange *f*; **6.** ⚙ Greifer *m*, Klemme *f*; **7.** ⚙ Griffigkeit *f* (*a. von Autoreifen*); **8.** *thea.* Kuˈlissenschieber *m*; **9.** Reisetasche *f*; **II** *v/t.* **10.** packen, ergreifen; **11.** *fig. j-n* packen: a) ergreifen (*Furcht*, *Spannung*), b) *Leser*, *Zuhörer etc.* fesseln; **12.** *fig.* begreifen, verstehen; **13.** ⚙ festklemmen; **III** *v/i.* **14.** Halt finden; **15.** *fig.* packen, fesseln; **~ *brake*** *s.* ⚙ Handbremse *f*.

gripe [graɪp] **I** *v/t.* **1.** zwicken: ***be ~d*** Bauchschmerzen *od.* e-e Kolik haben; **2.** ⚓ *Boot etc.* sichern; **II** *v/i.* **3.** F nörgeln, ‚meckern'; **III** *s.* **4.** *pl.* ⚕ Bauchweh *n*, Kolik *f*; **5.** F (Grund *m* zur) ‚Meckeˈrei' *f*; **6.** *pl.* ⚓ Seile *pl.* zum Festmachen.

grip·per [ˈgrɪpə] *s.* ⚙ Greifer *m*, Halter *m*; ˈ**grip·ping** [-pɪŋ] *adj.* **1.** *fig.* fesselnd, packend, spannend; **2.** ⚙ Greif…, Klemm…: **~ *lever*** Spannhebel *m*; **~ *tool*** Spannwerkzeug *n*.

ˈ**grip·sack** *s. Am.* Reisetasche *f*.

gris·kin [ˈgrɪskɪn] *s. Brit. Küche*: Rippenstück *n*.

gris·ly [ˈgrɪslɪ] *adj.* gräßlich.

grist [grɪst] *s.* **1.** Mahlgut *n*, -korn *n*: ***that's ~ to his mill*** das ist Wasser auf s-e Mühle; ***bring ~ to the mill*** Gewinn bringen; ***all is ~ to his mill*** er weiß aus allem Kapital zu schlagen; **2.** Malzschrot *m*, *n*; **3.** *Am.* (ˈGrundlagen)Materiˌal *n*; **4.** Stärke *f*, Dicke *f* (*Garn od. Tau*).

gris·tle [ˈgrɪsl] *s.* Knorpel *m*; ˈ**gris·tly** [-lɪ] *adj.* knorpelig.

grit [grɪt] **I** *s.* **1.** *geol.* a) grober Sand, Kies *m*, b) *a.* **~ *stone*** grober Sandstein; **2.** *fig.* Mut *m*, ‚Mumm' *m*; **3.** *pl.* Haferschrot *m*, *n*, -grütze *f*; **II** *v/i.* **4.** knirschen, mahlen; **III** *v/t.* **5. ~ *one's teeth*** a) die Zähne zs.-beißen, b) mit den Zähnen knirschen; ˈ**grit·ty** [-tɪ] *adj.* **1.** sandig, kiesig; **2.** *fig.* F mutig.

griz·zle[1] [ˈgrɪzl] *v/i. Brit.* F **1.** quengeln; **2.** sich beklagen.

griz·zle[2] [ˈgrɪzl] *s.* **1.** graue Farbe, Grau *n*; **2.** graues Haar; ˈ**griz·zled** [-ld] *adj.* grau(haarig); ˈ**griz·zly** [-lɪ] **I** *adj.* → ***grizzled***; **II** *s. a.* **~ *bear*** Grizzly(bär) *m*, Graubär *m*.

groan [grəʊn] **I** *v/i.* **1.** stöhnen, ächzen (***with*** vor; *a. fig. leiden* ***beneath***, ***under*** unter *dat.*); **2.** ächzen, knarren (*Tür etc.*): ***a ~ing board*** (*od.* ***table***) ein überladener Tisch; **II** *v/t.* **3.** ächzen, unter Stöhnen äußern; **4. ~ *down*** durch Laute des Unmuts zum Schweigen bringen; **III** *s.* **5.** Stöhnen *n*, Ächzen *n*: ***give a ~*** → 1; **6.** Laut *m* des Unmuts.

groats [grəʊts] *s. pl.* Hafergrütze *f*.

gro·cer [ˈgrəʊsə] *s.* Lebensmittelhändler *m*; ˈ**gro·cer·y** [-sərɪ] *s.* **1.** Lebensmittelgeschäft *n*; **2.** *mst pl.* Lebensmittel *pl.*; **3.** Lebensmittelhandel *m*; **gro·ce·te·ri·a** [ˌgrəʊsəˈtɪərɪə] *s. Am.* Lebensmittelgeschäft *n* mit Selbstbedienung.

grog [grɒg] **I** *s.* Grog *m*; **II** *v/i.* Grog trinken.

grog·gi·ness [ˈgrɒgɪnɪs] *s.* **1.** F Betrunkenheit *f*, ‚Schwips' *m*; **2.** Wack(e)ligkeit *f*; **3.** *a. Boxen*: Benommenheit *f*, (halbe) Betäubung; ˈ**grog·gy** [-gɪ] *adj.* **1.** groggy: a) *Boxen*: angeschlagen, b) F erschöpft, ‚kaˈputt', c) F wacklig (auf den Beinen); **2.** wacklig; **3.** morsch.

groin [grɔɪn] *s.* **1.** *anat.* Leiste *f*, Leistengegend *f*; **2.** ⚠ Grat(bogen) *m*, Rippe *f*; **3.** ⚙ Buhne *f*; **groined** [-nd] *adj.* gerippt: **~ *vault*** Kreuzgewölbe *n*.

grom·met [ˈgrɒmɪt] → ***grummet***.

groom [gru:m] **I** *s.* **1.** Pferdepfleger *m*,

Stallbursche *m*; **2.** Bräutigam *m*; **3.** *Brit.* Diener *m*, königlicher Be'amter; → ***bedchamber***; **II** *v/t.* **4.** *Pferd* striegeln, pflegen; **5.** *Person*, *Kleidung* pflegen: ***well-~ed*** gepflegt; **6.** *fig.* a) *j-n* aufbauen (***for presidency*** als zukünftigen Präsidenten), lancieren, b) *j-n als Nachfolger etc.* ‚her'anziehen'; **grooms·man** ['gru:mzmən] *s.* [*irr.*] *Am.* → ***best man.***

groove [gru:v] **I** *s.* **1.** Rinne *f*, Furche *f* (*a. anat.*): ***in the ~*** *sl. obs.* a) ‚groß in Form', b) *Am.* in Mode; **2.** ⚙ a) Rinne *f*, Furche *f*, b) Nut *f*, Hohlkehle *f*, Rille *f*, c) Kerbe *f*; **3.** Rille *f* (*e-r Schallplatte*); **4.** ⚙ Zug *m* (*in Gewehren etc.*); **5.** *fig.* a) gewohntes Geleise, b) altes Geleise, alter Trott, Scha'blone *f*, Rou'tine *f*: ***get into a ~*** in e-e Gewohnheit *od.* in e-n (immer gleichen) Trott verfallen; ***run*** (*od.* ***work***) ***in a ~*** sich in e-m ausgefahrenen Geleise bewegen, stagnieren; **6.** *sl.* ‚klasse Sache'; ***it's a ~!*** das ist klasse!; **II** *v/t.* **7.** ⚙ a) auskehlen, rillen, falzen, nuten, kerben, b) *Gewehrlauf etc.* ziehen; **III** *v/i. sl.* **8.** Spaß haben (***with*** bei *od.* mit); **9.** Spaß machen, ‚(große) Klasse sein'; **grooved** [-vd] *adj.* gerillt; genutet; '**groov·y** [-vɪ] *adj.* **1.** scha'blonenhaft; **2.** *sl.* ‚toll', ‚klasse'.

grope [grəʊp] **I** *v/i.* **1.** tasten (***for*** nach): ***~ about*** herumtasten, -tappen, -suchen; ***~ in the dark*** *bsd. fig.* im dunkeln tappen; ***~ for*** (*od.* ***after***) ***a solution*** nach e-r Lösung suchen; **II** *v/t.* **2.** tastend suchen: ***~ one's way*** sich vorwärtstasten; **3.** F *Mädchen* ‚befummeln'; '**grop·ing·ly** [-pɪŋlɪ] *adv.* tastend: a) tappend, b) *fig.* vorsichtig, unsicher.

gros·beak ['grəʊsbi:k] *s. orn.* Kernbeißer *m.*

gros·grain ['grəʊgreɪn] *adj. u. s.* grob gerippt(es Seidentuch).

gross [grəʊs] **I** *adj.* □ → ***grossly***; **1.** dick, feist, plump; **2.** grob(körnig); **3.** roh, grob, derb; **4.** schwer, grob (*Fehler*, *Pflichtverletzung etc.*): ***~ negligence*** ⚖ grobe Fahrlässigkeit; **5.** schwerfällig; **6.** dicht, stark, üppig: ***~ vegetation***; **7.** a) derb, grob, unfein, b) unanständig; **8.** brutto, Brutto..., Roh..., Gesamt...: ***~ amount*** Gesamtbetrag *m*; ***~ national product*** Bruttosozialprodukt *n*; ***~ profit*** Rohgewinn *m*; ***~ register(ed) ton*** Bruttoregistertonne *f*; ***~ tonnage*** Bruttotonnengehalt *m*; ***~ weight*** Bruttogewicht *n*; **II** *s.* **9.** *das* Ganze, *die* Masse: ***in*** (***the***) ***~*** im ganzen, in Bausch u. Bogen; **10.** *pl.* ***gross*** Gros *n* (*12 Dutzend*); **III** *v/t.* **11.** brutto verdienen *od.* einnehmen *od.* (*Film etc.*) einspielen; '**gross·ly** [-lɪ] *adv.* äußerst, maßlos, ungeheuerlich; ⚖ *etc.* grob: ***~ negligent***; '**gross·ness** [-nɪs] *s.* **1.** Schwere *f*, Ungeheuerlichkeit *f*; **2.** Roheit *f*, Derbheit *f*, Grobheit *f*; **3.** Anstößigkeit *f*, Unanständigkeit *f*; **4.** Dicke *f*; **5.** Plumpheit *f*.

gro·tesque [grəʊ'tesk] **I** *adj.* □ **1.** gro'tesk (*a. Kunst*); **II** *s.* **2.** *das* Gro'teske; **3.** *Kunst*: Gro'teske *f*, gro'teske Fi'gur; **gro'tesque·ness** [-nɪs] *s. das* Gro'teske.

grot·to ['grɒtəʊ] *pl.* **-toes** *od.* **-tos** *s.* Höhle *f*, Grotte *f*.

grot·ty ['grɒtɪ] *adj. Brit. sl.* **1.** ‚mies'; **2.** gräßlich, eklig.

grouch [graʊtʃ] F **I** *v/i.* **1.** nörgeln, ‚meckern', **II** *s.* **2.** a) ‚miese' Laune, b) ***have a ~*** → 1; **3.** a) ‚Meckerfritze' *m*, b) ‚Miesepeter' *m*; '**grouch·y** [-tʃɪ] *adj.* □ F a) ‚sauer', ‚grantig', b) nörglerisch.

ground[1] [graʊnd] **I** *s.* **1.** (Erd)Boden *m*, Erde *f*, Grund *m*: ***above ~*** a) oberirdisch, ⚒ über Tage, b) am Leben; ***below ~*** a) ⚒ unter Tage, b) unter der Erde, tot; ***down to the ~*** *fig.* völlig, total, restlos; ***from the ~ up*** *Am.* F von Grund auf; ***break new*** (*od.* ***fresh***) ***~*** Land urbar machen, *a. fig.* Neuland erschließen; ***cut the ~ from under s.o.'s feet*** j-m den Boden unter den Füßen wegziehen; ***fall to the ~*** zu Boden fallen, *fig.* sich zerschlagen, ins Wasser fallen; ***fall on stony ~*** *fig.* auf taube Ohren stoßen; ***get off the ~*** a) *v/t. fig. et.* in Gang bringen, *et.* verwirklichen, b) *v/i.* ✈ abheben, c) *v/i. fig.* in Gang kommen, verwirklicht werden; ***go to ~*** im Bau verschwinden (*Fuchs*), *fig.* ‚untertauchen' (*Verbrecher*); ***play s.o. into the ~*** *sport* F j-n in Grund u. Boden spielen; **2.** Boden *m*, Grund *m*, Gebiet *n* (*a. fig.*), Strecke *f*, Gelände *n*: ***on German ~*** auf deutschem Boden; ***be on safe ~*** sich auf sicherem Boden bewegen; ***be forbidden ~*** *fig.* tabu sein; ***cover much ~*** e-e große Strecke zurücklegen, *fig.* viel umfassen, weit reichen; ***cover the ~ well*** *fig.* nichts außer acht lassen, alles in Betracht ziehen; ***gain ~*** (an) Boden gewinnen, *fig. a.* um sich greifen, Fuß fassen; ***give*** (*od.* ***lose***) ***~*** (an) Boden verlieren (*a. fig.*); ***go over the ~*** *fig.* die Sache durchsprechen, alles gründlich prüfen; ***hold*** (*od.* ***stand***) ***one's ~*** standhalten, nicht weichen, sich *od.* s-n Standpunkt behaupten; ***shift one's ~*** seinen Standpunkt ändern, umschwenken; **3.** Grundbesitz *m*, Grund *m* u. Boden *m*, Lände'reien *pl.*; **4.** Gebiet *n*, Grund *m*, *bsd. sport* Platz *m*: ***cricket-~***; **5.** ***hunting-~*** Jagd (-gebiet *n*) *f*; **6.** *pl.* (Garten)Anlagen *pl.*: ***standing in its own ~s*** von Anlagen umgeben (*Haus*); **7.** Meeresboden *m*, (Meeres)Grund *m*: ***take ~*** auflaufen, stranden; **8.** *pl.* Bodensatz *m* (*Kaffee etc.*); **9.** Grundierung *f*, Grund(farbe *f*) *m*, Grund(fläche *f*) *m*; **10.** *a. pl.* Grundlage *f* (*a. fig.*); **11.** *fig.* (Beweg-)Grund *m*: ***~ for divorce*** Scheidungsgrund; ***on the ~(s) of*** auf Grund (*gen.*), wegen (*gen.*); ***on the ~(s) that*** mit der Begründung, daß; ***on medical ~s*** aus gesundheitlichen Gründen; ***have no ~(s) for*** keinen Grund haben für (*od.* zu *inf.*); **12.** ⚡ Erde *f*, Erdung *f*, Erdschluß *m*: ***~ cable*** Massekabel *n*; **13.** *thea.* Par'terre *n*; **II** *v/t.* **14.** niederlegen, -setzen; → ***arm²*** 1; **15.** ⚓ *Schiff* auf Grund setzen; **16.** ⚡ erden; **17.** ⚙, *paint.* grundieren; **18.** a) *e-m Flugzeug od. Piloten* Startverbot erteilen, b) *mot. Am. j-m* die Fahrerlaubnis entziehen: ***be ~ed*** *a.* nicht (ab)fliegen *od.* starten können *od.* dürfen, (*Passagiere*) *a.* festsitzen; **19.** *fig.* (***on***, ***in***) gründen, stützen (auf *acc.*), begründen (in *dat.*): ***~ed in fact*** auf Tatsachen beruhend; ***be ~ed in*** → 22; **20.** (***in***) j-n einführen (in *acc.*), *j-m* die Anfangsgründe beibringen (*gen.*): ***well ~ed in*** mit guten (Vor-)Kenntnissen in (*od. gen.*); **III** *v/i.* **21.** ⚓ stranden, auflaufen; **22.** (***on***, ***upon***) beruhen (auf *dat.*), sich gründen (auf *acc.*).

ground² [graʊnd] **I** *pret. u. p.p. von* ***grind***; **II** *adj.* **1.** gemahlen: ***~ coffee***; **2.** matt(geschliffen); → ***ground glass***.

ground·age ['graʊndɪdʒ] *s.* ⚓ *Brit.* Hafengebühr *f*, Ankergeld *n*.

ˌ**ground|-'air** *adj.* ✈ Boden-Bord-...; **~ a·lert** *s.* ✈, ⚔ A'larm-, Startbereitschaft *f*; **~ an·gling** *s.* Grundangeln *n*; **~ at·tack** *s.* ✈ Angriff *m* auf Erdziele, Tiefangriff *m*; **~ bass** *s.* ♪ Grundbaß *m*; **~ box** *s.* ⚘ Zwergbuchsbaum *m*; **~ clear·ance** *s. mot.* Bodenfreiheit *f*; **~-col·o(u)r** *s.* Grundfarbe *f*; **~ con·nec·tion** → ***ground¹*** 12; **'~-conˌtrolled ap·proach** *s.* ✈ GC'A-Anflug *m* (*per Bodenradar*); **~ crew** *s.* ✈ 'Bodenperso̩nal *n*; **'~-fish** *s. ichth.* Grundfisch *m*; **~ fish·ing** *s.* Grundangeln *n*; **~ floor** *s. Brit.* Erdgeschoß *n*: ***get in on the ~*** F a) † sich zu den Gründerbedingungen beteiligen, b) von Anfang an mit dabeisein, c) ganz unten anfangen (*in e-r Firma etc.*); **~ fog** *s.* Bodennebel *m*; **~ forc·es** *s. pl.* ⚔ Bodentruppen *pl.*, Landstreitkräfte *pl.*; **~ form** *s. ling.* a) Grundform *f*, b) Wurzel *f*, c) Stamm *m*; **~ frost** *s.* Bodenfrost *m*; **~ glass** *s.* **1.** Mattglas *n*; **2.** *phot.* Mattscheibe *f*; **~ game** *s. hunt. Brit.* Niederwild *n*; **~ hog** *s. zo. Amer.* Murmeltier *n*; **~ host·ess** *s.* ✈ Groundhostess *f*; **~ ice** *s. geol.* Grundeis *n*.

ground·ing ['graʊndɪŋ] *s.* **1.** Funda'ment *n*, 'Unterbau *m*; **2.** a) Grundierung *f*, b) Grundfarbe *f*; **3.** ⚓ Stranden *n*; **4.** ⚡ Erdung *f*; **5.** a) 'Anfangsˌunterricht *m*, Einführung *f*, b) (Vor)Kenntnisse *pl.*

ground·less ['graʊndlɪs] *adj.* ☐ grundlos, unbegründet.

ground| lev·el *s. phys.* Bodennähe *f*; **~ line** *s.* ⩓ Grundlinie *f*; **'~·man** [-ndmæn] *s.* [*irr.*] *sport* Platzwart *m*; **~ note** *s.* ♪ Grundton *m*; **'~·nut** [-ndn-] *s.* Erdnuß *f*; **~ plan** *s.* **1.** ⚠ Grundriß *m*; **2.** *fig.* (erster) Entwurf, Kon'zept *n*; **~ plane** *s.* Horizon'talebene *f*; **~ plate** *s.* **1.** ⚠ Grundplatte *f*; **2.** ⚡ Erdplatte *f*; **~ rule** *s.* Grundregel *f*; **~ sea** *s.* ⚓ Grundsee *f*; **~ sheet** *s.* **1.** Zeltboden *m*; **2.** *sport* Regenplane *f* (*für das Spielfeld*); **'~s·man** [-ndzmən] → ***groundman***; **~ speed** *s.* ✈ Geschwindigkeit *f* über Grund; **~ staff** → ***ground crew***; **~ sta·tion** *s.* 'Bodenstatiˌon *f*; **~ swell** *s.* **1.** (Grund)Dünung *f*; **2.** *fig.* Anschwellen *n*; ˌ**~-to-'air** *adj.* a) ✈ Boden-Bord-...: ***~ communication***, b) ⚔ Boden-Luft-...: ***~ weapon***; **'~-ˌwa·ter lev·el** *s. geol.* Grundwasserspiegel *m*; **~ wave** *s.* ⚡, *phys.* Bodenwelle *f*; **'~·work** *s.* **1.** ⚠ a) Erdarbeit *f*, b) 'Unterbau *m*, Funda'ment *n* (*a. fig.*); **2.** *fig.* Grundlage(n *pl.*) *f*; **3.** *paint. etc.* Grund *m*.

group [gru:p] **I** *s.* **1.** *allg.*, *a.* ⚗, ⩓, ♪, *biol.*, *sociol. etc.* Gruppe *f*; **2.** *fig.* Gruppe *f*, Kreis *m*; **3.** *parl.* a) Gruppe *f* (*Partei mit zu wenig Abgeordneten für e-e Fraktion*, b) Frakti'on *f*; **4.** † Gruppe *f*, Kon'zern *m*; **5.** ⚔ a) Gruppe *f*, b) Kampfgruppe *f* (*2 od. mehr Bataillone*); **6.** ✈ a) *Brit.* Geschwader *n*: ***~ captain*** Oberst *m* (*der* ***RAF***), b) *Am.* Gruppe *f*; **7.** ♪ a) Instru'menten- *od.* Stimmgruppe *f*, b) Notengruppe *f*; **II** *v/t.* **8.** gruppieren, anordnen; **9.** klassifizieren, einordnen; **III** *v/i.* **10.** sich gruppieren; **~ drive** *s.* ⚙ Gruppenantrieb *m*; **~ dy·nam·ics** *s. pl. sg. konstr. sociol.*, *psych.* 'Gruppendyˌnamik *f*.

group·ie ['gru:pɪ] *s.* ‚Groupie' *n* (*weibli-*

cher Fan).

group| sex *s.* Gruppensex *m*; **~ ther·a·py** *s. psych.* 'Gruppenthera,pie *f*; **~ work** *s. sociol.* Gruppenarbeit *f*.

grouse¹ [graʊs] *s. sg. u. pl. orn.* **1.** Waldhuhn *n*; **2.** Schottisches Moorhuhn.

grouse² [graʊs] **I** *v/i.* (***about***) meckern (über *acc.*), nörgeln (an *dat.*, über *acc.*); **II** *s.* Nörge'lei *f*, Gemecker *n*; **'grous·er** [-sə] *s.* ‚Meckerfritze' *m*.

grout [graʊt] **I** *s.* **1.** ⚙ Vergußmörtel *m*; **2.** Schrotmehl *n*; **3.** *pl.* Hafergrütze *f*; **II** *v/t.* **4.** *Fugen* ausstreichen.

grove [grəʊv] *s.* Hain *m*, Gehölz *n*.

grov·el ['grɒvl] *v/i.* **1.** am Boden kriechen; **2. ~ *before*** (*od.* ***to***) ***s.o.*** *fig.* vor j-m kriechen, vor j-m zu Kreuze kriechen; **3. ~ *in*** schwelgen in (*dat.*), frönen (*dat.*); **'grov·el·(l)er** [-lə] *s. fig.* Kriecher *m*, Speichellecker *m*; **'grov·el·(l)ing** [-lɪŋ] *adj.* □ *fig.* kriecherisch, unter'würfig.

grow [grəʊ] **I** *v/i.* [*irr.*] **1.** wachsen; **2.** ⚘ wachsen, vorkommen; **3.** wachsen: a) größer *od.* stärker werden, sich entwickeln, b) *fig.* anwachsen, zunehmen (***in*** an *dat.*); **4.** (all'mählich) werden: **~ *rich***; **~ *less*** sich vermindern; **~ *light*** hell(er) werden, sich aufklären; **II** *v/t.* [*irr.*] **5.** (an)bauen, züchten, ziehen: **~ *apples***; **6.** (sich) wachsen lassen: **~ *one's hair long***; **~ *a beard*** sich e-n Bart stehen lassen;

Zssgn mit adv. u. prp.:

grow| a·way *v/i.*: **~ *from*** sich *j-m* entfremden; **~ from** → ***grow out of***; **~ in·to** *v/i.* **1.** hin'einwachsen in (*acc.*) (*a. fig.*); **2.** werden zu, sich entwickeln zu; **~ on** *v/i.* **1.** Einfluß *od.* Macht gewinnen über (*acc.*): ***the habit grows on one*** man gewöhnt sich immer mehr daran; **2.** *j-m* lieb werden *od.* ans Herz wachsen; **~ out of** *v/i.* **1.** her'auswachsen aus: **~ *one's clothes***; **2.** *fig.* entwachsen (*dat.*), über'winden (*acc.*), ablegen: **~ *a habit***; **3.** erwachsen *od.* entstehen aus, e-e Folge sein (*gen.*); **~ up** *v/i.* **1.** auf-, her'anwachsen: **~ (*into*) *a beauty*** sich zu e-r Schönheit entwikkeln; **2.** erwachsen werden: **~!** sei kein Kindskopf!; **3.** sich einbürgern (*Brauch etc.*); **4.** sich entwickeln, entstehen; **~ up·on** → ***grow on***.

grow·er ['grəʊə] *s.* **1.** (*schnell etc.*) wachsende Pflanze: ***a fast ~***; **2.** Züchter *m*, Pflanzer *m*, Erzeuger *m*, *in Zssgn* …bauer *m*; **grow·ing** ['grəʊɪŋ] **I** *adj.* □ **1.** wachsend (*a. fig. zunehmend*); **II** *s.* **2.** Anbau *m*; **3.** Wachstum *n*: **~ *pains*** a) Wachstumsschmerzen, b) *fig.* Anfangsschwierigkeiten, ‚Kinderkrankheiten'.

growl [graʊl] **I** *v/i.* **1.** knurren (*Hund etc.*), brummen (*Bär*) (*beide a. fig. Person*): **~ *at*** *j-n* anknurren; **2.** (g)rollen (*Donner*); **II** *v/t.* **3.** *Worte* knurren; **III** *s.* **4.** Knurren *n*, Brummen *n*; **5.** (G)Rollen *n*; **'growl·er** [-lə] *s.* **1.** knurriger Hund; **2.** *fig.* ‚Brummbär' *m*; **3.** *ichth.* Knurrfisch *m*; **4.** ϟ Prüfspule *f*; **5.** kleiner Eisberg.

grown [grəʊn] **I** *p.p. von* ***grow***; **II** *adj.* **1.** gewachsen; → ***full-grown***; **2.** erwachsen: **~ *man*** Erwachsene(r) *m*; **3.** *a.* **~ *over*** be-, über'wachsen; **~-up I** *adj.* [ˌgrəʊn'ʌp] **1.** erwachsen; **2.** a) für Erwachsene: **~ *books***, b) Erwachsenen…: **~ *clothes***; **II** *s.* ['grəʊnʌp] **3.** Erwachsene(r *m*) *f*.

growth [grəʊθ] *s.* **1.** Wachsen *n*, Wachstum *n* (*a. fig. u.* ✝); **2.** Wuchs *m*, Größe *f*; **3.** Anwachsen *n*, Zunahme *f*, Zuwachs *m*; **4.** *fig.* Entwicklung *f*; **5.** a) Anbau *m*, b) Pro'dukt *n*, Erzeugnis *n*: ***of one's own ~*** selbstgezogen; **6.** ⚘ Schößling *m*, Trieb *m*; **7.** ⚕ Gewächs *n*, Wucherung *f*; **~ in·dus·try** *s.* ✝ 'Wachstumsindu,strie *f*; **~ rate** *s.* ✝ Wachstumsrate *f*.

groyne [grɔɪn] *s. Brit.* ⚙ Buhne *f*.

grub [grʌb] **I** *v/i.* **1.** a) graben, wühlen, b) jäten, c) roden; **2.** ‚wühlen', schwer arbeiten; **3.** *fig.* stöbern, wühlen, kramen; **4.** *sl.* ‚futtern', essen; **II** *v/t.* **5.** a) aufwühlen, b) 'umgraben, c) roden; **6.** *oft* **~ *up*** a) ausjäten, b) (mit den Wurzeln) ausgraben, c) *fig.* ausgraben, aufstöbern; **III** *s.* **7.** *zo.* Made *f*, Larve *f*; **8.** *fig.* Arbeitstier *n*; **9.** *sl.* ‚Futter' *n* (*Essen*).

grub·ber ['grʌbə] *s.* **1.** ⚒ a) Rodehacke *f*, -werkzeug *n*, b) Eggenpflug *m*; **2.** → ***grub*** 8; **'grub·by** [-bɪ] *adj.* **1.** schmuddelig; **2.** madig.

'grub|·stake *s. Am.* ⚒ *e-m Schürfer gegen Gewinnbeteiligung gegebene* Ausrüstung u. Verpflegung; **≈ Street I** *s. fig.* armselige Lite'raten *pl.*; **II** *adj.* (lite'rarisch) minderwertig, ‚dritter Garni'tur'.

grudge [grʌdʒ] **I** *v/t.* **1.** (***s.o. s.th.*** *od.* ***s.th. to s.o.***) (j-m et.) miß'gönnen *od.* nicht gönnen, (j-n um et.) beneiden; **2. ~ *doing s.th.*** et. nur widerwillig *od.* ungern tun; **II** *s.* **3.** Groll *m*: ***bear s.o. a ~, have a ~ against s.o.*** e-n Groll gegen j-n hegen; **'grudg·er** [-dʒə] *s.* Neider *m*; **'grudg·ing** [-dʒɪŋ] *adj.* □ **1.** neidisch, 'mißgünstig; **2.** 'widerwillig, ungern (getan *od.* gegeben): ***she was***

very ~ in her thanks sie bedankte sich nur sehr widerwillig.

gru·el ['grʊəl] *s.* Haferschleim *m*; Schleimsuppe *f*; '**gru·el·(l)ing** [-lɪŋ] **I** *adj. fig.* mörderisch, aufreibend, zermürbend; **II** *s. Brit.* F a) harte Strafe *od.* Behandlung, b) Stra'paze *f*, ‚Schlauch' *m*.

grue·some ['gru:səm] *adj.* □ grausig, grauenhaft, schauerlich.

gruff [grʌf] *adj.* □ **1.** schroff, barsch, ruppig; **2.** rauh (*Stimme*); '**gruff·ness** [-nɪs] *s.* **1.** Barsch-, Schroffheit *f*; **2.** Rauheit *f*.

grum·ble ['grʌmbl] **I** *v/i.* **1.** a) murren, schimpfen (***at***, ***about***, ***over*** über *acc.*, wegen), b) knurren, brummen; **2.** (g)rollen (*Donner*); **II** *s.* **3.** Murren *n*, Knurren *n*; **4.** (G)Rollen *n*; '**grum·bler** [-lə] *s.* Brummbär *m*, Nörgler *m*; '**grum·bling** [-lɪŋ] *adj.* □ **1.** brummig; **2.** murrend.

grume [gru:m] *s.* (*bsd.* Blut)Klümpchen *n*.

grum·met ['grʌmɪt] *s. Brit.* **1.** ⚓ Seilschlinge *f*; **2.** ⚙ (Me'tall)Öse *f*.

gru·mous ['gru:məs] *adj.* geronnen, dick, klumpig (*Blut etc.*).

grump [grʌmp] *s. Am.* F **1.** → ***grumbler***; **2.** *pl.* Mißmut *m*: ***have the ~s*** mißmutig sein; **grump·y** ['grʌmpɪ] *adj.* □ mürrisch, mißmutig.

Grun·dy ['grʌndɪ] *s.* engstirnige, sittenstrenge Per'son: ***Mrs. ~*** *a.* ‚die Leute' *pl.* (*die gefürchtete öffentliche Meinung*): ***what will Mrs. ~ say?***

grunt [grʌnt] **I** *v/i. u. v/t.* **1.** grunzen; **2.** *fig.* murren, brummen; **3.** ächzen, stöhnen (***with*** vor *dat.*); **II** *s.* **4.** Grunzen *n*; **5.** → ***growler*** 3.

gryph·on ['grɪfən] → ***griffin***[1] 1.

'**G-string** *s.* **1.** ♪ G-Saite *f*; **2.** a) ‚letzte Hülle' (*e-r Stripteasetänzerin*), b) Tanga *m* (*Mini-Bikini*).

gua·na ['gwɑ:nɑ:] → ***iguana***.

gua·no ['gwɑ:nəʊ] *s.* Gu'ano *m*.

guar·an·tee [ˌgærən'ti:] **I** *s.* **1.** Garan'tie *f*: a) Bürgschaft *f*, Sicherheit *f*, b) Gewähr *f*, Zusicherung *f*, c) Garan'tiefrist *f*: ***~ (card)*** Garantieschein *m*; ***there is a one-year ~ on this camera*** die Kamera hat ein Jahr Garantie; **2.** Kauti'on *f*, Sicherheit(sleistung) *f*, Pfand(summe *f*) *n*; **3.** Bürge *m*, Bürgin *f*; **4.** Sicherheitsempfänger(in); **II** *v/t.* **5.** (sich ver-)bürgen für, Garan'tie leisten für; **6.** *et.* garantieren, gewährleisten, sicherstellen, verbürgen; **7.** schützen, sichern (***from***, ***against*** vor *dat.*, gegen); ˌ**guar·an'tor** [-'tɔ:] *s. bsd.* ⚖ Bürge *m*, Bürgin *f*, Ga'rant(in); **guar·an·ty** ['gærəntɪ] → ***guarantee*** 1, 2, 3.

guard [gɑ:d] **I** *v/t.* **1.** (***against***, ***from***) (be)hüten, (be)schützen, bewahren (vor *dat.*), sichern (gegen): ***~ one's interests*** *fig.* s-e Interessen wahren; ***~ your tongue!*** hüte deine Zunge!; **2.** bewachen, beaufsichtigen; **3.** ⚙ (ab)sichern; **4.** *Schach*: *Figur* decken; **II** *v/i.* **5.** (***against***) auf der Hut sein, sich hüten *od.* schützen *od.* in acht nehmen (vor *dat.*), vorbeugen (*dat.*); **III** *s.* **6.** a) ⚔ *etc.* Wache *f*, (Wach)Posten *m*, b) Wächter *m*, c) Aufseher *m*, Wärter *m*; **7.** ⚔ a) Wachmannschaft *f*, Wache *f*, b) Garde *f*, Leibwache *f*: ***~ of hono(u)r*** Ehrenwache *f*, c) ***2s*** *pl. Brit.* 'Garde (-korps *n*, -regiˌment *n*) *f*; **8.** 🚂 a) *Brit.* Schaffner *m*, b) *Am.* Bahnwärter *m*; **9.** Bewachung *f*, Aufsicht *f*: ***keep under close ~*** scharf bewachen; ***be on ~*** auf Wache sein; ***stand*** (***mount***, ***relieve***, ***keep***) ***~*** Wache stehen (beziehen, ablösen, halten); **10.** *fenc.*, *Boxen etc.*, *a. Schach*: Deckung *f*: ***lower one's ~*** die Deckung herunternehmen, *fig.* sich e-e Blöße geben, nicht aufpassen; **11.** *fig.* Wachsamkeit *f*: ***on one's ~*** auf der Hut, vorsichtig; ***off one's ~*** nicht auf der Hut, unachtsam; ***put s.o. on his ~*** j-n warnen; ***throw s.o. off his ~*** j-n überrumpeln; **12.** ⚙ Schutzvorrichtung *f*, -gitter *n*, -blech *n*; **13.** a) Stichblatt *n* (*am Degen*), b) Bügel *m* (*am Gewehr*); **14.** *fig.* Vorsichtsmaßnahme *f*, Sicherung *f*; **~ boat** *s.* ⚓ Wachboot *n*; **~ book** *s.* **1.** *Brit.* Sammelalbum *n*; **2.** ⚔ Wachbuch *n*; **~ chain** *s.* Sicherheitskette *f*; **~ dog** *s.* Wachhund *m*; **~ du·ty** *s.* Wachdienst *m*: ***be on ~*** Wache haben.

guard·ed ['gɑ:dɪd] *adj.* □ *fig.* vorsichtig, zu'rückhaltend: ***~ hope*** gewisse Hoffnung; ***~ optimism*** gedämpfter Optimismus; '**guard·ed·ness** [-nɪs] *s.* Vorsicht *f*, Zu'rückhaltung *f*.

'**guard·house** *s.* ⚔ **1.** 'Wachloˌkal *n*, -haus *n*; **2.** Ar'restloˌkal *n*.

guard·i·an ['gɑ:djən] *s.* **1.** Hüter *m*, Wächter *m*: ***~ angel*** Schutzengel *m*; ***~ of the law*** Gesetzeshüter; **2.** ⚖ Vormund *m*: ***~ ad litem*** Prozeßvertreter *m* (*für Minderjährige od. Geschäftsunfähige*); '**guard·i·an·ship** [-ʃɪp] *s.* **1.** ⚖ Vormundschaft *f*: ***be*** (***place***) ***under ~*** unter Vormundschaft stehen (stellen); **2.** *fig.* Schutz *m*, Obhut *f*.

'**guard|·rail** *s.* **1.** Handlauf *m*; **2.** *mot.* Leitplanke *f*; '**~s·man** [-dzmən] *s.* [*irr.*] ⚔ **1.** → ***guard*** 6a; **2.** Gar'dist *m*; **3.** *Am.* Natio'nalgarˌdist *m*.

Gua·te·ma·lan [ˌgwætɪˈmɑːlən] **I** *adj.* guatemalˈtekisch; **II** *s.* Guatemalˈteke *m*, -ˈtekin *f.*
gua·va [ˈgwɑːvə] *s.* ⚘ Guaˈjave *f.*
gu·ber·na·to·ri·al [ˌgjuːbənəˈtɔːrɪəl] *adj. bsd. Am.* Gouverneurs…
gudg·eon¹ [ˈgʌdʒən] *s.* **1.** *ichth.* Gründling *m*; **2.** *fig.* Gimpel *m.*
gudg·eon² [ˈgʌdʒən] *s.* **1.** ⚙ Zapfen *m*, Bolzen *m*: **~ pin** Kolbenbolzen; **2.** ⚓ Ruderöse *f.*
guel·der rose [ˈgeldə] *s.* ⚘ Schneeball *m.*
Guelph, **Guelf** [gwelf] *s.* Welfe *m*, Welfin *f*; ˈ**Guelph·ic**, ˈ**Guelf·ic** [-fɪk] *adj.* welfisch.
guer·don [ˈgɜːdən] *poet.* **I** *s.* Sold *m*, Lohn *m*; **II** *v/t.* belohnen.
gue·ril·la → ***guerrilla***.
Guern·sey [ˈgɜːnzɪ] *s.* **1.** Guernsey (-rind) *n*; **2.** *a.* ♀ ⚓ ˈWollpulˌlover *m.*
guer·ril·la [gəˈrɪlə] *s.* ⚔ **1.** Gueˈrilla *m*, Partiˈsan *m*; **2.** *mst* **~ *war*(*fare*)** Gueˈrillakrieg *m*, *fig.* Kleinkrieg *m.*
guess [ges] **I** *v/t.* **1.** erraten: ***~ a riddle***; ***~ s.o.'s thoughts***; ***~ who!*** rate mal, wer!; **2.** (ab)schätzen (***at*** auf): ***~ s.o.'s age***; **3.** ahnen, vermuten; **4.** *bsd. Am.* F glauben, denken, meinen, ahnen; **II** *v/i.* **5.** schätzen (***at s.th.*** et.); **6.** a) raten, b) herˈumraten (***at***, ***about*** an *dat.*): ***keep s.o. ~ing*** j-n im unklaren *od.* ungewissen lassen; ***~ing game*** Ratespiel *n*; **III** *s.* **7.** Schätzung *f*, Vermutung *f*, Annahme *f*: ***my ~ is that*** ich schätze *od.* vermute, daß; ***that's anybody's ~*** das weiß niemand; ***your ~ is as good as mine*** ich kann auch nur raten; ***a good ~!*** gut geraten *od.* geschätzt; ***at a ~*** bei bloßer Schätzung; ***at a rough ~*** grob geschätzt; ***by ~*** schätzungsweise; ***by ~ and by god*** F ‚nach Gefühl u. Wellenschlag'; ***make*** (*od.* ***take***) ***a ~*** raten, schätzen; ***miss one's ~*** ‚danebenhauen', falsch raten; **~ rope** → ***guest rope***; **~ stick** *s. Am. sl.* **1.** Rechenschieber *m*; **2.** Maßstab *m.*
guess·ti·mate F **I** *s.* [ˈgestɪmət] grobe Schätzung, bloße Rateˈrei; **II** *v/t.* [-meɪt] ‚über den Daumen peilen'.
ˈ**guess·work** *s.* (bloße) Rateˈrei, (reine) Vermutung(en *pl.*).
guest [gest] **I** *s.* **1.** Gast *m*: ***paying ~*** (Pensions)Gast; ***~ of hono(u)r*** Ehrengast; ***be my ~!*** aber bitte(, ja)!; **2.** ⚘, *zo.* Einmieter *m* (*Parasit*); **II** *v/i.* **3.** *bsd. Am. thea.* gastieren, als Gast mitwirken (***on*** bei); **~ book** *s.* Gästebuch *n*; **~ con·duc·tor** *s.* ♪ ˈGastdiriˌgent *m*; ˈ**~·house** *s.* Pensiˈon *f*, Gästehaus *n*; **~ room** [rʊm] *s.* Gästezimmer *n*; **~ rope**, **~ warp** [ˈges-] *s.* ⚓ **1.** Schlepptrosse *f*; **2.** Bootstau *n.*
guf·faw [gʌˈfɔː] **I** *s.* schallendes Gelächter; **II** *v/i.* laut lachen.
guid·a·ble [ˈgaɪdəbl] *adj.* lenkbar, lenksam; ˈ**guid·ance** [-dns] *s.* **1.** Leitung *f*, Führung *f*; **2.** Anleitung *f*, Belehrung *f*, Unterˈweisung *f*: ***for your ~*** zu Ihrer Orientierung; **3.** (*Berufs-*, *Ehe- etc.*)Beratung *f*, Führung *f*: ***~ counselor*** a) Berufs-, Studienberater *m*, b) Heilpädagoge *m.*
guide [gaɪd] **I** *v/t.* **1.** *j-n* führen, geleiten, *j-m* den Weg zeigen; **2.** ⚙ *u. fig.* lenken, leiten, führen, steuern; **3.** *et.*, *a. j-n* bestimmen: ***~ s.o.'s actions*** (***life***, *etc.*); ***be ~d by*** sich leiten lassen von, folgen (*dat.*), bestimmt sein von; **4.** anleiten, belehren, beraten(d zur Seite stehen *dat.*); **II** *s.* **5.** Führer(in), Leiter (-in); **6.** (Reise-, Fremden-, Berg- *etc.*) Führer *m*; **7.** (Reise- *etc.*)Führer *m* (***to*** durch, von) (*Buch*); **8.** (***to***) Leitfaden *m*, Handbuch *n* (*gen.*); **9.** Berater (-in); **10.** *fig.* Richtschnur *f*, Anhaltspunkt *m*: ***if that*** (***he***) ***is any ~*** wenn man sich danach (nach ihm) überhaupt richten kann; **11.** → ***girl guide***; **12.** a) Wegweiser *m*, b) ˈWegmarˌkierung(szeichen *n*) *f*; **13.** ⚙ Führung *f*; **~ bar** *s.* ⚙ Führungsschiene *f*; **~ beam** *s.* ✈ (Funk)Leitstrahl *m*; **~ blade** *s.* ⚙ Leitschaufel *f* (*Turbine*); **~ block** *s.* ⚙ Führungsschlitten *m*; ˈ**~·book** → ***guide*** 7.
guid·ed [ˈgaɪdɪd] *adj.* **1.** (fern)gelenkt: ***~ missile*** ⚔ Fernlenkgeschoß *n*, Fernlenkkörper *m*; **2.** geführt: ***~ tour*** Führung *f.*
guide| **dog** *s.* Blindenhund *m*; ˈ**~·line** *s.* **1.** ✈ Schleppseil *n*; **2.** (***on*** *gen.*) Richtlinie *f*, -schnur *f*; ˈ**~·post** *s.* Wegweiser *m*; **~ pul·ley** *s.* ⚙ Leit-, ˈUmlenkrolle *f*; **~ rail** *s.* → ***guide bar***; **~ rod** *s.* ⚙ Führungsstange *f*; **~ rope** *s.* ✈ Schlepptau *n*; ˈ**~·way** *s.* ⚙ Führungsbahn *f.*
guid·ing [ˈgaɪdɪŋ] *adj.* führend, leitend, Lenk…: ***~ principle*** Leitprinzip *n*; **~ rule** *s.* Richtlinie *f*; **~ star** *s.* Leitstern *m.*
gui·don [ˈgaɪdən] *s.* **1.** Wimpel *m*, Fähnchen *n*, Stanˈdarte *f*; **2.** Stanˈdartenträger *m.*
guild [gɪld] *s.* **1.** Gilde *f*, Zunft *f*, Innung *f*; **2.** Vereinigung *f.*
guil·der [ˈgɪldə] *s.* Gulden *m.*
ˌ**guildˈhall** *s.* **1.** *hist.* Gilden-, Zunfthaus *n*; **2.** Rathaus *n*: ***the* ♀** *das Rathaus der City von London.*

guile [gaɪl] *s.* (Arg)List *f*, Tücke *f*; ˈ**guile·ful** [-fʊl] *adj.* □ arglistig, tückisch; ˈ**guile·less** [-lɪs] *adj.* □ arglos, ohne Falsch, treuherzig, harmlos; ˈ**guile·less·ness** [-lɪsnɪs] *s.* Harm-, Arglosigkeit *f*.

guil·lo·tine [ˌgɪləˈtiːn] **I** *s.* **1.** Guilloˈtine *f*, Fallbeil *n*; **2.** ⚙ Paˈpierˌschneidemaˌschine *f*; **3.** *Brit. parl.* Befristung *f* der Deˈbatte; **II** *v/t.* **4.** guillotinieren, durch die Guilloˈtine hinrichten.

guilt [gɪlt] *s.* Schuld *f* (*a.* ⚖): ***joint ~*** Mitschuld; ***~ complex*** Schuldkomplex *m*; ˈ**guilt·i·ness** [-tɪnɪs] *s.* **1.** Schuld *f*; **2.** Schuldbewußtsein *n*, -gefühl *n*; ˈ**guilt·less** [-lɪs] *adj.* □ **1.** schuldlos, unschuldig (***of*** an *dat.*); **2.** *fig.* (***of***) a) unwissend, unerfahren (in *dat.*): ***be ~ of s.th.*** et. nicht kennen (*a. fig.*), b) frei *od.* unberührt (von), ohne (*acc.*); ˈ**guilt·y** [-tɪ] *adj.* □ **1.** schuldig (***of*** *gen.*): ***find*** (***not***) ***~*** für (un)schuldig erklären (***on a charge*** e-r Anklage); **2.** schuldbewußt, -beladen: ***a ~ conscience*** ein schlechtes Gewissen.

guin·ea [ˈgɪnɪ] *s.* **1.** *Brit.* Guiˈnee *f* (*£1.05*); **2.** → ***~ fowl*** *s.*, ***~ hen*** *s.* Perlhuhn *n*; ***~ pig*** *s.* **1.** Meerschweinchen *n*; **2.** *fig.* Verˈsuchskaˌninchen *n*.

guise [gaɪz] *s.* **1.** Gestalt *f*, Erscheinung *f*, Aufmachung *f*: ***in the ~ of*** als … (verkleidet); **2.** *fig.* Maske *f*, (Deck-)Mantel *m*: ***under the ~ of*** in der Maske (*gen.*), unter dem Deckmantel (*gen.*).

gui·tar [gɪˈtɑː] *s.* ♪ Giˈtarre *f*; **guiˈtar·ist** [-rɪst] *s.* Gitarˈrist(in), Giˈtarrenspieler(in).

gulch [gʌlʃ] *s. Am.* (Berg)Schlucht *f*.

gulf [gʌlf] **I** *s.* **1.** Golf *m*, Meerbusen *m*, Bucht *f*; **2.** *a. fig.* Abgrund *m*, Schlund *m*; **3.** *fig.* Kluft *f*; **4.** Strudel *m*; **II** *v/t.* **5.** *fig.* verschlingen.

gull¹ [gʌl] *s. orn.* Möwe *f*.

gull² [gʌl] **I** *v/t.* überˈtölpeln; **II** *s.* Gimpel *m*, Trottel *m*.

gul·let [ˈgʌlɪt] *s.* **1.** *anat.* Schlund *m*, Speiseröhre *f*; **2.** Gurgel *f*, Kehle *f*; **3.** Wasserrinne *f*; **4.** ⚙ ˈFörderkaˌnal *m*.

gul·li·bil·i·ty [ˌgʌləˈbɪlətɪ] *s.* Leichtgläubigkeit *f*, Einfalt *f*; **gul·li·ble** [ˈgʌləbl] *adj.* leichtgläubig, naˈiv.

gul·ly [ˈgʌlɪ] *s.* **1.** (Wasser)Rinne *f*; **2.** ⚙ a) Gully *m*, Sinkkasten *m*, Senkloch *n*, b) *a.* ***~ drain*** ˈAbzugskaˌnal *m*: ***~ hole*** Abflußloch *n*.

gulp [gʌlp] **I** *v/t. mst* ***~ down*** **1.** *Speise* hinˈunterschlingen, *Getränk* hinˈunterstürzen; **2.** *Tränen etc.* hinˈunterschlucken, unterˈdrücken; **II** *v/i.* **3.** (*a. vor Rührung etc.*) schlucken; **4.** würgen; **III** *s.* **5.** (großer) Schluck: ***at one ~*** auf ˈeinen Zug.

gum¹ [gʌm] *s. mst. pl. anat.* Zahnfleisch *n*.

gum² [gʌm] **I** *s.* **1.** ⚘, ⚙ a) Gummi *n*, *m*, b) Gummiharz *n*, c) Kautschuk *m*; **2.** Klebstoff *m*, *bsd.* Gummilösung *f*; **3.** → a) ***chewing gum***, b) ***gum arabic***, c) ***gum elastic***, d) ***gum tree***; **4.** ⚘ Gummifluß *m* (*Baumkrankheit*); **5.** ˈGummi (-bonˌbon) *m*, *n*; **6.** *pl. Am.* Gummischuhe *pl.*; **II** *v/t.* **7.** gummieren; **8.** (an-, ver)kleben; **9.** ***~ up*** a) verkleben, b) F *et.* ‚vermasseln'; **III** *v/i.* **10.** ⚘ Gummi absondern (*Baum*).

gum³ [gʌm], *a.* ♀ *s.*: ***my ~!, by ~!*** heiliger Strohsack!

gum| am·mo·ni·ac *s.* ⚗, ⚕ Ammoniˈakgummi *n*, *m*; ***~ ar·a·bic*** *s.* Gummiaˈrabikum *n*; ˈ**~·boil** *s.* ⚕ Zahngeschwür *n*; ˈ**~·drop** → ***gum²*** 5; ***~ e·las·tic*** *s.* Gummieˈlastikum *n*, Kautschuk *m*.

gum·my [ˈgʌmɪ] *adj.* **1.** gummiartig, klebrig; **2.** Gummi…; **3.** gummihaltig.

gump·tion [ˈgʌmpʃn] *s.* F **1.** ‚Köpfchen' *n*, ‚Grütze' *f*, ‚Grips' *m*; **2.** ‚Mumm' *m*, Schneid *m*.

gum| res·in *s.* ⚘ Schleim-, Gummiharz *n*; ˈ**~·shield** *s. Boxen*: Zahnschutz *m*; ˈ**~·shoe** *s. Am.* **1.** F a) ˈGummiˌüberschuh *m*, b) Tennis-, Turnschuh *m*; **2.** *sl.* ‚Schnüffler' *m* (*Detektiv*, *Polizist*); ***~ tree*** *s.* ⚘ **1.** Gummibaum *m*: ***be up a ~*** *sl.* in der Klemme sein *od.* sitzen; **2.** Eukaˈlyptus(baum) *m*; **3.** Tuˈpelobaum *m*; **4.** Amberbaum *m*; ˈ**~·wood** *s.* Holz *n* des Gummibaums (*etc.* → ***gum tree***).

gun [gʌn] **I** *s.* **1.** ⚔ Geschütz *n*, Kaˈnone *f* (*a. fig.*): ***bring up one's big ~s*** schweres Geschütz auffahren (*a. fig.*); ***go great ~s*** F ‚schwer in Fahrt sein'; ***stick to one's ~s*** *fig.* festbleiben, nicht weichen *od.* nachgeben; ***a big ~*** *sl.* ‚e-e große Kanone', ‚ein großes Tier'; **2.** (*engS.* Jagd)Gewehr *n*, Flinte *f*, Büchse *f*; **3.** ‚Kaˈnone' *f*, Piˈstole *f*, Reˈvolver *m*; **4.** *sport*: a) ˈStartpisˌtole *f*, b) Startschuß *m*: ***jump the ~*** e-n Fehlstart verursachen, *fig.* voreilig handeln; **5.** Kaˈnonen-, Saˈlutschuß *m*; **6.** Schütze *m*, Jäger *m*; **7.** ✈, ⚙ a) Drosselklappe *f*, b) Drosselhebel *m*: ***give the engine the ~*** Vollgas geben; **II** *v/i.* **8.** auf die Jagd gehen; schießen; **9.** ***~ for*** es abgesehen haben auf *j-n od. et.*; **III** *v/t.* **10.** a) schießen auf (*acc.*), b) erschießen, c) *mst* ***~ down*** niederschießen; **11.** *oft* ***~ up*** *mot.* F ‚auf Touren bringen': ***~ the car up*** (Voll)Gas geben.

gun| bar·rel *s.* ⚔ **1.** Geschützrohr *n*; **2.** Gewehrlauf *m*; ~ **bat·tle** *s.* Feuergefecht *n*, Schieße'rei *f*; '~**·boat** *s.* Ka'nonenboot *n*: ~ ***diplomacy***; ~ **cam·er·a** *s.* ✈, ⚔ 'Foto-MˌG *n*; ~ **car·riage** *s.* ⚔ La'fette *f*; ~ **cot·ton** *s.* Schießbaumwolle *f*; ~ **dog** *s.* Jagdhund *m*; '~**·fight** → ***gun battle***; '~ˌ**fire** *s.* ⚔ Geschützfeuer *n*; '~-ˌ**hap·py** *adj.* schießwütig; ~ **har·poon** *s.* ⚓ Ge'schützharˌpune *f*.

gunk [gʌŋk] *Am.* F **I** *s.* klebriges Zeug; **II** *v/t.* ~ ***up*** verkleben.

gun| li·cence, *Am.* ~ **li·cense** *s.* Waffenschein *m*; '~**·lock** *s.* Gewehrschloß *n*; '~**·man** [-mən] *s.* [*irr.*] Bewaffnete(r) *m*; Re'volverheld *m*; '~ˌ**met·al** *s.* Rotguß *m*; ~ **moll** *s. Am. sl.* Gangsterbraut *f*; ~ **mount** *s.* ⚔ La'fette *f*.

gun·ner ['gʌnə] *s.* **1.** ⚔ a) Kano'nier *m*, Artille'rist *m*, b) Richtschütze *m* (*Panzer etc.*), c) M'G-Schütze *m*, Gewehrführer *m*; **2.** ✈ Bordschütze *m*; **gun·ner·y** ['gʌnərɪ] *s.* ⚔ Schieß-, Geschützwesen *n*: ~ ***officer*** Artillerieoffizier *m*.

gun·ny ['gʌnɪ] *s.* Jutelcinwand *f*: ~ (***bag***) Jutesack *m*.

gun| pit *s.* ⚔ **1.** Geschützstand *m*; **2.** ✈ Kanzel *f*; '~**·play** → ***gun battle***; '~**·point** *s.*: ***at*** ~ mit vorgehaltener (Schuß)Waffe; '~ˌ**pow·der** *s.* Schießpulver *n*: 𝟐 ***Plot*** *hist.* Pulververschwörung *f* (*in London 1605*); '~**·room** [-rʊm] *s. Brit.* ⚓, ⚔ Ka'dettenmesse *f*; '~ˌ**run·ner** *s.* Waffenschmuggler *m*; '~ˌ**run·ning** *s.* Waffenschmuggel *m*.

gun·sel ['gʌnsl] *Am. sl.* **1.** → ***gunman***; **2.** ‚Fiesling' *m*; **3.** Trottel *m*.

'**gun|·ship** *s.* ✈, ⚔ Kampfhubschrauber *m*; '~**·shot** **1.** (Ka'nonen-, Gewehr-) Schuß *m*: ~ ***wound*** Schußwunde *f*; **2.** ***within*** (***out of***) ~ in (außer) Schußweite (*a. fig.*); '~**-shy** *adj.* **1.** *hunt.* schußscheu (*Hund etc.*); **2.** *Am.* F 'mißtrauisch; '~ˌ**sling·er** *s. Am.* F → ***gunman***; '~**·smith** *s.* Büchsenmacher *m*; ~ **tur·ret** *s.* ⚔ **1.** Geschützturm *m*; **2.** ✈ Waffendrehstand *m*.

gun·wale ['gʌnl] *s.* **1.** ⚓ Schandeckel *m*; **2.** Dollbord *n* (*am Ruderboot*).

gur·gi·ta·tion [ˌgɜːdʒɪ'teɪʃn] *s.* (Auf-) Wallen *n*, Strudeln *n*.

gur·gle ['gɜːgl] *v/i.* gurgeln: a) gluckern (*Wasser*), b) glucksen (*Stimme, Person, Wasser etc.*).

Gur·kha ['gɜːkə] *s.* Gurkha *m*, *f* (*Mitglied e-s indischen Volksstamms*).

gu·ru ['gʊruː] *s.* Guru *m* (*a. fig.*).

gush [gʌʃ] **I** *v/i.* **1.** her'vorströmen, -schießen, sich ergießen (***from*** aus); **2.** 'überströmen (***with*** von); **3.** (***over***) *fig.* F schwärmen (von), sich 'überschwenglich *od.* verzückt äußern (über *acc.*); **II** *s.* **4.** Schwall *m*, Strom *m*, Erguß *m* (*alle a. fig.*); **5.** F Schwärme'rei *f*, 'Überschwenglichkeit *f*, (Gefühls)Erguß *m*; '**gush·er** [-ʃə] *s.* **1.** Springquelle *f* (*Erdöl*); **2.** F Schwärmer(in); '**gush·ing** [-ʃɪŋ] *adj.* ☐ **1.** ('über)strömend; **2.** → '**gush·y** [-ʃɪ] *adj.* überschwenglich, schwärmerisch.

gus·set ['gʌsɪt] **I** *s.* **1.** *Näherei etc.*: Zwickel *m*, Keil *m*; **2.** ⚙ Winkelstück *n*, Eckblech *n*; **II** *v/t.* **3.** e-n Zwickel *etc.* einsetzen in (*acc.*).

gust [gʌst] *s.* **1.** Windstoß *m*, Bö *f*; **2.** *fig.* (Gefühls)Ausbruch *m*, Sturm *m* (*der Leidenschaft etc.*).

gus·ta·tion [gʌ'steɪʃn] *s.* **1.** Geschmack *m*, Geschmackssinn *m*; **2.** Schmecken *n*; **gus·ta·to·ry** ['gʌstətərɪ] *adj.* Geschmacks...

gus·to ['gʌstəʊ] *s.* Begeisterung *f*, Genuß *m*, Gusto *m*.

gust·y ['gʌstɪ] *adj.* ☐ **1.** böig, stürmisch; **2.** *fig.* ungestüm.

gut [gʌt] **I** *s.* **1.** *pl.* Eingeweide *pl.*, Gedärme *pl.*: ***I hate his ~s*** F ich hasse ihn wie die Pest; **2.** *anat.* a) 'Darm(kaˌnal) *m*, b) (*bestimmter*) Darm; **3.** *a. pl.* F Bauch *m*; **4.** (*präparierter*) Darm; **5.** a) Engpaß *m*, b) enge 'Durchfahrt, Meerenge *f*; **6.** *pl.* F a) *das* Innere: ***the ~s of a machine***, b) Kern *m*, *das* Wesentliche, c) Gehalt *m*, Sub'stanz *f*: ***it has no ~s in it*** es steckt nichts dahinter; **7.** *pl.* ‚Mumm' *m*, Schneid *m*; **II** *v/t.* **8.** *Fisch etc.* ausnehmen, -weiden; **9.** *Haus etc.* a) ausrauben, b) ausbrennen: ***~ted by fire*** völlig ausgebrannt; **10.** *fig. Buch etc.* ‚ausschlachten'; **III** *adj.* **11.** F instink'tiv, von innen her'aus, *a.* leidenschaftlich: ***a ~ reaction***; **12.** von entscheidender Bedeutung: ***a ~ problem***; '**gut·less** [-lɪs] *adj.* ‚schlaff': a) ohne Schneid, b) ‚müde': ***a ~ enterprise***; '**gut·sy** [-tsɪ] *adj.* mutig, schneidig.

gut·ta-per·cha [ˌgʌtə'pɜːtʃə] *s.* **1.** ⚗ Gutta *n*; **2.** ⚘, ⚙ Gutta'percha *n*.

gut·ter ['gʌtə] **I** *s.* **1.** Dachrinne *f*; **2.** Gosse *f*, Rinnstein *m*; **3.** *fig. contp.* Gosse *f*: ***language of the ~***; ***take s.o. out of the ~*** j-n aus der Gosse auflesen; **4.** (Abfluß-, Wasser)Rinne *f*; **5.** ⚙ Rille *f*, Hohlkehlfuge *f*, Furche *f*; **6.** Kugelfangrinne *f* (*der Bowlingbahn*); **II** *v/t.* **7.** furchen, aushöhlen; **III** *v/i.* **8.** rinnen, strömen; **9.** tropfen (*Kerze*); **IV** *adj.* **10.** vul'gär, schmutzig, Schmutz...; ~ **press** *s.* Skan'dal-, Sensati'onspresse *f*; '~**·snipe** *s.* Gassenkind *n*.

gut·tur·al ['gʌtərəl] **I** *adj.* □ **1.** Kehl…, guttu'ral (*beide a. ling.*), kehlig; **2.** rauh, heiser; **II** *s.* **3.** *ling.* Kehllaut *m*, Guttu'ral *m*.

guv [gʌv], **guv·nor**, **guv'nor** ['gʌvnə] *sl.* → ***governor*** 4.

guy[1] [gaɪ] **I** *s.* **1.** F ‚Typ' *m*, Kerl *m*, ‚Bursche' *m*; **2.** ‚Vogelscheuche' *f*, ‚'Schießbudenfi͵gur' *f*; **3.** Zielscheibe *f* des Spotts; **4.** *Brit. Spottfigur des Guy Fawkes* (*die am* ***Guy Fawkes Day*** *verbrannt wird*); **II** *v/t.* **5.** F *j-n* lächerlich machen, verulken.

guy[2] [gaɪ] **I** *s.* **1.** *a.* ~ ***rope*** Halteseil *n*, -tau *n*; **2.** a) ⚙ (Ab)Spannseil *n* (*e-s Mastes*): ~ ***wire*** Spanndraht *m*, b) ⚓ Gei(tau *n*) *f*; **3.** Spannschnur *f* (*Zelt*); **II** *v/t.* **4.** mit e-m Tau *etc.* sichern, verspannen.

Guy Fawkes Day [͵gaɪ'fɔːks] *s. Brit. der Jahrestag des* ***Gunpowder Plot*** (*5. November*).

guz·zle ['gʌzl] *v/t.* **1.** *a. v/i.* a) ‚saufen', b) ‚fressen'; **2.** *oft* ~ ***away*** *Geld* verprassen, *bsd.* ‚versaufen'.

gybe [dʒaɪb] *v/t. u. v/i.* ⚓ *Brit.* (sich) 'umlegen (*Segel beim Kreuzen*).

gym [dʒɪm] *s. sl. abbr. für* ***gymnasium*** *u.* ***gymnastics***: ~ ***shoe*** Turnschuh *m*.

gym·kha·na [dʒɪm'kɑːnə] *s.* Gym'khana *f* (*Geschicklichkeitswettbewerb für Reiter, a. Austragungsort*).

gym·na·si·um [dʒɪm'neɪzjəm] *pl.* **-si·ums**, **-si·a** [-zjə] *s.* **1.** Turnhalle *f*; **2.** *ped.* (*deutsches*) Gym'nasium; **gym·nast** ['dʒɪmnæst] *s.* (Kunst)Turner(in); **gym'nas·tic** [-'næstɪk] **I** *adj.* **1.** (□ ~***ally***) gym'nastisch, turnerisch, Turn…, Gymnastik…; **II** *s.* **2.** *pl. sg. konstr.* Turnen *n*, Gym'nastik *f*: ***mental*** ~***s*** ‚Gehirnakrobatik' *f*; **3.** *mst pl.* Turn-, Gym'nastikübung *f*.

gyn·ae·co·log·ic, **gyn·ae·co·log·i·cal** [͵gaɪnɪkə'lɒdʒɪk(l)] *adj.* ⚕ gynäko'logisch; **gyn·ae·col·o·gist** [͵gaɪnɪ'kɒlədʒɪst] *s.* ⚕ Gynäko'loge *m*, -'login *f*, Frauenarzt *m*, Frauenärztin *f*; **gyn·ae·col·o·gy** [͵gaɪnɪ'kɒlədʒɪ] *s.* ⚕ Gynäkolo'gie *f*.

gyp [dʒɪp] *sl.* **I** *v/i. u. v/t.* **1.** ‚bescheißen', ‚neppen'; **II** *s.* **2.** a) ‚Beschiß' *m*, b) ‚Nepp' *m*; **3.** ***give s.o.*** ~ j-n ‚fertigmachen'; '~**-joint** *s. sl.* 'Nepplo͵kal *n*.

gyp·se·ous ['dʒɪpsɪəs] *adj. min.* gipsartig, Gips…; **gyp·sum** ['dʒɪpsəm] *s. min.* Gips *m*.

gyp·sy ['dʒɪpsɪ] *etc. bsd. Am.* → ***gipsy*** *etc.*

gy·rate **I** *v/i.* [͵dʒaɪə'reɪt] kreisen, sich (im Kreis) drehen, wirbeln; **II** *adj.* ['dʒaɪərɪt] gewunden; **͵gy'ra·tion** [-eɪʃən] *s.* **1.** Kreisbewegung *f*, Drehung *f*; **2.** *anat., zo.* Windung *f*; **gy·ra·to·ry** ['dʒaɪərətərɪ] *adj.* kreisend, sich (im Kreis) drehend.

gyr·fal·con ['dʒɜː͵fɔːlkən] → ***gerfalcon***.

gy·ro·com·pass ['dʒaɪərəʊ͵kʌmpəs] *s.* ⚓, *phys.* Kreiselkompaß *m*; **'gy·ro·graph** [-əʊgrɑːf] *s.* ⚙ Um'drehungszähler *m*.

gy·ro ho·ri·zon ['dʒaɪərəʊ] *s. ast.*, ✈ künstlicher Hori'zont.

gy·ro·pi·lot ['dʒaɪərəʊ͵paɪlət] *s.* ✈ Auto-pi'lot *m*; **'gy·ro·plane** [-rəpleɪn] *s.* ✈ Tragschrauber *m*; **'gy·ro·scope** [-rəskəʊp] *s.* **1.** *phys.* Gyro'skop *n*, Kreisel *m*; **2.** ⚓, ⚔ Ge'radlaufappa͵rat *m* (*Torpedo*); **gy·ro·scop·ic** [͵dʒaɪərə'skɒpɪk] *adj.* (□ ~***ally***) Kreisel…, gyro'skopisch; **gy·ro·sta·bi·liz·er** [͵dʒaɪərəʊ'steɪbɪlaɪzə] *s.* ⚓, ✈ (Stabilisier-, Lage)Kreisel *m*; **'gy·ro·stat** [-rəʊstæt] *s.* Gyro'stat *m*.

gyve [dʒaɪv] *obs. od. poet.* **I** *s. mst pl.* (*bsd.* Fuß)Fessel *f*; **II** *v/t.* fesseln.

H

H, h [eɪtʃ] *s.* H *n*, h *n* (*Buchstabe*).

ha [hɑː] *int.* ha!, ah!

ha·be·as cor·pus [ˌheɪbjəsˈkɔːpəs] (*Lat.*) *s. a.* ***writ of ~*** ⚖ Vorführungsbefehl *m* zur Haftprüfung: ***2 Act*** Habeas-Corpus-Akte *f* (*1679*).

hab·er·dash·er [ˈhæbədæʃə] *s.* **1.** Kurzwarenhändler(in); **2.** *Am.* Herrenausstatter *m*; **ˈhab·er·dash·er·y** [-ərɪ] *s.* **1.** a) Kurzwaren *pl.*, b) Kurzwarengeschäft *n*; **2.** *Am.* a) ˈHerrenbeˌkleidungsarˌtikel *pl.*, b) Herrenmodengeschäft *n*.

ha·bil·i·ments [həˈbɪlɪmənts] *s. pl.* (Amts)Kleidung *f*, Kleider *pl.*

hab·it [ˈhæbɪt] *s.* **1.** (An)Gewohnheit *f*: ***out of ~*** aus Gewohnheit; ***the force of ~*** die Macht der Gewohnheit; ***be in the ~ of doing s.th.*** pflegen *od.* die (An-)Gewohnheit haben, et. zu tun; ***get*** (*od.* ***fall***) ***into a ~*** sich et. angewöhnen; ***break o.s. of a ~*** sich et. abgewöhnen; ***make a ~ of s.th.*** et. zur Gewohnheit werden lassen; **2.** *oft* ***~ of mind*** Geistesverfassung *f*; **3.** *psych.* Habit *n*, *a. m*; **4.** ✱ Sucht *f*; **5.** (Amts-, Berufs-) Kleidung *f*, Tracht *f*; **6.** ⚘ Habitus *m*, Wachstumsart *f*; **7.** *zo.* Lebensweise *f*.

hab·it·a·ble [ˈhæbɪtəbl] *adj.* □ bewohnbar; **hab·i·tant** *s.* **1.** [ˈhæbɪtənt] Einwohner(in); **2.** [ˈhæbɪtɔ̃ːŋ] a) ˈFrankokaˌnadier *m*, b) Einwohner *m* franˈzösischer Abkunft (*in Louisiana*); **hab·i·tat** [ˈhæbɪtæt] *s.* ⚘, *zo.* Habiˈtat *n*, Heimat *f*, Stand-, Fundort *m*; **hab·i·ta·tion** [ˌhæbɪˈteɪʃn] *s.* Wohnen *n*; Wohnung *f*, Behausung *f*, Aufenthalt *m*: ***unfit for human ~*** unbewohnbar.

ˈhab·it-ˌform·ing *adj.* **1.** zur Gewohnheit werdend; **2.** ✱ suchterzeugend: ***~ drug*** Suchtmittel *n*.

ha·bit·u·al [həˈbɪtjʊəl] *adj.* □ **1.** gewohnt, üblich, ständig; **2.** gewohnheitsmäßig, Gewohnheits…, *contp. a.* noˈtorisch: ***~ criminal*** Gewohnheitsverbrecher *m*; ***~ drinker*** Gewohnheitstrinker (-in); **haˈbit·u·ate** [-jʊeɪt] *v/t.* **1.** (***o.s.*** sich) gewöhnen (***to*** an *acc.*; ***to doing s.th.*** daran, et. zu tun); **2.** *Am.* F frequentieren, häufig besuchen; **haˈbit·u·é** [-jʊeɪ] *s.* ständiger Besucher, Stammgast *m*.

ha·chures [hæˈʃjʊə] *s. pl.* Schraffierung *f*, Schrafˈfur *f*.

hack¹ [hæk] **I** *v/t.* **1.** (zer)hacken: ***~ off*** abhacken (von); ***~ out*** *fig.* grob darstellen, ‚hinhauen'; ***~ to pieces*** (*od.* ***bits***) in Stücke hacken, *fig.* ‚kaputtmachen'; **2.** (ein)kerben; **3.** ⚒ *Boden* (auf-, los-) hacken; **4.** ⚙ *Steine* behauen; **5.** *sport j-n* (gegen das Schienbein) treten; **II** *v/i.* **6.** hacken: ***~ at*** a) hacken nach, b) einhauen auf (*acc.*); **7.** trocken u. stoßweise husten: ***~ing cough*** → 12; **8.** *sport* treten, ‚holzen'; **III** *s.* **9.** Hieb *m*; **10.** Kerbe *f*; **11.** *sport* a) Tritt *m* (gegen das Schienbein), b) Trittwunde *f*; **12.** trokkener, stoßweiser Husten.

hack² [hæk] **I** *s.* **1.** a) Reit- *od.* Kutschpferd *n*, b) Mietpferd *n*, Gaul *m*, Klepper *m*; **2.** *Am.* a) (Miets)Droschke *f*, b) F Taxi *n*, c) → ***hackie***; **3.** a) Lohnschreiber *m*, Schriftsteller, der auf Bestellung arbeitet, b) Schreiberling *m*; **II** *adj.* **4.** ***~ writer*** → 3; **5.** einfallslos, mittelmäßig; **6.** → ***hackneyed***; **III** *v/i.* **7.** *Brit.* ausreiten; **8.** *Am.* F a) in e-m Taxi fahren, b) ein Taxi fahren; **9.** auf Bestellung arbeiten (*Schriftsteller*).

hack·er [ˈhækə] *s. Computer*: Hacker *m*.

hack·ie [ˈhækɪ] *s. Am.* F Taxifahrer *m*.

hack·le [ˈhækl] **I** *s.* **1.** ⚙ Hechel *f*; **2.** a) *orn.* (lange) Nackenfeder(n *pl.*), b) *pl.* (*aufstellbare*) Rücken- u. Halshaare *pl.* (*Hund*): ***have one's ~s up*** *fig.* wütend sein; ***this got his ~s up, his ~s rose*** (***at this***) das brachte ihn in Wut; **II** *v/t.* **3.** ⚙ hecheln.

hack·ney [ˈhæknɪ] *s.* **1.** → ***hack²*** 1; **2.** *a.* ***~ carriage*** Droschke *f*; **ˈhack·neyed** [-ɪd] *adj. fig.* abgenutzt, abgedroschen.

ˈhack·saw *s.* ⚙ Bügelsäge *f*.

had [hæd; həd] *pret. u. p.p. von* ***have***.

had·dock [ˈhædək] *s.* Schellfisch *m*.

Ha·des [ˈheɪdiːz] *s.* **1.** *antiq.* Hades *m*, ˈUnterwelt *f*; **2.** F Hölle *f*.

hae·mal [ˈhiːml] *adj. anat.* Blut(gefäß)…; **hae·mat·ic** [hiːˈmætɪk] **I** *adj.* a) blutgefüllt, b) Blut…, c) blutbildend; **II** *s.* ✱ Häˈmatikum *n*, blutbildendes Mittel; **haem·a·tite** ['hemətaɪt] *s. min.* Häma'tit *m*; **hae·ma·tol·o·gy** [ˌhemə'tɒlədʒɪ] *s.* ⚕ Hämatolo'gie *f*; **hae·mo·glo·bin** [ˌhi:məʊ'gləʊbɪn] *s.* Hämoglo'bin *n*, roter Blutfarbstoff; **hae·mo·phile** ['hi:məʊfaɪl] *s.* ⚕ Bluter *m*; **hae·mo·phil·i·a** [ˌhi:məʊ'fi:lɪə] *s.* ⚕ Bluterkrankheit *f*, Hämophi'lie *f*; **hae·mo·phil·i·ac** [ˌhi:məʊ'fɪlɪæk] → ***haemophile***; **haem·or·rhage** ['hemərɪdʒ] *s.* (***cerebral ~*** Gehirn)Blutung *f*; **haem·or·rhoids** ['hemərɔɪdz] *s. pl.* ⚕ Hämorrho'iden *pl.*

haft [hɑ:ft] *s.* Griff *m*, Heft *n*, Stiel *m*.

hag [hæg] *s.* ‚alte Vettel', Hexe *f*.

hag·gard ['hægəd] **I** *adj.* ☐ **1.** wild, verstört: ***~ look***; **2.** a) abgehärmt, b) sorgenvoll, gequält, c) abgespannt, d) abgezehrt, hager; **3.** ***~ falcon*** → 4; **II** *s.* **4.** Falke, der ausgewachsen gefangen wurde.

hag·gle ['hægl] *v/i.* (***about, over***) schachern, feilschen, handeln (um); '**hag·gler** [-lə] *s.* Feilscher(in).

hag·i·og·ra·phy [ˌhægɪ'ɒgrəfɪ] *s.* Hagiogra'phie *f* (*Erforschung u. Beschreibung von Heiligenleben*); ˌ**hag·i'ol·a·try** [-'ɒlətrɪ] *s.* Heiligenverehrung *f*.

'**hagˌrid·den** *adj.* **1.** gepeinigt, gequält; **2.** ***be ~*** *humor.* von Frauen schikaniert werden.

Hague| Con·ven·tions [heɪg] *s. pl. pol. die* Haager Abkommen *pl*; **~ Tri·bu·nal** *s. pol. der* Haager Schiedshof.

hail[1] [heɪl] **I** *s.* **1.** Hagel *m* (*a. fig. von Geschossen, Flüchen etc.*); **II** *v/i.* **2.** *impers.* hageln: ***it is ~ing*** es hagelt; **3.** *a.* ***~ down*** *fig.* (***on*** auf *acc.*) (nieder)hageln, (nieder)prasseln; **III** *v/t.* **4.** *a.* ***~ down*** *fig.* (nieder)hageln *od.* (-)prasseln lassen (***on*** auf *acc.*).

hail[2] [heɪl] **I** *v/t.* **1.** freudig *od.* mit Beifall begrüßen, zujubeln (*dat.*); **2.** *j-n, a. Taxi* her'beirufen *od.* -winken; **3.** *fig. et.* begrüßen, begeistert aufnehmen; **II** *v/i.* **4.** *bsd.* ⚓ rufen, sich melden; **5.** (her)stammen, (-)kommen (***from*** von *od.* aus); **III** *int.* **6.** heil!; **IV** *s.* **7.** Gruß *m*, Zuruf *m*: ***within ~*** (*od.* ***~ing distance***) in Ruf- *od.* Hörweite, *fig.* greifbar nahe; '**hail·er** *s. Am.* Mega'phon *n*.

'**hail|-ˌfel·low-ˌwell-'met** [-ləʊ-] **I** *s.* a) umgänglicher Mensch, b) *contp.* plump-vertraulicher Kerl; **II** *adj.* a) umgänglich, b) *contp.* plump-vertraulich, c) ***~ with*** (sehr) vertraut *od.* auf du u. du mit; '**~·stone** *s.* Hagelkorn *n*, -schloße *f*; '**~·storm** *s.* Hagelschauer *m*.

hair [heə] *s.* **1.** *ein* Haar *n*: ***by a ~*** *fig.* ganz knapp *gewinnen etc.*; ***to a ~*** haargenau; ***it turned on a ~*** es hing an e-m Faden; ***without turning a ~*** ohne mit der Wimper zu zucken, kaltblütig; ***split ~s*** Haarspalterei treiben; ***not to harm*** (*od.* ***hurt***) ***a ~ on s.o.'s head*** j-m kein Haar krümmen; **2.** *coll.* Haar *n*, Haare *pl.*: ***comb s.o.'s ~ for him*** (*od.* ***her***) F *fig.* j-m gehörig den Kopf waschen; ***do one's ~*** sich die Haare machen; ***get in s.o.'s ~*** F j-m auf die Nerven fallen; ***have s.o. by the short ~s*** F j-n in der Hand haben; ***have one's ~ cut*** sich die Haare schneiden lassen; ***have a ~ of the dog*** (***that bit you***) F e-n Schluck Alkohol trinken, um s-n ‚Kater' zu vertreiben; ***let one's ~ down*** a) sein Haar aufmachen, b) *fig.* sich ungeniert benehmen, c) aus sich herausgehen, d) sein Herz ausschütten; ***my ~ stood on end*** mir sträubten sich die Haare; ***keep s.o. out of one's ~*** F sich j-n vom Leib halten; ***keep your ~ on!*** F nur keine Aufregung; ***tear one's ~*** sich die Haare raufen; **3.** ⚘ Haar *n*; **4.** Härchen *n*, Fäserchen *n*; '**~·breadth** *s.*: ***by a ~*** um Haaresbreite; ***escape by a ~*** mit knapper Not davonkommen; '**~·brush** *s.* **1.** Haarbürste *f*; **2.** Haarpinsel *m*; **~ clip·pers** *s. pl.* 'Haarschneidemaˌschine *f*; '**~·cloth** *s.* Haartuch *n*; '**~-ˌcom·pass·es** *s. pl. a.* ***pair of ~*** Haar(strich)zirkel *m*; '**~ˌcurl·ing** *adj.* F **1.** grausig; **2.** haarsträubend; '**~·cut** *s.* Haarschnitt *m*, *weitS.* Fri'sur *f*: ***have a ~*** sich die Haare schneiden lassen; '**~·do** *pl.* '**~·dos** *s.* F Fri'sur *f*; '**~ˌdress·er** *s.* Fri'seur *m*, Fri'seuse *f*; '**~ˌdress·ing** *s.* Frisieren *n*: ***~ salon*** Friseursalon *m*; '**~ˌdri·er** *s.* Haartrockner *m*: a) Fön *m*, b) Trockenhaube *f*.

haired [heəd] *adj.* **1.** behaart; **2.** *in Zssgn* ...haarig.

hair| fol·li·cle *s. anat.* Haarbalg *m*; '**~·grip** *s.* Haarklammer *f*.

hair·i·ness ['heərɪnɪs] *s.* Behaartheit *f*; **hair·less** ['heəlɪs] *adj.* unbehaart, haarlos, kahl.

'**hair|·line** *s.* **1.** Haaransatz *m*; **2.** a) feiner Streifen (*Stoffmuster*), b) feingestreifter Stoff; **3.** Haarseil *n*; **4.** *a.* ***~ crack*** ⚙ Haarriß *m*; **5.** *opt.* Fadenkreuz *n*; **6.** → ***hair stroke***; **~ mat·tress** *s.* 'Roßhaarmaˌtratze *f*; **~ net** *s.* Haarnetz *n*; **~ oil** *s.* Haaröl *n*; '**~·piece** *s.* Haarteil *n*, *für Männer*: Tou'pet *n*; '**~·pin** *s.* **1.** Haarnadel *f*; **2.** *a.* ***~ bend*** Haarnadelkurve *f*; '**~-ˌrais·er** *s.* F *et.* Haarsträubendes, *z.B.* Horrorfilm *m*; '**~-ˌrais·ing** *adj.* F haarsträubend; **~ re·stor·er** *s.* Haarwuchsmittel *n*.

hair's breadth → ***hairbreadth***.

hair| shirt *s.* härenes Hemd; **~ sieve** *s.* Haarsieb *n*; **~ slide** *s.* Haarspange *f*; **'~,split·ter** *s. fig.* Haarspalter(in); **'~,split·ting I** *s.* Haarspalte'rei *f*; **II** *adj.* haarspalterisch; **'~·spring** *s.* ⚙ Haar-, Unruhfeder *f*; **~ stroke** *s.* Haarstrich *m* (*Schrift*); **'~·style** *s.* Fri'sur *f*; **~ styl·ist** *s.* Hair-Stylist *m*, 'Damenfri,seur *m*; **'~,trig·ger I** *s.* **1.** Stecher *m* (*am Gewehr*); **II** *adj.* F **2.** äußerst reizbar (*Person*); **3.** la'bil; **4.** prompt.

hair·y ['heərɪ] *adj.* **1.** haarig, behaart; **2.** Haar…; **3.** F ‚haarig', schwierig.

hake [heɪk] *s. ichth.* Seehecht *m*.

ha·la·tion [hə'leɪʃn] *s. phot.* Halo-, Lichthofbildung *f*.

hal·berd ['hælbɜːd] *s.* ⚔ *hist.* Helle'barde *f*; **hal·berd·ier** [,hælbə'dɪə] *s.* Hellebar'dier *m*.

hal·cy·on ['hælsɪən] **I** *s. orn.* Eisvogel *m*; **II** *adj.* halky'onisch, friedlich; **~ days** *s. pl.* **1.** halky'onische Tage *pl.*: a) Tage *pl.* der Ruhe (*auf dem Meer*), b) *fig.* Tage glücklicher Ruhe; **2.** *fig.* glückliche Zeit.

hale [heɪl] *adj.* gesund, kräftig: ***~ and hearty*** gesund u. munter.

half [hɑːf] **I** *pl.* **halves** *s.* **1.** Hälfte *f*: ***an hour and a ~*** anderthalb Stunden; ***~ (of) the girls*** die Hälfte der Mädchen; ***~ the amount*** die halbe Menge *od.* Summe; ***cut in halves*** (*od.* ***~***) in zwei Hälften *od.* Teile schneiden, entzweischneiden, halbieren; ***do s.th. by halves*** et. nur halb tun; ***do things by halves*** halbe Sachen machen; ***not to do things by halves*** Nägel mit Köpfen machen; ***go halves with s.o.*** (gleichmäßig) mit j-m teilen, mit j-m (bei et.) halbpart machen; ***too clever by ~*** überschlau; ***a game and a ~*** F ein ‚Bombenspiel'; ***not good enough by ~*** lange nicht gut genug; ***torn in ~*** *fig.* hin- u. hergerissen; → ***better***[1] 1; **2.** *sport*: a) Halbzeit *f*, (Spiel)Hälfte *f*, b) (Spielfeld)Hälfte *f*, c) *Golf*: Gleichstand *m*, d) → ***halfback***; **3.** Fahrkarte *f* zum halben Preis; **4.** kleines Bier (*halbes Pint*); **II** *adj.* **5.** halb: ***a ~ mile***, *mst* ***~ a mile*** e-e halbe Meile; ***~ an hour***, ***a ~ hour*** e-e halbe Stunde; ***two pounds and a ~*** zweieinhalb Pfund; ***a ~ share*** ein halber Anteil, e-e Hälfte; ***~ knowledge*** Halbwissen *n*; ***at ~ the price*** zum halben Preis; ***that's ~ the battle*** damit ist es halb gewonnen; → ***mind*** 5, ***eye*** 2; **III** *adv.* **6.** halb, zur Hälfte: ***~ full***; ***my work is ~ done***; ***~ as much*** halb so viel; ***~ as much again*** anderthalbmal soviel; ***~ past ten*** halb elf (Uhr); **7.** halb(wegs), nahezu, fast: ***~ dead*** halbtot; ***not ~ bad*** F gar nicht übel; ***be ~ inclined*** beinahe geneigt sein; ***he ~ wished*** (***suspected***) er wünschte (vermutete) fast.

,half|-and-'half [-fənd'h-] **I** *s.* Halb-u.-halb-Mischung *f*; **II** *adj.* halb-u.-'halb; **III** *adv.* halb u. halb; **'~·back** *s.* **1.** *obs. Fußball etc.*: Läufer *m*; **2.** *Rugby*: Halbspieler *m*; **,~-'baked** *adj. fig.* F **1.** ‚grün', unreif, unerfahren; **2.** unausgegoren, nicht durch'dacht (*Plan etc.*); **3.** blöd; **~ bind·ing** *s.* Halb(leder)band *m*; **'~·blood** *s.* **1.** Halbbürtigkeit *f*: ***brother of the ~*** Halbbruder *m*; **2.** → ***half-breed*** 1; **,~-'blood·ed** → ***half-bred*** I; **~ board** *s. Hotel*: 'Halbpensi,on *f*; **,~-'bound** *adj.* im Halbband (*Buch*); **'~-bred I** *adj.* halbblütig, Halbblut…; **II** *s.* Halbblut(tier) *n*; **'~-breed I** *s.* **1.** Mischling *m*, Halbblut *n* (*a. Tier*); **2.** *Am.* Me'stize *m*; **3.** ⚘ Kreuzung *f*; **II** *adj.* **4.** → ***half-bred***; **'~-,broth·er** *s.* Halbbruder *m*; **'~ caste** → ***half breed*** 1 *u.* ***half-bred***; **'~-cloth** *adj.* in Halbleinen gebunden, Halbleinen…; **~ cock** *s.*: ***go off at ~*** F a) ‚hochgehen', wütend werden, b) ‚da'nebengehen'; **~ crown** *s. Brit. obs.* Halbkronenstück *n* (*Wert*: *2s.6d.*); **~ deck** *s.* ⚓ Halbdeck *n*; **~ face** *s. paint., phot.* Pro'fil *n*; **,~-'heart·ed** *adj.* ☐ halbherzig; **~ hol·i·day** *s.* halber Feier- *od.* Urlaubstag; **~ hose** *s. coll., pl. konstr.* a) Halb-, Kniestrümpfe *pl.*, b) Socken *pl.*; **,~-'hour I** *s.* halbe Stunde; **II** *adj.* a) halbstündig, b) halbstündlich; **III** *adv.* → **,~-'hour·ly** *adv.* jede *od.* alle halbe Stunde, halbstündlich; **,~-'length** *s. a.* ***~ portrait*** Brustbild *n*; **'~-life** (**pe·ri·od**) *s.* ⚛, *phys.* Halbwertzeit *f*; **,~-'mast** *s.*: ***fly at ~*** auf halbmast *od.* ⚓ halbstock(s) setzen (*v/i.* wehen); **~ meas·ure** *s.* Halbheit *f*, halbe Sache; **~ moon** *s.* **1.** Halbmond *m*; **2.** (Nagel)Möndchen *n*; **~ mourn·ing** *s.* Halbtrauer *f*; **~ nel·son** *s. Ringen*: Halbnelson *m*; **,~-'or·phan** *s.* Halbwaise *f*; **~ pay** *s.* **1.** halbes Gehalt; **2.** ⚔ Halbsold *m*; Ruhegeld *n*: ***on ~*** außer Dienst; **~·pen·ny** ['heɪpnɪ] *s.* **1.** *pl.* **half·pence** ['heɪpəns] halber Penny: ***three halfpence***, ***a penny ~*** eineinhalb Pennies; ***turn up again like a bad ~*** immer wieder auftauchen; **2.** *pl.* **half·pen·nies** ['heɪpnɪz] Halbpennystück *n*; **'~-pint** *s.* **1.** halbes Pint (*bsd. Bier*); **2.** F ‚halbe Porti'on'; **,~-seas-'o·ver** *adj.* F ‚angesäuselt'; **'~-,sis·ter** *s.* Halbschwester *f*; **,~-'staff** → ***half-***

mast; ~ **term** *s. univ. Brit. kurze Ferien in der Mitte e-s Trimesters*; ˌ~-ˈ**tide** *s.* ⚓ Gezeitenmitte *f*; ˌ~-ˈ**tim·bered** *adj.* ⚠ Fachwerk…; ~ **time** *s.* **1.** halbe Arbeitszeit; **2.** *sport* Halbzeit *f*; ˌ~-ˈ**time I** *adj.* **1.** Halbtags…: ~ ***job***; **2.** *sport* Halbzeit…: ~ ***score*** Halbzeitstand *m*; **II** *adv.* **3.** halbtags; ˌ~-ˈ**tim·er** *s.* Halbtagsbeschäftigte(r *m*) *f*; ~ **ti·tle** *s.* Schmutztitel *m*; ˈ~**·tone** *s.* ♪, *paint.*, *typ.* Halbton *m*: ~ ***etching*** Autotypie *f*; ~ ***process*** Halbtonverfahren *n*; ˈ~-**track I** *s.* **1.** ⚙ Halbkettenantrieb *m*; **2.** Halbkettenfahrzeug *n*; **II** *adj.* **3.** Halbketten…; ˈ~-**truth** *s.* Halbwahrheit *f*; ˌ~-ˈ**vol·ley** *s. sport* Halbvolley *m*, Halbflugball *m*; ˌ~-ˈ**way I** *adj.* **1.** auf halbem Weg *od.* in der Mitte (liegend): ~ ***measures*** halbe Maßnahmen; **II** *adv.* **2.** auf halbem Weg, in der Mitte; → ***meet*** 4; **3.** teilweise, halb(wegs); ˌ~-ˈ**way house** *s.* **1.** auf halbem Weg gelegenes Gasthaus; **2.** *fig.* a) ˈZwischenstufe *f*, -statiˌon *f*, b) Komproˈmiß *m*, *n*; **3.** Rehabilitatiˈonszentrum *n*; ˈ~-**wit** *s.* Schwachkopf *m*, -sinnige(r *m*) *f*, Trottel *m*; ˌ~-ˈ**wit·ted** *adj.* schwachsinnig, blöd; ˌ~-ˈ**year·ly** *adv.* halbjährlich.

hal·i·but [ˈhælɪbət] *s.* Heilbutt *m*.

hal·ide [ˈhælaɪd] *s.* ⚗ Halogeˈnid *n*.

hal·i·to·sis [ˌhælɪˈtəʊsɪs] *s.* Haliˈtose *f*, (übler) Mundgeruch.

hall [hɔːl] *s.* **1.** Halle *f*, Saal *m*; **2.** a) Diele *f*, Flur *m*, b) (Empfangs-, Vor-) Halle *f*, Vestiˈbül *n*; **3.** a) (Versammlungs)Halle *f*, b) großes (öffentliches) Gebäude: ♀ ***of Fame*** Ruhmeshalle; **4.** *hist.* Gilden-, Zunfthaus *n*; **5.** *Brit.* Herrenhaus *n* (*e-s Landguts*); **6.** *univ.* a) *a.* ~ ***of residence*** Stuˈdentenheim *n*, b) *Brit.* (Essen *n* im) Speisesaal *m*, c) *Am.* Instiˈtut *n*: ***Science*** ♀; **7.** *hist.* a) Schloß *n*, Stammsitz *m*, b) Fürsten-, Königssaal *m*, c) Festsaal *m*; ~ **clock** *s.* Standuhr *f*.

hal·le·lu·jah, **hal·le·lu·iah** [ˌhælɪˈluːjə] **I** *s.* Halleˈluja *n*; **II** *int.* halleˈluja!

hal·liard [ˈhæljəd] → ***halyard***.

ˈ**hall·mark I** *s.* **1.** Feingehaltsstempel *m* (*der Londoner Goldschmiedeinnung*); **2.** *fig.* (Güte)Stempel *m*, Gepräge *n*, (Kenn)Zeichen *n*; **II** *v/t.* **3.** *Gold od. Silber* stempeln; **4.** *fig.* kennzeichnen, stempeln.

hal·lo [həˈləʊ] *bsd. Brit. für* ***hello***.

hal·loo [həˈluː] **I** *int.* hallo!, he!; **II** *s.* Hallo *n*; **III** *v/i.* (hallo) rufen *od.* schreien: ***don't ~ till you are out of the wood!*** freu dich nicht zu früh!

hal·low[1] [ˈhæləʊ] *v/t.* heiligen: a) weihen, b) als heilig verehren: ~***ed be Thy name*** geheiligt werde Dein Name.

hal·low[2] [ˈhæləʊ] → ***halloo***.

Hal·low·e'en [ˌhæləʊˈiːn] *s.* Abend *m* vor Allerˈheiligen; **Hal·low·mas** [ˈhæləʊmæs] *s. obs.* Allerˈheiligen(fest) *n*.

hall| por·ter *s. bsd. Brit.* Hoˈtel-, Hausdiener *m*; ˈ~**·stand** *s.* a) *Am. a.* ~ **tree** Gardeˈrobenständer *m*, b) ˈFlurgardeˌrobe *f*.

hal·lu·ci·nate [həˈluːsɪneɪt] *v/i.* halluzinieren; **hal·lu·ci·na·tion** [həˌluːsɪˈneɪʃn] *s.* Halluzinatiˈon *f*; **hal·lu·ci·na·to·ry** [həˈluːsɪnətərɪ] *adj.* halluzinaˈtorisch; **hal·lu·ci·no·gen** [həˈluːsɪnədʒen] *s.* ⚕ Halluzinoˈgen *n*.

ˈ**hall·way** *s. Am.* **1.** (Eingangs)Halle *f*, Diele *f*; **2.** Korridor *m*.

halm [hɑːm] → ***haulm***.

hal·ma [ˈhælmə] *s.* Halma(spiel) *n*.

ha·lo [ˈheɪləʊ] *pl.* **ha·loes**, **ha·los** *s.* **1.** Heiligen-, Glorienschein *m*, Nimbus *m* (*a. fig.*); **2.** *ast.* Halo *m*, Ring *m*, Hof *m*; **3.** *allg.* Ring *m*, (*phot.* Licht)Hof *m*; ˈ**ha·loed** [-əʊd] *adj.* mit e-m Heiligenschein *etc.* umˈgeben.

hal·o·gen [ˈhælədʒen] *s.* ⚗ Haloˈgen *n*, Salzbildner *m*: ~ ***lamp*** Halogenlampe *f*, *mot.* -scheinwerfer *m*.

halt[1] [hɔːlt] **I** *s.* **1.** a) Halt *m*, Pause *f*, Rast *f*, Aufenthalt *m*, b) *a. fig.* Stillstand *m*: ***call a ~*** (***to***) (*fig.* Ein)Halt gebieten (*dat.*); ***bring to a ~*** → 3; ***come to a ~*** → 4; **2.** 🚂 *Brit.* (Bedarfs-) Haltestelle *f*, Haltepunkt *m*; **II** *v/t.* **3.** a) haltmachen lassen, anhalten (lassen), *a. fig.* zum Halten *od.* Stehen bringen; **III** *v/i.* **4.** a) anhalten, haltmachen, b) *a. fig.* zum Stehen *od.* Stillstand kommen: ~***!*** halt!

halt[2] [hɔːlt] *v/i.* **1.** *obs.* hinken; **2.** *fig.* ‚hinken' (*Vergleich etc.*), (*Vers etc.*) *a.* holpern; **3.** zögern, schwanken, stocken.

hal·ter [ˈhɔːltə] **I** *s.* **1.** Halfter *f*, *m*, *n*; **2.** Strick *m* (*zum Hängen*); **3.** rückenfreies Oberteil *od.* Kleid mit Nackenband; **II** *v/t.* **4.** *Pferd* (an)halftern; **5.** *j-n* hängen; ˈ~**·neck** → ***halter*** 3.

halt·ing [ˈhɔːltɪŋ] *adj.* □ **1.** *obs.* hinkend; **2.** *fig.* a) hinkend, b) holp(e)rig; **3.** stockend; **4.** zögernd, schwankend.

halve [hɑːv] *v/t.* **1.** halbieren: a) zu gleichen Hälften teilen, b) auf die Hälfte reduzieren; **2.** ⚙ verblatten.

halves [hɑːvz] *pl. von* ***half***.

hal·yard [ˈhæljəd] *s.* ⚓ Fall *n*.

ham [hæm] **I** *s.* **1.** Schinken *m*: ~ ***and eggs*** Schinken mit (Spiegel)Ei; **2.** *anat.* (hinterer) Oberschenkel, Gesäßbacke *f, pl.* Gesäß *n*; **3.** F a) *a.* **~ *actor*** über'trieben *od.* mise'rabel spielender Schauspieler, 'Schmierenkomödi,ant (-in), b) *fig. contp.* ‚Schauspieler(in)', c) Stümper(in); **4.** F Ama'teurfunker *m*; **II** *v/t.* **5.** F a) *e-e Rolle* über'trieben *od.* mise'rabel spielen: **~ *it up*** → 6, b) *et.* verkitschen; **III** *v/i.* **6.** über'trieben *od.* mise'rabel spielen, wie ein 'Schmierenkomödi,ant auftreten.

ham·burg·er ['hæmbɜ:gə] *s.* **1.** *Am.* Rinderhack *n*; **2.** a) *a.* **2 *steak*** Frika'delle *f*, b) Hamburger *m*.

Ham·burg steak ['hæmbɜ:g] → ***hamburger*** 2a.

hames [heɪmz] *s. pl.* Kummet *n*.

'**ham|-,fist·ed**, '**~-,hand·ed** *adj.* F ungeschickt, tolpatschig.

ha·mite¹ ['heɪmaɪt] *s. zo.* Ammo'nit *m*.

Ham·ite² ['hæmaɪt] *s.* Ha'mit(in).

ham·let ['hæmlɪt] *s.* Weiler *m*, Flecken *m*, Dörfchen *n*.

ham·mer ['hæmə] **I** *s.* **1.** Hammer *m* (*a. anat.*): ***come*** (*od.* ***go***) ***under the*** **~** unter den Hammer kommen, versteigert werden; ***go at it*** **~** ***and tongs*** F a) ‚mächtig rangehen', b) (sich) streiten, daß die Fetzen fliegen; **~ *and divider*** *pol.* Hammer u. Zirkel (*Symbol der DDR*); **~ *and sickle*** *pol.* Hammer u. Sichel (*Symbol der UdSSR*); **2.** Hammer *m* (*Klavier etc.*); **3.** *sport* Hammer *m*; **4.** ⚙ a) Hammer(werk *n*) *m*, b) Hahn *m* (*e-r Feuerwaffe*); **II** *v/t.* **5.** (ein-)hämmern, (ein)schlagen: **~ *an idea into s.o.'s head*** *fig.* j-m e-e Idee einhämmern *od.* -bleuen; **6.** *a.* **~ *out*** a) *Metall* hämmern, bearbeiten, formen, b) *fig.* ausarbeiten, schmieden, c) *Differenzen* ‚ausbügeln'; **7.** *a.* **~ *together*** zs.-hämmern, -zimmern; **8.** F a) vernichtend schlagen, *sport a.* ‚über'fahren', b) besiegen; **9.** *Börse*: *Brit.* für zahlungsunfähig erklären; **III** *v/i.* **10.** hämmern (*a. Puls etc.*): **~ *at*** einhämmern auf (*acc.*); **~ *away*** draufloshämmern, -arbeiten; **~ *away*** (***at***) *fig.* sich abmühen (mit); **~ blow** *s.* Hammerschlag *m*; **~ drill** *s.* ⚙ Schlagbohrer *m*.

ham·mered ['hæməd] *adj.* ⚙ gehämmert, getrieben, Treib...

ham·mer| face *s.* ⚙ Hammerbahn *f*; **~ forg·ing** *s.* ⚙ Reckschmieden *n*; '**~-,hard·en** *v/t.* ⚙ kalthämmern; '**~·head** *s.* **1.** *ichth.* Hammerhai *m*; **2.** ⚙ (Hammer)Kopf *m*; **~·less** ['hæməlɪs] *adj.* mit verdecktem Schlaghammer (*Gewehr*); '**~-lock** *s. Ringen*: Hammerlock *m* (*Griff*); **~ scale** *s.* ⚙ (Eisen)Hammerschlag *m*, Zunder *m*; '**~·smith** *s.* ⚙ Hammerschmied *m*; **~ throw** *s. sport* Hammerwerfen *n*; **~ throw·er** *s. sport* Hammerwerfer *m*; '**~·toe** *s.* ⚕ Hammerzehe *f*.

ham·mock ['hæmək] *s.* Hängematte *f*.

ham·per¹ ['hæmpə] *v/t.* **1.** (be)hindern, hemmen; **2.** stören.

ham·per² ['hæmpə] *s.* **1.** (Pack-, Trag-) Korb *m*; **2.** Geschenkkorb *m*, ‚Freßkorb' *m*.

ham·ster ['hæmstə] *s. zo.* Hamster *m*.

'**ham·string I** *s.* **1.** *anat.* Kniesehne *f*; **2.** *zo.* A'chillessehne *f*; **II** *v/t.* [*irr.* → ***string***] **3.** (durch Zerschneiden der Kniesehnen) lähmen; **4.** *fig.* lähmen.

hand [hænd] **I** *s.* **1.** Hand *f* (*a. fig.*): **~*s off!*** Hände weg!; **~*s up!*** Hände hoch!; ***be in good*** **~*s*** *fig.* in guten Händen sein; ***fall into s.o's*** **~*s*** j-m in die Hände fallen; ***give*** (*od.* ***lend***) ***a*** (***helping***) **~** (*j-m*) helfen; ***give s.o. a.*** **~ *up*** j-m auf die Beine helfen; ***I am entirely in your*** **~*s*** ich bin ganz in Ihrer Hand; ***I have his fate in my*** **~*s*** sein Schicksal liegt in m-r Hand; ***he asked for her*** **~** er hielt um ihre Hand an; ***get a big*** **~** F starken Applaus bekommen; → *Bes. Redew.*; **2.** *zo.* a) Hand *f* (*Affe*), b) Vorderfuß *m* (*Pferd*), c) Schere *f* (*Krebs*); **3.** *pl.* Hände *pl.*, Besitz *m*: ***change*** **~*s*** → *Bes. Redew.*; **4.** (gute *od.* glückliche) Hand, Geschick *n*: ***he has a*** **~ *for horses*** er versteht es, mit Pferden umzugehen; **5.** *oft in Zssgn* Arbeiter *m*, Mann (*a. pl.*), *pl.* Leute *pl.*, ⚓ Ma'trose: ***all*** **~*s on deck!*** alle Mann an Deck!; **6.** Fachmann *m*, Routini'er *m*: ***an old*** **~** *a.* ein alter ‚Hase' *od.* Praktikus; ***a good*** **~ *at*** sehr geschickt in (*dat.*), ein guter *Golfspieler etc.*; **7.** Handschrift *f*: ***a legible*** **~**; **8.** Unterschrift *f*: ***set one's*** **~ *to a document***; **9.** Handbreit *f* (*4 engl. Zoll*) (*nur für die Größe e-s Pferdes*); **10.** *Kartenspiel*: a) Spieler *m*, b) Blatt *n*, Karten *pl.*: ***show one's*** **~** → *Bes. Redew.*, c) Runde *f*, Spiel *n*; **11.** (Uhr-) Zeiger *m*; **12.** Seite *f* (*a. fig.*): ***on the right*** **~** rechter Hand, rechts; ***on every*** **~** überall, ringsum; ***on all*** **~*s*** a) überall, b) von allen Seiten; ***on the one*** **~*, on the other*** **~** einerseits ... andererseits; **13.** Büschel *m*, *n*, Bündel *n* (*Früchte*), Hand *f* (*Bananen*); **14.** *Fußball*: Handspiel *n*: **~*s!*** Hand!;

Besondere Redewendungen:

~ *and foot* a) an Händen u. Füßen (*fesseln*), b) *fig.* hinten u. vorn (*bedienen*); ***be*** **~ *in glove*** (***with***) a) ein Herz u. 'eine Seele sein (mit), b) *b.s.* unter 'einer Decke stecken (mit); **~*s down***

mühelos, spielend (*gewinnen etc.*); ***~ in ~*** Hand in Hand (*a. fig.*); ***~ over fist*** a) Hand über Hand (*klettern etc.*), b) schnell, spielend, c) zusehends; ***~ to ~*** Mann gegen Mann (*kämpfen*); ***at ~*** a) nahe, bei der Hand, b) nahe (bevorstehend), c) zur Hand, bereit, d) vorliegend; ***at first*** (***second***) ***~*** aus erster (zweiter) Hand *od.* Quelle; ***at the ~s of s.o.*** *schlechte Behandlung etc.* seitens j-s, durch j-n; ***by ~*** a) mit der Hand, b) durch Boten, c) mit der Flasche (*ein Kind ernähren*); ***made by ~*** handgefertigt, Handarbeit; ***take s.o. by the ~*** a) j-n bei der Hand nehmen, b) F j-n unter s-e Fittiche nehmen; ***from ~ to mouth*** von der Hand in den Mund (*leben*); ***in ~*** a) in der Hand, b) zur Verfügung, c) vorrätig, vorhanden, d) in Bearbeitung, e) *fig.* in der Hand *od.* Gewalt, f) im Gange; ***the matter in ~*** die vorliegende Sache; ***the stock in ~*** der Warenbestand; ***have the situation well in ~*** die Lage gut im Griff haben; ***take in ~*** a) *et.* in die Hand *od.* in Angriff nehmen, b) F *j-n* unter s-e Fittiche nehmen; ***on ~*** a) verfügbar, vorrätig, b) vorliegend, c) bevorstehend, d) *Am.* zur Stelle; ***have s.th. on one's ~s*** et. auf dem Hals haben; ***out of ~*** a) kurzerhand, ohne weiteres, b) außer Kontrolle, nicht mehr zu bändigen; ***get out of ~*** a) außer Rand u. Band geraten, *Party etc.*: *a.* ausarten, b) außer Kontrolle geraten (*Lage etc.*); ***to ~*** zur Hand; ***come to ~*** eingehen, eintreffen (*Brief etc.*); ***under ~*** a) unter Kontrolle, b) unter der Hand, heimlich; ***with a heavy ~*** mit harter Hand, streng; ***with a high ~*** selbstherrlich, willkürlich; ***change ~s*** in andere Hände übergehen, den Besitzer wechseln; ***force s.o.'s ~*** j-n zum Handeln zwingen; ***get s.th. off one's ~s*** et. loswerden; ***have a ~ in s.th.*** beteiligt sein an e-r Sache, *b.s. a.* die Hand im Spiel haben bei e-r Sache; ***have one's ~ in*** in Übung sein; ***hold ~s*** Händchen halten; ***hold*** (*od.* ***stay***) ***one's ~*** sich zurückhalten; ***join ~s*** sich die Hände reichen, *fig. a.* sich verbünden *od.* zs.-tun; ***keep one's ~ in*** sich in Übung halten; ***keep a firm ~ on*** unter strenger Zucht halten; ***lay*** (***one's***) ***~s on*** a) anfassen, b) ergreifen, habhaft werden (*gen.*), erwischen, c) *gewaltsam* Hand an *j-n* legen, d) *eccl.* ordinieren; ***I can't lay my ~s on it*** ich kann es nicht finden; ***play into s.o.'s ~s*** j-m in die Hände arbeiten; ***put one's ~s on*** a) finden, b) sich erinnern an (*acc.*); ***shake ~s*** sich die Hände schütteln; ***shake ~s with s.o.***, ***shake s.o. by the ~*** j-m die Hand schütteln *od.* geben; ***show one's ~*** *fig.* s-e Karten aufdekken; ***take a ~ at a game*** bei e-m Spiel mitmachen; ***try one's ~ at s.th.*** et. versuchen, es mit et. probieren; ***wash one's ~s of it*** a) (in dieser Sache) s-e Hände in Unschuld waschen, b) nichts mit der Sache zu tun haben wollen; ***I wash my ~s of him*** mit ihm will ich nichts mehr zu tun haben; → ***off hand***;

II *v/t.* **15.** ein-, aushändigen, (über)'geben, (-)'reichen (***s.o. s.th.***, ***s.th. to s.o.*** j-m et.): ***you have got to ~ it to him*** F das muß man ihm lassen (*anerkennend*); **16.** *j-m* helfen: ***~ s.o. into*** (***out of***) ***the car***;

Zssgn mit adv.:

hand| a·round *v/t.* her'umreichen; **~ back** *v/t.* zu'rückgeben; **~ down** *v/t.* **1.** *et.* her'unter- *od.* hin'unterreichen; **2.** *j-n* hin'untergeleiten; **3.** vererben, hinter'lassen (***to*** *dat.*); **4.** (***to***) *fig.* weitergeben (an *acc.*), über'liefern (*dat.*); **5.** ⚖ a) *Urteil etc.* verkünden, b) *Entscheidung e-s höheren Gerichts* e-m 'untergeordneten Gericht über'mitteln; **~ in** *v/t.* **1.** *et.* hin'ein- *od.* her'einreichen; **2.** abgeben, *Bericht*, *Gesuch etc.* einreichen; **~ on** *v/t.* **1.** weiterreichen, -geben; **2.** → ***hand down*** 3; **~ out** *v/t.* **1.** ausgeben, -teilen, verteilen (***to*** an *acc.*); **2.** *Ratschläge etc.* verteilen; **3.** verschenken; **~ o·ver** *v/t.* (***to*** *dat.*) **1.** über'geben; **2.** über'lassen; **3.** (her)geben, aushändigen; **4.** *j-n der Polizei etc.* über'geben; **~ up** *v/t.* hin'auf- *od.* her'aufreichen (***to*** *dat.*).

'hand|·bag [-ndb-] *s.* **1.** (Damen)Handtasche *f*; **2.** Handtasche *f*, -koffer *m*; **'~·ball** [-ndb-] *s. sport* Handball(spiel *n*) *m*; **'~-ˌbar·row** [-ndˌb-] *s.* **1.** → ***handcart***; **2.** Trage *f*; **'~·bell** [-ndb-] *s.* Tisch-, Handglocke *f*; **'~·bill** [-ndb-] *s.* Hand-, Re'klamezettel *m*, Flugblatt *n*; **'~·book** [-ndb-] *s.* **1.** Handbuch *n*; **2.** Reiseführer *m* (***of*** durch, von); **~ brake** *s.* ⚙ Handbremse *f*; **'~·breadth** [-ndb-] *s.* Handbreit *f*; **'~·cart** [-ndk-] *s.* Handkarre(n *m*) *f*; **'~·clasp** [-ndk-] *Am.* → ***handshake***; **'~·craft** [-ndk-] → ***handicraft***; **'~·cuff** [-ndk-] **I** *s. mst pl.* Handschellen *pl.*; **II** *v/t. j-m* Handschellen anlegen: ***~ed*** in Handschellen; **~ drill** *s.* ⚙ Handbohrer *m*.

-handed [hændɪd] *in Zssgn* …händig, mit … Händen.

'hand|·ful [-ndfʊl] *s.* **1.** Handvoll *f* (*a.*

fig. Personen); **2.** F Plage *f* (*Person od. Sache*), ‚Nervensäge' *f*: ***he is a ~*** er macht einem ganz schön zu schaffen; **ˈ~·glass** [-ndg-] *s.* **1.** Handspiegel *m*; **2.** (Lese)Lupe *f*; **~ gre·nade** *s.* ⚔ ˈHandgraˌnate *f*; **ˈ~·grip** [-ndg-] *s.* **1.** Händedruck *m*; **2.** *a.* ⚙ Griff *m*; **3.** ***come to ~s*** handgemein werden; **ˈ~-held** *adj. Film*: tragbar (*Kamera*); **ˈ~·hold** *s.* Halt *m*, Griff *m*.

hand·i·cap [ˈhændɪkæp] **I** *s.* Handikap *n*: a) *sport* Vorgabe *f*, b) Vorgaberennen *n od.* -spiel *n*, c) *fig.* Behinderung *f*, Hindernis *n*, Nachteil *m*, Erschwerung *f* (***to*** für); **II** *v/t. sport* (*a.* körperlich *od.* geistig) (be)hindern, benachteiligen, belasten: ***~ped*** behindert (*etc.*), gehandikapt.

hand·i·craft [ˈhændɪkrɑːft] *s.* **1.** Handfertigkeit *f*; **2.** (*bsd.* Kunst)Handwerk *n*.

hand·i·ness [ˈhændɪnɪs] *s.* **1.** Geschick (-lichkeit *f*) *n*; **2.** Handlichkeit *f*; **3.** Nützlichkeit *f*.

hand·i·work [ˈhændɪwɜːk] *s.* **1.** Handarbeit *f*; **2.** Werk *n*.

hand·ker·chief [ˈhæŋkətʃɪf] *s.* Taschentuch *n*.

ˈhand-ˌknit(·ted) *adj.* handgestrickt.

han·dle [ˈhændl] **I** *s.* **1.** Griff *m*, Stiel *m*; Henkel *m* (*Topf*); Klinke *f* (*Tür*); Schwengel *m* (*Pumpe*); ⚙ Kurbel *f*: ***a ~ to one's name*** F ein Titel; ***fly off the ~*** ‚hochgehen', wütend werden; **2.** *fig.* a) Handhabe *f*, b) Vorwand *m*; **II** *v/t.* **3.** anfassen, berühren; **4.** handhaben, hantieren mit, *Maschine* bedienen: ***~ with care! glass!*** Vorsicht, Glas!; **5.** a) *ein Thema etc.* behandeln, *e-e Sache a.* handhaben, b) *et.* erledigen, ˈdurchführen, abwickeln, c) mit *et. od. j-m* fertigwerden, *et.* deichseln: ***I can ~ it*** (***him***) damit (mit ihm) werde ich fertig; **6.** *j-n* behandeln, ˈumgehen mit; **7.** a) *e-n Boxer* betreuen, trainieren, b) *Tier* dressieren (u. vorführen); **8.** sich beschäftigen mit; **9.** *Güter* befördern, weiterleiten; **10.** ✝ Handel treiben mit; **III** *v/i.* **11.** sich *leicht etc.* handhaben lassen; **12.** sich *weich etc.* anfühlen; **ˈ~·bar** *s.* Lenkstange *f*.

hand·ler [ˈhændlə] *s.* **1.** Dresˈseur *m*, Abrichter *m*; **2.** *Boxen*: a) Trainer *m*, b) Betreuer *m*, Sekunˈdant *m*.

han·dling [ˈhændlɪŋ] *s.* **1.** Berühren *n*; **2.** Handhabung *f*; **3.** Führung *f*; **4.** *a. weitS.* Behandlung *f*; **5.** ✝ Beförderung *f*; **~ charg·es** *s. pl.* ✝ ˈUmschlagspesen *pl.*

ˈhand|·loom *s.* Handwebstuhl *m*; **~ luggage** *s.* Handgepäck *n*; **ˌ~-ˈmade** [-ndˈm-] *adj.* von Hand gemacht, handgefertigt, Hand…; handgeschöpft (*Papier*): ***~ paper*** Büttenpapier *n*; **ˈ~ˌmaid(-en)** [-ndˌm-] *s.* **1.** *obs. u. fig.* Dienerin *f*, Magd *f*; **2.** *fig.* Gehilfe *m*, Handlanger(in); **ˈ~-me-ˌdown I** *adj.* **1.** fertig *od.* von der Stange (gekauft), Konfektions…; **2.** abgelegt, getragen; **II** *s.* **3.** Konfektiˈonsanzug *m*, Kleid *n* von der Stange, *pl.* Konfektiˈonskleidung *f*; **4.** abgelegtes Kleidungsstück; **ˌ~-ˈop·er·at·ed** *adj.* ⚙ mit Handantrieb, handbedient, Hand…; **~ or·gan** *s.* ♪ Drehorgel *f*; **ˈ~·out** *s.* **1.** Almosen *n* (*a. fig.*), (milde) Gabe, *weitS.* (*Wahl- etc.*) Geschenk *n*; **2.** Proˈspekt *m*, Hand-, Werbezettel *m*; **3.** Handout *n* (*Informationsunterlage*); **ˈ~-pick** *v/t.* **1.** mit der Hand pflücken *od.* auslesen: ***~ed*** handverlesen; **2.** F sorgsam auswählen; **ˈ~·rail** *s.* Handlauf *m*; Handleiste *f*; **ˈ~·saw** *s.* Handsäge *f*; **~'s breadth** *s.* Handbreit *f*.

hand·sel [ˈhænsl] *s. obs.* **1.** Neujahrs-, *od.* Einstandsgeschenk *n*; **2.** Morgengabe *f*; Hand-, Angeld *n*.

ˈhand|·set *s. teleph.* Hörer *m*; **ˈ~·shake** *s.* Händedruck *m*; **ˈ~-signed** *adj.* handsigniert.

hand·some [ˈhænsəm] *adj.* □ **1.** hübsch, schön, gutaussehend, stattlich; **2.** beträchtlich, ansehnlich, stattlich: ***a ~ sum***; **3.** großzügig, nobel, ‚anständig': ***~ is that ~ does*** edel ist, wer edel handelt; ***come down ~ly*** sich großzügig zeigen; **4.** *Am.* geschickt; **ˈhand·some·ness** [-nɪs] *s.* **1.** Schönheit *f*, Stattlichkeit *f*, gutes Aussehen; **2.** Beträchtlichkeit *f*; **3.** Großzügigkeit *f*.

ˈhand|·spike *s.* ⚓, ⚙ Handspake *f*, Hebestange *f*; **ˈ~·spring** *s. sport* ˈHandstandˌüberschlag *m*; **ˈ~·stand** *s. sport* Handstand *m*; **ˌ~-to-ˈhand** *adj.* Mann gegen Mann: ***~ combat*** Nahkampf *m*; **ˌ~-to-ˈmouth** *adj.* kümmerlich: ***lead a ~ existence*** von der Hand in den Mund leben; **ˈ~·wheel** *s.* ⚙ Hand-, Stellrad *n*; **ˈ~ˌwrit·ing** *s.* **1.** (Hand-) Schrift *f*: ***~ expert*** ⚖ Schriftsachverständige(r *m*) *f*; **2.** *et.* Handgeschriebenes.

hand·y [ˈhændɪ] *adj.* □ **1.** zur Hand, bei der Hand, greifbar, leicht erreichbar; **2.** geschickt, gewandt; **3.** handlich, praktisch; **4.** nützlich: ***come in ~*** (sehr) gelegen kommen; **~ man** *s.* [*irr.*] Mädchen *n* für alles, Fakˈtotum *n*.

hang [hæŋ] **I** *s.* **1.** Hängen *n*, Fall *m*, Sitz *m* (*Kleid etc.*); **2.** F a) Sinn *m*,

Bedeutung *f*, b) (richtige) Handhabung: ***get the ~ of s.th.*** et. ka'pieren, den ‚Dreh' rauskriegen; **3.** ***I don't care a ~*** F das ist mir völlig ‚schnuppe'; **II** *v/t. pret. u. p.p.* **hung** [hʌŋ] *nur 9 mst* **hanged**; **4.** (***on***) aufhängen (an *dat.*), hängen (an *acc.*): ***~ s.th. on a hook***; ***~ the head*** den Kopf hängen lassen *od.* senken; **5.** (*zum Trocknen etc.*) aufhängen: ***hung beef*** gedörrtes Rindfleisch; **6.** *Tür* einhängen; **7.** *Tapete* ankleben; **8.** behängen: ***hung with flags***; **9.** (auf-) hängen: ***~ o.s.*** sich erhängen; ***I'll be ~ed first*** F eher lasse ich mich hängen!; ***I'll be ~ed if*** F ‚ich will mich hängen lassen', wenn; ***~ it*** (***all***)***!*** F zum Henker damit!; **10.** → ***fire*** 6; **III** *v/i.* **11.** hängen, baumeln (***by***, ***on*** an *dat.*); → ***balance*** 2, ***thread*** 1; **12.** (her'ab)hängen, fallen (*Kleid etc.*); **13.** hängen, gehängt werden: ***he deserves to ~***; ***let s.th. go ~*** F sich den Teufel um et. scheren; ***let it go ~!*** F zum Henker damit!; **14.** (***on***) sich hängen (an *dat.*), sich klammern (an *acc.*): ***~ on s.o.'s lips*** (***words***) *fig.* an j-s Lippen (Worten) hängen; **15.** (***on***) hängen (an *dat.*), abhängen (von); **16.** sich senken *od.* neigen;

Zssgn mit prp.:

hang| a·bout, **~ a·round** *v/i.* her'umlungern *od.* sich her'umtreiben in (*dat.*) *od.* bei; **~ on** → ***hang*** 14, 15; **~ o·ver** *v/i.* **1.** *fig.* hängen *od.* schweben über (*dat.*), drohen (*dat.*); **2.** sich neigen über (*acc.*); **3.** aufragen über (*acc.*);

Zssgn mit adv.:

hang| a·bout, **~ a·round** *v/i.* **1.** her'umlungern, sich her'umtreiben; **2.** trödeln; **3.** warten; **~ back** *v/i.* **1.** zögern; **2.** → **~ be·hind** *v/i.* zu'rückbleiben, -hängen; **~ down** *v/i.* her'unterhängen; **~ on** *v/i.* **1.** (***to***) *a. fig.* sich klammern (an *acc.*), festhalten (*acc.*), nicht loslassen *od.* aufgeben; **2.** *teleph.* am Appa'rat bleiben; **3.** nicht nachlassen, ‚dranbleiben'; **4.** warten; **~ out I** *v/t.* **1.** (hin- *od.* her)'aushängen; **II** *v/i.* **2.** her'aushängen; **3.** ausgehängt sein; **4.** F a) hausen, sich aufhalten, b) sich her'umtreiben; **~ o·ver I** *v/i.* andauern; **II** *v/t.*: ***be hung over*** F e-n ‚Kater' haben; **~ to·geth·er** *v/i.* **1.** zs.-halten (*Personen*); **2.** zs.-hängen, verknüpft sein; **~ up I** *v/t.* **1.** aufhängen; **2.** aufschieben, hin'ausziehen: ***be hung up*** aufgehalten werden; **3.** ***be hung up on*** F a) e-n Komplex haben wegen, ‚es haben' mit, b) besessen sein von; **II** *v/i.* **4.** *teleph.* (den Hörer) auflegen, einhängen: ***she hung up on me!*** sie legte einfach auf!

hang·ar ['hæŋə] *s.* Hangar *m*, Flugzeughalle *f*, -schuppen *m*.

'hang·dog I *s.* **1.** Galgenvogel *m*, -strick *m*; **II** *adj.* **2.** gemein; **3.** jämmerlich: ***~ look*** Armesündermiene *f*.

hang·er ['hæŋə] *s.* **1.** a) (Auf)Hänger *m*, b) Ankleber *m*, c) Tapezierer *m*; **2.** a) Kleiderbügel *m*, b) Aufhänger *m* (*a.* ⚙), Schlaufe *f*; **3.** a) Hirschfänger *m*, b) kurzer Säbel.

ˌhang·er-'on [-ər'ɒn] *pl.* **ˌhang·ers-'on** *s. contp.* **1.** Anhänger *m*, *pl. a.* Anhang *m*; **2.** ‚Klette' *f*.

hang glid·er *s. sport* **1.** Hängegleiter *m*, (Flug)Drachen *m*; **2.** Drachenflieger(in).

hang·ing ['hæŋɪŋ] **I** *s.* **1.** (Auf)Hängen *n*; **2.** (Er)Hängen *n*: ***execution by ~*** Hinrichtung *f* durch den Strang; **3.** *mst pl.* Wandbehang *m*, Ta'pete *f*, Vorhang *m*; **II** *adj.* **4.** a) (her'ab)hängend, Hänge..., b) hängend, abschüssig, ter'rassenförmig: ***~ gardens***; **5.** ***a ~ matter*** e-e Sache, die e-n an den Galgen bringt; ***a ~ judge*** ein Richter, der mit der Todesstrafe rasch bei der Hand ist; **~ com·mit·tee** *s.* Hängeausschuß *m* (*bei Gemäldeausstellungen*).

'hang|·man [-mən] *s.* [*irr.*] Henker *m*; **'~·nail** *s.* ⚕ Niednagel *m*; **'~·out** *s.* F **1.** ‚Bude' *f*, Wohnung *f*; **2.** Treffpunkt *m*, 'Stammloˌkal *n*; **'~ˌo·ver** *s.* **1.** 'Überbleibsel *n*; **2.** F ‚Katzenjammer' *m* (*a. fig.*), ‚Kater' *m*; **'~·up** *s.* F **1.** a) Kom'plex *m*, b) Fimmel *m*: ***have a ~ about*** → ***hang up*** 3; **2.** Pro'blem *n*.

hank [hæŋk] *s.* **1.** Strang *m*, Docke *f* (*Garn etc.*); **2.** Hank *n* (*ein Garnmaß*); **3.** ⚓ Legel *m*.

han·ker ['hæŋkə] *v/i.* sich sehnen (***after***, ***for*** nach); **'han·ker·ing** [-ərɪŋ] *s.* Sehnsucht *f*, Verlangen *n* (***after***, ***for*** nach).

han·ky, *a.* **han·kie** ['hæŋkɪ] F → ***handkerchief***.

han·ky-pan·ky [ˌhæŋkɪ'pæŋkɪ] *s. sl.* **1.** Hokus'pokus *m*; **2.** ‚fauler Zauber', ‚Mätzchen' *n od. pl.*, Trick(s *pl.*) *m*; **3.** ‚Techtelmechtel' *n*.

Han·o·ve·ri·an [ˌhænəʊ'vɪərɪən] **I** *adj.* han'nover(i)sch; *pol. hist.* hannove'ranisch; **II** *s.* Hannove'raner(in)

Han·sard ['hænsəd] *s. parl. Brit.* Parla'mentsprotoˌkoll *n*.

hanse [hæns] *s. hist.* **1.** Kaufmannsgilde *f*; **2.** ♀ Hanse *f*, Hansa *f*; **Han·se·at·ic** [ˌhænsɪ'ætɪk] *adj.* hanse'atisch, Hanse...: ***the ~ League*** die Hanse.

han·sel → ***handsel***.

han·som (**cab**) ['hænsəm] *s.* Hansom *m* (*zweirädrige Kutsche*).

hap [hæp] *obs.* **I** *s.* a) Zufall *m*, b) Glücksfall *m*; **II** *v/i.* → ***happen***; ˌ**hap'haz·ard** [-ˈhæzəd] **I** *adj. u. adv.* plan-, wahllos, willkürlich; **II** *s.*: ***at ~*** aufs Geratewohl; ˈ**hap·less** [-lɪs] *adj.* □ glücklos, unglücklich.

hap·pen [ˈhæpən] *v/i.* **1.** geschehen, sich ereignen, vorkommen, -fallen, passieren, stattfinden, vor sich gehen: ***what has ~ed?*** was ist geschehen *od.* passiert?; ***... and nothing ~ed*** ... u. nichts geschah; **2.** *impers.* zufällig geschehen, sich zufällig ergeben, sich (gerade) treffen: ***it ~ed that*** es traf *od.* ergab sich, daß; ***as it ~s*** a) wie es sich gerade trifft, b) wie es nun einmal so ist; **3.** ***~ to*** *inf.*: ***we ~ed to hear it*** wir hörten es zufällig; ***it ~ed to be hot*** zufällig war es heiß; **4.** ***~ to*** geschehen mit (*od. dat.*), passieren (*dat.*), zustoßen (*dat.*), werden aus: ***what is going to ~ to his plan?*** was wird aus s-m Plan?; ***if anything should ~ to me*** sollte mir et. zustoßen; **5.** ***~ (up)on*** a) zufällig begegnen (*dat.*) *od.* treffen (*acc.*), b) zufällig stoßen (auf *acc.*) *od.* finden (*acc.*); **6.** ***~ along*** F zufällig kommen; ***~ in*** F ‚hereinschneien'; **hap·pen·ing** [ˈhæpnɪŋ] *s.* **1.** a) Ereignis *n*, b) Eintreten *n e-s Ereignisses*; **2.** *thea. u. humor.* Happening *n*: ***~ artist*** Happenist *m*; **hap·pen·stance** [ˈhæpənstæns] *s. Am.* F Zufall *m*.

hap·pi·ly [ˈhæpɪlɪ] *adv.* **1.** glücklich; **2.** glücklicherweise, zum Glück; ˈ**hap·pi·ness** [-ɪnɪs] *s.* **1.** Glück *n* (*Gefühl*); **2.** glückliche Wahl (*e-s Ausdrucks etc.*), glückliche Formulierung; **hap·py** [ˈhæpɪ] *adj.* □ → ***happily***; **1.** *allg.* glücklich: a) glückselig, b) beglückt, erfreut (***at, about*** über *acc.*): ***I am ~ to see you*** es freut mich, Sie zu sehen; ***I would be ~ to do that*** ich würde das sehr *od.* liebend gern tun; ***I am quite ~ (, thank you)!*** (danke,) ich bin wunschlos glücklich!, c) voller Glück: ***~ days***, d) erfreulich: ***~ event*** freudiges Ereignis, e) glückverheißend: ***~ news***, f) gut, trefflich: ***~ idea***, g) geglückt, treffend, passend: ***a ~ phrase***; **2.** *in Glückwünschen*: ***~ new year!*** gutes neues Jahr!; **3.** F beschwipst, ‚angesäuselt'; **4.** *in Zssgn* a) F wirr (im Kopf), benommen: → ***slaphappy***, b) begeistert, ‚verrückt', -freudig, -lustig: → ***trigger-happy***.

hap·py| dis·patch *s. euphem.* Haraˈkiri *n*; ˌ**~-go-ˈluck·y** [-gəʊ-] *adj. u. adv.* unbekümmert, sorglos, leichtfertig, lässig.

hap·tic [ˈhæptɪk] *adj.* haptisch.

har·a·kir·i [ˌhærəˈkɪrɪ] *s.* Haraˈkiri *n* (*a. fig.*).

ha·rangue [həˈræŋ] **I** *s.* **1.** Ansprache *f*, (flammende) Rede; **2.** Tiˈrade *f*; **3.** Strafpredigt *f*; **II** *v/i.* **4.** e-e (bomˈbastische *od.* flammende) Rede halten (*v/t.* vor *dat.*); **5.** e-e Strafpredigt halten (*v/t. j-m*).

har·ass [ˈhærəs] *v/t.* **1.** a) (ständig) belästigen, schikanieren, quälen, b) aufreiben, zermürben: ***~ed*** mitgenommen, (von Sorgen) gequält, (viel) geplagt; **2.** ⚔ stören: ***~ing fire*** Störfeuer *n*; ˈ**har·ass·ment** [-mənt] *s.* **1.** Belästigung *f*; **2.** Schikanieren *n*, Schiˈkane(n *pl.*) *f*; **3.** ⚔ ˈStörmaˌnöver *pl.*

har·bin·ger [ˈhɑːbɪndʒə] **I** *s. fig.* a) Vorläufer *m*, b) Vorbote *m*: ***the ~ of spring***; **II** *v/t. fig.* ankündigen.

har·bo(u)r [ˈhɑːbə] **I** *s.* **1.** Hafen *m*; **2.** *fig.* Zufluchtsort *m*, ˈUnterschlupf *m*; **II** *v/t.* **3.** beherbergen, Schutz *od.* Zuflucht gewähren (*dat.*); **4.** verbergen, verstecken: ***~ criminals***; **5.** *Gedanken, Groll etc.* hegen: ***~ thoughts of revenge***; **III** *v/i.* **6.** ⚓ (im Hafen) vor Anker gehen; **~ bar** *s.* Sandbank *f* vor dem Hafen; **~ dues** *s. pl.* Hafengebühren *pl.*; **~ mas·ter** *s.* Hafenmeister *m*; **~ seal** *s. zo.* Gemeiner Seehund.

hard [hɑːd] **I** *adj.* **1.** *allg.* hart (*a. Farbe, Stimme etc.*); **2.** fest: ***~ knot***; **3.** schwer, schwierig: a) mühsam, anstrengend, hart: ***~ work***, b) schwer zu bewältigen(d): ***~ problems*** schwierige Probleme; ***~ to believe*** kaum zu glauben; ***~ to imagine*** schwer vorstellbar; ***~ to please*** schwer zufriedenzustellen(d), ‚schwierig' (*Kunde etc.*); **4.** hart, zäh, ˈwiderstandsfähig: ***in ~ condition*** *sport* konditionsstark, fit; ***a ~ customer*** F ein schwieriger ‚Kunde', ein zäher Bursche; → ***nail*** *Bes. Redew.*; **5.** hart, angestrengt: ***~ studies***; **6.** hart arbeitend, fleißig: ***a ~ worker***; ***try one's ~est*** sich alle Mühe geben; **7.** heftig, stark: ***a ~ rain***; ***a ~ blow*** ein harter *od.* schwerer Schlag (*a. fig.* ***to*** für); ***be ~ on*** *Kleidung etc.* (sehr) strapazieren (→ 8); **8.** hart: a) streng, rauh: ***~ climate (winter)***, b) *fig.* hartherzig, gefühllos, streng, c) nüchtern, kühl (überlegend): ***a ~ businessman***, d) drückend: ***be ~ on s.o.*** j-n hart anfassen *od.* behandeln; ***it is ~ on him*** es ist hart für ihn; ***the ~ facts*** die harten *od.* nackten Tatsachen; ✝ ***~ sell(ing)*** aggressive Verkaufstaktik; ***~ times*** schwere Zeiten; ***have a ~ time*** Schlimmes durchmachen (müssen); ***he had a ~ time doing it*** es fiel ihm schwer, dies zu tun; ***give s.o. a ~ time*** j-m hart zusetzen, j-m das Leben sauer machen; **9.** a) sauer, herb (*Getränk*), b) hart (*Droge*), *Getränk*: *a.* stark, ˈhochproˌzentig; **10.** *phys.* hart: ***~ water***; ***~ X rays***; ***~ wheat*** ✓ Hartweizen *m*; **11.** ✝ hart (*Währung etc.*): ***~ dollars***; ***~ prices*** harte *od.* starre Preise; **12.** *Phonetik*: a) hart, stimmlos, b) nicht palatalisiert; **13.** ***~ up*** a) schlecht bei Kasse, in (Geld)Schwierigkeiten, b) in Verlegenheit (***for*** um); **II** *adv.* **14.** hart, fest; **15.** *fig.* hart, schwer: ***work ~***; ***brake ~*** scharf bremsen; ***drink ~*** ein starker Trinker sein; ***it will go ~ with him*** es wird unangenehm für ihn sein; ***hit s.o. ~*** a) j-m e-n harten Schlag versetzen, b) *fig.* ein harter Schlag für j-n sein; ***~ hit*** schwer betroffen; ***be ~ pressed***, ***be ~ put to it*** in schwerer Bedrängnis sein; ***look ~ at*** scharf ansehen; ***try ~*** sich alle Mühe geben; → ***die***[1] 1; **16.** nah(e), dicht: ***~ by*** ganz in der Nähe; ***~ on*** (*od.* ***after***) gleich nach; ***~ aport*** ⚓ hart Backbord; **III** *s.* **17.** ***get*** (***have***) ***a ~ on*** V e-n ‚Ständer' kriegen (haben).

ˌ**hard**|**-and-ˈfast** *adj.* fest, bindend, ˈunumstößlich: ***a ~ rule***; ˈ**~·back** → ***hardcover*** II; ˈ**~·ball** *s. Am.* Baseball(spiel *n*) *m*; ˌ**~-ˈbit·ten** *adj.* **1.** verbissen, hartnäckig; **2.** → ***hard-boiled*** 2a; ˈ**~·board** *s.* Hartfaserplatte *f*; ˌ**~-ˈboiled** *adj.* **1.** hart(gekocht): ***a ~ egg***; **2.** F ‚knallhart': a) ‚abgebrüht', ‚hartgesotten', b) ‚ausgekocht', gerissen, c) von hartem Reaˈlismus: ***~ fiction***; ***~ case*** *s.* **1.** Härtefall *m*; **2.** schwieriger Mensch; **3.** ‚schwerer Junge' (*Verbrecher*); ***~ cash*** *s.* ✝ **1.** a) Hartgeld *n*, b) Bargeld *n*: ***pay in ~*** (in) bar (be)zahlen; **2.** klingende Münze; ***~ coal*** *s.* Anthraˈzit *m*, Steinkohle *f*; ***~ core*** *s.* **1.** *Brit.* Schotter *m*; **2.** *fig.* harter Kern (*e-r Bande etc.*); ˌ**~-ˈcore** *adj. fig.* **1.** zum harten Kern gehörend; **2.** hart: ***~ pornography***; ***~ court*** *s. Tennis*: Hartplatz *m*; ˈ**~ˌcov·er** **I** *adj.* gebunden: ***~ edition***; **II** *s.* Hardcover *n*, gebundene Ausgabe; ***~ cur·ren·cy*** *s.* ✝ harte Währung.

hard·en [ˈhɑːdn] **I** *v/t.* **1.** härten (*a.* ⚙), hart *od.* härter machen; **2.** *fig.* hart *od.* gefühllos machen, verhärten: ***~ed*** verstockt, ‚abgebrüht'; ***a ~ed sinner*** ein verstockter Sünder; **3.** bestärken; **4.** abhärten (***to*** gegen); **II** *v/i.* **5.** hart werden, erhärten; **6.** *fig.* hart *od.* gefühllos werden, sich verhärten; **7.** *fig.* sich abhärten (***to*** gegen); **8.** a) ✝ *u. fig.* sich festigen, b) ✝ anziehen, steigen (*Preise*); ˈ**hard·en·er** [-nə] *s.* Härtemittel *n*, Härter *m*; ˈ**hard·en·ing** [-nɪŋ] **I** *s.* **1.** Härten *n*, Härtung *f* (*a.* ⚙): ***~ of the arteries*** Arterienverkalkung *f*; **2.** → ***hardener***; **II** *adj.* **3.** Härte…

ˌ**hard**|**-ˈfea·tured** *adj.* mit harten *od.* groben Gesichtszügen; ***~ fi·ber***, *Brit.* ***~ fi·bre*** *s.* ⚙ Hartfaser *f*; ***~ goods*** *s. pl.* ✝ *Am.* Gebrauchsgüter *pl.*; ***~ hat*** *s.* **1.** *Brit.* Meˈlone *f* (*Hut*); **2.** a) Schutzhelm *m*, b) F Bauarbeiter *m*; **3.** *Brit.* ˈErzreaktioˌnär *m*; ˌ**~-ˈhead·ed** *adj.* **1.** praktisch, nüchtern, reaˈlistisch; **2.** *Am.* starrköpfig, stur; ˌ**~-ˈheart·ed** *adj.* □ hart(herzig); ˌ**~-ˈhit·ting** *adj. fig.* hart, aggresˈsiv.

har·di·hood [ˈhɑːdɪhʊd], ˈ**har·di·ness** [-ɪnɪs] *s.* **1.** Ausdauer *f*, Zähigkeit *f*; **2.** ⚘ Winterfestigkeit *f*; **3.** Kühnheit *f*: a) Tapferkeit *f*, b) Verwegenheit *f*, c) Dreistigkeit *f*.

hard| **la·bo(u)r** *s.* ⚖ Zwangsarbeit *f*; ***~ line*** *s.* **1.** *bsd. pol.* harte Linie, harter Kurs: ***follow*** *od.* ***adopt a ~*** e-n harten Kurs einschlagen; **2.** *pl. Brit.* ‚Pech' *n* (***on*** für); ˌ**~-ˈline** *adj. bsd. pol.* hart, komproˈmißlos; ˌ**~-ˈlin·er** *s. bsd. pol.* j-d, der e-n harten Kurs einschlägt; ˌ**~-ˈluck sto·ry** *s. contp.*, ‚Jammergeschichte' *f*.

hard·ly [ˈhɑːdlɪ] *adv.* **1.** kaum, fast nicht: ***~ ever*** fast nie; ***I ~ know her*** ich kenne sie kaum; **2.** (wohl) kaum, schwerlich; **3.** mühsam, mit Mühe; **4.** hart, streng.

hard| **mon·ey** → ***hard cash***; ˌ**~-ˈmouthed** *adj.* **1.** hartmäulig (*Pferd*); **2.** *fig.* starrköpfig.

hard·ness [ˈhɑːdnɪs] *s.* **1.** Härte *f* (*a. fig.*); **2.** Schwierigkeit *f*; **3.** Hartherzigkeit *f*; **4.** ˈWiderstandsfähigkeit *f*; **5.** Strenge *f*, Härte *f*.

ˌ**hard**|**-ˈnosed** F → a) ***hard-boiled*** 2a, b) ***hard-headed*** 2; ***~ pan*** *s.* **1.** *geol.* Ortstein *m*; **2.** harter Boden; **3.** *fig.* a) Grund(lage *f*) *m*, b) Kern *m* (der Sache); ˌ**~-ˈpress·ed** *adj.* (hart)bedrängt, unter Druck stehend; ***~ rock*** *s.* ♪ Hardrock *m*; ***~ rub·ber*** *s.* Hartgummi *m*; ***~ sci·ence*** *s.* (*e-e*) exˈakte Wissenschaft; ˌ**~-ˈset** *adj.* **1.** hartbedrängt; **2.** streng, starr; **3.** angebrütet (*Ei*); ˈ**~-shell** *adj.* **1.** *zo.* hartschalig; **2.** *Am.* F ‚eisern'.

hard·ship [ˈhɑːdʃɪp] *s.* **1.** Not *f*, Elend *n*; **2.** *a.* ⚖ Härte *f*: ***work ~ on s.o.*** e-e Härte bedeuten für j-n; ***~ case*** Härtefall *m*.

hard| **shoul·der** *s. mot. Brit.* Standspur *f*; ***~ sol·der*** *s.* ⚙ Hartlot *n*; ˈ**~-ˌsol·der** *v/t. u. v/i.* hartlöten; ***~ tack*** *s.* Schiffszwieback *m*; ˈ**~·top** *s. mot.* Hardtop *n*, *m*: a) *festes, abnehmbares Autodach*, b)

Auto mit a; **'~·ware** *s.* **1.** a) Me'tall-, Eisenwaren *pl.*, b) Haushaltswaren *pl.*; **2.** *Computer*, *a. Sprachlabor*: Hardware *f*; **3.** *a.* ***military ~*** Waffen *pl.* u. mili'tärische Ausrüstung; **4.** *Am. sl.* Schießeisen *n od. pl.*; **'~·wood** *s.* Hartholz *n*, *bsd.* Laubbaumholz *n*; **,~-'work·ing** *adj.* fleißig, hart arbeitend.

har·dy ['hɑːdɪ] *adj.* □ **1.** a) zäh, ro'bust, b) abgehärtet; **2.** ⚘ winterfest: ***~ annual*** a) winterfeste Pflanze, b) *humor.* Frage, die jedes Jahr wieder aktuell wird; **3.** kühn: a) tapfer, b) verwegen, c) dreist.

hare [heə] *s. zo.* Hase *m*: ***run with the ~ and hunt with the hounds*** *fig.* es mit beiden Seiten halten; ***start a ~*** *fig.* vom Thema ablenken; ***~ and hounds*** Schnitzeljagd *f*; **'~·bell** *s.* ⚘ Glockenblume *f*; **'~·brained** *adj.* ‚verrückt'; **'~·foot** *s.* [*irr.*] ⚘ **1.** Balsabaum *m*; **2.** Ackerklee *m*; **,~'lip** *s.* ⚕ Hasenscharte *f.*

ha·rem ['hɑːriːm] *s.* Harem *m.*

'hare's-foot → ***harefoot.***

har·i·cot ['hærɪkəʊ] *s.* **1.** *a.* ***~ bean*** Gartenbohne *f*; **2.** 'Hammelra,gout *n.*

hark [hɑːk] *v/i.* **1.** *obs. u. poet.* horchen: ***~ at him!*** *Brit.* F hör dir ihn (*od.* den) an!; **2.** ***~ back*** a) *hunt.* auf der Fährte zu'rückgehen (*Hund*), b) *fig.* zu'rückgreifen, -kommen, (*a. zeitlich*) zu'rückgehen (***to*** auf *acc.*); **hark·en** ['hɑːkən] → ***hearken.***

har·le·quin ['hɑːlɪkwɪn] **I** *s.* Harlekin *m*, Hans'wurst *m*; **II** *adj.* bunt, scheckig; **har·le·quin·ade** [,hɑːlɪkwɪ'neɪd] *s.* Harleki'nade *f*, Possenspiel *n.*

har·lot ['hɑːlət] *obs.* Hure *f*, Metze *f*; **'har·lot·ry** [-rɪ] *s.* Hure'rei *f.*

harm [hɑːm] **I** *s.* **1.** Schaden *m*: ***bodily ~*** körperlicher Schaden, ⚖ Körperverletzung *f*; ***come to ~*** zu Schaden kommen; ***do ~ to s.o.*** j-m schaden, j-m et. antun; (***there is***) ***no ~ done!*** es ist nichts (Schlimmes) passiert!; ***it does more ~ than good*** es schadet mehr, als daß es nützt; ***there is no ~ in doing*** (***s.th.***) es kann *od.* könnte nicht schaden, (et.) zu tun; ***mean no ~*** es nicht böse meinen; ***keep out of ~'s way*** die Gefahr meiden; ***out of ~'s way*** a) in Sicherheit, b) in sicherer Entfernung; **2.** Unrecht *n*, Übel *n*; **II** *v/t.* **3.** schaden (*dat.*), *j-n* verletzen (*a. fig.*); **'harm·ful** [-fʊl] *adj.* □ nachteilig, schädlich (***to*** für): ***~ publications*** ⚖ jugendgefährdende Schriften; **'harm·ful·ness** [-fʊlnɪs] *s.* Schädlichkeit *f*; **'harm·less** [-lɪs] *adj.* □ **1.** harmlos: a) unschädlich, ungefährlich, b) unschuldig, arglos, c) unverfänglich; **2.** ***keep*** (*od.* ***save***) ***s.o. ~*** ⚖ j-n schadlos halten; **'harm·less·ness** [-lɪsnɪs] *s.* Harmlosigkeit *f.*

har·mon·ic [hɑː'mɒnɪk] **I** *adj.* (□ ***~ally***) **1.** ♪, ⚗, *phys.* har'monisch (*a. fig.*); **II** *s.* **2.** ♪, *phys.* Har'monische *f*: a) Oberton *m*, b) Oberwelle *f*; **3.** *pl. oft sg. konstr.* ♪ Harmo'nielehre *f*; **har'mon·i·ca** [-kə] *s.* **1.** *hist.* 'Glashar,monika *f*; **2.** 'Mundhar,monika *f*; **har'mo·ni·ous** [-'məʊnjəs] *adj.* □ har'monisch: a) ebenmäßig, b) wohlklingend, c) über'einstimmend, d) einträchtig; **har'mo·ni·ous·ness** [-'məʊnjəsnɪs] *s.* Harmo'nie *f*; **har'mo·ni·um** [-'məʊnjəm] *s.* ♪ Har'monium *n*; **har·mo·nize** ['hɑːmənaɪz] **I** *v/i.* **1.** harmonieren (*a.* ♪), zs.-passen, in Einklang sein (***with*** mit); **II** *v/t.* **2.** (***with***) harmonisieren, in Einklang bringen (mit); **3.** versöhnen; **4.** ♪ harmonisieren, mehrstimmig setzen; **har·mo·ny** ['hɑːmənɪ] *s.* **1.** Harmo'nie *f*: a) Wohlklang *m*, b) Eben-, Gleichmaß *n*, c) Einklang *m*, Eintracht *f*; **2.** ♪ Harmo'nie *f.*

har·ness ['hɑːnɪs] **I** *s.* **1.** (Pferde- *etc.*) Geschirr *n*: ***in ~*** *fig.* in der (täglichen) Tretmühle; ***die in ~*** in den Sielen sterben; ***~ horse*** *Am.* Traber(pferd *n*) *m*; ***~ race*** *Am.* Trabrennen *n*; **2.** a) *mot. etc.* (Sicherheits)Gurt *m* (*für Kinder*), b) (Fallschirm)Gurtwerk *n*; **3.** Laufgeschirr *n für Kinder*; **4.** *Am. sl.* (Arbeits-) Kluft *f*, Uni'form *f* (*e-s Polizisten etc.*); **5.** ⚔ *hist.* Harnisch *m*; **II** *v/t.* **6.** *Pferd etc.* a) anschirren, b) anspannen (***to*** an *acc.*); **7.** *fig. Naturkräfte etc.* nutzbar machen.

harp [hɑːp] **I** *s.* **1.** ♪ Harfe *f*; **II** *v/i.* **2.** (die) Harfe spielen; **3.** *fig.* (***on***, ***upon***) her'umreiten (auf *dat.*), dauernd reden (von); → ***string*** 5; **'harp·er** [-pə], **'harp·ist** [-pɪst] *s.* Harfe'nist(in).

har·poon [hɑː'puːn] **I** *s.* Har'pune *f*: ***~ gun*** Harpunengeschütz *n*; **II** *v/t.* harpunieren.

harp·si·chord ['hɑːpsɪkɔːd] *s.* ♪ Cembalo *n.*

har·py ['hɑːpɪ] *s.* **1.** *antiq.* Har'pyie *f*; **2.** *fig.* a) ‚Geier' *m*, Blutsauger *m*, b) Hexe *f* (*Frau*).

har·que·bus ['hɑːkwɪbəs] *s.* ⚔ *hist.* Hakenbüchse *f*, Arke'buse *f.*

har·ri·dan ['hærɪdən] *s.* alte Vettel.

har·ri·er[1] ['hærɪə] *s.* **1.** Verwüster *m*; Plünderer *m*; **2.** *orn.* Weihe *f.*

har·ri·er[2] ['hærɪə] *s.* **1.** *hunt.* Hund *m* für die Hasenjagd; **2.** *sport* Querfeld'einläufer(in).

Har·ro·vi·an [həˈrəʊvjən] *s.* Schüler *m* (*der Public School*) von Harrow.

har·row [ˈhærəʊ] **I** *s.* **1.** ✓ Egge *f*: ***under the ~*** *fig.* in großer Not; **II** *v/t.* **2.** ✓ eggen; **3.** *fig.* quälen, peinigen; *Gefühl* verletzen; **ˈhar·row·ing** [-əʊɪŋ] *adj.* □ quälend, qualvoll, schrecklich.

har·rumph [həˈrʌmpf] *v/i.* **1.** sich (gewichtig) räuspern; **2.** mißbilligend schnauben.

har·ry¹ [ˈhærɪ] *v/t.* **1.** verwüsten; **2.** plündern; **3.** quälen, peinigen.

Har·ry² [ˈhærɪ] *s.* ***old ~*** der Teufel; ***play old ~ with*** Schindluder treiben mit, ‚zur Sau' machen.

harsh [hɑːʃ] *adj.* □ **1.** *allg.* hart: a) rauh: ***~ cloth***, b) rauh, scharf: ***~ voice***; ***~ note***, c) grell: ***~ colo(u)r***, d) barsch, schroff: ***~ words***, e) streng: ***~ penalty***; **2.** herb, scharf, sauer: ***~ taste***; **ˈharsh·ness** [-nɪs] *s.* Härte *f*.

hart [hɑːt] *s.* Hirsch *m* (*nach dem 5. Jahr*): ***~ of ten*** Zehnender *m*.

har·te·beest [ˈhɑːtɪbiːst] *s. zo.* ˈKuhantiˌlope *f*.

ˈharts·horn *s.* ⚗ Hirschhorn *n*: ***salt of ~*** Hirschhornsalz *n*.

har·um-scar·um [ˌheərəmˈskeərəm] **I** *adj.* F **1.** leichtsinnig, ‚verrückt'; **2.** flatterhaft; **II** *s.* **3.** leichtsinniger *etc.* Mensch.

har·vest [ˈhɑːvɪst] **I** *s.* **1.** Ernte *f*: a) Ernten *n*, b) Erntezeit *f*, c) (Ernte)Ertrag *m*; **2.** *fig.* Ertrag *m*, Früchte *pl.*; **II** *v/t.* **3.** ernten, *fig. a.* einheimsen; **4.** *Ernte* einbringen; **5.** *fig.* sammeln; **III** *v/i.* **6.** die Ernte einbringen; **ˈhar·vest·er** [-tə] *s.* **1.** Erntearbeiter(in); **2.** a) ˈMäh-, ˈErntemaˌschine *f*, b) Mähbinder *m*: ***combined ~*** Mähdrescher *m*.

har·vest| fes·ti·val *s.* Ernteˈdankfest *n*; **~ home** *s.* **1.** Ernte(zeit) *f*; **2.** Erntefest *n*; **3.** Erntelied *n*; **~ moon** *s.* Vollmond *m* (*im September*).

has [hæz; həz] *3. sg. pres. von* ***have***; **ˈ~-been** *s.* F **1.** *et.* Überˈholtes; **2.** ‚ausrangierte' Perˈson, j-d, der s-e Glanzzeit hinter sich hat.

hash¹ [hæʃ] **I** *v/t.* **1.** *Fleisch* (zer)hacken; **2.** *a.* ***~ up*** *fig. et.* ‚vermasseln', verpatzen; **II** *s.* **3.** *Küche*: Haˈschee *n*; **4.** *fig. et.* Aufgewärmtes, ‚Aufguß' *m*: ***old ~*** ‚ein alter Hut'; **5.** *fig.* Kuddelmuddel *n*: ***make a ~ of*** → 2; ***settle s.o.'s ~*** F es j-m ‚besorgen'.

hash² [hæʃ] *s.* F ‚Hasch' *n* (*Haschisch*).

hash·eesh, **hash·ish** [ˈhæʃiːʃ] *s.* Haschisch *n*.

has·n't [ˈhæznt] F *für* ***has not***.

hasp [hɑːsp] **I** *s.* **1.** ⚙ a) Haspe *f*, Spange *f*, b) Schließband *n*; **2.** Haspel *f*, Spule *f* (*für Garn*); **II** *v/t.* **3.** mit e-r Haspe *etc.* verschließen, zuhaken.

has·sle [ˈhæsl] *s.* F **I** *s.* **1.** a) ‚Krach' *m*, b) Schlägeˈrei *f*; **2.** Mühe *f*, ‚Zirkus' *m*; **II** *v/i.* **3.** ‚Krach' haben *od.* sich prügeln; **III** *v/t.* **4.** *Am.* drangsalieren.

has·sock [ˈhæsək] *s.* **1.** Knie-, Betkissen *n*; **2.** Grasbüschel *n*.

hast [hæst] *obs. 2. sg. pres. von* ***have***.

haste [heɪst] *s.* **1.** Eile *f*, Schnelligkeit *f*; **2.** Hast *f*, Eile *f*: ***make ~*** sich beeilen; ***in ~*** in Eile, hastig; ***more ~, less speed*** eile mit Weile; ***~ makes waste*** in der Eile geht alles schief; **ˈhas·ten** [-sn] **I** *v/t.* a) *j-n* antreiben, b) *et.* beschleunigen; **II** *v/i.* sich beeilen, eilen, hasten: ***I ~ to add that ...*** ich muß gleich hinzufügen, daß; **ˈhast·i·ness** [-tɪnɪs] *s.* **1.** Eile *f*, Hastigkeit *f*, Überˈeilung *f*, Voreiligkeit *f*; **2.** Heftigkeit *f*, Hitze *f*, (ˈÜber-)Eifer *m*; **ˈhast·y** [-tɪ] *adj.* □ **1.** eilig, hastig, überˈstürzt; **2.** voreilig, -schnell, überˈeilt; **3.** heftig, hitzig.

hat [hæt] *s.* Hut *m*: ***my ~!*** *sl.* von wegen!, daß ich nicht lache; ***a bad ~*** *Brit.* F ein übler Kunde; ***~ in hand*** demütig, unterwürfig; ***keep it under your ~!*** behalte es für dich!, sprich nicht darüber!; ***pass*** (*od.* ***send***) ***the ~ round*** den Hut herumgehen lassen, e-e Sammlung veranstalten; ***take one's ~ off to s.o.*** s-n Hut vor j-m ziehen (*a. fig.*); ***~s off*** (***to him***)***!*** Hut ab (vor ihm)!; ***I'll eat my ~ if*** F ich fress' e-n Besen, wenn; ***produce out of a ~*** hervorzaubern; ***talk through one's ~*** F dummes Zeug reden; ***throw*** (*od.* ***toss***) ***one's ~ in the ring*** F ‚s-n Hut in den Ring werfen' (*sich zum Kampf stellen od. kandidieren*); → ***drop*** 5.

hat·a·ble [ˈheɪtəbl] → ***hateful***.

hatch¹ [hætʃ] *s.* **1.** ⚓, ✈ Luke *f*: ***down the ~es!*** *sl.* ‚runter damit'!, prost!; **2.** ⚓ Lukendeckel *m*; **3.** Bodenluke *f*, -tür *f*; **4.** Halbtür *f*; **5.** ˈDurchreiche *f* (*für Speisen*).

hatch² [hætʃ] **I** *v/t.* **1.** *a.* ***~ out*** *Eier*, *Junge* ausbrüten: ***the ~ed, matched and dispatched*** → 7; **2.** *a.* ***~ out*** *fig.* aushecken, -brüten, -denken; **II** *v/i.* **3.** Junge ausbrüten; **4.** *a.* ***~ out*** *aus dem Ei* ausschlüpfen; **5.** *fig.* sich entwickeln; **III** *s.* **6.** Brut *f*; **7.** ***~es, matches, and dispatches*** F Familienanzeigen *pl.*

hatch³ [hætʃ] **I** *v/t.* schraffieren; **II** *s.* Schrafˈfur *f*.

ˈhatch·back *s. mot.* (Wagen *m* mit) Hecktür *f*.

'hat·check girl *s. Am.* Garde'robenfräulein *n.*

hatch·el ['hætʃl] **I** *s.* **1.** (Flachs- *etc.*)Hechel *f*; **II** *v/t.* **2.** hecheln; **3.** *fig.* quälen, piesacken.

hatch·er ['hætʃə] *s.* **1.** Bruthenne *f*; **2.** 'Brutappa,rat *m*; **3.** *fig.* Aushecker(in), Planer(in); **'hatch·er·y** [-ərɪ] *s.* Brutplatz *m.*

hatch·et ['hætʃɪt] *s.* (*a.* Kriegs)Beil *n*: ***bury (take up) the ~ fig.*** das Kriegsbeil begraben (ausgraben); **'~-face** *s.* scharfgeschnittenes Gesicht; **~ job** *s.* F **1.** ‚Hinrichtung' *f*, ‚Abschuß' *m*; **2.** ‚Verriß' *m* (*Kritik*); **~ man** *s.* F **1.** ‚Henker' *m*, Killer *m*; **2.** ‚Zuchtmeister' *m.*

hatch·ing[1] ['hætʃɪŋ] *s.* **1.** Ausbrüten *n*; **2.** Ausschlüpfen *n*; **3.** Brut *f*; **4.** *fig.* Aushecken *n.*

hatch·ing[2] ['hætʃɪŋ] *s.* Schraffierung *f.*

'hatch·way → ***hatch***[1] 1–3.

hate [heɪt] **I** *v/t.* **1.** hassen (***like poison*** wie die Pest): **~d** verhaßt; **2.** verabscheuen, hassen, nicht ausstehen können; **3.** nicht mögen *od.* wollen, sehr ungern tun: ***I ~ to do it*** ich tue es (nur) sehr ungern, es ist mir äußerst peinlich; ***I ~ to think of it*** bei dem (bloßen) Gedanken wird mir schlecht; **II** *s.* **4.** Haß *m* (**of, for** auf *acc.*, gegen): ***full of ~, with ~*** haßerfüllt; ***~ object*** Haßobjekt *n*; ***~ tunes*** *fig.* Haßgesänge *pl.*; **5.** *et.* Verhaßtes: ***that's my pet ~*** F das ist mir ein Greuel *od.* in tiefster Seele verhaßt; **6.** Abscheu *m* (**of, for** vor *dat.*, gegen); **'hate·a·ble** [-təbl], **'hate·ful** [-fʊl] *adj.* □ hassenswert, verhaßt, abscheulich; **'hat·er** [-tə] *s.* Hasser(in); **'hate,mong·er** *s.* (Auf)Hetzer *m.*

hath [hæθ; həθ] *obs. 3. sg. pres. von* ***have.***

hat·less ['hætlɪs] *adj.* ohne Hut, barhäuptig.

'hat|·pin *s.* Hutnadel *f*; **'~·rack** *s.* Hutablage *f.*

ha·tred ['heɪtrɪd] *s.* (***of, for, against***) a) Haß *m* (gegen, auf *acc.*), b) Abscheu *m* (vor *dat.*).

hat stand *s.* Hutständer *m.*

hat·ter ['hætə] *s.* Hutmacher *m*, -händler *m*: ***as mad as a ~*** total verrückt.

hat| tree *s. Am.* Hutständer *m*; **~ trick** *s. sport* Hat-Trick *m*: ***score a ~*** e-n Hat-Trick erzielen.

haugh·ti·ness ['hɔːtɪnɪs] *s.* Hochmut *m*, Über'heblichkeit *f*, Arro'ganz *f*; **haugh·ty** ['hɔːtɪ] *adj.* □ hochmütig, -näsig, über'heblich, arro'gant.

haul [hɔːl] **I** *s.* **1.** Ziehen *n*, Zerren *n*, Schleppen *n*; **2.** kräftiger Zug, Ruck *m*; **3.** Fischzug *m*, *fig. a.* Fang *m*, Beute *f*: ***make a big ~*** e-n guten Fang *od.* reiche Beute machen; **4.** a) Beförderung *f*, Trans'port *m*, b) (Trans'port)Strecke *f*: ***it was quite a ~ home*** der Heimweg zog sich ganz schön hin; ***in (od. over) the long ~*** auf lange Sicht, c) Ladung *f*: ***a ~ of coal***; **II** *v/t.* **5.** ziehen, zerren, schleppen; → ***coal*** 2; **6.** befördern, transportieren; **7.** ⚒ fördern; **8.** her'aufholen, (mit e-m Netz) fangen; **9.** ⚓ a) *Brassen* anholen, b) her'umholen, anluven: ***~ the wind*** an den Wind gehen, *fig.* sich zurückziehen; **III** *v/i.* **10.** ziehen, zerren (**on, at** an *dat.*); **11.** mit dem Schleppnetz fischen; **12.** 'umspringen (*Wind*); **13.** ⚓ a) abdrehen, b) an den Wind gehen, c) *fig.* s-e Meinung ändern; **~ down** *v/t.* **1.** *Flagge* ein- *od.* niederholen; **2.** *et.* her'unterschleppen *od.* -ziehen; **~ in** *v/t.* ⚓ *Tau* einholen; **~ off** *v/i.* **1.** ⚓ abdrehen; **2.** *Am.* F ausholen; **~ round** → ***haul*** 12; **~ up** *v/t.* **1.** → ***haul*** 9b; **2.** F sich *j-n* ‚vorknöpfen'; **3.** F a) *j-n* vor den ‚Kadi' schleppen, b) *j-n* ‚schleppen' (***before*** vor *e-n Vorgesetzten etc.*).

haul·age ['hɔːlɪdʒ] *s.* **1.** Ziehen *n*, Schleppen *n*; **2.** a) Trans'port *m*, Beförderung *f*: ***~ contractor*** → ***hauler*** 2, b) Trans'portkosten *pl.*; **3.** ⚒ Förderung *f*; **'haul·er** [-lə], *Brit.* **'haul·ier** [-ljə] *s.* **1.** ⚒ Schlepper *m*; **2.** Trans'portunter,nehmer *m*, Spedi'teur *m.*

haulm [hɔːm] *s.* ⚘ **1.** Halm *m*, Stengel *m*; **2.** *coll. Brit.* Halme *pl.*, Stengel *pl.*, (*Bohnen- etc.*)Stroh *n.*

haunch [hɔːntʃ] *s.* **1.** Hüfte *f*; **2.** *pl.* Gesäß *n*; **3.** *zo.* Keule *f*; **4.** *Küche*: Lendenstück *n*, Keule *f.*

haunt [hɔːnt] **I** *v/t.* **1.** 'umgehen *od.* spuken in (*dat.*): ***this place is ~ed*** hier spukt es; **2.** *fig.* a) verfolgen, quälen, b) *j-m* nicht mehr aus dem Kopf gehen; **3.** frequentieren, häufig besuchen; **II** *v/i.* **4.** ständig verkehren (**with** mit); **III** *s.* **5.** häufig besuchter Ort, *bsd.* Lieblingsplatz *m*: ***holiday ~*** beliebter Ferienort; **6.** a) Treffpunkt *m*, b) Schlupfwinkel *m*; **7.** *zo.* a) Lager *n*, b) Futterplatz *m*; **'haunt·ed** [-tɪd] *adj.*: ***a ~ house*** ein Haus, in dem es spukt; ***he was a ~ man*** er fand keine Ruhe mehr; ***~ed eyes*** gehetzter Blick; **'haunt·ing** [-tɪŋ] *adj.* □ **1.** quälend, beklemmend; **2.** unvergeßlich: ***~ beauty*** betörende Schönheit; ***a ~ melody*** e-e Melodie, die einen verfolgt.

haut·boy ['əʊbɔɪ] *obs.* → ***oboe.***

hau·teur [əʊ'tɜː] *s.* Hochmut *m*, Arro'ganz *f.*

Ha·van·a [hə'vænə] *s.* Ha'vanna(zi͵garre) *f.*

have [hæv; həv] **I** *v/t.* [*irr.*] **1.** *allg.* haben, besitzen: ***he has a house*** (***a friend, a good memory***); ***you ~ my word for it*** ich gebe Ihnen mein Wort darauf; ***let me ~ a sample*** gib *od.* schicke *od.* besorge mir ein Muster; ***~ got*** → ***get*** 8; **2.** haben, erleben: ***we had a nice time*** wir hatten es schön; **3.** a) *ein Kind* bekommen: ***she had a baby in March***, b) *zo. Junge* werfen; **4.** *Gefühle, e-n Verdacht etc.* haben, hegen; **5.** behalten, haben: ***may I ~ it?***; **6.** erhalten, bekommen: ***we had no news from her***; (***not***) ***to be had*** (nicht) zu haben, (nicht) erhältlich; **7.** (erfahren) haben, wissen: ***I ~ it from my friend***; ***I ~ it from a reliable source*** ich habe es aus verläßlicher Quelle (erfahren); ***I ~ it!*** ich hab's!; → ***rumo(u)r*** I; **8.** *Speisen etc.* zu sich nehmen, einnehmen, essen *od.* trinken: ***what will you ~?*** was nehmen Sie?; ***I had a glass of wine*** ich trank ein Glas Wein; ***~ another sandwich!*** nehmen Sie noch ein Sandwich!; ***~ a cigar*** e-e Zigarre rauchen; ***~ a smoke?*** wollen Sie (eine) rauchen?; → ***breakfast*** I, ***dinner*** 1, *etc.*; **9.** haben, ausführen, (mit)machen: ***~ a discussion*** e-e Diskussion haben *od.* abhalten; ***~ a walk*** e-n Spaziergang machen; **10.** können, beherrschen: ***she has no French*** sie kann kein Französisch; **11.** (be)sagen, behaupten: ***as Mr. B has it*** wie Herr B. sagt; ***he will ~ it that*** er behauptet steif und fest, daß; **12.** sagen, ausdrücken: ***as Byron has it*** wie Byron sagt, wie es bei Byron heißt; **13.** haben, dulden, zulassen: ***I won't ~ it!***, ***I am not having that!*** ich dulde es nicht!, ich will es nicht (haben); ***I won't ~ it mentioned*** ich will nicht, daß es erwähnt wird; ***he wasn't having any*** F er ließ sich auf nichts ein; **14.** haben, erleiden: ***~ an accident***; **15.** *Brit.* F *j-n* ‚reinlegen', ‚übers Ohr hauen': ***you've been had!*** man hat dich reingelegt; **16.** (*vor inf.*) müssen: ***I ~ to go now***; ***he will ~ to do it***; ***we ~ to obey*** wir haben zu *od.* müssen gehorchen; ***it has to be done*** es muß getan werden; **17.** (*mit Objekt u. p.p.*) lassen: ***I had a suit made*** ich ließ mir e-n Anzug machen; ***they had him shot*** sie ließen ihn erschießen; **18.** (*mit Objekt u. p.p. zum Ausdruck des Passivs*): ***I had my arm broken*** ich brach mir den Arm; ***he had a son born to him*** ihm wurde ein Sohn geboren; ***~ a tooth out*** sich e-n Zahn ziehen lassen; **19.** (*mit Objekt u. inf.*) (veran)lassen: ***~ them come here at once!*** laß sie sofort hierherkommen!; ***I had him sit down*** ich ließ ihn Platz nehmen; **20.** (*mit Objekt u. inf.*) es erleben (müssen), daß: ***I had all my friends turn against me***; **21.** *in Wendungen wie*: ***he has had it*** F er ist ‚erledigt' (*a. tot*) *od.* ‚fertig'; ***the car has had it*** F das Auto ist ‚hin' *od.* ‚im Eimer'; ***he had me there*** da hatte er mich (an m-r schwachen Stelle *etc.*) erwischt; ***I would ~ you to know it*** ich möchte, daß Sie es wissen; ***let s.o. ~ it*** ‚es j-m besorgen *od.* geben', j-n ‚fertigmachen'; ***~ it in for s.o.*** F j-n ‚auf dem Kieker haben'; ***I did'nt know he had it in him*** ich wußte gar nicht, daß er das Zeug dazu hat; ***~ it off*** (***with s.o.***) *Brit. sl.* (mit j-m) ‚bumsen'; ***you are having me on!*** F du nimmst mich (doch) auf den Arm!; ***~ it out with s.o.*** die Sache mit j-m endgültig bereinigen; ***~ nothing on s.o.*** F a) j-m nichts anhaben können, nichts gegen j-n in der Hand haben, b) j-m in keiner Weise überlegen sein; ***I ~ nothing on tonight*** ich habe heute abend nichts vor; ***~ it*** (***all***) ***over s.o.*** F j-m (haushoch) überlegen sein; ***~ what it takes*** das Zeug dazu haben; **II** *v/i.* **22.** würde, täte (*mit **as well**, **rather**, **better**, **best** etc.*): ***you had better go!*** es wäre besser, du gingest!; ***you had best go!*** du tätest am besten daran zu gehen; **III** *v/aux.* **23.** haben: ***I ~ seen*** ich habe gesehen; **24.** (*bei vielen v/i.*) sein: ***I ~ been*** ich bin gewesen; **IV** *s.* **25.** ***the ~s and the ~-nots*** die Begüterten u. die Habenichtse; **26.** *Brit.* F Trick *m.*

have·lock ['hævlɒk] *s. Am.* über den Nacken her'abhängender 'Mützen͵überzug (*Sonnenschutz*).

ha·ven ['heɪvn] *s.* **1.** *mst fig.* (sicherer) Hafen; **2.** Zufluchtsort *m*, A'syl *n*, O'ase *f.*

'have-not → ***have*** 25.

hav·er·sack ['hævəsæk] *s. bsd.* ⚔ Provi'anttasche *f.*

hav·ings ['hævɪŋz] *s. pl.* Habe *f.*

hav·oc ['hævək] *s.* Verwüstung *f*, Zerstörung *f*: ***cause ~*** große Zerstörungen anrichten *od.* (*a. fig.*) ein Chaos verursachen, schrecklich wüten; ***play ~ with***, ***make ~ of*** *et.* verwüsten *od.* zerstören, *fig.* verheerend wirken auf (*acc.*), übel zurichten.

haw[1] [hɔː] *s.* ⚘ **1.** Mehlbeere *f* (*Weiß-*

dornfrucht); **2.** → ***hawthorn***.

haw² [hɔː] **I** *int.* hm!, äh; **II** *v/i.* hm machen, sich räuspern; stockend sprechen.

Ha·wai·ian [həˈwaɪən] **I** *adj.* haˈwaiisch: ***~ guitar*** Hawaiigitarre *f*; **II** *s.* Hawaiˈianer(in).

ˈhaw·finch *s. orn.* Kernbeißer *m.*

haw-haw I *int.* [ˌhɔːˈhɔː] haˈha!; **II** *s.* [ˈhɔːhɔː] (lautes) Haˈha *n.*

hawk¹ [hɔːk] **I** *s.* **1.** *orn.* a) Falke *m*, b) Habicht *m*; **2.** *fig.* Halsabschneider *m*, Wucherer *m*; **3.** *pol.* ‚Falke' *m*: ***the ~s and the doves*** die Falken u. die Tauben; **II** *v/i.* **4.** (*mit Falken*) Jagd machen (***at*** auf *acc.*); **III** *v/t.* **5.** jagen.

hawk² [hɔːk] *v/t.* **1.** a) hausieren (gehen) mit (*a. fig.*), b) auf der Straße verkaufen; **2.** *a.* ***~ about*** *Gerücht etc.* verbreiten.

hawk³ [hɔːk] **I** *v/i.* sich räuspern; **II** *v/t.* *oft* ***~ up*** aushusten; **III** *s.* Räuspern *n.*

hawk⁴ [hɔːk] *s.* Mörtelbrett *n.*

hawk·er¹ [ˈhɔːkə] → ***falconer***.

hawk·er² [ˈhɔːkə] *s.* **1.** Hausierer(in), **2.** Straßenhändler(in).

ˈhawk-eyed *adj.* mit Falkenaugen, scharfsichtig.

hawk·ing [ˈhɔːkɪŋ] → ***falconry***.

hawk| moth *s. zo.* Schwärmer *m*; **~ nose** *s.* Adlernase *f.*

hawse [hɔːz] *s.* ⚓ (Anker)Klüse *f*; **ˈhaw·ser** [-zə] *s.* Trosse *f.*

ˈhaw·thorn *s.* ⚘ Weiß- *od.* Rot- *od.* Hagedorn *m.*

hay [heɪ] *s.* **1.** Heu *n*: ***make ~*** Heu machen; ***make ~ of s.th.*** *fig.* et. durcheinanderbringen *od.* zunichte machen; ***make ~ while the sun shines*** *fig.* das Eisen schmieden, solange es heiß ist; ***hit the ~*** *sl.* ‚sich in die Falle hauen'; **2.** *sl.* Marihuˈana *n*; **ˈ~·cock** *s.* Heuschober *m*; **~ fe·ver** *s.* ⚕ Heufieber *n*, -schnupfen *m*; **~ field** *s.* Wiese *f* (*zum Mähen*); **ˈ~·fork** *s.* Heugabel *f*; **~·loft** *s.* Heuboden *m*; **ˈ~ˌmak·er** *s.* **1.** Heumacher *m*; **2.** ⚒, ⚙ Heuwender *m*; **3.** *sl. Boxen*: ‚Heumacher' *m*, wilder Schwinger; **ˈ~·rick** *s.* Heumiete *f*; **ˈ~·seed** *s.* **1.** Grassamen *m*; **2.** *Am.* F ‚Bauer' *m*; **ˈ~·stack** → ***hayrick***; **ˈ~ˌwire** *adj. sl.* a) kaˈputt, b) (hoffnungslos) durcheinˈander, c) verrückt (*Person*): ***go ~*** a) kaputtgehen (*Sache*), b) ‚schiefgehen', durcheinandergeraten (*Sache*), c) überschnappen.

haz·ard [ˈhæzəd] **I** *s.* **1.** Gefahr *f*, Wagnis *n*, Risiko *n* (*a. Versicherung*): ***health ~*** Gesundheitsrisiko; ***~ bonus*** Gefahrenzulage *f*; ***at all ~s*** unter allen Umständen; ***at the ~ of one's life*** unter Lebensgefahr; **2.** Zufall *m*: ***by ~*** zufällig; **3.** (***game of***) **~** Glücks-, Haˈsardspiel *n*; **4.** *Golf*: Hindernis *n*; **5.** *Brit. Billard*: ***losing ~*** Verläufer *m*; ***winning ~*** Treffer *m*; **6.** *pl.* Launen *pl.* (*des Wetters*); **II** *v/t.* **7.** riskieren, wagen, aufs Spiel setzen; **8.** zu sagen wagen, riskieren: ***~ a remark***; **9.** sich *e-r Gefahr etc.* aussetzen; **ˈhaz·ard·ous** [-dəs] *adj.* □ gewagt, risˈkant, gefährlich, unsicher.

haze¹ [heɪz] *s.* **1.** Dunst(schleier) *m*, feiner Nebel; **2.** *fig.* Nebel *m*, Schleier *m*: ***his mind was in a ~*** a) er war wie betäubt, b) er ‚blickte nicht mehr durch'.

haze² [heɪz] *v/t. Am.* **1.** piesacken, schikanieren; **2.** beschimpfen.

ha·zel [ˈheɪzl] **I** *s.* **1.** ⚘ Hasel(nuß)strauch *m*; **2.** (Hasel)Nußbraun *n*; **II** *adj.* (hasel)nußbraun; **ˈ~·nut** *s.* ⚘ Haselnuß *f.*

ha·zi·ness [ˈheɪzɪnɪs] *s.* **1.** Dunstigkeit *f*; **2.** *fig.* Unklarheit *f*, Verschwommenheit *f*; **ha·zy** [ˈheɪzɪ] *adj.* □ **1.** dunstig, diesig, leicht nebelig; **2.** *fig.* verschwommen, nebelhaft: ***a ~ idea***; ***be ~ about*** nur e-e vage Vorstellung haben von; **3.** benommen.

H-bomb [ˈeɪtʃbɒm] *s.* ⚔ H-Bombe *f* (*Wasserstoffbombe*).

he [hiː; hɪ] **I** *pron.* **1.** er; **2.** ***~ who*** wer; derjenige, welcher; **II** *s.* **3.** ‚Er' *m*: a) Junge *m od.* Mann *m*, b) *zo.* Männchen *n*; **III** *adj.* **4.** *in Zssgn* männlich, ...männchen: ***~-goat*** Ziegenbock *m.*

head [hed] **I** *v/t.* **1.** die Spitze bilden von (*od. gen.*), anführen, an der Spitze *od.* an erster Stelle stehen von (*od. gen.*): ***~ a list***; **2.** vorˈan-, vorˈausgehen (*dat.*); **3.** (an)führen, leiten: ***~ed by*** unter der Leitung von; **4.** lenken, steuern: ***~ off*** a) ˈum-, ablenken, b) abfangen, c) *fig.* abwenden, verhindern; **5.** betiteln; **6.** *bsd. Pflanzen* köpfen, *Bäume* kappen; **7.** *Fußball*: (***~ in*** ein)köpfen; **II** *v/i.* **8.** a) gehen, fahren, b) (***for***) zu-, losgehen, -steuern (auf *acc.*): ***he is ~ing for trouble*** er wird noch Ärger kriegen; **9.** ⚓ Kurs halten, zusteuern (***for*** auf *acc.*); **10.** sich entwickeln: ***~*** (***up***) (e-n Kopf) ansetzen (*Kohl etc.*); **11.** entspringen (*Fluß*); **III** *s.* **12.** Kopf *m*: ***back of the ~*** Hinterkopf; ***have a ~*** F e-n ‚Brummschädel' haben; ***win by a ~*** um e-e Kopflänge *od.* (*a. fig.*) um e-e Nasenlänge gewinnen; → *Bes. Redew.*; **13.** *poet. u. fig.* Haupt *n*: ***~ of the family*** Haupt der Familie, Familienoberhaupt;

~s of state Staatsoberhäupter *pl.*; **14.** Kopf *m*, Verstand *m*, *a.* Begabung *f* (**for** für): **he has a (good) ~ for languages** er ist (sehr) sprachbegabt; **two ~s are better than one** zwei Köpfe wissen mehr als einer; **15.** Spitze *f*, führende Stellung: **at the ~ of** an der Spitze (*gen.*); **16.** a) (An)Führer *m*, Leiter *m*, b) Chef *m*, c) Vorstand *m*, Vorsteher *m*, d) Di'rektor *m*, Direk'torin *f* (*e-r Schule*); **17.** Kopf(ende *n*) *m*, oberes Ende, oberer Teil *od.* Rand, Spitze *f*, *a.* oberer Absatz (*e-r Treppe*), Kopf *m* (*e-r Buchseite*, *e-s Briefes*, *e-r Münze*, *e-s Nagels*, *e-s Hammers etc.*): **~s or tails?** Kopf oder Wappen?; **18.** Kopf *m* (*e-r Brücke od. Mole*); oberes *od.* unteres Ende (*e-s Sees*); Boden *m* (*e-s Fasses*); **19.** Kopf *m*, Spitze *f*, vorderes Ende, Vorderteil *m*, *n*, ⚓ Bug *m*; **20.** Kopf *m*, (einzelne) Per'son: **a pound a ~** ein Pfund pro Person *od.* pro Kopf; **21.** a) (*pl.* **~**) Stück *n* (*Vieh*): **50 ~ of cattle**, b) *Brit.* Anzahl *f*, Herde *f*; **22.** (Haupt)Haar *n*: **a fine ~ of hair** schönes, volles Haar; **23.** ⚘ a) (*Salat- etc.*)Kopf *m*, b) (*Baum*)Krone *f*, Wipfel *m*; **24.** *anat.* Kopf *m* (*e-s Knochens etc.*); **25.** ⚕ 'Durchbruchsstelle *f* (*e-s Geschwürs*); **26.** Vorgebirge *n*, Landspitze *f*, Kap *n*; **27.** *hunt.* Geweih *n*; **28.** Schaum(krone *f*) *m* (*vom Bier etc.*); **29.** *Brit.* Rahm *m*, Sahne *f*; **30.** Quelle *f* (*e-s Flusses*); **31.** a) 'Überschrift *f*, Titelkopf *m*, b) Abschnitt *m*, Ka'pitel *n*, c) (Haupt)Punkt *m* (*e-r Rede etc.*), d) Ru'brik *f*, Katego'rie *f*, e) *typ.* (Titel-)Kopf *m*; **32.** *ling.* Oberbegriff *m*; **33.** ⚙ a) Stauwasser *n*, b) Staudamm *m*; **34.** *phys.*, ⚙ a) Gefälle *n*, b) Druckhöhe *f*, c) (Dampf- *etc.*)Druck *m*, d) Säule(nhöhe) *f*: **~ of water** Wassersäule; **35.** ⚙ a) Spindelkopf *m*, b) Spindelbank *f*, c) Sup'port *m* (*e-r Bohrbank*), d) (Gewinde)Schneidkopf *m*, e) Kopf-, Deckplatte *f*; **36.** (Wagen-, Kutschen-) Dach *n*; **37.** → **heading**; **IV** *adj.* **38.** Kopf…; **39.** Spitzen…, Vorder…; **40.** Chef…, Haupt…, Ober…, Spitzen…, führend, oberst: **~ cook** Chefkoch *m*;

Besondere Redewendungen:

that is (*od.* **goes**) **above** (*od.* **over**) **my ~** das ist zu hoch für mich, das geht über m-n Horizont; **talk above s.o.'s ~** über j-s Kopf hinwegreden; **by ~ and shoulders** an den Haaren (*herbeiziehen*); (**by**) **~ and shoulders** um Haupteslänge (*größer etc.*), weitaus; **~ and shoulders above s.o.** j-m haushoch überlegen; **from ~ to foot** von Kopf bis Fuß; **off** (*od.* **out of**) **one's ~** F ‚übergeschnappt'; **I can do that** (**standing**) **on my ~** F das kann ich im Schlaf, das mach' ich ‚mit links'; **on this ~** in diesem Punkt; **out of one's own ~** von sich aus; **over s.o.'s ~** *fig.* über j-s Kopf hinweg; **~ over heels** a) kopfüber (*stürzen*), b) bis über beide Ohren (*verliebt*), c) **in debt** bis über die Ohren in Schulden (*stecken*); **~ first** (*od.* **foremost**) → **headlong**; **bite s.o.'s ~ off** F j-m ‚den Kopf abreißen'; **bring to a ~** zum Ausbruch *od.* zur Entscheidung *od.* ‚zum Klappen' bringen; **come to a ~** a) ⚕ aufbrechen, eitern, b) sich zuspitzen, zur Entscheidung *od.* ‚zum Klappen' kommen; **it entered my ~** es fiel mir ein; **gather ~** überhandnehmen, immer stärker werden; **give a horse his ~** e-m Pferd die Zügel schießen lassen; **give s.o. his ~** j-m s-n Willen lassen, j-n gewähren *od.* machen lassen; **give** (**s.o.**) **~** *Am.* V (j-m e-n) ‚blasen'; **go to the ~** zu Kopfe steigen; **have** (*od.* **be**) **an old ~ on young shoulders** für sein Alter (schon) sehr reif sein; **keep one's ~** kühlen Kopf bewahren; **keep one's ~ above water** sich über Wasser halten (*a. fig.*); **knock s.th. on the ~** F et. (*e-n Plan etc.*) ‚über den Haufen werfen'; **laugh** (**shout**) **one's ~ off** sich halb totlachen (sich die Lunge aus dem Hals schreien); **lose one's ~** *fig.* den Kopf verlieren; **make ~** gut vorankommen; **make ~ against** sich entgegenstemmen (*dat.*); **I cannot make ~ or tail of it** ich kann daraus nicht schlau werden; **put s.th. into s.o.'s ~** j-m et. in den Kopf setzen; **put that out of your ~** schlag dir das aus dem Kopf; **they put their ~s together** sie steckten ihre Köpfe zusammen; **take s.th. into one's ~** sich et. in den Kopf setzen; **talk one's ~ off** reden wie ein Wasserfall; **talk s.o.'s ~ off** ‚j-m ein Loch in den Bauch reden'; **turn s.o.'s ~** j-m den Kopf verdrehen.

'head|·ache *s.* **1.** Kopfschmerzen *pl.*, -weh *n*; **2.** F *et., was Kopfzerbrechen od. Sorgen macht*, schwieriges Pro'blem, Sorge *f*; **'~ıach·y** *adj.* F **1.** an Kopfschmerzen leidend; **2.** Kopfschmerzen verursachend; **'~·band** *s.* Stirnband *n*; **'~·board** *s.* Kopfbrett *n* (*Bett*); **'~-boy** *s. Brit. ped.* Schulsprecher *m*; **'~·cheese** *s. Am.* Preßkopf *m* (*Sülzwurst*); **~ clerk** *s.* Bü'rochef *m*; **'~-dress** *s.* **1.** Kopfschmuck *m*; **2.** Fri'sur *f*.

-headed [hedɪd] *in Zssgn* …köpfig.

head·ed ['hedɪd] *adj.* **1.** mit e-m Kopf *etc.* (versehen); **2.** mit e-r 'Überschrift (versehen), betitelt.

head·er ['hedə] *s.* **1.** ⚠, ⚙ a) Schlußstein *m*, b) Binder *m*; **2.** ***take a ~*** a) *sport* e-n Kopfsprung machen, b) kopfüber *die Treppe etc. hinunter*-stürzen; **3.** *Fußball*: Kopfball *m*, -stoß *m*.

ˌ**head|'first**, ˌ**~'fore·most** → ***headlong***; '**~·gear** *s.* **1.** Kopfbedeckung *f*; **2.** Kopfgestell *n*, Zaumzeug *n* (*vom Pferd*); **3.** ⚒ Fördergerüst *n*; '**~ˌhunt·er** *s.* Kopfjäger *m*.

head·i·ness ['hedɪnɪs] *s.* **1.** Unbesonnenheit *f*, Ungestüm *n*; **2.** *das* Berauschende (*a. fig.*).

head·ing ['hedɪŋ] *s.* **1.** a) Kopfstück *n*, -ende *n*, b) Vorderende *n*, -teil *n*; **2.** 'Überschrift *f*, Titel(zeile *f*) *m*; **3.** Briefkopf *m*; **4.** (Rechnungs)Posten *m*; **5.** Thema *n*, Punkt *m*; **6.** ⚒ Stollen *m*; **7.** a) ✈ Steuerkurs *m*, b) ⚓ Kompaßkurs *m*; **8.** *Fußball*: Kopfballspiel *n*; **~ stone** *s.* ⚠ Schlußstein *m*.

'**head|·lamp** → ***headlight***; '**~·land** *s.* **1.** ✓ Rain *m*; **2.** [-lənd] Landspitze *f*, -zunge *f*.

head·less ['hedlɪs] *adj.* **1.** kopflos (*a. fig.*), ohne Kopf; **2.** *fig.* führerlos.

'**head|·light** *s.* **1.** *mot. etc.* Scheinwerfer *m*: ***~ flasher*** Lichthupe *f*; **2.** ⚓ Mast-, Topplicht *n*; '**~·line I** *s.* **1.** a) 'Überschrift *f*, b) *Zeitung*: Schlagzeile *f*, c) *pl. a.* ***~ news*** *Radio, TV*: (*das*) Wichtigste in Schlagzeilen: ***hit*** (*od.* ***make***) ***the ~s*** Schlagzeilen machen; **II** *v/t.* **2.** e-e Schlagzeile widmen (*dat.*); **3.** *fig.* groß her'ausstellen; '**~ˌlin·er** *s. Am.* F **1.** *thea. etc.* Star *m*; **2.** promi'nente Per'sönlichkeit; '**~·lock** *s. Ringen*: Kopfzange *f*; '**~·long I** *adv.* **1.** kopf'über, mit dem Kopf vor'an; **2.** *fig.* Hals über Kopf, blindlings; **II** *adj.* **3.** mit dem Kopf vor'an: ***a ~ fall***; **4.** *fig.* über'stürzt, unbesonnen, ungestüm; **~ louse** *s.* Kopflaus *f*; **~·man** *s.* [*irr.*] **1.** ['hedmæn] Führer *m*; **2.** Häuptling *m*; **3.** [ˌhed'mæn] Vorarbeiter *m*; ˌ**~'mas·ter** *s.* Schulleiter *m*, Di'rektor *m*; ˌ**~'mis·tress** *s.* Schulleiterin *f*, Direk'torin *f*; **~ mon·ey** *s.* Kopfgeld *n*; **~ of·fice** *s.* 'Hauptbüˌro *n*, -geschäftsstelle *f*, -sitz *m*, Zen'trale *f*; ˌ**~-'on** *adj. u. adv.* **1.** fron'tal: ***~ collision*** Frontalzusammenstoß *m*; **2.** di'rekt; '**~·phone** *s. mst pl.* Kopfhörer *m*; '**~·piece** *s.* **1.** Kopfbedeckung *f*; **2.** Oberteil *n*, *bsd.* a) Türsturz *m*, b) Kopfbrett *n* (*Bett*); **3.** *typ.* 'Titelviˌgnette *f*; ˌ**~'quar·ters** *s. pl. oft sg. konstr.* **1.** ⚔ a) 'Hauptquarˌtier *n*, b) Stab *m*, c) Kom'mandostelle *f*, d) 'Oberkomˌmando *n*; **2.** *allg.* (*Feuerwehr-, Partei- etc.*)Zen'trale *f*, (Poli'zei-) Präˌsidium *n*; **3.** → ***head office***; '**~·rest**, **~ re·straint** *s.* Kopfstütze *f*; '**~·room** [-rʊm] *s.* lichte Höhe; '**~·sail** *s.* ⚓ Fockmastsegel *n*; '**~·set** *s.* Kopfhörer *m*.

head·ship ['hedʃɪp] *s.* (oberste) Leitung, Führung *f*.

head|·shrink·er ['hedˌʃrɪŋkə] *s.* F Psychoana'lytiker(in); '**~·spring** *s.* **1.** Hauptquelle *f*; **2.** *fig.* Quelle *f*, Ursprung *m*; **3.** *sport* Kopfkippe *f*; '**~·stall** → ***headgear*** 2; '**~·stand** *s.* Kopfstand *m*; **~ start** *s.* **1.** *sport* a) Vorgabe *f*, b) Vorsprung *m* (*a. fig.*); **2.** *fig.* guter Start; '**~·stock** *s.* ⚙ **1.** Spindelstock *m*; **2.** Triebwerkgestell *n*; '**~·stone** *s.* **1.** ⚠ a) Eck-, Grundstein *m* (*a. fig.*), b) Schlußstein *m*; **2.** Grabstein *m*; '**~·strong** *adj.* eigensinnig, halsstarrig; **~ tax** *s.* Kopf-, *bsd.* Einwanderungssteuer *f* (*USA*); ˌ**~-to-'head** *adj. Am.* **1.** Mann gegen Mann; **2.** Kopf-an-Kopf...: ***~ race***; **~ voice** *s.* Kopfstimme *f*; '**~ˌwait·er** *s.* Oberkellner *m*; '**~ˌwa·ter** *s. mst pl.* Oberlauf *m*, Quellgebiet *n* (*Fluß*); '**~·way** *s.* **1.** ⚓ a) Fahrt *f* vor'aus, b) Fahrt *f*, Geschwindigkeit *f*; **2.** *fig.* Fortschritt(e *pl.*) *m*: ***make ~*** vorankommen, Fortschritte machen; **3.** ⚠ lichte Höhe; **4.** ⚒ *Brit.* Hauptstollen *m*; **5.** 🚂 Zugfolge *f*, -abstand *m*; **~ wind** *s.* Gegenwind *m*; '**~·work** *s.* geistige Arbeit; '**~ˌwork·er** *s.* Geistes-, Kopfarbeiter *m*.

head·y ['hedɪ] *adj.* □ **1.** unbesonnen, ungestüm; **2.** a) berauschend (*Getränk*; *a. fig.*), b) berauscht (***with*** von); **3.** *Am.* F schlau.

heal [hi:l] **I** *v/t.* **1.** *a. fig.* heilen, kurieren (***of*** von); **2.** *fig.* versöhnen, *Streit etc.* beilegen; **II** *v/i.* **3.** *oft* ***~ up***, ***~ over*** (zu)heilen; '**heal·er** [-lə] *s.* **1.** Heil(end)er *m*, *bsd.* Gesundbeter(in); **2.** Heilmittel *n*: ***time is a great ~*** die Zeit heilt alle Wunden; '**heal·ing** [-lɪŋ] **I** *s.* Heilung *f*; **II** *adj.* □ heilsam, heilend, Heil(ungs)...

health [helθ] *s.* **1.** Gesundheit *f*: ***~ care*** Gesundheitsfürsorge *f*; ***~ centre*** (*Am.* ***center***) Ärztezentrum *n*; ***~ certificate*** ärztliches Attest; ***~ club*** Fitneßclub *m*; ***~ food*** Reformkost *f*; ***~ food shop*** (*od.* ***store***) Reformhaus *n*; ***~ freak*** Gesundheitsfanatiker(in); ***~ insurance*** Krankenversicherung *f*; ***~ officer*** *Am.* a) Beamte(r) *m* des Gesundheitsamtes, b) ⚓ Hafen-, Quarantänearzt *m*; ***~ resort***

Kurort *m*; ~ ***service*** Gesundheitsdienst *m*; ~ ***visitor*** Gesundheitsfürsorger(in); **2.** *a.* ***state of*** ~ Gesundheitszustand *m*: ***ill*** ~; ***in good*** ~ gesund, bei guter Gesundheit; **3.** Gesundheit *f*, Wohl *n*: ***drink*** (***to***) ***s.o.'s*** ~ auf j-s Wohl trinken; ***your*** ~***!*** auf Ihr Wohl!; ***here is to the*** ~ ***of the host*** ein Prosit dem Gastgeber!; **'health·ful** [-fʊl] *adj.* □ → ***healthy*** 1, 2; **'health·y** [-θɪ] *adj.* □ **1.** *allg.* gesund (*a. fig.*): ~ ***body*** (***climate***, ***economy***, *etc.*); **2.** gesund(heitsfördernd), heilsam, bekömmlich; **3.** F gesund, kräftig: ~ ***appetite***; **4.** ***not*** ~ F ‚nicht gesund', schlecht, gefährlich.

heap [hi:p] **I** *s.* **1.** Haufe(n) *m*: ***in*** ~***s*** haufenweise; ***be struck all of a*** ~ F ‚platt' *od.* sprachlos sein; ***fall in a*** ~ (in sich) zs.-sacken; **2.** F Haufen *m*, Menge *f*: ~***s of time*** e-e *od.* jede Menge Zeit; ~***s of times*** unzählige Male; ~***s better*** sehr viel besser; **3.** *sl.* ‚Schlitten' *m* (*Auto*); **II** *v/t.* **4.** häufen: ***a*** ~***ed spoonful*** ein gehäufter Löffel(voll); ~ ***up*** anhäufen, *fig. a.* aufhäufen; ~ ***insults*** (***praises***) (***up***)***on s.o.*** j-n mit Beschimpfungen (Lob) überschütten; → ***coal*** 2; **5.** beladen, anfüllen.

hear [hɪə] [*irr.*] **I** *v/t.* **1.** hören: ***I*** ~ ***him laugh***(***ing***) ich höre ihn lachen; ***make o.s.*** ~***d*** sich Gehör verschaffen; ***let's*** ~ ***it for him!*** *Am.* F Beifall für ihn!; **2.** (an)hören: ~ ***a concert*** sich ein Konzert anhören; **3.** *j-m* zuhören, *j-n* anhören: ~ ***s.o. out*** j-n ausreden lassen; **4.** hören *od.* achten auf (*acc.*), *j-s* Rat folgen: ***do you*** ~ ***me?*** hast du (mich) verstanden?; **5.** *Bitte etc.* erhören; **6.** *ped.* *Aufgabe od. Schüler* abhören; **7.** *et.* hören, erfahren (***about***, ***of*** über *acc.*); **8.** ⚖ a) verhören, vernehmen, b) *Sachverständige etc.* anhören, c) (über) *e-n Fall* verhandeln: ~ ***and decide a case*** über e-n Fall befinden; → ***evidence*** 1; **II** *v/i.* **9.** hören: ~***!*** ~***!*** *parl.* hört! hört! (*a. iro.*), bravo!, sehr richtig!; **10.** hören, erfahren, Nachricht erhalten (***from*** von; ***of***, ***about*** von, über [*acc.*]; ***that*** daß): ***you'll*** ~ ***of this!*** F das wirst du mir büßen!; ***I won't*** ~ ***of it*** ich erlaube *od.* dulde es nicht; ***he would not*** ~ ***of it*** er wollte davon nichts hören *od.* wissen; **heard** [hɜ:d] *pret. u. p.p. von* ***hear***; **'hear·er** [-ərə] *s.* (Zu)Hörer(in); **'hear·ing** [-ərɪŋ] *s.* **1.** Hören *n*: ***within*** (***out of***) ~ in (außer) Hörweite; ***in his*** ~ in s-r Gegenwart, solange er noch in Hörweite ist; **2.** Gehör(sinn *m*) *n*: ~ ***aid*** Hörhilfe *f*, -gerät *n*; ~ ***spectacles*** *pl.* Hörbrille *f*; ***hard of*** ~ schwerhörig; **3.** a) Anhören *n*, b) Gehör *n*, c) Audi'enz *f*: ***gain a*** ~ sich Gehör verschaffen; ***give s.o. a*** ~ j-n anhören; **4.** *thea. etc.* Hörprobe *f*; **5.** ⚖ a) Vernehmung *f*, b) *a.* ***preliminary*** ~ 'Vorunterˌsuchung *f*, c) (mündliche) Verhandlung, Ter'min *m*; **6.** *bsd. pol.* Hearing *n*, Anhörung *f*.

heark·en ['hɑ:kən] *v/i. poet.* (***to***) a) horchen (auf *acc.*), b) Beachtung schenken (*dat.*).

'hear·say *s.* **1.** (***by*** ~ vom) Hörensagen *n*; **2.** *a.* ~ ***evidence*** ⚖ Beweis(e *pl.*) *m* vom Hörensagen, mittelbarer Beweis: ~ ***rule*** *Regel über den grundsätzlichen Ausschluß aller Beweise vom Hörensagen.*

hearse [hɜ:s] *s.* Leichenwagen *m*.

heart [hɑ:t] *s.* **1.** *anat.* a) Herz *n*, b) Herzhälfte *f*; **2.** *fig.* Herz *n*: a) Seele *f*, Gemüt *n*, b) Liebe *f*, Zuneigung *f*, c) (Mit)Gefühl *n*, d) Mut *m*, e) Gewissen *n*: ***change of*** ~ Gesinnungswandel *m*; ***affairs of the*** ~ Herzensangelegenheiten; → *Bes. Redew.*; **3.** Herz *n*, (*das*) Innere, Kern *m*, Mitte *f*: ***in the*** ~ ***of*** inmitten (*gen.*), mitten in (*dat.*), im Herzen (*des Landes etc.*); **4.** Kern *m*, (*das*) Wesentliche: ***go to the*** ~ ***of s.th.*** zum Kern e-r Sache vorstoßen, e-r Sache auf den Grund gehen; ***the*** ~ ***of the matter*** der Kern der Sache, des Pudels Kern; **5.** Liebling *m*, Schatz *m*, *mein Herz*; **6.** *Kartenspiel*: a) Herz *n*, Cœur *n*, b) *pl.* Herz *n*, Cœur *n* (*Farbe*): ***king of*** ~***s*** Herzkönig *m*; **7.** ⚘ Herz *n* (*Salat, Kohl*): ~ ***of oak*** a) Kernholz *n* der Eiche, b) *fig.* Standhaftigkeit *f*;

Besondere Redewendungen:

~ ***and soul*** mit Leib u. Seele; ~***'s desire*** Herzenswunsch *m*; ***after my*** (***own***) ~ ganz nach m-m Herzen *od.* Geschmack *od.* Wunsch; ***at*** ~ im Innersten, im Grunde (m-s *etc.* Herzens); (***have***, ***learn***) ***by*** ~ auswendig (wissen, lernen); ***from one's*** ~ von Herzen; ***in one's*** ~ (***of*** ~***s***) a) im Grunde s-s Herzens, b) insgeheim; ***in good*** ~ ⚒ in gutem Zustand (*Boden*), *fig. a.* in guter Verfassung, gesund, *a.* guten Mutes; ***to one's*** ~***'s content*** nach Herzenslust; ***with all my*** ~ von *od.* mit ganzem Herzen; ***with a heavy*** ~ schweren Herzens; ***bless my*** ~***!*** du meine Güte!; ***it breaks my*** ~ es bricht mir das Herz; ***you are breaking my*** ~***!*** *iro.* ich fang' gleich an zu weinen!; ***cross my*** ~***!*** Hand aufs Herz!; ***eat one's*** ~ ***out*** sich vor Gram verzehren; ***not to have the*** ~ ***to do s.th.*** es nicht übers Herz bringen, et. zu tun; ***go to s.o.'s*** ~ j-m zu Herzen gehen; ***my ~ goes out to*** ich empfinde tiefes Mitleid mit; ***have a ~!*** hab Erbarmen!; ***have no ~*** kein Herz *od.* Mitgefühl haben; ***I have your health at ~*** deine Gesundheit liegt mir am Herzen; ***I had my ~ in my mouth*** das Herz schlug mir bis zum Halse, ich war zu Tode erschrocken; ***have one's ~ in the right place*** das Herz auf dem rechten Fleck haben; ***his ~ is not in his work*** er ist nicht mit ganzem Herzen dabei; ***lose ~*** den Mut verlieren; ***lose one's ~ to s.o.*** sein Herz an j-n verlieren; ***open one's ~*** a) (***to s.o.*** j-m) sein Herz ausschütten, b) großmütig sein; ***clasp s.o. to one's ~*** j-n ans Herz *od.* an die Brust drücken; ***put one's ~ into s.th.*** mit Leib u. Seele bei et. sein; ***set one's ~ on*** sein Herz hängen an (*acc.*); ***my ~ sank into my boots*** das Herz rutschte mir in die Hose(n); ***take ~*** Mut fassen; ***I took ~ from that*** das machte mir Mut; ***take s.th. to ~*** sich et. zu Herzen nehmen; ***wear one's ~ on one's sleeve*** das Herz auf der Zunge tragen.

'heart|·ache *s.* Kummer *m*; **~ ac·tion** *s. physiol.* Herztätigkeit *f*; **~ at·tack** *s.* ⚕ Herzanfall *m*; **'~·beat** *s.* **1.** *physiol.* Herzschlag *m* (*Pulsieren*); **2.** *fig. Am.* Herzstück *n*; **'~·break** *s.* (Herze)Leid *n*, Gram *m*; **'~ˌbreak·ing** *adj.* herzzerreißend; **'~ˌbro·ken** *adj.* (ganz) gebrochen, todunglücklich, untröstlich; **'~·burn** *s.* ⚕ Sodbrennen *n*; **~ con·di·tion**, **~ dis·ease** *s.* ⚕ Herzleiden *n*.

-hearted [hɑːtɪd] *in Zssgn* ...herzig, ...mütig.

heart·en ['hɑːtn] *v/t.* ermutigen, aufmuntern; **'heart·en·ing** [-nɪŋ] *adj.* ermutigend.

heart| fail·ure *s.* ⚕ a) Herzversagen *n*, b) 'Herzinsuffiziˌenz *f*; **'~·felt** *adj.* tiefempfunden, herzlich, aufrichtig, innig.

hearth [hɑːθ] *s.* **1.** Ka'min(platte *f*, -sohle *f*) *m*; **2.** Herd *m*, Feuerstelle *f*; **3.** ⚙ a) Schmiedeherd *m*, Esse *f*, b) Herd *m*, Hochofengestell *n*; **4.** *fig. a.* ***~ and home*** häuslicher Herd, Heim *n*; **'~·stone** *s.* **1.** → ***hearth*** 1 u. 4; **2.** Scheuerstein *m*.

heart·i·ly ['hɑːtɪlɪ] *adv.* **1.** herzlich: a) von Herzen, innig, b) *iro.* äußerst, gründlich: ***dislike s.o. ~***; **2.** herzhaft, kräftig, tüchtig: ***eat ~***; **'heart·i·ness** [-nɪs] *s.* **1.** Herzlichkeit *f*: a) Innigkeit *f*, b) Aufrichtigkeit *f*; **2.** Herzhaftigkeit *f*, Kräftigkeit *f*.

'heart·land *s.* Herz-, Kernland *n*.

heart·less ['hɑːtlɪs] *adj.* ☐ herzlos, grausam, gefühllos; **'heart·less·ness** [-nɪs] *s.* Herzlosigkeit *f*.

ˌheart|-'lung ma·chine *s.* ⚕ 'Herz-'Lungen-MaˌschineHerz *f*: ***put on the ~*** an die Herz-Lungen-Maschine anschließen; **~ pace·mak·er** *s.* ⚕ Herzschrittmacher *m*; **~ rate** *s. physiol.* 'Herzfreˌquenz *f*; **'~ˌrend·ing** *adj.* herzzerreißend; **~ rot** *s.* Kernfäule *f* (*Baum*); **'~'s-blood** *s.* Herzblut *n*; **'~ˌsearch·ing** *s.* Gewissenserforschung *f*; **~ shake** *s.* Kernriß *m* (*Baum*); **'~·shaped** *adj.* herzförmig; **'~·sick**, **'~·sore** *adj.* tiefbetrübt, todunglücklich; **'~·strings** *s. pl. fig.* Herz *n*, innerste Gefühle *pl.*: ***pull at s.o.'s ~*** j-m das Herz zerreißen, j-n tief rühren; ***play on s.o.'s ~*** mit j-s Gefühlen spielen; **~ sur·ger·y** *s.* ⚕ 'Herzchirurˌgie *f*; **'~·throb** *s.* **1.** *physiol.* Herzschlag *m*; **2.** F Schatz *m*, Schwarm *m*; **ˌ~-to-'~** *adj.* offen, aufrichtig: ***~ talk***; **~ trans·plant** *s.* ⚕ Herzverpflanzung *f*; **'~-ˌwarm·ing** *adj.* **1.** herzerfrischend; **2.** bewegend; **'~-whole** *adj.* **1.** (noch) ungebunden, frei; **2.** aufrichtig, rückhaltlos.

heart·y ['hɑːtɪ] **I** *adj.* ☐ → ***heartily***; **1.** herzlich: a) von Herzen kommend, warm, innig, b) aufrichtig, tiefempfunden, c) *iro.* ‚gründlich': ***~ dislike***; **2.** a) munter, b) e'nergisch, c) begeistert, d) herzlich, jovi'al; **3.** herzhaft, kräftig: ***~ appetite*** (***meal***, ***kick***); **4.** gesund, kräftig; **5.** fruchtbar (*Boden*); **II** *s.* **6.** *sport Brit.* F dy'namischer Spieler; **7.** F Ma'trose *m*: ***my hearties*** meine Jungs.

heat [hiːt] **I** *s.* **1.** Hitze *f*: a) große Wärme, b) heißes Wetter; **2.** Wärme *f* (*a. phys.*); **3.** a) Erhitztheit *f* (*des Körpers*), b) (*bsd.* Fieber)Hitze *f*; **4.** (Glüh-) Hitze *f*, Glut *f*; **5.** Schärfe *f* (*von Gewürzen etc.*); **6.** *fig.* a) Ungestüm *n*, b) Zorn *m*, Wut *f*, c) Leidenschaft(lichkeit) *f*, Erregtheit *f*, d) Eifer *m*: ***in the ~ of the moment*** im Eifer des Gefechts; ***in the ~ of passion*** ⚖ im Affekt; ***at one ~*** in 'einem Zug, auf 'einen Schlag; **7.** *sport* a) (Einzel)Lauf *m*, b) *a.* ***preliminary ~*** Vorlauf *m*, c) 'Durchgang *m*, Runde *f*; **8.** *zo.* Brunst *f*, *bsd.* a) Läufigkeit *f* (*e-r Hündin*), b) Rolligkeit *f* (*e-r Katze*), c) Rossen *n* (*e-r Stute*), d) Stieren *n* (*e-r Kuh*): ***in*** (*od.* ***on***) ***~*** brünstig; ***a bitch in ~*** e-e läufige Hündin; **9.** *metall.* a) Schmelzgang *m*, b) Charge *f*; **10.** F Druck *m*: ***turn on the ~*** Druck machen; ***turn*** (*od.* ***put***) ***the ~ on s.o.*** j-n unter Druck setzen; ***the ~ is on*** es herrscht ‚dicke Luft'; ***the ~ is off*** es hat sich wieder beruhigt; **11.** ***the ~ Am.*** F die ‚Bullen' *pl.* (*Polizei*); **II** *v/t.* **12.** *a.* ***~***

up erhitzen (*a. fig.*), heiß machen, *Speisen a.* aufwärmen; **13.** *Haus etc.* heizen; **14.** *~ **up** fig. Diskussion, Konjunktur etc.* anheizen; **III** *v/i.* **15.** sich erhitzen (*a. fig.*).

heat·a·ble ['hi:təbl] *adj.* **1.** erhitzbar; **2.** heizbar.

heat| ap·o·plex·y → ***heatstroke***; ~ **bar·ri·er** *s.* ✈ Hitzemauer *f*, -schwelle *f*.

heat·ed ['hi:tɪd] *adj.* □ erhitzt: a) heiß geworden, b) *fig.* erhitzt *od.* erregt (***with*** von), hitzig: ~ ***debate***.

heat·er ['hi:tə] *s.* **1.** Heizgerät *n*, -körper *m*, (Heiz)Ofen *m*; **2.** ⚡ Heizfaden *m*; **3.** (Plätt)Bolzen *m*; **4.** *sl.* ‚Ka'none' *f*, ‚Ballermann' *m* (*Pistole etc.*); ~ **plug** *s. mot. Brit.* Glühkerze *f*.

heath [hi:θ] *s.* **1.** *bsd. Brit.* Heide(land *n*) *f*; **2.** ⚘ a) Erika *f*, b) Heidekraut *n*; '~-**bell** *s.* ⚘ Heide(blüte) *f*.

hea·then ['hi:ðn] **I** *s.* **1.** Heide *m*, Heidin *f*; **2.** *fig.* Bar'bar *m*; **II** *adj.* **3.** heidnisch, Heiden...; **4.** bar'barisch, unzivilisiert; '**hea·then·dom** [-dəm] *s.* **1.** Heidentum *n*; **2.** *die* Heiden *pl.*; '**hea·then·ish** [-ðənɪʃ] → ***heathen*** 3 u. 4; '**hea·then·ism** [-ðənɪzəm] *s.* **1.** Heidentum *n*; **2.** Barba'rei *f*.

heath·er ['heðə] → ***heath*** 2; '~-**bell** *s.* ⚘ Glockenheide *f*; '~-ˌ**mix·ture** *s.* gesprenkelter Wollstoff.

heat·ing ['hi:tɪŋ] **I** *s.* **1.** Heizung *f*; **2.** ⚙ a) Beheizung *f*, b) Heißwerden *n*, -laufen *n*; **3.** *phys.* Erwärmung *f*; **4.** Erhitzung *f* (*a. fig.*); **II** *adj.* **5.** heizend, *phys.* erwärmend; **6.** Heiz...: ~ ***battery*** (***costs***, ***oil***, *etc.*); ~ ***system*** Heizung *f*; ~ **jack·et** *s.* ⚙ Heizmantel *m*; ~ **pad** *s.* Heizkissen *n*; ~ **sur·face** *s.* ⚙ Heizfläche *f*.

heat| in·su·la·tion *s.* ⚙ Wärmedämmung *f*; '~-**proof** *adj.* hitzebeständig; ~ **pro·stra·tion** *s.* ⚕ Hitzschlag *m*; ~ **pump** *s.* ⚙ Wärmepumpe *f*; ~ **rash** *s.* ⚕ Hitzeausschlag *m*; '~-**reˌsist·ing** → ***heatproof***; '~-**seal** *v/t. Kunststoffe* heißsiegeln; ~ **shield** *s. Raumfahrt*: Hitzeschild *m*; ~ **spot** *s.* ⚕ Hitzebläschen *n*; '~-**stroke** *s.* ⚕ Hitzschlag *m*; '~-**treat** *v/t.* ⚙ wärmebehandeln (*a.* ⚕); ~ **u·nit** *s. phys.* Wärmeeinheit *f*; ~ **wave** *s.* Hitzewelle *f*.

heave [hi:v] **I** *v/t.* (⚓ [*irr.*] *pret. u. p.p.* **hove** [həʊv]) **1.** (hoch)heben, (-)wuchten, (-)stemmen, (-)hieven: ~ ***coal*** Kohlen schleppen; ~ ***s.o. into a post*** *fig.* j-n auf e-n Posten ‚hieven'; **2.** hochziehen, -winden; **3.** F schmeißen, schleudern; **4.** ⚓ hieven; *den Anker* lichten: ~ ***the lead*** (***log***) loten (loggen); ~ ***to*** beidrehen; **5.** ausstoßen: ~ ***a sigh***; **6.** F ‚(aus)kotzen', erbrechen; **7.** aufschwellen, dehnen; **8.** heben u. senken; **II** *v/i.* (⚓ [*irr.*] *pret. u. p.p.* **hove** [həʊv]) **9.** sich heben u. senken, wogen (*a. Busen*): ~ ***and set*** ⚓ stampfen (*Schiff*); **10.** keuchen; **11.** F a) ‚kotzen', sich über'geben, b) würgen, Brechreiz haben: ***his stomach ~d*** ihm hob sich der Magen; **12.** ⚓ a) hieven, ziehen (***at*** an *dat.*): ~ ***ho!*** holt auf!, *allg.* hau ruck!, b) treiben: ~ ***in***(***to***) ***sight*** in Sicht kommen, *fig. humor.* ‚aufkreuzen'; ~ ***to*** beidrehen; **III** *s.* **13.** Heben *n*, Hub *m*, (mächtiger) Ruck; **14.** Hochziehen *n*, -winden *n*; **15.** Wurf *m*; **16.** *Ringen*: Hebegriff *m*; **17.** Wogen *n*: ~ ***of the sea*** ⚓ Seegang *m*; **18.** *geol.* Verwerfung *f*; **19.** *pl. sg. konstr. vet.* Dämpfigkeit *f*; ˌ~-'**ho** [-'həʊ] *s.*: ***give s.o. the*** (***old***) ~ F a) j-n ‚rausschmeißen', b) j-m ‚den Laufpaß geben'.

heav·en ['hevn] *s.* **1.** Himmel(reich *n*) *m*: ***go to*** ~ in den Himmel kommen; ***move ~ and earth*** *fig.* Himmel u. Hölle in Bewegung setzen; ***to ~***, ***to high ~s*** F zum Himmel *stinken etc.*; ***in the seventh ~*** (***of delight***) *fig.* im siebten Himmel; **2.** *fig.* Himmel *m*, Para'dies *n*: ***a ~ on earth***; ***it was ~*** es war himmlisch; **3.** ♀ Himmel *m*, Gott *m*, Vorsehung *f*: ***the ♀s*** die himmlischen Mächte; **4.** ***by ~!***, (***good***) ***~s!*** du lieber Himmel!; ***for ~'s sake*** um Himmels willen!; ~ ***forbid!*** Gott behüte!; ***thank ~!*** Gott sei Dank!; ~ ***knows what ...*** weiß der Himmel, was ...; **5.** *mst pl.* Himmel *m*, Firma'ment *n*: ***the northern ~s*** der nördliche (Sternen)Himmel; **6.** Himmel *m*, Klima *n*, Zone *f*.

heav·en·ly ['hevnlɪ] *adj.* himmlisch: a) Himmels...: ~ ***body*** Himmelskörper *m*, b) göttlich, 'überirdisch: ~ ***hosts*** himmlische Heerscharen, c) F himmlisch, wunderbar.

'**heav·en|-sent** *adj.* (wie) vom Himmel gesandt: ***it was a ~ opportunity*** es kam wie gerufen; '~-**ward** [-wəd] **I** *adv.* himmelwärts; **II** *adj.* gen Himmel gerichtet; '~-**wards** [-wədz] → ***heavenward*** I.

ˌ**heav·i·er-than-'air** [ˌhevɪə-] *adj.* schwerer als Luft (*Flugzeug*).

heav·i·ly ['hevɪlɪ] *adv.* **1.** schwer (*etc.* → ***heavy***): ***suffer*** ~ schwere (finanzielle) Verluste erleiden; **2.** mit schwerer Stimme; '**heav·i·ness** [-ɪnɪs] *s.* **1.** Schwere *f* (*a. fig.*); **2.** Gewicht *n*, Last *f*; **3.** Massigkeit *f*; **4.** Bedrückung *f*, Schwermut *f*; **5.** Schwerfälligkeit *f*; **6.**

Schläfrigkeit *f*; **7.** Langweiligkeit *f*.

heav·y ['hevɪ] **I** *adj.* □ → ***heavily***; **1.** *allg.* schwer (*a.* ⚗, *phys.*): ***~ load***; ***~ steps***; ***~ benzene*** Schwerbenzin *n*; ***~ industry*** Schwerindustrie *f*; ***with a ~ heart*** schweren Herzens; **2.** ⚔ schwer: ***~ artillery*** (***bomber***, ***cruiser***); ***bring up one's*** (*od.* ***the***) ***~ guns*** *fig.* F schweres Geschütz auffahren; **3.** schwer: a) heftig, stark: ***~ fall*** schwerer Sturz; ***~ losses*** schwere Verluste; ***~ rain*** starker Regen; ***~ traffic*** starker Verkehr, *a.* schwere Fahrzeuge *pl.*, b) massig: ***~ body***, c) wuchtig: ***~ blow***, d) hart: ***~ fine*** hohe Geldstrafe; **4.** groß, beträchtlich: ***~ buyer*** Großabnehmer *m*; ***~ orders*** große Aufträge; **5.** schwer, stark, 'übermäßig: ***~ drinker*** (***eater***) starker Trinker (Esser); **6.** schwer: a) stark, 'hochpro,zentig: ***~ beer*** Starkbier *n*, b) stark, betäubend: ***~ perfume***, c) schwerverdaulich: ***~ food***; **7.** drükkend, lastend: ***a ~ silence***; **8.** *meteor.* a) schwer: ***~ clouds***, b) finster, trüb: ***~ sky***, c) drückend: ***~ air***; **9.** schwer: a) schwierig, mühsam: ***a ~ task***, b) schwer verständlich: ***a ~ book***; **10.** (***with***) a) (schwer)beladen (mit), b) *fig.* über'laden (mit), voll (von); **11.** schwerfällig: ***~ style***; **12.** langweilig, stumpfsinnig; **13.** begriffsstutzig (*Person*); **14.** schläfrig, benommen (***with*** von): ***~ with sleep*** schlaftrunken; **15.** ernst, düster; **16.** *thea. etc.* würdevoll *od.* (ge)streng: ***a ~ husband***; **17.** ✝ flau, schleppend; **18.** unwegsam, lehmig: ***~ road***; **19.** grob: ***~ features***; **20.** a) *a.* ***~ with child*** (hoch)schwanger, b) *a.* ***~ with young*** *zo.* trächtig; **21.** *typ.* fett(gedruckt); **II** *adv.* **22.** schwer (*etc.*): ***hang ~*** dahinschleichen (*Zeit*); ***time was hanging ~ on my hands*** die Zeit wurde mir lang; ***lie ~ on s.o.*** schwer auf j-m lasten; **III** *s.* **23.** *thea. etc.* a) Schurke *m*, b) würdiger älterer Herr; **24.** *sport* F Schwergewichtler *m*; **25.** *pl. Am.* F warme 'Unterwäsche *f*; **26.** *Am.* F ,schwerer Junge' (*Verbrecher*); **27.** ⚔ schwere Artille'rie; **,~-'armed** *adj.* ⚔ schwerbewaffnet; **~ chem·i·cals** *s. pl.* 'Schwerchemi,kalien *pl.*; **~ con·crete** *s.* 'Schwerbe,ton *m*; **~ cur·rent** *s.* ⚡ Starkstrom *m*; **,~-'du·ty** *adj.* **1.** ⚙ Hochleistungs...; **2.** strapazierfähig; **,~-'hand·ed** *adj.* **1.** *a. fig.* plump, unbeholfen; **2.** drückend; **,~-'heart·ed** *adj.* niedergeschlagen, bedrückt; **~ hy·dro·gen** *s.* ⚗ schwerer Wasserstoff; **~ met·al** *s.* 'Schwerme,tall *n*; **~ oil** *s.* ⚙ Schweröl *n*; **~ plate** *s.* Grobblech *n*; **~ spar** *s. min.* Schwerspat *m*; **~ type** *s. typ.* Fettdruck *m*; **~ wa·ter** *s.* ⚗ schweres Wasser; **'~·weight I** *s.* **1.** *sport* Schwergewicht (-ler *m*) *n*; **2.** ,Schwergewicht' *n* (*Person od. Sache*); **3.** F Promi'nente(r) *m*, ,großes Tier'; **II** *adj.* **4.** *sport* Schwergewichts...; **5.** schwer (*a. fig.*).

heb·dom·a·dal [heb'dɒmədl] *adj.* wöchentlich: ***♀ Council*** *wöchentlich zs.-tretender Rat der Universität Oxford.*

He·bra·ic [hiː'breɪɪk] *adj.* (□ ***~ally***) he'bräisch; **He·bra·ism** ['hiːbreɪɪzəm] *s.* **1.** *ling.* Hebra'ismus *m*; **2.** *das* Jüdische; **He·bra·ist** ['hiːbreɪɪst] *s.* Hebra'ist(in).

He·brew ['hiːbruː] **I** *s.* **1.** He'bräer(in), Jude *m*, Jüdin *f*; **2.** *ling.* He'bräisch *n*; **3.** F Kauderwelsch *n*; **4.** *pl. sg. konstr. bibl.* (Brief *m* an die) He'bräer *pl.*; **II** *adj.* **5.** he'bräisch.

Heb·ri·de·an [,hebrɪ'diːən] **I** *adj.* he'bridisch; **II** *s.* Bewohner(in) der He'briden.

hec·a·tomb ['hekətuːm] *s.* Heka'tombe *f* (*bsd. fig. gewaltige Menschenverluste*).

heck [hek] *s.* F Hölle *f*: ***a ~ of a row*** ein Höllenlärm; ***what the ~?*** was zum Teufel?; → *a.* ***hell*** 2.

heck·le ['hekl] *v/t.* **1.** *Flachs* hecheln; **2.** a) *j-n* ,piesacken', b) *e-m Redner* durch Zwischenfragen zusetzen, ,in die Zange nehmen'; **'heck·ler** [-lə] *s.* Zwischenrufer *m*.

hec·tare ['hektɑː] *s.* Hektar *n*, *m*.

hec·tic ['hektɪk] *adj.* **1.** hektisch, schwindsüchtig: ***~ fever*** Schwindsucht *f*; ***~ flush*** hektische Röte; **2.** F fieberhaft, aufgeregt, hektisch: ***have a ~ time*** keinen Augenblick Ruhe haben.

hec·to·gram(me) ['hektəʊgræm] *s.* Hekto'gramm *n*; **'hec·to·graph** [-grɑːf] **I** *s.* Hekto'graph *m*; **II** *v/t.* hektographieren; **'hec·to,li·ter** *Am.*, **'hec·to,li·tre** *Brit.* [-,liːtə] *s.* Hektoliter *m*, *n*.

hec·tor ['hektə] **I** *s.* Ty'rann *m*; **II** *v/t.* tyrannisieren, schikanieren: ***~ about*** (*od.* ***around***) *j-n* herumkommandieren; einhacken auf (*acc.*); **III** *v/i.* her'umkommandieren.

he'd [hiːd] F *für* a) ***he would***, b) ***he had***.

hedge [hedʒ] **I** *s.* **1.** Hecke *f*, *bsd.* Hekkenzaun *m*; **2.** *fig.* Kette *f*, Absperrung *f*: ***a ~ of police***; **3.** *fig.* (Ab)Sicherung *f* (***against*** gegen); **4.** ✝ Hedge-, Dekkungsgeschäft *n*; **II** *adj.* **5.** *fig.* drittrangig, schlecht; **III** *v/t.* **6.** *a.* ***~ in*** (*od.* ***round***) a) mit e-r Hecke um'geben, einzäunen, b) *a.* ***~ about*** (*od.* ***around***) *fig. et.* behindern, c) *fig. j-n* einengen: ***~ off***

a. fig. abgrenzen (***against*** gegen); **7.** a) (ab)sichern (***against*** gegen), b) sich gegen den Verlust *e-r Wette etc.* sichern: ***~ a bet***; ***~ one's bets*** *fig.* auf Nummer Sicher gehen; **IV** *v/i.* **8.** *fig.* ausweichen, sich nicht festlegen (wollen), sich winden, ,kneifen'; **9.** sich vorsichtig äußern; **10.** sich (ab)sichern (***against*** gegen); **~ cut·ter** *s.* Heckenschere *f*; **~·hog** ['hedʒhɒg] *s.* **1.** *zo.* a) Igel *m*, b) *Am.* Stachelschwein *n*; **2.** ⚘ stachelige Samenkapsel; **3.** ⚔ a) Igelstellung *f*, b) Drahtigel *m*, c) ⚓ Wasserbombenwerfer *m*; **'~·hop** *v/i.* ✈ dicht über dem Boden fliegen; **'~ˌhop·per** *s.* ✈ *sl.* Tiefflieger *m*; **~ law·yer** *s.* 'Winkeladvoˌkat *m*.

hedg·er ['hedʒə] *s.* **1.** Heckengärtner *m*; **2.** *j-d, der sich nicht festlegen will.*

'hedge|·row *s.* Hecke *f*; **~ school** *s. Brit.* Klippschule *f*; **~ shears** *s. pl. a.* ***pair of ~*** Heckenschere *f*.

he·don·ic [hiː'dɒnɪk] *adj.* hedo'nistisch; **he·don·ism** ['hiːdəʊnɪzəm] *s. phls.* Hedo'nismus *m*; **he·don·ist** ['hiːdəʊnɪst] *s.* Hedo'nist *m*; **he·do·nis·tic** [ˌhiːdə'nɪstɪk] *adj.* hedo'nistisch.

hee·bie-jee·bies [ˌhiːbɪ'dʒiːbɪz] *s. pl.* F: ***it gives me the ~***, ***I get the ~*** dabei wird's mir ganz ,anders', da krieg' ich ,Zustände'.

heed [hiːd] **I** *v/t.* beachten, achtgeben auf (*acc.*); **II** *v/i.* achtgeben; **III** *s.* Beachtung *f*: ***give*** (*od.* ***pay***) ***~ to***, ***take ~ of*** → I; ***take ~*** → II; **'heed·ful** [-fʊl] *adj.* □ achtsam: ***be ~ of*** → ***heed*** I; **'heed·less** [-lɪs] *adj.* □ achtlos, unachtsam: ***be ~ of*** keine Beachtung schenken (*dat.*); **'heed·less·ness** [-lɪsnɪs] *s.* Achtlosigkeit *f*, Unachtsamkeit *f*.

hee·haw [ˌhiː'hɔː] **I** *s.* **1.** 'I'ah *n* (*Eselsschrei*); **2.** *fig.* wieherndes Gelächter; **II** *v/i.* **3.** 'i'ahen; **4.** *fig.* wiehern(d lachen).

heel¹ [hiːl] **I** *v/t.* **1.** Absätze machen auf (*acc.*); **2.** Fersen anstricken an (*acc.*); **3.** *Fußball*: *den Ball* mit dem Absatz kicken; **II** *s.* **4.** Ferse *f*: ***~ of the hand*** *Am.* Handballen *m*; **5.** Absatz *m*, Hakken *m* (*vom Schuh*); **6.** Ferse *f* (*Strumpf*, *Golfschläger*); **7.** Fuß *m*, Ende *n*, Rest *m*, *bsd.* (Brot)Kanten *m*; **8.** vorspringender Teil, Sporn *m*; **9.** *Am. sl.* ,Scheißkerl' *m*;

Besondere Redewendungen:

~ of Achilles Achillesferse *f*; ***at*** (*od.* ***on***) ***s.o.'s ~s*** j-m auf den Fersen, dicht hinter j-m; ***on the ~s of s.th.*** *fig.* unmittelbar auf et. folgend, gleich nach et.; ***down at ~*** a) mit schiefen Absätzen, b) *a.* ***out at ~s*** *fig.* heruntergekommen (*Person*, *Hotel etc.*); abgerissen, schäbig; ***under the ~ of*** *fig.* unter *j-s* Knute; ***bring to ~*** *j-n* gefügig *od.* ,kirre' machen; ***come to ~*** a) bei Fuß gehen (*Hund*), b) gefügig werden, ,spuren'; ***cool*** (*od.* ***kick***) ***one's ~s*** ungeduldig warten; ***dig*** (*od.* ***stick***) ***one's ~s in*** F ,sich auf die Hinterbeine stellen'; ***drag one's ~s*** *fig.* sich Zeit lassen; ***kick up one's ~s*** F ,auf den Putz hauen'; ***lay s.o. by the ~s*** j-n zur Strecke bringen, j-n dingfest machen; ***show a clean pair of ~s***, ***take to one's ~s*** Fersengeld geben, die Beine in die Hand nehmen; ***tread on s.o.'s ~s*** j-m auf die Hacken treten; ***turn on one's ~s*** (auf dem Absatz) kehrtmachen.

heel² [hiːl] *v/t. u. v/i. a.* ***~ over*** (sich) auf die Seite legen (*Schiff*), krängen.

ˌheel|-and-'toe walk·ing *s. sport* Gehen *n*; **'~·ball** *s.* Polierwachs *n*; **~ bone** *s. anat.* Fersenbein *n*.

heeled [hiːld] *adj.* **1.** mit e-r Ferse *od.* e-m Absatz (versehen); **2.** → ***well-heeled***; **'heel·er** [-lə] *s. pol. Am.* Handlanger *m*, ,La'kai' *m*.

'heel·tap *s.* **1.** Absatzfleck *m*; **2.** letzter Rest, Neige *f* (*im Glas*): ***no ~s!*** ex!

heft [heft] *v/t.* **1.** hochheben; **2.** in der Hand wiegen; **'heft·y** [-tɪ] *adj.* F **1.** schwer; **2.** kräftig, stämmig; **3.** ,mächtig', ,saftig', gewaltig: ***~ blow*** (***prices***).

He·ge·li·an [heɪ'giːljən] *s. phls.* Hegeli'aner *m*.

he·gem·o·ny [hɪ'gemənɪ] *s. pol.* Hegemo'nie *f*.

heif·er ['hefə] *s.* Färse *f*, junge Kuh.

heigh [heɪ] *int.* hei!; he(da)!; **ˌ~-'ho** [-'həʊ] *int.* ach jeh!; oh!

height [haɪt] *s.* **1.** Höhe *f* (*a. ast.*): ***10 feet in ~*** 10 Fuß hoch; ***~ of fall*** Fallhöhe *f*; **2.** (Körper)Größe *f*: ***what is your ~?*** wie groß sind Sie?; **3.** Anhöhe *f*; Erhebung *f*; **4.** *fig.* Höhe(punkt *m*) *f*, Gipfel *m*: ***at its ~*** auf s-m (ihrem) *od.* dem Höhepunkt; ***at the ~ of summer*** (***of the season***) im Hochsommer (in der Hochsaison); ***the ~ of folly*** der Gipfel der Torheit; ***dressed in the ~ of fashion*** nach der neuesten Mode gekleidet; **'height·en** [-tn] **I** *v/t.* **1.** erhöhen (*a. fig.*); **2.** *fig.* vergrößern, -stärken, steigern, heben, vertiefen; **3.** her'vorheben; **II** *v/i.* **4.** wachsen, (an)steigen.

height| find·er, **~ ga(u)ge** *s.* ✈ Höhenmesser *m*.

hei·nous ['heɪnəs] *adj.* □ ab'scheulich, gräßlich; **'hei·nous·ness** [-nɪs] *s.* Ab'scheulichkeit *f*.

heir [eə] *s.* **1.** ⚖ *u. fig.* Erbe *m* (***to*** *od.* ***of***

s.o. j-s): ~ ***to the throne*** Thronfolger *m*; ***~-at-law***, ~ ***general***, ~ ***apparent*** gesetzlicher Erbe; ~ ***presumptive*** mutmaßlicher Erbe; ~ ***of the body*** leiblicher Erbe; **heir·dom** ['eədəm] → ***heirship***; **heir·ess** ['eərɪs] *s.* (*bsd.* reiche) Erbin; **heir·loom** ['eəlu:m] *s.* (Fa'milien)Erbstück *n*; **heir·ship** ['eəʃɪp] *s.* **1.** Erbrecht *n*; **2.** Erbschaft *f*, Erbe *n*.

heist [haɪst] *Am. sl.* **I** *s.* a) ‚Ding' *n* (*Raubüberfall od. Diebstahl*), b) Beute *f*; **II** *v/t.* über'fallen; ‚klauen'; erbeuten.

held [held] *pret. u. p.p. von* ***hold***[2].

he·li·an·thus [ˌhi:lɪ'ænθəs] *s.* ♆ Sonnenblume *f*.

hel·i·borne ['helɪbɔ:n] *adj.* im Hubschrauber befördert.

hel·i·bus ['helɪbʌs] *s.* ✈ Hubschrauber *m* für Per'sonenbeförderung, Lufttaxi *n*.

hel·i·cal ['helɪkl] *adj.* □ spi'ralen-, schrauben-, schneckenförmig: ~ ***gear*** ⚙ Schrägstirnrad *n*; ~ ***spring*** Schraubenfeder *f*; ~ ***staircase*** Wendeltreppe *f*.

hel·i·ces ['helɪsi:z] *pl. von* ***helix***.

hel·i·cop·ter ['helɪkɒptə] ✈ **I** *s.* Hubschrauber *m*, Heli'kopter *m*: ~ ***gunship*** Kampfhubschrauber; **II** *v/i. u. v/t.* mit dem Hubschrauber fliegen *od.* befördern.

helio- [hi:lɪəʊ-] *in Zssgn* Sonnen...

he·li·o·cen·tric [ˌhi:lɪəʊ'sentrɪk] *adj. ast.* helio'zentrisch; **he·li·o·chro·my** ['hi:lɪəʊˌkrəʊmɪ] *s.* 'Farbfotograˌfie *f*; **he·li·o·gram** ['hi:lɪəʊgræm] *s.* Helio'gramm *n*; **he·li·o·graph** ['hi:lɪəʊgrɑ:f] **I** *s.* Helio'graph *m*; **II** *v/t.* heliographieren; **he·li·o·gra·vure** [ˌhi:lɪəʊgrə'vjʊə] *s. typ.* Heliogra'vüre *f*.

he·li·o·trope ['heljətrəʊp] *s.* ♆, *min.* Helio'trop *n*.

he·li·o·type ['hi:lɪətaɪp] *s. typ.* Lichtdruck *m*.

hel·i·pad ['helɪpæd], '**hel·i·port** [-pɔ:t] *s.* Heli'port *m*, Hubschrauberlandeplatz *m*.

he·li·um ['hi:ljəm] *s.* ⚗ Helium *n*.

he·lix ['hi:lɪks] *pl.* **hel·i·ces** ['helɪsi:z] *s.* **1.** Spi'rale *f*; **2.** ⩘ Schneckenlinie *f*; **3.** *anat.* Helix *f*, Ohrleiste *f*; **4.** △ Schnecke *f*; **5.** *zo.* Helix *f* (*Schnecke*); **6.** ⚗ Helix *f* (*Molekülstruktur*).

hell [hel] **I** *s.* **1.** Hölle *f* (*a. fig.*): ***it was*** ~ es war die reinste Hölle; ***catch*** (*od.* ***get***) ~ F ‚eins aufs Dach kriegen'; ***come*** ~ ***or high water*** F (ganz) egal, was passiert, unter allen Umständen; ***give s.o.*** ~ F j-m ‚die Hölle heiß machen'; ~ ***for leather*** F was das Zeug hält, wie verrückt; ***there will be*** ~ ***to pay*** F das werden wir schwer büßen müssen; ***raise*** ~ F ‚e-n Mordskrach schlagen'; ***suffer*** ~ (***on earth***) die Hölle auf Erden haben; **2.** F (*verstärkend*) Hölle *f*, Teufel *m*: ***a*** ~ ***of a noise*** ein Höllenlärm; ***be in a*** ~ ***of a temper*** e-e ‚Mordswut' *od.* e-e ‚Stinklaune' haben; ***a*** (*od.* ***one***) ~ ***of a*** (***good***) ***car*** ein ‚verdammt' guter Wagen; ***a*** ~ ***of a guy*** ein prima Kerl; ***go to*** ~***!*** ‚scher dich zum Teufel'!, *a.* ‚du kannst mich mal!'; ***get the*** ~ ***out of here!*** mach, daß du rauskommst!; ***like*** ~ wie verrückt (*arbeiten etc.*); ***like*** (*od.* ***the***) ~ ***you did!*** ‚e-n Dreck' hast du (getan)!; ***what the*** ~ ***...?*** was zum Teufel ...?; ***what the*** ~***!*** ach, was!; ***~'s bells*** → 6; **3.** F Spaß *m*: ***for the*** ~ ***of it*** aus Spaß an der Freud; ***the*** ~ ***of it is that ...*** das Komische *od.* Tolle daran ist, daß; **4.** Spielhölle *f*; **5.** *typ.* De'fektenkasten *m*; **II** *int.* **6.** F a) *Brit. sl. a.* ***bloody*** ~***!*** verdammt!, b) (*überrascht*) Teufel, Teufel!, Mann!; ~***, I didn't know*** (***that***)***!*** Mann, das hab' ich nicht gewußt!

he'll [hi:l] F *für* ***he will***.

'**hell**|ˌ**bend·er** *s.* **1.** *zo.* Schlammteufel *m*; **2.** *Am.* F ‚wilder Bursche'; ˌ**~'bent** *adj.* F **1.** ***be*** ~ ***on*** (***doing***) ***s.th.*** ganz versessen sein auf et. (darauf, et. zu tun); **2.** ‚verrückt', wild, leichtsinnig; '**~·broth** *s.* Hexen-, Zaubertrank *m*; '**~·cat** *s.* (wilde) Hexe, Xan'thippe *f*.

hel·le·bore ['helɪbɔ:] *s.* ♆ Nieswurz *f*.

Hel·lene ['heli:n] *s.* Hel'lene *m*, Grieche *m*; **Hel·len·ic** [he'li:nɪk] *adj.* hel'lenisch, griechisch; **Hel·len·ism** ['helɪnɪzəm] *s.* Helle'nismus *m*, Griechentum *n*; **Hel·len·ist** ['helɪnɪst] *s.* Helle'nist *m*; **Hel·len·is·tic** [ˌhelɪ'nɪstɪk] *adj.* helle'nistisch; **Hel·len·ize** ['helɪnaɪz] *v/t. u. v/i.* (sich) hellenisieren.

ˌ**hell**|'**fire** *s.* **1.** Höllenfeuer *n*; **2.** *fig.* Höllenqualen *pl.*; '**~·hound** *s.* **1.** Höllenhund *m*; **2.** *fig.* Teufel *m*.

hel·lion ['heljən] *s.* F Range *f*, *m*, Bengel *m*.

hell·ish ['helɪʃ] *adj.* □ **1.** höllisch (*a. fig.* F); **2.** F ‚verteufelt', ‚scheußlich'.

hel·lo [hə'ləʊ] **I** *int.* **1.** hal'lo!, *überrascht*: *a.* na'nu!; **II** *pl.* **-los** *s.* **2.** Hal'lo *n*; **3.** Gruß *m*: ***say*** ~ (***to s.o.***) (j-m) guten Tag sagen; **III** *v/i.* **4.** hal'lo rufen.

hell·uv·a ['heləvə] *adj. u. adv.* F ‚mordsmäßig', ‚toll': ***a*** ~ ***noise*** ein Höllenlärm; ***a*** ~ ***guy*** a) ein prima Kerl, b) ein toller Kerl.

helm[1] [helm] *s.* **1.** ⚓ a) Ruder *n*, Steuer *n*, b) Ruderpinne *f*: ***the ship answers***

the ~ das Schiff gehorcht dem Ruder; **2.** *fig.* Ruder *n*, Führung *f*: ***~ of State*** Staatsruder; ***at the ~*** am Ruder *od.* an der Macht; ***take the ~*** das Ruder übernehmen.

helm² [helm] *s. obs.* Helm *m*; **helmed** [-md] *adj. obs.* behelmt.

hel·met [ˈhelmɪt] *s.* **1.** ⚔ Helm *m*; **2.** (Schutz-, Sturz-, Tropen-, Taucher-) Helm *m*; **3.** ⚘ Kelch *m*; **ˈhel·met·ed** [-tɪd] *adj.* behelmt.

helms·man [ˈhelmzmən] *s.* [*irr.*] ⚓ Steuermann *m* (*a. fig.*).

Hel·ot [ˈhelət] *s. hist.* Heˈlot(e) *m*, *fig.* (*mst* ♀) *a.* Sklave *m*; **ˈhel·ot·ry** [-trɪ] *s.* **1.** Heˈlotentum *n*; **2.** *coll.* Heˈloten *pl.*

help [help] **I** *s.* **1.** Hilfe *f*, Beistand *m*, Mit-, Beihilfe *f*: ***by*** (*od.* ***with***) ***the ~ of*** mit Hilfe von; ***he came to my ~*** er kam mir zu Hilfe; ***it*** (***she***) ***is a great ~*** es (sie) ist e-e große Hilfe; ***can I be of any ~*** (***to you***)***?*** kann ich Ihnen (irgendwie) helfen *od.* behilflich sein?; **2.** Abhilfe *f*: ***there is no ~ for it*** da kann man nichts machen, es läßt sich nicht ändern; **3.** Hilfsmittel *n*; **4.** a) Gehilfe *m*, Gehilfin *f*, (*bsd.* Haus)Angestellte(r *m*) *f*, (*bsd.* Land)Arbeiter(in): ***domestic ~*** Hausgehilfin, b) *coll.* (ˈDienst)Persoˌnal *n*, (Hilfs)Kräfte *pl.*; **II** *v/t.* **5.** *j-m* helfen *od.* beistehen *od.* behilflich sein, *j-n* unterˈstützen (***in*** *od.* ***with s.th.*** bei et.): ***can I ~ you?*** a) kann ich Ihnen behilflich sein?, b) werden Sie schon bedient?; ***so ~ me*** (***I did***, *etc.*)***!*** Ehrenwort!; → ***god*** 2; **6.** fördern, beitragen zu; **7.** lindern, helfen *od.* Abhilfe schaffen bei; **8.** ***~ s.o. to s.th.*** a) j-m zu et. verhelfen, b) (*bsd. bei Tisch*) j-m et. reichen *od.* geben; ***~ o.s.*** sich bedienen, zugreifen; ***~ o.s. to*** a) sich bedienen mit, sich *et.* nehmen, b) sich *et.* aneignen *od.* nehmen (*a. iro. stehlen*); **9.** *mit* ***can***: abhelfen (*dat.*), *et.* verhindern, vermeiden, ändern: ***I can't ~ it*** a) ich kann's nicht ändern, b) ich kann nichts dafür; ***it can't be ~ed*** da kann man nichts machen, es läßt sich nicht ändern; (***not***) ***if I can ~ it*** (nicht,) wenn ich es vermeiden kann; ***how could I ~ it?*** a) was konnte ich dagegen tun?, b) was konnte ich dafür?; ***I can't ~ it*** a) ich kann es nicht ändern, b) ich kann nichts dafür; ***she can't ~ her freckles*** für ihre Sommersprossen kann sie nichts; ***don't be late if you can ~ it*** komme möglichst nicht zu spät!; ***I could not ~ laughing*** ich mußte einfach lachen; ***I can't ~ feeling*** ich werde das Gefühl nicht los; ***I can't ~ myself*** ich kann nicht anders; **III** *v/i.* **10.** helfen: ***every little ~s*** jede Kleinigkeit hilft; **11.** ***don't stay longer than you can ~!*** bleib nicht länger als nötig!;

Zssgn mit adv.:

help| down *v/t.* **1.** *j-m* herˈunter-, hinˈunterhelfen; **2.** *fig.* zum ˈUntergang (*gen.*) beitragen; **~ in** *v/t. j-m* hinˈeinhelfen; **~ off** *v/t.* **1.** → ***help on*** 1; **2.** ***help s.o. off with his coat*** j-m aus dem Mantel helfen; **~ on** *v/t.* **1.** weiter-, forthelfen (*dat.*); **2.** ***help s.o. on with his coat*** j-m in den Mantel helfen; **~ out I** *v/t.* **1.** *j-m* herˈaus-, hinˈaushelfen (***of*** aus); **2.** *fig. j-m* aus der Not helfen; **3.** *fig. j-m* aushelfen, *j-n* unterˈstützen; **II** *v/i.* **4.** aushelfen (***with*** bei, mit); **5.** helfen, nützlich sein; **~ through** *v/t. j-m* (hin)ˈdurch-, hinˈweghelfen; **~ up** *v/t. j-m* herˈauf-, hinˈaufhelfen.

help·er [ˈhelpə] *s.* **1.** Helfer(in); **2.** Gehilfe *m*, Gehilfin *f*; → ***help*** 4; **help·ful** [ˈhelpfʊl] *adj.* □ **1.** hilfsbereit, behilflich (***to*** *dat.*); **2.** hilfreich, nützlich (***to*** *dat.*); **help·ful·ness** [ˈhelpfʊlnɪs] *s.* **1.** Hilfsbereitschaft *f*; **2.** Nützlichkeit *f*; **help·ing** [ˈhelpɪŋ] **I** *adj.* helfend, hilfreich: ***lend*** (***s.o.***) ***a ~ hand*** (j-m) helfen *od.* behilflich sein; **II** *s.* Portiˈon *f* (*e-r Speise*): ***have*** (*od.* ***take***) ***a second ~*** sich noch mal (davon) nehmen; **help·less** [ˈhelplɪs] *adj.* □ *allg.* hilflos: ***be ~ with laughter*** sich totlachen; **help·less·ness** [ˈhelplɪsnɪs] *s.* Hilflosigkeit *f*.

ˈhelp·mate, **ˈhelp·meet** *s. obs.* Gehilfe *m*, Gehilfin *f*; (Ehe)Gefährte *m*, (Ehe-) Gefährtin *f*, Gattin *f*.

hel·ter-skel·ter [ˌheltəˈskeltə] **I** *adv.* Hals über Kopf, in wilder Hast; **II** *adj.* hastig, überˈstürzt; **III** *s.* Durcheinˈander *n*, wilde Hast.

helve [helv] *s.* Griff *m*, Stiel *m*: ***throw the ~ after the hatchet*** *fig.* das Kind mit dem Bade ausschütten.

Hel·ve·tian [helˈviːʃjən] **I** *adj.* helˈvetisch, schweizerisch; **II** *s.* Helˈvetier (-in), Schweizer(in).

hem¹ [hem] **I** *s.* **1.** (Kleider-, Rock- *etc.*) Saum *m*; **2.** Rand *m*; **3.** Einfassung *f*; **II** *v/t.* **4.** *Kleid etc.* säumen; **5.** ***~ in***, ***~ about***, ***~ around*** umˈranden, einfassen; **6.** ***~ in*** a) ⚔ einschließen, b) *fig.* einengen.

hem² [hm] **I** *int.* hm!, hem!; **II** *s.* H(e)m *n*, Räuspern *n*; **III** *v/i.* ‚hm' machen, sich räuspern; stocken (*im Reden*): ***~ and haw*** herumstottern, -drucksen.

he·mal *etc.* → ***haemal*** *etc.*

ˈhe-man *s.* [*irr.*] F ‚He-man' *m*, ‚richti-

ger' Mann, sehr männlicher Typ.
he·mat·ic *etc.* → ***haematic*** *etc.*
hem·i·ple·gi·a [ˌhemɪˈpliːdʒɪə] *s.* ⚕ einseitige Lähmung, Hemipleˈgie *f.*
hem·i·sphere [ˈhemɪˌsfɪə] *s. bsd. geogr.* Halbkugel *f*, Hemiˈsphäre *f* (*a. anat. des Großhirns*); **hem·i·spher·i·cal** [ˌhemɪˈsferɪkl], *a.* **hem·i·spher·ic** [ˌhemɪˈsferɪk] *adj.* hemiˈsphärisch, halbkugelig.
ˈ**hem·line** *s.* (Kleider)Saum *m*: ***~s are going up again*** die Kleider werden wieder kürzer.
hem·lock [ˈhemlɒk] *s.* **1.** ⚘ Schierling *m*; **2.** *fig.* Schierlings-, Giftbecher *m*; **3.** *a.* ***~ fir***, ***~ spruce*** Hemlock-, Schierlingstanne *f.*
he·mo·glo·bin, **he·mo·phil·i·a**, **hem·or·rhage**, **hem·or·rhoids** *etc.* → ***haemo...***
hemp [hemp] *s.* **1.** ⚘ Hanf *m*; **2.** Hanf (-faser *f*) *m*; **3.** ˈHanfnarˌkotikum *n*, *bsd.* Haschisch *n*; ˈ**hemp·en** [-pən] *adj.* hanfen, Hanf...
ˈ**hem-stitch I** *s.* Hohlsaum(stich) *m*; **II** *v/t.* mit Hohlsaum nähen.
hen [hen] *s.* **1.** *orn.* Henne *f*, Huhn *n*: ***~'s egg*** Hühnerei *n*; **2.** Weibchen *n* (*von Vögeln, a. Krebs u. Hummer*); **3.** F a) (aufgeregte) ‚Wachtel', b) Klatschbase *f*; ˈ**~·bane** *s.* ⚘, *pharm.* ˈBilsenkraut(exˌtrakt *m*) *n*.
hence [hens] *adv.* **1.** *a.* ***from ~*** (*räumlich*) von hier, von hinnen, fort: ***~ with it!*** weg damit!; ***go ~*** von hinnen gehen (*sterben*); **2.** *zeitlich*: von jetzt an, binnen: ***a week ~*** in *od.* nach einer Woche; **3.** folglich, daher, deshalb; **4.** hieraus, daraus: ***~ it follows that*** daraus folgt, daß; ˌ**~ˈforth**, ˌ**~ˈfor·ward(s)** *adv.* von nun an, fortˈan, künftig.
hench·man [ˈhentʃmən] *s.* [*irr.*] *bsd. pol.* a) Gefolgsmann *m*, b) *contp.* Handlanger *m*, *j-s* ‚Kreaˈtur' *f.*
ˈ**hen|·coop** *s.* Hühnerstall *m*; **~ har·ri·er** *s. orn.* Kornweihe *f*; **~ hawk** *s. orn. Am.* Hühnerbussard *m*; ˌ**~-ˈheart·ed** *adj.* feig(e).
hen·na [ˈhenə] *s.* **1.** ⚘ Hennastrauch *m*; **2.** Henna *f* (*Färbemittel*); ˈ**hen·naed** [-nəd] *adj.* mit Henna gefärbt.
ˈ**hen|-ˌpar·ty** *s.* F Kaffeeklatsch *m*; ˈ**~·pecked** [-pekt] *adj.* F unter dem Panˈtoffel stehend: ***~ husband*** Pantoffelheld *m*; ˈ**~·roost** *s.* Hühnerstange *f od.* -stall *m*.
hen·ry [ˈhenrɪ] *pl.* **-rys**, **-ries** *s.* ⚡, *phys.* Henry *n* (*Induktionseinheit*).
hep [hep] → ***hip***[4].
he·pat·ic [hɪˈpætɪk] *adj.* ⚕ heˈpatisch, Leber...; **hep·a·ti·tis** [ˌhepəˈtaɪtɪs] *s.* ⚕ Leberentzündung *f*, Hepaˈtitis *f*; **hep·a·tol·o·gist** [ˌhepəˈtɒlədʒɪst] *s.* ⚕ Hepatoˈloge *m*.
ˈ**hep·cat** *s. sl. obs.* Jazz-, *bsd.* Swingmusiker *m od.* -freund *m*.
hep·ta·gon [ˈheptəgən] *s.* ⩓ Siebeneck *n*, Heptaˈgon *n*; **hep·tag·o·nal** [hepˈtægənl] *adj.* ⩓ siebeneckig; **hep·ta·he·dron** [ˌheptəˈhedrən] *pl.* **-drons** *od.* **-dra** [-drə] *s.* ⩓ Heptaˈeder *n*.
hep·tath·lete [hepˈtæθliːt] *s. sport* Siebenkämpferin *f*; **hep·tath·lon** [hepˈtæθlɒn] *s.* Siebenkampf *m*.
her [hɜː; hə] **I** *pron.* **1.** a) sie (*acc. von* ***she***), b) ihr (*dat. von* ***she***); **2.** F sie (*nom.*): ***it's ~*** sie ist es; **II** *poss. adj.* **3.** ihr, ihre; **III** *refl. pron.* **4.** sich: ***she looked about ~*** sie sah um sich.
her·ald [ˈherəld] **I** *s.* **1.** *hist.* a) Herold *m*, b) Wappenherold *m*; **2.** *fig.* Verkünder *m*; **3.** *fig.* (Vor)Bote *m*; **II** *v/t.* **4.** verkünden, ankündigen (*a. fig.*); **5.** *a.* ***~ in*** a) einführen, b) einleiten.
he·ral·dic [heˈrældɪk] *adj.* heˈraldisch, Wappen...; **her·ald·ry** [ˈherəldrɪ] *s.* **1.** Heˈraldik *f*, Wappenkunde *f*; **2.** a) Wappen *n*, b) heˈraldische Symˈbole *pl.*
herb [hɜːb] *s.* ⚘ a) Kraut *n*, b) Heilkraut *n*, c) Küchenkraut *n*: ***~ tea*** Kräutertee *m*; **her·ba·ceous** [hɜːˈbeɪʃəs] *adj.* ⚘ krautartig, Kraut...: ***~ border*** (Stauden)Rabatte *f*; ˈ**herb·age** [-bɪdʒ] *s.* **1.** *coll.* Kräuter *pl.*, Gras *n*; **2.** ⚖ *Brit.* Weiderecht *n*; ˈ**herb·al** [-bl] **I** *adj.* Kräuter..., Pflanzen...; **II** *s.* Pflanzenbuch *n*; ˈ**herb·al·ist** [-bəlɪst] *s.* **1.** Kräuter-, Pflanzenkenner(in); **2.** Kräutersammler(in), -händler(in); **3.** Herbaˈlist(in), Kräuterheilkundige(r *m*) *f*; **her·bar·i·um** [hɜːˈbeərɪəm] *s.* Herˈbarium *n*.
her·bi·vore [ˈhɜːbɪvɔː] *s. zo.* Pflanzenfresser *m*; **her·biv·o·rous** [hɜːˈbɪvərəs] *adj.* pflanzenfressend.
Her·cu·le·an [ˌhɜːkjʊˈliːən] *adj.* herˈkulisch (*a. fig. riesenstark*), Herkules...: ***the ~ labo(u)rs*** die Arbeiten des Herkules; ***a ~ labo(u)r*** *fig.* e-e Herkulesarbeit; **Her·cu·les** [ˈhɜːkjʊliːz] *s. myth., ast. u. fig.* Herkules *m*.
herd [hɜːd] **I** *s.* **1.** Herde *f*, (*wildlebender Tiere a.*) Rudel *n*; **2.** *contp.* Herde *f*, Masse *f* (*Menschen*): ***the common*** (*od.* ***vulgar***) ***~*** die Masse (Mensch), die große Masse; **3.** *in Zssgn* Hirt(in); **II** *v/t.* **4.** *Vieh* hüten; **5.** (***~ together*** zs.-)treiben; **III** *v/i.* **6.** *a.* ***~ together*** a) in Herden gehen *od.* leben, b) sich zs.-drängen; **7.** sich zs.-tun (***among***, ***with*** mit);

'**~·book** *s.* ✓ Herdbuch *n*; **~ in·stinct** *s.* 'Herdenin,stinkt *m*, -trieb *m* (*a. fig.*); '**~s·man** [-dzmən] *s.* [*irr.*] **1.** *Brit.* Hirt *m*; **2.** Herdenbesitzer *m*.

here [hɪə] **I** *adv.* **1.** hier: ***I am ~*** a) ich bin hier, b) ich bin da (*anwesend*); ***~ and there*** a) hier u. da, da u. dort, b) hierhin u. dorthin, c) hin u. wieder, hie u. da; ***~ and now*** hier u. jetzt *od.* heute; ***~, there and everywhere*** (all)überall; ***that's neither ~ nor there*** a) das gehört nicht zur Sache, b) das besagt nichts; ***we are leaving ~ today*** wir reisen heute von hier ab; ***~ goes*** F also los!; ***~'s to you!*** auf dein Wohl!; ***~ you are!*** hier (bitte)! (*da hast du es*); ***this ~ man*** *sl.* dieser Mann hier; **2.** (hier)her, hierhin: ***bring it ~!*** bring es hierher!; ***come ~!*** komm her!; ***this belongs ~*** das gehört hierher *od.* hierhin; **II** *s.* **3.** ***the ~ and now*** a) das Hier u. Heute, b) das Diesseits; '**~·a,bout(s)** [-ərə-] *adv.* hier her'um, in dieser Gegend; ,**~'aft·er** [-ər'ɑ:-] **I** *adv.* **1.** her'nach, nachher; **2.** in Zukunft; **II** *s.* **3.** Zukunft *f*; **4.** (*das*) Jenseits; ,**~'by** *adv.* 'hierdurch, hiermit.

he·red·i·ta·ble [hɪ'redɪtəbl] → ***heritable***; **her·e·dit·a·ment** [,herɪ'dɪtəmənt] *s.* ⚖ a) *Brit.* Grundstück *n* (als Bemessungsgrundlage für die Kommu'nalabgaben), b) *Am.* vererblicher Vermögensgegenstand; **he'red·i·tar·y** [-tərɪ] *adj.* □ **1.** erblich, er-, vererbt, Erb…: ***~ disease*** ⚕ Erbkrankheit *f*; ***~ portion*** ⚖ Pflichtteil *m*, *n*; ***~ succession*** *Am.* Erbfolge *f*; ***~ taint*** ⚕ erbliche Belastung; **2.** *fig.* Erb…, alt'hergebracht: ***~ enemy*** Erbfeind *m*; **he'red·i·ty** [-tɪ] *s.* *biol.* **1.** Vererbbarkeit *f*, Erblichkeit *f*; **2.** ererbte Anlagen *pl.*, Erbmasse *f*.

,**here|'from** *adv.* hieraus; ,**~'in** [-ər'ɪ-] *adv.* hierin; ,**~·in·a'bove** *adv.* im vorstehenden, oben (*erwähnt*); ,**~·in'aft·er** *adv.* nachstehend, im folgenden; ,**~'of** *adv.* hiervon, dessen.

her·e·sy ['herəsɪ] *s.* Ketze'rei *f*, Häre'sie *f*; '**her·e·tic** [-ətɪk] **I** *s.* Ketzer(in); **II** *adj.* → **he·ret·i·cal** [hɪ'retɪkl] *adj.* □ ketzerisch.

,**here|'to** [-'tu:] *adv.* **1.** hierzu; **2.** bis'her; ,**~·to'fore** [-tʊ-] *adv.* vordem, ehemals; ,**~'un·der** [-ər'ʌ-] **1.** → ***hereinafter***; **2.** ⚖ kraft dieses (*Vertrags etc.*); ,**~·un'to** [-ərʌ-] → ***hereto***; ,**~·up'on** [-ərə-] *adv.* hierauf, darauf('hin); ,**~'with** → ***hereby***.

her·it·a·ble ['herɪtəbl] *adj.* □ **1.** erblich, vererbbar; **2.** erbfähig; '**her·it·age** [-ɪtɪdʒ] *s.* **1.** Erbe *n*: a) Erbschaft *f*, Erbgut *n*, b) *ererbtes Recht etc.*; **2.** *bibl.* (*das*) Volk Israel; '**her·i·tor** [-ɪtə] *s.* ⚖ Erbe *m*.

her·maph·ro·dite [hɜ:'mæfrədaɪt] *s.* *biol.* Hermaphro'dit *m*, Zwitter *m*; **her'maph·ro·dit·ism** [-daɪtɪzəm] *s.* *biol.* Hermaphrodi'tismus *m*, Zwittertum *n od.* -bildung *f*.

her·met·ic [hɜ:'metɪk] *adj.* (□ ***~ally***) her'metisch (*a. fig.*), luftdicht: ***~ seal*** luftdichter Verschluß.

her·mit ['hɜ:mɪt] *s.* Einsiedler *m* (*a. fig.*), Ere'mit *m*; '**her·mit·age** [-tɪdʒ] *s.* Einsiede'lei *f*, Klause *f*.

'**her·mit-crab** *s.* *zo.* Einsiedlerkrebs *m*.

her·ni·a ['hɜ:njə] *s.* ⚕ Bruch *m*, Hernie *f*; '**her·ni·al** [-jəl] *adj.*: ***~ truss*** ⚕ Bruchband *n*.

he·ro ['hɪərəʊ] *pl.* **-roes** *s.* **1.** Held *m*; **2.** *thea. etc.* Held *m*, 'Hauptper,son *f*; **3.** *antiq.* Heros *m*, Halbgott *m*.

he·ro·ic [hɪ'rəʊɪk] **I** *adj.* (□ ***~ally***) **1.** he'roisch (*a. paint. etc.*), heldenmütig, -haft, Helden…: ***~ age*** Heldenzeitalter *n*; ***~ couplet*** heroisches Reimpaar; ***~ poem*** → 4b; ***~ tenor*** ♪ Heldentenor *m*; ***~ verse*** → 4a; **2.** a) erhaben, b) hochtrabend (*Stil*); **3.** ⚕ drastisch, Radikal…; **II** *s.* **4.** a) he'roisches Versmaß, b) he'roisches Gedicht; **5.** *pl.* bom'bastische Worte.

her·o·in ['herəʊɪn] *s.* Hero'in *n*.

her·o·ine ['herəʊɪn] *s.* **1.** Heldin *f* (*a. thea. etc.*); **2.** *antiq.* Halbgöttin *f*; '**her·o·ism** [-ɪzəm] *s.* Heldentum *n*, Hero'ismus *m*; **he·ro·ize** ['hɪərəʊaɪz] **I** *v/t.* heroisieren, zum Helden machen; **II** *v/i.* den Helden spielen.

her·on ['herən] *s.* *orn.* Reiher *m*; '**her·on·ry** [-rɪ] *s.* Reiherhorst *m*.

he·ro| wor·ship *s.* **1.** Heldenverehrung *f*; **2.** Schwärme'rei *f*; '**~-,wor·ship** *v/t.* **1.** als Helden verehren; **2.** schwärmen für.

her·pes ['hɜ:pi:z] *s.* ⚕ Herpes *m*, Bläschenausschlag *m*.

her·pe·tol·o·gy [,hɜ:pɪ'tɒlədʒɪ] *s.* Herpetolo'gie *f*, Rep'tilienkunde *f*.

her·ring ['herɪŋ] *s.* *ichth.* Hering *m*; '**~·bone I** *s.* **1.** *a.* ***~ design***, ***~ pattern*** Fischgrätenmuster *n*; **2.** fischgrätenartige Anordnung; **3.** *Stickerei*: ***~ (stitch)*** Fischgrätenstich *m*; **4.** *Skilauf*: Grätenschritt *m*; **II** *v/t.* **5.** mit e-m Fischgrätenmuster nähen; **III** *v/i.* **6.** *Skilauf*: im Grätenschritt steigen; **~ pond** *s.* *humor. der* ‚Große Teich' (*Atlantik*).

hers [hɜ:z] *poss. pron.* ihrer (ihre, ihres), der (die, das) ihre *od.* ihrige: ***my mother and ~*** meine u. ihre Mutter; ***it is ~*** es gehört ihr; ***a friend of ~*** e-e

Freundin von ihr.

her·self [hɜː'self; hə-] *pron.* **1.** *refl.* sich: ***she hurt ~***; **2.** sich (selbst): ***she wants it for ~***; **3.** *verstärkend*: sie (*nom. od. acc.*) *od.* ihr (*dat.*) selbst: ***she ~ did it, she did it ~*** sie selbst hat es getan, sie hat es selbst getan; ***by ~*** allein, ohne Hilfe, von selbst; **4.** ***she is not quite ~*** a) sie ist nicht ganz normal, b) sie ist nicht auf der Höhe; ***she is ~ again*** sie ist wieder die alte.

hertz [hɜːts] *s. phys.* Hertz *n*; **Hertz·i·an** ['hɜːtsɪən] *adj. phys.* Hertzsch: ***~ waves*** Hertzsche Wellen.

he's [hiːz; hɪz] F *für* a) ***he is***, b) ***he has***.

hes·i·tance ['hezɪtəns], **'hes·i·tan·cy** [-sɪ] *s.* Zögern *n*, Unschlüssigkeit *f*; **'hes·i·tant** [-nt] *adj.* **1.** zögernd, unschlüssig; **2.** *beim Sprechen*: stockend; **'hes·i·tate** [-teɪt] *v/i.* **1.** zögern, zaudern, unschlüssig sein, Bedenken haben (***to*** *inf.* zu *inf.*): ***not to ~ at*** nicht zurückschrecken vor (*dat.*); **2.** (*beim Sprechen*) stocken; **'hes·i·tat·ing·ly** [-teɪtɪŋlɪ] *adv.* zögernd; **hes·i·ta·tion** [ˌhezɪ'teɪʃən] *s.* **1.** Zögern *n*, Zaudern *n*, Unschlüssigkeit *f*: ***without any ~*** ohne (auch nur) zu zögern, bedenkenlos; **2.** Stocken *n*.

Hes·si·an ['hesɪən] **I** *adj.* **1.** hessisch; **II** *s.* **2.** Hesse *m*, Hessin *f*; **3.** ♎ Juteleinen *n* (*für Säcke etc.*); ***~ boots*** *s. pl.* Schaftstiefel *pl.*

het [het] *adj.*: ***~ up*** F ganz ‚aus dem Häuschen'.

he·tae·ra [hɪ'tɪərə] *pl.* **-rae** [-riː], **he·'tai·ra** [-'taɪərə] *pl.* **-rai** [-raɪ] *s. antiq.* He'täre *f*.

hetero- [hetərəʊ] *in Zssgn* anders, verschieden, fremd.

het·er·o ['hetərəʊ] *pl.* **-os** *s.* F ‚Hetero' *m* (*Heterosexuelle*[*r*]).

het·er·o·clite ['hetərəʊklaɪt] *ling.* **I** *adj.* hetero'klitisch; **II** *s.* Hete'rokliton *n*; **het·er·o·dox** ['hetərəʊdɒks] *adj.* **1.** *eccl.* hetero'dox, anders-, irrgläubig; **2.** *fig.* 'unkonventioˌnell; **het·er·o·dox·y** ['hetərəʊdɒksɪ] *s.* Andersgläubigkeit *f*, Irrglaube *m*; **'het·er·o·dyne** [-əʊdaɪn] *adj. Radio*: ***~ receiver*** Überlagerungsempfänger *m*, Super(het) *m*; **het·er·o·ge·ne·i·ty** [ˌhetərəʊdʒɪ'niːətɪ] *s.* Verschiedenartigkeit *f*; **het·er·o·ge·ne·ous** [ˌhetərəʊ'dʒiːnjəs] *adj.* ☐ hetero'gen, ungleichartig, verschiedenartig: ***~ number*** ₳ gemischte Zahl; **het·er·on·o·mous** [ˌhetə'rɒnɪməs] *adj.* hetero'nom: a) unselbständig, b) *biol.* ungleichartig; **het·er·on·o·my** [ˌhetə'rɒnɪmɪ] *s.* Heterono'mie *f*; **het·er·o·sex·u·al** [ˌhetərəʊ'seksjʊəl] **I** *adj.* heterosexu'ell; **II** *s.* Heterosexu'elle(r *m*) *f*.

hew [hjuː] *v/t.* [*irr.*] hauen, hacken; *Steine* behauen; *Bäume* fällen; ***~ down*** *v/t.* 'um-, niederhauen, fällen; ***~ out*** *v/t.* **1.** aushauen; **2.** *fig.* (mühsam) schaffen: ***~ a path for o.s.*** sich s-n Weg bahnen.

hew·er ['hjuːə] *s.* **1.** (Holz-, Stein)Hauer *m*: ***~s of wood and drawers of water*** a) *bibl.* Holzhauer u. Wasserträger, b) einfache Leute; **2.** ⚒ Hauer *m*; **hewn** [hjuːn] *p.p. von* ***hew***.

hex [heks] *Am.* F **I** *s.* **1.** Hexe *f*; **2.** Zauber *m*: ***put the ~ on*** → **II** *v/t.* **3.** *j-n* behexen; *et.* ‚verhexen'.

hexa- [heksə] *in Zssgn* sechs; **hex·a·gon** ['heksəgən] *s.* ₳ Hexa'gon *n*, Sechseck *n*: ***~ voltage*** ϟ Sechseckspannung *f*; **hex·ag·o·nal** [hek'sægənl] *adj.* sechseckig; **'hex·a·gram** [-græm] *s.* Hexa'gramm *n* (*Sechsstern*); **hex·a·he·dral** [ˌheksə'hedrəl] *adj.* ₳ sechsflächig; **hex·a·he·dron** [ˌheksə'hedrən] *pl.* **-drons** *od.* **-dra** [-drə] *s.* ₳ Hexa'eder *n*; **hex·am·e·ter** [hek'sæmɪtə] **I** *s.* He'xameter *m*; **II** *adj.* hexa'metrisch.

hey [heɪ] *int.* **1.** he!, heda!; **2.** *erstaunt*: he!, Mann!; **3.** hei; → ***presto*** I.

hey·day ['heɪdeɪ] *s.* Höhepunkt *m*, Blüte(zeit) *f*, Gipfel *m*: ***in the ~ of his power*** auf dem Gipfel s-r Macht.

H-hour ['eɪtʃˌaʊə] *s.* ⚔ die Stunde X (*Zeitpunkt für den Beginn e-r militärischen Aktion*).

hi [haɪ] *int.* **1.** he!, heda!; **2.** hal'lo!, F *als Begrüßung*: *a.* ‚Tag'!

hi·a·tus [haɪ'eɪtəs] *s.* **1.** Lücke *f*, Spalt *m*, Kluft *f*; **2.** *anat.*, *ling.* Hi'atus *m*.

hi·ber·nate ['haɪbəneɪt] *v/i.* über'wintern: a) *zo.* Winterschlaf halten, b) den Winter verbringen; **hi·ber·na·tion** [ˌhaɪbə'neɪʃn] *s.* Winterschlaf *m*, Über'winterung *f*.

Hi·ber·ni·an [haɪ'bɜːnjən] *poet.* **I** *adj.* irisch; **II** *s.* Irländer(in).

hi·bis·cus [hɪ'bɪskəs] *s.* ⚘ Eibisch *m*.

hic·cough, **hic·cup** ['hɪkʌp] **I** *s.* Schlukken *m*, Schluckauf *m*: ***have the ~s*** → **II** *v/i.* den Schluckauf haben.

hick [hɪk] *s. Am.* F ‚Bauer' *m*, 'Hinterwäldler *m*: ***~ girl*** Bauerntrampel *m*, *n*; ***~ town*** ‚(Provinz)Nest' *n*, Kaff *n*.

hick·o·ry ['hɪkərɪ] *s.* ⚘ **1.** Hickory(-baum) *m*; **2.** Hickoryholz *n od.* -stock *m*.

hid [hɪd] *pret. u. p.p. von* ***hide***[1]; **hid·den** [hɪdn] **I** *p.p. von* ***hide***[1]; **II** *adj.* ☐ verborgen, versteckt, geheim.

hide[1] [haɪd] **I** *v/t.* [*irr.*] (***from***) verbergen (*dat. od.* vor *dat.*): a) verstecken (vor *dat.*), b) verheimlichen (*dat. od.* vor *dat.*), c) verhüllen: **~ *from view*** den Blicken entziehen; **II** *v/i.* [*irr.*] *a.* **~ *out*** sich verstecken (*a. fig.* ***behind*** hinter *dat.*).

hide² [haɪd] **I** *s.* **1.** Haut *f*, Fell *n* (*beide a. fig.*): ***save one's ~*** die eigene Haut retten; ***tan s.o.'s ~*** F j-m das Fell gerben; ***I'll have his ~ for this!*** F das soll er mir bitter büßen!; **II** *v/t.* **2.** abhäuten; **3.** F *j-n* ‚verdreschen'.

hide³ [haɪd] *s.* Hufe *f* (*altes engl. Feldmaß, 60–120 acres*).

ˌ**hide|-and-ˈseek** *s.* Versteckspiel *n*: ***play ~*** Versteck spielen (*a. fig.*); ˈ**~·a·way** → ***hideout***; ˈ**~·bound** *adj. fig.* engstirnig, beschränkt, borniert.

hid·e·ous [ˈhɪdɪəs] *adj.* □ abˈscheulich, scheußlich, schrecklich (*alle a.* F *fig.*); ˈ**hid·e·ous·ness** [-nɪs] *s.* Scheußlichkeit *f etc.*

ˈ**hide·out** *s.* **1.** Versteck *n*; **2.** Zufluchtsort *m.*

hid·ing¹ [ˈhaɪdɪŋ] *s.* Versteck *n*: ***be in ~*** sich versteckt halten.

hid·ing² [ˈhaɪdɪŋ] *s.* F Tracht *f* Prügel, ‚Dresche' *f.*

hie [haɪ] *v/i. obs. od. humor.* eilen.

hi·er·arch [ˈhaɪərɑːk] *s. eccl.* Hierˈarch *m*, Oberpriester *m*; **hi·er·ar·chic, hi·er·ar·chi·cal** [ˌhaɪəˈrɑːkɪk(l)] *adj.* □ hierˈarchisch; ˈ**hi·er·arch·y** [-kɪ] *s.* Hierarˈchie *f.*

hi·er·o·glyph [ˈhaɪərəʊglɪf] *s.* **1.** Hieroˈglyphe *f*; **2.** *pl. mst sg. konstr.* Hieroˈglyphenschrift *f*; **3.** *pl. humor.* Hieroˈglyphen *pl.*, unleserliches Gekritzel; **hi·er·o·glyph·ic** [ˌhaɪərəʊˈglɪfɪk] **I** *adj.* (□ **~*ally***) **1.** hieroˈglyphisch; **2.** rätselhaft; **3.** unleserlich; **II** *s.* **4.** → ***hieroglyph*** 1–3; **hi·er·o·glyph·i·cal** [ˌhaɪərəʊˈglɪfɪkl] *adj.* □ → ***hieroglyphic*** 1–3.

hi-fi [ˌhaɪˈfaɪ] F **I** *s.* **1.** → ***high fidelity***; **2.** Hi-Fi-Anlage *f*; **II** *adj.* **3.** Hi-Fi-…

hig·gle [ˈhɪgl] → ***haggle.***

hig·gle·dy-pig·gle·dy [ˌhɪgldɪˈpɪgldɪ] F **I** *adv.* drunter u. drüber, (wie Kraut u. Rüben) durcheinˈander; **II** *s.* Durcheinˈander *n*, Tohuwaˈbohu *n.*

high [haɪ] **I** *adj.* (□ → ***highly***) (→ ***higher, highest***) **1.** hoch: ***ten feet ~***; ***a ~ tower***; **2.** hoch(gelegen): **2 *Asia*** Hochasien *n*; **~ *latitude*** *geogr.* hohe Breite; ***the ~est floor*** das oberste Stockwerk; **3.** hoch (*Grad*): **~ *prices*** (***temperature***); **~ *favo(u)r*** hohe Gunst; **~ *praise*** großes Lob; **~ *speed*** hohe Geschwindigkeit, ⚓ hohe Fahrt, äußerste Kraft; → ***gear*** 2a; **4.** stark, heftig: **~ *wind***; **~ *words*** heftige Worte; **5.** hoch (im Rang), Hoch…, Ober…, Haupt…: **~ *commissioner*** Hoher Kommissar; ***the Most* 2** der Allerhöchste (*Gott*); **6.** hoch, bedeutend, wichtig: **~ *aims*** hohe Ziele; **~ *politics*** hohe Politik; **7.** hoch (*Stellung*), vornehm, edel: ***of ~ birth***; **~ *society*** High-Society *f*, die vornehme Welt; **~ *and low*** hoch u. niedrig; **8.** hoch, erhaben, edel; **9.** hoch, gut, erstklassig: **~ *quality***; **~ *performance*** Hochleistung *f*; **10.** hoch, Hoch… (*auf dem Höhepunkt*): **2 *Middle Ages*** Hochmittelalter *n*; **~ *period*** Glanzzeit *f*; **11.** hoch, fortgeschritten (*Zeit*): **~ *summer*** Hochsommer *m*; **~ *antiquity*** fernes *od.* tiefes Altertum; ***it is ~ time*** es ist höchste Zeit; → ***noon***; **12.** *ling.* a) Hoch… (*Sprache*), b) hoch (*Laut*); **13.** a) hoch, b) schrill: **~ *voice***; **14.** hoch (*im Kurs*), teuer; **15.** → ***high and mighty***; **16.** exˈtrem, eifrig: ***a ~ Tory***; **17.** lebhaft (*Farbe*): **~ *complexion*** a) rosiger Teint, b) gerötetes Gesicht; **18.** erregend, spannend: **~ *adventure***; **19.** a) heiter: ***in ~ spirits*** (in) gehobener Stimmung, b) F ‚blau' (*betrunken*), c) F ‚high' (*im Drogenrausch od. fig. in euphorischer Stimmung*); **20.** F ‚scharf', erpicht (***on*** auf *acc.*); **21.** *Küche*: angegangen, mit Hautˈgout; **II** *adv.* **22.** hoch: ***aim ~*** *fig.* sich hohe Ziele setzen; ***run ~*** a) hochgehen (*Wellen*), b) toben (*Gefühle*); ***feelings ran ~*** die Gemüter erhitzten sich; ***play ~*** hoch *od.* mit hohem Einsatz spielen; ***pay ~*** teuer bezahlen; ***search ~ and low*** überall suchen; **23.** üppig: ***live ~***; **III** *s.* **24.** (An-)Höhe *f*: ***on ~*** a) hoch oben, droben, b) hoch (hinauf), c) im *od.* zum Himmel; ***from on ~*** a) von oben, b) vom Himmel; **25.** *meteor.* Hoch(druckgebiet) *n*; **26.** ⚙ a) höchster Gang, b) Geländegang *m*: ***shift into ~*** den höchsten Gang einlegen; **27.** *fig.* Höchststand *m*: ***reach a new ~***; **28.** F *für* ***high school***; **29.** ***he's still got his ~*** F er ist immer noch ‚high'.

high| al·tar *s. eccl.* ˈHochalˌtar *m*; ˌ**~-ˈal·ti·tude** *adj.* ✈ Höhen…: **~ *flight***; **~ *nausea*** Höhenkrankheit *f*; **~ and dry** *adj.* hoch u. trocken, auf dem trockenen: ***leave s.o. ~*** *fig.* j-n im Stich lassen; **~ and might·y** *adj.* F anmaßend, arroˈgant; ˈ**~·ball** *Am.* **I** *s.* **1.** Highball *m* (*Whisky-Cocktail*); **2.** 🚂 a) Freie-ˈFahrt-Siˌgnal *n*, b) Schnellzug *m*; **II** *v/i. u. v/t.* **3.** F mit vollem Tempo fahren; **~ beam** *s. mot. Am.* Fernlicht *n*; ˈ**~ˌbind·er** *s. Am.* F **1.** Gangster *m*; **2.** Gauner *m*; **3.** Rowdy *m*; '**~·blown** *adj. fig.* großspurig, aufgeblasen; '**~·born** *adj.* hochgeboren; '**~·boy** *s. Am.* Kom'mode *f* mit Aufsatz; '**~-bred** *adj.* vornehm, wohlerzogen; '**~·brow** *oft contp.* **I** *s.* Intellektu'elle(r *m*) *f*; **II** *adj. a.* '**~-browed** (betont) intellektu'ell, (geistig) anspruchsvoll, ‚hochgestochen'; **♀ Church I** *s.* High-Church *f*, angli'kanische Hochkirche; **II** *adj.* hochkirchlich, der High-Church; ˌ**~-'class** *adj.* **1.** erstklassig; **2.** der High-Society; **~ command** *s.* ⚔ 'Oberkomˌmando *n*; **♀ Court (of Jus·tice)** *s. Brit.* oberstes (*erstinstanzliches*) Zi'vilgericht; **~ day** *s.*: ***~s and holidays*** Fest- u. Feiertage; **~ div·ing** *s. sport* Turmspringen *n*; ˌ**~-'du·ty** *adj.* ⚙ Hochleistungs…

high·er ['haɪə] **I** *comp. von* ***high***; **II** *adj.* höher (*a. fig. Bildung, Rang etc.*), Ober…: ***the ~ mammals*** die höheren Säugetiere; ***~ mathematics*** höhere Mathematik; **III** *adv.* höher, mehr: ***bid ~***; '**~-up** [-ərʌ-] *s.* F ‚höheres Tier'.

high·est ['haɪɪst] **I** *sup. von* ***high***; **II** *adj.* höchst (*a. fig.*), Höchst…: ***~ bidder*** Meistbietende(r *m*) *f*; **III** *adv.* am höchsten: ***~ possible*** höchstmöglich; **IV** *s.* (*das*) Höchste: ***at its ~*** auf dem Höhepunkt.

high| ex·plo·sive *s.* 'hochexploˌsiver *od.* 'hochbriˌsanter Sprengstoff; ˌ**~-ex'plo·sive** *adj.* 'hochexploˌsiv: ***~ bomb*** Sprengbombe *f*; ˌ**~-fa'lu·tin** [-fə'lu:tɪn], ˌ**~-fa'lu·ting** [-tɪŋ] *adj. u. s.* hochtrabend(es Geschwätz); **~ farm·ing** *s.* ⚘ inten'sive Bodenbewirtschaftung; **~ fi·del·i·ty** *s. Radio*: 'High-Fi'delity *f* (*hohe Wiedergabequalität*), Hi-Fi *n*; ˌ**~-fi'del·i·ty** *adj.* High-Fidelity-…, Hi-Fi-…; **~ fi·nance** *s.* 'Hochfiˌnanz *f*; ˌ**~'fli·er** → ***highflyer***; '**~-flown** *adj.* **1.** bom'bastisch, hochtrabend; **2.** hochgesteckt (*Ziele etc.*), hochfliegend (*Pläne*); ˌ**~'fly·er** *s.* **1.** Erfolgsmensch *m*; **2.** Ehrgeizling *m*, ‚Aufsteiger' *m*; ˌ**~-'fly·ing** *adj.* **1.** hochfliegend; **2.** → ***high-flown***; **~ fre·quen·cy** *s.* ⚡ 'Hochfreˌquenz *f*; ˌ**~-'fre·quen·cy** *adj.* Hochfrequenz…; **♀ Ger·man** *s. ling.* Hochdeutsch *n*; ˌ**~-'grade** *adj.* erstklassig, hochwertig; **~ hand** *s.*: ***with a ~*** → ˌ**~-'hand·ed** *adj.* □ anmaßend, selbstherrlich, eigenmächtig; **~ hat** *s.* Zy'linder *m* (*Hut*); ˌ**~-'hat I** *s.* Snob *m*, hochnäsiger Mensch; **II** *adj.* hochnäsig; **III** *v/t. j-n* von oben her'ab behandeln; ˌ**~-'heeled** *adj.* hochhackig (*Schuhe*); **~ jump** *s. sport* Hochsprung *m*: ***be for the ~*** *Brit.* F ‚dran' sein; '**~·land** [-lənd] **I** *s.* Hoch-, Bergland *n*: ***the ♀s of Scotland*** das schottische Hochland; **II** *adj.* hochländisch, Hochland…; '**♀·land·er** [-ləndə] *s.* (*bsd. schottische*[*r*]) Hochländer(in); ˌ**~-'lev·el** *adj.* **1.** hoch: ***~ railway*** Hochbahn *f*; **2.** *fig.* auf hoher Ebene, Spitzen…: ***~ talks***; ***~ officials*** hohe Beamte; **~ life** *s.* Highlife *n* (*exklusives Leben der vornehmen Welt*); '**~·light I** *s.* **1.** *paint., phot.* (Schlag)Licht *n*; **2.** *fig.* Höhe-, Glanzpunkt *m*; **3.** *pl.* (*Opern- etc.*)Querschnitt *m* (*Schallplatte etc.*); **II** *v/t.* **4.** *fig.* ein Schlaglicht werfen auf (*acc.*), her'vorheben, groß her'ausstellen; **5.** *fig.* den Höhepunkt (*gen.*) bilden.

high·ly ['haɪlɪ] *adv.* hoch, höchst, äußerst, sehr: ***~ gifted*** hochbegabt; ***~ placed*** *fig.* hochgestellt; ***~ strung*** → ***high-strung***; ***~ paid*** a) hochbezahlt, b) teuer bezahlt; ***think ~ of*** viel halten von.

High| Mass *s. eccl.* Hochamt *n*; ˌ**♀-'mind·ed** *adj.* hochgesinnt; ˌ**♀-'mind·ed·ness** *s.* hohe Gesinnung; ˌ**♀-'necked** *adj.* hochgeschlossen (*Kleid*).

high·ness ['haɪnɪs] *s.* **1.** *mst fig.* Höhe *f*; **2.** ♀ Hoheit *f* (*in Titeln*); **3.** Haut'gout *m* (*von Fleisch etc.*).

ˌ**high|-'pitched** *adj.* **1.** hoch (*Ton etc.*); **2.** ⛫ steil; **3.** exaltiert: a) über'spannt, b) über'dreht, aufgeregt; **~ point** *s.* Höhepunkt *m*; ˌ**~-'pow·er(ed)** *adj.* **1.** ⚙ Hochleistungs…, Groß…, stark; **2.** *fig.* dy'namisch; ˌ**~-'pres·sure I** *adj.* **1.** ⚙ *u. meteor.* Hochdruck…: ***~ area*** Hoch (-druckgebiet) *n*; ***~ engine*** Hochdruckmaschine *f*; **2.** F a) aufdringlich, aggres'siv, b) dy'namisch: ***~ salesman***; **II** *v/t.* **3.** F *Kunden* ‚beknien', ‚bearbeiten'; ˌ**~-'priced** *adj.* teuer; **~ priest** *s.* Hohe'priester *m* (*a. fig.*); ˌ**~-'prin·ci·pled** *adj.* von hohen Grundsätzen; ˌ**~-'proof** *adj.* stark alko'holisch; '**~-ˌrank·ing** *adj.*: ***~ officer*** hoher Offizier; **~ re·lief** *s.* 'Hochreliˌef *n*; '**~·rise I** *adj.* Hoch (-haus)…: ***~ building*** → **II** *s.* Hochhaus *n*; '**~·road** *s.* Hauptstraße *f*: ***the ~ to success*** *fig.* der sicherste Weg zum Erfolg; **~ school** *s. Am.* High-School *f* (*weiterführende Schule*); ˌ**~-'sea** *adj.* Hochsee…; **~ sea·son** *s.* 'Hochsaiˌson *f*; **~ sign** *s. Am.* (*bsd.* warnendes) Zeichen; '**~-ˌsound·ing** *adj.* hochtönend, -trabend; ˌ**~-'speed** *adj.* **1.** ⚙ a) schnellaufend: ***~ motor***, b) Schnell…, Hochleistungs…: ***~ regulator***; ***~ steel*** Schnellarbeitsstahl *m*; **2.** *phot.* a) hochempfindlich: ***~ film***, b) lichtstark: ***~ lens***; ˌ**~-'spir·it·ed** *adj.* lebhaft, tempera'mentvoll; **~ spir·its** *s. pl.* fröhliche Laune, gehobene Stimmung; **~ spot** F → ***highlight*** 2; **~ street** *s.* Hauptstraße *f*; **,~-'strung** *adj.* reizbar, (äußerst) ner'vös; **~ ta·ble** *s. Brit. univ.* erhöhte Speisetafel (*für Dozenten etc.*); **'~-tail** *v/i. a.* ***~ it*** *Am.* F (da'hin-, da'von)rasen, (-)flitzen; **~ tea** *s. bsd. Brit.* frühes Abendessen; **~ tech** [tek] → ***high technology***; **,~-'tech** *adj.* 'hochtechno,logisch; **~ tech·nol·o·gy** *s.* 'Hochtechnolo,gie *f*; **~ ten·sion** *s.* ⚡ Hochspannung *f*; **,~-'ten·sion** *adj.* ⚡ Hochspannungs…; **~ tide** *s.* **1.** Hochwasser *n* (*höchster Flutwasserstand*); **2.** *fig.* Höhepunkt *m*; **,~-'toned** *adj.* **1.** *fig.* erhaben; **2.** vornehm; **~ trea·son** *s.* Hochverrat *m*; **'~-up** *s.* F ‚hohes Tier'; **~ volt·age** → ***high tension***; **~ wa·ter** → ***high tide*** 1; **,~-'wa·ter mark** *s.* a) Hochwasserstandsmarke *f*, b) *fig.* Höchststand *m*; **'~·way** *s.* Haupt(verkehrs)straße *f*, Highway *m*: ***Federal ~*** *Am.* Bundesstraße *f*; ***2 Code*** *Brit.* Straßenverkehrsordnung *f*; ***~ robbery*** a) Straßenraub *m*, b) F *der* ‚reinste Nepp'; ***the ~ to success*** der sicherste Weg zum Erfolg; ***all the ~s and byways*** a) alle Wege, b) sämtliche Spielarten; **'~·way·man** [-mən] *s.* [*irr.*] Straßenräuber *m*.

hi·jack ['haɪdʒæk] **I** *v/t.* **1.** *Flugzeug* entführen; **2.** *Geldtransport etc.* über'fallen u. ausrauben; **II** *s.* **3.** Flugzeugentführung *f*; **4.** 'Überfall *m* (*auf Geldtransport etc.*); **'hi,jack·er** [-kə] *s.* **1.** Flugzeugentführer *m*, 'Luftpi,rat *m*; **2.** Räuber *m*; **'hi,jack·ing** [-kɪŋ] → ***hijack*** II.

hike [haɪk] **I** *v/i.* **1.** wandern; **2.** marschieren; **3.** hochrutschen (*Kleidungsstück*); **II** *v/t.* **4.** *mst* ***~ up*** hochziehen; **5.** *Am. Preise etc.* (drastisch) erhöhen; **III** *s.* **6.** a) Wanderung *f*, b) ⚔ Geländemarsch *m*; **7.** *Am.* (drastische) Erhöhung: ***a ~ in prices***; **'hik·er** [-kə] *s.* Wanderer *m*.

hi·lar·i·ous [hɪ'leərɪəs] *adj.* □ vergnügt, 'übermütig, ausgelassen; **hi·lar·i·ty** [hɪ'lærətɪ] *s.* Ausgelassenheit *f*, 'Übermütigkeit *f*.

Hil·a·ry term ['hɪlərɪ] *s. Brit.* **1.** ⚖ *Gerichtstermine in der Zeit vom 11. Januar bis Mittwoch vor Ostern*; **2.** *univ.* 'Frühjahrsse,mester *n*.

hill [hɪl] **I** *s.* **1.** Hügel *m*, Anhöhe *f*, kleiner Berg: ***up ~ and down dale*** bergauf u. bergab; ***be over the ~*** a) s-e besten Jahre hinter sich haben, b) *bsd.* ⚕ über den Berg sein; → ***old*** 3; **2.** (Erd- *etc.*)Haufen *m*; **II** *v/t.* **3.** *a.* ***~ up*** ✓ *Pflanzen* häufeln; **'~,bil·ly** *s. Am.* F *contp.* Hinterwäldler *m*: ***~ music*** Hillbilly-Musik *f*; **~ climb** *s. mot., Radsport*: Bergrennen *n*; **'~-,climb·ing a·bil·i·ty** *s. mot.* Steigfähigkeit *f*.

hill·i·ness ['hɪlɪnɪs] *s.* Hügeligkeit *f*.

hill·ock ['hɪlək] *s.* kleiner Hügel.

,hill|'side *s.* Hang *m*, (Berg)Abhang *m*; **,~'top** *s.* Bergspitze *f*.

hill·y ['hɪlɪ] *adj.* hügelig.

hilt [hɪlt] *s.* Heft *n*, Griff *m* (*Schwert etc.*): ***up to the ~*** a) bis ans Heft, b) *fig.* total; ***armed to the ~*** bis an die Zähne bewaffnet; ***back s.o. up to the ~*** j-n voll (u. ganz) unterstützen; ***prove up to the ~*** unwiderleglich beweisen.

him [hɪm] *pron.* **1.** a) ihn (*acc.*), b) ihm (*dat.*); **2.** F er (*nom.*): ***it's ~*** er ist es; **3.** den(jenigen), wer: ***I saw ~ who did it***; **4.** *refl.* sich: ***he looked about ~*** er sah um sich.

Hi·ma·la·yan [,hɪmə'leɪən] *adj.* Himalaja…

him'self *pron.* **1.** *refl.* sich: ***he cut ~***; **2.** sich (selbst): ***he needs it for ~***; **3.** *verstärkend*: (er *od.* ihn *od.* ihm) selbst: ***he ~ said it, he said it ~*** er selbst sagte es, er sagte es selbst; ***by ~*** allein, ohne Hilfe, von selbst; **4.** ***he is not quite ~*** a) er ist nicht ganz normal, b) er ist nicht auf der Höhe; ***he is ~ again*** er ist wieder (ganz) der alte.

hind[1] [haɪnd] *s. zo.* Hindin *f*, Hirschkuh *f*.

hind[2] [haɪnd] *adj.* hinter, Hinter…: ***~ leg*** Hinterbein *n*; ***talk the ~ legs off a donkey*** F unaufhörlich reden; ***~ wheel*** Hinterrad *n*.

hind·er[1] ['haɪndə] *comp. von* ***hind***[2].

hin·der[2] ['hɪndə] **I** *v/t.* **1.** aufhalten; **2.** (***from***) hindern (an *dat.*), abhalten (von): ***~ed in one's work*** bei der Arbeit behindert *od.* gestört; **II** *v/i.* **3.** im Wege *od.* hinderlich sein, hindern.

Hin·di ['hɪndiː] *s. ling.* Hindi *n*.

'hind·most [-ndm-] *sup.* von ***hind***[2].

,hind'quar·ter *s.* **1.** 'Hinterviertel *n* (*vom Schlachttier*); **2.** *pl.* a) 'Hinterteil *n*, Gesäß *n*, b) 'Hinterhand *f* (*vom Pferd*).

hin·drance ['hɪndrəns] *s.* **1.** Hinderung *f*; **2.** Hindernis *n* (***to*** für).

'hind·sight *s.* **1.** ⚔ Vi'sier *n*; **2.** *fig.* späte Einsicht: ***by ~, with the wisdom of ~*** ‚im nachhinein', hinterher; ***foresight is better than ~*** Vorsicht ist besser als Nachsicht; ***~ is easier than foresight*** hinterher ist man immer klüger (als vorher), *contp. a.* hinterher kann man leicht klüger sein (als vorher).

Hin·du [ˌhɪnˈduː] **I** *s.* **1.** Hindu *m*; **2.** Inder *m*; **II** *adj.* **3.** Hindu...; **Hin·du·ism** [ˈhɪnduːɪzəm] *s.* Hinduˈismus *m*; **Hin·du·sta·ni** [ˌhɪndʊˈstɑːnɪ] **I** *s. ling.* Hinduˈstani *n*; **II** *adj.* hinduˈstanisch.

hinge [hɪndʒ] **I** *s.* **1.** ⚙ Scharˈnier *n*, Gelenk *n*, (Tür)Angel *f*: ***off its ~s*** aus den Angeln, *fig. a.* aus den Fugen; **2.** *fig.* Angelpunkt *m*; **II** *v/t.* **3.** mit Scharnieren *etc.* versehen; **4.** *Tür etc.* einhängen; **III** *v/i.* **5.** *fig.*: ***~ on*** a) sich drehen um, b) abhängen von, ankommen auf (*acc.*); **hinged** [-dʒd] *adj.* (um ein Gelenk) drehbar, auf-, herˈunter-, zs.-klappbar, Scharnier...; **hinge joint** *s.* **1.** → ***hinge*** 1; **2.** *anat.* Scharˈniergelenk *n.*

hin·ny [ˈhɪnɪ] *s. zo.* Maulesel *m*.

hint [hɪnt] **I** *s.* **1.** Wink *m*: a) Andeutung *f*, b) Tip *m*, Hinweis *m*, Fingerzeig *m*: ***broad ~*** Wink mit dem Zaunpfahl; ***take a*** (*od.* ***the***) ***~*** den Wink verstehen; ***drop a ~*** e-e Andeutung machen; **2.** Anspielung *f* (***at*** auf *acc.*); **3.** Anflug *m*, Spur *f* (***of*** von); **II** *v/t.* **4.** andeuten, *et.* zu verstehen geben; **III** *v/i.* **5.** (***at***) e-e Andeutung machen (von), anspielen (auf *acc.*).

hin·ter·land [ˈhɪntəlænd] *s.* **1.** ˈHinterland *n*; **2.** Einzugsgebiet *n*.

hip¹ [hɪp] *s.* **1.** *anat.* Hüfte *f*: ***have s.o. on the ~*** *fig.* j-n in der Hand haben; **2.** → ***hip joint***; **3.** ⚠ a) Walm *m*, b) Walmsparren *m*.

hip² [hɪp] *s.* ⚘ Hagebutte *f*.

hip³ [hɪp] *int.*: ***~, ~, hurrah!*** hipp, hipp, hurra!

hip⁴ [hɪp] *adj. sl.* **1.** ***be ~*** ‚voll dabei' sein (*in der Mode etc.*); **2.** ***be ~ to*** im Bilde *od.* auf dem laufenden sein über (*acc.*); ***get ~ to*** *et.* ‚spitzkriegen'.

ˈ**hip**|**·bath** *s.* Sitzbad *n*; ˈ**~·bone** *s. anat.* Hüftbein *n*; **~ flask** *s.* Taschenflasche *f*, ‚Flachmann' *m*; **~ joint** *s. anat.* Hüftgelenk *n*.

hipped¹ [hɪpt] *adj.* **1.** *in Zssgn* mit ... Hüften; **2.** ⚠ Walm...: ***~ roof***.

hipped² [hɪpt] *adj. Am. sl.* versessen, ‚scharf' (***on*** auf *acc.*).

hip·pie [ˈhɪpɪ] *s.* Hippie *m*.

hip·po [ˈhɪpəʊ] *pl.* **-pos** *s.* F *für* ***hippopotamus***.

hip·po·cam·pus [ˌhɪpəʊˈkæmpəs] *pl.* **-pi** [-paɪ] *s.* **1.** *myth.* Hippoˈkamp *m*; **2.** *ichth.* Seepferdchen *n*; **3.** *anat.* Ammonshorn *n* (*des Gehirns*).

hip pock·et *s.* Gesäßtasche *f*.

Hip·po·crat·ic [ˌhɪpəʊˈkrætɪk] *s.* hippoˈkratisch: ***~ face***; ***~ oath***.

hip·po·drome [ˈhɪpədrəʊm] *s.* **1.** Hippoˈdrom *n*, Reitbahn *f*; **2.** a) Zirkus *m*, b) Varieˈté(theˌater) *n*; **3.** *sport Am. sl.* ‚Schiebung' *f*.

hip·po·griff, **hip·po·gryph** [ˈhɪpəgrɪf] *s.* Hippoˈgryph *m* (*Fabeltier*).

hip·po·pot·a·mus [ˌhɪpəˈpɒtəməs] *pl.* **-mus·es**, **-mi** [-maɪ] *s. zo.* Fluß-, Nilpferd *n*.

hip·py [ˈhɪpɪ] → ***hippie***.

ˈ**hip·shot** *adj.* **1.** mit verrenkter Hüfte; **2.** *fig.* (lenden)lahm.

hip·ster [ˈhɪpstə] *s. sl.* **1.** ‚cooler Typ'; **2.** *pl. a.* ***~ trousers*** *Brit.* Hüfthose *f*.

hir·a·ble [ˈhaɪərəbl] *adj.* mietbar.

hire [ˈhaɪə] **I** *v/t.* **1.** *et.* mieten, *Flugzeug* chartern: ***~d car*** Leih-, Mietwagen *m*; ***~d airplane*** Charterflugzeug *n*; **2.** *a.* ***~ on*** a) *j-n* ein-, anstellen, b) *bsd.* ⚓ anheuern, c) *j-n* engagieren: ***~d killer*** bezahlter *od.* gekaufter Mörder, Killer *m*; **3.** *mst* ***~ out*** vermieten; **4.** ***~ o.s. out*** e-e Beschäftigung annehmen (***to*** bei); **II** *s.* **5.** Miete *f*: ***on*** (*od.* ***for***) ***~*** a) mietweise, b) zu vermieten(d); ***for ~*** frei (*Taxi*); ***take*** (***let***) ***a car on ~*** ein Auto (ver)mieten; ***~ car*** Leih-, Mietwagen *m*; **6.** Entgelt *n*, Lohn *m*.

hire·ling [ˈhaɪəlɪŋ] *mst contp.* **I** *s.* Mietling *m*; **II** *adj.* a) käuflich, b) *b.s.* angeheuert.

hire pur·chase *s. bsd. Brit.* ✝ Abzahlungs-, Teilzahlungs-, Ratenkauf *m*: ***buy on ~*** auf Abzahlung kaufen; ˌ**~-**ˈ**pur·chase** *adj.*: ***~ agreement*** Abzahlungsvertrag *m*; ***~ system*** Teilzahlungssystem *n*.

hir·er [ˈhaɪərə] *s.* **1.** Mieter(in); **2.** Vermieter(in).

hir·sute [ˈhɜːsjuːt] *adj.* **1.** haarig, zottig, struppig; **2.** ⚘, *zo.* rauhhaarig, borstig.

his [hɪz] *poss. pron.* **1.** sein, seine: ***~ family***; **2.** seiner (seine, seines), der (die, das) seine *od.* seinige: ***my father and ~*** mein u. sein Vater; ***this hat is ~*** das ist sein Hut, dieser Hut gehört ihm; ***a book of ~*** eines seiner Bücher, ein Buch von ihm.

hiss [hɪs] **I** *v/i.* **1.** zischen; **II** *v/t.* **2.** auszischen, -pfeifen; **3.** zischeln; **III** *s.* **4.** Zischen *n*.

hist [sːt] *int.* sch!, pst!

his·tol·o·gist [hɪˈstɒlədʒɪst] *s.* ⚕ Histoˈloge *m*; **hisˈtol·o·gy** [-dʒɪ] *s.* ⚕ Histoloˈgie *f*, Gewebelehre *f*; **hisˈtol·y·sis** [-lɪsɪs] *s.* ⚕, *biol.* Histoˈlyse *f*, Gewebszerfall *m*.

his·to·ri·an [hɪˈstɔːrɪən] *s.* Hiˈstoriker (-in), Geschichtsforscher(in); **his·tor·ic** [hɪˈstɒrɪk] *adj.* (☐ ***~ally***) **1.** hiˈstorisch, geschichtlich (berühmt *od.* bedeutsam): ~ ***buildings***; ***a*** ~ ***speech***; **2.** → **his·tor·i·cal** [hɪˈstɒrɪkl] *adj.* □ **1.** hiˈstorisch: a) geschichtlich (belegt *od.* überˈliefert): ***a***(***n***) ~ ***event***, b) Geschichts…: ~ ***science***, c) geschichtlich orientiert: ~ ***materialism*** historischer Materialismus, d) geschichtlich(en Inhalts): ~ ***novel*** historischer Roman; **2.** → ***historic*** 1; **3.** *ling.* hiˈstorisch: ~ ***present***; **his·to·ric·i·ty** [ˌhɪstəˈrɪsətɪ] *s.* Geschichtlichkeit *f*; **his·to·ried** [ˈhɪstərɪd] → ***historic*** 1; **his·to·ri·og·ra·pher** [ˌhɪstɔːrɪˈɒgrəfə] *s.* Historioˈgraph *m*, Geschichtsschreiber *m*; **his·to·ri·og·ra·phy** [ˌhɪstɔːrɪˈɒgrəfɪ] *s.* Geschichtsschreibung *f*.

his·to·ry [ˈhɪstərɪ] *s.* **1.** Geschichte *f*: a) geschichtliche Vergangenheit *od.* Entwicklung, b) (*ohne art.*) Geschichtswissenschaft *f*: ~ ***book*** Geschichtsbuch *n*; ***ancient*** (***modern***) ~ alte (neuere) Geschichte; ~ ***of art*** Kunstgeschichte; ***go down in*** ~ ***as*** als … in die Geschichte eingehen; ***make*** ~ Geschichte machen; → ***natural history***; **2.** Werdegang *m* (*a.* ⚙), Entwicklung *f*, (Entwicklungs-)Geschichte *f*; **3.** *allg.*, *a.* ⚕ Vorgeschichte *f*, Vergangenheit *f*: (***case***) ~ Krankengeschichte *f*, Anamnese *f*; ***have a*** ~; **4.** (*a.* Lebens)Beschreibung *f*, Darstellung *f*; **5.** *paint.* Hiˈstorienbild *n*; **6.** hiˈstorisches Drama.

his·tri·on·ic [ˌhɪstrɪˈɒnɪk] **I** *adj.* (□ ~***ally***) **1.** Schauspiel(er)…, schauspielerisch; **2.** theaˈtralisch; **II** *s.* **3.** *pl. a. sg. konstr.* a) Schauspielkunst *f*, b) *contp.* Schauspieleˈrei *f*, theaˈtralisches Getue.

hit [hɪt] **I** *s.* **1.** Schlag *m*, Hieb *m* (*a. fig.*); **2.** *a. sport u. fig.* Treffer *m*: ***make a*** ~ a) e-n Treffer erzielen, b) *fig.* gut ankommen (***with*** bei); **3.** Glücksfall *m*, Erfolg *m*; **4.** *thea.*, *Buch etc.*: Schlager *m*, ‚Knüller' *m*, Hit *m*: ***song*** ~ Schlager, Hit; ***he*** (***it***) ***was a great*** ~ (***with***) er (es) war ein großer Erfolg (bei); **5.** (Seiten)Hieb *m*, Spitze *f* (***at*** gegen); **6.** *bsd. Am. sl.* ‚Abschuß' *m*, Ermordung *f*; **II** *v/t.* [*irr.*] **7.** schlagen, stoßen; *Auto etc.* rammen: ~ ***one's head against s.th.*** mit dem Kopf gegen et. stoßen; **8.** treffen (*a. fig.*): ***be*** ~ ***by a bullet***; ***when it*** ~***s you*** *fig.* wenn es dich packt; ***you've*** ~ ***it*** *fig.* du hast es getroffen (*ganz recht*); **9.** (*seelisch*) treffen: ***be hard*** (*od.* ***badly***) ~ schwer getroffen sein (***by*** durch); **10.** stoßen *od.* kommen auf (*acc.*), treffen, finden: ~ ***the right road***; ~ ***a mine*** ⚓, ⚔ auf e-e Mine laufen; ~ ***the solution*** die Lösung finden; **11.** *fig.* geißeln, scharf kritisieren; **12.** erreichen, *et.* ‚schaffen': ***the car*** ~***s 100 mph***; ***prices*** ~ ***an all-time high*** die Preise erreichten e-e Rekordhöhe; ~ ***the town*** in der Stadt ankommen; **III** *v/i.* [*irr.*] **13.** treffen; **14.** schlagen (***at*** nach); **15.** stoßen, schlagen (***against*** gegen); **16.** ~ (***up***)***on*** → 10; ~ **back** *v/i.* zuˈrückschlagen (*a. fig.*): ~ ***at s.o.*** j-m Kontra geben; ~ **off** *v/t.* **1.** treffend *od.* überˈzeugend darstellen *od.* schildern; *die Ähnlichkeit* genau treffen; **2.** ***hit it off with s.o.*** sich bestens vertragen *od.* glänzend auskommen mit j-m; ~ **out** *v/i.* um sich schlagen: ~ ***at*** auf *j-n* einschlagen, *fig.* über *j-n od. et.* losziehen.

ˌ**hit**|**-and-ˈmiss** *adj.* **1.** mit wechselndem Erfolg; **2.** → ***hit-or-miss***; ˌ**~-and-ˈrun I** *adj.* **1.** ~ ***accident*** → 3; ~ ***driver*** (unfall)flüchtiger Fahrer; **2.** kurz(lebig); **II** *s.* **3.** Unfall *m* mit Fahrerflucht.

hitch [hɪtʃ] **I** *s.* **1.** Ruck *m*, Zug *m*; **2.** ⚓ Stich *m*, Knoten *m*; **3.** ‚Haken' *m*: ***there is a*** ~ (***somewhere***) die Sache hat (irgendwo) e-n Haken; ***without a*** ~ reibungslos, glatt; **II** *v/t.* **4.** (ruckartig) ziehen: ~ ***up one's trousers*** s-e Hosen hochziehen; **5.** befestigen, festhaken, ankoppeln, *Pferd* anspannen: ***get*** ~***ed*** → 8; **III** *v/i.* **6.** hinken; **7.** sich festhaken; **8.** *a.* ~ ***up*** F heiraten; **9.** → ˈ**~-hike** *v/i.* F ‚per Anhalter' fahren, trampen; ˈ**~ˌhik·er** *s.* F Anhalter(in), Tramper (-in).

hi-tech [ˌhaɪˈtek] → ***high-tech***.

hith·er [ˈhɪðə] **I** *adv.* hierher: ~ ***and thither*** hierhin u. dorthin, hin und her; **II** *adj.* diesseitig: ***the*** ~ ***side*** die nähere Seite; ᘔ ***India*** Vorderindien *n*; ˌ**~ˈto** [-ˈtuː] *adv.* bisˈher, bis jetzt.

Hit·ler·ism [ˈhɪtlərɪzəm] *s.* Naˈzismus *m*; ˈ**Hit·ler·ite** [-raɪt] **I** *s.* Nazi *m*; **II** *adj.* naˈzistisch.

hit| **list** *s. sl.* Abschußliste *f* (*a. fig.*); ~ **man** *s.* [*irr.*] *Am. sl.* Killer *m*; ˈ**~-off** *s.* treffende Nachahmung, überˈzeugende Darstellung; ~ **or miss** *adv.* aufs Geraˈteˈwohl; ˌ**~-or-ˈmiss** *adj.* **1.** sorglos, unbekümmert; **2.** aufs Geraˈteˈwohl getan; ~ **pa·rade** *s.* ˈHitpaˌrade *f*.

Hit·tite [ˈhɪtaɪt] *s. hist.* Heˈthiter *m*.

hive [haɪv] **I** *s.* **1.** Bienenkorb *m*, -stock *m*; **2.** Bienenvolk *n*, -schwarm *m*; **3.** *fig.* a) *a.* ~ ***of activity*** *das* reinste Bienenhaus, b) Sammelpunkt *m*, c) Schwarm *m* (*von Menschen*); **II** *v/t.* **4.** *Bienen* in e-n Stock bringen; **5.** *Honig* im Bienenstock sammeln; **6.** *a.* ~ ***up*** *fig.* a) sammeln, b) auf die Seite legen;

7. ~ ***off*** a) *Amt etc.* abtrennen (***from*** von), b) reprivatisieren; **III** *v/i.* **8.** in den Stock fliegen (*Bienen*): ~ ***off*** *fig.* a) abschwenken, b) sich selbständig machen; **9.** sich zs.-drängen.

hives [haɪvz] *s. pl. sg. od. pl. konstr.* ⚕ Nesselausschlag *m.*

ho [həʊ] *int.* **1.** halt!, holla!, heda!; **2.** na'nu!; **3.** *contp.* ha'ha!, pah!; **4.** ***westward*** ~*!* auf nach Westen!; ***land*** ~*!* ⚓ Land in Sicht!

hoar [hɔː] *adj. obs.* **1.** → ***hoary***; **2.** (*vom Frost*) bereift, weiß.

hoard [hɔːd] **I** *s.* a) Hort *m*, Schatz *m*, b) Vorrat *m* (***of*** an *dat.*); **II** *v/t. u. v/i. a.* ~ ***up*** horten, hamstern; '**hoard·er** [-də] *s.* Hamsterer *m.*

hoard·ing ['hɔːdɪŋ] *s.* **1.** Bau-, Bretterzaun *m*; **2.** *Brit.* Re'klamewand *f.*

ˌ**hoar'frost** *s.* (Rauh)Reif *m.*

hoarse [hɔːs] *adj.* □ heiser; '**hoarse·ness** [-nɪs] *s.* Heiserkeit *f.*

hoar·y ['hɔːrɪ] *adj.* □ **1.** weißlich; **2.** a) (alters)grau, ergraut, b) *fig.* altersgrau, (ur)alt, ehrwürdig.

hoax [həʊks] **I** *s.* **1.** Falschmeldung *f*, (Zeitungs)Ente *f*; **2.** Schabernack *m*, Streich *m*; **II** *v/t.* **3.** *j-n* zum besten haben, *j-m* e-n Bären aufbinden *od.* et. weismachen.

hob¹ [hɒb] **I** *s.* **1.** Ka'mineinsatz *m*, -vorsprung *m* (*für Kessel etc.*); **2.** → ***hobnail***; **3.** ⚙ a) (Ab)Wälzfräser *m*, b) Strehlbohrer *m*; **II** *v/t.* **4.** ⚙ abwälzen, verzahnen: ~***bing machine*** → 3a.

hob² [hɒb] *s.* Kobold *m*: ***play*** (*od.* ***raise***) ~ ***with*** Schindluder treiben mit.

hob·ble ['hɒbl] **I** *v/i.* **1.** humpeln, hoppeln, *a. fig.* hinken, holpern; **II** *v/t.* **2.** *e-m Pferd etc.* die Vorderbeine fesseln; **3.** hindern; **III** *s.* **4.** Humpeln *n.*

hob·ble·de·hoy [ˌhɒbldɪ'hɔɪ] *s.* F (junger) Tolpatsch *od.* Flegel.

hob·by ['hɒbɪ] *s. fig.* Steckenpferd *n*, Liebhabe'rei *f*, Hobby *n*; '~**·horse** *s.* **1.** Steckenpferd *n* (*a. fig.*); **2.** Schaukelpferd *n*; **3.** Karus'sellpferd *n*; '**hob·by·ist** [-ɪɪst] *s.* Hobby'ist *m*, *engS. a.* Bastler *m*, Heimwerker *m.*

hob·gob·lin ['hɒbgɒblɪn] *s.* **1.** Kobold *m*; **2.** *fig.* (Schreck)Gespenst *n.*

'**hob·nail** *s.* grober Schuhnagel; '**hob·nailed** *adj.* **1.** genagelt; **2.** *fig.* ungehobelt; '**hob·nail(ed) liv·er** *s.* ⚕ Säuferleber *f.*

'**hob·nob** *v/i.* **1.** in'tim *od.* ‚auf du u. du' sein, freundschaftlich verkehren (***with*** mit); **2.** plaudern (***with*** mit).

ho·bo ['həʊbəʊ] *pl.* **-bos**, **-boes** *s. Am.* **1.** Wanderarbeiter *m*; **2.** Landstreicher *m*, Tippelbruder *m.*

Hob·son's choice ['hɒbsnz] *s.*: ***it's*** ~ man hat keine andere Wahl.

hock¹ [hɒk] **I** *s.* **1.** *zo.* Sprung-, Fesselgelenk *n* (*der Huftiere*); **2.** Hachse *f* (*beim Schlachttier*); **II** *v/t.* **3.** → ***hamstring*** 3.

hock² [hɒk] *s.* **1.** weißer Rheinwein; **2.** trockener Weißwein.

hock³ [hɒk] F **I** *s.*: ***in*** ~ a) verschuldet, b) versetzt, verpfändet, c) *Am.* im ‚Knast'; **II** *v/t.* versetzen, verpfänden.

hock·ey ['hɒkɪ] *s.* a) Hockey *n*, b) *bsd. Am.* Eishockey *n*: ~ ***stick*** Hockeyschläger *m.*

'**hock·shop** *s. sl.* Pfandhaus *n.*

ho·cus ['həʊkəs] *v/t.* **1.** betrügen; **2.** *j-n* betäuben; **3.** *e-m Getränk* ein Betäubungsmittel beimischen; ˌ~**-'po·cus** [-'pəʊkəs] *s.* Hokus'pokus *m*: a) *Zauberformel*, b) Schwindel *m*, fauler Zauber.

hod [hɒd] *s.* **1.** ⚠ Mörteltrog *m*, Steinbrett *n* (*zum Tragen*): ~ ***carrier*** → ***hodman*** 1; **2.** Kohleneimer *m.*

hodge·podge ['hɒdʒpɒdʒ] *bsd. Am.* → ***hotchpotch.***

'**hod·man** [-mən] *s.* [*irr.*] **1.** ⚠ Mörtel-, Ziegelträger *m*; **2.** Handlanger *m.*

ho·dom·e·ter [hɒ'dɒmɪtə] *s.* Hodo'meter *n*, Wegmesser *m*, Schrittzähler *m.*

hoe [həʊ] ↗ **I** *s.* Hacke *f*; **II** *v/t.* *Boden* hacken; *Unkraut* aushacken: ***a long row to*** ~ e-e schwere Aufgabe.

hog [hɒg] **I** *s.* **1.** (Haus-, Schlacht-) Schwein *n*, *Am. allg.* (*a.* Wild)Schwein *n*: ***go the whole*** ~ F aufs Ganze gehen, ganze Arbeit leisten; **2.** F a) Vielfraß *m*, b) Flegel *m*, c) Schmutzfink *m*, Ferkel *n*; **3.** ⚓ Scheuerbesen *m*; **4.** ⚙ *Am.* (Reiß)Wolf *m*; **5.** → ***hogget***; **II** *v/t.* **6.** *den Rücken* krümmen; **7.** scheren, stutzen; **8.** (gierig) verschlingen, ‚fressen', *fig. a.* an sich reißen, mit Beschlag belegen: ~ ***the road*** → 10; **III** *v/i.* **9.** den Rücken krümmen; **10.** F rücksichtslos in der (Fahrbahn)Mitte fahren; '~**·back** *s.* langer u. scharfer Gebirgskamm; ~ **chol·er·a** *s. vet. Am.* Schweinepest *f.*

hog·get ['hɒgɪt] *s. Brit. noch ungeschorenes* einjähriges Schaf.

hog·gish ['hɒgɪʃ] *adj.* □ a) schweinisch, b) rücksichtslos, c) gierig, gefräßig.

hog·ma·nay ['hɒgməneɪ] *s. Scot.* Sil'vester *m*, *n.*

hog| mane *s.* gestutzte Pferdemähne; '~**'s-back** → ***hogback.***

hogs·head ['hɒgzhed] *s.* **1.** *Hohlmaß, etwa 240 l*; **2.** großes Faß.

'**hog|·skin** *s.* Schweinsleder *n*; '~**-tie** *v/t.*

1. *e-m Tier* alle vier Füße zs.-binden; **2.** *fig.* lähmen, (be)hindern; ˈ**~-wash** *s.* **1.** Schweinefutter *n*; **2.** *contp.* ‚Spülwasser' *n* (*Getränk*); **3.** Quatsch *m*, ‚Mist' *m*.

hoi(c)k [hɔɪk] *v/t.* ✈ hochreißen.

hoicks [hɔɪks] *int. hunt.* hussa! (*Hetzruf an Hunde*).

hoi pol·loi [ˌhɔɪˈpɒlɔɪ] (*Greek*) *s.* **1. *the ~*** die (breite) Masse, der Pöbel; **2.** *Am. sl.* ‚Tamˈtam' *n* (***about*** um).

hoist[1] [hɔɪst] *obs. p.p.*: ***~ with one's own petard*** *fig.* in der eigenen Falle gefangen.

hoist[2] [hɔɪst] **I** *v/t.* **1.** hochziehen, -winden, hieven, heben; **2.** *Flagge, Segel* hissen; **3.** *Am. sl.* ‚klauen'; **4. *~ a few*** *Am. sl.* ein paar ‚heben'; **II** *s.* **5.** (Lasten)Aufzug *m*, Hebezeug *n*, Kran *m*, Winde *f*.

hoist·ing| cage [ˈhɔɪstɪŋ] *s.* ⚒ Förderkorb *m*; **~ crane** *s.* ⚙ Hebekran *m*; **~ en·gine** *s.* **1.** ⚙ Hebewerk *n*; **2.** ⚒ ˈFördermaˌschine *f*.

hoi·ty-toi·ty [ˌhɔɪtɪˈtɔɪtɪ] **I** *adj.* **1.** hochnäsig; **2.** leichtsinnig; **II** *s.* **3.** Hochnäsigkeit *f*.

ho·k(e)y-po·k(e)y [ˌhəʊkɪˈpəʊkɪ] *s.* **1.** *sl.* → ***hocus-pocus***; **2.** Speiseeis *n*.

ho·kum [ˈhəʊkəm] *s. sl.* **1.** *thea.* ‚Mätzchen' *pl.*, Kitsch *m*; **2.** ‚Krampf' *m*, Quatsch *m*.

hold[1] [həʊld] *s.* ⚓, ✈ Lade-, Frachtraum *m*.

hold[2] [həʊld] **I** *s.* **1.** Halt *m*, Griff *m*: ***catch*** (*od.* ***get, lay, seize, take***) ***~ of s.th.*** et. ergreifen *od.* in die Hand bekommen *od.* zu fassen bekommen *od.* erwischen; ***get ~ of s.o.*** j-n erwischen; ***get ~ of o.s.*** *fig.* sich in die Gewalt bekommen; ***keep ~ of*** festhalten; ***let go one's ~ of*** loslassen; ***miss one's ~*** danebengreifen; ***take ~*** *fig.* sich festsetzen, Wurzel fassen; **2.** Halt *m*, Stütze *f*: ***afford no ~*** keinen Halt bieten; **3.** *Ringen*: Griff *m*: (***with***) ***no ~s barred*** *fig.* mit harten Bandagen (*kämpfen*); **4.** (***on, over, of***) Gewalt *f*, Macht *f* (über *acc.*), Einfluß (auf *acc.*): ***get a ~ on s.o.*** j-n unter s-n Einfluß *od.* in s-e Macht bekommen; ***have a*** (***firm***) ***~ on s.o.*** j-n in s-r Gewalt haben, j-n beherrschen; **5.** *Am.* Einhalt *m*: ***put a ~ on s.th.*** et. stoppen; **6.** *Raumfahrt*: Unterˈbrechung *f* des Countdown; **II** *v/t.* [*irr.*] **7.** (fest)halten; **8.** sich *die Nase, die Ohren* zuhalten: ***~ one's nose*** (***ears***); **9.** *Gewicht, Last etc.* tragen, (aus)halten; **10.** *in e-m Zustand* halten: ***~ o.s. erect*** sich geradehalten; ***~*** (***o.s.***) ***ready*** (sich) bereithalten; **11.** (zuˈrück-, ein-) behalten: ***~ the shipment*** die Sendung zurück(be)halten; ***~ everything!*** sofort aufhören!; **12.** zuˈrück-, abhalten (***from*** von *et.*, ***from doing s.th.*** davon, et. zu tun); **13.** an-, aufhalten, im Zaume halten: ***there is no ~ing him*** er ist nicht zu halten *od.* zu bändigen; ***~ the enemy*** den Feind aufhalten; **14.** *Am.* a) *j-n* festnehmen: ***12 persons were held***, b) in Haft halten; **15.** *sport* sich erfolgreich verteidigen gegen *den Gegner*; **16.** *j-n* festlegen (***to*** auf *acc.*): ***~ s.o. to his word*** j-n beim Wort nehmen; **17.** a) *Versammlung, Wahl etc.* abhalten, b) *Fest etc.* veranstalten, c) *sport Meisterschaft etc.* austragen; **18.** (beibe)halten: ***~ the course***; **19.** *Alkohol* vertragen: ***~ one's liquor well*** e-e ganze Menge vertragen; **20.** ⚔ *u. fig. Stellung* halten, behaupten: ***~ one's own*** sich behaupten (***with*** gegen); ***~ the stage*** a) sich halten (*Theaterstück*), b) *fig.* die Szene beherrschen, im Mittelpunkt stehen; → ***fort***; **21.** innehaben: a) besitzen: ***~ land*** (***shares***, *etc.*), b) *Amt* bekleiden, c) *Titel* führen, d) *Platz etc.* einnehmen, e) *Rekord* halten; **22.** fassen: a) enthalten: ***the tank ~s 10 gallons***, b) Platz bieten für, ˈunterbringen (können): ***the hotel ~s 500 guests***; ***the place ~s many memories*** der Ort ist voll von Erinnerungen; ***life ~s many surprises*** das Leben ist voller Überraschungen; ***what the future ~s*** was die Zukunft bringt; **23.** *Bewunderung etc.* hegen, *a. Vorurteile etc.* haben (***for*** für); **24.** behaupten, meinen: ***~*** (***the view***) ***that*** die Ansicht vertreten *od.* der Ansicht sein, daß; **25.** halten für: ***I ~ him to be a fool***; ***it is held to be true*** man hält es für wahr; **26.** ⚖ entscheiden (***that*** daß); **27.** *fig.* fesseln: ***~ the audience***; ***~ s.o.'s attention***; **28.** ***~ to*** *Am.* beschränken auf (*acc.*); **29.** ***~ against*** *j-m et.* vorwerfen *od.* verübeln; **30.** ♪ *Ton* (aus)halten; **III** *v/i.* [*irr.*] **31.** (stand)halten: ***will the bridge ~?***; **32.** (sich) festhalten (***by, to*** an *dat.*); **33.** sich verhalten: ***~ still*** stillhalten; **34.** *a.* ***~ good*** (weiterhin) gelten, gültig sein *od.* bleiben: ***the promise still ~s*** das Versprechen gilt noch; **35.** anhalten, andauern: ***the fine weather held***; ***my luck held*** das Glück blieb mir treu; **36.** einhalten: ***~!*** halt!; **37.** ***~ by*** (*od.* ***to***) *j-m od. e-r Sache* treu bleiben; **38.** ***~ with*** es halten mit *j-m*, für *j-n od. et.* sein;

Zssgn mit adv.:

hold| back I *v/t.* **1.** zu'rückhalten; **2.** → ***hold in***; **3.** zu'rückhalten mit, verschweigen; **II** *v/i.* **4.** sich zu'rückhalten (*a. fig.*); **5.** nicht mit der Sprache her'ausrücken; **~ down** *v/t.* **1.** niederhalten, *fig. a.* unter'drücken; **2.** F a) *e-n Posten* (inne)haben, b) sich *in e-r Stellung* halten; **~ forth I** *v/t.* **1.** (an)bieten; **2.** in Aussicht stellen; **II** *v/i.* **3.** sich auslassen *od.* verbreiten (***on*** über *acc.*); **4.** *Am.* stattfinden; **~ in I** *v/t.* im Zaum halten, zu'rückhalten: ***hold o.s. in*** a) → II, b) den Bauch einziehen; **II** *v/i.* sich zu'rückhalten; **~ off I** *v/t.* **1.** a) ab-, fernhalten, b) abwehren; **2.** *et.* aufschieben, *j-n* hinhalten; **II** *v/i.* **3.** sich fernhalten (***from*** von); **4.** a) zögern, b) warten; **5.** ausbleiben; **~ on** *v/i.* **1.** *a. fig.* (*a.* sich) festhalten (***to*** an *dat.*); **2.** aus-, 'durchhalten; **3.** andauern, -halten; **4.** *teleph.* am Appa'rat bleiben; **5.** ***~!*** immer langsam!, halt!; **6.** ***~ to*** *et.* behalten; **~ out I** *v/t.* **1.** *die Hand etc.* ausstrecken: ***hold s.th. out to s.o.*** j-m et. hinhalten; **2.** in Aussicht stellen: ***~ little hope*** wenig Hoffnung äußern *od.* haben; **3.** ***hold o.s. out as*** *Am.* sich ausgeben für *od.* als; **II** *v/i.* **4.** reichen (*Vorräte*); **5.** aus-, 'durchhalten; **6.** sich behaupten (***against*** gegen); **7.** ***~ on s.o.*** j-m et. vorenthalten *od.* verheimlichen; **8.** ***~ for*** F bestehen auf (*dat.*); **~ o·ver** *v/t.* **1.** *et.* vertagen, -schieben (***until*** auf *acc.*); **2.** ✝ prolongieren; **3.** *Amt etc.* (weiter) behalten; **4.** *thea. etc.* *j-s* Engage'ment verlängern (***for*** um); **~ to·geth·er** *v/t. u. v/i.* zs.-halten (*a. fig.*); **~ up I** *v/t.* **1.** (hoch)heben; **2.** hochhalten: ***~ to view*** den Blicken darbieten; **3.** halten, stützen, tragen; **4.** aufrechterhalten; **5.** ***~ as*** als *Beispiel etc.* hinstellen; **6.** *j-n od. et.* aufhalten, *et.* verzögern; **7.** *j-n, e-e Bank etc.* über'fallen; **II** *v/i.* **8.** → ***hold out*** 5, 6; **9.** sich halten (*Preise, Wetter*); **10.** sich bewahrheiten.

'hold|·all *s.* Reisetasche *f*; **'~·back** *s.* Hindernis *n.*

hold·er ['həʊldə] *s.* **1.** *oft in Zssgn* Halter *m*, Behälter *m*; **2.** ⚙ a) Halter(ung *f*) *m*, b) Zwinge *f*; **3.** ⚡ (Lampen)Fassung *f*; **4.** Pächter *m*; **5.** ✝ Inhaber(in) (*e-s Patents, Schecks etc.*), Besitzer(in): ***previous ~*** Vorbesitzer *m*; **6.** *sport* Inhaber(in) (*e-s Rekords, Titels etc.*).

'hold·fast *s.* **1.** ⚙ Klammer *f*, Zwinge *f*, Haken *m*, Kluppe *f*; **2.** ⚘ Haftscheibe *f.*

hold·ing ['həʊldɪŋ] *s.* **1.** (Fest)Halten *n*; **2.** ⚖ a) Pachtgut *n*, b) Pacht *f*, c) Grundbesitz *m*; **3.** *oft pl.* a) Besitz *m*, Bestand *m* (*an Effekten etc.*), b) (Aktien)Anteil *m*, (-)Beteiligung *f*: ***large steel ~s*** ✝ großer Besitz von Stahl(werks)aktien; **4.** ✝ a) Vorrat *m*, b) Guthaben *n*; **5.** ⚖ (gerichtliche) Entscheidung; **~ at·tack** *s.* ⚔ Fesselungsangriff *m*; **~ com·pa·ny** *s.* ✝ Dach-, Holdinggesellschaft *f*; **~ pat·tern** *s.* ✈ Warteschleife *f.*

'hold|ˌo·ver *s.* **1.** ,'Überbleibsel' *n* (*Amtsträger etc.*); **2.** *Film etc.*: a) Verlängerung *f*, b) *Künstler etc., dessen Engagement verlängert worden ist*; **'~-up** *s.* **1.** Verzögerung *f*, (*a.* Verkehrs)Stokkung *f*; **2.** (bewaffneter) ('Raub)ˌÜberfall.

hole [həʊl] **I** *s.* **1.** Loch *n*: ***be in a ~*** *fig.* in der Klemme sitzen; ***make a ~ in*** *fig.* ein Loch reißen in (*Vorräte*); ***pick ~s in*** *fig.* a) an *e-r Sache* herumkritteln, b) *Argument etc.* zerpflücken, c) *j-m* am Zeug flicken; ***full of ~s*** *fig.* fehlerhaft, ,wack(e)lig' (*Theorie etc.*); ***like a ~ in the head*** F *unnötig* wie ein Kropf; **2.** Loch *n*, Grube *f*; **3.** Höhle *f*, Bau *m* (*Tier*); **4.** *fig.* ,Loch' *n*: a) (Bruch)Bude *f*, b) ,Kaff' *n*, c) Schlupfwinkel *m*; **5.** *Golf*: a) Hole *n*, Loch *n*, b) (Spiel)Bahn *f*: ***~ in one*** As *n*; **II** *v/t.* **6.** ein Loch machen in (*acc.*), durch'löchern; **7.** ⚒ schrämen; **8.** *Tier* in s-e Höhle treiben; **9.** *Golf*: *Ball* einlochen; **III** *v/i.* **10.** *mst* ***~ up*** a) sich in die Höhle verkriechen (*Tier*), b) *Am.* F sich verstecken *od.* -kriechen; **11.** *a.* ***~ out*** *Golf*: einlochen.

ˌhole-and-'cor·ner [-nd'k-] *adj.* **1.** heimlich, versteckt; **2.** anrüchig; **3.** armselig.

hol·i·day ['hɒlədɪ] **I** *s.* **1.** (***public ~*** gesetzlicher) Feiertag; **2.** freier Tag, Ruhetag *m*: ***have a ~*** e-n freien Tag haben (→ 3); ***have a ~ from*** sich von *et.* erholen können; **3.** *mst pl. bsd. Brit.* Ferien *pl.*, Urlaub *m*: ***the Easter ~s*** die Osterferien; ***be on ~*** im Urlaub sein; ***go on ~*** in Urlaub gehen; ***have a ~*** Urlaub haben (→ 2); ***take a ~*** Urlaub nehmen *od.* machen; ***~s with pay*** bezahlter Urlaub; **II** *adj.* **4.** Feiertags…: ***~ clothes*** Festtagskleidung *f*; **5.** *bsd. Brit.* Ferien…, Urlaubs…: ***~ camp*** Feriendorf *n*; ***~ course*** Ferienkurs *m*; **III** *v/i.* **6.** *bsd. Brit.* Ferien *od.* Urlaub machen; **'~ˌmak·er** *s. bsd. Brit.* Urlauber(in).

ˌho·li·er-than-'thou [ˌhəʊlɪə-] *Am.* F **I** *s.* ,Phari'säer' *m*; **II** *adj.* phari'säisch.

ho·li·ness ['həʊlɪnɪs] *s.* Heiligkeit *f*: ***His 2*** Seine Heiligkeit (*Papst*).

ho·lism ['həʊlɪzəm] *s. phls.* Ho'lismus *m* (*Ganzheitstheorie*); **ho·lis·tic** [həʊ'lɪs-

tık] *adj.* ho'listisch.
Hol·lands ['hɒləndz], *a.* **Hol·land gin** *s.* Ge'never *m.*
hol·ler ['hɒlə] *v/i. u. v/t.* F brüllen.
hol·low ['hɒləʊ] **I** *s.* **1.** Höhle *f*, (Aus-)Höhlung *f*, Hohlraum *m*: **~ *of the hand*** hohle Hand; **~ *of the knee*** Kniekehle *f*; ***have s.o. in the ~ of one's hand*** *fig.* j-n völlig in der Hand haben; **2.** Vertiefung *f*, Mulde *f*, Senke *f*; **3.** ⚙ a) Hohlkehle *f*, b) (Guß)Blase *f*; **II** *adj.* □ → *a.* III; **4.** hohl, Hohl…; **5.** hohl, dumpf (*Ton*, *Stimme*); **6.** *fig.* a) hohl, leer: ***feel* ~** Hunger haben, b) falsch: **~ *promises*; ~ *victory*** wertloser Sieg; **7.** hohl: a) eingefallen (*Wangen*), b) tiefliegend (*Augen*); **III** *adv.* **8.** hohl: ***ring* ~** hohl *od.* unglaubwürdig klingen; ***beat s.o.* ~** F j-n vernichtend schlagen; **IV** *v/t.* **9.** *oft* **~ *out*** aushöhlen, -kehlen; **~ bit** *s.* ⚙ Hohlmeißel *m*, -bohrer *m*; **~ charge** *s.* ⚔ Haft-Hohlladung *f*; ˌ**~-'cheeked** *adj.* hohlwangig; '**~-eyed** *adj.* hohläugig; ˌ**~-'ground** *adj.* ⚙ hohlgeschliffen.
hol·low·ness ['hɒləʊnıs] *s.* **1.** Hohlheit *f*; **2.** Dumpfheit *f*; **3.** *fig.* a) Hohlheit *f*, Leere *f*, b) Falschheit *f*.
hol·low| square *s.* ⚔ Kar'ree *n*; **~ tile** *s.* ⚙ Hohlziegel *m*; '**~·ware** *s.* tiefes (Küchen)Geschirr (*Töpfe etc.*).
hol·ly ['hɒlı] *s.* **1.** ⚘ Stechpalme *f*; **2.** Stechpalmenzweige *pl.*
'**hol·ly·hock** *s.* ⚘ Stockrose *f*.
hol·o·caust ['hɒləkɔːst] *s.* **1.** Massenvernichtung *f*, (*engS.* 'Brand)Kataˌstrophe *f*: ***the* ♀ *pol. hist.*** der Holocaust; **2.** Brandopfer *n*.
hol·o|·cene ['hɒləʊsiːn] *s. geol.* Holo'zän *n*, Al'luvium *n*; '**~·gram** [-əʊgræm] *s. phys.* Holo'gramm *n*; '**~·graph** [-əʊgrɑːf; -əʊgræf] *adj. u. s.* ⚖ eigenhändig geschrieben(e Urkunde).
hols [hɒlz] *s. pl. Brit.* F *für* ***holiday*** 3.
hol·ster ['həʊlstə] *s.* (Pi'stolen)Halfter *f*, *n*.
ho·ly ['həʊlı] **I** *adj.* □ **1.** heilig, (*Hostie etc.*) geweiht: **~ *cow*** (*od.* ***smoke***)***!*** F ‚heiliger Bimbam'!; **2.** fromm; **3.** gottgefällig; **II** *s.* **4.** ***the* ~ *of holies*** *bibl.* das Allerheiligste; ♀ **Al·li·ance** *s. hist. die* Heilige Alli'anz; **~ bread** *s.* Abendmahlsbrot *n*, Hostie *f*; ♀ **Cit·y** *s. die* Heilige Stadt; **~ day** *s.* kirchlicher Feiertag; ♀ **Fa·ther** *s. der* Heilige Vater; ♀ **Ghost** *s. der* Heilige Geist; ♀ **Land** *s. das* Heilige Land; ♀ **Of·fice** *s. R.C.* a) *hist. die* Inquisiti'on, b) *das* Heilige Of'fizium; ♀ **Ro·man Em·pire** *s. hist. das* Heilige Römische Reich; ♀ **Sat·ur·day** *s.* Kar'samstag *m*; ♀ **Scrip·ture** *s. die* Heilige Schrift; ♀ **See** *s. der* Heilige Stuhl; ♀ **Spir·it** → ***Holy Ghost***; **~ ter·ror** *s.* F ‚Nervensäge' *f*; ♀ **Thurs·day** *s.* **1.** *R.C.* Grün'donnerstag *m*; **2.** (*anglikanische Kirche*) Himmelfahrtstag *m*; ♀ **Trin·i·ty** *s. die* Heilige Drei'einigkeit *od.* Drei'faltigkeit; **~ wa·ter** *s. R.C.* Weihwasser *n*; ♀ **Week** *s.* Karwoche *f*; ♀ **Writ** → ***Holy Scripture***.
hom·age ['hɒmıdʒ] *s.* **1.** *hist. u. fig.* Huldigung *f*: ***do*** (*od.* ***render***) **~** huldigen (***to*** *dat.*); **2.** *fig.* Reve'renz *f*: ***pay* ~ *to*** Anerkennung zollen (*dat.*), (s-e) Hochachtung bezeigen (*dat.*).
Hom·burg (**hat**) ['hɒmbɜːg] *s.* Homburg *m* (*Herrenfilzhut*).
home [həʊm] **I** *s.* **1.** Heim *n*: a) Haus *n*, (*eigene*) Wohnung, b) Zu'hause *n*, Da'heim *n*, c) Elternhaus *n*: ***at* ~** zu Hause, daheim (*a. sport*) (→ 2); ***at* ~ *in*** (*od.* ***on***, ***with***) *fig.* bewandert in (*dat.*), vertraut mit (*e-m Fachgebiet etc.*); ***not at* ~** (***to s.o.***) nicht zu sprechen (für j-n); ***feel at* ~** sich wie zu Hause fühlen; ***make o.s. at* ~** es sich bequem machen; tun, als ob man zu Hause wäre; ***make one's* ~ *at*** sich niederlassen in (*dat.*); ***away from* ~** abwesend, verreist, *bsd. sport* auswärts; **2.** Heimat *f* (*a.* ⚘, *zo. u. fig.*), Geburts-, Heimatland *n*: ***at* ~** a) im Lande, in der Heimat, b) im Inland, daheim; ***at* ~ *and abroad*** im In- u. Ausland; ***a letter from* ~** ein Brief von Zuhause; **3.** (ständiger *od.* jetziger) Wohnort, Heimatort *m*: ***last* ~** letzte Ruhestätte; **4.** Heim *n*, Anstalt *f*: **~ *for the aged*** Altenheim; **~ *for the blind*** Blindenheim, -anstalt; **5.** *sport* a) Ziel *n*, b) → ***home plate***, c) Heimspiel *n*, d) Heimsieg *m*; **II** *adj.* **6.** Heim…: a) häuslich, Familien…, b) zu Hause ausgeübt: **~ *life*** häusliches Leben, Familienleben *n*; **~ *remedy*** Hausmittel *n*; **~*baked*** selbstgebacken; **7.** Heimat…: **~ *address*** (***city***, ***port*** *etc.*); **~ *fleet*** ⚓ Flotte *f* in Heimatgewässern; **8.** einheimisch, inländisch, Inland(s)…, Binnen…: **~ *affairs*** *pol.* innere Angelegenheiten; **~ *market*** Inlands-, Binnenhandel *m*; **9.** *sport* a) Heim…: **~ *advantage*** (***match***, ***win***, *etc.*): **~ *strength*** Heimstärke *f*, b) Ziel…; **10.** a) (wohl)gezielt, wirkungsvoll (*Schlag etc.*), b) *fig.* treffend, beißend (*Bemerkung etc.*); → ***home thrust***, ***home truth***; **III** *adv.* **11.** heim, nach Hause: ***the way* ~** der Heimweg; ***go* ~** nach Hause gehen (→ 13); → ***write*** 10; **12.** zu Hause, (wieder) da'heim; **13.** a) ins Ziel, b) im

Ziel, c) bis zum Ausgangspunkt, d) ganz, soweit wie möglich: ***drive a nail ~*** e-n Nagel fest einschlagen; ***drive*** (*od.* ***bring***) ***s.th. ~ to s.o.*** j-m et. klarmachen *od.* beibringen *od.* vor Augen führen; ***drive a charge ~ to s.o.*** j-n überführen; ***go*** (*od.* ***get, strike***) ***~*** ‚sitzen', s-e Wirkung tun; ***the thrust went ~*** der Hieb saß; **IV** *v/i.* **14.** zu'rückkehren; **15.** ✈ a) (*per Leitstrahl*) das Ziel anfliegen, b) *mst* ***~ in on*** *ein Ziel* auto'matisch ansteuern (*Rakete*); **V** *v/t.* **16.** *Flugzeug* (*per Radar*) einweisen, ‚her'unterholen'.

ˌ**home|-and-'home** *adj. sport Am.* im Vor- u. Rückspiel ausgetragen: ***~ match***; '**~ˌbod·y** *s.* häuslicher Mensch, *contp.* Stubenhocker(in); '**~·bound** *adj.* ans Haus gefesselt: ***~ invalid***; ˌ**~'bred** *adj.* **1.** einheimisch; **2.** *obs.* hausbacken; '**~·brew** *s.* selbstgebrautes Getränk (*bsd.* Bier); '**~-ˌcom·ing** *s.* Heimkehr *f*; **~ con·tents** *s. pl.* Hausrat *m*; ♀ **Coun·ties** *s. pl. die um London liegenden Grafschaften*; **~ e·co·nom·ics** *s. pl. sg. konstr.* Hauswirtschaft(slehre) *f*; **~ front** *s.* Heimatfront *f*; **~ ground** *s. sport* eigener Platz; *fig.* vertrautes Gelände; ♀ **Guard** *s.* Bürgerwehr *f*; '**~-ˌkeep·ing** *adj.* häuslich, *contp.* stubenhockerisch; '**~·land** *s.* **1.** Heimat-, Vater-, Mutterland *n*; **2.** *pol.* Homeland *n*, Heimstatt *f* (*in Südafrika*).

home·less ['həʊmlɪs] *adj.* **1.** heimatlos; **2.** obdachlos; '**home·like** *adj.* wie zu Hause, gemütlich; **home·li·ness** ['həʊmlɪnɪs] *s.* **1.** Einfachheit *f*, Schlichtheit *f*; **2.** Gemütlichkeit *f*; **3.** *Am.* Reizlosigkeit *f*; **home·ly** ['həʊmlɪ] *adj.* **1.** → ***homelike***; **2.** freundlich; **3.** einfach, hausbacken; **4.** *Am.* reizlos: ***a ~ girl***.

ˌ**home|'made** *adj.* **1.** selbstgemacht, Hausmacher...; **2.** selbstgebastelt: ***~ bomb***; **3.** ✝ a) einheimisch, im Inland hergestellt: ***~ goods***, b) hausgemacht: ***~ inflation***; '**~ˌmak·er** *s. Am.* **1.** Hausfrau *f*; **2.** Fa'milienpflegerin *f*; '**~ˌmak·ing** *s. Am.* Haushaltsführung *f*; **~ mar·ket** *s.* ✝ Inlandsmarkt *m*; **~ me·chan·ic** *s.* Heimwerker *m*; **~ mov·ie** *s.* Heimkino *n*.

homeo- *etc.* → ***homoeo-*** *etc.*

home| of·fice *s.* **1.** ♀ *Brit.* 'Innenminiˌsterium *n*; **2.** *bsd.* ✝ *Am.* Hauptsitz *m*; **~ perm** *s.* F Heim-Dauerwelle *f*; **~ plate** *s. Baseball*: Heimbase *n*.

hom·er ['həʊmə] *s.* F *für* ***home run***.

Ho·mer·ic [həʊ'merɪk] *adj.* ho'merisch: ***~ laughter***.

home| rule *s. pol.* a) 'Selbstreˌgierung *f*, b) ♀ *hist.* Homerule *f* (*in Irland*); **~ run** *s. Baseball*: Homerun *m* (*Lauf über alle 4 Male*); ♀ **Sec·re·tar·y** *s. Brit.* 'Innenmiˌnister *m*; '**~·sick** *adj.*: ***be ~*** Heimweh haben; '**~ˌsick·ness** *s.* Heimweh *n*; '**~·spun I** *adj.* **1.** a) zu Hause gesponnen, b) Homespun...: ***~ clothing***; **2.** *fig.* schlicht, einfach; **II** *s.* **3.** Homespun *n* (*Streichgarn*[*gewebe*]); '**~·stead** *s.* **1.** Heimstätte *f*, Gehöft *n*; **2.** ⚖ *Am.* Heimstätte *f* (*Grundparzelle od. gegen Zugriff von Gläubigern geschützter Grundbesitz*); **~ straight**, **~ stretch** *s. sport* Zielgerade *f*: ***be on the ~*** *fig.* kurz vor dem Ziel stehen; **~ thrust** *s. fig.* wohlgezielter Hieb; **~ truth** *s.* harte Wahrheit, unbequeme Tatsache; '**~·ward** [-wəd] **I** *adv.* heimwärts, nach Hause; **II** *adj.* Heim..., Rück...; → ***bound***[2]; '**~·wards** [-wədz] → ***homeward*** I; '**~·work** *s.* **1.** *ped.* Hausaufgabe(n *pl.*) *f*, Schularbeiten *pl.*: ***do one's ~*** s-e Hausaufgaben machen (*a. fig. sich gründlich vorbereiten*); **2.** ✝ Heimarbeit *f*; '**~ˌwork·er** *s.* ✝ Heimarbeiter (-in); '**~ˌwreck·er** *s. j-d, der e-e Ehe zerstört.*

home·y *Am. für* ***homy***.

hom·i·cid·al [ˌhɒmɪ'saɪdl] *adj.* **1.** mörderisch, mordlustig; **2.** Mord..., Totschlags...; **hom·i·cide** ['hɒmɪsaɪd] *s.* **1.** *allg.* Tötung *f*, *engS.* a) Mord *m*, b) Totschlag *m*: ***~ by misadventure*** *Am.* Unfall *m* mit Todesfolge; **~ (*squad*)** Mordkommission *f*; **2.** Mörder(in), Totschläger(in).

hom·i·ly ['hɒmɪlɪ] *s.* **1.** Homi'lie *f*, Predigt *f*; **2.** *fig.* Mo'ralpredigt *f*.

hom·ing ['həʊmɪŋ] **I** *adj.* **1.** heimkehrend: ***~ pigeon*** Brieftaube *f*; ***~ instinct*** *zo.* Heimkehrvermögen *n*; **2.** ⚔ zielansteuernd (*Rakete etc.*); **II** *s.* ✈ **3.** a) Zielflug *m*, b) Zielpeilung *f*, c) Rückflug *m*: ***~ beacon*** Zielflugfunkfeuer *n*; ***~ device*** Zielfluggerät *n*.

hom·i·nid ['hɒmɪnɪd] *zo.* **I** *adj.* menschenartig; **II** *s.* Homi'nide *m*, menschenartiges Wesen; '**hom·i·noid** [-nɔɪd] *adj. u. s.* menschenähnlich(es Tier).

hom·i·ny ['hɒmɪnɪ] *s. Am.* **1.** Maismehl *n*; **2.** Maisbrei *m*.

ho·mo ['həʊməʊ] *s.* F ‚Homo' *m*.

homo- [həʊməʊ; hɒməʊ], **homoeo-** [həʊmjəʊ] *in Zssgn* gleich(artig).

ho·moe·o·path ['həʊmjəʊpæθ] *s.* ⚕ Homöo'path(in); **ho·moe·o·path·ic** [ˌhəʊmjəʊ'pæθɪk] *adj.* (□ ***~ally***) ⚕ homöo'pathisch; **ho·moe·op·a·thist**

[ˌhəʊmɪ'ɒpəθɪst] → ***homoeopath***; **ho·moe·op·a·thy** [ˌhəʊmɪ'ɒpəθɪ] *s.* ⚕ Homöopa'thie *f.*

ho·mo·e·rot·ic [ˌhəʊməʊɪ'rɒtɪk] *adj.* homoe'rotisch.

ho·mo·ge·ne·i·ty [ˌhɒməʊdʒe'ni:ətɪ] *s.* Homogeni'tät *f*, Gleichartigkeit *f*; **ho·mo·ge·ne·ous** [ˌhɒməʊ'dʒi:njəs] *adj.* □ homo'gen: a) gleichartig, b) einheitlich; **ho·mo·gen·e·sis** [ˌhɒməʊ'dʒenɪsɪs] *s. biol.* Homoge'nese *f*; **ho·mog·e·nize** [hɒ'mɒdʒənaɪz] *v/t.* homogenisieren.

ho·mol·o·gate [hɒ'mɒləgeɪt] *v/t.* **1.** ⚖ a) genehmigen, b) beglaubigen, bestätigen; **2.** *Ski- u. Motorsport*: homologieren; **ho'mol·o·gous** [-gəs] *adj.* ⚗, ⚘, *biol.* homo'log.

hom·o·nym ['hɒməʊnɪm] *s. ling.* Homo'nym *n* (*a. biol.*), gleichlautendes Wort; **ho·mo·nym·ic** [ˌhɒməʊ'nɪmɪk], **ho·mon·y·mous** [hɒ'mɒnɪməs] *adj.* homo'nym.

ho·mo·phile ['hɒməʊfaɪl] **I** *s.* Homo'phile(r *m*) *f*; **II** *adj.* homo'phil.

hom·o·phone ['hɒməʊfəʊn] *s. ling.* Homo'phon *n*; **hom·o·phon·ic** [ˌhɒməʊ'fɒnɪk] *adj.* ♪, *ling.* homo'phon.

ho·mop·ter·a [həʊ'mɒptərə] *s. pl. zo.* Gleichflügler *pl.* (*Insekten*).

ho·mo·sex·u·al [ˌhɒməʊ'seksjʊəl] **I** *s.* Homosexu'elle(r *m*) *f*; **II** *adj.* homosexu'ell; **ho·mo·sex·u·al·i·ty** [ˌhɒməʊseksjʊ'ælətɪ] *s.* Homosexuali'tät *f.*

ho·mun·cu·lar [hɒ'mʌŋkjʊlə] *adj.* ho'munkulusähnlich; **ho'mun·cule** [-kju:l], **ho'mun·cu·lus** [-kjʊləs] *pl.* **-li** [-laɪ] *s.* **1.** Ho'munkulus *m* (*künstlich erzeugter Mensch*); **2.** Menschlein *n*, Knirps *m*.

hom·y ['həʊmɪ] *adj.* F gemütlich.

hone [həʊn] **I** *s.* **1.** (feiner) Schleifstein; **II** *v/t.* **2.** honen, fein-, ziehschleifen; **3.** *fig.* a) schärfen, b) (aus)feilen.

hon·est ['ɒnɪst] *adj.* □ **1.** ehrlich: a) redlich, rechtschaffen, anständig, b) offen, aufrichtig; **2.** *humor.* wacker, bieder; **3.** ehrlich verdient; **4.** *obs.* ehrbar (*Frau*); **'hon·est·ly** [-lɪ] **I** *adv.* → ***honest***; **II** *int.* F a) offen gesagt, b) ehrlich!, c) *empört*: nein (*od.* also) wirklich!; **ˌhon·est-to-'God**, **ˌhon·est-to-'good·ness** *adj.* F echt, wirklich, ‚richtig'; **'hon·es·ty** [-tɪ] *s.* **1.** Ehrlichkeit *f*: a) Rechtschaffenheit *f*: **~ *is the best policy*** ehrlich währt am längsten, b) Aufrichtigkeit *f*; **2.** *obs.* Ehrbarkeit *f*; **3.** ⚘ 'Mondviˌole *f.*

hon·ey ['hʌnɪ] *s.* **1.** Honig *m* (*a. fig.*); **2.** ⚘ Nektar *m*; **3.** F *bsd. Am.* a) *Anrede*: ‚Schatz' *m*, Süße(r *m*) *f*, b) *Am.* ‚süßes' *od.* ‚schickes' Ding: ***a ~ of a car*** ein ‚klasse' Wagen; **'~-bag** *s. zo.* Honigmagen *m der Bienen*; **'~·bee** *s. zo.* Honigbiene *f*; **'~·bun(ch)** [-bʌn(tʃ)] → ***honey*** 3 a.

'hon·ey·comb [-kəʊm] **I** *s.* **1.** Honigwabe *f*; **2.** Waffelmuster *n* (*Gewebe*): **~** (***quilt***) Waffeldecke *f*; **3.** ⚙ Lunker *m*, (Guß)Blase *f*; **4.** *in Zssgn* ⚙ Waben… (*-kühler*, *-spule etc.*): **~ *stomach*** *zo.* Netzmagen *m*; **II** *v/t.* **5.** (wabenartig) durch'löchern; **6.** *fig.* durch'setzen (***with*** mit); **'hon·ey·combed** [-kəʊmd] *adj.* **1.** durch'löchert, löcherig, zellig; **2.** ⚙ blasig; **3.** *fig.* (***with***) a) durch'setzt (mit), b) unter'graben (durch).

'hon·ey|·dew *s.* **1.** ⚘ Honigtau *m*, Blatthonig *m*: **~ *melon*** Honigmelone *f*; **2.** gesüßter Tabak; **'~-ˌeat·er** *s. orn.* Honigfresser *m*.

hon·eyed ['hʌnɪd] *adj.* **1.** voller Honig; **2.** *a. fig.* honigsüß.

hon·ey| ex·trac·tor *s.* Honigschleuder *f*; **~ flow** *s.* (Bienen)Tracht *f*; **'~·moon I** *s.* **1.** Flitterwochen *pl.*, Honigmond *m* (*a. iro. fig.*); **2.** Hochzeitsreise *f*; **II** *v/i.* **3.** a) die Flitterwochen verbringen, b) s-e Hochzeitsreise machen; **'~ˌmoon·er** *s.* a) ‚Flitterwöchner' *m*, b) Hochzeitsreisende(r *m*) *f*; **~ sac** *s. zo.* Honigmagen *m*; **'~ˌsuck·le** *s.* ⚘ Geißblatt *n*.

hon·ied ['hʌnɪd] → ***honeyed***.

honk [hɒŋk] **I** *s.* **1.** Schrei *m* (*der Wildgans*); **2.** 'Hupensiˌgnal *n*; **II** *v/i.* **3.** schreien; **4.** hupen.

honk·y-tonk ['hɒŋkɪtɒŋk] *s. Am. sl.* ‚Spe'lunke' *f*.

hon·or *etc. Am.* → ***honour*** *etc.*

hon·o·rar·i·um [ˌɒnə'reərɪəm] *pl.* **-rar·i·a** [-'reərɪə], **-rar·i·ums** *s.* (*freiwillig gezahltes*) Hono'rar; **hon·or·ar·y** ['ɒnərərɪ] *adj.* **1.** ehrend; **2.** Ehren…: **~ *doctor*** (***member***, *etc.*); **~ *debt*** Ehrenschuld *f*; **~ *degree*** ehrenhalber verliehener akademischer Grad; **3.** ehrenamtlich: **~ *secretary***; **hon·or·if·ic** [ˌɒnə'rɪfɪk] **I** *adj.* (□ **~*ally***) ehrend, Ehren…; **II** *s.* Ehrung *f*, Ehrentitel *m*.

hon·our ['ɒnə] **I** *s.* **1.** Ehre *f*: (***sense of***) **~** Ehrgefühl *n*; (***up***)***on my ~!***, *Brit.* F **~ *bright!*** Ehrenwort!; ***man of ~*** Ehrenmann *m*; ***point of ~*** Ehrensache *f*; ***do s.o. ~*** j-m zur Ehre gereichen, j-m Ehre machen; ***do s.o. the ~ of doing s.th.*** j-m die Ehre erweisen, et. zu tun; ***he is an ~ to his parents*** (***to his school***) er macht s-n Eltern Ehre (er ist e-e Zierde s-r Schule); ***put s.o. on his ~*** j-n bei s-r Ehre packen; (***in***) **~ *bound***,

on one's ~ moralisch verpflichtet; ***to his ~ it must be said*** zu s-r Ehre muß gesagt werden; (***there is***) ***~ among thieves*** (es gibt so etwas wie) Ganovenehre *f*; ***may I have the ~*** (***of the next dance***)***?*** darf ich (um den nächsten Tanz) bitten?; **2.** Ehrung *f*, Ehre(n *pl.*) *f*: a) Ehrerbietung *f*, Ehrenbezeigung *f*, b) Hochachtung *f*, c) Auszeichnung *f*, (Ehren)Titel *m*, Ehrenamt *n*, -zeichen *n*: ***in s.o.'s ~*** zu j-s *od.* j-m zu Ehren; ***hold*** (*od.* ***have***) ***in ~*** in Ehren halten; ***pay s.o. the last*** (*od.* ***funeral***) ***~s*** j-m die letzte Ehre erweisen; ***military ~s*** militärische Ehren; ***~s list*** *Brit.* Liste *f* der Titelverleihungen (*zum Geburtstag des Herrschers etc.*) (→ 3); → ***due*** 3; **3.** *pl. univ.* besondere Auszeichnung: ***~s degree*** *akademischer Grad mit Prüfung in e-m Spezialfach*; ***~s list*** *Liste der Studenten, die auf e-n* ***honours degree*** *hinarbeiten*; ***~s man*** *Brit.*, ***~s student*** *Am. Student, der e-n* ***honours degree*** *anstrebt od. innehat*; **4.** *pl.* Hon'neurs *pl.*: ***do the ~s*** die Honneurs machen, als Gastgeber(in) fungieren; **5.** *Kartenspiel*: Bild *n*; **6.** *Golf*: Ehre *f* (*Berechtigung zum 1. Schlag*): ***it is his ~*** er hat die Ehre; **7.** ***Your*** (***His***) ***~*** *obs.* Euer (Seine) Gnaden; **II** *v/t.* **8.** ehren; **9.** ehren, auszeichnen (***with*** mit); **10.** beehren (***with*** mit); **11.** *j-m* zur Ehre gereichen *od.* Ehre machen; **12.** *e-r Einladung etc.* Folge leisten; **13.** ✝ a) *Scheck etc.* honorieren, einlösen, b) *Schuld* begleichen, c) *Vertrag* erfüllen; **hon·our·a·ble** ['ɒnərəbl] *adj.* ☐ **1.** achtbar, ehrenwert; **2.** rechtschaffen: ***an ~ man*** ein Ehrenmann; **3.** ehrenhaft, ehrlich (*Absicht etc.*); **4.** ehrenvoll, rühmlich; **5.** ♀ (*der od. die*) Ehrenwerte (*in Großbritannien*: *Adelstitel od. Titel der Ehrendamen des Hofes, der Mitglieder des Unterhauses, der Bürgermeister*; *in USA*: *Titel der Mitglieder des Kongresses, hoher Beamter, der Richter u. Bürgermeister*): ***Right*** ♀ (*der*) Sehr Ehrenwerte; → ***friend*** 5.

hooch [hu:tʃ] *s. Am.* F ‚Fusel' *m*.

hood [hʊd] **I** *s.* **1.** Ka'puze *f* (*a. univ. am Talar*); **2.** ⚔ Helm *m*; **3.** *orn.*, *zo.* Haube *f*, Schopf *m*; Brillenzeichnung *f* der Kobra; **4.** *mot.* a) *Brit.* Verdeck *n*, b) *Am.* (Motor)Haube *f*; **5.** ⚙ a) Kappe *f*, (Schutz)Haube *f*, b) Abzug(shaube *f*) *m* (*für Gas etc.*); **6.** → ***hoodlum***; **II** *v/t.* **7.** *j-m* e-e Ka'puze aufsetzen; **8.** be-, verdecken.

hood·ed ['hʊdɪd] *adj.* **1.** mit e-r Ka'puze bekleidet; **2.** ver-, bedeckt, verhüllt (*a. Augen*); **3.** *orn.* mit e-r Haube; **~ crow** *s. orn.* Nebelkrähe *f*; **~ seal** *s. zo.* Mützenrobbe *f*; **~ snake** *s. zo.* Kobra *f*.

hood·lum ['hu:dləm] *s.* F **1.** Rowdy *m*, ‚Schläger' *m*; **2.** Ga'nove *m*, Gangster *m*.

hoo·doo ['hu:du:] **I** *s. Am.* **1.** → ***voodoo*** I; **2.** a) Unglücksbringer *m*, b) Unglück *n*, Pech *n*; **II** *v/t.* **3.** a) verhexen, b) *j-m* Unglück bringen; **III** *adj.* **4.** Unglücks…

'**hood·wink** *v/t.* **1.** *obs.* die Augen verbinden (*dat.*); **2.** *fig.* hinters Licht führen, reinlegen.

hoo·ey ['hu:ɪ] *s. sl.* Quatsch *m*, Blödsinn *m*.

hoof [hu:f] *pl.* **hoofs**, **hooves** [hu:vz] **I** *s.* **1.** *zo.* a) Huf *m*, b) Fuß *m*: ***on the ~*** lebend (*Schlachtvieh*); **2.** *humor.* ‚Pe'dal' *n*, Fuß *m*; **3.** Huftier *n*; **II** *v/t.* **4.** F *Strecke* ‚tippeln': ***~ it*** → 6, 7; **5.** ***~ out*** *j-n* ‚rausschmeißen'; **III** *v/i.* **6.** F ‚tippeln', marschieren; **7.** F tanzen; ˌ**~-and-'mouth dis·ease** *s. vet.* Maul- u. Klauenseuche *f*.

hoofed [hu:ft] *adj.* gehuft, Huf…; '**hoof·er** [-fə] *s. Am. sl.* Berufstänzer (-in), *bsd.* Re'vuegirl *n*.

hoo-ha ['hu:hɑ:] *s.* F ‚Tam'tam' *n*.

hook [hʊk] **I** *s.* **1.** Haken *m* (*a.* ✂): ***~ and eye*** Haken u. Öse; ***~ and ladder*** *Am.* Gerätewagen *m* der Feuerwehr; ***by ~ or*** (***by***) ***crook*** mit allen Mitteln, so oder so; ***on one's own ~*** F auf eigene Faust; **2.** ⚙ a) (Klammer-, Dreh)Haken *m*, b) (Tür)Angel *f*, Haspe *f*; **3.** Angelhaken *m*: ***be off the ~*** F ‚aus dem Schneider' sein; ***get s.o. off the ~*** F j-m ‚aus der Patsche' helfen, j-n ‚herauspauken'; ***get o.s. off the ~*** sich aus der ‚Schlinge' ziehen; ***have s.o. on the ~*** F j-n ‚zappeln' lassen; ***that lets him off the ~*** damit ist er raus aus der Sache; ***fall for s.o.*** (***s.th.***) ***~, line and sinker*** voll auf j-n (et.) ‚abfahren'; ***swallow s.th. ~, line and sinker*** et. voll u. ganz ‚schlucken'; **4.** ⚒ Sichel *f*; **5.** a) scharfe Krümmung, b) gekrümmte Landspitze; **6.** *pl. sl.* ‚Griffel' *pl.* (*Finger*); **7.** ♪ Notenfähnchen *n*; **8.** *sport*: a) *Boxen*: Haken *m*: ***~ to the body*** Körperhaken, b) *Golf*: Hook *m* (*Kurvschlag*); **II** *v/t.* **9.** an-, ein-, fest-, zuhaken; **10.** fangen, (sich) angeln (*a. fig.* F): ***~ a husband*** sich e-n Mann angeln; ***he is ~ed*** F a) er zappelt im Netz, er ist ‚dran' od. ‚geliefert', b) → ***hooked*** 3; **11.** *sl.* ‚klauen', stehlen; **12.** krümmen; **13.** aufspießen; **14.** a) *Boxen*: *j-m* e-n Haken versetzen,

b) *Golf*: *Ball* mit (e-m) Hook schlagen, c) (*Eis*)*Hockey*: *Gegner* haken; **15. ~ *it*** F ‚verduften'; **III** *v/i.* **16.** sich zuhaken lassen; **17.** sich festhaken (***to*** an *dat.*); **~ on I** *v/t.* **1.** ein-, anhaken; **II** *v/i.* **2.** → ***hook*** 17; **3.** sich einhängen (***to s.o.*** bei j-m); **~ up** *v/t.* **1.** → ***hook on*** 1; **2.** zuhaken; **3.** ⚙ a) *Gerät* zs.-bauen, b) anschließen; **4.** *Radio*, *TV*: a) zs.-schalten, b) zuschalten (***with*** *dat.*).

hook·a(h) [ˈhʊkə] *s.* Huka *f* (*orientalische Wasserpfeife*).

hooked [hʊkt] *adj.* **1.** krumm, hakenförmig, Haken...; **2.** mit (e-m) Haken (versehen); **3.** F a) (***on***) süchtig (nach); *fig. a.* ‚scharf' (auf *acc.*), ‚verrückt' (nach): **~ *on heroin*** (***television***) heroin- (fernseh)süchtig, b) → ***hook*** 10.

hook·er [ˈhʊkə] *s.* **1.** ⚓ a) Huker *m*, Fischerboot *n*, b) *contp.* ‚alter Kahn'; **2.** *sl.* ‚Nutte' *f*.

hook·ey → ***hooky***.

ˈ**hook|-nosed** *adj.* mit e-r Hakennase; ˈ**~-up** *s.* **1.** *Radio*, *TV*: a) Zs.-, Konfeˈrenzschaltung *f*, b) Zuschaltung *f*; **2.** ⚡ a) Schaltbild *n*, -schema *n*, b) Blockschaltung *f*; **3.** ⚙ Zs.-bau *m*; **4.** F a) Zs.-schluß *m*, Bündnis *n*, b) Absprache *f*; ˈ**~-worm** *s. zo.* Hakenwurm *m*.

hook·y [ˈhʊkɪ] *s.*: ***play ~*** *Am.* F (*bsd.* die Schule) schwänzen.

hoo·li·gan [ˈhu:lɪgən] *s.* Rowdy *m*; ˈ**hoo·li·gan·ism** [-nɪzəm] *s.* Rowdytum *n*.

hoop[1] [hu:p] **I** *s.* **1.** *allg.* Reif(en) *m* (*a. als Schmuck*, *bei Kinderspielen*, *im Zirkus etc.*): **~ (*skirt*)** Reifrock *m*; ***go through the ~(s)*** ‚durch die Mangel gedreht werden'; **2.** ⚙ a) (Faß)Reif(en) *m*, b) (Stahl)Band *n*, Ring *m*: **~ *iron*** Bandeisen *n*, c) Öse *f*, d) Bügel *m*; **3.** (Finger)Ring *m*; **4.** *Basketball*: Korbring *m*; **5.** *Krocket*: Tor *n*; **II** *v/t.* **6.** *Faß* binden; **7.** umˈgeben, -ˈfassen; **8.** *Basketball*: *Punkte* erzielen.

hoop[2] [hu:p] → ***whoop***.

hoop·er[1] [ˈhu:pə] *s.* Böttcher *m*, Küfer *m*, Faßbinder *m*.

hoop·er[2] [ˈhu:pə], **~ swan** *s. orn.* Singschwan *m*.

hoo·poe [ˈhu:pu:] *s. orn.* Wiedehopf *m*.

hoo·ray [hʊˈreɪ] → ***hurrah***.

hoos(e)·gow [ˈhu:sgaʊ] *s. Am. sl.* ‚Kittchen' *n*, ‚Knast' *m*.

hoot [hu:t] **I** *v/i.* **1.** (höhnisch) johlen: **~ *at s.o.*** j-n verhöhnen; **2.** schreien (*Eule*); **3.** *Brit.* a) hupen (*Auto*), b) pfeifen (*Zug etc.*), c) heulen (*Sirene etc.*); **II** *v/t.* **4.** *et.* johlen; **5.** *a.* **~ *down*** niederschreien, auspfeifen; **6. ~ *out*, ~ *off*** durch Gejohle vertreiben; **III** *s.* **7.** (*johlender*) Schrei (*a. der Eule*), *pl.* Johlen *n*: ***it's not worth a ~*** F es ist keinen Pfifferling wert; ***I don't care two ~s*** F das ist mir völlig ‚piepe'; **8.** Hupen *n* (*Auto*); Heulen *n* (*Sirene*); ˈ**hoot·er** [-tə] *s.* **1.** Johler(in); **2.** a) *mot.* Hupe *f*, b) Siˈrene *f*, Pfeife *f*.

Hoo·ver [ˈhu:və] (*Fabrikmarke*) **I** *s.* Staubsauger *m*; **II** *v/t.* *mst* ♀ (ab)saugen; **III** *v/i.* (staub)saugen.

hooves [hu:vz] *pl. von* ***hoof***.

hop[1] [hɒp] **I** *v/i.* **1.** hüpfen, hopsen: **~ *on*** → 5; **~ *off*** F ‚abschwirren'; **~ *to it*** *Am.* F sich (*an die Arbeit*) ‚ranmachen'; **2.** F ‚schwofen', tanzen; **3.** F a) ‚flitzen', sausen, b) rasch *wohin* fahren *od.* fliegen; **II** *v/t.* **4.** hüpfen *od.* springen über (*acc.*): **~ *it*** ‚abschwirren'; **5.** F a) (auf-) springen auf (*acc.*), b) einsteigen in (*acc.*): **~ *a train***; **6.** ✈ überˈfliegen, -ˈqueren; **7.** *Am. Ball* hüpfen lassen; **8.** *Am.* F bedienen in (*dat.*); **III** *s.* **9.** Sprung *m*, Hops(er) *m*: ***~, step, and jump*** *sport* Dreisprung *m*; ***be on the ~*** F ‚auf Trab' sein; ***keep s.o. on the ~*** F j-n ‚in Trab halten'; ***catch s.o. on the ~*** F j-n erwischen *od.* überraschen; **10.** F ‚Schwof' *m*, Tanz *m*; **11.** *bsd.* ✈ F ‚Sprung' *m*, Abstecher *m*: ***only a short ~*** nur ein Katzensprung.

hop[2] [hɒp] **I** *s.* **1.** ⚘ a) Hopfen *m*, b) *pl.* Hopfen(blüten *pl.*) *m*: ***pick ~s*** → 4; **2.** *sl.* Rauschgift *n*, *engS.* Opium *n*; **II** *v/t.* **3.** *Bier* hopfen; **4. ~ *up*** *sl.* a) (*durch e-e Droge*) ‚high' machen, b) aufputschen (*a. fig.*), c) *Am. Auto etc.* ‚frisieren'; **III** *v/i.* **5.** Hopfen zupfen; ˈ**~-bind**, ˈ**~-bine** *s.* Hopfenranke *f*; **~ dri·er** *s.* Hopfendarre *f*.

hope [həʊp] **I** *s.* **1.** Hoffnung *f* (***of*** auf *acc.*): ***live in ~(s)*** (immer noch) hoffen, die Hoffnung nicht aufgeben; ***in the ~ of*** *ger.* in der Hoffnung zu *inf.*; ***past ~*** hoffnungs-, aussichtslos; ***he is past all ~*** für ihn gibt es keine Hoffnung mehr; **2.** Hoffnung *f*: a) Zuversicht *f*, b) ***no ~ of success*** keine Aussicht auf Erfolg; ***not a ~*** F keine Chance; **3.** Hoffnung *f* (*Person od. Sache*): ***she is our only ~***; → ***white hope***; **4.** → ***forlorn hope***; **II** *v/i.* **5.** hoffen (***for*** auf *acc.*): **~ *against ~*** die Hoffnung nicht aufgeben, verzweifelt hoffen; **~ *for the best*** das Beste hoffen; ***I ~ so*** hoffentlich, ich hoffe (es); ***the ~d-for result*** das erhoffte Ergebnis; **III** *v/t.* **6.** *et.* hoffen; **~ chest** *s. Am.* F Aussteuertruhe *f*.

hope·ful [ˈhəʊpfʊl] **I** *adj.* □ **1.** hoffnungs-, erwartungsvoll: ***be ~ of*** *et.* hoffen; ***be ~ about*** optimistisch sein hinsichtlich (*gen.*); **2.** (*a. iro.*) vielversprechend; **II** *s.* **3.** *a. iro.* a) hoffnungsvoller *od.* vielversprechender (junger) Mensch, b) ‚Opti'mist' *m*; **'hope·ful·ly** [-fʊlɪ] *adv.* **1.** → ***hopeful*** 1; **2.** hoffentlich; **'hope·ful·ness** [-nɪs] *s.* Opti'mismus *m*.

hope·less ['həʊplɪs] *adj.* □ hoffnungslos: a) verzweifelt, b) aussichtslos, c) unheilbar, d) mise'rabel, e) F unverbesserlich: ***a ~ drunkard***; **'hope·less·ly** [-lɪ] *adv.* **1.** → ***hopeless***; **2.** F heillos, to'tal; **'hope·less·ness** [-nɪs] *s.* Hoffnungslosigkeit *f*.

hop-o'-my-thumb [ˌhɒpəmɪ'θʌm] *s.* Knirps *m*, Zwerg *m*.

hop·per ['hɒpə] *s.* **1.** Hüpfende(r *m*) *f*; **2.** F Tänzer(in); **3.** *zo.* hüpfendes In'sekt, *bsd.* Käsemade *f*; **4.** ⚙ a) Fülltrichter *m*, b) (Schüttgut-, Vorrats)Behälter *m*, c) *a.* ***~(-bottom) car*** 🚃 Fallboden-, Selbstentladewagen *m*, d) Spülkasten *m*, e) *Computer*: Karteneingabefach *n*.

hop·ping mad ['hɒpɪŋ] *adj.*: ***be ~*** F e-e ‚Stinkwut' (im Bauch) haben.

'hop|·scotch *s.* Himmel-und-Hölle-Spiel *n*; **'~-vine** → ***hop-bind***.

Ho·rae ['hɔːriː] *s. pl. myth.* Horen *pl.*

Ho·ra·tian [hə'reɪʃjən] *adj.* ho'razisch: ***~ ode***.

horde [hɔːd] **I** *s.* Horde *f*, (wilder) Haufen; **II** *v/i.* e-e Horde bilden; in Horden zs.-leben.

ho·ri·zon [hə'raɪzn] *s.* (*a. fig. geistiger*) Hori'zont, Gesichtskreis *m*: ***apparent*** (*od.* ***sensible***, ***visible***) ~ scheinbarer Horizont; ***celestial*** (*od.* ***rational***, ***true***) ~ wahrer Horizont; ***on the ~*** am Horizont (auftauchend *od.* sichtbar).

hor·i·zon·tal [ˌhɒrɪ'zɒntl] **I** *adj.* □ horizon'tal, waag(e)recht, ⚙ *a.* liegend (*Motor*, *Ventil etc.*), *a.* Seiten… (*bsd. Steuerung*); ***~ line*** → **II** *s.* ⩚ Horizon'tale *f*, Waag(e)rechte *f*; **~ bar** *s. Turnen*: Reck *n*; **~ com·bi·na·tion** *s.* ✝ Horizon'talverflechtung *f*, -konˌzern *m*; **~ plane** *s.* ⩚ Horizon'talebene *f*; **~ pro·jec·tion** *s.* ⩚ Horizon'talprojektiˌon *f*: ***~ plane*** Grundrißebene *f*; **~ rud·der** *s.* ⚓ Horizon'tal(steuer)ruder *n*, Tiefenruder *n*; **~ sec·tion** *s.* ⚙ Horizon'talschnitt *m*.

hor·mo·nal [hɔː'məʊnl] *adj. biol.* hormo'nal, Hormon…; **hor·mone** ['hɔːməʊn] *s.* Hor'mon *n*.

horn [hɔːn] **I** *s.* **1.** *zo.* a) Horn *n*, b) *pl.* Geweih *n*; → ***dilemma***; **2.** *zo.* a) Horn *n* (*Nashorn*), b) Fühler *m* (*Insekt*), c) Fühlhorn *n* (*Schnecke*): ***draw*** (*od.* ***pull***) ***in one's ~s*** *fig.* die Hörner einziehen, ‚zurückstecken'; **3.** *pl. fig.* Hörner *pl.* (*des betrogenen Ehemanns*): ***put ~s on s.o.*** j-m Hörner aufsetzen; **4.** (Pulver-, Trink)Horn *n*: ***~ of plenty*** Füllhorn; **5.** ♪ a) Horn *n*, b) F 'Blasinstruˌment *n*: ***blow one's own ~*** *fig.* ins eigene Horn stoßen; **6.** a) *mot.* Hupe *f*, b) ⚙ Si'gnalhorn *n*; **7.** a) (Schall)Trichter *m*, b) ⚡ Hornstrahler *m*; **8.** 'Horn(subˌstanz *f*) *n*: ***~ handle*** Horngriff *m*; **9.** Horn *n* (*hornförmige Sache*), *bsd.* a) Bergspitze *f*, b) Spitze *f* (*der Mondsichel*), c) Schuhlöffel *m*: ***the*** ♀ (das) Kap Horn; **10.** Sattelknopf *m*; **11.** V ‚Ständer' *m*: ***~ pill*** Aphrodisiakum *n*; **II** *v/t.* **12.** a) mit den Hörnern stoßen, b) auf die Hörner nehmen; **III** *v/i.* **13.** ***~ in*** *sl.* sich einmischen *od.* -drängen (***on*** in *acc.*); **'~·beam** *s.* ⚘ Hain-, Weißbuche *f*; **'~·blende** *s. min.* Hornblende *f*.

horned [hɔːnd; *poet.* 'hɔːnɪd] *adj.* gehörnt, Horn…: ***~ cattle*** Hornvieh *n*; **~ owl** *s.* Ohreule *f*.

hor·net ['hɔːnɪt] *s. zo.* Hor'nisse *f*: ***bring a ~'s nest about one's ears, stir up a ~'s nest*** *fig.* in ein Wespennest stechen.

'horn|-fly *s. zo.* Hornfliege *f*; **'~·less** [-lɪs] *adj.* hornlos, ohne Hörner; **'~·pipe** *s.* ♪ Hornpipe *f* (*Blasinstrument od. alter Tanz*); **ˌ~-'rimmed** *adj.* mit Hornfassung: ***~ spectacles*** Hornbrille *f*; **'~ˌswog·gle** [-ˌswɒgl] *v/t. sl. j-n* ‚reinlegen'.

horn·y ['hɔːnɪ] *adj.* **1.** hornig, schwielig: ***~-handed*** mit schwieligen Händen; **2.** aus Horn, Horn…; **3.** V geil, ‚scharf'.

hor·o·loge ['hɒrəlɒdʒ] *s.* Zeitmesser *m*, (Sonnen- *etc.*)Uhr *f*.

hor·o·scope ['hɒrəskəʊp] *s.* Horo'skop *n*: ***cast a ~*** ein Horoskop stellen; **'hor·o·scop·er** [-pə] *s.* Horo'skopsteller(in).

hor·ren·dous [hɒ'rendəs] □ → ***horrific***.

hor·ri·ble ['hɒrəbl] *adj.* □, **hor·rid** ['hɒrɪd] *adj.* □ schrecklich, fürchterlich, entsetzlich, gräßlich, scheußlich, ab'scheulich; **'hor·ri·ble·ness** [-nɪs] *s.*, **hor·rid·ness** ['hɒrɪdnɪs] *s.* Schrecklichkeit *etc.*

hor·rif·ic [hɒ'rɪfɪk] *adj.* (□ ***~ally***) **1.** schrecklich, entsetzlich; **2.** hor'rend; **hor·ri·fy** ['hɒrɪfaɪ] *v/t.* entsetzen.

hor·ror ['hɒrə] **I** *s.* **1.** Grau(s)en *n*, Entsetzen *n*: ***seized with ~*** von Grauen gepackt; ***have the ~s*** F a) ‚weiße Mäuse' sehen, b) ‚am Boden zerstört' sein;

2. (***of***) 'Widerwille *m* (gegen), Abscheu *m* (vor *dat.*): ***have a ~ of*** e-n Horror haben vor (*dat.*); **3.** a) Schrecken *m*, Greuel *m*, b) Greueltat *f*: ***the ~s of war*** die Schrecken des Krieges; ***scene of ~*** Schreckensszene *f*; **4.** Entsetzlichkeit *f*, (*das*) Schauerliche; **5.** F Greuel *m* (*Person od. Sache*), Scheusal *n*, Ekel *n* (*Person*); **II** *adj.* **6.** Grusel..., Horror...: ***~ film***; '**~-ˌstrick·en**, '**~-struck** *adj.* von Schrecken *od.* Grauen gepackt.

hors d'oeu·vre [ɔː'dɜːvrə] *pl.* **hors d'oeu·vres** [ɔː'dɜːvrəz] *s.* Hors'd'œuvre *n*, Vorspeise *f*.

horse [hɔːs] **I** *s.* **1.** *zo.* Pferd *n*, Roß *n*, Gaul *m*: ***to ~!*** ⚔ aufgesessen!; ***a dark ~*** *fig.* ein unbeschriebenes Blatt; ***that's a ~ of another colo(u)r*** *fig.* das ist etwas ganz anderes; ***straight from the ~'s mouth*** a) aus erster Hand, b) aus berufenem Mund; ***back the wrong ~*** aufs falsche Pferd setzen; ***wild ~s will not drag me there!*** keine zehn Pferde kriegen mich dorthin!; ***flog a dead ~*** a) offene Türen einrennen, b) sich unnötig mühen; ***give the ~ its head*** die Zügel schießen lassen; ***hold your ~s!*** F immer mit der Ruhe!; ***get on*** (*od.* ***mount***) ***one's high ~*** sich aufs hohe Roß setzen; ***ride*** (*od.* ***be on***) ***one's high ~*** auf dem *od.* s-m hohen Roß sitzen; ***spur a willing ~*** j-n unnötig antreiben; ***work like a ~*** wie ein Pferd arbeiten *od.* schuften; ***you can lead a ~ to the water but you can't make it drink*** man kann niemanden zu s-m Glück zwingen; **2.** a) Hengst *m*, b) Wallach *m*; **3.** *coll.* ⚔ Kavalle'rie *f*, Reite'rei *f*: ***1000 ~*** 1000 Reiter; ***~ and foot*** Kavallerie u. Infanterie, die ganze Armee; **4.** ⚙ (Säge- *etc.*)Bock *m*, Ständer *m*, Gestell *n*; **5.** *Turnen*: Pferd *n*; **6.** *Schach*: F Pferd *n*, Springer *m*; **7.** *sl.* Hero'in *n*; **II** *v/t.* **8.** mit Pferden versehen: a) *Truppen* beritten machen, b) *Wagen* bespannen; **9.** auf ein Pferd setzen *od.* laden; **III** *v/i.* **10.** aufsitzen, aufs Pferd steigen; **11.** rossen (*Stute*); **12.** ***~ around*** F Blödsinn treiben; ˌ**~-and-'bug·gy** *adj. Am.* ‚vorsintflutlich'; **~ ar·til·ler·y** *s.* ⚔ berittene Artille'rie; '**~·back** *s.*: ***on ~*** zu Pferd(e); ***go on ~*** reiten; **~ bean** *s.* Saubohne *f*; **~ chest·nut** *s.* ⚘ 'Roßkaˌstanie *f*; **~ cop·er** *s. Brit.* Pferdehändler *m*.

horsed [hɔːst] *adj.* **1.** beritten (*Person*); **2.** (mit Pferden) bespannt.

horse| deal·er *s.* Pferdehändler *m*; **~ doc·tor** *s.* **1.** Tierarzt *m*; **2.** F ‚Viehdoktor' *m* (*schlechter Arzt*); '**~-drawn** *adj.* von Pferden gezogen, Pferde...; '**~·flesh** *s.* **1.** Pferdefleisch *n*; **2.** *coll.* Pferde *pl.*; '**~·fly** *s. zo.* (Pferde)Bremse *f*; 𝔔 **Guards** *s. pl. Brit.* 'Gardekavalleˌriebriˌgade *f*; '**~·hair** *s.* Roß-, Pferdehaar *n*; **~ lat·i·tudes** *s. pl. geogr.* Roßbreiten *pl.*; '**~-laugh** *s.* wieherndes Gelächter; **~ mack·er·el** *s.* **1.** Thunfisch *m*; **2.** 'Roßmaˌkrele *f*; '**~·man** [-mən] *s.* [*irr.*] **1.** (geübter) Reiter; **2.** Pferdezüchter *m*; '**~·man·ship** [-mənʃɪp] *s.* Reitkunst *f*; **~ op·er·a** *s.* F Western *m* (*Film*); '**~·play** *s.* ‚Blödsinn' *m*, Unfug *m*; '**~·pond** *s.* Pferdeschwemme *f*; '**~ˌpow·er** *s. pl.* (*abbr.* ***h.p.***) *phys.* Pferdestärke *f* (= *1,01 PS*); **~ race** *s.* Pferderennen *n*; '**~-ˌrac·ing** *s.* Pferderennen *n od. pl.*; '**~ˌrad·ish** *s.* ⚘ Meerrettich *m*; **~ sense** *s.* F gesunder Menschenverstand; '**~·shit** *s.* V ‚Scheiß(-dreck)' *m*; **~·shoe** ['hɔːʃʃuː] **I** *s.* **1.** Hufeisen *n*; **2.** *pl. sg. konstr. Am.* Hufeisenwerfen *n*; **II** *adj.* **3.** Hufeisen..., hufeisenförmig: ***~ bend*** (Straßen- *etc.*) Schleife *f*; ***~ magnet*** Hufeisenmagnet *m*; ***~ table*** in Hufeisenform aufgestellte Tische; **~ show** *s.* Reit- u. Springturnier *n*; '**~·tail** *s.* **1.** Pferdeschwanz *m* (*a. fig. Mädchenfrisur*), Roßschweif *m* (*a. hist. als türkisches Rangabzeichen od. Feldzeichen*); **2.** ⚘ Schachtelhalm *m*; **~ trad·ing** *s.* **1.** Pferdehandel *m*; **2.** *pol.* F ‚Kuhhandel' *m*; '**~·whip I** *s.* Reitpeitsche *f*; **II** *v/t.* (aus)peitschen; '**~ˌwom·an** *s.* [*irr.*] (geübte) Reiterin.

hors·y ['hɔːsɪ] *adj.* ☐ **1.** pferdenärrisch; **2.** Pferde...: ***~ face***; ***~ smell***; ***~ talk*** Gespräch *n* über Pferde.

hor·ta·tive ['hɔːtətɪv], '**hor·ta·to·ry** [-tərɪ] *adj.* **1.** mahnend; **2.** anspornend.

hor·ti·cul·tur·al [ˌhɔːtɪ'kʌltʃərəl] *adj.* Gartenbau...: ***~ show*** Gartenschau *f*; **hor·ti·cul·ture** ['hɔːtɪkʌltʃə] *s.* Gartenbau *m*; ˌ**hor·ti'cul·tur·ist** [-ərɪst] *s.* 'Gartenbauexˌperte *m*.

ho·san·na [həʊ'zænə] **I** *int.* hosi'anna!; **II** *s.* Hosi'anna *n*.

hose [həʊz] **I** *s.* **1.** *coll., pl. konstr.* Strümpfe *pl.*; **2.** *hist.* (Knie)Hose *f*; **3.** *pl. a.* ***hoses*** Schlauch *m*: ***garden ~*** Gartenschlauch; **4.** ⚙ Tülle *f*; **II** *v/t.* **5.** (mit e-m Schlauch) spritzen: ***~ down*** abspritzen.

Ho·se·a [həʊ'zɪə] *npr. u. s. bibl.* (das Buch) Ho'sea *m od.* O'see *m*.

hose| pipe *s.* Schlauch(leitung *f*) *m*; '**~-proof** *adj.* ⚙ schwallwassergeschützt.

ho·sier ['həʊzɪə] *s.* Strumpfwarenhändler (-in); '**ho·sier·y** [-rɪ] *s. coll.* Strumpfwaren *pl.*

hos·pice ['hɒspɪs] *s.* **1.** *hist.* Hos'piz *n*, Herberge *f*; **2.** Sterbeklinik *f*.

hos·pi·ta·ble ['hɒspɪtəbl] *adj.* □ **1.** gastfreundlich, (*a. Haus etc.*) gastlich; **2.** *fig.* freundlich: ~ ***climate***; **3.** (***to***) empfänglich (für), aufgeschlossen (*dat.*).

hos·pi·tal ['hɒspɪtl] *s.* **1.** Krankenhaus *n*, Klinik *f*, Hospi'tal *n*: ~ ***fever*** klassisches Fleckfieber; ~ ***nurse*** Kranken(haus)schwester *f*; ~ ***social worker*** Krankenhausfürsorgerin *f*; ~ ***tent*** Sanitätszelt *n*; **2.** ⚔ Laza'rett *n*: ~ ***ship*** (***train***) Lazarettschiff *n* (-zug *m*); **3.** Tierklinik *f*; **4.** *hist.* Spi'tal *n*: a) Armenhaus *n*, b) Altersheim *n*, c) Erziehungsheim *n*; **5.** *hist.* Herberge *f*, Hos'piz *n*; **6.** *humor.* Repara'turwerkstatt *f*: ***dolls'*** ~ Puppenklinik *f*.

hos·pi·tal·i·ty [ˌhɒspɪ'tælətɪ] *s.* Gastfreundschaft *f*, Gastlichkeit *f*.

hos·pi·tal·i·za·tion [ˌhɒspɪtəlaɪ'zeɪʃn] *s.* **1.** Aufnahme *f od.* Einweisung *f* in ein Krankenhaus; **2.** Krankenhausaufenthalt *m*, behandlung *f*; **hos·pi·tal·ize** ['hɒspɪtəlaɪz] *v/t.* **1.** ins Krankenhaus einliefern *od.* einweisen; **2.** im Krankenhaus behandeln.

Hos·pi·tal·(l)er ['hɒspɪtlə] *s.* **1.** *hist.* Hospita'liter *m*, Johan'niter *m*; **2.** Barm'herziger Bruder.

host[1] [həʊst] *s.* **1.** (Un)Menge *f*, Masse *f*: ***a*** ~ ***of questions*** e-e Unmenge Fragen; **2.** *poet.* (Kriegs)Heer *n*: ***the*** ~ ***of heaven*** a) die Gestirne, b) die himmlischen Heerscharen; ***the Lord of*** ♀***s*** *bibl.* der Herr der Heerscharen.

host[2] [həʊst] **I** *s.* **1.** Gastgeber *m*, Hausherr *m*: ~ ***country*** Gastland *n*, *sport etc.* Gastgeberland *n*; **2.** (Gast)Wirt *m*: ***reckon without one's*** ~ *fig.* die Rechnung ohne den Wirt machen; **3.** *TV etc.*: a) Talk-, Showmaster *m*, b) Mode'rator *m*: ***your*** ~ ***was ...*** durch die Sendung führte (Sie) ...; **4.** *biol.* Wirt *m*, Wirtstier *n od.* -pflanze *f*; **II** *v/t.* **5.** a) *TV etc.*: Sendung moderieren, b) *Veranstaltung* ausrichten.

host[3], *oft* ♀ [həʊst] *s. eccl.* Hostie *f*.

hos·tage ['hɒstɪdʒ] *s.* **1.** Geisel *f*: ***take*** (***hold***) ***s.o.*** ~ j-n als Geisel nehmen (behalten); ***taking of*** ~***s*** Geiselnahme *f*; **2.** *fig.* ('Unter)Pfand *n*.

hos·tel ['hɒstl] *s.* **1.** *mst* ***youth*** ~ Jugendherberge *f*; **2.** (Studenten-, Arbeiter- *etc.*)Wohnheim *n*; **3.** → '**hos·tel·ry** [-rɪ] *s. obs.* Wirtshaus *n*.

host·ess ['həʊstɪs] *s.* **1.** Gastgeberin *f*; **2.** (Gast)Wirtin *f*; **3.** ✈ Ho'steß *f*, Stewar'deß *f*; **4.** Ho'steß *f* (*Betreuerin*, *Führerin*); **5.** Animier-, Tischdame *f*.

hos·tile ['hɒstaɪl] *adj.* □ **1.** feindlich, Feind(es)...; **2.** (***to***) *fig.* a) feindselig (gegen), feindlich gesinnt (*dat.*), b) stark abgeneigt (*dat.*); **hos·til·i·ty** [hɒ'stɪlətɪ] *s.* **1.** Feindschaft *f*, Feindseligkeit *f* (***to*** gegen); **2.** Feindseligkeit *f* (*Handlung*); **3.** *pl.* ⚔ Feindseligkeiten *pl.*, Krieg(shandlungen *pl.*) *m*.

hos·tler ['ɒslə] → ***ostler***.

hot [hɒt] **I** *adj.* □ **1.** heiß (*a. fig.*): ~ ***climate***; ~ ***tears***; ***I am*** ~ mir ist heiß, ich bin erhitzt; ***get*** ~ sich erhitzen (*a. fig. u.* ⚙); ~ ***under the collar*** F wütend; ***I went*** ~ ***and cold*** es überlief mich heiß u. kalt; ~ ***scent*** *hunt.* warme *od.* frische Fährte (*a. fig.*); **2.** warm, heiß: ~ ***meal***; ~ ***and*** ~ ganz heiß, direkt vom Feuer; **3.** a) scharf (*Gewürz*), b) scharf (gewürzt): ***a*** ~ ***dish***; **4.** *fig.* heiß, hitzig, heftig: ***a*** ~ ***fight***; ~ ***words*** heftige Worte; ***grow*** ~ sich erhitzen (***over*** über *acc.*); **5.** leidenschaftlich, feurig: ***a*** ~ ***temper*** ein hitziges Temperament; ***be*** ~ ***for*** (*od.* ***on***) F ‚scharf' sein auf (*acc.*); **6.** wütend, erbost: ***all*** ~ ***and bothered*** ganz ‚aus dem Häuschen'; **7.** ‚heiß': a) *zo.* brünstig, b) F geil, ‚scharf' (*Person*, *Film etc.*); **8.** ‚heiß' (*im Suchspiel*): ***you are getting*** ~***ter!*** a) (es wird) schon heißer!, b) *fig.* du kommst der Sache schon näher!; **9.** ganz neu *od.* frisch, ‚noch warm': ~ ***from the press*** frisch aus der Presse (*Nachrichten*), soeben erschienen (*Buch*); **10.** F a) ‚toll' (*großartig*): ***he*** (***it***) ***is not so*** ~***!*** er (es) ist nicht so toll!; ~ ***stuff*** a) ‚dolles Ding', b) toller Kerl; ***be*** ~ ***at*** (*od.* ***on***) ‚ganz groß' sein in (*e-m Fach*); **11.** ‚heiß' (*vielversprechend*): ***a*** ~ ***tip***; ~ ***favo(u)rite*** *bsd. sport* heißer *od.* hoher Favorit; **12.** ‚heiß' (*Jazz etc.*): ~ ***music***; **13.** gefährlich: ***make it*** ~ ***for s.o.*** j-m die Hölle heiß machen, j-m ‚einheizen'; ***the place was getting too*** ~ ***for him*** ihm wurde der Boden zu heiß (unter den Füßen); ***be in*** ~ ***water*** in ‚Schwulitäten' sein; ***get into*** ~ ***water*** a) *j-n* in ‚Schwulitäten' bringen, b) in ‚Schwulitäten' geraten, ‚Ärger kriegen'; **14.** F a) ‚heiß' (*gestohlen*, *geschmuggelt etc.*): ~ ***goods*** ‚heiße Ware', b) (von der Polizei) gesucht; **15.** a) ϟ stromführend: → ***hot line***, ***hot wire***, b) *phys.* F ‚heiß' (*radioaktiv*); **16.** ⚙, ϟ Heiß..., Warm..., Glüh...; **II** *adv.* **17.** heiß: ***the sun shines*** ~; ***get it*** ~ (***and strong***) F ‚eins aufs Dach kriegen', sein ‚Fett' bekommen; ***give it s.o.*** ~ (***and strong***) F j-m die Hölle heiß machen, j-m ‚einheizen'; → ***blow***[1] 4; **III** *v/t.* **18.** *mst* **~ *up*** heiß machen; **19. ~ *up*** F a) *Auto*, *Motor* ‚frisieren', ‚aufmotzen', b) ‚anheizen', c) Schwung bringen in (*acc.*), *et.* ‚aufmöbeln'; **IV** *v/i.* **20.** *mst* **~ *up*** heiß werden; **21. ~ *up*** F a) sich verschärfen, b) schwungvoller werden.

hot| air *s.* **1.** ⚙ Heißluft *f*; **2.** *sl.* ‚heiße Luft', (leeres) Geschwätz; **ˌ~-ˈair** *adj.* ⚙ Heißluft…: **~ *artist*** F ‚Windmacher' *m*; **ˈ~·bed** *s.* **1.** ✓ Mist-, Frühbeet *n*; **2.** *fig.* Brutstätte *f*; **ˌ~-ˈblood·ed** *adj.* heißblütig; **~ cath·ode** *s.* ⚡ ˈGlühkaˌthode *f*.

hotch·pot [ˈhɒtʃpɒt] *s.* ⚖ Vereinigung *f* des Nachlasses zwecks gleicher Verteilung.

hotch·potch [ˈhɒtʃpɒtʃ] *s.* **1.** Eintopf (-gericht *n*) *m*, *bsd.* Gemüse(suppe *f*) *n* mit Hammelfleisch; **2.** *fig.* Mischmasch *m*.

hot dog *s.* Hot dog *n*, *a. m.*

ho·tel [həʊˈtel] *s.* Hoˈtel *n*: **~ *register*** Fremdenbuch *n*; **ho·tel·ier** [həʊˈtelɪeɪ], **hoˈtel-ˌkeep·er** *s.* Hoteliˈer *m*, Hoˈtelbesitzer(in) *od.* -diˌrektor *m*, -direkˌtorin *f*.

hot| flush·es *s. pl.* ⚕ fliegende Hitze; **ˈ~·foot** F **I** *adv.* schleunigst; **II** *v/i. a.* **~ *it*** rennen, flitzen; **ˈ~-ˌgal·va·nize** *v/t.* ⚙ feuerverzinken; **ˈ~-ˌgos·pel·(l)er** *s.* F Erweckungsprediger *m*; **ˈ~·head** *s.* Hitzkopf *m*; **ˌ~-ˈhead·ed** *adj.* hitzköpfig; **ˈ~·house** *s.* Treib-, Gewächshaus *n*; **~ line** *s. bsd. pol.* ‚heißer Draht'; **~ mon·ey** *s.* ✝ Hot money *n*, ‚heißes Geld'.

hot·ness [ˈhɒtnɪs] *s.* Hitze *f*.

ˈhot|·plate *s.* **1.** Koch-, Heizplatte *f*; **2.** Warmhalteplatte *f*; **~ pot** *s.* Eintopf *m*; **ˈ~-press** ⚙ **I** *s.* **1.** Heißpresse *f*; **2.** Dekatierpresse *f*; **II** *v/t.* **3.** heiß pressen; **4.** *Tuch* dekatieren; **5.** *Papier* satinieren; **~ rod** *s. Am. sl.* ‚frisierter' Wagen; **~ rod·der** [ˈrɒdə] *s. Am. sl.* **1.** Fahrer *m* e-s ***hot rod***; **2.** a) ‚Raser' *m*, b) Verkehrsrowdy *m*; **~ seat** *s. sl.* **1.** ✈ Schleudersitz *m* (*a. fig.*); **2.** *Am.* eˈlektrischer Stuhl; **ˈ~·shot I** *s. Am. sl.* **1.** ‚großes Tier'; **2.** *bsd. sport* ‚Kaˈnone' *f*, ‚As' *n*; **3.** ✈, *mot.* ‚Raˈkete' *f*; **II** *adj.* **4.** ‚groß', ‚toll'; **~ spot** *s.* **1.** *pol.* Krisenherd *m*; **2.** F ‚heißes Ding' (*Nachtklub etc.*); **~ spring** *s.* heiße Quelle, Therˈmalquelle *f*; **ˈ~·spur** *s.* Heißsporn *m*; **~ tube** *s.* ⚙ Heiz-, Glührohr *n*; **~ war** *s.* heißer Krieg; **ˌ~-ˈwa·ter** *adj.* Heißwasser…: **~ *heating***; **~ *bottle*** Wärmflasche *f*; **~ wire** *s.* **1.** ⚡ a) stromführender Draht, b) Hitzdraht *m*; **2.** *bsd. pol.* ‚heißer Draht'.

hound[1] [haʊnd] **I** *s.* **1.** Jagdhund *m*: ***ride to*** (*od.* ***follow the***) **~*s*** an e-r Parforcejagd (*bsd. Fuchsjagd*) teilnehmen; **2.** *sl.* ‚Hund' *m*, Schurke *m*; **3.** *Am. sl.* Faˈnatiker(in): ***movie*** **~** Kinonarr *m*; **4.** Verfolger *m* (*Schnitzeljagd*); **II** *v/t.* **5.** *mst fig.* jagen, hetzen, drängen, verfolgen: **~ *down*** zur Strecke bringen; **6.** *a.* **~ *on*** (auf)hetzen, antreiben.

hound[2] [haʊnd] *s.* **1.** ⚓ Mastbacke *f*; **2.** *pl.* ⚙ Seiten-, Diagoˈnalstreben *pl.* (*an Fahrzeugen*).

hour [ˈaʊə] *s.* **1.** Stunde *f*: ***by the*** **~** stundenweise; ***for*** **~*s*** (***and*** **~*s***) stundenlang; ***on the*** **~** (jeweils) zur vollen Stunde; ***an*** **~*'s work*** e-e Stunde Arbeit; ***10 minutes past the*** **~** 10 Minuten nach voll; **2.** (Tages)Zeit *f*: ***at 14.20*** **~*s*** um 14 Uhr 20; ***at all*** **~*s*** zu jeder Zeit; ***at an early*** **~** früh, zu früher Stunde; ***at the eleventh*** **~** *fig.* in letzter Minute, fünf Minuten vor zwölf; ***keep early*** **~*s*** früh schlafen gehen (u. früh aufstehen); ***sleep till all*** **~*s*** ‚bis in die Puppen' schlafen; ***the small*** **~*s*** die frühen Morgenstunden; **3.** Zeitpunkt *m*, Stunde *f*: **~ *of death*** Todesstunde; ***his*** **~ *has come*** a) s-e Stunde ist gekommen, b) *a.* ***his*** (***last***) **~ *has struck*** s-e letzte Stunde *od.* sein letztes Stündlein ist gekommen *od.* hat geschlagen; ***question of the*** **~** aktuelle Frage; **4.** *pl.* (Arbeits-) Zeit *f*, (Arbeits-, Geschäfts-, Dienst-) Stunden *pl.*: ***after*** **~*s*** a) nach Geschäftsschluß, b) nach der Arbeit, c) *fig.* zu spät; **5.** *pl. eccl.* a) Stundenbuch *n*, b) *R.C.* Stundengebete *pl.*; **6. 2*s*** *pl. myth.* Horen *pl.*; **ˈ~-ˌcir·cle** *s. ast.* Stundenkreis *m*; **ˈ~·glass** *s.* Stundenglas *n*, *bsd.* Sanduhr *f*; **ˈ~-hand** *s.* Stundenzeiger *m*.

hou·ri [ˈhʊərɪ] *s.* **1.** Huri *f* (*mohammedanische Paradiesjungfrau*); **2.** *fig.* üppige Schönheit (*Frau*).

hour·ly [ˈaʊəlɪ] *adv. u. adj.* **1.** stündlich: **~ *wage*** Stundenlohn *m*; **2.** ständig, dauernd: ***in*** **~ *fear***.

house [haʊs] **I** *pl.* **hous·es** [ˈhaʊzɪz] *s.* **1.** Haus *n* (*Gebäude u. Hausbewohner*): ***like a*** **~ *on fire*** ganz ‚toll', ‚prima'; → ***safe*** 3; **2.** Wohnhaus *n*, Wohnung *f*, Heim *n*; Haushalt *m*: **~ *and home*** Haus u. Hof; ***keep*** **~** a) das Haus hüten, b) (***for s.o.*** j-m) den Haushalt führen; ***put*** (*od.* ***set***) ***one's*** **~ *in order*** s-e Angelegenheiten ordnen, sein Haus bestellen; → ***open*** 10; **3.** Faˈmilie *f*, Geschlecht *n*, (*bsd. Fürsten*)Haus *n*: ***the*** **2 *of Hanover***; **4.** *univ. Brit.* Haus *n*: a) Wohngebäude *n* (*e-s College*, *a. ped. e-s Internats*), b) College *n*; **5.** *thea.* a) (Schauspiel)Haus *n*: ***full ~*** volles Haus, b) Zuhörer *pl.*; → ***bring down*** 8, c) Vorstellung *f*: ***the second ~*** die zweite Vorstellung (*des Tages*); **6.** *mst* ♀ *parl.* Haus *n*, Kammer *f*, Parla'ment *n*: ***the*** ♀ a) → ***House of Commons*** (***Lords***, ***Representatives***), b) *coll.* das Haus (*die Abgeordneten*); ***enter the*** ♀ Parlamentsmitglied werden; ***there is a*** ♀ es ist Parlamentssitzung; ***no*** ♀ das Haus ist nicht beschlußfähig; **7.** ✝ Haus *n*, Firma *f*: ***the*** ♀ die Londoner Börse; ***on the ~*** auf Kosten des Hauses (*a. weitS. des Wirts od. Gastgebers*); **8.** *ast.* a) Haus *n*, b) Tierkreiszeichen *n*; **II** *v/t.* [haʊz] **9.** 'unterbringen (*a.* ⚙); **10.** aufnehmen, beherbergen; **11.** Platz haben für; **III** *v/i.* [haʊz] **12.** hausen, wohnen.

house| a·gent *s. Brit.* Häusermakler *m*; **~ ar·rest** *s.* 'Hausarˌrest *m*; **'~·boat** *s.* Hausboot *n*; **'~ˌbod·y** → ***homebody***; **'~·bound** *adj.* ans Haus gefesselt; **'~·break** *v/t. Am.* **1.** *Hund etc.* stubenrein machen; **2.** F *fig.* a) *j-m* Manieren beibringen, b) *j-n* ,kirre' machen; **'~ˌbreak·er** *s.* **1.** ⚖ Einbrecher *m*; **2.** 'Abbruchunterˌnehmer *m*; **'~ˌbreak·ing** *s.* **1.** ⚖ Einbruch(sdiebstahl) *m*; **2.** Abbruch(arbeiten *pl.*) *m*; **'~ˌbro·ken** *adj.* stubenrein (*Hund etc.*); **'~·clean** *v/i.* **1.** Hausputz machen; **2.** (*a. v/t.*) *Am.* F gründlich aufräumen (in *dat.*); **'~ˌclean·ing** *s.* **1.** Hausputz *m*; **2.** *Am.* F 'Säuberungsaktiˌon *f*; **'~·coat** *s.* Hauskleid *n*, Morgenrock *m*; **'~·craft** *s. Brit.* Hauswirtschaftslehre *f*; **~ de·tec·tive** *s.* 'Hausdetekˌtiv *m* (*Hotel etc.*); **~ dog** *s.* Haushund *m*; **'~·fly** *s. zo.* Stubenfliege *f*.

house·hold ['haʊs*h*əʊld] **I** *s.* **1.** Haushalt *m*; **2.** ***the*** ♀ *Brit.* die königliche Hofhaltung: ♀ ***Brigade***, ♀ ***Troops*** Gardetruppen *pl.*; **II** *adj.* **3.** Haushalts..., häuslich: ***~ gods*** a) *antiq.* Hausgötter *pl.*, b) *fig.* heiliggehaltene Dinge *pl.*; ***~ remedy*** ⚕ Hausmittel *n*; ***~ soap*** Haushaltsseife *f*; **4.** all'täglich: ***a ~ word*** (*od.* ***name***) ein (fester *od.* geläufiger) Begriff; **'houseˌhold·er** *s.* **1.** Haushaltsvorstand *m*; **2.** Haus- *od.* Wohnungsinhaber *m*.

'house|-ˌhunt·ing *s.* F Wohnungssuche *f*; **'~ˌhus·band** *s.* Hausmann *m*; **'~·keep** *v/i.* den Haushalt führen (***for s.o.*** j-m); **'~ˌkeep·er** *s.* **1.** Haushälterin *f*, Wirtschafterin *f*; **2.** Hausmeister(in); **'~ˌkeep·ing** *s.* Haushaltung *f*, -wirtschaft *f*: **~ (*money*)** Wirtschaftsgeld *n*; **'~·maid** *s.* Hausgehilfin *f*: ***~'s knee*** ⚕ Knieschleimbeutelentzündung *f*; **'~ˌmas·ter** *s. ped. Brit.* Heimleiter *m* (*Lehrer, der für ein Wohngebäude e-s Internats zuständig ist*); **'~·mate** *s.* Hausgenosse *m*, -genossin *f*; **'~ˌmis·tress** *s. ped. Brit.* Heimleiterin *f* (*in e-m Internat*); ♀ **of Com·mons** *s. parl. Brit.* 'Unterhaus *n*; ♀ **of Lords** *s. parl. Brit.* Oberhaus *n*; ♀ **of Rep·re·sent·a·tives** *s. parl. Am.* Repräsen'tantenhaus *n* (*Unterhaus des US-Kongresses*); **~ or·gan** *s.* ✝ Hauszeitung *f*; **~ paint·er** *s.* Maler *m*, Anstreicher *m*; **~ par·ty** *s.* mehrtägige Party (*bsd. in e-m Landhaus*); **'~·phone** *s. Am.* 'Hausteleˌfon *n*; **~ phy·si·cian** *s.* **1.** Hausarzt *m* (*im Hotel etc.*); **2.** *im Krankenhaus wohnender Arzt*; **~ plant** *s.* ⚘ Zimmerpflanze *f*; **'~-proud** *adj.* über'trieben ordentlich, pe'nibel (*Hausfrau*); **'~·room** [-rʊm] *s.*: ***give s.o. ~*** j-n (in sein Haus) aufnehmen; ***he wouldn't give it ~*** *fig.* er nähme es nicht einmal geschenkt; **~ search** *s.* ⚖ Haussuchung *f*; **ˌ~-to-'house** *adj.* von Haus zu Haus: ***~ collection*** Haussammlung *f*; ***~ selling*** Verkauf *m* an der Haustür; **'~·top** *s.* Dach *n*: ***proclaim*** (*od.* ***shout***) ***from the ~s*** öffentlich verkünden, *et.* ,an die große Glocke hängen'; **'~·trained** *adj.* stubenrein (*Hund etc.*); **'~ˌwarm·ing (par·ty)** *s.* Einzugsparty *f* (*im neuen Haus*).

'house·wife *s.* [*irr.*] **1.** Hausfrau *f*; **2.** ['hʌzɪf] *Brit.* 'Näheˌtui *n*, Nähzeug *n*; **'houseˌwife·ly** [-ˌwaɪflɪ] *adj.* hausfraulich; **'house·wif·er·y** [-wɪfərɪ] → ***housekeeping***; **'house·work** *s.* Haus(halts)arbeit *f*.

hous·ing[1] ['haʊzɪŋ] *s.* **1.** 'Unterbringung *f*; **2.** 'Unterkunft *f*, Obdach *n*; **3.** Wohnung *f*, *coll.* Häuser *pl.*: ***~ development***, ***~ estate*** Wohnsiedlung *f*; ***~ development scheme*** Wohnungsbauprojekt *n*; ***~ shortage*** Wohnungsnot *f*; ***~ situation*** Lage *f* auf dem Wohnungsmarkt; ***~ unit*** Wohneinheit *f*; **4.** Wohnungsbau *m od.* -beschaffung *f*; **5.** ⚙ a) Gehäuse *n*, b) Gerüst *n*, c) Nut *f*.

hous·ing[2] ['haʊzɪŋ] *s.* Satteldecke *f*.

hove [həʊv] *pret. u. p.p. von* ***heave***.

hov·el ['hɒvl] *s.* **1.** Schuppen *m*; **2.** *contp.* ,Bruchbude' *f*, ,Loch' *n*.

hov·el·(l)er ['hɒvlə] *s.* ⚓ **1.** Bergungsboot *n*; **2.** Berger *m*.

hov·er ['hɒvə] *v/i.* **1.** schweben (*a. fig.*); **2.** sich her'umtreiben *od.* aufhalten (***about*** in der Nähe *gen.*); **3.** zögern, schwanken; '**~·craft** *s. sg. u. pl.* Hovercraft *n*, Luftkissenfahrzeug *n*; '**~·train** *s.* Hovertrain *m*, Schwebezug *m*.

how [haʊ] **I** *adv.* **1.** (*fragend*) wie: ***~ are you?*** wie geht es Ihnen?; ***~ do you do?*** (*bei der Vorstellung*) guten Tag!; ***~ about ...?*** wie steht's mit ...?; ***~ about a cup of tea?*** wie wäre es mit e-r Tasse Tee?; ***~ about it?*** (na,) wie wär's?; ***~ is it that ...?*** wie kommt es, daß ...?; ***~ now?*** was soll das bedeuten?; ***~ much?*** wieviel?; ***~ many?*** wie viele?, wieviel?; ***~ much is it?*** was kostet es?; ***~ do you know?*** woher wissen Sie das?; ***~ ever do you do it?*** wie machen Sie das nur?; **2.** (*ausrufend*) wie: ***~ absurd!***; ***and ~!*** F und wie!; ***here's ~!*** F auf Ihr Wohl!; **3.** (*relativ*) wie: ***I know ~ far it is*** ich weiß, wie weit es ist; ***he knows ~ to ride*** er kann reiten; ***I know ~ to do it*** ich weiß, wie man es macht; **II** *s.* **4.** Wie *n*: ***the ~ and the why*** das Wie u. Warum.

how·be·it [ˌhaʊ'bi:ɪt] *obs.* **I** *adv.* nichtsdesto'weniger; **II** *cj.* ob'gleich, ob'schon.

how·dah ['haʊdə] *s.* (*mst gedeckter*) Sitz auf dem Rücken e-s Ele'fanten.

how-do-you-do [ˌhaʊdjʊ'du:], ˌ**how-d'ye-'do** [-djə'du:] *s.* F: ***a nice ~*** e-e schöne ‚Bescherung'.

how·ev·er [haʊ'evə] **I** *adv.* **1.** wie auch (immer), wenn auch noch so: ***~ good***; ***~ it (may) be*** wie dem auch sei; ***~ you do it*** wie du es auch machst; **2.** F wie ... bloß *od.* denn nur: ***~ did you do it?***; **II** *cj.* **3.** je'doch, dennoch, doch, aber, in'des.

how·itz·er ['haʊɪtsə] *s.* Hau'bitze *f*.

howl [haʊl] **I** *v/i.* **1.** heulen (*Wölfe, Wind etc.*); **2.** brüllen, schreien (***with*** vor *dat.*); **3.** F ‚heulen', weinen; **4.** pfeifen (*Wind, Radio etc.*); **II** *v/t.* **5.** brüllen, schreien: ***~ down*** *j-n* niederschreien; **III** *s.* **6.** Heulen *n*, Geheul *n*; **7.** a) Schrei *m*: ***~s of laughter*** brüllendes Gelächter, b) Gebrüll *n*, Geschrei *n*: ***be a ~*** F ‚zum Brüllen' sein; '**howl·er** [-lə] *s.* **1.** Heuler(in); **2.** *zo.* Brüllaffe *m*; **3.** F grober Schnitzer, ‚Heuler' *m*; '**howl·ing** [-lɪŋ] *adj.* **1.** heulend, brüllend; **2.** F ‚toll', Mords...

how·so·ev·er [ˌhaʊsəʊ'evə] → ***however*** 1.

ˌ**how-to-'do-it book** *s.* Bastelbuch *n*.

hoy[1] [hɔɪ] *s.* ⚓ Leichter *m*.

hoy[2] [hɔɪ] **I** *int.* **1.** he!, hoi!; **2.** ⚓ a'hoi!; **II** *s.* **3.** He(ruf *m*) *n*.

hoy·den ['hɔɪdn] *s.* Range *f*, Wildfang *m* (*Mädchen*); '**hoy·den·ish** [-nɪʃ] *adj.* wild, ausgelassen.

hub [hʌb] *s.* **1.** (Rad)Nabe *f*: ***~cap*** *mot.* Radkappe *f*; **2.** *fig.* Mittel-, Angelpunkt *m*, Zentrum *n*: ***~ of the universe*** Mittelpunkt der Welt (*bsd. fig.*); **3.** ***the*** **2** *Am.* (*Spitzname für*) Boston *n*.

hub·bub ['hʌbʌb] *s.* **1.** Stimmengewirr *n*; **2.** Lärm *m*, Tu'mult *m*.

hub·by ['hʌbɪ] *s.* F ‚Männe' *m*, (Ehe-) Mann *m*.

hu·bris ['hju:brɪs] (*Greek*) *s.* Hybris *f*, freche 'Selbstüberˌhebung.

huck·le ['hʌkl] *s.* **1.** *anat.* Hüfte *f*; **2.** Buckel *m*; '**~·ber·ry** *s.* ⚘ Heidelbeere *f*; '**~-bone** *s. anat.* **1.** Hüftknochen *m*; **2.** Fußknöchel *m*.

huck·ster ['hʌkstə] **I** *s.* **1.** → ***hawker***[2]; **2.** *contp.* Krämer(seele *f*) *m*, Feilscher *m*; **3.** *Am. sl.* ‚Re'klamefritze' *m* (*Werbefachmann*); **II** *v/i.* **4.** hökern; hausieren; **5.** feilschen (***over*** um).

hud·dle ['hʌdl] **I** *v/t.* **1.** a) *mst* ***~ together*** (*od.* ***up***) zs.-werfen, auf e-n Haufen werfen, b) *wohin* stopfen; **2.** ***~ o.s.*** (***up***) → 6; ***~d up*** zs.-gekauert; **3.** *mst* ***~ together*** (*od.* ***up***) *Brit. Bericht etc.* a) ‚hinhauen', b) zs.-stoppeln; **4.** ***~ on*** sich *ein Kleid etc.* 'überwerfen, schlüpfen in (*acc.*); **5.** *fig.* vertuschen; **II** *v/i.* **6.** (***~ up*** sich zs.-)kauern; **7.** *a.* ***~ together*** (*od.* ***up***) sich zs.-drängen; **8.** ***~*** (***up***) ***against*** (*od.* ***to***) sich kuscheln *od.* schmiegen an (*acc.*); **III** *s.* **9.** a) (wirrer) Haufen, b) Wirrwarr *m*; **10.** ***go into a ~*** F a) die Köpfe zs.-stecken, ‚Kriegsrat halten', b) ***with o.s.*** ‚mal nachdenken', mit sich zu Rate gehen.

hue[1] [hju:] *s.*: ***~ and cry*** *a. fig.* (Zeter-) Geschrei *n*, Gezeter *n*; ***raise a ~ and cry*** ein Zetergeschrei erheben, lautstark protestieren (***against*** gegen).

hue[2] [hju:] *s.* Farbe *f*, (Farb)Ton *m*; Färbung *f* (*a. fig.*); **hued** [hju:d] *adj. in Zssgn* ...farbig, ...farben.

huff [hʌf] **I** *v/t.* **1.** a) ärgern, verstimmen, b) kränken, c) ‚piesacken': ***~ s.o. into s.th.*** j-n zu et. zwingen; ***easily ~ed*** leicht ‚eingeschnappt', sehr übelnehmerisch; **2.** *Damespiel*: *Stein* wegnehmen; **II** *v/i.* **3.** a) sich ärgern, b) ‚einschnappen'; **4.** *a.* ***~ and puff*** a) schnaufen, pusten, b) (vor Wut) schnauben; **III** *s.* **5.** Ärger *m*, Verstimmung *f*: ***be in a ~*** verstimmt *od.* ‚eingeschnappt' sein; **huff·i·ness** ['hʌfɪnɪs] *s.* **1.** übelnehmerisches Wesen; **2.** Verärgerung *f*, Verstimmung *f*; **huff·ish** ['hʌfɪʃ], **huff·y** ['hʌfɪ] *adj.* □ **1.** übelnehmerisch; **2.** verärgert, ‚eingeschnappt'.

hug [hʌg] **I** *v/t.* **1.** um'armen, an sich drücken: ***~ o.s.*** sich beglückwünschen (***on***, ***over*** zu); **2.** *fig.* (zäh) festhalten an (*e-r Meinung etc.*); **3.** sich dicht halten an (*acc.*): ***~ the coast*** (***the side of the road***) sich dicht an die Küste (an den Straßenrand) halten; ***the car ~s the road well*** *mot.* der Wagen hat e-e gute Straßenlage; **II** *v/i.* **4.** ein'ander *od.* sich um'armen; **III** *s.* **5.** Um'armung *f*: ***give s.o. a ~*** j-n umarmen.

huge [hju:dʒ] *adj.* □ riesig, ungeheuer, e'norm, gewaltig, mächtig (*alle a. fig.*); **'huge·ly** [-lɪ] *adv.* gewaltig, ungeheuer, ungemein; **'huge·ness** [-nɪs] *s.* ungeheure Größe.

hug·ger-mug·ger ['hʌgəˌmʌgə] **I** *s.* **1.** ‚Kuddelmuddel' *m, n*; **2.** Heimlichtue'rei *f*; **II** *adj. u. adv.* **3.** unordentlich; **4.** heimlich, verstohlen; **III** *v/t.* **5.** vertuschen, verbergen.

Hu·gue·not ['hju:gənɒt] *s.* Huge'notte *m*, Huge'nottin *f*.

huh [hʌ] *int.* **1.** wie?, was?; **2.** ha(ha)!

hu·la ['hu:lə], ˌ**hu·la-'hu·la** *s.* Hula *f, m* (*Tanz der Eingeborenen auf Hawaii*).

hulk [hʌlk] *s.* **1.** ⚓ Hulk *f, m*, **2.** Ko'loß *m* (*Sache od. Person*): ***a ~ of a man*** *a.* ein Riesenkerl, ein ungeschlachter Kerl; **'hulk·ing** [-kɪŋ], **'hulk·y** *adj.* **1.** ungeschlacht; **2.** sperrig, klotzig.

hull¹ [hʌl] **I** *s.* ♀ Schale *f*, Hülle *f* (*beide a. weitS.*), Hülse *f*; **II** *v/t.* schälen, enthülsen: ***~ed barley*** Graupen *pl.*

hull² [hʌl] **I** *s.* ⚓, ✈ Rumpf *m*: ***~ down*** weit entfernt (*Schiff*); **II** *v/t.* ⚓ den Rumpf treffen *od.* durch'schießen.

hul·la·ba·loo [ˌhʌləbə'lu:] *s.* Lärm *m*, Tu'mult *m*, Trubel *m*.

hul·lo [hə'ləʊ] → ***hello***.

hum [hʌm] **I** *v/i.* **1.** summen (*Bienen, Draht, Person etc.*); **2.** ⚡ brummen; **3.** ***~ and ha(w)*** a) ‚herumdrucksen', b) (hin u. her) schwanken; **4.** *a.* ***~ with activity*** F voller Leben *od.* Aktivi'tät sein: ***make things ~*** die Sache in Schwung bringen; **5.** ‚muffeln', stinken; **II** *v/t.* **6.** summen; **III** *s.* **7.** Summen *n*; **8.** ⚡ Brummen *n*; **9.** [*a.* mm] Hm *n*: ***~s and ha(w)s*** verlegenes Geräusper.

hu·man ['hju:mən] **I** *adj.* □ → ***humanly***; **1.** menschlich (*a. weitS. Person, Charakter etc.*), Menschen..., Human... (*-medizin etc.*): ***~ nature*** menschliche Natur; ***~ engineering*** a) angewandte Betriebspsychologie, Arbeitsplatzgestaltung *f*, b) menschengerechte Gestaltung (*von Maschinen etc.*) zwecks optimaler Leistung; ***~ interest*** *das* menschlich Ansprechende; ***~-interest story*** ergreifende *od.* ein menschliches Schicksal schildernde Geschichte; ***~ relations*** zwischenmenschliche Beziehungen, (✝ innerbetriebliche) Kontaktpflege; ***the ~ race*** das Menschengeschlecht; ***~ rights*** Menschenrechte; ***~ touch*** menschliche Note; ***that's only ~*** das ist doch menschlich; ***I am only ~*** *iro.* ich bin auch nur ein Mensch; → ***err*** 1; **2.** → ***humane*** 1; **II** *s.* **3.** Mensch *m*;

hu·mane [hju:'meɪn] *adj.* □ **1.** hu'man, menschlich: ♀ ***Society*** Gesellschaft *f* zur Verhinderung von Grausamkeiten an Tieren; **2.** → ***humanistic*** 1; **hu·mane·ness** [hju:'meɪnnɪs] *s.* Humani'tät *f*, Menschlichkeit *f*.

hu·man·ism ['hju:mənɪzəm] *s.* **1.** *oft* ♀ Huma'nismus *m*; **2.** a) → ***humaneness***, b) → ***humanitarianism***; **'hu·man·ist** [-ɪst] **I** *s.* **1.** Huma'nist(in); **2.** → ***humanitarian*** II; **II** *adj.* → **hu·man·is·tic** [ˌhju:mə'nɪstɪk] *adj.* (□ ***~ally***) **1.** huma'nistisch: ***~ education***; **2.** a) → ***humane*** 1, b) → **hu·man·i·tar·i·an** [hju:ˌmænɪ'teərɪən] **I** *adj.* humani'tär, menschenfreundlich, Humanitäts...; **II** *s.* Menschenfreund *m*; **hu·man·i·tar·i·an·ism** [hju:ˌmænɪ'teərɪənɪzəm] *s.* Menschenfreundlichkeit *f*, humani'täre Gesinnung; **hu·man·i·ty** [hju:'mænətɪ] *s.* **1.** die Menschheit; **2.** Menschsein *n*, menschliche Na'tur; **3.** Humani'tät *f*, Menschlichkeit *f*; **4.** *pl.* a) klassische Litera'tur, b) 'Altphiloloˌgie *f*, c) Geisteswissenschaften *pl.*

hu·man·i·za·tion [ˌhju:mənaɪ'zeɪʃn] *s.* **1.** Humanisierung *f*; **2.** Vermenschlichung *f*, Personifizierung *f*; **hu·man·ize** ['hju:mənaɪz] *v/t.* **1.** humanisieren, hu'maner gestalten; **2.** vermenschlichen, personifizieren.

ˌ**hu·man'kind** *s.* die Menschheit, das Menschengeschlecht; **'hu·man·ly** [-lɪ] *adv.* **1.** menschlich; **2.** nach menschlichen Begriffen: ***~ possible*** menschenmöglich; ***~ speaking*** menschlich gesehen; **3.** hu'man, menschlich.

hum·ble ['hʌmbl] **I** *adj.* □ bescheiden: a) demütig: ***in my ~ opinion*** nach m-r unmaßgeblichen Meinung; ***my ~ self*** meine Wenigkeit; ***Your ~ servant*** *obs.* Ihr ergebener Diener; ***eat ~ pie*** *fig.* klein beigeben, zu Kreuze kriechen, b) anspruchslos, einfach, c) niedrig, dürftig, ärmlich: ***of ~ birth*** von niedriger Geburt; **II** *v/t.* demütigen, erniedrigen; **'hum·ble·ness** [-nɪs] *s.* Demut *f*, Bescheidenheit *f*.

hum·bug ['hʌmbʌg] **I** *s.* **1.** ‚Humbug' *m*: a) Schwindel *m*, Betrug *m*, b) Unsinn *m*, ‚Mumpitz' *m*; **2.** Schwindler *m*, *bsd.* Hochstapler *m*, *a.* Scharlatan *m*; **3.** *a.*

***mint** ~ Brit.* ˈPfefferminzbonˌbon *m*, *n*; **II** *v/t.* **4.** betrügen, ‚reinlegen'.

hum·ding·er [hʌmˈdɪŋgə] *s. sl.* **1.** ‚toller Bursche'; **2.** ‚tolles Ding'.

hum·drum [ˈhʌmdrʌm] **I** *adj.* **1.** eintönig, langweilig, fad; **II** *s.* **2.** Eintönigkeit *f*, Langweiligkeit *f*; **3.** langweilige Sache *od.* Perˈson.

hu·mec·tant [hjuːˈmektənt] *s.* ⚗ Feuchthaltemittel *n*.

hu·mer·al [ˈhjuːmərəl] *adj. anat.* **1.** Oberarmknochen…; **2.** Schulter…; **hu·mer·us** [ˈhjuːmərəs] *pl.* **-i** [-aɪ] *s.* Oberarm(knochen) *m*.

hu·mid [ˈhjuːmɪd] *adj.* feucht; **hu·mid·i·fi·er** [hjuːˈmɪdɪfaɪə] *s.* Befeuchter *m*; **hu·mid·i·fy** [hjuːˈmɪdɪfaɪ] *v/t.* befeuchten; **hu·mid·i·ty** [hjuːˈmɪdətɪ] *s.* Feuchtigkeit(sgehalt *m*) *f*.

hu·mi·dor [ˈhjuːmɪdɔː] *s.* Feuchthaltebehälter *m*.

hu·mil·i·ate [hjuːˈmɪlɪeɪt] *v/t.* erniedrigen, demütigen; **huˈmil·i·at·ing** [-tɪŋ] *adj.* demütigend, erniedrigend; **hu·mil·i·a·tion** [hjuːˌmɪlɪˈeɪʃn] *s.* Erniedrigung *f*, Demütigung *f*; **huˈmil·i·ty** [-ətɪ] → ***humbleness***.

hum·ming [ˈhʌmɪŋ] *adj.* **1.** summend; **2.** ⚡ brummend; **3.** F a) lebhaft, schwungvoll, b) geschäftig; ˈ**~·bird** *s. orn.* Kolibri *m*; ˈ**~-top** *s.* Brummkreisel *m*.

hum·mock [ˈhʌmək] *s.* **1.** Hügel *m*; **2.** Eishügel *m*.

hu·mor *etc. Am.* → ***humour*** *etc.*

hu·mor·esque [ˌhjuːməˈresk] *s.* ♪ Humoˈreske *f*; **hu·mor·ist** [ˈhjuːmərɪst] *s.* **1.** Humoˈrist(in); **2.** Spaßvogel *m*; ˌ**hu·morˈis·tic** [-ˈrɪstɪk] *adj.* (□ ***~ally***) humoˈristisch; **hu·mor·ous** [ˈhjuːmərəs] *adj.* □ huˈmorvoll, huˈmorig, lustig; **hu·mor·ous·ness** [ˈhjuːmərəsnɪs] *s.* huˈmorvolle Art, (*das*) Huˈmorvolle, Komik *f*.

hu·mour [ˈhjuːmə] **I** *s.* **1.** Gemütsart *f*, Temperaˈment *n*; **2.** Stimmung *f*, Laune *f*: ***in the ~ for*** aufgelegt zu; ***in a good*** (***bad***) ***~*** (bei) guter (schlechter) Laune; ***out of ~*** schlecht gelaunt; **3.** Huˈmor *m*, Spaß *m*; Komik *f*, *das* Komische (*e-r Situation etc.*); **4.** *a.* ***sense of ~*** (Sinn *m* für) Humor *m*; **5.** Spaß *m*; **6.** *physiol.* a) Körperflüssigkeit *f*, b) *obs.* Körpersaft *m*; **II** *v/t.* **7.** a) *j-m* s-n Willen tun *od.* lassen, b) *j-n od. et.* hinnehmen, mit Geduld ertragen; ˈ**hu·mo(u)r·less** [-lɪs] *adj.* huˈmorlos.

hump [hʌmp] **I** *s.* **1.** Buckel *m*, *bsd. des Kamels*: Höcker *m*; **2.** kleiner Hügel: ***be over the ~*** *fig.* über den Berg sein; **3.** *Brit.* F a) Trübsinn *m*, b) Stinklaune *f*: ***give s.o. the ~*** → 6; **II** *v/t.* **4.** *oft* ***~ up*** (zu e-m Buckel) krümmen: ***~ one's back*** e-n Buckel machen; **5.** a) sich *et.* aufladen, b) schleppen, tragen: ***~ o.s.*** (*od.* ***it***) *Am. sl.* sich ‚ranhalten' (*anstrengen*); **6.** *Brit.* F a) *j-n* trübsinnig machen, b) *j-m* ‚auf den Wecker fallen'; **7.** V ‚bumsen' (*a. v/i.*); ˈ**~·back** *s.* **1.** Buckel *m*; **2.** Bucklige(r *m*) *f*; **3.** *zo.* Buckelwal *m*; ˈ**~·backed** *adj.* bucklig.

humped [hʌmpt] *adj.* **1.** bucklig, höckerig; **2.** holp(e)rig.

humph [mm; hʌmf] *int.* hm!, *contp.* pff!

hump·ty-dump·ty [ˌhʌmptɪˈdʌmptɪ] *s.* ‚Dickerchen' *n*.

hump·y [ˈhʌmpɪ] → ***humped***.

hu·mus [ˈhjuːməs] *s.* Humus *m*.

Hun [hʌn] *s.* **1.** Hunne *m*, Hunnin *f*; **2.** *fig.* Wanˈdale *m*, Barˈbar *m*; **3.** F *contp.* Deutsche(r) *m*.

hunch [hʌntʃ] **I** *s.* **1.** → ***hump*** 1; **2.** Klumpen *m*; **3.** ***a ~*** F das *od.* so ein Gefühl, e-n *od.* den Verdacht (***that*** daß): ***play a ~*** e-r Intuition folgen; **II** *v/t.* **4.** *a.* ***~ up*** → ***hump*** 4: ***~ one's shoulders*** die Schultern hochziehen; **5.** *a.* ***~ up*** (sich) kauern; ˈ**~·back** → ***humpback*** 1 *u.* 2; ˈ**~·backed** → ***humpbacked***.

hun·dred [ˈhʌndrəd] **I** *adj.* **1.** hundert: ***a*** (*od.* ***one***) ***~*** (ein)hundert; ***several ~ men*** mehrere hundert Mann; ***a ~ and one*** hundert(erlei), zahllose; **II** *s.* **2.** Hundert *n* (*a. Zahl*): ***by the ~*** hundertweise; ***several ~*** mehrere Hundert; ***~s of times*** hundertmal; ***~s of thousands*** Hunderttausende; ***~s and ~s*** Hunderte u. aber Hunderte; **3.** ₳ Hunderter *m*; **4.** *hist. Brit.* Bezirk *m*, Hundertschaft *f*; **5.** ***~s and thousands*** Liebesperlen *pl.* (*auf Gebäck etc.*); ˈ**~·fold I** *adj. u. adv.* hundertfach, -fältig; **II** *s. das* Hundertfache; ˈ**~-perˌcent** *adj.* ˈhundertproˌzentig; ˈ**~-perˌcent·er** *s. pol. Am.* ˈHurrapatriˌot *m*.

hun·dredth [ˈhʌndrədθ] **I** *adj.* **1.** hundertst; **II** *s.* **2.** Hundertste(r *m*) *f*; **3.** Hundertstel *n*.

ˈ**hun·dred·weight** *s.* a) *in England 112 lbs.*, b) *in USA 100 lbs.*, c) *a.* ***metric ~*** Zentner *m*.

hung [hʌŋ] *pret. u. p.p. von* ***hang***.

Hun·gar·i·an [hʌŋˈgeərɪən] **I** *adj.* **1.** ungarisch; **II** *s.* **2.** Ungar(in); **3.** *ling.* Ungarisch *n*.

hun·ger [ˈhʌŋgə] **I** *s.* **1.** Hunger *m*: ***~ is the best sauce*** Hunger ist der beste Koch; **2.** *fig.* Hunger *m*, Verlangen *n*, Durst *m* (***for***, ***after*** nach); **II** *v/i.* **3.** hungern, Hunger haben; **4.** *fig.* hungern (***for***, ***after*** nach); **III** *v/t.* **5.** aushungern; durch Hunger zwingen (***into*** zu); **~ march** *s.* Hungermarsch *m*; **~ strike** *s.* Hungerstreik *m*.

hun·gry ['hʌŋgrɪ] *adj.* □ **1.** hungrig: ***be*** (*od.* ***feel***) **~** hungrig sein, Hunger haben: ***go ~*** hungern; ***~ as a hunter*** (*od.* ***bear***) hungrig wie ein Wolf; **2.** *fig.* hungrig (***for*** nach): ***~ for knowledge*** wissensdurstig; **3.** ⚒ karg, mager (*Boden*).

hunk [hʌŋk] *s.* F großes Stück, (dicker) Brocken.

hunk·y-do·ry [ˌhʌŋkɪ'dɔːrɪ] *adj. Am. sl.* **1.** ‚klasse', prima; **2.** bestens, ‚in Butter'.

hunt [hʌnt] **I** *s.* **1.** Jagd *f*, Jagen *n*: ***the ~ is up*** die Jagd hat begonnen; **2.** 'Jagd(-reˌvier *n*) *f*; **3.** Jagd(gesellschaft) *f*; **4.** *fig.* Jagd *f*: a) Verfolgung *f*, b) Suche *f* (***for*** nach); **II** *v/t.* **5.** (*a. fig. j-n*) jagen, Jagd machen auf (*acc.*), hetzen: ***~ed look*** *fig.* gehetzter Blick; ***~ down*** erlegen, *a. fig.* zur Strecke bringen; ***~ out*** a) hinausjagen, b) *a.* .. ***up*** aufstöbern, -spüren, -treiben, *weitS.* forschen nach; **6.** *Revier* durch'jagen, -'stöbern, -'suchen (*a. fig.*) (***for*** nach); **7.** jagen mit (*Hunden*, *Pferden etc.*); **8.** *Radar*, *TV*: abtasten; **III** *v/i.* **9.** jagen: ***~ for*** Jagd machen auf (*acc.*) (*a. fig.*); **10.** ***~ after*** (*od.* ***for***) a) suchen nach, b) jagen, streben nach; **11.** ⚙ flattern; '**hunt·er** [-tə] *s.* **1.** Jäger *m* (*a. zo. u. fig.*): ***~-killer satellite*** ⚔ Killersatellit *m*; **2.** Jagdhund *m od.* -pferd *n*; **3.** Sprungdeckeluhr *f*.

hunt·ing ['hʌntɪŋ] **I** *s.* **1.** Jagd *f*, Jagen *n*; **2.** → ***hunt*** 4; **3.** *Radar*, *TV*: Abtastvorrichtung *f*; **II** *adj.* **4.** Jagd…; **~ box** → ***hunting lodge***; **~ cat** → ***cheetah***; **~ crop** *s.* Jagdpeitsche *f*; **~ ground** *s.* 'Jagdreˌvier *n*, -gebiet *n* (*a. fig.*): ***the happy ~s*** die ewigen Jagdgründe; **~ horn** *s.* Hift-, Jagdhorn *n*; **~ leop·ard** → ***cheetah***; **~ li·cence**, *Am.* **~ li·cense** *s.* Jagdschein *m*; **~ lodge** *s.* Jagdhütte *f*; **~ sea·son** *s.* Jagdzeit *f*.

hunt·ress ['hʌntrɪs] *s.* Jägerin *f*.

hunts·man ['hʌntsmən] *s.* [*irr.*] **1.** Jäger *m*, Weidmann *m*; **2.** Rüdemeister *m*; '**hunts·man·ship** [-ʃɪp] *s.* Jäge'rei *f*, Weidwerk *n*.

hur·dle ['hɜːdl] **I** *s.* **1.** *sport u. fig.* a) Hürde *f*, b) *Hindernislauf*, *Pferdesport*: Hindernis *n*: ***take*** (*od.* ***pass***) ***the ~*** *a. fig.* die Hürde nehmen; **2.** Hürde *f*, (Weiden-, Draht)Geflecht *n*; **3.** ⚙ Fa'schine *f*, Gitter *n*; **II** *v/t.* **4.** mit Hürden um'geben, um'zäunen; **5.** *ein Hindernis* über'springen; **6.** *fig. e-e Schwierigkeit* über'winden; **III** *v/i.* **7.** *sport*: e-n Hürden- *od.* Hindernislauf *od.* (*Pferdesport*) ein Hindernisrennen bestreiten; '**hur·dler** [-lə] *s. sport* a) Hürdenläufer (-in), b) Hindernisläufer *m*; '**hur·dle-race** *s. sport* a) Hürdenlauf *m*, b) Hindernislauf *m*, c) *Pferdesport*: Hindernisrennen *n*.

hur·dy-gur·dy ['hɜːdɪˌgɜːdɪ] *s.* ♪ a) Drehleier *f*, b) Leierkasten *m*.

hurl [hɜːl] **I** *v/t.* **1.** schleudern (*a. fig.*): ***~ abuse at s.o.*** j-m Beleidigungen ins Gesicht schleudern; ***~ o.s.*** sich stürzen (***on*** auf *acc.*); **II** *v/i.* **2.** *sport* Hurling spielen; **III** *s.* **3.** Schleudern *n*; '**hurl·er** [-lə] *s. sport* Hurlingspieler *m*; '**hurl·ey** [-lɪ] *s. sport* **1.** → ***hurling***; **2.** Hurlingstock *m*; '**hurl·ing** [-lɪŋ] *s. sport* Hurling (-spiel) *n* (*Art Hockey*).

hurl·y-burl·y ['hɜːlɪˌbɜːlɪ] **I** *s.* Tu'mult *m*, Aufruhr *m*; Wirrwarr *m*; **II** *adj.* turbu'lent.

hur·rah [hʊ'rɑː] **I** *int.* hur'ra!: ***~ for ...!*** hoch *od.* es lebe …!; **II** *s.* Hur'ra(ruf *m*) *n*.

hur·ray [hʊ'reɪ] → ***hurrah***.

hur·ri·cane ['hʌrɪkən] *s.* a) Hurrikan *m*, Wirbelsturm *m*, b) Or'kan *m*, *fig. a.* Sturm *m*; **~ deck** *s.* ⚓ Sturmdeck *n*; **~ lamp** *s.* 'Sturmlaˌterne *f*.

hur·ried ['hʌrɪd] *adj.* □ eilig, hastig, schnell, über'eilt; '**hur·ri·er** [-ɪə] *s. Brit.* ⚒ Fördermann *m*.

hur·ry ['hʌrɪ] **I** *s.* **1.** Hast *f*, Eile *f*: ***in a ~*** eilig, hastig; ***be in a ~*** es eilig haben (***to do s.th.*** et. zu tun); ***there is no ~*** es eilt nicht, es hat keine Eile; ***in my ~ I forgot ...*** vor lauter Eile vergaß ich …; ***you will not beat that in a ~*** F das machst du nicht so bald *od.* leicht nach; ***the ~ of daily life*** die Hetze des Alltags; ***in the ~ of business*** im Drang der Geschäfte; **II** *v/t.* **2.** schnell *od.* eilig befördern *od.* bringen: ***~ through*** *fig. Gesetzesvorlage etc.* durchpeitschen; **3.** *oft* ***~ up*** (*od.* ***on***) a) *j-n* antreiben, b) *et.* beschleunigen; **4.** *et.* über'eilen; **III** *v/i.* **5.** eilen, hasten: ***~ over s.th.*** et. hastig *od.* flüchtig erledigen; **6.** *oft* ***~ up*** sich beeilen: ***~ up!*** beeil dich!, (mach) schnell!; ˌ**~-'scur·ry** [-'skʌrɪ] → ***helter-skelter***; '**~-up** *adj. Am.* **1.** eilig, Eil…: ***~ job***; **2.** hastig: ***~ breakfast***.

hurst [hɜːst] *s.* **1.** (*obs. außer in Ortsnamen*) Forst *m*; **2.** *obs.* bewaldeter Hügel; **3.** *obs.* Sandbank *f*.

hurt [hɜːt] **I** *v/t.* [*irr.*] **1.** verletzen, verwunden (*beide a. fig.*): ***~ s.o.'s feelings***; ***feel ~*** gekränkt *od.* verletzt sein;

→ ***fly²*** 1; **2.** schmerzen, weh tun (*dat.*) (*beide a. fig.*); drücken (*Schuh*); **3.** *j-m* schaden *od.* Schaden zufügen: ***it won't ~ you to*** *inf.* F du stirbst nicht gleich, wenn du; **4.** *et.* beschädigen; **II** *v/i.* [*irr.*] **5.** schmerzen, weh tun (*a. fig.*); **6.** schaden: ***that won't ~*** das schadet nichts; **7.** F Schmerzen haben, *a. fig.* leiden (***from*** an *dat.*); **III** *s.* **8.** Schmerz *m* (*a. fig.*); **9.** Verletzung *f*; **10.** Kränkung *f*; **11.** Schaden *m*, Nachteil *m*; **'hurt·ful** [-fʊl] *adj.* □ **1.** verletzend; **2.** schmerzlich; **3.** schädlich, nachteilig (***to*** für).

hur·tle ['hɜ:tl] **I** *v/i.* **1.** *obs.* (***against***) zs.-prallen (mit), prallen, krachen (gegen); **2.** sausen, rasen; **3.** rasseln, poltern; **II** *v/t.* **4.** → ***hurl*** 1.

'hur·tle·ber·ry *s.* ⚘ Heidelbeere *f.*

hus·band ['hʌzbənd] **I** *s.* (Ehe)Mann *m*, Gatte *m*, Gemahl *m*; **II** *v/t.* haushälterisch *od.* sparsam 'umgehen mit, haushalten mit; **'hus·band·man** [-ndmən] *s.* [*irr.*] *obs.* Bauer *m*; **'hus·band·ry** [-rɪ] *s.* **1.** Landwirtschaft *f*; **2.** Haushalten *n.*

hush [hʌʃ] **I** *int.* **1.** still!, pst!; **II** *v/t.* **2.** zum Schweigen *od.* zur Ruhe bringen; **3.** *fig.* besänftigen, beruhigen; **4.** *mst* ***~ up*** vertuschen; **III** *v/i.* **5.** still werden; **IV** *s.* **6.** Stille *f*, Ruhe *f*; **'hush·a·by** [-ʃəbaɪ] *int.* eiapo'peia!; **hushed** [-ʃt] *adj.* lautlos, still.

ˌhush|-'hush *adj.* geheim(gehalten), Geheim…, heimlich; **'~-ˌmon·ey** *s.* Schweigegeld *n.*

husk [hʌsk] **I** *s.* **1.** ⚘ Hülse *f*, Schale *f*, Schote *f*, *Am. mst* Maishülse *f*; **2.** *fig.* (leere) Hülle, Schale *f*; **II** *v/t.* **3.** enthülsen, schälen; **'husk·er** [-kə] *s.* **1.** Enthülser(in); **2.** 'Schälmaˌschine *f*; **'husk·i·ly** [-kɪlɪ] *adv.* mit rauher *od.* heiserer Stimme; **'husk·i·ness** [-kɪnɪs] *s.* Heiserkeit *f*, Rauheit *f*; **'husk·ing** [-kɪŋ] *s.* **1.** Enthülsen *n*, Schälen *n*; **2.** *a.* ***~ bee*** *Am.* geselliges Maisschälen.

husk·y¹ ['hʌskɪ] **I** *adj.* □ **1.** hülsig; **2.** ausgedörrt; **3.** rauh, heiser; **4.** F stämmig, kräftig; **II** *s.* **5.** F stämmiger Kerl.

hus·ky² ['hʌskɪ] *s. zo.* Husky *m*, Eskimohund *m.*

hus·sar [hʊ'zɑ:] *s.* ⚔ Hu'sar *m.*

Huss·ite ['hʌsaɪt] *s. hist.* Hus'sit *m.*

hus·sy ['hʌsɪ] *s.* **1.** Range *f*, ‚Fratz' *m*; **2.** ‚leichtes Mädchen', ‚Flittchen' *n.*

hus·tings ['hʌstɪŋz] *s. pl. mst sg. konstr. pol.* a) Wahlkampf *m*, b) Wahl(en *pl.*) *f.*

hus·tle ['hʌsl] **I** *v/t.* **1.** a) stoßen, drängen, b) (an)rempeln; **2.** a) hetzen, (an-) treiben, b) drängen (***into doing s.th.*** dazu, et. zu tun); **3.** rasch *wohin* schaffen *od.* ‚verfrachten'; **4.** sich beeilen mit; **5.** ***~ up*** *Am.* F ‚herzaubern'; **6.** *Am.* F a) *et.* ergattern, b) sich *et.* ergaunern; **II** *v/i.* **7.** sich drängen, hasten, hetzen, sich beeilen; **8.** *Am.* F a) mit Hochdruck arbeiten, b) ‚rangehen', Dampf da'hinter machen; **9.** *Am. sl.* a) ‚klauen', b) Betrüge'reien begehen, c) betteln, d) auf Kundschaft ausgehen (*a. Prostituierte*), e) ‚schwer hinterm Geld her sein'; **III** *s.* **10.** *mst* ***~ and bustle*** a) Gedränge *n*, b) Gehetze *n*, c) ‚Betrieb' *m*; **11.** *Am.* F Gaune'rei *f*; **'hus·tler** [-lə] *s.* **1.** F rühriger Mensch, ‚Wühler' *m*; **2.** *bsd. Am.* F a) ‚Nutte' *f*, Prostitu'ierte *f*, b) (kleiner) Gauner.

hut [hʌt] **I** *s.* **1.** Hütte *f*; **2.** ⚔ Ba'racke *f*; **II** *v/t. u. v/i.* **3.** in Ba'racken *od.* Hütten 'unterbringen (wohnen): ***~ted camp*** Barackenlager *n.*

hutch [hʌtʃ] *s.* **1.** Kiste *f*, Kasten *m*; **2.** Trog *m*; **3.** (kleiner) Stall, Käfig *m*, Verschlag *m*; **4.** ⚒ Hund *m*; **5.** F Hütte *f.*

hut·ment ['hʌtmənt] *s.* ⚔ **1.** 'Unterbringung *f* in Ba'racken; **2.** Ba'rackenlager *n.*

huz·za [hʊ'zɑ:] *obs.* → ***hurrah.***

hy·a·cinth ['haɪəsɪnθ] *s.* **1.** ⚘ Hya'zinthe *f*; **2.** *min.* Hya'zinth *m.*

hy·ae·na → ***hyena.***

hy·brid ['haɪbrɪd] **I** *s.* **1.** *biol.* Hy'bride *f*, *m*, Mischling *m*, Bastard *m*, Kreuzung *f*; **2.** *ling.* Mischwort *n*; **II** *adj.* **3.** hy'brid: a) *biol.* Misch…, Bastard…, Zwitter…, b) *fig.* ungleichartig, gemischt; **'hy·brid·ism** [-dɪzəm], **hy·brid·i·ty** [haɪ'brɪdətɪ] *s. biol.* Mischbildung *f*, Kreuzung *f*; **hy·brid·i·za·tion** [ˌhaɪbrɪdaɪ'zeɪʃn] *s.* Kreuzung *f*; **'hy·brid·ize** [-daɪz] *v/t.* (*v/i.* sich) kreuzen.

Hy·dra ['haɪdrə] *s.* **1.** Hydra *f*: a) *myth. vielköpfige Schlange*, b) *ast.* Wasserschlange *f*; **2.** ♀ *fig.* Hydra *f* (*kaum auszurottendes Übel*); **3.** ♀ *zo.* 'Süßwasserpoˌlyp *m.*

hy·dran·ge·a [haɪ'dreɪndʒə] *s.* ⚘ Hor'tensie *f.*

hy·drant ['haɪdrənt] *s.* Hy'drant *m.*

hy·drate ['haɪdreɪt] ⚗ **I** *s.* Hy'drat *n*; **II** *v/t.* hydratisieren; **'hy·drat·ed** [-tɪd] *adj.* ⚗, *min.* hy'drathaltig; **hy·dra·tion** [haɪ'dreɪʃn] *s.* ⚗ Hydra(ta)ti'on *f.*

hy·drau·lic [haɪ'drɔ:lɪk] **I** *adj.* (□ ***~ally***) ⚙, *phys.* hy'draulisch: a) (Druck-) Wasser…: ***~ clutch*** (***jack, press***) hydraulische Kupplung (Winde, Presse); ***~ power*** (***pressure***) Wasserkraft *f* (-druck *m*), b) unter Wasser erhärtend:

~ cement hydraulischer Mörtel, Wassermörtel *m*; **II** *s. pl. sg. konstr. phys.* Hy'draulik *f* (*Wissenschaft*); **~ brake** *s. mot.* hy'draulische Bremse, Flüssigkeitsbremse *f*; **~ dock** *s.* ⚓ Schwimmdock *n*; **~ en·gi·neer** *s.* 'Wasserbauingeni,eur *m*; **~ en·gi·neer·ing** *s.* Wasserbau *m*.

hy·dric ['haɪdrɪk] *adj.* ⚗ Wasserstoff…: ***~ oxide*** Wasser *n*; **'hy·dride** [-raɪd] *s.* ⚗ Hy'drid *n*.

hy·dro ['haɪdrəʊ] *pl.* **-dros** *s.* F **1.** ✈ → ***hydroplane*** 1; **2.** ⚕ *Brit.* F Ho'tel *n* mit hydro'pathischen Einrichtungen.

hydro- [haɪdrəʊ] *in Zssgn* a) Wasser…, b) …wasserstoff *m*.

'hy·dro|·bomb *s.* ⚔ 'Lufttor,pedo *m*; **,~'car·bon** *s.* ⚗ Kohlenwasserstoff *m*; **,~'cel·lu·lose** *s.* ⚗ 'Hydrozellu,lose *f*; **,~·ce'phal·ic** [-əʊse'fælɪk], **,~'ceph·a·lous** [-əʊ'sefələs] *adj.* ⚕ mit e-m Wasserkopf; **,~'ceph·a·lus** [-əʊ'sefələs] *s.* ⚕ Wasserkopf *m*; **,~'chlo·ric** *adj.* ⚗ salzsauer: ***~ acid*** Salzsäure *f*, Chlorwasserstoff *m*; **,~'chlo·ride** *s.* ⚗ 'Chlorhy,drat *n*; **,~·cy'an·ic ac·id** *s.* ⚗ Blausäure *f*, Zy'anwasserstoffsäure *f*; **,~·dy'nam·ic** *adj. phys.* hydrody'namisch; **,~·dy'nam·ics** *s. pl. mst sg. konstr. phys.* Hydrody'namik *f*; **,~·e'lec·tric** *adj.* ⚙ hydroe'lektrisch: ***~ power station*** (*od.* ***plant***) Wasserkraftwerk *n*; **,~·ex'tract** *v/t.* ⚙ zentrifugieren, entwässern; **,~·flu'or·ic ac·id** *s.* ⚗ Flußsäure *f*; **'~·foil** *s.* ⚓ Tragflügel(boot *n*) *m*.

hy·dro·gen ['haɪdrədʒən] *s.* ⚗ Wasserstoff *m*: ***~ bomb***; ***~ cylinder*** Wasserstoffflasche *f*; ***~ peroxide*** Wasserstoffsuperoxyd *n*; ***~ sulphide*** Schwefelwasserstoff; **'hy·dro·gen·ate** [-ədʒɪneɪt] *v/t.* ⚗ **1.** hydrieren; **2.** *Öl* härten; **hy·dro·gen·a·tion** [,haɪdrədʒɪ'neɪʃn] *s.* ⚗ **1.** Hydrierung *f*; **2.** (Öl)Härtung *f*; **'hy·dro·gen·ize** [-ədʒɪnaɪz] → ***hydrogenate***; **hy·drog·e·nous** [haɪ'drɒdʒɪnəs] *adj.* ⚗ wasserstoffhaltig, Wasserstoff…

hy·dro·graph·ic [,haɪdrəʊ'græfɪk] *adj.* (□ ***~ally***) hydro'graphisch: ***~ map*** ⚓ Seekarte *f*; ***~ office*** (*od.* ***department***) ⚓ Seewarte *f*; **hy·drog·ra·phy** [haɪ'drɒgrəfɪ] *s.* **1.** Hydrogra'phie *f*, Gewässerkunde *f*; **2.** Gewässer *pl.* (*e-r Landkarte*).

hy·dro·log·ic, **hy·dro·log·i·cal** [,haɪdrəʊ'lɒdʒɪk(l)] *adj.* □ hydro'logisch; **hy·drol·o·gy** [haɪ'drɒlədʒɪ] *s.* Hydrolo'gie *f*.

hy·drol·y·sis [haɪ'drɒlɪsɪs] *pl.* **-ses** [-si:z] *s.* ⚗ Hydro'lyse *f*; **hy·dro·lyt·ic** [,haɪdrəʊ'lɪtɪk] *adj.* hydro'lytisch; **hy·dro·lyze** ['haɪdrəlaɪz] *v/t.* hydrolysieren.

hy·drom·e·ter [haɪ'drɒmɪtə] *s. phys.* Hydro'meter *n*.

hy·dro·path ['haɪdrəʊpæθ] → ***hydropathist***; **hy·dro·path·ic** [,haɪdrəʊ'pæθɪk] ⚕ *adj.* hydro'pathisch, Wasserkur…; **hy·drop·a·thist** [haɪ'drɒpəθɪst] *s.* ⚕ Hydro'path *m*, Kneipparzt *m*; **hy·drop·a·thy** [haɪ'drɒpəθɪ] *s.* ⚕ Hydrothera'pie *f*.

hy·dro|·pho·bi·a [,haɪdrəʊ'fəʊbjə] *s.* ⚕ Hydropho'bie *f*: a) *a. psych.* Wasserscheu *f*, b) Tollwut *f*; **~·phyte** ['haɪdrəʊfaɪt] *s.* ⚘ Wasserpflanze *f*; **~·plane** ['haɪdrəʊpleɪn] **I** *s.* **1.** ✈ Wasserflugzeug *n*; **2.** ✈ Gleitfläche *f* (*e-s Wasserflugzeugs*); **3.** ⚓ Tragflügelboot *n*; **4.** ⚓ Tiefenruder *n* (*e-s U-Boots*); **II** *v/i.* **5.** *Am.* → ***aquaplane*** 3; **,~'pon·ics** [-'pɒnɪks] *s. pl. sg. konstr.* 'Hydro-, 'Wasserkul,tur *f*; **,~·qui·none** [-kwɪ'nəʊn] *s. phot.* Hydrochi'non *n*; **~·scope** ['haɪdrəskəʊp] *s.* ⚙ Unter'wassersichtgerät *n*; **~·sphere** ['haɪdrəsfɪə] *s.* Hydro'sphäre *f* (*die Wasserhülle der Erde*); **,~'stat·ic** [-'stætɪk] *adj.* hydro'statisch; **,~'stat·ics** [-'stætɪks] *s. pl. sg. konstr.* Hydro'statik *f*; **,~'ther·a·py** [-'θerəpɪ] *s.* ⚕ Hydrothera'pie *f*.

hy·drous ['haɪdrəs] *adj.* ⚗ wasserhaltig.

hy·drox·ide [haɪ'drɒksaɪd] *s.* ⚗ Hydro'xyd *n*: ***~ of sodium*** Ätznatron *n*.

hy·e·na [haɪ'i:nə] *s. zo.* Hy'äne *f*: ***laugh like a ~*** F sich schieflachen.

hy·giene ['haɪdʒi:n] *s.* **1.** Hygi'ene *f*, Gesundheitspflege *f*: ***personal ~*** Körperpflege; ***dental*** (***food***, ***sex***) ***~*** Zahn-(Nahrungs-, Sexual)hygiene; **2.** → ***hygienic*** II; **hy·gi·en·ic** [haɪ'dʒi:nɪk] **I** *adj.* (□ ***~ally***) hygi'enisch; sani'tär; **II** *s. pl. sg. konstr.* Hygi'ene *f*, Gesundheitslehre *f*; **'hy·gi·en·ist** [-nɪst] *s.* Hygi'eniker(in).

hy·gro·graph ['haɪgrəgrɑ:f] *s. meteor.* Hygro'graph *m*, selbstregistrierender Luftfeuchtigkeitsmesser; **hy·grom·e·ter** [haɪ'grɒmɪtə] *s. meteor.* Hygro'meter *n*, Luftfeuchtigkeitsmesser *m*; **hy·gro·met·ric** [,haɪgrəʊ'metrɪk] *adj.* hygro'metrisch; **hy·grom·e·try** [haɪ'grɒmɪtrɪ] *s.* Hygrome'trie *f*, Luftfeuchtigkeitsmessung *f*; **'hy·gro·scope** [-əskəʊp] *s. meteor.* Hygro'skop *n*, Feuchtigkeitsanzeiger *m*; **hy·gro·scop·ic** [,haɪgrəʊ'skɒpɪk] *adj.* hygro'skopisch, Feuchtigkeit anzeigend *od. a.* anziehend.

hy·ing ['haɪɪŋ] *pres.p. von* ***hie***.

hy·men ['haımen] *s.* **1.** *anat.* Hymen *n*, Jungfernhäutchen *n*; **2.** *poet.* Ehe *f*, Hochzeit *f*; **3.** ♀ *myth.* Hymen *m*, Gott *m* der Ehe.

hy·me·nop·ter·a [ˌhaımə'nɒptərə] *s. pl. zo.* Hautflügler *pl.*

hymn [hım] **I** *s.* Hymne *f* (*a. fig. Loblied, -gesang*), Kirchenlied *n*, Cho'ral *m*; **II** *v/t.* (lob)preisen; **III** *v/i.* Hymnen singen; **hym·nal** ['hımnəl] **I** *adj.* hymnisch, Hymnen…; **II** *s.* → **'hymn-book** *s.* Gesangbuch *n*; **hym·nic** ['hımnık] *adj.* hymnenartig; **'hym·no·dy** [-nəʊdı] *s.* **1.** Hymnensingen *n*; **2.** Hymnendichtung *f*; **3.** *coll.* Hymnen *pl.*

hy·oid (bone) ['haıɔıd] *s. anat.* Zungenbein *n*.

hype[1] [haıp] *sl.* **I** *s.* **1.** ‚Spritze' *f*, ‚Schuß' *m* (*Rauschgift*); **2.** ‚Fixer(in)'; **II** *v/i.* **3.** *mst* **~ up** ‚sich e-n Schuß setzen'; **III** *v/t.* **4.** *be* **~d up** ‚high' sein (*a. fig.*).

hype[2] [haıp] *sl.* **I** *s.* Trick *m*, ‚Beschiß' *m*; **II** *v/t. j-n* austricksen, ‚bescheißen'.

ˌhy·per·a'cid·i·ty [ˌhaıpərə-] *s.* ⚕ Über'säuerung *f* (*des Magens*).

hy·per·bo·la [haı'pɜːbələ] *s.* ⩓ Hy'perbel *f* (*Kegelschnitt*); **hy'per·bo·le** [-lı] *s. rhet.* Hy'perbel *f*, Über'treibung *f*; **hy·per·bol·ic**, **hy·per·bol·i·cal** [ˌhaıpə'bɒlık(l)] *adj.* ☐ ⩓, *rhet.* hyper'bolisch.

hy·per·bo·re·an [ˌhaıpəbɔː'riːən] **I** *s. myth.* Hyperbo'reer *m*; **II** *adj.* hyperbo'reisch; **ˌhy·per·cor'rect** [ˌhaıpə-] *adj.* 'hyperkorˌrekt (*a. ling.*); **ˌhy·per'crit·i·cal** [ˌhaıpə-] *adj.* ☐ hyperkritisch, allzu kritisch; **'hy·perˌmar·ket** ['haıpə-] *s.* Groß-, Verbrauchermarkt *m*; **hy·per·me·tro·pi·a** [ˌhaıpəmı'trəʊpıə], **hy·per·o·pi·a** [ˌhaıpə'rəʊpıə] *s.* ⚕ 'Übersichtigkeit *f*; **ˌhy·per'sen·si·tive** [ˌhaıpə-] *adj.* 'überempfindlich; **ˌhy·per'son·ic** [ˌhaıpə-] *adj. phys.* hyper'sonisch (*etwa über fünffache Schallgeschwindigkeit*); **ˌhy·per'ten·sion** [ˌhaıpə-] *s.* ⚕ Hyperto'nie *f*, erhöhter Blutdruck.

hy·per·troph·ic [ˌhaıpə'trɒfık], **hy·per·tro·phied** [haı'pɜːtrəʊfıd] *adj.* ⚕, *biol. u. fig.* hyper'troph; **hy·per·tro·phy** [haı'pɜːtrəʊfı] ⚕, *biol. u. fig.* **I** *s.* Hypertro'phie *f*; **II** *v/t.* (*v/i.* sich) 'übermäßig vergrößern.

hy·phen ['haıfn] **I** *s.* **1.** Bindestrich *m*; **2.** Trennungszeichen *n*; **II** *v/t.* **3.** → **'hy·phen·ate** [-fəneıt] *v/t.* mit Bindestrich schreiben: **~d American** ‚Bindestrichamerikaner' *m*; **hy·phen·a·tion** [ˌhaıfə'neıʃn] *s.* a) Schreibung *f* mit Bindestrich, b) (Silben)Trennung *f*.

hyp·noid ['hıpnɔıd] *adj.* hypno'id, hyp'nose- *od.* schlafähnlich.

hyp·no·sis [hıp'nəʊsıs] *pl.* **-ses** [-siːz] *s.* ⚕ Hyp'nose *f*; **ˌhyp·no'ther·a·py** [ˌhıpnəʊ-] *s. psych.* Hypnothera'pie *f*; **hyp'not·ic** [-'nɒtık] **I** *adj.* (☐ **~ally**) **1.** hyp'notisch; **2.** einschläfernd; **3.** hypnotisierbar; **II** *s.* **4.** Hyp'notikum *n*, Schlafmittel *n*; **5.** a) Hypnotisierte(r *m*) *f*, b) *j-d, der hypnotisierbar ist*; **hyp·no·tism** ['hıpnətızəm] *s.* ⚕ **1.** Hypno'tismus *m*; **2.** a) Hyp'nose *f*, b) Hypnotisierung *f*; **hyp·no·tist** ['hıpnətıst] *s.* Hypnoti'seur *m*; **hyp·no·ti·za·tion** [ˌhıpnətaı'zeıʃn] *s.* Hypnotisierung *f*; **hyp·no·tize** ['hıpnətaız] *v/t.* ⚕ hypnotisieren (*a. fig.*).

hy·po[1] ['haıpəʊ] *s.* ⚗, *phot.* Fixiersalz *n*, 'Natriumthiosulˌfat *n*.

hy·po[2] ['haıpəʊ] *pl.* **-pos** *s.* F → a) ***hypodermic injection***, b) ***hypodermic syringe***.

hy·po·chon·dri·a [ˌhaıpəʊ'kɒndrıə] *s.* ⚕ Hypochon'drie *f*; **ˌhy·po'chon·dri·ac** [-ıæk] ⚕ **I** *adj.* (☐ **~ally**) hypo'chondrisch; **II** *s.* Hypo'chonder *m*.

hy·poc·ri·sy [hı'pɒkrəsı] *s.* Heuche'lei *f*, Scheinheiligkeit *f*; **hyp·o·crite** ['hıpəkrıt] *s.* Hypo'krit *m*, Heuchler(in), Scheinheilige(r *m*) *f*; **hyp·o·crit·i·cal** [ˌhıpəʊ'krıtıkl] *adj.* ☐ heuchlerisch, scheinheilig.

hy·po·der·mic [ˌhaıpəʊ'dɜːmık] ⚕ **I** *adj.* (☐ **~ally**) **1.** subku'tan, hypoder'mal, unter der *od.* die Haut; **II** *s.* **2.** → ***hypodermic injection***; **3.** → ***hypodermic syringe***; **4.** subku'tan angewandtes Mittel; **~ in·jec·tion** *s.* ⚕ subku'tane Injekti'on; **~ nee·dle** *s.* ⚕ Nadel *f* für e-e subku'tane Spritze; **~ syr·inge** *s.* ⚕ Spritze *f* zur subku'tanen Injekti'on.

hy·po|·phos·phate [ˌhaıpəʊ'fɒsfeıt] *s.* ⚗ 'Hypophosˌphat *n*; **~·phos·phor·ic ac·id** [ˌhaıpəʊfɒs'fɒrık] *s.* ⚗ Hypo-, 'Unterphosphorsäure *f*.

hy·poph·y·sis [haı'pɒfısıs] *pl.* **-ses** [-siːz] *s. anat.* Hirnanhangdrüse *f*, Hypo'physe *f*.

hy·pos·ta·sis [haı'pɒstəsıs] *pl.* **-ses** [-siːz] *s.* **1.** *phls.* Hypo'stase *f*: a) Grundlage *f*, Sub'stanz *f*, b) Vergegenständlichung *f* (*e-s Begriffs*); **2.** ⚕, *biol.* Hypo'stase *f*.

hy·po|·sul·fite, *bsd. Brit.* **~·sul·phite** [ˌhaıpəʊ'sʌlfaıt] *s.* ⚗ **1.** Hyposul'fit *n*, 'unterschwefligsaures Salz; **2.** → ***hypo***[1]; **~·sul·fu·rous**, *bsd. Brit.* **~·sul·phu·rous** [ˌhaıpəʊ'sʌlfərəs] *adj.* ⚗ 'unterschweflig.

hy·po·tac·tic [ˌhaıpəʊ'tæktık] *adj. ling.* hypo'taktisch, 'unterordnend.

hy·po·ten·sion [ˌhaıpəʊ'tenʃn] *s.* ⚕ zu

niedriger Blutdruck, Hypoto'nie *f.*

hy·pot·e·nuse [haɪ'pɒtənju:z] *s.* A Hypote'nuse *f.*

hy·poth·ec ['haɪpəθɪk] *s.* ⚖ *Scot.* Hypo'thek *f*; **hy·poth·e·car·y** [haɪ'pɒθɪkərɪ] *adj.* ⚖ hypothe'karisch: ~ ***debts*** Hypothekenschulden; ~ ***value*** Beleihungswert *m*; **hy·poth·e·cate** [haɪ'pɒθɪkeɪt] *v/t.* **1.** ⚖ *Grundstück etc.* hypothe'karisch belasten; **2.** *Schiff* verbodmen; **3.** ✝ *Effekten* lombardieren; **hy·poth·e·ca·tion** [haɪˌpɒθɪ'keɪʃn] *s.* **1.** ⚖ hypothe'karische Belastung (*Grundstück etc.*); **2.** Verbodmung *f* (*Schiff*); **3.** ✝ Lombardierung *f* (*Effekten*).

hy·poth·e·sis [haɪ'pɒθɪsɪs] *pl.* **-ses** [-si:z] *s.* Hypo'these *f*: a) Annahme *f*, Vor'aussetzung *f*: ***working*** ~ Arbeitshypothese, b) (bloße) Vermutung; **hy'poth·e·size** [-saɪz] **I** *v/i.* e-e Hypo'these aufstellen; **II** *v/t.* vor'aussetzen, annehmen, vermuten; **hy·po·thet·ic**, **hy·po·thet·i·cal** [ˌhaɪpəʊ'θetɪk(l)] *adj.* □ hypo'thetisch.

hyp·som·e·try [hɪp'sɒmɪtrɪ] *s. geogr.* Höhenmessung *f.*

hys·sop ['hɪsəp] *s.* **1.** ⚘ Ysop *m*; **2.** *R.C.* Weihwedel *m.*

hys·te·ri·a [hɪ'stɪərɪə] *s.* ⚕ *u. fig.* Hyste'rie *f*; **hys·ter·ic** [hɪ'sterɪk] ⚕ **I** *s.* **1.** Hy'steriker(in); **2.** *pl. mst sg. konstr.* Hyste'rie *f*, hy'sterischer Anfall: ***go*** (***off***) ***into*** ~***s*** a) e-n hysterischen Anfall bekommen, hysterisch werden, b) F e-n Lachkrampf bekommen; **II** *adj.* (□ ~***ally***) **3.** → **hys·ter·i·cal** [hɪ'sterɪkl] *adj.* □ ⚕ *u. fig.* hy'sterisch.

I

I¹, **i** [aɪ] *s.* I *n*, i *n* (*Buchstabe*).

I² [aɪ] **I** *pron.* ich; **II** *pl.* **I's** *s. das* Ich.

i·am·bic [aɪ'æmbɪk] **I** *adj.* jambisch; **II** *s.* a) Jambus *m* (*Versfuß*), b) jambischer Vers; **i'am·bus** [-bəs] *pl.* **-bi** [-baɪ], **-bus·es** *s.* Jambus *m.*

'I-beam *s.* ⚙ Doppel-T-Träger *m*; I-Formstahl *m*: **~ *section*** I-Profil *n.*

I·be·ri·an [aɪ'bɪərɪən] **I** *s.* **1.** I'berer(in); **2.** *ling.* I'berisch *n*; **II** *adj.* **3.** i'berisch; **4.** die i'berische Halbinsel betreffend; **Ibero-** [-rəʊ] *in Zssgn* Ibero...; **~-*America*** Lateinamerika *n.*

i·bex ['aɪbeks] *s. zo.* Steinbock *m.*

i·bi·dem [ɪ'baɪdem], *a.* **ib·id** ['ɪbɪd] (*Lat.*) *adv.* ebenda (*bsd. für Textstelle etc.*).

i·bis ['aɪbɪs] *s. zo.* Ibis *m.*

ice [aɪs] **I** *s.* **1.** Eis *n*: ***broken* ~** Eisstücke *pl.*; ***dry* ~** Trockeneis (*feste Kohlensäure*); ***break the* ~** *fig.* das Eis brechen; ***skate on*** (*od.* ***over***) ***thin* ~** *fig.* a) ein gefährliches Spiel treiben, b) ein heikles Thema berühren; ***cut no* ~** F keinen Eindruck machen, ‚nicht ziehen'; ***that cuts no* ~ *with me*** F das zieht bei mir nicht; ***keep*** (*od.* ***put***) ***on* ~** F *et. od. j-n* ‚auf Eis legen'; **2.** a) *Am.* Gefrorenes *n* aus Fruchtsaft u. Zuckerwasser, b) *Brit.* (Speise)Eis *n*, c) → ***icing*** 2; **3.** *sl.* Dia'manten *pl.*, ‚Klunkern' *pl.*; **II** *v/t.* **4.** mit Eis bedecken; **5.** in Eis verwandeln, vereisen; **6.** mit *od.* in Eis kühlen; **7.** über'zuckern, glasieren; **8.** *sl. j-n* ‚umlegen'; **III** *v/i.* **9.** gefrieren: **~ *up*** (*od.* ***over***) zufrieren, vereisen.

ice| age *s. geol.* Eiszeit *f*; **~ ax(e)** *s. mount.* Eispickel *m*; **~ bag** *s. Am.* Eisbeutel *m*; **'~·berg** [-bɜːg] *s.* Eisberg *m* (*a. fig. sl. Person*): ***the tip of the* ~** die Spitze des Eisbergs (*a. fig.*); **'~·blink** *s.* Eisblink *m*; **'~·boat** *s.* **1.** Eissegler *m*, Segelschlitten *m*; **2.** Eisbrecher *m*; **'~·bound** *adj.* eingefroren (*Schiff*); zugefroren (*Hafen*); vereist (*Straße*); **'~·box** *s.* **1.** *bsd. Am.* Eis-, Kühlschrank *m*; **2.** *Brit.* Eisfach *n*; **3.** Eisbox *f*; **4.** F ‚Eiskeller' *m* (*Raum*); **'~ˌbreak·er** *s.* ⚓ Eisbrecher *m* (*a. an Brücken*); **'~·cap** *s.* (*bsd. arktische*) Eisdecke; **~ cream** *s.* (Speise)Eis *n*, Eiscreme *f*: ***vanilla* ~** Vanilleeis; **'~-cream** *adj.* Eis...: **~ *bar*** *od.* ***parlo(u)r*** Eisdiele *f*; **~ *cone*** Eistüte *f*; **~ *soda*** Eis *n* in Sodawasser (*mit Sirup etc.*); **~ cube** *s.* Eiswürfel *m.*

iced [aɪst] *adj.* **1.** mit Eis bedeckt, vereist; **2.** eisgekühlt; **3.** gefroren; **4.** glasiert, mit 'Zuckerglaˌsur *od.* -guß.

'ice|·fall *s.* gefrorener Wasserfall; **~ fern** *s.* Eisblume(n *pl.*) *f*; **~ floe** *s.* Eisscholle *f*; **~ foot** *s.* [*irr.*] (arktischer) Eisgürtel; **~ fox** *s. zo.* Po'larfuchs *m*; **'~·free** *adj.* eis-, vereisungsfrei; **~ hock·ey** *s.* Eishockey *n*; **~ house** *s.* Kühlhaus *n.*

Ice·land·er ['aɪsləndə] *s.* Isländer(in); **Ice·lan·dic** [aɪs'lændɪk] **I** *adj.* isländisch; **II** *s. ling.* Isländisch *n.*

ice| lol·ly *s. Brit.* Eis *n* am Stiel; **~ ma·chine** *s.* 'Eis-, 'Kältemaˌschine *f*; **'~·man** [-mæn] *s.* [*irr.*] *Am.* Eismann *m*, Eisverkäufer *m*; **~ pack** *s.* **1.** Packeis *n*; **2.** ⚕ 'Eisˌumschlag *m*, -beutel *m*; **3.** Kühlbeutel *m* (*in Kühltaschen etc.*); **~ pick** *s.* Eishacke *f*; **~ plant** *s.* ⚘ Eiskraut *n*; **~ rink** *s.* (Kunst)Eisbahn *f*; **~ run** *s.* Eis-, Rodelbahn *f*; **~ show** *s.* 'Eisreˌvue *f*; **'~-skate I** *s.* Schlittschuh *m*; **II** *v/i.* Schlittschuh laufen; **~ wa·ter** *s.* **1.** Eiswasser *n*; **2.** Schmelzwasser *n*; **~ yacht** → ***iceboat*** 1.

ich·thy·o·log·i·cal [ˌɪkθɪə'lɒdʒɪkl] *adj.* ichthyo'logisch; **ich·thy·ol·o·gy** [ˌɪkθɪ'ɒlədʒɪ] *s.* Ichthyolo'gie *f*, Fischkunde *f*; **ich·thy·oph·a·gous** [ˌɪkθɪ'ɒfəgəs] *adj.* fisch(fr)essend; **ˌich·thy·o'sau·rus** [-'sɔːrəs] *pl.* **-ri** [-raɪ] *s. zo.* Ichthyo'saurier *m.*

i·ci·cle ['aɪsɪkl] *s.* Eiszapfen *m.*

i·ci·ly ['aɪsɪlɪ] *adv.* eisig (*a. fig.*); **'i·ci·ness** [-nɪs] *s.* **1.** Eiseskälte *f* (*a. fig.*), eisige Kälte; **2.** Vereisung *f* (*Straße etc.*).

ic·ing ['aɪsɪŋ] *s.* **1.** Eisschicht *f*; Vereisung *f*; **2.** Zuckerguß *m*: **~ *sugar*** *Brit.* Puder-, Staubzucker *m*; **3.** *Eishockey*: unerlaubter Weitschuß.

i·con ['aɪkɒn] *s.* I'kone *f*, Heiligenbild *n*; **i·con·o·clasm** [aɪ'kɒnəʊklæzəm] *s.* Bilderstürme'rei *f* (*a. fig.*); **i·con·o·clast**

[aɪˈkɒnəʊklæst] *s.* Bilderstürmer *m* (*a. fig.*); **i·con·o·clas·tic** [aɪˌkɒnəʊˈklæstɪk] *adj.* bilderstürmend; *fig.* bilderstürmerisch; **i·co·nog·ra·phy** [ˌaɪkɒˈnɒgrəfɪ] *s.* Ikonograˈphie *f*; **i·co·nol·a·try** [ˌaɪkɒˈnɒlətrɪ] *s.* Bilderverehrung *f*; **i·co·nol·o·gy** [ˌaɪkɒˈnɒlədʒɪ] *s.* Ikonoloˈgie *f*; **i·con·o·scope** [aɪˈkɒnəskəʊp] *s. TV* Ikonoˈskop *n*, Bildwandlerröhre *f.*

ic·tus [ˈɪktəs] *s.* ˈVersakˌzent *m.*

i·cy [ˈaɪsɪ] *adj.* □ **1.** eisig (*a. fig.*): *~ cold* eiskalt; **2.** vereist, eisig, gefroren.

id [ɪd] *s.* **1.** *psych.* Es *n*; **2.** *biol.* Id *n* (*Erbeinheit*).

I'd [aɪd] F *für* a) ***I would, I should***, b) ***I had.***

i·de·a [aɪˈdɪə] *s.* **1.** Iˈdee *f* (*a. phls.*, ♪): a) Vorstellung *f*, Begriff *m*, Ahnung *f*, b) Gedanke *m*: ***form an ~ of*** sich e-n Begriff machen von, sich *et.* vorstellen; ***I have an ~ that*** ich habe so das Gefühl, daß; (***I've***) ***no ~!*** (ich habe) keine Ahnung!; ***he hasn't the faintest ~*** er hat nicht die leiseste Ahnung; ***the very ~!***, ***what an ~!*** *contp.* was für e-e Idee!, (na,) so was!, unmöglich!; ***the very ~ makes me sick!*** bei dem bloßen Gedanken (daran) wird mir schlecht!; ***you have no ~ how ...*** du kannst dir nicht vorstellen, wie ...; ***could you give me an ~ of where*** (*etc.*) ***...?*** können Sie mir ungefähr sagen, wo (*etc.*) ...?; ***that's not my ~ of fun*** unter Spaß stell' ich mir was andres vor; ***it is my ~ that*** ich bin der Ansicht, daß; ***the ~ entered my mind*** mir kam der Gedanke; **2.** Iˈdee *f*: a) Einfall *m*, Gedanke *m*, b) Absicht *f*, Zweck *m*: ***not a bad ~*** keine schlechte Idee; ***the ~ is*** der Zweck der Sache ist ...; ***that's the ~!*** genau (darum dreht sich's)!; ***what's the big ~?*** F was soll denn das?; ***whose bright ~ was that?*** wer hat sich denn das ausgedacht?; ***put ~s into s.o.'s head*** j-m e-n Floh ins Ohr setzen; ***have ~s*** F ‚Rosinen' im Kopf haben; ***don't get ~s about ...*** mach dir keine Hoffnungen auf (*acc.*); ***~s man*** Ideenentwickler *m*; **iˈde·aed**, **iˈde·a'd** [-əd] *adj.* iˈdeenreich, voller Iˈdeen.

i·de·al [aɪˈdɪəl] **I** *adj.* □ → ***ideally***; **1.** ideˈal (*a. phls.*), vollˈendet, vollˈkommen, vorbildlich, Muster...; **2.** ideˈell: a) Ideen..., b) auf Ideˈalen beruhend, c) (nur) eingebildet; **3.** ⅄ ideˈal, uneigentlich: ***~ number***; **II** *s.* **4.** Ideˈal *n*, Wunsch-, Vorbild *n*; **5.** *das* Ideˈelle (*Ggs. das Wirkliche*); **iˈde·al·ism** [-lɪzəm] *s.* Ideaˈlismus *m*; **iˈde·al·ist** [-lɪst] *s.* Ideaˈlist(in); **i·de·al·is·tic** [aɪˌdɪəˈlɪstɪk] *adj.* (□ ***~ally***) ideaˈlistisch; **i·de·al·i·za·tion** [aɪˌdɪəlaɪˈzeɪʃn] *s.* Idealisierung *f*; **iˈde·al·ize** [-laɪz] *v/t. u. v/i.* idealisieren; **iˈde·al·ly** [-lɪ] *adv.* **1.** ideˈal(erweise), am besten; **2.** ideˈell, geistig; **3.** im Geiste.

i·dée fixe [ˌiːdeɪˈfiːks] (*Fr.*) *s.* fixe Iˈdee.

i·dem [ˈaɪdem] **I** *s.* derˈselbe (Verfasser), dasˈselbe (Buch *etc.*); **II** *adv.* beim selben Verfasser.

i·den·tic [aɪˈdentɪk] *adj.* → ***identical***; ***~ note*** *pol.* gleichlautende Note; **iˈden·ti·cal** [-kl] *adj.* □ (***with***) a) iˈdentisch (mit), (genau) gleich (*dat.*): ***~ twins*** eineiige Zwillinge, b) (der-, die-, das-) ˈselbe (wie), c) gleichbedeutend (mit), -lautend (wie).

i·den·ti·fi·a·ble [aɪˈdentɪfaɪəbl] *adj.* identifizier-, feststell-, erkennbar; **i·den·ti·fi·ca·tion** [aɪˌdentɪfɪˈkeɪʃn] *s.* **1.** Identifizierung *f*: a) Gleichsetzung *f* (***with*** mit), b) Feststellung *f* der Identiˈtät, Erkennung *f*: ***~ mark*** Kennzeichen *n*; ***~ papers***, ***~ card*** → ***identity card***; ***~ disk***, *Am.* ***~ tag*** ⚔ Erkennungsmarke *f*; ***~ parade*** ⚖ Gegenüberstellung *f* (zur Identifizierung e-s Verdächtigen); **2.** Legitimatiˈon *f*, Ausweis *m*; **3.** *Funk, Radar*: Kennung *f*; **i·den·ti·fy** [aɪˈdentɪfaɪ] **I** *v/t.* **1.** identifizieren, gleichsetzen, als iˈdentisch betrachten (***with*** mit): ***~ o.s. with*** → 5; **2.** identifizieren, erkennen, die Identiˈtät feststellen von (*od. gen.*); **3.** *biol.* die Art feststellen von (*od. gen.*); **4.** ausweisen, legitimieren; **II** *v/i.* **5.** ***~ with*** *od.* ***to*** sich identifizieren mit.

i·den·ti·kit [aɪˈdentɪkɪt] *s.* ⚖ Phanˈtombild(gerät) *n.*

i·den·ti·ty [aɪˈdentətɪ] *s.* Identiˈtät *f*: a) Gleichheit *f*, b) Perˈsönlichkeit *f*: ***loss of ~*** Identitätsverlust *m*; ***mistaken ~*** Personenverwechslung *f*; ***establish s.o.'s ~*** → ***identify*** 2; ***prove one's ~*** sich ausweisen; ***reveal one's ~*** sich zu erkennen geben; ***~ card*** *s.* (Persoˈnal-) Ausweis *m*, Kenn-, Ausweiskarte *f*; ***~ crisis*** *s. psych.* Identiˈtätskrise *f.*

id·e·o·gram [ˈɪdɪəʊgræm], **ˈid·e·o·graph** [-grɑːf] *s.* Ideoˈgramm *n*, Begriffszeichen *n.*

id·e·o·log·ic, **id·e·o·log·i·cal** [ˌaɪdɪəˈlɒdʒɪk(l)] *adj.* ideoˈlogisch; **id·e·ol·o·gist** [ˌaɪdɪˈɒlədʒɪst] *s.* **1.** Ideoˈloge *m*; **2.** Theoˈretiker *m*; **id·e·o·lo·gize** [ˌaɪdɪˈɒlədʒaɪz] *v/t.* ideologisieren; **id·e·ol·o·gy** [ˌaɪdɪˈɒlədʒɪ] *s.* **1.** Ideoloˈgie *f*, Denkweise *f*; **2.** Begriffslehre *f*; **3.** reine Theoˈrie.

ides [aɪdz] *s. pl. antiq.* Iden *pl.*

id·i·o·cy [ˈɪdɪəsɪ] *s.* Idioˈtie *f*: a) (⚕ hochgradiger) Schwachsinn, b) F Dummheit *f*, Blödsinn *m*.
id·i·om [ˈɪdɪəm] *s. ling.* **1.** Idiˈom *n*, Sondersprache *f*, Mundart *f*; **2.** Ausdrucksweise *f*, Sprache *f*; **3.** Sprachgebrauch *m*, -eigentümlichkeit *f*; **4.** idioˈmatische Wendung, Redewendung *f*; **id·i·o·mat·ic** [ˌɪdɪəˈmætɪk] *adj.* (□ **~ally**) *ling.* **1.** idioˈmatisch, spracheigentümlich; **2.** sprachrichtig, -üblich.
id·i·o·plasm [ˈɪdɪəplæzəm] *s. biol.* Idioˈplasma *n*, Erbmasse *f*.
id·i·o·syn·cra·sy [ˌɪdɪəˈsɪŋkrəsɪ] *s.* Idiosynkraˈsie *f*: a) perˈsönliche Eigenart *od.* Veranlagung *od.* Neigung, b) ⚕ krankhafte Abneigung.
id·i·ot [ˈɪdɪət] *s.* Idiˈot *m*: a) ⚕ Schwachsinnige(r *m*) *f*, b) F Dummkopf *m*: **~ card** *TV* ‚Neger' *m*; **id·i·ot·ic** [ˌɪdɪˈɒtɪk] *adj.* (□ **~ally**) idiˈotisch: a) F dumm, blödsinnig, b) ⚕ geistesschwach, schwachsinnig.
i·dle [ˈaɪdl] **I** *adj.* (□ **idly**) **1.** untätig, müßig: **the ~ rich** die reichen Müßiggänger; **2.** unbeschäftigt, arbeitslos; **3.** ⚙ a) außer Betrieb, stillstehend, b) im Leerlauf, Leerlauf…: **~ current** a) Leerlaufstrom *m*, b) Blindstrom *m*; **~ motion** Leergang *m*; **~ pulley** → **idler** 2 b; **~ wheel** → **idler** 2 a; **lie ~** stilliegen; **run ~** → 9; **4.** ✝ ˈunprodukˌtiv, brachliegend (*a.* ⚒), tot (*Kapital*); **5.** ruhig, still, ungenutzt: **~ hours** Mußestunden; **6.** faul, träge: **~ fellow** Faulenzer *m*; **7.** a) nutz-, zweck-, sinnlos, vergeblich, b) leer (*Worte etc.*), c) müßig (*Mutmaßungen etc.*): **~ talk** leeres *od.* müßiges Gerede; **it would be ~ to** *inf.* es wäre müßig *od.* sinnlos zu *inf.*; **II** *v/i.* **8.** faulenzen: **~ about** herumtrödeln; **9.** ⚙ leer laufen, im Leerlauf sein; **III** *v/t.* **10.** *mst* **~ away** vertrödeln, verbummeln, müßig zubringen; **ˈi·dled** [-ld] *adj.* → **idle** 2; **ˈi·dle·ness** [-nɪs] *s.* **1.** Untätigkeit *f*, Muße *f*; **2.** Faulheit *f*, Müßiggang *m*; **3.** a) Leere *f*, Hohlheit *f*, b) Müßigkeit *f*, Nutz-, Zwecklosigkeit *f*, Vergeblichkeit *f*; **ˈi·dler** [-lə] *s.* **1.** Faulenzer(in), Müßiggänger(in); **2.** a) Zwischenrad *n*, b) Leerlaufrolle *f*; **ˈi·dling** [-lɪŋ] *s.* **1.** Nichtstun *n*, Müßiggang *m*; **2.** ⚙ Leerlauf *m*; **ˈi·dly** [-lɪ] *adv.* → **idle**.
i·dol [ˈaɪdl] *s.* Iˈdol *n*, Abgott *m* (*beide a. fig.*); Götze *m*, Götzenbild *n*: **make an ~ of** → **idolize**.
i·dol·a·ter [aɪˈdɒlətə] *s.* **1.** Götzendiener *m*; **2.** *fig.* Anbeter *m*, Verehrer *m*; **iˈdol·a·tress** [-trɪs] *s.* Götzendienerin *f*; **iˈdol·a·trous** [-trəs] *adj.* □ **1.** *fig.* abgöttisch; **2.** Götzen…; **iˈdol·a·try** [-trɪ] *s.* **1.** Abgötteˈrei *f*, Götzendienst *m*; **2.** *fig.* Vergötterung *f*; **i·dol·i·za·tion** [ˌaɪdəlaɪˈzeɪʃn] *s.* **1.** Abgötteˈrei *f*; **2.** *fig.* Vergötterung *f*; **i·dol·ize** [ˈaɪdəlaɪz] *v/t. fig.* abgöttisch verehren, vergöttern, anbeten.
i·dyl(l) [ˈɪdɪl] *s.* **1.** Iˈdylle *f*, Hirtengedicht *n*; **2.** *fig.* Iˈdyll *n*; **i·dyl·lic** [aɪˈdɪlɪk] *adj.* (□ **~ally**) iˈdyllisch.
if [ɪf] **I** *cj.* **1.** wenn, falls: **~ I were you** wenn ich Sie wäre, (ich) an Ihrer Stelle; **~ and when** *bsd.* ⚖ falls, im Falle (, daß); **~ any** wenn überhaupt einer (*od.* eine *od.* eines *od.* etwas), falls etwa *od.* je; **~ anything** a) wenn überhaupt etwas, b) wenn überhaupt (, *dann ist das Buch dicker etc.*); **~ not** wenn *od.* falls nicht; **~ so** wenn ja, *bsd. in Formularen*: *a.* zutreffendenfalls; **~ only to prove** und wäre es auch nur, um zu beweisen; **~ I know Jim** so wie ich Jim kenne; → **as if**; **2.** wenn auch: **he is nice ~ a bit silly**; **3.** ob: **try ~ you can do it!**; **I don't know ~ he will agree**; **4.** *ausrufend*: **~ I had only known!** hätte ich (das) nur gewußt!; **II** *s.* **5.** Wenn *n*: **without ~s or buts** ohne Wenn u. Aber.
ig·loo, *a.* **i·glu** [ˈɪgluː] *s.* Iglu *m*.
ig·ne·ous [ˈɪgnɪəs] *adj.* glühend: **~ rock** Erstarrungsgestein *n*, magmatisches Gestein.
ig·nis fat·u·us [ˌɪgnɪsˈfætjʊəs] (*Lat.*) *s.* **1.** Irrlicht *n*; **2.** *fig.* Trugbild *n*.
ig·nite [ɪgˈnaɪt] **I** *v/t.* **1.** an-, entzünden; **2.** ϟ, *mot.* zünden; **II** *v/i.* **3.** sich entzünden, Feuer fangen; **4.** ϟ, *mot.* zünden; **igˈnit·er** [-tə] *s.* Zündvorrichtung *f*, Zünder *m*.
ig·ni·tion [ɪgˈnɪʃn] *s.* **1.** An-, Entzünden *n*; **2.** ϟ, *mot.* Zündung *f*; **3.** ⚗ Erhitzung *f*; **~ charge** *s.* ⚙ Zündladung *f*; **~ coil** *s.* ϟ Zündspule *f*; **~ de·lay** *s.* ⚙ Zündverzögerung *f*; **~ key** *s. mot.* Zündschlüssel *m*; **~ lock** *s.* ⚙ Zündschloß *n*; **~ point** *s.* Zünd-, Flammpunkt *m*; **~ spark** *s.* ϟ Zündfunke *m*; **~ tim·ing** *s.* Zündeinstellung *f*; **~ tube** *s.* ⚗ Glührohr *n*.
ig·no·ble [ɪgˈnəʊbl] *adj.* □ **1.** gemein, unedel, niedrig; **2.** schmachvoll, schändlich; **3.** von niedriger Geburt.
ig·no·min·i·ous [ˌɪgnəʊˈmɪnɪəs] *adj.* □ schändlich, schimpflich; **ig·no·min·y** [ˈɪgnəmɪnɪ] *s.* **1.** Schmach *f*, Schande *f*; **2.** Schändlichkeit *f*.
ig·no·ra·mus [ˌɪgnəˈreɪməs] *pl.* **-mus·es** *s.* Ignoˈrant(in), Nichtswisser(in).

ig·no·rance ['ɪgnərəns] *s.* Unwissenheit *f*: a) Unkenntnis *f* (***of*** *gen.*), b) *contp.* Igno'ranz *f*, Beschränktheit *f*: ***~ of the law is no excuse*** Unkenntnis schützt vor Strafe nicht; **'ig·no·rant** [-nt] *adj.* □ **1.** unkundig, nicht kennend *od.* wissend: ***be ~ of*** *et.* nicht wissen *od.* kennen, nichts wissen von; **2.** unwissend, ungebildet; **'ig·no·rant·ly** [-ntlɪ] *adv.* unwissentlich; **ig·nore** [ɪg'nɔː] *v/t.* **1.** ignorieren, nicht beachten *od.* berücksichtigen, keine No'tiz nehmen von; **2.** ⚖ *Am. Klage* verwerfen, abweisen.

i·gua·na [ɪ'gwɑːnə] *s. zo.* Legu'an *m.*

i·kon ['aɪkɒn] → ***icon.***

il·e·um ['ɪlɪəm] *s. anat.* Ileum *n*, Krummdarm *m*; **'il·e·us** [-əs] *s.* ⚕ Darmverschluß *m.*

i·lex ['aɪleks] *s.* ⚘ **1.** Stechpalme *f*; **2.** Stecheiche *f.*

il·i·ac ['ɪlɪæk] *adj.* Darmbein…

Il·i·ad ['ɪlɪəd] *s.* Ilias *f*, Ili'ade *f*: ***an ~ of woes*** *fig.* e-e endlose Leidensgeschichte.

il·i·um ['ɪlɪəm] *pl.* **'il·i·a** [-ə] *s. anat.* a) Darmbein *n*, b) Hüfte *f.*

ilk [ɪlk] *s.* **1.** ***of that ~*** *Scot.* gleichnamigen Ortes: ***Kinloch of that ~*** = ***Kinloch of Kinloch***; **2.** Art *f*, Sorte *f*: ***people of that ~*** solche Leute.

ill [ɪl] **I** *adj.* **1.** (*nur pred.*) krank: ***be taken ~, fall*** *od.* ***take ~*** erkranken (***with, of*** an *dat.*); ***be ~ with a cold*** e-e Erkältung haben; ***~ with fear*** krank vor Angst; **2.** (*moralisch*) schlecht, böse, übel; → ***fame*** 1; **3.** böse, feindlich: ***~ blood*** böses Blut; ***with an ~ grace*** widerwillig, ungern; ***~ humo(u)r*** *od.* ***temper*** üble Laune; ***~ treatment*** schlechte Behandlung, Mißhandlung *f*; ***~ will*** Feindschaft *f*, Groll *m*; ***I bear him no ~ will*** ich trage ihm nichts nach; → ***feeling*** 2; **4.** nachteilig; ungünstig, schlecht, übel: ***~ effect*** üble Folge *od.* Wirkung; ***it's an ~ wind (that blows nobody good)*** et. Gutes ist an allem; → ***health*** 2, ***luck*** 1, ***omen*** I, ***weed*** 1; **5.** schlecht, unbefriedigend, fehlerhaft: ***~ breeding*** a) schlechte Erziehung, b) Ungezogenheit *f*; ***~ management*** Mißwirtschaft *f*; ***~ success*** Mißerfolg *m*, Fehlschlag *m*; **II** *adv.* **6.** schlecht, übel: ***~ at ease*** unruhig, unbehaglich, verlegen; **7.** böse, feindlich; ***take s.th. ~*** et. übelnehmen; ***speak (think) ~ of s.o.*** schlecht von j-m sprechen (denken); **8.** ungünstig: ***it went ~ with him*** es erging ihm schlecht; ***it ~ becomes you*** es steht dir schlecht an; **9.** ungenügend, schlecht: ***~-equipped***; **10.** schwerlich, kaum: ***I can ~ afford it*** ich kann es mir kaum leisten; **III** *s.* **11.** Übel *n*, 'Mißgeschick *n*, Ungemach *n*; **12.** *a. fig.* Leiden *n*, Krankheit *f*; **13.** *das* Böse, Übel *n.*

I'll [aɪl] F *für* ***I shall, I will.***

ˌill|-ad'vised *adj.* □ **1.** schlechtberaten; **2.** unbesonnen, unklug; **ˌ~-af'fect·ed** → ***ill-disposed***; **ˌ~-as'sort·ed** *adj.* schlecht zs.-passend, zs.-gewürfelt; **ˌ~-'bred** *adj.* schlecht erzogen, ungezogen; **ˌ~-con'sid·ered** *adj.* unüberlegt, unbedacht, unklug; **ˌ~-dis'posed** *adj.* übelgesinnt (***towards*** *dat.*).

il·le·gal [ɪ'liːgl] *adj.* □ 'illeˌgal, ungesetzlich, gesetzwidrig, 'widerrechtlich, unerlaubt, verboten; **il·le·gal·i·ty** [ˌɪliː'gæləti] *s.* Gesetzwidrigkeit *f*: a) Ungesetzlichkeit *f*, Illegali'tät *f*, b) gesetzwidrige Handlung.

il·leg·i·bil·i·ty [ɪˌledʒɪ'bɪlətɪ] *s.* Unleserlichkeit *f*; **il·leg·i·ble** [ɪ'ledʒəbl] *adj.* □ unleserlich.

il·le·git·i·ma·cy [ˌɪlɪ'dʒɪtɪməsɪ] *s.* **1.** Unrechtmäßigkeit *f*; **2.** Unehelichkeit *f*, uneheliche Geburt(en *pl.*); **ˌil·le'git·i·mate** [-mət] *adj.* □ **1.** unrechtmäßig, rechtswidrig; **2.** außer-, unehelich, illegi'tim; **3.** 'inkorˌrekt, falsch; **4.** unzulässig, illegi'tim; **5.** unlogisch.

ˌill|-'fat·ed *adj.* unselig: a) unglücklich, Unglücks…, b) verhängnisvoll, unglückselig; **ˌ~-'fa·vo(u)red** *adj.* □ unschön; **ˌ~-'found·ed** *adj.* unbegründet, fragwürdig; **ˌ~-'got·ten** *adj.* unrechtmäßig (erworben); **ˌ~-'hu·mo(u)red** *adj.* übelgelaunt.

il·lib·er·al [ɪ'lɪbərəl] *adj.* □ **1.** knauserig; **2.** engherzig, -stirnig; **3.** *pol.* 'illibeˌral; **il'lib·er·al·ism** [-rəlɪzəm] *s. pol.* 'illibeˌraler Standpunkt; **il·lib·er·al·i·ty** [ɪˌlɪbə'rælətɪ] *s.* **1.** Knause'rei *f*; **2.** Engherzigkeit *f.*

il·lic·it [ɪ'lɪsɪt] *adj.* □ → ***illegal***: ***~ trade*** Schleich-, Schwarzhandel *m*; ***~ work*** Schwarzarbeit *f.*

il·lit·er·a·cy [ɪ'lɪtərəsɪ] *s.* **1.** Unbildung *f*; **2.** Analpha'betentum *n*; **il'lit·er·ate** [-rət] **I** *adj.* **1.** ungebildet, unwissend; **2.** analpha'betisch, des Lesens u. Schreibens unkundig: ***he is ~*** er ist Analphabet; **3.** primi'tiv, unkultiviert: ***~ style***; **4.** fehlerhaft, voller Fehler; **II** *s.* **5.** Ungebildete(r *m*) *f*; **6.** Analpha'bet(in).

ˌill|-'judged *adj.* unbedacht, unklug; **ˌ~-'man·nered** *adj.* ungehobelt, ungezogen, mit schlechten 'Umgangsformen; **ˌ~-'matched** *adj.* schlecht zs.-passend; **ˌ~-'na·tured** *adj.* □ **1.** unfreundlich, boshaft; **2.** verärgert.

ill·ness ['ɪlnɪs] *s.* Krankheit *f.*

il·log·i·cal [ɪ'lɒdʒɪkl] *adj.* □ unlogisch; **il·log·i·cal·i·ty** [ˌɪlɒdʒɪ'kælətɪ] *s.* Unlogik *f.*

ˌ**ill|-'o·mened** → ***ill-fated***; ˌ**~-'starred** *adj.* unglücklich, unselig, vom Unglück verfolgt, unter e-m ungünstigen Stern (stehend); ˌ**~-'tem·pered** *adj.* schlechtgelaunt, übellaunig, mürrisch; ˌ**~-'timed** *adj.* ungelegen, unpassend, 'inopporˌtun; zeitlich schlecht gewählt; ˌ**~-'treat** *v/t.* miß'handeln; schlecht behandeln.

il·lu·mi·nant [ɪ'lju:mɪnənt] **I** *adj.* (er-) leuchtend, aufhellend; **II** *s.* Beleuchtungskörper *m.*

il·lu·mi·nate [ɪ'lju:mɪneɪt] **I** *v/t.* **1.** be-, erleuchten, erhellen; **2.** illuminieren, festlich beleuchten; **3.** *fig.* a) erläutern, erhellen, erklären, aufhellen, b) *j-n* erleuchten; **4.** *Bücher etc.* ausmalen, illuminieren; **5.** *fig.* Glanz verleihen (*dat.*); **II** *v/i.* **6.** sich erhellen; **il'lu·mi·nat·ed** [-tɪd] *adj.* beleuchtet, leuchtend, Leucht..., Licht...: ***~ advertising*** Leuchtreklame *f*; **il'lu·mi·nat·ing** [-tɪŋ] *adj.* **1.** leuchtend, Leucht..., Beleuchtungs...: ***~ gas*** Leuchtgas *n*; ***~ power*** Leuchtkraft *f*; **2.** *fig.* aufschlußreich, erhellend; **il·lu·mi·na·tion** [ɪˌlju:mɪ'neɪʃn] *s.* **1.** Be-, Erleuchtung *f*; **2.** *oft pl.* Illuminati'on *f*, Festbeleuchtung *f*; **3.** *fig.* a) Erläuterung *f*, Erhellung *f*, b) Erleuchtung *f*; **4.** *a. fig.* Licht *n* u. Glanz *m*; **5.** Illuminati'on *f*, Kolorierung *f*, Verzierung *f* (*von Büchern etc.*); **il'lu·mi·na·tive** [-nətɪv] → ***illuminating***.

il·lu·mine [ɪ'lju:mɪn] *v/t.* → ***illuminate*** 1–3.

ˌ**ill-'use** [-'ju:z] → ***ill-treat***.

il·lu·sion [ɪ'lu:ʒn] *s.* Illusi'on *f*: a) (Sinnes)Täuschung *f*; → ***optical***, b) Wahn *m*, Einbildung *f*, falsche Vorstellung, trügerische Hoffnung, c) Trugbild *n*, d) Blendwerk *n*: ***be under an ~*** e-r Täuschung unterliegen, sich Illusionen machen; ***be under the ~ that*** sich einbilden, daß; **il'lu·sion·ism** [-ʒənɪzəm] *s. bsd. phls.* Illusio'nismus *m*; **il'lu·sion·ist** [-ʒənɪst] *s.* Illusio'nist *m* (*a. phls.*): a) Schwärmer(in), Träumer(in), b) Zauberkünstler *m.*

il·lu·sive [ɪ'lu:sɪv] *adj.* □ illu'sorisch, trügerisch; **il'lu·sive·ness** [-nɪs] *s.* **1.** *das* Illu'sorische, Schein *m*; **2.** Täuschung *f*; **il'lu·so·ry** [-sərɪ] *adj.* □ → ***illusive***.

il·lus·trate ['ɪləstreɪt] *v/t.* **1.** erläutern, erklären, veranschaulichen; **2.** illustrieren, bebildern; **il·lus·tra·tion** [ˌɪlə'streɪʃn] *s.* Illustrati'on *f*: a) Erläuterung *f*, Erklärung *f*, Veranschaulichung *f*: ***in ~ of*** zur Veranschaulichung (*gen.*), b) Beispiel *n*, c) Bebildern *n*, Illustrieren *n*, d) Abbildung *f*, Bild *n*; '**il·lus·tra·tive** [-rətɪv] *adj.* □ erläuternd, veranschaulichend, Anschauungs..., Beispiel...: ***be ~ of*** → ***illustrate*** 1; '**il·lus·tra·tor** [-tə] *s. allg.* Illu'strator *m.*

il·lus·tri·ous [ɪ'lʌstrɪəs] *adj.* □ il'luster, berühmt, erhaben, erlaucht, glänzend.

I'm [aɪm] F *für* ***I am***.

im·age ['ɪmɪdʒ] *s.* **1.** Bild(nis) *n*; **2.** a) Standbild *n*, Bildsäule *f*, b) Heiligenbild *n*, c) Götzenbild *n*: ***~-worship*** Bilderanbetung *f*, *fig.* Götzendienst *m*; → ***graven***; **3.** ⚕, *opt.*, *phys.* Bild *n*: ***~ converter tube*** *TV* Bildwandlerröhre *f*; **4.** Ab-, Ebenbild *n*: ***the*** (***very***) ***~ of his father*** ganz der Vater; **5.** bildlicher Ausdruck, Vergleich *m*, Me'tapher *f*: ***speak in ~s*** in Bildern reden; **6.** a) Vorstellung *f*, I'dee *f*, (geistiges) Bild, b) Image *n* (*Persönlichkeitsbild*): ***the ~ of a politician***; ***~ building*** Imagepflege *f*; **7.** Verkörperung *f*; '**im·age·ry** [-dʒərɪ] *s.* **1.** Bilder *pl.*, Bildwerk(e *pl.*) *n*; **2.** Bilder(sprache *f*) *pl.*, Meta'phorik *f*; **3.** geistige Bilder *pl.*, Vorstellungen *pl.*

im·ag·i·na·ble [ɪ'mædʒɪnəbl] *adj.* □ vorstellbar, erdenklich, denkbar: ***the finest weather ~*** das denkbar schönste Wetter; **im'ag·i·nar·y** [-dʒɪnərɪ] *adj.* □ **1.** imagi'när (*a.* ⚕), nur in der Vorstellung vor'handen, eingebildet, (nur) gedacht, Schein..., Phantasie...; **2.** (frei) erfunden, imagi'när; **3.** ✝ fingiert.

im·ag·i·na·tion [ɪˌmædʒɪ'neɪʃn] *s.* **1.** Phanta'sie *f*, Vorstellungs-, Einbildungskraft *f*, Einfallsreichtum *m*: ***a man of ~*** ein phantasievoller *od.* ideenreicher Mann; ***he has no ~*** er ist phantasielos; ***use your ~!*** laß dir was einfallen!; **2.** Einfälle *pl.*, I'deenreichtum *m*; **3.** Vorstellung *f*, Einbildung *f*: ***in*** (***my*** *etc.*) ***~*** in der Vorstellung, im Geiste; ***pure ~*** reine Einbildung; **im·ag·i·na·tive** [ɪ'mædʒɪnətɪv] *adj.* □ **1.** phanta'siereich, erfinderisch, einfallsreich: ***~ faculty*** → ***imagination*** 1; **2.** phan'tastisch, phanta'sievoll: ***~ story***; **3.** *contp.* ‚erdichtet'; **im·ag·i·na·tive·ness** [ɪ'mædʒɪnətɪvnɪs] → ***imagination*** 1; **im·ag·ine** [ɪ'mædʒɪn] **I** *v/t.* **1.** sich *j-n od. et.* vorstellen *od.* denken: ***I ~ him as a tall man***; ***you can't ~ my joy***; ***you can't ~ how ...*** du kannst dir nicht vorstellen *od.* du machst dir kein Bild, wie ...; **2.** sich *et.* (*Unwirkliches*) einbilden: ***you are imagining things!*** du bildest dir das (alles) nur ein!; **3.** F glauben, denken, sich einbilden: ***don't ~ that I am satisfied***; ***~ to be*** halten für; **II** *v/i.* **4.** sich vorstellen *od.* denken: ***just ~!*** F stell dir vor!, denk (dir) nur!

i·ma·go [ɪˈmeɪgəʊ] *pl.* **-goes** *od.* **i·mag·i·nes** [ɪˈmeɪdʒɪniːz] *s.* **1.** *zo.* vollentwickeltes Insekt; **2.** *psych.* Iˈmago *n.*

im·bal·ance [ˌɪmˈbæləns] *s.* **1.** Unausgewogenheit *f*, Unausgeglichenheit *f*; **2.** *bsd.* ⚕ gestörtes Gleichgewicht (*im Körperhaushalt etc.*); **3.** *bsd. pol.* Ungleichgewicht *n.*

im·be·cile [ˈɪmbɪsiːl] **I** *adj.* ☐ **1.** ⚕ geistesschwach; **2.** *contp.* dumm, idiˈotisch; **II** *s.* **3.** ⚕ Schwachsinnige(r *m*) *f*; **4.** *contp.* Idiˈot *m*, ‚Blödmann' *m*; **im·be·cil·i·ty** [ˌɪmbɪˈsɪlətɪ] *s.* **1.** ⚕ Schwachsinn *m*; **2.** *contp.* Idioˈtie *f*, Blödheit *f.*

im·bibe [ɪmˈbaɪb] **I** *v/t.* **1.** *humor.* trinken; **2.** *fig. Ideen etc.* in sich aufnehmen, aufsaugen; **II** *v/i.* **3.** *humor.* trinken, bechern.

im·bro·glio [ɪmˈbrəʊlɪəʊ] *pl.* **-glios** *s.* **1.** Verwicklung *f*, Verwirrung *f*, Komplikatiˈon *f*, verzwickte Lage; **2.** a) ernstes ˈMißverständnis, b) heftige Auseinˈandersetzung.

im·brue [ɪmˈbruː] *v/t. mst fig.* (***with***, ***in***) baden (in *dat.*), tränken, *a.* beflecken (mit).

im·bue [ɪmˈbjuː] *v/t. fig.* erfüllen (***with*** mit): ***~d with*** erfüllt *od.* durchdrungen von.

im·i·ta·ble [ˈɪmɪtəbl] *adj.* nachahmbar; **im·i·tate** [ˈɪmɪteɪt] *v/t.* **1.** *j-n, j-s Stimme, Benehmen etc. od. et.* nachahmen, -machen, imitieren; **2.** *et.* imitieren, nachmachen, kopieren, *a.* fälschen; **3.** ähneln (*dat.*); **ˈim·i·tat·ed** [-teɪtɪd] *adj.* imitiert, unecht, künstlich; **im·i·ta·tion** [ˌɪmɪˈteɪʃn] **I** *s.* **1.** Nachahmung *f*, Imitatiˈon *f*: ***do an ~ of*** → ***imitate*** 1; **2.** Nachbildung *f*, -ahmung *f*, *das* Nachgeahmte, Imitatiˈon *f*, Koˈpie *f*; **3.** Fälschung *f*; **II** *adj.* **4.** unecht, künstlich, Kunst..., Imitations...: ***~ leather*** Kunstleder *n*; **ˈim·i·ta·tive** [-tətɪv] *adj.* ☐ **1.** nachahmend, -bildend; auf Nachahmung *fremder Vorbilder* beruhend: ***be ~ of*** → ***imitate*** 1; **2.** nachgemacht, -geahmt (***of*** *dat.*); **3.** *ling.* lautmalend: ***an ~ word***; **ˈim·i·ta·tor** [-teɪtə] *s.* Nachahmer *m*, Imiˈtator *m.*

im·mac·u·late [ɪˈmækjʊlɪt] *adj.* ☐ **1.** *fig.* unbefleckt, makellos, rein: ***℈ Conception*** *R.C.* Unbefleckte Empfängnis; **2.** untadelig, tadellos, einwandfrei; **3.** fleckenlos, sauber.

im·ma·nence [ˈɪmənəns], **ˈim·ma·nen·cy** [-sɪ] *s. phls., eccl.* Immaˈnenz *f*, Innewohnen *n*; **ˈim·ma·nent** [-nt] *adj.* immaˈnent, innewohnend.

im·ma·te·ri·al [ˌɪməˈtɪərɪəl] *adj.* **1.** unkörperlich, unstofflich; **2.** unwesentlich, (*a.* ⚖) unerheblich, belanglos; **ˌim·maˈte·ri·al·ism** [-lɪzəm] *s.* Immateriaˈlismus *m.*

im·ma·ture [ˌɪməˈtjʊə] *adj.* ☐ unreif, unentwickelt (*a. fig.*); **ˌim·maˈtu·ri·ty** [-ˈtjʊərətɪ] *s.* Unreife *f.*

im·meas·ur·a·ble [ɪˈmeʒərəbl] *adj.* ☐ unermeßlich, grenzenlos, riesig.

im·me·di·a·cy [ɪˈmiːdjəsɪ] *s.* **1.** Unmittelbarkeit *f*, Diˈrektheit *f*; **2.** Unverzüglichkeit *f*; **im·me·di·ate** [ɪˈmiːdjət] *adj.* ☐ **1.** *Raum*: unmittelbar, nächst(gelegen): ***~ contact*** unmittelbare Berührung; ***~ vicinity*** nächste Umgebung; **2.** *Zeit*: unverzüglich, soˈfortig, ˈumgehend: ***~ answer***; ***~ steps*** Sofortmaßnahmen; ***~ objective*** Nahziel *n*; ***~ future*** nächste Zukunft; **3.** augenblicklich, derzeitig: ***~ plans***; **4.** diˈrekt, unmittelbar; **5.** nächst (*Verwandtschaft*): ***my ~ family*** m-e nächsten Angehörigen; **imˈme·di·ate·ly** [-jətlɪ] **I** *adv.* **1.** unmittelbar, diˈrekt; **2.** soˈfort, ˈumgehend, unverzüglich, gleich, unmittelbar; **II** *cj.* **3.** *bsd. Brit.* soˈbald (als).

im·me·mo·ri·al [ˌɪmɪˈmɔːrɪəl] *adj.* ☐ un(vor)denklich, uralt: ***from time ~*** seit un(vor)denklichen Zeiten.

im·mense [ɪˈmens] *adj.* ☐ **1.** unermeßlich, ungeheuer, riesig, imˈmens; **2.** F gewaltig, eˈnorm, ‚riesig': ***enjoy o.s. ~ly***; **imˈmen·si·ty** [-sətɪ] *s.* Unermeßlichkeit *f.*

im·merse [ɪˈmɜːs] *v/t.* **1.** (ein)tauchen (*a.* ⚙), versenken; **2.** *fig.* (***o.s.*** sich) vertiefen *od.* versenken (***in*** in *acc.*); **3.** *fig.* verwickeln, verstricken (***in*** in *acc.*); **imˈmersed** [-st] *adj. fig.* (***in***) versunken, vertieft (in *acc.*); **im·mer·sion** [ɪˈmɜːʃn] *s.* **1.** Ein-, ˈUntertauchen *n*: ***~ heater*** a) Tauchsieder *m*, b) Boiler *m*; **2.** *fig.* Versunkenheit *f*, Vertieftsein *n*; **3.** *eccl.* Immersiˈonstaufe *f*; **4.** *ast.* Immersiˈon *f.*

im·mi·grant [ˈɪmɪgrənt] **I** *s.* Einwanderer *m*, Einwanderin *f*, Immiˈgrant(in); **II** *adj.* a) einwandernd, b) ausländisch, Fremd...: ***~ workers***; **ˈim·mi·grate** [-greɪt] **I** *v/i.* einwandern, immiˈgrieren (***into***, ***to*** in *acc.*, nach); **II** *v/t.* ansiedeln (***into*** in *dat.*); **im·mi·gra·tion** [ˌɪmɪ-

ˈgreɪʃn] *s.* Einwanderung *f*, Immigraˈtiˈon *f*: ~ ***officer*** Beamte(r) *m* der Einwanderungsbehörde.

im·mi·nence [ˈɪmɪnəns] *s.* **1.** nahes Bevorstehen; **2.** drohende Gefahr, Drohen *n*; **ˈim·mi·nent** [-nt] *adj.* □ nahe bevorstehend, *a.* drohend.

im·mis·ci·ble [ɪˈmɪsəbl] *adj.* □ unvermischbar.

im·mo·bile [ɪˈməʊbaɪl] *adj.* unbeweglich: a) bewegungslos, b) starr, fest; **im·mo·bil·i·ty** [ˌɪməʊˈbɪlətɪ] *s.* Unbeweglichkeit *f*; **im·mo·bi·li·za·tion** [ɪˌməʊbɪlaɪˈzeɪʃn] *s.* **1.** Unbeweglichmachen *n*; ⚕ Ruhigstellung *f*, Immobilisierung *f*; **2.** ✝ a) Einziehung *f* (*von Münzen*), b) Festlegung *f* (*von Kapital*); **imˈmo·bi·lize** [-bɪlaɪz] *v/t.* **1.** unbeweglich machen; ⚕ ruhigstellen; ⚔ außer Gefecht setzen: ~***d*** bewegungsunfähig (*a. Auto etc.*); **2.** ✝ a) *Münzen* aus dem Verkehr ziehen, b) *Kapital* festlegen.

im·mod·er·ate [ɪˈmɒdərət] *adj.* □ unmäßig, maßlos, überˈtrieben, -ˈzogen.

im·mod·est [ɪˈmɒdɪst] *adj.* □ **1.** unbescheiden, anmaßend; **2.** schamlos, unanständig; **imˈmod·es·ty** [-tɪ] *s.* **1.** Unbescheidenheit *f*, Frechheit *f*; **2.** Unanständigkeit *f*.

im·mo·late [ˈɪməʊleɪt] *v/t.* **1.** opfern, zum Opfer bringen (*a. fig.*); **2.** schlachten (*a. fig.*); **im·mo·la·tion** [ˌɪməʊˈleɪʃn] *s. a. fig.* Opferung *f*, Opfer *n*.

im·mor·al [ɪˈmɒrəl] *adj.* □ **1.** ˈunmoˌralisch, unsittlich; **2.** ⚖ sittenwidrig, unsittlich; **im·mo·ral·i·ty** [ˌɪməˈrælətɪ] *s.* ˈUnmoˌral *f*, Sittenlosigkeit *f*, Unsittlichkeit *f* (*a. Handlung*).

im·mor·tal [ɪˈmɔːtl] **I** *adj.* □ **1.** unsterblich (*a. fig.*); **2.** ewig, unvergänglich; **II** *s.* **3.** Unsterbliche(r *m*) *f* (*a. fig.*); **im·mor·tal·i·ty** [ˌɪmɔːˈtælətɪ] *s.* **1.** Unsterblichkeit *f* (*a. fig.*); **2.** Unvergänglichkeit *f*; **imˈmor·tal·ize** [-təlaɪz] *v/t.* unsterblich machen, verewigen.

im·mor·telle [ˌɪmɔːˈtel] *s.* ⚘ Immorˈtelle *f*, Strohblume *f*.

im·mov·a·bil·i·ty [ɪˌmuːvəˈbɪlətɪ] *s.* **1.** Unbeweglichkeit *f*; **2.** *fig.* Unerschütterlichkeit *f*; **im·mov·a·ble** [ɪˈmuːvəbl] **I** *adj.* □ **1.** unbeweglich: a) ortsfest: ~ ***property*** → 4, b) unbewegt, bewegungslos; **2.** *zeitlich* unveränderlich: ~ ***feast*** unbeweglicher Feiertag; **3.** *fig.* fest, unerschütterlich, unnachgiebig; **II** *s.* **4.** *pl.* ⚖ unbewegliches Eigentum, Immoˈbilien *pl.*, Liegenschaften *pl.*

im·mune [ɪˈmjuːn] **I** *adj.* **1.** ⚕ *u. fig.* (***from***, ***against***, ***to***) imˈmun (gegen), unempfänglich (für); **2.** (***from***, ***against***, ***to***) geschützt, gefeit (gegen), frei (von); **II** *s.* **3.** imˈmune Perˈson; **imˈmu·ni·ty** [-nətɪ] *s.* **1.** *allg.* Immuniˈtät *f*: a) ⚕ *u. fig.* Unempfänglichkeit *f*, b) ⚖ Freiheit *f*, Befreiung *f* (***from*** von *Strafe, Steuer*); **2.** ⚖ Priviˈleg *n*, Sonderrecht *n*; **3.** Freisein *n* (***from*** von); **im·mu·ni·za·tion** [ˌɪmjuːnaɪˈzeɪʃn] *s.* ⚕ Immunisierung *f*; **im·mu·nize** [ˈɪmjuːnaɪz] *v/t.* immunisieren; imˈmun machen (***against*** gegen), schützen (vor *dat.*); **im·mu·no·gen** [ɪˈmjuːnəʊdʒen] *s.* ⚕ Antiˈgen *n*; **im·mu·nol·o·gy** [ˌɪmjuːˈnɒlədʒɪ] *s.* ⚕ Immuniˈtätsforschung *f*, -lehre *f*.

im·mure [ɪˈmjʊə] *v/t.* **1.** einsperren, -schließen, -kerkern: ~ ***o.s.*** sich abschließen; **2.** einmauern.

im·mu·ta·bil·i·ty [ɪˌmjuːtəˈbɪlətɪ] *s. a. biol.* Unveränderlichkeit *f*; **im·mu·ta·ble** [ɪˈmjuːtəbl] *adj.* □ unveränderlich, unwandelbar.

imp [ɪmp] *s.* **1.** Teufelchen *n*, Kobold *m*; **2.** *humor.* Schlingel *m*, Racker *m*.

im·pact I *s.* [ˈɪmpækt] **1.** An-, Zs.-prall *m*, Auftreffen *n*; **2.** *bsd.* ⚔ Auf-, Einschlag *m*: ~ ***fuse*** Aufschlagzünder *m*; **3.** ⚙, *phys.* a) Stoß *m*, Schlag *m*, b) Wucht *f*: ~ ***extrusion*** Schlagstrangpressen *n*; ~ ***strength*** ⚙ (Kerb)Schlagfestigkeit *f*; **4.** *fig.* a) (heftige) (Ein)Wirkung, Auswirkungen *pl.*, (starker) Einfluß (***on*** auf *acc.*), b) (starker) Eindruck (***on*** auf *acc.*), c) Wucht *f*, Gewalt *f*, d) (***on***) Belastung *f* (*gen.*), Druck *m* (auf *acc.*): ***make an*** ~ (***on***) ‚einschlagen' *od.* e-n starken Eindruck hinterlassen (bei), sich mächtig auswirken (auf *acc.*); **II** *v/t.* [ɪmˈpækt] **5.** zs.-pressen; *a.* ⚕ einkeilen, -klemmen.

im·pair [ɪmˈpeə] *v/t.* **1.** verschlechtern; **2.** beeinträchtigen: a) nachteilig beeinflussen, schwächen, b) (ver)mindern, schmälern; **imˈpair·ment** [-mənt] *s.* Verschlechterung *f*; Beeinträchtigung *f*, Verminderung *f*, Schädigung *f*, Schmälerung *f*.

im·pale [ɪmˈpeɪl] *v/t.* **1.** *hist.* pfählen; **2.** aufspießen, durchˈbohren; **3.** *her. zwei Wappen* durch e-n senkrechten Pfahl verbinden.

im·pal·pa·ble [ɪmˈpælpəbl] *adj.* □ **1.** unfühlbar; **2.** äußerst fein; **3.** kaum (er)faßbar, nicht greifbar.

im·pan·el [ɪmˈpænl] → ***empanel***.

im·par·i·syl·lab·ic [ˈɪmˌpærɪsɪˈlæbɪk] *adj. u. s. ling.* ungleichsilbig(es Wort).

im·par·i·ty [ɪmˈpærətɪ] *s.* Ungleichheit *f*.

im·part [ɪmˈpɑːt] *v/t.* **1.** (***to*** *dat.*) geben: a) gewähren, zukommen lassen, b) *e-e*

Eigenschaft etc. verleihen; **2.** mitteilen: a) kundtun (***to*** *dat.*): **~ *news***, b) vermitteln (***to*** *dat.*): **~ *knowledge***, c) *a. phys.* übertragen (***to*** auf *acc.*): **~ *a motion***.

im·par·tial [ɪm'pɑːʃl] *adj.* □ 'unparˌteiisch, unvoreingenommen, unbefangen; **im·par·ti·al·i·ty** ['ɪmˌpɑːʃɪ'ælətɪ] *s.* 'Unparˌteilichkeit *f*, Unvoreingenommenheit *f*.

im·pass·a·ble [ɪm'pɑːsəbl] *adj.* □ unpassierbar.

im·passe [æm'pɑːs] (*Fr.*) *s.* Sackgasse *f*, *fig. a.* ausweglose Situati'on: ***reach an ~*** *fig.* in e-e Sackgasse geraten, e-n toten Punkt erreichen; ***break the ~*** aus der Sackgasse herauskommen.

im·pas·si·ble [ɪm'pæsɪbl] *adj.* □ (***to***) gefühllos (gegen), unempfindlich (für).

im·pas·sioned [ɪm'pæʃnd] *adj.* leidenschaftlich.

im·pas·sive [ɪm'pæsɪv] *adj.* □ **1.** teilnahms-, leidenschaftslos, ungerührt; **2.** gelassen; **3.** unbewegt: **~ *face***.

im·paste [ɪm'peɪst] *v/t.* **1.** zu e-m Teig kneten; **2.** *paint.* *Farben* dick auftragen, pa'stos malen; **im·pas·to** [ɪm'pæstəʊ] *s. paint.* Im'pasto *n*.

im·pa·tience [ɪm'peɪʃns] *s.* **1.** Ungeduld *f*; **2.** (***of***) Unduldsamkeit *f*, Abneigung *f* (gegen['über]), Unwille *m* (über *acc.*); **im'pa·tient** [-nt] *adj.* □ **1.** ungeduldig; **2.** (***of***) unduldsam (gegen), ungehalten (über *acc.*), unzufrieden (mit): ***be ~ of*** nicht (v)ertragen können (*acc.*), nichts übrig haben für; **3.** begierig (***for*** nach, ***to do*** zu tun): ***be ~ for*** *et.* nicht erwarten können; ***be ~ to do it*** darauf brennen, es zu tun.

im·peach [ɪm'piːtʃ] *v/t.* **1.** *j-n* anklagen, beschuldigen (***of***, ***with*** *gen.*); **2.** ⚖ *Beamten etc.* (wegen e-s Amtsvergehens) anklagen; **3.** anzweifeln, anfechten, in Frage stellen: **~ *a witness*** die Glaubwürdigkeit e-s Zeugen anzweifeln; **4.** angreifen, her'absetzen, tadeln, bemängeln; **im'peach·a·ble** [-tʃəbl] *adj.* anklag-, anfecht-, bestreitbar; **im'peach·ment** [-mənt] *s.* **1.** Anklage *f*, Beschuldigung *f*; **2.** (öffentliche) Anklage *e-s Ministers etc. wegen Amtsmißbrauchs, Hochverrats etc.*; **3.** Anfechtung *f*, Bestreitung *f* der Glaubwürdigkeit *od.* Gültigkeit; **4.** In'fragestellung *f*; **5.** Vorwurf *m*, Tadel *m*.

im·pec·ca·bil·i·ty [ɪmˌpekə'bɪlətɪ] *s.* **1.** Sündlosigkeit *f*; **2.** Fehler-, Tadellosigkeit *f*; **im·pec·ca·ble** [ɪm'pekəbl] *adj.* □ **1.** sünd(en)los, rein; **2.** tadellos, untadelig, einwandfrei.

im·pe·cu·ni·os·i·ty ['ɪmpɪˌkjuːnɪ'ɒsətɪ] *s.* Mittellosigkeit *f*, Armut *f*; **im·pe·cu·ni·ous** [ˌɪmpɪ'kjuːnjəs] *adj.* mittellos, arm.

im·ped·ance [ɪm'piːdəns] *s.* ⚡ Impe'danz *f*, 'Scheinˌwiderstand *m*.

im·pede [ɪm'piːd] *v/t.* **1.** *j-n* (be)hindern; **2.** *et.* erschweren, verhindern; **im·ped·i·ment** [ɪm'pedɪmənt] *s.* **1.** Be-, Verhinderung *f*; **2.** Hindernis *n* (***to*** für), ⚕ Behinderung *f*: **~ *in one's speech*** Sprachfehler *m*; **3.** ⚖ (*bsd.* Ehe)Hindernis *n*, Hinderungsgrund *m*; **im·ped·i·men·ta** [ɪmˌpedɪ'mentə] *s. pl.* **1.** ⚔ Gepäck *n*, Troß *m*; **2.** *fig.* Last *f*, (hinderliches) Gepäck, *j-s* ‚Siebensachen' *pl*.

im·pel [ɪm'pel] *v/t.* **1.** (an-, vorwärts-) treiben, drängen; **2.** zwingen, nötigen: ***I felt ~led*** ich sah mich gezwungen *od.* veranlaßt, ich fühlte mich genötigt; **im'pel·lent** [-lənt] **I** *adj.* (an)treibend, Trieb…; **II** *s.* Triebkraft *f*, Antrieb *m*; **im'pel·ler** [-lə] *s.* ⚙ a) Flügel-, Laufrad *n*, b) Kreisel *m* (*e-r Pumpe*), c) ✈ Laderlaufrad *n*.

im·pend [ɪm'pend] *v/i.* **1.** hängen, schweben (***over*** über *dat.*); **2.** *fig.* a) unmittelbar bevorstehen, b) (***over***) drohend schweben (über *dat.*), drohen (*dat.*); **im'pend·ing** [-dɪŋ] *adj.* nahe bevorstehend, drohend.

im·pen·e·tra·bil·i·ty [ɪmˌpenɪtrə'bɪlətɪ] *s.* **1.** 'Undurchˌdringlichkeit *f*; **2.** *fig.* Unerforschlichkeit *f*, Unergründlichkeit *f*; **im·pen·e·tra·ble** [ɪm'penɪtrəbl] *adj.* □ **1.** 'undurchˌdringlich (***by*** für); **2.** *fig.* unergründlich, unerforschlich; **3.** *fig.* (***to***, ***by***) unempfänglich (für), unzugänglich (*dat.*).

im·pen·i·tence [ɪm'penɪtəns], **im'pen·i·ten·cy** [-sɪ] *s.* Unbußfertigkeit *f*, Verstocktheit *f*; **im'pen·i·tent** [-nt] *adj.* □ unbußfertig, verstockt, reuelos.

im·per·a·ti·val [ɪmˌperə'taɪvl] → ***imperative*** 3; **im·per·a·tive** [ɪm'perətɪv] **I** *adj.* □ **1.** befehlend, gebieterisch, herrisch; **2.** 'unumˌgänglich, zwingend, dringend (nötig), unbedingt erforderlich; **3.** *ling.* impera'tivisch, Imperativ…, Befehls…: **~ *mood*** → 5; **II** *s.* **4.** Befehl *m*, Gebot *n*; **5.** *ling.* Imperativ *m*, Befehlsform *f*.

im·per·cep·ti·bil·i·ty ['ɪmpəˌseptə'bɪlətɪ] *s.* Unwahrnehmbarkeit *f*; Unmerklichkeit *f*; **im·per·cep·ti·ble** [ˌɪmpə'septəbl] *adj.* □ **1.** nicht wahrnehmbar, unbemerkbar, unsichtbar, unhörbar; **2.** unmerklich; **3.** verschwindend klein.

im·per·fect [ɪm'pɜːfɪkt] **I** *adj.* □ **1.** 'unvollˌständig, 'unvollˌendet; **2.** 'unvoll-

ˌkommen (*a.* ⚘, ♪): **~ *rhyme*** unreiner Reim; **3.** mangel-, fehlerhaft; **4.** *ling.* **~ *tense*** → 5; **II** *s.* **5.** *ling.* Imperfekt *n*, ˈunvollˌendete Vergangenheit; **im·per·fec·tion** [ˌɪmpəˈfekʃn] *s.* **1.** ˈUnvollˌkommenheit *f*, Mangelhaftigkeit *f*; **2.** Mangel *m*, Fehler *m*.

im·per·fo·rate [ɪmˈpɜːfərət] *adj.* **1.** *bsd. anat.* ohne Öffnung; **2.** nicht perforiert, ungezähnt (*Briefmarke*).

im·pe·ri·al [ɪmˈpɪərɪəl] **I** *adj.* □ **1.** kaiserlich, Kaiser…; **2.** Reichs…; **3.** das brit. Weltreich betreffend, Empire…: ♀ ***Conference*** Empire-Konferenz *f*; **4.** *Brit.* gesetzlich (*Maße u. Gewichte*): **~ *gallon*** (= *4,55 Liter*); **5.** großartig, herrlich; **II** *s.* **6.** Kaiserliche(r) *m* (*Soldat, Anhänger*); **7.** Knebelbart *m*; **8.** Imperiˈal(paˌpier) *n* (*Format*: *brit. 22×30 in., amer. 23×31 in.*); **imˈpe·ri·al·ism** [-lɪzəm] *s. pol.* Imperiaˈlismus *m*; **imˈpe·ri·al·ist** [-lɪst] **I** *s.* **1.** *pol.* Imperiaˈlist *m*; **2.** Kaiserliche(r) *m*; **II** *adj.* **3.** imperiaˈlistisch; **4.** kaiserlich, kaisertreu; **im·pe·ri·al·is·tic** [ɪmˌpɪərɪəˈlɪstɪk] *adj.* (□ **~*ally***) → ***imperialist*** 3, 4.

im·per·il [ɪmˈperɪl] *v/t.* gefährden.

im·pe·ri·ous [ɪmˈpɪərɪəs] *adj.* □ **1.** herrisch, anmaßend, gebieterisch; **2.** dringend, zwingend; **imˈpe·ri·ous·ness** [-nɪs] *s.* **1.** Herrschsucht *f*, Anmaßung *f*, herrisches Wesen; **2.** Dringlichkeit *f*.

im·per·ish·a·ble [ɪmˈperɪʃəbl] *adj.* □ unvergänglich, ewig.

im·per·ma·nence [ɪmˈpɜːmənəns], **imˈper·ma·nen·cy** [-sɪ] *s.* Unbeständigkeit *f*, Vergänglichkeit *f*; **imˈper·ma·nent** [-nt] *adj.* unbeständig, vorˈübergehend, nicht von Dauer.

im·per·me·a·bil·i·ty [ɪmˌpɜːmjəˈbɪlətɪ] *s.* ˈUnˌdurchlässigkeit *f*; **im·per·me·a·ble** [ɪmˈpɜːmjəbl] *adj.* □ ˈunˌdurchlässig (***to*** für): **~ (*to water*)** wasserdicht.

im·per·mis·si·ble [ˌɪmpəˈmɪsəbl] *adj.* unzulässig, unerlaubt.

im·per·son·al [ɪmˈpɜːsnl] *adj. a. ling.* ˈunperˌsönlich: **~ *account*** ✝ Sachkonto *n*; **im·per·son·al·i·ty** [ɪmˌpɜːsəˈnælətɪ] *s.* ˈUnperˌsönlichkeit *f*.

im·per·son·ate [ɪmˈpɜːsəneɪt] *v/t.* **1.** personifizieren, verkörpern; **2.** imitieren, nachahmen; **3.** sich ausgeben als *od.* für; **im·per·son·a·tion** [ɪmˌpɜːsəˈneɪʃn] *s.* **1.** Personifikatiˈon *f*, Verkörperung *f*; **2.** Nachahmung *f*, Imitatiˈon *f*; **3.** (betrügerisches *od.* scherzhaftes) Auftreten (***of*** als); **imˈper·son·a·tor** [-tə] *s.* **1.** *thea.* a) Imiˈtator *m*, b) Darsteller(in); **2.** Betrüger(in), Hochstapler(in).

im·per·ti·nence [ɪmˈpɜːtɪnəns] *s.* Unverschämtheit *f*, Frechheit *f*; **imˈper·ti·nent** [-nt] *adj.* □ **1.** unverschämt, frech; **2.** ⚖ nicht zur Sache gehörig, unerheblich; **3.** nebensächlich; **4.** unangebracht.

im·per·turb·a·bil·i·ty [ˈɪmpəˌtɜːbəˈbɪlətɪ] *s.* Unerschütterlichkeit *f*, Gelassenheit *f*, Gleichmut *m*; **im·per·turb·a·ble** [ˌɪmpəˈtɜːbəbl] *adj.* □ unerschütterlich, gelassen.

im·per·vi·ous [ɪmˈpɜːvjəs] *adj.* □ **1.** ˈunˌdurchˌdringlich (***to*** für), ˈunˌdurchlässig: **~ *to rain*** regendicht; **2.** *fig.* (***to***) unzugänglich (für *od. dat.*), unempfindlich (gegen); taub (gegen); **imˈper·vi·ous·ness** [-nɪs] *s.* **1.** ˈUndurchˌdringlichkeit *f*, -lässigkeit *f*; **2.** *fig.* Unzugänglichkeit *f*, Unempfindlichkeit *f*.

im·pe·tig·i·nous [ˌɪmpɪˈtɪdʒɪnəs] *adj.* ⚕ pustelartig; ˌ**im·peˈti·go** [-ˈtaɪgəʊ] *s.* ⚕ Impeˈtigo *m*.

im·pet·u·os·i·ty [ɪmˌpetjʊˈɒsətɪ] *s.* **1.** Heftigkeit *f*, Ungestüm *n*; **2.** impulˈsive Handlung; **im·pet·u·ous** [ɪmˈpetjʊəs] *adj.* □ heftig, ungestüm; hitzig, überˈeilt, impulˈsiv; **im·pet·u·ous·ness** [ɪmˈpetjʊəsnɪs] → ***impetuosity***.

im·pe·tus [ˈɪmpɪtəs] *s.* **1.** *phys.* Stoß-, Triebkraft *f*, Schwung *m*; **2.** *fig.* Antrieb *m*, Anstoß *m*, Schwung *m*: ***give a fresh* ~ *to*** Auftrieb *od.* neuen Schwung verleihen (*dat.*).

im·pi·e·ty [ɪmˈpaɪətɪ] *s.* **1.** Gottlosigkeit *f*; **2.** Pieˈtätlosigkeit *f*.

im·pinge [ɪmˈpɪndʒ] *v/i.* **1.** (***on***, ***upon***) stoßen (an *acc.*, gegen), zs.-stoßen (mit), auftreffen (auf *acc.*); **2.** fallen, einwirken (***on*** auf *acc.*): **~ *on the eye***; **~ *on the ear*** ans Ohr dringen; **3.** (***on***) sich auswirken (auf *acc.*), beeinflussen (*acc.*); **4.** (***on***) (ˈwiderrechtlich) eingreifen (in *acc.*), verstoßen (gegen *Rechte etc.*).

im·pi·ous [ˈɪmpɪəs] *adj.* □ **1.** gottlos, ruchlos; **2.** pieˈtätlos; **3.** reˈspektlos.

imp·ish [ˈɪmpɪʃ] *adj.* □ schelmisch, spitzbübisch, verschmitzt.

im·pla·ca·bil·i·ty [ɪmˌplækəˈbɪlətɪ] *s.* Unversöhnlichkeit *f*, Unerbittlichkeit *f*; **im·pla·ca·ble** [ɪmˈplækəbl] *adj.* □ unversöhnlich, unerbittlich.

im·plant [ɪmˈplɑːnt] *v/t.* *fig.* einimpfen, *a.* ⚕ einpflanzen (***in*** *dat.*); **im·plan·ta·tion** [ˌɪmplɑːnˈteɪʃn] *s.* **1.** *fig.* Einimpfung *f*; **2.** *mst fig. od.* ⚕ Einpflanzung *f*.

im·plau·si·ble [ɪmˈplɔːzəbl] *adj.* nicht plauˈsibel, unwahrscheinlich, unglaubwürdig, -haft, wenig überˈzeugend.

im·ple·ment I *s.* [ˈɪmplɪmənt] **1.** Werkzeug *n* (*a. fig.*), Gerät *n*; **2.** ⚖ *Scot.* Erfüllung *f* (*e-s Vertrages*); **II** *v/t.* [-ment] **3.** aus-, 'durchführen; **4.** in Kraft setzen; **5.** ergänzen; **6.** ⚖ *Scot. Vertrag* erfüllen; **im·ple·men·tal** [ˌɪmplɪ'mentl], **im·ple·men·ta·ry** [ˌɪmplɪ'mentərɪ] *adj.* Ausführungs...: **~ orders** Ausführungsbestimmungen; **im·ple·men·ta·tion** [ˌɪmplɪmen'teɪʃn] *s.* Erfüllung *f*, Aus-, 'Durchführung *f*.

im·pli·cate ['ɪmplɪkeɪt] *v/t.* **1.** *fig.* verwickeln, hin'einziehen (*in* in *acc.*), in Zs.-hang *od.* Verbindung bringen (*with* mit): **~d in** verwickelt in (*acc.*), betroffen von; **2.** *fig.* a) → *imply* 1, b) zur Folge haben; **im·pli·ca·tion** [ˌɪmplɪ'keɪʃn] *s.* **1.** Verwicklung *f*, Verflechtung *f*, (enge) Verbindung, Zs.-hang *m*; **2.** (eigentliche) Bedeutung; Andeutung *f*; **3.** Konse'quenz *f*, Folge *f*, Folgerung *f*, Auswirkung *f*: **by ~** a) als (natürliche) Folgerung *od.* Folge, b) implizite, durch sinngemäße Auslegung, ohne weiteres.

im·plic·it [ɪm'plɪsɪt] *adj.* □ **1.** (mit *od.* stillschweigend) inbegriffen, stillschweigend, unausgesprochen; **2.** abso'lut, vorbehalt-, bedingungslos: **~ faith** (*obedience*) blinder Glaube (Gehorsam); **im'plic·it·ly** [-lɪ] *adv.* **1.** im'plizite, stillschweigend, ohne weiteres; **2.** unbedingt; **im'plic·it·ness** [-nɪs] *s.* **1.** Mit'inbegriffensein *n*; Selbstverständlichkeit *f*; **2.** Unbedingtheit *f*.

im·plied [ɪm'plaɪd] *adj.* (stillschweigend *od.* mit) inbegriffen, einbezogen, sinngemäß (darin) enthalten, impliziert: **~ condition**.

im·plode [ɪm'pləʊd] *v/i. phys.* implodieren.

im·plore [ɪm'plɔː] *v/t.* **1.** *j-n* anflehen, beschwören; **2.** *et.* erflehen, erbitten; **im'plor·ing** [-ɔːrɪŋ] *adj.* □ flehentlich, inständig.

im·plo·sion [ɪm'pləʊʒn] *s. phys.* Implosi'on *f*.

im·ply [ɪm'plaɪ] *v/t.* **1.** einbeziehen, in sich schließen, (*stillschweigend*) be-inhalten; **2.** mit sich bringen, dar'auf hin'auslaufen: **that implies** daraus ergibt sich, das bedeutet; **3.** besagen, bedeuten, schließen lassen auf (*acc.*); **4.** andeuten, 'durchblicken lassen, implizieren.

im·po·lite [ɪmpə'laɪt] *adj.* □ unhöflich, grob.

im·pol·i·tic [ɪm'pɒlətɪk] *adj.* □ 'undiploˌmatisch, unklug.

im·pon·der·a·ble [ɪm'pɒndərəbl] **I** *adj.* unwägbar (*a. phys.*), unberechenbar; **II** *s. pl.* Impondera'bilien *pl.*, Unwägbarkeiten *pl.*

im·port I *v/t.* [ɪm'pɔːt] **1.** ✝ importieren, einführen: **~ing country** Einfuhrland *n*; **2.** *fig.* einführen, hin'einbringen; **3.** bedeuten, besagen; **II** *s.* ['ɪmpɔːt] **4.** ✝ Einfuhr *f*, Im'port *m*; *pl.* 'Einfuhrwaren *pl.*, -arˌtikel *pl.*; **~ bounty** Einfuhrprämie *f*; **~ duty** Einfuhrzoll *m*; **~ licence** (*Am.* **license**), **~ permit** Einfuhrgenehmigung *f*; **~ quota** Einfuhrkontingent *n*; **~ tariff** Einfuhrzoll *m*; **5.** Bedeutung *f*, Sinn *m*; **6.** Wichtigkeit *f*, Bedeutung *f*, Tragweite *f*; **im'port·a·ble** [-təbl] *adj.* ✝ einführbar, importierbar.

im·por·tance [ɪm'pɔːtns] *s.* **1.** Wichtigkeit *f*, Bedeutung *f*: **attach ~ to** Bedeutung beimessen (*dat.*); **conscious** (*od.* **full**) **of one's own ~** → **important** 3; **it is of no ~** es ist unwichtig, es hat keine Bedeutung; **2.** Einfluß *m*, Ansehen *n*, Gewicht *n*: **a person of ~** e-e gewichtige Persönlichkeit; **im'por·tant** [-nt] *adj.* □ **1.** wichtig, wesentlich, bedeutend (**to** für); **2.** her'vorragend, bedeutend, angesehen, einflußreich; **3.** wichtigtuerisch, eingebildet, von s-r eigenen Wichtigkeit erfüllt.

im·por·ta·tion [ˌɪmpɔː'teɪʃn] *s.* ✝ **1.** Im'port *m*, Einfuhr *f*; **2.** Einfuhrware(n *pl.*) *f*; **im·port·er** [ɪm'pɔːtə] *s.* ✝ Impor'teur *m*.

im·por·tu·nate [ɪm'pɔːtjʊnət] *adj.* □ lästig, zu-, aufdringlich; **im·por·tune** [ɪmpɔː'tjuːn] *v/t.* dauernd (mit Bitten) belästigen, behelligen; **im·por·tu·ni·ty** [ˌɪmpɔː'tjuːnətɪ] *s.* Aufdringlichkeit *f*, Hartnäckigkeit *f*.

im·pose [ɪm'pəʊz] **I** *v/t.* **1.** *Pflicht, Steuer etc.* auferlegen, aufbürden (**on**, **upon** *dat.*): **~ a tax on s.th.** et. besteuern, et. mit e-r Steuer belegen; **~ a penalty on s.o.** e-e Strafe verhängen gegen j-n, j-n mit e-r Strafe belegen; **~ law and order** Recht u. Ordnung schaffen; **2. ~ s.th. on s.o.** a) j-m et. aufdrängen, b) j-m et. ‚andrehen'; **~ o.s. on s.o.** → 7; **3.** *typ. Kolumnen* ausschießen; **4.** *eccl. die Hände* (segnend) auflegen; **II** *v/i.* **5.** (**upon**) beeindrucken (*acc.*), imponieren (*dat.*); **6.** ausnutzen, miß'brauchen (**on** *acc.*): **~ on s.o.'s kindness**; **7. ~ on s.o.** sich j-m aufdrängen, j-m zur Last fallen; **8.** betrügen, hinter'gehen (**on s.o.** j-n); **im'pos·ing** [-zɪŋ] *adj.* □ eindrucksvoll, imponierend, impo'sant; **im·po·si·tion** [ˌɪmpə'zɪʃn] *s.* **1.** Auferlegung *f*, Aufbürdung *f* (*von Steuern, Pflichten etc.*),

Verhängung *f* (*e-r Strafe*): **~ of taxes** Besteuerung *f*; **2.** Last *f*, Belastung *f*; Auflage *f*, Pflicht *f*; **3.** Abgabe *f*, Steuer *f*; **4.** *ped. Brit.* Strafarbeit *f*; **5.** (schamlose) Ausnutzung (**on** *gen.*), Zumutung *f*; **6.** Über'vorteilung *f*, Schwindel *m*; **7.** *eccl.* (*Hand*)Auflegen *n*; **8.** *typ.* a) Ausschießen *n*, b) For'matmachen *n*.

im·pos·si·bil·i·ty [ɪmˌpɒsə'bɪlətɪ] *s.* Unmöglichkeit *f*; **im·pos·si·ble** [ɪm'pɒsəbl] *adj.* □ **1.** *allg.* unmöglich: a) unausführbar, b) ausgeschlossen, c) unglaublich: ***it is ~ for me to do that*** ich kann das unmöglich tun; **2.** F ‚unmöglich': ***you are ~!***; **im·pos·si·bly** [ɪm'pɒsəblɪ] *adv.* **1.** unmöglich; **2.** unglaublich: ***~ young***.

im·post ['ɪmpəʊst] **I** *s.* **1.** ✝ Auflage *f*, Abgabe *f*, Steuer *f*, *bsd.* Einfuhrzoll *m*; **2.** *sl. Pferderennen*: Handicap-Ausgleichsgewicht *n*; **II** *v/t.* **3.** *Am. Importwaren* zwecks Zollfestsetzung klassifizieren.

im·pos·tor [ɪm'pɒstə] *s.* Betrüger(in), Schwindler(in), Hochstapler(in); **im'pos·ture** [-tʃə] *s.* Betrug *m*, Schwindel *m*, Hochstape'lei *f*.

im·po·tence ['ɪmpətəns], **'im·po·ten·cy** [-sɪ] *s.* **1.** a) Unvermögen *n*, Unfähigkeit *f*, b) Hilf-, Machtlosigkeit *f*, Ohnmacht *f*; **2.** Schwäche *f*, Kraftlosigkeit *f*; **3.** ⚕ Impotenz *f*; **'im·po·tent** [-nt] *adj.* □ **1.** a) unfähig, b) macht-, hilflos, ohnmächtig; **2.** schwach, kraftlos; **3.** ⚕ impotent.

im·pound [ɪm'paʊnd] *v/t.* **1.** *bsd. Vieh* einpferchen, einsperren; **2.** *Wasser* sammeln, stauen; **3.** ⚖ a) beschlagnahmen, b) sicherstellen, in (gerichtliche *od.* behördliche) Verwahrung nehmen.

im·pov·er·ish [ɪm'pɒvərɪʃ] *v/t.* **1.** arm *od.* ärmer machen: ***be ~ed*** verarmen, verarmt sein; **2.** *Land etc.* auspowern, *Boden etc.* auslaugen; **3.** *fig.* a) ärmer machen, *kulturell etc.* verarmen lassen, b) *e-r Sache* den Reiz nehmen; **im'pov·er·ish·ment** [-mənt] *s. a. fig.* Verarmung *f*; Auslaugung *f*.

im·prac·ti·ca·bil·i·ty [ɪmˌpræktɪkə'bɪlətɪ] *s.* **1.** 'Undurchˌführbarkeit *f*, Unmöglichkeit *f*; **2.** Unbrauchbarkeit *f*; **3.** Unpassierbarkeit *f* (*e-r Straße etc.*); **im·prac·ti·ca·ble** [ɪm'præktɪkəbl] *adj.* □ **1.** 'undurchˌführbar, unmöglich; **2.** unbrauchbar; **3.** unpassierbar, unbefahrbar (*Straße*); **4.** unlenksam, störrisch (*Person*).

im·prac·ti·cal [ɪm'præktɪkl] *adj.* **1.** unpraktisch; **2.** (rein) theo'retisch, sinnlos; **3.** → ***impracticable***.

im·pre·cate ['ɪmprɪkeɪt] *v/t. Schlimmes* her'abwünschen (**on**, **upon** auf *acc.*): ***~ curses on s.o.*** j-n verfluchen; **im·pre·ca·tion** [ˌɪmprɪ'keɪʃn] *s.* Verwünschung *f*, Fluch *m*; **'im·pre·ca·to·ry** [-tərɪ] *adj.* Verwünschungs…

im·preg·na·bil·i·ty [ɪmˌpregnə'bɪlətɪ] *s.* 'Unüberˌwindlichkeit *f etc.* (→ ***impregnable***); **im·preg·na·ble** [ɪm'pregnəbl] *adj.* □ **1.** 'unüberˌwindlich, unbezwinglich, uneinnehmbar (*Festung*); **2.** unerschütterlich (**to** gegenüber); **im·preg·nate I** *v/t.* ['ɪmpregneɪt] **1.** *biol.* a) schwängern (*a. fig.*), b) befruchten (*a. fig.*); **2.** sättigen, durch'dringen; ⚙ tränken, imprägnieren; **3.** *fig. et. od. j-n* durch'dringen, erfüllen; **4.** *paint.* grundieren; **II** *adj.* [ɪm'pregnɪt] **5.** *biol.* a) geschwängert, schwanger, b) befruchtet; **6.** *fig.* (**with**) voll (von), durch'drungen (von); **im·preg·na·tion** [ˌɪmpreg'neɪʃn] *s.* **1.** *biol.* a) Schwängerung *f*, b) Befruchtung *f*; **2.** Imprägnierung *f*, (Durch)'Tränkung *f*, Sättigung *f*; **3.** *fig.* Befruchtung *f*, Durch'dringung *f*, Erfüllung *f*.

im·pre·sa·ri·o [ˌɪmprɪ'sɑːrɪəʊ] *pl.* **-os** *s.* **1.** Impre'sario *m*; **2.** (The'ater- *etc.*)DiˌTrektor *m*.

im·pre·scrip·ti·ble [ˌɪmprɪ'skrɪptəbl] *adj.* ⚖ a) unverjährbar, b) *a. fig.* unveräußerlich: ***~ rights***.

im·press[1] **I** *v/t.* [ɪm'pres] **1.** beeindrucken, Eindruck machen auf (*acc.*), imponieren (*dat.*): ***be favo(u)rably ~ed by*** e-n guten Eindruck erhalten *od.* haben von; ***I am not ~ed*** das imponiert mir gar nicht; ***he is not easily ~ed*** er läßt sich nicht so leicht beeindrucken; **2.** *j-n* erfüllen, durch'dringen (**with** mit); **3.** einprägen, -schärfen, klarmachen (**on**, **upon** *dat.*); **4.** (auf)drücken (**on** auf *acc.*), eindrücken; **5.** aufprägen, -drucken; **6.** *fig.* verleihen, erteilen (**upon** *dat.*); **II** *v/i.* **7.** Eindruck machen, imponieren; **III** *s.* ['ɪmpres] **8.** Prägung *f*; **9.** Abdruck *m*, Stempel *m*; **10.** *fig.* Gepräge *n*.

im·press[2] [ɪm'pres] *v/t.* **1.** requirieren, beschlagnahmen; **2.** *bsd.* ⚓ (zum Dienst) pressen.

im·press·i·ble [ɪm'presəbl] → ***impressionable***.

im·pres·sion [ɪm'preʃn] *s.* **1.** Eindruck *m*: ***make a (good) ~ (on s.o.)*** (auf j-n) (e-n guten) Eindruck machen; ***give s.o. a wrong ~*** bei j-m e-n falschen Eindruck erwecken; ***leave s.o. with an ~*** bei j-m e-n Eindruck hinterlassen; ***first ~s are often wrong*** der erste Eindruck täuscht oft; **2.** Eindruck *m*, Vermutung *f*, Ahnung *f*: ***I have an ~*** (*od.* ***I am under the ~***) ***that*** ich habe den Eindruck, daß; **3.** Abdruck *m* (*a.* ⚘), Prägung *f*; **4.** Ab-, Aufdruck *m*; **5.** *typ.* a) Abzug *m*, b) (*bsd.* unveränderte) Auflage (*Buch*): ***new ~*** Neudruck *m*, -auflage *f*; **6.** *fig.* Nachahmung *f*: ***do*** (*od.* ***give***) ***an ~ of s.o.*** j-n imitieren; **im'pres·sion·a·ble** [-ʃnəbl] **1.** für Eindrücke empfänglich; **2.** leicht zu beeindrucken(d), beeinflußbar, empfänglich; **im'pres·sion·ism** [-ʃnɪzəm] *s.* Impressio'nismus *m*; **im'pres·sion·ist** [-ʃnɪst] **I** *s.* Impressio'nist(in); **II** *adj.* → **im·pres·sion·is·tic** [ɪmˌpreʃə'nɪstɪk] *adj.* (□ ***~ally***) impressio'nistisch.

im·pres·sive [ɪm'presɪv] *adj.* □ eindrucksvoll, impo'sant; **im'pres·sive·ness** [-nɪs] *s. das* Eindrucksvolle *etc.*

im·pri·ma·tur [ˌɪmprɪ'meɪtə] *s.* **1.** Impri'matur *n*, Druckerlaubnis *f*; **2.** *fig.* Zustimmung *f*, Billigung *f*.

im·print I *s.* ['ɪmprɪnt] **1.** Ab-, Aufdruck *m*; **2.** Aufdruck *m*, Stempel *m*; **3.** *typ.* Im'pressum *n*, Erscheinungs-, Druckvermerk *m*; **4.** *fig.* Stempel *m*, Gepräge *n*; *psych.* Prägung *f*; **II** *v/t.* [ɪm'prɪnt] (**[*up*]*on***) **5.** *typ.* aufdrucken (auf *acc.*); **6.** prägen (auf *acc.*); **7.** *fig.* einprägen (*dat.*); **8.** *Kuß* (auf)drücken (auf *acc.*).

im·pris·on [ɪm'prɪzn] *v/t.* **1.** ins Gefängnis werfen, einsperren, inhaftieren; **2.** *fig.* a) einsperren, -schließen, gefangenhalten, b) beschränken; **im'pris·on·ment** [-mənt] *s.* **1.** Einkerkerung *f*, Haft *f*, Gefangenschaft *f* (*a. fig.*); **2.** (***sentence of***) ***~*** ⚖ Freiheitsstrafe *f*; → ***false*** I.

im·prob·a·bil·i·ty [ɪmˌprɒbə'bɪlətɪ] *s.* Unwahrscheinlichkeit *f*; **im·prob·a·ble** [ɪm'prɒbəbl] *adj.* □ **1.** unwahrscheinlich; **2.** unglaubwürdig.

im·pro·bi·ty [ɪm'prəʊbətɪ] *s.* Unredlichkeit *f*, Unehrlichkeit *f*.

im·promp·tu [ɪm'prɒm*p*tju:] **I** *s.* Impromp'tu *n* (*a.* ♪), Improvisati'on *f*; **II** *adj. u. adv.* improvisiert, aus dem Stegreif, Stegreif…

im·prop·er [ɪm'prɒpə] *adj.* □ **1.** ungeeignet, unpassend, untauglich (***to*** für); **2.** unschicklich, ungehörig (*Benehmen*); **3.** a) unrichtig, falsch, b) unsachgemäß, c) unvorschriftsmäßig, d) 'mißbräuchlich: ***~ use*** Mißbrauch *m*; **4.** ⅍ unecht: ***~ fraction***; ***~ integral*** uneigentliches Integral; **im·pro·pri·e·ty** [ˌɪmprə'praɪətɪ] *s.* **1.** Ungeeignetheit *f*, Untauglichkeit *f*; **2.** Unschicklichkeit *f*, Ungehörigkeit *f*; **3.** Unrichtigkeit *f*, *a. ling.* falscher Gebrauch.

im·prov·a·ble [ɪm'pru:vəbl] *adj.* **1.** verbesserungsfähig; **2.** ⚒ anbaufähig, kultivierbar; **im·prove** [ɪm'pru:v] **I** *v/t.* **1.** *allg.*, *a.* ⚙ verbessern; **2.** verfeinern; **3.** verschönern; **4.** *Wert etc.* erhöhen, steigern; **5.** vor'anbringen, ausbauen; **6.** *Kenntnisse* erweitern: ***~ one's mind*** sich weiterbilden; **7.** *Gehalt* aufbessern; **8.** *Am. Land* a) erschließen, im Wert steigern, b) kultivieren, meliorieren; **9.** ausnützen; → ***occasion*** 3; **II** *v/i.* **10.** sich (ver)bessern, besser werden, Fortschritte machen, sich erholen (*gesundheitlich od.* ✝ *Preise*): ***~ in strength*** kräftiger werden; ***~ on acquaintance*** bei näherer Bekanntschaft gewinnen; ***the patient is improving*** dem Patienten geht es besser; **11.** ***~ on*** *od.* ***upon*** a) verbessern, b) über'treffen: ***not to be ~d upon*** nicht zu übertreffen(d); **im'prove·ment** [-mənt] *s.* **1.** (Ver-)Besserung *f*, Ver'vollkommnung *f*, Verschönerung *f*: ***~ in health*** Besserung der Gesundheit; ***~ of one's mind*** (Weiter)Bildung *f*; ***~ of one's knowledge*** Erweiterung *f* des Wissens; **2.** Verfeinerung *f*, Veredelung *f*: ***~ industry*** Veredelungsindustrie *f*; **3.** Erhöhung *f*, Steigerung *f*, ✝ *a.* Erholung *f*, Steigen *n*; **4.** Meliorati'on *f*: a) ⚒ Bodenverbesserung *f*, b) Erschließung *f*, c) *Am.* Wertverbesserung *f* (*Grundstück etc.*); **5.** Verbesserung *f* (*a. Patent*), Fortschritt(e *pl.*) *m*, Neuerung *f*, Gewinn *m*: ***an ~ on*** *od.* ***upon*** e-e Verbesserung gegenüber; **im'prov·er** [-və] *s.* **1.** Verbesserer *m*; **2.** ⚙ Verbesserungsmittel *n*; **3.** ✝ Volon'tär *m*.

im·prov·i·dence [ɪm'prɒvɪdəns] *s.* **1.** Unbedachtsamkeit *f*; **2.** Unvorsichtigkeit *f*, Leichtsinn *m*; **im'prov·i·dent** [-nt] *adj.* □ **1.** unbedacht; **2.** unvorsichtig, leichtsinnig (***of*** mit).

im·prov·ing [ɪm'pru:vɪŋ] *adj.* □ **1.** (sich) bessernd; **2.** förderlich.

im·pro·vi·sa·tion [ˌɪmprəvaɪ'zeɪʃn] *s.* Improvisati'on *f* (*a.* ♪): a) unvorbereitete Veranstaltung, 'Stegreifrede *f*, -kompositiˌon *f etc.*, b) Behelfsmaßnahme *f*, c) behelfsmäßige Vorrichtung; **im·prov·i·sa·tor** [ɪm'prɒvɪzeɪtə] *s.* Improvi'sator *m*; **im·pro·vise** ['ɪmprəvaɪz] *v/t. u. v/i.* *allg.* improvisieren: a) aus dem Stegreif *od.* unvorbereitet tun, b) rasch *od.* behelfsmäßig herstellen, aus dem Boden stampfen; **im·pro·vised** ['ɪmprəvaɪzd] *adj.* improvisiert: a) unvorbereitet, Stegreif…, b) behelfsmäßig; **im·pro·vis·er** ['ɪmprəvaɪzə] *s.* Improvi'sator *m*.

im·pru·dence [ɪmˈpru:dəns] *s.* Unklugheit *f*, Unvorsichtigkeit *f*; **imˈpru·dent** [-nt] *adj.* □ unklug.

im·pu·dence [ˈɪmpjʊdəns] *s.* Unverschämtheit *f*, Frechheit *f*; **ˈim·pu·dent** [-nt] *adj.* □ unverschämt.

im·pugn [ɪmˈpju:n] *v/t.* bestreiten, anfechten, angreifen; **imˈpugn·a·ble** [-nəbl] *adj.* bestreit-, anfechtbar; **imˈpugn·ment** [-mənt] *s.* Anfechtung *f*, Einwand *m*.

im·pulse [ˈɪmpʌls] *s.* **1.** Antrieb *m*, Stoß *m*, Triebkraft *f*; **2.** *fig.* Imˈpuls *m*: a) Anstoß *m*, Anreiz *m*, b) Anregung *f*, c) plötzliche Regung *od.* Eingebung: ***act on ~*** spontan *od.* impulsiv handeln; ***on the ~ of the moment*** e-r plötzlichen Regung folgend; ***~ buying*** ☤ Impulskauf *m*; ***~ goods*** ☤ Waren, die impulsiv gekauft werden; **3.** ⚒, ⚕, ↯, *phys.* Imˈpuls *m*: ***~ relais*** ↯ Stromstoßrelais *n*.

im·pul·sion [ɪmˈpʌlʃn] *s.* **1.** Stoß *m*, Antrieb *m*; Triebkraft *f*; **2.** *fig.* Imˈpuls *m*, Antrieb *m*; **imˈpul·sive** [-lsɪv] *adj.* □ **1.** (an)treibend, Trieb...; **2.** *fig.* impulˈsiv, leidenschaftlich; **imˈpul·sive·ness** [-lsɪvnɪs] *s.* impulˈsive Art, Leidenschaftlichkeit *f*.

im·pu·ni·ty [ɪmˈpju:nətɪ] *s.* Straflosigkeit *f*: ***with ~*** straflos, ungestraft.

im·pure [ɪmˈpjʊə] *adj.* □ **1.** unrein: a) schmutzig, unsauber, b) verfälscht, mit Beimischungen, c) *fig.* gemischt, nicht einheitlich (*Stil*), d) *fig.* fehlerhaft; **2.** *fig.* unrein (*a. eccl.*), schmutzig, unanständig; **im·pu·ri·ty** [ɪmˈpjʊərətɪ] *s.* **1.** Unreinheit *f*, Unsauberkeit *f*; **2.** Unanständigkeit *f*; **3.** ⚙ Verunreinigung *f*, Schmutz(teilchen *n*) *m*, Fremdkörper *m*.

im·put·a·ble [ɪmˈpju:təbl] *adj.* zuzuschreiben(d), beizumessen(d) (***to*** *dat.*); **im·pu·ta·tion** [ˌɪmpju:ˈteɪʃn] *s.* **1.** Zuschreibung *f*, Unterˈstellung *f*; **2.** Be-, Anschuldigung *f*, Bezichtigung *f*; **3.** Makel *m*, (Schand)Fleck *m*; **imˈput·a·tive** [-ətɪv] *adj.* □ **1.** zuschreibend; **2.** beschuldigend; **3.** unterˈstellt; **im·pute** [ɪmˈpju:t] *v/t.* (***to***) zuschreiben, zur Last legen, anlasten (*dat.*).

in [ɪn] **I** *prp.* **1.** *räumlich*: a) *auf die Frage wo?* in (*dat.*), an (*dat.*), auf (*dat.*): ***~ London*** in London; ***~ here*** hier drin (-nen); ***~ the*** (*od.* ***one's***) ***head*** im Kopf; ***~ the dark*** im Dunkeln; ***~ the sky*** am Himmel; ***~ the street*** auf der Straße; ***~ the country*** (***field***) auf dem Land (Feld), b) *auf die Frage wohin?* in (*acc.*): ***put it ~ your pocket!*** steck(e) es in deine Tasche!; **2.** *zeitlich*: in (*dat.*), an (*dat.*), unter (*dat.*), bei, während, zu: ***~ May*** im Mai; ***~ the evening*** am Abend; ***~ the beginning*** am *od.* im Anfang; ***~ a week***(***'s time***) in *od.* binnen einer Woche; ***~ 1960*** (im Jahre) 1960; ***~ his sleep*** während er schlief, im Schlaf; ***~ life*** zu Lebzeiten; ***not ~ years*** seit Jahren nicht (mehr); ***~ between meals*** zwischen den Mahlzeiten; **3.** *Zustand, Beschaffenheit, Art u. Weise*: in (*dat.*), auf (*acc.*), mit: ***~ a rage*** in Wut; ***~ trouble*** in Not; ***~ tears*** in Tränen (aufgelöst), unter Tränen; ***~ good health*** bei guter Gesundheit; ***~*** (***the***) ***rain*** im *od.* bei Regen; ***~ German*** auf deutsch; ***~ a loud voice*** mit lauter Stimme; ***~ order*** der Reihe nach; ***~ a whisper*** flüsternd; ***~ a word*** mit ˈeinem Wort; ***~ this way*** in dieser *od.* auf diese Weise; **4.** *im Besitz, in der Macht*: in (*dat.*), bei, an (*dat.*): ***it is not ~ him*** es liegt ihm nicht; ***he has*** (***not***) ***got it ~ him*** er hat (nicht) das Zeug dazu; **5.** *Zahl, Maß*: in (*dat.*), aus, von, zu: ***~ twos*** zu zweien; ***~ dozens*** zu Dutzenden, dutzendweise; ***one ~ ten*** eine(r) *od.* ein(e)s von *od.* unter zehn, jede(r) *od.* jedes zehnte; **6.** *Beteiligung*: in (*dat.*), an (*dat.*), bei: ***~ the army*** beim Militär; ***~ society*** in der Gesellschaft; ***shares ~ a company*** Aktien e-r Gesellschaft; ***~ the university*** an der Universität; ***be ~ it*** beteiligt sein; ***he isn't ~ it*** er gehört nicht dazu; ***there is something*** (***nothing***) ***~ it*** a) es ist et. (nichts) d(a)ran, b) es lohnt sich (nicht); ***he is ~ there too*** er ist auch mit dabei, er ‚mischt auch mit'; **7.** *Richtung*: in (*acc.*), auf (*acc.*): ***trust ~ s.o.*** auf j-n vertrauen; **8.** *Zweck*: in (*dat.*), zu, als: ***~ my defence*** zu m-r Verteidigung; ***~ reply to*** in Beantwortung (*gen.*), als Antwort auf (*acc.*); **9.** *Grund*: in (*dat.*), aus, wegen, zu: ***~ despair*** in *od.* aus Verzweiflung; ***~ his hono***(***u***)***r*** ihm zu Ehren; **10.** *Tätigkeit*: in (*dat.*), bei, auf (*dat.*): ***~ reading*** beim Lesen; ***~ saying this*** indem ich dies sage; ***~ search of*** auf der Suche nach; **11.** *Material, Kleidung*: in (*dat.*), mit, aus, durch: ***~ bronze*** aus Bronze; ***written ~ pencil*** mit Bleistift geschrieben; **12.** *Hinsicht, Beziehung*: in (*dat.*), an (*dat.*), in bezug auf (*acc.*): ***~ size*** an Größe; ***a foot ~ length*** einen Fuß lang; ***~ that*** weil, insofern als; **13.** *Bücher etc.*: in (*dat.*), bei: ***~ Shakespeare*** bei Shakespeare; **14.** nach, gemäß: ***~ my opinion*** m-r Meinung nach; **II** *adv.* **15.** innen, drinnen: ~ ***among*** mitten unter; ~ ***between*** dazwischen, zwischendurch; ***be ~ for s.th.*** et. zu erwarten *od.* gewärtigen haben; ***he is ~ for a shock*** er wird nicht schlecht erschrecken; ***I am ~ for an examination*** mir steht e-e Prüfung bevor; ***now you're ~ for it*** jetzt bist du ‚dran', jetzt kannst du dich auf et. gefaßt machen; ***have it ~ for s.o.*** es auf j-n abgesehen haben, j-n auf dem ‚Kieker' haben; ***be well ~ with s.o.*** mit j-m gut stehen; ***breed ~ and ~*** Inzucht treiben; ***~-and-~ breeding*** Inzucht *f*; ***~ and out*** a) bald drinnen, bald draußen, b) hin u. her; **16.** hin'ein, her'ein, nach innen: ***walk ~*** hineingehen; ***come ~!*** herein!; ***the way ~*** der Eingang; ***~ with you!*** hinein mir dir!; **17.** da'zu, als Zugabe: ***throw ~*** zusätzlich geben; **III** *adj.* **18.** zu Hause; im Zimmer: ***Mr. B. is not ~*** Herr B. ist nicht zu Hause; **19.** da, angekommen: ***the post is ~***; ***the harvest is ~*** die Ernte ist eingebracht; **20.** a) drin, b) F ‚in', in Mode, c) *sport* am Spiel, ‚dran', d) *pol.* an der Macht, im Amt, am Ruder: ***~ party*** *pol.* Regierungspartei *f*; ***an ~ restaurant*** ein Restaurant, das gerade ‚in' ist; ***the ~ thing is to wear a wig*** es ist ‚in' *od.* gerade Mode, e-e Perücke zu tragen; ***~ side*** *Kricket*: Schlägerpartei *f*; ***be ~ on it*** F eingeweiht sein; **IV** *s.* **21.** *pl.* Re'gierungspar,tei *f*; **22.** ***know the ~s and outs of s.th.*** genau Bescheid wissen bei e-r Sache.

in-[1] [ɪn] *in Zssgn* in…, innen, hinein…, Hin…, ein…

in-[2] [ɪn] *in Zssgn* un…, Un…, nicht.

in·a·bil·i·ty [ɪnəˈbɪlətɪ] *s.* Unfähigkeit *f*: ***~ to pay*** ✝ Zahlungsunfähigkeit, Insolvenz *f.*

in·ac·ces·si·bil·i·ty [ˈɪnæk,sesəˈbɪlətɪ] *s.* Unzugänglichkeit *f etc.*; **in·ac·ces·si·ble** [,ɪnækˈsesəbl] *adj.* □ unzugänglich: a) unerreichbar, b) unˈnahbar (***to*** für *od. dat.*) (*Person*).

in·ac·cu·ra·cy [ɪnˈækjʊrəsɪ] *s.* **1.** Ungenauigkeit *f*; **2.** Fehler *m*, Irrtum *m*; **inˈac·cu·rate** [-rət] *adj.* □ **1.** ungenau; **2.** irrig, falsch.

in·ac·tion [ɪnˈækʃn] *s.* **1.** Untätigkeit *f*, Passiviˈtät *f*; **2.** Trägheit *f*; **3.** Ruhe *f*; **inˈac·tive** [-ktɪv] *adj.* □ **1.** untätig; **2.** träge (*a. phys.*), müßig; **3.** ✝ flau, lustlos: ***~ market***; ***~ account*** umsatzloses Konto; ***~ capital*** brachliegendes Kapital; **4.** ⚗ unwirksam, neuˈtral; **5.** ⚔ nicht akˈtiv, außer Dienst; **in·ac·tiv·i·ty** [,ɪnækˈtɪvətɪ] *s.* **1.** Untätigkeit *f*; **2.** Trägheit *f* (*a. phys.*); **3.** ✝ Unbelebtheit *f*, Lustlosigkeit *f*; **4.** ⚗ Unwirksamkeit *f.*

in·a·dapt·a·bil·i·ty [ˈɪnə,dæptəˈbɪlətɪ] *s.* **1.** Mangel *m* an Anpassungsfähigkeit; **2.** Unanwendbarkeit *f* (***to*** auf *acc.*, für); **in·a·dapt·a·ble** [,ɪnəˈdæptəbl] *adj.* **1.** nicht anpassungsfähig; **2.** (***to***) unanwendbar (auf *acc.*), untauglich (für).

in·ad·e·qua·cy [ɪnˈædɪkwəsɪ] *s.* Unzulänglichkeit *f etc.*; **inˈad·e·quate** [-kwət] *adj.* □ unzulänglich, mangelhaft; unangemessen.

in·ad·mis·si·bil·i·ty [ˈɪnəd,mɪsəˈbɪlətɪ] *s.* Unzulässigkeit *f*; **in·ad·mis·si·ble** [,ɪnədˈmɪsəbl] *adj.* □ unzulässig, nicht statthaft.

in·ad·vert·ence [,ɪnədˈvɜːtəns], **,in·adˈvert·en·cy** [-sɪ] *s.* **1.** Unachtsamkeit *f*; **2.** Unabsichtlichkeit *f*; Versehen *n*; **,in·adˈvert·ent** [-nt] *adj.* □ **1.** unachtsam; nachlässig; **2.** unabsichtlich, versehentlich.

in·ad·vis·a·bil·i·ty [ˈɪnəd,vaɪzəˈbɪlətɪ] *s.* Unratsamkeit *f*; **in·ad·vis·a·ble** [,ɪnədˈvaɪzəbl] *adj.* nicht ratsam.

in·al·ien·a·ble [ɪnˈeɪljənəbl] *adj.* □ unveräußerlich: ***~ rights***.

in·al·ter·a·ble [ɪnˈɔːltərəbl] *adj.* □ unveränderlich, unabänderlich.

in·am·o·ra·ta [ɪn,æməˈrɑːtə] *s.* Geliebte *f*; **in,am·oˈra·to** [-təʊ] *pl.* **-tos** *s.* Geliebte(r) *m.*

,in|-and-ˈin → ***in*** 15; **,~-and-ˈout** *adj.* wechselhaft, schwankend.

in·ane [ɪˈneɪn] *adj.* □ hohl, geistlos, albern.

in·an·i·mate [ɪnˈænɪmət] *adj.* □ **1.** leblos, unbelebt; **2.** unbeseelt; **3.** *fig.* langweilig, fad(e); **4.** ✝ flau, matt; **in·an·i·ma·tion** [ɪn,ænɪˈmeɪʃn] *s.* Leblosigkeit *f*, Unbelebtheit *f.*

in·a·ni·tion [,ɪnəˈnɪʃn] *s.* **1.** ⚕ Entkräftung *f*; **2.** (moˈralische) Schwäche, Leere *f.*

in·an·i·ty [ɪˈnænətɪ] *s.* Geistlosigkeit *f*, Albernheit *f*: a) geistige Leere, Hohl-, Seichtheit *f*, b) dumme Bemerkung, *pl.* dummes Geschwätz.

in·ap·pli·ca·bil·i·ty [ˈɪn,æplɪkəˈbɪlətɪ] *s.* Unanwendbarkeit *f*; **in·ap·pli·ca·ble** [ɪnˈæplɪkəbl] *adj.* □ (***to***) unanwendbar, nicht anwendbar *od.* zutreffend (auf *acc.*); ungeeignet (für).

in·ap·po·site [ɪnˈæpəzɪt] *adj.* □ unangebracht, unpassend.

in·ap·pre·ci·a·ble [,ɪnəˈpriːʃəbl] *adj.* □ unmerklich, unbedeutend.

in·ap·pro·pri·ate [,ɪnəˈprəʊprɪət] *adj.* □ **1.** unpassend: a) ungeeignet (***to***, ***for***

für), b) unangebracht, ungehörig; **2.** unangemessen (*to dat.*); ˌ**in·ap'pro·pri·ate·ness** [-nɪs] *s.* **1.** Ungeeignetheit *f*; **2.** Ungehörigkeit *f*; **3.** Unangemessenheit *f*.

in·apt [ɪn'æpt] *adj.* □ **1.** unpassend, ungeeignet; **2.** ungeschickt, untauglich; **3.** unfähig; **in'apt·i·tude** [-tɪtju:d], **in'apt·ness** [-nɪs] *s.* **1.** Ungeeignetheit *f*; **2.** Ungeschicklichkeit *f*, Untauglichkeit *f*; **3.** Unfähigkeit *f*.

in·ar·tic·u·late [ˌɪnɑ:'tɪkjʊlət] *adj.* □ **1.** unartikuliert, undeutlich, unklar, schwer zu verstehen(d), unverständlich; **2.** undeutlich sprechend; **3.** unfähig, sich (deutlich) auszudrücken, wenig wortgewandt: ***he is ~*** a) er kann sich nicht ausdrücken, b) er ‚kriegt den Mund nicht auf'; ***~ with rage*** sprachlos vor Wut; **4.** *zo.* ungegliedert.

in·ar·tis·tic [ˌɪnɑ:'tɪstɪk] *adj.* (□ ***~ally***) unkünstlerisch.

in·as·much [ˌɪnəz'mʌtʃ] *cj.*: ***~ as*** **1.** da (ja), weil; **2.** *obs.* in'sofern als.

in·at·ten·tion [ˌɪnə'tenʃn] *s.* **1.** Unaufmerksamkeit *f*, Unachtsamkeit *f* (***to*** gegenüber); **2.** Gleichgültigkeit *f* (***to*** gegen); ˌ**in·at'ten·tive** [-ntɪv] *adj.* □ **1.** unaufmerksam (***to*** gegenüber); **2.** gleichgültig (***to*** gegen), nachlässig.

in·au·di·bil·i·ty [ɪnˌɔ:də'bɪlətɪ] *s.* Unhörbarkeit *f*; **in·au·di·ble** [ɪn'ɔ:dəbl] *adj.* □ unhörbar.

in·au·gu·ral [ɪ'nɔ:gjʊrəl] **I** *adj.* Einführungs..., Einweihungs..., Antritts..., Eröffnungs...: ***~ speech*** → **II** *s.* Eröffnungs- *od.* Antrittsrede *f*; **in·au·gu·rate** [ɪ'nɔ:gjʊreɪt] *v/t.* **1.** (feierlich) einführen *od.* einsetzen; **2.** einweihen, eröffnen; **3.** beginnen, einleiten: ***~ a new era***; **in·au·gu·ra·tion** [ɪˌnɔ:gjʊ'reɪʃn] *s.* **1.** (feierliche) Amtseinsetzung, -einführung *f*: ***ℒ Day*** *Am.* Tag *m* des Amtsantritts des Präsidenten; **2.** Einweihung *f*, Eröffnung *f*; **3.** Beginn *m*.

in·aus·pi·cious [ˌɪnɔ:'spɪʃəs] *adj.* □ **1.** ungünstig, unheilvoll, -drohend; **2.** unglücklich; ˌ**in·aus'pi·cious·ness** [-nɪs] *s.* üble Vorbedeutung, Ungünstigkeit *f*.

ˌ**in-be'tween I** *s.* **1.** Mittel-, Zwischending; **2.** a) Mittelsmann *m*, b) ✝ Zwischenhändler *m*; **II** *adj.* **3.** Zwischen...

in·board ['ɪnbɔ:d] ⚓ **I** *adj.* Innenbord...: ***~ engine*** → III; **II** *adv.* (b)innenbords; **III** *s.* Innenbordmotor *m*.

in·born [ˌɪn'bɔ:n] *adj.* angeboren.

in·bred [ˌɪn'bred] *adj.* **1.** angeboren, ererbt; **2.** durch Inzucht erzeugt, Inzucht...

in·breed [ˌɪn'bri:d] *v/t.* [*irr.* → ***breed***] durch Inzucht züchten; ˌ**in'breed·ing** [-dɪŋ] *s.* Inzucht *f*.

in·cal·cu·la·bil·i·ty [ɪnˌkælkjʊlə'bɪlətɪ] *s.* Unberechenbarkeit *f*; **in·cal·cu·la·ble** [ɪn'kælkjʊləbl] *adj.* □ **1.** unberechenbar (*a. fig. Person etc.*); **2.** unermeßlich.

in·can·des·cence [ˌɪnkæn'desns] *s.* **1.** Weißglühen *n*, -glut *f*; **2.** Erglühen *n* (*a. fig.*); ˌ**in·can'des·cent** [-nt] *adj.* **1.** weißglühend; **2.** ⚙ Glüh...: ***~ bulb*** ⚡ Glühbirne *f*; ***~ burner*** *phys.* Glühlichtbrenner *m*; ***~ filament*** ⚡ Glühfaden *m*; ***~ lamp*** ⚡ Glühlampe *f*; ***~ light*** *phys.* Glühlicht *n*; **3.** *fig.* leuchtend, strahlend.

in·can·ta·tion [ˌɪnkæn'teɪʃn] *s.* **1.** Beschwörung *f*; **2.** Zauber(spruch) *m*, Zauberformel *f*.

in·ca·pa·bil·i·ty [ɪnˌkeɪpə'bɪlətɪ] *s.* Unfähigkeit *f*, Unvermögen *n*; **in·ca·pa·ble** [ɪn'keɪpəbl] *adj.* □ **1.** unfähig: a) untüchtig, b) unbegabt; **2.** nicht fähig (***of*** *gen.*, ***of doing*** zu tun), nicht im'stande (***of doing*** zu tun): ***~ of a crime*** e-s Verbrechens nicht fähig; ***~ of working*** arbeitsunfähig; **3.** (*physisch*) hilflos: ***drunk and ~*** volltrunken; **4.** ungeeignet (***of*** für): ***~ of improvement*** nicht verbesserungsfähig; ***~ of solution*** unlösbar.

in·ca·pac·i·tate [ˌɪnkə'pæsɪteɪt] *v/t.* **1.** unfähig *od.* untauglich machen (***for s.th.*** für et., ***from doing*** zu tun); *Gegner* außer Gefecht setzen; hindern (***from doing*** an *dat.*, zu tun); **2.** ⚖ für (geschäfts)unfähig erklären; ˌ**in·ca'pac·i·tat·ed** [-tɪd] *adj.* **1.** erwerbs-, arbeitsunfähig; **2.** (körperlich *od.* geistig) behindert; **3.** (***legally***) ***~*** ⚖ geschäftsunfähig; ˌ**in·ca'pac·i·ty** [-tɪ] *s.* **1.** Unfähigkeit *f*, Untauglichkeit *f* (***for*** für, zu; ***for doing*** zu tun): ***~*** (***for work***) Arbeits-, Erwerbs-, Berufsunfähigkeit; **2.** *a.* ***legal ~*** ⚖ Geschäftsunfähigkeit *f*: ***~ to sue*** *Am.* mangelnde Prozeßfähigkeit.

in·cap·su·late [ɪn'kæpsjʊleɪt] → ***encapsulate***.

in·car·cer·ate [ɪn'kɑ:səreɪt] *v/t.* **1.** einkerkern, einsperren (*a. fig.*); **2.** ⚕ *Bruch* einklemmen; **in·car·cer·a·tion** [ɪnˌkɑ:sə'reɪʃn] *s.* **1.** Einkerkerung *f*, Einsperrung *f* (*a. fig.*); **2.** ⚕ Einklemmung *f*.

in·car·nate I *v/t.* ['ɪnkɑ:neɪt] **1.** verkörpern; **2.** feste Form *od.* Gestalt geben (*dat.*); **II** *adj.* [ɪn'kɑ:neɪt] **3.** *eccl.* fleischgeworden, in Menschengestalt;

4. *fig.* leib'haftig: ***a devil ~*** ein Teufel in Menschengestalt; ***innocence ~*** die personifizierte Unschuld, die Unschuld in Person; **in·car·na·tion** [ˌɪnkɑːˈneɪʃn] *s.* Inkarnati'on *f*: a) ♀ *eccl.* Menschwerdung *f*, b) Inbegriff *m*, Verkörperung *f*.

in·case → ***encase***.

in·cau·tious [ɪnˈkɔːʃəs] *adj.* □ unvorsichtig, unbedacht.

in·cen·di·a·rism [ɪnˈsendjərɪzəm] *s.* **1.** Brandstiftung *f*; **2.** *fig.* Aufwiegelung *f*, Aufhetzung *f*; **in·cen·di·ar·y** [ɪnˈsendjərɪ] **I** *adj.* **1.** Feuer..., Brand...: ***~ bomb*** → 5 a; ***~ bullet*** → 5 b; **2.** ⚖ Brandstiftungs...: ***~ action*** Brandstiftung *f*; **3.** *fig.* aufwiegelnd, -hetzend: ***~ speech*** Hetzrede *f*; **II** *s.* **4.** Brandstifter(in); **5.** ⚔ a) Brandbombe *f*, b) Brandgeschoß *n*; **6.** *fig.* Unruhestifter *m*, Hetzer *m*.

in·cense¹ [ɪnˈsens] *v/t.* erzürnen: ***~d*** zornig, aufgebracht.

in·cense² [ˈɪnsens] **I** *s.* **1.** Weihrauch *m*: ***~-burner*** *eccl.* Räucherfaß *n*, -vase *f*; **2.** Duft *m*; **3.** *fig.* ‚Weihrauch' *m*, Lobhude'lei *f*; **II** *v/t.* **4.** (mit Weihrauch) beräuchern; **5.** durch'duften; **6.** *fig.* *j-n* beweihräuchern.

in·cen·so·ry [ˈɪnsensərɪ] *s.* *eccl.* Weihrauchfaß *n*.

in·cen·tive [ɪnˈsentɪv] **I** *adj.* anspornend, antreibend, anreizend: ***~ bonus*** (***pay***) ☤ Leistungsprämie *f* (-lohn *m*); **II** *s.* Ansporn *m*, (☤ Leistungs)Anreiz *m*: ***buying ~*** Kaufanreiz.

in·cep·tion [ɪnˈsepʃn] *s.* Beginn *m*, Anfang *m*; **inˈcep·tive** [-ptɪv] *adj.* beginnend, anfangend, anfänglich, Anfangs...: ***~ verb*** *ling.* inchoatives Verb.

in·cer·ti·tude [ɪnˈsɜːtɪtjuːd] *s.* Ungewißheit *f*, Unsicherheit *f*.

in·ces·sant [ɪnˈsesnt] *adj.* □ unaufhörlich, unablässig, ständig.

in·cest [ˈɪnsest] *s.* Blutschande *f*, In'zest *m*; **in·ces·tu·ous** [ɪnˈsestjʊəs] *adj.* □ blutschänderisch, inzestu'ös.

inch [ɪntʃ] **I** *s.* Zoll *m* (= *2,54 cm*), *fig. a.* Zenti'meter *m od.* Milli'meter *m*: ***every ~ a soldier*** jeder Zoll ein Soldat; ***~ by ~, by ~es*** Zentimeter um Zentimeter, zentimeterweise, langsam; ***not to yield an ~*** nicht einen Zoll weichen *od.* nachgeben; ***he came within an ~ of winning*** er hätte um ein Haar gewonnen; ***I came within an ~ of being killed*** ich wurde um ein Haar getötet, ich bin dem Tod um Haaresbreite entgangen; ***thrashed within an ~ of his life*** fast zu Tode geprügelt; ***give him an ~ and he'll take a yard*** (*od.* ***ell***) gibt man ihm den kleinen Finger, so nimmt er die ganze Hand; **II** *adj.* ...zöllig: ***a two-~ rope***; **III** *v/t.* langsam *od.* zenti'meterweise schieben *od.* manövrieren; **IV** *v/i.* sich ganz langsam *od.* zentimeterweise (vorwärts- *etc.*)schieben; **inched** [ɪntʃt] *adj. in Zssgn* ...zöllig.

in·cho·ate [ˈɪnkəʊeɪt] *adj.* **1.** angefangen, anfangend, Anfangs...; **2.** ˈunvollˌständig, rudimen'tär; **ˈin·cho·a·tive** [-tɪv] **I** *adj.* **1.** → ***inchoate*** 1; **2.** *ling.* inchoa'tiv; **II** *s.* **3.** *ling.* inchoa'tives Verb.

in·ci·dence [ˈɪnsɪdəns] *s.* **1.** Ein-, Auftreten *n*, Vorkommen *n*; **2.** Häufigkeit *f*, Verbreitung *f*: ***~ of divorces*** Scheidungsquote *f*, -rate *f*; **3.** a) Auftreffen *n* (***upon*** auf *acc.*) (*a. phys.*), b) *phys.* Einfall(en *n*) *m* (*von Strahlen*); → ***angle¹*** 1; **4.** ☤ Anfall *m* (*e-r Steuer*): ***~ of taxation*** Verteilung *f* der Steuerlast, Steuerbelastung *f*; **ˈin·ci·dent** [-nt] **I** *adj.* **1.** (***to***) a) vorkommend (bei *od.* in *dat.*), b) → ***incidental*** 4; **2.** *bsd. phys.* ein-, auffallend, auftreffend (*Strahlen etc.*); **II** *s.* **3.** Vorfall *m*, Ereignis *n*, Vorkommnis *n*, *a. pol.* Zwischenfall *m*: ***full of ~*** ereignisreich; **4.** ˈNebenˌumstand *m*, -sache *f*; **5.** Epi'sode *f*, Zwischenhandlung *f* (*im Drama etc.*); **6.** ⚖ a) (Neben)Folge *f* (***of*** aus), b) ˈNebensache *f*, -ˌumstand *m*.

in·ci·den·tal [ˌɪnsɪˈdentl] **I** *adj.* □ **1.** beiläufig, nebensächlich, Neben...: ***~ earnings*** Nebenverdienst *m*; ***~ expenses*** → 7; ***~ music*** Begleit-, Bühnen-, Filmmusik *f*, musikalischer Hintergrund; **2.** gelegentlich; **3.** zufällig; **4.** (***to***) gehörig (zu), verbunden *od.* zs.-hängend (mit): ***be ~ to*** gehören zu, verbunden sein mit; ***the expenses ~ thereto*** die dabei entstehenden *od.* damit verbundenen Unkosten; **5.** folgend (***upon*** auf *acc.*), nachher auftretend: ***~ images*** *psych.* Nachbilder; **II** *s.* **6.** ˈNebenˌumstand *m*, -sächlichkeit *f*; **7.** *pl.* ☤ Nebenausgaben *pl.*, -spesen *pl.*; **ˌin·ciˈden·tal·ly** [-tlɪ] *adv.* **1.** beiläufig, neben'bei; **2.** zufällig; **3.** gelegentlich; **4.** neben'bei bemerkt, übrigens.

in·cin·er·ate [ɪnˈsɪnəreɪt] *v/t.* verbrennen, *bsd. Leiche* einäschern; **in·cin·er·a·tion** [ɪnˌsɪnəˈreɪʃn] *s.* Verbrennung *f*, Einäscherung *f*; **inˈcin·er·a·tor** [-tə] *s.* Verbrennungsofen *m*, -anlage *f*.

in·cip·i·ence [ɪnˈsɪpɪəns], **inˈcip·i·en·cy** [-sɪ] *s.* Anfang *m*; Anfangsstadium *n*; **inˈcip·i·ent** [-nt] *adj.* □ beginnend, einleitend, Anfangs...; **inˈcip·i·ent·ly** [-ntlɪ] *adv.* anfänglich, anfangs.

in·cise [ɪnˈsaɪz] *v/t.* **1.** einschneiden in (*acc.*), aufschneiden (*a.* ✂): **~d wound** Schnittwunde *f*; **2.** einritzen, -schnitzen, -kerben, -gravieren; **in·ci·sion** [ɪnˈsɪʒn] *s.* (Ein)Schnitt *m* (*a.* ✂), Kerbe *f*; **inˈci·sive** [-aɪsɪv] *adj.* □ *fig.* **1.** scharf: a) ˈdurchdringend: **~ intellect**, b) beißend: **~ irony**, c) präˈgnant: **~ style**; **2.** *anat.* Schneide(zahn)...; **inˈci·sive·ness** [-aɪsɪvnɪs] *s. fig.* Schärfe *f*, Präˈgnanz *f*; **inˈci·sor** [-zə] *s. anat.* Schneidezahn *m*.

in·ci·ta·tion [ˌɪnsaɪˈteɪʃn] *s.* **1.** Anregung *f*, Ansporn *m*, Antrieb *m*; **2.** → **incitement** 2; **in·cite** [ɪnˈsaɪt] *v/t.* **1.** anregen (*a.* ✂), anspornen, anstacheln; **2.** aufhetzen, -wiegeln, ⚖ *a.* anstiften (**to** zu); **in·cite·ment** [ɪnˈsaɪtmənt] *s.* **1.** → **incitation** 1; **2.** Aufhetzung *f*, -wiegelung *f*, ⚖ *a.* Anstiftung *f* (**to commit a crime** zu e-m Verbrechen).

in·ci·vil·i·ty [ˌɪnsɪˈvɪlətɪ] *s.* Unhöflichkeit *f*, Grobheit *f*.

in·ci·vism [ˈɪnsɪvɪzəm] *s.* Mangel *m* an staatsbürgerlicher Gesinnung.

ˈin-ˌclear·ing *s.* ✝ *Brit.* Gesamtbetrag *m* der auf e-e Bank laufenden Schecks, Abrechnungsbetrag *m*.

in·clem·en·cy [ɪnˈklemənsɪ] *s.* Rauheit *f*, Unfreundlichkeit *f*: **~ of the weather** *a.* Unbilden *pl.* der Witterung; **inˈclem·ent** [-nt] *adj.* □ **1.** rauh, unfreundlich, streng (*Klima etc.*); **2.** hart, grausam.

in·clin·a·ble [ɪnˈklaɪnəbl] *adj.* **1.** (hin-) neigend, tendierend (**to** zu); **2.** ⚙ schrägstellbar.

in·cli·na·tion [ˌɪnklɪˈneɪʃn] *s.* **1.** *fig.* Neigung *f*, Vorliebe *f*, Hang *m* (**to**, **for** zu): **~ to buy** ✝ Kauflust *f*; **~ to stoutness** Neigung *od.* Anlage *f* zur Korpulenz; **2.** *fig.* Zuneigung *f* (**for** zu); **3.** ⩕, *phys.* a) Neigung *f*, Schrägstellung *f*, Senkung *f*, b) Abhang *m*, c) Neigungswinkel *m*, Gefälle *n*; **4.** *ast.*, *phys.* Inklinatiˈon *f*; **in·cline** [ɪnˈklaɪn] **I** *v/i.* **1.** sich neigen (**to**, **towards** nach), (schräg) abfallen; **2.** sich neigen (*Tag*); **3.** *fig.* neigen (**to**, **toward** zu): **~ to an opinion**; **~ to do s.th.** dazu neigen, et. zu tun; **4.** Anlage haben, neigen (**to** zu): **~ to corpulence**; **~ to red** ins Rötliche spielen; **5.** *fig.* (**to**) sich hingezogen fühlen (zu), gewogen sein (*dat.*); **II** *v/t.* **6.** *Kopf etc.* neigen: **~ one's ear to s.o.** *fig.* j-m sein Ohr leihen; **7.** *fig.* *j-n* bewegen, (dazu) veranlassen (**to** zu; **to do** zu tun): **this ~s me to doubt** dies läßt mich zweifeln; **this ~s me to go** im Hinblick darauf möchte ich lieber gehen; **III** *s.* **8.** Neigung *f*, Schräge *f*, Abhang *m*, Gefälle *n*; **in·clined** [ɪnˈklaɪnd] *adj.* **1.** geneigt, aufgelegt (**to** zu): **be ~** dazu neigen, (dazu) aufgelegt sein (**to do** zu tun); **2.** (dazu) neigend *od.* veranlagt (**to** zu); **3.** geneigt, gewogen, wohlgesinnt (**to** *dat.*); **4.** geneigt, schräg, schief, abschüssig: **~ plane** *phys.* schiefe Ebene; **in·cli·nom·e·ter** [ˌɪnklɪˈnɒmɪtə] *s.* **1.** Inklinatiˈonskompaß *m*, -nadel *f*; **2.** ✈ Neigungsmesser *m*.

in·close [ɪnˈkləʊz] → **enclose**.

in·clude [ɪnˈkluːd] *v/t.* **1.** (in sich *od.* mit) einschließen, umˈfassen, enthalten, be-inhalten: **all ~d** alles inbegriffen *od.* inklusive; **tax ~d** einschließlich *od.* inklusive Steuer; **2.** einschließen, betreffen, gelten für: **that ~s you, too!**; **~ me out!** *humor.* ohne mich!; **3.** einbeziehen, -schließen (**in** in *acc.*), rechnen (**among** unter *acc.*, zu); **4.** aufnehmen (**in** in *e-e Gruppe*, *Liste etc.*), erfassen; **5.** *j-n* (*in s-m Testament*) bedenken; **inˈcluding** [-dɪŋ] *prp.* einschließlich (*gen.*), *bsd.* ✝ inkluˈsive (*Verpackung etc.*), *Gebühren etc.* (mit) inbegriffen, mit: **not ~** ausschließlich (*gen.*), *bsd.* ✝ exklusive; **up to and ~** bis einschließlich; **inˈclu·sion** [-uːʒn] *s.* **1.** Einbeziehung *f*, Einschluß *m* (*a. biol.*, *min. etc.*) (**in** in *acc.*): **with the ~ of** → **including**; **2.** Aufnahme *f* (**in** in *acc.*); **inˈclu·sive** [-uːsɪv] *adj.* □ **1.** einschließlich, inkluˈsive (**of** *gen.*): **be ~ of** einschließen; (**to**) **Friday ~** (bis) einschließlich Freitag; **2.** alles einschließend *od.* enthaltend, ✝ Inklusiv..., Pauschal...: **~ price**.

in·cog·ni·to [ɪnˈkɒgnɪtəʊ] **I** *adv.* **1.** inˈkognito, unter fremdem Namen: **travel ~**; **2.** anoˈnym: **do good ~**; **II** *pl.* **-tos** *s.* **3.** Inˈkognito *n*; **4.** j-d, der inˈkognito auftritt.

in·co·her·ence [ˌɪnkəʊˈhɪərəns] *s.* Zs.-hang(s)losigkeit *f*, Wirr-, Verwirrtheit *f*; **ˌin·coˈher·ent** [-nt] *adj.* □ zs.-hanglos, wirr (*a. Person*).

in·com·bus·ti·ble [ˌɪnkəmˈbʌstəbl] *adj.* □ unverbrennbar.

in·come [ˈɪŋkʌm] *s.* ✝ Einkommen *n*, Einkünfte *pl.* (**from** aus): **~ bond** Schuldverschreibung *f* mit gewinnabhängiger Verzinsung *f*; **~ bracket** *od.* **group** Einkommensstufe *f*; **~ return** *Am.* Rendite *f*; **~ statement** *Am.* Gewinn- u. Verlustrechnung *f*; **~ tax** Einkommensteuer *f*; **~ tax return** Einkommensteuererklärung *f*; **live within** (**beyond**) **one's ~** s-n Verhältnissen entsprechend (über s-e Verhältnisse) leben.

in·com·er ['ɪnˌkʌmə] *s.* **1.** (Neu)Ankömmling *m*; **2.** ⚖ (Rechts)Nachfolger(in).

in·com·ing ['ɪnˌkʌmɪŋ] **I** *adj.* **1.** her'einkommend: ***the ~ tide*** die Flut; **2.** ankommend (*Telefongespräch, Zug etc.*); **3.** nachfolgend, neu (*Regierung, Präsident, Mieter etc.*); **4.** ⚖ eingehend (*Post etc.*): ***~ goods*** *od.* ***stocks*** Wareneingang *m*, -eingänge *pl.*; ***~ orders*** Auftragseingang *m*; **II** *s.* **5.** Ankommen *n*, Ankunft *f*; Eingang *m*; **6.** *pl.* ⚖ Eingänge *pl.*, Einkünfte *pl.*

in·com·men·su·ra·ble [ˌɪnkə'menʃərəbl] **I** *adj.* □ **1.** ⩓ a) inkommensu'rabel, b) 'irratioˌnal; **2.** nicht vergleichbar; **3.** völlig unverhältnismäßig, in keinem Verhältnis stehend (***with*** zu); **II** *s.* **4.** ⩓ inkommensu'rable Größe; **in·com·men·su·rate** [ˌɪnkə'menʃərət] *adj.* □ **1.** (***to***) unangemessen (*dat.*), unvereinbar (mit); **2.** → ***incommensurable*** I.

in·com·mode [ˌɪnkə'məʊd] *v/t.* *j-m* lästig fallen, *j-n* belästigen, stören; ˌ**in·com'mo·di·ous** [-djəs] *adj.* □ unbequem: a) lästig (***to*** *dat.* *od.* für), b) beengt.

in·com·mu·ni·ca·ble [ˌɪnkə'mju:nɪkəbl] *adj.* □ nicht mitteilbar, nicht auszudrücken(d); **in·com·mu·ni·ca·do** [ˌɪnkəmju:nɪ'kɑ:dəʊ] *adj.* vom Verkehr mit der Außenwelt abgeschnitten, ⚖ *a.* in Einzel- *od.* Isolierhaft; ˌ**in·com'mu·ni·ca·tive** [-ətɪv] *adj.* □ nicht mitteilsam, zu'rückhaltend, reserviert.

in·com·pa·ra·ble [ɪn'kɒmpərəbl] *adj.* □ **1.** nicht zu vergleichen(d) (***with, to*** mit); **2.** unvergleichlich, einzigartig; **in'com·pa·ra·bly** [-blɪ] *adv.* unvergleichlich.

in·com·pat·i·bil·i·ty ['ɪnkəmˌpætə'bɪlətɪ] *s.* Unverträglichkeit *f* (*a.* ⚕): a) Unvereinbarkeit *f*, 'Widersprüchlichkeit *f*, b) (*charakterliche*) Gegensätzlichkeit; **in·com·pat·i·ble** [ˌɪnkəm'pætəbl] *adj.* □ **1.** unver'einbar, 'widersprüchlich, ein'ander wider'sprechend; **2.** unverträglich: a) nicht zs.-passend (*a. Personen*), b) ⚕ inkompa'tibel (*Medikamente etc.*).

in·com·pe·tence [ɪn'kɒmpɪtəns], **in'com·pe·ten·cy** [-sɪ] *s.* **1.** Unfähigkeit *f*, Untüchtigkeit *f*; **2.** *bsd.* ⚖ a) Unzuständigkeit *f*, b) Unbefugtheit *f*, c) Unzulässigkeit *f* (*e-r Aussage etc.*), d) *Am.* Unzurechnungsfähigkeit *f*; **3.** Unzulänglichkeit *f*; **in'com·pe·tent** [-nt] *adj.* □ **1.** unfähig, untauglich, ungeeignet; **2.** ⚖ a) unbefugt, b) unzuständig, 'inkompeˌtent, c) *Am.* unzurechnungsfähig, geschäftsunfähig, d) unzulässig (*a. Beweis, Zeuge*); **3.** unzulänglich, mangelhaft.

in·com·plete [ˌɪnkəm'pli:t] *adj.* □ **1.** 'unvollˌständig, 'unvollˌendet; **2.** 'unvollˌkommen, lücken-, mangelhaft.

in·com·pre·hen·si·bil·i·ty [ɪnˌkɒmprɪhensə'bɪlətɪ] *s.* Unbegreiflichkeit *f*; **in·com·pre·hen·si·ble** [ɪnˌkɒmprɪ'hensəbl] *adj.* □ unbegreiflich.

in·con·ceiv·a·ble [ˌɪnkən'si:vəbl] *adj.* □ **1.** unbegreiflich, unfaßbar; **2.** undenkbar, unvorstellbar.

in·con·clu·sive [ˌɪnkən'klu:sɪv] *adj.* □ **1.** nicht über'zeugend *od.* schlüssig, ohne Beweiskraft; **2.** ergebnislos; ˌ**in·con'clu·sive·ness** [-nɪs] *s.* **1.** Mangel *m* an Beweiskraft; **2.** Ergebnislosigkeit *f*.

in·con·dite [ɪn'kɒndaɪt] *adj.* schlecht gemacht, mangelhaft; roh, grob.

in·con·gru·i·ty [ˌɪnkɒŋ'gru:ətɪ] *s.* **1.** Nichtüber'einstimmung *f*: a) 'Mißverhältnis *n*, b) Unver'einbarkeit *f*; **2.** 'Widersinnigkeit *f*; **3.** Unangemessenheit *f*; **4.** ⩓ 'Inkongruˌenz *f*; **in·con·gru·ous** [ɪn'kɒŋgrʊəs] *adj.* □ **1.** nicht zuein'ander passend, nicht über'einstimmend, unver'einbar (***to, with*** mit); **2.** 'widersinnig, ungereimt; **3.** unangemessen, ungehörig; **4.** ⩓ 'inkongruˌent, nicht deckungsgleich.

in·con·se·quence [ɪn'kɒnsɪkwəns] *s.* **1.** 'Inkonseˌquenz *f*, Unlogik *f*, Folgewidrigkeit *f*; **2.** Belanglosigkeit *f*; **in'con·se·quent** [-nt] *adj.* □ **1.** 'inkonseˌquent, folgewidrig, unlogisch; **2.** nicht zur Sache gehörig, 'irreleˌvant; **3.** belanglos, unwichtig; **in·con·se·quen·tial** [ˌɪnkɒnsɪ'kwenʃl] → ***inconsequent***.

in·con·sid·er·a·ble [ˌɪnkən'sɪdərəbl] *adj.* □ unbedeutend, unerheblich, belanglos, gering(fügig).

in·con·sid·er·ate [ˌɪnkən'sɪdərət] *adj.* □ **1.** rücksichtslos, taktlos (***towards*** gegen); **2.** 'unüberˌlegt; ˌ**in·con'sid·er·ate·ness** [-nɪs] *s.* **1.** Rücksichtslosigkeit *f*; **2.** Unbesonnenheit *f*.

in·con·sist·en·cy [ˌɪnkən'sɪstənsɪ] *s.* **1.** (innerer) 'Widerspruch, Unver'einbarkeit *f*; **2.** 'Inkonseˌquenz *f*, Folgewidrigkeit *f*; **3.** Unbeständigkeit *f*, Wankelmut *m*; ˌ**in·con'sist·ent** [-nt] *adj.* □ **1.** unver'einbar, (ein'ander) wider'sprechend, gegensätzlich; **2.** 'inkonseˌquent, folgewidrig, ungereimt; **3.** unbeständig, *Person*: *a.* 'inkonseˌquent.

in·con·sol·a·ble [ˌɪnkən'səʊləbl] *adj.* □ untröstlich.

in·con·spic·u·ous [ˌɪnkən'spɪkjʊəs] *adj.* ☐ unauffällig: ***make o.s. ~*** sich möglichst unauffällig verhalten.

in·con·stan·cy [ɪn'kɒnstənsɪ] *s.* **1.** Unbeständigkeit *f*, Veränderlichkeit *f*; **2.** Wankelmut *m*, Treulosigkeit *f*; **3.** Ungleichförmigkeit *f*; **in'con·stant** [-nt] *adj.* ☐ **1.** unbeständig, unstet; **2.** wankelmütig; **3.** ungleichförmig.

in·con·test·a·ble [ˌɪnkən'testəbl] *adj.* ☐ **1.** unbestreitbar, unanfechtbar; **2.** 'unumˌstößlich, 'unwiderˌleglich.

in·con·ti·nence [ɪn'kɒntɪnəns] *s.* **1.** (*bsd.* sexu'elle) Unmäßigkeit, Zügellosigkeit *f*, Unkeuschheit *f*; **2.** Nicht'haltenkönnen *n*, ⚕ *a.* 'Inkontiˌnenz *f*: ***~ of speech*** Geschwätzigkeit *f*; ***~ of urine*** ⚕ Harnfluß *m*; **in'con·ti·nent** [-nt] *adj.* ☐ **1.** ausschweifend, zügellos, unkeusch; **2.** unauf'hörlich; **3.** nicht im'stande *et.* zu'rückzuhalten *od.* bei sich zu behalten (*a.* ⚕).

in·con·tro·vert·i·ble [ˌɪnkɒntrə'vɜːtəbl] *adj.* ☐ unbestreitbar, unstrittig, unbestritten.

in·con·ven·ience [ˌɪnkən'viːnjəns] **I** *s.* Unbequemlichkeit *f*, Lästigkeit *f*, Unannehmlichkeit *f*, Schwierigkeit *f*: ***put s.o. to great ~*** j-m große Ungelegenheiten bereiten; **II** *v/t.* belästigen, stören, *j-m* lästig sein, *j-m* Unannehmlichkeiten bereiten; **ˌin·con'ven·ient** [-nt] *adj.* ☐ **1.** unbequem, lästig, störend, beschwerlich; **2.** *Zeit*, *Lage etc.*: ungünstig, ‚ungeschickt'.

in·con·vert·i·bil·i·ty ['ɪnkənˌvɜːtə'bɪlətɪ] *s.* **1.** Unverwandelbarkeit *f*; **2.** ✝ a) Nichtkonver'tierbarkeit *f*, Nicht'umwandelbarkeit *f* (*Guthaben*), b) Nicht'einlösbarkeit *f* (*Papiergeld*), c) Nicht'umsetzbarkeit *f* (*Waren*); **in·con·vert·i·ble** [ˌɪnkən'vɜːtəbl] *adj.* ☐ **1.** unverwandelbar; **2.** ✝ a) nicht 'umwandelbar, nicht konvertierbar, b) nicht einlösbar, c) nicht 'umsetzbar.

in·cor·po·rate [ɪn'kɔːpəreɪt] **I** *v/t.* **1.** vereinigen, verbinden, zs.-schließen; **2.** (***in***, ***into***) einverleiben (*dat.*), *Staatsgebiet a.* eingliedern; einbauen, integrieren (in *acc.*); **3.** *Stadt* eingemeinden; **4.** (***in***, ***into***) *als Mitglied* aufnehmen (in *acc.*); **5.** ⚖ als Körperschaft *od. Am.* als Aktiengesellschaft (amtlich) eintragen; 'Rechtsperˌsönlichkeit verleihen (*dat.*); gründen, inkorporieren lassen; **6.** aufnehmen, enthalten, einschließen; **7.** ⚙, ⚗ (ver)mischen; **II** *v/i.* **8.** sich verbinden *od.* vereinigen; **9.** ⚖ e-e Körperschaft *etc.* bilden; **10.** ⚙, ⚗ sich vermischen; **III** *adj.* [-pərət] **11.** → **in'cor·po·rat·ed** [-tɪd] *adj.* **1.** ✝, ⚖ a) (als Körperschaft) (amtlich) eingetragen, inkorporiert, b) *Am.* als Aktiengesellschaft eingetragen: ***~ bank*** *Am.* Aktienbank *f*; ***~ company*** *Brit.* rechtsfähige (Handels)Gesellschaft, *Am.* Aktiengesellschaft *f*; **2.** (***in***, ***into***) a) eng verbunden, zs.-geschlossen (mit), b) einverleibt (*dat.*); **3.** eingemeindet; **in·cor·po·ra·tion** [ɪnˌkɔːpə'reɪʃn] *s.* **1.** Vereinigung *f*, Verbindung *f*; **2.** Einverleibung *f*, Eingliederung *f*, Aufnahme *f* (***into*** in *acc.*); **3.** Eingemeindung *f*; **4.** ⚖ a) Bildung *f od.* Gründung *f* e-r Körperschaft *od.* (*Am.*) e-r Aktiengesellschaft: ***articles of ~*** *Am.* Satzung *f* (*e-r AG*); ***certificate of ~*** Korporationsurkunde *f*, *Am.* Gründungsurkunde *f* (*e-r AG*), b) amtliche Eintragung; **in'cor·po·ra·tor** [-tə] *s. Am.* Gründungsmitglied *n*.

in·cor·po·re·al [ˌɪnkɔː'pɔːrɪəl] *adj.* ☐ **1.** unkörperlich, immateri'ell, geistig; **2.** ⚖ nicht greifbar: ***~ hereditaments*** vererbliche Rechte; ***~ rights*** Immaterialgüterrechte (*z. B. Patente*).

in·cor·rect [ˌɪnkə'rekt] *adj.* ☐ **1.** unrichtig, ungenau, irrig, falsch; **2.** 'inkorˌrekt, ungehörig (*Betragen*); **ˌin·cor'rect·ness** [-nɪs] *s.* **1.** Unrichtigkeit *f*; **2.** Unschicklichkeit *f*.

in·cor·ri·gi·bil·i·ty [ɪnˌkɒrɪdʒə'bɪlətɪ] *s.* Unverbesserlichkeit *f*; **in·cor·ri·gi·ble** [ɪn'kɒrɪdʒəbl] *adj.* ☐ unverbesserlich.

in·cor·rupt·i·bil·i·ty ['ɪnkəˌrʌptə'bɪlətɪ] *s.* **1.** Unbestechlichkeit *f*; **2.** Unverderblichkeit *f*; **in·cor·rupt·i·ble** [ˌɪnkə'rʌptəbl] *adj.* ☐ **1.** unbestechlich, redlich; **2.** unverderblich, unvergänglich; **in·cor·rup·tion** ['ɪnkəˌrʌpʃn] *s.* **1.** Unbestechlichkeit *f*; **2.** Unverdorbenheit *f*; **3.** *bibl.* Unvergänglichkeit *f*.

in·crease [ɪn'kriːs] **I** *v/i.* **1.** zunehmen, sich vermehren, größer werden, (an-)wachsen: ***~ in size*** an Größe zunehmen; ***~d demand*** Mehrbedarf *m*; **2.** steigen (*Preise*); sich steigern *od.* vergrößern *od.* verstärken *od.* erhöhen; **II** *v/t.* **3.** vergrößern, verstärken, vermehren, erhöhen, steigern: ***~ tenfold*** verzehnfachen; **III** *s.* ['ɪnkriːs] **4.** Vergrößerung *f*, Vermehrung *f*, Verstärkung *f*, Erhöhung *f*, Zunahme *f*, (An)Wachsen *n*, Zuwachs *m*, Wachstum *n*, Steigen *n*, Steigerung *f*, Erhöhung *f*: ***be on the ~*** zunehmen, wachsen; ***~ in wages*** ✝ Lohnerhöhung *f*, -steigerung *f*; ***~ of trade*** Zunahme *od.* Aufschwung *m* des Handels; **5.** Ertrag *m*, Gewinn *m*; **in'creas·ing·ly** [-sɪŋlɪ] *adv.* immer mehr:

~ clear immer klarer.

in·cred·i·bil·i·ty [ɪnˌkredɪ'bɪlətɪ] *s.* **1.** Unglaubhaftigkeit *f*; **2.** Un'glaublichkeit *f*; **in·cred·i·ble** [ɪn'kredəbl] *adj.* □ **1.** unglaublich, unvor'stellbar (*a. fig. unerhört, äußerst*); **2.** unglaubhaft.

in·cre·du·li·ty [ˌɪnkrɪ'dju:lətɪ] *s.* Ungläubigkeit *f*; **in·cred·u·lous** [ɪn'kredjʊləs] *adj.* □ ungläubig.

in·cre·ment ['ɪnkrɪmənt] *s.* **1.** Zuwachs *m*, Zunahme *f*; **2.** ✝ (Gewinn-, Wert-) Zuwachs *m*, Mehrertrag *m*, -einnahme *f*; **3.** ⩚ Zuwachs *m*, Inkre'ment *n*, *bsd.* positives Differenti'al.

in·crim·i·nate [ɪn'krɪmɪneɪt] *v/t.* beschuldigen, belasten: ***~ o.s.*** sich (selbst) belasten; **in'crim·i·nat·ing** [-tɪŋ] *adj.* belastend; **in·crim·i·na·tion** [ɪnˌkrɪmɪ'neɪʃn] *s.* Beschuldigung *f*, Belastung *f*; **in'crim·i·na·to·ry** [-nətərɪ] → ***incriminating***.

in·crust [ɪn'krʌst] → ***encrust***.

in·crus·ta·tion [ˌɪnkrʌs'teɪʃn] *s.* **1.** Verkrustung *f* (*a. fig.*); **2.** ⚙ a) Inkrustati'on *f*, Kruste *f*, b) Kesselstein(bildung *f*) *m*; **3.** Verkleidung *f*, Belag *m* (*Wand*); **4.** Einlegearbeit *f*.

in·cu·bate ['ɪnkjʊbeɪt] **I** *v/t.* **1.** *Ei* ausbrüten (*a. künstlich*); **2.** *Bakterien* im Brutschrank züchten; **3.** *fig.* ausbrüten, aushecken; **II** *v/i.* **4.** brüten; **in·cu·ba·tion** [ˌɪnkjʊ'beɪʃn] *s.* **1.** Ausbrütung *f*, Brüten *n*; **2.** ⚕ Inkubati'on *f*: ***~ period*** Inkubationszeit *f*; **'in·cu·ba·tor** [-tə] *s.* a) ⚕ Brutkasten *m*, Inku'bator *m* (*für Babys*), b) Brutschrank *m* (*für Bakterien*), c) 'Brutappaˌrat *m* (*für Küken, Eier*).

in·cu·bus ['ɪŋkjʊbəs] *s.* **1.** ⚕ Alp(drükken *n*) *m*; **2.** *fig.* a) Alpdruck *m*, b) Schreckgespenst *n*.

in·cul·cate ['ɪnkʌlkeɪt] *v/t.* einprägen, einschärfen, einimpfen (***on***, ***in s.o.*** j-m); **in·cul·ca·tion** [ˌɪnkʌl'keɪʃn] *s.* Einschärfung *f*.

in·cul·pate ['ɪnkʌlpeɪt] *v/t.* **1.** an-, beschuldigen, anklagen; **2.** belasten; **in·cul·pa·tion** [ˌɪnkʌl'peɪʃn] *s.* **1.** An-, Beschuldigung *f*; **2.** Vorwurf *m*.

in·cult [ɪn'kʌlt] *adj.* 'unkultiˌviert, roh, grob.

in·cum·ben·cy [ɪn'kʌmbənsɪ] *s.* **1.** a) Innehaben *n* e-s Amtes, b) Amtszeit *f*, c) Amt(sbereich *m*) *n*; **2.** *eccl. Brit.* (Besitz *m* e-r) Pfründe *f*; **3.** *fig.* Obliegenheit *f*; **in'cum·bent** [-nt] **I** *adj.* □ **1.** obliegend: ***it is ~ upon him*** es ist s-e Pflicht; **2.** amtierend: ***the ~ mayor***; **II** *s.* **3.** Amtsinhaber(in); **4.** *eccl. Brit.* Pfründeninhaber *m*.

in·cu·nab·u·la [ˌɪnkju:'næbjʊlə] *s. pl.* Inku'nabeln *pl.*, Wiegendrucke *pl.*

in·cur [ɪn'kɜ:] *v/t.* sich *et.* zuziehen; auf sich laden *od.* ziehen, geraten in (*acc.*): ***~ displeasure*** Mißfallen erregen; ***~ debts*** Schulden machen; ***~ losses*** Verluste erleiden; ***~ liabilities*** Verpflichtungen eingehen.

in·cur·a·bil·i·ty [ɪnˌkjʊərə'bɪlətɪ] *s.* Unheilbarkeit *f*; **in·cur·a·ble** [ɪn'kjʊərəbl] **I** *adj.* □ unheilbar; **II** *s.* unheilbar Kranke(r *m*) *f*.

in·cu·ri·ous [ɪn'kjʊərɪəs] *adj.* □ **1.** nicht neugierig, gleichgültig, uninteressiert; **2.** 'uninteresˌsant.

in·cur·sion [ɪn'kɜ:ʃn] *s.* **1.** (feindlicher) Einfall, Raubzug *m*; **2.** Eindringen *n* (*a. fig.*); **3.** *fig.* Einbruch *m*, -griff *m*.

in·curve [ˌɪn'kɜ:v] *v/t.* (nach innen) krümmen, (ein)biegen.

in·debt·ed [ɪn'detɪd] *adj.* **1.** verschuldet; **2.** zu Dank verpflichtet: ***I am ~ to you for*** ich habe Ihnen zu danken für; **in'debt·ed·ness** [-nɪs] *s.* **1.** Verschuldung *f*, Schulden *pl.*; **2.** Dankesschuld *f*, Verpflichtung *f*.

in·de·cen·cy [ɪn'di:snsɪ] *s.* **1.** Unanständigkeit *f*, Anstößigkeit *f*; **2.** Zote *f*; **in'de·cent** [-nt] *adj.* □ **1.** unanständig, anstößig; *a.* ⚖ unsittlich, unzüchtig; **2.** ungebührlich: ***~ haste*** unziemliche Hast.

in·de·ci·pher·a·ble [ˌɪndɪ'saɪfərəbl] *adj.* nicht zu entziffern(d).

in·de·ci·sion [ˌɪndɪ'sɪʒn] *s.* Unentschlossenheit *f*, Unschlüssigkeit *f*; **ˌin·de'ci·sive** [-'saɪsɪv] *adj.* □ **1.** nicht entscheidend: ***an ~ battle***; **2.** unentschlossen, unschlüssig, schwankend; **3.** unbestimmt.

in·de·clin·a·ble [ˌɪndɪ'klaɪnəbl] *adj. ling.* undeklinierbar.

in·dec·o·rous [ɪn'dekərəs] *adj.* □ unschicklich, unanständig, ungehörig; **in·de·co·rum** [ˌɪndɪ'kɔ:rəm] *s.* Unschicklichkeit *f*.

in·deed [ɪn'di:d] *adv.* **1.** in der Tat, tatsächlich, wirklich: ***it is very lovely ~*** es ist wirklich (sehr) hübsch; ***if ~*** wenn überhaupt; ***if ~ he were right*** falls er wirklich recht haben sollte; ***we think, ~ we know this is wrong*** wir glauben, ja wir wissen (sogar), daß dies falsch ist; ***~ I am quite sure*** ich bin (mir) sogar ganz sicher; ***yes, ~!*** ja tatsächlich! (→ 3); ***did you ~?*** tatsächlich?, ach wirklich?; ***you, ~!*** *iro.* ausgerechnet du!, Du? daß ich nicht lache!; ***what ~!*** *iro.* na, was wohl?; ***thank you very much ~!*** vielen herzlichen Dank!; ***this is ~ an***

exception das ist allerdings *od.* freilich e-e Ausnahme; **2.** zwar, wohl: ***it is ~ a good plan, but ...***; **3.** (*in Antworten*) *a.* ***yes ~*** a) allerdings(!), aber sicher(!), und ob(!), b) aber gern!, ja doch!, c) ach wirklich?, was Sie nicht sagen; ***~ you may not!*** aber ja nicht!, kommt nicht in Frage!

in·de·fat·i·ga·ble [ˌɪndɪˈfætɪgəbl] *adj.* □ unermüdlich.

in·de·fea·si·ble [ˌɪndɪˈfiːzəbl] *adj.* □ ⚖ unverletzlich, unantastbar.

in·de·fen·si·ble [ˌɪndɪˈfensəbl] *adj.* □ unhaltbar: a) ⚔ nicht zu verteidigen(d), b) *fig.* nicht zu rechtfertigen(d), unentschuldbar.

in·de·fin·a·ble [ˌɪndɪˈfaɪnəbl] *adj.* □ undefinierbar: a) unbestimmbar, b) unbestimmt.

in·def·i·nite [ɪnˈdefɪnət] *adj.* □ **1.** unbestimmt (*a. ling.*); **2.** unbegrenzt, unbeschränkt; **3.** unklar, undeutlich, ungenau; **inˈdef·i·nite·ly** [-lɪ] *adv.* **1.** auf unbestimmte Zeit; **2.** unbegrenzt; **inˈdef·i·nite·ness** [-nɪs] *s.* **1.** Unbestimmtheit *f*; **2.** Unbegrenztheit *f*.

in·del·i·ble [ɪnˈdeləbl] *adj.* □ unauslöschlich (*a. fig.*); untilgbar: ***~ ink*** Zeichen-, Kopiertinte *f*; ***~ pencil*** Tintenstift *m*.

in·del·i·ca·cy [ɪnˈdelɪkəsɪ] *s.* **1.** Unanständigkeit *f*, Unfeinheit *f*; **2.** Taktlosigkeit *f*; **inˈdel·i·cate** [-kət] *adj.* □ **1.** unanständig, unfein, derb; **2.** taktlos.

in·dem·ni·fi·ca·tion [ɪnˌdemnɪfɪˈkeɪʃn] *s.* **1.** ✝ a) → ***indemnity*** 1 a, b) Entschädigung *f*, Schadloshaltung *f*, Ersatzleistung *f*, c) → ***indemnity*** 1 c; **2.** ⚖ Sicherstellung *f* (*gegen Strafe*); **in·dem·ni·fy** [ɪnˈdemnɪfaɪ] *v/t.* **1.** entschädigen, schadlos halten (***for*** für); **2.** sicherstellen, sichern (***from***, ***against*** gegen); **3.** ⚖ *parl.* a) *j-m* Entlastung erteilen, b) *j-m* Straflosigkeit zusichern; **in·dem·ni·ty** [ɪnˈdemnətɪ] *s.* **1.** ✝ a) Sicherstellung *f* (*gegen Verlust od. Schaden*), Garanˈtie(versprechen *n*) *f*, b) → ***indemnification*** 1 b, c) Entschädigung(sbetrag *m*) *f*, Abfindung *f*: ***~ against liability*** Haftungsausschluß *m*; ***~ bond***, ***letter of ~*** Ausfallbürgschaft *f*; ***~ insurance*** Schadensversicherung *f*; → ***double indemnity***; **2.** ⚖, *parl.* Indemniˈtät *f*.

in·dent[1] [ɪnˈdent] **I** *v/t.* **1.** (ein-, aus-) kerben, auszacken: ***~ed coastline*** zerklüftete Küste; **2.** ⚙ (ver)zahnen; **3.** *typ. Zeile* einrücken; **4.** ⚖ *Vertrag* mit Doppel ausfertigen; **5.** ✝ *Waren* bestellen; **II** *v/i.* **6.** (***upon s.o. for s.th.***) (et. bei j-m) bestellen, (et. von j-m) anfordern; **III** *s.* [ˈɪndent] **7.** Kerbe *f*, Einschnitt *m*, Auszackung *f*; **8.** *typ.* Einzug *m*; **9.** ⚖ Vertragsurkunde *f*; **10.** ✝ (Auslands)Auftrag *m*; **11.** ⚔ *Brit.* Anforderung *f* (*von Vorräten*).

in·dent[2] **I** *v/t.* [ɪnˈdent] eindrücken, einprägen; **II** *s.* [ˈɪndent] Delle *f*, Vertiefung *f*.

in·den·ta·tion [ˌɪndenˈteɪʃn] *s.* **1.** Einschnitt *m*, Einkerbung *f*; Auszackung *f*, Zickzacklinie *f*; **2.** ⚙ Zahnung *f*; **3.** Einbuchtung *f*; Bucht *f*; **4.** *typ.* a) Einzug *m*, b) Absatz *m*; **5.** Vertiefung *f*, Delle *f*; **in·dent·ed** [ɪnˈdentɪd] *adj.* **1.** (aus)gezackt; **2.** ✝ vertraglich verpflichtet; **in·den·tion** [ɪnˈdenʃn] → ***indentation*** 1, 2, 4; **in·den·ture** [ɪnˈdentʃə] **I** *s.* **1.** Vertrag *m od.* Urkunde *f* (im Dupliˈkat); **2.** ✝, ⚖ Lehrvertrag *m*, -brief *m*: ***take up one's ~s*** ausgelernt haben; **3.** amtliche Liste; **4.** → ***indentation*** 1, 2; **II** *v/t.* **5.** ✝, ⚖ durch (*bsd.* Lehr)Vertrag binden, vertraglich verpflichten.

in·de·pend·ence [ˌɪndɪˈpendəns] *s.* **1.** Unabhängigkeit *f* (***on***, ***of*** von): ***♀ Day*** *Am.* Unabhängigkeitstag *m* (*4. Juli*); **2.** Selbständigkeit *f*; **3.** hinreichendes Aus- *od.* Einkommen; **ˌin·deˈpend·en·cy** [-sɪ] *s.* **1.** → ***independence***; **2.** unabhängiger Staat; **3.** ♀ → ***Congregationalism***; **ˌin·deˈpend·ent** [-nt] **I** *adj.* □ **1.** unabhängig (***of*** von) (*a.* ⚘, *ling.*), selbständig (*a. Person*): ***~ clause*** *ling.* Hauptsatz *m*; **2.** a) selbständig, -sicher, -bewußt, b) eigenmächtig, -ständig; **3.** *pol.* unabhängig (*Staat*), *Abgeordneter*: *a.* parˈteilos, *parl.* praktiˈonslos; **4.** voneinˈander unabhängig: ***the various decisions were ~***; ***we arrived ~ly at the same results*** wir kamen unabhängig voneinander zu denselben Ergebnissen; **5.** finanziˈell unabhängig: ***~ gentleman***, ***man of ~ means*** Mann *m* mit Privateinkommen, Privatier *m*; **6.** eigen, Einzel...: ***~ axle*** ⚙ Schwingachse *f*; ***~ fire*** ⚔ Einzel-, Schützenfeuer *n*; ***~ suspension*** *mot.* Einzelaufhängung *f*; **II** *s.* **7.** ♀ *pol.* Unabhängige(r *m*) *f*, Parˈteilose(r *m*) *f*, *parl.* fraktiˈonsloser Abgeordneter; **8.** ♀ → ***Congregationalist***.

ˌin-ˈdepth *adj.* tiefschürfend, eingehend: ***~ interview*** Tiefeninterview *n*, Intensivbefragung *f*.

in·de·scrib·a·ble [ˌɪndɪˈskraɪbəbl] *adj.* □ **1.** unbeschreiblich; **2.** unbestimmt, undefinierbar.

in·de·struct·i·bil·i·ty [ˈɪndɪˌstrʌktəˈbɪlətɪ] *s.* Unzerstörbarkeit *f*; **in·de·struct·i·ble** [ˌɪndɪˈstrʌktəbl] *adj.* □ unzerstörbar, (*a.* ✝) unverwüstlich.

in·de·ter·mi·na·ble [ˌɪndɪˈtɜːmɪnəbl] *adj.* □ unbestimmbar, nicht bestimmbar; ˌ**in·deˈter·mi·nate** [-nət] *adj.* □ **1.** unbestimmt (*a.* ♄), unentschieden, ungewiß, nicht festgelegt; unklar, vage; **2.** → ***indeterminable***: ***of ~ sex***; ***~ sentence*** ⚖ (Freiheits)Strafe *f* von unbestimmter Dauer; **in·de·ter·mi·na·tion** [ˈɪndɪˌtɜːmɪˈneɪʃn] *s.* **1.** Unbestimmtheit *f*; **2.** Ungewißheit *f*; **3.** Unentschlossenheit *f*; ˌ**in·deˈter·min·ism** [-mɪnɪzəm] *s. phls.* Indetermiˈnismus *m*, Lehre *f* von der Willensfreiheit *f*.

in·dex [ˈɪndeks] **I** *pl.* ˈ**in·dex·es**, **in·di·ces** [ˈɪndɪsiːs] *s.* **1.** Inhalts-, Stichwortverzeichnis *n*, Taˈbelle *f*, (ˈSach)Reˌgister *n*, Index *m*; **2.** *a.* ***~ file*** Karˈtei *f*: ***~ card*** Karteikarte *f*; **3.** ⚙ a) (An)Zeiger *m*, b) (Einstell)Marke *f*, Strich *m*, c) Zunge *f* (*Waage*); **4.** *typ.* Hand(zeichen *n*) *f*; **5.** *fig.* a) (An)Zeichen *n* (***of*** für, von *od. gen.*), b) (***to***) Fingerzeig *m* (für), Hinweis *m* (auf *acc.*); **6.** *Statistik*: Indexziffer *f*, Vergleichs-, Meßzahl *f*, ✝ Index *m*: ***cost of living ~*** Lebenskosten-, Lebenshaltungsindex; ***share price ~*** Aktienindex; **7.** ♄ a) Index *m*, Kennziffer *f*, b) Expoˈnent *m*: ***~ of refraction*** *phys.* Brechungsindex *od.* -exponent; **8.** *bsd. eccl.* Index *m* (*verbotener Bücher*); **9.** → ***index finger***; **II** *v/t.* **10.** mit e-m Inhaltsverzeichnis versehen; **11.** in ein Verzeichnis aufnehmen; **12.** *eccl.* auf den Index setzen; **13.** ⚙ a) *Revolverkopf etc.* schalten: ***~ing disc*** Schaltscheibe *f*, b) *in Maßeinheiten* einteilen; **~ fin·ger** *s.* Zeigefinger *m*; ˈ**~-linked** *adj.* indexgebunden: ***~ pension***; ***~ wage*** Indexlohn *m*; **~ num·ber** → ***index*** 6.

In·di·a| ink [ˈɪndjə] → ***Indian ink***; ˈ**~·man** [-mən] *s.* [*irr.*] (Ost)ˈIndienfahrer *m* (*Schiff*).

In·di·an [ˈɪndjən] **I** *adj.* **1.** (ost)ˈindisch; **2.** *bsd. Am.* indiˈanisch; **3.** *Am.* Mais…; **II** *s.* **4.** a) Inder(in), b) Ostˈindier(in); **5.** *bsd. Am.* Indiˈaner(in); **~ club** *s. sport* (Schwing)Keule *f*; **~ corn** *s.* Mais *m*; **~ file** *s.*: ***in ~*** im Gänsemarsch; **~ giv·er** *s. Am.* F *j-d, der s-e Geschenke zurückverlangt*; **~ ink** *s.* chiˈnesische Tusche; **~ meal** *s.* Maismehl *n*; **~ pa·per** → ***India paper***; **~ summer** *s.* Altˈweiber-, Spät-, Nachsommer *m*.

In·di·a| pa·per *s.* ˈDünndruckpaˌpier *n*; ˌ**~-ˈrub·ber** *s.* **1.** Kautschuk *m*, Gummi *n*, *m*: ***~ ball*** Gummiball *m*; ***~ tree***; **2.** Radiergummi *m*.

In·dic [ˈɪndɪk] *adj. ling.* indisch (*den indischen Zweig der indo-iranischen Sprachen betreffend*).

in·di·cate [ˈɪndɪkeɪt] *v/t.* **1.** anzeigen, angeben, bezeichnen, kennzeichnen; **2.** a) *Person*: andeuten, (an)zeigen, zu verstehen geben, b) *Sache*: hindeuten *od.* hinweisen auf (*acc.*), erkennen lassen (*acc.*), *a.* ⚙ anzeigen; **3.** ⚕ indizieren, erfordern: ***be ~d*** indiziert sein, *fig.* angezeigt *od.* angebracht sein; **in·di·ca·tion** [ˌɪndɪˈkeɪʃn] *s.* **1.** Anzeige *f*, Angabe *f*, Bezeichnung *f*; **2.** (***of***) a) (An-)Zeichen *n* (für), b) Hinweis *m* (auf *acc.*), c) (kurze) Andeutung: ***give ~ of*** *et.* anzeigen; ***there is every ~*** alles deutet darauf hin (***that*** daß); **3.** ⚕ a) Indikatiˈon *f*, b) Symˈptom *n* (*a. fig.*); **4.** ⚙ a) Anzeige *f*, b) Grad *m*, Stand *m*; **in·dic·a·tive** [ɪnˈdɪkətɪv] **I** *adj.* □ **1.** anzeigend, andeutend, hinweisend: ***be ~ of*** → ***indicate*** 2; **2.** *ling.* ˈindikaˌtivisch: ***~ mood*** → 3; **II** *s.* **3.** *ling.* Indikativ *m*, Wirklichkeitsform *f*; ˈ**in·di·ca·tor** [-tə] *s.* **1.** Anzeiger *m*; **2.** ⚙ a) Zeiger *m*, b) Anzeiger *m*, Anzeige- *od.* Ablesegerät *n*, Zähler *m*, (Leistungs)Messer *m*, c) Schauzeichen *n*, d) *mot.* Richtungsanzeiger *m*, e) *a.* ***~ telegraph*** ˈZeigertele-ˌgraph *m*; **3.** ⚗ Indiˈkator *m*; **4.** *fig.* → ***index*** 5 *u.* 6; **in·dic·a·to·ry** [ɪnˈdɪkətərɪ] → ***indicative*** 1.

in·di·ces [ˈɪndɪsiːz] *pl. von* ***index***.

in·di·ci·um [ɪnˈdɪʃɪəm] *pl.* **-ci·a** [-ʃɪə] *s.* ✉ *Am.* aufgedruckter Freimachungsvermerk.

in·dict [ɪnˈdaɪt] *v/t.* ⚖ anklagen (***for*** wegen); **inˈdict·a·ble** [-təbl] *adj.* ⚖ strafrechtlich verfolgbar: ***~ offence*** schwurgerichtlich abzuurteilende Straftat, Verbrechen *n*; **inˈdict·ment** [-mənt] **1.** (forˈmelle) Anklage (*vor e-m Geschworenengericht*); **2.** a) Anklagebeschluß *m* (*der* ***grand jury***), b) (*Am. a.* ***bill of ~***) Anklageschrift *f*.

in·dif·fer·ence [ɪnˈdɪfrəns] *s.* **1.** (***to***) Gleichgültigkeit *f* (gegen), Interˈesselosigkeit *f* (gegenˈüber); **2.** Unwichtigkeit *f*: ***it is a matter of complete ~ to me*** das ist mir völlig gleichgültig; **3.** Mittelmäßigkeit *f*; **4.** Unwichtigkeit *f*; **inˈdif·fer·ent** [-nt] *adj.* □ **1.** (***to***) gleichgültig (gegen), interˈesselos (gegenˈüber); **2.** ˈunparˌteiisch; **3.** mittelmäßig, leidlich: ***~ quality***; **4.** mäßig, nicht besonders gut: ***a very ~ cook***; **5.** unwichtig; **6.** ⚕, ⚗, *phys.* neuˈtral, indiffeˈrent; **inˈdif·fer·ent·ism** [-ntɪzəm] *s.* (Neigung *f* zur) Gleichgültigkeit *f*.

in·di·gence [ˈɪndɪdʒəns] *s*. Armut *f*, Mittellosigkeit *f*.

in·di·gene [ˈɪndɪdʒiːn] *s*. **1.** Eingeborene(r *m*) *f*; **2.** a) einheimisches Tier, b) einheimische Pflanze; **in·dig·e·nize** [ɪnˈdɪdʒɪnaɪz] *v/t*. *Am*. **1.** *a*. *fig*. heimisch machen, einbürgern; **2.** (nur) mit einheimischem Persoˈnal besetzen; **in·dig·e·nous** [ɪnˈdɪdʒɪnəs] *adj*. □ **1.** *a*. ⚘, *zo*. einheimisch (***to*** in *dat*.); **2.** *fig*. angeboren (***to*** *dat*.).

in·di·gent [ˈɪndɪdʒənt] *adj*. □ arm, bedürftig, mittellos.

in·di·gest·ed [ˌɪndɪˈdʒestɪd] *adj*. *mst fig*. unverdaut; wirr; ˈundurchˌdacht; **in·di·gest·i·bil·i·ty** [ˈɪndɪˌdʒestəˈbɪlətɪ] *s*. Unverdaulichkeit *f*; **ˌin·diˈgest·i·ble** [-təbl] *adj*. □ unverdaulich (*a*. *fig*.); **ˌin·diˈges·tion** [-tʃn] *s*. ⚕ Magenverstimmung *f*, verdorbener Magen.

in·dig·nant [ɪnˈdɪgnənt] *adj*. □ (***at***, ***with***) entrüstet, ungehalten, empört (über *acc*.), peinlich berührt (von); **in·dig·na·tion** [ˌɪndɪgˈneɪʃn] *s*. Entrüstung *f*, Unwille *m*, Empörung *f* (***at*** über *acc*.): **~ *meeting*** Protestkundgebung *f*.

in·dig·ni·ty [ɪnˈdɪgnətɪ] *s*. Schmach *f*, Demütigung *f*, Kränkung *f*.

in·di·go [ˈɪndɪgəʊ] *pl*. **-gos** *s*. Indigo *m*: **~*-blue*** indigoblau; **in·di·got·ic** [ˌɪndɪˈgɒtɪk] *adj*. Indigo…

in·di·rect [ˌɪndɪˈrekt] *adj*. □ **1.** ˈindiˌrekt: **~ *lighting***; **~ *tax***; **~ *cost*** ✝ Gemeinkosten *pl*.; **2.** nicht diˈrekt *od*. gerade: **~ *route*** Umweg *m*; **~ *means*** Umwege, Umschweife; **3.** *fig*. krumm, unredlich; **4.** *ling*. ˈindiˌrekt, abhängig: **~ *object*** indirektes Objekt, Dativobjekt *n*; **~ *question*** indirekte Frage; **~ *speech*** indirekte Rede; **in·di·rec·tion** [ˌɪndɪˈrekʃn] *s*. **1.** ˈUmweg *m* (*a*. *fig*. *b.s*. *unlautere Methode*): ***by*** **~** a) indirekt, auf Umwegen, b) *fig*. hinten herum, unehrlich; **2.** Unehrlichkeit *f*; **3.** Anspielung *f*; **ˌin·diˈrect·ness** [-nɪs] *s*. **1.** ˈindiˌrekte Art u. Weise; **2.** → ***indirection***.

in·dis·cern·i·ble [ˌɪndɪˈsɜːnəbl] *adj*. nicht wahrnehmbar, unmerklich.

in·dis·ci·pline [ɪnˈdɪsɪplɪn] *s*. Disziˈplin-, Zuchtlosigkeit *f*.

in·dis·cov·er·a·ble [ˌɪndɪˈskʌvərəbl] *adj*. □ nicht zu entdecken(d).

in·dis·creet [ˌɪndɪˈskriːt] *adj*. □ **1.** ˈindisˌkret; **2.** taktlos; **3.** ˈunüberˌlegt.

in·dis·crete [ˌɪndɪˈskriːt] *adj*. homoˈgen, komˈpakt, zs.-hängend.

in·dis·cre·tion [ˌɪndɪˈskreʃn] *s*. **1.** Indiskretiˈon *f*; **2.** Taktlosigkeit *f*; **3.** ˈUnüberˌlegtheit *f*.

in·dis·crim·i·nate [ˌɪndɪˈskrɪmɪnət] *adj*. □ **1.** wahllos, blind, ˈunterschiedslos; **2.** kriˈtiklos, unkritisch; **3.** willkürlich; **in·dis·crim·i·na·tion** [ˈɪndɪˌskrɪmɪˈneɪʃn] *s*. **1.** Wahl-, Kriˈtiklosigkeit *f*, Mangel *m* an Urteilskraft; **2.** ˈUnterschiedslosigkeit *f*.

in·dis·pen·sa·bil·i·ty [ˈɪndɪˌspensəˈbɪlətɪ] *s*. Unerläßlichkeit *f*, Unentbehrlichkeit *f*; **in·dis·pen·sa·ble** [ˌɪndɪˈspensəbl] *adj*. □ **1.** unerläßlich, unentbehrlich (***for***, ***to*** für); **2.** ⚔ unabkömmlich; **3.** unbedingt einzuhalten(d) *od*. zu erfüllen(d) (*Pflicht etc*.).

in·dis·pose [ˌɪndɪˈspəʊz] *v/t*. **1.** untauglich machen (***for*** zu); **2.** unpäßlich machen, indisponieren; **3.** abgeneigt machen (***to do*** zu tun), einnehmen (***towards*** gegen); **ˌin·disˈposed** [-zd] *adj*. **1.** indisponiert, unpäßlich; **2.** (***towards***, ***from***) a) nicht aufgelegt (zu), abgeneigt (*dat*.), b) eingenommen (gegen), abgeneigt (*dat*.); **in·dis·po·si·tion** [ˌɪndɪspəˈzɪʃn] *s*. **1.** Unpäßlichkeit *f*; **2.** Abneigung *f*, ˈWiderwille *m* (***to***, ***towards*** gegen).

in·dis·pu·ta·bil·i·ty [ˈɪndɪˌspjuːtəˈbɪlətɪ] *s*. Unbestreitbarkeit *f*, Unstrittigkeit *f*; **in·dis·pu·ta·ble** [ˌɪndɪˈspjuːtəbl] *adj*. □ **1.** unbestreitbar, unstrittig, nicht zu bestreiten(d); **2.** unbestritten.

in·dis·sol·u·bil·i·ty [ˈɪndɪˌsɒljʊˈbɪlətɪ] *s*. Unauflösbarkeit *f*; **in·dis·sol·u·ble** [ˌɪndɪˈsɒljʊbl] *adj*. □ **1.** unauflösbar, -lich; **2.** unzertrennlich; **3.** ⚗ unlöslich.

in·dis·tinct [ˌɪndɪˈstɪŋkt] *adj*. □ **1.** undeutlich; **2.** unklar, verworren, verschwommen; **ˌin·disˈtinc·tive** [-tɪv] *adj*. □ ausdruckslos, nichtssagend; **ˌin·disˈtinct·ness** [-nɪs] *s*. Undeutlichkeit *f etc*.

in·dis·tin·guish·a·ble [ˌɪndɪˈstɪŋgwɪʃəbl] *adj*. □ **1.** nicht zu unterˈscheiden(d) (***from*** von); **2.** nicht wahrnehmbar *od*. erkennbar; **3.** unmerklich.

in·dite [ɪnˈdaɪt] *v/t*. ver-, abfassen.

in·di·vid·u·al [ˌɪndɪˈvɪdjʊəl] **I** *adj*. □ → ***individually***; **1.** einzeln, Einzel…: ***each*** **~** ***word***; **~ *case*** Einzelfall *m*; **~ *consumer*** Einzelverbraucher *m*; **~ *drive*** ⚙ Einzelantrieb *m*; **2.** für ˈeine Perˈson bestimmt, eigen, perˈsönlich, einzel: **~ *credit*** Personalkredit *m*; **~ *property*** Privatvermögen *n*; **~ *psychology*** Individualpsychologie *f*; **~ *traffic*** Individualverkehr *m*; ***give*** **~** ***attention to*** individuell behandeln, s-e persönliche Aufmerksamkeit schenken (*dat*.); **3.** individuˈell, perˈsönlich, eigen(tümlich), charakte'ristisch: ***an ~ style***; **4.** verschieden: ***five ~ cups***; **II** *s.* **5.** 'Einzelper,son *f*, Indi'viduum *n*, Einzelne(r) *m*; **6.** *mst contp.* Per'son *f*, Indi'viduum *n*; **7.** ⚖ na'türliche Per'son *f*; **,in·di'vid·u·al·ism** [-lızəm] *s.* **1.** Individua'lismus *m*; **2.** Ego'ismus *m*; **,in·di'vid·u·al·ist** [-lıst] **I** *s.* Individua'list(in); **II** *adj.* → **in·di·vid·u·al·is·tic** ['ındı,vıdjʊə'lıstık] *adj.* (□ ***~ally***) individua'listisch; **in·di·vid·u·al·i·ty** ['ındı,vıdjʊ'ælətı] *s.* **1.** Individuali'tät *f*, (per'sönliche) Eigenart; **2.** *phls.* individu'elle Exi'stenz; **3.** → ***individual*** 5; **in·di·vid·u·al·i·za·tion** ['ındı,vıdjʊəlaı'zeıʃn] *s.* **1.** Individualisierung *f*; **2.** Einzelbetrachtung *f*; **,in·di'vid·u·al·ize** [-laız] *v/t.* **1.** individualisieren, individu'ell gestalten *od.* behandeln, e-e individu'elle *od.* eigene Note verleihen (*dat.*); **2.** einzeln betrachten; **,in·di'vid·u·al·ly** [-ələ] *adv.* **1.** einzeln, (jeder, jede, jedes) für sich; **2.** einzeln betrachtet, für sich genommen; **3.** per'sönlich; **,in·di'vid·u·ate** [-jʊeıt] *v/t.* **1.** → ***individualize*** 1; **2.** charakterisieren; **3.** unter'scheiden (***from*** von).

in·di·vis·i·bil·i·ty ['ındı,vızı'bılətı] *s.* Unteilbarkeit *f*; **in·di·vis·i·ble** [,ındı'vızəbl] **I** *adj.* □ unteilbar; **II** *s.* ⅍ unteilbare Größe.

In·do-Chi·nese [,ındəʊtʃaı'ni:z] *adj.* indochi'nesisch, 'hinterindisch.

in·doc·ile [ın'dəʊsaıl] *adj.* **1.** ungelehrig; **2.** störrisch, unlenksam; **in·do·cil·i·ty** [,ındəʊ'sılətı] *s.* **1.** Ungelehrigkeit *f*; **2.** Unlenksamkeit *f*.

in·doc·tri·nate [ın'dɒktrıneıt] *v/t.* **1.** unter'weisen, schulen (***in*** in *dat.*); *pol.* indoktrinieren; **2.** *j-m et.* einprägen, -bleuen, -impfen; **3.** durch'dringen (***with*** mit); **in·doc·tri·na·tion** [ın,dɒktrı'neıʃn] *s.* Unter'weisung *f*, Belehrung *f*, Schulung *f*; *pol.* Indoktrinati'on *f*, po'litische Schulung, ideo'logischer Drill; **in'doc·tri·na·tor** [-tə] *s.* Lehrer *m*, Instruk'teur *m*.

'In·do|-,Eu·ro'pe·an [,ındəʊ-] *ling.* **I** *adj.* **1.** 'indoger'manisch; **II** *s.* **2.** *ling.* 'Indoger'manisch *n*; **3.** 'Indoger'mane *m*, -ger'manin *f*; **,~-Ger'man·ic** → ***Indo-European*** 1 *u.* 2; **,~-I'ra·ni·an** *ling.* **I** *adj.* 'indoi'ranisch, arisch; **II** *s.* 'Indoi'ranisch *n*, Arisch *n*.

in·do·lence ['ındələns] *s.* Indo'lenz *f*: a) Trägheit *f*, b) Lässigkeit *f*, c) ⚕ Schmerzlosigkeit *f*; **'in·do·lent** [-nt] *adj.* □ indo'lent: a) träge, b) lässig, c) ⚕ schmerzlos.

in·dom·i·ta·ble [ın'dɒmıtəbl] *adj.* □ **1.** unbezähmbar, nicht 'unterzukriegen(d); **2.** unbeugsam.

In·do·ne·sian [,ındəʊ'ni:zjən] **I** *adj.* indo'nesisch; **II** *s.* Indo'nesier(in).

in·door ['ındɔ:] *adj.* im *od.* zu Hause, Haus..., Zimmer..., Innen..., *sport* Hallen...: ***~ aerial*** ⚡ Zimmer-, Innenantenne *f*; ***~ dress*** Hauskleid(ung *f*) *n*; ***~ games*** a) Spiele fürs Haus, b) *sport* Hallenspiele; ***~ swimming pool*** Hallenbad *n*; **in·doors** [,ın'dɔ:z] *adv.* **1.** im *od.* zu Hause, drin(nen); **2.** ins Haus.

in·dorse [ın'dɔ:s] *etc.* → ***endorse*** *etc.*

in·du·bi·ta·ble [ın'dju:bıtəbl] *adj.* □ unzweifelhaft, zweifellos.

in·duce [ın'dju:s] *v/t.* **1.** *j-n* veranlassen, bewegen, (dazu) bringen, über'reden (***to do*** zu tun); **2.** her'beiführen, verursachen, bewirken, her'vorrufen, führen zu: ***~ a birth*** ⚕ e-e Geburt einleiten; ***~d sleep*** künstlicher Schlaf; **3.** ⚡ *Kernphysik, a. Logik*: induzieren: ***~ current*** Induktionsstrom *m*; **in'duce·ment** [-mənt] *s.* **1.** a) Veranlassung *f*, Über'redung *f*, b) Verleitung (***to*** zu); **2.** Anlaß *m*, Beweggrund *m*; **3.** *a.* ✝ Anreiz *m* (***to*** zu); **4.** Her'beiführung *f*.

in·duct [ın'dʌkt] *v/t.* **1.** *in ein Amt etc.* einführen, -setzen; **2.** *j-n* einweihen (***to*** in *acc.*); **3.** ⚔ *Am. zum Militär* einberufen; **in'duct·ance** [-təns] *s.* ⚡ **1.** Induk'tanz *f*, induk'tiver ('Schein),Widerstand; **2.** 'Selbstinduktion,on *f*: ***~ coil*** Drosselspule *f*; **in·duc·tee** [,ındʌk'ti:] *s.* ⚔ *Am.* Einberufene(r) *m*, Re'krut *m*; **in'duc·tion** [-kʃn] *s.* **1.** Einführung, -setzung *f* (*in ein Amt*); **2.** ⚙ Zuführung *f*, Einlaß *m*: ***~ pipe*** Einlaßrohr *n*; **3.** Her'beiführung *f*, Auslösung *f*; **4.** Einleitung *f*, Beginn *m*; **5.** ⚔ *Am.* Einberufung *f*: ***~ order*** Einberufungsbefehl *m*; **6.** Anführung *f* (*Beweise etc.*); **7.** ⚡ Indukti'on *f*, sekun'däre Erregung: ***~ coil*** (***current***) Induktionsspule *f* (-strom *m*); ***~ motor*** Induktions-, Drehstrommotor *m*; **8.** ⅍, *phys.*, *phls.* Indukti'on *f*: ***~ accelerator*** Elektronenbeschleuniger *m*; **in'duc·tive** [-tıv] *adj.* □ **1.** ⚡, *phys.*, *phls.* induk'tiv, Induktions...; **2.** ⚕ e-e Reakti'on her'vorrufend; **in'duc·tor** [-tə] *s.* ⚡, *biol.* In'duktor *m*.

in·dulge [ın'dʌldʒ] **I** *v/t.* **1.** *e-r Neigung etc.* nachgeben, frönen, sich hingeben, freien Lauf lassen; **2.** nachsichtig sein gegen: ***~ s.o. in s.th.*** j-m et. nachsehen; **3.** *j-m* nachgeben (***in*** in *dat.*): ***~ o.s. in*** → 7; **4.** *j-m* gefällig sein; **5.** *j-n* verwöhnen; **II** *v/i.* **6.** sich hingeben, frönen (***in*** *dat.*); **7.** ***~ in*** sich *et.* gönnen *od.* genehmigen *od.* leisten, *a.* sich gütlich tun an (*dat.*), *et.* essen *od.* trinken; **8.** F a) sich ‚einen genehmigen', b) sich e-e Zigarette *etc.* gönnen *od.* ‚genehmigen'; **in'dul·gence** [-dʒəns] *s.* **1.** Nachsicht *f*, Milde *f* (***to***, ***of*** gegenüber); **2.** Nachgiebigkeit *f*; **3.** Gefälligkeit *f*; **4.** Verwöhnung *f*; **5.** Befriedigung *f* (*e-r Begierde etc.*); **6.** (***in***) Frönen *n* (*dat.*), Schwelgen *n* (in *dat.*), Genießen *n* (*gen.*): (***excessive***) **~ *in drink*** übermäßiger Alkoholgenuß; **7.** Wohlleben *n*, Genußsucht *f*; **8.** Schwäche *f*, Leidenschaft *f* (***of*** für); **9.** *R.C.* Ablaß *m*: ***sale of ~s*** Ablaßhandel *m*; **in'dul·genced** [-dʒənst] *adj.*: **~ *prayer*** *R.C.* Ablaßgebet *n*; **in'dul·gent** [-dʒənt] *adj.* □ (***to***) nachsichtig, mild (gegen); schonend, sanft (mit).

in·du·rate ['ɪndjʊəreɪt] **I** *v/t.* **1.** (ver)härten, hart machen; **2.** *fig.* a) abstumpfen, b) abhärten (***against***, ***to*** gegen); **II** *v/i.* **3.** sich verhärten: a) hart werden, b) *fig.* gefühllos werden, abstumpfen; **4.** abgehärtet werden; **in·du·ra·tion** [ˌɪndjʊə'reɪʃn] *s.* **1.** (Ver)Härtung *f*; **2.** *fig.* Abstumpfung *f*; **3.** Verstocktheit *f*.

in·dus·tri·al [ɪn'dʌstrɪəl] **I** *adj.* □ **1.** industri'ell, gewerblich, Industrie..., Fabrik..., Gewerbe..., Wirtschafts..., Betriebs..., Werks...: **~ *accident*** Betriebsunfall *m*; **~ *waste*** Industrieabfälle *pl.*; **II** *s.* **2.** Industri'elle(r) *m*; **3.** *pl.* Indu'strieaktien *pl.*, -paˌpiere *pl.*; **~ action** *s.* Arbeitskampf(maßnahmen *pl.*) *m*; **~ a·re·a** *s.* Indu'striegebiet *n*, -gelände *n*; **~ de·sign** *s.* Indu'striedeˌsign *n*; **~ de·sign·er** *s.* Indu'striedeˌsigner *m*; **~ dis·pute** *s.* Arbeitsstreitigkeit *f*; **~ en·gi·neer·ing** *s.* In'dustrial engi'neering *n* (*Rationalisierung von Arbeitsprozessen*); **~ es·pi·o·nage** *s.* 'Werk-, Indu'striespioˌnage *f*; **~ es·tate** *s.* *Brit.* Indu'striegebiet *n*; **~ goods** *s. pl.* Indu'strieproˌdukte *pl.*, Investiti'onsgüter *pl.*; **~ in·ju·ry** *s.* a) Berufsschaden *m*, b) Arbeitsunfall *m*.

in·dus·tri·al·ism [ɪn'dʌstrɪəlɪzəm] *s.* Industria'lismus *m*; **in'dus·tri·al·ist** [-ɪst] → ***industrial*** 2; **in'dus·tri·al·i·za·tion** [ɪnˌdʌstrɪəlaɪ'zeɪʃn] *s.* Industrialisierung *f*; **in'dus·tri·al·ize** [-aɪz] *v/t.* industrialisieren.

in·dus·tri·al| man·age·ment *s.* Betriebsführung *f*; **~ med·i·cine** *s.* Be'triebsmediˌzin *f*; **~ na·tion** *s.* Indu'striestaat *m*; **~ park** *s.* *Am.* Indu'striegebiet *n* (*e-r Stadt*); **~ part·ner·ship** *s.* ✝ *Am.* Gewinnbeteiligung *f* der Arbeitnehmer; **~ prop·er·ty** *s.* gewerbliches Eigentum; **~ psy·chol·o·gy** *s.* Be'triebspsycholoˌgie *f*; **~ re·la·tions** *s. pl.* Beziehungen *pl.* zwischen Arbeitgeber u. Arbeitnehmern *od.* Gewerkschaften; **~ re·la·tions court** *s.* *Am.* Arbeitsgericht *n*; **2 Rev·o·lu·tion** *s.* *die* industri'elle Revoluti'on; **~ school** *s.* *Brit.* Gewerbeschule *f*; **~ stocks** *s. pl.* Indu'striepaˌpiere *pl.*; **~ town** *s.* Indu'striestadt *f*; **~ tri·bu·nal** *s.* Arbeitsgericht *n*.

in·dus·tri·ous [ɪn'dʌstrɪəs] *adj.* □ fleißig, arbeitsam, emsig.

in·dus·try ['ɪndəstrɪ] *s.* **1.** a) Indu'strie *f* (*e-s Landes etc.*), b) Indu'strie(zweig *m*) *f*, Gewerbe(zweig *m*) *n*, Branche *f*: ***the steel ~*** die Stahlindustrie; ***tourist ~*** Tou'ristik *f*, Fremdenverkehrswesen *n*; **2.** Unter'nehmer(schaft *f*) *pl.*, Arbeitgeber *pl.*; **3.** Fleiß *m*, Arbeitseifer *m*.

in·dwell [ˌɪn'dwel] [*irr.* → ***dwell***] **I** *v/t.* **1.** bewohnen; **II** *v/i.* (***in***) **2.** wohnen (in *dat.*); **3.** *fig.* innewohnen (*dat.*); **in·dwell·er** ['ɪnˌdwelə] *s.* *poet.* Bewohner(in).

in·e·bri·ate I *v/t.* [ɪ'ni:brɪeɪt] **1.** betrunken machen; **2.** *fig.* berauschen, trunken machen: ***~d by success*** vom Erfolg berauscht; **II** *s.* [-ɪət] **3.** Betrunkene(r) *m*; **4.** Alko'holiker(in); **III** *adj.* [-ɪət] **5.** betrunken; **6.** *fig.* berauscht; **in·e·bri·a·tion** [ɪˌni:brɪ'eɪʃn], **in·e·bri·e·ty** [ˌɪni:'braɪətɪ] *s.* Trunkenheit *f* (*a. fig.*), betrunkener Zustand.

in·ed·i·bil·i·ty [ɪnˌedɪ'bɪlətɪ] *s.* Ungenießbarkeit *f*; **in·ed·i·ble** [ɪn'edɪbl] *adj.* ungenießbar, nicht eßbar.

in·ed·it·ed [ɪn'edɪtɪd] *adj.* **1.** unveröffentlicht; **2.** ohne Veränderungen her'ausgegeben, nicht redigiert.

in·ef·fa·ble [ɪn'efəbl] *adj.* □ **1.** unaussprechlich, unbeschreiblich; **2.** (unsagbar) erhaben.

in·ef·face·a·ble [ˌɪnɪ'feɪsəbl] *adj.* □ unauslöschlich.

in·ef·fec·tive [ˌɪnɪ'fektɪv] *adj.* □ **1.** unwirksam (*a.* ⚖), wirkungslos; **2.** frucht-, erfolglos; **3.** unfähig, untauglich; **4.** (*bsd. künstlerisch*) nicht wirkungsvoll; **ˌin·ef'fec·tive·ness** [-nɪs] *s.* **1.** Wirkungslosigkeit *f*; **2.** Erfolglosigkeit *f*.

in·ef·fec·tu·al [ˌɪnɪ'fektjʊəl] *adj.* □ **1.** → ***ineffective*** 1 *u.* 2; **2.** kraftlos; **ˌin·ef'fec·tu·al·ness** [-nɪs] *s.* **1.** → ***ineffectiveness***; **2.** Nutzlosigkeit *f*; **3.** Schwäche *f*.

in·ef·fi·ca·cious [ˌɪnefɪ'keɪʃəs] → ***ineffective*** 1, 2; **in·ef·fi·ca·cy** [ɪn'efɪkəsɪ] → ***ineffectiveness***.

in·ef·fi·cien·cy [ˌɪnɪ'fɪʃnsɪ] *s.* **1.** Wirkungslosigkeit *f*, 'Ineffiziˌenz *f*: ~ ***of a remedy***; **2.** Unfähigkeit *f*, Inkompe'tenz *f*, Leistungsschwäche *f* (*e-r Person*); **3.** 'unratioˌnelles Arbeiten *etc.*, Unwirtschaftlichkeit *f*, 'Unproduktiviˌtät *f*, 'Ineffiziˌenz *f*: ~ ***of a method***; ˌ**in·ef'fi·cient** [-nt] *adj.* □ **1.** unwirksam, wirkungslos, 'ineffiziˌent; **2.** unfähig, untauglich, untüchtig, 'inkompeˌtent; **3.** 'ineffiziˌent: a) leistungsschwach, b) 'unratioˌnell, 'unprodukˌtiv.

in·e·las·tic [ˌɪnɪ'læstɪk] *adj.* **1.** 'uneˌlastisch (*a. fig.*); **2.** *fig.* starr, nicht fle'xibel; **in·e·las·tic·i·ty** [ˌɪnɪlæs'tɪsətɪ] *s.* **1.** Mangel *m* an Elastizi'tät; **2.** *fig.* Starrheit *f*, Mangel *m* an Flexibili'tät.

in·el·e·gance [ɪn'elɪgəns] *s.* **1.** 'Uneleˌganz *f*, Mangel *m* an Ele'ganz (*a. fig.*); **2.** *fig.* a) Derbheit *f*, Geschmacklosigkeit *f*, b) Unbeholfenheit *f*; **in'el·e·gant** [-nt] *adj.* □ **1.** 'uneleˌgant, ohne Ele'ganz (*a. fig.*); **2.** *fig.* a) derb, geschmacklos, b) unbeholfen, plump.

in·el·i·gi·bil·i·ty [ɪnˌelɪdʒə'bɪlətɪ] *s.* **1.** Untauglichkeit *f*, mangelnde Eignung; **2.** Unwählbarkeit *f*, Unfähigkeit *f* (in ein Amt gewählt zu werden *etc.*); **3.** mangelnde Berechtigung; **in·el·i·gi·ble** [ɪn'elɪdʒəbl] **I** *adj.* □ **1.** ungeeignet, nicht in Frage kommend (***for*** für): ~ ***for military service*** (wehr)untauglich; **2.** unwählbar; **3.** ⚖ unfähig, nicht qualifiziert: ~ ***to hold an office***; **4.** (***for***) nicht berechtigt (zu), keinen Anspruch habend (auf *acc.*): ~ ***for a grant***; ~ ***to vote*** nicht wahlberechtigt; **5.** a) unerwünscht, b) unpassend; **II** *s.* **6.** ungeeignete *od.* nicht in Frage kommende Per'son.

in·e·luc·ta·ble [ˌɪnɪ'lʌktəbl] *adj.* unvermeidlich, unentrinnbar.

in·ept [ɪ'nept] *adj.* □ **1.** unpassend; **2.** ungeschickt; **3.** albern, dumm; **in'ept·i·tude** [-tɪtju:d], **in'ept·ness** [-nɪs] *s.* **1.** Ungeeignetheit *f*; **2.** Ungeschicktheit *f*; **3.** Albernheit *f*, Dummheit *f*.

in·e·qual·i·ty [ˌɪnɪ'kwɒlətɪ] *s.* **1.** Ungleichheit *f* (*a.* ⅌, *sociol.*), Verschiedenheit *f*; **2.** Ungleichmäßigkeit *f*, Unregelmäßigkeit *f*; **3.** Unebenheit *f* (*a. fig.*); **4.** *ast.* Abweichung *f*.

in·eq·ui·ta·ble [ɪn'ekwɪtəbl] *adj.* □ ungerecht, unbillig; **in'eq·ui·ty** [-kwətɪ] *s.* Ungerechtigkeit *f*, Unbilligkeit *f*.

in·e·rad·i·ca·ble [ˌɪnɪ'rædɪkəbl] *adj.* □ *fig.* unausrottbar; tiefsitzend, tief eingewurzelt.

in·e·ras·a·ble [ˌɪnɪ'reɪzəbl] *adj.* □ unauslöschbar, unauslöschlich.

in·ert [ɪ'nɜ:t] *adj.* □ **1.** *phys.* träge: ~ ***mass***; **2.** ⚗ 'inakˌtiv: ~ ***gas*** Inert-, Edelgas *n*; **3.** unwirksam; **4.** *fig.* träge, untätig, schwerfällig, schlaff; **in·er·tia** [ɪ'nɜ:ʃjə] *s.* **1.** *phys.* (Massen)Trägheit *f*, Beharrungsvermögen *n*: ~ ***starter*** *mot.* Schwungkraftanlasser *m*; **2.** *fig.* Träg-, Faulheit *f*; **3.** ⚗ Iner'tie *f*, Reakti'onsträgheit *f*; **in·er·tial** [ɪ'nɜ:ʃjəl] *adj.* *phys.* Trägheits...; **in'ert·ness** [-nɪs] *s.* Trägheit *f*.

in·es·cap·a·ble [ˌɪnɪ'skeɪpəbl] *adj.* □ unvermeidlich: a) unentrinnbar, unabwendbar, b) unweigerlich.

in·es·sen·tial [ˌɪnɪ'senʃl] **I** *adj.* unwesentlich, nebensächlich; **II** *s. et.* Unwesentliches, Nebensache *f*.

in·es·ti·ma·ble [ɪn'estɪməbl] *adj.* □ unschätzbar, unbezahlbar.

in·ev·i·ta·bil·i·ty [ɪnˌevɪtə'bɪlətɪ] *s.* Unvermeidlichkeit *f*; **in·ev·i·ta·ble** [ɪn'evɪtəbl] **I** *adj.* □ unvermeidlich: a) unentrinnbar: ~ ***fate***, b) zwangsläufig, unweigerlich, c) *iro.* obli'gat; **II** *s.* ***the*** ~ das Unvermeidliche; **in·ev·i·ta·ble·ness** [ɪn'evɪtəblnɪs] → ***inevitability***.

in·ex·act [ˌɪnɪg'zækt] *adj.* □ ungenau; ˌ**in·ex'act·i·tude** [-tɪtju:d] *s.*, ˌ**in·ex'act·ness** [-nɪs] *s.* Ungenauigkeit *f*.

in·ex·cus·a·ble [ˌɪnɪk'skju:zəbl] *adj.* □ **1.** unverzeihlich; **2.** unverantwortlich; ˌ**in·ex'cus·a·bly** [-blɪ] *adv.* unverzeihlich(erweise).

in·ex·haust·i·bil·i·ty ['ɪnɪgˌzɔ:stə'bɪlətɪ] *s.* **1.** Unerschöpflichkeit *f*; **2.** Unermüdlichkeit *f*; **in·ex·haust·i·ble** [ˌɪnɪg'zɔ:stəbl] *adj.* □ **1.** unerschöpflich; **2.** unermüdlich.

in·ex·o·ra·bil·i·ty [ɪnˌeksərə'bɪlətɪ] *s.* Unerbittlichkeit *f*; **in·ex·o·ra·ble** [ɪn'eksərəbl] *adj.* □ unerbittlich.

in·ex·pe·di·en·cy [ˌɪnɪk'spi:djənsɪ] *s.* **1.** Unzweckmäßigkeit *f*; **2.** Unklugheit *f*; ˌ**in·ex'pe·di·ent** [-nt] *adj.* □ **1.** ungeeignet, unzweckmäßig, nicht ratsam; **2.** unklug.

in·ex·pen·sive [ˌɪnɪk'spensɪv] *adj.* nicht teuer, preiswert, billig.

in·ex·pe·ri·ence [ˌɪnɪk'spɪərɪəns] *s.* Unerfahrenheit *f*; ˌ**in·ex'pe·ri·enced** [-st] *adj.* unerfahren: ~ ***hand*** Nichtfachmann *m*.

in·ex·pert [ɪn'ekspɜ:t] *adj.* □ **1.** ungeübt, unerfahren (***in*** in *dat.*); **2.** ungeschickt; **3.** unsachgemäß.

in·ex·pi·a·ble [ɪn'ekspɪəbl] *adj.* □ **1.** unsühnbar; **2.** unversöhnlich.

in·ex·pli·ca·ble [ˌɪnɪk'splɪkəbl] *adj.* □ unerklärlich, unverständlich; ˌ**in·ex'pli·ca·bly** [-blɪ] *adv.* unerklärlich(erweise).

in·ex·plic·it [ˌɪnɪkˈsplɪsɪt] *adj.* □ nicht deutlich ausgedrückt, nur angedeutet; unklar.

in·ex·plo·sive [ˌɪnɪkˈspləʊsɪv] *adj.* nicht exploˈsiv, exploziˈonssicher.

in·ex·press·i·ble [ˌɪnɪkˈspresəbl] *adj.* □ unaussprechlich, unsäglich.

in·ex·pres·sive [ˌɪnɪkˈspresɪv] *adj.* □ **1.** ausdruckslos, nichtssagend; **2.** inhaltlos.

in ex·ten·so [ˌɪnɪkˈstensəʊ] (*Lat.*) *adv.* vollständig, ungekürzt; ausführlich.

in·ex·tin·guish·a·ble [ˌɪnɪkˈstɪŋgwɪʃəbl] *adj.* □ **1.** un(aus)löschbar; **2.** *fig.* unauslöschlich.

in·ex·tri·ca·ble [ɪnˈekstrɪkəbl] *adj.* □ **1.** unentwirrbar, un(auf)lösbar; **2.** gänzlich verworren.

in·fal·li·bil·i·ty [ɪnˌfæləˈbɪlətɪ] *s.* Unfehlbarkeit *f* (*a. eccl.*); **in·fal·li·ble** [ɪnˈfæləbl] *adj.* □ unfehlbar.

in·fa·mous [ˈɪnfəməs] *adj.* □ **1.** verrufen, berüchtigt (***for*** wegen); **2.** schändlich, niederträchtig, gemein, inˈfam; **3.** F miseˈrabel, ‚saumäßig'; **4.** ehrlos: a) ⚖ der bürgerlichen Ehrenrechte verlustig, b) entehrend, ehrenrührig: ***~ conduct***; ˈ**in·fa·mous·ness** [-nɪs] → ***infamy*** 2; ˈ**in·fa·my** [-mɪ] *s.* **1.** Ehrlosigkeit *f*, Schande *f*; **2.** Verrufenheit *f*; Schändlichkeit *f*, Niedertracht *f*; **3.** ⚖ Verlust *m* der bürgerlichen Ehrenrechte.

in·fan·cy [ˈɪnfənsɪ] *s.* **1.** frühe Kindheit, Säuglingsalter *n*; **2.** ⚖ Minderjährigkeit *f*; **3.** *fig.* Anfangsstadium *n*: ***in its ~*** in den Anfängen *od.* ‚Kinderschuhen' (steckend); ˈ**in·fant** [-nt] **I** *s.* **1.** Säugling *m*, Baby *n*, kleines Kind; **2.** ⚖ Minderjährige(r *m*) *f*; **II** *adj.* **3.** Säuglings..., Kleinkinder...: ***~ mortality*** Säuglingssterblichkeit *f*; ***~ prodigy*** Wunderkind *n*; ***~ school*** *Brit. etwa* Vorschule *f*; ***~ welfare*** Säuglingsfürsorge *f*; ***~ Jesus*** das Jesuskind; ***his ~ son*** sein kleiner Sohn; **4.** ⚖ minderjährig; **5.** *fig.* jung, in den Anfängen (befindlich).

in·fan·ta [ɪnˈfæntə] *s.* Inˈfantin *f*; **inˈfan·te** [-tɪ] *s.* Inˈfant *m*.

in·fan·ti·cide [ɪnˈfæntɪsaɪd] *s.* **1.** Kindestötung *f*; **2.** Kindesmörder(in).

in·fan·tile [ˈɪnfəntaɪl] *adj.* **1.** kindlich, Kinder..., Kindes...; **2.** jugendlich; **3.** infanˈtil, kindisch; ***~*** **(spi·nal) pa·ral·y·sis** *s.* ⚕ (spiˈnale) Kinderlähmung.

in·fan·try [ˈɪnfəntrɪ] *s.* ⚔ Infanteˈrie *f*, Fußtruppen *pl.*; ˈ**~·man** [-mən] *s.* [*irr.*] ⚔ Infanteˈrist *m*.

in·farct [ɪnˈfɑːkt] *s.* ⚕ Inˈfarkt *m*: ***cardiac ~*** Herzinfarkt; **inˈfarc·tion** [-kʃn] *s.* Inˈfarkt(bildung *f*) *m*.

in·fat·u·ate [ɪnˈfætjʊeɪt] *v/t.* betören, verblenden (***with*** durch); **inˈfat·u·at·ed** [-tɪd] *adj.* □ **1.** betört, verblendet (***with*** durch); **2.** vernarrt (***with*** in *acc.*); **in·fat·u·a·tion** [ɪnˌfætjʊˈeɪʃn] *s.* Verblendung *f*; Verliebt-, Vernarrtheit *f*.

in·fect [ɪnˈfekt] *v/t.* **1.** ⚕ infizieren, anstecken (***with*** mit, ***by*** durch): ***become ~ed*** sich anstecken; **2.** *Sitten* verderben; *Luft* verpesten; **3.** *fig. j-n* anstekken, beeinflussen; **4.** einflößen (***s.o. with s.th.*** j-m et.); **inˈfec·tion** [-kʃn] *s.* **1.** ⚕ Infektiˈon *f*, Ansteckung *f*: ***catch an ~*** angesteckt werden, sich anstekken; **2.** ⚕ Ansteckungskeim *m*, Gift *n*; **3.** *fig.* Ansteckung *f*: a) Vergiftung *f*, b) (*a.* schlechter) Einfluß, Einwirkung *f*; **inˈfec·tious** [-kʃəs] *adj.* □ ⚕ anstekkend (*a. fig. Lachen, Optimismus etc.*), infektiˈös, überˈtragbar; **inˈfec·tious·ness** [-kʃəsnɪs] *s. das* Ansteckende: a) ⚕ Überˈtragbarkeit *f*, b) *fig.* Einfluß *m*.

in·fe·lic·i·tous [ˌɪnfɪˈlɪsɪtəs] *adj.* **1.** unglücklich; **2.** unglücklich (gewählt), ungeschickt (*Worte, Stil*); ˌ**in·feˈlic·i·ty** [-tɪ] *s.* **1.** Unglücklichkeit *f*; **2.** Unglück *n*, Elend *n*; **3.** unglücklicher *od.* ungeschickter Ausdruck *etc.*

in·fer [ɪnˈfɜː] *v/t.* **1.** schließen, folgern, ableiten (***from*** aus); **2.** schließen lassen auf (*acc.*), an-, bedeuten; **inˈfer·a·ble** [-ɜːrəbl] *adj.* zu schließen(d), zu folgern(d), ableitbar (***from*** aus); **in·fer·ence** [ˈɪnfərəns] *s.* (Schluß)Folgerung *f*, (Rück)Schluß *m*: ***make ~s*** Schlüsse ziehen; **in·fer·en·tial** [ˌɪnfəˈrenʃl] *adj.* □ **1.** zu folgern(d); **2.** folgernd; **3.** gefolgert; **in·fer·en·tial·ly** [ˌɪnfəˈrenʃəlɪ] *adv.* durch Schlußfolgerung.

in·fe·ri·or [ɪnˈfɪərɪə] **I** *adj.* **1.** (***to***) ˈuntergeordnet (*dat.*); niedriger, geringer, geringwertiger (als): ***be ~ to s.o.*** j-m nachstehen; ***he is ~ to none*** er nimmt es mit jedem auf; **2.** geringer, schwächer (***to*** als); **3.** ˈuntergeordnet, unter, nieder, zweitrangig: ***the ~ classes*** die unteren Klassen; ***~ court*** ⚖ niederer Gerichtshof; **4.** minderwertig, gering, (mittel)mäßig: ***~ quality***; **5.** unter, tiefer gelegen, Unter...; **6.** *typ.* tiefstehend (*z. B.* H_2); **7.** ***~ planet*** *ast.* unterer Planet (*zwischen Erde u. Sonne*); **II** *s.* **8.** ˈUntergeordnete(r *m*) *f*, Unterˈgebene(r *m*) *f*; **9.** Geringere(r *m*) *f*, Schwächere(r *m*) *f*.

in·fe·ri·or·i·ty [ɪnˌfɪərɪˈɒrətɪ] *s.* **1.** Minderwertigkeit *f*: ***~ complex*** (***feeling***) *psych.* Minderwertigkeitskomplex *m*

(-gefühl *n*); **2.** (*a.* zahlen- *od.* mengenmäßige) Unter'legenheit; **3.** geringerer Stand *od.* Wert.

in·fer·nal [ɪn'fɜːnl] *adj.* □ **1.** höllisch, Höllen...: ~ ***machine*** Höllenmaschine *f*; ~ ***regions*** Unterwelt *f*; **2.** *fig.* teuflisch; **3.** F gräßlich, höllisch; **in'fer·no** [-nəʊ] *pl.* **-nos** *s.* In'ferno *n*, Hölle *f*.

in·fer·tile [ɪn'fɜːtaɪl] *adj.* unfruchtbar; **in·fer·til·i·ty** [ˌɪnfə'tɪlətɪ] *s.* Unfruchtbarkeit *f*.

in·fest [ɪn'fest] *v/t.* **1.** heimsuchen, *Ort* unsicher machen; **2.** plagen, verseuchen: ~***ed with*** geplagt von, verseucht durch; **3.** *fig.* über'laufen, -'schwemmen, -'fallen, sich festsetzen in (*dat.*): ***be*** ~***ed with*** wimmeln von; **in·fes·ta·tion** [ˌɪnfe'steɪʃn] *s.* **1.** Heimsuchung *f*, (Land)Plage *f*; Belästigung *f*; **2.** *fig.* Über'schwemmung *f*.

in·feu·da·tion [ˌɪnfjuː'deɪʃn] *s.* ⚖, *hist.* **1.** Belehnung *f*; **2.** ~ ***of tithes*** Zehntverleihung *f* an Laien.

in·fi·del ['ɪnfɪdəl] *eccl.* **I** *s.* Ungläubige(r *m*) *f*; **II** *adj.* ungläubig; **in·fi·del·i·ty** [ˌɪnfɪ'delətɪ] *s.* **1.** Ungläubigkeit *f*; **2.** (*bsd.* eheliche) Untreue.

in·field ['ɪnfiːld] *s.* **1.** ✓ a) dem Hof nahes Feld, b) Ackerland *n*; **2.** *Kricket*: a) inneres Spielfeld, b) die dort stehenden Fänger; **3.** *Baseball*: (Spieler *pl.* im) Innenfeld *n*.

in·fight·ing ['ɪnˌfaɪtɪŋ] *s.* **1.** *Boxen*: Nahkampf *m*, Infight *m*; **2.** *fig.* Gerangel *n*, Hickhack *n*.

in·fil·trate ['ɪnfɪltreɪt] **I** *v/t.* **1.** (*a.* ⚔) einsickern in (*acc.*), 'durchsickern durch; **2.** durch'setzen, -'tränken; **3.** eindringen lassen, einschmuggeln (***into*** in *acc.*); **4.** *pol.* a) unter'wandern (*acc.*), b) *Agenten etc.* einschleusen (***into*** in *acc.*); **II** *v/i.* **5.** *a. fig.* einsickern, eindringen; **6.** *pol.* (***into***) sich einschleusen (in *acc.*), unter'wandern (*acc.*); **in·fil·tra·tion** [ˌɪnfɪl'treɪʃn] *s.* **1.** Einsickern *n* (*a.* ⚔); Eindringen *n*; **2.** Durch'tränkung *f*; **3.** *pol.* Unter'wanderung *f*: ~ ***of agents*** Einschleusen *n* von Agenten; **'in·fil·tra·tor** [-tə] *s. pol.* Unter'wanderer *m*.

in·fi·nite ['ɪnfɪnət] **I** *adj.* □ **1.** un'endlich, endlos, unbegrenzt; **2.** ungeheuer, 'allumˌfassend; **3.** *mit s. pl.* unzählige *pl.*; **4.** ~ ***verb*** *ling.* Verbum *n* infinitum; **II** *s.* **5.** *das* Un'endliche, un'endlicher Raum; **6.** ***the*** ♀ Gott *m*; **'in·fi·nite·ly** [-lɪ] *adv.* **1.** un'endlich; ungeheuer; **2.** ~ ***variable*** ⚙ stufenlos (regelbar).

in·fin·i·tes·i·mal [ˌɪnfɪnɪ'tesɪml] **I** *adj.* □ winzig, un'endlich klein; **II** *s.* un'endlich kleine Menge; ~ **cal·cu·lus** *s.* ⅍ Infinitesi'malrechnung *f*.

in·fin·i·ti·val [ɪnˌfɪnɪ'taɪvl] *adj. ling.* infinitivisch, Infinitiv...; **in·fin·i·tive** [ɪn'fɪnətɪv] *ling.* **I** *s.* Infinitiv *m*, Nennform *f*; **II** *adj.* infinitivisch: ~ ***mood*** Infinitiv *m*.

in·fin·i·tude [ɪn'fɪnɪtjuːd] → ***infinity*** 1 *u.* 2; **in'fin·i·ty** [-ətɪ] *s.* **1.** Un'endlichkeit *f*, Unbegrenztheit *f*, Unermeßlichkeit *f*; **2.** un'endliche Größe *od.* Zahl; **3.** ⅍ un'endliche Menge *od.* Größe, das Un'endliche: ***to*** ~ ad infinitum.

in·firm [ɪn'fɜːm] *adj.* □ **1.** schwach, gebrechlich; **2.** *a.* ~ ***of purpose*** wankelmütig, unentschlossen, willensschwach; **in'fir·ma·ry** [-mərɪ] *s.* **1.** Krankenhaus *n*; **2.** Krankenzimmer *n* (*in Internaten etc.*); ⚔ ('Kranken)ReˌVier *n*; **in'fir·mi·ty** [-mətɪ] *s.* **1.** Gebrechlichkeit *f*, (Alters)Schwäche *f*; Krankheit *f*; **2.** *a.* ~ ***of purpose*** Cha'rakterschwäche *f*, Unentschlossenheit *f*.

in·fix I *v/t.* [ɪn'fɪks] **1.** eintreiben, befestigen; **2.** *fig.* einprägen (***in*** *dat.*); **3.** *ling.* einfügen; **II** *s.* ['ɪnfɪks] **4.** *ling.* In'fix *n*, Einfügung *f*.

in·flame [ɪn'fleɪm] **I** *v/t.* **1.** *mst* ⚕ entzünden; **2.** *fig.* erregen, entflammen, reizen: ~***d with rage*** wutentbrannt; **II** *v/i.* **3.** sich entzünden (*a.* ⚕), Feuer fangen; **4.** *fig.* entbrennen (***with*** vor *dat.*, von); sich erhitzen, in Wut geraten; **in'flamed** [-md] *adj.* entzündet; **in·flam·ma·bil·i·ty** [ɪnˌflæmə'bɪlətɪ] *s.* **1.** Brennbarkeit *f*, Entzündlichkeit *f*; **2.** *fig.* Erregbarkeit *f*, Jähzorn *m*; **in·flam·ma·ble** [ɪn'flæməbl] **I** *adj.* **1.** brennbar, leicht entzündlich; **2.** feuergefährlich; **3.** *fig.* reizbar, jähzornig, hitzig; **II** *s.* **4.** *pl.* Zündstoffe *pl.*; **in·flam·ma·tion** [ˌɪnflə'meɪʃn] *s.* **1.** ⚕ Entzündung *f*; **2.** Aufflammen *n*; **3.** *fig.* Erregung *f*, Aufregung *f*; **in·flam·ma·to·ry** [ɪn'flæmətərɪ] *adj.* **1.** ⚕ Entzündungs...; **2.** *fig.* aufrührerisch, Hetz...: ~ ***speech***.

in·flat·a·ble [ɪn'fleɪtəbl] *adj.* aufblasbar: ~ ***boat*** Schlauchboot *n*; **in·flate** [ɪn'fleɪt] *v/t.* **1.** aufblasen, aufblähen (*beide a. fig.*), mit Luft *etc.* füllen, *Reifen etc.* aufpumpen; **2.** ✝ *Preise* hochtreiben, 'übermäßig steigern; **in'flat·ed** [-tɪd] *adj.* **1.** aufgebläht, aufgeblasen (*beide a. fig. Person*): ~ ***with pride*** stolzgeschwellt; **2.** *fig.* geschwollen (*Stil*); **3.** über'höht (*Preise*); **in'fla·tion** [-eɪʃn] *s.* **1.** ✝ Inflati'on *f*: ***creeping*** (***galloping***) ~ schleichende (galoppierende) Inflation; ***rate of*** ~ Inflationsrate *f*; **2.** *fig.* Dünkel *m*, Aufgeblasenheit *f*; **3.** *fig.* Schwülstigkeit *f*; **in'fla·tion·ar·y** [-eɪʃnərɪ] *adj.* ⚕ inflatio'när, inflatio'nistisch, Inflations...: ~ ***period*** Inflationszeit *f*; **in'fla·tion·ism** [-eɪʃnɪzəm] *s.* ⚕ Inflatio'nismus *m*; **in'fla·tion·ist** [-eɪʃnɪst] *s.* Anhänger *m* des Inflatio'nismus.

in·flect [ɪn'flekt] *v/t.* **1.** (nach innen) biegen; **2.** *ling.* flektieren, beugen, abwandeln; **in'flec·tion** [-kʃn] *etc.* → ***inflexion*** *etc.*

in·flex·i·bil·i·ty [ɪnˌfleksə'bɪlətɪ] *s.* **1.** Unbiegsamkeit *f*; **2.** Unbeugsamkeit *f*; **in·flex·i·ble** [ɪn'fleksəbl] *adj.* □ **1.** 'uneˌlastisch, unbiegsam; **2.** *fig.* a) unbeugsam, starr, b) unerbittlich.

in·flex·ion [ɪn'flekʃn] n] *s.* **1.** Biegung *f*, Krümmung *f*; **2.** (me'lodische) Modulati'on; **3.** (Ton)Veränderung *f der Stimme, weitS.* feine Nu'ance; **4.** *ling.* Flexi'on *f*, Beugung *f*, Abwandlung *f*; **in'flex·ion·al** [-ʃənl] *adj. ling.* flektierend, Flexions...

in·flict [ɪn'flɪkt] *v/t.* **1.** *Leid etc.* zufügen; *Wunde, Niederlage* beibringen, *Schlag* versetzen, *Strafe* auferlegen, zudiktieren (***on***, ***upon*** *dat.*); **2.** aufbürden (***on***, ***upon*** *dat.*): ~ ***o.s. on s.o.*** sich j-m aufdrängen; **in'flic·tion** [-kʃn] *s.* **1.** Zufügung *f*, Auferlegung *f*; Verhängung *f* (*Strafe*); **2.** Last *f*, Plage *f*; **3.** Heimsuchung *f*, Strafe *f*.

in·flo·res·cence [ˌɪnflɔː'resns] *s.* **1.** ⚘ a) Blütenstand *m*, b) *coll.* Blüten *pl.*; **2.** *a. fig.* Aufblühen *n*, Blüte *f*.

in·flow ['ɪnfləʊ] → ***influx*** 1.

in·flu·ence ['ɪnflʊəns] **I** *s.* **1.** Einfluß *m*, (Ein)Wirkung *f* (***on***, ***upon***, ***over*** auf *acc.*, ***with*** bei); ⚖ Beeinflussung *f*: ***be under s.o.'s*** ~ unter j-s Einfluß stehen; ***under the*** ~ ***of drink*** unter Alkoholeinfluß; ***under the*** ~ F ‚blau'; **2.** Einfluß *m*, Macht *f*: ***bring one's*** ~ ***to bear*** s-n Einfluß geltend machen; **II** *v/t.* **3.** beeinflussen, (ein)wirken *od.* Einfluß ausüben auf (*acc.*); **4.** bewegen, bestimmen; **in·flu·en·tial** [ˌɪnflʊ'enʃl] *adj.* □ **1.** einflußreich; maßgeblich; **2.** von (großem) Einfluß (***on*** auf *acc.*; ***in*** in *dat.*).

in·flu·en·za [ˌɪnflʊ'enzə] *s.* ⚕ Influ'enza *f*, Grippe *f*.

in·flux ['ɪnflʌks] *s.* **1.** Einfließen *n*, Zustrom *m*, Zufluß *m*; **2.** ⚕ (*Kapital- etc.*) Zufluß *m*, (Waren)Zufuhr *f*; **3.** Mündung *f* (*Fluß*); **4.** *fig.* Zustrom *m*: ~ ***of visitors*** Besucherstrom *m*.

in·fo ['ɪnfəʊ] *s.* F Informati'on *f*.

in·fold [ɪn'fəʊld] → ***enfold***.

in·form [ɪn'fɔːm] **I** *v/t.* (***of***) informieren (über *acc.*), verständigen, benachrichtigen, in Kenntnis setzen, unter'richten (von), *j-m* mitteilen (*acc.*): ~ ***o.s. of s.th.*** sich über et. informieren; ***keep s.o.*** ~***ed*** j-n auf dem laufenden halten; ~ ***s.o. that*** j-n davon in Kenntnis setzen, daß; **II** *v/i.* ~ ***against s.o.*** j-n anzeigen *od.* denunzieren.

in·for·mal [ɪn'fɔːml] *adj.* □ **1.** zwanglos, ungezwungen, nicht for'mell *od.* förmlich; **2.** 'inoffiziˌell: ~ ***visit*** (***talks***); **3.** *ling.* Umgangs...: ~ ***speech***; **4.** ⚖ formlos: a) formfrei: ~ ***contract***, b) formwidrig; **in·for·mal·i·ty** [ˌɪnfɔː'mælətɪ] *s.* **1.** Zwanglosigkeit *f*, Ungezwungenheit *f*; **2.** ⚖ a) Formlosigkeit *f*, b) Formfehler *m*.

in·form·ant [ɪn'fɔːmənt] *s.* **1.** Gewährsmann *m*, Infor'mant(in), (Informati'ons)Quelle *f*; **2.** → ***informer***.

in·for·ma·tics [ˌɪnfə'mætɪks] *s. pl. oft sg. konstr.* Infor'matik *f*.

in·for·ma·tion [ˌɪnfə'meɪʃn] *s.* **1.** Nachricht *f*, Mitteilung *f*, Meldung *f*, Informati'on *f* (*a. Computer*): ~ ***bureau***, ~ ***office*** Auskunftsstelle *f*, Auskunftei *f*; ~ ***desk*** Auskunft(sschalter *m*) *f*; ~ ***flow*** Informationsfluß *m*; ~ ***science*** Informatik *f*; **2.** Auskunft *f*, Bescheid *m*, Kenntnis *f*: ***give*** ~ Auskunft geben; ***we have no*** ~ wir sind nicht unterrichtet (***as to*** über *acc.*); **3.** Erkundigungen *pl.*: ***gather*** ~ sich erkundigen, Auskünfte einholen; **4.** Unter'weisung *f*: ***for your*** ~ zu Ihrer Kenntnisnahme; **5.** Einzelheiten *pl.*, Angaben *pl.*; **6.** ⚖ Anklage *f*, Anzeige *f*: ***lodge*** ~ ***against s.o.*** Anklage erheben gegen j-n, j-n anzeigen; **ˌin·for'ma·tion·al** [-ʃənl] *adj.* informa'torisch, Informations...

in·form·a·tive [ɪn'fɔːmətɪv] *adj.* **1.** informa'tiv, lehr-, aufschlußreich; **2.** mitteilsam; **in'form·a·to·ry** [-tərɪ] *adj.* → a) ***informational***, b) ***informative*** 1; **in'formed** [-md] *adj.* **1.** infor'miert, (gut) unter'richtet: ~ ***quarters*** unterrichtete Kreise; **2.** a) sachkundig, b) sachlich begründet *od.* einwandfrei, fun'diert; **3.** gebildet; **in'form·er** [-mə] *s.* **1.** Infor'mant(in), Denunzi'ant(in): (***common***) ~, (***police***) ~ Spitzel *m*; **2.** ⚖ Anzeigeerstatter(in).

in·fra ['ɪnfrə] *adv.* unten: ***vide*** (*od.* ***see***) ~ siehe unten (*in Büchern*).

infra- [ɪnfrə] *in Zssgn* unter(halb).

in·frac·tion [ɪn'frækʃn] → ***infringement***.

in·fra dig [ˌɪnfrə'dɪg] (*Lat. abbr.*) *adv. u. adj.* F unter m-r (*etc.*) Würde, unwürdig.

in·fran·gi·ble [ɪnˈfrændʒɪbl] *adj.* unzerbrechlich; *fig.* unverletzlich.

ˌ**in·fra|ˈred** *adj. phys.* infrarot; ˌ**~ˈson·ic** *adj.* Infraschall…, unter der Schallgrenze liegend.

ˈ**in·fraˌstruc·ture** *s. allg.* ˈInfrastrukˌtur *f.*

in·fre·quen·cy [ɪnˈfri:kwənsɪ] *s.* Seltenheit *f*; **inˈfre·quent** [-nt] *adj.* □ **1.** selten; **2.** spärlich, dünn gesät.

in·fringe [ɪnˈfrɪndʒ] **I** *v/t. Gesetz, Eid etc.* brechen, verletzen, verstoßen gegen; **II** *v/i.* (***on, upon***) *Rechte etc.* verletzen, eingreifen (in *acc.*); **inˈfringe·ment** [-mənt] *s.* (***on, upon***) (*Rechts- etc., a. Patent*)Verletzung *f*, (*Rechts-, Vertrags*)Bruch *m*, Überˈtretung *f* (*gen.*); Verstoß *m* (gegen).

in·fu·ri·ate [ɪnˈfjʊərɪeɪt] *v/t.* wütend *od.* rasend machen; **inˈfu·ri·at·ing** [-tɪŋ] *adj.* aufreizend, rasend machend.

in·fuse [ɪnˈfju:z] *v/t.* **1.** aufgießen, -brühen, ziehen lassen: **~ *tea*** Tee aufgießen; **2.** *fig.* einflößen (***into*** *dat.*); **3.** erfüllen (***with*** mit); **inˈfus·er** [-zə] *s.*: (***tea***) **~** Tee-Ei *n*; **inˈfu·si·ble** [-zəbl] *adj.* ⚗ unschmelzbar; **inˈfu·sion** [-ʒn] *s.* **1.** Aufgießen *n*, -brühen *n*; **2.** Aufguß *m*, (Kräuter- *etc.*)Tee *m*; **3.** ⚕ Infusiˈon *f*; **4.** *fig.* Einflößung *f*; **5.** *fig.* a) Beimischung *f*, b) Zufluß *m*.

in·fu·so·ri·a [ˌɪnfju:ˈzɔ:rɪə] *s. pl. zo.* Infuˈsorien *pl.*, Wimpertierchen *pl.*; ˌ**in·fuˈso·ri·al** [-əl] *adj. zo.* Infusorien…: **~ *earth*** *min.* Infusorienerde *f*, Kieselgur *f*; ˌ**in·fuˈso·ri·an** [-ən] *zo.* **I** *s.* Wimpertierchen *n*, Infuˈsorium *n*; **II** *adj.* → ***infusorial***.

in·gen·ious [ɪnˈdʒi:njəs] *adj.* □ geniˈal: a) erfinderisch, findig, b) geistreich, klug, c) sinn-, kunstvoll, raffiniert: **~ *design***; **inˈgen·ious·ness** [-nɪs] → ***ingenuity***.

in·gé·nue [ˈænʒeɪnju:] *s.* **1.** naˈives Mädchen, ‚Unschuld' *f*; **2.** *thea.* Naˈive *f*.

in·ge·nu·i·ty [ˌɪndʒɪˈnju:ətɪ] *s.* **1.** Genialiˈtät *f*, Erfindungsgabe *f*, Einfallsreichtum *m*, Findigkeit *f*, Geschicklichkeit *f*, Brilˈlanz *f*; **2.** Raffiˈnesse *f*, geniˈale Ausführung *etc.*

in·gen·u·ous [ɪnˈdʒenjʊəs] *adj.* □ **1.** offen(herzig), treuherzig, unbefangen, aufrichtig; **2.** naˈiv, einfältig, unschuldig; **inˈgen·u·ous·ness** [-nɪs] *s.* **1.** Offenheit *f*, Treuherzigkeit *f*; **2.** Naiviˈtät *f*.

in·gest [ɪnˈdʒest] *v/t. Nahrung* aufnehmen; **inˈges·tion** [-tʃn] *s.* Nahrungsaufnahme *f*.

in·glo·ri·ous [ɪnˈglɔ:rɪəs] *adj.* □ **1.** unrühmlich, schimpflich; **2.** *obs.* ruhmlos.

in·go·ing [ˈɪnˌgəʊɪŋ] *adj.* **1.** eintretend; **2.** neu (*Beamter, Mieter etc.*).

in·got [ˈɪŋgət] *s.* ⚙ Barren *m*, Stange *f*, Block *m*: **~ *of gold*** Goldbarren *m*; **~ *of steel*** Stahlblock *m*; **~ *iron*** Flußstahl *m*, -eisen *n*.

in·graft [ɪnˈgrɑ:ft] → ***engraft***.

in·grain I *v/t.* [ˌɪnˈgreɪn] **1.** *obs.* in der Wolle *od.* Faser (*farbecht*) färben; **2.** *fig.* tief verwurzeln; **II** *adj.* [*attr.* ˈɪngreɪn; *pred.* ˌɪnˈgreɪn] **3.** → ˌ**inˈgrained** [-nd] *adj. fig.* **1.** tief verwurzelt: **~ *prejudice***; **2.** eingefleischt: **~ *habit***; **3.** unverbesserlich.

in·grate [ɪnˈgreɪt] *obs.* **I** *adj.* undankbar; **II** *s.* Undankbare(r *m*) *f*.

in·gra·ti·ate [ɪnˈgreɪʃɪeɪt] *v/t.*: **~ *o.s. with s.o.*** sich bei j-m einschmeicheln; **inˈgra·ti·at·ing** [-tɪŋ] *adj.* □ schmeichlerisch.

in·grat·i·tude [ɪnˈgrætɪtju:d] *s.* Undank (-barkeit *f*) *m*.

in·gre·di·ent [ɪnˈgri:djənt] *s.* ⚗, *Küche u. fig.*: Bestandteil *m*, Zutat *f*; *fig. a.* (*Charakter- etc.*)Merkmal *n*.

in·gress [ˈɪngres] *s.* **1.** Eintritt *m* (*a. ast.*), Eintreten *n* (***into*** in *acc.*); **2.** Zutritt *m*, Zugang (***into*** zu); **3.** Zustrom *m*: **~ *of visitors***.

ˈ**in-group** *s. sociol.* Ingroup *f*.

in·grow·ing [ˈɪnˌgrəʊɪŋ] *adj.*, ˈ**in·grown** *adj.* ⚕ eingewachsen: ***an ~ nail***.

in·gui·nal [ˈɪŋgwɪnl] *adj.* ⚕ Leisten…

in·gur·gi·tate [ɪnˈgɜ:dʒɪteɪt] *v/t. bsd. fig.* verschlingen, schlucken.

in·hab·it [ɪnˈhæbɪt] *v/t.* bewohnen, wohnen *od.* (*a. zo.*) leben in (*dat.*); **inˈhab·it·a·ble** [-təbl] *adj.* bewohnbar; **inˈhab·it·ant** [-tənt] *s.* **1.** Bewohner(-in) (*e-s Hauses etc.*), **2.** Einwohner(-in) (e-s *Orts, e-s Landes*).

in·ha·la·tion [ˌɪnhəˈleɪʃn] *s.* **1.** Einatmung *f*; **2.** ⚕ Inhalatiˈon *f*; **in·hale** [ɪnˈheɪl] **I** *v/t.* ⚕ einatmen, inhalieren; **II** *v/i.* inhalieren, *beim Rauchen*: *a.* Lungenzüge machen; **in·hal·er** [ɪnˈheɪlə] *s.* **1.** ⚕ Inhalatiˈonsappaˌrat *m*; **2.** j-d, der inhaliert.

in·har·mo·ni·ous [ˌɪnhɑ:ˈməʊnjəs] *adj.* □ ˈunharˌmonisch: a) ˈmißtönend, b) *fig.* uneinig.

in·here [ɪnˈhɪə] *v/i.* **1.** innewohnen: a) anhaften (***in s.o.*** j-m), b) eigen sein (***in s.th.*** e-r Sache); **2.** enthalten sein (***in*** in *dat.*); **inˈher·ence** [-ərəns] *s.* Innewohnen *n*, Anhaften *n*; *phls.* Inhäˈrenz *f*; **inˈher·ent** [-ərənt] *adj.* □ **1.** innewohnend, eigen, anhaftend (*alle*: ***in*** *dat.*): **~**

defect (*od.* ***vice***) ⚖ innerer Fehler; **2.** eingewurzelt; **3.** *phls.* inhä'rent; **in'her·ent·ly** [-ərəntlı] *adv.* von Na'tur aus, schon an sich.

in·her·it [ın'herıt] **I** *v/t.* **1.** ⚖, *biol.*, *fig.* erben; **2.** *biol.*, *fig.* ererben; **II** *v/i.* **3.** ⚖ erben, Erbe sein; **in'her·it·a·ble** [-təbl] *adj.* **1.** ⚖, *biol.*, *fig.* vererbbar, erblich (*Sache*); **2.** erbfähig, -berechtigt (*Person*); **in'her·it·ance** [-təns] *s.* **1.** ⚖, *fig.* Erbe *n*, Erbschaft *f*, Erbteil *n*: ~ ***tax*** *Am.* Erbschaftssteuer *f*; **2.** ⚖, *biol.* Vererbung *f*: ***by*** ~ durch Vererbung, erblich; **in'her·it·ed** [-tıd] *adj.* ererbt, Erb… (*a. ling.*); **in'her·i·tor** [-tə] *s.* Erbe *m* (*a. fig.*); **in'her·i·tress** [-trıs], **in'her·i·trix** [-trıks] *s.* Erbin *f*.

in·hib·it [ın'hıbıt] *v/t.* **1.** *et.*, *psych. j-n* hemmen: ~***ed*** gehemmt; **2.** (***from***) *j-n* abhalten (von), hindern (an *dat.*): ~ ***s.o. from doing s.th.*** j-n daran hindern, et. zu tun; **in·hi·bi·tion** [ˌınhı'bıʃn] *s.* **1.** Hemmung *f* (*a.* ⚕ *u. psych.*); **2.** Unter'sagung *f*, Verbot *n*; **3.** ⚖ Unter'sagungsbefehl *m* (*e-e Sache weiterzuverfolgen*); **in'hib·i·tor** [-tə] *s.* ⚗, ⚙ Hemmstoff *m*, (*Korrosions- etc.*) Schutzmittel *n*; **in'hib·i·to·ry** [-tərı] **1.** hemmend, Hemmungs… (*a.* ⚕ *u. psych.*), hindernd; **2.** unter'sagend, verbietend.

in·hos·pi·ta·ble [ın'hɒspıtəbl] *adj.* □ ungastlich: a) nicht gastfreundlich, b) unwirtlich: ~ ***climate***; **in·hos·pi·tal·i·ty** [ınˌhɒspı'tælətı] *s.* Ungastlichkeit *f*: a) mangelnde Gastfreundschaft *f*, b) Unwirtlichkeit *f*.

in·hu·man [ın'hju:mən] *adj.* □, **in·hu·mane** [ˌınhju:'meın] *adj.* □ unmenschlich, 'inhuˌman; **in·hu·man·i·ty** [ˌınhju:'mænətı] *s.* Unmenschlichkeit *f*.

in·hume [ın'hju:m] *v/t.* beerdigen, bestatten.

in·im·i·cal [ı'nımıkl] *adj.* □ (***to***) **1.** feindlich (gegen); **2.** schädlich, nachteilig (für).

in·im·i·ta·ble [ı'nımıtəbl] *adj.* □ unnachahmlich, einzigartig.

in·iq·ui·tous [ı'nıkwıtəs] *adj.* □ **1.** ungerecht; **2.** frevelhaft; **3.** böse, lasterhaft, schlecht; **4.** gemein, niederträchtig; **in'iq·ui·ty** [-tı] *s.* **1.** Ungerechtigkeit *f*; **2.** Niederträchtigkeit *f*; **3.** Schandtat *f*, Frevel *m*; **4.** Sünde *f*, Laster *n*.

in·i·tial [ı'nıʃl] **I** *adj.* □ **1.** anfänglich, Anfangs…, Ausgangs…, erst, ursprünglich: ~ ***advertising*** ✝ Einführungswerbung *f*; ~ ***capital expenditure*** ✝ Anlagekosten *pl.*; ~ ***material*** ✝ Ausgangsmaterial *n*; ~ ***position*** ⚙, ⚔ *etc.* Ausgangsstellung *f*; ~ ***salary*** Anfangsgehalt *n*; ~ ***stages*** Anfangsstadium *n*; **2.** *ling.* anlautend; **II** *s.* **3.** (großer) Anfangsbuchstabe, Initi'ale *f*; **4.** *pl.* Mono'gramm *n*; **5.** *ling.* Anlaut *m*; **III** *v/t.* **6.** mit Initi'alen versehen *od.* unter'zeichnen, paraphieren; **7.** mit e-m Mono'gramm versehen; **in'i·tial·ly** [-ʃəlı] *adv.* am *od.* zu Anfang, anfänglich, zu'erst.

in·i·ti·ate I *v/t.* [ı'nıʃıeıt] **1.** beginnen, einleiten, -führen, ins Leben rufen; **2.** *j-n* einweihen, -arbeiten, -führen (***into***, ***in*** in *acc.*); **3.** *j-n* einführen, aufnehmen (***into*** in *acc.*); **4.** *pol.* als erster beantragen; *Gesetzesvorlage* einbringen; **II** *adj.* [-ıət] **5.** → ***initiated***; **III** *s.* [-ıət] **6.** Eingeweihte(r *m*) *f*, Kenner(in); **7.** Eingeführte(r *m*) *f*; **8.** Neuling *m*, Anfänger (-in); **in'i·ti·at·ed** [-tıd] *adj.* eingeführt, eingeweiht: ***the*** ~ die Eingeweihten *pl.*; **in·i·ti·a·tion** [ıˌnıʃı'eıʃn] *s.* **1.** Einleitung *f*, Beginn *m*; **2.** (feierliche) Einführung, -setzung *f*, Aufnahme *f* (***into*** in *acc.*); **3.** Einweihung *f*, Weihe *f*.

in·i·ti·a·tive [ı'nıʃıətıv] **I** *s.* **1.** Initia'tive *f*: a) erster Schritt *od.* Anstoß, Anregung *f*: ***take the*** ~ die Initiative ergreifen, den ersten Schritt tun; ***on s.o.'s*** ~ auf j-s Anregung hin; ***on one's own*** ~ aus eigenem Antrieb, b) Unter'nehmungsgeist *m*; **2.** *pol.* (Ge'setzes)Initiaˌtive *f*; **II** *adj.* **3.** einleitend; **4.** beginnend.

in·i·ti·a·tor [ı'nıʃıeıtə] *s.* **1.** Initi'ator *m*, Urheber *m*, Anreger *m*; **2.** ⚔ (Initi'al-) Zündladung *f*; **3.** ⚗ reakti'onsauslösende Sub'stanz; **in'i·ti·a·to·ry** [-ıətərı] *adj.* **1.** einleitend; **2.** einweihend, Einweihungs…

in·ject [ın'dʒekt] *v/t.* **1.** ⚕ a) (*a.* ⚙) einspritzen, b) ausspritzen (***with*** mit), c) e-e Einspritzung machen in (*acc.*); **2.** *fig.* einflößen, einimpfen (***into*** *dat.*); **3.** *Bemerkung* einwerfen.

in·jec·tion [ın'dʒekʃn] *s.* ⚕ Injekti'on *f*: a) Einspritzung *f* (*a.* ⚙), Spritze *f*, b) *das Eingespritzte*, c) Einlauf *m*, d) Ausspritzung *f* (*e-r Wunde etc.*): ~ ***of money*** *fig.* ‚Spritze' *f*, Geldzuschuß *m*; ~ **cock** *s.* Einspritzhahn *m*; ~ **die** *s.* ⚙ Spritzform *f*; ~ **mo(u)ld·ing** *s.* Spritzguß(verfahren *n*) *m*; ~ **noz·zle** *s.* Einspritzdüse *f*; ~ **syr·inge** *s.* ⚕ Injekti'onsspritze *f*.

in·jec·tor [ın'dʒektə] *s.* ⚙ In'jektor *m*, Dampfstrahlpumpe *f*.

in·ju·di·cious [ˌındʒu:'dıʃəs] *adj.* □ unklug, 'unüberˌlegt.

In·jun ['ındʒən] *s. Am. humor.* Indi'aner

m: ***honest ~!*** Ehrenwort!

in·junc·tion [ɪnˈdʒʌŋkʃn] *s.* **1.** ⚖ gerichtliche Verfügung, *bsd.* (gerichtlicher) Unterˈlassungsbefehl: ***interim ~*** einstweilige Verfügung; **2.** ausdrücklicher Befehl.

in·jure [ˈɪndʒə] *v/t.* **1.** verletzen, beschädigen, verwunden: ***~ one's leg*** sich am Bein verletzen; **2.** *fig. j-n, j-s Stolz etc.* kränken, verletzen; **3.** schaden (*dat.*), schädigen, beeinträchtigen; **ˈin·jured** [-əd] *adj.* **1.** verletzt: ***the ~*** die Verletzten; **2.** geschädigt: ***the ~ party*** der Geschädigte; **3.** gekränkt, verletzt: ***~ innocence*** gekränkte Unschuld; **in·ju·ri·ous** [ɪnˈdʒʊərɪəs] *adj.* □ **1.** schädlich, nachteilig (***to*** für): ***be ~*** (***to***) schaden (*dat.*); **2.** beleidigend, verletzend (*Worte*); **3.** un(ge)recht; **in·ju·ry** [ˈɪndʒərɪ] *s.* **1.** Verletzung *f*, Wunde *f* (***to*** an *dat.*): ***~ to the head*** Kopfverletzung, -wunde; ***~ time*** *sport* Nachspielzeit *f*; **2.** (Be)Schädigung *f* (***to*** *gen.*), Schaden *m* (*a.* ⚖): ***~ to person*** (***property***) Personen-(Sach)schaden; **3.** *fig.* Verletzung *f*, Kränkung *f* (***to*** *gen.*); **4.** Unrecht *n*.

in·jus·tice [ɪnˈdʒʌstɪs] *s.* Unrecht *n*, Ungerechtigkeit *f*: ***do s.o. an ~*** j-m ein Unrecht antun.

ink [ɪŋk] **I** *s.* **1.** Tinte *f*: ***copying ~*** Kopiertinte *f*; **2.** Tusche *f*: ***~ drawing*** Tuschzeichnung *f*; → ***Indian ink***; **3.** *typ.* (Druck)Farbe *f*; → ***printer*** 1; **4.** *zo.* Tinte *f*, Sepia *f*; **II** *v/t.* **5.** mit Tinte schwärzen *od.* beschmieren; **6.** *typ. Druckwalzen* einfärben; **7.** ***~ in*** *mit Tusche* ausziehen, tuschieren; **8.** ***~ out*** *mit Tinte* unleserlich machen, ausstreichen; **~ bag** → ***ink sac***; **~ blot** *s.* Tintenklecks *m*.

ink·er [ˈɪŋkə] *s.* **1.** → ***inking-roller***; **2.** *typ.* Tuscher(in).

ink·ing [ˈɪŋkɪŋ] *s. typ.* Einfärben *n*; **~ pad** *s.* Einschwärzballen *m*; **ˈ~-ˌroll·er** *s.* Auftrag-, Farbwalze *f*.

ink·ling [ˈɪŋklɪŋ] *s.* **1.** Andeutung *f*, Wink *m*; **2.** dunkle Ahnung: ***get an ~ of s.th.*** et. merken, ‚Wind von et. bekommen'; ***not the least ~*** nicht die leiseste Ahnung.

ink| pad *s.* Farb-, Stempelkissen *n*; **~ pot** *s.* Tintenfaß *n*; **~ sac** *s. zo.* Tintenbeutel *m*; **ˈ~·stand** *s.* **1.** Tintenfaß *n*; **2.** Schreibzeug *n*; **ˈ~·well** *s.* (eingelassenes) Tintenfaß.

ink·y [ˈɪŋkɪ] *adj.* **1.** tiefschwarz; **2.** voll Tinte, tintig.

in·laid [ˌɪnˈleɪd; *attr.* ˈɪnleɪd] *adj.* eingelegt, Einlege…, Mosaik…: ***~ floor*** Parkett(fußboden *m*) *n*; ***~ table*** Tisch *m* mit Einlegearbeit; ***~ work*** Einlegearbeit *f*.

in·land [ˈɪnlənd] **I** *s.* **1.** In-, Binnenland *n*; **II** *adj.* **2.** binnenländisch, Binnen…: ***~ town*** Stadt im Binnenland; **3.** inländisch, einheimisch, Inland…, Landes…; **III** *adv.* [ɪnˈlænd] **4.** im Innern des Landes; **5.** ins Innere des Landes, landeinwärts; **~ bill** (**of ex·change**) [ˈɪnlənd] *s.* ✝ Inlandwechsel *m*; **~ du·ty** *s.* ✝ Binnenzoll *m*.

in·land·er [ˈɪnləndə] *s.* Binnenländer(in).

ˈin·land| mail *s. Brit.* Inlandspost *f*; **~ nav·i·ga·tion** *s.* Binnenschiffahrt *f*; **~ prod·uce** *s.* ✝ ˈLandesproˌdukte *pl.*; **~ rev·e·nue** *s.* ✝ *Brit.* a) Steueraufkommen *n*, b) ♎ Steuerbehörde *f*; **~ trade** *s.* ✝ Binnenhandel *m*; **~ wa·ters**, **~ wa·ter·ways** *s. pl.* Binnengewässer *pl.*

in-laws [ˈɪnlɔːz] *s. pl.* **1.** angeheiratete Verwandte *pl.*; **2.** Schwiegereltern *pl.*

in·lay I *v/t.* [*irr.* → ***lay***] [ˌɪnˈleɪ] **1.** einlegen: ***~ with ivory***; **2.** furnieren; **3.** täfeln, parkettieren, auslegen; **II** *s.* [ˈɪnleɪ] **4.** Einlegearbeit *f*, Inˈtarsia *f*; **5.** ⚕ (Zahn)Füllung *f*, Plombe *f*.

in·let [ˈɪnlet] *s.* **1.** Meeresarm *m*, schmale Bucht; **2.** Eingang *m* (*a.* ⚕), Einlaß *m* (*a.* ⚙): ***~ valve*** ⚙ Einlaßventil *n*; **3.** Einsatz(stück *n*) *m*.

ˈin-line en·gine *s.* Reihenmotor *m*.

in·ly·ing [ˈɪnˌlaɪɪŋ] *adj.* innen liegend, Innen…, inner.

in·mate [ˈɪnmeɪt] *s.* **1.** Insasse *m*, Insassin *f* (*bsd. e-r Anstalt etc.*); **2.** *obs.* Hausgenosse *m*, -genossin *f*; **3.** Bewohner(in) (*a. fig.*).

in·most [ˈɪnməʊst] *adj.* **1.** (*a. fig.*) innerst; **2.** *fig.* tiefst, geheimst.

inn [ɪn] *s.* **1.** Gasthaus *n*, -hof *m*; **2.** Wirtshaus *n*; **3.** ***Inns*** *pl.* ***of Court*** ⚖ *die* (Gebäude *pl.* der) vier Rechtsschulen in London.

in·nards [ˈɪnədz] *s. pl.* F *das* Innere, *bsd.* a) *die* Eingeweide *pl.* (*a. fig.*), b) *Küche*: *die* Inneˈreien *pl.*

in·nate [ˌɪˈneɪt] *adj.* □ angeboren, eigen (***in*** *dat.*); **ˌinˈnate·ly** [-lɪ] *adv.* von Naˈtur (aus).

in·ner [ˈɪnə] **I** *adj.* **1.** inner, inwendig, Innen…: ***~ door*** Innentür *f*; **2.** *fig.* inner, vertraut: ***the ~ circle*** der engere Kreis (*von Freunden etc.*); **3.** geistig, seelisch, inner(lich): ***~ life*** *das* Innen- *od.* Seelenleben; **4.** verborgen, geheim; **II** *s.* **5.** (Treffer *m* in das) Schwarze (*e-r Schießscheibe*); **~ man** *s.* [*irr.*] innerer Mensch: a) Seele *f*, Geist *m*, b) *humor.*

der Magen *m*: ***refresh the ~*** sich stärken.

ˈin·ner·most → ***inmost***.

in·ner| span *s.* ⚠ lichte Weite; **~ surface** *s.* Innenfläche *f*, -seite *f*; **~ tube** *s.* ⚙ (Luft)Schlauch *m e-s Reifens*.

in·ner·vate [ˈɪnɜːveɪt] *v/t.* **1.** ⚕ innervieren, mit Nerven versorgen; **2.** anregen, beleben.

in·ning [ˈɪnɪŋ] *s.* **1.** *Brit.* **~s** *pl. sg. konstr.*, *Am.* **~** *sg.*: ***have one's ~(s)*** a) *Kricket*, *Baseball*: dran *od.* am Spiel *od.* am Schlagen sein, b) *fig.* an der Reihe sein, *pol.* an der Macht *od.* am Ruder sein; **2.** *pl. Brit.* Gelegenheit *f*, Glück *n*, Chance *f*.

ˈinn,keep·er *s.* Gastwirt(in).

in·no·cence [ˈɪnəsəns] *s.* **1.** *allg.* Unschuld *f*: a) ⚖ *etc.* Schuldlosigkeit *f* (***of*** an *dat.*), b) Keuschheit *f*, c) Harmlosigkeit *f*, d) Arglosigkeit *f*, Naiviˈtät *f*, Einfalt *f*; **2.** Unwissenheit *f*; **ˈin·no·cent** [-snt] **I** *adj.* □ **1.** unschuldig: a) schuldlos (***of*** an *dat.*): ***~ air*** Unschuldsmiene *f*, b) keusch, rein, c) harmlos, d) arglos, naˈiv, einfältig; **2.** harmlos: ***an ~ sport***; **3.** unbeabsichtigt: ***an ~ deception***; **4.** unwissend: ***he is ~ of such things*** er hat noch nichts von solchen Dingen gehört; **5.** ⚖ a) → 1 a, b) gutgläubig, c) leˈgal; **6.** (***of***) frei (von), bar (*gen.*), ohne (*acc.*): ***~ of conceit*** frei von (jedem) Dünkel; ***~ of reason*** bar aller Vernunft; ***he is ~ of Latin*** er kann kein Wort Latein; **II** *s.* **7.** Unschuldige(r *m*) *f*: ***the slaughter of the 2s*** a) *bibl.* der bethlehemitische Kindermord, b) *parl. sl.* das Überˈbordwerfen von Vorlagen am Sessiˈonsende; **8.** ‚Unschuld' *f*, naˈiver Mensch, Einfaltspinsel *m*; **9.** Ignoˈrant(in), Nichtswisser(in).

in·noc·u·ous [ɪˈnɒkjʊəs] *adj.* □ unschädlich, harmlos.

in·no·vate [ˈɪnəʊveɪt] *v/i.* Neuerungen einführen *od.* vornehmen; **in·no·va·tion** [ˌɪnəʊˈveɪʃn] *s.* Neuerung *f*, *a.* ✝ Innovatiˈon *f*; **ˈin·no·va·tor** [-tə] *s.* Neuerer *m*.

in·nox·ious [ɪˈnɒkʃəs] *adj.* □ unschädlich.

in·nu·en·do [ˌɪnjuːˈendəʊ] *pl.* **-does** *s.* **1.** (versteckte) Andeutung *od.* (boshafte) Anspielung, Anzüglichkeit *f*; **2.** Unterˈstellung *f*.

in·nu·mer·a·ble [ɪˈnjuːmərəbl] *adj.* □ unzählig, zahllos.

in·ob·serv·ance [ˌɪnəbˈzɜːvəns] *s.* **1.** Unaufmerksamkeit *f*, Unachtsamkeit *f*; **2.** Nichteinhaltung *f*, -beachtung *f*.

in·oc·u·late [ɪˈnɒkjʊleɪt] *v/t.* **1.** ⚕ a) *Serum etc.* einimpfen (***on***, ***into s.o.*** j-m), b) *j-n* impfen (***against*** gegen); **2. ~ with** *fig. j-m et.* einimpfen, *j-n* erfüllen mit; **3.** ⚘ okulieren; **in·oc·u·la·tion** [ɪˌnɒkjʊˈleɪʃn] *s.* **1.** ⚕ a) Impfung *f*: ***~ gun*** Impfpistole *f*; ***preventive ~*** Schutzimpfung, b) Einimpfung *f* (*a. fig.*); **2.** ⚘ Okulierung *f*.

in·o·dor·ous [ɪnˈəʊdərəs] *adj.* □ geruchlos.

in·of·fen·sive [ˌɪnəˈfensɪv] *adj.* □ harmlos.

in·of·fi·cious [ˌɪnəˈfɪʃəs] *adj.* ⚖ pflichtwidrig.

in·op·er·a·ble [ɪnˈɒpərəbl] *adj.* ⚕ inopeˈrabel, nicht operierbar.

in·op·er·a·tive [ɪnˈɒpərətɪv] *adj.* **1.** unwirksam: a) wirkungslos, b) ⚖ ungültig, nicht in Kraft; **2.** a) außer Betrieb, b) nicht einsatzfähig.

in·op·por·tune [ɪnˈɒpətjuːn] *adj.* □ ˈinopporˌtun, unangebracht, zur Unzeit (geschehen *etc.*), ungelegen.

in·or·di·nate [ɪˈnɔːdɪnət] *adj.* □ **1.** ˈübermäßig, überˈtrieben, maßlos; **2.** ungeordnet; **3.** unbeherrscht.

in·or·gan·ic [ˌɪnɔːˈgænɪk] *adj.* (□ ***~ally***) ˈun-, ⚗ ˈanorˌganisch.

in·os·cu·late [ɪˈnɒskjʊleɪt] *mst* ⚕ **I** *v/t.* vereinigen (***with*** mit), einmünden lassen (***into*** in *acc.*); **II** *v/i.* sich vereinigen; eng verbunden sein.

in·pa·tient [ˈɪnˌpeɪʃnt] *s.* ˈAnstaltspatiˌent(in), statioˈnärer Patiˈent: ***~ treatment*** stationäre Behandlung.

in·pay·ment [ˈɪnˌpeɪmənt] *s.* ✝ Einzahlung *f*.

in·phase [ˈɪnfeɪz] *adj.* ⚡ gleichphasig.

in-plant [ˈɪnplɑːnt] *adj.* ✝ innerbetrieblich, (beˈtriebs)inˌtern.

in·pour·ing [ˈɪnˌpɔːrɪŋ] **I** *adj.* (her-) ˈeinströmend; **II** *s.* (Her)ˈEinströmen *n*.

in·put [ˈɪnpʊt] *s.* Input *m*: a) ✝ eingesetzte Produktiˈonsmittel *pl.*: ***~-output analysis*** Input-Output-Analyse *f*, b) ⚙ eingespeiste Menge, c) ⚡ zugeführte Spannung *od.* Leistung, (Leistungs-) Aufnahme *f*, ˈEingangsenerˌgie *f*: ***~ amplifier*** *Radio*: Eingangsverstärker *m*; ***~ circuit*** ⚡ Eingangsstromkreis *m*; ***~ impedance*** ⚡ Eingangswiderstand *m*, d) *Computer*: (Daten-, Proˈgramm)Eingabe *f*.

in·quest [ˈɪnkwest] *s.* **1.** ⚖ a) gerichtliche Unterˈsuchung, b) *a.* ***coroner's ~*** Gerichtsverhandlung *f* zur Feststellung der Todesursache (*bei ungeklärten Todesfällen*), c) Unterˈsuchungsergebnis *n*, Befund *m*; **2.** genaue Prüfung, Nachforschung *f*.

in·qui·e·tude [ɪnˈkwaɪətjuːd] *s.* Unruhe *f*, Besorgnis *f*.

in·quire [ɪnˈkwaɪə] **I** *v/t.* **1.** sich erkundigen nach, fragen nach, erfragen: ***~ the price***; ***~ one's way*** sich nach dem Weg erkundigen; **II** *v/i.* **2.** fragen, sich erkundigen (***of s.o.*** bei j-m; ***for*** nach; ***about*** über *acc.*, wegen): ***~ after s.o.*** sich nach j-m *od.* nach j-s Befinden erkundigen; ***~ within!*** Näheres im Hause (zu erfragen)!; **3.** ***~ into*** unterˈsuchen, erforschen; **inˈquir·er** [-ərə] *s.* **1.** Fragesteller(in), Nachfragende(r *m*) *f*; **2.** Unterˈsuchende(r *m*) *f*; **inˈquir·ing** [-ərɪŋ] *adj.* □ forschend, fragend; neugierig.

in·quir·y [ɪnˈkwaɪərɪ] *s.* **1.** Erkundigung *f*, (An-, Nach)Frage *f*: ***on ~*** auf Nachfrage *od.* Anfrage; ***make inquiries*** Erkundigungen einziehen (***of s.o.*** bei j-m; ***about*** über *acc.*, wegen); ***Inquiries*** *pl.* Auskunft(sstelle) *f*; **2.** Unterˈsuchung *f*, Prüfung *f* (***into*** *gen.*); (Nach)Forschung *f*: ***board of ~*** Untersuchungsausschuß *m*; ***~* of·fice** *s.* ˈAuskunft(sbüˌro *n*) *f*.

in·qui·si·tion [ˌɪnkwɪˈzɪʃn] *s.* **1.** (gerichtliche *od.* amtliche) Unterˈsuchung; **2.** *R.C.* a) *hist.* Inquisitiˈon *f*, Ketzergericht *n*, b) Kongregatiˈon *f* des heiligen Ofˈfiziums; **3.** *fig.* strenges Verhör; **ˌin·quiˈsi·tion·al** [-ʃənl] *adj.* **1.** Untersuchungs…; **2.** *R.C.* Inquisitions…; **3.** → ***inquisitorial*** 3.

in·quis·i·tive [ɪnˈkwɪzətɪv] *adj.* □ **1.** wißbegierig; **2.** neugierig, naseweis; **inˈquis·i·tive·ness** [-nɪs] *s.* **1.** Wißbegierde *f*; **2.** Neugier(de) *f*; **inˈquis·i·tor** [-tə] *s.* *R.C.* Inquiˈsitor *m*: ***Grand ∽*** Großinquisitor; **in·quis·i·to·ri·al** [ɪnˌkwɪzɪˈtɔːrɪəl] *adj.* □ **1.** ⚖ Untersuchungs…; **2.** *R.C.* Inquisitions…; **3.** inquisiˈtorisch, streng (verhörend); **4.** aufdringlich fragend, neugierig.

in| re [ˌɪnˈreɪ] (*Lat.*) *prp.* ⚖ in Sachen, betrifft; **~ rem** [ˌɪnˈrem] (*Lat.*) *adj.* ⚖ dinglich: ***~ action***.

in·road [ˈɪnrəʊd] *s.* **1.** Angriff *m*, ˈÜberfall *m* (***on*** auf *acc.*), Einfall *m* (***in***, ***on*** in *acc.*); **2.** *fig.* (***on***, ***into***) Eingriff *m* (in *acc.*), ˈÜbergriff *m* (auf *acc.*), ˈübermäßige Inˈanspruchnahme (*gen.*); **3.** Eindringen *n*: ***make an ~ into*** *fig.* e-n Einbruch erzielen in (*dat.*).

in·rush [ˈɪnrʌʃ] *s.* (Her)ˈEinströmen *n*, Zustrom *m*.

in·sa·lu·bri·ous [ˌɪnsəˈluːbrɪəs] *adj.* ungesund; **ˌin·saˈlu·bri·ty** [-ətɪ] *s.* Gesundheitsschädlichkeit *f*.

in·sane [ɪnˈseɪn] *adj.* □ wahn-, irrsinnig: a) ⚕ geisteskrank; → ***asylum*** 1, b) *fig.* verrückt, toll.

in·san·i·tar·y [ɪnˈsænɪtərɪ] *adj.* ˈunhygiˌenisch, gesundheitsschädlich.

in·san·i·ty [ɪnˈsænətɪ] *s.* Irr-, Wahnsinn *m*: a) ⚕ Geisteskrankheit *f*, b) *fig.* Verrücktheit *f*.

in·sa·ti·a·bil·i·ty [ɪnˌseɪʃjəˈbɪlətɪ] *s.* Unersättlichkeit *f*; **in·sa·ti·a·ble** [ɪnˈseɪʃjəbl], **in·sa·ti·ate** [ɪnˈseɪʃɪət] *adj.* unersättlich (*a. fig.*).

in·scribe [ɪnˈskraɪb] *v/t.* **1.** (ein-, auf-) schreiben; **2.** beschriften, mit e-r Inschrift versehen; **3.** *bsd.* ✝ eintragen: ***~d stock*** *Brit.* Namensaktien *pl.*; **4.** *Buch etc.* widmen (***to*** *dat.*); **5.** △ einbeschreiben; **6.** *fig.* (fest) einprägen (***in*** *dat.*).

in·scrip·tion [ɪnˈskrɪpʃn] *s.* **1.** Beschriftung *f*; In-, Aufschrift *f*; **2.** Eintragung *f*, Registrierung *f* (*bsd. von Aktien*); **3.** Zueignung *f*, Widmung *f* (*Buch etc.*); **4.** △ Einzeichnung *f*; **5.** ✝ *Brit.* (Ausgabe *f* von) Namensaktien *pl.*; **inˈscrip·tion·al** [-ʃənl], **inˈscrip·tive** [-ptɪv] *adj.* Inschriften…

in·scru·ta·bil·i·ty [ɪnˌskruːtəˈbɪlətɪ] *s.* Unergründlichkeit *f*; **in·scru·ta·ble** [ɪnˈskruːtəbl] *adj.* □ unergründlich: ***~ face*** undurchdringliches Gesicht.

in·sect [ˈɪnsekt] *s.* **1.** *zo.* Inˈsekt *n*, Kerbtier *n*; **2.** *contp.* ‚Wurm' *m*, ‚Giftzwerg' *m* (*Person*); **in·sec·ti·cide** [ɪnˈsektɪsaɪd] *s.* Inˈsektengift *n*, Insektiˈzid *n*; **in·sec·ti·vore** [ɪnˈsektɪvɔː] *s.* *zo.* Inˈsektenfresser *m*; **in·sec·tiv·o·rous** [ˌɪnsekˈtɪvərəs] *adj.* *zo.* inˈsektenfressend.

in·sect pow·der *s.* Inˈsektenpulver *n*.

in·se·cure [ˌɪnsɪˈkjʊə] *adj.* □ **1.** unsicher: a) ungesichert, preˈkär, b) ungewiß, zweifelhaft; **2.** *psych.* unsicher, verunsichert: ***make s.o. feel ~*** j-n verunsichern; **ˌin·seˈcu·ri·ty** [-ʊərətɪ] *s.* **1.** Unsicherheit *f*; **2.** Ungewißheit *f*.

in·sem·i·nate [ɪnˈsemɪneɪt] *v/t.* **1.** (ein-, aus)säen; **2.** *biol.* (*bsd.* künstlich) befruchten; **3.** *fig.* einimpfen; **in·sem·i·na·tion** [ɪnˌsemɪˈneɪʃn] *s.* **1.** (Ein)Säen *n*; **2.** *biol.* Befruchtung *f*: ***artificial ~*** künstliche Befruchtung.

in·sen·sate [ɪnˈsenseɪt] *adj.* □ **1.** leb-, empfindungs-, gefühllos; **2.** unsinnig, unvernünftig; **3.** → ***insensible*** 3.

in·sen·si·bil·i·ty [ɪnˌsensəˈbɪlətɪ] *s.* (***to***) **1.** (*a. fig.*) Gefühllosigkeit *f* (gegen), Unempfindlichkeit *f* (für); **2.** Bewußtlosigkeit *f*; **3.** Gleichgültigkeit *f* (gegen), Unempfänglichkeit *f* (für); Stumpfheit *f*; **in·sen·si·ble** [ɪnˈsensəbl] *adj.* □ **1.** unempfindlich, gefühllos (***to***

gegen): ~ ***from cold*** vor Kälte gefühllos; **2.** bewußtlos; **3.** (***of***, ***to***) unempfänglich (für), gleichgültig (gegen); **4.** ***be ~ of*** nicht (an)erkennen (*acc.*); **5.** unmerklich; **in·sen·si·bly** [ɪn'sensəblɪ] *adv.* unmerklich.

in·sen·si·tive [ɪn'sensətɪv] *adj.* (***to***) **1.** *a. phys.*, ⚙ unempfindlich (gegen); **2.** unempfänglich (für), gefühllos (gegen); **in'sen·si·tive·ness** [-nɪs] *s.* Unempfindlichkeit *f*; Unempfänglichkeit *f*.

in·sen·ti·ent [ɪn'senʃnt] → ***insensible*** 1.

in·sep·a·ra·bil·i·ty [ɪnˌsepərə'bɪlətɪ] *s.* **1.** Untrennbarkeit *f*; **2.** Unzertrennlichkeit *f*; **in·sep·a·ra·ble** [ɪn'sepərəbl] **I** *adj.* □ **1.** untrennbar (*a. ling.*); **2.** unzertrennlich; **II** *s.* **3.** *pl. die* Unzertrennlichen *pl.*

in·sert I *v/t.* [ɪn'sɜːt] **1.** einfügen, -setzen, -schieben, *Worte a.* einschalten, *Instrument etc.* einführen, *Schlüssel etc.* (hin'ein)stecken (***in***, ***into*** in *acc.*); **2.** ⚡ ein-, zwischenschalten; **3.** *Münze* einwerfen; **4.** *Anzeige* (*in e-e Zeitung*) setzen, *ein Inserat* aufgeben; **II** *s.* ['ɪnsɜːt] **5.** → ***insertion*** 2–4; **in'ser·tion** [-ɜːʃn] *s.* **1.** a) Einfügen *n* (*etc.* → ***insert***), b) Einfügung *f*, Ein-, Zusatz *m*, Einschaltung *f* (*a.* ⚡); Einwurf *m* (*Münze*); **2.** (Zeitungs)Beilage *f*; **3.** (Spitzen- *etc.*) Einsatz *m*; **4.** Inse'rat *n*, Anzeige *f*.

'in-ˌser·vice *adj.* während der Dienstzeit: ~ ***training*** betriebliche Berufsförderung.

in·set I *s.* ['ɪnset] **1.** → ***insertion*** 1 b, 2, 3; **2.** Eckeinsatz *m*, Nebenbild *n*, -karte *f*; **II** *v/t.* [*irr.* → ***set***] [ˌɪn'set] *pret. u. p.p. Brit. a.* **in·set·ted** [ˌɪn'setɪd] **3.** einfügen, -setzen.

in·shore [ˌɪn'ʃɔː] **I** *adj.* **1.** an *od.* nahe der Küste: ~ ***fishing*** Küstenfischerei *f*; **II** *adv.* **2.** a) küstenwärts, b) nahe der Küste; **3.** ~ ***of*** näher der Küste als: ~ ***of a ship*** zwischen Schiff und Küste.

in·side [ˌɪn'saɪd] **I** *s.* **1.** Innenseite *f*, -fläche *f*, innere Seite: ***on the ~*** innen; ***s.o. on the ~*** *fig.* → ***insider*** 1; **2.** *das* Innere: ***from the ~*** von innen; ~ ***out*** das Innere nach außen, umgestülpt, *Kleidung*: verkehrt herum, links; ***turn ~ out*** (völlig) umkrempeln, durcheinanderbringen, ‚auf den Kopf stellen'; ***know ~ out*** in- u. auswendig kennen; **3.** F ‚Eingeweide' *pl.*: ***pain in one's ~*** Bauch- *od.* Leibschmerzen; **II** *adj.* **4.** inner, inwendig, Innen…: ~ ***diameter*** lichter Durchmesser, lichte Weite; ~ ***information*** interne Informationen *pl.*, Informationen *pl.* aus erster Quelle; ~ ***job*** F Tat *f* e-s Eingeweihten *od.* Insiders; ~ ***lane*** *sport* Innenbahn *f*; ~ ***story*** Inside-Story *f* (*Bericht aus interner Sicht*); **III** *adv.* **5.** im Innern, innen, drin(nen); **6.** nach innen, hin'ein, her'ein: ***go ~***; ***put s.o. ~*** F j-n ‚einlochen'; **7.** ~ ***of*** a) innerhalb (*gen.*), binnen: ~ ***of a week***, b) *Am.* → 8; **IV** *prp.* **8.** innerhalb (*gen.*), im Innern (*gen.*), in (*dat.*): ***be ~ the house***; **9.** in (*acc.*) … (hin'ein *od.* her'ein): ***go ~ the house***; **in·sid·er** [ˌɪn'saɪdə] *s.* **1.** Eingeweihte(r *m*) *f*, Insider *m*; **2.** Zugehörige(r *m*) *f*, Mitglied *n*.

in·sid·i·ous [ɪn'sɪdɪəs] *adj.* □ **1.** heimtückisch, 'hinterhältig, tückisch; **2.** ⚕ tückisch, schleichend; **in'sid·i·ous·ness** [-nɪs] *s.* 'Hinterlist *f*, Tücke *f*.

in·sight ['ɪnsaɪt] *s.* (***into***) **1.** Einblick *m* (in *acc.*); **2.** Verständnis *n* (für), Kenntnis (*gen.*).

in·sig·ni·a [ɪn'sɪgnɪə] *s. pl.* In'signien *pl.*, Ab-, Ehrenzeichen *pl.*

in·sig·nif·i·cance [ˌɪnsɪg'nɪfɪkəns] *s.*, **ˌin·sig'nif·i·can·cy** [-sɪ] *s.* Bedeutungslosigkeit *f*, Unwichtigkeit *f*, Belanglosigkeit *f*, Geringfügigkeit *f*; **ˌin·sig'nif·i·cant** [-nt] *adj.* □ **1.** bedeutungs-, belanglos, unwichtig; geringfügig, unbedeutend; nichtssagend; **2.** verächtlich.

in·sin·cere [ˌɪnsɪn'sɪə] *adj.* □ unaufrichtig, falsch; **ˌin·sin'cer·i·ty** [-'serətɪ] *s.* Unaufrichtigkeit *f*.

in·sin·u·ate [ɪn'sɪnjʊeɪt] *v/t.* **1.** andeuten, anspielen auf (*acc.*): ***what are you insinuating?*** was wollen Sie damit sagen?; **2.** *j-m et.* zu verstehen geben, *et.* vorsichtig beibringen; **3.** ~ ***o.s. into s.o.'s favo(u)r*** sich bei j-m einschmeicheln; **in'sin·u·at·ing** [-tɪŋ] *adj.* □ **1.** anzüglich; **2.** schmeichlerisch; **in·sin·u·a·tion** [ɪnˌsɪnjʊ'eɪʃn] *s.* **1.** Anspielung *f*, (versteckte) Andeutung; **2.** Schmeiche'leien *pl.*

in·sip·id [ɪn'sɪpɪd] *adj.* □ **1.** fade, geschmacklos, schal; **2.** *fig.* fade, abgeschmackt, geistlos; **in·si·pid·i·ty** [ˌɪnsɪ'pɪdətɪ] *s.* Geschmacklosigkeit *f*, Fadheit *f*, *fig. a.* Abgeschmacktheit *f*.

in·sist [ɪn'sɪst] *v/i.* **1.** (***on***) bestehen (auf *dat.*), dringen (auf *acc.*), verlangen (*acc.*), insis'tieren (auf *dat.*): ***I ~ on doing it*** ich bestehe darauf, es zu tun; ***if you ~!*** wenn Sie darauf bestehen!; **2.** (***on***) beharren (auf *dat.*, bei), bleiben (bei); **3.** beteuern (***on*** *acc.*); **4.** (***on***) her'vorheben, nachdrücklich betonen (*acc.*); **5.** es sich nicht nehmen lassen (***on doing*** zu tun); **6.** ~ ***on*** *doing* immer wieder *umfallen etc.* (*Sache*); **in'sist·ence** [-təns], **in'sist·en·cy** [-tənsɪ] *s.* **1.** Bestehen *n*, Beharren *n* (***on**, **upon*** auf *dat.*); **2.** (***on***) Beteuerung *f* (*gen.*), Beharren (auf *dat.*); **3.** (***on**, **upon***) Betonung *f* (*gen.*); Nachdruck *m* (auf *dat.*); **4.** Beharrlichkeit *f*, Hartnäckigkeit *f*; **in'sist·ent** [-tənt] *adj.* □ **1.** beharrlich, dauernd, hartnäckig, drängend; **2.** ***be ~ on → insist*** 1–3; **3.** eindringlich, nachdrücklich, dringend; **4.** aufdringlich, grell (*Farbe*, *Ton*).

in·so·bri·e·ty [ˌɪnsəʊ'braɪətɪ] *s.* Unmäßigkeit *f* (*engS.* im Trinken).

ˌin·so'far → ***far*** 4.

in·so·la·tion [ˌɪnsəʊ'leɪʃn] *s.* Sonnenbestrahlung *f*; Sonnenbad *n*.

in·sole ['ɪnsəʊl] *s.* **1.** Brandsohle *f*; **2.** Einlegesohle *f*.

in·so·lence ['ɪnsələns] *s.* **1.** Über'heblichkeit *f*; **2.** Unverschämtheit *f*, Frechheit *f*; **'in·so·lent** [-nt] *adj.* □ **1.** anmaßend; **2.** unverschämt.

in·sol·u·bil·i·ty [ɪnˌsɒljʊ'bɪlətɪ] *s.* **1.** Un(auf)löslichkeit *f*; **2.** *fig.* Unlösbarkeit *f*; **in·sol·u·ble** [ɪn'sɒljʊbl] **I** *adj.* □ **1.** un(auf)löslich; **2.** unlösbar, unerklärlich; **II** *s.* **3.** ⚗ unlösliche Sub'stanz.

in·sol·ven·cy [ɪn'sɒlvənsɪ] *s.* ✝ **1.** Zahlungsunfähigkeit *f*, Insol'venz *f*; **2.** Kon'kurs *m*; **in'sol·vent** [-nt] **I** *adj.* ✝ **1.** zahlungsunfähig, insol'vent; **2.** *bsd. fig.* (*moralisch etc.*) bank'rott; **3.** Konkurs...: ***~ estate*** konkursreifer Nachlaß; **II** *s.* **4.** zahlungsunfähiger Schuldner.

in·som·ni·a [ɪn'sɒmnɪə] *s.* ⚕ Schlaflosigkeit *f*; **in'som·ni·ac** [-ɪæk] *s.* ⚕ an Schlaflosigkeit Leidende(r *m*) *f*.

in·so·much [ˌɪnsəʊ'mʌtʃ] *adv.* **1.** so (sehr), dermaßen (***that*** daß); **2.** → ***inasmuch***.

in·sou·ci·ance [ɪn'su:sjəns] *s.* Sorglosigkeit *f* (*etc.* →) **in'sou·ci·ant** [-nt] *adj.* sorglos, unbekümmert, gleichgültig, lässig.

in·spect [ɪn'spekt] *v/t.* **1.** unter'suchen, prüfen, nachsehen; **2.** besichtigen, sich (genau) ansehen, inspizieren; **3.** beaufsichtigen; **in'spec·tion** [-kʃn] *s.* **1.** Besichtigung *f*; An-, 'Durchsicht *f*; Einsicht(nahme) *f* (*von Akten etc.*): ***for your ~*** zur Ansicht; ***free ~*** Besichtigung ohne Kaufzwang; ***be (laid) open to ~*** zur Einsicht ausliegen; **2.** Unter'suchung *f*, Prüfung *f*, Kon'trolle *f*: ***~ hole*** ⚙ Schauloch *n*; ***~ lamp*** ⚙ Ableuchtlampe *f*; **3.** Besichtigung *f*, Inspekti'on *f*; **4.** Aufsicht *f*; **5.** ⚔ Ap'pell *m*; **in'spec·tor** [-tə] *s.* **1.** In'spektor *m*; Kontrol'leur *m* (*Bus etc.*), Aufseher *m*, Aufsichtsbeamte(r) *m*: ***customs ~*** Zollinspektor *m*; ***~ of schools*** Schulinspektor *m*; ***~ of weights and measures*** Eichmeister *m*; **2.** (Poli'zei)Inˌspektor *m*, (-)Kommisˌsar *m*; **3.** ⚔ Inspek'teur *m*; **in'spec·to·ral** [-tərəl] *adj.* Inspektor(en)...; Aufsichts...; **in'spec·tor·ate** [-tərət] *s.* Inspekto'rat *n*: a) Aufsichtsbezirk *m*, b) Aufsichtsbehörde *f*, c) Aufseheramt *n*; **in·spec·to·ri·al** [ˌɪnspek'tɔ:rɪəl] → ***inspectoral***; **in'spec·tor·ship** [-təʃɪp] **1.** In'spektoramt *n*; **2.** Aufsicht *f*.

in·spi·ra·tion [ˌɪnspə'reɪʃn] *s.* **1.** *eccl.* göttliche Eingebung, Erleuchtung *f*; **2.** Inspirati'on *f*, Eingebung *f*, (plötzlicher) Einfall; **3.** *et.* Inspirierendes; **4.** Anregung *f*: ***at the ~ of*** auf *j-s* Veranlassung; **5.** Begeisterung *f*; **in·spi·ra·tor** ['ɪnspəreɪtə] *s.* ⚕ Inha'lator *m*; **in·spir·a·to·ry** [ɪn'spaɪərətərɪ] *adj.* (Ein-)Atmungs...

in·spire [ɪn'spaɪə] *v/t.* **1.** begeistern, anfeuern; **2.** anregen, veranlassen; **3.** (***in s.o.***) *Gefühl etc.* einflößen, eingeben (j-m); erwecken, erregen (in j-m); **4.** *fig.* a) erleuchten, b) beseelen, erfüllen (***with*** mit), c) inspirieren; **5.** einatmen; **in'spired** [-əd] *adj.* **1.** *bsd. eccl.* erleuchtet; eingegeben; **2.** schöpferisch, einfallsreich; **3.** begeistert; **4.** a) glänzend, her'vorragend, b) schwungvoll; **5.** von ‚oben' (*von der Regierung etc.*) veranlaßt; **in'spir·er** [-ərə] *s.* Anreger (-in); **in'spir·ing** [-ərɪŋ] *adj.* □ anregend, begeisternd, inspirierend.

in·spir·it [ɪn'spɪrɪt] *v/t.* beleben, beseelen, anfeuern, ermutigen.

in·sta·bil·i·ty [ˌɪnstə'bɪlətɪ] *s. mst fig.* **1.** Instabili'tät *f*, Unsicherheit *f*; **2.** Labili'tät *f*, Unbeständigkeit *f*.

in·stall [ɪn'stɔ:l] *v/t.* **1.** ⚙ a) installieren, montieren, aufstellen, einbauen, b) einrichten, (an)legen, anbringen; **2.** *j-n* bestallen; *in ein Amt* einsetzen, -führen; **3.** ***~ o.s.*** F sich niederlassen; **in·stal·la·tion** [ˌɪnstə'leɪʃn] *s.* **1.** ⚙ a) Installierung *f*, Einrichtung *f*, Einbau *m*, b) (*fertige*) Anlage *od.* Einrichtung; **2.** (Amts)Einsetzung *f*, Bestallung *f*.

in·stal(l)·ment¹ [ɪn'stɔ:lmənt] → ***installation***.

in·stal(l)·ment² [ɪn'stɔ:lmənt] *s.* **1.** ✝ Rate *f*, Teil-, Ab-, Abschlags-, Ratenzahlung *f*: ***by ~s*** in Raten; ***first ~*** Anzahlung *f*; ***~ credit*** Teilzahlungskredit *m*; ***~ plan*** Teilzahlungssystem *n*; ***buy on the ~ plan*** auf Raten kaufen, ‚abstottern‘; **2.** (Teil)Lieferung *f* (*Buch etc.*); **3.** Fortsetzung *f* (*Roman etc.*), *Radio*, *TV*: *a.* (Sende)Folge *f*.

in·stance [ˈɪnstəns] **I** *s.* **1.** (*einzelner*) Fall, Beispiel *n*: ***in this ~*** in diesem (*besonderen*) Fall; ***for ~*** zum Beispiel: ***as an ~ of s.th.*** als Beispiel für et.; **2.** Bitte *f*, Ersuchen *n*: ***at his ~*** auf sein Drängen *od.* Betreiben *od.* s-e Veranlassung; **3.** ⚖ Inˈstanz *f*: ***court of the first ~*** Gericht *n* erster Instanz; ***in the last ~*** in letzter Instanz, *fig.* letztlich; ***in the first ~*** *fig.* in erster Linie, zuerst; **II** *v/t.* **4.** als Beispiel anführen; **5.** mit Beispielen belegen; ˈ**in·stan·cy** [-sɪ] *s.* Dringlichkeit *f*.

in·stant [ˈɪnstənt] **I** *s.* **1.** Moˈment *m*: a) (kurzer) Augenblick *m*, b) (genauer) Zeitpunkt; ***in an ~***, ***on the ~*** sofort, augenblicklich, im Nu; ***at this ~*** in diesem Augenblick; ***this ~*** sofort, augenblicklich; **II** *adj.* □ → ***instantly***; **2.** soˈfortig, augenblicklich: ***~ camera*** *phot.* Instant-, Sofortbildkamera *f*; ***~ coffee*** Pulverkaffee *m*; ***~ meal*** Fertig-, Schnellgericht *n*; **3.** *abbr.* ***inst.***: ***the 10th ~*** der 10. dieses Monats; **4.** dringend.

in·stan·ta·ne·ous [ˌɪnstənˈteɪnjəs] *adj.* □ **1.** soˈfortig, unverzüglich, augenblicklich: ***death was ~*** der Tod trat auf der Stelle ein; **2.** gleichzeitig (*Ereignisse*); **3.** *phys.*, ⚙ momenˈtan, Augenblicks…: ***~ photo*** Momentaufnahme *f*; ***~ shutter*** *phot.* Momentverschluß *m*; ˌ**in·stanˈta·ne·ous·ly** [-lɪ] *adv.* soˈfort, unverzüglich; auf der Stelle; ˌ**in·stanˈta·ne·ous·ness** [-nɪs] *s.* Augenblicklichkeit *f*; Blitzesschnelle *f*.

in·stan·ter [ɪnˈstæntə] *adv.* soˈfort.

in·stant·ly [ˈɪnstəntlɪ] *adv.* soˈfort, unverzüglich, augenblicklich.

in·state [ɪnˈsteɪt] *v/t.* *in ein Amt* einsetzen.

in·stead [ɪnˈsted] *adv.* **1.** ***~ of*** (an)statt (*gen.*), an Stelle von: ***~ of me*** statt meiner, an meiner Statt *od.* Stelle; ***~ of going*** (an)statt zu gehen; ***~ of at work*** statt bei der Arbeit; **2.** statt dessen: ***she sent the boy ~***.

in·step [ˈɪnstep] *s.* Rist *m*, Spann *m* (*Fuß*): ***~ raiser*** Plattfußeinlage *f*; ***high in the ~*** F hochnäsig.

in·sti·gate [ˈɪnstɪgeɪt] *v/t.* **1.** an-, aufreizen, aufhetzen, anstiften (***to*** zu, ***to do*** zu tun); **2.** *et.* (*Böses*) anstiften, anfachen; **in·sti·ga·tion** [ˌɪnstɪˈgeɪʃn] *s.* **1.** Anstiftung *f*, Aufhetzung *f*, -reizung *f*; **2.** Anregung *f*: ***at the ~ of*** auf Betreiben *od.* Veranlassung von (*od. gen.*); ˈ**in·sti·ga·tor** [-tə] *s.* Anstifter(in), (Auf)Hetzer(in).

in·stil(l) [ɪnˈstɪl] *v/t.* **1.** einträufeln, -tröpfeln; **2.** *fig.* (***into***) a) *j-m* einflößen, -impfen, beibringen, b) *et.* durchˈdringen (mit), einfließen lassen (in *acc.*); **in·stil·la·tion** [ˌɪnstɪˈleɪʃn], **inˈstil(l)·ment** [-mənt] *s.* **1.** Einträufelung *f*; **2.** *fig.* Einflößung *f*, Einimpfung *f*.

in·stinct **I** *s.* [ˈɪnstɪŋkt] **1.** Inˈstinkt *m*, (Naˈtur)Trieb *m*: ***by ~***, ***on ~***, ***from ~*** instinktiv; **2.** a) instinkˈtives Gefühl, (sicherer) Inˈstinkt, b) Begabung *f* (***for*** für); **II** *adj.* [ɪnˈstɪŋkt] **3.** belebt, durchˈdrungen, erfüllt (***with*** von); **in·stinc·tive** [ɪnˈstɪŋktɪv] *adj.* □ instinkˈtiv: a) inˈstinkt-, triebmäßig, Instinkt…, b) unwillkürlich, c) angeboren.

in·sti·tute [ˈɪnstɪtjuːt] **I** *s.* **1.** Instiˈtut *n*, Anstalt *f*; **2.** (gelehrte *etc.*) Gesellschaft; **3.** Instiˈtut *n* (*Gebäude*); **4.** *pl.* *bsd.* ⚕ Grundgesetze *pl.*, -lehren *pl.*; **II** *v/t.* **5.** ein-, errichten, gründen; einführen; **6.** einleiten, in Gang setzen: ***~ an inquiry*** e-e Untersuchung einleiten; ***~ legal proceedings*** Klage erheben, das Verfahren einleiten (***against*** gegen); **7.** *bsd. eccl.* *j-n* einsetzen, einführen.

in·sti·tu·tion [ˌɪnstɪˈtjuːʃn] *s.* **1.** Instiˈtut *n*, Anstalt *f*, Einrichtung *f*, Stiftung *f*, Gesellschaft *f*; **2.** Instiˈtut *n* (*Gebäude*); **3.** Institutiˈon *f*, Einrichtung *f*, (überˈkommene) Sitte, Brauch *m*; **4.** Ordnung *f*, Recht *n*, Satzung *f*; **5.** F a) alte Gewohnheit, b) vertraute Sache, feste Einrichtung, c) allbekannte Perˈson; **6.** Ein-, Errichtung *f*, Gründung *f*; **7.** *eccl.* Einsetzung *f*; ˌ**in·stiˈtu·tion·al** [-ʃənl] *adj.* **1.** Institutions…, Instituts…, Anstalts…; **2.** ⚕ *Am.* ***~ advertising*** Repräsentationswerbung *f*; ˌ**in·stiˈtu·tion·al·ize** [-ʃənlaɪz] *v/t.* **1.** *et.* institutionalisieren; **2.** *j-n* in e-e Anstalt einweisen.

in·struct [ɪnˈstrʌkt] *v/t.* **1.** (be)lehren, unterˈweisen, -ˈrichten, schulen, ausbilden (***in*** in *dat.*); **2.** informieren, unterˈrichten; **3.** instruieren (*a.* ⚖), anweisen, beauftragen; **inˈstruc·tion** [-kʃn] *s.* **1.** Belehrung *f*, Schulung *f*, Ausbildung *f*, ˈUnterricht *m*: ***private ~*** Privatunterricht; ***course of ~*** Lehrgang *m*, Kursus *m*; **2.** *pl.* Auftrag *m*, Vorschrift (-en *pl.*) *f*, (An)Weisung(en *pl.*) *f*, Verhaltungsmaßregeln *pl.*, Richtlinien *pl.*, (*a.* Betriebs)Anleitung *f*: ***according to ~s*** auftrags-, weisungsgemäß, vorschriftsmäßig; ***~s for use*** Gebrauchsanweisung; **3.** *Am.* ⚖ *mst pl.* Rechtsbelehrung *f*; **4.** ⚔ *mst pl.* Dienstanweisung *f*, Instrukti'on *f*; **in'struc·tion·al** [-kʃənl] *adj.* Unterrichts..., Erziehungs..., Ausbildungs..., Lehr...: **~ *film*** Lehrfilm *m*; **~ *staff*** Lehrkörper *m*; **in'struc·tive** [-tɪv] *adj.* □ belehrend; lehr-, aufschlußreich; **in'struc·tive·ness** [-tɪvnɪs] *s. das* Belehrende; **in'struc·tor** [-tə] *s.* **1.** Lehrer *m*; **2.** Ausbilder *m* (*a.* ⚔); **3.** *univ. Am.* Do'zent *m*; **in'struc·tress** [-trɪs] *s.* Lehrerin *f*.

in·stru·ment ['ɪnstrʊmənt] **I** *s.* **1.** Instru'ment *n* (*a.* ♪): a) (feines) Werkzeug *n*, b) Appa'rat *m*, (*bsd.* Meß)Gerät *n*; **2.** *pl.* ⚕ Besteck *n*; **3.** ✝, ⚖ a) Doku'ment *n*, Urkunde *f*; 'Wertpa,pier *n*: **~ *of payment*** Zahlungsmittel *n*; **~ *payable to bearer*** ✝ Inhaberpapier; **~ *to order*** Orderpapier, b) *pl.* Instrumen'tarium *n*: ***the ~s of credit policy***; **4.** *fig.* Werkzeug *n*: a) (Hilfs)Mittel *n*, b) Handlanger(in); **II** *v/t.* **5.** ♪ instrumentieren; **III** *adj.* **6.** ⚙ Instrumenten...: **~ *board***, **~ *panel*** a) Schalt-, Armaturenbrett *n*, b) ✈ Instrumentenbrett *n*; **~ *maker*** Apparatebauer *m*, Feinmechaniker *m*; **7.** ✈ Blind..., Instrumenten...: **~ *flying***; **~ *landing***; **in·stru·men·tal** [,ɪnstrʊ'mentl] *adj.* □ → ***instrumentally***; **1.** behilflich, dienlich, förderlich: ***be ~ in*** *ger.* behilflich sein *od.* wesentlich dazu beitragen, daß; e-e gewichtige Rolle spielen bei; **2.** ♪ Instrumental...; **3.** mit Instrumenten ausgeführt: **~ *operation***; **~ *error*** ⚙ Instrumentenfehler *m*; **4.** **~ *case*** *ling.* Instrumental(is) *m*; **in·stru·men·tal·ist** [,ɪnstrʊ'mentəlɪst] *s.* ♪ Instrumenta'list(in); **in·stru·men·tal·i·ty** [,ɪnstrʊmen'tælətɪ] *s.* **1.** Mitwirkung *f*, Mithilfe *f*: ***through his ~***; **2.** (Hilfs)Mittel *n*; Einrichtung *f*; **in·stru·men·tal·ly** [,ɪnstrʊ'mentəlɪ] *adv.* durch Instrumente; **in·stru·men·ta·tion** [,ɪnstrʊmen'teɪʃn] *s.* ♪ Instrumentati'on *f*.

in·sub·or·di·nate [,ɪnsə'bɔ:dnət] *adj.* unbotmäßig, wider'setzlich, aufsässig; **in·sub·or·di·na·tion** ['ɪnsə,bɔ:dɪ'neɪʃn] *s.* Unbotmäßigkeit *f etc.*; Gehorsamsverweigerung *f*, Auflehnung *f*.

in·sub·stan·tial [,ɪnsəb'stænʃl] *adj.* **1.** sub'stanzlos, unkörperlich; **2.** unwirklich; **3.** wenig nahrhaft.

in·suf·fer·a·ble [ɪn'sʌfərəbl] *adj.* □ unerträglich, unausstehlich.

in·suf·fi·cien·cy [,ɪnsə'fɪʃnsɪ] *s.* **1.** Unzulänglichkeit *f*, Mangel(haftigkeit *f*) *m*; Untauglichkeit *f*; **2.** ⚕ Insuffizi'enz *f*; **,in·suf'fi·cient** [-nt] *adj.* □ **1.** unzulänglich, unzureichend, ungenügend; **2.** untauglich, mangelhaft, unfähig.

in·suf·flate ['ɪnsʌfleɪt] *v/t.* **1.** *a.* ⚕, ⚙ (hin)'einblasen; **2.** *R.C.* anhauchen; **'in·suf·fla·tor** [-tə] *s.* ⚙, ⚕ 'Einblaseappa,rat *m*.

in·su·lant ['ɪnsjʊlənt] *s.* ⚙ Iso'lierstoff *m*, -materi,al *n*.

in·su·lar ['ɪnsjʊlə] *adj.* □ **1.** inselartig, insu'lar, Insel...; **2.** *fig.* isoliert, abgeschlossen; **3.** *fig.* engstirnig, beschränkt; **in·su·lar·i·ty** [,ɪnsjʊ'lærətɪ] *s.* **1.** insu'lare Lage; **2.** *fig.* Abgeschlossenheit *f*; **3.** *fig.* Engstirnigkeit *f*, Beschränktheit *f*.

in·su·late ['ɪnsjʊleɪt] *v/t.* ⚡, ⚙ isolieren (*a. fig. absondern*); **'in·su·lat·ing** [-tɪŋ] *adj.* isolierend, Isolier...: **~ *compound*** ⚡ Isoliermasse *f*; **~ *joint*** ⚡ Isolierkupplung *f*; **~ *switch*** Trennschalter *m*; **~ *tape*** ⚡ Isolierband *n*; **in·su·la·tion** [,ɪnsjʊ'leɪʃn] *s.* Isolierung *f*; **'in·su·la·tor** [-tə] *s.* **1.** ⚡ Iso'lator *m*; **2.** Isolierer *m* (*Arbeiter*).

in·su·lin ['ɪnsjʊlɪn] *s.* ⚕ Insu'lin *n*.

in·sult **I** *v/t.* [ɪn'sʌlt] beleidigen, beschimpfen; **II** *s.* ['ɪnsʌlt] (***to***) Beleidigung *f* (für) (*durch Wort od. Tat*), Beschimpfung *f* (*gen.*): ***offer an ~ to*** → I; **in'sult·ing** [-tɪŋ] *adj.* □ **1.** beleidigend, beschimpfend: **~ *language*** Schimpfworte *pl.*; **2.** unverschämt, frech.

in·su·per·a·ble [ɪn'sju:pərəbl] *adj.* □ 'unüber,windlich.

in·sup·port·a·ble [,ɪnsə'pɔ:təbl] *adj.* □ unerträglich, unaus'stehlich.

in·sur·a·bil·i·ty [ɪn,ʃʊərə'bɪlətɪ] *s.* ✝ Versicherungsfähigkeit *f*; **in·sur·a·ble** [ɪn'ʃʊərəbl] *adj.* □ ✝ **1.** versicherungsfähig, versicherbar: **~ *value*** Versicherungswert *m*; **2.** versicherungspflichtig.

in·sur·ance [ɪn'ʃʊərəns] **I** *s.* **1.** ✝ Versicherung *f*: ***buy ~*** sich versichern (lassen); ***carry ~*** versichert sein; ***effect*** (*od.* ***take out***) ***an ~*** e-e Versicherung abschließen; **2.** ✝ a) Ver'sicherungspo,lice *f*, b) Versicherungsprämie *f*; **II** *adj.* Versicherungs...: **~ *agent*** (***broker***, ***company***, ***premium***, ***value***); **~ *benefit*** Versicherungsleistung *f*; **~ *certificate*** Versicherungsschein *m*; **~ *claim*** Versicherungsanspruch *m*; **~ *coverage*** Versicherungsschutz *m*; **~ *fraud*** Versicherungsbetrug *m*; **~ *office*** Versicherungsanstalt *f*; **~ *policy*** Versicherungspolice *f*, -schein *m*; ***take out an ~ policy*** e-e Versicherung abschließen, sich versichern (lassen); **in'sur·ant** [-nt] → ***insured*** II.

in·sure [ɪn'ʃʊə] *v/t.* **1.** ✝ versichern (***against*** gegen; ***for*** mit *e-r Summe*): **~**

oneself (***one's life***, ***one's house***); **2.** → ***ensure***; **in'sured** [-ʊəd] ✝ **I** *adj.*: ***the ~ party*** → II; **II** *s.* ***the ~*** der *od.* die Versicherte, Versicherungsnehmer(in); **in'sur·er** [-ʊərə] *s.* ✝ Versicherer *m*, Versicherungsträger(in): ***the ~s*** die Versicherungsgesellschaft *f.*

in·sur·gent [ɪn'sɜːdʒənt] **I** *adj.* aufrührerisch, aufständisch; re'bellisch (*a. fig.*); **II** *s.* Aufrührer *m*, Aufständische(r) *m*; Re'bell *m* (*a. pol. gegen die Partei*).

in·sur·mount·a·ble [ˌɪnsə'maʊntəbl] *adj.* □ 'unüberˌsteigbar; *fig.* 'unüberˌwindlich.

in·sur·rec·tion [ˌɪnsə'rekʃn] *s.* Aufruhr *m*, Aufstand *m*, Erhebung *f*, Empörung *f*; **ˌin·sur'rec·tion·al** [-ʃənl], **ˌin·sur'rec·tion·ar·y** [-ʃnərɪ] → ***insurgent*** I; **ˌin·sur'rec·tion·ist** [-ʃnɪst] → ***insurgent*** II.

in·sus·cep·ti·bil·i·ty ['ɪnsəˌseptə'bɪlətɪ] *s.* Unempfänglichkeit *f*, Unzugänglichkeit *f* (***to*** für); **in·sus·cep·ti·ble** [ˌɪnsə'septəbl] *adj.* **1.** (***of***) nicht fähig (zu), ungeeignet (für, zu); **2.** (***of***, ***to***) unempfänglich (für), unzugänglich (*dat.*).

in·tact [ɪn'tækt] *adj.* **1.** in'takt, heil, unversehrt; **2.** unberührt, unangetastet.

in·tagl·io [ɪn'tɑːlɪəʊ] *pl.* **-ios** *s.* **1.** In'taglio *n* (*Gemme mit eingeschnittenem Bild*); **2.** eingraviertes Bild; **3.** In'taglioverfahren *n*, -arbeit *f*; **4.** *typ. Am.* Tiefdruck *m.*

in·take ['ɪnteɪk] *s.* **1.** ⚙ a) Einlaß(öffnung *f*) *m*: ***~ valve*** Einlaßventil *n*; ***~ stroke*** *mot.* Saughub *m*, b) aufgenommene Ener'gie; **2.** Einnehmen *n*, Ein-, Ansaugen *n*; **3.** (Neu)Aufnahme *f*, Zustrom *m*, aufgenommene Menge: ***~ of food*** Nahrungsaufnahme.

in·tan·gi·bil·i·ty [ɪnˌtændʒə'bɪlətɪ] *s.* Nichtgreifbarkeit *f*, Unkörperlichkeit *f*; **in·tan·gi·ble** [ɪn'tændʒəbl] **I** *adj.* □ **1.** nicht greifbar, immateri'ell (*a.* ✝), unkörperlich; **2.** *fig.* vage, unklar, unbestimmt; **3.** *fig.* unfaßbar; **II** *s.* **4.** *pl.* ✝ immateri'elle Werte.

in·tar·si·a [ɪn'tɑːsɪə] *s. Am.* In'tarsia *f*, Einlegearbeit *f.*

in·te·ger ['ɪntɪdʒə] *s.* **1.** ⩫ ganze Zahl; **2.** → ***integral*** 5; **'in·te·gral** [-ɪgrəl] **I** *adj.* □ **1.** (*zur Vollständigkeit*) unerläßlich, integrierend, wesentlich, ⚙ (fest) eingebaut, e-e Einheit bildend (***with*** mit), integriert: ***an ~ part***; **2.** ganz, vollständig: ***an ~ whole*** → 5; **3.** → ***intact*** 2; **4.** ⩫ a) ganz(zahlig), b) Integral...: ***~ calculus*** Integralrechnung *f*; **II** *s.* **5.** *ein* vollständiges *od.* einheitliches Ganzes; **6.** ⩫ Inte'gral *n*; **'in·te·grand** [-ɪgrænd] *s.* ⩫ Inte'grand *m*; **'in·te·grant** [-ɪgrənt] → ***integral*** 1.

in·te·grate ['ɪntɪgreɪt] *v/t.* **1.** integrieren (*a.* ⩫, ⚙), zu e-m Ganzen zs.-fassen, zs.-schließen, vereinigen, vereinheitlichen; **2.** vervollständigen; **3.** eingliedern, integrieren (***within*** in *acc.*); **4.** ⚡ zählen (*Meßgerät*); **5.** *Am. Schule etc.* für Farbige zugänglich machen; **'in·te·grat·ed** [-tɪd] *adj.* **1.** einheitlich, geschlossen, zs.-gefaßt, integriert; ✝ Verbund...: ***~ economy***; **2.** zs.-hängend; **3.** ⚙ eingebaut, integriert (*Schaltung, Datenverarbeitung etc.*): ***~ circuit*** ⚡ integrierter Schaltkreis; **4.** *Am.* ohne Rassentrennung: ***~ school***; **in·te·gra·tion** [ˌɪntɪ'greɪʃn] *s.* **1.** Zs.-schluß *m*, Vereinigung *f*, Integrati'on *f*, Vereinheitlichung *f*; **2.** Vervollständigung *f*; **3.** Eingliederung *f*; **4.** ⩫ Integrati'on *f*; **5.** *Am.* Aufhebung *f* der Rassenschranken; **in·te·gra·tion·ist** [ˌɪntɪ'greɪʃnɪst] *s. Am.* Verfechter(in) rassischer Gleichberechtigung.

in·teg·ri·ty [ɪn'tegrətɪ] *s.* **1.** Rechtschaffenheit *f*, (cha'rakterliche) Sauberkeit, (mo'ralische) Integri'tät; **2.** Vollständigkeit *f*, Unversehrtheit *f*; **3.** Reinheit *f*; **4.** ⩫ Integri'tät *f*, Ganzzahligkeit *f.*

in·teg·u·ment [ɪn'tegjʊmənt] *s. anat. biol.* Hülle *f*, Decke *f*, Haut *f*, Integu'ment *n.*

in·tel·lect ['ɪntəlekt] *s.* **1.** Verstand *m*, Intel'lekt *m*, Denkvermögen *n*; **2.** kluger Kopf; *coll.* große Geister *pl.*, Intelli'genz *f*; **in·tel·lec·tu·al** [ˌɪntə'lektjʊəl] **I** *adj.* □ → ***intellectually***; **1.** intellektu'ell: a) verstandesmäßig, Verstandes..., geistig, Geistes..., b) verstandesbetont, (geistig) anspruchsvoll: ***~ power*** Geisteskraft *f*; **2.** intelli'gent; **II** *s.* **3.** Intellektu'elle(r *m*) *f*, Verstandesmensch *m*; **in·tel·lec·tu·al·ist** [ˌɪntə'lektjʊəlɪst] → ***intellectual*** 3; **in·tel·lec·tu·al·i·ty** ['ɪntəˌlektjʊ'ælətɪ] *s.* Intellektuali'tät *f*, Verstandesmäßigkeit *f*; Geisteskraft *f*; **in·tel·lec·tu·al·ly** [ˌɪntə'lektjʊəlɪ] *adv.* verstandesmäßig, mit dem Verstand.

in·tel·li·gence [ˌɪn'telɪdʒəns] *s.* **1.** Intelli'genz *f*: a) Klugheit *f*, Verstand *m*, b) scharfer Verstand, rasche Auffassungsgabe, c) → ***intellect*** 2: ***~ quotient*** (***test***) Intelligenzquotient *m* (-test *m*); **2.** Einsicht *f*, Verständnis *n*; **3.** Nachricht *f*, Mitteilung *f*, Informati'on *f*, Auskunft *f*; ⚔ 'Nachrichtenmateriˌal *n*; **4.** *a.* ***~ office***, ***~ service***, ***⁓ Department*** ⚔ (geheimer) Nachrichtendienst: ***~ officer*** Abwehr-, Nachrichtenoffizier *m*; **5. ~ *with the enemy*** (*verräterische*) Beziehungen *pl.* zum Feind; **in'tel·li·genc·er** [-sə] *s.* **1.** Berichterstatter (-in); **2.** A'gent(in), Spi'on(in); **in'tel·li·gent** [-nt] *adj.* □ **1.** intelli'gent, klug, gescheit; **2.** vernünftig: a) verständig, einsichtsvoll, b) vernunftbegabt; **in·tel·li·gent·si·a**, **in·tel·li·gent·zi·a** [ɪnˌtelɪ'dʒentsɪə] *s. pl. konstr. coll. die* Intelli'genz, *die* Intellektu'ellen *pl.*; **in·tel·li·gi·bil·i·ty** [ɪnˌtelɪdʒə'bɪlətɪ] *s.* Verständlichkeit *f*; **in'tel·li·gi·ble** [-dʒəbl] □ verständlich, klar (***to*** für *od. dat.*).

in·tem·per·ance [ɪn'tempərəns] *s.* Unmäßigkeit *f*, Zügellosigkeit *f*, *bsd.* Trunksucht *f*; **in'tem·per·ate** [-rət] *adj.* □ **1.** unmäßig, maßlos; **2.** ausschweifend, zügellos; unbeherrscht; **3.** trunksüchtig.

in·tend [ɪn'tend] *v/t.* **1.** beabsichtigen, vorhaben, planen, im Sinne haben (***s.th.*** et.; ***to do*** *od.* ***doing*** zu tun); **2.** bestimmen (***for*** für, zu): ***our son is ~ed for the navy*** unser Sohn soll (einmal) zur Marine gehen; ***what is it ~ed for?*** was ist der Sinn (*od.* Zweck) der Sache?, was soll das?; **3.** sagen wollen, meinen: ***what do you ~ by this?***; **4.** bedeuten, sein sollen: ***it was ~ed for a compliment*** es sollte ein Kompliment sein; **5.** wollen, wünschen; **in'tend·ant** [-dənt] *s.* Verwalter *m*; **in'tend·ed** [-dɪd] **I** *adj.* □ **1.** beabsichtigt, gewünscht; **2.** absichtlich; **3.** F zukünftig: ***my ~ wife***; **II** *s.* **4.** F Verlobte(r *m*) *f*: ***her ~*** ihr Zukünftiger; **in'tend·ing** [-dɪŋ] *adj.* angehend, zukünftig; ...lustig, ...willig: ***~ buyer*** ✝ (Kauf)Interessent (-in), Kaufwillige(r).

in·tense [ɪn'tens] *adj.* □ **1.** inten'siv: a) stark, heftig: ***~ heat*** (***longing*** *etc.*), b) hell, grell: ***~ light***, c) tief, satt: ***~ colo(u)rs***, d) angespannt: ***~ study***, e) (an-) gespannt, konzentriert: ***~ look***, f) sehnlich, dringend, g) eindringlich: ***~ style***; **2.** leidenschaftlich, stark gefühlsbetont; **in'tense·ly** [-lɪ] *adv.* **1.** äußerst, höchst; **2.** → ***intense***; **in'tense·ness** [-nɪs] *s.* Intensi'tät *f*: a) Stärke *f*, Heftigkeit *f*, b) Anspannung *f*, Angestrengtheit *f*, c) Feuereifer *m*, d) Leidenschaftlichkeit *f*, e) Eindringlichkeit *f*; **in·ten·si·fi·ca·tion** [ɪnˌtensɪfɪ'keɪʃn] *s.* Verstärkung *f* (*a. phot.*); **in'ten·si·fi·er** [-sɪfaɪə] *s. a.* ⚙, *phot.* Verstärker *m*; **in'ten·si·fy** [-sɪfaɪ] **I** *v/t.* verstärken (*a. phot.*), steigern; **II** *v/i.* sich verstärken.

in·ten·sion [ɪn'tenʃn] *s.* **1.** Verstärkung *f*; **2.** → ***intenseness*** a *u.* b; **3.** (Begriffs)Inhalt *m*.

in·ten·si·ty [ɪn'tensətɪ] *s.* Intensi'tät *f*: a) (hoher) Grad, Stärke *f*, Heftigkeit *f*, b) ϟ, ⚙, *phys.* (*Laut-*, *Licht-*, *Strom- etc.*)Stärke *f*, Grad *m*, c) → ***intenseness***; **in'ten·sive** [-sɪv] **I** *adj.* □ **1.** inten'siv: a) stark, heftig, b) gründlich, erschöpfend: ***~ study***; ***~ course*** *ped.* Intensivkurs *m*; **2.** verstärkend (*a. ling.*); **3.** ⚕ a) stark wirkend, b) ***~ care unit*** Intensivstation *f*; **4.** ✝ inten'siv: a) ertragssteigernd, b) (*arbeits-*, *lohn-*, *kosten- etc.*)inten'siv; **II** *s.* **5.** *bsd. ling.* verstärkendes Ele'ment.

in·tent [ɪn'tent] **I** *s.* **1.** Absicht *f*, Vorsatz *m*, Zweck *m*: ***criminal ~*** ⚖ Vorsatz, (verbrecherische) Absicht; ***with ~ to defraud*** in betrügerischer Absicht; ***to all ~s and purposes*** a) in jeder Hinsicht, durchaus, b) im Grunde, eigentlich, c) praktisch, sozusagen; ***declaration of ~*** Absichtserklärung *f*; **II** *adj.* □ **2.** erpicht, versessen (***on*** auf *acc.*); **3.** (***on***) bedacht (auf *acc.*), eifrig beschäftigt (mit); **4.** aufmerksam, gespannt, eifrig.

in·ten·tion [ɪn'tenʃn] *s.* **1.** Absicht *f*, Vorhaben *n*, Vorsatz *m*, Plan *m* (***to do*** *od.* ***of doing*** zu tun): ***with the best*** (***of***) ***~s*** in bester Absicht; **2.** *pl.* F (Heirats)Absichten *pl.*; **3.** Zweck *m* (*a. eccl.*), Ziel *n*; **4.** Sinn *m*, Bedeutung *f*; **in'ten·tion·al** [-ʃənl] *adj.* □ **1.** absichtlich, vorsätzlich; **2.** beabsichtigt; **in'ten·tioned** [-nd] *adj. in Zssgn* ...gesinnt: ***well-~*** gutgesinnt, wohlmeinend.

in·tent·ness [ɪn'tentnɪs] *s.* gespannte Aufmerksamkeit, Eifer *m*: ***~ of purpose*** Zielstrebigkeit *f*.

in·ter [ɪn'tɜː] *v/t.* beerdigen.

inter- [ɪntə] *in Zssgn* zwischen, Zwischen...; unter; gegen-, wechselseitig, ein'ander, Wechsel...

'in·ter·act[1] [-ərækt] *s. thea.* Zwischenakt *m*, -spiel *n*.

ˌin·ter'act[2] [-ər'ækt] *v/i.* aufein'ander wirken, sich gegenseitig beeinflussen; **ˌin·ter'ac·tion** [-ər'ækʃn] *s.* Wechselwirkung *f*, Interakti'on *f*.

ˌin·ter'breed *biol.* **I** *v/t.* [*irr.* → ***breed***] durch Kreuzung züchten, kreuzen; **II** *v/i.* [*irr.* → ***breed***] a) sich kreuzen, b) Inzucht betreiben.

in·ter·ca·lar·y [ɪn'tɜːkələrɪ] *adj.* eingeschaltet, eingeschoben; Schalt...: ***~ day*** Schalttag *m*; **in'ter·ca·late** [ɪn'tɜːkəleɪt] *v/t.* einschieben, einschalten; **in·ter·ca·la·tion** [ɪnˌtɜːkə'leɪʃn] *s.* **1.** Einschiebung *f*, Einschaltung *f*; **2.** Einlage *f*.

in·ter·cede [ˌɪntəˈsiːd] *v/i.* sich verwenden, sich ins Mittel legen, Fürsprache einlegen, intervenieren (***with*** bei, ***for*** für); bitten (***with*** bei *j-m*, ***for*** um *et.*); ˌ**in·terˈced·er** [-də] *s.* Fürsprecher(in).

in·ter·cept I *v/t.* [ˌɪntəˈsept] **1.** *Brief, Meldung, Flugzeug, Boten etc.* abfangen; **2.** *Meldung* auffangen, mit-, abhören; **3.** unterˈbrechen, abschneiden; **4.** den Weg abschneiden (*dat.*); **5.** *Sicht* versperren; **6.** ⩚ a) abschneiden, b) einschließen; II *s.* [ˈɪntəsept] **7.** ⩚ Abschnitt *m*; **8.** aufgefangene Meldung; ˌ**in·terˈcep·tion** [-pʃn] *s.* **1.** Ab-, Auffangen *n* (*Meldung etc.*); **2.** Ab-, Mithören *n* (*Meldung*): ~ ***service*** Abhör-, Horchdienst *m*; **3.** Abfangen *n* (*Flugzeug, Boten*): ~ ***flight*** Sperrflug *m*; ~ ***plane*** → ***interceptor*** 2; **4.** Unterˈbrechung *f*, Abschneiden *n*; **5.** Aufhalten *n*, Hinderung *f*; ˌ**in·terˈcep·tor** [-tə] *s.* **1.** Auffänger *m*; **2.** *a.* ~ ***plane*** ✈ ⚔ Abfangjäger *m*.

in·ter·ces·sion [ˌɪntəˈseʃn] *s.* Fürbitte *f* (*a. eccl.*), Fürsprache *f*: ***make ~ to s.o. for*** bei j-m Fürsprache einlegen für, sich bei j-m verwenden für; (***service of***) ~ Bittgottesdienst *m*; ˌ**in·terˈces·sor** [-esə] *s.* Fürsprecher(in), Vermittler(in) (***with*** bei); ˌ**in·terˈces·so·ry** [-esərɪ] *adj.* fürsprechend.

in·ter·change [ˌɪntəˈtʃeɪndʒ] I *v/t.* **1.** untereinˈander austauschen, auswechseln; **2.** vertauschen, auswechseln (*a.* ⚙); einander abwechseln lassen; II *v/i.* **3.** abwechseln (***with*** mit), aufeinˈanderfolgen; III *s.* **4.** Austausch *m*; Aus-, Abwechslung *f*; Wechsel *m*, Aufeinˈanderfolge *f*; **5.** ✝ Tauschhandel *m*; **6.** *Am.* (Straßen)Kreuzung *f*; (Autobahn-)Kreuz *n*; **in·ter·change·a·bil·i·ty** [ˈɪntəˌtʃeɪndʒəˈbɪlətɪ] *s.* Auswechselbarkeit *f*; ˌ**in·terˈchange·a·ble** [-dʒəbl] *adj.* □ **1.** austauschbar, auswechselbar (*a.* ⚙, ✝); **2.** (miteinˈander) abwechselnd.

ˌ**in·ter·colˈle·gi·ate** *adj.* zwischen verschiedenen Colleges (bestehend).

in·ter·com [ˈɪntəkɒm] *s.* **1.** ✈, ⚓ Bordverständigung(sanlage) *f*; **2.** (Gegen-, Haus)Sprechanlage *f*, (Werk- *etc.*)Rufanlage *f*.

ˌ**in·ter·comˈmu·ni·cate** *v/i.* **1.** miteinˈander verkehren *od.* in Verbindung stehen; **2.** → ***communicate*** 4; ˈ**in·ter·comˌmu·niˈca·tion** *s.* gegenseitige Verbindung, gegenseitiger Verkehr: ~ ***system*** → ***intercom***.

ˌ**in·terˈcom·pa·ny** *adj.* zwischenbetrieblich.

ˌ**in·ter·conˈnect** I *v/t.* miteinˈander verbinden, ⚡ *a.* zs.-schalten; II *v/i.* miteinander verbunden werden *od.* sein, *fig. a.* in Zs.-hang (miteinander) stehen; ˌ**in·ter·conˈnec·tion** **1.** (gegenseitige) Verbindung, *fig. a.* Zs.-hang *m*; **2.** ⚡ a) Zs.-Schaltung *f*, b) verkettete Schaltung.

ˈ**in·terˌcon·tiˈnen·tal** *adj.* interkontinenˈtal, Interkontinental…

ˈ**in·ter·course** *s.* **1.** ˈUmgang *m*, Verkehr *m* (***with*** mit); **2.** ✝ Geschäftsverkehr *m*; **3.** *a.* ***sexual ~*** (Geschlechts-)Verkehr *m*.

ˌ**in·terˈcross** I *v/t.* **1.** einˈander kreuzen lassen; **2.** ⚘, *zo.* kreuzen; II *v/i.* **3.** sich kreuzen (*a.* ⚘, *zo.*).

ˈ**in·ter·cut** *s. Film etc.*: Einblendung *f*.

ˈ**in·ter·deˌnom·iˈna·tion·al** *adj.* interkonfessioˈnell.

ˌ**in·ter·deˈpend** *v/i.* voneinˈander abhängen; ˌ**in·ter·deˈpend·ence**, ˌ**in·ter·deˈpend·en·cy** *s.* gegenseitige Abhängigkeit; ˌ**in·ter·deˈpend·ent** *adj.* □ voneinˈander abhängig, eng zs.-hängend *od.* verflochten, ineinˈandergreifend.

in·ter·dict I *s.* [ˈɪntədɪkt] **1.** Verbot *n*; **2.** *eccl.* Interˈdikt *n*; II *v/t.* [ˌɪntəˈdɪkt] **3.** (amtlich) unterˈsagen, verbieten (***to s.o.*** j-m): ~ ***s.o. from s.th.*** j-n von et. ausschließen, j-m et. entziehen *od.* verbieten; **4.** *eccl.* mit dem Interˈdikt belegen; ˌ**in·terˈdic·tion** → ***interdict*** 1, 2.

in·ter·est [ˈɪntrɪst] I *s.* **1.** (***in***) Interˈesse *n* (an *dat.*, für), (An)Teilnahme *f* (an *dat.*): ***take an ~ in s.th.*** sich für et. interessieren; **2.** Reiz *m*, Interˈesse *n*: ***be of ~*** (***to***) interessant *od.* reizvoll sein (für), interessieren (*acc.*); **3.** Wichtigkeit *f*, Bedeutung *f*: ***be of little ~*** von geringer Bedeutung sein; ***of great ~*** von großem Interesse; **4.** *bsd.* ✝ Beteiligung *f*, Anteil *m* (***in*** an *dat.*): ***have an ~ in s.th.*** an *od.* bei et. (*bsd.* finanziell) beteiligt sein; **5.** ✝ Interesˈsenten *pl.*, Kreise *pl.*: ***the banking ~*** die Bankkreise *pl.*; ***the landed ~*** die Grundbesitzer *pl.*; **6.** Interˈesse *n*, Vorteil *m*, Nutzen *m*, Gewinn *m*: ***be in*** (*od.* ***to***) ***the ~(s) of*** im Interesse von … liegen; ***in your ~*** zu Ihrem Vorteil; ***look after one's ~s*** s-e Interessen wahren; ***study s.o.'s ~(s)*** j-s Vorteil im Auge haben; **7.** Einfluß *m*, Macht *f*: ***have ~ with*** Einfluß haben bei; **8.** (An)Recht *n*, Anspruch *m* (***in*** auf *acc.*); **9.** Gesichtspunkt *m*, Seite *f* (*in e-r Geschichte etc.*): → ***human*** I; **10.** (*nie pl.*) ✝ Zins(en *pl.*) *m*: ***and*** (*od.* ***plus***) ~ zuzüglich Zinsen; ***ex ~*** ohne Zinsen; ***free of ~*** zinslos; ***bear*** (*od.* ***yield***) ***~*** Zinsen tragen, sich verzinsen; ***~*** (***rate***) ⚚ Zinsfuß *m*, -satz *m*; ***~ account*** a) Zinsrechnung *f*, b) Zinsenkonto *n*; ***~ certificate*** Zinsenvergütungsschein *m*; ***~ pro and contra*** Soll- u. Habenzinsen *pl.*; ***~ coupon*** (*od.* ***ticket***, ***warrant***) Zinscoupon *m*, -schein *m*; **11.** *fig.* Zinsen *pl.*: ***return a blow with ~*** e-n Schlag mit Zins u. Zinseszinsen zurückgeben; **II** *v/t.* **12.** interessieren (***in*** für), *j-s* Inter'esse *od.* Teilnahme erwecken (***in s.th.*** an e-r Sache; ***for s.o.*** für j-n): ***~ o.s. in*** sich interessieren für, Anteil nehmen an (*dat.*); **13.** interessieren, anziehen, reizen, fesseln; **14.** angehen, betreffen: ***everyone is ~ed in this*** dies geht jeden an; **15.** *bsd.* ⚚ beteiligen (***in*** an *dat.*); **16.** gewinnen (***in*** für).

in·ter·est·ed ['ɪntrɪstɪd] *adj.* □ **1.** interessiert, Anteil nehmend (***in*** an *dat.*); aufmerksam: ***be ~ in*** sich interessieren für; ***I was ~ to know*** es interessierte mich zu wissen; **2.** *bsd.* ⚚ beteiligt (***in*** an *dat.*, bei): ***the parties ~*** die Beteiligten; **3.** voreingenommen, par'teiisch; **4.** eigennützig: ***~ motives***; **'in·ter·est·ed·ly** [-lɪ] *adv.* mit Inter'esse, aufmerksam; **'in·ter·est·ing** [-tɪŋ] *adj.* □ interes'sant, fesselnd, anziehend: ***in an ~ condition*** *obs.* in anderen Umständen (*schwanger*); **'in·ter·est·ing·ly** [-tɪŋlɪ] *adv.* interes'santerweise.

'in·ter·face *s.* Zwischen-, Grenzfläche *f*; ϟ Schnittstelle *f*.

in·ter·fere [ˌɪntə'fɪə] *v/i.* **1.** sich einmischen, da'zwischentreten, -kommen; dreinreden; sich Freiheiten her'ausnehmen; **2.** eingreifen, -schreiten: ***it is time to ~***; **3.** *a.* ⚙ stören, hindern; **4.** zs.-stoßen (*a. fig.*), aufein'anderprallen; **5.** *phys.* aufein'andertreffen, sich kreuzen *od.* über'lagern; ϟ stören; **6.** ***~ with*** a) *j-n* stören, unter'brechen, (be-)hindern, belästigen, b) *et.* stören, beeinträchtigen, sich einmischen in (*acc.*), störend einwirken auf (*acc.*); **7.** ***~ in*** eingreifen in (*acc.*), sich befassen mit *od.* kümmern um; **ˌin·ter'fer·ence** [-ɪərəns] *s.* **1.** Einmischung *f* (***in*** in *acc.*), Eingreifen *n* (***with*** in *acc.*); **2.** Störung *f*, Hinderung *f*, Beeinträchtigung *f* (***with*** *gen.*); **3.** Zs.-stoß(en *n*) *m* (*a. fig.*); **4.** *Am. sport* Abschirmen *n*: ***run ~*** a) den balltragenden Stürmer abschirmen, b) (***for s.o.***) *fig.* (j-m) Schützenhilfe leisten; **5.** ϟ, *phys.* a) Interfe'renz *f*, Über'lagerung *f*, b) Störung *f*: ***reception ~*** Empfangsstörung *f*; ***~ suppression*** Entstörung *f*; **in·ter·fe·ren·tial** [ˌɪntəfə'renʃl] *adj. phys.* Interferenz…; **ˌin·ter'fer·ing** [-ɪərɪŋ] *adj.* □ **1.** störend, lästig: ***be always ~*** F sich ständig einmischen; **2.** kollidierend, entgegenstehend: ***~ claim***.

ˌin·ter'gla·cial *adj. geol.* zwischeneiszeitlich, interglazi'al.

in·ter·im ['ɪntərɪm] **I** *s.* **1.** Zwischenzeit *f*: ***in the ~*** in der Zwischenzeit, einstweilen, vorläufig; **2.** Interim *n*, einstweilige Regelung; **3.** ♀ *hist.* Interim *n*; **II** *adj.* **4.** einstweilig, vorläufig, Übergangs…, Interims…, Zwischen…: ***~ report*** Zwischenbericht *m*; → ***injunction*** 1; ***~ aid*** *s.* Über'brückungshilfe *f*; ***~ bal·ance*** (**sheet**) *s.* ⚚ 'Zwischenbiˌlanz *f*, -abschluß *m*; ***~ cer·tif·i·cate*** *s.* ⚚ Interimsschein *m*; ***~ cred·it*** *s.* ⚚ 'Zwischenkreˌdit *m*; ***~ div·i·dend*** *s.* ⚚ 'Interimsdiviˌdende *f*.

in·te·ri·or [ɪn'tɪərɪə] **I** *adj.* **1.** inner, innengelegen; Innen… (*a.* ⚘): ***~ decoration***, ***~ design*** a) Innenausstattung *f*, b) Innenarchitektur *f*; ***~ decorator***, ***~ designer*** a) Innenausstatter(in), b) Innenarchitekt(in); **2.** binnenländisch, Binnen…; **3.** inländisch, Inlands…; **4.** innerlich, geistig: ***~ monologue*** *Literatur*: innerer Monolog; **II** *s.* **5.** *das* Innere (*a.* ⚘), Innenraum *m*; **6.** *das* Innere, Binnenland *n*; **7.** *phot.* Innenaufnahme *f*; **8.** *das* Innere, wahres Wesen; **9.** *pol.* innere Angelegenheiten *pl.*: ***Department of the ♀*** *Am.* Innenministerium *n*.

in·ter·ject [ˌɪntə'dʒekt] *v/t.* **1.** *Bemerkung* da'zwischen-, einwerfen; da'zwischenrufen; **2.** einschieben, einschalten; **ˌin·ter'jec·tion** [-kʃn] *s.* **1.** Aus-, Zwischenruf *m*; **2.** *ling.* Interjekti'on *f*; **ˌin·ter'jec·tion·al** [-kʃənl] *adj.* □, **ˌin·ter'jec·to·ry** [-tərɪ] *adj.* da'zwischengeworfen, eingeschoben, Zwischen…

ˌin·ter'lace I *v/t.* **1.** inein'ander-, verflechten, verschlingen; **2.** durch'flechten, verweben (*a. fig.*); **3.** (ver)mischen; **4.** *Computer*: verschachteln; **II** *v/i.* **5.** sich verflechten *od.* kreuzen: ***interlacing arches*** ⚠ verschränkte Bogen; **III** *s.* **6.** *TV* Zwischenzeile *f*.

'in·terˌlan·guage *s.* Verkehrssprache *f*.

ˌin·ter'lard *v/t. fig.* spicken, durch'setzen (***with*** mit).

'in·ter·leaf *s.* [*irr.*] leeres Zwischenblatt; **ˌin·ter'leave** *v/t.* **1.** *Bücher* durch'schießen; **2.** *Computer*: verschachteln.

ˌin·ter'line *v/t.* **1.** zwischen die Zeilen schreiben *od.* setzen, einfügen; **2.** *typ. Zeilen* durch'schießen; **3.** *Kleidungs-*

stück mit e-m Zwischenfutter versehen; ˌ**in·terˈlin·e·ar** *adj.* **1.** daˈzwischengeschrieben, zwischenzeilig, Interlinear…; **2.** *~ space typ.* Durchschuß *m*; ˈ**in·terˌlin·eˈa·tion** *s.* *das* Daˈzwischengeschriebene.

ˌ**in·terˈlink I** *v/t.* verketten (*a.* ⚡); **II** *s.* [ˈɪntəlɪŋk] Binde-, Zwischenglied *n.*

ˌ**in·terˈlock I** *v/i.* **1.** ineinˈandergreifen (*a. fig.*): *~ing directorate* ✝ Schachtelaufsichtsrat *m*; **2.** 🚂 verblockt sein: *~ing signals* Blocksignale; **II** *v/t.* **3.** zs.-schließen, ineinˈanderschachteln; **4.** ineinˈanderhaken, verzahnen; **5.** ⚙, 🚂 verblocken: *~ing plant* Stellwerk *n.*

in·ter·lo·cu·tion [ˌɪntələʊˈkjuːʃn] *s.* Gespräch *n*, Unterˈredung *f*; **in·ter·loc·u·tor** [ˌɪntəˈlɒkjʊtə] *s.* Gesprächspartner (-in); **in·ter·loc·u·to·ry** [ˌɪntəˈlɒkjʊtərɪ] *adj.* **1.** in Gesprächsform; Gesprächs…; **2.** ⚖ vorläufig, Zwischen…: *~ injunction* einstweilige Verfügung.

in·ter·lop·er [ˈɪntələʊpə] *s.* **1.** Eindringling *m*; **2.** ✝ Schleichhändler *m.*

in·ter·lude [ˈɪntəluːd] *s.* **1.** Zwischenspiel *n* (*a.* ♪ *u. fig.*); **2.** Pause *f*; **3.** Zwischenzeit *f*; **4.** Epiˈsode *f.*

ˌ**in·terˈmar·riage** *s.* **1.** Mischehe *f* (*zwischen verschiedenen Konfessionen, Rassen etc.*); **2.** Heirat *f* untereinˈander *od.* zwischen nahen Blutsverwandten; ˌ**in·terˈmar·ry** *v/i.* **1.** untereinˈander heiraten (*Stämme etc.*), Mischehen eingehen; **2.** innerhalb der Faˈmilie heiraten.

ˌ**in·terˈmed·dle** *v/i.* sich einmischen (***with***, ***in*** in *acc.*).

in·ter·me·di·ar·y [ˌɪntəˈmiːdjərɪ] **I** *adj.* **1.** → ***intermediate*** 1; **2.** vermittelnd; **II** *s.* **3.** Vermittler(in); **4.** ✝ Zwischenhändler *m*; ˌ**in·terˈme·di·ate** [-jət] **I** *adj.* □ **1.** daˈzwischenliegend, Zwischen…, Mittel…: *~ between* liegend zwischen; *~ colo(u)r* (*credit*, *product*, *stage*, *trade*) Zwischenfarbe *f* (-kredit *m*, -produkt *n*, -stadium *n*, -handel *m*); *~ examination* → 4; **II** *s.* **2.** Zwischenglied *n*, -form *f*, -stück *n*; **3.** ⚗ ˈZwischenproˌdukt *n*; **4.** Zwischenprüfung *f*; **5.** Vermittler(in), Mittelsmann *m.*

in·ter·ment [ɪnˈtɜːmənt] *s.* Beerdigung *f*, Beisetzung *f.*

in·ter·mez·zo [ˌɪntəˈmetsəʊ] *pl.* **-mez·zi** [-tsiː] *od.* **-mez·zos** *s.* Interˈmezzo *n*, Zwischenspiel *n.*

in·ter·mi·na·ble [ɪnˈtɜːmɪnəbl] *adj.* □ **1.** grenzenlos, endlos; **2.** langwierig.

ˌ**in·terˈmin·gle** → ***intermix***.

ˌ**in·terˈmis·sion** *s.* Unterˈbrechung *f*, Aussetzen *n*; Pause *f*: ***without ~*** pausenlos, unaufhörlich, ständig.

in·ter·mit [ˌɪntəˈmɪt] **I** *v/t.* unterˈbrechen, aussetzen mit; **II** *v/i.* aussetzen, nachlassen; ˌ**in·terˈmit·tence** [-təns] *s.* Aussetzen *n*, Unterˈbrechung *f*; ˌ**in·terˈmit·tent** [-tənt] *adj.* □ mit Unterˈbrechungen, stoßweise; (zeitweilig) aussetzend, periˈodisch, intermittierend: ***be ~*** aussetzen; ***~ fever*** ⚕ Wechselfieber *n*; ***~ light*** ⚓ Blinkfeuer *n.*

ˌ**in·terˈmix I** *v/t.* vermischen; **II** *v/i.* sich vermischen; ˌ**in·terˈmix·ture** *s.* **1.** Mischung *f*; **2.** Beimischung *f*, Zusatz *m.*

in·tern[1] **I** *v/t.* [ɪnˈtɜːn] internieren; **II** *s.* [ˈɪntɜːn] *Am.* Internierte(r *m*) *f.*

in·tern[2] [ˈɪntɜːn] *Am.* **I** *s.* ⚕ Assiˈstenzarzt *m*, *a. ped.* Praktiˈkant(in); **II** *v/i.* als Assiˈstenzarzt (*in e-r Klinik*) tätig sein.

in·ter·nal [ɪnˈtɜːnl] **I** *adj.* □ **1.** inner, inwendig: ***~ organs*** *anat.* innere Organe; ***~ diameter*** Innendurchmesser *m*; **2.** ⚕ innerlich anzuwenden(d), einzunehmen(d): ***~ remedy***; **3.** inner(lich), geistig; **4.** einheimisch, in-, binnenländisch, Inlands…, Innen…, Binnen…: ***~ loan*** ✝ Inlandsanleihe *f*; ***~ trade*** Binnenhandel *m*; **5.** *pol.* inner, Innen…: ***~ affairs*** innere Angelegenheiten; **6.** *ped.* inˈtern, im College *etc.* wohnend; **7.** ✝ *etc.* (beˈtriebs)inˌtern, innerbetrieblich; **II** *s.* **8.** *pl. anat.* innere Orˈgane *pl.*; **9.** innere Naˈtur; **~-comˈbus·tion en·gine** *s.* ⚙ Verbrennungs-, Exploˈsionsmotor *m.*

in·ter·na·lize [ɪnˈtɜːnəlaɪz] *v/t. psych. et.* verinnerlichen, in sich aufnehmen.

in·ter·nal| med·i·cine *s.* ⚕ innere Mediˈzin; ***~ rev·e·nue*** *s. Am.* Steueraufkommen *n*: ***ℒ Office*** Finanzamt *n*; ***~ rhyme*** *s.* Binnenreim *m*; ***~ spe·cial·ist*** *s.* ⚕ Interˈnist *m*, Facharzt *m* für innere Krankheiten; ***~ thread*** *s.* ⚙ Innengewinde *n.*

ˌ**in·terˈna·tion·al I** *adj.* □ **1.** internatioˈnal, zwischenstaatlich: ***~ candle*** *phys.* Internationale Kerze (*Lichtstärke*); **2.** Welt…, Völker…; **II** *s.* **3.** *sport* a) Internatioˈnale(r *m*) *f*, Natioˈnalspieler (-in), b) F internatioˈnaler Vergleichskampf; Länderspiel *n*; **4.** ℒ *pol.* Internatioˈnale *f*; **5.** *pl.* ✝ internatioˈnal gehandelte ˈWertpaˌpiere *pl.*; **In·ter·na·tio·nale** [ˌɪntənæʃəˈnɑːl] *s.* Internatioˈnale *f* (*Kampflied*); ˌ**in·terˈna·tion·al·ism** *s.* **1.** Internationaˈlismus *m*; **2.** internatioˈnale Zs.-arbeit; ˌ**in·terˈna·tion·al·ist** *s.* **1.** Internationaˈlist *m*, Anhänger *m* des Internationaˈlismus; **2.** ⚖ Völkerrechtler *m*; **3.** → ***international*** 3a; ˈ**in·terˌna·tionˈal·i·ty** *s.* internatio-

ˈnaler Chaˈrakter; ˌ**in·terˈna·tion·al·ize** *v/t.* **1.** internationalisieren; **2.** internatioˈnaler Konˈtrolle unterˈwerfen.

in·ter·na·tion·al| law *s.* Völkerrecht *n*; ♀ **Mon·e·tar·y Fund** *s.* Internatioˈnaler Währungsfonds; **~ mon·ey or·der** *s.* Auslandspostanweisung *f*; **~ re·ply cou·pon** *s.* internatioˈnaler Antwortschein.

in·terne [ˈɪntɜːn] → ***intern²*** I.

in·ter·ne·cine [ˌɪntəˈniːsaɪn] *adj.* **1.** gegenseitige Tötung bewirkend: ***~ duel***; ***~ war*** gegenseitiger Vernichtungskrieg; **2.** mörderisch, vernichtend.

in·tern·ee [ˌɪntɜːˈniː] *s.* Internierte(r *m*) *f*; **in·tern·ment** [ɪnˈtɜːnmənt] *s.* Internierung *f*: ***~ camp*** Internierungslager *n*.

ˈ**in·terˌo·ceˈan·ic** [-ərˌəʊ-] *adj.* interozeˈanisch, zwischen (zwei) Weltmeeren liegend, (zwei) Weltmeere verbindend.

in·ter·pel·late [ɪnˈtɜːpeleɪt] *v/t. pol.* e-e Anfrage richten an (*acc.*); **in·ter·pel·la·tion** [ɪnˌtɜːpeˈleɪʃn] *s. pol.* Interpellatiˈon *f*.

ˌ**in·terˈpen·e·trate I** *v/t.* völlig durchˈdringen; **II** *v/i.* sich gegenseitig durchˈdringen.

in·ter·phone [ˈɪntəfəʊn] → ***intercom***.

ˌ**in·terˈplan·e·tar·y** *adj.* interplaneˈtarisch.

ˌ**in·terˈplay** *s.* Wechselwirkung *f*, -spiel *n*.

In·ter·pol [ˈɪntəpɒl] *s.* Interpol *f* (*Internationale kriminalpolizeiliche Organisation*).

in·ter·po·late [ɪnˈtɜːpəʊleɪt] *v/t.* **1.** interpolieren; *et.* einschalten, -fügen; **2.** (durch Einschiebungen) ändern, *bsd.* verfälschen; **3.** ⩚ interpolieren; **in·ter·po·la·tion** [ɪnˌtɜːpəʊˈleɪʃn] *s.* Interpolatiˈon *f* (*a.* ⩚), Einschaltung *f*, Einschiebung *f* (*in e-n Text*).

ˌ**in·terˈpose I** *v/t.* **1.** daˈzwischenstellen, -legen, -bringen; ⚙ zwischenschalten; **2.** *et.* in den Weg legen; **3.** *Bemerkung* einwerfen, einflechten; *Einwand etc.* vorbringen, *Veto* einlegen; **II** *v/i.* **4.** daˈzwischenkommen, -treten; **5.** vermitteln, intervenieren; **6.** (sich) unterˈbrechen (*im Reden*); **in·ter·po·si·tion** [ɪnˌtɜːpəˈzɪʃn] *s.* **1.** Eingreifen *n*; **2.** Vermittlung *f*, Einfügung *f*, Einschaltung *f* (*a.* ⚙).

in·ter·pret [ɪnˈtɜːprɪt] **I** *v/t.* **1.** interpretieren, auslegen, deuten; ansehen (***as*** als); *bsd.* ⚔ auswerten; **2.** dolmetschen; **3.** ♪, *thea. etc.* interpretieren, ˈwiedergeben, darstellen; **II** *v/i.* **4.** dolmetschen, als Dolmetscher fungieren; **in·ter·pre·ta·tion** [ɪnˌtɜːprɪˈteɪʃn] *s.* **1.** Erklärung *f*, Auslegung *f*, Deutung *f*; Auswertung *f*; **2.** (mündliche) ˈWiedergabe, Überˈsetzung *f*; **3.** ♪, *thea. etc.* Darstellung *f*, ˈWiedergabe *f*; Auffassung *f*, Interpretatiˈon *f e-r Rolle etc.*; **inˈter·pret·er** [-tə] *s.* **1.** Erklärer(in), Ausleger(in), Interˈpret(in); **2.** Dolmetscher(in); **3.** *Computer*: Interpreˈtierproˌgramm *n*; **inˈter·pret·er·ship** [-təʃɪp] *s.* Dolmetscherstellung *f*.

ˌ**in·terˈra·cial** *adj.* **1.** verschiedenen Rassen gemeinsam, interˈrassisch; **2.** zwischenrassisch: ***~ tension(s)*** Rassenspannungen.

in·ter·reg·num [ˌɪntəˈregnəm] *pl.* **-na** [-nə], **-nums** *s.* **1.** Interˈregnum *n*: a) herrscherlose Zeit, b) Zwischenregierung *f*; **2.** Pause *f*, Unterˈbrechung *f*.

ˌ**in·ter·reˈlate I** *v/t.* zueinˈander in Beziehung bringen; **II** *v/i.* zueinˈander in Beziehung stehen, zs.-hängen; ˌ**in·ter·reˈlat·ed** *adj.* in Wechselbeziehung stehend, (untereinˈander) zs.-hängend; ˌ**in·ter·reˈla·tion** *s.* Wechselbeziehung *f*.

in·ter·ro·gate [ɪnˈterəʊgeɪt] *v/t.* **1.** (be-)fragen; **2.** ausfragen, vernehmen, verhören; **in·ter·ro·ga·tion** [ɪnˌterəʊˈgeɪʃn] *s.* **1.** Frage *f* (*a. ling.*), Befragung *f*: ***~ mark***, ***point of ~*** *ling.* Fragezeichen *n*; **2.** Vernehmung *f*, Verhör *n*: ***~ officer*** Vernehmungsoffizier *m*, -beamter *m*; **in·ter·rog·a·tive** [ˌɪntəˈrɒgətɪv] **I** *adj.* ☐ fragend, Frage…: ***~ pronoun*** → II; **II** *s. ling.* Fragefürwort *n*; **inˈter·ro·ga·tor** [-tə] *s.* **1.** Fragesteller (-in); **2.** Vernehmungsbeamte(r) *m*; **3.** *pol.* Interpelˈlant *m*; **in·ter·rog·a·to·ry** [ˌɪntəˈrɒgətərɪ] **I** *adj.* **1.** fragend, Frage…; **II** *s.* **2.** Frage(stellung) *f*; **3.** ⚖ Beweisfrage *f* (*vor der Verhandlung*).

in·ter·rupt [ˌɪntəˈrʌpt] *v/t.* **1.** *allg.*, *a.* ⚡ unterˈbrechen, *a. j-m* ins Wort fallen; **2.** aufhalten, stören, hindern; ˌ**in·terˈrupt·ed** [-tɪd] *adj.* ☐ unterˈbrochen (*a.* ⚡, ⚙, ⚘); ˌ**in·terˈrupt·ed·ly** [-tɪdlɪ] *adv.* mit Unterˈbrechungen; ˌ**in·terˈrupt·er** [-tə] *s.* **1.** Unterˈbrecher *m* (*a.* ⚡, ⚙); **2.** Zwischenrufer(in); Störer(in); ˌ**in·terˈrup·tion** [-pʃn] *s.* **1.** Unterˈbrechung *f* (*a.* ⚡), Stockung *f*: ***without ~*** ununterbrochen; **2.** (⚙ Betriebs)Störung *f*.

in·ter·sect [ˌɪntəˈsekt] **I** *v/t.* (durch-)ˈschneiden; **II** *v/i.* sich schneiden *od.* kreuzen (*a.* ⩚); ˌ**in·terˈsec·tion** [-kʃn] *s.* **1.** Durchˈschneiden *n*; **2.** Schnitt-, Kreuzungspunkt *m*; **3.** ⩚ a) Schnitt *m*, b) *a.* ***point of ~*** Schnittpunkt *m*, c) *a.* ***line of ~*** Schnittlinie *f*; **4.** *Am.* (Straßen- *etc.*)Kreuzung *f*; **5.** ⚠ Vierung *f*.

'in·ter·sex *s. biol.* Inter'sex *n* (*geschlechtliche Zwischenform*); **,in·ter'sex·u·al** *adj.* zwischengeschlechtlich.

,in·ter'space I *s.* Zwischenraum *m*, -zeit *f*; **II** *v/t.* Raum lassen zwischen (*dat.*); trennen.

in·ter·sperse [,ɪntə'spɜːs] *v/t.* **1.** einstreuen, hier und da einfügen (***among*** zwischen *acc.*); **2.** durch'setzen (***with*** mit).

'in·ter·state *adj. Am.* zwischenstaatlich, zwischen den US.-Bundesstaaten (bestehend *etc.*).

,in·ter'stel·lar *adj.* interstel'lar.

in·ter·stice [ɪn'tɜːstɪs] *s.* **1.** Zwischenraum *m*; **2.** Lücke *f*, Spalte *f*; **in·ter·sti·tial** [,ɪntə'stɪʃl] *adj.* in Zwischenräumen (gelegen), zwischenräumlich, Zwischen…

,in·ter'trib·al *adj.* zwischen verschiedenen Stämmen (vorkommend).

,in·ter'twine *v/t. u. v/i.* (sich) verflechten *od.* verschlingen.

,in·ter'ur·ban [-ər'ɜː-] *adj.* Überland…: ***~ bus***.

in·ter·val ['ɪntəvl] *s.* **1.** Zwischenraum *m*, -zeit *f*, Abstand *m*: ***at ~s*** dann und wann, periodisch; → ***lucid*** 1; **2.** Pause *f* (*a. thea. etc.*): ***~ signal*** *Radio*: Pausenzeichen *n*; **3.** ♪ Inter'vall *n*, Tonabstand *m*; **~ train·ing** *s. sport* Inter'valltraining *n*.

in·ter·vene [,ɪntə'viːn] *v/i.* **1.** (*zeitlich*) da'zwischenliegen, liegen zwischen (*dat.*); **2.** sich (in'zwischen) ereignen, (plötzlich) eintreten; **3.** (*unerwartet*) da'zwischenkommen: ***if nothing ~s***; **4.** sich einmischen (***in*** in *acc.*), einschreiten; **5.** (*helfend*) eingreifen, vermitteln; sich verwenden (***with s.o.*** bei j-m); **6.** *bsd.* ⚕, ⚖ intervenieren; **,in·ter'ven·tion** [-'venʃn] *s.* **1.** Da'zwischenliegen *n*, -kommen *n*; **2.** Vermittlung *f*; **3.** Eingreifen *n*, -schreiten *n*, -mischung *f*; **4.** ⚕, *pol.* (⚖ 'Neben)Interventi,on *f*; **5.** Einspruch *m*; **,in·ter'ven·tion·ist** [-'venʃnɪst] *s. pol.* Befürworter *m* e-r Interventi'on, Interventio'nist *m*.

in·ter·view ['ɪntəvjuː] **I** *s.* **1.** Inter'view *n*; **2.** Unter'redung *f*, (⚕ *a.* Vorstellungs)Gespräch *n*: ***hours for ~s*** Sprechzeiten, -stunden *pl.*; **II** *v/t.* **3.** inter'viewen, ein Inter'view *od.* e-e Unter'redung haben mit, ein Gespräch führen mit; **in·ter·view·ee** [,ɪntəvjuː'iː] *s.* Inter'viewte(r *m*) *f*; *a.* Kandi'dat(in) (*für e-e Stelle*); **'in·ter·view·er** [-juːə] *s.* Inter'viewer(in); Leiter(in) e-s Vorstellungsgesprächs.

'in·ter·war *adj.*: ***the ~ period*** die Zeit zwischen den (Welt)Kriegen.

,in·ter'weave *v/t.* [*irr.* → ***weave***] **1.** verweben, verflechten (*a. fig.*); **2.** vermengen; **3.** durch'weben, -'flechten, -'wirken.

,in·ter'zon·al *adj.* Interzonen…

in·tes·ta·cy [ɪn'testəsɪ] *s.* ⚖ Fehlen *n* e-s Testa'ments; **in'tes·tate** [-teɪt] **I** *adj.* **1.** ohne Hinter'lassung e-s Testa'ments: ***die ~***; **2.** nicht testamen'tarisch geregelt: ***~ estate***; ***~ succession*** gesetzliche Erbfolge; **II** *s.* **3.** Erb-lasser(in), der (*od.* die) kein Testa'ment hinter'lassen hat.

in·tes·ti·nal [ɪn'testɪnl] *adj.* ⚕ Darm…: ***~ flora*** Darmflora *f*; **in·tes·tine** [ɪn'testɪn] **I** *s. anat.* Darm *m*; *pl.* Gedärme *pl.*, Eingeweide *pl.*: ***large ~*** Dickdarm; ***small ~*** Dünndarm; **II** *adj.* inner, einheimisch: ***~ war*** Bürgerkrieg *m*.

in·thral(l) [ɪn'θrɔːl] *Am.* → ***enthral(l)***.

in·throne [ɪn'θrəʊn] *Am.* → ***enthrone***.

in·ti·ma·cy ['ɪntɪməsɪ] *s.* **1.** Intimi'tät *f*: a) Vertrautheit *f*, vertrauter 'Umgang, b) (*contp. plumpe*) Vertraulichkeit; **2.** in'time (*sexuelle*) Beziehungen *pl.*

in·ti·mate[1] ['ɪntɪmət] **I** *adj.* □ **1.** vertraut, innig, in'tim: ***on ~ terms*** auf vertrautem Fuß; **2.** eng, nah; **3.** per'sönlich; **4.** in'tim, in geschlechtlichen Beziehungen (stehend) (***with*** mit); **5.** gründlich: ***~ knowledge***; **6.** ⚙, ⚗ innig: ***~ contact***; ***~ mixture***; **II** *s.* **7.** Vertraute(r *m*) *f*, Intimus *m*.

in·ti·mate[2] ['ɪntɪmeɪt] *v/t.* **1.** andeuten, zu verstehen geben; **2.** nahelegen; **3.** ankündigen, mitteilen; **in·ti·ma·tion** [,ɪntɪ'meɪʃn] *s.* **1.** Andeutung *f*, Wink *m*; **2.** Mitteilung *f*.

in·tim·i·date [ɪn'tɪmɪdeɪt] *v/t.* einschüchtern, abschrecken, bange machen; **in·tim·i·da·tion** [ɪn,tɪmɪ'deɪʃn] *s.* Einschüchterung *f*; ⚖ Nötigung *f*.

in·ti·tle [ɪn'taɪtl] *Am.* → ***entitle***.

in·to ['ɪntʊ; 'ɪntə] *prp.* **1.** in (*acc.*), in (*acc.*) … hin'ein: ***go ~ the house***; ***get ~ debt*** in Schulden geraten; ***flog ~ obedience*** durch Prügel zum Gehorsam bringen; ***translate ~ English*** ins Englische übersetzen; ***far ~ the night*** tief in die Nacht; ***she is ~ her thirties*** sie ist Anfang dreißig; ***Socialist ~ Conservative*** die Verwandlung e-s Sozialisten in einen Konservativen; **2.** *Zustandsänderung*: zu: ***make water ~ ice*** Wasser zu Eis machen; ***turn ~ cash*** zu Geld machen; ***grow ~ a man*** ein Mann werden; **3.** ⚹ in: ***divide ~ 10 parts*** in 10 Teile teilen; ***4 ~ 20 goes five times***

4 geht in 20 fünfmal; **4. be ~ s.th.** F a) auf (*acc.*) et. ‚stehen', b) et. ‚am Wikkel' haben: ***he is ~ modern art now*** F er ‚hat es' jetzt (*beschäftigt sich*) mit moderner Kunst.

in·tol·er·a·ble [ɪnˈtɒlərəbl] *adj.* □ unerträglich; **inˈtol·er·a·ble·ness** [-nɪs] *s.* Unerträglichkeit *f*; **inˈtol·er·ance** [-lərəns] *s.* **1.** ˈIntoleˌranz *f*, Unduldsamkeit *f* (***of*** gegen); **2.** ⚕ ˈÜberempfindlichkeit *f* (***of*** gegen); **inˈtol·er·ant** [-lərənt] *adj.* □ **1.** unduldsam, ˈintoleˌrant (***of*** gegen); **2. be ~ of** nicht (v)ertragen können.

in·tomb [ɪnˈtuːm] *Am.* → ***entomb***.

in·to·nate [ˈɪntəʊneɪt] *v/t.* → ***intone***; **in·to·na·tion** [ˌɪntəʊˈneɪʃn] *s.* **1.** *ling.* Intonatiˈon *f*, Tonfall *m*; **2.** ♪ Intonatiˈon *f*: a) Anstimmen *n*, b) Psalmodieren *n*, c) Tonansatz *m*; **in·tone** [ɪnˈtəʊn] *v/t.* **1.** ♪ anstimmen, intonieren; **2.** ♪ psalmodieren; **3.** (mit *e-m bestimmten* Tonfall) (aus)sprechen.

in to·to [ˌɪnˈtəʊtəʊ] (*Lat.*) *adv.* **1.** im ganzen, insgesamt; **2.** vollständig.

in·tox·i·cant [ɪnˈtɒksɪkənt] **I** *adj.* berauschend; **II** *s.* berauschendes Getränk, Rauschmittel *n*; **inˈtox·i·cate** [-keɪt] *v/t.* (*a. fig.*) berauschen, (be)trunken machen: ***~d with*** berauscht *od.* trunken von *Wein*, *Liebe etc.*; **in·tox·i·ca·tion** [ɪnˌtɒksɪˈkeɪʃn] *s. a. fig.* Rausch *m*, Trunkenheit *f*.

intra- [ɪntrə] *in Zssgn* innerhalb.

ˌin·traˈcar·di·ac *adj.* ⚕ im Herzˈinnern, intrakardiˈal.

in·trac·ta·bil·i·ty [ɪnˌtræktəˈbɪlətɪ] *s.* Unlenksamkeit *f*, ˈWiderspenstigkeit *f*; **in·trac·ta·ble** [ɪnˈtræktəbl] *adj.* □ **1.** unlenksam, störrisch, halsstarrig; **2.** schwer zu bearbeiten(d) *od.* zu handhaben(d), ‚ˈwiderspenstig'.

in·tra·dos [ɪnˈtreɪdɒs] *s.* ⚠ Laibung *f*.

in·tra·mu·ral [ˌɪntrəˈmjʊərəl] *adj.* **1.** innerhalb der Mauern (*e-r Stadt*, *e-s Hauses etc.*) befindlich; **2.** innerhalb der Universiˈtät.

ˌin·traˈmus·cu·lar *adj.* ⚕ intramuskuˈlär.

in·tran·si·gence [ɪnˈtrænsɪdʒəns] *s.* Unnachgiebigkeit *f*, Intransiˈgenz *f*; **inˈtran·si·gent** [-nt] *adj. bsd. pol.* unnachgiebig, starr, intransiˈgent.

in·tran·si·tive [ɪnˈtrænsɪtɪv] **I** *adj.* □ *ling.* intransitiv (*a.* ♞); **II** *s. ling.* Intransitiv *n*.

in·trant [ˈɪntrənt] *s.* Neueintretende(r *m*) *f*, (*ein Amt*) Antretende(r *m*) *f*.

ˌin·traˈstate *adj.* innerstaatlich, *Am.* innerhalb e-s Bundesstaates.

ˌin·traˈve·nous *adj.* ⚕ intraveˈnös.

in·trench [ɪnˈtrentʃ] → ***entrench***.

in·trep·id [ɪnˈtrepɪd] *adj.* □ unerschrokken; **in·tre·pid·i·ty** [ˌɪntrɪˈpɪdətɪ] *s.* Unerschrockenheit *f*.

in·tri·ca·cy [ˈɪntrɪkəsɪ] *s.* **1.** Kompliziertheit *f*, Kniffligkeit *f*; **2.** Komplikatiˈon *f*, Schwierigkeit *f*; **ˈin·tri·cate** [-kət] *adj.* □ verwickelt, kompliziert, knifflig, schwierig.

in·trigue [ɪnˈtriːg] **I** *v/i.* **1.** intrigieren, Ränke schmieden; **2.** ein Verhältnis haben (***with*** mit); **II** *v/t.* **3.** fesseln, faszinieren; **4.** neugierig machen; **5.** verblüffen; **III** *s.* **6.** Inˈtrige *f*: a) Ränkespiel *n*, *pl.* Ränke *pl.*, Machenschaften *pl.*, b) Verwicklung *f* (*im Drama etc.*); **inˈtri·guer** [-gə] *s.* Intriˈgant(in); **inˈtri·guing** [-gɪŋ] *adj.* □ **1.** fesselnd, faszinierend; **2.** verblüffend; **3.** intrigierend, ränkevoll.

in·trin·sic [ɪnˈtrɪnsɪk] *adj.* (□ ***~ally***) inner, wahr, eigentlich, wirklich, wesentlich, immaˈnent: ***~ value*** innerer Wert; **inˈtrin·si·cal·ly** [-kəlɪ] *adv.* wirklich, eigentlich; an sich: ***~ safe*** ⚡ eigensicher.

in·tro·duce [ˌɪntrəˈdjuːs] *v/t.* **1.** einführen: ***~ a new method***; **2.** einleiten, eröffnen, anfangen; **3.** (***into*** in *acc.*) *et.* (herˈein)bringen; *Instrument etc.* einführen, -setzen; *Seuche* einschleppen; *parl. Gesetzesvorlage* einbringen; **4.** *Thema*, *Frage* anschneiden, aufwerfen; **5.** *j-n* (hinˈein)führen, (-)geleiten (***into*** in *acc.*); **6.** (***to***) *j-n* einführen (in *acc.*), bekannt machen (mit *et.*); **7.** (***to***) *j-n* bekannt machen (mit *j-m*), vorstellen (*dat.*); **ˌin·troˈduc·tion** [-ˈdʌkʃn] *s.* **1.** Einführung *f*; **2.** Einleitung *f*, Anbahnung *f*; **3.** Einleitung *f*, Vorrede *f*, -wort *n*; **4.** Leitfaden *m*, Anleitung *f*; **5.** Einführung *f* (*Instrument*); Einschleppung *f* (*Seuche*); *pol.* Einbringung *f* (*Gesetz*); **6.** Vorstellung *f*: ***letter of ~*** Empfehlungsbrief *m*; **ˌin·troˈduc·to·ry** [-ˈdʌktərɪ] *adj.* einleitend, Einleitungs…, Vor…

in·tro·mis·sion [ˌɪntrəʊˈmɪʃn] *s.* **1.** Einführung *f*; **2.** Zulassung *f*.

in·tro·spect [ˌɪntrəʊˈspekt] *v/t.* sich (innerlich) prüfen; **ˌin·troˈspec·tion** [-kʃn] *s.* Selbstbeobachtung *f*, Innenschau *f*, Introspektiˈon *f*; **ˌin·troˈspec·tive** [-tɪv] *adj.* □ introspekˈtiv, selbstprüfend, nach innen gewandt.

in·tro·ver·sion [ˌɪntrəʊˈvɜːʃn] *s.* **1.** Einwärtskehren *n*; **2.** *psych.* Introversiˈon *f*, Introvertiertheit *f*; **in·tro·vert I** *s.* [ˈɪntrəʊvɜːt] *psych.* introvertierter

Mensch; **II** *v/t.* [ˌɪntrəʊˈvɜːt] nach innen richten, einwärtskehren; *psych.* introvertieren.

in·trude [ɪnˈtruːd] **I** *v/t.* **1.** *fig.* (unnötigerweise) hiˈneinbringen: *~ one's own ideas into the argument*; **2.** *~ s.th. upon s.o.* j-m et. aufdrängen; *~ o.s. upon s.o.* sich j-m aufdrängen; **II** *v/i.* **3.** sich eindrängen *od.* einmischen (*into* in *acc.*), sich aufdrängen (*upon dat.*); **4.** (*upon*) *j-n* stören, belästigen: *am I intruding?* störe ich?; **inˈtrud·er** [-də] *s.* **1.** Eindringling *m*; **2.** Zudringliche(r *m*) *f*, Störenfried *m*; **3.** ✈ Störflugzeug *n*; **inˈtru·sion** [-uːʒn] *s.* **1.** Eindrängen *n*, Eindringen *n*; **2.** Einmischung *f*; **3.** Zu-, Aufdringlichkeit *f*; **4.** Belästigung *f* (*upon gen.*); **5.** ⚖ Besitzstörung *f*; **inˈtru·sive** [-uːsɪv] *adj.* □ **1.** auf-, zudringlich, lästig; **2.** *geol.* eingedrungen; **3.** *ling.* ˈunetymoˌlogisch (eingedrungen); **inˈtru·sive·ness** [-uːsɪvnɪs] → *intrusion* 3.

in·tu·it [ɪnˈtjuːɪt] *v/t. u. v/i.* intuiˈtiv erfassen *od.* wissen; **in·tu·i·tion** [ˌɪntjuːˈɪʃn] *s.* Intuitiˈon *f*: a) unmittelbare Erkenntnis, b) Eingebung *f*, Ahnung *f*; **in·tu·i·tive** [ɪnˈtjuːɪtɪv] *adj.* □ intuiˈtiv.

in·tu·mes·cence [ˌɪntjuːˈmesns] *s.* **1.** Anschwellen *n*; **2.** ⚕ Anschwellung *f*, Geschwulst *f*; **ˌin·tuˈmes·cent** [-nt] *adj.* (an)schwellend.

in·twine [ɪnˈtwaɪn] *Am.* → *entwine*.

in·un·date [ˈɪnʌndeɪt] *v/t.* überˈschwemmen (*a. fig.*); **in·un·da·tion** [ˌɪnʌnˈdeɪʃn] *s.* Überˈschwemmung *f*, Flut *f* (*a. fig.*).

in·ure [ɪˈnjʊə] **I** *v/t. mst pass.* (*to*) abhärten (gegen), gewöhnen (an *acc.*); **II** *v/i. bsd.* ⚖ wirksam *od.* gültig *od.* angewendet werden.

in·vade [ɪnˈveɪd] *v/t.* **1.** einfallen *od.* eindringen *od.* einbrechen in (*acc.*); **2.** überˈfallen, angreifen; **3.** *fig.* überˈlaufen, -ˈschwemmen, sich ausbreiten über (*acc.*); **4.** eindringen in (*acc.*), ˈübergreifen auf (*acc.*); **5.** *fig.* erfüllen, ergreifen, befallen: *fear ~d all*; **6.** *fig.* verstoßen gegen, verletzen, antasten, eingreifen in (*acc.*); **inˈvad·er** [-də] *s.* Eindringling *m*, Angreifer(in); *pl.* ⚔ Invaˈsoren *pl.*

in·va·lid[1] [ˈɪnvəlɪd] **I** *adj.* **1.** a) krank, leidend, b) invaˈlide, c) ⚔ dienstunfähig; **2.** Kranken…: *~ chair* Rollstuhl *m*; *~ diet* Krankenkost *f*; **II** *s.* **3.** Kranke(r *m*) *f*; **4.** Invaˈlide *m*; **III** *v/t.* [ˌɪnvəˈliːd] **5.** zum Invaˈliden machen; **6.** *a. ~ out* ⚔ dienstuntauglich erklären *od.* als dienstuntauglich entlassen: *be ~ed out* als Invalide (aus dem Heer) entlassen werden.

in·val·id[2] [ɪnˈvælɪd] *adj.* □ **1.** (rechts)ungültig, null u. nichtig; **2.** nichtig, nicht stichhaltig (*Argumente*); **inˈval·i·date** [-deɪt] *v/t.* **1.** außer Kraft setzen: a) (für) ungültig erklären, ˈumstoßen, b) ungültig *od.* unwirksam machen; **2.** *Argument etc.* entkräften; **in·val·i·da·tion** [ɪnˌvælɪˈdeɪʃn] *s.* **1.** Ungültigkeitserklärung *f*; **2.** Entkräftung *f*.

in·va·lid·ism [ˈɪnvəlɪdɪzəm] *s.* ⚕ Invalidiˈtät *f*.

in·va·lid·i·ty [ˌɪnvəˈlɪdətɪ] *s.* **1.** *bsd.* ⚖ Ungültigkeit *f*, Nichtigkeit *f*; **2.** ⚕ *Am.* Invalidiˈtät *f*.

in·val·u·a·ble [ɪnˈvæljʊəbl] *adj.* □ unschätzbar, unbezahlbar, von unschätzbarem Wert.

in·var·i·a·bil·i·ty [ɪnˌveərɪəˈbɪlətɪ] *s.* Unveränderlichkeit *f*; **in·var·i·a·ble** [ɪnˈveərɪəbl] **I** *adj.* □ unveränderlich, gleichbleibend; konˈstant (*a.* ⩕); **II** *s.* ⩕ Konˈstante *f*; **in·var·i·a·bly** [ɪnˈveərɪəblɪ] *adv.* stets, ausnahmslos.

in·va·sion [ɪnˈveɪʒn] *s.* **1.** (*of*) Invasiˈon *f* (*gen.*): a) ⚔ *u. fig.* Einfall *m* (in *acc.*), ˈÜberfall *m* (auf *acc.*), b) Eindringen *n*, Einbruch *m* (in *acc.*); **2.** Andrang *m* (*of* zu); **3.** *fig.* (*of*) Eingriff *m* (in *acc.*), Verletzung *f* (*gen.*); **4.** ⚕ Anfall *m*; **inˈva·sive** [-eɪsɪv] *adj.* **1.** ⚔ Invasions…, angreifend; **2.** (gewaltsam) eingreifend (*of* in *acc.*); **3.** zudringlich.

in·vec·tive [ɪnˈvektɪv] *s.* Schmähung(en *pl.*) *f*, Beschimpfung *f*; *pl.* Schimpfworte *pl.*

in·veigh [ɪnˈveɪ] *v/i.* (*against*) schimpfen (über, auf *acc.*), herziehen (über *acc.*).

in·vei·gle [ɪnˈveɪgl] *v/t.* (*into*) **1.** verleiten, verführen (zu): *~ s.o. into doing s.th.* j-n dazu verleiten, *et.* zu tun; **2.** locken (in *acc.*); **inˈvei·gle·ment** [-mənt] *s.* Verleitung *f etc.*

in·vent [ɪnˈvent] *v/t.* **1.** erfinden, ersinnen; **2.** *fig.* erfinden, erdichten; **inˈven·tion** [-nʃn] *s.* **1.** Erfindung *f* (*a. fig.*); **2.** (Gegenstand *m etc.* der) Erfindung *f*; **3.** Erfindungsgabe *f*; **4.** *contp.* Märchen *n*; **inˈven·tive** [-tɪv] *adj.* □ **1.** erfinderisch (*of* in *dat.*); Erfindungs…; **2.** schöpferisch, einfallsreich, origiˈnell; **inˈven·tive·ness** [-tɪvnɪs] → *invention* 3; **inˈven·tor** [-tə] *s.* Erfinder(in).

in·ven·to·ry [ˈɪnvəntrɪ] *a.* ✝ **I** *s.* **1.** a) Invenˈtar *n*, Bestandsverzeichnis, (-)Liste *f*, b) *Am.* Bestandsaufnahme *f*, Invenˈtur *f*; **2.** Invenˈtar *n*, Lagerbestand *m*, Vorräte *pl.*: ***take ~*** Inventur machen; **II** *v/t.* **3.** inventarisieren: a) e-e Bestandsaufnahme machen von, b) im Inven'tar verzeichnen.

in·verse [ɪn'vɜːs] **I** *adj.* □ 'umgekehrt, entgegengesetzt; ⩓ in'vers, rezi'prok: ***~ly proportional*** umgekehrt proportional; **II** *s.* 'Umkehrung *f*, Gegenteil *n*; **in'ver·sion** [ɪn'vɜːʃn] *s.* **1.** 'Umkehrung *f* (*a.* ♪); **2.** ⚗, ⩓, *ling.*, *meteor.* Inversi'on *f*, *psych. a.* Homosexuali'tät *f*.

in·vert I *v/t.* [ɪn'vɜːt] **1.** 'umkehren (*a.* ♪), 'umdrehen, 'umwenden (*a.* ⚡); **2.** *ling.* 'umstellen; **3.** ⚗ invertieren; **II** *s.* ['ɪnvɜːt] **4.** ⩓ 'umgekehrter Bogen; **5.** ⚙ Sohle *f* (*Schleuse etc.*); **6.** *psych.* Invertierte(r *m*) *f*: a) Homosexu'elle(r) *m*, b) Lesbierin *f*, c) Transsexu'elle(r *m*) *f*.

in·ver·te·brate [ɪn'vɜːtɪbrət] **I** *adj.* **1.** *zo.* wirbellos; **2.** *fig.* rückgratlos; **II** *s.* **3.** *zo.* wirbelloses Tier: ***the ~s*** die Wirbellosen.

in·vert·ed [ɪn'vɜːtɪd] *adj.* **1.** 'umgekehrt; 'umgestellt; **2.** *psych.* invertiert, homosexu'ell; **3.** ⚙ hängend: ***~ cylinders***; ***~ engine*** Hängemotor *m*; **~ com·mas** *s. pl.* Anführungszeichen *pl.*, ‚Gänsefüßchen' *pl.*; **~ flight** *s.* ✈ Rückenflug *m*; **~ im·age** *s. phys.* Kehrbild *n*.

in·vest [ɪn'vest] **I** *v/t.* **1.** ✝ investieren, anlegen (***in*** in *dat.*); **2.** (***with***, ***in*** mit) bekleiden (*a. fig.*); bedecken, um'hüllen; **3.** (***with***) kleiden (in *acc.*), ausstatten (mit *Befugnissen etc.*); um'geben (mit); **4.** (in Amt u. Würden) einsetzen; **5.** ⚔ einschließen, belagern; **II** *v/i.* **6.** investieren (***in*** in *dat.*); **7.** ***~ in*** F ‚sein Geld investieren' in (*dat.*).

in·ves·ti·gate [ɪn'vestɪgeɪt] **I** *v/t.* unter'suchen, erforschen; ermitteln; **II** *v/i.* (***into***) nachforschen (nach), Ermittlungen anstellen (über *acc.*); **in·ves·ti·ga·tion** [ɪnˌvestɪ'geɪʃn] *s.* **1.** Unter'suchung *f*, Nachforschung *f*; *pl.* Ermittlung(en *pl.*) *f*, Re'cherchen *pl.*; **2.** *wissenschaftliche* (Er)Forschung; **in'ves·ti·ga·tive** [-tɪv] *adj.* recherchierend, Untersuchungs...: ***~ journalism*** Enthüllungsjournalismus *m*; ***~ reporter*** recherchierender Reporter; **in'ves·ti·ga·tor** [-tə] *s.* **1.** Unter'suchende(r) *m*, (Er-, Nach-) Forscher(in); **2.** Unter'suchungsbeamte(r) *m*; **3.** Prüfer(in).

in·ves·ti·ture [ɪn'vestɪtʃə] *s.* **1.** Investi'tur *f*, (feierliche) Amtseinsetzung *f*; **2.** Belehnung *f*; **3.** *fig.* Ausstattung *f*.

in·vest·ment [ɪn'vestmənt] *s.* **1.** ✝ a) Investierung *f*, b) Investiti'on(en *pl.*) *f*, (Kapi'tal-, Geld)Anlage *f*, Anlagewerte *pl.*: ***that's a good ~*** das ist e-e gute Geldanlage, *fig.* das lohnt sich *od.* macht sich bezahlt; **2.** ✝ Einlage *f*, Beteiligung *f* (*e-s Gesellschafters*); **3.** Ausstattung *f* (***with*** mit); **4.** *biol.* (Außen-, Schutz)Haut *f*; **5.** ⚔ *obs.* Belagerung *f*; **6.** → ***investiture*** 1; **~ ad·vis·er** *s.* Anlageberater *m*; **~ bank** *s.* Investiti'ons-, In'vestmentbank *f*; **~ bank·ing** *s.* Ef'fektenbankgeschäft *n*; **~ bonds** *s. pl.* festverzinsliche 'Anlagepaˌpiere *pl.*; **~ com·pan·y** *s.* Kapi'talanlage-, In'vestmentgesellschaft *f*; **~ cred·it** *s.* Investiti'onskreˌdit *m*; **~ fund** *s.* **1.** Anlagefonds *m*; **2.** *pl.* Investiti'onsmittel *pl.*; **~ goods** *s. pl.* Investiti'onsgüter *pl.*; **~ shares** *s. pl.*, **~ stocks** *s. pl.* 'Anlagepaˌpiere *pl.*, -werte *pl.*; **~ trust** → ***investment company***: ***~ certificate*** Anteilschein *m*, Investmentzertifikat *n*.

in·ves·tor [ɪn'vestə] *s.* ✝ In'vestor *m*, Geld-, Kapi'talanleger *m*.

in·vet·er·a·cy [ɪn'vetərəsɪ] *s.* Unausrottbarkeit *f*, *a.* ⚕ Hartnäckigkeit *f*; **in'vet·er·ate** [-rɪt] *adj.* □ **1.** eingewurzelt; **2.** ⚕ hartnäckig; **3.** eingefleischt, unverbesserlich.

in·vid·i·ous [ɪn'vɪdɪəs] *adj.* □ **1.** verhaßt, ärgerlich; **2.** gehässig, boshaft, gemein; **in'vid·i·ous·ness** [-nɪs] *s.* **1.** *das* Ärgerliche; **2.** Gehässigkeit *f*, Bosheit *f*, Gemeinheit *f*.

in·vig·i·la·tion [ɪnˌvɪdʒɪ'leɪʃn] *s. ped. Brit.* Aufsicht *f*.

in·vig·or·ate [ɪn'vɪgəreɪt] *v/t.* stärken, kräftigen, beleben, *bsd. fig.* erfrischen: ***invigorating*** stärkend *etc.*; **in·vig·or·a·tion** [ɪnˌvɪgə'reɪʃn] *s.* Kräftigung *f*, Belebung *f*.

in·vin·ci·bil·i·ty [ɪnˌvɪnsɪ'bɪlətɪ] *s.* Unbesiegbarkeit *f etc.*; **in·vin·ci·ble** [ɪn'vɪnsəbl] *adj.* □ unbesiegbar, 'unüberˌwindlich.

in·vi·o·la·bil·i·ty [ɪnˌvaɪələ'bɪlətɪ] *s.* Unverletzlichkeit *f*, Unantastbarkeit *f*; **in·vi·o·la·ble** [ɪn'vaɪələbl] *adj.* □ unverletzlich, unantastbar, heilig; **in·vi·o·late** [ɪn'vaɪələt] *adj.* □ **1.** unverletzt, unversehrt, nicht gebrochen (*Gesetz etc.*); **2.** unangetastet.

in·vis·i·bil·i·ty [ɪnˌvɪzə'bɪlətɪ] *s.* Unsichtbarkeit *f*; **in·vis·i·ble** [ɪn'vɪzəbl] *adj.* □ unsichtbar (***to*** für): ***~ ink***; ***~ exports***; ***~ mending*** Kunststopfen *n*; ***he was ~*** *fig.* er ließ sich nicht sehen.

in·vi·ta·tion [ˌɪnvɪ'teɪʃn] *s.* **1.** Einladung *f* (***to s.o.*** an j-n): ***~ to tea*** Einladung zum Tee; **2.** Aufforderung *f*, Ersuchen *n*; **3.** ***~ to bid*** ✝ Ausschreibung *f*; **in·vite** [ɪn'vaɪt] *v/t.* **1.** einladen: ***~ s.o. in***

j-n hereinbitten; **2.** *j-n* auffordern, bitten (***to do*** zu tun); **3.** *et.* erbitten, ersuchen um, auffordern zu *et.*; ♆ ausschreiben; **4.** *Kritik*, *Gefahr etc.* her'ausfordern, sich aussetzen (*dat.*); **5.** a) einladen zu, ermutigen zu, b) (ver)lokken (***to do*** zu tun); **in·vit·ing** [ɪnˈvaɪtɪŋ] *adj.* □ einladend, (ver)lockend.

in·vo·ca·tion [ˌɪnvəʊˈkeɪʃn] *s.* **1.** Anrufung *f*; **2.** *eccl.* Bittgebet *n.*

in·voice [ˈɪnvɔɪs] ♆ **I** *s.* Fak'tura *f*, (Waren-, Begleit)Rechnung *f*: ***as per ~*** laut Rechnung; ***~ clerk*** Fakturist(in); **II** *v/t.* fakturieren, in Rechnung stellen.

in·voke [ɪnˈvəʊk] *v/t.* **1.** anrufen, anflehen, flehen zu; **2.** flehen um, erflehen; **3.** *fig.* zu Hilfe rufen, sich berufen auf (*acc.*), anführen, zitieren; **4.** *Geist* beschwören.

in·vol·un·tar·i·ness [ɪnˈvɒləntərɪnɪs] *s.* **1.** Unfreiwilligkeit *f*; **2.** 'Unwillˌkürlichkeit *f*; **in·vol·un·tar·y** [ɪnˈvɒləntərɪ] *adj.* □ **1.** unfreiwillig; **2.** 'unwillˌkürlich; **3.** unabsichtlich.

in·vo·lute [ˈɪnvəluːt] **I** *adj.* **1.** ⚘ eingerollt; **2.** *zo.* mit engen Windungen; **3.** *fig.* verwickelt; **II** *s.* **4.** ⩚ Evol'vente *f*; **in·vo·lu·tion** [ˌɪnvəˈluːʃn] *s.* **1.** ⚘ Einrollung *f*; **2.** Involuti'on *f*: a) *biol.* Rückbildung *f*, b) ⩚ Potenzierung *f*; **3.** Verwicklung *f*, Verwirrung *f*.

in·volve [ɪnˈvɒlv] (→ *a.* ***involved***) *v/t.* **1.** um'fassen, einschließen, involvieren; **2.** nach sich ziehen, zur Folge haben, mit sich bringen, verbunden sein mit, bedeuten: ***~ great expense***; ***this would ~ (our) living abroad*** das würde bedeuten, daß wir im Ausland leben müßten; **3.** nötig machen, erfordern: ***~ hard work***; **4.** betreffen: a) angehen: ***the plan ~s all employees***, b) beteiligen (***in***, ***with*** an *dat.*): ***the number of persons ~d***, c) sich handeln *od.* drehen um, gehen um, zum Gegenstand haben: ***the case ~d some grave offences***, d) in Mitleidenschaft ziehen: ***diseases that ~ the nervous system***; ***it wouldn't ~ you*** du hättest nichts damit zu tun; **5.** verwickeln, -stricken, hin'einziehen (***in*** in *acc.*): ***~d in a lawsuit*** in e-n Rechtsstreit verwickelt; ***~d in an accident*** in e-n Unfall verwikkelt, an e-m Unfall beteiligt; ***I am not getting ~d in this!*** ich lasse mich da nicht hineinziehen!; **6.** *j-n* (*seelisch*, *persönlich*) engagieren (***in*** in *dat.*): ***~ o.s. with s.o.*** sich mit j-m einlassen; ***be ~d with s.o.*** a) mit j-m zu tun haben, b) zu j-m e-e (enge) Beziehung haben, *erotisch*: *a.* mit j-m ein Verhältnis haben, es mit j-m ‚haben'; ***she was ~d with several men***; **7.** *j-n* in Schwierigkeiten bringen (***with*** mit); **8.** *et.* komplizieren, verwirren; **inˈvolved** [-vd] *adj.* (→ *a.* ***involve***) **1.** a) kompliziert, b) verworren: ***an ~ sentence***; **2.** betroffen, beteiligt: ***the persons ~***; **3.** ***be ~*** a) → ***involve*** 4 c, b) mitspielen (***in*** bei *e-r Sache*), c) auf dem Spiel stehen, gehen um: ***the national prestige was ~***; **4.** (***in***) verwickelt, verstrickt (in *acc.*), beteiligt (an *dat.*); **5.** einbegriffen; **6.** (***in***, ***with***) a) stark beschäftigt (mit), versunken (in *acc.*), b) (stark) interessiert (an *dat.*); **7.** (*seelisch*, *innerlich*) engagiert: ***emotionally ~***; ***be deeply ~ with a girl*** e-e enge Beziehung zu e-m Mädchen haben, stark empfinden für ein Mädchen; **inˈvolve·ment** [-mənt] *s.* **1.** Verwicklung *f*, -strickung *f* (***in*** in *acc.*); **2.** Beteiligung *f* (***in*** an *dat.*); **3.** Betroffensein *n*; **4.** (*seelisches od. persönliches*) Engagement; **5.** (***with***) a) (*innere*) Beziehung (zu), b) (*sexuelles*) Verhältnis (mit), c) Umgang (mit); **6.** Kompliziertheit *f*; **7.** komplizierte Sache, Schwierigkeit *f*.

in·vul·ner·a·bil·i·ty [ɪnˌvʌlnərəˈbɪlətɪ] *s.* **1.** Unverwundbarkeit *f*; **2.** *fig.* Unanfechtbarkeit *f*; **in·vul·ner·a·ble** [ɪnˈvʌlnərəbl] *adj.* □ **1.** unverwundbar, ungefährdet, gefeit (***to*** gegen); **2.** *fig.* unanfechtbar.

in·ward [ˈɪnwəd] **I** *adj.* □ **1.** inner(lich), Innen...; nach innen gehend: ***~ parts*** *anat.* innere Organe; ***the ~ nature*** der Kern, das eigentliche Wesen; **2.** *fig.* seelisch, geistig, inner(lich); **3.** ***~ duty*** ♆ Eingangszoll *m*; ***~ journey*** ⚓ Heimfahrt *f*, -reise *f*; ***~ mail*** eingehende Post; **II** *s.* **4.** *das* Innere (*a. fig.*); **5.** *pl.* [ˈɪnədz] F a) innere Or'gane *pl.*, Eingeweide *pl.*, b) *Küche*: Inne'reien *pl.*; **III** *adv.* **6.** nach innen; **7.** im Innern (*a. fig.*); **ˈin·ward·ly** [-lɪ] *adv.* **1.** innerlich, im Innern (*a. fig.*); nach innen; **2.** im stillen, insgeheim, für sich, leise; **ˈin·ward·ness** [-nɪs] *s.* **1.** Innerlichkeit *f*; **2.** innere Na'tur, wahre Bedeutung; **ˈin·wards** [-dz] → ***inward*** 6, 7.

in·weave [ˌɪnˈwiːv] *v/t.* [*irr.* → ***weave***] **1.** einweben (***into*** in *acc.*); **2.** *fig.* ein-, verflechten.

in·wrought [ˌɪnˈrɔːt] *adj.* **1.** eingewoben, eingearbeitet; **2.** verziert; **3.** *fig.* (eng) verflochten.

i·o·date [ˈaɪəʊdeɪt] *s.* ⚗ Jo'dat *n*; **i·od·ic** [aɪˈɒdɪk] *adj.* ⚗ jodhaltig, Jod...; **ˈi·o·dide** [-daɪd] *s.* ⚗ Jo'did *n*; **ˈi·o·dine** [-diːn] *s.* Jod *n*: ***tincture of ~*** Jodtinktur *f*; **'i·o·dism** [-dɪzəm] *s.* Jodvergiftung *f*; **'i·o·dize** [-daɪz] *v/t.* jodieren, mit Jod behandeln.

i·on ['aɪən] *s. phys.* I'on *n*.

I·o·ni·an [aɪ'əʊnjən] **I** *adj.* i'onisch; **II** *s.* I'onier(in).

I·on·ic¹ [aɪ'ɒnɪk] *adj.* i'onisch: **~ *order*** ionische Säulenordnung.

i·on·ic² [aɪ'ɒnɪk] *adj. phys.* i'onisch: **~ *centrifuge*** Ionenschleuder *f*; **~ *migration*** Ionenwanderung *f*.

i·o·ni·um [aɪ'əʊnɪəm] *s.* ⚗ I'onium *n*.

i·on·i·za·tion [ˌaɪənaɪ'zeɪʃn] *s. phys.* Ionisierung *f*; **i·on·ize** ['aɪənaɪz] *phys.* **I** *v/t.* ionisieren; **II** *v/i.* in I'onen zerfallen; **i·on·o·sphere** [aɪ'ɒnəˌsfɪə] *s. phys.* Iono'sphäre *f*.

i·o·ta [aɪ'əʊtə] *s.* Jota *n* (*griech. Buchstabe*): ***not an ~*** *fig.* kein Jota *od.* bißchen.

IOU [ˌaɪəʊ'juː] *s.* Schuldschein *m* (= ***I owe you***).

ip·so fac·to [ˌɪpsəʊ'fæktəʊ] (*Lat.*) gerade (*od.* al'lein) durch diese Tatsache, eo ipso.

I·ra·ni·an [ɪ'reɪnjən] **I** *adj.* **1.** i'ranisch, persisch; **II** *s.* **2.** I'ranier(in), Perser (-in); **3.** *ling.* I'ranisch *n*, Persisch *n*.

I·ra·qi [ɪ'rɑːkɪ] **I** *s.* **1.** I'raker(in); **2.** *ling.* I'rakisch *n*; **II** *adj.* **3.** i'rakisch.

i·ras·ci·bil·i·ty [ɪˌræsə'bɪlətɪ] *s.* Jähzorn *m*, Reizbarkeit *f*; **i·ras·ci·ble** [ɪ'ræsəbl] *adj.* □ jähzornig, reizbar.

i·rate [aɪ'reɪt] *adj.* zornig, wütend.

ire ['aɪə] *s. poet.* Zorn *m*, Wut *f*; **'ire·ful** [-fʊl] *adj.* □ *poet.* zornig.

ir·i·des·cence [ˌɪrɪ'desns] *s.* Schillern *n*; **ˌir·i'des·cent** [-nt] *adj.* schillernd, irisierend.

i·rid·i·um [aɪ'rɪdɪəm] *s.* ⚗ I'ridium *n*.

i·ris ['aɪərɪs] *s.* **1.** *anat.* Regenbogenhaut *f*, Iris *f*; **2.** ⚘ Schwertlilie *f*.

I·rish ['aɪərɪʃ] **I** *adj.* **1.** irisch: ***the ~ Free State*** *obs.* der Irische Freistaat; → ***bull***[3]; **II** *s.* **2.** *ling.* Irisch *n*; **3. *the ~*** *pl.* die Iren *pl.*, die Irländer *pl.*; **'I·rish·ism** [-ʃɪzəm] *s.* irische (Sprach)Eigentümlichkeit.

'I·rish|·man [-mən] *s.* [*irr.*] Ire *m*, Irländer *m*; **~ stew** *s. Küche*: Irish Stew *n*; **~ ter·ri·er** *s.* Irischer Terrier; **'~ˌwom·an** *s.* [*irr.*] Irin *f*, Irländerin *f*.

irk [ɜːk] *v/t.* ärgern, verdrießen; **'irk·some** [-səm] *adj.* □ **1.** ärgerlich, verdrießlich; **2.** lästig.

i·ron ['aɪən] **I** *s.* **1.** Eisen *n*: ***have*** (***too***) ***many ~s in the fire*** (zu) viele Eisen im Feuer haben; ***rule with a rod of ~*** *od.* ***with an ~ hand*** mit eiserner Faust regieren; ***strike while the ~ is hot*** das Eisen schmieden, solange es heiß ist; ***a man of ~*** ein harter Mann; ***he is made of ~*** er hat e-e eiserne Gesundheit; **2.** Brandeisen *n*, -stempel *m*; **3.** (Bügel-, Plätt)Eisen *n*; **4.** Steigbügel *m*; **5.** *Golf*: Eisen *n* (*Schläger*); **6.** ⚕ 'Eisen (-präpaˌrat) *n*: ***take ~*** Eisen einnehmen; **7.** *pl.* Hand-, Fußschellen *pl.*, Eisen *pl.*: ***put in ~s*** → 14; **8.** *pl.* ⚕ Beinschiene *f* (*Stützapparat*): ***put s.o.'s leg in ~s*** j-m das Bein schienen; **II** *adj.* **9.** eisern, Eisen…: **~ *bar*** Eisenstange *f*; **10.** *fig.* eisern: a) hart, kräftig: **~ *constitution*** eiserne Gesundheit; **~ *frame*** kräftiger Körper(bau), b) ehern, hart, grausam: **~ *fist*** *od.* ***hand*** eiserne Faust (→ 1); ***there was an ~ fist in a velvet glove*** bei all s-r Freundlichkeit war mit ihm doch nicht zu spaßen, c) unbeugsam, unerschütterlich: **~ *discipline*** eiserne Zucht; **~ *will*** eiserner Wille; **III** *v/t.* **11.** bügeln, plätten; **12. ~ *out*** a) glätten, einebnen, glattwalzen, b) *fig.* ‚ausbügeln', in Ordnung bringen; **13.** ⚙ mit Eisen beschlagen; **14.** fesseln, in Eisen legen.

I·ron| Age *s.* Eisenzeit *f*; **~ Chan·cel·lor** *s.*: ***the ~*** der Eiserne Kanzler (*Bismarck*); **'ᴥ·clad I** *adj.* **1.** gepanzert (*Schiff*), eisenverkleidet, -bewehrt, mit Eisenmantel; **2.** *fig.* eisern, starr, streng; **3.** *fig.* unangreifbar, abso'lut stichhaltig: **~ *argument***; **II** *s.* **4.** *hist.* Panzerschiff *n*; **ᴥ con·crete** *s.* ⚙ 'Eisenbeˌton *m*; **~ Cross** *s.* ⚔ Eisernes Kreuz (*Auszeichnung*); **~ Cur·tain** *s. pol.* ‚Eiserner Vorhang': **~ *countries*** *die* Länder *pl.* hinter dem Eisernen Vorhang; **~ Duke** *s.*: ***the ~*** der Eiserne Herzog (*Wellington*); **ᴥ found·ry** *s.* Eisengieße'rei *f*; **ᴥ horse** *s.* F *obs.* ‚Dampfroß' *n* (*Lokomotive*).

i·ron·ic, i·ron·i·cal [aɪ'rɒnɪk(l)] *adj.* **1.** i'ronisch, spöttelnd, spöttisch; **2.** *Situation etc.*: seltsam, ‚komisch', paradox; **i'ron·i·cal·ly** [-ɪkəlɪ] *adv.* **1.** i'ronisch(erweise); **2.** komischerweise; **i·ro·nize** ['aɪərənaɪz] **I** *v/t. et.* ironisieren; **II** *v/i.* i'ronisch sein, spötteln.

i·ron·ing board ['aɪənɪŋ] *s.* Bügel-, Plättbrett *n*.

i·ron| lung *s.* ⚕ eiserne Lunge; **'~ˌmas·ter** *s. Brit.* 'Eisenfabriˌkant *m*, *obs.* Eisenhüttenbesitzer *m*; **'~ˌmon·ger** *s. bsd. Brit.* Eisenwaren-, Me'tallwarenhändler(in); **'~ˌmon·ger·y** *s. bsd. Brit.* **1.** Eisen-, Me'tallwaren *pl.*; **2.** Eisenwaren-, Me'tallwarenhandlung *f*; **~ ore** *s. metall.* Eisenerz *n*; **~ ox·ide** *s.* ⚗ 'Eisenoˌxyd *n*; **~ ra·tion** *s.* ⚔ eiserne

Rati'on; '~·**sides** *s.* **1.** *sg.* Mann *m* von großer Tapferkeit; **2.** ≈ *pl. hist.* Cromwells Reite'rei *f od.* Heer *n*; **3.** → ***ironclad*** 4; '~·**ware** *s.* Eisen-, Me'tallwaren *pl.*; '~·**work** *s.* ⚙ 'Eisenbeschlag *m*, -konstrukti,on *f*; '~·**works** *s. pl. sg. konstr.* Eisenhütte *f.*

i·ron·y[1] ['aɪənɪ] *adj.* **1.** eisern; **2.** eisenhaltig (*Erde*); **3.** eisenartig.

i·ro·ny[2] ['aɪərənɪ] *s.* **1.** Iro'nie *f*: ~ ***of fate*** *fig.* Ironie des Schicksals; ***tragic*** ~ tragische Ironie; ***the*** ~ ***of it!*** *fig.* welche Ironie (des Schicksals)!; **2.** i'ronische Bemerkung, Spötte'lei *f.*

Ir·o·quois ['ɪrəkwɔɪ] *pl.* **-quois** [-kwɔɪz] *s.* Iro'kese *m*, Iro'kesin *f.*

ir·ra·di·ance [ɪ'reɪdjəns] *s.* **1.** (An-, Aus-, Be)Strahlen *n*; **2.** Strahlenglanz *m*; **ir'ra·di·ant** [-nt] *adj. a. fig.* strahlend (***with*** vor *dat.*); **ir'ra·di·ate** [-dɪeɪt] *v/t.* **1.** bestrahlen (*a.* ⚕), erleuchten; **2.** ausstrahlen; **3.** *fig. Gesicht etc.* aufheitern, verklären; **4.** *fig. etc.* erhellen, Licht werfen auf (*acc.*); **ir·ra·di·a·tion** [ɪ,reɪdɪ'eɪʃn] *s.* **1.** (Aus)Strahlen *n*, Leuchten *n*; **2.** *phys.* a) 'Strahlungsintensi,tät *f*, b) spe'zifische 'Strahlungsener,gie; **3.** Irradiati'on *f*: a) *phot.* Belichtung *f*, b) ⚕ Bestrahlung *f*, Durch'leuchtung *f*; **4.** *fig.* Erhellung *f.*

ir·ra·tion·al [ɪ'ræʃənl] **I** *adj.* ☐ **1.** unvernünftig: a) vernunftlos: ~ ***animal***, b) 'irratio,nal (*a.* ℞, *phls.*), vernunftwidrig, unsinnig; **II** *s.* **2.** ℞ 'Irratio,nalzahl *f*; **3.** *the* ~ → **ir·ra·tion·al·i·ty** [ɪ,ræʃə'nælətɪ] *s.* Irrationali'tät *f* (*a.* ℞, *phls.*), *das* 'Irratio,nale, Unvernunft *f*, Unsinnigkeit *f.*

ir·re·but·ta·ble [,ɪrɪ'bʌtəbl] *adj.* 'unwider,legbar.

ir·re·claim·a·ble [,ɪrɪ'kleɪməbl] *adj.* ☐ **1.** unverbesserlich; **2.** ✓ unbebaubar; **3.** 'unwieder,bringlich.

ir·rec·og·niz·a·ble [ɪ'rekəgnaɪzəbl] *adj.* ☐ nicht 'wiederzuer,kennen(d), unkenntlich.

ir·rec·on·cil·a·bil·i·ty [ɪ,rekənsaɪlə'bɪlətɪ] *s.* **1.** Unvereinbarkeit *f* (***to***, ***with*** mit); **2.** Unversöhnlichkeit *f*; **ir·rec·on·cil·a·ble** [ɪ'rekənsaɪləbl] **I** *adj.* ☐ **1.** unvereinbar (***to***, ***with*** mit); **2.** unversöhnlich; **II** *s.* **3.** *pol.* unversöhnlicher Gegner.

ir·re·cov·er·a·ble [,ɪrɪ'kʌvərəbl] *adj.* ☐ **1.** unrettbar (verloren), 'unwieder,bringlich, unersetzlich: ~ ***debt*** nicht beitreibbare (Schuld)Forderung; **2.** unheilbar, nicht wieder'gutzumachen(d).

ir·re·deem·a·ble [,ɪrɪ'di:məbl] *adj.* ☐ **1.** nicht rückkaufbar; **2.** ✝ nicht (in Gold) einlösbar (*Papiergeld*); **3.** ✝ a) untilgbar; ~ ***loan***, b) nicht ablösbar, unkündbar (*Schuldverschreibung etc.*); **4.** unrettbar (verloren), unverbesserlich, hoffnungslos.

ir·re·den·tism [,ɪrɪ'dentɪzəm] *s. pol.* Irreden'tismus *m*; ,**ir·re'den·tist** [-ɪst] *pol.* **I** *s.* Irreden'tist *m*; **II** *adj.* irreden'tistisch.

ir·re·duc·i·ble [,ɪrɪ'dju:səbl] *adj.* ☐ **1.** nicht zu vereinfachen(d); **2.** nicht reduzierbar, nicht zu vermindern(d): ***the*** ~ ***minimum*** das äußerste Mindestmaß.

ir·re·fran·gi·ble [,ɪrɪ'frændʒəbl] *adj.* **1.** unverletzlich, nicht zu über'treten(d); **2.** *opt.* unbrechbar.

ir·re·fu·ta·ble [,ɪrɪ'fju:təbl] *adj.* ☐ 'unwider,legbar, nicht zu wider'legen(d).

ir·re·gard·less [,ɪrɪ'gɑ:dlɪs] *adj. Am.* F ~ ***of*** ohne sich zu kümmern um.

ir·reg·u·lar [ɪ'regjʊlə] **I** *adj.* ☐ **1.** unregelmäßig (*a.* ⚘, *ling*, *a. Zähne etc.*), ungleichmäßig, uneinheitlich; **2.** ungeordnet, unordentlich; **3.** ungehörig, ungebührlich; **4.** regel-, vorschriftswidrig; **5.** ungesetzlich, ungültig; **6.** uneben; 'unsyste,matisch; **7.** ⚔ 'irregu,lär; **II** *s.* **8.** *pl.* Parti'sanen *pl.*, Freischärler *pl.*; **ir·reg·u·lar·i·ty** [ɪ,regjʊ'lærətɪ] *s.* **1.** Unregelmäßigkeit *f* (*a. ling.*), Ungleichmäßigkeit *f*; **2.** Regelwidrigkeit *f*; ⚖ Formfehler *m*, Verfahrensmangel *m*; **3.** Ungehörigkeit *f*; **4.** Unebenheit *f*; **5.** Unordnung *f*; **6.** Vergehen *n*, Verstoß *m*; **7.** *pl.* ✝ *Am.* Ausschußware(n *pl.*) *f.*

ir·rel·e·vance [ɪ'reləvəns], **ir'rel·e·van·cy** [-sɪ] *s.* 'Irrele,vanz *f*, Unerheblichkeit *f*, Belanglosigkeit *f*, Unwesentlichkeit *f*; **ir'rel·e·vant** [-nt] *adj.* ☐ 'irrele,vant, belanglos, unerheblich (***to*** für) (*alle a.* ⚖), nicht zur Sache gehörig.

ir·re·li·gion [,ɪrɪ'lɪdʒən] *s.* Religi'onslosigkeit *f*, Unglaube *m*; Gottlosigkeit *f*; ,**ir·re'li·gious** [-dʒəs] *adj.* ☐ **1.** 'irreligi,ös, ungläubig, gottlos; **2.** religi'onsfeindlich.

ir·re·me·di·a·ble [,ɪrɪ'mi:djəbl] *adj.* ☐ **1.** unheilbar; **2.** unabänderlich; **3.** → ***irreparable***.

ir·re·mis·si·ble [,ɪrɪ'mɪsəbl] *adj.* ☐ **1.** unverzeihlich; **2.** unerläßlich.

ir·re·mov·a·ble [,ɪrɪ'mu:vəbl] *adj.* ☐ **1.** nicht zu entfernen(d); unbeweglich (*a. fig.*); **2.** unabsetzbar.

ir·rep·a·ra·ble [ɪ'repərəbl] *adj.* ☐ **1.** 'irrepa,rabel, nicht wieder'gutzumachen(d); **2.** unersetzlich; **3.** unheilbar (*a.* ⚕).

ir·re·place·a·ble [,ɪrɪ'pleɪsəbl] *adj.* unersetzlich, unersetzbar.

ir·re·press·i·ble [ˌɪrɪˈpresəbl] *adj.* □ **1.** unbezähmbar, unbändig; **2.** *Person*: a) nicht ˈunterzukriegen(d), unverwüstlich, b) temperaˈmentvoll.

ir·re·proach·a·ble [ˌɪrɪˈprəʊtʃəbl] *adj.* □ untadelig, einwandfrei, tadellos.

ir·re·sist·i·bil·i·ty [ˈɪrɪˌzɪstəˈbɪlətɪ] *s.* ˈUnwiderˌstehlichkeit *f*; **ir·re·sist·i·ble** [ˌɪrɪˈzɪstəbl] *adj.* □ **1.** ˈunwiderˌstehlich (*a. fig. Charme etc.*); **2.** unaufhaltsam.

ir·res·o·lute [ɪˈrezəluːt] *adj.* □ unentschlossen, schwankend; **irˈres·o·lute·ness** [-nɪs], **ir·res·o·lu·tion** [ˈɪˌrezəˈluːʃn] *s.* Unentschlossenheit *f*.

ir·re·spec·tive [ˌɪrɪˈspektɪv] *adj.* □: **~ of** ohne Rücksicht auf (*acc.*), ungeachtet (*gen.*), abgesehen von.

ir·re·spon·si·bil·i·ty [ˈɪrɪˌspɒnsəˈbɪlətɪ] *s.* **1.** Unverantwortlichkeit *f*; **2.** Verantwortungslosigkeit *f*; **ir·re·spon·si·ble** [ˌɪrɪˈspɒnsəbl] *adj.* □ **1.** unverantwortlich (*Handlung*); **2.** verantwortungslos (*Person*); **3.** ⚖ unzurechnungsfähig.

ir·re·spon·sive [ˌɪrɪˈspɒnsɪv] *adj.* **1.** teilnahms-, verständnislos, gleichgültig (**to** gegenüber); **2.** unempfänglich (**to** für); **be ~ to** *a.* nicht reagieren auf (*acc.*).

ir·re·triev·a·ble [ˌɪrɪˈtriːvəbl] *adj.* □ **1.** ˈunwiederˌbringlich, unrettbar (verloren): **~ breakdown of marriage** ⚖ unheilbare Zerrüttung der Ehe; **2.** unersetzlich; **3.** nicht wiederˈgutzumachen(d); **ˌir·reˈtriev·a·bly** [-əblɪ] *adv.*: **~ broken down** ⚖ unheilbar zerrüttet (*Ehe*).

ir·rev·er·ence [ɪˈrevərəns] *s.* **1.** Unehrerbietigkeit *f*, Reˈspekt-, Pieˈtätlosigkeit *f*; **2.** ˈMißachtung *f*; **irˈrev·er·ent** [-nt] *adj.* □ reˈspektlos, ehrfurchtslos, pieˈtätlos.

ir·re·vers·i·bil·i·ty [ˈɪrɪˌvɜːsəˈbɪlətɪ] *s.* **1.** Nichtˈumkehrbarkeit *f*; **2.** ˈUnwiderˌruflichkeit *f*; **ir·re·vers·i·ble** [ˌɪrɪˈvɜːsəbl] *adj.* □ **1.** nicht ˈumkehrbar; **2.** ⚙ nur in ˈeiner Richtung (laufend); **3.** ⚗, ⚕, *phys.* irreverˈsibel; **4.** ˈunwiderˌruflich.

ir·rev·o·ca·bil·i·ty [ɪˌrevəkəˈbɪlətɪ] *s.* ˈUnwiderˌruflichkeit *f*; **ir·rev·o·ca·ble** [ɪˈrevəkəbl] *adj.* □ ˈunwiderˌruflich (*a.* †), endgültig.

ir·ri·ga·ble [ˈɪrɪgəbl] *adj.* ✓ bewässerungsfähig; **ir·ri·gate** [ˈɪrɪgeɪt] *v/t.* **1.** ✓ bewässern, berieseln; **2.** ⚕ spülen; **ir·ri·ga·tion** [ˌɪrɪˈgeɪʃn] *s.* **1.** ✓ Bewässerung *f*, Berieselung *f*; **2.** ⚕ Spülung *f*.

ir·ri·ta·bil·i·ty [ˌɪrɪtəˈbɪlətɪ] *s.* Reizbarkeit *f* (*a.* ⚕); **ir·ri·ta·ble** [ˈɪrɪtəbl] *adj.* □ **1.** reizbar; **2.** gereizt, ⚕ *a.* empfindlich.

ir·ri·tant [ˈɪrɪtənt] **I** *adj.* Reiz erzeugend, Reiz…; **II** *s.* a) Reizmittel *n* (*a. fig.*), b) ⚔ Reiz(kampf)stoff *m*.

ir·ri·tate¹ [ˈɪrɪteɪt] *v/t.* reizen (*a.* ⚕), (ver)ärgern, irritieren: **~d at** (*od.* **by** *od.* **with**) ärgerlich über (*acc.*).

ir·ri·tate² [ˈɪrɪteɪt] *v/t. Scot.* ⚖ für nichtig erklären.

ir·ri·tat·ing [ˈɪrɪteɪtɪŋ] *adj.* □ irritierend, aufreizend; ärgerlich, lästig; **ir·ri·ta·tion** [ˌɪrɪˈteɪʃn] *s.* **1.** Reizung *f*, Ärger *m*; **2.** ⚕ Reizung *f*, Reizzustand *m*.

ir·rupt [ɪˈrʌpt] *v/i.* eindringen, herˈeinbrechen; **irˈrup·tion** [-pʃn] *s.* Einbruch *m*: a) Eindringen *n*, (plötzliches) Herˈeinbrechen, b) (feindlicher) Einfall, ˈÜberfall *m*; **irˈrup·tive** [-tɪv] *adj.* herˈeinbrechend.

is [ɪz] *3. sg. pres. von* **be**.

I·sa·iah [aɪˈzaɪə], *a.* **Iˈsa·ias** [-əs] *npr. u. s. bibl.* (das Buch) Jeˈsaja *m od.* Iˈsaias *m*.

is·chi·ad·ic [ˌɪskɪˈædɪk] *mst* **ˌis·chiˈat·ic** [-ˈætɪk] *adj.* **1.** *anat.* Hüft-, Sitzbein…; **2.** ⚕ ischiˈatisch.

i·sin·glass [ˈaɪzɪŋglɑːs] *s.* Hausenblase *f*, Fischleim *m*.

Is·lam [ˈɪzlɑːm] *s.* Isˈlam *m*; **Is·lam·ic** [ɪzˈlæmɪk] *adj.* isˈlamisch; **Is·lam·ize** [ˈɪzləmaɪz] *v/t.* islamisieren.

is·land [ˈaɪlənd] *s.* **1.** Insel *f* (*a. fig. u.* ⚕); **2.** Verkehrsinsel *f*; **ˈis·land·er** [-də] *s.* Inselbewohner(in), Insuˈlaner (-in).

isle [aɪl] *s. poet. u. in npr.* (kleine) Insel, *poet.* Eiland *n*.

ism [ˈɪzəm] *s.* Ismus *m* (*bloße Theorie*).

is·n't [ˈɪznt] F *für* **is not**.

i·so·bar [ˈaɪsəʊbɑː] *s.* **1.** *meteor.* Isoˈbare *f*; **2.** *phys.* Isoˈbar *n*.

i·so·chro·mat·ic [ˌaɪsəʊkrəʊˈmætɪk] *adj. phys.* isochroˈmatisch, gleichfarbig.

i·so·late [ˈaɪsəleɪt] *v/t.* **1.** isolieren, absondern, abschließen (**from** von); **2.** ⚗, ⚕, ⚡, *phys.* isolieren; **3.** *fig.* genau bestimmen; **ˈi·so·lat·ed** [-tɪd] *adj.* **1.** isoliert (*a.* ⚙), (ab)gesondert, allˈeinstehend, vereinzelt: **~ case** Einzelfall *m*; **2.** einsam, abgeschieden; **i·so·la·tion** [ˌaɪsəˈleɪʃn] *s.* ⚕, ⚙, *pol.*, *fig.* Isolierung *f*, Isolatiˈon *f*: **~ ward** Isolierstation *f*; **in ~** *fig.* einzeln, für sich (*betrachtet*); **i·so·la·tion·ism** [ˌaɪsəˈleɪʃnɪzəm] *s. pol.* Isolatioˈnismus *m*; **i·so·la·tion·ist** [ˌaɪsəˈleɪʃnɪst] *s. pol.* Isolatioˈnist *m*.

i·so·mer [ˈaɪsəʊmɜː] *s.* ⚗ Isoˈmer *n*; **i·so·mer·ic** [ˌaɪsəʊˈmerɪk] *adj.* ⚗ isoˈmer.

i·so·met·ric [ˌaɪsəʊˈmetrɪk] ⚒ **I** *adj.* isoˈmetrisch; **II** *s. pl. sg. konstr.* Isomeˈtrie *f* (*a. Muskeltraining*).

i·sos·ce·les [aɪˈsɒsɪli:z] *adj.* ⚒ gleichschenk(e)lig (*Dreieck*).

i·so·therm [ˈaɪsəʊθɜ:m] *s.* Isoˈtherme *f*; **i·so·ther·mal** [ˌaɪsəʊˈθɜ:ml] *adj.* isoˈthermisch, gleich warm: **~ line** → ***isotherm***.

i·so·tope [ˈaɪsəʊtəʊp] *s.* ⚗, *phys.* Isoˈtop *n*.

Is·ra·el [ˈɪzreɪəl] *s. bibl.* (das Volk) Israel *n*; **Is·rae·li** [ɪzˈreɪlɪ] **I** *adj.* israˈelisch; **II** *s.* Israˈeli *m*; **Is·ra·el·ite** [ˈɪzˌrɪəlaɪt] **I** *s.* Israeˈlit(in); **II** *adj.* israeˈlitisch, jüdisch.

is·su·a·ble [ˈɪʃu:əbl] *adj.* **1.** auszugeben(d); **2.** ✝ emittierbar; **3.** ⚖ zu veröffentlichen(d); **ˈis·su·ance** [-əns] *s.* (Her)ˈAusgabe *f*; Ver-, Erteilung *f*.

is·sue [ˈɪʃu:] **I** *s.* **1.** Ausgabe *f*, Aus-, Erteilung *f*, Erlaß *m* (*Befehl*); **2.** Aus-, Herˈausgabe *f*; **3.** ✝ a) (Efˈfekten-) Emissiˌon *f*, (Aktien)Ausgabe *f*, Auflegen *n* (*Anleihe*); Ausstellung *f* (*Dokument*): ***date of ~*** Ausstellungsdatum *n*, Ausgabetag *m*; ***bank of ~*** Emissionsbank *f*, b) ˈWertpaˌpiere *pl.* derˈselben Emissiˈon; **4.** *bsd.* ⚔ Lieferung *f*, Ausgabe *f*, Zu-, Verteilung *f*; **5.** Ausgabe *f*: a) Veröffentlichung *f*, Auflage *f* (*Buch*), b) Nummer *f* (*Zeitung*); **6.** Streitfall *m*, (Streit)Frage *f*, Proˈblem *n*: ***at ~*** a) strittig, zur Debatte stehend, b) uneinig; ***point at ~*** strittige Frage; ***evade the ~*** ausweichen; ***join** od. **take ~ with s.o.*** sich mit j-m auf e-n Streit *od.* e-e Auseinandersetzung einlassen; **7.** (Kern)Punkt *m*, Fall *m*, Sachverhalt *m*: ***~ of fact*** (***law***) ⚖ Tatsachen-(Rechts)frage *f*; ***side ~*** Nebenpunkt *m*; ***the whole ~*** F das Ganze; ***raise an ~*** e-n Fall *od.* Sachverhalt anschneiden; **8.** Ergebnis *n*, Ausgang *m*, (Ab)Schluß *m*: ***in the ~*** schließlich; ***bring to an ~*** entscheiden; ***force an ~*** e-e Entscheidung erzwingen; **9.** Abkömmlinge *pl.*, leibliche Nachkommenschaft: ***die without ~*** ohne direkte Nachkommen sterben; **10.** *bsd.* ⚕ Ab-, Ausfluß *m*; **11.** Öffnung *f*, Mündung *f*; *fig.* Ausweg *m*; **II** *v/t.* **12.** *Befehle etc.* ausgeben, erteilen; **13.** ✝ *Banknoten* ausgeben, in ˈUmlauf setzen; *Anleihe* auflegen; *Dokumente* ausstellen: ***~d capital*** effektiv ausgegebenes (Aktien)Kapital; **14.** *Bücher* herˈausgeben, publizieren; **15.** ⚔ a) ausgeben, liefern, ver-, zuteilen, b) ausrüsten, beliefern (***with*** mit); **III** *v/i.* **16.** herˈauskommen, -strömen; herˈvorbrechen; **17.** (***from***) herrühren (von), entspringen (*dat.*); **18.** herˈauskommen, herˈausgegeben werden (*Schriften etc.*); **19.** ergehen, erteilt werden (*Befehl etc.*); **20.** enden (***in*** in *dat.*).

is·sue·less [ˈɪʃu:lɪs] *adj.* ohne Nachkommen.

is·su·er [ˈɪʃu:ə] *s.* ✝ **1.** Aussteller(in); **2.** Ausgeber(in).

isth·mus [ˈɪsməs] *s.* **1.** *geogr.* Isthmus *m*, Landenge *f*; **2.** ⚕ Verengung *f*.

it¹ [ɪt] **I** *pron.* **1.** es (*nom. od. acc.*): ***do you believe it?*** glaubst du es?; **2.** *auf deutsches s. bezogen* (*nom., dat., acc.*) *m* er, ihm, ihn; *f* sie, ihr, sie; *n* es, ihm, es; *refl.* (*dat., acc.*) sich; **3.** *unpersönliches od. grammatisches Subjekt*: ***it rains*** es regnet; ***what time is it?*** wieviel Uhr ist es?; ***it is I*** (F ***me***) ich bin es; ***it was my parents*** es waren m-e Eltern; **4.** *unbestimmtes Objekt* (*oft unübersetzt*): ***foot it*** zu Fuß gehen; ***I take it that*** ich nehme an, daß; **5.** *verstärkend*: ***it is for this reason that*** gerade aus diesem Grunde …; **6.** *nach prp.*: ***at it*** daran; ***with it*** damit *etc.*; ***please see to it that*** bitte sorge dafür, daß; **II** *s.* **7.** F ‚das Nonplusˈultra', ‚ganz große Klasse': ***he thinks he's it***; **8.** F a) das gewisse Etwas, *bsd.* ˈSex-Apˌpeal *m*, b) Sex *m*, Geschlechtsverkehr *m*; **9.** F ***that's it!*** a) das ist es (ja)!, b) das wär's (gewesen)!; F ***this is it!*** gleich geht's los!

it² [ɪt], *a.* ♀ *abbr. für* ***Italian***: ***gin and it*** Gin mit (italienischem) Wermut.

I·tal·ian [ɪˈtæljən] **I** *adj.* **1.** italiˈenisch: ***~ handwriting*** lateinische Schreibschrift; **II** *s.* **2.** Italiˈener(in); **3.** *ling.* Italiˈenisch *n*; **Iˈtal·ian·ate** [-neɪt] *adj.* italianisiert, nach italiˈenischer Art; **Iˈtal·ian·ism** [-nɪzəm] *s.* italiˈenische (Sprach-*etc.*)Eigenheit.

i·tal·ic [ɪˈtælɪk] **I** *adj.* **1.** *typ.* kurˈsiv; **2.** ♀ *ling.* iˈtalisch; **II** *s. pl.* **3.** *typ.* Kurˈsivschrift *f*; **iˈtal·i·cize** [-ɪsaɪz] *typ. v/t.* **1.** in Kurˈsiv drucken; **2.** durch Kurˈsivschrift herˈvorheben.

itch [ɪtʃ] **I** *s.* **1.** Jucken *n*; **2.** ⚕ Krätze *f*; **3.** *fig.* brennendes Verlangen, Sucht *f* (***for*** nach): ***I have an ~ to do s.th.*** es ‚juckt' mich, et. zu tun; **II** *v/i.* **4.** jucken; **5.** *fig.* (***for***) brennen (auf *acc.*): ***I am ~ing to do s.th.*** es ‚juckt' mich, et. zu tun; ***my fingers ~ to do it*** es juckt mir (*od.* mich) in den Fingern, es zu tun; **itch·ing** [ˈɪtʃɪŋ] **I** *s.* **1.** → ***itch*** 1, 3; **II** *adj.* **2.** juckend; **3.** F a) ‚scharf', begierig, *a.* geil, b) nerˈvös; **itch·y** [ˈɪtʃɪ] *adj.* **1.** juckend; **2.** ⚕ krätzig; **3.** → ***itching*** 3.

i·tem [ˈaɪtəm] **I** *s.* **1.** Punkt *m* (*der Tages-*

ordnung etc.); Gegenstand *m*, Stück *n*; Einzelheit *f*, De'tail *n*; ✝ (Buchungs-, Rechnungs)Posten *m*; ('Waren)Arˌtikel *m*; **2.** ('Presse)Noˌtiz *f*, (kurzer) Ar'tikel; **II** *adv. obs.* **3.** des'gleichen, ferner; **'i·tem·ize** [-maɪz] *v/t.* (einzeln) aufführen, spezifizieren.

it·er·ate ['ɪtəreɪt] *v/t.* wieder'holen; **it·er·a·tion** [ˌɪtə'reɪʃn] *s.* Wieder'holung *f*; **'it·er·a·tive** [-rətɪv] *adj.* (sich) wieder'holend; *ling.* itera'tiv.

i·tin·er·a·cy [ɪ'tɪnərəsɪ], **i'tin·er·an·cy** [-ənsɪ] *s.* Um'herreisen *n*, -ziehen *n*; **i'tin·er·ant** [-ənt] *adj.* □ (beruflich) reisend *od.* um'herziehend, Reise..., Wander...: **~ *trade*** Wandergewerbe *n*; **i'tin·er·ar·y** [aɪ'tɪnərərɪ] **I** *s.* **1.** Reiseroute *f*, -plan *m*; **2.** Reisebericht *m*; **3.** Reiseführer *m* (*Buch*); **4.** Straßenkarte *f*; **II** *adj.* **5.** Reise...; **i·tin·er·ate** [ɪ'tɪnəreɪt] *v/i.* (um'her)reisen.

its [ɪts] *pron.* sein, ihr, dessen, deren: ***the house and ~ roof*** das Haus u. sein (*od.* dessen) Dach.

it's [ɪts] F *für* a) ***it is***, b) ***it has***.

it·self [ɪt'self] *pron.* **1.** *refl.* sich: ***the dog hides ~***; **2.** sich (selbst): ***the kitten wants it for ~***; **3.** *verstärkend*: selbst: ***like innocence ~*** wie die Unschuld selbst; ***by ~*** (für sich) allein, von selbst; ***in ~*** an sich (betrachtet); **4.** al'lein (schon), schon: ***the garden ~ measures two acres.***

I've [aɪv] F *für **I have***.

i·vied ['aɪvɪd] *adj.* 'efeuumˌrankt, mit Efeu bewachsen.

i·vo·ry ['aɪvərɪ] **I** *s.* **1.** Elfenbein *n*; **2.** Stoßzahn *m* (*des Elefanten*); **3.** 'Elfenbeinschnitzeˌrei *f*; **4.** *pl. sl.* a) *obs.* ‚Beißer' *pl.*, Gebiß *n*, b) (*Spiel*)Würfel *pl.*, c) Billardkugeln *pl.*, d) (Kla'vier)Tasten *pl.*: ***tickle the ivories*** (auf dem Klavier) klimpern; **II** *adj.* **5.** elfenbeinern, Elfenbein...; **6.** elfenbeinfarben; **~ nut** *s.* ⚘ Steinnuß *f*; **~ tow·er** *s. fig.* Elfenbeinturm *m*: ***live in an ~*** im Elfenbeinturm sitzen.

i·vy ['aɪvɪ] *s.* ⚘ Efeu *m*; **♀ League** *s. die acht Eliteuniversitäten im Osten der U.S.A.*

iz·zard ['ɪzəd] *s.*: ***from A to ~*** von A bis Z.

J

J, **j** [dʒeɪ] *s.* J *n*, j *n*, Jot *n* (*Buchstabe*).

jab [dʒæb] **I** *v/t.* **1.** (hin'ein)stechen, (-)stoßen; **II** *s.* **2.** Stich *m*, Stoß *m*; **3.** *Boxen*: Jab *m*, (kurze) Gerade; **4.** ⚕ F Spritze *f*.

jab·ber ['dʒæbə] **I** *v/t. u. v/i.* **1.** schnattern, quasseln, schwatzen; **2.** nuscheln, undeutlich sprechen; **II** *s.* **3.** Geplapper *n*, Geschnatter *n*.

jack [dʒæk] **I** *s.* **1.** Mann *m*, Bursche *m*: ***every man* ∼** F jeder einzelne, alle (ohne Ausnahme); **2.** *Kartenspiel*: Bube *m*; **3.** ⚙ Hebevorrichtung *f*, Winde *f*: ***car* ∼** Wagenheber *m*; **4.** *Brit. Bowls-Spiel*: Zielkugel *f*; **5.** *zo.* a) Männchen *n einiger Tiere*, b) → ***jackass*** 1; **6.** ⚓ Gösch *f*, Bugflagge *f*; **7.** ⚡ a) Klinke *f*, b) Steckdose *f*; **8.** *Am. sl.* ‚Zaster' *m* (*Geld*); **II** *v/t.* **9.** *mst* **∼ *up*** hochheben, -winden; *Auto* aufbocken; *fig.* F *Preise* hochtreiben; **10. ∼ *in*** F *et.* ‚aufstecken', ‚hinschmeißen'; **III** *v/i.* **11. ∼ *off*** *Am.* V ‚wichsen'.

jack·al ['dʒækɔːl] *s.* **1.** *zo.* Scha'kal *m*; **2.** *contp.* Handlanger *m*.

jack·a·napes ['dʒækəneɪps] *s.* **1.** Geck *m*, Laffe *m*; **2.** Frechdachs *m*, (kleiner) Schlingel.

jack·ass ['dʒækæs] *s.* **1.** (männlicher) Esel; **2.** *fig. contp.* ‚Esel' *m*.

'jack|·boot *s.* Schaftstiefel *m*; **'∼·daw** *s. orn.* Dohle *f*.

jack·et ['dʒækɪt] **I** *s.* **1.** Jacke *f*, Jac'kett *n*; → ***dust*** 8; **2.** ⚙ Mantel *m*, Um'mantelung *f*, Hülle *f*, Um'wicklung *f*; **3.** ⚔ (Geschoß-, *a.* Rohr)Mantel *m*; **4.** Buchhülle *f*, 'Schutzˌumschlag *m*; *Am. a.* (Schallplatten)Hülle *f*; **5.** Haut *f*, Schale *f*: ***potatoes*** (***boiled***) ***in their* ∼*s***, *a.* **∼ *potatoes*** Pellkartoffeln; **II** *v/t.* **6.** ⚙ um'manteln, verkleiden, verschalen; **∼ *crown*** *s.* ⚕ Jacketkrone *f*.

Jack| Frost *s.* Väterchen *n* Frost; **'≈-ˌham·mer** *s.* Preßlufthammer *m*; **'≈-in-ˌof·fice** wichtigtuerischer Beamter; **'≈-in-the-box** *pl.* **'≈-in-the-ˌbox·es** *s.* Schachtelmännchen *n* (*Kinderspielzeug*): ***like a* ∼** *fig.* wie ein Hampelmann; **∼ Ketch** [ketʃ] *s. Brit. obs.* der Henker; **'≈·knife I** *s.* [*irr.*] **1.** Klappmesser *n*; **2.** *a.* **∼ *dive*** *sport* Hechtbeuge *f* (*Kopfsprung*); **II** *v/t.* **3.** *a. v/i.* wie ein Taschenmesser zs.-klappen; **III** *v/i.* **4.** *sport* hechten; **5.** *mot.* sich querstellen (*Anhänger e-s Lastzugs*); **ˌ≈-of-'all-trades** *s.* Aller'weltskerl *m*, Hans'dampf *m* in allen Gassen; Fak'totum *n*; **ˌ≈-o'-'lan·tern** *pl.* **ˌ≈-o'-'lan·terns** [ˌdʒækəʊ-] **1.** Irrlicht *n* (*a. fig.*); **2.** 'Kürbislaˌterne *f*; **≈ plane** *s.* ⚙ Schrupphobel *m*; **'≈·pot** *s.* *Poker*, *Glücksspiel*: Jackpot *m*, *weitS. u. fig.* Haupttreffer *m*, *das* große Los, *fig. a.* ‚Schlager' *m*, Bombenerfolg *m*: ***hit the* ∼** F *fig.* a) den Jackpot gewinnen, b) den Haupttreffer machen, c) großen Erfolg haben, den Vogel abschießen, d) ‚schwer absahnen'; **∼ Ro·bin·son** *s.*: ***before you could say* ∼** F im Nu, im Handumdrehen; **'≈·straw** *s.* a) Mi'kadostäbchen *n*, b) *pl.* Mi'kadospiel *n*; **≈ tar** *s.* ⚓ F Ma'trose *m*; **'≈-ˌtow·el** *s.* Rollhandtuch *n*.

Jac·o·be·an [ˌdʒækəʊ'biːən] *adj.* aus der Zeit Jakobs I.: **∼ *furniture***.

Jac·o·bin ['dʒækəʊbɪn] *s.* **1.** *hist.* Jako'biner *m*, *fig. pol. a.* radi'kaler 'Umstürzler, Revolutio'när *m*; **2.** *orn.* Jako'binertaube *f*; **'Jac·o·bite** [-baɪt] *s. hist.* Jako'bit *m*.

Ja·cob's lad·der ['dʒeɪkəbz] *s.* **1.** *bibl.*, *a.* ⚘ Jakobs-, Himmelsleiter *f*; **2.** ⚓ Lotsentreppe *f*.

Ja·cuz·zi [dʒə'kuːziː] *s. Warenzeichen*: Whirlpool *m* (*Unterwassermassagebecken*).

jade¹ [dʒeɪd] *s.* **1.** *min.* Jade *m*; **2.** Jadegrün *n*.

jade² [dʒeɪd] *s.* **1.** Schindmähre *f*, Klepper *m*; **2.** Weibsstück *n*; **'jad·ed** [-dɪd] *adj.* **1.** erschöpft, abgespannt; **2.** über'sättigt, abgestumpft; **3.** schal (geworden): **∼ *pleasures***.

jag [dʒæg] **I** *s.* **1.** Zacke *f*, Kerbe *f*; Zahn *m*; Auszackung *f*; Schlitz *m*, Riß *m*; **2.** *sl.* a) Schwips *m*, Rausch *m*: ***have a* ∼ *on*** ‚e-n in der Krone haben', b) Sauftour *f*, Saufe'rei *f*, c) *bsd. fig.* Orgie *f*: ***go on a* ∼** ‚einen draufmachen'; ***crying* ∼** ‚heulendes Elend'; **II** *v/t.* **3.** auszakken, einkerben; **4.** zackig schneiden *od.* reißen; **'jag·ged** [-gɪd] *adj.* □ **1.** zakkig; schartig; **2.** schroff, zerklüftet; **3.** rauh, grob (*a. fig.*); **4.** *Am. sl.* ‚blau', besoffen.

jag·uar ['dʒægjʊə] *s. zo.* Jaguar *m.*

Jah [dʒɑː], **Jah·ve(h)** ['jɑːveɪ] *s.* Je'hova *m.*

jail [dʒeɪl] **I** *s.* **1.** Gefängnis *n*, Strafanstalt *f*; **2.** Gefängnis(haft *f*) *n*; **II** *v/t.* **3.** ins Gefängnis werfen, einsperren, inhaftieren; **'~·bird** *s.* F ‚Zuchthäusler' *m*, *engS.* ‚Knastbruder' *m*; **'~·break** *s.* Ausbruch *m* (aus dem Gefängnis); **'~ˌbreak·er** *s.* Ausbrecher *m.*

jail·er ['dʒeɪlə] *s.* (Gefängnis)Aufseher *m*, (-)Wärter *m*, *obs. u. fig.* Kerkermeister *m.*

jake [dʒeɪk] *Am.* F **I** *s.* **1.** Bauernlackel *m*, *weitS.* ‚Knülch' *m*; **2.** ‚Pinke' *f* (*Geld*); **II** *adj.* **3.** ‚bestens', in Ordnung: ***everything's ~.***

ja·lop·(p)y [dʒə'lɒpɪ] *s.* F ‚alte Kiste' (*Auto*, *Flugzeug*).

jal·ou·sie ['ʒæluːziː] *s.* Jalou'sie *f.*

jam¹ [dʒæm] **I** *v/t.* **1.** *a.* **~ *in*** a) *et.* (hin'ein)zwängen, -stopfen, -quetschen, *Menschen a.* (-)pferchen, b) einklemmen, -keilen; **2.** (zs.-, zer)quetschen; *Finger etc.* einklemmen, sich *et.* quetschen; **3.** *et.* pressen, (heftig) drücken, *Knie etc.* rammen (***into*** in *acc.*): **~ (*one's foot*) *on the brakes*** heftig auf die Bremse treten; **4.** verstopfen, -sperren, blockieren: ***a road ~med with cars***; ***~med with people*** von Menschen verstopft, gedrängt voll; **5.** ⚙ verklemmen, blockieren; **6.** *Funk*: (*durch Störsender*) stören; **II** *v/i.* **7.** eingeklemmt sein, festsitzen; **8.** *a.* **~ *in*** sich (hin'ein)quetschen, (-)zwängen, (-) drängen; **9.** ⚙ (sich ver)klemmen; ⚔ Ladehemmung haben; **10.** *Jazz*: (frei) improvisieren; **III** *s.* **11.** Gedränge *n*, Gewühl *n*; **12.** Verstopfung *f*, Stauung *f*; (Verkehrs)Stockung *f*, (-)Stau *m*: ***traffic ~***; **13.** ⚙ Blockierung *f*, Klemmen *n*; ⚔ Ladehemmung *f*; **14.** F ‚Klemme' *f*: ***be in a ~*** in der Klemme *od.* Patsche sitzen; ***get s.o. out of a ~*** j-m aus der Klemme *od.* Patsche helfen.

jam² [dʒæm] *s.* **1.** Marme'lade *f*: **~ *jar*** Marmeladeglas *n*; **2.** *Brit.* F ‚schicke Sache': ***money for ~*** leichtverdientes Geld; **~ *tomorrow*** *iro.* schöne Versprechungen *od.* Aussichten; ***that's ~ for him*** das ist ein Kinderspiel für ihn.

Ja·mai·can [dʒə'meɪkən] **I** *adj.* jamai'kanisch; **II** *s.* Jamai'kaner(in); **Ja·mai·ca rum** [dʒə'meɪkə] *s.* Ja'maika-Rum *m.*

jamb [dʒæm] *s.* (Tür-, Fenster)Pfosten *m.*

jam·bo·ree [ˌdʒæmbə'riː] *s.* **1.** Pfadfindertreffen *n*; **2.** F ‚rauschendes Fest', ‚tolle Party'.

jam·mer ['dʒæmə] *s. Radio*: Störsender *m*; **'jam·ming** [-mɪŋ] *s.* **1.** ⚙ Klemmung *f*; Hemmung *f*; **2.** *Radio*: Störung *f*: **~ *station*** Störsender *m*; **'jam·my** [-mɪ] *adj. Brit. sl.* **1.** prima, ‚Klasse'; **2.** glücklich, Glücks...: **~ *fellow*** Glückspilz *m.*

ˌjam|-'packed *adj.* F vollgestopft, *Bus etc.* ‚knallvoll'; **~ roll** *s.* Bis'kuitrolle *f*; **~ ses·sion** *s.* Jam Session *f* (*Jazzimprovisation*).

Jane [dʒeɪn] **I** *npr.* Johanna *f*; **II** *s. a.* ♀ *sl.* ‚Weib' *n.*

jan·gle ['dʒæŋgl] **I** *v/i.* **1.** a) klirren, klimpern, b) bimmeln (*Glocken*); **2.** schimpfen; **II** *v/t.* **3.** a) klirren *od.* klimpern mit, b) bimmeln lassen; **4. ~ *s.o.'s nerves*** j-m auf die Nerven gehen; **III** *s.* **5.** a) Klirren *n*, Klimpern *n*, b) Bimmeln *n*; **6.** Gekreisch *n*, laute Streite'rei.

jan·i·tor ['dʒænɪtə] *s.* **1.** Pförtner *m*; **2.** *bsd. Am.* Hausmeister *m.*

Jan·u·ar·y ['dʒænjʊərɪ] *s.* Januar *m*: ***in ~*** im Januar.

Ja·nus ['dʒeɪnəs] *s. myth.* Janus *m*; **'~-faced** *adj.* januskӧpfig.

Jap [dʒæp] F *contp.* **I** *s.* ‚Japs' *m* (*Japaner*); **II** *adj.* ja'panisch.

ja·pan [dʒə'pæn] **I** *s.* **1.** Japanlack *m*; **2.** lackierte Arbeit (*in japanischer Art*); **II** *v/t.* **3.** mit Japanlack über'ziehen, lackieren.

Jap·a·nese [ˌdʒæpə'niːz] **I** *adj.* **1.** ja'panisch; **II** *s.* **2.** Ja'paner(in); **3. *the ~*** *pl.* die Japaner; **4.** *ling.* Ja'panisch *n*, das Ja'panische.

jar¹ [dʒɑː] *s.* **1.** a) (*irdenes od. gläsernes*) Gefäß, Topf *m* (*ohne Henkel*), b) (Einmach)Glas *n*; **2.** *Brit.* F ‚Bierchen' *n.*

jar² [dʒɑː] **I** *v/i.* **1.** kreischen, quietschen, kratzen (*Metall etc.*), durch Mark u. Bein gehen; **2.** ♪ dissonieren; **3.** (***on***, ***upon***) *das Ohr*, *ein Gefühl* beleidigen, verletzen, weh tun (*dat.*): **~ *on the ear***, **~ *on the nerves*** auf die Nerven gehen; **4.** sich ‚beißen', nicht harmonieren (*Farben etc.*); **5.** *fig.* sich nicht vertragen (*Ideen etc.*), im 'Widerspruch stehen (***with*** zu), sich wider'sprechen: ***~ring opinions*** widerstreitende Meinungen; **6.** schwirren, vibrieren; **II** *v/t.* **7.** kreischen *od.* quietschen lassen, ein unangenehmes Geräusch erzeugen mit; **8.** a) erschüttern, e-n Stoß versetzen (*dat.*), b) 'durchrütteln, c) sich *das Knie etc.* anstoßen *od.* stauchen; **9.** *fig.* a) erschüttern, e-n Schock versetzen (*dat.*), b) → 3; **III** *s.* **10.** Kreischen *n*, Quietschen *n*, unangenehmes Geräusch; **11.** Ruck *m*, Stoß *m*, Erschütterung *f* (*a. fig.*); *fig.* Schock *m*, Schlag *m*; **12.** ♪ *u. fig.* 'Mißton *m*; **13.** *fig.* 'Widerstreit *m*.

jar·di·nière [ˌʒɑːdɪ'njeə] (*Fr.*) *s.* **1.** Jardini'ere *f*: a) Blumenständer *m*, b) Blumenschale *f*; **2.** *Küche*: a) Gar'nierung *f*, b) (Fleisch)Gericht *n* à la jardinière.

jar·gon ['dʒɑːgən] *s. allg.* Jar'gon *m*: a) Kauderwelsch *n*, b) Fach-, Berufssprache *f*, c) Mischsprache *f*, d) ungepflegte Ausdrucksweise.

jar·ring ['dʒɑːrɪŋ] *adj.* □ **1.** 'mißtönend, kreischend, schrill, unangenehm, ‚nervtötend': ***a ~ note*** ein Mißton *od.* -klang (*a. fig.*); **2.** nicht harmonierend, *Farben*: *a.* sich beißend; → *a.* ***jar***[2] 5.

jas·min(e) ['dʒæsmɪn] *s.* ⚘ Jas'min *m*.

jas·per ['dʒæspə] *s. min.* Jaspis *m*.

jaun·dice ['dʒɔːndɪs] *s.* **1.** ⚕ Gelbsucht *f*; **2.** *fig.* a) Neid *m*, Eifersucht *f*, b) Feindseligkeit *f*; '**jaun·diced** [-st] *adj.* **1.** ⚕ gelbsüchtig; **2.** *fig.* voreingenommen, neidisch, eifersüchtig, scheel.

jaunt [dʒɔːnt] **I** *s.* Ausflug *m*, Spritztour *f*: ***go for*** (*od.* ***on***) ***a ~*** → **II** *v/i.* e-e Spritztour *od.* e-n Ausflug machen; '**jaun·ti·ness** [-tɪnɪs] *s.* Flottheit *f*, ‚Feschheit' *f*: a) Munterkeit *f*, ‚Spritzigkeit' *f*, Schwung *m*, b) flotte Ele'ganz; '**jaunt·ing-car** [-tɪŋ] *s. leichter, zweirädriger Wagen*; '**jaun·ty** [-tɪ] *adj.* □ fesch, flott: a) munter, ‚spritzig', b) keck, ele'gant: ***with one's hat at a ~ angle*** den Hut keck über dem Ohr.

Ja·va ['dʒɑːvə] *s. Am.* F Kaffee *m*; **Ja·va·nese** [ˌdʒɑːvə'niːz] **I** *adj.* **1.** ja'vanisch; **II** *s.* **2.** Ja'vaner(in): ***the ~*** die Javaner; **3.** *ling.* Ja'vanisch *n*, das Ja'vanische.

jave·lin ['dʒævlɪn] *s.* **1.** *a. sport* Speer *m*; **2.** ***the ~*** → **~ throw(·ing)** *s. sport* Speerwerfen *n*; **~ throw·er** *s.* Speerwerfer(in).

jaw [dʒɔː] **I** *s.* **1.** *anat.*, *zo.* Kiefer *m*, Kinnbacken *m*, -lade *f*: ***lower ~*** Unterkiefer; ***upper ~*** Oberkiefer; **2.** *mst pl.* Mund *m*, Maul *n*: ***hold your ~!, none of your ~!*** F halt's Maul!; **3.** *mst pl.* Schlund *m*, Rachen *m* (*a. fig.*): ***~s of death*** *der* Rachen des Todes; **4.** ⚙ (Klemm)Backe *f*, Backen *m*; Klaue *f*: ***~ clutch*** Klauenkupplung *f*; **5.** *sl.* a) (freches) Geschwätz, Frechheit *f*, b) Schwatz *m*, ‚Tratsch' *m*, c) Mo'ralpredigt *f*; **II** *v/i.* **6.** *sl.* a) ‚quatschen', ‚tratschen', b) schimpfen; **III** *v/t.* **7.** ***~ out*** *sl.* *j-n* ‚anschnauzen'; '**~·bone** *s.* **1.** *anat.*, *zo.* Kiefer(knochen) *m*, Kinnlade *f*; **2.** *Am. sl.* (***on ~*** auf) Kre'dit *m*; '**~ˌbreak·er** *s.* F Zungenbrecher *m* (*Wort*); '**~ˌbreak·ing** *adj.* F zungenbrecherisch; **~ chuck** *s.* ⚙ Backenfutter *n*.

jay [dʒeɪ] *s.* **1.** *orn.* Eichelhäher *m*; **2.** *fig.* ‚Trottel' *m*; '**~·walk** *v/i.* verkehrswidrig über die Straße gehen; '**~ˌwalk·er** *s.* unachtsamer Fußgänger.

jazz [dʒæz] **I** *s.* **1.** 'Jazz(muˌsik *f*) *m*: ***~ band*** Jazzkapelle *f*; **2.** *sl.* a) ‚Gequatsche' *n*, ‚blödes Zeug', b) ‚Quatsch' *m*, ‚Krampf' *m*: ***and all that ~*** und all der Mist; **II** *v/t.* **3.** *mst* ***~ up*** F a) verjazzen, b) *fig. et.* ‚aufmöbeln'; **III** *v/i.* **4.** jazzen; **5.** *Am. sl.* ‚vögeln'; '**jazz·er** [-zə] *s.* F Jazzmusiker *m*; '**jazz·y** [-zɪ] *adj.* F **1.** Jazz…; **2.** *fig.* a) ‚knallig', b) ‚toll', todschick.

jeal·ous ['dʒeləs] *adj.* □ **1.** eifersüchtig (***of*** auf *acc.*): ***a ~ wife***; **2.** (***of***) neidisch (auf *acc.*), 'mißgünstig (gegen): ***she is ~ of his fortune*** sie beneidet ihn um *od.* mißgönnt ihm s-n Reichtum; **3.** 'mißtrauisch (***of*** gegen); **4.** (***of***) besorgt (um), bedacht (auf *acc.*); **5.** *bibl.* eifernd (*Gott*); '**jeal·ous·y** [-sɪ] *s.* **1.** Eifersucht *f* (***of*** auf *acc.*); *pl.* Eifersüchte'leien; **2.** (***of***) Neid *m* (auf *acc.*), 'Mißgunst *f* (gegen); **3.** Achtsamkeit *f* (***of*** auf *acc.*).

jean *s.* **1.** [dʒeɪn] *Art* Baumwollköper *m*; **2.** *pl.* [dʒiːnz] Jeans *pl.*

jeep [dʒiːp] (*Fabrikmarke*) *s.* Jeep *m*: a) ⚔ *Art* Kübelwagen *m*, b) kleines geländegängiges Mehrzweckfahrzeug.

jeer [dʒɪə] **I** *v/i.* spotten, höhnen (***at*** über *acc.*); **II** *s.* Hohn *m*, Stiche'lei *f*; '**jeer·ing** [-ɪərɪŋ] **I** *s.* Verhöhnung *f*; **II** *adj.* □ höhnisch.

Je·ho·vah [dʒɪ'həʊvə] *s. bibl.* Je'hovah *m*; **~'s Wit·ness·es** *s. pl.* Zeugen *pl.* Jehovas.

je·june [dʒɪ'dʒuːn] *adj.* □ **1.** mager, ohne Nährwert: ***~ food***; **2.** trocken: a) dürr (*Boden*), b) *fig.* fade, nüchtern; **3.** *fig.* simpel, na'iv.

jell [dʒel] *Am.* F **I** *s.* **1.** → ***jelly*** 1–3; **II** *v/i.* **2.** → ***jelly*** II; **3.** *fig.* sich (her'aus-) kristallisieren, Gestalt annehmen; **4.** ‚zum Klappen kommen' (*Geschäft etc.*).

jel·lied ['dʒelɪd] *adj.* **1.** gallertartig, eingedickt; **2.** in Ge'lee *od.* As'pik: ***~ eel***.

jel·ly ['dʒelɪ] **I** *s.* **1.** Gallert *n*, Gal'lerte *f*,

Küche: *a.* Ge'lee *n*, Sülze *f*, As'pik *n*; **2.** a) Ge'lee *n* (*Marmelade*), b) Götterspeise *f*, ‚Wackelpeter' *m*, c) (rote *etc.*) Grütze (*Süßspeise*); **3.** gallertartige *od.* ‚schwabbelige' Masse, Brei *m*: ***beat s.o. into a ~*** F j-n ‚zu Brei schlagen'; **4.** *Brit. sl.* Dyna'mit *n*; **II** *v/t.* **5.** zum Gelieren *od.* Erstarren bringen, eindikken; **6.** *Küche*: in Sülze *od.* As'pik *od.* Ge'lee (ein)legen; **III** *v/i.* **7.** gelieren, Ge'lee bilden; **8.** erstarren; **~ ba·by** *s.* Gummibärchen *n*; **'~·bean** *s.* 'Weingummi(bon,bon) *n*; **'~·fish** *s.* **1.** Qualle *f*; **2.** *fig.* ‚Waschlappen' *m*.

jel·lo ['dʒeləʊ] *s. Am.* → ***jelly*** 2.

jem·my ['dʒemɪ] **I** *s.* Brecheisen *n*; **II** *v/t.* mit dem Brecheisen öffnen, aufstemmen.

jen·ny ['dʒenɪ] *s.* **1.** → ***spinning-jenny***; **2.** ⚙ Laufkran *m*; **3.** *zo.* Weibchen *n*; **~ ass** *s.* Eselin *f*; **~ wren** *s. orn.* (weiblicher) Zaunkönig.

jeop·ard·ize ['dʒepədaɪz] *v/t.* gefährden, aufs Spiel setzen; **'jeop·ard·y** [-dɪ] *s.* Gefahr *f*, Gefährdung *f*, Risiko *n*: ***put in ~*** → ***jeopardize***; ***no one shall be put twice in ~ for the same offence*** ⚖ niemand darf wegen derselben Straftat zweimal vor Gericht gestellt werden.

jer·e·mi·ad [,dʒerɪ'maɪəd] *s.* Jeremi'ade *f*, Klagelied *n*; **Jer·e·mi·ah** [,dʒerɪ'maɪə] *npr. u. s.* **1.** *bibl.* (das Buch) Jere'mia(s) *m*; **2.** *fig.* 'Unglücksprophet *m*, Schwarzseher *m*; **Jer·e'mi·as** [-əs] → ***Jeremiah*** 1.

jerk¹ [dʒɜːk] **I** *s.* **1.** a) Ruck *m*, plötzlicher Stoß *od.* Schlag *od.* Zug, b) Satz *m*, Sprung *m*, Auffahren *n*: ***by ~s*** ruck-, sprung-, stoßweise; ***with a ~*** plötzlich, mit e-m Ruck; ***give s.th. a ~*** → 5; ***put a ~ in it*** *sl.* tüchtig rangehen; **2.** ⚕ Zuckung *f*, Zucken *n*, (*bsd.* 'Knie-) Re,flex *m*; **3.** *pl. Brit. mst* ***physical ~s*** *sl.* Freiübungen; Gym'nastik *f*; **4.** *Am. sl.* a) ‚Blödmann' *m*, ‚Knülch' *m*, b) → ***soda jerker***; **II** *v/t.* **5.** schnellen; ruckweise *od.* ruckartig *od.* plötzlich ziehen *od.* reißen *od.* stoßen *etc.*: ***~ o.s. free*** sich losreißen; **III** *v/i.* **6.** (zs.-)zucken; **7.** (hoch- *etc.*)schnellen; **8.** sich ruckweise bewegen: ***~ to a stop*** ruckartig anhalten; **9.** ***~ off*** *Am. sl.* ‚wichsen'.

jerk² [dʒɜːk] *v/t. Fleisch* in Streifen schneiden u. dörren.

jer·kin ['dʒɜːkɪn] *s.* **1.** ärmellose Jacke; **2.** *hist.* (Leder)Wams *n*.

'jerk,wa·ter *Am.* F **I** *s.* **1.** *a.* ***~ town*** kleines ‚Kaff'; **2.** *a.* ***~ train*** Bummelzug *m*; **II** *adj.* **3.** unbedeutend, armselig.

jerk·y ['dʒɜːkɪ] *adj.* ☐ **1.** ruckartig, stoß-, ruckweise; krampfhaft; **2.** *Am.* F ‚blöd'.

jer·o·bo·am [,dʒerə'bəʊəm] *s. Brit.* Riesenweinflasche *f*.

jer·ry ['dʒerɪ] *s. Brit.* F **1.** Nachttopf *m*; **2.** ♀ a) Deutsche(r) *m*, deutscher Sol'dat, b) die Deutschen *pl.*; **'~-,build·er** *s.* F Bauschwindler *m*; **'~-built** *adj.* F unsolide gebaut: ***~ house*** ‚Bruchbude' *f*; **~ can** *s. Brit.* F Ben'zinka,nister *m*.

jer·sey ['dʒɜːzɪ] *s.* **1.** a) wollene Strickjacke, b) 'Unterjacke *f*; **2.** Jersey *m* (*Stoffart*); **3.** ♀ *zo.* Jerseyrind *n*.

jes·sa·mine ['dʒesəmɪn] → ***jasmin(e)***.

jest [dʒest] **I** *s.* **1.** Scherz *m*, Spaß *m*, Witz *m*: ***in ~*** im Spaß; ***make a ~ of*** witzeln über (*acc.*); **2.** Zielscheibe *f* des Witzes *od.* Spotts: ***standing ~*** Zielscheibe ständigen Gelächters; **II** *v/i.* **3.** scherzen, spaßen, ulken; **'jest·er** [-tə] *s.* **1.** Spaßmacher *m*, -vogel *m*; **2.** *hist.* (Hof)Narr *m*; **'jest·ing** [-tɪŋ] *adj.* ☐ scherzend, spaßhaft: ***no ~ matter*** nicht zum Spaßen; **'jest·ing·ly** [-tɪŋlɪ] *adv.* im *od.* zum Spaß.

Jes·u·it ['dʒezjʊɪt] *s. eccl.* Jesu'it *m*; **Jes·u·it·i·cal** [,dʒezjʊ'ɪtɪkl] *adj.* ☐ *eccl.* jesu'itisch, Jesuiten…; **'Jes·u·it·ry** [-rɪ] *s.* a) Jesui'tismus *m*, b) *contp.* Spitzfindigkeit *f*.

jet¹ [dʒet] **I** *s. min.* Ga'gat *m*, Pechkohle *f*, Jett *m*, *n*; **II** *adj. a.* ***~-black*** tief-, pech-, kohlschwarz.

jet² [dʒet] **I** *s.* **1.** (*Feuer-*, *Wasser- etc.*) Strahl *m*, Strom *m*: ***~ of flame*** Stichflamme *f*; **2.** ⚙ Strahlrohr *n*, Düse *f*; **3.** → a) ***jet engine***, b) ***jet plane***; **II** *v/t.* **4.** ausspritzen, -strahlen, her'vorstoßen; **III** *v/i.* **5.** her'vorschießen, ausströmen; **6.** mit Düsenflugzeug reisen, ‚jetten'; **~ age** *s.* Düsenzeitalter *n*; **~ bomb·er** *s.* ✈ Düsenbomber *m*; **~ en·gine** *s.* ⚙ Düsen-, Strahltriebwerk *n*; **~ fight·er** *s.* ✈ Düsenjäger *m*; **~ lag** *s.* (physische) Prob'leme *pl.* durch die Zeitumstellung (*nach langen Flugreisen*); **~ lin·er** *s.* ✈ Düsenverkehrsflugzeug *n*; **~ plane** *s.* ✈ Düsenflugzeug *n*, F ‚Düse' *f*, Jet *m*; **,~-pro'pelled**, *abbr.* **,~-'prop** *adj.* ✈ mit Düsenantrieb; **~ pro·pul·sion** *s.* ⚙, ✈ Düsen-, Rückstoß-, Strahlantrieb *m*.

jet·sam ['dʒetsəm] *s.* ⚓ **1.** Seewurfgut *n*, über Bord geworfene Ladung; **2.** Strandgut *n*; → ***flotsam***.

jet|set *s.* Jet-set *m*; **'~,set·ter** *s.* Angehörige(r *m*) *f* des Jet-set.

jet·ti·son ['dʒetɪsn] **I** *s.* **1.** ⚓ Über'bordwerfen *n von Ladung*, Seewurf *m*; **2.** ✈

Notwurf *m*; **II** *v/t.* **3.** ⚓ über Bord werfen; **4.** ✈ im Notwurf abwerfen; **5.** *fig. Pläne etc.* über Bord werfen; *alte Kleider etc.* wegwerfen, *Personen* fallenlassen; **6.** *Raketenstufe* absprengen; **'jet·ti·son·a·ble** [-nəbl] *adj.* ✈ abwerfbar, Abwurf...(*-behälter etc.*): **~ seat** Schleudersitz *m*.

jet·ton ['dʒetn] *s.* Je'ton *m*.

jet tur·bine *s.* 'Strahltur,bine *f*.

jet·ty ['dʒetɪ] *s.* ⚓ **1.** Landungsbrücke *f*, -steg *m*; **2.** Hafendamm *m*, Mole *f*; **3.** Strömungsbrecher *m* (*Brücke*).

Jew [dʒu:] *s.* Jude *m*, Jüdin *f*; **'~-,bait·er** *s.* Judenhetzer *m*; **'~-,bait·ing** *s.* Judenverfolgung *f*, -hetze *f*.

jew·el ['dʒu:əl] **I** *s.* **1.** Ju'wel *n*, Edelstein *m*, *weitS.* Schmuckstück *n*: **~ box, ~ case** Schmuckkästchen *n*; **2.** *fig.* Ju'wel *n*, Perle *f*; **3.** Stein *m* (*e-r Uhr*); **II** *v/t.* **4.** mit Ju'welen schmücken *od.* versehen, mit Edelsteinen besetzen; **5.** *Uhr* mit Steinen versehen; **'jew·el·(l)er** [-lə] *s.* Juwe'lier *m*; **'jew·el·ler·y**, *bsd. Am.* **'jew·el·ry** [-lrɪ] *s.* **1.** Ju'welen *pl.*; **2.** Schmuck(sachen *pl.*) *m*.

Jew·ess ['dʒu:ɪs] *s.* Jüdin *f*; **'Jew·ish** [-ɪʃ] *adj.* □ jüdisch, Juden...; **Jew·ry** ['dʒʊərɪ] *s.* **1.** *die* Juden *pl.*, (**world ~** das Welt)Judentum; **2.** *hist.* Judenviertel *n*, G(h)etto *n*.

,Jew's|-'ear *s.* ⚘ Judasohr *n*; **,~-'harp** *s.* ♪ Maultrommel *f*.

jib¹ [dʒɪb] *s.* **1.** ⚓ Klüver *m*: **~ boom** Klüverbaum *m*; **the cut of his ~** F s-e äußere Erscheinung *od.* sein Auftreten; **2.** ⚙ Ausleger *m* (*e-s Krans*).

jib² [dʒɪb] *v/i.* **1.** scheuen, bocken (**at** vor *dat.*) (*Pferd*); **2.** *Brit. fig.* (**at**) a) scheuen, zu'rückweichen (vor *dat.*), b) sich sträuben (gegen), c) störrisch *od.* bokkig sein.

jibe¹ [dʒaɪb] *Am.* → ***gybe***.

jibe² [dʒaɪb] → ***gibe***.

jibe³ [dʒaɪb] *v/i. Am.* F über'einstimmen, sich entsprechen.

jif·fy [dʒɪfɪ], *a.* **jiff** [dʒɪf] *s.* F Augenblick *m*: **in a ~** im Nu; **wait a ~!** (einen) Moment!

jig¹ [dʒɪg] **I** *s.* **1.** ⚙ Spann-, Bohrvorrichtung *f*; **2.** ⚒ a) Kohlenwippe *f*, b) 'Setzma,schine *f*; **II** *v/t.* **3.** ⚙ mit e-r Einstellvorrichtung *od.* Schab'lone herstellen; **4.** ⚒ *Erze* setzen, scheiden.

jig² [dʒɪg] **I** *s.* **1.** ♪ Gigue *f* (*a. Tanz*); **2.** *Am. sl.* ,Schwof' *m*, Tanzparty *f*: **the ~ is up** *fig.* das Spiel ist aus; **3.** *fig.* Freudentanz *m*; **II** *v/t.* **4.** schütteln; **III** *v/i.* **5.** e-e Gigue tanzen; **6.** hopsen, tanzen.

jig·ger ['dʒɪgə] *s.* **1.** Giguetänzer *m*; **2.** ⚓ a) Be'san(mast) *m*, b) Handtalje *f*; **3.** *Golf*: Jigger *m* (*Schläger, mst Nr. 4*); **4.** a) Schnapsglas *n*, b) ,Schnäps-chen' *n*; **5.** *Am.* F Dings(bums) *n*, Appa'rat *m*; **6.** *a.* **~ flea** Sandfloh *m*; **jig·gered** ['dʒɪgəd] *adj.*: **well, I'm ~** (**if**) hol mich der Teufel(, wenn).

jig·ger·y-pok·er·y [,dʒɪgərɪ'pəʊkərɪ] *s. Brit.* F fauler Zauber, ,Schmu' *m*.

jig·gle ['dʒɪgl] **I** *v/t.* (leicht) rütteln; **II** *v/i.* wippen, hüpfen, wackeln.

'jig·saw *s.* ⚙ **1.** Laubsäge *f*; **2.** 'Schweifsäge(ma,schine) *f*; **3.** → **~ puz·zle** *s.* Puzzle(spiel) *n*.

Jill [dʒɪl] → ***Gill⁴***.

jilt [dʒɪlt] *v/t.* a) *e-m Liebhaber* den Laufpaß geben, b) *ein Mädchen* sitzenlassen.

Jim Crow [,dʒɪm'krəʊ] *s. Am.* F **1.** *contp.* ,Nigger' *m*; **2.** 'Rassendiskrimi,nierung *f*: **~ car** 🚃 Wagen *m* für Farbige.

jim-jams ['dʒɪmdʒæmz] *s. pl. sl.* **1.** De'lirium *n* tremens; **2.** a) Nervenflattern *n*, b) Gänsehaut *f*.

jim·my ['dʒɪmɪ] → ***jemmy***.

jin·gle ['dʒɪŋgl] **I** *v/i.* **1.** klimpern, klirren, klingeln; **II** *v/t.* **2.** klingeln lassen, klimpern (mit), bimmeln (mit); **III** *s.* **3.** Geklingel *n*, Klimpern *n*; **4.** (eingängiges) Liedchen *od.* Vers-chen, *a.* Werbesong *m od.* -spruch *m*.

jin·go ['dʒɪŋgəʊ] **I** *pl.* **-goes** *s.* **1.** *pol.* Chauvi'nist(in); **2.** → ***jingoism***; **II** *int.* **3.** **by ~!** beim Zeus!; **'jin·go·ism** [-əʊɪzəm] *s. pol.* Chauvi'nismus *m*, Hur'rapatrio,tismus *m*; **jin·go·is·tic** [,dʒɪŋgəʊ'ɪstɪk] *adj.* chauvi'nistisch.

jink [dʒɪŋk] **I** *s.* **1.** 'Ausweichma,növer *n*; **2.** **high ~s** ,Highlife' *n*, ,tolle Party'; **II** **3.** *v/i. u. v/t.* geschickt ausweichen.

jin·rik·i·sha, *a.* **jin·rick·sha** [dʒɪn'rɪkʃə] *s.* Rikscha *f*.

jinn [dʒɪn] *pl. von* **jin·nee** [dʒɪ'ni:] *s.* Dschin *m* (*islamischer Geist*).

jinx [dʒɪŋks] *sl.* **I** *s.* **1.** Unheilbringer *m*; *weitS.* Unglück *n*, Pech *n* (**for** für): **there is a ~ on it!** das ist wie verhext!; **put a ~ on** → 3b; **2.** Unheil *n*; **II** *v/t.* **3.** a) Unglück bringen (*dat.*), b) *et.* ,verhexen'.

jit·ter ['dʒɪtə] F **I** *v/i.* ner'vös sein, ,Bammel' haben, ,bibbern'; **II** *s.*: **the ~s** *pl.* a) ,Bammel' *m* (*Angst*), b) ,Zustände' *pl.*, ,Tatterich' *m* (*Nervosität*); **'jit·ter·bug** [-bʌg] *s.* **1.** Jitterbug *m* (*Tanz*); **2.** *fig.* Nervenbündel *n*; **'jit·ter·y** [-ərɪ] *adj.* F nervös, ,bibbernd'.

jiu·jit·su [dʒju:'dʒɪtsu:] → ***jujitsu***.

jive [dʒaɪv] **I** *s.* **1.** ♪ Jive *m*, (*Art*) 'Swingmu,sik *f od.* -tanz *m*; **2.** *Am. sl.* Gequassel *n*; **II** *v/i.* **3.** Jive *od.* Swing tanzen *od.* spielen.

job[1] [dʒɒb] **I** *s.* **1.** *ein Stück* Arbeit *f*: ***a ~ of work*** e-e Arbeit; ***a good ~ of work*** e-e saubere Arbeit; ***be paid by the ~*** pro Auftrag bezahlt werden; ***odd ~s*** Gelegenheitsarbeiten; ***make a good ~ of it*** gute Arbeit leisten, s-e Sache gut machen; ***it was quite a ~*** es war (gar) nicht so einfach, es war e-e Mordsarbeit; ***I had a ~ to do it*** das war ganz schön schwer (für mich); ***on the ~*** a) an der Arbeit, ‚dran', b) in Aktion, c) ‚auf Draht'; **2.** Stück-, Ak'kordarbeit *f*: ***by the ~*** im Akkord; **3.** Stellung *f*, Tätigkeit *f*, Arbeit *f*, Job *m*: ***a ~ as a typist***; ***out of a ~*** stellungslos; ***know one's ~*** s-e Sache verstehen; ***on the ~ training*** Ausbildung *f* am Arbeitsplatz; ***create new ~s*** neue Arbeitsplätze schaffen; ***~s for the boys*** *pol.* F Vetternwirtschaft *f*; ***this is not everybody's ~*** dies liegt nicht jedem; **4.** Aufgabe *f*, Pflicht *f*, Sache *f*: ***it is your ~ to do it*** es ist deine Sache; **5.** F Sache *f*, Angelegenheit *f*, Lage *f*: ***a good ~ (too)!*** ein (wahres) Glück!; ***make the best of a bad ~*** a) retten, was zu retten ist, b) gute Miene zum bösen Spiel machen; ***I gave it up as a bad ~*** ich steckte es (*als aussichtslos*) auf; ***I gave him up as a bad ~*** ich ließ ihn fallen (*weil er nichts taugte etc.*); ***just the ~!*** genau das Richtige!; **6.** *sl.* a) Pro'fitgeschäft *n*, Schiebung *f*, ‚krumme Tour', b) ‚Ding' *n* (*Verbrechen*): ***pull a ~*** ein Ding drehen; ***do his ~ for him*** ihn ‚fertigmachen'; **7.** *bsd. Am.* F a) ‚Dings' *n*, ‚Appa'rat' *m* (*a. Auto etc.*), b) ‚Nummer' *f*, ‚Type' *f* (*Person*): ***he's a tough ~*** er ist ein unangenehmer Kerl; **II** *v/i.* **8.** Gelegenheitsarbeiten machen, ‚jobben'; **9.** im Ak'kord arbeiten; **10.** Zwischenhandel treiben; **11.** Maklergeschäfte treiben, mit Aktien handeln; **12.** ‚schieben', in die eigene Tasche arbeiten; **III** *v/t.* **13.** *a.* ***~ out*** ✝ a) *Arbeit* im Ak'kord vergeben, b) *Auftrag* (weiter)vergeben; **14.** spekulieren mit; **15.** als Zwischenhändler verkaufen; **16.** veruntreuen; *Amt* miß'brauchen: ***~ s.o. into a post*** j-m e-n Posten zuschanzen.

Job[2] [dʒəʊb] *npr. bibl.* Hiob *m*, Job *m*: (***the Book of***) ***~*** (das Buch) Hiob *od.* Job; ***patience of ~*** *e-e* Engelsgeduld; ***that would try the patience of ~*** das würde selbst e-n Engel zur Verzweiflung treiben; ***~'s comforter*** schlechter Tröster (*der alles noch verschlimmert*); ***~'s news***, ***~'s post*** Hiobsbotschaft *f*.

job a·nal·y·sis *s.* 'Arbeitsplatzana,lyse *f*.

job·ber ['dʒɒbə] *s.* **1.** Gelegenheitsarbeiter *m*; **2.** Ak'kordarbeiter *m*: **3.** ✝ Zwischen-, *Am.* Großhändler *m*; **4.** *Brit. Börse*: Jobber *m* (*der auf eigene Rechnung Geschäfte tätigt*); **5.** *Am.* 'Börsenspeku,lant *m*; **6.** Geschäftemacher *m*, ‚Schieber' *m*, *a.* kor'rupter Beamter; **'job·ber·y** [-ərɪ] *s.* **1.** *b.s.* ‚Schiebung' *f*, Korrupti'on *f*; **2.** 'Amts,mißbrauch *m*; **'job·bing** [-bɪŋ] *s.* **1.** Gelegenheitsarbeit *f*; **2.** Ak'kordarbeit *f*; **3.** *Börse*: *Brit.* Ef'fektenhandel *m*, *a.* Spekulati'on(sgeschäfte *pl.*) *f*; **4.** Zwischen-, *Am.* Großhandel *m*; **5.** ‚Schiebung' *f*.

job| cre·a·tion *s.* Schaffung *f* von Arbeitsplätzen: ***~ scheme*** (*od.* ***program[me]***) Arbeitsbeschaffungsprogramm *n*; **~ de·scrip·tion** *s.* Arbeits(platz)-, Tätigkeitsbeschreibung *f*; **~ e·val·u·a·tion** *s.* Arbeits(platz)bewertung *f*; **~ hop·ping** *s.* häufiger Stellenwechsel (*zur Verbesserung des Einkommens*); **~ hunt·er** *s.* Stellungssuchende(r *m*) *f*; **~ kil·ler** *s.* Jobkiller *m* (*arbeitsplatzvernichtende Maschine etc.*); **'~·less** [-lɪs] **I** *adj.* arbeitslos; **II** *s.*: ***the ~*** *pl.* die Arbeitslosen *pl.*; **~ line**, **~ lot** *s.* ✝ **1.** Gelegenheitskauf *m*; **2.** Ramsch-, Par'tieware(n *pl.*) *f*; **~ mar·ket** *s.* Arbeitsmarkt *m*; **~ print·ing** *s.* Akzi'denzdruck *m*; **~ ro·ta·tion** *s.* turnusmäßiger Arbeitsplatztausch; **~ se·cu·ri·ty** *s.* Sicherheit *f* des Arbeitsplatzes; **~ shar·ing** *s.* Jobsharing *n*, Arbeitsplatzteilung *f*; **~ work** *s.* **1.** Ak'kordarbeit *f*; **2.** → ***job printing***.

jock·ey ['dʒɒkɪ] **I** *s.* Jockey *m*, Jockei *m*; **II** *v/t.* a) manipulieren, b) betrügen (***out of*** um): ***~ into s.th.*** in et. hineinmanövrieren, zu et. verleiten; ***~ s.o. into a position*** j-m durch Protektion e-e Stellung verschaffen, ‚j-n lancieren'; **III** *v/i.* ***~ for*** ‚rangeln' um (*a. fig.*): ***~ for position*** *sport u. fig.* sich e-e gute (Ausgangs)Position zu schaffen suchen.

'jock·strap ['dʒɒk-] *s. bsd. sport* Suspen'sorium *n*.

jo·cose [dʒəʊ'kəʊs] *adj.* □ **1.** scherzhaft, komisch, drollig; **2.** heiter, ausgelassen.

joc·u·lar ['dʒɒkjʊlə] *adj.* □ **1.** scherzhaft, witzig; **2.** lustig, heiter; **joc·u·lar·i·ty** [,dʒɒkjʊ'lærətɪ] *s.* **1.** Scherzhaftigkeit *f*; **2.** Heiterkeit *f*.

joc·und ['dʒɒkənd] *adj.* □ lustig, fröhlich, heiter; **jo·cun·di·ty** [dʒəʊ'kʌndətɪ] *s.* Lustigkeit *f*.

jodh·purs ['dʒɒdpəz] *s. pl.* Reithose(n *pl.*) *f.*

jog [dʒɒg] **I** *v/t.* **1.** (an)stoßen, rütteln, ‚stupsen'; **2.** *fig.* aufrütteln: ***~ s.o.'s memory*** j-s Gedächtnis nachhelfen; **II** *v/i.* **3.** *a.* ***~ on***, ***~ along*** (da'hin)trotten, (-)zuckeln; **4.** sich auf den Weg machen, ‚loszuckeln'; **5.** *fig. a.* ***~ on*** a) weiterwursteln, b) s-n Lauf nehmen; **6.** *sport* ‚joggen', im Trimmtrab laufen; **III** *s.* **7.** (leichter) Stoß; **8.** Rütteln *n*; **9.** → ***jogtrot*** 1; **'jog·ging** [-gɪŋ] *s.* ‚Jogging' *n*, Trimmtrab *m.*

jog·gle ['dʒɒgl] **I** *v/t.* **1.** leicht schütteln *od.* rütteln; **2.** ⚙ verschränken, verzahnen; **II** *v/i.* **3.** sich schütteln, wackeln; **III** *s.* **4.** Stoß *m*, Rütteln *n*; **5.** ⚙ Verzahnung *f*, Nut *f* u. Feder *f.*

'jog·trot I *s.* **1.** gemächlicher Trab, Trott *m*; **2.** *fig.* Trott *m*: a) Schlendrian *m*, b) Eintönigkeit *f*; **II** *v/i.* **3.** → ***jog*** 3.

john[1] [dʒɒn] *s. Am. sl.* Klo *n.*

John[2] [dʒɒn] *npr. u. s. bibl.* Jo'hannes (-evanˌgelium *n*) *m*: ***~ the Baptist*** Johannes der Täufer; (***the Epistles of***) ***~*** die Johannesbriefe; **~ Bull** *s.* John Bull: a) *England*, b) *der* (*typische*) *Engländer*; **~ Doe** [dəʊ] *s.*: ***~ and Richard Roe*** ⚖ A. und B. (*fiktive Parteien*); **~ Do·ry** ['dɔːrɪ] *s. ichth.* Heringskönig *m*; **~ Han·cock** ['hænkɒk] *s. Am.* F *j-s* ‚Friedrich Wilhelm' *m* (*Unterschrift*).

john·ny ['dʒɒnɪ] *s. Brit.* F Bursche *m*, Typ *m*, ‚Knülch' *m*; **ˌ~-come-'late·ly** *s. Am.* F **1.** Neuankömmling *m*, Neuling *m*; **2.** *fig.* ‚Spätzünder' *m*; **~ on the spot** *s. Am.* F a) j-d, der ‚auf Draht' ist, b) Retter *m* in der Not.

John·so·ni·an [dʒɒn'səʊnjən] *adj.* **1.** Johnsonsch (*Samuel Johnson od. s-n Stil betreffend*); **2.** pom'pös, hochtrabend.

join [dʒɔɪn] **I** *v/t.* **1.** *et.* verbinden, -einigen, zs.-fügen (***to***, ***on to*** mit): ***~ hands*** a) die Hände falten, b) sich die Hand reichen (*a. fig.*), c) *fig.* sich zs.-tun; **2.** *Personen* vereinigen, zs.-bringen (***with***, ***to*** mit): ***~ in marriage*** verheiraten; ***~ in friendship*** freundschaftlich verbinden; **3.** *fig.* verbinden, -ein(ig)en: ***~ prayers*** gemeinsam beten; → ***battle*** 2, ***force*** 1, ***issue*** 6; **4.** sich anschließen (*dat. od.* an *acc.*), stoßen *od.* sich gesellen zu, sich einfinden bei: ***~ s.o. in*** (***doing***) ***s.th.*** et. zusammen mit j-m tun; ***~ s.o. in a walk*** (gemeinsam) mit j-m e-n Spaziergang machen, sich j-m auf e-m Spaziergang anschließen; ***~ one's regiment*** zu s-m Regiment stoßen; ***~ one's ship*** an Bord s-s Schiffes gehen; ***may I ~ you?*** a) darf ich mich Ihnen anschließen *od.* Ihnen Gesellschaft leisten, b) darf ich mitmachen?; ***I'll ~ you soon!*** ich komme bald (nach)!; ***will you ~ me in a drink?*** trinken Sie ein Glas mit mir?; → ***majority*** 1; **5.** *e-m Klub*, *e-r Partei etc.* beitreten, eintreten in (*acc.*): ***~ the army*** ins Heer eintreten, Soldat werden; ***~ a firm as a partner*** in e-e Firma als Teilhaber eintreten; **6.** a) teilnehmen *od.* sich beteiligen an (*dat.*), mitmachen bei, b) sich einlassen auf (*acc.*), *den Kampf* aufnehmen: ***~ an action*** *jur.* e-m Prozeß beitreten; ***~ a treaty*** e-m (Staats)Vertrag beitreten; **7.** sich vereinigen mit, zs.-kommen mit, (ein-) münden in (*acc.*) (*Fluß*, *Straße*); **8.** *math. Punkte* verbinden; **9.** (an)grenzen an (*acc.*); **II** *v/i.* **10.** sich vereinigen *od.* verbinden, zs.-kommen, sich treffen (***with*** mit); **11.** a) ***~ in*** (*s.th.*) → 6 a, b) ***~ with s.o. in s.th.*** sich j-m bei et. anschließen, et. gemeinsam tun mit j-m: ***~ in everybody!*** alle mitmachen!; **12.** anein'andergrenzen, sich berühren; **13.** ***~ up*** Sol'dat werden, zum Mili'tär gehen; **III** *s.* **14.** Verbindungsstelle *f*, -linie *f*, Naht *f*, Fuge *f.*

join·der ['dʒɔɪndə] *s.* **1.** Verbindung *f*; **2.** ⚖ a) *a.* ***~ of actions*** (objek'tive) Klagehäufung, b) *a.* ***~ of parties*** Streitgenossenschaft *f*, c) ***~ of issue*** Einlassung *f* (auf die Klage).

join·er ['dʒɔɪnə] *s.* Tischler *m*, Schreiner *m*: ***~'s bench*** Hobelbank *f*; **'join·er·y** [-ərɪ] *s.* **1.** Tischlerhandwerk *n*, Schreine'rei *f*; **2.** Tischlerarbeit *f.*

joint [dʒɔɪnt] **I** *s.* **1.** Verbindung(sstelle) *f*, *bsd.* a) *Tischlerei etc.*: Fuge *f*, Stoß *m*, b) (Löt)Naht *f*, Nahtstelle *f*, c) Falz *m* (*der Buchdecke*), d) *anat.*, *biol.*, ⚘, ⚙ Gelenk *n*: ***out of ~*** ausgerenkt, *bsd. fig.* aus den Fugen; → ***nose*** *Bes. Redew.*; **2.** Verbindungsstück *n*, Bindeglied *n*; **3.** Hauptstück *n* (*e-s Schlachttiers*), Braten(stück *n*) *m*; **4.** *sl.* ‚Bude' *f*, ‚Laden' *m*: a) Lo'kal *n*, ‚Schuppen' *m*, *contp.* ‚'Bumsloˌkal' *n*, Spe'lunke *f*, b) Gebäude; **5.** *sl.* Joint *m* (*Marihuanazigarette*); **II** *adj.* (□ → ***jointly***) **6.** gemeinsam, gemeinschaftlich (*a.* ⚖): ***~ invention***; ***~ liability***; ***~ effort***; ***~ efforts*** vereinte Kräfte *od.* Anstrengungen; ***~ and several*** ⚖ gesamtschuldnerisch, solidarisch, zur gesamten Hand (→ ***jointly***); ***~ and several creditor*** (***debtor***) Gesamtgläubiger *m* (-schuldner *m*); ***take ~ action*** gemeinsam vorgehen, zs.-wirken; **7.** *bsd.* ⚖ Mit…, Neben…: ***~ heir*** Miterbe *m*; ***~ offender***

Mittäter *m*; ~ ***plaintiff*** Mitkläger *m*; **8.** vereint, zs.-hängend; **III** *v/t.* **9.** verbinden, zs.-fügen; **10.** ⚙ a) fugen, stoßen, verbinden, -zapfen, b) *Fugen* verstreichen; ~ **ac·count** *s.* ✝ Gemeinschaftskonto *n*: ***on*** (*od.* ***for***) ~ auf *od.* für gemeinsame Rechnung; ~ **ad·ven·ture** → ***joint venture***; ~ **cap·i·tal** *s.* ✝ Ge'sellschaftskapi,tal *n*; ~ **com·mit·tee** *s. pol.* gemischter Ausschuß; ~ **cred·it** *s.* ✝ Konsorti'alkre,dit *m*; ~ **cred·i·tor** *s.* ⚖ Gesamthandgläubiger *m*; ~ **debt** *s.* ⚖ gemeinsame Verbindlichkeit(en *pl.*) *f*, Gesamthandschuld *f*; ~ **debt·or** *s.* ⚖ Mitschuldner *m*, Gesamthandschuldner *m*.

joint·ed ['dʒɔɪntɪd] *adj.* **1.** verbunden; **2.** gegliedert, mit Gelenken (versehen): ~ ***doll*** Gliederpuppe *f*.

joint·ly ['dʒɔɪntlɪ] *adv.* gemeinschaftlich: ~ ***and severally*** a) gemeinsam u. jeder für sich, b) solidarisch, zur gesamten Hand, gesamtschuldnerisch.

joint| own·er *s.* ✝ Miteigentümer(in), Mitinhaber(in); ~ **own·er·ship** *s.* Miteigentum *n*; ~ **res·o·lu·tion** *s. pol.* gemeinsame Resoluti'on; ~ **stock** *s.* ✝ Ge'sellschafts-, 'Aktienkapi,tal *n*; **,~-'stock bank** *s.* Genossenschafts-, Aktienbank *f*; **,~-'stock com·pa·ny** *s.* ✝ **1.** *Brit.* Aktiengesellschaft *f*; **2.** *Am.* offene Handelsgesellschaft auf Aktien; **,~-'stock cor·po·ra·tion** *s. Am.* Aktiengesellschaft *f*; ~ **ten·an·cy** *s.* ✝ Mitbesitz *m*, -pacht *f*; ~ **un·der·tak·ing**, ~ **ven·ture** *s.* ✝ **1.** Ge'meinschaftsunter,nehmen *n*; **2.** Gelegenheitsgesellschaft *f*.

joist [dʒɔɪst] ⚠ **I** *s.* (Quer)Balken *m*; (Quer-, Pro'fil)Träger *m*; **II** *v/t.* mit Pro'filträgern belegen.

joke [dʒəʊk] **I** *s.* **1.** Witz *m*: ***practical*** ~ Schabernack *m*, Streich *m*; ***play a practical ~ on s.o.*** j-m einen Streich spielen; ***crack ~s*** Witze reißen; **2.** Scherz *m*, Spaß *m*: ***in*** ~ zum Scherz; ***he cannot take*** (*od.* ***see***) ***a*** ~ er versteht keinen Spaß; ***I don't see the ~!*** was soll daran so witzig sein?; ***it's no ~!*** a) (das ist) kein Witz!, b) das ist keine Kleinigkeit *od.* kein Spaß!; ***the ~ was on me*** der Spaß ging auf m-e Kosten; **II** *v/i.* **3.** Witze *od.* Spaß machen, scherzen, flachsen: ***I'm not joking!*** ich meine das ernst; ***you must be joking!*** soll das ein Witz sein?; **'jok·er** [-kə] *s.* **1.** Spaßvogel *m*, Witzbold *m*; **2.** *sl.* Kerl *m*, ,Heini' *m*; **3.** Joker *m* (*Spielkarte*) (*a. fig.*); **4.** *Am. sl. mst pol.* ,'Hintertürklausel' *f*; **'jok·ing** [-kɪŋ] *s.* Scherzen *n*: ~ ***apart!*** Scherz beiseite!

jol·li·fi·ca·tion [,dʒɒlɪfɪ'keɪʃn] *s.* F (feucht)fröhliches Fest, Festivi'tät *f*;

jol·li·ness ['dʒɒlɪnɪs], *mst* **jol·li·ty** ['dʒɒlətɪ] *s.* **1.** Fröhlichkeit *f*; **2.** Fest *n*.

jol·ly ['dʒɒlɪ] **I** *adj.* □ **1.** lustig, fi'del, vergnügt; **2.** F angeheitert, beschwipst; **3.** *Brit.* F a) nett, hübsch: ***a ~ room***, b) *iro.* ,schön', ,furchtbar': ***he must be a ~ fool*** er muß (ja) ganz schön blöd sein; **II** *adv.* **4.** *Brit.* F ziemlich, ,mächtig', ,furchtbar': ~ ***late***; ~ ***nice*** ,unheimlich' nett; ~ ***good*** *a. iro.* (ist ja) Klasse!; ***a ~ good fellow*** ein ,prima' Kerl; ***I ~ well told him*** ich hab' es ihm (doch) ganz deutlich gesagt; ***you'll ~ well*** (***have to***) ***do it!*** du mußt (es tun), ob du willst oder nicht; ***you ~ well know*** du weißt das ganz genau; **III** *v/t.* F **5.** *mst* ~ ***along*** *od.* ***up*** *j-n* bei Laune halten *od.* aufmuntern: ~ ***s.o. into doing s.th.*** j-n zu e-r Sache ,bequatschen'; **6.** *j-n* ,veräppeln'.

jol·ly boat ['dʒɒlɪ] *s.* ⚓ Jolle *f*.

Jol·ly Rog·er ['rɒdʒə] *s.* Totenkopf-, Pi'ratenflagge *f*.

jolt [dʒəʊlt] **I** *v/t.* **1.** ('durch)rütteln, stoßen; **2.** *Am. Boxen*: (*Gegner*) erschüttern (*a. fig.*); **3.** *fig.* *j-m* e-n Schock versetzen; **4.** *j-n* aufrütteln; **II** *v/i.* **5.** rütteln, holpern (*Fahrzeug*); **III** *s.* **6.** Ruck *m*, Stoß *m*, Rütteln *n*; **7.** Schock *m*; **8.** (harter) Schlag; **9.** F a) Wirkung *f* (*e-r Droge etc.*), b) ,Schuß' *m* (*Kognak, Droge*).

Jo·nah ['dʒəʊnə] *npr. u. s.* **1.** *bibl.* (das Buch) Jonas *m*; **2.** *fig.* Unheilbringer *m*; **'Jo·nas** [-əs] → ***Jonah*** 1.

josh [dʒɒʃ] *sl.* **I** *v/t.* ,aufziehen', veräppeln; **II** *s.* Hänse'lei *f*.

Josh·u·a ['dʒɒʃwə] *npr. u. s. bibl.* (das Buch) Josua *m od.* Josue *m*.

joss| house [dʒɒs] *s.* chi'nesischer Tempel; ~ **stick** *s.* Räucherstäbchen *n*.

jos·tle ['dʒɒsl] **I** *v/i.* drängeln: ~ ***against*** → **II** *v/t.* anrempeln, schubsen; **III** *s.* a) Gedränge *n*, Dränge'lei *f*, b) Rempe'lei *f*.

Jos·u·e ['dʒɒzjʊiː] → ***Joshua***.

jot [dʒɒt] **I** *s.*: ***not a*** ~ nicht ein bißchen; ***there's not a ~ of truth in it*** da ist überhaupt nichts Wahres dran; **II** *v/t.* *mst* ~ ***down*** schnell hinschreiben *od.* notieren *od.* hinwerfen; **'jot·ter** [-tə] *s.* No'tizbuch *n*; **'jot·ting** [-tɪŋ] *s.* (kurze) No'tiz.

joule [dʒuːl] *s. phys.* Joule *n*.

jounce [dʒaʊns] → ***jolt*** 1, 6, 7.

jour·nal ['dʒɜːnl] *s.* **1.** Jour'nal *n*, Zeitschrift *f*, Zeitung *f*; **2.** Tagebuch *n*; **3.** ✝

Jour'nal *n*, Memori'al *n*; **4.** **≈s** *pl. parl. Brit.* Proto'kollbuch *n*; **5.** ⚓ Logbuch *n*; **6.** ⚙ (Achs-, Lager)Zapfen *m*: **~ bearing** *od.* **box** Achs-, Zapfenlager *n*; **jour·nal·ese** [ˌdʒɜːnəˈliːz] *s. contp.* Zeitungsstil *m*; **ˈjour·nal·ism** [-nəlɪzəm] *s.* Journa'lismus *m*; **ˈjour·nal·ist** [-nəlɪst] *s.* Journa'list(in); **jour·nal·istic** [ˌdʒɜːnəˈlɪstɪk] *adj.* journa'listisch.

jour·ney [ˈdʒɜːnɪ] **I** *s.* **1.** Reise *f*: **go on a ~** verreisen; **bus ~** Busfahrt *f*; **~'s end** Ende *n* der Reise, *fig.* ‚Endstation' *f*, *a.* Tod *m*; **2.** Reise *f*, Strecke *f*, Route *f*, Weg *m*, Fahrt *f*, Gang *m*: **it's a day's ~ from here** es ist e-e Tagereise von hier, man braucht e-n Tag, um von hier dorthin zu kommen; **II** *v/i.* **3.** reisen; wandern; **ˈ~·man** [-mən] *s.* [*irr.*] (Handwerks)Geselle *m*: **~ baker** Bäckergeselle.

joust [dʒaʊst] *hist.* **I** *s.* Turnier *n*; **II** *v/i.* im Turnier kämpfen; *fig.* e-n Strauß ausfechten.

Jove [dʒəʊv] *npr.* Jupiter *m*: **by ~!** a) Donnerwetter!, b) beim Zeus!

jo·vi·al [ˈdʒəʊvjəl] *adj.* □ **1.** jovi'al (*a. contp.*), freundlich, aufgeräumt, gemütlich: **a ~ fellow**; **2.** freundlich, nett: **a ~ welcome**; **3.** heiter, vergnügt, lustig; **jo·vi·al·i·ty** [ˌdʒəʊvɪˈælətɪ] *s.* Jovia-li'tät *f*, Freundlichkeit *f*, Fröhlichkeit *f*.

jowl [dʒaʊl] *s.* **1.** ('Unter)Kiefer *m*; **2.** (*mst* feiste *od.* Hänge)Backe *f*; → **cheek** 1; **3.** *zo.* Wamme *f*.

joy [dʒɔɪ] *s.* **1.** Freude *f* (**at** über *acc.*, **in**, **of** an *dat.*): **to my** (**great**) **~** zu m-r (großen) Freude; **leap for ~** vor Freude hüpfen; **tears of ~** Freudentränen; **it gives me great ~** es macht mir große Freude; **my children are a great ~ to me** m-e Kinder machen mir viel Freude; **wish s.o. ~** (**of**) j-m Glück wünschen (zu); **I wish you ~!** *iro.* (na, dann) viel Spaß!; **2.** *Brit.* F Erfolg *m*: **I didn't have any ~!** ich hatte keinen Erfolg!, es hat nicht geklappt!; **ˈjoy·ful** [-fʊl] *adj.* □ **1.** freudig, erfreut, froh: **be ~** sich freuen; **2.** erfreulich, froh; **ˈjoyful·ness** [-fʊlnɪs] *s.* Freude *f*, Fröhlichkeit *f*; **ˈjoy·less** [-lɪs] *adj.* □ freudlos; **joy·ous** [ˈdʒɔɪəs] *adj.* □ → **joyful**.

joy| ride *s.* F Vergnügungsfahrt *f*, (wilde) Spritztour (*bsd.* in e-m gestohlenen Auto); **ˈ~·stick** *s.* **1.** ✈ F Steuerknüppel *m*; **2.** *Computer*: Joystick *m*.

ju·bi·lant [ˈdʒuːbɪlənt] *adj.* □ jubelnd, froh'lockend, (glück)strahlend (*a. Gesicht*): **be ~** → **jubilate** 1; **ju·bi·late I** *v/i.* [ˈdʒuːbɪleɪt] **1.** jubeln, jubilieren, überglücklich sein, triumphieren; **II** ≈ [ˌdʒuːbɪˈlɑːtɪ] (*Lat.*) *s. eccl.* **2.** (Sonntag *m*) Jubi'late *m* (*3. Sonntag nach Ostern*); **3.** Jubi'latepsalm *m*; **ju·bi·la·tion** [ˌdʒuːbɪˈleɪʃn] *s.* Jubel *m*.

ju·bi·lee [ˈdʒuːbɪliː] *s.* **1.** (*bsd.* fünfzigjähriges) Jubi'läum: **silver ~** fünfundzwanzigjähriges Jubiläum; **2.** *R.C.* Jubel-, Ablaßjahr *n*.

Ju·da·ic [dʒuːˈdeɪɪk] *adj.* ju'daisch, jüdisch; **Ju·da·ism** [ˈdʒuːdeɪɪzəm] *s.* **1.** Juda'ismus *m*; **2.** *das* Judentum; **Ju·da·ize** [ˈdʒuːdeɪaɪz] *v/t.* judaisieren, jüdisch machen.

Ju·das [ˈdʒuːdəs] **I** *npr. bibl.* Judas *m* (*a. fig. Verräter*): **~ kiss** Judaskuß *m*; **II** ≈ *s.* Guckloch *n*, ‚Spi'on' *m*.

Jude [dʒuːd] *npr. u. s. bibl.* Judas *m*: (**the Epistle of**) **~** der Judasbrief.

jud·der [ˈdʒʌdə] *v/i.* **1.** rütteln, wackeln; **2.** vibrieren.

judge [dʒʌdʒ] **I** *s.* **1.** ⚖ Richter *m*; **2.** *mst* Preis-, *sport a.* Kampfrichter *m*; **3.** Kenner *m*: **a** (**good**) **~ of wine** ein Weinkenner; **I am no ~ of it** ich kann es nicht beurteilen; **I am no ~ of music, but** ich verstehe (zwar) nicht viel von Musik, aber; **I'll be the ~ of that** das müssen Sie mich schon selbst beurteilen lassen; **4.** *bibl.* a) Richter *m*, b) **≈s** *pl. sg. konstr.* (*das* Buch der) Richter *pl.*; **II** *v/t.* **5.** ⚖ ein Urteil fällen *od.* Recht sprechen über (*acc.*), *e-n Fall* verhandeln; **6.** entscheiden (**s.th.** et.; **that** daß); **7.** beurteilen, bewerten, einschätzen (**by** nach); **8.** a) Preis-, *sport* Kampfrichter sein bei, b) *Leistungen etc.* (als Preisrichter *etc.*) bewerten; **9.** betrachten als, halten für; **III** *v/i.* **10.** ⚖ urteilen, Recht sprechen; **11.** *fig.* richten; **12.** urteilen (**by**, **from** nach; **of** über *acc.*): **~ for yourself!** urteilen Sie selbst!; **judging by his words** s-n Worten nach zu urteilen; **how can I ~?** wie soll 'ich das beurteilen?; **13.** schließen (**from**, **by** aus); **14.** Preis-, *sport* Kampfrichter sein; **15.** a) denken, vermuten, b) **~ of** sich *et.* vorstellen; **~ ad·vo·cate** *s.* ⚔ Kriegsgerichtsrat *m*; **ˈ~-made law** *s.* auf richterlicher Entscheidung beruhendes Recht, geschöpftes Recht.

judg(e)·ment [ˈdʒʌdʒmənt] *s.* **1.** ⚖ (Gerichts)Urteil *n*, gerichtliche Entscheidung: **~ by default** Versäumnisurteil; **give** (*od.* **deliver**, **render**, **pronounce**) **~** ein Urteil erlassen *od.* verkünden (**on** über *acc.*); **pass ~** ein Urteil fällen (**on** über *acc.*); **sit in ~ on a case** Richter sein in e-m Fall; **sit in ~ on s.o.** über j-n zu Gericht sitzen; → **error** 1; **2.** Beurteilung *f*, Bewertung *f* (*a. sport etc.*), Urteil *n*; **3.** Urteilsvermögen *n*: **man of ~** urteilsfähiger Mann; ***use your best ~!*** handeln Sie nach Ihrem besten Ermessen; **4.** Urteil *n*, Ansicht *f*, Meinung *f*: ***form a ~*** sich ein Urteil bilden; ***against my better ~*** wider besseres Wissen; ***give one's ~ on s.th.*** sein Urteil über et. abgeben; ***in my ~*** meines Erachtens; **5.** Schätzung *f*: ***~ of distance***; **6.** göttliches (Straf)Gericht, Strafe *f* (Gottes): ***the Last ♀, the Day of ♀, ♀ Day*** das Jüngste Gericht; **~ cred·i·tor** *s.* ⚖ Voll'streckungsgläubiger(in); **~ debt** *s.* ⚖ voll'streckbare Forderung, durch Urteil festgestellte Schuld; **~ debt·or** *s.* ⚖ Vollstreckungsschuldner(in); **'~-proof** *adj. Am.* ⚖ unpfändbar.

judge·ship ['dʒʌdʒʃɪp] *s.* Richteramt *n*.

ju·di·ca·ture ['dʒu:dɪkətʃə] *s.* ⚖ **1.** Rechtsprechung *f*, Rechtspflege *f*; **2.** Gerichtswesen *n*, Ju'stiz(verwaltung) *f*; → ***supreme*** 1; **3.** *coll.* Richter(stand *m*, -schaft *f*) *pl.*; **ju·di·cial** [dʒu:'dɪʃl] *adj.* ☐ **1.** ⚖ gerichtlich, Justiz..., Gerichts...: ***~ error*** Justizirrtum *m*; ***~ murder*** Justizmord *m*; ***~ proceedings*** Gerichtsverfahren *n*; ***~ office*** Richteramt *n*, richterliches Amt; ***~ power*** richterliche Gewalt; ***~ separation*** gerichtliche Trennung der Ehe; ***~ system*** Gerichtswesen *n*; **2.** ⚖ Richter..., richterlich; **3.** klar urteilend, kritisch; **ju·di·ci·ar·y** [dʒu:'dɪʃɪərɪ] ⚖ **I** *s.* **1.** → ***judicature*** 2, 3; **2.** *Am.* richterliche Gewalt; **II** *adj.* **3.** richterlich, rechtsprechend, gerichtlich: ***♀ Committee*** *Am. parl.* Rechtsausschuß *m*.

ju·di·cious [dʒu:'dɪʃəs] *adj.* ☐ **1.** vernünftig, klug; **2.** 'wohlüber‚legt, verständnisvoll; **ju'di·cious·ness** [-nɪs] *s.* Klugheit *f*, Einsicht *f*.

ju·do ['dʒu:dəʊ] *s. sport* Judo *n*; **'ju·do·ka** [-əʊkɑ:] *s.* Ju'doka *m*.

Ju·dy ['dʒu:dɪ] → ***Punch***[4].

jug[1] [dʒʌg] **I** *s.* **1.** Krug *m*, Kanne *f*, Kännchen *n*; **2.** *sl.* ‚Kittchen' *n*, ‚Knast' *m*; **II** *v/t.* **3.** schmoren *od.* dämpfen: ***~ged hare*** Hasenpfeffer *m*; **4.** *sl.* ‚einlochen'.

jug[2] [dʒʌg] **I** *v/i.* schlagen (*Nachtigall*); **II** *s.* Nachtigallenschlag *m*.

'jug·ful [-fʊl] *pl.* **-fuls** *s. ein* Krug(voll) *m*.

jug·ger·naut ['dʒʌgənɔ:t] *s.* **1.** Moloch *m*: ***the ~ of war***; **2.** *Brit.* schwerer ‚Brummi', Schwerlastwagen *m*, Lastzug *m*.

jug·gins ['dʒʌgɪnz] *s. sl.* Trottel *m*.

jug·gle ['dʒʌgl] **I** *v/i.* **1.** jonglieren; **2.** ***~ with*** *fig.* (mit) *et.* jonglieren, *et.* manipulieren: ***~ with facts***; ***~ with one's accounts*** s-e Konten ‚frisieren'; ***~ with words*** mit Worten spielen *od.* ‚jonglieren', Worte verdrehen; **II** *v/t.* **3.** jonglieren mit; **4.** → 2; **'jug·gler** [-lə] *s.* **1.** Jon'gleur *m*; **2.** Schwindler *m*; **'jug·gler·y** [-lərɪ] *s.* **1.** Jonglieren *n*; **2.** Taschenspiele'rei *f*; **3.** Schwindel *m*, Hokus'pokus *m*.

Ju·go·slav [‚ju:gəʊ'slɑ:v] **I** *s.* Jugo'slawe *m*, Jugo'slawin *f*; **II** *adj.* jugo'slawisch.

jug·u·lar ['dʒʌgjʊlə] *anat.* **I** *adj.* Kehl..., Gurgel...; **II** *s. a.* ***~ vein*** Hals-, Drosselader *f*; **'ju·gu·late** [-leɪt] *v/t. fig.* abwürgen.

juice [dʒu:s] *s.* **1.** Saft *m* (*a. fig.*): ***orange ~***; ***~ extractor*** Entsafter *m*; ***body ~s*** Körpersäfte; ***stew in one's own ~*** F im eigenen Saft schmoren; **2.** *sl.* a) ϟ ‚Saft' *m*, Strom *m*, b) *mot.* Sprit *m*, c) *Am.* ‚Zeug' *n*, Whisky *m*; **3.** *fig.* Kern *m*, Sub'stanz *f*, Es'senz *f*; **'juic·i·ness** [-sɪnɪs] *s.* Saftigkeit *f*; **'juic·y** [-sɪ] *adj.* **1.** saftig (*a. fig.*); **2.** F a) ‚saftig', ‚gepfeffert': ***~ scandal***, b) pi'kant, schlüpfrig: ***~ story***, c) interessant, ‚mit Pfiff'; **3.** *Am.* F lukra'tiv: ***~ contract***; **4.** *sl.* ‚scharf', ‚dufte': ***~ girl***.

ju·jit·su [dʒu:'dʒɪtsu:] *s. sport* Jiu-Jitsu *n*.

ju·jube ['dʒu:dʒu:b] *s.* **1.** ⚘ Ju'jube *f*, Brustbeere *f*; **2.** *pharm.* 'Brustbon‚bon *m*, *n*.

ju·jut·su [dʒu:'dʒʊtsu:] → ***jujitsu***.

'juke|·box ['dʒu:k-] *s.* Jukebox *f* (*Musikautomat*); **'~-joint** *s. Am. sl.* ‚'Bumslo‚kal' *n*, ‚Jukebox-Bude' *f*.

ju·lep ['dʒu:lep] *s.* **1.** süßliches (Arz'nei-) Getränk; **2.** *Am.* Julep *m* (*alkoholisches Eisgetränk*).

Jul·ian ['dʒu:ljən] *adj.* juli'anisch: ***the ~ calendar*** der Julianische Kalender.

Ju·ly [dʒu:'laɪ] *s.* Juli *m*: ***in ~*** im Juli.

jum·ble ['dʒʌmbl] **I** *v/t.* **1.** *a.* ***~ together, ~ up*** zs.-werfen, in Unordnung bringen, (wahllos) vermischen, durchein'anderwürfeln; **II** *v/i.* **2.** *a.* ***~ together, ~ up*** durchein'andergeraten, -gerüttelt werden; **III** *s.* **3.** Durchein'ander *n*, Wirrwarr *m*; **4.** Ramsch *m*: ***~ sale*** *Brit.* Wohltätigkeitsbasar *m*; ***~ shop*** Ramschladen *m*.

jum·bo ['dʒʌmbəʊ] *s.* **1.** Ko'loß *m*: ***~-sized*** riesig; **2.** → **jum·bo jet** *s.* ✈ Jumbo(-Jet) *m*.

jump [dʒʌmp] **I** *s.* **1.** Sprung *m* (*a. fig.*), Satz *m*: ***make*** (*od.* ***take***) ***a ~*** e-n Sprung machen; ***by ~s*** *fig.* sprungweise; (***always***) ***on the ~*** F (immer) auf den Beinen *od.* in Eile; ***keep s.o. on the ~*** j-n in Trab halten; ***get the ~ on s.o.*** F j-m zuvorkommen, j-m den Rang ablaufen; ***have the ~ on s.o.*** F j-m gegenüber im Vorteil sein; ***be*** (***stay***) ***one ~ ahead*** *fig.* (immer) e-n Schritt voraus sein (***of*** *dat.*); ***give a ~*** → 15; ***give s.o. a ~*** F j-n erschrecken; **2.** (Fallschirm)Absprung *m*: ***~ area*** Absprunggebiet *n*; **3.** *sport* (Hoch- *od.* Weit)Sprung *m*: ***high*** (***long*** *od. Am.* ***broad***) ***~***; **4.** *bsd. Reitsport*: Hindernis *n*: ***take the ~***; **5.** sprunghaftes Anwachsen, Em'porschnellen *n* (***in prices*** der Preise *etc.*): ***~ in production*** rapider Produktionsanstieg; **6.** (plötzlicher) Ruck; **7.** *fig.* Sprung *m*: a) abrupter 'Übergang, b) Über'springen *n*, -'gehen *n*, Auslassen *n* (*von Buchseiten etc.*); **8.** a) *Film*: Sprung *m* (*Überblenden etc.*), b) *Computer*: (Pro'gramm)Sprung *m*; **9.** *Damespiel*: Schlagen *n*; **10.** a) Rückstoß *m* (*e-r Feuerwaffe*), b) ⚔ Abgangsfehler *m*; **11.** V ‚Nummer' *f* (*Koitus*); **II** *v/i.* **12.** springen: ***~ at*** (*od.* ***to***) *fig.* sich stürzen auf (*acc.*), sofort zugreifen bei *e-m Angebot, Vorschlag etc.*, (sofort) aufgreifen, einhaken bei *e-r Frage etc.*; ***~ at the chance*** die Gelegenheit beim Schopf ergreifen, mit beiden Händen zugreifen; → ***conclusion*** 3; ***~ down s.o.'s throat*** F j-n ‚anschnauzen'; ***~ off*** a) abspringen (von *s-m Fahrrad etc.*), b) *Am.* F loslegen; ***~ on s.o.*** F a) über j-n herfallen, b) j-m ‚aufs Dach' steigen; ***~ out of one's skin*** aus der Haut fahren; ***~ to it*** F ‚(d)rangehen', zupacken; ***~ to it!*** ran!, mach schon!; ***~ up*** aufspringen (***onto*** auf *acc.*); **13.** (*mit dem Fallschirm*) (ab-)springen; **14.** hopsen, hüpfen: ***~ up and down***; ***~ for joy*** e-n Freudensprung *od.* Freudensprünge machen; ***his heart ~ed for joy*** das Herz hüpfte ihm im Leibe; **15.** zs.-zucken, -fahren, aufschrecken, hochfahren (***at*** bei): ***the noise made him ~*** der Lärm schreckte ihn auf *od.* ließ ihn zs.-zucken; **16.** *fig.* ab'rupt 'übergehen, -wechseln (***to*** zu): ***~ from one topic to another***; **17.** a) rütteln (*Wagen etc.*), b) gerüttelt werden, schaukeln, wackeln; **18.** *fig.* sprunghaft ansteigen, em'porschnellen (*Preise etc.*); **19.** ⚙ springen (*Filmstreifen, Schreibmaschine etc.*); **20.** *Damespiel*: schlagen; **21.** *Bridge*: (unvermittelt) hoch reizen; **22.** pochen, pulsieren; **23.** F voller Leben sein: ***the place is ~ing*** dort ist ‚schwer was los'; ***the party was ~ing*** die Party war ‚schwer in Fahrt'; **III** *v/t.* **24.** (hin'weg)springen über (*acc.*): ***~ the fence***; ***~ the rails*** entgleisen (*Zug*); **25.** *fig.* über'springen, auslassen: ***~ a few lines***; ***~ the lights*** F bei Rot über die Kreuzung fahren; ***~ the queue*** *Brit.* sich vordrängeln, aus der Reihe tanzen (*a. fig.*); → ***gun*** 4; **26.** springen lassen: ***he ~ed his horse over the ditch*** er setzte mit dem Pferd über den Graben; **27.** *Damespiel*: schlagen; **28.** *Bridge*: (zu) hoch reizen; **29.** *sl.* ‚abhauen' von: ***~ ship*** (***town***); → ***bail***[1] 1; **30.** a) aufspringen auf (*acc.*), b) abspringen von (*e-m fahrenden Zug*); **31.** schaukeln: ***~ a baby on one's knee***; **32.** F *j-n* überfallen, über *j-n* herfallen; **33.** em'porschnellen lassen, hochtreiben: ***~ prices***; **34.** *Am.* F *j-n* (plötzlich) *im Rang* befördern; **35.** V *Frau* ‚bumsen'; **36.** → ***jump-start***.

jump ball *s. Basketball*: Sprungball *m*.

jumped-up [ˌdʒʌmpt'ʌp] *adj.* F **1.** (parve'nühaft) hochnäsig, ‚hochgestochen'; **2.** improvisiert.

jump·er[1] ['dʒʌmpə] *s.* **1.** Springer(in): ***high ~*** *sport* Hochspringer(in); **2.** Springpferd *n*; **3.** ⚙ Steinbohrer *m*; Bohrmeißel *m*; **4.** ⚡ Kurzschlußbrücke *f*.

jump·er[2] ['dʒʌmpə] *s.* **1.** (*Am.* ärmelloser) Pullover *m*; **2.** *bsd. Am.* Trägerkleid *n*, -rock *m*; **3.** (Kinder)Spielhose *f*.

jump·i·ness ['dʒʌmpɪnɪs] *s.* Nervosi'tät *f*.

jump·ing ['dʒʌmpɪŋ] *s.* **1.** Springen *n*: ***~ pole*** Sprungstab *m*, -stange *f*; ***~ test*** *Reitsport*: (Jagd)Springen *n*; **2.** *Skisport*: Sprunglauf *m*, Springen *n*; **~ bean** *s.* ⚘ Springende Bohne; **~ jack** *s.* Hampelmann *m*; **ˌ~-'off place** *s.* **1.** *fig.* Sprungbrett *n*, Ausgangspunkt *m*; **2.** *Am.* F Ende *n* der Welt.

jump| jet *s.* ✈ (Düsen)Senkrechtstarter *m*; **~ leads** *s. pl. mot.* Starthilfekabel *n*; **'~-off** *s. Reitsport*: Stechen *n*; **~ seat** *s.* Not-, Klappsitz *m*; **'~-start** *v/t. Auto* mittels Starthilfekabel anlassen; **~ suit** *s.* Overall *m*; **~ turn** *s. Skisport*: 'Umsprung *m*.

jump·y ['dʒʌmpɪ] *adj.* ner'vös.

junc·tion ['dʒʌŋkʃn] *s.* **1.** Verbindung(spunkt *m*) *f*, Vereinigung *f*, Zs.-treffen *n*; Treffpunkt *m*; Anschluß *m* (*a.* ⚙); (Straßen)Kreuzung *f*, (-)Einmündung *f*; **2.** 🚂 a) Knotenpunkt *m*, b) 'Anschlußstatiˌon *f*; **3.** Berührung *f*; **~ box** *s.* ⚡ Abzweig-, Anschlußdose *f*; **~ line** *s.* 🚂 Verbindungs-, Nebenbahn *f*.

junc·ture ['dʒʌŋktʃə] *s.* (kritischer) Augenblick *od.* Zeitpunkt: ***at this ~*** in diesem Augenblick, an dieser Stelle.

June [dʒuːn] Juni *m*: ***in ~*** im Juni.

jun·gle ['dʒʌŋgl] *s.* **1.** Dschungel *m, a. n* (*a. fig.*): **~ fever** Dschungelfieber *n*; **law of the ~** Faustrecht *n*; **2.** (undurchdringliches) Dickicht (*a. fig.*); *fig.* Gewirr *n*: **~ gym** Klettergerüst *n* (*für Kinder*); '**jun·gled** [-ld] *adj.* mit Dschungel(n) bedeckt, verdschungelt.

jun·ior ['dʒu:njə] **I** *adj.* **1.** junior (*mst nach Familiennamen u. abgekürzt zu Jr., jr., Jun., jun.*): **George Smith jr.**; **Smith ~** Smith II (*von Schülern*); **2.** jünger (*im Amt*), 'untergeordnet, zweiter: **~ clerk** a) untere(r) Büroangestellte(r), b) zweiter Buchhalter, c) *jur. Brit.* Anwaltspraktikant *m*, d) kleiner Angestellter; **~ counsel** (*od.* **barrister**) *jur. Brit.* → **barrister** (*als Vorstufe zum* **King's Counsel**); **~ partner** jüngerer Teilhaber, *fig. der* kleinere Partner; **~ staff** untere Angestellte *pl.*; **3.** später, jünger, nachfolgend: **~ forms** *ped. Brit. die* Unterklassen, *die* Unterstufe; **~ school** *Brit.* Grundschule *f*; **4.** *jur.* rangjünger, (im Rang) nachstehend: **~ mortgage**; **5.** *sport* Junioren..., Jugend...: **~ championship**; **6.** *Am.* Kinder..., Jugend...: **~ books**; **7.** jugendlich, jung: **~ citizens** Jungbürger *pl.*; **~ skin**; **8.** *Am.* F kleiner(er, e, es): **a ~ hurricane**; **II** *s.* **9.** Jüngere(r *m*) *f*: **he is my ~ by 2 years, he is 2 years my ~** er ist (um) 2 Jahre jünger als ich; **my ~s** Leute, die jünger sind als ich; **10.** *univ. Am.* Stu'dent *m* a) *im vorletzten Jahr vor s-r Graduierung*, b) *im 3. Jahr an e-m* **senior college**, c) *im 1. Jahr an e-m* **junior college**; **11.** *a.* ♀ (*ohne art*) a) Junior *m* (*Sohn mit dem Vornamen des Vaters*), b) *allg.* der Sohn, der Junge, c) *Am.* F Kleine(r) *m*; **12.** Jugendliche(r *m*) *f*, Her'anwachsende(r *m*) *f*: **~ miss** *Am.* ,junge Dame' (*Mädchen*); **13.** 'Untergeordnete(r *m*) *f* (im Amt), jüngere(r) Angestellte(r): **he is my ~ in this office** a) er untersteht mir in diesem Amt, b) er ist in dieses Amt nach mir eingetreten; **14.** *Bridge*: Junior *m* (*Spieler, der rechts vom Alleinspieler sitzt*); **~ col·lege** *s. Am.* Juni'orencollege *n* (*umfaßt die untersten Hochschuljahrgänge, etwa 16- bis 18jährige Studenten*); **~ high** (**school**) *s. Am.* (*Art*) Aufbauschule *f* (*für die* **high school**) (*dritt- u. viertletzte Klasse der Grundschule u. erste Klasse der* **high school**).

jun·ior·i·ty [,dʒu:nɪ'ɒrətɪ] *s.* **1.** geringeres Alter *od.* Dienstalter; **2.** 'untergeordnete Stellung, niedrigerer Rang.

ju·ni·per ['dʒu:nɪpə] *s.* Wa'cholder *m.*

junk[1] [dʒʌŋk] **I** *s.* **1.** Trödel *m*, alter Kram, Plunder *m*: **~ food** *bsd. Am.* Nahrung *f* mit geringem Nährwert; **~ market** Trödel-, Flohmarkt *m*; **~ dealer** Trödler *m*, Altwarenhändler *m*; **~ shop** Trödelladen *m*; **~ yard** Schrottplatz *m*; **2.** *contp.* Schund *m*, ,Mist' *m*, ,Schrott' *m*; **3.** *sl.* ,Stoff' *m* (*Rauschgift*); **II** *v/t.* **4.** *Am.* F a) wegwerfen, b) verschrotten, c) *fig.* zum alten Eisen *od.* über Bord werfen.

junk[2] [dʒʌŋk] *s.* Dschunke *f.*

jun·ket ['dʒʌŋkɪt] **I** *s.* **1.** a) Sahnequark *m*, b) Quarkspeise *f* mit Sahne; **2.** Festivi'tät *f*, Fete *f*; **3.** *Am.* F sogenannte Dienstreise, Vergnügungsreise *f* auf öffentliche Kosten; **II** *v/i.* **4.** feiern, es sich wohl sein lassen.

junk·ie ['dʒʌŋkɪ] *s. sl.* ,Fixer' *m*, Rauschgiftsüchtige(r *m*) *f.*

Ju·no·esque [,dʒu:nəʊ'esk] *adj.* ju'nonisch.

jun·ta ['dʒʌntə] (*Span.*) *s.* **1.** *pol.* (*bsd.* Mili'tär)Junta *f*; **2.** → '**jun·to** [-təʊ] *pl.* **-tos** *s.* Clique *f.*

Ju·pi·ter ['dʒu:pɪtə] *s. myth. u. ast.* Jupiter *m.*

Ju·ras·sic [,dʒʊə'ræsɪk] *geol.* **I** *adj.* Jura..., ju'rassisch: **~ period**; **II** *s.* 'Juraformati,on *f.*

ju·rat ['dʒʊəræt] *s. Brit.* **1.** *hist.* Stadtrat *m* (*Person*) in den **Cinque Ports**; **2.** Richter *m auf den Kanalinseln*; **3.** ⚖ Bekräftigungsformel *f* unter eidesstattlichen Erklärungen.

ju·rid·i·cal [,dʒʊə'rɪdɪkl] *adj.* □ **1.** gerichtlich, Gerichts...; **2.** ju'ristisch, Rechts...: **~ person** *Am.* juristische Person.

ju·ris·dic·tion [,dʒʊərɪs'dɪkʃn] *s.* **1.** Rechtsprechung *f*; **2.** a) Gerichtsbarkeit *f*, b) (*örtliche u. sachliche*) Zuständigkeit (**of, over** für): **come under the ~ of** unter die Zuständigkeit fallen (*gen.*); **have ~ over** zuständig sein für; **3.** a) Gerichtsbezirk *m*, b) Zuständigkeitsbereich *m*; **ju·ris'dic·tion·al** [-ʃənl] *adj.* Gerichtsbarkeits..., Zuständigkeits...; **ju·ris·pru·dence** [,dʒʊərɪs'pru:dəns] *s.* Rechtswissenschaft *f*, Jurispru'denz *f*; **ju·rist** ['dʒʊərɪst] *s.* **1.** Ju'rist(in); **2.** *Brit.* Stu'dent *m* der Rechte; **3.** *Am.* Rechtsanwalt *m*; **ju·ris·tic, ju·ris·ti·cal** [,dʒʊə'rɪstɪk(l)] *adj.* □ ju'ristisch, Rechts...

ju·ror ['dʒʊərə] *s.* **1.** ⚖ Geschworene(r *m*) *f*; **2.** Preisrichter(in).

ju·ry[1] ['dʒʊərɪ] *s.* **1.** ⚖ *die* Geschworenen *pl.*, Ju'ry *f*: **trial by ~, ~ trial** Schwurgerichtsverfahren *n*; **sit on the**

~ Geschworene(r) sein; **2.** Ju'ry *f*, Preisrichterausschuß *m*, *sport a.* Kampfgericht *n*; **3.** Sachverständigenausschuß *m*.

ju·ry² ['dʒʊərɪ] *adj.* ⚓, ✈ Ersatz..., Hilfs..., Not...

ju·ry| box *s.* ⚖ Geschworenenbank *f*; '**~·man** [-mən] *s.* [*irr.*] ⚖ Geschworene(r) *m*; **~ pan·el** *s.* ⚖ Geschworenenliste *f*.

jus [dʒʌs] *pl.* **ju·ra** ['dʒʊərə] (*Lat.*) *s.* Recht *n*.

jus·sive ['dʒʌsɪv] *adj. ling.* Befehls..., impera'tivisch.

just [dʒʌst] **I** *adj.* □ → II *u.* **justly**; **1.** gerecht (**to** gegen): **be ~ to s.o.** j-n gerecht behandeln; **2.** gerecht, richtig, angemessen, gehörig: **it was only ~** es war nur recht u. billig; **~ reward** gerechter *od.* (wohl)verdienter Lohn; **3.** rechtmäßig, wohlbegründet: **a ~ claim**; **4.** berechtigt, gerechtfertigt, (wohl)begründet: **~ indignation**; **5.** a) genau, kor'rekt, b) wahr, richtig; **6.** *bibl.* gerecht, rechtschaffen: **the ~** die Gerechten *pl.*; **7.** ♪ rein; **II** *adv.* **8.** *zeitlich*: a) gerade, (so)'eben: **they have ~ left**; **~ before I came** kurz *od.* knapp bevor ich kam; **~ after breakfast** kurz *od.* gleich nach dem Frühstück; **~ now** eben erst, soeben (→ b), b) genau, gerade (*zu diesem Zeitpunkt*): **~ as** gerade als, genau in dem Augenblick als (→ 9); **I was ~ going to say** ich wollte gerade sagen; **~ now** a) gerade jetzt, b) jetzt gleich (→ a); **~ then** a) gerade damals, b) gerade in diesem Augenblick; **~ five o'clock** genau fünf Uhr; **9.** *örtlich u. fig.*: genau: **~ there**; **~ round the corner** gleich um die Ecke; **~ as** ebenso wie; **~ as good** genausogut; **~ about** a) (so *od.* in) etwa, b) so ziemlich, c) so gerade, eben (noch); **~ about here** ungefähr hier, hier herum; **~ so!** ganz recht!; **that's ~ it!** das ist es ja gerade *od.* eben!; **that's ~ like you!** das sieht dir (ganz) ähnlich!; **that's ~ what I thought!** (genau) das hab' ich mir (doch) gedacht!; **~ what do you mean (by that)?** was (genau) wollen Sie damit sagen?; **~ how many are they?** wie viele sind es genau?; **it's ~ as well** (es ist) vielleicht besser *od.* ganz gut so; **we might ~ as well go!** da können wir genausogut auch gehen!; **10.** gerade (noch), ganz knapp, mit knapper Not: **we ~ managed**; **the bullet ~ missed him** die Kugel ging ganz knapp an ihm vorbei; **~ possible** immerhin möglich, nicht unmöglich; **~ too late** gerade zu spät; **11.** nur, lediglich, bloß: **~ in case** nur für den Fall; **~ the two of us** nur wir beide; **~ for the fun of it** nur zum Spaß; **~ a moment!** (nur) e-n Augenblick!, *a. iro.* Moment (mal)!; **~ give her a book** schenk ihr doch einfach ein Buch; **12.** *vor imp.* a) doch, mal, b) nur: **~ tell me** sag (mir) mal, sag mir nur *od.* bloß; **~ sit down, please!** setzen Sie sich doch bitte; **~ think!** denk mal!; **~ try!** versuch's doch (mal)!; **13.** F einfach, wirklich: **~ wonderful**.

jus·tice ['dʒʌstɪs] *s.* **1.** Gerechtigkeit *f* (**to** gegen); **2.** Rechtmäßigkeit *f*, Berechtigung *f*, Recht *n*: **with ~** mit *od.* zu Recht; **3.** Gerechtigkeit *f*, gerechter Lohn: **do ~ to** a) *j-m od. e-r Sache* Gerechtigkeit widerfahren lassen, gerecht werden (*dat.*), b) *et.* (recht) zu würdigen wissen, *a. e-r Speise*, *dem Wein* tüchtig zusprechen; **the picture did ~ to her beauty** das Bild wurde ihrer Schönheit gerecht; **do o.s. ~** a) sein wahres Können zeigen, b) sich selbst gerecht werden; **~ was done** der Gerechtigkeit wurde Genüge getan; **in ~ to him** um ihm gerecht zu werden, fairerweise; **4.** ⚖ Gerechtigkeit *f*, Recht *n*, Ju'stiz *f*: **administer ~** Recht sprechen; **flee from ~** sich der verdienten Strafe (durch die Flucht) entziehen; **bring to ~** vor Gericht bringen; **in ~** von Rechts wegen; **5.** Richter *m*: **Mr. ♀ X.** (*Anrede in England*); **~ of the peace** Friedensrichter (*Laienrichter*); '**jus·tice·ship** [-ʃɪp] *s.* Richteramt *n*.

jus·ti·ci·a·ble [dʒʌ'stɪʃɪəbl] *adj.* ⚖ justiti'abel, gerichtlicher Entscheidung unter'worfen; **jus'ti·ci·ar·y** [-ɪərɪ] ⚖ **I** *s.* Richter *m*; **II** *adj.* Justiz..., gerichtlich.

jus·ti·fi·a·ble ['dʒʌstɪfaɪəbl] *adj.* □ zu rechtfertigen(d), berechtigt, vertretbar, entschuldbar; '**jus·ti·fi·a·bly** [-lɪ] *adv.* berechtigterweise.

jus·ti·fi·ca·tion [ˌdʒʌstɪfɪ'keɪʃn] *s.* **1.** Rechtfertigung *f*: **in ~ of** zur Rechtfertigung von (*od. gen.*); **2.** Berechtigung *f*: **with ~** berechtigterweise, mit Recht; **3.** *typ.* Justierung *f*, Ausschluß *m*; **jus·ti·fi·ca·to·ry** ['dʒʌstɪfɪkeɪtərɪ] *adj.* rechtfertigend, Rechtfertigungs...; **jus·ti·fy** ['dʒʌstɪfaɪ] *v/t.* **1.** rechtfertigen (**before** *od.* **to s.o.** vor j-m, j-m gegenüber); **be justified in doing s.th.** et. mit gutem Recht tun; ein Recht haben, et. zu tun; berechtigt sein, et. zu tun; **2.** a) gutheißen, b) entschuldigen, c) *j-m* recht geben; **3.** *eccl.* rechtfertigen, von Sündenschuld freisprechen; **4.** ⚙ richtigstellen, richten, justieren; **5.** *typ.* ausschließen.

just·ly ['dʒʌstlɪ] *adv.* **1.** richtig; **2.** mit *od.* zu Recht, gerechterweise; **3.** verdientermaßen; **'just·ness** [-tnɪs] *s.* **1.** Gerechtigkeit *f*; **2.** Rechtmäßigkeit *f*; **3.** Richtigkeit *f*; **4.** Genauigkeit *f*.

jut [dʒʌt] **I** *v/i. a.* **~ out** vorspringen, her'ausragen: **~ into s.th.** in et. hineinragen; **II** *s.* Vorsprung *m*.

jute¹ [dʒu:t] ⚘ Jute *f*.

Jute² [dʒu:t] *s.* Jüte *m*; **Jut·land** ['dʒʌtlənd] *npr.* Jütland *n*: **the Battle of ~** *hist.* die Skagerrakschlacht.

ju·ve·nes·cence [ˌdʒu:və'nesns] *s.* **1.** Verjüngung *f*: **well of ~** Jungbrunnen *m*; **2.** Jugend *f*.

ju·ve·nile ['dʒu:vənaɪl] **I** *adj.* **1.** jugendlich, jung, Jugend...: **~ book** Jugendbuch *n*; **~ court** Jugendgericht *n*; **~ delinquency** Jugendkriminalität *f*; **~ delinquent** *od.* **offender** jugendlicher Täter; **~ stage** Entwicklungsstadium *n*; **II** *s.* **2.** Jugendliche(r *m*) *f*; **3.** *thea.* jugendlicher Liebhaber; **4.** Jugendbuch *n*; **ju·ve·ni·li·a** [ˌdʒu:və'nɪlɪə] *pl.* **1.** Jugendwerke *pl.* (*e-s Autors etc.*); **2.** Werke *pl.* für die Jugend; **ju·ve·nil·i·ty** [ˌdʒu:və'nɪlətɪ] *s.* **1.** Jugendlichkeit *f*; **2.** jugendlicher Leichtsinn; **3.** *pl.* Kinde'reien *pl.*; **4.** *coll.* (*die*) Jugend.

jux·ta·pose [ˌdʒʌkstə'pəʊz] *v/t.* nebenein'anderstellen: **~d to** angrenzend an (*acc.*); **jux·ta·po·si·tion** [ˌdʒʌkstəpə'zɪʃn] *s.* Nebenein'anderstellung *f*, -liegen *n*.

K

K, k [keɪ] *s.* K *n*, k *n* (*Buchstabe*).
kab·(b)a·la [kə'bɑːlə] → ***ca(b)bala***.
ka·di ['kɑːdɪ] → ***cadi***.
ka·ke·mo·no [ˌkækɪ'məʊnəʊ] *pl.* **-nos** *s.* Kake'mono *n* (*japanisches Rollbild*).
kale [keɪl] *s.* **1.** ⚘ Kohl *m*, *bsd.* Grün-, Blattkohl *m*: (***curly***) ~ Krauskohl *m*; **2.** Kohlsuppe *f*; **3.** *Am. sl.* ‚Zaster' *m*.
ka·lei·do·scope [kə'laɪdəskəʊp] *s.* Kaleido'skop *n* (*a. fig.*); **ka·lei·do·scop·ic, ka·lei·do·scop·i·cal** [kəˌlaɪdə'skɒpɪk(l)] *adj.* □ kaleido'skopisch.
'kale·yard *s. Scot.* Gemüsegarten *m*; **~ school** *s. schottische Heimatdichtung*.
Kan·a·ka ['kænəkə, kə'nækə] *s.* Ka'nake *m* (*Südseeinsulaner, a. contp.*).
kan·ga·roo [ˌkæŋgə'ruː] *pl.* **-roos** *s. zo.* Känguruh *n*; **~ court** *s. Am. sl.* **1.** 'illeˌgales Gericht (*z. B. unter Sträflingen*); **2.** kor'ruptes Gericht.
Kant·i·an ['kæntɪən] *phls.* **I** *adj.* kantisch; **II** *s.* Kanti'aner(in).
ka·o·lin(e) ['keɪəlɪn] *s. min.* Kao'lin *n*.
ka·ra·te [kə'rɑːtɪ] *s.* Ka'rate *n*; **~ chop** *s.* Ka'rateschlag *m*.
kar·ma ['kɑːmə] *s.* **1.** *Buddhismus etc.*: Karma *n*; **2.** *allg.* Schicksal *n*.
kat·a·bat·ic wind [ˌkætæ'bætɪk] *s.* Fallwind *m*, kata'batischer Wind.
kay·ak ['kaɪæk] *s.* Kajak *m*, *n*: ***two-seater ~*** *sport* Kajakzweier *m*.
kay·o [ˌkeɪ'əʊ] F *für* ***knock out*** *od.* ***knockout***.
ke·bab [kə'bæb] *s.* Ke'bab *n* (*orientalisches Fleischspießgericht*).
keck [kek] *v/i.* würgen, (sich) erbrechen (müssen).
kedge [kedʒ] ⚓ **I** *v/t.* warpen, verholen; **II** *s. a.* ***~ anchor*** Wurf-, Warpanker *m*.
kedg·er·ee [ˌkedʒə'riː] *s. Brit. Ind.* Kedge'ree *n* (*Reisgericht mit Fisch, Eiern, Zwiebeln etc.*).
keel [kiːl] **I** *s.* **1.** ⚓ Kiel *m*: ***on an even ~*** im Gleichgewicht, *fig. a.* gleichmäßig, ruhig: ***be on an even ~ again*** *fig.* wieder im Lot sein; **2.** *poet.* Schiff *n*; **3.** Kiel *m*: a) ✈ Längsträger *m*, b) ⚘ Längsrippe *f*; **II** *v/t.* **4.** ***~ over*** a) ('um-) kippen, kentern lassen, b) kiel'oben legen; **III** *v/i.* **5.** ***~ over*** 'umschlagen, -kippen (*a. fig.*), kentern; kiel'oben liegen; **6.** F ‚umkippen' (*Person etc.*); **'keel·age** [-lɪdʒ] *s.* ⚓ Kielgeld *n*, Hafengebühren *pl.*; **'keel·haul** *v/t.* **1.** *j-n* kielholen; **2.** *fig. j-n* ‚zs.-stauchen'; **keel·son** ['kelsn] → ***kelson***.
keen[1] [kiːn] *adj.* □ → ***keenly***; **1.** scharf (geschliffen): ***~ edge*** scharfe Schneide; **2.** scharf (*Wind*), schneidend (*Kälte*); **3.** beißend (*Spott*); **4.** scharf, 'durchdringend: ***~ glance*** (***smell***); **5.** grell (*Licht*), schrill (*Ton*); **6.** heftig, stark (*Schmerzen*); **7.** scharf (*Augen*), fein (*Sinne*): ***be ~-eyed*** (***~-eared***) scharfe Augen (ein feines Gehör) haben; **8.** fein, ausgeprägt (*Gefühl*; ***of*** für): ***a ~ sense of literature***; **9.** heftig, stark, groß (*Freude etc.*): ***~ desire*** heftiges Verlangen, heißer Wunsch; ***~ interest*** starkes *od.* lebhaftes Interesse; ***~ competition*** scharfe Konkurrenz; **10.** *a.* ***~-witted*** scharfsinnig; ***a ~ mind*** ein scharfer Verstand; **11.** eifrig, begeistert, leidenschaftlich: ***a ~ swimmer***; ***~ on*** begeistert von, sehr interessiert an (*dat.*); ***he is ~ on dancing*** er ist ein begeisterter Tänzer; ***he is very ~*** F er ist ‚schwer auf Draht'; ***you shouldn't be too ~!*** du solltest dich etwas zurückhalten!; (→ *a.* 13); **12.** (stark) interessiert (*Bewerber etc.*); **13.** F erpicht, versessen, ‚scharf' (***on, about*** auf *acc.*): ***he is ~ on doing*** (*od.* ***to do***) ***it*** er ist sehr darauf erpicht *od.* scharf darauf, es zu tun, es liegt ihm (sehr) viel daran, es zu tun; ***I am not ~ on it*** ich habe wenig Lust dazu, ich mache mir nichts daraus, es liegt mir nichts daran, ich lege keinen (gesteigerten) Wert darauf; ***I am not ~ on sweets*** ich mag keine Süßigkeiten; ***I am not ~ on that idea*** ich bin nicht gerade begeistert von dieser Idee; ***as ~ as mustard*** (***on***) F ganz versessen (auf *acc.*), Feuer u. Flamme (für); **14.** *Brit.* F niedrig, gut: ***~ prices***; **15.** *Am.* F ‚prima', ‚prächtig'.
keen[2] [kiːn] *Ir.* **I** *s.* Totenklage *f*; **II** *v/i.* wehklagen; **III** *v/t.* beklagen.
ˌkeen-'edged *adj.* **1.** → ***keen***[1] 1; **2.** *fig.*

messerscharf.

keen·ly ['ki:nlı] *adv.* **1.** scharf (*etc.* → ***keen***[1]); **2.** ungemein, äußerst, sehr; **'keen·ness** [-nnıs] *s.* **1.** Schärfe *f* (*a. fig.*); **2.** Heftigkeit *f*; **3.** Eifer *m*, starkes Inter'esse, Begeisterung *f*; **4.** Scharfsinn *m*; **5.** Feinheit *f*; **6.** *fig.* Bitterkeit *f*.

keep [ki:p] **I** *s.* **1.** a) Burgverlies *n*, b) Bergfried *m*; **2.** a) ('Lebens)ˌUnterhalt *m*, b) 'Unterkunft *f* u. Verpflegung *f*: ***earn one's ~*** s-n Lebensunterhalt verdienen; **3.** 'Unterhaltskosten *pl.*: ***the ~ of a horse***; **4.** Obhut *f*, Verwahrung *f*; **5.** ***for ~s*** F auf *od.* für immer, endgültig; **II** *v/t.* [*irr.*] **6.** (be)halten, haben: ***~ the ticket in your hand*** behalte die Karte in der Hand!; ***he kept his hands in his pockets*** er hatte die Hände in den Taschen; **7.** *j-n od. et.* lassen, (*in e-m gewissen Zustand*) (er)halten: ***~ apart*** getrennt halten, auseinanderhalten; ***~ a door closed*** e-e Tür geschlossen halten; ***~ s.th. dry*** et. trocken halten *od.* vor Nässe schützen; ***~ s.o. from doing s.th.*** j-n davon abhalten, et. zu tun; ***~ s.th. to o.s.*** et. für sich behalten; ***~ s.o. informed*** j-n auf dem laufenden halten; ***~ s.o. waiting*** j-n warten lassen; ***~ s.th. going*** et. in Gang halten; ***~ s.o. going*** a) j-n finanziell unterstützen, b) j-n am Leben erhalten; ***~ s.th. a secret*** et. geheimhalten (***from s.o.*** vor j-m); **8.** *fig.* (er)halten, (be)wahren: ***~ one's balance*** das *od.* sein Gleichgewicht (be)halten *od.* wahren; ***~ one's distance*** Abstand halten *od.* bewahren; **9.** (*im Besitz*) behalten: ***you may ~ the book***; ***~ the change!*** behalten Sie den Rest (*des Geldes*)!; ***~ your seat!*** bleiben Sie (doch) sitzen!; **10.** *fig.* halten, sich halten *od.* behaupten in *od.* auf (*dat.*): ***~ the stage*** sich auf der Bühne behaupten; **11.** *j-n* auf-, 'hinhalten: ***don't let me ~ you!*** laß dich nicht aufhalten!; **12.** (fest)halten, bewachen: ***~ s.o.*** (***a***) ***prisoner*** (*od.* ***in prison***) j-n gefangenhalten; ***~ s.o. for lunch*** j-n zum Mittagessen dabehalten; ***she ~s him here*** sie hält ihn hier fest, er bleibt ihretwegen hier; ***~*** (***the***) ***goal*** *sport* das Tor hüten, im Tor stehen; **13.** aufheben, (auf)bewahren: ***I ~ all my old letters***; ***~ a secret*** ein Geheimnis bewahren; ***~ for a later date*** für später *od.* für e-n späteren Zeitpunkt aufheben; **14.** (aufrechter)halten, unter'halten: ***~ an eye on s.o.*** j-n im Auge behalten; ***~ good relations with s.o.*** zu j-m gute Beziehungen unterhalten; **15.** pflegen, (er)halten: ***~ in*** (***good***) ***repair*** in gutem Zustand erhalten; ***a well-kept garden*** ein gutgepflegter Garten; **16.** *e-e Ware* führen, auf Lager haben: ***we don't ~ this article***; **17.** *Schriftstücke* führen, halten: ***~ a diary***; ***~*** (***the***) ***books*** Buch führen; ***~ a record of s.th.*** über (*acc.*) et. Buch führen *od.* Aufzeichnungen machen; **18.** *ein Geschäft etc.* führen, verwalten, vorstehen (*dat.*): ***~ a shop*** ein (Laden)Geschäft führen *od.* betreiben; **19.** *ein Amt etc.* innehaben: ***~ a post***; **20.** *Am. e-e Versammlung etc.* (ab)halten: ***~ an assembly***; **21.** *ein Versprechen etc.* (ein)halten, einlösen: ***~ a promise***; ***~ an appointment*** e-e Verabredung einhalten; **22.** *das Bett, Haus, Zimmer* hüten, bleiben in (*dat.*): ***~ one's bed*** (***house***, ***room***); **23.** *Vorschriften etc.* be(ob)achten, (ein)halten, befolgen: ***~ the rules***; **24.** *ein Fest* begehen, feiern: ***~ Christmas***; **25.** ernähren, er-, unter'halten, sorgen für: ***have a family to ~***; **26.** (*bei sich*) haben, halten, beherbergen: ***~ boarders***; **27.** sich halten *od.* zulegen: ***~ a maid*** ein Hausmädchen haben *od.* (sich) halten; ***a kept woman*** e-e Mätresse; ***~ a car*** sich e-n Wagen halten, ein Auto haben; **28.** (be)schützen: ***God ~ you!***; **III** *v/i.* [*irr.*] **29.** bleiben: ***~ in bed***; ***~ at home***; ***~ in sight*** in Sicht(weite) bleiben; ***~ out of danger*** sich außer Gefahr halten; ***~*** (***to the***) ***left*** sich links halten, links fahren *od.* gehen; ***~ straight on*** (immer) geradeaus gehen; → ***clear*** 6; **30.** sich halten, (*in e-m gewissen Zustand*) bleiben: ***~ cool*** kühl bleiben (*a. fig.*); ***~ quiet!*** sei still!; ***~ to o.s.*** für sich bleiben, sich zurückhalten; ***~ friends*** (weiterhin) Freunde bleiben: ***~ in good health*** gesund bleiben; ***the milk*** (***weather***) ***will ~*** die Milch (das Wetter) wird sich halten; ***the weather ~s fine*** das Wetter bleibt schön; ***that*** (***matter***) ***will ~*** F diese Sache hat Zeit *od.* eilt nicht; ***how are you ~ing?*** wie geht es dir?; **31.** *mit ger.* weiter...: ***~ going*** a) weitergehen, b) weitermachen; ***~*** (***on***) ***laughing*** weiterlachen, nicht aufhören zu lachen, dauernd *od.* unaufhörlich lachen; ***~ smiling!*** immer nur lächeln!, Kopf hoch!

Zssgn mit prp. u. adv.:

keep| a·head *v/i.* an der Spitze *od.* vorn(e) bleiben: ***~ of*** *j-m* vorausbleiben; ***~ at*** *v/i.* **1.** weitermachen mit: ***~ it!*** bleib dran!, weiter so!; **2.** ***~ s.o.*** j-n nicht in Ruhe lassen, j-m ständig zusetzen, j-n dauernd ‚bearbeiten'; ***~ a·way*** **I** *v/i.* wegbleiben, sich fernhalten (***from***

von); im Hintergrund bleiben; **II** *v/t.* fernhalten (***from*** von); ~ **back I** *v/t.* **1.** *allg.* zurückhalten: a) fernhalten, b) *fig. Geld etc.* einbehalten, c) *et.* verschweigen (***from s.o.*** j-m); **2.** *j-n*, *et.* aufhalten; *et.* verzögern; *Schüler* dabehalten; **II** *v/i.* **3.** im Hintergrund bleiben; ~ **down I** *v/t.* **1.** unten halten, *Kopf a.* ducken; **2.** *fig. Preise etc.* niedrig halten, be-, einschränken; **3.** *fig.* nicht auf- *od.* hochkommen lassen, unter'drükken; **4.** *Essen etc.* bei sich behalten; **5.** *Schüler* (eine Klasse) wiederholen lassen; **II** *v/i.* **6.** unten bleiben; **7.** sich geduckt halten; ~ **from I** *v/t.* **1.** ab-, zu'rück-, fernhalten von, hindern an (*dat.*), bewahren vor (*dat.*): ***he kept me from work*** er hielt mich von m-r Arbeit ab; ***he kept me from danger*** er bewahrte mich vor Gefahr; ***I kept him from knowing too much*** ich verhinderte, daß er zuviel erfuhr; **2.** vorenthalten, verschweigen: ***you are keeping s.th. from me*** du verschweigst mir et.; **II** *v/i.* **3.** sich fernhalten von, sich enthalten (*gen.*), *et.* unterlassen *od.* nicht tun: ***I couldn't ~ laughing*** ich mußte einfach lachen; ~ **in I** *v/t.* **1.** nicht außer Haus lassen, *bsd. Schüler* nachsitzen lassen; **2.** *Gefühle etc.* im Zaume halten; **3.** *Feuer* nicht ausgehen lassen; **4.** *Bauch* einziehen; **II** *v/i.* **5.** (dr)innen bleiben; **6.** anbleiben (*Feuer*); **7.** ~ ***with*** gut Freund bleiben mit, sich gut stellen mit; ~ **off I** *v/t.* fernhalten (von); *die Hände* weglassen (von); **II** *v/i.* sich fernhalten (von), *a. Getränk etc.* meiden: ***if the rain keeps off*** wenn es nicht regnet; ~ ***the grass!*** Betreten des Rasens verboten; ~ **on I** *v/t.* **1.** *Kleider* anbehalten; *Hut* aufbehalten; **2.** *Angestellte etc.* behalten, weiterbeschäftigen; **II** *v/i.* **3.** *mit ger.* weiter...: ~ ***doing s.th.*** a) *et.* weiter tun, b) *et.* immer wieder tun, c) *et.* dauernd tun; → ***keep*** 31; **4.** ~ ***at s.o.*** an j-m her'umnörgeln, auf j-n ‚einhacken'; **5.** weitergehen *od.* -fahren: ***keep straight on!*** immer geradeaus!; ~ **out I** *v/t.* **1.** nicht her'einlassen, abhalten: ~ ***s.o.*** (***the light*** *etc.*); **2.** schützen *od.* bewahren vor (*dat.*), *j-n a.* her'aushalten aus (*e-r Sache*); **II** *v/i.* **3.** draußen bleiben, nicht her'einkommen, *Zimmer etc.* nicht betreten: ~***!*** a) bleib draußen!, b) „Zutritt verboten"; **4.** ~ ***of*** sich her'aushalten aus, *et.* meiden: ~ ***of debt*** keine Schulden machen; ~ ***of sight*** sich nicht sehen lassen; ~ ***of mischief!*** mach keine Dummheiten!; ***you ~ of this!*** halten Sie sich da raus!; ~ **to I** *v/t.* **1.** ***keep s.o. to his promise*** j-n auf sein Versprechen festnageln; ***keep s.th. to a minimum*** et. auf ein Minimum beschränken; **2.** ***keep o.s. to o.s.*** für sich bleiben, Gesellschaft meiden; **II** *v/i.* **3.** festhalten an (*dat.*), bleiben bei: ~ ***one's word***; ~ ***the rules*** an den Regeln festhalten, die Vorschriften einhalten; ~ ***the subject*** (*od.* ***point***) bleiben Sie beim Thema!; **4.** bleiben in (*dat.*) *od.* auf (*acc.*) *etc.*: ~ ***one's bed*** (*od.* ***room***) im Bett (in s-m Zimmer) bleiben; ~ ***the left!*** halten Sie sich links!; ~ ***o.s.*** → 2; ~ **to·geth·er I** *v/t.* zu'sammenhalten; **II** *v/i.* a) zu'sammenbleiben, b) zu'sammenhalten (*Freunde etc.*); ~ **un·der** *v/t.* **1.** *j-n* unter'drükken, unten halten: ***you won't keep him under*** den kriegst du nicht klein; **2.** *j-n* unter Nar'kose halten; **3.** *Gefühle* unter'drücken, zügeln; **4.** *Feuer* unter Kon'trolle halten; ~ **up I** *v/t.* **1.** aufrecht (*a.* über Wasser) halten, hochhalten; **2.** *fig. Freundschaft*, *Moral etc.* aufrechterhalten, *Preise etc. a.* hoch halten, *et.* beibehalten, *Sitte etc.* weiterpflegen, *Tempo etc.* halten: ~ ***a correspondence*** in Briefwechsel bleiben; ~ ***it up!*** (nur) weiter so!; **3.** *Haus etc.* unter'halten, in'stand halten; **4.** *j-n* am Schlafen (-gehen) hindern; **II** *v/i.* **5.** andauern, -halten, nicht nachlassen; **6.** *lange etc.* aufbleiben: ***we ~ late***; **7.** ~ ***with*** a) mit *j-m od. et.* Schritt halten, *fig. a.* mithalten (können), b) *j-m*, *e-r Sache* folgen können, c) sich auf dem laufenden halten über (*acc.*), d) in Kon'takt bleiben mit *j-m*: ~ ***with the times*** mit der Zeit gehen; ~ ***with the Joneses*** den Nachbarn nicht nachstehen wollen.

keep·er ['ki:pə] *s.* **1.** Wächter *m*, Aufseher *m*, (Gefangenen-, Irren-, Tier-, Park-, Leuchtturm)Wärter *m*, Betreuer (-in): ***am I my brother's ~?*** *bibl.* soll ich m-s Bruders Hüter sein?; **2.** Verwahrer *m*, Verwalter *m*: ***Lord ♀ of the Great Seal*** Großsiegelbewahrer *m*; **3.** *mst in Zssgn*: a) Inhaber(in), Besitzer (-in): → ***innkeeper*** *etc.*, b) Halter(in), Züchter(in): → ***beekeeper***, c) j-d, der et. besorgt, betreut *od.* verteidigt: (***goal***) ~ *sport* Torwart *m*; **4.** ⚙ a) Schutzring *m*, b) Verschluß *m*, Schieber *m*, c) ⚡ Ma'gnetanker *m*; **5.** ***be a good ~*** sich gut halten (*Obst*, *Fisch etc.*); **6.** *sport abbr. für* ***wicket-~***.

ˌ**keep-'fresh bag** *s.* Frischhaltebeutel *m*.

keep·ing ['ki:pɪŋ] **I** *s.* **1.** Verwahrung *f*, Aufsicht *f*, Pflege *f*, (Ob)Hut *f*: ***in safe***

~ in guter Obhut, sicher verwahrt; ***have in one's ~*** in Verwahrung *od.* unter s-r Obhut haben; ***put s.th. in s.o.'s ~*** j-m et. zur Aufbewahrung geben; **2.** ˈUnterhalt *m*; **3.** ***be in*** (***out of***) ***~ with*** mit et. (nicht) in Einklang stehen *od.* (nicht) übereinstimmen, *e-r Sache* (nicht) entsprechen; ***in ~ with the times*** zeitgemäß; **4.** Gewahrsam *m*, Haft *f*; **II** *adj.* **5.** haltbar: ***~ apples*** Winteräpfel.

keep·sake [ˈkiːpseɪk] *s.* Andenken *n* (*Geschenk etc.*): ***as*** (*od.* ***for***) ***a ~*** zum Andenken.

kef·ir [ˈkefɪə] *s.* Kefir *m* (*Getränk aus gegorener Milch*).

keg [keg] *s.* **1.** kleines Faß, Fäßchen *n*; **2.** *Brit.* (Aluˈminium)Behälter *m* für Bier: ***~*** (***beer***) Bier *n* vom Faß; **3.** *Am. Gewichtseinheit für Nägel = 45,3 kg.*

kelp [kelp] *s.* ⚘ **1.** *ein* Seetang *m*; **2.** Kelp *n*, Seetangasche *f*.

kel·pie [ˈkelpɪ] *s. Scot.* Nix *m*, Wassergeist *m* in Pferdegestalt.

kel·son [ˈkelsn] *s.* ⚓ Kielschwein *n*

kel·vin [ˈkelvɪn] *s. phys.* Kelvin *n*: ***~ temperature*** Kelvintemperatur *f*, thermodyˈnamische Temperatur.

Kelt·ic [ˈkeltɪk] → ***Celtic***.

ken [ken] **I** *s.* **1.** Gesichtskreis *m*, *fig. a.* Horiˈzont *m*: ***that is beyond*** (*od.* ***outside***) ***my ~*** das entzieht sich m-r Kenntnis; **2.** (Wissens)Gebiet *n*; **II** *v/t.* **3.** *bsd. Scot.* kennen, verstehen, wissen.

ken·nel [ˈkenl] **I** *s.* **1.** Hundehütte *f*; **2.** *pl. mst sg. konstr.* a) Hundezwinger *m*, b) Hunde-, Tierheim *n*; **3.** *a. fig.* Meute *f*, Pack *n* (*Hunde*); **4.** *fig.* ‚Loch' *n*, armselige Behausung; **II** *v/t.* **5.** in e-r Hundehütte *od.* in e-m (Hunde)Zwinger halten.

Ken·tuck·y Der·by [kenˈtʌkɪ] *s. sport das wichtigste amer. Pferderennen* (*für Dreijährige*).

kep·i [ˈkeɪpiː] *s.* ⚔ Käppi *n*.

kept [kept] **I** *pret. u. p.p. von* ***keep***; **II** *adj.*: ***~ woman*** Mäˈtresse *f*; ***she is a ~ woman*** *a.* sie läßt sich aushalten.

kerb [kɜːb] *s.* **1.** Bord-, Randstein *m*, Bord-, Straßenkante *f*: ***~ drill*** Verkehrserziehung *f* für Fußgänger; **2.** ***on the ~*** ☨ im Freiverkehr; ***~ mar·ket*** ☨ Freiverkehrsmarkt *m*, Nachbörse *f*: ***~ price*** Freiverkehrskurs *m*; ˈ***~-stone*** → ***kerb*** 1: ***~ broker*** Freiverkehrsmakler *m*.

ker·chief [ˈkɜːtʃɪf] *s.* Hals-, Kopftuch *n*.

ker·fuf·fle [kəˈfʌfl] *s. Brit.* F **1.** Lärm *m*, Krach *m*; **2.** *a.* ***fuss and ~*** ‚Theˈater' *n*, ‚Gedöns' *n*.

ker·mess [ˈkɜːmɪs], ˈ**ker·mis** [-mɪs] *s.* **1.** Kirmes *f*, Kirchweih *f*; **2.** *Am.* ˈWohltätigkeitsbaˌsar *m*.

ker·nel [ˈkɜːnl] *s.* **1.** (Nuß- *etc.*)Kern *m*; **2.** (Hafer-, Mais- *etc.*)Korn *n*; **3.** *fig.* Kern *m*, *das* Innerste, Wesen *n*; **4.** ⚙ (*Guß- etc.*)Kern *m*.

ker·o·sene, ker·o·sine [ˈkerəsiːn] *s.* ⚗ Keroˈsin *n*.

kes·trel [ˈkestrəl] *s.* Turmfalke *m*.

ketch [ketʃ] *s.* ⚓ Ketsch *f* (*zweimastiger Segler*).

ketch·up [ˈketʃəp] *s.* Ketchup *m*, *n*.

ket·tle [ˈketl] *s.* (*Koch*)Kessel *m*: ***put the ~ on*** (Tee- *etc.*)Wasser aufstellen; ***a pretty*** (*od.* ***nice***) ***~ of fish*** F e-e schöne Bescherung; ˈ**~·drum** *s.* ♪ (Kessel)Pauke *f*; ˈ**~ˌdrum·mer** *s.* ♪ (Kessel)Pauker *m*.

key [kiː] **I** *s.* **1.** Schlüssel *m*: ***false ~*** Nachschlüssel *m*, Dietrich *m*; ***power of the ~s*** *R.C.* Schlüsselgewalt *f*; ***turn the ~*** abschließen; **2.** *fig.* Schlüssel *m*, Lösung *f* (***to*** zu): ***the ~ to a problem*** (***riddle*** *etc.*); ***the ~ to success*** der Schlüssel zum Erfolg; **3.** *fig.* Schlüssel *m*: a) *Buch mit Lösungen*, b) Zeichenerklärung *f* (*auf e-r Landkarte etc.*), c) Übersetzung(sschlüssel *m*) *f*, d) Code (-schlüssel) *m*; **4.** Kennwort *n*, Chiffre *f* (*in Inseraten etc.*); **5.** ♪ a) Taste *f*, b) Klappe *f* (*an Blasinstrumenten*), c) Tonart *f*: ***major*** (***minor***) ***~*** Dur *n* (Moll *n*); ***in the ~ of C minor*** in c-Moll; ***sing off ~*** falsch singen; ***in ~ with*** *fig.* in Einklang mit, d) → ***key signature***; **6.** *fig.* Ton(art *f*) *m*: ***in a high*** (***low***) ***~*** laut (leise); ***all in the same ~*** alles im selben Ton(fall), monoton; ***in a low ~*** a) *paint. phot.* matt (getönt), in matten Farben (gehalten), b) *fig.* ‚lahm', ‚müde'; **7.** ⚙ a) Keil *m*, Splint *m*, Bolzen *m*, b) Schraubenschlüssel *m*, c) Taste *f* (*der Schreibmaschine etc.*); **8.** ϟ a) Taste *f*, Druckknopf *m*, b) Taster *m*, ˈTastkonˌtakt *m*; **9.** *tel.* Taster *m*, Geber *m*; **10.** *typ.* Setz-, Schließkeil *m*; **11.** ⚠ Keil *m*, Schlußstein *m*; **12.** ⚔ Schlüsselstellung *f*, Macht *f* (***to*** über *acc.*); **II** *adj.* **13.** *fig.* Schlüssel…: ***~ position*** Schlüsselstellung *f*, -position *f*; ***~ official*** Beamter in e-r Schlüsselstellung; **III** *v/t.* **14.** *a.* ***~ in, ~ on*** ver-, festkeilen; **15.** a) *tel.* tasten, geben, b) *Computer etc.*: tasten: ***~ in*** eintasten, -geben; **16.** ♪ stimmen: ***~ the strings***; **17.** (***to, for***) anpassen (an *acc.*), abstimmen (auf *acc.*); **18.** *fig.*: ***~ up*** a) *j-n* in nervöse Spannung versetzen, b) *allg. et.* steigern: ***~ed up*** (an)gespannt, überreizt, 'überdreht'; **19.** mit e-m Kennwort versehen; '**~·board I** *s.* **1.** ♪ a) Klavia'tur *f*, Tasta'tur *f* (*Klavier*), b) Manu'al *n* (*Orgel*): **~ *instruments*, *~s*** *pl.* Tasteninstrumente; **2.** Tasten *pl.*, Tasta'tur *f* (*Schreibmaschine etc.*); **II** *v/t.* **3.** *Computer etc.*: eintasten, -geben; **~ bu·gle** *s.* ♪ Klappenhorn *n*; **~ date** *s.* Stichtag *m*; **~ fos·sil** *s. geol.* 'Leitfos,sil *n*; '**~·hole** *s.* **1.** Schlüsselloch *n*: **~ *report*** *fig.* Bericht *m* mit intimen Einzelheiten; **2.** *Am.* F *Basketball*: Freiwurfraum *m*; **~ in·dus·try** *s.* 'Schlüsselindu,strie *f*; **~ man**, *a.* '**~·man** [-mæn] *s.* [*irr.*] 'Schlüsselfi,gur *f*, Mann *m* in e-r 'Schlüsselpositi,on; **~ map** *s.* 'Übersichtskarte *f*; **~ mon·ey** *s.* Abstandssumme *f*, ('Miet-)Kauti,on *f*; '**~·move** *s. Schach*: Schlüsselzug *m*; '**~·note I** *s.* **1.** ♪ Grundton *m*; **2.** *fig.* Grundton *m*, -gedanke *m*, Leitgedanke *m*, Hauptthema *n*; **3.** *pol. Am.* Par'teilinie *f*, -pro,gramm *n*: **~ *address*** programmatische Rede; **~ *speaker*** → ***keynoter***; **II** *v/t.* **4.** *pol. Am.* a) e-e program'matische Rede halten auf (*e-m Parteitag etc.*), b) program'matisch verkünden, c) als Grundgedanken enthalten; **5.** kennzeichnen; '**~,not·er** *s. pol. Am.* Hauptsprecher *m*, po'litischer Pro'grammredner *m*; **~ punch** *s.* ⚙ (Karten-, Tasta'tur)Locher *m*; '**~-punch op·er·a·tor** *s.* Locher(in); **~ ring** *s.* Schlüsselring *m*; **~ sig·na·ture** *s.* ♪ Vorzeichen *n od. pl.*; '**~·stone** *s.* **1.** △ Schlußstein *m*; **2.** *fig.* Grundpfeiler *m*, Funda'ment *n*; **~ stroke** *s.* Anschlag *m*; '**~·way** *s.* ⚙ Keilnut *f*; **~ wit·ness** *s.* ⚖ Hauptzeuge *m*; **~ word** *s.* Schlüssel-, Stichwort *n*.

kha·ki ['kɑːkɪ] **I** *s.* **1.** Khaki *n*; **2.** a) Khakistoff *m*, b) 'Khakiuni,form *f*; **II** *adj.* **3.** khaki, staubfarben.

khan¹ [kɑːn] → ***caravansary***.

khan² [kɑːn] *s.* Khan *m* (*orientalischer Fürstentitel*); '**khan·ate** [-neɪt] *s.* Kha'nat *n* (*Land e-s Khans*).

khe·dive [kɪ'diːv] *s.* Khe'dive *m*.

kib·butz [kiː'buːts] *pl.* **kib'butz·im** [-tsɪm] *s.* Kib'buz *m*.

khi [kaɪ] *s.* Chi *n* (*griech. Buchstabe*).

kibe [kaɪb] *s.* ⚕ offene Frostbeule.

kib·itz ['kɪbɪts] *v/i.* 'kiebitzen'; '**kib·itz·er** [-tsə] *s.* F **1.** Kiebitz *m* (*Zuschauer*, *bsd. beim Kartenspiel*); **2.** *fig.* Besserwisser *m*.

ki·bosh ['kaɪbɒʃ] *s.*: ***put the ~ on*** *sl. et.* 'ka'puttmachen' *od.* 'vermasseln'.

kick [kɪk] **I** *s.* **1.** (Fuß)Tritt *m* (*a. fig.*), Stoß *m*: ***give*** *s.o. od. s.th.* ***a ~*** → 9; ***get the ~*** '(raus)fliegen' (*entlassen werden*); ***what he needs is a ~ in the pants*** er braucht mal e-n kräftigen Tritt in den Hintern; **2.** Rückstoß *m* (*Schußwaffe*); **3.** *Fußball*: Schuß *m*; **4.** *Schwimmen*: Beinschlag *m*; **5.** F (Stoß)Kraft *f*, Ener'gie *f*, E'lan *m*: ***give a ~ to*** *et.* in Schwung bringen, *e-r Sache* 'Pfiff' verleihen; ***he has no ~ left*** er hat keinen Schwung mehr; ***a novel with a ~*** ein Roman mit 'Pfiff'; **6.** F (Nerven)Kitzel *m*: ***get a ~ out of s.th.*** an et. mächtig Spaß haben; ***just for ~s*** nur zum Spaß; **7.** (*berauschende*) Wirkung: ***this cocktail has got a ~*** der Cocktail 'hat es aber in sich'; **8.** *Am.* F a) Groll *m*, b) (Grund *m* zur) Beschwerde *f*; **II** *v/t.* **9.** (mit dem Fuß) stoßen *od.* treten, e-n Fußtritt versetzen (*dat.*): ***~ s.o.'s behind*** j-m in den Hintern treten; ***~ s.o. downstairs*** j-n die Treppe hinunterwerfen; ***~ upstairs*** *fig. j-n* durch Beförderung kaltstellen; ***I felt like ~ing myself*** ich hätte mich ohrfeigen können; **10.** *sport* a) *Ball* treten, kicken, b) *Tor*, *Freistoß etc.* schießen: ***~ a goal***; **11.** *sl.* 'runterkommen' von (*e-m Rauschgift*, *e-r Gewohnheit*); **III** *v/i.* **12.** (mit dem Fuß) stoßen *od.* treten: ***~ at*** treten nach; **13.** um sich treten; **14.** strampeln (*bsd. Baby*); **15.** das Bein hochwerfen (*Tänzer*); **16.** ausschlagen (*Pferd*); **17.** zu'rückstoßen, -prallen (*Schußwaffe*); **18.** *mot.* 'stottern'; **19.** F a) 'meutern', sich mit Händen u. Füßen wehren, (***against***, ***at*** gegen), b) 'meckern', nörgeln (***about*** über *acc.*); **20.** → ***kick off*** 3; **~ a·bout** *od.* **~ a·round I** *v/t.* **1.** *Ball* he'rumkicken; **2.** F *j-n* he'rumstoßen, schikanieren; **3.** F a) *Idee etc.* 'beschwatzen', diskutieren, b) 'spielen' *od.* sich befassen mit; **II** *v/i.* **4.** F her'umreisen; **5.** F 'rumliegen' (*Sache*); **~ in I** *v/t.* **1.** *Tür etc.* eintreten; **2.** *sl.* beisteuern; **II** *v/i.* **3.** *sl.* beisteuern; **~ off I** *v/i.* **1.** *Fußball*: anstoßen, den Anstoß ausführen; **2.** F loslegen (***with*** mit); **3.** *Am. sl.* 'abkratzen' (*sterben*); **II** *v/t.* **4.** wegschleudern; **5.** F *et.* starten, in Gang setzen; **~ out** *v/t.* **1.** *Fußball*: ins Aus schießen; **2.** *sl.* 'rausschmeißen'; **~ up** *v/t.* hochschleudern; *Staub* aufwirbeln; → ***heel¹*** *Redew.*, ***row³*** I.

'**kick·back** *s.* **1.** F heftige Reakti'on; **2.** *Am. sl.* a) *allg.* Provisi'on *f*, Anteil *m*, b) (geheime) Rückvergütung *f*, c) Schmiergeld *n*.

'**kick·down** *s. mot.* Kickdown *m* (*Durchtreten des Gaspedals*).

kick·er ['kɪkə] *s.* **1.** (Aus)Schläger *m*

(*Pferd*); **2.** *Brit.* a) Kicker *m*, Fußballspieler *m*, b) *Rugby*: Kicker *m* (*Spezialist für Frei- und Strafstöße*); **3.** ‚Meckerer' *m*, Queru'lant(in).

'**kick|·off** *s.* **1.** *Fußball*: Anstoß *m*; **2.** F Start *m*, Anfang *m*; '**~-start** *v/t. mot.* anlassen; '**~-ˌstart·er** *s. mot.* Kickstarter *m*, Tretanlasser *m*; **~ turn** *s. Skisport*: Spitzkehre *f*.

kid[1] [kɪd] **I** *s.* **1.** *zo.* Zicklein *n*, Kitz(e *f*) *n*; **2.** *a.* ***~ leather*** Ziegen-, Gla'céleder *n*; → ***kid glove***; **3.** F ‚Kleine(r' *m*) *f*, Kind *n*, Junge *m*, Mädchen *n*: ***my ~ brother*** mein kleiner Bruder; ***that's ~ stuff!*** das ist was für (kleine) Kinder!; **II** *v/i.* **4.** zickeln.

kid[2] [kɪd] F **I** *v/t. j-n* a) ‚verkohlen', b) ‚aufziehen', ‚auf den Arm nehmen': ***don't ~ me*** erzähl mir doch keine Märchen; ***don't ~ yourself*** mach dir doch nichts vor; **II** *v/i.* a) albern, Jux machen, b) schwindeln: ***he was only ~ding*** er hat (ja) nur Spaß gemacht; ***no ~ding!*** im Ernst!, ehrlich!; ***you are ~ding!*** das sagst du doch nur so!

kid·dy ['kɪdɪ] → ***kid***[1] 3.

kid| glove *s.* Gla'céhandschuh *m* (*a. fig.*): ***handle with ~s*** *fig.* mit Samt- *od.* Glacéhandschuhen anfassen; '**~-glove** *adj. fig.* **1.** anspruchsvoll, wählerisch; **2.** sanft, diplo'matisch.

kid·nap ['kɪdnæp] *v/t.* kidnappen, entführen; '**kid·nap·(p)er** [-pə] *s.* Kidnapper(in), Entführer(in); '**kid·nap·(p)ing** [-pɪŋ] *s.* Kidnapping *n*, Entführung *f*, Menschenraub *m*.

kid·ney ['kɪdnɪ] *s.* **1.** *anat.* Niere *f* (*a. als Speise*); **2.** *fig.* Art *f*, Schlag *m*, Sorte *f*: ***a man of the same ~*** ein Mann vom gleichen Schlag; **~ bean** *s.* ⚘ Weiße Bohne; **~ ma·chine** *s.* ⚕ künstliche Niere; '**~-shaped** *adj.* nierenförmig; **~ stone** *s.* ⚕ Nierenstein *m*.

kill [kɪl] **I** *v/t.* **1.** (***o.s.*** sich) töten, 'umbringen: ***~ off*** abschlachten, ausrotten, vertilgen, beseitigen, ‚abmurksen'; ***~ two birds with one stone*** *fig.* zwei Fliegen mit e-r Klappe schlagen; ***be ~ed*** getötet werden, ums Leben kommen, umkommen, sterben; ***be ~ed in action*** ⚔ (im Krieg *od.* im Kampf) fallen; **2.** *Tiere* schlachten; **3.** *hunt.* erlegen, schießen; **4.** ⚔ abschießen, zerstören, vernichten, *Schiff* versenken; **5.** töten, *j-s* Tod verursachen: ***his reckless driving will ~ him one day*** sein leichtsinniges Fahren wird ihn noch das Leben kosten; ***the job*** (*etc.*) ***is ~ing me*** die Arbeit (*etc.*) bringt mich (noch) um; ***the sight nearly ~ed me*** der Anblick war zum Totlachen; **6.** a) zu'grunde richten, ruinieren, ka'puttmachen, b) *Knospen etc.* vernichten, zerstören; **7.** *fig.* wider'rufen, ungültig machen, streichen; **8.** *fig. Gefühle* (ab)töten, erstikken; **9.** *Schmerzen* stillen; **10.** unwirksam machen, *Wirkung etc.* aufheben, *Farben* übertönen, ‚erschlagen'; **11.** *Geräusche* schlucken; **12.** *fig. ein Gesetz etc.* zu Fall bringen, *e-n Plan* durch'kreuzen; **13.** durch Kri'tik vernichten; **14.** *sport den Ball* töten; **15.** *Zeit* totschlagen: ***~ time***; **16.** a) *e-e Maschine etc.* abstellen, abschalten, *den Motor a.* ‚abwürgen', b) *Lichter* ausschalten; **17.** F a) *e-e Flasche etc.* austrinken, b) *e-e Zigarette* ausdrücken; **II** *v/i.* **18.** töten: a) den Tod verursachen *od.* her'beiführen, b) morden; **19.** F unwider'stehlich *od.* hinreißend sein, e-n tollen Eindruck machen: ***dressed to ~*** todschick gekleidet, *contp.* aufgedonnert; **III** *s.* **20.** *bsd. hunt.* a) Tötung *f* (*des Wildes*), Abschuß *m*, b) erlegtes Wild, Strecke *f*: ***be in at the ~*** *fig.* am Schluß dabei sein; **21.** a) ⚔ Zerstörung *f*, b) ✈ Abschuß *m*, c) ⚓ Versenkung *f*.

kill·er ['kɪlə] *s.* **1.** Mörder *m*, Killer *m*; **2.** *a. fig.* Schlächter *m*; **3.** tödliche Krankheit *etc.*; et., das e-n umbringt; **4.** *bsd. in Zssgn* Vertilgungsmittel *n*; **5.** *Am.* F a) schicke *od.* ‚tolle' Frau, b) ‚toller' Bursche, c) ‚tolle' Sache, d) mörderischer Schlag; **~ in·stinct** *s.* 'Killerinˌstinkt *m*; **~ whale** *s. zo.* Schwertwal *m*.

kill·ing ['kɪlɪŋ] **I** *s.* **1.** a) Tötung *f*, Morden *n*, b) Mord(fall) *m*: ***three more ~s in London***; **2.** Schlachten *n*; **3.** *hunt.* Erlegen *n*; **4.** ***make a ~*** e-n Riesengewinn machen; **II** *adj.* □ **5.** tödlich, vernichtend, mörderisch (*a. fig.*): ***a ~ glance*** ein vernichtender Blick; ***a ~ pace*** ein mörderisches Tempo; **6.** *a. **~ly funny*** F urkomisch, zum Brüllen.

'**kill|·joy** *s.* Spielverderber(in), Störenfried *m*, Miesmacher(in); '**~-time** *adj.* zum Zeitvertreib getan *etc.*

kiln [kɪln] *s.* Brenn-, Trocken-, Röst-, Darrofen *m*, Darre *f*; '**~-dry** *v/t.* (*im Ofen*) dörren, darren, brennen, rösten.

ki·lo ['ki:ləʊ] *s.* Kilo *n*.

kil·o|·gram(me) ['kɪləʊgræm] *s.* Kilo'gramm *n*, Kilo *n*; **~·gram·me·ter** *Am.*, **~·gram·me·tre** *Brit.* [ˌkɪləʊgræm'mi:tə] *s.* 'Meterkiloˌgramm *n*; **~·hertz** ['kɪləʊhɜ:ts] *s.* ϟ, *phys.* Kilo'hertz *n*; **~·li·ter** *Am.*, **~·li·tre** *Brit.* ['kɪləʊˌli:tə] *s.* Kilo'liter *m*, *n*; **~·me·ter** *Am.*, **~·me·tre** *Brit.* ['kɪləʊˌmi:tə] *s.* Kilo'meter *m*; **~·met·ric**, **~·met·ri·cal**

[ˌkɪləʊˈmetrɪk(l)] *adj.* kiloˈmetrisch; **~·ton** [ˈkɪləʊtʌn] *s.* **1.** 1000 Tonnen *pl.*; **2.** *phys. Sprengkraft, die 1000 Tonnen TNT entspricht*; **~·volt** [ˈkɪləʊvəʊlt] *s.* ↯ Kiloˈvolt *n*; **~·watt** [ˈkɪləʊwɒt] *s.* ↯ Kiloˈwatt *n*: **~ *hour*** Kilowattstunde *f*.

kilt [kɪlt] **I** *s.* **1.** Kilt *m*, Schottenrock *m*; **II** *v/t.* **2.** aufschürzen; **3.** fälteln, plissieren; **ˈkilt·ed** [-tɪd] *adj.* mit e-m Kilt (bekleidet).

ki·mo·no [kɪˈməʊnəʊ] *pl.* **-nos** *s.* Kimono *m*.

kin [kɪn] **I** *s.* **1.** Faˈmilie *f*, Sippe *f*; **2.** *coll. pl. konstr.* (Bluts)Verwandtschaft *f*, Verwandte *pl.*; → ***kith***, ***next*** 1; **II** *adj.* **3.** (***to***) verwandt (mit), ähnlich (*dat.*).

kind¹ [kaɪnd] *s.* **1.** Art *f*: a) Typ *m*, Gattung *f*, b) Sorte *f*, c) Beschaffenheit *f*: ***all ~s of*** alle möglichen, alle Arten von; ***all of a ~*** (***with***) von der gleichen Art (wie); ***the only one of its ~*** das einzige s-r Art; ***two of a ~*** zwei von derselben Sorte; ***what ~ of …?*** was für ein …?; ***nothing of the ~*** a) keineswegs, b) nichts dergleichen; ***you'll do nothing of the ~*** *a.* das wirst du schön bleibenlassen; ***these ~*** (***of people***) F diese Art Menschen; ***he is not that ~ of person*** F er ist nicht so (einer); ***your ~*** Leute wie Sie; ***I know your ~*** Ihre Sorte *od.* Ihren Typ kenne ich; ***s.th. of the ~*** etwas Derartiges, so etwas; ***that ~ of*** (***a***) ***book*** so ein Buch; ***I haven't got that ~ of money*** F soviel Geld hab' ich nicht; ***he felt a ~ of compunction*** er empfand so etwas wie Reue; ***I ~ of expected it*** F ich hatte es halb *od.* irgendwie erwartet; ***I ~ of promised it*** F ich habe es so halb u. halb versprochen; ***he is ~ of funny*** F er ist etwas *od.* ein bißchen komisch; ***I was ~ of disappointed*** F ich war schon ein bißchen enttäuscht; ***I had ~ of thought that …*** F ich hatte eigentlich *od.* fast gedacht, daß; ***that's not my ~ of film*** F solche Filme sind nicht mein Fall; **2.** Natuˈralien *pl.*, Waren *pl.*: ***pay in ~***; ***I shall pay him in ~!*** *fig.* dem werd' ich es in gleicher Münze zurückzahlen; **3.** *eccl.* Gestalt *f* (*von Brot u. Wein beim Abendmahl*).

kind² [kaɪnd] *adj.* □ → ***kindly*** II; **1.** gütig, freundlich, liebenswürdig, nett, lieb, gut (***to s.o.*** zu j-m): ***be so ~ as to*** (*inf.*) seien Sie bitte so gut *od.* freundlich, zu (*inf.*); ***would you be ~ enough to*** wären Sie (vielleicht) so nett *od.* gut, zu *inf.*; ***that was very ~ of you*** das war wirklich nett *od.* lieb von dir; **2.** gutartig, fromm (*Pferd*).

kin·der·gar·ten [ˈkɪndəˌgɑːtn] *s.* a) Kindergarten *m*, b) Vorschule *f*.

kind·heart·ed [ˌkaɪndˈhɑːtɪd] *adj.* gütig, gutherzig; **ˌkindˈheart·ed·ness** [-nɪs] *s.* (Herzens)Güte *f*.

kin·dle [ˈkɪndl] **I** *v/t.* **1.** an-, entzünden; **2.** *fig.* entflammen, -zünden, -fachen, *Interesse etc.* wecken; **3.** erleuchten; **II** *v/i.* **4.** *a. fig.* Feuer fangen, aufflammen; **5.** *fig.* (***at***) a) sich erregen (über *acc.*), b) sich begeistern (für).

kind·li·ness [ˈkaɪndlɪnɪs] → ***kindness***.

kin·dling [ˈkɪndlɪŋ] *s.* Anmach-, Anzündholz *n*.

kind·ly [ˈkaɪndlɪ] **I** *adj.* **1.** → ***kind²***; **II** *adv.* **2.** gütig, freundlich; **3.** F freundlicherweise, liebenswürdig(erweise), gütig(st), freundlich(st): ***~ tell me*** sagen Sie mir bitte; ***take ~ to*** sich befreunden mit, sich hingezogen fühlen zu, liebgewinnen; ***he didn't take ~ to that*** das hat ihm gar nicht gefallen, das paßte ihm gar nicht; ***will you ~ shut up!*** *iro.* willst du gefälligst den Mund halten!; **ˈkind·ness** [-dnɪs] *s.* **1.** Güte *f*, Freundlichkeit *f*, Liebenswürdigkeit *f*: ***out of the ~ of one's heart*** aus reiner (Herzens)Güte; ***please, have the ~ to*** bitte, seien Sie so freundlich, zu *inf.*; **2.** Gefälligkeit *f*: ***do s.o. a ~*** j-m e-n Gefallen tun.

kin·dred [ˈkɪndrɪd] **I** *s.* **1.** (Bluts)Verwandtschaft *f*; **2.** *coll. pl. konstr.* Verwandte *pl.*, Verwandtschaft *f*, Faˈmilie *f*; **II** *adj.* **3.** (bluts)verwandt; **4.** *fig.* verwandt, ähnlich, gleichartig: ***~ languages***; ***~ spirit*** Gleichgesinnte(r *m*) *f*; ***he and I are ~ spirits*** er u. ich sind geistesverwandt *od.* verwandte Seelen.

kin·e·mat·ic, **kin·e·mat·i·cal** [ˌkɪnɪˈmætɪk(l)] *adj. phys.* kineˈmatisch; **ˌkin·eˈmat·ics** [-ks] *s. pl. sg. konstr. phys.* Kineˈmatik *f*, Bewegungslehre *f*.

ki·net·ic [kaɪˈnetɪk] *adj. phys.* kiˈnetisch: ***~ energy***; **kiˈnet·ics** [-ks] *s. pl. sg. konstr. phys.* Kiˈnetik *f*, Bewegungslehre *f*.

king [kɪŋ] **I** *s.* **1.** König *m*: ***~ of beasts*** König der Tiere (*Löwe*); → ***King's Counsel*** *etc.*; **2.** a) ***♀ of ♀s*** *eccl. der* König der Könige (*Gott*, *Christus*), b) (***Book of***) ***♀s*** *bibl.* (*das* Buch der) Könige *pl.*; **3.** a) *Kartenspiel*, *Schach*: König *m*, b) *Damespiel*: Dame *f*; **4.** *fig.* König *m*, Maˈgnat *m*: ***oil ~***; **II** *v/i.* **5.** ***~ it*** König sein, den König spielen, herrschen (***over*** über *acc.*).

king·dom [ˈkɪŋdəm] *s.* **1.** Königreich *n*; **2.** *a.* ***♀ of heaven*** Himmelreich *n*, *das*

Reich Gottes; ***send s.o. to ~ come*** F j-n ins Jenseits befördern; ***till ~ come*** F bis in alle Ewigkeit; **3.** *fig.* (Na'tur-) Reich *n*: ***animal*** (***vegetable***, ***mineral***) ~ Tier- (Pflanzen-, Mineral)reich *n*.

'king|,fish·er *s. orn.* Eisvogel *m*; ♔ **James Bi·ble** *od.* **Ver·sion** *s. autorisierte englische Bibelübersetzung.*

king·let ['kɪŋlɪt] *s.* unbedeutender König, Duo'dezfürst *m*.

'king·ly [-lɪ] *adj. u. adv.* königlich, maje'stätisch.

'king|,mak·er *s. bsd. fig.* Königsmacher *m*; **'~·pin** *s.* **1.** ⚙ Achsschenkelbolzen *m*; **2.** *Kegelspiel*: König *m*; **3.** F a) *der* ‚Hauptmacher', der wichtigste Mann, b) *die* Hauptsache, *der* Dreh- u. Angelpunkt; ♔**'s Bench** (**Di·vi·sion**) *s.* ⚖ *Brit. Abteilung des* **High Court of Justice**, *zuständig für* a) *Zivilsachen* (*Obligations- und Deliktsrecht*, *Handels-*, *Steuer- u. Seesachen*), b) *Strafsachen* (*als oberste Instanz für* **summary offences**); ♔**'s Coun·sel** *s.* ⚖ *Brit.* Anwalt *m* der Krone; ♔**'s Eng·lish** → ***English*** 3; **~'s ev·i·dence** → ***evidence*** 1.

king·ship ['kɪŋʃɪp] *s.* Königtum *n*.

'king-size(d) *adj.* 'über,durchschnittlich groß, Riesen..., *fig.* F *a.* Mords...: ~ ***cigarettes*** King-size-Zigaretten.

King's Speech *s. Brit.* Thronrede *f*.

kink [kɪŋk] **I** *s.* **1.** *bsd.* ⚓ Kink *f*, Knick *m*, Schleife *f* (*Draht*, *Tau*); **2.** (Muskel-) Zerrung *f od.* (-)Krampf *m*; **3.** *fig.* a) Schrulle *f*, Tick *m*, b) ‚Macke' *f*, De'fekt *m*; **4.** *Brit.* F Abartigkeit *f*; **II** *v/i.* **5.** e-e Kink *etc.* haben (→ 1); **III** *v/t.* **6.** knicken, knoten, verknäueln; **'kink·y** [-kɪ] *adj.* **1.** voller Kinken, verdreht (*Tau etc.*); **2.** wirr, kraus (*Haar*); **3.** F a) spleenig, ‚irre', ausgefallen, ‚verrückt', b) *Brit.* per'vers, abartig.

kins·folk ['kɪnzfəʊk] *s. pl.* Verwandtschaft *f*, (Bluts)Verwandte *pl.*

kin·ship ['kɪnʃɪp] *s.* **1.** (Bluts)Verwandtschaft *f*; **2.** *fig.* Verwandtschaft *f*.

kins|·man ['kɪnzmən] *s.* [*irr.*] (Bluts-) Verwandte(r) *m*, Angehörige(r) *m*; **~·wom·an** ['kɪnz,wʊmən] *s.* [*irr.*] (Bluts)Verwandte *f*, Angehörige *f*.

ki·osk ['ki:ɒsk] *s.* **1.** Kiosk *m*, Verkaufsstand *m*; **2.** *Brit.* Tele'fonzelle *f*.

kip [kɪp] *sl.* **I** *s.* **1.** Schläfchen *n*; **2.** ‚Falle' *f*, ‚Klappe' *f* (*Bett*); **II** *v/i.* **3.** a) ‚pennen' (*schlafen*), b) *mst* ~ ***down*** sich ‚hinhauen'.

kip·per ['kɪpə] **I** *s.* **1.** Räucherhering *m*, Bückling *m*; **2.** Lachs *m* (*während der Laichzeit*); **II** *v/t.* **3.** *Heringe* einsalzen u. räuchern: ***~ed herring*** → 1.

Kir·ghiz ['kɜ:gɪz] *s.* Kir'gise *m*.

kirk [kɜ:k] *s. Scot.* Kirche *f*.

Kirsch [kɪəʃ] *s.* Kirsch(wasser *n*) *m*.

kiss [kɪs] **I** *s.* **1.** Kuß *m*: ~ ***of death*** *fig.* Todesstoß *m*; ~ ***of life*** Mund-zu-Mund-Beatmung *f*; ***blow*** (*od.* ***throw***) ***a ~ to s.o.*** j-m e-e Kußhand zuwerfen; **2.** leichte Berührung (*zweier Billardbälle etc.*); **3.** *Am.* Bai'ser *n* (*Zuckergebäck*); **4.** Zuckerplätzchen *n*; **II** *v/t.* **5.** küssen: ~ ***away*** *Tränen* fortküssen; ~ ***s.o. good night*** j-m e-n Gutenachtkuß geben: ~ ***s.o. goodbye*** j-m e-n Abschiedskuß geben; ***you can ~ your money goodbye!*** F dein Geld hast du gesehen!; ~ ***one's hand to s.o.*** j-m e-e Kußhand zuwerfen; ~ ***s.o.'s hand*** j-m die Hand küssen; → ***book*** 1, ***rod*** 2; **6.** *fig.* leicht berühren; **III** *v/i.* **7.** sich küssen: ~ ***and make up*** sich mit e-m Kuß versöhnen; **8.** *fig.* sich leicht berühren; **'kiss·a·ble** *adj.* küssenswert; **kiss curl** *s. Brit.* Schmachtlocke *f*; **'kiss·er** [-sə] *s. sl.* ‚Fresse' *f* (*Mund od. Gesicht*).

kiss·ing gate ['kɪsɪŋ] *s.* kleines Schwingtor (*das immer nur eine Person durchläßt*).

'kiss|-off *s. Am. sl.* **1.** Ende *n* (*a. Tod*); **2.** ‚Rausschmiß' *m*; **'~·proof** *adj.* kußecht, -fest.

kit [kɪt] **I** *s.* **1.** (*Angel-*, *Reit- etc.*)Ausrüstung *f*: ***gym ~*** Sportsachen *pl.*, -zeug *n*; **2.** ⚔ a) Mon'tur *f*, b) Gepäck *n*; **3.** a) Arbeitsgerät *n*, Werkzeug(e *pl.*) *n*, b) Werkzeugkasten *m*, -tasche *f*, Flickzeug *n*, c) Baukasten *m*, d) Bastelsatz *m*, e) *allg.* Behälter *m*: ***first-aid ~*** Verbandskasten *m*; **4.** *Zeitungswesen*: Pressemappe *f*; **5.** F a) Kram *m*, Zeug *n*, ‚Sachen' *pl.*, b) Sippe *f*, ‚Blase' *f*: ***the whole ~*** (***and caboodle***) der ganze Kram *od.* der ganze ‚Verein'; **II** *v/t.* **6.** ~ ***out*** *od.* ***up*** ausstatten (***with*** mit); **'~·bag** *s.* **1.** Reisetasche *f*; **2.** ⚔ Kleider-, Seesack *m*.

kitch·en ['kɪtʃɪn] **I** *s.* Küche *f*; **II** *adj.* Küchen..., Haushalts...; **kitch·en·et(te)** [,kɪtʃɪ'net] *s.* Kleinküche *f*, Kochnische *f*.

kitch·en| foil *s.* Haushalts- *od.* Alufolie *f*; ~ **gar·den** *s.* Gemüsegarten *m*; **'~·maid** *s.* Küchenmädchen *n*; ~ **mid·den** *s.* vorgeschichtlicher (Küchen-) Abfallhaufen; ~ **po·lice** *s.* ⚔ *Am.* Küchendienst *m*; ~ **range** *s.* Küchen-, Kochherd *m*; ~ **scales** *s. pl.* Küchenwaage *f*; ~ **sink** *s.* Ausguß *m*, Spülstein *m*, ‚Spüle' *f*: ***everything but the ~*** *humor.* alles, der ganze Krempel; ~ ***dra-***

ma *thea.* realistisches Sozialdrama; **'~·ware** *s.* Küchengeschirr *n od.* -geräte *pl.*

kite [kaɪt] *s.* **1.** (Pa'pier-, Stoff)Drachen *m*: ***fly a ~*** a) e-n Drachen steigen lassen, b) *fig.* e-n Versuchsballon loslassen, c) → 3; **2.** *orn.* Gabelweihe *f*; **3.** ✝ F Gefälligkeits-, Kellerwechsel *m*: ***fly a ~*** Wechselreiterei betreiben; → 1; **4.** ✈ *sl.* ‚Kiste' *f*, ‚Mühle' *f* (*Flugzeug*); **5.** ≈ ***mark*** *Brit.* (amtliches) Gütezeichen; **~ bal·loon** *s.* ⚔ 'Fessel-, 'Drachenbal,lon *m*; **'~-,fly·ing** *s.* **1.** Steigenlassen *n* e-s Drachens; **2.** *fig.* Loslassen *n* e-s Ver'suchsbal,lons, Sondieren *n*; **3.** ✝ F Wechselreite'rei *f*.

kith [kɪθ] *s.*: ***~ and kin*** (Bekannte u.) Verwandte *pl.*; ***with ~ and kin*** mit Kind u. Kegel.

kitsch [kɪtʃ] *s.* Kitsch *m*.

kit·ten ['kɪtn] **I** *s.* Kätzchen *n*, junge Katze: ***have ~s*** F ‚Zustände' kriegen; **II** *v/i.* Junge werfen (*Katze*); **'kit·ten·ish** [-nɪʃ] *adj.* **1.** wie ein Kätzchen (geartet); **2.** (kindlich) verspielt *od.* ausgelassen.

kit·ty[1] ['kɪtɪ] *s.* Mieze *f*, Kätzchen *n*.

kit·ty[2] ['kɪtɪ] *s.* **1.** *Kartenspiel*: (Spiel-) Kasse *f*; **2.** (gemeinsame) Kasse.

ki·wi ['ki:wi:] *s.* **1.** *orn.* Kiwi *m*; **2.** ⚘ Kiwi *f*.

klax·on ['klæksn] *s.* (Auto)Hupe *f*.

klep·to·ma·ni·a [,kleptəʊ'meɪnjə] *s.* *psych.* Kleptoma'nie *f*; **,klep·to'ma·ni·ac** [-nɪæk] **I** Klepto'mane *m*, Klepto'manin *f*; **II** *adj.* klepto'manisch.

klieg light [kli:g] *s.* *Film*: Jupiterlampe *f*.

klutz [klʌts] *s.* *Am. sl.* ‚Trottel' *m*.

knack [næk] *s.* **1.** Trick *m*, Kniff *m*, ‚Dreh' *m*; **2.** Geschick(lichkeit *f*) *n*, Kunst *f*, Ta'lent *n*: ***the ~ of writing*** die Kunst des Schreibens; ***have the ~ of s.th.*** den Dreh von et. heraushaben, wissen, wie man et. macht; ***I've lost the ~*** ich krieg' es nicht mehr hin.

knack·er ['nækə] *s.* **1.** *Brit.* Abdecker *m*, Schinder *m*; **2.** 'Abbruchunter,nehmer *m*; **'knack·ered** *adj.* *Brit. sl.* (ganz) ‚ka'putt', ‚to'tal geschafft'.

knag [næg] *s.* Knorren *m*, Ast *m* (*im Holz*).

knap·sack ['næpsæk] *s.* **1.** ⚔ Tor'nister *m*; **2.** Rucksack *m*, Ranzen *m*.

knave [neɪv] *s.* **1.** *obs.* Schurke *m*, Schuft *m*, Spitzbube *m*; **2.** *Kartenspiel*: Bube *m*, Unter *m*; **'knav·er·y** [-vərɪ] *s.* *obs.* **1.** Schurke'rei *f*; **2.** Gaune'rei *f*; **'knav·ish** [-vɪʃ] *adj.* □ *obs.* schurkisch.

knead [ni:d] *v/t.* **1.** kneten; **2.** ('durch-) kneten, massieren; **3.** *fig.* formen (***into*** zu); **'knead·ing-trough** [-dɪŋ] *s.* Backtrog *m*.

knee [ni:] **I** *s.* **1.** Knie *n*: ***on one's*** (***bended***) ***~s*** auf Knien, kniefällig; ***bend*** (*od.* ***bow***) ***the ~ to*** niederknien vor (*dat.*); ***bring s.o. to his ~s*** j-n auf *od.* in die Knie zwingen; ***give a ~ to s.o.*** j-n unterstützen; ***go on one's ~s to*** a) niederknien vor (*dat.*), b) *fig. j-n* kniefällig bitten; **2.** ⚙ a) Knie(stück) *n*, Winkel *m*, b) Knie(rohr) *n*, (Rohr-) Krümmer *m*; **II** *v/t.* **3.** mit dem Knie stoßen; **4.** F *Hose an den Knien* ausbeulen; **~ bend**(**·ing**) *s.* Kniebeuge *f*; **~ breech·es** *s. pl.* Kniehose(n *pl.*) *f*; **'~·cap** *s.* **1.** *anat.* Kniescheibe *f*; **2.** Knieleder *n*, -schützer *m*; **,~-'deep** *adj.* knietief, bis an die Knie (reichend); **,~-'high 1.** → ***knee-deep***; **2.** kniehoch; **'~-hole desk** *s.* Schreibtisch *m* mit Öffnung für die Knie; **~ jerk** *s.* ⚕ 'Knie(sehnen)re,flex *m*; **'~-joint** *s.* *anat.*, ⚙ Kniegelenk *n*.

kneel [ni:l] *v/i.* [*irr.*] *a.* ***~ down*** (nieder)knien (***to*** vor *dat.*).

'knee|-length *adj.* knielang: ***~ skirt*** kniefreier Rock; **~ pad** *s.* Knieschützer *m*; **'~-pan** → ***kneecap*** 1; **~ pipe** *s.* ⚙ Knierohr *n*; **~ shot** *s.* *Film*: 'Halbto,tale *f*.

knell [nel] **I** *s.* **1.** Totenglocke *f*, Grabgeläute *n* (*a. fig.*): ***sound the ~*** → 3; **2.** *fig.* Vorbote *m*, Ankündigung *f*; **II** *v/i.* **3.** läuten; **III** *v/t.* **4.** (*bsd. durch Läuten*) a) bekanntgeben, b) zs.-rufen.

knelt [nelt] *pret. u. p.p. von* ***kneel***.

knew [nju:] *pret von* ***know***.

Knick·er·bock·er ['nɪkəbɒkə] *s.* **1.** (*Spitzname für den*) New Yorker; **2.** ≈***s*** *pl.* Knickerbocker *pl.* (*Hose*).

knick·ers ['nɪkəz] *s. pl. Brit.* (Damen-) Schlüpfer *m*: ***get one's ~ in a twist*** *humor.* sich ‚ins Hemd machen'; ***~!*** Quatsch!, ‚Mist'!

knick-knack ['nɪknæk] *s.* **1.** a) Nippsache *f*, b) billiger Schmuck; **2.** Spiele'rei *f*, Schnickschnack *m*.

knife [naɪf] **I** *pl.* **knives** [naɪvz] *s.* **1.** Messer *n* (*a.* ⚙, ⚕): ***play a good ~ and fork*** ein starker Esser sein; ***before you can say "~"*** ehe man sich's versieht; ***have*** (***got***) ***one's ~ into s.o.*** j-n ‚gefressen' haben, es auf j-n abgesehen haben; ***war to the ~*** Krieg bis aufs Messer; ***be*** (***go***) ***under the ~*** F unterm Messer (*des Chirurgen*) sein (unters Messer kommen); ***turn the ~*** (***in the wound***) *fig.* Salz in die Wunde streuen; ***watch s.o. like a ~*** F j-n scharf beobachten; **II** *v/t.* **2.** mit e-m Messer bearbeiten; **3.** a) einstechen auf (*acc.*), mit e-m Messer stechen, b) erstechen, erdolchen; **4.** *Am. sl. bsd. pol. j-m* in den Rücken fallen, *j-n* ‚abschießen'; **'~-edge** *s.* **1.** (Messer)Schneide *f*: ***on a ~*** *fig.* sehr aufgeregt (***about*** wegen); ***be balanced on a ~*** *fig.* auf des Messers Schneide stehen; **2.** ⚙ Waageschneide *f*; **'~-edged** *adj.* messerscharf; **~ grind·er** *s.* **1.** Scheren-, Messerschleifer *m*; **2.** Schleifrad *n*, -stein *m*; **~ rest** *s.* Messerbänkchen *n*.

knif·ing ['naɪfɪŋ] *s.* Messersteche'rei *f*.

knight [naɪt] **I** *s.* **1.** *hist.* Ritter *m*, Edelmann *m*; **2.** *Brit.* Ritter *m* (*niederster, nicht erblicher Adelstitel*; *Anrede*: ***Sir*** *u. Vorname*); **3.** Ritter *m* e-s Ordens: ***℞ of the Bath*** Ritter des Bath-Ordens; ***℞ of the Garter*** Ritter des Hosenbandordens; ***~ of the pen*** *humor.* Ritter der Feder (*Schriftsteller*); → ***Hospital(l)er*** 1; **4.** *fig.* Ritter *m*, Kava'lier *m*; **5.** *Schach*: Springer *m*, Pferd *n*; **II** *v/t.* **6.** a) zum Ritter schlagen, b) adeln, in den Ritterstand erheben; **'knight·age** [-tɪdʒ] *s.* **1.** *coll.* Ritterschaft *f*; **2.** Ritterstand *m*; **3.** Ritterliste *f*.

knight| bach·e·lor *pl.* **~s bach·e·lor** *s.* Ritter *m* (*Mitglied des niedersten englischen Ritterordens*); **~ er·rant** *pl.* **~s er·rant** *s.* **1.** fahrender Ritter; **2.** *fig.* ‚Don Qui'xote' *m*; **,~-'er·rant·ry** *s.* **1.** fahrendes Rittertum; **2.** *fig.* a) Abenteuerlust *f*, unstetes Leben, b) Donquichotte'rie *f*.

knight·hood ['naɪthʊd] *s.* **1.** Rittertum *n*, -würde *f*, -stand *m*: ***receive a ~*** in den Ritterstand erhoben werden; **2.** *coll.* Ritterschaft *f*.

knight·ly ['naɪtlɪ] *adj. u. adv.* ritterlich.

Knight Tem·plar → ***Templar*** 1 *u.* 2.

knit [nɪt] **I** *v/t.* [*irr.*] **1.** a) stricken, b) ⚙ wirken: ***~ two, purl two*** zwei rechts, zwei links (stricken); **2.** *a.* ***~ together*** zs.-fügen, verbinden, verknüpfen, vereinigen (*alle a. fig.*); → ***close-knit***, ***well-knit***; **3.** ***~ up*** a) fest verbinden, b) ab-, beschließen; **4.** *Stirn* runzeln, *Augenbrauen* zs.-ziehen; **II** *v/i.* [*irr.*] **5.** a) stricken, b) ⚙ wirken; **6.** *a.* ***~ up*** sich (eng) verbinden *od.* zs.-fügen (*a. fig.*), zs.-wachsen (*Knochen etc.*); **III** *s.* **7.** Strickart *f*; **'knit·ted** [-tɪd] *adj.* gestrickt, Strick…, Wirk…; **'knit·ter** [-tə] *s.* **1.** Stricker(in); **2.** ⚙ 'Strick-, 'Wirkma,schine *f*.

knit·ting ['nɪtɪŋ] *s.* **1.** a) Stricken *n*, b) ⚙ Wirken *n*; **2.** Strickzeug *n*, -arbeit *f*; **~ ma·chine** *s.* 'Strickma,schine *f*; **~ nee·dle** *s.* Stricknadel *f*.

'knit·wear *s.* Strick-, Wirkwaren *pl.*

knives [naɪvz] *pl. von **knife***.

knob [nɒb] *s.* **1.** (runder) Griff, Knopf *m*, Knauf *m*: ***with ~s on*** *sl.* (na) und ob!, und wie!; ***and the same to you with (brass) ~s on!*** *sl.* das kann man erst recht von dir behaupten!; **2.** Knorren *m*, Ast *m* (*im Holz*); **3.** Buckel *m*, Beule *f*, Höcker *m*; **4.** Stück(chen) *n* (*Zucker etc.*); **5.** ⚠ Knauf *m*; **6.** *Am. sl.* ‚Birne' *f* (*Kopf*); **7.** *Brit.* V ‚Schwanz' *m* (*Penis*); **'knob·bly** [-blɪ] *adj.* ‚knubbelig': ***~ knees*** ‚Knubbelknie' *pl.*; **'knob·by** [-bɪ] *adj.* **1.** knorrig; **2.** knoten-, knopf-, knaufartig.

knock [nɒk] **I** *s.* **1.** Schlag *m*, Stoß *m*: ***he has had*** (*od.* ***taken***) ***a few ~s*** *fig.* F er hat ein paar Nackenschläge eingesteckt; ***take the ~*** *sl.* ‚schwer bluten müssen'; ***the table has had a few ~s*** F der Tisch hat ein paar Schrammen abgekriegt; **2.** Klopfen *n*, Pochen *n*: ***there is a ~ (at the door)*** es klopft; ***I'll give you a ~ at six*** *Brit.* F ich klopfe um sechs (an Ihre Tür) (*zum Wecken*); **II** *v/t.* **3.** schlagen, stoßen: ***~ s.o. cold*** → ***knock out*** 2; ***~ the bottom out of s.th.***, ***~ s.th. on the head*** *fig.* F et. zunichte machen, *Pläne* über den Haufen werfen; ***~ s.o. sideways*** (*od.* ***for a loop***) F j-n ‚glatt umhauen'; ***~ one's head against*** a) mit dem Kopf stoßen gegen, b) die Stirn bieten (*dat.*); ***~ s.th. into s.o.*** j-m et. einhämmern *od.* einbleuen; ***~ spots off s.o. (s.th.)*** F j-m (e-r Sache) haushoch überlegen sein; **4.** klopfen, schlagen; **5.** F her'untermachen, herziehen über (*acc.*), kritisieren: ***don't ~ him (so hard)!*** mach ihn nicht (allzu) schlecht!; **6.** F *j-n* ‚'umhauen', 'umwerfen, sprachlos machen; **III** *v/i.* **7.** schlagen, klopfen, pochen (***at the door*** an die Tür): ***~ before entering!*** bitte anklopfen!; **8.** stoßen, schlagen, prallen (***against***, ***into*** gegen *od.* auf *acc.*); **9.** ⚙ a) rattern, rütteln (*Maschine*), b) klopfen (*Motor*, *Brennstoff*);

Zssgn mit adv.:

knock| a·bout, *bsd. Am.* **~ a·round I** *v/t.* **1.** her'umstoßen (*a. fig. schikanieren*); **2.** verprügeln; **3.** übel zurichten; **II** *v/i.* **4.** F sich her'umtreiben (***with*** mit); **5.** her'umziehen; **6.** ‚rumliegen' (*Sache*); **~ back** *v/t. Brit.* F **1.** *Whisky etc.* ‚hinter die Binde gießen', ‚kippen'; **2.** *j-n et.* kosten: ***that has ~ed me back a few pounds***; **3.** *fig. j-n* ‚'umhauen', 'umwerfen; **~ down** *v/t.* **1.** niederschlagen, zu Boden schlagen (*a.*

fig.); **2.** → ***knock over*** 2; **3.** *Haus* abreißen; **4.** ⚙ zerlegen, ausein'andernehmen; **5.** ✝ a) *bei Auktionen*: (***to s.o.*** j-m) *et.* zuschlagen, b) F mit *dem Preis* ‚runtergehen', c) F *j-n* her'unterhandeln (***to*** auf *acc.*); **~ off I** *v/t.* **1.** her'unter-, abschlagen, weghauen; **2.** F aufhören mit: ***~ work*** → 7; ***knock it off!*** *sl.* hör doch auf damit!; **3.** F a) *et.* rasch erledigen, b) *et.* ‚'hinhauen', aus dem Ärmel schütteln; **4.** ✝ *vom Preis* abziehen: ***he knocked £10 off the bill*** er hat £10 (von der Rechnung) nachgelassen; **5.** F a) *Brit.* ‚klauen', stehlen, b) *Bank etc.* ausrauben, c) *j-n* ‚umlegen' (*töten*); **6.** V *Mädchen* ‚bumsen'; **II** *v/i.* **7.** F Feierabend machen; **~ out** *v/t.* **1.** (her)'ausschlagen, -klopfen; **2.** *sport* a) *Boxen*: k.o. schlagen, niederschlagen, b) *Gegner* ausschalten; **3.** F *j-n* ‚umhauen': a) verblüffen, b) erschöpfen, c) ‚ins Land der Träume schicken' (*Droge etc.*); **4.** ⚔ abschießen; **5.** F *Melodie* ‚runterspielen, -hacken'; **~ o·ver** *v/t.* **1.** 'umwerfen (*a. fig.*), 'umstoßen; **2.** über'fahren; **~ to·geth·er** *v/t.* **1.** schnell zs.-bauen *od.* -basteln, *Essen etc.* rasch zu'rechtmachen; **2.** anein'anderstoßen: ***knock people's heads together*** *fig.* die Leute zur Vernunft bringen; **~ up I** *v/t.* **1.** (*durch Klopfen*) wecken; **2.** F *Essen etc.* rasch ‚auf die Beine stellen' *od.* zu'rechtmachen; **3.** F *Haus etc.* rasch ‚'hinstellen'; **4.** *Brit.* F *Geld* ‚machen' (*verdienen*); **5.** *j-n* ‚fertigmachen' *od.* ‚schaffen' (*erschöpfen*); **6.** V *Am.* *e-r Frau* ein Kind machen, *e-e Frau* ‚anbumsen'; **II** *v/i.* **7.** *Tennis etc.*: sich warm- *od.* einspielen.

'knock|·aˌbout I *adj.* **1.** *thea.* F Radau…, Klamauk…; **2.** Alltags…, strapa'zierfähig: ***~ clothes***; ***~ car*** Gebrauchswagen *m*; **ˌ~'down I** *adj.* **1.** niederschmetternd (*a. fig.*): ***~ blow*** a) Schlag *m*, der j-n umwirft, b) *Boxen*: Niederschlag *m*, c) *fig.* Nackenschlag *m*, schwerer Schlag; **2.** ⚙ zerlegbar, zs.-legbar; **3.** ✝ äußerst, niedrigst: ***~ price*** Schleuderpreis *m*; **II** *s.* **4.** ✝ F Preissenkung *f*; **5.** F zerlegbares Möbelstück *od.* Gerät; **6.** ***give s.o. a ~ to s.o.*** *Am.* F j-n j-m vorstellen.

knock·er ['nɒkə] *s.* **1.** (Tür)Klopfer *m*; **2.** *sl.* Nörgler *m*, Krittler *m*; **3.** *pl.* V ‚Titten' *pl.*; **'knock·ing** ['nɒkɪŋ] *s.* **1.** Klopfen *n* (*a. mot.*); **2.** F Kri'tik *f* (***of*** an *dat.*): ***he has taken a bad ~*** er wurde schwer in die Pfanne gehauen.

ˌknock|-'kneed *adj.* X-beinig; **'~-knees** *s. pl.* X-Beine *pl.*; **'~·out I** *s.* **1.** *Boxen*: Knockout *m*, K. 'o. *m*, Niederschlag *m*; **2.** *fig.* vernichtende Niederlage, tödlicher Schlag, *das* ‚Aus' (***for*** für *j-n*); **3.** F großartige *od.* ‚tolle' Sache *od.* Per'son: ***she's a real ~*** sie sieht toll aus; **II** *adj.* **4.** *Boxen*: K.-o.-…: ***~ blow*** K.-o.-Schlag *m*; ***~ system*** K.-o.-System *n*; ***~ match*** Ausscheidungsspiel *n*; **5.** *fig.* vernichtend; **6.** *Am. sl.* Betäubungs…: ***~ pill***; **'~-proof** *adj. mot.* klopffest; **~ rat·ing** *s. mot.* Ok'tanzahl *f*; **ˌ~'up** *s. sport* Einspielen *n*.

knoll [nəʊl] *s.* Hügel *m*, Kuppe *f*.

knot [nɒt] **I** *s.* **1.** Knoten *m*: ***tie s.o.*** (***up***) ***into ~s*** *fig.* F j-n ‚fertigmachen'; ***his stomach was in a ~*** sein Magen krampfte sich zusammen; **2.** Schleife *f*, Schlinge *f*, ⚔ *a.* Achselstück *n*; **3.** Knorren *m*, Ast *m* (*im Holz*); **4.** ⚘ Knoten *m*, Knospe *f*, Auge *n*; **5.** ⚓ Knoten *m*: a) Stich *m* (*im Tau*), b) Seemeile *f* (*1,853 km/h*); **6.** *fig.* Knoten *m*, Schwierigkeit *f*, Pro'blem *n*: ***cut the ~*** den Knoten 'durchhauen; **7.** *fig.* Band *n* *der Ehe etc.*: ***tie the ~*** den Bund fürs Leben schließen; **8.** Knäuel *m*, *n*, Haufen *m* (*Menschen etc.*); **9.** ⚕ (*Gicht- etc.*)Knoten *m*; **II** *v/t.* **10.** (ver)knoten, (ver)knüpfen; **11.** *fig.* verwickeln, verwirren; **III** *v/i.* **12.** (e-n) Knoten bilden; **13.** *fig.* sich verwickeln; **'~·hole** *s.* Astloch *n*.

knot·ted ['nɒtɪd] *adj.* **1.** ver-, geknotet; **2.** → **'knot·ty** [-tɪ] *adj.* **1.** knorrig (*Holz*); **2.** knotig, *fig.* verzwickt, schwierig, kompliziert.

knout [naʊt] *s.* Knute *f*.

know [nəʊ] **I** *v/t.* [*irr.*] **1.** *allg.* wissen: ***come to ~*** erfahren, hören; ***he ~s what to do*** er weiß, was zu tun ist; ***~ what's what***, ***~ all about it*** genau Bescheid wissen; (***and***) ***don't I ~ it!*** und ob ich das weiß!, ***he wouldn't ~*** (***that***) er kann das nicht *od.* kaum wissen; ***I wouldn't ~!*** das kann ich leider nicht sagen!; *iro.* weiß ich doch nicht!; ***for all I ~*** a) soviel ich weiß, b) was weiß ich?; ***I would have you ~ that*** ich möchte betonen *od.* Ihnen klarmachen, daß; ***I have never ~n him to lie*** m-s Wissens hat er nie gelogen; ***what do you ~!*** F na, so was!; **2.** (es) können *od.* verstehen (***how to do*** zu tun): ***do you ~ how to do it?*** wissen Sie, wie man das macht?, können Sie das?; ***he ~s how to treat children*** er versteht mit Kindern umzugehen; ***do you ~ how to drive a car?*** können Sie Auto fahren?; ***he ~s*** (***some***) ***German*** er kann (etwas) Deutsch; **3.** kennen, vertraut sein mit: ***I***

have ~n him for years ich kenne ihn (schon) seit Jahren; ***he ~s a thing or two*** F ‚er ist nicht von gestern', er weiß (ganz gut) Bescheid; ***get to ~*** a) *j-n, et.* kennenlernen, b) *et.* erfahren, herausfinden; ***after I first knew him*** nachdem ich s-e Bekanntschaft gemacht hatte; **4.** erfahren, erleben: ***he has ~n better days*** er hat bessere Tage gesehen; ***I have ~n it to happen*** ich habe das schon erlebt; → ***known*** II, ***mind*** 4; **5.** (ˈwieder)erkennen, unterˈscheiden: ***I should ~ him anywhere*** ich würde ihn überall erkennen; ***~ one from the other*** e-n vom anderen unterscheiden (können), die beiden auseinanderhalten können; ***before you ~ where you are*** im Handumdrehen; ***I don't ~ whether I shall ~ him again*** ich weiß nicht, ob ich ihn wiedererkennen werde; **6.** *Bibl.* (*geschlechtlich*) erkennen; **II** *v/i.* [*irr.*] **7.** wissen (***of*** von, um), im Bilde sein *od.* Bescheid wissen (***about*** über *acc.*), sich auskennen (***about*** in *dat.*), et. verstehen (***about*** von); ***I ~ of s.o. who*** ich weiß *od.* kenne j-n, der; ***let me ~*** (***about it***) laß es mich wissen, sag mir Bescheid (darüber); ***I ~ better!*** so dumm bin ich nicht!; ***I ~ better than to say that*** ich werde mich hüten, das zu sagen; ***you ought to ~ better*** (***than that***) das sollten Sie besser wissen, so dumm werden Sie doch nicht sein; ***he ought to ~ better than to go swimming after a big meal*** er sollte so viel Verstand haben zu wissen, daß man nach e-m reichlichen Mahl nicht baden geht; ***they don't ~ any better*** sie kennen's nicht anders; ***not that I ~ of*** F nicht daß ich wüßte; ***do*** (*od.* ***don't***) ***you ~?*** F nicht wahr?; ***you ~*** (*oft unübersetzt*) a) weißt du, wissen Sie, b) nämlich, c) schon, na ja; **III** *s.* **8.** ***be in the ~*** Bescheid wissen, im Bilde *od.* eingeweiht sein.

know·a·ble [ˈnəʊəbl] *adj.* was man wissen kann.

ˈ**know|-(it-)all** *s.* Besserwisser *m*, ‚Klugscheißer' *m*; ˈ**~-how** *s.* Know-ˈhow *n*: a) Sachkenntnis *f*, Fachwissen *n*, (praktische, *bsd.* technische) Erfahrung, b) ⚙ Herstellungsverfahren *pl.*

know·ing [ˈnəʊɪŋ] **I** *adj.* □ **1.** intelliˈgent, geschickt; **2.** verständnisvoll, wissend: ***~ smile***; ***with a ~ hand*** mit kundiger Hand; **3.** schlau, raffiniert: ***a ~ one*** ein Schlauberger; **II** *s.* **4.** Wissen *n*: ***there is no ~*** man kann nie wissen; ˈ**know·ing·ly** [-lɪ] *adv.* **1.** schlau, klug; **2.** verständnisvoll, wissend; **3.** wissentlich, bewußt, absichtlich.

knowl·edge [ˈnɒlɪdʒ] *s. nur sg.* **1.** Kenntnis *f*, Wissen *n*: ***have ~ of*** Kenntnis haben von, wissen (*acc.*); ***have no ~ of*** nichts wissen von *od.* über (*acc.*); ***without my ~*** ohne mein Wissen; ***the ~ of the victory*** die Kunde *od.* Nachricht vom Siege; ***it has come to my ~*** es ist mir zu Ohren gekommen, ich habe erfahren; ***to*** (***the best of***) ***my ~*** m-s Wissens, soviel ich weiß; ***to the best of my ~ and belief*** nach bestem Wissen u. Gewissen; ***not to my ~*** nicht daß ich wüßte; ***~ of life*** Lebenserfahrung *f*; → ***carnal***; **2.** Wissen *n*, Kenntnisse *pl.*: ***a good ~ of German*** gute Deutschkenntnisse; ***my ~ of Dickens*** was ich von Dickens kenne; ˈ**knowl·edge·a·ble** [-dʒəbl] *adj.* kenntnisreich, (gut) unterˈrichtet: ***he is very ~ about wines*** er weiß gut Bescheid über Weine, er ist ein Weinkenner.

known [nəʊn] **I** *p.p. von* ***know***; **II** *adj.* bekannt: ***~ quantity*** ⅍ bekannte Größe; ***make ~*** bekanntmachen; ***make o.s. ~ to s.o.*** F sich j-m vorstellen; ***~ to all*** allbekannt; ***the ~ facts*** die anerkannten Tatsachen.

knuck·le [ˈnʌkl] **I** *s.* **1.** Fingergelenk *n*, -knöchel *m*: ***a rap over the ~s*** *fig.* ein Verweis, e-e Rüge; **2.** (Kalbs- *od.* Schweins)Haxe (*od.* Hachse) *f*: ***near the ~*** *fig.* F reichlich ‚gewagt' (*Witz etc.*); **II** *v/i.* **3.** ***~ down***, ***~ under*** sich beugen, sich unterˈwerfen (***to*** *dat.*), klein beigeben; **4.** ***~ down to s.th.*** sich an et. ‚ranmachen', sich hinter et. ‚klemmen': ***~ down to work*** sich an die Arbeit machen; ˈ**~-bone** *s. anat., zo.* Knöchelbein *n*; ˈ**~ˌdust·er** *s.* Schlagring *m*; **~ joint** *s.* **1.** *anat.* Knöchel-, Fingergelenk *n*; **2.** ⚙ Karˈdan-, Kreuzgelenk *n*.

knurl [nɜːl] **I** *s.* **1.** Knoten *m*, Ast *m*, Buckel *m*; **2.** ⚙ Rändelrad *n*; **II** *v/t.* **3.** rändeln, kordeln: ***~ed screw*** Rändelschraube *f*.

KO [ˌkeɪˈəʊ] → ***knockout*** 1 *u.* ***knock out***.

ko·a·la [kəʊˈɑːlə] *s. zo.* Koˈala(bär) *m*.

kohl·ra·bi [ˌkəʊlˈrɑːbɪ] *s.* ⚘ Kohlˈrabi *m*.

kol·khoz, **kol·khos** [kɒlˈhɔːz] *s.* Kolchos *m*, *n*, Kolˈchose *f*.

kook [kʊk] *s. Am.* F ‚komischer Typ', ‚Spinner' *m*; **kook·y** [ˈkʊkɪ] *adj. Am.* F ‚irr', verrückt.

ko·pe(c)k [ˈkəʊpek] → ***copeck***.

Ko·ran [kɒˈrɑːn] *s.* Koˈran *m*.

Ko·re·an [kəˈrɪən] **I** *s.* Koreˈaner(in); **II** *adj.* koreˈanisch.

ko·sher [ˈkəʊʃə] *adj.* koscher: ~ ***food***; ~ ***restaurant***; ***not quite*** ~ *fig.* F nicht ganz koscher.

ko·tow [ˌkəʊˈtaʊ], **kow·tow** [ˌkaʊˈtaʊ] **I** *s.* Koˈtau *m*, unterˈwürfige Ehrenbezeigung; **II** *v/i. a. fig.* e-n Koˈtau machen: ~ ***to s.o.*** e-n Kotau machen (*fig. a.* kriechen) vor j-m.

kraal [krɑːl; *in Südafrika mst* krɔːl] *s. S.Afr.* Kral *m*.

kraft [krɑːft], *a.* ~ **pa·per** *s. Am.* braunes ˈPackpaˌpier.

kraut [kraʊt] *sl. contp.* **I** *s.* Deutsche(r *m*) *f*; **II** *adj.* deutsch.

Krem·lin [ˈkremlɪn] *npr.* Kreml *m*; **Krem·lin·ol·o·gist** [ˌkremlɪˈnɒlədʒɪst] *s.* Sowjetoˈloge *m*, Kremlforscher(in).

ku·dos [ˈkjuːdɒs] *s.* F Ruhm *m*, Ehre *f*.

Ku-Klux-Klan [ˌkjuːklʌksˈklæn] *s. Am. pol.* ˈKu-Klux-ˈKlan *m* (*rassistischer amer. Geheimbund*).

ku·lak [ˈkuːlæk] (*Russ.*) *s.* Kuˈlak *m*, Großbauer *m*.

kum·quat [ˈkʌmkwɒt] *s.* ⚘ Kumquat *f*.

kung fu [ˌkʌŋˈfuː; ˌkʊŋ-] *s.* Kungˈfu *n* (*chines. Kampfsport*).

Kurd [kɜːd] *s.* Kurde *m*, Kurdin *f*; ˈ**Kurd·ish** [-ɪʃ] *adj.* kurdisch.

kur·saal [ˈkʊəzɑːl] *s.* (*Ger.*) Kursaal *m*, -haus *n*.

Kyr·i·e [ˈkɪəriːeɪ], ~ **e·le·i·son** [əˈleɪsɒn] *s. eccl.* Kyrie (eˈleison) *n*.

L

L, **l** [el] *s.* L *n*, l *n* (*Buchstabe*).

laa·ger [ˈlɑːgə] *s. S.Afr.* Lager *n*, *bsd.* Wagenburg *f*.

lab [læb] *s.* F La'bor *n*.

la·bel [ˈleɪbl] **I** *s.* **1.** Eti'kett *n* (*a. fig.*), (Klebe-, Anhänge)Zettel *m od.* (-)Schild(chen) *n*, Anhänger *m*, Aufkleber *m*; **2.** *fig.* a) Bezeichnung *f*, b) (Kenn)Zeichen *n*, Signa'tur *f*; **3.** Aufschrift *f*, Beschriftung *f*; **4.** Label *n*, 'Schallplatteneti,kett *n od.* F -firma *f*; **5.** *Computer*: Label *n* (*Markierung in e-m Programm*); **6.** ⚠ Kranzleiste *f*; **II** *v/t.* **7.** etikettieren, mit e-m Zettel *od.* Schild(chen) versehen; **8.** beschriften, mit e-r Aufschrift versehen: ***~(l)ed "poison"*** mit der Aufschrift „Gift"; **9.** *a.* ***~ as*** *fig.* als … bezeichnen, zu … stempeln, abstempeln als; **'la·bel·(l)er** [-lə] *s.* Etiket'tierma,schine *f*.

la·bi·a [ˈleɪbɪə] *pl. von* ***labium***.

la·bi·al [ˈleɪbjəl] **I** *adj. anat., ling.* Lippen…, labi'al; **II** *s.* Lippenlaut *m*, Labi'al *m*.

la·bile [ˈleɪbaɪl] *adj. allg.* la'bil.

la·bi·o·den·tal [ˌleɪbɪəʊˈdentl] *ling.* **I** *adj.* labioden'tal; **II** *s.* Labioden'tal *m*, Lippenzahnlaut *m*.

la·bi·um [ˈleɪbɪəm] *pl.* **-bi·a** [-bɪə] *s. anat.* Labium *n*, (*bsd.* Scham)Lippe *f*.

la·bor *etc. Am.* → ***labour*** *etc.*

lab·o·ra·to·ry [*Brit.* ləˈbɒrətərɪ; *Am.* ˈlæbrəˌtɔːrɪ] *s.* **1.** Labora'torium *n*: ***~ assistant*** Laborant(in); ***~ technician*** Chemotechniker(in); ***~ stage*** Versuchsstadium *n*; **2.** *fig.* Werkstätte *f*.

la·bo·ri·ous [ləˈbɔːrɪəs] *adj.* □ mühsam: a) anstrengend, schwierig, b) 'umständlich, schwerfällig (*Stil etc.*).

la·bor un·ion *s. Am.* Gewerkschaft *f*.

la·bour [ˈleɪbə] *Brit.* **I** *s.* **1.** a) (*bsd.* schwere) Arbeit, b) Anstrengung *f*, Mühe *f*: ***~ of Hercules*** Herkulesarbeit *f*; ***~ of love*** Liebesdienst *m*, gern *od.* unentgeltlich getane Arbeit; → ***hard labo(u)r***; **2.** a) Arbeiterschaft *f*, Arbeiter(klasse *f*) *pl.*, b) Arbeiter *pl.*, Arbeitskräfte *pl.*: ***cheap ~***; ***shortage of ~*** Arbeitskräftemangel *m*; → ***skilled*** 2; **3.** ♀ (*ohne Artikel*) → ***Labour Party***; **4.** ⚕ Wehen *pl.*: ***be in ~*** in den Wehen liegen; **II** *v/i.* **5.** arbeiten (***at*** an *dat.*); **6.** sich anstrengen (***to*** *inf.* zu *inf.*), sich abmühen (***at***, ***with*** mit; ***for*** um *acc.*); **7.** *a.* ***~ along*** sich mühsam fortbewegen *od.* da'hinschleppen, sich (da'hin)quälen; **8.** stampfen, schlingern (*Schiff*); **9.** (***under***) zu leiden haben (unter *dat.*), zu kämpfen haben (mit *Schwierigkeiten etc.*), kranken (an *dat.*); → ***delusion*** 2; **10.** ⚕ in den Wehen liegen; **III** *v/t.* **11.** ausführlich eingehen auf (*acc.*), eingehend behandeln, *iro.* ‚breittreten', her'umreiten auf (*dat.*): ***I need not ~ the point***; **~ camp** *s.* Arbeitslager *n*; **♀ Day** *s.* Tag *m* der Arbeit; **~ dis·pute** *s.* ✝ Arbeitskampf *m*.

la·bo(u)red [ˈleɪbəd] *adj.* **1.** → ***laborious***; **2.** → ***labo(u)ring*** 2; **'la·bo(u)r·er** [-ərə] *s.* (*bsd. ungelernter*) Arbeiter.

La·bour Ex·change *s. Brit. obs.* Arbeitsamt *n*.

la·bo(u)r force *s.* Arbeitskräfte *pl.*, Belegschaft *f* (*e-s Betriebs*).

la·bo(u)r·ing [ˈleɪbərɪŋ] *adj.* **1.** arbeitend, werktätig: ***the ~ classes***; **2.** mühsam, schwer (*Atem*).

'la·bo(u)r-inˌten·sive *adj.* ✝ 'arbeitsinten,siv.

la·bour·ite [ˈleɪbəraɪt] *s. Brit.* Anhänger (-in) *od.* Mitglied *n* der ***Labour Party***.

la·bo(u)r| lead·er *s.* Arbeiterführer *m*; **~ mar·ket** *s.* Arbeitsmarkt *m*; **~ pains** *s. pl.* ⚕ Wehen *pl.*

La·bour Par·ty *s. Brit. pol. die* Labour Party.

la·bo(u)r| re·la·tions *s. pl.* Beziehungen *pl.* zwischen Arbeitgeber(n) u. Arbeitnehmern; **'~-ˌsav·ing** *adj.* arbeitssparend.

Lab·ra·dor (dog) [ˈlæbrədɔː] *s. zo.* Neu'fundländer *m* (*Hund*).

la·bur·num [ləˈbɜːnəm] *s.* ♀ Goldregen *m*.

lab·y·rinth [ˈlæbərɪnθ] *s.* **1.** Laby'rinth *n*, Irrgarten *m* (*beide a. fig.*); **2.** *fig.* Wirrwarr *m*, Durchein'ander *n*; **3.** *anat.* Laby'rinth *n*, inneres Ohr; **lab·y·rin·thine** [ˌlæbəˈrɪnθaɪn] *adj.* laby'rinthisch (*a. fig.*).

lac[1] [læk] *s.* Gummilack *m*, Lackharz *n*.

lac[2] [læk] *s. Brit. Ind.* Lak *n* (*100 000, mst Rupien*).

lace [leɪs] **I** *s.* **1.** Spitze *f* (*Stoff*); **2.** Litze *f*, Borte *f*, Tresse *f*, Schnur *f*: ***gold ~***; **3.** Schnürband *n*, -senkel *m*; → ***laced*** 1; **4.** Schnur *f*, Band *n*; **II** *v/t.* **5.** *a.* ***~ up*** (zu-, zs.-)schnüren; **6.** *j-n, j-s Taille* schnüren; **7.** ***~ s.o.*** F → 14; **8.** *Finger etc.* ineinanderschlingen; **9.** mit Spitzen *od.* Litzen besetzen; Schnürsenkel einziehen in; **10.** mit Streifenmuster verzieren; **11.** *fig.* durch'setzen (***with*** mit): ***a story ~d with jokes***; **12.** e-n Schuß Alkohol zugeben (*dat.*); **III** *v/i.* **13.** *a.* ***~ up*** sich schnüren (lassen); **14.** ***~ into*** F a) auf *j-n* einprügeln, b) *j-n* anbrüllen; **laced** [-st] *adj.* **1.** geschnürt, Schnür…: ***~ boot*** Schnürstiefel *m*; **2.** mit e-m Schuß Alkohol, ‚mit Schuß': ***~ coffee***.

lace| pa·per *s.* Pa'pierspitzen *pl.*; **~ pil·low** *s.* Klöppelkissen *n*.

lac·er·ate ['læsəreɪt] *v/t.* **1.** a) aufreißen, -schlitzen, zerfetzen, -kratzen, b) zerfleischen, zerreißen; **2.** *fig. j-n, j-s Gefühle* zutiefst verletzen; **lac·er·a·tion** [ˌlæsə'reɪʃn] *s.* **1.** Zerreißung *f*, Zerfleischung *f* (*a. fig.*); **2.** ⚕ Schnitt-, Riß-, Fleischwunde *f*, Riß *m*.

'lace|-up (shoe) *s.* Schnürschuh *m*; **'~·work** *s.* **1.** Spitzenarbeit *f*, -muster *n*; **2.** *weitS.* Fili'gran(muster) *n*.

lach·ry·mal ['lækrɪml] **I** *adj.* **1.** Tränen…: ***~ gland***; **II** *s.* **2.** *pl. anat.* 'Tränenappaˌrat *m*; **3.** *hist.* Tränenkrug *m*; **'lach·ry·mose** [-məʊs] *adj.* □ **1.** weinerlich; **2.** *fig.* rührselig: ***~ story***.

lac·ing ['leɪsɪŋ] *s.* **1.** Litzen *pl.*, Tressen *pl.*; **2.** → ***lace*** 3; **3.** ‚Schuß' *m* (Alkohol); **4.** Tracht *f* Prügel.

lack [læk] **I** *s.* (***of***) Mangel *m* (an *dat.*), Fehlen *n* (von): ***for ~ of time*** aus Zeitmangel; ***there was no ~ of*** es fehlte nicht *od.* da war kein Mangel an (*dat.*); **II** *v/t.* Mangel haben an (*dat.*), *et.* nicht haben *od.* besitzen: ***he ~s time*** ihm fehlt es an (der nötigen) Zeit, er hat keine Zeit; **III** *v/i.*: ***be ~ing*** fehlen, nicht vorhanden sein; ***wine was not ~ing*** an Wein fehlte es nicht; ***he ~ed for nothing*** es fehlte ihm an nichts; ***be ~ing in*** → II.

lack·a·dai·si·cal [ˌlækə'deɪzɪkl] *adj.* □ **1.** lustlos, gelangweilt, gleichgültig; **2.** schlaff, lasch.

lack·ey ['lækɪ] *s. bsd. fig. contp.* La'kai *m*.

'lack|ˌlus·ter *Am.*, **'~ˌlus·tre** *Brit. adj.* glanzlos, matt, *fig. a.* farblos.

la·con·ic [lə'kɒnɪk] *adj.* (□ ***~ally***) **1.** la'konisch, kurz u. treffend; **2.** wortkarg; **lac·o·nism** ['lækənɪzəm] *s.* Lako'nismus *m*: a) La'konik *f*, la'konische Kürze, b) la'konischer Ausspruch.

lac·quer ['lækə] **I** *s.* **1.** (Farb)Lack *m*, (Lack)Firnis *m*; **2.** a) (Nagel)Lack *m*, b) Haarspray *m*; **3.** *a.* ***~ ware*** Lackarbeit *f*, -waren *pl.*; **II** *v/t.* **4.** lackieren.

la·crosse [lə'krɒs] *s.* La'crosse *n* (*Ballspiel*): ***~ stick*** La'crosseschläger *m*.

lac·tate ['lækteɪt] **I** *v/t. physiol. Milch* absondern; **II** *s.* ⚗ Lak'tat *n*; **lac·ta·tion** [læk'teɪʃn] *s.* Laktati'on *f*: a) Milchabsonderung *f*, b) Stillen *n*, c) Stillzeit *f*; **'lac·te·al** [-tɪəl] **I** *adj.* Milch…, milchähnlich; **II** *s. pl.* Milch-, Lymphgefäße *pl.*; **'lac·tic** [-tɪk] *adj.* Milch…: ***~ acid*** Milchsäure *f*; **lac·tif·er·ous** [læk'tɪfərəs] *adj.* milchführend: ***~ duct*** Milchgang *m*; **lac·tom·e·ter** [læk'tɒmɪtə] *s.* Lakto'meter *n*, Milchwaage *f*; **'lac·tose** [-təʊs] *s.* Lak'tose *f*, Milchzucker *m*.

la·cu·na [lə'kjuːnə] *pl.* **-nae** [-niː] *od.* **-nas** *s.* Lücke *f*, La'kune *f*: a) *anat.* Spalt *m*, Hohlraum *m*, b) (Text- *etc.*) Lücke *f*; **la'cu·nar** [-nə] *s.* ⚠ Kas'settendecke *f*.

la·cus·trine [lə'kʌstraɪn] *adj.* See…: ***~ dwellings*** Pfahlbauten.

lac·y ['leɪsɪ] *adj.* spitzenartig, Spitzen…

lad [læd] *s.* **1.** (junger) Kerl *od.* Bursche, Junge *m*: ***he's just a ~!*** er ist (doch) noch ein Junge!; ***come on, ~s!*** los, Jungs!; ***he's a bit of a ~*** F *Brit.* er ist ein ziemlicher Draufgänger *od.* Schwerenöter; **2.** *Brit.* Stallbursche *m*.

lad·der ['lædə] **I** *s.* **1.** Leiter *f* (*a. fig.*): ***the social ~*** *fig.* die gesellschaftliche Stufenleiter; ***the ~ of fame*** die (Stufen-) Leiter des Ruhms; ***kick down the ~*** die Leute loswerden wollen, die e-m beim Aufstieg geholfen haben; **2.** *Brit.* Laufmasche *f*; **3.** *Tischtennis etc.*: Ta'belle *f*; **II** *v/i.* **4.** *Brit.* Laufmaschen bekommen (*Strumpf*); **III** *v/t.* **5.** *Brit.* zerreißen: ***~ one's stockings*** sich e-e Laufmasche holen; **'~·proof** *adj. Brit.* (lauf)maschenfest (*Strumpf*).

lad·die ['lædɪ] *s. bsd. Scot.* F Bürschchen *n*.

lade [leɪd] *p.p. a.* **'lad·en** [-dn] *v/t.* **1.** (be)laden, befrachten; **2.** *Waren* ver-, aufladen; **'lad·en** [-dn] **I** *p.p. von* ***lade***; **II** *adj.* (***with***) *a. fig.* beladen *od.* befrachtet (mit), voll (von), voller: ***~ with fruit*** (schwer) beladen mit Obst.

la-di-da(h) [ˌlɑːdɪ'dɑː] *adj. Brit.* F affektiert, vornehmtuerisch, ‚affig'.

la·dies'| choice *s.* Damenwahl *f* (*beim*

Tanz); ~ **man** *s.* [*irr.*] Frauenheld *m*, Char'meur *m*; ~ **room** → ***lady*** 6.

lad·ing ['leɪdɪŋ] *s.* **1.** (Ver)Laden *n*; **2.** Ladung *f*; → ***bill***[2] 3.

la·dle ['leɪdl] **I** *s.* **1.** Schöpflöffel *m*, (Schöpf-, Suppen)Kelle *f*; **2.** ⚙ Gießkelle *f*, -löffel *m*; **3.** Schaufel *f* (*am Wasserrad*); **II** *v/t.* **4.** *a.* ~ ***out*** (aus)schöpfen, *a.* F *fig. Lob etc.* austeilen.

la·dy ['leɪdɪ] **I** *s.* **1.** Dame *f*: ***she is no*** (*od.* ***not a***) ~ sie ist keine Dame; ***an English*** ~ e-e Engländerin; ***young*** ~ junge Dame, junges Mädchen; ***young ~!*** *iro.* (mein) liebes Fräulein!; ***his young*** ~ F s-e (kleine) Freundin; ***my*** (***dear***) ~ (verehrte) gnädige Frau; ***ladies and gentlemen*** m-e (sehr verehrten) Damen u. Herren; **2.** Lady *f* (*Titel*): ***my ~!*** Mylady!, gnädige Frau; **3.** *obs. od.* F (*außer wenn auf e-e* ***Lady*** *angewandt*) Gattin *f*, Gemahlin *f*: ***the old*** ~ F a) die alte Dame (*Mutter*), b) m-e *etc.* ‚Alte' (*Frau*); **4.** Herrin *f*, Gebieterin *f*: ~ ***of the house*** Hausherrin, Dame *f* des Hauses; ***our sovereign*** ~ *Brit.* die Königin; **5.** ***Our*** ♀ Unsere Liebe Frau, die Mutter Gottes: ***Church of Our*** ♀ Marien-, (Lieb)Frauenkirche *f*; **6.** ***Ladies*** *pl. sg. konstr.* 'Damentoiˌlette *f*, ‚Damen' *n*; **II** *adj.* **7.** weiblich: ~ ***doctor*** Ärztin *f*; ~ ***friend*** Freundin *f*; ~ ***mayoress*** Frau *f* (Ober)Bürgermeister; ~ ***dog*** *humor.* ‚Hundedame' *f*.

'la·dy|·bird *s. zo.* Ma'rienkäfer(chen *n*) *m*; ♀ **Boun·ti·ful** *s. fig.* gute Fee; **'~·bug** *Am.* → ***ladybird***; ♀ **Day** *s. eccl.* Ma'riä Verkündigung *f*; **'~ˌfin·ger** *s.* Löffelbiskuit *n*; **ˌ~-in-'wait·ing** *s.* Hofdame *f*; **'~-ˌkill·er** *s.* F Herzensbrecher *m*, Ladykiller *m*; **'~·like** *adj.* damenhaft, vornehm; **'~·love** *s. obs.* Geliebte *f*; ♀ **of the Bed·cham·ber** *s. Brit.* königliche Kammerfrau, Hofdame *f*.

la·dy·ship ['leɪdɪʃɪp] *s.* Ladyschaft *f* (*Stand u. Anrede*): ***her*** (***your***) ~ ihre (Eure) Ladyschaft.

la·dy's| maid *s.* Kammerzofe *f*; **'~-ˌslip·per** *s.* ⚘ Frauenschuh *m*.

lag[1] [læg] **I** *v/i.* **1.** *mst* ~ ***behind*** *a. fig.* zu'rückbleiben, nicht mitkommen, nach-, hinter'herhinken; **2.** *mst* ~ ***behind*** a) sich verzögern, b) zögern, c) ⚡ nacheilen; **II** *s.* **3.** Zu'rückbleiben *n*, Rückstand *m*, Verzögerung *f* (*a.* ⚙, *phys.*): ***cultural*** ~ kultureller Rückstand; **4.** 'Zeitabstand *m*, -ˌunterschied *m*; **5.** ⚡ negative Phasenverschiebung, (Phasen)Nacheilung *f*.

lag[2] [læg] *s. Brit. sl.* **1.** ‚Knastschieber' *m*, ‚Knacki' *m*; **2.** ***do a*** ~ ‚(im Knast) sitzen'.

lag[3] [læg] **I** *s.* **1.** (Faß)Daube *f*; **2.** ⚙ Verschalungsbrett *n*; **II** *v/t.* **3.** mit Dauben versehen; **4.** ⚙ *Rohre etc.* isolieren, um'wickeln.

lag·an ['lægən] *s.* ⚖, ⚓ versenktes (Wrack)Gut.

la·ger (**beer**) ['lɑːgə] *s.* Lagerbier *n* (*ein helles Bier*).

lag·gard ['lægəd] **I** *adj.* □ **1.** langsam, bummelig, faul; **II** *s.* **2.** ‚Trödler(in)', Bummler(in); **3.** Nachzügler(in).

lag·ging ['lægɪŋ] *s.* ⚙ **1.** Verkleidung *f*, Verschalung *f*; **2.** a) Isolierung *f*, b) Iso'liermateriˌal *n*.

la·goon [lə'guːn] *s.* La'gune *f*.

la·ic, **la·i·cal** ['leɪɪk(l)] *adj.* weltlich, Laien…; **'la·i·cize** [-ɪsaɪz] *v/t.* säkularisieren.

laid [leɪd] *pret. u. p.p. von* ***lay***[1]: ~ ***up*** → ***lay up*** 4; **'~·back** *adj. Am.* **1.** entspannend; **2.** entspannt, ruhig.

lain [leɪn] *p.p. von* ***lie***[2].

lair [leə] *s.* **1.** *zo.* a) Lager *n*, b) Höhle *f*, Bau *m* (*des Wildes*); **2.** *allg.* Lager(statt *f*) *n*; **3.** F *fig.* a) Versteck *n*, b) Zuflucht(sort *m*) *f*.

laird [leəd] *s. Scot.* Gutsherr *m*.

lais·sez-faire [ˌleɪseɪ'feə] (*Fr.*) *s.* Laissez-'faire *n* (*Gewährenlassen*, *Nichteinmischung*).

la·i·ty ['leɪətɪ] *s.* **1.** Laienstand *m*, Laien *pl.* (*Ggs. Geistlichkeit*); **2.** Laien *pl.*, Nichtfachleute *pl.*

lake[1] [leɪk] *s.* **1.** (*bsd.* rote) Pig'mentfarbe, Farblack *m*; **2.** Beizenfarbstoff *m*.

lake[2] [leɪk] *s.* (Binnen)See *m*: ***the Great*** ♀ der große Teich (*der Atlantische Ozean*); ***the Great ♀s*** die Großen Seen (*an der Grenze zwischen USA u. Kanada*); ***the ~s*** → ♀ **Dis·trict** *s. das* Seengebiet (*im Nordwesten Englands*); ~ **dwell·er** *s.* Pfahlbauer *m*; ~ **dwell·ing** *s.* Pfahlbau *m*; **'♀·land** → ***Lake District***; ♀ **po·et** *s.* Seendichter *m* (*e-r der 3 Dichter der* ***Lake school***); ♀ **school** *s.* Seeschule *f* (*die Dichter Southey*, *Coleridge u. Wordsworth*).

lam[1] [læm] *sl.* **I** *v/t.* verdreschen, ‚vermöbeln'; **II** *v/i.*: ~ ***into*** a) → I, b) *fig.* auf *j-n* ‚einhauen'.

lam[2] [læm] *Am. sl.* **I** *s.*: ***on the*** ~ im ‚Abhauen' (begriffen), auf der Flucht (*vor der Polizei*); ***take it on the*** ~ → **II** *v/i.* ‚türmen', ‚Leine ziehen'.

la·ma ['lɑːmə] *s. eccl.* Lama *m*; **'la·ma·ism** [-əɪzəm] *s. eccl.* Lama'ismus *m*; **'la·ma·ser·y** [-əsərɪ] *s.* Lamakloster *n*.

lamb [læm] **I** *s.* **1.** Lamm *n*: ***in*** (*od.* ***with***) ~ trächtig (*Schaf*); ***like a*** ~ *fig.* wie ein

Lamm, lammfromm; ***like a ~ to the slaughter*** *fig.* wie ein Lamm zur Schlachtbank; **2.** Lamm(fleisch) *n*; **3.** ***the* ♀ (*of God*)** *eccl.* das Lamm (Gottes); **4.** F Schätzchen *n*; **II** *v/i.* **5.** lammen: ***~ing time*** Lammzeit *f*.

lam·baste [læm'beɪst] *v/t. sl.* **1.** ‚vermöbeln' (*verprügeln*); **2.** *fig.* ‚her'unterputzen', ‚zs.-stauchen'.

lam·ben·cy ['læmbənsɪ] *s.* **1.** Züngeln *n* (*e-r Flamme*); **2.** *fig.* (*geistreiches*) Funkeln, Sprühen *n*; '**lam·bent** [-nt] *adj.* □ **1.** züngelnd, flackernd; **2.** sanft strahlend; **3.** *fig.* sprühend, funkelnd (*Witz*).

lamb·kin ['læmkɪn] *s.* **1.** Lämmchen *n*; **2.** *fig.* ‚Schätzchen' *n*.

'**lamb·skin** *s.* **1.** Lammfell *n*; **2.** Schafleder *n*.

lamb's| tails *s. pl.* ⚘ **1.** *Brit.* Haselkätzchen *pl.*; **2.** *Am.* Weiden-, Palmkätzchen *pl.*; **~ wool** *s.* Lammwolle *f*.

lame [leɪm] **I** *adj.* □ **1.** lahm, hinkend: ***~ in*** (*od.* ***of***) ***one leg*** auf 'einem Bein lahm; **2.** *fig.* ‚lahm', ‚müde': ***~ efforts***; ***~ story***; ***~ excuse*** faule Ausrede; ***~ verses*** holprige *od.* hinkende Verse; **II** *v/t.* **3.** lahm machen, lähmen (*a. fig.*); **~ duck** *s.* F **1.** Körperbehinderte(r *m*) *f*; **2.** ‚Versager' *m*, ‚Niete' *f*; **3.** ✝ ruinierter ('Börsen)Speku,lant; **4.** *Am. pol. nicht wiedergewählter Amtsinhaber, bsd. Kongreßmitglied od. Präsident, bis zum Ende s-r Amtsperiode.*

la·mel·la [lə'melə] *pl.* **-lae** [-li:] *s. allg.* La'melle *f*, Plättchen *n*; **la'mel·lar** [-lə], **lam·el·late** ['læməleɪt] *adj.* la'mellenartig, Lamellen…

lame·ness ['leɪmnɪs] *s.* **1.** Lahmheit *f* (*a. fig., contp.*); **2.** *fig.* Schwäche *f*; **3.** Hinken *n* (*von Versen*).

la·ment [lə'ment] **I** *v/i.* **1.** jammern, (weh)klagen, lamentieren (***for*** *od.* ***over*** um); **2.** trauern (***for*** *od.* ***over*** um); **II** *v/t.* **3.** bejammern, beklagen, bedauern, betrauern; **III** *s.* **4.** Jammer *m*, Wehklage *f*, Klage(lied *n*) *f*; **lam·en·ta·ble** ['læməntəbl] *adj.* □ **1.** beklagenswert, bedauerlich; **2.** *contp.* erbärmlich, kläglich, jämmerlich (schlecht); **lam·en·ta·tion** [,læmen'teɪʃn] *s.* **1.** Jammern *n*, Lamentieren *n*, (Weh)Klage *f*, *iro. a.* La'mento *n*; **2.** ♀***s*** (***of Jeremiah***) *pl. mst sg. konstr. bibl.* Klagelieder *pl.* Jere'miae.

lam·i·na ['læmɪnə] *pl.* **-nae** [-ni:] *s.* **1.** Plättchen *n*, Blättchen *n*; **2.** (dünne) Schicht; **3.** ⚘ Blattspreite *f*; '**lam·i·nal** [-nl], '**lam·i·nar** [-nə] *adj.* **1.** blätterig; **2.** (blättchenartig) geschichtet; **3.** *phys.* lami'nar: ***~ flow*** Laminarströmung *f*; '**lam·i·nate** [-neɪt] **I** *v/t.* **1.** ⚙ a) auswalzen, strecken, b) in Blättchen aufspalten, c) schichten; **2.** mit Plättchen belegen, mit Folie über'ziehen; **II** *v/i.* **3.** sich in Plättchen *od.* Schichten spalten; **III** *s.* **4.** ⚙ (Plastik-, Verbund)Folie *f*; **IV** *adj.* **5.** → ***laminar***.

lam·i·nat·ed ['læmɪneɪtɪd] *adj.* la'mellenartig, Lamellen…; ⚙ *a.* blättrig *od.* geschichtet: ***~ glass*** Verbundglas *n*; ***~ material*** Schichtstoff *m*; ***~ paper*** Hartpapier *n*; ***~ sheet*** Schichtplatte *f*; ***~ spring*** Blattfeder *f*; ***~ wood*** Sperr-, Preßholz *n*; **lam·i·na·tion** [,læmɪ'neɪʃn] *s.* **1.** ⚙ a) Lamellierung *f*, b) Streckung *f*, c) Schichtung *f*; **2.** 'Blätterstruk,tur *f*.

lam·mer·gei·er, **lam·mer·gey·er** ['læməgaɪə] *s. orn.* Lämmergeier *m*.

lamp [læmp] *s.* **1.** Lampe *f*; (*Straßen- etc.*)La'terne *f*: ***smell of the ~*** nach ‚saurem Schweiß riechen', mehr Fleiß als Talent verraten; **2.** ϟ Lampe *f*: a) Glühbirne *f*, b) Leuchte *f*; **3.** *fig.* Leuchte *f*, Licht *n*; '**~·black** *s.* Lampenruß *m*, -schwarz *n*; **~ chim·ney** *s.* 'Lampenzy,linder *m*; '**~·light** *s.* (***by ~*** bei) Lampenlicht *n*.

lam·poon [læm'pu:n] **I** *s.* Spott- *od.* Schmähschrift *f*, Pam'phlet *n*, Sa'tire *f*; **II** *v/t.* (*schriftlich*) verspotten, -höhnen; **lam'poon·er** [-nə], **lam'poon·ist** [-nɪst] *s.* Pamphle'tist(in).

'**lamp·post** *s.* La'ternenpfahl *m*: ***between you and me and the ~*** F (ganz) unter uns (gesagt).

lam·prey ['læmprɪ] *s. ichth.* Lam'prete *f*, Neunauge *n*.

'**lamp·shade** *s.* Lampenschirm *m*.

Lan·cas·tri·an [læŋ'kæstrɪən] *Brit.* **I** *s.* **1.** Bewohner(in) der Stadt *od.* Grafschaft Lancaster; **2.** *hist.* Angehörige(r *m*) *f od.* Anhänger(in) des Hauses Lancaster; **II** *adj.* **3.** Lancaster…

lance [lɑ:ns] **I** *s.* **1.** Lanze *f*, Speer *m*: ***break a ~ for*** (*od.* ***on behalf of***) ***s.o.*** e-e Lanze für j-n brechen; **2.** → ***lancer*** 1; **3.** → ***lancet*** 1; **II** *v/t.* **4.** mit e-r Lanze durch'bohren; **5.** ⚕ mit e-r Lan'zette öffnen: ***~ a boil*** ein Geschwür (*fig.* e-e Eiterbeule) aufstechen; **~ cor·po·ral** *s.* ⚔ *Brit.* Ober-, Hauptgefreite(r) *m*.

lanc·er ['lɑ:nsə] *s.* **1.** ⚔ *hist.* U'lan *m*; **2.** *pl. sg. konstr.* Lanci'er *m* (*Tanz*).

lan·cet ['lɑ:nsɪt] *s.* **1.** ⚕ Lan'zette *f*; **2.** ⚠ a) *a.* ***~ arch*** Spitzbogen *m*, b) *a.* ***~ window*** Spitzbogenfenster *n*.

land [lænd] **I** *s.* **1.** Land *n* (*Ggs. Meer, Wasser*): ***by ~*** auf dem Landweg; ***by ~ and by sea*** zu Wasser u. zu Lande;

make ~ ⚓ Land sichten; ***see how the ~ lies*** sehen, wie der Hase läuft, die Lage ‚peilen'; **2.** Land *n*, Boden *m*: ***live off the ~*** a) von den Früchten des Landes leben, b) sich aus der Natur ernähren (*Soldaten etc.*); **3.** Land *n*, Grund *m* u. Boden *m*, Grundbesitz *m*, Lände'reien *pl.*; **4.** Land *n* (*Staat*, *Region*): ***far-off ~s*** ferne Länder; **5.** *fig.* Land *n*, Reich *n*: ***~ of the living*** Diesseits *n*; ***~ of dreams*** Reich der Träume; **II** *v/i.* **6.** ⚓, ✈ landen; ⚓ anlegen; **7.** landen, an Land gehen, aussteigen; **8.** landen, (an-) kommen: ***he ~ed in a ditch*** er landete in e-m Graben; ***~ on one's feet*** auf die Füße fallen (*a. fig.*); ***~ (up) in prison*** im Gefängnis landen; **9.** *sport* durchs Ziel gehen; **III** *v/t.* **10.** *Personen*, *Waren*, *Flugzeug* landen; *Schiffsgüter* landen, löschen, ausladen; *Fisch(fang)* an Land bringen; **11.** *bsd. Fahrgäste* absetzen; **12.** *j-n in Schwierigkeiten etc.* bringen, verwickeln: ***~ s.o. in difficulties***; ***~ s.o. with s.th.*** j-m et. aufhalsen *od.* einbrocken; ***~ o.s.*** (*od.* ***be ~ed***) ***in*** (hinein)geraten in (*acc.*); **13.** F a) *e-n Schlag od. Treffer* landen: ***I ~ed him one*** ich hab' ihm eine geknallt *od.* ‚verpaßt'; **14.** F *j-n od. et.* ‚erwischen', (sich) ‚schnappen', ‚kriegen': ***~ a prize*** sich e-n Preis ‚holen'; ***~ a good contract*** e-n guten Vertrag ‚an Land ziehen'.

land a·gent *s.* **1.** Grundstücksmakler *m*; **2.** *Brit.* Gutsverwalter *m*.

lan·dau ['lændɔː] *s.* Landauer *m* (*Kutsche*).

land| bank *s.* 'Bodenkreˌdit-, Hypo'thekenbank *f*; **~ car·riage** *s.* 'Landtransˌport *m*, -fracht *f*; **~ crab** *s. zo.* Landkrabbe *f*.

land·ed ['lændɪd] *adj.* Land…, Grund…: ***~ estate***, ***~ property*** Grundbesitz *m*, -eigentum *n*; ***~ gentry*** Landadel *m*; ***~ proprietor*** Grundbesitzer (-in); ***the ~ interest*** *coll.* die Grundbesitzer.

'land|·fall *s.* ⚓ Landkennung *f*, Sichten *n* von Land; **~ forc·es** *s. pl.* ⚔ Landstreitkräfte *pl.*; **'~·grave** [-ndg-] *s. hist.* (deutscher) Landgraf; **'~ˌhold·er** *s.* Grundbesitzer *m od.* -pächter *m*.

land·ing ['lændɪŋ] *s.* **1.** ⚓ Landen *n*, Landung *f*: a) Anlegen *n* (*e-s Schiffs*), b) Ausschiffung *f* (*von Personen*), c) Ausladen *n*, Löschen *n* (*der Fracht*); **2.** ⚓ Lande-, Anlegeplatz *m*; **3.** ✈ Landung *f*; **4.** △ Treppenabsatz *m*; **~ beam** *s.* ✈ Landeleitstrahl *m*; **~ card** *s.* Einreisekarte *f*; **~ craft** *s.* ⚓, ⚔ Landungsboot *n*; **~ field** *s.* ✈ Landeplatz *m*, -bahn *f*; **~ flap** *s.* ✈ Landeklappe *f*; **~ gear** *s.* ✈ Fahrgestell *n*, -werk *n*; **~ net** *s.* Hamen *m*, Kescher *m*; **~ par·ty** *s.* ⚔ 'Landungstrupp *m*, -komˌmando *n*; **~ place** → ***landing*** 2; **~ stage** *s.* ⚓ Landungsbrücke *f*, -steg *m*; **~ strip**, **~ track** → ***air strip***.

'landˌla·dy ['lænˌl-] *s.* (Haus-, Gast-, Pensi'ons)Wirtin *f*.

land·less ['lændlɪs] *adj.* ohne Grundbesitz.

'land|·locked *adj.* 'landumˌschlossen, ohne Zugang zum Meer: ***~ country*** Binnenstaat *m*; **'~ˌlop·er** [-ˌləʊpə] *s.* Landstreicher *m*; **'~·lord** ['lænl-] *s.* **1.** Grundbesitzer *m*; **2.** Hauseigentümer *m*; **3.** Hauswirt *m*, ⚖ *a.* Hauswirtin *f*; **4.** (Gast)Wirt *m*; **'~ˌlub·ber** *s.* ⚓ ‚Landratte' *f*; **'~·mark** [-ndm-] *s.* **1.** Grenzstein *m*; **2.** ⚓ Seezeichen *n*; **3.** ⚔ Gelände-, Orientierungspunkt *m*; **4.** Wahrzeichen *n* (*e-r Stadt etc.*); **5.** *fig.* Meilen-, Markstein *m*, Wendepunkt *m*: ***a ~ in history***; **'~·mine** [-ndm-] *s.* ⚔ Landmine *f*; **~ of·fice** *s. Am.* Grundbuchamt *n*; **'~ˌof·fice busi·ness** *s. Am.* F ‚Bombengeschäft' *n*; **'~ˌown·er** *s.* Land-, Grundbesitzer(in); **~ re·form** *s.* 'Bodenreˌform *f*; **~ reg·is·ter** *s.* Grundbuch *n*.

land·scape ['lænskeɪp] **I** *s.* **1.** Landschaft *f* (*a. paint.*); **2.** Landschaftsmale'rei *f*; **II** *v/i.* **3.** landschaftlich *od.* gärtnerisch gestalten, anlegen; **~ ar·chi·tect** *s.* **1.** 'Landschaftsarchiˌtekt(in); **2.** → **~ gar·den·er** *s.* Landschaftsgärtner (-in), 'Gartenarchiˌtekt(in); **~ gar·den·ing** *s.* Landschaftsgärtne'rei *f*; **~ paint·er** → **land·scap·ist** ['lænˌskeɪpɪst] *s.* Landschaftsmaler(in).

'land|·slide [-nds-] *s.* **1.** Erdrutsch *m*; **2.** *a.* ***~ victory*** *pol. fig.* ‚Erdrutsch' *m*, über'wältigender (Wahl)Sieg; **'~·slip** [-nds-] *Brit.* → ***landslide*** 1; **~ sur·vey·or** *s.* Geo'meter *m*, Land(ver)messer *m*; **~ swell** [-nds-] *s.* ⚓ einlaufende Dünung; **~ tax** *s. obs.* Grundsteuer *f*; **~ tor·toise** *s. zo.* Landschildkröte *f*; **'~ˌwait·er** *s. Brit.* 'Zollinˌspektor *m*.

land·ward ['lændwəd] **I** *adj.* land('ein)-wärts (gelegen); **II** *adv. a.* **'land·wards** [-dz] land(ein)wärts.

lane [leɪn] *s.* **1.** (Feld)Weg *m*, (Hecken-) Pfad *m*; **2.** Gasse *f*: a) Gäßchen *n*, Sträßchen *n*, b) 'Durchgang *m*: ***form a ~*** Spalier stehen, e-e Gasse bilden; **3.** Schneise *f*; **4.** ⚓ Fahrrinne *f*, (Fahrt-) Route *f*; **5.** ✈ (Flug)Schneise *f*; **6.** *mot.* (Fahr)Spur *f*: ***get in ~!*** bitte einordnen!; **7.** *sport* (*einzelne*) Bahn (*e-s Läufers, Schwimmers etc.*).

lang·syne [ˌlæŋˈsaɪn] *Scot.* **I** *adv.* vor langer Zeit; **II** *s.* längst vergangene Zeit; → ***auld lang syne***.

lan·guage [ˈlæŋgwɪdʒ] *s.* **1.** Sprache *f*: ***foreign ~s*** Fremdsprachen; ***~ of flowers*** *fig.* Blumensprache; ***talk the same ~*** *a. fig.* dieselbe Sprache sprechen; **2.** Sprache *f*, Ausdrucks-, Redeweise *f*, Worte *pl.*: ***bad ~*** ordinäre Ausdrücke, Schimpfworte; ***strong ~*** a) Kraftausdrücke, b) harte Worte *od.* Sprache; **3.** Sprache *f*, Stil *m*; **4.** (Fach)Sprache *f*: ***medical ~***; **5.** *sl.* ordiˈnäre Sprache: ***~, Sir!*** ich verbitte mir solche (gemeinen) Ausdrücke!; **~ bar·ri·er** *s.* Sprachschranke *f*; **~ lab·o·ra·to·ry** *s. ped.* ˈSprachlaˌbor *n*.

lan·guid [ˈlæŋgwɪd] *adj.* □ **1.** schwach, matt, schlaff; **2.** schleppend, träge; **3.** gelangweilt, lustlos, lau; **4.** lässig, träge; **5.** ✝ flau, lustlos (*Markt*).

lan·guish [ˈlæŋgwɪʃ] *v/i.* **1.** ermatten, erschlaffen, erlahmen (*a. fig. Interesse, Konversation*); **2.** (ver)schmachten, daˈhinsiechen, -welken: ***~ in prison*** im Gefängnis schmachten; **3.** daˈniederliegen (*Handel, Industrie etc.*); **4.** schmachtend blicken; **5.** schmachten (***for*** nach); **6.** Sehnsucht haben, sich härmen (***for*** nach); **ˈlan·guish·ing** [-ʃɪŋ] *adj.* □ **1.** ermattend, erlahmend (*a. fig.*); **2.** (ver)schmachtend, (daˈhin-)siechend, leidend; **3.** sehnsuchtsvoll, schmachtend (*Blick*); **4.** lustlos, träge (*a.* ✝), langsam; **5.** langsam (*Tod*), schleichend (*Krankheit*).

lan·guor [ˈlæŋgə] *s.* **1.** Mattigkeit *f*, Schlaffheit *f*; **2.** Trägheit *f*, Schläfrigkeit *f*; **3.** Stumpfheit *f*, Gleichgültigkeit *f*, Lauheit *f*; **4.** Stille *f*, Schwüle *f*; **ˈlan·guor·ous** [-ərəs] *adj.* □ **1.** matt; **2.** schlaff, träge; **3.** stumpf, gleichgültig; **4.** schläfrig, wohlig; **5.** schmelzend (*Musik etc.*); **6.** (*a. sinnlich*) schwül.

lank [læŋk] *adj.* □ **1.** lang u. dünn, schlank, mager; **2.** glatt, strähnig (*Haar*); **ˈlank·i·ness** [-kɪnɪs] *s.* Schlaksigkeit *f*; **ˈlank·y** [-kɪ] *adj.* hoch aufgeschossen, schlaksig.

lan·o·lin(e) [ˈlænəʊlɪn (-liːn)] *s.* ⚗ Lanoˈlin *n*, Wollfett *n*.

lan·tern [ˈlæntən] *s.* **1.** Laˈterne *f*; **2.** Leuchtkammer *f* (*e-s Leuchtturms*); **3.** ⚠ Laˈterne *f* (*durchbrochener Dachaufsatz*); **ˈ~-jawed** *adj.* hohlwangig; **~ jaws** *s. pl.* eingefallene Wangen *pl.*; **~ slide** *s. obs.* Dia(posiˈtiv) *n*, Lichtbild *n*: ***~ lecture*** Lichtbildervortrag *m*.

lan·yard [ˈlænjəd] *s.* **1.** ⚓ Taljereep *n*; **2.** ⚔ a) *obs.* Abzugsleine *f* (*Kanone*), b) Traggurt *m* (*Pistole*), c) (Achsel-) Schnur *f*; **3.** Schleife *f*.

lap¹ [læp] *s.* **1.** Schoß *m* (*e-s Kleides od. des Körpers*; *a. fig.*): ***sit on s.o.'s ~***; ***in the ~ of the church***; ***drop into s.o.'s ~*** j-m in den Schoß fallen; ***in Fortune's ~*** im Schoß des Glücks; ***it is in the ~ of the gods*** es liegt im Schoß der Götter; ***live in the ~ of luxury*** ein Luxusleben führen; **2.** (Kleider- *etc.*)Zipfel *m*.

lap² [læp] **I** *v/t.* **1.** falten, wickeln (***round, about*** um); **2.** einwickeln, -schlagen, -hüllen; **3.** *a. fig.* umˈhüllen, (ein)betten, (-)hüllen: ***~ped in luxury*** von Luxus umgeben; **4.** übereinˈanderlegen, überˈlappt anordnen; **5.** *sport* a) *Gegner* überˈrunden, b) *e-e Strecke* zuˈrücklegen (*in 1 Minute etc.*); **II** *v/i.* **6.** sich winden *od.* legen (***round*** um); **7.** hinˈausragen, -gehen (*a. fig.*; ***over*** über *acc.*); **8.** überˈlappen; **9.** *sport* die *od.* s-e Runde drehen *od.* laufen (***at*** in e-r Zeit von); **III** *s.* **10.** ⚙ Wickelung *f*, Windung *f*, Lage *f*; **11.** Überˈlappung *f*, ˈÜberstand *m*; **12.** ˈüberstehender Teil, Vorstoß *m*; **13.** *Buchbinderei*: Falz *m*; **14.** *sport* Runde *f*; **15.** Eˈtappe *f* (*e-r Reise*, *a. fig.*).

lap³ [læp] **I** *v/t.* **1.** *a.* ***~ up*** auflecken; **2.** ***~ up*** a) *Suppe etc.* gierig (hinˈunter-) schlürfen, b) F *et.* ‚fressen' (*glauben*), c) F *et.* gierig (in sich) aufnehmen, *et.* liebend gern hören *etc.*: ***they ~ped it up*** es ging ihnen ‚runter wie Öl'; **3.** plätschern gegen; **II** *v/i.* **4.** lecken, schlekken, schlürfen; **5.** plätschern; **III** *s.* **6.** Lecken *n*; **7.** Plätschern *n*.

ˈlap-dog *s.* Schoßhund *m*.

la·pel [ləˈpel] *s.* (Rock)Aufschlag *m*, Reˈvers *n*, *m*.

lap·i·dar·y [ˈlæpɪdərɪ] **I** *s.* **1.** Edelsteinschneider *m*; **II** *adj.* **2.** Stein...; **3.** Steinschleiferei...; **4.** (Stein)Inschriften...; **5.** in Stein gehauen; **6.** *fig.* wuchtig, lapiˈdar.

lap·is laz·u·li [ˌlæpɪsˈlæzjʊlaɪ] *s. min.* Lapisˈlazuli *m*.

Lap·land·er [ˈlæplændə] → ***Lapp*** I.

Lapp [læp] **I** *s.* Lappe *m*, Lappin *f*, Lappländer(in); **II** *adj.* lappisch.

lap·pet [ˈlæpɪt] *s.* **1.** Zipfel *m*; **2.** *anat.*, *zo.* Hautlappen *m*.

Lap·pish [ˈlæpɪʃ] → ***Lapp*** II.

lapse [læps] **I** *s.* **1.** Lapsus *m*, Fehler *m*, Versehen *n*: ***~ of the pen*** Schreibfehler *m*; ***~ of justice*** Justizirrtum *m*; ***~ of taste*** Geschmacksverirrung *f*; **2.** Fehltritt *m*, Vergehen *n*, Entgleisung *f*: ***~***

from duty Pflichtversäumnis *n*; ~ ***from faith*** Abfall *m* vom Glauben; **3.** Absinken *n*, Abgleiten *n*, Verfall(en *n*) *m* (***into*** in *acc.*); **4.** a) Ablauf *m*, Vergehen *n* (*e-r Zeit*), b) ⚖ (Frist)Ablauf *m*, c) Zeitspanne *f*; **5.** ⚖ a) Verfall *m*, Erlöschen *n e-s Anspruchs etc.*, b) Heimfall *m* (*von Erbteilen etc.*); **6.** Aufhören, Verschwinden *n*, Aussterben *n*; **II** *v/i.* **7.** a) verstreichen (*Zeit*), b) ablaufen (*Frist*); **8.** verfallen (***into*** in *acc.*): ~ ***into silence***; **9.** absinken, abgleiten, verfallen (***into*** in *Barbarei etc.*); **10.** e-n Fehltritt tun, (mo'ralisch) entgleisen, sündigen; **11.** abfallen (***from faith*** vom Glauben); ~ ***from duty*** s-e Pflicht versäumen; **12.** ‚einschlafen', aufhören (*Beziehung*, *Unterhaltung etc.*); **13.** ⚖ a) verfallen, erlöschen (*Recht etc.*), b) heimfallen (***to*** an *acc.*).

lap·wing ['læpwɪŋ] *s. orn.* Kiebitz *m.*

lar·board ['lɑːbəd] ⚓ *obs.* **I** *s.* Backbord *n*; **II** *adj.* Backbord…

lar·ce·ner ['lɑːsənə], **'lar·ce·nist** [-nɪst] *s.* ⚖ Dieb *m*; **'lar·ce·ny** [-nɪ] *s.* ⚖ Diebstahl *m.*

larch [lɑːtʃ] *s.* ⚘ Lärche *f.*

lard [lɑːd] **I** *s.* **1.** Schweinefett *n*, -schmalz *n*; **II** *v/t.* **2.** *Fleisch* spicken: ~***ing needle*** (*od.* ***pin***) Spicknadel *f*; **3.** *fig.* spicken (***with*** mit); **'lard·er** [-də] *s.* Speisekammer *f*, -schrank *m.*

large [lɑːdʒ] **I** *adj.* □ → ***largely***; **1.** groß: ***a*** ~ ***room*** (***horse***, ***rock***, *etc.*); (***as***) ~ ***as life*** in (voller) Lebensgröße (*a. humor.*); ~***r than life*** überlebensgroß; **2.** groß (*beträchtlich*): ***a*** ~ ***business*** (***family***, ***sum***, *etc.*); ***a*** ~ ***meal*** e-e reichliche Mahlzeit; ~ ***farmer*** Großbauer *m*; ~ ***producer*** Großerzeuger *m*; **3.** um'fassend, ausgedehnt, weit(gehend): ~ ***powers*** umfassende Vollmachten; **4.** *obs.* großzügig; → *a.* ***large-minded***; **II** *adv.* **5.** groß: ***write*** ~; ***it was written*** ~ ***all over his face*** *fig.* es stand ihm (deutlich) im Gesicht geschrieben; **6.** großspurig: ***talk*** ~ ‚große Töne spucken'; **III** *s.* **7.** ***at*** ~ a) auf freiem Fuß, in Freiheit: ***set s.o. at*** ~ j-n auf freien Fuß setzen, b) (sehr) ausführlich: ***discuss s.th. at*** ~, c) ganz allgemein, d) in der Gesamtheit: ***the nation at*** ~; ***talk at*** ~ ins Blaue hineinreden; **8.** ***in*** (***the***) ~ a) im großen, in großem Maßstab, b) im ganzen; **ˌ~-'hand·ed** *adj. fig.* freigebig; **ˌ~-'heart·ed** *adj. fig.* großherzig.

large·ly ['lɑːdʒlɪ] *adv.* **1.** in hohem Maße, großen-, größtenteils; **2.** weitgehend, im wesentlichen; **3.** reichlich; **4.** allgemein.

ˌlarge-'mind·ed *adj.* vorurteilslos, tole'rant, aufgeschlossen.

large·ness ['lɑːdʒnɪs] *s.* **1.** Größe *f*; **2.** Größe *f*, Weite *f*, 'Umfang *m*; **3.** Großzügigkeit *f*, Freigebigkeit *f*; **4.** Großmütigkeit *f.*

'large-scale *adj.* groß(angelegt), 'umfangreich, ausgedehnt, Groß…: ~ ***attack*** ⚔ Großangriff *m*; ~ ***experiment*** Großversuch *m*; ~ ***manufacture*** Serienherstellung *f*; ***a*** ~ ***map*** e-e Karte in großem Maßstab.

lar·gess(**e**) [lɑː'dʒes] *s.* **1.** Freigebigkeit *f*; **2.** a) Gabe *f*, reiches Geschenk, b) reiche Geschenke *pl.*

larg·ish ['lɑːdʒɪʃ] *adj.* ziemlich groß.

lar·i·at ['lærɪət] *s.* Lasso *m*, *n.*

lark[1] [lɑːk] *s. orn.* Lerche *f*: ***rise with the*** ~ mit den Hühnern aufstehen.

lark[2] [lɑːk] F **I** *s.* **1.** Jux *m*, Ulk *m*, Spaß *m*: ***for a*** ~ zum Spaß, aus Jux; ***have a*** ~ s-n Spaß haben *od.* treiben; ***what a*** ~***!*** ist ja lustig *od.* ‚zum Brüllen'!; **2.** a) ‚Ding' *n*, Sache *f*, b) Quatsch *m*; **II** *v/i.* **3.** *a.* ~ ***about*** *od.* ***around*** her'umalbern, -blödeln.

lark·spur ['lɑːkspɜː] *s.* ⚘ Rittersporn *m.*

lar·ri·kin ['lærɪkɪn] *s. bsd. Austral.* (jugendlicher) Rowdy.

lar·va ['lɑːvə] *pl.* **-vae** [-viː] *s. zo.* Larve *f*; **'lar·val** [-vl] *adj. zo.* Larven…; **'lar·vi·cide** [-vɪsaɪd] *s.* Raupenvertilgungsmittel *n.*

la·ryn·ge·al [ˌlærɪn'dʒiːəl] *adj.* Kehlkopf…; **ˌlar·yn'gi·tis** [-'dʒaɪtɪs] *s.* ⚕ Kehlkopfentzündung *f.*

la·ryn·go·scope [lə'rɪŋgəskəʊp] *s.* ⚕ Kehlkopfspiegel *m.*

lar·ynx ['lærɪŋks] *s. anat.* Kehlkopf *m.*

las·civ·i·ous [lə'sɪvɪəs] *adj.* □ las'ziv: a) geil, lüstern, b) schlüpfrig: ~ ***story***.

la·ser ['leɪzə] *s. phys.* Laser *m*; ~ **beam** *s. phys.* Laserstrahl *m.*

lash[1] [læʃ] **I** *s.* **1.** a) Peitschenschnur *f*, b) Peitsche(nende *n*) *f*; **2.** Peitschen-, Rutenhieb *m*: ***the*** ~ ***of her tongue*** *fig.* ihre scharfe Zunge; **3.** Peitschen *n* (*a. fig. des Regens*, *des Sturms etc.*); **4.** *fig.* (Peitschen)Hieb *m*; **5.** (Augen)Wimper *f*; **II** *v/t.* **6.** *j-n* peitschen, schlagen, auspeitschen: ~ ***the tail*** mit dem Schwanz um sich schlagen; ~ ***the sea*** das Meer peitschen (*Sturm*); **7.** peitschen *od.* schlagen an (*acc.*) *od.* gegen (*Regen etc.*); **8.** *fig.* geißeln, abkanzeln; **9.** heftig (an)treiben: ~ ***the audience into a fury*** das Publikum aufpeitschen; ~ ***o.s. into a fury*** sich in e-e Wut hineinsteigern; **III** *v/i.* **10.** *a. fig.* peitschen, schlagen: **~ about** (wild) um sich schlagen; **~ into s.o.** a) auf j-n einschlagen, b) *fig.* j-n wild attackieren; **11.** *fig.* peitschen, (*Regen*) *a.* prasseln: **~ down** niederprasseln; **12. ~ out** a) (wild) um sich schlagen, b) ausschlagen (*Pferd*), c) (**at**) vom Leder ziehen (gegen), ‚einhauen' (auf *j-n*); **13. ~ out on** F a) (*mit Geld*) ‚auf den Putz hauen' bei *et.*, b) sich *j-m* gegenüber spendabel zeigen.

lash² [læʃ] *v/t. a.* **~ down** festbinden, -zurren (**to**, **on** an *dat.*).

lash·ing¹ [ˈlæʃɪŋ] *s.* **1.** a) Auspeitschung *f*, b) Prügel *pl.*; **2.** *pl. Brit.* F Masse(n *pl.*) *f* (*Speise etc.*).

lash·ing² [ˈlæʃɪŋ] *s.* **1.** Anbinden *n*; **2.** ⚓ Laschung *f*, Tau(werk) *n*.

lass [læs] *s. bsd. Brit.* **1.** Mädchen *n*; **2.** ‚Schatz' *m*; **las·sie** [ˈlæsɪ] → **lass**.

las·si·tude [ˈlæsɪtjuːd] *s.* Mattigkeit *f*.

las·so [læˈsuː] **I** *pl.* **-so(e)s** *s.* Lasso *m*, *n*; **II** *v/t.* mit e-m Lasso fangen.

last¹ [lɑːst] **I** *adj.* □ → **lastly**; **1.** letzt: **~ but one** vorletzt; **~ but two** drittletzt; **for the ~ time** zum letzten Male; **to the ~ man** bis auf den letzten Mann; **2.** letzt, vorig: **~ Monday**, **Monday ~** (am) letzten *od.* vorigen Montag; **~ night** a) gestern abend, b) in der vergangenen Nacht; **~ week** in der letzten *od.* vorigen Woche; **the week before ~** (die) vorletzte Woche; **this day ~ week** heute vor e-r Woche; **on May 6th ~** am vergangenen 6. Mai; **3.** neuest, letzt: **the ~ news**; **the ~ thing in jazz** das Neueste im Jazz; **4.** letzt, alˈlein übrigbleibend: **the ~ hope** die letzte (verbleibende) Hoffnung; **my ~ pound** mein letztes Pfund; **5.** letzt, endgültig, entscheidend; → **word** 1; **6.** äußerst: **of the ~ importance** von höchster Bedeutung; **this is my ~ price** dies ist mein äußerster *od.* niedrigster Preis; **7.** letzt, am wenigsten erwartet *od.* geeignet, unwahrscheinlich: **the ~ man I would choose** der letzte, den ich wählen würde; **he is the ~ person I expected to see** mit ihm hatte ich am wenigsten gerechnet; **this is the ~ thing to happen** das ist völlig unwahrscheinlich; **8.** *contp.* ‚letzt', miseˈrabelst; **II** *adv.* **9.** zuˈletzt, als letzter, -e, -es, an letzter Stelle: **~ of all** ganz zuletzt, zu allerletzt; **~ but not least** nicht zuletzt, nicht zu vergessen; **10.** zuˈletzt, das letztemal, zum letzten Male: **I ~ met him in Berlin**; **11.** zu guter Letzt; **12.** *in Zssgn*: **~-mentioned** letzterwähnt, -genannt; **III** *s.* **13. at ~** a) endlich, b) schließlich, zuletzt; **at long ~** schließlich (doch noch); **14.** *der* (*die*, *das*) Letzte: **the ~ of the Mohicans** der letzte Mohikaner; **he was the ~ to arrive** er traf als letzter ein; **he would be the ~ to do that** er wäre der letzte, der so etwas täte; **15.** *der* (*die*, *das*) Letztgenannte *od.* Letzte; **16.** F a) letzte Erwähnung, b) letzter (An)Blick, c) letztes Mal: **breathe one's ~** s-n letzten Atemzug tun; **hear the ~ of** zum letzten Male (*od.* nichts mehr) hören von *et. od. j-m*; **we shall never hear the ~ of this** das werden wir noch lang zu hören kriegen; **look one's ~ on s.th.** e-n (aller)letzten Blick auf et. werfen; **we shall never see the ~ of that man** den (Mann) werden wir nie mehr los; **17.** Ende *n*: **to the ~** a) bis zum äußersten, b) bis zum Ende (*od.* Tod).

last² [lɑːst] **I** *v/i.* **1.** (an-, fort)dauern, währen: **too good to ~** zu schön, um lange zu währen *od.* um wahr zu sein; **it won't ~** es wird nicht lange anhalten *od.* so bleiben; **2.** bestehen: **as long as the world ~s**; **3.** ˈdurch-, aushalten: **he won't ~ much longer** er wird's nicht mehr lange machen; **4.** (sich) halten: **the paint will ~**; **~ well** haltbar sein; **5.** (aus)reichen, genügen: **while the money ~s** solange das Geld reicht; **I must make my money ~** ich muß mit m-m Gelde auskommen; **II** *v/t.* **6.** *a.* **~ out** *j-m* reichen: **it will ~ us a week**; **7.** *mst* **~ out** a) überˈdauern, b) ˈdurchhalten, c) (es mindestens) ebenso lange aushalten wie.

last³ [lɑːst] *s.* Leisten *m*: **put on the ~** über den Leisten schlagen; **stick to your ~!** *fig.* (Schuster,) bleib bei deinem Leisten!

ˌlast-ˈditch *adj.*: **~ stand** *ein* letzter (verzweifelter) Widerstand *od.* Versuch.

last·ing [ˈlɑːstɪŋ] **I** *adj.* □ dauerhaft, dauernd, anhaltend, *Material etc. a.* haltbar: **~ impression** nachhaltiger Eindruck; **II** *s.* Lasting *n* (*fester Kammgarnstoff*); **ˈlast·ing·ness** [-nɪs] *s.* Dauer(haftigkeit) *f*, Haltbarkeit *f*.

last·ly [ˈlɑːstlɪ] *adv.* zuˈletzt, schließlich, am Ende, zum Schluß.

latch [lætʃ] **I** *s.* **1.** Klinke *f*, (Schnapp-) Riegel *m*: **on the ~** nur eingeklinkt (*Tür*); **2.** Schnappschloß *n*; **II** *v/t.* **3.** ein-, zuklinken; **III** *v/i.* **4.** sich einklinken, einschnappen; **5. ~ on to** F a) sich (wie e-e Klette) an *j-n* hängen, b) *e-e Idee* (gierig) aufgreifen, c) *et.* kapieren *od.* ‚spitzkriegen'.

ˈ**latch·key** *s.* **1.** Drücker *m*, Schlüssel *m* (*für ein Schnappschloß*); **2.** Haus- *od.* Wohnungsschlüssel *m*: ***~ child*** Schlüsselkind *n*.

late [leɪt] **I** *adj.* □ → ***lately***; **1.** spät: ***at a ~ hour*** zu später Stunde, spät (*beide a. fig.*); ***on Monday at the ~st*** spätestens am Montag; ***it is (getting) ~*** es ist (schon) spät; ***at a ~r time*** später, zu e-m späteren Zeitpunkt; → ***latest*** I; **2.** vorgerückt, spät, Spät...: ***~ edition (programme, summer)*** Spätausgabe *f* (-programm *n*, -sommer *m*); ***~ Latin*** Spätlatein *n*; ***the ~ 18th century*** das späte 18. Jahrhundert; ***in the ~ eighties*** gegen Ende der achtziger Jahre; ***a man in his ~ eighties*** ein Endachtziger; ***in ~ May*** Ende Mai; **3.** verspätet, zu spät: ***be ~*** zu spät kommen (***for s.th.*** zu et.), sich verspäten, spät dran sein, 🚂 *etc.* Verspätung haben: ***be ~ for dinner*** zu spät zum Essen kommen; ***he was ~ with the rent*** er bezahlte s-e Miete mit Verspätung *od.* zu spät; **4.** letzt, jüngst, neu: ***the ~ war*** der letzte Krieg; ***of ~ years*** in den letzten Jahren; **5.** a) letzt, früher, ehemalig, b) verstorben: ***the ~ headmaster*** der letzte *od.* der verstorbene Schuldirektor; ***the ~ government*** die letzte *od.* vorige Regierung; ***my ~ residence*** m-e frühere Wohnung; ***~ of Oxford*** früher in Oxford (wohnhaft); **II** *adv.* **6.** spät: ***of ~*** in letzter Zeit, neuerdings; ***as ~ as last year*** erst *od.* noch letztes Jahr; ***until as ~ as 1984*** noch bis 1984; ***better ~ than never*** lieber spät als gar nicht; ***~ into the night*** bis spät in die Nacht; ***sit*** (*od.* ***stay***) ***up ~*** bis spät in die Nacht *od.* lange aufbleiben; ***it's a bit ~*** F es ist schon ein bißchen spät dafür; (***even***) ***~ in life*** (auch noch) in hohem Alter; ***not ~r than*** spätestens, nicht später als; ***~r on*** später, nachher; ***see you ~r!*** bis später!, bis bald!; ***~ in the day*** F reichlich spät, ‚ein bißchen' spät; **7.** zu spät: ***come ~***; ***the train arrived 20 minutes ~*** der Zug hatte 20 Minuten Verspätung; ˈ**~-ˌcom·er** *s.* Zuˈspätgekommene(r *m*) *f*, Nachzügler(in), *fig. a.* e-e Neuerscheinung, *et.* Neues: ***he is a ~ in this field*** *fig.* er ist neu in diesem (Fach)Gebiet.

late·ly [ˈleɪtlɪ] *adv.* **1.** vor kurzem, kürzlich; **2.** in letzter Zeit, seit einiger Zeit, neuerdings.

la·ten·cy [ˈleɪtənsɪ] *s.* Laˈtenz *f*, Verborgenheit *f*.

late·ness [ˈleɪtnɪs] *s.* **1.** späte Zeit, spätes Stadium: ***the ~ of the hour*** die vorgerückte Stunde; **2.** Verspätung *f*, Zuˈspätkommen *n*.

la·tent [ˈleɪtənt] *adj.* □ laˈtent (*a.* ⚕, *phys.*, *psych.*), verborgen: ***~ abilities***; ***~ buds*** unentwickelte Knospen; ***~ heat*** *phys.* latente *od.* gebundene Wärme; ***~ period*** Latenzstadium *n od.* -zeit *f*.

lat·er [ˈleɪtə] *comp. von* ***late***.

lat·er·al [ˈlætərəl] **I** *adj.* □ **1.** seitlich, Seiten..., Neben..., Quer...: ***~ angle (view, wind)*** Seitenwinkel *m* (-ansicht *f*, -wind *m*); ***~ branch*** Seitenlinie *f* (*e-s Stammbaums*); ***~ thinking*** unorthodoxe Denkmethode(n *pl.*) *f*; **2.** *anat.*, *ling.* lateˈral; **II** *s.* **3.** Seitenteil *n*, -stück *n*; **4.** *ling.* Lateˈral *m*; ˈ**lat·er·al·ly** [-rəlɪ] *adv.* seitlich, seitwärts; von der Seite.

Lat·er·an [ˈlætərən] *s.* Lateˈran *m*.

lat·est [ˈleɪtɪst] **I** *sup. von* ***late***; **II** *adj.* **1.** spätest; **2.** neuest: ***the ~ fashion (news, etc.)***; **3.** letzt: ***he was the ~ to come*** er kam als letzter; **III** *adv.* **4.** am spätesten: ***he came ~*** er kam als letzter; **IV** *s.* **5.** (*der, die, das*) Neueste; **6.** ***at the ~*** spätestens.

la·tex [ˈleɪteks] *s.* ⚘ Milchsaft *m*, Latex *m*.

lath [lɑːθ] *s.* **1.** Latte *f*, Leiste *f*: → ***thin*** 2; **2.** *coll.* Latten(werk *n*) *pl.*

lathe [leɪð] *s.* ⚙ **1.** Drehbank *f*: ***~ tool*** Drehstahl *m*; ***~ tooling*** Bearbeitung *f* auf der Drehbank; **2.** Töpferscheibe *f*.

lath·er [ˈlɑːðə] **I** *s.* **1.** (Seifen)Schaum *m*; **2.** Schweiß *m* (*bsd. e-s Pferdes*): ***in a ~*** schweißgebadet; ***be in a ~ about s.th.*** F sich über et. aufregen; **II** *v/t.* **3.** einseifen; **III** *v/i.* **4.** schäumen.

Lat·in [ˈlætɪn] **I** *s.* **1.** *ling.* Laˈtein(isch) *n*, das Lateinische; **2.** *antiq.* a) Laˈtiner *m*, b) Römer *m*; **3.** Roˈmane *m*, Roˈmanin *f*, Südländer(in); **II** *adj.* **4.** *ling.* laˈteinisch, Latein...; **5.** a) roˈmanisch: ***the ~ peoples***, b) südländisch: ***~ temperament***; **6.** *eccl.* römisch-kaˈtholisch: ***~ Church***; **7.** laˈtinisch; ˌ**~-Aˈmer·i·can I** *adj.* laˈteinameriˌkanisch; **II** *s.* Laˈteinameriˌkaner(in).

Lat·in·ism [ˈlætɪnɪzəm] *s.* Latiˈnismus *m*; ˈ**Lat·in·ist** [-nɪst] *s.* Latiˈnist(in), ‚Laˈteiner' *m*; **Lat·in·i·za·tion** [ˌlætɪnaɪˈzeɪʃn] *s.* Latinisierung *f*; ˈ**Lat·in·ize** [-naɪz] *v/t.* latinisieren; **La·ti·no** [ləˈtiːnəʊ] *pl.* **-nos** *s. Am.* F (*US-*)*Einwohner (-in) lateinamerikanischer Abkunft*.

lat·ish [ˈleɪtɪʃ] *adj.* etwas spät.

lat·i·tude [ˈlætɪtjuːd] *s.* **1.** *ast.*, *geogr.* Breite *f*: ***degree of ~*** Breitengrad *m*; ***in ~ 40° N.*** auf dem 40. Grad nördlicher Breite; **2.** *pl. geogr.* Breiten *pl.*, Gegenden *pl.*: ***low ~s*** niedere Breiten; ***cold***

~s kalte Gegenden; **3.** *fig.* a) Spielraum *m*, Freiheit *f*: ***allow s.o. great ~*** j-m große Freiheit gewähren, b) großzügige Auslegung (*e-s Begriffs etc.*); **4.** *phot.* Belichtungsspielraum *m*; **lat·i·tu·di·nal** [ˌlætɪˈtjuːdɪnl] *adj. geogr.* Breiten…

lat·i·tu·di·nar·i·an [ˌlætɪtjuːdɪˈneərɪən] **I** *adj.* libeˈral, toleˈrant, *eccl. a.* freisinnig; **II** *s. bsd. eccl.* Freigeist *m*; ˌ**lat·i·tu·diˈnar·i·an·ism** [-nɪzəm] *s. eccl.* Liberaliˈtät *f*, Toleˈranz *f*.

la·trine [ləˈtriːn] *s.* Laˈtrine *f*.

lat·ter [ˈlætə] **I** *adj.* □ → ***latterly***; **1.** *von zweien*: letzter: ***the ~ name*** der letztere *od.* letztgenannte Name; **2.** neuer, jünger: ***in these ~ days*** in der jüngsten Zeit; **3.** letzt, später: ***the ~ years of one's life***; ***the ~ half of June*** die zweite Junihälfte; ***the ~ part of the book*** die zweite Hälfte des Buches; **II** *s.* **4.** ***the ~*** a) der (die, das) letztere, b) die letzteren *pl.*; ˈ**~·day** *adj.* aus neuester Zeit, moˈdern; ˈ**~-day saints** *s. pl. eccl. die* Heiligen *pl.* der letzten Tage (*Mormonen*).

lat·ter·ly [ˈlætəlɪ] *adv.* **1.** in letzter Zeit, neuerdings; **2.** am Ende.

lat·tice [ˈlætɪs] **I** *s.* **1.** Gitter(werk) *n*; **2.** Gitterfenster *n od.* -tür *f*; **3.** Gitter(muster) *n*; **II** *v/t.* **4.** vergittern; **~ bridge** *s.* ⚙ Gitterbrücke *f*; **~ frame**, **~ gird·er** *s.* ⚙ Gitter-, Fachwerkträger *m*; **~ win·dow** *s.* Gitter-, Rautenfenster *n*; ˈ**~·work** → ***lattice*** 1.

Lat·vi·an [ˈlætvɪən] **I** *adj.* **1.** lettisch; **II** *s.* **2.** Lette *m*, Lettin *f*; **3.** *ling.* Lettisch *n*.

laud [lɔːd] **I** *s.* Lobgesang *m*; **II** *v/t.* loben, preisen, rühmen; ˈ**laud·a·ble** [-dəbl] *adj.* □ löblich, lobenswert.

lau·da·num [ˈlɒdnəm] *s. pharm.* Lauˈdanum *n*, ˈOpiumtinkˌtur *f*.

lau·da·tion [lɔːˈdeɪʃn] *s.* Lob *n*; **laud·a·to·ry** [ˈlɔːdətərɪ] *adj.* lobend, Belobigungs…, Lob…

laugh [lɑːf] **I** *s.* **1.** Lachen *n*, Gelächter *n*, *thea. etc. a.* ‚Lacher' *m*, *contp.* (*böse etc.*) Lache: ***with a ~*** lachend; ***have a good ~ at s.th.*** herzlich über e-e Sache lachen; ***have the ~ of s.o.*** über j-n (am Ende) triumphieren; ***have the ~ on one's side*** die Lacher auf s-r Seite haben; ***the ~ was on me*** der Scherz ging auf m-e Kosten; ***raise a ~*** Gelächter erregen, e-n Lacherfolg erzielen; ***what a ~!*** (das) ist ja zum Brüllen!; ***he*** (***it***) ***is a ~*** F er (es) ist doch zum Lachen; ***just for ~s*** nur zum Spaß; **II** *v/i.* **2.** lachen (*a. fig.*): ***to make s.o. ~*** j-n zum Lachen bringen; ***don't make me ~!*** *iro.* daß ich nicht lache!; ***he ~s best who ~s last*** wer zuletzt lacht, lacht am besten; → ***wrong*** 2; **3.** *fig.* lachen, strahlen (*Himmel etc.*); **III** *v/t.* **4.** lachend äußern: ***~ a bitter ~*** bitter lachen; → ***court*** 9;

Zssgn mit adv. u. prp.:

~ at *v/i.* lachen *od.* sich lustig machen über *j-n od. e-e Sache*, *j-n* auslachen; **~ a·way I** *v/t.* **1.** → ***laugh off***; **2.** *Sorgen etc.* durch Lachen verscheuchen; **3.** *Zeit* mit Scherzen verbringen; **II** *v/i.* **4.** draufˈloslachen, lachen u. lachen; **~ down** *v/t.* *j-n* durch Gelächter zum Schweigen bringen *od.* mit Lachen überˈtönen, auslachen; **~ off** *v/t. et.* lachend *od.* mit e-m Scherz abtun.

laugh·a·ble [ˈlɑːfəbl] *adj.* □ lachhaft, lächerlich, komisch.

laugh·ing [ˈlɑːfɪŋ] **I** *s.* **1.** Lachen *n*, Gelächter *n*; **II** *adj.* □ **2.** lachend; **3.** lustig: ***it is no ~ matter*** das ist nicht zum Lachen; **4.** *fig.* lachend, strahlend: ***a ~ sky***; **~ gas** *s.* ⚗ Lachgas *n*; **~ gull** *s. orn.* Lachmöwe *f*; **~ hy·e·na** *s. zo.* ˈFleckenhyˌäne *f*; **~ jack·ass** *s. orn.* Rieseneisvogel *m*; ˈ**~-stock** *s.* Gegenstand *m* des Gelächters, Zielscheibe *f* des Spottes: ***make a ~ of o.s.*** sich lächerlich machen.

laugh·ter [ˈlɑːftə] *s.* Lachen *n*, Gelächter *n*.

launch [lɔːntʃ] **I** *v/t.* **1.** *Boot* aussetzen, ins Wasser lassen; **2.** *Schiff* a) vom Stapel lassen, b) taufen: ***be ~ed*** vom Stapel laufen *od.* getauft werden; **3.** ✈ katapultieren, abschießen; **4.** *Torpedo*, *Geschoß* abschießen, *Rakete a.* starten; **5.** *et.* schleudern, werfen: ***~ o.s into*** → 12; **6.** *Rede*, *Kritik*, *Protest etc.*, *a. e-n Schlag* vom Stapel lassen, loslassen; **7.** *et.* in Gang bringen, einleiten, starten, lancieren; **8.** *et.* lancieren: a) *Produkt*, *Buch*, *Film etc.* herˈausbringen, b) *Anleihe* auflegen, *Aktien* ausgeben; **9.** *j-n* lancieren, (gut) einführen, *j-m* ‚Starthilfe' geben; **10.** ⚔ *Truppen* einsetzen, *an e-e Front etc.* schicken *od.* werfen; **II** *v/i.* **11.** *mst* ***~ out***, ***~ forth*** losfahren, starten: ***~ out on a journey*** sich auf e-e Reise begeben; **12.** ***~ out*** (***into***) *fig.* a) sich (in *die Arbeit*, *e-e Debatte etc.*) stürzen, b) loslegen (mit *e-r Rede*, *e-r Tätigkeit etc.*), c) (*et.*) anpacken, (*e-e Karriere*, *ein Projekt etc.*) starten: ***~ out into*** → *a.* 6; **13.** ***~ out*** a) e-n Wortschwall von sich geben, b) F viel Geld springen lassen; **III** *s.* **14.** ⚓ Barˈkasse *f*; **15.** → ***launching***; ˈ**launch·er** [-tʃə] *s.* **1.** ⚔ a) (Raˈketen)Werfer *m*, b) Abschußvorrichtung *f* (*Fernlenkgeschos-*

se); **2.** ✈ Kata'pult *m*, *n*, Startschleuder *f*.

launch·ing ['lɔːntʃɪŋ] *s.* **1.** ⚓ a) Stapellauf *m*, b) Aussetzen *n* (*von Booten*); **2.** Abschuß *m*, *e-r Rakete*: *a.* Start *m*; **3.** ⚔ Kata'pultstart *m*; **4.** *fig.* a) Starten *n*, In-'Gang-Setzen *n*, b) Start *m*, c) Einsatz *m*; **5.** Lancierung *f*, Einführung *f* (*e-s Produkts etc.*), Herausgabe *f* (*e-s Buches etc.*); **~ pad**, **~ plat·form** *s.* Abschußrampe *f* (*e-r Rakete*); **~ rope** *s.* ✈ Startseil *n*; **~ site** *s.* ⚔ (Ra'keten-) ˌAbschußˌbasis *f*; **~ ve·hi·cle** *s.* 'Startraˌkete *f*.

laun·der ['lɔːndə] **I** *v/t. Wäsche* waschen (u. bügeln); F *fig. illegal erworbenes Geld* ‚waschen'; **II** *v/i.* sich (*leicht etc.*) waschen lassen; **laun·der·ette** [ˌlɔːndə'ret] *s.* 'Waschsaˌlon *m*; **'laun·dress** [-drɪs] *s.* Wäscherin *f*.

laun·dry ['lɔːndrɪ] *s.* **1.** Wäsche'rei *f*; **2.** F (schmutzige *od.* frisch gereinigte) Wäsche; **~ list 1.** Wäschezettel *m*; **2.** *Am.* F lange Liste.

lau·re·ate ['lɔːrɪət] **I** *adj.* **1.** lorbeergekrönt, -geschmückt; -bekränzt; **II** *s.* **2.** *mst* ***poet ~*** Hofdichter *m*; **3.** Preisträger *m*.

lau·rel ['lɒrəl] *s.* **1.** ⚘ Lorbeer(baum) *m*; **2.** *mst pl. fig.* Lorbeeren *pl.*, Ehren *pl.*, Ruhm *m*: ***look to one's ~s*** sich behaupten wollen; ***reap*** (*od.* ***win*** *od.* ***gain***) ***~s*** Lorbeeren ernten; ***rest on one's ~s*** sich auf s-n Lorbeeren ausruhen; **'lau·rel(l)ed** [-ld] *adj.* **1.** lorbeergekrönt; **2.** preisgekrönt.

lav [læv] *s. Brit.* F ‚Klo' *n*.

la·va ['lɑːvə] *s. geol.* Lava *f*.

lav·a·to·ry ['lævətərɪ] *s.* Toi'lette *f*: ***public ~*** *a.* (öffentliche) Bedürfnisanstalt.

lav·en·der ['lævəndə] **I** *s.* **1.** ⚘ La'vendel *m* (*a. Farbe*); **2.** La'vendel(wasser) *n*; **II** *adj.* **3.** la'vendelfarben.

lav·ish ['lævɪʃ] **I** *adj.* ☐ a) großzügig, reich, fürstlich, üppig (*Geschenke etc.*), b) reich, 'überschwenglich (*Lob etc.*), c) großzügig, verschwenderisch (***of*** mit, ***in*** in *dat.*) (*Person*): ***be ~ of*** (*od.* ***with***) um sich werfen mit, nicht geizen mit, verschwenderisch umgehen mit; **II** *v/t.* verschwenden, verschwenderisch (aus-) geben: ***~ s.th. on s.o.*** j-n mit et. überhäufen; **'lav·ish·ness** [-nɪs] *s.* Großzügigkeit *f* (*etc.*); Verschwendung(ssucht) *f*.

law [lɔː] *s.* **1.** (*objektives*) Recht, (*das*) Gesetz *od.* (*die*) Gesetze *pl.*: ***by*** (*od.* ***in***, ***under the***) ***~*** nach dem Gesetz, von Rechts wegen, gesetzlich; ***under German ~*** nach deutschem Recht; ***contrary to ~*** gesetz-, rechtswidrig; ***~ and order*** Recht (*od.* Ruhe) u. Ordnung, *contp.* ‚Law and order'; ***become*** (*od.* ***pass into***) ***~*** Gesetz *od.* rechtskräftig werden; ***lay down the ~*** (alles) bestimmen, das Sagen haben; ***take the ~ into one's own hands*** zur Selbsthilfe greifen; ***his word is the ~*** was er sagt, gilt; **2.** Recht *n*: a) 'Rechtssyˌstem *n*: ***the English ~***, b) (*einzelnes*) Rechtsgebiet: ***~ of nations*** Völkerrecht; **3.** (*einzelnes*) Gesetz: ***Election ♀***; ***he is a ~ unto himself*** er tut, was er will; ***is there a ~ against it?*** *iro.* ist das (etwa) verboten?; **4.** Rechtswissenschaft *f*, Jura *pl.*: ***read*** (*od.* ***study***, ***take***) ***~*** Jura studieren; ***be in the ~*** Jurist sein; ***practise ~*** e-e Anwaltspraxis ausüben; **5.** Gericht *n*, Rechtsweg *m*: ***go to ~*** vor Gericht gehen, den Rechtsweg beschreiten, prozessieren; ***go to ~ with s.o.*** j-n verklagen, gegen j-n prozessieren; **6.** ***the ~*** F die Polizei: ***call in the ~***; **7.** (*künstlerisches etc.*) Gesetz: ***the ~s of poetry***; **8.** (Spiel)Regel *f*: ***the ~s of the game***; **9.** a) (Na'tur)Gesetz *n*, b) (wissenschaftliches) Gesetz: ***the ~ of gravity***, c) (Lehr)Satz *m*: ***~ of sines*** Sinussatz; **10.** *eccl.* a) (göttliches) Gesetz, *coll. die* Gebote (Gottes), b) ***the ♀*** (***of Moses***) das Gesetz (des Moses), c) ***the ♀*** das Alte Testament; **11.** *hunt.*, *sport* Vorgabe *f*; **'~-aˌbid·ing** *adj.* gesetzestreu, ordnungsliebend: ***~ citizen***; **'~ˌbreak·er** *s.* Ge'setzesüberˌtreter(in); **~ court** *s.* Gericht(shof *m*) *n*.

law·ful ['lɔːfʊl] *adj.* ☐ **1.** gesetzlich, le'gal; **2.** rechtmäßig, legi'tim: ***~ son*** ehelicher *od.* legitimer Sohn; **3.** rechtsgültig, gesetzlich anerkannt: ***~ marriage*** gültige Ehe; **'law·ful·ness** [-nɪs] *s.* Gesetzlichkeit *f*, Legali'tät *f*; Rechtsgültigkeit *f*.

'lawˌgiv·er *s.* Gesetzgeber *m*.

law·less ['lɔːlɪs] *adj.* ☐ **1.** gesetzlos (*Land*, *Person*); **2.** gesetzwidrig, unrechtmäßig; **'law·less·ness** [-nɪs] *s.* **1.** Gesetzlosigkeit *f*; **2.** Gesetzwidrigkeit *f*.

Law Lord *s.* Mitglied *n* des brit. Oberhauses mit richterlicher Funkti'on.

lawn[1] [lɔːn] *s.* Rasen *m*.

lawn[2] [lɔːn] *s.* Li'non *m*, Ba'tist *m*.

lawn| mow·er *s.* Rasenmäher *m*; **~ sprin·kler** *s.* Rasensprenger *m*; **~ tennis** *s.* Rasentennis *n*.

law| of·fice *s.* 'Anwaltskanzˌlei *f*, -praxis *f*; **~ of·fi·cer** *s.* ⚖ **1.** Ju'stizbeamte(r) *m*; **2.** *Brit. für* a) ***Attorney General***, b) ***Solicitor General***; **~ re·ports** *s. pl.* Urteilsammlung *f*, Sammlung *f* von richterlichen Entscheidungen; **~ school** *s.* **1.** 'Rechtsakade,mie *f*; **2.** *univ. Am.* ju'ristische Fakul'tät; **~ student** *s.* 'Jurastu,dent(in); '**~·suit** *s.* ⚖ a) Pro'zeß *m*, Verfahren *n*, b) Klage *f*: ***bring a ~*** e-n Prozeß anstrengen, Klage einreichen (***against*** gegen).

law·yer ['lɔːjə] *s.* **1.** (Rechts)Anwalt *m*, (-)Anwältin *f*; **2.** Rechtsberater(in); **3.** Ju'rist(in).

lax [læks] *adj.* □ **1.** lax, locker, (nachlässig (***about*** hinsichtlich *gen.*, mit): ***~ morals*** lockere Sitten; **2.** lose, schlaff, locker; **3.** unklar, verschwommen; **4.** *Phonetik*: schlaff artikuliert; **5.** ***~ bowels*** a) offener Leib, b) 'Durchfall *m*; **lax·a·tive** ['læksətɪv] ⚕ **I** *s.* Abführmittel *n*; **II** *adj.* abführend; **lax·i·ty** ['læksətɪ], '**lax·ness** [-nɪs] *s.* **1.** Laxheit *f*, Lässigkeit *f*; **2.** Schlaffheit *f*, Lockerheit *f* (*a. fig.*); **3.** Verschwommenheit *f*.

lay[1] [leɪ] **I** *s.* **1.** *bsd. geogr.* Lage *f*: ***the ~ of the land*** *fig.* die Lage; **2.** Schicht *f*, Lage *f*; **3.** Schlag *m* (*Tauwerk*); **4.** V a) ‚Nummer' *f* (*Koitus*), b) ***she is an easy ~*** die ist gleich ‚dabei'; ***she is a good ~*** sie ‚bumst' gut; **II** *v/t.* [*irr.*] **5.** *allg.* legen: ***~ it on the table***; ***~ a cable*** ein Kabel (ver)legen; ***~ a bridge*** e-e Brükke schlagen; ***~ eggs*** Eier legen; ***~ the foundation(s) of*** *fig.* den Grund(stock) legen zu; ***~ the foundation-stone*** den Grundstein legen; → *die Verbindungen mit den entsprechenden Substantiven etc.*; **6.** *fig.* legen, setzen: ***~ stress on*** Nachdruck legen auf (*acc.*), betonen; ***~ an ambush*** e-n Hinterhalt legen; ***~ the ax(e) to a tree*** die Axt an e-n Baum legen; ***the scene is laid in Rome*** der Schauplatz *od.* Ort der Handlung ist Rom, *thea.* das Stück *etc.* spielt in Rom; **7.** anordnen, herrichten: ***~ the table*** (*od.* ***the cloth***) den Tisch decken; ***~ the fire*** das Feuer (*im Kamin*) anlegen; **8.** belegen, bedecken: ***~ the floor with a carpet***; **9.** (***before***) vorlegen (*dat.*), bringen (vor *acc.*): ***~ one's case before a commission***; **10.** geltend machen, erheben: ***~ an information against s.o.*** Klage erheben *od.* (Straf)Anzeige erstatten gegen; **11.** a) *Strafe etc.* verhängen, b) *Steuern* auferlegen; **12.** *Schuld etc.* zuschreiben, zur Last legen: ***~ a mistake to s.o.('s charge)*** j-m e-n Fehler zur Last legen; **13.** *Schaden* festsetzen (***at*** auf *acc.*); **14.** a) *et.* wetten, b) setzen auf (*acc.*); **15.** *e-n Plan* schmieden; **16.** 'umlegen, niederwerfen: ***~ s.o. low*** (*od.* ***in the dust***) j-n zu Boden strecken; **17.** *Getreide etc.* zu Boden drücken; **18.** *Wind, Wogen etc.* beruhigen, besänftigen: ***the wind is laid*** der Wind hat sich gelegt; **19.** *Staub* löschen; **20.** *Geist* bannen, beschwören; → ***ghost*** 1; **21.** ⚓ *Kurs* nehmen auf (*acc.*), ansteuern; **22.** ⚔ *Geschütz* richten; **23.** V ‚umlegen', ‚bumsen'; **III** *v/i.* [*irr.*] **24.** (Eier) legen; **25.** wetten; **26.** zuschlagen: ***~ about one*** um sich schlagen; ***~ into s.o.*** *sl.* auf j-n einschlagen; ***~ to*** (mächtig) ‚rangehen' an *e-e Sache*; **27.** (*fälschlich für* ***lie***[2] II) liegen;

Zssgn mit adv.:

lay| a·bout *v/i.* (heftig) um sich schlagen; **~ a·side**, **~ by** *v/t.* **1.** bei'seite legen; **2.** *fig.* a) aufgeben, b) ‚ausklammern'; **3.** *Geld etc.* beiseite *od.* auf die ‚hohe Kante' legen, zu'rücklegen; **~ down I** *v/t.* **1.** hinlegen; **2.** *Amt, Waffen etc.* niederlegen; **3.** *sein Leben* hingeben, opfern; **4.** *Geld* hinter'legen; **5.** *Grundsatz, Regeln etc.* aufstellen, festlegen, -setzen, vorschreiben, *Bedingung in e-m Vertrag* niederlegen, verankern; → ***law*** 1; **6.** a) die Grundlagen legen für, b) planen, entwerfen; **7.** ✓ besäen *od.* bepflanzen (***in***, ***to***, ***under***, ***with*** mit); **8.** *Wein etc.* (ein)lagern; **II** *v/i.* **9.** *fälschlich für* ***lie down*** 1; **~ in** *v/t.* sich eindecken mit, einlagern; *Vorrat* anlegen; **~ off I** *v/t.* **1.** *Arbeiter* (vor'übergehend) entlassen; **2.** *die Arbeit* einstellen; **3.** *das Rauchen etc.* aufgeben: ***~ smoking***; **4.** in Ruhe lassen: ***~ (it)!*** hör auf (damit)!; **II** *v/i.* **5.** aufhören; **~ on I** *v/t.* **1.** *Steuer etc.* auferlegen; **2.** *Peitsche* gebrauchen; **3.** *Farbe etc.* auftragen: ***lay it on*** a) (***thick***) *fig.* ‚dick auftragen', übertreiben, b) e-e ‚saftige' Rechnung stellen, c) draufschlagen; **4.** a) *Gas etc.* installieren, b) *Haus* ans (*Gas- etc.*)Netz anschließen; **5.** F a) auftischen, b) bieten, sorgen für, c) veranstalten, arrangieren; **II** *v/i.* **6.** zuschlagen, angreifen; **~ o·pen** *v/t.* **1.** bloßlegen; **2.** *fig.* a) aufdecken, b) offenlegen; **~ out** *v/t.* **1.** ausbreiten; **2.** *Toten* aufbahren; **3.** *Geld* ausgeben; **4.** *allg.* gestalten, *Garten etc.* anlegen, *et.* entwerfen, planen, anordnen, *typ.* aufmachen, das Layout *e-r Zeitschrift etc.* machen; **5.** *sl.* a) *j-n* zs.-schlagen, b) *j-n* ‚'umlegen', ‚kaltmachen'; **6.** ***~ o.s. out*** F sich ‚mächtig ranhalten'; **~ o·ver** *Am.* **I** *v/t.* *et.* zu'rückstellen; **II** *v/i.* Aufenthalt haben, 'Zwischenstati,on machen; **~ to** *v/i.* ⚓ beidrehen; **~ up** *v/t.* **1.** → ***lay in***; **2.** ansammeln, anhäufen; **3.** a) ⚓ *Schiff* auflegen, außer Dienst stellen,

b) *mot.* stillegen; **4.** ***be laid up*** (***with***) bettlägerig sein (wegen), im Bett liegen (mit *Grippe etc.*).

lay² [leɪ] *pret. von* ***lie²***.

lay³ [leɪ] *adj.* Laien...: a) *eccl.* weltlich; b) laienhaft, nicht fachmännisch: ***to the ~ mind*** für den Laien(verstand).

lay⁴ [leɪ] *s. obs.* **1.** Bal'lade *f*; **2.** Lied *n.*

'lay|·a·bout *s. bsd. Brit.* F Faulenzer *m*; **~ broth·er** *s. eccl.* Laienbruder *m*; **'~-by** *s. mot. Brit.* a) Rastplatz *m*, Parkplatz *m*, b) Parkbucht *f* (*Landstraße*); **~ days** *s. pl.* ⚓ Liegetage *pl.*, -zeit *f*; **'~-down** → ***lie-down***.

lay·er I *s.* ['leɪə] **1.** Schicht *f*, Lage *f*: ***in ~s*** schicht-, lagenweise; **2.** Leger *m*, *in Zssgn* ...leger *m*; **3.** Leg(e)henne *f*: ***this hen is a good ~*** diese Henne legt gut; **4.** ⚘ Ableger *m*; **5.** ⚔ 'Höhenrichtkano,nier *m*; **II** *v/t.* **6.** ⚘ durch Ableger vermehren; **7.** über'lagern, schichtweise legen; **'~-cake** *s.* Schichttorte *f*.

lay·ette [leɪ'et] *s.* Babyausstattung *f*.

lay fig·ure *s.* **1.** Gliederpuppe *f* (*als Modell*); **2.** *fig.* Mario'nette *f*, Null *f*.

lay·ing ['leɪɪŋ] *s.* **1.** Legen *n* (*etc.* → ***lay¹*** II u. III): ***~ on of hands*** Handauflegen *n*; **2.** Gelege *n* (*Eier*); **3.** ⚠ Bewurf *m*, Putz *m*.

lay| judge *s.* Laienrichter(in); **'~·man** [-mən] *s.* [*irr.*] **1.** Laie *m* (*Ggs. Geistlicher*); **2.** Laie *m*, Nichtfachmann *m*; **'~-off** *s.* **1.** (vor'übergehende) Entlassung; **2.** Feierschicht *f*; **'~·out** *s.* **1.** Planung *f*, Anordnung *f*, Anlage *f*; **2.** Plan *m*, Entwurf *m*; **3.** *typ.*, *a. Elektronik*: Layout *n*: ***~ man*** Layouter *m*; **4.** Aufmachung *f* (*e-r Zeitschrift etc.*); **~ sis·ter** *s.* Laienschwester *f*; **'~,wom·an** *s.* [*irr.*] Laiin *f*.

laze [leɪz] **I** *v/i. a.* ***~ around*** faulenzen, bummeln, auf der faulen Haut liegen; **II** *v/t.* ***~ away*** *Zeit* verbummeln; **III** *s.*: ***have a ~*** → I; **la·zi·ness** ['leɪzɪnɪs] *s.* Faulheit *f*, Trägheit *f*.

la·zy ['leɪzɪ] *adj.* □ träg(e): a) faul, b) langsam, sich langsam bewegend; **'~·bones** *s.* F Faulpelz *m*.

'ld [d] F *für* ***would*** *od.* ***should***.

lea [li:] *s. poet.* Flur *f*, Aue *f*.

leach [li:tʃ] **I** *v/t.* **1.** 'durchsickern lassen; **2.** (aus)laugen; **II** *v/i.* **3.** 'durchsickern.

lead¹ [li:d] **I** *s.* **1.** Führung *f*, Leitung *f*: ***under s.o.'s ~***; **2.** Führung *f*, Spitze *f*: ***be in the ~***, ***have the ~*** an der Spitze stehen, führen(d sein), *sport etc.* in Führung *od.* vorn liegen; ***take the ~*** a) *a. sport* die Führung übernehmen, sich an die Spitze setzen, b) die Initiative ergreifen, c) vorangehen, neue Wege weisen; **3.** *bsd. sport* a) Führung *f*: ***have a two-goal ~*** mit zwei Toren führen, b) Vorsprung *m*: ***one minute's ~*** 'eine Minute Vorsprung (***over s.o.*** vor j-m); **4.** Vorbild *n*, Beispiel *n*: ***give s.o. a ~*** j-m mit gutem Beispiel vorangehen; ***follow s.o.'s ~*** j-s Beispiel folgen; **5.** Hinweis *m*, Fingerzeig *m*, Anhaltspunkt *m*, Spur *f*: ***the police have several ~s***; **6.** *Kartenspiel*: a) Vorhand *f*: ***your ~!*** Sie spielen aus!, b) zu'erst ausgespielte Karte; **7.** *thea.* a) Hauptrolle *f*, b) Hauptdarsteller(in); **8.** ♪ a) Eröffnung *f*, Auftakt *m*, b) *Jazz etc.*: Lead *n*, Führungsstimme *f* (*Trompete etc.*); **9.** *Zeitung*: a) → ***lead story***, b) (zs.-fassende) Einleitung; **10.** (Hunde)Leine *f*; **11.** ⚡ a) Leiter *m*, b) (Zu)Leitung *f*, c) *a.* ***phase ~*** Voreilung *f*; **12.** ⚙ Steigung *f* (*e-s Gewindes*); **13.** ⚔ Vorhalt *m*; **II** *v/t.* [*irr.*] **14.** führen: ***~ the way*** vorangehen; ***this is ~ing us nowhere*** das bringt uns nicht weiter; → ***nose*** *Redew.*; **15.** *j-n* führen, bringen (***to*** nach, zu) (*a. Straße etc.*); → ***temptation***; **16.** (an)führen, an der Spitze stehen von, *a. Orchester etc.* leiten, *Armee* führen *od.* befehligen: ***~ the field*** *sport* das Feld anführen, vorn liegen; **17.** *j-n* dazu bringen, bewegen, verleiten (***to do s.th.*** et. zu tun): ***this led me to believe*** das machte mich glauben(, *daß*); **18.** a) *ein behagliches etc. Leben* führen, b) *j-m ein elendes etc. Leben* bereiten: ***~ s.o. a dog's life*** j-m das Leben zur Hölle machen; **19.** *Karte*, *Farbe etc.* aus-, anspielen; **20.** *Kabel etc.* führen, legen; **III** *v/i.* [*irr.*] **21.** führen: a) vor'angehen, den Weg weisen (*a. fig.*), b) die erste Stelle einnehmen, c) *sport* in Führung liegen (***by*** mit 7 *Metern etc.*): ***~ by points*** nach Punkten führen; **22.** ***~ to*** a) führen *od.* gehen zu *od.* nach (*Straße etc.*), b) *fig.* führen zu: ***this is ~ing nowhere*** das führt zu nichts; **23.** *Kartenspiel*: ausspielen (***with s.th.*** et.): ***who ~s?***; **24.** *Boxen*: angreifen (mit der Linken *od.* Rechten): ***he ~s with his right*** *a.* s-e Führungshand ist die Rechte, er ist Rechtsausleger; ***~ with one's chin*** *fig.* das Schicksal herausfordern;

Zssgn mit adv.:

lead| a·stray *v/t.* in die Irre führen, *fig. a.* irre-, verführen; **~ a·way I** *v/t.* **1.** a) *j-n* wegführen, b) → ***lead off*** 1; **2.** *fig. j-n* abbringen (***from*** von *e-m Thema etc.*); **3.** ***be led away*** sich verleiten lassen; **II** *v/i.* **4.** ***~ from*** von *e-m Thema etc.* wegführen; **~ off I** *v/t.* **1.** *j-n* abführen; **2.** *fig.* einleiten, eröffnen; **II** *v/i.* **3.** den Anfang machen; **~ on I** *v/i.* vor'angehen; **II** *v/t. fig.* a) *j-n* hinters Licht führen, b) *j-n* auf den Arm nehmen, c) *j-n* an der Nase herumführen; **~ up I** *v/t.* (***to***) a) (hin'auf)führen (auf *acc.*), b) (hin'über)führen (zu); **II** *v/i.* **~ *to*** *fig.* a) (all'mählich) führen zu, 'überleiten zu, *et.* einleiten: ***what is he leading up to?*** worauf will er hinaus?

lead² [led] **I** *s.* **1.** ⚗ Blei *n*; **2.** ⚓ Senkblei *n*, Lot *n*: ***cast*** (*od.* ***heave***) ***the ~*** loten; **3.** Blei *n*, Kugeln *pl.* (*Geschosse*); **4.** Gra'phit *m*, Reißblei *n*; **5.** (Bleistift)Mine *f*; **6.** *typ.* 'Durchschuß *m*; **7.** Bleifassung *f* (*Fenster*); **8.** *pl. Brit.* a) bleierne Dachplatten *pl.*, b) Bleidach *n*; **II** *v/t.* **9.** verbleien; **10.** mit Blei beschweren; **11.** *typ.* durch'schießen; **~ con·tent** *s.* ⚗ Bleigehalt *m* (*im Benzin*).

lead·en ['ledn] *adj.* bleiern (*a. fig. Glieder, Schlaf etc.*; *a. bleigrau*), Blei...

lead·er ['li:də] *s.* **1.** Führer(in), Erste(r *m*) *f*, *sport a.* Ta'bellenführer *m*; **2.** (An)Führer(in), (*pol. Partei-, Fraktions-, Oppositions-*, ⚔ *bsd. Zug-, Gruppen*)Führer *m*: ***ℒ of the House*** *parl.* Vorsitzende(r) *m* des Unterhauses; **3.** ♪ a) Kon'zertmeister *m*, erster Violi'nist, b) Führungsstimme *f* (*erster Sopran od. Bläser etc.*), c) *Am.* (Or'chester-, Chor)Leiter *m*, Diri'gent *m*; **4.** Leiter(in) (*e-s Projekts etc.*); **5.** Leitpferd *n od.* -hund *m*; **6.** ⚖ *Brit.* erster Anwalt (*mst Kronanwalt*): **~ *for the defence*** Hauptverteidiger *m*; **7.** *bsd. Brit.* 'Leitar,tikel *m* (*Zeitung*): **~ *writer*** Leitartikler *m*; **8.** *allg. fig.* ‚Spitzenreiter' *m*, *pl. a.* Spitzengruppe *f*; **9.** ✝ a) 'Lockar,tikel *m*, b) 'Spitzenar,tikel *m*, führendes Pro'dukt, c) *pl. Börse*: führende Werte *pl.*, d) *Statistik*: Index *m*; **10.** ⚘ Leit-, Haupttrieb *m*; **11.** *anat.* Sehne *f*; **12.** Startband *n* (*e-s Films etc.*); **13.** *typ.* Leit-, Ta'bellenpunkt *m*.

lead·er·ship ['li:dəʃɪp] *s.* **1.** Führung *f*, Leitung *f*; **2.** 'Führungsquali,täten *pl.*

,lead-'in [,li:d-] **I** *adj.* **1.** ϟ Zuleitungs..., *a. fig.* Einführungs...; **II** *s.* **2.** (An'tennen- *etc.*)Zuleitung *f*; **3.** *fig.* Einleitung *f*.

lead·ing ['li:dɪŋ] führend: a) erst, vorderst: ***the ~ car***, b) *fig.* Haupt...: **~ *part*** *thea.* Hauptrolle *f*; **~ *product*** Spitzenprodukt *n*, c) tonangebend, maßgeblich: **~ *citizen*** prominenter Bürger; **~ ar·ti·cle** → ***leader*** 7, 9 a, b; **~ case** *s.* ⚖ Präze'denzfall *m*; **~ la·dy** *s.* Hauptdarstellerin *f*; **~ light** *s.* F *fig.* ‚Leuchte' *f* (*Person*); **~ man** *s.* [*irr.*] Hauptdarsteller *m*; **~ note** *s.* ♪ Leitton *m*; **~ ques·tion** *s.* ⚖ Sugge'stivfrage *f*; **~ reins**, *Am.* **~ strings** *s. pl.* **1.** Leitzügel *m*; **2.** Gängelband *n* (*a. fig.*): ***in ~*** *fig.* a) in den Kinderschuhen (stekkend), b) am Gängelband.

lead| pen·cil [led] *s.* Bleistift *m*; **~ poi·son·ing** *s.* ⚕ Bleivergiftung *f*.

lead sto·ry [li:d] *s. Zeitung*: 'Hauptar,tikel *m*, ‚Aufmacher' *m*.

leaf [li:f] **I** *pl.* **leaves** [li:vz] *s.* **1.** ⚘ (*a.* Blumen)Blatt *n*, *pl. a.* Laub *n*: ***in ~*** belaubt, grün; ***come into ~*** ausschlagen, grün werden; **2.** *coll.* a) Teeblätter *pl.*, b) Tabakblätter *pl.*; **3.** Blatt *n* (*im Buch*): ***take a ~ out of s.o.'s book*** *fig.* sich an j-m ein Beispiel nehmen; ***turn over a new ~*** *fig.* ein neues Leben beginnen; **4.** ⚙ a) Flügel *m* (*Tür, Fenster etc.*), b) Klappe *od.* Ausziehplatte *f* (*Tisch*), c) ⚔ (*Visier*)Klappe *f*; **5.** ⚙ Blatt *n*, (dünne) Folie: ***gold ~*** Blattgold *n*; **6.** ⚙ Blatt *n* (*Feder*); **II** *v/t. u. v/i.* **7.** **~ *through*** 'durchblättern.

leaf·age ['li:fɪdʒ] *s.* Laub(werk) *n*.

leaf| bud *s.* Blattknospe *f*; **~ green** *s.* ⚘ Blattgrün *n* (*a. Farbe*).

leaf·less ['li:flɪs] *adj.* blätterlos, entblättert, kahl.

leaf·let ['li:flɪt] *s.* **1.** ⚘ Blättchen *n*; **2.** a) Flugblatt *n*, b) Hand-, Re'klamezettel *m*, c) Merkblatt *n*, d) Pro'spekt *m*, e) Bro'schüre *f*.

leaf spring *s.* ⚙ Blattfeder *f*.

leaf·y ['li:fɪ] *adj.* **1.** belaubt, grün; **2.** Laub...; **3.** blattartig, Blatt...

league¹ [li:g] *s.* **1.** Liga *f*, Bund *m*: ***ℒ of Nations*** *hist.* Völkerbund; **2.** Bündnis *n*, Bund *m*: ***be in ~ with*** im Bunde sein mit, unter 'einer Decke stecken mit; ***be in ~ against s.o.*** sich gegen j-n verbündet haben; **3.** *sport* Liga *f*: ***he is not in the same ~*** (***with me***) *fig.* da (an mich) kommt er nicht ran.

league² [li:g] *s. obs.* Wegstunde *f*, Meile *f* (*etwa 4 km*).

leak [li:k] **I** *s.* **1.** a) ⚓ Leck *n*, b) undichte Stelle, Loch *n*: ***spring a ~*** ein Leck *etc.* bekommen; ***take a ~*** *sl.* ‚pinkeln' (gehen), c) → ***leakage*** 1; **2.** *fig.* a) ‚undichte Stelle' (*in e-m Amt etc.*), b) 'Durchsickern *n* (*von Informationen*), c) gezielte Indiskreti'on: ***a ~ to the press*** *a.* e-e der Presse zugespielte Information *etc.*; **3.** ϟ a) Streuung(sverluste *pl.*) *f*, b) Fehlerstelle *f*; **II** *v/i.* **4.** lecken (*a.* ϟ streuen), leck *od.* undicht sein, *Eimer etc. a.* (aus)laufen, tropfen; **5.** *a.* **~ *out*** a) ausströmen, entweichen

(*Gas*), b) auslaufen, sickern, tropfen (*Flüssigkeit*), c) 'durchsickern (*a. fig. Nachricht etc.*); **III** *v/t. a.* **~ out 6.** 'durchlassen: ***the container ~ed (out) oil*** aus dem Behälter lief Öl aus; **7.** *fig. Nachricht etc.* 'durchsickern lassen: ***~ s.th. (out) to*** *j-m* et. zuspielen.

leak·age ['li:kɪdʒ] *s.* **1.** a) Lecken *n*, Auslaufen *n*, -strömen *n*, -treten *n*, b) → ***leak*** 1 a *u.* 2; **2.** *a. fig.* Schwund *m*, Verlust *m*; **3.** ⚜ Lec'kage *f*; **~ cur·rent** *s.* ⚡ Leck-, Ableitstrom *m*.

leak·y ['li:kɪ] *adj.* leck, undicht.

lean[1] [li:n] *adj.* **1.** a) mager (*a. fig. Ernte, Fleisch, Jahre, Lohn etc.*), schmal, hager, b) schlank; **2.** ⚙ Mager... (*-kohle etc.*), Spar... (*-beton, -gemisch etc.*).

lean[2] [li:n] **I** *v/i.* [*irr.*] **1.** sich neigen (***to*** nach), *Person a.* sich beugen (***over*** über *acc.*), (sich) lehnen (***against*** gegen, an *acc.*), sich stützen (***on*** auf *acc.*): ***~ back*** sich zurücklehnen; ***~ over*** sich (vor)neigen *od.* (vor)beugen; ***~ over backward(s)*** F sich ‚fast umbringen' (*et. zu tun*); ***~ to(ward) s.th.*** *fig.* zu et. (hin)neigen *od.* tendieren; **2. *~ on*** *fig.* a) sich auf *j-n* verlassen, b) F *j-n* unter Druck setzen; **II** *v/t.* [*irr.*] **3.** neigen, beugen; **4.** lehnen (***against*** gegen, an *acc.*), (auf)stützen (***on, upon*** auf *acc.*); **III** *s.* **5.** Hang *m*, Neigung *f* (***to*** nach); '**lean·ing** [-nɪŋ] **I** *adj.* sich neigend, geneigt, schief: ***~ tower*** schiefer Turm; **II** *s.* Neigung *f*, Ten'denz *f* (*a. fig.* ***towards*** zu).

lean·ness ['li:nnɪs] *s.* Magerkeit *f* (*a. fig. der Ernte, Jahre etc.*).

leant [lent] *bsd. Brit. pret. u. p.p. von* ***lean***[2].

'**lean-to** [-tu:] **I** *pl.* **-tos** *s.* Anbau *m od.* Schuppen (*mit Pultdach*); **II** *adj.* angebaut, Anbau..., sich anlehnend.

leap [li:p] **I** *v/i.* [*irr.*] **1.** springen: ***look before you ~*** erst wägen, dann wagen; ***ready to ~ and strike*** sprungbereit; ***~ for joy*** vor Freude hüpfen (*a. Herz*); **2.** *fig.* a) springen, b) sich stürzen, c) *a.* ***~ up*** (auf)lodern (*Flammen*), d) *a.* ***~ up*** hochschnellen (*Preise etc.*): ***~ into view*** plötzlich sichtbar werden *od.* auftauchen; ***~ at*** sich (förmlich) auf *e-e Gelegenheit etc.* stürzen; ***~ into fame*** mit 'einem Schlag berühmt werden; ***~ to a conclusion*** voreilig e-n Schluß ziehen; ***~ to the eye, ~ out*** ins Auge springen; **II** *v/t.* [*irr.*] **3.** über'springen (*a. fig.*), springen über (*acc.*); **4.** *Pferd etc.* springen lassen (***over*** über *acc.*); **III** *s.* **5.** Sprung *m* (*a. fig.*): ***a ~ in the dark*** *fig.* ein Sprung ins Ungewisse; ***a great ~ forward*** *fig.* ein großer Sprung *od.* Schritt nach vorn; ***by ~s (and bounds)*** *fig.* sprunghaft; '**~·frog I** *s.* Bockspringen *n*; **II** *v/i.* bockspringen; **III** *v/t.* bockspringen über (*acc.*), e-n Bocksprung machen über (*acc.*).

leapt [lept] *pret. u. p.p. von* ***leap***.

leap year *s.* Schaltjahr *n*.

learn [lɜ:n] **I** *v/t.* [*irr.*] **1.** (er)lernen; **2.** (***from***) a) erfahren, hören (von), b) ersehen, entnehmen (aus *e-m Brief etc.*); **3.** *sl.* ‚lernen' (*lehren*); **II** *v/i.* [*irr.*] **4.** lernen: ***he will never ~!*** er lernt es nie!; **5.** erfahren, hören (***of, about*** von); '**learn·ed** [-nɪd] *adj.* □ gelehrt, *Buch etc.*: *a.* wissenschaftlich, *Beruf etc.*: *a.* aka'demisch; '**learn·er** [-nə] *s.* **1.** Anfänger(in); **2.** (*a. mot.* Fahr)Schüler (-in), Lernende(r *m*) *f*: ***slow ~*** Lernschwache(r *m*) *f*; '**learn·ing** [-nɪŋ] *s.* **1.** Gelehrsamkeit *f*, Gelehrtheit *f*, Wissen *n*: ***man of ~*** Gelehrte(r) *m*; **2.** (Er)Lernen *n*; **learnt** [-nt] *pret. u. p.p. von* ***learn***.

lease [li:s] **I** *s.* **1.** Pacht-, Mietvertrag *m*; **2.** a) Verpachtung *f* (***to*** an *acc.*), b) Pacht *f*, Miete *f*, c) → ***leasing***: ***a new ~ of life*** *fig.* ein neues Leben, noch e-e (Lebens)Frist (*nach Krankheit etc.*); ***put out to*** (*od.* ***to let out on***) ***~*** → 5; ***take s.th. on ~, take a ~ of s.th.*** → 6; ***by*** (*od.* ***on***) ***~*** auf Pacht; **3.** Pachtbesitz *m*, -grundstück *n*; **4.** Pacht- *od.* Mietzeit *f od.* -verhältnis *n*; **II** *v/t.* **5. *~ out*** verpachten *od.* vermieten (***to*** an *acc.*); **6.** pachten *od.* mieten, *Investitionsgüter a.* leasen.

'**lease|·hold** [-*s*həʊ-] **I** *s.* **1.** Pacht- *od.* Mietbesitz *m*, Pacht- *od.* Mietgrundstück *n*, Pachtland *n*; **II** *adj.* **2.** gepachtet, Pacht...; '**~ˌhold·er** *s.* Pächter(in), Mieter(in).

leas·er ['li:sə] *s.* Pächter(in), Mieter(in), *von Investitionsgütern etc.*: *a.* Leasingnehmer(in).

leash [li:ʃ] **I** *s.* **1.** (Koppel-, Hunde)Leine *f*: ***hold in ~*** a) → 4, b) *fig.* im Zaum halten; ***strain at the ~*** a) an der Leine zerren, b) *fig.* vor Ungeduld platzen; **2.** *hunt.* Koppel *f* (*drei Hunde, Füchse etc.*); **II** *v/t.* **3.** (zs.-)koppeln; **4.** an der Leine halten.

leas·ing ['li:sɪŋ] *s.* **1.** Pachten *n*, Mieten *n*; **2.** Verpachten *n od.* Vermieten *n*, *von Investitionsgütern etc.*: *a.* Leasing *n*.

least [li:st] **I** *adj.* (*sup. von* ***little***) geringst: a) kleinst, wenigst, mindest, b) unbedeutendst; **II** *s. das* Mindeste, *das* Wenigste: ***at (the) ~*** mindestens, wenigstens, zum mindesten; ***at the very ~*** allermindestens; ***not in the ~*** nicht im geringsten *od.* mindesten; ***say the ~*** (***of it***) gelinde gesagt; ***~ said soonest mended*** je weniger Worte (darüber) desto besser; ***that's the ~ of my worries*** das ist m-e geringste Sorge; **III** *adv.* am wenigsten: ***~ of all*** am allerwenigsten; ***not ~*** nicht zuletzt; ***the ~ complicated solution*** die unkomplizierteste Lösung; ***with the ~ possible effort*** mit möglichst geringer Anstrengung.

leath·er ['leðə] **I** *s.* **1.** Leder *n* (*a. fig. humor. Haut*; *sport sl. Ball*): ***~ goods*** Lederwaren *pl.* ; **2.** Lederball *m*, -lappen *m*, -riemen *m etc.*; **3.** *pl.* a) Lederhose(n *pl.*) *f*, b) 'Lederga,maschen *pl.*; **II** *v/t.* **4.** mit Leder über'ziehen; **5.** F ‚versohlen'; **'~·neck** *s.* ⚔ *Am.* F ‚Ledernacken' *m*, Ma'rineinfante,rist *m* (*des U.S. Marine Corps*).

leath·er·y ['leðərɪ] *adj.* ledern, zäh.

leave¹ [li:v] **I** *v/t.* [*irr.*] **1.** *allg.* verlassen: a) von *j-m od. e-m Ort* weggehen, b) abreisen *od.* abfahren *od.* abfliegen von (***for*** nach), c) von *der Schule* abgehen, d) *j-n od. et.* im Stich lassen, *et.* aufgeben; **2.** lassen: ***~ open*** offenlassen; ***it ~s me cold*** F es läßt mich kalt; ***~ it at that*** F es dabei belassen *od.* (bewenden) lassen; ***~ things as they are*** die Dinge so lassen, wie sie sind; → ***leave alone***; **3.** (übrig)lassen: ***6 from 8 ~s 2*** 8 minus 6 ist 2; ***be left*** übrig sein, (übrig-) bleiben; ***there's nothing left for us but to go*** uns bleibt nichts übrig, als zu gehen; ***to be left till called for*** postlagernd; **4.** *Narbe etc.* zu'rücklassen, *Eindruck*, *Nachricht*, *Spur etc.* hinter'lassen: ***~ s.o. wondering whether*** j-n im Zweifel darüber lassen, ob; ***~ s.o. to himself*** j-n sich selbst überlassen; **5.** *s-n Schirm etc.* stehen- *od.* liegenlassen, vergessen; **6.** über'lassen, an'heimstellen (***to*** *dat.*): ***I ~ it to you*** (***to decide***); ***~ it to me!*** überlaß das mir!, laß mich das *od.* nur machen; ***~ nothing to accident*** nichts dem Zufall überlassen; **7.** (*nach dem Tode*) hinter'lassen, zu'rücklassen: ***he ~s a wife and five children***; **8.** vermachen, vererben (***to s.o.*** j-m); **9.** (*auf der Fahrt*) *links od. rechts* liegen lassen: ***~ the mill on the left***; **10.** aufhören mit, (unter)'lassen, *Arbeit etc.* einstellen; **II** *v/i.* [*irr.*] **11.** (fort-, weg-) gehen, (ab)reisen *od.* (ab)fahren *od.* (ab)fliegen (***for*** nach); **12.** gehen, die Stellung aufgeben;

Zssgn mit adv.:

leave| a·bout *v/t.* her'umliegen lassen; **~ a·lone** *v/t.* **1.** al'lein lassen; **2.** *j-n od. et.* in Ruhe lassen; *et.* auf sich beruhen lassen: ***leave well alone*** die Finger davon lassen; **~ a·side** *v/t.* bei'seite lassen; **~ be·hind** *v/t.* **1.** da-, zu'rücklassen; **2.** → ***leave¹*** 4, 5; **3.** *Gegner etc.* hinter sich lassen; **~ off I** *v/t.* **1.** weglassen; **2.** *Kleid etc.* a) nicht anziehen, b) ablegen, nicht mehr tragen; **3.** aufhören mit, *die Arbeit* einstellen; **4.** *Gewohnheit etc.* aufgeben; **II** *v/i.* **5.** aufhören; **~ on** *v/t. Kleid etc.* anbehalten, *a. Licht etc.* anlassen; **~ out** *v/t.* **1.** aus-, weglassen; **2.** draußen lassen; **3.** *j-n* ausschließen (***of*** von): ***leave her out of this!*** laß sie aus dem Spiel!; **~ o·ver** *v/t.* (*als Rest*) übriglassen: ***be left over*** übrig(geblieben) sein.

leave² [li:v] *s.* **1.** Erlaubnis *f*, Genehmigung *f*: ***ask ~ of s.o.*** j-n um Erlaubnis bitten; ***take ~ to say*** sich zu sagen erlauben; ***by your ~!*** mit Verlaub!; ***without so much as a by your ~*** *iro.* mir nichts, dir nichts; **2.** *a.* ***~ of absence*** Urlaub *m*: (***go on***) ***~*** auf Urlaub (gehen); ***a man on ~*** ein Urlauber; **3.** Abschied *m*: ***take*** (***one's***) ***~*** sich verabschieden, Abschied nehmen (***of s.o.*** von j-m); ***have taken ~ of one's senses*** nicht (mehr) ganz bei Trost sein.

leav·en ['levn] **I** *s.* **1.** a) Sauerteig *m* (*a. fig.*), b) Hefe *f*, c) → ***leavening***; **II** *v/t.* **2.** *Teig* a) säuern, b) (auf)gehen lassen; **3.** *fig.* durch'setzen, -'dringen; **'leav·en·ing** [-nɪŋ] *s.* Treibmittel *n*, Gär(ungs)stoff *m*.

leaves [li:vz] *pl. von* ***leaf***.

'leave-,tak·ing *s.* Abschied(nehmen *n*) *m*.

leav·ing cer·tif·i·cate ['li:vɪŋ] *s.* Abgangszeugnis *n*.

leav·ings ['li:vɪŋz] *s. pl.* **1.** 'Überbleibsel *pl.*, Reste *pl.*; **2.** Abfall *m*.

Leb·a·nese [,lebə'ni:z] **I** *adj.* liba'nesisch; **II** *s.* a) Liba'nese *m*, Liba'nesin *f*, b) *pl.* Liba'nesen *pl*.

lech·er ['letʃə] *s.* Wüstling *m*, *humor.* ‚Lustmolch' *m*; **lech·er·ous** ['letʃərəs] *adj.* □ lüstern, geil; **'lech·er·y** [-ərɪ] *s.* Lüsternheit *f*, Geilheit *f*.

lec·tern ['lektɜ:n] *s. eccl.* (Lese- *od.* Chor)Pult *n*.

lec·ture ['lektʃə] **I** *s.* **1.** Vortrag *m*; *univ.* Vorlesung *f*, Kol'leg *n* (***on*** über *acc.*, ***to*** vor *dat.*): ***~ room*** Vortrags-, *univ.* Hörsaal *m*; ***~ tour*** Vortragsreise *f*; **2.** Strafpredigt *f*: ***give*** (*od.* ***read***) ***s.o. a ~*** → 5; **II** *v/i.* **3.** e-n Vortrag *od.* Vorträge halten (***to s.o. on s.th.*** vor j-m über e-e Sache); **4.** *univ.* e-e Vorlesung *od.* Vorlesungen halten, lesen (***on*** über *acc.*); **III** *v/t.* **5.** *j-m* e-e Strafpredigt *od.* Standpauke halten; **ˈlec·tur·er** [-tʃərə] *s.* **1.** Vortragende(r *m*) *f*; **2.** *univ.* Doˈzent(in), Hochschullehrer(in); **3.** *Church of England*: Hilfsprediger *m*; **ˈlec·ture·ship** [-ʃɪp] *s. univ.* Dozenˈtur *f*, Lehrauftrag *m*.

led [led] *pret. u. p.p. von* ***lead***[1].

ledge [ledʒ] *s.* **1.** Leiste *f*, Kante *f*; **2.** a) (Fenster)Sims *m od. n*, b) (Fenster-)Brett *n*; **3.** (Fels)Gesims *n*, (-)Vorsprung *m*; **4.** Felsbank *f*, Riff *n*.

ledg·er [ˈledʒə] *s.* **1.** ✝ Hauptbuch *n*; **2.** ⚠ Querbalken *m*, Sturz *m* (*e-s Gerüsts*); **3.** große Steinplatte; **~ line** *s.* **1.** Angelleine *f* mit festliegendem Köder; **2.** ♪ Hilfslinie *f*.

lee [liː] *s.* **1.** (wind)geschützte Stelle; **2.** Windschattenseite *f*; **3.** ⚓ Lee(seite) *f*.

leech [liːtʃ] *s.* **1.** *zo.* Blutegel *m*: ***stick like a ~ to s.o.*** *fig.* wie e-e Klette an j-m hängen; **2.** *fig.* Blutsauger *m*, Schmaˈrotzer *m*.

leek [liːk] *s.* ⚘ (Breit)Lauch *m*, Porree *m*.

leer [lɪə] **I** *s.* (lüsterner *od.* gehässiger *od.* boshafter) (Seiten)Blick, anzügliches Grinsen; **II** *v/i.* (lüstern *etc.*) schielen (***at*** nach); anzüglich grinsen; **leer·y** [ˈlɪərɪ] *adj. sl.* **1.** schlau; **2.** argwöhnisch (***of*** gegenüber).

lees [liːz] *s. pl.* Bodensatz *m*, Hefe *f* (*a. fig.*): ***drink*** (*od.* ***drain***) ***to the ~*** *bsd. fig.* bis zur Neige leeren.

lee| shore *s.* ⚓ Leeküste *f*; **~ side** *s.* ⚓ Leeseite *f*.

lee·ward [ˈliːwəd; ⚓ ˈluːəd] **I** *adj.* Lee…; **II** *s.* Lee(seite) *f*: ***to ~*** → **III** *adv.* leewärts.

ˈlee·way *s.* **1.** ⚓, *a.* ✈ Abtrift *f*: ***make ~*** abtreiben; **2.** *fig.* Rückstand *m*: ***make up ~*** (den Rückstand) aufholen, (das Versäumte) nachholen; **3.** *fig.* Spielraum *m*.

left[1] [left] *pret. u. p.p. von* ***leave***[1].

left[2] [left] **I** *adj.* **1.** link (*a. pol.*); **II** *adv.* **2.** links: ***move ~*** nach links rücken; ***turn ~*** links abbiegen; ***~ turn!*** ⚔ links um!; **III** *s.* **3.** Linke *f* (*a. pol.*), linke Seite: ***on*** (*od.* ***to***) ***the ~*** (***of***) links (von), linker Hand (von); ***on our ~*** zu unserer Linken, links von uns; ***to the ~*** nach links; ***keep to the ~*** sich links halten, links fahren; ***the ~ of the party*** *pol.* der linke Flügel der Partei; **4.** *Boxen*: a) Linke *f* (*Faust*), b) Linke(r *m*) *f* (*Schlag*); **ˈ~-hand** *adj.* **1.** link; **2.** → ***left-handed*** 1–4; **ˌ~-ˈhand·ed** *adj.* □ **1.** linkshändig: ***a ~ person*** → ***left-hander*** 1; **2.** linkshändig, link (*Schlag etc.*); **3.** link, linksseitig; **4.** ⚙ linksgängig, -läufig, Links…: ***~ drive*** Linkssteuerung *f*; ***~ screw*** linksgängige Schraube; **5.** zweifelhaft, fragwürdig: ***~ compliments***; **6.** linkisch, ungeschickt; **7.** *hist.* morgaˈnatisch, zur linken Hand (*Ehe*); **ˌ~-ˈhand·er** *s.* **1.** Linkshänder(in); **2.** *Boxen*: Linke *f*.

left·ist [ˈleftɪst] *pol.* **I** *s.* Linke(r *m*) *f*, ˈLinkspoˌlitiker(in), -stehende(r *m*) *f*; **II** *adj.* linksgerichtet, -stehend, Links…

ˌleft|-ˈlug·gage lock·er *s. Brit.* (Gepäck)Schließfach *n*; **ˌ~-ˈlug·gage (of·fice)** *s. Brit.* Gepäckaufbewahrung(sstelle) *f*; **ˈ~ˌo·ver I** *adj.* übrig(geblieben); **II** *s.* ˈÜberbleibsel *n*, (*bsd.* Speise)Rest *m*.

ˈleft|-wing *adj. pol.* dem linken Flügel angehörend, Links…, *Person*: *a.* linksgerichtet, -stehend; **ˌ~-ˈwing·er** *s.* **1.** → ***leftist*** I; **2.** *sport* Linksaußen *m*.

leg [leg] **I** *s.* **1.** a) Bein *n*, b) ˈUnterschenkel *m*; → *Bes. Redew.*; **2.** (*Hammel- etc.*)Keule *f*: ***~ of mutton***; **3.** a) Bein *n* (*Hose, Strumpf*), b) Schaft *m* (*Stiefel*); **4.** a) Bein *n* (*Tisch etc.*), b) Stütze *f*, c) Schenkel *m* (*Zirkel etc.*, *a.* ⩘ *Dreieck*); **5.** Eˈtappe *f*, Abschnitt *m*, Teilstrecke *f*; **6.** *sport* a) Eˈtappe *f*, Teilstrecke *f*, b) Runde *f*, c) ˈDurchgang *m*, Lauf *m*; **II** *v/i.* **7.** *mst* ***~ it*** F a) tippeln, marschieren, b) rennen;

Besondere Redewendungen:

on one's ~s a) stehend (*bsd. um e-e Rede zu halten*), b) auf den Beinen (*Ggs. bettlägerig*); ***be on one's last ~s*** es nicht mehr lange machen, ‚am Eingehen' sein, auf dem letzten Loch pfeifen; ***find one's ~s*** s-e Beine gebrauchen lernen, *fig.* sich finden; ***give s.o. a ~ up*** j-m (hin)aufhelfen, *fig.* j-m unter die Arme greifen; ***have not a ~ to stand on*** *fig.* keinerlei Beweise *od.* keine Chance haben; ***pull s.o.'s ~*** F j-n ‚auf den Arm nehmen' *od.* aufziehen; ***shake a ~*** a) F das Tanzbein schwingen, b) *sl.* ‚Tempo machen'; ***stand on one's own ~s*** auf eigenen Füßen stehen; ***stretch one's ~s*** sich die Beine vertreten.

leg·a·cy [ˈlegəsɪ] *s.* ⚖ Leˈgat *n*, Vermächtnis *n* (*a. fig.*), *fig. a.* Erbe *n*, *contp.* Hinterˈlassenschaft *f*.

le·gal [ˈliːgl] *adj.* □ **1.** gesetzlich, rechtlich: ***~ holiday*** gesetzlicher Feiertag; ***~ reserves*** ✝ gesetzliche Rücklagen; **2.** leˈgal: a) (rechtlich *od.* gesetzlich) zulässig, gesetzmäßig, b) rechtsgültig: ***~ claim***; ***not ~*** gesetzlich verboten *od.*

nicht zulässig; ***make ~*** legalisieren; **3.** Rechts…, ju'ristisch: ***~ adviser*** Rechtsberater(in); ***~ aid*** Prozeßkostenhilfe *f*; ***~ capacity*** Geschäftsfähigkeit *f*; ***~ entity*** juristische Person; ***~ force*** Rechtskraft *f*; ***~ position*** Rechtslage *f*; ***~ remedy*** Rechtsmittel *n*; **4.** gerichtlich: ***a ~ decision***; ***take ~ action*** (*od.* ***steps***) ***against s.o.*** gegen j-n gerichtlich vorgehen; **le·gal·ese** [ˌliːgəˈliːz] *s.* Juˈristensprache *f*, -jarˌgon *m*; **le·gal·i·ty** [liːˈgælətɪ] *s.* Legaliˈtät *f*, Gesetzlichkeit *f*, Rechtmäßigkeit *f*, Zulässigkeit *f*.

le·gal·i·za·tion [ˌliːgəlaɪˈzeɪʃn] *s.* Legalisierung *f*; **le·gal·ize** [ˈliːgəlaɪz] *v/t.* legalisieren, rechtskräftig machen, *a.* amtlich beglaubigen, beurkunden.

leg·ate[1] [ˈlegɪt] *s.* (päpstlicher) Leˈgat.

le·gate[2] [lɪˈgeɪt] *v/t.* (testamenˈtarisch) vermachen.

leg·a·tee [ˌlegəˈtiː] *s.* ⚖ Legaˈtar(in), Vermächtnisnehmer(in).

le·ga·tion [lɪˈgeɪʃn] *s. pol.* Gesandtschaft *f*, Vertretung *f*.

leg·a·tor [ˌlegəˈtɔː; *Am.* lɪˈgeɪtə] *s.* ⚖ Vermächtnisgeber(in), Erb-lasser(in).

leg·end [ˈledʒənd] *s.* **1.** Sage *f*, (*a.* ˈHeiligen)Leˌgende *f*; **2.** Leˈgende *f*: a) erläuternder Text, Beschriftung *f*, ˈBildˌunterschrift *f*, b) Zeichenerklärung *f* (*auf Karten etc.*), c) Inschrift *f*; **3.** *fig.* legenˈdäre Gestalt *od.* Sache, Mythus *m*; ˈ**leg·end·ar·y** [-dərɪ] *adj.* legenˈdär: a) sagenhaft, Sagen…, b) berühmt.

leg·er·de·main [ˌledʒədəˈmeɪn] *s.* Taschenspieleˈrei *f*, *a. fig.* (Taschenspieler)Trick *m*.

-legged [legd] *adj. bsd. in Zssgn* mit (…) Beinen, …beinig; **leg·gings** [ˈlegɪŋz] *s. pl.* **1.** (hohe) Gaˈmaschen *pl.*; **2.** ˈÜberhose *f*; **leg·gy** [ˈlegɪ] *adj.* langbeinig.

leg·i·bil·i·ty [ˌledʒɪˈbɪlətɪ] *s.* Leserlichkeit *f*; **leg·i·ble** [ˈledʒəbl] *adj.* □ (gut) leserlich.

le·gion [ˈliːdʒən] *s.* **1.** *antiq.* ⚔ Legiˈon *f* (*a. fig. Unzahl*): ***their name is ~*** *fig.* ihre Zahl ist Legion; **2.** Legiˈon *f*, (*bsd.* Frontkämpfer)Verband *m*: ***the American*** (***British***) ***2***; ***2 of Hono***(***u***)***r*** *französische* Ehrenlegion; ***the*** (***Foreign***) ***2*** die (französische) Fremdenlegion; ˈ**le·gion·ar·y** [-dʒənərɪ] **I** *adj.* Legions…; **II** *s.* Legioˈnär *m*; **le·gion·naire** [ˌliːdʒəˈneə] *s.* (ˈFremden- *etc.*)Legioˌnär *m*.

leg·is·late [ˈledʒɪsleɪt] **I** *v/i.* Gesetze erlassen; **II** *v/t.* durch Gesetze bewirken *od.* schaffen: ***~ away*** durch Gesetze abschaffen; **leg·is·la·tion** [ˌledʒɪsˈleɪʃn] *s.* Gesetzgebung *f* (*a. weitS.* [erlassene] Gesetze *pl.*); ˈ**leg·is·la·tive** [-lətɪv] **I** *adj.* □ **1.** gesetzgebend, legislaˈtiv; **2.** Legislatur…, Gesetzgebungs…; **II** *s.* **3.** → ***legislature***; ˈ**leg·is·la·tor** [-leɪtə] *s.* Gesetzgeber *m*; ˈ**leg·is·la·ture** [-leɪtʃə] *s.* Legislaˈtive *f*, gesetzgebende Körperschaft.

le·git [lɪˈdʒɪt] *sl. für* ***legitimate*** I, ***legitimate drama***.

le·git·i·ma·cy [lɪˈdʒɪtɪməsɪ] *s.* **1.** Legitimiˈtät *f*: a) Rechtmäßigkeit *f*, b) Ehelichkeit *f*: ***~ of birth***, c) Berechtigung *f*, Gültigkeit *f*; **2.** (Folge)Richtigkeit *f*.

le·git·i·mate [lɪˈdʒɪtɪmət] **I** *adj.* □ **1.** legiˈtim: a) gesetzmäßig, gesetzlich, b) rechtmäßig, berechtigt (*Forderung etc.*), c) ehelich: ***~ birth***; ***~ son***; **2.** (folge)richtig, begründet, einwandfrei; **II** *v/t.* [-meɪt] **3.** legitimieren: a) für gesetzmäßig erklären, b) ehelich machen; **4.** als (rechts)gültig anerkennen; **5.** rechtfertigen; ***~*** **dra·ma** *s.* **1.** liteˈrarisch wertvolles Drama; **2.** echtes Drama (*Ggs. Film etc.*).

le·git·i·ma·tion [lɪˌdʒɪtɪˈmeɪʃn] *s.* Legitimatiˈon *f*: a) Legitimierung *f*, *a.* Ehelichkeitserklärung *f*, b) ˈAusweis(paˌpiere *pl.*) *m*; **le·git·i·ma·tize** [lɪˈdʒɪtɪmətaɪz], **le·git·i·mize** [lɪˈdʒɪtɪmaɪz] → ***legitimate*** 3, 4, 5.

leg·less [ˈleglɪs] *adj.* ohne Beine, beinlos.

ˈ**leg**|**·man** *s.* [*irr.*] *bsd. Am.* **1.** Reˈporter *m* (im Außendienst); **2.** ‚Laufbursche' *m*; ˈ**~-pull** *s.* F Veräppelung *f*, Scherz *m*; ˈ**~·room** [-rʊm] *s. mot.* Beinfreiheit *f*; ˈ**~-show** *s.* F ‚Beinchenschau' *f*, Reˈvue *f*.

leg·ume [ˈlegjuːm] *s.* **1.** ⚘ a) Hülsenfrucht *f*, b) Hülse *f* (*Frucht*); **2.** *mst pl.* a) Hülsenfrüchte *pl.* (*als Gemüse*), b) Gemüse *n*; **le·gu·mi·nous** [leˈgjuːmɪnəs] *adj.* Hülsen…; hülsentragend.

ˈ**leg·work** *s.* F Laufeˈrei *f*.

lei·sure [ˈleʒə] **I** *s.* **1.** Muße *f*, Freizeit *f*: ***at ~*** → ***leisurely***; ***be at ~*** Zeit *od.* Muße haben; ***at your ~*** wenn es Ihnen (gerade) paßt; **2.** → ***leisureliness***; **II** *adj.* Muße…, frei: ***~ hours***; ***~ activities*** Freizeitbeschäftigungen *pl.*, -gestaltung *f*; ***~ industry*** Freizeitindustrie *f*; ***~ time*** Freizeit *f*; ***~ wear*** Freizeit(be)kleidung *f*; ˈ**lei·sured** [-əd] *adj.* frei, unbeschäftigt, müßig: ***the ~ classes*** die begüterten Klassen; ˈ**lei·sure·li·ness** [-lɪnɪs] *s.* Gemächlichkeit *f*, Gemütlichkeit *f*; ˈ**lei·sure·ly** [-lɪ] *adj. u. adv.* gemächlich, gemütlich.

leit·mo·tiv, *a.* **leit·mo·tif** [ˈlaɪtməʊˌtiːf] *s. bsd.* ♪ ˈLeitmoˌtiv *n*.

lem·ming ['lemɪŋ] *s. zo.* Lemming *m.*

lem·on ['lemən] **I** *s.* **1.** Zi'trone *f*; **2.** Zi'tronenbaum *m*; **3.** Zi'tronengelb *n*; **4.** *sl.* ,Niete' *f*: a) ,Flasche' *f* (*Person*), b) ,Gurke' *f* (*Sache*): ***hand s.o. a ~*** ,j-n schwer drankriegen'; **II** *adj.* **5.** zi'tronengelb; **lem·on·ade** [ˌlemə'neɪd] *s.* Zi'tronenlimoˌnade *f.*

lem·on| dab *s. ichth.* Rotzunge *f*; **~ sole** *s. ichth.* Seezunge *f*; **~ squash** *s. Brit.* Zi'tronenlimoˌnade *f*; **~ squeez·er** *s.* Zi'tronenpresse *f.*

le·mur ['li:mə] *s. zo.* Le'mur(e) *m*, Maki *m.*

lem·u·res ['lemjʊri:z] *s. pl. myth.* Le'muren *pl.* (*Gespenster*).

lend [lend] *v/t.* [*irr.*] **1.** (aus-, ver)leihen: ***~ s.o. money*** (*od.* ***money to s.o.***) j-m Geld leihen, an j-n Geld verleihen; **2.** *fig. Würde etc.* verleihen (***to*** *dat.*); **3.** *Hilfe etc.* leisten, gewähren: ***~ itself to*** sich eignen zu *od.* für (*Sache*); → ***ear***[1] 3, ***hand*** 1; **4.** *s-n Namen* hergeben (***to*** zu): ***~ o.s. to*** sich hergeben zu; **lend·er** ['lendə] *s.* Aus-, Verleiher(in), Geld-, Kre'ditgeber(in); **lend·ing li·brar·y** ['lendɪŋ] *s.* 'Leihbücheˌrei *f.*

ˌLend-'Lease Act *s. hist.* Leih-Pacht-Gesetz *n* (*1941*).

length [leŋθ] *s.* **1.** *allg.* Länge *f*: a) *als Maß*, *a.* Stück *n* (*Stoff etc.*): ***two feet in ~*** 2 Fuß lang, b) (*a.* lange) Strecke, c) 'Umfang *m* (*Buch*, *Liste etc.*), d) (*a.* lange) Dauer (*a. Phonetik*); **2.** *sport* Länge *f* (Vorsprung): ***win by a ~*** mit e-r Länge (Vorsprung) siegen;
Besondere Redewendungen:
at ~ a) lang, ausführlich, b) endlich, schließlich; ***at full ~*** a) in allen Einzelheiten, ganz ausführlich, b) der Länge nach (*hinfallen*); ***at great*** (***some***) ***~*** sehr (ziemlich) ausführlich; ***for any ~ of time*** für längere Zeit; (***over all***) ***the ~ and breadth of France*** in ganz Frankreich (herum); ***go*** (***to***) ***great ~s*** a) sehr weit gehen, b) sich sehr bemühen; ***he went*** (***to***) ***the ~ of asserting*** er ging so weit zu behaupten; ***go*** (***to***) ***all ~s*** aufs Ganze gehen, vor nichts zurückschrecken; ***go any ~*** alles (Erdenkliche) tun.

length·en ['leŋθən] **I** *v/t.* **1.** verlängern, länger machen; **2.** ausdehnen; **3.** *Wein etc.* strecken; **II** *v/i.* **4.** sich verlängern, länger werden; **5.** ***~ out*** sich in die Länge ziehen; **'length·en·ing** [-θənɪŋ] *s.* Verlängerung *f.*

length·i·ness ['leŋθɪnɪs] *s.* Langatmigkeit *f*, Weitschweifigkeit *f.*

'length·ways [-weɪz], *Am.* **'length·wise** *adv.* der Länge nach, längs.

length·y ['leŋθɪ] *adj.* □ **1.** (sehr) lang; **2.** *fig.* ermüdend *od.* 'übermäßig lang, langatmig.

le·ni·en·cy ['li:njənsɪ], *a.* **le·ni·ence** ['li:njəns] *s.* Milde *f*, Nachsicht *f*; **'le·ni·ent** [-nt] *adj.* □ mild(e), nachsichtig (***to***[***wards***] gegen'über).

lens [lenz] *s.* **1.** *anat.* Linse *f* (*a. phys.*, ⚙); **2.** *opt.* a) Linse *f*, b) Lupe *f*, (Vergrößerungs)Glas *n*; **3.** *phot.* Objek'tiv *n*, ,Linse' *f*: ***~ aperture*** Blende *f*; ***~ screen*** Gegenlichtblende *f.*

lent[1] [lent] *pret. u. p.p. von* ***lend.***

Lent[2] [lent] *s.* Fasten(zeit *f*) *pl.*

len·tic·u·lar [len'tɪkjʊlə] *adj.* □ **1.** linsenförmig, *bsd. anat.* Linsen…; **2.** *phys.* bikon'vex.

len·til ['lentɪl] *s.* ⚘ Linse *f.*

Lent| lil·y *s.* ⚘ Nar'zisse *f*; **~ term** *s. Brit.* 'Frühjahrstriˌmester *n.*

Le·o ['li:əʊ] *s. ast.* Löwe *m.*

le·o·nine ['li:əʊnaɪn] *adj.* Löwen…

leop·ard ['lepəd] *s. zo.* Leo'pard *m*: ***black ~*** Schwarzer Panther; ***the ~ can't change its spots*** *fig.* die Katze läßt das Mausen nicht; **~ cat** *s. zo.* Ben'galkatze *f.*

le·o·tard ['li:əʊtɑ:d] *s.* Tri'kot(anzug *m*) *n*, *sport* Gym'nastikanzug *m.*

lep·er ['lepə] *s.* **1.** Leprakranke(r *m*) *f*; **2.** *fig.* Aussätzige(r *m*) *f.*

lep·i·dop·ter·ous [ˌlepɪ'dɒptərəs] *adj.* Schmetterlings…

lep·re·chaun ['leprəkɔ:n] *s. Ir.* Kobold *m.*

lep·ro·sy ['leprəsɪ] *s.* ⚕ Lepra *f*; **'lep·rous** [-əs] *adj.* a) leprakrank, b) le'prös, Lepra…

les·bi·an ['lezbɪən] **I** *adj.* lesbisch; **II** *s.* Lesbierin *f*; **'les·bi·an·ism** [-nɪzəm] *s.* lesbische Liebe, Lesbia'nismus *m.*

lese-maj·es·ty [ˌli:z'mædʒɪstɪ] *s.* **1.** *a. fig.* Maje'stätsbeleidigung *f*; **2.** Hochverrat *m.*

le·sion ['li:ʒn] *s.* **1.** Verletzung *f*, Wunde *f*; **2.** krankhafte Veränderung (*e-s Organs*).

less [les] **I** *adv.* (*comp. von* ***little***) weniger (***than*** als): ***a ~ known*** (*od.* ***~-known***) ***author*** ein weniger bekannter Autor; ***~ and ~*** immer weniger *od.* seltener; ***still*** (*od.* ***much***) ***~*** noch viel weniger, geschweige denn; ***the ~ so as*** (dies) um so weniger, als; **II** *adj.* (*comp. von* ***little***) geringer, kleiner, weniger: ***in ~ time*** in kürzerer Zeit; ***of ~ importance*** (***value***) von geringerer Bedeutung (von geringerem Wert); ***no ~ a person than Churchill***; *a.* ***Chur-***

chill, no ~ kein Geringerer als Churchill; **III** *s.* weniger, e-e kleinere Menge *od.* Zahl, ein geringeres (Aus)Maß: ***for ~*** billiger; ***do with ~*** mit weniger auskommen; ***little ~ than robbery*** so gut wie *od.* schon fast Raub; ***nothing ~ than*** zumindest; ***nothing ~ than a disaster*** e-e echte Katastrophe; ***~ of that!*** hör auf damit!; **IV** *prp.* weniger, minus, ✝ abzüglich.

les·see [leˈsiː] *s.* Pächter(in) *od.* Mieter (-in), *von Investitionsgütern etc.*: *a.* Leasingnehmer(in).

less·en [ˈlesn] **I** *v/i.* sich vermindern *od.* verringern, abnehmen, geringer werden, nachlassen; **II** *v/t.* vermindern, -ringern, -kleinern; *fig.* herˈabsetzen, schmälern; **ˈless·en·ing** [-nɪŋ] *s.* Nachlassen *n*, Abnahme *f*, Verringerung *f*, -minderung *f*.

less·er [ˈlesə] *adj.* (*nur attr.*) kleiner, geringer; unbedeutender.

les·son [ˈlesn] *s.* **1.** Lektiˈon *f* (*a. fig. Denkzettel, Strafe*), Übungsstück *n*, (*a.* Haus)Aufgabe *f*; **2.** (Lehr-, ˈUnterrichts)Stunde *f*; *pl.* ˈUnterricht *m*, Stunden *pl.*: ***give ~s*** Unterricht erteilen; ***take ~s from s.o.*** Stunden *od.* Unterricht bei j-m nehmen; **3.** *fig.* Lehre *f*: ***this was a ~ to me*** das war mir e-e Lehre; ***let this be a ~ to you*** laß dir das zur Lehre *od.* Warnung dienen; ***he has learnt his ~*** er hat s-e Lektion gelernt; **4.** *eccl.* Lesung *f*.

les·sor [leˈsɔː] *s.* Verpächter(in) *od.* Vermieter(in), *von Investitionsgütern etc.*: *a.* Leasinggeber(in).

lest [lest] *cj.* **1.** (*mst mit folgendem* **should** *konstr.*) daß *od.* daˈmit nicht; aus Furcht, daß; **2.** (*nach Ausdrücken des Befürchtens*) daß: ***fear ~***.

let[1] [let] **I** *s.* **1.** *Brit.* F a) Vermietung *f*, b) Mietwohnung *f*, Mietshaus *n*: ***get a ~ for*** e-n Mieter finden für; **II** *v/t.* [*irr.*] **2.** lassen, *j-m* erlauben: ***~ him talk!*** laß ihn reden!; ***~ me help you*** lassen Sie mich Ihnen helfen; ***~ s.o. know*** j-n wissen lassen *od.* Bescheid sagen; ***~ into*** a) (her)einlassen in (*acc.*), b) *j-n* einweihen in *ein Geheimnis*, c) *Stück Stoff etc.* einsetzen in (*acc.*); ***~ s.o. off a penalty*** j-m e-e Strafe erlassen; ***~ s.o. off a promise*** j-n von e-m Versprechen entbinden; **3.** vermieten (***to*** an *acc.*, ***for*** auf *ein Jahr etc.*): ***"to ~"*** „zu vermieten“; **4.** *Arbeit etc.* vergeben (***to*** an *j-n*); **III** *v/aux.* [*irr.*] **5.** lassen, mögen, sollen (*zur Umschreibung des Imperativs der 1. u. 2. Person*): ***~ us go! Yes, ~'s!*** gehen wir! Ja, gehen wir! (*od.* Ja, einverstanden!); ***~ him go there at once!*** er soll sofort hingehen!; ***~'s not*** (F ***don't let's***) ***quarrel!*** wir wollen doch nicht streiten!; (***just***) ***~ them try*** das sollen sie nur versuchen; ***~ me see!*** Moment mal!; ***~ A be equal to B*** nehmen wir an, A ist gleich B; ***~ it be known that*** man soll *od.* alle sollen wissen, daß; **IV** *v/i.* [*irr.*] **6.** sich vermieten (lassen) (***at***, ***for*** für);

Besondere Redewendungen:

~ alone a) geschweige denn, ganz zu schweigen von, b) → ***let alone***; ***~ loose*** loslassen; ***~ be*** a) *et.* sein lassen, die Finger lassen von, b) *et. od. j-n* in Ruhe lassen; ***~ fall*** a) (*a. fig. Bemerkung*) fallen lassen, b) ⩚ *Senkrechte* fällen (***on***, ***upon*** auf *acc.*); ***~ fly*** a) *et.* abschießen, *fig. et.* vom Stapel lassen, b) (*v/i.*) schießen (***at*** auf *acc.*), c) *fig.* vom Leder ziehen, grob werden; ***~ go*** a) loslassen, fahren lassen, b) es sausen lassen, c) draufˈlos rasen *od.* schießen *etc.*, d) loslegen; ***~ o.s. go*** a) sich gehenlassen, b) aus sich herausgehen; ***~ go of s.th.*** et. loslassen; ***~ it go at that*** laß es dabei bewenden;

Zssgn mit adv.:

let| a·lone *v/t.* **1.** alˈlein lassen, verlassen; **2.** *j-n od. et.* in Ruhe lassen; *et.* sein lassen; die Finger von *et.* lassen (*a. fig.*): ***let well alone*** lieber die Finger davon lassen; **~ down** *v/t.* **1.** hinˈunter- *od.* herˈunterlassen: ***let s.o. down gently*** mit j-m glimpflich verfahren; **2.** a) *j-n* im Stich lassen (***on*** bei), b) *j-n* enttäuschen, c) *j-n* blamieren; **3.** die Luft aus *e-m Reifen* lassen; **~ in** *v/t.* **1.** (her)ˈeinlassen; **2.** *Stück etc.* einlassen, -setzen; **3.** einweihen (***on*** in *acc.*); **4.** ***let s.o. in for*** j-m *et.* aufhalsen *od.* einbrocken; ***let o.s. in for*** sich *et.* einbrokken *od.* einhandeln, sich auf *et.* einlassen; **~ off** *v/t.* **1.** *Sprengladung etc.* loslassen, *Gewehr etc.* abfeuern; *Gas etc.* ablassen; → ***steam*** 1; **2.** *Witz etc.* vom Stapel lassen; **3.** *j-n* laufen *od.* gehen lassen, *mit e-r Geldstrafe etc.* daˈvonkommen lassen; **~ on** F **I** *v/i.* **1.** ‚plaudern‘ (*Geheimnis verraten*); **2.** vorgeben, so tun als ob; **II** *v/t.* **3.** ‚ausplaudern‘, verraten; **4.** sich *et.* anmerken lassen; **~ out** *v/t.* **1.** hinˈaus- *od.* herˈauslassen; **2.** *Kleid* auslassen; **3.** *Geheimnis* ausplaudern; **4.** → ***let***[1] 3, 4; **~ up** *v/i.* F **1.** a) nachlassen, b) aufhören; **2.** ***~ on*** ablassen von, *j-n* in Ruhe lassen.

let[2] [let] *s.* **1.** *Tennis*: Netzaufschlag *m*, Netz(ball *m*) *n*; **2.** ***without ~ or hin-***

drance völlig unbehindert.

'let·down *s.* **1.** Nachlassen *n*; **2.** F Enttäuschung *f*; **3.** ✈ Her'untergehen *n*.

le·thal ['li:θl] *adj.* **1.** tödlich, todbringend; **2.** Todes…

le·thar·gic, **le·thar·gi·cal** [lɪ'θɑ:dʒɪk(l)] *adj.* □ le'thargisch: a) ⚕ schlafsüchtig, b) teilnahmslos, stumpf, träg(e); **leth·ar·gy** ['leθədʒɪ] *s.* Lethar'gie *f*: a) Teilnahmslosigkeit *f*, Stumpfheit *f*, b) ⚕ Schlafsucht *f*.

Le·the ['li:θi:] *s.* **1.** Lethe *f* (*Fluß des Vergessens im Hades*); **2.** *poet.* Vergessen(heit *f*) *n*.

Lett [let] → ***Latvian.***

let·ter ['letə] **I** *s.* **1.** Buchstabe *m* (*a. fig. buchstäblicher Sinn*): ***to the ~*** *fig.* buchstabengetreu, (ganz) exakt; ***the ~ of the law*** der Buchstabe des Gesetzes; ***in ~ and in spirit*** dem Buchstaben u. dem Sinne nach; **2.** Brief *m*, Schreiben *n* (***to*** an *acc.*): ***by ~*** brieflich, schriftlich; ***~ of application*** Bewerbungsschreiben; ***~ of attorney*** ⚖ Vollmacht *f*; ***~ of credit*** ✝ Akkreditiv *n*; **3.** *pl.* Urkunde *f*: ***~s of administration*** ✝ Nachlaßverwalter-Zeugnis *n*; ***~s testamentary*** Testamentsvollstrecker-Zeugnis *n*; ***~s*** (*od.* ***~***) ***of credence***, ***~s credential*** *pol.* Beglaubigungsschreiben *n*; ***~s patent*** ✝ (*sg. od. pl. konstr.*) Patent(urkunde *f*) *n*; **4.** *typ.* a) Letter *f*, Type *f*, b) *coll.* Lettern *pl.*, Typen *pl.*, c) Schrift(art) *f*; **5.** *pl.* a) (schöne) Litera'tur, b) Bildung *f*, c) Wissenschaft *f*: ***man of ~s*** a) Literat *m*, b) Gelehrter *m*; **II** *v/t.* **6.** beschriften; mit Buchstaben bezeichnen; *Buch* betiteln.

let·ter| bomb *s.* Briefbombe *f*; **'~·box** *s. bsd. Brit.* Briefkasten *m*; **~ card** *s.* Briefkarte *f*.

let·tered ['letəd] *adj.* **1.** a) (lite'rarisch) gebildet, b) gelehrt; **2.** beschriftet, bedruckt.

let·ter| file *s.* Briefordner *m*; **'~-ˌfound·er** *s. typ.* Schriftgießer *m*.

'let·ter·head *s.* **1.** (gedruckter) Briefkopf; **2.** 'Kopfpaˌpier *n*.

let·ter·ing ['letərɪŋ] *s.* Aufdruck *m*, Beschriftung *f*.

ˌlet·ter-'per·fect *adj.* **1.** *thea.* rollensicher; **2.** *allg.* buchstabengetreu.

'let·ter|·press *s. typ.* **1.** (Druck)Text *m*; **2.** Hoch-, Buchdruck *m*; **~ scales** *s. pl.* Briefwaage *f*; **'~·weight** *s.* Briefbeschwerer *m*.

Let·tish ['letɪʃ] → ***Latvian.***

let·tuce ['letɪs] *s.* ⚘ (*bsd.* 'Kopf)Saˌlat *m*.

'let-up *s.* F Nachlassen *n*, Aufhören *n*, Unter'brechung *f*: ***without ~*** unaufhörlich.

leu·co·cyte ['lju:kəʊsaɪt] *s. physiol.* Leuko'zyte *f*, weißes Blutkörperchen.

leu·co·ma [lju:'kəʊmə] *s.* ⚕ Leu'kom *n* (*Hornhauttrübung*).

leu·k(a)e·mi·a [lju:'ki:mɪə] *s.* ⚕ Leukä'mie *f*.

Le·van·tine ['levəntaɪn] **I** *s.* Levan'tiner (-in); **II** *adj.* levan'tinisch.

lev·ee[1] ['levɪ] *s.* (Ufer-, Schutz)Damm *m*, (Fluß)Deich *m*.

lev·ee[2] ['levɪ] *s.* **1.** *hist.* Le'ver *n*, Morgenempfang *m* (*e-s Fürsten*); **2.** *Brit.* Nachmittagsempfang *m*; **3.** *allg.* Empfang *m*.

lev·el ['levl] **I** *s.* **1.** Ebene *f* (*a. geogr.*), ebene Fläche; **2.** Horizon'tale *f*, Waagrechte *f*; **3.** Höhe *f* (*a. geogr.*), (*Meeres-*, *Wasser-*, *physiol. Alkohol-*, *Blutzucker- etc.*)Spiegel *m*, (*Geräusch-*, *Wasser*)Pegel *m*: ***on a ~*** (***with***) auf gleicher Höhe (mit); ***he's on the ~*** F a) er ist ‚in Ordnung', b) er meint es ehrlich; **4.** *fig.* (*a. geistiges*) Ni'veau, Stand *m*, Grad *m*, Stufe *f*: ***high ~ of education***; ***the ~ of prices*** das Preisniveau; ***low production ~*** niedriger Produktionsstand; ***come down to the ~ of others*** sich auf das Niveau anderer begeben; ***sink to the ~ of cut-throat practices*** auf das Niveau von Halsabschneidern absinken; ***find one's ~*** *fig.* den Platz einnehmen, der e-m zukommt; **5.** (*politische etc.*) Ebene: ***a conference at*** (*od.* ***on***) ***the highest ~*** e-e Konferenz auf höchster Ebene; **6.** ⚙ a) Li'belle *f*, b) Wasserwaage *f*; **7.** ⚙, *surv.* Nivel'lierinstruˌment *n*; **8.** ⚒ a) Sohle *f*, b) Sohlenstrecke *f*; **II** *adj.* **9.** eben: ***a ~ road***; **10.** horizon'tal, waag(e)recht; **11.** gleich (*a. fig.*): ***~ crossing*** schienengleicher Übergang; ***a ~ teaspoon***(***ful***) ein gestrichener Teelöffel (voll); ***~*** (***with***) a) auf gleicher Höhe (mit), b) gleich hoch (wie); ***draw ~ with*** *j-n* einholen, *fig. a.* mit *j-m* gleichziehen; ***~ with the ground*** a) zu ebener Erde, b) in Bodenhöhe; ***make ~ with the ground*** dem Erdboden gleichmachen; **12.** ausgeglichen: ***~ race*** *a.* Kopf-an-Kopf-Rennen *n*; ***~ stress*** *ling.* schwebende Betonung; ***~ temperature*** gleichbleibende Temperatur; **13.** a) vernünftig, b) ausgeglichen (*Person*), c) kühl, ruhig (*a. Stimme*), d) ausgewogen (*Urteil*); **14.** F ‚anständig', ehrlich, fair; **III** *v/t.* **15.** (ein)ebnen, planieren: ***~*** (***with the ground***) dem Erdboden gleichmachen; **16.** *j-n* zu Boden schlagen; **17.** *fig.* a) gleichmachen, nivellieren, ‚einebnen',

b) *Unterschiede* aufheben, c) ausgleichen; **18.** in horizon'tale Lage bringen; **19.** (***at***, ***against***) a) *Waffe*, *Blick*, *a. Kritik etc.* richten (auf *acc.*), b) *Anklage* erheben (gegen); **IV** *v/i.* **20.** zielen (***at*** auf *acc.*); **21.** ~ ***with s.o.*** F j-m gegenüber ehrlich sein; ~ **down** *v/t.* **1.** *Löhne*, *Preise etc.* nach unten angleichen; **2.** auf ein tieferes Ni'veau her'abdrücken; ~ **off** *od.* **out I** *v/t.* (*v/i.* das Flugzeug) abfangen *od.* aufrichten; **II** *v/i. fig.* sich einpendeln (***at*** bei); ~ **up** *v/t.* **1.** (nach oben) angleichen; **2.** auf ein höheres Ni'veau heben.

ˌ**lev·el-'head·ed** *adj.* vernünftig, nüchtern, klar.

lev·el·(l)er ['levlə] *s. sociol.* ‚Gleichmacher' *m* (*Faktor*).

le·ver ['li:və] **I** *s.* **1.** ⚙, *phys.* a) Hebel *m*, b) Brechstange *f*; **2.** ⚙ Anker *m* (*der Uhr*): ~ ***escapement*** Ankerhemmung *f*; ~ ***watch*** Ankeruhr *f*; **3.** *fig.* Druckmittel *n*; **II** *v/t.* **4.** hebeln, mit e-m Hebel bewegen, (hoch- *etc.*)stemmen: ~ ***up***; '**le·ver·age** [-vərɪdʒ] *s.* **1.** ⚙ Hebelkraft *f*, -wirkung *f*; **2.** *fig.* a) Einfluß *m*, b) Druckmittel *n*: ***put*** ~ ***on s.o.*** j-n unter Druck setzen.

lev·er·et ['levərɪt] *s.* Junghase *m*, Häschen *n*.

le·vi·a·than [lɪ'vaɪəθn] *s. bibl.* Levi'athan *m*, (See)Ungeheuer *n*; *fig.* Ungetüm *n*, Gi'gant *m*.

lev·i·tate ['levɪteɪt] *v/i. u. v/t.* (frei) schweben (lassen); **lev·i·ta·tion** [ˌlevɪ'teɪʃn] *s.* Levitati'on *f*, (freies) Schweben.

lev·i·ty ['levətɪ] *s.* Leichtfertigkeit *f*, Frivoli'tät *f*.

lev·y ['levɪ] **I** *s.* **1.** ✝ a) Erhebung *f* (*von Steuern etc.*), b) Abgabe *f*: ***capital*** ~ Kapitalabgabe, c) Beitrag *m*, 'Umlage *f*; **2.** ⚖ Voll'streckungsvollˌzug *m*; **3.** ⚔ a) Aushebung *f*, b) *a. pl.* ausgehobene Truppen *pl.*, Aufgebot *n*; **II** *v/t.* **4.** *Steuern etc.* erheben, *a. Geldstrafe* auferlegen (***on*** *dat.*); **5.** a) beschlagnahmen, b) *Beschlagnahme* 'durchführen; **6.** ⚔ a) *Truppen* ausheben, b) *Krieg* anfangen *od.* führen ([***up***]***on*** gegen).

lewd [lu:d] *adj.* □ **1.** lüstern, geil; **2.** unanständig, schmutzig; '**lewd·ness** [-nɪs] *s.* **1.** Lüsternheit *f*; **2.** Unanständigkeit *f*.

lex·i·cal ['leksɪkl] *adj.* □ lexi'kalisch; **lex·i·cog·ra·pher** [ˌleksɪ'kɒgrəfə] *s.* Lexiko'graph(in), Wörterbuchverfasser (-in); **lex·i·co·graph·ic**, **lex·i·co·graph·i·cal** [ˌleksɪkəʊ'græfɪk(l)] *adj.* □ lexiko'graphisch; **lex·i·cog·ra·phy** [ˌleksɪ'kɒgrəfɪ] *s.* Lexikogra'phie *f*; **lex·i·col·o·gy** [ˌleksɪ'kɒlədʒɪ] *s.* Lexikolo'gie *f*; '**lex·i·con** [-kən] *s.* Lexikon *n*.

li·a·bil·i·ty [ˌlaɪə'bɪlətɪ] *s.* **1.** ✝, ⚖ a) Verpflichtung *f*, Verbindlichkeit *f*, Schuld *f*, *Bilanz*: Passivposten *m*, *pl.* Pas'siva *pl.*, b) Haftung *f*, Haftpflicht *f*, Haftbarkeit *f*: ~ ***insurance*** Haftpflichtversicherung *f*; → ***limited*** I, c) (*Beitrags-*, *Schadensersatz- etc.*)Pflicht *f*: ~ ***for damages***; **2.** Verantwortlichkeit *f*: ***criminal*** ~ strafrechtliche Verantwortung; **3.** Ausgesetztsein *n*, Unter'worfensein *n* (***to s.th.*** e-r Sache): ~ ***to penalty*** Strafbarkeit *f*; **4.** (***to***) Hang *m* (zu), Anfälligkeit *f* (für).

li·a·ble ['laɪəbl] *adj.* **1.** ✝, ⚖ verantwortlich, haftbar, -pflichtig (***for*** für): ***be*** ~ ***for*** haften für; ***hold s.o.*** ~ j-n haftbar machen; **2.** verpflichtet (***for*** zu); (*steuer- etc.*)pflichtig: ~ ***to*** (*od.* ***for***) ***military service*** wehrpflichtig; **3.** (***to***) neigend (zu), ausgesetzt (*dat.*), unter'worfen (*dat.*): ***be*** ~ ***to*** a) *e-r Sache* ausgesetzt sein *od.* unterliegen, b) (*mit inf.*) leicht *et. tun* (können), in Gefahr sein *vergessen etc.* zu *werden*, c) (*mit inf.*) *et.* wahrscheinlich *tun*: ***be*** ~ ***to a fine*** e-r Geldstrafe unterliegen; ~ ***to prosecution*** strafbar.

li·aise [lɪ'eɪz] *v/i.* (***with***) als Verbindungsmann fungieren (zu), die Verbindung aufrechterhalten (mit).

li·ai·son [li:'eɪzɔ̃:ŋ, ⚔ -zən] (*Fr.*) *s.* **1.** Zs.-arbeit *f*, Verbindung *f*: ~ ***officer*** a) ⚔ Verbindungsoffizier *m*, b) Verbindungsmann *m*; **2.** Liai'son *f*: a) (Liebes-) Verhältnis *n*, b) *ling.* Bindung *f*.

li·a·na [lɪ'ɑ:nə] *s.* ⚘ Li'ane *f*.

li·ar ['laɪə] *s.* Lügner(in).

Li·as ['laɪəs] *s. geol.* Lias *m*, *f*, schwarzer Jura.

li·ba·tion [laɪ'beɪʃn] *s.* **1.** Trankopfer *n*; **2.** *humor.* Zeche'rei *f*.

li·bel ['laɪbl] **I** *s.* **1.** ⚖ a) Verleumdung *f*, üble Nachrede, Beleidigung *f* (*durch e-e Veröffentlichung*) (***of***, ***on*** *gen.*), b) Klageschrift *f*; **2.** *allg.* (***on***) Verleumdung *f* (*gen.*), Beleidigung *f* (*gen.*), Hohn *m* (auf *acc.*); **II** *v/t.* **3.** ⚖ (schriftlich *etc.*) verleumden; **4.** *allg.* verunglimpfen; '**li·bel·(l)ant** [-lənt] *s.* ⚖ Kläger(in); **li·bel·(l)ee** [ˌlaɪbə'li:] *s.* ⚖ Beklagte(r *m*) *f*; '**li·bel·(l)ous** [-bləs] *adj.* □ verleumderisch.

lib·er·al ['lɪbərəl] **I** *adj.* □ **1.** libe'ral, frei(sinnig), vorurteilsfrei, aufgeschlossen; **2.** großzügig: a) freigebig (***of*** mit), b) reichlich (bemessen): ***a*** ~ ***gift*** ein großzügiges Geschenk; ***a*** ~ ***quantity***

e-e reichliche Menge, c) frei, weitherzig: ~ ***interpretation***, d) allgemein(bildend): ~ ***education*** allgemeinbildende Erziehung *od.* (gute) Allgemeinbildung; ~ ***profession*** freier Beruf; **3.** *mst* ♀ *pol.* libe'ral: ♀ ***Party***; **II** *s.* **4.** *oft* ♀ *pol.* Libe'rale(r *m*) *f*; ~ **arts** *s. pl.* Geisteswissenschaften *pl.* (*Philosophie*, *Literatur*, *Sprachen*, *Soziologie etc.*).

lib·er·al·ism ['lɪbərəlɪzəm] *s.* **1.** → ***liberality*** b; **2.** ♀ *pol.* Libera'lismus *m*; **lib·er·al·i·ty** [ˌlɪbə'rælətɪ] *s.* Großzügigkeit *f*: a) Freigebigkeit *f*, b) libe'rale Einstellung, Liberali'tät *f*; **lib·er·al·i·za·tion** [ˌlɪbərəlaɪ'zeɪʃn] *s.* ✝, *pol.* Liberalisierung *f*; '**lib·er·al·ize** [-laɪz] *v/t.* ✝, *pol.* liberalisieren.

lib·er·ate ['lɪbəreɪt] *v/t.* **1.** befreien (***from*** von) (*a. fig.*); **2.** ⚗ freisetzen; **lib·er·a·tion** [ˌlɪbə'reɪʃn] *s.* **1.** Befreiung *f*; **2.** ⚗ Freisetzen *n od.* -werden *n*; '**lib·er·a·tor** [-tə] *s.* Befreier *m*.

Li·be·ri·an [laɪ'bɪərɪən] **I** *s.* Li'berier(in); **II** *adj.* li'berisch.

lib·er·tin·age ['lɪbətɪnɪdʒ] → ***libertinism***; '**lib·er·tine** [-əti:n] *s.* Wüstling *m*; '**lib·er·tin·ism** [-tɪnɪzəm] *s.* Sittenlosigkeit *f*, Liberti'nismus *m*.

lib·er·ty ['lɪbətɪ] *s.* **1.** Freiheit *f*: a) per'sönliche *etc.* Freiheit: ***religious*** ~ Religionsfreiheit, b) freie Wahl, Erlaubnis *f*: ***large*** ~ ***of action*** weitgehende Handlungsfreiheit, c) *mst pl.* Privi'leg *n*, (Vor)Recht *n*, d) *b.s.* Ungehörigkeit *f*, Frechheit *f*; **2.** *hist. Brit.* Freibezirk *m* (*e-r Stadt*);

Besondere Redewendungen:

at ~ a) in Freiheit, frei, b) berechtigt, c) unbenützt; ***be at*** ~ ***to do s.th.*** et. tun dürfen; ***you are at*** ~ ***to go*** es steht Ihnen frei zu gehen, Sie können gehen; ***set at*** ~ in Freiheit setzen, freilassen; ***take the*** ~ ***to do*** (*od.* ***of doing***) ***s.th.*** sich die Freiheit nehmen, et. zu tun; ***take liberties with*** a) sich Freiheiten gegen *j-n* herausnehmen, b) willkürlich mit *et.* umgehen.

li·bid·i·nous [lɪ'bɪdɪnəs] *adj.* □ lüstern, triebhaft, *psych.* libidi'nös, wollüstig; **li·bi·do** [lɪ'bi:dəʊ] *s. psych.* Li'bido *f*.

Li·bra ['laɪbrə] *s. ast.* Waage *f*; '**Li·bran** [-rən] *s.* Waage(mensch *m*) *f*.

li·brar·i·an [laɪ'breərɪən] *s.* Bibliothe'kar (-in); **li'brar·i·an·ship** [-ʃɪp] *s.* **1.** Bibliothe'karsstelle *f*; **2.** Biblio'thekswissenschaft *f*.

li·brar·y ['laɪbrərɪ] *s.* **1.** Biblio'thek *f*: a) *öffentliche* Büche'rei, b) *private* Büchersammlung, c) Studierzimmer *n*, d) Buchreihe *f*; **2.** Schallplattensammlung *f*; ~ **sci·ence** → ***librarianship*** 2.

li·bret·to [lɪ'bretəʊ] *s.* ♪ Li'bretto *n*, Text(buch *n*) *m*.

Lib·y·an ['lɪbɪən] **I** *adj.* libysch; **II** *s.* Libyer(in).

lice [laɪs] *pl. von* **louse**.

li·cence ['laɪsəns] **I** *s.* **1.** Erlaubnis *f*, Genehmigung *f*; **2.** (*a.* ✝ *Export-*, *Herstellungs-*, *Patent-*, *Verkaufs*)Li'zenz *f*, Konzessi'on *f*, behördliche Genehmigung, *z.B.* Schankerlaubnis *f*; amtlicher Zulassungsschein, Zulassung *f*, (*Führer-*, *Jagd-*, *Waffen- etc.*)Schein *m*: ~ ***fee*** Lizenz- *od.* Konzessionsgebühr *f*; ~ ***holder*** Führerscheininhaber *m*; ~ ***number*** *mot.* Kraftfahrzeug- *od.* Kfz-Nummer *f*; ~ ***plate*** *mot.* amtliches *od.* polizeiliches Kennzeichen, Nummernschild *n*; ~ ***to practise medicine*** (ärztliche) Approbation; **3.** Heiratserlaubnis *f*; **4.** (*künstlerische*, *dichterische*) Freiheit; **5.** Zügellosigkeit *f*; **II** *v/t.* **6.** → ***license*** I; '**li·cense** [-ns] **I** *v/t.* **1.** *j-m* e-e (behördliche) Genehmigung *od.* e-e Li'zenz *od.* e-e Konzessi'on erteilen; **2.** *et.* lizenzieren, konzessionieren, (amtlich) genehmigen *od.* zulassen; **3.** *Buch* zur Veröffentlichung *od. Theaterstück* zur Aufführung freigeben; **4.** *j-n* ermächtigen; **II** *s.* **5.** *Am.* → ***licence*** I; '**li·censed** [-st] *adj.* **1.** konzessioniert, lizenziert, amtlich zugelassen: ~ ***house*** (*od.* ***premises***) Lokal *n* mit Schankkonzession; **2.** Lizenz...: ~ ***construction*** Lizenzbau *m*; **3.** privilegiert; **li·cen·see** [ˌlaɪsən'si:] *s.* **1.** Li'zenznehmer(in); **2.** Konzessi'onsinhaber(in); '**li·cens·er** [-sə] *s.* Li'zenzgeber *m*, Konzessi'onserteiler *m*; **li·cen·ti·ate** [laɪ'senʃɪət] *s. univ.* **1.** Lizenti'at *m*; **2.** (*Grad*) Lizenti'at *n*.

li·cen·tious [laɪ'senʃəs] *adj.* □ unzüchtig, ausschweifend, lasterhaft.

li·chen ['laɪkən] *s.* ⚘, ⚕ Flechte *f*.

lich gate [lɪtʃ] *s. überdachtes* Friedhofstor.

lick [lɪk] **I** *v/t.* **1.** (be-, ab)lecken, lecken an (*dat.*): ~ ***off*** ablecken; ~ ***up*** auflekken; ~ ***one's lips*** sich die Lippen lekken; ~ ***s.o.'s boots*** *fig.* vor j-m kriechen; ~ ***into shape*** *fig.* in die richtige Form bringen, zurechtbiegen, -stutzen; → ***dust*** 1; **2.** F a) *j-n* ‚verdreschen', b) schlagen, besiegen, c) über'treffen, ‚schlagen': ***this*** ~***s everything!***, d) *et.* ‚schaffen', fertigwerden mit *e-m Problem*: ***we have got it*** ~***ed!***; **II** *v/i.* **3.** lecken (***at*** an *dat.*), *fig. a.* a) plätschern (*Welle*), b) züngeln (*Flamme*); **III** *s.* **4.** Lecken *n*: ***give s.th. a*** ~ an et. lecken;

a ~ and a promise e-e flüchtige Arbeit *etc.*, *bsd.* e-e ‚Katzenwäsche'; **5.** (*ein*) bißchen: ***a ~ of paint***; ***he didn't do a ~ of work*** *Am.* F er hat keinen Strich getan; **6.** F a) Schlag *m*, b) ‚Tempo' *n*: (***at***) ***full ~*** mit größter Geschwindigkeit; **7.** Salzlecke *f*.

ˌlick·e·ty-ˈsplit [ˌlɪkətɪ-] *adv. Am.* F wie der Blitz.

lick·ing [ˈlɪkɪŋ] *s.* **1.** Lecken *n*; **2.** F (Tracht *f*) Prügel *pl.*, Abreibung *f* (*a. fig. Niederlage*).

ˈlickˌspit·tle *s.* Speichellecker *m*.

lic·o·rice [ˈlɪkərɪs] → ***liquorice***.

lid [lɪd] *s.* **1.** Deckel *m* (*a.* F *Hut*): ***put the ~ on s.th.*** *Brit.* F a) e-r Sache die Krone aufsetzen, b) et. endgültig ‚erledigen'; ***clamp*** (*od.* ***put***) ***the ~ on s.th.*** *Am.* a) et. verbieten, b) scharf vorgehen gegen et., c) et. (*Nachricht etc.*) sperren; **2.** (Augen)Lid *n*.

li·do [ˈliːdəʊ] *s. Brit.* Frei- *od.* Strandbad *n*.

lie[1] [laɪ] **I** *s.* Lüge *f*, Schwindel *m*: ***tell a ~*** (*od.* ***lies***) lügen; → ***white lie***; ***give s.o. the ~*** j-n der Lüge bezichtigen; ***give the ~ to*** *et. od. j-n* Lügen strafen; ***he lived a ~*** sein Leben war e-e einzige Lüge; **II** *v/i.* lügen: ***~ to s.o.*** a) j-n belügen, j-n anlügen, b) j-m vorlügen (***that*** daß).

lie[2] [laɪ] **I** *s.* **1.** Lage *f* (*a. fig.*): ***the ~ of the land*** *Brit. fig.* die Lage (der Dinge); **II** *v/i.* [*irr.*] **2.** *allg.* liegen: a) *im Bett, im Hinterhalt, in Trümmern etc.* liegen, b) *ausgebreitet, tot etc.* daliegen, c) begraben sein, ruhen, d) gelegen sein, sich befinden, e) lasten (***on*** auf *der Seele*, im *Magen etc.*), f) begründet liegen, bestehen (***in*** in *dat.*): ***~ dying*** im Sterben liegen; ***~ behind*** *fig.* a) hinter *j-m* liegen (*Erlebnis etc.*), b) dahinterstecken (*Motiv etc.*); ***~ in s.o.'s way*** j-m zur Hand *od.* möglich sein, *a.* in j-s Fach schlagen; ***his talents do not ~ that way*** dazu hat er kein Talent; ***~ on s.o.*** ⚖ j-m obliegen; ***~ under a suspicion*** unter e-m Verdacht stehen; ***~ under a sentence of death*** zum Tode verurteilt sein; ***~ with s.o.*** *obs. od. bibl.* j-m beischlafen, mit j-m schlafen; ***as far as ~s with me*** soweit es in m-n Kräften steht; ***it ~s with you to do it*** es liegt an dir, es zu tun; **3.** sich (hin)legen: ***~ on your back!*** leg dich auf den Rücken!; **4.** führen, verlaufen (*Straße etc.*); **5.** ⚖ zulässig sein (*Klage etc.*): ***appeal ~s to the Supreme Court*** Rechtsmittel können beim Obersten Gericht eingelegt werden;

Zssgn mit adv.:

lie| back *v/i.* sich zuˈrücklegen; *fig.* die Hände in den Schoß legen; ***~ down*** *v/i.* **1.** sich hinlegen; **2.** ***~ under***, ***take lying down*** *Beleidigung etc.* widerspruchslos hinnehmen, sich *et.* gefallen lassen: ***we won't take that lying down!*** das lassen wir uns nicht (so einfach) bieten!; ***~ in*** *v/i.* **1.** im Bett bleiben; **2.** im Wochenbett liegen; ***~ off*** *v/i.* **1.** ⚓ vom Land *etc.* abhalten; **2.** *fig.* pausieren; ***~ low*** *v/i.* sich versteckt halten; ***~ o·ver*** *v/i.* liegenbleiben, aufgeschoben werden; ***~ to*** *v/i.* ⚓ beiliegen; ***~ up*** *v/i.* **1.** ruhen (*a. fig.*); **2.** das Bett *od.* das Zimmer hüten (müssen); **3.** außer Betrieb sein.

lied [liːd] *pl.* **lie·der** [ˈliːdə] (*Ger.*) *s.* ♪ (*deutsches* Kunst)Lied.

lie de·tec·tor *s.* ˈLügendeˌtektor *m*.

ˈlie-down *s.* F Schläfchen *n*.

lief [liːf] *adv. obs.* gern: ***~er than*** lieber als; ***I had*** (*od.* ***would***) ***as ~*** ... ich würde eher *sterben etc.*, ich *ginge etc.* ebensogern.

liege [liːdʒ] **I** *s.* **1.** *a.* ***~ lord*** Leh(e)nsherr *m*; **2.** *a.* ***~man*** Leh(e)nsmann *m*; **II** *adj.* **3.** Leh(e)ns...

lien [lɪən] *s.* ⚖ (***on***) Pfandrecht *n* (***an*** *dat.*), Zuˈrückbehaltungsrecht *n* (auf *acc.*).

lieu [ljuː] *s.*: ***in ~ of*** an Stelle von (*od. gen.*), anstatt (*gen.*); ***in ~*** (***of that***) statt dessen.

lieu·ten·an·cy [*Brit.* lefˈtenənsɪ; ⚓ leˈt-; *Am.* luːˈt-] *s.* ⚔, ⚓ Leutnantsrang *m*.

lieu·ten·ant [*Brit.* lefˈtenənt; ⚓ leˈt-; *Am.* luːˈt-] *s.* **1.** ⚔, ⚓ a) *allg.* Leutnant *m*, b) *Brit.* (*Am.* ***first ~***) Oberleutnant *m*, c) ⚓ (*Am. a.* ***~ senior grade***) Kapiˈtänleutnant *m*: ***~ junior grade*** *Am.* Oberleutnant zur See; **2.** Statthalter *m*; **3.** *fig.* rechte Hand, ‚Adjuˈtant'; ***~ colo·nel*** *s.* ⚔ Oberstˈleutnant *m*; ***~ com·mand·er*** *s.* ⚓ Korˈvettenkapiˌtän *m*; ***~ gen·er·al*** *s.* ⚔ Geneˈralleutnant *m*; ***~ gov·er·nor*** *s.* ˈVizegouverˌneur *m* (*im brit. Commonwealth od. e-s amer. Bundesstaates*).

life [laɪf] *pl.* **lives** [laɪvz] *s.* **1.** (*organisches*) Leben; → ***large*** 1; **2.** Leben *n*: a) Lebenserscheinungen *pl.*, b) Lebewesen *pl.*: ***there is no ~ on the moon***; ***plant ~*** Pflanzen(welt *f*) *pl.*; **3.** (Menschen)Leben *n*: ***they lost their lives*** sie kamen ums Leben; ***three lives were lost*** drei Menschenleben sind zu beklagen; ***~ and limb*** Leib u. Leben; **4.** Leben *n* (*e-s Einzelwesens*): ***it is a matter of ~ and death*** es geht um Leben oder Tod; ***early in ~*** in jungen Jahren,

(schon) früh; **5.** Leben *n*, Lebenszeit *f*, *a.* ⚙ Lebensdauer *f*: ***all his ~*** sein ganzes Leben (lang); **6.** Leben(skraft *f*) *n*: ***there is still ~ in the old dog yet!*** *humor.* so alt u. klapprig bin ich (*od.* ist er) noch gar nicht!; **7.** a) Bestehen *n*, b) ⚖, ✝ Gültigkeitsdauer *f*, Laufzeit *f*: ***the ~ of a contract*** (***an insurance***, ***patent***, *etc.*), c) *parl.* Legisla'turperiˌode *f*; **8.** Lebensweise *f*, -führung *f*, -wandel *m*; Leben *n*: ***lead an honest ~*** ein ehrbares Leben führen; ***lead the ~ of Riley*** F leben wie Gott in Frankreich; **9.** Leben *n*, Welt *f* (*menschliches Tun u. Treiben*): ***~ in Canada*** das Leben in Kanada; ***see ~*** das Leben kennenlernen *od.* genießen, die Welt sehen; **10.** Leben *n*, Lebhaftigkeit *f*, Lebendigkeit *f*: ***put ~ into s.th.*** e-e Sache beleben, Leben in et. bringen; ***he was the ~ and soul of*** er war die Seele *des Unternehmens etc.*, er brachte Leben in *die Party etc.*; **11.** Leben(sbeschreibung *f*) *n*, Biogra'phie *f*: ***the ≈ of Churchill***; **12.** *Versicherungswesen*: Lebensversicherung(en *pl.*) *f*;
Besondere Redewendungen:
for ~ a) fürs (ganze) Leben, b) *bsd.* ⚖ *u. pol.* lebenslänglich, auf Lebenszeit, c) *a.* ***for one's ~***, ***for dear ~*** ums (liebe) Leben *rennen etc.*; ***not for the ~ of me*** F nicht um alles in der Welt; ***not on your ~!*** nie(mals)!; ***never in my ~*** meiner Lebtag (noch) nicht; ***to the ~*** lebensecht, naturgetreu; ***bring to ~*** *fig.* lebendig werden lassen; ***bring s.o. back to ~*** j-n wiederbeleben *od.* ins Leben zurückrufen; ***come to ~*** *fig.* lebendig werden, *Person*: *a.* munter werden; ***seek s.o.'s ~*** j-m nach dem Leben trachten; ***save s.o.'s ~*** j-m das Leben retten, *fig. humor.* j-n ‚retten'; ***sell one's ~ dearly*** *fig.* sein Leben teuer verkaufen; ***such is ~*** so ist das Leben; ***take s.o.'s*** (***one's own***) ***~*** j-m (sich [selbst]) das Leben nehmen; ***this is the ~!*** F Mann, ist das ein Leben!

ˌlife|-and-'death [-fən'd-] *adj. Kampf etc.* auf Leben u. Tod; **~ an·nu·i·ty** *s.* Leibrente *f*; **~ as·sur·ance** *s. Brit.* Lebensversicherung *f*; **'~·belt** *s.* Rettungsgürtel *m*; **'~·blood** *s.* Herzblut *n* (*a. fig.*); **'~·boat** *s.* ⚓ Rettungsboot *n*; **~ buoy** *s.* Rettungsboje *f*; **~ cy·cle** *s.* **1.** Lebenszyklus *m*; **2.** Lebensphase *f*; **~ ex·pect·an·cy** *s.* Lebenserwartung *f*; **~ force** *s.* Lebenskraft *f*, lebenspendende Kraft; **'~-ˌgiv·ing** *adj.* lebenspendend, belebend; **'~·guard** *s.* **1.** ⚔ Leibgarde *f*; **2.** Rettungsschwimmer *m*, Bademeister *m*; **≈ Guards** *s. pl.* ⚔ Leibgarde *f* (zu Pferde), 'Gardekavalleˌrie *f*; **~ in·sur·ance** *s.* Lebensversicherung *f*; **~ in·ter·est** *s.* ⚖ lebenslänglicher Nießbrauch; **~ jack·et** *s.* Schwimmweste *f*.

life·less ['laɪflɪs] *adj.* □ leblos: a) tot, b) unbelebt, c) *fig.* matt, schwunglos, ‚lahm', ✝ lustlos (*Börse*).

'life|·like *adj.* lebenswahr, -echt, na'turgetreu; **'~·line** *s.* **1.** ⚓ Rettungsleine *f*; **2.** Si'gnalleine *f* (*für Taucher*); **3.** *fig.* a) Lebensader *f* (*Versorgungsweg*), b) lebenswichtige Sache, ‚Rettungsanker' *m*; **4.** Lebenslinie *f* (*in der Hand*); **'~·long** *adj.* lebenslänglich; **~ mem·ber** *s.* Mitglied *n* auf Lebenszeit; **~ of·fice** *s. Brit.* Lebensversicherungsgesellschaft *f*; **~ pre·serv·er** *s.* **1.** *Am.* ⚓ Schwimmweste *f*, Rettungsgürtel *m*; **2.** Totschläger *m* (*Waffe*).

lif·er ['laɪfə] *s. sl.* **1.** Lebenslängliche(r *m*) *f* (*Strafgefangene*[*r*]); **2.** → ***life sentence***; **3.** *Am.* Be'rufssolˌdat *m*.

life| raft *s.* Rettungsfloß *n*; **'~-ˌsav·or** *s.* **1.** Lebensretter(in); **2.** → ***lifeguard*** 2; **3.** *fig.* a) ‚rettender Engel', b) *die* ‚Rettung' (*Sache*); **~ sen·tence** *s.* ⚖ lebenslängliche Freiheitsstrafe; **'~-size(d)** *adj.* lebensgroß, in Lebensgröße; **~ span** *s.* Leben(sspanne *f*, -zeit *f*) *n*; **~ style** *s.* Lebensstil *m*; **'~-supˌport sy·stem** *n* 🚀, ⚙ 'Lebenserhaltungssyˌstem *n*; **~ ta·ble** *s.* 'Sterblichkeitstaˌbelle *f*; **'~·time I** *s.* Lebenszeit *f*, Leben *n*, *a.* ⚙ Lebensdauer *f*: ***the chance of a ~*** e-e einmalige Chance; **II** *adj.* lebenslänglich, Lebens…; **~ vest** *s.* Rettungs-, Schwimmweste *f*; **ˌ~-'work** *s.* Lebenswerk *n*.

lift [lɪft] **I** *s.* **1.** (Auf-, Hoch)Heben *n*; **2.** stolze *etc.* Kopfhaltung; **3.** ⚙ a) Hub (-höhe *f*) *m*, b) Hubkraft *f*; **4.** ✈ a) Auftrieb *m*, b) Luftbrücke *f*; **5.** *fig.* a) Hilfe *f*, b) (innerer) Auftrieb *m*: ***give s.o. a ~*** a) j-m helfen, b) j-m Auftrieb geben, j-n aufmuntern, c) j-n (im Auto) mitnehmen; **6.** a) *Brit.* Lift *m*, Aufzug *m*, Fahrstuhl *m*, b) (Ski-, Sessel)Lift *m*; **II** *v/t.* **7.** *a.* **~ *up*** (auf-, em'por-, hoch-) heben; *Augen*, *Stimme etc.* erheben: ***~ s.th. down*** et. herunterheben; ***not to ~ a finger*** keinen Finger rühren; **8.** *fig.* a) (*geistig od. sittlich*) heben, b) *aus der Armut etc.* em'porheben, c) *a.* **~ *up*** (*innerlich*) erheben, aufmuntern; **9.** *Preise* erhöhen; **10.** *Kartoffeln* ausgraben, ernten; **11.** ‚mitgehen lassen', ‚klauen', stehlen (*a. fig. plagiieren*); **12.** *Gesicht etc.* liften, straffen: ***have one's face***

~ed sich das Gesicht liften lassen; **13.** *Blockade, Verbot, Zensur etc.* aufheben; **III** *v/i.* **14.** sich heben (*a. Nebel*); sich (hoch)heben lassen: ***~ off*** ✈ abheben, starten; **ˈlift·er** [-tə] *s.* **1.** (*sport* Gewicht)Heber *m*; **2.** ⚙ a) Hebegerät *n*, b) Nocken *m*, c) Stößel *m*; **3.** ‚Langfinger' *m* (*Dieb*).

lift·ing [ˈlɪftɪŋ] *adj.* Hebe…, Hub…; ***~ jack*** *s.* ⚙ Hebewinde *f*, *mot.* Wagenheber *m*.

ˈlift-off *s.* **1.** Start *m* (*Rakete*); **2.** Abheben *n* (*Flugzeug*).

lig·a·ment [ˈlɪgəmənt] *s. anat.* Ligaˈment *n*, Band *n*.

lig·a·ture [ˈlɪgəˌtʃʊə] **I** *s.* **1.** Binde *f*, Band *n*; **2.** *typ. u.* ♪ Ligaˈtur *f*; **3.** ⚕ Abbindungsschnur *f*, Bindung *f*; **II** *v/t.* **4.** ver-, ⚕ abbinden.

light¹ [laɪt] **I** *s.* **1.** *allg.* Licht *n* (*Helligkeit, Schein, Beleuchtung, Lichtquelle, Lampe, Tageslicht, fig. Aspekt, Erleuchtung*): ***by the ~ of a candle*** beim Schein e-r Kerze, bei Kerzenlicht; ***bring*** (***come***) ***to ~*** *fig.* ans Licht *od.* an den Tag bringen (kommen); ***cast*** (*od.* ***shed, throw***) ***a ~ on s.th.*** *fig.* Licht auf et. werfen; ***place*** (*od.* ***put***) ***in a favo***(***u***)***rable ~*** *fig.* in ein günstiges Licht stellen *od.* rücken; ***see the ~*** *eccl.* erleuchtet werden; ***see the ~*** (***of day***) *fig.* bekannt *od.* veröffentlicht werden; ***I see the ~!*** mir geht ein Licht auf!; (***seen***) ***in the ~ of these facts*** im Lichte *od.* angesichts dieser Tatsachen; ***show s.th. in a different ~*** et. in e-m anderen Licht erscheinen lassen; ***hide one's ~ under a bushel*** *fig.* sein Licht unter den Scheffel stellen; ***let there be ~!*** *Bibl.* es werde Licht; ***he went out like a ~*** F er war sofort ‚weg' (*eingeschlafen*); **2.** Licht *n*: a) Lampe *f*, *a. pl.* Beleuchtung *f* (*beide a. mot. etc.*): ***~s out*** ⚔ Zapfenstreich *m*; ***~s out!*** Lichter aus!, b) (Verkehrs)Ampel *f*; → ***green light, red*** 1; **3.** ⚓ a) Leuchtfeuer *n*, b) Leuchtturm *m*; **4.** Feuer *n* (*zum Anzünden*), *a.* Streichholz *n*: ***put a ~ to s.th.*** et. anzünden; ***strike a ~*** ein Streichholz anzünden; ***will you give me a ~?*** darf ich Sie um Feuer bitten?; **5.** *fig.* Leuchte *f* (*Person*): ***a shining ~*** e-e Leuchte, ein großes Licht; **6.** Lichtöffnung *f*, *bsd.* Fenster *n*, Oberlicht *n*; **7.** *paint.* a) Licht *n*, heller Teil (*e-s Gemäldes*); **8.** *fig.* Verstand *m*, geistige Fähigkeiten *pl.*: ***according to his ~s*** so gut er es eben versteht; **9.** *pl. sl.* Augen *pl.*; **II** *adj.* **10.** hell: ***~-red*** hellrot; **III** *v/t.* [*irr.*] **11.** *a.* ***~ up*** anzünden; **12.** *oft* ***~ up*** beleuchten, erhellen (*a. das Gesicht*); ***~ up*** *Augen etc.* aufleuchten lassen; **13.** *j-m* leuchten; **IV** *v/i.* [*irr.*] **14.** *a.* ***~ up*** sich entzünden, angehen (*Feuer, Licht*); **15.** *mst* ***~ up*** *fig.* sich erhellen, strahlen (*Gesicht*), aufleuchten (*Augen etc.*); **16.** ***~ up*** a) die Pfeife *etc.* anzünden, sich e-e Zigarette anstecken, b) Licht machen.

light² [laɪt] **I** *adj.* □ → ***lightly***; **1.** *allg.* leicht (*z. B. Last; Kleidung; Mahlzeit, Wein, Zigarre;* ⚔ *Infanterie,* ⚓ *Kreuzer etc.; Hand, Schritt, Schlaf; Regen, Wind; Arbeit, Fehler, Strafe; Charakter; Musik, Roman*): ***~ of foot*** leichtfüßig; ***a ~ girl*** ein ‚leichtes' Mädchen; ***~ current*** ⚡ Schwachstrom *m*; ***~ metal*** Leichtmetall *n*; ***~ literature*** (*od.* ***reading***) Unterhaltungsliteratur *f*; ***~ railway*** Kleinbahn *f*; ***~ in the head*** benommen; ***~ on one's feet*** leichtfüßig; ***with a ~ heart*** leichten Herzens; ***no ~ matter*** keine Kleinigkeit; ***make ~ of*** a) *et.* auf die leichte Schulter nehmen, b) bagatellisieren; **2.** zu leicht: ***~ weights*** Untergewichte; **3.** locker (*Brot, Erde, Schnee*); **4.** sorglos, unbeschwert, heiter; **5.** a) leicht beladen, b) unbeladen; **II** *adv.* **6.** leicht: ***travel ~*** mit leichtem Gepäck reisen.

light³ [laɪt] *v/i.* [*irr.*] **1.** fallen (***on*** auf *acc.*); **2.** sich niederlassen (***on*** auf *dat.*) (*Vogel etc.*); **3.** ***~*** (***up***)***on*** *fig.* (zufällig) stoßen auf (*acc.*); **4.** ***~ out*** *sl.* ‚verduften'; **5.** ***~ into*** F herfallen über *j-n*.

light bar·ri·er *s.* ⚡ Lichtschranke *f*.

light·en¹ [ˈlaɪtn] **I** *v/i.* **1.** hell werden, sich erhellen; **2.** blitzen; **II** *v/t.* **3.** erhellen.

light·en² [ˈlaɪtn] **I** *v/t.* **1.** leichter machen, erleichtern (*beide a. fig.*); **2.** *Schiff* (ab)leichtern; **3.** aufheitern; **II** *v/i.* **4.** leichter werden (*a. fig. Herz etc.*).

light·er¹ [ˈlaɪtə] *s.* Anzünder *m* (*a. Gerät*); (Taschen)Feuerzeug *n*.

light·er² [ˈlaɪtə] *s.* ⚓ Leichter(schiff *n*) *m*, Prahm *m*; **ˈlight·er·age** [-ərɪdʒ] *s.* Leichtergeld *n*.

ˌlight·er-than-ˈair *adj.*: ***~ craft*** Luftfahrzeug *n* leichter als Luft.

ˈlight|-ˌfin·gered *adj.* **1.** geschickt; **2.** langfingerig, diebisch; **ˈ~-ˌfoot·ed** *adj.* leicht-, schnellfüßig; **ˌ~-ˈhead·ed** *adj.* **1.** leichtsinnig, -fertig; **2.** ˈübermütig, ausgelassen; **3.** a) wirr, leicht verrückt, b) schwind(e)lig; **ˌ~-ˈheart·ed** *adj.* □ fröhlich, heiter, unbeschwert; ***~ heav·y·weight*** *s. sport* Halbschwergewicht (-ler *m*) *n*; **ˈ~·house** *s.* Leuchtturm *m*.

light·ing ['laɪtɪŋ] *s.* **1.** Beleuchtung *f*; **~ *effects*** Lichteffekte; **~ *point*** ⚡ Brennstelle *f*; **2.** Anzünden *n*; **ˌ~-'up time** *s.* Zeit *f* des Einschaltens der Straßenbeleuchtung *od.* (*mot.*) der Scheinwerfer.

light·ly ['laɪtlɪ] *adv.* **1.** *allg.* leicht: **~ *come* ~ *go*** wie gewonnen, so zerronnen; **2.** gelassen, leicht; **3.** leichtfertig; **4.** leichthin; **5.** geringschätzig.

light·ness ['laɪtnɪs] *s.* **1.** Leichtheit *f*, Leichtigkeit *f* (*a. fig.*); **2.** Leichtverdaulichkeit *f*; **3.** Milde *f*; **4.** Behendigkeit *f*; **5.** Heiterkeit *f*; **6.** Leichtfertigkeit *f*, Leichtsinn *m*, Oberflächlichkeit *f*.

light·ning ['laɪtnɪŋ] **I** *s.* Blitz *m*: ***struck by* ~** vom Blitz getroffen; ***like*** (***greased***) **~** *fig.* wie der *od.* ein geölter Blitz; **II** *adj.* blitzschnell, Schnell...: **~ *artist*** Schnellzeichner *m*; ***with* ~ *speed*** mit Blitzesschnelle; **~ ar·rest·er** *s.* ⚡ Blitzschutzsicherung *f*; **~ bug** *s. Am.* Leuchtkäfer *m*; **~ con·duc·tor**, **~ rod** *s.* Blitzableiter *m*; **~ strike** *s.* Blitzstreik *m*.

light| oil *s.* ⚙ Leichtöl *n*; **~ pen** *s. Computer*: Lichtgriffel *m*.

lights [laɪts] *s. pl.* (Tier)Lunge *f*.

'light|·ship *s.* ⚓ Feuer-, Leuchtschiff *n*; **~ source** *s.* ⚡, *phys.* Lichtquelle *f*; **'~·weight I** *adj.* leicht; **II** *s. sport* Leichtgewicht(ler *m*) *n*; F *fig.* a) ‚kein großes Licht', b) unbedeutender Mensch; **'~-year** *s. ast.* Lichtjahr *n*.

lig·ne·ous ['lɪgnɪəs] *adj.* holzig, holzartig, Holz...; **'lig·ni·fy** [-nɪfaɪ] **I** *v/t.* in Holz verwandeln; **II** *v/i.* verholzen; **'lig·nin** [-nɪn] *s.* ⚗ Li'gnin *n*, Holzstoff *m*; **'lig·nite** [-naɪt] *s.* Braunkohle *f*, *bsd.* Li'gnit *m*.

lik·a·ble ['laɪkəbl] *adj.* liebenswert, sym'pathisch, nett.

like¹ [laɪk] **I** *adj. u. prp.* **1.** gleich (*dat.*), wie (*a. adv.*): ***a man* ~ *you*** ein Mann wie du; **~ *a man*** wie ein Mann; ***what is he* ~?** a) wie sieht er aus?, b) wie ist er?; ***he is* ~ *that*** er ist nun mal so; ***he is just* ~ *his brother*** er ist genau (so) wie sein Bruder; ***that's just* ~ *him!*** das sieht ihm ähnlich!; ***that's just* ~ *a woman!*** typisch Frau!; ***what does it look* ~?** wie sieht es aus?; ***it looks* ~ *rain*** es sieht nach Regen aus; ***feel* ~** (***doing***) ***s.th.*** zu et. aufgelegt sein, Lust haben, et. zu tun, et. gern tun wollen; ***a fool* ~ *that*** ein derartiger *od.* so ein Dummkopf; ***a thing* ~ *that*** so etwas; ***I saw one* ~ *it*** ich sah ein ähnliches (*Auto etc.*); ***there is nothing* ~** es geht nichts über (*acc.*); ***it is nothing* ~ *as bad as that*** es ist bei weitem nicht so schlimm; ***something* ~ *100 tons*** so etwa 100 Tonnen; ***this is something* ~!** F das läßt sich hören!; ***that's more* ~ *it!*** das läßt sich (schon) eher hören!; **~ *master*, ~ *man*** wie der Herr, so's Gescherr; **2.** gleich: ***a* ~ *amount*** ein gleicher Betrag; ***in* ~ *manner*** a) auf gleiche Weise, b) gleichermaßen; **3.** ähnlich: ***the portrait is not* ~** das Porträt ist nicht ähnlich; ***as* ~ *as two eggs*** ähnlich wie ein Ei dem anderen; **4.** ähnlich, gleich-, derartig: ***... and other* ~ *problems*** ... und andere derartige Probleme; **5.** F *od. obs.* (*a. adv.*) wahr'scheinlich: ***he is* ~ *to pass his exam*** er wird sein Examen wahrscheinlich bestehen; **~ *enough*, *as* ~ *as not*** höchstwahrscheinlich; **6.** *sl.* ‚oder so': ***let's go to the cinema* ~**; **II** *cj.* **7.** *sl.* (*fälschlich für* ***as***) wie: **~ *I said*; ~ *who?*** wie wer, zum Beispiel?; **8.** *dial.* als ob; **III** *s.* **9.** *der* (*die*, *das*) Gleiche: ***his* ~** seinesgleichen; ***the* ~** der-, desgleichen; ***and the* ~** und dergleichen; ***the* ~(*s*) *of*** so etwas wie, solche wie; ***the* ~(*s*) *of that*** so etwas, etwas derartiges; ***the* ~*s of you*** F Leute wie Sie.

like² [laɪk] **I** *v/t.* (gern) mögen: a) gern haben, (gut) leiden können, lieben, b) gern essen, trinken *etc.*: **~ *doing*** (*od.* ***to do***) gern tun; ***much* ~*d*** sehr beliebt; ***I* ~ *it*** es gefällt mir; ***I* ~ *him*** ich hab' ihn gern, ich mag ihn (gern), ich kann ihn gut leiden; ***I* ~ *fast cars*** mir gefallen *od.* ich habe Spaß an schnellen Autos; ***how do you* ~ *it?*** wie gefällt es dir?, wie findest du es?; ***we* ~ *it here*** es gefällt uns hier; ***I* ~ *that!*** *iro.* so was hab' ich gern!; ***what do you* ~ *better?*** was hast du lieber?, was gefällt dir besser?; ***I should* ~ *to know*** ich möchte gerne wissen; ***I should* ~ *you to be here*** ich hätte gern, daß du hier wär(e)st; **~ *it or not*** ob du willst oder nicht; **~ *it or lump it!*** F wenn du nicht willst, dann laß es eben bleiben!; ***I* ~ *steak, but it doesn't* ~ *me*** *humor.* ich esse Beefsteak gern, aber es bekommt mir nicht; **II** *v/i.* wollen: (***just***) ***as you* ~** (ganz) wie du willst; ***if you* ~** wenn du willst; **III** *s.* Neigung *f*, Vorliebe *f*: **~*s and dislikes*** Neigungen u. Abneigungen.

-like [laɪk] *in Zssgn* wie, ...artig, ...ähnlich, ...mäßig.

like·a·ble → ***likable***.

like·li·hood ['laɪklɪhʊd] *s.* Wahr'scheinlichkeit *f*: ***in all* ~** aller Wahrscheinlichkeit nach; ***there is a strong* ~ *of his***

succeeding es ist sehr wahrscheinlich, daß es ihm gelingt; **like·ly** ['laɪklɪ] **I** *adj.* **1.** wahr'scheinlich, vor'aussichtlich: ***not ~*** schwerlich, kaum; ***it is not ~ (that) he will come, he is not ~ to come*** es ist nicht wahrscheinlich, daß er kommen wird; ***which is his most ~ route?*** welchen Weg wird er voraussichtlich *od.* am ehesten einschlagen?; ***this is not ~ to happen*** das wird wahrscheinlich nicht *od.* wohl kaum geschehen; ***not ~!*** *iro.* wohl kaum!; **2.** glaubhaft: ***a ~ story!*** *iro.* wer's glaubt, wird selig!; **3.** a) möglich, b) geeignet, in Frage kommend, c) aussichtsreich, d) vielversprechend: ***a ~ candidate***; ***a ~ explanation*** e-e mögliche Erklärung; ***a ~ place*** ein möglicher Ort (*wo sich et. befindet etc.*); **II** *adv.* **4.** wahr'scheinlich: ***as ~ as not, very ~*** höchstwahrscheinlich.

ˌ**like-'mind·ed** *adj.* gleichgesinnt: ***be ~ with s.o.*** mit j-m übereinstimmen.

lik·en ['laɪkən] *v/t.* vergleichen (***to*** mit).

like·ness ['laɪknɪs] *s.* **1.** Ähnlichkeit *f* (***to*** mit); **2.** Gleichheit *f*; **3.** Gestalt *f*, Form *f*; **4.** Bild *n*, Por'trät *n*: ***to have one's ~ taken*** sich malen *od.* fotografieren lassen; **5.** Abbild *n* (***of*** *gen.*).

'**like·wise** *adv. u. cj.* eben-, gleichfalls, des'gleichen, ebenso.

lik·ing ['laɪkɪŋ] *s.* **1.** Zuneigung *f*: ***have*** (***take***) ***a ~ for*** (*od.* ***to***) ***s.o.*** zu j-m eine Zuneigung haben (fassen), an j-m Gefallen haben (finden); **2.** (***for***) Gefallen *n* (an *dat.*), Neigung *f* (zu), Geschmack *m* (an *dat.*): ***be greatly to s.o.'s ~*** j-m sehr zusagen; ***this is not to my ~*** das ist nicht nach meinem Geschmack; ***it's too big for my ~*** es ist mir (einfach) zu groß.

li·lac ['laɪlək] **I** *s.* **1.** ⚘ Spanischer Flieder; **2.** Lila *n* (*Farbe*); **II** *adj.* **3.** lila (-farben).

Lil·li·pu·tian [ˌlɪlɪ'pju:ʃjən] **I** *adj.* **1.** a) winzig, zwergenhaft, b) Liliput…, Klein(st)…; **II** *s.* **2.** Lilipu'taner(in); **3.** Zwerg *m*.

lilt [lɪlt] **I** *s.* **1.** fröhliches Lied; **2.** rhythmischer Schwung; **3.** a) singender Tonfall, b) fröhlicher Klang: ***a ~ in her voice***; **II** *v/t. u. v/i.* **4.** trällern.

lil·y [lɪlɪ] *s.* ⚘ Lilie *f*: ***~ of the valley*** Maiglöckchen *n*; ***paint the ~*** *fig.* schönfärben; ˌ**~-'liv·ered** *adj.* feig(e).

limb [lɪm] *s.* **1.** *anat.* Glied *n*, *pl.* Glieder *pl.*, Gliedmaßen *pl.*; **2.** Ast *m*: ***out on a ~*** F in e-r gefährlichen Lage; **3.** *fig.* a) Glied *n*, Teil *m*, b) Arm *m*, c) *ling.* (Satz)Glied *n*, d) ⚖ Absatz *m*; **4.** F ‚Satansbraten' *m*.

lim·ber¹ ['lɪmbə] **I** *adj.* geschmeidig (*a. fig.*), gelenkig; **II** *v/t. u. v/i.* ***~ up*** (sich) geschmeidig machen, (sich) lockern, *v/i. a.* Lockerungsübungen machen, sich warm machen *od.* spielen.

lim·ber² [lɪmbə] **I** *s.* ⚔ Protze *f*; **II** *v/t. u. v/i. mst* ***~ up*** ⚔ aufprotzen.

lim·bo ['lɪmbəʊ] *s.* **1.** *eccl.* Vorhölle *f*; **2.** Gefängnis *n*; **3.** *fig.* a) ‚Rumpelkammer' *f*, b) Vergessenheit *f*, c) Schwebe (-zustand *m*) *f*: ***be in a ~*** ‚in der Luft hängen' (*Person od. Sache*).

lime¹ [laɪm] **I** *s.* **1.** ⚗ Kalk *m*; **2.** ✓ Kalkdünger *m*; **3.** Vogelleim *m*; **II** *v/t.* **4.** kalken, mit Kalk düngen.

lime² [laɪm] *s.* ⚘ Linde *f*.

lime³ [laɪm] *s.* ⚘ Li'mone *f*, Limo'nelle *f*.

'**lime**|**·kiln** *s.* Kalkofen *m*; '**~·light** *s.* **1.** ⚙ Kalklicht *n*; **2.** *fig.* (***be in the ~*** im) Rampenlicht *n od.* (im) Licht *n* der Öffentlichkeit *od.* (im) Mittelpunkt *m* des (öffentlichen) Inter'esses (stehen).

li·men ['laɪmen] *s. psych.* (Bewußtseins- *od.* Reiz)Schwelle *f*.

lime pit *s.* **1.** Kalkbruch *m*; **2.** Kalkgrube *f*; **3.** *Gerberei*: Äscher *m*.

Lim·er·ick ['lɪmərɪk] *s.* Limerick *m* (*5-zeiliger Nonsensvers*).

'**lime**|**·stone** *s. min.* Kalkstein *m*; **~ tree** *s.* ⚘ Linde(nbaum *m*) *f*.

lim·ey ['laɪmɪ] *s. Am. sl.* ‚Tommy' *m* (*Brite*).

lim·it ['lɪmɪt] **I** *s.* **1.** *bsd. fig.* a) Grenze *f*, Schranke *f*, b) Begrenzung *f*, Beschränkung *f* (***on*** *gen.*): ***within ~s*** in Grenzen, bis zu e-m gewissen Grade; ***without ~*** ohne Grenzen, grenzen-, schrankenlos; ***there is a ~ to everything*** alles hat seine Grenzen; ***there is no ~ to his ambition*** sein Ehrgeiz kennt keine Grenzen; ***off ~s*** *Am.* Zutritt verboten (***to*** für); ***that's my ~!*** a) mehr schaffe ich nicht!, b) höher kann ich nicht gehen!; ***that's the ~!*** F das ist (doch) die Höhe!; ***he is the ~!*** F er ist unglaublich *od.* unmöglich!; ***go to the ~*** F bis zum Äußersten gehen, *sport* über die Runden kommen; → ***speed limit***; **2.** ⩘, ⚙ Grenze *f*, Grenzwert *m*; **3.** zeitliche Begrenzung, Frist *f*: ***extreme ~*** ✝ äußerster Termin; **4.** ✝ a) Höchstbetrag *m*, b) Limit *n*, Preisgrenze *f*: ***lowest ~*** äußerster *od.* letzter Preis; **II** *v/t.* **5.** begrenzen, beschränken, einschränken (***to*** auf *acc.*); *Preise* limitieren: ***~ o.s. to*** sich beschränken auf (*acc.*); **lim·i·ta·tion** [ˌlɪmɪ'teɪʃn] *s.* **1.** *fig.* Grenze *f*: ***know one's ~s*** s-e Grenzen kennen; **2.** Begrenzung *f*, Ein-, Beschränkung *f*; **3.** (***statutory period of***) ***~*** ⚖ Verjährung(sfrist) *f*: ***be barred by the statute of ~*** verjähren *od.* verjährt sein; 'lim·it·ed [-tɪd] **I** *adj.* beschränkt, begrenzt (***to*** auf *acc.*): ***~ (express) train*** → II; ***~ in time*** zeitlich begrenzt; ***~ (liability) company*** ⚕ *Brit.* Aktiengesellschaft *f*; ***~ monarchy*** konstitutionelle Monarchie; ***~ partner*** ⚕ Kommanditist(in); ***~ partnership*** ⚕ Kommanditgesellschaft; **II** *s.* Schnellzug *m od.* Bus *m* mit Platzkarten; '**lim·it·less** [-lɪs] *adj.* grenzenlos.

lim·net·ic [lɪm'netɪk] *adj.* Süßwasser...

lim·ou·sine ['lɪmu:zi:n] *s. mot.* **1.** *Brit.* Wagen *m* mit Glastrennscheibe; **2.** *Am.* Kleinbus *m*.

limp¹ [lɪmp] *adj.* □ **1.** schlaff, schlapp (*a. fig. kraftlos, schwach*): ***go ~*** erschlaffen, *Person*: *a.* ‚abschlaffen'; **2.** biegsam, weich: ***~ book cover***.

limp² [lɪmp] **I** *v/i.* **1.** hinken (*a. fig. Vers etc.*), humpeln; **2.** sich schleppen (*a. Schiff etc.*); **II** *s.* **3.** Hinken *n*: ***walk with a ~*** → 1.

lim·pet ['lɪmpɪt] *zo.* Napfschnecke *f*: ***like a ~*** *fig.* wie e-e Klette; ***~ mine*** *s.* ⚔ Haftmine *f*.

lim·pid ['lɪmpɪd] *adj.* □ 'durchsichtig, klar (*a. fig. Stil etc.*), hell, rein; **lim·pid·i·ty** [lɪm'pɪdətɪ], '**lim·pid·ness** [-nɪs] *s.* 'Durchsichtigkeit *f*, Klarheit *f*.

limp·ness ['lɪmpnɪs] *s.* Schlaff-, Schlappheit *f*.

lim·y ['laɪmɪ] *adj.* **1.** Kalk..., kalkig: a) kalkhaltig, b) kalkartig; **2.** gekalkt.

lin·age ['laɪnɪdʒ] *s.* **1.** → ***alignment***; **2.** a) Zeilenzahl *f*, b) 'Zeilenhono͵rar *n*.

linch·pin ['lɪntʃpɪn] *s.* ⚙ Lünse *f*, Vorstecker *m*, Achsnagel *m*.

lin·den ['lɪndən] *s.* ⚘ Linde *f*.

line¹ [laɪn] **I** *s.* **1.** Linie *f*, Strich *m*; **2.** a) (*Hand- etc.*)Linie *f*: ***~ of fate*** Schicksalslinie, b) Falte *f*, Runzel *f*, c) Zug *m* (*im Gesicht*); **3.** Zeile *f*: ***drop s.o. a ~*** j-m ein paar Zeilen schreiben; ***read between the ~s*** zwischen den Zeilen lesen; **4.** *TV* (Bild)Zeile *f*; **5.** a) Vers *m*, b) *pl. Brit. ped.* Strafarbeit *f*, c) *thea. etc.* Rolle *f*, Text *m*; **6.** *pl.* F Trauschein *m*; **7.** F a) Informati'on *f*, Hinweis *m*: ***get a ~ on*** e-e Information erhalten über (*acc.*); **8.** *Am.* F a) ‚Platte' *f* (*Geschwätz*), b) ‚Tour' *f*, ‚Masche' *f* (*Trick*); **9.** Linie *f*, Richtung *f*: ***~ of attack*** Angriffsrichtung, *fig.* Taktik *f*; ***~ of fire*** ⚔ Schußlinie *f*; ***~ of sight*** a) Blickrichtung *f*, b) *a.* ***~ of vision*** Gesichtslinie, -achse *f*; ***he said s.th. along these ~s*** er sagte etwas in dieser Richtung; → ***resistance*** 1; **10.** *pl. fig.* Grundsätze *pl.*, Richtlinie(n *pl.*) *f*, Grundzüge *pl.*: ***along these ~s*** a) nach diesen Grundsätzen, b) folgendermaßen; ***along general ~s*** ganz allgemein, in großen Zügen; **11.** Art *f* (u. Weise), Me'thode *f*: ***~ of approach*** Art, et. anzupacken, Methode *f*; ***~ of argument*** (Art der) Argumentation *f*; ***~ of reasoning*** Denkmethode *f*, -weise *f*; ***take a strong ~*** energisch auftreten *od.* werden (***with s.o.*** j-m gegenüber); ***take the ~ that*** den Standpunkt vertreten, daß; ***don't take that ~ with me!*** komm mir ja nicht so! → ***hard line*** 1; **12.** Grenze *f*, Grenzlinie *f*: ***draw the ~ (at)*** *fig.* die Grenze ziehen (bei); ***I draw the ~ at that!*** da hört es bei mir auf; ***lay*** (*od.* ***put***) ***on the ~*** *fig. sein Leben, s-n Ruf etc.* aufs Spiel setzen; ***be on the ~*** auf dem Spiel stehen; ***I'll lay it on the ~ for you!*** F das kann ich Ihnen genau sagen!; **13.** *pl.* a) Linien(führung *f*) *pl.*, Kon'turen *pl.*, Form *f*, b) Riß *m*, Entwurf *m*; **14.** a) Reihe *f*, Kette *f*, b) *bsd. Am.* (Menschen-, *a.* Auto)Schlange *f*: ***stand in ~ (for)*** anstehen *od.* Schlange stehen (nach); ***drive in ~*** *mot.* Kolonne fahren; ***be in ~ for*** *fig.* Aussichten haben auf (*acc.*) *od.* Anwärter sein für; **15.** Übereinstimmung *f*: ***be in (out of) ~*** (nicht) übereinstimmen *od.* im Einklang sein (***with*** mit); ***bring*** (*od.* ***get***) ***into ~*** a) in Einklang bringen (***with*** mit), b) *j-n* ‚auf Vordermann' bringen, c) *pol.* gleichschalten; ***fall into ~*** sich einordnen, *fig.* sich anschließen (***with** j-m*); ***toe the ~*** ‚spuren', sich der (*Partei- etc.*)Disziplin beugen; ***in ~ of duty*** *bsd.* ⚔ in Ausübung des Dienstes; **16.** a) (Abstammungs)Linie *f*, b) Fa'milie *f*, Geschlecht *n*: ***the male ~*** die männliche Linie; ***in the direct ~*** in direkter Linie; **17.** *pl.* Los *n*, Geschick *n*: ***hard ~s*** F Pech *n*; **18.** Fach *n*, Gebiet *n*, Sparte *f*: ***~ (of business)*** Branche *f*, Geschäftszweig *m*; ***that's not in my ~*** das schlägt nicht in mein Fach, das liegt mir nicht; ***that's more in my ~*** das liegt mir schon eher; **19.** (*Verkehrs-, Eisenbahn- etc.*)Linie *f*, Strecke *f*, Route *f*, *engS.* Gleis *n*: ***ship of the ~*** Linienschiff *n*; ***~s of communications*** ⚔ rückwärtige Verbindungen; ***he was at the end of the ~*** *fig.* er war am Ende; ***that's the end of the ~!*** *fig.* Endstation!; **20.** (*Eisenbahn-, Luftverkehrs-, Autobus*)Gesellschaft *f*; **21.** a) ϟ, ⚙ Leitung *f*, *bsd.* Tele'fon- *od.* Tele'grafenleitung *f*: ***the ~ is engaged*** (*Am.* ***busy***) die Leitung ist besetzt; ***hold the***

~! bleiben Sie am Apparat!; ***three ~s*** 3 Anschlüsse; → ***hot line***; **22.** ⚙ (Fertigungs)Straße *f*; **23.** ✝ a) Sorte *f*, Warengattung *f*, b) Posten *m*, Par'tie *f*, c) Ar'tikel(ˌserie *f*) *m od. pl.*; **24.** ⚔ a) Linie *f*: ***behind the enemy's ~s*** hinter den feindlichen Linien; ***~ of battle*** vorderste Linie, Kampflinie, b) Front *f*: ***go up the ~*** an die Front gehen; ***all along the ~***, (***all***) ***down the ~*** *fig.* auf der ganzen Linie, voll (u. ganz); ***go down the ~ for*** *Am.* F sich voll einsetzen für, c) Linie *f* (*Formation beim Antreten*), d) Fronttruppe *f*: ***the ~s*** die Linienregimenter; **25.** *geogr.* Längen- *od.* Breitenkreis *m*: ***the*** 𝔏 der Äquator; **26.** ⚓ Linie *f*: ***~ abreast*** Dwarslinie; ***~ ahead*** Kiellinie; **27.** (Wäsche)Leine *f*, (starke) Schnur, Seil *n*, Tau *n*; **28.** *teleph.* a) Draht *m*, b) Kabel *n*; **29.** Angelschnur *f*; **II** *v/i.* **30.** → ***line up*** 1, 2; **III** *v/t.* **31.** linieren; **32.** zeichnen, skizzieren; **33.** *Gesicht* (durch)'furchen; **34.** *Straße etc.* säumen: ***soldiers ~d the street*** Soldaten bildeten an der Straße Spalier; **~ in** *v/t.* einzeichnen; **~ off** *v/t.* abgrenzen; **~ through** *v/t.* 'durchstreichen; **~ up I** *v/i.* **1.** sich in e-r Linie *od.* Reihe aufstellen; **2.** Schlange stehen; **3.** *fig.* sich zs.-schließen; **II** *v/t.* **4.** in Linie *od.* in e-r Reihe aufstellen; **5.** aufstellen; **6.** *fig.* F *et.* ‚auf die Beine stellen', organisieren, arrangieren.

line² [laɪn] *v/t.* **1.** *Kleid etc.* füttern; **2.** ⚙ ausfüttern, -gießen, -kleiden, -schlagen, (innen) über'ziehen: ***~ one's*** (***own***) ***pockets*** in die eigene Tasche arbeiten, sich bereichern.

lin·e·age ['lɪnɪɪdʒ] *s.* **1.** (geradlinige) Abstammung; **2.** Stammbaum *m*; **3.** Geschlecht *n*, Fa'milie *f*.

lin·e·al ['lɪnɪəl] *adj.* □ geradlinig, in di'rekter Linie, di'rekt (*Abstammung*, *Nachkomme*).

lin·e·a·ment ['lɪnɪəmənt] *s.* (Gesichts-, *fig.* Cha'rakter)Zug *m*.

lin·e·ar ['lɪnɪə] *adj.* □ **1.** Linien..., geradlinig, *bsd.* A, ⚙, *phys.* line'ar (*Gleichung*, *Elektrode*, *Perspektive etc.*), Linear...; **2.** Längen...(*-ausdehnung*, *-maß etc.*); **3.** Linien..., Strich..., strichförmig.

line| block *s.* → ***line etching***; **~ drawing** *s.* Strichzeichnung *f*; **~ etch·ing** *s.* *Kunst*: Strichätzung *f*; **'~·man** [-mən] *s.* [*irr.*] *Am.* **1.** 🚂 Streckenarbeiter *m*; **2.** → ***linesman*** 1.

lin·en ['lɪnɪn] **I** *s.* **1.** Leinen *n*, Leinwand *f*, Linnen *n*; **2.** (Bett-, 'Unter- *etc.*)Wäsche *f*: ***wash one's dirty ~ in public*** *fig.* s-e schmutzige Wäsche vor allen Leuten waschen; **II** *adj.* **3.** leinen, Leinen...: ***~ closet*** (*od.* ***cupboard***) Wäscheschrank *m*.

lin·er¹ ['laɪnə] *s.* **1.** ⚙ Futter *n*, Buchse *f*; **2.** Einsatz(stück *n*) *m*.

lin·er² ['laɪnə] *s.* **1.** ⚓ Linienschiff *n*; **2.** → ***air liner***.

lines·man ['laɪnzmən] *s.* [*irr.*] **1.** ϟ (Fernmelde)Techniker *m*, *engS.* Störungssucher *m*; **2.** 🚂 Streckenwärter *m*; **3.** *sport* Linienrichter *m*.

'line-up *s.* **1.** *sport* (Mannschafts)Aufstellung *f*, Aufgebot *n*; **2.** Gruppierung *f*; **3.** *Am.* ‚Schlange' *f*.

lin·ger ['lɪŋgə] *v/i.* **1.** (*a. fig.*) (noch) verweilen, (zu'rück)bleiben (*beide a. Gefühl*, *Geschmack*, *Erinnerung etc.*), sich aufhalten; *fig. a.* nachklingen (*Töne*, *Gefühl etc.*): ***~ on*** *fig.* (noch) fortleben *od.* -bestehen (*Brauch etc.*); ***~ on a subject*** bei e-m Thema verweilen; **2.** a) zögern, b) trödeln; **3.** da'hinsiechen (*Kranker*); **4.** sich hinziehen *od.* -schleppen.

lin·ge·rie ['læːnʒəriː] (*Fr.*) *s.* ('Damen-)ˌUnterwäsche *f*.

lin·ger·ing ['lɪŋgərɪŋ] *adj.* □ **1.** a) verweilend, b) langsam, zögernd; **2.** (zu'rück)bleibend, nachklingend (*Ton*, *Gefühl etc.*); **3.** schleppend; **4.** schleichend (*Krankheit*); **5.** lang: a) sehnsüchtig, b) innig, c) prüfend: ***a ~ look***.

lin·go ['lɪŋgəʊ] *pl.* **-goes** [-gəʊz] *s.* Kauderwelsch *n*, *engS. a.* ('Fach)JarˌgonT *m*.

lin·gua fran·ca [ˌlɪŋgwə'fræŋkə] *s.* Verkehrssprache *f*.

lin·gual ['lɪŋgwəl] **I** *adj.* Zungen...; **II** *s.* Zungenlaut *m*.

lin·guist ['lɪŋgwɪst] *s.* **1.** Sprachforscher (-in), Lingu'ist(in); **2.** Fremdsprachler (-in), Sprachkundige(r *m*) *f*: ***he is a good ~*** er ist sehr sprachbegabt; **lin·guis·tic** [lɪŋ'gwɪstɪk] *adj.* (□ ***~ally***) **1.** sprachwissenschaftlich, lingu'istisch; **2.** Sprach(en)...; **lin·guis·tics** [lɪŋ'gwɪstɪks] *s. pl.* (*mst sg. konstr.*) Sprachwissenschaft *f*, Lingu'istik *f*.

lin·i·ment ['lɪnɪmənt] *s.* ⚕ Einreibemittel *n*.

lin·ing ['laɪnɪŋ] *s.* **1.** Futter(stoff *m*) *n*, (Aus)Fütterung *f* (*von Kleidern etc.*); **2.** ⚙ Futter *n*, Ver-, Auskleidung *f*; Ausmauerung *f*; (*Brems- etc.*)Belag *m*; → ***silver lining***.

link [lɪŋk] **I** *s.* **1.** (Ketten)Glied *n*; **2.** *fig.* a) Glied *n* (*in e-r Kette von Ereignissen etc.*), b) Bindeglied *n*; → ***missing*** 1; **3.** *freundschaftliche etc.* Bande *pl.*; **4.** Verbindung *f*, -knüpfung *f*, Zs.-hang *m* (***between*** zwischen); **5.** Man'schettenknopf *m*; **6.** ⚙ Glied *n* (*a.* ⚡), Verbindungsstück *n*, Gelenk *n*; **7.** *tel.* a) Streckenabschnitt *m*, b) Über'tragungsweg *m*; **8.** *TV* a) Verbindungsstrecke *f*, b) → ***linkup*** 3; **9.** *surv.* Meßkettenglied *n*; **10.** → ***links***; **II** *v/t.* **11.** *a.* ~ ***up*** *od.* ***together*** (***with***) a) verbinden, -knüpfen (mit): ~ ***arms*** (***with***) sich einhaken (bei *j-m*), b) mitein'ander in Verbindung *od.* Zs.-hang bringen, c) anein'anderkoppeln: ***be ~ed*** (***with***) zs.-hängen *od.* in Zs.-hang stehen (mit); ***~ed*** ⚗ gekoppelt (*a. biol. Gene*); **III** *v/i.* **12.** (***with***) a) sich verbinden (lassen) (mit), b) verknüpft sein (mit).

link·age ['lɪŋkɪdʒ] *s.* **1.** Verkettung *f*, *Computer*: *a.* Pro'grammverbindung *f*; **2.** ⚙ Gestänge *n*, Gelenkviereck *n*; **3.** ⚗, *biol.* Koppelung *f*, (*a. phys. Atom- etc.*)Bindung *f*.

links [lɪŋks] *s. pl.* **1.** *bsd. Scot.* Dünen *pl.*; **2.** (*a. sg. konstr.*) Golfplatz *m*.

'**link·up** *s.* **1.** → ***link*** 4; **2.** (Anein'ander-) Koppeln *n*; **3.** *Radio*, *TV*: Zs.-schaltung *f*.

linn [lɪn] *s. bsd. Scot.* **1.** Teich *m*; **2.** Wasserfall *m*.

lin·net ['lɪnɪt] *s. orn.* Hänfling *m*.

li·no ['laɪnəʊ] *abbr. für* ***linoleum***; **li·no-cut** ['laɪnəʊkʌt] *s.* Lin'olschnitt *m*.

li·no·le·um [lɪ'nəʊljəm] *s.* Lin'oleum *n*.

lin·o·type ['laɪnəʊtaɪp] *s. typ.* **1.** *a.* ♌ Linotype *f* (*Markenname für e-e Zeilensetz- u. -gießmaschine*); **2.** ('Setzma-ˌschinen)Zeile *f*.

lin·seed ['lɪnsiːd] *s.* ⚘ Leinsamen *m*; ~ **cake** *s.* Leinkuchen *m*; ~ **oil** *s.* Leinöl *n*.

lint [lɪnt] **I** *s.* **1.** ⚕ Schar'pie *f*, Zupflinnen *n*; **2.** *Am.* Fussel *f*; **II** *v/i.* **3.** *Am.* Fusseln bilden, fusseln.

lin·tel ['lɪntl] *s.* ⚠ (Tür-, Fenster)Sturz *m*.

li·on ['laɪən] *s.* **1.** *zo.* Löwe *m* (*a. fig. Held*; *a. ast.* ♌): ***the ~'s share*** *fig.* der Löwenanteil; ***go into the ~'s den*** *fig.* sich in die Höhle des Löwen wagen; **2.** ‚Größe' *f*, Berühmtheit *f* (*Person*); **3.** *pl.* Sehenswürdigkeiten *pl.* (*e-s Ortes*); '**li·on·ess** [-nes] *s.* Löwin *f*; '**li·on-ˌheart·ed** *adj.* furchtlos, mutig; **li·on-ize** ['laɪənaɪz] *v/t. j-n* feiern, zum Helden des Tages machen.

lip [lɪp] *s.* **1.** Lippe *f*: ***hang on s.o.'s ~s*** an j-s Lippen hängen; ***keep a stiff upper ~*** Haltung bewahren; ***lick*** (*od.* ***smack***) ***one's ~s*** sich die Lippen lekken; → ***bite*** 7; **2.** F Unverschämtheit *f*: ***none of your ~!*** keine Frechheiten!; **3.** Rand *m* (*Wunde*, *Schale*, *Krater etc.*); **4.** Tülle *f*, Schnauze *f* (*Krug etc.*).

'**lip|-read** *v/t. u. v/i.* [*irr.* → ***read***] von den Lippen ablesen; '**~-ˌread·ing** *s.* Lippenlesen *n*; ~ **ser·vice** *s.* Lippendienst *m*: ***pay ~ to*** ein Lippenbekenntnis ablegen zu *e-r Idee etc.*; '**~·stick** *s.* Lippenstift *m*.

li·quate ['laɪkweɪt] *v/t. metall.* (aus)seigern.

liq·ue·fa·cient [ˌlɪkwɪ'feɪʃnt] **I** *s.* Verflüssigungsmittel *n*; **II** *adj.* verflüssigend; ˌ**liq·ue'fac·tion** [-'fækʃn] *s.* Verflüssigung *f*; **liq·ue·fi·a·ble** ['lɪkwɪfaɪəbl] *adj.* schmelzbar; **liq·ue·fy** ['lɪkwɪfaɪ] *v/t. u. v/i.* (sich) verflüssigen; schmelzen; **li·ques·cent** [lɪ'kwesnt] *adj.* sich (leicht) verflüssigend, schmelzend.

li·queur [lɪ'kjʊə] *s.* Li'kör *m*.

liq·uid ['lɪkwɪd] **I** *adj.* ☐ **1.** flüssig; Flüssigkeits…: ~ ***measure*** Flüssigkeitsmaß *n*; ~ ***crystal*** Flüssigkristall *m*; ~ ***crystal display*** Flüssigkristallanzeige *f*; **2.** a) klar, hell u. glänzend, b) feucht (schimmernd): ~ ***eyes***; ~ ***sky***; **3.** perlend, wohltönend; **4.** *ling.* li'quid, fließend: ~ ***sound*** → 7; **5.** ✝ li'quid, flüssig: ~ ***assets***; **II** *s.* **6.** Flüssigkeit *f*; **7.** *Phonetik*: Liquida *f*, Fließlaut *m*.

liq·ui·date ['lɪkwɪdeɪt] *v/t.* **1.** a) *Schulden etc.* tilgen, b) *Schuldbetrag* feststellen; **2.** *Konten* abrechnen, saldieren; **3.** ✝ *Unternehmen* liquidieren; **4.** ✝ *Wertpapier* flüssigmachen, realisieren; **5.** *j-n* liquidieren (*umbringen*); **liq·ui·da·tion** [ˌlɪkwɪ'deɪʃn] *s.* **1.** ✝ a) Liquidati'on *f*, Abwicklung *f* (*Unternehmen*): ***go into ~*** in Liquidation treten, b) Tilgung *f* (*von Schulden*), c) Abrechnung *f*, d) Realisierung *f*; **2.** *fig.* Liquidierung *f*, Beseitigung *f*; '**liq·ui·da·tor** [-tə] *s.* ✝ Liqui'dator *m*, Abwickler *m*.

li·quid·i·ty [lɪ'kwɪdətɪ] *s.* **1.** flüssiger Zustand; **2.** ✝ Liquidi'tät *f*, (Geld)Flüssigkeit *f*.

liq·uor ['lɪkə] **I** *s.* **1.** alko'holisches Getränk, *coll.* Spiritu'osen *pl.*, Alkohol *m* (*bsd. Branntwein u. Whisky*): ***in ~, the worse for ~*** betrunken; **2.** Flüssigkeit *f*; *pharm.* Arz'neilösung *f*; **3.** ⚙ a) Lauge *f*, b) Flotte *f* (*Färbebad*); **II** *v/i.* **4.** *mst* ~ ***up*** *sl.* ‚einen heben'; **III** *v/t.* **5.** ***get ~ed up*** sich ‚vollaufen' lassen; ~ **cab·i·net** *s.* Hausbar *f*.

liq·uo·rice ['lɪkərɪs] *s.* La'kritze *f*.

lisp [lɪsp] **I** *v/i.* **1.** (*a. v/t. et.*) lispeln, mit der Zunge anstoßen; **2.** stammeln; **II** *s.* **3.** Lispeln *n*, Anstoßen *n* (mit der Zunge).

lis·some, *a.* **lis·som** ['lɪsəm] *adj.* **1.** geschmeidig; **2.** wendig, a'gil.

list[1] [lıst] **I** *s.* Liste *f*, Verzeichnis *n*: ***on the ~*** auf der Liste; ***~ price*** ✝ Listenpreis *m*; **II** *v/t.* a) verzeichnen, aufführen, erfassen, katalogisieren; in e-e Liste eintragen, b) aufzählen: ***~ed*** *Am.* ✝ amtlich notiert, börsenfähig (*Wertpapier*).

list[2] [lıst] *s.* **1.** Saum *m*, Rand *m*; **2.** *Weberei*: Salband *n*, Webekante *f*; **3.** (Sal)Leiste *f*; **4.** *pl. hist.* a) Schranken *pl.* (*e-s Turnierplatzes*), b) Kampfplatz *m* (*a. fig.*): ***enter the ~s*** *fig.* in die Schranken treten, zum Kampf antreten.

list[3] [lıst] ⚓ **I** *s.* Schlagseite *f*; **II** *v/i.* Schlagseite haben.

lis·ten ['lısn] *v/i.* **1.** horchen, hören, lauschen (***to*** auf *acc.*): ***~ to*** a) *j-m* zuhören, *j-n* anhören, b) auf *j-n od. j-s Rat* hören, *j-m* Gehör schenken, c) *e-m Rat etc.* folgen: ***~!*** hör mal (zu)!; ***~ for*** auf *et. od. j-n* horchen (*warten*); → ***reason*** 1; **2.** ***~ in*** a) Radio hören, b) (*am Telefon etc.*) mithören *od.* mit anhören (***on s.th.*** et.): ***~ in to*** *et.* im Radio hören; '**lis·ten·er** [-nə] *s.* **1.** Horcher(in), Lauscher(in); **2.** Zuhörer(in); **3.** *Radio*: Hörer(in).

lis·ten·ing post ['lısnıŋ] *s.* ⚔ **1.** Horchposten *m* (*a. fig.*); **2.** Abhörstelle *f*.

list·less ['lıstlıs] *adj.* □ lustlos, teilnahmslos, matt, a'pathisch.

lists [lısts] → ***list***[2] 4.

lit [lıt] **I** *pret. u. p.p.* von ***light***[1] *u.* ***light***[3]; **II** *adj. mst* ***~ up*** *sl.* ‚blau' (*betrunken*).

lit·a·ny ['lıtənı] *s. eccl. u. fig.* Lita'nei *f*.

li·ter ['li:tə] *Am.* → ***litre***.

lit·er·a·cy ['lıtərəsı] *s.* **1.** Fähigkeit *f* zu lesen u. zu schreiben; **2.** (lite'rarische) Bildung, Belesenheit *f*; '**lit·er·al** [-rəl] **I** *adj.* □ **1.** wörtlich, wortgetreu: ***~ translation***; **2.** wörtlich, buchstäblich, eigentlich: ***~ sense***; **3.** nüchtern, wahrheitsgetreu: ***~ account***; ***the ~ truth*** die reine Wahrheit; **4.** *fig.* buchstäblich: ***~ annihilation***; ***a ~ disaster*** e-e wahre *od.* echte Katastrophe; **5.** pe'dantisch, pro'saisch (*Person*); **6.** Buchstaben…, Schreib…: ***~ error*** → 7; **II** *s.* **7.** Schreib- *od.* Druckfehler *m*; '**lit·er·al·ism** [-əlızəm], '**lit·er·al·ness** [-rəlnıs] *s.* **1.** Festhalten *n* am Buchstaben, *bsd.* strenge *od.* allzu wörtliche Über'setzung *od.* Auslegung, Buchstabenglaube *m*; **2.** *Kunst*: Rea'lismus *m*.

lit·er·ar·y ['lıtərərı] *adj.* □ **1.** lite'rarisch, Literatur…: ***~ historian*** Literaturhistoriker(in); ***~ history*** Literaturgeschichte *f*; ***~ language*** Schriftsprache *f*; **2.** schriftstellerisch: ***a ~ man*** ein Literat; ***~ property*** geistiges Eigentum; **3.** lite'rarisch gebildet; **4.** gewählt: ***a ~ expression***; **lit·er·ate** ['lıtərət] **I** *adj.* **1.** des Lesens u. Schreibens kundig; **2.** (lite'rarisch) gebildet; **3.** lite'rarisch; **II** *s.* **4.** j-d, der Lesen u. Schreiben kann; **5.** Gebildete(r *m*) *f*; **lit·e·ra·ti** [ˌlıtə'rɑ:ti:] *s. pl.* **1.** Lite'raten *pl.*; **2.** *die* Gelehrten *pl.*; **lit·e·ra·tim** [ˌlıtə'rɑ:tım] (*Lat.*) *adv.* buchstäblich, (wort)wörtlich; **lit·er·a·ture** ['lıtərətʃə] *s.* **1.** Litera'tur *f*, Schrifttum *n*; **2.** Schriftstelle'rei *f*; **3.** Druckschriften *pl.*, *bsd.* Pro'spekte *pl.*, 'Unterlagen *pl.*

lithe [laıð] *adj.* □ geschmeidig; '**lithe·ness** [-nıs] *s.* Geschmeidigkeit *f*.

lith·o·chro·mat·ic [ˌlıθəʊkrəʊ'mætık] *adj.* Farben-, Buntdruck…

lith·o·graph ['lıθəʊgrɑ:f] **I** *s.* Lithogra'phie *f*, Steindruck *m* (*Erzeugnis*); **II** *v/t. u. v/i.* lithographieren; **li·thog·ra·pher** [lı'θɒgrəfə] *s.* Litho'graph *m*; **lith·o·graph·ic** [ˌlıθəʊ'græfık] *adj.* (□ ***~ally***) litho'graphisch, Steindruck…; **li·thog·ra·phy** [lı'θɒgrəfı] *s.* Lithogra'phie *f*, Steindruck *m*.

Lith·u·a·ni·an [ˌlıθju:'eınjən] **I** *s.* **1.** Litauer(in); **2.** *ling.* Litauisch *n*; **II** *adj.* **3.** litauisch.

lit·i·gant ['lıtıgənt] ⚖ **I** *s.* Pro'zeßführende(r *m*) *f*, (streitende) Par'tei; **II** *adj.* streitend, pro'zeßführend; **lit·i·gate** ['lıtıgeıt] *v/i.* (*u. v/t.*) prozessieren (um), streiten (um); **lit·i·ga·tion** [ˌlıtı'geıʃn] *s.* Rechtsstreit *m*, Pro'zeß *m*; **li·ti·gious** [lı'tıdʒəs] *adj.* □ **1.** ⚖ a) Prozeß…, b) strittig, streitig; **2.** pro'zeß-, streitsüchtig.

lit·mus ['lıtməs] *s.* ⚗ Lackmus *n*; '**~-ˌpa·per** *s.* 'Lackmuspaˌpier *n*.

li·tre ['li:tə] *s. Brit.* Liter *m*, *n*.

lit·ter ['lıtə] **I** *s.* **1.** Sänfte *f*; **2.** Trage *f*; **3.** Streu *f*; **4.** her'umliegende Sachen *pl.*, *bsd.* (her'umliegendes) Pa'pier u. Abfälle *pl.*; **5.** Wust *m*, Unordnung *f*; **6.** *zo.* Wurf *m Ferkel etc.*; **II** *v/t.* **7.** *mst* ***~ down*** a) Streu legen für *Tiere*, b) *Stall*, *Boden* einstreuen, c) *Pflanzen* abdekken; **8.** a) verunreinigen, b) unordentlich verstreuen, her'umliegen lassen, c) *Zimmer* in Unordnung bringen, d) *oft* ***~ up*** (unordentlich) her'umliegen in (*dat.*) *od.* auf (*dat.*): ***be ~ed with*** übersät sein mit (*a. fig.*); **9.** *zo. Junge* werfen; **III** *v/i.* **10.** (Junge) werfen.

lit·tle ['lıtl] **I** *adj.* **1.** klein: ***a ~ house*** ein kleines Haus, ein Häuschen; ***a ~ one*** ein Kleines (*Kind*); ***our ~ ones*** unsere Kleinen; ***the ~ people*** die Elfen; ***~***

things Kleinigkeiten *pl.*; **2.** kurz (*Strecke od. Zeit*); **3.** wenig: ***~ hope***; ***a ~ honey*** ein wenig *od.* ein bißchen *od.* etwas Honig; **4.** klein, gering(fügig), unbedeutend: ***of ~ interest*** von geringem Interesse; **5.** klein(lich), beschränkt, engstirnig: ***~ minds*** Kleingeister *pl.*; **6.** gemein, erbärmlich; **7.** *iro.* klein: ***her poor ~ efforts***; ***his ~ ways*** s-e kleinen Eigenarten *od.* Schliche; **II** *adv.* **8.** wenig, kaum, nicht sehr: ***he ~ knows*** er ahnt ja nicht (***that*** daß); ***we see ~ of her*** wir sehen sie nur sehr selten; ***make ~ of*** *et.* bagatellisieren; ***think ~ of*** wenig halten von; **III** *s.* **9.** Kleinigkeit *f*, *das* Wenige, *ein* bißchen: ***a ~*** ein wenig, ein bißchen; ***not a ~*** nicht wenig; ***after a ~*** nach e-m Weilchen; ***for a ~*** für ein Weilchen; ***a ~ rash*** ein bißchen voreilig; ***~ by ~*** nach und nach; ***~ or nothing*** so gut wie nichts; ***what ~ I have seen*** das wenige, das ich gesehen habe; ***every ~ helps*** auch der kleinste Beitrag hilft; **'lit·tle·ness** [-nɪs] *s.* **1.** Kleinheit *f*; **2.** Geringfügigkeit *f*, Bedeutungslosigkeit *f*; **3.** Kleinlichkeit *f*; **4.** Beschränktheit *f*.

lit·to·ral ['lɪtərəl] **I** *adj.* a) Küsten…, b) Ufer…; **II** *s.* Küstenland *n*, -strich *m*.

li·tur·gic, li·tur·gi·cal [lɪ'tɜːdʒɪk(l)] *adj.* ☐ li'turgisch; **lit·ur·gy** ['lɪtədʒɪ] *s. eccl.* Litur'gie *f*.

liv·a·ble ['lɪvəbl] *adj.* **1.** *a.* ***~-in*** wohnlich; **2.** *mst* ***~-with*** 'umgänglich (*Person*); **3.** erträglich.

live¹ [lɪv] **I** *v/i.* **1.** *allg.* leben: ***~ to a great age*** ein hohes Alter erreichen; ***~ to be eighty*** achtzig Jahre alt werden; ***~ to see*** *et.* erreichen; ***~ off*** leben von, sich ernähren von; *b.s.* auf *j-s* Kosten leben; ***~ on*** a) weiter-, fortleben, b) *a.* ***~ by*** leben *od.* sich ernähren von; ***~ through s.th.*** et. mit- *od.* durchmachen, et. miterleben; ***~ with*** a) *a. iro.* mit *der Atombombe etc.* leben, b) *bsd. sport* F mit *e-m Gegner etc.* mithalten; ***we ~ and learn!*** man lernt nie aus!; ***~ and let ~*** leben u. leben lassen; ***he will ~ to regret it!*** das wird er noch bereuen!; **2.** (über)'leben, am Leben bleiben: ***the patient will ~!***; **3.** leben, wohnen: ***~ in a town***; **4.** leben, ein *ehrliches etc.* Leben führen: ***~ well*** gut leben; ***~ to o.s.*** (ganz) für sich leben; **5.** leben, das Leben genießen: ***she wanted to ~*** sie wollte (et. er)leben; (***then***) ***you haven't ~d!*** *humor.* du weißt ja gar nicht, was du versäumt hast!; **II** *v/t.* **6.** *ein anständiges etc. Leben* führen *od.* leben: ***~ one's own life*** sein eigenes Leben leben; **7.** (vor)leben, im Leben verwirklichen: ***he ~d a lie*** sein Leben war e-e einzige Lüge;
Zssgn mit adv.:
live| down *v/t. et.* (durch tadellosen Lebenswandel) vergessen machen, sich reinwaschen *od.* rehabilitieren von: ***I will never live it down*** das wird man mir nie vergessen; ***~ in*** *v/i.* im Haus *od.* Heim *etc.* wohnen, nicht außerhalb wohnen; ***~ out*** *v/i.* außerhalb wohnen; ***~ to·geth·er*** *v/i.* zu'sammen leben *od.* wohnen; ***~ up*** **I** *v/i.*: ***~ to*** *den Anforderungen*, *Erwartungen etc.* entsprechen, *a. s-m Ruf* gerecht werden; *sein Versprechen* halten; **II** *v/t.*: ***live it up*** ‚auf den Putz hauen', ‚toll leben'.

live² [laɪv] **I** *adj.* (*nur attr.*) **1.** le'bendig: a) lebend: ***~ animals***, b) *fig.* lebhaft (*a. Debatte etc.*); rührig, tätig, e'nergisch (*Person*); **2.** aktu'ell: ***a ~ question***; **3.** glühend (*Kohle etc.*) (*a. fig.*); ⚔ scharf (*Munition*); ungebraucht (*Streichholz*); ϟ stromführend, geladen: ***~ wire*** *fig.* ‚Energiebündel' *n*; ***~ load*** ⚙ Nutzlast *f*; ***~ steam*** ⚙ Frischdampf *m*; **4.** *Radio*, *TV*: di'rekt, live, Direkt…, Original…, Live-…: ***~ broadcast*** Live-Sendung *f*, Direktübertragung *f*; **5.** ⚙ a) Trieb…, b) angetrieben; **II** *adv.* **6.** *Radio*, *TV*: di'rekt, live: ***the game will be broadcast ~***.

-lived [lɪvd] *in Zssgn* …lebig.

live·li·hood ['laɪvlɪhʊd] *s.* 'Lebensˌunterhalt *m*, Auskommen *n*: ***earn*** (*od.* ***make***) ***a*** (*od.* ***one's***) ***~*** sein Brot *od.* s-n Lebensunterhalt verdienen.

live·li·ness ['laɪvlɪnɪs] *s.* **1.** Lebhaftigkeit *f*; **2.** Le'bendigkeit *f*.

live·long ['lɪvlɒŋ] *adj. poet.*: ***all the ~ day*** den lieben langen Tag.

live·ly ['laɪvlɪ] *adj.* ☐ **1.** *allg.* lebhaft, le'bendig (*Person*, *Geist*, *Gespräch*, *Rhythmus*, *Gefühl*, *Erinnerung*, *Farbe*, *Beschreibung etc.*): ***~ hope*** starke Hoffnung; **2.** kräftig, vi'tal; **3.** lebhaft, aufregend (*Zeit*): ***make it*** (*od.* ***things***) ***~ for*** *j-m* (tüchtig) einheizen; ***we had a ~ time*** es war ‚schwer was los'; **4.** flott (*Tempo*).

liv·en ['laɪvn] *mst* ***~ up*** **I** *v/t.* beleben, Leben *od.* Schwung bringen in (*acc.*); **II** *v/i.* sich beleben, in Schwung kommen.

liv·er¹ ['lɪvə] *s. anat.* Leber *f*.

liv·er² ['lɪvə] *s.*: ***be a fast ~*** ein flottes Leben führen; ***be a good ~*** ‚gut leben'.

liv·er·ied ['lɪvərɪd] *adj.* livriert.

liv·er·ish ['lɪvərɪʃ] *adj.* F **1.** ***be ~*** es an der Leber haben; **2.** reizbar, mürrisch.

Liv·er·pud·li·an [ˌlɪvəˈpʌdlɪən] **I** *adj.* aus *od.* von Liverpool; **II** *s.* Liverpooler(in).

ˈ**liv·er·wort** *s.* ⚘ Leberblümchen *n.*

liv·er·y [ˈlɪvərɪ] *s.* **1.** Liˈvree *f*; **2.** (*bsd.* Amts- *od.* Gilden)Tracht *f*; *fig.* (*a. zo. Winter- etc.*)Kleid *n*; **3.** → ***livery company***; **4.** Pflege *f* u. ˈUnterbringung *f* (*von Pferden*) gegen Bezahlung: ***at ~*** in Futter *stehen etc.*; **5.** *Am.* → ***livery stable***; **6.** a) ˈÜbergabe *f*, Überˈtragung *f*, b) *Brit.* ˈÜbergabe *f* von vom Vormundschaftsgericht freigegebenem Eigentum; **~ com·pa·ny** *s.* (Handels-) Zunft *f* der ***City of London***; ˈ**~·man** [-mən] *s.* [*irr.*] Zunftmitglied *n*; **~ serv·ant** *s.* livrierter Diener; **~ sta·ble** *s.* Mietstall *m.*

lives [laɪvz] *pl. von* ***life***.

ˈ**live·stock** [ˈlaɪv-] *s.* Vieh(bestand *m*) *n*, lebendes Invenˈtar.

liv·id [ˈlɪvɪd] *adj.* ☐ **1.** bläulich; bleifarben, graublau; **2.** fahl, aschgrau, blaß (***with*** vor *dat.*); **3.** *Brit.* F ‚fuchsteufelswild'; **li·vid·i·ty** [lɪˈvɪdətɪ], ˈ**liv·id·ness** [-nɪs] *s.* Fahlheit *f*, Blässe *f.*

liv·ing [ˈlɪvɪŋ] **I** *adj.* ☐ **1.** lebend (*a. Sprachen*), leˈbendig (*a. fig. Glaube, Gott etc.*): ***no man ~*** kein Sterblicher; ***not a ~ soul*** keine Menschenseele; ***while ~*** zu Lebzeiten; ***the greatest of ~ statesmen*** der größte lebende Staatsmann; ***~ death*** trostloses Dasein; ***within ~ memory*** seit Menschengedenken; **2.** glühend (*Kohle*); **3.** gewachsen (*Fels*); **4.** Lebens...: ***~ conditions***; **II** *s.* **5. *the ~*** die Lebenden; **6.** (das) Leben; **7.** Leben *n*, Lebensweise *f*, -führung *f*: ***good ~*** üppiges Leben; **8.** ˈLebensˌunterhalt *m*: ***make a ~*** s-n Lebensunterhalt verdienen (***as*** als, ***out of*** durch); **9.** Leben *n*, Wohnen *n*; **10.** *eccl. Brit.* Pfründe *f*; **~ room** [rʊm] *s.* Wohnzimmer *n*; **~ space** *s.* **1.** Wohnraum *m*, -fläche *f*; **2.** *pol.* Lebensraum *m*; **~ wage** *s.* ausreichender Lohn.

lix·iv·i·ate [lɪkˈsɪvɪeɪt] *v/t.* auslaugen.

liz·ard [ˈlɪzəd] *s.* **1.** *zo.* a) Eidechse *f*, b) Echse *f*; **2.** Eidechsenleder *n.*

'll [l; əl] F *für* ***will*** 1, 2, 4 *od.* ***shall***.

lla·ma [ˈlɑːmə] *s. zo.* Lama(wolle *f*) *n.*

lo [ləʊ] *int. obs.* siehe!, seht!: ***~ and behold!*** *oft humor.* sieh(e) da!

loach [ləʊtʃ] *s. ichth.* Schmerle *f.*

load [ləʊd] **I** *s.* **1.** Last *f* (*a. phys.*); **2.** *fig.* Last *f*, Bürde *f*: ***take a ~ off s.o.'s mind*** j-m e-e Last von der Seele nehmen; ***that takes a ~ off my mind!*** da fällt mir ein Stein vom Herzen!; **3.** Ladung *f* (*a. e-r Schußwaffe*; *a. Am. sl. Menge Alkohol*), Fracht *f*, Fuhre *f*: ***a bus~ of tourists*** ein Bus voll(er) Touristen; ***have a ~ on*** *Am. sl.* ‚schwer geladen' haben; ***get a ~ of this!*** F hör mal gut zu!; ***~s of*** F e-e Unmasse *od.* massenhaft *od.* jede Menge *Geld, Fehler etc.*; **4.** *fig.* Belastung *f*: (***work***) ***~*** (Arbeits)Pensum *n*; **5.** ⚙, ⚡ a) Last *f*, (Arbeits)Belastung *f*, b) Leistung *f*: ***~ capacity*** a) Ladefähigkeit *f*, b) Tragfähigkeit *f*, c) ⚡ Belastbarkeit *f*; **II** *v/t.* **6.** beladen; **7.** *Güter, Schußwaffe etc.* laden; aufladen: ***~ the camera*** *phot.* e-n Film einlegen; **8.** *fig. j-n* überˈhäufen (***with*** mit *Arbeit, Geschenken, Vorwürfen etc.*): ***he's ~ed*** *sl.* a) er hat Geld wie Heu, b) er hat ‚schwer geladen' *od.* ist ‚blau'; **9.** *den Magen* überˈladen; **10.** beschweren: ***~ dice*** Würfel präparieren: ***~ the dice*** *fig.* die Karten zinken; ***the dice are ~ed against him*** *fig.* er hat kaum e-e Chance; ***~ed question*** Fangfrage *f*; **11.** *Wein* verfälschen; **III** *v/i.* **12.** *a.* ***~ up*** (auf-, ein)laden.

load·er [ˈləʊdə] *s.* **1.** (Ver)Lader *m*; **2.** Verladevorrichtung *f*; **3.** *hunt.* Lader *m*; **4.** ⚔ Ladeschütze *m.*

load·ing [ˈləʊdɪŋ] *s.* **1.** (Be-, Auf)Laden *n*; **2.** a) Laden *n* (*e-r Schußwaffe*), b) Einlegen *n* e-s Films (*in die Kamera*); **3.** Ladung *f*, Fracht *f*; **4.** ⚙, ⚡, ✈ Belastung *f*; **5.** *Versicherung*: Verwaltungskostenanteil *m* (*der Prämie*); **~ bridge** *s.* Verlade-, ✈ Fluggastbrücke *f*; **~ coil** *s.* ⚡ Belastungsspule *f.*

load| line *s.* ⚓ Lade(wasser)linie *f*; ˈ**~·star** → ***lodestar***; ˈ**~·stone** → ***lodestone***.

loaf[1] [ləʊf] *pl.* **loaves** [ləʊvz] *s.* **1.** Laib *m* (*Brot*), *weitS.* Brot *n*: ***half a ~ is better than no bread*** (etwas ist) besser als gar nichts; **2.** Zuckerhut *m*: ***~ sugar*** Hutzucker *m*; **3.** *a.* ***meat ~*** Hackbraten *m*; **4.** *Brit. sl.* ‚Birne' *f*: ***use your ~*** denk mal ein bißchen (nach)!

loaf[2] [ləʊf] **I** *v/i. a.* ***~ about*** (*od.* ***around***) herˈumlungern, bummeln; faulenzen; **II** *v/t.* ***~ away*** *Zeit* verbummeln; ˈ**loaf·er** [-fə] *s.* **1.** Faulenzer *m*, Nichtstuer *m*; Herˈumtreiber(in); **2.** *Am.* Mokasˈsin *m* (*Schuh*).

loam [ləʊm] *s.* Lehm(boden) *m*; ˈ**loam·y** [-mɪ] *adj.* lehmig, Lehm...

loan [ləʊn] **I** *s.* **1.** (Ver)Leihen *n*, Ausleihung *f*: ***as a ~, on ~*** leihweise; ***it's on ~, it's a ~*** es ist geliehen; ***ask for the ~ of s.th.*** et. leihweise erbitten; ***put out to ~*** verleihen; **2.** Anleihe *f* (*a. fig.*): ***take up a ~ on*** e-e Anleihe aufnehmen auf *e-e Sache*; ***government ~***

Staatsanleihe; **3.** Darlehen *n*, Kre'dit *m*: ~ ***on securities*** Lombarddarlehen; ***bankrate for ~s*** Lombardsatz *m*; **4.** Leihgabe *f* (*für e-e Ausstellung*); **II** *v/t. u. v/i.* **5.** (ver-, aus)leihen (***to*** *dat.*); ~ **bank** *s.* Darlehensbank *f*; ~ **of·fice** *s.* Darlehenskasse *f*; ~ **shark** *s.* F ‚Kre'dithai' *m*; ~ **trans·la·tion** *s. ling.* 'Lehnüber,setzung *f*; ~ **word** *s. ling.* Lehnwort *n*.

loath [ləʊθ] *adj.* (*nur pred.*) abgeneigt, nicht willens: ***be ~ to do s.th.*** et. nur sehr ungern tun; ***nothing ~*** durchaus nicht abgeneigt.

loathe [ləʊð] *v/t. et. od. j-n* verabscheuen, hassen, nicht ausstehen können; '**loath·ing** [-ðɪŋ] *s.* Abscheu *m*, Ekel *m*; '**loath·ing·ly** [-ðɪŋlɪ] *adv.* mit Abscheu *od.* Ekel; '**loath·some** [-səm] *adj.* □ widerlich, ab'scheulich, verhaßt; ekelhaft, eklig.

loaves [ləʊvz] *pl. von* ***loaf***[1].

lob [lɒb] **I** *s.* **1.** *Tennis*: Lob *m*; **II** *v/t.* **2.** *den Ball* lobben; **3.** (*engS. et.* von unten her) werfen.

lob·by ['lɒbɪ] **I** *s.* **1.** a) Vor-, Eingangshalle *f*, Vesti'bül *n*, *bsd. thea.*, *Hotel*: Foy'er *n*, b) Wandelgang *m*, -halle *f*, Korridor *m*, *parl. a.* Lobby *f*; **2.** *pol.* Lobby *f*, (Vertreter *pl.* e-r) Inter'essengruppe *f*; **II** *v/t. u. v/i.* **3.** (auf Abgeordnete) Einfluß nehmen: ~ ***for*** (mit Hilfe e-r Lobby) für die Annahme *e-s Antrags etc.* arbeiten; ~ (***through***) *Gesetzesantrag* mit Hilfe e-r Lobby durchbringen; '**lob·by·ist** [-ɪɪst] *s. pol.* Lobby'ist(in).

lobe [ləʊb] *s.* ♀, *anat.* Lappen *m*: ~ ***of the ear*** Ohrläppchen *n*; **lobed** [-bd] *adj.* gelappt, lappig.

lob·ster ['lɒbstə] *s. zo.* **1.** Hummer *m*: ***as red as a ~*** *fig.* krebsrot; **2.** (***spiny***) ~ Languste *f*.

lob·ule ['lɒbju:l] *s.* ♀, *anat.* Läppchen *n*.

lo·cal ['ləʊkl] **I** *adj.* □ **1.** lo'kal, örtlich, Lokal…, Orts…: ~ ***authorities*** *pl.*, ~ ***government*** Gemeinde-, Stadt-, Kommunalverwaltung *f*; ~ ***call*** *teleph.* Ortsgespräch *n*; ~ ***news*** Lokalnachrichten *pl.*; ~ ***politics*** Lokalpolitik *f*; ~ ***time*** Ortszeit *f*; ~ ***traffic*** Lokal-, Orts-, Nahverkehr *m*; ~ ***train*** → 5; **2.** Orts…, ortsansässig: a) hiesig, b) dortig: ***the ~ doctor***; **3.** lo'kal, örtlich, Lokal…: ~ ***an(a)esthesia*** → 10; ~ ***colo(u)r*** *fig.* Lokalkolorit *n*; ***a ~ custom*** ein ortsüblicher Brauch; ~ ***expression*** ortsgebundener Ausdruck; **4.** *Brit.* (*als Postvermerk*) Ortsdienst!; **II** *s.* **5.** Vororts-, Nahverkehrszug *m*; **6.** *Am. Zeitung*: Lo'kalnachricht *f*; **7.** *Am.* Ortsgruppe *f* (*e-r Gewerkschaft etc.*); **8.** *pl.* Ortsansässige *pl.*; **9.** *Brit.* F Ortsgasthaus *n*, *a.* Stammkneipe *f*; **10.** ⚕ Lo'kalanästhe,sie *f*, örtliche Betäubung.

lo·cale [ləʊ'kɑ:l] *s.* Schauplatz *m*, Ort *m* (*e-s Ereignisses etc.*).

lo·cal·ism ['ləʊkəlɪzəm] *s.* Provinzia'lismus *m*: a) *ling.* örtliche (Sprach)Eigentümlichkeit, b) provinzi'elle Borniertheit, c) Lo'kalpatrio,tismus *m*.

lo·cal·i·ty [ləʊ'kælətɪ] *s.* **1.** a) Ort *m*: ***sense of ~*** Ortssinn *m*, b) Gegend *f*; **2.** (örtliche) Lage.

lo·cal·i·za·tion [,ləʊkəlaɪ'zeɪʃn] *s.* Lokalisierung *f*, örtliche Bestimmung *od.* Festlegung *od.* Begrenzung; **lo·cal·ize** ['ləʊkəlaɪz] *v/t.* **1.** lokalisieren: a) örtlich festlegen *od.* fixieren, b) (örtlich) begrenzen (***to*** auf *acc.*); **2.** Lo'kalkolo,rit geben (*dat.*).

lo·cate [ləʊ'keɪt] **I** *v/t.* **1.** ausfindig machen, die örtliche Lage *od.* den Aufenthalt ermitteln von (*od. gen.*); **2.** a) ⚓ *etc.* orten, b) ⚔ *Ziel etc.* ausmachen; **3.** *Büro etc.* errichten, einrichten; **4.** a) (*an e-m bestimmten Ort*) an- *od.* 'unterbringen, b) *an e-n Ort* verlegen: ***be ~d*** gelegen sein, *wo* liegen *od.* sich befinden; **II** *v/i.* **5.** *Am.* F sich niederlassen; **lo'ca·tion** [-eɪʃn] *s.* **1.** Lage *f*: a) Platz *m*, Stelle *f*, b) Standort *m*, Ort *m*, Örtlichkeit *f*; **2.** Ausfindigmachen *n*, Lokalisierung *f*, ⚓ *etc.* Ortung *f*; **3.** *Am.* a) Grundstück *n*, b) angewiesenes Land; **4.** *Film*: Gelände *n* für Außenaufnahmen, Drehort *m*: ***on ~*** auf Außenaufnahme; ~ ***shots*** Außenaufnahmen *pl.*; **5.** Niederlassung *f*, Siedlung *f*: **6.** *Computer*: 'Speicherstelle *f*, -a,dresse *f*.

loc·a·tive ['lɒkətɪv] *ling.* **I** *adj.* Lokativ…: ~ ***case*** → **II** *s.* Lokativ *m*, Ortsfall *m*.

loch [lɒk; lɒx] *s. Scot.* **1.** See *m*; **2.** Bucht *f*.

lo·ci ['ləʊsaɪ] *pl. u. gen. von* ***locus***.

lock[1] [lɒk] **I** *s.* **1.** (*Tür- etc.*)Schloß *n*: ***under ~ and key*** a) hinter Schloß u. Riegel (*Person*), b) unter Verschluß (*Sache*); **2.** Verschluß *m*, Schließe *f*; **3.** Sperrvorrichtung *f*; **4.** (*Gewehr- etc.*) Schloß *n*: ***~, stock, and barrel*** a) ganz u. gar, voll und ganz, mit Stumpf u. Stiel, b) mit allem Drum u. Dran, c) mit Sack u. Pack; **5.** a) Schleuse(nkammer) *f*, b) Luft-, Druckschleuse *f*; **6.** Knäuel *m*, *n*, Stau *m* (*von Fahrzeugen*); **7.** *mot. bsd. Brit.* Einschlag *m* (*der Vorderräder*); **8.** *Ringen*: Fessel(griff *m*) *f*; **II** *v/t.* **9.** (ab-, zu-, ver)schließen, zusperren, verriegeln; **10.** *a.* ~ ***up*** a) *j-n* einschließen, (ein)sperren, (***in***, ***into*** in *acc.*), b) → ***lock up*** 2; **11.** (*in die Arme*) schließen, *a. Ringen*: um'fassen, -'klammern: ~***ed*** a) eng umschlungen, b) festgekeilt, *fig.* festsitzend, c) ineinander verkrallt: ~***ed in conflict***; **12.** inein'anderschlingen, *die Arme* verschränken; → ***horn***; **13.** ⚙ sperren, sichern, arretieren, festklemmen; **14.** *mot. Räder* blockieren; **15.** *Schiff* ('durch)schleusen; **16.** *Kanal* mit Schleusen versehen; **17.** ♰ *Geld* festlegen, fest anlegen; **III** *v/i.* **18.** (ab-) schließen; **19.** sich schließen lassen; **20.** ⚙ inein'andergreifen, einrasten; **21.** *mot.* a) sich einschlagen lassen, b) blockieren (*Räder*); **22.** geschleust werden (*Schiff*);

Zssgn mit adv.:

lock| a·way *v/t.* weg-, einschließen; ~ **down** *v/t. Schiff* hin'abschleusen; ~ **in** *v/t.* einschließen, -sperren; ~ **on** *v/i.* (***to***) **1.** *Radar*: (*Ziel*) erfassen u. verfolgen; **2.** *Raumfahrt*: (an)koppeln (an *acc.*); **3.** *fig.* a) einhaken (bei), b) sich ‚verbeißen' (in *acc.*); ~ **out** *v/t.* (*a. Arbeiter*) aussperren; ~ **up** *v/t.* **1.** → ***lock***[1] 9, 10; **2.** ver-, ein-, wegschließen; **3.** *Kapital* festlegen, fest anlegen; **4.** *Schiff* hin'aufschleusen.

lock[2] [lɒk] *s.* **1.** Locke *f*; *pl. poet.* Haar *n*; **2.** (Woll)Flocke *f*; **3.** Strähne *f*, Büschel *n*.

lock·age ['lɒkɪdʒ] *s.* **1.** Schleusen(anlage *f*) *pl.*; **2.** Schleusengeld *n*; **3.** ('Durch)Schleusen *n*.

lock·er ['lɒkə] *s.* **1.** (verschließbarer) Kasten *od.* Schrank, Spind *m*, *n*: ~ ***room*** Umkleideraum *m*, *sport* (Umkleide)Kabine *f*; → ***shot***[2] 4; **2.** Schließfach *n*.

lock·et ['lɒkɪt] *s.* Medail'lon *n*.

lock| gate *s.* Schleusentor *n*; '~**·jaw** *s.* ⚕ Kaumuskelkrampf *m*; '~**·nut** *s.* ⚙ Gegenmutter *f*; '~**·out** *s.* Aussperrung *f* (*von Arbeitern*); '~**·smith** *s.* Schlosser *m*; ~ **stitch** *s.* Kettenstich *m*; '~**-up** *s.* **1.** a) Gefängnis *n*, b) (Haft)Zelle(n *pl.*) *f*; **2.** *Brit.* (kleiner) Laden; **3.** *mot.* 'Einzelga,rage *f*; **4.** Schließen *n*, (Tor-) Schluß *m*; **5.** feste Anlage (*von Kapital*).

lo·co[1] ['ləʊkəʊ] *adj. Am. sl.* ‚bekloppt', verrückt.

lo·co[2] ['ləʊkəʊ] *s.* Lok *f* (*Lokomotive*).

lo·co·mo·tion [ˌləʊkə'məʊʃn] *s.* **1.** Fortbewegung *f*; **2.** Fortbewegungsfähigkeit *f*; '**lo·co,mo·tive** [-əʊtɪv] **I** *adj.* sich fortbewegend, fortbewegungsfähig, Fortbewegungs...: ~ ***engine*** → **II** *s.* Lokomo'tive *f*.

lo·cum ['ləʊkəm] F *für* ~ **te·nens** [ˌləʊkəm'tiːnenz] *pl.* ~ **te·nen·tes** [-tɪ'nentiːz] *s.* Vertreter(in) (*z.B. e-s Arztes*).

lo·cus ['ləʊkəs] *pl. u. gen.* **lo·ci** ['ləʊsaɪ] *s.* (𝔄 geo'metrischer) Ort.

lo·cust ['ləʊkəst] *s.* **1.** *zo.* Heuschrecke *f*; **2.** *a.* ~ ***tree*** ⚘ a) Ro'binie *f*, b) Jo'hannisbrotbaum *m*; **3.** ⚘ Jo'hannisbrot *n*, Ka'rube *f*.

lo·cu·tion [ləʊ'kjuːʃn] *s.* **1.** Ausdrucksweise *f*, Redestil *m*; **2.** Redewendung *f*, Ausdruck *m*.

lode [ləʊd] *s.* ⚒ (Erz)Gang *m*, Ader *f*; '~**·star** *s.* Leitstern *m* (*a. fig.*), *bsd.* Po'larstern *m*; '~**·stone** *s.* **1.** Ma'gneteisen(stein *m*) *n*; **2.** *fig.* Ma'gnet *m*.

lodge [lɒdʒ] **I** *s.* **1.** *allg.* Häus-chen *n*: a) (Jagd-, Ski- *etc.*)Hütte *f*, b) Pförtnerhaus *n*, c) Parkwächter-, Forsthaus *n*; **2.** Pförtner-, Porti'erloge *f*; **3.** *Am.* Zen'tralgebäude *n* (*in e-m Park etc.*); **4.** (*bsd.* Freimaurer)Loge *f*; **5.** (*Indianer-*) Wigwam *m*; **II** *v/i.* **6.** (***with***) a) logieren, (*bsd.* in 'Untermiete) wohnen (bei), b) über'nachten (bei); **7.** stecken (-bleiben) (*Kugel etc.*); **III** *v/t.* **8.** *j-n* a) 'unterbringen, aufnehmen, b) in 'Untermiete nehmen; **9.** *Geld* deponieren, hinter'legen; **10.** ♰ *Kredit* eröffnen; **11.** *Antrag*, *Beschwerde etc.* einreichen, *Anzeige* erstatten, *Berufung*, *Protest* einlegen (***with*** bei); **12.** *Kugel*, *Messer etc.* (hin'ein)jagen, *Schlag* landen; '**lodge·ment** [-mənt] → ***lodgment***; '**lodg·er** [-dʒə] *s.* ('Unter)Mieter(in).

lodg·ing ['lɒdʒɪŋ] *s.* **1.** 'Unterkunft *f*, ('Nacht)Quar,tier *n*; **2.** *pl.* a) (*bsd.* möbliertes) Zimmer, b) (möblierte) Zimmer *pl.*, c) Mietwohnung *f*; '~**-house** *s.* Fremdenheim *n*, Pensi'on *f*.

lodg·ment ['lɒdʒmənt] *s.* **1.** ⚖ Einreichung *f* (*Klage*, *Antrag etc.*); Erhebung *f* (*Beschwerde*, *Protest etc.*); Einlegung *f* (*Berufung*); **2.** Hinter'legung *f*, Deponierung *f*.

lo·ess ['ləʊɪs] *s. geol.* Löß *m*.

loft [lɒft] **I** *s.* **1.** (Dach-, *a.* ✓ Heu)Boden *m*, Speicher *m*; **2.** ⛪ Em'pore *f* (*für Kirchenchor*, *Orgel*); **3.** Taubenschlag *m*; **II** *v/t. u. v/i. Golf*: (den Ball) hochschlagen; '**loft·er** [-tə] *s. Golf*: Schläger *m* für Hochbälle.

loft·i·ness ['lɒftɪnɪs] *s.* **1.** Höhe *f*; **2.** Erhabenheit *f* (*a. fig.*); **3.** Hochmut *m*;

loft·y ['lɒftɪ] *adj.* □ **1.** hoch(ragend); **2.** *fig.* a) erhaben, b) hochfliegend, c) *contp.* hochtrabend; **3.** stolz, hochmütig.

log¹ [lɒg] **I** *s.* **1.** a) (Holz)Klotz *m*, (-)Block *m*, b) (*Feuer*)Scheit *n*, c) (*gefällter*) (Baum)Stamm: ***in the ~*** unbehauen; ***roll a ~ for s.o.*** *Am.* j-m e-n Dienst erweisen, *bsd.* j-m et. zuschanzen; ***sleep like a ~*** schlafen wie ein Klotz *od.* Bär; **2.** ⚓ Log *n*; **3.** ⚓ *etc.* → ***logbook***: ***keep a ~*** (***of***) Buch führen (über *acc.*); **II** *v/t.* **4.** ⚓ loggen: a) *Entfernung* zu'rücklegen, b) *Geschwindigkeit etc.* in das Logbuch eintragen.

log² [lɒg] → ***logarithm***.

lo·gan·ber·ry ['ləʊgənbərɪ] *s.* ⚘ Loganbeere *f* (*Kreuzung zwischen Bärenbrombeere u. Himbeere*).

log·a·rithm ['lɒgərɪðəm] *s.* ⩓ Loga'rithmus *m*; **log·a·rith·mic, log·a·rith·mi·cal** [ˌlɒgə'rɪðmɪk(l)] *adj.* □ loga'rithmisch.

'log|·book *s.* **1.** ⚓ Log-, ✈ Bord-, *mot.* Fahrtenbuch *n*; **2.** *mot. Brit.* Kraftfahrzeugbrief *m*; **3.** Reisetagebuch *n*; **~ cab·in** *s.* Blockhaus *n*.

log·ger·head ['lɒgəhed] *s.*: ***be at ~s*** (***with s.o.***) sich (mit j-m) in den Haaren liegen.

log·gia ['ləʊdʒə] *s.* ⩓ Loggia *f*.

log·ic ['lɒdʒɪk] *s. phls. u. fig.* Logik *f*; **'log·i·cal** [-kl] *adj.* □ **1.** logisch (*a. fig. folgerichtig od. natürlich*); **2.** *Computer*: logisch, Logik...; **lo·gi·cian** [ləʊ'dʒɪʃn] *s.* Logiker *m*; **lo·gis·tic** [ləʊ'dʒɪstɪk] **I** *adj.* **1.** *phls. u.* ⚔ lo'gistisch; **II** *s.* **2.** *phls.* Lo'gistik *f*; **3.** *pl. mst sg. konstr. bsd.* ⚔ Lo'gistik *f*.

log·o ['lɒgəʊ] → ***logotype***.

log·o·gram ['lɒgəʊgræm] *s.* Logo'gramm *n*, Wortzeichen *n*.

log·o·type ['lɒgəʊtaɪp] *s.* ✝ Firmen- *od.* Markenzeichen *n*.

'log|·roll *pol. Am.* **I** *v/t. Gesetz* durch gegenseitige ,Schützenhilfe' 'durchbringen; **II** *v/i.* sich gegenseitig in die Hände arbeiten; **'~ˌroll·ing** *s. pol.* ,Kuhhandel' *m*, gegenseitige Unter'stützung (*zur Durchsetzung von Gruppeninteressen etc.*).

loin [lɔɪn] *s.* **1.** (*mst pl.*) *anat.* Lende *f*: ***gird up one's ~s*** *fig.* s-e Lenden gürten, sich rüsten; **2.** *pl. bibl. u. poet.* a) Lenden *pl.* (*Fortpflanzungsorgane*), b) Schoß *m* (*der Frau*); **3.** *Küche*: Lende(nstück *n*) *f*; **'~·cloth** *s.* Lendentuch *n*.

loi·ter ['lɔɪtə] **I** *v/i.* **1.** bummeln, trödeln; **2.** her'umlungern, -stehen, sich her'umtreiben; **II** *v/t.* **3.** ***~ away*** *Zeit* vertrödeln; **'loi·ter·er** [-ərə] *s.* **1.** Bummler (-in), Faulenzer(in); **2.** Her'umtreiber(in).

loll [lɒl] **I** *v/i.* **1.** sich rekeln *od.* (her'um-) lümmeln; **2.** sich lässig lehnen (***against*** gegen); **3.** ***~ out*** her'aushängen, baumeln (*Zunge*); **II** *v/t.* **4.** *a.* ***~ out*** *die Zunge* her'aushängen lassen.

lol·li·pop ['lɒlɪpɒp] *s.* **1.** Lutscher *m* (*Stielbonbon*); **2.** *Brit.* Eis *n* am Stiel.

lol·lop ['lɒləp] *v/i.* F a) ,latschen', b) hoppeln.

lol·ly ['lɒlɪ] *s.* **1.** F für ***lollipop***; **2.** *Brit. sl.* ,Kies' *m* (*Geld*).

Lon·don·er ['lʌndənə] *s.* Londoner(in).

lone [ləʊn] *adj.* einsam: ***play a ~ hand*** *fig.* e-n Alleingang machen; → ***wolf*** 1; **'lone·li·ness** [-lɪnɪs] *s.* Einsamkeit *f*; **'lone·ly** [-lɪ] *adj. allg.* einsam: ***be ~ for*** *Am.* F Sehnsucht haben nach *j-m*; **lon·er** ['ləʊnə] *s.* F Einzelgänger(in); **'lone·some** [-səm] *adj.* □ → ***lonely***.

long¹ [lɒŋ] **I** *adj.* **1.** *allg.* lang (*a. fig. langwierig, a. ling.*): ***two miles*** (***weeks***) ***~***; ***~ journey*** (***list, syllable***); ***~ years of misery***; ***~ measure*** Längenmaß *n*; ***~ wave*** ⚡ Langwelle *f*; ***~er*** *comp.* länger; ***a ~ chance, ~ odds*** *fig.* geringe Aussichten; ***a ~ dozen*** 13 Stück; ***~ drink*** Longdrink *m*; ***a ~ guess*** e-e vage Schätzung; **2.** lang, hoch(gewachsen): ***a ~ fellow***; **3.** groß, zahlreich: ***a ~ family***; ***a ~ figure*** eine vielstellige Zahl; ***a ~ price*** ein hoher Preis; **4.** weitreichend: ***a ~ memory***; ***take a ~ view*** weit vorausblicken; **5.** ✝ langfristig, mit langer Laufzeit, auf lange Sicht; **6.** a) ✝ eingedeckt (***of*** mit), b) ***~ on*** F reichlich versehen mit, *fig. a.* voller *Ideen etc.*; **II** *adv.* **7.** lang, lange: ***~ dead*** schon lange tot; ***as*** (*od.* ***so***) ***~ as*** a) solange (wie), b) sofern; vorausgesetzt, daß; ***~ after*** lange (da)nach; ***~ ago*** vor langer Zeit; ***not ~ ago*** vor kurzem; ***as ~ ago as 1900*** schon 1900; ***all day ~*** den ganzen Tag (lang); ***be ~*** a) lange dauern (*Sache*), b) lange brauchen ([***in***] ***doing s.th.*** et. zu tun); ***don't be*** (***too***) ***~!*** mach nicht so lang!, beeil dich!; ***I shan't be ~!*** (ich) bin gleich wieder da!; ***not ~ before*** kurz bevor; ***it was not ~ before*** es dauerte nicht lange, bis *er kam etc.*; ***so ~!*** tschüs!, bis später (dann)!; ***no*** (*od.* ***not any***) ***~er*** nicht (mehr) länger, nicht mehr; ***for how much ~er?*** wie lange noch?; ***~est*** *sup.* am längsten; **III** *s.* **8.** (e-e) lange Zeit: ***at the ~est*** längstens, höchstens; ***before ~*** bald, binnen kurzem; ***for ~*** lange (Zeit); ***it is ~ since*** es ist lange her, daß; **9.** ***take ~*** lange brauchen; ***the***

~ and the short of it a) die ganze Geschichte, b) mit 'einem Wort, kurz'um; **10.** Länge *f*: a) *Phonetik*: langer Laut, b) *Metrik*: lange Silbe; **11.** *pl.* a) lange Hose, b) 'Übergrößen *pl.*

long² [lɒŋ] *v/i.* sich sehnen (***for*** nach): ***~ for*** *a. j-n od. et.* herbeisehnen; ***I ~ed to see him*** ich sehnte mich danach, ihn zu sehen; ***the*** (***much***) ***~ed-for rest*** die (heiß)ersehnte Ruhe.

'long|·boat *s.* ⚓ Großboot *n*, großes Beiboot (*e-s Segelschiffs*); **'~·bow** [-bəʊ] *s. hist.* Langbogen *m*: ***draw the ~*** F übertreiben, dick auftragen; **'~·case clock** *s.* Standuhr *f*; **ˌ~-'dat·ed** *adj.* langfristig; **ˌ~-'dis·tance I** *adj.* **1.** *teleph. etc.* Fern...(*-gespräch*, *-empfang*, *-leitung etc.*; *a. -fahrt*, *-lastzug*, *-verkehr etc.*); **2.** ✈, *sport* Langstrecken... (*-bomber*, *-flug*, *-lauf etc.*); **II** *adv.* **3.** ***call ~*** ein Ferngespräch führen; **III** *s.* **4.** *teleph. Am.* a) Fernamt *n*, b) Ferngespräch *n*; **ˌ~-drawn-'out** *adj. fig.* langatmig, in die Länge gezogen.

longe [lʌndʒ] → ***lunge²***.

lon·ge·ron ['lɒndʒərən] *s.* ✈ Rumpf(längs)holm *m*.

lon·gev·i·ty [lɒn'dʒevətɪ] *s.* Langlebigkeit *f*, langes Leben.

ˌlong|-'haired *adj.* **1.** langhaarig (*a. contp.*), *zo.* Langhaar...; **2.** (betont) intellektu'ell; **'~·hand** *s.* Langschrift *f*, (gewöhnliche) Schreibschrift; **ˌ~'head·ed** *adj.* **1.** langköpfig; **2.** gescheit, klug; **'~·horn** *s.* **1.** langhörniges Tier; **2.** langhörniges Rind, *Am.* Longhorn *n*.

long·ing ['lɒŋɪŋ] **I** *adj.* □ sehnsüchtig, verlangend; **II** *s.* Sehnsucht *f*, Verlangen *n* (***for*** nach).

long·ish ['lɒŋɪʃ] *adj.* ziemlich lang.

lon·gi·tude ['lɒndʒɪtju:d] *s. geogr.* Länge *f*; **lon·gi·tu·di·nal** [ˌlɒndʒɪ'tju:dɪnl] *adj.* □ **1.** *geogr.* Längen...; **2.** Längs...; **lon·gi·tu·di·nal·ly** [ˌlɒndʒɪ'tju:dɪnəlɪ] *adv.* längs, der Länge nach.

long| johns *s. pl.* F lange 'Unterhose; **~ jump** *s. sport* Weitsprung *m*; **'~-legged** *adj.* langbeinig; **ˌ~-'lived** *adj.* langlebig; **'~-ˌplay·ing rec·ord** *s.* Langspielplatte *f*; **~ prim·er** *s. typ.* Korpus *f* (*Schriftgrad*); **ˌ~-'range** *adj.* **1.** ⚔ weittragend, Fernkampf..., Fern...; ✈ Langstrecken...: ***~ bomber***; **2.** auf lange Sicht (geplant), langfristig; **'~·shore·man** [-mən] *s.* [*irr.*] Hafenarbeiter *m*; **~ shot** *s.* **1.** *Film*: To'tale *f*; **2.** *sport etc.* (krasser) Außenseiter; **3.** a) ris'kante Wette, b) (ziemlich) aussichtslose Sache, c) wilde Vermutung: ***not by a ~*** nicht entfernt, längst nicht (*so gut etc.*); **ˌ~-'sight·ed** *adj.* **1.** ⚕ weitsichtig; **2.** *fig.* weitblickend, 'umsichtig; **ˌ~-'stand·ing** *adj.* seit langer Zeit bestehend, langjährig, alt; **ˌ~-'suf·fer·ing I** *s.* Langmut *f*; **II** *adj.* langmütig; **'~-term** *adj.*, **'~·time** *adj.* langfristig, Langzeit...

lon·gueur [lɒŋ'gɜ:] (*Fr.*) *s.* Länge *f* (*in e-m Roman etc.*).

ˌlong-'wind·ed [-'wɪndɪd] *adj. fig.* langatmig.

loo [lu:] *Brit.* F **I** *s.* Klo *n*; **II** *v/i.* aufs Klo gehen.

loo·fa(h) ['lu:fə] → ***luffa***.

look [lʊk] **I** *s.* **1.** Blick *m* (***at*** auf *acc.*, nach): ***have a ~ at s.th.*** (sich) et. ansehen; ***take a good ~*** (***at it***)***!*** sieh es dir genau an!; ***have a ~ round*** sich (mal) umsehen; **2.** Miene *f*, Ausdruck *m*; **3.** *oft pl.* Aussehen *n*: (***good***) ***~s*** gutes Aussehen; ***I do not like the ~ of it*** die Sache gefällt mir (gar) nicht; **II** *v/i.* **4.** schauen, blicken, (hin)sehen (***at***, ***on*** auf *acc.*, nach): ***don't ~!*** nicht hersehen!; ***don't ~ like that!*** schau nicht so (drein)!; ***~ here!*** schau mal (her)!, hör mal (zu)!; → ***leap*** 1; **5.** (nach)schauen, nachsehen: ***~ who is here!*** schau, wer da kommt!, *humor.* ei, wer kommt denn da!; ***~ and see!*** überzeugen Sie sich (selbst)!; **6.** *krank etc.* aussehen (*a. fig.*): ***things ~ bad for him*** es sieht schlimm für ihn aus; ***it ~s as if*** es sieht (so) aus, als ob; ***~ like*** aussehen wie; ***it ~s like snow*** es sieht nach Schnee aus; ***he ~s like winning*** es sieht so aus, als ob er gewinnen sollte; ***it ~s all right to me*** es scheint (mir) in Ordnung zu sein; ***it ~s well on you*** es steht dir gut; **7.** aufpassen; → *Zssgn mit prp.* ***look to***; **8.** *nach e-r Richtung* liegen, gehen (***toward***, ***to*** nach) (*Zimmer etc.*); **III** *v/t.* **9.** *j-m in die Augen etc.* sehen *od.* schauen *od.* blicken: ***~ s.o. in the eyes***; **10.** aussehen wie: ***he ~s an idiot***; ***he doesn't ~ his age*** man sieht ihm sein Alter nicht an; ***he ~s it!*** so sieht er auch aus!; **11.** durch Blicke ausdrücken: ***~ compassion*** mitleidig dreinschauen; → ***dagger*** 1;

Zssgn mit prp.:

look| a·bout *v/i.*: ***~ one*** sich 'umsehen, um sich blicken; **~ aft·er** *v/i.* **1.** *j-m* nachblicken; **2.** sehen nach, aufpassen auf (*acc.*), sich kümmern um, sorgen für: ***~ o.s.*** a) für sich selbst sorgen, b) auf sich aufpassen; **~ at** *v/i.* (*a.* sich *j-n*, *et.*) ansehen, -schauen, betrachten, blicken auf (*acc.*), *fig. a. et.* prüfen: ***to ~ him*** wenn man ihn (so) ansieht; ***he***

wouldn't ~ it er wollte nichts davon wissen; ***he*** (***it***) ***isn't much to ~*** er (es) sieht nicht ‚berühmt' aus; **~ for** *v/i.* **1.** suchen (nach), sich 'umsehen nach; **2.** erwarten; **~ in·to** *v/i.* **1.** blicken in (*acc.*); **2.** *fig. et.* unter'suchen, prüfen; **~ on** *v/i.* betrachten, ansehen (***as*** als); **~ through** *v/i.* **1.** blicken durch; **2.** 'durchsehen, -lesen; **3.** *fig. j-n od. et.* durch'schauen; **~ to** *v/i.* **1.** achten *od.* achtgeben auf (*acc.*): ***~ it that*** achte darauf, daß; sieh zu, daß; **2.** zählen auf (*acc.*), von *j-m* erwarten, *daß er ...*: ***I ~ you to help me*** (*od.* ***for help***) ich erwarte Hilfe von dir; **3.** sich wenden *od.* halten an (*acc.*); **~ up·on** → ***look on***; *Zssgn mit adv.*:

look| a·bout *v/i.* sich 'umsehen (***for*** nach); **~ a·head** *v/i.* **1.** nach vorn blikken *od.* schauen; **2.** *fig.* a) vor'ausschauen, b) Weitblick haben; **~ a·round** → ***look about***; **~ back** *v/i.* **1.** sich 'umsehen; *a. fig.* zu'rückblicken (***upon*** auf *acc.*, ***to*** nach, zu); **2.** *fig.* schwankend werden; **~ down** *v/i.* **1.** her'ab-, her'untersehen (*a. fig.* [***up***]***on s.o.*** auf j-n); **2.** *bsd.* ✝ sich verschlechtern; **~ for·ward** *v/i.*: **~ *to*** sich freuen auf (*acc.*): ***I am looking forward to seeing him*** ich freue mich darauf, ihn zu sehen; **~ in** *v/i. als Besucher* her'ein- *od.* hin'einschauen (***on*** bei); **~ on** *v/i.* zusehen, -schauen (***at*** bei); **~ out I** *v/i.* **1.** her'aus- *od.* hin'aussehen, -schauen (***of the window*** zum *od.* aus dem Fenster); **2.** Ausschau halten (***for*** nach); **3.** (***for***) gefaßt sein (auf *acc.*), auf der Hut sein (vor *dat.*), aufpassen (auf *acc.*): ***~!*** paß auf!, Vorsicht!; **4.** Ausblick gewähren, (hin'aus)gehen (***on*** auf *acc.*) (*Fenster etc.*); **II** *v/t.* **5.** (her'aus)suchen; **~ o·ver** *v/t.* **1.** 'durchsehen, (über)'prüfen; **2.** sich *et. od. j-n* ansehen, *j-n* mustern; **~ round** *v/i.* sich 'umsehen; **~ through** *v/t.* → ***look over*** 1; **~ up I** *v/i.* **1.** hin'aufblicken (***at*** auf *acc.*); aufblikken (*fig.* ***to s.o.*** zu j-m); **2.** F *a.* ✝ sich bessern; steigen (*Preise*): ***things are looking up*** es geht bergauf; **II** *v/t.* **3.** *Wort* nachschlagen; **4.** *j-n* be- *od.* aufsuchen; **5.** ***look s.o. up and down*** j-n von oben bis unten mustern.

'look-a,like *s.* F Doppelgänger(in).

look·er ['lʊkə] *s.* F: ***be a*** (***good***) ***~*** gut *od.* ‚toll' aussehen; ***she is not much of a ~*** sie sieht nicht besonders gut aus; **,~-'on** [-ər'ɒn] *pl.* **,look·ers-'on** *s.* Zuschauer(in) (***at*** bei).

'look-in *s.* **1.** F kurzer Besuch; **2.** *sl.* Chance *f.*

'look·ing-glass ['lʊkɪŋ-] *s.* Spiegel *m.*

'look-out *s.* **1.** Ausschau *f*: ***be on the ~ for*** nach *et.* Ausschau halten; ***keep a good ~*** (***for***) auf der Hut sein (vor *dat.*); **2.** *a.* ⚓ Ausguck *m*; **3.** Wache *f*, Beobachtungsposten *m*; **4.** *fig.* Aussicht(en *pl.*) *f*; **5.** ***that's his ~*** F das ist s-e Sache *od.* sein Problem.

'look-see *s.*: ***have a ~*** *sl.* a) (kurz) mal nachgucken, b) sich mal umsehen.

loom[1] [lu:m] *s.* Webstuhl *m.*

loom[2] [lu:m] *v/i. oft* ***~ up*** **1.** (drohend) aufragen: ***~ large*** *fig.* a) sich auftürmen, b) von großer Bedeutung sein *od.* scheinen; **2.** undeutlich *od.* bedrohlich auftauchen; **3.** *fig.* a) sich abzeichnen, b) bedrohlich näherrücken, c) sich zs.-brauen.

loon[1] [lu:n] *s. orn.* Seetaucher *m.*

loon[2] [lu:n] *s.* F ‚Blödmann' *m.*

loon·y ['lu:nɪ] *sl.* **I** *adj.* ‚bekloppt', verrückt; **II** *s.* Verrückte(r *m*) *f*; **~ bin** *s. sl.* ‚Klapsmühle' *f.*

loop [lu:p] **I** *s.* **1.** Schlinge *f*, Schleife *f*; **2.** ⚡, 🚂, *Computer*, *Eislauf*, *Fingerabdruck*, *Fluß etc.*: Schleife *f*; **3.** a) Schlaufe *f*, b) Öse *f*; **4.** ✈ *etc.* Looping *m*, *n*; **5.** ⚕ Spi'rale *f* (*Verhütungsmittel*); **6.** → ***loop aerial***; **II** *v/t.* **7.** in e-e Schleife *od.* in Schleifen legen, schlingen; **8.** ***~ the ~*** ✈ e-n Looping drehen; **9.** ⚡ zur Schleife schalten; **III** *v/i.* **10.** e-e Schleife machen, sich schlingen *od.* winden; **~ aer·i·al** *s.*, **~ an·ten·na** *s.* ⚡ 'Rahmenan,tenne *f*, Peilrahmen *m*; **'~-hole** *s.* **1.** (Guck)Loch *n*; **2.** ⚔ a) Sehschlitz *m*, b) Schießscharte *f*; **3.** *fig.* Schlupfloch *n*, 'Hintertürchen *n*: ***a ~ in the law*** eine Lücke im Gesetz; **,~-the-'loop** *s. Am.* Achterbahn *f.*

loose [lu:s] **I** *adj.* □ **1.** los(e): ***come*** (*od.* ***get***, ***work***) ***~*** a) abgehen (*Knöpfe*), b) sich ablösen (*Farbe etc.*), c) sich lockern, d) loskommen; ***let ~*** a) loslassen, b) *s-m Ärger etc.* Luft machen; **2.** frei, befreit (***of***, ***from*** von): ***break ~*** a) sich losreißen, b) sich lösen (***from*** von), *fig. a.* sich freimachen (***from*** von); **3.** lose (hängend) (*Haar etc.*): ***~ ends*** *fig.* (noch zu erledigende) Kleinigkeiten; ***be at a ~ end*** a) nicht wissen, was man mit sich anfangen soll, b) ohne geregelte Tätigkeit sein; **4.** a) locker (*Boden*, *Glieder*, *Gürtel*, *Husten*, *Schraube*, *Zahn etc.*), b) offen, lose, unverpackt (*Ware*): ***buy s.th. ~*** et. offen kaufen; ***~ bowels*** offener Leib, *a.* Durchfall *m*; ***~ change*** Kleingeld *n*; ***~ connection*** ⚡ Wackelkontakt *m*; *fig.* lose Beziehung; ***~ dress*** weites *od.* lose sitzendes Kleid;

~ ***leaves*** lose Blätter; **5.** *fig.* einzeln, verstreut, zs.-hanglos; **6.** ungenau: ~ ***translation*** freie Übersetzung; **7.** *fig.* locker, lose (*unmoralisch*): ~ ***girl*** (***life***, ***morals***); ~ ***tongue*** loses Mundwerk; **II** *adv.* **8.** lose, locker; **III** *v/t.* **9.** → ***loosen*** 1; **10.** befreien, lösen (***from*** von); **11.** lockern: ~ ***one's hold of*** *et.* loslassen; **12.** *mst* ~ ***off*** *Waffe, Schuß* abfeuern; **IV** *v/i.* **13.** *mst* ~ ***off*** schießen, feuern (***at*** auf *acc.*): ~ ***off at s.o.*** *fig.* loswettern gegen j-n; **V** *s.* **14.** ***be on the*** ~ a) frei herumlaufen, b) die Gegend ‚unsicher machen', c) ‚einen draufmachen'; ˌ**~-ˈjoint·ed** *adj.* **1.** (außerordentlich) gelenkig; **2.** schlaksig; ˌ**~ˈleaf** *adj.* Loseblatt...: ~ ***binder*** (*od.* ***book***) Loseblatt-, Ringbuch *n*, Schnellhefter *m*.

loos·en [ˈluːsn] **I** *v/t.* **1.** *Knoten etc.*, *a.* ⚕ *Husten*, *fig. Zunge* lösen; ⚕ *Leib* öffnen; **2.** *Griff, Gürtel, Schraube etc.*, *a. Disziplin etc.* lockern; ⚒ *Boden* auflockern; **II** *v/i.* **3.** sich lockern (*a. fig.*), sich lösen; ~ **up I** *v/t. Muskeln etc.* lockern; *fig. j-n* auflockern; **II** *v/i. bsd. sport* sich (auf)lockern, *fig. a.* auftauen (*Person*).

loose·ness [ˈluːsnɪs] *s.* **1.** Lockerheit *f*; **2.** Schlaffheit *f*; **3.** Ungenauigkeit *f*, Unklarheit *f*; **4.** Freiheit *f der Übersetzung*; **5.** ⚕ ˈDurchfall *m*; **6.** lose Art, Liederlichkeit *f*.

loot [luːt] **I** *s.* **1.** (Kriegs-, Diebes)Beute *f*; **2.** *fig.* Beute *f*; **3.** F ‚Kies' *m* (*Geld*); **II** *v/t.* **4.** erbeuten; **5.** plündern; **III** *v/i.* **6.** plündern; ˈ**loot·er** [-tə] *s.* Plünderer *m*; ˈ**loot·ing** [-tɪŋ] *s.* Plünderung *f*.

lop[1] [lɒp] *v/t.* **1.** *Baum etc.* beschneiden, stutzen; **2.** *oft* ~ ***off*** *Äste, a. Kopf etc.* abhauen, -hacken.

lop[2] [lɒp] *v/i. u. v/t.* schlaff (herˈunter-) hängen (lassen).

lope [ləʊp] **I** *v/i.* (daˈher)springen *od.* (-)trotten; **II** *s.*: ***at a*** ~ im Galopp, in großen Sprüngen.

ˈ**lop|-eared** *adj.* mit Hängeohren; ˈ**~-ears** *s. pl.* Hängeohren *pl.*; ˌ**~-ˈsid·ed** *adj.* **1.** schief (*a. fig.*), nach einer Seite hängend; **2.** einseitig (*a. fig.*).

lo·qua·cious [ləʊˈkweɪʃəs] *adj.* □ redselig, geschwätzig; **loˈqua·cious·ness** [-nɪs], **loˈquac·i·ty** [-ˈkwæsətɪ] *s.* Redseligkeit *f*.

lord [lɔːd] **I** *s.* **1.** Herr *m*, Gebieter *m* (***of*** über *acc.*): ***her ~ and master*** *bsd. humor.* ihr Herr u. Gebieter; ***the ~s of creation*** *a. humor.* die Herren der Schöpfung; **2.** *fig.* Maˈgnat *m*; **3.** Lehensherr *m*; → ***manor***, **4.** ***the*** ℒ a) *a.* ℒ ***God*** (Gott) der Herr, b) *a.* ***our*** ℒ (Christus) der Herr; ***the ℒ's day*** der Tag des Herrn; ***the ℒ's Prayer*** das Vaterunser; ***the ℒ's Supper*** das (heilige) Abendmahl; ***the ℒ's table*** der Tisch des Herrn (*a. Abendmahl*), der Altar; ***in the year of our*** ℒ im Jahre des Herrn; (***good***) ***ℒ!*** (du) lieber Gott *od.* Himmel!; **5.** ℒ Lord *m* (*Adliger od. Würdenträger, z. B. Bischof, hoher Richter*): ***the ℒs*** *Brit. parl.* das Oberhaus; ***live like a ~*** leben wie ein Fürst; **6.** ***my*** ℒ [mɪˈlɔːd; ⚖ *Brit. oft* mɪˈlʌd] Myˈlord, Euer Lordschaft, ⚖ Euer Ehren (*Anrede*); **II** *v/i.* **7.** *oft* ~ ***it*** den Herren spielen: ***to ~ it over*** a) sich *j-m* gegenüber als Herr aufspielen, b) herrschen über (*acc.*).

Lord| Cham·ber·lain (of the Household) *s.* Haushofmeister *m*; ~ **Chan·cel·lor** *s.* Lordkanzler *m* (*Präsident des Oberhauses, Präsident der* ***Chancery Division*** *des* ***Supreme Court of Judicature*** *sowie des* ***Court of Appeal***, *Kabinettsmitglied, Bewahrer des Großsiegels*); ~ **Chief Jus·tice of Eng·land** *s.* ⚖ Lordˈoberrichter *m* (*Vorsitzender der* ***King's Bench Division*** *des* ***High Court of Justice***); ℒ **in wait·ing** *s.* königlicher Kammerherr (*wenn e-e Königin regiert*); ~ **Jus·tice** *pl.* **Lords Jus·tic·es** *s. Brit.* Lordrichter *m* (*Richter des* ***Court of Appeal***); ℒ **lieu·ten·ant** *pl.* **lords lieu·ten·ant** *s.* **1.** *hist. Vertreter der Krone in den englischen Grafschaften; jetzt oberster Exekutivbeamter*; **2.** ***Lord Lieutenant*** a) *hist.* Vizekönig *m* von Irland (*bis 1922*), b) *Vertreter der Krone in e-r Grafschaft.*

lord·li·ness [ˈlɔːdlɪnɪs] *s.* **1.** Großzügigkeit *f*; **2.** Würde *f*; **3.** Pracht *f*, Glanz *m*; **4.** Arroˈganz *f*.

lord·ling [ˈlɔːdlɪŋ] *s. contp.* Herrchen *n*, kleiner Lord.

lord·ly [ˈlɔːdlɪ] *adj. u. adv.* **1.** großzügig; **2.** vornehm, edel, Herren...; **3.** herrisch; **4.** stolz; **5.** arroˈgant; **6.** prächtig.

Lord| May·or *pl.* **Lord May·ors** *s. Brit.* Oberbürgermeister *m*: ***~'s Day*** *Tag des Amtsantritts des Oberbürgermeisters von London (9. November)*; ***~'s Show*** *Festzug des Oberbürgermeisters von London am 9. November*; ~ **Priv·y Seal** *s.* Lordˈsiegelbewahrer *m*; ~ **Prov·ost** *pl.* **Lord Prov·osts** *s.* Oberbürgermeister *m* (*der vier größten schottischen Städte*).

lord·ship [ˈlɔːdʃɪp] *s.* **1.** Lordschaft *f*: ***your*** (***his***) ~ Euer (Seine) Lordschaft; **2.** *hist.* Herrschaftsgebiet *n* e-s Lords; **3.** *fig.* Herrschaft *f*.

lord| spir·it·u·al *pl.* **lords spir·it·u·al** *s. geistliches Mitglied des brit. Oberhauses*; **~ tem·po·ral** *pl.* **lords tem·po·ral** *s. weltliches Mitglied des brit. Oberhauses.*

lore [lɔː] *s.* **1.** (*Tier- etc.*)Kunde *f*, (über'liefertes) Wissen; **2.** Sagen- u. Märchengut *n*, Über'lieferungen *pl.*

lorn [lɔːn] *adj. obs. od. poet.* verlassen, einsam.

lor·ry ['lɒrɪ] *s.* **1.** *Brit.* Last(kraft)wagen *m*, Lastauto *n*; **2.** 🚂, ⚒ Lore *f*, Lori *f.*

lose [luːz] **I** *v/t.* [*irr.*] **1.** *allg. Sache, j-n, Gesundheit, das Leben, Verstand, a. Weg, Zeit etc.* verlieren: **~ *o.s.*** a) sich verlieren (*a. fig.*), b) sich verirren; ***~ interest*** a) das Interesse verlieren, b) uninteressant werden (*Sache*); ***she lost the baby*** sie verlor das Baby (*durch Fehlgeburt*); → ***lost***; *s. a. Verbindungen mit verschiedenen Substantiven*; **2.** *Vermögen, Stellung* verlieren, einbüßen, kommen um; **3.** *Vorrecht etc.* verlieren, verlustig gehen (*gen.*); **4.** a) *Schlacht, Spiel etc.* verlieren, b) *Preis etc.* nicht erringen *od.* bekommen, c) *Gesetzesantrag* nicht 'durchbringen; **5.** *Zug etc., a. Gelegenheit* versäumen, verpassen; **6.** a) *Worte etc.* ‚nicht mitbekommen', b) ***he lost his listeners*** F s-e Zuhörer kamen nicht mit; **7.** aus den Augen verlieren; → ***sight*** 3; **8.** vergessen, verlernen: ***I have lost my French***; **9.** nachgehen, zu'rückbleiben (*Uhr*); **10.** *Krankheit etc.* loswerden, *Verfolger a.* abschütteln; **11.** *j-n s-e Stellung etc.* kosten, bringen um: ***this will ~ you your position***; **12. *~ it*** *mot. sl.* die Kontrolle über den Wagen verlieren; **II** *v/i.* [*irr.*] **13.** verlieren, Verluste erleiden (***on*** bei, ***by*** durch); **14.** *fig.* verlieren: ***the poem ~s in translation*** das Gedicht verliert (sehr) in der Übersetzung; **15.** (***to***) verlieren (gegen), unter'liegen (*dat.*); **16. *~ out*** F a) verlieren, b) ‚in den Mond gucken' (***on*** bei): ***~ on*** *a. et.* nicht kriegen; '**los·er** [-zə] *s.* **1.** Verlierer(in): ***a good*** (***bad***) ***~***; ***be a ~ by*** Schaden *od.* e-n Verlust erleiden durch; ***come off a ~*** den kürzeren ziehen; **2.** F ‚Verlierer' *m*, Versager *m*; '**los·ing** [-zɪŋ] *adj.* **1.** verlierend; **2.** verlustbringend, Verlust…: ***~ bargain*** ☤ Verlustgeschäft *n*; **3.** verloren, aussichtslos (*Schlacht, Spiel*).

loss [lɒs] *s.* **1.** Verlust *m*: a) Einbuße *f*, Ausfall *m* (***in*** an *dat.*, von *od. gen.*): ***~ of blood*** (***time***) Blut- (Zeit)verlust; ***~ of pay*** Lohnausfall; ***a dead ~*** totaler Verlust, *fig.* ‚Pleite' *f*, totaler Reinfall (*Sache*), ‚totaler Ausfall', ‚Niete' *f* (*Person*), b) Nachteil *m*, Schaden *m*: ***it's your ~!*** das ist dein Problem!, c) *verlorene Sache od. Person*: ***he is a great ~ to his firm***, d) Verschwinden *n*, Verlieren *n*, e) *verlorene Schlacht, Wette etc., a.* Niederlage *f*, f) Abnahme *f*, Schwund *m*: ***~ in weight*** Gewichtsverlust, -abnahme; **2.** *mst pl.* ⚔ Verluste *pl.*, Ausfälle *pl.*; **3.** *Versicherungswesen*: Schadensfall *m*; **4. *at a ~*** a) ☤ mit Verlust (*arbeiten, verkaufen etc.*), b) in Verlegenheit (***for*** um): ***be at a ~*** *a.* nicht mehr ein u. aus wissen; ***be at a ~ for words*** (*od.* ***what to say***) keine Worte finden (können), nicht wissen, was man (dazu) sagen soll; ***he is never at a ~ for an excuse*** er ist nie um e-e Ausrede verlegen; **~ lead·er** *s.* ☤ 'Lockarˌtikel *m*; '**~-ˌmak·er** *s.* ☤ *Brit.* **1.** mit Verlust arbeitender Betrieb; **2.** Verlustgeschäft *n.*

lost [lɒst] **I** *pret. u. p.p. von* ***lose***; **II** *adj.* **1.** verloren: ***~ articles*** (***battle, friend, time*** *etc.*); ***a ~ chance*** e-e verpaßte Gelegenheit; ***~ property office*** Fundbüro *n*; **2.** verloren(gegangen), vernichtet, (da)'hin: ***be ~*** a) verlorengehen (***to*** an *acc.*), b) zugrunde gehen, untergehen, c) umkommen, den Tod finden, d) verschwinden, e) verschwunden *od.* verschollen sein, f) vergessen sein, g) versunken *od.* vertieft sein (***in*** in *acc.*); ***~ in thought***; ***I am ~ without my car!*** ohne mein Auto bin ich verloren *od.* ‚aufgeschmissen'!; **3.** verirrt: ***be ~*** sich verirrt *od.* verlaufen haben, sich nicht mehr zurechtfinden (*a. fig.*); ***get ~*** sich verirren; ***get ~!*** F verschwinde!; ***I'm ~!*** F da komm' ich nicht mehr mit!; **4.** *fig.* verschwendet, vergeudet (***on s.o.*** an j-n): ***that's ~ on him*** *a.* a) das läßt ihn kalt, b) dafür hat er keinen Sinn, c) das versteht er nicht.

lot [lɒt] **I** *s.* **1.** Los *n*: ***cast*** (*od.* ***draw***) ***~s*** losen, Lose ziehen (***for*** um); ***throw in one's ~ with s.o.*** das Los mit j-m teilen, sich (auf Gedeih u. Verderb) mit j-m zs.-tun; ***by ~*** durch (das) Los; **2.** Anteil *m*; **3.** Los *n*, Schicksal *n*: ***it falls to my ~*** es ist mein Los, es fällt mir zu (*et. zu tun*); **4.** *bsd. Am.* a) Stück *n* Land, Grundstück *n*, *bsd.* Par'zelle *f*, b) Bauplatz *m*, c) (Park- *etc.*)Platz *m*; **5.** *Am.* Filmgelände *n*, *bsd.* Studio *n*; **6.** ☤ a) Ar'tikel *m*, b) Par'tie *f*, Posten *m* (*von Waren*): ***in ~s*** partienweise; **7.** Gruppe *f*, Gesellschaft *f*, ‚Verein' *m*: ***the whole ~*** a) die ganze Gesellschaft, der ganze ‚Laden', b) → 8; **8. *the ~***

alles, das Ganze: ***take the ~!***; ***that's the ~*** das ist alles; **9.** (Un)Menge *f*: ***a ~ of***, ***~s of*** viel, e-e Menge, ein Haufen *Geld etc.*; ***~s and ~s of people*** e-e Unmasse Menschen; ***~s!*** *in Antworten*: jede Menge!; **10.** F Kerl *m*: ***a bad ~*** ein übler Bursche; **II** *adv.* **11.** ***a ~***, F***~s*** a) (sehr) viel: ***a ~ better***, ***I read a ~***, b) (sehr) oft: ***I see her a ~***.

loth [ləʊθ] → ***loath***.

Lo·thar·i·o [ləʊ'θɑ:rɪəʊ] *s.* Schwerenöter *m*.

lo·tion ['ləʊʃn] *s.* (*Augen-*, *Haut-*, *Rasier- etc.*)Wasser *n*, Loti'on *f*.

lot·ter·y ['lɒtərɪ] *s.* **1.** Lotte'rie *f*: ***~ ticket*** Lotterielos *n*; **2.** *fig.* Glückssache *f*, Lotte'riespiel *n*.

lo·tus ['ləʊtəs] *s.* **1.** *Sage*: Lotos *m* (*Frucht*); **2.** ⚘ a) Lotos(blume *f*) *m*, b) Honigklee *m*; **'~-ˌeat·er** *s.* **1.** (*in der Odyssee*) Lotosesser *m*; **2.** Träumer *m*, Müßiggänger *m*, tatenloser Genußmensch.

loud [laʊd] *adj.* ☐ **1.** (*a. adv.*) laut (*a. fig.*): ***~ admiration***; **2.** schreiend, auffallend, grell: ***~ colo(u)rs***; **ˌ~-'hail·er** *s. Brit.* Mega'phon *n*; **'~·mouth** *s.* F **1.** Großmaul *n*; **2.** ‚dummer Quatscher'; **'~·mouthed** *adj.* großmäulig.

loud·ness ['laʊdnɪs] *s.* **1.** Lautheit *f*, *a. phys.* Lautstärke *f*; **2.** Lärm *m*; **3.** *das* Auffallende, Grellheit *f*.

ˌloud'speak·er *s.* ↯ Lautsprecher *m*.

lounge [laʊndʒ] **I** *s.* **1.** a) Halle *f*, Diele *f*, Gesellschaftsraum *m* (*Hotel*), b) *thea.* Foy'er *n*, c) Abflug-, Wartehalle (*Flughafen*), d) *a.* ***~ bar*** ✈, ⚓, 🚂 Sa'lon *m*; **2.** Wohndiele *f*, -zimmer *n*; **3.** Sofa *n*, Liege *f*; **II** *v/i.* **4.** sich rekeln; **5.** faulenzen; **6.** ***~ about*** (*od.* ***around***) he'rumliegen *od.* -sitzen *od.* -stehen *od.* -schlendern; **7.** schlendern; **III** *v/t.* **8.** ***~ away*** *Zeit* verbummeln; **~ bar** Sa'lon *m* (*e-s Restaurants*); **~ chair** *s.* Klubsessel *m*; **~ liz·ard** *s.* F Sa'lonlöwe *m*; **~ suit** *s. Brit.* Straßenanzug *m*.

lour, **lour·ing** → ***lower***[1], ***lowering***.

louse [laʊs] **I** *pl.* **lice** [laɪs] *s.* **1.** *zo.* Laus *f*; **2.** *sl.* ‚Fiesling' *m*, Scheißkerl *m*; **II** *v/t.* [laʊz] **3.** (ent)lausen; **4.** ***~ up*** *sl.* versauen, -masseln; **'lous·y** [-zɪ] *adj.* **1.** verlaust; **2.** *sl.* a) ‚fies', (hunds)gemein, b) mise'rabel, ‚beschissen': ***the film was ~***; ***I feel ~***, c) ‚lausig': ***for ~ two dollars***; **3.** ***~ with*** *sl.* wimmelnd von; ***~ with people***; ***~ with money*** stinkreich.

lout [laʊt] *s.* Flegel *m*, Rüpel *m*; **'lout·ish** [-tɪʃ] *adj.* ☐ flegel-, rüpelhaft.

lou·ver, *Brit. a.* **lou·vre** ['lu:və] *s.* **1.** △ *hist.* Dachtürmchen *n*; **2.** Jalou'sie *f* (*a.* ⚙ *Luft-*, *Kühlschlitze*).

lov·a·ble ['lʌvəbl] *adj.* ☐ liebenswert, reizend, ‚süß'.

lov·age ['lʌvɪdʒ] *s.* ⚘ Liebstöckel *n*, *m*.

love [lʌv] **I** *s.* **1.** (*sinnliche od. geistige*) Liebe (***of***, ***for***, ***to***[***wards***] zu): ***~ of music*** Liebe zur Musik, Freude *f* an der Musik; ***~ of adventure*** Abenteuerlust *f*; ***the ~ of God*** a) die Liebe Gottes, b) die Liebe zu Gott; ***for the ~ of God*** um Gottes willen; ***be in ~*** (***with s.o.***) verliebt sein (in j-n); ***fall in ~*** (***with s.o.***) sich verlieben (in j-n); ***make ~*** sich (*sexuell*) lieben; ***make ~ to s.o.*** a) j-n (*körperlich*) lieben, b) *obs.* j-n um'werben, j-m gegenüber zärtlich werden; ***send one's ~ to s.o.*** j-n grüßen lassen; ***give her my ~!*** grüße sie herzlich von mir!; ***~*** *als Briefschluß*: herzliche Grüße; ***for ~*** a) umsonst, gratis, b) *a.* ***for the ~ of it*** (nur) zum Spaß; ***play for ~*** um nichts spielen; ***not for ~ or money*** nicht für Geld u. gute Worte; ***there is no ~ lost between them*** sie haben nichts füreinander übrig; **2.** ♀ die Liebe, (Gott *m*) Amor *m*; **3.** *pl. Kunst*: Amo'retten *pl.*; **4.** Liebling *m*, Schatz *m*; **5.** F a) mein Lieber, b) m-e Liebe; **6.** Liebe *f*, Liebschaft *f*; **7.** F lieber *od.* goldiger Kerl: ***he*** (***she***) ***is a ~***; **8.** F reizende *od.* goldige *od.* ‚süße' Sache *od.* Per'son: ***a ~ of a child*** (***hat***); **9.** *bsd. Tennis*: null: ***~ all*** null beide; ***~ fifteen*** null fünfzehn; **II** *v/t.* **10.** *j-n* lieben; **11.** *et.* lieben, sehr mögen: ***~ to do*** (*od.* ***doing***) ***s.th.*** etwas (schrecklich) gern tun; ***we ~d having you with us*** wir haben uns sehr über deinen Besuch gefreut; **~ af·fair** *s.* 'Liebesafˌfäre *f*; **'~·bird** *s.* **1.** *orn.* Unzertrennliche(r) *m*; **2.** *pl.* F ‚Turteltauben' *pl.*; **~ child** *s.* Kind *n* der Liebe; **~ game** *s. Tennis*: Zu-'Null-Spiel *n*; **ˌ~-'hate re·la·tion·ship** *s.* Haßliebe *f*.

love·less ['lʌvlɪs] *adj.* ☐ **1.** ohne Liebe; **2.** lieblos.

love| let·ter *s.* Liebesbrief *m*; **~ life** *s.* Liebesleben *n*.

love·li·ness ['lʌvlɪnɪs] *s.* Lieblichkeit *f*, Schönheit *f*.

'love|·lock *s.* Schmachtlocke *f*; **'~·lorn** [-lɔ:n] *adj.* liebeskrank, vor Liebeskummer *od.* Liebe vergehend.

love·ly ['lʌvlɪ] *adj.* ☐ **1.** a) lieblich, schön, hübsch, b) *allg.*, *a.* F*u. iro.* schön, wunderbar, reizend, entzükkend, c) lieb, nett (***of you*** von dir); **2.** F ‚süß', niedlich.

'love|-ˌmak·ing *s.* (*körperliche*) Liebe; Liebesspiele *pl.*, -kunst *f*; **~ match** *s.*

Liebesheirat *f*; ~ **nest** *s.* ‚Liebesnest' *n*; ~ **po·tion** *s.* Liebestrank *m.*

lov·er ['lʌvə] *s.* **1.** a) Liebhaber *m*, Geliebte(r) *m*, b) Geliebte *f*; **2.** *pl.* Liebende *pl.*, Liebespaar *n*: ***~s' lane*** *humor.* ‚Seufzergäßchen' *n*; ***they were ~s*** sie liebten sich *od.* hatten ein Verhältnis miteinander; **3.** Liebhaber(in), (*Musik- etc.*)Freund(in); '**~·boy** *s.* F Casa'nova *m.*

love| seat *s.* Plaudersofa *n*; ~ **set** *s. Tennis*: Zu-'Null-Satz *m*; '**~·sick** *adj.* liebeskrank: ***be ~*** *a.* Liebeskummer haben; ~ **song** *s.* Liebeslied *n*; ~ **sto·ry** *s.* Liebesgeschichte *f.*

lov·ing ['lʌvɪŋ] *adj.* □ liebend, liebevoll, Liebes...: ***~ words***; ***your ~ father*** (*als Briefschluß*) Dein Dich liebender Vater; ~ **cup** *s.* Po'kal *m*; ˌ**~-'kind·ness** *s.* **1.** (göttliche) Gnade *od.* Barm'herzigkeit; **2.** Herzensgüte *f.*

low¹ [ləʊ] **I** *adj. u. adv.* **1.** nieder, niedrig (*a. Preis*, *Temperatur*, *Zahl etc.*): ***of ~ birth*** von niedriger Abkunft; ***~ pressure*** Tiefdruck *m*; ***~ speed*** niedrige *od.* geringe Geschwindigkeit; ***~ water*** ⚓ tiefster Gezeitenstand; ***at the ~est*** wenigstens, mindestens; ***be at its ~est*** auf dem Tiefpunkt angelangt sein; → ***lower³***, ***opinion*** 2; **2.** tief (*a. fig.*): ***~ bow***; ***~ flying*** Tiefflug *m*; ***the sun is ~*** die Sonne steht tief; → ***low-necked***; **3.** knapp (*Vorrat etc.*): ***run ~*** knapp werden, zur Neige gehen; ***I am ~ in funds*** ich bin nicht gut bei Kasse; **4.** schwach: ***~ light***; ***~ pulse***; **5.** einfach, fru'gal (*Kost*); **6.** be-, gedrückt: ***~ spirits*** gedrückte Stimmung; ***feel ~*** a) in gedrückter Stimmung *od.* niedergeschlagen sein, b) sich elend fühlen; **7.** minderwertig, schlecht: ***~ quality***; **8.** a) niedrig (*denkend od. gesinnt*): ***~ thinking*** niedrige Denkungsart, b) ordi'när, vul'gär: ***a ~ expression***; ***a ~ fellow***, c) gemein, niederträchtig: ***a ~ trick***; **9.** nieder, primi'tiv: ***~ forms of life*** niedere Lebensformen; ***~ race*** primitive Rasse; **10.** a) tief (*Ton etc.*), b) leise (*Ton*, *Stimme etc.*): ***in a ~ voice*** leise; **11.** *Phonetik*: offen (*Vokal*); **12.** ⚙, *mot.* erst, niedrigst (*Gang*): ***in ~ gear***; **II** *adv.* **13.** niedrig (*zielen etc.*); **14.** tief: ***bow*** (***hit***, *etc.*) ***~***; ***sunk thus ~*** *fig.* so tief gesunken; ***bring s.o. ~*** *fig.* j-n zu Fall bringen *od.* ruinieren *od.* demütigen; ***lay s.o. ~*** a) j-n niederstrecken, b) *fig.* j-n zur Strecke bringen; ***be laid ~*** (***with***) darniederliegen (mit *e-r Krankheit*); **15.** a) leise, b) tief: ***sing ~***; **16.** kärglich: ***live ~***; **17.** billig: ***buy*** (***sell***) ***~***; **18.** niedrig, mit geringem Einsatz: ***play ~***; **III** *s.* **19.** *meteor.* Tief(druckgebiet) *n*; **20.** *fig.* Tiefstand *m*: ***reach a new ~*** e-n neuen Tiefstand erreichen; **21.** *mot.* erster Gang.

low² [ləʊ] **I** *v/i. u. v/t.* brüllen, muhen (*Rind*); **II** *s.* Brüllen *n*, Muhen *n.*

ˌ**low|-'born** *adj.* von niedriger Geburt; '**~·boy** *s. Am.* niedrige Kom'mode; '**~·brow** F **I** *s.* Ungebildete(r *m*) *f*, ‚Unbedarfte(r' *m*) *f*; **II** *adj.* geistig anspruchslos, *Person*: *a.* ungebildet, ‚unbedarft'; ˌ**~-'cal·o·rie** *adj.* kalo'rienarm; ♀ **Church** *s. eccl.* Low Church *f* (*protestantisch-pietistische Sektion der anglikanischen Kirche*); ~ **com·e·dy** *s.* Schwank *m*, ‚Klamotte' *f*; '**~-cost** *adj.* billig, preisgünstig; ♀ **Coun·tries** *s. pl. die Niederlande*, *Belgien u. Luxemburg*; '**~-down** F **I** *adj.* fies, gemein; **II** *s.* (volle) Informati'onen *pl.*, *die* Wahrheit, genaue Tatsachen *pl.*, 'Hintergründe *pl.* (***on*** über *acc.*).

low·er¹ ['laʊə] *v/i.* **1.** finster *od.* drohend blicken: ***~ at*** *j-n* finster anblicken; **2.** *fig.* bedrohlich aussehen (*Himmel*, *Wolken etc.*); **3.** *fig.* drohen (*Ereignisse*).

low·er² ['ləʊə] **I** *v/t.* **1.** niedriger machen; **2.** *Augen*, *Gewehrlauf etc.*, *a. Stimme*, *Preis*, *Kosten*, *Niveau*, *Temperatur*, *Ton etc.* senken; *fig. Moral* senken, *a. Widerstand etc.* schwächen; **3.** her'unter- *od.* hin'unterlassen, niederlassen; *Fahne*, *Segel* niederholen, *Rettungsboote* aussetzen; **4.** *fig.* erniedrigen: ***~ o.s.*** sich herablassen (*et. zu tun*); **II** *v/i.* **5.** sinken, fallen, sich senken.

low·er³ ['ləʊə] **I** *adj.* (*comp. von* ***low¹*** I) **1.** tiefer, niedriger; **2.** unter, Unter...: ♀ ***Chamber*** (*od.* ***House***) *parl.* Unter-, Abgeordnetenhaus *n*; ***the ~ class*** *sociol.* die untere Klasse *od.* Schicht; ***~ deck*** Unterdeck *n*; ***~ jaw*** Unterkiefer *m*; ***~ region*** Unterwelt *f* (*Hölle*); ***~ school*** Unter- u. Mittelstufe *f*; **3.** *geogr.* Unter..., Nieder...: ♀ ***Austria*** Niederösterreich *n*; **II** *adv.* **4.** tiefer: ***~ down the river*** (***list***) weiter unten am Fluß (auf der Liste).

low·er·ing ['laʊərɪŋ] *adj.* □ finster, düster, drohend.

low·er·most ['ləʊəməʊst] → ***lowest.***

low·est ['ləʊɪst] **I** *adj.* tiefst, niedrigst, unterst (*etc.*, → ***low¹*** I): ***~ bid*** † Mindestgebot *n*; **II** *adv.* am tiefsten (*etc.*).

'**low|-ˌfly·ing** *adj.* tieffliegend: ***~ plane*** Tiefflieger *m*; ~ **fre·quen·cy** *s.* ↯ 'Niederfreˌquenz *f*; ♀ **Ger·man** *s. ling.* Niederdeutsch *n*, Plattdeutsch *n*; ˌ**~-**

'**key**(**ed**) *adj.* gedämpft (*Farbe, Ton, Stimmung etc.*), *fig. a.* a) (sehr) zurückhaltend, b) bedrückt, c) unaufdringlich; '**~·land** [-lənd] **I** *s. oft pl.* Flach-, Tiefland *n*: ***the* ≗*s*** das schottische Tiefland; **II** *adj.* Tiefland(s)...; '**~·land·er** [-ləndə] *s.* **1.** Tieflandbewohner(in); **2.** ≗ (schottischer) Tiefländer; ≗ **Lat·in** *s. ling.* nichtklassisches La'tein; ˌ**~-'lev·el** *adj.* niedrig (*a. fig.*): ***~ officials***; ***~ talks*** *pol.* Gespräche *pl.* auf unterer Ebene; ***~ attack*** ✈ Tief(flieger)angriff *m.*

low·li·ness ['ləʊlɪnɪs] *s.* **1.** Niedrigkeit *f*; **2.** Bescheidenheit *f.*

low·ly ['ləʊlɪ] *adj. u. adv.* **1.** niedrig, gering, bescheiden; **2.** tief(stehend), pri'mitiv, niedrig; **3.** demütig, bescheiden.

Low| Mass *s. R.C.* Stille Messe; ˌ**≗-'mind·ed** *adj.* niedrig (gesinnt), gemein; ˌ**≗-'necked** *adj.* tief ausgeschnitten (*Kleid*).

low·ness ['ləʊnɪs] *s.* **1.** Niedrigkeit *f* (*a. fig., contp.*); **2.** Tiefe *f* (*e-r Verbeugung, e-s Tons etc.*); **3.** ***~ of spirits*** Niedergeschlagenheit *f*; **4.** a) Gemeinheit *f*, b) ordi'näre Art.

ˌ**low|-'noise** *adj.* rauscharm (*Tonband*); ˌ**~-'pitched** *adj.* **1.** ♪ tief; **2.** mit geringer Steigung (*Dach*); **~ pres·sure** *s.* **1.** ⚙ Nieder-, 'Unterdruck *m*; **2.** *meteor.* Tiefdruck *m*; ˌ**~-'pres·sure** *adj.* a) Niederdruck..., b) *meteor.* Tiefdruck...; ˌ**~-'priced** *adj.* ✝ billig; ˌ**~-'spir·it·ed** *adj.* niedergeschlagen, gedrückt; ≗ **Sun·day** *s.* Weißer Sonntag (*erster Sonntag nach Ostern*); **~ ten·sion** *s.* ⚡ Niederspannung *f*; ˌ**~-'ten·sion** *adj.* ⚡ Niederspannungs...; **~ tide** *s.* ⚓ Niedrigwasser *n*; ˌ**~-'volt·age** *adj.* ⚡ **1.** Niederspannungs...; **2.** Schwachstrom...; **~ wa·ter** *s.* ⚓ Ebbe *f*, Niedrigwasser *n*: ***be in ~*** *fig.* auf dem trockenen sitzen; ˌ**~-'wa·ter mark** *s.* **1.** ⚓ Niedrigwassermarke *f*; **2.** *fig.* Tiefpunkt *m*, -stand *m.*

loy·al ['lɔɪəl] *adj.* □ **1.** (***to***) loy'al (gegenüber), treu (ergeben) (*dat.*); **2.** (ge)treu (***to*** *dat.*); **3.** aufrecht, redlich; **loy·al·ist** ['lɔɪəlɪst] **I** *s.* Loya'list(in): a) *allg.* Treugesinnte(r *m*) *f*, b) *hist.* Königstreue(r *m*) *f*; **II** *adj.* loya'listisch; '**loy·al·ty** [-tɪ] *s.* Loyali'tät *f*, Treue *f* (***to*** zu, gegen).

loz·enge ['lɒzɪndʒ] *s.* **1.** *her.*, Ѧ Raute *f*, Rhombus *m*; **2.** *pharm.* (*bsd.* 'Husten-) Paˌstille *f.*

lub·ber ['lʌbə] *s.* **1.** a) Flegel *m*, b) Trottel *m*; **2.** ⚓ Landratte *f.*

lu·bri·cant ['lu:brɪkənt] *s.* Gleit-, ⚙ Schmiermittel *n*; **lu·bri·cate** ['lu:brɪkeɪt] *v/t.* ⚙ *u. fig.* schmieren, ölen; **lu·bri·ca·tion** [ˌlu:brɪ'keɪʃn] *s.* ⚙ *u. fig.* Schmieren *n*, Schmierung *f*, Ölen *n*: ***~ chart*** Schmierplan *m*; ***~ point*** Schmierstelle *f*, -nippel *m*; '**lu·bri·ca·tor** [-keɪtə] *s.* ⚙ Öler *m*, Schmiervorrichtung *f*; **lu·bric·i·ty** [lu:'brɪsətɪ] *s.* **1.** Gleitfähigkeit *f*, Schlüpfrigkeit *f* (*a. fig.*); **2.** ⚙ Schmierfähigkeit *f.*

luce [lu:s] *s. ichth.* (ausgewachsener) Hecht.

lu·cent ['lu:snt] *adj.* **1.** glänzend, strahlend; **2.** 'durchsichtig, klar.

lu·cern(**e**) [lu:'sɜ:n] *s.* ⚘ Lu'zerne *f.*

lu·cid ['lu:sɪd] *adj.* □ **1.** *fig.* klar: ***~ interval*** *psych.* lichter Augenblick; **2.** → ***lucent***; **lu·cid·i·ty** [lu:'sɪdətɪ], '**lu·cid·ness** [-nɪs] *s. fig.* Klarheit *f.*

Lu·ci·fer ['lu:sɪfə] *s. bibl.* Luzifer *m* (*a. ast. Venus als Morgenstern*).

luck [lʌk] *s.* **1.** Schicksal *n*, Geschick *n*, Zufall *m*: ***as ~ would have it*** wie es der Zufall wollte, (un)glücklicherweise; ***bad*** (*od.* ***hard, ill***) ***~*** a) Unglück *n*, Pech *n*, b) *als Einschaltung*: Pech gehabt!; ***good ~*** Glück *n*; ***good ~!*** viel Glück!; Hals- u. Beinbruch!; ***worse ~*** unglücklicherweise, leider; ***be down on one's ~*** e-e Pechsträhne haben; ***just my ~!*** so geht es mir immer; **2.** Glück *n*: ***for ~*** als Glücksbringer; ***be in*** (***out of***) ***~*** (kein) Glück haben; ***try one's ~*** sein Glück versuchen; ***with ~*** mit ein bißchen Glück; ***here's ~!*** F Prost!; **luck·i·ly** ['lʌkɪlɪ] *adv.* zum Glück, glücklicherweise; **luck·i·ness** ['lʌkɪnɪs] *s.* Glück *n*; '**luck·less** [-lɪs] *adj.* □ glücklos.

luck·y ['lʌkɪ] *adj.* □ → ***luckily***; **1.** Glücks..., glücklich: ***a ~ day*** ein Glückstag; ***~ hit*** Glückstreffer *m*; ***be ~*** Glück haben; ***you ~ thing!*** F du Glückliche(r *m*) *f*!; ***you are ~ to be alive!*** du kannst von Glück sagen, daß du noch lebst!; ***it was ~ that*** ein Glück, daß ..., zum Glück ...; **2.** glückbringend, Glücks...: ***~ bag, ~ dip*** Glücksbeutel *m*, -topf *m*; ***~ star*** Glücksstern *m.*

lu·cra·tive ['lu:krətɪv] *adj.* □ einträglich, lukra'tiv.

lu·cre ['lu:kə] *s.* Gewinn(sucht *f*) *m*, Geld(gier *f*) *n*: ***filthy ~*** schnöder Mammon, gemeine Profitgier.

lu·di·crous ['lu:dɪkrəs] *adj.* □ **1.** lächerlich, ab'surd; **2.** spaßig, drollig.

lu·do ['lu:dəʊ] *s.* Mensch, ärgere dich nicht *n* (*Würfelspiel*).

lu·es ['lu:i:z] *s.* ⚕ Lues *f*, Syphilis *f.*

luff [lʌf] ⚓ **I** *s.* **1.** Luven *n*; **2.** Luv(seite) *f*, Windseite *f*; **II** *v/t. u. v/i.* **3.** *a.* ***~ up*** anluven.

luf·fa ['lʌfə] *s.* ⚘ *u.* ✝ Luffa *f.*

lug[1] [lʌg] *v/t.* zerren, schleppen: ***~ in*** *fig.*

an den Haaren herbeiziehen, *Thema* (mit Gewalt) hineinbringen.

lug² [lʌg] *s.* **1.** (Leder)Schlaufe *f*; **2.** ⚙ a) Henkel *m*, Öhr *n*, b) Knagge *f*, Zinke *f*, c) Ansatz *m*; **3.** *Scot. od. Brit.* F Ohr *n*; **4.** *sl.* Trottel *m*.

luge [lu:ʒ] **I** *s.* Renn-, Rodelschlitten *m*; **II** *v/i.* rodeln.

lug·gage [ˈlʌgɪdʒ] *s. Brit.* Gepäck *n*; **~ boot** *s. mot.* Kofferraum *m*; **~ car·ri·er** *s.* Gepäckträger *m* (*am Fahrrad*); **~ in·sur·ance** *s.* (Reise)Gepäckversicherung *f*; **~ lock·er** *s.* (Gepäck)Schließfach *n*; **~ rack** *s.* **1.** Gepäcknetz *n*; **2.** *mot.* Gepäckträger *m*; **ˈ~-van** *s.* Packwagen *m*.

lug·ger [ˈlʌgə] *s.* ⚓ Logger *m* (*Schiff*).

lu·gu·bri·ous [lu:ˈgu:brɪəs] *adj.* ☐ schwermütig, kummervoll.

Luke [lu:k] *npr. u. s. bibl.* ˈLukas(evanˌgelium *n*) *m*.

luke·warm [ˈlu:kwɔ:m] *adj.* ☐ lau (-warm); *fig.* lau; **ˈluke·warm·ness** [-nɪs] *s.* Lauheit *f* (*a. fig.*).

lull [lʌll] **I** *v/t.* **1.** *mst* **~ *to sleep*** einlullen (*a. fig.*); **2.** *fig.* beruhigen, *a. j-s Befürchtungen etc.* beschwichtigen: **~ *into*** (***a false sense of***) ***security*** in Sicherheit wiegen; **II** *s.* **3.** Pause *f*; **4.** (Wind-) Stille *f*, Flaute *f* (*a.* ✝), *fig. a.* Stille *f* (*vor dem Sturm*): ***a ~ in conversation*** e-e Gesprächspause.

lull·a·by [ˈlʌləbaɪ] *s.* Wiegenlied *n*.

lu·lu [ˈlu:lu:] *s. Am. sl.* ‚dolles Ding', schicke Sache.

lum·ba·go [lʌmˈbeɪgəʊ] *s.* ⚕ Hexenschuß *m*, Lumˈbago *f*.

lum·bar [ˈlʌmbə] *adj. anat.* Lenden..., lumˈbal.

lum·ber¹ [ˈlʌmbə] **I** *s.* **1.** *bsd. Am.* Bau-, Nutzholz *n*; **2.** Gerümpel *n*, Plunder *m*; **II** *v/t.* **3.** *bsd. Am. Holz* aufbereiten; **4.** *a.* **~ *up*** vollstopfen, -pfropfen.

lum·ber² [ˈlʌmbə] *v/i.* **1.** trampeln, trappen; **2.** (daˈhin)rumpeln (*Fahrzeug*).

lum·ber·ing [ˈlʌmbərɪŋ] *adj.* ☐ schwerfällig.

ˈlum·ber|·jack *s. bsd. Am.* Holzfäller *m*; **ˈ~ˌjack·et** *s.* Lumberjack *m*; **~ mill** *s.* Sägewerk *n*; **~ room** *s.* Rumpelkammer *f*; **~ trade** *s.* (Bau)Holzhandel *m*; **~ yard** *s.* Holzplatz *m*.

lu·men [ˈlu:mən] *s. phys.* Lumen *n*.

lu·mi·nar·y [ˈlu:mɪnərɪ] *s.* Leuchtkörper *m*, *bsd. ast.* Himmelskörper *m*; *fig.* Leuchte *f* (*Person*); **lu·mi·nes·cence** [ˌlu:mɪˈnesns] *s.* Luminesˈzenz *f*; **lu·mi·nes·cent** [ˌlu:mɪˈnesnt] *adj.* lumineszierend, leuchtend; **lu·mi·nos·i·ty** [ˌlu:mɪˈnɒsətɪ] *s.* **1.** Leuchten *n*, Glanz *m*; **2.** *ast., phys.* Lichtstärke *f*, Helligkeit *f*; **ˈlu·mi·nous** [-nəs] *adj.* ☐ **1.** leuchtend, Leucht...(*-farbe, -kraft, -uhr, -zifferblatt etc.*), *bsd. phys.* Licht...(*-energie etc.*); **2.** *fig.* a) klar, b) lichtvoll, brilˈlant.

lum·mox [ˈlʌməks] *s. Am.* F Trottel *m*.

lump [lʌmp] **I** *s.* **1.** Klumpen *m*: ***have a ~ in one's throat*** *fig.* e-n Kloß im Hals haben; **2.** a) Schwellung *f*, Beule *f*, b) Geschwulst *f*; **3.** Stück *n Zucker etc.*; **4.** *metall.* Luppe *f*; **5.** *fig.* Masse *f*: ***all of*** (*od.* ***in***) ***a ~*** alles auf einmal; ***in the ~*** a) pauschal, in Bausch u. Bogen, b) im großen; **6.** F ‚Klotz' *m* (*langweiliger od. stämmiger Kerl*); **7.** ***the ~*** *Brit.* die Selbständigen *pl.* im Baugewerbe; **II** *adj.* **8.** Stück...: **~ *coal***; **~ *sugar*** Würfelzucker *m*; **9.** Pauschal...(*-fracht, -summe etc.*); **III** *v/t.* **10.** *oft* **~ *together*** a) zs.-tun, -legen, b) *fig. a.* in ˈeinen Topf werfen, über ˈeinen Kamm scheren, c) *fig.* zs.-fassen; **11.** ***if you don't like it you can ~ it*** a) wenn es dir nicht paßt, kannst du's ja bleiben lassen, b) du wirst dich eben damit abfinden müssen; **IV** *v/i.* **12.** Klumpen bilden; **ˈlump·ish** [-pɪʃ] *adj.* ☐ **1.** schwerfällig, klobig, plump; **2.** dumm; **ˈlump·y** [-pɪ] *adj.* ☐ **1.** klumpig; **2.** → ***lumpish*** 1; **3.** ⚓ unruhig (*See*).

lu·na·cy [ˈlu:nəsɪ] *s.* ⚕ Wahn-, Irrsinn *m* (*a. fig.* F).

lu·nar [ˈlu:nə] *adj.* Mond..., Lunar...: **~ *landing*** Mondlandung *f*; **~ *landing vehicle*** Mondlandefahrzeug *n*; **~ *module*** Mondfähre *f*; **~ *rock*** Mondgestein *n*; **~ *rover*** Mondfahrzeug *n*; **~ *year*** Mondjahr *n*.

lu·na·tic [ˈlu:nətɪk] **I** *adj.* wahn-, irrsinnig, geisteskrank: **~ *fringe*** F *pol.* extremistische Randgruppe; **II** *s.* Wahnsinnige(r *m*) *f*, Irre(r *m*) *f*: **~ *asylum*** Irrenanstalt *f*.

lunch [lʌntʃ] **I** *s.* Mittagessen *n*, Lunch *m*: **~ *break*** Mittagspause *f*; **~ *counter*** Imbißbar *f*; **~ *hour***, **~ *time*** Mittagszeit *f*, -pause *f*; **II** *v/i.* das Mittagessen einnehmen; **III** *v/t. j-n* zum Mittagessen einladen, beköstigen.

lunch·eon [ˈlʌntʃən] → ***lunch***: **~ *meat*** Frühstücksfleisch *n*; **~ *voucher*** Essen(s)marke *f*; **lunch·eon·ette** [ˌlʌntʃəˈnet] *s. Am.* Imbißstube *f*.

lu·nette [lu:ˈnet] *s.* **1.** Lüˈnette *f*: a) ⚠ Halbkreis-, Bogenfeld *n*, b) ⚔ Brillschanze *f*, c) Scheuklappe *f* (*Pferd*); **2.** flaches Uhrglas.

lung [lʌŋ] *s. anat.* Lunge(nflügel *m*) *f*: ***the ~s*** die Lunge (*als Organ*); **~ *power***

Stimmkraft *f*.

lunge[1] [lʌndʒ] **I** *s*. **1.** *fenc.* Ausfall *m*, Stoß *m*; **2.** Satz *m od.* Sprung *m* vorwärts; **II** *v/i*. **3.** *fenc.* ausfallen (***at*** gegen); **4.** sich stürzen (***at*** auf *acc.*); **III** *v/t*. **5.** *Waffe etc.* stoßen.

lunge[2] [lʌndʒ] **I** *s*. Longe *f*, Laufleine *f* (*für Pferde*); **II** *v/t*. longieren.

lu·pin(e)[1] [ˈlu:pɪn] *s*. ⚘ Luˈpine *f*.

lu·pine[2] [ˈlu:paɪn] *adj*. Wolfs…, wölfisch.

lurch[1] [lɜ:tʃ] **I** *s*. **1.** Taumeln *n*, Torkeln *n*; **2.** ⚓ Schlingern *n*, Rollen *n*; **3.** Ruck *m*; **II** *v/i*. **4.** ⚓ schlingern; **5.** taumeln, torkeln.

lurch[2] [lɜ:tʃ] *s*.: ***leave in the ~*** *fig.* im Stich lassen.

lure [ljʊə] **I** *s*. **1.** Köder *m* (*a. fig.*); **2.** *fig.* Lockung *f*, Verlockungen *pl.*, Reiz *m*; **II** *v/t*. **3.** (an)locken, ködern: ***~ away*** fortlocken; **4.** verlocken (***into*** zu).

lu·rid [ˈljʊərɪd] *adj*. □ **1.** grell; **2.** fahl, gespenstisch (*Beleuchtung etc.*); **3.** *fig.* a) düster, finster, unheimlich, b) grausig, gräßlich.

lurk [lɜ:k] **I** *v/i*. **1.** lauern (*a. fig.*); **2.** *fig.* a) verborgen liegen, b) (heimlich) drohen; **3.** *a.* ***~ about*** *od.* ***around*** herˈumschleichen; **II** *s*. **4.** ***on the ~*** auf der Lauer; ˈ**lurk·ing** [-kɪŋ] *adj. fig.* versteckt, lauernd, heimlich.

lus·cious [ˈlʌʃəs] *adj*. □ **1.** köstlich, lekker, *a.* saftig; **2.** üppig; **3.** *Mädchen, Figur etc.*: prächtig, ‚knackig'.

lush[1] [lʌʃ] *adj*. □ ⚘ saftig, üppig (*a. fig.*).

lush[2] [lʌʃ] *s. Am. sl.* **1.** ‚Stoff' *m* (*Whisky etc.*); **2.** Säufer(in).

lust [lʌst] **I** *s*. **1.** a) (sinnliche) Begierde, b) (Sinnes)Lust *f*, Wollust *f*; **2.** Gier *f*, Gelüste *n*, Sucht *f* (***of***, ***for*** nach): ***~ of power*** Machtgier *f*; ***~ for life*** Lebensgier *f*; **II** *v/i*. **3.** gieren (***for***, ***after*** nach): ***they ~ for power*** es gelüstet sie nach Macht.

lus·ter [ˈlʌstə] *Am*. → ***lustre***.

lust·ful [ˈlʌstfʊl] *adj*. □ wollüstig, geil, lüstern.

lust·i·ly [ˈlʌstɪlɪ] *adv*. kräftig, mächtig, mit Macht *od.* Schwung, *a.* aus voller Kehle *singen*.

lus·tre [ˈlʌstə] *s*. **1.** Glanz *m* (*a. min. u. fig.*); **2.** Lüster *m*: a) Kronleuchter *m*, b) *Halbwollgewebe*, c) *Glanzüberzug auf Porzellan etc.*; ˈ**lus·tre·less** [-lɪs] *adj*. glanzlos, stumpf; **lus·trous** [ˈlʌstrəs] *adj*. □ glänzend.

lust·y [ˈlʌstɪ] *adj*. (□ → ***lustily***) **1.** kräftig, gesund u. munter; **2.** lebhaft, voller Leben, schwungvoll; **3.** kräftig, kraftvoll.

lu·ta·nist [ˈlu:tənɪst] *s*. Lautenspieler (-in), Lauteˈnist(in).

lute[1] [lu:t] *s*. ♪ Laute *f*.

lute[2] [lu:t] **I** *s*. **1.** ⚙ Kitt *m*, Dichtungsmasse *f*; **2.** Gummiring *m*; **II** *v/t*. **3.** (ver)kitten.

lu·te·nist [ˈlu:tənɪst] → ***lutanist***.

Lu·ther·an [ˈlu:θərən] **I** *s. eccl.* Lutheˈraner(in); **II** *adj*. lutherisch; ˈ**Lu·ther·an·ism** [-rənɪzəm] *s*. Luthertum *n*.

lu·tist [ˈlu:tɪst] → ***lutanist***.

lux [lʌks] *pl*. **lux**, ˈ**lux·es** *s. phys.* Lux *n* (*Einheit der Beleuchtungsstärke*).

lux·ate [ˈlʌkseɪt] *v/t*. ⚕ aus-, verrenken; **lux·a·tion** [lʌkˈseɪʃn] *s*. Verrenkung *f*, Luxatiˈon *f*.

luxe [lʊks] *s*. Luxus *m*; → ***de luxe***.

lux·u·ri·ance [lʌgˈzjʊərɪəns], **luxˈu·ri·an·cy** [-sɪ] *s*. **1.** Üppigkeit *f*; **2.** Fülle *f* (***of*** an *dat.*), Pracht *f*; **luxˈu·ri·ant** [-nt] *adj*. □ üppig (*Vegetation etc., a. fig.*); **lux·u·ri·ate** [lʌgˈzjʊərɪeɪt] *v/i*. **1.** schwelgen (*a. fig.*) (***in*** in *dat.*); **2.** üppig wachsen *od.* gedeihen; **luxˈu·ri·ous** [-ɪəs] *adj*. □ **1.** Luxus…, luxuriˈös, üppig; **2.** schwelgerisch, verschwenderisch (*Person*); **3.** genüßlich, wohlig; **lux·ury** [ˈlʌkʃərɪ] *s*. **1.** Luxus *m*: a) Wohlleben *n*: ***live in ~*** im Überfluß leben, b) (Hoch)Genuß *m*: ***permit o.s. the ~ of doing*** sich den Luxus gestatten, *et.* zu tun, c) Aufwand *m*, Pracht *f*; **2.** a) ˈLuxusarˌtikel *m*, b) Genußmittel *n*.

lych gate [lɪtʃ] → ***lich gate***.

lye [laɪ] *s*. ⚗ Lauge *f*.

ly·ing[1] [ˈlaɪɪŋ] **I** *pres.p. von* ***lie***[1]; **II** *adj*. lügnerisch, verlogen; **III** *s*. Lügen *n od. pl.*

ly·ing[2] [ˈlaɪɪŋ] **I** *pres.p. von* ***lie***[2]; **II** *adj*. liegend; ˌ**~-ˈin** *s*. a) Entbindung *f*, b) Wochenbett *n*: ***~ hospital*** Entbindungsanstalt *f*, -heim *n*.

lymph [lɪmf] *s*. **1.** Lymphe *f*: a) *physiol.* Gewebeflüssigkeit *f*, b) ⚕ Impfstoff *m*; **2.** *poet.* Quellwasser *n*; **lym·phat·ic** [lɪmˈfætɪk] ⚕ **I** *adj*. lymˈphatisch, Lymph…: ***~ gland***; **II** *s*. Lymphgefäß *n*.

lynch [lɪntʃ] *v/t*. lynchen; **~ law** *s*. ˈLynchjuˌstiz *f*.

lynx [lɪŋks] *s. zo.* Luchs *m*; ˈ**~-eyed** *adj. fig.* luchsäugig.

lyre [ˈlaɪə] *s*. ♪, *ast.* Leier *f*, Lyra *f*.

lyr·ic [ˈlɪrɪk] **I** *adj*. (□ ***~ally***) **1.** lyrisch (*a. fig.*); **2.** Musik…: ***~ drama***; **II** *s*. **3.** a) lyrisches Gedicht, b) *pl.* Lyrik *f*; **4.** *pl.* (Lied)Text *m*; ˈ**lyr·i·cal** [-kl] *adj*. □

→ ***lyric*** I; **ˈlyr·i·cism** [-ɪsɪzəm] *s.* **1.** Lyrik *f*, lyrischer Chaˈrakter *od.* Stil; **2.** Schwärmeˈrei *f*; **ˈlyr·ist** [-ɪst] *s.* Lyriker(in).

M

M, **m** [em] *s.* M *n*, m *n* (*Buchstabe*).
ma [mɑː] *s.* F Ma'ma *f.*
ma'am [mæm] *s.* (*Anrede*) **1.** F *für* ***madam***; **2.** [mɑːm; mæm] *Brit.* a) Maje'stät (*Königin*), b) Hoheit (*Prinzessin*).
mac[1] [mæk] *s. Brit.* F → ***mackintosh***.
Mac[2] [mæk] *s. Am.* F ‚Chef' *m.*
ma·ca·bre [mə'kɑːbrə], *Am. a.* **ma'ca·ber** [-bə] *adj.* ma'kaber: a) grausig, b) Toten…
ma·ca·co [mə'keɪkəʊ] *s. zo.* Maki *m.*
mac·ad·am [mə'kædəm] **I** *s.* **1.** Maka'dam-, Schotterdecke *f*; **2.** Schotterstraße *f*; **3.** a) Maka'dam *m*, b) Schotter *m*; **II** *adj.* **4.** beschottert, Schotter…: ~ ***road***; **mac'ad·am·ize** [-maɪz] *v/t.* makadamisieren.
mac·a·ro·ni [ˌmækə'rəʊnɪ] *s. sg. u. pl.* Makka'roni *pl.*
mac·a·roon [ˌmækə'ruːn] *s.* Ma'krone *f.*
ma·caw [mə'kɔː] *s. orn.* Ara *m.*
mac·ca·ro·ni → ***macaroni***.
mace[1] [meɪs] *s.* Mus'katblüte *f.*
mace[2] [meɪs] *s.* **1.** ⚔ *hist.* Streitkolben *m*; **2.** Amtsstab *m*; **3.** *a.* ***~-bearer*** Träger *m* des Amtsstabes; **4.** (***Chemical***) ℒ (*TM*) chemische Keule (*Reizgas*).
mac·er·ate ['mæsəreɪt] *v/t.* **1.** (*a. v/i.*) (aufquellen u.) aufweichen; **2.** *biol. Nahrungsmittel* aufschließen; **3.** ausmergeln; **4.** ka'steien.
Mach [mɑːk] *s.* ⚔ *phys.* Mach *n*: ***at ~ two*** (mit) Mach 2 *fliegen*.
Mach·i·a·vel·li·an [ˌmækɪə'velɪən] *adj.* machiavel'listisch, skrupellos.
mach·i·nate ['mækɪneɪt] *v/i.* Ränke schmieden, intrigieren; **mach·i·na·tion** [ˌmækɪ'neɪʃn] *s.* Anschlag *m*, In'trige *f*, Machenschaft *f*, *pl. a.* Ränke; **'mach·i·na·tor** [-tə] *s.* Ränkeschmied *m*, Intri'gant(in).
ma·chine [mə'ʃiːn] **I** *s.* **1.** ⚙ Ma'schine *f* (F *a. Auto*, *Motorrad*, *Flugzeug etc.*); **2.** Appa'rat *m*, Vorrichtung *f*, (*thea.* 'Bühnen)Mechaˌnismus *m*: ***the god from the ~*** Deus *m* ex machina (*e-e plötzliche Lösung*); **3.** *fig.* ‚Ma'schine' *f*, ‚Robo·ter' *m* (*Mensch*); **4.** *pol.* (Par'tei)Maˌschine *f*, (Re'gierungs)Appaˌrat *m*; **II** *v/t.* **5.** ⚙ maschi'nell herstellen; maschi'nell drucken; (maschi'nell) bearbeiten; *engS. Metall* zerspanen; **~ age** *s.* Ma'schinenzeitalter *n*; **~ fit·ter** *s.* ⚙ Ma'schinenschlosser *m*; **~-gun** ⚔ **I** *s.* Ma'schinengewehr *n*; **II** *v/t.* mit Ma'schinengewehrfeuer belegen; **~ lan·guage** *s. Computer*: Ma'schinensprache *f*; **~-made** *adj.* **1.** maschi'nell (hergestellt), Fabrik…: ***~ paper*** Maschinenpapier *n*; **2.** *fig.* stereo'typ; **~ pis·tol** *s.* Ma'schinenpisˌtole *f.*
ma·chin·er·y [mə'ʃiːnərɪ] *s.* **1.** Maschi·ne'rie *f*, Ma'schinen(park *m*) *pl.*; **2.** Mecha'nismus *m*, (Trieb)Werk *n*; **3.** *fig.* Maschine'rie *f*, Räderwerk *n*, (*Regierungs*)Ma'schine *f*; **4.** dra'matische Kunstmittel *pl.*
ma·chine| shop *s.* ⚙ Ma'schinenhalle *f*, -saal *m*; **~ tool** *s.* ⚙ 'Werkzeugmaˌschine *f*; **~-ˌwash·a·ble** *adj.* 'waschmaˌschinenfest (*Stoff etc.*).
ma·chin·ist [mə'ʃiːnɪst] *s.* **1.** ⚙ a) Ma'schineningeniˌeur *m*, b) Ma'schinenschlosser *m*, c) Maschi'nist *m* (*a. thea.*); **2.** Ma'schinennäherin *f.*
ma·chis·mo [mæ'tʃɪzməʊ] *s.* Ma'chismo *m*, Männlichkeitswahn *m.*
Mach num·ber [mɑːk] *s. phys.* Machzahl *f.*
ma·cho ['mætʃəʊ] **I** *s.* ‚Macho' *m*, ‚Kraft- *od.* Sexprotz' *m*; **II** *adj.* ‚macho', (betont) männlich.
mac·in·tosh → ***mackintosh***.
mack·er·el ['mækrəl] *pl.* **-el** *s. ichth.* Ma'krele *f*; **~ sky** *s. meteor.* (Himmel *m* mit) Schäfchenwolken *pl.*
Mack·i·naw ['mækɪnɔː] *s. a.* ***~ coat*** *Am.* Stutzer *m*, kurzer Plaidmantel.
mack·in·tosh ['mækɪntɒʃ] *s.* Regen-, Gummimantel *m.*
mack·le ['mækl] **I** *s.* **1.** dunkler Fleck; **2.** *typ.* Schmitz *m*, verwischter Druck; **II** *v/t. u. v/i.* **3.** *typ.* schmitzen.
ma·cle ['mækl] *s. min.* **1.** 'Zwillingskriˌstall *m*; **2.** dunkler Fleck.
macro- [mækrəʊ] *in Zssgn* Makro…, (sehr) groß: ***~climate*** Großklima *n.*
mac·ro·bi·ot·ic [ˌmækrəʊbaɪ'ɒtɪk] *adj.* makrobi'otisch; **ˌmac·ro·bi'ot·ics** [-ks] *s. pl. sg. konstr.* Makrobi'otik *f.*

mac·ro·cosm ['mækrəʊkɒzəm] *s.* Makro'kosmos *m.*

ma·cron ['mækrɒn] *s.* Längestrich *m* (*über Vokalen*).

mad [mæd] *adj.* □ → ***madly***; **1.** wahnsinnig, verrückt, toll (*alle a. fig.*): ***go ~*** verrückt werden; ***it's enough to drive one ~*** es ist zum Verrücktwerden; ***like ~*** wie toll *od.* wie verrückt (*arbeiten etc.*); ***a ~ plan*** ein verrücktes Vorhaben; → ***hatter***, ***drive*** 15; **2.** (***after***, ***about***, ***for***, ***on***) versessen (auf *acc.*), verrückt (nach), vernarrt (in *acc.*): ***she is ~ about music***; **3.** F außer sich, verrückt (***with*** vor *Freude*, *Schmerzen*, *Wut etc.*); **4.** *bsd. Am.* F wütend, böse (***at***, ***about*** über *acc.*, auf *acc.*); **5.** toll, wild, 'übermütig: ***they are having a ~ time*** bei denen geht's toll zu, sie amüsieren sich toll; **6.** wild (geworden): ***a ~ bull***; **7.** tollwütig (*Hund*).

Mad·a·gas·can [ˌmædə'gæskən] **I** *s.* Made'gasse *m*, Made'gassin *f*; **II** *adj.* made'gassisch.

mad·am ['mædəm] *s.* **1.** gnädige Frau *od.* gnädiges Fräulein (*Anrede*); **2.** Bor'dellwirtin *f*, Puffmutter *f.*

'mad·cap I *s.* ‚verrückter Kerl'; **II** *adj.* ‚verrückt', wild, verwegen.

mad·den ['mædn] **I** *v/t.* verrückt *od.* toll *od.* rasend machen (*a. fig. wütend machen*); **II** *v/i.* verrückt *etc.* werden; **'mad·den·ing** [-nɪŋ] *adj.* □ verrückt *etc.* machend: ***it is ~*** es ist zum Verrücktwerden.

mad·der¹ ['mædə] *comp. von* ***mad***.

mad·der² ['mædə] *s.* ⚘, ⚙ Krapp *m.*

mad·dest ['mædɪst] *sup. von* ***mad***.

mad·ding ['mædɪŋ] *adj. poet.* **1.** rasend, tobend: ***the ~ crowd***; **2.** → ***maddening***.

'mad-ˌdoc·tor *s.* Irrenarzt *m.*

made [meɪd] **I** *pret. u. p.p. von* ***make***; **II** *adj.* **1.** (künstlich) hergestellt: ***~ dish*** aus mehreren Zutaten zs.-gestelltes Gericht; ***~ gravy*** künstliche Bratensoße; ***~ road*** befestigte Straße; ***~ of wood*** aus Holz, Holz...; ***English-~*** ☤ *Artikel* englischer Fabrikation; **2.** gemacht, arriviert: ***a ~ man***; ***he had got it ~*** F er hatte es geschafft; **3.** *körperlich* gebaut: ***a well-~ man***.

ˌmade|-to-'meas·ure, **ˌ~-to-'or·der** *adj.* ☤ nach Maß angefertigt, Maß..., *a. fig.* maßgeschneidert, nach Maß; **ˌ~-'up** *adj.* **1.** (frei) erfunden: ***a ~ story***; **2.** geschminkt; **3.** ☤ Fertig..., Fabrik...: ***~ clothes*** Konfektionskleidung *f.*

'mad·house *s.* Irren-, *fig. a.* Tollhaus *n.*

mad·ly ['mædlɪ] *adv.* **1.** wie verrückt, wie wild: ***they worked ~ all night***; **2.** F schrecklich, wahnsinnig: ***~ in love***; **3.** verrückt(erweise).

'mad·man [-mən] *s.* [*irr.*] Verrückte(r) *m*, Irre(r) *m.*

mad·ness ['mædnɪs] *s.* **1.** Wahnsinn *m*, Tollheit *f* (*a. fig.*); **2.** *bsd. Am.* Wut *f* (***at*** über *acc.*).

mad·re·pore [ˌmædrɪ'pɔː] *s. zo.* Madre'pore *f*, 'Löcherkoˌralle *f.*

mad·ri·gal ['mædrɪgl] *s.* ♪ Madri'gal *n.*

'madˌwom·an *s.* [*irr.*] Wahnsinnige *f*, Irre *f.*

mael·strom ['meɪlstrɒm] *s.* Mahlstrom *m*, Strudel *m* (*a. fig.*): ***~ of traffic*** Verkehrsgewühl *n.*

Mae West [ˌmeɪ'west] *s. sl.* **1.** ⚓ aufblasbare Schwimmweste; **2.** ⚔ *Am.* Panzer *m* mit Zwillingsturm.

Maf·fi·a ['mæfɪə] → ***Mafia***.

maf·fick ['mæfɪk] *v/i. Brit. obs.* ausgelassen feiern.

Ma·fia ['mæfɪə] *s.* Mafia *f*; **ma·fi·o·so** [ˌmæfɪ'əʊsəʊ] *pl.* **-sos** *od.* **-si** [-sɪ] *s.* Mafi'oso *m.*

mag¹ [mæg] F *für* ***magazine*** 4.

mag² [mæg] ⚙ *sl. für* ***magneto***: ***~-generator*** Magnetodynamo *m.*

mag·a·zine [ˌmægə'ziːn] *s.* **1.** ⚔ a) ('Pulver)Magaˌzin *n*, Muniti'onslager *n*, b) Versorgungslager *n*, c) Maga'zin *n* (*in Mehrladewaffen*): ***~ gun***, ***~ rifle*** Mehrladegewehr *n*; **2.** ⚙ Maga'zin *n* (*a. Computer*), Vorratsbehälter *m*; **3.** ☤ Maga'zin *n*, Speicher *m*, Lagerhaus *n*; *fig.* Vorrats-, Kornkammer *f* (*fruchtbares Gebiet*); **4.** Maga'zin *n*, (*oft* illustrierte) Zeitschrift.

mag·da·len ['mægdəlɪn] *s. fig.* Magda'lena *f*, reuige Sünderin.

ma·gen·ta [mə'dʒentə] **I** *s.* ⚗ Ma'genta (-rot) *n*, Fuch'sin *n*; **II** *adj.* ma'gentarot.

mag·got ['mægət] *s.* **1.** *zo.* Made *f*, Larve *f*; **2.** *fig.* Grille *f*; **'mag·got·y** [-tɪ] *adj.* **1.** madig; **2.** *fig.* schrullig.

Ma·gi ['meɪdʒaɪ] *s. pl.*: ***the*** (***three***) ***~*** die (drei) Weisen aus dem Morgenland, die Heiligen Drei Könige.

mag·ic ['mædʒɪk] **I** *s.* **1.** Ma'gie *f*, Zaube'rei *f*; **2.** Zauber(kraft *f*) *m* (*a. fig.*): ***it works like ~*** es ist die reinste Hexerei; **II** *adj.* (□ ***~ally***) **3.** magisch, Wunder..., Zauber...: ***~ carpet*** fliegender Teppich; ***~ eye*** ⚡ magisches Auge; ***~ lamp*** Wunderlampe *f*; ***~ lantern*** Laterna *f* magica; ***~ square*** magisches Quadrat; **4.** zauberhaft: ***~ beauty***; **'mag·i·cal** [-kl] → ***magic*** II.

ma·gi·cian [mə'dʒɪʃn] *s.* **1.** Magier *m*, Zauberer *m*; **2.** Zauberkünstler *m.*

mag·is·te·ri·al [ˌmædʒɪˈstɪərɪəl] *adj.* □ **1.** obrigkeitlich, behördlich; **2.** maßgeblich; **3.** herrisch.

mag·is·tra·cy [ˈmædʒɪstrəsɪ] *s.* **1.** ⚖, *pol.* *Amt e-s* ***magistrate***; **2.** Richterschaft *f*; **3.** *pol.* Verwaltung *f*; **mag·is·tral** [məˈdʒɪstrəl] *adj. pharm.* magiˈstral (*nach ärztlicher Vorschrift*); **ˈmag·is·trate** [-reɪt] *s.* **1.** a) ⚖ Richter *m* (an e-m ***magistrates' court***), b) (***police***) **~** *Am.* Poliˈzeirichter *m*; **2.** (Verˈwaltungs)Beˌamte(r) *m*: ***chief* ~** *Am.* a) Präsiˈdent *m*, b) Gouverˈneur *m*, c) Bürgermeister *m*; **mag·is·trates' court** *s.* ⚖ *erstinstanzliches Gericht für einfache Fälle.*

Mag·na C(h)ar·ta [ˌmægnəˈkɑːtə] *s.* **1.** *hist.* Magna Charta *f* (*der große Freibrief des englischen Adels* [*1215*]); **2.** Grundgesetz *n*.

mag·na·nim·i·ty [ˌmægnəˈnɪmətɪ] *s.* Edelmut *m*, Großmut *f*; **mag·nan·i·mous** [mægˈnænɪməs] *adj.* □ großmütig, hochherzig.

mag·nate [ˈmægneɪt] *s.* **1.** Maˈgnat *m*: a) ˈGroßindustriˌelle(r) *m*, b) Großgrundbesitzer *m*; **2.** Größe *f*, einflußreiche Perˈsönlichkeit.

mag·ne·sia [mægˈniːʃə] *s.* ⚗ Maˈgnesia *f*, Maˈgnesiumoˌxyd *n*; **magˈne·sian** [-ʃn] *adj.* **1.** Magnesia…; **2.** Magnesium…; **magˈne·si·um** [-iːzjəm] *s.* ⚗ Maˈgnesium *n*.

mag·net [ˈmægnɪt] *s.* Maˈgnet *m* (*a. fig.*); **mag·net·ic** [mægˈnetɪk] *adj.* (□ ***~ally***) **1.** maˈgnetisch, Magnet…(*-feld*, *-kompaß*, *-nadel*, *-pol etc.*): **~ *attraction*** magnetische Anziehung(skraft) (*a. fig.*); **~ *declination*** Mißweisung *f*; **~ *tape recorder*** Magnettongerät *n*; **2.** *fig.* faszinierend, fesselnd, maˈgnetisch; **mag·net·ics** [mægˈnetɪks] *s. pl.* (*mst sg. konstr.*) Wissenschaft *f* vom Magneˈtismus; **ˈmag·net·ism** [-tɪzəm] *s.* **1.** *phys.* Magneˈtismus *m*; **2.** *fig.* (maˈgnetische) Anziehungskraft; **mag·net·i·za·tion** [ˌmægnɪtaɪˈzeɪʃn] *s.* Magnetisierung *f*; **ˈmag·net·ize** [-taɪz] *v/t.* **1.** magnetisieren; **2.** *fig.* (wie ein Maˈgnet) anziehen, fesseln; **ˈmag·net·iz·er** [-taɪzə] *s.* ⚕ Magnetiˈseur *m*.

mag·ne·to [mægˈniːtəʊ] *pl.* **-tos** *s.* ⚡ Maˈgnetzünder *m*.

magneto- [mægniːtəʊ] *in Zssgn* Magneto…; **mag·ne·to-e·lec·tric** [mægˌniːtəʊɪˈlektrɪk] *adj.* maˈgneto-eˌlektrisch.

mag·ni·fi·ca·tion [ˌmægnɪfɪˈkeɪʃn] *s.* **1.** Vergrößern *n*; **2.** Vergrößerung *f*; **3.** *phys.* Vergrößerungsstärke *f*; **4.** ⚡ Verstärkung *f*.

mag·nif·i·cence [mægˈnɪfɪsns] *s.* Großartigkeit *f*, Herrlichkeit *f*; **magˈnif·i·cent** [-nt] *adj.* □ großartig, prächtig, herrlich (*alle a.* F *fig.*).

mag·ni·fi·er [ˈmægnɪfaɪə] *s.* **1.** Vergrößerungsglas *n*, Lupe *f*; **2.** ⚡ Verstärker *m*; **3.** Verherrlicher *m*; **mag·ni·fy** [ˈmægnɪfaɪ] *v/t.* *opt. u. fig.* **1.** vergrößern: ***~ing glass*** → ***magnifier*** 1; **2.** *fig.* aufbauschen; **3.** ⚡ verstärken.

mag·nil·o·quence [mægˈnɪləʊkwəns] *s.* **1.** Großspreche'rei *f*; **2.** Schwulst *m*, Bomˈbast *m*; **magˈnil·o·quent** [-nt] *adj.* □ **1.** großsprecherisch; **2.** hochtrabend, bomˈbastisch.

mag·ni·tude [ˈmægnɪtjuːd] *s.* Größe *f*, Größenordnung *f* (*a. ast.*, ⚔), *fig. a.* Ausmaß *n*, Schwere *f*: ***a star of the first* ~** ein Stern erster Größe; ***of the first* ~** von äußerster Wichtigkeit.

mag·no·li·a [mægˈnəʊljə] *s.* ⚘ Maˈgnolie *f*.

mag·num [ˈmægnəm] *s.* Zweiˈquartflasche *f* (*etwa 2 l enthaltend*); **ˌ~ ˈo·pus** [-ˈəʊpəs] *s.* Meister-, Hauptwerk *n*.

mag·pie [ˈmægpaɪ] *s.* **1.** *zo.* Elster *f*; **2.** *fig.* Schwätzer(in); **3.** *fig.* sammelwütiger Mensch; **4.** *Scheibenschießen*: zweiter Ring von außen.

ma·gus [ˈmeɪgəs] *pl.* **-gi** [-dʒaɪ] *s.* **1.** ♀ *antiq.* *persischer* Priester; **2.** Zauberer *m*; **3.** *a.* ♀ *sg. von* ***Magi***.

ma·ha·ra·ja(h) [ˌmɑːhəˈrɑːdʒə] *s.* Mahaˈradscha *m*; **ˌma·haˈra·nee** [-ɑːniː] *s.* Mahaˈrani *f*.

mahl·stick [ˈmɔːlstɪk] → ***maulstick***.

ma·hog·a·ny [məˈhɒgənɪ] **I** *s.* **1.** ⚘ Mahaˈgonibaum *m*; **2.** Mahaˈgoni(holz) *n*; **3.** Mahaˈgoni(farbe *f*) *n*; **4.** ***have*** (*od.* ***put***) ***one's feet under s.o.'s* ~** F j-s Gastfreundschaft genießen; **II** *adj.* **5.** Mahagoni…; **6.** mahaˈgonifarben.

ma·hout [məˈhaʊt] *s.* *Brit. Ind.* Eleˈfantentreiber *m*.

maid [meɪd] *s.* **1.** (junges) Mädchen, *poet. u. iro.* Maid *f*: **~ *of hono(u)r*** a) Ehren-, Hofdame *f*, b) *Am. erste* Brautjungfer; ***old* ~** alte Jungfer; **2.** (Dienst-) Mädchen *n*, Magd *f*: ***~-of-all-work*** *bsd. fig.* Mädchen für alles; **3.** *poet.* Jungfrau *f*: ***the* ♀ (*of Orleans*)**.

maid·en [ˈmeɪdn] **I** *adj.* **1.** mädchenhaft, Mädchen…: **~ *name*** Mädchenname *e-r Frau*; **2.** jungfräulich, unberührt (*a. fig.*): **~ *soil***; **3.** unverheiratet: **~ *aunt***; **4.** Jungfern…, Antritts…: **~ *flight*** ✈ Jungfernflug *m*; **~ *speech*** *parl.* Jungfernrede *f*; **~ *voyage*** ⚓ Jungfernfahrt *f*; **II** *s.* **5.** → ***maid*** 1; **6.** *Scot. hist.* Guilloˈtine *f*; **7.** *Rennsport*: a) Maiden *n*

(*Pferd, das noch nie gesiegt hat*), b) Rennen *n* für Maidens; **'~·hair (fern)** *s.* ⚘ Frauenhaar(farn *m*) *n*; **'~·head** *s.* **1.** → ***maidenhood***; **2.** *anat.* Jungfernhäutchen *n*; **'~·hood** [-hʊd] *s.* **1.** Jungfräulichkeit *f*, Jungfernschaft *f*; **2.** Jung'mädchenzeit *f*.

maid·en·like ['meɪdnlaɪk], **'maid·en·ly** [-lɪ] *adj.* **1.** → ***maiden*** 1; **2.** jungfräulich, züchtig.

'maid,serv·ant → ***maid*** 2.

mail[1] [meɪl] **I** *s.* **1.** Post(sendung) *f*, *bsd.* Brief- *od.* Pa'ketpost *f*: ***by ~*** *Am.* mit der Post; ***by return ~*** *Am.* postwendend, umgehend; ***incoming ~*** Posteingang *m*; ***outgoing ~*** Postausgang *m*; **2.** Briefbeutel *m*, Postsack *m*; **3.** Post (-dienst *m*) *f*: ***the Federal 2s*** *Am.* die Bundespost; **4.** Postversand *m*; **5.** Postauto *n*, -boot *n*, -bote *m*, -flugzeug *n*, -zug *m*; **II** *adj.* **6.** Post...: ***~-boat*** Post-, Paketboot *n*; **III** *v/t.* **7.** *bsd. Am.* (ab-) schicken, aufgeben; zuschicken (***to*** *dat.*): ***~ing list*** ✝ Adressenliste *f*, -kartei *f*.

mail[2] [meɪl] **I** *s.* **1.** Kettenpanzer *m*: ***coat of ~*** Panzerhemd *n*; **2.** (Ritter-) Rüstung *f*; **3.** *zo.* Panzer *m*; **II** *v/t.* **4.** panzern.

mail·a·ble ['meɪləbl] *adj. Am.* postversandfähig.

'mail|·bag *s.* Postbeutel *m*; **'~·box** *s.* *Am.* Briefkasten *m*; **'~·car** *s. Am.* Postwagen *m*; **'~,car·ri·er** *s.* → ***mailman***; **'~-clad** *adj.* gepanzert; **'~·coach** *s.* *Brit.* **1.** Postwagen *m*; **2.** *hist.* Postkutsche *f*.

mailed [meɪld] *adj.* gepanzert (*a. zo.*): ***the ~ fist*** *fig.* die eiserne Faust.

'mail|·man [-mən] *s.* [*irr.*] *Am.* Briefträger *m*; **~ or·der** *s.* ✝ Bestellung *f* (*von Waren*) durch die Post; **'~-,or·der** *adj.* Postversand...: ***~ business*** Versandhandel *m*; ***~ catalog(ue)*** Versandhauskatalog *m*; ***~ house*** (Post)Versandgeschäft *n*.

maim [meɪm] *v/t.* verstümmeln (*a. fig. Text*); zum Krüppel machen; lähmen (*a. fig.*).

main [meɪn] **I** *adj.* □ → ***mainly***; **1.** Haupt..., größt, wichtigst, vorwiegend, hauptsächlich: ***~ clause*** *ling.* Hauptsatz *m*; ***~ deck*** ⚓ Hauptdeck *n*; ***~ girder*** △ Längsträger *m*; ***~ office*** Hauptbüro *n*; ***~ road*** Hauptverkehrsstraße *f*; ***the ~ sea*** die offene *od.* hohe See; ***~ station*** a) *teleph.* Hauptanschluß *m*, b) Hauptbahnhof *m*; ***the ~ thing*** die Hauptsache; ***by ~ force*** mit äußerster Kraft, mit (aller) Gewalt; **2.** ⚓ groß, Groß...: ***~ brace*** Großbrasse *f*; **II** *s.* **3.** *mst pl.* a) Haupt(gas- *etc.*)leitung *f*: (***gas***) ***~s***; (***water***) ***~s***, b) ⚡ Haupt-, Stromleitung *f*, c) (Strom)Netz *n*: ***operating on the ~s***, ***~s-operated*** mit Netzanschluß *od.* -betrieb; ***~s adapter*** Netzteil *n*; ***~s failure*** Stromausfall *m*; ***~s voltage*** Netzspannung *f*; **4.** a) Hauptrohr *n*, b) Hauptkabel *n*; **5.** 🚂 *Am.* Hauptlinie *f*; **6.** Hauptsache *f*, Kern *m*: ***in*** (*Am. a.* ***for***) ***the ~*** hauptsächlich, in der Hauptsache; **7.** *poet. die* hohe See; **8.** → ***might***[1] 2; **~ chance** *s.*: ***have an eye to the ~*** s-n eigenen Vorteil im Auge haben; **'~·frame** *s.* *Computer*: Großrechner *m*; **~ fuse** *s.* ⚡ Hauptsicherung *f*; **'~·land** [-lənd] *s.* Festland *n*; **~ line** *s.* **1.** 🚂 *etc.*, *a.* ⚔ Hauptlinie *f*: ***~ of resistance*** Hauptkampflinie *f*; **2.** *Am.* Hauptverkehrsstraße *f*; **3.** *sl.* a) Hauptvene *f*, b) ‚Schuß' *m* (*Heroin etc.*); **'~·line** *v/i. sl.* ‚fixen'; **'~,lin·er** *s. sl.* ‚Fixer(in)'.

main·ly ['meɪnlɪ] *adv.* hauptsächlich, vorwiegend.

main|·mast ['meɪnmɑːst; ⚓ -məst] *s.* ⚓ Großmast *m*; **~·sail** ['meɪnseɪl; ⚓ -sl] *s.* ⚓ Großsegel *n*; **'~·spring** *s.* **1.** Hauptfeder *f* (*Uhr etc.*); **2.** *fig.* (Haupt)Triebfeder *f*, treibende Kraft; **'~·stay** *s.* **1.** ⚓ Großstag *n*; **2.** *fig.* Hauptstütze *f*; **'~·stream** *s. fig.* Hauptströmung *f*; **2 Street** *adj. Am.* provinzi'ell-materia'listisch.

main·tain [meɪn'teɪn] *v/t.* **1.** *Zustand, gute Beziehungen etc.* (aufrecht)erhalten, *e-e Haltung etc.* beibehalten, *Ruhe u. Ordnung etc.* (be)wahren: ***~ a price*** ✝ e-n Preis halten; **2.** in'stand halten, pflegen, ⚙ *a.* warten; **3.** *Briefwechsel etc.* unter'halten, (weiter)führen; **4.** (*in e-m bestimmten Zustand*) lassen, bewahren: ***~ s.th. in (an) excellent condition***; **5.** *Familie etc.* unter'halten, versorgen; **6.** behaupten (***that*** daß, ***to*** zu); **7.** *Meinung, Recht etc.* verfechten; auf *e-r Forderung* bestehen: ***~ an action*** ⚖ e-e Klage anhängig machen; **8.** *j-n* unter'stützen, *j-m* beipflichten; ⚖ *e-e Prozeßpartei* 'widerrechtlich unterstützen; **9.** nicht aufgeben, behaupten: ***~ one's ground*** *bsd. fig.* sich behaupten; **main'tain·a·ble** [-nəbl] *adj.* verfechtbar, haltbar; **main'tain·er** [-nə] *s.* Unter'stützer *m*: a) Verfechter *m* (*Meinung etc.*), b) Versorger *m*; **main'tainor** [-nə] *s.* ⚖ außenstehender Pro'zeßtreiber; **main·te·nance** ['meɪntənəns] *s.* **1.** In'standhaltung *f*, Erhaltung *f*; **2.** ⚙ Wartung *f*: ***~ man*** Wartungsmonteur *m*; **~-free** wartungsfrei; **3.** ˈUnterhalt(smittel *pl.*) *m*: **~ grant** Unterhaltszuschuß *m*; **~ order** ⚖ Anordnung *f* von Unterhaltszahlungen; **4.** Aufrechterhaltung *f*, Beibehalten *n*; **5.** Behauptung *f*, Verfechtung *f*; **6.** ⚖ ˈilleˌgale Unterˈstützung e-r proˈzeßführenden Parˈtei.

ˈmain|·top *s.* ⚓ Großmars *m*; **~ yard** *s.* ⚓ Großrah(e) *f*.

mai·son·(n)ette [ˌmeɪzəˈnet] *s.* **1.** Maiˈsonette *f*; **2.** Einliegerwohnung *f*.

maize [meɪz] *s. Brit.* ⚘ Mais *m*.

ma·jes·tic [məˈdʒestɪk] *adj.* (□ **~ally**) majeˈstätisch; **maj·es·ty** [ˈmædʒəstɪ] *s.* **1.** Majeˈstät *f*: ***His*** (***Her***) ♀ Seine (Ihre) Majestät; ***Your*** ♀ Eure Majestät; **2.** *fig.* Majeˈstät *f*, Erhabenheit *f*, Hoheit *f*.

ma·jol·i·ca [məˈjɒlɪkə] *s.* Maˈjolika *f*.

ma·jor [ˈmeɪdʒə] **I** *s.* **1.** Maˈjor *m*; **2.** ⚖ Volljährige(r *m*) *f*, Mündige(r *m*) *f*; **3.** *hinter Eigennamen*: der Ältere; **4.** ♪ a) Dur *n*, b) ˈDurakˌkord *m*, c) Durtonart *f*; **5.** *phls.* a) *a.* **~ term** Oberbegriff *m*, b) *a.* **~ premise** Obersatz *m*; **6.** *univ. Am.* Hauptfach *n*; **II** *adj.* **7.** größer (*a. fig.*); *fig.* bedeutend: **~ attack** Großangriff *m*; **~ event** *bsd. sport* Großveranstaltung *f*, *weitS.* ‚große Sache'; **~ repair** größere Reparatur; **~ shareholder** Großaktionär(in); → **operation** 9; **8.** ⚖ volljährig, mündig; **9.** ♪ a) groß (*Terz etc.*), b) Dur…: **~ key** Durtonart *f*; **C ~** C-Dur *n*; **III** *v/t.* **10.** (*v/i.* **~ in**) *Am.* als Hauptfach studieren; **ˌ~-ˈgen·er·al** *s.* ⚔ Geneˈralmaˌjor *m*.

ma·jor·i·ty [məˈdʒɒrətɪ] *s.* **1.** Mehrheit *f*: **~ of votes** (Stimmen)Mehrheit, Majorität *f*; **~ decision** Mehrheitsbeschluß *m*; **~ leader** *Am.* Fraktionsführer *m* der Mehrheitspartei; **~ rule** Mehrheitsregierung *f*; ***in the ~ of cases*** in der Mehrzahl der Fälle; ***join the ~*** a) sich der Mehrheit anschließen, b) zu den Vätern versammelt werden (*sterben*); ***win by a large ~*** mit großer Mehrheit gewinnen; **2.** ⚖ Voll-, Großjährigkeit *f*; **3.** ⚔ Maˈjorsrang *m*, -stelle *f*.

ma·jor| league *s. sport Am.* oberste Spielklasse; **~ mode** *s.* ♪ Dur(tonart *f*) *n*; **~ scale** *s.* Durtonleiter *f*.

ma·jus·cule [ˈmædʒəskjuːl] *s.* Maˈjuskel *f*, großer Anfangsbuchstabe.

make [meɪk] **I** *s.* **1.** a) Mach-, Bauart *f*, Form *f*, b) Erzeugnis *n*, Fabriˈkat *n*: ***our own ~*** (unser) eigenes Fabrikat; ***of best English ~*** beste englische Qualität; **2.** *Mode*: Schnitt *m*, Fasˈson *f*; **3.** ✝ a) (Faˈbrik)Marke *f*, b) ⚙ Typ *m*, Bau(-art *f*) *m*; **4.** (*Körper*)Bau *m*; **5.** Anfertigung *f*, Herstellung *f*; **6.** ⚡ Schließen *n* (*Stromkreis*): ***be at ~*** geschlossen sein; **7.** ***be on the ~*** *sl.* a) auf Geld (*od.* e-n Vorteil) aussein, ‚schwer dahinterher' sein, b) auf ein (sexuelles) Abenteuer aussein; **II** *v/t.* [*irr.*] **8.** *allg. z.B. Einkäufe*, *Einwände*, *Feuer*, *Reise*, *Versuch* machen; *Frieden* schließen; *e-e Rede* halten; → **face** 2, **war** 1 *etc.*; **9.** machen: a) anfertigen, herstellen, erzeugen (***from***, ***of***, ***out of*** von, aus), b) verarbeiten, bilden, formen (***to***, ***into*** in *acc.*, zu), c) *Tee etc.* (zu)bereiten, d) *Gedicht etc.* verfassen; **10.** errichten, bauen, *Garten*, *Weg etc.* anlegen; **11.** (er)schaffen: ***God made man*** Gott schuf den Menschen; ***you are made for this job*** du bist für diese Arbeit wie geschaffen; **12.** *fig.* machen zu: ***he made her his wife***; ***to ~ enemies of*** sich zu Feinden machen; **13.** ergeben, bilden, entstehen lassen: ***many brooks ~ a river***, ***oxygen and hydrogen ~ water*** Wasserstoff u. Sauerstoff bilden Wasser; **14.** verursachen: a) *ein Geräusch*, *Lärm*, *Mühe*, *Schwierigkeiten* machen, b) bewirken, (mit sich) bringen: ***prosperity ~s contentment***; **15.** (er)geben, den Stoff abgeben zu, dienen als (*Sache*): ***this ~s a good article*** das gibt e-n guten Artikel; ***this book ~s good reading*** dieses Buch liest sich gut; **16.** sich erweisen als (*Person*): ***he would ~ a good salesman*** er würde e-n guten Verkäufer abgeben; ***she made him a good wife*** sie war ihm e-e gute Frau; **17.** bilden, (aus)machen: ***this ~s the tenth time*** das ist das zehnte Mal; → **difference** 1, **one** 6, **party** 2; **18.** (*mit adj.*, *p.p. etc.*) machen: ***~ angry*** zornig machen, erzürnen; ***~ known*** bekanntmachen, -geben; → ***make good***; **19.** (*mit folgendem s.*) machen zu, ernennen zu: ***they made him a general***, ***he was made a general*** er wurde zum General ernannt; ***he made himself a martyr*** er wurde zum Märtyrer; **20.** *mit inf.* (*act. ohne* **to**, *pass. mit* **to**) *j-n* veranlassen, lassen, bringen, zwingen *od.* nötigen zu: ***~ s.o. wait*** j-n warten lassen; ***we made him talk*** wir brachten ihn zum Sprechen; ***they made him repeat it*** man ließ es ihn wiederholen; ***~ s.th. do***, ***~ do with s.th.*** mit et. auskommen, sich mit et. behelfen; **21.** *fig.* machen: ***~ much of*** a) viel Wesens um *et. od. j-n* machen, b) sich viel aus *et.* machen, viel von *et.* halten; → **best** 7, **most** 3, **nothing** *Redew.*; **22.** sich e-e Vorstellung von *et.*

machen, *et.* halten für: ***what do you ~ of it?*** was halten Sie davon?; **23.** F *j-n* halten für: ***I ~ him a greenhorn***; **24.** schätzen auf (*acc.*): ***I ~ the distance three miles***; **25.** feststellen: ***I ~ it a quarter to five*** nach m-r Uhr ist es viertel vor fünf; **26.** erfolgreich ˈdurchführen: → ***escape*** 9; **27.** *j-m* zum Erfolg verhelfen, *j-s* Glück machen: ***I can ~ and break you*** ich kann aus Ihnen et. machen oder Sie auch fertigmachen; **28.** sich *ein Vermögen etc.* erwerben, verdienen, *Geld*, *Profit* machen, *Gewinn* erzielen; → ***name*** *Redew.*; **29.** ‚schaffen': a) *Strecke* zuˈrücklegen: ***can we ~ it in 3 hours?***, b) *Geschwindigkeit* erreichen: ***~ 60 mph.***; **30.** F *et.* erreichen, ‚schaffen', *akademischen Grad* erlangen, *sport etc. Punkte*, *a. Schulnote* erzielen, *Zug* erwischen: ***~ it*** es schaffen; ***~ the team*** in die Mannschaft aufgenommen werden; **31.** *sl. Frau* ‚ˈumlegen' (*verführen*); **32.** ankommen in (*dat.*), erreichen: ***~ port*** ⚓ in den Hafen einlaufen; **33.** ⚓ sichten, ausmachen: ***~ land***; **34.** *Brit. Mahlzeit* einnehmen; **35.** *Fest etc.* veranstalten; **36.** *Preis* festsetzen, machen; **37.** *Kartenspiel*: a) *Karten* mischen, b) *Stich* machen; **38.** ⚡ *Stromkreis* schließen; **39.** *ling. Plural etc.* bilden, werden zu; **40.** sich belaufen auf (*acc.*), ergeben, machen: ***two and two ~ four*** 2 u. 2 macht *od.* ist 4; **III** *v/i.* [*irr.*] **41.** sich anschikken, den Versuch machen (***to do*** zu tun): ***he made to go*** er wollte gehen; **42.** (***to*** nach) a) sich begeben *od.* wenden, b) führen, gehen (*Weg etc.*), sich erstrecken, c) fließen; **43.** einsetzen (*Ebbe*, *Flut*), (an)steigen (*Flut etc.*); **44.** ***~ as if*** (*od.* ***as though***) so tun als ob *od.* als wenn: ***~ believe*** (***that*** *od.* ***to do***) vorgeben (daß *od.* zu tun); **45.** ***~ like*** *Am. sl.* sich verhalten wie: ***~ like a father***;

Zssgn mit prp.:

make| aft·er *v/i. obs. j-m* nachsetzen, *j-n* verfolgen; **~ a·gainst** *v/i.* **1.** ungünstig sein für, schaden (*dat.*); **2.** sprechen gegen (*a. fig.*); **~ for** *v/i.* **1.** a) zugehen auf (*acc.*), sich aufmachen nach, zustreben (*dat.*), b) ⚓ lossteuern (*a. fig.*) *od.* Kurs haben auf (*acc.*), c) sich stürzen auf (*acc.*); **2.** beitragen zu, förderlich sein *od.* dienen (*dat.*): ***it makes for his advantage*** es wirkt sich für ihn günstig aus; ***the aerial makes for better reception*** die Antenne verbessert den Empfang; **~ to·ward(s)** *v/i.* zugehen auf (*acc.*), sich bewegen nach, sich nähern (*dat.*); **~ with** *v/i. Am. sl.* loslegen mit: ***~ the feet!*** nun lauf schon!

Zssgn mit adv.:

make| a·way *v/i.* sich daˈvonmachen: ***~ with*** a) sich davonmachen mit (*Geld etc.*), b) *et. od. j-n* beseitigen, aus dem Weg(e) räumen, c) *Geld etc.* durchbringen, d) sich entledigen (*gen.*); **~ good I** *v/t.* **1.** a) (wieder)ˈgutmachen, b) ersetzen, vergüten: ***~ a deficit*** ein Defizit decken; **2.** begründen, rechtfertigen, nachweisen; **3.** *Versprechen*, *sein Wort* halten; **4.** *den Erwartungen* entsprechen; **5.** *Flucht etc.* glücklich bewerkstelligen; **6.** (*berufliche etc.*) *Stellung* ausbauen; **II** *v/i.* **7.** sich ˈdurchsetzen, sein Ziel erreichen; **8.** sich bewähren, den Erwartungen entsprechen; **~ off** *v/i.* sich daˈvonmachen, ausreißen (***with*** mit *Geld etc.*); **~ out I** *v/t.* **1.** *Scheck etc.* ausstellen; *Urkunde* ausfertigen; *Liste etc.* aufstellen; **2.** ausmachen, erkennen; **3.** *Sachverhalt etc.* feststellen, herˈausbekommen; **4.** a) *j-n* ausfindig machen, b) aus *j-m od. et.* klug werden; **5.** entziffern; **6.** a) behaupten, b) beweisen, c) *j-n als Lügner etc.* hinstellen; **7.** *Am. mühsam* zustande bringen; **8.** *Summe* voll machen; **9.** halten für; **II** *v/i.* **10.** *bsd. Am.* F Erfolg haben: ***how did you ~?*** wie haben Sie abgeschnitten?; **11.** *bsd. Am.* (*mit j-m*) auskommen; **12.** vorgeben, (so) tun (als ob); **~ o·ver** *v/t.* **1.** *Eigentum* überˈtragen, -ˈeignen, vermachen; **2.** ˈumbauen; *Anzug etc.* ˈumarbeiten, **~ up I** *v/t.* **1.** bilden, zs.-setzen: ***be made up of*** bestehen *od.* sich zs.-setzen aus; **2.** *Arznei*, *Bericht etc.* zs.-stellen; *Schriftstück* aufsetzen, *Liste etc.* aufstellen; *Paket* (ver-)packen, verschnüren; **3.** *a. thea.* zuˈrechtmachen, schminken, pudern; **4.** *Geschichte etc.* sich ausdenken, *a. b.s.* erfinden: ***a made-up story***; **5.** a) *Versäumtes* nachholen; → ***leeway*** 2, b) ˈwiedergewinnen: ***~ lost ground***; **6.** ersetzen, vergüten; **7.** *Rechnung, Konten* ausgleichen; *Bilanz* ziehen; → ***account*** 5; **8.** *Streit etc.* beilegen; **9.** verˈvollständigen, *Fehlendes* ergänzen, *Betrag*, *Gesellschaft etc.* voll machen; **10.** ***make it up*** a) es wiederˈgutmachen, b) → 17; **11.** *typ.* umˈbrechen; **II** *v/i.* **12.** sich zuˈrechtmachen, *bsd.* sich pudern *od.* schminken; **13.** (***for***) Ersatz leisten, als Ersatz dienen (für), vergüten (*acc.*); **14.** aufholen, wiederˈgutmachen, wettmachen (***for*** *acc.*): ***~ for lost time*** die verlorene Zeit wieder wettzumachen suchen; **15.** *Am.* sich nähern (***to*** *dat.*); **16.** (***to***) F (*j-m*) schöntun, sich anbiedern (bei *j-m*), sich her'anmachen (an *j-n*); **17.** sich versöhnen *od.* wieder vertragen (***with*** mit).

make| and break *s.* ⚡ Unter'brecher *m*; **ˌ~-and-'break** *adj.* ⚡ zeitweilig unter'brochen: ***~ contact*** Unterbrecherkontakt *m*; **'~-beˌlieve I** *s.* **1.** a) Verstellung *f*, b) Heuche'lei *f*; **2.** Vorwand *m*; **3.** Schein *m*, Spiegelfechte'rei *f*; **II** *adj.* **4.** vorgeblich, scheinbar, falsch: ***~ world*** Scheinwelt *f*.

mak·er ['meɪkə] *s.* **1.** a) Macher *m*, Verfertiger *m*; Aussteller(in) *e-r Urkunde*, b) ✝ Hersteller *m*, Erzeuger *m*; **2.** ***the*** ***&*** der Schöpfer (*Gott*): ***meet one's ~*** das Zeitliche segnen.

'make|-ˌread·y *s.* *typ.* Zurichtung *f*; **'~·shift I** *s.* Notbehelf *m*; **II** *adj.* behelfsmäßig, Behelfs…, Not…

'make-up *s.* **1.** Aufmachung *f*: a) *Film etc.*: Ausstattung *f*, Kostümierung *f*, Maske *f*: ***~ man*** Maskenbildner *m*, b) Verpackung *f*, ✝ Ausstattung *f*: ***~ charge*** *Schneiderei*: Macherlohn *m*; **2.** Schminke *f*, Puder *m*; **3.** Make-up *n*: a) Schminken *n*, b) Pudern *n*; **4.** *fig. humor.* Aufmachung *f*, (Ver)Kleidung *f*; **5.** Zs.-setzung *f*; *sport* (*Mannschafts-*) Aufstellung *f*; **6.** Körperbau *m*; **7.** Veranlagung *f*, Na'tur *f*; **8.** *fig. humor. Am.* erfundene Geschichte; **9.** *typ.* 'Umbruch *m*.

'make·weight *s.* **1.** (Gewichts)Zugabe *f*, Zusatz *m*; **2.** Gegengewicht *n* (*a. fig.*); **3.** *fig.* a) Lückenbüßer *m* (*Person*), b) Notbehelf *m*.

mak·ing ['meɪkɪŋ] *s.* **1.** Machen *n*: ***this is of my own ~*** das habe ich selbst gemacht; **2.** Erzeugung *f*, Herstellung *f*, Fabrikati'on *f*: ***be in the ~*** *a. fig.* im Werden *od.* im Kommen *od.* in der Entwicklung sein; **3.** a) Zs.-setzung *f*, b) Verfassung *f*, c) Bau(art *f*) *m*, Aufbau *m*, d) Aufmachung *f*; **4.** Glück *n*, Chance *f*: ***this will be the ~ of him*** damit ist er ein gemachter Mann; **5.** *pl.* ('Roh)Materiˌal *n* (*a. fig.*): ***he has the ~s of*** er hat das Zeug *od.* die Anlagen zu; **6.** *pl.* Pro'fit *m*, Verdienst *m*; **7.** *pl.* F *die* (nötigen) Zutaten *pl.*

mal- [mæl] *in Zssgn* a) schlecht, b) mangelhaft, c) übel, d) Miß…, un…

Mal·a·chi ['mæləkaɪ], *a.* **Mal·a·chi·as** [ˌmælə'kaɪəs] *npr. u. s. bibl.* (das Buch) Male'achi *m od.* Mala'chias *m*.

mal·a·chite ['mæləkaɪt] *s. min.* Mala'chit *m*, Kupferspat *m*.

mal·ad·just·ed [ˌmælə'dʒʌstɪd] *adj. psych.* nicht angepaßt, mi'lieugestört; **ˌmal·ad'just·ment** [-stmənt] *s.* **1.** mangelnde Anpassung, Mi'lieustörung *f*; **2.** ⚙ Falscheinstellung *f*; **3.** 'Mißverhältnis *n*.

'mal·adˌmin·is'tra·tion *s.* **1.** schlechte Verwaltung; **2.** *pol.* 'Mißwirtschaft *f*.

ˌmal·a'droit *adj.* □ **1.** ungeschickt; **2.** taktlos.

mal·a·dy ['mælədɪ] *s.* Krankheit *f*, Gebrechen *n*, Übel *n* (*a. fig.*).

ma·la fi·de [ˌmeɪlə'faɪdɪ] (*Lat.*) *adj. u. adv.* arglistig, ⚖ *a.* bösgläubig.

ma·laise [mæ'leɪz] *s.* **1.** Unpäßlichkeit *f*; **2.** *fig.* Unbehagen *n*.

mal·a·prop·ism ['mæləprɒpɪzəm] *s.* (lächerliche) Wortverwechslung, 'Mißgriff *m*; **mal·ap·ro·pos** [ˌmæl'æprəpəʊ] **I** *adj.* **1.** unangebracht; **2.** unschicklich; **II** *adv.* **3.** a) zur Unzeit, b) im falschen Augenblick; **III** *s.* **4.** *et.* Unangebrachtes.

ma·lar ['meɪlə] *anat.* **I** *adj.* Backen…; **II** *s.* Backenknochen *m*.

ma·lar·i·a [mə'leərɪə] *s.* ⚕ Ma'laria *f*; **ma'lar·i·al** [-əl], **ma'lar·i·an** [-ən], **ma'lar·i·ous** [-ɪəs] *adj.* Malaria…, ma'lariaverseucht.

ma·lar·k(e)y [mə'lɑːkɪ] *s. Am. sl.* ‚Quatsch' *m*, ‚Käse' *m*.

Ma·lay [mə'leɪ] **I** *s.* **1.** Ma'laie *m*, Ma'laiin *f*; **2.** Ma'laiisch *n*; **II** *adj.* **3.** ma'laiisch; **Ma'lay·an** [-eɪən] *adj.* ma'laiisch.

'mal·conˌtent I *adj.* unzufrieden (*a. pol.*); **II** *s.* Unzufriedene(r *m*) *f*.

male [meɪl] **I** *adj.* **1.** männlich (*a. biol. u.* ⚙): ***~ child*** Knabe *m*; ***~ choir*** Männerchor *m*; ***~ cousin*** Vetter *m*; ***~ nurse*** Krankenpfleger *m*; ***~ plug*** ⚙ Stecker *m*; ***~ rhyme*** männlicher Reim; ***~ screw*** Schraube(nspindel) *f*; **2.** *weitS.* männlich, mannhaft; **II** *s.* **3.** a) Mann *m*, b) Knabe *m*: ***~ model*** Dressman *m*; **4.** *zo.* Männchen *n*; **5.** ♀ männliche Pflanze.

mal·e·dic·tion [ˌmælɪ'dɪkʃn] *s.* Fluch *m*, Verwünschung *f*; **ˌmal·e'dic·to·ry** [-ktərɪ] *adj.* verwünschend, Verwünschungs…, Fluch…

mal·e·fac·tor ['mælɪfæktə] *s.* Misse-, Übeltäter *m*; **'mal·e·fac·tress** [-trɪs] *s.* Misse-, Übeltäterin *f*.

ma·lef·ic [mə'lefɪk] *adj.* (□ ***~ally***) ruchlos, bösartig; **ma'lef·i·cent** [-ɪsnt] *adj.* **1.** bösartig; **2.** schädlich (***to*** für *od. dat.*); **3.** verbrecherisch.

ma·lev·o·lence [mə'levələns] *s.* 'Mißgunst *f*, Feindseligkeit *f* (***to*** gegen), Böswilligkeit *f*; **ma'lev·o·lent** [-nt] *adj.* □ **1.** 'mißgünstig, widrig (*Umstände* *etc.*); **2.** feindselig, böswillig, übelwollend.

mal·fea·sance [mælˈfi:zəns] *s.* ⚖ strafbare Handlung.

ˌ**mal·forˈma·tion** *s. bsd.* ⚕ ˈMißbildung *f.*

ˌ**malˈfunc·tion I** *s.* **1.** ⚕ Funktiˈonsstörung *f*; **2.** ⚙ schlechtes Funktionieren, Versagen *n*, Deˈfekt *m*; **II** *v/i.* **3.** schlecht funktionieren, deˈfekt sein, versagen.

mal·ice [ˈmælɪs] *s.* **1.** Böswilligkeit *f*, Bosheit *f*; Arglist *f*, Tücke *f*; **2.** Groll *m*: ***bear s.o.*** ~ j-m grollen, e-n Groll gegen j-n hegen; **3.** ⚖ (böse) Absicht, Vorsatz *m*: ***with ~ aforethought*** (*od.* ***prepense***) vorsätzlich; **4.** (schelmische) Bosheit: ***with*** ~ boshaft, maliziös;

ma·li·cious [məˈlɪʃəs] *adj.* ☐ **1.** böswillig, boshaft; **2.** arglistig, (heim)tükkisch; **3.** gehässig; **4.** hämisch; **5.** ⚖ böswillig, vorsätzlich; **6.** maliziˈös, boshaft; **ma·li·cious·ness** [məˈlɪʃəsnɪs] → ***malice*** 1, 2.

ma·lign [məˈlaɪn] **I** *adj.* ☐ **1.** verderblich, schädlich; **2.** unheilvoll; **3.** böswillig; **4.** ⚕ bösartig; **II** *v/t.* **5.** verleumden, beschimpfen.

ma·lig·nan·cy [məˈlɪgnənsɪ] *s.* Böswilligkeit *f*; Bösartigkeit *f* (*a.* ⚕); Bosheit *f*; Arglist *f*; Schadenfreude *f*; **maˈlig·nant** [-nt] **I** *adj.* ☐ **1.** böswillig; bösartig (*a.* ⚕); **2.** arglistig, (heim)tückisch; **3.** schadenfroh; **4.** gehässig; **II** *s.* **5.** *hist. Brit.* Royaˈlist *m*; **6.** Übelgesinnte(r *m*) *f*; **maˈlig·ni·ty** [-nətɪ] → ***malignancy***.

ma·lin·ger [məˈlɪŋgə] *v/i.* sich krank stellen, simulieren, ‚sich drücken'; **maˈlin·ger·er** [-ərə] *s.* Simuˈlant *m*, Drükkeberger *m*.

mall¹ [mɔ:l] *s.* **1.** Promeˈnade(nweg *m*) *f*; **2.** Mittelstreifen *m e-r Autobahn*; **3.** *Am.* Einkaufszentrum, Fußgängerzone *f*.

mall² [mɔ:l] *s. orn.* Sturmmöwe *f*.

mal·lard [ˈmæləd] *pl.* **-lards**, *coll.* **-lard** *s. orn.* Stockente *f*.

mal·le·a·ble [ˈmælɪəbl] *adj.* **1.** ⚙ a) (kalt-)hämmerbar, b) dehn-, streckbar, c) verformbar; **2.** *fig.* gefügig, geschmeidig; ~ **cast i·ron** *s.* ⚙ **1.** Tempereisen *n*; **2.** Temperguß *m*; ~ **i·ron** *s.* ⚙ **1.** a) Schmiedeeisen *n*, b) schmiedbarer Guß; **2.** → ***malleable cast iron***.

mal·le·o·lar [məˈli:ələ] *adj. anat.* Knöchel…

mal·let [ˈmælɪt] *s.* **1.** Holzhammer *m*, Schlegel *m*; **2.** ⚙, ⚒ Fäustel *m*: ~ ***toe*** ⚕ Hammerzehe *f*; **3.** *sport* Schlagholz *n*, Schläger *m*.

mal·low [ˈmæləʊ] *s.* ⚘ Malve *f*.

malm [mɑ:m] *s. geol.* Malm *m*.

ˌ**mal·nuˈtri·tion** *s.* ˈUnterernährung *f*, schlechte Ernährung.

mal·o·dor·ous [mælˈəʊdərəs] *adj.* übelriechend.

ˌ**malˈprac·tice** *s.* **1.** Übeltat *f*; **2.** ⚖ a) Vernachlässigung *f* der beruflichen Sorgfalt, b) Kunstfehler *m*, Fahrlässigkeit *f des Arztes*, c) Untreue *f im Amt etc.*

malt [mɔ:lt] **I** *s.* **1.** Malz *n*: ~ ***kiln*** Malzdarre *f*; ~ ***liquor*** gegorener Malztrank, *bsd.* Bier *n*; **II** *v/t.* **2.** mälzen, malzen: ~***ed milk*** Malzmilch *f*; **3.** unter Zusatz von Malz herstellen; **III** *v/i.* **4.** zu Malz werden.

Mal·tese [ˌmɔ:lˈti:z] **I** *s. sg. u. pl.* **1.** a) Malˈteser(in), b) Malteser *pl.*; **2.** *ling.* Malˈtesisch *n*; **II** *adj.* **3.** malˈtesisch, Malteser…; ~ **cross** *s.* **1.** Malˈteserkreuz *n*; **2.** ⚘ Brennende Liebe.

ˈ**malt-house** *s.* Mälzeˈrei *f*.

malt·ose [ˈmɔ:ltəʊs] *s.* ⚗ Malzzucker *m*.

ˌ**malˈtreat** *v/t.* **1.** schlecht behandeln, malträtieren; **2.** mißˈhandeln; ˌ**malˈtreat·ment** *s.* **1.** schlechte Behandlung; **2.** Mißˈhandlung *f*.

mal·ver·sa·tion [ˌmælvɜ:ˈseɪʃn] *s.* ⚖ **1.** Amtsvergehen *n*; **2.** Veruntreuung *f*, ˈUnterschleif *m*.

ma·mil·la [mæˈmɪlə] *pl.* **-lae** [-li:] *s.* **1.** *anat.* Brustwarze *f*; **2.** *zo.* Zitze *f*; **mam·il·lar·y** [ˈmæmɪlərɪ] *adj.* **1.** *anat.* Brustwarzen…; **2.** brustwarzenförmig.

mam·ma¹ [məˈmɑ:] *s.* Mutti *f*.

mam·ma² [ˈmæmə] *pl.* **-mae** [-mi:] *s.* **1.** *anat.* (weibliche) Brust, Brustdrüse *f*; **2.** *zo.* Zitze *f*, Euter *n*.

mam·mal [ˈmæml] *s. zo.* Säugetier *n*; **mam·ma·li·an** [mæˈmeɪljən] *zo.* **I** *s.* Säugetier *n*; **II** *adj.* Säugetier…

mam·ma·ry [ˈmæmərɪ] *adj.* **1.** *anat.* Brust(warzen)…, Milch…: ~ ***gland*** Milchdrüse *f*; **2.** *zo.* Euter…

mam·mil·la *etc. Am.* → ***mamilla*** *etc.*

mam·mo·gram [ˈmæməʊgræm] *s.* ⚕ Mammoˈgramm *n*; **mam·mo·gra·phy** [mæˈmɒgrəfɪ] *s.* Mammograˈphie *f*.

mam·mon [ˈmæmən] *s.* Mammon *m*; ˈ**mam·mon·ism** [-nɪzəm] *s.* Mammonsdienst *m*, Geldgier *f*.

mam·moth [ˈmæməθ] **I** *s. zo.* Mammut *n*; **II** *adj.* Mammut…(*-baum, -unternehmen etc.*), riesig, Riesen…

mam·my [ˈmæmɪ] *s.* **1.** F Mami *f*; **2.** *Am. obs.* (schwarzes) Kindermädchen.

man [mæn] **I** *pl.* **men** [men] *s.* **1.**

Mensch *m*; **2.** *oft* ♀ *coll.* (*mst ohne* **the**) der Mensch, die Menschen *pl.*, die Menschheit: ***rights of ~*** Menschenrechte; → ***measure*** 5; **3.** Mann *m*: ***~ about town*** Lebemann; ***the ~ in the street*** der Mann auf der Straße, der Durchschnittsmensch; ***~ of God*** Diener *m* Gottes; ***~ of letters*** a) Literat *m*, Schriftsteller *m*, b) Gelehrter *m*; ***~ of all work*** a) Faktotum *n*, b) Allerweltskerl *m*; ***~ of straw*** Strohmann; ***~ of the world*** Weltmann; ***~ of few*** (***many***) ***words*** Schweiger *m* (Schwätzer *m*); ***Oxford ~*** Oxforder (Akademiker) *m*; ***I have known him ~ and boy*** ich kenne ihn von Jugend auf; ***be one's own ~*** a) sein eigener Herr sein, b) im Vollbesitz s-r Kräfte sein; ***the ~ Smith*** (besagter) Smith; ***my good ~!*** *herablassend*: mein lieber Herr!; → ***honour*** 1; **4.** *weitS.* a) Mann *m*, Per'son *f*, b) jemand, c) man: ***a ~*** jemand; ***any ~*** irgend jemand, jedermann; ***no ~*** niemand; ***few men*** wenige (Leute); ***every ~ jack*** F jeder einzelne; ***~ by ~*** Mann für Mann, einer nach dem andern; ***as one ~*** wie 'ein Mann, geschlossen; ***to a ~*** bis auf den letzten Mann; ***give a ~ a chance*** einem e-e Chance geben; ***what can a ~ do in such a case?*** was kann man da schon machen?; **5.** F Mensch *m*, Menschenskind *n*: ***~ alive!*** Menschenskind!; ***hurry up, ~!*** Mensch, beeil dich!; **6.** (Ehe)Mann *m*: ***~ and wife*** Mann u. Frau; **7.** a) Diener *m*, b) Angestellte(r) *m*, c) Arbeiter *m*: ***men working*** Baustelle (*Hinweis auf Verkehrsschildern*), d) *hist.* Lehnsmann *m*; **8.** ⚔, ⚓ Mann *m*: a) Sol'dat *m*, b) ⚓ Ma'trose *m*, c) *pl.* Mannschaft *f*: ***~ on leave*** Urlauber *m*; ***20 men*** zwanzig Mann; **9.** *der* Richtige: ***be the ~ for s.th.*** der Richtige für et. (*e-e Aufgabe*) sein; ***I am your ~!*** ich bin Ihr Mann!; **10.** *Brettspiel*: Stein *m*, ('Schach)Fi,gur *f*; **II** *v/t.* **11.** ⚔, ⚓ bemannen; *a. e-n Arbeitsplatz* besetzen; **12.** *fig. j-n* stärken: ***~ o.s.*** sich ermannen; **III** *adj.* **13.** männlich: ***~ cook*** Koch *m*.

man·a·cle ['mænəkl] **I** *s. mst pl.* (Hand-) Fessel *f*, -schelle *f* (*a. fig.*); **II** *v/t. j-m* Handfesseln *od.* -schellen anlegen, *j-n* fesseln (*a. fig.*).

man·age ['mænɪdʒ] **I** *v/t.* **1.** *Geschäft etc.* führen, verwalten; *Betrieb etc.* leiten; *Gut etc.* bewirtschaften; **2.** *Künstler etc.* managen; **3.** zu'stande bringen, bewerkstelligen, es fertigbringen (***to do*** zu tun) (*a. iro.*): ***he ~d to*** (*inf.*) es gelang ihm zu (*inf.*); **4.** ‚deichseln', ‚managen': ***~ matters*** ‚die Sache managen'; **5.** F *Arbeit*, *Essen* bewältigen, ‚schaffen'; **6.** 'umgehen (können) mit: a) *Werkzeug etc.* handhaben, bedienen, b) *j-n* zu behandeln *od.* zu ‚nehmen' wissen, c) *j-n* bändigen, mit *j-m etc.* fertigwerden: ***I can ~ him*** ich werde (schon) mit ihm fertig; **7.** lenken (*a. fig.*); **II** *v/i.* **8.** das Geschäft *od.* den Betrieb *etc.* führen; die Aufsicht haben; **9.** auskommen, sich behelfen (***with*** mit); **10.** F a) ‚es schaffen', 'durchkommen, zu Rande kommen, b) ermöglichen: *can you come?* ***I'm afraid, I can't ~*** (***it***) es geht leider nicht *od.* es ist mir leider nicht möglich; **'man·age·a·ble** [-dʒəbl] *adj.* □ **1.** lenksam, fügsam; **2.** handlich, leicht zu handhaben(d); **'man·age·a·ble·ness** [-dʒəblnɪs] *s.* **1.** Lenk-, Fügsamkeit *f*; **2.** Handlichkeit *f*; **'man·age·ment** [-mənt] *s.* **1.** (Haus- *etc.*)Verwaltung *f*; **2.** ✝ Management *n*, Unter'nehmensführung *f*: ***~ consultant*** Unternehmensberater *m*; → ***industrial management***; **3.** ✝ Geschäftsleitung *f*, Direkti'on *f*: ***under new ~*** unter neuer Leitung; ***labo***(***u***)***r and ~*** Arbeitnehmer *pl.* u. Arbeitgeber *pl.*; **4.** ✓ Bewirtschaftung *f* (*Gut etc.*); **5.** Geschicklichkeit *f*, (kluge) Taktik; **6.** Kunstgriff *m*, Trick *m*; **7.** Handhabung *f*, Behandlung *f*; **'man·ag·er** [-dʒə] *s.* **1.** (Haus- *etc.*)Verwalter *m*; **2.** ✝ a) Manager *m*, b) Führungskraft *f*, c) Geschäftsführer *m*, Leiter *m*, Di'rektor *m*: ***board of ~s*** Direktorium *n*; **3.** *thea.* a) Inten'dant *m*, b) Regis'seur *m*, c) Manager *m* (*a. sport*), Impre'sario *m*; **4.** ***be a good ~*** gut *od.* sparsam wirtschaften können; **man·ag·er·ess** [ˌmænɪdʒə'res] *s.* **1.** (Haus- *etc.*)Verwalterin *f*; **2.** ✝ a) Managerin *f*, b) Geschäftsführerin *f*, Leiterin *f*, Direk'torin *f*; **3.** Haushälterin *f*; **man·a·ge·ri·al** [ˌmænə'dʒɪərɪəl] *adj.* geschäftsführend, Direktions…, leitend: ***~ functions***; ***in ~ capacity*** in leitender Stellung; ***~ qualities*** Führungsqualitäten; ***~ staff*** leitende Angestellte *pl.*

man·ag·ing ['mænɪdʒɪŋ] *adj.* geschäftsführend, leitend, Betriebs…; ***~ board*** *s.* ✝ Direk'torium *n*; ***~ clerk*** *s.* ✝ **1.** Geschäftsführer *m*; **2.** Bü'rovorsteher *m*; ***~ com·mit·tee*** *s.* ✝ Vorstand *m*; ***~ di·rec·tor*** *s.* ✝ Gene'raldiˌrektor *m*, Hauptgeschäftsführer *m*.

Man·chu [ˌmæn'tʃuː] **I** *s.* **1.** Mandschu *m* (*Eingeborener der Mandschurei*); **2.** *ling.* Mandschu *n*; **II** *adj.* **3.** man'dschurisch; **Man·chu·ri·an** [mæn'tʃʊərɪən]

→ ***Manchu*** 1, 3.

man·da·mus [mæn'deɪməs] *s.* ⚖ *hist.* (*heute*: ***order of ~***) Befehl *m e-s höheren Gerichts an ein untergeordnetes.*

man·da·rin[1] ['mændərɪn] *s.* **1.** *hist.* Manda'rin *m* (*chinesischer Titel*); **2.** F ‚hohes Tier' (*hoher Beamter*); **3.** ♀ *ling.* Manda'rin *n.*

man·da·rin[2] ['mændərɪn] *s.* ⚘ Manda'rine *f.*

man·da·tar·y ['mændətərɪ] *s.* ⚖ Manda'tar *m*: a) (Pro'zeß)Beˌvollmächtigte(r) *m*, Sachwalter *m*, b) Manda'tarstaat *m.*

man·date ['mændeɪt] **I** *s.* **1.** ⚖ a) Man'dat *n* (*a. parl.*), (Pro'zeß)ˌVollmacht *f*, b) Geschäftsbesorgungsauftrag *m*, c) Befehl *m e-s übergeordneten Gerichts*; **2.** *pol.* a) Man'dat *n* (*Schutzherrschaftsauftrag*), b) Man'dat(sgebiet) *n*; **3.** *R.C.* päpstlicher Entscheid; **II** *v/t.* **4.** *pol.* e-m Man'dat unter'stellen: ***~d territory*** Mandatsgebiet *n*; **man·da·tor** [mæn'deɪtə] *s.* ⚖ Man'dant *m*, Vollmachtgeber *m*; **'man·da·to·ry** [-dətərɪ] **I** *adj.* **1.** ⚖ vorschreibend, Muß...: ***~ regulation*** Mußvorschrift *f*; ***to make s.th. ~ upon s.o.*** j-m et. vorschreiben; **2.** obliga'torisch, verbindlich, zwangsweise; **II** *s.* **3.** → ***mandatary***.

man·di·ble ['mændɪbl] *s. anat.* **1.** Kinnbacken *m*, -lade *f*; **2.** 'Unterkieferknochen *m.*

man·do·lin(e) ['mændəlɪn] *s.* ♪ Mando'line *f.*

man·drake ['mændreɪk] *s.* ⚘ Al'raun(e *f*) *m*; Al'raunwurzel *f.*

man·drel, *a.* **man·dril** ['mændrəl] *s.* ⚙ (Spann)Dorn *m*; (Drehbank)Spindel *f*; *für Holz*: Docke(nspindel) *f.*

mane [meɪn] *s.* Mähne *f* (*a. weitS.*).

'man-ˌeat·er *s.* **1.** Menschenfresser *m*; **2.** menschenfressendes Tier; **3.** F ‚männermordendes Wesen' (*Frau*).

maned [meɪnd] *adj.* mit Mähne; Mähnen...: ***~ wolf***.

ma·nège, *a.* **ma·nege** [mæ'neɪʒ] *s.* **1.** Ma'nege *f*: a) Reitschule *f*, b) Reitbahn *f*, c) Reitkunst *f*; **2.** Gang *m*, Schule *f*; **3.** Zureiten *n.*

ma·nes ['mɑːneɪz] *s. pl.* Manen *pl.*

ma·neu·ver [mə'nuːvə] *etc. Am.* → ***manœuvre*** *etc.*

man·ful ['mænfʊl] *adj.* □ mannhaft, beherzt; **'man·ful·ness** [-nɪs] *s.* Mannhaftigkeit *f*; Beherztheit *f.*

man·ga·nate ['mæŋgəneɪt] *s.* ⚗ man'gansaures Salz; **man·ga·nese** ['mæŋgəniːz] *s.* ⚗ Man'gan *n*; **man·gan·ic** [mæŋ'gænɪk] *adj.* man'ganhaltig, Mangan...

mange [meɪndʒ] *s. vet.* Räude *f.*

man·gel-wur·zel ['mæŋglˌwɜːzl] *s.* ⚘ Mangold *m.*

man·ger ['meɪndʒə] *s.* Krippe *f* (*a. ast.* ♀); Futtertrog *m*; → ***dog*** *Redew.*

man·gle[1] ['mæŋgl] *v/t.* **1.** zerfleischen, -fetzen, -stückeln; **2.** *fig. Text* verstümmeln.

man·gle[2] ['mæŋgl] **I** *s.* (Wäsche)Mangel *f*; **II** *v/t.* mangeln.

man·gler ['mæŋglə] *s.* Fleischwolf *m.*

man·go ['mæŋgəʊ] *pl.* **-goes** [-z] *s.* Mango *f* (*Frucht*); Mangobaum *m.*

man·grove ['mæŋgrəʊv] *s.* ⚘ Man'grove(nbaum *m*) *f.*

man·gy ['meɪndʒɪ] *adj.* □ **1.** *vet.* krätzig, räudig; **2.** *fig.* a) eklig, b) schäbig.

'manˌhan·dle *v/t.* **1.** F miß'handeln; **2.** mit Menschenkraft bewegen *od.* befördern *od.* meistern.

'man·hole *s.* ⚙ Mann-, Einsteigloch *n*; (Straßen)Schacht *m.*

man·hood ['mænhʊd] *s.* **1.** Menschentum *n*; **2.** Mannesalter *n*; **3.** Männlichkeit *f*; **4.** Mannhaftigkeit *f*; **5.** *coll.* die Männer *pl.*

'man|-ˌhour *s.* Arbeitsstunde *f*; **'~-hunt** *s.* Großfahndung *f.*

ma·ni·a ['meɪnjə] *s.* **1.** ⚕ Ma'nie *f*, Wahn(sinn) *m*, Besessensein *n*: ***religious ~*** religiöses Irresein; **2.** *fig.* (***for***) Sucht *f* (nach), Leidenschaft *f* (für), Ma'nie *f*, ‚Fimmel' *m*: ***collector's ~*** Sammlerwut *f*; ***sport ~*** ‚Sportfimmel'; **ma·ni·ac** ['meɪnɪæk] **I** *s.* Wahnsinnige(r *m*) *f*, Verrückte(r *m*) *f*; **II** *adj.* wahnsinnig, verrückt, irr(e); **ma·ni·a·cal** [mə'naɪəkl] *adj.* □ → ***maniac*** II.

ma·nic ['mænɪk] *psych.* **I** *adj.* manisch: ***~-depressive*** manisch-depressiv(e Person); **II** *s.* manische Per'son.

man·i·cure ['mænɪˌkjʊə] **I** *s.* Mani'küre *f*: a) Hand-, Nagelpflege *f*, b) Hand-, Nagelpflegerin *f*; **II** *v/t. u. v/i.* mani'küren; **'man·iˌcur·ist** [-ərɪst] *s.* Mani'küre *f* (*Person*).

man·i·fest ['mænɪfest] **I** *adj.* □ **1.** offenbar-, -kundig, augenscheinlich, mani'fest (*a.* ⚕); **II** *v/t.* **2.** offen'baren, bekunden, kundtun, manifestieren; **3.** be-, erweisen; **III** *v/i.* **4.** *pol.* Kundgebungen veranstalten; **5.** erscheinen (*Geister*); **IV** *s.* **6.** ⚓ Ladungsverzeichnis *n*; **7.** ✝ ('Schiffs)Maniˌfest *n*, *bsd. Am.* ✈ Passa'gierliste *f*; **man·i·fes·ta·tion** [ˌmænɪfe'steɪʃn] *s.* **1.** Offen'barung *f*, Äußerung *f*, Manifestati'on *f*; **2.** (deutliches) Anzeichen, Sym'ptom *n*: ***~ of life*** Lebensäußerung *f*; **3.** *pol.* Demonstrati'on *f*; **4.** Erscheinen *n e-s Gei-*

stes; **man·i·fes·to** [ˌmænɪˈfestəʊ] *s.* Maniˈfest *n*: a) öffentliche Erklärung, b) *pol.* Grundsatzerklärung *f*, (Parˈtei-, ˈWahl)Proˌgramm *n*.

man·i·fold [ˈmænɪfəʊld] **I** *adj.* □ **1.** mannigfaltig, vielfach, -fältig; **2.** ⚙ Mehr(fach)..., Mehrzweck...; **II** *s.* **3.** ⚙ a) Sammelleitung *f*, b) Rohrverzweigung *f*: ***intake ~*** *mot.* Einlaßkrümmer *m*; **4.** Koˈpie *f*, Abzug *m*; **III** *v/t.* **5.** *Text* vervielfältigen, hektographieren; **~ pa·per** *s.* ˈManifold-Paˌpier *n* (*festes Durchschlagpapier*); **~ plug** *s.* ↯ Vielfachstecker *m*; **~ writ·er** *s.* Verˈvielfältigungsappaˌrat *m*.

man·i·kin [ˈmænɪkɪn] *s.* **1.** Männchen *n*, Knirps *m*; **2.** Glieder-, Schaufensterpuppe *f*, (ˈAnproˌbier)Moˌdell *n*; **3.** ⚕ anaˈtomisches Moˈdell, Phanˈtom *n*; **4.** → ***mannequin*** 1.

Ma·nil·(l)a [məˈnɪlə] *s. abbr. für* a) **~ *cheroot***, b) **~ *hemp***, c) **~ *paper***; **~ che·root** *s.* Maˈnilaziˌgarre *f*; **~ hemp** *s.* Maˈnilahanf *m*; **~ pa·per** *s.* Maˈnilapaˌpier *n*.

ma·nip·u·late [məˈnɪpjʊleɪt] **I** *v/t.* **1.** manipulieren, (künstlich) beeinflussen: **~ *prices***; **2.** (geschickt) handhaben; ⚙ bedienen; **3.** *j-n od. et.* manipulieren *od.* geschickt behandeln; **4.** *et.* ‚deichseln', ‚schaukeln'; **5.** *Konten etc.* ‚frisieren'; **II** *v/i.* **6.** manipulieren; **ma·nip·u·la·tion** [məˌnɪpjʊˈleɪʃn] *s.* **1.** Manipulatiˈon *f*: **~ *of currency***; **2.** (Kunst)Griff *m*, Verfahren *n*; **3.** *b.s.* Machenschaft *f*, Manipulatiˈon *f*; **maˈnip·u·la·tive** [-lətɪv] → ***manipulatory***; **maˈnip·u·la·tor** [-tə] *s.* **1.** (geschickter) Handhaber; **2.** Drahtzieher *m*, Manipulierer *m*; **maˈnip·u·la·to·ry** [-lətərɪ] *adj.* **1.** durch Manipulatiˈon herˈbeigeführt; **2.** manipulierend; **3.** Handhabungs...

man·kind [mænˈkaɪnd] *s.* **1.** die Menschheit; **2.** *coll.* die Menschen *pl.*, der Mensch; **3.** [ˈmænkaɪnd] *coll.* die Männer *pl.*

ˈman·like *adj.* **1.** menschenähnlich; **2.** wie ein Mann, männlich; **3.** → ***mannish***.

man·li·ness [ˈmænlɪnɪs] *s.* **1.** Männlichkeit *f*; **2.** Mannhaftigkeit *f*; **man·ly** [ˈmænlɪ] *adj.* **1.** männlich; **2.** mannhaft; **3.** Mannes...: **~ *sports*** Männersport *m*.

ˈman-made *adj.* Kunst..., künstlich: **~ *satellite***; **~ *fibre*** (*Am.* ***fiber***) ⚙ Kunstfaser *f*.

man·na [ˈmænə] *s. bibl.* Manna *n, f* (*a.* ⚘ *u. fig.*).

man·ne·quin [ˈmænɪkɪn] *s.* **1.** Mannequin *n*: **~ *parade*** Mode(n)schau *f*; **2.** → ***manikin*** 2.

man·ner [ˈmænə] *s.* **1.** Art *f* (und Weise *f*) (*et. zu tun*): ***after*** (*od.* ***in***) ***this ~*** auf diese Art *od.* Weise, so: ***in such a ~*** (***that***) so *od.* derart (, daß); ***in what ~?*** wie?; ***adverb of ~*** *ling.* Umstandswort der Art u. Weise, Modaladverb *n*; ***in a ~*** auf e-e Art, gewissermaßen; ***in a ~ of speaking*** sozusagen; ***all ~ of things*** alles mögliche; ***no ~ of doubt*** gar kein Zweifel; ***by no ~ of means*** in keiner Weise; **2.** Art *f*, Betragen *n*, Auftreten *n*, Verhalten *n* (***to*** zu): ***I don't like his ~*** ich mag s-e Art nicht; ***to the ~ born*** hineingeboren (*in bestimmte Verhältnisse*), von Kind auf damit vertraut; ***as to the ~ born*** wie selbstverständlich, als ob er *etc.* es immer so getan hätte; **3.** *pl.* Benehmen *n*, ˈUmgangsformen *pl.*, Maˈnieren *pl.*: ***bad*** (***good***) **~*s***; ***we shall teach them ~s*** ‚wir werden sie Mores lehren'; ***it is bad ~s*** es gehört sich nicht; **4.** *pl.* Sitten *pl.* (u. Gebräuche *pl.*); **5.** *paint. etc.* Stil(art *f*) *m*, Maˈnier *f*; **ˈman·nered** [-əd] *adj.* **1.** *mst in Zssgn* gesittet, geartet: ***ill-~*** von schlechtem Benehmen, ungezogen; **2.** gekünstelt, manieˈriert; **ˈman·ner·ism** [-ərɪzəm] *s.* **1.** *Kunst etc.*: Manieˈrismus *m*, Künsteˈlei *f*; **2.** Manieˈriertheit *f*, Gehabe *n*; **3.** eigenartige Wendung (*in der Rede etc.*); **ˈman·ner·li·ness** [-əlɪnɪs] *s.* gutes Benehmen, Maˈnierlichkeit *f*; **ˈman·ner·ly** [-əlɪ] *adj.* maˈnierlich, gesittet.

man·ni·kin → ***manikin***.

man·nish [ˈmænɪʃ] *adj.* maskuˈlin, unweiblich.

ma·nœu·vra·ble [məˈnuːvrəbl] *adj.* **1.** ⚔ manövrierfähig; **2.** ⚙ lenk-, steuerbar; *weitS.* (*a. fig.*) wendig, beweglich; **ma·nœu·vre** [məˈnuːvə] **I** *s.* **1.** ⚔, ⚓ Maˈnöver *n*: a) taktische Bewegung, b) Truppen-, ⚓ Flottenübung *f*, ✈ ˈLuftmaˌnöver *n*; **2.** *fig.* Maˈnöver *n*, Schachzug *m*, List *f*; **II** *v/t. u. v/i.* **3.** manövrieren (*a. fig.*): **~ *s.o. into s.th.*** j-n in et. hineinmanövrieren; **maˈnœu·vrer** [-vərə] *s. fig.* **1.** (schlauer) Taktiker; **2.** Intriˈgant *m*.

man-of-war [ˌmænəvˈwɔː], *pl.* **ˌmen-of-ˈwar** [ˌmen-] *s.* ⚓ Kriegsschiff *n*.

ma·nom·e·ter [məˈnɒmɪtə] *s.* ⚙ Manoˈmeter *n*, Druckmesser *m*.

man·or [ˈmænə] *s.* **1.** Ritter-, Landgut *n*: ***lord*** (***lady***) ***of the ~*** Gutsherr(in); **2.** *a.* **~ *house*** Herrenhaus *n*; **ma·no·ri·al** [məˈnɔːrɪəl] *adj.* herrschaftlich, (Ritter-) Guts..., Herrschafts...

man·qué(e *f*) *m* [ˈmɑ̃ːŋkeɪ] (*Fr.*) *adj.* verhindert, ‚verkracht': ***a poet manqué.***

ˈman,pow·er *s.* **1.** menschliche Arbeitskraft *od.* -leistung; **2.** ˈMenschenpotentiˌal *n*: *bsd.* a) Kriegsstärke *f* (*e-s Volkes*), b) (verfügbare) Arbeitskräfte *pl.*

man·sard [ˈmænsɑːd] *s.* **1.** *a.* **~ *roof*** Manˈsardendach *n*; **2.** Manˈsarde *f.*

ˈman,serv·ant *pl.* **ˈmen,serv·ants** *s.* Diener *m.*

man·sion [ˈmænʃn] *s.* **1.** (herrschaftliches) Wohnhaus, Villa *f*; **2.** *bsd. pl. Brit.* (großes) Mietshaus; **~ house** *s. Brit.* **1.** Herrenhaus *n*, -sitz *m*; **2. *the* ≗** *Amtssitz des* **Lord Mayor** *von London.*

ˈman,slaugh·ter *s.* ⚖ Totschlag *m*, Körperverletzung *f* mit Todesfolge: ***involuntary ~*** fahrlässige Tötung; ***voluntary ~*** Totschlag im Affekt.

man·tel [ˈmæntl] *abbr. für* a) ***mantelpiece***, b) ***mantelshelf***; **ˈ~·piece** *s.* **1.** Kaˈmineinfassung *f*, -mantel *m*; **2.** → **ˈ~·shelf** *s.* Kaˈminsims *m*, *n.*

man·tis [ˈmæntɪs] *pl.* **-tis·es** *s. zo.* Gottesanbeterin *f* (*Heuschrecke*).

man·tle [ˈmæntl] **I** *s.* **1.** Mantel *m* (*a. zo.*), (ärmelloser) ˈUmhang; **2.** *fig.* (Schutz-, Deck)Mantel *m*, Hülle *f*; **3.** ⚙ Mantel *m*; (Glüh)Strumpf *m*; **4.** *Gußtechnik*: Formmantel *m*; **II** *v/i.* **5.** sich überˈziehen (***with*** mit); sich röten (*Gesicht*); **III** *v/t.* **6.** überˈziehen; **7.** verhüllen (*a. fig. bemänteln*).

ˌman-to-ˈman *adj.* von Mann zu Mann: ***a ~ talk.***

ˈman·trap *s.* **1.** Fußangel *f*; **2.** *fig.* Falle *f.*

man·u·al [ˈmænjʊəl] **I** *adj.* □ **1.** mit der Hand, Hand…, manuˈell: **~ *alphabet*** Fingeralphabet *n*; **~ *exercises*** ⚔ Griffeüben *n*; **~ *labo(u)r*** Handarbeit *f*; **~ *training*** *ped.* Werkunterricht *m*; **~*ly operated*** ⚙ mit Handbetrieb, handgesteuert; **2.** handschriftlich: **~ *bookkeeping***; **II** *s.* **3.** a) Handbuch *n*, Leitfaden *m*: (***instruction***) **~** Bedienungsanleitung(en *pl.*) *f*, b) ⚔ Dienstvorschrift *f*; **4.** ♪ Manuˈal *n* (*Orgel etc.*).

man·u·fac·to·ry [ˌmænjʊˈfæktərɪ] *s. obs.* Faˈbrik *f.*

man·u·fac·ture [ˌmænjʊˈfæktʃə] **I** *s.* **1.** Fertigung *f*, Erzeugung *f*, Herstellung *f*, Fabrikatiˈon *f*: ***year of ~*** Herstellungs-, Baujahr *n*; **2.** Erzeugnis *n*, Fabriˈkat *n*; **3.** Induˈstrie(zweig *m*) *f*; **II** *v/t.* **4.** verfertigen, erzeugen, herstellen, fabrizieren (*a. fig. Beweismittel etc.*): **~*d goods*** Fabrik-, Fertig-, Manufakturwaren; **5.** verarbeiten (***into*** zu); **ˌman·uˈfac·tur·er** [-tʃərə] *s.* **1.** Hersteller *m*, Erzeuger *m*; **2.** Fabriˈkant *m*; **ˌman·uˈfac·tur·ing** [-tʃərɪŋ] *adj.* **1.** Herstellungs…, Produktions…: **~ *cost*** Herstellungskosten *pl.*; **~ *efficiency*** Produktionsleistung *f*; **~ *industries*** Fertigungsindustrien; **~ *plant*** Fabrikationsbetrieb *m*; **~ *process*** Herstellungsverfahren *n*; **2.** Industrie…, Fabrik…, Gewerbe…

ma·nure [məˈnjʊə] **I** *s.* **1.** Dünger *m*; **2.** Dung *m*: ***liquid ~*** (Dung)Jauche *f*; **II** *v/t.* **3.** düngen.

man·u·script [ˈmænjʊskrɪpt] **I** *s.* Manuˈskript *n*: a) Handschrift *f* (*alte Urkunde etc.*), b) Urschrift *f* (*e-s Autors*), c) *typ.* Satzvorlage *f*; **II** *adj.* Manuskript…, handschriftlich.

man·y [ˈmenɪ] **I** *adj.* **1.** viele, viel: **~ *times*** oft; ***as ~*** ebensoviel(e); ***as ~ again*** doppelt soviel(e); ***as ~ as forty*** (nicht weniger als) vierzig; ***one too ~*** einer zuviel; ***be one too ~ for*** F *j-m* ‚über' sein; ***they behaved like so ~ children*** sie benahmen sich wie (die) Kinder; **2. ~ *a*** manch, manch ein: **~ *a man*** manch einer; **~ *a time*** des öfteren; **II** *s.* **3.** viele: ***the ~*** *pl. konstr.* die (große) Masse; **~ *of us*** viele von uns; ***a good ~*** ziemlich viel(e); ***a great ~*** sehr viele; **~-sid·ed** [ˌmenɪˈsaɪdɪd] *adj.* vielseitig (*a. fig.*); *fig.* vielschichtig (*Problem etc.*); **~-sid·ed·ness** [ˌmenɪˈsaɪdɪdnɪs] *s.* **1.** Vielseitigkeit *f* (*a. fig.*); **2.** *fig.* Vielschichtigkeit *f.*

Mao·ism [ˈmaʊɪzəm] *s.* Maoˈismus *m*; **ˈMao·ist** [-ɪst] **I** *s.* Maoˈist(in); **II** *adj.* maoˈistisch.

map [mæp] **I** *s.* **1.** (Land- *etc.*, *a.* Himmels)Karte *f*: **~ *of the city*** Stadtplan *m*; ***by ~*** nach der Karte; ***off the ~*** F a) abgelegen, ‚hinter dem Mond' (gelegen), b) bedeutungslos; ***on the ~*** F a) (noch) da *od.* vorhanden, b) beachtenswert; ***put on the ~*** *fig. Stadt etc.* bekannt machen, Geltung verschaffen (*dat.*); **2.** *sl.* ‚Viˈsage' *f*, ‚Fresse' *f* (*Gesicht*); **II** *v/t.* **3.** e-e Karte machen von, kartoˈgraphisch darstellen; **4.** *Gebiet* kartoˈgraphisch erfassen; **5.** auf e-r Karte eintragen; **6. ~ *out*** *fig.* (vorˈaus-) planen, ausarbeiten, *s-e Zeit* einteilen; **~ case** *s.* Kartentasche *f*; **~ ex·er·cise** *s.* ⚔ Planspiel *n.*

ma·ple [ˈmeɪpl] **I** *s.* **1.** ⚘ Ahorn *m*; **2.** Ahornholz *n*; **II** *adj.* **3.** aus Ahorn (-holz), Ahorn…; **~ sug·ar** *s.* Ahornzucker *m.*

map·per [ˈmæpə] *s.* Kartoˈgraph *m.*

ma·quis [ˈmækiː] *pl.* **-quis** [-kiː] *s.* **1.** ⚘

Macchia *f*; **2.** a) Ma'quis *m*, fran'zösische 'Widerstandsbewegung (*im 2. Weltkrieg*), b) Maqui'sard *m*, (fran'zösischer) 'Widerstandskämpfer.

mar [mɑː] *v/t.* **1.** (be)schädigen: **~-resistant** ⚙ kratzfest; **2.** ruinieren; **3.** *fig. Pläne etc.* stören, beeinträchtigen; *Schönheit*, *Spaß* verderben.

mar·a·bou ['mærəbuː] *s. orn.* Marabu *m.*

mar·a·schi·no [ˌmærə'skiːnəʊ] *s.* Mara'schino(liˌkör) *m.*

mar·a·thon ['mærəθn] **I** *s. sport* **1.** *a.* **~ race** Marathonlauf *m*; **2.** *fig.* Dauerwettkampf *m*; **II** *adj.* **3.** *sport* Marathon...: **~ runner**; **4.** *fig.* Marathon..., Dauer...: **~ session.**

ma·raud [mə'rɔːd] ⚔ **I** *v/i.* plündern; **II** *v/t.* verheeren, (aus)plündern; **ma'raud·er** [-də] *s.* Plünderer *m.*

mar·ble ['mɑːbl] **I** *s.* **1.** *min.* Marmor *m*: **artificial ~** Gipsmarmor, Stuck *m*; **2.** Marmorstatue *f*, -bildwerk *n*; **3.** a) Murmel(kugel) *f*, b) *pl. sg. konstr.* Murmelspiel *n*: **play ~s** (mit) Murmeln spielen; **he's lost his ~s** *Brit. sl.* ,er hat nicht mehr alle'; **4.** marmorierter Buchschnitt; **II** *adj.* **5.** marmorn, aus Marmor; **6.** marmoriert, gesprenkelt; **7.** *fig.* steinern, gefühllos; **III** *v/t.* **8.** marmorieren, sprenkeln: **~d meat** durchwachsenes Fleisch.

mar·cel [mɑː'sel] **I** *v/t. Haar* ondulieren; **II** *s. a.* **~ wave** Ondulati'on(swelle) *f.*

march[1] [mɑːtʃ] **I** *v/i.* **1.** ⚔ *etc.* marschieren, ziehen: **~ off** abrücken; **~ past** (**s.o.**) (an j-m) vorbeiziehen *od.* -marschieren; **~ up** anrücken; **2.** *fig.* fortschreiten; Fortschritte machen; **II** *v/t.* **3.** *Strecke* marschieren, zu'rücklegen; **4.** marschieren lassen: **~ off prisoners** Gefangene abführen; **III** *s.* **5.** ⚔ Marsch *m* (*a.* ♪): **slow ~** langsamer Parademarsch; **~ order** *Am.* Marschbefehl *m*; **6.** Marsch(strecke *f*) *m*: **a day's ~** ein Tagemarsch; **7.** ⚔ Vormarsch *m* (**on** auf *acc.*); **8.** *fig.* (Ab-) Lauf *m*, (Fort)Gang *m*: **the ~ of events**; **9.** *fig.* Fortschritt *m*: **the ~ of progress** die fortschrittliche Entwicklung; **10. steal a ~ (up)on s.o.** j-m ein Schnippchen schlagen, j-m zuvorkommen.

march[2] [mɑːtʃ] **I** *s.* **1.** *hist.* Mark *f*; **2.** a) *mst pl.* Grenzgebiet *n*, -land *n*, b) Grenze *f*; **II** *v/i.* **3.** grenzen (**upon** an *acc.*); **4.** e-e gemeinsame Grenze haben (**with** mit).

March[3] [mɑːtʃ] *s.* März *m*: **in ~** im März; **as mad as a ~ hare** F total übergeschnappt.

march·ing ['mɑːtʃɪŋ] *adj.* ⚔ Marsch..., marschierend: **~ order** a) Marschausrüstung *f*, b) Marschordnung *f*; **in heavy ~ order** feldmarschmäßig; **~ orders** *Brit.* Marschbefehl *m*; **he got his ~ orders** F er bekam den ,Laufpaß'.

mar·chion·ess ['mɑːʃənɪs] *s.* Mar'quise *f*, Markgräfin *f.*

march·pane ['mɑːtʃpeɪn] *s. obs.* Marzi'pan *n.*

Mar·di Gras [ˌmɑːdɪ'grɑː] (*Fr.*) *s.* Fastnacht(sdienstag *m*) *f.*

mare [meə] *s.* Stute *f*: **the grey ~ is the better horse** *fig.* die Frau ist der Herr im Hause; **~'s nest** *fig.* a) ,Windei' *n*, *a.* (Zeitungs)Ente *f*, b) ,Saustall' *m.*

mar·ga·rine [ˌmɑːdʒə'riːn] *s.* Marga'rine *f.*

marge [mɑːdʒ] *s. Brit.* F Marga'rine *f.*

mar·gin ['mɑːdʒɪn] **I** *s.* **1.** Rand *m* (*a. fig.*); **2.** *a. pl.* (Seiten)Rand *m* (*bei Büchern etc.*): **as per ~** ✝ wie nebenstehend; **3.** Grenze *f* (*a. fig.*): **~ of income** Einkommensgrenze; **4.** Spielraum *m*: **leave a ~** Spielraum lassen; **5.** *fig.* 'Überschuß *m*, (*ein*) Mehr *n* (*an Zeit, Geld etc.*): **safety ~** Sicherheitsfaktor *m*; **by a narrow ~** mit knapper Not; **6.** *mst* **profit ~** ✝ (Gewinn-, Verdienst-) Spanne *f*, Marge *f*, Handelsspanne *f*: **interest ~** Zinsgefälle *n*; **7.** ✝, *Börse*: Hinter'legungssumme *f*, Deckung *f* (*von Kursschwankungen*), Marge *f*: **~ business** *Am.* Effektendifferenzgeschäft *n*; **8.** ✝ Rentabili'tätsgrenze *f*; **9.** *sport* (**by a ~ of four seconds** mit vier Sekunden) Abstand *m od.* Vorsprung *m*; **II** *v/t.* **10.** mit Rand(bemerkungen) versehen; **11.** an den Rand schreiben; **12.** ✝ *durch Hinterlegung* decken; **'mar·gin·al** [-nl] *adj.* □ **1.** am *od.* auf dem Rand, Rand...: **~ note** Randbemerkung *f*; **~ release** a) Randauslösung *f*, b) Randlöser *m* (*der Schreibmaschine*); **2.** am Rande, Grenz... (*a. fig.*); **3.** *fig.* Mindest...: **~ capacity**; **4.** ✝ a) zum Selbstkostenpreis, b) knapp über der Rentabili'tätsgrenze (liegend), Grenz...: **~ cost** Grenz-, Mindestkosten *pl.*; **~ sales** Verkäufe zum Selbstkostenpreis; **mar·gi·na·li·a** [ˌmɑːdʒɪ'neɪljə] *s. pl.* Margi'nalien *pl.*, Randbemerkungen *pl.*; **'mar·gin·al·ly** [-nəlɪ] *adv. fig.* **1.** geringfügig; **2.** (nur) am Rande.

mar·grave ['mɑːgreɪv] *s. hist.* Markgraf *m*; **mar·gra·vi·ate** [mɑː'greɪvɪət] *s.* Markgrafschaft *f*; **'mar·gra·vine** [-grəviːn] *s.* Markgräfin *f.*

mar·gue·rite [ˌmɑːgəˈriːt] *s.* ⚘ **1.** Marge'rite *f*; **2.** Gänseblümchen *n*.
mar·i·gold [ˈmærɪgəʊld] *s.* ⚘ Ringelblume *f*; Stu'dentenblume *f*.
mar·i·jua·na, *a.* **mar·i·hua·na** [ˌmærɪˈhwɑːnə] *s.* **1.** ⚘ Marihu'anahanf *m*; **2.** Marihu'ana *n* (*Droge*).
mar·i·nade [ˌmærɪˈneɪd] *s.* **1.** Mari'nade *f*; **2.** marinierter Fisch; **mar·i·nate** [ˈmærɪneɪt] *v/t. Fisch* marinieren.
ma·rine [məˈriːn] **I** *adj.* **1.** See...: **~ *warfare***; **~ *court*** *Am.* ⚖ Seegericht *n*; **~ *insurance*** See(transport)versicherung *f*; **2.** Meeres...: **~ *plants***; **3.** Schiffs...; **4.** Marine...: **2 *Corps*** *Am.* ⚔ Marineinfanteriekorps *n*; **II** *s.* **5.** Ma'rine *f*: ***mercantile* ~** Handelsmarine; **6.** ⚔ Ma'rineinfanteˌrist *m*: ***tell that to the* ~*s!*** F das kannst du deiner Großmutter erzählen!; **7.** *paint.* Seestück *n*.
mar·i·ner [ˈmærɪnə] *s. poet. od.* ⚓ Seemann *m*, Ma'trose *m*: ***master* ~** Kapitän *m* e-s Handelsschiffs.
Mar·i·ol·a·try [ˌmeərɪˈɒlətrɪ] *s.* Ma'rienkult *m*, -verehrung *f*.
mar·i·o·nette [ˌmærɪəˈnet] *s.* Mario'nette *f* (*a. fig.*).
mar·i·tal [ˈmærɪtl] *adj.* ☐ ehelich, Ehe..., Gatten...: **~ *partners*** Ehegatten; **~ *relations*** eheliche Beziehungen; **~ *status*** ⚖ Familienstand *m*; ***disruption of* ~ *relations*** Zerrüttung *f* der Ehe.
mar·i·time [ˈmærɪtaɪm] *adj.* **1.** See..., Schiffahrts...: **~ *court*** Seeamt *n*; **~ *insurance*** Seeversicherung *f*; **~ *law*** Seerecht *n*; **2.** a) seefahrend, Seemanns..., b) Seehandel (be)treibend; **3.** an der See liegend *od.* lebend, Küsten...; **4.** *zo.* an der Küste lebend, Strand...; **2 Com·mis·sion** *s. Am. Oberste Handelsschiffahrtsbehörde der USA*; **~ ter·ri·to·ry** *s.* ⚖ Seehoheitsgebiet *n*.
mar·jo·ram [ˈmɑːdʒərəm] *s.* ⚘ Majoran *m*.
mark[1] [mɑːk] **I** *s.* **1.** Markierung *f*, Marke *f*, Mal *n*; *engS.* Fleck *m*: ***adjusting* ~** ⚙ Einstellmarke; **2.** *fig.* Zeichen *n*: **~ *of confidence*** Vertrauensbeweis *m*; **~ *of respect*** Zeichen der Hochachtung; **3.** (Kenn)Zeichen *n*, (Merk)Mal *n*; *zo.* Kennung *f*: ***distinctive* ~** Kennzeichen; **4.** (Schrift-, Satz)Zeichen *n*: ***question* ~** Fragezeichen; **5.** (An)Zeichen *n*: ***a* ~ *of great carelessness***; **6.** (Eigentums)Zeichen *n*, Brandmal *n*; **7.** Strieme *f*, Schwiele *f*; **8.** Narbe *f* (*a.* ⚙); **9.** Kerbe *f*, Einschnitt *m*; **10.** Kreuz *n als Unterschrift*; **11.** Ziel(scheibe *f*; *a. fig.*) *n*: ***wide of*** (*od.* ***beside***) ***the* ~** *fig.* a) fehl am Platz, nicht zur Sache gehörig, b) ‚fehlgeschossen'; ***you are quite off*** (*od.* ***wide of***) ***the* ~** *fig.* Sie irren sich gewaltig; ***hit the* ~** (ins Schwarze) treffen; ***miss the* ~** a) fehl-, vorbeischießen, b) sein Ziel *od.* s-n Zweck verfehlen, ‚danebenhauen'; **12.** *fig.* Norm *f*: ***below the* ~** unterdurchschnittlich, nicht auf der Höhe; ***up to the* ~** a) der Sache gewachsen, b) den Erwartungen entsprechend, c) *gesundheitlich etc.* auf der Höhe; ***within the* ~** innerhalb der erlaubten Grenzen, berechtigt (***in doing*** zu tun); ***overshoot the* ~** über das Ziel hinausschießen, zu weit gehen; **13.** (aufgeprägter) Stempel, Gepräge *n*; **14.** Spur *f* (*a. fig.*): ***leave one's* ~ *upon*** a) s-n Stempel aufdrücken (*dat.*), b) bei *j-m* s-e Spuren hinterlassen; ***make one's* ~** sich e-n Namen machen (***in*** in *dat.*, ***upon*** bei), Vorzügliches leisten; **15.** *fig.* Bedeutung *f*, Rang *m*: ***a man of* ~** e-e markante Persönlichkeit; **16.** ✝ a) (Waren)Zeichen *n*, Fa'brik-, Schutzmarke *f*, (Handels)Marke *f*, b) Preisangabe *f*; **17.** ⚔ *Brit.* Mo'dell *n*, Type *f* (*Panzerwagen etc.*); **18.** (Schul-) Note *f*, Zen'sur *f*: ***obtain full* ~*s*** in allen Punkten voll bestehen; ***give s.o. full* ~*s*** (***for***) *fig.* j-m höchstes Lob spenden (für); ***bad* ~** Note für schlechtes Benehmen; ***bad* ~*s*** (ein) schlechtes Zeugnis; **19.** *sport* a) *Fußball etc.*: (Strafstoß-) Marke *f*, b) *Laufsport*: Startlinie *f*, c) *Boxen*: *sl.* Magengrube *f*: ***on your* ~*s!*** auf die Plätze!; ***get off the* ~** starten; **20.** ***not my* ~** *sl.* nicht mein Geschmack, nicht das Richtige für mich; **21.** *sl.* ‚Gimpel' *m*, leichtes Opfer: ***be an easy* ~** leicht ‚reinzulegen' sein; **22.** *hist.* a) Mark *f* (*Grenzgebiet*), b) All'mende *f*; **II** *v/t.* **23.** markieren (*a.* ⚔), (*a. fig. j-n, et., ein Zeitalter*) kennzeichnen; bezeichnen; *Wäsche* zeichnen; ✝ *Waren* auszeichnen, *Preis* festsetzen; *Temperatur etc.* anzeigen; *fig.* ein Zeichen sein für: ***to* ~ *the occasion*** aus diesem Anlaß, zur Feier des Tages; ***the day was* ~*ed by heavy fighting*** der Tag stand im Zeichen schwerer Kämpfe; → ***time*** 18; **24.** brandmarken; **25.** Spuren hinter'lassen auf (*dat.*); **26.** zeigen, zum Ausdruck bringen; **27.** be-, vermerken, achtgeben auf (*acc.*), sich merken; **28.** *ped. Arbeiten* zensieren; **29.** bestimmen (***for*** für); **30.** *sport* a) *Gegenspieler* decken, markieren, b) *Punkte etc.* notieren; **III** *v/i.* **31.** achtgeben, aufpassen: **~*!*** Achtung!; **~ *you*** wohlgemerkt; **~ down** *v/t.* **1.** ✝ (*im*

Preis) her'absetzen; **2.** bestimmen, vormerken (***for*** für, zu); **~ off** *v/t.* **1.** abgrenzen, -stecken; **2.** *auf e-r Liste* abhaken; **3.** *fig.* (ab)trennen; **4.** ⩚ *Strecke* ab-, auftragen; **~ out** *v/t.* **1.** bestimmen, ausersehen (***for*** für, zu); **2.** abgrenzen, (*durch Striche etc.*) bezeichnen, markieren; **~ up** *v/t.* ⚚ **1.** (*im Preis etc.*) hin'auf-, her'aufsetzen; **2.** *Diskontsatz etc.* erhöhen.

mark² [mɑːk] *s.* ⚚ **1.** (deutsche) Mark: ***blocked ~*** Sperrmark; **2.** *hist.* Mark *f* (*Münze, Goldgewicht*).

Mark³ [mɑːk] *npr. u. s. bibl.* 'Markus (-evanˌgelium *n*) *m*.

'mark·down *s.* ⚚ niedrigere Auszeichnung (*e-r Ware*), Preissenkung *f*.

marked [mɑːkt] *adj.* ☐ **1.** markiert, gekennzeichnet; mit e-r Aufschrift versehen; **2.** ⚚ bestätigt (*Am.* gekennzeichnet) (*Scheck*); **3.** mar'kant, ausgeprägt; **4.** deutlich, merklich: ***~ progress***; **5.** auffällig, ostenta'tiv: ***~ indifference***; **6.** gezeichnet: ***a face ~ with smallpox*** ein pockennarbiges Gesicht; ***a ~ man*** *fig.* ein Gezeichneter; **'mark·ed·ly** [-kɪdlɪ] *adv.* deutlich, ausgesprochen.

mark·er ['mɑːkə] *s.* **1.** Anschreiber *m*; *Billard*: Mar'kör *m*; **2.** ⚔ a) Anzeiger *m* (*beim Schießstand*), b) Flügelmann *m*; **3.** a) Kennzeichen *n*, b) (Weg- *etc.*) Markierung *f*; **4.** Lesezeichen *n*; **5.** *Am.* a) Straßenschild *n*, b) Gedenktafel *f*; **6.** ✈ a) Sichtzeichen *n*: ***~ panel*** Fliegertuch *n*, b) Leuchtbombe *f*.

mar·ket ['mɑːkɪt] ⚚ **I** *s.* **1.** Markt *m* (*Handel*): ***be in the ~ for*** Bedarf haben an (*a. fig.*); ***come into the ~*** (zum Verkauf) angeboten werden, auf den Markt kommen; ***place*** (*od.* ***put***) ***on the ~*** → 11; ***sale in the open ~*** freihändiger Verkauf; **2.** *Börse*: Markt *m*: ***railway ~*** Markt für Eisenbahnwerte; **3.** (*a.* Geld)Markt *m*, Börse *f*, Handelsverkehr *m*: ***active*** (***dull***) ***~*** lebhafter (lustloser) Markt; ***play the ~*** an der Börse spekulieren; **4.** a) Marktpreis *m*, b) Marktpreise *pl.*: ***the ~ is low*** (***rising***); ***at the ~*** zum Marktpreis, *Börse*: zum ‚Bestens'-Preis; **5.** Markt(platz) *m*, Handelsplatz *m*: ***in the ~*** auf dem Markt; (***covered***) ***~*** Markthalle *f*; **6.** *Am.* (Lebensmittel)Geschäft *n*: ***meat ~***; **7.** (Wochen- *od.* Jahr)Markt *m*; **8.** Markt *m* (*Absatzgebiet*): ***hold the ~*** a) den Markt beherrschen, b) (durch Kauf *od.* Verkauf) die Preise halten; **9.** Absatz *m*, Verkauf *m*, Markt *m*: ***find a ~*** Absatz finden (*Ware*); ***find a ~ for*** *et.* an den Mann bringen; ***meet with a ready ~*** schnellen Absatz finden; **10.** (***for***) Nachfrage *f* (nach), Bedarf *m* (an *dat.*); **II** *v/t.* **11.** auf den Markt bringen; vertreiben; **III** *v/i.* **12.** einkaufen; auf dem Markt handeln; Märkte besuchen; **IV** *adj.* **13.** Markt…: ***~ day***; **14.** Börsen…; **15.** Kurs…: ***~ profit***; **'mar·ket·a·ble** [-təbl] *adj.* marktfähig, -gängig; börsenfähig.

mar·ket| a·nal·y·sis *s.* ⚚ 'Marktanaˌlyse *f*; **~ con·di·tion** *s.* ⚚ Marktlage *f*, Konjunk'tur *f*; **~ e·con·o·my** *s.* ⚚ (***free ~***, ***social ~*** freie, sozi'ale) Marktwirtschaft; **~ fluc·tu·a·tion** *s.* ⚚ **1.** Konjunk'turbewegung *f*; **2.** *pl.* Konjunk'turschwankungen *pl.*; **~ gar·den** *s. Brit.* Handelsgärtne'rei *f*.

mar·ket·ing ['mɑːkɪtɪŋ] **I** *s.* **1.** ⚚ Marketing *n*, Marktversorgung *f*, 'Absatzpoliˌtik *f*, -förderung *f*; **2.** Marktbesuch *m*; **II** *adj.* **3.** Markt…: ***~ association*** Marktverband *m*; ***~ company*** Vertriebsgesellschaft *f*; ***~ organization*** Absatzorganisation *f*; ***~ research*** Absatzforschung *f*.

mar·ket| in·ves·ti·ga·tion *s.* 'Marktunterˌsuchung *f*; **~ lead·ers** *s. pl.* führende Börsenwerte *pl.*; **~ let·ter** *s. Am.* Markt-, Börsenbericht *m*; **~ niche** *s.* Marktnische *f*, -lücke *f*; **'~-ˌo·ri·ent·ed** *adj.* ⚚ marktorientiert; **'~-place** *s.* Marktplatz *m*; **~ price** *s.* **1.** Marktpreis *m*; **2.** *Börse*: Kurs(wert) *m*; **~ quo·ta·tion** *s.* Börsennotierung *f*, Marktkurs *m*: ***list of ~s*** Markt-, Börsenzettel *m*; **~ rate** → ***market price***; **~ re·search** *s.* ⚚ Marktforschung *f*; **~ re·search·er** *s.* ⚚ Marktforscher *m*; **~ rig·ging** *s.* Kurstreibe'rei *f*, 'Börsenmaˌnöver *n*; **~ share** *s.* Marktanteil *m*; **~ stud·y** *s.* ⚚ 'Marktunterˌsuchung *f*; **~ swing** *s. Am.* Konjunk'turperiˌode *f*; **'~-town** *s.* Markt(flecken) *m*; **~ val·ue** *s.* Kurs-, Verkehrswert *m*.

mark·ing ['mɑːkɪŋ] **I** *s.* **1.** Kennzeichnung *f*, Markierung *f*; Bezeichnung *f* (*a.* ♪); *ped.* Zensieren *n*; ✈ Hoheitsabzeichen *n*; **2.** *zo.* (Haut-, Feder)Musterung *f*, Zeichnung *f*; **II** *adj.* **3.** ⚙ markierend: ***~ awl*** Reißahle *f*; ***~ ink*** Zeichen-, Wäschetinte *f*.

marks·man ['mɑːksmən] *s.* [*irr.*] guter Schütze, Meisterschütze *m*, *bsd.* ⚔ *u. Polizei*: Scharfschütze *m*; **'marks·man·ship** [-ʃɪp] *s.* **1.** Schießkunst *f*; **2.** Treffsicherheit *f*.

'mark·up *s.* ⚚ **1.** a) höhere Auszeichnung (*e-r Ware*), b) Preiserhöhung *f*; **2.** Kalkulati'onsaufschlag *m*; **3.** *Am.* im Preis erhöhter Ar'tikel.

marl [mɑːl] **I** *s. geol.* Mergel *m*; **II** *v/t.* ✓ mergeln.
mar·ma·lade [ˈmɑːməleɪd] *s.* (*bsd.* Oˈrangen)Marmeˌlade *f.*
mar·mo·set [ˈmɑːməʊzet] *s. zo.* Krallenaffe *m.*
mar·mot [ˈmɑːmət] *s. zo.* **1.** Murmeltier *n*; **2.** Präˈriehund *m.*
mar·o·cain [ˈmærəkeɪn] *s.* Maroˈcain *n* (*ein Kreppgewebe*).
ma·roon¹ [məˈruːn] **I** *v/t.* **1.** (*auf e-r einsamen Insel etc.*) aussetzen; **2.** *fig.* a) im Stich lassen, b) von der Außenwelt abschneiden; **II** *v/i.* **3.** *Brit.* herˈumlungern; **4.** *Am.* einsam zelten; **III** *s.* **5.** Busch-, Maˈronneger *m* (*Westindien u. Guayana*); **6.** Ausgesetzte(r *m*) *f.*
ma·roon² [məˈruːn] **I** *s.* **1.** Kaˈstanienbraun *n*; **2.** Kaˈnonenschlag *m* (*Feuerwerk*); **II** *adj.* **3.** kaˈstanienbraun.
mar·plot [ˈmɑːplɒt] *s.* **1.** Quertreiber *m*; **2.** Spielverderber *m*, Störenfried *m.*
marque [mɑːk] *s.* ⚓ *hist.*: ***letter(s) of ~*** (***and reprisal***) Kaperbrief *m.*
mar·quee [mɑːˈkiː] *s.* **1.** großes Zelt; **2.** *Am.* Marˈkise *f*, Schirmdach *n* (*über e-m Hoteleingang etc.*); **3.** Vordach *n* (*über Haustür*).
mar·quess [ˈmɑːkwɪs] *s.* → ***marquis***.
mar·que·try, *a.* **mar·que·te·rie** [ˈmɑːkɪtrɪ] *s.* Inˈtarsia *f*, Marketeˈrie *f*, Holzeinlegearbeit *f.*
mar·quis [ˈmɑːkwɪs] *s.* Marˈquis *m* (*englischer Adelstitel*).
mar·riage [ˈmærɪdʒ] *s.* **1.** Heirat *f*, Vermählung *f*, Hochzeit *f* (***to*** mit); → ***civil*** 4; **2.** Ehe(stand *m*) *f*: ***~ of convenience*** Vernunftehe, Geldheirat *f*; ***by ~*** angeheiratet; ***of his*** (***her***) ***first ~*** aus erster Ehe; ***related by ~*** verschwägert; ***contract a ~*** die Ehe eingehen; ***give s.o. in ~*** j-n verheiraten; ***take s.o. in ~*** j-n heiraten; **3.** *fig.* Vermählung *f*, innige Verbindung; **ˈmar·riage·a·ble** [-dʒəbl] *adj.* heiratsfähig: ***~ age*** Ehemündigkeit *f.*
mar·riage| ar·ti·cles *s. pl.* ⚖ Ehevertrag *m*; **~ bro·ker** *s.* Heiratsvermittler *m*; **~ bu·reau** *s.* ˈHeiratsinstiˌtut *n*; **~ cer·e·mo·ny** *s.* Trauung *f*; **~ cer·tif·i·cate** *s.* Trauschein *m*; **~ con·tract** *s.* ⚖ Ehevertrag *m*; **~ flight** *s. Bienenzucht*: Hochzeitsflug *m*; **~ guid·ance** *s.* Eheberatung *f*: ***~ counsel(l)or*** Eheberater(in); **~ li·cence**, *Am.* **~ li·cense** *s.* ⚖ (kirchliche, *Am.* amtliche) Eheerlaubnis; **~ lines** *s. pl. Brit.* F Trauschein *m*; **~ por·tion** *s.* ⚖ Mitgift *f*; **~ set·tle·ment** *s.* ⚖ Ehevertrag *m.*
mar·ried [ˈmærɪd] *adj.* **1.** verheiratet, Ehe…, ehelich: ***~ life*** Eheleben *n*; ***~ man*** Ehemann *m*; ***~ state*** Ehestand *m*; **2.** *fig.* eng *od.* innig (miteinˈander) verbunden.
mar·ron [ˈmærən] *s.* ⚘ Maˈrone *f.*
mar·row¹ [ˈmærəʊ] *s.* **1.** *anat.* (Knochen)Mark *n*; **2.** *fig.* Mark *n*, Kern *m*, *das* Innerste *od.* Wesentlichste; Lebenskraft *f*: ***to the ~*** (***of one's bones***) bis aufs Mark, bis ins Innerste; → ***pith*** 2.
mar·row² [ˈmærəʊ] *s. Am. mst* ***~ squash***, *Brit. a.* ***vegetable ~*** ⚘ Eier-, Markkürbis *m.*
ˈmar·row·bone *s.* **1.** Markknochen *m*; **2.** *pl. humor.* Knie *pl.*; **3.** *pl.* → ***crossbones***.
mar·row·less [ˈmærəʊlɪs] *adj. fig.* mark-, kraftlos.
mar·row·y [ˈmærəʊɪ] *adj. a. fig.* markig, kernig, kräftig.
mar·ry¹ [ˈmærɪ] **I** *v/t.* **1.** heiraten, sich vermählen *od.* verheiraten mit: ***be married to*** verheiratet sein mit; ***get married to*** sich verheiraten mit; **2.** *a.* ***~ off*** *Sohn, Tochter* verheiraten (***to*** an *acc.*, mit); **3.** *ein Paar* trauen (*Geistlicher*); **4.** *fig.* eng verbinden *od.* verknüpfen (***to*** mit); **II** *v/i.* **5.** (sich ver-) heiraten: ***~ing man*** F Heiratslustige(r) *m*, Ehekandidat *m*; ***~ in haste and repent at leisure*** schnell gefreit, lang bereut.
mar·ry¹ [ˈmærɪ] *int. obs.* fürˈwahr!
Mars [mɑːz] *npr. u. s.* Mars *m* (*Kriegsgott od. Planet*).
marsh [mɑːʃ] *s.* **1.** Sumpf(land *n*) *m*, Marsch *f*; **2.** Moˈrast *m.*
mar·shal [ˈmɑːʃl] **I** *s.* **1.** ⚔ Marschall *m*; **2.** ⚖ *Brit.* Gerichtsbeamte(r) *m*; **3.** ⚖ *Am.* a) ***US ~*** (ˈBundes)Vollˌzugsbeamte(r) *m*, b) Beˈzirkspoliˌzeichef *m*, c) *a.* ***city ~*** Poliˈzeidiˌrektor *m*, d) *a.* ***fire ~*** ˈBranddiˌrektor *m*; **4.** *hist.* ˈHofmarˌschall *m*; **5.** Zereˈmonienmeister *m*; Festordner *m*; *mot.* Rennwart *m*; **II** *v/t.* **6.** aufstellen (*a.* ⚔); (an)ordnen, arrangieren: ***~ wag(g)ons into trains*** Züge zs.-stellen; ***~ one's thoughts*** *fig.* s-e Gedanken ordnen; **7.** (*bsd. feierlich*) (hinˈein)geleiten (***into*** in *acc.*); **8.** ✈ einwinken; **ˈmar·shal·(l)ing yard** [-ʃlɪŋ] *s.* 🚂 Rangier-, Verschiebebahnhof *m.*
ˈmarsh|-ˌfe·ver *s.* ⚕ Sumpffieber *n*; **~ gas** *s.* Sumpfgas *n*; **ˈ~·land** *s.* Sumpf-, Marschland *n*; **ˌ~ˈmal·low** *s.* **1.** ⚘ Echter Eibisch, Alˈthee *f*; **2.** Marshˈmallow *n* (*Süßigkeit*); **~ mar·i·gold** *s.* ⚘ Sumpfdotterblume *f.*

marsh·y ['mɑːʃɪ] *adj.* sumpfig, mo'rastig, Sumpf…

mar·su·pi·al [mɑː'sjuːpjəl] *zo.* **I** *adj.* **1.** Beuteltier…; **2.** Beutel…; **II** *s.* **3.** Beuteltier *n.*

mart [mɑːt] *s.* **1.** Markt *m*, Handelszentrum *n*; **2.** Aukti'onsraum *m*; **3.** *obs. od. poet.* Markt(platz) *m*, (Jahr)Markt *m.*

mar·ten ['mɑːtɪn] *s. zo.* Marder *m.*

mar·tial ['mɑːʃl] *adj.* □ **1.** kriegerisch, streitbar; **2.** mili'tärisch, sol'datisch: **~ music** Militärmusik *f*; **3.** Kriegs…, Militär…: **~ law** Kriegs-, Standrecht *n*; **state of ~ law** Ausnahmezustand *m*; **~ arts** asiatische Kampfsportarten.

Mar·ti·an ['mɑːʃjən] **I** *s.* **1.** Marsmensch *m*; **II** *adj.* **2.** Mars…, kriegerisch; **3.** *ast.* Mars…

mar·tin ['mɑːtɪn] *s. orn.* Mauerschwalbe *f.*

mar·ti·net [ˌmɑːtɪ'net] *s.* Leuteschinder *m*, Zuchtmeister *m.*

mar·tyr ['mɑːtə] **I** *s.* **1.** Märtyrer(in), Blutzeuge *m*; **2.** *fig.* Märtyrer(in), Opfer *n*: **make a ~ of o.s.** sich für et. aufopfern, *iro.* den Märtyrer spielen: **die a ~ to** (*od.* **in the cause of**) **science** sein Leben im Dienst der Wissenschaft opfern; **3.** F Dulder *m*, armer Kerl: **be a ~ to gout** ständig von Gicht geplagt werden; **II** *v/t.* **4.** zum Märtyrer machen; **5.** zu Tode martern; **6.** martern, peinigen; **'mar·tyr·dom** [-dəm] *s.* **1.** Mar'tyrium *n* (*a. fig.*), Märtyrertod *m*; **2.** Marterqualen *pl.* (*a. fig.*); **'mar·tyr·ize** [-əraɪz] *v/t.* **1.** (**o.s.** sich) zum Märtyrer machen (*a. fig.*); **2.** → ***martyr*** 6.

mar·vel ['mɑːvl] **I** *s.* **1.** Wunder(ding) *n*: **engineering ~s** Wunder der Technik; **be a ~ at s.th.** et. fabelhaft können; **2.** Muster *n* (**of** an *dat.*): **he is a ~ of patience** er ist die Geduld selber; **he is a perfect ~** F er ist phantastisch *od.* ein Phänomen; **II** *v/i.* **3.** sich (ver)wundern, staunen (**at** über *acc.*); **4.** sich verwundert fragen, sich wundern (**that** daß, **how** wie, **why** warum).

mar·vel·(l)ous ['mɑːvələs] *adj.* □ **1.** erstaunlich, wunderbar; **2.** un'glaublich; **3.** F fabelhaft, phan'tastisch.

Marx·i·an ['mɑːksjən] → ***Marxist***; **'Marx·ism** [-sɪzəm] *s.* Mar'xismus *m*; **'Marx·ist** [-sɪst] **I** *s.* Mar'xist(in); **II** *adj.* mar'xistisch.

mar·zi·pan [ˌmɑːzɪ'pæn] *s.* Marzi'pan *n.*

mas·car·a [mæ'skɑːrə] *s.* Wimperntusche *f.*

mas·cot ['mæskət] *s.* Mas'kottchen *n*, Talisman *m*; Glücksbringer(in): **radiator ~** *mot.* Kühlerfigur *f.*

mas·cu·line ['mæskjʊlɪn] **I** *adj.* **1.** männlich, masku'lin (*a. ling.*); Männer…; **2.** unweiblich, masku'lin; **II** *s.* **3.** *ling.* Masku'linum *n*; **mas·cu·lin·i·ty** [ˌmæskjʊ'lɪnətɪ] *s.* **1.** Männlichkeit *f*; **2.** Mannhaftigkeit *f.*

mash[1] [mæʃ] **I** *s.* **1.** *Brauerei etc.*: Maische *f*; **2.** ✓ Mengfutter *n*; **3.** Brei *m*, Mansch *m*; **4.** *Brit.* Kar'toffelbrei *m*; **5.** *fig.* Mischmasch *m*; **II** *v/t.* **6.** (ein)maischen; **7.** zerdrücken, -quetschen: **~ed potatoes** Kartoffelbrei *m.*

mash[2] [mæʃ] *obs. sl.* **I** *v/t.* **1.** *j-m* den Kopf verdrehen; **2.** flirten mit; **II** *v/i.* **3.** flirten, schäkern.

mash·er[1] ['mæʃə] *s.* **1.** Stampfer *m* (*Küchengerät*); **2.** *Brauerei*: 'Maischappaˌrat *m.*

mash·er[2] ['mæʃə] *s. obs. sl.* Schwerenöter *m*, ‚Schäker' *m.*

mask [mɑːsk] **I** *s.* **1.** Maske *f* (*a.* ⚠), Larve *f*: **death-~** Totenmaske; **2.** (Schutz-, Gesichts)Maske *f*: **fencing ~** Fechtmaske; **oxygen ~** ⚕ Sauerstoffmaske; **3.** Gasmaske *f*; **4.** Maske *f*: a) Maskierte(r *m*) *f*, b) 'Maskenkoˌstüm *n*, Maskierung *f*, c) *fig.* Verkappung *f*: **throw off the ~** *fig.* die Maske fallen lassen; **under the ~ of** unter dem Deckmantel (*gen.*); **5.** maskenhaftes Gesicht; **6.** *Kosmetik*: (Gesichts)Maske *f*; **7.** → ***masque***; **8.** ⚔ Tarnung *f*, Blende *f*; **9.** *phot.* Vorsatzscheibe *f*; **II** *v/t.* **10.** *j-n* maskieren, verkleiden, vermummen; *fig.* verschleiern, -hüllen; **11.** ⚔ tarnen; **12.** *a.* **~ out** ⚙ korrigieren, retuschieren; *Licht* abblenden; **masked** [-kt] *adj.* **1.** maskiert (*a.* ⚘); Masken…: **~ ball** Maskenball *m*; **2.** ⚔, ✝ getarnt: **~ advertising** Schleichwerbung *f*; **'mask·er** [-kə] *s.* Maske *f*, Maskenspieler *m.*

mas·och·ism ['mæsəʊkɪzəm] *s.* ⚕, *psych.* Maso'chismus *m*; **'mas·och·ist** [-ɪst] *s.* Maso'chist *m.*

ma·son ['meɪsn] **I** *s.* **1.** Steinmetz *m*; **2.** Maurer *m*; **3.** *oft* ♀ Freimaurer *m*; **II** *v/t.* **4.** mauern; **Ma·son·ic** [mə'sɒnɪk] *adj.* freimaurerisch, Freimaurer…; **'ma·son·ry** [-rɪ] *s.* **1.** Steinmetz-, Maurerarbeit *f od.* -handwerk *n*; **2.** Mauerwerk *n*; **3.** *mst.* ♀ Freimaure'rei *f.*

masque [mɑːsk] *s. thea. hist.* Maskenspiel *n.*

mas·quer·ade [ˌmæskə'reɪd] **I** *s.* **1.** Maske'rade *f*: a) Maskenball *m*, b) Maskierung *f*, c) *fig.* The'ater *n*, Verstellung *f*, d) *fig.* Maske *f*, Verkleidung *f*; **II** *v/i.* **2.** an e-r Maskerade teilnehmen; **3.** sich maskieren *od.* verkleiden (*a. fig.*); **4.** *fig.* sich ausgeben (***as*** als).

mass¹ [mæs] **I** *s.* **1.** *allg.* Masse *f* (*a.* ⚙ *u. phys.*): ***a ~ of blood*** ein Klumpen Blut; ***a ~ of troops*** e-e Truppenansammlung; ***in the ~*** im großen u. ganzen; **2.** Mehrzahl *f*: ***the*** (***great***) ***~ of imports*** der überwiegende Teil der Einfuhr; **3.** ***the ~*** die Masse, die Allge'meinheit: ***the ~es*** die ‚breite' Masse; **II** *v/t.* **4.** (*v/i.* sich) (an)sammeln *od.* (an)häufen, (*v/i.* sich) zs.-ballen; ⚔ (*v/i.* sich) massieren *od.* konzentrieren; **III** *adj.* **5.** Massen...: ***~ acceleration*** *phys.* Massenbeschleunigung *f*; ***~ communication*** Massenkommunikation *f*; ***~ meeting*** Massenversammlung *f*; ***~ murder*** Massenmord *m*; ***~ society*** Massengesellschaft *f*.

Mass² [mæs] *s. eccl.* (*a.* ♪) Messe *f*; → ***High*** (***Low***) ***Mass***; ***~ was said*** die Messe wurde gelesen; ***to attend*** (***the***) (*od.* ***go to***) ***~*** zur Messe gehen; ***~ for the dead*** Toten-, Seelenmesse.

mas·sa·cre ['mæsəkə] **I** *s.* Gemetzel *n*, Mas'saker *n*, Blutbad *n*; **II** *v/t.* niedermetzeln, massakrieren.

mas·sage ['mæsɑ:ʒ] **I** *s.* Mas'sage *f*: ***~ parlo***(***u***)***r*** Massagesalon *m*; **II** *v/t.* massieren.

mas·seur [mæ'sɜ:] (*Fr.*) *s.* Mas'seur *m*; **mas·seuse** [mæ'sɜ:z] (*Fr.*) *s.* Mas'seurin *f*, Mas'seuse *f*.

mas·sif ['mæsi:f] *s. geol.* Ge'birgsmasˌsiv *n*, -stock *m*.

mas·sive ['mæsɪv] *adj.* □ **1.** mas'siv (*a. geol., a. Gold etc.*), schwer, massig; **2.** *fig.* mas'siv, gewaltig, wuchtig, ‚klotzig'; **'mas·sive·ness** [-nɪs] *s.* **1.** Mas'sive(s) *n*, Schwere(s) *n*; **2.** Gediegenheit *f* (*Gold etc.*); **3.** *fig.* Wucht *f*.

mass| me·di·a *s. pl.* Massenmedien *pl.*; **'~-proˌduce** *v/t.* serienmäßig herstellen: ***~d articles*** Massen-, Serienartikel; **~ pro·duc·tion** *s.* ⚒ 'Massen-, 'Serienproduktiˌon *f*: ***standardized ~*** Fließarbeit *f*.

mass·y ['mæsɪ] → ***massive***.

mast¹ [mɑ:st] **I** *s.* **1.** ⚓ (Schiffs)Mast *m*: ***sail before the ~*** (als Matrose) zur See fahren; **2.** (Gitter-, Leitungs-, An'tennen-, ✈ Anker)Mast *m*; **II** *v/t.* **3.** ⚓ bemasten: ***three-~ed*** dreimastig.

mast² [mɑ:st] *s.* 🌿 Mast(futter *n*) *f*.

mas·tec·to·my [mæ'stektəmɪ] *s.* ⚕ 'Brustamputatiˌon *f*.

mas·ter ['mɑ:stə] **I** *s.* **1.** Meister *m* (*a. Kunst u. fig.*), Herr *m*, Gebieter *m*: ***the 2*** *eccl.* der Herr (*Christus*); ***be ~ of s.th.*** et. (*a. e-e Sprache*) beherrschen; ***be ~ of o.s.*** sich in der Gewalt haben; ***be ~ of the situation*** Herr der Lage sein; ***be one's own ~*** sein eigener Herr sein; ***be ~ of one's time*** über s-e Zeit (nach Belieben) verfügen können; **2.** Besitzer *m*, Eigentümer *m*, Herr *m*: ***make o.s. ~ of s.th.*** et. in s-n Besitz bringen; **3.** Hausherr *m*; **4.** Meister *m*, Sieger *m*; **5.** a) Lehrherr *m*, Meister *m*, b) *a.* ⚖ Dienstherr *m*, Arbeitgeber *m*, c) (Handwerks)Meister *m*: ***~ tailor*** Schneidermeister; ***like ~ like man*** wie der Heer, so's Gescherr; **6.** Vorsteher *m*, Leiter *m e-r Innung etc.*; **7.** ⚓ ('Handels)Kapiˌtän *m*: ***~'s certificate*** Kapitänspatent *n*; **8.** *bsd. Brit.* Lehrer *m*: ***~ in English*** Englischlehrer; **9.** *Brit. univ.* Rektor *m* (*Titel der Leiter einiger Colleges*); **10.** *univ.* Ma'gister *m* (*Grad*): ***2 of Arts*** Magister Artium; ***2 of Science*** Magister der Naturwissenschaften; **11.** junger Herr (*a. als Anrede für Knaben bis zu 16 Jahren*); **12.** *Brit.* (*in Titeln*): Leiter *m*, Aufseher *m* (*am königlichen Hof etc.*): ***2 of Ceremonies*** a) Zeremonienmeister *m*, b) Conférencier *m*; ***2 of the Horse*** Oberstallmeister *m*; **13.** ⚖ proto'kollführender Gerichtsbeamter: ***2 of the Rolls*** Oberarchivar *m*; **14.** → ***master copy*** 1; **II** *v/t.* **15.** Herr sein *od.* werden über (*acc.*) (*a. fig.*), *a. Sprache etc.* beherrschen; *Aufgabe*, *Schwierigkeit* meistern; **16.** *Tier* zähmen; *a. Leidenschaften etc.* bändigen; **III** *adj.* **17.** Meister..., meisterhaft, -lich; **18.** Meister..., Herren...; **19.** Haupt..., hauptsächlich: ***~ file*** Hauptkartei *f*; ***~ switch*** ⚡ Hauptschalter *m*; **20.** leitend, führend.

ˌmas·ter|-at-'arms [-ərət'ɑ:-] *pl.* **ˌmas·ters-at-'arms** [-əzət'ɑ:-] *s.* ⚓ 'Schiffsproˌfos *m* (*Polizeioffizier*); **~ build·er** *s.* Baumeister *m*; **~ car·pen·ter** *s.* Zimmermeister *m*; **~ chord** *s.* ♪ Domi'nantdreiklang *m*; **~ clock** *s.* Zen'traluhr *f* (*e-r Uhrenanlage*); **~ cop·y** *s.* **1.** Origi'nalkoˌpie *f* (*a. Film etc.*); **2.** 'Handexemˌplar *n* (*e-s literarischen etc. Werks*).

mas·ter·ful ['mɑ:stəfʊl] *adj.* □ **1.** herrisch, gebieterisch; **2.** → ***masterly***.

mas·ter| fuse *s.* ⚡ Hauptsicherung *f*; **~ ga**(**u**)**ge** *s.* ⚙ Urlehre *f*; **'~·key** *s.* **1.** Hauptschlüssel *m*; **2.** *fig.* Schlüssel *m*.

mas·ter·less ['mɑ:stəlɪs] *adj.* herrenlos; **'mas·ter·li·ness** [-lɪnɪs] *s.* meisterhafte Ausführung, Meisterschaft *f*; **'mas·ter·ly** [-lɪ] *adj. u. adv.* meisterhaft, -lich,

Meister…

ˈmas·ter|·mind I *s.* **1.** überˈragender Geist, Geˈnie *n*; **2.** (führender) Kopf; **II** *v/t.* **3.** der Kopf (*gen.*) sein, leiten; **ˈ~·piece** *s.* Meisterstück *n*, -werk *n*; **~ plan** *s.* Gesamtplan *m*; **~ ser·geant** *s.* ⚔ *Am.* (Ober)Stabsfeldwebel *m.*

mas·ter·ship [ˈmɑːstəʃɪp] *s.* **1.** meisterhafte Beherrschung (***of*** *gen.*), Meisterschaft *f*; **2.** Herrschaft *f*, Gewalt *f* (***over*** über *acc.*); **3.** Vorsteheramt *n*; **4.** Lehramt *n*.

ˈmas·ter|-stroke *s.* Meisterstreich *m*, -stück *n*, Glanzstück *n*; **~ tooth** *s.* [*irr.*] Eck-, Fangzahn *m*; **~ touch** *s.* **1.** Meisterhaftigkeit *f*, -schaft *f*; **2.** Meisterzug *m*; **3.** ⚙ *u. fig.* letzter Schliff; **ˈ~·work** → ***masterpiece***.

mas·ter·y [ˈmɑːstərɪ] *s.* **1.** Herrschaft *f*, Gewalt *f* (***of***, ***over*** über *acc.*); **2.** Überˈlegenheit *f*, Oberhand *f*: ***gain the ~ over s.o.*** über j-n die Oberhand gewinnen; **3.** Beherrschung *f* (*e-r Sprache etc.*); **4.** → ***master touch*** 1.

ˈmast-head *s.* **1.** ⚓ Masttop *m*, Mars *m*: ***~ light*** Topplicht *n*; **2.** *typ.* Imˈpressum *n e-r Zeitung.*

mas·tic [ˈmæstɪk] *s.* **1.** Mastix(harz *n*) *m*; **2.** ⚘ Mastixstrauch *m*; **3.** Mastik *m*, ˈMastixzeˌment *m*.

mas·ti·cate [ˈmæstɪkeɪt] *v/t.* (zer-) kauen; **mas·ti·ca·tion** [ˌmæstɪˈkeɪʃn] *s.* Kauen *n*; **ˈmas·ti·ca·tor** [-tə] *s.* **1.** Kauende(r *m*) *f*; **2.** Fleischwolf *m*; **3.** ⚙ ˈMahlmaˌschine *f*; **ˈmas·ti·ca·to·ry** [-kətərɪ] *adj.* Kau…, Freß…

mas·tiff [ˈmæstɪf] *s.* Mastiff *m*, Bulldogge *f*, englische Dogge.

mas·ti·tis [mæˈstaɪtɪs] *s.* ⚕ Brust(drüsen)entzündung *f*; **mas·toid** [ˈmæstɔɪd] *adj. anat.* mastoˈid, brust(warzen)förmig; **mas·tot·o·my** [mæˈstɒtəmɪ] *s.* ⚕ ˈBrustoperatiˌon *f*.

mas·tur·bate [ˈmæstəbeɪt] *v/i.* masturbieren; **mas·tur·ba·tion** [ˌmæstəˈbeɪʃn] *s.* Masturbatiˈon *f*.

mat¹ [mæt] **I** *s.* **1.** Matte *f* (*a. Ringen, Turnen*): ***~ position*** *Ringen*: Bank *f*; ***be on the ~*** a) am Boden sein, b) *sl. fig.* ‚dran' sein, in der Tinte sitzen, *a.* e-e Zigarre verpaßt kriegen; **2.** ˈUntersetzer *m*, -satz *m*: ***beer ~*** Bierdeckel *m*; **3.** Vorleger *m*, Abtreter *m*; **4.** grober Sack; **5.** verfilzte Masse (*Haar etc.*), Gewirr *n*; **6.** (*glasloser*) Wechselrahmen; **II** *v/t.* **7.** mit Matten belegen; **8.** (*v/i.* sich) verflechten; **9.** (*v/i.* sich) verfilzen (*Haar*).

mat² [mæt] **I** *adj.* matt (*a. phot.*), glanzlos, mattiert; **II** *v/t.* mattieren.

match¹ [mætʃ] **I** *s.* **1.** *der od. die od. das* gleiche *od.* Ebenbürtige: ***his ~*** a) seinesgleichen, b) sein Ebenbild *n*, c) j-d, der es mit ihm aufnehmen kann; ***meet one's ~*** s-n Meister finden; ***be a ~ for s.o.*** j-m gewachsen sein; ***be more than a ~ for s.o.*** j-m überlegen sein; **2.** Gegenstück *n*, Passende(s) *n*; **3.** (zs.-passendes) Paar, Gespann *n* (*a. fig.*): ***they are an excellent ~*** sie passen ausgezeichnet zueinander; **4.** ⚚ Arˈtikel *m* gleicher Qualiˈtät: ***exact ~*** genaue Bemusterung; **5.** (Wett)Kampf *m*, Wettspiel *n*, Parˈtie *f*, Treffen *n*: ***boxing ~*** Boxkampf; ***singing ~*** Wettsingen *n*; **6.** a) Heirat *f*, b) *gute etc.* Parˈtie (*Person*): ***make a ~*** (***of it***) e-e Ehe stiften *od.* zustande bringen; **II** *v/t.* **7.** *j-n* passend verheiraten (***to***, ***with*** mit); **8.** *j-n od. et.* vergleichen (***with*** mit); **9.** *j-n* ausspielen (***against*** gegen); **10.** passend machen, anpassen (***to***, ***with*** an *acc.*); *a. ehelich* verbinden, zs.-fügen; ⚡ angleichen: ***~ing circuit*** Anpassungskreis *m*; **11.** entsprechen (*dat.*), *a. farblich etc.* passen zu: ***well-~ed*** gut zs.-passend; **12.** et. gleiches *od.* Passendes auswählen *od.* finden zu: ***can you ~ this velvet for me?*** haben Sie et. Passendes zu diesem Samtstoff?; **13.** *nur pass.*: ***be ~ed*** *j-m* ebenbürtig *od.* gewachsen sein, *e-r Sache* gleichkommen; ***not to be ~ed*** unerreichbar; **III** *v/i.* **14.** zs.-passen, überˈeinstimmen (***with*** mit), entsprechen (***to*** *dat.*): ***a brown coat and gloves to ~*** ein brauner Mantel u. dazu passende Handschuhe.

match² [mætʃ] *s.* **1.** Zünd-, Streichholz *n*; **2.** Zündschnur *f*; **3.** *hist.* Lunte *f*; **ˈ~-box** *s.* Streichholzschachtel *f*.

match·less [ˈmætʃlɪs] *adj.* □ unvergleichlich, einzigartig.

ˈmatchˌmak·er *s.* **1.** Ehestifter(in), *b.s.* Kuppler(in); **2.** Heiratsvermittler(in).

match| point *s. sport* (für den Sieg) entscheidender Punkt; *Tennis etc.*: Matchball *m*; **ˈ~·wood** *s.* (Holz)Späne *pl.*, Splitter *pl.*: ***make ~ of s.th.*** aus et. Kleinholz machen, et. kurz u. klein schlagen.

mate¹ [meɪt] **I** *s.* **1.** a) (ˈArbeits)KameˌRad *m*, Genosse *m*, Gefährte *m*, b) *als Anrede*: Kameˈrad *m*, ‚Kumpel' *m*, c) Gehilfe *m*, Handlanger *m*; **2.** a) (Lebens)Gefährte *m*, Gatte *m*, Gattin *f*, b) *bsd. orn.* Männchen *n od.* Weibchen *n*, c) Gegenstück *n* (*von Schuhen etc.*); **3.** *Handelsmarine*: ˈSchiffsoffiˌzier *m*; **4.** ⚓ Maat *m*: ***cook's ~*** Kochsmaat; **II** *v/t.* **5.** (*paarweise*) verbinden, *bsd.* vermählen,

-heiraten; *Tiere* paaren; **6.** *fig.* ein'ander anpassen: **~ *words with deeds*** auf Worte entsprechende Taten folgen lassen; **III** *v/i.* **7.** sich vermählen, (*a. weitS.*) sich verbinden; *zo.* sich paaren; **8.** ⚙ eingreifen (*Zahnräder*); aufein'ander arbeiten (*Flächen*): ***mating surfaces*** Arbeitsflächen.

mate² [meɪt] → ***checkmate***.

ma·te·ri·al [mə'tɪərɪəl] **I** *adj.* □ **1.** materi'ell, physisch, körperlich; **2.** stofflich, Material…: **~ *damage*** Sachschaden *m*; **~ *defect*** Materialfehler *m*; **~ *fatigue*** ⚙ Materialermüdung *f*; **~ *goods*** Sachgüter; **3.** materia'listisch (*Anschauung etc.*); **4.** materi'ell, leiblich: **~ *well-being***; **5.** a) sachlich wichtig, gewichtig, von Belang, b) wesentlich, ausschlaggebend (***to*** für); ⚖ erheblich: **~ *facts***; ***a* ~ *witness*** ein unentbehrlicher Zeuge; **6.** *Logik*: sachlich (*Folgerung etc.*); **7.** ⩚ materi'ell (*Punkt etc.*); **II** *s.* **8.** Materi'al *n*, Stoff *m* (*beide a. fig.*; ***for*** zu *e-m Buch etc.*); ⚙ Werkstoff *m*; (Kleider-)Stoff *m*; **9.** *coll. od. pl.* Materi'al(ien *pl.*) *n*, Ausrüstung *f*: ***building* ~*s*** Baustoffe; ***cleaning* ~*s*** Putzzeug *n*; ***war* ~** Kriegsmaterial; ***writing* ~*s*** Schreibmaterial(ien); **10.** *oft pl. fig.* 'Unterlagen *pl.*, *urkundliches etc.* Materi'al; **ma'te·ri·al·ism** [-lɪzəm] *s.* Materia'lismus *m*; **ma'te·ri·al·ist** [-lɪst] **I** *s.* Materia'list(in); **II** *adj. a.* **ma·te·ri·al·is·tic** [məˌtɪərɪə'lɪstɪk] *adj.* (□ **~*ally***) materia'listisch; **ma·te·ri·al·i·za·tion** [məˌtɪərɪəlaɪ'zeɪʃn] *s.* **1.** Verkörperung *f*; **2.** *Spiritismus*: Materialisati'on *f*; **ma'te·ri·al·ize** [-laɪz] **I** *v/t.* **1.** *e-r Sache* stoffliche Form geben, *et.* verkörperlichen; **2.** *et.* verwirklichen; **3.** *bsd. Am.* materia'listisch machen: **~ *thought***; **4.** *Geister* erscheinen lassen; **II** *v/i.* **5.** (feste) Gestalt annehmen, sich verkörpern (***in*** in *dat.*); **6.** sich verwirklichen, Tatsache werden, zu'stande kommen; **7.** sich materialisieren, erscheinen (*Geister*).

ma·té·ri·el [məˌtɪərɪ'el] *s.* Ausrüstung *f*, (⚔ 'Kriegs)Materiˌal *n*.

ma·ter·nal [mə'tɜːnl] *adj.* □ a) mütterlich, Mutter…: **~ *instinct*** (***love***), b) *Verwandte(r) etc.* mütterlicherseits, c) Mütter…: **~ *mortality*** Müttersterblichkeit *f*.

ma·ter·ni·ty [mə'tɜːnətɪ] **I** *s.* Mutterschaft *f*; **II** *adj.* Wöchnerinnen…, Schwangerschafts…, Umstands…(*-kleidung*): **~ *allowance*** (*od.* ***benefit***) Mutterschaftsbeihilfe *f*; **~ *dress*** Umstandskleid *n*; **~ *home***, **~ *hospital*** Entbindungsklinik *f*; **~ *leave*** Mutterschaftsurlaub *m*; **~ *ward*** Entbindungsstation *f*.

mat·ey ['meɪtɪ] **I** *adj.* kame'radschaftlich, vertraulich, famili'är; **II** *s. Brit.* F ‚Kumpel' *m* (*Anrede*).

math [mæθ] *s. Am. für* ***maths***.

math·e·mat·i·cal [ˌmæθə'mætɪkl] *adj.* □ **1.** mathe'matisch; **2.** *fig.* (mathe'matisch) ex'akt; **math·e·ma·ti·cian** [ˌmæθəmə'tɪʃn] *s.* Mathe'matiker(in); **ˌmath·e'mat·ics** [-ks] *s. pl. mst sg. konstr.* Mathema'tik *f*: ***higher*** (***new***) **~** höhere (neue) Mathematik.

maths [mæθs] *s. Brit.* F ‚Mathe' *f* (*Mathematik*).

mat·ins ['mætɪnz] *s. pl. oft* ♀ a) *R.C.* (Früh)Mette *f*, b) *Church of England*: 'Morgenliturˌgie *f*.

mat·i·nee, **mat·i·née** ['mætɪneɪ] *s. thea.* Mati'nee *f*, *bsd.* Nachmittagsvorstellung *f*.

mat·ing ['meɪtɪŋ] *s. bsd. orn.* Paarung *f*: **~ *season*** Paarungszeit *f*.

ma·tri·ar·chal [ˌmeɪtrɪ'ɑːkl] *adj.* matriar'chalisch; **ma·tri·arch·y** ['meɪtrɪɑːkɪ] *s.* Mutterherrschaft *f*, Matriar'chat *n*; **ˌma·tri'cid·al** [-ɪ'saɪdl] *adj.* muttermörderisch; **ma·tri·cide** ['meɪtrɪsaɪd] *s.* **1.** Muttermord *m*; **2.** Muttermörder(in).

ma·tric·u·late [mə'trɪkjʊleɪt] **I** *v/t.* immatrikulieren (*an e-r Universität*); **II** *v/i.* sich immatrikulieren (lassen); **III** *s.* Immatrikulierte(r *m*) *f*; **ma·tric·u·la·tion** [məˌtrɪkjʊ'leɪʃn] *s.* Immatrikulati'on *f*.

mat·ri·mo·ni·al [ˌmætrɪ'məʊnjəl] *adj.* □ ehelich, Ehe…: **~ *agency*** Heiratsinstitut *n*; **~ *cases*** ⚖ Ehesachen; **~ *law*** Eherecht *n*; **mat·ri·mo·ny** ['mætrɪmənɪ] *s.* Ehe(stand *m*) *f*.

ma·trix ['meɪtrɪks] *pl.* **-tri·ces** [-trɪsiːz] *s.* **1.** Mutter-, Nährboden *m* (*beide a. fig.*), 'Grundsubˌstanz *f*; **2.** *physiol.* Matrix *f*: a) Mutterboden *m*, b) Gewebeschicht *f*, c) Gebärmutter *f*; **3.** *min.* a) Grundmasse *f*, b) Ganggestein *n*; **4.** ⚙, *typ.* Ma'trize *f* (*a. Schallplattenherstellung*); **5.** ⩚ Matrix *f*: **~ *algebra*** Matrizenrechnung *f*.

ma·tron ['meɪtrən] *s.* **1.** würdige Dame, Ma'trone *f*; **2.** Hausmutter *f* (*e-s Internats etc.*), Wirtschafterin *f*; **3.** a) Vorsteherin *f*, b) Oberschwester *f*, Oberin *f im Krankenhaus*, c) Aufseherin *f im Gefängnis etc.*; **'ma·tron·ly** [-lɪ] *adj.* ma'tronenhaft (*a. adv.*), gesetzt: **~ *duties*** hausmütterliche Pflichten.

mat·ted¹ ['mætɪd] *adj.* mattiert.

mat·ted² ['mætɪd] *adj.* **1.** mit Matten bedeckt: ***a* ~ *floor***; **2.** verflochten: **~ *hair***

verfilztes Haar.

mat·ter [ˈmætə] **I** *s.* **1.** Maˈterie *f* (*a. phys.*, *phls.*), Materiˈal *n*, Stoff *m*; *biol.* Subˈstanz *f*: → ***foreign*** 2, ***grey matter***; **2.** Sache *f* (*a.* ⚖), Angelegenheit *f*: ***this is a serious ~***; ***the ~ in hand*** die vorliegende Angelegenheit; ***a ~ of fact*** e-e Tatsache; ***as a ~ of fact*** tatsächlich, eigentlich; ***a ~ of course*** e-e Selbstverständlichkeit; ***as a ~ of course*** selbstverständlich; ***a ~ of form*** e-e Formsache; ***~*** (***in issue***) ⚖ Streitgegenstand *m*; ***a ~ of taste*** (e-e) Geschmackssache; ***a ~ of time*** e-e Frage der Zeit; ***it is a ~ of life and death*** es geht um Leben u. Tod; ***it's no laughing ~*** es ist nichts zum Lachen; ***for that ~*** was das (an)betrifft, schließlich; ***in the ~ of*** a) hinsichtlich (*gen.*), b) ⚖ in Sachen *A. gegen B.*; **3.** *pl.* (*ohne Artikel*) die ˈUmstände *pl.*, die Dinge *pl.*: ***to make ~s worse*** was die Sache noch schlimmer macht; ***as ~s stand*** wie die Dinge liegen; **4.** ***the ~*** die Schwierigkeit: ***what's the ~?*** was ist los?, wo fehlt's?; ***what's the ~ with him*** (***it***)***?*** was ist los mit ihm (damit)?; ***no ~!*** es hat nichts zu sagen!; ***it's no ~ whether*** es spielt keine Rolle, ob; ***no ~ what he says*** was er auch sagt; ***no ~ who*** gleichgültig wer; **5.** ***a ~ of*** (*mit verblaßter Bedeutung*) Sache *f*, etwas: ***it's a ~ of £5*** es kostet 5 Pfund; ***a ~ of three weeks*** ungefähr 3 Wochen; ***it was a ~ of five minutes*** es dauerte nur 5 Minuten; ***it's a ~ of common knowledge*** es ist allgemein bekannt; **6.** *fig.* Stoff *m* (*Dichtung*), Thema *n*, Gegenstand *m*, Inhalt *m* (*Buch*), innerer Gehalt; **7.** *mst* ***postal ~*** Postsache *f*: ***printed ~*** Drucksache *f*; **8.** *typ.* a) Manuˈskript *n*, b) (Schrift)Satz *m*: ***live ~***, ***standing ~*** Stehsatz *m*; **9.** ⚕ Eiter *m*; **II** *v/i.* **10.** von Bedeutung sein (***to*** für), darˈauf ankommen (***to s.o.*** j-m): ***it doesn't ~*** (es) macht nichts; ***it ~s little*** es ist ziemlich einerlei, es spielt kaum e-e Rolle; **11.** ⚕ eitern.

ˌ**mat·ter|-of-ˈcourse** [-tərəvˈk-] *adj.* selbstverständlich; ˌ**~-of-ˈfact** [-tərəvˈf-] *adj.* sachlich, nüchtern; proˈsaisch.

Mat·thew [ˈmæθjuː] *npr. u. s. bibl.* Matˈthäus(evanˌgelium *n*) *m*.

mat·ting [ˈmætɪŋ] *s.* ⚙ **1.** Mattenstoff *m*; **2.** Matten(belag *m*) *pl.*

mat·tock [ˈmætək] *s.* (Breit)Hacke *f*, ⛏ Karst *m*.

mat·tress [ˈmætrɪs] *s.* Maˈtratze *f*.

mat·u·ra·tion [ˌmætjʊˈreɪʃn] *s.* **1.** ⚕ (Aus)Reifung *f*, Eiterung *f* (*Geschwür*); **2.** *biol.*, *a. fig.* Reifen *n*.

ma·ture [məˈtjʊə] **I** *adj.* ☐ **1.** *allg.* reif (*a. Käse*, *Wein*; *a.* ⚕ *Geschwür*); **2.** reif (*Person*): a) voll entwickelt, b) *fig.* gereift, mündig; **3.** *fig.* reiflich erwogen, (ˈwohl)durchˌdacht: ***upon ~ reflection*** nach reiflicher Überlegung; ***~ plans*** ausgereifte Pläne; **4.** ✝ fällig, zahlbar (*Wechsel*); **II** *v/t.* **5.** reifen (lassen), zur Reife bringen; *fig. Pläne* reifen lassen; **III** *v/i.* **6.** reif werden, (herˈan-, aus)reifen; ✝ fällig werden; **maˈtured** [-əd] *adj.* **1.** (aus)gereift; **2.** abgelagert; **3.** ✝ fällig; **maˈtu·ri·ty** [-ərətɪ] *s.* **1.** Reife *f* (*a.* ⚕ *u. fig.*): ***bring*** (***come***) ***to ~*** zur Reife bringen (kommen); ***~ of judg***(***e***)***ment*** Reife des Urteils; **2.** ✝ Fälligkeit *f*, Verfall(zeit *f*) *m*: ***at*** (*od.* ***on***) ***~*** bei Fälligkeit; ***~ date*** Fälligkeitstag *m*; **3.** *fig. pol.* Mündigkeit *f* (*des Bürgers*).

ma·tu·ti·nal [ˌmætjuːˈtaɪnl] *adj.* morgendlich, Morgen…, früh.

mat·y [ˈmeɪtɪ] *Brit.* → ***matey***.

maud·lin [ˈmɔːdlɪn] **I** *s.* weinerliche Gefühlsduseˈlei; **II** *adj.* weinerlich sentimenˈtal, rührselig.

maul [mɔːl] **I** *s.* **1.** ⚙ Schlegel *m*, schwerer Holzhammer; **II** *v/t.* **2.** *j-n*, *et.* übel zurichten, *j-n* ˈdurchprügeln, mißˈhandeln: ***~ about*** roh umgehen mit; **3.** ‚herˈunterreißen' (*Kritiker*).

maul·stick [ˈmɔːlstɪk] *s. paint.* Malerstock *m*.

maun·der [ˈmɔːndə] *v/i.* **1.** schwafeln, faseln; **2.** ziellos umˈherschlendern *od.* handeln.

Maun·dy Thurs·day [ˈmɔːndɪ] *s. eccl.* Grünˈdonnerstag *m*.

mau·so·le·um [ˌmɔːsəˈlɪəm] *s.* Mausoˈleum *n*, Grabmal *n*.

mauve [məʊv] **I** *s.* Malvenfarbe *f*; **II** *adj.* malvenfarbig, mauve.

mav·er·ick [ˈmævərɪk] *s. Am.* **1.** herrenloses Vieh ohne Brandzeichen; **2.** mutterloses Kalb; **3.** F *pol.* Einzelgänger *m*, *allg.* Außenseiter *m*.

maw [mɔː] *s.* **1.** (Tier)Magen *m*, *bsd.* Labmagen *m* (*der Wiederkäuer*); **2.** *fig.* Rachen *m des Todes etc.*

mawk·ish [ˈmɔːkɪʃ] *adj.* ☐ **1.** süßlich, abgestanden (*Geschmack*); **2.** *fig.* rührselig, süßlich, kitschig.

ˈ**maw·seed** *s.* Mohnsame(n) *m*.

ˈ**maw·worm** *s. zo.* Spulwurm *m*.

max·i [ˈmæksɪ] **I** *s.* Maximode *f*: ***wear ~*** maxi tragen; **II** *adj.* Maxi…: ***~ dress***.

max·il·la [mækˈsɪlə] *pl.* **-lae** [-liː] *s.* **1.** *anat.* (Ober)Kiefer *m*; **2.** *zo.* Fußkiefer *m*, Zange *f*; **maxˈil·lar·y** [-ərɪ] **I** *adj. anat.* (Ober)Kiefer…, maxilˈlar; **II** *s.* Oberkieferknochen *m*.

max·im [ˈmæksɪm] *s.* Maˈxime *f.*

max·i·mal [ˈmæksɪml] *adj.* maxiˈmal, Maximal..., Höchst...; ˈ**max·i·mize** [-maɪz] *v/t.* ♆, ⚙ maximieren; **max·i·mum** [ˈmæksɪməm] **I** *pl.* **-ma** [-mə], **-mums** *s.* **1.** Maximum *n*, Höchstgrenze *f*, -maß *n*, -stand *m*, -wert *m* (*a.* ⚗): ***smoke a ~ of 20 cigarettes a day*** maximal 20 Zigaretten am Tag rauchen; **2.** ♆ Höchstpreis *m*, -angebot *n*, -betrag *m*; **II** *adj.* **3.** höchst, größt, Höchst..., Maximal...: ***~ load*** ⚙, ϟ Höchstbelastung *f*; ***~ safety load*** (*od.* ***stress***) zulässige Beanspruchung; ***~ performance*** Höchst-, Spitzenleistung *f*; ***~ permissible speed*** zulässige Höchstgeschwindigkeit; ***~ wages*** Höchst-, Spitzenlohn *m*.

ˈ**max·iˌsin·gle** *s.* Maxisingle *f* (*Schallplatte*).

may¹ [meɪ] *v/aux.* [*irr.*] **1.** (*Möglichkeit, Gelegenheit*) *sg.* kann, mag, *pl.* können, mögen: ***it ~ happen any time*** es kann jederzeit geschehen; ***it might happen*** es könnte geschehen; ***you ~ be right*** du magst recht haben; ***he ~ not come*** vielleicht kommt er nicht; ***he might lose his way*** er könnte sich verirren; **2.** (*Erlaubnis*) *sg.* darf, kann (*a.* ⚖), *pl.* dürfen können: ***you ~ go***; ***~ I ask?*** darf ich fragen?; ***we might as well go*** da können wir ebensogut auch gehen; **3.** *ungewisse Frage*: ***how old ~ she be?*** wie alt mag sie wohl sein?; ***I wondered what he might be doing*** ich fragte mich, was er wohl tue; **4.** *Wunschgedanke*, *Segenswunsch*: ***~ you be happy!*** sei glücklich!; ***~ it please your Majesty*** Eure Majestät mögen geruhen; **5.** *familiäre od. vorwurfsvolle Aufforderung*: ***you might help me*** du könntest mir (eigentlich) helfen; ***you might at least write me*** du könntest mir wenigstens schreiben; **6.** ***~*** *od.* ***might*** *als Konjunktivumschreibung*: ***I shall write to him so that he ~ know our plans***; ***whatever it ~ cost***; ***difficult as it ~ be*** so schwierig es auch sein mag; ***we feared they might attack*** wir fürchteten, sie könnten *od.* würden angreifen.

May² [meɪ] *s.* **1.** Mai *m*, *poet.* (*fig. a.* ♀) Lenz *m*: ***in ~*** im Mai; **2.** ♀ ⚘ Weißdornblüte *f*.

may·be [ˈmeɪbi:] *adv.* vielˈleicht.

May| bug *s. zo.* Maikäfer *m*; ***~ Day*** *s.* der 1. Mai; ˈ**♀·day** *s. internationales Funknotsignal*; ˈ**~ˌflow·er** *s.* **1.** ⚘ a) Maiblume *f*, b) *Am.* Primelstrauch *m*; **2.** ♀ *hist. Name des Auswandererschiffs der **Pilgrim Fathers***; ˈ**~·fly** *s. zo.* Eintagsfliege *f*.

may·hap [ˈmeɪhæp] *adv. obs. od. dial.* vielˈleicht.

may·hem [ˈmeɪhem] *s.* **1.** *bsd. Am.* ⚖ schwere Körperverletzung; **2.** *fig.* a) ‚Gemetzel' *n*, b) Chaos *n*, Verwüstung *f*.

may·on·naise [ˌmeɪəˈneɪz] *s.* Mayonˈnaise(gericht *n*) *f*: ***~ of lobster*** Hummermayonnaise *f*.

may·or [meə] *s.* Bürgermeister *m*; ˈ**may·or·al** [-ərəl] *adj.* bürgermeisterlich; ˈ**may·or·ess** [-ərɪs] *s.* **1.** Gattin *f* des Bürgermeisters; **2.** *Am.* Bürgermeisterin *f*.

ˈ**May|·pole**, ♀ *s.* Maibaum *m*; ***~ queen*** *s.* Mai(en)königin *f*; ˈ**~·thorn** *s.* ⚘ Weißdorn *m*.

maz·a·rine [ˌmæzəˈri:n] *adj.* mazaˈrin-, dunkelblau.

maze [meɪz] *s.* **1.** Irrgarten *m*, Labyˈrinth *n*, *fig. a.* Gewirr *n*; **2.** *fig.* Verwirrung *f*: ***in a ~*** → **mazed** [-zd] *adj.* verdutzt, verblüfft.

Mc·Coy [məˈkɔɪ] *s. Am. sl.*: ***the real ~*** der wahre Jakob, der (die, das) Richtige.

ˈ**M-day** *s.* Moˈbilmachungstag *m*.

me [mi:; mɪ] **I** *pron.* **1.** (*dat.*) mir: ***he gave ~ money***; ***he gave it*** (***to***) ***~***; **2.** (*acc.*) mich: ***he took ~ away*** er führte mich weg; **3.** F ich: ***it's ~*** ich bin's; **II** ♀ *s.* **4.** *psych.* Ich *n*.

mead¹ [mi:d] *s.* Met *m*.

mead² [mi:d] *poet. für **meadow***.

mead·ow [ˈmedəʊ] *s.* Wiese *f*; ***~ grass*** *s.* ⚘ Rispengras *n*; ***~ saf·fron*** *s.* ⚘ (*bsd.* Herbst)Zeitlose *f*; ˈ**~·sweet** *s.* ⚘ **1.** Mädesüß *n*; **2.** *Am.* Spierstrauch *m*.

mead·ow·y [ˈmedəʊɪ] *adj.* wiesenartig, -reich, Wiesen...

mea·ger *Am.*, **mea·gre** *Brit.* [ˈmi:gə] *adj.* □ **1.** mager, dürr; **2.** *fig.* dürftig, kärglich; ˈ**mea·ger·ness** *Am.*, ˈ**mea·gre·ness** *Brit.* [-nɪs] *s.* **1.** Magerkeit *f*; **2.** Dürftigkeit *f*.

meal¹ [mi:l] *s.* **1.** Schrotmehl *n*; **2.** Mehl *n*, Pulver *n* (*aus Nüssen*, *Mineralen etc.*).

meal² [mi:l] *s.* Mahl(zeit *f*) *n*, Essen *n*: ***have a ~*** e-e Mahlzeit einnehmen; ***make a ~ of s.th.*** et. verzehren; ***~s on wheels*** Essen *n* auf Rädern.

meal·ies [ˈmi:lɪz] (*S.Afr.*) *s. pl.* Mais *m*.

meal| tick·et *s. Am.* **1.** Essensbon(s *pl.*) *m*; **2.** *sl.* a) *b.s.* ‚Ernährer' *m*, b) Einnahmequelle *f*, ‚Goldesel' *m*, c) Kapiˈtal *n*: ***his voice is his ~***; ˈ**~·time** *s.* Essenszeit *f*.

meal·y ['mi:lɪ] *adj.* **1.** mehlig: ***~ potatoes***; **2.** mehlhaltig; **3.** (wie) mit Mehl bestäubt; **4.** blaß (*Gesicht*); **'~-mouthed** *adj.* **1.** heuchlerisch, glattzüngig; **2.** leisetreterisch: ***be ~ about it*** um den (heißen) Brei herumreden.

mean[1] [mi:n] **I** *v/t.* [*irr.*] **1.** *et.* beabsichtigen, vorhaben, im Sinn haben: ***I ~ it*** es ist mir Ernst damit; ***~ to do s.th.*** et. zu tun gedenken, et. tun wollen; ***he ~s no harm*** er meint es nicht böse; ***I didn't ~ to disturb you*** ich wollte dich nicht stören; ***without ~ing it*** ohne es zu wollen; → ***business*** 4; **2.** bestimmen (***for*** zu): ***he was meant to be a barrister*** er war zum Anwalt bestimmt; ***the cake is meant to be eaten*** der Kuchen ist zum Essen da; ***that remark was meant for you*** das war auf dich abgezielt; **3.** meinen, sagen wollen: ***by 'liberal' I ~*** unter ‚liberal' verstehe ich; ***I ~ his father*** ich meine s-n Vater; ***I ~ to say*** ich will sagen; **4.** bedeuten: ***that ~s a lot of work***; ***he ~s all the world to me*** er bedeutet mir alles; ***that ~s war*** das bedeutet Krieg; ***what does 'fair' ~?*** was bedeutet *od.* heißt (das Wort) ‚fair'?; **II** *v/i.* [*irr.*] **5.** ***~ well*** (***ill***) ***by*** (*od.* ***to***) ***s.o.*** j-m wohlgesinnt (übel gesinnt) sein.

mean[2] [mi:n] *adj.* □ **1.** gering, niedrig: ***~ birth*** niedrige Herkunft; **2.** ärmlich, schäbig: ***~ streets***; **3.** unbedeutend, gering: ***no ~ artist*** ein recht bedeutender Künstler; ***no ~ foe*** ein nicht zu unterschätzender Gegner; **4.** schäbig, gemein; ***feel ~*** sich schäbig vorkommen; **5.** geizig, schäbig, ‚filzig'; **6.** *Am.* F a) bösartig, ‚ekelhaft', b) ‚bös', scheußlich (*Sache*), c) ‚toll', ‚wüst': ***a ~ fighter***, d) *Am.* unpäßlich: ***feel ~*** sich elend fühlen.

mean[3] [mi:n] **I** *adj.* **1.** mittel, mittler, Mittel...; 'durchschnittlich, Durchschnitts...: ***~ life*** a) mittlere Lebensdauer, b) *phys.* Halbwertzeit *f*; ***~ sea level*** *das* Normalnull; ***~ value*** Mittelwert *m*; **II** *s.* **2.** Mitte *f*, *das* Mittlere, Mittel *n*, 'Durchschnitt(szahl *f*) *m*; ⚖ Mittel(wert *m*) *n*: ***hit the happy ~*** die goldene Mitte treffen; ***arithmetical ~*** arithmetisches Mittel; → ***golden mean***; **3.** *pl. sg. od. pl. konstr.* (Hilfs)Mittel *n od. pl.*, Werkzeug *n*, Weg *m*: ***by all ~s*** auf alle Fälle, unbedingt; ***by any ~s*** etwa, vielleicht, möglicherweise; ***by no ~s*** durchaus nicht, keineswegs, auf keinen Fall; ***by some ~s or other*** auf die eine oder andere Weise, irgendwie; ***by ~s of*** mittels, durch; ***by this*** (*od.* ***these***) ***~s*** hierdurch; ***~ of production*** Produktionsmittel; ***~s of transport***(***ation***) Beförderungsmittel; ***find the ~s*** Mittel und Wege finden; → ***end*** 9, ***way***[1] 1; **4.** *pl.* (Geld)Mittel *pl.*, Vermögen *n*, Einkommen *n*: ***live within*** (***beyond***) ***one's ~s*** s-n Verhältnissen entsprechend (über s-e Verhältnisse) leben; ***a man of ~s*** ein bemittelter Mann; ***~s test*** *Brit.* (behördliche) Einkommens- *od.* Bedürftigkeitsermittlung.

me·an·der [mɪ'ændə] **I** *s. bsd. pl.* Windung *f*, verschlungener Pfad, Schlängelweg *m*; ▲ Mä'ander(linien *pl.*) *m*, Schlangenlinie *f*; **II** *v/i.* sich winden, (sich) schlängeln.

mean·ing ['mi:nɪŋ] **I** *s.* **1.** Absicht *f*, Zweck *m*, Ziel *n*; **2.** Sinn *m*, Bedeutung *f*: ***full of ~*** bedeutungsvoll, bedeutsam; ***what's the ~ of this?*** was soll das bedeuten?; ***words with the same ~*** Wörter mit gleicher Bedeutung; ***full of ~*** → 3; ***if you take my ~*** wenn Sie verstehen, was ich meine; **II** *adj.* □ **3.** bedeutungsvoll, bedeutsam (*Blick etc.*); **4.** *in Zssgn* in ... Absicht: ***well-~*** wohlmeinend, -wollend; **'mean·ing·ful** [-fʊl] *adj.* bedeutungsvoll; **'mean·ing·less** [-lɪs] *adj.* **1.** sinn-, bedeutungslos; **2.** ausdruckslos (*Gesicht*).

mean·ness ['mi:nnɪs] *s.* **1.** Niedrigkeit *f*, niedriger Stand; **2.** Wertlosigkeit *f*, Ärmlichkeit *f*; **3.** Schäbigkeit *f*: a) Gemeinheit *f*, Niederträchtigkeit *f*, b) Geiz *m*; **4.** *Am.* F Bösartigkeit *f*.

meant [ment] *pret. u. p.p. von* ***mean***[1].

ˌmean|'time I *adv.* in'zwischen, mittler'weile, unter'dessen; **II** *s.* Zwischenzeit *f*: ***in the ~*** → I; **~ time** *s. ast.* mittlere (Sonnen)Zeit; **ˌ~'while** → ***meantime*** I.

mea·sles ['mi:zlz] *s. pl. sg. konstr.* **1.** ⚕ Masern *pl.*: ***false ~***, ***German ~*** Röteln *pl.*; **2.** *vet.* Finnen *pl.* (*der Schweine*); **'mea·sly** [-lɪ] *adj.* **1.** ⚕ masernkrank; **2.** *vet.* finnig; **3.** *sl.* elend, schäbig, lumpig.

meas·ur·a·ble ['meʒərəbl] *adj.* □ meßbar: ***within ~ distance of*** *fig.* nahe (*dat.*); **'meas·ur·a·ble·ness** [-nɪs] *s.* Meßbarkeit *f*.

meas·ure ['meʒə] **I** *s.* **1.** Maß(einheit *f*) *n*: ***long ~*** Längenmaß; ***~ of capacity*** Hohlmaß; **2.** *fig.* richtiges Maß, Ausmaß *n*: ***beyond*** (*od.* ***out of***) ***all ~*** über alle Maßen, grenzenlos; ***in a great ~*** in großem Maße, großenteils, überaus; ***in some ~***, ***in a*** (***certain***) ***~*** gewissermaßen, bis zu e-m gewissen Grade; ***for good ~*** obendrein; **3.** Messen *n*, Maß *n*: ***take the ~ of s.th.*** et. abmessen; ***take s.o.'s ~*** a) j-m (*zu e-m Anzug*) Maß nehmen, b) *fig.* j-n taxieren *od.* einschätzen; → ***made-to-measure***; **4.** Maß *n*, Meßgerät *n*; ***weigh with two ~s*** *fig.* mit zweierlei Maß messen; → ***tape-measure***; **5.** Maßstab *m* (***of*** für): ***be a ~ of s.th.*** e-r Sache als Maßstab dienen; ***man is the ~ of all things*** der Mensch ist das Maß aller Dinge; **6.** Anteil *m*, Porti'on *f*, gewisse Menge; **7.** a) ⅍ Maß(einheit *f*) *n*, Teiler *m*, Faktor *m*, b) ⚗, *phys.* Maßeinheit *f*: ***~ of variation*** Schwankungsmaß; ***common ~*** gemeinsamer Teiler; **8.** (abgemessener) Teil, Grenze *f*: ***set a ~ to s.th.*** et. begrenzen; **9.** *Metrik*: a) Silbenmaß *n*, b) Versglied *n*, c) Versmaß *n*; **10.** ♪ Metrum *n*, Takt *m*, Rhythmus *m*: ***tread a ~*** tanzen; **11.** *poet.* Weise *f*, Melo'die *f*; **12.** *pl. geol.* Lager *n*, Flöz *n*; **13.** *typ.* Zeilen-, Satz-, Ko'lumnenbreite *f*; **14.** *fig.* Maßnahme *f*, -regel *f*, Schritt *m*: ***take ~s*** Maßnahmen ergreifen; ***take legal ~s*** den Rechtsweg beschreiten; **15.** ⚖ gesetzliche Maßnahme, Verfügung *f*: ***coercive ~*** Zwangsmaßnahme; **II** *v/t.* **16.** (ver)messen, ab-, aus-, zumessen: ***~ one's length*** *fig.* längelang hinfallen; ***~ swords*** a) die Klingen messen, b) (***with***) die Klingen kreuzen (mit) (*a. fig.*); ***~ s.o. for a suit of clothes*** j-m Maß nehmen zu e-m Anzug; **17.** ***~ out*** ausmessen, die Ausmaße bestimmen; **18.** *fig.* ermessen; **19.** (ab)messen, abschätzen (***by*** an *dat.*): ***~d by*** gemessen an; **20.** beurteilen (***by*** nach); **21.** vergleichen, messen (***with*** mit): ***~ one's strength with s.o.*** s-e Kräfte mit j-m messen; **III** *v/i.* **22.** Messungen vornehmen; **23.** messen, groß sein: ***it ~s 7 inches*** es mißt 7 Zoll, es ist 7 Zoll lang; **24.** ***~ up*** (***to***) die Ansprüche (*gen.*) erfüllen, her'anreichen (an *acc.*); **'meas·ured** [-əd] *adj.* **1.** (ab)gemessen: ***~ in the clear*** (*od.* ***day***) ⚙ im Lichten gemessen; ***~ value*** Meßwert *m*; **2.** richtig proportioniert; **3.** (ab)gemessen, gleich-, regelmäßig: ***~ tread*** gemessener Schritt; **4.** 'wohlüber,legt, abgewogen, gemessen: ***to speak in ~ terms*** sich maßvoll ausdrücken; **5.** im Versmaß, metrisch; **'meas·ure·less** [-lɪs] *adj.* unermeßlich, unbeschränkt; **'meas·ure·ment** [-mənt] *s.* **1.** (Ver-) Messung *f*, (Ab)Messen *n*; **2.** Maß *n*; *pl.* Abmessungen *pl.*, Größe *f*, Ausmaße *pl.*; **3.** ⚓ Tonnengehalt *m*.

meas·ur·ing ['meʒərɪŋ] *s.* **1.** Messen *n*, (Ver)Messung *f*; **2.** *in Zssgn*: Meß...; ~ **bridge** *s.* ⚡ Meßbrücke *f*; ~ **di·al** *s.* Rundmaßskala *f*; ~ **glass** *s.* Meßglas *n*; ~ **in·stru·ment** *s.* Meßgerät *n*; ~ **range** *s.* Meßbereich *m*; ~ **tape** *s.* Maß-, Meßband *n*, Bandmaß *n*.

meat [mi:t] *s.* **1.** Fleisch *n* (*als Nahrung*; *Am. a. von Früchten etc.*): ***~s*** a) Fleischwaren, b) Fleichgerichte; ***fresh ~*** Frischfleisch; ***butcher's ~*** Schlachtfleisch; ***~ and drink*** Speise *f* u. Trank *m*; ***this is ~ and drink to me*** es ist mir e-e Wonne; ***one man's ~ is another man's poison*** des einen Freud ist des andern Leid; **2.** Fleischspeise *f*: ***cold ~*** kalte Platte; ***~ tea*** kaltes Abendbrot mit Tee; **3.** *fig.* Sub'stanz *f*, Gehalt *m*, Inhalt *m*: ***full of ~*** gehaltvoll; ~ **ax(e)** *s.* Schlachtbeil *n*; **'~·ball** *s.* **1.** Fleischklößchen *n*; **2.** *Am. sl.* ‚Heini' *m*; ~ **broth** *s.* Fleischbrühe *f*; **'~,chop·per** *s.* **1.** Hackmesser *n*; **2.** → ~ **grind·er** *s.* Fleischwolf *m*; ~ **ex·tract** *s.* 'Fleischex,trakt *m*; ~ **fly** *s. zo.* Schmeißfliege *f*; ~ **in·spec·tion** *s.* Fleischbeschau *f*.

meat·less ['mi:tlɪs] *adj.* fleischlos.

meat| loaf *s.* Hackbraten *m*; **'~·man** [-mæn] *s.* [*irr.*] *Am.* Fleischer *m*; ~ **meal** *s.* Fleischmehl *n*; ~ **pie** *s.* 'Fleischpa,stete *f*; ~ **pud·ding** *s.* Fleischpudding *m*; ~ **safe** *s.* Fliegenschrank *m*.

meat·y ['mi:tɪ] *adj.* **1.** fleischig; **2.** fleischartig; **3.** *fig.* gehaltvoll, handfest, so'lid.

Mec·can·o [mɪ'kɑ:nəʊ] (*TM*) *s.* Sta'bilbaukasten *m* (*Spielzeug*).

me·chan·ic [mɪ'kænɪk] **I** *adj.* **1.** → ***mechanical***; **II** *s.* **2.** a) Me'chaniker *m*, Maschi'nist *m*, Mon'teur *m*, (Auto-) Schlosser *m*, b) Handwerker *m*; **3.** *pl. sg. konstr. phys.* a) Me'chanik *f*, Bewegungslehre *f*: ***~s of fluids*** Strömungslehre *f*, b) *a.* ***practical ~s*** Ma'schinenlehre *f*; **4.** *pl. sg. konstr.* ⚙ Konstrukti'on *f* von Ma'schinen *etc.*: ***precision ~s*** Feinmechanik *f*; **5.** *pl. sg. konstr.* Mecha'nismus *m* (*a. fig.*); **6.** *pl. sg. konstr. fig.* Technik *f*: ***the ~s of playwriting***; **me'chan·i·cal** [-kl] *adj.* □ **1.** ⚙ me'chanisch (*a. phys.*); maschi'nell, Maschinen...; auto'matisch: ***~ drawing*** maschinelles Zeichnen; ***~ force*** *phys.* mechanische Kraft; ***~ engineer*** Maschinenbauingenieur *m*; ***~ engineering*** Maschinenbau(kunde *f*) *m*; ***~ wood-pulp*** Holzschliff *m*; **2.** *fig.* me'chanisch, auto'matisch; **me'chan·i·cal·ness** [-klnɪs] *s. das* Me'chanische; **mech·a·ni·cian** [,mekə'nɪʃn] → ***mechanic*** 2.

mech·a·nism ['mekənɪzəm] *s.* **1.** Mecha'nismus *m*: **~ *of government*** *fig.* Regierungs-, Verwaltungsapparat *m*; **2.** *biol, physiol., phls., psych.* Mecha'nismus *m*; **3.** *paint. etc.* Technik *f*; **mech·a·nis·tic** [ˌmekəˈnɪstɪk] *adj.* (□ ***~ally***) *phls.* mecha'nistisch; **mech·a·ni·za·tion** [ˌmekənaɪˈzeɪʃn] *s.* Mechanisierung *f*; **ˈmech·a·nize** [-naɪz] *v/t.* mechanisieren, ⚔ *a.* motorisieren: ***~d division*** ⚔ Panzergrenadierdivision *f*.

me·co·ni·um [mɪˈkəʊnjəm] *s. physiol.* Kindspech *n*.

med·al [ˈmedl] *s.* Me'daille *f*: a) Denk-, Schaumünze *f*; → ***reverse*** 4, b) Orden *m*, Ehrenzeichen *n*, Auszeichnung *f*: ***≈ of Honor*** *Am.* ⚔ Tapferkeitsmedaille; ***~ ribbon*** Ordensband *n*.

med·aled, **med·al·ist** *Am.* → ***medalled***, ***medallist***.

med·alled [ˈmedld] *adj.* ordengeschmückt.

me·dal·lion [mɪˈdæljən] *s.* **1.** große Denk- *od.* Schaumünze, Me'daille *f*; **2.** Medail'lon *n*; **med·al·list** [ˈmedlɪst] *s.* **1.** Me'daillenschneider *m*; **2.** *bsd. sport* (*Gold- etc.*)Medaillengewinner(in).

med·dle [ˈmedl] *v/i.* **1.** sich (ein-) mischen (***with***, ***in*** in *acc.*); **2.** sich (unaufgefordert) befassen, sich abgeben, sich einlassen (***with*** mit); **3.** her'umhantieren, -spielen (***with*** mit); **ˈmed·dler** [-lə] *s.* j-d, der sich (ständig) in fremde Angelegenheiten mischt, aufdringlicher Mensch; **ˈmed·dle·some** [-səm] *adj.* aufdringlich.

me·di·a¹ [ˈmedɪə] *pl.* **-di·ae** [-dɪiː] *s. ling.* Media *f*, stimmhafter Verschlußlaut.

me·di·a² [ˈmiːdjə] **1.** *pl. von* ***medium***; **2.** Medien *pl.*: ***~ research*** Medienforschung *f*; ***mixed ~*** a) Multimedia *pl.*, b) *Kunst*: Mischtechnik *f*.

me·di·ae·val *etc.*→ ***medieval*** *etc.*

me·di·al [ˈmiːdjəl] **I** *adj.* □ **1.** mittler, Mittel…: ***~ line*** Mittellinie *f*; **2.** *ling.* medi'al, inlautend: ***~ sound*** Inlaut *m*; **3.** Durchschnitts…; **II** *s.* **4.** → ***media¹***.

me·di·an [ˈmiːdjən] **I** *adj.* die Mitte bildend, mittler, Mittel…: ***~ salaries*** ✝ mittlere Gehälter; ***~ strip*** *Am. mot.* Mittelstreifen *m*; **II** *s.* Mittellinie *f*, -wert *m*; **~ line** *s.* ⩚ a) Mittellinie *f* (*a. anat.*), b) Halbierungslinie *f*; **~ point** *s.* ⩚ Mittelpunkt *m*, Schnittpunkt *m* der Winkelhalbierenden.

me·di·ant [ˈmiːdjənt] *s.* ♪ Medi'ante *f*.

me·di·ate [ˈmiːdɪeɪt] **I** *v/i.* **1.** vermitteln (*a. v/t.*), den Vermittler spielen (***between*** zwischen *dat.*); **2.** da'zwischen liegen, ein Bindeglied bilden; **II** *adj.* [-dɪət] □ **3.** mittelbar, 'indiˌrekt; **4.** → ***median*** I; **me·di·a·tion** [ˌmiːdɪˈeɪʃn] *s.* Vermittlung *f*, Fürsprache *f*; *eccl.* Fürbitte *f*: ***through his ~***; **ˈme·di·a·tor** [-tə] *s.* Vermittler *m*; Fürsprecher *m*; *eccl.* Mittler *m*; **me·di·a·to·ri·al** [ˌmiːdɪəˈtɔːrɪəl] *adj.* □ vermittelnd, (Ver)Mittler…; **ˈme·di·a·tor·ship** [-təʃɪp] *s.* (Ver)Mittleramt *n*, Vermittlung *f*; **ˈme·di·a·to·ry** [-dɪətərɪ] → ***mediatorial***; **me·di·a·trix** [ˌmiːdɪˈeɪtrɪks] *s.* Vermittlerin *f*.

med·ic [ˈmedɪk] **I** *adj.* → ***medical*** 1; **II** *s.* F Medi'ziner *m* (*Arzt od. Student*), ⚔ Sani'täter *m*.

Med·i·caid [ˈmedɪkeɪd] *s. Am. Gesundheitsfürsorge(programm) für Bedürftige.*

med·i·cal [ˈmedɪkl] **I** *adj.* □ **1.** medi'zinisch, ärztlich, Kranken…, *a.* inter'nistisch: ***~ attendance*** ärztliche Behandlung; ***~ board*** Gesundheitsbehörde *f*; ***~ certificate*** ärztliches Attest; ***≈ Corps*** ⚔ Sanitätstruppe *f*; ***≈ Department*** ⚔ Sanitätswesen *n*; ***~ examiner*** a) Amtsarzt *m*, -ärztin *f*, b) Vertrauensarzt *m*, -ärztin *f* (*Krankenkasse*), c) *Am.* Leichenbeschauer(in); ***~ history*** Krankengeschichte *f*; ***~ jurisprudence*** Gerichtsmedizin *f*; ***~ man***→ 3 a; ***~ officer*** Amtsarzt *m*, -ärztin *f*; ***~ practitioner*** praktischer Arzt, praktische Ärztin; ***~ retirement*** vorzeitige Pensionierung aus gesundheitlichen Gründen; ***~ science*** medizinische Wissenschaft, Medizin *f*; ***~ specialist*** Facharzt *m*, -ärztin *f*; ***~ student*** Mediziner(in), Medizinstudent(in); ***≈ Superintendent*** Chefarzt *m*, -ärztin *f*; ***~ ward*** innere Abteilung (*e-r Klinik*); ***on ~ grounds*** aus gesundheitlichen Gründen; **2.** Heil…, heilend; **II** *s.* **3.** F a) ‚Doktor' *m* (*Arzt*), b) ärztliche Unter'suchung; **me·dic·a·ment** [meˈdɪkəmənt] *s.* Medika'ment *n*, Heil-, Arz'neimittel *n*.

Med·i·care [ˈmedɪkeə] *s. Am.* Gesundheitsfürsorge *f* (*bsd. für Senioren*).

med·i·cate [ˈmedɪkeɪt] *v/t.* **1.** medi'zinisch behandeln; **2.** mit Arz'neistoff versetzen *od.* imprägnieren: ***~d cotton*** medizinische Watte; ***~d bath*** (***wine***) Medizinalbad *n* (-wein *m*); **med·i·ca·tion** [ˌmedɪˈkeɪʃn] *s.* **1.** Beimischung *f* von Arz'neistoffen; **2.** Verordnung *f*, medi'zinische *od.* medikamen'töse Behandlung; **ˈmed·i·ca·tive** [-keɪtɪv] *adj.*, **me·dic·i·nal** [meˈdɪsɪnl] *adj.* □ Medizinal…, medi'zinisch, heilkräftig, -sam, Heil…: ***~ herbs*** Heilkräuter; ***~ spring*** Heilquelle *f*.

med·i·cine ['medsın] *s.* **1.** Medi'zin *f*, Arz'nei *f* (*a. fig.*): ***take one's ~*** a) s-e Medizin (ein)nehmen, b) *fig.* ,die Pille schlucken'; **2.** a) Heilkunde *f*, ärztliche Wissenschaft, b) innere Medi'zin (*Ggs. Chirurgie*); **3.** Zauber *m*, Medi'zin *f* (*bei Indianern etc.*): ***he is bad ~*** *Am. sl.* er ist ein gefährlicher Bursche; **~ ball** *s. sport* Medi'zinball *m*; **~ chest** *s.* Arz'neischrank *m*, 'Hausapo,theke *f*; **'~-man** [-mæn] *s.* [*irr.*] Medi'zinmann *m*.

med·i·co ['medıkəʊ] *pl.* **-cos** *s.* → ***medic*** II.

medico- [medıkəʊ] *in Zssgn* medi'zinisch, Mediko…: **~*legal*** gerichtsmedizinisch.

me·di·e·val [,medı'i:vl] *adj.* □ mittelalterlich (*a.* F *fig. altmodisch, vorsintflutlich*); **,me·di'e·val·ism** [-vəlızəm] *s.* **1.** Eigentümlichkeit *f od.* Geist *m* des Mittelalters; **2.** Vorliebe *f* für das Mittelalter; **3.** Mittelalterlichkeit *f*; **,me·di'e·val·ist** [-vəlıst] *s.* Mediä'vist(in), Erforscher(in) *od.* Kenner(in) des Mittelalters.

me·di·o·cre [,mi:dı'əʊkə] *adj.* mittelmäßig, zweitklassig; **me·di·oc·ri·ty** [,mi:dı'ɒkrətı] *s.* **1.** Mittelmäßigkeit *f*, mäßige Begabung; **2.** unbedeutender Mensch, kleiner Geist.

med·i·tate ['medıteıt] **I** *v/i.* nachsinnen, -denken, grübeln, meditieren (***on, upon*** über *acc.*); **II** *v/t.* erwägen, planen, sinnen auf (*acc.*); **med·i·ta·tion** [,medı'teıʃn] *s.* **1.** Meditati'on *f*, tiefes Nachdenken, Sinnen *n*; **2.** (*bsd.* fromme) Betrachtung, Andacht *f*: ***book of ~s*** Andachts-, Erbauungsbuch *n*; **'med·i·ta·tive** [-tətıv] *adj.* □ **1.** nachdenklich; **2.** besinnlich (*a. Buch etc.*).

med·i·ter·ra·ne·an [,medıtə'reınjən] **I** *adj.* **1.** von Land um'geben; binnenländisch; **2.** ♀ mittelmeerisch, mediter'ran, Mittelmeer…: ***♀ Sea*** → 3; **II** *s.* **3.** ♀ Mittelmeer *n*, Mittelländisches Meer; **4.** ♀ Angehörige(r *m*) *f* der mediter'ranen Rasse.

me·di·um ['mi:djəm] **I** *pl.* **-di·a** [-djə], **-di·ums** *s.* **1.** *fig.* Mitte *f*, Mittel *n*, Mittelweg *m*: ***the happy ~*** die goldene Mitte, der goldene Mittelweg; **2.** *phys.* Mittel *n*, Medium *n*; **3.** ✝, *biol.* Medium *n*, Träger *m*, Mittel *n*: ***circulating ~, currency ~*** ✝ Umlaufs-, Zahlungsmittel; ***dispersion ~*** ⚗ Dispersionsmittel; **4.** 'Lebensele,ment *n*, -bedingungen *pl.*; **5.** *fig.* Um'gebung *f*, Mili'eu *n*; **6.** (*a. künstlerisches, a. Kommunikations-*) Medium *n*, (Hilfs-, Werbe- *etc.*)Mittel *n*; Werkzeug *n*, Vermittlung *f*: ***by*** (*od.* ***through***) ***the ~ of*** durch, vermittels; → ***media***[2]; **7.** *paint.* Bindemittel *n*; **8.** *Spiritismus etc.*: Medium *n*; **9.** *typ.* Medi'anpa,pier *n*; **II** *adj.* **10.** mittler, Mittel…, Durchschnitts…, *a.* mittelmäßig: ***~ quality*** mittlere Qualität; ***~ price*** Durchschnittspreis *m*; ***~-price car*** *mot.* Wagen *m* der mittleren Preisklasse; **~ brown** *s.* Mittelbraun *n*; **'~-,dat·ed** *adj.* ✝ mittelfristig; **'~-faced** *adj. typ.* halbfett.

me·di·um·is·tic [,mi:djə'mıstık] *adj. Spiritismus*: medi'al (begabt).

me·di·um| **size** *s.* Mittelgröße *f*; **'~-size(d)** *adj.* mittelgroß: ***~ car*** Mittelklassewagen *m*; **'~-term** *adj.* mittelfristig; **~ wave** *s. Radio*: Mittelwelle *f*.

med·lar ['medlə] *s.* ⚘ **1.** Mispelstrauch *m*; **2.** Mispel *f* (*Frucht*).

med·ley ['medlı] **I** *s.* **1.** Gemisch *n*; *contp.* Mischmasch *m*, Durchein'ander *n*; **2.** ♪ Potpourri *n*, Medley *n*; **II** *adj.* **3.** gemischt, wirr; bunt; **4.** *sport* Lagen…: ***~ swimming***; ***~ relay*** a) *Schwimmen*: Lagenstaffel *f*, b) *Laufsport*: Schwellstaffel *f*.

me·dul·la [me'dʌlə] *s.* **1.** *anat.* (Knochen)Mark *n*: ***~ spinalis*** Rückenmark; **2.** ⚘ Mark *n*; **me'dul·lar·y** [-ərı] *adj.* medul'lär, Mark…

meed [mi:d] *s. poet.* Lohn *m*.

meek [mi:k] *adj.* □ **1.** mild, sanft(mütig); **2.** demütig, 'unterwürfig; **3.** fromm (*Tier*): ***as ~ as a lamb*** *fig.* lammfromm; **'meek·ness** [-nıs] *s.* **1.** Sanftmut *f*, Milde *f*; **2.** Demut *f*, 'Unterwürfigkeit *f*.

meer·schaum ['mıəʃəm] *s.* Meerschaum(pfeife *f*) *m*.

meet [mi:t] **I** *v/t.* [*irr.*] **1.** begegnen (*dat.*), treffen, zs.-treffen mit, treffen auf (*acc.*), antreffen: ***~ s.o. in the street***; ***well met!*** schön, daß wir uns treffen!; **2.** abholen; ***~ s.o. at the station*** j-n von der Bahn abholen; ***be met*** abgeholt *od.* empfangen werden; ***come*** (***go***) ***to ~ s.o.*** j-m entgegenkommen (-gehen); **3.** *j-n* kennenlernen: ***when I first met him*** als ich s-e Bekanntschaft machte; ***pleased to ~ you*** F sehr erfreut, Sie kennenzulernen; ***~ Mr. Brown!*** *bsd. Am.* darf ich Sie mit Herrn B. bekannt machen?; **4.** *fig. j-m* entgegenkommen (***half-way*** auf halbem Wege); **5.** (*feindlich*) zs.-treffen *od.* -stoßen mit, begegnen (*dat.*), stoßen auf (*acc.*); *sport* antreten gegen (*Konkurrenten*); **6.** *a. fig. j-m* gegen'übertreten; → ***fate*** 1; **7.** *fig.* entgegentreten (*dat.*): a) *e-r Sache* abhelfen, *der*

Not steuern, *Schwierigkeiten* über'winden, *e-m Übel* begegnen, *der Konkurrenz* Herr werden, b) *Einwände* wider'legen, entgegnen auf (*acc.*); **8.** *parl.* sich vorstellen (*dat.*): **~ (the) parliament**; **9.** berühren, münden in (*acc.*) (*Straßen*), stoßen *od.* treffen auf (*acc.*), schneiden (*a.* ⚘): **~ s.o.'s eye** a) j-m ins Auge fallen, b) j-s Blick erwidern; **~ the eye** auffallen; **there is more in it than ~s the eye** da steckt mehr dahinter; **10.** *Anforderungen etc.* entsprechen, gerecht werden (*dat.*), über'einstimmen mit: **the supply ~s the demand** das Angebot entspricht der Nachfrage; **be well met** gut zs.-passen; **that won't ~ my case** das löst mein Problem nicht; **11.** *j-s Wünschen* entgegenkommen *od.* entsprechen, *Forderungen* erfüllen, *Verpflichtungen* nachkommen, *Unkosten* bestreiten (**out of** aus), *Nachfrage* befriedigen, *Rechnungen* begleichen, *j-s Auslagen* decken, *Wechsel* honorieren *od.* decken: **~ the claims of one's creditors** s-e Gläubiger befriedigen; **II** *v/i.* [*irr.*] **12.** zs.-kommen, -treffen, -treten; **13.** sich begegnen, sich treffen, sich finden: **~ again** sich wiedersehen; **14.** (*feindlich od. im Spiel*) zs.-stoßen, anein'andergeraten, sich messen; *sport* aufein'andertreffen (*Gegner*); **15.** sich kennenlernen, zs.-treffen; **16.** sich vereinigen (*Straßen etc.*), sich berühren; **17.** genau zs.-treffen *od.* -stimmen *od.* -passen, sich decken; zugehen (*Kleidungsstück*); → **end** 1; **18. ~ with** a) zs.-treffen mit, sich vereinigen mit, b) (an)treffen, finden, (zufällig) stoßen auf (*acc.*), c) erleben, erleiden, erfahren, betroffen werden von, erhalten, *Billigung* finden, *Erfolg* haben: **~ with an accident** e-n Unfall erleiden, verunglücken; **~ with a kind reception** freundlich aufgenommen werden; **III** *s.* **19.** *Am.* a) Treffen *n* (*von Zügen etc.*), b) → **meeting** 3 b; **20.** *Brit. hunt.* a) Jagdtreffen *n* (*zur Fuchsjagd*), b) Jagdgesellschaft *f*.

meet·ing ['mi:tɪŋ] *s.* **1.** Begegnung *f*, Zs.-treffen *n*, -kunft *f*; **2.** (**at a ~** auf e-r) Versammlung *od.* Konfe'renz *od.* Sitzung *od.* Tagung: **~ of creditors (members)** Gläubiger- (Mitglieder-) versammlung; **3.** a) Zweikampf *m*, Du'ell *n*, b) *sport* Treffen *n*, Wettkampf *m*, Veranstaltung *f*; **4.** Zs.-treffen *n* (*zweier Linien etc.*), Zs.-fluß *m* (*zweier Flüsse*); '**~-place** *s.* Treffpunkt *m* (*a. weitS.*), Tagungs-, Versammlungsort *m*.

meg(a)- [meg(ə)] *in Zssgn* a) (riesen-) groß, b) Milli'on.

meg·a·cy·cle ['megəˌsaɪkl] *s.* ⚡ Megahertz *n*; '**meg·a·death** [-deθ] *s.* Tod *m* von e-r Milli'on Menschen (*bsd. in e-m Atomkrieg*); '**meg·a·fog** [-fɒg] *s.* ⚓ 'Nebelsiˌgnal(anlage *f*) *n*; '**meg·a·lith** [-lɪθ] *s.* Mega'lith *m*, großer Steinblock.

megalo- [megələʊ] *in Zssgn* groß.

meg·a·lo·car·di·a [ˌmegələʊ'kɑ:dɪə] *s.* ⚕ Herzerweiterung *f*; **meg·a·lo·ma·ni·a** [ˌmegələʊ'meɪnjə] *s. psych.* Größenwahn *m*; **meg·a·lop·o·lis** [ˌmegə'lɒpəlɪs] *s.* **1.** Riesenstadt *f*; **2.** Ballungsgebiet *n*.

meg·a·phone ['megəfəʊn] **I** *s.* Mega'phon *n*; **II** *v/t. u. v/i.* durch ein Mega'phon sprechen; '**meg·a·ton** [-tʌn] *s.* Megatonne *f* (*1 Million Tonnen*); '**meg·a·watt** [-wɒt] *s.* ⚡ Megawatt *n*.

meg·ger ['megə] *s.* ⚡ Megohm'meter *n*.

me·gilp [mə'gɪlp] **I** *s.* Leinöl-, Retuschierfirnis *m*; **II** *v/t.* firnissen.

meg·ohm ['megəʊm] *s.* ⚡ Meg'ohm *n*.

me·grim ['mi:grɪm] *s.* **1.** ⚕ *obs.* Mi'gräne *f*; **2.** *obs.* Grille *f*, Schrulle *f*; **3.** *pl. obs.* Schwermut *f*, Melancho'lie *f*; **4.** *pl. vet.* Koller *m* (*der Pferde*).

mel·an·cho·li·a [ˌmelən'kəʊljə] *s.* ⚕ Melancho'lie *f*, Schwermut *f*; ˌ**mel·an'cho·li·ac** [-lɪæk], ˌ**mel·an'chol·ic** [-'kɒlɪk] **I** *adj.* melan'cholisch, schwermütig, traurig, schmerzlich; **II** *s.* Melan'choliker(in), Schwermütige(r *m*) *f*; **mel·an·chol·y** ['melənkəlɪ] **I** *s.* Melancho'lie *f*: a) ⚕ Depressi'on *f*, b) Schwermut *f*, Trübsinn *m*; **II** *adj.* melan'cholisch: a) schwermütig, trübsinnig, b) *fig.* traurig, düster, trübe.

mé·lange [meɪ'lɑ̃:nʒ] (*Fr.*) *s.* Mischung *f*, Gemisch *n*.

me·las·sic [mɪ'læsɪk] *adj.* ⚗ Melassin...(*-säure etc.*).

Mel·ba toast ['melbə] *s.* dünne, hartgeröstete Brotscheiben *pl*.

me·lee *Am.*, **mê·lée** ['meleɪ] (*Fr.*) *s.* Handgemenge *n*; *fig.* Tu'mult *m*; Gewühl *n*.

mel·io·rate ['mi:ljəreɪt] **I** *v/t.* **1.** (ver-) bessern; **2.** ⚒ meliorieren; **II** *v/i.* sich (ver)bessern; **mel·io·ra·tion** [ˌmi:ljə'reɪʃn] *s.* (Ver)Besserung *f*; ⚒ Meliorati'on *f*.

me·lis·sa [mɪ'lɪsə] *s.* ⚘, ⚕ (Zi'tronen-) MeˌIisse *f*.

mel·lif·er·ous [me'lɪfərəs] *adj.* **1.** ⚘ honigerzeugend; **2.** *zo.* Honig tragend *od.* bereitend; **mel'lif·lu·ence** [-flʊəns] *s.* **1.** Honigfluß *m*; **2.** *fig.* Süßigkeit *f*; **mel'lif·lu·ent** [-flʊənt] *adj.* □ (wie Honig) süß *od.* glatt da'hinfließend; **mel'lif·lu·ous** [-flʊəs] *adj.* □ *fig.* honigsüß.

mel·low ['meləʊ] **I** *adj.* □ **1.** reif, saftig, mürbe, weich (*Obst*); **2.** ✓ a) leicht zu bearbeiten(d), locker, b) reich (*Boden*); **3.** ausgereift, mild (*Wein*); **4.** sanft, mild, zart, weich (*Farbe*, *Licht*, *Ton etc.*); **5.** *fig.* gereift u. gemildert, mild, freundlich, heiter (*Person*): ***of ~ age*** von gereiftem Alter; **6.** angeheitert, beschwipst; **II** *v/t.* **7.** weich *od.* mürbe machen, *Boden* auflockern; **8.** *fig.* sänftigen, mildern; **9.** (aus)reifen, reifen lassen (*a. fig.*); **III** *v/i.* **10.** weich *od.* mürbe *od.* mild *od.* reif werden (*Wein etc.*); **11.** *fig.* sich abklären *od.* mildern; **'mel·low·ness** [-nɪs] *s.* **1.** Weichheit *f* (*a. fig.*), Mürbheit *f*; **2.** ✓ Gare *f*; **3.** Gereiftheit *f*; **4.** Milde *f*, Sanftheit *f*.

me·lo·de·on [mɪ'ləʊdjən] *s.* ♪ **1.** Me'lodium(orgel *f*) *n* (*ein amer. Harmonium*); **2.** *Art* Ak'kordeon *n*; **3.** *obs. Am.* Varie'té(the,ater) *n*.

me·lod·ic [mɪ'lɒdɪk] *adj.* me'lodisch; **me'lod·ics** [-ks] *s. pl. sg. konstr.* ♪ Melo'dielehre *f*, Me'lodik *f*; **me·lo·di·ous** [mɪ'ləʊdjəs] *adj.* □ melo'dienreich, wohlklingend; **mel·o·dist** ['melədɪst] *s.* **1.** 'Liedersänger(in), -kompo,nist(in); **2.** Me'lodiker *m*; **mel·o·dize** ['melədaɪz] **I** *v/t.* **1.** me'lodisch machen; **2.** *Lieder* vertonen; **II** *v/i.* **3.** Melo'dien singen *od.* komponieren; **mel·o·dra·ma** ['meləʊ,drɑːmə] *s.* Melo'dram(a) *n* (*a. fig.*); **mel·o·dra·mat·ic** [,meləʊdrə'mætɪk] *adj.* (□ ***~ally***) melodra'matisch.

mel·o·dy ['melədɪ] *s.* **1.** ♪ (*a. ling. u. fig.*) Melo'die *f*, Weise *f*; **2.** Wohllaut *m*, -klang *m*.

mel·on ['melən] *s.* **1.** ♀ Me'lone *f*: ***water-~*** Wassermelone; **2.** ***cut a ~*** † *sl.* e-e Sonderdividende ausschütten.

melt [melt] **I** *v/i.* **1.** (zer)schmelzen, flüssig werden; sich auflösen, auf-, zergehen (***into*** in *acc.*): ***~ down*** zerfließen; → ***butter*** 1; **2.** sich auflösen; **3.** aufgehen (***into*** in *acc.*), sich verflüchtigen; **4.** zs.-schrumpfen; **5.** *fig.* zerschmelzen, zerfließen (***with*** vor *dat.*): ***~ into tears*** in Tränen zerfließen; **6.** *fig.* auftauen, weich werden, schmelzen; **7.** verschmelzen, *ineinander* 'übergehen (*Ränder*, *Farben etc.*): ***outlines ~ing into each other***; **8.** (ver)schwinden, zur Neige gehen (*Geld etc.*): ***~ away*** dahinschwinden, -schmelzen; **9.** *humor.* vor Hitze vergehen, zerfließen; **II** *v/t.* **10.** schmelzen, lösen; **11.** (zer)schmelzen *od.* (zer)fließen lassen (***into*** in *acc.*); *Butter* zerlassen; ⚙ schmelzen: ***~ down*** einschmelzen; **12.** *fig.* rühren, erweichen: ***~ s.o.'s heart***; **13.** *Farben etc.* verschmelzen lassen; **III** *s.* **14.** Schmelzen *n* (*Metall*); **15.** a) Schmelze *f*, geschmolzene Masse, b) → ***melting charge***.

melt·ing ['meltɪŋ] *adj.* □ **1.** schmelzend, Schmelz...: ***~ heat*** schwüle Hitze; **2.** *fig.* a) weich, zart, b) schmelzend, schmachtend, rührend (*Worte etc.*); **~ charge** *s. metall.* Schmelzgut *n*, Einsatz *m*; **~ fur·nace** *s.* ⚙ Schmelzofen *m*; **~ point** *s. phys.* Schmelzpunkt *m*; **~ pot** *s.* Schmelztiegel *m* (*a. fig. Land etc.*): ***put into the ~*** *fig.* von Grund auf ändern; **~ stock** *s. metall.* Charge *f*, Beschickungsgut *n* (*Hochofen*).

mem·ber ['membə] *s.* **1.** Mitglied *n*, Angehörige(r *m*) *f* (*e-s Klubs*, *e-r Familie*, *Partei etc.*): ***℞ of Parliament*** *Brit.* Abgeordnete(r *m*) *f* des Unterhauses; ***℞ of Congress*** *Am.* Kongreßmitglied *n*; **2.** *anat.* a) Glied(maße *f*) *n*, b) (männliches) Glied, Penis *m*; **3.** ⚙ (Bau)Teil *n*; **4.** *ling.* Satzteil *m*, -glied *n*; **5.** ⅍ a) Glied *n* (*Reihe etc.*), b) Seite *f* (*Gleichung*); **'mem·bered** [-əd] *adj.* **1.** gegliedert; **2.** *in Zssgn* ...gliedrig: ***four-~*** viergliedrig; **'mem·ber·ship** [-ʃɪp] *s.* **1.** Mitgliedschaft *f*, Zugehörigkeit *f*: ***~ card*** Mitgliedsausweis *m*; ***~ fee*** Mitgliedsbeitrag *m*; **2.** Mitgliederzahl *f*; *coll. die* Mitglieder *pl*.

mem·brane ['membreɪn] *s.* **1.** *anat.* Mem'bran(e) *f*, Häutchen *n*: ***drum ~*** Trommelfell *n*; ***~ of connective tissue*** Bindegewebshaut *f*; **2.** *phys.*, ⚙ Mem'bran(e) *f*; **mem·bra·ne·ous** [mem'breɪnjəs], **mem·bra·nous** [mem'breɪnəs] *adj. anat.*, ⚙ häutig, Membran...: ***~ cartilage*** Hautknorpel *m*.

me·men·to [mɪ'mentəʊ] *pl.* **-tos** [-z] *s.* Me'mento *n*, Mahnzeichen *n*; Erinnerung *f* (***of*** an *acc.*).

mem·o ['meməʊ] *s.* F Memo *n*, No'tiz *f*.

mem·oir ['memwɑː] *s.* **1.** Denkschrift *f*, Abhandlung *f*, Bericht *m*; **2.** *pl.* Memo'iren *pl.*, Lebenserinnerungen *pl*.

mem·o·ra·bil·i·a [,memərə'bɪlɪə] (*Lat.*) *s. pl.* Denkwürdigkeiten *pl.*; **mem·o·ra·ble** ['memərəbl] *adj.* □ denkwürdig.

mem·o·ran·dum [,memə'rændəm] *pl.* **-da** [-də], **-dums** *s.* **1.** Vermerk *m* (*a.* 'Akten)No,tiz *f*: ***make a ~ of*** *et.* notieren; ***urgent ~*** Dringlichkeitsvermerk; **2.** ⚖ Schriftsatz *m*; Vereinbarung *f*, Vertragsurkunde *f*: ***~ of association*** Gründungsurkunde (*e-r Gesellschaft*);

3. ✝ a) Kommissi'onsnota *f*: ***send on a ~*** in Kommission senden, b) Rechnung *f*, Nota *f*; **4.** *pol.* diplo'matische Note, Denkschrift *f*, Memo'randum *n*; **5.** Merkblatt *n*; **~ book** *s.* No'tizbuch *n*, Kladde *f*.

me·mo·ri·al [mɪ'mɔːrɪəl] **I** *adj.* **1.** Gedächtnis...: ***~ service*** Gedenkgottesdienst *m*; **II** *s.* **2.** Denkmal *n*, Ehrenmal *n*; Gedenkfeier *f*; **3.** Andenken *n* (***for*** an *acc.*); **4.** ⚖ Auszug *m* (*aus e-r Urkunde etc.*); **5.** Denkschrift *f*, Eingabe *f*, Gesuch *n*; **6.** *pl.* → ***memoir*** 2; **♀ Day** *s. Am.* Volkstrauertag *m* (*30. Mai*); **me'mo·ri·al·ize** [-laɪz] *v/t.* **1.** e-e Denk- *od.* Bittschrift einreichen bei: ***~ Congress***; **2.** erinnern an (*acc.*), e-e Gedenkfeier abhalten für.

mem·o·rize ['meməraɪz] *v/t.* **1.** sich einprägen, auswendig lernen, memorieren; **2.** niederschreiben, festhalten, verewigen; **'mem·o·ry** [-rɪ] *s.* **1.** Gedächtnis *n*, Erinnerung(svermögen *n*) *f*: ***from ~, by ~*** aus dem Gedächtnis, auswendig; ***call to ~*** sich *et.* ins Gedächtnis zurückrufen; ***escape s.o.'s ~*** j-s Gedächtnis *od.* j-m entfallen; ***if my ~ serves me*** (***right***) wenn ich mich recht erinnere; → ***commit*** 1; **2.** Erinnerung(szeit) *f* (***of*** an *acc.*): ***within living ~*** seit Menschengedenken; ***before ~, beyond ~*** in unvordenklichen Zeiten; **3.** Andenken *n*, Erinnerung *f*: ***in ~ of*** zum Andenken an (*acc.*); → ***blessed*** 1; **4.** Reminis'zenz *f*, Erinnerung *f* (*an Vergangenes*); **5.** *Computer*: Speicher *m*: ***~ bank*** Speicherbank *f*.

mem-sa·hib ['memˌsɑːhɪb] *s. Brit. Ind.* euro'päische Frau.

men [men] *pl. von* ***man***.

men·ace ['menəs] **I** *v/t.* **1.** bedrohen, gefährden; **2.** *et.* androhen; **II** *v/i.* **3.** drohen, Drohungen ausstoßen; **III** *s.* **4.** (Be)Drohung *f* (***to*** *gen.*), *fig. a.* drohende Gefahr (***to*** für); **5.** F ‚Scheusal' *n*, Nervensäge *f*; **'men·ac·ing** [-sɪŋ] *adj.* □ drohend.

mé·nage, me·nage [me'nɑːʒ] (*Fr.*) *s.* Haushalt(ung *f*) *m*.

me·nag·er·ie [mɪ'nædʒərɪ] *s.* Menage'rie *f*, Tierschau *f*.

mend [mend] **I** *v/t.* **1.** ausbessern, flikken, reparieren: ***~ stockings*** Strümpfe stopfen; ***~ a friendship*** *fig.* e-e Freundschaft ‚kitten'; **2.** *fig.* (ver)bessern: ***~ one's efforts*** s-e Anstrengungen verdoppeln; ***~ one's pace*** den Schritt beschleunigen; ***~ one's ways*** sich (*sittlich*) bessern; ***least said soonest ~ed*** je weniger geredet wird, desto rascher wird alles wieder gut; **II** *v/i.* **3.** sich bessern; **4.** genesen: ***be ~ing*** auf dem Wege der Besserung sein; **III** *s.* **5.** ✝ *u. allg.* Besserung *f*: ***be on the ~*** → 4; **6.** ausgebesserte Stelle, Stopfstelle *f*, Flikken *m*; **'mend·a·ble** [-dəbl] *adj.* (aus-) besserungsfähig.

men·da·cious [men'deɪʃəs] *adj.* □ lügnerisch, verlogen, lügenhaft; **men'dac·i·ty** [-'dæsətɪ] *s.* **1.** Lügenhaftigkeit *f*, Verlogenheit *f*; **2.** Lüge *f*, Unwahrheit *f*.

Men·de·li·an [men'diːljən] *adj. biol.* Mendelsch, Mendel...; **'Men·de·lize** ['mendəlaɪz] *v/i.* mendeln.

men·di·can·cy ['mendɪkənsɪ] *s.* Bette'lei *f*, Betteln *n*; **'men·di·cant** [-nt] **I** *adj.* **1.** bettelnd, Bettel...: ***~ friar*** → 3; **II** *s.* **2.** Bettler(in); **3.** Bettelmönch *m*.

men·dic·i·ty [men'dɪsətɪ] *s.* **1.** Bette'lei *f*; **2.** Bettelstand *m*: ***reduce to ~*** *fig.* an den Bettelstab bringen.

mend·ing ['mendɪŋ] *s.* **1.** (Aus)Bessern *n*, Flicken *n*: ***his boots need ~*** seine Stiefel müssen repariert werden; ***invisible ~*** Kunststopfen *n*; **2.** *pl.* Stopfgarn *n*.

'men·folk(s) *s. pl.* Mannsvolk *n*, -leute *pl.*

me·ni·al ['miːnjəl] **I** *adj.* □ **1.** *contp.* knechtisch, niedrig (*Arbeit*): ***~ offices*** niedrige Dienste; **2.** knechtisch, unter'würfig; **II** *s.* **3.** Diener(in), Knecht *m*, La'kai *m* (*a. fig.*): ***~s*** Gesinde *n*.

me·nin·ge·al [mɪ'nɪndʒɪəl] *adj. anat.* Hirnhaut...; **men·in·gi·tis** [ˌmenɪn'dʒaɪtɪs] *s.* ⚕ Menin'gitis *f*, (Ge)Hirnhautentzündung *f*.

me·nis·cus [mɪ'nɪskəs] *pl.* **-nis·ci** [-'nɪsaɪ] *s.* **1.** Me'niskus *m*: a) halbmondförmiger Körper, b) *anat.* Gelenkscheibe *f*; **2.** *opt.* Me'niskenglas *n*.

men·o·pause ['menəʊpɔːz] *s. physiol.* Wechseljahre *pl.*, Klimak'terium *n*.

men·ses ['mensiːz] *s. pl. physiol.* Menses *pl.*, Regel *f* (*der Frau*).

men·stru·al ['menstrʊəl] *adj.* **1.** *ast.* Monats...: ***~ equation*** Monatsgleichung *f*; **2.** *physiol.* Menstruations...: ***~ flow*** Regelblutung *f*; **'men·stru·ate** [-ʊeɪt] *v/i.* menstruieren, die Regel haben; **men·stru·a·tion** [ˌmenstrʊ'eɪʃn] *s.* Menstruati'on *f*, (monatliche) Regel, Peri'ode *f*.

men·sur·a·bil·i·ty [ˌmenʃʊrə'bɪlətɪ] *s.* Meßbarkeit *f*; **men·sur·a·ble** ['menʃʊrəbl] *adj.* **1.** meßbar; **2.** ♪ Mensural...: ***~ music***.

men·tal ['mentl] **I** *adj.* □ **1.** geistig, innerlich, intellektu'ell, Geistes...(*-kraft*,

-zustand etc.): ~ ***arithmetic*** Kopfrechnen *n*; ~ ***reservation*** geheimer Vorbehalt, Mentalreservation *f*; → ***note*** 2; **2.** (geistig-)seelisch; **3.** ⚕ geisteskrank, -gestört, F verrückt: ~ ***disease*** Geisteskrankheit *f*; ~ ***home***, ~ ***hospital*** Nervenheilanstalt *f*; ~ ***patient***, ~ ***case*** Geisteskranke(r *m*) *f*; ~***ly handicapped*** geistig behindert; **II** *s.* **4.** F Verrückte(r *m*) *f*; ~ **age** *s. psych.* geistiges Alter; ~ **cru·el·ty** *s.* ⚖ seelische Grausamkeit; ~ **de·fi·cien·cy** *s.* ⚕ Geistesbehinderung *f*; ~ **de·range·ment** *s.* **1.** ⚖ krankhafte Störung der Geistestätigkeit; **2.** ⚕ Geistesstörung *f*, Irrsinn *m*; ~ **hy·giene** *s.* ⚕ 'Psychohygi͵ene *f*.

men·tal·i·ty [men'tælətɪ] *s.* Mentali'tät *f*, Denkungsart *f*, Gesinnung *f*; Wesen *n*, Na'tur *f*.

men·thol ['menθɒl] *s.* ⚗ Men'thol *n*; '**men·tho·lat·ed** [-θəleɪtɪd] *adj.* Men'thol enthaltend, Menthol…

men·tion ['menʃn] **I** *s.* **1.** Erwähnung *f*: ***to make*** (***no***) ~ ***of s.th.*** et. (nicht) erwähnen; ***hono(u)rable*** ~ ehrenvolle Erwähnung; **2.** lobende Erwähnung; **II** *v/t.* **3.** erwähnen, anführen: (***please***) ***don't*** ~ ***it!*** bitte!, gern geschehen!, (es ist) nicht der Rede wert!; ***not to*** ~ ganz zu schweigen von; ***not worth*** ~***ing*** nicht der Rede wert; '**men·tion·a·ble** [-ʃnəbl] *adj.* erwähnenswert.

men·tor ['mentɔː] *s.* Mentor *m*, treuer Ratgeber.

men·u ['menjuː] (*Fr.*) *s.* **1.** Speise(n)karte *f*; **2.** Speisenfolge *f*.

me·ow [mɪ'aʊ] **I** *v/i.* mi'auen (*Katze*); **II** *s.* Mi'auen *n*.

me·phit·ic [me'fɪtɪk] *adj.* verpestet, giftig (*Luft, Geruch etc.*).

mer·can·tile ['mɜːkəntaɪl] *adj.* **1.** kaufmännisch, handeltreibend, Handels…: ~ ***agency*** a) Handelsauskunftei *f*, b) Handelsvertretung *f*; ~ ***law*** Handelsrecht *n*; ~ ***marine*** Handelsmarine *f*; ~ ***paper*** ✝ Warenpapier *n*; **2.** ✝ Merkantil…: ~ ***system*** *hist.* Merkantilismus *m*; '**mer·can·til·ism** [-tɪlɪzəm] *s.* **1.** Handels-, Krämergeist *m*; **2.** kaufmännischer Unter'nehmergeist; **3.** ✝ *hist.* Merkanti'lismus *m*.

mer·ce·nar·y ['mɜːsɪnərɪ] **I** *adj.* □ **1.** gedungen, Lohn…: ~ ***troops*** Söldnertruppen; **2.** *fig.* feil, käuflich; **3.** *fig.* gewinnsüchtig: ~ ***marriage*** Geldheirat *f*; **II** *s.* **4.** ⚔ Söldner *m*; *contp.* Mietling *m*.

mer·cer ['mɜːsə] *s. Brit.* Seiden- u. Tex'tilienhändler *m*; '**mer·cer·ize** [-əraɪz] *v/t. Baumwollfasern* merzerisieren; '**mer·cer·y** [-ərɪ] *s.* ✝ *Brit.* **1.** Seiden-, Schnittwaren *pl.*; **2.** Seiden-, Schnittwarenhandlung *f*.

mer·chan·dise ['mɜːtʃəndaɪz] **I** *s.* **1.** *coll.* Ware(n *pl.*) *f*, Handelsgüter *pl.*: ***an article of*** ~ eine Ware; **II** *v/i.* **2.** Handel treiben, Waren vertreiben; **III** *v/t.* **3.** *Waren* vertreiben; **4.** Werbung machen für *e-e Ware*, den Absatz *e-r Ware* steigern; '**mer·chan·dis·ing** [-zɪŋ] ✝ **I** *s.* **1.** Merchandising *n*, Ver'kaufspoli͵tik *f* u. -förderung *f* (*durch Marktforschung, wirksame Gütergestaltung, Werbung etc.*); **2.** Handel(sgeschäfte *pl.*) *m*; **II** *adj.* **3.** Handels…

mer·chant ['mɜːtʃənt] ✝ **I** *s.* **1.** (Groß-) Kaufmann *m*, Handelsherr *m*, Großhändler *m*: ***the*** ~***s*** die Kaufmannschaft, Handelskreise *pl.*; **2.** *bsd. Am.* Ladenbesitzer *m*, Krämer *m*; **3.** ~ ***of doom*** *Brit. sl.* ‚Unke' *f*, Schwarzseher(in); **4.** ⚓ *obs.* Handelsschiff *n*; **II** *adj.* **5.** Handels…, Kaufmanns…; '**mer·chant·a·ble** [-təbl] *adj.* marktgängig.

mer·chant| bank *s.* Handelsbank *f*; ~ **fleet** *s.* ⚓ Handelsflotte *f*; '~**·man** [-mən] *s.* [*irr.*] ⚓ Kauffahr'tei-, Handelsschiff *n*; ~ **na·vy** *s.* 'Handelsma͵rine *f*; ~ **prince** *s.* ✝ reicher Kaufherr, Handelsfürst *m*; ~ **ship** *s.* Handelsschiff *n*.

mer·ci·ful ['mɜːsɪfʊl] *adj.* □ (***to***) barm'herzig, mitleidvoll (gegen), gütig (gegen, zu); gnädig (*dat.*); '**mer·ci·ful·ly** [-fʊlɪ] *adv.* **1.** → ***merciful***; **2.** glücklicherweise; '**mer·ci·ful·ness** [-nɪs] *s.* Barm'herzigkeit *f*, Erbarmen *n*, Gnade *f* (*Gottes*); '**mer·ci·less** [-ɪlɪs] *adj.* □ unbarmherzig, erbarmungslos, mitleidlos; '**mer·ci·less·ness** [-ɪlɪsnɪs] *s.* Erbarmungslosigkeit *f*.

mer·cu·ri·al [mɜː'kjʊərɪəl] *adj.* □ **1.** ⚗ Quecksilber…; **2.** *fig.* lebhaft, quecksilb(e)rig; **3.** *myth.* Merkur…: ☿ ***wand*** Merkurstab *m*; **mer'cu·ri·al·ism** [-lɪzəm] *s.* ⚕ Quecksilbervergiftung *f*; **mer'cu·ri·al·ize** [-laɪz] *v/t.* ⚕, *phot.* mit Quecksilber behandeln; **mer'cu·ric** [-rɪk] *adj.* ⚗ Quecksilber…

mer·cu·ry ['mɜːkjʊrɪ] *s.* **1.** ☿ *myth. ast.* Mer'kur *m*; *fig.* Bote *m*; **2.** ⚗, ⚕ Quecksilber *n*: ~ ***column*** → 3; ~ ***poisoning*** Quecksilbervergiftung *f*; **3.** Quecksilber(säule *f*) *n*: ***the*** ~ ***is rising*** das Barometer steigt (*a. fig.*); **4.** ⚘ Bingelkraut *n*; ~ **pres·sure ga(u)ge** *s. phys.* 'Quecksilbermano͵meter *n*.

mer·cy ['mɜːsɪ] *s.* **1.** Barm'herzigkeit *f*, Mitleid *n*, Erbarmen *n*; Gnade *f*: ***be at the*** ~ ***of s.o.*** in j-s Gewalt sein, j-m auf Gnade u. Ungnade ausgeliefert sein; ***at***

the ~ of the waves den Wellen preisgegeben; ***throw o.s. on s.o.'s ~*** sich j-m auf Gnade u. Ungnade ergeben; ***be left to the tender mercies of*** *iro.* der rauhen Behandlung von … ausgesetzt sein; ***Sister of*** ≈ Barmherzige Schwester; **2.** Glück *n*, Segen *m*, (wahre) Wohltat: ***it is a ~ that he left***; **~ kill·ing** *s.* Sterbehilfe *f.*

mere [mɪə] *adj.* □ bloß, nichts als, rein, völlig: ***~(st) nonsense*** purer Unsinn; ***~ words*** bloße Worte; ***he is no ~ craftsman*** er ist kein bloßer Handwerker; ***the ~st accident*** der reinste Zufall; **'mere·ly** [-lɪ] *adv.* bloß, rein, nur, lediglich.

mer·e·tri·cious [ˌmerɪ'trɪʃəs] *adj.* □ **1.** *obs.* dirnenhaft; **2.** *fig.* a) falsch, verlogen, b) protzig.

merge [mɜːdʒ] **I** *v/t.* **1.** (***in***) verschmelzen (mit), aufgehen lassen (in *dat.*), einverleiben (*dat.*): ***be ~d in*** in *et.* aufgehen; **2.** ⚖ tilgen, aufheben; **3.** ☦ a) fusionieren, b) *Aktien* zs.-legen; **II** *v/i.* **4.** ***~ in*** sich verschmelzen mit, aufgehen in (*dat.*); **5.** a) *mot.* sich (in den Verkehr) einfädeln, b) zs.-laufen (*Straßen*); **'mer·gence** [-dʒəns] *s.* Aufgehen *n* (***in*** in *dat.*), Verschmelzung *f* (***into*** mit); **'merg·er** [-dʒə] *s.* **1.** ☦ Fusi'on *f*, Fusionierung *f von Gesellschaften*; Zs.-legung *f von Aktien*; **2.** ⚖ a) Verschmelzung(svertrag *m*) *f*, Aufgehen *n* (*e-s Besitzes od. Vertrages in e-m anderen etc.*), b) Konsumpti'on *f* (*e-r Straftat durch e-e schwerere*).

me·rid·i·an [mə'rɪdɪən] **I** *adj.* **1.** mittägig, Mittags…; **2.** *ast.* Kulminations…, Meridian…: ***~ circle*** Meridiankreis *m*; **3.** *fig.* höchst; **II** *s.* **4.** *geogr.* Meridi'an *m*, Längenkreis *m*: ***prime ~*** Nullmeridian; **5.** *poet.* Mittag(szeit *f*) *m*; **6.** *ast.* Kulminati'onspunkt *m*; **7.** *fig.* Höhepunkt *m*, Gipfel *m*; *fig.* Blüte(zeit) *f*; **me'rid·i·o·nal** [-dɪənl] **I** *adj.* □ **1.** *ast.* meridio'nal, Meridian…, Mittags…; **2.** südlich, südländisch; **II** *s.* **3.** Südländer (-in), *bsd.* 'Südfranˌzose *m*, -franˌzösin *f.*

me·ringue [mə'ræŋ] *s.* Me'ringe *f*, Schaumgebäck *n*, Bai'ser *n.*

me·ri·no [mə'riːnəʊ] *pl.* **-nos** [-z] *s.* **1.** *a.* ***~ sheep*** *zo.* Me'rinoschaf *n*; **2.** ☦ a) Me'rinowolle *f*, b) Me'rino *m* (*Kammgarnstoff*).

mer·it ['merɪt] **I** *s.* **1.** Verdienst(lichkeit *f*) *n*: ***according to one's ~*** nach Verdienst *belohnen etc.*; ***a man of ~*** e-e verdiente Persönlichkeit; ***Order of*** ≈ Verdienstorden *m*; ***~ pay*** ☦ leistungsbezogene Bezahlung; ***~ rating*** Leistungsbeurteilung *f*; **2.** Wert *m*, Vorzug *m*: ***of architectural ~*** von architektonischem Wert, erhaltungswürdig; **3.** ***the ~s*** *pl.* ⚖ *u. fig.* die Hauptpunkte, der sachliche Gehalt, die wesentlichen (⚖ *a.* materiell-rechtlichen) Gesichtspunkte: ***on its*** (***own***) ***~s*** dem wesentlichen Inhalt nach, an (u. für) sich betrachtet; ***on the ~s*** ⚖ in der Sache selbst, nach materiellem Recht; ***decision on the ~s*** Sachentscheidung *f*; ***inquire into the ~s of a case*** e-r Sache auf den Grund gehen; **II** *v/t.* **4.** *Lohn, Strafe etc.* verdienen; **'mer·it·ed** [-tɪd] *adj.* □ verdient; **'mer·it·ed·ly** [-tɪdlɪ] *adv.* verdientermaßen.

me·ri·toc·ra·cy [ˌmerɪ'tɒkrəsɪ] *s. sociol.* **1.** (herrschende) E'lite; **2.** Leistungsgesellschaft *f.*

mer·i·to·ri·ous [ˌmerɪ'tɔːrɪəs] *adj.* □ verdienstvoll.

mer·lin ['mɜːlɪn] *s. orn.* Merlin-, Zwergfalke *m.*

mer·maid ['mɜːmeɪd] *s.* Meerweib *n*, Seejungfrau *f*, Nixe *f*; **'mer·man** [-mæn] *s.* [*irr.*] Wassergeist *m*, Triton *m*, Nix *m.*

mer·ri·ly ['merəlɪ] *adv. von* ***merry***; **'mer·ri·ment** [-ɪmənt] *s.* **1.** Fröhlichkeit *f*, Lustigkeit *f*; **2.** Belustigung *f*, Lustbarkeit *f*, Spaß *m.*

mer·ry ['merɪ] *adj.* □ **1.** lustig, fröhlich: ***as ~ as a lark*** (*od.* ***cricket***) kreuzfidel; ***make ~*** lustig sein, feiern, scherzen; **2.** scherzhaft, spaßhaft, lustig: ***make ~ over*** sich lustig machen über (*acc.*); **3.** beschwipst, angeheitert; **~ an·drew** ['ændruː] *s.* Hans'wurst *m*, Spaßmacher *m*; **'~-go-ˌround** [-gəʊˌr-] *s.* Karus'sell *n*; *fig.* Wirbel *m*; **'~-ˌmak·ing** *s.* Belustigung *f*, Lustbarkeit *f*, Fest *n*; **'~·thought** → ***wishbone*** 1.

me·sa ['meɪsə] *s. geogr. Am.* Tafelland *n*; **~ oak** *s. Am.* Tischeiche *f.*

mes·en·ter·y ['mesəntərɪ] *s. anat., zo.* Gekröse *n.*

mesh [meʃ] **I** *s.* **1.** Masche *f*: ***~ stocking*** Netzstrumpf *m*; **2.** ⚙ Maschenweite *f*; **3.** *mst pl. fig.* Netz *n*, Schlingen *pl.*: ***be caught in the ~es of the law*** sich in den Schlingen des Gesetzes verfangen (haben); **4.** ⚙ Inein'andergreifen *n*, Eingriff *m* (*von Zahnrädern*): ***be in ~*** im Eingriff sein; **5.** → ***mesh connection***; **II** *v/t.* **6.** in e-m Netz fangen, verwickeln; **7.** ⚙ in Eingriff bringen, einrücken; **8.** *fig.* (mitein'ander) verzahnen; **III** *v/i.* **9.** ⚙ ein-, inein'andergreifen (*Zahnräder*); **~ con·nec·tion** *s.* ϟ

Vieleck-, *bsd.* Deltaschaltung *f.*

meshed [meʃt] *adj.* netzartig; ...maschig: ***close-~*** engmaschig.

'mesh·work *s.* Maschen *pl.*, Netzwerk *n*; Gespinst *n.*

mes·mer·ic, mes·mer·i·cal [mez'merɪk(l)] *adj.* **1.** mesmerisch, 'heilmaˌgnetisch; **2.** *fig.* hyp'notisch, ma'gnetisch, faszinierend.

mes·mer·ism ['mezmərɪzəm] *s.* Mesme'rismus *m*, tierischer Magne'tismus; **'mes·mer·ist** [-ɪst] *s.* 'Heilmagnetiˌseur *m*; **'mes·mer·ize** [-raɪz] *v/t.* mesmerisieren; *fig.* faszinieren, bannen.

mesne [mi:n] *adj.* ⚖ Zwischen..., Mittel...: ***~ lord*** Afterlehnsherr *m*; ***~ in·ter·est*** *s.* ⚖ Zwischenzins *m.*

meso- [mesəʊ] *in Zssgn* Zwischen..., Mittel...; **ˌmes·o'lith·ic** [-'lɪθɪk] *adj.* meso'lithisch, mittelsteinzeitlich.

mes·on ['mi:zɒn] *s. phys.* Meson *n.*

Mes·o·zo·ic [ˌmesəʊ'zəʊɪk] *geol.* **I** *adj.* meso'zoisch; **II** *s.* Meso'zoikum *n.*

mess [mes] **I** *s.* **1.** *obs.* Gericht *n*, Speise *f*: ***~ of pottage*** *bibl.* Linsengericht; **2.** Viehfutter *n*; **3.** ⚔ Ka'sino *n*, Speiseraum *m*; ⚓ Messe *f*, Back *f*: ***officers' ~*** Offiziersmesse; **4.** *fig.* Mischmasch *m*, Mansche'rei *f*; **5.** *fig.* a) Durchein'ander *n*, Unordnung *f*, b) Schmutz *m*, ‚Schweine'rei' *f*, c) ‚Schla'massel' *m*, ‚Patsche' *f*, Klemme *f*: ***in a ~*** beschmutzt, in Unordnung, *fig.* in der Klemme; ***get into a ~*** in die Klemme kommen; ***make a ~*** Schmutz machen; ***make a ~ of*** → 6 c; ***make a ~ of it*** alles vermasseln *od.* versauen, Mist bauen; ***you made a nice ~ of it*** da hast du was Schönes angerichtet; ***he was a ~*** er sah gräßlich aus, *fig.* er war völlig verwahrlost; → ***pretty*** 2; **II** *v/t.* **6.** *a.* ***~ up*** a) beschmutzen, b) in Unordnung *od.* Verwirrung bringen, c) *fig.* verpfuschen, vermasseln, verhunzen; **III** *v/i.* **7.** (*an e-m gemeinsamen Tisch*) essen (***with*** mit): ***~ together*** ⚓ zu 'einer Back gehören; **8.** manschen, panschen (***in*** in *dat.*); **9.** ***~ with*** sich einmischen; **10.** ***~ about***, ***~ around*** her'ummurksen, (-)pfuschen, F *fig.* sich her'umtreiben.

mes·sage ['mesɪdʒ] *s.* **1.** Botschaft *f* (*a. bibl.*), Sendung *f*: ***can I take a ~?*** kann ich et. ausrichten?; **2.** Mitteilung *f*, Bescheid *m*, Nachricht *f*: ***get the ~*** F (es) kapieren; ***radio ~*** Funkmeldung *f*, -spruch *m*; **3.** *fig.* Botschaft *f*, Anliegen *n e-s Dichters etc.*; **'~-ˌtak·ing ser·vice** *s. teleph.* (Fernsprech)Auftragsdienst *m.*

mes·sen·ger ['mesɪndʒə] *s.* **1.** (Post-*etc.*)Bote *m*: (***express*** *od.* ***special***) ***~*** Eilbote; ***by ~*** durch Boten; **2.** Ku'rier *m*; ⚔ *a.* Melder *m*; **3.** *fig.* (Vor)Bote *m*, Verkünder *m*; **4.** ⚓ a) Anholtau *n*, b) Ankerkette *f*; **~ air·plane** *s.* ⚔ Ku'rierflugzeug *n*; **~ boy** *s.* Laufbursche *m*, Botenjunge *m*; **~ dog** *s.* Meldehund *m*; **~ pi·geon** *s.* Brieftaube *f.*

mess hall *s.* ⚔, ⚓ Messe *f*, Ka'sino (-raum *m*) *n*, Speisesaal *m.*

Mes·si·ah [mɪ'saɪə] *s. bibl.* Mes'sias *m*, Erlöser *m*; **Mes·si·an·ic** [ˌmesɪ'ænɪk] *adj.* messi'anisch.

mess| jack·et *s.* ⚓ kurze Uni'formjakke; **~ kit** *s.* ⚔ Kochgeschirr *n*, Eßgerät *n*; **'~·mate** *s.* ⚔, ⚓ Meßgenosse *m*, 'Tischkameˌrad *m*; **~ ser·geant** *s.* ⚔ 'Küchenˌunteroffiˌzier *m*; **'~·tin** *s.* ⚔, ⚓ *bsd. Brit.* Eßgeschirr *n.*

mes·suage ['meswɪdʒ] *s.* ⚖ Wohnhaus *n* (*mst mit Ländereien*), Anwesen *n.*

'mess-up *s.* F **1.** Durchein'ander *n*; **2.** Mißverständnis *n.*

mess·y ['mesɪ] *adj.* ☐ **1.** unordentlich, schlampig; **2.** unsauber, schmutzig.

mes·ti·zo [me'sti:zəʊ] *pl.* **-zos** [-z] *s.* Me'stize *m*; Mischling *m.*

met [met] *pret. u. p.p. von* ***meet.***

met·a·bol·ic [ˌmetə'bɒlɪk] *adj.* **1.** *physiol.* meta'bolisch, Stoffwechsel...; **2.** sich (ver)wandelnd; **me·tab·o·lism** [me'tæbəlɪzəm] *s.* **1.** *biol.* Metabo'lismus *m*, Formveränderung *f*; **2.** *physiol.*, *a.* ⚘ Stoffwechsel *m*: ***general ~***, ***total ~*** Gesamtstoffwechsel; → ***basal*** 2; **3.** ⚗ Metabo'lismus *m*; **me·tab·o·lize** [me'tæbəlaɪz] *v/t.* 'umwandeln.

met·a·car·pal [ˌmetə'kɑ:pl] *anat.* **I** *adj.* Mittelhand...; **II** *s.* Mittelhandknochen *m*; **ˌmet·a'car·pus** [-pəs] *pl.* **-pi** [-paɪ] *s.* **1.** Mittelhand *f*; **2.** Vordermittelfuß *m.*

met·age ['mi:tɪdʒ] *s.* **1.** amtliches Messen (*des Inhalts od. Gewichts bsd. von Kohlen*); **2.** Meßgeld *n.*

met·al ['metl] **I** *s.* **1.** ⚗, *min.* Me'tall *n*; **2.** ⚙ a) 'Nichteisenmeˌtall *n*, b) Me'talllegierung *f*, *bsd.* 'Typen-, Ge'schützmeˌtall *n*, c) 'Gußmeˌtall *n*: ***brittle ~***, ***red ~*** Rotguß *m*; ***fine ~*** Weiß-, Feinmetall; ***grey ~*** graues Gußeisen; **3.** *min.* a) Regulus *m*, Korn *n*, b) (Kupfer)Stein *m*; **4.** ⚒ Schieferton *m*; **5.** ⚙ (flüssige) Glasmasse; **6.** *pl. Brit.* Eisenbahnschienen *pl.*: ***run off the ~s*** entgleisen; **7.** *her.* Me'tall *n* (*Gold- u. Silberfarbe*); **8.** *Straßenbau*: Beschotterung *f*, Schotter *m*; **9.** *fig.* Mut *m*; **II** *v/t.* **10.** mit Me'tall bedecken *od.* versehen; **11.** 🛤, *Stra-*

ßenbau: beschottern; **III** *adj.* **12.** Metall..., me'tallen; **~ age** *s.* Bronze- u. Eisenzeitalter *n*; **'~-clad** *adj.* ⚙ me'tallgekapselt; **'~-coat** *v/t.* mit Me'tall über'ziehen; **~ cut·ting** *s.* ⚙ spanabhebende Bearbeitung; **~ found·er** *s.* Me'tallgießer *m*; **~ ga(u)ge** *s.* Blechlehre *f*.

met·al·ize *Am.* → ***metallize.***

me·tal·lic [mɪ'tælɪk] *adj.* (□ ***~ally***) **1.** me'tallen, Metall...: ***~ cover*** a) ⚙ Metallüberzug *m*, b) ✝ Metalldeckung *f*; ***~ currency*** Metallwährung *f*, Hartgeld *n*; **2.** me'tallisch (glänzend *od.* klingend): ***~ voice***; ***~ beetle*** Prachtkäfer *m*; **met·al·lif·er·ous** [ˌmetə'lɪfərəs] *adj.* me'tallführend, -reich; **met·al·line** ['metəlaɪn] *adj.* **1.** me'tallisch; **2.** me'tallhaltig; **met·al·lize** ['metəlaɪz] *v/t.* metallisieren.

met·al·loid ['metəlɔɪd] **I** *adj.* metallo'idisch; **II** *s.* ⚗ Metallo'id *n*.

met·al·lur·gic, **met·al·lur·gi·cal** [ˌmetə'lɜːdʒɪk(l)] *adj.* metall'urgisch; **met·al·lur·gist** [me'tælədʒɪst] *s.* Metall'urg(e) *m*; **met·al·lur·gy** [me'tælədʒɪ] *s.* Metallur'gie *f*, Hüttenkunde *f*, -wesen *n*.

met·al| plat·ing *s.* ⚙ Plattierung *f*; **'~-ˌpro·ces·sing**, **'~ˌwork·ing** **I** *s.* Me'tallbearbeitung *f*; **II** *adj.* me'tallverarbeitend.

met·a·mor·phic [ˌmetə'mɔːfɪk] *adj.* **1.** *geol.* meta'morph; **2.** *biol.* gestaltverändernd; **ˌmet·a'mor·phose** [-fəʊz] **I** *v/t.* **1.** (***to***, ***into***) 'umgestalten (zu), verwandeln (in *acc.*); **2.** verzaubern, -wandeln (***to***, ***into*** in *acc.*); **II** *v/i.* **3.** *zo.* sich verwandeln; **ˌmet·a'mor·pho·sis** [-fəsɪs] *pl.* **-ses** [-siːz] *s.* Metamor'phose *f* (*a. biol., physiol.*), Verwandlung *f*.

met·a·phor ['metəfə] *s.* Me'tapher *f*, bildlicher Ausdruck.

met·a·phor·i·cal [ˌmetə'fɒrɪkl] *adj.* □ meta'phorisch, bildlich.

met·a·phrase ['metəfreɪz] **I** *s.* Meta'phrase *f*, wörtliche Über'setzung; **II** *v/t.* a) wörtlich über'tragen, b) um'schreiben.

met·a·phys·i·cal [ˌmetə'fɪzɪkl] *adj.* □ **1.** *phls.* meta'physisch; **2.** 'übersinnlich; ab'strakt; **met·a·phy·si·cian** [ˌmetəfɪ'zɪʃn] *s. phls.* Meta'physiker *m*; **ˌmet·a'phys·ics** [-ks] *s. pl. sg. konstr. phls.* Metaphy'sik *f*.

met·a·plasm ['metəplæzəm] *s.* **1.** *ling.* Meta'plasmus *m*, Wortveränderung *f*; **2.** *biol.* Meta'plasma *n*.

me·tas·ta·sis [mɪ'tæstəsɪs] *pl.* **-ses** [-siːz] *s.* **1.** ⚕ Meta'stase *f*, Tochtergeschwulst *f*; **2.** *biol.* Stoffwechsel *m*.

met·a·tar·sal [ˌmetə'tɑːsl] *anat.* **I** *adj.* Mittelfuß...; **II** *s.* Mittelfußknochen *m*; **ˌmet·a'tar·sus** [-səs] *pl.* **-si** [-saɪ] *s. anat., zo.* Mittelfuß *m*.

mete [miːt] **I** *v/t.* **1.** *poet.* (ab-, aus)messen, durch'messen; **2.** *mst* ***~ out*** (*a. Strafe*) zumessen (***to*** *dat.*); **3.** *fig.* ermessen; **II** *s. mst pl.* **4.** Grenze *f*: ***know one's ~s and bounds*** *fig.* Maß u. Ziel kennen.

me·tem·psy·cho·sis [ˌmetempsɪ'kəʊsɪs] *pl.* **-ses** [-siːz] *s.* Seelenwanderung *f*, Metempsy'chose *f*.

me·te·or ['miːtjə] *s. ast.* a) Mete'or *m* (*a. fig.*), b) Sternschnuppe *f*; **me·te·or·ic** [ˌmiːtɪ'ɒrɪk] *adj.* **1.** *ast.* mete'orisch, Meteor...: ***~ shower*** Sternschnuppenschwarm *m*; **2.** *fig.* mete'orhaft: a) glänzend: ***~ fame***, b) ko'metenhaft, rasch: ***his ~ rise to power***; **'me·te·or·ite** [-jəraɪt] *s. ast.* Meteo'rit *m*, Mete'orstein *m*; **me·te·or·o·log·ic**, **me·te·or·o·log·i·cal** [ˌmiːtjərə'lɒdʒɪk(l)] *adj.* □ *phys.* meteoro'logisch, Wetter..., Luft...: ***~ conditions*** Witterungsverhältnisse; ***~ office*** Wetteramt *n*; ***~ satellite*** Wettersatellit *m*; **me·te·or·ol·o·gist** [ˌmiːtjə'rɒlədʒɪst] *s. phys.* Meteoro'loge *m*, Meteoro'login *f*; **me·te·or·ol·o·gy** [ˌmiːtjə'rɒlədʒɪ] *s. phys.* **1.** Meteorolo'gie *f*; **2.** meteoro'logische Verhältnisse *pl.* (*e-r Gegend*).

me·ter¹ ['miːtə] *Am.* → ***metre.***

me·ter² ['miːtə] **I** *s.* ⚙ Messer *m*, Meßgerät *n*, Zähler *m*: ***electricity ~*** elektrischer Strommesser *od.* Zähler; **II** *v/t.* (*mit e-m Meßinstrument*) messen: ***~ out*** *et.* abgeben, dosieren; **'~·maid** *s.* F Poli'tesse *f*.

meth·ane ['miːθeɪn] *s.* ⚗ Me'than *n*.

me·thinks [mɪ'θɪŋks] *v/impers. obs. od. poet.* mich dünkt, mir scheint.

meth·od ['meθəd] *s.* **1.** Me'thode *f*; *bsd.* ⚙ Verfahren *n*: ***~ of doing s.th.*** Art u. Weise *f*, et. zu tun; ***by a ~*** nach e-r Methode; **2.** 'Lehrmeˌthode *f*; **3.** Sy'stem *n*; **4.** *phls.* (logische) 'Denkmeˌthode; **5.** Ordnung *f*, Me'thode *f*, Planmäßigkeit *f*: ***work with ~*** methodisch arbeiten; ***there is ~ in his madness*** sein Wahnsinn hat Methode; ***there is ~ in this*** da ist System drin; **me·thod·ic**, **me·thod·i·cal** [mɪ'θɒdɪk(l)] *adj.* □ **1.** me'thodisch, syste'matisch; **2.** über'legt.

Meth·od·ism ['meθədɪzəm] *s. eccl.* Metho'dismus *m*; **'Meth·od·ist** [-ɪst] **I** *s.* **1.** *eccl.* Metho'dist(in); **2.** ♀ *fig. contp.* Frömmler *m*, Mucker *m*; **II** *adj.* **3.** *eccl.* metho'distisch.

meth·od·ize ['meθədaɪz] *v/t.* me'thodisch ordnen; '**meth·od·less** [-dlɪs] *adj.* □ plan-, sy'stemlos.
meth·od·ol·o·gy [ˌmeθə'dɒlədʒɪ] *s.* **1.** Methodolo'gie *f*; **2.** Me'thodik *f*.
Me·thu·se·lah [mɪ'θju:zələ] *npr. bibl.* Me'thusalem *m*: ***as old as ~*** (so) alt wie Methusalem.
meth·yl ['meθɪl; ⚗ 'mi:θaɪl] *s.* ⚗ Me'thyl *n*: ***~ alcohol*** Methylalkohol *m*; **meth·yl·ate** ['meθɪleɪt] ⚗ **I** *v/t.* **1.** methylieren; **2.** denaturieren: ***~d spirits*** denaturierter Spiritus, Brennspiritus *m*; **II** *s.* **3.** Methy'lat *n*; **meth·yl·ene** ['meθɪli:n] *s.* ⚗ Methy'len *n*; **me·thyl·ic** [mɪ'θɪlɪk] *adj.* ⚗ Methyl...
me·tic·u·los·i·ty [mɪˌtɪkjʊ'lɒsətɪ] *s.* peinliche Genauigkeit, Akri'bie *f*; **me·tic·u·lous** [mɪ'tɪkjʊləs] *adj.* □ peinlich genau, a'kribisch.
mé·tier ['meɪtɪeɪ] *s.* **1.** Gewerbe *n*; **2.** *fig.* (Spezi'al)Gebiet *n*, Meti'er *n*.
me·ton·y·my [mɪ'tɒnɪmɪ] *s.* Metony'mie *f*, Begriffsvertauschung *f*.
me·tre ['mi:tə] *s. Brit.* **1.** Versmaß *n*, Metrum *n*; **2.** Meter *m*, *n*.
met·ric ['metrɪk] **I** *adj.* (□ ***~ally***) **1.** metrisch: ***~ system***; ***~ method of analysis*** ⚗ Maßanalyse *f*; **2.** → ***metrical*** 2; **II** *s. pl. sg. konstr.* **3.** Metrik *f*, Verslehre *f*; ♪ Rhythmik *f*, Taktlehre *f*; '**met·ri·cal** [-kl] *adj.* □ **1.** → ***metric*** 1; **2.** a) metrisch, Vers..., b) rhythmisch; '**met·ri·cate** [-keɪt] *v/t. u. v/i. Brit.* (sich) auf das metrische Sy'stem 'umstellen.
met·ro·nome ['metrənəʊm] *s.* ♪ Metro'nom *n*, Taktmesser *m*.
me·trop·o·lis [mɪ'trɒpəlɪs] *s.* **1.** Metro'pole *f*, Haupt-, Großstadt *f*: ***the* 2** *Brit.* London; **2.** Hauptzentrum *n*; **3.** *eccl.* Sitz *m* e-s Metropo'liten *od.* Erzbischofs; **met·ro·pol·i·tan** [ˌmetrə'pɒlɪtən] **I** *adj.* **1.** hauptstädtisch, Stadt...; **2.** *eccl.* erzbischöflich; **II** *s.* **3.** a) Metropo'lit *m* (*Ostkirche*), Erzbischof *m*; **4.** Bewohner(in) der Hauptstadt; Großstädter(in).
met·tle ['metl] *s.* **1.** Veranlagung *f*; **2.** Eifer *m*, Mut *m*, Feuer *n*: ***be on one's ~*** vor Eifer brennen; ***put s.o. on his ~*** j-n zur Aufbietung aller s-r Kräfte anspornen; ***try s.o.'s ~*** j-n auf die Probe stellen; ***horse of ~*** feuriges Pferd; '**met·tled** [-ld], '**met·tle·some** [-səm] *adj.* feurig, mutig.
mew[1] [mju:] *s. orn.* Seemöwe *f*.
mew[2] [mju:] *v/i.* mi'auen (*Katze*).
mew[3] [mju:] *s.* **1.** Mauserkäfig *m*; **2.** *pl. sg. konstr.* a) Stall *m*: ***the Royal 2s*** der Königliche Marstall, b) *Brit. zu Wohnungen umgebaute ehemalige Stallungen.*
mewl [mju:l] *v/i.* **1.** quäken, wimmern (*Baby*); **2.** mi'auen.
Mex·i·can ['meksɪkən] **I** *adj.* mexi'kanisch; **II** *s.* Mexi'kaner(in).
mez·za·nine ['metsəni:n] *s.* △ **1.** Mezza'nin *n*, Zwischengeschoß *n*; **2.** *thea.* Raum *m* unter der Bühne.
mez·zo ['medzəʊ] (*Ital.*) **I** *adj.* **1.** ♪ mezzo, mittel, halb: ***~ forte*** halblaut; **II** *s.* **2.** → ***mezzo-soprano***; **3.** → ***mezzotint***; ˌ**~-so'pra·no** *s.* ♪ 'Mezzosoˌpran *m*; '**~·tint I** *s.* **1.** *Kupferstecherei*: Mezzo'tinto *n*, Schabkunst *f*; **2.** Schabkunstblatt *n*: ***~ engraving*** Stechkunst *f* in Mezzotintomanier; **II** *v/t.* **3.** in Mezzo'tinto gravieren.
mi·aow [mi:'aʊ] → ***meow.***
mi·asm ['maɪæzəm], **mi·as·ma** [mɪ'æzmə] *pl.* **-ma·ta** [-mətə] *s.* ⚕ Mi'asma *n*, Krankheitsstoff *m*; **mi·as·mal** [mɪ'æzml], **mi·as·mat·ic**, **mi·as·mat·i·cal** [ˌmɪəz'mætɪk(l)] *adj.* ansteckend.
mi·aul [mi:'aʊl; mɪ'ɔ:l] *v/i.* mi'auen.
mi·ca ['maɪkə] *min.* **I** *s.* Glimmer(erde *f*) *m*; **II** *adj.* Glimmer...: ***~ capacitor*** ⚡ Glimmerkondensator *m*; **mi·ca·ceous** [maɪ'keɪʃəs] *adj.* Glimmer...
Mi·cah ['maɪkə] *npr. u. s. bibl.* (das Buch) Micha *m od.* Mi'chäas *m*.
mice [maɪs] *pl. von* ***mouse.***
Mich·ael·mas ['mɪklməs] *s.* Micha'elis *n*, Michaelstag *m* (*29. September*); **~ Day** *s.* **1.** Michaelstag *m* (*29. September*); **2.** *e-r der 4 brit. Quartalstage*; **~ term** *s. Brit. univ.* 'Herbstseˌmester *n*.
Mick [mɪk] → ***Mike***[1].
Mick·ey ['mɪkɪ] *s.* **1.** *Am. sl.* ✈ Bordradar *n*; **2.** ***take the 2 out of s.o.*** j-n ‚veräppeln'; **3.** → **~ Finn** [fɪn] *s. sl.* a) präparierter Drink, b) Betäubungsmittel *n*.
micro- [maɪkrəʊ] *in Zssgn*: a) Mikro..., (sehr) klein, b) ein milli'onstel, c) mikro'skopisch.
mi·crobe ['maɪkrəʊb] *s. biol.* Mi'krobe *f*; **mi·cro·bi·al** [maɪ'krəʊbjəl], **mi·cro·bic** [maɪ'krəʊbɪk] *adj.* mi'krobisch, Mikroben...; **mi·cro·bi·o·sis** [ˌmaɪkrəʊbaɪ'əʊsɪs] *s.* ⚕ Mi'krobeninfektiˌon *f*.
ˌ**mi·cro'chem·is·try** *s.* Mikroche'mie *f*.
'**mi·cro·chip** *s. Computer*: Mikrochip *m*.
'**mi·croˌcir·cuit** *s.* Mikroschaltung *f*.
mi·cro·cosm ['maɪkrəʊkɒzəm] *s.* Mikro'kosmos *m* (*a. phls. u. fig.*); **mi·cro·cos·mic** [ˌmaɪkrəʊ'kɒzmɪk] *adj.* mikro'kosmisch.
'**mi·croˌe·lec'tron·ics** *s. pl. sg. konstr. phys.* Mikroelek'tronik *f*.

mi·cro·fiche ['maɪkrəʊfiːʃ] *s.* Mikrofiche *m.*

'mi·cro·film *phot.* **I** *s.* Mikrofilm *m*; **II** *v/t.* auf Mikrofilm aufnehmen.

'mi·cro·gram *Am.*, **'mi·cro·gramme** *Brit. s. phys.* Mikro'gramm *n* (*ein millionstel Gramm*).

'mi·cro·groove *s.* **1.** Mikrorille *f*; **2.** Schallplatte *f* mit Mikrorillen.

'mi·cro·inch *s.* ein milli'onstel Zoll.

mi·crom·e·ter [maɪ'krɒmɪtə] *s.* **1.** *phys.* Mikro'meter *n* (*ein millionstel Meter*): **~ *adjustment*** ⚙ Feinsteinstellung *f*; **~ (*caliper*)** Feinmeßschraube *f*; **2.** *opt.* Oku'lar-Mikroˌmeter *n* (*an Fernrohren etc.*).

mi·cron ['maɪkrɒn] *pl.* **-crons, -cra** [-krə] *s.* ⚗, *phys.* Mikron *n* (*ein tausendstel Millimeter*).

ˌmi·cro'or·gan·ism *s.* Mikroorga'nismus *m.*

mi·cro·phone ['maɪkrəfəʊn] *s.* ⚡ **1.** (***at the ~*** am) Mikro'phon *n*; **2.** *teleph.* Sprechmuschel *f*; **3.** F Radio *n*: ***through the ~*** durch den Rundfunk.

ˌmi·cro'pho·to·graph *s.* **1.** Mikrofoto (-gra'fie *f*) *n*; **2.** → **ˌmi·cro·pho'tog·ra·phy** *s.* Mikrofotogra'fie *f.*

ˌmi·cro'pro·ces·sor *s. Computer:* Mikropro'zessor *m.*

mi·cro·scope ['maɪkrəskəʊp] **I** *s.* Mikro'skop *n*: ***reflecting ~*** Spiegelmikroskop; **~ *stage*** Objektivtisch *m*; **II** *v/t.* mikro'skopisch unter'suchen; **mi·cro·scop·ic, mi·cro·scop·i·cal** [ˌmaɪkrə'skɒpɪk(l)] *adj.* □ **1.** mikro'skopisch: **~ *examination***; **~ *slide*** Objektträger *m*; **2.** (peinlich) genau; **3.** mikro'skopisch klein, verschwindend klein.

'mi·croˌsec·ond *s.* Mikrose'kunde *f* (*eine millionstel Sekunde*).

ˌmi·cro'sur·ger·y *s.* ⚕ Mikrochirur'gie *f.*

'mi·cro·volt *s. phys.* Mikrovolt *n.*

'mi·cro·wave *s.* ⚡ Mikrowelle *f*, Dezi'meterwelle *f*: **~ *engineering*** Höchstfrequenztechnik *f*; **~ *oven*** Mikrowellenherd *m.*

mic·tu·ri·tion [ˌmɪktjʊə'rɪʃn] *s.* ⚕ **1.** U'rindrang *m*; **2.** Harnen *n.*

mid[1] [mɪd] *adj. attr. od. in Zssgn* mittler, Mittel…: ***in ~air*** mitten in der Luft, frei schwebend; ***in the ~ 16th century*** in der Mitte des 16. Jhs.; ***in ~-April*** Mitte April; ***in ~ ocean*** auf offener See.

mid[2] [mɪd] *prp. poet.* in'mitten von (*od. gen.*).

Mi·das ['maɪdæs] **I** *npr. antiq.* Midas *m* (*König von Phrygien*): ***he has the ~ touch*** *fig.* er macht aus allem Geld; **II** *s.* **~** *zo.* Midasfliege *f.*

'mid·day I *s.* Mittag *m*; **II** *adj.* mittägig, Mittags…

mid·dle ['mɪdl] **I** *adj.* **1.** mittler, Mittel… (*a. ling.*): **~ *finger*** Mittelfinger *m*; **~ *quality*** ✝ Mittelqualität *f*; **~ *management*** mittleres Management; **II** *s.* **2.** Mitte *f*: ***in the ~*** in der Mitte; ***in the ~ of speaking*** mitten in der Rede; ***in the ~ of July*** Mitte Juli; **3.** Mittelweg *m*; **4.** Mittelstück *n* (*a. e-s Schlachttieres*); **5.** Mitte *f* (*des Leibes*), Taille *f*; **6.** Medium *n* (*griechische Verbalform*); **7.** *Logik*: Mittelglied *n* (*e-s Schlusses*); **8.** *Fußball*: Flankenball *m*; **9.** *a.* **~ *article*** *Brit.* Feuille'ton *n*; **10.** *pl.* ✝ Mittelsorte *f*; **11.** Mittelsmann *m*; **III** *v/t.* **12.** in die Mitte plazieren; *Fußball*: zur Mitte flanken.

mid·dle| age *s.* mittleres Alter; **ˌ2-'Age** *adj.* mittelalterlich; **ˌ~-'aged** *adj.* mittleren Alters; **2 Ag·es** *s. pl. das* Mittelalter; **~ A·mer·i·ca** *s. Am.* die (konserva'tive) ameri'kanische Mittelschicht; **'~·brow** F **I** *s.* geistiger ‚Nor'malverbraucher'; **II** *adj.* von 'durchschnittlichen geistigen Inter'essen; **ˌ~-'class** *adj.* zum Mittelstand gehörig, Mittelstands…; **~ class·es** *s. pl.* Mittelstand *m*; **~ course** *s. fig.* Mittelweg *m*; **~ dis·tance** *s.* **1.** *paint., phot.* Mittelgrund *m*; **2.** *sport* Mittelstrecke *f*; **ˌ~-'dis·tance** *adj. sport* Mittelstrecken…: **~ *runner*** Mittelstreckler(in); **~ ear** *s. anat.* Mittelohr *n*; **2 East** *s. geogr.* **1.** *der* Mittlere Osten; **2.** *Brit. der* Nahe Osten; **2 Eng·lish** *s. ling.* Mittelenglisch *n*; **2 High Ger·man** *s. ling.* Mittelhochdeutsch *n*; **ˌ~-'in·come** *adj.* mit mittlerem Einkommen; **~ in·i·tial** *s. Am.* Anfangsbuchstabe *m* des zweiten Vornamens; **~ life** *s.* die mittleren Lebensjahre *pl.*; **'~·man** [-mæn] *s.* [*irr.*] **1.** Mittelsmann *m*; **2.** ✝ Zwischenhändler *m*; **'~·most** *adj.* ganz in der Mitte (liegend); **~ name** *s.* **1.** zweiter Vorname; **2.** *fig.* her'vorstechende Eigenschaft; **ˌ~-of-the-'road** *adj. bsd. pol.* gemäßigt; neu'tral; **~ rhyme** *s.* Binnenreim *m*; **'~-sized** *adj.* von mittlerer Größe; **~ watch** *s.* ⚓ Mittelwache *f* (*zwischen Mitternacht u. 4 Uhr morgens*); **'~-weight** *s. sport* Mittelgewicht(ler *m*) *n*; **2 West** *s. Am.* (*u. Kanada*) Mittelwesten *m*, *der* mittlere Westen.

mid·dling ['mɪdlɪŋ] **I** *adj.* □ → *a.* II; **1.** von mittlerer Güte *od.* Sorte, mittelmäßig, Mittel…: ***fair to ~*** ‚so lala', ‚mittelprächtig'; **~ *quality*** ✝ Mittelqualität *f*; **2.** F leidlich (*Gesundheit*); **3.** F ziemlich groß; **II** *adv.* F **4.** (*a.* **~ly**) leidlich, ziemlich; **5.** ziemlich gut; **III** *s.* **6.** *mst pl.* ✝ Mittelsorte *f*; **7.** *pl.* Mittelmehl *n*; **8.** *pl. metall.* 'Zwischenpro͵dukt *n*.

mid·dy ['mɪdɪ] *s.* **1.** F *für* ***midshipman***; **2.** → **~ blouse** *s.* Ma'trosenbluse *f*.

'**mid·field** *s. sport* Mittelfeld *n* (*a. Spieler*): ***~ man***, ***~ player*** Mittelfeldspieler *m*.

midge [mɪdʒ] *s.* **1.** *zo.* kleine Mücke; **2.** → ***midget*** 1.

midg·et ['mɪdʒɪt] **I** *s.* **1.** Zwerg *m*, Knirps *m*; **2.** *et.* Winziges; **II** *adj.* **3.** Zwerg…, Miniatur…, Kleinst…: ***~ car*** *mot.* Klein(st)wagen *m*; ***~ railroad*** Liliputbahn *f*.

mid·i ['mɪdɪ] **I** *s.* Midimode *f*: ***wear ~*** midi tragen; **II** *adj.* Midi…: ***~ skirt*** → '**mid·i·skirt** *s.* Midirock *m*.

'**mid·land** [-lənd] **I** *s.* **1.** *mst pl.* Mittelland *n*; **2.** ***the* 2s** *pl.* Mittelengland *n*; **II** *adj.* **3.** binnenländisch; **4.** 2 *geogr.* mittelenglisch.

'**mid·life cri·sis** *s. psych.* Midlife-crisis *f*, Krise *f* in der Lebensmitte.

'**mid·most** [-məʊst] **I** *adj.* ganz in der Mitte (liegend); innerst; **II** *adv.* (ganz) im Innern *od.* in der Mitte.

'**mid·night I** *s.* (***at ~*** um) Mitternacht *f*; **II** *adj.* mitternächtlich, Mitternachts…: ***burn the ~ oil*** bis spät in die Nacht arbeiten *od.* aufbleiben; **~ blue** *s.* Mitternachtsblau *n* (*Farbe*); **~ sun** *s.* **1.** Mitternachtssonne *f*; **2.** ⚓ Nordersonne *f*.

'**mid|·noon** *s.* Mittag *m*; ͵**~-'off** (͵**~-'on**) *s. Kricket*: **1.** links (rechts) vom Werfer po'stierter Spieler; **2.** links (rechts) vom Werfer liegende Seite des Spielfelds; '**~·riff** *s.* **1.** *anat.* Zwerchfell *n*; **2.** *Am.* a) Mittelteil *m e-s Damenkleids*, b) zweiteilige Kleidung, c) Obertaille *f*, d) Magengrube *f*; '**~·ship** ⚓ **I** *s.* Mitte *f* des Schiffs; **II** *adj.* Mittschiffs…: ***~ section*** Hauptspant *n*; '**~·ship·man** [-mən] *s.* [*irr.*] ⚓ **1.** *Brit.* Leutnant *m* zur See; **2.** *Am.* 'Seeoffi͵ziersanwärter *m*; '**~·ships** *adv.* ⚓ mittschiffs.

midst [mɪdst] *s.*: ***in the ~ of*** inmitten (*gen.*), mitten unter (*dat.*); ***in their*** (***our***) **~** mitten unter ihnen (uns); ***from our ~*** aus unserer Mitte.

'**mid·stream** *s.* Strommitte *f*: ***in ~*** *fig.* mittendrin.

'**mid͵sum·mer I** *s.* **1.** Mitte *f* des Sommers, Hochsommer *m*; **2.** *ast.* Sommersonnenwende *f*; **II** *adj.* **3.** hochsommerlich, Hochsommer…; 2 **Day** *s.* **1.** Jo'hannistag *m* (*24. Juni*); **2.** *e-r der 4 brit. Quartalstage.*

͵**mid|'way I** *s.* **1.** Hälfte *f* des Weges, halber Weg; **2.** *Am.* Haupt-, Mittelstraße *f* (*auf Ausstellungen etc.*); **II** *adj.* **3.** mittler; **III** *adv.* **4.** auf halbem Wege; ͵**~'week I** *s.* Mitte *f* der Woche; **II** *adj.* (in der) Mitte der Woche stattfindend.

mid·wife ['mɪdwaɪf] *s.* [*irr.*] Hebamme *f*, Geburtshelferin *f* (*a. fig.*); '**mid·wife·ry** [-wɪfərɪ] *s.* Geburtshilfe *f*, *fig. a.* Mithilfe *f*.

͵**mid|'win·ter** *s.* **1.** Mitte *f* des Winters; **2.** *ast.* Wintersonnenwende *f*; ͵**~'year I** *adj.* **1.** in der Mitte des Jahres vorkommend, in der Jahresmitte; **II** *s.* **2.** Jahresmitte *f*; **3.** *Am.* F a) um die Jahresmitte stattfindende Prüfung, b) *pl.* Prüfungszeit *f* (*um die Jahresmitte*).

mien [mi:n] *s.* Miene *f*, Gesichtsausdruck *m*; Gebaren *n*: ***noble ~*** vornehme Haltung.

miff [mɪf] *s.* F Verstimmung *f*.

might[1] [maɪt] *s.* **1.** Macht *f*, Gewalt *f*: ***~ is*** (***above***) ***right*** Gewalt geht vor Recht; **2.** Stärke *f*, Kraft *f*: ***with ~ and main***, ***with all one's ~*** aus Leibeskräften, mit aller Gewalt.

might[2] [maɪt] *pret. von* ***may***[1].

'**might-have-͵been** *s.* **1.** *et.*, was hätte sein können; **2.** Per'son, die es zu *et.* hätte bringen können.

might·i·ly ['maɪtɪlɪ] *adv.* **1.** mit Macht, heftig, kräftig; **2.** F e'norm, mächtig, sehr; '**might·i·ness** [-ɪnɪs] *s.* Macht *f*, Gewalt *f*; **might·y** ['maɪtɪ] **I** *adj.* □ → ***mightily*** *u.* II; **1.** mächtig, gewaltig, heftig, groß, stark; → ***high and mighty***; **2.** *fig.* gewaltig, riesig, mächtig; **II** *adv.* **3.** F mächtig, riesig, ungeheuer: ***~ easy*** kinderleicht; ***~ fine*** prima.

mi·graine ['mi:greɪn] (*Fr.*) *s.* ⚕ Mi'gräne *f*; '**mi·grain·ous** [-nəs] *adj.* durch Migräne verursacht, Migräne…

mi·grant ['maɪgrənt] **I** *adj.* **1.** Wander…, Zug…; → *a.* ***migratory***; **II** *s.* **2.** Wandernde(r *m*) *f*; 'Umsiedler(in); **3.** *zo.* Zugvogel *m*; Wandertier *n*; **mi·grate** [maɪ'greɪt] *v/i.* (aus-, ab)wandern, (*a. orn.* fort)ziehen; **mi·gra·tion** [maɪ'greɪʃn] *s.* Wanderung *f* (*a.* ⚗, *zo.*, *geol.*); Zug *m* (*Menschen od. Wandertiere*); *orn.* (Vogel)Zug *m*: ***~ of*** (***the***) ***peoples*** Völkerwanderung; ***intramolecular ~*** ⚗ intramolekulare Wanderung; → ***ionic***[2]; **mi·gra·tion·al** [maɪ'greɪʃənl] *adj.* Wander…, Zug…; '**mi·gra·to·ry** [-rətərɪ] *adj.* **1.** (aus)wandernd; **2.** Zug…, Wander…: ***~ bird*** Zugvogel *m*; ***~ instinct*** Wandertrieb *m*; **3.** um'herziehend, no'madisch: ***~ life***

Wanderleben *n*; **~ worker** Wanderarbeiter(in).

Mike[1] [maɪk] **I** *npr.* (*Kosename für*) Michael; **II** *s.* ♀ *sl.* a) Ire *m*, b) Katho'lik *m*.

mike[2] [maɪk] *v/i. sl.* her'umlungern.

mike[3] [maɪk] *s.* F ‚Mikro' *n* (*Mikrophon*).

mil [mɪl] *s.* **1.** Tausend *n*: **per ~** per Mille; **2.** ⚙ 1/1000 Zoll *m* (*Drahtmaß*); **3.** ⚔ (Teil)Strich *m*.

mil·age ['maɪlɪdʒ] → **mileage**.

Mil·a·nese [ˌmɪlə'ni:z] **I** *adj.* mailändisch; **II** *s. sg. u. pl.* Mailänder(in), Mailänder *pl.*

milch [mɪltʃ] *adj.* milchgebend, Milch…; '**milch·er** [-tʃə] → **milker** 3.

mild [maɪld] *adj.* □ mild (*a. Strafe, Wein, Wetter etc.*); gelind, sanft; leicht (*Droge, Krankheit, Zigarre etc.*), schwach: **~ attempt** schüchterner Versuch; **~ steel** ⚙ Flußstahl *m*; **to put it ~(ly)** a) sich gelinde ausdrücken, b) gelinde gesagt; **draw it ~** mach's mal halblang!

mil·dew ['mɪldju:] **I** *s.* **1.** ⚘ Mehltau (-pilz) *m*, Brand *m* (*am Getreide*); **2.** Schimmel *m*, Moder *m*: **spot of ~** Moder- *od.* Stockfleck *m* (*in Papier etc.*); **II** *v/t.* **3.** mit Mehltau *od.* Schimmel- *od.* Moderflecken über'ziehen: **be ~ed** verschimmelt sein (*a. fig.*); **III** *v/i.* **4.** brandig *od.* schimm(e)lig *od.* mod(e)rig werden (*a. fig.*); '**mil·dewed** [-dju:d], '**mil·dew·y** [-dju:ɪ] *adj.* **1.** brandig, mod(e)rig, schimm(e)lig; **2.** ⚘ von Mehltau befallen; mehltauartig.

mild·ness ['maɪldnɪs] *s.* Milde *f*; Sanftheit *f*; Sanftmut *f*.

mile [maɪl] *s.* Meile *f* (*zu Land = 1,609 km*): **Admiralty ~** *Brit.* englische Seemeile (= *1,8532 km*); **air ~** Luftmeile (= *1,852 km*); **nautical ~, sea ~** Seemeile (= *1,852 km*); **~ after ~ of fields, ~s and ~s of fields** meilenweite Felder; **~s apart** meilenweit auseinander, *fig.* himmelweit entfernt; **miss s.th. by a ~** *fig.* et. (meilen)weit verfehlen.

mile·age ['maɪlɪdʒ] *s.* **1.** Meilenlänge *f*, -zahl *f*; **2.** zu'rückgelegte Meilenzahl *od.* Fahrstrecke, Meilenstand *m*: **~ indicator, ~ recorder** *mot.* Meilenzähler *m*; **3.** *a.* **~ allowance** Meilengeld *n* (*Vergütung*); **4.** Fahrpreis *m* per Meile; **5.** *a.* **~ book** 🚂 *Am.* Fahrscheinheft *n*; **6.** F **get a lot of ~ out of it** jede Menge (dabei) rausholen; **there's no ~ in it** das bringt nichts (ein).

mile·om·e·ter [maɪ'lɒmɪtə] *s. mot.* Meilenzähler *m*.

'**mile·stone** *s.* Meilenstein *m* (*a. fig.*).

mil·foil ['mɪlfɔɪl] *s.* ⚘ Schafgarbe *f*.

mil·i·ar·i·a [ˌmɪlɪ'eərɪə] *s.* ⚕ Frieselfieber *n*; **mil·i·ar·y** ['mɪlɪərɪ] *adj.* ⚕ mili'ar, hirsekornartig: **~ fever** → **miliaria**; **~ gland** Hirsedrüse *f*.

mil·i·tan·cy ['mɪlɪtənsɪ] *s.* **1.** Kriegszustand *m*, Kampf *m*; **2.** Kampfgeist *m*; '**mil·i·tant** [-tənt] **I** *adj.* □ mili'tant: a) streitend, kämpfend, b) streitbar, kriegerisch; **II** *s.* Kämpfer *m*, Streiter *m*; '**mil·i·ta·rist** [-tərɪst] *s.* **1.** *pol.* Militarist *m*; **2.** Wehr- *od.* Mili'tärexperte *m*; **mil·i·ta·ris·tic** [ˌmɪlɪtə'rɪstɪk] *adj.* milita'ristisch; '**mil·i·ta·rize** [-təraɪz] *v/t.* militarisieren.

mil·i·tar·y ['mɪlɪtərɪ] **I** *adj.* □ **1.** mili'tärisch, Militär…: **of ~ age** in wehrpflichtigem Alter; **2.** Heeres…, Kriegs…; **II** *s. pl. konstr.* **3.** Mili'tär *n*, Sol'daten *pl.*, Truppen *pl.*; **~ a·cad·e·my** *s.* **1.** Mili'tärakadeˌmie *f*; **2.** *Am.* (*zivile*) Schule mit mili'tärischer Ausbildung; **~ college** *s. Am.* Mili'tärcollege *n*; **~ govern·ment** *s.* Mili'tärreˌgierung *f*; **~ junta** *s.* Mili'tärjunta *f*; **~ law** *s.* Wehr(straf)recht *n*; **~ map** *s.* Gene'ralstabskarte *f*; **~ po·lice** *s.* Mili'tärpoliˌzei *f*; **~ ser·vice** *s.* Mili'tär-, Wehrdienst *m*; **~ ser·vice book** *s.* Wehrpaß *m*; **~ stores** *s. pl.* Mili'tärbedarf *m*, 'Kriegsmateriˌal *n* (*Munition, Proviant etc.*); **~ tes·ta·ment** *s.* ⚖ 'Nottestaˌment *n* (*von Militärpersonen im Krieg*); **~ tri·bu·nal** *s.* Mili'tärgericht *n*.

mil·i·tate ['mɪlɪteɪt] *v/i.* (**against**) sprechen (gegen), wider'streiten (*dat.*), *e-r Sache* entgegenwirken; **~ for** eintreten *od.* kämpfen für.

mi·li·tia [mɪ'lɪʃə] *s.* ⚔ Mi'liz *f*, Bürgerwehr *f*.

milk [mɪlk] **I** *s.* **1.** Milch *f*: **~ and water** *fig.* kraftloses Zeug, seichtes Gewäsch; **~ of human kindness** *fig.* Milch der frommen Denkungsart; **~ of sulphur** ⚗ Schwefelmilch; **it is no use crying over spilt ~** geschehen ist geschehen, hin ist hin; → **coconut** 1; **2.** ⚘ (Pflanzen)Milch *f*; **II** *v/t.* **3.** melken; **4.** *fig. j-n* schröpfen, ‚ausnehmen'; **5.** ⚡ *Leitung* ‚anzapfen', abhören; **III** *v/i.* **6.** Milch geben; ˌ**~-and-'wa·ter** *adj.* saft- u. kraftlos, seicht; **~ bar** *s.* Milchbar *f*; **~ crust** *s.* ⚕ Milchschorf *m*; **~ duct** *s. anat.* Milchdrüsengang *m*.

milk·er ['mɪlkə] *s.* **1.** Melker(in); **2.** ⚙ 'Melkmaˌschine *f*; **3.** Milchkuh *f od.* -schaf *n od.* -ziege *f*.

milk| **float** *s. Brit.* Milchwagen *m*; '**~·man** [-mən] *s.* [*irr.*] Milchmann *m*; **~**

run *s.* ✈ *sl.* **1.** Rou'tineeinsatz *m*; **2.** ‚gemütliche Sache', gefahrloser Einsatz; ~ **shake** *s.* Milchshake *m*; '~·**sop** *s. fig. contp.* Muttersöhnchen *n*; ~ **sug·ar** *s.* ⚗ Milchzucker *m*, Lak'tose *f*; ~ **tooth** *s.* [*irr.*] Milchzahn *m*; '~·**weed** *s.* ⚘ **1.** Schwalbenwurzgewächs *n*; **2.** Wolfsmilch *f*.

milk·y ['mɪlkɪ] *adj.* **1.** □ milchig, Milch...; milchweiß; **2.** *min.* milchig, wolkig (*bsd. Edelsteine*); **3.** *fig.* a) sanft, b) weichlich, ängstlich; ♀ **Way** *s. ast.* Milchstraße *f*.

mill[1] [mɪl] **I** *s.* **1.** (Mehl-, Mahl)Mühle *f*; → ***grist*** 1; **2.** ⚙ (*Kaffee-, Öl-, Säge- etc.*)Mühle *f*, Zerkleinerungsvorrichtung *f*: ***go through the*** ~ *fig.* e-e harte Schule durchmachen; ***put s.o. through the*** ~ j-n hart rannehmen; ***have been through the*** ~ viel durchgemacht haben; **3.** *metall.* Hütten-, Hammer-, Walzwerk *n*; **4.** *a.* ***spinning-***~ ⚙ Spinne'rei *f*; **5.** ⚙ a) *Münzerei*: Prägwerk *n*, b) *Glasherstellung*: Schleifkasten *m*; **6.** Fa'brik *f*, Werk *n*; **7.** F Prüge'lei *f*; **II** *v/t.* **8.** *Korn etc.* mahlen; **9.** ⚙ *allg.* bearbeiten, *z.B. Holz*, *Metall* fräsen, *Papier*, *Metall* walzen, *Tuch*, *Leder* walken, *Münzen* rändeln, *Eier*, *Schokolade* quirlen, schlagen, *Seide* moulinieren; **10.** F ‚'durchwalken'; **III** *v/i.* **11.** F sich prügeln; **12.** ~ ***about*** *od.* ***around*** ('rund)her'umlaufen, her'umirren: ~***ing crowd*** Gewühl *n*, wogende Menge.

mill[2] [mɪl] *s. Am.* Tausendstel *n* (*bsd.* 1/1000 *Dollar*).

mill|bar *s.* ⚙ Pla'tine *f*; '~·**board** *s.* starke Pappe, Pappdeckel *m*; '~·**course** *s.* **1.** Mühlengerinne *n*; **2.** Mahlgang *m*.

mil·le·nar·i·an [ˌmɪlɪ'neərɪən] **I** *adj.* **1.** tausendjährig; **2.** *eccl.* das Tausendjährige Reich (Christi) betreffend; **II** *s.* **3.** *eccl.* Chili'ast *m*; **mil·le·nar·y** [mɪ'lenərɪ] **I** *adj.* **1.** aus tausend (Jahren) bestehend, von tausend Jahren; **II** *s.* **2.** (Jahr)'Tausend *n*; **3.** Jahr'tausendfeier *f*; **mil·len·ni·al** [mɪ'lenɪəl] *adj.* **1.** *eccl.* das Tausendjährige Reich betreffend; **2.** e-e Jahr'tausendfeier betreffend; **3.** tausendjährig; **mil·len·ni·um** [mɪ'lenɪəm] *pl.* **-ni·ums** *od.* **-ni·a** [-nɪə] *s.* **1.** Jahr'tausend *n*; **2.** Jahr'tausendfeier *f*; **3.** *eccl.* Tausendjähriges Reich (Christi); **4.** *fig.* Para'dies *n* auf Erden.

mil·le·pede ['mɪlɪpi:d] *s. zo.* Tausendfüß(l)er *m*.

mill·er ['mɪlə] *s.* **1.** Müller *m*; **2.** ⚙ 'Fräsmaˌschine *f*.

mil·les·i·mal [mɪ'lesɪml] **I** *adj.* □ **1.** tausendst; **2.** aus Tausendsteln bestehend; **II** *s.* **3.** Tausendstel *n*.

mil·let ['mɪlɪt] *s.* ⚘ (Rispen)Hirse *f*.

'**mill-hand** *s.* Mühlen-, Fa'brik-, Spinne'reiarbeiter *m*.

milli- [mɪlɪ] *in Zssgn* Tausendstel.

ˌ**mil·li'am·me·ter** *s.* ⚡ 'Milliamˌpereˌmeter *n*.

mil·li·ard ['mɪljɑ:d] *s. Brit.* Milli'arde *f*.

mil·li·bar ['mɪlɪbɑ:] *s. meteor.* Milli'bar *n*.

'**mil·li·gram**(**me**) *s.* Milli'gramm *n*; '**mil·li·me·ter** *Am.*, '**mil·li·me·tre** *Brit. s.* Milli'meter *m*, *n*.

mil·li·ner ['mɪlɪnə] *s.* Hut-, Putzmacherin *f*, Mo'distin *f*; '**mil·li·ner·y** [-nərɪ] *s.* **1.** Putz-, Modewaren *pl.*; **2.** Hutmacherhandwerk *n*; **3.** 'Hutsaˌlon *m*.

mill·ing ['mɪlɪŋ] *s.* **1.** Mahlen *n*; **2.** ⚙ a) Walken *n*, b) Rändeln *n*, c) Fräsen *n*, d) Walzen *n*; **3.** *sl.* Tracht *f* Prügel; ~ **cut·ter** *s.* ⚙ Fräser *m*; ~ **ma·chine** *s.* **1.** 'Fräsmaˌschine *f*; **2.** Rändelwerk *n*; ~ **prod·uct** *s.* 'Mühlen- *od.* ⚙ 'Walzproˌdukt *n*.

mil·lion ['mɪljən] *s.* **1.** Milli'on *f*: ***a*** ~ ***times*** millionenmal; ***two*** ~ ***men*** 2 Millionen Mann; ***by the*** ~ nach Millionen; ~***s of people*** *fig.* e-e Unmasse Menschen; **2.** ***the*** ~ die große Masse, das Volk; **mil·lion·aire**, *bsd. Am.* **mil·lion·naire** [ˌmɪljə'neə] *s.* Millio'när *m*; **mil·lion·air·ess** [ˌmɪljə'neərɪs] *s.* Millio'närin *f*; '**mil·lion·fold** *adj. u. adv.* milli'onenfach; '**mil·lionth** [-nθ] **I** *adj.* milli'onst; **II** *s.* Milli'onstel *n*.

mil·li·pede ['mɪlɪpi:d], *a.* '**mil·li·ped** [-ped] → ***millepede***.

'**mil·liˌsec·ond** *s.* 'Milliseˌkunde *f*.

'**mill|·pond** *s.* Mühlteich *m*; '~·**race** *s.* Mühlgerinne *n*.

Mills bomb [mɪlz], **Mills gre·nade** *s.* ⚔ 'Eierˌhandgraˌnate *f*.

'**mill|·stone** *s.* Mühlstein *m* (*a. fig. Last*): ***be a*** ~ ***round s.o.'s neck*** *fig.* j-m ein Klotz am Bein sein; ***see through a*** ~ *fig.* das Gras wachsen hören; '~·**wheel** *s.* Mühlrad *n*.

mi·lom·e·ter → ***mileometer***.

milt[1] [mɪlt] *s. anat.* Milz *f*.

milt[2] [mɪlt] *ichth.* **I** *s.* Milch *f* (*der männlichen Fische*); **II** *v/t. den Rogen* mit Milch befruchten; '**milt·er** [-tə] *s. ichth.* Milchner *m*.

mime [maɪm] **I** *s.* **1.** *antiq.* Mimus *m*, Possenspiel *n*; **2.** Mime *m*; **3.** Possenreißer *m*; **II** *v/t.* **4.** mimen, nachahmen.

mim·e·o·graph ['mɪmɪəgrɑ:f] **I** *s.* Mimeo'graph *m* (*Vervielfältigungsapparat*); **II** *v/t.* vervielfältigen; **mim·e-**

·o·graph·ic [ˌmɪmɪəˈgræfɪk] *adj.* (□ **~ally**) mimeoˈgraphisch, vervielfältigt.
mi·met·ic [mɪˈmetɪk] *adj.* (□ **~ally**) **1.** nachahmend (*a. ling. lautmalend*); *b.s.* nachäffend, Schein…; **2.** *biol.* fremde Formen nachbildend.
mim·ic [ˈmɪmɪk] **I** *adj.* **1.** mimisch, (durch Gebärden) nachahmend; **2.** Schauspiel…: **~ *art*** Schauspielkunst *f*; **3.** nachgeahmt, Schein…; **II** *s.* **4.** Nachahmer *m*, Imiˈtator *m*; **III** *v/t. pret. u. p.p.* **ˈmim·icked** [-kt], *pres. p.* **ˈmim·ick·ing** [-kɪŋ] **5.** nachahmen, -äffen; **6.** ⚘, *zo.* sich *in der Farbe etc.* angleichen (*dat.*); **ˈmim·ic·ry** [-krɪ] *s.* **1.** Nachahmen *n*, -äffung *f*; **2.** *zo.* Mimikry *f*, Angleichung *f*.
mi·mo·sa [mɪˈməʊzə] *s.* ⚘ Miˈmose *f*.
min·a·ret [ˈmɪnəret] *s.* ⚠ Minaˈrett *n*.
min·a·to·ry [ˈmɪnətərɪ] *adj.* drohend, bedrohlich.
mince [mɪns] **I** *v/t.* **1.** zerhacken, in kleine Stücke zerschneiden; ˈdurchdrehen: **~ *meat*** Hackfleisch machen; **2.** *fig.* mildern, bemänteln: **~ *one's words*** affektiert sprechen; ***not to ~ matters*** (*od.* ***one's words***) kein Blatt vor den Mund nehmen; **3.** geziert tun: **~ *one's steps*** → 5 b; **II** *v/i.* **4.** Fleisch (*a.* Fett, Gemüse) kleinschneiden *od.* zerkleinern, Hackfleisch machen; **5.** a) sich geziert benehmen, b) geziert gehen, trippeln; **III** *s.* **6.** *bsd. Brit.* → ***mincemeat*** 2; **ˈ~·meat** *s.* **1.** Paˈstetenfüllung *f* (*aus Korinthen, Äpfeln, Rosinen, Rum etc. mit od. ohne Fleisch*); **2.** Hackfleisch *n*, Gehacktes *n*: ***make ~ of*** *fig.* a) ‚aus *j-m* Hackfleisch machen', b) *Argument etc.* ‚(in der Luft) zerreißen'; **~ *pie*** *s. mit* ***mincemeat*** *gefüllte Pastete.*
minc·er [ˈmɪnsə] → ***mincing machine.***
minc·ing [ˈmɪnsɪŋ] *adj.* □ *fig.* geziert, affektiert; **~ ma·chine** *s.* ˈFleischhackmaˌschine *f*, Fleischwolf *m*.
mind [maɪnd] **I** *s.* **1.** Sinn *m*, Gemüt *n*, Herz *n*: ***have s.th. on one's ~*** et. auf dem Herzen haben; **2.** Seele *f*, Verstand *m*, Geist *m*: ***presence of ~*** Geistesgegenwart *f*; (***the triumph of***) **~ *over matter*** *oft iro.* der Sieg des Geistes über die Materie; ***before one's ~'s eye*** vor s-m geistigen Auge; ***be of sound ~, be in one's right ~*** bei (vollem) Verstand sein; ***of sound ~ and memory*** ⚖ im Vollbesitz s-r geistigen Kräfte; ***be out of one's ~*** nicht (recht) bei Sinnen sein, verrückt sein; ***lose one's ~*** den Verstand verlieren; ***close one's ~ to s.th.*** sich gegen et. verschließen; ***have an open ~*** unvoreingenommen sein; ***cast back one's ~*** sich zurückversetzen (***to*** nach, in *acc.*); ***enter s.o.'s ~*** j-m in den Sinn kommen; ***put*** (*od.* ***give***) ***one's ~ to s.th.*** sich mit e-r Sache befassen; ***put s.th. out of one's ~*** sich et. aus dem Kopf schlagen; ***read s.o.'s ~*** j-s Gedanken lesen; ***that blows your ~!*** F da ist man (einfach) ‚fertig'!; **3.** Geist *m* (*a. phls.*): ***the human ~***; ***things of the ~*** geistige Dinge; ***history of the ~*** Geistesgeschichte *f*; ***his is a fine ~*** er hat e-n feinen Verstand, er ist ein kluger Kopf; ***one of the greatest ~s of his time*** *fig.* e-r der größten Geister *od.* Köpfe s-r Zeit; **4.** Meinung *f*, Ansicht *f*: ***in*** (*od.* ***to***) ***my ~*** m-r Ansicht nach, m-s Erachtens; ***be of s.o.'s ~*** j-s Meinung sein; ***change one's ~*** sich anders besinnen; ***speak one's ~*** (***freely***) s-e Meinung frei äußern; ***give s.o. a piece of one's ~*** j-m gründlich die Meinung sagen; ***know one's own ~*** wissen, was man will; ***be in two ~s about s.th.*** mit sich selbst über et. nicht einig sein; ***there can be no two ~s about it*** darüber kann es keine geteilte Meinung geben; **5.** Neigung *f*, Lust *f*; Absicht *f*: ***have*** (***half***) ***a ~ to do s.th.*** (beinahe) Lust haben, et. zu tun; ***have s.th. in ~*** et. im Sinne haben; ***I have you in ~*** ich denke (dabei) an dich; ***have it in ~ to do s.th.*** beabsichtigen, et. zu tun; ***make up one's ~*** a) sich entschließen, e-n Entschluß fassen, b) zur Überzeugung kommen (***that*** daß), sich klarwerden (***about*** über *acc.*); ***I can't make up your ~*** *iro.* ich kann mir nicht deinen Kopf zerbrechen; **6.** Erinnerung *f*, Gedächtnis *n*: ***bear*** (*od.* ***keep***) ***in ~*** (immer) an *et.* denken, *et.* nicht vergessen, bedenken; ***call to ~*** sich *et.* ins Gedächtnis zurückrufen, sich an *et.* erinnern; ***put s.o. in ~ of s.th.*** j-n an et. erinnern; ***nothing comes to ~*** nichts fällt einem dabei ein; ***time out of ~*** seit (*od.* vor) undenklichen Zeiten; **II** *v/t.* **7.** merken, (be)achten, achtgeben, hören auf (*acc.*): **~ *one's P's and Q's*** F sich ganz gehörig in acht nehmen; **~ *you write*** F denk daran (*od.* vergiß nicht) zu schreiben; **8.** sich in acht nehmen, sich hüten vor (*dat.*): **~ *the step!*** Achtung, Stufe!; **9.** sorgen für, sehen nach: **~ *the children*** sich um die Kinder kümmern, die Kinder hüten; **~ *your own business!*** kümmere dich um deine eigenen Dinge!; ***don't ~ me!*** laß dich durch mich nicht stören!; ***never ~ him!*** kümmere dich nicht um ihn!; **10.**

et. haben gegen, es nicht gern sehen *od.* mögen, sich stoßen an (*dat.*): ***do you ~ my smoking?*** haben Sie et. dagegen, wenn ich rauche?; ***would you ~ coming?*** würden Sie so freundlich sein zu kommen?; ***I don't ~*** (***it***) ich habe nichts dagegen, meinetwegen; ***I wouldn't ~ a drink*** ich hätte nichts gegen einen Drink; **III** *v/i.* **11.** achthaben, aufpassen, bedenken: ***~*** (***you***)***!*** wohlgemerkt; ***never ~!*** laß es gut sein!, es hat nichts zu sagen!, es macht nichts! (→ *a.* 12); **12.** et. da'gegen haben: ***I don't ~*** ich habe nichts dagegen, meinetwegen; ***I don't ~ if I do*** F ja, ganz gern *od.* ich möchte schon; ***he ~s a great deal*** er ist allerdings dagegen, es macht ihm sehr viel aus; ***never ~!*** mach dir nichts draus!

'mind|ˌbend·ing, **'~ˌblow·ing**, **'~ˌbog·gling** *adj. sl.* ‚irr(e)', ‚toll'.

mind·ed ['maɪndɪd] *adj.* **1.** geneigt, gesonnen: ***if you are so ~*** wenn das deine Absicht ist; **2.** *in Zssgn* a) gesinnt: ***evil-~*** böse gesinnt; ***small-~*** kleinlich, b) *religiös, technisch etc.* veranlagt: ***religious-~***, c) interes'siert an (*dat.*): ***air-~*** flugbegeistert.

'mind-exˌpand·ing *adj.* bewußtseinserweiternd, psyche'delisch.

mind·ful ['maɪndfʊl] *adj.* □ (***of***) aufmerksam, achtsam (auf *acc.*), eingedenk (*gen.*): ***be ~ of*** achten auf; **'mind·less** ['maɪndlɪs] *adj.* □ **1.** (***of***) unbekümmert (um), ohne Rücksicht (auf *acc.*), uneingedenk (*gen.*); **2.** hirn-, gedankenlos, ‚blind'; **3.** geistlos, unbeseelt.

'mind|-ˌread·er *s.* Gedankenleser(in); **'~-ˌread·ing** *s.* Gedankenlesen *n.*

mine[1] [maɪn] **I** *poss. pron.* der (die, das) mein(ig)e: ***what is ~*** was mir gehört, das Meinige; ***a friend of ~*** ein Freund von mir; ***me and ~*** ich u. die Mein(ig)en *od.* meine Familie; **II** *poss. adj. poet. od. obs.* mein: ***~ eyes*** meine Augen; ***~ host*** (der) Herr Wirt.

mine[2] [maɪn] **I** *v/i.* **1.** minieren; **2.** schürfen, graben (***for*** nach); **3.** sich eingraben (*Tiere*); **II** *v/t.* **4.** *Erz, Kohlen* abbauen, gewinnen; **5.** ⚓, ⚔ a) verminen, b) minieren; **6.** *fig.* unter'graben, -mi'nieren; **III** *s.* **7.** *oft pl.* ⚒ Mine *f*, Bergwerk *n*, Zeche *f*, Grube *f*; **8.** ⚓, ⚔ (*Luft-*, *See*)Mine *f*: ***spring a ~*** e-e Mine springen lassen (*a. fig.*); **9.** *fig.* Fundgrube *f* (***of*** an *dat.*): ***a ~ of information***; ***~ bar·ri·er*** *s.* ⚔ Minensperre *f*; ***~ de·tec·tor*** *s.* ⚔ Minensuchgerät *n*; **'~·field** *s.* ⚔ Minenfeld *n*; ***~ fore·man*** *s.* [*irr.*] ⚒ Obersteiger *m*; ***~ gas*** *s.* **1.** Me'than *n*; **2.** ⚒ Grubengas *n*, schlagende Wetter *pl.*; **'~ˌlay·er** [-ˌleɪə] *s.* ⚓, ⚔ Minenleger *m*.

min·er ['maɪnə] *s.* **1.** ⚒ Bergarbeiter *m*, -mann *m*, Grubenarbeiter *m*, Kumpel *m*: ***~s' association*** Knappschaft *f*; ***~'s lamp*** Grubenlampe *f*; ***~'s lung*** ⚕ (Kohlen)Staublunge *f*; **2.** ⚓, ⚔ Minenleger *m*.

min·er·al ['mɪnərəl] **I** *s.* **1.** Mine'ral *n*; **2.** *bsd. pl.* Mine'ralwasser *n*; **II** *adj.* **3.** mine'ralisch, Mineral…; **4.** ⚗ 'anorˌganisch; ***~ car·bon*** *s.* Gra'phit *m*; ***~ coal*** *s.* Steinkohle *f*; ***~ de·pos·it*** *s.* Erzlagerstätte *f*.

min·er·al·ize ['mɪnərəlaɪz] *v/t. geol.* **1.** vererzen; **2.** mineralisieren, versteinern; **3.** mit 'anorˌganischem Stoff durch'setzen; **min·er·al·og·i·cal** [ˌmɪnərə'lɒdʒɪkl] *adj.* □ *min.* minera'logisch; **min·er·al·o·gy** [ˌmɪnə'rælədʒɪ] *s.* Mineralo'gie *f*.

min·er·al| oil *s.* Erdöl *n*, Pe'troleum *n*, Mine'ralöl *n*; ***~ spring*** *s.* Mine'ralquelle *f*, Heilbrunnen *m*; ***~ wa·ter*** *s.* Mine'ralwasser *n*.

'mineˌsweep·er *s.* ⚓, ⚔ Minenräum-, Minensuchboot *n*.

min·e·ver ['mɪnɪvə] → ***miniver***.

min·gle ['mɪŋgl] **I** *v/i.* **1.** verschmelzen, sich vermischen, sich verbinden (***with*** mit): ***with ~d feelings*** *fig.* mit gemischten Gefühlen; **2.** *fig.* sich (ein)mischen (***in*** in *acc.*), sich mischen (***among***, ***with*** unter *acc.*); **II** *v/t.* **3.** vermischen, -mengen.

min·i ['mɪnɪ] **I** *s.* **1.** Minimode *f*: ***wear ~*** mini tragen; **2.** Minikleid *n*, -rock *m etc.*; **II** *adj.* **3.** Mini…

min·i·a·ture ['mɪnətʃə] **I** *s.* **1.** Minia'tur(-gemälde *n*) *f*; **2.** *fig.* Minia'turausgabe *f*: ***in ~*** im kleinen, en miniature, Miniatur…; **3.** ⚔ kleine Ordensschnalle; **II** *adj.* **4.** Miniatur…, Klein…, im kleinen; ***~ cam·er·a*** *s. phot.* Kleinbildkamera *f*; ***~ cur·rent*** *s.* ⚡ Mini'mal-, 'Unterstrom *m*; ***~ grand*** *s.* ♪ Stutzflügel *m*; ***~ ri·fle shoot·ing*** *s.* 'Kleinkaˌliberschießen *n*.

min·i·a·tur·ist ['mɪnəˌtjʊərɪst] *s.* Minia'turmaler(in); **min·i·a·tur·ize** ['mɪnətʃəraɪz] *v/t. bsd. elektronische Elemente* miniaturisieren.

'min·i|·bus *s. mot.* Mini-, Kleinbus *m*; **'~·cab** *s. mot.* Minicar *m* (*Kleintaxi*); **'~·car** *s. mot.* Kleinwagen *m*; **'~·dress** *s.* Minikleid *n*.

min·i·kin ['mɪnɪkɪn] **I** *adj.* **1.** affektiert, geziert; **2.** winzig, zierlich; **II** *s.* **3.** kleine Stecknadel; **4.** *fig.* Knirps *m.*

min·im ['mɪnɪm] *s.* **1.** ♪ halbe Note; **2.** *et.* Winziges; Zwerg *m*; **3.** *pharm.* 1/60 Drachme *f* (*Apothekermaß*); **4.** Grundstrich *m* (*Kalligraphie*); **'min·i·mal** [-ml] *adj.* kleinst, mini'mal, Mindest...; **'min·i·mize** [-maɪz] *v/t.* **1.** auf das Mindestmaß zu'rückführen, möglichst gering halten; **2.** als geringfügig darstellen, bagatellisieren; **'min·i·mum** [-məm] **I** *pl.* **-ma** [-mə] *s.* Minimum *n* (*a.* ⩘), Mindestmaß *n*, -betrag *m*, -stand *m*: ***with a ~ of effort*** mit e-m Minimum an *od.* von Anstrengung; **II** *adj.* mini'mal, mindest, Mindest..., kleinst: ***~ output*** Leistungsminimum *n*; ***~ price*** Mindestpreis *m*; ***~ wage*** Mindestlohn *m.*

min·ing ['maɪnɪŋ] **I** *s.* Bergbau *m*, Bergwerk(s)betrieb *m*; **II** *adj.* Bergwerks..., Berg(bau)..., Gruben..., Montan...: ***~ academy*** Bergakademie *f*; ***~ law*** Bergrecht *n*; **~ dis·as·ter** *s.* Grubenunglück *n*; **~ en·gi·neer** *s.* 'Berg(bau)ingeni,eur *m*; **~ in·dus·try** *s.* 'Bergbau-, Mon'tanindu,strie *f*; **~ share** *s.* Kux *m.*

min·ion ['mɪnjən] *s.* **1.** Günstling *m*; **2.** *contp.* Speichellecker *m*: ***~ of the law*** *oft humor.* Gesetzeshüter *m*; **3.** *typ.* Kolo'nel *f* (*Schriftgrad*).

'min·i·skirt *s.* Minirock *m.*

'min·i-state *s. pol.* Zwergstaat *m.*

min·is·ter ['mɪnɪstə] **I** *s.* **1.** *eccl.* Geistliche(r) *m*, Pfarrer *m* (*bsd. e-r Dissenterkirche*); **2.** *pol. Brit.* Mi'nister(in), *a.* Premi'ermi,nister(in): ***2 of the Crown*** (Kabinetts)Minister(in); ***2 of Labour*** Arbeitsminister(in); **3.** *pol.* Gesandte(r *m*) *f*: ***~ plenipotentiary*** bevollmächtigter Gesandter; **4.** *fig.* Diener *m*, Werkzeug *n*; **II** *v/t.* **5.** darreichen; *eccl. die Sakramente* spenden; **III** *v/i.* **6.** (***to***) behilflich *od.* dienlich sein (*dat.*) (*a. fig. fördern*): ***~ to the wants of others*** für die Bedürfnisse anderer sorgen; **7.** *eccl.* Gottesdienst halten; **min·is·te·ri·al** [,mɪnɪ'stɪərɪəl] *adj.* ☐ **1.** amtlich, Verwaltungs..., 'untergeordnet: ***~ officer*** Verwaltungs-, Exekutivbeamte(r) *m*; **2.** *eccl.* geistlich; **3.** *pol.* a) Ministerial..., Minister..., b) Regierungs...: ***~ bill*** Regierungsvorlage *f*; **4.** Hilfs..., dienlich (***to*** *dat.*); **'min·is·trant** [-trənt] **I** *adj.* **1.** (***to***) dienend (zu), dienstbar (*dat.*); **II** *s.* **2.** Diener(in); **3.** *eccl.* Mini'strant *m*; **min·is·tra·tion** [,mɪnɪ'streɪʃn] *s.* Dienst *m* (***to*** an *dat.*); *bsd. kirchliches* Amt; **'min·is·try** [-trɪ] *s.* **1.** *eccl.* geistliches Amt; **2.** *pol. Brit.* a) Mini'sterium *n* (*a. Amtsdauer u. Gebäude*), b) Mi'nisterposten *m*, -amt *n*, c) Kabi'nett *n*, Regierung *f*; **3.** *pol. Brit.* Amt *n* e-s Gesandten; **4.** *eccl. coll.* Geistlichkeit *f.*

min·i·um ['mɪnɪəm] *s.* **1.** → ***vermilion*** 1; **2.** ⚗ Mennige *f.*

min·i·ver ['mɪnɪvə] *s.* Grauwerk *n*, Feh *n* (*Pelz*).

mink [mɪŋk] *s.* **1.** *zo.* Nerz *m*; **2.** Nerz (-fell *n*) *m.*

min·now ['mɪnəʊ] *s.* **1.** *ichth.* Elritze *f*; **2.** *fig. contp.* (*eine*) ‚Null', (*ein*) Niemand *m.*

mi·nor ['maɪnə] **I** *adj.* **1.** a) kleiner, geringer, b) klein, unbedeutend, geringfügig; 'untergeordnet (*a. phls.*): ***~ casualty*** ⚔ Leichtverwundete(r) *m*; ***~ offence*** (*Am.* ***-se***) ⚖ (leichtes) Vergehen; ***the 2 Prophets*** *bibl.* die kleinen Propheten; ***of ~ importance*** von zweitrangiger Bedeutung, c) Neben..., Hilfs..., Unter...: ***a ~ group*** eine Untergruppe; ***~ premise*** → 7; ***~ subject*** *Am. univ.* Nebenfach *n*; **2.** minderjährig; **3.** *Brit.* jünger (*in Schulen*): ***Smith ~*** Smith der Jüngere; **4.** ♪ a) klein (*Terz etc.*), b) Moll...: ***C ~*** c-Moll *n*; ***~ key*** Molltonart *f*; ***in ~ key*** *fig.* (etwas) gedämpft; ***~ mode*** Mollgeschlecht *n*; **II** *s.* **5.** Minderjährige(r *m*) *f*; **6.** ♪ a) Moll *n*, b) 'Mollak,kord *m*, c) Molltonart *f*; **7.** *phls.* 'Untersatz *m*; **8.** *Am. univ.* Nebenfach *n*; **III** *v/i.* **9.** ***~ in*** *Am. univ.* als Nebenfach studieren; **mi·nor·i·ty** [maɪ'nɒrətɪ] *s.* **1.** Minderjährigkeit *f*, Unmündigkeit *f*; **2.** Minori'tät *f*, Minderheit *f*, -zahl *f*: ***~ government (party)*** Minderheitsregierung (-partei) *f*; ***be in the ~*** in der Minderheit *od.* -zahl sein.

min·ster ['mɪnstə] *s. eccl.* **1.** Münster *n*; **2.** Klosterkirche *f.*

min·strel ['mɪnstrəl] *s.* **1.** *hist.* Spielmann *m*; Minnesänger *m*; **2.** *poet.* Sänger *m*, Dichter *m*; **'min·strel·sy** [-sɪ] *s.* **1.** Musi'kantentum *n*; **2.** a) Minnesang *m*, -dichtung *f*, b) *poet.* Dichtkunst *f*, Dichtung *f*; **3.** *coll.* Spielleute *pl.*

mint¹ [mɪnt] *s.* **1.** ⚘ Minze *f*: ***~ sauce*** (saure) Minzsoße; **2.** 'Pfefferminz(li,kör) *m.*

mint² [mɪnt] **I** *s.* **1.** Münze *f*: a) Münzstätte *f*, -anstalt *f*, b) Münzamt *n*: ***a ~ of money*** F ein Haufen Geld; **2.** *fig.* (reiche) Fundgrube, Quelle *f*; **II** *adj.* **3.** (wie) neu, tadellos erhalten, (*Buch etc.*): ***in ~ condition***; **4.** postfrisch (*Briefmarke*); **III** *v/t.* **5.** *Geld* münzen, schlagen, prägen; **6.** *fig. Wort etc.* prägen; **'mint·age** [-tɪdʒ] *s.* **1.** Münzen *n*, Prägung *f* (*a. fig.*); **2.** *das* Geprägte,

Geld *n*; **3.** Prägegebühr *f*.

min·u·end [ˈmɪnjʊend] *s.* ⩲ Minuˈend *m*.

min·u·et [ˌmɪnjʊˈet] *s.* ♪ Menuˈett *n*.

mi·nus [ˈmaɪnəs] **I** *prp.* **1.** ⩲ minus, weniger; **2.** F ohne: ***~ his hat***; **II** *adv.* **3.** minus, unter Null (*Temperatur*); **III** *adj.* **4.** Minus…, negativ: ***~ amount*** Fehlbetrag *m*; ***~ quantity*** → 6; ***~ sign*** → 5; **IV** *s.* **5.** Minuszeichen *n*; **6.** Minus *n*, negative Größe; **7.** Mangel *m* (***of*** an *dat.*).

mi·nus·cule [ˈmɪnəskjuːl] *s.* Miˈnuskel *f*, kleiner (Anfangs)Buchstabe.

min·ute[1] [ˈmɪnɪt] **I** *s.* **1.** Miˈnute *f* (*a. ast.*, ⩲, ⚠): ***for a ~*** e-e Minute (lang); ***~ hand*** Minutenzeiger *m* (*Uhr*); ***to the ~*** auf die Minute genau; (***up***) ***to the ~*** hypermodern; **2.** Augenblick *m*: ***in a ~*** sofort; ***just a ~!*** Moment mal!; ***the ~ that*** sobald; **3.** ☤ a) Konˈzept *n*, kurzer Entwurf, b) Noˈtiz *f*, Memoˈrandum *n*: ***~ book*** Protokollbuch *n*; **4.** *pl.* ⚖, *pol.* (ˈSitzungs)Protoˌkoll *n*, Niederschrift *f*: (***the***) ***~s of the proceedings*** Verhandlungsprotokoll *n*; ***keep the ~s*** das Protokoll führen; **II** *v/t.* **5.** a) entwerfen, aufsetzen, b) notieren, protokollieren.

mi·nute[2] [maɪˈnjuːt] *adj.* □ **1.** sehr klein, winzig: ***in the ~st details*** in den kleinsten Einzelheiten; **2.** *fig.* unbedeutend, geringfügig; **3.** peinlich genau, minuziˈös.

min·ute·ly[1] [ˈmɪnɪtlɪ] **I** *adj.* jede Miˈnute geschehend, Minuten…; **II** *adv.* jede Miˈnute, von Minute zu Minute.

mi·nute·ly[2] [maɪˈnjuːtlɪ] *adv. von* ***minute***[2]; **mi·nute·ness** [maɪˈnjuːtnɪs] *s.* **1.** Kleinheit *f*, Winzigkeit *f*; **2.** minuziˈöse Genauigkeit.

mi·nu·ti·a [maɪˈnjuːʃɪə] *pl.* **-ti·ae** [-ʃɪiː] (*Lat.*) *s.* Einzelheit *f*, Deˈtail *n*.

minx [mɪŋks] *s.* Range *f*, ‚kleines Biest'.

mir·a·cle [ˈmɪrəkl] *s.* Wunder *n* (*a. fig.* ***of*** an *dat.*); Wundertat *f*, -kraft *f*: ***to a ~*** phantastisch (gut); ***work ~s*** Wunder tun *od.* vollbringen; ***~ drug*** Wunderdroge *f*; ***~ play*** *hist. eccl.* Mirakelspiel *n*; **mi·rac·u·lous** [mɪˈrækjʊləs] **I** *adj.* □ ˈübernaˌtürlich, wunderbar (*a. fig.*); Wunder…: ***~ cure*** Wunderkur *f*; **II** *s. das* Wunderbare; **mi·rac·u·lous·ly** [mɪˈrækjʊləslɪ] *adv.* (wie) durch ein Wunder, wunderbar(erweise).

mi·rage [ˈmɪrɑːʒ] *s.* **1.** *phys.* Luftspiegelung *f*, Fata Morˈgana *f*; **2.** *fig.* Trugbild *n*.

mire [ˈmaɪə] **I** *s.* **1.** Schlamm *m*, Sumpf *m*, Kot *m* (*alle a. fig.*): ***drag s.o. through the ~*** *fig.* j-n in den Schmutz ziehen; ***be deep in the ~*** ‚tief in der Klemme sitzen'; **II** *v/t.* **2.** in den Schlamm fahren *od.* setzen: ***be ~d*** im Sumpf *etc.* stecken(bleiben); **3.** beschmutzen, besudeln; **III** *v/i.* **4.** im Sumpf versinken.

mir·ror [ˈmɪrə] **I** *s.* **1.** Spiegel *m* (*a. zo.*): ***hold up the ~ to s.o.*** *fig.* j-m den Spiegel vorhalten; **2.** *fig.* Spiegel(bild *n*) *m*; **II** *v/t.* **3.** ˈwiderspiegeln: ***be ~ed*** sich (wider)spiegeln (***in*** in *dat.*); **4.** mit Spiegel(n) versehen: ***~ed room*** Spiegelzimmer *n*; **~ fin·ish** *s.* ⚙ Hochglanz *m*; **ˈ~-inˌvert·ed** *adj.* seitenverkehrt; **~ sym·me·try** *s.* ⩲, *phys.* ˈSpiegelsymmeˌtrie *f*; **ˈ~-ˌwrit·ing** *s.* Spiegelschrift *f*.

mirth [mɜːθ] *s.* Fröhlichkeit *f*, Heiterkeit *f*, Freude *f*; **ˈmirth·ful** [-fʊl] *adj.* □ fröhlich, heiter, lustig; **ˈmirth·ful·ness** [-fʊlnɪs] *s.* → ***mirth***; **ˈmirth·less** [-lɪs] *adj.* freudlos, trüb(e).

mir·y [ˈmaɪərɪ] *adj.* **1.** sumpfig, schlammig, kotig; **2.** *fig.* schmutzig, gemein.

mis- [mɪs] *in Zssgn* falsch, Falsch…, miß…, Miß…; schlecht; Fehl…

ˌmis·adˈven·ture *s.* Unfall *m*, Unglück *n*; ˈMißgeschick *n*; **ˌmis·aˈlign·ment** *s.* ⚙ Flucht(ungs)fehler *m*; *Radio*, *TV*: schlechte Ausrichtung; **ˌmis·alˈli·ance** *s.* Mesalliˈance *f*, ˈMißheirat *f*.

mis·an·thrope [ˈmɪzənθrəʊp] *s.* Menschenfeind *m*, Misanˈthrop *m*; **mis·an·throp·ic**, **mis·an·throp·i·cal** [ˌmɪzənˈθrɒpɪk(l)] *adj.* □ menschenfeindlich, misanˈthropisch; **mis·an·thro·pist** [mɪˈzænθrəpɪst] → ***misanthrope***; **mis·an·thro·py** [mɪˈzænθrəpɪ] *s.* Menschenhaß *m*, Misanthroˈpie *f*.

ˈmisˌap·pliˈca·tion *s.* falsche Verwendung; *b.s.* ˈMißbrauch *m*; **ˌmis·apˈply** *v/t.* **1.** falsch anbringen *od.* anwenden; **2.** → ***misappropriate*** 1.

ˈmisˌap·preˈhend *v/t.* ˈmißverstehen; **ˈmisˌap·preˈhen·sion** *s.* ˈMißverständnis *n*, falsche Auffassung: ***be*** *od.* ***labo***(***u***)***r under a ~*** sich in e-m Irrtum befinden.

ˌmis·apˈpro·pri·ate *v/t.* **1.** sich ˈwiderrechtlich aneignen, unterˈschlagen; **2.** falsch anwenden: ***~d capital*** ☤ fehlgeleitetes Kapital; **ˈmis·apˌpro·priˈa·tion** *s.* ⚖ ˈwiderrechtliche Aneignung *od.* Verwendung, Unterˈschlagung *f*, Veruntreuung *f*.

ˌmis·beˈcome *v/t.* [*irr.* → ***become***] *j-m* schlecht stehen, sich nicht schicken *od.* ziemen für; **ˌmis·beˈcom·ing** *adj.* → ***unbecoming***.

ˈmis·beˌgot·ten *adj.* **1.** unehelich (gezeugt); **2.** → ***misgotten***; **3.** miseˈrabel, verkorkst.

ˌ**mis·beˈhave** *v/i. od. v/refl.* **1.** sich schlecht benehmen *od.* aufführen, sich daˈnebenbenehmen; ungezogen sein (*Kind*); **2.** ~ ***with*** sich einlassen *od.* inˈtim werden mit; ˌ**mis·beˈhav·io(u)r** *s.* **1.** schlechtes Betragen, Ungezogenheit *f*; **2.** ~ ***before the enemy*** ⚔ *Am.* Feigheit *f* vor dem Feind.

ˌ**mis·beˈlief** *s.* Irrglaube *m*; irrige Ansicht; ˌ**mis·beˈlieve** *v/i.* irrgläubig sein.

ˌ**misˈcal·cu·late I** *v/t.* falsch berechnen *od.* (ab)schätzen; **II** *v/i.* sich verrechnen, sich verkalkulieren; ˈ**misˌcal·cuˈla·tion** *s.* Rechen-, Kalkulatiˈonsfehler *m.*

ˌ**misˈcall** *v/t.* falsch *od.* zu Unrecht (be-) nennen.

ˌ**misˈcar·riage** *s.* **1.** Fehlschlag(en *n*) *m*, Mißˈlingen *n*: ~ ***of justice*** ⚖ Fehlspruch *m*, -urteil *n*, Justizirrtum *m*; **2.** ✝ Versandfehler *m*; **3.** Fehlleitung *f* (*Brief*); **4.** ⚕ Fehlgeburt *f*; ˌ**misˈcar·ry** *v/i.* **1.** mißˈlingen, -ˈglücken, fehlschlagen, scheitern; **2.** verlorengehen (*Brief*); **3.** ⚕ e-e Fehlgeburt haben.

ˌ**misˈcast** *v/t.* [*irr.* → ***cast***] *thea. etc. Rolle* fehlbesetzen: ***be*** ~ a) e-e Fehlbesetzung sein (*Schauspieler*), b) *fig.* s-n Beruf verfehlt haben.

mis·ce·ge·na·tion [ˌmɪsɪdʒɪˈneɪʃn] *s.* Rassenmischung *f.*

mis·cel·la·ne·ous [ˌmɪsɪˈleɪnjəs] *adj.* □ **1.** ge-, vermischt, diˈvers; **2.** mannigfaltig, verschiedenartig; ˌ**mis·celˈla·ne·ous·ness** [-nɪs] *s.* **1.** Gemischtheit *f*; **2.** Vielseitigkeit *f*; Mannigfaltigkeit *f*; **mis·cel·la·ny** [mɪˈselənɪ] *s.* **1.** Gemisch *n*, Sammlung *f*, Sammelband *m*; **2.** *pl.* vermischte Schriften *pl.*, Misˈzellen *pl.*

ˌ**misˈchance** *s.* ˈMißgeschick *n*: ***by*** ~ durch e-n unglücklichen Zufall, unglücklicherweise.

mis·chief [ˈmɪstʃɪf] *s.* **1.** Unheil *n*, Unglück *n*, Schaden *m*: ***do*** ~ Unheil anrichten; ***mean*** ~ Böses im Schilde führen; ***make*** ~ Zwietracht säen, böses Blut machen; ***run into*** ~ in Gefahr kommen; **2.** Ursache *f* des Unheils, Übelstand *m*, Unrecht *n*, Störenfried *m*; **3.** Unfug *m*, Possen *m*: ***get into*** ~ et. ‚anstellen'; ***keep out of*** ~ keine Dummheiten machen, brav sein; ***that will keep you out of*** ~**!** damit du auf keine dummen Gedanken kommst!; **4.** Racker *m* (*Kind*); **5.** ˈÜbermut *m*, Ausgelassenheit *f*: ***be full of*** ~ immer Unfug im Kopf haben; **6.** *euphem.* der Teufel: ***what*** (***why***) ***the*** ~ ...**?** was (warum) zum Teufel ...?; ˈ**~-ˌmak·er** *s.* → ***troublemaker***.

mis·chie·vous [ˈmɪstʃɪvəs] *adj.* □ **1.** nachteilig, schädlich, verderblich; **2.** boshaft, mutwillig, schadenfroh, schelmisch; ˈ**mis·chie·vous·ness** [-nɪs] *s.* **1.** Schädlichkeit *f*; **2.** Bosheit *f*; **3.** Schalkhaftigkeit *f*, Ausgelassenheit *f.*

mis·ci·ble [ˈmɪsəbl] *adj.* mischbar.

ˌ**mis·conˈceive** *v/t.* falsch auffassen *od.* verstehen, sich e-n falschen Begriff machen von; ˌ**mis·conˈcep·tion** *s.* ˈMißverständnis *n*, falsche Auffassung.

mis·con·duct I *v/t.* [ˌmɪskənˈdʌkt] **1.** schlecht führen *od.* verwalten; **2.** ~ ***o.s.*** sich schlecht betragen *od.* benehmen, e-n Fehltritt begehen; **II** *s.* [ˌmɪsˈkɒndʌkt] **3.** Ungebühr *f*, schlechtes Betragen *od.* Benehmen; **4.** Verfehlung *f*, *bsd.* Ehebruch *m*, Fehltritt *m*; ⚔ schlechte Führung: ~ ***in office*** ⚖ Amtsvergehen *n.*

ˌ**mis·conˈstruc·tion** *s.* ˈMißdeutung *f*, falsche Auslegung; ˌ**mis·conˈstrue** *v/t.* falsch auslegen, mißˈdeuten, ˈmißverstehen.

mis·cre·ant [ˈmɪskrɪənt] **I** *adj.* gemein, abˈscheulich; **II** *s.* Schurke *m.*

ˌ**misˈdate I** *v/t.* falsch datieren; **II** *s.* falsches Datum.

ˌ**misˈdeal** *v/t. u. v/i.* [*irr.* → ***deal***] ~ (***the cards***) sich vergeben.

ˌ**misˈdeed** *s.* Missetat *f.*

mis·de·mean [ˌmɪsdɪˈmiːn] *v/i. u. v/refl.* sich schlecht betragen, sich vergehen; ˌ**mis·deˈmean·o(u)r** [-nə] *s.* ⚖ Vergehen *n*, minderes Deˈlikt.

ˌ**mis·diˈrect** *v/t.* **1.** *j-n od. et.* fehl-, irreleiten: ~***ed charity*** falsch angebrachte Wohltätigkeit; **2.** ⚖ *die Geschworenen* falsch belehren; **3.** *Brief* falsch adressieren.

mise en scène [ˌmiːzɑ̃ːnˈseɪn] (*Fr.*) *s. thea. u. fig.* Inszenierung *f.*

ˌ**mis·emˈploy** *v/t.* **1.** schlecht anwenden; **2.** mißˈbrauchen.

mi·ser [ˈmaɪzə] *s.* Geizhals *m.*

mis·er·a·ble [ˈmɪzərəbl] *adj.* □ **1.** elend, jämmerlich, erbärmlich, armselig, kläglich (*alle a. contp.*); **2.** traurig, unglücklich: ***make s.o.*** ~; **3.** *contp. allg.* miseˈrabel.

mi·ser·li·ness [ˈmaɪzəlɪnɪs] *s.* Geiz *m*; **mi·ser·ly** [ˈmaɪzəlɪ] *adj.* geizig.

mis·er·y [ˈmɪzərɪ] *s.* Elend *n*, Not *f*; Trübsal *f*, Jammer *m*; ***put s.o. out of his*** ~ *mst iro.* j-n von s-m Leiden erlösen.

mis·fea·sance [mɪsˈfiːzəns] *s.* ⚖ **1.** pflichtwidrige Handlung; **2.** ˈMißbrauch *m* (*der Amtsgewalt*).

ˌmis'fire I *v/i.* **1.** versagen (*Waffe*); **2.** *mot.* fehlzünden, aussetzen; **3.** *fig.* ‚da'nebengehen'; **II** *s.* **4.** Versager *m*; **5.** *mot.* Fehlzündung *f*.

'mis·fit *s.* **1.** schlechtsitzendes Kleidungsstück; **2.** nicht passendes Stück; **3.** F *fig.* Außenseiter(in), Eigenbrötler(in).

mis'for·tune *s.* 'Mißgeschick *n*.

mis'give *v/t.* [*irr.* → ***give***] *Böses* ahnen lassen: ***my heart ~s me*** mir schwant (***that*** daß, ***about s.th.*** et.); **mis'giv·ing** *s.* Befürchtung *f*, böse Ahnung, Zweifel *m*.

mis'got·ten *adj.* unrechtmäßig erworben.

ˌmis'gov·ern *v/t.* schlecht regieren; **ˌmis'gov·ern·ment** *s.* 'Mißregierung *f*, schlechte Regierung.

ˌmis'guide *v/t.* fehlleiten, verleiten, irreführen; **ˌmis'guid·ed** *adj.* fehl-, irregeleitet; irrig, unangebracht.

ˌmis'han·dle *v/t.* miß'handeln; *weitS.* falsch behandeln, schlecht handhaben; verpatzen.

mis·hap ['mɪshæp] *s.* Unglück *n*, Unfall *m*; *mot.* (*a. humor. fig.*) Panne *f*.

ˌmis'hear *v/t. u. v/i.* [*irr.* → ***hear***] falsch hören, sich verhören (bei).

mish·mash ['mɪʃmæʃ] *s.* Mischmasch *m*.

ˌmis·in'form I *v/t. j-m* falsch berichten, *j-n* falsch unter'richten; **II** *v/i.* falsch aussagen (***against*** gegen); **ˌmis·in·for'ma·tion** *s.* falscher Bericht, falsche Auskunft.

ˌmis·in'ter·pret *v/t.* miß'deuten, falsch auffassen *od.* auslegen; **'mis·inˌter·pre'ta·tion** *s.* 'Mißdeutung *f*, falsche Auslegung.

ˌmis'join·der *s.* ⚖ unzulässige Klagehäufung; unzulässige Zuziehung (*e-s Streitgenossen*).

ˌmis'judge *v/i. u. v/t.* **1.** falsch (be)urteilen, verkennen; **2.** falsch schätzen: ***I ~d the distance***; **ˌmis'judge·ment** *s.* irriges Urteil; falsche Beurteilung.

ˌmis'lay *v/t.* [*irr.* → ***lay***] *et.* verlegen.

ˌmis'lead *v/t.* [*irr.* → ***lead***] irreführen; *fig. a.* verführen, verleiten (***into doing*** zu tun): ***be misled*** sich verleiten lassen; **ˌmis'lead·ing** *adj.* irreführend.

ˌmis'man·age I *v/t.* schlecht verwalten, unrichtig handhaben; **II** *v/i.* schlecht wirtschaften; **ˌmis'man·age·ment** *s.* schlechte Verwaltung, 'Mißwirtschaft *f*.

ˌmis'matched *adj.* nicht zs.-passend, ungleich (*Paar*).

ˌmis'name *v/t.* falsch benennen.

mis·no·mer [ˌmɪs'nəʊmə] *s.* **1.** ⚖ Namensirrtum *m* (*in e-r Urkunde*); **2.** falsche Benennung *od.* Bezeichnung.

mi·sog·a·mist [mɪ'sɒgəmɪst] *s.* Ehefeind *m*.

mi·sog·y·nist [mɪ'sɒdʒɪnɪst] *s.* Frauenfeind *m*; **mi'sog·y·ny** [-nɪ] *s.* Frauenhaß *m*, Mysogy'nie *f*.

ˌmis'place *v/t.* **1.** *et.* verlegen; **2.** an e-e falsche Stelle legen *od.* setzen; **3.** *fig.* falsch *od.* übel anbringen: ***~d*** unangebracht, deplaziert.

mis·print I *v/t.* [ˌmɪs'prɪnt] verdrucken, fehldrucken; **II** *s.* ['mɪsprɪnt] Druckfehler *m*.

ˌmis·pro'nounce *v/t.* falsch aussprechen; **'mis·proˌnun·ci'a·tion** *s.* falsche Aussprache.

ˌmis·quo'ta·tion *s.* falsches Zi'tat; **ˌmis'quote** *v/t. u. v/i.* falsch anführen *od.* zitieren.

ˌmis'read *v/t.* [*irr.* → ***read***] **1.** falsch lesen; **2.** miß'deuten.

'misˌrep·re'sent *v/t.* **1.** falsch *od.* ungenau darstellen; **2.** entstellen, verdrehen; **'misˌrep·re·sen'ta·tion** *s.* falsche Darstellung *od.* Angabe (*a.* ⚖), Verdrehung *f*.

ˌmis'rule I *v/t.* **1.** schlecht regieren; **II** *s.* **2.** schlechte Re'gierung, 'Mißregierung *f*; **3.** Unordnung *f*.

miss¹ [mɪs] *s.* **1.** ♀ *in der Anrede*: Fräulein *n*: ***♀ Smith***; ***♀ America*** Miß Amerika (*die Schönheitskönigin von Amerika*); **2.** *humor.* (junges) ‚Ding', Dämchen *n*; **3.** F (*ohne folgenden Namen*) Fräulein *n*.

miss² [mɪs] **I** *v/t.* **1.** *Chance*, *Zug etc.* verpassen, versäumen; *Beruf*, *Person*, *Schlag*, *Weg*, *Ziel* verfehlen: ***~ the point*** (***of an argument***) das Wesentliche (e-s Arguments) nicht begreifen; ***he didn't ~ much*** a) er versäumte nicht viel, b) ihm entging fast nichts; ***~ed approach*** ✈ Fehlanflug *m*; → ***boat*** 1, ***bus*** 1, ***fire*** 6 *etc.*; **2.** *a.* ***~ out*** auslassen, über'gehen, -'springen; **3.** nicht haben, nicht bekommen; **4.** nicht hören können, über'hören; **5.** vermissen; **6.** (ver-)missen, entbehren: ***we ~ her very much*** sie fehlt uns sehr; **7.** vermeiden: ***he just ~ed being hurt*** er ist gerade (noch) e-r Verletzung entgangen; ***I just ~ed running him over*** ich hätte ihn beinahe überfahren; **II** *v/i.* **8.** fehlen, nicht treffen: a) da'nebenschießen, -werfen, -schlagen *etc.*, b) da'nebengehen (*Schuß etc.*); **9.** miß'glücken, -'lingen, fehlschlagen, ‚da'nebengehen'; **10.** ***~ out on*** a) über'sehen, auslassen, b) sich entgehen lassen, c) *et.* nicht kriegen; **III** *s.* **11.** Fehlschuß *m*, -wurf *m*, -stoß *m*: ***every shot a ~*** jeder Schuß (ging) daneben; **12.** Verpassen *n*, Versäumen *n*, Verfehlen *n*, Entrinnen *n*: ***a ~ is as good as a mile*** a) knapp daneben ist auch daneben, b) mit knapper Not entrinnen ist immerhin entrinnen; ***give s.th. a ~*** a) et. vermeiden, et. nicht nehmen, et. nicht tun *etc.*, die Finger lassen von et., b) → 10 a; **13.** Verlust *m*.

mis·sal [ˈmɪsl] *s. eccl.* Meßbuch *n*.

mis·shap·en [ˌmɪsˈʃeɪpən] *adj.* ˈmißgestaltet, ungestalt, unförmig.

mis·sile [ˈmɪsaɪl; *Am.* -səl] **I** *s.* **1.** (Wurf-)Geschoß *n*, Projekˈtil *n*; **2.** *a.* ***ballistic ~, guided ~*** ⚔ Flugkörper *m*, Fernlenkwaffe *f*, Raˈkete(ngeschoß *n*) *f*; **II** *adj.* **3.** Wurf…; Raketen…: ***~ site*** Raketenstellung *f*.

miss·ing [ˈmɪsɪŋ] *adj.* **1.** fehlend, weg, nicht da, verschwunden: ***~ link*** *biol.* fehlendes Glied, Zwischenstufe *f* (*zwischen Mensch u. Affe*); **2.** vermißt (⚔ *a.* ***~ in action***), verschollen: ***be ~*** vermißt sein *od.* werden; ***the ~*** die Vermißten, die Verschollenen.

mis·sion [ˈmɪʃn] *s.* **1.** *pol.* Gesandtschaft *f*; Geˈsandtschaftspersoˌnal *n*; **2.** *pol.*, ⚔ Missiˈon *f im Ausland*; **3.** (⚔ Kampf)Auftrag *m*; ✈ Einsatz *m*, Feindflug *m*: ***on (a) special ~*** mit besonderem Auftrag; ***~ accomplished!*** Auftrag ausgeführt!; **4.** *eccl.* a) Missiˈon *f*, Sendung *f*, b) Missioˈnarstätigkeit *f*: ***foreign (home) ~*** äußere (innere) Mission, c) Missiˈon(sgesellschaft) *f*, d) Missiˈonsstatiˌon *f*; **5.** Missiˈon *f*, Sendung *f*, (innere) Berufung, Lebenszweck *m*: ***~ in life*** Lebensaufgabe *f*; **mis·sion·ar·y** [ˈmɪʃnərɪ] **I** *adj.* missioˈnarisch, Missions…: ***~ work***; **II** *s.* Missioˈnar(in).

mis·sis [ˈmɪsɪz] *s.* **1.** *sl.* gnä' Frau (*Hausfrau*); **2.** F ‚Alte' *f*, ‚bessere Hälfte' (*Ehefrau*).

mis·sive [ˈmɪsɪv] *s.* Sendschreiben *n*.

ˌmisˈspell *v/t.* [*a. irr.* → ***spell***] falsch buchstabieren *od.* schreiben; **ˌmisˈspell·ing** *s.* **1.** falsches Buchstabieren; **2.** Rechtschreibfehler *m*.

ˌmisˈspend *v/t.* [*irr.* → ***spend***] falsch verwenden, *a. s-e Jugend etc.* vergeuden.

ˌmisˈstate *v/t.* falsch angeben, unrichtig darstellen; **ˌmisˈstate·ment** *s.* falsche Angabe *od.* Darstellung.

mis·sus [ˈmɪsəs] → ***missis***.

miss·y [ˈmɪsɪ] *s.* F kleines Fräulein.

mist [mɪst] **I** *s.* **1.** (feiner) Nebel, feuchter Dunst, *Am. a.* Sprühregen *m*; **2.** *fig.* Nebel *m*, Schleier *m*: ***be in a ~*** ganz irre *od.* verdutzt sein; **3.** F Beschlag *m*, Hauch *m* (*auf e-m Glas*); **II** *v/i.* **4.** *a.* ***~ over*** nebeln, neblig sein (*a. fig.*); sich trüben (*Augen*); (sich) beschlagen (*Glas*); **III** *v/t.* **5.** umˈnebeln.

mis·tak·a·ble [mɪˈsteɪkəbl] *adj.* verkennbar, (leicht) zu verwechseln(d), ˈmißzuverstehen(d); **mis·take** [mɪˈsteɪk] **I** *v/t.* [*irr.* → ***take***] **1.** (***for***) verwechseln (mit), (fälschlich) halten (für), verfehlen, nicht erkennen, verkennen, sich irren in (*dat.*): ***~ s.o.'s character*** sich in j-s Charakter irren; **2.** falsch verstehen, ˈmißverstehen; **II** *v/i.* [*irr.* → ***take***] **3.** sich irren, sich versehen; **III** *s.* **4.** ˈMißverständnis *n*; **5.** Irrtum *m* (*a.* ⚖), Fehler *m*, Versehen *n*, ˈMißgriff *m*: ***by ~*** irrtümlich, aus Versehen; ***make a ~*** e-n Fehler machen, sich irren; ***and no ~*** F bestimmt, worauf du dich verlassen kannst; **6.** (Schreib-, Sprach-, Rechen-) Fehler *m*; **misˈtak·en** [-kn] *adj.* □ **1.** im Irrtum: ***be ~*** sich irren; ***unless I am very much ~*** wenn ich mich nicht sehr irre; ***we were quite ~ in him*** wir haben uns in ihm ziemlich getäuscht; **2.** irrtümlich, falsch, verfehlt (*Politik etc.*): (***case of***) ***~ identity*** Personenverwechslung *f*; ***~ kindness*** unangebrachte Freundlichkeit.

mis·ter [ˈmɪstə] *s.* **1.** ♀ Herr *m* (*abbr.* ***Mr*** *od.* ***Mr.***): ***Mr President*** Herr Präsident; **2.** F *als bloße Anrede*: (mein) Herr!, ‚Meister'!, ‚Chef'!

ˌmisˈtime *v/t.* zur unpassenden Zeit sagen *od.* tun; e-n falschen Zeitpunkt wählen für, *bsd. sport* schlecht timen.

ˌmisˈtimed *adj.* unpassend, unangebracht, zur Unzeit, *bsd. sport* schlecht getimed.

mist·i·ness [ˈmɪstɪnɪs] *s.* **1.** Nebligkeit *f*, Dunstigkeit *f*; **2.** Unklarheit *f*, Verschwommenheit *f* (*a. fig.*).

mis·tle·toe [ˈmɪsltəʊ] *s.* ⚘ **1.** Mistel *f*; **2.** Mistelzweig *m*.

ˌmis·transˈlate *v/t. u. v/i.* falsch überˈsetzen.

mis·tress [ˈmɪstrɪs] *s.* **1.** Herrin *f* (*a. fig.*), Gebieterin *f*, Besitzerin *f*: ***she is ~ of herself*** sie weiß sich zu beherrschen; **2.** Frau *f* des Hauses, Hausfrau *f*; **3.** *bsd. Brit.* Lehrerin *f*: ***chemistry ~*** Chemielehrerin; **4.** Kennerin *f*, Meisterin *f in e-r Kunst etc.*; **5.** Mäˈtresse *f*, Geliebte *f*; **6.** → ***Mrs.***

ˌmisˈtri·al *s.* ⚖ fehlerhaft geführter (*Am. a.* ergebnisloser) Proˈzeß.

ˌmisˈtrust **I** *s.* **1.** ˈMißtrauen *n*, Argwohn

m (***of*** gegen); **II** *v/t.* **2.** *j-m* miß'trauen, nicht trauen; **3.** zweifeln an (*dat.*); **mis'trust·ful** *adj.* □ 'mißtrauisch, argwöhnisch (***of*** gegen).

mist·y ['mɪstɪ] *adj.* □ **1.** (leicht) neb(e)lig, dunstig; **2.** *fig.* nebelhaft, verschwommen, unklar.

ˌmis·un·der'stand *v/t. u. v/i.* [*irr.* → ***understand***] 'mißverstehen; **ˌmis·un·der'stand·ing** *s.* **1.** 'Mißverständnis *n*; **2.** 'Mißhelligkeit *f*, Diffe'renz *f*; **ˌmis·un·der'stood** *adj.* **1.** 'mißverstanden; **2.** verkannt, nicht richtig gewürdigt.

ˌmis'us·age → ***misuse*** 1.

mis·use I *s.* [ˌmɪs'ju:s] **1.** 'Mißbrauch *m*, falscher Gebrauch, falsche Anwendung; **2.** Miß'handlung *f*; **II** *v/t.* [ˌmɪs'ju:z] **3.** miß'brauchen, falsch *od.* zu unrechten Zwecken gebrauchen; falsch anwenden; **4.** miß'handeln.

mite[1] [maɪt] *s. zo.* Milbe *f.*

mite[2] [maɪt] *s.* **1.** Heller *m*; *weitS.* kleine Geldsumme: ***contribute one's ~ to*** sein Scherflein beitragen zu; ***not a ~*** kein bißchen; **2.** F kleines Ding, Dingelchen *n*: ***a ~ of a child*** ein Würmchen.

mi·ter ['maɪtə] *Am.* → ***mitre.***

mit·i·gate ['mɪtɪgeɪt] *v/t. Schmerz etc.* lindern; *Strafe etc.* mildern; *Zorn* besänftigen, mäßigen: ***mitigating circumstances*** ⚖ (straf)mildernde Umstände; **mit·i·ga·tion** [ˌmɪtɪ'geɪʃn] *s.* **1.** Linderung *f*, Milderung *f*; **2.** Milderung *f*, Abschwächung *f*: ***plead in ~*** ⚖ a) für Strafmilderung plädieren, b) strafmildernde Umstände geltend machen; **3.** Besänftigung *f*, Mäßigung *f*.

mi·to·sis [maɪ'təʊsɪs] *pl.* **-ses** [-si:z] *s. biol.* Mi'tose *f*, 'indiˌrekte *od.* chromoso'male (Zell)Kernteilung.

mi·tre ['maɪtə] **I** *s.* **1.** a) Mitra *f*, Bischofsmütze *f*, b) *fig.* Bischofsamt *n*, -würde *f*; **2.** ⚙ a) → ***mitre joint, mitre square***, b) Gehrungsfläche *f*; **II** *v/t.* **3.** mit der Mitra schmücken, zum Bischof machen; **4.** ⚙ a) auf Gehrung verbinden, b) gehren, auf Gehrung zurichten; **III** *v/i.* **5.** ⚙ sich in 'einem Winkel treffen; **~ box** *s.* ⚙ Gehrlade *f*; **~ gear** *s.* Kegelrad *n*, Winkelgetriebe *n*; **~ joint** *s.* Gehrfuge *f*; **~ square** *s.* Gehrdreieck *n*; **~ valve** *s.* 'KegelvenˌtiI *n*; **~ wheel** *s.* Kegelrad *n*.

mitt [mɪt] *s.* **1.** Halbhandschuh *m*; **2.** *Baseball*: Fanghandschuh *m*; **3.** → ***mitten*** 1 *u.* 3; **4.** *Am. sl.* ‚Flosse' *f* (*Hand*).

mit·ten ['mɪtn] *s.* **1.** Fausthandschuh *m*, Fäustling *m*: ***get the ~*** F a) e-n Korb bekommen, abgewiesen werden, b) ‚(hinaus)fliegen', entlassen werden; **2.** → ***mitt*** 1; **3.** *sl.* Boxhandschuh *m*.

mit·ti·mus ['mɪtɪməs] (*Lat.*) *s.* **1.** ⚖ a) *richterlicher Befehl an die Gefängnisbehörde zur Aufnahme e-s Häftlings*, b) *Befehl zur Übersendung der Akten an ein anderes Gericht*; **2.** F ‚blauer Brief', Entlassung *f*.

mix [mɪks] **I** *v/t.* **1.** (ver)mischen, vermengen (***with*** mit); *Cocktail etc.* mixen, mischen; *Teig* anrühren, mischen: ***~ into*** mischen in (*acc.*); ***~ up*** zs.-, durcheinandermischen, *fig.* völlig durcheinanderbringen, verwechseln (***with*** mit); ***be ~ed up*** *fig.* a) verwickelt sein *od.* werden (***in, with*** in *acc.*), b) (*geistig*) ganz durcheinander sein; **2.** *biol.* kreuzen; **3.** *Stoffe* melieren; **4.** *fig.* verbinden: ***~ business with pleasure*** das Angenehme mit dem Nützlichen verbinden; **II** *v/i.* **5.** sich (ver)mischen; **6.** sich mischen lassen; **7.** *gut etc.* auskommen (***with*** mit); **8.** verkehren (***with*** mit, ***in*** in *dat.*): ***~ in the best society***; **III** *s.* **9.** (*Am. a.* koch- *od.* back-, gebrauchsfertige) Mischung: ***cake ~*** Backmischung; **10.** F Durchein'ander *n*, Mischmasch *m*; **11.** *sl.* Keile'rei *f*.

mixed [mɪkst] *adj.* **1.** gemischt (*a. fig. Gefühl, Gesellschaft, Metapher*); **2.** vermischt, Misch...; **3.** F verwirrt, kon'fus; **~ bag** *s.* F bunte Mischung; **~ blood** *s.* **1.** gemischtes Blut; **2.** Mischling *m*; **~ car·go** *s.* ✝ Stückgutladung *f*; **~ con·struc·tion** *s.* Gemischtbauweise *f*; **~ dou·bles** *s. pl. sg. konstr. sport* gemischtes Doppel: ***play a ~***; **~ e·con·o·my** *s.* ✝ gemischte Wirtschaftsform; **ˌ~-e'con·o·my** *adj.* ✝ gemischtwirtschaftlich; **~ for·est** *s.* Mischwald *m*; **~ frac·tion** *s.* & gemischter Bruch; **~ mar·riage** *s.* Mischehe *f*; **~ me·di·a** *s. pl.* **1.** Multi'media *pl.*; **2.** *Kunst*: Mischtechnik *f*; **~ pick·les** *s. pl.* Mixed Pickles *pl.* (*Essiggemüse*).

mix·er ['mɪksə] *s.* **1.** Mischer *m*; **2.** Mixer *m* (*von Cocktails etc.*) (*a. Küchengerät*); **3.** ⚙ Mischer *m*, 'MischmaˌschiNe *f*; **4.** ⚡ *Fernsehen etc.*: Mischpult *n*; **5.** ***be a good*** (***bad***) ***~*** F kontaktfreudig (kontaktarm) sein; **mix·ture** ['mɪkstʃə] *s.* **1.** Mischung *f* (*a. von Tee, Tabak etc.*), Gemisch *n* (*a.* ⚗); **2.** *mot.* Gas-Luft-Gemisch *n*; **3.** *pharm.* Mix'tur *f*; **4.** *biol.* Kreuzung *f*; **5.** Beimengung *f*; **'mix-up** *s.* F **1.** Durchein'ander *n*; **2.** Verwechslung *f*; **3.** Handgemenge *n*.

miz·(z)en ['mɪzn] *s.* ⚓ **1.** Be'san(segel

n) *m*; **2.** → **'~-mast** [-mɑːst; ⚓ -məst] *s.* Be'san-, Kreuzmast *m*; **'~-sail** → ***miz(z)en*** 1; **'~-ˌtop'gal·lant** *s.* Kreuzbramsegel *n*.

miz·zle ['mɪzl] *dial.* **I** *v/i.* nieseln; **II** *s.* Nieseln *n*, Sprühregen *m*.

mne·mon·ic [niː'mɒnɪk] **I** *adj.* **1.** mnemo'technisch; **2.** mne'monisch, Gedächtnis...; **II** *s.* **3.** Gedächtnishilfe *f*; **4.** → ***mnemonics*** 1; **mne'mon·ics** [-ks] *s. pl.* **1.** *a. sg. konstr.* Mnemo'technik *f*, Gedächtniskunst *f*; **2.** mne'monische Zeichen *pl.*; **mne·mo·tech·nics** [ˌniːməʊ'teknɪks] *s. pl. a. sg. konstr.* → ***mnemonics*** 1.

mo [məʊ] *s.* F Mo'ment *m*: ***wait half a ~!*** (eine) Sekunde!

moan [məʊn] **I** *s.* **1.** Stöhnen *n*, Ächzen *n* (*a. fig. des Windes etc.*); **II** *v/i.* **2.** stöhnen, ächzen; **3.** (weh)klagen, jammern; **'moan·ful** [-fʊl] *adj.* □ (weh-) klagend.

moat [məʊt] ⚔ *hist.* **I** *s.* (Wall-, Burg-, Stadt)Graben *m*; **II** *v/t.* mit e-m Graben um'geben.

mob [mɒb] **I** *s.* **1.** Mob *m*, zs.-gerotteter Pöbel(haufen): ***~ law*** Lynchjustiz *f*; ***~ psychology*** Massenpsychologie *f*; **2.** Pöbel *m*, Gesindel *n*; **3.** *sl.* a) (Verbrecher)Bande *f*, b) *allg.* Bande *f*, Sippschaft *f*; **II** *v/t.* **4.** lärmend herfallen über (*acc.*); anpöbeln; angreifen, attakkieren; *Geschäfte etc.* stürmen.

mo·bile ['məʊbaɪl] **I** *adj.* **1.** beweglich, wendig (*a. Geist etc.*); schnell (beweglich); **2.** unstet, veränderlich; lebhaft (*Gesichtszüge*); **3.** leichtflüssig; **4.** ⚙, ⚔ fahrbar, beweglich, mo'bil, ⚔ *a.* motorisiert: ***~ crane*** Autokran *m*; ***~ home*** *mot.* Wohnwagen *m*; ***~ warfare*** Bewegungskrieg *m*; ***~ workshop*** Werkstattwagen *m*; **5.** ⚕ flüssig: ***~ funds***; **II** ♀ *s* **6.** *Kunst*: Mobile *n*; **mo·bil·i·ty** [məʊ'bɪlətɪ] *s.* **1.** Beweglichkeit *f*, Wendigkeit *f*; **2.** Mobili'tät *f*, Freizügigkeit *f* (*der Arbeitnehmer etc.*).

mo·bi·li·za·tion [ˌməʊbɪlaɪ'zeɪʃn] *s.* Mobilisierung *f*: a) ⚔ Mo'bilmachung *f*, b) *bsd. fig.* Aktivierung *f*, Aufgebot *n* (*der Kräfte etc.*), c) ⚕ Flüssigmachung *f*; **mo·bi·lize** ['məʊbɪlaɪz] *v/t.* mobilisieren: a) ⚔ mo'bilmachen, *a.* dienstverpflichten, b) *fig. Kräfte etc.* aufbieten, einsetzen, c) ⚕ *Kapital* flüssigmachen.

mob·oc·ra·cy [mɒ'bɒkrəsɪ] *s.* **1.** Pöbelherrschaft *f*; **2.** (herrschender) Pöbel.

mobs·man ['mɒbzmən] *s.* [*irr.*] **1.** Gangster *m*; **2.** *Brit. sl.* (ele'ganter) Taschendieb.

mob·ster ['mɒbstə] *Am. sl. für* ***mobsman*** 1.

moc·ca·sin ['mɒkəsɪn] *s.* **1.** Mokas'sin *m* (*a. Damenschuh*); **2.** *zo.* Mokas'sinschlange *f*.

mo·cha[1] ['mɒkə] **I** *s.* **1.** *a.* ***~ coffee*** 'Mokka(kafˌfee) *m*; **2.** Mochaleder *n*; **II** *adj.* **3.** Mokka...

mo·cha[2] ['məʊkə], ♀ **stone** *s. min.* Mochastein *m*.

mock [mɒk] **I** *v/t.* **1.** verspotten, -höhnen, lächerlich machen; **2.** (*zum Spott*) nachäffen; **3.** *poet.* nachahmen; **4.** täuschen, narren; **5.** spotten (*gen.*), trotzen (*dat.*), nicht achten (*acc.*); **II** *v/i.* **6.** sich lustig machen, spotten (***at*** über *acc.*); **III** *s.* **7.** → ***mockery*** 1–3; **8.** Nachahmung *f*, Fälschung *f*; **IV** *adj.* **9.** nachgemacht, Schein..., Pseudo...: ***~ attack*** ⚔ Scheinangriff *m*; ***~ battle*** ⚔ Scheingefecht *n*; ***~ king*** Schattenkönig *m*; **mock·er** ['mɒkə] *s.* **1.** Spötter(in); **2.** Nachäffer(in); **mock·er·y** ['mɒkərɪ] *s.* **1.** Spott *m*, Hohn *m*, Spötte'rei *f*; **2.** Gegenstand *m* des Spottes, Gespött *n*: ***make a ~ of*** zum Gespött (der Leute) machen; **3.** Nachäffung *f*; **4.** *fig.* Possenspiel *n*, Farce *f*.

ˌmock-he'ro·ic *adj.* (□ ***~ally***) 'komischhe'roisch (*Gedicht etc.*).

mock·ing ['mɒkɪŋ] **I** *s.* Spott *m*, Gespött *n*; **II** *adj.* □ spöttisch; **'~·bird** *s. orn.* Spottdrossel *f*.

mock│ moon *s. ast.* Nebenmond *m*; **~ tri·al** *s.* ⚖ 'Scheinproˌzeß *m*; **~ tur·tle** *s. Küche*: Kalbskopf *m* en tor'tue; **~ tur·tle soup** *s.* falsche Schildkrötensuppe; **'~-up** *s.* Mo'dell *n* (in na'türlicher Größe), At'trappe *f*.

mod·al ['məʊdl] *adj.* □ **1.** mo'dal (*a. phls., ling.,* ♪): ***~ proposition*** *Logik*: Modalsatz *m*; ***~ verb*** modales Hilfsverb; **2.** *Statistik*: typisch; **mo·dal·i·ty** [məʊ'dælətɪ] *s.* Modali'tät *f* (*a.* ⚕, *pol., phls.*), Art *f* u. Weise *f*, Ausführungsart *f*.

mode[1] [məʊd] *s.* **1.** (Art *f* u.) Weise *f*, Me'thode *f*: ***~ of action*** ⚙ Wirkungsweise; ***~ of life*** Lebensweise; ***~ of operation*** Verfahrensweise; ***~ of payment*** ⚕ Zahlungsweise; **2.** (Erscheinungs-) Form *f*, Art *f*: ***heat is a ~ of motion*** Wärme ist e-e Form der Bewegung; **3.** *Logik*: a) Modali'tät *f*, b) Modus *m* (*e-r Schlußfigur*); **4.** ♪ Modus *m*, Tonart *f*, -geschlecht *n*; **5.** *ling.* Modus *m*, Aussageweise *f*; **6.** *Statistik*: Modus *m*, häufigster Wert.

mode[2] [məʊd] *s.* Mode *f*, Brauch *m*.

mod·el ['mɒdl] **I** *s.* **1.** Muster *n*, Vorbild *n* (***for*** für): ***after*** (*od.* ***on***) ***the ~ of*** nach dem Muster von (*od. gen.*); ***he is a ~ of self-control*** er ist ein Muster an Selbstbeherrschung; **2.** (*fig.* 'Denk)Mo,dell *n*, Nachbildung *f*: ***working ~*** Arbeitsmodell; **3.** Muster *n*, Vorlage *f*; **4.** *paint. etc.* Mo'dell *n*: ***act as a ~ to a painter*** e-m Maler Modell stehen *od.* sitzen; **5.** *Mode*: a) Mannequin *n*, Vorführdame *f*: ***male ~*** Dressman *m*, b) Mo'dellkleid *n*; **6.** ⚙ a) Bau(weise *f*) *m*, b) (Bau)Muster *n*, Mo'dell *n*, Typ(e *f*) *m*; **II** *adj.* **7.** vorbildlich, musterhaft, Muster...: ***~ farm*** landwirtschaftlicher Musterbetrieb; ***~ husband*** Mustergatte *m*; ***~ plant*** ⚕ Musterbetrieb *m*; ***~ school*** Musterschule *f*; **8.** Modell...: ***~ airplane***; ***~ builder*** ⚙ Modellbauer *m*; ***~ dress*** → 5 b; **III** *v/t.* **9.** nach Mo'dell formen *od.* herstellen; **10.** modellieren, nachbilden; abformen; **11.** *fig.* formen, gestalten (***after***, ***on***, ***upon*** nach [dem Vorbild *gen.*]): ***~ o.s. on*** sich *j-n* zum Vorbild nehmen; **IV** *v/i.* **12.** *Kunst*: modellieren; **13.** Mo'dell stehen *od.* sitzen; **14.** Kleider vorführen, als Mannequin *od.* Dressman arbeiten; **'mod·el·(l)er** [-lə] *s.* **1.** Modellierer *m*; **2.** Mo'dell-, Musterbauer *m*; **'mod·el·(l)ing** [-lɪŋ] **I** *s.* **1.** Modellieren *n*; **2.** Formgebung *f*, Formung *f*; **3.** Mo'dellstehen *od.* -sitzen *n*; **II** *adj.* **4.** Modellier...: ***~ clay***.

mo·dem ['məʊdem] *s. Computer*, *teleph.* Modem *m* (*Datenübertragungsgerät*).

mod·er·ate ['mɒdərət] **I** *adj.* □ **1.** gemäßigt (*a. Sprache etc.*; *a. pol.*), mäßig; **2.** mäßig *im Trinken etc.*; fru'gal (*Lebensweise*); **3.** mild (*Winter*, *Strafe etc.*); **4.** vernünftig, maßvoll (*Forderung etc.*); angemessen, niedrig (*Preis*); **5.** mittelmäßig; **II** *s.* **6.** (*pol. mst* 𝔖) Gemäßigte(r *m*) *f*; **III** *v/t.* [-dəreɪt] **7.** mäßigen, mildern; beruhigen; **8.** einschränken; **9.** ⚙, *phys.* dämpfen, abbremsen; **IV** *v/i.* [-dəreɪt] **10.** sich mäßigen; **11.** nachlassen (*Wind etc.*); **'mod·er·ate·ness** [-nɪs] *s.* Mäßigkeit *f etc.*; **mod·er·a·tion** [,mɒdə'reɪʃn] *s.* **1.** Mäßigung *f*, Maß(halten) *n*: ***in ~*** mit Maß; **2.** Mäßigkeit *f*; **3.** *pl. univ.* erste öffentliche Prüfung *in Oxford*; **4.** Milderung *f*; **'mod·er·a·tor** [-dəreɪtə] *s.* **1.** Mäßiger *m*, Beruhiger *m*; Vermittler *m*; **2.** Vorsitzende(r) *m*; Diskussi'onsleiter *m*; *univ.* Exami'nator *m* (*Oxford*); **3.** a) Mode'rator *m* (*Vorsitzender e-s Kollegiums reformierter Kirchen*), b) *TV*: Mode'rator *m*, Modera'torin *f*, Pro'grammleiter(in); **4.** ⚙, *phys.* Mode'rator *m*.

mod·ern ['mɒdən] **I** *adj.* **1.** mo'dern, neuzeitlich: ***~ times*** die Neuzeit; ***the ~ school*** (*od.* ***side***) *ped. Brit.* die Realabteilung; **2.** mo'dern, (neu)modisch; **3.** *mst* 𝔖 *ling.* a) mo'dern, Neu..., b) neuer: ***𝔖 Greek*** Neugriechisch *n*; ***~ languages*** neuere Sprachen; ***𝔖 Languages*** (*als Fach*) Neuphilologie *f*; **II** *s.* **4.** mo'derner Mensch, Fortschrittliche(r *m*) *f*; **5.** Mensch *m* der Neuzeit; **6.** *typ.* neuzeitliche An'tiqua; **'mod·ern·ism** [-dənɪzəm] *s.* **1.** Moder'nismus *m*: a) mo'derne Einstellung, b) mo'dernes Wort, mo'derne Redewendung(en *pl.*); **2.** *eccl.* Moder'nismus *m*; **mo·der·ni·ty** [mɒ'dɜːnətɪ] *s.* **1.** Moderni'tät *f*, (*das*) Mo'derne; **2.** *et.* Mo'dernes; **mod·ern·i·za·tion** [,mɒdənaɪ'zeɪʃn] *s.* Modernisierung *f*; **'mod·ern·ize** [-dənaɪz] *v/t. u. v/i.* (sich) modernisieren.

mod·est ['mɒdɪst] *adj.* □ **1.** bescheiden, anspruchslos (*Person od. Sache*): ***~ income*** bescheidenes Einkommen; **2.** anständig, sittsam; **3.** maßvoll, vernünftig; **'mod·es·ty** [-tɪ] *s.* **1.** Bescheidenheit *f* (*Person*, *Einkommen etc.*): ***in all ~*** bei aller Bescheidenheit; **2.** Anspruchslosigkeit *f*, Einfachheit *f*; **3.** Schamgefühl *n*; Sittsamkeit *f*.

mod·i·cum ['mɒdɪkəm] *s.* kleine Menge, *ein* bißchen: ***a ~ of truth*** ein Körnchen Wahrheit.

mod·i·fi·a·ble ['mɒdɪfaɪəbl] *adj.* modifizierbar, (ab)änderungsfähig; **mod·i·fi·ca·tion** [,mɒdɪfɪ'keɪʃn] *s.* **1.** Modifikati'on *f*: a) Abänderung *f*: ***make a ~ to*** → ***modify*** 1 a, b) Abart *f*, modifizierte Form, c) Einschränkung *f*, nähere Bestimmung, d) *biol.* nichterbliche Abänderung, e) *ling.* nähere Bestimmung, f) *ling.* lautliche Veränderung, 'Umlautung *f*; **2.** Mäßigung *f*; **mod·i·fy** ['mɒdɪfaɪ] *v/t.* **1.** modifizieren: a) abändern, teilweise 'umwandeln, b) einschränken, näher bestimmen; **2.** mildern, mäßigen; abschwächen; **3.** *ling.* *Vokal* 'umlauten.

mod·ish ['məʊdɪʃ] *adj.* □ **1.** modisch, mo'dern; **2.** Mode...

mods [mɒdz] *s. pl. Brit.* Halbstarke *pl.* von betont dandyhaftem Äußeren (*in den 60er Jahren*) (*Ggs.* ***rockers***).

mod·u·lar ['mɒdjʊlə] *adj.* ⚒, ⚙ Modul...: ***~ design*** Modulbauweise *f*.

mod·u·late ['mɒdjʊleɪt] **I** *v/t.* **1.** abstimmen, regulieren; **2.** anpassen (***to*** an *acc.*); **3.** dämpfen; **4.** *Stimme*, *Ton etc.*, *a. Funk* modulieren: ***~d reception*** ⚡ Tonempfang *m*; **II** *v/i.* **5.** ♪ modulieren (***from*** von, ***to*** nach), die Tonart wechseln; **6.** all'mählich 'übergehen (***into*** in *acc.*); **mod·u·la·tion** [ˌmɒdjʊ'leɪʃn] *s.* **1.** Abstimmung *f*, Regulierung *f*; **2.** Anpassung *f*; **3.** Dämpfung *f*; **4.** ♪, *Funk*, *a. Stimme*: Modulati'on *f*; **5.** Intonati'on *f*, Tonfall *m*; **'mod·u·la·tor** [-tə] *s.* **1.** Regler *m*; ⚡ Modu'lator *m*: ~ ***of tonality*** *Film*: Tonblende *f*; **2.** ♪ die Tonverwandtschaft (*nach der Tonic-Solfa-Methode*) darstellende Skala; **'mod·ule** [-dju:l] *s.* **1.** Modul *m*, Model *m*, Maßeinheit *f*, Einheits-, Verhältniszahl *f*; **2.** ⚙ Mo'dul *n* (*austauschbare Funktionseinheit*), ⚡ *a.* Baustein *m*; **3.** ⚙ Baueinheit *f*: ~ ***construction*** Baukastensystem *n*; **4.** *Raumfahrt*: (*Kommando- etc.*)Kapsel *f*; **'mod·u·lus** [-ləs] *pl.* **-li** [-laɪ] *s.* ⅍, *phys.* Modul *m*: ~ ***of elasticity*** Elastizitätsmodul.

Mo·gul ['məʊgʌl] *s.* **1.** Mogul *m*: ***the*** (***Great*** *od.* ***Grand***) ~ der Großmogul; **2.** ♀ *Am. humor.* ‚großes Tier', ‚Bonze' *m*, Ma'gnat *m*.

mo·hair ['məʊheə] *s.* **1.** Mo'hair *m* (*Angorahaar*); **2.** Mo'hairstoff *m*, -kleidungsstück *n*.

Mo·ham·med·an [məʊ'hæmɪdən] **I** *adj.* mohamme'danisch; **II** *s.* Mohamme'daner(in).

moi·e·ty ['mɔɪətɪ] *s.* **1.** Hälfte *f*; **2.** Teil *m*.

moire [mwɑ:] *s.* **1.** Moi'ré *m*, *n*, Wasserglanz *m auf Stoffen*; **2.** moirierter Stoff; **moi·ré** ['mwɑ:reɪ] **I** *adj.* moiriert, gewässert, geflammt, mit Wellenmuster; **II** *s.* → ***moire*** 1.

moist [mɔɪst] *adj.* □ feucht, naß; **'mois·ten** [-sn] **I** *v/t.* an-, befeuchten, benetzen; **II** *v/i.* feucht werden; nässen; **'moist·ness** [-nɪs] *s.* Feuchte *f*; **'mois·ture** [-tʃə] *s.* Feuchtigkeit *f*: ~**-*proof*** feuchtigkeitsfest; **'mois·tur·iz·er** [-tʃəraɪzə] *s.* **1.** Feuchtigkeitscreme *f*; **2.** Luftbefeuchter *m*.

moke [məʊk] *s. Brit. sl.* Esel *m* (*a. fig.*).

mo·lar[1] ['məʊlə] *anat.* **I** *s.* Backenzahn *m*, Mo'lar *m*; **II** *adj.* Mahl..., Bakken...: ~ ***tooth*** → I.

mo·lar[2] ['məʊlə] *adj.* **1.** *phys.* Massen...: ~ ***motion*** Massenbewegung *f*; **2.** ⚗ mo'lar, Mol...: ~ ***weight*** Mol-, Molargewicht *n*.

mo·lar[3] ['məʊlə] *adj.* ⚕ Molen...

mo·las·ses [məʊ'læsɪz] *s. sg. u. pl.* **1.** Me'lasse *f*; **2.** (Zucker)Sirup *m*.

mold [məʊld] *etc. Am.* → ***mould*** *etc.*

mole[1] [məʊl] *s. zo.* Maulwurf *m* (*a.* F *fig. eingeschleuster Agent*).

mole[2] [məʊl] *s.* (kleines) Muttermal, *bsd.* Leberfleck *m*.

mole[3] [məʊl] *s.* Mole *f*, Hafendamm *m*.

mole[4] [məʊl] *s.* ⚗ Mol *n*, 'Grammoleˌkül *n*.

mole[5] [məʊl] *s.* ⚕ Mole *f*, Mondkalb *n*.

'mole-ˌcrick·et *s. zo.* Maulwurfsgrille *f*.

mo·lec·u·lar [məʊ'lekjʊlə] *adj.* ⚗, *phys.* moleku'lar, Molekular...: ~ ***biology***; ~ ***weight***; **mo·lec·u·lar·i·ty** [məʊˌlekjʊ'lærətɪ] *s.* ⚗, *phys.* Moleku'larzustand *m*; **mol·e·cule** ['mɒlɪkju:l] *s.* **1.** ⚗, *phys.* Mole'kül *n*; **2.** *fig.* winziges Teilchen.

'mole|·hill *s.* Maulwurfshügel *m*, -haufen *m*; → ***mountain*** I; **'~·skin** *s.* **1.** Maulwurfsfell *n*; **2.** ✝ Moleskin *m*, *n*, Englischleder *n* (*Baumwollgewebe*); **3.** *pl.* Hose *f* aus Moleskin.

mo·lest [məʊ'lest] *v/t.* belästigen; **mo·les·ta·tion** [ˌməʊle'steɪʃn] *s.* Belästigung *f*.

Moll, *a.* ♀ [mɒl] *s. sl.* **1.** ‚Nutte' *f* (*Prostituierte*); **2.** Gangsterbraut *f*.

mol·li·fi·ca·tion [ˌmɒlɪfɪ'keɪʃn] *s.* **1.** Besänftigung *f*; **2.** Erweichung *f*; **mol·li·fy** ['mɒlɪfaɪ] *v/t.* **1.** besänftigen, beruhigen, beschwichtigen; **2.** weich machen, erweichen.

mol·lusc ['mɒləsk] → ***mollusk***.

mol·lus·can [mɒ'lʌskən] **I** *adj.* Weichtier...; **II** *s.* → **mol·lusk** ['mɒləsk] *s. zo.* Mol'luske *f*, Weichtier *n*.

mol·ly·cod·dle ['mɒlɪˌkɒdl] **I** *s.* Weichling *m*, Muttersöhnchen *n*; **II** *v/t.* verhätscheln.

molt [məʊlt] *Am.* → ***moult***.

mol·ten ['məʊltən] *adj.* **1.** geschmolzen, (schmelz)flüssig: ~ ***metal*** flüssiges Metall; **2.** gegossen, Guß...

mo·lyb·date [mɒ'lɪbdeɪt] *s.* ⚗ Molyb'dat *n*, molyb'dänsaures Salz; **mo'lyb·de·nite** [-dɪnaɪt] *s. min.* Molybdä'nit *m*.

mom [mɒm] *s.* F *bsd. Am.* **1.** Mami *f*; **2.** ‚Oma' *f* (*alte Frau*); **ˌ~-and-'pop store** *s. Am.* F Tante-Emma-Laden *m*.

mo·ment ['məʊmənt] *s.* **1.** Mo'ment *m*, Augenblick *m*: ***one*** (*od.* ***just a***) ~***!*** (nur) e-n Augenblick!; ***in a*** ~ in e-m Augenblick, sofort; **2.** Zeitpunkt *m*, Augenblick *m*: ~ ***of truth*** Stunde *f* der Wahrheit; ***the very*** ~ ***I saw him*** in dem Augenblick, in dem ich ihn sah; ***at the*** ~ im Augenblick, gerade (jetzt *od.* damals); ***at the last*** ~ im letzten Augenblick; ***not for the*** ~ im Augenblick nicht; ***to the*** ~ auf die Sekunde genau, pünktlich; **3.** Bedeutung *f*, Tragweite *f*, Belang *m* (***to*** für); **4.** *phys.* Mo'ment *n*: ~ ***of inertia*** Trägheitsmoment; **mo-**

men·tal [məʊ'mentl] *adj. phys.* Momenten...; '**mo·men·tar·y** [-tərɪ] *adj.* ☐ **1.** momen'tan, augenblicklich; **2.** vor'übergehend, flüchtig; **3.** jeden Augenblick geschehend *od.* möglich; '**mo·ment·ly** [-lɪ] *adv.* **1.** augenblicklich, in e-m Augenblick; **2.** von Se'kunde zu Se'kunde: ***increasing ~***; **3.** e-n Augenblick lang; **mo·men·tous** [məʊ'mentəs] *adj.* ☐ bedeutsam, folgenschwer, von großer Tragweite; **mo·men·tous·ness** [məʊ'mentəsnɪs] *s.* Bedeutsam-, Wichtigkeit *f*, Tragweite *f*.

mo·men·tum [məʊ'mentəm] *pl.* **-ta** [-tə] *s.* **1.** *phys.* Im'puls *m*, Mo'ment *n e-r Kraft*: ***~ theorem*** Momentensatz *m*; **2.** ⚙ Triebkraft *f*; **3.** *allg.* Wucht *f*, Schwung *m*, Fahrt *f*: ***gather*** (*od.* ***gain***) ~ in Fahrt kommen, Stoßkraft gewinnen; ***lose ~*** (an) Schwung verlieren.

mon·ad ['mɒnæd] *s.* **1.** *phls.* Mo'nade *f*; **2.** *biol.* Einzeller *m*; **3.** ⚗ einwertiges Ele'ment *od.* A'tom; **mo·nad·ic** [mɒ'nædɪk] *adj.* **1.** mo'nadisch, Monaden...; **2.** & eingliedrig, -stellig.

mon·arch ['mɒnək] *s.* Mon'arch(in), Herrscher(in); **mo·nar·chal** [mɒ'nɑːkl] *adj.* ☐ mon'archisch; **mo·nar·chic** *adj.*, **mo·nar·chi·cal** [mɒ'nɑːkɪk(l)] *adj.* ☐ **1.** mon'archisch; **2.** monar'chistisch; **3.** königlich (*a. fig.*); '**mon·arch·ism** [-kɪzəm] *s.* Monar'chismus *m*; '**mon·arch·ist** [-kɪst] **I** *s.* Monar'chist(in); **II** *adj.* monar'chistisch; '**mon·arch·y** [-kɪ] *s.* Monar'chie *f*.

mon·as·ter·y ['mɒnəstərɪ] *s.* (Mönchs-) Kloster *n*; **mo·nas·tic** [mə'næstɪk] *adj.* (☐ ***~ally***) **1.** klösterlich, Kloster...; **2.** mönchisch (*a. fig.*), Mönchs...: ***~ vows*** Mönchsgelübde *n*; **mo·nas·ti·cism** [mə'næstɪsɪzəm] *s.* **1.** Mönch(s)tum *n*; **2.** mönchisches Leben, As'kese *f*.

mon·a·tom·ic [ˌmɒnə'tɒmɪk] *adj.* ⚗ 'einaˌtomig.

Mon·day ['mʌndɪ] *s.* Montag *m*: ***on ~*** am Montag; ***on ~s*** montags.

mon·e·tar·y ['mʌnɪtərɪ] *adj.* ✝ **1.** Geld..., geldlich, finanzi'ell; **2.** Währungs...(*-einheit, -reform etc.*); **3.** Münz...: ***~ standard*** Münzfuß *m*; '**mon·e·tize** [-taɪz] *v/t.* **1.** zu Münzen prägen; **2.** zum gesetzlichen Zahlungsmittel machen; **3.** den Münzfuß (*gen.*) festsetzen.

mon·ey ['mʌnɪ] *s.* ✝ **1.** Geld *n*; Geldbetrag *m*, -summe *f*: ***~ on*** (*od.* ***at***) ***call*** Tagesgeld; ***be out of ~*** kein Geld haben; ***short of ~*** knapp an Geld, ‚schlecht bei Kasse'; ***~ due*** ausstehendes Geld; ***~ on account*** Guthaben *n*; ***~ on hand*** verfügbares Geld; ***get one's ~'s worth*** et. (*Vollwertiges*) für sein Geld bekommen; **2.** Geld *n*, Vermögen *n*: ***make ~*** Geld machen, gut verdienen (***by*** bei); ***marry ~*** sich reich verheiraten; ***have ~ to burn*** Geld wie Heu haben; **3.** Geldsorte *f*; **4.** Zahlungsmittel *n*; **5.** ***monies*** *pl.* ⚖ Gelder *pl.*, (Geld-) Beträge *pl.*; '**~·bag** *s.* **1.** Geldbeutel *m*; ⚔ Brustbeutel *m*; **2.** *pl.* F a) Geldsäcke *pl.*, Reichtum *m*, b) *sg. konstr.* ‚Geldsack' *m* (*reiche Person*); **~ bill** *s. parl.* Fi'nanzvorlage *f*; '**~-box** *s.* Sparbüchse *f*; **~ bro·ker** *s.* Fi'nanzmakler *m*; '**~ˌchang·er** *s.* **1.** Geldwechsler *m*; **2.** 'Wechselautoˌmat *m*.

mon·eyed ['mʌnɪd] *adj.* **1.** reich, vermögend; **2.** Geld...: ***~ corporation*** ✝ *Am.* Geldinstitut *n*; ***~ interest*** Finanzwelt *f*.

'**mon·ey|ˌgrub·ber** [-ˌgrʌbə] *s.* Geldraffer *m*; '**~ˌgrub·bing** [-ˌgrʌbɪŋ] *adj.* geldraffend, -gierig; '**~ˌlend·er** *s.* ✝ Geldverleiher *m*; **~ let·ter** *s.* Geld-, Wertbrief *m*; '**~ˌmak·er** *s.* **1.** guter Geschäftsmann; **2.** Bombengeschäft *n*, ‚Renner' *m*, ‚Goldgrube' *f*; '**~ˌmak·ing I** *adj.* gewinnbringend, einträglich; **II** *s.* Geldverdienen *n*; **~ mar·ket** *s.* ✝ Geldmarkt *m*; **~ mat·ters** *s. pl.* Geldangelegenheiten *pl.*; **~ or·der** *s.* **1.** Postanweisung *f*; **2.** Zahlungsanweisung *f*; '**~ˌspin·ner** *s.* → ***moneymaker*** 2.

mon·ger ['mʌŋgə] *s.* (*mst in Zssgn*) **1.** Händler *m*, Krämer *m*: ***fish~*** Fischhändler; **2.** *fig. contp.* Verbreiter(in) *von Gerüchten etc.*; → ***scaremonger***, ***warmonger*** *etc.*

Mon·gol ['mɒŋgɒl] **I** *s.* **1.** Mon'gole *m*, Mon'golin *f*; **2.** *ling.* Mon'golisch *n*; **II** *adj.* **3.** → ***Mongolian*** I; **Mon·go·li·an** [mɒŋ'gəʊljən] **I** *adj.* **1.** mon'golisch; **2.** mongo'lid, gelb (*Rasse*); **3.** → ***Mongoloid*** I; **II** *s.* **4.** → ***Mongol*** 1; **5.** → ***Mongoloid*** II; '**Mon·gol·oid** [-lɔɪd] *bsd.* ⚕ **I** *adj.* mongolo'id; **II** *s.* Mongolo'ide(r *m*) *f*.

mon·goose ['mɒŋguːs] *s. zo.* Mungo *m*.

mon·grel ['mʌŋgrəl] **I** *s.* **1.** *biol.* Bastard *m*; **2.** Köter *m*, Prome'nadenmischung *f*; **3.** Mischling *m* (*Mensch*); **4.** Zwischending *n*; **II** *adj.* **5.** Bastard..., Misch...: ***~ race*** Mischrasse *f*.

'mongst [mʌŋst] *abbr. für* ***among***(***st***).

mon·ick·er ['mɒnɪkə] → ***moniker***.

mon·ies ['mʌnɪz] *s. pl.* → ***money*** 5.

mon·i·ker ['mɒnɪkə] *s. sl.* (Spitz)Name *m*.

mon·ism ['mɒnɪzəm] *s. phls.* Mo'nismus *m*.

mo·ni·tion [məʊ'nɪʃn] *s.* **1.** (Er)Mahnung *f*; **2.** Warnung *f*.

mon·i·tor ['mɒnɪtə] **I** *s.* **1.** (Er)Mahner *m*; **2.** Warner *m*; **3.** *ped.* Klassenordner *m*; **4.** ⚓ *Art* Panzerschiff *n*; **5.** ↯, *tel.* a) Abhörer(in), b) Abhorchgerät *n*; **6.** ↯ *etc.* Monitor *m*, Kon'trollgerät *n*, -schirm *m*; **II** *v/t.* **7.** *tel.* ab-, mithören, über'wachen (*a. fig.*); **8.** ↯ *Akustik etc.* durch Abhören kontrollieren; **9.** auf Radioaktivi'tät über'prüfen; '**mon·i·tor·ing** [-tərɪŋ] *adj.* ↯, *tel.* Mithör…, Prüf…, Überwachungs…: **~ desk** Misch-, Reglerpult *n*; '**mon·i·to·ry** [-təri] *adj.* **1.** (er)mahnend, Mahn…; **2.** warnend, Warnungs…

monk [mʌŋk] *s.* **1.** *eccl.* Mönch *m*; **2.** *zo.* Mönchsaffe *m*; **3.** *typ.* Schmierstelle *f*.

mon·key ['mʌŋkɪ] **I** *s.* **1.** *zo.* a) Affe *m* (*a. fig. humor.*), b) *engS.* kleinerer (langschwänziger) Affe (*Ggs.* **ape**); **2.** ⚙ a) Ramme *f*, b) Fallhammer *m*; **3.** *Brit. sl.* Wut *f*: **get** (*od.* **put**) **s.o.'s ~ up** j-n auf die Palme bringen; **get one's ~ up** ‚hochgehen', in Wut geraten; **4.** *sl.* 500 Dollar *od.* brit. Pfund; **II** *v/i.* **5.** Possen treiben; **6.** F (**with**) spielen (mit), her'umpfuschen (an *dat.*): **~ (about)** (herum)albern; **III** *v/t.* **7.** nachäffen; '**~-bread** *s.* ⚘ Affenbrotbaum-Frucht *f*; **~ busi·ness** *s. sl.* **1.** ‚krumme Tour', ‚fauler Zauber'; **2.** ‚Blödsinn' *m*, Unfug *m*; **~ en·gine** *s.* ⚙ (Pfahl)Ramme *f*; '**~-ˌjack·et** *s.* ⚔ Affenjäckchen *n*; '**~·shine** *s. Am. sl.* (dummer *od.* 'übermütiger) Streich, ‚Blödsinn' *m*; '**~-wrench** *s.* ⚙ ‚Engländer' *m*, Univer'sal(schrauben)schlüssel *m*: **throw a ~ into s.th.** *Am.* F et. behindern *od.* beeinträchtigen.

monk·ish ['mʌŋkɪʃ] *adj.* **1.** Mönchs…; **2.** *mst contp.* mönchisch, Pfaffen…

mon·o ['mɒnəʊ] F **I** *s. Radio etc*: Mono *n*; **II** *adj.* mono (abspielbar), Mono…

mono- [mɒnəʊ] *in Zssgn* ein…, einfach…; **mon·o·ac·id** [ˌmɒnəʊ'æsɪd] ⚗ **I** *adj.* einsäurig; **II** *s.* einbasige Säure; **mon·o·car·pous** [ˌmɒnəʊ'kɑːpəs] *adj.* ⚘ **1.** einfrüchtig (*Blüte*); **2.** nur einmal fruchtend.

mon·o·chro·mat·ic [ˌmɒnəʊkrəʊ'mætɪk] *adj.* (☐ **~ally**) monochro'matisch, einfarbig; **mon·o·chrome** ['mɒnəkrəʊm] **I** *s.* **1.** einfarbiges Gemälde; **2.** Schwarz'weißaufnahme *f*; **II** *adj.* **3.** mono'chrom.

mon·o·cle ['mɒnəkl] *s.* Mon'okel *n*.

mo·no·coque ['mɒnəkɒk] (*Fr.*) *s.* ✈ **1.** Schalenrumpf *m*; **2.** Flugzeug *n* mit Schalenrumpf: **~ construction** ⚙ Schalenbau(weise *f*) *m*.

mo·noc·u·lar [mɒ'nɒkjʊlə] *adj.* monoku'lar, für 'ein Auge.

mon·o·cul·ture ['mɒnəʊˌkʌltʃə] *s.* ⚒ 'Monokulˌtur *f*; **mo·nog·a·mous** [mɒ'nɒgəməs] *adj.* mono'gam(isch); **mo·nog·a·my** [mɒ'nɒgəmɪ] *s.* Monoga'mie *f*, Einehe *f*; **mon·o·gram** ['mɒnəgræm] *s.* Mono'gramm *n*; **mon·o·graph** ['mɒnəgrɑːf] *s.* Monogra'phie *f*; **mon·o·hy·dric** [ˌmɒnəʊ'haɪdrɪk] *adj.* ⚗ einwertig: **~ alcohol**; **mon·o·lith** ['mɒnəʊlɪθ] *s.* Mono'lith *m*; **mon·o·lith·ic** [ˌmɒnəʊ'lɪθɪk] *adj.* mono'lithisch; *fig.* gi'gantisch; **mo·nol·o·gize** [mɒ'nɒlədʒaɪz] *v/i.* monologisieren, ein Selbstgespräch führen; **mon·o·logue** ['mɒnəlɒg] *s.* Mono'log *m*, Selbstgespräch *n*; **mon·o·ma·ni·a** [ˌmɒnəʊ'meɪnjə] *s.* Monoma'nie *f*, fixe I'dee.

mo·no·mi·al [mɒ'nəʊmjəl] *s.* ⅍ eingliedrige Zahlengröße.

mon·o·phase ['mɒnəʊfeɪz] *adj.* ↯ einphasig; **mon·o·pho·bi·a** [ˌmɒnəʊ'fəʊbjə] *s.* Monopho'bie *f*; **mon·o·phtong** ['mɒnəfθɒŋ] Mono'phtong *m*, einfacher Selbstlaut; **mon·o·plane** ['mɒnəʊpleɪn] *s.* ✈ Eindecker *m*.

mo·nop·o·list [mə'nɒpəlɪst] *s.* ⚖ Mono'po'list *m*; Mono'polbesitzer(in); **mo'nop·o·lize** [-laɪz] *v/t.* monopolisieren: a) ⚖ ein Mono'pol erringen *od.* haben für, b) *fig.* an sich reißen: **~ the conversation** die Unterhaltung ganz allein bestreiten, c) *fig.* *j-n od. et.* mit Beschlag belegen; **mo'nop·o·ly** [-lɪ] *s.* ⚖ **1.** Mono'pol(stellung *f*) *n*; **2.** (**of**) Mono'pol *n* (auf *acc.*); Al'leinverkaufs-, Al'leinbetriebs-, Al'leinherstellungsrecht *n* (für): **market ~** Marktbeherrschung *f*; **3.** *fig.* Mono'pol *n*, al'leiniger Besitz, al'leinige Beherrschung: **~ of learning** Bildungsmonopol.

mon·o·rail ['mɒnəʊreɪl] *s.* 🚂 **1.** Einschiene *f*; **2.** Einwegbahn *f*.

mon·o·syl·lab·ic [ˌmɒnəʊsɪ'læbɪk] *adj.* (☐ **~ally**) *ling. u. fig.* einsilbig; **mon·o·syl·la·ble** ['mɒnəˌsɪləbl] *s.* einsilbiges Wort: **speak in ~s** einsilbige Antworten geben.

mon·o·the·ism ['mɒnəʊθiːˌɪzəm] *s. eccl.* Monothe'ismus *m*; '**mon·o·theˌist** [-ˌɪst] **I** *s.* Monothe'ist *m*; **II** *adj.* → **mon·o·the·is·tic**, **mon·o·the·is·ti·cal** [ˌmɒnəʊθiː'ɪstɪk(l)] *adj.* monothe'istisch.

mon·o·tone ['mɒnətəʊn] *s.* **1.** mono'tones Geräusch, gleichbleibender Ton; eintönige Wieder'holung; **2.** → **monotony**; **mo·not·o·nous** [mə'nɒtnəs] *adj.*

□ mono'ton, eintönig (*a. fig.*); **mo·not·o·ny** [mə'nɒtnɪ] *s.* Monoto'nie *f*, Eintönigkeit *f*, *fig. a.* Einförmigkeit *f*, (ewiges) Einerlei.

mon·o·type ['mɒnəʊtaɪp] (*Fabrikmarke*) *s. typ.* **1.** ♀ Monotype *f*; **2.** mit der Monotype hergestellte Letter.

mon·o·va·lent ['mɒnəʊˌveɪlənt] *adj.* ⚗ einwertig; **mon·ox·ide** [mɒ'nɒksaɪd] *s.* ⚗ 'Monoˌxyd *n.*

mon·soon [mɒn'su:n] *s.* Mon'sun *m.*

mon·ster ['mɒnstə] **I** *s.* **1.** *a. fig.* Monster *n*, Ungeheuer *n*, Scheusal *n*; **2.** Monstrum *n*: a) 'Mißgeburt *f*, -bildung *f*, b) *fig.* Ungeheuer *n*, Ko'loß *m*; **II** *adj.* **3.** ungeheuer(lich), Riesen..., Monster...: **~ *film*** Monsterfilm *m*; **~ *meeting*** Massenversammlung *f.*

mon·strance ['mɒnstrəns] *s. eccl.* Mon'stranz *f.*

mon·stros·i·ty [mɒn'strɒsətɪ] *s.* **1.** Ungeheuerlichkeit *f*; **2.** → ***monster*** 2.

mon·strous ['mɒnstrəs] *adj.* □ **1.** mon'strös: a) ungeheuer, riesig, b) unge'heuerlich, gräßlich, scheußlich, c) 'mißgestaltet, unförmig, ungestalt; **2.** un-, 'widernaˌtürlich; **3.** ab'surd, lächerlich; **'mon·strous·ness** [-nɪs] *s.* **1.** Unge'heuerlichkeit *f*; **2.** Riesenhaftigkeit *f*; **3.** 'Widernaˌtürlichkeit *f.*

mon·tage [mɒn'tɑ:ʒ] *s.* **1.** ('Bild-, 'Foto-) Monˌtage *f*; **2.** *Film, Radio etc.*: Mon'tage *f.*

month [mʌnθ] *s.* **1.** Monat *m*: ***this day ~*** heute in *od.* vor e-m Monat; ***by the ~*** (all)monatlich; ***a ~ of Sundays*** e-e ewig lange Zeit; **2.** F vier Wochen *od.* 30 Tage; **month·ly** ['mʌnθlɪ] **I** *s.* **1.** Monatsschrift *f*; **2.** *pl.* → ***menses***; **II** *adj.* **3.** einen Monat dauernd; **4.** monatlich, Monats...: **~ *salary*** Monatsgehalt *n*; **III** *adv.* **5.** monatlich, einmal im Monat, jeden Monat.

mon·ti·cule ['mɒntɪkju:l] *s.* **1.** (kleiner) Hügel; **2.** Höckerchen *n.*

mon·u·ment ['mɒnjʊmənt] *s.* Monu'ment *n*, (*a.* Grab-, Na'tur- *etc.*)Denkmal *n* (***to*** für, ***of*** *gen.*): ***a ~ of literature*** *fig.* ein Literaturdenkmal; **mon·u·men·tal** [ˌmɒnjʊ'mentl] *adj.* □ **1.** monumen'tal, gewaltig, impo'sant; **2.** F kolos'sal, ungeheuer: **~ *stupidity***; **3.** Denkmal(s)..., Gedenk...; Grabmal(s)...

moo [mu:] **I** *v/i.* muhen; **II** *s.* Muhen *n.*

mooch [mu:tʃ] *sl.* **I** *v/i.* **1.** *a.* **~ *about*** her'umlungern, -strolchen: **~ *along*** dahinlatschen; **II** *v/t.* **2.** ,klauen', stehlen; **3.** schnorren, erbetteln.

mood[1] [mu:d] *s.* **1.** *ling.* Modus *m*, Aussageweise *f*; **2.** ♪ Tonart *f.*

mood[2] [mu:d] *s.* **1.** Stimmung *f* (*a. paint.*, ♪ *etc.*), Laune *f*: ***be in the ~ to work*** zur Arbeit aufgelegt sein; ***be in no ~ for a walk*** nicht zu e-m Spaziergang aufgelegt sein, keine Lust haben spazierenzugehen; ***change of ~*** Stimmungsumschwung *m*; **~ *music*** stimmungsvolle Musik; **2.** *paint.*, *phot.* Stimmungsbild *n*; **mood·i·ness** ['mu:dɪnɪs] *s.* **1.** Launenhaftigkeit *f*; **2.** Übellaunigkeit *f*; **3.** Trübsinn(igkeit *f*) *m*; **mood·y** ['mu:dɪ] *adj.* **1.** □ launisch, launenhaft; **2.** übellaunig, verstimmt; **3.** trübsinnig.

moon [mu:n] **I** *s.* **1.** Mond *m*: ***full ~*** Vollmond; ***new ~*** Neumond; ***once in a blue ~*** F alle Jubeljahre einmal, höchst selten; ***be over the ~*** F ganz selig sein; ***cry for the ~*** nach etwas Unmöglichem verlangen; ***promise s.o. the ~*** j-m das Blaue vom Himmel (herunter) versprechen; ***reach for the ~*** nach den Sternen greifen; ***shoot the ~*** F bei Nacht u. Nebel ausziehen (*Mieter*); **2.** *ast.* Tra'bant *m*, Satel'lit *m*: ***man-made*** (*od.* ***baby***) **~** (Erd)Satellit, ,Sputnik' *m*; **3.** *poet.* Mond *m*, Monat *m*; **II** *v/i.* **4.** *mst* **~ *about*** um'herlungern, -geistern; **III** *v/t.* **5. ~ *away*** *Zeit* vertrödeln, verträumen; **'~·beam** *s.* Mondstrahl *m*: **'~·calf** *s.* [*irr.*] **1.** ,Mondkalb' *n*, Trottel *m*; **2.** Träumer *m*; **'~·faced** *adj.* vollmondgesichtig; **'~·light I** *s.* Mondlicht *n*, -schein *m*: ♀ ***Sonata*** ♪ Mondscheinsonate *f*; **II** *adj.* mondhell, Mondlicht...: **~ *flit*(*ting*)** *sl.* heimliches Ausziehen bei Nacht (*wegen Mietschulden*); **'~ˌlight·er** *s.* Schwarzarbeiter *m*; **'~·lit** *adj.* mondhell; **~ rak·er** *s.* ⚓ Mondsegel *n*; **'~·rise** *s.* Mondaufgang *m*; **'~·set** *s.* 'Mondˌuntergang *m*; **'~·shine** *s.* **1.** Mondschein *m*; **2.** *fig.* a) Schwindel *m*, fauler Zauber, b) Unsinn *m*, Geschwafel *n*; **3.** *sl.* geschmuggelter *od.* schwarzgebrannter Alkohol; **'~ˌshin·er** *s. Am. sl.* Alkoholschmuggler *m*; Schwarzbrenner *m*; **'~·stone** *s. min.* Mondstein *m*; **'~·struck** *adj.* **1.** mondsüchtig; **2.** verrückt.

moon·y ['mu:nɪ] *adj.* **1.** (halb)mondförmig; **2.** Mond...; **3.** mondhell, Mondlicht...; **4.** F a) verträumt, dösig, b) beschwipst, c) verrückt.

moor[1] [mʊə] *s.* **1.** Ödland *n*, *bsd.* Heideland *n*; **2.** Hochmoor *n*; Bergheide *f.*

moor[2] [mʊə] **I** *v/t.* **1.** ⚓ vertäuen, festmachen; *fig.* verankern, sichern; **II** *v/i.* ⚓ **2.** festmachen, ein Schiff vertäuen; **3.** sich festmachen; **4.** festgemacht *od.*

vertäut liegen.

Moor[3] [mʊə] *s.* Maure *m*; Mohr *m*.

moor·age [ˈmʊərɪdʒ] → ***mooring***.

ˈ**moor|·fowl**, **~ game** *s.* (schottisches) Moorhuhn; ˈ**~·hen** *s.* **1.** weibliches Moorhuhn; **2.** Gemeines Teichhuhn.

moor·ing [ˈmʊərɪŋ] *s.* ⚓ **1.** Festmachen *n*; **2.** *mst pl.* Vertäuung *f* (*Schiff*); **3.** *pl.* Liegeplatz *m*; **4.** Anlegegebühr *f*; **~ buoy** *s.* ⚓ Festmacheboje *f*; **~ rope** *s.* Halteleine *f*.

Moor·ish [ˈmʊərɪʃ] *adj.* maurisch.

ˈ**moor·land** [-lənd] *s.* Heidemoor *n*.

moose [mu:s] *pl.* **moose** *s. zo.* Elch *m*.

moot [mu:t] **I** *s.* **1.** *hist.* (beratende) Volksversammlung; **2.** ⚖, *univ.* Diskussiˈon *f* fikˈtiver (Rechts)Fälle; **II** *v/t.* **3.** *Frage* aufwerfen, anschneiden; **4.** erörtern, diskutieren; **III** *adj.* **5.** a) strittig: **~ *point***, b) (rein) akaˈdemisch: **~ *question***.

mop[1] [mɒp] **I** *s.* **1.** Mop *m* (*Fransenbesen*); Schrubber *m*; Wischlappen *m*; **2.** (Haar)Wust *m*; **3.** ⚓ Dweil *m*; **4.** ⚙ Schwabbelscheibe *f*; **II** *v/t.* **5.** auf-, abwischen: **~ *one's face*** sich das Gesicht (ab)wischen; → ***floor*** 1; **6. ~ *up*** a) (mit dem Mop) aufwischen, b) ⚔ *sl.* (*vom Feinde*) säubern, *Wald* durchˈkämmen, c) *sl. Profit etc.* ‚schlucken', d) *sl.* aufräumen mit.

mop[2] [mɒp] **I** *v/i. mst* **~ *and mow*** Gesichter schneiden; **II** *s.* Griˈmasse *f*: ***~s and mows*** Grimassen.

mope [məʊp] **I** *v/i.* **1.** den Kopf hängen lassen, Trübsal blasen; **II** *v/t.* **2.** (*nur pass.*) ***be ~d*** niedergeschlagen sein; ‚sich mopsen' (*langweilen*); **III** *s.* **3.** Trübsalbläser(in); **4.** *pl.* Trübsinn *m*.

mo·ped [ˈməʊped] *s. mot. Brit.* Moped *n*.

ˈ**mop·head** *s.* F a) Wuschelkopf *m*, b) Struwwelpeter *m*.

mop·ing [ˈməʊpɪŋ] *adj.* □; ˈ**mop·ish** [-ɪʃ] *adj.* □ trübselig, aˈpathisch, kopfhängerisch; ˈ**mop·ish·ness** [-ɪʃnɪs] *s.* Lustlosigkeit *f*, Griesgrämigkeit *f*, Trübsinn *m*.

mop·pet [ˈmɒpɪt] *s.* F Püppchen *n* (*a. fig. Kind, Mädchen*).

ˈ**mop·ping-up** [ˈmɒpɪŋ-] *s.* ⚔ *sl.* **1.** Aufräumungsarbeit *f*; **2.** Säuberung *f* (*vom Feinde*): **~ *operation*** Säuberungsaktion *f*.

mo·raine [mɒˈreɪn] *s. geol.* Moˈräne *f*.

mor·al [ˈmɒrəl] **I** *adj.* □ **1.** *allg.* moˈralisch: a) sittlich: **~ *force***; **~ *sense*** sittliches Empfinden, b) geistig: **~ *obligation*** moralische Verpflichtung; **~ *support*** moralische Unterstützung; **~ *victory*** moralischer Sieg, c) vernunftgemäß: **~ *certainty*** moralische Gewißheit, d) Moral..., Sitten...: **~ *law*** Sittengesetz *n*; **~ *theology*** Moraltheologie *f*, e) sittenstreng, tugendhaft: ***a ~ life***; **2.** (sittlich) gut: ***a ~ act***; **3.** chaˈrakterlich: ***~ly firm*** innerlich gefestigt; **II** *s.* **4.** Moˈral *f*, Nutzanwendung *f* (*e-r Geschichte etc.*): ***draw the ~ from*** die Lehre ziehen aus; **5.** moˈralischer Grundsatz: ***point the ~*** den sittlichen Standpunkt betonen; **6.** *pl.* Moˈral *f*, sittliches Verhalten, Sitten *pl.*: ***code of ~s*** Sittenkodex *m*; **7.** *pl. sg. konstr.* Sittenlehre *f*, Ethik *f*.

mo·rale [mɒˈrɑ:l] *s.* Moˈral *f*, Haltung *f*, Stimmung *f*, (Arbeits-, Kampf)Geist *m*: ***the ~ of the army*** die Kampfmoral *od.* Stimmung der Armee; ***raise*** (***lower***) ***the ~*** die Moral heben (senken).

mor·al| fac·ul·ty *s.* Sittlichkeitsgefühl *n*; **~ haz·ard** *s. Versicherungswesen*: subjekˈtives Risiko, Risiko *n* falscher Angaben des Versicherten; **~ in·san·i·ty** *s. psych.* moˈralischer Deˈfekt.

mor·al·ist [ˈmɒrəlɪst] *s.* **1.** Moraˈlist *m*, Sittenlehrer *m*; **2.** Ethiker *m*.

mo·ral·i·ty [məˈrælətɪ] *s.* **1.** Moˈral *f*, Sittlichkeit *f*, Tugend(haftigkeit) *f*; **2.** Moraliˈtät *f*, sittliche Gesinnung; **3.** Ethik *f*, Sittenlehre *f*; **4.** *pl.* moˈralische Grundsätze *pl.*, Ethik *f* (*e-r Person*); **5.** *contp.* Moˈralpredigt *f*; **6.** → **~ play** *s. hist. thea.* Moraliˈtät *f*.

mor·al·ize [ˈmɒrəlaɪz] **I** *v/i.* **1.** moralisieren (***on*** über *acc.*); **II** *v/t.* **2.** moˈralisch auslegen; **3.** versittlichen, die Moˈral (*gen.*) heben; ˈ**mor·al·iz·er** [-zə] *s.* Sittenprediger(in).

mor·al| phi·los·o·phy, **~ sci·ence** *s.* Moˈralphilosoˌphie *f*, Ethik *f*.

mo·rass [məˈræs] *s.* **1.** Moˈrast *m*, Sumpf (-land *n*) *m*; **2.** *fig.* a) Wirrnis *f*, b) Klemme *f*, schwierige Lage.

mor·a·to·ri·um [ˌmɒrəˈtɔ:rɪəm] *pl.* **-ri·ums** *s.* † Moraˈtorium *n*, Zahlungsaufschub *m*, Stillhalteabkommen *n*, Stundung *f*; **mor·a·to·ry** [ˈmɒrətərɪ] *adj.* Moratoriums..., Stundungs...

Mo·ra·vi·an [məˈreɪvjən] **I** *s.* **1.** Mähre *m*, Mährin *f*; **2.** *ling.* Mährisch *n*; **II** *adj.* **3.** mährisch: **~ *Brethren*** *eccl. die* Herrnhuter Brüdergemein(d)e.

mor·bid [ˈmɔ:bɪd] *adj.* □ morˈbid, krankhaft, pathoˈlogisch: **~ *anatomy*** ⚕ pathologische Anatomie; **mor·bid·i·ty** [mɔ:ˈbɪdətɪ] *s.* **1.** Krankhaftigkeit *f*; **2.** Erkrankungsziffer *f*.

mor·dan·cy [ˈmɔ:dənsɪ] *s.* Bissigkeit *f*, beißende Schärfe; ˈ**mor·dant** [-dənt] **I**

adj. □ **1.** beißend: a) brennend (*Schmerz*), b) *fig.* scharf, sar'kastisch (*Worte etc.*); **2.** ⚙ a) beizend, ätzend, b) *Farben* fixierend; **II** *s.* **3.** ⚙ a) Ätzwasser *n*, b) (*bsd. Färberei*) Beize *f.*

more [mɔː] **I** *adj.* **1.** mehr: (***no***) **~ *than*** (nicht) mehr als; ***they are* ~ *than we*** sie sind zahlreicher als wir; **2.** mehr, noch (mehr), weiter: ***some* ~ *tea*** noch etwas Tee; ***one* ~ *day*** noch ein(en) Tag; ***so much the* ~ *courage*** um so mehr Mut; ***he is no* ~** er ist nicht mehr (*ist tot*); **3.** größer (*obs. außer in*): ***the* ~ *fool*** der größere Tor; ***the* ~ *part*** der größere Teil; **II** *adv.* **4.** mehr: **~ *dead than alive*** mehr *od.* eher tot als lebendig; **~ *and* ~** immer mehr; **~ *and* ~ *difficult*** immer schwieriger; **~ *or less*** mehr oder weniger, ungefähr; ***the* ~** um so mehr; ***the* ~ *so because*** um so mehr, da; ***all the* ~ *so*** nur um so mehr; ***no*** (*od.* ***not any***) **~ *than*** ebensowenig wie; ***neither*** (*od.* ***no***) **~ *nor less than stupid*** nicht mehr u. nicht weniger als dumm; **5.** (*zur Bildung des comp.*): **~ *important*** wichtiger; **~ *often*** öfter; **6.** noch: ***once* ~** noch einmal; ***two hours* ~** noch zwei Stunden; **7.** noch mehr, ja so'gar: ***it is wrong and, ~, it is foolish***; **III** *s.* **8.** Mehr *n* (***of*** an *dat.*); **9.** mehr: **~ *than one person has seen it*** mehr als einer hat es gesehen; ***we shall see* ~ *of him*** wir werden ihn noch öfter sehen; ***and what is* ~** und was noch wichtiger ist; ***no* ~** nicht(s) mehr.

mo·rel [mɒ'rel] *s.* ⚘ **1.** Morchel *f*; **2.** Nachtschatten *m*; **3.** → **mo·rel·lo** [mə'reləʊ] *pl.* **-los** *s.* ⚘ Mo'relle *f*, Schwarze Sauerweichsel.

more·o·ver [mɔː'rəʊvə] *adv.* außerdem, über'dies, ferner, weiter.

mo·res ['mɔːriːz] *s. pl.* Sitten *pl.*

mor·ga·nat·ic [ˌmɔːgə'nætɪk] *adj.* (□ **~*ally***) morga'natisch.

morgue [mɔːg] *s.* **1.** Leichenschauhaus *n*; **2.** F Ar'chiv *n* (*e-s Zeitungsverlages etc.*).

mor·i·bund ['mɒrɪbʌnd] *adj.* **1.** sterbend, dem Tode geweiht; **2.** *fig.* zum Aussterben *od.* Scheitern verurteilt.

Mor·mon ['mɔːmən] *eccl.* **I** *s.* Mor'mone *m*, Mor'monin *f*; **II** *adj.* mor'monisch: **~ *Church*** mormonische Kirche, Kirche Jesu Christi der Heiligen der letzten Tage; **~ *State*** *Beiname für* Utah *n* (*USA*).

morn [mɔːn] *s. poet.* Morgen *m.*

morn·ing ['mɔːnɪŋ] **I** *s.* **1.** a) Morgen *m*, b) Vormittag *m*: ***in the* ~** morgens, am Morgen, vormittags; ***early in the* ~** frühmorgens, früh am Morgen; ***on the* ~ *of May 5*** am Morgen des 5. Mai; ***one*** (***fine***) **~** eines (schönen) Morgens; ***this* ~** heute früh; ***the* ~ *after*** am Morgen darauf, am darauffolgenden Morgen; ***good* ~!** guten Morgen!; **~!** F ('n) Morgen!; **2.** *fig.* Morgen *m*, Beginn *m*; **3.** *poet.* a) Morgendämmerung *f*, b) ♀ Au'rora *f*; **II** *adj.* **4.** a) Morgen…, Vormittags…, b) Früh…; **~ call** *s.* Weckdienst *m* (*im Hotel etc.*); **~ coat** *s.* Cut(away) *m*; **~ dress** *s.* **1.** Hauskleid *n*; **2.** Besuchs-, Konfe'renzanzug *m*, ‚Stresemann' *m* (*schwarzer Rock mit gestreifter Hose*); **~ gift** *s.* ⚖ *hist.* Morgengabe *f*; **~ glo·ry** *s.* ⚘ Winde *f*; **~ gown** *s.* Morgenrock *m*; Hauskleid *n* (*der Frau*); **~ per·form·ance** *s. thea.* Frühvorstellung *f*, Mati'nee *f*; **~ prayer** *s. eccl.* **1.** Morgengebet *n*; **2.** Frühgottesdienst *m*; **~ sick·ness** *s.* ⚕ morgendliches Erbrechen (*bei Schwangeren*); **~ star** *s.* **1.** *ast.*, *a.* ⚔ *hist.* Morgenstern *m*; **2.** ⚘ Men'tzelie *f.*

Mo·roc·can [mə'rɒkən] **I** *adj* marok'kanisch; **II** *s.* Marok'kaner(in).

mo·roc·co [mə'rɒkəʊ] *pl.* **-cos** [-z] *s. a.* **~ *leather*** Saffian(leder *n*) *m.*

mo·ron ['mɔːrɒn] *s.* **1.** Schwachsinnige(r *m*) *f*; **2.** F Trottel *m*, Idi'ot *m*; **mo·ron·ic** [mə'rɒnɪk] *adj.* schwachsinnig.

mo·rose [mə'rəʊs] *adj.* □ mürrisch, grämlich, verdrießlich; **mo'rose·ness** [-nɪs] *s.* Verdrießlichkeit *f.*

mor·pheme ['mɔːfiːm] *s. ling.* Mor'phem *n.*

mor·phi·a ['mɔːfjə], **'mor·phine** [-fiːn] *s.* ⚗ Morphium *n*; **'mor·phin·ism** [-fɪnɪzəm] *s.* **1.** Morphi'nismus *m*, Morphiumsucht *f*; **2.** Morphiumvergiftung *f*; **'mor·phin·ist** [-fɪnɪst] *s.* Morphi'nist(in).

morpho- [mɔːfəʊ] *in Zssgn* Form…, Gestalt…, Morpho…

mor·pho·log·ic, **mor·pho·log·i·cal** [ˌmɔːfə'lɒdʒɪk(l)] *adj.* □ morpho'logisch, Form…: **~ *element*** Formelement *n*; **mor·phol·o·gy** [mɔː'fɒlədʒɪ] *s.* Morpholo'gie *f.*

mor·ris ['mɒrɪs] *s. a.* **~ *dance*** Mo'riskentanz *m*; **~ tube** *s.* Einstecklauf *m* (*für Gewehre*).

mor·row ['mɒrəʊ] *s. mst poet.* morgiger *od.* folgender Tag: ***the* ~ *of*** a) der Tag nach, b) *fig.* die Zeit unmittelbar nach.

Morse[1] [mɔːs] **I** *adj.* Morse…: **~ *code*** Morsealphabet *n*; **II** *v/t. u. v/i.* ♀ morsen.

morse[2] [mɔːs] → ***walrus.***

mor·sel ['mɔːsl] **I** *s.* **1.** Bissen *m*, Happen *m*; **2.** Stückchen *n*, *das* bißchen; **3.** Leckerbissen *m*; **II** *v/t.* **4.** in kleine Stückchen teilen, in kleinen Porti'onen austeilen.

mort[1] [mɔːt] *s. hunt.* ('Hirsch)ˌTotsiˌgnal *n*.

mort[2] [mɔːt] *s. ichth.* dreijähriger Lachs.

mor·tal ['mɔːtl] **I** *adj.* □ **1.** sterblich; **2.** tödlich: a) verderblich, todbringend (***to*** für): ~ ***wound***, b) erbittert: ~ ***battle***; ~ ***hatred*** tödlicher Haß; **3.** Tod(es)...: ~ ***agony*** Todeskampf *m*; ~ ***enemies*** Todfeinde; ~ ***fear*** Todesangst *f*; ~ ***hour*** Todesstunde *f*; ~ ***sin*** Todsünde *f*; **4.** menschlich, irdisch, Menschen...: ~ ***life*** irdisches Leben, Vergänglichkeit *f*; ***by no ~ means*** F auf keine menschenmögliche Art; ***of no ~ use*** F absolut zwecklos; ***every ~ thing*** F alles menschenmögliche; **5.** F Mords..., ‚mordsmäßig': ***I'm in a ~ hurry*** ich hab's furchtbar eilig; **6.** ewig, sterbenslangweilig: ***three ~ hours*** drei endlose Stunden; **II** *s.* **7.** Sterbliche(r *m*) *f*; **mor·tal·i·ty** [mɔː'tæləti] *s.* **1.** Sterblichkeit *f*; **2.** die (sterbliche) Menschheit; **3.** *a.* ~ ***rate*** a) Sterblichkeit(sziffer) *f*, b) ⚙ Verschleiß(quote *f*) *m*.

mor·tar[1] ['mɔːtə] **I** *s.* **1.** ⚗ Mörser *m*; **2.** *metall.* Pochladen *m*; **3.** ⚔ a) Mörser *m* (*Geschütz*), b) Gra'natwerfer *m*: ~ ***shell*** Werfergranate *f*; **4.** (Feuerwerks-)Böller *m*; **II** *v/t.* **5.** ⚔ mit Mörsern beschießen, mit Gra'natwerferfeuer belegen.

mor·tar[2] ['mɔːtə] *s.* ⚠ Mörtel *m*.

'mor·tar·board *s.* **1.** ⚠ Mörtelbrett *n*; **2.** *univ.* qua'dratisches Ba'rett.

mort·gage ['mɔːgɪdʒ] ⚖ **I** *s.* **1.** Verpfändung *f*; Pfandgut *n*: ***give in ~*** verpfänden; **2.** Pfandbrief *m*; **3.** Hypo'thek *f*: ***by ~*** hypothekarisch; ***lend on ~*** auf Hypothek (ver)leihen; ***raise a ~*** e-e Hypothek aufnehmen (***on*** auf *acc.*); **4.** Hypo'thekenbrief *m*; **II** *v/t.* **5.** (*a. fig.*) verpfänden (***to*** an *acc.*); **6.** hypothe'karisch belasten, e-e Hypo'thek aufnehmen auf (*acc.*); ~ **bond** *s.* Hypo'thekenpfandbrief *m*; ~ **deed** *s.* **1.** Pfandbrief *m*; **2.** Hypo'thekenbrief *m*.

mort·ga·gee [ˌmɔːgə'dʒiː] *s.* ⚖ Hypothe'kar *m*, Pfand- *od.* Hypo'thekengläubiger *m*; **ˌmort·ga'gor** [-'dʒɔː] *s.* Pfand- *od.* Hypo'thekenschuldner *m*.

mor·ti·cian [mɔː'tɪʃən] *s. Am.* Leichenbestatter *m*.

mor·ti·fi·ca·tion [ˌmɔːtɪfɪ'keɪʃn] *s.* **1.** Demütigung *f*, Kränkung *f*; **2.** Ärger *m*, Verdruß *m*; **3.** Ka'steiung *f*; Abtötung *f* (*Leidenschaften*); **4.** ⚕ (kalter) Brand, Ne'krose *f*; **mor·ti·fy** ['mɔːtɪfaɪ] **I** *v/t.* **1.** demütigen, kränken; **2.** *Gefühle* verletzen; **3.** *Körper*, *Fleisch* ka'steien; *Leidenschaften* abtöten; **4.** ⚕ brandig machen, absterben lassen; **II** *v/i.* **5.** ⚕ brandig werden, absterben.

mor·tise ['mɔːtɪs] ⚙ **I** *s.* a) Zapfenloch *n*, b) Stemmloch *n*, c) (Keil)Nut *f*, d) Falz *m*, Fuge *f*; **II** *v/t.* a) verzapfen, b) einstemmen, c) einzapfen (***into*** in *acc.*); ~ **chis·el** *s.* Lochbeitel *m*; ~ **ga(u)ge** *s.* Zapfenstreichmaß *n*; ~ **joint** *s.* Verzapfung *f*; ~ **lock** *s.* (Ein-)Steckschloß *n*.

mort·main ['mɔːtmeɪn] *s.* ⚖ unveräußerlicher Besitz, Besitz *m* der Toten Hand: ***in ~*** unveräußerlich.

mor·tu·ar·y ['mɔːtjʊərɪ] **I** *s.* Leichenhalle *f*; **II** *adj.* Leichen..., Begräbnis...

mo·sa·ic[1] [məʊ'zeɪɪk] **I** *s.* **1.** Mosa'ik *n* (*a. fig.*); **2.** ('Luftbild)Mosaˌik *n*, Reihenbild *n*; **II** *adj.* **3.** Mosaik...; mosa'ikartig.

Mo·sa·ic[2] *adj.*, **Mo·sa·i·cal** [məʊ'zeɪɪk(l)] *adj.* mo'saisch.

Mo·selle [məʊ'zel] *s.* Mosel(wein) *m*.

mo·sey ['məʊzɪ] *v/i. Am. sl.* **1.** *a.* ~ ***along*** da'hinlatschen; **2.** ‚abhauen'.

Mos·lem ['mɒzlem] **I** *s.* Moslem *m*; **II** *adj.* mos'lemisch, mohamme'danisch.

mosque [mɒsk] *s.* Mo'schee *f*.

mos·qui·to [mə'skiːtəʊ] *s.* **1.** *pl.* **-toes** *zo.* Stechmücke *f*, *bsd.* Mos'kito *m*; **2.** *pl.* **-toes** *od.* **-tos** ✈ Mos'kito *m* (*brit. Bomber*); ~ **boat**, ~ **craft** *s.* Schnellboot *n*; ~ **net** *s.* Mos'kitonetz *n*; ♀ **State** *s. Am.* (*Beiname für*) New Jersey *n* (*USA*).

moss [mɒs] *s.* **1.** ♀ Moos *n*; **2.** (Torf-)Moor *n*; **'~-grown** *adj.* **1.** moosbewachsen, bemoost; **2.** *fig.* altmodisch, über'holt.

moss·i·ness ['mɒsɪnɪs] *s.* **1.** 'Moosˌüberzug *m*; **2.** Moosartigkeit *f*, Weichheit *f*; **moss·y** ['mɒsɪ] *adj.* **1.** moosig, bemoost; **2.** moosartig; **3.** Moos...: ~ ***green*** Moosgrün *n*.

most [məʊst] **I** *adj.* □ → ***mostly***; **1.** meist, größt; höchst, äußerst; ***the ~ fear*** die meiste *od.* größte Angst; ***for the ~ part*** größten-, meistenteils; **2.** (*vor e-m Substantiv im pl.*) die meisten: ~ ***people*** die meisten Leute; **II** *s.* **3.** *das* meiste, *das* Höchste, *das* Äußerste: ***at (the) ~*** höchstens, bestenfalls; ***make the ~ of et.*** nach Kräften ausnützen, (noch) das Beste aus *et.* herausholen; **4.** das meiste, der größte Teil: ***he spent ~ of his time there*** er verbrachte die meiste Zeit dort; **5.** die meisten: ***better***

than** ~* besser als die meisten; ***~ of my friends die meisten m-r Freunde; **III** *adv.* **6.** am meisten: ***~ of all*** am allermeisten; **7.** *zur Bildung des Superlativs*: ***the ~ important point*** der wichtigste Punkt; **8.** *vor adj.* höchst, äußerst, ˈüberaus: ***it's ~ kind of you.***

-most [məʊst] *in Zssgn Bezeichnung des sup.*: ***in~, top~*** *etc.*

ˈmost-ˌfa·vo(u)red-ˈna·tion clause *s. pol.* Meistbegünstigungsklausel *f.*

most·ly [ˈməʊstlɪ] *adv.* **1.** größtenteils, im wesentlichen, in der Hauptsache; **2.** hauptsächlich.

mote [məʊt] *s.* (Sonnen)Stäubchen *n*: ***the ~ in another's eye*** *bibl.* der Splitter im Auge des anderen.

mo·tel [məʊˈtel] *s.* Moˈtel *n.*

mo·tet [məʊˈtet] *s.* ♪ Moˈtette *f.*

moth [mɒθ] *s.* **1.** *pl.* **moths** *zo.* Nachtfalter *m*; **2.** *pl.* **moths** *od. coll.* **moth** (Kleider)Motte *f*; **ˈ~·ball I** *s.* Mottenkugel *f*: ***put in ~s*** → **II** *v/t. Kleidung, a. Maschinen etc.* einmotten; *fig. Plan etc.* ‚auf Eis legen'; **ˈ~-ˌeat·en** *adj.* **1.** von Motten zerfressen; **2.** *fig.* veraltet, antiˈquiert.

moth·er¹ [ˈmʌðə] **I** *s.* **1.** Mutter *f* (*a. fig.*); **II** *adj.* **2.** Mutter…: ***2's Day*** Muttertag *m*; **III** *v/t.* **3.** (*mst fig.*) gebären, herˈvorbringen; **4.** bemuttern; **5.** ***~ a novel on s.o.*** j-m e-n Roman zuschreiben.

moth·er² [ˈmʌðə] **I** *s.* Essigmutter *f*; **II** *v/i.* Essigmutter ansetzen.

Moth·er Car·ey's chick·en [ˈkeərɪz] *s. orn.* Sturmschwalbe *f.*

moth·er| cell *s. biol.* Mutterzelle *f*; **~ church** *s.* **1.** Mutterkirche *f*; **2.** Hauptkirche *f*; **~ coun·try** *s.* **1.** Mutterland *n*; **2.** Vater-, Heimatland *n*; **~ earth** *s.* Mutter *f* Erde; **~ fix·a·tion** *s. psych.* Mutterfixierung *f*, -bindung *f*; **ˈ~ˌfuck·er** *s. fig.* V ‚Scheißkerl' *m.*

moth·er·hood [ˈmʌðəhʊd] *s.* **1.** Mutterschaft *f*; **2.** *coll. die* Mütter *pl.*

ˈmoth·er-in-law [-ðərɪn-] *pl.* **ˈmoth·ers-in-law** [-ðəzɪn-] *s.* Schwiegermutter *f.*

ˈmoth·er·land → ***mother country.***

moth·er·less [ˈmʌðəlɪs] *adj.* mutterlos.

ˈmoth·er·li·ness [ˈmʌðəlɪnɪs] *s.* Mütterlichkeit *f.*

moth·er| liq·uor *s.* ⚗ Mutterlauge *f*; **~ lode** *s.* ⚒ Hauptader *f.*

moth·er·ly [ˈmʌðəlɪ] *adj. u. adv.* mütterlich.

moth·er| of pearl *s.* Perlˈmutter *f*, Perlˈmutt *n*; **ˌ~-of-ˈpearl** [-ðərəvˈp-] *adj.* perlˈmuttern, Perlmutt…

moth·er| ship *s.* ⚓ *Brit.* Mutterschiff *n*; **~ su·pe·ri·or** *s. eccl.* Oberin *f*, Äbˈtissin *f*; **ˈ~-tie** *s. psych.* Mutterbindung *f*; **~ tongue** *s.* Muttersprache *f*; **~ wit** *s.* Mutterwitz *m.*

moth·er·y [ˈmʌðərɪ] *adj.* hefig, trübe.

moth·y [ˈmɒθɪ] *adj.* **1.** voller Motten; **2.** mottenzerfressen.

mo·tif [məʊˈtiːf] *s.* **1.** ♪ (ˈLeit)Moˌtiv *n*; **2.** *paint. etc.*, *Literatur*: Moˈtiv *n*, Vorwurf *m*; **3.** *fig.* Leitgedanke *m.*

mo·tile [ˈməʊtaɪl] *adj. biol.* freibeweglich; **mo·til·i·ty** [məʊˈtɪlətɪ] *s.* selbständiges Bewegungsvermögen.

mo·tion [ˈməʊʃn] **I** *s.* **1.** Bewegung *f* (*a. phys.*, ♘, ♪): ***go through the ~s of doing s.th.*** *fig.* et. mechanisch *od.* pro forma tun; **2.** Gang *m* (*a.* ⚙): ***set in ~*** in Gang bringen, in Bewegung setzen; → ***idle*** 3; **3.** (Körper-, Hand)Bewegung *f*, Wink *m*: ***~ of the head*** Zeichen *n* mit dem Kopf; **4.** Antrieb *m*: ***of one's own ~*** aus eigenem Antrieb, *a.* freiwillig; **5.** *pl.* Schritte *pl.*, Handlungen *pl.*: ***watch s.o.'s ~s***; **6.** ⚖, *parl. etc.* Antrag *m*: ***carry a ~*** e-n Antrag durchbringen; ***~ of no confidence*** Mißtrauensantrag *m*; **7.** *physiol.* Stuhlgang *m*; **II** *v/i.* **8.** winken (***with*** mit, ***to*** *dat.*); **III** *v/t.* **9.** *j-m* (zu)winken, *j-n* durch e-n Wink auffordern (***to do*** zu tun), *j-n wohin* winken; **ˈmo·tion·less** [-lɪs] *adj.* bewegungslos, regungslos, unbeweglich.

mo·tion| pic·ture *s.* Film *m*; **ˈ~-ˌpic·ture** *adj.* Film…: ***~ camera***; ***~ projector*** Filmprojektor *m*; **~ stud·y** *s.* Bewegungs-, Rationalisierungsstudie *f*; **~ ther·a·py** *s.* ⚕ Beˈwegungstheraˌpie *f.*

mo·ti·vate [ˈməʊtɪveɪt] *v/t.* **1.** motivieren: a) *et.* begründen, b *j-n* anregen, anspornen; **2.** *et.* anregen, herˈvorrufen; **mo·ti·va·tion** [ˌməʊtɪˈveɪʃn] *s.* **1.** Motivierung *f*: a) Begründung *f*, b) Motivatiˈon *f*, Ansporn *m*, Antrieb *m*: ***~ research*** Motivforschung *f*; **2.** Anregung *f.*

mo·tive [ˈməʊtɪv] **I** *s.* **1.** Moˈtiv *n*, Beweggrund *m*, Antrieb *m* (***for*** zu); **2.** → ***motif*** 1 *u.* 2; **II** *adj.* **3.** bewegend, treibend (*a. fig.*): ***~ power*** Triebkraft *f*; **III** *v/t.* **4.** *mst pass.* der Beweggrund sein von, veranlassen: ***an act ~d by hatred*** e-e vom Haß diktierte Tat.

mo·tiv·i·ty [məʊˈtɪvətɪ] *s.* Bewegungsfähigkeit *f*, -kraft *f.*

mot·ley [ˈmɒtlɪ] **I** *adj.* **1.** bunt (*a. fig. Menge etc.*), scheckig; **II** *s.* **2.** *hist.* Narrenkleid *n*; **3.** Kunterbunt *n.*

mo·tor [ˈməʊtə] **I** *s.* **1.** ⚙ (*bsd.* Eˈlektro-, Verbrennungs)Motor *m*; **2.** *fig.* treibende Kraft; **3.** *bsd. Brit.* a) Kraftwagen *m*, Auto *n*, b) Motorfahrzeug *n*; **4.** *anat.* a) Muskel *m*, b) mo'torischer Nerv; **II** *adj.* **5.** bewegend, (an)treibend; **6.** Motor...; **7.** Auto...; **8.** *anat.* mo'torisch; **III** *v/i.* **9.** *mot.* fahren; **IV** *v/t.* **10.** in e-m Kraftfahrzeug befördern; **~ ac·ci·dent** *s.* Autounfall *m*; **~ am·bu·lance** *s.* Krankenwagen *m*, Ambu'lanz *f*; **'~-as,sist·ed** *adj.*: **~ *bicycle*** a) Fahrrad *n* mit Hilfsmotor, b) Mofa *n*; **~ bi·cy·cle** → ***motorcycle***; **'~·bike** F *für* ***motorcycle***; **'~·boat** *s.* Motorboot *n*; **'~·bus** *s.* Autobus *m*; **'~·cade** [-keɪd] *s.* 'Autoko,lonne *f*; **'~·car** *s.* **1.** Kraftwagen *m*, Auto(mo'bil) *n*: **~ *industry*** Automobilindustrie *f*; **2.** 🚃 Triebwagen *m*; **~ car·a·van** *s.* *Brit.* 'Wohnmo,bil *n*; **~ coach** → ***coach*** 3; **~ court** → ***motel***; **'~,cy·cle I** *s.* Motorrad *n*; **II** *v/i.* a) Motorrad fahren, b) mit dem Motorrad fahren; **'~,cy·clist** *s.* Motorradfahrer(in); **'~-,driv·en** *adj.* mit Motorantrieb, Motor...; **'~·drome** [-drəʊm] *s.* Moto'drom *n*.

mo·tored ['məʊtəd] *adj.* ⚙ **1.** motorisiert, mit e-m Motor *od.* mit Mo'toren (versehen); **2.** ...motorig.

mo·tor| en·gine *s.* 'Kraftma,schine *f*; **~ fit·ter** *s.* Autoschlosser *m*; **~ home** 'Wohnmo,bil *n*.

mo·tor·ing ['məʊtərɪŋ] *s.* Autofahren *n*; Motorsport *m*: ***school of ~*** Fahrschule *f*; **'mo·tor·ist** [-ɪst] *s.* Kraft-, Autofahrer(in).

mo·tor·i·za·tion [,məʊtəraɪ'zeɪʃn] *s.* Motorisierung *f*; **mo·tor·ize** ['məʊtəraɪz] *v/t.* ⚙ *u.* ⚔ motorisieren: ***~d unit*** ⚔ (voll)motorisierte Einheit.

mo·tor launch *s.* 'Motorbar,kasse *f*.

mo·tor·less ['məʊtəlɪs] *adj.* motorlos: **~ *flight*** Segelflug *m*.

mo·tor| lor·ry *s.* *Brit.* Lastkraftwagen *m*; **'~·man** [-mən] *s.* [*irr.*] Wagenführer *m*; **~ me·chan·ic** *s.* 'Autome,chaniker *m*; **~ nerve** *s.* *anat.* mo'torischer Nerv, Bewegungsnerv *m*; **~ oil** *s.* Motoröl *n*; **~ pool** *s.* Fahrbereitschaft *f*; **~ road** *s.* Autostraße *f*; **~ scoot·er** *s.* Motorroller *m*; **~ ship** *s.* Motorschiff *n*; **~ show** *s.* Automo'bilausstellung *f*; **~ start·er** *s.* (Motor)Anlasser *m*; **~ tor·pe·do boat** *s.* ⚓, ⚔ Schnellboot *n*; **~ trac·tor** *s.* Traktor *m*, Schlepper *m*, 'Zugma,schine *f*; **~ truck** *s.* **1.** *bsd. Am.* Lastkraftwagen *m*; **2.** ⚡ E'lektrokarren *m*; **~ van** *s.* *Brit.* Lieferwagen *m*; **~ ve·hi·cle** *s.* Kraftfahrzeug *n*; **'~·way** *s.* *Brit.* Autobahn *f*.

mot·tle ['mɒtl] *v/t.* sprenkeln, marmorieren; **'mot·tled** [-ld] *adj.* gesprenkelt, gefleckt, bunt.

mot·to ['mɒtəʊ] *pl.* **-toes**, **-tos** *s.* Motto *n*, Wahl-, Sinnspruch *m*.

mou·jik ['mu:ʒɪk] → ***muzhik***.

mould[1] [məʊld] **I** *s.* **1.** ⚙ (Gieß-, Guß-) Form *f*: ***cast in the same ~*** *fig.* aus demselben Holz geschnitzt; **2.** (Körper-) Bau *m*, Gestalt *f*, (*äußere*) Form; **3.** Art *f*, Na'tur *f*, Cha'rakter *m*; **4.** ⚙ a) Hohlform *f*, b) Preßform *f*, c) Ko'kille *f*, Hartgußform *f*, d) Ma'trize *f*, e) ('Form)Mo,dell *n*, f) Gesenk *n*; **5.** ⚙ a) 'Gußmateri,al *n*, b) Guß(stück *n*) *m*; **6.** *Schiffbau*: Mall *n*; **7.** ⚠ a) Sims *m*, *n*, b) Leiste *f*, c) Hohlkehle *f*; **8.** *Küche*: Form *f* (*für Speisen*): ***jelly ~*** Puddingform; **9.** *geol.* Abdruck *m* (*Versteinerung*); **II** *v/t.* **10.** ⚙ gießen; (ab)formen, modellieren; pressen; *Holz* profilieren; ⚓ abmallen; **11.** formen (*a. fig. Charakter*), bilden, gestalten (***on*** nach dem Muster von); **III** *v/i.* **12.** Gestalt annehmen, sich formen.

mould[2] [məʊld] **I** *s.* **1.** Schimmel *m*, Moder *m*; **2.** ⚘ Schimmelpilz *m*; **II** *v/i.* **3.** schimm(e)lig werden, (ver)schimmeln.

mould[3] [məʊld] *s.* **1.** lockere Erde, Gartenerde *f*; **2.** Humus(boden) *m*.

mould·a·ble ['məʊldəbl] *adj.* (ver-) formbar, bildsam: **~ *material*** ⚙ Preßmasse *f*.

mould·er[1] ['məʊldə] *s.* **1.** ⚙ Former *m*, Gießer *m*; **2.** *fig.* Gestalter(in).

mould·er[2] ['məʊldə] *v/i.* *a.* **~ *away*** vermodern, (*zu Staub*) zerfallen.

mould·i·ness ['məʊldɪnɪs] *s.* Moder *m*, Schimm(e)ligkeit *f*; (*a. fig.*) Schalheit *f*; *fig. sl.* Fadheit *f*.

mould·ing ['məʊldɪŋ] *s.* **1.** Formen *n*, Formgebung *f*; **2.** Formgieße'rei *f*, -arbeit *f*; Modellieren *n*; **3.** Formstück *n*; Preßteil *n*; **4.** → ***mould***[1] 7; **~ board** *s.* **1.** Formbrett *n*; **2.** *Küche*: Kuchen-, Nudelbrett *n*; **~ clay** *s.* ⚙ Formerde *f*, -ton *m*; **~ ma·chine** *s.* **1.** *Holzbearbeitung*: 'Kehl(hobel)ma,schine *f*; **2.** *metall.* 'Formma,schine *f*; **3.** 'Spritzma,schine *f* (*für Spritzguß etc.*); **~ press** *s.* Formpresse *f*; **~ sand** *s.* Formsand *m*.

mould·y ['məʊldɪ] *adj.* **1.** schimm(e)lig; **2.** Schimmel..., schimmelartig: **~ *fungi*** Schimmelpilze; **3.** muffig, schal (*a. fig.*), *sl.* fad.

moult [məʊlt] *zo.* **I** *v/i.* (sich) mausern (*a. fig.*); sich häuten; **II** *v/t.* *Federn*, *Haut* abwerfen, verlieren; **III** *s.* Mauser(ung) *f*; Häutung *f*.

mound[1] [maʊnd] *s.* **1.** Erdwall *m*, -hügel *m*; **2.** Damm *m*; **3.** *Baseball*: Abwurfstelle *f*.

mound² [maʊnd] *s. hist.* Reichsapfel *m*.

mount¹ [maʊnt] **I** *v/t.* **1.** *Berg, Pferd, Barrikaden etc., fig. den Thron* besteigen; *Treppen* hin'aufgehen, ersteigen; *Fluß* hin'auffahren; **2.** beritten machen: *~ troops*; *~ed police* berittene Polizei; **3.** errichten; *a. Maschine* aufstellen, montieren (*a. phot., TV*); anbringen, einbauen, befestigen; *Papier, Bild* aufkleben, -ziehen; *Edelstein* fassen; *Messer etc.* mit e-m Griff versehen, stielen; ⚕ *Versuchsobjekt* präparieren; *Präparat im Mikroskop* fixieren; **4.** zs.-bauen, -stellen, arrangieren; *thea. Stück* inszenieren, *fig. a.* aufziehen; **5.** ⚔ a) *Geschütz* in Stellung bringen, b) *Posten* aufstellen; → *guard* 9; **6.** ⚓ bewaffnet sein mit, *Geschütz* führen; **II** *v/i.* **7.** (auf-, em'por-, hoch)steigen; **8.** *fig.* (an)wachsen, steigen, sich auftürmen (*bsd. Schulden, Schwierigkeiten etc.*): *~ing suspense* (*debts*) wachsende Spannung (Schulden); **9.** *oft ~ up* sich belaufen (*to* auf *acc.*); **III** *s.* **10.** Gestell *n*; ⚙ Ständer *m*, Halterung *f*, 'Untersatz *m*; Fassung *f*; (Wechsel)Rahmen *m*, Passepar'tout *n*; 'Aufziehkarˌton *m*; ⚔ (Ge'schütz)Laˌfette *f*; Ob'jektträger *m* (*Mikroskop*); **11.** Pferd *n*, Reittier *n*.

mount² [maʊnt] *s.* **1.** *poet.* a) Berg *m*, b) Hügel *m*; **2.** ♀ (*in Eigennamen*) Berg *m*: ♀ *Sinai*; ♀ *of Venus Handlesekunst f*: Venusberg *m*.

moun·tain ['maʊntɪn] **I** *s.* Berg *m* (*a. fig. von Arbeit etc.*); *pl.* Gebirge *n*: *make a ~ out of a molehill* aus e-r Mücke e-n Elefanten machen; **II** *adj.* Berg…, Gebirgs…: *~ artillery* Gebirgsartillerie *f*; *~ ash s. e-e* Eberesche *f*; *~ bike s.* Mountain bike *n*, Geländefahrrad *n*; *~ chain s.* Berg-, Gebirgskette *f*; *~ crys·tal s.* 'Bergkriˌstall *m*; *~ cock s.* Auerhahn *m*.

moun·tained ['maʊntɪnd] *adj.* bergig, gebirgig.

moun·tain·eer [ˌmaʊntɪ'nɪə] **I** *s.* **1.** Bergbewohner(in); **2.** Bergsteiger(in); **II** *v/i.* **3.** bergsteigen; ˌ**moun·tain'eer·ing** [-'nɪərɪŋ] **I** *s.* Bergsteigen *n*; **II** *adj.* bergsteigerisch; **moun·tain·ous** ['maʊntɪnəs] *adj.* **1.** bergig, gebirgig; **2.** Berg…, Gebirgs…; **3.** *fig.* riesig, gewaltig.

moun·tain| rail·way *s.* Bergbahn *f*; *~ range s.* Gebirgszug *m*, -kette *f*; *~ sick·ness s.* ⚕ Berg-, Höhenkrankheit *f*; '*~side s.* Berg(ab)hang *m*; *~ slide s.* Bergrutsch *m*; ♀ *State s. Am.* (*Beiname für*) a) Mon'tana *n*, b) West Vir'ginia *n* (*USA*); *~ troops s. pl.* Gebirgstruppen *pl.*; *~ wood s.* 'Holzasˌbest *m*.

moun·te·bank ['maʊntɪbæŋk] *s.* **1.** Quacksalber *m*; Marktschreier *m*; **2.** Scharlatan *m*.

mount·ing ['maʊntɪŋ] *s.* **1.** ⚙ a) Einbau *m*, Aufstellung *f*, Mon'tage *f* (*a. phot., TV etc.*), b) Gestell *n*, Rahmen *m*, c) Befestigung *f*, Aufhängung *f*, d) (Auf-)Lagerung *f*, e) Arma'tur *f*, f) (Ein)Fassung *f* (*Edelstein*), g) Ausstattung *f*, h) *pl.* Fenster-, Türbeschläge *pl.*, i) *pl.* Gewirre *n* (*an Türschlössern*), j) (*Weberei*) Geschirr *n*, Zeug *n*; **2.** ⚡ (Ver-)Schaltung *f*, Installati'on *f*; *~ brack·et s.* Befestigungsschelle *f*.

mourn [mɔːn] **I** *v/i.* **1.** trauern, klagen (*at, over* über *acc.*; *for, over* um); **2.** Trauer(kleidung) tragen, trauern; **II** *v/t.* **3.** *j-n* betrauern, *a. et.* beklagen, trauern um *j-n*; '**mourn·er** [-nə] *s.* Trauernde(r *m*) *f*, Leidtragende(r *m*) *f*; '**mourn·ful** [-fʊl] *adj.* □ trauervoll, traurig, düster, Trauer…

mourn·ing ['mɔːnɪŋ] **I** *s.* **1.** Trauer(n *n*) *f*; *national ~* Staatstrauer; **2.** Trauer(-kleidung) *f*: *in ~* in Trauer; *go into* (*out of*) *~* Trauer anlegen (die Trauer ablegen); **II** *adj.* □ **3.** trauernd; **4.** Trauer…: *~ band* Trauerband *n*, -flor *m*; *~ bor·der*, *~ edge s.* Trauerrand *m*; *~ pa·per s.* Pa'pier *n* mit Trauerrand.

mouse [maʊs] **I** *pl.* **mice** [maɪs] *s.* **1.** *zo., a. Computer*: Maus *f*: *~trap* Mausefalle *f* (*a. fig.*); **2.** ⚙ Zugleine *f* mit Gewicht; **3.** F Feigling *m*; **4.** *sl.* ‚blaues Auge', ‚Veilchen' *n*; **II** *v/i.* [maʊz] **5.** mausen, Mäuse fangen; '**~-ˌcol·o(u)red** *adj.* mausfarbig, -grau.

mous·tache [mə'stɑːʃ] *s.* Schnurrbart *m* (*a. zo.*).

mousse [muːs] *s.* Schaumspeise *f*.

mous·y ['maʊsɪ] *adj.* **1.** von Mäusen heimgesucht; **2.** mausartig; mausgrau; **3.** *fig.* grau, trüb; **4.** *fig.* leise; furchtsam; farblos; unscheinbar.

mouth [maʊθ] **I** *pl.* **mouths** [maʊðz] *s.* **1.** Mund *m*: *give ~* Laut geben, anschlagen (*Hund*); *by word* (*od. way*) *of ~* mündlich; *keep one's ~ shut* F den Mund halten; *shut s.o.'s ~* j-m den Mund stopfen; *stop s.o.'s ~* j-m (durch Bestechung) den Mund stopfen; *down in the ~* F niedergeschlagen, bedrückt; → *wrong* 2; **2.** Maul *n*, Schnauze *f*, Rachen *m* (*Tier*); **3.** Mündung *f* (*Fluß, Kanone etc.*); Öffnung *f* (*Flasche, Sack*); Ein-, Ausgang *m* (*Höhle, Röhre etc.*); Ein-, Ausfahrt *f* (*Hafen etc.*); ♪ → *mouthpiece* 1; **4.** ⚙ a) Mundloch *n*, b)

Schnauze *f*, c) Öffnung *f*, d) Gichtöffnung *f* (*Hochofen*), e) Abstichloch *n* (*Hoch-*, *Schmelzofen*); **II** *v/t.* [maʊð] **5.** (*bsd.* affek'tiert *od.* gespreizt) (aus-)sprechen; **6.** *Worte* (*unhörbar*) mit den Lippen formen; **7.** in den Mund *od.* ins Maul nehmen; **'mouth·ful** [-fʊl] *pl.* **-fuls** *s.* **1.** *ein* Mundvoll *m*, Brocken *m* (*a. fig. ellenlanges Wort*); **2.** kleine Menge; **3.** *sl.* großes Wort.

'mouth|-ˌor·gan *s.* ♪ **1.** 'Mundharˌmonika *f*; **2.** Panflöte *f*; **'~·piece** *s.* **1.** ♪ Mundstück *n*, Ansatz *m*; **2.** ⚙ a) Schalltrichter *m*, Sprechmuschel *f*, b) Mundstück *n* (*a. e-r Tabakspfeife od. Gasmaske*), Tülle *f*; **3.** *fig.* Sprachrohr *n* (*a. Person*); ⚖ *sl.* (Straf)Verteidiger *m*; **4.** Gebiß *n* (*Pferdezaum*); **5.** *Boxen*: Zahnschutz *m*; **ˌ~-to-'~ res·pi·ra·tion** *s.* ⚕ Mund-zu-Mund-Beatmung *f*; **'~·wash** *s.* Mundwasser *n*; **'~-ˌwa·ter·ing** *adj.* lecker.

mov·a·bil·i·ty [ˌmu:və'bɪlətɪ] *s.* Beweglichkeit *f*, Bewegbarkeit *f*.

mov·a·ble ['mu:vəbl] **I** *adj.* ☐ **1.** beweglich (*a.* ⚙; *a.* ⚖ *Eigentum*, *Feiertag*), bewegbar: **~ goods** → 5; **2.** a) verschiebbar, verstellbar, b) fahrbar; **3.** ♈ ortsveränderlich; **II** *s.* **4.** *pl.* Möbel *pl.*; **5.** *pl.* ⚖ Mo'bilien *pl.*, bewegliche Habe; **~ kid·ney** *s.* ⚕ Wanderniere *f*.

move [mu:v] **I** *v/t.* **1.** fortbewegen, -rükken, von der Stelle bewegen, verschieben; ⚔ *Einheit* verlegen: **~ up** a) *Truppen* heranbringen, b) *ped. Brit. Schüler* versetzen; F **~ it** Tempo!; **2.** entfernen, fortbringen, -schaffen; **3.** bewegen (*a. fig.*), in Bewegung setzen *od.* halten, (an)treiben: **~ on** vorwärtstreiben; **4.** *fig.* bewegen, rühren, ergreifen: **be ~d to tears** zu Tränen gerührt sein; **5.** *j-n* veranlassen, bewegen, hinreißen (**to** zu): **~ to anger** erzürnen; **6.** *Schach etc.*: e-n Zug machen mit, ziehen; **7.** *et.* beantragen, Antrag stellen auf (*acc.*), vorschlagen: **~ an amendment** *parl.* e-n Abänderungsantrag stellen; **8.** *Antrag* stellen, einbringen; **II** *v/i.* **9.** sich bewegen, sich rühren, sich regen; ⚙ laufen, in Gang sein (*Maschine etc.*); **10.** sich fortbewegen, gehen, fahren: **~ on** weitergehen: **~ with the times** *fig.* mit der Zeit gehen; **11.** sich entfernen, abziehen, abmarschieren; *wegen Wohnungswechsels* ('um)ziehen (**to** nach): **~ in** einziehen; **if ~d** falls verzogen; **12.** fortschreiten, weitergehen (*Vorgang*); **13.** verkehren, sich bewegen: **~ in good society**; **14.** a) vorgehen, Schritte unter'nehmen (**in s.th.** in e-r Sache, **against** gegen), b) *a.* **~ in** handeln, zupacken, losschlagen: **he ~d quickly**; **15. ~ for** beantragen, (e-n) Antrag stellen auf (*acc.*); **~ that** beantragen, daß; **16.** *Schach etc.*: e-n Zug machen, ziehen; **17.** ⚕ sich entleeren (*Darm*); **18. ~ up** ✝ anziehen, steigen (*Preise*); **III** *s.* **19.** (Fort)Bewegung *f*, Aufbruch *m*: **on the ~** in Bewegung, auf den Beinen; **get a ~ on!** *sl.* Tempo!, mach(t) schon!; **make a ~** a) aufbrechen, sich (von der Stelle) rühren, b) → 14 b; **20.** 'Umzug *m*; **21.** *Schach etc.*: Zug *m*; *fig.* Schritt *m*, Maßnahme *f*: **a clever ~** ein kluger Schachzug (*od.* Schritt); **make the first ~** den ersten Schritt tun; **'move·ment** [-mənt] *s.* **1.** Bewegung *f* (*a. fig.*, *pol.*, *eccl.*, *paint. etc.*); ⚔, ⚓ (Truppen- *od.* Flotten)Bewegung *f*: **~ by air** Lufttransport *m*; **2.** *mst pl.* Handeln *n*, Schritte *pl.*, Maßnahmen *pl.*; **3.** (rasche) Entwicklung, Fortschreiten *n* (*von Ereignissen, e-r Handlung*); **4.** Bestrebung *f*, Ten'denz *f*, (mo'derne) Richtung; **5.** ♪ a) Satz *m*: **a ~ of a sonata**, b) Tempo *n*; **6.** ⚙ a) Bewegung *f*, b) Lauf *m* (*Maschine*), c) Gang-, Gehwerk *n* (*der Uhr*), 'Antriebsmechaˌnismus *m*; **7.** *a.* **~ of the bowels** ⚕ Stuhlgang *m*; **8.** ✝ (Kurs-, Preis)Bewegung *f*; 'Umsatz *m* (*Börse*, *Markt*): **downward ~** Senkung *f*, Fallen *n*; **retrograde ~** rückläufige Bewegung; **upward ~** Steigen *n*, Aufwärtsbewegung *f* (*der Preise*); **'mov·er** [-və] *s.* **1.** *fig.* treibende Kraft, Triebkraft *f*, Antrieb *m* (*a. Person*); **2.** ⚙ Triebwerk *n*, Motor *m*; → **prime mover**; **3.** Antragsteller(in); **4.** *Am.* a) Spedi'teur *m*, b) (Möbel)Packer *m*.

mov·ie ['mu:vɪ] *Am.* F **I** *s.* **1.** Film(streifen) *m*; **2.** *pl.* a) Filmwesen *n*, b) Kino *n*, c) Kinovorstellung *f*: **go to the ~s** ins Kino gehen; **II** *adj.* **3.** Film..., Kino..., Lichtspiel...: **~ camera** Filmkamera *f*; **~ projector** Filmprojektor *m*; **~ star** Filmstar *m*; **'~-ˌgo·er** *s. Am.* F Kinobesucher(in).

mov·ing ['mu:vɪŋ] *adj.* ☐ **1.** beweglich, sich bewegend; **2.** bewegend, treibend: **~ power** treibende Kraft; **3.** a) rührend, bewegend, b) eindringlich, packend; **~ coil** *s.* ⚡ Drehspule *f*; **~ magnet** *s.* 'Drehmaˌgnet *m*; **~ pic·ture** F → **motion picture**; **~ stair·case** *s.* Rolltreppe *f*; **~ van** *s.* Möbelwagen *m*.

mow¹ [məʊ] **I** *v/t.* [*a. irr.*] (ab)mähen, schneiden: **~ down** niedermähen (*a. fig.*); **II** *v/i.* [*a. irr.*] mähen.

mow² [məʊ] *s.* **1.** Getreidegarbe *f*, Heuhaufen *m*; **2.** Heu-, Getreideboden *m*.

mow·er ['məʊə] *s.* **1.** Mäher(in), Schnitter(in); **2.** a) Rasenmäher *m*, b) → **'mow·ing-ma,chine** ['məʊɪŋ-] *s.* 'Mähma,schine *f*.

mown [məʊn] *p.p. von* ***mow***[1].

Mr, **Mr.** → ***mister*** 1.

Mrs, **Mrs.** ['mɪsɪz] *s.* Frau *f* (*Anrede für verheiratete Frauen*): ***Mrs Smith***.

Ms, **Ms.** [mɪz] *Anrede für Frauen ohne Berücksichtigung des Familienstandes*.

mu [mju:] *s.* My *n* (*griechischer Buchstabe*).

much [mʌtʃ] **I** *s.* **1.** Menge *f*, große Sache, Besondere(s) *n*: ***nothing ~*** nichts Besonderes; ***it did not come to ~*** es kam nicht viel dabei heraus; ***think ~ of s.o.*** viel von j-m halten; ***he is not ~ of a dancer*** er ist kein großer Tänzer; → ***make*** 21; **II** *adj.* **2.** viel: ***too ~*** zu viel; **III** *adv.* **3.** sehr: ***~ to my regret*** sehr zu m-m Bedauern; **4.** (*in Zssgn*) viel...: ***~-admired***; **5.** (*vor comp.*) viel, weit: ***~ stronger***; **6.** (*vor sup.*) bei weitem, weitaus: ***~ the oldest***; **7.** fast: ***he did it in ~ the same way*** er tat es auf ungefähr die gleiche Weise; ***it is ~ the same thing*** es ist ziemlich dasselbe; *Besondere Redewendungen*: ***~ as I would like*** so gern ich (auch) möchte; ***as ~ as*** so viel wie; ***he did not as ~ as write*** er schrieb nicht einmal; ***as ~ again*** noch einmal soviel; ***he said as ~*** das war (ungefähr) der Sinn s-r Worte; ***this is as ~ as to say*** das heißt mit anderen Worten; ***as ~ as to say*** als wenn er (*etc.*) sagen wollte; ***I thought as ~*** das habe ich mir gedacht; ***so ~*** a) so sehr, b) so viel, c) lauter, nichts als; ***so ~ the better*** um so besser; ***so ~ for our plans*** soviel (wäre also) zu unseren Plänen (zu sagen); ***not so ~ as*** nicht einmal; ***without so ~ as to move*** ohne sich auch nur zu bewegen; ***so ~ so*** (und zwar) so sehr; ***~ less*** a) viel weniger, b) geschweige denn; ***~ like a child*** ganz wie ein Kind.

much·ly ['mʌtʃlɪ] *adv. obs. od. humor.* sehr, viel, besonders; **'much·ness** [-tʃnɪs] *s.* große Menge: ***much of a ~*** F ziemlich *od.* praktisch dasselbe.

mu·ci·lage ['mju:sɪlɪdʒ] *s.* **1.** ⚘ (Pflanzen)Schleim *m*; **2.** *bsd. Am.* Klebstoff *m*, Gummilösung *f*; **mu·ci·lag·i·nous** [,mju:sɪ'lædʒɪnəs] *adj.* **1.** schleimig; **2.** klebrig.

muck [mʌk] **I** *s.* **1.** Mist *m*, Dung *m*; **2.** Kot *m*, Dreck *m*, Unrat *m*, Schmutz *m* (*a. fig.*); **3.** *Brit.* F Blödsinn *m*, ,Mist' *m*: ***make a ~ of*** → 6; **II** *v/t.* **4.** düngen; *a.* ***~ out*** ausmisten; **5.** *oft* ***~ up*** F beschmutzen; **6.** *sl.* verpfuschen, verhunzen, ,vermasseln'; **III** *v/i.* **7.** *mst* ***~ about*** *sl.* a) her'umlungern, b) her'umpfuschen (***with*** an *dat.*), c) her'umalbern; **8.** ***~ in*** F mit anpacken; **'muck·er** [-kə] *s.* **1.** *sl.* a) ,Blödmann' *m*, b) ,Kumpel' *m*; **2.** ⚒ Lader *m*: ***~'s car*** Minenhund *m*; **3.** *sl.* a) schwerer Sturz, b) *fig.* ,Reinfall' *m*: ***come a ~*** auf die ,Schnauze' fallen, *fig. a.* ,reinfallen'.

'muck|-hill *s.* Mist-, Dreckhaufen *m*; **'~·rake** *v/i. fig.* im Schmutz her'umwühlen; *Am. sl.* Skan'dale aufdecken; **'~,rak·er** *s. Am.* Skan'dalmacher *m*.

muck·y ['mʌkɪ] *adj.* schmutzig, dreckig (*a. fig.*).

mu·cous ['mju:kəs] *adj.* schleimig, Schleim...: ***~ membrane*** Schleimhaut *f*; **'mu·cus** [-kəs] *s. biol.* Schleim *m*.

mud [mʌd] *s.* **1.** Schlamm *m*, Matsch *m*: ***~ and snow tyres*** (*Am.* ***tires***) *mot.* Matsch-u.-Schnee-Reifen; **2.** Mo'rast *m*, Kot *m*, Schmutz *m* (*alle a. fig.*): ***drag in the ~*** *fig.* in den Schmutz ziehen; ***stick in the ~*** im Schlamm steckenbleiben, *fig.* aus dem Dreck nicht mehr herauskommen; ***sling*** (*od.* ***throw***) ***~ at s.o.*** *fig.* j-n mit Schmutz bewerfen; ***his name is ~ with me*** er ist für mich erledigt; ***~ in your eye!*** F prost!; → ***clear*** 1; **'~-bath** *s.* ⚕ Moor-, Schlammbad *n*.

mud·di·ness ['mʌdɪnɪs] *s.* **1.** Schlammigkeit *f*, Trübheit *f* (*a. des Lichts*); **2.** Schmutzigkeit *f*.

mud·dle ['mʌdl] **I** *s.* **1.** Durchein'ander *n*, Unordnung *f*, Wirrwarr *m*: ***make a ~ of s.th.*** et. durcheinanderbringen *od.* ,vermasseln'; ***get into a ~*** in Schwierigkeiten geraten; **2.** Verworrenheit *f*, Unklarheit *f*: ***be in a ~*** in Verwirrung *od.* verwirrt sein; **II** *v/t.* **3.** *Gedanken etc.* verwirren: ***~ up*** verwechseln, durcheinanderwerfen; **4.** in Unordnung bringen, durchein'anderbringen; **5.** ,benebeln' (*bsd. durch Alkohol*): ***~ one's brains*** sich benebeln; **6.** verpfuschen, verderben; **III** *v/i.* **7.** pfuschen, stümpern, ,wursteln': ***~ about*** herumwursteln (***with*** an *dat.*); ***~ on*** weiterwursteln; ***~ through*** sich durchwursteln; **'mud·dle·dom** [-dəm] *s. humor.* Durchein'ander *n*; **'mud·dle-,head·ed** *adj.* wirr (-köpfig), kon'fus; **'mud·dler** [-lə] *s.* **1.** j-d, der sich 'durchwurstelt; Wirrkopf *m*; Pfuscher *m*; **2.** *Am.* ('Um)Rührlöffel *m*.

mud·dy ['mʌdɪ] **I** *adj.* ☐ **1.** schlammig, trüb(e) (*a. Licht*); Schlamm...: ***~ soil***; **2.** schmutzig; **3.** *fig.* unklar, verworren, kon'fus; **4.** verschwommen (*Farbe*); **II** *v/t.* **5.** trüben; **6.** beschmutzen.

'**mud|·guard** *s.* **1.** a) *mot.* Kotflügel *m*, b) Schutzblech *n* (*Fahrrad*); **2.** ⚙ Schmutzfänger *m*; '**~·hole** *s.* **1.** Schlammloch *n*; **2.** ⚙ Schlammablaß *m*; '**~·lark** *s.* Gassenjunge *m*, Dreckspatz *m*; **~ pack** *s.* ⚕ Fangopackung *f*; '**~ˌsling·er** [-ˌslɪŋə] *s.* F Verleumder (-in); '**~ˌsling·ing** [-ˌslɪŋɪŋ] F **I** *s.* Beschmutzung *f*, Verleumdung *f*; **II** *adj.* verleumderisch.

muff [mʌf] **I** *s.* **1.** Muff *m*; **2.** F *sport. u. fig.* ‚Patzer' *m*; **3.** F ‚Flasche' *f*, Stümper *m*; **4.** ⚙ a) Stutzen *m*, b) Muffe *f*; **II** *v/t.* **5.** F *sport u. fig.* ‚verpatzen'; **III** *v/i.* **6.** F ‚patzen'.

muf·fin ['mʌfɪn] *s.* Muffin *n*: a) *Brit.* Hefeteigsemmel *f*, b) *Am. kleine süße Semmel*.

muf·fle ['mʌfl] **I** *v/t.* **1.** *oft* **~ *up*** einhüllen, einwickeln; *Ruder* um'wickeln; **2.** *Ton etc.* dämpfen (*a. fig.*); **II** *s.* **3.** *metall.* Muffel *f*: **~ *furnace*** Muffelofen *m*; **4.** ⚙ Flaschenzug *m*; '**muf·fler** [-lə] *s.* **1.** (dicker) Schal *m*, Halstuch *n*; **2.** ⚙ Schalldämpfer *m*; *mot.* Auspufftopf *m*; ♪ Dämpfer *m*.

muf·ti ['mʌftɪ] *s.* **1.** Mufti *m*; **2.** ⚔ Zi'vilkleidung *f*: ***in* ~** in Zivil.

mug [mʌg] **I** *s.* **1.** Krug *m*; **2.** Becher *m*; **3.** *sl.* a) Vi'sage *f*, Gesicht *n*: **~ *shot*** Kopfbild *n* (*bsd. für das Verbrecheralbum*), *Film etc.*: Großaufnahme *f*, b) ‚Fresse' *f*, Mund *m*, c) Gri'masse *f*; **4.** *Brit. sl.* a) Trottel *m*, b) Büffler *m*, Streber *m*; **5.** *Am. sl.* a) Boxer *m*, b) Ga'nove *m*; **II** *v/t.* **6.** *sl. bsd. Verbrecher* fotografieren; **7.** *sl.* über'fallen, niederschlagen u. ausrauben; **8.** *a.* **~ *up*** *Brit. sl.* ‚büffeln', ‚ochsen'; **III** *v/i.* **9.** *sl.* Gri'massen schneiden; **10.** *Am. sl.* ‚schmusen'; '**mug·ger** [-gə] *s. sl.* Straßenräuber *m*.

mug·gi·ness ['mʌgɪnɪs] *s.* **1.** Schwüle *f*; **2.** Muffigkeit *f*; '**mug·ging** [-gɪŋ] *s. sl.* 'Raubˌüberfall *m* (auf der Straße); **mug·gy** ['mʌgɪ] *adj.* **1.** schwül (*Wetter*); **2.** dumpfig, muffig.

'**mug·wort** *s.* ⚘ Beifuß *m*.

mug·wump ['mʌgwʌmp] *s. Am.* **1.** F ‚hohes Tier'; **2.** *pol. sl.* a) Unabhängige(r *m*) *f*, Einzelgänger(in), b) ‚Re'bell(in)', Abtrünnige(r *m*) *f*.

mu·lat·to [mju:'lætəʊ] **I** *pl.* **-toes** *s.* Mu'latte *m*, Mu'lattin *f*; **II** *adj.* Mulatten…

mul·ber·ry ['mʌlbərɪ] *s.* **1.** Maulbeerbaum *m*; **2.** Maulbeere *f*.

mulch [mʌltʃ] ⚒ **I** *s.* Mulch *m*; **II** *v/t.* mulchen.

mulct [mʌlkt] **I** *s.* **1.** Geldstrafe *f*; **II** *v/t.* **2.** mit e-r Geldstrafe belegen; **3.** a) *j-n* betrügen (***of*** um), b) *Geld etc.* ‚abknöpfen' (***from s.o.*** j-m).

mule [mju:l] *s.* **1.** *zo.* a) Maultier *n*, b) Maulesel *m*; **2.** *biol.* Bastard *m*, Hy'bride *f*; **3.** *fig.* sturer Kerl, Dickkopf *m*; **4.** ⚙ a) (Motor)Schlepper *m*, Traktor *m*, b) 'Förderlokomoˌtive *f*, c) 'Mule-(spinn)maˌschine *f* (*Spinnerei*); **5.** Pan'toffel *m*; '**mule-ˌjen·ny** → ***mule*** 4 c; **mule skin·ner**, *Am.* F **mu·le·teer** [ˌmju:lɪ'tɪə] *s.* Maultiertreiber *m*; **mule track** *s.* Saumpfad *m*.

mul·ish ['mju:lɪʃ] *adj.* □ störrisch, stur.

mull¹ [mʌl] **I** *v/t.* F verpatzen, verpfuschen; **II** *v/i.* **~ *over*** F *Am.* nachdenken, -grübeln über (*acc.*).

mull² [mʌl] *v/t. Getränk* heiß machen u. (süß) würzen: ***~ed wine*** Glühwein *m*.

mull³ [mʌl] *s.* (⚕ Verband)Mull *m*.

mull⁴ [mʌl] *s. Scot.* Vorgebirge *n*.

mul·la(h) ['mʌlə] *s. eccl.* Mulla *m*.

mul·le(i)n ['mʌlɪn] *s.* ⚘ Königskerze *f*, Wollkraut *n*.

mull·er ['mʌlə] *s.* ⚙ Reibstein *m*.

mul·let ['mʌlɪt] *s. ichth.* **1.** *a.* ***grey* ~** Meeräsche *f*; **2.** *a.* ***red* ~** Seebarbe *f*.

mul·li·gan ['mʌlɪgən] *s. Am.* F Eintopfgericht *n*.

mul·li·ga·taw·ny [ˌmʌlɪgə'tɔ:nɪ] *s.* Currysuppe *f*.

mul·li·grubs ['mʌlɪgrʌbz] *s. pl.* F **1.** Bauchweh *n*; **2.** miese Laune.

mul·lion ['mʌlɪən] *s.* ⚠ Mittelpfosten *m* (*Fenster etc.*).

mul·tan·gu·lar [mʌl'tæŋgjʊlə] *adj.* vielwink(e)lig, -eckig.

mul·te·i·ty [mʌl'ti:ətɪ] *s.* Vielheit *f*.

multi- [mʌltɪ] *in Zssgn*: viel…, mehr…, …reich, Mehrfach…, Multi…

mul·ti ['mʌltɪ] *s.* ✝ F ‚Multi' *m*.

'**mul·tiˌax·le drive** *s. mot.* Mehrachsenantrieb *m*; '**mul·tiˌcol·o(u)r**, '**mul·tiˌcol·o(u)red** *adj.* mehrfarbig, Mehrfarben…; ˌ**mul·ti'en·gine(d)** *adj.* 'mehrmoˌtorig.

mul·ti·far·i·ous [ˌmʌltɪ'feərɪəs] *adj.* □ mannigfaltig.

'**mul·ti·form** *adj.* vielförmig, -gestaltig; '**mul·ti·graph** *typ.* **I** *s.* Ver'vielfältigungsmaˌschine *f*; **II** *v/t. u. v/i.* vervielfältigen; '**mul·ti·grid tube** *s.* ⚡ Mehrgitterröhre *f*; ˌ**mul·ti'lat·er·al** *adj.* **1.** vielseitig (*a. fig.*); **2.** *pol.* mehrseitig, multilate'ral; ˌ**mul·ti'lin·gual** *adj.* mehrsprachig; ˌ**mul·ti'me·di·a** *s. pl.* Medienverbund *m*, Multi'media *pl.*; ˌ**mul·ti·mil·lion'aire** *s.* 'Multimillioˌnär *m*; ˌ**mul·ti'na·tion·al I** *adj. bsd.* ✝ multinatio'nal; **II** *s.* multinatio'naler Kon'zern, ‚Multi' *m*; **mul·tip·a·rous** [mʌl'tɪpərəs] *adj.* mehrgebärend; ˌ**mul·ti'par·tite** *adj.* **1.** vielteilig; **2.** → ***multilateral*** 2.

mul·ti·ple ['mʌltɪpl] **I** *adj.* □ **1.** viel-, mehrfach; **2.** mannigfaltig; **3.** *biol.*, ⚕, ⩚ mul'tipel; **4.** ⚙, ⚡ a) Mehr(fach)..., Vielfach...: ~ ***switch***, b) Parallel...; **5.** *ling.* zs.-gesetzt (*Satz*); **II** *s.* **6.** Vielfache(s) *n* (*a.* ⩚); **7.** *a.* ~ ***connection*** ⚡ Paral'lelschaltung *f*: ***in*** ~ parallel (geschaltet); ~ **birth** *s.* ⚕ Mehrlingsgeburt *f*; '~**-disk clutch** *s.* *mot.* La'mellenkupplung *f*; ~ **fac·tors** *s. pl.* *biol.* poly'mere Gene *pl.*; ˌ~**-'par·ty** *adj.* *pol.* Mehrparteien...: ~ ***system***; ~ **plug** *s.* ⚡ Mehrfachstecker *m*; ~ **pro·duc·tion** *s.* ✝ Serienherstellung *f*; ~ **root** *s.* ⩚ mehrwertige Wurzel; ~ **scle·ro·sis** *s.* ⚕ mul'tiple Skle'rose; ~ **shop** *s.*, ~ **store** *s.* ✝ Ketten-, Fili'algeschäft *n*; ~ **thread** *s.* ⚙ mehrgängiges Gewinde.

mul·ti·plex ['mʌltɪpleks] **I** *adj.* **1.** mehr-, vielfach; **2.** ⚡, *tel.* Mehrfach... (*-betrieb*, *-telegrafie etc.*); **II** *v/t.* **3.** ⚡, *tel.* a) in Mehrfachschaltung betreiben, b) gleichzeitig senden; '**mul·ti·pli·a·ble** [-plaɪəbl] *adj.* multiplizierbar; **mul·ti·pli·cand** [ˌmʌltɪplɪ'kænd] *s.* ⩚ Multipli'kand *m*; '**mul·ti·pli·cate** [-plɪkeɪt] *adj.* mehr-, vielfach; **mul·ti·pli·ca·tion** [ˌmʌltɪplɪ'keɪʃn] *s.* **1.** Vermehrung *f* (*a.* ⚘); **2.** ⩚ a) Multiplikati'on *f*: ~ ***sign*** Mal-, Multiplikationszeichen *n*; ~ ***table*** *das* Einmaleins, b) Vervielfachung *f*; **3.** ⚙ (Ge'triebe)Überˌsetzung *f*; **mul·ti·plic·i·ty** [ˌmʌltɪ'plɪsətɪ] *s.* **1.** Vielfalt *f*; **2.** Menge *f*, Vielzahl *f*, -heit *f*; **3.** ⩚ a) Mehr-, Vielwertigkeit *f*, b) Mehrfachheit *f*; '**mul·ti·pli·er** [-plaɪə] *s.* **1.** Vermehrer *m*; **2.** ⩚ a) Multipli'kator *m*, b) Multipli'ziermaˌschine *f*; **3.** *phys.* a) Verstärker *m*, b) Vergrößerungslinse *f*, Lupe *f*; **4.** ⚡ 'Vor- *od.* 'Nebenˌwiderstand *m*; **5.** ⚙ Über'setzung *f*; '**mul·ti·ply** [-plaɪ] **I** *v/t.* **1.** vermehren (*a. biol.*), vervielfältigen: ~***ing glass*** *opt.* Vergrößerungsglas *n*, -linse *f*; **2.** ⩚ multiplizieren (***by*** mit); **3.** ⚡ vielfachschalten; **II** *v/i.* **4.** multiplizieren; **5.** sich vermehren *od.* vervielfachen.

ˌ**mul·ti|'po·lar** *adj.* ⚡ viel-, mehrpolig; ˌ~**-'pur·pose** *adj.* Mehrzweck...: ~ ***aircraft***; ˌ~**'ra·cial** *adj.* gemischtrassig, Vielvölker...: ~ ***state***; '~ˌ**seat·er** *s.* ✈ Mehrsitzer *m*; '~**-speed** *adj.* ⚙ Mehrgang...; '~**-stage** *adj.* ⚙, ⚡ mehrstufig, Mehrstufen...: ~ ***rocket***; ˌ~**-'sto·r(e)y** *adj.* vielstöckig: ~ ***building*** Hochhaus *n*; ~ ***parking garage***, ~ ***car park*** Park(hoch)haus *n*.

mul·ti·tude ['mʌltɪtjuːd] *s.* **1.** große Zahl, Menge *f*; **2.** Vielheit *f*; **3.** Menschenmenge *f*: ***the*** ~ der große Haufen, die Masse; **mul·ti·tu·di·nous** [ˌmʌltɪ'tjuːdɪnəs] *adj.* □ **1.** (sehr) zahlreich; **2.** mannigfaltig, vielfältig.

ˌ**mul·ti|'va·lent** *adj.* ⚗ mehr-, vielwertig; '~**-way** *adj.* ⚡ mehrwegig: ~ ***plug*** Vielfachstecker *m*.

mum¹ [mʌm] F **I** *int.* pst!, still!; ~***'s the word!*** (aber) Mund halten!; **II** *adj.* still, stumm.

mum² [mʌm] *v/i.* **1.** sich vermummen; **2.** Mummenschanz treiben.

mum³ [mʌm] *s.* F Mami *f*.

mum·ble ['mʌmbl] **I** *v/t. u. v/i.* **1.** murmeln; **2.** mummeln, knabbern; **II** *s.* **3.** Gemurmel *n*.

Mum·bo Jum·bo [ˌmʌmbəʊ 'dʒʌmbəʊ] *s.* **1.** Popanz *m*; **2.** ♀ a) Hokus'pokus *m*, fauler Zauber, b) Kauderwelsch *n*.

mum·mer ['mʌmə] *s.* **1.** Vermummte(r *m*) *f*, Maske *f* (*Person*); **2.** *contp.* Komödi'ant *m*; '**mum·mer·y** [-ərɪ] *s.* **1.** *contp.* Mummenschanz *m*, Maske'rade *f*; **2.** Hokus'pokus *m*.

mum·mi·fi·ca·tion [ˌmʌmɪfɪ'keɪʃn] *s.* **1.** Mumifizierung *f*; **2.** ⚕ trockener Brand; **mum·mi·fy** ['mʌmɪfaɪ] **I** *v/t.* mumifizieren; **II** *v/i.* *a. fig.* vertrocknen, -dorren.

mum·my¹ ['mʌmɪ] *s.* **1.** Mumie *f* (*a. fig.*); **2.** Brei *m*, breiige Masse.

mum·my² ['mʌmɪ] *s.* F Mutti *f*.

mump [mʌmp] *v/i.* **1.** schmollen, schlecht gelaunt sein; **2.** F schnorren, betteln; '**mump·ish** [-pɪʃ] *adj.* □ mürrisch.

mumps [mʌmps] *s. pl.* **1.** *sg. konstr.* ⚕ Mumps *m*; **2.** miese Laune.

munch [mʌntʃ] *v/t. u. v/i.* schmatzend kauen, ‚mampfen'.

Mun·chau·sen·ism [mʌn'tʃɔːznɪzəm] Münchhausi'ade *f*, phan'tastische Geschichte.

mun·dane ['mʌndeɪn] *adj.* □ **1.** weltlich, Welt...; **2.** irdisch, weltlich: ~ ***poetry*** weltliche Dichtung; **3.** pro'saisch, nüchtern.

mu·nic·i·pal [mjuː'nɪsɪpl] *adj.* □ **1.** städtisch, Stadt...; kommu'nal, Gemeinde...: ~ ***elections*** Kommunalwahlen; **2.** Selbstverwaltungs...: ~ ***town*** → ***municipality*** 1; **3.** Land(es)...: ~ ***law*** Landesrecht *n*; ~ **bank** *s.* ✝ Kommu'nalbank *f*; ~ **bonds** *s. pl.* ✝ Kommu'nalobligatiˌonen *pl.*, Stadtanleihen *pl.*; ~ **cor·po·ra·tion** *s.* **1.** Gemeindebehörde *f*; **2.** Körperschaft *f* des öffentlichen Rechts.

mu·nic·i·pal·i·ty [mjuːˌnɪsɪˈpælətɪ] *s.* **1.** Stadt *f* mit Selbstverwaltung; Stadtbezirk *m*; **2.** Stadtbehörde *f*, -verwaltung *f*; **mu·nic·i·pal·ize** [mjuːˈnɪsɪpəlaɪz] *v/t.* **1.** *Stadt* mit Obrigkeitsgewalt ausstatten; **2.** *Betrieb etc.* kommunalisieren.

mu·nic·i·pal| loan *s.* Kommuˈnalanleihe *f*; **~ rates, ~ tax·es** *s. pl.* Gemeindesteuern *pl.*, -abgaben *pl.*

mu·nif·i·cence [mjuːˈnɪfɪsns] *s.* Freigebigkeit *f*, Großzügigkeit *f*; **muˈnif·i·cent** [-nt] *adj.* □ freigebig, großzügig.

mu·ni·ment [ˈmjuːnɪmənt] *s.* **1.** *pl.* ⚖ Rechtsurkunde *f*; **2.** Urkundensammlung *f*, Arˈchiv *n*.

mu·ni·tion [mjuːˈnɪʃn] **I** *s. mst pl.* ˈKriegsmateriˌal *n*, -vorräte *pl.*, *bsd.* Munitiˈon *f*: **~ *plant*** Rüstungsfabrik *f*; **~ *worker*** Munitionsarbeiter(in); **II** *v/t.* mit Materiˈal *od.* Munitiˈon versehen, ausrüsten.

mu·ral [ˈmjʊərəl] **I** *adj.* Mauer…, Wand…; **II** *s. a.* **~ *painting*** Wandgemälde *n*.

mur·der [ˈmɜːdə] **I** *s.* **1.** (***of***) Mord *m* (an *dat.*), Ermordung *f* (*gen.*): **~ *will out*** *fig.* die Sonne bringt es an den Tag; ***the ~ is out*** *fig.* das Geheimnis ist gelüftet; ***cry blue ~*** F zetermordio schreien; ***get away with ~*** F sich alles erlauben können; ***it was ~!*** F es war fürchterlich!; **II** *v/t.* **2.** (er)morden; **3.** *fig.* (*a. Sprache*) verschandeln, verhunzen; **4.** *sport* F ‚auseinˈandernehmen'; **ˈmur·der·er** [-ərə] *s.* Mörder *m*; **ˈmur·der·ess** [-ərɪs] *s.* Mörderin *f*; **ˈmur·der·ous** [-dərəs] *adj.* □ **1.** mörderisch (*a. fig. Hitze, Tempo etc.*); **2.** Mord…: **~ *intent***; **3.** tödlich, todbringend; **4.** blutdürstig; **mur·der squad** *s. Brit.* ˈMordkommissiˌon *f*.

mure [mjʊə] *v/t.* **1.** einmauern; **2.** *mst* **~ *up*** einsperren.

mu·ri·ate [ˈmjʊərɪət] *s.* ⚗ **1.** Muriˈat *n*, Hydrochloˈrid *n*; **2.** ˈKaliumchloˌrid *n*; **mu·ri·at·ic** [ˌmjʊərɪˈætɪk] *adj.* salzsauer: **~ *acid*** Salzsäure *f*.

murk·y [ˈmɜːkɪ] *adj.* □ dunkel, düster, trüb (*alle a. fig.*).

mur·mur [ˈmɜːmə] **I** *s.* **1.** Murmeln *n*, (leises) Rauschen (*Wasser, Wind etc.*); **2.** Gemurmel *n*; **3.** Murren *n*: ***without a ~*** ohne zu murren; **4.** ⚕ Geräusch *n*; **II** *v/i.* **5.** murmeln (*a. Wasser etc.*); **6.** murren (***at, against*** gegen); **III** *v/t.* **7.** murmeln; **ˈmur·mur·ous** [-mərəs] *adj.* □ **1.** murmelnd; **2.** murrend.

mur·rain [ˈmʌrɪn] *s.* Viehseuche *f*.

mus·ca·dine [ˈmʌskədɪn], **ˈmus·cat** [-kət], **mus·ca·tel** [ˌmʌskəˈtel] *s.* Muskaˈteller(wein) *m*, -traube *f*.

mus·cle [ˈmʌsl] **I** *s.* **1.** *anat.* Muskel *m*, Muskelfleisch *n*: ***not to move a ~*** *fig.* sich nicht rühren, nicht mit der Wimper zucken; **2.** *fig. a.* **~ *power*** Muskelkraft *f*; **3.** *Am. sl.* Muskelprotz *m*, ‚Schläger' *m*; **4.** *fig.* F Macht *f*, Einfluß *m*, ‚Muskeln' *pl.*; **II** *v/i.* **5.** **~ *in*** *bsd. Am.* F sich rücksichtslos eindrängen; **ˈ~-bound** *adj.*: ***be ~*** eine überentwickelte Muskulatur haben; **~ man** [mæn] *s.* **1.** ˈMuskelpaˌket *n*, -mann *m*; **2.** ‚Schläger' *m*.

Mus·co·vite [ˈmʌskəʊvaɪt] **I** *s.* **1.** a) Moskoˈwiter(in), b) Russe *m*, Russin *f*; **2.** ♀ *min.* Muskoˈwit *m*, Kaliglimmer *m*; **II** *adj.* **3.** a) moskoˈwitisch, b) russisch.

mus·cu·lar [ˈmʌskjʊlə] *adj.* □ **1.** Muskel…: **~ *atrophy*** Muskelschwund *m*; **2.** muskuˈlös; **mus·cu·lar·i·ty** [ˌmʌskjʊˈlærətɪ] *s.* Muskelkraft *f*, muskuˈlöser Körperbau; **ˈmus·cu·la·ture** [-lətʃə] *s. anat.* Muskulaˈtur *f*.

Muse[1] [mjuːz] *s. myth.* Muse *f* (*fig. a.* ♀).

muse[2] [mjuːz] *v/i.* **1.** (nach)sinnen, (-)denken, (-)grübeln (***on, upon*** über *acc.*); **2.** in Gedanken versunken sein, träumen; **ˈmus·er** [-zə] *s.* Träumer(in), Sinnende(r *m*) *f*.

mu·se·um [mjuːˈzɪəm] *s.* Muˈseum *n*: **~ *piece*** Museumsstück *n* (*a. fig.*).

mush[1] [mʌʃ] *s.* **1.** Brei *m*, Mus *n*; **2.** *Am.* (Mais)Brei *m*; **3.** F a) Gefühlsduseˈlei *f*, b) sentimenˈtales Zeug; **4.** *Radio*: Knistergeräusch *n*: **~ *area*** Störgebiet *n*.

mush[2] [mʌʃ] *v/i. Am.* **1.** durch den Schnee stapfen; **2.** mit Hundeschlitten fahren.

mush·room [ˈmʌʃrʊm] **I** *s.* **1.** ⚘ a) Ständerpilz *m*, b) *allg.* eßbarer Pilz, *bsd.* Champignon *m*: ***grow like ~s*** → 6 a; **2.** *fig.* Emˈporkömmling *m*; **II** *adj.* **3.** Pilz…; pilzförmig: **~ *bulb*** ⚡ Pilzbirne *f*; **~ *cloud*** Atompilz *m*; **4.** plötzlich entstanden; Eintags…: **~ *fame***; **III** *v/i.* **5.** Pilze sammeln; **6.** *fig.* a) wie Pilze aus dem Boden schießen, b) sich ausbreiten (*Flammen*); **IV** *v/t.* **7.** F *Zigarette* ausdrücken.

mush·y [ˈmʌʃɪ] *adj.* □ **1.** breiig, weich; **2.** *fig.* a) weichlich, b) F gefühlsduselig.

mu·sic [ˈmjuːzɪk] *s.* **1.** Muˈsik *f*, Tonkunst *f*; *konkr.* Kompositiˈon(en *pl. coll.*) *f*: ***face the ~*** F ‚die Suppe auslöffeln'; ***set to ~*** vertonen; **2.** Noten(blatt *n*) *pl.*: ***play from ~*** vom Blatt spielen; **3.** *coll.* Musiˈkalien *pl.*: **~ *shop*** → ***mu-***

sic house; **4.** *fig.* Mu'sik *f*, Wohllaut *m*, Gesang *m*; **5.** (Mu'sik)Ka͵pelle *f*.

mu·si·cal ['mju:zɪkl] **I** *adj.* □ **1.** Musik...: **~ *history*; ~ *instrument*; 2.** me'lodisch; **3.** musi'kalisch (*Person*, *Komödie etc.*); **II** *s.* **4.** Musical *n*; **5.** F *für* ***musical film***; **~ art** *s.* (Kunst *f* der) Mu'sik *f*, Tonkunst *f*; **~ box** *s. Brit.* Spieldose *f*; **~ chairs** *s. pl.* ‚Reise *f* nach Je'rusalem' (*Gesellschaftsspiel*); **~ clock** *s.* Spieluhr *f*; **~ film** *s.* Mu'sikfilm *m*; **~ glass·es** *s. pl.* ♪ 'Glashar͵monika *f*.

mu·si·cal·i·ty [͵mju:zɪ'kælətɪ], **mu·si·cal·ness** ['mju:zɪklnɪs] *s.* **1.** Musikali'tät *f*; **2.** Wohlklang *m*.

'mu·sic|-ap͵pre·ci'a·tion rec·ord *s.* Schallplatte *f* mit mu'sikkundlichem Kommen'tar; **~ book** *s.* Notenheft *n*, -buch *n*; **~ box** *s.* **1.** Spieldose *f*; **2.** → ***jukebox***; **~ hall** *s. Brit.* Varie'té(the͵ater) *n*; **~ house** *s.* Musi'kalienhandlung *f*.

mu·si·cian [mju:'zɪʃn] *s.* **1.** (*bsd.* Berufs)Musiker(in): ***be a good ~*** a) gut spielen *od.* singen, b) sehr musikalisch sein; **2.** Musi'kant *m*.

mu·si·col·o·gy [͵mju:zɪ'kɒlədʒɪ] *s.* Mu'sikwissenschaft *f*.

mu·sic| pa·per *s.* 'Notenpa͵pier *n*; **~ rack, ~ stand** *s.* Notenständer *m*; **~ stool** *s.* Kla'vierstuhl *m*.

mus·ing ['mju:zɪŋ] **I** *s.* **1.** Sinnen *n*, Grübeln *n*, Nachdenken *n*; **2.** *pl.* Träume'reien *pl.*; **II** *adj.* □ **3.** nachdenklich, sinnend, in Gedanken (versunken).

musk [mʌsk] *s.* **1.** *zo.* Moschus *m* (*a. Geruch*), Bisam *m*; **2.** → ***musk deer***; **3.** Moschuspflanze *f*; **~ bag** *s. zo.* Moschusbeutel *m*; **~ deer** *s. zo.* Moschustier *n*.

mus·ket ['mʌskɪt] *s.* ⚔ *hist.* Mus'kete *f*, Flinte *f*; **mus·ket·eer** [͵mʌskɪ'tɪə] *s. hist.* Muske'tier *m*; **'mus·ket·ry** [-trɪ] *s.* **1.** *hist. coll.* a) Mus'keten *pl.*, b) Muske'tiere *pl.*; **2.** *hist.* Mus'ketenschießen *n*; **3.** ⚔ 'Schieß͵unterricht *m*: **~ *manual*** Schießvorschrift *f*.

musk| ox *s. zo.* Moschusochse *m*; **'~-rat** *s. zo.* Bisamratte *f*; **~ rose** *s.* ⚘ Moschusrose *f*.

musk·y ['mʌskɪ] *adj.* □ **1.** nach Moschus riechend; **2.** Moschus...

Mus·lim ['mʊslɪm] → ***Moslem***.

mus·lin ['mʌzlɪn] *s.* Musse'lin *m*.

mus·quash ['mʌskwɒʃ] → ***muskrat***.

muss [mʌs] *bsd. Am.* F **I** *s.* Durchein'ander *n*, Unordnung *f*; **II** *v/t. oft* **~ *up*** durchein'anderbringen, in Unordnung bringen, *Haar* verwuscheln.

mus·sel ['mʌsl] *s.* Muschel *f*.

Mus·sul·man ['mʌslmən] **I** *pl.* **-mans**, *a.* **-men** [-mən] *s.* Muselman(n) *m*; **II** *adj.* muselmanisch.

muss·y ['mʌsɪ] *adj. Am.* F unordentlich; verknittert; schmutzig.

must[1] [mʌst] **I** *v/aux.* **1.** *pres.* muß, mußt, müssen, müßt: ***I ~ go now*** ich muß jetzt gehen; ***he ~ be over eighty*** er muß über achtzig (Jahre alt) sein; **2.** *neg.* darf, darfst, dürfen, dürft: ***you ~ not smoke here*** du darfst hier nicht rauchen; **3.** *pret.* a) mußte, mußtest, mußten, mußtet: ***it was too late now, he ~ go on***; ***just as I was busiest, he ~ come*** gerade als ich am meisten zu tun hatte, mußte er kommen, b) *neg.* durfte, durftest, durften, durftet; **II** *adj.* **4.** unerläßlich, abso'lut notwendig: ***a ~ book*** ein Buch, das man (unbedingt) gelesen haben muß; **III** *s.* **5.** Muß *n*: ***it is a ~*** es ist unerläßlich *od.* unbedingt erforderlich (→ *a.* 4).

must[2] [mʌst] *s.* Most *m*.

must[3] [mʌst] *s.* **1.** Moder *m*, Schimmel *m*; **2.** Modrigkeit *f*.

mus·tache [mə'stɑ:ʃ; *Am.* 'mʌstæʃ] *Am.* → ***moustache***.

mus·tang ['mʌstæŋ] *s.* **1.** *zo.* Mustang *m* (*halbwildes Präriepferd*); **2.** ⚓ ✈ Mustang *m* (*amer. Jagdflugzeug im 2. Weltkrieg*).

mus·tard ['mʌstəd] *s.* **1.** Senf *m*, Mostrich *m*; → ***keen***[1] 13; **2.** ⚘ Senf *m*; **3.** *Am. sl.* a) ‚Mordskerl' *m*, b) ‚tolle' Sache, c) ‚Pfeffer' *m*, Schwung *m*; **~ gas** *s.* ⚔ Senfgas *n*, Gelbkreuz *n*; **~ plas·ter** *s.* ⚕ Senfpflaster *n*; **~ poul·tice** *s.* ⚕ Senfpackung *f*; **~ seed** *s.* **1.** ⚘ Senfsame *m*: ***grain of ~*** *bibl.* Senfkorn *n*; **2.** *hunt.* Vogelschrot *m*, *n*.

mus·ter ['mʌstə] **I** *v/t.* **1.** ⚔ a) (zum Ap'pell) antreten lassen, mustern, b) aufbieten: **~ *in*** (***out***) *Am.* einziehen (entlassen, ausmustern); **2.** zs.-bringen, auftreiben; **3.** *a.* **~ *up*** *fig.* aufbieten, *s-e Kraft* zs.-nehmen, *Mut* fassen; **II** *v/i.* **4.** sich versammeln, ⚔ *a.* antreten; **III** *s.* **5.** ⚔ Ap'pell *m*, Pa'rade *f*; Musterung *f*: ***pass ~*** *fig.* durchgehen, Billigung finden (***with*** bei); **6.** ⚔ → ***muster roll*** 2; **7.** Versammlung *f*; **8.** Aufgebot *n*; **~ book** *s.* ⚔ Stammrollenbuch *n*; **~ roll** *s.* **1.** ⚓ Musterrolle *f*; **2.** ⚔ Stammrolle *f*.

mus·ti·ness ['mʌstɪnɪs] *s.* **1.** Muffigkeit *f*, Modrigkeit *f*; **2.** *fig.* Verstaubtheit *f*; **mus·ty** ['mʌstɪ] *adj.* □ **1.** muffig; **2.** mod(e)rig; **3.** schal (*a. fig.*); **4.** *fig.* verstaubt.

mu·ta·bil·i·ty [ˌmjuːtəˈbɪlətɪ] *s.* **1.** Veränderlichkeit *f*; **2.** *fig.* Unbeständigkeit *f*; **3.** *biol.* Mutatiˈonsfähigkeit *f*; **mu·ta·ble** [ˈmjuːtəbl] *adj.* □ **1.** veränderlich; **2.** *fig.* unbeständig; **3.** *biol.* mutatiˈonsfähig; **mu·tant** [ˈmjuːtənt] *biol.* **I** *adj.* **1.** mutierend; **2.** mutatiˈonsbedingt; **II** *s.* **3.** Variˈante *f*, Muˈtant *m*; **mu·tate** [mjuːˈteɪt] **I** *v/t.* **1.** verändern; **2.** *ling.* ˈumlauten: **~*d vowel*** Umlaut *m*; **II** *v/i.* **3.** sich ändern; **4.** *ling.* ˈumlauten; **5.** *biol.* mutieren; **mu·ta·tion** [mjuːˈteɪʃn] *s.* **1.** (Ver)Änderung *f*; **2.** ˈUmwandlung *f*: **~ *of energy*** *phys.* Energieumformung *f*; **3.** *biol.* a) Mutatiˈon *f* (*a.* ♪), b) Mutatiˈonsproˌdukt *n*; **4.** *ling.* ˈUmlaut *m*.

mute [mjuːt] **I** *adj.* □ **1.** stumm (*a. ling.*), *weitS. a.* still, schweigend: **~ *sound*** *ling.* Verschlußlaut *m*; **II** *s.* **2.** Stumme(r *m*) *f*; **3.** *thea.* Staˈtist(in); **4.** ♪ Dämpfer *m*; **5.** *ling.* a) stummer Buchstabe, b) Verschlußlaut *m*; **III** *v/t.* **6.** ♪ *Instrument* dämpfen.

mu·ti·late [ˈmjuːtɪleɪt] *v/t.* verstümmeln (*a. fig.*); **mu·ti·la·tion** [ˌmjuːtɪˈleɪʃn] *s.* Verstümmelung *f*.

mu·ti·neer [ˌmjuːtɪˈnɪə] **I** *s.* Meuterer *m*; **II** *v/i.* meutern; **mu·ti·nous** [ˈmjuːtɪnəs] *adj.* □ **1.** meuterisch; **2.** aufrührerisch, reˈbellisch (*a. fig.*); **mu·ti·ny** [ˈmjuːtɪnɪ] **I** *s.* **1.** Meuteˈrei *f*; **2.** Auflehnung *f*, Rebelliˈon *f*; **II** *v/i.* **3.** meutern.

mut·ism [ˈmjuːtɪzəm] *s.* (Taub)Stummheit *f*.

mutt [mʌt] *s. Am. sl.* **1.** Trottel *m*, Schafskopf *m*; **2.** Köter *m*, Hund *m*.

mut·ter [ˈmʌtə] **I** *v/i.* **1.** (*a. v/t. et.*) murmeln: **~ *to o.s.*** vor sich hinmurmeln; **2.** murren (***at*** über *acc.*; ***against*** gegen); **II** *s.* **3.** Gemurmel *n*; **4.** Murren *n*.

mut·ton [ˈmʌtn] *s.* Hammelfleisch *n*: ***leg of* ~** Hammelkeule *f*; → ***dead*** 1; **~ chop** *s.* **1.** ˈHammelkoteˌlett *n*; **2.** *pl.* Koteˈletten *pl.* (*Backenbart*); **ˈ~·head** *s.* F ‚Schafskopf' *m*.

mu·tu·al [ˈmjuːtʃʊəl] *adj.* □ **1.** gegen-, wechselseitig: **~ *aid*** gegenseitige Hilfe; **~ *building association*** Baugenossenschaft *f*; ***by* ~ *consent*** in gegenseitigem Einvernehmen; **~ *contributory negligence*** ⚖ beiderseitiges Verschulden; **~ *improvement society*** Fortbildungsverein *m*; **~ *insurance*** ✝ Versicherung *f* auf Gegenseitigkeit; **~ *investment trust***, **~ *fund*** *Am.* Investmentfonds *m*; **~ *will*** ⚖ gegenseitiges Testament; ***it's* ~** *iro.* es beruht auf Gegenseitigkeit; **2.** gemeinsam: ***our* ~ *friends***; **mu·tu·al·i·ty** [ˌmjuːtjʊˈælətɪ] *s.* Gegenseitigkeit *f*.

mu·zhik, **mu·zjik** [ˈmuːʒɪk] *s.* Muschik *m*, russischer Bauer.

muz·zle [ˈmʌzl] **I** *s.* **1.** Maul *n*, Schnauze *f* (*Tier*); **2.** Maulkorb *m*; **3.** Mündung *f* *e-r Feuerwaffe*; **4.** ⚙ Mündung *f*; Tülle *f*; **II** *v/t.* **5.** e-n Maulkorb anlegen (*dat.*); *fig. a. Presse etc.* knebeln, mundtot machen, den Mund stopfen (*dat.*); **~ brake** *s.* ⚔ Mündungsbremse *f*; **~ burst** *s.* ⚔ Mündungskrepierer *m*; **ˈ~-ˌload·er** *s.* ⚔ *hist.* Vorderlader *m*; **~ ve·loc·i·ty** *s. Ballistik*: Mündungs-, Anfangsgeschwindigkeit *f*.

muz·zy [ˈmʌzɪ] *adj.* □ F **1.** zerstreut, verwirrt; **2.** dus(e)lig; **3.** stumpfsinnig.

my [maɪ] *poss. pron.* mein(e): ***I must wash* ~ *face*** ich muß mir das Gesicht waschen; (***oh***) **~*!*** F (du) meine Güte!

my·al·gi·a [maɪˈældʒɪə] *s.* ⚕ ˈMuskelrheuma(ˌtismus *m*) *n*.

my·col·o·gy [maɪˈkɒlədʒɪ] *s.* ⚘ **1.** Pilzkunde *f*, Mykoloˈgie *f*; **2.** Pilzflora *f*, Pilze *pl.* (*e-s Gebiets*).

my·cose [ˈmaɪkəʊs] *s.* ⚗ Myˈkose *f*.

my·co·sis [maɪˈkəʊsɪs] *s.* ⚕ Pilzkrankheit *f*, Myˈkose *f*.

my·e·li·tis [ˌmaɪəˈlaɪtɪs] *s.* Myeˈlitis *f*: a) Rückenmarksentzündung *f*, b) Knochenmarksentzündung *f*; **my·e·lon** [ˈmaɪəlɒn] *s.* Rückenmark *n*.

my·o·car·di·o·gram [ˌmaɪəʊˈkɑːdɪəʊgræm] *s.* ⚕ Eˌlektrokardioˈgramm *n*; **ˌmy·oˈcar·di·o·graph** [-grɑːf] *s.* ⚕ Eˌlektrokardioˈgraph *m*, EKˈG-Appaˌrat *m*; **my·o·car·di·tis** [ˌmaɪəʊkɑːˈdaɪtɪs] *s.* Herzmuskelentzündung *f*.

my·ol·o·gy [maɪˈɒlədʒɪ] *s.* Myoloˈgie *f*, Muskelkunde *f*, -lehre *f*.

my·o·ma [maɪˈəʊmə] *s.* ⚕ Myˈom *n*.

my·ope [ˈmaɪəʊp] *s.* ⚕ Kurzsichtige(r *m*) *f*; **my·o·pi·a** [maɪˈəʊpjə] *s.* ⚕ Kurzsichtigkeit *f* (*a. fig.*); **my·op·ic** [maɪˈɒpɪk] *adj.* kurzsichtig; **my·o·py** [ˈmaɪəpɪ] → ***myopia***.

myr·i·ad [ˈmɪrɪəd] **I** *s.* Myriˈade *f*; *fig. a.* Unzahl *f*; **II** *adj.* unzählig.

myr·mi·don [ˈmɜːmɪdən] *s.* Scherge *m*, Häscher *m*; Helfershelfer *m*: **~ *of law*** Hüter *m* des Gesetzes.

myrrh [mɜː] *s.* ⚘ Myrrhe *f*.

myr·tle [ˈmɜːtl] *s.* ⚘ **1.** Myrthe *f*; **2.** *Am.* Immergrün *n*.

my·self [maɪˈself] *pron.* **1.** (*verstärkend*) (ich *od.* mir *od.* mich) selbst: ***I did it* ~** ich selbst habe es getan; ***I* ~ *wouldn't do it*** ich (persönlich) würde es sein lassen; ***it is for* ~** es ist für mich (selbst); **2.** *refl.* mir (*dat.*), mich (*acc.*): ***I cut* ~** ich habe mich geschnitten.

mys·te·ri·ous [mɪˈstɪərɪəs] *adj.* □ mysteri'ös: a) geheimnisvoll, b) rätsel-, schleierhaft, unerklärlich; **mys'te·ri·ous·ness** [-nɪs] *s.* Rätselhaftigkeit *f*, Unerklärlichkeit *f*, *das* Geheimnisvolle *od.* Mysteri'öse.

mys·ter·y ['mɪstərɪ] *s.* **1.** Geheimnis *n*, Rätsel *n* (***to*** für *od. dat.*): ***make a ~ of*** *et.* geheimhalten; ***wrapped in ~*** in geheimnisvolles Dunkel gehüllt; ***it's a complete ~ to me*** es ist mir völlig schleierhaft; **2.** Rätselhaftigkeit *f*, Unerklärlichkeit *f*; **3.** *eccl.* My'sterium *n*; **4.** *pl.* Geheimlehre *f*, -kunst *f*; My'sterien *pl.*; **5.** → ***mystery play*** 1; **6.** *Am.* → **~ nov·el** *s.* Krimi'nalroˌman *m*; **~ play** *s.* **1.** *hist.* My'sterienspiel *n*; **2.** *thea.* Krimi'nalstück *n*; **~ ship** *s.* ⚓ U-Boot-Falle *f*; **~ tour** *s.* Fahrt *f* ins Blaue.

mys·tic ['mɪstɪk] **I** *adj.* (□ ***~ally***) **1.** mystisch; **2.** *fig.* rätselhaft, mysteri'ös, geheimnisvoll; **3.** geheim, Zauber...; **II** *s.* **4.** Mystiker(in); Schwärmer(in); **'mys·ti·cal** [-kl] *adj.* □ **1.** sym'bolisch; **2.** → ***mystic*** 1, 2; **'mys·ti·cism** [-ɪsɪzəm] *s.* *phls.*, *eccl.* a) Mysti'zismus *m*, Glaubensschwärme'rei *f*, b) Mystik *f*.

mys·ti·fi·ca·tion [ˌmɪstɪfɪ'keɪʃn] *s.* **1.** Täuschung *f*, Irreführung *f*; **2.** Foppe'rei *f*; **3.** Verwirrung *f*, Verblüffung *f*; **mys·ti·fy** ['mɪstɪfaɪ] *v/t.* **1.** täuschen, hinters Licht führen, foppen; **2.** verwirren, verblüffen; **3.** in Dunkel hüllen.

myth [mɪθ] *s.* **1.** (Götter-, Helden)Sage *f*, Mythos *m* (*a. pol.*), Mythus *m*, Mythe *f*; **2.** Märchen *n*, erfundene Geschichte; **3.** *fig.* Mythus *m* (*legendär gewordene Person od. Sache*).

myth·ic, **myth·i·cal** ['mɪθɪk(l)] *adj.* □ **1.** mythisch, sagenhaft; Sagen...; **2.** *fig.* erdichtet, fik'tiv.

myth·o·log·ic, **myth·o·log·i·cal** [ˌmɪθə'lɒdʒɪk(l)] *adj.* □ mytho'logisch; **my·thol·o·gist** [mɪ'θɒlədʒɪst] *s.* Mytho'loge *m*; **my·thol·o·gize** [mɪ'θɒlədʒaɪz] *v/t.* mythologisieren; **my·thol·o·gy** [mɪ'θɒlədʒɪ] *s.* **1.** Mytholo'gie *f*, Götter- u. Heldensagen *pl.*; **2.** Sagenforschung *f*, -kunde *f*.

N

N, **n** [en] *s.* **1.** N *n*, n *n* (*Buchstabe*); **2.** ⚗ N *n* (*Stickstoff*); **3.** ⚘ N *n*, n *n* (*unbestimmte Konstante*).

nab [næb] *v/t.* F **1.** schnappen, erwischen; **2.** sich *et.* schnappen.

na·bob [ˈneɪbɒb] *s.* Nabob *m* (*a. fig.* Krösus).

na·celle [næˈsel] *s.* ✈ **1.** (Flugzeug-)Rumpf *m*; **2.** (Motor-, Luftschiff)Gondel *f*; **3.** Balˈlonkorb *m*.

na·cre [ˈneɪkə] *s.* Perlmutt(er *f*) *n*; **ˈna·cre·ous** [-krɪəs], **ˈna·crous** [-krəs] *adj.* **1.** perlmutterartig; **2.** Perlmutt(er)...

na·dir [ˈneɪˌdɪə] *s.* **1.** *ast.*, *geogr.* Naˈdir *m*, Fußpunkt *m*; **2.** *fig.* Tief-, Nullpunkt *m*.

nag¹ [næg] *s.* **1.** kleines Reitpferd, Pony *n*; **2.** F *contp.* Gaul *m*.

nag² [næg] **I** *v/t.* **1.** herˈumnörgeln an (*dat.*); *j-m* zusetzen; **II** *v/i.* **2.** nörgeln, keifen: **~ *at*** → 1; **3.** *fig.* nagen, bohren; **III** *s.* **4.** → **ˈnag·ger** [-gə] *s.* Nörgler (-in); **ˈnag·ging** [-gɪŋ] **I** *s.* Nörgeˈlei *f*, Gekeife *n*; **II** *adj.* nörgelnd, keifend, *fig.* nagend.

nai·ad [ˈnaɪæd] *s.* **1.** *myth.* Naˈjade *f*, Wassernymphe *f*; **2.** *fig.* (Bade)Nixe *f*.

nail [neɪl] **I** *s.* **1.** (Finger-, Zehen)Nagel *m*; **2.** ⚙ Nagel *m*; Stift *m*; **3.** *zo.* a) Nagel *m*, b) Klaue *f*, Kralle *f*;

Besondere Redewendungen:

a ~ in s.o.'s coffin ein Nagel zu j-s Sarg; ***on the ~*** auf der Stelle, sofort, bar *bezahlen*; ***to the ~*** bis ins letzte, vollendet; ***hit the (right) ~ on the head*** *fig.* den Nagel auf den Kopf treffen; ***hard as ~s*** eisern: a) fit, in guter Kondition, b) unbarmherzig; ***right as ~s*** ganz richtig;

II *v/t.* **4.** (an)nageln (***on*** auf *acc.*, ***to*** an *acc.*): ***~ed to the spot*** wie an- *od.* festgenagelt; ***~ to the barndoor*** *fig. Lüge etc.* festnageln; → ***colour*** 10; **5.** benageln, mit Nägeln beschlagen; **6.** *a.* **~ *up*** vernageln; **7.** *fig. Augen etc.* heften, *Aufmerksamkeit* richten (***to*** auf *acc.*); **8.** → ***nail down*** 2; **9.** F a) schnappen, erwischen, b) sich *et.* schnappen, c) ‚klauen', d) *et.* ‚spitzkriegen' (*entdekken*); **~ down** *v/t.* **1.** zunageln; **2.** *fig. j-n* festnageln (***to*** auf *acc.*); **3.** *fig. et.* endgültig beweisen; **~ up** *v/t.* **1.** zs.-nageln; **2.** zu-, vernageln; **3.** *fig.* zs.-basteln: ***a nailed-up drama***.

ˈnail|-bed *s. anat.* Nagelbett *n*; **ˈ~-brush** *s.* Nagelbürste *f*; **~ en·am·el** *s.* Nagellack *m*; **~ file** *s.* Nagelfeile *f*; **ˈ~-head** *s.* ⚙ Nagelkopf *m*; **~ pol·ish** *s.* Nagellack *m*; **ˈ~-ˌpull·er** *s.* ⚙ Nagelzieher *m*; **~ scis·sors** *s. pl.* Nagelschere *f*; **~ var·nish** *s. Brit.* Nagellack *m*.

na·ïve [nɑːˈiːv], *a.* **na·ive** [neɪv] *adj.* ☐ *allg.* naˈiv (*a. Kunst*); **na·ïve·té** [nɑːˈiːvteɪ], *a.* **na·ive·ty** [ˈneɪvtɪ] *s.* Naiviˈtät *f*.

na·ked [ˈneɪkɪd] *adj.* ☐ **1.** nackt, bloß, unbedeckt: ♀ ***Lady*** ⚘ Herbstzeitlose *f*; **2.** bloß, unbewaffnet (*Auge*); **3.** bloß, blank (*Schwert*; ⚙ *Draht*); **4.** nackt, kahl (*Feld*, *Raum*, *Wand etc.*); **5.** entblößt (***of*** von): **~ *of all provisions*** bar aller Vorräte; **6.** a) schutz-, wehrlos, b) preisgegeben (***to*** *dat.*); **7.** nackt, unverhüllt: **~ *facts***; **~ *truth***; **8.** ⚖ bloß, unbestätigt: **~ *confession***; **~ *possession*** tatsächlicher Besitz (*ohne Rechtsanspruch*); **ˈna·ked·ness** [-nɪs] *s.* **1.** Nacktheit *f*, Blöße *f*; **2.** Kahlheit *f*; **3.** Schutz-, Wehrlosigkeit *f*; **4.** Mangel *m* (***of*** an *dat.*); **5.** *fig.* Unverhülltheit *f*.

nam·a·ble [ˈneɪməbl] *adj.* **1.** benennbar; **2.** nennenswert.

nam·by-pam·by [ˌnæmbɪˈpæmbɪ] **I** *adj.* **1.** seicht, abgeschmackt; **2.** affektiert, ‚etepeˈtete'; **3.** sentimenˈtal; **II** *s.* **4.** sentimentales Zeug; **5.** sentimentaler Mensch; **6.** Mutterkindchen *n*.

name [neɪm] **I** *v/t.* **1.** nennen; erwähnen, anführen; **2.** (be)nennen (***after***, ***from*** nach), e-n Namen geben (*dat.*): ***~d*** genannt, namens; **3.** beim (richtigen) Namen nennen; **4.** a) ernennen (zu), b) nomiˈnieren, vorschlagen (***for*** für); **5.** *Datum etc.* bestimmen; **6.** *parl. Brit.* mit Namen zur Ordnung rufen: ***~!*** a) zur Ordnung rufen!, b) *allg.* Namen nennen!; **II** *s.* **7.** Name *m*: ***what is your ~?*** wie heißen Sie?; ***in ~ only*** nur dem Namen nach; **8.** Name *m*, Bezeichnung *f*, Benennung *f*; **9.** Schimpfname *m*:

call s.o. ~s j-n beschimpfen; **10.** Name *m*, Ruf *m*: ***a bad ~***; → *Bes. Redew.*; **11.** (berühmter) Name, (guter) Ruf: ***a man of ~*** ein Mann von Ruf; **12.** Name *m*, Berühmtheit *f* (*Person*): ***the great ~s of our century***; **13.** Geschlecht *n*, Fa'milie *f*;
Besondere Redewendungen:
by ~ a) mit Namen, namentlich, b) namens, c) dem Namen nach; ***a man by*** (*od.* ***of***) ***the ~ of A.*** ein Mann namens A.; ***in the ~ of*** a) um (*gen.*) willen, b) im Namen *des Gesetzes etc.*, c) auf *j-s* Namen *bestellen etc.*; ***I haven't a penny to my ~*** ich besitze keinen Pfennig; ***give one's ~*** s-n Namen nennen; ***give it a ~!*** F heraus damit!, sagen Sie, was Sie (haben) wollen!; ***give s.o.*** (***s.th.***) ***a bad ~*** j-n (et.) in Verruf bringen; ***give a dog a bad ~ and hang him*** j-n wegen s-s schlechten Rufs *od.* auf Grund von Gerüchten verurteilen; ***have a ~ for being*** dafür bekannt sein, *et.* zu sein; ***make one's ~***, ***make*** (*od.* ***win***) ***a ~ for o.s.*** sich e-n Namen machen (***as*** als, ***by*** durch); ***put one's ~ down for*** a) kandidieren für, b) sich anmelden für, c) sich vormerken lassen für; ***send in one's ~*** sich (an)melden (lassen); ***what's in a ~?*** was bedeutet schon ein Name?; ***that's the ~ of the game!*** darum dreht es sich!

'name|-ˌcall·ing *s.* Beschimpfung(en *pl.*) *f*; **'~-child** *s.*: ***my ~*** das nach mir benannte Kind.

named [neɪmd] *adj.* **1.** genannt, namens; **2.** genannt, erwähnt: ***~ above*** oben genannt.

'name|-day *s.* **1.** Namenstag *m*; **2.** ♰ Abrechnungstag *m*; **'~-ˌdrop·per** *s.* j-d, der ständig mit promi'nenten Bekannten angibt; **'~-ˌdrop·ping** *s.* Wichtigtue'rei *f* durch Erwähnung von Promi'nenten, die man angeblich kennt.

name·less ['neɪmlɪs] *adj.* □ **1.** namenlos, unbekannt, ob'skur; **2.** ungenannt, unerwähnt; ano'nym; **3.** unehelich (*Kind*); **4.** *fig.* namenlos, unbeschreiblich (*Furcht etc.*); **5.** unaussprechlich, ab'scheulich; **'name·ly** [-lɪ] *adv.* nämlich.

name| part *s. thea.* Titelrolle *f*; **~ plate** *s.* **1.** Tür-, Firmen-, Namens-, Straßenschild *n*; **2.** ⚙ Typenschild *n*; **'~·sake** *s.* Namensvetter *m*, -schwester *f*.

nam·ing ['neɪmɪŋ] *s.* Namengebung *f*.

nan·cy ['nænsɪ] *s. sl.* **1.** Muttersöhnchen *n*; **2.** ‚Homo' *m*.

nan·ny ['nænɪ] *s.* **1.** Kindermädchen *n*; **2.** Oma *f*; **3.** → **~ goat** *s.* Ziege *f*.

nap¹ [næp] **I** *v/i.* **1.** ein Schläfchen *od.* ein Nickerchen machen; **2.** *fig.* ‚schlafen': ***catch s.o. ~ping*** j-n überrumpeln; **II** *s.* **3.** Schläfchen *n*, ‚Nickerchen' *n*: ***take a ~*** → 1.

nap² [næp] **I** *s.* **1.** Haar(seite *f*) *n e-s Gewebes*; **2.** a) *Spinnerei*: Noppe *f*, b) *Weberei*: (Gewebe)Flor *m*; **II** *v/t. u. v/i.* **3.** noppen, rauhen.

nap³ [næp] *s.* **1.** Na'poleon *n* (*Kartenspiel*): ***a ~ hand*** *fig.* gute Chancen; ***go ~*** a) die höchste Zahl von Stichen ansagen, b) *fig.* alles auf eine Karte setzen; **2.** Setzen *n* auf eine einzige Gewinnchance.

na·palm ['neɪpɑːm] *s.* ⚔ Napalm *n*.

nape [neɪp] *s. mst* ***~ of the neck*** Genick *n*, Nacken *m*.

naph·tha ['næfθə] *s.* ⚗ **1.** Naphtha *n*, 'Leuchtpeˌtroleum *n*; **2.** ('Schwer)Benˌzin *n*: ***cleaner's ~*** Waschbenzin; ***painter's ~*** Testbenzin; **'naph·tha·lene** [-liːn] *s.* Naphtha'lin *n*; **naph·tha·len·ic** [ˌnæfθə'lenɪk] *adj.* naphtha'linsauer: ***~ acid*** Naphthalinsäure *f*; **naph·thal·ic** [næf'θælɪk] *adj.* naph'thalsauer: ***~ acid*** Naphthalsäure *f*; **'naph·tha·line** [-liːn] → ***naphthalene***.

nap·kin ['næpkɪn] *s.* **1.** *a.* ***table ~*** Servi'ette *f*; **2.** Wischtuch *n*; **3.** *bsd. Brit.* Windel *f*; **4.** *a.* ***sanitary ~*** *Am.* Monatsbinde *f*.

napped [næpt] *adj.* genoppt, gerauht (*Tuch*); **nap·ping** ['næpɪŋ] *s.* **1.** Ausnoppen *n* (*der Wolle*); **2.** Rauhen *n*: ***~ comb*** Aufstreichkamm *m*.

nap·py ['næpɪ] *s. bsd. Brit.* F Windel *f*.

nar·cis·sism [nɑː'sɪsɪzəm] *s. psych.* Nar'zißmus *m*; **nar'cis·sist** [-ɪst] *s.* Nar'zist (-in).

nar·cis·sus [nɑː'sɪsəs] *pl.* **-sus·es** [-sɪz] *s.* ⚘ Nar'zisse *f*.

nar·co·sis [nɑː'kəʊsɪs] *s.* Nar'kose *f*.

nar·cot·ic [nɑː'kɒtɪk] **I** *adj.* (□ ***~ally***) **1.** nar'kotisch (*a. fig. einschläfernd*); **2.** Rauschgift…; **II** *s.* **3.** Nar'kotikum *n*, Betäubungsmittel *n* (*a. fig.*); **4.** Rauschgift *n*: ***~s squad*** Rauschgiftdezernat *n*; **nar·co·tism** ['nɑːkətɪzəm] *s.* **1.** Narko'tismus *m* (*Sucht*); **2.** nar'kotischer Zustand *od.* Rausch; **nar·co·tize** ['nɑːkətaɪz] *v/t.* narkotisieren.

nard [nɑːd] *s.* **1.** ⚘ Narde *f*; **2.** *pharm.* Nardensalbe *f*.

nark [nɑːk] *sl.* **I** *s.* **1.** Poli'zeispitzel *m*; **II** *v/t.* **2.** bespitzeln; **3.** ärgern.

nar·rate [nə'reɪt] *v/t. u. v/i.* erzählen; **nar'ra·tion** [-eɪʃn] *s.* Erzählung *f*; **nar·ra·tive** ['nærətɪv] **I** *s.* **1.** Erzählung *f*, Geschichte *f*; **2.** Bericht *m*, Schilderung *f*; **II** *adj.* □ **3.** erzählend: **~ *poem***; **4.** Erzählungs...: **~ *skill*** Erzählergabe *f*; **nar'ra·tor** [-tə] *s.* Erzähler(in).

nar·row ['nærəʊ] **I** *adj.* □ **1.** eng, schmal: ***the ~ seas*** der Ärmelkanal u. die Irische See; **2.** eng (*a. fig.*), (*räumlich*) beschränkt, knapp: ***within ~ bounds*** in engen Grenzen; ***in the ~est sense*** im engsten Sinne; **3.** *fig.* eingeschränkt, beschränkt; **4.** → ***narrow-minded***; **5.** knapp, beschränkt (*Mittel, Verhältnisse*); **6.** knapp (*Entkommen, Mehrheit etc.*); **7.** gründlich, eingehend; genau: **~ *investigations***; **II** *v/i.* **8.** enger *od.* schmäler werden, sich verengen (***into*** zu); **9.** knapper werden; **III** *v/t.* **10.** enger *od.* schmäler machen, verenge(r)n; **11.** einengen, beengen; **12.** *a.* **~ *down*** (***to*** auf *acc.*) be-, einschränken, begrenzen, eingrenzen; **13.** *Maschen* abnehmen; **14.** engstirnig machen; **IV** *s.* **15.** Enge *f*, enge *od.* schmale Stelle; *pl.* a) (Meer)Enge *f*, b) *bsd. Am.* Engpaß *m.*

nar·row| ga(u)ge *s.* 🚂 Schmalspur *f*; **'~-ga(u)ge** [-rəʊg-], *a.* **,~-'ga(u)ged** [-rəʊ'g-] *adj.* Schmalspur...; **,~-'minded** [-rəʊ'maɪndɪd] *adj.* engherzig, -stirnig, borniert, kleinlich; **,~-'mind·ed·ness** [-rəʊ'maɪndɪdnɪs] *s.* Engstirnigkeit *f*, Borniertheit *f.*

nar·row·ness ['nærəʊnɪs] *s.* **1.** Enge *f*, Schmalheit *f*; **2.** Knappheit *f*; **3.** → ***narrow-mindedness***; **4.** Gründlichkeit *f.*

na·sal ['neɪzl] **I** *adj.* □ → ***nasally***; **1.** Nasen...: **~ *bone***; **~ *cavity***; **~ *organ*** *humor.* Riechorgan *n*; **~ *septum*** Nasenscheidewand *f*; **2.** *ling.* na'sal, Nasal...: **~ *twang*** Näseln *n*; **II** *s.* **3.** *ling.* Na'sal(laut) *m*; **na·sal·i·ty** [neɪ'zælətɪ] *s.* Nasali'tät *f*; **na·sal·i·za·tion** [ˌneɪzəlaɪ'zeɪʃn] *s.* Nasalierung *f*, nasale Aussprache; **'na·sal·ize** [-zəlaɪz] **I** *v/t.* nasalieren; **II** *v/i.* näseln, durch die Nase sprechen; **'na·sal·ly** [-zəlɪ] *adv.* **1.** nasal, durch die Nase; **2.** näselnd.

nas·cent ['næsnt] *adj.* **1.** werdend, entstehend: **~ *state*** Entwicklungszustand *m*; **2.** ⚗ freiwerdend.

nas·ti·ness ['nɑːstɪnɪs] *s.* **1.** Schmutzigkeit *f*; **2.** Ekligkeit *f*; **3.** Unflätigkeit *f*; **4.** Gefährlichkeit *f*; **5.** a) Bosheit *f*, b) Gemeinheit *f*, c) Übelgelauntheit *f.*

nas·tur·tium [nə'stɜːʃəm] *s.* ⚘ Kapu'ziner- *od.* Brunnenkresse *f.*

nas·ty ['nɑːstɪ] **I** *adj.* □ **1.** schmutzig; **2.** ekelhaft, eklig, widerlich (*alle a. fig.*): **~ *taste***; **~ *fellow***; **3.** *fig.* schmutzig, zotig; **4.** *fig.* böse, schlimm, gefährlich: **~ *accident***; **5.** *fig.* a) bös, gehässig, garstig (***to*** zu, gegen), b) fies, niederträchtig, c) übelgelaunt, ‚eklig'; **II** *s.* **6.** *mst pl. Video*: ‚'Schmutz- u. 'Horror-Kasˌsette' *f.*

na·tal ['neɪtl] *adj.* Geburts...: **~ *day***; **na·tal·i·ty** [nə'tælətɪ] *s. bsd. Am.* Geburtenziffer *f.*

na·ta·tion [nə'teɪʃn] *s.* Schwimmen *n*; **na·ta·to·ri·al** [ˌneɪtə'tɔːrɪəl] *adj.* Schwimm...: **~ *bird***; **na·ta·to·ry** ['neɪtətərɪ] *adj.* Schwimm...

na·tion ['neɪʃn] *s.* **1.** Nati'on *f*: a) Volk *n*, b) Staat *m*; **2.** (Indi'aner)Stamm *m.*

na·tion·al ['næʃənl] **I** *adj.* □ **1.** natio'nal, National..., Landes..., Volks...: **~ *language*** Landessprache *f*; **2.** staatlich, öffentlich, Staats...: **~ *debt*** Staatsschuld *f*, öffentliche Schuld; **3.** (ein)heimisch; **4.** landesweit (*Streik etc.*), 'überregioˌnal (*Zeitung etc.*); **II** *s.* **5.** Staatsangehörige(r *m*) *f*; **~ an·them** *s.* Natio'nalhymne *f*; **~ as·sem·bly** *s. pol.* Natio'nalversammlung *f*; **~ bank** *s.* ✝ Landes-, Natio'nalbank *f*; **~ cham·pi·on** *s.* Landesmeister(in); **~ con·ven·tion** *s. pol. Am.* Par'teikonvent *m* (*zur Nominierung des Präsidentschaftskandidaten etc.*); **~ e·con·o·my** *s.* ✝ Volkswirtschaft *f*; **2 Gi·ro** *s.* 📯 *Brit.* Postscheck-, Postgirodienst *m*; **2 Guard** *s. Am.* Natio'nalgarde *f* (*Art Miliz*); **2 Health Ser·vice** *s. Brit.* Staatlicher Gesundheitsdienst; **~ in·come** *s.* ✝ Sozi'alproˌdukt *n*; **2 In·sur·ance** *s. Brit.* Sozi'alversicherung *f.*

na·tion·al·ism ['næʃnəlɪzəm] *s.* **1.** Natio'nalgefühl *n*, Nationa'lismus *m*; **2.** ✝ *Am.* Ver'staatlichungspoliˌtik *f*; **'na·tion·al·ist** [-ɪst] **I** *s. pol.* Nationa'list (-in); **II** *adj.* nationa'listisch; **na·tion·al·i·ty** [næʃə'nælətɪ] *s.* **1.** Nationali'tät *f*, Staatsangehörigkeit *f*; **2.** Nati'on *f*; **na·tion·al·i·za·tion** [ˌnæʃnəlaɪ'zeɪʃn] *s.* **1.** *bsd. Am.* Einbürgerung *f*, Naturalisierung *f*; **2.** ✝ Verstaatlichung *f*; **3.** Verwandlung *f* in e-e (*einheitliche, unabhängige etc.*) Nation; **'na·tion·al·ize** [-laɪz] *v/t.* **1.** einbürgern, naturalisieren; **2.** ✝ verstaatlichen; **3.** zu e-r Nation machen; **4.** *Problem etc.* zur Sache der Nation machen.

na·tion·al| park *s.* Natio'nalpark *m* (*Naturschutzgebiet*); **~ prod·uct** *s.* ✝ Sozi'alproˌdukt *n*; **~ ser·vice** *s.* ⚔ Wehrdienst *m*; **2 So·cial·ism** *s. pol. hist.* Natio'nalsoziaˌlismus *m.*

'na·tion|·hood [-hʊd] *s.* (natio'nale) Souveräni'tät; **'~-state** *s.* Natio'nalstaat *m*; **,~-'wide** *adj.* allgemein, das ganze Land um'fassend.

na·tive ['neɪtɪv] **I** *adj.* □ **1.** angeboren (***to s.o.*** j-m), na'türlich (*Recht etc.*); **2.** eingeboren, Eingeborenen...: ~ ***quarter***; ***go*** ~ unter den *od.* wie die Eingeborenen leben, *fig.* verwahrlosen; **3.** (ein)heimisch, inländisch, Landes...: ~ ***plant*** ⚘ einheimische Pflanze; ~ ***product***; **4.** heimatlich, Heimat...: ~ ***country*** Heimat *f*, Vaterland *n*; ~ ***language*** Muttersprache *f*; ~ ***speaker*** *ling.* Muttersprachler(in); ~ ***town*** Heimat-, Vaterstadt *f*; **5.** ursprünglich, urwüchsig, na'turhaft: ~ ***beauty***; **6.** ursprünglich, eigentlich: ***the*** ~ ***sense of a word***; **7.** gediegen (*Metall etc.*); **8.** *min.* a) roh, Jungfern..., b) na'türlich vorkommend; **II** *s.* **9.** Eingeborene(r *m*) *f*; **10.** Einheimische(r *m*) *f*, Landeskind *n*: ***a*** ~ ***of Berlin*** ein gebürtiger Berliner; **11.** ⚘ einheimisches Gewächs; **12.** *zo.* einheimisches Tier; **13.** Na'tive *f*, (künstlich) gezüchtete Auster; '**~-born** *adj.* gebürtig: ***a*** ~ ***American***.

na·tiv·i·ty [nə'tɪvətɪ] *s.* **1.** Geburt *f* (*a. fig.*): ***the*** ♀ *eccl.* a) die Geburt Christi (*a. paint. etc.*), b) Weihnachten *n*, c) Ma'riä Geburt (*8. September*); ♀ ***play*** Krippenspiel *n*; **2.** *ast.* Nativi'tät *f*, (Ge'burts)Horo,skop *n*.

na·tron ['neɪtrən] *s. min.* kohlensaures Natron.

nat·ter ['nætə] *Brit.* F **I** *v/i.* plauschen, plaudern; **II** *s.* Plausch *m*, Schwatz *m*.

nat·ty ['nætɪ] *adj.* □ F schick, piekfein (angezogen), ele'gant (*a. fig.*).

nat·u·ral ['nætʃrəl] **I** *adj.* □ → ***naturally***; **1.** na'türlich, Natur...: ~ ***disaster*** Naturkatastrophe *f*; ~ ***law*** Naturgesetz *n*; ***die a*** ~ ***death*** e-s natürlichen Todes sterben; → ***person*** 1; **2.** na'turgemäß, -bedingt; **3.** angeboren, na'türlich, eigen (***to*** *dat.*): ~ ***talent***; **4.** → ***natural-born***; **5.** re'al, wirklich, physisch; **6.** selbstverständlich, na'türlich: ***it comes quite*** ~ ***to him*** es ist ihm ganz selbstverständlich; **7.** na'türlich, ungekünstelt (*Benehmen etc.*); **8.** na'turgetreu, na'türlich (wirkend) (*Nachahmung, Bild etc.*); **9.** unbearbeitet, Natur..., Roh...: ~ ***steel*** Rohstahl *m*; **10.** na'turhaft, urwüchsig; **11.** na'türlich, unehelich (*Kind, Vater etc.*); **12.** ⩚ na'türlich: ~ ***number*** natürliche Zahl; **13.** ♪ a) ohne Vorzeichen: ~ ***key*** C-Dur-Tonart *f*, b) mit e-m Auflösungszeichen (versehen) (*Note*), c) Vokal...: ~ ***music***; **II** *s.* **14.** *obs.* Idi'ot(in); **15.** ♪ a) Auflösungszeichen *n*, b) mit e-m Auflösungszeichen versehene Note, c) Stammton *m*, d) weiße Taste (*Klaviatur*); **16.** F a) Na'turta,lent *n* (*Person*), b) (sicherer) Erfolg (*a. Person*); *e-e* ‚klare Sache' (***for s.o.*** für j-n); '**~-born** *adj.* von Geburt, geboren: ~ ***genius***; ~ **fre·quen·cy** *s. phys.* 'Eigenfre,quenz *f*; ~ **gas** *s. geol.* Erdgas *n*; ~ **his·to·ry** *s.* Na'turgeschichte *f*.

nat·u·ral·ism ['nætʃrəlɪzəm] *s. phls., paint. etc.* Natura'lismus *m*; '**nat·u·ral·ist** [-ɪst] **I** *s.* **1.** *phls., paint. etc.* Natura'list *m*; **2.** Na'turwissenschaftler(in), -forscher(in), *bsd.* Zoo'loge *m*, Zoo'login *f od.* Bo'taniker(in); **3.** *Brit.* a) Tierhändler *m*, b) ('Tier)Präpa,rator *m*; **II** *adj.* **4.** natura'listisch; **nat·u·ral·is·tic** [,nætʃrə'lɪstɪc] *adj.* (□ **~ally**) **1.** *phls., paint. etc.* naturalistisch; **2.** na'turkundlich, -geschichtlich.

nat·u·ral·i·za·tion [,nætʃrəlaɪ'zeɪʃn] *s.* Naturalisierung *f*, Einbürgerung *f*; **nat·u·ral·ize** ['nætʃrəlaɪz] *v/t.* **1.** naturalisieren, einbürgern; **2.** einbürgern (*a. ling. u. fig.*), ⚘, *zo.* heimisch machen; **3.** akklimatisieren (*a. fig.*).

nat·u·ral·ly ['nætʃrəlɪ] *adv.* **1.** von Na'tur (aus); **2.** instink'tiv, spon'tan; **3.** auf na'türlichem Wege, na'türlich; **4.** *a. int.* na'türlich, selbstverständlich; '**nat·u·ral·ness** [-rəlnɪs] *s. allg.* Na'türlichkeit *f*.

nat·u·ral| phi·los·o·phy *s.* **1.** Na'turphiloso,phie *f*, -kunde *f*; **2.** Phy'sik *f*; ~ **re·li·gion** *s.* Na'turreligi,on *f*; ~ **rights** *s. pl.* ⚖, *pol.* Na'turrechte *pl. des Menschen*; ~ **scale** *s.* **1.** ♪ Stammtonleiter *f*; **2.** ⩚ Achse *f* der na'türlichen Zahlen; ~ **sci·ence** *s.* Na'turwissenschaft *f*; ~ **se·lec·tion** *s. biol.* na'türliche Auslese; ~ **sign** *s.* ♪ Auflösungszeichen *n*; ~ **state** *s.* Na'turzustand *m*.

na·ture ['neɪtʃə] *s.* **1.** Na'tur *f*, Schöpfung *f*; **2.** (*a.* ♀; *ohne art.*) Na'tur(kräfte *pl.*) *f*: ***law of*** ~ Naturgesetz *n*; ***from*** ~ nach der Natur *malen etc.*; ***back to*** ~ zurück zur Natur; ***in the state of*** ~ in natürlichem Zustand, nackt; → ***debt***, ***true*** 4; **3.** Na'tur *f*, Veranlagung *f*, Cha'rakter *m*, (Eigen-, Gemüts)Art *f*, Natu'rell *n*: ***animal*** ~ das Tierische *im Menschen*; ***by*** ~ von Natur (aus); ***human*** ~ die menschliche Natur; ***of good*** ~ gutherzig, -mütig; ***it is in her*** ~ es liegt in ihrem Wesen; → ***second*** 1; **4.** Art *f*, Sorte *f*: ***of*** (*od.* ***in***) ***the*** ~ ***of a trial*** nach Art (*od.* in Form) e-s Verhörs; ~ ***of the business*** Gegenstand *m* der Firma; **5.** (na'türliche) Beschaffenheit; **6.** Na'tur *f*, na'türliche Landschaft: ~ ***conservation*** Naturschutz *m*; ♀ ***Conservancy*** *Brit.* Naturschutzbehörde *f*; ~ ***re-***

serve Naturschutzgebiet *n*; ~ ***trail*** Naturlehrpfad *m*; **7.** ***ease*** (*od.* ***relieve***) ~ sich erleichtern (*urinieren etc.*).
-natured [neɪtʃəd] *in Zssgn* geartet, ...artig, ...mütig: ***good-~*** gutartig.
na·tur·ism [ˈneɪtʃərɪzəm] *s.* ˈFreikörperkulˌtur *f*; ˈ**na·tur·ist** [-ɪst] *s.* FKˈK-Anhänger(in).
na·tur·o·path [ˈneɪtʃərəʊpæθ] *s.* ⚕ **1.** Heilpraktiker(in); **2.** Naˈturheilkundige(r *m*) *f*.
naught [nɔːt] **I** *s.* Null *f*: ***bring*** (***come***) ***to*** ~ zunichte machen (werden); ***set at*** ~ *Mahnung etc.* in den Wind schlagen; **II** *adj. obs.* keineswegs.
naugh·ti·ness [ˈnɔːtɪnɪs] *s.* Ungezogenheit *f*, Unartigkeit *f*; **naugh·ty** [ˈnɔːtɪ] *adj.* □ **1.** ungezogen, unartig; **2.** ungehörig (*Handlung*); **3.** unanständig, schlimm (*Wort etc.*): ~, ~*!* F aber, aber!
nau·se·a [ˈnɔːsjə] *s.* **1.** Übelkeit *f*, Brechreiz *m*; **2.** Seekrankheit *f*; **3.** *fig.* Ekel *m*; ˈ**nau·se·ate** [-sɪeɪt] **I** *v/i.* **1.** (e-n) Brechreiz empfinden, sich ekeln (***at*** vor *dat.*); **II** *v/t.* **2.** sich ekeln vor (*dat.*); **3.** anekeln, *j-m* Übelkeit erregen: ***be ~d*** (***at***) → 1; ˈ**nau·se·at·ing** [-sɪeɪtɪŋ], ˈ**nau·seous** [-sjəs] *adj.* □ ekelerregend, widerlich.
nau·tic [ˈnɔːtɪk] → ***nautical***.
nau·ti·cal [ˈnɔːtɪkl] *adj.* □ ⚓ nautisch, Schiffs..., See(fahrts)...; ~ **al·ma·nac** *s.* nautisches Jahrbuch; ~ **chart** *s.* Seekarte *f*; ~ **mile** *s.* ⚓ Seemeile *f* (*1,852 km*).
na·val [ˈneɪvl] *adj.* ⚓ **1.** Flotten..., (Kriegs)Marine...; **2.** See..., Schiffs...; ~ **a·cad·e·my** *s.* ⚓ **1.** Maˈrine-Akadeˌmie *f*; **2.** Navigatiˈonsschule *f*; ~ **air·plane** *s.* Maˈrineflugzeug *n*; ~ **ar·chi·tect** *s.* ˈSchiffbauingeniˌeur *m*; ~ **base** *s.* ˈFlottenstützpunkt *m*, -ˌbasis *f*; ~ **bat·tle** *s.* Seeschlacht *f*; ~ **ca·det** *s.* ˈSeekaˌdett *m*; ~ **forc·es** *s. pl.* Seestreitkräfte *pl.*; ~ **of·fi·cer** *s.* **1.** Maˈrineoffiˌzier *m*; **2.** *Am.* (höherer) Hafenzollbeamter; ~ **pow·er** *s. pol.* Seemacht *f*.
nave¹ [neɪv] *s.* ⛪ Mittel-, Hauptschiff *n*: ***~ of a cathedral.***
nave² [neɪv] *s.* ⚙ (Rad)Nabe *f*.
na·vel [ˈneɪvl] *s.* **1.** *anat.* Nabel *m*, *fig. a.* Mitte(lpunkt *m*) *f*; **2.** → ~ **or·ange** *s.* ˈNaveloˌrange *f*; ˈ**~-string** *s. anat.* Nabelschnur *f*.
nav·i·cert [ˈnævɪsɜːt] *s.* ✝, ⚓ Naviˈcert *n* (*Geleitschein*).
na·vic·u·lar [nəˈvɪkjʊlə] *adj.* nachen-, kahnförmig: ~ (***bone***) *anat.* Kahnbein *n*.
nav·i·ga·bil·i·ty [ˌnævɪgəˈbɪlətɪ] *s.* **1.** ⚓ a) Schiffbarkeit *f* (*e-s Gewässers*), b) Fahrtüchtigkeit *f*; **2.** ✈ Lenkbarkeit *f*;
nav·i·ga·ble [ˈnævɪgəbl] *adj.* **1.** ⚓ a) schiffbar, (be)fahrbar, b) fahrtüchtig; **2.** ✈ lenkbar (*Luftschiff*); **nav·i·gate** [ˈnævɪgeɪt] **I** *v/i.* **1.** schiffen, (zu Schiff) fahren; **2.** *bsd.* ⚓, ✈ steuern, orten (***to*** nach); **II** *v/t.* **3.** *Gewässer* a) befahren, b) durchˈfahren; **4.** ✈ durchˈfliegen; **5.** steuern, lenken; **nav·i·ga·tion** [ˌnævɪˈgeɪʃn] *s.* **1.** ⚓ Nautik *f*, Navigatiˈon *f*, Schiffsführung *f*, Schiffahrtskunde *f*; **2.** ✈ Navigatiˈonskunde *f*; **3.** ⚓ Schiffahrt *f*, Seefahrt *f*; **4.** ✈, ⚓ a) Navigatiˈon *f*, b) Ortung *f*; **nav·i·ga·tion·al** [ˌnævɪˈgeɪʃnl] *adj.* Navigations...
nav·i·ga·tion| chan·nel *s.* Fahrwasser *n*; ~ **chart** *s.* Navigatiˈonskarte *f*; ~ **guide** *s.* Bake *f*; ~ **light** *s.* Positiˈonslicht *n*; ~ **of·fi·cer** *s.* ⚓, ✈ Navigatiˈonsoffiˌzier *m*.
nav·i·ga·tor [ˈnævɪgeɪtə] *s.* **1.** ⚓ a) Seefahrer *m*, b) Nautiker *m*, c) Steuermann *m*, d) *Am.* Navigatiˈonsoffiˌzier *m*; **2.** ✈ a) (Aero)ˈNautiker *m*, b) Beobachter *m*.
nav·vy [ˈnævɪ] *s.* **1.** *Brit.* Kaˈnal-, Erd-, Streckenarbeiter *m*; **2.** ⚙ Exkaˈvator *m*, Löffelbagger *m*.
na·vy [ˈneɪvɪ] *s.* ⚓ **1.** *mst* ♀ ˈKriegsmaˌrine *f*; **2.** (Kriegs)Flotte *f*; ~ **blue** *s.* Maˈrineblau *n*; ˌ**~-ˈblue** *adj.* maˈrineblau; ♀ **Board** *s. Brit.* Admiraliˈtät *f*; ~ **league** *s.* Flottenverein *m*; ♀ **List** *s.* Maˈrineˌrangliste *f*; ~ **yard** *s.* Maˈrinewerft *f*.
nay [neɪ] **I** *adv.* **1.** *obs.* nein; **2.** *obs.* ja soˈgar; **II** *s.* **3.** *parl. etc.* Nein(stimme *f*) *n*: ***the ~s have it!*** der Antrag ist abgelehnt!
Naz·a·rene [ˌnæzəˈriːn] *s.* Nazaˈrener *m* (*a. Christus*).
naze [neɪz] *s.* Landspitze *f*.
Na·zi [ˈnɑːtsɪ] *pol. contp.* **I** *s.* Nazi *m*; **II** *adj.* Nazi...; ˈ**Na·zism** [-ɪzəm] *s.* Naˈzismus *m*.
neap [niːp] **I** *adj.* niedrig, abnehmend (*Flut*); **II** *s. a.* ~ ***tide*** Nippflut *f*; **III** *v/i.* zuˈrückgehen (*Flut*).
near [nɪə] **I** *adv.* **1.** nahe, (ganz) in der Nähe; **2.** nahe (bevorstehend) (*Ereignis etc.*): ~ ***upon five o'clock*** ziemlich genau um 5 Uhr; **3.** F annähernd, nahezu, fast: ***not ~ so bad*** bei weitem nicht so schlecht;
Besondere Redewendungen:
~ ***at hand*** a) nahe, in der Nähe, dicht dabei, b) *fig.* nahe bevorstehend, vor der Tür; ~ ***by*** → ***nearby*** I; ***come*** (*od.* ***go***) ~ ***to*** a) sich ungefähr belaufen auf

(*acc.*), b) *e-r Sache* sehr nahekommen, fast *et.* sein; ***come ~ to doing s.th.*** et. beinahe tun; ***draw ~*** heranrücken (*a. Zeitpunkt*); ***live ~*** sparsam *od.* kärglich leben; ***sail ~ to the wind*** ⚓ hart am Wind segeln;
II *adj.* □ → **I** *u.* ***nearly***; **4.** nahe(gelegen), in der Nähe: ***the ~est place*** der nächste Ort; ***~ miss*** a) ⚔ Nahkrepierer *m*, b) ✈ Beinahzusammenstoß *m*, c) *fig.* fast ein Erfolg; **5.** kurz, nahe (*Weg*): ***the ~est way*** der kürzeste Weg; **6.** nahe (*Zeit*, *Ereignis*): ***the ~ future***; **7.** nahe (verwandt): ***the ~est relations*** die nächsten Verwandten; **8.** eng (befreundet), in'tim: ***a ~ friend***; **9.** a'kut, brennend (*Frage*, *Problem etc.*); **10.** knapp (*Entkommen*, *Rennen etc.*): ***that was a ~ thing*** F ,das hätte ins Auge gehen können'; **11.** genau, (wort)getreu (*Übersetzung etc.*); **12.** sparsam, geizig; **13.** link (*vom Fahrer aus*; *Pferd*, *Fahrbahnseite etc.*): ***~ horse*** Handpferd *n*; **14.** Imitations...: ***~ leather***, ***~ beer*** Dünnbier *n*; ***~ silk*** Halbseide *f*; **III** *prp.* **15.** nahe, in der Nähe von (*od. gen.*), nahe an (*dat.*) *od.* bei, unweit (*gen.*): ***~ s.o.*** j-m nahe; ***~ doing s.th.*** nahe daran, et. zu tun; **16.** (*zeitlich*) nahe, nicht weit von; **IV** *v/t. u. v/i.* **17.** sich nähern, näherkommen (*dat.*): ***be ~ing completion*** der Vollendung entgegengehen.

near·by I [ˌnɪə'baɪ] *adv. bsd. Am.* in der Nähe, nahe; **II** ['nɪəbaɪ] *adj.* nahe(gelegen).

Near East *s. geogr.*, *pol.* **1.** *Brit. obs. die* Balkanstaaten *pl.*; **2.** *der* Nahe Osten.

near·ly ['nɪəlɪ] *adv.* **1.** beinahe, fast; **2.** annähernd: ***not ~*** bei weitem nicht, nicht annähernd; **3.** genau, gründlich;

near·ness ['nɪənɪs] *s.* **1.** Nähe *f*; **2.** Innigkeit *f*, Vertrautheit *f*; **3.** große Ähnlichkeit; **4.** Knauserigkeit *f*.

near| point *s. opt.* Nahpunkt *m*; '**~-side** *s. mot.* Beifahrerseite *f*; ˌ**~-'sight·ed** *adj.* kurzsichtig; ˌ**~-'sight·ed·ness** *s.* Kurzsichtigkeit *f*.

neat[1] [ni:t] *adj.* □ **1.** sauber: a) ordentlich, reinlich, b) hübsch, nett (*a. fig.*), a'drett, geschmackvoll, c) klar, 'übersichtlich, d) geschickt; **2.** treffend (*Antwort etc.*); **3.** a) rein: ***~ silk***, b) pur: ***~ whisky***; **4.** *sl.* prima.

neat[2] [ni:t] **I** *s. pl.* **1.** *coll.* Rind-, Hornvieh *n*, Rinder *pl.*; **2.** Ochse *m*, Rind *n*; **II** *adj.* **3.** Rind(er)...

'neath, **neath** [ni:θ] *prp. poet. od. dial.* unter (*dat.*), 'unterhalb (*gen.*).

neat·ness ['ni:tnɪs] *s.* **1.** Ordentlichkeit *f*, Sauberkeit *f*; **2.** Gefälligkeit *f*, Nettigkeit *f*; Zierlichkeit *f*; **3.** schlichte Ele'ganz, Klarheit *f* (*Stil etc.*); **4.** Geschicklichkeit *f*; **5.** Unvermischtheit *f* (*Getränke etc.*).

'neat's|-foot oil *s.* Klauenfett *n*; '**~-leath·er** *s.* Rindsleder *n*.

neb·u·la ['nebjʊlə] *pl.* **-lae** [-li:] *s.* **1.** *ast.* Nebel(fleck) *m*; **2.** ⚕ a) Trübheit *f* (*des Urins*), b) Hornhauttrübung *f*; '**neb·u·lar** [-lə] *adj. ast.* **1.** Nebel(fleck)..., Nebular...; **2.** nebelartig; **neb·u·los·i·ty** [ˌnebjʊ'lɒsətɪ] *s.* **1.** Neb(e)ligkeit *f*; **2.** Trübheit *f*; **3.** *fig.* Verschwommenheit *f*; **4.** → ***nebula*** 1; '**neb·u·lous** [-ləs] *adj.* □ **1.** neb(e)lig, wolkig (*a. Flüssigkeit*); *ast.* Nebel...; **2.** *fig.* verschwommen, nebelhaft.

nec·es·sar·i·ly ['nesəsərəlɪ] *adv.* **1.** notwendigerweise; **2.** unbedingt: ***you need not ~ do it***; **nec·es·sar·y** ['nesəsərɪ] **I** *adj.* □ **1.** notwendig, nötig, erforderlich (***to*** für): ***it is ~ for me to do it*** es ist nötig, daß ich es tue; ***a ~ evil*** ein notwendiges Übel, ***if ~*** nötigenfalls; **2.** unvermeidlich, zwangsläufig, notwendig: ***a ~ consequence***; **3.** notgedrungen; **II** *s.* **4.** Erfordernis *n*, Bedürfnis *n*: ***necessaries of life*** Notbedarf *m*, Lebensbedürfnisse; ***strict necessaries*** unentbehrliche Unterhaltsmittel; **5.** ✝ Be'darfsarˌtikel *m*.

ne·ces·si·tar·i·an [nɪˌsesɪ'teərɪən] *phls.* **I** *s.* Determi'nist *m*; **II** *adj.* determi'nistisch.

ne·ces·si·tate [nɪ'sesɪteɪt] *v/t.* **1.** notwendig *od.* nötig machen, erfordern, verlangen; **2.** *j-n* zwingen, nötigen; **ne·ces·si·ta·tion** [nɪˌsesɪ'teɪʃn] *s.* Nötigung *f*, Zwang *m*; **ne'ces·si·tous** [-təs] *adj.* □ **1.** bedürftig, notleidend; **2.** dürftig, ärmlich (*Umstände*); **3.** notgedrungen (*Handlung*); **ne'ces·si·ty** [-tɪ] *s.* **1.** Notwendigkeit *f*: a) Erforderlichkeit *f*, b) 'Unumˌgänglichkeit *f*, Unvermeidlichkeit *f*, c) Zwang *m*: ***as a ~***, ***of ~*** notwendigerweise; ***be under the ~ of doing*** gezwungen sein zu tun; **2.** (dringendes) Bedürfnis: (***the bare***) ***necessities of life*** (die dringendsten) Lebensbedürfnisse; **3.** Not *f*, Zwangslage *f*, *a.* ⚖ Notstand *m*: ***~ is the mother of invention*** Not macht erfinderisch; ***~ knows no law*** Not kennt kein Gebot; ***in case of ~*** im Notfall; → ***virtue*** 3; **4.** Not(lage) *f*, Bedürftigkeit *f*.

neck [nek] **I** *s.* **1.** Hals *m* (*a. Flasche*, *Gewehr*, *Saiteninstrument*); **2.** Nacken *m*, Genick *n*: ***break one's ~*** sich das

Genick brechen; ***crane one's ~*** sich den Hals ausrenken (***at*** nach); ***get it in the ~*** *sl.* ‚eins aufs Dach bekommen'; ***risk one's ~*** Kopf u. Kragen riskieren; ***stick one's ~ out*** F viel riskieren, den Kopf hinhalten; ***be up to one's ~ in s.th.*** bis über die Ohren in et. stecken; ***win by a ~*** *sport* um e-e Kopflänge gewinnen (*Pferd*); ***~ and ~*** Kopf an Kopf (*a. fig.*); ***~ and crop*** mit Stumpf u. Stiel; ***~ or nothing*** a) (*adv.*) auf Biegen oder Brechen, b) (*attr.*) tollkühn, verzweifelt; ***it is ~ or nothing*** es geht um alles oder nichts; **3.** Hals-, Kammstück *n* (*Schlachtvieh*); **4.** Ausschnitt *m* (*Kleid*); **5.** *anat.* Hals *m e-s Organs*; **6.** ⚠ Halsglied *n* (*Säule*); **7.** ⚙ a) Hals *m* (*Welle*), b) Schenkel *m* (*Achse*), c) (abgesetzter) Zapfen, d) Ansatz *m* (*Schraube*), e) Einfüllstutzen *m*; **8.** a) Landenge *f*, b) Engpaß *m*: ***~ of the woods*** ‚Ecke' *f e-s Landes*; **II** *v/t.* **9.** *e-m Huhn etc.* den Kopf abschlagen *od.* den Hals 'umdrehen; **10.** ⚙ *a.* ***~ out*** aushalsen; **11.** *sl.* ‚knutschen' *od.* ‚schmusen' mit; **III** *v/i.* **12.** *sl.* ‚knutschen'; **'~·cloth** *s.* Halstuch *n.*

neck·er·chief ['nekətʃɪf] *s.* Halstuch *n.*

neck·ing ['nekɪŋ] *s.* **1.** ⚠ Säulenhals *m*; **2.** ⚙ a) Aushalsen *n e-s Hohlkörpers*, b) Querschnittverminderung *f*; **3.** *sl.* ‚Geknutsche' *n.*

neck·lace ['neklɪs], **'neck·let** [-lɪt] *s.* Halskette *f.*

neck| le·ver *s. Ringen*: Nackenhebel *m*; **'~·line** *s.* Ausschnitt *m* (*am Kleid*); **~ scis·sors** *s. pl. sg. konstr. Ringen*: Halsschere *f*; **'~·tie** *s.* Kra'watte *f*, Schlips *m*; **'~·wear** *s.* ✝ *coll.* Kra'watten *pl.*, Kragen *pl.*, Halstücher *pl.*

ne·crol·o·gy [ne'krɒlədʒɪ] *s.* **1.** Toten-, Sterbeliste *f*; **2.** Nachruf *m*; **nec·ro·man·cer** ['nekrəʊmænsə] *s.* **1.** Geister-, Totenbeschwörer *m*; **2.** *allg.* Schwarzkünstler *m*; **nec·ro·man·cy** ['nekrəʊmænsɪ] *s.* **1.** Geisterbeschwörung *f*, Nekroman'tie *f*; **2.** *allg.* Schwarze Kunst; **ne·croph·i·lism** [ne'krɒfɪlɪzəm] *s. psych.* Nekrophi'lie *f*; **ne·cro·sis** [ne'krəʊsɪs] *s.* ⚕ Ne'krose *f*, Brand *m* (*a.* ♀): ***~ of the bone*** Knochenfraß *m*; **ne·crot·ic** [ne'krɒtɪk] *adj.* ♀, ⚕ brandig.

nec·tar ['nektə] *s. myth.* Nektar *m* (*a.* ♀ *u. fig.*), Göttertrank *m*; **'nec·ta·ry** [-ərɪ] *s.* ♀, *zo.* Nek'tarium *n*, Honigdrüse *f.*

née, *bsd. Am.* **nee** [neɪ] *adj.* geborene (*vor dem Mädchennamen e-r Frau*).

need [ni:d] **I** *s.* **1.** (***of***, ***for***) (dringendes) Bedürfnis (nach), Bedarf *m* (an *dat.*): ***one's own ~s*** Eigenbedarf; ***be*** (*od.* ***stand***) ***in ~ of s.th.*** et. dringend brauchen, et. sehr nötig haben; ***fill a ~*** e-m Bedürfnis entgegenkommen, e-m Mangel abhelfen; ***in ~ of repair*** reparaturbedürftig; ***have no ~ to do*** kein Bedürfnis *od.* keinen Grund haben zu tun; **2.** Mangel *m* (***of***, ***for*** an *dat.*): ***feel the ~ of*** (*od.* ***for***) ***s.th.*** et. vermissen, Mangel an et. verspüren; **3.** dringende Notwendigkeit: ***there is no ~ for you to come*** du brauchst nicht zu kommen; **4.** Not(lage) *f*: ***in case of ~***, ***if ~ be***, ***if ~ arise*** nötigenfalls, im Notfall; **5.** Armut *f*, Not *f*; **6.** *pl.* Erfordernisse *pl.*, Bedürfnisse *pl.*; **II** *v/t.* **7.** benötigen, nötig haben, brauchen; **8.** erfordern: ***it ~s all your strength***; ***it ~ed doing*** es mußte (einmal) getan werden; **III** *v/aux.* **9.** müssen, brauchen: ***it ~s to be done*** es muß getan werden; ***it ~s but to become known*** es braucht nur bekannt zu werden; **10.** (*vor e-r Verneinung u. in Fragen, ohne* ***to***; *3. sg. pres.* ***need***) brauchen, müssen: ***she ~ not do it***; ***you ~ not have come*** du hättest nicht zu kommen brauchen; **'need·ful** [-fʊl] **I** *adj.* □ nötig; **II** *s. das* Nötige: ***the ~*** F das nötige Kleingeld; **'need·i·ness** [-dɪnɪs] *s.* Bedürftigkeit *f*, Armut *f.*

nee·dle ['ni:dl] **I** *s.* **1.** (*Näh-, a. Grammophon-, Magnet- etc.*)Nadel *f* (*a.* ⚕, ♀): ***knitting-~*** Stricknadel; ***as sharp as a ~*** *fig.* äußerst intelligent, ‚auf Draht'; ***~'s eye*** Nadelöhr *n*; ***get*** (*od.* ***take***) ***the ~*** F ‚hochgehen', e-e Wut kriegen; ***give s.o. the ~*** → 7; **2.** ⚙ a) Ven'tilnadel *f*, b) *mot.* Schwimmernadel *f* (*Vergaser*), c) Zeiger *m*, d) Zunge *f* (*Waage*), e) Radiernadel *f*; **3.** Nadel *f* (*Berg-, Felsspitze*); **4.** Obe'lisk *m*; **5.** *min.* Kri'stallnadel *f*; **II** *v/t.* **6.** (*mit e-r Nadel*) nähen, durch'stechen; ⚕ punktieren: ***~ one's way through*** *fig.* sich hindurchschlängeln; **7.** F *durch Sticheleien* aufbringen, reizen; **8.** anstacheln; **9.** F *Getränk durch Alkoholzusatz* schärfen; **~ bath** *s.* Strahldusche *f*; **'~·book** *s.* Nadelbuch *n*; **'~-gun** *s.* ⚔ Zündnadelgewehr *n*; **'~·like** *adj.* nadelartig; **~ point** *s.* **1.** Petit'point-Sticke͵rei *f*; **2.** → **'~-point lace** *s.* Nadelspitze *f* (*Ggs. Klöppelspitze*).

need·less ['ni:dlɪs] *adj.* unnötig, 'überflüssig: ***~ to say*** selbstredend, selbstverständlich; ***~ly*** *adv.* unnötig(erweise); **'need·less·ness** [-nɪs] *s.* Unnötigkeit *f*, 'Überflüssigkeit *f.*

nee·dle| valve *s.* ⚙ 'Nadelven͵til *n*;

'**~₁wom·an** *s.* [*irr.*] Näherin *f*; '**~·work I** *s.* Handarbeit *f*, Nähe'rei *f*; **II** *adj.* Handarbeits...: **~ shop**.

needs [ni:dz] *adv.* unbedingt, notwendigerweise: ***if you must ~ do it*** wenn du es durchaus tun willst.

need·y ['ni:dɪ] *adj.* ☐ arm, bedürftig, notleidend.

ne'er [neə] *poet. für **never***; '**~-do-well I** *s.* Taugenichts *m*, Tunichtgut *m*; **II** *adj.* nichtsnutzig.

ne·far·i·ous [nɪ'feərɪəs] *adj.* ☐ ruchlos, schändlich; **ne'far·i·ous·ness** [-nɪs] *s.* Ruchlosigkeit *f*, Bosheit *f*.

ne·gate [nɪ'geɪt] *v/t.* **1.** verneinen, negieren, leugnen; **2.** annullieren, unwirksam machen, aufheben, verwerfen; **ne'ga·tion** [-eɪʃn] *s.* **1.** Verneinung *f*, Verneinen *n*, Negieren *n*; **2.** Verwerfung *f*, Annullierung *f*, Aufhebung *f*; **3.** *phls.* a) (*Logik*) Negati'on *f*, b) Nichts *n*.

neg·a·tive ['negətɪv] **I** *adj.* ☐ **1.** negativ, verneinend; **2.** abschlägig, ablehnend (*Antwort etc.*); **3.** erfolglos, ergebnislos; **4.** negativ (*ohne positive Werte*); **5.** ⚕, ⚡, ⅍, ⚗, *phot.*, *phys.* negativ: **~ conductor** ⚡ Minusleitung *f*; **~ electrode** Kathode *f*; **~ lens** *opt.* Zerstreuungslinse *f*; **~ sign** ⅍ Minuszeichen *n*, negatives Vorzeichen; **~!** Fehlanzeige!; **II** *s.* **6.** Verneinung *f*: ***answer in the ~*** verneinen; **7.** abschlägige Antwort; **8.** *ling.* Negati'on *f*; **9.** a) Einspruch *m*, Veto *n*, b) ablehnende Stimme; **10.** negative Eigenschaft, Negativum *n*; **11.** ⚡ negativer Pol; **12.** ⅍ a) Minuszeichen *n*, b) negative Zahl; **13.** *phot.* Negativ *n*; **III** *v/t.* **14.** negieren, verneinen; **15.** verwerfen, ablehnen; **16.** wider'legen; **17.** unwirksam machen, neutralisieren, aufheben; '**neg·a·tiv·ism** [-vɪzəm] *s.* Negati'vismus *m* (*a. phls.*, *psych.*); **ne·ga·tor** [nɪ'geɪtə] *s.* Verneiner *m*; '**neg·a·to·ry** [-tərɪ] *adj.* verneinend, negativ.

neg·lect [nɪ'glekt] **I** *v/t.* **1.** vernachlässigen; **2.** miß'achten; **3.** versäumen, unter'lassen (***to do*** *od.* ***doing*** zu tun); **4.** über'sehen, -'gehen; außer acht lassen; **II** *s.* **5.** Vernachlässigung *f*, Hint'ansetzung *f*; **6.** 'Mißachtung *f*; **7.** Unter'lassung *f*, Versäumnis *n*, ⚖ *a.* Fahrlässigkeit *f*: **~ of duty** Pflichtversäumnis; **8.** Verwahrlosung *f*: ***in a state of ~*** verwahrlost; **9.** Über'gehen *n*, Auslassung *f*; **10.** Nachlässigkeit *f*; **neg'lect·ful** [-fʊl] *adj.* ☐ → ***negligent*** 1.

neg·li·gée ['negli:ʒeɪ] *s.* Negli'gé *n*: a) *ungezwungene Hauskleidung*, b) *dünner Morgenmantel*.

neg·li·gence ['neglɪdʒəns] *s.* **1.** Nachlässigkeit *f*, Unachtsamkeit *f*; **2.** ⚖ Fahrlässigkeit *f*: ***contributory ~*** mitwirkendes Verschulden; '**neg·li·gent** [-nt] *adj.* ☐ **1.** nachlässig, gleichgültig, unachtsam (***of*** gegen): ***be ~ of s.th.*** et. vernachlässigen, et. außer acht lassen; **2.** ⚖ fahrlässig; **3.** lässig, sa'lopp.

neg·li·gi·ble ['neglɪdʒəbl] *adj.* ☐ **1.** nebensächlich, unwesentlich; **2.** geringfügig, unbedeutend; → ***quantity*** 2.

ne·go·ti·a·bil·i·ty [nɪ₁gəʊʃjə'bɪlətɪ] *s.* ✝ **1.** Verkäuflichkeit *f*; **2.** Begebbarkeit *f*; **3.** Bank-, Börsenfähigkeit *f*; **4.** Über'tragbarkeit *f*; **5.** Verwertbarkeit *f*; **ne·go·ti·a·ble** [nɪ'gəʊʃjəbl] *adj.* ☐ **1.** ✝ a) verkäuflich, veräußerlich, b) verkehrsfähig, c) bank-, börsenfähig, d) (durch Indossa'ment) über'tragbar, begebbar, e) verwertbar: **~ instrument** begebbares (Wert)Papier; ***not ~*** nur zur Verrechnung; **2.** über'windbar (*Hindernis*); befahrbar (*Straße*); **3.** auf dem Verhandlungsweg erreichbar: ***salary ~*** Gehalt nach Vereinbarung.

ne·go·ti·ate [nɪ'gəʊʃɪeɪt] **I** *v/i.* **1.** ver-, unter'handeln, in Unter'handlung stehen (***with*** mit, ***for***, ***about*** um, wegen): ***negotiating table*** Verhandlungstisch *m*; **II** *v/t.* **2.** *Vertrag etc.* zu'stande bringen, (ab)schließen; **3.** verhandeln über (*acc.*); **4.** ✝ *Wechsel* begeben: **~ back** zurückbegeben; **5.** *Hindernis etc.* über'winden, *a. Kurve* nehmen; **ne·go·ti·a·tion** [nɪ₁gəʊʃɪ'eɪʃn] *s.* **1.** Ver-, Unter'handlung *f*: ***enter into ~s*** in Verhandlungen eintreten: ***by way of ~*** auf dem Verhandlungswege; **2.** Aushandeln *n* (*Vertrag*); **3.** ✝ Begebung *f*, Über'tragung *f* (*Wechsel etc.*): ***further ~*** Weiterbegebung; **4.** Über'windung *f*, Nehmen *n von Hindernissen*; **ne'go·ti·a·tor** [-tə] *s.* **1.** 'Unterhändler *m*; **2.** Vermittler *m*.

ne·gress ['ni:grɪs] *s. obs.* Negerin *f*.

ne·gro ['ni:grəʊ] **I** *pl.* **-groes** *s.* Neger (-in); **II** *adj.* Neger...: **~ question** Negerfrage *f*, -problem *n*; **~ spiritual** → ***spiritual*** 8; '**ne·groid** [-rɔɪd] *adj.* negro'id, negerartig.

Ne·gus[1] ['ni:gəs] *s. hist.* Negus *m* (*äthiopischer Königstitel*).

ne·gus[2] ['ni:gəs] *s.* Glühwein *m*.

neigh [neɪ] **I** *v/t. u. v/i.* wiehern; **II** *s.* Gewieher *n*, Wiehern *n*.

neigh·bo(u)r ['neɪbə] **I** *s.* **1.** Nachbar (-in); **2.** Nächste(r) *m*, Mitmensch *m*; **II** *adj.* **3.** → ***neighbo(u)ring***; **III** *v/t.* **4.** (an)grenzen an (*acc.*); **IV** *v/i.* **5.** benachbart sein, in der Nachbarschaft wohnen; **6.** grenzen (***upon*** an *acc.*);

ˈneigh·bo(u)r·hood [-hʊd] *s.* **1.** Nachbarschaft *f* (*a. fig.*), Umˈgebung *f*, Nähe *f*: ***in the ~ of*** a) in der Umgebung von, b) *fig.* F ungefähr, etwa, um … herum; **2.** *coll.* Nachbarn *pl.*, Nachbarschaft *f*; **3.** (Wohn)Gegend *f*: ***a fashionable ~***; **ˈneigh·bo(u)r·ing** [-bərɪŋ] *adj.* benachbart, angrenzend, Nachbar…: ***~ state*** *a.* Anliegerstaat *m*; **ˈneigh·bo(u)r·li·ness** [-lɪnɪs] *s.* (gut)ˈnachbarliches Verhalten; Freundlichkeit *f*; **ˈneigh·bo(u)r·ly** [-lɪ] *adj. u. adv.* **1.** (gut)ˈnachbarlich; **2.** freundlich, gesellig.

nei·ther [ˈnaɪðə] **I** *adj. u. pron.* **1.** kein (von beiden): ***~ of you*** keiner von euch (beiden); **II** *cj.* **2.** weder: ***~ you nor he knows*** weder du weißt es noch er; **3.** noch (auch), auch nicht, ebensowenig: ***he does not know, ~ do I*** er weiß es nicht, noch *od.* ebensowenig weiß ich es.

nem·a·tode [ˈnemətəʊd] *zo. s.* Nemaˈtode *f*, Fadenwurm *m*.

nem con [ˌnemˈkɒn] *adv.* einstimmig.

nem·e·sis, *a.* 2 [ˈnemɪsɪs] *s. myth. u. fig.* Nemesis *f*, (die Göttin der) Vergeltung *f*.

ne·mo [ˈniːməʊ] *s. Radio, TV*: ˈAußenreporˌtage *f*.

neo- [niːəʊ] *in Zssgn* neu, jung, neo…, Neo…

ne·o·lith [ˈniːəʊlɪθ] *s.* jungsteinzeitliches Gerät; **ne·o·lith·ic** [ˌniːəʊˈlɪθɪk] *adj.* jungsteinzeitlich, neoˈlithisch: ***2 period*** Jungsteinzeit *f*.

ne·ol·o·gism [niːˈɒlədʒɪzəm] *s.* **1.** *ling.* Neoloˈgismus *m*, Wortneubildung *f*; **2.** *eccl.* neue Dokˈtrin; **neˈol·o·gy** [-dʒɪ] *s.* **1.** → ***neologism*** 1 *u.* 2; **2.** *ling.* Neoloˈgie *f*, Bildung *f* neuer Wörter.

ne·on [ˈniːən] *s.* ⚗ Neon *n*: ***~ lamp*** Neonlampe *f*, Leucht(stoff)röhre *f*; ***~ signs*** Leuchtreklame *f*.

ne·o·phyte [ˈniːəʊfaɪt] *s.* **1.** *eccl.* Neubekehrte(r *m*) *f*, Konverˈtit(in); **2.** *R.C.* a) Noˈvize *m*, *f*, b) Jungpriester *m*; **3.** *fig.* Neuling *m*, Anfänger(in).

ne·o·plasm [ˈniːəʊplæzəm] *s.* ⚕ Neoˈplasma *n*, Gewächs *n*.

ne·o·ter·ic [ˌniːəʊˈterɪk] *adj.* (□ ***~ally***) neuzeitlich, moˈdern.

Ne·o·zo·ic [ˌniːəʊˈzəʊɪk] *geol.* **I** *s.* Neoˈzoikum *n*, Neuzeit *f*; **II** *adj.* neoˈzoisch.

Nep·a·lese [ˌnepɔːˈliːz] **I** *s.* Nepaˈlese *m*, Nepalesin *f*, Bewohner(in) von Neˈpal; Nepaˈlesen *pl.*; **II** *adj.* nepaˈlesisch.

neph·ew [ˈnevjuː] Neffe *m*.

ne·phol·o·gy [nɪˈfɒlədʒɪ] *s.* Wolkenkunde *f*.

ne·phrit·ic [neˈfrɪtɪk] *adj.* ⚕ Nieren…; **ne·phri·tis** [neˈfraɪtɪs] *s.* ⚕ Neˈphritis *f*, Nierenentzündung *f*; **neph·ro·lith** [ˈnefrəʊlɪθ] *s.* ⚕ Nierenstein *m*; **ne·phrol·o·gist** [neˈfrɒlədʒɪst] *s.* ⚕ Nierenfacharzt *m*, Uroˈloge *m*.

nep·o·tism [ˈnepətɪzəm] *s.* Nepoˈtismus *m*, Vetternwirtschaft *f*.

Nep·tune [ˈneptjuːn] *s. myth. u. ast.* Neptun *m*.

Ne·re·id [ˈnɪərɪɪd] *s. myth.* Nereˈide *f*, Wassernymphe *f*.

ner·va·tion [nɜːˈveɪʃn], **nerv·a·ture** [ˈnɜːvəˌtʃʊə] *s.* **1.** Anordnung *f* der Nerven; **2.** ♀ Aderung *f*.

nerve [nɜːv] **I** *s.* **1.** Nerv(enfaser *f*) *m*: ***get on s.o.'s ~s*** j-m auf die Nerven gehen; ***be all ~s, be a bag of ~s*** F ein Nervenbündel sein; ***a fit of ~s*** e-e Nervenkrise; ***strain every ~*** s-e ganze Kraft aufbieten; **2.** *fig.* a) Lebensnerv *m*, b) Stärke *f*, Enerˈgie *f*, c) (innere) Ruhe, d) Mut *m*, e) *sl.* Frechheit *f*: ***lose one's ~*** die Nerven verlieren; ***have the ~ to do s.th.*** es wagen, et. zu tun; ***he has got a ~!*** *sl.* der hat vielleicht Nerven!; **3.** ♀ Nerv *m*, Ader *f* (*Blatt*); **4.** ⚠ (Gewölbe)Rippe *f*; **II** *v/t.* **5.** *fig.* (*körperlich od. seelisch*) stärken, ermutigen: ***~ o.s.*** sich aufraffen; ***~ cen·ter*** *Am.*, ***~ cen·tre*** *Brit. s.* Nervenzentrum *n* (*a. fig.*); ***~ cord*** *s.* Nervenstrang *m*.

nerved [nɜːvd] *adj.* **1.** nervig (*mst in Zssgn*): ***strong-~*** nervenstark; **2.** ♀, *zo.* geädert, gerippt.

nerve·less [ˈnɜːvlɪs] *adj.* □ **1.** *fig.* kraft-, enerˈgielos; **2.** ohne Nerven; **3.** ♀ ohne Adern, nervenlos.

nerve| poi·son *s.* Nervengift *n*; **ˈ~-ˌrack·ing** *adj.* nervenaufreibend.

nerv·ine [ˈnɜːviːn] *adj. u. s.* ⚕ nervenstärkend(es Mittel).

nerv·ous [ˈnɜːvəs] *adj.* **1.** Nerven…(*-system, -zusammenbruch etc.*): ***~ excitement*** nervöse Erregtheit; **2.** nervenreich; **3.** nerˈvös: a) nervenschwach, erregbar, b) ängstlich, scheu, c) aufgeregt; **4.** aufregend; **5.** *obs.* kräftig, nervig; **ˈner·vous·ness** [-nɪs] *s.* Nervosiˈtät *f*.

nerv·y [ˈnɜːvɪ] *adj.* F **1.** frech; **2.** nerˈvös; **3.** nervenaufreibend.

nes·ci·ence [ˈnesɪəns] *s.* (vollständige) Unwissenheit; **ˈnes·ci·ent** [-nt] *adj.* unwissend (***of*** in *dat.*).

ness [nes] *s.* Vorgebirge *n*.

nest [nest] **I** *s.* **1.** *orn., zo., a. geol.* Nest *n*; **2.** *fig.* Nest *n*, Zufluchtsort *m*, behagliches Heim; **3.** *fig.* Schlupfwinkel *m*, Brutstätte *f*: ***~ of vice*** Lasterhöhle *f*;

4. Brut *f* (*junger Tiere*): ***take a ~*** ein Nest ausnehmen; **5.** ⚔ (Widerstands-, M'G-)Nest *n*; **6.** Serie *f*, Satz *m* (*ineinanderpassender Dinge*, *z. B. Schüsseln*); **7.** ⚙ Satz *m*, Gruppe *f*: ***~ of boiler tubes*** Heizrohrbündel *n*; **II** *v/i.* **8.** a) ein Nest bauen, b) nisten; **9.** sich einnisten, sich 'niederlassen; **10.** Vogelnester ausnehmen; **III** *v/t.* **11.** *Töpfe etc.* inein'anderstellen, -setzen; **~ egg** *s.* **1.** Nestei *n*; **2.** *fig.* Spar-, Notgroschen *m.*

nes·tle ['nesl] **I** *v/i.* **1.** *a.* ***~ down*** sich behaglich 'niederlassen; **2.** sich anschmiegen *od.* kuscheln (***to***, ***against*** an *acc.*); **3.** sich einnisten; **II** *v/t.* **4.** schmiegen, kuscheln (***on***, ***to***, ***against*** an *acc.*); **nest·ling** ['nesliŋ] *s.* **1.** *orn.* Nestling *m*; **2.** *fig.* Nesthäkchen *n.*

net[1] [net] **I** *s.* **1.** (*a. weitS. Straßen- etc.*, ⩚ Koordi'naten)Netz *n*; → *a.* ***network*** 4; **2.** *fig.* Falle *f*, Netz *n*, Garn *n*; **3.** netzartiges Gewebe, Netz *n*; ✝ Tüll *m*, Musse'lin *m*: ***~ curtain*** Store *m*; **4.** *Tennis*: Netzball *m*; **II** *v/t.* **5.** mit e-m Netz fangen; **6.** *fig.* (ein)fangen; **7.** mit e-m Netz um'geben *od.* bedecken; **8.** *Gewässer* mit Netzen abfischen; **9.** in Fi'let arbeiten, knüpfen; **10.** *Tennis*: Ball ins Netz schlagen; **III** *v/i.* **11.** Netz- *od.* Fi'letarbeit machen.

net[2] [net] **I** *adj.* ✝ **1.** netto, Netto..., Rein..., Roh...: ***~ income*** Nettoeinkommen *n*; **II** *v/t.* **2.** netto einbringen, e-n Reingewinn von ... abwerfen; **3.** netto verdienen, e-n Reingewinn haben von; **~ a·mount** *s.* Nettobetrag *m*, Reinertrag *m*; **~ cash** *s.* ✝ netto Kasse: ***~ in advance*** Nettokasse im voraus; **~ ef·fi·cien·cy** *s.* ⚙ Nutzleistung *f.*

neth·er ['neðə] *adj.* **1.** unter, Unter...: ***~ regions***, ***~ world*** Unterwelt *f*; **2.** nieder, Nieder...

Neth·er·land·er ['neðələndə] *s.* Niederländer(in); **'Neth·er·land·ish** [-dɪʃ] *adj.* niederländisch.

'neth·er·most *adj.* unterst, tiefst.

net| load *s.* ✝, ⚙ Nutzlast *f*; **~ price** *s.* ✝ Nettopreis *m*; **~ pro·ceeds** *s. pl.* ✝ Nettoeinnahme(n *pl.*) *f*, Reinerlös *m*; **~ prof·it** *s.* ✝ Reingewinn *m.*

net·ted ['netɪd] *adj.* **1.** netzförmig, maschig; **2.** von Netzen um'geben *od.* bedeckt; **'net·ting** [-tɪŋ] *s.* **1.** Netzstricken *n*, Fi'letarbeit *f*; **2.** Netz(werk) *n*, Geflecht *n* (*a. Draht*); ⚔ Tarnnetze *pl.*

net·tle ['netl] **I** *s.* **1.** ⚘ Nessel *f*: ***grasp the ~*** *fig.* den Stier bei den Hörnern packen; **II** *v/t.* **2.** mit *od.* an Nesseln brennen; **3.** *fig.* ärgern, reizen: ***be ~d at*** aufgebracht sein über (*acc.*); **~ cloth** *s.* Nesseltuch *n*; **~ rash** *s.* ⚕ Nesselausschlag *m.*

net| weight *s.* ✝ Netto-, Rein-, Eigen-, Trockengewicht *n*; **'~·work** *s.* **1.** Netz-, Maschenwerk *n*, Geflecht *n*, Netz *n*; **2.** Netz-, Fi'letarbeit *f*; **3.** *fig.* Netz *n*: ***~ of roads*** Straßennetz; ***~ of intrigues*** Netz von Intrigen; **4.** ⚡ a) Leitungs-, Verteilungsnetz *n*, b) *Rundfunk*: Sendernetz *n*, -gruppe *f*; **~ yield** *s.* ✝ effek'tive Ren'dite *od.* Verzinsung, Nettoertrag *m.*

neu·ral ['njʊərəl] *adj. physiol.* Nerven...: ***~ axis*** Nervenachse *f.*

neu·ral·gia [ˌnjʊə'rældʒə] *s.* ⚕ Neural'gie *f*, Nervenschmerz *m*; **ˌneu'ral·gic** [-dʒɪk] *adj.* (□ ***~ally***) neur'algisch.

neu·ras·the·ni·a [ˌnjʊərəs'θiːnɪə] *s.* ⚕ Neurasthe'nie *f*, Nervenschwäche *f*; **ˌneu·ras'then·ic** [-'θenɪk] ⚕ **I** *adj.* (□ ***~ally***) neura'sthenisch; **II** *s.* Neura'stheniker(in).

neu·ri·tis [ˌnjʊə'raɪtɪs] *s.* Nervenentzündung *f.*

neu·rol·o·gist [ˌnjʊə'rɒlədʒɪst] *s.* Neuro'loge *m*, Nervenarzt *m*; **ˌneu'rol·o·gy** [-dʒɪ] *s.* Neurolo'gie *f.*

neu·ro·path ['njʊərəʊpæθ] *s.* ⚕ Nervenleidende(r *m*) *f*; **neu·ro·path·ic** [ˌnjʊərəʊ'pæθɪk] *adj.* (□ ***~ally***) neuro'pathisch: a) ner'vös (*Leiden etc.*), b) nervenkrank; **neu·rop·a·thist** [ˌnjʊə'rɒpəθɪst] → ***neurologist***; **neu'rop·a·thy** [ˌnjʊə'rɒpəθɪ] *s.* Nervenleiden *n.*

neu·rop·ter·an [ˌnjʊə'rɒptərən] *zo.* **I** *adj.* Netzflügler...; **II** *s.* Netzflügler *m.*

neu·ro·sis [ˌnjʊə'rəʊsɪs] *pl.* **-ses** [-siːz] *s.* ⚕ Neu'rose *f*; **ˌneu'rot·ic** [-'rɒtɪk] **I** *adj.* (□ ***~ally***) **1.** neu'rotisch; **2.** Nerven...(*-mittel*, *-leiden etc.*); **II** *s.* **3.** Neu'rotiker(in); **4.** Nervenmittel *n*; **ˌneu'rot·o·my** [-'rɒtəmɪ] *s.* **1.** 'Nervenanatoˌmie *f*; **2.** Nervenschnitt *m.*

neu·ter ['njuːtə] **I** *adj.* **1.** *ling.* a) sächlich, b) intransitiv (*Verb*); **2.** *biol.* geschlechtslos; **II** *s.* **3.** *ling.* a) Neutrum *n*, sächliches Hauptwort, b) intransitives Verb; **4.** ⚘ Blüte *f* ohne Staubgefäße u. Stempel; **5.** *zo.* geschlechtsloses *od.* kastriertes Tier; **III** *v/t.* **6.** kastrieren.

neu·tral ['njuːtrəl] **I** *adj.* □ **1.** neu'tral (*a. pol.*), par'teilos, 'unparˌteiisch, unbeteiligt; **2.** neutral, unbestimmt, farblos; **3.** neutral (*a.* ⚗, ⚡), gleichgültig, 'indiffeˌrent; **4.** ⚘, *zo.* geschlechtslos; **5.** ⚙, *mot.* a) Ruhe..., Null... (*Lage*), b) Leerlauf... (*Gang*); **II** *s.* **6.** a) Neu'trale(r *m*) *f*, Par'teilose(r *m*) *f*, b) neutraler Staat, c) Angehörige(r *m*) *f* e-s neutralen Staates; **7.** *mot.*, ⚙ Ruhelage *f*, Leerlaufstellung *f*: ***put the car in ~*** den Gang herausnehmen; **~ ax·is** *s.* ⚗, *phys.*, ⚙ neutrale Achse, Nullinie *f*; **~ con·duc·tor** *s.* ⚡ Nulleiter *m*; **~ gear** *s.* ⚙ Leerlauf(gang) *m*.

neu·tral·ism ['nju:trəlɪzəm] *s.* Neutra'lismus *m*; **'neu·tral·ist** [-ɪst] **I** *s.* Neutra'list *m*; **II** *adj.* neutra'listisch.

neu·tral·i·ty [nju:'trælətɪ] *s.* Neutrali'tät *f* (*a.* ⚗, *pol.*).

neu·tral·i·za·tion [ˌnju:trəlaɪ'zeɪʃn] *s.* **1.** Neutralisierung *f*, Ausgleichung *f*, (gegenseitige) Aufhebung; **2.** ⚗ Neutralisati'on *f*; **3.** *pol.* Neutrali'tätserklärung *f e-s Staates etc.*; **4.** ⚡ Entkopplung *f*; **5.** ⚔ Niederhaltung *f*, Lahmlegung *f*, *a. sport*: Ausschaltung *f*; **neu·tral·ize** ['nju:trəlaɪz] *v/t.* **1.** neutralisieren (*a.* ⚗), ausgleichen, aufheben: ***to ~ each other*** sich gegenseitig aufheben; **2.** *pol.* für neu'tral erklären; **3.** ⚡ neutralisieren, entkoppeln; **4.** ⚔ niederhalten, -kämpfen, *a. sport*: *Gegner* ausschalten; *Kampfstoff* entgiften.

neu·tral| line *s.* **1.** ⚗, *phys.* Neu'trale *f*, neu'trale Linie; **2.** *phys.* Nullinie *f*; **3.** → ***neutral axis***; **~ po·si·tion** *s.* **1.** ⚙ Nullstellung *f*, -lage *f*; Ruhestellung *f*; **2.** ⚡ neutrale Stellung (*Anker etc.*).

neu·tro·dyne ['nju:trədaɪn] *s.* ⚡ Neutro'dyn *n*.

neu·tron ['nju:trɒn] *phys.* **I** *s.* Neu'tron *n*; **II** *adj.* Neutronen...(*-bombe, -zahl etc.*).

né·vé ['neveɪ] (*Fr.*) *s.* Firn(feld *n*) *m*.

nev·er ['nevə] *adv.* **1.** nie, niemals, nimmer(mehr); **2.** durch'aus nicht, (ganz und) gar nicht, nicht im geringsten; **3.** (doch) wohl nicht;

Besondere Redewendungen:

~ fear nur keine Bange!; ***~ mind*** das macht nichts!; ***well I ~!*** F nein, so was!, das ist ja unerhört!; ***~ so*** auch noch so; ***he ~ so much as answered*** er hat noch nicht einmal geantwortet; ***~ say die!*** nur nicht verzweifeln!

'nev·er|-do-ˌwell *s.* Taugenichts *m*, Tunichtgut *m*; **ˌ~-'end·ing** [-ər'e-] *adj.* endlos, nicht enden wollend; **ˌ~-'fail·ing** *adj.* **1.** unfehlbar, untrüglich; **2.** nie versiegend; **ˌ~'more** *adv.* nimmermehr, nie wieder; **ˌ~-'nev·er** *s.* F **1.** ***buy on the ~*** ‚abstottern', auf Pump kaufen; **2.** *a.* ***~ land*** a) ‚Arsch *m* der Welt', b) *fig.* Wolken'kuckucksheim *n*.

ˌnev·er·the'less *adv.* nichtsdesto'weniger, dennoch, trotzdem.

ne·vus ['ni:vəs] *s.* ⚕ Muttermal *n*, Leberfleck *m*: ***vascular ~*** Feuermal.

new [nju:] **I** *adj.* □ → ***newly***; **1.** *allg.* neu: ***nothing ~*** nichts Neues; → ***broom***[2]; **2.** *a. ling.* neu, mo'dern; *bsd. contp.* neumodisch; **3.** neu (*Obst etc.*), frisch (*Brot, Milch etc.*); **4.** neu (*Ggs. alt*), gut erhalten: ***as good as ~*** so gut wie neu; **5.** neu(entdeckt *od.* -erschienen *od.* -erstanden *od.* -geschaffen): ***~ facts***; ***~ star***; ***~ moon*** Neumond *m*; ***~ publications*** Neuerscheinungen *pl.*; ***the ~ woman*** die Frau von heute; ***the 2 World*** die Neue Welt (*Amerika*); ***that is not ~ to me*** das ist mir nichts Neues; **6.** unerforscht: ***~ ground*** Neuland *n* (*a. fig.*); **7.** neu(gewählt, -ernannt): ***the ~ president***; **8.** (***to***) a) *j-m* unbekannt, b) nicht vertraut (mit *e-r Sache*), unerfahren (in *dat.*), c) *j-m* ungewohnt; **9.** neu, ander, besser: ***feel a ~ man*** sich wie neugeboren fühlen; **10.** erneut: ***a ~ start***; **11.** (*bsd. bei Ortsnamen*) Neu...; **II** *adv.* **12.** neu(erlich), so'eben, frisch (*bsd. in Zssgn*): ***~-built*** neuerbaut.

'new|-born *adj.* neugeboren (*a. fig.*); **~ build·ing** *s.* Neubau *m*; **'~-come** *adj.* neuangekommen; **'~ˌcom·er** *s.* **1.** Neuankömmling *m*, Fremde(r *m*) *f*; **2.** Neuling *m* (***to*** in *e-m Fach*); **2 Deal** *s. hist.* New Deal *m* (*Wirtschafts- u. Sozialpolitik des Präsidenten F. D. Roosevelt*).

new·el ['nju:əl] *s.* ⚙ **1.** Spindel *f* (*Wendeltreppe, Gußform etc.*); **2.** Endpfosten *m* (*Geländer*).

'new|ˌfan·gled [-ˌfæŋgld] *adj.* *contp.* neu(modisch); **'~-fledged** *adj.* **1.** flügge geworden; **2.** *fig.* neugebacken; **ˌ~-'found** *adj.* **1.** neugefunden; neuerfunden; **2.** neuentdeckt.

New·found·land (dog) [nju:'faʊndlənd], **New'found·land·er** [-də] *s.* Neu'fundländer *m* (*Hund*).

new·ish ['nju:ɪʃ] *adj.* ziemlich neu; **new·ly** ['nju:lɪ] *adv.* **1.** neulich, kürzlich, jüngst: ***~ married*** neu-, jungvermählt; **2.** von neuem; **new·ness** ['nju:nɪs] *s.* Neuheit *f*, *das* Neue; *fig.* Unerfahrenheit *f*.

ˌnew-'rich I *adj.* neureich; **II** *s.* Neureiche(r *m*) *f*, Parve'nü *m*.

news [nju:z] *s. pl. sg. konstr.* **1.** *das* Neue, Neuigkeit(en *pl.*) *f*, Neues *n*, Nachricht(en *pl.*) *f*: ***a piece of ~*** e-e Nachricht *od.* Neuigkeit; ***at this ~*** bei dieser Nachricht; ***commercial ~*** ✝ Handelsteil *m* (*Zeitung*); ***break the (bad) ~ to s.o.*** j-m die (schlechte) Nachricht (schonend) beibringen; ***have ~ from s.o.*** von j-m Nachricht haben; ***it is ~ to me*** das ist mir (ganz) neu;

what('s the) ~? was gibt es Neues?; ***~ certainly travels fast!*** es spricht sich alles herum!; ***he is bad ~s*** *Am. sl.* mit ihm werden wir Ärger kriegen; **2.** neueste (Zeitungs-, Radio)Nachrichten *pl.*: ***be in the ~*** (in der Öffentlichkeit) von sich reden machen; **~ a·gen·cy** *s.* ˈNachrichtenagenˌtur *f*, -büˌro *n*; **~ a·gent** *s.* Zeitungshändler(in); **~ black·out** *s.* Nachrichtensperre *f*; **ˈ~·boy** *s.* Zeitungsjunge *m*; **~ butch·er** *s.* 🚂 *Am.* Verkäufer *m* von Zeitungen, Süßigkeiten *etc.*; **ˈ~·cast** *s. Radio*, *TV*: Nachrichtensendung *f*; **ˈ~ˌcast·er** *s.* Nachrichtensprecher(in); **~ cin·e·ma** *s.* Aktualiˈtätenkino *n*; **~ con·fer·ence** *s.* ˈPressekonfeˌrenz *f*; **~ deal·er** *Am.* → ***news agent***; **~ flash** *s.* (eingeblendete) Kurzmeldung; **ˈ~·hawk** *s.*, **ˈ~·hound** *s. Am.* F ˈZeitungsreˌporter (-in); **~ i·tem** *s.* ˈPressenoˌtiz *f*; **ˈ~-ˌlet·ter** *s.* (Nachrichten)Rundschreiben *n*, Zirkuˈlar *n*; **~ mag·a·zine** *s.* ˈNachrichtenmagaˌzin *n*; **ˈ~·man** [-mæn] *s.* [*irr.*] **1.** Zeitungshändler *m*, -austräger *m*; **2.** Journaˈlist *m*; **ˈ~ˌmon·ger** *s.* Neuigkeitskrämer(in).

ˈnewsˌpa·per *s.* Zeitung *f*; **~ ad·ver·tise·ment** *s.* ˈZeitungsanˌnonce *f*, -anzeige *f*; **~ clip·ping** *Am.*, **~ cut·ting** *s.* Zeitungsausschnitt *m*; **ˈ~·man** [-mæn] *s.* [*irr.*] **1.** Zeitungsverkäufer *m*; **2.** Journaˈlist *m*; **3.** Zeitungsverleger *m*.

ˈnews|·print *s.* ˈZeitungspaˌpier *n*; **ˈ~ˌread·er** *s. Brit.* für ***newscaster***; **ˈ~·reel** *s.* Wochenschau *f*; **ˈ~·room** [-rʊm] *s.* **1.** ˈNachrichtenraum *m*, -zenˌtrale *f*; **2.** *Brit.* Zeitschriftenlesesaal *m*; **3.** *Am.* ˈZeitungsladen *m*, -kiˌosk *m*; **~ serv·ice** *s.* Nachrichtendienst *m*; **ˈ~·sheet** *s.* Informatiˈonsblatt *n*; **ˈ~·stall** *s. Brit.*, **ˈ~·stand** *s.* ˈZeitungskiˌosk *m*, -stand *m*.

New Style *s.* neue Zeitrechnung (*nach dem Gregorianischen Kalender*), neuer Stil.

news| ven·dor *s.* Zeitungsverkäufer(in); **ˈ~ˌwor·thy** *adj.* von Interˈesse (für den Zeitungsleser), aktuˈell.

news·y [ˈnju:zɪ] *adj.* F voller Neuigkeiten.

newt [nju:t] *s. zo.* Wassermolch *m*.

new·ton [ˈnju:tn] *s. phys.* Newton *n* (*Maßeinheit*).

New·to·ni·an [nju:ˈtəʊnjən] *adj.* Newton(i)sch: ***~ force*** Newtonsche Kraft.

new| year *s.* Neujahr *n*, *das* neue Jahr; **ℒ Year** *s.* Neujahrstag *m*; **ℒ Year's Day** *s.* Neujahrstag *m*; **ℒ Year's Eve** *s.* Silˈvesterabend *m*.

next [nekst] **I** *adj.* **1.** nächst, nächstfolgend, -stehend: ***the ~ house (train)*** das nächste Haus (der nächste Zug); ***(the) ~ day*** am nächsten *od.* folgenden Tag; ***~ door*** (im Haus) nebenan; ***~ door to*** *fig.* beinahe, fast *unmöglich etc.*, so gut wie; ***~ to*** a) (gleich) neben, b) (gleich) nach (*Rang*, *Reihenfolge*), c) fast *unmöglich etc.*; ***~ to nothing*** fast gar nichts; ***~ to last*** zweitletzt; ***the ~ but one*** der (die, das) übernächste; ***~ in size*** a) nächstgrößer, b) nächstkleiner; ***~ friend*** ⚖ Prozeßpfleger *m*; ***the ~ of kin*** der (*pl.* die) nächste(n) Angehörige(n) *od.* Verwandte(n); ***be ~ best*** a) der (die, das) Zweitbeste sein, b) (***to***) *fig.* gleich kommen (nach), fast so gut sein (wie); ***week after ~*** übernächste Woche; ***what ~?*** was (denn) noch?; **II** *adv.* **2.** (*Ort*, *Zeit etc.*) zuˈnächst, gleich darˈauf, als nächste(r) *od.* nächstes: ***come ~*** (als nächstes) folgen; **3.** nächstens, demnächst, das nächste Mal; **4.** (*bei Aufzählung*) dann, darˈauf; **III** *prp.* **5.** (gleich) neben (*dat.*) *od.* bei (*dat.*) *od.* an (*dat.*); **6.** zuˈnächst nach, (*an Rang*) gleich nach; **IV** *s.* **7.** *der* (*die*, *das*) Nächste; **ˈnext-door** *adj.* nebenˈan, im Nachbar- *od.* Nebenhaus, benachbart.

nex·us [ˈneksəs] *s.* Verknüpfung *f*, Zs.-hang *m*.

nib [nɪb] *s.* **1.** Schnabel *m* (*Vogel*); **2.** (Gold-, Stahl)Spitze *f* (*Schreibfeder*); **3.** *pl.* Kaffee- *od.* Kaˈkaobohnenstückchen *pl.*

nib·ble [ˈnɪbl] **I** *v/t.* **1.** nagen, knabbern an (*dat.*): ***~ off*** abbeißen, -fressen; **2.** vorsichtig anbeißen (*Fische am Köder*); **II** *v/i.* **3.** nagen, knabbern (***at*** an *dat.*): ***~ at one's food*** im Essen herumstochern; **4.** *Kekse etc.* ‚knabbern', naschen; **5.** (fast) anbeißen (*Fisch*) (*a. fig. Käufer*); **6.** *fig.* kritteln, tadeln; **III** *s.* **7.** Nagen *n*, Knabbern *n*; **8.** (kleiner) Bissen, Happen *m*.

nib·lick [ˈnɪblɪk] *s. Golf*: *obs.* Niblick *m* (*Schläger*).

nibs [nɪbz] *s. pl. sg. konstr.* F ‚großes Tier': ***his ~*** ‚seine Hoheit'.

nice [naɪs] *adj.* □ **1.** fein (*Beobachtung*, *Sinn*, *Urteil*, *Unterschied etc.*); **2.** lekker, fein (*Speise etc.*); **3.** nett, freundlich (***to*** zu *j-m*); **4.** nett, hübsch, schön (*alle a. iro.*): ***~ girl***; ***~ weather***; ***a ~ mess*** *iro.* e-e schöne Bescherung; ***~ and fat*** schön fett; ***~ and warm*** hübsch warm; **5.** niedlich, nett; **6.** heikel, wählerisch (***about*** in *dat.*); **7.** (peinlich) genau, gewissenhaft; **8.** (*mst mit* ***not***) anständig; **9.** *fig.* heikel, schwierig; **'nice·ly** [-lɪ] *adv.* **1.** nett, fein: ***I was done ~*** *sl. iro.* ich wurde schön übers Ohr gehauen; **2.** gut, fein, befriedigend: ***that will do ~*** das paßt ausgezeichnet; ***she is doing ~*** F es geht ihr gut (*od.* besser), sie macht gute Fortschritte; **3.** sorgfältig, genau; **'nice·ness** [-nɪs] *s.* **1.** Feinheit *f*; **2.** Nettheit *f*; Niedlichkeit *f*; **3.** F Nettigkeit *f*; **4.** Schärfe *f des Urteils*; **5.** Genauigkeit *f*, Pünktlichkeit *f*; **'ni·ce·ty** [-sətɪ] **1.** Feinheit *f*, Schärfe *f des Urteils etc.*; **2.** peinliche Genauigkeit, Pünktlichkeit *f*: ***to a ~*** aufs genaueste, bis aufs Haar; **3.** Spitzfindigkeit *f*; **4.** *pl.* kleine 'Unterschiede *pl.*, Feinheiten *pl.*: ***not to stand upon niceties*** es nicht so genau nehmen; **5.** wählerisches Wesen; **6.** ***the niceties of life*** die Annehmlichkeiten des Lebens.

niche [nɪtʃ] **I** *s.* **1.** ⚠, *a.* ⚘ Nische *f*; **2.** *fig.* Platz *m*, wo man hingehört: ***he finally found his ~ in life*** er hat endlich s-n Platz im Leben gefunden; **3.** *fig.* (ruhiges) Plätzchen; **II** *v/t.* **4.** mit e-r Nische versehen; **5.** in e-e Nische stellen.

ni·chrome ['naɪkrəʊm] *s.* ⚙ Nickelchrom *n*.

Nick[1] [nɪk] *npr.* **1.** Niki *m* (*Koseform zu* ***Nicholas***); **2.** ***Old ~*** *sl.* der Teufel.

nick[2] [nɪk] **I** *s.* **1.** Kerbe *f*, Einkerbung *f*, Einschnitt *m*; **2.** Kerbholz *n*; **3.** *typ.* Signa'tur(rinne) *f*; **4.** ***in the*** (***very***) ***~*** (***of time***) a) im richtigen Augenblick, wie gerufen, b) im letzten Moment; ***in good ~*** ‚gut in Schuß'; **5.** *Würfelspiel etc.*: (hoher) Wurf, Treffer *m*; **II** *v/t.* **6.** (ein)kerben, einschneiden: ***~ out*** auszacken, -furchen; ***~ o.s.*** sich *beim Rasieren* schneiden; **7.** *et.* glücklich treffen: ***~ the time*** gerade den richtigen Zeitpunkt treffen; **8.** erraten; **9.** *Zug etc.* erwischen, (noch) kriegen; **10.** *Brit. sl.* a) betrügen, reinlegen, b) ‚klauen', c) *j-n* ‚schnappen' *od.* ‚einlochen'.

nick·el ['nɪkl] **I** *s.* **1.** ⚗, *min.* Nickel *n*; **2.** *Am.* F Nickel *m*, Fünf'centstück *n*; **II** *adj.* **3.** Nickel...; **III** *v/t.* **4.** vernickeln; **~ bloom** *s. min.* Nickelblüte *f*; **'~-clad sheet** *s.* ⚙ nickelplattiertes Blech.

nick·el·o·de·on [ˌnɪkə'ləʊdɪən] *s. Am.* **1.** *hist.* billiges ('Film-, Varie'té)TheˌAter; **2.** Mu'sikautoˌmat *m*.

'nick·el|-plate *v/t.* ⚙ vernickeln; **'~-ˌplat·ing** *s.* Vernickelung *f*; **~ sil·ver** *s.* Neusilber *n*; **~ steel** *s.* Nickelstahl *m*.

nick·nack ['nɪknæk] → ***knickknack***.

nick·name ['nɪkneɪm] **I** *s.* Spitzname *m*; ⚔ Deckname *m*; **II** *v/t.* mit e-m Spitznamen bezeichnen, *j-m* e-n *od.* den Spitznamen geben.

nic·o·tine ['nɪkətiːn] *s.* ⚗ Niko'tin *n*; **'nic·o·tin·ism** [-nɪzəm] *s.* Niko'tinvergiftung *f*.

nide [naɪd] *s.* (Fa'sanen)Nest *n*.

nid·i·fy ['nɪdɪfaɪ] *v/i.* nisten.

nid-nod ['nɪdnɒd] *v/i.* (mehrmals *od.* ständig) nicken.

ni·dus ['naɪdəs] *pl. a.* **-di** [-daɪ] *s.* **1.** *zo.* Nest *n*, Brutstätte *f*; **2.** *fig.* Lagerstätte *f*, Sitz *m*; **3.** ⚘ Herd *m e-r Krankheit*.

niece [niːs] *s.* Nichte *f*.

nif·ty ['nɪftɪ] *adj. sl.* **1.** ‚sauber': a) hübsch, fesch, b) prima, c) raffiniert; **2.** *Brit.* stinkend.

nig·gard ['nɪgəd] **I** *s.* Knicker(in), Geizhals *m*, Filz *m*; **II** *adj.* □ geizig, knikk(er)ig, kärglich; **'nig·gard·li·ness** [-lɪnɪs] *s.* Knause'rei *f*, Geiz *m*; **'nig·gard·ly** [-lɪ] **I** *adv.* → ***niggard*** II; **II** *adj.* schäbig, kümmerlich: ***a ~ gift***.

nig·ger ['nɪgə] *s.* F *contp.* Nigger *m*, Neger(in), Schwarze(r *m*) *f*: ***work like a ~*** wie ein Pferd arbeiten, schuften; ***~ in the woodpile*** *sl. der* Haken an der Sache.

nig·gle ['nɪgl] *v/i.* **1.** pe'dantisch sein *od.* her'umtüfteln; **2.** trödeln; **3.** nörgeln, ‚meckern'.

nigh [naɪ] *obs. od. poet.* **I** *adv.* **1.** nahe (***to*** an *dat.*): ***~*** (***un***)***to death*** dem Tode nahe; ***~ but*** beinahe; ***draw ~ to*** sich nähern (*dat.*); **2.** *mst* ***well ~*** beinahe, nahezu; **II** *prp.* **3.** nahe bei, neben.

night [naɪt] *s.* **1.** Nacht *f*: ***at ~***, ***by ~***, ***in the ~***, F ***o'nights*** bei Nacht, nachts, des Nachts; ***~'s lodging*** Nachtquartier *n*; ***all ~*** (***long***) die ganze Nacht (hindurch); ***over ~*** über Nacht; ***bid*** (*od.* ***wish***) ***s.o. good ~*** j-m gute Nacht wünschen; ***make a ~ of it*** die ganze Nacht durchmachen, -feiern, sich die Nacht um die Ohren schlagen; ***stay the ~ at*** übernachten in *e-m Ort od.* bei *j-m*; **2.** Abend *m*: ***last ~*** gestern abend; ***the ~ before last*** vorgestern abend; ***first ~*** *thea.* Erstaufführung *f*, Premiere *f*; ***a ~ of Wagner*** Wagnerabend; ***on the ~ of May 4th*** am Abend des 4. Mai; ***~ out*** freier Abend; ***have a ~ out*** e-n Abend ausspannen, ausgehen; **3.** *fig.* Nacht *f*, Dunkelheit *f*; **~ at·tack** *s.* ⚔ Nachtangriff *m*; **~ bird** *s.* **1.** Nachtvogel *m*; **2.** *fig.* Nachtschwärmer *m*; **'~-blind** *adj.* ⚘ nachtblind; **'~·cap** *s.* **1.** Nachtmütze *f*, -haube *f*; **2.** *fig.* Schlummertrunk *m*; **~ club** *s.* Nachtklub *m*, 'NachtloˌKal *n*; **'~·dress** *s.* Nachthemd *n* (*für Frauen u. Kinder*); **~ ex·po·sure** *s. phot.* Nachtaufnahme *f*; '~·**fall** *s*. Einbruch *m* der Nacht; ~ **fight·er** *s*. ✈, ⚔ Nachtjäger *m*; ~ **glass** *s*. Nachtfernrohr *n*, -glas *n*; '~·**gown** → ***nightdress***.

night·in·gale ['naɪtɪŋgeɪl] *s*. *orn*. Nachtigall *f*.

'**night**|·**jar** *s*. *orn*. Ziegenmelker *m*; ~ **leave** *s*. ⚔ Urlaub *m* bis zum Wecken; ~ **let·ter**(**-gram**) *s*. *Am*. (verbilligtes) 'Nachttele,gramm; '~·**life** *s*. Nachtleben *n*; '~·**long** **I** *adj*. e-e *od*. die ganze Nacht dauernd; **II** *adv*. die ganze Nacht (hin'durch).

night·ly ['naɪtlɪ] **I** *adj*. **1.** nächtlich, Nacht…; **2.** jede Nacht *od*. jeden Abend stattfindend; **II** *adv*. **3.** a) (all-) nächtlich, jede Nacht, b) jeden Abend, (all)abendlich.

night·mare ['naɪtmeə] *s*. **1.** Nachtmahr *m* (*böser Geist*); **2.** ⚕ Alp(drücken *n*) *m*, böser Traum; **3.** *fig*. Schreckgespenst *n*, Alptraum *m*, Spuk *m*; '**night·mar·ish** [-eərɪʃ] *adj*. beklemmend, schauerlich.

night| **nurse** *s*. Nachtschwester *f*; ~ **owl** *s*. **1.** *orn*. Nachteule *f* (*a*. F *fig*. *Nachtmensch*); **2.** F Nachtschwärmer *m*; ~ **por·ter** *s*. 'Nachtporti,er *m*.

nights [naɪts] *adv*. F bei Nacht, nachts.

night| **school** *s*. Abend-, Fortbildungsschule *f*; '~·**shade** *s*. ⚘ Nachtschatten *m*: ***deadly*** ~ Tollkirsche *f*; ~ **shift** *s*. Nachtschicht *f*: ***be on*** ~ Nachtschicht haben; '~·**shirt** *s*. Nachthemd *n* (*für Männer u. Knaben*); '~·**spot** *s*. F *für* ***nightclub***; '~·**stand** *s*. *Am*. Nachttisch *m*; ~ **stick** *s*. *Am*. Schlagstock *m der Polizei*; '~·**stool** *s*. Nachtstuhl *m*; '~·**time** *s*. Nachtzeit *f*; ~ **vi·sion** *s*. **1.** nächtliche Erscheinung; **2.** Nachtsehvermögen *n*; ~ **watch** *s*. Nachtwache *f*; ,~'**watch·man** [-mən] *s*. [*irr*.] Nachtwächter *m*; '~·**wear** *s*. Nachtzeug *n*.

night·y ['naɪtɪ] *s*. F (Damen-, Kinder-) Nachthemd *n*.

ni·hil·ism ['naɪɪlɪzəm] *s*. *phls*., *pol*. Nihi'lismus *m*; '**ni·hil·ist** [-ɪst] **I** *s*. Nihi'list (-in); **II** *adj*. → **ni·hil·is·tic** [,naɪɪ'lɪstɪk] *adj*. nihi'listisch.

nil [nɪl] *s*. Nichts *n*, Null *f* (*bsd. in Spielresultaten*): ***two goals to*** ~ zwei zu null (2:0); ~ ***report*** Fehlanzeige *f*; ***his influence is*** ~ *fig*. sein Einfluß ist gleich null.

nim·ble ['nɪmbl] *adj*. □ flink, hurtig, gewandt, be'hend: ~ ***mind*** *fig*. beweglicher Geist, rasche Auffassungsgabe; ,~'**fin·gered** *adj*. **1.** geschickt; **2.** langfingerig, diebisch; ,~'**foot·ed** *adj*. leicht-, schnellfüßig.

nim·ble·ness ['nɪmblnɪs] *s*. Flinkheit *f*, Gewandtheit *f*, *fig*. *a*. geistige Beweglichkeit.

nim·bus ['nɪmbəs] *pl*. **-bi** [-baɪ] *od*. **-bus·es** *s*. **1.** *a*. ~ ***cloud*** graue Regenwolke; **2.** Nimbus *m*: a) Heiligenschein *m*, b) *fig*. Ruhm *m*.

nim·i·ny-pim·i·ny [,nɪmɪnɪ'pɪmɪnɪ] *adj*. affek'tiert, ‚etepe'tete'.

Nim·rod ['nɪmrɒd] *npr*. *Bibl*. *u*. *fig*. Nimrod *m* (*großer Jäger*).

nin·com·poop ['nɪnkəmpu:p] *s*. Einfaltspinsel *m*, Trottel *m*.

nine [naɪn] **I** *adj*. **1.** neun: ~ ***days' wonder*** Tagesgespräch *n*, sensationelles Ereignis; ~ ***times out of ten*** in neun von zehn Fällen; **II** *s*. **2.** Neun *f*, Neuner *m* (*Spielkarte etc*.): ***the*** ~ ***of hearts*** Herzneun; ***to the*** ~***s*** in höchstem Maße; ***dressed up to the*** ~***s*** piekfein gekleidet, aufgedonnert; **3.** ***the*** ≈ die neun Musen; **4.** *sport* Baseballmannschaft *f*; '**nine·fold** **I** *adj*. *u*. *adv*. neunfach; **II** *s*. *das* Neunfache; '**nine·pins** *s*. *pl*. **1.** Kegel *pl*.: ~ ***alley*** Kegelbahn *f*; **2.** *a*. *sg*. *konstr*. Kegelspiel *n*: ***play*** ~ Kegel spielen, kegeln.

nine·teen [,naɪn'ti:n] **I** *adj*. neunzehn; → ***dozen*** 2; **II** *s*. Neunzehn *f*; ,**nine'teenth** [-θ] **I** *adj*. neunzehnt; **II** *s*. Neunzehntel *n*; **nine·ti·eth** ['naɪntɪɪθ] **I** *adj*. neunzigst; **II** *s*. Neunzigstel *n*; **nine·ty** ['naɪntɪ] **I** *s*. Neunzig *f*: ***he is in his nineties*** er ist in den Neunzigern; ***in the nineties*** in den neunziger Jahren (*e-s Jahrhunderts*); **II** *adj*. neunzig.

nin·ny ['nɪnɪ] F *s*. Trottel *m*.

ninth [naɪnθ] **I** *adj*. **1.** neunt: ***in the*** ~ ***place*** neuntens, an neunter Stelle; **II** *s*. **2.** *der* (*die*, *das*) Neunte; **3.** *a*. ~ ***part*** Neuntel *n*; **4.** ♪ None *f*; '**ninth·ly** [-lɪ] *adv*. neuntens.

nip[1] [nɪp] **I** *v/t*. **1.** kneifen, zwicken, klemmen: ~ ***off*** abzwicken, -kneifen, -beißen; **2.** (*durch Frost etc*.) beschädigen, vernichten, ka'puttmachen: ~ ***in the bud*** *fig*. im Keim ersticken; **3.** *sl*. → ***nick***[2] 10 b *u*. c; **II** *v/i*. **4.** schneiden (*Kälte*, *Wind*); ⚙ klemmen (*Maschine*); **5.** F ‚flitzen': ~ ***in*** hineinschlüpfen; ~ ***on ahead*** nach vorne flitzen; **III** *s*. **6.** Kneifen *n*, Kniff *m*, Biß *m*; **7.** Schneiden *n* (*Kälte etc*.); scharfer Frost; **8.** ⚘ Frostbrand *m*; **9.** Knick *m* (*Draht etc*.); **10.** ~ ***and tuck***, *attr*. ~***-and-tuck*** *Am*. auf Biegen oder Brechen, scharf (*Kampf*), hart (*Rennen*).

nip[2] [nɪp] **I** *v/i*. *u*. *v/t*. nippen (an *dat*.); **II** *s*. Schlückchen *n*.

Nip [nɪp] *s*. *sl*. ‚Japs' *m*.

nip·per [ˈnɪpə] *s.* **1.** *zo.* a) Vorder-, Schneidezahn *m* (*bsd. des Pferdes*), b) Schere *f* (*Krebs etc.*); **2.** *mst pl.* ⚙ a) *a.* ***a pair of ~s*** (Kneif)Zange *f*, b) Pinˈzette *f*; **3.** *pl.* Kneifer *m*; **4.** *Brit.* F Bengel *m*, ‚Stift' *m*; **5.** *pl.* F Handschellen *pl.*

nip·ping [ˈnɪpɪŋ] *adj.* □ **1.** kneifend; **2.** beißend, schneidend (*Kälte, Wind*); **3.** *fig.* bissig, scharf (*Worte*).

nip·ple [ˈnɪpl] *s.* **1.** *anat.* Brustwarze *f*; **2.** (Saug)Hütchen *n*, Sauger *m* (*e-r Saugflasche*); **3.** ⚙ (Speichen-, Schmier)Nippel *m*; (Rohr)Stutzen *m*.

nip·py [ˈnɪpɪ] **I** *adj.* **1.** → ***nipping*** 2, 3; **2.** F schnell, ‚fix'; spritzig (*Auto*); **II** *s.* **3.** *Brit.* F Kellnerin *f*.

ni·sei [ˈniːˌseɪ] *pl.* **-sei**, **-seis** *s.* Jaˈpaner (-in) geboren in den USA.

ni·si [ˈnaɪsaɪ] (*Lat.*) *cj.* ⚖ wenn nicht: ***decree ~*** vorläufiges Scheidungsurteil.

Nis·sen hut [ˈnɪsn] *s.* ⚔ Nissenhütte *f*, ˈWellblechbaˌracke *f*.

nit [nɪt] *s. zo.* Nisse *f*, Niß *f*.

ni·ter *Am.* → ***nitre***.

ˈnitˌpick·ing I *adj.* F kleinlich, ‚pingelig'; **II** *s.* ‚Pingeligkeit' *f*.

ni·trate [ˈnaɪtreɪt] **I** *s.* ⚗ Niˈtrat *n*, salˈpetersaures Salz: ***~ of silver*** salpetersaures Silber, Höllenstein *m*; ***~ of soda*** (*od.* ***sodium***) salpetersaures Natrium; **II** *v/t.* nitrieren; **III** *v/i.* sich in Salˈpeter verwandeln.

ni·tre [ˈnaɪtə] *s.* ⚗ Salˈpeter *m*: ***~ cake*** Natriumkuchen *m*.

ni·tric [ˈnaɪtrɪk] *adj.* ⚗ salˈpetersauer, Salpeter…, Stickstoff…; ***~ ac·id*** *s.* Salˈpetersäure *f*; ***~ ox·ide*** *s.* ˈStickstoffoˌxyd *n*.

ni·tride [ˈnaɪtraɪd] **I** *s.* Niˈtrid *n*; **II** *v/t.* nitrieren; **ni·trif·er·ous** [naɪˈtrɪfərəs] *adj.* **1.** stickstoffhaltig; **2.** salˈpeterhaltig; **ˈni·tri·fy** [-trɪfaɪ] **I** *v/t.* nitrieren; **II** *v/i.* sich in Salˈpeter verwandeln; **ˈni·trite** [-aɪt] *s.* Niˈtrit *n*, salˈpet(e)rigsaures Salz.

ni·tro·ben·zene [ˌnaɪtrəʊˈbenziːn], **ni·tro·ben·zol(e)** [ˌnaɪtrəʊˈbenzɒl] *s.* ⚗ Nitrobenˈzol *n*.

ni·tro·cel·lu·lose [ˌnaɪtrəʊˈseljʊləʊs] *s.* ⚗ Nitrozelluˈlose *f*: ***~ lacquer*** Nitro-(zellulose)lack *m*.

ni·tro·gen [ˈnaɪtrədʒən] *s.* ⚗ Stickstoff *m*: ***~ carbide*** Stickkohlenstoff *m*; ***~ chloride*** Chlorstickstoff; **ni·tro·gen·ize** [naɪˈtrɒdʒɪnaɪz] *v/t.* mit Stickstoff verbinden *od.* anreichern *od.* sättigen: ***~d foods*** stickstoffhaltige Nahrungsmittel; **ni·trog·e·nous** [naɪˈtrɒdʒɪnəs] *adj.* stickstoffhaltig.

ni·tro·glyc·er·in(e) [ˌnaɪtrəʊˈglɪsəriːn] *s.* ⚗ Nitroglyzeˈrin *n*.

ni·tro·hy·dro·chlo·ric [ˈnaɪtrəʊˌhaɪdrəʊˈklɒrɪk] *adj.* Salpetersalz…

ni·trous [ˈnaɪtrəs] *adj.* ⚗ Salpeter…, salˈpeterhaltig, salˈpetrig; ***~ ac·id*** *s.* salˈpetrige Säure; ***~ ox·ide*** *s.* ˈStickstoffoxyˌdul *n*, Lachgas *n*.

nit·ty-grit·ty [ˌnɪtɪˈgrɪtɪ] *s.*: ***get down to the ~*** F zur Sache kommen.

nit·wit [ˈnɪtwɪt] *s.* Schwachkopf *m*.

nix[1] [nɪks] *Am. sl. pron. adv.* ‚nix', nichts, *int. a.* nein.

nix[2] [nɪks] *pl.* **-es** *s.* Nix *m*, Wassergeist *m*; **ˈnix·ie** [-ksɪ] *s.* (Wasser)Nixe *f*.

no [nəʊ] **I** *adv.* **1.** nein: ***answer ~*** nein sagen; **2.** (*nach* ***or*** *am Ende e-s Satzes*) nicht (*jetzt mst* ***not***): ***whether … or ~*** ob … oder nicht; **3.** (*beim comp.*) um nichts, nicht: ***~ better a writer*** kein besserer Schriftsteller; ***~ longer*** (***ago***) ***than yesterday*** erst gestern; ***~!*** nicht möglich!, nein!; → ***more*** 2, 4, ***soon*** 1; **II** *adj.* **4.** kein(e): ***~ hope*** keine Hoffnung; ***~ one*** keiner; ***~ man*** niemand; ***~ parking*** Parkverbot; ***~ thoroughfare*** Durchfahrt gesperrt; ***in ~ time*** im Nu; ***~-claims bonus*** Vergütung *f* für Schadenfreiheit; **5.** kein, alles andere als ein(e): ***he is ~ artist***; ***~ such thing*** nichts dergleichen; **6.** (*vor ger.*): ***there is ~ denying*** es läßt sich *od.* man kann nicht leugnen; **III** *pl.* **noes** *s.* **7.** Nein *n*, verneinende Antwort, Absage *f*, Weigerung *f*; **8.** *parl.* Gegenstimme *f*: ***the ayes and ~es*** die Stimmen für u. wider; ***the ~es have it*** die Mehrheit ist dagegen, der Antrag ist abgelehnt.

ˈno-acˌcount *adj. Am. dial.* unbedeutend (*mst Person*).

nob[1] [nɒb] *s. sl.* ‚Birne' *f* (*Kopf*).

nob[2] [nɒb] *s. sl.* ‚feiner Pinkel' (*vornehmer Mann*), ‚großes Tier'.

nob·ble [ˈnɒbl] *v/t. sl.* **1.** betrügen, ‚reinlegen'; **2.** *j-n* auf s-e Seite ziehen, ‚herˈumkriegen'; **3.** bestechen; **4.** ‚klauen'.

nob·by [ˈnɒbɪ] *adj. sl.* schick.

No·bel Prize [nəʊˈbel] *s.* Noˈbelpreis *m*: ***~ winner*** Nobelpreisträger(in); ***Nobel Peace Prize*** Friedensnobelpreis.

no·bil·i·ar·y [nəʊˈbɪlɪərɪ] *adj.* adlig, Adels…

no·bil·i·ty [nəʊˈbɪlətɪ] *s.* **1.** *fig.* Adel *m*, Würde *f*, Vornehmheit *f*: ***~ of mind*** vornehme Denkungsart; ***~ of soul*** Seelenadel; **2.** Adel(sstand) *m*, *die* Adligen *pl.*; (*bsd. in England*) *der* hohe Adel: ***the ~ and gentry*** der hohe u. niedere Adel.

no·ble [ˈnəʊbl] **I** *adj.* □ **1.** adlig, von Adel; edel, erlaucht; **2.** *fig.* edel, nobel, erhaben, groß(mütig), vor'trefflich: ***the ~ art*** (***of self-defence***, *Am.* ***self-defense***) die edle Kunst der Selbstverteidigung (*Boxen*); **3.** prächtig, stattlich: ***a ~ edifice***; **4.** prächtig geschmückt (***with*** mit); **5.** *phys.* Edel...(*-gas*, *-metall*); **II** *s.* **6.** Edelmann *m*, (hoher) Adliger; **7.** *hist.* Nobel *m* (*Goldmünze*); **'~·man** [-mən] *s.* [*irr.*] **1.** Edelmann *m*, (hoher) Adliger; **2.** *pl. Schach*: Offi'ziere *pl.*; **ˌ~-'mind·ed** *adj.* edeldenkend; **ˌ~-'mind·ed·ness** *s.* vornehme Denkungsart, Edelmut *m*.

no·ble·ness ['nəʊblnɪs] *s.* **1.** Adel *m*, hohe Abstammung; **2.** *fig.* a) Adel *m*, Würde *f*, b) Edelsinn *m*, -mut *m*.

'no·bleˌwom·an *s.* [*irr.*] Adlige *f*.

no·bod·y ['nəʊbədɪ] **I** *adj. pron.* niemand, keiner: ***~ else*** sonst niemand, niemand anders; **II** *s. fig.* unbedeutende Per'son, ‚Niemand' *m*, ‚Null' *f*: ***be*** (***a***) ***~*** *a.* nichts sein, nichts zu sagen haben.

nock [nɒk] **I** *s. Bogenschießen*: Kerbe *f*; **II** *v/t.* a) *Pfeil* auf die Kerbe legen, b) *Bogen* einkerben.

noc·tam·bu·la·tion [nɒkˌtæmbjʊ'leɪʃn], *a.* **noc·tam·bu·lism** [nɒk'tæmbjʊlɪzəm] *s.* ⚕ Somnambu'lismus *m*, Nachtwandeln *n*; **noc·tam·bu·list** [nɒk'tæmbjʊlɪst] *s.* Schlafwandler(in), Somnam'bule(r *m*) *f*.

noc·turn ['nɒktɜːn] *s. R.C.* Nachtmette *f*; **noc·tur·nal** [nɒk'tɜːnl] *adj.* □ nächtlich, Nacht...; **noc·turne** ['nɒktɜːn] *s.* **1.** *paint.* Nachtstück *n*; **2.** ♪ Not'turno *n*.

noc·u·ous ['nɒkjʊəs] *adj.* □ **1.** schädlich; **2.** giftig (*Schlangen*).

nod [nɒd] **I** *v/i.* **1.** nicken: ***~ to s.o.*** j-m zunicken, j-n grüßen; ***~ding acquaintance*** oberflächliche(r) Bekannte(r), Grußbekanntschaft *f*; ***we are on ~ding terms*** wir grüßen uns; **2.** sich neigen (*Blumen etc.*) (*a. fig.* ***to*** vor *dat.*); wippen (*Hutfeder*); **3.** nicken, (*sitzend*) schlafen: ***~ off*** einnicken; **4.** *fig.* unaufmerksam sein, ‚schlafen': ***Homer sometimes ~s*** auch dem Aufmerksamsten entgeht manchmal etwas; **II** *v/t.* **5.** ***~ one's head*** (mit dem Kopf) nicken; **6.** (*durch Nicken*) andeuten: ***~ one's assent*** beifällig (zu)nicken; ***~ s.o. out*** j-n hinauswinken; **III** *s.* **7.** (Kopf)Nicken *n*, Wink *m*: ***give s.o. a ~*** j-m zunicken; ***go to the land of ~*** einschlafen; ***on the ~*** *Am. sl.* auf Pump.

nod·al ['nəʊdl] *adj.* Knoten...: ***~ point*** a) ♪, *phys.* Schwingungsknoten *m*, b) ⩕, *phys.* Knotenpunkt *m*.

nod·dle ['nɒdl] *s. sl.* Schädel *m*, ‚Birne' *f*, *fig.* ‚Grips' *m*.

node [nəʊd] *s.* **1.** *allg.* Knoten *m* (*a. ast.*, ♀, ⩕; *a. fig. im Drama etc.*): ***~ of a curve*** ⩕ Knotenpunkt *m* e-r Kurve; **2.** ⚕ Knoten *m*, Knötchen *n*: ***gouty ~*** Gichtknoten; **3.** *phys.* Schwingungsknoten *m*.

no·dose ['nəʊdəʊs] *adj.* knotig (*a.* ⚕), voller Knoten; **no·dos·i·ty** [nəʊ'dɒsətɪ] *s.* **1.** knotige Beschaffenheit; **2.** → ***node*** 2.

nod·u·lar ['nɒdjʊlə] *adj.* knoten-, knötchenförmig: ***~-ulcerous*** ⚕ tubero-ulzerös.

nod·ule ['nɒdjuːl] *s.* **1.** ♀, ⚕ Knötchen *n*: ***lymphatic ~*** Lymphknötchen *n*; **2.** *geol.*, *min.* Nest *n*, Niere *f*.

no·dus ['nəʊdəs] *pl.* **-di** [-daɪ] *s.* Knoten *m*, Schwierigkeit *f*.

nog [nɒg] *s.* **1.** Holznagel *m*, -klotz *m*; **2.** ⚠ a) Holm *m* (*querliegender Balken*), b) *Maurerei*: Riegel *m*.

nog·gin ['nɒgɪn] *s.* **1.** kleiner (Holz-) Krug; **2.** F ‚Birne' *f* (*Kopf*).

nog·ging ['nɒgɪŋ] *s.* ⚠ Riegelmauer *f*, (ausgemauertes) Fachwerk.

'no-good *Am.* F **I** *s.* Lump *m*, Nichtsnutz *m*; **II** *adj.* nichtsnutzig, elend, mise'rabel.

'no·how *adv.* F **1.** auf keinen Fall, durch'aus nicht; **2.** nichtssagend, ungut: ***feel ~*** nicht auf der Höhe sein; ***look ~*** nach nichts aussehen.

noil [nɔɪl] *s. sg. u. pl.* ✝, ⚙ Kämmling *m*, Kurzwolle *f*.

ˌno-'i·ron *adj.* bügelfrei (*Hemd etc.*).

noise [nɔɪz] **I** *s.* **1.** Geräusch *n*; Lärm *m*, Getöse *n*, Geschrei *n*: ***~ of battle*** Gefechtslärm; ***~ abatement***, ***~ control*** Lärmbekämpfung *f*; ***~ nuisance*** Lärmbelästigung *f*; ***hold your ~!*** F halt den Mund!; **2.** Rauschen *n* (*a.* ⚡ *Störung*), Summen *n*: ***~ factor*** ⚡ Rauschfaktor *m*; **3.** *fig.* Streit *m*, Krach *m*: ***make a ~*** Krach machen (***about*** wegen); → 4; **4.** *fig.* Aufsehen *n*, Geschrei *n*: ***make a great ~ in the world*** großes Aufsehen erregen; ***make a ~*** viel Tamtam machen (***about*** um); **5.** ***a big ~*** *sl.* ein hohes (*od.* großes) Tier (*wichtige Persönlichkeit*); **II** *v/i.* **6.** ***~ it*** lärmen; **III** *v/t.* **7.** ***~ abroad*** verbreiten, aussprengen.

noise·less ['nɔɪzlɪs] *adj.* □ laut-, geräuschlos (*a.* ⚙), still; **'noise·less·ness** [-nɪs] *s.* Geräuschlosigkeit *f*.

noise| lev·el *s.* Lärm-, ⚡ Störpegel *m*; **~ sup·pres·sion** *s.* ⚡ **1.** Störschutz *m*; **2.** Entstörung *f*; **~ volt·age** *s.* ⚡ **1.** Geräuschspannung *f*; **2.** Störspannung *f*.

nois·i·ness ['nɔɪzɪnɪs] *s*. Lärm *m*, Getöse *n*; lärmendes Wesen.

noi·some ['nɔɪsəm] *adj*. □ **1.** schädlich, ungesund; **2.** widerlich.

nois·y ['nɔɪzɪ] *adj*. □ **1.** geräuschvoll, laut; lärmend: ~ ***running*** ⚙ geräuschvoller Gang; ~ ***fellow*** Krakeeler *m*, Schreier *m*; **2.** *fig*. grell, schreiend (*Farbe etc*.); laut, aufdringlich (*Stil*).

nol·le ['nɒlɪ], **nol·le·pros** [ˌnɒlɪ'prɒs] (*Lat*.) ⚖ *Am*. **I** *v/i*. a) die Zu'rücknahme e-r Klage einleiten, b) *im Strafprozeß*: das Verfahren einstellen; **II** *s*. → ***nolle prosequi***.

nol·le pros·e·qui [ˌnɒlɪ'prɒsɪkwaɪ] (*Lat*.) *s*. ⚖ a) Zu'rücknahme *f* der (*Zivil*)Klage, b) Einstellung *f* des (*Straf*-)Verfahrens.

ˌ**no-'load** *s*. ⚡ Leerlauf *m*: ~ ***speed*** Leerlaufdrehzahl *f*.

nol-pros [nɒl'prɒs] → ***nolle*** I.

no·mad ['nɒməd] **I** *adj*. no'madisch, Nomaden…; **II** *s*. No'made *m*, No'madin *f*; **no·mad·ic** [nəʊ'mædɪk] *adj*. (□ ~***ally***) **1.** → ***nomad*** I; **2.** *fig*. unstet; '**no·mad·ism** [-dɪzəm] *s*. No'madentum *n*, Wanderleben *n*.

'**no-man's land** *s*. ⚔ Niemandsland *n* (*a. fig*.).

nom·bril ['nɒmbrɪl] *s*. Nabel *m* (*des Wappenschilds*).

nom de plume [ˌnɔ̃mdə'plu:m] (*Fr*.) *s*. Pseudo'nym *n*, Schriftstellername *m*.

no·men·cla·ture [nəʊ'menklətʃə] *s*. **1.** Nomenkla'tur *f*: a) (*wissenschaftliche*) Namengebung, b) Namensverzeichnis *n*; **2.** (*fachliche*) Terminolo'gie; **3.** *coll. die* Namen *pl*., Bezeichnungen *pl*. (*a*. ⩤).

nom·i·nal ['nɒmɪnl] *adj*. □ **1.** Namen…; **2.** nomi'nell, Nominal…: ~ ***consideration*** ⚖ formale Gegenleistung; ~ ***fine*** nominelle (*sehr geringe*) Geldstrafe; ~ ***rank*** Titularrang *m*; **3.** *ling*. nomi'nal; **4.** ⚙, ⚡ Nominal…, Nenn…, Soll…; ~ **ac·count** *s*. ✝ Sachkonto *n*; ~ **a·mount** *s*. ✝ Nennbetrag *m*; ~ **bal·ance** *s*. ✝ Sollbestand *m*; ~ **ca·pac·i·ty** *s*. ⚡, ⚙ Nennleistung *f*; ~ **cap·i·tal** *s*. ✝ 'Grund-, 'Stammkapiˌtal *n*; ~ **fre·quen·cy** *s*. ⚡ 'Sollfreˌquenz *f*; ~ **in·ter·est** *s*. ✝ Nomi'nalzinsfuß *m*.

nom·i·nal·ism ['nɒmɪnəlɪzəm] *s*. *phls*. Nomina'lismus *m*.

nom·i·nal| out·put *s*. ⚙ Nennleistung *f*; ~ **par** *s*. ✝ Nenn-, Nomi'nalwert *m*; ~ **par·i·ty** *s*. ✝ 'Nennwertpariˌtät *f*; ~ **speed** *s*. ⚡ Nenndrehzahl *f*; ~ **stock** *s*. ✝ 'Gründungs-, 'Stammkapiˌtal *n*; ~ **val·ue** *s*. ✝, ⚙ Nennwert *m*.

nom·i·nate *v/t*. ['nɒmɪneɪt] **1.** (***to***) berufen, ernennen (zu *e-r Stelle*), einsetzen (in *ein Amt*); **2.** nominieren, als ('Wahl)Kandiˌdaten aufstellen; **nom·i·na·tion** [ˌnɒmɪ'neɪʃn] *s*. **1.** (***to***) Berufung *f*, Ernennung *f* (zu), Einsetzung *f* (in): ***in*** ~ vorgeschlagen (***for*** für); **2.** Vorschlagsrecht *n*; **3.** Nominierung *f*, Vorwahl *f* (*e-s Kandidaten*): ~ ***day*** Wahlvorschlagstermin *m*; **nom·i·na·tive** ['nɒmɪnətɪv] **I** *adj*. *ling*. nominativ (-isch): ~ ***case*** → ***II***; **II** *s*. *ling*. Nominativ *m*, erster Fall; '**nom·i·na·tor** [-tə] *s*. Ernenn(end)er *m*; **nom·i·nee** [ˌnɒmɪ'ni:] *s*. **1.** Vorgeschlagene(r *m*) *f*, Kandi'dat(in); **2.** ✝ Begünstigte(r *m*) *f*, Empfänger(in) *e-r Rente etc*.

non- [nɒn] *in Zssgn*: nicht…, Nicht…, un…, miß…

ˌ**non(-)ac'cept·ance** *s*. Annahmeverweigerung *f*, Nichtannahme *f e-s Wechsels etc*.

ˌ**non(-)a'chiev·er** *s*. Versager *m*.

non·age ['nəʊnɪdʒ] *s*. Unmündigkeit *f*, Minderjährigkeit *f*.

non·a·ge·nar·i·an [ˌnəʊnədʒɪ'neərɪən] **I** *adj*. neunzigjährig; **II** *s*. Neunzigjährige(r *m*) *f*.

ˌ**non-ag'gres·sion** *s*. Nichtangriff *m*: ~ ***treaty*** *pol*. Nichtangriffspakt *m*.

non·a·gon ['nɒnəgən] *s*. ⩤ Nona'gon *n*, Neuneck *n*.

ˌ**non(-)al·co'hol·ic** *adj*. alkoholfrei.

ˌ**non-a'ligned** *adj*. *pol*. bündnis-, blockfrei.

ˌ**non(-)ap'pear·ance** *s*. Nichterscheinen *n vor Gericht etc*.

ˌ**non(-)as'sess·a·ble** *adj*. nicht steuerpflichtig, steuerfrei.

ˌ**non(-)at'tend·ance** *s*. Nichterscheinen *n*.

ˌ**non(-)bel'lig·er·ent** **I** *adj*. nicht kriegführend; **II** *s*. nicht am Krieg teilnehmende Per'son *od*. Nati'on.

nonce [nɒns] *s*. (*nur in*): ***for the*** ~ a) für das 'eine Mal, nur für diesen Fall, b) einstweilen; ~ **word** *s*. *ling*. Ad-'hoc-Bildung *f*.

non·cha·lance ['nɒnʃələns] (*Fr*.) *s*. Noncha'lance *f*: a) (Nach)Lässigkeit *f*, Gleichgültigkeit *f*, b) Unbekümmertheit *f*; '**non·cha·lant** [-nt] *adj*. □ lässig: a) gleichgültig, b) unbekümmert.

ˌ**non(-)col'le·gi·ate** *adj*. **1.** *Brit. univ*. keinem College angehörend; **2.** nicht aka'demisch; **3.** nicht aus Colleges bestehend (*Universität*).

non·com [ˌnɒn'kɒm] F *für* ***non-commissioned*** (***officer***).

ˌ**non(-)ˈcom·bat·ant** ⚔ **I** *s.* ˈNichtkämpfer *m*, -kombatˌtant *m*; **II** *adj.* am Kampf nicht beteiligt.

ˌ**non(-)comˈmis·sioned** *adj.* **1.** unbestallt, nicht beˈvollmächtigt; **2.** ˈUnteroffiˌziersˌrang besitzend; ~ **of·fi·cer** *s.* ⚔ ˈUnteroffiˌzier *m*.

ˌ**non-comˈmit·tal I** *adj.* **1.** unverbindlich, nichtssagend, neuˈtral; **2.** zuˈrückhaltend, sich nicht festlegen wollend (*Person*); **II** *s.* Unverbindlichkeit *f*.

ˌ**non(-)comˈmit·ted** → ***non-aligned***.

ˌ**non(-)comˈpli·ance** *s.* **1.** Zuˈwiderhandeln *n* (***with*** gegen), Weigerung *f*; **2.** Nichterfüllung *f*, Nichteinhaltung *f* (***with*** von *od. gen.*).

non com·pos (men·tis) [ˌnɒnˈkɒmpəs(ˈmentɪs)] (*Lat.*) *adj.* ⚖ unzurechnungsfähig.

ˌ**non-conˈduc·tor** *s.* ⚡ Nichtleiter *m*.

ˌ**non·conˈform·ist I** *s.* Nonkonforˈmist (-in): a) (soziˈaler *od.* poˈlitischer) Einzelgänger, b) *Brit. eccl.* Dissiˈdent(in), Freikirchler(in); **II** *adj.* ˈnonkonforˌmistisch; ˌ**non·conˈform·i·ty** *s.* **1.** mangelnde Überˈeinstimmung (***with*** mit) *od.* Anpassung (***to*** an *acc.*); **2.** Nonkonforˈmismus *m*; **3.** *eccl.* Dissiˈdententum *n*.

ˌ**non-conˈtent** *s. Brit. parl.* Neinstimme *f* (*im Oberhaus*).

ˌ**non(-)conˈten·tious** *adj.* □ nicht strittig: ~ ***litigation*** ⚖ freiwillige Gerichtsbarkeit.

ˌ**non-conˈtrib·u·to·ry** *adj.* beitragsfrei (*Organisation*).

ˈ**non(-)co(-)ˌop·erˈa·tion** *s.* Verweigerung *f* der Mit- *od.* Zuˈsammenarbeit; *pol.* passiver ˈWiderstand.

ˌ**non(-)corˈrod·ing** *adj.* ⚙ **1.** korrosiˈonsfrei; **2.** rostbeständig (*Eisen*).

ˌ**non(-)ˈcreas·ing** *adj.* † knitterfrei.

ˌ**non(-)ˈcut·ting** *adj.* ⚙ spanlos: ~ ***shaping*** spanlose Formung.

ˌ**non(-)ˈdaz·zling** *adj.* ⚙ blendfrei.

ˌ**non(-)deˈliv·er·y** *s.* **1.** †, ⚖ Nichtauslieferung *f*, Nichterfüllung *f*; **2.** ✉ Nichtbestellung *f*.

ˈ**non(-)deˌnom·iˈna·tion·al** *adj.* nicht konfesˈsionsgebunden: ~ ***school*** Simultan-, Gemeinschaftsschule *f*.

non·de·script [ˈnɒndɪskrɪpt] **I** *adj.* schwer zu beschreiben(d), unbestimmbar, nicht klassifizierbar (*mst contp.*); **II** *s.* Perˈson *od.* Sache, die schwer zu klassifizieren ist *od.* über die nichts Näheres bekannt ist, *etwas* ˈUndefiˌnierbares.

ˌ**non-diˈrec·tion·al** *adj. Funk, Radio*: ungerichtet: ~ ***aerial*** (*bsd. Am.* ***antenna***) Rundstrahlantenne *f*.

none [nʌn] **I** *pron. u. s. mst pl. konstr.* kein, niemand: ~ ***of them is here*** keiner von ihnen ist hier; ***I have*** ~ ich habe keine(n); ~ ***but fools*** nur Narren; ***it's*** ~ ***of your business*** das geht dich nichts an; ~ ***of that*** nichts dergleichen; ~ ***of your tricks!*** laß deine Späße!; ***he will have*** ~ ***of me*** er will von mir nichts wissen; → ***other*** 8; **II** *adv.* in keiner Weise, nicht im geringsten, keineswegs: ~ ***too high*** keineswegs zu hoch; ~ ***the less*** nichtsdestoweniger; ~ ***too soon*** kein bißchen zu früh, im letzten Augenblick; → ***wise*** 3.

ˌ**non-efˈfec·tive** ⚔ **I** *adj.* dienstuntauglich; **II** *s.* Dienstuntaugliche(r) *m*.

ˌ**non(-)ˈe·go** *s. phls.* Nicht-Ich *n*.

non·en·ti·ty [nɒˈnentətɪ] *s.* **1.** Nicht(da)sein *n*; **2.** Unding *n*, Nichts *n*; *fig. contp.* Null *f* (*Person*).

nones [nəʊnz] *s. pl.* **1.** *antiq.* Nonen *pl.*; **2.** *R.C.* ˈMittagsofˌfizium *n*.

ˌ**non(-)esˈsen·tial** *Brit.* **I** *adj.* unwesentlich; **II** *s.* unwesentliche Sache, Nebensächlichkeit *f*: ~***s*** *a.* nicht lebenswichtige Dinge.

ˈ**none·such I** *adj.* **1.** unvergleichlich; **II** *s.* **2.** Perˈson *od.* Sache, die nicht ihresgleichen hat, Muster *n*; **3.** ⚘ a) Brennende Liebe, b) Nonpaˈreilleapfel *m*.

ˌ**non·theˈless** *adv.* nichtsdestoweniger, dennoch.

ˌ**non(-)eˈvent** *s.* F ‚Reinfall' *m*.

ˌ**non(-)exˈist·ence** *s.* Nicht(da)sein *n*; *weitS.* Fehlen *n*; ˌ**non(-)exˈist·ent** *adj.* nicht existierend.

ˌ**non(-)ˈfad·ing** *adj.* ⚙, † lichtecht.

non(-)fea·sance [ˌnɒnˈfiːzəns] *s.* ⚖ pflichtwidrige Unterˈlassung.

ˌ**non(-)ˈfer·rous** *adj.* **1.** nicht eisenhaltig; **2.** Nichteisen…: ~ ***metal***.

ˌ**non(-)ˈfic·tion** *s.* Sachbücher *pl*.

ˌ**non(-)ˈfreez·ing** *adj.* ⚙ kältebeständig: ~ ***mixture*** Frostschutzmittel *n*.

ˌ**non(-)ful·fil(l)·ment** *s.* Nichterfüllung *f*.

ˌ**non(-)ˈhu·man** *adj.* nicht zur menschlichen Rasse gehörig.

ˌ**non(-)inˈduc·tive** *adj.* ⚡ induktiˈonsfrei.

ˌ**non(-)inˈflam·ma·ble** *adj.* nicht feuergefährlich.

ˌ**non-ˈin·ter·est-ˌbear·ing** *adj.* † zinslos.

ˈ**non(-)ˌin·terˈven·tion** *s. pol.* Nichteinmischung *f*.

ˌ**non-ˈi·ron** *adj.* bügelfrei.

ˌ**non(-)ˈju·ry** *adj.*: ~ ***trial*** ⚖ summarisches Verfahren.

ˌ**non-ˈlad·der·ing** *adj.* maschenfest.

ˌ**non(-)ˈlead·ed** [-ˈledɪd] *adj.* ⚗ bleifrei (*Benzin*).

ˌ**non(-)ˈmet·al** *s.* ⚗ ˈNichtmeˌtall *n*; ˌ**non(-)meˈtal·lic** *adj.* ˈnichtmeˌtallisch: **~ *element*** Metalloid *n*.

ˌ**non(-)neˈgo·ti·a·ble** *adj.* ✝ ˈunüberˌtragbar, nicht begebbar: **~ *bill*** (***cheque***, *Am.* ***check***) Rektawechsel *m* (-scheck *m*).

no-ˈnon·sense *adj.* sachlich, kühl.

ˌ**non(-)ˈnu·cle·ar** *adj.* **1.** a) *pol.* ohne Aˈtomwaffen, b) ⚔ konventioˈnell; **2.** ⚙ ohne Aˈtomkraft.

ˌ**non(-)obˈjec·tion·a·ble** *adj.* einwandfrei.

ˌ**non(-)obˈserv·ance** *s.* Nichtbe(ob)achtung *f*; Nichterfüllung *f*.

non·pa·reil [ˈnɒnpərəl] (*Fr.*) **I** *adj.* **1.** unvergleichlich; **II** *s.* **2.** *der* (*die*, *das*) Unvergleichliche; **3.** *typ.* Nonpaˈreille (-schrift) *f*; **4.** Liebesperlen(plätzchen *n*) *pl*.

ˌ**non(-)ˈpar·ti·san** *adj.* **1.** (parˈtei)unabhängig; ˈüberparˌteilich; **2.** objekˈtiv, ˈunparˌteiisch.

ˌ**non(-)ˈpar·ty** → ***non(-)partisan***.

ˌ**non(-)ˈpay·ment** *s.* Nicht(be)zahlung *f*, Nichterfüllung *f*.

ˌ**non(-)perˈform·ance** *s.* ⚖ Nichterfüllung *f*.

ˌ**non(-)ˈper·ish·a·ble** *adj.* haltbar: **~ *foods***.

ˌ**non(-)ˈper·son** *s.* ‚ˈUnperson' *f*.

ˌ**nonˈplus I** *v/t.* verblüffen, verwirren: **be ~(*s*)*ed*** *a.* verdutzt sein; **II** *s.* Verlegenheit *f*, Klemme *f*: ***at a ~*** ratlos, verdutzt.

ˌ**non(-)polˈlut·ing** *adj.* ˈumweltfreundlich, ungiftig.

ˌ**non(-)proˈduc·tive** *adj.* ✝ ˈunprodukˌtiv (*a. Person*); unergiebig.

ˌ**non(-)ˈprof·it (mak·ing)** *adj.* gemeinnützig: ***a ~ institution***.

ˈ**nonˌpro·lif·erˈa·tion** *s. pol.* Nichtweitergabe *f* von Aˈtomwaffen: **~ *treaty*** Atomsperrvertrag *m*.

non-pros [ˌnɒnˈprɒs] *v/t.* ⚖ *e-n Kläger* (*wegen Nichterscheinens*) abweisen; **non pro·se·qui·tur** [ˌnɒnprəʊˈsekwɪtə] (*Lat.*) *s.* Abweisung *f* e-s Klägers *wegen Nichterscheinens*.

ˌ**non(-)ˈquo·ta** *adj.* ✝ nicht kontingenˈtiert: **~ *imports***.

ˌ**non-reˈcur·ring** *adj.* einmalig (*Zahlung etc.*).

ˈ**non(-)ˌrep·re·senˈta·tion·al** *adj.* *Kunst*: gegenstandslos, abˈstrakt.

ˌ**non(-)ˈres·i·dent I** *adj.* **1.** außerhalb des Amtsbezirks wohnend; abwesend (*Amtsperson*); **2.** nicht ansässig: **~ *traffic*** Durchgangsverkehr *m*; **3.** auswärtig (*Klubmitglied*); **II** *s.* **4.** Abwesende(r *m*) *f*; **5.** Nichtansässige(r *m*) *f*; nicht im Hause Wohnende(r *m*) *f*; **6.** ✝ Deˈvisenausländer *m*.

ˌ**non(-)reˈturn·a·ble** *adj.* ✝ Einweg…: **~ *bottle***.

ˌ**non(-)ˈrig·id** *adj. Brit.* ✈ unstarr (*Luftschiff*; *a. phys. Molekül*).

ˌ**non(-)ˈsched·uled** *adj.* **1.** außerplanmäßig; **2.** ✈ Charter…

non·sense [ˈnɒnsəns] **I** *s.* Unsinn *m*, dummes Zeug: ***talk ~***; ***stand no ~*** sich nichts gefallen lassen; ***make ~ of*** a) ad absurdum führen, b) illusorisch machen; ***there's no ~ about him*** er ist ein ganz kühler Bursche; **II** *int.* Unsinn!, Blödsinn!; **III** *adj.* a) Nonsens…: **~ *verses***, **~ *word***, b) → **non·sen·si·cal** [nɒnˈsensɪkl] *adj.* □ unsinnig, sinnlos, abˈsurd.

non se·qui·tur [ˌnɒnˈsekwɪtə] (*Lat.*) *s.* Trugschluß *m*, irrige Folgerung.

ˌ**non(-)ˈskid** *adj. mot.* rutschsicher, Gleitschutz…

ˌ**non(-)ˈsmok·er** *s.* **1.** Nichtraucher(in); **2.** Nichtraucher(abteil *n*) *m*.

ˌ**non-ˈstart·er** *s. fig.* F **1.** ‚Blindgänger' *m* (*Person*); **2.** ‚Pleite' *f*, ‚Reinfall' *m* (*Plan etc.*).

ˌ**non(-)ˈstop** *adj.* ohne Halt, pausenlos, Nonstop…, ˈdurchgehend (*Zug*), ohne Zwischenlandung (*Flug*), *adv. a.* nonˈstop: **~ *flight*** Nonstopflug *m*; **~ *operation*** ⚙ 24-Stunden-Betrieb *m*; **~ *run*** *mot.* Ohnehaltfahrt *f*.

ˈ**non·such** → ***nonesuch***.

ˌ**non(-)ˈsuit** ⚖ **I** *s.* **1.** (*gezwungene*) Zuˈrücknahme e-r Klage; **2.** Abweisung *f* e-r Klage; **II** *v/t.* **3.** *den Kläger* mit der Klage abweisen.

ˌ**non(-)supˈport** *s.* ⚖ Nichterfüllung *f* einer ˈUnterhaltsverpflichtung.

ˌ**non-ˈsyn·chro·nous** *adj.* ⚙ *Brit.* asynˈchron.

ˌ**non-ˈU** *adj. Brit.* F unfein.

ˌ**non(-)ˈu·ni·form** *adj.* ungleichmäßig (*a. phys.*, ⚗), uneinheitlich.

ˌ**non(-)ˈun·ion** *Brit. adj.* ✝ keiner Gewerkschaft angehörig, nicht organisiert: **~ *shop*** *Am.* gewerkschaftsfreier Betrieb; ˌ**non(-)ˈun·ion·ist** *s.* **1.** nicht organisierter Arbeiter; **2.** Gewerkschaftsgegner *m*.

ˌ**non(-)ˈus·er** *s.* ⚖ Nichtausübung *f* e-s Rechts.

ˌ**non(-)ˈval·ue bill** *s.* ✝ Gefälligkeitswechsel *m*.

ˌ**non(-)ˈva·lent** *adj.* ⚗, *phys.* nullwertig.

ˌ**non(-)ˈvi·o·lent** *adj.* gewaltlos.

ˌ**non(-)ˈwar·ran·ty** *s.* ⚖ Haftungsausschluß *m.*

noo·dle¹ [ˈnuːdl] *s.* **1.** F Trottel *m*; **2.** *sl.* ‚Birne' *f*, Schädel *m.*

noo·dle² [ˈnuːdl] *s.* Nudel *f*: ~ ***soup*** Nudelsuppe *f.*

nook [nʊk] *s.* (Schlupf)Winkel *m*, Ecke *f*, (stilles) Plätzchen.

noon [nuːn] **I** *s. a.* ˈ**~·day**, ˈ**~·tide**, ˈ**~·time** Mittag(szeit *f*) *m*: ***at*** ~ zu Mittag; ***at high*** ~ am hellen Mittag; **II** *adj.* mittägig, Mittags...

noose [nuːs] **I** *s.* Schlinge *f* (*a. fig.*): ***running*** ~ Lauf-, Gleitschlinge; ***slip one's head out of the hangman's*** ~ *fig.* mit knapper Not dem Galgen entgehen; ***put one's head into the*** ~ *fig.* den Kopf in die Schlinge stecken; **II** *v/t.* a) *et.* schlingen (***over*** über *acc.*, ***round*** um), b) (mit e-r Schlinge) fangen.

ˌ**no-ˈpar** *adj.* ✝ nennwertlos (*Aktie*).

nope [nəʊp] *adv.* F ‚ne(e)', nein.

nor [nɔː] *cj.* **1.** (*mst nach neg.*) noch: ***neither ...*** ~ weder ... noch; **2.** (*nach e-m verneinten Satzglied od. zu Beginn e-s angehängten verneinten Satzes*) und nicht, auch nicht(s): ~ ***do*** (*od.* ***am***) ***I*** ich auch nicht.

Nor·dic [ˈnɔːdɪk] **I** *adj.* nordisch: ~ ***combined*** *Skisport*: Nordische Kombination; **II** *s.* nordischer Mensch.

norm [nɔːm] *s.* **1.** Norm *f* (*a.* ⩓, ✝); **2.** *biol.* Typus *m*; **3.** *bsd. ped.* ˈDurchschnittsleistung *f*; ˈ**nor·mal** [-ml] **I** *adj.* □ → ***normally***; **1.** norˈmal, Normal...; gewöhnlich, üblich: ~ ***school*** Pädagogische Hochschule; ~ ***speed*** ⚙ Betriebsdrehzahl *f*; **2.** ⩓ normal: a) richtig, b) lot-, senkrecht: ~ ***line*** → 5; **II** *s.* **3.** → ***normalcy***; **4.** Norˈmaltyp *m*; **5.** ⩓ Norˈmale *f*, Senkrechte *f*, (Einfalls)Lot *n*; ˈ**nor·mal·cy** [-mlsɪ] *s.* Normaliˈtät *f*, Norˈmalzustand *m*, *das* Norˈmale: ***return to*** ~ sich normalisieren; **nor·mal·i·ty** [nɔːˈmælətɪ] *s.* Normaliˈtät *f* (*a.* ⩓).

nor·mal·i·za·tion [ˌnɔːməlaɪˈzeɪʃn] *s.* **1.** Normalisierung *f*; **2.** Normung *f*, Vereinheitlichung *f*; **nor·mal·ize** [ˈnɔːməlaɪz] *v/t.* **1.** normalisieren; **2.** normen, vereinheitlichen; **3.** *metall.* norˈmalglühen; **nor·mal·ly** [ˈnɔːməlɪ] *adv.* norˈmalerweise, (für) gewöhnlich.

Nor·man [ˈnɔːmən] **I** *s.* **1.** *hist.* Norˈmanne *m*, Norˈmannin *f*; **2.** Bewohner(in) der Normanˈdie; **3.** *ling.* Norˈmannisch *n*; **II** *adj.* **4.** norˈmannisch.

nor·ma·tive [ˈnɔːmətɪv] *adj.* normaˈtiv.

Norse [nɔːs] **I** *adj.* **1.** skandiˈnavisch; **2.** altnordisch; **3.** (*bsd.* alt)norwegisch; **II** *s.* **4.** *ling.* a) Altnordisch *n*, b) (*bsd.* Alt)Norwegisch *n*; **5.** *coll.* a) *die* Skandinavier *pl.*, b) *die* Norweger *pl.*; ˈ**~·man** [-mən] *s.* [*irr.*] *hist.* Nordländer *m*, Norweger *m.*

north [nɔːθ] **I** *s.* **1.** *mst* ***the*** ♀ Nord(en *m*) (*Himmelsrichtung, Gegend etc.*): ***to the*** ~ ***of*** nördlich von; ~ ***by east*** ⚓ Nord zu Ost; **2.** ***the*** ♀ a) *Brit.* Nordengland *n*, b) *Am.* die Nordstaaten *pl.*, c) die Arktis; **II** *adj.* **3.** nördlich, Nord...; **III** *adv.* **4.** nördlich, nach *od.* im Norden (***of*** von); ♀ **At·lan·tic Trea·ty** *s.* ˈNordatˌlantikˌpakt *m*; ♀ **Brit·ain** *s.* Schottland *n*; ♀ **Coun·try** *s.* Nord-England *n*; **~-east** [ˌnɔːθˈiːst; ⚓ nɔːrˈiːst] **I** *s.* Nordˈost(en *m*): ~ ***by east*** ⚓ Nordost zu Ost; **II** *adj.* nordˈöstlich, Nordost...; **III** *adv.* nordöstlich, nach Nordosten; **~-east·er** [ˌnɔːθˈiːstə; ⚓ nɔːrˈiːstə] *s.* Nordˈostwind *m*; **~-east·er·ly** [ˌnɔːθˈiːstəlɪ; ⚓ nɔːrˈiːstəlɪ] *adj. u. adv.* nordöstlich, Nordost...; ˌ**~-ˈeast·ern** *adj.* nordöstlich; ˌ**~-ˈeast·ward I** *adj. u. adv.* nordöstlich; **II** *s.* nordöstliche Richtung.

north·er·ly [ˈnɔːðəlɪ] *adj. u. adv.* nördlich; ˈ**north·ern** [-ðn] *adj.* **1.** nördlich, Nord...: ~ ***Europe*** Nordeuropa *n*; ~ ***lights*** Nordlicht *n*; **2.** nordisch; ˈ**north·ern·er** [-ðənə] *s.* Bewohner(in) des nördlichen Landesteils, *bsd.* der amer. Nordstaaten; ˈ**north·ern·most** *adj.* nördlichst; **north·ing** [ˈnɔːθɪŋ] *s.* **1.** *ast.* nördliche Deklinatiˈon (*Planet*); **2.** Weg *m od.* Diˈstanz *f* nach Norden, nördliche Richtung.

ˈ**North|·man** [-mən] *s.* [*irr.*] Nordländer *m*; ♀ **point** *s. phys.* Nordpunkt *m*; ~ **Pole** *s.* Nordpol *m*; ~ **Sea** *s.* Nordsee *f*; ~ **Star** *s. ast.* Poˈlarstern *m.*

north·ward [ˈnɔːθwəd] *adj. u. adv.* nördlich (***of***, ***from*** von), nordwärts, nach Norden; ˈ**north·wards** [-dz] *adv.* → ***northward***.

north-west [ˌnɔːθˈwest; ⚓ nɔːˈwest] **I** *s.* Nordˈwest(en *m*); **II** *adj.* nordˈwestlich, Nordwest...: ♀ ***Passage*** *geogr.* Nordwestpassage *f*; **III** *adv.* nordwestlich, nach *od.* von Nordwesten; **north-west·er** [ˌnɔːθˈwestə; ⚓ nɔːˈwestə] *s.* **1.** Nordˈwestwind *m*; **2.** *Am.* Ölzeug *n*; **north-west·er·ly** [ˌnɔːθˈwestəlɪ; ⚓ nɔːˈwestəlɪ] *adj. u. adv.* nordwestlich; ˌ**north-ˈwest·ern** *adj.* nordwestlich.

Nor·we·gian [nɔːˈwiːdʒən] **I** *adj.* **1.** norwegisch; **II** *s.* **2.** Norweger(in); **3.** *ling.* Norwegisch *n.*

nose [nəʊz] **I** *s.* **1.** *anat.* Nase *f* (*a. fig.* ***for*** für); **2.** *Brit.* Aˈroma *n*, starker Geruch (*Tee, Heu etc.*); **3.** ⚙ *etc.* a) Nase

f, Vorsprung *m*, (⚔ Geschoß)Spitze *f*, Schnabel *m*, b) Schneidkopf *m* (*Drehstahl etc.*), Mündung *f*; **4.** a) ✈ (Rumpf)Nase *f*, (*a.* ⚓ Schiffs)Bug *m*, b) *mot.* ‚Schnauze' *f* (*Vorderteil*); *Besondere Redewendungen*:
bite (*od.* ***snap***) ***s.o.'s ~ off*** j-n scharf anfahren; ***cut off one's ~ to spite one's face*** sich ins eigene Fleisch schneiden; ***follow one's ~*** a) immer der Nase nach gehen, b) s-m Instinkt folgen; ***have a good ~ for s.th.*** F e-e gute Nase *od.* e-n ‚Riecher' für et. haben; ***hold one's ~*** sich die Nase zuhalten; ***lead s.o. by the ~*** j-n völlig beherrschen; ***keep one's ~ clean*** F sich nichts zuschulden kommen lassen; ***look down one's ~*** ein verdrießliches Gesicht machen; ***look down one's ~ at*** *j-n od. et.* verachten; ***pay through the ~*** ‚bluten' *od.* übermäßig bezahlen müssen; ***poke*** (*od.* ***put***, ***thrust***) ***one's ~ into*** s-e Nase in *et.* stecken; ***put s.o.'s ~ out of joint*** a) j-n ausstechen, j-m die Freundin *etc.* ausspannen, b) j-m das Nachsehen geben; ***not to see beyond one's ~*** a) die Hand nicht vor den Augen sehen können, b) *fig.* e-n engen (*geistigen*) Horizont haben; ***turn up one's ~*** (***at***) die Nase rümpfen (über *acc.*); ***as plain as the ~ in your face*** sonnenklar; ***under s.o.'s*** (***very***) ***~*** direkt vor j-s Nase; **II** *v/t.* **5.** riechen, spüren, wittern; **6.** beschnüffeln; mit der Nase berühren *od.* stoßen; **7.** *fig.* a) sich *im Verkehr etc.* vorsichtig vortasten, b) *Auto etc.* vorsichtig (*aus der Garage etc.*) fahren; **8.** näseln(d aussprechen); **III** *v/i.* **9.** *a.* ***~ around*** (her'um)schnüffeln (***after***, ***for*** nach) (*a. fig.*);
Zssgn mit adv.:
nose| down ✈ **I** *v/t. Flugzeug* (an-) drücken; **II** *v/i.* im Steilflug niedergehen; **~ out** *v/t.* **1.** ausschnüffeln, -spionieren, her'ausbekommen; **2.** um e-e Handbreit schlagen; **~ o·ver** *v/i.* ✈ (sich) über'schlagen, e-n ‚Kopfstand' machen; **~ up** ✈ **I** *v/t. Flugzeug* hochziehen; **II** *v/i.* steil hochgehen.

nose| ape *s. zo.* Nasenaffe *m*; '**~·bag** *s.* Futterbeutel *m*; '**~·bleed** *s.* ⚕ Nasenbluten *n*; '**~-cone** *s.* Ra'ketenspitze *f*.

nosed [nəʊzd] *adj. mst in Zssgn* mit e-r *dicken etc.* Nase, …nasig.

'**nose|·dive I** *s.* **1.** ✈ Sturzflug *m*; **2.** ✝ F (Kurs-, Preis)Sturz *m*; **II** *v/i.* **3.** e-n Sturzflug machen; **4.** ✝ ‚purzeln' (*Kurs*, *Preis*); '**~·gay** *s.* Sträußchen *n*; '**~-ˌheav·y** *adj.* ✈ vorderlastig; '**~-ˌo·ver** *s.* ✈ ‚Kopfstand' *m beim Landen*; '**~·piece** *s.* ⚙ a) Mundstück *n* (*Blasebalg*, *Schlauch etc.*), b) Re'volver *m* (*Objektivende e-s Mikroskops*), c) Steg *m* (*e-r Brille*); Nasensteg *m* (*Schutzbrille*); '**~·rag** *s. sl.* ‚Rotzfahne' *f* (*Taschentuch*); **~ tur·ret** *s.* ✈ vordere Kanzel; '**~ˌwarm·er** *s. sl.* ‚Nasenwärmer' *m*, kurze Pfeife; **~ wheel** *s.* ✈ Bugrad *n*.

nos·ey → ***nosy***.

ˌno-'show *s.* ✈ *Am. sl.* **1.** *zur Abflugszeit nicht erschienener Flugpassagier*; **2.** ‚Phantom' *n* (*fiktiver Arbeitnehmer etc.*).

nos·o·log·i·cal [ˌnɒsəʊ'lɒdʒɪkl] *adj.* □ ⚕ noso-, patho'logisch; **no·sol·o·gist** [nəʊ'sɒlədʒɪst] *s.* Patho'loge *m*.

nos·tal·gi·a [nɒ'stældʒɪə] *s.* ⚕ Nostal'gie *f* (*a.* ⚕): a) Heimweh *n*, b) Sehnsucht *f nach etwas Vergangenem*; **nos·tal·gic** [nɒ'stældʒɪk] *adj.* (□ ***~ally***) **1.** Heimweh…; **2.** no'stalgisch, wehmütig.

nos·tril ['nɒstrɪl] *s.* Nasenloch *n*, *bsd. zo.* Nüster *f*: ***it stinks in one's ~s*** es ekelt einen an.

nos·trum ['nɒstrəm] *s.* **1.** ⚕ Geheimmittel *n*, 'Quacksalbermediˌzin *f*; **2.** *fig.* (*soziales*, *politisches*) Heilmittel *n*, Pa'tentreˌzept *n*.

nos·y ['nəʊzɪ] *adj.* **1.** F neugierig: ***~ parker*** *Brit.* neugierige Person; **2.** *Brit.* a) aro'matisch, duftend (*bsd. Tee*), b) muffig.

not [nɒt] *adv.* **1.** nicht; ***~ that*** nicht, daß, nicht als ob; ***is it ~?***, F ***isn't it?*** nicht wahr?; → ***at*** 7; **2.** ***~ a*** kein(e): ***~ a few*** nicht wenige.

no·ta·bil·i·ty [ˌnəʊtə'bɪlətɪ] *s.* **1.** wichtige Per'sönlichkeit, 'Standesperˌson *f*; **2.** her'vorragende Eigenschaft, Bedeutung *f*; **no·ta·ble** ['nəʊtəbl] **I** *adj.* □ **1.** beachtens-, bemerkenswert, denkwürdig, wichtig; **2.** beträchtlich: ***a ~ difference***; **3.** angesehen, her'vorragend; **4.** ⚗ merklich; **II** *s.* **5.** → ***notability*** 1.

no·tar·i·al [nəʊ'teərɪəl] *adj.* □ ⚖ **1.** Notariats…, notari'ell; **2.** notariell beglaubigt; **no·ta·rize** ['nəʊtəraɪz] *v/t.* notariell be'urkunden *od.* beglaubigen; **no·ta·ry** ['nəʊtərɪ] *s. mst **~ public*** (öffentlicher) Notar.

no·ta·tion [nəʊ'teɪʃn] *s.* **1.** Aufzeichnung *f*, Notierung *f*; **2.** *bsd.* ⚗, 𝔄 Schreibweise *f*, Bezeichnung *f*: ***chemical ~*** chemisches Formelzeichen; **3.** ♪ (Aufzeichnen *n* in) Notenschrift *f*.

notch [nɒtʃ] **I** *s.* **1.** *a.* ⚙ Kerbe *f*, Einschnitt *m*, Aussparung *f*, Falz *m*, Nute *f*, Raste *f*: ***be a ~ above*** F e-e Klasse besser sein als; **2.** (Vi'sier)Kimme *f* (*Schußwaffe*): ***~ and bead sights*** Kimme und Korn; **3.** *Am.* Engpaß *m*; **II** *v/t.* **4.** *bsd.* ⚙ (ein)kerben, (ein)schneiden, einfeilen; **5.** ⚙ a) ausklinken, b) nuten, falzen; **notched** [-tʃt] *adj.* **1.** ⚙ (ein-) gekerbt, mit Nuten versehen; **2.** ⚘ grob gezähnt (*Blatt*).

note [nəʊt] **I** *s.* **1.** (Kenn)Zeichen *n*, Merkmal *n*; *fig.* Ansehen *n*, Ruf *m*, Bedeutung *f*: ***man of ~*** bedeutender Mann; ***nothing of ~*** nichts von Bedeutung; **2.** *mst pl.* No'tiz *f*, Aufzeichnung *f*: ***compare ~s*** Meinungen *od.* Erfahrungen austauschen, sich beraten; ***make a ~ of s.th.*** sich et. vormerken *od.* notieren; ***make a mental ~ of s.th.*** sich et. merken; ***take ~s of s.th.*** sich über et. Notizen machen; ***take ~ of s.th.*** *fig.* et. zur Kenntnis nehmen, et. berücksichtigen; **3.** *pol.* (diplo'matische) Note: ***exchange of ~s*** Notenwechsel *m*; **4.** Briefchen *n*, Zettelchen *n*; **5.** *typ.* a) Anmerkung *f*, b) (Satz-) Zeichen *n*; **6.** ✝ a) Nota *f*, Rechnung *f*: ***as per ~*** laut Nota, b) (Schuld)Schein *m*: ***~ of hand*** → ***promissory***; ***bought and sold ~*** Schlußschein; ***~s payable*** (***receivable***) *Am.* Wechselverbindlichkeiten (-forderungen), c) Banknote *f*, d) Vermerk *m*, Notiz *f*: ***urgent ~*** Dringlichkeitsvermerk *m*, e) Mitteilung *f*: ***advice ~*** Versandanzeige *f*; ***~ of exchange*** Kursblatt *n*; **7.** ♪ a) Note *f*, b) Ton *m*, c) Taste *f*; **8.** *weitS.* a) Klang *m*, Melo'die *f*; Gesang *m* (*Vogel*), b) *fig.* Ton(art *f*) *m*: ***change one's ~*** e-n anderen Ton anschlagen; ***strike the right ~*** den richtigen Ton treffen; ***strike a false ~*** a) sich im Ton vergreifen, b) sich danebenbenehmen; ***on this*** (***encouraging*** *etc.*) ***~*** mit diesen (ermutigenden *etc.*) Worten; **9.** *fig.* Brandmal *n*, Schandfleck *m*; **II** *v/t.* **10.** Kenntnis nehmen von, bemerken, be(ob)achten; **11.** besonders erwähnen; **12.** *a.* ***~ down*** niederschreiben, notieren, vermerken; **13.** ✝ *Wechsel* protestieren; *Preise* angeben.

note| bank *s.* ✝ Notenbank *f*; **'~·book** *s.* No'tizbuch *n*; ✝, ⚖ Kladde *f*; **~ broker** *s.* ✝ *Am.* Wechselhändler *m*, Dis'kontmakler *m*.

not·ed ['nəʊtɪd] *adj.* □ **1.** bekannt, berühmt (***for*** wegen); **2.** ✝ notiert: ***~ before official hours*** vorbörslich (*Kurs*); **'not·ed·ly** [-lɪ] *adv.* ausgesprochen, deutlich, besonders.

note| pa·per *s.* 'Briefpa,pier *n*; **~ press** *s.* ✝ 'Banknotenpresse *f*, -drucke,rei *f*; **'~,wor·thy** *adj.* bemerkens-, beachtenswert.

noth·ing ['nʌθɪŋ] **I** *pron.* **1.** nichts (***of*** von): ***~ much*** nichts Bedeutendes; **II** *s.* **2.** Nichts *n*: ***to ~*** zu *od.* in nichts; ***for ~*** vergebens, umsonst; **3.** *fig.* Nichts *n*, Unwichtigkeit *f*, Kleinigkeit *f*; *pl.* Nichtigkeiten *pl.*; Null *f* (*a. Person*): ***whisper sweet ~s*** Süßholz raspeln; **III** *adv.* **4.** durch'aus nicht, keineswegs: ***~ like complete*** alles andere als vollständig; **IV** *int.* **5.** F keine Spur!, Unsinn!;

Besondere Redewendungen:

good for ~ zu nichts zu gebrauchen; ***~ doing*** F a) (das) kommt gar nicht in Frage, b) nichts zu machen; ***~ but*** nichts als, nur; ***~ else*** nichts anderes, sonst nichts; ***~ if not courageous*** überaus mutig; ***not for ~*** nicht umsonst, nicht ohne Grund; ***that is ~ to what we have seen*** das ist nichts gegen das, was wir gesehen haben; ***that's ~ to me*** das bedeutet mir nichts; ***that is ~ to you*** das geht dich nichts an; ***there is ~ like*** es geht nichts über; ***there is ~ to it*** a) da ist nichts dabei, b) an der Sache ist nichts dran; ***come to ~*** *fig.* zunichte werden, sich zerschlagen; ***feel like ~ on earth*** sich hundeelend fühlen; ***make ~ of s.th.*** nicht viel Wesens von et. machen, sich nichts aus et. machen; ***I can make ~ of it*** ich kann daraus nicht klug werden; → ***say*** 2, ***think*** 3 e.

noth·ing·ness ['nʌθɪŋnɪs] *s.* **1.** Nichts *n*; **2.** Nichtigkeit *f*; **3.** Leere *f*.

no·tice ['nəʊtɪs] **I** *s.* **1.** Wahrnehmung *f*: ***to avoid ~*** (*Redew.*) um Aufsehen zu vermeiden; ***come under s.o.'s ~*** j-m bekanntwerden; ***escape ~*** unbemerkt bleiben; ***take ~ of*** Notiz nehmen von *et. od. j-m*, beachten; ***~!*** zur Beachtung!; **2.** No'tiz *f*, (*a. Presse*)Nachricht *f*, Anzeige *f* (*a.* ✝), (An)Meldung *f*, Ankündigung *f*, Mitteilung *f*; ⚖ Vorladung *f*; (Buch)Besprechung *f*; Kenntnis *f*: ***~ of acceptance*** ✝ Annahmeerklärung *f*; ***~ of arrival*** ✝ Eingangsbestätigung *f*; ***~ of assessment*** Steuerbescheid *m*; ***~ of departure*** (polizeiliche) Abmeldung *f*; ***previous ~*** Voranzeige *f*; ***bring s.th. to s.o.'s ~*** j-m et. zur Kenntnis bringen; ***give ~ that*** bekanntgeben, daß; ***give s.o. ~ of s.th.*** j-n von et. benachrichtigen; ***give ~ of appeal*** ⚖ Berufung einlegen; ***give ~ of motion*** *parl.* e-n Initiativantrag stellen; ***give ~ of a patent*** ein Patent anmelden; ***have ~ of*** Kenntnis haben von; **3.** Warnung *f*; Kündigung(sfrist) *f*: ***give s.o. ~*** (***for Easter***) j-m (zu Ostern) kündigen; ***I am under ~ to leave*** mir ist gekündigt worden; ***at a day's ~*** binnen eines Tages; ***at a moment's ~*** sogleich, jederzeit; ***at short ~*** kurzfristig, auf (kurzen) Abruf, sofort; ***subject to a month's ~*** mit monatlicher Kündigung; ***without ~*** fristlos; ***until further ~*** bis auf weiteres; → ***quit*** 9; **II** *v/t.* **4.** bemerken, beobachten, wahrnehmen; **5.** beachten, achten auf (*acc.*); **6.** No'tiz nehmen von; **7.** *Buch* besprechen; **8.** anzeigen, melden, bekanntmachen, ⚖ benachrichtigen; **no·tice·a·ble** ['nəʊtɪsəbl] *adj.* □ **1.** wahrnehmbar, merklich, spürbar; **2.** bemerkenswert, beachtlich; **3.** auffällig, ins Auge fallend.

no·tice| board *s.* **1.** Anschlagtafel *f*, Schwarzes Brett; **2.** Warnschild *n*; **~ pe·ri·od** *s.* Kündigungsfrist *f*.

no·ti·fi·a·ble ['nəʊtɪfaɪəbl] *adj.* meldepflichtig; **no·ti·fi·ca·tion** [ˌnəʊtɪfɪ'keɪʃn] *s.* Anzeige *f*, Meldung *f*, Mitteilung *f*, Bekanntmachung *f*, Benachrichtigung *f*; **no·ti·fy** ['nəʊtɪfaɪ] *v/t.* **1.** bekanntgeben, anzeigen, avisieren, melden, (amtlich) mitteilen (***s.th. to s.o.*** j-m et.); **2.** *j-n* benachrichtigen, in Kenntnis setzen (***of*** von, ***that*** daß).

no·tion ['nəʊʃn] *s.* **1.** Begriff *m* (*a. phls.*, ⅍), Gedanke *m*, I'dee *f*, Vorstellung *f* (***of*** von): ***not to have the vaguest ~ of s.th.*** nicht die leiseste Ahnung von et. haben; ***I have a ~ that*** ich denke mir, daß; **2.** Meinung *f*, Ansicht *f*: ***fall into the ~ that*** auf den Gedanken kommen, daß; **3.** Neigung *f*, Lust *f*, Absicht *f* (***of doing*** zu tun); **4.** *pl. Am.* a) Kurzwaren *pl.*, b) Kinkerlitzchen *pl.*; **'no·tion·al** [-ʃənl] *adj.* □ **1.** begrifflich, Begriffs...; **2.** *phls.* rein gedanklich, spekula'tiv; **3.** theo'retisch; **4.** fik'tiv, angenommen, imagi'när.

no·to·ri·e·ty [ˌnəʊtə'raɪətɪ] *s.* **1.** *bsd. contp.* allgemeine Bekanntheit, (traurige) Berühmtheit, schlechter Ruf; **2.** Berüchtigtsein *n*, *das* No'torische; **3.** allbekannte Per'sönlichkeit *od.* Sache; **no·to·ri·ous** [nəʊ'tɔːrɪəs] *adj.* □ no'torisch: a) offenkundig, b) all-, stadt-, weltbekannt, c) berüchtigt (***for*** wegen).

not·with·stand·ing [ˌnɒtwɪθ'stændɪŋ] **I** *prp.* ungeachtet, trotz (*gen.*): ***~ the objections*** ungeachtet der Einwände; ***his great reputation ~*** trotz s-s hohen Ansehens; **II** *a.* ***~ that*** *cj.* ob'gleich; **III** *adv.* nichtsdesto'weniger, dennoch.

nou·gat ['nuːgɑː] *s. Art* türkischer Honig.

nought [nɔːt] *s. u. pron.* **1.** nichts: ***bring to ~*** ruinieren, zunichte machen; ***come to ~*** zunichte werden, mißlingen, fehlschlagen; **2.** Null *f* (*a. fig.*): ***set at ~*** *et.* in den Wind schlagen, verlachen, ignorieren.

noun [naʊn] *ling.* **I** *s.* Hauptwort *n*, Substantiv *n*: ***proper ~*** Eigenname *m*; **II** *adj.* substantivisch.

nour·ish ['nʌrɪʃ] *v/t.* **1.** (er)nähren, erhalten (***on*** von); **2.** *fig. Gefühl* nähren, hegen; **'nour·ish·ing** [-ʃɪŋ] *adj.* nahrhaft, Nähr...; **'nour·ish·ment** [-mənt] *s.* **1.** Ernährung *f*; **2.** Nahrung *f* (*a. fig.*), Nahrungsmittel *n*: ***take ~*** Nahrung zu sich nehmen.

nous [naʊs] *s.* **1.** *phls.* Vernunft *f*, Verstand *m*; **2.** F Mutterwitz *m*, ‚Grütze' *f*, ‚Grips' *m*.

no·va ['nəʊvə] *pl.* **-vae** [-viː], *a.* **-vas** *s. ast.* Nova *f*, neuer Stern.

no·va·tion [nəʊ'veɪʃn] *s.* ⚖ Nova'tion *f* (*Forderungsablösung od. -übertragung*).

nov·el ['nɒvl] **I** *adj.* neu(artig); ungewöhnlich, über'raschend; **II** *s.* Ro'man *m*: ***short ~*** Kurzroman; ***~-writer*** → ***novelist***; **no·vel·la** [nəʊ'velə] *s.* No'velle *f*; **nov·el·ette** [ˌnɒvə'let] *s.* **1.** kurzer Roman; **2.** *contp.* seichter Unter'haltungsroˌman; **nov·el·ist** ['nɒvəlɪst] *s.* Ro'manschriftsteller(in); **nov·el·is·tic** [ˌnɒvə'lɪstɪk] *adj.* ro'manhaft, Roman...; **'nov·el·ty** [-tɪ] *s.* **1.** Neuheit *f*: a) *das* Neue, b) *et.* Neues: ***the ~ had soon worn off*** der Reiz des Neuen war bald verflogen; **2.** Ungewöhnlichkeit *f*, *et.* Ungewöhnliches; **3.** *pl.* ✝ (billige) Neuheiten *pl.*: ***~ item*** Neuheit *f*, Schlager *m*, (billiger) Modeartikel; **4.** Neuerung *f*.

No·vem·ber [nəʊ'vembə] *s.* No'vember *m*: ***in ~*** im November.

nov·ice ['nɒvɪs] *s.* **1.** Anfänger(in), Neuling *m* (***at*** auf *e-m Gebiet*); **2.** *R.C.* No'vize *m, f*, No'vizin *f*; **3.** *bibl.* Neubekehrte(r *m*) *f*.

now [naʊ] **I** *adv.* **1.** nun, gegenwärtig, jetzt: ***from ~*** von jetzt an; ***up to ~*** bis jetzt; **2.** so'fort, bald; **3.** eben, so'eben: ***just ~*** gerade eben, vor ein paar Minuten; **4.** nun, dann, dar'auf, damals; **5.** (*nicht zeitlich*) nun (aber); **II** *cj.* **6.** *a.* ***~ that*** nun aber, nun da, da nun, jetzt wo; **III** *s.* **7.** *poet.* Gegenwart *f*, Jetzt *n*; *Besondere Redewendungen*:

before ~ schon einmal, schon früher; ***by ~*** mittlerweile, jetzt; ***~ if*** wenn nun aber; ***how ~?*** nun?, was gibt's?, was soll das heißen?; ***what is it ~?*** was ist jetzt schon wieder los?; ***now ... now ...*** bald ... bald ...; ***~ and again***, (***every***) ***~***

and then von Zeit zu Zeit, hie(r) und da, dann und wann, gelegentlich; ***~ then*** (nun) also; ***come ~!*** nur ruhig!, sachte, sachte!; ***what ~?*** was nun?; ***~ or never*** jetzt oder nie.

now·a·days [ˈnaʊədeɪz] **I** *adv.* heutzutage, jetzt; **II** *s. das* Heute *od.* Jetzt.

ˈ**no·way(s)** [-weɪ(z)] F → ***nowise.***

ˈ**no·where I** *adv.* **1.** nirgends, nirgendwo: ***be ~*** a) *Sport*: unter ‚ferner liefen' enden, b) nichts erreicht haben; ***get ~*** nicht weiterkommen, nichts erreichen; ***~ near*** auch nicht annähernd; **2.** nirgendwohin; **II** *s.* **3.** Nirgendwo *n*: ***from ~*** aus dem Nichts; ***in the middle of ~*** 🚂 auf freier Strecke *halten*.

ˈ**no·wise** *adv.* in keiner Weise.

nox·ious [ˈnɒkʃəs] *adj.* □ schädlich (***to*** für): ***~ substance*** Schadstoff *m*.

noz·zle [ˈnɒzl] *s.* **1.** Schnauze *f*, Rüssel *m*; **2.** *sl.* ‚Rüssel' *m* (*Nase*); **3.** ⚙ a) Schnauze *f*, Tülle *f*, Schnabel *m*, Mundstück *n*, Ausguß *m*, Röhre *f*, (*an Gefäßen etc.*), b) Stutzen *m*, Mündung *f* (*an Röhren etc.*), c) (*Kraftstoff- etc.*)Düse *f*, d) ˈZapfpisˌtole *f*.

nth [enθ] *adj.* A n-te(r), n-tes: ***to the ~ degree*** a) A bis zum n-ten Grade, b) *fig.* im höchsten Maße; ***for the ~ time*** zum hundertsten Mal.

nu [njuː] *s.* Ny *n* (*griech. Buchstabe*).

nu·ance [njuːˈɑ̃ːns] (*Fr.*) *s.* Nuˈance *f*: a) Schattierung *f*, b) Feinheit *f*, feiner ˈUnterschied.

nub [nʌb] *s.* **1.** Knopf *m*, Auswuchs *m*, Knötchen *n*; **2.** (kleiner) Klumpen, Nuß *f* (*Kohle etc.*); **3.** ***the ~*** F der springende Punkt (***of*** bei); ˈ**nub·bly** [-blɪ] *adj.* knotig.

nu·bile [ˈnjuːbaɪl] *adj.* **1.** heiratsfähig, ehemündig (*Frau*); **2.** attrakˈtiv; **nu·bil·i·ty** [njuːˈbɪlətɪ] *s.* Heiratsfähigkeit *f etc.*

nu·cle·ar [ˈnjuːklɪə] **I** *adj.* **1.** kernförmig; *a. biol. etc.* Kern...; **2.** *phys.* nukleˈar, Nuklear..., (Atom)Kern..., atoˈmar, Atom...: ***~ test***; ***~ weapon*** Kernwaffe *f*; **3.** *a.* ***~-powered*** mit Aˈtomantrieb, Atom...: ***~ submarine***; **II** *s.* **4.** Kernwaffe *f*, Aˈtomraˌkete *f*; **5.** *pol.* Aˈtommacht *f*; **~ bomb** *s.* Aˈtombombe *f*; **~ charge** *s. phys.* Kernladung *f*; **~ chem·is·try** *s.* ˈKerncheˌmie *f*; **~ dis·in·te·gra·tion** *s. phys.* Kernzerfall *m*; **~ en·er·gy** *s. phys.* **1.** ˈKernenerˌgie *f*; **2.** *allg.* Aˈtomenerˌgie *f*; **~ fam·i·ly** *s.* ˈKernfaˌmilie *f*; **~ fis·sion** *s. phys.* Kernspaltung *f*; **~ fuel** *s.* Kernbrennstoff *m*: ***~ rod*** Brennstab *m*; **~ fu·sion** *s. phys.* ˈKernfusˌion *f*; **~ par·ti·cle** *s. phys.* Kernteilchen *n*; **~ phys·ics** *s. pl. sg. konstr.* ˈKernphyˌsik *f*; **~ pow·er** *s.* **1.** *phys.* Aˈtomkraft *f*; **2.** *pol.* Aˈtommacht *f*; **~ re·ac·tor** *s. phys.* ˈKernreˌaktor *m*; **~ re·search** *s.* (Aˈtom)Kernforschung *f*; **~ ship** *s.* Reˈaktorschiff *n*; **~ the·o·ry** *s. phys.* ˈKerntheoˌrie *f*; **~ war(·fare)** *s.* Aˈtomkrieg(führung *f*) *m*; **~ war·head** *s.* ⚔ Aˈtomsprengkopf *m*; **~ waste** *s.* Aˈtommüll *m*.

nu·cle·i [ˈnjuːklɪaɪ] *pl. von* ***nucleus.***

nu·cle·o·lus [njuːˈkliːələs] *pl.* **-li** [-laɪ] *s.* ♀, *biol.* Kernkörperchen *n*.

nu·cle·on [ˈnjuːklɪɒn] *s. phys.* Nukleon *n*, (Aˈtom)Kernbaustein *m*.

nu·cle·us [ˈnjuːklɪəs] *pl.* **-e·i** [-ɪaɪ] *s.* **1.** *allg.* (*a.* Aˈtom-, Koˈmeten-, Zell)Kern *m* (*a.* A); **2.** *fig.* Kern *m*: a) Mittelpunkt *m*, b) Grundstock *m*; **3.** *opt.* Kernschatten *m*.

nude [njuːd] **I** *adj.* **1.** nackt (*a. fig. Tatsache etc.*), bloß; **2.** nackt, kahl: ***~ hill***; **3.** ⚖ unverbindlich, nichtig: ***~ contract***; **II** *s.* **4.** *paint. etc.* Akt *m*: ***study from the ~*** Aktstudie *f*; **5.** Nacktheit *f*: ***in the ~*** nackt.

nudge [nʌdʒ] **I** *v/t. j-n* anstoßen, ‚(an-)stupsen'; **II** *s.* Stups *m*.

nu·die [ˈnjuːdɪ] *s. sl.* Nacktfilm *m*.

nud·ism [ˈnjuːdɪzəm] *s.* ˈNackt-, ˈFreikörperkulˌtur *f*, Nuˈdismus *m*; ˈ**nud·ist** [-ɪst] *s.* Nuˈdist(in), FKˈK-Anhänger (-in): ***~ beach*** Nacktbadestrand *m*; ***~ camp***, ***~ colony*** FKK-Platz *m*; ˈ**nu·di·ty** [-ətɪ] *s.* **1.** Nacktheit *f*, Blöße *f*; **2.** *fig.* Armut *f*; **3.** Kahlheit *f*; **4.** *paint. etc.* ˈAkt(fiˌgur *f*) *m*.

nu·ga·to·ry [ˈnjuːgətərɪ] *adj.* **1.** wertlos, albern; **2.** unwirksam (*a.* ⚖), eitel, leer.

nug·get [ˈnʌgɪt] *s.* **1.** Nugget *n* (*Goldklumpen*); **2.** *fig.* Brocken *m*.

nui·sance [ˈnjuːsns] *s.* **1.** Ärgernis *n*, Plage *f*, *et.* Lästiges *od.* Unangenehmes; Unfug *m*, ˈMißstand *m*: ***dust ~*** Staubplage; ***what a ~!*** wie ärgerlich!; **2.** ⚖ Poliˈzeiwidrigkeit *f*: ***public ~*** Störung *f od.* Gefährdung *f* der öffentlichen Sicherheit u. Ordnung, *a. fig. iro.* öffentliches Ärgernis; ***private ~*** Besitzstörung *f*; ***commit no ~!*** das Verunreinigen (dieses Ortes) ist verboten!; **3.** (*von Personen*) ‚Landplage' *f*, Quälgeist *m*, Nervensäge *f*: ***be a ~ to s.o.*** j-m lästig fallen; ***make a ~ of o.s.*** anderen auf die Nerven gehen; **~ raid** *s.* ⚔, ✈ Störangriff *m*; **~ tax** *s. sl. ärgerliche kleine* (*Verbraucher*)*Steuer*: **~ val·ue** *s.* Wert *m od.* Wirkung *f* als störender Faktor.

nuke [nuːk] *Am. sl.* **I** *s.* **1.** Kernwaffe *f*;

2. 'Kernreˌaktor *m*; **II** *v/t.* **3.** mit Kernwaffen angreifen.

null [nʌl] **I** *adj.* **1.** ⚖ *u. fig.* nichtig, ungültig: ***declare ~ and void*** für null u. nichtig erklären; **2.** wertlos, leer, nichtssagend, unbedeutend; **II** *s.* **3.** ⩚, ⚡ Null *f*: ***~ set*** Nullmenge *f*.

nul·li·fi·ca·tion [ˌnʌlɪfɪ'keɪʃn] *s.* **1.** Aufhebung *f*, Nichtigerklärung *f*; **2.** Zu'nichtemachen *n*; **nul·li·fy** ['nʌlɪfaɪ] *v/t.* **1.** ungültig machen, für null u. nichtig erklären, aufheben; **2.** zu'nichte machen; **nul·li·ty** ['nʌlətɪ] *s.* **1.** Unwirksamkeit *f*; ⚖ Ungültigkeit *f*, Nichtigkeit *f*: ***decree of ~*** Nichtigkeitsurteil *n od.* Annullierung *f e-r Ehe*; ***~ suit*** Nichtigkeitsklage *f*; ***be a ~*** (null u.) nichtig sein; **2.** Nichts *n*; *fig.* Null *f* (*Person*).

numb [nʌm] **I** *adj.* ☐ starr, erstarrt (***with*** vor *Kälte etc.*); taub (*empfindungslos*); *fig.* a) (wie) betäubt, starr (***with fear*** vor Angst), b) abgestumpft; **II** *v/t.* starr *od.* taub machen, erstarren lassen; *fig.* a) betäuben, b) abstumpfen.

num·ber ['nʌmbə] **I** *s.* **1.** Zahl(enwert *m*) *f*, Ziffer *f*; **2.** (Haus-, Tele'fon- *etc.*) Nummer *f*: ***by ~s*** nummernweise; ***~ engaged*** *teleph.* besetzt; ***have s.o.'s ~*** F j-n durchschaut haben; ***his ~ is up*** F s-e Stunde hat geschlagen, jetzt ist er dran; → ***number one***; **3.** (An)Zahl *f*: ***a ~ of*** e-e Anzahl von (*od. gen.*), mehrere; ***a great ~ of*** sehr viele *Leute etc.*; ***five in ~*** fünf an (der) Zahl; ***in large ~s*** in großen Mengen; ***in round ~*** rund; ***one of their ~*** einer aus ihrer Mitte; ***~s of times*** zu wiederholten Malen; ***times without ~*** unzählige Male; ***five times the ~ of people*** fünfmal so viele Leute; **4.** ✝ a) (An)Zahl *f*, Nummer *f*, b) Ar'tikel *m*, Ware *f*; **5.** Heft *n*, Nummer *f*, Ausgabe *f* (*Zeitschrift etc.*), Lieferung *f e-s Werkes*: ***appear in ~s*** in Lieferungen erscheinen; **6.** *thea. etc.* (Pro'gramm)Nummer *f*; **7.** ♪ a) Nummer *f* (*Satz*), b) *sl.* Tanznummer *f*, Schlager *m*; **8.** *poet. pl.* Verse *pl.*; **9.** *ling.* Numerus *m*: ***plural*** (***singular***) ***~*** Mehrzahl (Einzahl) *f*; **10.** ⚙ Feinheitsnummer *f* (*Garn*); **11.** *sl.* ‚Type' *f*, ‚Nummer' *f* (*Person*); **12.** ***Ꝏs*** *bibl.* Numeri *pl.*, Viertes Buch Mose; **II** *v/t.* **13.** zs.-zählen, aufrechnen: ***~ off*** abzählen; ***his days are ~ed*** s-e Tage sind gezählt; **14.** zählen, rechnen (*a. fig.* ***among***, ***in***, ***with*** zu *od.* unter *acc.*); **15.** numerieren: ***~ consecutively*** durchnumerieren; **16.** zählen, sich belaufen auf (*acc.*); **17.** *Jahre* zählen, alt sein; **III** *v/i.* **18.** (auf)zählen; **19.** zählen (***among*** zu *j-s Freunden etc.*); '**num·ber·ing** [-bərɪŋ] *s.* Numerierung *f*; '**num·ber·less** [-lɪs] *adj.* unzählig, zahllos.

num·ber| one I *adj.* **1.** a) erstklassig, b) (aller)höchst: ***~ priority***; **II** *s.* **2.** Nummer *f* Eins; der (die, das) Erste; erste Klasse; **3.** F das liebe Ich: ***look after ~*** auf seinen Vorteil bedacht sein, nur an sich selbst denken; **4.** ***do ~*** F sein ‚kleines Geschäft' machen; '**~·plate** *s. mot.* Nummernschild *n*; **~ pol·y·gon** *s.* ⩚ 'Zahlenvieleck *n*, -polyˌgon *n*; **~ two** *s.*: ***do ~*** F sein ‚großes Geschäft' machen.

numb·ness ['nʌmnɪs] *s.* Erstarrung *f*, Starr-, Taubheit *f*; *fig.* Betäubung *f*.

nu·mer·a·ble ['nju:mərəbl] *adj.* zählbar; '**nu·mer·al** [-rəl] **I** *adj.* **1.** Zahl..., Zahlen..., nu'merisch: ***~ language*** Ziffernsprache *f*; **II** *s.* **2.** Ziffer *f*, Zahlzeichen *n*; **3.** *ling.* Zahlwort *n*; '**nu·mer·ar·y** [-ərɪ] *adj.* Zahl(en)...; **nu·mer·a·tion** [ˌnju:mə'reɪʃn] *s.* **1.** Zählen *n*; Rechenkunst *f*; **2.** Numerierung *f*; **3.** (Auf-)Zählung *f*; '**nu·mer·a·tive** [-ətɪv] *adj.* zählend, Zahl(en)...: ***~ system*** Zahlensystem *n*; '**nu·mer·a·tor** [-məreɪtə] *s.* ⩚ Zähler *m e-s Bruchs*; **nu·mer·i·cal** [nju:'merɪkl] *adj.* ☐ nu'merisch: a) ⩚ Zahl(en)...: ***~ value***; ***~ equation*** Zahlengleichung *f*, b) zahlenmäßig: ***~ superiority***.

nu·mer·ous ['nju:mərəs] *adj.* ☐ zahlreich: ***a ~ assembly***; '**nu·mer·ous·ness** [-nɪs] *s.* große Zahl, Menge *f*, Stärke *f*.

nu·mis·mat·ic [ˌnju:mɪz'mætɪk] *adj.* (☐ ***~ally***) numis'matisch, Münz(en)...; **ˌnu·mis'mat·ics** [-ks] *s. pl. sg. konstr.* Numis'matik *f*, Münzkunde *f*; **nu·mis·ma·tist** [nju:'mɪzmətɪst] *s.* Numis'matiker(in): a) Münzkenner(in), b) Münzsammler(in).

num·skull ['nʌmskʌl] *s.* Dummkopf *m*, Trottel *m*.

nun [nʌn] *s. eccl.* Nonne *f*.

nun·ci·a·ture ['nʌnʃɪətʃə] *s. eccl.* Nuntia'tur *f*; **nun·ci·o** ['nʌnʃɪəʊ] *pl.* **-os** *s.* Nuntius *m*.

nun·cu·pa·tive ['nʌnkjʊpeɪtɪv] *adj.* ⚖ mündlich: ***~ will*** mündliches Testament, *bsd.* ⚔ Not-, ⚓ Seetestament.

nun·ner·y ['nʌnərɪ] *s.* Nonnenkloster *n*.

nup·tial ['nʌpʃəl] **I** *adj.* hochzeitlich, Hochzeit(s)..., Ehe..., Braut...: ***~ bed*** Brautbett *n*; ***~ flight*** Hochzeitsflug *m der Bienen*; **II** *s. mst pl.* Hochzeit *f*.

nurse [nɜ:s] **I** *s.* **1.** *mst* ***wet ~*** (Säug-)Amme *f*; **2.** *a.* ***dry ~*** Kinderfrau *f*, -mädchen *n*; **3.** Krankenschwester *f*, *a.* ***~-attendant*** (Kranken)Pfleger(in):

head ~ Oberschwester; → ***male*** 1; **4.** a) Stillen *n*, Stillzeit *f*, b) Pflege *f*: ***at ~*** in Pflege; ***put out to ~*** *Kinder* in Pflege geben; **5.** *zo.* a) Amme *f*, b) Arbeiterin *f* (*Biene*); **6.** *fig.* Nährmutter *f*; **II** *v/t.* **7.** *Kind* säugen, nähren, stillen, *dem Kind* die Brust geben; **8.** *Kind* auf-, großziehen; **9.** a) *Kranke* pflegen, b) *Krankheit* auskurieren, c) *Glied, Stimme* schonen, d) *Knie etc.* (schützend) um'fassen: ***~ one's leg*** ein Bein über das andere schlagen, e) sparsam *od.* schonend 'umgehen mit: ***~ a glass of wine*** bedächtig ein Glas Wein trinken; **10.** *fig.* a) nähren, fördern, b) *Gefühl etc.* nähren, hegen; **11.** streicheln, hätscheln; *weitS. a. pol.* sich eifrig kümmern um, sich ,warm halten': ***~ one's constituency***; **III** *v/i.* **12.** a) säugen, stillen, b) die Brust nehmen (*Säugling*); **13.** als (Kranken)Pfleger(in) arbeiten.

nurse·ling → ***nursling***.

'nurse·maid *s.* Kindermädchen *n*.

nurs·er·y ['nɜːsrɪ] *s.* **1.** Kinderzimmer *n*: ***day ~*** Spielzimmer *n*; ***night ~*** Kinderschlafzimmer; **2.** Kindertagesstätte *f*; **3.** Pflanz-, Baumschule *f*; Schonung *f*; *fig.* Pflanzstätte *f*, Schule *f*; **4.** Fischpflege *f*, Streckteich *m*; **5.** *a.* ***~ stakes*** (Pferde-) Rennen *n* für Zweijährige; **~ gov·er·ness** *s.* Kinderfräulein *n*; **'~·man** [-mən] *s.* [*irr.*] Pflanzenzüchter *m*; **~ rhyme** *s.* Kinderlied *n*, -reim *m*; **~ school** *s.* Kindergarten *m*; **~ slope** *s.* *Skisport*: ,Idi'otenhügel' *m*, Anfängerhügel *m*; **~ tale** *s.* Ammenmärchen *n*.

nurs·ing ['nɜːsɪŋ] **I** *s.* **1.** Säugen *n*, Stillen *n*; **2.** *a.* ***sick~, ~ care*** (Kranken-) Pflege *f*; **II** *adj.* **3.** Nähr..., Pflege..., Kranken...; **~ ben·e·fit** *s.* Stillgeld *n*; **~ bot·tle** *s.* Säuglingsflasche *f*; **~ home** *s.* **1.** *bsd. Brit.* a) Pri'vatklinik *f*, b) pri'vate Entbindungsklinik; **2.** Pflegeheim *n*; **~ moth·er** *s.* stillende Mutter; **~ staff** *s.* 'Pflegeperso,nal *n*.

nurs·ling ['nɜːslɪŋ] *s.* **1.** Säugling *m*; **2.** Pflegling *m*; **3.** *fig.* a) Liebling *m*, Hätschelkind *n*, b) Schützling *m*.

nur·ture ['nɜːtʃə] **I** *v/t.* **1.** (er)nähren; **2.** auf-, erziehen; **3.** *fig. Gefühle etc.* hegen; **II** *s.* **4.** Nahrung *f*; *fig.* Pflege *f*, Erziehung *f*.

nut [nʌt] **I** *s.* **1.** ⚘ Nuß *f*; **2.** ⚙ a) Nuß *f*, b) (Schrauben)Mutter *f*: ***~s and bolts*** *fig.* praktische Grundlagen, wesentliche Details; **3.** ♪ a) Frosch *m* (*am Bogen*), b) Saitensattel *m*; **4.** *pl.* ⚒ Nußkohle *f*; **5.** *fig.* schwierige Sache: ***a hard ~ to crack*** e-e harte Nuß; **6.** *sl.* a) ,Birne' *f* (*Kopf*): ***be*** (***go***) ***off one's ~*** verrückt sein (werden), b) *contp.* ,Knülch' *m*, Kerl *m*, c) komischer Kauz, ,Spinner' *m*, d) Idi'ot *m*, e) Geck *m*; **7.** *sl.* ***be ~s*** verrückt sein (***on*** nach); ***he is ~s about her*** er ist in sie total verschossen; ***drive s.o. ~s*** j-n verrückt machen; ***go ~s*** überschnappen; ***that's ~s to him*** das ist genau sein Fall; ***~s!*** a) du spinnst wohl!, b) *a.* ***~ to you!*** ,du kannst mich mal!'; **8.** *pl.* V ,Eier' *pl.* (*Hoden*); **9.** ***not for ~s*** *sl.* überhaupt nicht; ***he can't play for ~s*** *sl.* er spielt miserabel; **II** *v/i.* **10.** Nüsse pflücken.

nut| bolt ⚙ **1.** Mutterbolzen *m*; **2.** Bolzen *m od.* Schraube *f* mit Mutter; **'~-,but·ter** *s.* Nußbutter *f*; **'~·case** *s. sl.* ,Spinner' *m*; **'~,crack·er** *s.* **1.** *a. pl.* Nußknacker *m*; **2.** *orn.* Tannenhäher *m*; **'~·gall** *s.* Gallapfel *m*: ***~ ink*** Gallustinte *f*; **'~·hatch** *s. orn.* Kleiber *m*, Spechtmeise *f*; **'~·house** *s. sl.* ,Klapsmühle' *f*.

nut·meg ['nʌtmeg] *s.* Mus'kat(nuß *f*) *m*: ***~ butter*** Muskatbutter *f*.

nu·tri·a ['njuːtrɪə] *s.* **1.** *zo.* Biberratte *f*, Nutria *f*; **2.** ✝ Nutriafell *n*.

nu·tri·ent ['njuːtrɪənt] **I** *adj.* **1.** nährend, nahrhaft; **2.** Ernährungs...: ***~ medium*** *biol.* Nährsubstanz *f*; ***~ solution*** Nährlösung *f*; **II** *s.* **3.** Nährstoff *m*; **4.** *biol.* Baustoff *m*; **'nu·tri·ment** [-ɪmənt] *s.* Nahrung *f*, Nährstoff *m* (*a. fig.*); *biol.* Baustoff *m*.

nu·tri·tion [njuː'trɪʃn] *s.* **1.** Ernährung *f*; **2.** Nahrung *f*: ***~ cycle*** Nahrungskreislauf *m*; **nu'tri·tion·al** [-ʃənl] Ernährungs...; **nu'tri·tion·ist** [-ʃnɪst] *s.* Ernährungswissenschaftler(in), Diä'tetiker(in); **nu'tri·tious** [-ʃəs] *adj.* □ nährend, nahrhaft; **nu'tri·tious·ness** [-ʃəsnɪs] *s.* Nahrhaftigkeit *f*.

nu·tri·tive ['njuːtrətɪv] *adj.* □ **1.** nährend, nahrhaft: ***~ value*** Nährwert *m*; **2.** Ernährungs...: ***~ tract*** Ernährungsbahn *f*.

nuts [nʌts] → ***nut*** 7.

nut| screw *s.* ⚙ **1.** Schraube *f* mit Mutter; **2.** Innengewinde *n*; **'~·shell** *s.* ⚘ Nußschale *f*: (***to put it***) ***in a ~*** (*Redewendung*) mit 'einem Wort, kurz gesagt; **'~-tree** *s.* ⚘ **1.** Haselnußstrauch *m*; **2.** Nußbaum *m*.

nut·ty ['nʌtɪ] *adj.* **1.** voller Nüsse; **2.** nußartig, Nuß...; **3.** pi'kant; **4.** *sl.* verrückt (***on*** nach).

nuz·zle ['nʌzl] **I** *v/t.* **1.** mit der Schnauze aufwühlen; **2.** mit der Schnauze *od.* Nase reiben an (*dat.*); *fig. Kind* liebkosen, hätscheln; **3.** *e-m Schwein etc.* e-n Ring durch die Nase ziehen; **II** *v/i.* **4.** (mit der Schnauze) wühlen, schnüffeln (***in*** in *dat.*, ***for*** nach); **5.** sich (an)schmiegen (***to*** an *acc.*).

ny·lon [ˈnaɪlɒn] *s.* Nylon *n*: **~*s*** F Nylonstrümpfe, Nylons.

nymph [nɪmf] *s.* **1.** *myth.* Nymphe *f* (*a. poet. u. iro. Mädchen*); **2.** *zo.* a) Puppe *f*, b) Nymphe *f*; **ˈnymph·et** [nɪmˈfet] *s.* ‚Nymphchen' *n*; **nym·pho** [ˈnɪmfəʊ] *pl.* **-phos** *s.* F *für* ***nymphomaniac*** II.

nym·pho·ma·ni·a [ˌnɪmfəʊˈmeɪnjə] *s.* ⚕ Nymphomaˈnie *f*, Mannstollheit *f*; **ˌnym·phoˈma·ni·ac** [-nɪæk] **I** *adj.* nymphoˈman, mannstoll; **II** *s.* Nymphoˈmanin *f*.

O

O, **o**[1] [əʊ] *s.* **1.** O *n*, o *n* (*Buchstabe*); **2.** *bsd. teleph.* Null *f*.

O, **o**[2] [əʊ] *int.* o(h)!, ah!, ach!

oaf [əʊf] *s.* **1.** Dummkopf *m*, ‚Esel' *m*; **2.** Lümmel *m*, Flegel *m*; **oaf·ish** ['əʊfɪʃ] *adj.* **1.** dumm, ‚blöd'; **2.** lümmel-, flegelhaft.

oak [əʊk] **I** *s.* **1.** ⚘ *a.* **~-tree** Eiche *f*, Eichbaum *m*; **2.** *poet.* Eichenlaub *n*; **3.** Eichenholz *n*; **4.** *Brit. univ. sl.* Eichentür *f*: ***sport one's ~*** die Tür verschlossen halten, nicht zu sprechen sein; **5.** ***the 2s*** *sport Stutenrennen in Epsom*; **II** *adj.* **6.** eichen, Eichen…; **~ ap·ple** *s.* ⚘ Gallapfel *m*.

oak·en ['əʊkən] *adj.* **1.** *bsd. poet.* Eichen…; **2.** eichen, von Eichenholz; **oak·let** ['əʊklɪt], **oak·ling** ['əʊklɪŋ] *s.* ⚘ junge *od.* kleine Eiche.

oa·kum ['əʊkəm] *s.* Werg *n*: ***pick ~*** a) Werg zupfen, b) F ‚Tüten kleben', ‚Knast schieben'.

'oak·wood *s.* **1.** Eichenholz *n*; **2.** Eichenwald(ung *f*) *m*.

oar [ɔ:] **I** *s.* **1.** Ruder *n* (*a. zo.*), *bsd. sport* Riemen *m*: ***four-~*** Vierer *m* (*Boot*); ***pull a good ~*** gut rudern; ***put*** (*od.* ***shove***) ***one's ~ in*** F sich einmischen, *im Gespräch* ‚s-n Senf dazugeben'; ***rest on one's ~s*** *fig.* sich auf s-n Lorbeeren ausruhen; → ***ship*** 8; **2.** *sport* Ruderer *m*, Ruderin *f*: ***a good ~***; **3.** *fig.* Flügel *m*, Arm *m*; **4.** *Brauerei*: Krücke *f*; **II** *v/t. u. v/i.* **5.** rudern; **oared** [ɔ:d] *adj.* **1.** mit Rudern (versehen), Ruder…; **2.** *in Zssgn* …rud(e)rig; **oar·lock** ['ɔ:lɒk] *s. Am.* Riemendolle *f*; **oars·man** ['ɔ:zmən] *s.* [*irr.*] Ruderer *m*; **oars·wom·an** ['ɔ:zˌwʊmən] *s.* [*irr.*] Ruderin *f*.

o·a·sis [əʊ'eɪsɪs] *pl.* **-ses** [-si:z] *s.* O'ase *f* (*a. fig.*).

oast [əʊst] *s. Brauerei*: Darre *f*.

oat [əʊt] *s. mst pl.* Hafer *m*: ***be off one's ~s*** F keinen Appetit haben; ***he feels his ~s*** F a) ihn sticht der Hafer, b) er ist ‚groß in Form'; ***sow one's wild ~s*** sich austoben, sich die Hörner abstoßen; **oat·en** ['əʊtn] *adj.* **1.** Hafer…; **2.** Hafermehl…

oath [əʊθ; *pl.* əʊðz] *s.* **1.** Eid *m*, Schwur *m*: ***~ of allegiance*** Fahnen-, Treueid; ***~ of disclosure*** ⚖ Offenbarungseid; ***~ of office*** Amts-, Diensteid; ***false ~*** Falsch-, Meineid *m*; ***bind by ~*** eidlich verpflichten; (***up***)***on ~*** unter Eid, eidlich; ***upon my ~!*** das kann ich beschwören!; ***administer*** (*od.* ***tender***) ***an ~ to s.o.***, ***put s.o. to*** (*od.* ***on***) ***his ~*** j-m e-n Eid abnehmen, j-n schwören lassen; ***swear*** (*od.* ***take***) ***an ~*** e-n Eid leisten, schwören (***on***, ***to*** auf *acc.*); ***in lieu of an ~*** an Eides Statt; ***under ~*** unter Eid, eidlich verpflichtet; ***be on one's ~*** unter Eid stehen; **2.** Fluch *m*, Verwünschung *f*.

'oat·meal *s.* **1.** Hafermehl *n*, -grütze *f*; **2.** Haferschleim *m*.

ob·bli·ga·to [ˌɒblɪ'gɑ:təʊ] ♪ **I** *adj.* obli'gat, hauptstimmig; **II** *pl.* **-tos** *s.* selbständige Begleitstimme.

ob·du·ra·cy ['ɒbdjʊrəsɪ] *s. fig.* Verstocktheit *f*, Halsstarrigkeit *f*; **'ob·du·rate** [-rət] *adj.* □ **1.** verstockt, halsstarrig; **2.** hartherzig.

o·be·di·ence [ə'bi:djəns] *s.* **1.** Gehorsam *m* (***to*** gegen); **2.** *fig.* Abhängigkeit *f* (***to*** von): ***in ~ to*** gemäß (*dat.*), im Verfolg (*gen.*); ***in ~ to s.o.*** auf j-s Verlangen; **o'be·di·ent** [-nt] *adj.* □ **1.** gehorsam (***to*** *dat.*); **2.** ergeben, unter'würfig (***to*** *dat.*): ***Your ~ servant*** Hochachtungsvoll (*Amtsstil*); **3.** *fig.* abhängig (***to*** von).

o·bei·sance [əʊ'beɪsəns] *s.* **1.** Verbeugung *f*; **2.** Ehrerbietung *f*, Huldigung *f*: ***do*** (*od.* ***make*** *od.* ***pay***) ***~ to s.o.*** j-m huldigen; **o'bei·sant** [-nt] *adj.* huldigend, unter'würfig.

ob·e·lisk ['ɒbelɪsk] *s.* **1.** Obe'lisk *m*; **2.** *typ.* a) → ***obelus***, b) Kreuz(zeichen) *n* (*für Randbemerkungen*).

ob·e·lus ['ɒbɪləs] *pl.* **-li** [-laɪ] *s. typ.* **1.** Obe'lisk *m* (*Zeichen für fragwürdige Stellen*); **2.** Verweisungszeichen *n auf Randbemerkungen*.

o·bese [əʊ'bi:s] *adj.* fettleibig, korpu'lent, *a. fig.* fett, dick; **o'bese·ness** [-nɪs], **o'bes·i·ty** [-sətɪ] *s.* Fettleibigkeit *f*, Korpu'lenz *f*.

o·bey [əˈbeɪ] **I** *v/t.* **1.** *j-m* gehorchen, folgen (*a. fig.*); **2.** *e-m Befehl etc.* Folge leisten, befolgen (*acc.*); **II** *v/i.* **3.** gehorchen, folgen (***to*** *dat.*).

ob·fus·cate [ˈɒbfʌskeɪt] *v/t.* **1.** verfinstern, trüben (*a. fig.*); **2.** *fig. Urteil etc.* trüben, verwirren; *die Sinne* benebeln; **ob·fus·ca·tion** [ˌɒbfʌsˈkeɪʃn] Verfinsterung *f etc.*

o·bit·u·ar·y [əˈbɪtjʊərɪ] **I** *s.* **1.** Todesanzeige *f*; **2.** Nachruf *m*; **3.** *eccl.* Totenliste *f*; **II** *adj.* **4.** Toten…, Todes…: ***~ notice*** Todesanzeige *f*.

ob·ject¹ [əbˈdʒekt] **I** *v/t.* **1.** *fig.* einwenden, vorbringen (***to*** gegen); **2.** vorhalten, vorwerfen (***to***, ***against*** *dat.*); **II** *v/i.* **3.** Einwendungen machen, Einsprüche erheben, protestieren, reklamieren (***to***, ***against*** gegen); **4.** et. einwenden, et. dagegen haben: ***~ to s.th.*** et. beanstanden; ***do you ~ to my smoking?*** haben Sie et. dagegen, wenn ich rauche?; ***if you don't ~*** wenn Sie nichts dagegen haben.

ob·ject² [ˈɒbdʒɪkt] *s.* **1.** Obˈjekt *n* (*a. Kunst*), Gegenstand *m* (*a. fig. des Mitleids etc.*): ***~ of invention*** ⚖ Erfindungsgegenstand; ***money is no ~*** Geld spielt keine Rolle; ***salary no ~*** Gehalt Nebensache; **2.** Absicht *f*, Ziel *n*, Zweck *m*: ***make it one's ~ to do s.th.*** es sich zum Ziel setzen, et. zu tun; **3.** F komische *od.* scheußliche Perˈson *od.* Sache: ***what an ~ you are!*** wie sehen Sie denn aus!; **4.** *ling.* a) Obˈjekt *n*: ***direct ~*** Akkusativobjekt; ***~ clause*** Objektsatz *m*, b) von e-r Präpositiˈon abhängiges ˌWort; **~ draw·ing** *s.* Zeichnen *n* nach Vorlagen *od.* Moˈdellen; **ˈ~-ˌfind·er** *s. phot.* (Objekˈtiv)Sucher *m*; **ˈ~-glass** *s. opt.* Objekˈtiv(linse *f*) *n*.

ob·jec·ti·fy [ɒbˈdʒektɪfaɪ] *v/t.* objektivieren.

ob·jec·tion [əbˈdʒekʃn] *s.* **1.** a) Einwendung *f* (*a.* ⚖), Einspruch *m*, -wand *m*, -wurf *m*, Bedenken *n* (***to*** gegen), b) *weitS.* Abneigung *f*, ˈWiderwille *m* (***against*** gegen): ***I have no ~ to him*** ich habe nichts gegen ihn *od.* an ihm nichts auszusetzen; ***make*** (*od.* ***raise***) ***an ~ to s.th.*** gegen et. e-n Einwand erheben; ***take ~ to s.th.*** gegen et. protestieren; **2.** Beanstandung *f*, Reklamatiˈon *f*; **obˈjec·tion·a·ble** [-ʃnəbl] *adj.* □ **1.** nicht einwandfrei, zu beanstanden(d), unerwünscht, anrüchig; **2.** unangenehm (***to*** *dat. od.* für); **3.** anstößig.

ob·jec·tive [əbˈdʒektɪv] **I** *adj.* □ **1.** objekˈtiv (*a. phls.*), sachlich, vorurteilslos; **2.** *ling.* Objekts…: ***~ case*** → 5; ***~ genitive*** objektiver Genitiv; **3.** Ziel…: ***~ point*** → 6; **II** *s.* **4.** *opt.* Objekˈtiv(linse *f*) *n*; **5.** *ling.* Obˈjektsfall *m*; **6.** (*bsd.* ⚔ Kampf-, Angriffs)Ziel *n*; **obˈjec·tive·ness** [-nɪs], **ob·jec·tiv·i·ty** [ˌɒbdʒekˈtɪvətɪ] *s.* Objektiviˈtät *f*.

ob·ject lens *s. opt.* Objekˈtiv(linse *f*) *n*.

ob·ject·less [ˈɒbdʒɪktlɪs] *adj.* gegenstands-, zweck-, ziellos.

ob·ject les·son *s.* **1.** *ped. u. fig.* ˈAnschauungsˌunterricht *m*; **2.** *fig.* Schulbeispiel *n*; **3.** *fig.* Denkzettel *m*.

ob·jec·tor [əbˈdʒektə] *s.* Gegner(in) (***to*** *gen*); → ***conscientious***.

ob·ject| plate, **~ slide** *s.* Obˈjektträger *m* (*Mikroskop etc.*); **~ teach·ing** *s.* ˈAnschauungsˌunterricht *m*.

ob·jet d'art [ˌɒbʒeɪˈdɑː] (*Fr.*) *s.* (*bsd.* kleiner) Kunstgegenstand.

ob·jur·gate [ˈɒbdʒɜːgeɪt] *v/t.* tadeln, schelten.

ob·late¹ [ˈɒbleɪt] *adj.* ⚗, *phys.* (an den Polen) abgeplattet.

ob·late² [ˈɒbleɪt] *R.C.* Obˈlat(in) (*Laienbruder od. -schwester*).

ob·la·tion [əʊˈbleɪʃn] *s. bsd. eccl.* Opfer (-gabe *f*) *n*.

ob·li·gate *v/t.* [ˈɒblɪgeɪt] *a.* ⚖ verpflichten; **ob·li·ga·tion** [ˌɒblɪˈgeɪʃn] *s.* **1.** Verpflichten *n*; **2.** Verpflichtung *f*, Verbindlichkeit *f*: ***of ~*** obligatorisch; ***be under an ~ to s.o.*** j-m (zu Dank) verpflichtet sein; **3.** † a) Schuldverschreibung *f*, Obligatiˈon *f*, b) (Schuld-) Verpflichtung *f*, Verbindlichkeit *f*: ***financial ~*** Zahlungsverpflichtung; ***~ to buy*** Kaufzwang *m*; ***no ~***, ***without ~*** unverbindlich, freibleibend; **ob·li·ga·to·ry** [əˈblɪgətərɪ] *adj.* □ verpflichtend, bindend, (rechts)verbindlich, obligaˈtorisch (***on***, ***upon*** für), Zwangs…

o·blige [əˈblaɪdʒ] **I** *v/t.* **1.** nötigen, zwingen: ***I was ~d to go*** ich mußte gehen; **2.** *fig. j-n* (zu Dank) verpflichten: ***much ~d!*** sehr verbunden!, danke bestens!; ***I am ~d to you for it*** ich habe es Ihnen zu verdanken; ***will you ~ me by*** (*ger.*)***?*** wären Sie so freundlich, zu (*inf.*)?, *iro.* würden Sie gefälligst *et. tun*?; **3.** *j-m* gefällig sein, e-n Gefallen tun, dienen: ***to ~ you*** Ihnen zu Gefallen; ***~ the company with*** die Gesellschaft mit *e-m Lied etc.* erfreuen; **4.** ⚖ *j-n* (*durch Eid etc.*) binden (***to*** an *acc.*): ***~ o.s.*** sich verpflichten (***to do*** *et.* zu tun); **II** *v/i.* **5.** ***~ with*** F *Lied etc.* vortragen, zum besten geben; **6.** erwünscht sein: ***an early reply will ~*** um baldige Antwort wird gebeten; **ob·li·gee**

[ˌɒblɪˈdʒiː] *s.* ⚖ Obligatiˈonsgläubiger (-in), Forderungsberechtigte(r *m*) *f*; **oˈblig·ing** [-dʒɪŋ] *adj.* □ verbindlich, gefällig, zuˈvor-, entgegenkommend; **oˈblig·ing·ness** [-dʒɪŋnɪs] *s.* Gefälligkeit *f*, Zuˈvorkommenheit *f*; **ob·li·gor** [ˌɒblɪˈgɔː] *s.* ⚖ (Obligatiˈons)Schuldner(in).

ob·lique [əˈbliːk] *adj.* □ **1.** *bsd.* ⩓ schief, schräg: **~(*-angled*)** schiefwink(e)lig; ***at an ~ angle with*** im spitzen Winkel zu; **2.** ˈindiˌrekt, versteckt, verblümt: ***~ accusation***; ***~ glance*** Seitenblick *m*; **3.** unaufrichtig, unredlich; **4.** *ling.* abhängig, ˈindiˌrekt: ***~ case*** Beugefall *m*; ***~ speech*** indirekte Rede; **obˈlique·ness** [-nɪs], **ob·liq·ui·ty** [əˈblɪkwətɪ] *s.* **1.** Schiefe *f* (*a. ast.*), schiefe Lage *od.* Richtung, Schrägheit *f*; **2.** *fig.* Schiefheit *f*: ***moral ~*** Unredlichkeit *f*; ***~ of judg(e)ment*** Schiefe *f* des Urteils.

ob·lit·er·ate [əˈblɪtəreɪt] *v/t.* **1.** auslöschen, tilgen (*beide a. fig.*), *Schrift a.* ausstreichen, wegradieren; *Briefmarken* entwerten; **2.** ⚕ veröden; **ob·lit·er·a·tion** [əˌblɪtəˈreɪʃn] *s.* **1.** Verwischung *f*, Auslöschung *f*; **2.** *fig.* Vernichtung *f*, Vertilgung *f*.

ob·liv·i·on [əˈblɪvɪən] *s.* **1.** Vergessenheit *f*: ***fall*** (*od.* ***sink***) ***into ~*** in Vergessenheit geraten; **2.** Vergessen *n*, Vergeßlichkeit *f*; **3.** ⚖, *pol.* Straferlaß *m*: (***Act of***) ♀ Amneˈstie *f*; **obˈliv·i·ous** [-ɪəs] *adj.* □ vergeßlich: ***be ~ of s.th.*** et. vergessen (haben); ***be ~ to s.th.*** F *fig.* blind sein gegen et., et. nicht beachten.

ob·long [ˈɒblɒŋ] **I** *adj.* **1.** länglich: ***~ hole*** ⚙ Langloch *n*; **2.** ⩓ rechteckig; **II** *s.* **3.** ⩓ Rechteck *n*.

ob·lo·quy [ˈɒbləkwɪ] *s.* **1.** Verleumdung *f*, Schmähung *f*: ***fall into ~*** in Verruf kommen; **2.** Schmach *f*.

ob·nox·ious [əbˈnɒkʃəs] *adj.* □ **1.** anstößig, anrüchig, verhaßt, abˈscheulich; **2.** (***to***) unbeliebt (bei), unangenehm (*dat.*); **obˈnox·ious·ness** [-nɪs] *s.* **1.** Anstößigkeit *f*, Anrüchigkeit *f*; **2.** Verhaßtheit *f*.

o·boe [ˈəʊbəʊ] *s.* ♪ Oˈboe *f*; **ˈo·bo·ist** [-əʊɪst] *s.* Oboˈist(in).

ob·scene [əbˈsiːn] *adj.* □ **1.** unzüchtig (*a.* ⚖), unanständig, zotig, obˈszön: ***~ libel*** ⚖ Veröffentlichung *f* unzüchtiger Schriften; ***~ talker*** Zotenreißer *m*; **2.** ˈwiderlich; **ob·scen·i·ty** [əbˈsenətɪ] *s.* **1.** Unanständigkeit *f*, Schmutz *m*, Zote *f*, *pl. a.* Obszöniˈtäten *pl.*; **2.** ˈWiderlichkeit *f*.

ob·scur·ant [ˈɒbskjʊərənt] *s.* Obskuˈrant *m*, Dunkelmann, Bildungsfeind *m*; **ob·scur·ant·ism** [ˌɒbskjʊəˈræntɪzəm] *s.* Obskuranˈtismus *m*, Bildungshaß *m*; **ob·scur·ant·ist** [ˌɒbskjʊəˈræntɪst] **I** *s.* → ***obscurant***; **II** *adj.* obskuranˈtistisch.

ob·scu·ra·tion [ˌɒbskjʊˈreɪʃn] *s.* Verdunkelung *f* (*a. fig.*).

ob·scure [əbˈskjʊə] **I** *adj.* □ **1.** dunkel, düster; **2.** *fig.* dunkel, unklar; **3.** *fig.* obˈskur, unbekannt, unbedeutend; **4.** *fig.* verborgen: ***live an ~ life***; **II** *v/t.* **5.** verdunkeln, verfinstern (*a. fig.*); **6.** *fig.* verkleinern, in den Schatten stellen; **7.** *fig.* unverständlich *od.* undeutlich machen; **8.** verbergen; **obˈscu·ri·ty** [-ərətɪ] *s.* **1.** Dunkelheit *f* (*a. fig.*); **2.** *fig.* Unklarheit *f*, Undeutlichkeit *f*, Unverständlichkeit *f*; **3.** *fig.* Unbekanntheit *f*, Verborgenheit *f*, Niedrigkeit *f der Herkunft*: ***be lost in ~*** vergessen sein.

ob·se·quies [ˈɒbsɪkwɪz] *s. pl.* Trauerfeierlichkeit(en *pl.*) *f*.

ob·se·qui·ous [əbˈsiːkwɪəs] *adj.* □ unterˈwürfig (***to*** gegen), serˈvil, kriecherisch; **obˈse·qui·ous·ness** [-nɪs] *s.* Unterˈwürfigkeit *f*.

ob·serv·a·ble [əbˈzɜːvəbl] *adj.* □ **1.** wahrnehmbar; **2.** bemerkenswert; **3.** zu be(ob)achten(d); **obˈserv·ance** [-vns] *s.* **1.** Befolgung *f*, Be(ob)achtung *f*, Ein-, Innehaltung *f von Gesetzen etc.*; **2.** *eccl.* Heilighaltung *f*, Feiern *n*; **3.** Brauch *m*, Sitte *f*; **4.** Regel *f*, Vorschrift *f*; **5.** *R.C.* Ordensregel *f*, Obserˈvanz *f*; **obˈserv·ant** [-vnt] *adj.* □ **1.** beobachtend, befolgend (***of*** *acc.*): ***be very ~ of forms*** sehr auf Formen halten; **2.** aufmerksam, acht-, wachsam (***of*** auf *acc.*).

ob·ser·va·tion [ˌɒbzəˈveɪʃn] **I** *s.* **1.** Beobachtung *f* (*a.* ⚕, ⚓ *etc.*), Überˈwachung *f*, Wahrnehmung *f*: ***keep s.o. under ~*** j-n beobachten (lassen); **2.** ⚔ (Nah)Aufklärung *f*; **3.** Beobachtungsvermögen *n*; **4.** Bemerkung *f*; **5.** Befolgung *f*; **II** *adj.* **6.** Beobachtungs…, Aussichts…; ***~* bal·loon** *s.* ˈFesselbalˌlon *m*; ***~* car** *s.* 🚃 Aussichtswagen *m*; ***~* coach** *s.* Omnibus *m* mit Aussichtsplattform; ***~* post** *s.* ⚔ Beobachtungsstand *m*, -posten *m*; ***~* tow·er** *s.* Beobachtungswarte *f*; Aussichtsturm *m*; ***~* ward** *s.* ⚕ Beˈobachtungsstatiˌon *f*; ***~* win·dow** *s.* ⚙ *etc.* Beobachtungsfenster *n*.

ob·serv·a·to·ry [əbˈzɜːvətrɪ] *s.* Observaˈtorium *n*: a) Wetterwarte *f*, b) Sternwarte *f*.

ob·serve [əbˈzɜːv] **I** *v/t.* **1.** beobachten: a) überˈwachen, b) (be)merken, wahrnehmen, c) *Gesetz etc.* befolgen, (ein-)

halten, beachten, *Fest etc.* feiern, begehen: ***~ silence*** Stillschweigen bewahren; **2.** bemerken, äußern, sagen; **II** *v/i.* **3.** Beobachtungen machen; **4.** Bemerkungen machen, sich äußern (***on, upon*** über *acc.*); **ob'serv·er** [-və] *s.* **1.** Beobachter(in) (*a. pol.*), Zuschauer(in); **2.** Befolger(in); **3.** ⚔, ✈ a) Beobachter *m*, b) *Flugmeldedienst*: Luftspäher *m*; **ob'serv·ing** [-vɪŋ] *adj.* □ aufmerksam, achtsam.

ob·sess [əb'ses] *v/t.* quälen, heimsuchen, verfolgen (*von Ideen etc.*): ***~ed by*** (*od.* ***with***) besessen von; **ob·session** [əb'seʃn] *s.* Besessenheit *f*, fixe I'dee; *psych.* Zwangsvorstellung *f*; **ob'ses·sive** [-sɪv] *adj. psych.* zwanghaft, Zwangs...: ***~ neurosis.***

ob·so·les·cence [ˌɒbsəʊ'lesns] *s.* Veralten *n*: ***planned ~*** ✝, ⚙ künstliche Veralterung; **ob·so'les·cent** [-nt] *adj.* veraltend.

ob·so·lete ['ɒbsəli:t] *adj.* □ **1.** veraltet, über'holt, altmodisch; **2.** abgenutzt, verbraucht; **3.** *biol.* zu'rückgeblieben, rudimen'tär.

ob·sta·cle ['ɒbstəkl] *s.* Hindernis *n* (***to*** für) (*a. fig.*): ***put ~s in s.o.'s way*** *fig.* j-m Hindernisse in den Weg legen; ***~ race*** *sport* Hindernisrennen *n*.

ob·stet·ric, ob·stet·ri·cal [ɒb'stetrɪk(l)] *adj.* Geburts(hilfe)..., Entbindungs...; **ob·ste·tri·cian** [ˌɒbste'trɪʃn] *s.* ⚕ Geburtshelfer(in); **ob'stet·rics** [-ks] *s. pl. mst sg. konstr.* Geburtshilfe *f*.

ob·sti·na·cy ['ɒbstɪnəsɪ] *s.* Hartnäckigkeit *f* (*a. fig.*, ⚕ *etc.*), Eigensinn *m*; **'ob·sti·nate** [-tənət] *adj.* □ hartnäckig (*a. fig.*), halsstarrig, eigensinnig.

ob·strep·er·ous [əb'strepərəs] *adj.* □ **1.** ungebärdig, tobend, 'widerspenstig; **2.** lärmend.

ob·struct [əb'strʌkt] **I** *v/t.* **1.** versperren, -stopfen, blockieren: ***~ s.o.'s view*** j-m die Sicht nehmen; **2.** *a. fig.* behindern, hemmen, lahmlegen; **3.** *fig., a. pol.* blockieren, vereiteln; **4.** *sport*: sperren, (*a. Amtsperson*) behindern (***in*** bei); **II** *v/i.* **5.** *pol.* Obstrukti'on treiben; **ob'struc·tion** [-kʃn] *s.* **1.** Versperrung *f*, Verstopfung *f*; **2.** Behinderung *f*, Hemmung *f*; **3.** Hindernis *n* (***to*** für); **4.** *pol.* Obstrukti'on *f*; **ob'struc·tion·ism** [-kʃənɪzəm] *s. bsd. pol.* Obstrukti'onspoliˌtik *f*; **ob'struc·tion·ist** [-kʃənɪst] **I** *s.* Obstrukti'onspoˌlitiker(in); **II** *adj.* Obstruktions...; **ob'struc·tive** [-tɪv] **I** *adj.* □ **1.** versperrend (*etc.* → ***obstruct*** I); **2.** (***of, to***) hinderlich, hemmend (für): ***be ~ to s.th.*** et. behindern; **3.** Obstruktions...; **II** *s.* **4.** Hindernis *n*.

ob·tain [əb'teɪn] **I** *v/t.* **1.** erlangen, erhalten, bekommen, erwerben, sich verschaffen, *Sieg* erringen: ***~ by flattery*** sich erschmeicheln; ***~ legal force*** Rechtskraft erlangen; ***details can be ~ed from*** Näheres ist zu erfahren bei; **2.** *Willen, Wünsche etc.* 'durchsetzen; **3.** erreichen; **4.** ✝ *Preis* erzielen; **II** *v/i.* **5.** (vor)herrschen, bestehen; Geltung haben, sich behaupten; **ob'tain·a·ble** [-nəbl] *adj.* erreichbar, erlangbar; erhältlich, zu erhalten(d) (***at*** bei); **ob'tain·ment** [-mənt] *s.* Erlangung *f*.

ob·trude [əb'tru:d] **I** *v/t.* aufdrängen, -nötigen, -zwingen (***upon, on*** *dat.*): ***~ o.s. upon*** → **II** *v/i.* sich aufdrängen (***upon, on*** *dat.*); **ob'tru·sion** [-u:ʒn] *s.* **1.** Aufdrängen *n*, Aufnötigung *f*; **2.** Aufdringlichkeit *f*; **ob'tru·sive** [-u:sɪv] *adj.* □ aufdringlich (*a. Sache*).

ob·tu·rate ['ɒbtjʊəreɪt] *v/t.* **1.** *a.* ⚕ verstopfen, verschließen; **2.** ⚙ (ab)dichten, lidern; **ob·tu·ra·tion** [ˌɒbtjʊə'reɪʃn] *s.* **1.** Verstopfung *f*, Verschließung *f*; **2.** ⚙ (Ab)Dichtung *f*.

ob·tuse [əb'tju:s] *adj.* □ **1.** stumpf (*a.* ⩕): ***~(-angled)*** stumpfwink(e)lig; **2.** *fig.* begriffsstutzig, beschränkt; dumpf (*Ton, Schmerz etc.*); **ob'tuse·ness** [-nɪs] *s.* **1.** Stumpfheit *f* (*a. fig.*); **2.** Begriffsstutzigkeit *f*.

ob·verse ['ɒbvɜ:s] **I** *s.* **1.** Vorderseite *f*; Bildseite *f e-r Münze*; **2.** Gegenstück *n*, *die* andere Seite, Kehrseite *f*; **II** *adj.* □ **3.** Vorder..., dem Beobachter zugekehrt; **4.** entsprechend, 'umgekehrt; **ob·verse·ly** [ɒb'vɜ:slɪ] *adv.* 'umgekehrt.

ob·vi·ate ['ɒbvɪeɪt] *v/t.* **1.** *e-r Sache* begegnen, zu'vorkommen, vorbeugen, *et.* verhindern, verhüten; **2.** aus dem Weg räumen, beseitigen; **3.** erübrigen; **ob·vi·a·tion** [ˌɒbvɪ'eɪʃn] *s.* **1.** Vorbeugen *n*, Verhütung *f*; **2.** Beseitigung *f*.

ob·vi·ous ['ɒbvɪəs] *adj.* □ offensichtlich, augenfällig, klar, deutlich; naheliegend, einleuchtend: ***it is ~ that*** es liegt auf der Hand, daß; ***it was the ~ thing to do*** es war das Nächstliegende; ***he was the ~ choice*** kein anderer kam dafür in Frage; **'ob·vi·ous·ness** [-nɪs] *s.* Offensichtlichkeit *f*.

oc·ca·sion [ə'keɪʒn] **I** *s.* **1.** (günstige) Gelegenheit; **2.** (***of***) Gelegenheit *f* (zu), Möglichkeit *f* (*gen.*); **3.** (besondere) Gelegenheit, Anlaß *m*; (F festliches) Ereignis: ***on this ~*** bei dieser Gelegenheit; ***on the ~ of*** anläßlich (*gen.*); ***on ~***

a) bei Gelegenheit, b) gelegentlich, c) wenn nötig; ***for the ~*** für diese besondere Gelegenheit, eigens zu diesem Zweck; ***a great ~*** ein großes Ereignis; ***improve the ~*** die Gelegenheit (*bsd.* zu e-r Moralpredigt) benützen; ***rise to the ~*** sich der Lage gewachsen zeigen; **4.** Anlaß *m*, Anstoß *m*: ***give ~ to*** → 6; **5.** (***for***) Grund *m* (zu), Ursache *f* (*gen.*), Veranlassung *f* (zu); **II** *v/t.* **6.** verursachen (***s.o. s.th.***, ***s.th. to s.o.*** j-m et.), hervorrufen, bewirken, zeitigen; **7.** *j-n* veranlassen (***to do*** zu tun); **oc'ca·sion·al** [-ʒənl] *adj.* ☐ **1.** gelegentlich, Gelegenheits...(*-arbeit*, *-dichter*, *-gedicht etc.*); vereinzelt; **2.** zufällig; **oc'ca·sion·al·ly** [-ʒnəlɪ] *adv.* gelegentlich, hin u. wieder.

Oc·ci·dent ['ɒksɪdənt] *s.* **1.** 'Okzident *m*, Westen *m*, Abendland *n*; **2.** ♀ Westen *m*; **Oc·ci·den·tal** [ˌɒksɪ'dentl] **I** *adj.* ☐ **1.** abendländisch, westlich; **2.** ♀ westlich; **II** *s.* **3.** Abendländer(in).

oc·cip·i·tal [ɒk'sɪpɪtl] *anat.* **I** *adj.* Hinterhaupt(s)...; **II** *s.* 'Hinterhauptsbein *n*; **oc·ci·put** ['ɒksɪpʌt] *pl.* **oc·cip·i·ta** [ɒk'sɪpɪtə] *s. anat.* 'Hinterkopf *m*.

oc·clude [ɒ'klu:d] *v/t.* **1.** *a.* ✱ verstopfen, verschließen; **2.** a) einschließen, b) ausschließen, c) abschließen (***from*** von); **3.** ⚗ okkludieren, adsorbieren; **oc'clu·sion** [-u:ʒn] *s.* **1.** *a.* ✱ a) Verstopfung *f*, Verschließung *f*, b) Verschluß *m*; **2.** Okklusi'on *f*: a) ⚗ Adsorpti'on *f*, b) ✱ Biß(stellung *f*) *m*; ***abnormal ~*** Bißanomalie *f*.

oc·cult [ɒ'kʌlt] **I** *adj.* ☐ ok'kult: a) geheimnisvoll, verborgen (*a.* ✱), b) magisch, 'übersinnlich, c) geheim, Geheim...: ***~ sciences*** Geheimwissenschaften; **II** *v/t.* verdecken; *ast.* verfinstern; **III** *s.* ***the ~*** das Ok'kulte; **oc·cult·ism** ['ɒkəltɪzəm] *s.* Okkul'tismus *m*; **oc·cult·ist** ['ɒkəltɪst] **I** *s.* Okkul'tist (-in); **II** *adj.* okkul'tistisch.

oc·cu·pan·cy ['ɒkjʊpənsɪ] *s.* **1.** Besitzergreifung *f* (*a.* ⚖); Einzug *m* (***of*** in *e-e Wohnung*); **2.** Innehaben *n*, Besitz *m*: ***during his ~ of the post*** solange er die Stelle innehatte; **3.** In'anspruchnahme *f* (*von Raum etc.*); **'oc·cu·pant** [-nt] *s.* **1.** *bsd.* ⚖ Besitzergreifer(in); **2.** Besitzer (-in), Inhaber(in); **3.** Bewohner(in), Insasse *m*, Insassin *f* (*Haus etc.*); **oc·cu·pa·tion** [ˌɒkjʊ'peɪʃn] *s.* **1.** Besitz *m*, Innehaben *n*; **2.** Besitznahme *f*, -ergreifung *f*; **3.** ⚔, *pol.* Besetzung *f*, Besatzung *f*, Okkupati'on *f*: ***~ troops*** Besatzungstruppen; → ***zone*** 1; **4.** Beschäftigung *f*: ***without ~*** beschäftigungslos; **5.** Beruf *m*, Gewerbe *n*: ***by ~*** von Beruf; ***employed in an ~*** berufstätig; ***in*** (*od.* ***as a***) ***regular ~*** hauptberuflich; **oc·cu·pa·tion·al** [ˌɒkju:'peɪʃənl] *adj.* **1.** beruflich, Berufs...(*-gruppe*, *-krankheit etc.*), Arbeits...(*-psychologie*, *-unfall etc.*): ***~ hazard*** Berufsrisiko *n*; **2.** Beschäftigungs...: ***~ therapy***.

oc·cu·pi·er ['ɒkjʊpaɪə] → ***occupant***.

oc·cu·py ['ɒkjʊpaɪ] *v/t.* **1.** in Besitz nehmen, Besitz ergreifen von; *Wohnung* beziehen; ⚔ besetzen; **2.** besitzen, innehaben; *fig. Amt etc.* bekleiden, innehaben: ***~ the chair*** den Vorsitz führen; **3.** bewohnen; **4.** *Raum* einnehmen, (*a. Zeit*) in Anspruch nehmen; **5.** *j-n*, *j-s Geist* beschäftigen: ***~ o.s.*** sich beschäftigen *od.* befassen (***with*** mit); ***be occupied with*** (*od.* ***in***) ***doing*** damit beschäftigt sein, *et.* zu tun.

oc·cur [ə'kɜ:] *v/i.* **1.** sich ereignen, vorfallen, -kommen, passieren, eintreten; **2.** vorkommen (***in Poe*** bei Poe); **3.** zustoßen, vorkommen, begegnen (***to s.o.*** j-m); **4.** einfallen (***to*** *dat.*): ***it ~red to me that*** es fiel mir ein *od.* es kam mir der Gedanke, daß; **oc·cur·rence** [ə'kʌrəns] *s.* **1.** Vorkommen *n*, Auftreten *n*; **2.** Ereignis *n*, Vorfall *m*, Vorkommnis *n*.

o·cean ['əʊʃn] *s.* **1.** Ozean *m*, Meer *n*: ***~ lane*** Schiffahrtsroute *f*; ***~ liner*** Ozeandampfer *m*; **2.** *fig.* Meer *n*: ***~s of*** ꟻ e-e Unmenge von; ***~ bill of lad·ing*** *s.* ✝ Konnosse'ment *n*, Seefrachtbrief *m*; **'~-ˌgo·ing** *adj.* ⚓ Hochsee..., hochseetüchtig.

o·ce·an·ic [ˌəʊʃɪ'ænɪk] *adj.* oze'anisch, Ozean..., Meer(es)...

o·ce·a·no·graph·ic, **o·ce·a·no·graph·i·cal** [ˌəʊʃɪənəʊ'græfɪk(l)] *adj.* ozeano'graphisch; **o·ce·a·nog·ra·phy** [ˌəʊʃjə'nɒgrəfɪ] *s.* Meereskunde *f*; **o·ce·a·nol·o·gy** [ˌəʊʃjə'nɒlədʒɪ] *s.* Ozeanolo'gie *f*, Meereskunde *f*.

o·cel·lat·ed ['ɒsəleɪtɪd] *adj. zo.* **1.** augenfleckig; **2.** augenähnlich; **o·cel·lus** [əʊ'seləs] *pl.* **-li** [-laɪ] *s. zo.* **1.** Punktauge *n*; **2.** Augenfleck *m*.

o·cher *Am.* → ***ochre***.

och·loc·ra·cy [ɒk'lɒkrəsɪ] *s.* Ochlokra'tie *f*, Pöbelherrschaft *f*.

o·chre ['əʊkə] **I** *s.* **1.** *min.* Ocker *m*: ***blue*** (*od.* ***iron***) ***~*** Eisenocker *m*; ***brown*** (*od.* ***spruce***) ***~*** brauner Eisenocker; **2.** Okkerfarbe *f*, -gelb *n*; **II** *adj.* **3.** ockergelb; **o·chre·ous** ['əʊkrɪəs] *adj.* **1.** Ocker...; **2.** ockerhaltig *od.* -artig *od.* -farbig.

o'clock [ə'klɒk] Uhr (*bei Zeitangaben*): ***four ~*** vier Uhr.

oc·ta·gon ['ɒktəgən] *s.* ⩕ Achteck *n*; **oc·tag·o·nal** [ɒk'tægənl] *adj.* ☐ **1.** achteckig, -seitig; **2.** Achtkant…

oc·ta·he·dral [ˌɒktə'hedrəl] *adj.* ⩕, *min.* okta'edrisch, achtflächig; ˌ**oc·ta'he·dron** [-drən] *pl.* **-drons** *od.* **-dra** [-drə] *s.* Okta'eder *n.*

oc·tal ['ɒktl] *adj.* ϟ Oktal…

oc·tane ['ɒkteɪn] *s.* ⚗ Ok'tan *n*: *~* ***number***, *~* ***rating*** Oktanzahl *f.*

oc·tant ['ɒktənt] *s.* ⩕, ⚓ Ok'tant *m.*

oc·tave ['ɒktɪv; *eccl.* 'ɒkteɪv] *s.* ♪, *eccl.*, *phys.* Ok'tave *f.*

oc·ta·vo [ɒk'teɪvəʊ] *pl.* **-vos** *s.* **1.** Ok'tav(forˌmat) *n*; **2.** Ok'tavband *m.*

oc·til·lion [ɒk'tɪljən] *s.* ⩕ *Brit.* Oktilli'on *f*, *Am.* Quadrilli'arde *f.*

Oc·to·ber [ɒk'təʊbə] *s.* Ok'tober *m*: ***in*** *~* im Oktober.

oc·to·dec·i·mo [ˌɒktəʊ'desɪməʊ] *pl.* **-mos** *s.* **1.** Okto'dezforˌmat *n*; **2.** Okto'dezband *m.*

oc·to·ge·nar·i·an [ˌɒktəʊdʒɪ'neərɪən] **I** *adj.* achtzigjährig; **II** *s.* Achtzigjährige(r *m*) *f*, Achtziger(in).

oc·to·pod ['ɒktəpɒd] *s. zo.* Okto'pode *m*, Krake *m.*

oc·to·pus ['ɒktəpəs] *pl.* **-pus·es** *od.* '**oc·to·pi** [-paɪ] *s.* **1.** *zo.* Krake *m*: a) 'Seepoˌlyp *m*, b) Okto'pode *m*; **2.** *fig.* Po'lyp *m.*

oc·to·syl·lab·ic [ˌɒktəʊsɪ'læbɪk] **I** *adj.* achtsilbig; **II** *s.* Achtsilb(l)er *m* (*Vers*); **oc·to·syl·la·ble** ['ɒktəʊˌsɪləbl] *s.* **1.** achtsilbiges Wort; **2.** → ***octosyllabic*** II.

oc·u·lar ['ɒkjʊlə] **I** *adj.* ☐ **1.** Augen… (*-bewegung*, *-zeuge etc.*); **2.** sichtbar (*Beweis*), augenfällig; **II** *s.* **3.** *opt.* Oku'lar *n*; '**oc·u·lar·ly** [-lɪ] *adv.* **1.** augenscheinlich; **2.** durch Augenschein, mit eigenen Augen; '**oc·u·list** [-lɪst] *s.* Augenarzt *m.*

odd [ɒd] **I** *adj.* ☐ → ***oddly***; **1.** sonderbar, seltsam, merkwürdig, kuri'os: ***an*** *~* ***fellow*** (*od.* F ***fish***) ein sonderbarer Kauz; **2.** (*nach Zahlen etc.*) und etliche, und einige *od.* etwas dar'über: ***50*** *~* über 50, einige 50; ***fifty*** *~* ***thousand*** zwischen 50000 u. 60000; ***it cost five pounds*** *~* es kostete etwas über 5 Pfund; **3.** (*noch*) übrig, 'überzählig, restlich; **4.** ungerade: *~* ***and even*** gerade u. ungerade; ***an*** *~* ***number*** eine ungerade Zahl; *~* ***man out*** Überzählige(r) *m*; ***the*** *~* ***man*** der Mann mit der entscheidenden Stimme (*bei Stimmengleichheit*) (→ 6); **5.** a) einzeln (*Schuh etc.*): *~* ***pair*** Einzelpaar *n*, b) vereinzelt: ***some*** *~* ***volumes*** einige Einzelbände, c) ausgefallen, wenig gefragt (*Kleidergröße*); **6.** gelegentlich, Gelegenheits…: *~* ***jobs*** Gelegenheitsarbeiten; ***at*** *~* ***moments***, ***at*** *~* ***times*** dann und wann, zwischendurch; *~* ***man*** Gelegenheitsarbeiter *m*; **II** *s.* **7.** → ***odds***; '**odd·ball** *s. Am.* F → ***oddity*** 2.

odd·i·ty ['ɒdɪtɪ] *s.* **1.** Seltsamkeit *f*, Wunderlichkeit *f*, Eigenartigkeit *f*; **2.** komischer Kauz, Unikum *n*; **3.** seltsame *od.* kuri'ose Sache; **odd·ly** ['ɒdlɪ] *adv.* **1.** → ***odd*** 1; **2.** *a.* *~* ***enough*** seltsamerweise; **odd·ments** ['ɒdmənts] *s. pl.* Reste *pl.*, 'Überbleibsel *pl.*; Krimskrams *m*; ✝ Einzelstücke *pl.*; **odd·ness** ['ɒdnɪs] *s.* Seltsamkeit *f*, Sonderbarkeit *f.*

'**oddˌnum·bered** *adj.* ungeradzahlig.

odds [ɒdz] *s. pl. oft sg. konstr.* **1.** Verschiedenheit *f*, 'Unterschied *m*: ***what's the*** *~**?*** F was macht es (schon) aus?; ***it makes no*** *~* es macht nichts (aus); **2.** Vorgabe *f* (*im Spiel*): ***give s.o.*** *~* j-m et. vorgeben; ***take*** *~* sich vorgeben lassen; ***take the*** *~* e-e ungleiche Wette eingehen; **3.** (Gewinn)Chancen *pl.*: ***the*** *~* ***are 10 to 1*** die Chancen stehen 10 zu 1; ***the*** *~* ***are in our favo(u)r*** (*od.* ***on us***) *a. fig.* wir haben die besseren Chancen; ***the*** *~* ***are against us*** unsere Chancen stehen schlecht, wir sind im Nachteil; ***against long*** *~* mit wenig Aussicht auf Erfolg; ***by long*** *~* bei weitem; ***the*** *~* ***are that he will come*** es ist sehr wahrscheinlich, daß er kommt; **4.** Uneinigkeit *f*: ***at*** *~* ***with*** im Streit mit, uneins mit; ***set at*** *~* uneinig machen, gegeneinander aufhetzen; **5.** *~* ***and ends*** a) allerlei Kleinigkeiten, Krimskrams *m*, dies u. das, b) Reste, Abfälle; ˌ**~-'on I** *adj.* aussichtsreich (*z. B. Rennpferd*): *~* ***certainty*** sichere Sache; ***it's*** *~* ***that*** es ist so gut wie sicher, daß; **II** *s.* gute Chance.

ode [əʊd] *s.* Ode *f.*

o·di·ous ['əʊdjəs] *adj.* ☐ **1.** verhaßt, hassenswert, ab'scheulich; **2.** widerlich, ekelhaft; '**o·di·ous·ness** [-nɪs] *s.* **1.** Verhaßtheit *f*, Ab'scheulichkeit *f*; **2.** Widerlichkeit *f*; '**o·di·um** [-jəm] *s.* **1.** Verhaßtheit *f*; **2.** Odium *n*, Vorwurf *m*, Makel *m*; **3.** Haß *m*, Gehässigkeit *f.*

o·dom·e·ter [əʊ'dɒmɪtə] *s.* **1.** Weg(strecken)messer *m*; **2.** Kilo'meterzähler *m.*

o·don·tic [ɒ'dɒntɪk] *adj.* Zahn…: *~* ***nerve***; **o·don·tol·o·gy** [ˌɒdɒn'tɒlədʒɪ] *s.* Zahn(heil)kunde *f*, Odontolo'gie *f.*

o·dor(·less) *Am.* → ***odour(less)***.

o·dor·ant ['əʊdərənt] *adj.*, **o·dor·if·er·ous** [ˌəʊdə'rɪfərəs] *adj.* ☐ **1.** wohlriechend, duftend; **2.** *allg.* riechend.

o·dour ['əʊdə] *s.* **1.** Geruch *m*; **2.** Duft *m*, Wohlgeruch *m*; **3.** *fig.* Geruch *m*, Ruf *m*: ***the ~ of sanctity*** der Geruch der Heiligkeit; ***to be in bad ~ with s.o.*** bei j-m in schlechtem Rufe stehen; **'o·dour·less** [-lɪs] *adj.* geruchlos.

Od·ys·sey ['ɒdɪsɪ] *s. lit.* (*fig. oft* 2) Odys'see *f*.

oe·col·o·gy [iː'kɒlədʒɪ] → ***ecology***.

oec·u·men·i·cal [ˌiːkjʊ'menɪkəl] *etc.* → ***ecumenical*** *etc.*

oe·de·ma [iː'diːmə] *pl.* **-ma·ta** [-mətə] *s.* ⚕ Ö'dem *n*.

oe·di·pal ['iːdɪpl] *adj. psych.* ödi'pal, Ödipus…

Oed·i·pus com·plex ['iːdɪpəs] *s. psych.* 'Ödipuskomˌplex *m*.

oen·o·lo·gy [iː'nɒlədʒɪ] Wein(bau)kunde *f*, Önolo'gie *f*.

o'er ['əʊə] *poet. od. dial. für* ***over***.

oe·so·phag·e·al [iːˌsɒfə'dʒiːəl] *adj. anat.* Speiseröhren…, Schlund…: ***~ orifice*** Magenmund *m*; **oe·soph·a·gus** [iː'sɒfəgəs] *pl.* **-gi** [-gaɪ] *od.* **-gus·es** *s. anat.* Speiseröhre *f*.

of [ɒv, əv] *prp.* **1.** *allg.* von; **2.** *zur Bezeichnung des Genitivs*: ***the tail ~ the dog*** der Schwanz des Hundes; ***the tail ~ a dog*** der Hundeschwanz; **3.** *Ort*: bei: ***the battle ~ Hastings***; **4.** *Entfernung, Trennung, Befreiung*: a) von: ***south ~*** (***within ten miles ~***) ***London***; ***cure*** (***rid***) ***~ s.th.***; ***free ~***, b) *gen.*: ***robbed ~ his purse*** s-r Börse beraubt, c) um: ***cheat s.o. ~ s.th.***; **5.** *Herkunft*: von, aus: ***~ good family***; ***Mr. X ~ London***; **6.** *Teil*: von *od. gen.*: ***the best ~ my friends***; ***a friend ~ mine*** ein Freund von mir, e-r m-r Freunde; ***that red nose ~ his*** diese rote Nase, die er hat; **7.** *Eigenschaft*: von, mit: ***a man ~ courage***; ***a man ~ no importance*** ein unbedeutender Mensch; **8.** *Stoff*: aus, von: ***a dress ~ silk*** ein Kleid aus *od.* von Seide, ein Seidenkleid; (***made***) ***~ steel*** aus Stahl (hergestellt), stählern, Stahl…; **9.** *Urheberschaft, Art u. Weise*: von: ***the works ~ Byron***; ***it was clever ~ him***; ***~ o.s.*** von selbst, von sich aus; **10.** *Ursache, Grund*: a) von, an (*dat.*): ***die ~ cancer*** an Krebs sterben, b) aus: ***~ charity***, c) vor (*dat.*): ***afraid ~***, d) auf (*acc.*): ***proud ~***, e) über (*acc.*): ***ashamed ~***, f) nach: ***smell ~***; **11.** *Beziehung*: hinsichtlich (*gen.*): ***quick ~ eye*** flinkäugig; ***nimble ~ foot*** leichtfüßig; **12.** *Thema*: a) von, über (*acc.*): ***speak ~ s.th.***, b) an (*acc.*): ***think ~ s.th.***; **13.** *Apposition, im Deutschen nicht ausgedrückt*: a) ***the city ~ London***; ***the University ~ Oxford***; ***the month ~ April***; ***the name ~ Smith***, b) *Maß*: ***two feet ~ snow***; ***a glass ~ wine***; ***a piece ~ meat***; **14.** *Genitivus objectivus*: a) zu: ***the love ~ God***, b) vor (*dat.*): ***the fear ~ God*** die Furcht vor Gott, die Gottesfurcht, c) bei: ***an audience ~ the king;*** **15.** *Zeit*: a) an (*dat.*), in (*dat.*), *mst gen.*: ***~ an evening*** e-s Abends; ***~ late years*** in den letzten Jahren, b) von: ***your letter ~ March 3rd*** Ihr Schreiben vom 3. März, c) *Am.* F vor (*bei Zeitangaben*): ***ten minutes ~ three***.

off [ɒf] **I** *adv.* **1.** *mst in Zssgn mit vb.* fort, weg, da'von: ***be ~*** a) weg *od.* fort sein, b) (weg)gehen, sich davonmachen, (ab)fahren, c) weg müssen; ***be ~!***, ***~ you go!***, ***~ with you!*** fort mit dir!, pack dich!, weg!; ***where are you ~ to?*** wo gehst du hin?; **2.** ab(*-brechen, -kühlen, -rutschen, -schneiden etc.*), her'unter(…), los(…): ***the apple is ~*** der Apfel ist ab; ***dash ~*** losrennen; ***have one's shoes*** *etc.* ***~*** s-e *od.* die Schuhe *etc.* ausgezogen haben; ***~ with your hat!*** herunter mit dem Hut!; **3.** entfernt, weg: ***3 miles ~***; **4.** *Zeitpunkt*: von jetzt an, hin: ***Christmas is a week ~*** bis Weihnachten ist es eine Woche; ***~ and on*** a) ab u. zu, hin u. wieder, b) ab u. an, mit (kurzen) Unterbrechungen; **5.** abgezogen, ab(züglich); **6.** a) aus(geschaltet), abgeschaltet, -gestellt (*Maschine, Radio etc.*), (ab)gesperrt (*Gas etc.*), zu (*Hahn etc.*), b) *fig.* aus, vor'bei, abgebrochen; gelöst (*Verlobung*): ***the bet is ~*** die Wette gilt nicht mehr; ***the whole thing is ~*** die ganze Sache ist abgeblasen *od.* ins Wasser gefallen; **7.** aus(gegangen), verkauft, nicht mehr vorrätig; **8.** frei (*von Arbeit*): ***take a day ~*** sich e-n Tag freinehmen; **9.** ganz, zu Ende: ***drink ~*** (ganz) austrinken; ***kill ~*** ausrotten; ***sell ~*** ausverkaufen; **10.** † flau: ***the market is ~***; **11.** nicht frisch, (leicht) verdorben (*Nahrungsmittel*); **12.** *sport* außer Form; **13.** ⚓ vom Land *etc.* ab; **14.** ***well*** (***badly***) ***~*** gut (schlecht) d(a)ran *od.* gestellt *od.* situiert; ***how are you ~ for …?*** wie bist du dran mit …?; **II** *prp.* **15.** von … (weg, ab, her'unter): ***climb ~ the horse*** vom Pferd (herunter)steigen; ***eat ~ a plate*** von e-m Teller essen; ***take 3 percent ~ the price*** 3 Prozent vom Preis abziehen; ***be ~ a drug*** *sl.* von e-r Droge ‚heruntersein'; **16.** abseits von *od. gen.*, von … ab: ***~ the street***; ***a street ~ Piccadilly*** e-e Seitenstraße von Piccadilly; **~ one's balance** aus dem Gleichgewicht; **~ form** außer Form; **17.** frei von: **~ duty** dienstfrei; **18.** ⚓ auf der Höhe von *Trafalgar etc.*, vor *der Küste*; **III** *adj.* **19.** (weiter) entfernt; **20.** Seiten..., Neben...: **~ street**; **21.** recht (*von Tieren, Fuhrwerken etc.*): **the ~ horse** das rechte Pferd, das Handpferd; **22.** *Kricket*: abseitig (*rechts vom Schlagmann*); **23.** ab(-), los(gegangen); **24.** (arbeits-, dienst)frei: **an ~ day**; → **25.** (*verhältnismäßig*) schlecht: **an ~ day** ein schlechter Tag (*an dem alles mißlingt etc.*); **an ~ year for fruit** ein schlechtes Obstjahr; **26.** ⚕ a) flau, still, tot (*Saison*), b) von schlechter Quali'tät: **~ shade** Fehlfarbe *f*; **27.** ‚ab', unwohl, nicht auf dem Damm: ***I am feeling rather ~ today***; **28. on the ~ chance** auf gut Glück: ***I went there on the ~ chance of seeing him*** ich ging in der vagen Hoffnung hin, ihn zu sehen; **IV** *int.* **29.** weg!, fort!, raus!: ***hands ~!*** Hände weg!; **30.** her'unter!, ab!

of·fal ['ɒfl] *s.* **1.** Abfall *m*; **2.** *sg. od. pl. konstr.* Fleischabfall *m*, Inne'reien *pl.*; **3.** billige *od.* minderwertige Fische *pl.*; **4.** *fig.* Schund *m*, Ausschuß *m*.

ˌoff|'beat *adj.* F ausgefallen, extrava'gant (*Geschmack, Kleidung etc.*); **'~·cast I** *adj.* verworfen, abgetan; **II** *s.* abgetane Per'son *od.* Sache; **ˌ~-'cen·ter** *Am.*, **ˌ~-'cen·tre** *Brit. adj.* verrutscht; ⚙ außermittig, ex'zentrisch (*a. fig.*); **ˌ~-'col·o(u)r** *adj.* **1.** a) farblich abweichend, b) nicht lupenrein: **~ jewel**; **2.** *fig.* nicht (ganz) in Ordnung; unpäßlich; **3.** zweideutig, schlüpfrig: **~ jokes**; **ˌ~-'du·ty** *adj.* dienstfrei.

of·fence [ə'fens] *s.* **1.** *allg.* Vergehen *n*, Verstoß *m* (**against** gegen); **2.** ⚖ a) *a.* **criminal ~** Straftat *f*, strafbare Handlung, De'likt *n*, b) *a.* **lesser** *od.* **minor ~** Über'tretung *f*; **3.** Anstoß *m*, Ärgernis *n*, Beleidigung *f*, Kränkung *f*: **give ~** Anstoß *od.* Ärgernis erregen (**to** bei); **take ~ (at)** Anstoß nehmen (an *dat.*), beleidigt *od.* gekränkt sein (durch, über *acc.*), (*et.*) übelnehmen; ***no ~ (meant)!*** nichts für ungut!; **4.** Angriff *m*: **arms of ~** Angriffswaffen *pl.*; **of'fence·less** [-lɪs] *adj.* harmlos.

of·fend [ə'fend] **I** *v/t.* **1.** *j-n, j-s Gefühle etc.* verletzen, beleidigen, kränken: **it ~s the eye** es beleidigt das Auge; **be ~ed at** (*od.* **by**) **s.th.** sich durch et. beleidigt fühlen; **be ~ed with** (*od.* **by**) **s.o.** sich durch j-n beleidigt fühlen; **II** *v/i.* **2.** Anstoß erregen; **3.** (**against**) verstoßen (gegen), sündigen, sich vergehen (an *dat.*); **of'fend·ed·ly** [-dɪdlɪ] *adv.* beleidigt; **of'fend·er** [-də] *s.* Übel-, Missetäter(in); ⚖ Straffällige(r *m*) *f*: **first ~** ⚖ nicht Vorbestrafte(r *m*) *f*, Ersttäter(in); **second ~** Rückfällige(r *m*) *f*; **of'fend·ing** [-dɪŋ] *adj.* **1.** verletzend, beleidigend; **2.** anstößig.

of·fense(·less) *Am.* → **offence(less)**.

of·fen·sive [ə'fensɪv] **I** *adj.* ☐ **1.** beleidigend, anstößig, anstoß- *od.* ärgerniserregend; **2.** 'widerwärtig, ekelhaft, übel: **~ smell**; **3.** angreifend, offen'siv: **~ war** Angriffs-, Offensivkrieg *m*; **~ weapon** Angriffswaffe *f*; **II** *s.* **4.** Offen'sive *f*, Angriff *m*: **take the ~** die Offensive ergreifen, zum Angriff übergehen; **of'fen·sive·ness** [-nɪs] *s.* **1.** *das* Beleidigende, Anstößigkeit *f*; **2.** 'Widerlichkeit *f*.

of·fer ['ɒfə] **I** *v/t.* **1.** *Geschenk, Ware etc., a. Schlacht* anbieten; ⚕ *a.* offerieren; *Preis, Summe* bieten: **~ s.o. a cigarette**; **~ one's hand (to)** *j-m* die Hand bieten *od.* reichen; **~ for sale** zum Verkauf anbieten; **2.** *Ansicht, Entschuldigung etc.* vorbringen, äußern; **3.** *Anblick, Schwierigkeit etc.* bieten: **no opportunity ~ed itself** es bot sich keine Gelegenheit; **4.** sich bereit erklären zu, sich (an)erbieten zu; **5.** Anstalten machen zu, sich anschicken zu; **6.** *fig. Beleidigung* zufügen; *Widerstand* leisten; *Gewalt* antun (**to** *dat.*); **7.** *a.* **~ up** opfern, *Opfer, Gebet, Geschenk* darbringen (**to** *dat.*); **II** *v/i.* **8.** sich bieten, auftauchen: **no opportunity ~ed** es bot sich keine Gelegenheit; **III** *s.* **9.** *allg.* Angebot *n*, Anerbieten *n*; **10.** ⚕ (An-)Gebot *n*, Of'ferte *f*, Antrag *m*: **on ~** zu verkaufen, verkäuflich; **11.** Vorbringen *n* (*e-s Vorschlags, e-r Meinung etc.*); **of·fer·ing** ['ɒfərɪŋ] *s.* **1.** *eccl.* Opfer *n*; **2.** *eccl.* Spende *f*; **3.** Angebot *n* (*Am. a.* ⚕ *Börse*).

of·fer·to·ry ['ɒfətərɪ] *s. eccl.* **1.** *mst* ♀ Offer'torium *n*; **2.** Kol'lekte *f*, Geldsammlung *f*; **3.** Opfer(geld) *n*.

ˌoff|-'face *adj.* stirnfrei (*Damenhut*); **'~·fla·vo(u)r** *s.* (unerwünschter) Beigeschmack; **ˌ~'grade** *adj.* ⚕ von geringerer Quali'tät: **~ iron** Ausfalleisen *n*.

off|·hand [ˌɒf'hænd] **I** *adv.* **1.** aus dem Stegreif *od.* Kopf, (so) ohne weiteres *sagen können etc.*; **II** *adj.* **2.** unvorbereitet, improvisiert, Stegreif...: **an ~ speech**; **3.** lässig (*Art etc.*), 'hingeworfen (*Bemerkung*); **4.** kurz (angebunden); **ˌ~'hand·ed** [-dɪd] → **offhand** II; **ˌ~'hand·ed·ness** [-dɪdnɪs] *s.* Lässigkeit *f*.

of·fice ['ɒfɪs] *s.* **1.** Bü'ro *n*, Kanz'lei *f*, Kon'tor *n*; Geschäftsstelle *f* (*a.* ⚖ *des Gerichts*), Amt *n*; Geschäfts-, Amtszimmer *n od.* -gebäude *n*; **2.** Behörde *f*, Amt *n*, (Dienst)Stelle *f*; *mst* ♀ *bsd. Brit.* Mini'sterium *n*, (Ministeri'al)Amt *n*: ***Foreign*** ♀; **3.** Zweigstelle *f*, Fili'ale *f*; **4.** (*bsd.* öffentliches, staatliches) Amt, Posten *m*, Stellung *f*: ***take*** ~, ***enter upon an*** ~ ein Amt antreten; ***be in*** ~ im Amt *od.* an der Macht sein; ***hold an*** ~ ein Amt bekleiden *od.* innehaben; ***resign one's*** ~ zurücktreten, sein Amt niederlegen; **5.** Funkti'on *f*, Aufgabe *f*, Pflicht *f*: ***it is my*** ~ ***to advise him***; **6.** Dienst(leistung *f*) *m*, Gefälligkeit *f*: ***good*** ~***s*** *pol.* gute Dienste; ***do s.o. a good*** ~ j-m e-n guten Dienst erweisen; ***through the good*** ~***s of*** durch die freundliche Vermittlung von; **7.** *eccl.* Gottesdienst *m*: ♀ ***for the Dead*** Totenamt *n*; ***perform the last*** ~***s to*** *e-n Toten* aussegnen; ***divine*** ~ das Brevier; **8.** *pl. bsd. Brit.* Wirtschaftsteil *m*, -raum *m od.* -räume *pl od.* -gebäude *n od. pl.*; **9.** *sl.* Wink *m*, Tip *m*.

of·fice| ac·tion *s.* (Prüfungs)Bescheid *m des Patentamts*; '~-ˌ**bear·er** *s.* Amtsinhaber(in); ~ **block** *s.* Bü'rogebäude *n*; ~ **boy** *s.* Laufbursche *m*, Bü'rogehilfe *m*; ~ **clerk** *s.* Konto'rist(in), Bü'roangestellte(r *m*) *f*; ~ **girl** *s.* Bü'rogehilfin *f*; '~ˌ**hold·er** *s.* Amtsinhaber(in), (Staats)Beamte(r) *m*, (Staats)Beamtin *f*; ~ **hours** *s. pl.* Dienststunden *pl.*, Geschäftszeit *f*; '~-ˌ**hunt·er** *s.* Postenjäger(in).

of·fi·cer ['ɒfɪsə] **I** *s.* **1.** ⚔, ⚓ Offi'zier *m*: ~ ***of the day*** Offizier vom Tagesdienst; ***commanding*** ~ Kommandeur *m*, Einheitsführer *m*; ~ ***cadet*** Fähnrich *m*; ~ ***candidate*** Offiziersanwärter *m*; ♀***s' Training Corps*** *Brit.* Offiziersausbildungskorps *n*; **2.** a) Poli'zist *m*, Poli'zeibeamte(r) *m*, b) Herr Wachtmeister (*Anrede*); **3.** Beamte(r) *m* (*a.* ✝ *etc.*), Beamtin *f*, Amtsträger(in): ***medical*** ~ Amtsarzt *m*; ***public*** ~ Beamte(r) im öffentlichen Dienst; **4.** Vorstandsmitglied *n*; **II** *v/t.* **5.** ⚔ a) mit Offizieren versehen, b) *e-e Einheit* als Offizier befehligen (*mst pass.*): ***be*** ~***ed by*** befehligt werden von; **6.** *fig.* leiten, führen.

of·fice| seek·er *s. bsd. Am.* **1.** Stellungssuchende(r *m*) *f*; **2.** *b.s.* Postenjäger(in); ~ **staff** *s.* Bü'roperso,nal *n*; ~ **sup·plies** *s. pl.* Bü'romateriˌal *n*, -bedarf *m*.

of·fi·cial [ə'fɪʃl] **I** *adj.* □ **1.** offizi'ell, amtlich, dienstlich, behördlich: ~ ***act*** Amtshandlung *f*; ~ ***business*** ✉ Dienstsache *f*; ~ ***call*** *teleph.* Dienstgespräch *n*; ~ ***duties*** Amtspflichten; ~ ***language*** Amtssprache *f*; ~ ***oath*** Amtseid *m*; ~ ***residence*** Amtssitz *m*; ~ ***secret*** Amts-, Dienstgeheimnis *n*; ***through*** ~ ***channels*** auf dem Dienst- *od.* Instanzenweg; ~ ***trip*** Dienstreise *f*; **2.** offiziell, amtlich (bestätigt *od.* autorisiert): ***an*** ~ ***report***; **3.** offizi'ell, for'mell: ***an*** ~ ***dinner***; **4.** ⚕ offizi'nell; **II** *s.* **5.** Beamte(r) *m*, Beamtin *f*; Funktio'när(in); **of'fi·cial·dom** [-dəm] *s.* → ***officialism*** 2 *u.* 3; **of·fi·cial·ese** [əˌfɪʃə'liːz] *s.* Behördensprache *f*, Amtsstil *m*; **of'fi·cial·ism** [-ʃəlɪzəm] *s.* **1.** Amtsme'thoden *pl.*; **2.** Bürokra'tie *f*, Amtsschimmel *m*; **3.** *coll. das* Beamtentum, *die* Beamten *pl.*

of·fi·ci·ate [ə'fɪʃɪeɪt] *v/i.* **1.** amtieren, fungieren (***as*** als); **2.** den Gottesdienst leiten: ~ ***at the wedding*** die Trauung vornehmen.

of·fic·i·nal [ˌɒfɪ'saɪnl] **I** *adj.* ⚕ a) offizi'nell, als Arz'nei anerkannt, b) Arznei...: ~ ***plants*** Heilkräuter *pl.*; **II** *s.* offizinelle Arznei.

of·fi·cious [ə'fɪʃəs] *adj.* □ **1.** aufdringlich, über'trieben diensteifrig, 'übereifrig; **2.** offizi'ös, halbamtlich; **of'fi·cious·ness** [-nɪs] *s.* Zudringlichkeit *f*, (aufdringlicher) Diensteifer.

of·fing ['ɒfɪŋ] *s.* ⚓ offene See, Seeraum *m*: ***in the*** ~ a) auf offener See, b) *fig.* in (Aus)Sicht: ***be in the*** ~ *a.* sich abzeichnen.

off·ish ['ɒfɪʃ] *adj.* F reserviert, unnahbar, kühl, steif.

'**off|-key** *adj. u. adv.* ♪ falsch; '~-ˌ**li·cence** *s. Brit.* 'Schankkonzessiˌon *f* über die Straße; ˌ~'**load** *v/t. fig.* abladen (***on s.o.*** auf j-n); ˌ~-'**peak I** *adj.* abfallend, unter der Spitze liegend: ~ ***charges*** *pl.* verbilligter Tarif; ~ ***hours*** verkehrsschwache Stunden; ~ ***tariff*** Nacht(strom)tarif *m*; **II** *s.* ⚡ Belastungstal *n*; ~ **po·si·tion** *s.* ⚙ Ausschalt-, Nullstellung *f*; '~-**print I** *s.* Sonder(ab)druck *m* (***from*** aus); **II** *v/t.* als Sonder(ab)druck herstellen; '~-ˌ**put·ting** *adj.* F störend, unangenehm; '~ˌ**scour·ings** *s. pl.* **1.** Kehricht *m*, Schmutz *m*; **2.** Abschaum *m* (*bsd. fig.*): ***the*** ~***s of humanity***; '~-**scum** *s. fig.* Abschaum *m*, Auswurf *m*; ~ **sea·son** *s.* 'Nebensaiˌson *f*, stille Sai'son.

off·set ['ɒfset] **I** *s.* **1.** Ausgleich *m*, Kompensati'on *f*; ✝ Verrechnung *f*: ~ ***account*** Verrechnungskonto *n*; **2.** ♀ a) Ableger *m*, b) kurzer Ausläufer; **3.** Neben-, Seitenlinie *f* (*e-s Stammbaums etc.*); **4.** Abzweigung *f*; Ausläufer *m* (*bsd. e-s Gebirges*); **5.** *typ.* a) Offsetdruck *m*, b) Abziehen *n*, Abliegen *n* (*bsd. noch feuchten Druckes*), c) Abzug *m*, Pa'trize *f* (*Lithographie*); **6.** ⚙ a) Kröpfung *f*; Biegung *f e-s Rohrs*, b) ⚒ kurze Sohle, c) ⚡ (Ab)Zweigleitung *f*; **7.** *surv.* Ordi'nate *f*; **8.** ⚠ Absatz *m e-r Mauer etc.*; **II** *v/t.* [*irr.* → **set**] **9.** ausgleichen, aufwiegen, wettmachen: ***the gains ~ the losses***; **10.** ✝ *Am.* aufrechnen, ausgleichen; **11.** ⚙ kröpfen; **12.** ⚠ *Mauer etc.* absetzen; **13.** *typ.* im Offsetverfahren drucken; **~ bulb** *s.* ⚘ Brutzwiebel *f*; **~ sheet** *s. typ.* 'Durchschußbogen *m*.

'off|·shoot *s.* **1.** ⚘ Sprößling *m*, Ausläufer *m*, Ableger *m*; **2.** Abzweigung *f*; **3.** *fig.* Seitenlinie *f* (*e-s Stammbaums etc.*); **'~·shore I** *adv.* **1.** von der Küste ab *od.* her; **2.** in einiger Entfernung von der Küste; **II** *adj.* **3.** küstennah: ***~ drilling*** Off-shore-Bohrung *f*; **4.** ablandig (*Wind, Strömung*); **5.** Auslands...: ***~ order*** *Am.* Off-shore-Auftrag *m*; **ˌ~-'side** *adj. u. adv. sport* abseits; **'~·side I** *s.* **1.** *sport* Abseits(stellung *f*) *n*; **2.** *mot.* Fahrerseite *f*; **II** *adj. u. adv.* abseits: ***be ~*** im Abseits stehen; ***~ trap*** Abseitsfalle *f*; **'~·size** *s.* ⚙ Maßabweichung *f*; **'~·spring** *s.* **1.** Nachkommen(schaft *f*) *pl.*; **2.** (*pl.* ***offspring***) Nachkomme *m*, Abkömmling *m*; **3.** *fig.* Frucht *f*, Ergebnis *n*; **ˌ~'stage** *adj.* hinter der Bühne, hinter den Ku'lissen (*a. fig.*); **'~·take** *s.* **1.** ✝ Abzug *m*; Einkauf *m*; **2.** ⚙ Abzug(srohr *n*) *m*; **ˌ~-the-'cuff** *adj. fig.* aus dem Handgelenk *od.* Stegreif; **ˌ~-the-'peg** *adj.* von der Stange, Konfektions...; **ˌ~-the-'rec·ord** *adj.* nicht für die Öffentlichkeit bestimmt, 'inoffiziˌell; **ˌ~-the-'shelf** *adj.* ✝, ⚙ Standard...: ***~ accessories***; **ˌ~-'white** *adj.* gebrochen weiß.

oft [ɒft] *adv. obs., poet. u. in Zssgn* oft: ***~-told*** oft erzählt.

of·ten ['ɒfn] *adv.* oft(mals), häufig: ***as ~ as not, ever so ~*** sehr oft; ***more ~ than not*** meistens.

o·gee ['əʊdʒiː] *s.* **1.** S-Kurve *f*, S-förmige Linie; **2.** ⚠ a) Kar'nies *n*, Rinnleiste *f*, b) *a.* ***~ arch*** Eselsrücken *m* (*Bogenform*).

o·give ['əʊdʒaɪv] *s.* **1.** ⚠ a) Gratrippe *f e-s Gewölbes*, b) Spitzbogen *m*; **2.** ⚔ Geschoßspitze *f*; **3.** *Statistik*: Häufigkeitsverteilungskurve *f*.

o·gle ['əʊgl] **I** *v/t.* liebäugeln mit; **II** *v/i.* (***with***) liebäugeln (mit, *a. fig.*), ‚Augen machen' (*dat.*); **III** *s.* verliebter *od.* liebäugelnder Blick; **'o·gler** [-lə] *s.* Liebäugelnde(r *m*) *f*.

o·gre ['əʊgə] *s.* **1.** (menschenfressendes) Ungeheuer, *bsd.* Riese *m* (*im Märchen*); **2.** *fig.* Scheusal *n*, Ungeheuer *n* (*Mensch*); **o·gress** ['əʊgrɪs] *s.* Menschenfresserin *f*, Riesin *f* (*im Märchen*).

oh [əʊ] *int.* oh!; ach!

ohm [əʊm], **ohm·ad** ['əʊmæd] *s.* ⚡ Ohm *n*: ***2's Law*** Ohmsches Gesetz; **ohm·age** ['əʊmɪdʒ] *s.* Ohmzahl *f*; **ohm·ic** ['əʊmɪk] *adj.* Ohmsch: ***~ resistance***; **ohm·me·ter** ['əʊmˌmiːtə] *s.* ⚡ Ohmmeter *n*.

oil [ɔɪl] **I** *s.* **1.** Öl *n*: ***pour ~ on the flames*** *fig.* Öl ins Feuer gießen; ***pour ~ on troubled waters*** *fig.* die Gemüter beruhigen; ***smell of ~*** *fig.* mehr Fleiß als Geist *od.* Talent verraten; **2.** (Erd-)Öl *n*, Pe'troleum *n*: ***to strike ~*** a) Erdöl finden, auf Öl stoßen, fündig werden (*a. fig.*), b) *fig.* Glück *od.* Erfolg haben; **3.** *mst pl.* Ölfarbe *f*: ***paint in ~s*** in Öl malen; **4.** *mst pl.* F Ölgemälde *n*; **5.** *pl.* Ölzeug *n*, -haut *f*; **II** *v/t.* **6.** ⚙ (ein-)ölen, einfetten, schmieren; → ***palm***[1] 1; **'~ˌbear·ing** *adj. geol.* ölhaltig, -führend; **'~·berg** [-bɜːg] *s.* ⚓ Riesentanker *m*; **~ box** *s.* ⚙ Schmierbüchse *f*; **'~-brake** *s. mot.* Öldruckbremse *f*; **~ burn·er** *s.* ⚙ Ölbrenner *m*; **'~·cake** *s.* Ölkuchen *m*; **'~·can** *s.* 'ÖlkaˌnisteR *m*, -kännchen *n*; **~ change** *s. mot.* Ölwechsel *m*; **'~·cloth** *s.* **1.** Wachstuch *n*; **2.** → ***oilskin***; **~ col·o(u)r** *s. mst pl.* Ölfarbe *f*; **~ cri·sis** *s.* [*irr.*] ✝ Ölkrise *f*; **'~·cup** *s.* ⚙ Öler *m*, Schmierbüchse *f*.

oiled [ɔɪld] *adj.* **1.** (ein)geölt; **2.** *bsd.* ***well ~*** *sl.* ‚blau', besoffen.

oil·er ['ɔɪlə] *s.* **1.** ⚓, ⚙ Öler *m*, Schmierer *m* (*Person u. Gerät*); **2.** ⚙ Öl-, Schmierkanne *f*; **3.** *Am.* F → ***oilskin*** 2; **4.** *Am.* Ölquelle *f*; **5.** ⚓ Öltanker *m*.

'oil|·field *s.* Ölfeld *n*; **'~ˌfired** *adj.* mit Ölfeuerung, ölbeheizt: ***~ central heating*** Ölzentralheizung *f*; **~ fu·el** *s.* **1.** Heizöl *n*; **2.** Öltreibstoff *m*; **~ gas** *s.* Ölgas *n*; **'~-ga(u)ge** *s.* ⚙ Ölstandsanzeiger *m*; **~ glut** *s.* Ölschwemme *f*.

oil·i·ness ['ɔɪlɪnɪs] *s.* **1.** ölige Beschaffenheit, Fettigkeit *f*, Schmierfähigkeit *f*; **2.** *fig.* Glattheit *f*, aalglattes Wesen; **3.** *fig.* Öligkeit *f*, salbungsvolles Wesen.

oil| lev·el *s. mot.* Ölstand *m*; **~ paint** *s.* Ölfarbe *f*; **~ paint·ing** *s.* **1.** 'ÖlmaleˌRei *f*; **2.** Ölgemälde *n*; **3.** ⚙ Ölanstrich *m*; **~ pan** *s. mot.* Ölwanne *f*; **'~-proˌduc·ing coun·try** *s.* Ölförderland *n*; **~ rig** *s.* Bohrinsel *f*; **~ seal** *s.* ⚙ **1.** Öldichtung *f*; **2.** *a.* **~ *ring*** Simmerring *m*; **'~·skin** *s.* **1.** Ölleinwand *f*; **2.** *pl.* Ölzeug *n*, -kleidung *f*; **~ slick** *s.* **1.** ⚙ Ölschlick *m*; **2.** Ölteppich *m* (*auf dem Meer etc.*); **~ stove** *s.* Ölofen *m*; **~ sump** *s.* ⚙ Ölwanne *f*; **~ switch** *s.* ⚙ Ölschalter *m*; **~ var·nish** *s.* Öllack *m*; **~ well** *s.* Ölquelle *f.*

oil·y ['ɔɪlɪ] *adj.* □ **1.** ölig, ölhaltig, Öl…; **2.** fettig, schmierig; **3.** *fig.* glatt(züngig), aalglatt, schmeichlerisch; **4.** *fig.* ölig, salbungsvoll.

oint·ment ['ɔɪntmənt] *s.* ⚕ Salbe *f*; → ***fly²*** 1.

O.K., **OK**, **o·kay** [ˌəʊ'keɪ] F **I** *adj. u. int.* richtig, gut, in Ordnung, genehmigt; **II** *v/t.* genehmigen, gutheißen, *e-r Sache* zustimmen; **III** *s.* Zustimmung *f*, Genehmigung *f.*

old [əʊld] **I** *adj.* **1.** alt, betagt: ***grow* ~** alt werden, altern; **2.** *zehn Jahre etc.* alt: ***ten years* ~**; **3.** alt('hergebracht): **~ *tradition***; ***as* ~ *as the hills*** uralt; **4.** alt, vergangen, früher: ***the* ~ *masters*** *paint. etc.* die alten Meister; → ***old boy***; **5.** alt(bekannt, -bewährt): ***an* ~ *friend***; **6.** alt, abgenutzt; (ab)getragen (*Kleider*): ***that is* ~ *hat*** das ist ein alter Hut; **7.** alt(modisch), verkalkt; **8.** alt, erfahren, gewitz(ig)t: **~ *offender*** alter Sünder; → ***hand*** 6; **9.** F (*guter*) alter, lieber: **~ *chap od. man*** ‚altes Haus'; ***nice* ~ *boy*** netter alter ‚Knabe'; ***the* ~ *man*** der ‚Alte' (*Chef*); ***my* ~ *man*** mein ‚Alter' (*Vater*); ***my* ~ *woman*** meine ‚Alte' (*Ehefrau*); **10.** *sl.* toll: ***have a fine* ~ *time*** sich toll amüsieren; ***any* ~ *thing*** irgend (et)was, egal was; ***any* ~ *time*** egal wann; **II** *s.* **11. *the* ~** die Alten *pl*; **12. *of* ~, *in times of* ~** ehedem, vor alters; ***from of* ~** seit alters; ***times of* ~** alte Zeiten; ***a friend of* ~** ein alter Freund.

old| age *s.* (hohes) Alter, Greisenalter *n*: **~ *annuity***, **~ *pension*** (Alters)Rente *f*, Ruhegeld *n*; **~ *insurance*** Altersversicherung *f*; **~ *pensioner*** (Alters)Rentner(in), Ruhegeldempfänger(in); **~ boy** *s. Brit.* ehemaliger Schüler, Ehemalige(r) *m*; **~·clothes·man** [ˌəʊld'kləʊðzmæn] *s.* [*irr.*] Trödler *m.*

old·en ['əʊldən] *adj. Brit. obs. od. poet.* alt: ***in* ~ *times***.

Old| Eng·lish *s. ling.* Altenglisch *n*; **ˌ♀-es'tab·lished** *adj.* alteingesessen (*Firma etc.*), alt (*Brauch etc.*); **ˌ♀-'fash·ioned** *adj.* **1.** altmodisch: ***an* ~ *butler*** ein Butler der alten Schule; **2.** altklug (*Kind*); **ˌ♀-'fo·g(e)y·ish** *adj.* altmodisch, verknöchert, verkalkt; **♀ girl** *s.* **1.** *Brit.* ehemalige Schülerin; **2.** F ‚altes Mädchen'; **~ Glo·ry** *s.* Sternenbanner *n* (*Flagge der USA*); **~ Guard** *s. pol.* ‚alte Garde': a) *Am. der ultrakonservative Flügel der Republikaner*, b) *allg. jede streng konservative Gruppe.*

old·ie ['əʊldɪ] *s.* F **1.** Oldie *m* (*alter Schlager*); **2.** alter Witz.

old·ish ['əʊldɪʃ] *adj.* ältlich.

ˌold|-'line *adj.* **1.** konserva'tiv; **2.** traditio'nell; **3.** e-r alten Linie entstammend; **ˌ~-'maid·ish** *adj.* alt'jüngferlich.

old·ster ['əʊldstə] *s.* F ‚alter Knabe'.

old| style *s.* **1.** alte Zeitrechnung (*nach dem Julianischen Kalender*); **2.** *typ.* Mediä'val(schrift) *f*; **'~-time** *adj.* aus alter Zeit, alt; **ˌ~-'tim·er** *s.* F **1.** Oldtimer *m*: a) altmodische Sache, *z. B.* altes Auto, b) ‚alter Hase', ‚Vete'ran' *m*; **2.** → ***oldster***; **~ wives' tale** *s.* Ammenmärchen *n*; **ˌ~-'wom·an·ish** *adj.* alt'weiberhaft; **ˌ~-'world** *adj.* **1.** altertümlich, anheimelnd; **2.** alt, an'tik: **~ *furniture***; **3.** altmodisch.

o·le·ag·i·nous [ˌəʊlɪ'ædʒɪnəs] *adj.* ölig (*a. fig.*), ölhaltig, Öl…

o·le·ate ['əʊlɪeɪt] *s.* ⚗ ölsaures Salz: **~ *of potash*** ölsaures Kali.

o·le·fi·ant ['əʊlɪfaɪənt] *adj.* ⚗ ölbildend: **~ *gas***.

o·le·if·er·ous [ˌəʊlɪ'ɪfərəs] *adj.* ⚘ ölhaltig.

o·le·in ['əʊlɪɪn] *s.* ⚗ **1.** Ole'in *n*; **2.** (handelsübliche) Ölsäure.

o·le·o·graph ['əʊlɪəʊgrɑ:f] *s.* Öldruck *m* (*Bild*); **o·le·og·ra·phy** [ˌəʊlɪ'ɒgrəfɪ] *s.* Öldruck(verfahren *n*) *m.*

o·le·o·mar·ga·rine ['əʊlɪəʊˌmɑ:dʒə'ri:n] *s.* Marga'rine *f.*

O lev·el *s. Brit. ped.* (*etwa*) mittlere Reife.

ol·fac·tion [ɒl'fækʃn] *s.* Geruchssinn *m*; **ol·fac·to·ry** [ɒl'fæktərɪ] *adj.* Geruchs…: **~ *nerves***.

ol·i·garch ['ɒlɪgɑ:k] *s.* Olig'arch *m*; **'ol·i·garch·y** [-kɪ] *s.* Oligar'chie *f.*

o·li·o ['əʊlɪəʊ] *pl.* **-os** *s.* **1.** Ra'gout *n* (*a. fig.*); **2.** ♪ Potpourri *n.*

ol·ive ['ɒlɪv] **I** *s.* **1.** *a.* **~-*tree*** O'live *f*, Ölbaum *m*: ***Mount of ♀s*** *bibl.* Ölberg; **2.** O'live *f* (*Frucht*); **3.** Ölzweig *m*; **4.** *a.* **~-*green*** O'livgrün *n*; **II** *adj.* **5.** o'livenartig, Oliven…; **6.** o'livgrau, -grün; **'~-branch** *s.* Ölzweig *m* (*a. fig.*): ***hold out the* ~** s-n Friedenswillen zeigen; **~ drab** *s.* **1.** O'livgrün *n*; **2.** *Am.* o'livgrünes Uni'formtuch; **ˌ~-'drab** *adj.* o'livgrün; **~ oil** *s.* O'livenöl *n.*

ol·la po·dri·da [ˌɒləpɒ'dri:də] → ***olio*** 1.

ol·o·gy ['ɒlədʒɪ] *s. humor.* Wissenschaft(szweig *m*) *f*.

O·lym·pi·ad [əʊˈlɪmpɪæd] *s. allg.* Olympiˈade *f*; **Oˈlym·pi·an** [-ɪən] *adj.* oˈlympisch; **Oˈlym·pic** [-ɪk] **I** *adj.* oˈlympisch: ***~ games*** → **II** *s. pl.* Oˈlympische Spiele *pl.*

om·buds·man [ˈɒmbʊdzmən] *s.* [*irr.*] **1.** *pol.* Ombudsmann *m* (*Beauftragter für Beschwerden von Staatsbürgern*); **2.** Beschwerdestelle *f*, Schiedsrichter *m*.

om·e·let(**te**) [ˈɒmlɪt] *s.* Omeˈlett *n*: ***you cannot make an ~ without breaking eggs*** *fig.* wo gehobelt wird, (da) fallen Späne.

o·men [ˈəʊmen] **I** *s.* Omen *n*, (*bsd.* schlechtes) Vorzeichen (***for*** für): ***a good*** (***bad***, ***ill***) ***~***; **II** *v/i. u. v/t.* deuten (auf *acc.*), ahnen (lassen), propheˈzeien, (ver)künden.

o·men·tum [əʊˈmentəm] *pl.* **-ta** [-tə] *s. anat.* (Darm)Netz *n*.

om·i·nous [ˈɒmɪnəs] *adj.* □ unheil-, verhängnisvoll, omiˈnös, drohend.

o·mis·si·ble [əʊˈmɪsɪbl] *adj.* auslaßbar; **o·mis·sion** [əˈmɪʃn] *s.* **1.** Aus-, Weglassung *f* (***from*** aus); **2.** Unterˈlassung *f*, Versäumnis *n*, Überˈgehung *f*: ***sin of ~*** Unterlassungssünde *f*; **o·mit** [əˈmɪt] *v/t.* **1.** aus-, weglassen (***from*** aus *od.* von); überˈgehen; **2.** unterˈlassen, (es) versäumen (***doing***, ***to do*** *et.* zu tun).

om·ni·bus [ˈɒmnɪbəs] **I** *s.* **1.** Omnibus *m*, (Auto)Bus *m*; **2.** Sammelband *m*, Antholoˈgie *f*; **II** *adj.* **3.** Sammel… (*-konto*, *-klausel etc.*); **~ bar** *s.* ↯ Sammelschiene *f*; **~ bill** *s. parl.* (Vorlage *f* zu e-m) Mantelgesetz *n*.

om·ni·di·rec·tion·al [ˌɒmnɪdɪˈrekʃənl] *s.* ↯ Rundstrahl…(*-antenne*), Allrichtungs…(*-mikrofon*).

om·ni·far·i·ous [ˌɒmnɪˈfeərɪəs] *adj.* von aller(lei) Art, vielseitig.

om·nip·o·tence [ˌɒmˈnɪpətəns] *s.* Allmacht *f*; **omˈnip·o·tent** [-nt] *adj.* □ allˈmächtig.

om·ni·pres·ence [ˌɒmnɪˈprezns] *s.* Allˈgegenwart *f*; **ˌom·niˈpres·ent** [-nt] *adj.* allˈgegenwärtig, überˈall.

om·nis·cience [ɒmˈnɪsɪəns] *s.* Allˈwissenheit *f*; **omˈnis·cient** [-nt] *adj.* □ allˈwissend.

om·ni·um [ˈɒmnɪəm] *s.* ♰ *Brit.* Omnium *n*, Gesamtwert *m e-r fundierten öffentlichen Anleihe*; **ˌ~-ˈgath·er·um** [-ˈgæðərəm] *s.* **1.** Sammelˈsurium *n*; **2.** bunte Gesellschaft.

om·niv·o·rous [ɒmˈnɪvərəs] *adj.* alles fressend.

o·mo·plate [ˈəʊməʊpleɪt] *s. anat.* Schulterblatt *n*.

om·phal·ic [ɒmˈfælɪk] *adj. anat.* Nabel…; **om·pha·lo·cele** [ˈɒmfələʊsiːl] *s.* ⚕ Nabelbruch *m*.

om·pha·los [ˈɒmfəlɒs] *pl.* **-li** [-laɪ] *s.* **1.** *anat.* Nabel *m* (*a. fig. Mittelpunkt*); **2.** *antiq.* Schildbuckel *m*.

on [ɒn; ən] **I** *prp.* **1.** *mst* auf (*dat. od. acc.*): *siehe die mit* ***on*** *verbundenen Wörter*; **2.** *Lage*: a) (*getragen von*): auf (*dat.*), an (*dat.*), in (*dat.*): ***~ board*** an Bord; ***~ earth*** auf Erden; ***the scar ~ the face*** die Narbe im Gesicht; ***~ foot*** zu Fuß; ***~ all fours*** auf allen vieren; ***~ the radio*** im Radio; ***have you a match ~ you?*** haben Sie ein Streichholz bei sich?, b) (*festgemacht od. unmittelbar*) an (*dat.*): ***~ the chain***; ***~ the Thames***; ***~ the wall***; **3.** *Richtung*, *Ziel*: auf (*acc.*) … (hin) (*od.* los), nach … (hin), an (*acc.*), zu: ***a blow ~ the chin*** ein Schlag ans Kinn; ***throw s.o.*** *od.* ***s.th. ~ the floor*** j-n *od.* et. zu Boden werfen; **4.** *fig.* a) *Grund*: auf … (hin): ***~ his authority***; ***~ suspicion***; ***levy a duty ~ silk*** einen Zoll auf Seide erheben; ***~ his own theory*** nach s-r eigenen Theorie; ***~ these conditions*** unter diesen Bedingungen, b) *Aufeinanderfolge*: auf (*acc.*), über (*acc.*), nach: ***loss ~ loss*** Verlust auf *od.* über Verlust, ein Verlust nach dem andern, c) *gehörig* zu, *beschäftigt* bei, an (*dat.*): ***~ a committee*** zu e-m Ausschuß gehörend; ***be ~ the Stock Exchange*** an der Börse (beschäftigt) sein, d) *Zustand*: in, auf (*dat.*), zu: ***~ duty*** im Dienst; ***~ fire*** in Brand; ***~ leave*** auf Urlaub; ***~ sale*** verkäuflich, e) *gerichtet* auf (*acc.*): ***an attack ~***; ***~ business*** geschäftlich; ***a joke ~ me*** ein Spaß auf m-e Kosten; ***shut*** (***open***) ***the door ~ s.o.*** j-m die Tür verschließen (öffnen); ***have s.th. ~ s.o.*** *sl.* et. Belastendes über j-n wissen; ***have nothing ~ s.o.*** *sl.* j-m nichts anhaben können, *a.* j-m nichts voraus haben; ***this is ~ me*** F das geht auf m-e Rechnung; ***be ~ a pill*** e-e Pille (ständig) nehmen, f) *Thema*: über (*acc.*): ***agreement*** (***lecture***, ***opinion***) ***~***; ***talk ~ a subject***; **5.** *Zeitpunkt*: an (*dat.*): ***~ Sunday***; ***~ the 1st of April***; ***~ or before April 1st*** bis zum 1. April; ***~ his arrival*** bei *od.* (gleich) nach seiner Ankunft; ***~ being asked*** als ich *etc.* (danach) gefragt wurde; ***~ entering*** beim Eintritt; **II** *adv.* **6.** (*a. Zssgn mit vb.*) (dar)ˈauf(*-legen*, *-schrauben etc.*); **7.** *bsd. Kleidung*: a) an(*-haben*, *-ziehen*): ***have*** (***put***) ***a coat ~***, b) auf: ***keep one's hat ~***; **8.** (*a. in Zssgn mit vb.*)

weiter(-*gehen*, -*sprechen etc.*): ***and so ~*** und so weiter; ***~ and ~*** immer weiter; ***~ and off*** a) ab u. zu, b) ab u. an, mit Unterbrechungen; ***from that day ~*** von dem Tage an; ***~ with the show!*** weiter im Programm!; ***~ to ...*** auf (*acc.*) ... (hinauf *od.* hinaus); **III** *adj. pred.* **9. *be ~*** a) im Gange sein (*Spiel etc.*), vor sich gehen: ***what's ~?*** was ist los?; ***have you anything ~ tomorrow?*** haben Sie morgen et. vor?; ***that's not ~!*** das ist nicht ‚drin'!, b) an sein (*Licht*, *Radio*, *Wasser etc.*), an-, eingeschaltet sein, laufen; auf sein (*Hahn*): ***~-off*** ⚙ An-Aus, c) *thea.* gegeben werden, laufen (*Film*), *Radio*, *TV*: gesendet werden, d) d(a)ran (*an der Reihe*) sein, e) (mit) dabeisein, mitmachen; **10. *be ~ to*** *sl. et.* ‚spitzgekriegt' haben, über *j-n od. et.* im Bilde sein; ***he is always ~ at me*** er ‚bearbeitet' mich ständig (***about*** wegen); **11.** *sl.* beschwipst: ***be a bit ~*** e-n Schwips haben.

o·nan·ism [ˈəʊnənɪzəm] *s.* ⚕ **1.** Coitus *m* interˈruptus; **2.** Onaˈnie *f*.

ˈon·board *adj.* ✈ bordeigen, Bord...: ***~ computer***.

once [wʌns] **I** *adv.* **1.** einmal: ***~ again*** (*od.* ***more***) noch einmal; ***~ and again*** (*od.* ***~ or twice***) einige Male, ab u. zu; ***~ in a while*** (*od.* ***way***) zuweilen, hin u. wieder; ***~ (and) for all*** ein für allemal; ***if ~ he should suspect*** wenn er erst einmal mißtrauisch würde; ***not ~*** kein einziges Mal; **2.** einmal, einst: ***~ (upon a time) there was*** es war einmal (*Märchenanfang*); **II** *s.* **3. *every ~ in a while*** von Zeit zu Zeit; ***for ~, this ~*** dieses ˈeine Mal, (für) diesmal (*ausnahmsweise*); **4. *at ~*** a) auf einmal, zugleich, gleichzeitig: ***don't all speak at ~***; ***at ~ a soldier and a poet*** Soldat u. Dichter zugleich, b) sogleich, sofort: ***all at ~*** plötzlich, mit ˈeinem Male; **III** *cj.* **5.** *a.* ***~ that*** soˈbald *od.* wenn ... (einmal), wenn erst; **ˈ~ˌo·ver** *s.* F ***give*** *s.o. od. s.th.* ***the ~*** a) *j-n* kurz mustern *od.* abschätzen, (sich) *j-n od. et.* (rasch) mal ansehen, b) *j-n* ‚in die Mache' nehmen.

ˈonˌcom·ing *adj.* **1.** (herˈan)nahend, entgegenkommend: ***~ traffic*** Gegenverkehr *m*; **2.** *fig.* kommend: ***the ~ generation***.

one [wʌn] **I** *adj.* **1.** ein (eine, ein): ***~ hundred*** (ein)hundert; ***~ man in ten*** jeder zehnte; ***~ or two*** ein paar, einige; **2.** (*betont*) ein (eine, ein), ein einziger (eine einzige, ein einziges): ***all were of ~ mind*** sie waren alle ˈeines Sinnes; ***for ~ thing*** (zunächst) einmal; ***his ~ thought*** sein einziger Gedanke; ***the ~ way to do it*** die einzige Möglichkeit (es zu tun); **3.** ein gewisser (e-e gewisse, ein gewisses), ein (eine, ein): ***~ day*** e-s Tages (*in Zukunft od. Vergangenheit*); ***~ of these days*** irgendwann (ein)mal; ***~ John Smith*** ein gewisser J. S.; **II** *s.* **4.** Eins *f*, eins: ***Roman ~*** römische Eins; ***~ and a half*** ein(und)einhalb, anderthalb; ***at ~ o'clock*** um ein Uhr; **5.** *der* (*die*) einzelne, *das* einzelne (Stück): ***~ by ~, ~ after another*** e-r nach dem andern, einzeln; ***I for ~*** ich zum Beispiel; **6.** Einheit *f*: ***be at ~ with s.o.*** mit j-m ˈeiner Meinung *od.* einig sein; ***~ and all*** alle miteinander; ***all in ~*** alles in ˈeinem; ***it is all ~ (to me)*** es ist (mir) ganz einerlei; ***be made ~*** ein (*Ehe*)Paar werden; ***make ~*** mit von der Partie sein; **7.** *bsd.* Einˈdollar- *od.* Einˈpfundnote *f*; **III** *pron.* **8.** ein, einer, jemand: ***like ~ dead*** wie ein Toter; ***~ of the poets*** einer der Dichter; ***~ another*** einander; ***~ who*** einer, der; ***the ~ who*** der(jenige), der; ***~ of these days*** dieser Tage; ***~ in the eye*** F *fig.* ein Denkzettel; **9.** (*Stützwort*, *mst unübersetzt*): ***a sly ~*** ein (ganz) Schlauer; ***the little ~s*** die Kleinen; ***a red pencil and a blue ~*** ein roter Bleistift u. ein blauer; ***that ~*** der (die, das) da *od.* dort; ***the ~s you mention*** die (von Ihnen) erwähnten; → ***each*** *etc.*; **10.** man: ***~ knows***; **11. *~'s*** sein: ***break ~'s leg*** sich das Bein brechen; ***take ~'s walk*** s-n Spaziergang machen; **ˌ~-ˈact play** *s. thea.* Einakter *m*; **ˌ~-ˈarmed** *adj.* einarmig: ***~ bandit*** F Spielautomat *m*; **ˌ~-ˈcrop sys·tem** *s.* ✓ ˈMonokulˌtur *f*; **ˌ~-ˈdig·it** *adj.* ⅍ einstellig (*Zahl*); **ˌ~-ˈeyed** *adj.* einäugig; **ˌ~-ˈhand·ed** *adj.* **1.** einhändig; **2.** mit nur ˈeiner Hand zu bedienen(d); **ˌ~-ˈhorse** *adj.* **1.** einspännig; **2. *~ town*** F (elendes) ‚Kaff' *n od.* ‚Nest' *n*; **ˌ~-ˈlegged** [-ˈlegd] *adj.* **1.** einbeinig; **2.** *fig.* einseitig; **ˌ~-ˈline busi·ness** *s.* ✝ Fachgeschäft *n*; **ˌ~-ˈman** *adj.* Einmann...: ***~ business*** ✝ Einzelunternehmen *n*; ***~ bus*** Einmannbus *m*; ***~ show*** a) One-man-Show *f* (*a. fig.*), b) Ausstellung *f* der Werke ˈeines Künstlers.

one·ness [ˈwʌnnɪs] *s.* **1.** Einheit *f*; **2.** Gleichheit *f*, Identiˈtät *f*; **3.** Einigkeit *f*, (völliger) Einklang.

ˌone|-ˈnight stand *s. thea.* einmaliges Gastspiel (*a. fig.* F *sexuelles Abenteuer*); **ˌ~-ˈpiece** *adj.* **1.** einteilig: ***~ bathing-suit***; **2.** ⚙ aus ˈeinem Stück, Voll...; **ˌ~-ˈprice shop** *s.* Einheitspreisladen *m*.

on·er ['wʌnə] *s*. **1.** *sl*. ,Ka'none' *f* (*Könner*) (***at*** in *dat*.); **2.** *sl*. ,Mordsding' *n* (*bsd. wuchtiger Schlag*).

on·er·ous ['ɒnərəs] *adj*. □ lästig, drükkend, beschwerlich (***to*** für); **'on·er·ous·ness** [-nɪs] *s*. Beschwerlichkeit *f*, Last *f*.

one'self *pron*. **1.** *refl*. sich (selber): ***by ~*** aus eigener Kraft, von selbst; **2.** selbst, selber; **3.** *mst* ***one's self*** man (selbst *od*. selber).

ˌone|-'sid·ed [-'saɪdɪd] *adj*. □ einseitig (*a. fig*.); **'~·time I** *adj*. einst-, ehemalig; **II** *adv*. einst-, ehemals; **'~-track** *adj*. **1.** 🚂 eingleisig; **2.** *fig*. einseitig: ***you have a ~ mind*** du hast immer nur dasselbe im Kopf; **~-up·man·ship** [wʌn'ʌpmənʃɪp] *s*. die Kunst, dem andern immer (um eine Nasenlänge) vor'aus zu sein; **ˌ~-'way** *adj*. **1.** Einweg...(*-flasche etc*.), Einbahn...(*-straße, -verkehr*): ***~ ticket*** *Am*. einfache Fahrkarte; **2.** *fig*. einseitig.

on·ion ['ʌnjən] *s*. **1.** ⚘ Zwiebel *f*; **2.** *sl*. ,Rübe' *f* (*Kopf*): ***off one's ~*** *sl*. (total) verrückt; **3.** ***know one's ~s*** F sein Geschäft verstehen; **'~·skin** *s*. **1.** Zwiebelschale *f*; **2.** 'Durchschlag- *od*. 'Luftpostpaˌpier *n*.

'onˌlook·er *s*. Zuschauer(in) (***at*** bei); **'onˌlook·ing** *adj*. zuschauend.

on·ly ['əʊnlɪ] **I** *adj*. **1.** einzig, al'leinig: ***the ~ son*** der einzige Sohn; ***my one and ~ hope*** meine einzige Hoffnung; ***the ~ begotten Son of God*** Gottes eingeborener Sohn; **2.** einzigartig: ***the ~ and only Mr. X*** *a. iro*. der unvergleichliche, einzigartige Mr. X; **II** *adv*. **3.** nur, bloß: ***not ~ ..., but (also)*** nicht nur ..., sondern auch; ***if ~*** wenn nur; **4.** erst: ***~ yesterday*** erst gestern, gestern noch; ***~ just*** eben erst, gerade, kaum; **III** *cj*. **5.** je'doch, nur (daß), aber; **6.** ***~ that*** nur, daß; außer, wenn.

ˌon-'off switch *s*. ↯ Ein-Aus-Schalter *m*.

on·o·mat·o·poe·ia [ˌɒnəʊmætəʊ'piːə] *s*. Lautmale'rei *f*; **ˌon·o·mat·o'poe·ic** [-'piːɪk], **on·o·mat·o·po·et·ic** [ˌɒnəʊmætəʊpəʊ'etɪk] *adj*. (□ ***~ally***) lautnachahmend, onomatopo'etisch.

'on|-poˌsi·tion *s*. ⚙ Einschaltstellung *f*, -zustand *m*; **'~·rush** *s*. Ansturm *m* (*a. fig*.); **'~·set** *s*. **1.** Angriff *m*, At'tacke *f*; **2.** Anfang *m*, Beginn *m*, Einsetzen *n*: ***at the first ~*** gleich beim ersten Anlauf; **3.** ⚕ Ausbruch *m* (*e-r Krankheit*), Anfall *m*; **~'shore** *adj*. *u*. *adv*. **1.** landwärts; **2.** a) in Küstennähe, b) an Land; **3.** ✝ Inlands...: ***~ purchases***; **~-slaught** ['ɒnslɔːt] *s*. (heftiger) Angriff *od*. Ansturm (*a. fig*.); **ˌ~-the-'job** *adj*. praktisch: ***~ training***.

on·to ['ɒntʊ; -tə] *prp*. **1.** auf (*acc*.); **2.** ***be ~ s.th.*** *sl*. hinter et. gekommen sein; ***he's ~ you*** *sl*. er hat dich durchschaut.

on·to·gen·e·sis [ˌɒntəʊ'dʒenɪsɪs] *s*. *biol*. Ontoge'nese *f*.

on·tol·o·gy [ɒn'tɒlədʒɪ] *s*. *phls*. Ontolo'gie *f*.

o·nus ['əʊnəs] (*Lat*.) *s*. *nur sg*. **1.** *fig*. Last *f*, Verpflichtung *f*, Onus *n*; **2.** *a*. ***~ of proof, ~ probandi*** ⚖ Beweislast *f*: ***the ~ rests with him*** die Beweislast trifft ihn.

on·ward ['ɒnwəd] **I** *adv*. vorwärts, weiter: ***from the tenth century ~*** vom 10. Jahrhundert an; **II** *adj*. vorwärts-, fortschreitend; **'on·wards** [-dz] → ***onward*** I.

on·yx ['ɒnɪks] *s*. **1.** *min*. Onyx *m*; **2.** ⚕ Nagelgeschwür *n* der Hornhaut, Onyx *m*.

o·o·blast ['əʊəblɑːst] *s*. *biol*. Eikeim *m*; **o·o·cyst** ['əʊəsɪst] *s*. Oo'zyste *f*.

oo·dles ['uːdlz] *s*. *pl*. F Unmengen *pl*., ,Haufen' *m*: ***he has ~ of money*** er hat Geld wie Heu.

oof [uːf] *s*. *Brit*. *sl*. ,Kies' *m* (*Geld*).

oomph [ʊmf] *s*. *sl*. 'Sex-Ap'peal *m*.

o·o·sperm ['əʊəspɜːm] *s*. *biol*. befruchtetes Ei *od*. befruchtete Eizelle, Zy'gote *f*.

ooze [uːz] **I** *v/i*. **1.** ('durch-, aus-, ein)sikkern (***through, out of, into***); ein-, hin'durchdringen (*a. Licht etc*.): ***~ away*** a) versickern, b) *fig*. (dahin)schwinden; ***~ out*** a) entweichen (*Luft, Gas*), b) *fig*. durchsickern (*Geheimnis*); ***~ with sweat*** von Schweiß triefen; **II** *v/t*. **2.** ausströmen, -schwitzen; **3.** *fig*. ausstrahlen, *iro*. triefen von; **III** *s*. **4.** ⚙ Lohbrühe *f*: ***~ leather*** lohgares Leder; **5.** Schlick *m*, Schlamm(grund) *m*; **oo·zy** ['uːzɪ] *adj*. **1.** schlammig, schlikk(er)ig; **2.** schleimig; **3.** feucht.

o·pac·i·ty [əʊ'pæsətɪ] *s*. **1.** 'Undurchˌsichtigkeit *f* (*a. fig*.); **2.** Dunkelheit *f* (*a. fig*.); **3.** *fig*. Borniertheit *f*; **4.** *phys*. ('Licht)ˌUndurchˌlässigkeit *f*; **5.** Deckfähigkeit *f* (*Farbe*).

o·pal ['əʊpl] *s*. *min*. O'pal *m*: ***~ blue*** Opalblau *n*; ***~ glass*** Opal-, Milchglas *n*; ***~ lamp*** Opallampe *f*; **o·pal·esce** [ˌəʊpə'les] *v/i*. opalisieren, bunt schillern; **o·pal·es·cence** [ˌəʊpə'lesns] *s*. Opalisieren *n*, Schillern *n*; **o·pal·es·cent** [ˌəʊpə'lesnt] *adj*. opalisierend, schillernd.

o·paque [əʊˈpeɪk] *adj.* □ **1.** ˈundurchˌsichtig, oˈpak: **~ *colo(u)r*** Deckfarbe *f*; **2.** ˈundurchˌlässig (***to*** für *Strahlen*): **~ *meal*** ⚕ Kontrastmahlzeit *f*; **3.** glanzlos, trüb; **4.** *fig.* a) unklar, dunkel, b) borniert, dumm; **oˈpaque·ness** [-nɪs] *s.* (ˈLicht)ˌUndurchˌlässigkeit *f*; Deckkraft *f* (*Farben*).

op art [ɒp] *s. Kunst*: Op-art *f*.

o·pen [ˈəʊpən] **I** *adj.* □ **1.** *allg.* offen (*z. B. Buch, Flasche,* ⚘ *Kette,* ϟ *Stromkreis,* ⚔ *Stadt, Tür,* ⚕ *Wunde*); offenstehend, auf: **~ *prison*** offenes Gefängnis; **~ *warfare*** ⚔ Bewegungskrieg *m*; ***keep one's eyes ~*** *fig.* die Augen offenhalten; → ***arm***[1] 1, ***bowels*** 1, ***order*** 5; **2.** zugänglich, frei, offen (*Gelände, Straße, Meer etc.*): **~ *field*** freies Feld; **~ *spaces*** öffentliche Plätze (*Parkanlagen etc.*); **3.** frei, bloß, offen (*Wagen etc.*; ϟ *Motor*); → ***lay open***; **4.** offen, eisfrei (*Wetter,* ⚓ *Hafen, Gewässer*); ⚓ klar (*Sicht*): **~ *winter*** frostfreier Winter; **5.** ge-, eröffnet (*Laden, Theater etc.*), offen (*a. fig.* ***to*** *dat.*), öffentlich (*Sitzung, Versteigerung etc.*); (jedem) zugänglich: ***a career ~ to talent***; **~ *competition*** freier Wettbewerb; **~ *market*** ✝ offener *od.* freier Markt; **~ *position*** freie *od.* offene (*Arbeits*)Stelle; **~ *policy*** a) ✝ Offenmarktpolitik *f*, b) *Versicherung*: Pauschalpolice *f*; **~ *scholarship*** *Brit.* offenes Stipendium; **~ *for subscription*** ✝ zur Zeichnung aufgelegt; ***in ~ court*** in öffentlicher Verhandlung, vor Gericht; **6.** (***to***) *fig. der Kritik, dem Zweifel etc.* ausgesetzt, unterˈworfen: **~ *to question*** anfechtbar; **~ *to temptation*** anfällig gegen die Versuchung; ***leave o.s. wide ~*** (***to s.o.***) sich (j-m gegenüber) e-e (große) Blöße geben; **7.** zugänglich, aufgeschlossen (***to*** für *od. dat.*): ***an ~ mind***; ***be ~ to conviction*** (***an offer***) mit sich reden (handeln) lassen; ***that is ~ to argument*** darüber läßt sich streiten; **8.** offen(kundig), unverhüllt: **~ *contempt***; ***an ~ secret*** ein offenes Geheimnis; **9.** offen, freimütig: ***an ~ character***; **~ *letter*** offener Brief; ***I will be ~ with you*** ich will ganz offen mit dir reden; **10.** freigebig: ***with an ~ hand***; ***keep an ~ house*** ein offenes Haus führen, gastfrei sein; **11.** *fig.* unentschieden, offen (*Frage, Forderung, Kampf, Urteil etc.*); **12.** *fig.* frei (*ohne Verbote*): **~ *pattern*** ⚖ ungeschütztes Muster; **~ *season*** Jagd-, Fischzeit *f*; **13.** ✝ laufend (*Konto, Kredit, Rechnung*): **~ *cheque*** Barscheck *m*; **14.** ⚙ durchˈbrochen (*Gewebe, Handarbeit*); **15.** *ling.* offen (*Silbe, Vokal*): **~ *consonant*** Reibelaut *m*; **16.** ♪ a) weit (*Lage, Satz*), b) leer (*Saite etc.*): **~ *note*** Grundton *m*; **17.** *typ.* licht (*Satz*): **~ *type*** Konturschrift *f*; **II** *s.* **18.** ***the ~*** a) offenes Land, b) offene See: ***in the ~*** im Freien, unter freiem Himmel; ⚒ über Tag; ***bring into the ~*** *fig.* an die Öffentlichkeit bringen; ***come into the ~*** *fig.* sich erklären, offen reden, Farbe bekennen, (***with s.th.*** mit et.) an die Öffentlichkeit treten; **19.** ***the*** ♀ *bsd. Golf*: offenes Turnier *für Amateure u. Berufsspieler*; **III** *v/t.* **20.** *allg.* öffnen, aufmachen; *Buch a.* aufschlagen; ϟ *Stromkreis* ausschalten, unterˈbrechen: **~ *the bowels*** ⚕ den Leib öffnen; **~ *s.o.'s eyes*** *fig.* j-m die Augen öffnen; → ***throttle*** 2; **21.** *Aussicht,* ✝ *Akkreditiv, Debatte,* ⚔ *das Feuer,* ✝ *Konto, Geschäft,* ⚖ *die Verhandlung etc.* eröffnen; *Verhandlungen* anknüpfen, in *Verhandlungen* eintreten; ✝ *neue Märkte* erschließen: **~ *s.th. to traffic*** *e-e Straße etc.* dem Verkehr übergeben; **22.** *fig. Gefühle, Gedanken* enthüllen, *s-e Absichten* entdecken: **~ *o.s. to s.o.*** sich j-m mitteilen; → ***heart*** *Redew.*; **IV** *v/i.* **23.** sich öffnen *od.* auftun, aufgehen; *fig.* sich *dem Auge, Geist etc.* erschließen, zeigen, auftun; **24.** führen, gehen (*Tür, Fenster*) (***on to*** auf *acc.*, ***into*** nach *dat.*); **25.** *fig.* a) anfangen, beginnen (*Schule, Börse etc.*), öffnen, aufmachen (*Laden etc.*), b) (e-n Brief, s-e Rede) beginnen (***with*** mit *e-m Kompliment etc.*); **26.** *allg.* öffnen; (ein Buch) aufschlagen; **~ out I** *v/t.* **1.** *et.* ausbreiten; **II** *v/i.* **2.** sich ausbreiten, -dehnen, sich erweitern; **3.** *mot.* Vollgas geben; **~ up I** *v/t.* **1.** *Land,* ✝ *Markt etc.* erschließen; **II** *v/i.* **2.** ⚔ das Feuer eröffnen; **3.** *fig.* a) ‚loslegen' (*mit Worten, Schlägen etc.*), b) ‚auftauen', mitteilsam werden; **4.** sich auftun *od.* zeigen.

ˌo·pen|-ˈac·cess li·brar·y *s.* ˈFreihandbiblioˌthek *f*; **ˌ~-ˈair** *adj.* Freilicht..., Freiluft..., unter freiem Himmel: **~ *swimming pool*** Freibad *n*; **ˌ~-and-ˈshut** *adj.* ganz einfach, sonnenklar; **ˌ~-ˈarmed** *adj.* warm, herzlich (*Empfang*); **ˌ~-ˈdoor** *adj.* frei zugänglich: **~ *policy*** (Handels)Politik *f* der offenen Tür; **ˌ~-ˈend·ed** *adj.* **1.** zeitlich unbegrenzt: **~ *discussion*** Open-end-Diskussion *f*; **2.** ausbaufähig: **~ *program(me)***.

o·pen·er [ˈəʊpnə] *s.* **1.** (*fig.* Er)Öffner (-in); **2.** (*Büchsen- etc.*)Öffner *m*; *sport* *etc.* Eröffnung(sspiel *n*, *thea.* -nummer *f*) *f*.

ˌ**o·pen|-ˈeyed** *adj.* **1.** mit großen Augen, staunend; **2.** wachsam; ˌ**~-ˈhand·ed** *adj.* □ freigebig; ˌ**~-ˈheart** *adj.*: **~ *surgery*** ⚕ Offenherzchirurgie *f*; ˌ**~-ˈheart·ed** *adj.* □ offen(herzig), aufrichtig; ˌ**~-ˈhearth** *adj.* ⚙ Siemens-Martin(*-ofen*, *-stahl*).

o·pen·ing [ˈəʊpnɪŋ] **I** *s.* **1.** *das* Öffnen; Eröffnung *f* (*a. fig. Akkreditiv*, *Konto*, *Testament*, *Unternehmen*); *fig.* Inbetriebnahme *f* (*e-r Anlage etc.*); *fig.* Erschließung *f* (*Land*, ✝ *Markt*); **2.** Öffnung *f*, Loch *n*, Lücke *f*, Bresche *f*, Spalt *m*, ˈDurchlaß *m*; **3.** *Am.* (Wald-) Lichtung *f*; **4.** ⚙ (Spann)Weite *f*; **5.** *fig.* Eröffnung *f* (*a. Schach*, *Kampf etc.*), Beginn *m*, einleitender Teil (*a.* ⚖); **6.** Gelegenheit *f*, (✝ Absatz)Möglichkeit *f*; **7.** ✝ offene *od.* freie Stelle; **II** *adj.* **8.** Öffnungs…; **9.** Eröffnungs…: **~ *speech***; **~ *price*** ✝ Eröffnungskurs *m*; **~ *night*** *thea.* Eröffnungsvorstellung *f*.

ˌ**o·pen|-ˈmar·ket** *adj.* Freimarkt…: **~ *paper*** marktgängiges Wertpapier; **~ *policy*** Offenmarktpolitik *f*; ˌ**~-ˈmind·ed** *adj.* □ aufgeschlossen, vorurteilslos; ˌ**~-ˈmouthed** *adj.* mit offenem Mund, *fig. a.* gaffend; ˌ**~-ˈplan of·fice** *s.* ˈGroßraumbüˌro *n*; **~ ses·a·me** *s.* Sesam öffne dich *n*; **~ shop** *s. Am.* Betrieb *m*, der auch Nichtgewerkschaftsmitglieder beschäftigt; ♀ **U·ni·ver·si·ty** *s.* ˈFernsehuniversiˌtät *f*, ˈTelekolˌleg *n*; ˈ**~·work** *s.* ˈDurchbrucharbeit *f* (*Handarbeit*); **~ work·ing** *s.* ⚒ Tagebau *m*.

op·er·a[1] [ˈɒpərə] *s.* Oper *f* (*a. Gebäude*): ***comic* ~** komische Oper; ***grand* ~** große Oper.

op·er·a[2] [ˈɒpərə] *pl. von* ***opus***.

op·er·a·ble [ˈɒpərəbl] *adj.* **1.** ˈdurchführbar; **2.** ⚙ betriebsfähig; **3.** ⚕ opeˈrabel.

op·er·a| cloak *s.* Abendmantel *m*; **~ glass(·es** *pl.*) *s.* Opern-, Theˈaterglas *n*; **~ hat** *s.* ˈKlappzyˌlinder *m*, Chapeauˈclaque *m*; **~ house** *s.* Opernhaus *n*, Oper *f*; **~ pump** *s. Am.* glatter Pumps.

op·er·ate [ˈɒpəreɪt] **I** *v/i.* **1.** arbeiten, in Betrieb sein, funktionieren, laufen (*Maschine etc.*): ***be operating*** in Betrieb sein; **~ *on batteries*** von Batterien betrieben werden; **~ *at a deficit*** ✝ mit Verlust arbeiten; **2.** wirksam werden *od.* sein, (ein)wirken (***on***, ***upon*** auf *acc.*, ***as*** als), hinwirken (***for*** auf *acc.*); **3.** ⚕ (***on***, ***upon***) *j-n* operieren: ***be ~d on*** operiert werden; **4.** ✝ F spekulieren, operieren: **~ *for a fall*** auf e-e Baisse spekulieren; **5.** ⚔ operieren; **II** *v/t.* **6.** bewirken, verursachen, (mit sich) bringen; **7.** ⚙ *Maschine* laufen lassen, bedienen, *Gerät* handhaben, *Schalter*, *Bremse etc.* betätigen, *Auto* fahren: ***safe to* ~** betriebssicher; **8.** *Unternehmen*, *Geschäft* betreiben, führen, *Vorhaben* ausführen.

op·er·at·ic [ˌɒpəˈrætɪk] *adj.* (□ **~*ally***) opernhaft (*a. fig. contp.*), Opern…: **~ *performance*** Opernaufführung *f*; **~ *singer*** Opernsänger(in).

op·er·at·ing [ˈɒpəreɪtɪŋ] *adj.* **1.** *bsd.* ⚙ in Betrieb befindlich, Betriebs…, Arbeits…: **~ *conditions*** Betriebsbedingungen; **~ *instructions*** Bedienungsvorschrift *f*, Betriebsanweisung *f*; **~ *lever*** Betätigungshebel *m*; **~ *system*** *Computer*: Betriebssystem *n*; **2.** ✝ Betriebs…, betrieblich: **~ *assets*** Vermögenswerte; **~ *costs*** (*od.* ***expenses***) Betriebs-, Geschäfts(un)kosten; **~ *profit*** Betriebsgewinn *m*; **~ *statement*** Betriebsbilanz *f*; **3.** ⚕ operierend, Operations…: **~ *room*** *od.* **~ *theatre*** (*Am.* ***theater***) Operationssaal *m*; **~ *surgeon*** → ***operator*** 4; **~ *table*** Operationstisch *m*.

op·er·a·tion [ˌɒpəˈreɪʃn] *s.* **1.** Wirken *n*, Wirkung *f* (***on*** auf *acc.*); **2.** *bsd.* ⚖ Wirksamkeit *f*, Geltung *f*: ***by* ~ *of law*** kraft Gesetzes; ***come into* ~** in Kraft treten; **3.** ⚙ Betrieb *m*, Tätigkeit *f*, Lauf *m* (*Maschine etc.*): ***in* ~** in Betrieb; ***put*** (*od.* ***set***) ***in*** (***out of***) **~** in (außer) Betrieb setzen; **4.** *bsd.* ⚙ Wirkungs-, Arbeitsweise *f*; Arbeits(vor)gang *m*, (*Arbeits-*, *Denk- etc. a. chemischer*) Proˈzeß *m*; **5.** ⚙ Inbetriebsetzung *f*, Bedienung *f* (*Maschine*, *Gerät*), Betätigung *f* (*Bremse*, *Schalter*); **6.** Arbeit *f*: ***building* ~*s*** Bauarbeiten; **7.** ✝ a) Betrieb *m*: ***continuous* ~** durchgehender Betrieb; ***in* ~** in Betrieb, b) Unterˈnehmen *n*, -ˈnehmung *f*, c) Geschäft *n*: ***trading* ~** Tauschgeschäft; **8.** *Börse*: Transaktiˈon *f*; **9.** ⚕ Operatiˈon *f*, (chirˈurgischer) Eingriff: **~ *for appendicitis*** Blinddarmoperation; **~ *to*** (*od.* ***on***) ***the neck*** Halsoperation; ***major* ~** a) größere Operation, b) *fig.* F große Sache, ‚schwere Geburt'; **10.** ⚔ Operatiˈon *f*, Einsatz *m*, Unterˈnehmung *f*; ˌ**op·erˈa·tion·al** [-ʃənl] *adj.* **1.** ⚙ a) Betriebs…, Arbeits…, b) betriebsbereit, -fähig; **2.** ✝ betrieblich, Betriebs…; **3.** ⚔ Einsatz…, Operations…, einsatzfähig: **~ *objective*** Operationsziel *n*; **4.** ⚓ klar, fahrbereit; **op·er·a·tive** [ˈɒpərətɪv] **I** *adj.* □ **1.** wirkend, treibend: ***an* ~ *mo-***

tive; **2.** wirksam: ***an ~ dose***; ***become ~*** ⚖ (rechts)wirksam werden, in Kraft treten; ***the ~ word*** das Wort, auf das es ankommt, ⚖ *a.* das rechtsbegründende Wort; **3.** praktisch; **4.** ✝, ⚙ Arbeits…, Betriebs…, betriebsfähig; **5.** ⚕ opera'tiv, chir'urgisch: ***~ dentistry*** Zahn- u. Kieferchirurgie *f*; **6.** arbeitend, tätig, beschäftigt; **II** *s.* **7.** (Fach)Arbeiter *m*, Me'chaniker *m*; → ***operator*** 2; **8.** *Am.* Pri'vatdetekˌtiv(in); **op·er·a·tor** ['ɒpəreɪtə] *s.* **1.** *der* (*die*, *das*) Wirkende; **2.** a) ⚙ Bedienungsperson *f*, Arbeiter(in), (*Kran- etc.*)Führer *m*: ***engine ~*** Maschinist *m*; ***~'s license*** *Am.* Führerschein *m*, b) Telegra'fist(in), c) Telefo'nist(in), d) (Film)Vorführer *m*, *a.* Kameramann *m*; **3.** ✝ a) Unter'nehmer *m*, b) *Börse*: (berufsmäßiger) Speku'lant, *b.s.* Schieber *m*; **4.** ⚕ operierender Arzt, Opera'teur *m*; **5.** *Computer*: Ope'rator *m*.

o·per·cu·lum [əʊ'pɜːkjʊləm] *pl.* **-la** [-lə] *s.* **1.** ⚘ Deckel *m*; **2.** *zo.* a) Deckel *m* (*Schnecken*), b) Kiemendeckel *m* (*Fische*).

op·er·et·ta [ˌɒpə'retə] *s.* Ope'rette *f*.

oph·thal·mi·a [ɒf'θælmɪə] *s.* ⚕ Bindehautentzündung *f*; **oph'thal·mic** [-ɪk] *adj.* Augen…; augenkrank: ***~ hospital*** Augenklinik *f*; **oph·thal·mol·o·gist** [ˌɒfθæl'mɒlədʒɪst] *s.* Augenarzt *m*, Augenärztin *f*; **oph·thal·mol·o·gy** [ˌɒfθæl'mɒlədʒɪ] *s.* Augenheilkunde *f*, Ophthalmolo'gie *f*; **oph·thal·mo·scope** [ɒf'θælməskəʊp] *s.* ⚕ Augenspiegel *m*, Ophthalmo'skop *n*.

o·pi·ate ['əʊpɪət] **I** *s.* **1.** ⚕ Opi'at *n*, 'Opiumpräpaˌrat *n*; **2.** Schlaf- *od.* Beruhigungs- *od.* Betäubungsmittel *n* (*a. fig.*): ***~ for the people*** Opium *n* fürs Volk; **II** *adj.* **3.** einschläfernd; betäubend (*a. fig.*).

o·pine [əʊ'paɪn] **I** *v/i.* da'fürhalten; **II** *v/t. et.* meinen.

o·pin·ion [ə'pɪnjən] *s.* **1.** Meinung *f*, Ansicht *f*, Stellungnahme *f*: ***in my ~*** m-s Erachtens, nach m-r Meinung *od.* Ansicht; ***be of*** (***the***) ***~ that*** der Meinung sein, daß; ***that is a matter of ~*** das ist Ansichtssache *f*; ***public ~*** die öffentliche Meinung; **2.** Achtung *f*, (gute) Meinung: ***have a high*** (***low*** *od.* ***poor***) ***~ of*** e-e (keine) hohe Meinung haben von, (nicht) viel halten von; ***she has no ~ of Frenchmen*** sie hält nicht viel von (den) Franzosen; **3.** (schriftliches) Gutachten (***on*** über *acc.*): ***counsel's ~*** Rechtsgutachten; **4.** *mst pl.* Über'zeugung *f*: ***have the courage of one's ~s*** zu s-r Überzeugung stehen; **5.** ⚖ (Urteils)Begründung *f*; **o'pin·ion·at·ed** [-neɪtɪd] *adj.* **1.** starr-, eigensinnig; dog'matisch; **2.** schulmeisterlich, über'heblich.

o'pin·ion|-ˌform·ing *adj.* meinungsbildend; **~ form·er**, **~ lead·er**, **~-ˌmak·er** *s.* Meinungsbildner *m*; **~ poll** *s.* 'Meinungsˌumfrage *f*; **~ re·search** *s.* Meinungsforschung *f*.

o·pi·um ['əʊpjəm] *s.* Opium *n*: ***~-eater*** Opiumesser *m*; ***~ poppy*** ⚘ Schlafmohn *m*; **'o·pi·um·ism** [-mɪzəm] *s.* ⚕ **1.** Opiumsucht *f*; **2.** Opiumvergiftung *f*.

o·pos·sum [ə'pɒsəm] *s. zo.* O'possum *n*, Beutelratte *f*.

op·po·nent [ə'pəʊnənt] **I** *adj.* entgegenstehend, -gesetzt, gegnerisch (***to*** *dat.*); **II** *s.* Gegner(in) (*a.* ⚖, *sport*), Gegenspieler(in), 'Widersacher(in), Oppo'nent(in).

op·por·tune ['ɒpətjuːn] *adj.* □ **1.** günstig, passend, gut angebracht, oppor'tun; **2.** rechtzeitig; **'op·por·tune·ness** [-nɪs] *s.* Opportuni'tät *f*, Rechtzeitigkeit *f*; günstiger Zeitpunkt.

op·por·tun·ism ['ɒpətjuːnɪzm] *s.* Opportu'nismus *m*; **'op·por·tun·ist** [-ɪst] *s.* Opportu'nist(in).

op·por·tu·ni·ty [ˌɒpə'tjuːnətɪ] *s.* (*günstige*) Gelegenheit, Möglichkeit *f* (***of doing***, ***to do*** zu tun; ***for s.th.*** zu et.): ***miss the ~*** die Gelegenheit verpassen; ***seize*** (*od.* ***take***) ***an ~*** e-e Gelegenheit ergreifen; ***at the first ~*** bei der ersten Gelegenheit; ***~ for advancement*** Aufstiegsmöglichkeit; ***~ makes the thief*** Gelegenheit macht Diebe.

op·pose [ə'pəʊz] *v/t.* **1.** (*vergleichend*) gegen'überstellen; **2.** entgegensetzen, -stellen (***to*** *dat.*); **3.** entgegentreten (*dat.*), sich wider'setzen (*dat.*); angehen gegen, bekämpfen; **4.** ⚖ *Am.* gegen *e-e Patentanmeldung* Einspruch erheben; **op'posed** [-zd] *adj.* **1.** gegensätzlich, entgegengesetzt (*a.* ⅍); **2.** (***to***) abgeneigt (*dat.*), feind (*dat.*), feindlich (gegen): ***be ~ to*** *j-m od. e-r Sache* feindlich *od.* ablehnend gegenüberstehen, gegen *j-n od. et.* sein; **3.** ⚙ Gegen…: ***~ piston engine*** Gegenkolben-, Boxermotor *m*; **op'pos·ing** [-zɪŋ] *adj.* **1.** gegen'überliegend; **2.** opponierend, gegnerisch; **3.** *fig.* entgegengesetzt, unvereinbar.

op·po·site ['ɒpəzɪt] **I** *adj.* □ **1.** gegen'überliegend, -stehend (***to*** *dat.*): ***~ angle*** ⅍ Gegen-, Scheitelwinkel *m*; **2.** entgegengesetzt (gerichtet), 'umgekehrt: ***~ directions***; ***~ signs*** ⅍ entgegengesetzte Vorzeichen; ***of ~ sign*** ⅍

ungleichnamig; **~ *pistons*** ⚙ gegenläufige Kolben; **3.** gegensätzlich, entgegengesetzt, gegenteilig, (grund)verschieden, ander: ***words of ~ meaning***; **4.** gegnerisch, Gegen...: **~ *side*** *sport* Gegenpartei *f*, gegnerische Mannschaft; **~ *number*** *sport*, *pol. etc.* Gegenspieler(in), ‚Gegenüber' *n*, *weitS.* ‚Kollege' *m*, ‚Kollegin' *f* (von der anderen Seite); **5.** ⚘ gegenständig (*Blätter*); **II** *s.* **6.** Gegenteil *n* (*a.* ⚖), -satz *m*: ***just the ~*** das genaue Gegenteil; **III** *adv.* **7.** gegen'über; **IV** *prp.* **8.** gegenüber (*dat.*): ***the ~ house***; ***play ~ X.*** *sport*, *Film etc.* (der, die) Gegenspieler(in) von X sein.

op·po·si·tion [ˌɒpəˈzɪʃn] *s.* **1.** Gegen'überstellung *f*; *das* Gegen'überstehen *od.* -liegen; ⚙ Gegenläufigkeit *f*; **2.** 'Widerstand *m* (***to*** gegen): ***offer ~*** (***to***) Widerstand leisten (gegen); ***meet with*** (*od.* ***face***) ***stiff ~*** auf heftigen Widerstand stoßen; **3.** Gegensatz *m*, 'Widerspruch *m*: ***act in ~ to*** zuwiderhandeln (*dat.*); **4.** *pol.* (*a. ast. u. fig.*) Opposi'ti'on *f*; **5.** ✝ Konkur'renz *f*; **6.** ⚖ a) 'Widerspruch *m*, b) *Am.* Einspruch *m* (***to*** gegen *e-e Patentanmeldung*); **7.** *Logik*: Gegensatz *m*; ˌ**op·po'si·tion·al** [-ʃənl] *adj.* **1.** *pol.* oppositio'nell, Oppositions..., regierungsfeindlich; **2.** gegensätzlich, Widerstands...

op·press [əˈpres] *v/t.* **1.** *seelisch* bedrükken; **2.** unter'drücken, tyrannisieren, schikanieren; **op'pres·sion** [-eʃn] *s.* **1.** Unter'drückung *f*, Tyrannisierung *f*; ⚖ a) Schi'kane(n *pl.*) *f*, b) 'Mißbrauch *m* der Amtsgewalt; **2.** Druck *m*, Bedrängnis *f*, Not *f*; **3.** Bedrücktheit *f*; **4.** ⚕ Beklemmung *f*; **op'pres·sive** [-sɪv] *adj.* □ **1.** *seelisch* (be)drückend; **2.** ty'rannisch, grausam, hart; ⚖ schika'nös; **3.** drückend (schwül); **op'pres·sive·ness** [-sɪvnɪs] *s.* **1.** Druck *m*; **2.** Schwere *f*, Schwüle *f*; **op'pres·sor** [-sə] *s.* Unter'drücker *m*, Ty'rann *m*.

op·pro·bri·ous [əˈprəʊbrɪəs] *adj.* □ **1.** schmähend, Schmäh...; **2.** schändlich, in'fam; **op'pro·bri·um** [-ɪəm] *s.* Schmach *f*, Schande *f*.

op·pugn [ɒˈpjuːn] *v/t.* anfechten.

opt [ɒpt] *v/i.* wählen (***between*** zwischen *dat.*), sich entscheiden (***for*** für, ***against*** gegen), *bsd. pol.* optieren (***for*** für); **~ *out*** a) sich dagegen entscheiden, b) ‚aussteigen' (***of***, ***on*** aus *der Gesellschaft*, *e-r Unternehmung etc.*); **op·ta·tive** [ˈɒptətɪv] **I** *adj.* Wunsch..., *ling.* optativ(isch): **~ *mood*** → **II** *s. ling.* Optativ *m*, Wunschform *f*.

op·tic [ˈɒptɪk] **I** *adj.* **1.** Augen..., Seh..., Gesichts...: **~ *angle*** Seh-, Gesichtswinkel *m*; **~ *axis*** a) optische Achse, b) Sehachse *f*; **~ *nerve*** Sehnerv *m*; **2.** → ***optical***; **II** *s.* **3.** *mst pl. humor.* Auge *n*; **4.** *pl. sg. konstr. phys.* Optik *f*, Lichtlehre *f*; **'op·ti·cal** [-kl] *adj.* □ optisch: **~ *illusion*** optische Täuschung; **~ *microscope*** Lichtmikroskop *n*; **~ *viewfinder*** *TV* optischer Sucher; **op·ti·cian** [ɒpˈtɪʃn] *s.* Optiker(in).

op·ti·mal [ˈɒptɪml] → ***optimum*** II.

op·ti·mism [ˈɒptɪmɪzəm] *s.* Opti'mismus *m*; **'op·ti·mist** [-ɪst] *s.* Opti'mist(in); **op·ti·mis·tic** [ˌɒptɪˈmɪstɪk] *adj.* (□ ***~ally***) opti'mistisch.

op·ti·mize [ˈɒptɪmaɪz] *v/t.* ✝, ⚙ optimieren.

op·ti·mum [ˈɒptɪməm] **I** *pl.* **-ma** [-mə] *s.* **1.** Optimum *n*, günstigster Fall, Bestfall *m*; **2.** ✝, ⚙ Bestwert *m*; **II** *adj.* **3.** opti'mal, günstigst, best.

op·tion [ˈɒpʃn] *s.* **1.** Wahlfreiheit *f*, freie Wahl *od.* Entscheidung: **~ *of a fine*** Recht *n*, e-e Geldstrafe (*an Stelle der Haft*) zu wählen; **2.** Wahl *f*: ***at one's ~*** nach Wahl; ***make one's ~*** s-e Wahl treffen; **3.** Alterna'tive *f*: ***I had no ~ but to*** ich hatte keine andere Wahl als; **4.** ✝ Opti'on *f* (*a. Versicherung*), Vorkaufsrecht *n*: ***buyer's ~*** Kaufoption, Vorprämie *f*; **~ *for the call*** (***the put***) Vor- (Rück)prämiengeschäft *n*; **~ *rate*** Prämiensatz *m*; **~ *of repurchase*** Rückkaufsrecht *n*; **op·tion·al** [ˈɒpʃənl] *adj.* □ **1.** freigestellt, wahlfrei, freiwillig, fakulta'tiv: **~ *bonds*** *Am.* kündbare Obligationen; **~ *subject*** *ped.* Wahlfach *n*; **2.** ✝ Options...: **~ *bargain*** Prämiengeschäft *n*.

op·u·lence [ˈɒpjʊləns] *s.* Reichtum *m*, ('Über)Fülle *f*, 'Überfluß *m*: ***live in ~*** im Überfluß leben; **'op·u·lent** [-nt] *adj.* □ **1.** (sehr) reich (*a. fig.*); **2.** üppig, opu'lent: **~ *meal.***

o·pus [ˈəʊpəs] *pl.* **op·er·a** [ˈɒpərə] (*Lat.*) *s.* (*einzelnes*) Werk, Opus *n*; → ***magnum opus***; **o·pus·cule** [ɒˈpʌskjuːl] *s.* ♪, *lit.* kleines Werk.

or[1] [ɔː] *cj.* **1.** oder: **~ *else*** sonst, andernfalls; ***one ~ two*** ein bis zwei, einige; **2.** (*nach neg.*) noch, und kein, und auch nicht.

or[2] [ɔː] *s. her.* Gold *n*, Gelb *n*.

or·a·cle [ˈɒrəkl] **I** *s.* **1.** O'rakel(spruch *m*) *n*; *fig. a.* Weissagung *f*: ***work the ~*** F e-e Sache ‚drehen'; **2.** *fig.* o'rakelhafter Ausspruch; **3.** *fig.* Pro'phet(in), unfehlbare Autori'tät; **II** *v/t. u. v/i.* **4.** o'rakeln; **o·rac·u·lar** [ɒˈrækjʊlə] *adj.* □ **1.**

o'rakelhaft (*a. fig.*), Orakel…; **2.** *fig.* weise.

o·ral ['ɔ:rəl] **I** *adj.* □ **1.** mündlich: *~ contract*; *~ examination*; **2.** ⚕ o'ral (*a. ling.*), Mund…: *for ~ use* zum innerlichen Gebrauch; *~ intercourse* Oralverkehr *m*; *~ stage psych.* orale Phase; **II** *s.* **3.** F mündliche Prüfung.

or·ange ['ɒrɪndʒ] **I** *s.* ⚘ O'range *f*, Apfel'sine *f*: *bitter ~* Pomeranze *f*; *squeeze the ~ dry* F j-n ausquetschen wie e-e Zitrone; **II** *adj.* Orangen…; o'range (-farben); *~* **lead** [led] *s.* ⚙ O'rangemennige *f*, Bleisafran *m*; *~* **peel** *s.* **1.** O'rangenschale *f*; **2.** *a. ~ effect* ⚙ O'rangenschalenstruk,tur *f* (*Lackierung*).

or·ange·ry ['ɒrɪndʒərɪ] *s.* Orange'rie *f*.

o·rang-ou·tang [ɔ:,ræŋu:'tæŋ], **o,rang-u'tan** [-u:'tæn] *s. zo.* 'Orang-'Utan *m*.

o·rate [ɔ:'reɪt] *v/i.* **1.** e-e Rede halten; **2.** *humor. u. contp.* (lange) Reden halten *od.* ‚schwingen', reden; **o'ra·tion** [-'eɪʃn] *s.* **1.** *förmliche od. feierliche* Rede; **2.** *ling.* (*direkte etc.*) Rede *f*; **or·a·tor** ['ɒrətə] *s.* **1.** Redner(in); **2.** ⚖ *Am.* Kläger(in) (*in* **equity**-*Prozessen*); **or·a·tor·i·cal** [,ɒrə'tɒrɪkl] *adj.* □ rednerisch, Redner…, ora'torisch, rhe'torisch, Rede…; **or·a·to·ri·o** [,ɒrə'tɔ:rɪəʊ] *pl.* **-ri·os** *s.* ♪ Ora'torium *n*; **or·a·tor·ize** ['ɒrətəraɪz] → *orate* 2; **or·a·to·ry** ['ɒrətərɪ] *s.* **1.** Redekunst *f*, Beredsamkeit *f*, Rhe'torik *f*; **2.** *eccl.* Ka'pelle *f*, Andachtsraum *m*.

orb [ɔ:b] **I** *s.* **1.** Kugel *f*, Ball *m*; **2.** *poet.* Gestirn *n*, Himmelskörper *m*; **3.** *poet.* a) Augapfel *m*, b) Auge *n*; **4.** *hist.* Reichsapfel *m*; **or·bic·u·lar** [ɔ:'bɪkjʊlə] *adj.* □ **1.** kugelförmig; **2.** rund, kreisförmig; **3.** ringförmig; **or·bit** ['ɔ:bɪt] **I** *s.* **1.** (*ast. etc.* Kreis-, *phys.* Elek'tronen-) Bahn *f*: *get into ~* in e-e Umlaufbahn gelangen (*Erdsatellit*); *put into ~* → 5; **2.** *fig.* Bereich *m*, Wirkungskreis *m*; *pol.* Einflußsphäre *f*; **3.** *anat.* a) Augenhöhle *f*, b) Auge *n*; **II** *v/t.* **4.** *die Erde etc.* um'kreisen; **5.** in e-e 'Umlaufbahn bringen; **III** *v/i.* **6.** die Erde *etc.* um'kreisen; **7.** ✈ (über dem Flugplatz) kreisen; **'or·bit·al** [-bɪtl] **I** *adj.* **1.** *anat.* Augenhöhlen…: *~ cavity* Augenhöhle *f*; **2.** *ast.*, *phys.* Bahn…: *~ electron*; **II** *s.* **3.** *Brit.* Ringstraße *f*.

or·chard ['ɔ:tʃəd] *s.* Obstgarten *m*; 'Obstplan,tage *f*: *in ~* mit Obstbäumen bepflanzt; **'or·chard·ing** [-dɪŋ] *s.* **1.** Obstbau *m*; **2.** *coll. Am.* 'Obstkul,turen *pl*.

or·ches·tic [ɔ:'kestɪk] **I** *adj.* Tanz…; **II** *s. pl.* Or'chestik *f*.

or·ches·tra ['ɔ:kɪstrə] *s.* **1.** ♪ Or'chester *n*; **2.** *thea.* a) Or'chester(raum *m*, -graben *m*) *n*, b) Par'terre *n*, c) *a. ~ stalls* Par'kett *n*; **or·ches·tral** [ɔ:'kestrəl] *adj.* ♪ **1.** Orchester…; **2.** orche'stral; **'or·ches·trate** [-reɪt] *v/t.* **1.** *a. v/i.* ♪ orchestrieren, instrumentieren; **2.** *fig. Am.* ordnen, aufbauen; **or·ches·tra·tion** [,ɔ:ke'streɪʃn] *s.* Instrumentati'on *f*.

or·chid ['ɔ:kɪd] *s.* ⚘ Orchi'dee *f*.

or·chis ['ɔ:kɪs] *pl.* **'or·chis·es** *s.* ⚘ **1.** Orchi'dee *f*; **2.** Knabenkraut *n*.

or·dain [ɔ:'deɪn] *v/t.* **1.** *eccl.* ordinieren, (*zum Priester*) weihen; **2.** bestimmen, fügen (*Gott, Schicksal*); **3.** anordnen, verfügen.

or·deal [ɔ:'di:l] *s.* **1.** *hist.* Gottesurteil *n*: *~ by fire* Feuerprobe *f*; **2.** *fig.* Zerreiß-, Feuerprobe *f*, schwere Prüfung; **3.** *fig.* Qual *f*, Nervenprobe *f*, Tor'tur *f*, Mar'tyrium *n*.

or·der ['ɔ:də] **I** *s.* **1.** Ordnung *f*, geordneter Zustand: *love of ~* Ordnungsliebe *f*; *in ~* in Ordnung (*a. fig.*); *out of ~* in Unordnung; → 8; **2.** (öffentliche) Ordnung: *law and ~* Ruhe *f* u. Ordnung; **3.** Ordnung *f* (*a.* ⚘ *Kategorie*), Sy'stem *n*: *social ~* soziale Ordnung; **4.** (An)Ordnung *f*, Reihenfolge *f*; *ling.* (Satz)Stellung *f*, Wortfolge *f*: *in alphabetical ~* in alphabetischer Ordnung; *~ of priority* Dringlichkeitsfolge *f*; *~ of merit* (*od. precedence*) Rangordnung; **5.** Ordnung *f*, Aufstellung *f*; ⩓ Stil *m*: *in close* (*open*) *~* ⚔ in geschlossener (geöffneter) Ordnung; *~ of battle* a) ⚔ Schlachtordnung, Gefechtsaufstellung, b) ⚓ Gefechtsformation *f*; *Doric ~* ⩓ dorische Säulenordnung; **6.** ⚔ vorschriftsmäßige Uni'form u. Ausrüstung; → *marching*; **7.** (Geschäfts-) Ordnung *f*: *standing ~s parl.* feststehende Geschäftsordnung; *a call to ~* ein Ordnungsruf *m*; *call to ~* zur Ordnung rufen; *rise to* (*a point of*) *~* zur Geschäftsordnung sprechen; *2!, 2!* zur Ordnung!; *in* (*out of*) *~* (un)zulässig; *~ of the day* Tagesordnung; → 9; *be the ~ of the day fig.* an der Tagesordnung sein; *pass to the ~ of the day* zur Tagesordnung übergehen; → *rule* 15; **8.** Zustand *m*: *in bad ~* nicht in Ordnung, in schlechtem Zustand; *out of ~* nicht in Ordnung, defekt; *in running ~* betriebsfähig; **9.** Befehl *m*, Instrukti'on *f*, Anordnung *f*: *2 in Council pol.* Kabinettsbefehl; *~ of the day* ⚔ Tagesbefehl; *~ for remittance* Überweisungsauftrag *m*; *doctor's ~s* ärztliche Anordnung; ***by ~*** a) befehls-, auftragsgemäß, b) im Auftrag (*vor der Unterschrift*); ***by*** (*od.* ***on the***) ***~ of*** auf Befehl von, im Auftrag von; ***be under ~s to do s.th.*** Befehl haben, et. zu tun; ***till further ~s*** bis auf weiteres; ***in short ~*** *Am.* F sofort; **10.** ⚖ (Gerichts)Beschluß *m*, Befehl *m*, Verfügung *f*; **11.** ✝ Bestellung *f* (*a. Ware*), Auftrag *m* (***for*** für): ***a large*** (*od.* ***tall***) ***~*** F e-e (arge) Zumutung, (zu)viel verlangt; ***~s on hand*** Auftragsbestand *m*; ***give*** (*od.* ***place***) ***an ~*** e-n Auftrag erteilen, e-e Bestellung aufgeben; ***make to ~*** a) auf Bestellung anfertigen, b) nach Maß anfertigen; ***shoes made to ~*** Maßschuhe; ***last ~s, please*** Polizeistunde!; **12.** ✝ Order *f* (*Zahlungsauftrag*): ***pay to s.o.'s ~*** an j-s Order zahlen; ***pay to the ~ of*** für mich an ... (*Wechselindossament*); ***payable to ~*** zahlbar an Order; ***own ~*** eigene Order; **13.** → ***post-office order***, ***postal*** I; **14.** ⩓ Ordnung *f*, Grad *m*: ***equation of the first ~*** Gleichung *f* ersten Grades; **15.** Größenordnung *f*: ***of*** (*od.* ***in***) ***the ~ of*** in der Größenordnung von; **16.** Art *f*, Rang *m*: ***of a high ~*** von hohem Rang; ***of quite another ~*** von ganz anderer Art; ***on the ~ of*** nach Art von; **17.** (Gesellschafts)Schicht *f*, Klasse *f*, Stand *m*: ***the higher ~s*** die höheren Klassen; ***the military ~*** der Soldatenstand; **18.** Orden *m* (*Gemeinschaft*): ***the Franciscan ~*** *eccl.* der Franziskanerorden; ***the Teutonic ~*** *hist.* der Deutsche (*Ritter-*) Orden; **19.** Orden(szeichen *n*) *m*; → ***Garter*** 2; **20.** *pl. mst* ***holy ~s*** *eccl.* (heilige) Weihen, Priesterweihe *f*: ***take*** (***holy***) ***~s*** die (heiligen) Weihen empfangen; ***major ~s*** höhere Weihen; **21.** Einlaßschein *m*, *thea.* Freikarte *f*; **22.** ***in ~ to*** *inf.* um zu *inf.*; ***in ~ that*** damit; **II** *v/t.* **23.** *j-m od. e-e Sache* befehlen, *et.* anordnen: ***he ~ed him to come*** er befahl ihm zu kommen; **24.** *j-n* schikken, beordern (***to*** nach); **25.** ⚕ *j-m et.* verordnen; **26.** bestellen (*a.* ✝; *a. im Restaurant*); **27.** regeln, leiten, führen; **28.** ***~ arms!*** ⚔ Gewehr ab!; **29.** ordnen, einrichten: ***~ one's affairs*** s-e Angelegenheiten in Ordnung bringen; **~ a·bout** *v/t.* her'umkommandieren; **~ a·way** *v/t.* **1.** weg-, fortschicken; **2.** abführen lassen; **~ back** *v/t.* zu'rückbeordern; **~ in** *v/t.* her'einkommen lassen; **~ off** *v/t. sport* vom Platz stellen; **~ out** *v/t.* **1.** hin'ausbeordern; **2.** hin'ausweisen.

or·der| bill *s.* ✝ 'Orderpa,pier *n*; **~ bill of lad·ing** *s.* ✝, ⚙ 'Orderkonnosse,ment *n*; **~ book** *s.* **1.** ✝ Auftragsbuch *n*; **2.** *Brit. parl.* Liste *f* der angemeldeten Anträge; **~ check** *Am.*, **~ cheque** *Brit. s.* ✝ Orderscheck *m*; **~ form** *s.* ✝ Bestellschein *m*; **~ in·stru·ment** *s.* ✝ 'Orderpa,pier *n*.

or·der·less ['ɔːdəlɪs] *adj.* unordentlich, regellos; '**or·der·li·ness** [-lɪnɪs] *s.* **1.** Ordnung *f*, Regelmäßigkeit *f*; **2.** Ordentlichkeit *f*.

or·der·ly ['ɔːdəlɪ] **I** *adj.* **1.** ordentlich, (wohl)geordnet; **2.** plan-, regelmäßig, me'thodisch; **3.** *fig.* ruhig, friedlich: ***an ~ citizen***; **4.** ⚔ a) im *od.* vom Dienst, diensttuend, b) Ordonnanz...: ***on ~ duty*** auf Ordonnanz; **II** *adv.* **5.** ordnungsgemäß, planmäßig; **III** *s.* **6.** ⚔ a) Ordon'nanz *f*, b) Sani'täter *m*, Krankenträger *m*, c) (Offi'ziers)Bursche *m*; **7.** *allg.* (Kranken)Pfleger *m*; **~ of·fi·cer** *s.* ⚔ **1.** Ordon'nanzoffi,zier *m*; **2.** Offi'zier *m* vom Dienst; **~ room** *s.* ⚔ Schreibstube *f*.

or·der| num·ber *s.* ✝ Bestellnummer *f*; **~ pad** *s.* ✝ Bestell(schein)block *m*; **~ pa·per** *s.* **1.** 'Sitzungspro,gramm *n*, (*schriftliche*) Tagesordnung; **2.** ✝ *Am.* 'Orderpa,pier *n*; **~ slip** *s.* ✝ Bestellzettel *m*.

or·di·nal ['ɔːdɪnl] **I** *adj.* **1.** ⩓ Ordnungs..., Ordinal...: ***~ number***; **2.** ⚘, *zo.* Ordnungs...; **II** *s.* **3.** ⩓ Ordnungszahl *f*; **4.** *eccl.* a) Ordi'nale *n* (*Regelbuch für die Ordinierung anglikanischer Geistlicher*), b) *oft* ♀ Ordi'narium *n* (*Ritualbuch od. Gottesdienstordnung*).

or·di·nance ['ɔːdɪnəns] *s.* **1.** *amtliche* Verordnung; **2.** *eccl.* (*festgesetzter*) Brauch, Ritus *m*.

or·di·nand [,ɔːdɪ'nænd] *s. eccl.* Ordi'nandus *m*.

or·di·nar·i·ly ['ɔːdnrɪlɪ] *adv.* **1.** nor'malerweise, gewöhnlich; **2.** wie gewöhnlich *od.* üblich.

or·di·nar·y ['ɔːdnrɪ] **I** *adj.* □ → ***ordinarily***; **1.** gewöhnlich, nor'mal, üblich; **2.** gewöhnlich, mittelmäßig, Durchschnitts...: ***~ face*** Alltagsgesicht *n*; **3.** ständig; ordentlich (*Gericht*, *Mitglied*); **II** *s.* **4.** *das* Übliche, *das* Nor'male: ***nothing out of the ~*** nichts Ungewöhnliches; ***above the ~*** außergewöhnlich; **5.** ***in ~*** ordentlich, von Amts wegen; ***judge in ~*** ordentlicher Richter; ***physician in ~*** (***to a king***) Leibarzt *m* (e-s Königs); **6.** *eccl.* Ordi'narium *n*, Gottesdienst-, Meßordnung *f*; **7.** *a.* ♀ *eccl.* Ordi'narius *m* (*Bischof*); **8.** ⚖ a) ordentlicher Richter, b) *Am.* Nachlaßrichter *m*; **9.** *Brit. obs.* a) Hausmannskost *f*, b) Tagesgericht *n*; **10.** *Brit. obs.* Gaststätte *f*; **~ life in·sur·ance** *s.* Lebensversicherung *f* auf den Todesfall; **~ sea·man** *s.* 'Leichtma,trose *m*; **~ share** *s.* ✝ Stammaktie *f*.

or·di·nate ['ɔ:dnət] *s.* ⩓ Ordi'nate *f*.

or·di·na·tion [,ɔ:dɪ'neɪʃn] *s.* **1.** *eccl.* Priesterweihe *f*, Ordinati'on *f*; **2.** Ratschluß *m* (*Gottes etc.*).

ord·nance ['ɔ:dnəns] *s.* ⚔ **1.** Artille'rie *f*, Geschütze *pl.*: ***a piece of ~*** ein (schweres) Geschütz; ***~ technician*** Feuerwerker *m*; **2.** 'Feldzeugmateri,al *n*; **3.** Feldzeugwesen *n*: ***Royal Army ≈ Corps*** Feldzeugkorps *n* des brit. Heeres; **≈ De·part·ment** *s.* ⚔ Zeug-, Waffenamt *n*; **~ de·pot** *s.* ⚔ 'Feldzeug-, *bsd.* Artille'riede,pot *n*; **~ map** *s.* ⚔ **1.** *Am.* Gene'ralstabskarte *f*; **2.** *Brit.* Meßtischblatt *n*; **~ of·fi·cer** *s.* **1.** ⚓ *Am.* Artille'rieoffi,zier *m*; **2.** Offi'zier *m* der Feldzeugtruppe; **3.** 'Waffenoffi,zier *m*; **~ park** *s.* ⚔ a) Geschützpark *m*, b) Feldzeugpark *m*; **~ ser·geant** *s.* ⚔ 'Waffen-, Ge'räte,unteroffi,zier *m*; **≈ Sur·vey** *s.* amtliche Landesvermessung: ***≈ map*** *Brit.* a) Meßtischblatt *n*, b) (*1:100000*) Generalstabskarte *f*.

or·dure ['ɔ:,djʊə] *s.* Kot *m*, Schmutz *m*, Unflat *m* (*a. fig.*).

ore [ɔ:] *s.* **1.** Erz *n*; **2.** *poet.* (kostbares) Me'tall; **'~-,bear·ing** *adj. geol.* erzführend, -haltig; **~ bed** *s.* Erzlager *n*.

or·gan ['ɔ:gən] *s.* **1.** Or'gan *n*: a) *anat.* Körperwerkzeug *n*: ***~ of sight*** Sehorgan, b) *fig.* Werkzeug *n*, Hilfsmittel *n*, c) Sprachrohr *n* (*Zeitschrift*): ***party ~*** Parteiorgan, d) *laute etc.* Stimme; **2.** ♪ a) Orgel *f*: ***~ stop*** Orgelregister *n*, b) Kla'vier *n* (*e-r Orgel*), c) *a.* ***American ~*** *Art* Har'monium *n*, d) → ***barrel-organ***: ***~-grinder*** Leier(kasten)mann *m*.

or·gan·die, or·gan·dy ['ɔ:gəndɪ] *s.* Or'gandy *m* (*Baumwollgewebe*).

or·gan·ic [ɔ:'gænɪk] *adj.* (□ ***~ally***) *allg.* **1.** or'ganisch; **2.** bio'logisch-or'ganisch: ***~ vegetables***; **~ chem·is·try** *s.* or'ganische Che'mie; **~ dis·ease** *s.* ⚕ or'ganische Krankheit; **~ e·lec·tric·i·ty** *s.* *zo.* tierische Elektrizi'tät; **~ law** *s. pol.* Grundgesetz *n*.

or·gan·ism ['ɔ:gənɪzəm] *s. biol. u. fig.* Orga'nismus *m*.

or·gan·ist ['ɔ:gənɪst] *s.* ♪ Orga'nist(in).

or·gan·i·za·tion [,ɔ:gənaɪ'zeɪʃn] *s.* **1.** Organisati'on *f*: a) Organisierung *f*, Bildung *f*, Gründung *f*, b) (syste'matischer) Aufbau, Gliederung *f*, (Aus)Gestaltung *f*, c) Zs.-schluß *m*, Verband *m*, Gesellschaft *f*: ***administrative ~*** Verwaltungsapparat *m*; **2.** Orga'nismus *m*, Sy'stem *n*; **,or·gan·i'za·tion·al** [-ʃənl] *adj.* organisa'torisch; **or·gan·ize** ['ɔ:gənaɪz] **I** *v/t.* **1.** organisieren: a) aufbauen, einrichten, b) gründen, ins Leben rufen, c) veranstalten, *sport a.* ausrichten: ***~d tour*** Gesellschaftsreise *f*, d) gestalten; **2.** in ein Sy'stem bringen; **3.** (gewerkschaftlich) organisieren: ***~d labo(u)r***; **II** *v/i.* **4.** sich organisieren; **or·gan·iz·er** ['ɔ:gənaɪzə] *s.* Organi'sator *m*; Veranstalter *m*, *sport a.* Ausrichter *m*; ⚖ Gründer *m*.

or·gan loft *s.* ⛪ Orgelchor *m*.

or·gan·zine ['ɔ:gənzi:n] *s.* Organ'sin (-seide *f*) *m*, *n*.

or·gasm ['ɔ:gæzəm] *s. physiol.* **1.** Or'gasmus *m*, (sexu'eller) Höhepunkt; **2.** heftige Erregung; **or·gi·as·tic** [,ɔ:dʒɪ'æstɪk] *adj.* orgi'astisch; **or·gy** ['ɔ:dʒɪ] *s.* Orgie *f*.

o·ri·el ['ɔ:rɪəl] *s.* ⛪ Erker *m*.

o·ri·ent ['ɔ:rɪənt] **I** *s.* **1.** Osten *m*; **2.** ***the ≈*** der (Ferne) Osten, der Orient; **II** *adj.* **3.** aufgehend (*Sonne*); **4.** östlich; **5.** glänzend; **III** *v/t.* [-ɪent] **6.** orientieren, die Lage *od.* die Richtung bestimmen von, orten; *Landkarte* einnorden; *Instrument* einstellen; *Kirche* osten; **7.** *fig. geistig* (aus)richten, orientieren (***by*** an *dat.*): ***profit-~ed*** gewinnorientiert; **8. ~ *o.s.*** sich orientieren (***by*** an *dat.*), sich zu'rechtfinden, sich informieren; **o·ri·en·tal** [,ɔ:rɪ'entl] **I** *adj.* **1.** östlich; **2.** *mst* ≈ orien'talisch, *bsd. Am. a.* ostasiatisch, östlich; **II** *s.* **3.** Orien'tale *m*, Orien'talin *f*, *bsd. Am. a.* Ostasiat(in); **o·ri·en·tal·ist** [,ɔ:rɪ'entəlɪst] *s.* Orienta'list(in); **o·ri·en·tate** ['ɔ:rɪenteɪt] → ***orient*** 6, 7, 8; **o·ri·en·ta·tion** [,ɔ:rɪen'teɪʃn] *s.* **1.** ⛪ Ostung *f* (*Kirche*); **2.** Anlage *f*, Richtung *f*; **3.** Orientierung *f* (*a.* ⚗ *u. fig.*), Ortung *f*; Ausrichtung *f* (*a. fig.*); **4.** *a. fig.* Orientierung *f*, (Sich-) Zu'rechtfinden *n*: ***~ course*** Einführungskurs *m*; **5.** Orientierungssinn *m*; **or·i·en·teer·ing** [,ɔ:rɪen'ti:rɪŋ] *s.* Orientierungslauf *m*.

or·i·fice ['ɒrɪfɪs] *s.* Öffnung *f* (*a. anat.*, ⚙), Mündung *f*.

or·i·flamme ['ɒrɪflæm] *s.* Banner *n*, Fahne *f*; *fig.* Fa'nal *n*.

or·i·gin ['ɒrɪdʒɪn] *s.* **1.** Ursprung *f*: a) Quelle *f*, b) *fig.* Herkunft *f*, Abstammung *f*: ***certificate of ~*** ✝ Ursprungszeugnis *n*; ***country of ~*** ✝ Ursprungsland *n*, c) Anfang *m*, Entstehung *f*: ***the ~ of species*** der Ursprung der Arten; **2.** ⩓ Koordi'natenursprung *m*, -nullpunkt *m*.

o·rig·i·nal [əˈrɪdʒənl] **I** *adj.* □ → ***originally***; **1.** origiˈnal, Original…, Ur…, ursprünglich, echt: ***the ~ text*** der Ur- *od.* Originaltext; **2.** erst, ursprünglich, Ur…: ***~ bill*** ✝ *Am.* Primawechsel *m*; ***~ capital*** ✝ Gründungskapital *n*; ***~ copy*** Erstausfertigung *f*; ***~ cost*** ✝ Selbstkosten *pl.*; ***~ inhabitants*** Ureinwohner; ***~ jurisdiction*** ⚖ erstinstanzliche Zuständigkeit; ***~ share*** ✝ Stammaktie *f*; → ***sin*** 1; **3.** origiˈnell, neu(artig); ***an ~ idea***; **4.** schöpferisch, ursprünglich: ***~ genius*** Originalgenie *n*, Schöpfergeist *m*; ***~ thinker*** selbständiger Geist; **5.** urwüchsig, Ur…: ***~ nature*** Urnatur *f*; **II** *s.* **6.** Origiˈnal *n*: a) Urbild *n*, -stück *n*, b) Urfassung *f*, -text *m*: ***in the ~*** im Original, im Urtext, ⚖ urschriftlich; **7.** Original *n* (*Mensch*); **8.** ♀, *zo.* Stammform *f*; **o·rig·i·nal·i·ty** [əˈrɪdʒəˈnælətɪ] *s.* **1.** Originaliˈtät *f*: a) Ursprünglichkeit *f*, Echtheit *f*, b) Eigenart *f*, origiˈneller Chaˈrakter, c) Neuheit *f*; **2.** *das* Schöpferische; **oˈrig·i·nal·ly** [-dʒənəlɪ] *adv.* **1.** ursprünglich, zuˈerst; **2.** hauptsächlich, eigentlich; **3.** von Anfang an, schon immer; **4.** origiˈnell.

o·rig·i·nate [əˈrɪdʒəneɪt] **I** *v/i.* **1.** (***from***) entstehen (aus), s-n Ursprung haben (in *dat.*), herrühren (von *od.* aus); **2.** (***with, from***) ausgehen (von *j-m*); **II** *v/t.* **3.** herˈvorbringen, verursachen, erzeugen, schaffen; **4.** den Anfang machen mit, den Grund legen zu; **o·rig·i·na·tion** [əˌrɪdʒəˈneɪʃn] *s.* **1.** Herˈvorbringung *f*, Schaffung *f*, Veranlassung *f*; **2.** → ***origin*** 1 b *u.* c; **oˈrig·i·na·tive** [-tɪv] *adj.* schöpferisch; **oˈrig·i·na·tor** [-tə] *s.* Urheber(in), Begründer(in), Schöpfer(in).

o·ri·ole [ˈɔːrɪəʊl] *s. orn.* Piˈrol *m*.

or·mo·lu [ˈɔːməʊluː] *s.* a) Malergold *n*, b) Goldbronze *f*.

or·na·ment I *s.* [ˈɔːnəmənt] Ornaˈment *n*, Verzierung *f* (*a.* ♪), Schmuck *m*; *fig.* Zier(de) *f* (***to*** für *od. gen.*): ***rich in ~*** reich verziert; **II** *v/t.* [-ment] verzieren, schmücken; **or·na·men·tal** [ˌɔːnəˈmentl] *adj.* □ ornamenˈtal, schmückend, dekoraˈtiv, Zier…: ***~ castings*** ⚙ Kunstguß *m*; ***~ plants*** Zierpflanzen; ***~ type*** Zierschrift *f*; **or·na·men·ta·tion** [ˌɔːnəmenˈteɪʃn] *s.* Ornamentierung *f*, Verzierung *f*.

or·nate [ɔːˈneɪt] *adj.* □ **1.** reich verziert; **2.** überˈladen (*Stil etc.*); blumig (*Sprache*).

or·ni·tho·log·i·cal [ˌɔːnɪθəˈlɒdʒɪkl] *adj.* □ ornithoˈlogisch; **or·ni·thol·o·gist** [ˌɔːnɪˈθɒlədʒɪst] *s.* Ornithoˈloge *m*; **or·ni·thol·o·gy** [ˌɔːnɪˈθɒlədʒɪ] *s.* Ornithoˈlogie *f*, Vogelkunde *f*; **or·ni·thop·ter** [ˌɔːnɪˈθɒptə] *s.* ✈ Schwingenflügler *m*; **ˌor·ni·thoˈrhyn·chus** [-əˈrɪŋkəs] *s. zo.* Schnabeltier *n*.

o·rol·o·gy [ɒˈrɒlədʒɪ] *s.* Gebirgskunde *f*.

o·ro·pha·ryn·ge·al [ˈɔːrəʊˌfærɪnˈdʒiːəl] *adj.* ⚕ Mundrachen…

o·ro·tund [ˈɔːrəʊtʌnd] *adj.* **1.** volltönend; **2.** bomˈbastisch (*Stil*).

or·phan [ˈɔːfn] **I** *s.* **1.** (Voll)Waise *f*, Waisenkind *n*: ***~s' home*** → ***orphanage*** 1; **II** *adj.* **2.** Waisen…: ***an ~ child***; **III** *v/t.* **3.** zur Waise machen: ***be ~ed*** (zur) Waise werden, verwaisen; **or·phan·age** [ˈɔːfənɪdʒ] *s.* **1.** Waisenheim *n*, -haus *n*; **2.** Verwaistheit *f*; **or·phan·ize** [ˈɔːfnaɪz] *v/t.* → ***orphan*** 3.

or·rer·y [ˈɒrərɪ] *s.* Planeˈtarium *n*.

or·tho·chro·mat·ic [ˌɔːθəʊkrəʊˈmætɪk] *adj. phot.* orthochroˈmatisch, farb(wert)richtig.

or·tho·don·ti·a [ˌɔːθəʊˈdɒnʃɪə] *s.* ⚕ ˈKieferorthopäˌdie *f*.

or·tho·dox [ˈɔːθədɒks] *adj.* □ **1.** *eccl.* orthoˈdox: a) streng-, recht-, altgläubig, b) ♀ ˈgriechisch-orthoˈdox: ♀ ***Church***; **2.** *fig.* orthoˈdox: a) streng: ***an ~ opinion***, b) anerkannt, üblich, konventioˈnell; **ˈor·tho·dox·y** [-ksɪ] *s. eccl.* Orthodoˈxie *f* (*a. fig. orthodoxes Denken*).

or·thog·o·nal [ɔːˈθɒgənl] *adj.* ⩚ orthogoˈnal, rechtwink(e)lig.

or·tho·graph·ic, or·tho·graph·i·cal [ˌɔːθəʊˈgræfɪk(l)] *adj.* □ **1.** orthoˈgraphisch; **2.** ⩚ senkrecht, rechtwink(e)lig; **or·thog·ra·phy** [ɔːˈθɒgrəfɪ] *s.* Orthograˈphie *f*, Rechtschreibung *f*.

or·tho·p(a)e·dic [ˌɔːθəʊˈpiːdɪk] *adj.* ⚕ orthoˈpädisch; **ˌor·thoˈp(a)e·dics** [-ks] *s. pl. oft sg. konstr.* Orthopäˈdie *f*; **ˌor·thoˈp(a)e·dist** [-ɪst] *s.* Orthoˈpäde *m*; **or·tho·p(a)e·dy** [ˈɔːθəʊpiːdɪ] → ***orthop(a)edics***.

or·thop·ter [ɔːˈθɒptə] *s.* **1.** ✈ → ***ornithopter***; **2.** → **orˈthop·ter·on** [-ərɒn] *s. zo.* Geradflügler *m*.

or·tho·scope [ˈɔːθəʊskəʊp] *s.* ⚕ Orthoˈskop *n*.

Os·car [ˈɒskə] *s.* Oskar *m* (*Filmpreis*).

os·cil·late [ˈɒsɪleɪt] **I** *v/i.* **1.** oszillieren, schwingen, pendeln, vibrieren: ***oscillating axle*** *mot.* Schwingachse *f*; ***oscillating circuit*** ⚡ Schwingkreis *m*; **2.** *fig.* (hin- u. her) schwanken; **II** *v/t.* **3.** in Schwingungen versetzen; **os·cil·la·tion** [ˌɒsɪˈleɪʃn] *s.* **1.** Oszillatiˈon *f*, Schwingung *f*, Pendelbewegung *f*, Schwankung *f*; **2.** *fig.* Schwanken *n*; **3.** ⚡ a)

Ladungswechsel *m*, b) Stoßspannung *f*, c) Peri'ode *f*; **'os·cil·la·tor** [-tə] *s.* ⚡ Oszil'lator *m*; **'os·cil·la·to·ry** [-lətərɪ] *adj.* oszilla'torisch, schwingend, schwingungsfähig: **~ circuit** ⚡ Schwingkreis *m*; **os·cil·lo·graph** [ə'sɪləʊgrɑːf] *s.* Oszillo'graph *m*; **os·cil·lo·scope** [ə'sɪləʊskəʊp] *s. phys.*, ⚡ Oszillo'skop *n.*

os·cu·late ['ɒskjʊleɪt] *v/t. u. v/i.* **1.** *humor.* (sich) küssen; **2.** ⚕ oskulieren.

o·sier ['əʊʒə] *s.* ⚘ Korbweide *f*: **~ basket** Weidenkorb *m*; **~ furniture** Korbmöbel *pl.*

os·mic ['ɒzmɪk] *adj.* ⚗ Osmium…

os·mo·sis [ɒz'məʊsɪs] *s. phys.* Os'mose *f*; **os·mot·ic** [ɒz'mɒtɪk] *adj.* (□ **~ally**) os'motisch.

os·prey ['ɒsprɪ] *s.* **1.** *orn.* Fischadler *m*; **2.** ✝ Reiherfederbusch *m.*

os·se·in ['ɒsɪɪn] *s. biol.*, ⚗ Knochenleim *m.*

os·se·ous ['ɒsɪəs] *adj.* knöchern, Knochen…; **os·si·cle** ['ɒsɪkl] *s. anat.* Knöchelchen *n*; **os·si·fi·ca·tion** [ˌɒsɪfɪ'keɪʃn] Verknöcherung *f*; **os·si·fied** ['ɒsɪfaɪd] *adj.* verknöchert (*a. fig.*); **os·si·fy** ['ɒsɪfaɪ] **I** *v/t.* **1.** verknöchern (lassen); **2.** *fig.* verknöchern; (*in Konventionen*) erstarren lassen; **II** *v/i.* **3.** verknöchern; **4.** *fig.* verknöchern, (in Konventi'onen) erstarren; **os·su·ar·y** ['ɒsjʊərɪ] *s.* Beinhaus *n.*

os·te·i·tis [ˌɒstɪ'aɪtɪs] *s.* ⚕ Knochenentzündung *f.*

os·ten·si·ble [ɒ'stensəbl] *adj.* □ **1.** scheinbar; **2.** an-, vorgeblich: **~ partner** ✝ Strohmann *m.*

os·ten·ta·tion [ˌɒsten'teɪʃn] *s.* **1.** (protzige) Schaustellung; **2.** Protze'rei *f*, Prahle'rei *f*; **3.** Gepränge *n*; **ˌos·ten'ta·tious** [-ʃəs] *adj.* □ **1.** großtuerisch, prahlerisch, prunkend; **2.** (*absichtlich*) auffällig, ostenta'tiv, betont; **ˌos·ten'ta·tious·ness** [-ʃəsnɪs] → **ostentation.**

os·te·o·blast ['ɒstɪəʊblɑːst] *s. biol.* Knochenbildner *m*; **os·te·oc·la·sis** [ˌɒstɪ'ɒkləsɪs] *s.* ⚕ (opera'tive) 'Knochenfrakˌtur; **os·te·ol·o·gy** [ˌɒstɪ'ɒlədʒɪ] *s.* Knochenlehre *f*; **os·te·o·ma** [ˌɒstɪ'əʊmə] *s.* ⚕ Oste'om *n*, gutartige Knochengeschwulst; **os·te·o·ma·la·ci·a** [ˌɒstɪəʊmə'leɪʃɪə] *s.* ⚕ Knochenerweichung *f*; **'os·te·o·path** [-ɪəʊpæθ] *s.* ⚕ Osteo'path *m.*

ost·ler ['ɒslə] *s.* Stallknecht *m.*

os·tra·cism ['ɒstrəsɪzəm] *s.* **1.** *antiq.* Scherbengericht *n*; **2.** *fig.* a) Verbannung *f*, b) Ächtung *f*; **'os·tra·cize** [-saɪz] *v/t.* **1.** verbannen (*a. fig.*); **2.** *fig.* ächten, (aus der Gesellschaft) ausstoßen, verfemen.

os·trich ['ɒstrɪtʃ] *s. orn.* Strauß *m*; **~ pol·i·cy** *s.* Vogel-'Strauß-Poliˌtik *f.*

oth·er ['ʌðə] **I** *adj.* **1.** ander; **2.** (*vor s. im pl.*) andere, übrige: **the ~ guests**; **3.** ander, weiter, sonstig: **one ~ person** e-e weitere Person, (noch) j-d anders; **4.** anders (**than** als): **no person ~ than yourself** niemand außer dir; **5.** (**from, than**) anders (als), verschieden (von); **6.** zweit (*nur in*): **every ~** jeder (jede, jedes) zweite; **every ~ day** jeden zweiten Tag; **7.** (*nur in*): **the ~ day** neulich, kürzlich; **the ~ night** neulich abends; **II** *pron.* **8.** ander: **the ~** der (die, das) andere; **each ~** einander; **the two ~s** die beiden anderen; **of all ~s** vor allen anderen; **no** (*od.* **none**) **~ than** kein anderer als; **some day** (*od.* **time**) **or ~** eines Tages, irgendeinmal; **some way or ~** irgendwie, auf irgendeine Weise; → **someone** I; **III** *adv.* **9.** anders (**than** als); **'~·wise** [-waɪz] *adv.* **1.** (*a. cj.*) sonst, andernfalls; **2.** sonst, im übrigen: **stupid but ~ harmless**; **3.** anderweitig: **~ occupied**; **unless you are ~ engaged** wenn du nichts anderes vorhast; **4.** anders (**than** als): **we think ~** wir denken anders; **berries edible and ~** eßbare u. nicht eßbare Beeren; **ˌ~'world** *adj.* jenseitig; **ˌ~'world·ly** *adj.* **1.** jenseitig, Jenseits…; **2.** auf das Jenseits gerichtet; **3.** weltfremd.

o·ti·ose ['əʊʃɪəʊs] *adj.* □ müßig: a) untätig, b) zwecklos.

o·to·lar·yn·gol·o·gist ['əʊtəʊˌlærɪŋ'gɒlədʒɪst] *s.* ⚕ Hals-Nasen-Ohren-Arzt *m*; **o·tol·o·gy** [əʊ'tɒlədʒɪ] *s.* Ohrenheilkunde *f*; **o·to·rhi·no·lar·yn·gol·o·gist** ['əʊtəʊˌraɪnəʊˌlærɪŋ'gɒlədʒɪst] → **otolaryngologist**; **o·to·scope** ['əʊtəskəʊp] *s.* ⚕ Ohr(en)spiegel *m.*

ot·ter ['ɒtə] *s.* **1.** *zo.* Otter *m*; **2.** Otterfell *n*, -pelz *m*; **'~·hound** *s. hunt.* Otterhund *m.*

Ot·to·man ['ɒtəʊmən] **I** *adj.* **1.** os'manisch, türkisch; **II** *s. pl.* **-mans 2.** Os'mane *m*, Türke *m*; **3.** ♀ Otto'mane *f* (*Sofa*).

ouch [aʊtʃ] *int.* autsch!, au!

ought[1] [ɔːt] **I** *v/aux. ich, er, sie, es* sollte, *du* solltest, *ihr* solltet, *wir, sie, Sie* sollten: **he ~ to do it** er sollte es (eigentlich) tun; **he ~ (not) to have seen it** er hätte es (nicht) sehen sollen; **you ~ to have known better** du hättest es besser wissen sollen *od.* müssen; **II** *s.* (mo'ralische) Pflicht.

ought² [ɔːt] *s.* Null *f.*
ought³ [ɔːt] → ***aught.***
ounce¹ [aʊns] *s.* **1.** Unze *f* (*28,35 g*): ***by the ~*** nach (dem) Gewicht; **2.** *fig. ein* bißchen, Körnchen *n* (*Wahrheit etc.*): ***an ~ of practice is worth a pound of theory*** Probieren geht über Studieren.
ounce² [aʊns] *s.* **1.** *zo.* Irbis *m* (*Schneeleopard*); **2.** *poet.* Luchs *m.*
our ['aʊə] *poss. adj.* unser: ♎ ***Father*** *das* Vaterunser; **ours** ['aʊəz] *poss. pron.* **1.** *der* (*die, das*) uns(e)re: ***I like ~ better*** mir gefällt das unsere besser; ***a friend of ~*** ein Freund von uns; ***this world of ~*** diese unsere Welt; ***~ is a small group*** unsere Gruppe ist klein; **2.** unser, *der* (*die, das*) uns(e)re: ***it is ~*** es gehört uns, es ist unser; ˌ**our'self** *pron.*: ***We*** ♎ Wir höchstselbst; ˌ**our'selves** *pron.* **1.** *refl.* uns (selbst): ***we blame ~*** wir geben uns (selbst) die Schuld; **2.** (wir) selbst: ***let us do it ~***; **3.** uns (selbst): ***good for the others, not for ~*** gut für die andern, nicht für uns (selbst).
oust [aʊst] *v/t.* **1.** vertreiben, entfernen, verdrängen, hin'auswerfen (***from*** aus): ***~ s.o. from office***; ***~ from the market*** ✝ vom Markt verdrängen; **2.** ⚖ enteignen, um den Besitz bringen; **3.** berauben (***of*** *gen.*); '**oust·er** [-tə] *s.* ⚖ a) Enteignung *f*, b) Besitzvorenthaltung *f.*
out [aʊt] **I** *adv.* **1.** (*a. in Zssgn mit vb.*) hin'aus (*-gehen, -werfen etc.*), her'aus (*-kommen, -schauen etc.*), aus (*-brechen, -pumpen, -sterben etc.*): ***voyage ~*** Ausreise *f*; ***way ~*** Ausgang *m*; ***on the way ~*** beim Hinausgehen; ***~ with him!*** hinaus mit ihm!; ***~ with it!*** hinaus *od.* heraus damit!; ***have a tooth ~*** sich e-n Zahn ziehen lassen; ***insure ~ and home*** ✝ hin u. zurück versichern; ***have it ~ with s.o.*** *fig.* die Sache mit j-m ausfechten; ***that's ~!*** das kommt nicht in Frage!; **2.** außen, draußen, fort: ***some way ~*** ein Stück draußen; ***he is ~*** er ist draußen; **3.** nicht zu Hause, ausgegangen: ***be ~ on business*** geschäftlich verreist sein; ***a day ~*** ein freier Tag; ***an evening ~*** ein Ausgeh-Abend *m*; ***be ~ on account of illness*** wegen Krankheit der Arbeit fernbleiben; **4.** ausständig (*Arbeiter*): ***be ~*** streiken; **5.** a) ins Freie, b) draußen, im Freien, c) ⚓ draußen, auf See, d) ⚔ im Felde; **6.** a) ausgeliehen (*Buch*), b) verliehen (*Geld*), c) verpachtet, vermietet, d) (*aus dem Gefängnis etc.*) entlassen; **7.** her'aus *sein*: a) (***just***) ***~*** (soeben) erschienen (*Buch*), b) in Blüte (*Blumen*), entfaltet (*Blüte*), c) ausgeschlüpft (*Küken*), d) verrenkt (*Glied*), e) *fig.* enthüllt (*Geheimnis*): ***the girl is not yet ~*** das Mädchen ist noch nicht in die Gesellschaft eingeführt (worden); → ***blood*** 3, ***murder*** 1; **8.** *sport* aus, draußen: a) nicht (mehr) im Spiel, b) im Aus; **9.** *Boxen*: ausgezählt, kampfunfähig; **10.** *pol.* draußen, raus, nicht (mehr) im Amt, nicht (mehr) am Ruder; **11.** aus der Mode; **12.** aus, vor'bei (*zu Ende*): ***before the week is ~*** vor Ende der Woche; **13.** aus, erloschen (*Feuer, Licht*); **14.** aus(gegangen), verbraucht: ***the potatoes are ~***; **15.** aus der Übung: ***my hand is ~***; **16.** zu Ende, bis zum Ende, ganz: ***hear s.o. ~*** j-n bis zum Ende *od.* ganz anhören; **17.** ausgetreten, über die Ufer getreten (*Fluß*); **18.** löch(e)rig, 'durchgescheuert; → ***elbow*** 1; **19.** ärmer um *1 Dollar etc.*; **20.** unrichtig, im Irrtum (befangen): ***his calculations are ~*** s-e Berechnungen stimmen nicht; ***be*** (***far***) ***~*** sich (gewaltig) irren, (ganz) auf dem Holzweg sein; **21.** entzweit, verkracht: ***be ~ with s.o.***; **22.** laut *lachen etc.*; **23.** ***~ for*** auf *e-e Sache* aus, auf der Jagd *od.* Suche nach: ***~ for prey*** auf Raub aus; **24.** ***~ to do s.th.*** darauf aus, et. zu tun; **25.** (*bsd. nach sup.*) *das Beste etc.* weit u. breit; **26.** ***~ and about*** (wieder) auf den Beinen; ***~ and away*** bei weitem; ***~ and ~*** durch u. durch; ***~ of*** → 31; **II** *adj.* **27.** Außen...: ***~ edge***; ***~ party*** Oppositionspartei *f*; **28.** *sport* auswärtig, Auswärts... (*-spiel*); **29.** *Kricket*: nicht schlagend: ***~ side*** → 34; **30.** 'übernorˌmal, Über...; → ***outsize***; **III** *prp.* **31.** ***~ of*** a) aus (... her'aus), zu ... hin'aus, b) *fig.* aus *Furcht, Mitleid etc.*, c) aus, von: ***two ~ of three*** zwei von drei *Personen etc.*, d) außerhalb, außer *Reichweite, Sicht etc.*, e) außer *Atem, Übung etc.*, ohne: ***be ~ of s.th.*** et. nicht (mehr) haben, ohne et. sein; → ***money*** 1, ***work*** 1, f) aus *der Mode, Richtung etc.*, nicht gemäß: ***~ of drawing*** verzeichnet; → ***focus*** 1, ***hand*** *Redew.*, ***question*** 4, g) außerhalb (*gen. od.* von): ***6 miles ~ of Oxford***; ***~ of doors*** im Freien, ins Freie; ***be ~ of it*** nicht dabeisein (dürfen); ***feel ~ of it*** sich ausgeschlossen *od.* nicht zugehörig fühlen, h) um *et. betrügen*: ***cheat s.o. ~ of s.th.***, i) aus, von: ***get s.th. ~ of s.o.*** et. von j-m bekommen; ***he got more*** (***pleasure***) ***~ of it*** er hatte mehr davon, j) *hergestellt* aus: ***made ~ of paper***; **IV** *s.* **32.** *typ.* Auslassung *f*, ‚Leiche' *f*; **33.** *Tennis etc.*: Ausball *m*; **34.** ***the ~s***

Kricket etc.: die ˈFeldparˌtei; **35.** ***the ~s*** *parl.* die Oppositiˈon; **36.** *Am.* F Ausweg *m*, Schlupfloch *n*; **37.** → ***outage*** 2; **V** *v/t.* **38.** F rausschmeißen; **39.** *sport*: a) *den Gegner* ausschalten, b) *Boxen*: k.ˈo. schlagen, c) *Tennis*: *Ball* ins Aus schlagen; **VI** *int.* **40.** hinˈaus!, raus!

ˌoutˈact *v/t. thea. etc. j-n* ‚an die Wand spielen'.

out·age [ˈaʊtɪdʒ] *s.* **1.** fehlende Menge; **2.** ⚙ (Strom- *etc.*)Ausfall *m*.

ˌout|-and-ˈout *adj.* absoˈlut, völlig: ***an ~ villain*** ein Erzschurke; **ˌ~-and-ˈout·er** *s. sl.* **1.** ˈHundertproˌzentige(r *m*) *f*, ‚Waschechte(r' *m*) *f*; **2.** *et.* ˈHundertproˌzentiges *od.* ganz Typisches *s-r Art*; **ˈ~·back** *s.* (*bsd. der* australische) Busch, *das* Hinterland; **ˌ~ˈbal·ance** *v/t.* überˈwiegen; **ˌ~ˈbid** *v/t.* [*irr.* → ***bid***] überˈbieten (*a. fig.*); **ˈ~·board** ⚓ **I** *adj.* Außenbord…: ***~ motor***; **II** *adv.* außenbords; **ˈ~·bound** *adj.* **1.** ⚓ nach auswärts bestimmt *od.* fahrend, auslaufend, ausgehend; **2.** ✈ im Abflug; **3.** ☤ nach dem Ausland bestimmt; **ˌ~ˈbox** *v/t. j-n* ausboxen, *im Boxen* schlagen; **ˌ~ˈbrave** *v/t.* **1.** trotzen (*dat.*); **2.** an Kühnheit *od.* Glanz überˈtreffen; **ˈ~·break** *s. allg.* Ausbruch *m*; **ˈ~ˌbuild·ing** *s.* Außen-, Nebengebäude *n*; **ˈ~·burst** *s.* Ausbruch *m* (*a. fig.*); **ˈ~·cast I** *adj.* **1.** ausgestoßen, verstoßen; **II** *s.* **2.** Ausgestoßene(r *m*) *f*; **3.** Abfall *m*, Ausschuß *m*; **ˌ~ˈclass** *v/t. j-m* weit überˈlegen sein, *j-n* weit überˈtreffen, *sport a. j-n* deklassieren; **ˈ~ˌclear·ing** *s.* ☤ Gesamtbetrag *m* der Wechsel- u. Scheckforderungen e-r Bank an das ***Clearing-House***; **ˈ~·come** *s.* Ergebnis *n*, Resulˈtat *n*, Folge *f*; **ˈ~·crop I** *s.* **1.** *geol.* a) Zuˈtageliegen *n*, Anstehen *n*, b) Anstehendes *n*, Ausbiß *m*; **2.** *fig.* Zuˈtagetreten *n*; **II** *v/i.* ***ˌoutˈcrop*** **3.** *geol.* zuˈtage liegen *od.* treten (*a. fig.*); **ˈ~·cry** *s.* Aufschrei *m*, Schrei *m* der Entrüstung; **ˌ~ˈdat·ed** *adj.* überˈholt, veraltet; **ˌ~ˈdis·tance** *v/t.* (weit) überˈholen *od.* hinter sich lassen (*a. fig.*); **ˌ~ˈdo** *v/t.* [*irr.* → ***do***[1]] überˈtreffen (***o.s.*** sich selbst); **ˈ~·door** *adj.* Außen…, draußen, außerhalb des Hauses, im Freien: ***~ aerial*** Außen-, Hochantenne *f*; ***~ dress*** Ausgehanzug *m*; ***~ exercise*** Bewegung *f* im Freien; ***~ performance*** *thea.* Freiluftaufführung *f*; ***~ season*** *bsd. sport* Freiluftsaison *f*; ***~ shot*** *phot.* Außen-, Freilichtaufnahme *f*; **ˌ~ˈdoors I** *adv.* **1.** draußen, im Freien; **2.** hinˈaus, ins Freie; **II** *adj.* **3.** → ***outdoor***; **III** *s.* **4.** das Freie; die freie Naˈtur.

out·er [ˈaʊtə] *adj.* Außen…: ***~ garments***, ***~ wear*** Oberbekleidung *f*; ***~ cover*** ✈ Außenhaut *f*; ***~ diameter*** äußerer Durchmesser; ***~ harbo(u)r*** ⚓ Außenhafen *m*; ***the ~ man*** der äußere Mensch; ***~ skin*** Oberhaut *f*, Epidermis *f*; ***~ space*** Weltraum *m*; ***~ surface*** Außenfläche *f*, -seite *f*; ***~ world*** Außenwelt *f*; **ˈ~·most** *adj.* äußerst.

ˌout|ˈface *v/t.* **1.** Trotz bieten (*dat.*), mutig *od.* gefaßt begegnen (*dat.*): ***~ a situation*** e-r Lage Herr werden; **2.** *j-n* mit Blicken aus der Fassung bringen; **ˈ~·fall** *s.* Mündung *f*; **ˈ~·field** *s.* **1.** *Baseball u. Kricket*: a) Außenfeld *n*, b) Außenfeldspieler *pl.*; **2.** *fig.* fernes Gebiet; **3.** weitabliegende Felder *pl.* (*e-r Farm*); **ˈ~ˌfield·er** *s.* Außenfeldspieler(in); **ˌ~ˈfight** *v/t.* niederkämpfen, schlagen; **ˈ~ˌfight·er** *s.* Diˈstanzboxer *m*; **ˈ~·fit I** *s.* **1.** Ausrüstung *f*, -stattung *f*: ***travel(l)ing ~***; ***~ of tools*** Werkzeug *n*; ***cooking ~*** Kochutensilien *pl.*; ***puncture ~*** Reifenflickzeug *n*; ***the whole ~*** F der ganze Kram; **2.** F a) ⚔ Einheit *f*, ‚Haufen' *m*, b) Gruppe *f*, c) F ‚Verein' *m*, ‚Laden' *m*, Gesellschaft *f*; **II** *v/t.* **3.** ausrüsten, -statten; **ˈ~ˌfit·ter** *s.* ☤ **1.** ˈAusrüstungslieferˌant *m*; **2.** Herrenausstatter *m*; **3.** (Fach)Händler *m*: ***electrical ~*** Elektrohändler; **ˌ~ˈflank** *v/t.* **1.** ⚔ die Flanke umˈfassen von: ***~ing attack*** Umfassungsangriff *m*; **2.** *fig.* überˈlisten; **ˈ~·flow** *s.* Ausfluß *m* (*a.* ⚕): ***~ of gold*** ☤ Goldabfluß *m*; **ˌ~ˈgen·er·al** → ***outmanoeuvre***; **ˌ~ˈgo I** *v/t.* [*irr.* → ***go***] *fig.* überˈtreffen; überˈlisten; **II** *s.* **ˈout·go** *pl.* **ˈ~·goes** ☤ Ausgaben *pl.*; **ˌ~ˈgo·ing I** *adj.* weggehend; 🚂, ⚓, *teleph. etc.* abgehend (*a. Verkehr*, ⚡, *Strom*); ausziehend (*Mieter*); zuˈrückgehend (*Flut*); abtretend (*Regierung*): ***~ mail*** Postausgang *m*; **II** *s.* Ausgehen *n*; *pl.* ☤ Ausgaben *pl.*; **ˈ~·group** *s.* Fremdgruppe *f*; **ˌ~ˈgrow** *v/t.* [*irr.* → ***grow***] **1.** schneller wachsen als, hinˈauswachsen über (*acc.*); **2.** *j-m* über den Kopf wachsen; **3.** herˈauswachsen aus *Kleidern*; **4.** *fig. Gewohnheit etc.* (mit der Zeit) ablegen, herˈauswachsen aus; **ˈ~·growth** *s.* **1.** naˈtürliche Folge, Ergebnis *n*; **2.** Nebenerscheinung *f*; **3.** ⚕ Auswuchs *m*; **ˈ~·guard** *s.* ⚔ Vorposten *m*, Feldwache *f*; **ˌ~-ˈHer·od** [-ˈherəd] *v/t.*: ***~ Herod*** der schlimmste Tyrann sein; **ˈ~·house** *s.* **1.** Nebengebäude *n*, Schuppen *m*; **2.** *Am.* Außenabort *m*.

out·ing [ˈaʊtɪŋ] *s.* Ausflug *m*: ***go for an ~*** e-n Ausflug machen; ***works ~***, ***company ~*** Betriebsausflug.

ˌ**out**|ˈ**jump** *v/t.* höher *od.* weiter springen als; **~ˈland·ish** [-ˈlændɪʃ] *adj.* **1.** fremdartig, seltsam, eˈxotisch; **2.** a) unkultiviert, b) rückständig; **3.** abgelegen; **4.** ausländisch; ˌ**~ˈlast** *v/t.* überˈdauern, -ˈleben.

out·law [ˈaʊtlɔː] **I** *s.* **1.** *hist.* Geächtete(r *m*) *f*, Vogelfreie(r *m*) *f*; **2.** Banˈdit *m*, Verbrecher *m*; **3.** *Am.* bösartiges Pferd; **II** *v/t.* **4.** *hist.* ächten, für vogelfrei erklären; **5.** ⚖ *Am.* für verjährt erklären: ***~ed claim*** verjährter Anspruch; **6.** für ungesetzlich erklären, verbieten; *Krieg etc.* ächten; ˈ**out·law·ry** [-rɪ] *s.* **1.** *hist.* a) Acht *f* (u. Bann *m*), b) Ächtung *f*; **2.** Verfemung *f*, Verbot *n*, Ächtung *f*; **3.** Geˈsetzesmißˌachtung *f*; **4.** Verbrechertum *n*.

ˈ**out**|·**lay** *s.* (Geld)Auslage(n *pl.*) *f*: ***initial ~*** Anschaffungskosten *pl.*; ˈ**~·let** *s.* **1.** Auslaß *m*, Abzug *m*, Abzugsöffnung *f*, ˈDurchlaß *m*; *mot.* Abluftstutzen *m*; **2.** ⚡ Steckdose *f*; *weitS.* (***electric ~***) Stromverbraucher *m*; **3.** *fig.* Venˈtil *n*, Betätigungsfeld *n*: ***find an ~ for one's emotions*** s-n Gefühlen Luft machen können; **4.** ☤ a) Absatzmarkt *m*, -möglichkeit *f*, b) Großabnehmer *m*, c) Verkaufsstelle *f*; ˈ**~·line I** *s.* **1.** a) ˈUmriß(linie *f*) *m*, b) *mst pl.* ˈUmrisse *pl.*, Konˈturen *pl.*, Silhouˈette *f*; **2.** *Zeichnen*: a) Konˈturzeichnung *f*, b) ˈUmriß-, Konˈturlinie *f*; **3.** Entwurf *m*, Skizze *f*; **4.** (***of***) *fig.* ˈUmriß *m* (von), ˈÜberblick *m* (über *acc.*); **5.** Abriß *m*, Auszug *m*: ***an ~ of history***; **II** *v/t.* **6.** entwerfen, skizzieren; *fig. a.* umˈreißen, e-n ˈÜberblick geben über (*acc.*), in groben Zügen darstellen; **7.** die ˈUmrisse zeigen von: ***~d against*** scharf abgehoben von; ˌ**~ˈlive** *v/t. j-n od. et.* überˈleben; *et.* überˈdauern; ˈ**~·look** *s.* **1.** Aussicht *f*, (Aus-)Blick *m*; *fig.* Aussichten *pl.*; **2.** *fig.* Auffassung *f*, Einstellung *f*; Ansichten *pl.*, (Welt)Anschauung *f*; *pol.* Zielsetzung *f*; **3.** Ausguck *m*, Warte *f*; **4.** Wacht *f*, Wache *f*; ˈ**~ˌly·ing** *adj.* **1.** außerhalb *od.* abseits gelegen, entlegen, Außen...: ***~ district*** Außenbezirk *m*; **2.** *fig.* am Rande liegend, nebensächlich; ˌ**~·maˈneu·ver** *Am.*, ˌ**~·maˈnoeu·vre** *Brit. v/t.* ausmanövrieren (*a. fig. überlisten*); ˌ**~ˈmatch** *v/t.* überˈtreffen, (aus dem Felde) schlagen; ˌ**~ˈmod·ed** *adj.* ˈunmoˌdern, veraltet, überˈholt; ˈ**~·most** [-məʊst] *adj.* äußerst (*a. fig.*); ˌ**~ˈnum·ber** *v/t.* an Zahl überˈtreffen, zahlenmäßig überˈlegen sein (*dat.*): ***be ~ed*** in der Minderheit sein.

ˌ**out-of**|**-ˈbal·ance** [ˌaʊtəv-] *adj.* ⚙ unausgeglichen: ***~ force*** Unwuchtkraft *f*; ˌ**~-ˈdate** *adj.* veraltet, ˈunmoˌdern; ˌ**~-ˈdoor(s)** → ***outdoor(s)***; ˌ**~-ˈpock·et ex·pens·es** *s. pl.* Barauslagen *pl.*; ˌ**~-the-ˈway** [ˌaʊtəvðə-] *adj.* **1.** abgelegen, versteckt; **2.** ausgefallen, ungewöhnlich; **3.** ungehörig; ˌ**~-ˈtown** *adj.* auswärtig: ***~ bank*** ☤ auswärtige Bank; ***~ bill*** Distanzwechsel *m*; ˌ**~-ˈturn** *adj.* unangebracht, taktlos, vorlaut; ˌ**~-ˈwork pay** *s.* Erˈwerbslosenunterˌstützung *f*.

ˌ**out**|ˈ**pace** *v/t. j-n* hinter sich lassen; ˈ**~ˌpa·tient** *s.* ⚕ ambuˈlanter Patiˈent: ***~ treatment*** ambulante Behandlung; ˌ**~ˈplay** *v/t.* besser spielen als, schlagen; ˌ**~ˈpoint** *v/t. sport* nach Punkten schlagen; ˈ**~·port** *s.* ⚓ **1.** Vorhafen *m*; **2.** abgelegener Hafen; ˈ**~·pour**, ˈ**~ˌpour·ing** *s.* Erguß *m* (*a. fig.*); ˈ**~·put** *s.* Output *m*: a) ☤, ⚙ (Arbeits)Leistung *f*, b) ☤ Ausstoß *m*, Produktiˈon *f*, Ertrag *m*, c) ⚒ Förderung *f*, Fördermenge *f*, d) ⚡ Ausgang(sleistung *f*) *m*, e) *Computer*: (Daten)Ausgabe *f*: ***~ capacity*** ⚙ Leistungsfähigkeit *f*, *e-r Maschine*: *a.* Stückleistung *f*; ***~ voltage*** ⚡ Ausgangsspannung *f*.

out·rage [ˈaʊtreɪdʒ] **I** *s.* **1.** Frevel(tat *f*) *m*, Greuel(tat *f*) *m*, Ausschreitung *f*, Verbrechen *n*, *a. fig.* Ungeheuerlichkeit *f*; **2.** (***on, upon***) Frevel(tat *f*) *m* (an *dat.*), Attenˈtat *n* (auf *acc.*) (*bsd. fig.*): ***an ~ upon decency*** e-e grobe Verletzung des Anstandes; ***an ~ upon justice*** e-e Vergewaltigung der Gerechtigkeit; **3.** Schande *f*, Schmach *f*; **II** *v/t.* **4.** sich vergehen an (*dat.*), *j-m* Gewalt antun (*a. fig.*); **5.** *Gefühle etc.* mit Füßen treten, gröblich beleidigen *od.* verletzen; **6.** *j-n* emˈpören, schockieren; **out·ra·geous** [aʊtˈreɪdʒəs] *adj.* ☐ **1.** frevelhaft, abscheulich, verbrecherisch; **2.** schändlich, emˈpörend, ungeheuerlich: ***~ behavio(u)r***; **3.** heftig, unerhört: ***~ heat***.

ˌ**out**|ˈ**range** *v/t.* **1.** ⚔ e-e größere Reichweite haben als; **2.** hinˈausreichen über (*acc.*); **3.** *fig.* überˈtreffen; ˌ**~ˈrank** *v/t.* **1.** im Rang höherstehen als; **2.** *fig.* wichtiger sein als; ˌ**~ˈreach** → ***outrange*** 2, 3; ˌ**~ˈride** *v/t.* [*irr.* → ***ride***] **1.** besser *od.* schneller reiten *od.* fahren als; **2.** ⚓ *e-n Sturm* ausreiten; ˈ**~ˌrid·er** *s.* Vorreiter *m*; ˈ**~ˌrig·ger** *s.* **1.** ⚓, ⚙ *u. Rudern*: Ausleger *m*; **2.** Auslegerboot *n*; ˈ**~·right I** *adj.* **1.** völlig, gänzlich, toˈtal: ***an ~ loss***; ***an ~ lie*** e-e glatte Lüge; **2.** vorbehaltlos, offen: ***an ~ refusal*** e-e glatte Weigerung; **3.** gerade (her)ˈaus, diˈrekt; **II** *adv.* ***outˈright*** **4.**

→ 1; **5.** ohne Vorbehalt, ganz: ***refuse ~*** rundweg ablehnen; ***sell ~*** fest verkaufen; **6.** auf der Stelle, so'fort: ***kill ~***; ***buy ~*** *Am.* gegen sofortige Lieferung kaufen; ***laugh ~*** laut lachen; **ˌ~'ri·val** *v/t.* über'treffen, über'bieten (***in*** an *od.* in *dat.*), ausstechen; **ˌ~'run I** *v/t.* [*irr.* → ***run***] **1.** schneller laufen als, (im Laufen) besiegen; **2.** *fig.* über'schreiten; **II** *s.* ***'outrun*** **3.** *Skisport*: Auslauf *m*; **'~ˌrun·ner** *s.* **1.** (Vor)Läufer *m* (*Bedienter*); **2.** Leithund *m*; **ˌ~'sell** *v/t.* [*irr.* → ***sell***] **1.** mehr verkaufen als; **2.** sich besser verkaufen als; mehr einbringen als; **'~·set** *s.* **1.** Anfang *m*, Beginn *m*: ***at the ~*** am Anfang; ***from the ~*** gleich von Anfang an; **2.** Aufbruch *m zu e-r Reise*; **ˌ~'shine** [*irr.* → ***shine***] *v/t.* über'strahlen, *fig. a.* in den Schatten stellen.

ˌout'side I *s.* **1.** *das* Äußere (*a. fig.*), Außenseite *f*: ***on the ~ of*** außerhalb, jenseits (*gen.*); **2.** *fig. das* Äußerste: ***at the ~*** äußerstenfalls, höchstens; **3.** *sport* Außenstürmer *m*: ***~ right*** Rechtsaußen *m*; **II** *adj.* **4.** äußer, Außen… (*-antenne*, *-durchmesser etc.*), von außen: ***~ broker*** ☤ freier Makler; ***~ capital*** Fremdkapital *n*; ***an ~ opinion*** die Meinung e-s Außenstehenden; **5.** außerhalb, (dr)außen; **6.** *fig.* äußerst (*Schätzung*, *Preis*); **7.** ***~ chance*** winzige Chance, *sport* Außenseiterchance *f*; **III** *adv.* **8.** draußen, außerhalb: ***~ of*** a) außerhalb, b) *Am.* F außer, ausgenommen; **9.** her'aus, hin'aus; **10.** außen, an der Außenseite; **IV** *prp.* **11.** außerhalb, jenseits (*gen.*) (*a. fig.*); **ˌout'sid·er** *s.* **1.** *allg.* Außenseiter(in); **2.** ☤ freier Makler.

ˌout|'sit *v/t.* [*irr.* → ***sit***] länger sitzen (bleiben) als; **'~·size I** *s.* 'Übergröße *f* (*a. Kleidungsstück*); **II** *adj. a.* **'~·sized** 'übergroß, -dimensioˌnal; **'~·skirts** *s. pl.* nahe Um'gebung, Stadtrand *m*, *a. fig.* Rand(gebiet *n*) *m*, Periphe'rie *f*; **ˌ~'smart** → ***outwit***; **ˌ~'speed** *v/t.* [*irr.* → ***speed***] schneller sein als.

ˌout|'spo·ken *adj.* □ offen, freimütig; unverblümt: ***she was very ~ about it*** sie äußerte sich sehr offen darüber; **ˌ~'spo·ken·ness** [-'spəʊkənnɪs] *s.* Offenheit *f*, Freimütigkeit *f*; Unverblümtheit *f*.

ˌout'stand·ing *adj.* **1.** her'vorragend (*bsd. fig. Leistung*, *Spieler etc.*); *fig.* her'vorstechend (*Eigenschaft etc.*), promi'nent (*Persönlichkeit*); **2.** *bsd.* ☤ unerledigt, aus-, offenstehend (*Forderung etc.*), unbezahlt (*Zinsen*): ***~ capital stock*** ausgegebenes Aktienkapital; ***~ debts*** → **'outˌstand·ings** *s. pl.* ☤ Außenstände *pl.*, Forderungen *pl.*

ˌout|'stare *v/t.* mit e-m Blick aus der Fassung bringen; **'~ˌsta·tion** *s.* **1.** 'Außenstatiˌon *f*; **2.** *Funk*: 'Gegenstatiˌon *f*; **ˌ~'stay** *v/t.* länger bleiben als; → ***welcome*** 1; **ˌ~'stretch** *v/t.* ausstrecken; **ˌ~'strip** *v/t.* über'holen, hinter sich lassen, *fig. a.* über'flügeln, (aus dem Feld) schlagen; **ˌ~'swim** *v/t.* [*irr.* → ***swim***] schneller schwimmen als, schlagen; **ˌ~'talk** *v/t.* in Grund u. Boden reden; ‚über'fahren'; **'~·turn** *s.* **1.** Ertrag *m*; **2.** ☤ Ausfall *m*: ***~ sample*** Ausfallmuster *n*; **ˌ~'vote** *v/t.* über'stimmen.

out·ward ['aʊtwəd] **I** *adj.* □ → ***outwardly***; **1.** äußer, sichtbar; Außen…; **2.** äußerlich (*a.* ⚕ *u. fig. contp.*); **3.** nach (dr)außen gerichtet *od.* führend, Aus(wärts)…, Hin…: ***~ cargo***, ***~ freight*** ⚓ ausgehende Ladung, Hinfracht *f*; ***~ journey*** Aus-, Hinreise *f*; ***~ trade*** Ausfuhrhandel *m*; **II** *adv.* **4.** (nach) auswärts, nach außen: ***clear ~*** *Schiff* ausklarieren; → ***bound***[2]; **'out·ward·ly** [-lɪ] *adv.* äußerlich; außen, nach außen (hin); **'out·ward·ness** [-nɪs] *s.* Äußerlichkeit *f*; äußere Form; **'out·wards** [-dz] → ***outward*** II.

ˌout|'wear *v/t.* [*irr.* → ***wear***] **1.** abnutzen; **2.** *fig.* erschöpfen; **3.** *fig.* über'dauern, haltbarer sein als; **ˌ~'weigh** *v/t.* **1.** mehr wiegen als; **2.** *fig.* über'wiegen, gewichtiger sein als, *e-e Sache* aufwiegen; **ˌ~'wit** *v/t.* über'listen, ‚austricksen'; **'~·work** *s.* **1.** ⚔ Außenwerk *n*; *fig.* Bollwerk *n*; **2.** ☤ Heimarbeit *f*; **'~ˌwork·er** *s.* **1.** Außenarbeiter(in); **2.** Heimarbeiter(in); **'~·worn** *adj.*, *pred.* ***ˌout'worn*** **1.** abgetragen, abgenutzt; **2.** veraltet, über'holt; **3.** erschöpft.

ou·zel ['uːzl] *s. orn.* Amsel *f*.

o·va ['əʊvə] *pl. von* ***ovum***.

o·val ['əʊvl] **I** *adj.* o'val; **II** *s.* O'val *n*.

o·var·i·an [ˌəʊ'veərɪən] *adj.* **1.** *anat.* Eierstock(s)…; **2.** ⚘ Fruchtknoten…; **o·va·ri·tis** [ˌəʊvə'raɪtɪs] *s.* Eierstockentzündung *f*; **o·va·ry** ['əʊvərɪ] *s.* **1.** *anat.* Eierstock *m*; **2.** ⚘ Fruchtknoten *m*.

o·va·tion [əʊ'veɪʃn] *s.* Ovati'on *f*, begeisterte Huldigung.

ov·en ['ʌvn] *s.* **1.** Backofen *m*, -rohr *n*; **2.** ⚙ Ofen *m*; **'~·dry** *adj.* ofentrocken; **'~ˌread·y** *adj.* bratfertig; **'~·ware** *s.* feuerfestes Geschirr.

o·ver ['əʊvə] **I** *prp.* **1.** *Lage*: über (*dat.*): ***the lamp ~ his head***; ***be ~ the signature of Mr. N.*** von Herrn N. unterzeichnet sein; **2.** *Richtung*, *Bewegung*: über (*acc.*), über (*acc.*) … hin *od.* (hin-)

ˈweg: ***jump ~ the fence***; ***the bridge ~ the Danube*** die Brücke über die Donau; ***~ the radio*** im Radio; ***all ~ the town*** durch die ganze *od.* in der ganzen Stadt; ***from all ~ Germany*** aus ganz Deutschland; ***be all ~ s.o.*** *sl.* ganz hingerissen sein von j-m; **3.** über (*dat.*), auf der anderen Seite von (*od. gen.*): ***~ the sea*** in Übersee, jenseits des Meeres; ***~ the street*** über die Straße, auf der anderen Seite; ***~ the way*** gegenüber; **4.** a) über *der Arbeit einschlafen etc.*, bei *e-m Glase Wein etc.*, b) über (*acc.*), wegen: ***laugh ~*** über *et.* lachen; **5.** *Herrschaft*, *Rang*: über (*dat. od. acc.*): ***be ~ s.o.*** über j-m stehen; **6.** über (*acc.*), mehr als: ***~ a mile***: ***~ and above*** zusätzlich zu, außer; → 21; **7.** über (*acc.*), während (*gen.*): ***~ the weekend***; ***~ night*** die Nacht über; **8.** durch: ***he went ~ his notes*** er ging seine Notizen durch; **II** *adv.* **9.** hinˈüber, darˈüber: ***he jumped ~***; **10.** hinˈüber (***to*** zu), auf die andere Seite; **11.** herˈüber: ***come ~*** herüberkommen (*a. weitS. zu Besuch*); **12.** drüben: ***~ there*** da drüben; ***~ against*** gegenüber (*dat.*; *a. fig. im Gegensatz zu*); **13.** (*genau*) darˈüber: ***the bird is directly ~***; **14.** über (*acc.*) …; darˈüber…(*-decken*, *-legen etc.*); überˈ…: ***to paint ~*** *et.* übermalen; **15.** (*mst in Verbindung mit vb.*) a) überˈ… (*-geben etc.*): ***hand s.th. ~***, b) ˈüber… (*-kochen etc.*): ***boil ~***; **16.** (*oft in Verbindung mit vb.*) a) ˈum… (*-fallen*, *-werfen etc.*), b) (her)ˈum… (*-drehen etc.*): ***see ~!*** siehe umstehend; **17.** ˈdurch(weg), vom Anfang bis zum Ende: ***the world ~*** a) in der ganzen Welt, b) durch die ganze Welt; ***read s.th. ~*** *et.* (ganz) durchlesen; **18.** (gründlich) überˈ… (*-denken*, *-legen*): ***think s.th. ~***; ***talk s.th. ~*** et. durchsprechen; **19.** nochmals, wieder: ***do s.th. ~***; (***all***) ***~ again*** nochmals, (ganz) von vorn; ***~ and ~*** (***again***) immer wieder; ***ten times ~*** zehnmal hintereinander; **20.** ˈübermäßig, allzu *sparsam etc.*, ˈüber…(*-vorsichtig etc.*); **21.** darˈüber, mehr: ***10 years and ~*** 10 Jahre und darüber; ***~ and above*** außerdem, überdies; → 6; **22.** übrig, über: ***left ~*** übrig (-gelassen *od.* -geblieben); ***have s.th. ~*** et. übrig haben; **23.** zu Ende, vorˈüber, vorˈbei: ***the lesson is ~***; ***~ with*** F erledigt, vorüber; ***it's all ~*** es ist aus und vorbei; ***get s.th. ~*** (***and done***) ***with*** F et. hinter sich bringen; *Funk*: ***~!*** over!, Ende!; ***~ and out!*** over and out!, Ende (*der Gesamtdurchsage*)!

ˌo·ver|-aˈbun·dant [-vərə-] *adj.* □ ˈüberreich(lich), ˈübermäßig; **ˌ~ˈact** [-vərˈæ-] **I** *v/t. e-e Rolle* überˈtreiben, überˈspielen; **II** *v/i.* (s-e Rolle) überˈtreiben; **ˈ~·all** [-ərɔːl] **I** *adj.* **1.** gesamt, Gesamt…: ***~ length***; ***~ efficiency*** ⚙ Totalnutzeffekt *m*; **II** *s.* **2.** *a. pl.* Arbeits-, Monˈteur-, Kombinatiˈonsanzug *m*; (*Arzt- etc.*)Kittel *m*; **3.** *Brit.* Kittelschürze *f*; **4.** *pl. obs.* ˈÜberzieh-, Arbeitshose *f*; **ˌ~-amˈbi·tious** [-əræ-] *adj.* □ allzu ehrgeizig; **ˌ~ˈanx·ious** [-ərˈæ-] *adj.* □ **1.** ˈüberängstlich; **2.** allzu begierig; **ˈ~·arm stroke** [-ərɑːm] *s. Schwimmen*: Hand-über-ˈHand-Stoß *m*; **ˌ~ˈawe** [-ərˈɔː] *v/t.* **1.** einschüchtern; **2.** tief beeindrucken; **ˌ~ˈbal·ance I** *v/t.* **1.** überˈwiegen (*a. fig.*); **2.** ˈumstoßen, -kippen; **II** *v/i.* **3.** ˈumkippen, das ˈÜbergewicht bekommen; **III** *s.* **ˈoverbalance 4.** ˈÜbergewicht *n*; **5.** ✝ ˈÜberschuß *m*: ***~ of exports***; **ˌ~ˈbear** *v/t.* [*irr.* → ***bear***[1]] **1.** niederdrücken; **2.** überˈwinden; **3.** tyrannisieren; **4.** *fig.* schwerer wiegen als; **ˌ~ˈbear·ance** *s.* Anmaßung *f*, Arroˈganz *f*; **ˌ~ˈbear·ing** *adj.* □ **1.** anmaßend, arroˈgant, hochfahrend; **2.** von überˈragender Bedeutung; **ˌ~ˈbid** *v/t.* [*irr.* → ***bid***] **1.** ✝ überˈbieten; **2.** *Bridge*: überˈreizen; **ˈ~·blouse** *s.* Kasackbluse *f*; **ˌ~ˈblown** *adj.* **1.** am Verblühen (*a. fig.*); **2.** ♪ überˈblasen (*Ton*); **3.** *metall.* ˈübergar (*Stahl*); **4.** *fig.* schwülstig; **ˈ~·board** *adv.* ⚓ über Bord: ***throw ~*** über Bord werfen (*a. fig.*); ***go ~*** (***about*** *od.* ***for***) F hingerissen sein (von); **ˌ~ˈbrim** *v/i. u. v/t.* ˈüberfließen (lassen); **ˌ~ˈbuild** *v/t.* [*irr.* → ***build***] **1.** überˈbauen; **2.** zu dicht bebauen; **3.** ***~ o.s.*** sich ‚verbauen'; **ˌ~ˈbur·den** *v/t.* überˈbürden, -ˈladen, -ˈlasten; **ˌ~ˈbus·y** *adj.* **1.** zu sehr beschäftigt; **2.** ˈübergeschäftig; **ˌ~ˈbuy** [*irr.* → ***buy***] ✝ **I** *v/t.* zu viel kaufen von; **II** *v/i.* zu teuer *od.* über Bedarf (ein)kaufen; **ˌ~-ˈcap·i·tal·ize** *v/t.* ✝ **1.** e-n zu hohen Nennwert für das ˈStammkapiˌtal *e-s Unternehmens* angeben: ***~ a firm***; **2.** ˈüberkapitalisieren; **ˌ~ˈcast I** *v/t.* [*irr.* → ***cast***] **1.** *mit Wolken* überˈziehen, bedecken, verdunkeln, trüben (*a. fig.*); **2.** *Naht* umˈstechen; **II** *v/i.* [*irr.* → ***cast***] **3.** sich bewölken, sich beziehen (*Himmel*); **III** *adj.* **ˈovercast 4.** bewölkt, bedeckt (*Himmel*); **5.** trüb(e), düster (*a. fig.*); **6.** überˈwendlich (genäht); **ˌ~ˈcharge I** *v/t.* **1.** a) *j-m* zuˈviel berechnen, b) *e-n Betrag* zuˈviel verlangen, c) zuˈviel anrechnen *od.* verlangen für *et.*; **2.** ⚙, ⚡ überˈladen (*a. fig.*); **II** *s.* **3.** ✝ a) Mehrbetrag *m*, Aufschlag *m*: **~ *for arrears*** Säumniszuschlag *m*, b) Über'forderung *f*, Über'teuerung *f*; **4.** Über'ladung *f*, 'Überbelastung *f*; **ˌ~'cloud** → ***overcast*** 1, 3; **'~·coat** *s.* Mantel *m*; **ˌ~'come** [*irr.* → ***come***] **I** *v/t.* über'winden, -'wältigen, -'mannen, bezwingen; *e-r Sache* Herr werden: ***he was ~ with*** (*od.* ***by***) ***emotion*** er wurde von s-n Gefühlen übermannt; **II** *v/i.* siegen, triumphieren: ***we shall ~!***; **ˌ~'com·pen·sate** *v/t. psych.* 'überkompensieren; **ˌ~-'con·fi·dence** *s.* **1.** übersteigertes Selbstvertrauen *od.* -bewußtsein; **2.** zu großes Vertrauen; **3.** zu großer Opti'mismus; **ˌ~-'con·fi·dent** *adj.* □ **1.** allzu'sehr vertrauend (***of*** auf *acc.*); **2.** über'trieben selbstbewußt; **3.** (all)zu opti'mistisch; **ˌ~'crop** *v/t.* ✓ Raubbau treiben mit; **ˌ~'crowd** *v/t.* über'füllen: ***~ed profession*** überlaufener Beruf; **ˌ~-de'vel·op** *v/t. bsd. phot.* 'überentwickeln; **ˌ~'do** *v/t.* [*irr.* → ***do***[1]] **1.** über'treiben, zu weit treiben; **2.** *fig.* zu weit gehen mit *od.* in (*dat.*), *et.* zu arg treiben: **~ *it*** (*od.* ***things***) a) zu weit gehen, b) des Guten zuviel tun; **3.** 'überbeanspruchen; **4.** zu stark *od.* zu lange kochen *od.* braten; **ˌ~'done** *adj.* 'übergar; **'~·dose I** *s.* 'Überdosis *f*; **II** *v/t.* ***ˌover'dose*** a) *j-m* e-e zu starke Dosis geben, b) *et.* 'überdosieren; **'~·draft** *s.* ✝ a) ('Konto)ÜberˌZiehung *f*, b) Über'ziehung *f*, über'zogener Betrag; **ˌ~'draw** *v/t.* [*irr.* → ***draw***] **1.** *Konto* über'ziehen; **2.** *Bogen* über'spannen; **3.** *fig.* über'treiben; **ˌ~'dress** *v/t. u. v/i.* (sich) über'trieben anziehen; **ˌ~'drive I** *v/t.* [*irr.* → ***drive***] **1.** abschinden, -hetzen; **2.** *et.* zu weit treiben; **II** *s.* ***'overdrive*** **3.** *mot.* Overdrive *m*, Schnell-, Schongang *m*; **ˌ~'due** *adj.* 'überfällig (*a.* 🚂, ✝): ***the train is ~*** der Zug hat Verspätung; ***she is ~*** sie müßte längst hier sein; **ˌ~'eat** [-ər'iːt] *v/i.* [*irr.* → ***eat***] (*a.* **~ *o.s.***) sich über'essen; **ˌ~'em·pha·size** [-ər'e-] *v/t.* 'überbetonen; **ˌ~-'es·ti·mate** [-ər'estɪmeɪt] **I** *v/t.* über'schätzen, 'überbewerten; **II** *s.* [-mət] Über'schätzung *f*; **ˌ~-ex'cite** [-vərɪ-] *v/t.* **1.** über'reizen; **2.** ⚡ 'übererregen; **ˌ~-ex'ert** [-vərɪ-] *v/t.* über'anstrengen; **ˌ~-ex'pose** [-vərɪ-] *v/t. phot.* 'überbelichten; **ˌ~-ex'po·sure** [-vərɪ-] *s. phot.* 'Überbelichtung *f*; **ˌ~-fa'tigue I** *v/t.* über'müden, über'anstrengen; **II** *s.* Über'müdung *f*; **ˌ~'feed** *v/t.* [*irr.* → ***feed***] über'füttern, 'überernähren; **ˌ~'flow I** *v/i.* **1.** 'überlaufen, 'überfließen, 'überströmen, sich ergießen (***into*** in *acc.*); **2.** *fig.* 'überquellen (***with*** von); **II** *v/t.* **3.** über'fluten, über'schwemmen; **4.** nicht mehr Platz finden in (*e-m Saal etc.*); **III** *s.* ***'overflow*** **5.** Über'schwemmung *f*, 'Überfließen *n*; **6.** ⚙ a) *a.* ⚡ 'Überlauf *m*, b) *a.* **~ *pipe*** Überlaufrohr *n*, c) *a.* **~ *basin*** 'ÜberlaufbasˌSin *n*: **~ *valve*** Überströmventil *n*; **7.** 'Überschuß *m*: **~ *meeting*** Parallelversammlung *f*; **ˌ~'flow·ing I** *adj.* **1.** 'überfließend, -quellend, -strömend (*a. fig. Güte, Herz etc.*); **2.** 'überreich (*Ernte etc.*); **II** *s.* **3.** 'Überfließen *n*: ***full to ~*** voll (bis) zum Überlaufen, *weitS.* zum Platzen voll; **ˌ~'fly** *v/t.* [*irr.* → ***fly***[1]] über'fliegen; **ˌ~'fond** *adj.*: ***be ~ of doing s.th.*** et. leidenschaftlich gern tun; **'~·freight** *s.* ✝ 'Überfracht *f*; **'~·ground** *adj.* über der Erde (befindlich); **ˌ~'grow** *v/t.* [*irr.* → ***grow***] **1.** über'wachsen, -'wuchern; **2.** hin'auswachsen über (*acc.*), zu groß werden für; **ˌ~'grown** *adj.* **1.** über'wachsen; **2.** 'übermäßig gewachsen, 'übergroß; **'~·growth** *s.* **1.** Über'wucherung *f*; **2.** 'übermäßiges Wachstum; **'~·hand** *adj. u. adv.* **1.** *Schlag etc.* von oben; **2.** *sport* 'überhand: **~ *stroke*** a) *Tennis*: Überhandschlag *m*, b) *Schwimmen*: Hand-über-Hand-Stoß *m*; **~ *service*** Hochaufschlag *m*; **3.** *Näherei*: über'wendlich; **ˌ~'hang I** *v/t.* [*irr.* → ***hang***] **1.** her'vorstehen *od.* -ragen *od.* 'überhängen über (*acc.*); **2.** *fig.* (drohend) schweben über (*dat.*), drohen (*dat.*); **II** *v/i.* [*irr.* → ***hang***] **3.** 'überhängen, -kragen (*a.* △), her'vorstehen, -ragen; **III** *s.* ***'overhang*** **4.** 'Überhang *m* (*a.* △, ⚓, ✈); ⚙ Ausladung *f*; **ˌ~-'hap·py** *adj.* 'überglücklich; **ˌ~-'hast·y** *adj.* über'eilt; **ˌ~'haul I** *v/t.* **1.** ⚙ *Maschine etc.* (gene'ral)überˌholen, (*a. fig.*) gründlich über'prüfen (*a. fig.*) u. in'stand setzen; **2.** ⚓ *Tau, Taljen etc.* 'überholen; **3.** a) einholen, b) über'holen; **II** *s.* ***'overhaul*** **4.** ⚙ Über'holung *f*, gründliche Über'prüfung (*a. fig.*); **'~·head I** *adj.* **1.** oberirdisch, Frei..., Hoch...(*-antenne*, *-behälter etc.*): **~ *line*** Frei-, Oberleitung *f*; **~ *railway*** Hochbahn *f*; **2.** *mot.* a) obengesteuert (*Motor*, *Ventil*), b) obenliegend (*Nockenwelle*); **3.** allgemein, Gesamt...: **~ *costs*, ~ *expenses*** → 5; **4.** *sport*: a) **~ *stroke*** → 6, b) **~ *kick*** (Fall-)Rückzieher *m*; **II** *s.* **5.** *a. pl.* allgemeine Unkosten *pl.*, Gemeinkosten *pl.*, laufende Geschäftskosten *pl.*; **6.** *Tennis*: Über'kopfball *m*; **III** *adv.* ***ˌover'head*** **7.** (dr)oben: ***works ~!*** Vorsicht, Dacharbeiten!; **ˌ~'hear** *v/t.* [*irr.* → ***hear***] belauschen, (zufällig) (mit'an)hören; **ˌ~'heat I** *v/t. Motor etc.*, *a. fig.* über'hitzen, *Raum* über'heizen: **~ *itself*** → II; **II** *v/i.* ⚙ heißlaufen; '**~·house** *adj.* Dach…(*-antenne etc.*); ,**~'hung** *adj.* ⚙ fliegend (angeordnet), freitragend; 'überhängend; ,**~·in'dulge** [-vərɪ-] **I** *v/t.* **1.** zu nachsichtig behandeln; **2.** *e-r Leidenschaft etc.* 'übermäßig frönen; **II** *v/i.* **3.** **~ *in*** sich allzu'sehr ergehen in (*dat.*); ,**~·in'dul·gence** [-vərɪ-] *s.* **1.** zu große Nachsicht; **2.** 'übermäßiger Genuß; ,**~·in'dul·gent** [-vərɪ-] *adj.* allzu nachsichtig; ,**~·in'sure** [-vərɪ-] *v/t. u. v/i.* (sich) 'überversichern; ,**~-'is·sue** [-ər'ɪ-] **I** *s.* 'Überemissi,on *f*; **II** *v/t.* zu'viel *Banknoten etc.* ausgeben; ,**~'joyed** [-'dʒɔɪd] *adj.* außer sich vor Freude, 'überglücklich; '**~·kill** *s.* **1.** ⚔ Overkill *m*; **2.** *fig.* 'Übermaß *n*, Zu'viel *n* (***of*** an *dat.*); ,**~'lad·en** *adj.* über'laden (*a. fig.*); ,**~'land I** *adv.* über Land, auf dem Landweg; **II** *adj.* '***overland*** Überland…: **~ *route*** Landweg *m*; **~ *transport*** Überland-, Fernverkehr *m*; ,**~'lap I** *v/t.* **1.** 'übergreifen auf (*acc.*) *od.* in (*acc.*), sich über'schneiden mit, teilweise zs.-fallen mit; ⚙ über'lappen; **2.** hin'ausgehen über (*acc.*); **II** *v/i.* **3.** sich *od.* ein'ander über'schneiden, sich teilweise decken, auf- *od.* inein'ander 'übergreifen; ⚙ über'lappen, 'übergreifen; **III** *s.* '***overlap*** **4.** 'Übergreifen *n*, Über'schneiden *n*; ⚙ Über'lappung *f*; ,**~'lay I** *v/t.* [*irr.* → ***lay***[1]] **1.** belegen; ⚙ über'lagern; **2.** über'ziehen (***with*** mit *Gold etc.*); **3.** *typ.* zurichten; **II** *s.* '***overlay*** **4.** Bedekkung *f*: **~ *mattress*** Auflegematratze *f*; **5.** Auflage *f*, 'Überzug *m*; **6.** *typ.* Zurichtung *f*; **7.** Planpause *f*; ,**~'leaf** *adv.* 'umstehend, 'umseitig; ,**~'lie** *v/t.* [*irr.* → ***lie***[2]] **1.** liegen auf *od.* über (*dat.*); **2.** *geol.* über'lagern; ,**~'load I** *v/t.* über'laden, 'überbelasten, *a.* ⚡ über'lasten; **II** *s.* '***overload*** 'Überbelastung *f*, -beanspruchung *f*, *a.* ⚡ Über'lastung *f*; ,**~'long** *adj. u. adv.* 'überlang, (all)zu lang; ,**~'look** *v/t.* **1.** *Fehler etc.* (geflissentlich) über'sehen, nicht beachten, *fig. a.* ignorieren, (nachsichtig) hin'wegsehen über (*acc.*); **2.** über'blicken; *weitS. a.* Aussicht gewähren auf (*acc.*); **3.** über'wachen; (prüfend) 'durchsehen; '**~·lord** *s.* Oberherr *m*; '**~·lord·ship** *s.* Oberherrschaft *f*.

o·ver·ly ['əʊvəlɪ] *adv.* allzu('sehr).

,**o·ver|'ly·ing** *adj.* da'rüberliegend; '**~·man** [-mæn] *s.* [*irr.*] Aufseher *m*, Vorarbeiter *m*; ⚒ Steiger *m*; ,**~-'manned** *adj.* 'überbelegt, zu stark bemannt; ,**~'much I** *adj.* allzu'viel; **II** *adv.* allzu('sehr, -'viel), 'übermäßig; ,**~-'nice** *adj.* 'überfein; ,**~'night I** *adv.* über Nacht; **II** *adj.* Nacht…; Übernachtungs…: **~ *lodgings***; **~ *bag*** Reisetasche *f*; **~ *case*** Handkoffer *m*; **~ *guests*** Übernachtungsgäste; **~ *stay*** Übernachtung *f*; **~ *stop*** Aufenthalt *m* für e-e Nacht; '**~·pass** *s.* ('Straßen-, 'Eisenbahn)Über,führung *f*; ,**~'pay** *v/t.* [*irr.* → ***pay***] **1.** zu teuer bezahlen; **2.** 'überreichlich belohnen; **3.** 'überbezahlen; ,**~'peo·pled** *adj.* über'völkert; ,**~·per'suade** *v/t.* *j-n* (gegen s-n Willen) über'reden; ,**~'play** *v/t.* **1.** über'treiben; **2.** **~ *one's hand*** *fig.* sich über'nehmen, es über'treiben; '**~·plus** *s.* 'Überschuß *m*; '**~,pop·u'la·tion** *s.* 'Über(be)völkerung *f*; ,**~'pow·er** *v/t.* über'wältigen (*a. fig.*); ,**~'print I** *v/t.* **1.** *typ.* a) über'drucken, b) e-e zu große Auflage drucken von; **2.** *phot.* 'überkopieren; **II** *s.* '***overprint*** **3.** *typ.* 'Überdruck *m*; **4.** a) Aufdruck *m* (*auf Briefmarken*), b) Briefmarke *f* mit Aufdruck; ,**~·pro'duce** *v/t.* ✝ 'überproduzieren; ,**~·pro'duc·tion** *s.* 'Überprodukti,on *f*; ,**~'proof** *adj.* 'überpro,zentig (*alkoholisches Getränk*); ,**~'rate** *v/t.* **1.** über'schätzen, 'überbewerten (*a. sport*); **2.** ✝ zu hoch veranschlagen; ,**~'reach** *v/t.* **1.** zu weit gehen für: **~ *one's purpose*** *fig.* über sein Ziel hinausschießen; **~ *o.s.*** es zu weit treiben, sich übernehmen; **2.** *j-n* über'vorteilen, -'listen; ,**~·re'act** *v/i.* 'überreagieren; ,**~'ride** *v/t.* [*irr.* → ***ride***] **1.** über'reiten; **2.** *fig.* sich (rücksichtslos) hin'wegsetzen über (*acc.*); **3.** *fig.* 'umstoßen, aufheben, nichtig machen; **4.** den Vorrang haben vor (*dat.*); ,**~'rid·ing** *adj.* über'wiegend, hauptsächlich; vorrangig; ,**~'ripe** *adj.* 'überreif; ,**~'rule** *v/t.* **1.** *Vorschlag etc.* verwerfen, zu'rückweisen; ⚖ *Urteil* 'umstoßen; **2.** *fig.* die Oberhand gewinnen über (*acc.*); ,**~'rul·ing** *adj.* beherrschend, 'übermächtig; ,**~'run** *v/t.* [*irr.* → ***run***] **1.** *fig.* *Land etc.* über'fluten, -'schwemmen (*a. fig.*), einfallen in (*acc.*), über'rollen (*a. fig.*): ***be ~ with*** wimmeln von, überlaufen sein von; **2.** *fig.* rasch um sich greifen in (*dat.*); **3.** *typ.* um'brechen; ,**~'run·ning** *adj.* ⚙ Freilauf…, Überlauf…: **~ *clutch***; ,**~'sea I** *adv. a.* ,**~'seas** nach *od.* in 'Übersee; **II** *adj.* 'überseeisch, Übersee…; ,**~'see** *v/t.* [*irr.* → ***see***[1]] beaufsichtigen, über'wachen; '**~,se·er** [-,sɪə] *s.* **1.** Aufseher(in), In'spektor *m*, Inspek'torin *f*; **2.** Vorarbeiter(in); ⚒ Steiger *m*; ,**~-'sen·si·tive** *adj.* □ 'überempfindlich; ,**~'set** *v/t.* [*irr.* → ***set***] → ***upset***[1] I; ,**~'sew** *v/t.* [*irr.* → ***sew***] über-

ˈwendlich nähen; ˌ**~ˈsexed** *adj.* sexbesessen; ˌ**~ˈshad·ow** *v/t.* **1.** *fig.* in den Schatten stellen; **2.** *bsd. fig.* überˈschatten, e-n Schatten werfen auf (*acc.*), verdüstern; ˈ**~·shoe** *s.* ˈÜberschuh *m*; ˌ**~ˈshoot** *v/t.* [*irr.* → ***shoot***] **1.** über *ein Ziel* hinˈausschießen (*a. fig.*): ***~ o.s.*** (*od.* ***the mark***) zu weit gehen, übers Ziel hinausschießen; ˈ**~·shot** *adj.* oberschlächtig (*Wasserrad*, *Mühle*); ˈ**~·sight** *s.* **1.** Versehen *n*: ***by an ~*** aus Versehen; **2.** Aufsicht *f*; ˌ**~ˈsim·pli·fy** *v/t.* (zu) grob vereinfachen; ˈ**~·size** *s.* ˈÜbergröße *f*; ˈ**~·size(d)** *adj.* ˈübergroß; **~·slaugh** [ˈəʊvəslɔː] *v/t.* **1.** ⚔ abkommandieren; **2.** *Am. bei der Beförderung* überˈgehen; ˌ**~ˈsleep I** *v/t.* [*irr.* → ***sleep***] *e-n Zeitpunkt* verschlafen: ***~ o.s.*** → II; **II** *v/i.* [*irr.* → ***sleep***] (sich) verschlafen; ˈ**~·sleeve** *s.* Ärmelschoner *m*; ˌ**~ˈspeed** *v/t.* [*irr.* → ***speed***] *den Motor* überˈdrehen; ˌ**~ˈspend** [*irr.* → ***spend***] **I** *v/i.* **1.** zuviel ausgeben; **II** *v/t.* **2.** *Ausgabensumme* überˈschreiten; **3.** ***~ o.s.*** über s-e Verhältnisse leben; ˈ**~·spill** *s.* (*bsd.* Beˈvölkerungs)ˌÜberschuß *m*; ˌ**~ˈspread** *v/t.* [*irr.* → ***spread***] **1.** überˈziehen, sich ausbreiten über (*acc.*); **2.** (***with***) überˈziehen *od.* bedekken (mit); ˌ**~ˈstaffed** *adj.* (persoˈnell) ˈüberbesetzt; ˌ**~ˈstate** *v/t.* überˈtreiben: ***~ one's case*** in s-n Behauptungen zu weit gehen; ˌ**~ˈstate·ment** *s.* Überˈtreibung *f*; ˌ**~ˈstay** *v/t. e-e Zeit* überˈschreiten: ***~ one's time*** über s-e Zeit hinaus bleiben; → ***welcome*** 1; ˌ**~ˈsteer** *v/i. mot.* überˈsteuern; ˌ**~ˈstep** *v/t.* überˈschreiten (*a. fig.*); ˌ**~ˈstock I** *v/t.* **1.** ˈüberreichlich eindecken, ✝ *a.* ˈüberbeliefern, *den Markt* überˈschwemmen: ***~ o.s.*** → 3; **2.** ✝ in zu großen Mengen auf Lager halten; **II** *v/i.* **3.** sich zu hoch eindecken; ˌ**~ˈstrain I** *v/t.* überˈanstrengen, ˈüberstrapazieren (*a. fig.*): ***~ one's conscience*** übertriebene Skrupel haben; **II** *s.* ˈ***overstrain*** Überˈanstrengung *f*; ˌ**~ˈstrung** *adj.* **1.** überˈreizt (*Nerven od. Person*); **2.** ˈ***overstrung*** ♪ kreuzsaitig (*Klavier*); ˌ**~·subˈscribe** *v/t.* ✝ *Anleihe* überˈzeichnen; ˌ**~·subˈscrip·tion** *s.* ✝ Überˈzeichnung *f*; ˌ**~·supˈply** *s.* (***of*** an *dat.*) **1.** ˈÜberangebot *n*; **2.** zu großer Vorrat.

o·vert [ˈəʊvɜːt] *adj.* □ offen(kundig): ***~ act*** ⚖ Ausführungshandlung *f*; ***~ hostility*** offene Feindschaft; ***~ market*** ✝ offener Markt.

ˌ**o·ver|ˈtake** *v/t.* [*irr.* → ***take***] **1.** einholen (*a. fig.*); **2.** überˈholen (*a. v/i.*); **3.** *fig.* überˈraschen, -ˈfallen; **4.** *Versäumtes* nachholen; ˌ**~ˈtask** *v/t.* **1.** überˈbürden; **2.** über *j-s* Kräfte gehen; ˌ**~ˈtax** *v/t.* **1.** ˈüberbesteuern; **2.** zu hoch einschätzen; **3.** ˈüberbeanspruchen, zu hohe Anforderungen stellen an (*acc.*); *Geduld* strapazieren: ***~ one's strength*** sich (kräftemäßig) übernehmen; ˌ**~-the-ˈcount·er** *adj.* **1.** ✝ freihändig (*Effektenverkauf*): ***~ market*** Freiverkehrsmarkt *m*; **2.** *pharm.* reˈzeptfrei; ˌ**~ˈthrow I** *v/t.* [*irr.* → ***throw***] **1.** (ˈum-)stürzen (*a. fig. Regierung etc.*); **2.** niederwerfen, besiegen; **3.** niederreißen, vernichten; **II** *s.* ˈ***overthrow*** **4.** Sturz *m*, Niederlage *f* (*e-r Regierung etc.*); **5.** Vernichtung *f*, ˈUntergang *m*; ˈ**~·time I** *s.* ✝ a) ˈÜberstunden *pl.*, b) *a.* ***~ pay*** Mehrarbeitszuschlag *m*, ˈÜberstundenlohn *m*; **II** *adv.*: ***work ~*** Überstunden machen; ˌ**~ˈtire** *v/t.* überˈmüden; ˈ**~·tone** *s.* **1.** ♪ Oberton *m*; **2.** *fig.* a) ˈUnterton *m*, b) *pl.* Neben-, Zwischentöne *pl.*: ***it had ~s of*** es schwang darin et. mit von; ˌ**~ˈtop**, ˌ**~ˈtow·er** *v/t.* überˈragen (*a. fig.*); ˌ**~ˈtrain** *v/t. u. v/i.* ˈübertrainieren; ˈ**~·trump** *v/t. u. v/i.* überˈtrumpfen.

o·ver·ture [ˈəʊvəˌtjʊə] *s.* **1.** ♪ Ouverˈtüre *f*; **2.** *fig.* Einleitung *f*, Vorspiel *n*; **3.** (forˈmeller Heirats-, Friedens)Antrag *m*, Angebot *n*; **4.** *pl.* Annäherungsversuche *pl.*

ˌ**o·ver|ˈturn I** *v/t.* (ˈum)stürzen (*a. fig.*); ˈumstoßen, -kippen; **II** *v/i.* ˈumkippen, -schlagen, -stürzen, kentern; **III** *s.* ˈ***overturn*** (ˈUm)Sturz *m*; ˌ**~ˈval·ue** *v/t.* zu hoch einschätzen, ˈüberbewerten; ˈ**~·view** *s. fig.* ˈÜberblick *m*; ˌ**~ˈween·ing** *adj.* **1.** anmaßend, überˈheblich; **2.** überˈtrieben; ˈ**~·weight I** *s.* ˈÜbergewicht *n* (*a. fig.*); **II** *adj.* ˌ***overˈweight*** ˈübergewichtig, mit ˈÜbergewicht.

o·ver·whelm [ˌəʊvəˈwelm] *v/t.* **1.** überˈwältigen, -ˈmannen (*bsd. fig.*); **2.** *fig. mit Fragen*, *Geschenken etc.* überˈschütten, -ˈhäufen: ***~ed with work*** überlastet; **3.** erdrücken; **o·verˈwhelm·ing** [-mɪŋ] *adj.* überˈwältigend.

o·ver|·wind [ˌəʊvəˈwaɪnd] *v/t.* [*irr.* → ***wind***[2]] *Uhr etc.* überˈdrehen; ˌ**~ˈwork I** *v/t.* **1.** überˈanstrengen, mit Arbeit überˈlasten, ˈüberstrapazieren (*a. fig.*): ***~ o.s.*** → 2; **II** *v/i.* **2.** sich überˈarbeiten; **III** *s.* **3.** ˈArbeitsüberˌlastung *f*; **4.** Überˈarbeitung *f*; ˌ**~ˈwrought** *adj.* **1.** überˈarbeitet, erschöpft; **2.** überˈreizt; ˌ**~ˈzeal·ous** *adj.* ˈübereifrig.

o·vi·duct [ˈəʊvɪdʌkt] *s. anat.* Eileiter *m*; ˈ**o·vi·form** [-ɪfɔːm] *adj.* eiförmig, oˈval; **o·vip·a·rous** [əʊˈvɪpərəs] *adj.* oviˈpar, eierlegend.

o·vo·gen·e·sis [ˌəʊvəʊˈdʒenɪsɪs] *s. biol.* Eibildung *f*; **o·void** [ˈəʊvɔɪd] *adj. u. s.* eiförmig(er Körper).

o·vu·lar [ˈɒvjʊlə] *adj. biol.* Ei…, Ovular…; **o·vu·la·tion** [ˌɒvjʊˈleɪʃn] *s.* Ovulatiˈon *f*, Eisprung *m*; **o·vule** [ˈəʊvjuːl] *s.* **1.** *biol.* Ovulum *n*, kleines Ei; **2.** ⚘ Samenanlage *f*; **o·vum** [ˈəʊvəm] *pl.* **o·va** [ˈəʊvə] *s. biol.* Ovum *n*, Ei(zelle *f*) *n*.

owe [əʊ] **I** *v/t.* **1.** *Geld, Achtung, e-e Erklärung etc.* schulden, schuldig sein: ***~ s.o. a grudge*** gegen j-n e-n Groll hegen; ***you ~ that to yourself*** das bist du dir schuldig; **2.** bei *j-m* Schulden haben (***for*** für); **3.** *et.* verdanken, zu verdanken haben, Dank schulden für: ***I ~ him much*** ich habe ihm viel zu verdanken; **II** *v/i.* **4.** Schulden haben; **5.** die Bezahlung schuldig sein (***for*** für); **ow·ing** [ˈəʊɪŋ] *adj.* **1.** geschuldet: ***be ~*** zu zahlen sein, noch offenstehen; ***have ~*** ausstehen haben; **2.** ***~ to*** infolge (*gen.*), wegen (*gen.*), dank (*dat.*): ***be ~ to*** zurückzuführen sein auf (*acc.*), zuzuschreiben sein (*dat.*).

owl [aʊl] *s.* **1.** *orn.* Eule *f*; **2.** *fig.* ‚alte Eule' (*Person*): ***wise old ~*** ‚kluges Kind'; **owl·ish** [ˈaʊlɪʃ] *adj.* □ eulenhaft.

own [əʊn] **I** *v/t.* **1.** besitzen; **2.** *Erben, Kind, Schuld etc.* anerkennen; **3.** zugeben, (ein)gestehen, einräumen: ***~ o.s. defeated*** sich geschlagen geben; **II** *v/i.* **4.** sich bekennen (***to*** zu): ***~ to*** → 3; **5.** ***~ up*** es zugeben *od.* gestehen; **III** *adj.* **6.** eigen: ***my ~ self*** ich selbst; ***~ brother to s.o.*** j-s leiblicher Bruder; **7.** eigen(-artig), besonder: ***it has a value all its ~*** es hat e-n ganz besonderen *od.* eigenen Wert; **8.** selbst: ***I cook my ~ breakfast*** ich mache mir das Frühstück selbst; **9.** (innig) geliebt, einzig: ***my ~ child!***; **IV** *s.* **10.** ***my ~*** a) mein Eigentum *n*, b) meine Angehörigen *pl.*: ***may I have it for my ~?*** darf ich es haben?; ***come into one's ~*** a) s-n rechtmäßigen Besitz erlangen, b) zur Geltung kommen; ***she has a car of her ~*** sie hat ein eigenes Auto; ***he has a way of his ~*** er hat e-e eigene Art; ***on one's ~*** F a) selbständig, unabhängig, ohne fremde Hilfe, b) von sich aus, aus eigenem Antrieb, c) auf eigene Verantwortung; ***be left on one's ~*** F sich selbst überlassen sein; ***get one's ~ back*** F sich revanchieren, sich rächen (***on*** an *dat.*); → ***hold*** 20.

-owned [əʊnd] *adj. in Zssgn* gehörig, gehörend (*dat.*), in *j-s* Besitz: ***state-~*** staatseigen, Staats…

own·er [ˈəʊnə] *s.* Eigentümer(in), Inhaber(in); ***at ~'s risk*** ✝ auf eigene Gefahr; ***~-driver*** j-d, der sein eigenes Auto fährt; ***~-occupation*** Eigennutzung *f* (*e-s Hauses etc.*); ˈ**own·er·less** [-lɪs] *adj.* herrenlos; ˈ**own·er·ship** [-ʃɪp] *s.* **1.** Eigentum(srecht) *n*, Besitzerschaft *f*; **2.** Besitz *m*.

ox [ɒks] *pl.* **ox·en** [ˈɒksn] *s.* **1.** Ochse *m*; **2.** (Haus)Rind *n*.

ox·a·late [ˈɒksəleɪt] *s.* ⚗ Oxaˈlat *n*; **ox·al·ic** [ɒksˈælɪk] *adj.* ⚗ oˈxalsauer: ***~ acid*** Oxalsäure *f*.

Ox·bridge [ˈɒksbrɪdʒ] *s. Brit.* F (die Universiˈtäten) Oxford *u.* Cambridge *pl.*

Ox·ford| **man** *s.* [*irr.*] → ***Oxonian*** II; ~ **move·ment** *s. eccl.* Oxfordbewegung *f*.

ox·i·dant [ˈɒksɪdənt] *s.* ⚗ Oxydatiˈonsmittel *n*; ˈ**ox·i·date** [-deɪt] → ***oxidize***; **ox·i·da·tion** [ˌɒksɪˈdeɪʃn] *s.* ⚗ Oxydatiˈon *f*, Oxydierung *f*; **ox·ide** [ˈɒksaɪd] *s.* ⚗ Oˈxyd *n*; ˈ**ox·i·dize** [-daɪz] *v/t. u. v/i.* ⚗ oxydieren; ˈ**ox·i·diz·er** [-daɪzə] *s.* ⚗ Oxydatiˈonsmittel *n*.

ˈ**ox·lip** *s.* ⚘ Hohe Schlüsselblume.

Ox·o·ni·an [ɒkˈsəʊnjən] **I** *adj.* Oxforder, Oxford…; **II** *s.* Mitglied *n od.* Graduierte(r *m*) *f* der Universiˈtät Oxford; *weitS.* Oxforder(in).

ˈ**ox·tail** *s.* Ochsenschwanz *m*: ***~ soup***.

ox·y·a·cet·y·lene [ˌɒksɪəˈsetɪliːn] *adj.* ⚗, ⚙ Sauerstoff-Azetylen…: ***~ torch*** *od.* ***burner*** Schweißbrenner *m*; ***~ welding*** Autogenschweißen *n*.

ox·y·gen [ˈɒksɪdʒən] *s.* ⚗ Sauerstoff *m*: ***~ apparatus*** Atemgerät *n*; ***~ tent*** ⚕ Sauerstoffzelt *n*; **ox·yg·e·nant** [ɒkˈsɪdʒənənt] *s.* Oxydatiˈonsmittel *n*; **ox·y·gen·ate** [ɒkˈsɪdʒəneɪt], **ox·y·gen·ize** [ɒkˈsɪdʒənaɪz] *v/t.* **1.** oxydieren, mit Sauerstoff verbinden *od.* behandeln; **2.** mit Sauerstoff anreichern.

ox·y-hy·dro·gen [ˌɒksɪˈhaɪdrədʒən] ⚗, ⚙ **I** *adj.* Hydrooxygen…, Knallgas…; **II** *s.* Knallgas *n*.

o·yer [ˈɔɪə] *s.* ⚖ **1.** *hist.* gerichtliche Unterˈsuchung; **2.** → ~ **and ter·mi·ner** [ˈtɜːmɪnə] *s.* ⚖ **1.** *hist.* gerichtliche Unterˈsuchung u. Entscheidung; **2.** *mst* ***commission*** (*od.* ***writ***) ***of ~*** *Brit. königliche Ermächtigung an die Richter der Assisengerichte, Gericht zu halten.*

o·yez [əʊˈjes] *int.* hört (zu)!

oys·ter [ˈɔɪstə] *s.* **1.** *zo.* Auster *f*: ***~s on the shell*** frische Austern; ***he thinks the world is his ~*** *fig.* er meint, er kann alles haben; **2.** F ‚zugeknöpfter

Mensch'; ~ **bank**, ~ **bed** *s.* Austernbank *f*; ~ **catch·er** *s. orn.* Austernfischer *m*; ~ **farm** *s.* Austernpark *m*.

o·zone ['əʊzəʊn] *s.* **1.** ⚗ O'zon *m*, *n*; **2.** F O'zon *m*, *n*, reine frische Luft; **o·zon·ic** [əʊ'zɒnɪk] *adj.* **1.** o'zonisch, Ozon…; **2.** o'zonhaltig; **o·zo·nif·er·ous** [ˌəʊzəʊ'nɪfərəs] *adj.* **1.** o'zonhaltig; **2.** o'zonerzeugend; **o·zo·nize** ['əʊzəʊnaɪz] **I** *v/t.* ozonisieren; **II** *v/i.* sich in O'zon verwandeln; **o·zo·niz·er** ['əʊzəʊnaɪzə] *s.* Ozoni'sator *m*.

P

P, p [piː] *s.* P *n*, p *n* (*Buchstabe*): ***mind one's P's and Q's*** sich sehr in acht nehmen.

pa [pɑː] *s.* F Pa'pa *m*, ‚Paps' *m*.

pab·u·lum ['pæbjʊləm] *s.* Nahrung *f* (*a. fig.*).

pace¹ [peɪs] **I** *s.* **1.** Schritt *m* (*a. als Maß*); **2.** Gang(art *f*) *m*: ***put a horse through its ~s*** ein Pferd alle Gangarten machen lassen; ***put s.o. through his ~s*** *fig.* j-n auf Herz u. Nieren prüfen; **3.** Paßgang *m* (*Pferd*); **4.** a) ⚔ Marschschritt *m*, b) (Marsch)Geschwindigkeit *f*, Tempo *n* (*a. sport*; *a. fig. e-r Handlung etc.*), Fahrt *f*, Schwung *m*: ***go the ~*** a) ein scharfes Tempo anschlagen, b) *fig.* flott leben; ***keep ~ with*** Schritt halten mit (*a. fig.*); ***set the ~*** *sport* das Tempo angeben (*a. fig.*) *od.* machen; ***at a great ~*** in schnellem Tempo; **II** *v/t.* **5.** *a.* ***~ out*** (*od.* ***off***) abschreiten; **6.** *Zimmer etc.* durch'schreiten, -'messen; **7.** *fig.* das Tempo (*gen.*) bestimmen; **8.** *sport* Schrittmacher sein für; **9.** *Pferd* im Paßgang gehen lassen; **III** *v/i.* **10.** (*auf u. ab etc.*) schreiten; **11.** im Paßgang gehen (*Pferd*).

pa·ce² ['peɪsɪ] (*Lat.*) *prp.* ohne (*dat.*) nahetreten zu wollen.

'pace|ˌmak·er *s. sport* (*a.* ⚕ Herz-) Schrittmacher *m*: ***~ race*** *Radsport*: Steherrennen *n*; **'~ˌmak·ing** *s. sport* Schrittmacherdienste *pl.*

pac·er ['peɪsə] *s.* **1.** → ***pacemaker***; **2.** Paßgänger *m* (*Pferd*).

pach·y·derm ['pækɪdɜːm] *s. zo.* Dickhäuter *m* (*a. humor. fig.*); **pach·y·der·ma·tous** [ˌpækɪ'dɜːmətəs] *adj.* **1.** *zo.* dickhäutig; *fig. a.* dickfellig; **2.** ♀ dickwandig.

pa·cif·ic [pə'sɪfɪk] *adj.* (□ ***~ally***) **1.** friedfertig, versöhnlich, Friedens...: ***~ policy***; **2.** ruhig, friedlich; **3.** ♀ *geogr.* pa'zifisch, Pa'zifisch: ***the*** ♀ (***Ocean***) der Pazifische *od.* Stille Ozean, der Pa'zifik; **pac·i·fi·ca·tion** [ˌpæsɪfɪ'keɪʃn] *s.* **1.** Befriedung *f*; **2.** Beschwichtigung *f*.

pac·i·fi·er ['pæsɪfaɪə] *s.* **1.** Friedensstifter(in); **2.** *Am.* a) Schnuller *m*, b) Beißring *m für Kleinkinder*; **'pac·i·fism** [-fɪzəm] *s.* Pazi'fismus *m*; **'pac·i·fist** [-fɪst] **I** *s.* Pazi'fist *m*; **II** *adj.* pazi'fistisch; **'pac·i·fy** [-faɪ] *v/t.* **1.** *Land* befrieden; **2.** besänftigen, beschwichtigen.

pack [pæk] **I** *s.* **1.** Pack(en) *m*, Ballen *m*, Bündel *n*; **2.** *bsd. Am.* Packung *f*, Schachtel *f Zigaretten etc.*, Päckchen *n*: ***a ~ of films*** ein Filmpack *m*; **3.** ⚕, *Kosmetik*: Packung *f*: ***face ~***; **4.** (Karten)Spiel *n*; **5.** ⚔ a) Tor'nister *m*, b) Rückentrage *f* (*Kabelrolle etc.*); **6.** Verpackungsweise *f*; **7.** (Schub *m*) Kon'serven *pl.*; **8.** Menge *f*: ***a ~ of lies*** ein Haufen Lügen; ***a ~ of nonsense*** lauter Unsinn; **9.** Packeis *n*; **10.** Pack *n*, Bande *f* (*Diebe etc.*); **11.** Meute *f*, Koppel *f* (*Hunde*); Rudel *n* (*Wölfe*, ⚔ *U-Boote*); **12.** *Rugby*: Sturm(reihe *f*) *m*; **II** *v/t.* **13.** *oft* ***~ up*** einpacken (*a.* ⚕), zs.-, verpakken: ***~ it in!*** F *fig.* hör doch auf (damit)!; **14.** zs.-pressen, -pferchen; → ***sardine***; **15.** vollstopfen: ***a ~ed house*** *thea. etc.* ein zum Bersten volles Haus; **16.** eindosen, konservieren; **17.** ⚙ (ab)dichten; **18.** bepacken, -laden; **19.** *Geschworenenbank etc.* mit s-n Leuten besetzen; **20.** *Am.* F (bei sich) tragen: ***~ a hard punch*** *Boxen*: e-n harten Schlag haben; **21.** *a.* ***~ off*** (fort)schicken, (-)jagen; **III** *v/i.* **22.** packen (*oft* ***~ up***): ***~ up*** *fig.* ‚einpacken' (*es aufgeben*); **23.** sich *gut etc.* (ver)packen lassen; **24.** fest werden, sich fest zs.-ballen; **25.** *mst* ***~ off*** *fig.* sich packen *od.* da'vonmachen: ***send s.o. ~ing*** j-n fortjagen; **26.** ***~ up*** *sl.* ‚absterben', ‚verrecken' (*Motor*) (***on s.o.*** j-m).

pack·age ['pækɪdʒ] **I** *s.* **1.** Pack *m*, Ballen *m*; Frachtstück *n*; *bsd. Am.* Pa'ket *n*; **2.** Packung *f* (*Spaghetti etc.*); **3.** Verpackung *f*; **4.** ⚙ betriebsfertige Maschine *od.* Baueinheit; **5.** ✝, *pol.*, *fig.* Pa'ket *n* (*a. Computer*), *pol. a.* Junktim *n*: ***~ deal*** a) Kopplungsgeschäft *n*, b) Pau'schalarrangeˌment *n*, -angebot *n*: ***~ tour*** Pauschalreise *f*, c) *pol.* Junktim *n*, d) (als Ganzes *od.* en bloc verkauftes) ('Fernseh- *etc.*)Proˌgramm *n*; **II** *v/t.* **6.**

verpacken; **7.** *Lebensmittel etc.* abpakken; **8.** ✝ en bloc anbieten *od.* verkaufen; ˈ**pack·ag·ing** [-dʒɪŋ] **I** *s.* (Einzel-)Verpackung *f*; **II** *adj.* Verpackungs...: ~ ***machine.***

ˈ**pack|-ˌan·i·mal** *s.* Pack-, Lasttier *n*; ˈ**~-cloth** *s.* Packleinwand *f*; ˈ**~-drill** *s.* ⚔ Strafexerzieren *n* in voller Marschausrüstung.

pack·er [ˈpækə] *s.* **1.** (Ver)Packer(in); **2.** ✝ Verpacker *m*, Großhändler *m*; *Am.* Konˈservenˌhersteller *m*; **3.** Verˈpackungsmaˌschine *f*.

pack·et [ˈpækɪt] **I** *s.* **1.** kleines Paˈket, Päckchen *n*, Schachtel *f* (*Zigaretten etc.*); ***sell s.o. a ~*** F j-n ‚anschmieren'; **2.** ⚓ *a.* ~ ***boat*** Postschiff *n*, Paˈketboot *n*; **3.** *sl.* Haufen *m* Geld, *e-e* ‚(hübsche) Stange Geld'; **4.** *sl.* ‚Ding' *n* (*Schlag, Ärger etc.*); **II** *v/t.* **5.** verpacken, paketieren.

ˈ**pack|·horse** *s.* **1.** Packpferd *n*; **2.** *fig.* Lastesel *m*; **~ ice** *s.* Packeis *n*.

pack·ing [ˈpækɪŋ] *s.* **1.** (Ver)Packen *n*: ***do one's ~*** packen; **2.** Konservierung *f*; **3.** Verpackung *f* (*a.* ✝); **4.** ⚙ a) (Ab-)Dichtung *f*, b) Dichtung *f*, c) ˈDichtungsmateriˌal *n*, d) Füllung *f*, e) *Computer*: Verdichtung *f*; **5.** Zs.-ballen *n*; **~ box** *s.* **1.** Packkiste *f*; **2.** ⚙ Stopfbüchse *f*; **~ case** *s.* Packkiste *f*; **~ de·part·ment** *s.* ✝ Packeˈrei *f*; **~ house** *s.* **1.** *Am.* Abpackbetrieb *m*; **2.** Warenlager *n*; **~ pa·per** *s.* ˈPackpaˌpier *n*; **~ ring** *s.* ⚙ Dichtring *m*, Manˈschette *f*; **~ sleeve** *s.* ⚙ Dichtungsmuffe *f*.

pack| rat *s. zo.* Packratte *f*; ˈ**~·sack** *s. Am.* Rucksack *m*, Torˈnister *m*; ˈ**~ˌsad·dle** *s.* Pack-, Saumsattel *m*; ˈ**~·thread** *s.* Packzwirn *m*, Bindfaden *m*; **~ train** *s.* ˈTragtierkoˌlonne *f*.

pact [pækt] s. Pakt *m*, Vertrag *m*.

pad¹ [pæd] **I** *s.* **1.** Polster *n*, (Stoß)Kissen *n*, Wulst *m*, Bausch *m*: ***oil ~*** ⚙ Schmierkissen *n*; **2.** *sport* Knie- *od.* Beinschützer *m*; **3.** ˈUnterlage *f*; ⚙ Konˈsole *f für Hilfsgeräte*; **4.** (ˈLöschpaˌpier-, Brief-, Schreib)Block *m*; **5.** Stempelkissen *n*; **6.** *zo.* (Fuß)Ballen *m*; **7.** *hunt.* Pfote *f*; **8.** *sl.* ‚Bude' *f* (*Zimmer od. Wohnung*); **9.** ✈ a) Startrampe *f*, b) (Raˈketen)Abschußrampe *f*; **10.** *Am. sl.* a) Schutzgelder *pl.*, b) Schmiergelder *pl.*; **II** *v/t.* **11.** (aus)polstern, wattieren: ***~ded cell*** Gummizelle *f* (*für Irre*): **12.** *fig. Rede, Schrift* ‚garnieren', ‚aufblähen'.

pad² [pæd] *v/t. u. v/i. a.* ~ ***along*** *sl.* (daˈhin)trotten, (-)latschen.

pad·ding [ˈpædɪŋ] *s.* **1.** (Aus)Polstern *n*; **2.** Polsterung *f*, Wattierung *f*, Einlage *f*; **3.** (Polster)Füllung *f*; **4.** *fig.* leeres Füllwerk, (Zeilen)Füllsel *n*; **5.** *a.* ~ ***capacitor*** ⚡ ˈPaddingkondenˌsator *m*.

pad·dle [ˈpædl] **I** *s.* **1.** Paddel *n*: **2.** ⚓ a) Schaufel(rad *n*) *f*, b) Raddampfer *m*; **3.** *obs.* Waschbleuel *m*; **4.** ⚙ Kratze *f*, Rührstange *f*; **5.** ⚙ a) Schaufel *f* (*Wasserrad*), b) Schütz *n*, Falltor *n* (*Schleuse*); **II** *v/i.* **6.** rudern, *bsd.* paddeln; → ***canoe*** I; **7.** *im Wasser* planschen; **8.** watscheln; **III** *v/t.* **9.** paddeln; **10.** *Am.* F verhauen; **~ steam·er** *s.* ⚓ Raddampfer *m*; **~ wheel** *s.* Schaufelrad *n*.

pad·dling pool [ˈpædlɪŋ] *s.* Planschbekken *n*.

pad·dock¹ [ˈpædək] *s.* **1.** (Pferde)Koppel *f*; **2.** *sport* a) Sattelplatz *m*, b) *mot.* Fahrerlager *n*.

pad·dock² [ˈpædək] *s. zo.* **1.** *obs. od. dial.* Frosch *m*; **2.** *obs.* Kröte *f*.

Pad·dy¹ [ˈpædɪ] *s.* F ‚ˈPaddy' *m* (*Ire*).

pad·dy² [ˈpædɪ] *s.* ✝ roher Reis.

pad·dy³ [ˈpædɪ] *s.* F Wutanfall *m*; **~ wag·on** *s. Am.* F ‚grüne Minna' (*Polizeigefangenenwagen*).

pad·lock [ˈpædlɒk] **I** *s.* Vorhänge-, Vorlegeschloß *n*; **II** *v/t.* mit e-m Vorhängeschloß verschließen.

pa·dre [ˈpɑːdrɪ] *s.* Pater *m* (*Priester*); ⚔ Kaˈplan *m*.

pae·an [ˈpiːən] *s.* **1.** *antiq.* Päˈan *m*; **2.** *allg.* Freuden-, Lobgesang *m*.

paed·er·ast *etc.* → ***pederast*** *etc.*

pae·di·at·ric *etc.* → ***pediatric*** *etc.*

pa·gan [ˈpeɪgən] **I** *s.* Heide *m*, Heidin *f*; **II** *adj.* heidnisch; ˈ**pa·gan·ism** [-nɪzəm] *s.* Heidentum *n*.

page¹ [peɪdʒ] **I** *s.* **1.** Seite *f* (*Buch etc.*); *typ.* Schriftseite *f*, Koˈlumne *f*: ~ ***printer*** *tel.* Blattdrucker *m*; **2.** *fig.* Chronik *f*, Buch *n*; **3.** *fig.* Blatt *n aus der Geschichte etc.*; **II** *v/t.* **4.** paginieren.

page² [peɪdʒ] **I** *s.* **1.** *hist.* Page *m*; Edelknabe *m*; **2.** *a.* ~ ***boy*** (Hoˈtel)Page *m*; **II** *v/t.* **3.** *j-n* (durch e-n Pagen *od.* per Lautsprecher) ausrufen lassen; **4.** mit *j-m* über Funkrufempfänger Konˈtakt aufnehmen, *j-n* ‚anpiepsen'.

pag·eant [ˈpædʒənt] *s.* **1.** a) (*bsd.* hiˈstorischer) Fest- *od.* Umzug, b) (historisches) Festspiel; **2.** (Schau)Gepränge *n*, Pomp *m*; **3.** *fig.* leerer Prunk; ˈ**pag·eant·ry** [-rɪ] *s.* → ***pageant*** 2, 3.

pag·er [ˈpeɪdʒə(r)] Funkrufempfänger *m*, ‚Piepser' *m*.

pag·i·nal [ˈpædʒɪnl] *adj.* Seiten...; ˈ**pag·i·nate** [-neɪt] *v/t.* paginieren; **pag·i·na·tion** [ˌpædʒɪˈneɪʃn], *a.* **pag·ing** [ˈpeɪdʒɪŋ] *s.* Paginierung *f*, ˈSeitennumeˌrierung *f*.

pa·go·da [pə'gəʊdə] *s.* Pa'gode *f*; **~ tree** *s.* ⚘ So'phora *f*: ***shake the ~*** *obs. fig.* in Indien schnell ein Vermögen machen.

pah [pɑː] *int. contp.* a) pfui!, b) pah!

paid [peɪd] **I** *pret. u. p.p. von* ***pay***; **II** *adj.* bezahlt: ***~ in*** → ***paid-in***; ***~ up*** → ***paid-up***; ***put ~ to s.th.*** e-r Sache ein Ende setzen; **ˌ~-'in** *adj.* **1.** ✝ (voll) eingezahlt: ***~ capital*** Einlagekapital *n*; **2.** → ***paid-up*** 2; **ˌ~-'up** *adj.* **1.** → ***paid-in*** 1; **2. *fully ~ member*** Mitglied *n* ohne Beitragsrückstände, vollwertiges Mitglied.

pail [peɪl] *s.* Eimer *m*, Kübel *m*; **'pail·ful** [-fʊl] *s. ein* Eimer(voll) *m*: ***by ~s*** eimerweise.

pail·lasse ['pælɪæs] *s.* Strohsack *m* (*Matratze*).

pain [peɪn] **I** *s.* **1.** Schmerz(en *pl.*) *m*, Pein *f*; *pl.* ⚕ (Geburts)Wehen *pl.*: ***be in ~*** Schmerzen haben, leiden; ***you are a ~ in the neck*** F du gehst mir auf die Nerven; **2.** Schmerz(en *pl.*) *m*, Leid *n*, Kummer *m*: ***give*** (*od.* ***cause***) ***s.o. ~*** j-m Kummer machen; **3.** *pl.* Mühe *f*, Bemühungen *pl.*: ***be at ~s, take ~s*** sich Mühe geben, sich anstrengen; ***spare no ~s*** keine Mühe scheuen; ***all he got for his ~s*** der (ganze) Dank (für s-e Mühe); **4.** Strafe *f*: (***up***)***on*** (*od.* ***under***) ***~ of*** bei Strafe von; ***on*** (*od.* ***under***) ***~ of death*** bei Todesstrafe; **II** *v/t.* **5.** *j-m* weh tun, *j-n* schmerzen; *fig. a. j-n* schmerzlich berühren, peinigen; **pained** [-nd] *adj.* gequält, schmerzlich; **'pain·ful** [-fʊl] *adj.* □ **1.** schmerzhaft; **2.** a) schmerzlich, quälend, b) peinlich: ***produce a ~ impression*** peinlich wirken; **3.** mühsam; **'pain·ful·ness** [-fʊlnɪs] *s.* Schmerzhaftigkeit *f etc.*; **'painˌkill·er** *s.* F schmerzstillendes Mittel; **'pain·less** [-lɪs] *adj.* □ schmerzlos (*a. fig.*).

pains·tak·ing ['peɪnzˌteɪkɪŋ] **I** *adj.* □ sorgfältig, gewissenhaft; eifrig; **II** *s.* Sorgfalt *f*, Mühe *f*.

paint [peɪnt] **I** *v/t.* **1.** *Bild* malen; *fig.* ausmalen, schildern: ***~ s.o.'s portrait*** j-n malen; **2.** an-, bemalen, (an)streichen; *Auto* lackieren: ***~ out*** übermalen; ***~ the town red*** *sl.* ‚auf die Pauke hauen', ‚(schwer) einen draufmachen'; → ***lily***; **3.** *Mittel* auftragen, *Hals, Wunde* (aus)pinseln; **4.** schminken: ***~ one's face*** sich schminken, sich ‚anmalen'; **II** *v/i.* **5.** malen; **6.** streichen; **7.** sich schminken; **III** *s.* **8.** (Anstrich-, Öl)Farbe *f*; (Auto)Lack *m*; Tünche *f*; **9.** *a.* ***coat of ~*** Anstrich *m*: ***as fresh as ~*** F frisch u. munter; **10.** Schminke *f*; **11.** ⚕ Tink'tur *f*; **'~·box** *s.* **1.** Tusch-, Malkasten *m*; **2.** Schminkdose *f*; **'~·brush** *s.* Pinsel *m*.

paint·ed ['peɪntɪd] *p.p. u. adj.* **1.** ge-, bemalt, gestrichen; lackiert; **2.** *bsd.* ⚘, *zo.* bunt, scheckig; **3.** *fig.* gefärbt; ♀ **La·dy** *s.* **1.** *zo.* Distelfalter *m*; **2.** ⚘ Rote Wucherblume; **~ wom·an** *s.* Hure *f*, ‚Flittchen' *n*.

paint·er[1] ['peɪntə] *s.* ⚓ Fangleine *f*: ***cut the ~*** *fig.* alle Brücken hinter sich abbrechen.

paint·er[2] ['peɪntə] *s.* **1.** (Kunst)Maler(-in); **2.** Maler *m*, Anstreicher *m*: ***~'s colic*** ⚕ Bleikolik *f*; ***~'s shop*** a) Malerwerkstatt *f*, b) (Auto)Lackiererei *f*; **'paint·ing** [-tɪŋ] *s.* **1.** Malen *n*, Male'rei *f*: ***~ in oil*** Ölmalerei *f*; **2.** Gemälde *n*, Bild *n*; **3.** ⚙ a) Farbanstrich *m*, b) Spritzlackieren *n*.

paint| re·fresh·er *s.* 'Neuglanzpoliˌtur *f*; **~ re·mov·er** *s.* (Farben)Abbeizmittel *n*.

paint·ress ['peɪntrɪs] *s.* Malerin *f*.

'paint|-ˌspray·ing pis·tol *s.* ⚙ ('Anstreich)ˌSpritzpiˌstole *f*; **'~·work** *s. mot.* Lackierung *f*, Lack *m*.

pair [peə] **I** *s.* **1.** Paar *n*: ***a ~ of boots, legs*** *etc.*; **2.** (*Zweiteiliges, mst unübersetzt*): ***a ~ of scales*** (***scissors, spectacles***) eine Waage (Schere, Brille); ***a ~ of trousers*** ein Paar Hosen, eine Hose; **3.** Paar *n*, Pärchen *n* (*Mann u. Frau; zo. Männchen u. Weibchen*): ***~ skating*** *sport* Paarlauf(en *n*) *m*; ***in ~s*** paarweise; **4.** Partner *m*; Gegenstück *n* (*von e-m Paar*); *der* (*die, das*) andere *od.* zweite: ***where is the ~ to this shoe?***; **5.** *pol.* a) *zwei Mitglieder verschiedener Parteien, die sich abgesprochen haben, sich der Stimme zu enthalten etc.*, b) *dieses Abkommen*, c) *e-r dieser Partner*; **6.** (Zweier)Gespann *n*: ***carriage and ~*** Zweispänner *m*; **7.** *sport* Zweier *m* (*Ruderboot*): ***~ with cox*** Zweier mit Steuermann; **8.** *a.* ***kinematic ~*** ⚙ Ele'mentenpaar *n*; **9.** *Brit.* ***~ of stairs*** (*od.* ***steps***) Treppe *f*: ***two ~ front*** (***back***) (Raum *m od.* Mieter *m*) im zweiten Stock nach vorn (hinten); **II** *v/t.* **10.** *a.* ***~ off*** a) paarweise anordnen, b) F *fig.* verheiraten; **11.** *Tiere* paaren (***with*** mit); **III** *v/i.* **12.** sich paaren (*Tiere*) (*a. fig.*); **13.** zs.-passen; **14. *~ off*** a) paarweise weggehen, b) F *fig.* sich verheiraten (***with*** mit), c) *pol.* (***with*** mit *e-m Mitglied e-r anderen Partei*) ein Abkommen treffen (→ 5a); **pair·ing** ['peərɪŋ] *s. biol.* Paarung *f* (*a. sport*): ***~ season, ~ time*** Paarungszeit *f*.

pair-oar ['peərɔː] **I** *s.* Zweier *m* (*Boot*); **II** *adj.* zweiruderig.

pa·ja·mas [pə'dʒɑːməs] *bsd. Am.* → ***py-jamas.***

Pak·i ['pækɪ] *s. Brit. sl.* Paki'stani *m.*

Pak·i·stan·i [ˌpɑːkɪ'stɑːnɪ] **I** *adj.* paki'stanisch; **II** *s.* Paki'staner(in), Paki'stani *m.*

pal [pæl] **I** *s.* F ‚Kumpel' *m*, ‚Spezi' *m*, Freund *m*; **II** *v/i. mst* ~ ***up*** F sich anfreunden (***with s.o.*** mit j-m).

pal·ace ['pælɪs] *s.* Schloß *n*, Pa'last *m*, Pa'lais *n*: ~ ***of justice*** Justizpalast; ~ ***car*** *s.* 🚃 Sa'lonwagen *m*; ~ ***guard*** *s.* **1.** Pa'lastwache *f*; **2.** *fig. contp.* Clique *f um e-n Regierungschef*, Kama'rilla *f*; ~ ***rev·o·lu·tion*** *s. pol. fig.* Pa'lastrevoluti͵on *f.*

pal·a·din ['pælədɪn] *s. hist.* Pala'din *m* (*a. fig.*).

pa·lae·og·ra·pher *etc.* → ***paleographer*** *etc.*

pal·at·a·ble ['pælətəbl] *adj.* □ wohlschmeckend, schmackhaft (*a. fig.*); **'pal·a·tal** [-tl] **I** *adj.* **1.** Gaumen...; **II** *s.* **2.** Gaumenknochen *m*; **3.** *ling.* Pala'tal(-laut) *m*; **'pal·a·tal·ize** [-təlaɪz] *v/t. ling. Laut* palatalisieren; **pal·ate** ['pælət] *s.* **1.** *anat.* Gaumen *m*: ***bony*** (*od.* ***hard***) ~ harter Gaumen, Vordergaumen; ***cleft*** ~ Wolfsrachen *m*; ***soft*** ~ weicher Gaumen, Gaumensegel *n*; **2.** *fig.* (***for***) Gaumen *m*, Sinn *m* (für), Geschmack *m* (an *dat.*).

pa·la·tial [pə'leɪʃl] *adj.* pa'lastartig, Palast..., Schloß..., Luxus...

pa·lat·i·nate [pə'lætɪnət] **I** *s.* **1.** *hist.* Pfalzgrafschaft *f*; **2.** ***the*** ♀ die (Rhein-)Pfalz; **II** *adj.* **3.** ♀ Pfälzer, pfälzisch.

pal·a·tine[1] ['pælətaɪn] **I** *adj.* **1.** *hist.* Pfalz..., pfalzgräflich: ***Count*** ♀ Pfalzgraf; ***County*** ♀ Pfalzgrafschaft *f*; **2.** ♀ pfälzisch, Pfälzer(...); **II** *s.* **3.** Pfalzgraf *m*; **4.** ♀ (Rhein)Pfälzer(in).

pal·a·tine[2] ['pælətaɪn] *anat.* **I** *adj.* Gaumen...: ~ ***tonsil*** Gaumen-, Halsmandel *f*; **II** *s.* Gaumenbein *n.*

pa·lav·er [pə'lɑːvə] **I** *s.* **1.** Unter'handlung *f*, -'redung *f*, Konfe'renz *f*; **2.** F ‚Pa'laver' *n*, Geschwätz *n*; **3.** F ‚Wirbel' *m*; **II** *v/i.* **4.** unter'handeln; **5.** pa'lavern, ‚quasseln'; **III** *v/t.* **6.** F *j-n* beschwatzen; *j-m* schmeicheln.

pale[1] [peɪl] **I** *s.* **1.** Pfahl *m* (*a. her.*); **2.** *bsd. fig.* um'grenzter Raum, Bereich *m*, (enge) Grenzen *pl.*: ***beyond the*** ~ *fig.* jenseits der Grenzen des Erlaubten; ***within the*** ~ ***of the Church*** im Schoße der Kirche; **II** *v/t.* **3.** *a.* ~ ***in*** einpfählen, -zäunen; *fig.* um'schließen; **4.** *hist.* pfählen.

pale[2] [peɪl] **I** *adj.* □ **1.** blaß, bleich, fahl: ***turn*** ~ → 3; ~ ***with fright*** schreckensbleich; ***as*** ~ ***as ashes*** (***clay***, ***death***) aschfahl (kreidebleich, totenblaß); **2.** hell, blaß, matt (*Farben*): ~ ***ale*** helles Bier; ~ ***green*** Blaß-, Zartgrün; ~ ***pink*** (Blaß)Rosa; **II** *v/i.* **3.** blaß werden, erbleichen, erblassen; **4.** *fig.* verblassen (***before*** *od.* ***beside*** vor *dat.*); **III** *v/t.* **5.** bleich machen, erbleichen lassen.

'pale·face *s.* Bleichgesicht *n* (*Ggs. Indianer*).

pale·ness ['peɪlnɪs] *s.* Blässe *f*, Farblosigkeit *f* (*a. fig.*).

pa·le·og·ra·pher [ˌpælɪ'ɒgrəfə] *s.* Paläo'graph *m*; **ˌpa·le'og·ra·phy** [-fɪ] *s.* **1.** alte Schriftarten *pl.*, alte Schriftdenkmäler *pl.*; **2.** Paläogra'phie *f*, Handschriftenkunde *f.*

pa·le·o·lith·ic [ˌpælɪəʊ'lɪθɪk] **I** *adj.* paläo'lithisch, altsteinzeitlich; **II** *s.* Altsteinzeit *f.*

pa·le·on·tol·o·gist [ˌpælɪɒn'tɒlədʒɪst] *s.* Paläonto'loge *m*; **ˌpa·le·on'tol·o·gy** [-dʒɪ] *s.* Paläontolo'gie *f.*

pa·le·o·zo·ic [ˌpælɪəʊ'zəʊɪk] *geol.* **I** *adj.* paläo'zoisch: ~ ***era*** → II; **II** *s.* Paläo'zoikum *n.*

Pal·es·tin·i·an [ˌpæle'stɪnɪən] **I** *adj.* palästi'nensisch; **II** *s.* Palästi'nenser(in).

pal·e·tot ['pæltəʊ] *s.* **1.** 'Paletot *m*, 'Überzieher *m* (*für Herren*); **2.** loser (Damen)Mantel.

pal·ette ['pælət] *s. paint.* Pa'lette *f*, *fig. a.* Farbenskala *f*; ~ ***knife*** *s.* Streichmesser *n*, Spachtel *m*, *f.*

pal·frey ['pɔːlfrɪ] *s.* Zelter *m.*

pal·ing ['peɪlɪŋ] *s.* Um'pfählung *f*, Pfahl-, Lattenzaun *m*, Sta'ket *n.*

pal·in·gen·e·sis [ˌpælɪn'dʒenɪsɪs] *s. bsd. eccl.* 'Wiedergeburt *f*, *a. biol.* Palinge'nese *f.*

pal·i·sade [ˌpælɪseɪd] **I** *s.* **1.** Pali'sade *f*; Pfahlzaun *m*, Sta'ket *n*; **2.** Schanzpfahl *m*; **II** *v/t.* **3.** mit Pfählen *od.* mit e-r Palisade um'geben.

pall[1] [pɔːl] *s.* **1.** Bahr-, Leichentuch *n*; **2.** *fig.* Mantel *m*, Hülle *f*, Decke *f*; **3.** a) (Rauch)Wolke *f*, b) Dunstglocke *f*; **4.** *eccl.* → ***pallium*** 2; **5.** *her.* Gabel(kreuz *n*) *f.*

pall[2] [pɔːl] **I** *v/i.* **1.** (***on***, ***upon***) jeden Reiz verlieren (für), *j-n* kalt lassen *od.* langweilen; **2.** schal *od.* fade werden, s-n Reiz verlieren; **II** *v/t.* **3.** *a. fig.* über'sättigen.

pal·la·di·um [pə'leɪdjəm] [-djə] *s.* Pal'ladium *n*: a) *pl.* **-di·a** *fig.* Hort *m*, Schutz *m*, b) ⚗ *ein Element.*

'pall,bear·er *s.* Sargträger *m.*
pal·let¹ ['pælɪt] *s.* (Stroh)Lager *n*, Strohsack *m*, Pritsche *f.*
pal·let² ['pælɪt] *s.* **1.** ⚙ Dreh-, Töpferscheibe *f*; **2.** *paint.* Pa'lette *f*; **3.** Trokkenbrett *n* (*für Keramik, Ziegel etc.*); **4.** ⚙ Pa'lette: ~ ***truck*** Gabelstapler *m*; **'pal·let·ize** [-lətaɪz] *v/t.* ⚙ palettieren.
pal·liasse ['pælɪæs] → ***paillasse.***
pal·li·ate ['pælɪeɪt] *v/t.* **1.** ⚕ lindern; **2.** *fig.* bemänteln, beschönigen; **pal·li·a·tion** [,pælɪ'eɪʃn] *s.* **1.** Linderung *f*; **2.** Bemäntelung *f*, Beschönigung *f*; **'pal·li·a·tive** [-ɪətɪv] **I** *adj.* **1.** ⚕ lindernd, pallia'tiv; **2.** *fig.* bemäntelnd, beschönigend; **II** *s.* **3.** ⚕ Linderungsmittel *n*; **4.** *fig.* Bemäntelung *f.*
pal·lid ['pælɪd] *adj.* □ *a. fig.* blaß, farblos; **'pal·lid·ness** [-nɪs] *s.* Blässe *f.*
pal·li·um ['pælɪəm] *pl.* **-li·a** [-lɪə], **-li·ums** *s.* **1.** *antiq.* 'Pallium *n*, Philo'sophenmantel *m*; **2.** *eccl.* a) Pallium *n* (*Schulterband des Erzbischofs*), b) Al'tartuch *n*; **3.** *anat.* (Ge)Hirnmantel *m*; **4.** *zo.* Mantel *m.*
pal·lor ['pælə] *s.* Blässe *f.*
pal·ly ['pælɪ] *adj.* F **1.** (eng) befreundet; **2.** kumpelhaft.
palm¹ [pɑːm] **I** *s.* **1.** Handfläche *f*, -teller *m*, hohle Hand: ***grease*** (*od.* ***oil***) ***s.o.'s*** ~ j-n ‚schmieren', bestechen; **2.** Hand(-breite) *f* (*als Maß*); **3.** Schaufel *f* (*Anker, Hirschgeweih*); **II** *v/t.* **4.** betasten, streicheln; **5.** a) palmieren (*wegzaubern*), b) *Am. sl.* ‚klauen', stehlen; **6.** ~ ***s.th. off on s.o.***, ~ ***s.o. off with s.th.*** j-m et. ‚aufhängen' *od.* ‚andrehen'; ~ ***o.s. off*** (***as***) sich ausgeben (als).
palm² [pɑːm] *s.* **1.** ⚘ Palme *f*; **2.** *fig.* Siegespalme *f*, Krone *f*, Sieg *m*: ***bear*** (*od.* ***win***) ***the*** ~ den Sieg davontragen; → ***yield*** 4.
pal·mate ['pælmɪt] *adj.* **1.** ⚘ handförmig (gefingert *od.* geteilt); **2.** *zo.* schwimmfüßig.
palm grease *s.* F Schmiergeld *n.*
pal·mi·ped ['pælmɪped], **'pal·mi·pede** [-ɪpiːd] *zo.* **I** *adj.* schwimmfüßig; **II** *s.* Schwimmfüßer *m.*
palm·ist ['pɑːmɪst] *s.* Handleser(in); **'palm·is·try** [-trɪ] *s.* Handlesekunst *f*, Chiroman'tie *f.*
palm| oil *s.* **1.** Palmöl *n*; **2.** → ***palm grease***; **♀ Sun·day** *s.* Palm'sonntag *m*; ~ **tree** *s.* Palme *f.*
palm·y ['pɑːmɪ] *adj.* **1.** palmenreich; **2.** *fig.* glorreich, Glanz..., Blüte...
pa·loo·ka [pə'luːkə] *s. Am. sl.* **1.** *bsd. sport* ‚Niete' *f*, ‚Flasche' *f*; **2.** ‚Ochse' *m*; **3.** Lümmel *m.*
palp [pælp] *s. zo.* Taster *m*, Fühler *m*; **pal·pa·bil·i·ty** [,pælpə'bɪlətɪ] *s.* **1.** Fühl-, Greif-, Tastbarkeit *f*; **2.** *fig.* Handgreiflichkeit *f*, Augenfälligkeit *f*; **'pal·pa·ble** [-pəbl] *adj.* □ **1.** fühl-, greif-, tastbar; **2.** *fig.* handgreiflich, augenfällig; **'pal·pa·ble·ness** [-pəblnɪs] → ***palpability***; **'pal·pate** [-peɪt] *v/t.* befühlen, abtasten (*a.* ⚕); **pal·pa·tion** [pæl'peɪʃn] *s.* Abtasten *n* (*a.* ⚕).
pal·pe·bra ['pælpɪbrə] *s. anat.* Augenlid *n*: ***lower*** ~ Unterlid *n.*
pal·pi·tant ['pælpɪtənt] *adj.* klopfend, pochend; **pal·pi·tate** ['pælpɪteɪt] *v/i.* **1.** klopfen, pochen (*Herz*); **2.** (er)zittern; **pal·pi·ta·tion** [,pælpɪ'teɪʃn] *s.* Klopfen *n*, (heftiges) Schlagen: ~ (***of the heart***) ⚕ Herzklopfen *n.*
pal·sied ['pɔːlzɪd] *adj.* **1.** gelähmt; **2.** zittrig, wacklig; **pal·sy** ['pɔːlzɪ] **I** *s.* **1.** ⚕ Lähmung *f*: ***shaking*** ~ Schüttellähmung; ***wasting*** ~ progressive Muskelatrophie; → ***writer*** 1; **2.** *fig.* Ohnmacht *f*, Lähmung *f*; **II** *v/t.* **3.** lähmen.
pal·ter ['pɔːltə] *v/i.* **1.** (***with***) gemein handeln (an *dat.*), sein Spiel treiben (mit); **2.** feilschen.
pal·tri·ness ['pɔːltrɪnɪs] *s.* Armseligkeit *f*, Schäbigkeit *f*; **pal·try** ['pɔːltrɪ] *adj.* □ **1.** armselig, karg: ***a*** ~ ***sum***; **2.** dürftig, fadenscheinig: ***a*** ~ ***excuse***; **3.** schäbig, schofel, gemein: ***a*** ~ ***fellow***; ***a*** ~ ***lie***; ***a*** ~ ***ten dollars*** lumpige zehn Dollar.
pam·pas ['pæmpəs] *s. pl.* Pampas *pl.* (*südamer. Grasebene*[*n*]).
pam·per ['pæmpə] *v/t.* verwöhnen, -hätscheln; *fig. Stolz etc.* nähren, ‚hätscheln'; *e-m Gelüst* frönen.
pam·phlet ['pæmflɪt] *s.* **1.** Bro'schüre *f*, Druckschrift *f*, Heft *n*; **2.** Flugblatt *n*, -schrift *f*; **pam·phlet·eer** [,pæmflə'tɪə] *s.* Verfasser(in) von Flugschriften.
pan¹ [pæn] **I** *s.* **1.** Pfanne *f*: ***frying*** ~ Bratpfanne; **2.** ⚙ Pfanne *f*, Tiegel *m*, Becken *n*, Mulde *f*, Trog *m*; **3.** Schale *f* (*e-r Waage*); **4.** ⚔ *hist.* (Zünd)Pfanne *f*; → ***flash*** 2; **5.** *sl.* Vi'sage *f*, Gesicht *n*; **6.** F ‚Verriß' *m*, vernichtende Kri'tik; **II** *v/t.* **7.** *oft* ~ ***out***, ~ ***off*** *Gold*(*sand*) auswaschen; **8.** F ‚verreißen', scharf kritisieren; **III** *v/i.* **9.** ~ ***out*** *Am. sl.* sich bezahlt machen, ‚klappen': ~ ***out well*** a) *an Gold* ergiebig sein, b) *fig.* ‚hinhauen', ‚einschlagen'.
pan² [pæn] **I** *v/t. Filmkamera* schwenken, fahren; **II** *v/i.* a) panoramieren, die 'Film,kamera fahren *od.* schwenken, b) (her'um)schwenken (*Kamera*); **III** *s. Film*: Schwenk *m.*
pan- [pæn] *in Zssgn* all..., gesamt...;

All…, Gesamt…, Pan…

pan·a·ce·a [ˌpænəˈsɪə] *s.* Allˈheil-, Wundermittel *n*; *fig. a.* Paˈtentreˌzept *n*.

pa·nache [pəˈnæʃ] *s.* **1.** Helm-, Federbusch *m*; **2.** *fig.* Großtueˈrei *f*.

Pan-A·mer·i·can [ˌpænəˈmerɪkən] *adj.* panameriˈkanisch.

ˈ**pan·cake I** *s.* **1.** Pfann-, Eierkuchen *m*; **2.** Leder *n* geringerer Qualität (*aus Resten hergestellt*); **3.** *a.* ~ **landing** ✈ Bumslandung *f*; **II** *v/i.* **4.** ✈ *bei Landung* ˈdurchsacken; **III** *v/t.* **5.** ✈ *Maschine* ˈdurchsacken lassen; **IV** *adj.* **6.** Pfannkuchen…: ~ **Day** F Fastnachtsdienstag *m*; **7.** flach: ~ **coil** ⚡ Flachspule.

pan·chro·mat·ic [ˌpænkrəʊˈmætɪk] *adj.* ♪, *phot.* panchroˈmatisch.

pan·cre·as [ˈpæŋkrɪəs] *s. anat.* Bauchspeicheldrüse *f*, Pankreas *n*; **pan·cre·at·ic** [ˌpæŋkrɪˈætɪk] *adj.* Bauchspeicheldrüsen…: ~ **juice** Bauchspeichel *m*.

pan·da [ˈpændə] *s. zo.* Panda *m*, Katzenbär *m*; ~ **car** *s. Brit.* (Funk-, Poliˈzei)Streifenwagen *m*; ~ **cros·sing** *s. Brit.* ˈFußgängerˌüberweg *m* mit Druckampel.

pan·dem·ic [pænˈdemɪk] *adj.* ⚕ panˈdemisch, ganz allgemein verbreitet.

pan·de·mo·ni·um [ˌpændɪˈməʊnjəm] *s. fig.* **1.** Inˈferno *n*, Hölle *f*; **2.** Höllenlärm *m*.

pan·der [ˈpændə] **I** *s.* **1.** a) Kuppler(in), b) Zuhälter *m*; **2.** *fig.* j-d, der aus den Schwächen u. Lastern anderer Kapiˈtal schlägt; j-d, der e-m Laster Vorschub leistet; **II** *v/t.* **3.** verkuppeln; **III** *v/i.* **4.** kuppeln; **5.** (**to**) *e-m Laster etc.* Vorschub leisten: ~ **to s.o.'s ambition** j-s Ehrgeiz anstacheln.

Pan·do·ra's box [pænˈdɔːrəz] *s. myth. u. fig.* die Büchse der Panˈdora.

pane [peɪn] *s.* **1.** (Fenster)Scheibe *f*; **2.** ⚙ Feld *n*, Fach *n*, Platte *f*, Tafel *f*, Füllung *f* (*Tür*), △ Kasˈsette *f* (*Decke*): ~ **of glass** *e-e* Tafel Glas; **3.** ebene Seitenfläche; Finne *f* (*Hammer*); Faˈcette *f* (*Edelstein*).

pan·e·gyr·ic [ˌpænɪˈdʒɪrɪk] **I** *s.* Lobrede *f*, -preisung *f*, -schrift *f*, Lobeshymne *f* (**on** über *acc.*); **II** *adj.* → **pan·eˈgyr·i·cal** [-kl] *adj.* □ lobpreisend, Lob(es)…; ˌ**pan·eˈgyr·ist** [-ɪst] *s.* Lobredner *m*; **pan·e·gy·rize** [ˈpænɪdʒɪraɪz] **I** *v/t.* (lob)preisen, ‚in den Himmel heben'; **II** *v/i.* sich in Lobeshymnen ergehen.

pan·el [ˈpænl] **I** *s.* **1.** △ (vertieftes) Feld, Fach *n*, Füllung *f* (*Tür*), Täfelung *f* (*Wand*); **2.** Tafel *f* (*Holz*), Platte *f* (*Blech etc.*); **3.** *paint.* Holztafel *f*, Gemälde *n* auf Holz; **4.** *phot.* (Bild *n* im) ˈHochforˌmat *n*; **5.** Einsatz(streifen) *m am Kleid*; **6.** ✈ a) ⚔ ˈFlieger-, Siˈgnaltuch *n*, b) Stoffbahn *f* (*Fallschirm*), c) Streifen *m* der Bespannung (*am Flugzeugflügel*), Verkleidung(sblech *n*) *f* (*Flügelbauteil*); **7.** ⚡, ⚙ a) → **instrument** 6, b) Schalttafel(feld *n*) *f*, c) *Radio etc.*: Feld *n*, Einschub *m*, d) → **panel board** 2; **8.** (Bau)Abteilung *f*, Abschnitt *m*; **9.** ⚒ (Abbau)Feld *n*; **10.** ⚖ a) Liste *f* der Geschworenen, b) Geschworene *pl.*; **11.** (ˈUnter)Ausschuß *m*, Kommissiˈon *f*, Gremium *n*, Kammer *f*; **12.** a) → **panel discussion**, b) Diskussiˈonsteilnehmer *pl.*; **13.** *Meinungsforschung*: Befragtengruppe *f*; **II** *v/t.* **14.** täfeln, paneelieren, in Felder einteilen; **15.** *Kleid* mit Einsatzstreifen verzieren.

pan·el| board *s.* **1.** ⚙ Füllbrett *n*, (Wand-, Parˈkett)Tafel *f*; **2.** ⚡ Schaltbrett *n*, -tafel *f*; ~ **dis·cus·sion** *s.* Podiumsgespräch *n*, öffentliche Diskussiˈon; ~ **game** *s. TV etc.*: Ratespiel *n*, ˈQuiz(proˌgramm) *n*; ~ **heat·ing** *s.* Flächenheizung *f*.

pan·el·ist [ˈpænlɪst] *s.* **1.** Diskussiˈonsteilnehmer(in); **2.** *TV etc.* Teilnehmer (-in) an e-m ˈQuizproˌgramm.

pan·el·(l)ing [ˈpænlɪŋ] *s.* Täfelung *f*, Verkleidung *f*.

pan·el| sys·tem *s.* ˈListensyˌstem *n* (*für die Auswahl von Abgeordneten etc.*); ~ **saw** *s.* Laubsäge *f*; ~ **truck** *s. Am.* (kleiner) Lieferwagen; ˈ**~·work** *s.* Tafel-, Fachwerk *n*.

pang [pæŋ] *s.* **1.** plötzlicher Schmerz, Stechen *n*, Stich *m*: **death ~s** Todesqualen; **~s of hunger** nagender Hunger; **~s of love** Liebesschmerz *m*; **2.** *fig.* aufschießende Angst, plötzlicher Schmerz, Qual *f*, Weh *n*, Pein *f*: **~s of remorse** heftige Gewissensbisse.

ˌ**Pan-ˈGer·man I** *adj.* ˈpangerˌmanisch, all-, großdeutsch; **II** *s.* ˈPangermaˌnist *m*, Alldeutsche(r) *m*.

pan·han·dle [ˈpænˌhændl] **I** *s.* **1.** Pfannenstiel *m*; **2.** *Am.* schmaler Fortsatz (*bes. e-s Staatsgebiets*); **II** *v/t. u. v/i.* **3.** *Am. sl. j-n* (an)betteln, *et.* ‚schnorren', erbetteln (*a. fig.*); ˈ**panˌhan·dler** [-lə] *s. Am. sl.* Bettler *m*, ‚Schnorrer' *m*.

pan·ic[1] [ˈpænɪk] *s.* ⚘ (Kolben)Hirse *f*.

pan·ic[2] [ˈpænɪk] **I** *adj.* **1.** panisch: ~ **fear**; ~ **haste** blinde Hast; ~ **braking** *mot.* scharfes Bremsen; ~ **buying** Angstkäufe; **push the ~ button** *fig.* F panisch reagieren; **be at ~ stations** F fast ,'durchdrehen'; **II** *s.* **2.** Panik *f*, panischer Schrecken; **3.** ⚕ Börsenpanik *f*, Kurssturz *m*: ***~-proof*** krisenfest; **4.** *Am. sl.* etwas zum Totlachen; **III** *v/t. pret. u. p.p.* **'pan·icked** [-kt] **5.** in Panik versetzen; **6.** in Panik geraten, *Am. sl. Publikum* hinreißen; **IV** *v/i.* **7.** von panischem Schrecken erfaßt werden: ***don't ~!*** nur die Ruhe!; **8.** sich zu e-r Kurzschlußhandlung hinreißen lassen, ,'durchdrehen'; **'pan·ick·y** [-kɪ] *adj.* F **1.** 'überängstlich, -nerˌvös; **2.** in Panik.

pan·i·cle ['pænɪkl] *s.* ⚘ Rispe *f*.

'pan·ic|ˌmon·ger *s.* Bange-, Panikmacher(in); **~ re·ac·tion** *s.* Kurzschlußhandlung *f*; **'~-ˌstrick·en**, **'~-struck** *adj.* von panischem Schrecken gepackt.

pan·jan·drum [pən'dʒændrəm] *s. humor.* Wichtigtuer *m*.

pan·nier ['pænɪə] *s.* **1.** (Trag)Korb *m*: ***a pair of ~s*** e-e Doppelpacktasche (*Fahr-, Motorrad*); **2.** a) Reifrock *m*, b) Reifrockgestell *n*.

pan·ni·kin ['pænɪkɪn] *s.* **1.** Pfännchen *n*; **2.** kleines Trinkgefäß.

pan·ning ['pænɪŋ] *s. Film*: Panoramierung *f*, (Kamera)Schwenkung *f*: ***~ shot*** Schwenk *m*.

pan·o·plied ['pænəplɪd] *adj.* **1.** vollständig gerüstet (*a. fig.*); **2.** prächtig geschmückt; **pan·o·ply** ['pænəplɪ] *s.* **1.** vollständige Rüstung; **2.** *fig.* prächtige Um'rahmung *od.* Aufmachung, Schmuck *m*.

pan·o·ra·ma [ˌpænə'rɑːmə] *s.* **1.** Pano'rama *n* (*a. paint.*), Rundblick *m*; **2.** a) *Film*: Schwenk *m*, b) *phot.* Rundbildaufnahme *f*: ***~ lens*** Weitwinkelobjektiv *n*; **3.** *fig.* vollständiger 'Überblick (***of*** über *acc.*); **ˌpan·o'ram·ic** [-'ræmɪk] *adj.* (□ ***~ally***) pano'ramisch, Rundblick...: ***~ camera*** Panoramenkamera; ***~ sketch*** Ansichtsskizze; ***~ windshield*** *mot. Am.* Rundsichtverglasung.

pan shot *s.* (Kamera)Schwenk *m*.

pan·sy ['pænzɪ] *s.* **1.** ⚘ Stiefmütterchen *n*; **2.** *a.* ***~ boy*** F a) ,Bubi' *m*, b) ,Homo' *m*, ,Schwule(r)' *m*.

pant [pænt] **I** *v/i.* **1.** keuchen, japsen, schnaufen: ***~ for breath*** nach Luft schnappen; **2.** *fig.* lechzen, dürsten, gieren (***for*** *od.* ***after*** nach); **II** *v/t.* **3.** ***~ out*** *Worte* (her'vor)keuchen.

pan·ta·loon [ˌpæntə'luːn] *s.* **1.** *thea.* Hans'wurst *m*; **2.** *pl. hist.* Panta'lons *pl.* (*Herrenhose*).

pan·tech·ni·con [pæn'teknɪkən] *s. Brit.* **1.** Möbellager *n*; **2.** *a.* ***~ van*** Möbelwagen *m*.

pan·the·ism ['pænθiːɪzəm] *s. phls.* Panthe'ismus *m*; **'pan·the·ist** [-ɪst] *s.* Panthe'ist(in); **pan·the·is·tic** [ˌpænθiː'ɪstɪk] *adj.* panthe'istisch.

pan·the·on ['pænθɪən] *s.* Pantheon *n*, Ehrentempel *m*, Ruhmeshalle *f*.

pan·ther ['pænθə] *s. zo.* Panther *m*.

pan·ties ['pæntɪz] *s. pl.* F **1.** Kinderhöschen *n od. pl.*; **2.** (Damen)Slip *m*.

pan·ti·hose ['pæntɪhəʊz] *s.* Strumpfhose *f*.

pan·tile ['pæntaɪl] *s.* Dachziegel *m*, -pfanne *f*, Hohlziegel *m*.

pan·to·graph ['pæntəʊgrɑːf] *s.* **1.** ⚡ Scherenstromabnehmer *m*; **2.** ⚙ Storchschnabel *m*.

pan·to·mime ['pæntəmaɪm] **I** *s.* **1.** *thea.* Panto'mime *f*; **2.** *Brit.* (Laien)Spiel *n*, englisches Weihnachtsspiel; **3.** Mienen-, Gebärdenspiel *n*; **II** *v/t.* **4.** panto'mimisch darstellen, mimen; **pan·to·mim·ic** [ˌpæntə'mɪmɪk] *adj.* (□ ***~ally***) panto'mimisch.

pan·try ['pæntrɪ] *s.* Vorratskammer *f*, Speiseschrank *m*: ***butlers ~*** Anrichteraum *m*.

pants [pænts] *s. pl.* **1.** lange (Herren-)Hose; → ***wear***[1] 1; **2.** *Brit.* Herrenunterhose *f*.

'pant| skirt [pænt] *s.* Hosenrock *m*; **pant(s) suit** *s. Am.* Hosenanzug *m*.

pant·y ['pæntɪ] → ***panties***; **~ gir·dle** *s.* Miederhös-chen *n*; **~ hose** *s.* Strumpfhose *f*; **'~·waist** *Am. s.* **1.** Hemdhöschen *n*; **2.** *sl.* Schwächling *m*.

pap [pæp] *s.* **1.** (Kinder)Brei *m*, Papp *m*; **2.** *fig. Am.* F Protekti'on *f*.

pa·pa [pə'pɑː] *s.* Pa'pa *m*.

pa·pa·cy ['peɪpəsɪ] *s.* **1.** päpstliches Amt; **2.** ♀ Papsttum *n*; **3.** Pontifi'kat *n*; **'pa·pal** [-pl] *adj.* □ **1.** päpstlich; **2.** 'römisch-ka'tholisch; **'pa·pal·ism** [-əlɪzəm] *s.* Papsttum *n*; **'pa·pal·ist** [-əlɪst] *s.* Pa'pist(in).

pa·per ['peɪpə] **I** *s.* **1.** ⚙ a) Pa'pier *n*, b) Pappe *f*, c) Ta'pete *f*; **2.** Blatt *n* Papier; **3.** Papier *n als Schreibmaterial*: ***~ does not blush*** Papier ist geduldig; ***on ~*** *fig.* auf dem Papier, theoretisch; → ***commit*** 1; **4.** Doku'ment *n*, Schriftstück *n*; **5.** ⚕ a) ('Wert)Paˌpier *n*, b) Wechsel *m*, c) Pa'piergeld *n*: ***best ~*** erstklassiger Wechsel; ***convertible ~*** (*in Gold*) einlösbares Papiergeld; ***~ currency*** Papierwährung *f*; **6.** *pl.* a) 'Ausweis- *od.* Be'glaubigungspaˌpiere *pl.*, Doku'mente *pl.*: ***send in one's ~s*** den Abschied nehmen, b) Akten *pl.*, Schriftstücke *pl.*: ***~s on appeal*** ⚖ Berufungsakten; ***move for ~s*** *bsd. parl.* die Vorlage der Unterlagen *e-s Falles* beantragen; **7.**

Prüfungsarbeit *f*; **8.** Aufsatz *m*, Abhandlung *f*, Vortrag *m*, -lesung *f*, Refe'rat *n*: ***read a ~*** e-n Vortrag halten, referieren (***on*** über *acc.*); **9.** Zeitung *f*, Blatt *n*; **10.** Brief *m*, Heft *n mit Nadeln etc.*; **11.** *thea. sl.* a) Freikarte *f*, b) Besucher *m* mit Freikarte; **II** *adj.* **12.** pa'pieren, Papier..., Papp...; **13.** *fig.* (hauch)dünn, schwach; **14.** nur auf dem Pa'pier vorhanden: ***~ team***; **III** *v/t.* **15.** in Papier einwickeln; mit Papier ausschlagen: ***~ over*** überkleben, *fig.* (notdürftig) übertünchen; **16.** tapezieren; **17.** mit 'Sandpa,pier polieren; **18.** *thea. sl. Haus* mit Freikarten füllen; **'~·back** *s.* Paperback *n*, Taschenbuch *n*; **~ bag** *s.* Tüte *f*; **'~·board** *s.* Pappdeckel *m*, Pappe...; **~ chase** *s.* Schnitzeljagd *f*; **~ clip** *s.* Bü'ro-, Heftklammer *f*; **~ cup** *s.* Pappbecher *m*; **~ cutter** *s.* **1.** Pa'pier,schneidema,schine *f*; **2.** → ***paper knife***; **~ ex·er·cise** *s.* ⚔ Planspiel *n*; **~ fas·ten·er** *s.* Heftklammer *f*; **'~,hang·er** *s.* Tapezierer *m*; **~ knife** *s.* Pa'piermesser *n*, Brieföffner *m*; **~ mill** *s.* Pa'pierfa,brik *f*, -mühle *f*; **~ mon·ey** *s.* Pa'piergeld *n*; **~ plate** *s.* Pappteller *m*; **~ prof·it** *s.* ✝ rechnerischer Gewinn; **~ stain·er** *s.* Ta'petenmaler *m*, -macher *m*; **~ tape** *s. Computer*: Lochstreifen *m*; **'~·thin** *adj.* hauchdünn (*a. fig.*); **~ ti·ger** *s. fig.* Pa'piertiger *m*; **~ war(·fare)** *s.* **1.** Pressekrieg *m*, -fehde *f*, Federkrieg *m*; **2.** Pa'pierkrieg *m*; **'~-weight** *s.* **1.** Briefbeschwerer *m*; **2.** *sport* Pa'piergewicht(ler *m*) *n*; **'~-work** *s.* Schreib-, Bü'roarbeit *f*.

pa·per·y ['peɪpərɪ] *adj.* pa'pierähnlich; (pa'pier)dünn.

pa·pier-mâ·ché [,pæpjeɪ'mæʃeɪ] *s.* Pa'pierma,ché, 'Pappma,ché *n*.

pa·pil·i·o·na·ceous [pə,pɪlɪəʊ'neɪʃəs] *adj.* ⚘ schmetterlingsblütig.

pa·pil·la [pə'pɪlə] *pl.* **-pil·lae** [-li:] *s. anat.* Pa'pille *f* (*a.* ⚘), Warze *f*; **pap'il·lar·y** [-ərɪ] *adj.* **1.** warzenartig, papil'lär; **2.** mit Pa'pillen versehen.

pa·pist ['peɪpɪst] *s. contp.* Pa'pist *m*; **pa·pis·tic** *adj.*; **pa·pis·ti·cal** [pə'pɪstɪk(l)] *adj.* □ **1.** päpstlich; **2.** *contp.* pa'pistisch; **'pa·pist·ry** [-rɪ] *s.* Pa'pismus *m*, Papiste'rei *f*.

pa·poose [pə'pu:s] *s.* **1.** Indi'anerbaby *n*; **2.** *Am. humor.* ,Balg' *m*.

pap·pus ['pæpəs] *pl.* **-pi** [-aɪ] *s.* **1.** ⚘ a) Haarkrone *f*, b) Federkelch *m*; **2.** Flaum *m*.

pap·py ['pæpɪ] *adj.* breiig, pappig.

Pap| test, **~ smear** [pæp] *s.* ⚕ Abstrich *m*.

pa·py·rus [pə'paɪərəs] *pl.* **-ri** [-raɪ] *s.* **1.** ⚘ Pa'pyrus(staude *f*) *m*; **2.** *antiq.* Pa'pyrus(rolle *f*, -text) *m*.

par [pɑ:] **I** *s.* **1.** ✝ Nennwert *m*, Pari *n*: ***issue ~*** Emissionskurs *m*; ***nominal*** (*od.* ***face***) ***~*** Nennbetrag *m* (*Aktie*), Nominalwert *m*; ***~ of exchange*** Wechselpari(tät *f*) *n*, Parikurs *m*; ***at ~*** zum Nennwert, al pari; ***above*** (***below***) ***~*** über (unter) Pari; **2.** *fig.* ***above ~*** in bester Form; ***up to*** (***below***) ***~*** F (nicht) auf der Höhe; ***be on a ~*** (***with***) ebenbürtig *od.* gewachsen sein (*dat.*), entsprechen (*dat.*); ***put on a ~ with*** gleichstellen (*dat.*); ***on a ~*** *Brit.* im Durchschnitt; **3.** *Golf*: Par *n*, festgesetzte Schlagzahl; **II** *adj.* **4.** ✝ pari: ***~ clearance*** *Am.* Clearing *n* zum Pariwert; ***~ value*** Pari-, Nennwert *m*.

para- [pærə] *in Zssgn* **1.** neben, über ... hin'aus; **2.** ähnlich; **3.** falsch; **4.** ⚗ neben, ähnlich; Verwandtschaft bezeichnend; **5.** ⚕ a) fehlerhaft, ab'norm, b) ergänzend, c) um'gebend; **6.** Schutz...; **7.** Fallschirm...

pa·ra ['pærə] *s.* F **1.** ⚔ Fallschirmjäger *m*; **2.** *typ.* Absatz *m*.

par·a·ble ['pærəbl] *s.* Pa'rabel *f*, Gleichnis *n* (*a. bibl.*).

pa·rab·o·la [pə'ræbələ] *s.* ⚹ Pa'rabel *f*: ***~ compasses*** Parabelzirkel *m*.

par·a·bol·ic [,pærə'bɒlɪk] *adj.* **1.** → ***parabolical***; **2.** ⚹ para'bolisch, Parabel...: ***~ mirror*** Parabolspiegel *m*; **,par·a'bol·i·cal** [-kl] *adj.* □ para'bolisch, gleichnishaft; **pa·rab·o·loid** [pə'ræbəlɔɪd] *s.* ⚹ Parabolo'id *n*.

'par·a·brake *v/t.* ✈ durch Bremsfallschirm abbremsen.

par·a·chute ['pærəʃu:t] **I** *s.* **1.** ✈ Fallschirm *m*: ***~ jumper*** Fallschirmspringer *m*; **2.** ⚘ Schirmflieger *m*; **3.** ⚙ Sicherheits-, Fangvorrichtung *f*; **II** *v/t.* **4.** (mit dem Fallschirm) absetzen, -werfen; **III** *v/i.* **5.** mit dem Fallschirm abspringen; **6.** (wie) mit e-m Fallschirm schweben; **~ flare** *s.* ⚔ Leuchtfallschirm *m*; **~ troops** *s. pl.* ⚔ Fallschirmtruppen *pl.*

par·a·chut·ist ['pærəʃu:tɪst] *s.* ✈ **1.** Fallschirmspringer(in); **2.** ⚔ Fallschirmjäger *m*.

pa·rade [pə'reɪd] **I** *s.* **1.** Pa'rade *f*, Vorführung *f*, Zur'schaustellen *n*; ***make a ~ of*** → 7; **2.** ⚔ a) Pa'rade *f* (*Truppenschau u. Vorbeimarsch*): ***be on ~*** e-e Parade abhalten, b) Ap'pell *m*: ***~ rest!*** Rührt Euch!, c) *a.* ***~ ground*** Pa'rade-, Exerzierplatz *m*; **3.** ('Um)Zug *m*, (Auf-, Vor'bei)Marsch *m*; **4.** *bsd. Brit.* Prome'nade *f*; **5.** *fenc.* Pa'rade *f*; **II** *v/t.*

6. zur Schau stellen, vorführen; **7.** zur Schau tragen, protzen mit; **8.** ⚔ auf-, vor'beimarschieren lassen; **9.** *Straße* entlangstolzieren; **III** *v/i.* **10.** ⚔ paradieren, (vor'bei)marschieren; **11.** e-n Umzug veranstalten, durch die Straßen ziehen; **12.** sich zur Schau stellen, stolzieren.

par·a·digm ['pærədaɪm] *s. ling.* Para'digma *n*, (Muster)Beispiel *n*; **par·a·dig·mat·ic** [ˌpærədɪg'mætɪk] *adj.* (□ **~ally**) paradig'matisch.

par·a·dise ['pærədaɪs] *s.* (*bibl.* ♁) Para'dies *n* (*a. fig.*): ***bird of ~*** Paradiesvogel *m*; → ***fool's paradise***; **par·a·dis·iac** [ˌpærə'dɪsɪæk], **par·a·di·si·a·cal** [ˌpærədɪ'saɪəkl] *adj.* para'diesisch.

par·a·dox ['pærədɒks] *s.* Pa'radoxon *n*, Para'dox *n*; **par·a·dox·i·cal** [ˌpærə'dɒksɪkl] *adj.* □ para'dox.

'**par·a·drop** *v/t.* ✈ mit dem Fallschirm abwerfen *od.* absetzen.

par·af·fin ['pærəfɪn], **par·af·fine** ['pærəfi:n] **I** *s.* Paraf'fin *n*: ***liquid ~***, *Brit.* **~** (***oil***) Paraffinöl *n*; ***solid ~*** Erdwachs *n*; **~ *wax*** Paraffin (*für Kerzen*); **II** *v/t.* ⚙ paraffinieren.

par·a·glid·er ['pærəˌglaɪdə] *s. sport* Gleitschirm *m*.

par·a·gon ['pærəgən] *s.* **1.** Muster *n*, Vorbild *n*: **~ *of virtue*** Muster *od. iro.* Ausbund *m* an Tugend; **2.** *typ.* Text *f* (*Schriftgrad*).

par·a·graph ['pærəgrɑ:f] *s.* **1.** *typ.* a) Absatz *m*, Abschnitt *m*, Para'graph *m*, b) Para'graphzeichen *n*; **2.** kurzer ('Zeitungs)Arˌtikel; '**par·a·graph·er** [-fə] *s.* **1.** Verfasser *m* kleiner Zeitungsartikel; **2.** 'Leitarˌtikler *m* (*e-r Zeitung*).

Par·a·guay·an [ˌpærə'gwaɪən] **I** *adj.* para'guayisch; **II** *s.* Para'guayer(in).

par·a·keet ['pærəki:t] *s. orn.* Sittich *m*: ***Australian grass ~*** Wellensittich.

par·al·de·hyde [pə'rældɪhaɪd] *s.* ⚗ Paralde'hyd *n*.

par·al·lac·tic [ˌpærə'læktɪk] *adj. ast., phys.* paral'laktisch: **~ *motion*** parallaktische Verschiebung; **par·al·lax** ['pærəlæks] *s.* Paral'laxe *f*.

par·al·lel ['pærəlel] **I** *adj.* **1.** (***with, to***) paral'lel (zu, mit), gleichlaufend (mit): **~ *bars*** *Turnen*: Barren *m*; **~ *connection*** ↯ Parallelschaltung *f*; ***run ~ to*** parallel verlaufen zu; **2.** *fig.* paral'lel, gleich(gerichtet, -laufend), entsprechend: **~ *case*** Parallelfall *m*; **~ *passage*** Parallele *f in e-m Text*; **II** *s.* **3.** ⩚ *u. fig.* Paral'lele *f* (***to*** zu): ***in ~ with*** parallel zu; ***draw a ~ between*** *fig.* e-e Parallele ziehen zwischen (*dat.*), (miteinander) vergleichen; **4.** ⩚ Paralleli'tät *f* (*a. fig. Gleichheit*); **5.** *geogr.* Breitenkreis *m*; **6.** ↯ Paral'lelschaltung *f*: ***connect*** (*od.* ***join***) ***in ~*** parallelschalten; **7.** Gegenstück *n*, Entsprechung *f*: ***have no ~*** nicht seinesgleichen haben; ***without ~*** ohnegleichen; **III** *v/t.* **8.** (***with, to***) anpassen, -gleichen (*dat.*); **9.** gleichkommen (*dat.*); **10.** et. Gleiches *od.* Entsprechendes finden zu; **11.** *bsd. Am.* F parallel laufen zu; '**par·al·lel·ism** [-lɪzəm] *s.* ⩚ Paralle'lismus *m* (*a. ling., phls., fig.*), Paralleli'tät *f*; **par·al·lel·o·gram** [ˌpærə'leləʊgræm] *s.* ⩚ Parallelo'gramm *n*: **~ *of forces*** *phys.* Kräfteparallelogramm *n*.

pa·ral·o·gism [pə'rælədʒɪzəm] *s. phls.* Paralo'gismus *m*, Trugschluß *m*.

par·a·ly·sa·tion [ˌpærəlaɪ'zeɪʃn] *s.* **1.** ⚕ Lähmung *f* (*a. fig.*); **2.** *fig.* Lahmlegung *f*; **par·a·lyse** ['pærəlaɪz] *v/t.* **1.** ⚕ paralysieren, lähmen (*a. fig.*); **2.** *fig.* lahmlegen, lähmen, zum Erliegen bringen; **pa·ral·y·sis** [pə'rælɪsɪs] *pl.* **-ses** [-si:z] *s.* **1.** ⚕ Para'lyse *f*, Lähmung *f*; **2.** *fig.* a) Lähmung *f*, Lahmlegung *f*, b) Da'niederliegen *n*, c) Ohnmacht *f*; **par·a·lyt·ic** [ˌpærə'lɪtɪk] **I** *adj.* (□ **~ally**) ⚕ para'lytisch: a) Lähmungs…, b) gelähmt (*a. fig.*); **II** *s.* ⚕ Para'lytiker(in).

par·a·lyze *bsd. Am.* → ***paralyse***.

par·a·med·ic [ˌpærə'medɪk] *s. Am.* **1.** ärztlicher Assi'stent, *a.* Sani'täter *m*; **2.** Arzt, der sich in abgelegenen Gegenden mit dem Fallschirm absetzen läßt.

pa·ram·e·ter [pə'ræmɪtə] *s.* ⩚ **1.** Pa'rameter *m*; **2.** Nebenveränderliche *f*.

ˌ**par·a'mil·i·tar·y** *adj.* 'paramiliˌtärisch.

par·a·mount ['pærəmaʊnt] **I** *adj.* □ **1.** höher stehend (***to*** als), oberst, höchst; **2.** *fig.* an der Spitze stehend, größt, über'ragend, ausschlaggebend: ***of ~ importance*** von (aller)größter Bedeutung.

par·a·mour ['pærəˌmʊə] *s.* Geliebte(r *m*) *f*, Buhle *m, f*.

par·a·noi·a [ˌpærə'nɔɪə] *s.* ⚕ Para'noia *f*; ˌ**par·a'noi·ac** [-ɪæk] **I** *adj.* para'noisch; **II** *s.* Para'noiker(in); **par·a·noid** ['pærənɔɪd] *adj.* parano'id.

par·a·pet ['pærəpɪt] *s.* **1.** ⚔ Wall *m*, Brustwehr *f*; **2.** ⚠ (Brücken)Geländer *n*, (Bal'kon-, Fenster)Brüstung *f*.

par·aph ['pærəf] *s.* Pa'raphe *f*, ('Unterschrifts)Schnörkel *m*.

par·a·pher·na·li·a [ˌpærəfə'neɪljə] *s. pl.* **1.** Zubehör *n, m*, Uten'silien *pl.*, ‚Drum u. 'Dran' *n*; **2.** ⚖ Parapher'nalgut *n der Ehefrau*.

par·a·phrase ['pærəfreɪz] **I** *s.* Para'phrase *f* (*a.* ♪), Um'schreibung *f*; freie 'Wiedergabe, Interpretati'on *f*; **II** *v/t. u. v/i.* paraphrasieren (*a.* ♪), interpretieren, *e-n Text* frei 'wiedergeben; um'schreiben.

par·a·ple·gi·a [ˌpærə'pliːdʒə] *s.* Paraple'gie *f*, doppelseitige Lähmung; **ˌpa·ra'pleg·ic** [-dʒɪk] *adj.* para'plegisch.

ˌpar·a·psy'chol·o·gy [ˌpærəsaɪ'kɒlədʒɪ] *s.* 'Parapsycholoˌgie *f*.

par·a·scend·ing [ˌpærə'sendɪŋ] *s.* Fallschirmsport *m*, -springen *n*.

par·a·sit·al [ˌpærə'saɪtl] *adj.* para'sitisch (*a. fig.*); **par·a·site** ['pærəsaɪt] **I** *s.* **1.** *biol. u. fig.* Schma'rotzer *m*, Para'sit *m*; **2.** *ling.* para'sitischer Laut; **II** *adj.* **3.** → ***parasitic*** 4; **ˌpar·a'sit·ic**, **ˌpar·a'sit·ic·al** [-'sɪtɪk(l)] *adj.* □ **1.** *biol.* para'sitisch (*a. ling.*), schma'rotzend; **2.** ⚕ para'sitisch, parasi'tär; **3.** *fig.* schma'rotzerhaft, para'sitisch; **4.** ⚙, ⚡ (*nur* ***parasitic***) störend, parasi'tär: **~ *current*** Fremdstrom *m*; **par·a·sit·ism** ['pærəsaɪtɪzəm] *s.* Parasi'tismus *m* (*a.* ⚕), Schma'rotzertum *n*.

par·a·sol ['pærəsɒl] *s.* (Damen)Sonnenschirm *m*, *obs.* Para'sol *m*, *n*.

par·a·suit ['pærəsuːt] *s.* ✈ 'Fallschirmkombinatiˌon *f*.

par·a·thy·roid (**gland**) [ˌpærə'θaɪrɔɪd] *s.* *anat.* Nebenschilddrüse *f*.

'par·aˌtroop·er *s.* ⚔ Fallschirmjäger *m*; **'par·a·troops** *s. pl.* ⚔ Fallschirmtruppen *pl.*

par·a·ty·phoid (**fe·ver**) [ˌpærə'taɪfɔɪd] *s.* ⚕ Paratyphus *m*.

par·a·vane ['pærəveɪn] *s.* ⚓ Minenabweiser *m*, Ottergerät *n*.

par·boil ['pɑːbɔɪl] *v/t.* **1.** halbgar kochen, ankochen; **2.** *fig.* über'hitzen.

par·cel ['pɑːsl] **I** *s.* **1.** Pa'ket *n*, Päckchen *n*; Bündel *n*; *pl.* Stückgüter *pl.*: **~ *of shares*** Aktienpaket; ***do up in ~s*** einpacken; **2.** ✝ Posten *m*, Par'tie *f*, Los *n* (*Ware*): ***in ~s*** in kleinen Posten, stück-, packweise; **3.** *contp.* Haufe(n) *m*; **4.** *a.* **~ *of land*** Par'zelle *f*; **II** *v/t.* **5.** *mst* **~ *out*** auf-, aus-, abteilen, *Land* parzellieren; **6.** *a.* **~ *up*** einpacken, (ver)packen; **~ of·fice** *s.* Gepäckabfertigung(sstelle) *f*; **~ post** *s.* Pa'ketpost *f*.

par·ce·nar·y ['pɑːsɪnərɪ] *s.* ⚖ Mitbesitz *m* (*durch Erbschaft*); **'par·ce·ner** [-nə] *s.* Miterbe *m*.

parch [pɑːtʃ] **I** *v/t.* **1.** rösten, dörren; **2.** ausdörren, -trocknen, (ver)sengen: ***be ~ed*** (***with thirst***), ‚am Verdursten' sein; **II** *v/i.* **3.** ausdörren, -trocknen, rösten, schmoren; **'parch·ing** [-tʃɪŋ] *adj.* **1.** brennend (*Durst*); **2.** sengend (*Hitze*); **'parch·ment** [-mənt] *s.* **1.** Perga'ment *n*; **2.** *a.* ***vegetable*** **~** Perga'mentpaˌpier *n*; **3.** Per'gament(urkunde *f*) *n*, Urkunde *f*.

pard [pɑːd], **'pard·ner** [-dnə] *s. bsd. Am.* F Partner *m*, ‚Kumpel' *m*.

par·don ['pɑːdn] **I** *v/t.* **1.** *j-m od. e-e Sache* verzeihen, *j-n od. et.* entschuldigen: **~ *me!*** Verzeihung!, entschuldigen Sie!, verzeihen Sie!; **~ *me for interrupting you!*** entschuldigen Sie, wenn ich Sie unterbreche!; **2.** *Schuld* vergeben; **3.** *j-m* das Leben schenken, *j-m* die Strafe erlassen, *j-n* begnadigen; **II** *s.* **4.** Verzeihung *f*: ***a thousand ~s*** ich bitte Sie tausendmal um Entschuldigung; ***beg*** (*od.* ***ask***) ***s.o.'s*** **~** j-n um Verzeihung bitten; (***I***) ***beg your*** **~** a) entschuldigen Sie bitte!, Verzeihung!, b) F *a.* **~*?*** wie sagten Sie (doch eben)?, wie bitte?, c) *empört*: erlauben Sie mal!; **5.** Vergebung *f*; *R.C.* Ablaß *m*; ⚖ Begnadigung *f*, Straferlaß *m*: ***general*** **~** (allgemeine) Amnestie; **6.** Par'don *m*, Gnade *f*; **'par·don·a·ble** [-nəbl] *adj.* □ verzeihlich (*Fehler*), läßlich (*Sünde*); **'par·don·er** [-nə] *s. eccl. hist.* Ablaßkrämer *m*.

pare [peə] *v/t. Äpfel etc.* schälen; *Fingernägel etc.* (be)schneiden: **~ *down*** *fig.* beschneiden, einschränken; **~ *off*** (ab-) schälen (*a.* ⚙); → ***claw*** 1 b.

par·e·gor·ic [ˌpærə'gɒrɪk] *adj. u. s.* ⚕ schmerzstillend(es Mittel).

par·en·ceph·a·lon [ˌpæren'sefəlɒn] *s.* *anat.* Kleinhirn *n*.

pa·ren·chy·ma [pə'reŋkɪmə] *s.* **1.** Paren'chym *n* (*biol.*, ⚘ *Grund-*, *anat. Organgewebe*); **2.** ⚕ Tumorgewebe *n*.

par·ent ['peərənt] **I** *s.* **1.** *pl.* Eltern *pl.*: **~*-teacher association*** *ped.* (*amer.*, *a. brit.*) Eltern-Lehrer-Ausschuß *m*; **~*-teacher meeting*** Elternabend *m*; **2.** *a.* ⚖ Elternteil *m*; **3.** Vorfahr *m*; **4.** *biol.* Elter *m*; **5.** *fig.* Ursache *f*: ***the ~ of vice*** aller Laster Anfang; **6.** ✝ F ‚Mutter' *f* (*Muttergesellschaft*); **II** *adj.* **7.** *biol.* Stamm…, Mutter…: **~ *cell*** Mutterzelle *f*; **8.** ursprünglich, Ur…: **~ *form*** Urform *f*; **9.** *fig.* Mutter…, Stamm…: **~ *company*** ✝ Stammhaus *n*, Muttergesellschaft *f*; **~ *material*** Urstoff *m*, *geol.* Ausgangsgestein *n*; **~ *organization*** Dachorganisation *f*; **~ *patent*** ✝ Stammpatent *n*; **~ *rock*** *geol.* Urgestein *n*; **~ *ship*** ⚓ Mutterschiff *n*; **~ *unit*** ⚔ Stammtruppenteil *m*; **'par·ent·age** [-tɪdʒ] *s.* **1.** Abkunft *f*, Abstammung *f*, Fa'milie *f*; **2.** Elternschaft *f*; **3.** *fig.* Urheberschaft *f*; **pa·ren·tal** [pə'rentl] *adj.*

□ elterlich, Eltern...: **~ *authority*** ⚖ elterliche Gewalt.

pa·ren·the·sis [pəˈrenθɪsɪs] *pl.* **-the·ses** [-siːz] *s.* **1.** *ling.* Parenˈthese *f*, Einschaltung *f*: ***by way of ~*** *fig.* beiläufig; **2.** *mst pl. typ.* (runde) Klammer(n *pl.*): ***put in parentheses*** einklammern; **paˈren·the·size** [-saɪz] *v/t.* **1.** einschalten, einflechten; **2.** *typ.* einklammern; **par·en·thet·ic, par·en·thet·i·cal** [ˌpærənˈθetɪk(l)] *adj.* □ **1.** parenˈthetisch, eingeschaltet; *fig.* beiläufig; **2.** eingeklammert.

par·ent·less [ˈpeərəntlɪs] *adj.* elternlos.

pa·re·sis [ˈpærɪsɪs] *s.* ⚕ **1.** Paˈrese *f*, unvollständige Lähmung; **2.** *a.* ***general ~*** progresˈsive Paraˈlyse.

par·get [ˈpɑːdʒɪt] **I** *s.* **1.** Gips(stein) *m*; **2.** Verputz *m*; **3.** Stuck *m*; **II** *v/t.* **4.** verputzen; **5.** mit Stuck verzieren.

par·he·li·on [pɑːˈhiːljən] *pl.* **-li·a** [-ljə] *s.* Nebensonne *f*, Parˈhelion *n*.

pa·ri·ah [ˈpærɪə] *s.* Paria *m* (*a. fig.*).

pa·ri·e·tal [pəˈraɪɪtl] **I** *adj.* **1.** *anat.* parieˈtal: a) (*a.* ⚘, *biol.*) wandständig, Wand..., b) seitlich, c) Scheitel(bein)...; **2.** *ped. Am.* inˈtern, Haus...; **II** *s.* **3.** *a.* ***~ bone*** Scheitelbein *n*.

par·ing [ˈpeərɪŋ] *s.* **1.** Schälen *n*; (Be-)Schneiden *n*, Stutzen *n* (*a. fig.*); **2.** *pl.* Schalen *pl.*: ***potato ~s***; **3.** *pl.* ⚙ Späne *pl.*, Schabsel *pl.*, Schnitzel *pl.*; **~ knife** *s.* **1.** Schälmesser *n* (*für Obst etc.*); **2.** Beschneidmesser.

pa·ri pas·su [ˌpɑːrɪˈpæsuː] (*Lat.*) *adv.* gleichrangig, -berechtigt.

Par·is [ˈpærɪs] *adj.* Paˈriser; **~ blue** *s.* Berˈliner Blau *n*; **~ green** *s.* Paˈriser *od.* Schweinfurter Grün *n*.

par·ish [ˈpærɪʃ] **I** *s.* **1.** *eccl.* a) Kirchspiel *n*, Pfarrbezirk *m*, b) Gemeinde *f* (*a. coll.*); **2.** *a.* ***civil*** (*od.* ***poor-law***) **~** *pol. Brit.* (poˈlitische) Gemeinde: ***go*** (*od.* ***be***) ***on the ~*** der Gemeinde zur Last fallen; **II** *adj.* **3.** Kirchen..., Pfarr...: ***~ church*** Pfarrkirche *f*; ***~ clerk*** Küster *m*; ***~ register*** Kirchenbuch *n*; **4.** *pol.* Gemeinde...: ***~ council*** Gemeinderat *m*; ***~-pump politics*** Kirchturmpolitik *f*; **pa·rish·ion·er** [pəˈrɪʃənə] *s.* Gemeindeglied *n*.

Pa·ri·sian [pəˈrɪzjən] **I** *s.* Paˈriser(in); **II** *adj.* Paˈriser.

par·i·syl·lab·ic [ˌpærɪsɪˈlæbɪk] *ling.* **I** *adj.* parisylˈlabisch, gleichsilbig; **II** *s.* Pariˈsyllabum *n*.

par·i·ty [ˈpærətɪ] *s.* **1.** Gleichheit *f*, *a.* gleichberechtigte Stellung; **2.** ✝ a) Pariˈtät *f*, b) ˈUmrechnungskurs *m*: ***at the ~ of*** zum Umrechnungskurs von; ***~ clause*** Paritätsklausel *f*; ***~ price*** Parikurs *m*.

park [pɑːk] **I** *s.* **1.** Park *m*, (Park)Anlagen *pl.*; **2.** Naˈturschutzgebiet *n*, Park *m*: ***national ~***; **3.** *bsd.* ⚔ (Geschütz-, Fahrzeug- *etc.*)Park *m*; **4.** *Am.* Parkplatz *m*; **5.** a) *Am.* (Sport)Platz *m*, b) ***the ~*** *Brit.* F der Fußballplatz; **II** *v/t.* **6.** *mot. etc.* parken, ab-, aufstellen; F *et.* abstellen, *wo* lassen: ***~ o.s.*** sich ‚hinhocken'; **III** *v/i.* **7.** parken.

par·ka [ˈpɑːkə] *s.* Parka *m, f*.

ˌpark-and-ˈride sys·tem *s.* ˈPark-and-ˈride-Syˌstem *n*.

park·ing [ˈpɑːkɪŋ] *s. mot.* **1.** Parken *n*: ***No ~!*** Parken verboten!; **2.** Parkplatz *m*, -plätze *pl.*, -fläche *f*; **~ brake** *s.* Feststellbremse *f*; **~ disc** *s.* Parkscheibe *f*; **~ fee** *s.* Parkgebühr *f*; **~ ga·rage** *s.* Parkhaus *n*; **~ light** *s.* Park-, Standlicht *n*; **~ lot** *s. Am.* Parkplatz *m*, -fläche *f*; **~ me·ter** *s.* Park(zeit)uhr *f*; **~ place** *s.* Parkplatz *m*, -fläche *f*; **~ space** *s.* **1.** → ***parking place***; **2.** Abstellfläche *f*; -lükke *f*; **~ tick·et** *s.* Strafzettel *m* (für unerlaubtes Parken).

par·lance [ˈpɑːləns] *s.* Ausdrucksweise *f*, Sprache *f*: ***in common ~*** auf gut deutsch; ***in legal ~*** in der Rechtssprache; ***in modern ~*** im modernen Sprachgebrauch.

par·lay [ˈpɑːlɪ] *Am.* **I** *v/t.* **1.** *Wett-, Spielgewinn* wieder einsetzen; **2.** *fig.* aus *j-m od. et.* Kapiˈtal schlagen; **3.** erweitern, ausbauen (***into*** zu); **II** *v/i.* **4.** e-n Spielgewinn wieder einsetzen; **III** *s.* **5.** erneuter Einsatz e-s Gewinns; **6.** Auswertung *f*; **7.** Ausweitung *f*, Ausbau *m*.

par·ley [ˈpɑːlɪ] **I** *s.* **1.** Unterˈredung *f*, Verhandlung *f*; **2.** ⚔ (Waffenstillstands)Verhandlung(en *pl.*) *f*, Unterˈhandlung(en *pl.*) *f*; **II** *v/i.* **3.** sich besprechen (***with*** mit); **4.** ⚔ unterˈhandeln; **III** *v/t.* **5.** *humor.* parlieren: ***~ French***.

par·lia·ment [ˈpɑːləmənt] *s.* Parlaˈment *n*: ***enter*** (*od.* ***get into*** *od.* ***go into***) **2** ins Parlament gewählt werden; ***Member of*** **2** *Brit.* Mitglied des Unterhauses, Abgeordnete(r *m*) *f*; **par·lia·men·tar·i·an** [ˌpɑːləmenˈteərɪən] *pol.* **I** *s.* (erfahrener) Parlamenˈtarier; **II** *adj.* → ***parliamentary***; **par·lia·men·ta·rism** [ˌpɑːləˈmentərɪzəm] *s.* parlamenˈtarisches Syˈstem, Parlamentaˈrismus *m*; **par·lia·men·ta·ry** [ˌpɑːləˈmentərɪ] *adj.* **1.** parlamenˈtarisch, Parlaments...: **2** ***Commissioner*** *Brit.* → ***ombudsman*** 1; ***~ group*** (*od.* ***party***) Fraktion *f*; ***~ party leader*** *Brit.* Fraktionsvorsitzende(r) *m*; **2.** *fig.* höflich (*Sprache*).

par·lo(u)r ['pɑːlə] **I** *s.* **1.** Wohnzimmer *n*; **2.** *obs.* Besuchszimmer *n*, Sa'lon *m*; **3.** Empfangs-, Sprechzimmer *n*; **4.** Klub-, Gesellschaftszimmer *n* (*Hotel*); **5.** *bsd. Am.* Geschäftsraum *m*, Sa'lon *m*; → ***beauty parlo(u)r***; **II** *adj.* **6.** Wohnzimmer…: ***~ furniture***; **7.** *fig.* Salon…: ***~ radical***, *Am.* ***~ red*** *pol.* Salonbolschewist(in); **~ car** *s.* 🚃 *Am.* Sa'lonwagen *m*; **~ game** *s.* Gesellschaftsspiel *n*; '**~·maid** *s.* Stubenmädchen *n*.

par·lous ['pɑːləs] *obs.* **I** *adj.* **1.** pre'kär; **2.** schlau; **II** *adv.* **3.** ‚furchtbar'.

pa·ro·chi·al [pə'rəʊkjəl] *adj.* □ **1.** parochi'al, Pfarr…, Gemeinde…: ***~ church council*** Kirchenvorstand *m*; ***~ school*** *Am.* Konfessionsschule *f*; **2.** *fig.* beschränkt, eng(stirnig): ***~ politics*** Kirchturmpolitik *f*; **pa'ro·chi·al·ism** [-lɪzəm] *s.* **1.** Parochi'alsy‚stem *n*; **2.** *fig.* Beschränktheit *f*, Spießigkeit *f*.

par·o·dist ['pærədɪst] *s.* Paro'dist(in); **par·o·dy** ['pærədɪ] **I** *s. a. fig.* Paro'die *f* (***of*** auf *acc.*); **II** *v/t.* parodieren.

pa·rol [pə'rəʊl] *adj.* ⚖ a) (bloß) mündlich, b) unbeglaubigt, ungesiegelt: ***~ contract*** formloser (*mündlicher od. schriftlicher*) Vertrag; ***~ evidence*** Zeugenbeweis *m*.

pa·role [pə'rəʊl] **I** *s.* **1.** ⚖ a) bedingte Haftentlassung *od.* Strafaussetzung, b) Hafturlaub *m*: ***put s.o. on ~*** → 4; ***~ officer*** *Am.* Bewährungshelfer *m*; **2.** *a.* ***~ of hono(u)r*** *bsd.* ⚔ Ehrenwort *n*: ***on ~*** auf Ehrenwort; **3.** ⚔ Pa'role *f*, Kennwort *n*; **II** *v/t.* **4.** ⚖ a) *j-n* bedingt (aus der Haft) entlassen, j-s Strafe bedingt aussetzen, b) *j-m* Hafturlaub gewähren; **pa·rol·ee** [pərəʊ'liː] *s.* ⚖ bedingt Haftentlassene(r *m*) *f*.

par·o·nym ['pærənɪm] *s. ling.* **1.** Paro'nym *n*, Wortableitung *f*; **2.** 'Lehnüber‚setzung *f*; **pa·ron·y·mous** [pə'rɒnɪməs] *adj.* □ a) (stamm)verwandt, b) 'lehnüber‚setzt (*Wort*).

par·o·quet ['pærəket] → ***parakeet***.

pa·rot·id [pə'rɒtɪd] *s. a.* ***~ gland*** *anat.* Ohrspeicheldrüse *f*; **par·o·ti·tis** [‚pærəʊ'taɪtɪs] *s.* Mumps *m*.

par·ox·ysm ['pærəksɪzəm] *s.* ⚕ Paro'xysmus *m*, Krampf *m*, Anfall *m* (*a. fig.*): ***~s of laughter*** Lachkrampf *m*; ***~s of rage*** Wutanfall *m*; **par·ox·ys·mal** [‚pærek'sɪzməl] *adj.* krampfartig.

par·quet ['pɑːkeɪ] **I** *s.* **1.** Par'kett(fußboden *m*) *n*; **2.** *thea. bsd. Am.* Par'kett *n*; **II** *v/t.* **3.** parkettieren; '**par·quet·ry** [-kɪtrɪ] *s.* Par'kett(arbeit *f*) *n*.

par·ri·cid·al [‚pærɪ'saɪdl] *adj.* vater-, muttermörderisch; **par·ri·cide** ['pærɪsaɪd] *s.* **1.** Vater-, Muttermörder(in); **2.** Vater-, Mutter-, Verwandtenmord *m*.

par·rot ['pærət] **I** *s. orn.* Papa'gei *m*, *fig. a.* Nachschwätzer(in); **II** *v/t.* nachplappern; **~ dis·ease**, **~ fe·ver** *s.* ⚕ Papa'geienkrankheit *f*.

par·ry ['pærɪ] **I** *v/t. Stöße, Schläge, Fragen etc.* parieren, abwehren (*beide a. v/i.*); **II** *s. fenc. etc.* Pa'rade *f*, Abwehr *f*.

parse [pɑːz] *v/t. ling. Satz* gram'matisch zergliedern, *Satzteil* bestimmen, *Wort* grammatisch definieren.

par·sec ['pɑːsek] *s. ast.* Parsek *n*, Sternweite *f* (*3,26 Lichtjahre*).

par·si·mo·ni·ous [‚pɑːsɪ'məʊnjəs] *adj.* □ **1.** sparsam, geizig, knauserig (***of*** mit); **2.** armselig, kärglich; ‚**par·si'mo·ni·ous·ness** [-nɪs], **par·si·mo·ny** ['pɑːsɪmənɪ] *s.* Sparsamkeit *f*, Geiz *m*, Knauserigkeit *f*.

pars·ley ['pɑːslɪ] *s.* ⚘ Peter'silie *f*.

pars·nip ['pɑːsnɪp] *s.* ⚘ Pastinak *m*.

par·son ['pɑːsn] *s.* Pastor *m*, Pfarrer *m*; F *contp.* Pfaffe *m*: ***~'s nose*** Bürzel *m* (*e-r Gans etc.*); '**par·son·age** [-nɪdʒ] *s.* Pfar'rei *f*, Pfarrhaus *n*.

part [pɑːt] **I** *s.* **1.** Teil *m*, *n*, Stück *n*: ***~ by volume*** (***weight***) *phys.* Raum(Gewichts)teil; ***~ of speech*** *ling.* Redeteil, Wortklasse *f*; ***in ~*** teilweise; ***payment in ~*** Abschlagszahlung *f*; ***be ~ and parcel of*** e-n wesentlichen Bestandteil bilden von (*od. gen.*); ***for the best ~ of the year*** fast das ganze Jahr (über); **2.** ⅌ Bruchteil *m*: ***three ~s*** drei Viertel; **3.** ⚙ (Bau-, Einzel)Teil *n*: ***~s list*** Ersatzteil-, Stückliste *f*; **4.** ✝ Lieferung *f e-s Buches*; **5.** (Körper)Teil *m*, Glied *n*: ***soft ~*** Weichteil *n*; ***the*** (***privy***) ***~s*** die Geschlechtsteile; **6.** Anteil *m* (***of***, ***in*** an *dat.*): ***have a ~ in*** teilhaben an (*dat.*); ***have neither ~ nor lot in*** nicht das geringste mit *et.* zu tun haben; ***take ~*** (***in***) teilnehmen (an *dat.*), mitmachen (bei); ***he wanted no ~ of it*** er wollte davon nichts wissen *od.* damit zu tun haben; **7.** *fig.* Teil *m*, Seite *f*: ***the most ~*** die Mehrheit, das Meiste *von et.*; ***for my ~*** ich für mein(en) Teil; ***for the most ~*** meistens, größtenteils; ***on the ~ of*** von seiten, seitens (*gen.*); ***take in good*** (***bad***) ***~*** *et.* gut (übel) aufnehmen; **8.** Seite *f*, Par'tei *f*: ***he took my ~*** er ergriff m-e Partei; **9.** Pflicht *f*: ***do one's ~*** das Seinige *od.* s-e Schuldigkeit tun; **10.** *thea.* Rolle *f* (*a. fig.*): ***act*** (*od. a. fig.* ***play***) ***a ~*** e-e Rolle spielen; **11.** ♪ Sing- *od.* Instrumen'talstimme *f*, Par'tie *f*: ***for*** (*od.* ***in*** *od.* ***of***) ***several ~s*** mehrstimmig; **12.** *pl.* (geistige) Fähigkeiten *pl.*, Ta'lent *n*: ***a man of ~s*** ein fähiger Kopf; **13.** *oft pl.* Gegend *f*, Teil *m e-s Landes, der Erde*: ***in these ~s*** hierzulande; ***in foreign ~s*** im Ausland; **14.** *Am.* (Haar)Scheitel *m*; **II** *v/t.* **15.** teilen, ab-, ein-, zerteilen; trennen (***from*** von); **16.** *Streitende* trennen, *Metalle* scheiden, *Haar* scheiteln; **III** *v/i.* **17.** ausein'andergehen, sich lösen, zerreißen, brechen (*a.* ⚓), aufgehen (*Vorhang*); **18.** ausein'andergehen, sich trennen (*Menschen, Wege etc.*): ***~ friends*** als Freunde auseinandergehen; ***~ with*** sich von *j-m od. et.* trennen; ***~ with one's money*** mit dem Geld herausrücken; **IV.** *adj.* **19.** Teil...: ***~ damage*** Teilschaden *m*; ***~ delivery*** Teillieferung *f*; **V** *adv.* **20.** teilweise, zum Teil: ***made ~ of iron, ~ of wood*** teils aus Eisen, teils aus Holz.

part- [pɑːt] *in Zssgn* teilweise, zum Teil: ***~-done*** zum Teil erledigt; ***accept s.th. in ~-exchange*** et. in Zahlung nehmen; ***~-finished*** halbfertig; ***~-opened*** ein Stück geöffnet.

par·take [pɑː'teɪk] **I** *v/i.* [*irr.* → ***take***] **1.** teilnehmen, -haben (***in, of*** an *dat.*); **2.** (***of***) *et.* an sich haben (von), *et.* teilen (mit): ***his manner ~s of insolence*** es ist et. Unverschämtes in s-m Benehmen; **3.** (***of***) mitessen, genießen, *j-s Mahlzeit* teilen; *Mahlzeit* einnehmen; **II** *v/t.* [*irr.* → ***take***] **4.** *obs.* teilen, teilhaben (an *dat.*).

par·terre [pɑː'teə] *s.* **1.** französischer Garten; **2.** *thea. bsd. Am.* Par'terre *n*.

par·the·no·gen·e·sis [ˌpɑːθɪnəʊ'dʒenɪsɪs] *s.* Parthenoge'nese *f*: a) ⚘ Jungfernfrüchtigkeit *f*, b) *zo.* Jungfernzeugung *f*, c) *eccl.* Jungfrauengeburt *f*.

Par·thi·an ['pɑːθjən] *adj.* parthisch: ***~ shot*** → ***parting shot***.

par·tial ['pɑːʃl] *adj.* □ → ***partially***; **1.** teilweise, parti'ell, Teil...: ***~ eclipse*** *ast.* partielle Finsternis; ***~ payment*** Teilzahlung *f*; ***~ view*** Teilansicht *f*; **2.** par'teiisch, eingenommen (***to*** für), einseitig: ***be ~ to s.th.*** e-e besondere Vorliebe haben für et.; **par·ti·al·i·ty** [ˌpɑːʃɪ'ælətɪ] *s.* **1.** Par'teilichkeit *f*, Voreingenommenheit *f*; **2.** Vorliebe *f* (***to, for*** für); **'par·tial·ly** [-ʃəlɪ] *adv.* teilweise, zum Teil.

par·tic·i·pant [pɑː'tɪsɪpənt] **I** *s.* Teilnehmer(in) (***in*** an *dat.*); **II** *adj.* teilnehmend, Teilnehmer..., (mit)beteiligt; **par·tic·i·pate** [pɑː'tɪsɪpeɪt] *v/i.* **1.** teilhaben, -nehmen, sich beteiligen (***in*** an *dat.*), mitmachen (bei); beteiligt sein (an *dat.*); ✝ am Gewinn beteiligt sein; **2.** ***~ of*** *et.* an sich haben von; **par'tic·i·pat·ing** [-peɪtɪŋ] *adj.* **1.** ✝ gewinnberechtigt, mit Gewinnbeteiligung (*Versicherungspolice etc.*): ***~ share*** dividendenberechtigte Aktie; ***~ rights*** Gewinnbeteiligungsrechte; **2.** → ***participant*** II; **par·tic·i·pa·tion** [pɑːˌtɪsɪ'peɪʃn] *s.* **1.** Teilnahme *f*, Beteiligung *f*, Mitwirkung *f*; **2.** ✝ Teilhaberschaft *f*, (Gewinn)Beteiligung *f*; **par'tic·i·pa·tor** [-peɪtə] *s.* Teilnehmer(in) (***in*** an *dat.*).

par·ti·cip·i·al [ˌpɑːtɪ'sɪpɪəl] *adj.* □ *ling.* partizipi'al; **par·ti·ci·ple** ['pɑːtɪsɪpl] *s. ling.* Parti'zip *n*, Mittelwort *n*.

par·ti·cle ['pɑːtɪkl] *s.* **1.** Teilchen *n*, Stückchen *n*; **2.** *phys.* Par'tikel *n* (*a. f*), (Stoff-, Masse-, Elemen'tar)Teilchen *n*; **3.** *fig.* Fünkchen *n*, Spur *f*: ***not a ~ of truth in it*** nicht ein wahres Wort daran; **4.** *ling.* Par'tikel *f*.

par·ti-col·o(u)red ['pɑːtɪˌkʌləd] *adj.* bunt, vielfarbig.

par·tic·u·lar [pə'tɪkjʊlə] **I** *adj.* □ → ***particularly***; **1.** besonder, einzeln, spezi'ell, Sonder...: ***~ average*** ✝ kleine (besondere) Havarie; ***for no ~ reason*** aus keinem besonderen Grund; ***this ~ case*** dieser spezielle Fall; **2.** individu'ell, ausgeprägt; **3.** ausführlich; 'umständlich; **4.** peinlich genau, eigen: ***be ~ about*** es genau nehmen mit, Wert legen auf (*acc.*); **5.** wählerisch (***in, about, as to*** in *dat.*): ***none too ~ about*** *iro.* nicht gerade wählerisch (*in s-n Methoden etc.*); **6.** eigentümlich, sonderbar; **II** *s.* **7.** Einzelheit *f*, besonderer 'Umstand; *pl.* nähere Umstände *od.* Angaben *pl.*, *das* Nähere: ***in ~*** insbesondere; ***enter into ~s*** sich auf Einzelheiten einlassen; ***further ~s from*** Näheres (erfährt man) bei; **8.** Perso'nalien *pl.*, Angaben *pl. zur Person*; **9.** F Speziali'tät *f*, *et.* Typisches; **par'tic·u·lar·ism** [-ərɪzəm] *s. pol.* Partikula'rismus *m*: a) Sonderbestrebungen *pl.*, b) ˌKleinstaate'rei *f*; **par·tic·u·lar·i·ty** [pəˌtɪkjʊ'lærətɪ] *s.* **1.** Besonderheit *f*, Eigentümlichkeit *f*; **2.** besonderer 'Umstand, Einzelheit *f*; **3.** Ausführlichkeit *f*; **4.** (peinliche) Genauigkeit; **5.** Eigenheit *f*; **par·tic·u·lar·i·za·tion** [pəˌtɪkjʊləraɪ'zeɪʃn] *s.* Detaillierung *f*, Spezifizierung *f*; **par'tic·u·lar·ize** [-əraɪz] **I** *v/t.* spezifizieren, einzeln (*a.* 'umständlich) anführen, ausführlich angeben; **II** *v/i.* ins einzelne gehen; **par'tic·u·lar·ly** [-lɪ] *adv.* **1.** besonders, im besonderen, insbesondere: ***not ~*** nicht sonderlich;

(***more***) ~ ***as*** um so mehr als, zumal; **2.** ungewöhnlich; **3.** ausdrücklich.

part·ing ['pɑːtɪŋ] **I** *adj.* **1.** Scheide…, Abschieds…: ~ ***kiss***; ~ ***breath*** letzter Atemzug; **2.** trennend, abteilend: ~ ***wall*** Trennwand *f*; **II** *s.* **3.** Abschied *m*, Scheiden *n*, Trennung *f* (***with*** von); *fig.* Tod *m*; **4.** Trennlinie *f*, (Haar)Scheitel *m*: ~ ***of the ways*** Weggabelung, *fig.* Scheideweg; **5.** ⚗, *phys.* Scheidung *f*: ~ ***silver*** Scheidesilber; **6.** ⚙ *Gießerei*: a) *a.* ~ ***sand*** Streusand *m*, trockener Formsand, b) *a.* ~ ***line*** Teilfuge *f* (*Gußform*); **7.** ⚓ Bruch *m*, Reißen *n*; ~ **shot** *s. fig.* letzte boshafte Bemerkung (*beim Abschied*).

par·ti·san[1] ['pɑːtɪzn] *s.* ⚔ *hist.* Parti'sane *f* (*Stoßwaffe*).

par·ti·san[2] [ˌpɑːtɪ'zæn] **I** *s.* **1.** Par'teigänger(in), -genosse *m*, -genossin *f*; **2.** ⚔ Parti'san *m*, Freischärler *m*; **II** *adj.* **3.** Partei…; **4.** par'teiisch: ~ ***spirit*** leidenschaftliche Parteilichkeit; **5.** ⚔ Partisanen…, ˌ**par·ti'san·ship** [-ʃɪp] *s.* **1.** *pl.* Par'teigängertum *n*; **2.** *fig.* Par'tei-, Vetternwirtschaft *f*.

par·tite ['pɑːtaɪt] *adj.* **1.** geteilt (*a.* ⚘); **2.** *in Zssgn* …teilig.

par·ti·tion [pɑː'tɪʃn] **I** *s.* **1.** (Auf-, Ver-) Teilung *f*; **2.** ⚖ ('Erb)Auseinˌandersetzung *f*; **3.** Trennung *f*, Absonderung *f*; **4.** Scheide-, Querwand *f*, Fach *n* (*Schrank etc.*); (Bretter)Verschlag *m*: ~ ***wall*** Zwischenwand *f*; **II** *v/t.* **5.** (auf-, ver)teilen; **6.** *Erbschaft* ausein'andersetzen; **7.** *mst* ~ ***off*** abteilen, -fachen; **par·ti·tive** ['pɑːtɪtɪv] **I** *adj.* teilend, Teil…; *ling.* parti'tiv: ~ ***genitive***; **II** *s. ling.* Parti'tivum *n*.

part·ly ['pɑːtlɪ] *adv.* zum Teil, teilweise, teils: ~ ***…***, ~ ***…*** teils …, teils …

part·ner ['pɑːtnə] **I** *s.* **1.** *allg.* (*a. sport, a.* Tanz)Partner(in); **2.** ✝ Gesellschafter *m*, (Geschäfts)Teilhaber(in), Kompagnon *m*: ***general*** ~ (unbeschränkt) haftender Gesellschafter, Komplementär *m*; ***special*** ~ *Am.* Kommanditist (-in); → ***dormant*** 3; ***limited*** I; ***silent*** 2; ***sleeping partner***; **3.** 'Lebenskameˌrad (-in), Gatte *m*, Gattin *f*; **II** *v/t.* **4.** zs.-bringen, -tun; **5.** sich zs.-tun, sich assoziieren (***with*** mit *j-m*): ***be ~ed with*** *j-n* zum Partner haben; '**part·ner·ship** [-ʃɪp] *s.* **1.** Teilhaberschaft *f*, Partnerschaft *f*, Mitbeteiligung *f* (***in*** an *dat.*); **2.** ✝ a) Handelsgesellschaft *f*, b) Perso'nalgesellschaft *f*: ***general*** *od.* ***ordinary*** ~ Offene Handelsgesellschaft; → ***limited*** I; ***special*** ~ *Am.* Kommanditgesellschaft *f*; ***deed of*** ~ Gesellschaftsvertrag *m*; ***enter into a*** ~ ***with*** → ***partner*** 5.

part| **own·er** *s.* **1.** Miteigentümer(in); **2.** ⚓ Mitreeder *m*; ~ **pay·ment** *s.* Teil-, Abschlagszahlung *f*.

par·tridge ['pɑːtrɪdʒ] *pl.* **par·tridge** *u.* **par·tridg·es** *s. orn.* Rebhuhn *n*.

part| **sing·ing** *s.* ♪ mehrstimmiger Gesang; '**~-time I** *adj.* Teilzeit…, Halbtags…: ~ ***job***; **II** *adv.* halbtags; '**~-ˌtim·er** *s.* Teilzeitbeschäftigte(r *m*) *f*, Halbtagskraft *f*.

par·tu·ri·ent [pɑː'tjʊərɪənt] *adj.* **1.** gebärend, kreißend; **2.** *fig.* (*mit e-r Idee*) schwanger; **par·tu·ri·tion** [ˌpɑːtjʊə'rɪʃn] *s.* Gebären *n*.

par·ty ['pɑːtɪ] *s.* **1.** *pol.* Par'tei *f*: ~ ***boss*** Parteibonze *m*; ~ ***spirit*** Parteigeist *m*; → ***whip*** 4a; **2.** Par'tie *f*, Gesellschaft *f*: ***hunting*** ~; ***make one of the*** ~ sich anschließen, mitmachen; **3.** Trupp *m*: a) ⚔ Kom'mando *n*, b) (Arbeits)Gruppe *f*, c) (Rettungs- *etc.*)Mannschaft *f*; **4.** Einladung *f*, Party *f*, Gesellschaft *f*: ***give a*** ~; **5.** ⚖ (Pro'zeß- *etc.*)Parˌtei *f*: ***contracting*** ~, ~ ***to a contract*** Vertragspartei, Kontra'hent *m*, ***a third*** ~ ein Dritter; **6.** Teilhaber(in), -nehmer (-in), Beteiligte(r *m*) *f*: ***be a*** ~ ***to*** beteiligt sein an, *et.* mitmachen; ***the parties concerned*** die Beteiligten; **7.** F ‚Typ' *m*, Per'son *f*; ~ **card** *s.* Par'teibuch *n*; ~ **line** *s.* **1.** *teleph.* Gemeinschaftsanschluß *m*; **2.** *pol.* Par'teilinie *f*, -direkˌtive *f*: ***follow the*** ~ *parl.* linientreu sein; ***voting was on ~s*** bei der Abstimmung herrschte Fraktionszwang; ~ **lin·er** *s. Am.* Linientreue(r *m*) *f*; ~ **tick·et** *s.* **1.** Gruppenfahrkarte *f*; **2.** *pol. Am.* (Kandi'daten)liste *f e-r Partei*.

par·ve·nu ['pɑːvənjuː] (*Fr.*) *s.* Em'porkömmling *m*, Parve'nü *m*.

Pas·cal ['pæskl] Pas'cal *n*: a) *phys. Einheit des Drucks*, b) *e-e Computersprache*.

pa·sha ['pɑːʃə] *s.* Pascha *m*.

pasque·flow·er ['pæskˌflaʊə] *s.* ⚘ Küchenschelle *f*.

pass[1] [pɑːs] *s.* **1.** (Eng)Paß *m*, Zugang *m*, 'Durchgang *m*, -fahrt *f*, Weg *m*: ***hold the*** ~ die Stellung halten (*a. fig.*); ***sell the*** ~ *fig.* alles verraten; **2.** Joch *n*, Sattel *m* (*Berg*); **3.** schiffbarer Ka'nal; **4.** Fischgang *m* (*Schleuse etc.*).

pass[2] [pɑːs] **I** *s.* **1.** (Reise)Paß *m*; (Perso'nal)Ausweis *m*; Passierschein *m*; 🚂, *thea. a.* ***free*** ~ Frei-, Dauerkarte *f*; **2.** ⚔ a) Urlaubsschein *m*, b) Kurzurlaub *m*: ***be on*** ~ auf (Kurz)Urlaub sein; **3.** a) Bestehen *n*, 'Durchkommen *n im Examen etc.*, b) bestandenes Examen,

c) Note *f*, Zeugnis *n*, d) *univ. Brit.* einfacher Grad; **4.** ✝, ⚙ Abnahme *f*, Genehmigung *f*; **5.** Bestreichung *f*, Strich *m beim Hypnotisieren etc.*; **6.** *Maltechnik*: Strich *m*; **7.** (Hand)Bewegung *f*, (Zauber)Trick *m*; **8.** *Fußball etc.*: Paß *m*, (Ball)Abgabe *f*, Vorlage *f*: **~ back** Rückgabe *f*; **low ~** Flachpaß; **9.** *fenc.* Ausfall *m*, Stoß *m*; **10.** *sl.* Annäherungsversuch *m*, *oft* **hard ~** Zudringlichkeit *f*: **make a ~ at** *e-r Frau gegenüber* zudringlich werden; **11.** *fig.* a) Zustand *m*, b) kritische Lage: **a pretty ~** F e-e ‚schöne Geschichte'; **be at a desperate ~** hoffnungslos sein; **things have come to such a ~** die Dinge haben sich derart zugespitzt; **12.** ⚙ Arbeitsgang *m* (*Werkzeugmaschine*); **13.** ⚙ (Schweiß)Lage *f*; **14.** *Walzwesen*: a) Gang *m*, b) Zug *m*; **15.** ⚡ Paß *m* (*frequenzabhängiger Vierpol*); **II** *v/t.* **16.** *et.* passieren, vor'bei-, vor'übergehen, -fahren, -fließen, -kommen, -reiten, -ziehen an (*dat.*); **17.** über'holen (*a. mot.*), vor'beilaufen, -fahren an (*dat.*); **18.** durch-, über'schreiten, passieren, durch'gehen, -'reisen *etc.*: **~ s.o.'s lips** über j-s Lippen kommen; **19.** über'steigen, -'treffen, hin'ausgehen über (*acc.*) (*a. fig.*): **it ~es my comprehension** es geht über m-n Verstand; **20.** *fig.* über'gehen, -'springen, keine No'tiz nehmen von; ✝ *e-e Dividende* ausfallen lassen; **21.** *durch et.* hin'durchleiten, -führen (*a.* ⚙), gleiten lassen: **~ (through a sieve)** durch ein Sieb passieren, durchseihen; ; **~ one's hand over** mit der Hand über *et.* fahren; **22.** *Gegenstand* reichen, (*a.* ⚖ *Falschgeld*) weitergeben; *Geld* in 'Umlauf setzen; (über-) 'senden, (*a. Funkspruch*) befördern; *sport Ball* abspielen, abgeben (**to** an *acc.* passen), (zu): **~ the chair (to)** den Vorsitz abgeben (an *j-n*); **~ the hat (round** *Brit.*) e-e Sammlung veranstalten (**for** für *j-n*); **~ the time of day** guten Tag *etc.* sagen, grüßen; **~ to s.o.'s account** j-m *e-n Betrag* in Rechnung stellen; **~ to s.o.'s credit** j-m gutschreiben; → **word** 5; **23.** *Türschloß* öffnen; **24.** vor'bei-, 'durchlassen, passieren lassen; **25.** *fig.* anerkennen, gelten lassen, genehmigen; **26.** ⚕ a) *Eiter, Nierenstein etc.* ausscheiden, b) *Eingeweide* entleeren, *Wasser* lassen; **27.** *Zeit* verbringen, -leben, -treiben; **28.** *parl. etc.* a) *Vorschlag* 'durchbringen, -setzen, b) *Gesetz* verabschieden, ergehen lassen, c) *Resolution* annehmen; **29.** rechtskräftig machen; **30.** ⚖ *Eigentum, Rechtstitel* über'tragen, *letztwillig* zukommen lassen; **31.** a) *Examen* bestehen, b) *Prüfling* bestehen lassen, 'durchkommen lassen; **32.** *Urteil* äußern, *s-e Meinung* aussprechen (**upon** über *acc.*), *Bemerkung* fallenlassen, *Kompliment* machen: **~ criticism on** Kritik üben an (*dat.*); → **sentence** 2 a; **III** *v/i.* **33.** sich fortbewegen, von e-m Ort zum andern gehen *od.* fahren *od.* ziehen *etc.*; **34.** vor'bei-, vor'übergehen *etc.* (**by** an *dat.*); **35.** 'durchgehen, passieren (*a. Linie*): **it just ~ed through my mind** *fig.* es ging mir eben durch den Kopf; **36.** ⚕ abgehen, abgeführt werden; **37.** 'durchkommen: a) ein Hindernis *etc.* bewältigen, b) (e-e Prüfung) bestehen; **38.** her'umgereicht werden, von Hand zu Hand gehen, her'umgehen; im 'Umlauf sein: **harsh words ~ed between them** es fielen harte Worte bei ihrer Auseinandersetzung; **39.** a) *sport* passen, (den Ball) zuspielen *od.* abgeben, b) (*Kartenspiel u. fig.*) passen: **I ~ on that!** da muß ich passen!; **40.** *fenc.* ausfallen; **41.** 'übergehen (**from ... [in]to** von ... zu), werden (**into** zu); **42.** *in andere Hände* 'übergehen, über'tragen werden (*Eigentum*); fallen (**to** an *Erben etc.*); *unter j-s Aufsicht* kommen, geraten; **43.** an-, hin-, 'durchgehen, leidlich sein, unbeanstandet bleiben, geduldet werden: **let that ~** reden wir nicht mehr davon; **44.** *parl. etc.* 'durchgehen, bewilligt *od.* zum Gesetz erhoben werden, Rechtskraft erlangen; **45.** gangbar sein, Geltung finden (*Ideen, Grundsätze*); **46.** angesehen werden, gelten (**for** als); **47.** urteilen, entscheiden (**upon** über *acc.*); ⚖ *a.* gefällt werden (*Urteil*); **48.** vergehen (*a. Schmerz etc.*), verstreichen (*Zeit*); endigen; sterben: **fashions ~** Moden kommen u. gehen; **49.** sich zutragen *od.* abspielen, passieren: **what ~ed between you and him?**; **bring to ~** bewirken; **it came to ~ that** *bibl.* es begab sich, daß;

Zssgn mit prp.:

pass| be·yond *v/i.* hin'ausgehen über (*acc.*) (*a. fig.*); **~ by** *v/i.* **1.** vor'bei-, vor'übergehen an (*dat.*); **2.** *et. od. j-n* über'gehen (**in silence** stillschweigend); **3.** unter *dem Namen* ... bekannt sein; **~ for** → **pass** 46; **~ in·to I** *v/t.* **1.** *et.* einführen in (*acc.*); **II** *v/i.* **2.** (hin'ein)gehen *etc.* in (*acc.*); **3.** führen *od.* leiten in (*acc.*); **4.** 'übergehen in (*acc.*): **~ law** (zum) Gesetz werden; **~ through I** *v/t.* **1.** durch ... führen *od.*

leiten *od.* stecken; 'durchschleusen; **II** *v/i.* **2.** durch'fahren, -'queren, -'schreiten *etc.*; durch ... gehen *etc.*; durch'fließen; **3.** durch ... führen (*Draht, Tunnel etc.*); **4.** durch'bohren; **5.** 'durchmachen, erleben;
Zssgn mit adv.:

pass| a·way I *v/t.* **1.** *Zeit* ver-, zubringen (***doing s.th.*** mit et.); **II** *v/i.* **2.** vergehen (*Zeit etc.*); **3.** verscheiden, sterben; **~ by** *v/i.* **1.** vor'bei-, vor'übergehen (*a. Zeit*); **2.** → ***pass over*** 4; **~ down** *v/t. Bräuche etc.* über'liefern, weitergeben (***to*** an *dat.*); **~ in** *v/t.* **1.** einlassen; **2.** einreichen, -händigen: **~ *one's check*** *Am. sl.* ‚den Löffel abgeben' (*sterben*); **~ off I** *v/t.* **1.** *j-n od. et.* ausgeben (***for, as*** für, als); **II** *v/i.* **2.** vergehen (*Schmerz etc.*); **3.** *gut etc.* vor'übergehen, von'statten gehen; **4.** 'durchgehen (***as*** als); **~ on I** *v/t.* **1.** weitergeben, -reichen (***to*** *dat. od.* an *acc.*); befördern; **2.** ⚕ abwälzen (***to*** auf *acc.*); **II** *v/i.* **3.** weitergehen; **4.** 'übergehen (***to*** zu); **5.** → ***pass away*** 3; **~ out I** *v/i.* **1.** hin'ausgehen, -fließen, -strömen; **2.** *sl.* ‚umkippen', ohnmächtig werden; **II** *v/t.* **3.** ver-, austeilen; **~ o·ver I** *v/i.* **1.** hin'übergehen; **2.** 'überleiten, -führen; **II** *v/t.* **3.** über'reichen, -'tragen; **4.** über'gehen (***in silence*** stillschweigend), ignorieren; **5.** → ***pass up*** 1; **~ through** *v/i.* **1.** hin'durchführen; **2.** hin'durchgehen, -reisen *etc.*: ***be passing through*** auf der Durchreise sein; **~ up** *v/t. sl.* **1.** a) sich *e-e Chance* entgehen lassen, b) *et.* ‚sausen' lassen; verzichten auf (*acc.*); **2.** *j-n* über'gehen.

pass·a·ble ['pɑːsəbl] *adj.* □ **1.** passierbar; gang-, befahrbar; **2.** ⚕ gangbar, gültig (*Geld etc.*); **3.** *fig.* leidlich, pas'sabel.

pas·sage ['pæsɪdʒ] *s.* **1.** Her'ein-, Her'aus-, Vor'über-, 'Durchgehen *n*, 'Durchgang *m*, -reise *f*, -fahrt *f*, 'Durchfließen *n*: ***no ~!*** kein Durchgang!, keine Durchfahrt!; → ***bird*** 1; **2.** ⚕ ('Waren-)Tranˌsit *m*, 'Durchgang *m*; **3.** Pas'sage *f*, ('Durch-, Verbindungs)Gang *m*; *bsd. Brit.* Korridor *m*; **4.** Ka'nal *m*, Furt *f*; **5.** ⚙ 'Durchlaß *m*, -tritt *m*; **6.** (See-, Flug)Reise *f*, ('Über)Fahrt *f*: ***book one's ~*** s-e Schiffskarte lösen (***to*** nach); ***work one's ~*** s-e Überfahrt durch Arbeit abverdienen; **7.** Vergehen *n*, Ablauf *m*: ***the ~ of time***; **8.** *parl.* 'Durchkommen *n*, Annahme *f*, In'krafttreten *n e-s Gesetzes*; **9.** Wortwechsel *m*; **10.** *pl.* Beziehungen *pl.*, *geistiger* Austausch; **11.** (Text)Stelle *f*, Passus *m*; **12.** ♪ Pas'sage *f* (*a. Reiten*); **13.** *fig.* 'Übergang *m*, -tritt *m* (***from ... to, into*** von ... in *acc.*, zu); **14.** a) (Darm)Entleerung *f*, Stuhlgang *m*, b) *anat.* (*Gehör- etc.*)Gang *m*, (*Harn- etc.*) Weg(e *pl.*) *m*: ***auditory*** (***urinary***) **~**; **~ at arms** *s.* **1.** Waffengang; **2.** Wortgefecht *n*, ‚Schlagabtausch' *m*; **~ boat** *s.* Fährboot *n*; '**~·way** *s.* 'Durchgang *m*, Korridor *m*, Pas'sage *f*.

'**pass|·book** *s.* **1.** *bsd. Brit.* a) Bank-, Kontobuch *n*, b) Sparbuch *n*; **2.** Buch *n* über kreditierte Waren; **~ check** *s. Am.* Pas'sierschein *m*; **~ de·gree** → ***pass***[2] 3c.

pas·sé, pas·sée ['pɑːseɪ] (*Fr.*) *adj.* pas'sé: a) vergangen, b) veraltet, c) verblüht: ***a passée belle*** e-e verblühte Schönheit.

passe·men·terie ['pɑːsməntrɪ] (*Fr.*) *s.* Posamentierwaren *pl.*

pas·sen·ger ['pæsɪndʒə] *s.* **1.** Passa'gier *m*, Fahr-, Fluggast *m*, Reisende(r *m*) *f*, Insasse *m*: **~ *cabin*** ✈ Fluggastraum *m*; **2.** F a) Schma'rotzer *m*, b) Drückeberger *m*; **~ car** *s.* **1.** Per'sonen(kraft)wagen *m*, *abbr.* Pkw; **2.** 🚃 *Am.* Per'sonenwagen *m*, **~ lift** *s. Brit.* Per'sonenaufzug *m*; **~ pi·geon** *s. orn.* Wandertaube *f*; **~ plane** *s.* ✈ Passa'gierflugzeug *n*; **~ serv·ice** *s.* Per'sonenbeförderung *f*; **~ traf·fic** *s.* Per'sonenverkehr *m*; **~ train** *s.* 🚃 Per'sonenzug *m*.

passe-par·tout ['pæspɑːtuː] (*Fr.*) *s.* **1.** Hauptschlüssel *m*; **2.** Passepar'tout *n* (*Bildumrahmung*).

ˌ**pass·er-'by** *pl.* ˌ**pass·ers-'by** *s.* Pas'sant(in).

pass ex·am·i·na·tion *s. univ. Brit.* unterstes 'Abschlußeˌxamen.

pas·sim ['pæsɪm] (*Lat.*) *adv.* passim, hier u. da, an verschiedenen Orten.

pass·ing ['pɑːsɪŋ] **I** *adj.* **1.** vor'über-, 'durchgehend: **~ *axle*** ⚙ durchgehende Achse; **2.** vergehend, vor'übergehend, flüchtig; **3.** beiläufig; **II** *s.* **4.** Vor'bei-, 'Durch-, Hin'übergehen *n*: ***in ~*** im Vorbeigehen, *fig.* beiläufig, nebenbei; ***no ~!*** *mot.* Überholverbot!; **5.** 'Übergang *m*: **~ *of title*** Eigentumsübertragung *f*; **6.** Da'hinschwinden *n*; **7.** Hinscheiden *n*, Ableben *n*; **8.** *pol.* 'Durchgehen *n e-s Gesetzes*; **~ beam** *s. mot.* Abblendlicht *n*; **~ lane** *s. mot.* Über'holspur *f*; **~ note** *s.* ♪ 'Durchgangston *m*; **~ shot** *s. Tennis*: Pas'sierschlag *m*; **~ zone** *s. Staffellauf*: Wechselzone *f*.

pas·sion ['pæʃn] *s.* **1.** Leidenschaft *f*, heftige Gemütserregung, (Gefühls-)Ausbruch *m*; **2.** Zorn *m*: ***fly into a ~***

e-n Wutanfall bekommen; → ***heat*** 6; **3.** Leidenschaft *f*: a) heiße Liebe, heftige Neigung, b) heißer Wunsch, c) Passi'on *f*, Vorliebe *f* (***for*** für), d) Liebhabe'rei *f*; Passi'on *f*: ***it has become a ~ with him*** es ist bei ihm zur Leidenschaft geworden, er tut es leidenschaftlich gern(e); **4.** ♀ *eccl.* Leiden *n* (Christi), Passion *f* (*a.* ♪, *paint. u. fig.*); **pas·sion·ate** ['pæʃənət] *adj.* □ **1.** leidenschaftlich (*a. fig.*); **2.** hitzig, jähzornig; **pas·sion·less** ['pæʃnlɪs] *adj.* □ leidenschaftslos.

pas·sion| play *s. eccl.* Passi'onsspiel *n*; ♀ **Sun·day** *s. eccl.* Passi'onssonntag *m*; **~ week** *s.* **1.** Karwoche *f*; **2.** Woche zwischen Passi'onssonntag u. Palm'sonntag.

pas·si·vate ['pæsɪveɪt] *v/t.* ⚙, ⚗ passivieren.

pas·sive ['pæsɪv] **I** *adj.* □ **1.** passiv (*a. ling.*, ⚡, ✱, *sport*), leidend, teilnahmslos, 'widerstandslos: ***~ air defence*** Luftschutz; ***~ verb*** *ling.* passivisch konstruiertes Verb; ***~ voice*** → 3; ***~ vocabulary*** passiver Wortschatz; **2.** ✝ untätig, nicht zinstragend, passiv: ***~ debt*** unverzinsliche Schuld; ***~ trade*** Passivhandel *m*; **II** *s.* **3.** *ling.* Passiv *n*, Leideform *f*; '**pas·sive·ness** [-nɪs], **pas·siv·i·ty** [pæ'sɪvətɪ] *s.* Passivi'tät *f*, Teilnahmslosigkeit *f*.

'**pass·key** *s.* **1.** Hauptschlüssel *m*; **2.** Drücker *m*; **3.** Nachschlüssel *m*.

pas·som·e·ter [pæ'sɒmɪtə] *s.* ⚙ Schrittmesser *m*.

Pass·o·ver ['pɑːsˌəʊvə] *s. eccl.* **1.** Passah(fest) *n*; **2.** ♀ Osterlamm *n*.

pass·port ['pɑːspɔːt] *s.* **1.** (Reise)Paß *m*: ***~ inspection*** Paßkontrolle *f*; **2.** ✝ Passierschein *m*; **3.** *fig.* Zugang *m*, Weg *m*, Schlüssel *m* (***to*** zu).

'**pass·word** *s.* Pa'role *f*, Losung *f*, Kennwort *n*.

past [pɑːst] **I** *adj.* **1.** vergangen, verflossen: ***for some time ~*** seit einiger Zeit; **2.** *ling.* Vergangenheits…: ***~ participle*** Mittelwort *n* der Vergangenheit, Partizip *n* Perfekt; ***~ tense*** Vergangenheit *f*, Präteritum *n*; **3.** vorig, früher, ehemalig, letzt: ***~ president***; ***~ master*** *fig.* Altmeister *m*, großer Könner; **II** *s.* **4.** Vergangenheit *f* (*a. ling.*), *weitS. a.* Vorleben *n*: ***a woman with a ~*** eine Frau mit Vergangenheit; **III** *adv.* **5.** vor'bei, vor'über: ***to run ~***; **IV** *prp.* **6.** (*Zeit*) nach, über (*acc.*): ***half ~ seven*** halb acht; ***she is ~ forty*** sie ist über vierzig; **7.** an … vorbei: ***he ran ~ the house***; **8.** über … hin'aus: ***~ comprehension*** unfaßbar, unfaßlich; ***~ cure*** unheilbar; ***~ hope*** hoffnungslos; ***he is ~ it*** F er ist ‚darüber hinaus'; ***she is ~ caring*** das kümmert sie alles nicht mehr; ***I would not put it ~ him*** *sl.* ich traue es ihm glatt zu.

pas·ta ['pæstə] *s.* Teigwaren *pl.*

past-'due *ad.* ✝ 'überfällig (*Wechsel etc.*); Verzugs…(*-zinsen*).

paste [peɪst] **I** *s.* **1.** Teig *m*, (*Fisch-, Zahn- etc.*)Paste *f*, Brei *m*; ⚙ Tonmasse *f*; Glasmasse *f*; **2.** Kleister *m*, Klebstoff *m*, Papp *m*; **3.** a) Paste *f* (*Diamantenherstellung*), b) künstlicher Edelstein, Simili *n*, *m*; **II** *v/t.* **4.** kleben, kleistern, pappen, bekleben (***with*** mit); **5.** ***~ up*** a) auf-, ankleben (***on***, ***in*** auf, in *acc.*), b) verkleistern (*Loch*); **6.** *sl.* ('durch)hauen: ***~ s.o. one*** j-m ‚eine kleben'; '**~·board I** *s.* **1.** Pappe *f*, Pappendeckel *m*, Kar'ton *m*; **2.** *sl.* (Eintritts-, Spiel-, Vi'siten)Karte *f*; **II** *adj.* **3.** aus Pappe, Papp…: ***~ box*** Karton; **4.** *fig.* unecht, wertlos, kitschig, nachgemacht.

pas·tel I *s.* [pæ'stel] **1.** ⚘ Färberwaid *m*; **2.** ⚙ Waidblau *n*; **3.** Pa'stellstift *m*, -farbe *f*; **4.** Pa'stellzeichnung *f*, -bild *n*; **II** *adj.* ['pæstl] **5.** zart, duftig, Pastell… (*Farbe*); **pas·tel·ist** ['pæstəlɪst], **pas·tel·list** [pæ'stelɪst] *s.* Pa'stellmaler(in).

pas·tern ['pæstəːn] *s. zo.* Fessel *f* (*vom Pferd*).

'**paste-up** *s. typ.* 'Klebeˌumbruch *m*.

pas·teur·i·za·tion [ˌpæstəraɪ'zeɪʃn] *s.* Pasteurisierung *f*; **pas·teur·ize** ['pæstəraɪz] *v/t.* pasteurisieren.

pas·tille ['pæstəl] *s.* **1.** Räucherkerzchen *n*; **2.** *pharm* Pa'stille *f*.

pas·time ['pɑːstaɪm] *s.* (***as a ~*** zum) Zeitvertreib *m*.

past·i·ness ['peɪstɪnɪs] *s.* **1.** breiiger Zustand; breiiges Aussehen; **2.** *fig.* käsiges Aussehen.

past·ing ['peɪstɪŋ] *s.* **1.** Kleistern *n*, Kleben *n*; **2.** ⚙ Klebstoff *m*; **3.** *sl.* ‚Dresche' *f*, (Tracht *f*) Prügel *pl.*

pas·tor ['pɑːstə] *s.* Pfarrer *m*, Pastor *m*, Seelsorger *m*; '**pas·to·ral** [-tərəl] **I** *adj.* □ **1.** Schäfer…, Hirten…, i'dyllisch, ländlich; **2.** *eccl.* pasto'ral, seelsorgerlich: ***~ staff*** Krummstab; **II** *s.* **3.** Hirtengedicht *n*, I'dylle *f*; **4.** *paint.* ländliche Szene; **5.** ♪ a) Schäferspiel *n*, b) Pasto'rale *n*; **6.** *eccl.* a) Hirtenbrief *m*, b) *pl. a.* ♀ ***Epistles*** Pasto'ralbriefe *pl.* (*von Paulus*); '**pas·tor·ate** [-ərət] *s.* **1.** Pasto'rat *n*, Pfarramt *n*; **2.** *coll. die* Geistlichen *pl.*; **3.** *Am.* Pfarrhaus *n*.

past per·fect *ling. s.* Vorvergangenheit

f, ˈPlusquamperˌfekt(um) *n*.

pas·try [ˈpeɪstrɪ] *s.* **1.** a) *coll.* Konˈditorwaren *pl.*, Feingebäck *n*, b) Kuchen *m*, Torte *f*; **2.** (Kuchen-, Torten)Teig *m*; **~ cook** *s.* Konˈditor *m*.

pas·tur·age [ˈpɑːstjʊrɪdʒ] *s.* **1.** Weiden *n* (*Vieh*); **2.** Weidegras *n*; **3.** Weide(land *n*) *f*; **4.** Bienenzucht *f* u. -fütterung *f*.

pas·ture [ˈpɑːstʃə] **I** *s.* **1.** Weidegras *n*, Viehfutter *n*; **2.** Weide(land *n*) *f*: ***seek greener ~s*** *fig.* sich nach besseren Möglichkeiten umsehen; ***retire to ~*** (in den Ruhestand) abtreten; **II** *v/i.* **3.** grasen, weiden; **III** *v/t.* **4.** *Vieh* auf die Weide treiben, weiden; **5.** *Wiese* abweiden.

past·y¹ [ˈpeɪstɪ] *adj.* **1.** teigig, kleisterig; **2.** *fig.* ‚käsig', blaß.

past·y² [ˈpæstɪ] *s.* (ˈFleisch)Paˌstete *f*.

pat [pæt] **I** *s.* **1.** *Brit.* (*leichter*) Schlag, Klaps *m*: ***~ on the back*** *fig.* Schulterklopfen *n*, Lob *n*, Glückwunsch *m*; **2.** (Butter)Klümpchen *n*; **3.** Klopfen *n*, Getrappel *n*, Tapsen *n*; **II** *adj.* **4.** a) paˈrat, bereit, b) passend, treffend: ***~ answer*** schlagfertige Antwort; ***~ solution*** Patentlösung; ***a ~ style*** ein gekonnter Stil; ***know s.th. off*** (*od.* ***have it down***) **~** F et. (wie) am Schnürchen können; **5.** fest: ***stand ~*** festbleiben, sich nicht beirren lassen; **6.** (*a. adv.*) im rechten Augenblick, rechtzeitig, wie gerufen; **III** *v/t.* **7.** *Brit.* klopfen, tätscheln: ***~ s.o. on the back*** j-m (anerkennend) auf die Schulter klopfen, *fig. a.* j-n beglückwünschen.

pat² [pæt] *s.* Ire *m* (*Spitzname*).

ˈpat-a-cake backe, backe Kuchen (*Kinderspiel*).

patch [pætʃ] **I** *s.* **1.** Fleck *m*, Flicken *m*, Lappen *m*; ⚔ *etc.* Tuchabzeichen *n*: ***not a ~ on*** F gar nicht zu vergleichen mit; **2.** a) ⚕ Pflaster *n*, b) Augenbinde *f*; **3.** Schönheitspflästerchen *n*; **4.** Stück *n* Land, Fleck *m*; Stück *n* Rasen; Stelle *f* (*a. im Buch*): ***in ~es*** stellenweise; ***strike a bad ~*** e-e Pechsträhne *od.* e-n schwarzen Tag haben; **5.** (Farb)Fleck *m* (*bei Tieren etc.*); **6.** *pl.* Bruchstücke *pl.*, *et.* Zs.-gestoppeltes; **II** *v/t.* **7.** flikken, ausbessern; mit Flicken versehen; **8.** ***~ up*** *bsd. fig.* a) zs.-stoppeln: ***~ up a textbook***, b) ‚zs.-flicken', c) *Ehe etc.* ‚kitten', d) *Streit* beilegen, e) überˈtünchen, beschönigen; **ˈ~·board** *s. Computer*: Schaltbrett; **~ kit** *s.* Flickzeug *n*.

patch·ou·li [ˈpætʃʊlɪ] *s.* ˈPatschuli *n* (*Pflanze u. Parfüm*).

patch| pock·et *s.* aufgesetzte Tasche; **~ test** *s.* ⚕ Tuberkuˈlinprobe *f*; **ˈ~·word** *s. ling.* Flickwort *n*; **ˈ~·work** *s. a. fig.* Flickwerk *n*.

patch·y [ˈpætʃɪ] *adj.* □ **1.** voller Flicken; **2.** *fig.* zs.-gestoppelt; **3.** fleckig; **4.** *fig.* ungleichmäßig.

pate [peɪt] *s.* F Schädel *m*, ‚Birne' *f*.

pâté [ˈpæteɪ] (*Fr.*) *s.* Paˈstete *f*.

pat·en [ˈpætən] *s. eccl.* Paˈtene *f*, Hostienteller *m*.

pa·ten·cy [ˈpeɪtənsɪ] *s.* **1.** Offenkundigkeit *f*; **2.** ⚕ ˈDurchgängigkeit *f* (*e-s Kanals etc.*).

pat·ent [ˈpeɪtənt; *bsd.* ⚖ *u. Am.* ˈpæ-] **I** *adj.* □ **1.** offen(kundig): ***to be ~*** auf der Hand liegen; **2.** ***letters ~*** → 6 *u.* 7; **3.** patentiert, gesetzlich geschützt: ***~ article*** Markenartikel *m*; ***~ fuel*** Preßkohlen *pl.*; ***~ leather*** Lack-, Glanzleder *n*; ***~-leather shoe*** Lackschuh *m*; ***~ medicine*** Marken-, Patentmedizin *f*; **4.** ⚖ Patent…: ***~ agent*** (*Am.* ***attorney***) Patentanwalt *m*; ***~ law*** *objektives* Patentrecht; ***♀ Office*** Patentamt *n*; ***~ right*** *subjektives* Patentrecht; ***~ roll*** *Brit.* Patentregister *n*; ***~ specification*** Patentschrift *f*, -beschreibung *f*; **5.** *Brit.* F ‚paˈtent': ***~ methods***; **II** *s.* **6.** Paˈtent *n*, Priviˈleg(ium) *n*, Freibrief *m*, Bestallung *f*; **7.** ⚖ Paˈtent(urkunde *f*) *n*: ***~ of addition*** Zusatzpatent; ***~ applied for***, ***~ pending*** Patent angemeldet; ***take out a ~ for*** → 10; **8.** *Brit.* F ‚Reˈzept' *n*; **III** *v/t.* **9.** patentieren, gesetzlich schützen; **10.** patentieren lassen; **ˈpat·ent·a·ble** [-təbl] *adj.* paˈtentfähig; **pat·ent·ee** [ˌpeɪtənˈtiː] *s.* Paˈtentinhaber(in).

pa·ter [ˈpeɪtə] *s. ped. sl.* ‚alter Herr' (*Vater*).

pa·ter·nal [pəˈtɜːnl] *adj.* □ väterlich, Vater…: ***~ grandfather*** Großvater väterlicherseits; **paˈter·ni·ty** [-nətɪ] *s.* Vaterschaft *f* (*a. fig.*): ***~ suit*** ⚖ Vaterschaftsklage *f*; ***declare ~*** die Vaterschaft feststellen.

pa·ter·nos·ter [ˌpætəˈnɒstə] **I** *s.* **1.** *R.C.* a) Vaterˈunser *n*, b) Rosenkranz *m*; **2.** ⚙ Paterˈnoster *m* (*Aufzug*); **II** *adj.* **3.** ⚙ Paternoster…

path [pɑːθ] **~s** [pɑːðz] *s.* **1.** Pfad *m*, Weg *m* (*a. fig.*): ***cross s.o.'s ~*** j-m über den Weg laufen; **2.** ⚙, *phys.*, *sport* Bahn *f*: ***~ of electrons*** Elektronenbahn.

pa·thet·ic [pəˈθetɪk] *adj.* (□ ***~ally***) **1.** *obs.* paˈthetisch, allzu gefühlvoll: ***~ fallacy*** Vermenschlichung *f* der Natur (*in der Literatur*); **2.** mitleiderregend; **3.** *Brit.* F kläglich, jämmerlich, ‚zum Weinen'.

'path,find·er *s.* **1.** ✈, ⚔ Pfadfinder *m*; **2.** Forschungsreisende(r) *m*; **3.** *fig.* Bahnbrecher *m*.

path·less ['pɑ:θlɪs] *adj.* weglos.

path·o·gen·ic [ˌpæθə'dʒenɪk] *adj.* ⚕ patho'gen, krankheitserregend.

path·o·log·i·cal [ˌpæθə'lɒdʒɪkl] *adj.* □ ⚕ patho'logisch: a) krankhaft, b) *die Krankheitslehre betreffend*; **pa·thol·o·gist** [pə'θɒlədʒɪst] *s.* ⚕ Patho'loge *m*; **pa·thol·o·gy** [pə'θɒlədʒɪ] *s.* ⚕ **1.** Patholo'gie *f*, Krankheitslehre *f*; **2.** pathologischer Befund.

pa·thos ['peɪθɒs] *s.* **1.** *obs.* Pathos *n*; **2.** a) Mitleid *n*, b) *das* Mitleiderregende.

'path·way *s.* Pfad *m*, Weg *m*, Bahn *f*.

pa·tience ['peɪʃns] *s.* **1.** Geduld *f*; Ausdauer *f*: ***lose one's ~*** die Geduld verlieren; ***be out of ~ with s.o.*** aufgebracht sein gegen j-n; ***have no ~ with s.o.*** j-n nicht leiden können, nichts übrig haben für j-n; ***try s.o.'s ~*** j-s Geduld auf die Probe stellen; → ***Job²***; ***possess*** 2 b; **2.** *bsd. Brit.* Pati'ence *f* (*Kartenspiel*); **'pa·tient** [-nt] **I** *adj.* □ **1.** geduldig; nachsichtig; beharrlich: ***be ~ of*** ertragen; ***~ of two interpretations*** *fig.* zwei Deutungen zulassend; **II** *s.* **2.** Pati'ent(in), Kranke(r *m*) *f*; **3.** ⚖ *Brit.* Geistesgestörte(r *m*) *f* (*in e-r Heil- und Pflegeanstalt*).

pat·i·o ['pætɪəʊ] *s.* **1.** Innenhof *m*, Patio *m*; **2.** Ter'rasse *f*, Ve'randa *f*.

pa·tri·arch ['peɪtrɪɑ:k] *s.* Patri'arch *m*; **pa·tri·ar·chal** [ˌpeɪtrɪ'ɑ:kl] *adj.* patriar'chalisch (*a. fig. ehrwürdig*); **'pa·tri·arch·ate** [-kɪt] *s.* Patriar'chat *n*.

pa·tri·cian [pə'trɪʃn] **I** *adj.* pa'trizisch; *fig.* aristo'kratisch; **II** *s.* Pa'trizier(in).

pat·ri·cide ['pætrɪsaɪd] → ***parricide***.

pat·ri·mo·ni·al [ˌpætrɪ'məʊnjəl] *adj.* ererbt, Erb...; **pat·ri·mo·ny** ['pætrɪmənɪ] *s.* **1.** väterliches Erbteil (*a. fig.*); **2.** Vermögen *n*; **3.** Kirchengut *n*.

pa·tri·ot ['pætrɪət] *s.* Patri'ot(in); **pa·tri·ot·eer** [ˌpætrɪə'tɪə] *s.* Hur'rapatriˌot *m*; **pa·tri·ot·ic** [ˌpætrɪ'ɒtɪk] *adj.* (□ ***~ally***) patri'otisch; **'pa·tri·ot·ism** [-tɪzəm] *s.* Patrio'tismus *m*, Vaterlandsliebe *f*.

pa·trol [pə'trəʊl] **I** *v/i.* **1.** ⚔ patroullieren, ✈ Pa'trouille fliegen; auf Streife sein (*Polizisten*), s-e Runde machen (*Wachmann*); **II** *v/t.* **2.** ⚔ abpatrouillieren, ✈ *Strecke* abfliegen; auf Streife sein in (*dat.*); **III** *s.* **3.** (***on ~*** auf) Pa'trouille *f*; Streife *f*; Runde *f*; **4.** ⚔ Pa'trouille *f*, Späh-, Stoßtrupp *m*; (Poli'zei)Streife *f*: ***~ activity*** ⚔ Spähtrupptätigkeit *f*; ***~ car*** a) ⚔ (Panzer-) Spähwagen *m*, b) (Funk-, Poli'zei-) Streifenwagen *m*; ***~ wagon*** *Am.* Polizeigefangenenwagen *m*; **~·man** [-mæn] *s.* [*irr.*] Streifenbeamte(r) *m*.

pa·tron ['peɪtrən] *s.* **1.** Pa'tron *m*, Schutz-, Schirmherr *m*; **2.** Gönner *m*, Förderer *m*; **3.** *R.C.* a) 'Kirchenpaˌtron *m*, b) → ***patron saint***; **4.** a) ⚘ (Stamm-) Kunde *m*, b) Stammgast *m*, *a. thea. etc.* regelmäßiger Besucher; **5.** *Brit. mot.* Pannenhelfer *m*; **pa·tron·age** ['pætrənɪdʒ] *s.* **1.** Schirmherrschaft *f*; **2.** Gönnerschaft *f*, Förderung *f*; **3.** ⚖ Patro'natsrecht *n*; **4.** Kundschaft *f*; **5.** gönnerhaftes Benehmen; **6.** *Am.* Recht *n* der Ämterbesetzung; **pa·tron·ess** ['peɪtrənɪs] *s.* Pa'tronin *f etc.* (→ ***patron***).

pa·tron·ize ['pætrənaɪz] *v/t.* **1.** beschirmen, beschützen; **2.** fördern, unter'stützen; **3.** (Stamm)Kunde *od.* Stammgast sein bei, *Theater etc.* regelmäßig besuchen; **4.** gönnerhaft behandeln; **'pa·tron·iz·er** [-zə] *s.* → ***patron*** 2, 4; **'pa·tron·iz·ing** [-zɪŋ] *adj.* □ gönnerhaft, her'ablassend: ***~ air*** Gönnermiene *f*.

pa·tron saint *s. R.C.* Schutzheilige(r) *m*.

pat·sy ['pætsɪ] *s. sl.* **1.** Sündenbock *m*; **2.** Gimpel *m*; **3.** 'Witzfiˌgur *f*.

pat·ten ['pætn] *s.* **1.** Holzschuh *m*; **2.** Stelzschuh *m*; **3.** ⚠ Säulenfuß *m*.

pat·ter¹ ['pætə] **I** *v/i. u. v/t.* **1.** schwatzen, (da'her)plappern; ‚he'runterleiern'; **II** *s.* **2.** Geplapper *n*; **3.** ('Fach-) Jargon *m*; **4.** Gaunersprache *f*.

pat·ter² ['pætə] **I** *v/i.* **1.** prasseln (*Regen etc.*); **2.** trappeln (*Füße*); **II** *s.* **3.** Prasseln *n* (*Regen*); **4.** (Fuß)Getrappel *n*; **5.** Klappern *n*.

pat·tern ['pætən] **I** *s.* **1.** (*a.* Schnitt-, Stick)Muster *n*, Vorlage *f*, Mo'dell *n*: ***on the ~ of*** nach dem Muster von *od. gen.*; **2.** ⚘ Muster *n*: a) (Waren)Probe *f*, b) Des'sin *n*, Mo'tiv *n* (*Stoff*): ***by ~ post*** als Muster ohne Wert; **3.** *fig.* Muster *n*, Vorbild *n*; **4.** *fig.* Plan *m*, Anlage *f*: ***~ of one's life***; **5.** ⚙ a) Scha'blone *f*, b) 'Gußmoˌdell *n*, c) Lehre *f*; **6.** *Weberei*: Pa'trone *f*; **7.** (***behavio[u]r***) ***~*** *psych.* (Verhaltens)Muster *n*; **II** *adj.* **8.** musterhaft, Muster...: ***a ~ wife***; **III** *v/t.* **9.** (nach)bilden, gestalten (***after***, ***on*** nach): ***~ one's conduct on s.o.*** sich (in s-m Benehmen) ein Beispiel an j-m nehmen; **10.** mit Muster(n) verzieren, mustern; **~ bomb·ing** *s.* ⚔ Flächenwurf *m*; **~ book** *s.* ⚘ Musterbuch *n*; **~ mak·er** *s.* ⚙ Mo'dellmacher *m*; **~ paint·ing** *s.* ⚔ Tarnanstrich *m*.

pat·ty [ˈpætɪ] *s.* Paˈstetchen *n.*

pau·ci·ty [ˈpɔːsətɪ] *s.* geringe Zahl *od.* Menge, Knappheit.

Paul·ine [ˈpɔːlaɪn] *adj. eccl.* pauˈlinisch.

paunch [pɔːntʃ] *s.* **1.** (Dick)Bauch *m*, Wanst *m*; **2.** *zo.* Pansen *m*; ˈ**paunch·y** [-tʃɪ] *adj.* dickbäuchig.

pau·per [ˈpɔːpə] **I** *s.* **1.** Arme(r *m*) *f*; **2.** *Am.* a) Unterˈstützungsempfänger(in), b) ⚖ unter Armenrecht Klagende(r *m*) *f*; **II** *adj.* **3.** Armen...; ˈ**pau·per·ism** [-ərɪzəm] *s.* Verarmung *f*, Massenarmut *f*; **pau·per·i·za·tion** [ˌpɔːpəraɪˈzeɪʃn] *s.* Verarmung *f*, Verelendung *f*; ˈ**pau·per·ize** [-əraɪz] *v/t.* bettelarm machen.

pause [pɔːz] **I** *s.* **1.** Pause *f*, Unterˈbrechung *f*: ***make a ~*** innehalten, pausieren; ***it gives one ~ to think*** es gibt e-m zu denken; **2.** *typ.* Gedankenstrich *m*; **3.** ♪ Ferˈmate *f*; **II** *v/i.* **4.** pausieren, innehalten; stehenbleiben; zögern; **5.** verweilen (***on***, ***upon*** bei): ***to ~ upon a note*** (*od.* ***tone***) ♪ e-n Ton aushalten.

pave [peɪv] *v/t. Straße* pflastern, *Fußboden* legen: ***~ the way for*** *fig.* den Weg ebnen für; → ***paving***; ˈ**pave·ment** [-mənt] *s.* **1.** (Straßen)Pflaster *n*; **2.** *Brit.* Bürgersteig *m*, Trotˈtoir *n*: ***~ artist*** Pflastermaler *m*; ***~ café*** Straßencafé *n*; **3.** *Am.* Fahrbahn *f*; **4.** Fußboden(belag) *m*; ˈ**pav·er** [-və] *s.* **1.** Pflasterer *m*; **2.** Fliesen-, Plattenleger *m*; **3.** Pflasterstein *m*, Fußbodenplatte *f*; **4.** *Am.* ˈStraßenbeˌtonmischer *m.*

pa·vil·ion [pəˈvɪljən] *s.* **1.** (großes) Zelt; **2.** Pavillon *m*, Gartenhäuschen *n*; **3.** ✝ (Messe)Pavillon *m.*

pav·ing [ˈpeɪvɪŋ] *s.* Pflastern *n*; (Be)Pflasterung *f*, Straßendecke *f*; Fußbodenbelag *m*; **~ stone** *s.* Pflasterstein *m*; **~ tile** *s.* Fliese *f.*

pav·io(u)r [ˈpeɪvjə] *s.* Pflasterer *m.*

paw [pɔː] **I** *s.* **1.** Pfote *f*, Tatze *f*; **2.** F ‚Pfote' *f* (*Hand*); **3.** F *humor.* ‚Klaue' *f* (*Handschrift*); **II** *v/t.* **4.** *mit dem Vorderfuß od. der Pfote* scharren; **5.** F ‚betatschen': a) derb *od.* ungeschickt anfassen, b) *j-n* ‚begrabschen': ***~ the air*** (in der Luft) herumfuchteln; **III** *v/i.* **6.** stampfen, scharren; **7.** ‚(heˈrum)fummeln'.

pawl [pɔːl] *s.* **1.** ⚙ Sperrhaken *m*, -klinke *f*, Klaue *f*; **2.** ⚓ Pall *n.*

pawn[1] [pɔːn] *s.* **1.** *Schach*: Bauer *m*; **2.** *fig.* ˈSchachfiˌgur *f.*

pawn[2] [pɔːn] **I** *s.* **1.** Pfand(sache *f*) *n*; ⚖ *u. fig. a.* Faustpfand *n*: ***in*** (*od.* ***at***) ***~*** verpfändet, versetzt; **II** *v/t.* **2.** verpfänden (*a. fig.*), versetzen; **3.** ✝ lombardieren; ˈ**~ˌbro·ker** *s.* Pfandleiher *m.*

pawn·ee [ˌpɔːˈniː] *s.* ⚖ Pfandinhaber *m*, -nehmer *m*; **pawn·er**, **pawn·or** [ˈpɔːnə] *s.* Pfandschuldner *m.*

ˈ**pawn**|**·shop** *s.* Pfandhaus *n*, Pfandleihe *f*; **~ tick·et** *s.* Pfandschein *m.*

pay [peɪ] **I** *s.* **1.** Bezahlung *f*; (Arbeits-)Lohn *m*, Löhnung *f*; Gehalt *n*; Sold *m* (*a. fig.*); ⚔ (Wehr)Sold *m*: ***in the ~ of s.o.*** bei j-m beschäftigt, in j-s Sold; **2.** *fig.* Belohnung *f*, Lohn *m*; **II** *v/t.* [*irr.*] **3.** zahlen, entrichten; *Rechnung* bezahlen *od.* begleichen, *Wechsel* einlösen, *Hypothek* ablösen; *j-n* bezahlen, *Gläubiger* befriedigen: ***~ into*** einzahlen auf *ein Konto*; ***~ one's way*** ohne Verlust arbeiten, s-n Verbindlichkeiten nachkommen, auskommen mit dem, was man hat; **4.** *fig.* (be)lohnen, vergelten (***for*** *et.*): ***~ home*** heimzahlen; **5.** *fig. Achtung* zollen; *Aufmerksamkeit* schenken; *Besuch* abstatten; *Ehre* erweisen; *Kompliment* machen; → ***court*** 10; ***homage*** 2; **6.** *fig.* sich lohnen für *j-n*; **III** *v/i.* [*irr.*] **7.** zahlen, Zahlung leisten: ***~ for*** (für) *et.* bezahlen (*a. fig. et. büßen*), die Kosten tragen für; ***he had to ~ dearly for it*** *fig.* er mußte es bitter büßen, es kam ihn teuer zu stehen; **8.** *fig.* sich lohnen, sich rentieren, sich bezahlt machen;

Zssgn mit adv.:

pay| **back** *v/t.* **1.** zuˈrückzahlen, -erstatten; **2.** *fig.* a) *Besuch etc.* erwidern, b) *j-m* heimzahlen (***for s.th.*** et.); → ***coin*** 1; **~ down** *v/t.* **1.** bar bezahlen; **2.** e-e Anzahlung machen von; **~ in** *v/t. u. v/i.* (*auf ein Konto*) einzahlen; → ***paid-in***; **~ off I** *v/t.* **1.** *j-n* auszahlen, entlohnen; ⚓ abmustern; **2.** *et.* abbezahlen, tilgen; **3.** *Am. für* ***pay back*** 2b; **II** *v/i.* **4.** F → ***pay*** 8; **~ out** *v/t.* **1.** auszahlen; **2.** F *fig.* → ***pay back*** 2b; **3.** (*pret. u. p.p.* **payed**) *Kabel, Kette etc.* ausstekken, -legen, abrollen; **~ up** *v/t. j-n od. et.* voll *od.* soˈfort bezahlen; *Schuld* tilgen; ✝ *Anteile, Versicherung etc.* voll einzahlen; → ***paid-up***.

pay·a·ble [ˈpeɪəbl] *adj.* **1.** zahlbar, fällig: ***~ to bearer*** auf den Überbringer lautend; ***make a cheque*** (*Am.* ***check***) ***~ to s.o.*** e-n Scheck auf j-n ausstellen; **2.** ✝ renˈtabel.

ˌ**pay**|**-as-you-ˈearn** *s. Brit.* Lohnsteuerabzug *m*; ˌ**~-as-you-ˈsee tel·e·vi·sion** *s.* Münzfernsehen *n*; **~ bed** *s.* ⚕ Priˈvatbett *n*; **~ check** *s. Am.* Lohn-, Gehaltsscheck *m*; **~ claim** *s.* Lohn-, Gehaltsforderung *f*; **~ clerk** *s.* **1.** ✝ Lohnauszahler *m*; **2.** ⚔ Rechnungsführer *m*; ˈ**~·day** *s.* Zahl-, Löhnungstag *m*; **~**

desk *s.* ✝ Kasse *f* (*im Kaufhaus*); **~ dirt** *s.* **1.** *geol.* goldführendes Erdreich; **2.** *fig. Am.* Geld *n*, Gewinn *m*: ***strike ~*** Erfolg haben.

pay·ee [peɪˈiː] *s.* **1.** Zahlungsempfänger (-in); **2.** Wechselnehmer(in).

pay en·ve·lope *s.* Lohntüte *f.*

pay·er [ˈpeɪə] *s.* **1.** (Be)Zahler *m*; **2.** (*Wechsel*)Bezogene(r) *m*, Trasˈsat *m.*

pay freeze *s.* Lohnstopp *m.*

pay·ing [ˈpeɪɪŋ] *adj.* **1.** lohnend, einträglich, renˈtabel: ***not ~*** unrentabel; ***~ concern*** lohnendes Geschäft; **2.** Kassen…, Zahl(ungs)…: ***~ guest*** zahlender Gast; **ˌ~-ˈin slip** *s.* Einzahlungsschein *m.*

pay| load *s.* **1.** ⚙, ⚓, ✈ Nutzlast *f*: ***~ capacity*** Ladefähigkeit *f*; **2.** ⚔ Sprengladung *f*; **3.** ✝ *Am.* Lohnanteil *m*; **ˈ~ˌmas·ter** *s.* ⚔ Zahlmeister *m.*

pay·ment [ˈpeɪmənt] *s.* **1.** (Ein-, Aus-, Be)Zahlung *f*, Entrichtung *f*, Abtragung *f von Schulden*, Einlösung *f e-s Wechsels*: ***~ in kind*** Sachleistung *f*; ***in ~ of*** zum Ausgleich (*gen.*); ***on ~ (of)*** nach Eingang (*gen.*), gegen Zahlung (von *od. gen.*); ***accept in ~*** in Zahlung nehmen; **2.** gezahlte Summe, Bezahlung *f*; **3.** Lohn *m*, Löhnung *f*, Besoldung *f*; **4.** *fig.* Lohn *m* (*a. Strafe*).

ˈpay|·off *s. sl.* **1.** Aus- *od.* Abzahlung *f*; **2.** *fig.* Abrechnung *f* (*Rache*); **3.** Resulˈtat *n*; Entscheidung *f*; **4.** *Am.* Clou *m* (*Höhepunkt*); **~ of·fice** *s.* **1.** ˈLohnbüˌro *n*; **2.** Zahlstelle *f.*

pay·o·la [peɪˈəʊlə] *s. Am. sl.* Bestechungs-, Schmiergeld(er *pl.*) *n.*

pay| pack·et *s.* Lohntüte *f*; **~ pause** *s.* Lohnpause *f*; **ˈ~·roll** *s.* Lohnliste *f*: ***have (od. keep) s.o. on one's ~*** j-n (bei sich) beschäftigen; ***he is no longer on our ~*** er arbeitet nicht mehr für *od.* bei uns; **~ slip** *s.* Lohn-, Gehaltsstreifen *m*; **~ tel·e·phone** *s.* Münzfernsprecher *m*; **~ tel·e·vi·sion** *s.* Münzfernsehen *n.*

pea [piː] **I** *s.* ⚘ Erbse *f*: ***as like as two ~s*** sich gleichend wie ein Ei dem andern; → ***sweet pea***; **II** *adj.* erbsengroß, -förmig.

peace [piːs] **I** *s.* **1.** Friede(n) *m*: ***at ~*** a) in Frieden, im Friedenszustand, b) in Frieden ruhend (*tot*); **2.** *a.* ***the King's (od. Queen's) ~, public ~*** Landfrieden *m*, öffentliche Ruhe und Ordnung, öffentliche Sicherheit: ***breach of the ~*** ⚖ (öffentliche) Ruhestörung; ***disturb the ~*** die öffentliche Ruhe stören; ***keep the ~*** die öffentliche Sicherheit wahren; **3.** *fig.* Ruhe *f*, Friede(n) *m*: ***~ of mind*** Seelenruhe; ***hold one's ~*** sich ruhig verhalten; ***leave in ~*** in Ruhe *od.* Frieden lassen; **4.** Versöhnung *f*, Eintracht *f*: ***make one's ~ with s.o.*** sich mit j-m versöhnen; **II** *int.* **5.** sst!, still!, ruhig!; **III** *adj.* **6.** Friedens…: ***~ conference***; ***~ feelers***; ***~ movement***; ***~ offensive***; ***~ corps*** Friedenstruppe *f*; **ˈpeace·a·ble** [-səbl] *adj.* □ friedlich: a) friedfertig, -liebend, b) ruhig, ungestört; **ˈpeace·ful** [-fʊl] *adj.* □ friedlich; **ˈ~-ˌkeep·ing** *adj.*: ***~ force*** *pol.* ⚔ Friedenstruppe *f*; **ˈpeace·less** [-lɪs] *adj.* friedlos.

peace·nik [ˈpiːsnɪk] *s. Am. sl.* Kriegsgegner(in).

peace| of·fer·ing *s.* **1.** *eccl.* Sühneopfer *n*; **2.** Versöhnungsgeschenk *n*, versöhnliche Geste, Friedenszeichen *n*; **~ of·fi·cer** *s.* Sicherheitsbeamte(r) *m*, Schutzmann *m*; **~ re·search** *s.* Friedensforschung *f*; **~ set·tle·ment** *s.* Friedensregelung *f*; **ˈ~·time I** *s.* Friedenszeit *f*; **II** *adj.* in Friedenszeiten, Friedens…; **~ trea·ty** *s. pol.* Friedensvertrag *m.*

peach¹ [piːtʃ] *s.* **1.** ⚘ Pfirsich(baum) *m*; **2.** *sl.* ‚klasse' Perˈson *od.* Sache: ***a ~ of a car*** ein ‚todschicker' Wagen; ***a ~ of a girl*** ein bildhübsches Mädchen.

peach² [piːtʃ] *v/i.*: ***~ against (od. on)*** *Komplicen* ‚verpfeifen', *Schulkameraden* verpetzen.

peach·y [ˈpiːtʃɪ] *adj.* **1.** pfirsichartig; **2.** *sl.* ‚prima', ‚schick', ‚klasse'.

pea·cock [ˈpiːkɒk] *s.* **1.** *orn.* Pfau(hahn) *m*; **2.** *fig.* (eitler) Fatzke *m*; **~ blue** *s.* Pfauenblau *n* (*Farbe*).

ˈpea|·fowl *s. orn.* Pfau *m*; **ˈ~·hen** *s. orn.* Pfauhenne *f*; **~ jack·et** *s.* ⚓ Koˈlani *m* (*Uniformjacke*).

peak¹ [piːk] **I** *s.* **1.** Spitze *f*; **2.** Bergspitze *f*; Horn *n*, spitzer Berg; **3.** (Mützen-) Schirm *m*; **4.** ⚓ Piek *f*; **5.** ⚗, *phys.* Höchst-, Scheitelwert *m*; **6.** *fig.* (Leistungs- *etc.*)Spitze *f*, Höchststand *m*; Gipfel *m des Glücks etc.*: ***~ of traffic*** Verkehrsspitze; ***reach the ~*** den Höchststand erreichen; **II** *adj.* **7.** Spitzen…, Höchst…, Haupt…: ***~ factor*** *phys.*, ⚡ Scheitelfaktor *m*; ***~ load*** Spitzenbelastung *f* (*a.* ⚡); ***~ season*** Hochsaison *f*, -konjunktur; ***~ time*** a) Hochkonjunktur *f*, b) Stoßzeit *f*, c) = ***~ (traffic) hours*** Hauptverkehrszeit *f.*

peak² [piːk] *v/i.* **1.** kränkeln, abmagern; **2.** spitz aussehen.

peaked [piːkt] *adj.* **1.** spitz(ig): ***~ cap*** Schirmmütze; **2.** F ‚spitz', kränklich.

peak·y [ˈpiːkɪ] *adj.* **1.** gipfelig; **2.** spitz (-ig); **3.** → ***peaked*** 2.

peal [piːl] **I** *s.* **1.** (Glocken)Läuten *n*; **2.**

Glockenspiel *n*; **3.** (*Donner*)Schlag *m*, Dröhnen *n*: **~ *of laughter*** schallendes Gelächter; **II** *v/i.* **4.** läuten; erschallen, dröhnen, schmettern; **III** *v/t.* **5.** erschallen lassen.

'pea·nut I *s.* **1.** ⚘ Erdnuß *f*; **2.** *Am. sl.* a) *pl.* ,kleine Fische' *pl.* (*geringer Betrag*), b) ,kleines Würstchen' (*Person*); **II** *adj.* **3.** *Am. sl.* klein, unbedeutend, lächerlich: ***a ~ politician***; **~ but·ter** *s.* Erdnußbutter *f*.

pear [peə] *s.* ⚘ **1.** Birne *f* (*a. weitS. Objekt*); **2.** *a.* **~ *tree*** Birnbaum *m*.

pearl [pɜːl] **I** *s.* **1.** Perle *f* (*a. fig. u. pharm.*): ***cast ~s before swine*** Perlen vor die Säue werfen; **2.** Perl'mutt *n*; **3.** *typ.* Perl(schrift) *f*; **II** *adj.* **4.** Perlen...; Perlmutt(er)...; **III** *v/i.* **5.** Perlen bilden, perlen, tropfen; **~ bar·ley** *s.* Perlgraupen *pl.*; **~ div·er** *s.* Perlentaucher *m*; **'~-ˌoys·ter** *s. zo.* Perlmuschel *f*.

pearl·y ['pɜːlɪ] *adj.* **1.** Perlen..., perlenartig, perlmutterartig; **2.** perlenreich.

'pear|-quince *s.* ⚘ Echte Quitte, Birnenquitte *f*; **'~-shaped** *adj.* birnenförmig.

peas·ant ['peznt] **I** *s.* **1.** (Klein)Bauer *m*; **2.** *fig.* F ,Bauer' *m*; **II** *adj.* **3.** (klein-) bäuerlich, Bauern...: **~ *woman*** Bäuerin *f*; **'peas·ant·ry** [-rɪ] *s. die* (Klein-) Bauern *pl.*, Landvolk *n*.

pease [piːz] *s. pl. Br. dial.* Erbsen *pl.*: **~ *pudding*** Erbs(en)brei *m*.

'pea|-ˌshoot·er *s.* **1.** Blas-, Pusterohr *n*; **2.** *Am.* Kata'pult *m*, *n*; **3.** *Am. sl.* ,Ka'none' *f* (*Pistole*); **~ soup** *s.* **1.** Erbsensuppe *f*; **2.** *a.* **ˌ~-'soup·er** [-'suːpə] *s.* **1.** F ,Waschküche' *f* (*dichter Nebel*); **2.** 'Frankokaˌnadier *m*; **ˌ~'soup·y** [-'suːpɪ] *adj.* F dicht u. gelb (*Nebel*).

peat [piːt] *s.* **1.** Torf *m*: ***cut*** (*od.* ***dig***) **~** Torf stechen: **~ *bath*** ⚕ Moorbad *n*; **~ *coal*** Torfkohle *f*: **~ *moss*** Torfmoos *n*; **2.** Torfstück *n*, -sode *f*.

peb·ble ['pebl] **I** *s.* **1.** Kiesel(stein) *m*: ***you are not the only ~ on the beach*** F man (*od.* ich) kann auch ohne dich auskommen; **2.** A'chat *m*; **3.** 'Bergkriˌstall *m*; **4.** *opt.* Linse *f* aus 'Bergkriˌstall; **II** *v/t.* **5.** *Weg* mit Kies bestreuen; **6.** ⚙ *Leder* krispeln; **'peb·bly** [-lɪ] *adj.* kieselig.

pec·ca·dil·lo [ˌpekə'dɪləʊ] *pl.* **-loes** *s.* ,kleine Sünde', Kava'liersdeˌlikt *n*.

peck¹ [pek] *s.* **1.** Viertelscheffel *m* (*Brit. 9,1, Am. 8,8 Liter*); **2.** *fig.* Menge *f*, Haufen *m*: ***a ~ of trouble***.

peck² [pek] **I** *v/t.* **1.** *mit dem Schnabel etc.* (auf)picken, (-)hacken; **2.** *j-m* ein Küßchen geben; **II** *v/i.* **3.** (***at***) picken, hacken (nach), einhacken (auf *acc.*): **~*ing order*** *zo.* u. *fig.* Hackordnung *f*; **~ *at s.o.*** *fig.* auf j-m ,herumhacken'; **~ *at one's food*** *lustlos* im Essen herumstochern; **III** *s.* **4.** Schlag *m*, (Schnabel-) Hieb *m*; **5.** Loch *n*; **6.** leichter *od.* flüchtiger Kuß; **7.** *Brit. sl.* ,Futter' *n* (*Essen*); **'peck·er** [-kə] *s.* **1.** Picke *f*, Haue *f*; **2.** ⚙ Abfühlnadel *f*; **3.** *sl.* ,Zinken' *m* (*Nase*): ***keep your ~ up!*** halt die Ohren steif!; **4.** *Am. sl.* ,Schwanz' *m* (*Penis*); **peck·ish** ['pekɪʃ] *adj.* F **1.** hungrig; **2.** *Am.* reizbar.

pec·to·ral ['pektərəl] **I** *adj.* **1.** *anat.*, ⚕ Brust...; **II** *s.* **2.** *hist.* Brustplatte *f*; **3.** *anat.* Brustmuskel *m*; **4.** *pharm.* Brustmittel *n*; **5.** *zo. a.* **~ *fin*** Brustflosse *f*; **6.** *R.C.* Brustkreuz *n*.

pec·u·late ['pekjʊleɪt] *v/t.* (*v/i.* öffentliche Gelder) unter'schlagen, veruntreuen; **pec·u·la·tion** [ˌpekjʊ'leɪʃn] *s.* Unter'schlagung *f*, Veruntreuung *f*, 'Unterschleif *m*; **'pec·u·la·tor** [-tə] *s.* Veruntreuer *m*.

pe·cul·iar [pɪ'kjuːljə] **I** *adj.* □ **1.** eigen (-tümlich) (***to*** *dat.*), **2.** eigen, seltsam, absonderlich; **3.** besonder; **II** *s.* **4.** ausschließliches Eigentum; **pe·cu·li·ar·i·ty** [pɪˌkjuːlɪ'ærətɪ] *s.* **1.** Eigenheit *f*, Eigentümlichkeit *f*, Besonderheit *f*; **2.** Eigenartigkeit *f*, Seltsamkeit *f*.

pe·cu·ni·ar·y [pɪ'kjuːnjərɪ] *adj.* □ Geld..., pekuni'är, finanzi'ell: **~ *advantage*** Vermögensvorteil.

ped·a·gog·ic, **ped·a·gog·i·cal** [ˌpedə'gɒdʒɪk(l)] *adj.* □ päda'gogisch, erzieherisch, Erziehungs...; **ˌped·a'gog·ics** [-ks] *s. pl. sg. konstr.* Päda'gogik *f*; **ped·a·gogue** ['pedəgɒg] *s.* **1.** Päda'goge *m*, Erzieher *m*; **2.** *contp. fig.* Pe'dant *m*, Schulmeister *m*; **ped·a·go·gy** ['pedəgɒdʒɪ] *s.* Päda'gogik *f*.

ped·al ['pedl] **I** *s.* **1.** Pe'dal *n* (*a.* ♪), Fußhebel *m*, Tretkurbel *f*; → ***soft pedal***; **2.** *a.* **~ *note*** ♪ Pe'dal- *od.* Orgelton *m*; **II** *v/i.* **3.** ⚙, ♪ Pe'dal treten; **4.** radfahren, ,strampeln'; **III** *v/t.* **5.** treten, fahren; **IV.** *adj.* **6.** Pedal..., Fuß...: **~ *bin*** Treteimer *m*; **~ *car*** Tretauto *n*; **~ *brake*** *mot.* Fußbremse *f*; **~ *control*** ✈ Pedalsteuerung *f*; **~ *switch*** ⚙ Fußschalter *m*.

ped·a·lo ['pedələʊ] *s.* Tretboot *n*.

ped·ant ['pedənt] *s.* Pe'dant(in), Kleinigkeitskrämer(in); **pe·dan·tic** [pɪ'dæntɪk] *adj.* (□ **~*ally***) pe'dantisch, kleinlich; **'ped·ant·ry** [-trɪ] *s.* Pedante'rie *f*.

ped·dle ['pedl] **I** *v/i.* **1.** hausieren gehen; **2.** sich mit Kleinigkeiten abgeben, tändeln; **II** *v/t.* **3.** hausieren gehen mit (*a. fig.*), handeln mit: **~ drugs**; **~ new ideas**; **'ped·dler** [-lə] *Am.* → **pedlar**; **'ped·dling** [-lɪŋ] *adj. fig.* kleinlich; geringfügig, unbedeutend, wertlos.

ped·er·ast ['pedəræst] *s.* Päde'rast *m*; **'ped·er·as·ty** [-tɪ] *s.* Pädera'stie *f*, Knabenliebe *f.*

ped·es·tal ['pedɪstl] *s.* **1.** ⚠ Sockel *m*, Posta'ment *n*, Säulenfuß *m*: **set s.o. on a ~** *fig.* j-n aufs Podest erheben; **2.** *fig.* Basis *f*, Grundlage *f*; **3.** ⚙ 'Untergestell *n*, Sockel *m*, (Lager)Bock *m.*

pe·des·tri·an [pɪ'destrɪən] **I** *adj.* **1.** zu Fuß, Fuß...; Spazier...; Fußgänger...: **~ precinct** (*od.* **area**) Fußgängerzone *f*; **2.** *fig.* pro'saisch, nüchtern; langweilig; **II** *s.* **3.** Fußgänger(in); **pe'des·tri·an·ize** [-naɪz] *v/t.* in e-e Fußgängerzone verwandeln.

pe·di·at·ric [ˌpi:dɪ'ætrɪk] *adj.* ⚕ pädi'atrisch, Kinder(heilkunde)...; **pe·di·a·tri·cian** [ˌpi:dɪə'trɪʃn] *s.* Kinderarzt *m*, -ärztin *f*; **ˌpe·di'at·rics** [-ks] *s. pl. sg. konstr.* Kinderheilkunde *f*, Pädia'trie *f*; **ˌpe·di'at·rist** [-ɪst] → **pediatrician**; **ped·i·at·ry** ['pi:dɪætrɪ] → **pediatrics**.

ped·i·cel ['pedɪsəl] *s.* **1.** ♀ Blütenstengel *m*; **2.** *anat.*, *zo.* Stiel(chen *n*) *m*; **'ped·i·cle** [-kl] *s.* **1.** ♀ Blütenstengel *m*; **2.** ⚕ Stiel *m* (*Tumor*).

ped·i·cure ['pedɪkjʊə] **I** *s.* Pedi'küre *f*: a) Fußpflege *f*, b) Fußpfleger(in); **II** *v/t.* *j-s* Füße behandeln *od.* pflegen; **'ped·i·cur·ist** [-ərɪst] → **pedicure** I b.

ped·i·gree ['pedɪgri:] **I** *s.* **1.** Stammbaum *m* (*a. zo. u. fig.*), Ahnentafel *f*; **2.** Entwicklungstafel *f*; **3.** Ab-, Herkunft *f*; **4.** lange Ahnenreihe; **II** *adj. a.* **'ped·i·greed** [-i:d] **5.** mit Stammbaum, reinrassig, Zucht...

ped·i·ment ['pedɪmənt] *s.* ⚠ **1.** Giebel (-feld *n*) *m*; **2.** Ziergiebel *m.*

ped·lar ['pedlə] *s.* Hausierer *m.*

pe·dom·e·ter [pɪ'dɒmɪtə] *s. phys.* Schrittmesser *m*, -zähler *m.*

pe·dun·cle [pɪ'dʌŋkl] *s.* **1.** ♀ Blütenstandstiel *m*, Blütenzweig *m*; **2.** *zo.* Stiel *m*, Schaft *m*; **3.** *anat.* Zirbel-, Hirnstiel *m.*

pee [pi:] *v/i.* F ,Pi'pi machen', ,pinkeln'.

peek[1] [pi:k] **I** *v/i.* **1.** gucken, spähen (**into** in *acc.*); **2. ~ out** her'ausgucken (*a. fig.*); **II** *s.* **3.** flüchtiger *od.* heimlicher Blick.

peek[2] [pi:k] *s.* Piepsen *n* (*Vogel*).

peek·a·boo [ˌpi:kə'bu:] *s.* ,Guck-Guck-Spiel' *n* (*kleiner Kinder*).

peel[1] [pi:l] **I** *v/t.* **1.** *Frucht, Kartoffeln, Bäume* schälen: **~ off** abschälen, -lösen; **~ed barley** Graupen *pl.*; **keep your eyes ~ed** *sl.* halt die Augen offen; **2.** *sl. Kleider* abstreifen; **II** *v/i.* **3.** *a.* **~ off** sich abschälen, sich abblättern, abbröckeln, abschilfern; **4.** *sl.* ,sich entblättern', ,strippen'; **5. ~ off** ✈ *aus e-m Verband* ausscheren; **III** *s.* **6.** (*Zitronen- etc.*)Schale *f*; Rinde *f*; Haut *f.*

peel[2] [pi:l] *s.* **1.** Backschaufel *f*, Brotschieber *m*; **2.** *typ.* Aufhängekreuz *n.*

peel·er[1] ['pi:lə] *s.* **1.** (*Kartoffel- etc.*) Schäler *m*; **2.** *sl.* Stripperin *f.*

peel·er[2] ['pi:lə] *s. sl. obs.* ,Bulle' *m* (*Polizist*).

peel·ing ['pi:lɪŋ] *s.* (*lose*) Schale, Rinde *f*, Haut *f.*

peen [pi:n] *s.* ⚙ Finne *f*, Hammerbahn *f.*

peep[1] [pi:p] **I** *v/i.* **1.** piep(s)en (*Vogel etc.*): **he never dared ~ again** er hat es nicht mehr gewagt, den Mund aufzumachen; **II** *s.* **2.** Piep(s)en *n*; **3.** *sl.* ,Pieps' *m* (*Wort*).

peep[2] [pi:p] **I** *v/i.* **1.** gucken, neugierig *od.* verstohlen blicken (**into** in *acc.*): **~ at** e-n Blick werfen auf (*acc.*); **2.** *oft* **~ out** her'vorgucken, -schauen, -lugen (*a. fig. sich zeigen, zum Vorschein kommen*); **II** *s.* **3.** neugieriger *od.* verstohlener Blick: **have** (*od.* **take**) **a ~** → 1; **4.** Blick *m* (**of** in *acc.*), ('Durch)Sicht *f*; **5. at ~ of day** bei Tagesanbruch; **'peep·er** [-pə] *s.* **1.** Spitzel *m*; **2.** *sl.* ,Gucker' *m* (*Auge*); **3.** *sl.* Spiegel *m*; Fenster *n*; Brille *f.*

'peep-hole *s.* Guckloch *n.*

Peep·ing Tom ['pi:pɪŋ] *s.* ,Spanner' *m* (*Voyeur*).

'peep|·scope *s.* ,Spion' *m* (*an der Tür*); **~ show** *s.* **1.** Guckkasten *m*; **2.** Peep-Show *f.*

peer[1] [pɪə] *v/i.* **1.** spähen, gucken (**into** in *acc.*): **~ at** sich *et.* genau an- *od.* begucken; **2.** *poet.* sich zeigen; **3.** → **peep**[2] 2.

peer[2] [pɪə] *s.* **1.** Gleiche(r *m*) *f*, Ebenbürtige(r *m*) *f*: **without a ~** ohnegleichen, unvergleichlich; **he associates with his ~s** er gesellt sich zu seinesgleichen; **~ group** *sociol.* Peer-group *f*; **2.** Angehörige(r) *m* des (brit.) Hochadels: **~ of the realm** *Brit.* Peer *m* (*Mitglied des Oberhauses*); **peer·age** ['pɪərɪdʒ] *s.* **1.** Peerage *f*: a) Peerswürde *f*, b) Hochadel *m*, (*die*) Peers *pl.*; **2.** 'Adelskaˌlender *m*; **peer·ess** ['pɪərɪs] *s.* **1.** Gemahlin *f* e-s Peers; **2.** hohe Adlige: **~ in her own right** Peereß *f* im eigenen Recht; **peer·less** ['pɪəlɪs] *adj.* □ unvergleichlich, einzig(artig).

peeve [pi:v] F *v/t.* (ver)ärgern; **peeved** [-vd] *adj.* F ‚eingeschnappt', verärgert; **'pee·vish** [-vɪʃ] *adj.* □ grämlich, übellaunig, verdrießlich.

peg [peg] **I** *s.* **1.** (Holz-, *surv.* Absteck-)Pflock *m*; (Holz)Nagel *m*; (Schuh)Stift *m*; ⚙ Dübel *m*; Sprosse *f* (*a. fig.*): ***take s.o. down a ~*** (***or two***) j-m ‚einen Dämpfer aufsetzen'; ***come down a ~*** gelindere Saiten aufziehen, ‚zurückstecken'; ***a round ~ in a square hole, a square ~ in a round hole*** ein Mensch am falschen Platze; **2.** (Kleider)Haken *m*: ***off the ~*** von der Stange (*Anzug*); **3.** (Wäsche)Klammer *f*; **4.** (Zelt)Hering *m*; **5.** ♪ Wirbel *m* (*Saiteninstrument*); **6.** *fig.* ‚Aufhänger' *m*: ***a good ~ on which to hang a story***; **7.** *Brit.* ‚Gläs-chen' *n*, *bsd.* Whisky *m* mit Soda; **II** *v/t.* **8.** anpflöcken, -nageln; **9.** ⚙ (ver)dübeln; **10.** *a.* ***~ out*** *surv.* *Grenze*, *Land* abstecken: ***~ out one's claim*** *fig.* s-e Ansprüche geltend machen; **11.** ✝ *Löhne*, *Preise* stützen, halten: ***~ged price*** Stützkurs; **12.** F schmeißen (***at*** nach); **III** *v/i.* **13.** ***~ away*** (*od.* ***along***) F drauf'los arbeiten; **14.** ***~ out*** F a) ‚zs.-klappen', b) ‚abkratzen' (*sterben*); **'~·top** *s.* Kreisel *m*.

peign·oir ['peɪnwɑ:] (*Fr.*) *s.* Morgenrock *m*.

pe·jo·ra·tive ['pi:dʒərətɪv] **I** *adj.* □ abschätzig, her'absetzend, pejora'tiv; **II** *s. ling.* abschätziges Wort, Pejora'tivum *n*.

peke [pi:k] F *für* ***Pekingese*** 2.

Pe·king·ese [ˌpi:kɪŋ'i:z] *s. sg. u. pl.* **1.** Bewohner(in) von Peking; **2.** ♀ Peki'nese *m* (*Hund*).

pel·age ['pelɪdʒ] *s. zo.* Körperbedekkung *f* wilder Tiere (*Fell etc.*).

pel·ar·gon·ic [ˌpelɑ:'gɒnɪk] *adj.* ⚗ Pelargon...: ***~ acid***; **ˌpel·ar'go·ni·um** [-'gəʊnjəm] *s.* ⚘ Pelar'gonie *f*.

pelf [pelf] *s. contp.* Mammon *m*.

pel·i·can ['pelɪkən] *s. orn.* Pelikan *m*; **~ cross·ing** *s. mit Ampeln gesicherter* Fußgängerüberweg *m*.

pe·lisse [pe'li:s] *s.* (*langer*) Damen- *od.* Kindermantel.

pel·let ['pelɪt] *s.* **1.** Kügelchen *n*, Pille *f*; **2.** Schrotkorn *n* (*Munition*).

pel·li·cle ['pelɪkl] *s.* Häutchen *n*; Mem'bran *f*; **pel·lic·u·lar** [pe'lɪkjʊlə] *adj.* häutchenförmig, Häutchen...

pell-mell [ˌpel'mel] **I** *adv.* **1.** durchein'ander, ‚wie Kraut u. Rüben'; **2.** 'unterschiedslos; **3.** Hals über Kopf; **II** *adj.* **4.** verworren, kunterbunt; **5.** hastig, über'eilt; **III** *s.* **6.** Durchein'ander *n*.

pel·lu·cid [pe'lju:sɪd] *adj.* □ 'durchsichtig, klar (*a. fig.*).

pelt¹ [pelt] *s.* Fell *n*, (Tier)Pelz *m*; ✝ *rohe* Haut.

pelt² [pelt] **I** *v/t.* **1.** *j-n mit Steinen etc.* bewerfen, (*fig. mit Fragen*) bombardieren; **2.** verhauen, prügeln; **II** *v/i.* **3.** *mit Steinen etc.* werfen (***at*** nach); **4.** niederprasseln: ***~ing rain*** Platzregen *m*; **III** *s.* **5.** Schlag *m*, Wurf *m*; **6.** Prasseln *n* (*Regen*); **7.** Eile *f*: (***at***) ***full ~*** in voller Geschwindigkeit.

pelt·ry ['peltrɪ] *s.* **1.** Rauch-, Pelzwaren *pl.*; **2.** Fell *n*, Haut *f*.

pel·vic ['pelvɪk] *adj. anat.* Becken...: ***~ cavity*** Beckenhöhle; **pel·vis** ['pelvɪs] *pl.* **-ves** [-vi:z] *s. anat.* Becken *n*.

pem·(m)i·can ['pemɪkən] *s.* Pemmikan *n* (*Dörrfleisch*).

pen¹ [pen] **I** *s.* **1.** Pferch *m*, Hürde *f* (*Schafe*), Verschlag *m* (*Geflügel*), Hühnerstall *m*; **2.** kleiner Behälter *od.* Raum; **3.** ⚓ (U-Boot)Bunker *m*; **4.** *Am. sl.* ‚Kittchen' *n*, ‚Knast' *m*; **II** *v/t.* **5.** *a.* ***~ in***, ***~ up*** einpferchen, -schließen, -sperren.

pen² [pen] **I** *s.* **1.** (Schreib)Feder *f*, *a.* Federhalter *m*; Füller *m*; Kugelschreiber *m*: ***set ~ to paper*** die Feder ansetzen; ***~ and ink*** Schreibzeug *n*; ***~ friend*** Brieffreund(in); **2.** *fig.* Feder *f*, Stil *m*: ***he has a sharp ~*** er führt e-e spitze Feder; **II** *v/t.* **3.** (nieder)schreiben; ab-, verfassen.

pe·nal ['pi:nl] *adj.* □ **1.** strafrechtlich, Straf...: ***~ code*** Strafgesetzbuch *n*; ***~ colony*** Sträflingskolonie *f*; ***~ duty*** Strafzoll *m*; ***~ institution*** Strafanstalt *f*; ***~ law*** Strafrecht *n*; ***~ reform*** Strafrechtsreform *f*; ***~ sum*** Vertrags-, Konventionalstrafe *f*; → ***servitude*** 2; **2.** sträflich, strafbar: ***~ act***; **'pe·nal·ize** [-nəlaɪz] *v/t.* **1.** mit e-r Strafe belegen, bestrafen; **2.** benachteiligen, ‚bestrafen'; **pen·al·ty** ['penltɪ] *s.* **1.** gesetzliche Strafe: ***on*** (*od.* ***under***) ***~ of*** bei Strafe von; → ***extreme*** 2; ***pay*** (*od.* ***bear***) ***the ~ of*** *et.* büßen; **2.** (Geld)Buße *f*, Vertragsstrafe *f*; **3.** *fig.* Nachteil *m*, Fluch *m des Ruhms etc.*; **4.** *sport* a) Strafe *f*, Strafpunkt *m*, b) *Fußball*: Elf'meter *m*, c) *Hockey*: Sieben'meter *m*, *Eishockey*: Penalty *m*: ***~ area*** *Fußball*: Strafraum *m*; ***~ box*** a) *Eishockey*: Strafbank, b) *Fußball*: Strafraum *m*; ***~ kick*** *Fußball*: Strafstoß *m*; ***~ shot*** *Eishockey*: Penalty *m*; ***~ spot*** a) *Fußball*: Elfmeterpunkt *m*, b) *Hockey*: Siebenmeterpunkt *m*.

pen·ance ['penəns] *s.* Buße *f*: ***do ~*** Buße tun.

ˌpen-and-ˈink *adj.* Feder..., Schreiber...: **~ (*drawing*)** Federzeichnung *f*.

pence [pens] *pl. von* ***penny***.

pen·chant [ˈpɑ̃:ŋʃɑ̃:ŋ] (*Fr.*) *s.* (***for***) Neigung *f*, Hang *m* (für, zu), Vorliebe *f* (für).

pen·cil [ˈpensl] **I** *s.* **1.** Blei-, Zeichen-, Farbstift *m*: ***red ~*** Rotstift; ***in ~*** mit Bleistift; **2.** *paint. obs.* Pinsel *m*; *fig.* Stil *m e-s Malers*; **3.** *rhet.* Griffel *m*, Stift *m*; **4.** ⚙, ⚕, *Kosmetik*: Stift *m*; **5.** ⩚, *phys.* (Strahlen)Büschel *m*, *n*: **~ *of light*** *phot.* Lichtbündel *n*; **II 6.** *v/t.* zeichnen; **7.** mit e-m Bleistift aufschreiben, anzeichnen *od.* anstreichen; **8.** mit e-m Stift behandeln, *z.B. die Augenbrauen* nachziehen; **ˈpen·cil(l)ed** [-ld] *adj.* **1.** fein gezeichnet *od.* gestrichelt; **2.** mit e-m Bleistift gezeichnet *od.* angestrichen; **3.** ⩚, *phys.* gebündelt (*Strahlen etc.*).

pen·cil| push·er *s. humor.* ‚Bürohengst' *m*; **~ sharp·en·er** *s.* Bleistiftspitzer *m*.

ˈpen·craft *s.* **1.** → ***penmanship***; **2.** Schriftstelleˈrei *f*.

pend·ant [ˈpendənt] **I** *s.* **1.** Anhänger *m*, (*Schmuckstück*), Ohrgehänge *n*; **2.** a) Behang *m*, b) Hängeleuchter *m*; **3.** Bügel *m* (*Uhr*); **4.** ⚠ Hängezierat *m*; **5.** *fig.* Anhang *m*, Anhängsel *n*; **6.** *fig.* Penˈdant *n*, Seiten-, Gegenstück *n* (***to*** zu); **7.** ⚓ → ***pennant*** 1; **II** *adj.* → ***pendent*** I; **ˈpend·en·cy** [-dənsı] *s. fig. bsd.* ⚖ Schweben *n*, Anhängigkeit *f* (*e-s Prozesses*); **ˈpen·dent** [-nt] **I** *adj.* **1.** (herˈab)hängend; ˈüberhängend; Hänge...; **2.** *fig.* → ***pending*** 3; **3.** *ling.* unvollständig; **II** *s.* **4.** → ***pendant*** I; **ˈpend·ing** [-dıŋ] **I** *adj.* **1.** hängend; **2.** bevorstehend; **3.** *bsd.* ⚖ schwebend, (noch) unentschieden; anhängig (*Klage*); → ***patent*** 7; **II** *prp.* **4.** a) während, b) bis zu.

pen·du·late [ˈpendjʊleıt] *v/i.* **1.** pendeln; **2.** *fig.* fluktuieren, schwanken; **ˈpen·du·lous** [-ləs] *adj.* hängend, pendelnd; Hänge...(*bauch etc.*), Pendel...(*-bewegung etc.*); **ˈpen·du·lum** [-ləm] **I** *s.* **1.** *phys.* Pendel *n*; **2.** ⚙ a) Pendel *n*, Perpenˈdikel *m*, *n* (*Uhr*), b) Schwunggewicht *n*; **3.** *fig.* Pendelbewegung *f*, wechselnde Stimmung *od.* Haltung; → ***swing*** 20; **II** *adj.* **4.** Pendel... (*-säge, -uhr, -waage etc.*): **~ *wheel*** Unruh *f der Uhr*.

pen·e·tra·bil·i·ty [ˌpenıtrəˈbılətı] *s.* Durchˈdringbarkeit *f*, Durchˈdringlichkeit *f*; **pen·e·tra·ble** [ˈpenıtrəbl] *adj.* □ durchˈdringlich, erfaßbar, erreichbar;

pen·e·tra·li·a [ˌpenıˈtreıljə] (*Lat.*) *s. pl.* **1.** *das* Innerste, *das* Allerˈheiligste; **2.** *fig.* Geheimnisse *pl.*; inˈtime Dinge *pl.*

pen·e·trate [ˈpenıtreıt] **I** *v/t.* **1.** durchˈdringen, eindringen in (*acc.*), durchˈbohren, *a.* ⚔ durchˈstoßen; **2.** *fig. seelisch* durchˈdringen, erfüllen; **3.** *fig. geistig* eindringen in (*acc.*), ergründen, durchˈschauen; **II** *v/i.* **4.** eindringen, ˈdurchdringen (***into***, ***to*** in *acc.*, zu); ✈, ⚔ einfliegen; **5.** ˈdurch-, vordringen (***to*** zu); **6.** *fig.* ergründen: **~ *into a secret***; **ˈpen·e·trat·ing** [-tıŋ] *adj.* □ **1.** ˈdurchdringend, durchˈbohrend (*a. Blick*): **~ *power*** ⚔ Durchschlagskraft *f*; **2.** *fig.* durchˈdringend, scharf(sinnig); **pen·e·tra·tion** [ˌpenıˈtreıʃn] *s.* **1.** Ein-, ˈDurchdringen, Durchˈbohren *n*; **2.** Eindringungsvermögen *n*, ˈDurchschlagskraft *f* (*e-s Geschosses*); Tiefenwirkung *f*; **3.** ⚔ ˈDurch-, Einbruch *m*; ✈ Einflug *m*; **4.** *phys.* Schärfe *f*, Auflösungsvermögen *n* (*Auge*, *Objektiv etc.*); **5.** *fig.* Ergründung *f*; **6.** *fig.* Einflußnahme *f*, Durchdringung *f*: ***peaceful ~*** friedliche Durchdringung *e-s Landes*; **7.** *fig.* Scharfsinn *m*, durchˈdringender Verstand; **ˈpen·e·tra·tive** [-trətıv] *adj.* □ → ***penetrating***.

pen friend *s.* Brieffreund(in).

pen·guin [ˈpeŋgwın] *s.* **1.** Pinguin *m*; **2.** ✈ Übungsflugzeug *n*; **~ suit** *s.* Raumanzug *m*.

ˈpenˌhold·er *s.* Federhalter *m*.

pen·i·cil·lin [ˌpenıˈsılın] *s.* ⚕ Penicilˈlin *n*.

pen·in·su·la [pıˈnınsjʊlə] *s.* Halbinsel *f*; **penˈin·su·lar** [-lə] *adj.* **1.** Halbinsel...; **2.** halbinselförmig.

pe·nis [ˈpi:nıs] *s. anat.* Penis *m*.

pen·i·tence [ˈpenıtəns] *s.* Bußfertigkeit *f*, Buße *f*, Reue *f*; **ˈpen·i·tent** [-nt] **I** *adj.* □ **1.** bußfertig, reuig, zerknirscht; **II** *s.* **2.** Bußfertige(r *m*) *f*, Büßer(in); **3.** Beichtkind *n*; **pen·i·ten·tial** [ˌpenıˈtenʃl] *eccl.* **I** *adj.* □ bußfertig, Buß...; **II** *s. a.* **~ *book*** *R.C.* Buß-, Pöniˈtenzbuch *n*; **pen·i·ten·tia·ry** [ˌpenıˈtenʃərı] **I** *s.* **1.** *eccl.* Bußpriester *m*; **2.** *Am.* ˈStraf(vollˈzugs)anstalt *f*; **3.** *hist.* Besserungsanstalt *f*; **II** *adj.* **4.** *eccl.* Buß...

ˈpen|·knife *s.* [*irr.*] Feder-, Taschenmesser *n*; **ˈ~·man** [-mən] *s.* [*irr.*] **1.** Kalliˈgraph *m*; **2.** Schriftsteller *m*; **ˈ~·man·ship** [-mənʃıp] *s.* **1.** Schreibkunst *f*; **2.** Stil *m*; schriftstellerisches Können; **~ name** *s.* Schriftstellername *m*, Pseudoˈnym *n*.

pen·nant [ˈpenənt] *s.* **1.** ⚓, ⚔ Wimpel *m*, Stander *m*, kleine Flagge; **2.** (Lanzen)Fähnchen *n*; **3.** *sport Am.* Siegeswimpel *m*; *fig.* Meisterschaft *f*; **4.** ♪ *Am.* Fähnchen *n*.

pen·ni·less ['penɪlɪs] *adj.* □ ohne (e-n Pfennig) Geld, mittellos.

pen·non ['penən] *s.* **1.** *bsd.* ⚔ Fähnlein *n*, Wimpel *m*, Lanzenfähnchen *n*; **2.** Fittich *m*, Schwinge *f*.

Penn·syl·va·nia Dutch [ˌpensɪl'veɪnjə] *s.* **1.** *coll.* in Pennsyl'vania lebende 'Deutsch-Ameriˌkaner *pl.*; **2.** *ling.* Pennsyl'vanisch-Deutsch *n*.

pen·ny ['penɪ] *pl.* **-nies** *od. coll.* **pence** [pens] *s.* **1.** a) *Brit.* Penny *m* (= £ 0.01 = 1 p), b) *Am.* Centstück *n*: ***in for a ~, in for a pound*** wer A sagt, muß auch B sagen; ***the ~ dropped!*** *humor.* ‚der Groschen ist gefallen'!; ***spend a ~*** F ‚mal verschwinden' (*auf die Toilette*); **2.** *fig.* Pfennig *m*, Heller *m*, Kleinigkeit *f*: ***not worth a ~*** keinen Heller wert; ***he hasn't a ~ to bless himself with*** er hat keinen roten Heller; ***a ~ for your thoughts!*** (an) was denkst du denn (eben)?; **3.** *fig.* Geld *n*: ***turn an honest ~*** sich et. (durch ehrliche Arbeit) (da'zu)verdienen; ***a pretty ~*** ein hübsches Sümmchen.

ˌpen·ny|-a-'lin·er *s. bsd. Brit.* Schreiberling *m*, Zeilenschinder *m*; **~ ar·cade** *s.* 'Spielsaˌlon *m*; **~ dread·ful** *s.* 'Groschen-, 'Schauerroˌman *m*; Groschenblatt *n*; **ˌ~-in-the-'slot ma·chine** *s.* (Verkaufs)Automat *m*; **'~-ˌpinch·er** *s.* F Pfennigfuchser *m*; **'~-weight** *s. Brit.* Pennygewicht *n* (*1½ Gramm*); **ˌ~-'wise** *adj.* am falschen Ende sparsam: ***~ and pound-foolish*** im Kleinen sparsam, im Großen verschwenderisch; **'~-worth** ['penəθ] *s.* **1.** was man für e-n Penny kaufen kann: ***a ~ of tobacco*** für e-n Penny Tabak; **2.** (*bsd.* guter) Kauf: ***a good ~.***

pe·no·log·ic, pe·no·log·i·cal [ˌpiːnə'lɒdʒɪkl] *adj.* □ ⚖ krimi'nalkundlich, Strafvollzugs…; **pe·nol·o·gy** [piː'nɒlədʒɪ] *s.* Krimi'nalstrafkunde *f*, *bsd.* Strafvollzugslehre *f*.

pen pal *Am. für* ***pen friend.***

pen·sion¹ ['pɑ̃ːŋsɪɔ̃ːŋ] (*Fr.*) *s.* Pensi'on *f*: a) Fremdenheim *n*, b) 'Unterkunft u. Verpflegung *f*: ***full ~.***

pen·sion² ['penʃn] **I** *s.* Pensi'on *f*, Ruhegeld *n*, Rente *f*: ***~ fund*** Pensionskasse *f*; ***~ plan, ~ scheme*** (Alters)Versorgungsplan *m*; ***entitled to a ~*** pensionsberechtigt; ***be on a ~*** in Rente *od.* Pension sein; **II** *v/t. oft* ***~ off*** *j-n* pensionieren; **'pen·sion·a·ble** [-ʃnəbl] *adj.* pensi'onsberechtigt, -fähig: ***of ~ age*** im Renten- *od.* Pensionsalter; **'pen·sion·er** [-ʃənə] *s.* **1.** Pensio'när *m*, Ruhegeldempfänger(in), Rentner(in); **2.** *Brit.* Stu'dent *m* (*in Cambridge*), der für Kost u. Wohnung im College zahlt.

pen·sive ['pensɪv] *adj.* □ **1.** nachdenklich, sinnend, gedankenvoll; **2.** ernst, tiefsinnig; **'pen·sive·ness** [-nɪs] *s.* Nachdenklichkeit *f*; Tiefsinn *m*, Ernst *m*.

'pen·stock *s.* **1.** Wehr *n*, Stauanlage *f*; **2.** *Am.* Druckrohr *n*.

pen·ta·cle ['pentəkl] → ***pentagram.***

pen·ta·gon ['pentəgən] *s.* ⩓ Fünfeck *n*: ***the* ♀** *Am.* das Pentagon (*das amer. Verteidigungsministerium*); **pen·tag·o·nal** [pen'tægənl] *adj.* fünfeckig; **'pen·ta·gram** [-græm] *s.* Penta'gramm *n*, Drudenfuß *m*; **pen·ta·he·dral** [ˌpentə'hiːdrəl] *adj.* ⩓ fünfflächig; **pen·ta·he·dron** [ˌpentə'hiːdrɒn] *pl.* **-drons** *od.* **-dra** [-drə] *s.* ⩓ ˌPenta'eder *n*; **pen·tam·e·ter** [pen'tæmɪtə] *s.* Pen'tameter *m*.

Pen·ta·teuch ['pentətjuːk] *s. bibl.* Penta'teuch *m*, die Fünf Bücher Mose.

pen·tath·lete [pen'tæθliːt] *s. sport* Fünfkämpfer(in); **pen'tath·lon** [-lɒn] *s. sport* Fünfkampf *m*.

pen·ta·va·lent [ˌpentə'veɪlənt] *adj.* ⚗ fünfwertig.

Pen·te·cost ['pentɪkɒst] *s.* Pfingsten *n od. pl.*, Pfingstfest *n*; **Pen·te·cos·tal** [ˌpentɪ'kɒstl] *adj.* pfingstlich; Pfingst…

pent·house ['penthaʊs] *s.* ⚠ **1.** Wetter-, Vor-, Schirmdach *n*; **2.** Anbau *m*, Nebengebäude *n*, angebauter Schuppen; **3.** Penthouse *n*, 'Dachterˌrassenwohnung *f*.

pen·tode ['pentəʊd] *s.* ⚡ Pen'tode *f*, Fünfpolröhre *f*.

ˌpent-'up *adj.* **1.** eingepfercht; **2.** *fig.* angestaut (*Gefühle*): ***~ demand*** ♆ *Am.* Nachholbedarf *m*.

pe·nult [pe'nʌlt] *s. ling.* vorletzte Silbe; **pe'nul·ti·mate** [-tɪmət] **I** *adj.* vorletzt; **II** *s.* → ***penult.***

pe·num·bra [pɪ'nʌmbrə] *pl.* **-bras** *s.* Halbschatten *m*.

pe·nu·ri·ous [pɪ'njʊərɪəs] *adj.* □ **1.** geizig, knauserig; **2.** karg; **pen·u·ry** ['penjʊrɪ] *s.* Knappheit *f*, Armut *f*, Not *f*, Mangel *m*.

pe·on ['piːən] *s.* **1.** Sol'dat *m*, Poli'zist *m*, Bote *m* (*in Indien u. Ceylon*); **2.** Tagelöhner *m* (*in Südamerika*); **3.** (*durch Geldschulden*) zu Dienst verpflichteter Arbeiter (*Mexiko*); **4.** *Am.* zu Arbeit her'angezogener Sträfling; **'pe·on·age** [-nɪdʒ] **'pe·on·ism** [-nɪzəm] *s.* Dienstbarkeit *f*, Leibeigenschaft *f*.

pe·o·ny ['pi:ənɪ] *s.* ⚘ Pfingstrose *f*.

peo·ple ['pi:pl] **I** *s.* **1.** *pl. konstr.* die Leute *pl.*, die Menschen *pl.*: ***English ~*** (die) Engländer; ***London ~*** die Londoner (Bevölkerung); ***country ~*** Landleute, -bevölkerung; ***literary ~*** (die) Literaten; ***a great many ~*** sehr viele Leute; ***some ~*** manche; ***he of all ~*** ausgerechnet er; **2. *the ~*** a) *a. sg. konstr.* das *gemeine* Volk, b) die Bürger *pl.*, die Wähler *pl.*; **3.** *pl.* ***~s*** Volk *n*, Nati'on *f*: ***the ~s of Europe***; ***the chosen ~*** das auserwählte Volk; **4.** *pl. konstr.* F *j-s* Angehörige *pl.*, Fa'milie *f*: ***my ~*** m-e Leute; **5.** F man: ***~ say*** man sagt; **II** *v/t.* **6.** bevölkern (***with*** mit).

peo·ple's re·pub·lic *s. pol.* 'Volksrepu,blik *f*: ***the* ℒ *of Poland***.

pep [pep] *sl.* **I** *s.* E'lan *m*, Schwung *m*, ‚Schmiß' *m*: ***~ pill*** Aufputschtablette *f*; ***~ talk*** Anfeuerung *f*, ermunternde Worte; **II** *v/t.* ***~ up*** a) *j-n* ‚aufmöbeln', in Schwung bringen, b) *j-n* anfeuern, c) *Geschichte* ‚pfeffern', d) *et.* in Schwung bringen.

pep·per ['pepə] **I** *s.* **1.** Pfeffer *m* (*a. fig. et. Scharfes*); **2.** ⚘ Pfefferstrauch *m*, *bsd.* a) Spanischer Pfeffer, b) Roter Pfeffer, c) Paprika *m*; **3.** pfefferähnliches Gewürz: ***~ cake*** Ingwerkuchen *m*; **II** *v/t.* **4.** pfeffern; **5.** *fig. Stil etc.* würzen; **6.** *fig.* sprenkeln, bestreuen; **7.** *fig.* ‚bepfeffern', bombardieren (*a. mit Fragen etc.*); **8.** *fig.* 'durchprügeln; **,~-and-'salt I** *adj.* pfeffer-und-salz-farbig (*Stoff*); **II** *s.* a) Pfeffer u. Salz *n* (*Stoff*), b) Anzug *m* in Pfeffer u. Salz; **'~·box** *s. bsd. Brit.*, **'~-,cast·or** *s.* Pfefferbüchse *f*, -streuer *m*; **'~·corn** *s.* Pfefferkorn *n*; **'~·mint** *s.* **1.** ⚘ Pfefferminze *f*; **2.** Pfefferminzöl *n*; **3.** *a.* ***~ drop***, ***~ lozenge*** Pfefferminzplätzchen *n*.

pep·per·y ['pepərɪ] *adj.* **1.** pfefferig, scharf; **2.** *fig.* hitzig, jähzornig; **3.** gepfeffert, scharf (*Stil*).

pep·py ['pepɪ] *adj. sl.* schwungvoll, ‚schmissig', forsch.

pep·sin ['pepsɪn] *s.* ⚗ Pep'sin *n*; **pep·tic** ['peptɪk] *anat. adj.* **1.** Verdauungs…: ***~ gland*** Magendrüse *f*; ***~ ulcer*** Magengeschwür *n*; **2.** verdauungsfördernd, peptisch; **pep·tone** ['peptəʊn] *s. physiol.* Pep'ton *n*.

per [pɜ:; pə] *prp.* **1.** per, durch: ***~ bearer*** durch Überbringer; ***~ post*** durch die Post; ***~ rail*** per Bahn; **2.** pro, je, für: ***~ annum*** [pər'ænəm] pro Jahr, jährlich; ***~ capita*** ['kæpɪtə] pro Kopf, pro Person; ***~ capita income*** Pro-Kopf-Einkommen *n*; ***~ capita quota*** Kopfbetrag *m*; ***~ cent*** pro *od.* vom Hundert; ***~ second*** in der *od.* pro Sekunde; **3.** laut, gemäß (✝ *a.* ***as ~***).

per·ad·ven·ture [pərəd'ventʃə] *adv. obs.* viel'leicht, ungefähr.

per·am·bu·late [pə'ræmbjʊleɪt] **I** *v/t.* **1.** durch'wandern, -'reisen, -'ziehen; **2.** bereisen, besichtigen; **3.** die Grenzen *e-s Gebiets* abschreiten; **II** *v/i.* **4.** um'herwandern; **per·am·bu·la·tion** [pə,ræmbjʊ'leɪʃn] *s.* **1.** Durch'wanderung *f*; **2.** Bereisen *n*, Besichtigung(sreise) *f*; **3.** Grenzbegehung *f*; **per·am·bu·la·tor** [pə'ræmbjʊleɪtə] *s. bsd. Brit.* Kinderwagen *m*.

per·ceiv·a·ble [pə'si:vəbl] *adj.* □ **1.** wahrnehmbar, spürbar, merklich; **2.** verständlich; **per·ceive** [pə'si:v] *v/t. u. v/i.* **1.** wahrnehmen, empfinden, (be-) merken, spüren; **2.** verstehen, erkennen, begreifen.

per·cent, *Brit.* **per cent** [pə'sent] **I** *adj.* **1.** …prozentig; **II** *s.* **2.** Pro'zent *n* (%); **3.** *pl.* 'Wertpa,piere *pl.* mit feststehendem Zinssatz: ***three per cents*** dreiprozentige Wertpapiere; **per'cent·age** [-tɪdʒ] *s.* **1.** Pro'zent-, Hundertsatz *m*; Prozentgehalt *m*: ***~ by weight*** Gewichtsprozent *n*; **2.** ✝ Pro'zente *pl.*; **3.** *weitS.* Teil *m*, Anteil *m* (***of*** an *dat.*); **4.** ✝ Gewinnanteil *m*, Provisi'on *f*, Tan'tieme *f*; **per'cen·tal** [-tl], **per'cen·tile** [-taɪl] *adj.* prozentu'al, Prozent…

per·cep·ti·bil·i·ty [pə,septə'bɪlətɪ] *s.* Wahrnehmbarkeit *f*; **per·cep·ti·ble** [pə'septəbl] *adj.* □ wahrnehmbar, merklich; **per·cep·tion** [pə'sepʃn] *s.* **1.** (sinnliche *od.* geistige) Wahrnehmung, Empfindung *f*; **2.** Wahrnehmungsvermögen *n*; **3.** Auffassung(skraft) *f*; **4.** Begriff *m*, Vorstellung *f*; **5.** Erkenntnis *f*; **per·cep·tion·al** [pə'sepʃənl] *adj.* Wahrnehmungs…, Empfindungs…; **per·cep·tive** [pə'septɪv] *adj.* □ **1.** wahrnehmend, Wahrnehmungs…; **2.** auffassungsfähig, scharfsichtig; **per·cep·tiv·i·ty** [,pɜ:sep'tɪvətɪ] *s.* → ***perception*** 2.

perch[1] [pɜ:tʃ] *pl.* **'perch·es** [-ɪz] *od.* **perch** *s. ichth.* Flußbarsch *m*.

perch[2] [pɜ:tʃ] **I** *s.* **1.** (Auf)Sitzstange *f für Vögel*, Hühnerstange *f*; **2.** F *fig.* hoher (sicherer) Sitz, ‚Thron' *m*: ***knock s.o. off his ~*** *fig.* j-n von s-m Sockel herunterstoßen; ***come off your ~!*** F tu nicht so überlegen!; **3.** *surv.* Meßstange *f*; **4.** Rute *f* (*Längenmaß = 5,029 m*); **5.** ⚓ Pricke *f*; **6.** Lang-, Lenkbaum *m e-s Wagens*; **II** *v/i.* **7.** sich setzen *od.* niederlassen (***on*** auf *acc.*), sitzen (*Vögel*); *fig.* hoch sitzen *od.* ‚thronen'; **III** *v/t.* **8.** (*auf et. Hohes*) setzen: ***~ o.s.*** sich setzen; ***be ~ed*** sitzen, ‚thronen'.

per·chance [pəˈtʃɑːns] *adv. poet.* vielˈleicht, zufällig.

perch·er [ˈpɜːtʃə] *s. orn.* Sitzvogel *m.*

per·chlo·rate [pəˈklɔːreɪt] *s.* ⚗ Perchloˈrat *n*; **perˈchlo·ric** [-ɪk] *adj.* ˈüberchlorig: ***~ acid*** Über- *od.* Perchlorsäure *f*; **perˈchlo·ride** [-raɪd] *s.* Perchloˈrid *n.*

per·cip·i·ence [pəˈsɪpɪəns] *s.* **1.** Wahrnehmen *n*; **2.** Wahrnehmung(svermögen *n*) *f*; **perˈcip·i·ent** [-nt] → ***perceptive*** 1.

per·co·late [ˈpɜːkəleɪt] **I** *v/t.* **1.** *Kaffee etc.* filtern, ˈdurchseihen, ˈdurchsickern lassen; **II** *v/i.* **2.** ˈdurchsickern (*a. fig.*): ***percolating tank*** Sickertank *m*; **3.** gefiltert werden; **per·co·la·tion** [ˌpɜːkəˈleɪʃn] *s.* ˈDurchseihung *f*, Filtratiˈon *f*; ˈ**per·co·la·tor** [-tə] *s.* Filˈtriertrichter *m*, Perkoˈlator *m*, ˈKaffeemaˌschine *f.*

per·cuss [pəˈkʌs] *v/t. u. v/i.* ⚕ perkutieren, abklopfen; **perˈcus·sion** [-ʌʃən] **I** *s.* **1.** Schlag *m*, Stoß *m*, Erschütterung *f*, Aufschlag *m*; **2.** ⚕ a) Perkussiˈon *f*, Abklopfen *n*, b) ˈKlopfmasˌsage *f*; **3.** ♪ *coll.* ˈSchlaginstruˌmente *pl.*, -zeug *n*; **II** *adj.* **4.** Schlag..., Stoß..., Zünd...: ***~ cap*** Zündhütchen *n*; ***~ drill*** ⚙ Schlagbohrer *m*; ***~ fuse*** ⚔ Aufschlagzünder *m*; ***~ instrument*** ♪ Schlaginstrument *n*; ***~ welding*** ⚙ Schlag-, Stoßschweißen *n*; **III** *v/t.* **5.** ⚕ a) perkutieren, abklopfen, b) durch Beklopfen massieren; **perˈcus·sion·ist** [-ʌʃnɪst] *s.* ♪ Schlagzeuger *m*; **perˈcus·sive** [-sɪv] → ***percussion*** 4.

per·cu·ta·ne·ous [ˌpɜːkjuːˈteɪnjəs] *adj.* ☐ ⚕ perkuˈtan, durch die Haut.

per di·em [ˌpɜːˈdaɪem] **I** *adj. u. adv.* täglich, pro Tag: ***~ rate*** Tagessatz *m*; **II** *s.* Tagegeld *n.*

per·di·tion [pəˈdɪʃn] *s.* **1.** Verderben *n*; **2.** a) ewige Verdammnis, b) Hölle *f.*

per·e·gri·nate [ˈperɪgrɪneɪt] **I** *v/i.* wandern, umˈherreisen; **II** *v/t.* durchˈwandern, bereisen; **per·e·gri·na·tion** [ˌperɪgrɪˈneɪʃn] *s.* **1.** Wanderschaft *f*; **2.** Wanderung *f*; **3.** *fig.* Weitschweifigkeit *f.*

per·emp·to·ri·ness [pəˈrem*p*tərɪnɪs] *s.* **1.** Entschiedenheit *f*, Bestimmtheit *f*; herrisches Wesen; **2.** Endgültigkeit *f*; **per·emp·to·ry** [pəˈrem*p*tərɪ] *adj.* ☐ **1.** entschieden, bestimmt; gebieterisch, herrisch; **2.** entscheidend, endgültig; zwingend, definiˈtiv: ***a ~ command.***

per·en·ni·al [pəˈrenjəl] **I** *adj.* ☐ **1.** das ganze Jahr *od.* Jahre hinˈdurch dauernd, beständig; **2.** immerwährend, anhaltend; **3.** ⚘ perennierend, winterhart; **II** *s.* **4.** ⚘ perennierende Pflanze.

per·fect [ˈpɜːfɪkt] **I** *adj.* ☐ → ***perfectly***; **1.** perˈfekt, vollˈendet: a) fehler-, makellos, ideˈal, b) fertig, abgeschlossen: ***make ~*** vervollkommnen; ***~ pitch*** ♪ absolutes Gehör; ***~ participle*** *ling.* Mittelwort *n* der Vergangenheit, Partizip *n* Perfekt; ***~ tense*** Perfekt *n*; **2.** gründlich (ausgebildet), perˈfekt (***in*** in *dat.*); **3.** gänzlich, ˈvollständig: ***a ~ circle***; ***~ strangers*** wildfremde Leute; **4.** F rein, ‚komˈplett': ***~ nonsense***; ***a ~ fool*** ein ausgemachter Narr; **II** *s.* **5.** *ling.* Perfekt *n*: ***past ~*** Plusquamperfekt; **III** *v/t.* [pəˈfekt] **6.** vollˈenden; verˈvollkommnen (***o.s.*** sich); **per·fect·i·ble** [pəˈfektəbl] *adj.* verˈvollkommnungsfähig; **per·fec·tion** [pəˈfekʃn] *s.* **1.** Verˈvollkommnung *f*; **2.** *fig.* Vollˈkommenheit *f*, Vollˈendung *f*, Perfektiˈon *f*: ***bring to ~*** vervollkommnen; ***to ~*** vollkommen, meisterlich; **3.** Vorˈtrefflichkeit *f*; **4.** Fehler-, Makellosigkeit *f*; **5.** *fig.* Gipfel *m*; **6.** *pl.* Fertigkeiten *pl.*; **per·fec·tion·ist** [pəˈfekʃnɪst] **I** *s.* Perfektioˈnist *m*; **II** *adj.* perfektioˈnistisch; ˈ**per·fect·ly** [-ktlɪ] *adv.* **1.** vollkommen, fehlerlos; gänzlich, völlig; **2.** F ganz, absoˈlut, einfach *wunderbar etc.*

per·fid·i·ous [pəˈfɪdɪəs] *adj.* ☐ verräterisch, falsch, heimtückisch, perˈfid; **perˈfid·i·ous·ness** [-nɪs], **per·fi·dy** [ˈpɜːfɪdɪ] *s.* Falschheit *f*, Perfiˈdie *f*, Tücke *f*, Verrat *m.*

per·fo·rate I *v/t.* [ˈpɜːfəreɪt] durchˈbohren, -ˈlöchern, lochen, perforieren: ***~d disk*** ⚙ (Kreis)Lochscheibe *f*; ***~d tape*** Lochstreifen *m*; **II** *adj.* [-rɪt] durchˈlöchert, gelocht; **per·fo·ra·tion** [ˌpɜːfəˈreɪʃn] *s.* **1.** Durchˈbohrung *f*, -ˈlochung *f*, -ˈlöcherung *f*, Perforatiˈon *f*: ***~ of the stomach*** ⚕ Magendurchbruch *m*; **2.** Lochung *f*, gelochte Linie; **3.** Loch *n*, Öffnung *f*; ˈ**per·fo·ra·tor** [-tə] *s.* Locher *m.*

per·force [pəˈfɔːs] *adv.* notgedrungen, gezwungenermaßen.

per·form [pəˈfɔːm] **I** *v/t.* **1.** *Arbeit, Dienst etc.* verrichten, leisten, machen, tun, ausführen; ⚕ *e-e Operation* ˈdurchführen (***on*** bei); **2.** vollˈbringen, -ˈziehen, ˈdurchführen; *e-r Verpflichtung* nachkommen, *e-e Pflicht, a. e-n Vertrag* erfüllen; **3.** *Theaterstück, Konzert etc.* aufführen, geben, spielen; *e-e Rolle* spielen, darstellen; **II** *v/i.* **4.** et. ausführen *od.* leisten; ⚙ funktionieren, arbeiten: ~ ***well*** e-e gute Leistung bringen; **5.** *thea. etc.* e-e Vorstellung geben, auftreten, spielen: ~ ***on the piano*** Klavier spielen, auf dem Klavier et. vortragen; **per'form·ance** [-məns] *s.* **1.** Aus-, 'Durchführung *f*: ***in the ~ of his duty*** in Ausübung s-r Pflicht; **2.** Leistung *f* (*a.* ⚖, ⚙), Erfüllung *f* (*Pflicht*, *Versprechen*, *Vertrag*), Voll'ziehung *f*: ~ ***in kind*** Sachleistung; ~ ***data*** ⚙ Leistungswerte *pl.*; ~ ***principle*** *sociol.* Leistungsprinzip *n*; ~ ***test*** *ped.* Leistungsprüfung *f*; ~ ***of a machine*** (Arbeits)Leistung *od.* Arbeitsweise *f* e-r Maschine; **3.** ♪, *thea.* Aufführung *f*; Vorstellung *f*; Vortrag *m*; **4.** *thea.* Darstellung(skunst) *f*, Spiel *n*; **5.** *ling.* Perfor'manz *f*; **per'form·er** [-mə] *s.* **1.** Ausführende(r *m*) *f*; **2.** Leistungsträger(in): ***top*** ~; **3.** Schauspieler(in); Darsteller(in); Musiker(in); Künstler(in); **per'form·ing** [-mɪŋ] *adj.* **1.** *thea.* Aufführungs...: ~ ***rights***; **2.** darstellend: ~ ***arts***; **3.** dressiert (*Tier*).

per·fume I *v/t.* [pə'fju:m] **1.** mit Duft erfüllen, parfümieren (*a. fig.*); **II** *s.* ['pɜ:fju:m] **2.** Duft *m*, Wohlgeruch *m*; **3.** Par'füm *n*, Duftstoff *m*; **per'fum·er** [-mə] *s.* Parfüme'riehändler *m*, Parfü'meur *m*; **per'fum·er·y** [-mərɪ] *s.* Parfüme'rien *pl.*; Parfüme'rie(geschäft *n*) *f*.

per·func·to·ry [pə'fʌŋktərɪ] *adj.* ☐ **1.** oberflächlich, obenhin, flüchtig; **2.** me'chanisch, inter'esselos.

per·go·la ['pɜ:gələ] *s.* Laube *f*, offener Laubengang, Pergola *f*.

per·haps [pə'hæps; præps] *adv.* viel'leicht.

per·i·car·di·tis [ˌperɪkɑ:'daɪtɪs] *s.* ⚕ Herzbeutelentzündung *f*, Perikar'ditis *f*; **per·i·car·di·um** [ˌperɪ'kɑ:djəm] *pl.* **-di·a** [-djə] *s. anat.* **1.** Herzbeutel *m*; **2.** Herzfell *n*.

per·i·carp ['perɪkɑ:p] *s.* ⚘ Fruchthülle *f*, Peri'karp *n*.

per·i·gee ['perɪdʒi:] *s. ast.* Erdnähe *f*.

per·i·he·li·on [ˌperɪ'hi:ljən] *s. ast.* Sonnennähe *f e-s Planeten*.

per·il ['perəl] **I** *s.* Gefahr *f*, Risiko *n* (*a.* ⚓): ***in ~ of one's life*** in Lebensgefahr; ***at*** (***one's***) ~ auf eigene Gefahr; ***at the ~ of*** auf die Gefahr hin, daß; **II** *v/t.* gefährden; **'per·il·ous** [-rələs] *adj.* ☐ gefährlich.

per·im·e·ter [pə'rɪmɪtə] *s.* **1.** Periphe'rie *f*: a) & 'Umkreis *m*, b) *allg.* Rand *m*: ~ ***position*** ⚔ Randstellung *f*; **2.** ⚕, *opt.* Peri'meter *n* (*Instrument*).

per·i·ne·um [ˌperɪ'ni:əm] *pl.* **-ne·a** [-ə] *s. anat.* Damm *m*, Peri'neum *n*.

pe·ri·od ['pɪərɪəd] **I** *s.* **1.** Peri'ode *f* (*a.* &, ⚡, ♪), Zeit(dauer *f*, -raum *m*, -spanne *f*) *f*, Frist *f*: ~ ***of appeal*** ⚖ Berufungsfrist; ~ ***of exposure*** *phot.* Belichtungszeit; ~ ***of office*** Amtsdauer *f*; ***for a ~*** für einige Zeit; ***for a ~ of*** auf die Dauer von; **2.** *ast.* 'Umlaufszeit *f*; **3.** (vergangenes *od.* gegenwärtiges) Zeitalter: ***glacial ~*** Eiszeit *f*; ***dresses of the ~*** zeitgenössische Kleider; ***a girl of the ~*** ein modernes Mädchen; **4.** *ped.* ('Unterrichts)Stunde *f*; **5.** *Sport*: Spielabschnitt *m*, *z.B. Eishockey*: Drittel *n*; **6.** *a.* ***monthly ~*** (*od.* ~***s*** *pl.*) ⚕ Periode *f der Frau*; **7.** (Sprech)Pause *f*, Absatz *m*; **8.** *ling.* a) Punkt *m*: ***put a ~ to*** *fig. e-r Sache* ein Ende setzen, b) Satzgefüge *n*, c) *allg.* wohlgefügter Satz; **II** *adj.* **9.** a) zeitgeschichtlich, Zeit...: ~ ***play*** Zeitstück *n*; b) Stil...: ~ ***furniture***; ~ ***house*** Haus *n* im Zeitstil; ~ ***dress*** historisches Kostüm.

pe·ri·od·ic[1] [ˌpɪərɪ'ɒdɪk] *adj.* (☐ ~***ally***) **1.** peri'odisch, Kreis..., regelmäßig 'wiederkehrend; **2.** *ling.* rhe'torisch, wohlgefügt (*Satz*).

per·i·od·ic[2] [ˌpɜ:raɪ'ɒdɪk] *adj.* ⚗ per-, überjodsauer: ~ ***acid*** Überjodsäure *f*.

pe·ri·od·i·cal [ˌpɪərɪ'ɒdɪkl] **I** *adj.* ☐ **1.** → ***periodic***[1]; **2.** regelmäßig erscheinend; **3.** Zeitschriften...; **II** *s.* **4.** Zeitschrift *f*;

pe·ri·o·dic·i·ty [ˌpɪərɪə'dɪsətɪ] *s.* **1.** Periodizi'tät *f* (*a.* ⚕); **2.** ⚗ Stellung *f* e-s Ele'ments in der A'tomgewichtstafel; **3.** ⚡ Fre'quenz *f*.

per·i·os·te·um [ˌperɪ'ɒstɪəm] *pl.* **-te·a** [-ə] *s. anat.* Knochenhaut *f*; **per·i·os·ti·tis** [ˌperɪə'staɪtɪs] *s.* ⚕ Knochenhautentzündung *f*.

per·i·pa·tet·ic [ˌperɪpə'tetɪk] *adj.* (☐ ~***ally***) **1.** um'herwandelnd; **2.** ♀ *phls.* peripa'tetisch; **3.** *fig.* weitschweifig.

pe·riph·er·al [pə'rɪfərəl] *adj.* ☐ **1.** peri'pherisch, Rand...; **2.** *anat.* peri'pher; **pe·riph·er·y** [pə'rɪfərɪ] *s.* Periphe'rie *f*; *fig. a.* Rand *m*, Grenze *f*.

pe·riph·ra·sis [pə'rɪfrəsɪs] *pl.* **-ses** [-si:z] *s.* Um'schreibung *f*, Peri'phrase *f*; **per·i·phras·tic** [ˌperɪ'fræstɪk] *adj.* (☐ ~***ally***) um'schreibend, peri'phrastisch.

per·i·scope ['perɪskəʊp] *s.* ⚔ **1.** Sehrohr *n* (*U-Boot*, *Panzer*); **2.** Beobachtungsspiegel *m*.

per·ish ['perɪʃ] **I** *v/i.* **1.** 'umkommen, 'untergehen, zu'grunde gehen, sterben, (tödlich) verunglücken (***by***, ***of***, ***with*** durch, von, an *dat.*): ***to ~ by drowning*** ertrinken; ~ ***the thought!*** Gott behüte!; **2.** hinschwinden, absterben, eingehen; **II** *v/t.* **3.** vernichten (*mst pass.*): ***be***

~ed with F (fast) umkommen vor *Kälte etc.*; '**per·ish·a·ble** [-ʃəbl] **I** *adj.* □ vergänglich; leichtverderblich (*Lebensmittel etc.*); **II** *s. pl.* leichtverderbliche Waren *pl.*; '**per·ish·er** [-ʃə] *s. Brit.* ***little ~*** kleiner Räuber (*Kind*); '**per·ish·ing** [-ʃɪŋ] **I** *adj.* □ vernichtend, tödlich (*a. fig.*); **II** *adv.* F scheußlich, verflixt: ***~ cold.***

per·i·style ['perɪstaɪl] *s.* ⚠ Säulengang *m*, Peri'styl *n.*

per·i·to·n(a)e·um [ˌperɪtəʊ'niːəm] *pl.* **-ne·a** [-ə] *s. anat.* Bauchfell *n*; ˌ**per·i·to'ni·tis** [-tə'naɪtɪs] *s.* ⚕ Bauchfellentzündung *f.*

per·i·wig ['perɪwɪg] *s.* Pe'rücke *f.*

per·i·win·kle ['perɪˌwɪŋkl] *s.* **1.** ⚘ Immergrün *n.*; **2.** *zo.* (*eßbare*) Uferschnecke.

per·jure ['pɜːdʒə] *v/t.*: ***~ o.s.*** e-n Meineid leisten, meineidig werden; ***~d*** meineidig; '**per·jur·er** [-dʒərə] *s.* Meineidige(r *m*) *f*; '**per·ju·ry** [-dʒərɪ] *s.* Meineid *m.*

perk[1] [pɜːk] *s. mst pl. bsd. Brit* F *für* ***perquisite*** 1.

perk[2] [pɜːk] **I** *v/i. mst* ***~ up*** **1.** (lebhaft) den Kopf recken, munter werden; **2.** *fig.* die Nase hoch tragen, selbstbewußt *od.* forsch auftreten; **3.** *fig.* sich erholen, munter werden; **II** *v/t. mst* ***~ up*** **4.** *den Kopf* recken; *die Ohren* spitzen; **5.** ***~ up*** *j-n* ‚aufmöbeln'; **6.** ***~ o.s.*** (***up***) sich schön machen; '**perk·i·ness** [-kɪnɪs] *s.* Keckheit *f*, Selbstbewußtsein *n*; '**perk·y** [-kɪ] *adj.* □ **1.** flott, forsch; **2.** keck, dreist, frech.

perm [pɜːm] *s.* F Dauerwelle *f.*

per·ma·frost ['pɜːməfrɒst] *s.* Dauerfrostboden *m.*

per·ma·nence ['pɜːmənəns] *s.* **1.** Perma'nenz *f* (*a. phys.*), Ständigkeit *f*, (Fort)Dauer *f*; **2.** Beständigkeit *f*, Dauerhaftigkeit *f*; '**per·ma·nen·cy** [-sɪ] **1.** → ***permanence***; **2.** *et.* Dauerhaftes *od.* Bleibendes; feste Anstellung, Dauerstellung *f*; '**per·ma·nent** [-nt] *adj.* □ (fort)dauernd, bleibend, perma'nent; ständig (*Ausschuß*, *Bauten*, *Personal*, *Wohnsitz etc.*); dauerhaft, Dauer… (*-magnet*, *-stellung*, *-ton*, *-wirkung etc.*), mas'siv (*Bau*): ***~ assets*** ✝ Anlagevermögen *n*; ***~ call*** *teleph.* Dauerbelegung *f*; ***2 Secretary*** *Brit.* ständiger (*fachlicher*) Staatssekretär; ***~ situation*** ✝ Dauer-, Lebensstellung *f*; ***~ wave*** Dauerwelle *f*; ***~ way*** 🚂 Bahnkörper *m*; Oberbau *m.*

per·man·ga·nate [pɜː'mæŋgəneɪt] *s.* ⚗ Permanga'nat *n*: ***~ of potash*** Kaliumpermanganat; **per·man·gan·ic** [ˌpɜːmæŋ'gænɪk] *adj.* Übermangan…: ***~ acid.***

per·me·a·bil·i·ty [ˌpɜːmjə'bɪlətɪ] *s.* Durch'dringbarkeit *f*, *bsd. phys.* Permeabili'tät *f*: ***~ to gas***(***es***) *phys.* Gasdurchlässigkeit *f.*

per·me·a·ble ['pɜːmjəbl] *adj.* □ 'durchlässig (***to*** für); **per·me·ance** ['pɜːmɪəns] *s.* **1.** Durch'dringung *f*; **2.** *phys.* ma'gnetischer Leitwert; **per·me·ate** ['pɜːmɪeɪt] **I** *v/t.* durch'dringen; **II** *v/i.* dringen (***into*** in *acc.*), sich verbreiten (***among*** unter *dat.*), 'durchsickern; **per·me·a·tion** [ˌpɜːmɪ'eɪʃn] *s.* Eindringen *n*, Durch'dringung *f.*

per·mis·si·ble [pə'mɪsəbl] *adj.* □ zulässig; **per'mis·sion** [-'mɪʃn] *s.* Erlaubnis *f*, Genehmigung *f*, Zulassung *f*: ***by special ~*** mit besonderer Erlaubnis; ***ask s.o. for ~, ask s.o.'s ~*** j-n um Erlaubnis bitten; **per'mis·sive** [-sɪv] *adj.* □ **1.** gestattend, zulassend; ⚖ fakulta'tiv; **2.** tole'rant, libe'ral; (sexu'ell) freizügig: ***~ society*** tabufreie Gesellschaft; **per'mis·sive·ness** [-sɪvnɪs] *s.* **1.** Zulässigkeit *f*; **2.** Tole'ranz *f*; **3.** (sexu'elle) Freizügigkeit *f.*

per·mit [pə'mɪt] **I** *v/t.* **1.** *et.* erlauben, gestatten, zulassen, dulden: ***am I ~ted to*** darf ich?; ***~ o.s. s.th.*** sich et. erlauben; **II** *v/i.* **2.** erlauben: ***weather*** (***time***) ***~ting*** wenn es das Wetter (die Zeit) erlaubt; **3.** ***~ of*** *fig.* zulassen: ***the rule ~s of no exception***; **III** *s.* ['pɜːmɪt] **4.** Genehmigung(sschein *m*) *f*, Li'zenz *f*, Zulassung *f* (***to*** für); ✝ Aus-, Einfuhrerlaubnis *f*; **5.** Aus-, Einreiseerlaubnis *f*; **6.** Passierschein *m*; **per·mit·tiv·i·ty** [ˌpɜːmɪ'tɪvətɪ] *s.* ⚡ Dielektrizi'tätskonˌstante *f.*

per·mu·ta·tion [ˌpɜːmjuː'teɪʃn] *s.* **1.** Vertauschung *f*, Versetzung *f*: ***~ lock*** Vexierschloß; **2.** ⅍ Permutati'on *f.*

per·ni·cious [pə'nɪʃəs] *adj.* □ **1.** verderblich, schädlich; **2.** ⚕ bösartig, perni'ziös; **per'ni·cious·ness** [-nɪs] *s.* Schädlichkeit *f*; Bösartigkeit *f.*

per·nick·et·y [pə'nɪkətɪ] *adj.* **1.** F ‚pingelig', kleinlich, wählerisch, pe'dantisch (***about*** mit); **2.** heikel (*a. Sache*).

per·o·rate ['perəreɪt] *v/i.* **1.** große Reden schwingen; **2.** e-e Rede abschließen; **per·o·ra·tion** [ˌperə'reɪʃn] *s.* (zs.-fassender) Redeschluß.

per·ox·ide [pə'rɒksaɪd] ⚗ 'Superoˌxyd *n*; *engS.* 'Wasserstoffˌsuperoˌxyd *n*: ***~ blonde*** F ‚Wasserstoffblondine' *f*; **per'ox·i·dize** [-sɪdaɪz] *v/t. u. v/i.* peroxydieren.

per·pen·dic·u·lar [ˌpɜːpənˈdɪkjʊlə] **I** *adj.* □ **1.** senk-, lotrecht (*to* zu): ~ *style* △ englische Spätgotik; **2.** rechtwinklig (*to* auf *dat.*); **3.** ⚒ seiger; **4.** steil; **5.** aufrecht (*a. fig.*); **II** *s.* **6.** (Einfalls)Lot *n*, Senkrechte *f*; Perpenˈdikel *n*, *m*: ***out of*** (***the***) ~ schief, nicht senkrecht; ***raise*** (***let fall***) ***a*** ~ ein Lot errichten (fällen); **7.** ⚙ (Senk)Lot *n*, Senkwaage *f*.

per·pe·trate [ˈpɜːpɪtreɪt] *v/t. Verbrechen etc.* begehen, verüben; F *fig. Buch etc.* ‚verbrechen'; **per·pe·tra·tion** [ˌpɜːpɪˈtreɪʃn] *s.* Begehung *f*, Verübung *f*; **ˈper·pe·tra·tor** [-tə] *s.* Täter *m*.

per·pet·u·al [pəˈpetʃʊəl] *adj.* □ **1.** fort-, immerwährend, unaufhörlich, beständig, ewig, andauernd: ~ ***check*** Dauerschach *n*; ~ ***motion machine*** Perpetuum mobile *n*; ~ ***snow*** ewiger Schnee, Firn *m*; **2.** lebenslänglich, unabsetzbar: ~ ***officer***; **3.** † unablösbar, unkündbar: ~ ***lease***; ~ ***bonds*** Rentenanleihen; **4.** ⚘ perennierend; **perˈpet·u·ate** *v/t.* [-tʃʊeɪt] verewigen, fortbestehen lassen, (immerwährend) fortsetzen; **per·pet·u·a·tion** [pəˌpetʃʊˈeɪʃn] *s.* Fortdauer *f*, endlose Fortsetzung, Verewigung *f*, Fortbestehenlassen *n*; **per·pe·tu·i·ty** [ˌpɜːpɪˈtjuːətɪ] *s.* **1.** Fortdauer *f*, unaufhörliches Bestehen, Unaufhörlichkeit *f*, Ewigkeit *f*: ***in*** (*od.* ***to*** *od.* ***for***) ~ auf ewig; **2.** ⚖ Unveräußerlichkeit(sverfügung) *f*; **3.** lebenslängliche (Jahres-) Rente.

per·plex [pəˈpleks] *v/t.* verwirren, verblüffen, bestürzt machen; **perˈplexed** [-kst] *adj.* □ **1.** verwirrt, verblüfft, verdutzt, bestürzt (*Person*); **2.** verworren, verwickelt (*Sache*); **perˈplex·i·ty** [-ksətɪ] *s.* **1.** Verwirrung *f*, Bestürzung *f*, Verlegenheit *f*; **2.** Verworrenheit *f*.

per·qui·site [ˈpɜːkwɪzɪt] *s.* **1.** *mst pl. bsd. Brit.* a) Nebeneinkünfte *pl.*, -verdienst *m*, b) Vergünstigung *f*; **2.** Vergütung *f*, Gehalt *n*; **3.** perˈsönliches Vorrecht.

per·se·cute [ˈpɜːsɪkjuːt] *v/t.* **1.** *bsd. pol.*, *eccl.* verfolgen; **2.** a) plagen, belästigen, b) drangsalieren, schikanieren; **per·se·cu·tion** [ˌpɜːsɪˈkjuːʃn] *s.* **1.** Verfolgung *f*: ~ ***mania***, ~ ***complex*** Verfolgungswahn *m*; **2.** Drangsalierung *f*, Schiˈkane(n *pl.*) *f*; **ˈper·se·cu·tor** [-tə] *s.* **1.** Verfolger *m*; **2.** Peiniger(in).

per·se·ver·ance [ˌpɜːsɪˈvɪərəns] *s.* Beharrlichkeit *f*, Ausdauer *f*; **per·sev·er·ate** [pəˈsevəreɪt] *v/i. psych.* ständig *od.* immer ˈwiederkehren (*Melodie*, *Motiv*, *Gedanken etc.*); **per·se·vere** [ˌpɜːsɪˈvɪə] *v/i.* (***in***) beharren, ausdauern, aushalten (bei), fortfahren (mit), festhalten (an *dat.*); **ˌper·seˈver·ing** [-ˈvɪərɪŋ] *adj.* □ beharrlich, standhaft.

Per·sian [ˈpɜːʃn] **I** *adj.* **1.** persisch; **II** *s.* **2.** Perser(in); **3.** *ling.* Persisch *n*; ~ **blinds** *s. pl.* Jalouˈsien *pl.*; ~ **car·pet** *s.* Perserteppich *m*; ~ **cat** *s.* Anˈgorakatze *f*.

per·si·flage [ˌpɜːsɪˈflɑːʒ] *s.* Persiˈflage *f*, (*feine*) Verspottung *f*.

per·sim·mon [pɜːˈsɪmən] *s.* ⚘ Persiˈmone *f*, Kaki-, Dattelpflaume *f*.

per·sist [pəˈsɪst] *v/i.* **1.** (***in***) aus-, verharren (bei), hartnäckig bestehen (auf *dat.*), beharren (auf *dat.*, bei), unbeirrt fortfahren (mit); **2.** weiterarbeiten (***with*** an *dat.*); **3.** fortdauern, anhalten; fort-, weiterbestehen; **perˈsist·ence** [-təns], **perˈsist·en·cy** [-tənsɪ] *s.* **1.** Beharren *n* (***in*** bei); Beharrlichkeit *f*; Fortdauer *f*; **2.** beharrliches *od.* hartnäckiges Fortfahren (***in*** in *dat.*); **3.** Hartnäckigkeit *f*, Ausdauer *f*; **4.** *phys.* Beharrung(szustand *m*) *f*, Nachwirkung *f*; Wirkungsdauer *f*; *TV etc.* Nachleuchten *n*; *opt.* (Augen)Trägheit *f*; **perˈsist·ent** [-tənt] *adj.* □ **1.** beharrlich, ausdauernd, hartnäckig; **2.** ständig, nachhaltig; anhaltend (*a.* † *Nachfrage*; *a. Regen*); ⚔ seßhaft (*Kampfstoff*), schwerflüchtig (*Gas*).

per·son [ˈpɜːsn] *s.* **1.** Perˈson *f* (*a. contp.*), (Einzel)Wesen *n*, Indiˈviduum *n*; *weitS.* Perˈsönlichkeit *f*: ***any*** ~ irgend jemand: ***in*** ~ in eigener Person, persönlich; ***no*** ~ niemand; ***natural*** ~ ⚖ natürliche Person; ~***-to-***~ ***call*** *teleph.* Voranmeldung(sgespräch *n*) *f*; **2.** *das* Äußere, Körper *m*: ***carry s.th. on one's*** ~ et. bei sich tragen; **3.** *thea.* Rolle *f*.

per·so·na [pɜːˈsəʊnə] *pl.* **-nae** [-niː] *s.* (*Lat.*) **1.** a) *thea.* Chaˈrakter *m*, Rolle *f*, b) Gestalt *f* (*in der Literatur*); **2.** ~ (***non***) ***grata*** Persona (non) grata *f*, (nicht) genehme Person.

per·son·a·ble [ˈpɜːsnəbl] *adj.* **1.** von angenehmem Äußeren; **2.** symˈpathisch; **ˈper·son·age** [-nɪdʒ] *s.* **1.** (hohe) Perˈsönlichkeit; **2.** → ***persona*** 1; **ˈper·son·al** [-nl] **I** *adj.* □ **1.** perˈsönlich (*a. ling.*); Personal…(*-konto*, *-kredit*, *-steuer etc.*); Privat…(*-einkommen*, *-leben etc.*); eigen (*a. Meinung*): ~ ***call*** *teleph.* Voranmeldung(sgespräch *n*) *f*; ~ ***column*** → 5; ~ ***damage*** Personenschaden *m*; ~ ***data*** Personalien *pl.*; ~ ***file*** Personalakte *f*; ~ ***injury*** Körperverletzung *f*; ~ ***property*** (*od.* ***estate***) → ***personalty***; ~ ***union*** *pol.* Personalunion *f*; **2.**

persönlich, pri'vat, vertraulich (*Brief etc.*); mündlich (*Auskunft etc.*): ***~ matter*** Privatsache *f*; **3.** äußer, körperlich: ***~ charms***; ***~ hygiene*** Körperpflege *f*; **4.** persönlich, anzüglich (*Bemerkung etc.*): ***become ~*** anzüglich werden; **II** *s.* **5.** Per'sönliches *n* (*Zeitung*); **per·son·al·i·ty** [ˌpɜːsəˈnælətɪ] *s.* **1.** Per'sönlichkeit *f* (*a. jur.*), Per'son *f*: ***~ clash*** *psych.* Persönlichkeitskonflikt *m*; ***~ cult*** *pol.* Personenkult *m*; ***~ test*** *psych.* Persönlichkeitstest *m*; **2.** Individuali'tät *f*; **3.** *pl.* Anzüglichkeiten *pl.*, anzügliche Bemerkungen *pl.*; **per·son·al·ize** [ˈpɜːsnəlaɪz] → ***personify***; **'per·son·al·ty** [-nltɪ] ⚖ bewegliches Vermögen; **'per·son·ate** [-səneɪt] *v/t.* **1.** → ***personify***; **2.** vor-, darstellen; **3.** nachahmen; **4.** sich (fälschlich) ausgeben als; **per·son·a·tion** [ˌpɜːsəˈneɪʃn] *s.* **1.** Vor-, Darstellung *f*; **2.** Personifikati'on *f*, Verkörperung *f*; **3.** Nachahmung *f*; **4.** ⚖ fälschliches Sich'ausgeben.

per·son·i·fi·ca·tion [pɜːˌsɒnɪfɪˈkeɪʃn] *s.* Verkörperung *f*; **per·son·i·fy** [pɜːˈsɒnɪfaɪ] *v/t.* personifizieren, verkörpern, versinnbildlichen.

per·son·nel [ˌpɜːsəˈnel] *s.* Perso'nal *n*, Belegschaft *f*; ⚔, ⚓ Mannschaft(en *pl.*) *f*, Besatzung *f*: ***~ manager*** † Personalchef *m*.

per·spec·tiv·al [ˌpɜːspektˈtaɪvl] *adj.* perspek'tivisch; **per·spec·tive** [pəˈspektɪv] **I** *s.* **1.** ✗, *paint. etc.* Perspek'tive *f*: ***in*** (***true***) ***~*** in richtiger Perspektive; **2.** *a.* ***~ drawing*** perspektivische Zeichnung; **3.** Perspek'tive *f*: a) Aussicht *f*, -blick *m* (*beide a. fig.*), b) *fig.* klarer Blick: ***he has no ~*** er sieht die Dinge nicht im richtigen Verhältnis (zueinander); **II** *adj.* □ → ***perspectival***.

per·spex [ˈpɜːspeks] (*TM*) *s. Brit.* Sicherheits-, Plexiglas *n*.

per·spi·ca·cious [ˌpɜːspɪˈkeɪʃəs] *adj.* □ scharfsinnig, 'durchdringend; **ˌper·spi'cac·i·ty** [-ˈkæsətɪ] *s.* Scharfblick *m*, -sinn *m*; **ˌper·spi'cu·i·ty** [-ˈkjuːətɪ] *s.* Klarheit *f*, Verständlichkeit *f*; **per·spic·u·ous** [pəˈspɪkjʊəs] *adj.* □ deutlich, klar, (leicht)verständlich.

per·spi·ra·tion [ˌpɜːspəˈreɪʃn] *s.* **1.** Ausdünsten *n*, Schwitzen *n*; **2.** Schweiß *m*; **per·spir·a·to·ry** [pəˈspaɪərətərɪ] *adj.* Schweiß...: ***~ gland*** Schweißdrüse *f*; **per·spire** [pəˈspaɪə] **I** *v/i.* schwitzen, transpirieren; **II** *v/t.* ausschwitzen, -dünsten.

per·suade [pəˈsweɪd] *v/t.* **1.** über'reden, bereden (***to*** *inf.*, ***into*** *ger.* zu *inf.*); **2.** über'zeugen (***of*** von, ***that*** daß): ***~ o.s.*** a) sich überzeugen, b) sich einbilden *od.* einreden; ***be ~d that*** überzeugt sein, daß; **per'suad·er** [-də] *s.* **1.** Überredungskünstler(in), ‚Verführer' *m*; **2.** *sl.* Über'redungsmittel *n* (*a. Pistole etc.*).

per·sua·sion [pəˈsweɪʒn] *s.* **1.** Über'redung *f*; **2.** *a.* ***powers of ~*** Über'redungsgabe *f*, -künste *pl.*; **3.** Über'zeugung *f*, fester Glaube; **4.** *eccl.* Glaube(nsrichtung *f*) *m*; **5.** F *humor.* a) Art *f*, Sorte *f*, b) Geschlecht *n*: ***female ~***; **per'sua·sive** [-eɪsɪv] *adj.* □ **1.** über'redend; **2.** über'zeugend; **per'sua·sive·ness** [-eɪsɪvnɪs] *s.* **1.** ***persuasion*** 2; **2.** über'zeugende Art.

pert [pɜːt] *adj.* □ keck (*a. fig. Hut etc.*), schnippisch, vorlaut.

per·tain [pɜːˈteɪn] *v/i.* (***to***) a) gehören (*dat. od.* zu), b) betreffen (*acc.*), sich beziehen (auf *acc.*): ***~ing to*** betreffend.

per·ti·na·cious [ˌpɜːtɪˈneɪʃəs] *adj.* □ **1.** hartnäckig, zäh; **2.** beharrlich, standhaft; **ˌper·ti'nac·i·ty** [-ˈnæsətɪ] *s.* Hartnäckigkeit *f*; Zähigkeit *f*, Beharrlichkeit *f*.

per·ti·nence [ˈpɜːtɪnəns], **'per·ti·nen·cy** [-sɪ] *s.* **1.** Angemessenheit *f*, Gemäßheit *f*; **2.** Sachdienlichkeit *f*, Rele'vanz *f*; **'per·ti·nent** [-nt] *adj.* □ **1.** angemessen, passend, gemäß; **2.** zur Sache gehörig, einschlägig, sachdienlich, gehörig (***to*** zu): ***be ~ to*** Bezug haben auf (*acc.*).

pert·ness [ˈpɜːtnɪs] *s.* Keckheit *f*, schnippisches Wesen, vorlaute Art.

per·turb [pəˈtɜːb] *v/t.* beunruhigen, stören, verwirren, ängstigen; **per·tur·ba·tion** [ˌpɜːtəˈbeɪʃn] *s.* **1.** Unruhe *f*, Bestürzung *f*; **2.** Beunruhigung *f*, Störung *f*; **3.** *ast.* Perturbati'on *f*.

pe·ruke [pəˈruːk] *s. hist.* Pe'rücke *f*.

pe·rus·al [pəˈruːzl] *s.* sorgfältiges 'Durchlesen, 'Durchsicht *f*, Prüfung *f*: ***for ~*** zur Einsicht; **pe·ruse** [pəˈruːz] *v/t.* ('durch)lesen; *weitS.* 'durchgehen, prüfen.

Pe·ru·vi·an [pəˈruːvjən] **I** *adj.* peru'anisch: ***~ bark*** ⚘ Chinarinde *f*; **II** *s.* Peru'aner(in).

per·vade [pəˈveɪd] *v/t.* durch'dringen, -'ziehen, erfüllen (*a. fig.*); **per'va·sion** [-eɪʒn] *s.* Durch'dringung *f* (*a. fig.*); **per'va·sive** [-eɪsɪv] *adj.* □ 'durchdringend; *fig.* 'überall vor'handen, beherrschend.

per·verse [pəˈvɜːs] *adj.* □ **1.** verkehrt, Fehl...; **2.** verderbt, böse; **3.** verdreht, wunderlich; **4.** verstockt; **5.** launisch; **6.** *psych.* per'vers (*a. fig.*), 'widernatürlich; **per'ver·sion** [-ɜːʒn] *s.* **1.** Verdrehung *f*, 'Umkehrung *f*; Entstellung *f*: **~ *of justice*** Rechtsbeugung *f*; **~ *of history*** Geschichtsklitterung *f*; **2.** *bsd. eccl.* Verirrung *f*, Abkehr *f vom Guten etc.*; **3.** *psych.* Perversi'on *f*; **4.** ⩓ 'Umkehrung *f* (*e-r Figur*); **per'ver·si·ty** [-sətɪ] *s.* **1.** Verdrehtheit *f*; **2.** Halsstarrigkeit *f*; **3.** Verderbtheit *f*; **4.** 'Widerna͵türlichkeit *f*, Perversi'tät *f* (*a. fig.*); **per'ver·sive** [-sɪv] *adj.* verderblich (***of*** für).

per·vert I *v/t.* [pə'vɜːt] **1.** verdrehen, verkehren, entstellen, fälschen, pervertieren (*a. psych.*); miß'brauchen; **2.** *j-n* verderben, verführen; **II** *s.* ['pɜːvɜːt] **3.** Abtrünnige(r *m*) *f*; **4.** *a.* ***sexual* ~** *psych.* per'verser Mensch; **per'vert·er** [-tə] *s.* Verdreher(in); Verführer(in).

per·vi·ous ['pɜːvjəs] *adj.* ☐ **1.** 'durchlässig (*a. phys.*), durch'dringbar, gangbar (***to*** für); **2.** *fig.* zugänglich (***to*** für), offen (***to*** *dat.*); **3.** ⚙ undicht.

pes·ky ['peskɪ] *adj.* u. *adv. Am.* F ‚verflixt'.

pes·sa·ry ['pesərɪ] *s.* ⚕ Pes'sar *n*.

pes·si·mism ['pesɪmɪzəm] *s.* Pessi'mismus *m*, Schwarzsehe'rei *f*; **'pes·si·mist** [-ɪst] **I** *s.* Pessi'mist(in), Schwarzseher (-in); **II** *adj. a.* **pes·si·mis·tic** [͵pesɪ'mɪstɪk] *adj.* (☐ **~*ally***) pessi'mistisch.

pest [pest] *s.* **1.** Pest *f*, Plage *f* (*a. fig.*); **2.** *fig.* Pestbeule *f*; **3.** *fig.* a) ‚Ekel' *n*, ‚Nervensäge' *f*, b) Plage *f*, lästige Sache; **4.** *bsd.* ***insect*** **~** *biol.* Schädling *m*: **~ *control*** Schädlingsbekämpfung *f*.

pes·ter ['pestə] *v/t.* plagen, quälen, belästigen, *j-m* auf die Nerven gehen.

pes·ti·cide ['pestɪsaɪd] *s.* Schädlingsbekämpfungsmittel *n*.

pes·ti·lence ['pestɪləns] *s.* Seuche *f*, Pest *f*, Pesti'lenz *f* (*a. fig.*); **'pes·ti·lent** [-nt] *adj.* → **pes·ti·len·tial** [͵pestɪ'lenʃl] *adj.* ☐ **1.** verpestend, ansteckend; **2.** *fig.* verderblich, schädlich; **3.** *oft humor.* ekelhaft.

pes·tle ['pesl] **I** *s.* **1.** Mörserkeule *f*, Stößel *m*; **2.** ⚗ Pi'still *n*; **II** *v/t.* **3.** zerstoßen.

pet¹ [pet] **I** *s.* **1.** (zahmes) Haustier; Stubentier *n*; **2.** gehätscheltes Tier *od.* Kind, Liebling *m*, ‚Schatz' *m*, ‚Schätzchen' *n*; **II** *adj.* **3.** Lieblings…: **~ *dog*** Schoßhund *m*; **~ *mistake*** Lieblingsfehler *m*; **~ *name*** Kosename *m*; **~ *shop*** Tierhandlung *f*; → ***aversion*** 3; **III** *v/t.* **4.** (ver)hätscheln, liebkosen; **5.** F ‚abfummeln', Petting machen mit; **IV** *v/i.* **6.** F ‚fummeln', knutschen, Petting machen.

pet² [pet] *s.* schlechte Laune: ***in a* ~** verärgert, schlecht gelaunt.

pet·al ['petl] *s.* ⚘ Blumenblatt *n*.

pe·tard [pe'tɑːd] *s.* **1.** ⚔ *hist.* Pe'tarde *f*, Sprengbüchse *f*; → ***hoist¹***; **2.** Schwärmer *m* (*Feuerwerk*).

pe·ter¹ ['piːtə] *v/i.*: **~ *out*** a) (allmählich) zu Ende gehen, b) sich verlieren, c) sich totlaufen, versanden.

Pe·ter² ['piːtə] *npr. u. s. bibl.* 'Petrus *m*: (***the Epistles of***) **~** die Petrusbriefe.

pe·ter³ ['piːtə] *s. sl.* ‚Zipfel' *m* (*Penis*).

pe·ter⁴ ['piːtə] *s. sl.* **1.** Geldschrank *m*; **2.** (Laden)Kasse *f*.

pet·it ['petɪ] → ***petty***.

pe·ti·tion [pɪ'tɪʃn] **I** *s.* Bitte *f*, *bsd.* Bittschrift *f*, Gesuch *n*; Eingabe *f* (*a. Patentrecht*); ⚖ (schriftlicher) Antrag: **~ *for divorce*** Scheidungsklage *f*; **~ *in bankruptcy*** Konkursantrag *m*; ***file one's* ~ *in bankruptcy*** Konkurs anmelden; **~ *for clemency*** Gnadengesuch *n*; **II** *v/i.* (*u. v/t. j-n*) bitten, an-, ersuchen (***for*** um), schriftlich einkommen (***s.o.*** bei j-m), e-e Bittschrift einreichen (***s.o.*** an j-n): **~ *for divorce*** die Scheidungsklage einreichen; **pe'ti·tion·er** [-ʃnə] *s.* Antragsteller(in): a) Bitt-, Gesuchsteller(in), Pe'tent *m*, b) ⚖ (Scheidungs)Kläger(in).

pet·rel ['petrəl] *s.* **1.** *orn.* Sturmvogel *m*; → ***stormy petrel***; **2.** Unruhestifter *m*.

pet·ri·fac·tion [͵petrɪ'fækʃn] *s.* Versteinerung *f* (*Vorgang u. Ergebnis*; *a. fig.*); **pet·ri·fy** ['petrɪfaɪ] **I** *v/t.* **1.** versteinern (*a. fig.*); **2.** *fig. durch Schrecken etc.* versteinern, erstarren lassen: ***petrified with horror*** starr vor Schrecken; **II** *v/i.* **3.** sich versteinern (*a. fig.*).

pe·tro·chem·is·try [͵petrəʊ'kemɪstrɪ] *s.* Petroche'mie *f*; **pe·trog·ra·phy** [pɪ'trɒgrəfɪ] *s.* Gesteinsbeschreibung *f*, -kunde *f*.

pet·rol ['petrəl] *s. mot. Brit.* Ben'zin *n*, Kraftstoff *m*: **~ *bomb*** Molotowcocktail *m*; **~ *coupon*** Benzingutschein *m*; **~ *engine*** Benzin-, Vergasermotor *m*; **~ *ga*(*u*)*ge*** Kraftstoffanzeige *f*; **~ *station*** Tankstelle *f*; **pet·ro·la·tum** [͵petrə'leɪtəm] *s.* **1.** ⚗ Petro'latum *n*, Vase'lin *n*; **2.** ⚕ Paraf'finöl *n*; **pe·tro·le·um** [pɪ'trəʊljəm] *s.* Pe'troleum *n*, Erd-, Mine'ralöl *n*: **~ *jelly*** → ***petrolatum***; **pe·trol·o·gy** [pɪ'trɒlədʒɪ] *s.* Gesteinskunde *f*.

pet·ti·coat ['petɪkəʊt] **I** *s.* **1.** 'Unterrock *m*; Petticoat *m*; **2.** *fig.* Frauenzimmer *n*, Weibsbild *n*, ‚Unterrock' *m*; **3.** Kinderröckchen *n*; **4.** ⚙ Glocke *f*; **5.** ⚡ a) *a.* **~ *insulator*** 'Glockeniso͵lator *m*, b) Isolierglocke *f*; **6.** *mot.* (Ven'til)Schutzhaube *f*; **II** *adj.* **7.** Weiber…: **~ *government*** Weiberregiment *n*.

pet·ti·fog·ger ['petɪfɒgə] *s.* 'Winkeladvo,kat *m*; Haarspalter *m*, Rabu'list *m*; '**pet·ti·fog·ging** [-gɪŋ] **I** *adj.* **1.** rechtsverdrehend; **2.** schika'nös, rabu'listisch; **3.** gemein, lumpig; **II** *s.* **4.** Rabu'listik *f*, Haarspalte'rei *f*, Rechtskniffe *pl*.

pet·ti·ness ['petɪnɪs] *s.* **1.** Geringfügigkeit *f*; **2.** Kleinlichkeit *f*.

pet·ting ['petɪŋ] *s.* F ‚Fumme'lei' *f*, Petting *n*.

pet·tish ['petɪʃ] *adj.* □ reizbar, mürrisch; '**pet·tish·ness** [-nɪs] *s.* Gereiztheit *f*.

pet·ti·toes ['petɪtəʊz] *s. pl.* *Küche*: Schweinsfüße *pl*.

pet·ty ['petɪ] *adj.* □ **1.** unbedeutend, geringfügig, klein, Klein…: **~ *cash*** ✝ a) geringfügige Beträge, b) kleine Kasse, Portokasse; **~ *offence*** ⚖ Bagatelldelikt *n*; **~ *wares*** Kurzwaren; **2.** kleinlich; **~ bour·gois** ['bʊəʒwɑ:] **I** *s.* (*Fr.*) Kleinbürger(in); **II** *adj.* kleinbürgerlich; **~ bour·geoi·sie** [,bʊəʒwɑ:'zi:] *s.* (*Fr.*) Kleinbürgertum *n*; **~ ju·ry** *s.* ⚖ kleine Jury; **~ lar·ce·ny** *s.* ⚖ leichter Diebstahl; **~ of·fi·cer** *s.* ⚔, ⚓ Maat *m* (*Unteroffizier*); **~ ses·sions** *s. pl.* → ***magistrate***.

pet·u·lance ['petjʊləns] *s.* Gereiztheit *f*; '**pet·u·lant** [-nt] *adj.* □ gereizt.

pe·tu·ni·a [pɪ'tju:njə] *s.* ⚘ Pe'tunie *f*.

pew [pju:] *s.* **1.** Kirchenstuhl *m*, -sitz *m*, Bank(reihe) *f*; **2.** *Brit.* F Platz *m*: ***take a ~*** sich ‚platzen'.

pe·wit ['pi:wɪt] *s. orn.* **1.** Kiebitz *m*; **2.** *a.* **~ *gull*** Lachmöwe *f*.

pew·ter ['pju:tə] **I** *s.* **1.** brit. Schüsselzinn *n*, Hartzinn *n*; **2.** *coll.* Zinngerät *n*; **3.** Zinnkrug *m*, -gefäß *n*; **4.** *Brit. sl. bsd. Sport*: Po'kal *m*; **II** *adj.* **5.** (Hart-) Zinn…, zinnern; '**pew·ter·er** [-ərə] *s.* Zinngießer *m*.

pha·e·ton ['feɪtn] *s.* Phaeton *m* (*Kutsche*; *mot. obs. Tourenwagen*).

phag·o·cyte ['fægəʊsaɪt] *s. biol.* Phago'cyte *f*, Freßzelle *f*.

phal·ange ['fælændʒ] *s.* **1.** *anat.* Finger-, Zehenknochen *m*; **2.** ⚘ Staubfädenbündel *n*; **3.** *zo.* Tarsenglied *n*.

pha·lanx ['fælæŋks] *pl.* **-lanx·es** *od.* **-lan·ges** [fæ'lændʒi:z] *s.* **1.** ⚔ *hist.* Phalanx *f*, *fig. a.* geschlossene Front; **2.** → ***phalange*** 1 *u.* 2.

phal·lic ['fælɪk] *adj.* phallisch, Phallus…: **~ *symbol***; **phal·lus** ['fæləs] *pl.* **-li** [-laɪ] *s.* Phallus *m*.

phan·tasm ['fæntæzəm] → ***phantom*** 1 a *u.* b; **phan·tas·ma·go·ri·a** [,fæntæzmə'gɒrɪə] *s.* Phantasmago'rie *f*, Gaukelbild *n*, Blendwerk *n*; **phan·tas·ma·gor·ic** [,fæntæzmə'gɒrɪk] *adj.* (□ **~*ally***) phantasma'gorisch, gespensterhaft, trügerisch; **phan·tas·mal** [fæn'tæzml] *adj.* □ **1.** halluzina'torisch, eingebildet; **2.** geisterhaft; **3.** illu'sorisch, unwirklich, trügerisch.

phan·tom ['fæntəm] **I** *s.* **1.** Phan'tom *n*: a) Erscheinung *f*, Gespenst *n*, *a. fig.* Geist *m*, b) Wahngebilde *n*, Hirngespinst *n*; Trugbild *n*, c) *fig.* Alptraum *m*, Schreckgespenst *n*; **2.** *fig.* Schatten *m*, Schein *m*; **3.** ⚕ Phantom *n* (*Körpermodell*); **II** *adj.* **4.** Phantom…, Gespenster…, Geister…; **5.** scheinbar, Schein…; **~ cir·cuit** *s.* ⚡ Phan'tomkreis *m*, Duplexleitung *f*; **~ (limb) pain** *s.* ⚕ Phan'tomschmerz *m*; **~ ship** *s.* Geisterschiff *n*; **~ view** *s.* ⚙ (Konstrukti'ons-) Durchsicht *f*.

phar·i·sa·ic, **phar·i·sa·i·cal** [,færɪ'seɪɪk(l)] *adj.* □ phari'säisch, selbstgerecht, scheinheilig; **phar·i·sa·ism** ['færɪseɪɪzəm] *s.* Phari'säertum *n*, Scheinheiligkeit *f*; **Phar·i·see** ['færɪsi:] *s.* **1.** *eccl.* Phari'säer *m*; **2.** ♀ *fig.* Phari'säer(in), Selbstgerechte(r *m*) *f*, Heuchler(in).

phar·ma·ceu·ti·cal [,fɑ:mə'sju:tɪkl] *adj.* □ pharma'zeutisch; Apotheker…; ,**phar·ma'ceu·tics** [-ks] *s. pl. sg. konstr.* Pharma'zeutik *f*, Arz'neimittelkunde *f*; **phar·ma·cist** ['fɑ:məsɪst] *s.* **1.** Pharma'zeut *m*, Apo'theker *m*; **2.** pharma'zeutischer Chemiker; **phar·ma·col·o·gy** *s.* [,fɑ:mə'kɒlədʒɪ] ,Pharmakolo'gie *f*, Arz'neimittellehre *f*; **phar·ma·co·poe·ia** [,fɑ:məkə'pi:ə] *s.* **1.** ,Pharmako'pöe *f*, amtliches Arz'neibuch; **2.** Arz'neimittelvorrat *m*; **phar·ma·cy** ['fɑ:məsɪ] *s.* **1.** → ***pharmaceutics***; **2.** Apo'theke *f*.

pha·ryn·gal [fə'rɪŋgl]; **pha·ryn·ge·al** [,færɪn'dʒi:l] **I** *adj. anat.* Rachen… (*-mandeln etc.*; *a. ling. -laut*); **II** *s. anat.* Schlundknochen *m*; **phar·yn·gi·tis** [,færɪn'dʒaɪtɪs] *s.* 'Rachenka,tarrh *m*; **pha,ryn·go'na·sal** [-gəʊ'neɪzl] *adj.* Rachen u. Nase betreffend; **phar·ynx** ['færɪŋks] *s.* Schlund *m*, Rachen(höhle *f*) *m*.

phase [feɪz] **I** *s.* **1.** ⚗, ⚡, ♄, *ast.*, *biol.*, *phys.* Phase *f*: ***the ~s of the moon*** *ast.* Mondphasen; **~ *advancer*** (*od.* ***converter***) ⚡ Phasenverschieber *m*; ***in ~*** (***out of ~***) ⚡ phasengleich (phasenverschoben); **2.** (Entwicklungs)Stufe *f*, Stadium *n*, Phase *f* (*a. psych.*); **3.** ⚔ (Front)Abschnitt *m*; **II** *v/t.* **4.** ⚡ in Phase bringen; **5.** aufeinander abstimmen, ⚙ synchronisieren; **6.** stufenweise durchführen, staffeln: **~ *down*** einstellen; **~ *in*** stufenweise einführen; **~ *out*** *et.* stufenweise einstellen *od.* abwickeln *od.* auflösen, *Produkt etc.* auslaufen lassen; **III** *v/i.* **7. ~ *out*** sich stufenweise zurückziehen (***of*** aus).

pheas·ant [ˈfeznt] *s. orn.* Faˈsan *m*; ˈ**pheas·ant·ry** [-rɪ] *s.* Fasaneˈrie *f.*

phe·nic [ˈfiːnɪk] *adj.* ⚗ karˈbolsauer, Karbol…: **~ *acid*** → **phe·nol** [ˈfiːnɒl] *s.* ⚗ Pheˈnol *n*, Karˈbolsäure *f*; **phe·nol·ic** [fɪˈnɒlɪk] **I** *adj.* Phenol…: **~ *resin*** → **II** *s.* Pheˈnolharz *n.*

phe·nom·e·nal [fɪˈnɒmɪnl] *adj.* □ phänomeˈnal: a) *phls.* Erscheinungs… (*-welt etc.*), b) unglaublich, ‚toll'; **phe·ˈnom·e·nal·ism** [-nəlɪzəm] *s. phls.* Phänomenaˈlismus *m*; **phe·nom·e·non** [fɪˈnɒmɪnən] *pl.* **-na** [-nə] *s.* **1.** Phänoˈmen *n*, Erscheinung *f* (*a. phys. u. phls.*); **2.** *pl.* **-nons** *fig.* wahres Wunder; *a.* ***infant* ~** Wunderkind *n.*

phe·no·type [ˈfiːnəʊtaɪp] *s. biol.* ˈPhänoˌtypus *m*, Erscheinungsbild *n.*

phen·yl [ˈfiːnɪl] *s.* Pheˈnyl *n*; **phe·nyl·ic** [fɪˈnɪlɪk] *adj.* Phenyl…, pheˈnolisch: **~ *acid*** → ***phenol.***

phew [fjuː] *int.* puh!

phi·al [ˈfaɪəl] *s.* Phiˈole *f* (*bsd.* Arzˈnei-) Fläschchen *n*, Amˈpulle *f.*

Phi Be·ta Kap·pa [ˌfaɪˌbiːtəˈkæpə] *s. Am.* a) *studentische Vereinigung hervorragender Akademiker*, b) *ein Mitglied dieser Vereinigung.*

phi·lan·der [fɪˈlændə] *v/i.* ‚poussieren', schäkern; **phiˈlan·der·er** [-ərə] *s.* Schäker *m*, Schürzenjäger *m.*

phil·an·throp·ic, phil·an·throp·i·cal [ˌfɪlənˈθrɒpɪk(l)] *adj.* □ philanˈthropisch, menschenfreundlich; **phi·lan·thro·pist** [fɪˈlænθrəpɪst] **I** *s.* Philanˈthrop *m*, Menschenfreund *m*; **II** *adj.* → ***philanthropic***; **phi·lan·thro·py** [fɪˈlænθrəpɪ] *s.* Philanthroˈpie *f*, Menschenliebe *f.*

phil·a·tel·ic [ˌfɪləˈtelɪk] *adj.* philateˈlistisch; **phi·lat·e·list** [fɪˈlætəlɪst] **I** *s.* Philateˈlist *m*; **II** *adj.* philateˈlistisch; **phi·lat·e·ly** [fɪˈlætəlɪ] *s.* Philateˈlie *f.*

phil·har·mon·ic [ˌfɪlɑːˈmɒnɪk] *adj.* philharˈmonisch (*Konzert, Orchester*): **~ *society*** Philharmonie *f.*

Phi·lip·pi·ans [fɪˈlɪpɪənz] *s. pl. sg. konstr. bibl.* (Brief *m* des Paulus an die) Phiˈlipper *pl.*

phi·lip·pic [fɪˈlɪpɪk] *s.* Phiˈlippika *f*, Strafpredigt *f.*

Phil·ip·pine [ˈfɪlɪpiːn] *adj.* **1.** philipˈpinisch, Philippinen…; **2.** Filipino…

Phi·lis·tine [ˈfɪlɪstaɪn] **I** *s. fig.* Phiˈlister *m*, Spießbürger *m*, Spießer *m*; **II** *adj.* phiˈlisterhaft, spießbürgerlich; ˈ**phi·lis·tin·ism** [-tɪnɪzəm] *s.* Phiˈlistertum *n*, Philisteˈrei *f*, Spießbürgertum *n*, Baˈnausentum *n.*

phil·o·log·i·cal [ˌfɪləˈlɒdʒɪkl] *adj.* □ philoˈlogisch, sprachwissenschaftlich; **phi·lol·o·gist** [fɪˈlɒlədʒɪst] *s.* Philoˈloge *m*, Philoˈlogin *f*, Sprachwissenschaftler (-in); **phi·lol·o·gy** [fɪˈlɒlədʒɪ] *s.* Philoloˈgie *f*, (Literaˈtur- u.) Sprachwissenschaft *f.*

phi·los·o·pher [fɪˈlɒsəfə] *s.* Philoˈsoph *m* (*a. fig. Lebenskünstler*): ***natural* ~** Naturforscher *m*; **~*s' stone*** Stein *m* der Weisen; **phil·o·soph·ic, phil·o·soph·i·cal** [ˌfɪləˈsɒfɪk(l)] *adj.* □ philoˈsophisch (*a. fig. weise, gleichmütig*); **phiˈlos·o·phize** [-faɪz] *v/i.* philosophieren; **phiˈlos·o·phy** [-fɪ] *s.* **1.** Philosoˈphie *f*: ***natural* ~** Naturwissenschaft *f*; **~ *of history*** Geschichtsphilosophie; **2.** a) *a.* **~ *of life*** (ˈLebens)Philosoˌphie *f*, Weltanschauung *f*, b) *fig.* (philoˈsophische) Gelassenheit, c) ‚Philosoˈphie' *f*, Denkbild *n*, -modell *n.*

phil·ter *Am.*, **phil·tre** *Brit.* [ˈfɪltə] *s.* **1.** Liebestrank *m*; **2.** Zaubertrank *m.*

phiz [fɪz] *s. sl.* Viˈsage *f*, Gesicht *n.*

phle·bi·tis [flɪˈbaɪtɪs] *s.* ⚕ Venenentzündung *f*, Phleˈbitis *f.*

phlegm [flem] *s.* **1.** *physiol.* Phlegma *n*, Schleim *m*; **2.** *fig.* Phlegma *n*: a) stumpfer Gleichmut, b) (geistige) Trägheit; **phleg·mat·ic** [flegˈmætɪk] **I** *adj.* (□ **~*ally***) *physiol. u. fig.* phlegˈmatisch; **II** *s.* Phlegˈmatiker(in).

pho·bi·a [ˈfəʊbɪə] *s. psych.* (***about***) Phoˈbie *f*, krankhafte Furcht (vor *dat.*) *od.* Abneigung (gegen).

Phoe·ni·cian [fɪˈnɪʃɪən] **I** *s.* **1.** Phöˈnizier (-in); **2.** *ling.* Phöˈnikisch *n*; **II** *adj.* **3.** phöˈnizisch.

phoe·nix [ˈfiːnɪks] *s. myth.* Phönix *m* (*legendärer Vogel*), *fig. a.* Wunder *n.*

phon [fɒn] *s. phys.* Phon *n.*

phone[1] [fəʊn] *s. ling.* (Einzel)Laut *m.*

phone[2] [fəʊn] *s., v/t. u. v/i.* F → ***telephone***; **~*-in*** *Radio, TV* Sendung *f* mit telefonischer Publikumsbeteiligung.

pho·neme [ˈfəʊniːm] *s. ling.* **1.** Phoˈnem *n*; **2.** → ***phone***[1].

pho·net·ic [fəʊˈnetɪk] *adj.* (□ **~*ally***) phoˈnetisch, lautlich: **~ *spelling*, ~ *transcription*** Lautschrift *f*; **pho·ne·ti·cian** [ˌfəʊnɪˈtɪʃn] *s.* Phoˈnetiker *m*; **phoˈnet·ics** [-ks] *s. pl. mst sg. konstr.*

Pho'netik *f*, Laut(bildungs)lehre *f*.
pho·ney ['fəʊnɪ] → ***phony***.
phon·ic ['fəʊnɪk] *adj.* **1.** lautlich, a'kustisch; **2.** pho'netisch; **3.** ⚙ phonisch.
pho·no·gram ['fəʊnəgræm] *s.* Lautzeichen *n*; '**pho·no·graph** [-grɑːf] *s.* ⚙ **1.** Phono'graph *m*, 'Sprechma,schine *f*; **2.** *Am.* Plattenspieler *m*, Grammo'phon *n*; **pho·no·graph·ic** [ˌfəʊnə'græfɪk] *adj.* (□ ***~ally***) phono'graphisch.
pho·nol·o·gy [fəʊ'nɒlədʒɪ] *s. ling.* Phonolo'gie *f*, Lautlehre *f*.
pho·nom·e·ter [fəʊ'nɒmɪtə] *s. phys.* Phono'meter *n*, Schall(stärke)messer *m*.
pho·ny ['fəʊnɪ] F **I** *adj.* **1.** falsch, gefälscht, unecht; Falsch…, Schwindel…, Schein…: ***~ war*** *hist.* ‚Sitzkrieg' *m*; **II** *s.* **2.** Schwindler(in), ‚Schauspieler(in)', Scharlatan *m*: ***he is ~ a.*** der ist nicht ‚echt'; **3.** Fälschung *f*, Schwindel *m*.
phos·gene ['fɒzdʒiːn] *s.* ⚗ Phos'gen *n*, Chlor'kohleno,xyd *n*; **phos·phate** ['fɒsfeɪt] *s.* ⚗ **1.** Phos'phat *n*: ***~ of lime*** phosphorsaurer Kalk; **2.** ✓ Phos'phat(-düngemittel) *n*; **phos·phat·ic** [fɒs'fætɪk] *adj.* ⚗ phos'phathaltig; **phosphide** ['fɒsfaɪd] *s.* ⚗ Phos'phid *n*; **phos·phite** ['fɒsfaɪt] *s.* **1.** ⚗ Phos'phit *n*; **2.** *min.* 'Phosphorme,tall *n*; **phosphor** ['fɒsfə] **I** *s.* **1.** *poet.* Phosphor *m*; **2.** ⚙ Leuchtmasse *f*; **II** *adj.* **3.** Phosphor…; **phos·pho·rate** ['fɒsfəreɪt] *v/t.* ⚗ **1.** phosphorisieren; **2.** phosphoreszierend machen; **phos·pho·resce** [ˌfɒsfə'res] *v/i.* phosphoreszieren, (nach)leuchten; **phos·pho·res·cence** [ˌfɒsfə'resns] *s.* **1.** ⚗, *phys.* Chemolumines'zenz *f*; **2.** *phys.* Phosphores'zenz *f*, Nachleuchten *n*; **phos·pho·res·cent** [ˌfɒsfə'resnt] *adj.* phosphoreszierend; **phos·phor·ic** [fɒs'fɒrɪk] *adj.* phosphorsauer, -haltig, Phosphor…; **phospho·rous** ['fɒsfərəs] *adj.* ⚗ phos'phorig(sauer); **phos·pho·rus** ['fɒsfərəs] *pl.* **-ri** [-raɪ] *s.* **1.** ⚗ Phosphor *m*; **2.** *phys.* 'Leuchtphos,phore *f*, -masse *f*.
phot [fɒt] *s. phys.* Phot *n*.
pho·to ['fəʊtəʊ] F → ***photograph***.
photo- [fəʊtəʊ] *in Zssgn* Photo…, Foto…: a) Licht…, b) photo'graphisch; '**~·cell** *s.* ⚡ Photozelle *f*; ˌ**~'chem·i·cal** *adj.* □ photo'chemisch; ˌ**~·com'pose** *v/t.* im Photosatz herstellen; '**~ˌcop·i·er** *s.* Fotoko'piergerät *n*; '**~ˌcop·y** → ***photostat*** 1 *u.* 3; ˌ**~·e'lec·tric** [-təʊ-] *adj.*; ˌ**~·e'lec·tri·cal** [-təʊ-] *adj.* □ *phys.* photoe'lektrisch: ***~ barrier*** Lichtschranke *f*; ***~ cell*** Photozelle *f*; ˌ**~-en'grav·ing** [-təʊ-] *s.* Lichtdruck(verfahren *n*) *m*; **~ fin·ish** *s. sport* a) Fotofinish *n*, b) äußerst knappe Entscheidung; '**~·fit** *s. Polizei*: Phan'tombild *n*; '**~-flash** (**lamp**) *s.* Blitzlicht(birne *f*) *n*.
pho·to·gen·ic [ˌfəʊtəʊ'dʒenɪk] *adj.* **1.** photo'gen, bildwirksam; **2.** *biol.* lichterzeugend, Leucht…; **~·gram·me·try** [ˌfəʊtə'græmɪtrɪ] *s.* Photogramme'trie *f*, Meßbildverfahren *n*.
pho·to·graph ['fəʊtəgrɑːf] **I** *s.* Fotogra'fie *f*, (Licht)Bild *n*, Aufnahme *f*: ***take a ~*** e-e Aufnahme machen (***of*** von); **II** *v/t.* fotografieren, aufnehmen, ‚knipsen'; **III** *v/i.* fotografieren; fotografiert werden: ***he does not ~ well*** er wird nicht gut auf den Bildern, er läßt sich schlecht fotografieren; **pho·tog·ra·pher** [fə'tɒgrəfə] *s.* Foto'graf(in); **pho·to·graph·ic** [ˌfəʊtə'græfɪk] *adj.* (□ ***~ally***) **1.** foto'grafisch; **2.** *fig.* fotografisch genau; **pho·tog·ra·phy** [fə'tɒgrəfɪ] *s.* Fotogra'fie *f*, Lichtbildkunst *f*.
pho·to·gra·vure [ˌfəʊtəgrə'vjʊə] *s.* 'Photogra,vüre *f*, Kupferlichtdruck *m*; ˌ**pho·to'jour·nal·ism** *s.* 'Bildjourna,lismus *m*; ˌ**pho·to'lith·o·graph** *typ.* **I** *s.* ˌPhotolithogra'phie *f* (*Erzeugnis*); **II** *v/t.* photolithographieren; ˌ**pho·to·li'thog·ra·phy** *s.* ˌPhotolithogra'phie *f* (*Verfahren*).
pho·tom·e·ter [fəʊ'tɒmɪtə] *s. phys.* Photo'meter *n*, Lichtstärkemesser *m*; **pho'tom·e·try** [-trɪ] *s.* Lichtstärkemessung *f*.
ˌ**pho·to'mi·cro·graph** *s. phot.* 'Mikrofotogra,fie *f* (*Bild*).
ˌ**pho·to|·mon'tage** *s.* 'Fotomon,tage *f*; ˌ**~'mu·ral** *s.* Riesenvergrößerung *f* (*Wandschmuck*), *a.* 'Fotota,pete *f*; ˌ**~'off·set** *s. typ.* foto'grafischer Offsetdruck *m*.
pho·ton ['fəʊtɒn] *s.* **1.** *phys.* Photon *n*, Lichtquant *n*; **2.** *opt.* Troland *n*.
'**pho·to-play** *s.* Filmdrama *n*.
pho·to·stat ['fəʊtəʊstæt] *phot.* **I** *s.* **1.** Fotoko'pie *f*, Ablichtung *f*; **2.** ℞ Fotoko'piergerät *n* (*Handelsname*); **II** *v/t.* **3.** fotokopieren, ablichten; **pho·to·stat·ic** [ˌfəʊtəʊ'stætɪk] *adj.* Kopier…, Ablichtungs…: ***~ copy*** → ***photostat*** 1.
ˌ**pho·to·te'leg·ra·phy** *s.* 'Bildtelegra,phie *f*; '**pho·to·type** *s. typ.* **I** *s.* Lichtdruck(bild *n*, -platte *f*) *m*; **II** *v/t.* im Lichtdruckverfahren vervielfältigen; ˌ**pho·to'type·set** → ***photocompose***.
phrase [freɪz] **I** *s.* **1.** (Rede)Wendung *f*, Redensart *f*, Ausdruck *m*: ***~ of civility*** Höflichkeitsfloskel *f*; ***~ book*** a) Sammlung *f* von Redewendungen, b) Sprachführer *m*; **2.** Phrase *f*, Schlagwort *n*: ***~***

monger Phrasendrescher *m*; ***as the ~ goes*** wie man so schön sagt; **3.** *ling.* a) Wortverbindung *f*, b) kurzer Satz, c) Sprechtakt *m*; **4.** ♪ Satz *m*; Phrase *f*; **II** *v/t.* **5.** ausdrücken, formulieren; **6.** ♪ phrasieren; **phra·se·ol·o·gy** [ˌfreɪzɪ'ɒlədʒɪ] *s.* Phraseolo'gie *f* (*a. Buch*), Ausdrucksweise *f*.

phren·ic ['frenɪk] *anat.* **I** *adj.* Zwerchfell...; **II** *s.* Zwerchfell *n*.

phre·nol·o·gist [frɪ'nɒlədʒɪst] *s.* Phreno'loge *m*; **phre'nol·o·gy** [-dʒɪ] *s.* Phrenolo'gie *f*, Schädellehre *f*.

phthi·sis ['θaɪsɪs] *s.* Tuberku'lose *f*, Schwindsucht *f*.

phut [fʌt] **I** *int.* fft!; **II** *adj. sl.*: ***go ~*** a) futschgehen, b) ‚platzen'.

phy·col·o·gy [faɪ'kɒlədʒɪ] *f* Algenkunde *f*.

phyl·lox·e·ra [ˌfɪlɒk'sɪərə] *pl.* **-rae** [-riː] *s. zo.* Reblaus *f*.

phy·lum ['faɪləm] *pl.* **-la** [-lə] *s.* **1.** *bot. zo.* 'Unterabteilung *f*, Ordnung; **2.** *biol.* Stamm *m*; **3.** *ling.* Sprachstamm *m*.

phys·ic ['fɪzɪk] **I** *s.* **1.** Arz'nei(mittel *n*) *f*, *bsd.* Abführmittel *n*; **2.** *obs.* Heilkunde *f*; **3.** *pl. sg. konstr.* (die) Phy'sik; **II** *v/t. pret. u. p.p.* **'phys·icked** [-kt] **4.** *obs.* j-n (ärztlich) behandeln; **'phys·i·cal** [-kl] **I** *adj.* □ **1.** physisch, körperlich (*a. Liebe etc.*): ***~ condition*** Gesundheitszustand *m*; ***~ culture*** Körperkultur *f*; ***~ education***, ***~ training*** *ped.* Leibeserziehung *f*; ***~ examination*** → 3; ***~ force*** physische Gewalt; ***~ impossibility*** absolute Unmöglichkeit; ***~ inventory*** ✝ Bestandsaufnahme *f*; ***~ stock*** ✝ Lagerbestand *m*; **2.** physi'kalisch; na'turwissenschaftlich: ***~ geography*** physikalische Geographie; ***~ science*** a) Physik *f*, b) Naturwissenschaft(en *pl.*) *f*; **II** *s.* **3.** ärztliche Unter'suchung, ⚔ Musterung *f*; **phy·si·cian** [fɪ'zɪʃn] *s.* Arzt *m*; **'phys·i·cist** [-ɪsɪst] *s.* Physiker *m*.

ˌphys·i·co-'chem·i·cal [ˌfɪzɪkəʊ-] *adj.* □ physiko'chemisch.

phys·i·og·no·my [ˌfɪzɪ'ɒnəmɪ] *s.* **1.** Physiogno'mie *f* (*a. fig.*), Gesichtsausdruck *m*, -züge *pl.*; **2.** Phyio'gnomik *f*; **ˌphys·i'og·ra·phy** [-'ɒgrəfɪ] *s.* **1.** ˌPhysio(geo)gra'phie *f*; **2.** Na'turbeschreibung *f*; **phys·i·o·log·i·cal** [ˌfɪzɪə'lɒdʒɪkl] *adj.* □ physio'logisch; **ˌphys·i'ol·o·gist** [-'ɒlədʒɪst] *s.* Physio'loge *m*; **ˌphys·i'ol·o·gy** [-'ɒlədʒɪ] *s.* Physiolo'gie *f*; **phys·i·o·ther·a·pist** [ˌfɪzɪəʊ'θerəpɪst] *s.* ⚕ Physiothera'peut(in), *weitS.* Heilgymnastiker(in); **phys·i·o·ther·a·py** [ˌfɪzɪəʊ'θerəpɪ] *s.* ˌPhysiothera'pie *f*, 'Heilgymˌnastik *f*.

phy·sique [fɪ'ziːk] *s.* Körperbau *m*, -beschaffenheit *f*, Konstituti'on *f*.

phy·to·gen·e·sis [ˌfaɪtəʊ'dʒenɪsɪs] *s.* ⚘ Lehre *f* von der Entstehung der Pflanzen; **phy·tol·o·gy** [faɪ'tɒlədʒɪ] *s.* Pflanzenkunde *f*; **phy·to·to·my** [faɪ'tɒtəmɪ] *s.* ⚘ 'Pflanzenanatoˌmie *f*.

pi·an·ist ['pɪənɪst] *s.* ♪ Pia'nist(in), Kla'vierspieler(in).

pi·an·o¹ [pɪ'ænəʊ] *pl.* **-os** *s.* ♪ Kla'vier *n*, Piˌano('forte) *n*: ***at*** (***on***) ***the ~*** am (auf dem) Klavier.

pi·a·no² ['pjɑːnəʊ] ♪ **I** *pl.* **-nos** *s.* Pi'ano *n* (*leises Spiel*): ***~ pedal*** Pianopedal *n*; **II** *adv.* pi'ano, leise.

pi·an·o·for·te [ˌpjænəʊ'fɔːtɪ] → ***piano¹***.

pi·an·o play·er 1. → ***pianist***; **2.** Pia'nola *n*.

pi·az·za [pɪ'ætsə] *pl.* **-zas** (*Ital.*) *s.* **1.** öffentlicher Platz; **2.** *Am.* (große) Ve'randa.

pi·broch ['piːbrɒk; -ɒx] *s.* 'Kriegsmuˌsik *f* der Bergschotten; 'Dudelsackvariaˌtiˌonen *pl.*

pi·ca ['paɪkə] *s. typ.* Cicero *f*, Pica *f*.

pic·a·resque [ˌpɪkə'resk] *adj.* pika'resk: ***~ novel*** Schelmenroman *m*.

pic·a·roon [ˌpɪkə'ruːn] *s.* **1.** Gauner *m*, Abenteurer *m*; **2.** Pi'rat *m*.

pic·a·yune [ˌpɪkɪ'juːn] *Am.* **I** *s.* **1.** *mst fig.* Pfennig *m*, Groschen *m*; **2.** *fig.* Lap'palie *f*; Tinnef *m*, *n*; **3.** *fig.* ‚Null' *f* (*unbedeutender Mensch*); **II** *adj.*, *a.* **ˌpic·a'yun·ish** [-nɪʃ] **4.** unbedeutend, schäbig; klein(lich).

pic·ca·lil·li ['pɪkəlɪlɪ] *s. pl.* Picca'lilli *pl.* (*eingemachtes, scharf gewürztes Mischgemüse*).

pic·ca·nin·ny ['pɪkənɪnɪ] **I** *s. humor.* (*bsd.* Neger)Kind *n*, Gör *n*; **II** *adj.* kindlich; winzig.

pic·co·lo ['pɪkələʊ] *pl.* **-los** *s.* ♪ Pikkoloflöte *f*; ***~* pi·an·o** *s.* ♪ Kleinklavier *n*.

pick [pɪk] **I** *s.* **1.** ⚙ a) Spitz-, Kreuzhacke *f*, Picke *f*, Pickel *m*, b) ⚒ (Keil)Haue *f*; **2.** Schlag *m*; **3.** Auswahl *f*, -lese *f*: ***the ~ of the bunch*** der (die, das) Beste von allen; ***take your ~!*** suchen Sie sich etwas aus!; Sie haben die Wahl!; **4.** *typ.* unreiner Buchstabe; **5.** ✓ Ernte *f*; **II** *v/t.* **6.** aufhacken, -picken: → ***brain*** 2, ***hole*** 1; **7.** *Körner* aufpicken; auflesen; sammeln; *Blumen*, *Obst* pflücken; *Beeren* abzupfen; F lustlos essen, herumstochern in (*dat.*); **8.** *fig.* (sorgfältig) auswählen, -suchen: ***~ one's way*** (*od.* ***steps***) sich s-n Weg suchen *od.* bahnen, *fig.* sich durchlavieren; ***~ one's words*** s-e Worte (sorgfältig) wählen; ***~***

a quarrel (***with s.o.***) (mit j-m) Streit suchen *od.* anbändeln; **9.** *Gemüse etc.* (ver)lesen, säubern; *Hühner* rupfen; *Metall* scheiden; *Wolle* zupfen; in *der Nase* bohren; in *den Zähnen* stochern; *e-n Knochen* (ab)nagen; → ***bone*** 1; **10.** *Schloß* mit e-m Dietrich öffnen, ‚knakken'; *j-m die Tasche* ausräumen (*Dieb*); **11.** ♪ *Am. Banjo etc.* spielen; **12.** ausfasern, zerpflücken: ~ ***to pieces*** *fig. Theorie etc.* zerpflücken, herunterreißen; **III** *v/i.* **13.** hacken, picke(l)n; **14.** (lustlos) im Essen her'umstochern; **15.** sorgfältig wählen: ~ ***and choose*** *a.* wählerisch sein; **16.** ‚sti'bitzen', stehlen;

Zssgn mit prp. u. adv.:

pick| at *v/i.* **1.** *im Essen* her'umstochern; **2.** F her'ummäkeln *od.* -nörgeln an (*dat.*); auf *j-m* her'umhacken; ~ **off** *v/t.* **1.** (ab)pflücken, -rupfen; **2.** wegnehmen; **3.** (einzeln) abschießen, ‚wegputzen'; ~ **on** *v/i.* **1.** aussuchen, sich entscheiden für; **2.** → ***pick at*** 2; ~ **out** *v/t.* **1.** (sich) *et. od. j-n* auswählen; **2.** ausmachen, erkennen; *fig.* her'ausfinden, -bekommen; **3.** ♪ sich *e-e Melodie auf dem Klavier etc.* zs.-suchen; **4.** *mit e-r anderen Farbe* absetzen; ~ **o·ver** *v/t.* **1.** (gründlich) 'durchsehen, -gehen; **2.** (das Beste) auslesen; ~ **up I** *v/t.* **1.** *Boden* aufhacken; **2.** aufheben, -nehmen, -lesen; in die Hand nehmen: ***pick o.s. up*** sich ‚hochrappeln' (*a. fig.*); → ***gauntlet***[1] 2; **3.** *j-n im Fahrzeug* mitnehmen, abholen; **4.** F a) *j-n* ‚auflesen, -gabeln, -reißen', b) ‚hochnehmen' (*verhaften*), c) ‚klauen' (*stehlen*); **5.** *Strickmaschen* aufnehmen; **6.** a) *Rundfunksender* ‚(rein)kriegen', b) *Sendung* empfangen, aufnehmen, abhören, c) *Funkspruch etc.* auffangen; **7.** in Sicht bekommen; **8.** *fig. et.* ‚mitkriegen', *Wort*, *Sprache etc.* ‚aufschnappen'; **9.** erstehen, gewinnen: ~ ***a livelihood*** sich mit Gelegenheitsarbeiten *etc.* durchschlagen; ~ ***courage*** Mut fassen; ~ ***speed*** auf Touren (*od.* in Fahrt) kommen; **II** *v/i.* **10.** sich (wieder) erholen (*a.* ✝); **11.** sich anfreunden (***with*** mit); **12.** auf Touren kommen, Geschwindigkeit aufnehmen; *fig.* stärker werden.

pick-a-back ['pɪkəbæk] *adj. u. adv.* huckepack *tragen etc.*: ~ ***plane*** ✈ Huckepackflugzeug *n*.

pick·a·nin·ny → ***piccaninny***.

'**pick·ax**(**e**) *s.* (Spitz)Hacke *f*, (Beil)Pike *f*, Pickel *m*.

picked [pɪkt] *adj. fig.* ausgewählt, -gesucht, (aus)erlesen: ~ ***troops*** ⚔ Kerntruppen *pl.*

pick·er·el ['pɪkərəl] *s. ichth.* (*Brit.* junger) Hecht.

pick·et ['pɪkɪt] **I** *s.* **1.** (Holz-, Absteck-) Pfahl *m*; Pflock *m*; **2.** ⚔ Vorposten *m*; **3.** Streikposten *m*; **II** *v/t.* **4.** einpfählen; **5.** an e-n Pfahl binden, anpflocken; **6.** Streikposten aufstellen vor (*dat.*), mit Streikposten besetzen; (als Streikposten) anhalten *od.* belästigen; **7.** ⚔ als Vorposten ausstellen; **III** *v/i.* **8.** Streikposten stehen.

pick·ings ['pɪkɪŋz] *s. pl.* **1.** Nachlese *f*, 'Überbleibsel *pl.*, Reste *pl.*; **2.** *a.* ~ ***and stealings*** a) unehrliche Nebeneinkünfte *pl.*, b) Diebesbeute *f*, Fang *m*; **3.** Pro'fit *m*.

pick·le ['pɪkl] **I** *s.* **1.** Pökel *m*, Salzlake *f*, Essigsoße *f* (*zum Einlegen*); **2.** Essig-, Gewürzgurke *f*; **3.** *pl.* Eingepökelte(s) *n*, Pickles *pl.*; → ***mixed pickles***; **4.** ⚙ Beize *f*; **5.** F *a.* ***nice*** (*od.* ***sad*** *od.* ***sorry***) ~ mißliche Lage, ‚böse Sache': ***be in a*** ~ (schön) in der Patsche sitzen; **6.** F Balg *m*, *n*, Gör *n*; **II** *v/t.* **7.** einpökeln, -salzen, -legen; **8.** ⚙ *Metall* (ab)beizen; *Bleche* dekapieren: ***pickling agent*** Abbeizmittel *n*; **9.** ↗ *Saatgut* beizen; '**pick·led** [-ld] *adj.* **1.** gepökelt, eingesalzen; Essig…, Salz…: ~ ***herring*** Salzhering *m*; **2.** *sl.* ‚blau' (*betrunken*).

'**pick|·lock** *s.* **1.** Einbrecher *m*; **2.** Dietrich *m*; '~**-me-up** *s.* F Schnäps-chen *n*, *a. fig.* Stärkung *f*; '~**-off** *adj.* ⚙ *Am.* 'abmon,tierbar, Wechsel…; '~,**pock·et** *s.* Taschendieb *m*; '~**·up** *s.* **1.** Ansteigen *n*; ✝ Erholung *f*: ~ (***in prices***) Anziehen *n* der Preise, Hausse *f*; **2.** *mot.* Start-, Beschleunigungsvermögen *n*; **3.** *a.* ~ ***truck*** (kleiner) Lieferwagen; **4.** *Am.* → ***pick-me-up***; **5.** ⚙ Tonabnehmer *m*, Pick-up *m* (*am Plattenspieler*); Empfänger *m* (*Mikrophon*); Geber *m* (*Meßgerät*); **6.** *TV*: a) Abtasten *n*, b) Abtastgerät *n*, c) *a. Radio*: 'Aufnahme- und Über'tragungsappara,tur *f*; **7.** ϟ a) Schalldose *f*, b) Ansprechen *n* (*Relais*); **8.** F a) Zufallsbekanntschaft *f*, b) ‚Flittchen' *n*, c) ‚Anhalter' *m*; **9.** *mst* ~ ***dinner*** *sl.* improvisierte Mahlzeit, Essen *n* aus (Fleisch)Resten; **10.** *sl.* a) Verhaftung *f*, b) Verhaftete(r *m*) *f*; **11.** *sl.* Fund *m*.

pick·y ['pɪkɪ] *adj.* F wählerisch.

pic·nic ['pɪknɪk] **I** *s.* **1.** a) Picknick *n*, b) Ausflug *m*; **2.** F a) (reines) Vergnügen, b) Kinderspiel *n*: ***no*** ~ keine leichte Sache, kein Honiglecken; **II** *v/i.* **3.** ein Picknick *etc.* machen; picknicken.

pic·to·gram ['pɪktəʊgræm] Pikto'gramm

n.

pic·to·ri·al [pɪkˈtɔːrɪəl] **I** *adj.* □ **1.** malerisch, Maler…: **~ *art*** Malerei; **2.** Bild(er)…, illustriert: **~ *advertising*** Bildwerbung; **3.** *fig.* bildmäßig (*a. phot.*), -haft; **II** *s.* **4.** Illustrierte *f* (*Zeitung*).

pic·ture [ˈpɪktʃə] **I** *s.* **1.** *allg.*, *a. TV* Bild *n*: (***clinical***) **~** ⚕ Krankheitsbild, Befund *m*; **2.** Abbildung *f*, Illustratiˈon *f*, Bild *n*; **3.** Gemälde *n*, Bild *n*: ***sit for one's* ~** sich malen lassen; **4.** (geistiges) Bild, Vorstellung *f*: ***form a* ~ *of s.th.*** sich von et. ein Bild machen; **5.** *fig.* F Bild *n*, Verkörperung *f*: ***he looks the very* ~ *of health*** er sieht aus wie das blühende Leben; ***be the* ~ *of misery*** ein Bild des Jammers sein; **6.** Ebenbild *n*: ***the child is the* ~ *of his father*;** **7.** *fig.* anschauliche Darstellung *od.* Schilderung (*in Worten*), Bild *n*; **8.** F bildschöne Sache *od.* Perˈson: ***she is a perfect* ~** sie ist bildschön; ***the hat is a* ~** der Hut ist ein Gedicht; **9.** *fig.* F Blickfeld *n*: ***be in the* ~** a) sichtbar sein, e-e Rolle spielen, b) im Bilde (*informiert*) sein; ***come into the* ~** in Erscheinung treten; ***put s.o. in the* ~** j-n ins Bild setzen; ***quite out of the* ~** gar nicht von Interesse, ohne Belang; **10.** *phot.* Aufnahme *f*, Bild *n*; **11.** a) Film *m*, Streifen *m*, b) *pl.* F Kino *n*, Film *m* (*Filmvorführung od. Filmwelt*): ***go to the* ~*s*** *Brit.* ins Kino gehen; **II** *v/t.* **12.** abbilden, darstellen, malen; **13.** *fig.* anschaulich schildern, beschreiben, ausmalen; **14.** *a.* **~ *to o.s.*** *fig.* sich ein Bild machen von, sich *et.* ausmalen *od.* vorstellen; **15.** *s-e Empfindung etc.* spiegeln, zeigen; **III** *adj.* **16.** Bild…, Bilder…; **17.** Film…: **~ *play*** Filmdrama *n*; **~ book** *s.* Bilderbuch *n*; **~ card** *s. Kartenspiel*: Fiˈgurenkarte *f*, Bild *n*; **~ ed·i·tor** *s.* ˈBildredakˌteur *m*; **ˈ~ˌgo·er** *s. Brit.* Kinobesucher(in); **~ post·card** *s.* Ansichtskarte *f*; **~ puz·zle** *s.* **1.** Vexierbild *n*; **2.** Bilderrätsel *n*.

pic·tur·esque [ˌpɪktʃəˈresk] *adj.* □ malerisch (*a. fig.*).

pic·ture| te·leg·ra·phy *s.* ˈBildtelegraˌphie *f*; **~ the·a·ter** *Am.*, **~ the·a·tre** *Brit. s.* ˈFilmtheˌater *n*, Lichtspielhaus *n*, Kino *n*; **~ trans·mis·sion** *s.* ˈBildüberˌtragung *f*, Bildfunk *m*; **~ tube** *s.* *TV* Bildröhre *f*; **~ writ·ing** *s.* Bilderschrift *f*.

pic·tur·ize [ˈpɪktʃəraɪz] *v/t.* **1.** *Am.* verfilmen; **2.** bebildern.

pid·dle [ˈpɪdl] *v/i.* **1.** (*v/t.* ver)trödeln; **2.** F ‚Piˈpi machen', ‚pinkeln'; **ˈpid·dling** [-lɪŋ] *adj.* ‚lumpig'.

pidg·in [ˈpɪdʒɪn] *s.* **1.** *sl.* Angelegenheit *f*: ***that is your* ~** das ist deine Sache; **2.** **~ *English*** Pidgin-Englisch *n* (*Verkehrssprache zwischen Europäern u. Ostasiaten*); *weitS.* Kauderwelsch *n*.

pie[1] [paɪ] *s.* **1.** *orn.* Elster *f*; **2.** *zo.* Scheck(e) *m* (*Pferd*).

pie[2] [paɪ] *s.* **1.** (ˈFleisch-, ˈObst- *etc.*)Paˌstete *f*, Pie *f*: **~ *in the sky*** F a) ein ‚schöner Traum', b) leere Versprechung(en); ***a share in the* ~** ✝ F ein ‚Stück vom Kuchen'; **~*-flinging*** ‚Tortenschlacht' *f*; ***it's*** (***as easy as***) **~** *sl.* es ist kinderleicht; → ***finger*** 1; ***humble*** I; **2.** (Obst)Torte *f*; **3.** *pol. Am. sl.* Protektiˈon *f*, Bestechung *f*: **~ *counter*** ‚Futterkrippe' *f*; **4.** F *e-e* feine Sache, *ein* ‚gefundenes Fressen'.

pie[3] [paɪ] **I** *s.* **1.** *typ.* Zwiebelfisch(e *pl.*) *m*; **2.** *fig.* Durcheinˈander *n*; **II** *v/t.* **3.** *typ. Satz* zs.-werfen; **4.** *fig.* durcheinˈanderbringen.

pie·bald [ˈpaɪbɔːld] **I** *adj.* scheckig, bunt; **II** *s.* scheckiges Tier; Schecke *m*, *f* (*Pferd*).

piece [piːs] **I** *s.* **1.** Stück *n*: ***a* ~ *of land*** ein Stück Land; ***a* ~ *of furniture*** ein Möbel(stück) *n*; ***a* ~ *of wallpaper*** e-e Rolle Tapete; ***a* ~** je, das Stück (*im Preis*); ***by the* ~** a) stückweise *verkaufen*, b) im Akkord *od.* Stücklohn *arbeiten od. bezahlen*; ***in* ~*s*** entzwei, ‚kaputt'; ***of a* ~** gleichmäßig; ***all of a* ~** aus ˈeinem Guß; ***be all of a* ~ *with*** ganz passen zu; ***break*** (*od.* ***fall***) ***to* ~*s*** entzweigehen, zerbrechen; ***go to* ~*s*** a) in Stücke gehen (*a. fig.*), b) *fig.* zs.-brechen (*Person*); ***take to* ~*s*** auseinandernehmen, zerlegen; → ***pick*** 12, ***pull*** 16; **2.** *fig.* Beispiel *n*, Fall *m*, *mst* ein(e): ***a* ~ *of advice*** ein Rat(schlag) *m*; ***a* ~ *of folly*** e-e Dummheit; ***a* ~ *of news*** e-e Neuigkeit; → ***mind*** 4; **3.** Teil *m* (*e-s Service etc.*): ***two-* ~ *set*** zweiteiliger Satz; **4.** (Geld)Stück *n*, Münze *f*; **5.** ⚔ Geschütz *n*; Gewehr *n*; **6.** a) *a.* **~ *of work*** Arbeit *f*, Stück *n*: ***a nasty* ~ *of work*** *fig.* F ein ‚fieser' Kerl, b) *paint.* Stück *n*, Gemälde *n*, c) *thea.* (Bühnen-)Stück *n*, d) ♪ (Muˈsik)Stück *n*, e) (kleines) *literarisches* Werk; **7.** (ˈSpiel)Fiˌgur *f*, Stein *m*; *Schach*: Offiˈzier *m*, Figur *f*: ***minor* ~*s*** leichtere Figuren (*Läufer u. Springer*); **8.** F a) Stück *n* Wegs, kurze Entfernung, b) Weilchen *n*; **9.** V *a.* **~ *of ass*** a) ‚heiße Biene', b) ‚Nummer' *f* (*Koitus*); **II** *v/t.* **10.** *a.* **~ *up*** flicken, ausbessern, zs.-stücken; **11.** verlängern, anstücken, -setzen (***on to*** an *acc.*); **12.** *oft* **~ *together*** zs.-setzen,

-stücke(l)n (*a. fig.*); **13.** ver'vollständigen, ergänzen; **~ goods** *pl.* ✝ Meter-, Schnittware *f*; '**~·meal** *adv. u. adj.* stückchenweise, all'mählich; **~ rate** *s.* Ak'kordsatz *m*; **~ wag·es** *s. pl.* Ak'kord-, Stücklohn *m*; '**~·work** *s.* Ak'kordarbeit *f*; '**~ˌwork·er** *s.* Ak'kordarbeiter(in).

pièce de ré·sis·tance [pɪˌesdərezɪ'stɑ̃:ŋs] (*Fr.*) *s.* **1.** Hauptgericht *n*; **2.** *fig.* Glanzstück *n*, Krönung *f*.

pie| chart *s. Statistik*: 'Kreisdiaˌgramm *n*; '**~·crust** *s.* Pa'stetenkruste *f*, ungefüllte Pa'stete.

pied[1] [paɪd] *adj.* gescheckt, buntscheckig: ♀ **Piper (of Hamelin)** *der* Rattenfänger von Hameln.

pied[2] [paɪd] *pret. u. p.p. von* **pie**[3] II.

'**pie|-eyed** *adj. Am. sl.* ‚blau', ‚besoffen'; '**~·plant** *s. Am.* Rha'barber *m*.

pier [pɪə] *s.* **1.** Pier *m, f* (*feste Landungsbrücke*); **2.** Kai *m*; **3.** Mole *f*, Hafendamm *m*; (Brücken- *od.* Tor- *od.* Stütz-) Pfeiler *m*; **pier·age** ['pɪərɪdʒ] *s.* Kaigeld *n*.

pierce [pɪəs] **I** *v/t.* **1.** durch'bohren, -'dringen, -'stechen, -'stoßen; ⚙ lochen; ⚔ durch'brechen, -'stoßen, eindringen in (*acc.*); **2.** *fig.* durch'dringen (*Kälte, Schrei, Schmerz etc.*): **to ~ s.o.'s heart** j-m ins Herz schneiden; **3.** *fig.* durch'schauen, ergründen, eindringen in *Geheimnisse etc.*; **II** *v/i.* **4.** (ein)dringen (**into** in *acc.*) (*a. fig.*); dringen (**through** durch); '**pierc·ing** [-sɪŋ] *adj.* ☐ 'durchdringend, scharf, schneidend, stechend (*a. Kälte, Blick, Schmerz*); gellend (*Schrei*).

pier| glass *s.* Pfeilerspiegel *m*; '**~·head** *s.* Molenkopf *m*.

pi·er·rot ['pɪərəʊ] *s.* Pier'rot *m*, Hans'wurst *m*.

pi·e·tism ['paɪətɪzəm] *s.* **1.** Pie'tismus *m*; **2.** → **piety** 1; **3.** *contp.* Frömme'lei *f*; '**pi·e·tist** [-ɪst] *s.* **1.** Pie'tist(in); **2.** *contp.* Frömmler(in).

pi·e·ty ['paɪətɪ] *s.* **1.** Frömmigkeit *f*; **2.** Pie'tät *f*, Ehrfurcht *f* (**to** vor *dat.*).

pi·e·zo·e·lec·tric [paɪˌi:zəʊɪ'lektrɪk] *adj. phys.* pi'ezoeˌlektrisch.

pif·fle ['pɪfl] F **I** *v/i.* Quatsch reden *od.* machen; **II** *s.* Quatsch *m*.

pig [pɪg] **I** *pl.* **pigs** *od. coll.* **pig** *s.* **1.** Ferkel *n*: **sow in ~** trächtiges Mutterschwein; **sucking ~** Spanferkel; **buy a ~ in a poke** *fig.* die Katze im Sack kaufen; **~s might fly** *iron.* ‚man hat schon Pferde kotzen sehen'; **in a** (*od.* **the**) **~'s eye!** *Am. sl.* Quatsch!, ‚von wegen'!; **2.** *fig. contp.* a) ‚Freßsack' *m*, b) ‚Ekel' *n*, c) sturer Kerl, d) gieriger Kerl; **3.** *sl.* ‚Bulle' *m* (*Polizist*); **4.** ⚙ a) Massel *f*, (Roheisen)Barren *m*, b) Roheisen *n*, c) Block *m*, Mulde *f* (*bsd. Blei*); **II** *v/i.* **5.** ferkeln, frischen; **6.** *mst* **~ it** F ‚aufein'anderhocken', eng zs.-hausen.

pi·geon ['pɪdʒɪn] *s.* **1.** *pl.* **-geons** *od. coll.* **-geon** Taube *f*: **that's not my ~** F a) das ist nicht mein Fall, b) das ist nicht mein ‚Bier'; **2.** *sl.* ‚Gimpel' *m*; **3.** → **clay pigeon**; **~ breast** *s.* ⚕ Hühnerbrust *f*; '**~·hole I** *s.* **1.** (Ablege-, Schub-) Fach *n*; **2.** Taubenloch *n*; **II** *v/t.* **3.** in ein Schubfach legen, einordnen, *Akten* ablegen; **4.** *fig.* zu'rückstellen, zu den Akten legen, auf die lange Bank schieben, die Erledigung *e-r Sache* verschleppen; **5.** *fig. Tatsachen, Wissen* (ein)ordnen, klassifizieren; **6.** mit Fächern versehen; **~ house**, **~ loft** *s.* Taubenschlag *m*; '**~-ˌliv·ered** *adj.* feige.

pi·geon·ry ['pɪdʒɪnrɪ] *s.* Taubenschlag *m*.

pig·ger·y ['pɪgərɪ] *s.* **1.** Schweinezucht *f*; **2.** Schweinestall *m*; **3.** *fig. contp.* Saustall *m*; **pig·gish** ['pɪgɪʃ] *adj.* **1.** schweinisch, unflätig; **2.** gierig; **3.** dickköpfig; **pig·gy** ['pɪgɪ] **I** *s.* F **1.** Schweinchen *n*: **~ bank** Sparschwein(chen); **2.** *Am.* Zehe *f*; **II** *adj.* **3.** → **piggish**; '**pig·gy·back** → **pick-a-back**.

ˌ**pig|'head·ed** *adj.* ☐ dickköpfig, stur; **~ i·ron** *s.* Massel-, Roheisen *n*; **~ Lat·in** *s. e-e Kindergeheimsprache*.

pig·let ['pɪglɪt] *s.* Ferkel *n*.

pig·ment ['pɪgmənt] **I** *s.* **1.** *a. biol.* Pig'ment *n*; **2.** Farbe *f*, Farbstoff *m*, -körper *m*; **II** *v/t. u. v/i.* **3.** (sich) pigmentieren, (sich) färben; '**pig·men·tar·y** [-tərɪ], *a.* **pig·men·tal** [pɪg'mentl] *adj.* Pigment...; **pig·men·ta·tion** [ˌpɪgmən'teɪʃn] *s.* **1.** *biol.* Pigmentati'on *f*, Färbung *f*; **2.** ⚕ Pigmentierung *f*.

pig·my ['pɪgmɪ] → **pygmy**.

'**pig|·nut** *s.* ⚘ 'Erdkaˌstanie *f*, -nuß *f*; '**~·skin** *s.* **1.** Schweinehaut *f*; **2.** Schweinsleder *n*; '**~ˌstick·ing** *s.* **1.** Wildschweinjagd *f*, Sauhatz *f*; **2.** Schweineschlachten *n*; '**~·sty** [-staɪ] *s.* Schweinestall *m* (*a. fig.*); '**~·tail** *s.* **1.** Zopf *m*; **2.** Rolle *f* ('Kau)ˌTabak.

pi-jaw ['paɪdʒɔ:] *s. Brit. sl.* Mo'ralpredigt *f*, Standpauke *f*.

pike[1] [paɪk] *pl.* **pikes** *od. bsd. coll.* **pike** *s.* **1.** *ichth.* Hecht *m*; **2.** *Sport*: Hechtsprung *m*.

pike[2] [paɪk] *s.* **1.** ⚔ *hist.* Pike *f*, (Lang-) Spieß *m*; **2.** (Speer- *etc.*)Spitze *f*, Stachel *m*; **3.** a) Schlagbaum *m* (*Mautstra-*

ße), b) Maut *f*, Straßenbenutzungsgebühr *f*, c) Mautstraße *f*, gebührenpflichtige Straße; **4.** *Brit. dial.* Bergspitze *f*.

ˈpike·man [-mən] *s.* [*irr.*] **1.** ⚒ Hauer *m*; **2.** Mauteinnehmer *m*; **3.** ⚔ *hist.* Pikeˈnier *m*.

pik·er [ˈpaɪkə] *s. Am. sl.* **1.** Geizhals *m*; **2.** vorsichtiger Spieler.

ˈpike·staff *s.*: ***as plain as a ~*** sonnenklar.

pi·las·ter [pɪˈlæstə] *s.* ⚠ Piˈlaster *m*, (*viereckiger*) Stützpfeiler.

pil·chard [ˈpɪltʃəd] *s.* Sarˈdine *f*.

pile[1] [paɪl] **I** *s.* **1.** Haufen *m*, Stoß *m*, Stapel *m* (*Akten*, *Holz etc.*): ***a ~ of arms*** e-e Gewehrpyramide; **2.** Scheiterhaufen *m*; **3.** großes Gebäude, Geˈbäudekomˌplex *m*; **4.** F ‚Haufen' *m*, ‚Masse' *f* (*bsd. Geld*): ***make a*** (*od.* ***one's***) ***~*** e-e Menge Geld machen, ein Vermögen verdienen; ***make a ~ of money*** e-e Stange Geld verdienen; **5.** ⚡ a) (galˈvanische *etc.*) Säule: ***thermoelectrical ~*** Thermosäule, b) Batteˈrie *f*; **6.** *a.* ***atomic ~*** (Aˈtom)Meiler *m*, Reˈaktor *m*; **7.** *metall.* ˈSchweiß(eisen)paˈket *n*; **8.** *Am. sl.* ‚Schlitten' *m* (*Auto*); **9.** → ***piles***; **II** *v/t.* **10.** *a.* ***~ up*** (*od.* ***on***) (an-, auf)häufen, (auf)stapeln, aufschichten: ***~ arms*** ⚔ Gewehre zs.-setzen; **11.** aufspeichern (*a. fig.*); **12.** überˈhäufen, -ˈladen (*a. fig.*): ***~ a table with food***; ***~ up*** (*od.* ***on***) ***the agony*** F Schrecken auf Schrecken häufen; ***~ it on*** F dick auftragen; **13.** ***~ up*** F a) ⚓ *Schiff* auflaufen lassen, b) ✈ mit *dem Flugzeug* ‚Bruch machen', c) *mot. sein Auto* kaˈputtfahren; **III** *v/i.* **14.** *mst* ***~ up*** sich (auf- *od.* an)häufen, sich ansammeln *od.* stapeln (*a. fig.*); **15.** F sich (scharenweise) drängen (***into*** in *acc.*); **16.** ***~ up*** a) ⚓ auffahren, b) ✈ ‚Bruch machen', c) *mot.* aufeinˈanderprallen.

pile[2] [paɪl] **I** *s.* **1.** ⚙ (Stütz)Pfahl *m*, Pfeiler *m*; Bock *m*, Joch *n e-r Brücke*; **2.** *her.* Spitzpfahl *m*; **II** *v/t.* **3.** auspfählen, unterˈpfählen, durch Pfähle verstärken; **4.** (hinˈein)treiben *od.* (ein)rammen in (*acc.*).

pile[3] [paɪl] **I** *s.* **1.** Flaum *m*; **2.** (Woll-)Haar *n*, Pelz *m* (*des Fells*); **3.** *Weberei*: a) Samt *m*, Veˈlours *n*, b) Flor *m*, Pol *m* (*e-s Gewebes*); **II** *adj.* **4.** …fach gewebt (*Teppich etc.*): ***a three-~ carpet***.

pile| bridge (Pfahl)Jochbrücke *f*; **~ driv·er** *s.* ⚙ **1.** (Pfahl)Ramme *f*; **2.** Rammklotz *m*; **~ dwell·ing** *s.* Pfahlbau *m*; **~ fab·ric** *s.* Samtstoff *m*; *pl.* Polgewebe *pl.*

piles [paɪlz] *s. pl.* ⚕ Hämorrhoˈiden *pl.*

ˈpile-up *s. mot.* ˈMassenkaramboˌlage *f*.

pil·fer [ˈpɪlfə] *v/t. u. v/i.* stehlen, stiˈbitzen; **ˈpil·fer·age** [-ərɪdʒ] *s.* Diebeˈrei *f*; **ˈpil·fer·er** [-ərə] *s.* Dieb(in).

pil·grim [ˈpɪlgrɪm] *s.* **1.** Pilger(in), Wallfahrer(in); **2.** *fig.* Pilger *m*, Wanderer *m*; **3.** ♀ (*pl. a.* ***♀ Fathers***) *hist.* Pilgervater *m*; **ˈpil·grim·age** [-mɪdʒ] **I** *s.* **1.** Pilger-, Wallfahrt *f* (*a. fig.*); **2.** *fig.* lange Reise; **II** *v/i.* **3.** pilgern, wallfahren.

pill [pɪl] **I** *s.* **1.** Pille *f* (*a. fig.*), Taˈblette *f*: ***swallow the ~*** die bittere Pille schlukken, in den sauren Apfel beißen; → ***gild[2]*** 2; **2.** *sl.* ‚Brechmittel' *n*, ‚Ekel' *n* (*Person*); **3.** *sport sl.* Ball *m*; *Brit. a.* Billard *n*; **4.** ⚔ *sl. od. humor.* ‚blaue Bohne' (*Gewehrkugel*), ‚Ei' *n*, ‚Koffer' *m* (*Granate*, *Bombe*); **5.** *sl.* ‚Stäbchen' *n* (*Zigarette*); **6.** ***the ~*** die (Antiˈbaby-)Pille: ***be on the ~*** die Pille nehmen; **II** *v/t.* **7.** *sl. bei e-r Wahl* durchfallen lassen.

pil·lage [ˈpɪlɪdʒ] **I** *v/t.* **1.** (aus)plündern; **2.** rauben, erbeuten; **II** *v/i.* **3.** plündern; **III** *s.* **4.** Plünderung *f*, Plündern *n*; **5.** Beute *f*.

pil·lar [ˈpɪlə] **I** *s.* **1.** Pfeiler *m*, Ständer *m* (*a. Reitsport*): ***a ~ of coal*** ⚒ Kohlenpfeiler; ***run from ~ to post*** *fig.* von Pontius zu Pilatus laufen; **2.** ⚠ (*a. weitS.* Luft-, Rauch- *etc.*)Säule *f*; **3.** *fig.* Säule *f*, (Haupt)Stütze *f*: ***the ~s of society*** (***wisdom***) die Säulen der Gesellschaft (der Weisheit); ***he was a ~ of strength*** er stand da wie ein Fels in der Brandung; **4.** ⚙ Stütze *f*, Supˈport *m*, Sockel *m*; **II** *v/t.* **5.** mit Pfeilern *od.* Säulen stützen *od.* schmücken; **ˈ~·box** *s. Brit.* Briefkasten *m* (in Säulenform).

pil·lared [ˈpɪləd] *adj.* **1.** mit Säulen *od.* Pfeilern (versehen); **2.** säulenförmig.

ˈpill·box *s.* **1.** Pillenschachtel *f*; **2.** ⚔ *sl.* Bunker *m*, ˈUnterstand *m*.

pil·lion [ˈpɪljən] *s.* **1.** leichter (Damen-)Sattel; **2.** Sattelkissen *n*; **3.** *a.* ***~ seat*** *mot.* Soziussitz *m*: ***ride ~*** auf dem Soziussitz (mit)fahren; ***~ rid·er*** *s.* Soziusfahrer(in).

pil·lo·ry [ˈpɪlərɪ] **I** *s.* (***in the ~*** am) Pranger *m* (*a. fig.*); **II** *v/t.* an den Pranger stellen; *fig.* anprangern.

pil·low [ˈpɪləʊ] **I** *s.* **1.** (Kopf)Kissen *n*, Polster *n*: ***take counsel of one's ~*** *fig. die* Sache beschlafen; **2.** ⚙ (Zapfen)Lager *n*, Pfanne *f*; **II** *v/t.* **3.** (auf ein Kissen) betten, stützen (***on*** auf *acc.*): ***~ up*** hoch betten; **ˈ~·case** *s.* (Kopf)Kissenbezug *m*; ***~ fight*** *s.* Kissenschlacht *f*; **ˈ~-lace** *s.* Klöppel-, Kissenspitzen *pl.*; **~**

slip → ***pillowcase.***

pi·lose ['paɪləʊs] *adj.* ⚘, *zo.* behaart.

pi·lot ['paɪlət] **I** *s.* **1.** ⚓ Lotse *m*: ***drop the ~*** *fig.* den Lotsen von Bord schikken; **2.** ✈ Flugzeug-, Bal'lonführer *m*, Pi'lot *m*: ***~'s licence*** Flug-, Pilotenschein *m*; ***second ~*** Kopilot *m*; **3.** *fig.* a) Führer *m*, Wegweiser *m*, b) Berater *m*; **4.** ⚙ a) Be'tätigungsele,ment *n*, b) Führungszapfen *m*; **5.** → a) ***pilot program(me)***, b) ***pilot film***; **II** *v/t.* **6.** ⚓ lotsen (*a. mot. u. fig.*), steuern: ***~ through*** durchlotsen (*a. fig.*); **7.** ✈ steuern, fliegen; **8.** *bsd. fig.* führen, lenken, leiten; **III** *adj.* **9.** Versuchs…, Pilot…; **10.** Hilfs-…: ***~ parachute***; **11.** Steuer…, Kontroll…, Leit…: ***~ relay*** Steuer-, Kontrollrelais *n*; **'pi·lot·age** [-tɪdʒ] *s.* **1.** ⚓ Lotsen(kunst *f*) *n*: ***certificate of ~*** Lotsenpatent *n*; **2.** Lotsengeld *n*; **3.** ✈ a) Flugkunst *f*, b) 'Bodennavigati,on *f*; **4.** *fig.* Leitung *f*, Führung *f*.

pi·lot| bal·loon *s.* ✈ Pi'lotbal,lon *m*; **~ boat** *s.* Lotsenboot *n*; **~ burn·er** *s.* ⚙ Sparbrenner *m*; **~ cloth** *s.* dunkelblauer Fries; **~ en·gine** *s.* 🚂 'Leerfahrtlokomo,tive *f*; **~ film** *s.* Pi'lotfilm *m*; **~ in·jec·tion** *s. mot.* Voreinspritzung *f*; **~ in·struc·tor** *s.* ✈ Fluglehrer(in); **~ jet** *s.* ⚙ Leerlaufdüse *f*; **~ lamp** *s.* ⚙ Kon'trollampe *f*.

pi·lot·less ['paɪlətlɪs] *adj.* führerlos, unbemannt: ***~ airplane.***

pi·lot| light *s.* **1.** → ***pilot burner***; **2.** → ***pilot lamp***; **~ of·fi·cer** *s.* ⚔ Fliegerleutnant *m*; **~ plant** *s.* **1.** Versuchsanlage *f*; **2.** Musterbetrieb *m*; **~ pro·gram(me** *Brit.*) *s. Radio*, *TV*: Pi'lotsendung *f*; **~ pro·ject** *s.*, **~ scheme** *s.* Pi'lot-, Ver'suchspro,jekt *n*; **~ stu·dy** *s.* Pi'lotstudie *f*; **~ train·ee** *s.* Flugschüler (-in); **~ valve** *s.* ⚙ 'Steuerven,til *n*.

pi·lous ['paɪləs] → ***pilose.***

pil·ule ['pɪlju:l] *s.* kleine Pille.

pi·men·to [pɪ'mentəʊ] *pl.* **-tos** *s.* ⚘ *bsd. Brit.* **1.** Pi'ment *m*, *n*, Nelkenpfeffer *m*; **2.** Pi'mentbaum *m*.

pimp [pɪmp] **I** *s.* a) Kuppler *m*, b) Zuhälter *m*; **II** *v/i.* Kuppler *od.* Zuhälter sein.

pim·per·nel ['pɪmpənel] *s.* ⚘ Pimper'nell *m*.

pim·ple ['pɪmpl] **I** *s.* Pustel *f*, (Haut)Pikkel *m*; **II** *v/i.* pickelig werden; **'pim·pled** [-ld], **'pim·ply** [-lɪ] *adj.* pickelig.

pin [pɪn] **I** *s.* **1.** (Steck)Nadel *f*: ***~s and needles*** ‚Kribbeln' (*in eingeschlafenen Gliedern*); ***sit on ~s and needles*** *fig.* wie auf Kohlen sitzen; ***I don't care a ~*** das ist mir völlig schnuppe; **2.** (Schmuck-, Haar-, Hut)Nadel *f*: ***scarf-~*** Krawattennadel; **3.** (Ansteck)Nadel *f*, Abzeichen *n*; **4.** ⚙ Pflock *m*, Dübel *m*, Bolzen *m*, Zapfen *m*, Stift *m*: ***split ~*** Splint *m*; ***~ with thread*** Gewindezapfen *m*; ***~ bearing*** Nadel-, Stiftlager *n*; **5.** ⚙ Dorn *m*; **6.** *a.* ***drawing ~*** *Brit.* Reißnagel *m*, -zwecke *f*; **7.** *a.* ***clothes-~*** Wäscheklammer *f*; **8.** *a.* ***rolling ~*** Nudel-, Wellholz *n*; **9.** F ‚Stelzen' *pl.* (*Beine*): ***that knocked him off his ~s*** das hat ihn ‚umgehauen'; **10.** ♪ Wirbel *m* (*Streichinstrument*); **11.** a) *Kegelsport*: Kegel *m*, b) *Bowling*: Pin *m*; **II** *v/t.* **12.** (an)heften, -stecken, befestigen (***to***, ***on*** an *acc.*): ***~ up*** auf-, hochstecken; ***~ one's faith on*** sein Vertrauen auf j-n setzen; ***~ one's hopes on*** s-e (ganze) Hoffnung setzen auf (*acc.*); ***~ a murder on s.o.*** F j-m e-n Mord ‚anhängen'; **13.** pressen, drücken, heften (***against***, ***to*** gegen, an *acc.*), festhalten; **14.** *a.* ***~ down*** a) zu Boden pressen, b) *fig. j-n* festnageln (***to*** auf *ein Versprechen*, *e-e Aussage etc.*), c) ⚔ *Feindkräfte* fesseln (*a. Schach*), d) *et.* genau bestimmen *od.* definieren; **15.** ⚙ verbolzen, -dübeln, -stiften.

pin·a·fore ['pɪnəfɔ:] *s.* (Kinder)Lätzchen *n*, (-)Schürze *f*.

'pin|·ball ma·chine *s.* Flipper *m* (*Spielautomat*); **~ bit** *s.* ⚙ Bohrspitze *f*; **~ bolt** *s.* Federbolzen *m*.

pince-nez ['pæ̃:nsneɪ] (*Fr.*) *s.* Kneifer *m*, Klemmer *m*.

pin·cer ['pɪnsə] *adj.* Zangen…: ***~ movement*** ⚔ Zangenbewegung *f*; **'pin·cers** [-əz] *s. pl.* **1.** (Kneif-, Beiß)Zange *f*: ***a pair of ~*** eine Kneifzange; **2.** ⚕, *typ.* Pin'zette *f*; **3.** *zo.* Krebsschere *f*.

pinch [pɪntʃ] **I** *v/t.* **1.** zwicken, kneifen, (ein)klemmen, quetschen: ***~ off*** abkneifen; **2.** beengen, einengen, -zwängen; *fig.* (be)drücken, beengen, beschränken: ***be ~ed for time*** wenig Zeit haben; ***be ~ed*** in Bedrängnis sein, Not leiden, knapp sein (***for***, ***in***, ***of*** an *dat.*); ***be ~ed for money*** knapp bei Kasse sein; ***~ed circumstances*** beschränkte Verhältnisse; **3.** *fig.* quälen: ***be ~ed with hunger*** ausgehungert sein; ***a ~ed face*** ein spitzes *od.* abgehärmtes Gesicht; **4.** *sl. et.* ‚klauen' (*stehlen*); **5.** *sl. j-n* ‚schnappen' (*verhaften*); **II** *v/i.* **6.** drücken, kneifen, zwicken: ***~ing want*** drückende Not; → ***shoe*** 1; **7.** *fig. a.* ***~ and scrape*** knausern, darben, sich nichts gönnen; **III** *s.* **8.** Kneifen *n*, Zwicken *n*; **9.** *fig.* Druck *m*, Qual *f*, Not(lage) *f*: ***at a ~*** im Notfall; ***if it***

comes to a ~ wenn es zum Äußersten kommt; **10.** Prise *f* (*Tabak etc.*); **11.** Quentchen *n*, (kleines) bißchen: ***a ~ of butter, with a ~ of salt*** *fig.* mit Vorbehalt; **12.** *sl.* Festnahme *f*, Verhaftung *f*.

pinch·beck ['pɪntʃbek] **I** *s.* **1.** Tombak *m*, Talmi *n* (*a. fig.*); **II** *adj.* **2.** Talmi… (*a. fig.*); **3.** unecht.

'**pinch|·hit** *v/i.* [*irr.* → ***hit***] *Am. Baseball u. fig.* einspringen (***for*** für); '**~·hit·ter** *s. Am.* Ersatz(mann) *m*.

'**pinch,pen·ny I** *adj.* knick(e)rig; **II** *s.* Knicker *m*.

'**pin,cush·ion** *s.* Nadelkissen *n*.

pine¹ [paɪn] *s.* **1.** ⚘ Kiefer *f*, Föhre *f*, Pinie *f*; **2.** Kiefernholz *n*; **3.** F Ananas *f*.

pine² [paɪn] *v/i.* **1.** sich sehnen, schmachten (***after, for*** nach); **2.** *mst* ***~ away*** verschmachten, vor Gram vergehen; **3.** sich grämen *od.* abhärmen (***at*** über *acc.*).

pin·e·al gland ['paɪnɪəl] *s. anat.* Zirbeldrüse *f*.

'**pine|,ap·ple** *s.* **1.** ⚘ Ananas *f*; **2.** ⚔ *sl.* a) 'Handgra,nate *f*, b) (kleine) Bombe; **~ cone** *s.* ⚘ Kiefernzapfen *m*; **~ mar·ten** *s. zo.* Baummarder *m*; **~ nee·dle** *s.* ⚘ Fichtennadel *f*; **~ oil** *s.* Kiefernöl *n*.

pine| tar *s.* Kienteer *m*; **~ tree** → ***pine¹*** 1.

ping [pɪŋ] **I** *v/i.* **1.** pfeifen (*Kugel*), schwirren (*Mücke etc.*); *mot.* klingeln; **II** *s.* **2.** Peng *n*; **3.** Pfeifen *n*, Schwirren *n*; *mot.* Klingeln *n*; '**~-pong** [-pɒŋ] *s.* Tischtennis *n*.

'**pin|·head** *s.* **1.** (Steck)Nadelkopf *m*; **2.** *fig.* Kleinigkeit *f*; **3.** F Dummkopf *m*; '**~·hole** *s.* **1.** Nadelloch *n*; **2.** kleines Loch (*a. opt.*): ***~ camera*** Lochkamera *f*.

pin·ion¹ ['pɪnjən] *s.* ⚙ **1.** Ritzel *n*, Antriebs(kegel)rad *n*: ***gear ~*** Getriebezahnrad *n*; ***~ drive*** Ritzelantrieb *m*; **2.** Kammwalze *f*.

pin·ion² ['pɪnjən] **I** *s.* **1.** *orn.* Flügelspitze *f*; **2.** *orn.* (Schwung)Feder *f*; **3.** *poet.* Schwinge *f*, Fittich *m*; **II** *v/t.* **4.** die Flügel stutzen (*dat.*) (*a. fig.*); **5.** fesseln (***to*** an *acc.*).

pink¹ [pɪŋk] **I** *s.* **1.** ⚘ Nelke *f*: ***plumed*** (*od.* ***feathered***) **~** Federnelke; **2.** Blaßrot *n*, Rosa *n*; **3.** *bsd. Brit.* (scharlach-) roter Jagdrock; **4.** *pol. Am. sl.* ‚rot Angehauchte(r)' *m*, Sa'lonbolsche,wist *m*; **5.** *fig.* Gipfel *m*, Krone *f*, höchster Grad: ***in the ~ of health*** bei bester Gesundheit; ***the ~ of perfection*** die höchste Vollendung; ***be in the ~*** (***of condition***) in ‚Hochform' sein; **II** *adj.* **6.** rosa(farben), blaßrot: ***~ slip*** ‚blauer Brief', Kündigungsschreiben *n*; **7.** *pol. sl.* ‚rötlich', kommu'nistisch angehaucht.

pink² [pɪŋk] *v/t.* **1.** *a.* ***~ out*** auszacken: ***~ing shears*** *pl.* Zickzackschere *f*; **2.** durch'bohren, -'stechen.

pink³ [pɪŋk] *s.* ⚓ Pinke *f* (*Boot*).

pink⁴ [pɪŋk] *v/i.* klopfen (*Motor*).

pink·ish ['pɪŋkɪʃ] *adj.* rötlich (*a. pol. sl.*), blaßrosa.

'**pin-,mon·ey** *s.* (*a.* selbstverdientes) Taschengeld (*der Frau*).

pin·na ['pɪnə] *pl.* **-nae** [-ni:] *s.* **1.** *anat.* Ohrmuschel *f*; **2.** *zo.* a) Feder *f*, Flügel *m*, b) Flosse *f*; **3.** ⚘ Fieder(blatt *n*) *f*.

pin·nace ['pɪnɪs] *s.* ⚓ Pi'nasse *f*.

pin·na·cle ['pɪnəkl] *s.* **1.** ⚠ a) Spitzturm *m*, b) Zinne *f*; **2.** (Fels-, Berg)Spitze *f*, Gipfel *m*; **3.** *fig.* Gipfel *m*, Spitze *f*, Höhepunkt *m*.

pin·nate ['pɪnɪt] *adj.* gefiedert.

pin·ni·grade ['pɪnɪgreɪd], '**pin·ni·ped** [-ped] *zo.* **I** *adj.* flossen-, schwimmfüßig; **II** *s.* Flossen-, Schwimmfüßer *m*.

pin·nule ['pɪnju:l] *s.* **1.** Federchen *n*; **2.** *zo.* Flössel *n*; **3.** ⚘ Fiederblättchen *n*.

pin·ny ['pɪnɪ] F → ***pinafore***.

pi·noch·le, pi·noc·le ['pi:nʌkl] *s. Am.* Bi'nokel *n* (*Kartenspiel*).

'**pin|·point I** *v/t.* *Ziel* genau festlegen *od.* lokalisieren *od.* bombardieren; *fig. et.* genau bestimmen; **II** *adj.* genau, Punkt…: ***~ bombing*** Bombenpunktwurf *m*; ***~ strike*** ✝ Schwerpunktstreik *m*; ***~ target*** Punktziel *n*; '**~·prick** *s.* **1.** Nadelstich *m* (*a. fig.*): ***policy of ~s*** Politik *f* der Nadelstiche; **2.** *fig.* Stiche'lei *f*, spitze Bemerkung; '**~-striped** *adj.* mit Nadelstreifen (*Anzug*).

pint [paɪnt] *s.* **1.** Pinte *f* (*Brit. 0,57, Am. 0,47 Liter*); **2.** F Halbe *f* (Bier); '**pint-size(d)** *adj.* F winzig.

pin·tle ['pɪntl] *s.* **1.** ⚙ (Dreh)Bolzen *m*; **2.** *mot.* Düsennadel *f*, -zapfen *m*; **3.** ⚓ Fingerling *m*, Ruderhaken *m*.

pin·to ['pɪntəʊ] *Am. pl.* **-tos** *s.* Scheck(e) *m*, Schecke *f* (*Pferd*).

'**pin-up** (**girl**) *s.* Pin-'up-Girl *n*.

pi·o·neer [,paɪə'nɪə] **I** *s.* **1.** ⚔ Pio'nier *m*; **2.** *fig.* Pio'nier *m*, Bahnbrecher *m*, Vorkämpfer *m*, Wegbereiter *m*; **II** *v/i.* **3.** *fig.* den Weg bahnen, bahnbrechende Arbeit leisten; **III** *v/t.* **4.** den Weg bahnen für (*a. fig.*); **IV.** *adj.* **5.** Pionier…: ***~ work***; **6.** *fig.* bahnbrechend, wegbereitend, Versuchs…, erst.

pi·ous ['paɪəs] *adj.* □ **1.** fromm (*a. iro.*), gottesfürchtig: ***~ fraud*** (***wish***) *fig.* frommer Betrug (Wunsch); ***~ effort*** F gutgemeinter Versuch; **2.** lieb (*Kind*).

pip¹ [pɪp] *s.* **1.** *vet.* Pips *m* (*Geflügelkrankheit*); **2.** *Brit.* F miese Laune: ***he gives me the ~*** er geht mir auf den ‚Wecker'.

pip² [pɪp] *s.* **1.** Auge *n* (*auf Spielkarten*), Punkt *m* (*auf Würfeln etc.*); **2.** (Obst-) Kern *m*; **3.** ⚔ *bsd. Brit. sl.* Stern *m* (*Rangabzeichen*); **4.** *Radar*: Blip *m* (*Bildspur*); **5.** *Brit. Radio*: Ton *m* (*Zeitzeichen*).

pip³ [pɪp] *Brit.* F **I** *v/t.* **1.** 'durchfallen lassen (*bei e-r Wahl etc.*); **2.** *fig.* knapp besiegen, im Ziel abfangen; **3.** ‚abknallen' (*erschießen*); **II** *v/i.* **4.** *a.* ***~ out*** ‚abkratzen' (*sterben*).

pipe [paɪp] **I** *s.* **1.** ⚙ a) Rohr *n*, Röhre *f*, b) (Rohr)Leitung *f*; **2.** (Tabaks)Pfeife *f*: ***put that in your ~ and smoke it*** F laß dir das gesagt sein; **3.** ♪ Pfeife *f* (*Flöte*); Orgelpfeife *f*; ('Holz)Blasinstruˌment *n*; *mst pl.* Dudelsack *m*; **4.** a) Pfeifen *n* (*e-s Vogels*), Piep(s)en *n*, b) Pfeifenton *m*, c) Stimme *f*; **5.** F Luftröhre *f*: ***clear one's ~*** sich räuspern; **6.** *metall.* Lunker *m*; **7.** ⚒ (Wetter)Lutte *f*; **8.** ✝ Pipe *f* (*Weinfaß = Brit. 477,3, Am. 397,4 Liter*); **II** *v/t.* **9.** (durch Röhren, *weitS.* durch Kabel) leiten, *weitS. a.* schleusen, *a. e-e Radiosendung* über'tragen: ***~d music*** Musik *f* aus dem Lautsprecher, Musikberieselung *f*; **10.** Röhren *od.* e-e Rohrleitung legen in (*acc.*); **11.** pfeifen, flöten; *Lied* anstimmen, singen; **12.** quieken, piepsen; **13.** ⚓ *Mannschaft* zs.-pfeifen; **14.** *Schneiderei*: paspelieren, mit Biesen besetzen; **15.** *Torte etc.* mit feinem Guß verzieren, spritzen; **16.** ***~ one's eye*** F ‚flennen', weinen; **III** *v/i.* **17.** pfeifen (*a. Wind etc.*), flöten; piep(s)en: ***~ down*** *sl.* ‚die Luft anhalten', ‚die Klappe halten'; ***~ up*** loslegen, anfangen; **~ bowl** *s.* Pfeifenkopf *m*; **~ burst** *s.* Rohrbruch *m*; **~ clamp** *s.* ⚙ Rohrschelle *f*; **'~-clay** **I** *s.* **1.** *min.* Pfeifenton *m*; **2.** ⚔ *fig.* ‚Kom'miß' *m*; **II** *v/t.* **3.** mit Pfeifenton weißen; **~ clip** *s.* ⚙ Rohrschelle *f*; **~ dream** *s.* F Luftschloß *n*, Hirngespinst *n*; **~ fit·ter** *s.* ⚙ Rohrleger *m*; **'~·line** *s.* **1.** Rohrleitung *f*; *für Erdöl, Erdgas*: Pipeline *f*: ***in the ~*** *fig.* in Vorbereitung (*Pläne etc.*), im Kommen (*Entwicklung etc.*); **2.** *fig.* ‚Draht' *m*, (geheime) Verbindung *od.* (Informati'ons)Quelle; **3.** (*bsd.* Ver'sorgungs)Syˌstem *n*.

pip·er ['paɪpə] *s.* Pfeifer *m*: ***pay the ~*** *fig.* die Zeche bezahlen, *weitS.* der Dumme sein.

pipe| rack *s.* Pfeifenständer *m*; **~ tongs** *s. pl.* ⚙ Rohrzange *f*.

pi·pette [pɪ'pet] *s.* ⚗ Pi'pette *f*.

pipe wrench *s.* ⚙ Rohrzange *f*.

pip·ing ['paɪpɪŋ] **I** *s.* **1.** ⚙ a) Rohrleitung *f*, -netz *n*, Röhrenwerk *n*, b) Rohrverlegung *f*; **2.** *metall.* a) Lunker *m*, b) Lunkerbildung *f*; **3.** Pfeifen *n*, Piep(s)en *n*; Pfiff *m*; **4.** *Schneiderei*: Paspel *f*, (*an Uniformen*) Biese *f*; **5.** (feiner) Zuckerguß, Verzierung *f* (*Kuchen*); **II** *adj.* **6.** pfeifend, schrill; **7.** friedlich, i'dyllisch (*Zeit*); **III** *adv.* **8.** ***~ hot*** siedend heiß, *fig.* ‚brühwarm'.

pip·pin ['pɪpɪn] *s.* **1.** Pippinapfel *m*; **2.** *sl.* a) ‚tolle Sache', b) ‚toller Kerl'.

'pip·squeak *s.* F ‚Grashüpfer' *m*, ‚Würstchen' *n* (*Person*).

pi·quan·cy ['pi:kənsɪ] *s.* Pi'kantheit *f*, *das* Pi'kante; **'pi·quant** [-nt] *adj.* ☐ pi'kant (*a. fig.*).

pique [pi:k] **I** *v/t.* **1.** (auf)reizen, sticheln, ärgern, *j-s Stolz etc.* verletzen: ***be ~d at*** über *et.* pikiert *od.* verärgert sein; **2.** *Neugier etc.* reizen, wecken; **3.** ***~ o.s.*** (***on***) sich et. einbilden (auf *acc.*), sich brüsten (mit); **II** *s.* **4.** Groll *m*; Gereiztheit *f*, Gekränktsein *n*, Ärger *m*.

pi·qué ['pi:keɪ] *s.* Pi'kee *m* (*Gewebe*).

pi·quet [pɪ'ket] *s.* Pi'kett *n* (*Kartenspiel*).

pi·ra·cy ['paɪərəsɪ] *s.* **1.** Pirate'rie *f*, Seeräube'rei *f*; **2.** Plagi'at *n*, *bsd.* a) Raubdruck *m*, b) Raubpressung *f* (*e-r Schallplatte f*); **3.** Pa'tentverletzung *f*; **pi·rate** ['paɪərət] **I** *s.* **1.** a) Pi'rat *m*, Seeräuber *m*, b) Seeräuberschiff *n*; **2.** Plagi'ator *m*, *bsd.* a) Raubdrucker *m*, b) Raubpresser *m* (*von Schallplatten*); **II** *adj.* **3.** Piraten…: ***~ ship***; **4.** ⚖ Raub…: ***~ record***; ***~ edition*** Raubdruck *m*; **5.** Schwarz…: ***~ listener***; ***~*** (***radio***) ***station*** Pi'raten-, Schwarzsender *m*; **III** *v/t.* **6.** kapern, (aus)plündern (*a. weitS.*); **7.** plagiieren, *bsd.* unerlaubt nachdrukken; **pi·rát·i·cal** [paɪ'rætɪkl] *adj.* ☐ **1.** (see)räuberisch, Piraten…; **2.** ***~ edition*** Raubdruck *m*.

pir·ou·ette [ˌpɪrʊ'et] **I** *s.* *Tanz etc.*: Pirou'ette *f*; **II** *v/i.* pirouettieren.

Pis·ces ['pɪsi:z] *s. pl. ast.* **1.** Fische *pl.*; **2.** *Person*: *ein* Fisch *m*.

pis·ci·cul·ture ['pɪsɪkʌltʃə] *s.* Fischzucht *f*; **pis·ci·cul·tur·ist** [ˌpɪsɪ'kʌltʃərɪst] *s.* Fischzüchter *m*.

pish [pɪʃ] *int.* **1.** pfui!; **2.** pah!

pi·si·form ['paɪsɪfɔ:m] *adj.* erbsenförmig, Erbsen…

piss [pɪs] *sl.* **I** *v/i.* ‚pissen', ‚pinkeln': ***~ on s.th.*** *fig.* ‚auf et. scheißen'; ***~ off!*** hau ab!; **II** *v/t.* ‚be-, anpissen': ***~ the bed*** ins Bett pinkeln; **III** *s.* ‚Pisse' *f*;

pissed [-st] *adj. sl.* **1.** ‚blau', besoffen; **2. ~ off** ‚(stock)sauer'.

pis·tach·i·o [pɪˈstɑːʃɪəʊ] *pl.* **-i·os** *s.* ⚘ Piˈstazie *f.*

pis·til [ˈpɪstɪl] *s.* ⚘ Piˈstill *n*, Stempel *m*, Griffel *m*; **ˈpis·til·late** [-lət] *adj.* mit Stempel(n), weiblich (*Blüte*).

pis·tol [ˈpɪstl] *s.* Piˈstole *f* (*a. phys.*): ***hold a ~ to s.o.'s head*** *fig.* j-m die Pistole auf die Brust setzen; **~ point** *s.*: ***at ~*** mit vorgehaltener Pistole; **~ shot** *s.* **1.** Piˈstolenschuß *m*; **2.** *Am.* Piˈstolenschütze *m.*

pis·ton [ˈpɪstən] *s.* **1.** ⚙ Kolben *m*: ***~ engine*** Kolbenmotor *m*; **2.** ⚙ (Druck-)Stempel *m*; **~ dis·place·ment** *s.* Kolbenverdrängung *f*, Hubraum *m*; **~ rod** *s.* Kolben-, Pleuelstange *f*; **~ stroke** *s.* Kolbenhub *m.*

pit¹ [pɪt] **I** *s.* **1.** Grube *f* (*a. anat.*): ***refuse ~*** Müllgrube; ***~ of the stomach*** Magengrube; **2.** Abgrund *m* (*a. fig.*): (***bottomless***) **~**, **~** (***of hell***) (Abgrund der) Hölle *f*, Höllenschlund *m*; **3.** ⚒ a) (*bsd.* Kohlen)Grube *f*, Zeche *f*, b) (*bsd.* Kohlen)Schacht *m*; **4.** ↗ (Rüben- *etc.*)Miete *f*; **5.** ⚙ a) *Gießerei*: Dammgrube *f*, b) Abstichherd *m*, Schlackengrube *f*; **6.** *thea.* a) *bsd. Brit.* Parˈkett *n*, b) Orˈchestergraben *m*; **7.** *mot. Sport*: Box *f*: ***~ stop*** Boxenstopp *m*; **8.** ☤ *Am.* Börse *f*, Maklerstand *m*: ***grain ~*** Getreidebörse; **9.** ⚕ (Blattern-, Pocken)Narbe *f*; **10.** ⚙ Rostgrübchen *n*; **II** *v/t.* **11.** Löcher *od.* Vertiefungen bilden in (*dat.*) *od.* graben in (*acc.*); ⚙ an-, zerfressen (*Korrosion*); ⚕ mit Narben bedecken: ***~ted with smallpox*** pokkennarbig; **12.** ↗ *Rüben etc.* einmieten; **13.** (***against***) a) *feindlich* gegenˈüberstellen (*dat.*), b) *j-n* ausspielen (gegen), c) *s-e Kraft etc.* messen (mit), *Argument* ins Feld führen (gegen); **III** *v/i.* **14.** Löcher *od.* Vertiefungen bilden; ⚕ narbig werden; ⚙ sich festfressen (*Kolben*).

pit² [pɪt] *Am.* **I** *s.* (Obst)Stein *m*; **II** *v/t.* entsteinen.

pit-a-pat [ˌpɪtəˈpæt] **I** *adv.* ticktack (*Herz*); klippklapp (*Schritte*); **II** *s.* Getrappel *n*, Getrippel *n.*

pitch¹ [pɪtʃ] **I** *s.* Pech *n*; **II** *v/t.* (ver)pichen, teeren (*a.* ⚓).

pitch² [pɪtʃ] **I** *s.* **1.** Wurf *m* (*a. sport*): ***queer s.o.'s ~*** F j-m ‚die Tour vermasseln', j-m e-n Strich durch die Rechnung machen; ***what's the ~?*** *Am. sl.* was ist los?; **2.** ☤ (Waren)Angebot *n*; **3.** ⚓ Stampfen *n*; **4.** Neigung *f*, Gefälle *n* (*Dach etc.*); **5.** ⚙ a) Teilung *f* (*Gewinde, Zahnrad*), b) Schränkung *f* (*Säge*), c) Steigung *f* (*Luftschraube* ✈); **6.** ♪ a) Tonhöhe *f*, b) (*absolute*) Stimmung *e-s Instruments*, c) Norˈmalstimmung *f*, Kammerton *m*: ***above ~*** zu hoch; ***have absolute ~*** das absolute Gehör haben; ***sing true to ~*** tonrein singen; **7.** Grad *m*, Stufe *f*, Höhe *f* (*a. fig.*); *fig.* höchster Grad, Gipfel *m*: ***to the highest ~*** aufs äußerste; **8.** ☤ a) Stand *m e-s Händlers*, b) *sl.* Anpreisung *f*, Verkaufsgespräch *n*, c) *sl.* ‚Platte' *f*, ‚Masche' *f*; **9.** *sport Brit.* Spielfeld *n*; *Kricket*: (Mittel)Feld *n*; **II** *v/t.* **10.** (*gezielt*) werfen (*a. sport*), schleudern; *Golf*: *den Ball* heben (*hoch schlagen*); **11.** *Heu etc.* aufladen, -gabeln; **12.** *Pfosten etc.* einrammen, befestigen; *Zelt*, *Verkaufsstand etc.* aufschlagen; *Leiter*, *Stadt etc.* anlegen; **13.** ♪ a) *Instrument* stimmen, b) *Grundton* angeben, c) *Lied etc. in e-r Tonart* anstimmen *od.* singen *od.* spielen: ***high-~ed voice*** hohe Stimme; ***~ one's hopes too high*** *fig.* s-e Hoffnungen zu hoch stecken; ***~ a yarn*** *fig.* ein Garn spinnen; **14.** *fig. Rede etc.* abstimmen (***on*** auf *acc.*), *et.* ausdrücken; **15.** *Straße* beschottern, *Böschung* verpacken; **16.** *Brit. Ware* ausstellen, feilhalten; **17.** ⚔ ***~ed battle*** regelrechte *od.* offene (Feld)Schlacht; **III** *v/i.* **18.** (kopfˈüber) hinstürzen, -schlagen; **19.** ⚔ (sich) lagern; **20.** ☤ e-n (Verkaufs-)Stand aufschlagen; **21.** ⚓ stampfen (*Schiff*); *fig.* taumeln; **22.** sich neigen (*Dach etc.*); **23. ~ *in*** F a) sich (tüchtig) ins Zeug legen, loslegen, b) tüchtig ‚zulangen' (*essen*); **24. ~ *into*** F a) herfallen über *j-n* (*a. fig.*), b) herfallen über *das Essen*, c) sich (mit Schwung) an *die Arbeit* machen; **25. ~ *on***, **~ *upon*** sich entscheiden für, verfallen auf (*acc.*); **ˌ~-and-ˈtoss** *s.* ‚Kopf oder Schrift' (*Spiel*); **~ an·gle** *s.* ⚙ Steigungswinkel *m*; **ˌ~-ˈblack** *adj.* pechschwarz; **ˈ~-blende** [-blend] *s. min.* (Uˈran)Pechblende *f*; **~ cir·cle** *s.* ⚙ Teilkreis *m* (*Zahnrad*); **ˌ~-ˈdark** *adj.* pechschwarz, stockdunkel (*Nacht*).

pitch·er¹ [ˈpɪtʃə] *s. sport* Werfer *m.*

pitch·er² [ˈpɪtʃə] *s.* (irdener) Krug (*mit Henkel*).

ˈpitch|·fork I *s.* **1.** ↗ Heu-, Mistgabel *f*; **2.** ♪ Stimmgabel *f*; **II** *v/t.* **3.** mit der Heugabel werfen; **4.** *fig.* rücksichtslos werfen: ***~ troops into a battle***; **5.** ‚schubsen' (***into*** in *ein Amt etc.*); **~ pine** *s.* ⚘ Pechkiefer *f*; **~ pipe** *s.* ♪ Stimmpfeife *f.*

pitch·y [ˈpɪtʃɪ] *adj.* **1.** pechartig; **2.** voll

Pech; **3.** pechschwarz (*a. fig.*).

pit coal *s.* Schwarz-, Steinkohle *f.*

pit·e·ous ['pɪtɪəs] → ***pitiable*** 1.

'pit·fall *s.* Fallgrube *f*, Falle *f*, *fig. a.* Fallstrick *m.*

pith [pɪθ] *s.* **1.** ⚘, *anat.* Mark *n*; **2.** *a.* ***~ and marrow*** *fig.* Mark *n*, Kern *m*, 'Quintesˌsenz *f*; **3.** *fig.* Kraft *f*, Prä'gnanz *f* (*e-r Rede etc.*); **4.** *fig.* Gewicht *n*, Bedeutung *f.*

'pit·head *s.* ⚒ **1.** Füllort *m*, Schachtöffnung *f*; **2.** Fördergerüst *n.*

pith·e·can·thro·pus [ˌpɪθɪkæn'θrəʊpəs] *s.* Javamensch *m.*

pith| hat, **~ hel·met** *s.* Tropenhelm *m.*

pith·i·ness ['pɪθɪnɪs] *s.* **1.** *das* Markige, Markigkeit *f*; **2.** *fig.* Kernigkeit *f*, Prä'gnanz *f*, Kraft *f*; **pith·less** ['pɪθlɪs] *adj.* marklos; *fig.* kraftlos, schwach; **pith·y** ['pɪθɪ] *adj.* □ **1.** mark(art)ig; **2.** *fig.* markig, kernig, prä'gnant.

pit·i·a·ble ['pɪtɪəbl] *adj.* □ **1.** mitleiderregend, bedauernswert; *a. contp.* erbärmlich, jämmerlich, elend, kläglich; **2.** *contp.* armselig, dürftig; **'pit·i·ful** [-fʊl] *adj.* □ **1.** mitleidig, mitleidsvoll; **2.** → ***pitiable***; **'pit·i·less** [-lɪs] *adj.* □ **1.** unbarmherzig; **2.** erbarmungslos, mitleidlos.

'pit|·man [-mən] *s.* [*irr.*] Bergmann *m*, Knappe *m*, Grubenarbeiter *m*; **~ prop** *s.* ⚒ (Gruben)Stempel *m*; *pl.* Grubenholz *n*; **~ saw** *s.* ⚙ Schrot-, Längensäge *f.*

pit·tance ['pɪtəns] *s.* **1.** Hungerlohn *m*, ‚paar Pfennige' *pl.*; **2.** (kleines) bißchen: ***the small ~ of learning*** das kümmerliche Wissen.

pit·ting ['pɪtɪŋ] *s. metall.* Körnung *f*, Lochfraß *m*, 'Grübchenkorrosiˌon *f.*

pi·tu·i·tar·y [pɪ'tjʊɪtərɪ] *physiol.* **I** *adj.* pitui'tär, schleimabsondernd, Schleim…; **II** *s. a.* ***~ gland*** Hirnanhang(drüse *f*) *m*, Hypo'physe *f.*

pit·y ['pɪtɪ] **I** *s.* **1.** Mitleid *n*, Erbarmen *n*: ***feel ~ for, have*** (*od.* ***take***) ***~ on*** Mitleid haben mit; ***for ~'s sake!*** um Himmels willen!; **2.** Jammer *m*: ***it is a*** (***great***) ***~*** es ist (sehr) schade; ***what a ~!*** wie schade!; ***it is a thousand pities*** es ist jammerschade; ***the ~ of it is that*** es ist ein Jammer, daß; **II** *v/t.* **3.** bemitleiden, bedauern, Mitleid haben mit: ***I ~ him*** er tut mir leid; **pit·y·ing** ['pɪtɪɪŋ] *adj.* □ mitleidig.

piv·ot ['pɪvət] **I** *s.* **1.** a) (Dreh)Punkt *m*, b) (Dreh)Zapfen *m*: ***~ bearing*** Zapfenlager, c) Stift *m*, d) Spindel *f*; **2.** (Tür-)Angel *f*; **3.** ⚔ stehender Flügel(mann), Schwenkungspunkt *m*; **4.** *fig.* a) Dreh-, Angelpunkt *m*, b) → ***pivot man***, c) *Fußball*: 'Schaltstatiˌon *f* (*Spieler*); **II** *v/t.* **5.** ⚙ a) mit Zapfen *etc.* versehen, b) drehbar lagern, c) (ein)schwenken; **III** *v/i.* **6.** sich drehen (***upon***, ***on*** um) (*a. fig.*); ⚔ schwenken; **'piv·ot·al** [-tl] *adj.* **1.** Zapfen…, Angel…: ***~ point*** Angelpunkt *m*; **2.** *fig.* zen'tral, Kardinal…: ***a ~ question.***

piv·ot| bolt *s.* Drehbolzen *m*; **~ bridge** *s.* Drehbrücke *f*; **~ man** [-mən] *s.* [*irr.*] *fig.* 'Schlüsselfiˌgur *f*; **'~-ˌmount·ed** *adj.* schwenkbar; **~ tooth** *s.* ✱ Stiftzahn *m.*

pix·el ['pɪksəl] *s. TV*, *Computer*: Bild(schirm)punkt *m.*

pix·ie → ***pixy.***

pix·i·lat·ed ['pɪksɪleɪtɪd] *adj. Am.* F **1.** ‚verdreht', leicht verrückt; **2.** ‚blau' (*betrunken*).

pix·y ['pɪksɪ] *s.* Fee *f*, Elf *m*, Kobold *m.*

piz·zle ['pɪzl] *s.* **1.** *zo.* Fiesel *m*; **2.** Ochsenziemer *m.*

pla·ca·ble ['plækəbl] *adj.* □ versöhnlich, nachgiebig.

plac·ard ['plækɑːd] **I** *s.* **1.** a) Pla'kat *n*, b) Transpa'rent *n*; **II** *v/t.* **2.** mit Pla'katen bekleben; **3.** durch Pla'kate bekanntgeben, anschlagen.

pla·cate [plə'keɪt] *v/t.* beschwichtigen, besänftigen, versöhnlich stimmen.

place [pleɪs] **I** *s.* **1.** Ort *m*, Stelle *f*, Platz *m*: ***from ~ to ~*** von Ort zu Ort; ***in ~*** am Platze (*a. fig. angebracht*); ***in ~s*** stellenweise; ***in ~ of*** an Stelle (*gen.*), anstatt (*gen.*); ***out of ~*** *fig.* fehl am Platz, unangebracht; ***take ~*** stattfinden; ***take s.o.'s ~*** j-s Stelle einnehmen; ***take the ~ of*** ersetzen, an die Stelle treten von; ***if I were in your ~*** an Ihrer Stelle (*würde ich …*); ***put yourself in my ~*** versetzen Sie sich in meine Lage; **2.** Ort *m*, Stätte *f*: ***~ of amusement*** Vergnügungsstätte; ***~ of birth*** Geburtsort; ***~ of business*** ✝ Geschäftssitz *m*; ***~ of delivery*** ✝ Erfüllungsort; ***~ of worship*** Gotteshaus *n*, Kultstätte *f*; ***from this ~*** ✝ ab hier; ***in*** (*od.* ***of***) ***your ~*** ✝ dort; ***go ~s*** *Am.* a) ‚groß ausgehen', b) die Sehenswürdigkeiten *e-s Ortes* ansehen, c) *fig.* es weit bringen (*im Leben*); **3.** Wohnsitz *m*; F Wohnung *f*, Haus *n*: ***at his ~*** bei ihm (zu Hause); **4.** Wohnort *m*; Ort(schaft *f*) *m*, Stadt *f*, Dorf *n*: ***in this ~*** hier; **5.** ⚓ Platz *m*, Hafen *m*: ***~ for tran(s)shipment*** Umschlagplatz; **6.** ⚔ Festung *f*; **7.** F Gaststätte *f*, Lo'kal *n*; **8.** (Sitz)Platz *m*; **9.** *fig.* Platz *m* (*in e-r Reihenfolge*; *a. sport*), Stelle *f* (*a. in e-m Buch*): ***in the first ~*** a) an erster

Stelle, erstens, b) zuerst, von vornherein, c) in erster Linie, d) überhaupt (erst); ***in third ~ sport*** auf dem dritten Platz; **10.** ⩩ (Dezi'mal)Stelle *f*; **11.** Raum *m* (*a. fig., a. für Zweifel etc.*); **12.** *thea.* Ort *m* (der Handlung); **13.** (An)Stellung *f*, (Arbeits)Stelle *f*: ***out of ~*** stellenlos; **14.** Dienst *m*, Amt *n*: ***it is not my ~*** *fig.* es ist nicht meines Amtes; **15.** (sozi'ale) Stellung, Rang *m*, Stand *m*: ***keep s.o. in his ~*** j-n in s-n Schranken *od.* Grenzen halten; ***know one's ~*** wissen, wohin man gehört; ***put s.o. in his ~*** j-n in s-e Schranken weisen; **16.** *univ.* (Studien)Platz *m*; **II** *v/t.* **17.** stellen, setzen, legen (*a. fig.*); *teleph. Gespräch* anmelden; → ***disposal*** 3; **18.** ⚔ *Posten* aufstellen, (***o.s.*** sich) postieren; **19.** *j-n* an-, einstellen; ernennen, in ein Amt einsetzen; **20.** *j-n* 'unterbringen (*a. Kind*), *j-m* Arbeit *od.* e-e Anstellung verschaffen; **21.** ✝ *Anleihe, Kapital* 'unterbringen; *Auftrag* erteilen *od.* vergeben; *Bestellung* aufgeben; *Vertrag* abschließen; → ***account*** 5, ***credit*** 1; **22.** ✝ *Ware* absetzen; **23.** (der Lage nach) näher bestimmen; *fig. j-n* ‚'unterbringen' (*identifizieren*): ***I can't ~ him*** ich weiß nicht, wo ich ihn ‚unterbringen' *od.* ‚hintun' soll; **24.** *sport* plazieren: ***be ~d*** unter den ersten drei sein, sich plazieren; **~ bet** *s. Rennsport*: Platzwette *f*.

pla·ce·bo [plə'si:bəʊ] *pl.* **-bos** *s.* **1.** ⚕ Pla'cebo *n*, 'Blindpräpa,rat *n*; **2.** *fig.* Beruhigungspille *f*.

place| card *s.* Platz-, Tischkarte *f*; **~ hunt·er** *s.* Pöstchenjäger *m*; **~ hunt·ing** *s.* Pöstchenjäge'rei *f*; **~ kick** *s. sport* a) *Fußball*: Stoß *m* auf den ruhenden Ball (*Freistoß etc.*), b) *Rugby*: Platztritt *m*; **'~·man** [-mən] *s.* [*irr.*] *pol. contp.* ‚Pöstcheninhaber' *m*, ‚'Futterkrippenpo,litiker' *m*; **~ mat** *s.* Set *n*, Platzdeckchen *n*.

place·ment ['pleɪsmənt] *s.* **1.** (Hin-, Auf)Stellen *n*, Plazieren *n*; **2.** a) Einstellung *f e-s Arbeitnehmers*, b) Vermittlung *f e-s Arbeitsplatzes*, c) 'Unterbringung *f von Arbeitskräften, Waisen*; **3.** Stellung *f*, Lage *f*; Anordnung *f*; **4.** ✝ a) Anlage *f*, Unterbringung *f von Kapital*, b) Vergabe *f von Aufträgen*; **5.** *ped. Am.* Einstufung *f*.

place name *s.* Ortsname *m*.

pla·cen·ta [plə'sentə] *pl.* **-tae** [-ti:] *s.* **1.** *anat.* Pla'zenta *f*, Mutterkuchen *m*; **2.** ⚘ Samenleiste *f*.

plac·er ['plæsə] *s. min.* **1.** *bsd. Am.* (*Gold- etc.*)Seife *f*; **2.** seifengold- *od.* erzseifenhaltige Stelle; **'~-gold** *s.* Seifen-, Waschgold *n*; **'~-,min·ing** *s.* Goldwaschen *n*.

pla·cet ['pleɪset] (*Lat.*) *s.* Plazet *n*, Zustimmung *f*, Ja *n*.

plac·id ['plæsɪd] *adj.* □ **1.** (seelen)ruhig, ‚gemütlich'; **2.** mild, sanft; **3.** selbstgefällig; **pla·cid·i·ty** [plæ'sɪdətɪ] *s.* Milde *f*, Gelassenheit *f*, (Seelen)Ruhe *f*.

plack·et ['plækɪt] *s. Mode*: a) Schlitz *m an Frauenkleid*, b) Tasche *f*.

pla·gi·a·rism ['pleɪdʒjərɪzəm] *s.* Plagi'at *n*; **'pla·gi·a·rist** [-ɪst] *s.* Plagi'ator *m*; **'pla·gi·a·rize** [-raɪz] **I** *v/t.* plagiieren, abschreiben; **II** *v/i.* ein Plagi'at begehen.

plague [pleɪg] **I** *s.* **1.** ⚕ Seuche *f*, Pest *f*: ***avoid like the ~*** *fig.* wie die Pest meiden; **2.** *bsd. fig.* Plage *f*, Heimsuchung *f*, Geißel *f*: ***the ten ~s*** *bibl.* die Zehn Plagen; ***a ~ on it!*** zum Henker damit!; **3.** *fig.* F a) Plage *f*, b) Quälgeist *m* (*Mensch*); **II** *v/t.* **4.** plagen, quälen; **5.** F belästigen, peinigen; **6.** *fig.* heimsuchen; **~ spot** *s. mst fig.* Pestbeule *f*.

plaice [pleɪs] *pl. coll.* **plaice** *s. ichth.* Scholle *f*.

plaid [plæd] **I** *s.* schottisches Plaid(tuch); **II** *adj.* 'buntka,riert.

plain [pleɪn] **I** *adj.* □ **1.** einfach, schlicht: ***~ clothes*** Zivil(kleidung *f*) *n*; ***~-clothes man*** Kriminalbeamte(r) *m od.* Polizist in Zivil; ***~ cooking*** bürgerliche Küche; ***~ fare*** Hausmannskost *f*; ***~ paper*** unliniertes Papier; ***~ postcard*** gewöhnliche Postkarte; **2.** schlicht, schmucklos, kahl (*Zimmer etc.*); ungemustert, einfarbig (*Stoff*): ***~ knitting*** Rechts-, Glattstrickerei *f*; ***~ sewing*** Weißnäherei *f*; **3.** unscheinbar, reizlos, hausbacken (*Gesicht, Mädchen etc.*); **4.** klar, leicht verständlich: ***in ~ language*** *tel.* im Klartext (*a. fig.*), offen; **5.** klar, offenbar, -kundig (*Irrtum etc.*); **6.** klar (und deutlich), 'unmißverständlich, 'unum,wunden: ***~ talk***; ***the ~ truth*** die nackte Wahrheit; **7.** offen, ehrlich: ***~ dealing*** ehrliche Handlungsweise; **8.** pur, unverdünnt (*Getränk*); *fig.* bar, rein (*Unsinn etc.*): ***~ folly*** heller Wahnsinn; **9.** *bsd. Am.* flach; ⚙ glatt: ***~ country*** *Am.* Flachland *n*; ***~ roll*** ⚙ Glattwalze *f*; ***~ bearing*** Gleitlager *n*; ***~ fit*** ⚙ Schlichtsitz *m*; *fig.* → ***sailing*** 1; **10.** ohne Filter (*Zigarette*); **II** *adv.* **11.** klar, deutlich; **III** *s.* **12.** Ebene *f*, Fläche *f*; Flachland *n*; *pl. bsd. Am.* Prä'rie *f*; **'plain·ness** [-nɪs] *s.* **1.** Einfachheit *f*, Schlichtheit *f*; **2.** Deutlichkeit *f*, Klarheit *f*; **3.** Offenheit *f*, Ehrlichkeit *f*; **4.** Reizlosigkeit *f* (*e-r Frau etc.*); ˌ**plain-'spo·ken** *adj.* offen, freimütig: ***he is a ~ man*** er nimmt (sich) kein Blatt vor den Mund.

plaint [pleɪnt] *s.* **1.** Beschwerde *f*, Klage *f*; **2.** ⚖ (An)Klage(schrift) *f*; **'plain·tiff** [-tɪf] *s.* ⚖ (Zi'vil)Kläger(in): ***party ~*** klagende Partei; **'plain·tive** [-tɪv] *adj.* ☐ traurig, kläglich; wehleidig (*Stimme*); Klage...: ***~ song.***

plait [plæt] **I** *s.* **1.** Zopf *m*, Flechte *f*; (Haar-, Stroh)Geflecht *n*; **2.** Falte *f*; **II** *v/t.* **3.** *Haar, Matte etc.* flechten; **4.** verflechten.

plan [plæn] **I** *s.* **1.** (Spiel-, Wirtschafts-, Arbeits)Plan *m*, Entwurf *m*, Pro'jekt *n*, Vorhaben *n*: ***~ of action*** Schlachtplan (*a. fig.*); ***according to ~*** planmäßig; ***make ~s*** (***for the future***) (Zukunfts-) Pläne schmieden; **2.** (Lage-, Stadt-) Plan *m*: ***general ~*** Übersichtsplan; **3.** ⚙ (Grund)Riß *m*: ***~ view*** Draufsicht; **II** *v/t.* **4.** planen, entwerfen, e-n Plan entwerfen für *od.* zu: ***~ ahead*** (*a. v/i.*) vorausplanen; ***~ning board*** Planungsamt *n*; **5.** *fig.* planen, beabsichtigen.

plane¹ [pleɪn] *s.* ⚘ Pla'tane *f*.

plane² [pleɪn] **I** *adj.* **1.** flach, eben; ⚙ plan; **2.** ⩓ eben: ***~ figure***; ***~ curve*** einfach gekrümmte Kurve; **II** *s.* **3.** Ebene *f*, (ebene) Fläche: ***~ of refraction*** *phys.* Brechungsebene; ***on the upward ~*** *fig.* im Anstieg; **4.** *fig.* Ebene *f*, Stufe *f*, Ni'veau *n*, Bereich *m*: ***on the same ~ as*** auf dem gleichen Niveau wie; **5.** ⚙ Hobel *m*; **6.** ⚒ Förderstrecke *f*; **7.** ✈ a) Tragfläche *f*: ***elevating*** (***depressing***) ***~s*** Höhen-(Flächen)steuer *n*, b) Flugzeug *n*; **III** *v/t.* **8.** (ein)ebnen, planieren, ⚙ *a.* schlichten, *Bleche* abrichten; **9.** (ab)hobeln; **10.** *typ.* bestoßen; **IV.** *v/i.* **11.** ✈ gleiten; fliegen; **'plan·er** [-nə] *s.* **1.** ⚙ 'Hobel(maˌschine *f*) *m*; **2.** *typ.* Klopfholz *n*.

plane sail·ing *s.* ⚓ Plansegeln *n*.

plan·et ['plænɪt] *s. ast.* Pla'net *m*.

'plane-ˌta·ble *s. surv.* Meßtisch *m*: ***~ map*** Meßtischblatt *n*.

plan·e·tar·i·um [ˌplænɪ'teərɪəm] *s.* Plane'tarium *n*; **plan·e·tar·y** ['plænɪtərɪ] *adj.* **1.** *ast.* plane'tarisch, Planeten...; **2.** *fig.* um'herirrend; **3.** ⚙ Planeten...: ***~ gear*** Planetengetriebe *n*; ***~ wheel*** Umlaufrad *n*; **plan·et·oid** ['plænɪtɔɪd] *s. ast.* Planeto'id *m*.

'plane-tree → ***plane¹***.

pla·nim·e·ter [plæ'nɪmɪtə] *s.* ⚙ Plani'meter *n*, Flächenmesser *m*; **pla'nim·e·try** [-trɪ] *s.* Planime'trie *f*.

plan·ish ['plænɪʃ] ⚙ *v/t.* **1.** glätten, (ab-) schlichten, planieren; **2.** *Holz* glatthobeln; **3.** *Metall* glatthämmern; polieren.

plank [plæŋk] **I** *s.* **1.** (*a.* Schiffs)Planke *f*, Bohle *f*, (Fußboden)Diele *f*, Brett *n*: ***~ flooring*** Bohlenbelag *m*; ***walk the ~*** a) ⚓ *hist.* ertränkt werden, b) *fig. pol. etc.* ‚abgeschossen' werden; **2.** *pol. bsd. Am.* (Pro'gramm)Punkt *m e-r Partei*; **3.** ⚒ Schwarte *f*; **II** *v/t.* **4.** mit Planken *etc.* belegen, beplanken, dielen; **5.** verschalen, ⚒ verzimmern; **6.** *Speise* auf e-m Brett servieren; **7.** ***~ down*** (*od.* ***out***) F *Geld* auf den Tisch legen, hinlegen, ‚blechen'; ***~ bed*** *s.* (Holz)Pritsche *f* (*im Gefängnis etc.*).

plank·ing ['plæŋkɪŋ] *s.* Beplankung *f*, (Holz)Verschalung *f*, Bohlenbelag *m*; *coll.* Planken *pl.*

plank·ton ['plæŋktən] *s. zo.* Plankton *n*.

plan·less ['plænlɪs] *adj.* planlos; **'planning** [-nɪŋ] *s.* **1.** Planen *n*, Planung *f*; **2.** ✝ Bewirtschaftung *f*, Planwirtschaft *f*.

pla·no-con·cave [ˌpleɪnəʊ'kɒnkeɪv] *adj. phys.* 'plan-konˌkav (*Linse*).

plant [plɑːnt] **I** *s.* **1.** a) Pflanze *f*, Gewächs *n*, b) Setz-, Steckling *m*: ***in ~*** im Wachstum befindlich; **2.** ⚙ (Betriebs-, Fa'brik)Anlage *f*, Werk *n*, Fa'brik *f*, (Fabrikati'ons)Betrieb *m*: ***~ engineer*** Betriebsingenieur *m*; **3.** ⚙ (Ma'schinen)Anlage *f*, Aggre'gat *n*; Appara'tur *f*; **4.** (Be'triebs)Materiˌal *n*, Betriebseinrichtung *f*, Inven'tar *n*: ***~ equipment*** Werksausrüstung *f*; **5.** *sl.* a) *et.* Eingeschmuggeltes, Schwindel *m*, (*a.* Poli'zei)Falle *f*, b) (Poli'zei)Spitzel *m*; **II** *v/t.* **6.** (ein-, an)pflanzen: ***~ out*** aus-, um-, verpflanzen; **7.** *Land* a) bepflanzen, b) besiedeln, kolonisieren; **8.** *Kolonisten* ansiedeln; **9.** *Garten etc.* anlegen; *et.* errichten; *Kolonie etc.* gründen; **10.** *fig.* (***o.s.*** sich) *wo* aufpflanzen, (auf-) stellen, postieren; **11.** *Faust, Fuß wohin* setzen, ‚pflanzen'; **12.** *fig. Ideen etc.* (ein)pflanzen, einimpfen; **13.** *sl. Schlag* ‚landen', ‚verpassen'; *Schuß* setzen, knallen; **14.** *Spitzel* einschleusen; **15.** *sl. Belastendes etc.* (ein)schmuggeln, ‚deponieren': ***~ s.th. on*** *j-m* et. ‚unterschieben'; **16.** *j-n* im Stich lassen.

plan·tain¹ ['plæntɪn] *s.* ⚘ Wegerich *m*.

plan·tain² ['plæntɪn] *s.* ⚘ **1.** Pi'sang *m*; **2.** Ba'nane *f* (*Frucht*).

plan·ta·tion [plæn'teɪʃn] *s.* **1.** Pflanzung *f* (*a. fig.*), Plan'tage *f*; **2.** (Wald)Schonung *f*; **3.** *hist.* Ansiedlung *f*, Kolo'nie *f*.

plant·er ['plɑːntə] *s.* **1.** Pflanzer *m*, Plan'tagenbesitzer *m*; **2.** *hist.* Siedler *m*; **3.** 'Pflanzmaˌschine *f*.

plan·ti·grade [ˈplæntɪgreɪd] *zo.* **I** *adj.* auf den Fußsohlen gehend; **II** *s.* Sohlengänger *m* (*Bär etc.*).

plant louse *s.* [*irr.*] *zo.* Blattlaus *f.*

plaque [plɑːk] *s.* **1.** (Schmuck)Platte *f*; **2.** Aˈgraffe *f*, (Ordens)Schnalle *f*, Spange *f*; **3.** Gedenktafel *f*; **4.** (Namens-)Schild *n*; **5.** ⚕ Fleck *m*: ***dental ~*** Zahnbelag *m*.

plash¹ [plæʃ] *v/t. u. v/i.* (Zweige) zu e-r Hecke verflechten.

plash² [plæʃ] **I** *v/i.* **1.** platschen, plätschern (*Wasser*); *im Wasser* planschen; **II** *v/t.* **2.** platschen *od.* klatschen auf (*acc.*): ***~!*** platsch!; **III** *s.* **3.** Platschen *n*, Plätschern *n*, Spritzen *n*; **4.** Pfütze *f*, Lache *f*; ˈ**plash·y** [-ʃɪ] *adj.* **1.** plätschernd, klatschend, spritzend; **2.** voller Pfützen, matschig, feucht.

plasm [ˈplæzəm], ˈ**plas·ma** [-zmə] *s.* **1.** *biol.* (ˈMilch-, ˈBlut-, ˈMuskel)ˌPlasma *n*; **2.** *biol.* Protoˈplasma *n*; **3.** *min.*, *phys.* ˈPlasma *n*; **plas·mat·ic** [plæzˈmætɪk], ˈ**plas·mic** [-zmɪk] *adj. biol.* plasˈmatisch, Plasma…

plas·ter [ˈplɑːstə] **I** *s.* **1.** *pharm.* (Heft-, Senf)Pflaster *n*; **2.** a) Gips *m* (*a.* ⚕), b) ⚙ Mörtel *m*, Verputz *m*, Bewurf *m*, Tünche *f*: ***~ cast*** a) Gipsabdruck *m*, b) ⚕ Gipsverband *m*; **3.** *mst* ***~ of Paris*** a) (gebrannter) Gips (*a.* ⚕), b) Stuck *m*, Gips(mörtel) *m*; **II** *v/t.* **4.** ⚙ (ver)gipsen, (über)ˈtünchen, verputzen; **5.** bepflastern (*a. fig. mit Plakaten, Steinwürfen etc.*); **6.** *fig.* überˈschütten (***with*** mit *Lob etc.*); **7.** ***be ~ed*** *sl.* ‚besoffen' sein; ˈ**plas·ter·er** [-ərə] *s.* Stukkaˈteur *m*; ˈ**plas·ter·ing** [-ərɪŋ] *s.* **1.** Verputz *m*, Bewurf *m*; **2.** Stuck *m*; **3.** Gipsen *n*; **4.** Stukkaˈtur *f*.

plas·tic [ˈplæstɪk] **I** *adj.* (□ ***~ally***) **1.** plastisch: ***~ art*** bildende Kunst, Plastik *f*; **2.** formgebend, gestaltend; **3.** ⚙ (ver)formbar, knetbar, plastisch: ***~ clay*** bildfähiger Ton; **4.** Kunststoff…: ***~ bag*** Plastikbeutel *m*, -tüte *f*; (***synthetic***) ***~ material*** → 9; **5.** ⚕ plastisch: ***~ surgery***; ***~ surgeon*** Facharzt *m* für plastische Chirurgie; **6.** *fig.* plastisch, anschaulich; **7.** *fig.* formbar (*Geist*); **8.** ***~ bomb*** Plastikbombe *f*; **II** *s.* **9.** ⚙ (Kunstharz)Preßstoff *m*, Plastik-, Kunststoff *m*; ˈ**plas·ti·cine** [-ɪsiːn] *s.* Plastiˈlin *n*, Knetmasse *f*; **plas·tic·i·ty** [plæˈstɪsətɪ] *s.* Plastiziˈtät *f* (*a. fig. Bildhaftigkeit*), (Ver)Formbarkeit *f*; ˈ**plas·ti·ciz·er** [-ɪsaɪzə] *s.* ⚙ Weichmacher *m*.

plat [plæt] → ***plait***, ***plot*** 1.

plate [pleɪt] **I** *s.* **1.** *allg.* Platte *f* (*a. phot.*); (Meˈtall)Schild *n*, Tafel *f*; (Namen-, Firmen-, Tür)Schild *n*; **2.** *paint.* (Kupfer- *etc.*)Stich *m*; *weitS.* Holzschnitt *m*: ***etched ~*** Radierung *f*; **3.** (Bild)Tafel *f* (*Buch*); **4.** (Eß-, *eccl.* Kolˈlekten)Teller *m*; Platte *f* (*a. Gang e-r Mahlzeit*); *coll.* (Gold-, Silber-, Tafel-)Geschirr *n od.* (-)Besteck *n*: ***German ~*** Neusilber *n*; ***have a lot on one's ~*** F viel am Hals haben; ***hand s.o. s.th. on a ~*** j-m et. ‚auf dem Tablett servieren'; **5.** ⚙ (Glas-, Meˈtall)Platte *f*; Scheibe *f*, Laˈmelle *f* (*Kupplung etc.*); Deckel *m*; **6.** ⚙ Grobblech *n*; Blechtafel *f*; **7.** ⚡ *Radio*: Aˈnode *f e-r Röhre*; Platte *f*, Elekˈtrode *f e-s Kondensators*; **8.** *typ.* (Druck-, Stereoˈtyp)Platte *f*; **9.** Poˈkal *m*, Preis *m beim Rennen*; **10.** *Am. Baseball*: (Schlag)Mal *n*; **11.** *a.* ***dental ~*** a) (Gaumen)Platte *f*, b) *weitS.* (künstliches) Gebiß; **12.** *Am. sl.* a) (ˈhyper)eleˌgante Perˈson, b) ‚tolle Frau'; **13.** *pl. sl.* ‚Plattfüße' *pl.* (*Füße*); **II** *v/t.* **14.** mit Platten belegen; ⚔, ⚓ panzern, blenden; **15.** plattieren, (mit Meˈtall) überˈziehen; **16.** *typ.* a) stereotypieren, b) *Typendruck*: in Platten formen; ***~ ar·mo(u)r*** *s.* ⚓, ⚙ Plattenpanzer(ung *f*) *m*.

pla·teau [ˈplætəʊ] *pl.* **-teaux**, **teaus** [-z] (*Fr.*) *s.* Plaˈteau *n* (*a. fig. psych. etc.*), Hochebene *f*.

plate cir·cuit *s.* ⚡ Anˈodenkreis *m*.

plat·ed [ˈpleɪtɪd] *adj.* ⚙ plattiert, meˈtallüberˌzogen, versilbert, -goldet, dubliert; ˈ**plate·ful** [-fʊl] *pl.* **-fuls** *s. ein* Teller(voll) *m*.

plate| glass *s.* Scheiben-, Spiegelglas *n*; ˈ**~ˌhold·er** *s. phot.* (ˈPlatten)Kasˌsette *f*; ˈ**~ˌlay·er** *s.* 🚂 Streckenarbeiter *m*; ˈ**~-mark** → ***hallmark***.

plat·en [ˈplætən] *s.* **1.** *typ.* Drucktiegel *m*, Platte *f*: ***~ press*** Tiegeldruckpresse *f*; **2.** (ˈSchreibmaˌschinen)Walze *f*; **3.** ˈDruckzyˌlinder *m* (*Rotationsmaschine*).

plat·er [ˈpleɪtə] *s.* **1.** ⚙ Plattierer *m*; **2.** (minderwertiges) Rennpferd.

plate| shears *s. pl.* Blechschere *f*; ***~ spring*** *s.* ⚙ Blattfeder *f*.

plat·form [ˈplætfɔːm] *s.* **1.** Plattform *f*, (ˈRedner)Triˌbüne *f*, Podium *n*; **2.** ⚙ Rampe *f*; (Lauf-, Steuer)Bühne *f*: ***lifting ~*** Hebebühne *f*; **3.** Treppenabsatz *m*; **4.** *geogr.* a) Hochebene *f*, b) Terˈrasse *f* (*a. engS.*); **5.** 🚂 a) Bahnsteig *m*, b) Plattform *f am Wagenende*); **6.** ⚔ Bettung *f e-s Geschützes*; **7.** a) *a.* ***~ sole*** Plaˈteausohle *f*, b) *pl*, *a.* ***~ shoes*** Schuhe *pl.* mit Plateausohle; **8.** *fig.* öffentliches Forum, Podiumsgespräch *n*; **9.**

pol. Par'teipro,gramm *n*, Plattform *f*; *bsd. Am.* program'matische Wahlerklärung; ~ **car** *bsd. Am.* → ***flatcar***, ~ **scale** *s.* ⚙ Brückenwaage *f*; ~ **tick·et** *s.* Bahnsteigkarte *f*.

plat·ing ['pleɪtɪŋ] *s.* **1.** Panzerung *f*; **2.** ⚙ Beplattung *f*, Me'tall,auflage *f*, Verkleidung *f* (*mit Metallplatten*); **3.** Plattieren *n*, Versilberung *f*.

pla·tin·ic [plə'tɪnɪk] *adj.* Platin...: ~ ***acid*** ⚗ Platinchlorid *n*; **plat·i·nize** ['plætɪnaɪz] *v/t.* **1.** ⚙ platinieren, mit Platin über'ziehen; **2.** ⚗ mit Platin verbinden; **plat·i·num** ['plætɪnəm] *s.* Platin *n*: ~ ***blonde*** F Platinblondine *f*.

plat·i·tude ['plætɪtju:d] *s. fig.* Plattheit *f*, Gemeinplatz *m*, Plati'tüde *f*; **plat·i·tu·di·nar·i·an** ['plætɪ,tju:dɪ'neərɪən] *s.* Phrasendrescher *m*, Schwätzer *m*; **plat·i·tu·di·nize** [,plætɪ'tju:dɪnaɪz] *v/i.* sich in Gemeinplätzen ergehen, quatschen; **plat·i·tu·di·nous** [,plætɪ'tju:dɪnəs] *adj.* □ platt, seicht, phrasenhaft.

Pla·ton·ic [plə'tɒnɪk] *adj.* (□ ~***ally***) pla'tonisch.

pla·toon [plə'tu:n] *s.* **1.** ⚔ Zug *m* (*Kompanieabteilung*): ***in*** (*od.* ***by***) ~***s*** zugweise; **2.** Poli'zeiaufgebot *n*.

plat·ter ['plætə] *s.* **1.** (Servier)Platte *f*: ***hand s.o. s.th. on a*** ~ *fig.* F j-m et. ‚auf e-m Tablett servieren'; **2.** *Am. sl.* Schallplatte *f*.

plat·y·pus ['plætɪpəs] *pl.* **-pus·es** *s. zo.* Schnabeltier *n*.

plat·y(r)·rhine ['plætɪraɪn] *zo.* **I** *adj.* breitnasig; **II** *s.* Breitnase *f* (*Affe*).

plau·dit ['plɔ:dɪt] *s. mst pl.* lauter Beifall, Ap'plaus *m*.

plau·si·bil·i·ty [,plɔ:zə'bɪlətɪ] *s.* **1.** Glaubwürdigkeit *f*, Wahr'scheinlichkeit *f*; **2.** gefälliges Äußeres, einnehmendes Wesen; **plau·si·ble** ['plɔ:zəbl] *adj.* □ **1.** glaubhaft, einleuchtend, annehmbar, plau'sibel; **2.** einnehmend, gewinnend (*Äußeres*); **3.** glaubwürdig.

play [pleɪ] **I** *s.* **1.** (Glücks-, Wett-, Unter'haltungs)Spiel *n* (*a. sport*): ***be at*** ~ a) spielen, b) *Kartenspiel*: am Ausspielen sein, c) *Schach*: am Zuge sein; ***it is your*** ~ Sie sind am Spiel; ***in*** (***out of***) ~ *sport*: (noch) im Spiel (im Aus) (*Ball*); ***lose money at*** ~ Geld verwetten; **2.** Spiel(weise *f*) *n*: ***that was pretty*** ~ das war gut (gespielt); → ***fair***[1] 9, ***foul play***; **3.** Spiele'rei *f*, Kurzweil *f*, *a.* Liebesspiel(e *pl.*) *n*: ***a*** ~ ***of words*** ein Spiel mit Worten; ***a*** ~ (***up***)***on words*** ein Wortspiel; ***in*** ~ im Scherz; **4.** *thea.* (Schau)Spiel *n*, (The'ater)Stück *n*: ***at the*** ~ im Theater; ***go to the*** ~ ins Theater gehen; ***as good as a*** ~ äußerst amüsant *od.* interessant; **5.** Spiel *n*, Vortrag *m*; **6.** *fig.* Spiel *n des Lichtes auf Wasser etc.*, spielerische Bewegung, (*Muskel-etc.*)Spiel *n*: ~ ***of colo(u)rs*** Farbenspiel; **7.** Bewegung *f*, Gang *m*: ***bring into*** ~ a) in Gang bringen, b) ins Spiel *od.* zur Anwendung bringen; ***come into*** ~ ins Spiel kommen; ***make*** ~ a) Wirkung haben, b) s-n Zweck erfüllen; ***make*** ~ ***with*** zur Geltung bringen, sich brüsten mit; ***make a*** ~ ***for*** *Am. sl. e-m Mädchen* den Kopf verdrehen wollen; **8.** Spielraum *m* (*a. fig.*); ⚙ *mst* Spiel *n*: ***allow*** (*od.* ***give***) ***full*** (*od.* ***free***) ~ ***to*** *e-r Sache*, *s-r Phantasie etc.* freien Lauf lassen; **II** *v/i.* **9.** a) spielen (*a. sport*, *thea. u. fig.*) (***for*** um *Geld etc.*), b) mitspielen (*a. fig. mitmachen*): ~ ***at*** a) *Ball*, *Karten etc.* spielen, b) *fig.* sich nur so nebenbei mit *et.* beschäftigen; ~ ***at business*** ein bißchen in Geschäften machen; ~ ***for time*** a) Zeit zu gewinnen suchen, b) *sport*: auf Zeit spielen; ~ ***into s.o.'s hands*** j-m in die Hände spielen; ~ (***up***)***on*** a) ♪ auf *einem Instrument* spielen, b) mit *Worten* spielen, c) *fig. j-s Schwächen* ausnutzen; ~ ***with*** spielen mit (*a. fig. e-m Gedanken*; *a. leichtfertig umgehen mit*; *a. engS. herumfingern an*); ~ ***safe*** ‚auf Nummer Sicher' gehen; ~***!*** *Tennis etc.*: bitte! (= *fertig*); → ***fair***[1] 15, ***false*** II, ***fast***[2] 3, ***gallery*** 2; **10.** a) *Kartenspiel*: ausspielen, b) *Schach*: am Zug sein, ziehen; **11.** a) ‚her'umspielen', sich amüsieren, b) Unsinn treiben, c) scherzen; **12.** a) sich tummeln, b) flattern, gaukeln, c) spielen (*Lächeln*, *Licht etc.*) (***on*** auf *dat.*), d) schillern (*Farbe*), e) in Tätigkeit sein (*Springbrunnen*); **13.** a) schießen, b) spritzen, c) strahlen, streichen: ~ ***on*** gerichtet sein auf (*acc.*), bestreichen, bespritzen (*Schlauch*, *Wasserstrahl*), anstrahlen, absuchen (*Scheinwerfer*); **14.** ⚙ a) Spiel(raum) haben, b) sich bewegen (*Kolben etc.*); **15.** sich *gut etc.* zum Spielen eignen (*Boden etc.*); **III** *v/t.* **16.** *Karten*, *Tennis etc.*, *a.* ♪, *a. thea. Rolle od. Stück*, *a. fig.* spielen: ~ (***s.th. on***) ***the piano*** (et. auf dem) Klavier spielen; ~ ***both ends against the middle*** *fig.* vorsichtig lavieren; ~ ***it safe*** a) kein Risiko eingehen, b) (*Wendung*) um (ganz) sicher zu gehen; ~ ***it low down*** *sl.* ein gemeines Spiel treiben (***on*** mit *j-m*); ~ ***the races*** bei (Pferde)Rennen wetten; → ***deuce*** 3, ***fool***[1] 2, ***game***[1] 4, ***havoc***, ***hooky***[2], ***trick*** 2, ***truant*** 1; **17.** a) *Karte* ausspie-

len (*a. fig.*): ~ ***one's cards well*** s-e Chancen gut (aus)nutzen, b) *Schachfigur* ziehen; **18.** spielen, Vorstellungen geben in (*dat.*): ~ ***the larger cities***; **19.** *Geschütz, Scheinwerfer, Licht-, Wasserstrahl etc.* richten (***on*** auf *acc.*): ~ ***a hose on*** *et.* bespritzen; ~ ***colo(u)red lights on*** *et.* bunt anstrahlen; **20.** *Fisch* auszappeln lassen;
Zssgn mit prp.:
play| at → ***play*** 9; ~ **(up·)on** → ***play*** 9, 12, 13, 19; ~ **up to** → ***play*** 9; ~ **with** → ***play*** 9;
Zssgn mit adv.:
play| a·round *v/i.* → ***play*** 11a; ~ **a·way** **I** *v/t.* *Geld* verspielen; **II** *v/i.* drauf'losspielen; ~ **back** *v/t.* *Platte, Band* abspielen; ~ **down** *v/t. fig.* ,her'unterspielen'; ~ **off** *v/t.* **1.** *sport Spiel* a) beenden, b) *durch Stichkampf* entscheiden; **2.** *fig.* *j-n* ausspielen (***against*** gegen *e-n andern*); **3.** *Musik* her'unterspielen; ~ **out** *v/t.* erschöpfen: ***played out*** erschöpft, ,fertig'; ~ **up I** *v/i.* **1.** ♪ lauter spielen; **2.** *sport* F ,aufdrehen'; **3.** *Brit.* F ,verrückt spielen' (*Auto etc.*); **4.** ~ ***to*** a) *j-m* schöntun, b) *j-n* unter'stützen; **II** *v/t.* **5.** *e-e Sache* ,hochspielen'; **6.** F *j-n* ,auf die Palme bringen' (*reizen*).

play·a·ble ['pleɪəbl] *adj.* **1.** spielbar; **2.** *thea.* bühnenreif, -gerecht.

'play|·act *v/i. contp.* ,schauspielern'; ~ **ac·tor** *s. mst contp.* Schauspieler *m* (*a. fig.*); **'~·back** *s.* ✓ **1.** Playback *n*, Abspielen *n*: ~ ***head*** Tonabnehmerkopf *m*; **2.** Wiedergabegerät *n*; **'~·bill** *s.* The'aterpla,kat *n*; **'~·book** *s. thea.* Textbuch *n*; **'~·boy** *s.* Playboy *m*; **'~·day** *s.* (schul)freier Tag.

play·er ['pleɪə] *s.* **1.** *sport*, *a.* ♪ Spieler (-in); **2.** *Brit. sport* Berufsspieler *m*; **3.** (Glücks)Spieler *m*; **4.** Schauspieler(in); ~ **pi·an·o** *s.* me'chanisches Kla'vier.

'play,fel·low → ***playmate***.

play·ful ['pleɪfʊl] *adj.* □ **1.** spielerisch; **2.** verspielt; **3.** ausgelassen, neckisch; **'play·ful·ness** [-nɪs] *s.* **1.** Munterkeit *f*; Ausgelassenheit *f*; **2.** Verspieltheit *f*.

'play|·girl *s.* Playgirl *n*; **'~,go·er** *s.* The'aterbesucher(in); **'~·ground** *s.* **1.** Spiel-, Tummelplatz *m* (*a. fig.*); **2.** Schulhof *m*; **'~·house** *s.* **1.** *thea.* Schauspielhaus *n*; **2.** Spielhaus *n*, -hütte *f*.

play·ing| card ['pleɪɪŋ] *s.* Spielkarte *f*; ~ **field** *s. Brit.* Sport-, Spielplatz *m*.

play·let ['pleɪlɪt] *s.* kurzes Schauspiel.

'play|·mate *s.* 'Spielkame,rad(in), Gespiele *m*, Gespielin *f*; **'~-off** *s. sport* Entscheidungsspiel *n*; **'~·pen** Laufgitter *n*; **'~·suit** *s.* Spielhös-chen *n*; **'~·thing** *s.* Spielzeug *n* (*fig. a. Person*); **'~·time** *s.* **1.** Freizeit *f*; **2.** *ped.* große Pause; **'~·wright** *s.* Bühnenschriftsteller *m*, Dra'matiker *m*.

plea [pliː] *s.* **1.** Vorwand *m*, Ausrede *f*: ***on the*** ~ ***of*** (*od.* ***that***) unter dem Vorwand (*gen.*) *od.* daß; **2.** ⚖ a) Verteidigung *f*, b) Antwort *f* des Angeklagten: ~ ***of guilty*** Schuldgeständnis *n*; **3.** ⚖ Einrede *f*: ***make a*** ~ Einspruch erheben; ~ ***of the crown*** *Brit.* Strafklage *f*; **4.** *fig.* (dringende) Bitte (***for*** um), Gesuch *n*; **5.** *fig.* Befürwortung *f*.

plead [pliːd] **I** *v/i.* **1.** ⚖ *u. fig.* plädieren (***for*** für); **2.** ⚖ (*vor Gericht*) e-n Fall erörtern, Beweisgründe vorbringen; **3.** ⚖ sich zu s-r Verteidigung äußern: ~ ***guilty*** sich schuldig bekennen (***to*** *gen.*); **4.** dringend bitten (***for*** um, ***with s.o.*** j-n); **5.** sich einsetzen *od.* verwenden (***for*** für, ***with s.o.*** bei j-m); **6.** einwenden *od.* geltend machen (***that*** daß); **II** *v/t.* **7.** ⚖ *u. fig.* als Verteidigung *od.* Entschuldigung anführen, *et.* vorschützen: ~ ***ignorance***; **8.** ⚖ erörtern; **9.** ⚖ a) *Sache* vertreten, verteidigen: ~ ***s.o.'s cause***, b) (als Beweisgrund) vorbringen, anführen; **'plead·er** [-də] *s.* ⚖ *u. fig.* Anwalt *m*, Sachwalter *m*; **'plead·ing** [-dɪŋ] **I** *s.* **1.** ⚖ a) Plädo'yer *n*, b) Plädieren *n*, Führen *n* e-r Rechtssache, c) Parteivorbringen *n*, d) *pl.*, gerichtliche Verhandlungen *pl.*, e) *bsd. Brit.* vorbereitete Schriftsätze *pl.*, Vorverhandlung *f*; **2.** Fürsprache *f*; **3.** Bitten *n* (***for*** um); **II** *adj.* □ **4.** flehend, bittend, inständig.

pleas·ant ['pleznt] *adj.* □ **1.** angenehm (*a. Geruch, Traum etc.*), wohltuend, erfreulich (*Nachrichten etc.*), vergnüglich; **2.** freundlich (*a. Wetter, Zimmer*): ***please look*** ~***!*** bitte recht freundlich!; **'pleas·ant·ness** [-nɪs] *s.* **1.** *das* Angenehme; angenehmes Wesen; **2.** Freundlichkeit *f*; **3.** Heiterkeit *f* (*a. fig.*); **'pleas·ant·ry** [-trɪ] *s.* **1.** Heiter-, Lustigkeit *f*; **2.** Scherz *m*: a) Witz *m*, b) Hänse'lei *f*.

please [pliːz] **I** *v/i.* **1.** gefallen, angenehm sein, befriedigen, Anklang finden: ~***!*** bitte (sehr)!; ***as you*** ~ wie Sie wünschen; ***if you*** ~ a) wenn ich bitten darf, wenn es Ihnen recht ist, b) *iro.* gefälligst, c) man stelle sich vor, denken Sie nur; ~ ***come in!*** bitte, treten Sie ein!; **2.** befriedigen, zufriedenstellen: ***anxious to*** ~ dienstbeflissen, sehr eifrig; **II** *v/t.* **3.** *j-m* gefallen *od.* angenehm sein *od.* zusagen, *j-n* erfreuen: ***be*** ~***d to***

do sich freuen *et.* zu tun; ***I am only too ~d to do it*** ich tue es mit dem größten Vergnügen; ***be ~d with*** a) befriedigt sein von, b) Vergnügen haben an (*dat.*), c) Gefallen finden an (*dat.*): ***I am ~d with it*** es gefällt mir; **4.** befriedigen, zufriedenstellen: ***~ o.s.*** tun, was man will; ***~ yourself*** a) wie Sie wünschen, b) bitte, bedienen Sie sich; ***only to ~ you*** nur Ihnen zuliebe; → ***hard*** 3; **5.** (*a. iro.*) geruhen, belieben (***to do*** *et.* zu tun): ***~ God*** so Gott will; **'pleased** [-zd] *adj.* zufrieden (***with*** mit), erfreut (***at*** über *acc.*); → ***Punch***[4]; **'pleas·ing** [-zɪŋ] *adj.* □ angenehm, wohltuend, gefällig.

pleas·ur·a·ble ['pleʒərəbl] *adj.* □ angenehm, vergnüglich, ergötzlich.

pleas·ure ['pleʒə] **I** *s.* **1.** Vergnügen *n*, Freude *f*, (*a. sexueller*) Genuß, Lust *f*: ***with ~!*** mit Vergnügen!; ***give s.o. ~*** j-m Vergnügen (*od.* Freude) machen; ***have the ~ of doing*** das Vergnügen haben, *et.* zu tun; ***take ~ in*** (*od.* ***at***) Vergnügen *od.* Freude finden an (*dat.*): ***he takes*** (***a***) ***~ in contradicting*** es macht ihm Spaß zu widersprechen; ***take one's ~*** sich vergnügen; ***a man of ~*** ein Genußmensch; **2.** Gefallen *m*, Gefälligkeit *f*: ***do s.o. a ~*** j-m e-n Gefallen tun; **3.** Belieben *n*, Gutdünken *n*: ***at ~*** nach Belieben; ***at the Court's ~*** nach dem Ermessen des Gerichts; ⚖ ***during Her Majesty's ~*** *Brit.* auf unbestimmte Zeit (*Freiheitsstrafe*); **II** *v/i.* **4.** sich erfreuen *od.* vergnügen; **~ boat** *s.* Vergnügungsdampfer *m*; **~ ground** *s.* Vergnügungs-, Rasenplatz *m*; **~ prin·ci·ple** *s. psych.* 'Lustprinˌzip *n*; **'~-ˌseek·ing** *adj.* vergnügungssüchtig; **~ tour** *s.*, **~ trip** *s.* Vergnügungsreise *f*.

pleat [pli:t] **I** *s.* (Rock- *etc.*)Falte *f*; **II** *v/t.* falten, fälteln, plissieren.

ple·be·ian [plɪ'bi:ən] **I** *adj.* ple'bejisch; **II** *s.* Ple'bejer(in); **ple'be·ian·ism** [-nɪzəm] *s.* Ple'bejertum *n*.

pleb·i·scite ['plebɪsɪt] *s.* Plebis'zit *n*, Volksabstimmung *f*, -entscheid *m*.

plec·trum ['plektrəm] *pl.* **-tra** [-ə] *s.* ♪ Plektron *n*.

pledge [pledʒ] **I** *s.* **1.** (Faust-, 'Unter-) Pfand *n*, Pfandgegenstand *m*; Verpfändung *f*; Bürgschaft *f*, Sicherheit *f*; *hist.* Bürge *m*, Geisel *f*: ***in ~ of*** a) als Pfand für, b) *fig.* als Beweis für, zum Zeichen, daß; ***hold in ~*** als Pfand halten; ***put in ~*** verpfänden; ***take out of ~*** *Pfand* auslösen; **2.** Versprechen *n*, feste Zusage, Gelübde *n*, Gelöbnis *n*: ***take the ~*** dem Alkohol abschwören; **3.** *fig.* 'Unterpfand *n*, Beweis *m* (*der Freundschaft etc.*): ***under the ~ of secrecy*** unter dem Siegel der Verschwiegenheit; **4.** *a.* ***~ of love*** *fig.* Pfand *n* der Liebe (*Kind*); **5.** Zutrinken *n*, Toast *m*; **6.** *bsd. univ. Am.* a) Versprechen *n*, e-r Verbindung *od.* e-m (Geheim)Bund beizutreten, b) Anwärter(in) auf solche Mitgliedschaft; **II** *v/t.* **7.** verpfänden (***s.th. to s.o.*** j-m et.); Pfand bestellen für, e-e Sicherheit leisten für; als Sicherheit *od.* zum Pfand geben: ***~ one's word*** *fig.* sein Wort verpfänden; ***~d article*** Pfandobjekt; ***~d merchandise*** ✝ sicherungsübereignete Ware(n); ***~d securities*** ✝ lombardierte Effekten; **8.** *j-n* verpflichten (***to*** zu, auf *acc.*): ***~ o.s.*** geloben, sich verpflichten; **9.** *j-m* zutrinken, auf das Wohl (*gen.*) trinken; **'pledge·a·ble** [-dʒəbl] *adj.* verpfändbar; **pledg·ee** [ple'dʒi:] *s.* Pfandnehmer(in), -inhaber (-in), -gläubiger(in); **pledge·or** [ple'dʒɔ:], **'pledg·er** [-dʒə], **pledg·or** [ple'dʒɔ:] *s.* ⚖ Pfandgeber(in), -schuldner(in).

Ple·iad ['plaɪəd] *pl.* **'Ple·ia·des** [-di:z] *s. ast., fig.* Siebengestirn *n*.

Pleis·to·cene ['plaɪstəʊsi:n] *s. geol.* Pleisto'zän *n*, Di'luvium *n*.

ple·na·ry ['pli:nərɪ] *adj.* **1.** □ voll(ständig), Voll..., Plenar...: ***~ session*** Plenarsitzung *f*; **2.** voll('kommen), uneingeschränkt: ***~ indulgence*** *R.C.* vollkommener Ablaß; ***~ power*** Generalvollmacht *f*.

plen·i·po·ten·ti·ar·y [ˌplenɪpəʊ'tenʃərɪ] **I** *s.* **1.** (Gene'ral)Beˌvollmächtigte(r *m*) *f*, bevollmächtigter Gesandter *od.* Mi'nister; **II** *adj.* **2.** bevollmächtigt; **3.** abso'lut, unbeschränkt.

plen·i·tude ['plenɪtju:d] *s.* **1.** → ***plenty*** 1; **2.** Vollkommenheit *f*.

plen·te·ous ['plentjəs] *adj.* □ *poet.* reich(lich); **'plen·te·ous·ness** [-nɪs] *s. poet.* Fülle *f*.

plen·ti·ful ['plentɪfʊl] *adj.* □ reich(lich), im 'Überfluß (vor'handen); **'plen·ti·ful·ness** [-nɪs] → ***plenty*** 1.

plen·ty ['plentɪ] **I** *s.* Fülle *f*, 'Überfluß *m*, Reichtum *m* (***of*** an *dat.*): ***have ~ of s.th.*** mit et. reichlich versehen sein, et. in Hülle u. Fülle haben; ***in ~*** im Überfluß; ***~ of money*** (***time***) jede Menge *od.* viel Geld (Zeit); ***~ of times*** sehr oft; → ***horn*** 4; **II** *adj. bsd. Am.* reichlich, jede Menge; **III** *adv.* F a) bei weitem, ‚lange', b) *Am.* ‚mächtig'.

ple·num ['pli:nəm] *s.* **1.** Plenum *n*, Vollversammlung *f*; **2.** *phys.* (vollkommen) ausgefüllter Raum.

ple·o·nasm ['plɪəʊnæzəm] *s.* Pleo'nasmus *m*; **ple·o·nas·tic** [ˌplɪəʊ'næstɪk] *adj.* (□ **~ally**) pleo'nastisch.

pleth·o·ra ['pleθərə] *s.* **1.** ⚕ Blutandrang *m*; **2.** *fig.* 'Überfülle *f*, Zu'viel *n* (**of** an *dat.*); **ple·thor·ic** [ple'θɒrɪk] *adj.* (□ **~ally**) **1.** ⚕ ple'thorisch; **2.** *fig.* 'übervoll, über'laden.

pleu·ra ['plʊərə] *pl.* **-rae** [-ri:] *s. anat.* Brust-, Rippenfell *n*; '**pleu·ral** [-rəl] *adj.* Brust-, Rippenfell…; '**pleu·ri·sy** [-rəsɪ] *s.* ⚕ Pleu'ritis *f*, Brustfell-, Rippenfellentzündung *f*.

pleu·ro·car·pous [ˌplʊərəʊ'kɑ:pəs] *adj.* ⚘ seitenfrüchtig; ˌ**pleu·ro·pneu'mo·ni·a** [-njʊ'məʊnjə] *s.* **1.** ⚕ Lungen- u. Rippenfellentzündung *f*; **2.** *vet.* Lungen- u. Brustseuche *f*.

plex·or ['pleksə] *s.* ⚕ Perkussi'onshammer *m*.

plex·us ['pleksəs] *pl.* **-es** [-ɪz] *s.* **1.** *anat.* Plexus *m*, (Nerven)Geflecht *n*; **2.** *fig.* Flechtwerk *n*, Netz(werk) *n*, Kom'plex *m*.

pli·a·bil·i·ty [ˌplaɪə'bɪlətɪ] *s.* Biegsamkeit *f*, Geschmeidigkeit *f* (*a. fig.*); **pli·a·ble** ['plaɪəbl] *adj.* □ **1.** biegsam, geschmeidig (*a. fig.*); **2.** *fig.* nachgiebig, fügsam, leicht zu beeinflussen(d).

pli·an·cy ['plaɪənsɪ] *s.* Biegsamkeit *f*, Geschmeidigkeit *f* (*a. fig.*); '**pli·ant** [-nt] *adj.* □ → **pliable**.

pli·ers ['plaɪəz] *s. pl.* (*a. als sg. konstr.*) ⚙ (**a pair of ~** e-e) (Draht-, Kneif)Zange: **round(-nosed) ~** Rundzange *f*.

plight¹ [plaɪt] *s.* (mißliche) Lage, Not-, Zwangslage *f*.

plight² [plaɪt] *bsd. poet.* **I** *v/t.* **1.** *Wort, Ehre* verpfänden, *Treue* geloben: **~ed troth** gelobte Treue; **2.** verloben (**to** *dat.*); **II** *s.* **3.** *obs.* Gelöbnis *n*, feierliches Versprechen; **4.** *a.* **~ of faith** Verlobung *f*.

plim·soll ['plɪmsəl] *s.* Turnschuh *m*.

plinth [plɪnθ] *s.* ⚠ **1.** Plinthe *f*, Säulenplatte *f*; **2.** Fußleiste *f*.

Pli·o·cene ['plaɪəʊsi:n] *s. geol.* Plio'zän *n*.

plod [plɒd] **I** *v/i.* **1.** *a.* **~ along**, **~ on** mühsam *od.* schwerfällig gehen, sich da'hinschleppen, trotten, (ein'her)stapfen; **2. ~ away** *fig.* sich abmühen *od.* -plagen (**at** mit), ‚schuften'; **II** *v/t.* **3. ~ one's way** → 1; '**plod·der** [-də] *s. fig.* Arbeitstier *n*; '**plod·ding** [-dɪŋ] **I** *adj.* □ **1.** stapfend; **2.** arbeitsam, angestrengt *od.* unverdrossen (*arbeitend*); **II** *s.* **3.** Placke'rei *f*, Schufte'rei *f*.

plonk¹ [plɒŋk] *s.* F billiger u. schlechter Wein.

plonk² [plɒŋk] F **I** *v/t.* **1.** *a.* **~ down** *et.* ‚hinschmeißen'; **2.** ♪ zupfen auf (*acc.*); **3. ~ down** *Am. sl.* ‚blechen', bezahlen; **II** *v/i.* **4.** ‚knallen'; **III** *adv.* **5.** knallend; **6.** ‚zack', genau: **~ in the eye**; **~!** wamm!

plop [plɒp] **I** *v/i.* plumpsen; **II** *v/t.* plumpsen lassen; **III** *s.* Plumps *m*, Plumpsen *n*; **IV** *adv.* mit e-m Plumps; **V** *int.* plumps!

plo·sion ['pləʊʒn] *s. ling.* Verschluß (-sprengung *f*) *m*; **plo·sive** ['pləʊsɪv] **I** *adj.* Verschluß…; **II** *s.* Verschlußlaut *m*.

plot [plɒt] **I** *s.* **1.** Stück(chen) *n* Land, Par'zelle *f*, Grundstück *n*: **a garden-~** ein Stück Garten; **2.** *bsd. Am.* (Lage-, Bau)Plan *m*, (Grund)Riß *m*, Dia'gramm *n*, graphische Darstellung; **3.** ⚔ a) *Artillerie*: Zielort *m*, b) *Radar*: Standort *m*; **4.** (geheimer) Plan, Kom'plott *n*, Anschlag *m*, Verschwörung *f*, In'trige *f*: **lay a ~** ein Komplott schmieden; **5.** Handlung *f*, Fabel *f* (*Roman, Drama etc.*), *a.* In'trige *f* (*Komödie*); **II** *v/t.* **6.** e-n Plan von *et.* anfertigen, *et.* planen, entwerfen; aufzeichnen (*a.* **~ down**) (**on** in *dat.*); ⚓, ✈ *Kurs* abstecken, -setzen, ermitteln; ⩚ *Kurve* (graphisch) darstellen *od.* auswerten; *Luftbilder* auswerten: **~ted fire** ⚔ Planfeuer *n*; **7.** *a.* **~ out** *Land* parzellieren; **8.** *Verschwörung* planen, aushecken, *Meuterei etc.* anzetteln; **9.** *Romanhandlung etc.* entwickeln, ersinnen; **III** *v/i.* **10.** (**against**) Ränke *od.* ein Komplott schmieden, intrigieren, sich verschwören (gegen), e-n Anschlag verüben (auf *acc.*); '**plot·ter** [-tə] *s.* **1.** Planzeichner (-in); **2.** Anstifter(in); **3.** Ränkeschmied *m*, Intri'gant(in), Verschwörer(in).

plough [plaʊ] **I** *s.* **1.** Pflug *m*: **put one's hand to the ~** s-e Hand an den Pflug legen; **2. the** ♀ *ast.* der Große Bär *od.* Wagen; **3.** *Tischlerei*: Falzhobel *m*; **4.** *Buchbinderei*: Beschneidhobel *m*; **5.** *univ. Brit. sl.* ‚('Durch)Rasseln' *n*, ‚'Durchfall' *m*; **II** *v/t.* **6.** *Boden* ('um-) pflügen: **~ back** unterpflügen, *fig. Gewinn* wieder in das Geschäft stecken; → **sand** 2; **7.** *fig.* a) *Wasser, Gesicht* (durch)'furchen, *Wellen* pflügen, b) sich (*e-n Weg*) bahnen: **~ one's way**; **8.** *univ. Brit. sl.* 'durchfallen lassen: **be** *od.* **get ~ed** durchrasseln; **III** *v/i.* **9.** *fig.* sich e-n Weg bahnen: **~ through a book** F ein Buch durchackern; '**~-land** *s.* Ackerland *n*; '**~·man** [-mən] *s.* [*irr.*] Pflüger *m*: **~'s lunch** Imbiß *m* aus Brot,

Käse *etc.*; **~ plane** *s.* ⚙ Nuthobel *m*; **ˈ~·share** *s.* ⚒ Pflugschar *f.*

plov·er [ˈplʌvə] *s. orn.* **1.** Regenpfeifer *m*; **2.** Gelbschenkelwasserläufer *m*; **3.** Kiebitz *m.*

plow [plaʊ] *etc. Am.* → ***plough*** *etc.*

ploy [plɔɪ] *s.* F Trick *m*, ‚Masche' *f.*

pluck [plʌk] **I** *s.* **1.** Rupfen *n*, Zupfen *n*, Zerren *n*; **2.** Ruck *m*, Zug *m*; **3.** Geschlinge *n von Schlachttieren*; **4.** *fig.* Schneid *m*, Mut *m*; **5.** → ***plough*** 5; **II** *v/t.* **6.** *Obst, Blumen etc.* pflücken, abreißen; **7.** *Federn, Haar, Unkraut etc.* ausreißen, -zupfen, *Geflügel* rupfen; ⚙ *Wolle* plüsen; → ***crow***[1] 1; **8.** zupfen, ziehen, zerren, reißen: ***~ s.o. by the sleeve*** j-n am Ärmel zupfen; ***~ up courage*** *fig.* Mut fassen; **9.** *sl. j-n* ‚rupfen', ausplündern; **10.** → ***plough*** 8; **III** *v/i.* **11.** (***at***) zupfen, ziehen, zerren (an *dat.*), schnappen, greifen (nach); **ˈpluck·i·ness** [-kɪnɪs] *s.* Schneid *m*, Mut *m*; **ˈpluck·y** [-kɪ] *adj.* □ F mutig, schneidig.

plug [plʌg] **I** *s.* **1.** Pflock *m*, Stöpsel *m*, Dübel *m*, Zapfen *m*; (Faß)Spund *m*; Pfropf(en) *m* (*a.* ⚕); Verschlußschraube *f*, (Hahn-, Venˈtil)Küken *n*: ***drain ~*** Ablaßschraube; **2.** ⚡ Stecker *m*, Stöpsel *m*: ***~-ended cord*** Stöpselschnur *f*; ***~ socket*** Steckdose *f*; **3.** *mot.* Zündkerze *f*; **4.** (ˈFeuer)Hyˌdrant *m*; **5.** (Kloˈsett-)Spülvorrichtung *f*; **6.** (Zahn)Plombe *f*; **7.** Priem *m* (*Kautabak*); **8.** → ***plug hat***; **9.** ✝ *sl.* Ladenhüter *m*; **10.** *sl.* alter Gaul; **11.** *sl.* a) (Faust)Schlag *m*, b) Schuß *m*, c) Kugel *f*: ***take a ~ at*** → 18; **12.** *Am. Radio*: Reˈklame(hinweis *m*) *f*; **13.** F falsches Geldstück; **II** *v/t.* **14.** *a.* ***~ up*** zu-, verstopfen, zustöpseln; **15.** *Zahn* plombieren; **16.** ***~ in*** ⚡ *Gerät* einstecken, -stöpseln, *durch Steckkontakt* anschließen; **17.** F *im Radio etc.* (ständig) Reklame machen für; *Lied etc.* ständig spielen (lassen); **18.** *sl. j-m* ‚eine (*e-n Schlag, e-e Kugel*) verpassen'; **III** *v/i.* **19.** F *a.* ***~ away*** ‚schuften' (***at*** an *dat.*); **~ box** *s.* ˈSteckdose *f*, -konˌtakt *m*; **~ fuse** *s.* Stöpselsicherung *f*; **~ hat** *s. Am. sl.* ‚Angströhre' *f* (*Zylinder*); **ˈ~-in** *adj.* ⚙ Steck…, Einschub…; **ˈ~-ˌug·ly I** *s. Am. sl.* Schläger *m*, Raˈbauke *m*; **II** *adj.* F abgrundhäßlich; **~ wrench** *s. mot.* Zündkerzenschlüssel *m.*

plum [plʌm] *s.* **1.** Pflaume *f*, Zwetsch(g)e *f*; **2.** Roˈsine (*im Pudding etc.*): ***~ cake*** Rosinenkuchen *m*; **3.** *fig.* a) ‚Roˈsine' *f* (*das Beste*), b) *a.* ***~ job*** ‚Bombenjob' *m*, c) *Am. sl.* Belohnung *f für Unterstützung bei der Wahl* (*Posten, Titel etc.*); **4.** *Am. sl.* unverhoffter Gewinn, ✝ ˈSonderdiviˌdende *f.*

plum·age [ˈpluːmɪdʒ] *s.* Gefieder *n.*

plumb [plʌm] **I** *s.* **1.** (Blei)Lot *n*, Senkblei *n*: ***out of ~*** aus dem Lot, nicht (mehr) senkrecht; **2.** ⚓ (Echo)Lot *n*; **II** *adj.* **3.** lot-, senkrecht; **4.** F völlig, rein (*Unsinn etc.*); **III** *adv.* **5.** *fig.* genau, ‚peng', platsch (*ins Wasser etc.*); **6.** *Am.* F ‚toˈtal' (*verrückt etc.*); **IV** *v/t.* **7.** lotrecht machen; **8.** ⚓ *Meerestiefe* (ab-, aus)loten, sondieren; **9.** *fig.* sondieren, ergründen; **10.** ⚙ (mit Blei) verlöten, verbleien; **11.** F Wasser- *od.* Gasleitungen legen in (*e-m Haus*); **V** *v/i.* **12.** klempnern; **plum·ba·go** [plʌmˈbeɪgəʊ] *s.* **1.** *min.* a) Graˈphit *m*, b) Bleiglanz *m*; **2.** ⚘ Bleiwurz *f.*

ˈplumb-bob → ***plumb*** 1.

plum·be·ous [ˈplʌmbɪəs] *adj.* **1.** bleiartig; **2.** bleifarben; **3.** *Keramik*: mit Blei glasiert; **plumb·er** [ˈplʌmə(r)] *s.* **1.** Klempner *m*, Installaˈteur *m*; **2.** Bleiarbeiter *m*; **ˈplum·bic** [-bɪk] *adj.* Blei…: ***~ chloride*** ⚗ Bleitetrachlorid *n*; **plum·bif·erous** [plʌmˈbɪfərəs] *adj.* bleihaltig; **ˈplumb·ing** [-mɪŋ] *s.* **1.** Klempner-, Installaˈteurarbeit *f*; **2.** Rohr-, Wasser-, Gasleitung *f*; saniˈtäre Einrichtung; **3.** Blei(gießer)arbeit *f*; **4.** ⚠, ⚓ Ausloten *n*; **ˈplum·bism** [-bɪzəm] *s.* ⚕ Bleivergiftung *f.*

ˈplumb-line I *s.* **1.** Senkschnur *f*, -blei *n*; **II** *v/t.* **2.** ⚠, ⚓ ausloten; **3.** *fig.* sondieren, prüfen.

plumbo- [plʌmbəʊ] ⚗ *in Zssgn* Blei…, *z.B.* ***plumbosolvent*** bleizersetzend.

plumb rule *s.* ⚙ Lot-, Senkwaage *f.*

plume [pluːm] **I** *s.* **1.** *orn.* (*Straußen- etc.*) Feder *f*: ***adorn o.s. with borrowed ~s*** *fig.* sich mit fremden Federn schmükken; **2.** (Hut-, Schmuck)Feder *f*; **3.** Feder-, Helmbusch *m*; **4.** *fig.* **~** (***of cloud***) Wolkenstreifen *m*; **~** (***of smoke***) Rauchfahne *f*; **II** *v/t.* **5.** mit Federn schmücken: ***~ o.s.*** (***up***)***on*** *fig.* sich brüsten mit; ***~d*** a) gefiedert, b) mit Federn geschmückt; **6.** *Gefieder* putzen; **ˈplume·less** [-lɪs] *adj.* ungefiedert.

plum·met [ˈplʌmɪt] **I** *s.* **1.** (Blei)Lot *n*, Senkblei *n*; **2.** ⚙ Senkwaage *f*; **3.** *Fischen*: (Blei)Senker *m*; **4.** *fig.* Bleigewicht *n*; **II** *v/i.* **5.** absinken, (ab)stürzen (*a. fig.*).

plum·my [ˈplʌmɪ] *adj.* **1.** pflaumenartig, Pflaumen…; **2.** reich an Pflaumen *od.* Roˈsinen; **3.** F ‚prima', ‚schick'; **4.** soˈnor: ***~ voice.***

plu·mose [ˈpluːməʊs] *adj.* **1.** *orn.* gefiedert; **2.** ⚘, *zo.* federartig.

plump¹ [plʌmp] **I** *adj.* drall, mollig, ‚pummelig': ~ ***cheeks*** Pausbacken; **II** *v/t. u. v/i. oft* ~ ***out*** prall *od.* fett machen (werden).

plump² [plʌmp] **I** *v/i.* **1.** (hin)plumpsen, schwer fallen, sich (*in e-n Sessel etc.*) fallen lassen; **2.** *pol.* kumulieren: ~ ***for*** a) *e-m Wahlkandidaten* s-e Stimme ungeteilt geben, b) *j-n* rückhaltlos unterstützen, c) sich sofort für *et.* entscheiden; **II** *v/t.* **3.** plumpsen lassen; **4.** mit *s-r Meinung etc.* her'ausplatzen, unverblümt her'aussagen; **III** *s.* **5.** F Plumps *m*; **IV** *adv.* **6.** plumpsend, mit e-m Plumps; **7.** F unverblümt, gerade her'aus; **V** *adj.* □ **8.** F plump (*Lüge etc.*), deutlich, glatt (*Ablehnung etc.*); **'plump·er** [-pə] *s.* **1.** Plumps *m*; **2.** Bausch *m*; **3.** *pol.* ungeteilte Wahlstimme; **4.** *sl.* plumpe Lüge.

plum pud·ding *s.* Plumpudding *m.*

plum·y ['plu:mɪ] *adj.* **1.** gefiedert; **2.** federartig.

plun·der ['plʌndə] **I** *v/t.* **1.** *Land, Stadt etc.* plündern; **2.** rauben, stehlen; **3.** *j-n* ausplündern; **II** *v/i.* **4.** plündern, räubern; **III** *s.* **5.** Plünderung *f*; **6.** Beute *f*, Raub *m*; **7.** *Am.* F Plunder *m*; **'plun·der·er** [-ərə] *s.* Plünderer *m*, Räuber *m.*

plunge [plʌndʒ] **I** *v/t.* **1.** (ein-, 'unter-) tauchen, stürzen (***in***, ***into*** in *acc.*); *fig. j-n in Schulden etc.* stürzen; *e-e Nation in e-n Krieg* stürzen *od.* treiben; *Zimmer in Dunkel* tauchen *od.* hüllen; **2.** *Waffe* stoßen; **II** *v/i.* **3.** (ein-, 'unter-) tauchen (***into*** in *acc.*); **4.** (ab)stürzen (*a. fig. Klippe etc.*, ♆ *Preise*); **5.** *ins Zimmer etc.* stürzen, stürmen; *fig.* sich *in e-e Tätigkeit*, *in Schulden etc.* stürzen; **6.** ⚓ stampfen (*Schiff*); **7.** sich nach vorne werfen, ausschlagen (*Pferd*); **8.** *sl.* et. riskieren, alles auf 'eine Karte setzen; **III** *s.* **9.** (Ein-, 'Unter)Tauchen *n*; *sport* (Kopf)Sprung *m*: ***take the*** ~ *fig.* den entscheidenden Schritt *od.* den Sprung wagen; **10.** Sturz *m*, Stürzen *n*; **11.** Ausschlagen *n e-s Pferdes*; **12.** Sprung-, Schwimmbekken *n*; **13.** Schwimmen *n*, Bad *n*; **'plung·er** [-dʒə] *s.* **1.** Taucher *m*; **2.** ⚙ Tauchkolben *m*; **3.** ⚡ a) Tauchkern *m*, b) Tauchspule *f*; **4.** *mot.* Ven'tilkolben *m*; **5.** ⚔ Schlagbolzen *m*; **6.** *sl.* a) Hasar'deur *m*, Spieler *m*, b) wilder Speku'lant.

plunk [plʌŋk] → ***plonk²***.

plu·per·fect [ˌplu:'pɜ:fɪkt] *s. a.* ~ ***tense*** *ling.* Plusquamperfekt *n*, Vorvergangenheit *f.*

plu·ral ['plʊərəl] **I** *adj.* □ **1.** mehrfach: ~ ***marriage*** Mehrehe *f*; ~ ***society*** pluralistische Gesellschaft; ~ ***vote*** Mehrstimmenwahlrecht *n*; **2.** *ling.* Plural..., im Plural, plu'ralisch: ~ ***number*** → 3; **II** *s.* **3.** *ling.* Plural *m*, Mehrzahl *f*; **'plu·ral·ism** [-rəlɪzəm] *s.* **1.** Vielheit *f*; **2.** *eccl.* Besitz *m* mehrerer Pfründen *od.* Ämter; **3.** *phls.*, *pol.* Plura'lismus *m*; **'plu·ral·ist** [-rəlɪst] *adj. phls.*, *pol.* plura'listisch; **plu·ral·i·ty** [ˌplʊə'rælətɪ] *s.* **1.** Mehrheit *f*, 'Über-, Mehrzahl *f*; **2.** Vielheit *f*, -zahl *f*; **3.** *pol.* (*Am. bsd.* rela'tive) Stimmenmehrheit; **4.** → ***pluralism*** 2; **'plu·ral·ize** [-rəlaɪz] *v/t. ling.* **1.** in den Plural setzen; **2.** als *od.* im Plural gebrauchen.

plus [plʌs] **I** *prp.* **1.** plus, und; **2.** *bsd.* ♆ zuzüglich (*gen.*); **II** *adj.* **3.** Plus..., *a.* extra, Extra...; **4.** ⚕, ⚡ positiv, Plus...: ~ ***quantity*** positive Größe; **5.** F plus, mit; **III** *s.* **6.** Plus(zeichen) *n*; **7.** Plus *n*, Mehr *n*, 'Überschuß *m*; **8.** *fig.* Plus (-punkt *m*) *n*; **ˌ~-'fours** *s. pl.* weite Knickerbocker- *od.* Golfhose.

plush [plʌʃ] **I** *s.* **1.** Plüsch *m*; **II** *adj.* **2.** Plüsch...; **3.** *sl.* (stink)vornehm, ‚feu'dal'; **'plush·y** [-ʃɪ] *adj.* **1.** plüschartig; **2.** → ***plush*** 3.

plus·(s)age ['plʌsɪdʒ] *s. Am.* 'Überschuß *m.*

Plu·to ['plu:təʊ] *s. myth. u. ast.* Pluto *m* (*Gott u. Planet*).

plu·toc·ra·cy [plu:'tɒkrəsɪ] *s.* **1.** Plutokra'tie *f*, Geldherrschaft *f*; **2.** 'Geldaristokraˌtie *f*, *coll.* Pluto'kraten *pl.*; **plu·to·crat** ['plu:təʊkræt] *s.* Pluto'krat *m*, Kapita'list *m*; **plu·to·crat·ic** [ˌplu:təʊ'krætɪk] *adj.* pluto'kratisch.

plu·ton·ic [plu:'tɒnɪk] *adj. geol.* plu'tonisch; **plu'to·ni·um** [-'təʊnjəm] *s.* ⚗ Plu'tonium *n.*

plu·vi·al ['plu:vjəl] *adj.* regnerisch; Regen...; **'plu·vi·o·graph** [-əʊgrɑ:f] *s. phys.* Regenschreiber *m*; **plu·vi·om·e·ter** [ˌplu:vɪ'ɒmɪtə] *s. phys.* Pluvio'meter *n*, Regenmesser *m*; **'plu·vi·ous** [-jəs] → ***pluvial***.

ply¹ [plaɪ] **I** *v/t.* **1.** *Arbeitsgerät* handhaben, hantieren mit; **2.** *Gewerbe* betreiben, ausüben; **3.** (***with***) bearbeiten (mit) (*a. fig.*); *fig. j-m* (mit *Fragen etc.*) zusetzen, *j-n* (mit *et.*) über'häufen: ~ ***s.o. with drink*** j-n zum Trinken nötigen; **4.** *Strecke* (regelmäßig) befahren; **II** *v/i.* **5.** verkehren, fahren, pendeln (***between*** zwischen); **6.** ⚓ aufkreuzen.

ply² [plaɪ] **I** *s.* **1.** Falte *f*; (Garn)Strähne *f*; (Stoff-, Sperrholz- *etc.*)Lage *f*,

Schicht *f*: ***three-~*** dreifach (*z.B. Garn, Teppich*); **2.** *fig.* Hang *m*, Neigung *f*; **II** *v/t.* **3.** falten; *Garn* fachen; **'ply·wood** *s.* Sperrholz *n*.

pneu·mat·ic [nju:'mætɪk] **I** *adj.* (□ ***~al-ly***) **1.** ⚙, *phys.* pneu'matisch, Luft...; ⚙ Druck-, Preßluft...: ***~ brake*** Druckluftbremse *f*; ***~ tool*** Preßluftwerkzeug *n*; **2.** *zo.* lufthaltig; **II** *s.* **3.** Luftreifen *m*; **4.** Fahrzeug *n* mit Luftbereifung; **~ dis·patch** *s.* Rohrpost *f*; **~ drill** *s.* Preßluftbohrer *m*; **~ float** *s.* Floßsack *m*; **~ ham·mer** *s.* Preßlufthammer *m*.

pneu·mat·ics [nju:'mætɪks] *s. pl. sg. konstr. phys.* Pneu'matik *f*.

pneu·mat·ic| tire (*od.* **tyre**) *s.* Luftreifen *m*; *pl. a.* Luftbereifung *f*; **~ tube** *s.* pneu'matische Röhre; *weitS., a. pl.* Rohrpost *f*.

pneu·mo·ni·a [nju:'məʊnjə] *s.* ⚕ Lungenentzündung *f*, Pneumo'nie *f*; **pneu'mon·ic** [-'mɒnɪk] *adj.* pneu'monisch, die Lunge *od.* Lungenentzündung betreffend.

poach[1] [pəʊtʃ] **I** *v/t.* **1.** *a.* ***~ up*** *Erde* aufwühlen, *Rasen* zertrampeln; **2.** (zu e-m Brei) anrühren; **3.** wildern, unerlaubt jagen *od.* fangen; **4.** räubern (*a. fig.*); **5.** *sl.* wegschnappen; **6.** ⚙ *Papier* bleichen; **II** *v/i.* **7.** weich *od.* matschig werden (*Boden*); **8.** unbefugt eindringen (***on*** in *acc.*); → ***preserve*** 8b; **9.** *hunt.* wildern.

poach[2] [pəʊtʃ] *v/t. Eier* pochieren: ***~ed egg*** pochiertes *od.* verlorenes Ei.

poach·er[1] ['pəʊtʃə] *s.* Wilderer *m*, Wilddieb *m*.

poach·er[2] ['pəʊtʃə] *s.* Po'chierpfanne *f*.

poach·ing ['pəʊtʃɪŋ] *s.* Wildern *n*, Wilde'rei *f*.

PO Box [ˌpi: əʊ 'bɒks] *s.* Postfach *n*.

po·chette [pɒ'ʃet] (*Fr.*) *s.* Handtäschchen *n*.

pock [pɒk] *s.* ⚕ **1.** Pocke *f*, Blatter *f*; **2.** → ***pockmark***.

pock·et ['pɒkɪt] **I** *s.* **1.** (*Hosen- etc., a. zo. Backen- etc.*)Tasche *f*: ***have s.o. in one's ~ fig.*** j-n in der Tasche *od.* Gewalt haben; ***put s.o. in one's ~ fig.*** j-n in die Tasche stecken; ***put one's pride in one's ~*** s-n Stolz überwinden, klein beigeben; **2.** *fig.* Geldbeutel *m*, Fi'nanzen *pl.*: ***be in ~*** gut bei Kasse sein; ***be 3 dollars in*** (***out of***) ***~*** drei Dollar profitiert (verloren) haben; ***put one's hand in one's ~*** (tief) in die Tasche greifen; → ***line***[2] 2; **3.** *Brit.* Sack *m Hopfen, Wolle* (= *76 kg*); **4.** *geol.* Einschluß *m*; **5.** *min.* (*Erz-, Gold*)Nest *n*; **6.** *Billard*: Tasche *f*, Loch *n*; **7.** ✈ (Luft)Loch *n*, Fallbö *f*; **8.** ⚔ Kessel *m*: ***~ of resistance*** Widerstandsnest *n*; **II** *adj.* **9.** Taschen..., im (*fig.* Westen)Taschenformat; **III** *v/t.* **10.** in die Tasche stecken, einstecken (*a. fig. einheimsen*); **11.** a) *fig. Kränkung* einstecken, hinnehmen, b) *Gefühle* unter'drücken, *s-n Stolz* über'winden; **12.** *Billardkugel* einlochen; **13.** *pol. Am. Gesetzesvorlage* nicht unter'schreiben, sein Veto einlegen gegen (*Präsident etc.*); **14.** ⚔ *Feind* einkesseln; **~ bat·tle·ship** *s.* ⚓ Westentaschenkreuzer *m*; **~ bil·liards** *s. pl. sing. konstr.* Poolbillard *n*; **~ book** *s.* **1.** Taschen-, No'tizbuch *n*; **2.** a) Brieftasche *f*, b) Geldbeutel *m* (*beide a. fig.*); **3.** *Am.* Handtasche *f*; **4.** Taschenbuch *n*; **~ cal·cu·la·tor** *s.* Taschenrechner *m*; **~ e·di·tion** *s.* Taschenausgabe *f*.

pock·et·ful ['pɒkɪtfʊl] *pl.* **-fuls** *s. e-e* Tasche(voll): ***a ~ of money***.

'pock·et|·knife *s.* [*irr.*] Taschenmesser *n*; **~ lamp** *s.* Taschenlampe *f*; **~ light·er** *s.* Taschenfeuerzeug *n*; **~ mon·ey** *s.* Taschengeld *n*; **'~-size(d)** *adj.* im (*fig.* Westen)Taschenformat; **~ ve·to** *s. pol. Am.* Zu'rückhalten *n od.* Verzögerung *f* e-s Gesetzentwurfs (*bsd. durch den Präsidenten etc.*).

'pock|·mark *s.* Pockennarbe *f*; **'~-marked** *adj.* pockennarbig.

pod[1] [pɒd] *s. zo.* **1.** Herde *f* (*Wale, Robben*); **2.** Schwarm *m* (*Vögel*).

pod[2] [pɒd] **I** *s.* **1.** ⚘ Hülse *f*, Schale *f*, Schote *f*: ***~ pepper*** Paprika *f*; **2.** *zo.* (Schutz)Hülle *f*, *a.* Ko'kon *m* (*der Seidenraupe*), Beutel *m* (*des Moschustiers*); **3.** *sl.* ‚Wampe' *f*, Bauch *m*: ***in ~*** ‚dick' (*schwanger*); **II** *v/i.* **4.** Hülsen ansetzen; **5.** *Erbsen etc.* aushülsen, -schoten.

po·dag·ra [pəʊ'dægrə] *s.* ⚕ Podagra *n*, (Fuß)Gicht *f*.

podg·y ['pɒdʒɪ] *adj.* F unter'setzt, dicklich.

po·di·a·trist [pəʊ'daɪətrɪst] *s. Am.* Fußpfleger(in); **po'di·a·try** [-trɪ] *s.* Fußpflege *f*, Pedi'küre *f*.

Po·dunk ['pəʊdʌŋk] *s. Am. contp.* ‚Krähwinkel' *n*.

po·em ['pəʊɪm] *s.* Gedicht *n* (*a. fig.*), Dichtung *f*; **po·et** ['pəʊɪt] *s.* Dichter *m*, Po'et *m*: ***~ laureate*** a) Dichterfürst *m*, b) *Brit.* Hofdichter *m*; **po·et·as·ter** [pəʊɪ'tæstə] *s.* Dichterling *m*; **po·et·ess** ['pəʊɪtɪs] *s.* Dichterin *f*.

po·et·ic, po·et·i·cal [pəʊ'etɪk(l)] *adj.* □ **1.** po'etisch, dichterisch: ***~ justice*** *fig.* ausgleichende Gerechtigkeit; → ***li-***

cence 4; **2.** *fig.* po'etisch, ro'mantisch, stimmungsvoll; **po'et·ics** [-ks] *s. pl. sg. konstr.* Po'etik *f*; **po·et·ize** ['pəʊɪtaɪz] **I** *v/i.* **1.** dichten; **II** *v/t.* **2.** in Verse bringen; **3.** (im Gedicht) besingen; **po·et·ry** ['pəʊɪtrɪ] *s.* **1.** Poe'sie *f* (*a. Ggs. Prosa*) (*a. fig.*), Dichtkunst *f*; **2.** Dichtung *f*, *coll.* Dichtungen *pl.*, Gedichte *pl.*: ***dramatic ~*** dramatische Dichtung.

po-faced [ˌpəʊ'feɪst] *Brit.* F grimmig (dreinschauend).

po·grom ['pɒgrəm] *s.* Po'grom *m, n,* (*bsd.* Juden)Verfolgung *f.*

poign·an·cy ['pɔɪnənsɪ] *s.* **1.** Schärfe *f von Gerüchen etc.*; **2.** *fig.* Bitterkeit *f*, Heftigkeit *f*, Schärfe *f*; **3.** Schmerzlichkeit *f*; **'poign·ant** [-nt] *adj.* ☐ **1.** scharf, beißend (*Geruch*, *Geschmack*); **2.** pi'kant (*a. fig.*); **3.** *fig.* a) bitter, quälend (*Reue*, *Hunger etc.*), b) ergreifend: ***a ~ scene***, c) beißend, scharf: ***~ wit***, d) treffend, präg'nant: ***~ remark***; **4.** 'durchdringend: ***a ~ look***.

point [pɔɪnt] **I** *s.* **1.** (Nadel-, Messer-, Bleistift- *etc.*)Spitze *f*: (***not***) ***to put too fine a ~ upon s.th.*** *fig.* et. (nicht gerade) gewählt ausdrücken; ***at the ~ of the pistol*** → ***pistol point***; ***at the ~ of the sword*** *fig.* unter Zwang, mit Gewalt; **2.** ⚙ a) Stecheisen *n*, b) Grabstichel *m*, Griffel *m*, c) Radiernadel *f*, d) Ahle *f*; **3.** *geogr.* a) Landspitze *f*, b) Himmelsrichtung *f*; → ***cardinal*** 1; **4.** *hunt.* a) (Geweih)Ende *n*, b) Stehen *n des Jagdhundes*; **5.** *ling.* a) *a.* ***full ~*** Punkt *m am Satzende*, b) ***~ of exclamation*** Ausrufezeichen *n*; → ***interrogation*** 1; **6.** *typ.* a) Punk'tur *f*, b) typo'graphischer Punkt (= *0,376 mm im Didot-System*); **7.** ⩓ a) Punkt *m*: ***~ of intersection*** Schnittpunkt, b) (Dezi'mal)Punkt *m*, Komma *n*; **8.** (Kompaß)Strich *m*; **9.** Auge *n*, Punkt *m auf Karten*, *Würfeln*; **10.** → ***point lace***; **11.** *phys.* Grad *m e-r Skala* (*a. ast.*), Stufe *f* (*a.* ⚙ *e-s Schalters*), Punkt *m*: ***~ of action*** Angriffspunkt (der Kraft); ***~ of contact*** Berührungspunkt; ***~ of culmination*** Kulminations-, Gipfelpunkt; ***boiling-~*** Siedepunkt; ***freezing-~*** Gefrierpunkt; ***3 ~s below zero*** 3 Grad unter Null; ***to bursting ~*** zum Bersten (*voll*); ***frankness to the ~ of insult*** *fig.* an Beleidigung grenzende Offenheit; ***up to a ~*** bis zu e-m gewissen Grad; ***when it came to the ~*** *fig.* als es so weit war, als es darauf ankam; → ***stretch*** 10; **12.** Punkt *m*, Stelle *f*, Ort *m*: ***~ of departure*** Ausgangsort; ***~ of destination*** Bestimmungsort; ***~ of entry*** ✝ Eingangshafen *m*; ***~ of lubrication*** ⚙ Schmierstelle; ***~ of view*** *fig.* Gesichts-, Standpunkt; **13.** ⚡ a) Kon'takt(punkt) *m*, b) *Brit.* 'Steckkonˌtakt *m*; **14.** *Brit.* (Kon'troll)Posten *m e-s Verkehrspolizisten*; **15.** *pl.* 🚂 *Brit.* Weichen *pl.*; **16.** Punkt *m e-s Bewertungs- od. Bewirtschaftungssystems* (*a. Börse u. sport*): ***bad ~*** *sport* Strafpunkt; ***beat*** (***win***) ***on ~s*** nach Punkten schlagen (gewinnen); ***winner on ~s*** Punktsieger *m*; ***level on ~s*** punktgleich; ***give ~s to s.o.*** a) *sport* j-m vorgeben, b) *fig.* j-m überlegen sein; **17.** *Boxen*: ‚Punkt' *m* (*Kinnspitze*); **18.** *a.* ***~ of time*** Zeitpunkt *m*, Augenblick *m*: ***at the ~ of death***; ***at this ~*** a) in diesem Augenblick, b) an dieser Stelle, hier (*a. in e-r Rede etc.*); ***be on the ~ of doing s.th.*** im Begriff sein, et. zu tun; **19.** Punkt *m e-r Tagesordnung etc.*, (Einzel-, Teil)Frage *f*: ***a case in ~*** ein einschlägiger Fall, ein Beispiel; ***the case in ~*** der vorliegende Fall; ***at all ~s*** in allen Punkten, in jeder Hinsicht; ***~ of interest*** interessante Einzelheit; ***~ of law*** Rechtsfrage; ***~ of order*** a) (Punkt der) Tagesordnung *f*, b) Verfahrensfrage *f*; ***differ on many ~s*** in vielen Punkten nicht übereinstimmen; **20.** Kernpunkt *m*, -frage *f*, springender Punkt, Sache *f*: ***beside*** (*od.* ***off***) ***the ~*** nicht zur Sache gehörig, abwegig, unerheblich; ***come to the ~*** zur Sache kommen; ***the ~*** zur Sache gehörig, (zu)treffend, exakt; ***keep*** (*od.* ***stick***) ***to the ~*** bei der Sache bleiben; ***make*** (*od.* ***score***) ***a ~*** ein Argument anbringen, s-e Ansicht durchsetzen; ***make a ~ of s.th.*** Wert *od.* Gewicht auf et. legen, auf et. bestehen; ***make the ~ that*** die Feststellung machen, daß; ***that's the ~ I wanted to make*** darauf wollte ich hinaus; ***in ~ of*** hinsichtlich (*gen.*); ***in ~ of fact*** tatsächlich; ***that is the ~!*** das ist die Frage!; ***the ~ is that*** die Sache ist die, daß; ***it's a ~ of hono(u)r to him*** das ist Ehrensache für ihn; ***you have a ~ there!*** da haben Sie nicht unrecht!; ***I take your ~!*** ich verstehe, was Sie meinen!; → ***miss²*** 1, ***press*** 8; **21.** Pointe *f e-s Witzes etc.*; **22.** Zweck *m*, Ziel *n*, Absicht *f*: ***what's your ~ in coming?***; ***carry*** (*od.* ***gain*** *od.* ***make***) ***one's ~*** sich (*od.* s-e Ansicht) durchsetzen, sein Ziel erreichen; ***there is no ~ in doing*** es hat keinen Zweck *od.* es ist sinnlos, zu tun; **23.** Nachdruck *m*: ***give ~ to one's words*** s-n Worten Nachdruck *od.* Gewicht verleihen; **24.** (her'vorstechende) Eigenschaft, (Vor)Zug *m*: ***a noble ~ in***

her ein edler Zug an ihr; ***it has its ~s*** es hat so s-e Vorzüge; ***strong ~*** starke Seite, Stärke; ***weak ~*** schwache Seite, wunder Punkt; **II** *v/t.* **25.** (an-, zu)spitzen; **26.** *fig.* pointieren; **27.** *Waffe etc.* richten (***at*** auf *acc.*): ***~ one's finger at*** (mit dem Finger) auf *j-n* deuten *od.* zeigen; ***~ (up)on*** *Augen, Gedanken etc.* richten auf (*acc.*); ***~ to*** *Kurs, Aufmerksamkeit* lenken auf (*acc.*), *j-n* bringen auf (*acc.*); **28.** ***~ out*** a) zeigen, b) *fig.* hinweisen *od.* aufmerksam machen auf (*acc.*), betonen, c) *fig.* aufzeigen (*a. Fehler*), klarmachen, d) ausführen, darlegen; **29.** ***~ off places*** ⅍ (Dezimal-) Stellen abstreichen; **30.** ***~ up*** a) △ verfugen, b) ⚙ *Fugen* glattstreichen, c) *Am. fig.* unter'streichen; **III** *v/i.* **31.** (mit dem Finger) zeigen, deuten, weisen (***at*** auf *acc.*); **32.** ***~ to*** nach *e-r Richtung* weisen *od.* liegen (*Haus etc.*); *fig.* a) hinweisen, -deuten auf (*acc.*), b) ab-, hinzielen auf (*acc.*); **33.** *hunt.* (vor)stehen (*Jagdhund*); **34.** ⚕ reifen (*Abszeß etc.*); **,~-'blank I** *adj.* **1.** schnurgerade; **2.** ⚔ Kernschuß... (*weite etc.*): ***at ~ range*** aus kürzester Entfernung; ***~ shot*** Fleckschuß *m*; **3.** unverblümt, offen; glatt (*Ablehnung*); **II** *adv.* **4.** geradewegs; **5.** *fig.* 'rundher'aus, klipp u. klar; **'~-,du·ty** *s. Brit.* (Verkehrs)Postendienst *m* (*Polizei*).

point·ed ['pɔɪntɪd] *adj.* ☐ **1.** spitz, zugespitzt, Spitz...(*-bogen, -geschoß etc.*); **2.** scharf, pointiert (*Stil, Bemerkung*), anzüglich; **3.** treffend; **'point·ed·ness** [-nɪs] *s.* **1.** Spitzigkeit *f*; **2.** *fig.* Schärfe *f*, Deutlichkeit *f*; **3.** Anzüglichkeit *f*, Spitze *f*; **'point·er** [-tə] *s.* **1.** ⚔ 'Richtschütze *m*, -kano,nier *m*; **2.** Zeiger *m*, Weiser *m* (*Uhr, Meßgerät*); **3.** Zeigestock *m*; **4.** Radiernadel *f*; **5.** *hunt.* Vorsteh-, Hühnerhund *m*; **6.** F Fingerzeig *m*, Tip *m*.

point lace *s.* genähte Spitze(n *pl.*).

point·less ['pɔɪntlɪs] *adj.* ☐ **1.** ohne Spitze, stumpf; **2.** *sport etc.* punktlos; **3.** *fig.* witzlos, ohne Pointe; **4.** *fig.* sinn-, zwecklos.

'point-po,lice·man [-mən] *s.* [*irr.*] → ***pointsman*** 2; **points·man** ['pɔɪntsmən] *s.* [*irr.*] *Brit.* **1.** 🚂 Weichensteller *m*; **2.** Ver'kehrspoli,zist *m*; **point system** *s.* **1.** *sport, ped. etc.* 'Punktsys,tem *n* (*a. typ.*); **2.** Punktschrift *f für Blinde*; **,point-to-'point (race)** *s.* Geländejagdrennen *n*.

poise [pɔɪz] **I** *s.* **1.** Gleichgewicht *n*; **2.** Schwebe *f* (*a. fig. Unentschiedenheit*); **3.** (*Körper-, Kopf*)Haltung *f*; **4.** *fig.* sicheres Auftreten; Gelassenheit *f*; Haltung *f*; **II** *v/t.* **5.** im Gleichgewicht halten; *et.* balancieren: ***be ~d*** a) im Gleichgewicht sein, b) gelassen *od.* ausgeglichen sein, c) *fig.* schweben: ***~d for*** bereit zu; **6.** *Kopf, Waffe etc.* halten; **III** *v/i.* **7.** schweben.

poi·son ['pɔɪzn] **I** *s.* **1.** Gift *n* (*a. fig.*): ***what is your ~?*** F was wollen Sie trinken?; **II** *v/t.* **2.** (***o.s.*** sich) vergiften (*a. fig.*); **3.** ⚕ infizieren; **'poi·son·er** [-nə] *s.* **1.** Giftmörder(in), Giftmischer(in); **2.** *fig.* Vergifter(in), ‚Giftspritze' *f*.

'poi·son|-fang *s. zo.* Giftzahn *m*; ***~ gas*** *s.* ⚔ Kampfstoff *m*, *bsd.* Giftgas *n*.

poi·son·ing ['pɔɪznɪŋ] *s.* **1.** Vergiftung *f*; **2.** Giftmord *m*; **'poi·son·ous** [-nəs] *adj.* ☐ **1.** giftig (*a. fig.*) Gift...; **2.** F ekelhaft.

,poi·son-'pen let·ter *s.* verleumderischer *od.* ob'szöner (*anonymer*) Brief.

poke[1] [pəʊk] **I** *v/t.* **1.** *j-n* stoßen, puffen, knuffen: ***~ s.o. in the ribs*** j-m e-n Rippenstoß geben; **2.** *Loch* stoßen (***in*** in *acc.*); **3.** *a.* ***~ up*** *Feuer* schüren; **4.** *Kopf* vorstrecken, *Nase etc. wohin* stecken: ***she ~s her nose into everything*** sie steckt überall ihre Nase hinein; **5.** ***~ fun at s.o.*** sich über j-n lustig machen; **II** *v/i.* **6.** stoßen (***at*** nach); stöbern (***into*** in *dat.*): ***~ about*** (herum)tasten, -tappen (***for*** nach); **7.** *fig.* a) *a.* ***~ and pry*** (her'um)schnüffeln, b) sich einmischen (***into*** in *acc.*); **8.** *a.* ***~ about*** F (her'um)trödeln, bummeln; **III** *s.* **9.** (Rippen)Stoß *m*, Puff *m*, Knuff *m*; **10.** *Am.* → ***slowpoke***.

poke[2] [pəʊk] *s. obs.* Spitztüte *f*; → ***pig*** 1.

'poke-bon·net *s.* Kiepe(nhut *m*) *f*.

pok·er[1] ['pəʊkə] *s.* Schürhaken *m*: ***be as stiff as a ~*** steif wie ein Stock sein.

po·ker[2] ['pəʊkə] *s.* Poker(spiel) *n*.

pok·er| face *s.* Pokergesicht *n* (*unbewegtes, undurchdringliches Gesicht, a. Person*); ***~ work*** *s.* Brandmale'rei *f*.

pok·y ['pəʊkɪ] *adj.* **1.** eng, winzig; **2.** 'unelegant: ***~ dress***; **3.** langweilig, ‚lahm' (*a. Mensch*).

po·lar ['pəʊlə] **I** *adj.* ☐ **1.** po'lar (*a. phys.*, ⅍), Polar...: ***~ air*** Polarluft *f*, polare Kaltluft; ***~ fox*** Polarfuchs *m*; ***~ lights*** Polarlicht *n*; ***♀ Sea*** Polar-, Eismeer *n*; **2.** *fig.* po'lar, genau entgegengesetzt (wirkend); **II** *s.* **3.** ⅍ Po'lare *f*; ***~ ax·is*** *s.* ⅍, *ast.* Po'larachse *f*; ***~ bear*** *s. zo.* Eisbär *m*; ***~ cir·cle*** *s. geogr.* Po'larkreis *m*.

po·lar·i·ty [pəʊ'lærətɪ] *s. phys.* Polari'tät *f* (*a. fig.*): ***~ indicator*** ⚡ Polsucher *m*;

po·lar·i·za·tion [ˌpəʊləraɪˈzeɪʃn] *s.* ⚡, *phys.* Polarisatiˈon *f*; *fig.* Polarisierung *f*; **po·lar·ize** [ˈpəʊləraɪz] *v/t.* ⚡, *phys.* polarisieren (*a. fig.*); **po·lar·iz·er** [ˈpəʊləraɪzə] *s. phys.* Polariˈsator *m.*

pole¹ [pəʊl] **I** *s.* **1.** Pfosten *m*, Pfahl *m*; **2.** (*Bohnen-, Telegraphen-, Zelt- etc.*) Stange *f*; (*sport* Sprung)Stab *m*; (Wagen)Deichsel *f*; ⚡ (Leitungs)Mast *m*; (Schi)Stock *m*: **~ *jumper*** *sport* Stabhochspringer; ***be up the ~*** *sl.* a) in der Tinte sitzen, b) verrückt sein; **3.** ⚓ a) Flaggenmast *m*, b) Schifferstange *f*: ***under bare ~s*** ⚓ vor Topp und Takel; **4.** (Meß)Rute *f* (*5,029 Meter*); **II** *v/t.* **5.** *Boot* staken; **6.** *Bohnen etc.* stängen.

pole² [pəʊl] *s.* **1.** *ast., biol., geogr., phys.* Pol *m*: ***celestial ~*** Himmelspol; ***negative ~*** *phys.* negativer Pol, ⚡ *a.* Kathode *f*; → ***positive*** 8; **2.** *fig.* Gegenpol *m*, entgegengesetztes Exˈtrem: ***they are ~s apart*** Welten trennen sie.

Pole³ [pəʊl] *s.* Pole *m*, Polin *f.*

pole| aer·i·al *s.* ˈStabanˌtenne *f*; ˈ**~·ax(e)** *s.* **1.** Streitaxt *f*; **2.** ⚓ a) *hist.* Enterbeil *n*, b) Kappbeil *n*; **3.** Schlächterbeil *n*; ˈ**~·cat** *s. zo.* **1.** Iltis *m*; **2.** *Am.* Skunk *m*; **~ chang·er** *s.* ⚡ Polwechsler *m*; **~ charge** *s.* ⚔ gestreckte Ladung; **~ jump** *etc.* → ***polevault*** *etc.*

po·lem·ic [pɒˈlemɪk] **I** *adj.* (□ ***~ally***) **1.** poˈlemisch, Streit…; **II** *s.* **2.** Poˈlemiker (-in); **3.** Poˈlemik *f*; **poˈlem·i·cist** [-ɪsɪst] *s.* Poˈlemiker(in); **poˈlem·ics** [-ks] *s. pl. sg. konstr.* Poˈlemik *f.*

pole| star *s. ast.* Poˈlarstern *m*; *fig.* Leitstern *m*; **~ vault** *s. sport* Stabhochsprung *m*; ˈ**~-vault** *sport v/i.* stabhochspringen; **~ vault·er** *s. sport* Stabhochspringer *m.*

po·lice [pəˈliːs] **I** *s.* **1.** Poliˈzei(behörde, -truppe) *f*; **2.** *coll. pl. konstr.* Poliˈzei *f*, *einzelne* Poliˈzisten *pl.*: ***five ~***; **3.** ⚔ *Am.* Ordnungsdienst *m*: ***kitchen ~*** Küchendienst; **II** *v/t.* **4.** (poliˈzeilich) überˈwachen; **5.** *fig.* kontrollieren, überˈwachen; **6.** ⚔ *Am. Kaserne etc.* säubern, in Ordnung halten; **III** *adj.* **7.** poliˈzeilich, Polizei…(*-gericht, -gewalt, -staat etc.*): **~ blot·ter** *s. Am.* Dienstbuch *n*; **~ con·sta·ble** → ***policeman*** 1; **~ dog** *s.* **1.** Poliˈzeihund *m*; **2.** (deutscher) Schäferhund; **~ force** *s.* Poliˈzei(truppe) *f*; **~·man** [-mən] *s.* [*irr.*] **1.** Poliˈzist *m*, Schutzmann *m*; **2.** *zo.* Solˈdat *m* (*Ameise*); **~ of·fi·cer** *s.* Poliˈzeibeamte(r) *m*, Poliˈzist *m*; **~ rec·ord** *s.* ˈVorstrafenreˌgister *n*; **~ sta·tion** *s.* Poliˈzeiwache *f*, -reˌvier *n*; **~ trap** *s.* Autofalle *f*; **~ˌwo·man** *s.* Poliˈzistin *f.*

pol·i·clin·ic [ˌpɒlɪˈklɪnɪk] *s.* ⚕ Poliklinik *f*, Ambuˈlanz *f.*

pol·i·cy¹ [ˈpɒlɪsɪ] *s.* **1.** Verfahren(sweise *f*) *n*, Taktik *f*, Poliˈtik *f*: ***marketing ~*** ✝ Absatzpolitik *e-r Firma*; ***honesty is the best ~*** ehrlich währt am längsten; ***the best ~ would be to*** (*inf.*) das Beste *od.* Klügste wäre, zu (*inf.*); **2.** Poliˈtik *f* (*Wege u. Ziele der Staatsführung*), poˈlitische Linie: ***foreign ~*** Außenpolitik; ***~ adviser*** (politischer) Berater; **3.** ***public ~*** ⚖ Rechtsordnung *f*: ***against public ~*** sittenwidrig; **4.** Klugheit *f*: a) Zweckmäßigkeit *f*, b) Schlauheit *f.*

pol·i·cy² [ˈpɒlɪsɪ] *s.* **1.** (Verˈsicherungs-) Poˌlice *f*, Versicherungsschein *m*; **2.** *a.* ***~ racket*** *Am.* Zahlenlotto *n*; ˈ**~ˌhold·er** *s.* Versicherungsnehmer(in), Poˈliceninhaber(in); ˈ**~-ˌmak·ing** *adj.* die Richtlinien der Poliˈtik bestimmend.

pol·i·o [ˈpəʊlɪəʊ] *s.* ⚕ F **1.** Polio *f*; **2.** Polio-Fall *m.*

pol·i·o·my·e·li·tis [ˌpəʊlɪəʊmaɪəˈlaɪtɪs] *s.* ⚕ spiˈnale Kinderlähmung, Poliomyeˈlitis *f.*

Pol·ish¹ [ˈpəʊlɪʃ] **I** *adj.* polnisch; **II** *s. ling.* Polnisch *n.*

pol·ish² [ˈpɒlɪʃ] **I** *v/t.* **1.** polieren, glätten; *Schuhe etc.* wichsen; ⚙ abschleifen, -schmirgeln, glanzschleifen; **2.** *fig.* abschleifen, verfeinern: ***~ off*** F a) *Gegner* ‚erledigen', b) *Arbeit* ‚hinhauen' (*schnell erledigen*), c) *Essen* ‚wegputzen', ‚verdrücken' (*verschlingen*); ***~ up*** aufpolieren (*a. fig. Wissen auffrischen*); **II** *v/i.* **3.** glänzend werden; sich polieren lassen; **III** *s.* **4.** Poliˈtur *f*, (Hoch)Glanz *m*, Glätte *f*: ***give s.th. a ~*** et. polieren; **5.** Poliermittel *n*, Poliˈtur *f*; Schuhcreme *f*; Bohnerwachs *n*; **6.** *fig.* Schliff *m* (*feine Sitten*); **7.** *fig.* Glanz *m*; ˈ**pol·ished** [-ʃt] *adj.* **1.** poliert, glatt, glänzend; **2.** *fig.* geschliffen: a) höflich, b) gebildet, fein, c) brilˈlant; ˈ**pol·ish·er** [-ʃə] *s.* **1.** Polierer *m*, Schleifer *m*; **2.** ⚙ a) Polierfeile *f*, -stahl *m*, -scheibe *f*, -bürste *f*, b) Poˈliermaˌschine *f*; **3.** Poliermittel *n*, Poliˈtur *f*; ˈ**pol·ish·ing** [-ʃɪŋ] **I** *s.* Polieren *n*, Glätten *n*, Schleifen *n*; **II** *adj.* Polier…, Putz…: ***~ file*** Polierfeile *f*; ***~ powder*** Polier-, Schleifpulver *n*; ***~ wax*** Bohnerwachs *n.*

po·lite [pəˈlaɪt] *adj.* □ **1.** höflich, artig (***to*** gegen); **2.** verfeinert, fein: ***~ arts*** schöne Künste; ***~ letters*** schöne Literatur, Belletristik; **poˈlite·ness** [-nɪs] *s.* Höflichkeit *f.*

pol·i·tic [ˈpɒlɪtɪk] *adj.* □ **1.** diploˈmatisch; **2.** *fig.* diploˈmatisch, (welt)klug, berechnend, poˈlitisch; **3.** poˈlitisch:

body ~ Staatskörper *m*; **po·lit·i·cal** [pəˈlɪtɪkl] *adj.* □ **1.** poˈlitisch: ~ ***economy*** Volkswirtschaft *f*; ~ ***science*** Politologie *f*; ~ ***scientist*** Politologe *m*, Politikwissenschaftler *m*; ***a*** ~ ***issue*** ein Politikum; **2.** staatlich, Staats…: ~ ***system*** Regierungssystem *n*; **pol·i·ti·cian** [ˌpɒlɪˈtɪʃn] *s.* **1.** Poˈlitiker *m*; **2.** a) (Parˈtei)Poˌlitiker *m* (*a. contp.*), b) *Am.* poˈlitischer Opportuˈnist; **po·lit·i·cize** [pəˈlɪtɪsaɪz] *v/i. u. v/t. allg.* politisieren; **po·lit·i·co** [pəˈlɪtɪkəʊ] *Am.* F *für* ***politician*** 2.

politico- [pəlɪtɪkəʊ] *in Zssgn* politisch-…: ~***-economical*** wirtschaftspolitisch.

pol·i·tics [ˈpɒlɪtɪks] *s. pl. oft sg. konstr.* **1.** Poliˈtik *f*, Staatskunst *f*; **2.** (Parˈtei-, ˈStaats)Poliˌtik: ***enter*** ~ ins politische Leben (ein)treten; **3.** poˈlitische Überˈzeugung *od.* Richtung: ***what are his*** ~? wie ist er politisch eingestellt?; **4.** *fig.* (Interˈessen)Poliˌtik *f*; **5.** *Am.* (politische) Machenschaften *pl.*: ***play*** ~ Winkelzüge machen, manipulieren; ˈ**pol·i·ty** [-ɪtɪ] *s.* **1.** Regierungsform *f*, Verfassung *f*, politische Ordnung; **2.** Staats-, Gemeinwesen *n*, Staat *m*.

pol·ka [ˈpɒlkə] **I** *s.* ♪ Polka *f*; **II** *v/i.* Polka tanzen; ~ **dot** *s.* Punktmuster *n* (*auf Textilien*).

poll[1] [pəʊl] **I** *s.* **1.** *bsd. dial. od. humor.* (Hinter)Kopf *m*; **2.** (ˈEinzel)Perˌson *f*; **3.** Abstimmung *f*, Stimmabgabe *f*, Wahl *f*: ***poor*** ~ geringe Wahlbeteiligung; **4.** Wählerliste *f*; **5.** a) Stimmenzählung *f*, b) Stimmenzahl *f*; **6.** *mst pl.* ˈWahlloˌkal *n*: ***go to the*** ~***s*** zur Wahl (-urne) gehen; **7.** (Ergebnis *n* e-r) (ˈMeinungs)ˌUmfrage *f*; **II** *v/t.* **8.** *Haar etc.* stutzen, (*a. Tier*) scheren; *Baum* kappen; *Pflanze* köpfen; *e-m Rind* die Hörner stutzen; **9.** in die Wahlliste eintragen; **10.** *Wahlstimmen* erhalten, auf sich vereinigen; **11.** *Bevölkerung* befragen; **III** *v/i.* **12.** s-e Stimme abgeben, wählen: ~ ***for*** stimmen für.

poll[2] [pɒl] *s. univ. Brit. sl.* **1.** *coll.* ***the*** ♀ *Studenten, die sich nur auf den* ***poll degree*** (→ 2) vorbereiten; **2.** *a.* ~ ***examination*** (leichteres) Bakkalaureˈatsexˌamen: ~ ***degree*** *nach Bestehen dieses Examens erlangter Grad.*

poll[3] [pəʊl] **I** *adj.* hornlos: ~ ***cattle***; **II** *s.* hornloses Rind.

pol·lack [ˈpɒlək] *pl.* **-lacks**, *bsd. coll.* **-lack** *s.* Pollack *m* (*Schellfisch*).

pol·lard [ˈpɒləd] **I** *s.* **1.** gekappter Baum; **2.** *zo.* a) hornloses Tier, b) Hirsch, der sein Geweih abgeworfen hat; **3.** (Weizen)Kleie *f*; **II** *v/t.* **4.** *Baum etc.* kappen, stutzen.

ˈ**poll·book** *s.* Wählerliste *f*.

pol·len [ˈpɒlən] *s.* ⚘ Pollen *m*, Blütenstaub *m*: ~ ***catarrh*** Heuschnupfen *m*; ~ ***sac*** Pollensack *m*; ~ ***tube*** Pollenschlauch *m*; ˈ**pol·li·nate** [-neɪt] *v/t. bot.* bestäuben, befruchten.

poll·ing [ˈpəʊlɪŋ] **I** *s.* **1.** Wählen *n*, Wahl *f*; **2.** Wahlbeteiligung *f*: ***heavy*** (***poor***) ~ starke (geringe) Wahlbeteiligung; **II** *adj.* **3.** Wahl…: ~ ***booth*** Wahlzelle *f*; ~ ***district*** Wahlkreis *m*; ~ ***place*** *Am.*, ~ ***station*** *bsd. Brit.* Wahllokal *n*.

pol·lock [ˈpɒlək] → ***pollack***.

poll·ster [ˈpəʊlstə] *s. Am.* Meinungsforscher *m*, Interˈviewer *m*.

ˈ**poll-tax** *s.* Kopfsteuer *f*, -geld *n*.

pol·lu·tant [pəˈlu:tənt] *s.* Schadstoff *m*; **pol·lute** [pəˈlu:t] *v/t.* **1.** beflecken (*a. fig. Ehre etc.*), beschmutzen; **2.** *Wasser etc.* verunreinigen, *Umwelt etc.* verschmutzen; **3.** *fig.* besudeln; *eccl.* entweihen; *moralisch* verderben; **polˈlu·ter** [-tə] *s.* ˈUmweltverschmutzer *m*, -sünder *m*; **polˈlu·tion** [-u:ʃn] *s.* **1.** Befleckung *f*, Verunreinigung *f* (*a. fig.*); **2.** *fig.* Entweihung *f*, Schändung *f*; **3.** *physiol.* Pollutiˈon *f*; **4.** (ˈUmwelt-, Luft-, Wasser)Verschmutzung *f*: ~ ***control*** Umweltschutz *m*; **polˈlu·tive** [-tɪv] *adj.* ˈumweltverschmutzend, -feindlich.

po·lo [ˈpəʊləʊ] *s. sport* Polo *n*: ~ (***neck***) Rollkragen(pullover) *m*; ~ ***shirt*** Polohemd *n*.

po·lo·ny [pəˈləʊnɪ] *s.* grobe Zerveˈlatwurst.

pol·troon [pɒlˈtru:n] *s.* Feigling *m*.

poly- [pɒlɪ] *in Zssgn* Viel…, Mehr…, Poly…; **pol·y·an·drous** [ˌpɒlɪˈændrəs] *adj.* ⚘, *zo.*, *sociol.* polyˈandrisch; ˌ**pol·y·aˈtom·ic** *adj.* ⚗ ˈviel-, ˈmehraˌtomig; ˌ**pol·yˈbas·ic** *adj.* ⚗ mehrbasig; ˌ**pol·y·chroˈmat·ic** *adj.* (□ ~***ally***) viel-, mehrfarbig; ˈ**pol·y·chrome I** *adj.* **1.** viel-, mehrfarbig, bunt: ~ ***printing*** Bunt-, Mehrfarbendruck; **II** *s.* **2.** Vielfarbigkeit *f*; **3.** buntbemalte Plastik; ˌ**pol·yˈclin·ic** *s.* Klinik *f* (für alle Krankheiten).

po·lyg·a·mist [pəˈlɪgəmɪst] *s.* Polygaˈmist(in); **poˈlyg·a·mous** [-məs] *adj.* polyˈgam(isch ⚘, *zo.*); **poˈlyg·a·my** [-mɪ] *s.* Polygaˈmie *f* (*a. zo.*), Mehrehe *f*, Vielweibeˈrei *f*.

pol·y·glot [ˈpɒlɪglɒt] **I** *adj.* **1.** vielsprachig; **II** *s.* **2.** Polyˈglotte *f* (*Buch in mehreren Sprachen*); **3.** Polyˈglotte(r *m*) *f* (*Person*).

pol·y·gon ['pɒlɪgən] *s.* & a) Poly'gon *n*, Vieleck *n*, b) Polygo'nalzahl *f*: ~ ***of forces*** *phys.* Kräftepolygon; **po·lyg·o·nal** [pɒ'lɪgənl] *adj.* polygo'nal, vieleckig.

po·lyg·y·ny [pə'lɪdʒɪnɪ] *s. allg.* Polygy'nie *f*.

pol·y·he·dral [ˌpɒlɪ'hedrl] *adj.* & poly'edrisch, vielflächig, Polyeder...; ˌ**pol·y'he·dron** [-rən] *s.* & Poly'eder *n*.

pol·y·mer·ic [ˌpɒlɪ'merɪk] *adj.* ⚗ ˌpoly'mer; **po·lym·er·ism** [pə'lɪmərɪzəm] *s.* Polyme'rie *f*; **pol·y·mer·ize** [pə'lɪməraɪz] ⚗ **I** *v/t.* polymerisieren; **II** *v/i.* poly'mere Körper bilden.

pol·y·mor·phic [ˌpɒlɪ'mɔ:fɪk] *adj.* poly'morph, vielgestaltig.

Pol·y·ne·sian [ˌpɒlɪ'ni:zjən] **I** *adj.* **1.** poly'nesisch; **II** *s.* **2.** Poly'nesier(in); **3.** *ling.* Poly'nesisch *n*.

pol·y·no·mi·al [ˌpɒlɪ'nəʊmjəl] **I** *adj.* & poly'nomisch, vielglied(e)rig; **II** *s.* & Poly'nom *n*.

pol·yp(e) ['pɒlɪp] *s.* ⚕, *zo.* Po'lyp *m*.

'**pol·y·phase** *adj.* ⚡ mehrphasig: ~ ***current*** Mehrphasen-, Drehstrom *m*; ˌ**pol·y'phon·ic** [-'fɒnɪk] *adj.* **1.** vielstimmig, mehrtönig; **2.** ♪ poly'phon, kontra'punktisch; **3.** *ling.* pho'netisch mehrdeutig; '**pol·y·pod** [-pɒd] *s. zo.* Vielfüßer *m*.

pol·y·pus ['pɒlɪpəs] *pl.* **-pi** [-paɪ] *s.* **1.** *zo.* Po'lyp *m*, Tintenfisch *m*; **2.** ⚕ Po'lyp *m*.

pol·y·sty·rene [ˌpɒlɪ'staɪri:n] *s.* ⚗ Styro'por *n*.

ˌ**pol·y·syl'lab·ic** *adj.* mehr-, vielsilbig; '**pol·yˌsyl·la·ble** *s.* vielsilbiges Wort; ˌ**pol·y'tech·nic I** *adj.* poly'technisch; **II** *s.* poly'technische Schule, Poly'technikum *n*; '**pol·y·the·ism** *s.* Polythe'ismus *m*, Vielgötte'rei *f*; **pol·y·thene** ['pɒlɪθi:n] *s.* ⚗ Polyäthy'len *n*: ~ ***bag*** Plastiktüte *f*; ˌ**pol·y'trop·ic** *adj.* &, *biol.* poly'trop(isch); ˌ**pol·y'va·lent** *adj.* ⚗ polyva'lent, mehrwertig.

pol·y·zo·on [ˌpɒlɪ'zəʊɒn] *pl.* **-'zo·a** [-ə] *s.* Moostierchen *n*.

pom [pɒm] → ***pommy***.

po·made [pə'mɑ:d] **I** *s.* Po'made *f*; **II** *v/t.* pomadisieren, mit Po'made einreiben.

po·man·der [pəʊ'mændə] *s.* Duftkugel *f*.

po·ma·tum [pəʊ'meɪtəm] → ***pomade***.

pome [pəʊm] *s.* **1.** ⚘ Apfel-, Kernfrucht *f*; **2.** *hist.* Reichsapfel *m*.

pome·gran·ate ['pɒmɪˌgrænɪt] *s.* **1.** *a.* ~ ***tree*** Gra'natapfelbaum *m*; **2.** *a.* ~ ***apple*** Gra'natapfel *m*.

Pom·er·a·nian [ˌpɒmə'reɪnjən] **I** *adj.* **1.** pommer(i)sch; **II** *s.* **2.** Pommer(in); **3.** *a.* ~ ***dog*** Spitz *m*.

po·mi·cul·ture ['pəʊmɪˌkʌltʃə] *s.* Obstbaumzucht *f*.

pom·mel ['pʌml] **I** *s.* (Degen-, Sattel-, Turm)Knopf *m*, Knauf *m*; **II** *v/t.* mit den Fäusten bearbeiten, schlagen.

pom·my ['pɒmɪ] *s. sl. brit.* Einwanderer *m* (in Au'stralien *od.* Neu'seeland).

pomp [pɒmp] *s.* Pomp *m*, Prunk *m*.

pom·pon ['pɔ̃:mpɔ̃:ŋ] (*Fr.*) *s.* Troddel *f*, Quaste *f*.

pom·pos·i·ty [pɒm'pɒsətɪ] *s.* **1.** Prunk *m*; Pomphaftigkeit *f*, Prahle'rei *f*; wichtigtuerisches Wesen; **2.** Bom'bast *m*, Schwülstigkeit *f* (*im Ausdruck*); **pompous** ['pɒmpəs] *adj.* □ **1.** pom'pös, prunkvoll; **2.** wichtigtuerisch, aufgeblasen; **3.** bom'bastisch, schwülstig (*Sprache*).

ponce [pɒns] *Brit. sl.* **I** *s.* **1.** Zuhälter *m*; **2.** ‚Homo' *m*; **II** *v/i.* **3.** Zuhälter sein; '**ponc·ing** [-sɪŋ] *s. Brit. sl.* Zuhälte'rei *f*.

pon·cho ['pɒntʃəʊ] *pl.* **-chos** [-z] *s.* Poncho *m*, 'Umhang *m*.

pond [pɒnd] *s.* Teich *m*, Weiher *m*: ***horse*** ~ Pferdeschwemme *f*; ***big*** ~ ‚Großer Teich' (*Atlantik*).

pon·der ['pɒndə] **I** *v/i.* nachdenken, -sinnen, (nach)grübeln (***on***, ***upon***, ***over*** über *acc.*): ~ ***over s.th.*** et. überlegen; **II** *v/t.* über'legen, nachdenken über (*acc.*): ~ ***one's words*** s-e Worte abwägen; ~***ing silence*** nachdenkliches Schweigen; **pon·der·a·bil·i·ty** [ˌpɒndərə'bɪlətɪ] *s. phys.* Wägbarkeit *f*; '**pon·der·a·ble** [-dərəbl] *adj.* wägbar (*a. fig.*); **pon·der·os·i·ty** [ˌpɒndə'rɒsətɪ] *s.* **1.** Gewicht *n*, Schwere *f*, Gewichtigkeit *f*; **2.** *fig.* Schwerfälligkeit *f*; '**pon·der·ous** [-dərəs] *adj.* □ **1.** schwer, massig, gewichtig; **2.** *fig.* schwerfällig (*Stil*); '**pon·der·ous·ness** [-dərəsnɪs] → ***ponderosity***.

pone[1] [pəʊn] *s. Am.* Maisbrot *n*.

po·ne[2] ['pəʊnɪ] *s. Kartenspiel*: **1.** Vorhand *f*; **2.** Spieler, der abhebt.

pong [pɒŋ] **I** *s.* **1.** dumpfes Dröhnen; **2.** *Br. sl.* Gestank *m*, ‚Mief' *m*; **II** *v/i.* **3.** dröhnen; **4.** *Br. sl.* stinken; **5.** *sl. thea.* improvisieren.

pon·tiff ['pɒntɪf] *s.* **1.** Hohe'priester *m*; **2.** Papst *m*; **pon·tif·i·cal** [pɒn'tɪfɪkl] *adj.* □ **1.** *antiq.* (ober)priesterlich; **2.** *R.C.* pontifi'kal: a) bischöflich, b) *bsd.* päpstlich: ♀ ***Mass*** Pontifikalamt *n*; **3.** *fig.* a) feierlich, würdig, b) päpstlich, über'heblich; **pon·tif·i·cate I** *s.* [pɒn'tɪfɪkət] Pontifi'kat *n*; **II** *v/i.* [-keɪt] a) sich päpstlich gebärden, b) ~ (***on***) sich dogmatisch auslassen (über); **'pon·ti·fy** [-ɪfaɪ] → ***pontificate*** II.

pon·toon¹ [pɒn'tu:n] *s.* **1.** Pon'ton *m*, Brückenkahn *m*: ~ ***bridge*** Ponton-, Schiffsbrücke *f*; ~ ***train*** ⚔ Brückenkolonne *f*; **2.** ⚓ Kielleichter *m*, Prahm *m*; **3.** ✈ Schwimmer *m*.

pon·toon² [pɒn'tu:n] *s. Brit.* 'Siebzehnund'vier *n* (*Kartenspiel*).

po·ny ['pəʊnɪ] **I** *s.* **1.** *zo.* Pony *n*: a) kleines Pferd, b) *Am. a.* Mustang *m*, c) *pl. sl.* Rennpferde *pl.*; **2.** *Brit. sl.* £ 25; **3.** *Am.* F ‚Klatsche' *f*, Eselsbrücke *f* (*Übersetzungshilfe*); **4.** *Am.* F a) kleines (Schnaps- *etc.*)Glas, b) Gläs-chen *n* Schnaps *etc.*; **5.** *Am. et.* ‚im Westentaschenformat', Miniatur… (*z.B. Auto, Zeitschrift*); **II** *v/t.* **6.** ~ ***up*** *Am. sl.* berappen, bezahlen; ~ **en·gine** *s.* 🚂 Ran'gierlokomoˌtive *f*; ~ **tail** *s.* Pferdeschwanz *m* (*Frisur*).

pooch [pu:tʃ] *s. Am. sl.* Köter *m*.

poo·dle ['pu:dl] *s. zo.* Pudel *m*.

poof [pu:f] *Brit. sl.* ‚Schwule(r)' *m*, ‚Homo' *m*.

pooh [pu:] *int. contp.* pah!; **ˌ~-'pooh** *v/t.* geringschätzig behandeln, *et.* als unwichtig abtun, die Nase rümpfen über (*acc.*), *et.* verlachen.

pool¹ [pu:l] *s.* **1.** Teich *m*, Tümpel *m*; **2.** Pfütze *f*, Lache *f*: ~ ***of blood*** Blutlache; **3.** (Schwimm)Becken *n*; **4.** *geol.* pe'troleumhaltige Ge'steinsparˌtie; **5.** ⚙ Schmelzbad *n*.

pool² [pu:l] **I** *s.* **1.** *Kartenspiel*: a) (Gesamt)Einsatz *m*, b) (Spiel)Kasse *f*; **2.** *mst pl.* (Fußball- *etc.*)Toto *m, n*; **3.** *Billard*: a) *Brit.* Poulespiel *n* (*mit Einsatz*), b) *Am.* Poolbillard *n*; **4.** *fenc.* Ausscheidungsrunde *f*; **5.** ✝ a) Pool *m*, Kar'tell *n*, Ring *m*, Inter'essengemeinschaft *f*, b) *a.* ***working*** ~ Arbeitsgemeinschaft *f*, c) (Preis- *etc.*)Abkommen *n*; **6.** ✝ gemeinsamer Fonds; **7.** ~ (***of players***) *sport* a) Kader *m*, b) Aufgebot *n*, Auswahl *f*; **II** *v/t.* **8.** ✝ *Geld, Kapital* zs.-legen: ~ ***funds*** zs.-schießen; *Gewinn* unterein'ander (ver)teilen; *Geschäftsrisiko* verteilen; **9.** ✝ zu e-m Ring vereinigen; **10.** *fig. Kräfte, Wissen etc.* vereinigen, zs.-tun; **III** *v/i.* **11.** ein Kar'tell bilden; **'~·room** *s. Am.* **1.** Billardzimmer *n*; **2.** 'Spielsaˌlon *m*; **3.** Wettannahmestelle *f*.

poop¹ [pu:p] ⚓ **I** *s.* **1.** Heck *n*; **2.** *a.* ~ ***deck*** Achterdeck *n*; **3.** *obs.* Achterhütte *f*; **II** *v/t.* **4.** *Schiff* von hinten treffen (*Sturzwelle*): ***be ~ed*** e-e Sturzsee von hinten bekommen.

poop² [pu:p] **I** *v/i.* **1.** tuten; **2.** ‚pupen', furzen; **II** *v/t.* **3.** *sl. j-n* ‚auspumpen': ***~ed*** (***out***) ‚fix u. fertig'.

poor [pʊə] **I** *adj.* □ → ***poorly*** II; **1.** arm, mittellos, (unter'stützungs)bedürftig: ~ ***person*** ⚖ Arme(r *m*) *f*; **2.** *fig.* arm(selig), ärmlich, dürftig (*Kleidung, Mahlzeit etc.*); **3.** dürr, mager (*Boden, Erz, Vieh etc.*), schlecht, unergiebig (*Ernte etc.*): ~ ***coal*** Magerkohle *f*; **4.** *fig.* arm (***in*** an *dat.*); schlecht, mangelhaft, schwach (*Gesundheit, Leistung, Spieler, Sicht, Verständigung etc.*): ~ ***consolation*** schwacher Trost; ***a ~ lookout*** schlechte Aussichten; ***a ~ night*** e-e schlechte Nacht; **5.** *fig. contp.* jämmerlich, traurig: ***in my ~ opinion*** *iro.* m-r unmaßgeblichen Meinung nach; **6.** F arm, bedauernswert: ~ ***me!*** *humor.* ich Ärmste(r)!; **II** *s.* **7.** ***the ~*** die Armen *pl.*; **'~·house** *s. hist.* Armenhaus *n*; ~ **law** *s. hist.* **1.** ⚖ Armenrecht *n*; **2.** *pl.* öffentliches Fürsorgerecht.

poor·ly ['pʊəlɪ] **I** *adj.* **1.** unpäßlich, kränklich: ***he looks ~*** er sieht schlecht aus; **II** *adv.* **2.** armselig, dürftig: ***he is ~ off*** es geht ihm schlecht; **3.** *fig.* schlecht, dürftig, schwach: ~ ***gifted*** schwachbegabt; ***think ~ of*** nicht viel halten von; **'poor·ness** [-nɪs] *s.* **1.** Armut *f*, Mangel *m*; *fig.* Armseligkeit *f*, Ärmlichkeit *f*, Dürftigkeit *f*; **2.** ⛏ Magerkeit *f*, Unfruchtbarkeit *f* (*des Bodens*); *min.* Unergiebigkeit *f*.

poove [pu:v] *s.* → ***poof***; **'poov·y** *adj.* ‚schwul'.

pop¹ [pɒp] **I** *v/i.* **1.** knallen, puffen, losgehen (*Flaschenkork, Feuerwerk etc.*); **2.** aufplatzen (*Kastanien, Mais*); **3.** F knallen, ‚ballern' (***at*** auf *acc.*); **4.** *mit adv.* flitzen, huschen: ~ ***in*** hereinplatzen, auf e-n Sprung vorbeikommen (*Besuch*); ~ ***off*** F a) ‚abhauen', sich aus dem Staub machen, plötzlich verschwinden, b) einnicken, c) ‚abkratzen' (*sterben*), d) *Am. sl.* ‚das Maul aufreißen'; ~ ***up*** (plötzlich) auftauchen; **5.** *a.* ~ ***out*** aus den Höhlen treten (*Augen*); **II** *v/t.* **6.** knallen *od.* platzen lassen; *Am. Mais* rösten; **7.** F *Gewehr etc.* abfeuern; **8.** abknallen, -schießen; **9.** schnell *wohin* tun *od.* stecken: ~ ***one's head in the door***, ~ ***on*** *Hut* aufstülpen; **10.** her'ausplatzen mit (*e-r Frage etc.*): ~ ***the question*** F (***to*** *e-r Dame*) e-n Heiratsantrag machen; **11.** *Brit. sl.* versetzen, verpfänden; **III** *s.* **12.** Knall *m*, Puff *m*, Paff *m*; **13.** F Schuß *m*: ***take a ~ at*** schießen nach; **14.** *Am. sl.* Pi'stole *f*; **15.** F ‚Limo' *f* (*Limonade*); **16.** ***in ~*** *Brit. sl.* versetzt, verpfändet; **IV** *int.*

17. puff!, paff!, husch!, zack!; **V** *adv.* **18.** a) mit e-m Knall, b) plötzlich: ***go ~*** knallen, platzen.

pop² [pɒp] *s. Am.* F **1.** Pa'pa *m*, Papi *m*; **2.** ‚Opa' *m*, Alter *m*.

pop³ [pɒp] F **I** *s.* **1.** *a.* ***~ music*** 'Schlager-, 'Popmu͵sik *f*; **2.** *a.* ***~ song*** Schlager *m*; **II** *adj.* **3.** Schlager…: ***~ group*** Popgruppe *f*; ***~ singer*** Schlager-, Popsänger(in).

pop⁴ [pɒp] → ***popsicle***.

pop art *s. Kunst*: Pop-art *f*.

'**pop·corn** *s.* Puffmais *m*, Popcorn *n*.

pope [pəʊp] *s. R.C.* Papst *m* (*a. fig.*); '**pope·dom** [-dəm] *s.* Papsttum *n*; '**pop·er·y** [-pərɪ] *s. contp.* Papiste'rei *f*, Pfaffentum *n*.

'**pop|·eyed** *adj.* F glotzäugig: ***be ~*** Stielaugen machen (***with*** vor *dat.*); '**~·gun** *s.* Kindergewehr *n*; ‚Knallbüchse' *f* (*a. fig. schlechtes Gewehr*).

pop·in·jay ['pɒpɪndʒeɪ] *s. obs.* Geck *m*, Laffe *m*, Fatzke *m*.

pop·ish ['pəʊpɪʃ] *adj.* □ *contp.* pa'pistisch.

pop·lar ['pɒplə] *s.* ♆ Pappel *f*.

pop·lin ['pɒplɪn] *s.* Pope'lin *m*, Pope'line *f* (*Stoff*).

pop·per ['pɒpə] *s.* F Druckknopf *m*.

pop·pet ['pɒpɪt] *s.* **1.** *obs. od. dial.* Püppchen *n* (*a. Kosewort*); **2.** ⚙ a) *a.* ***~ head*** Docke *f e-r Drehbank*, b) *a.* ***~ valve*** 'Schnüffelven͵til *n*.

pop·py ['pɒpɪ] *s.* **1.** ♆ Mohn(blume *f*) *m*; **2.** a) Mohnsaft *m*, b) Mohnrot *n*; '**~·cock** *s. Am.* F Quatsch *m*; ♀ **Day** *s. Brit.* F Volkstrauertag *m* (*Sonntag vor od. nach dem 11. November*); '**~-seed** *s.* Mohn(samen) *m*.

pops [pɒps] → ***pop²*** 2.

pop·si·cle ['pɒpsɪkl] *s. Am.* Eis *n* am Stiel.

pop·sy ['pɒpsɪ], *a.* ͵**~-'wop·sy** [-'wɒpsɪ] *s.* ‚süße Puppe', ‚Mädchen' *n*, ‚Schatz' *m*.

pop·u·lace ['pɒpjʊləs] *s.* **1.** Pöbel *m*; **2.** (gemeines) Volk, *der* große Haufen.

pop·u·lar ['pɒpjʊlə] *adj.* □ → ***popularly***; **1.** Volks…: ***~ election*** allgemeine Wahl; ***~ front*** *pol.* Volksfront *f*; ***~ government*** Volksherrschaft *f*; **2.** allgemein, weitverbreitet (*Irrtum*, *Unzufriedenheit etc.*); **3.** popu'lär, (allgemein) beliebt (***with*** bei): ***the ~ hero*** der Held des Tages; ***make o.s. ~ with*** sich bei *j-m* beliebt machen; **4.** a) popu'lär, volkstümlich, b) gemeinverständlich, Popular…: ***~ magazine*** populäre Zeitschrift; ***~ music*** volkstümliche Musik; ***~ science*** Popularwissenschaft *f*; ***~ song*** Schlager *m*; ***~ writer*** Volksschriftsteller(in); **5.** (für jeden) erschwinglich, Volks…: ***~ edition*** Volksausgabe *f*; ***~ prices*** volkstümliche Preise; **pop·u·lar·i·ty** [͵pɒpjʊ'lærətɪ] *s.* Populari'tät *f*, Volkstümlichkeit *f*, Beliebtheit *f* (***with*** bei, ***among*** unter *dat.*); '**pop·u·lar·ize** [-əraɪz] *v/t.* **1.** popu'lär machen, (*beim Volk*) einführen; **2.** popularisieren, volkstümlich *od.* gemeinverständlich darstellen; '**pop·u·lar·ly** [-lɪ] *adv.* **1.** allgemein; im Volksmund; **2.** populär, volkstümlich, gemeinverständlich.

pop·u·late ['pɒpjʊleɪt] *v/t.* bevölkern, besiedeln; **pop·u·la·tion** [͵pɒpjʊ'leɪʃn] *s.* **1.** Bevölkerung *f*, Einwohnerschaft *f*: ***~ density*** Bevölkerungsdichte *f*; ***~ explosion*** Bevölkerungsexplosion *f*; **2.** Bevölkerungszahl *f*; **3.** Gesamtzahl *f*, Bestand *m*: ***swine ~*** Schweinebestand (*e-s Landes*); '**pop·u·lous** [-ləs] *adj.* □ dichtbesiedelt, volkreich; '**pop·u·lous·ness** [-ləsnɪs] *s.* dichte Besied(e)lung, Bevölkerungsdichte *f*.

por·ce·lain ['pɔːsəlɪn] **I** *s.* Porzel'lan *n*; **II** *adj.* Porzellan…: ***~ clay*** *min.* Porzellanerde *f*, Kaolin *n*.

porch [pɔːtʃ] *s.* **1.** (über'dachte) Vorhalle, Por'tal *n*; **2.** *Am.* Ve'randa *f*: ***~ climber*** *sl.* ‚Klettermaxe' *m*, Einsteigdieb *m*.

por·cine ['pɔːsaɪn] *adj.* **1.** *zo.* zur Fa'milie der Schweine gehörig; **2.** schweineartig; **3.** *fig.* schweinisch.

por·cu·pine ['pɔːkjʊpaɪn] *s. zo.* Stachelschwein *n*.

pore¹ [pɔː] *v/i.* **1.** (***over***) brüten (über *dat.*): ***~ over one's books*** über s-n Büchern hocken; **2.** (nach)grübeln (***on***, ***upon*** über *acc*).

pore² [pɔː] *s. biol. etc.* Pore *f*.

pork [pɔːk] *s.* **1.** Schweinefleisch *n*; **2.** *Am.* F *von der Regierung aus politischen Gründen gewährte* (*finanzielle*) *Begünstigung od. Stellung*; ***~ bar·rel*** *s. Am.* F *politisch berechnete* Geldzuwendung *der Regierung*; ***~ butch·er*** *s.* Schweineschlächter *m*; ***~ chop*** *s.* 'Schweinekote͵lett *n*.

pork·er ['pɔːkə] *s.* Mastschwein *n*; '**pork·ling** [-klɪŋ] *s.* Ferkel *n*.

pork pie *s.* 'Schweinefleischpa͵stete *f*.

'**pork-pie hat** *s.* runder Filzhut.

pork·y¹ ['pɔːkɪ] *adj.* fett(ig), dick.

por·ky² ['pɔːkɪ] *s. Am.* F Stachelschwein *n*.

porn [pɔːn], **por·no** ['pɔːnəʊ] *sl.* **I** *s.* **1.** Porno(gra'phie *f*) *m*; **2.** Porno(film) *m*; **II** *adj.* **3.** → ***pornographic***.

por·no·graph·ic [ˌpɔːnəʊˈgræfɪk] *adj.* pornoˈgraphisch, Porno…: ~ ***film*** Porno(film) *m*; **por·nog·ra·phy** [pɔːˈnɒgrəfɪ] *s.* Pornograˈphie *f.*

por·ny [ˈpɔːnɪ] *adj. sl.* → ***pornographic.***

po·ros·i·ty [pɔːˈrɒsətɪ] *s.* **1.** Porosiˈtät *f*, (ˈLuft-, ˈWasser)ˌDurchlässigkeit *f*; **2.** Pore *f*, poˈröse Stelle; **po·rous** [ˈpɔːrəs] *adj.* poˈrös: a) löch(e)rig, porig, b) (ˈluft-, ˈwasser)ˌdurchlässig.

por·poise [ˈpɔːpəs] *pl.* **-pois·es**, *coll.* **-poise** *s. zo.* **1.** Tümmler *m*; **2.** Delˈphin *m.*

por·ridge [ˈpɒrɪdʒ] *s.* Porridge *n*, *m*, Hafer(flocken)brei *m*, -grütze *f*: ***pease-~*** Erbsenbrei.

por·ri·go [pəˈraɪgəʊ] *s.* ⚕ Grind *m.*

port¹ [pɔːt] *s.* **1.** ⚓, ✈ (See-, Flug)Hafen *m*: ***free ~*** Freihafen; ***inner ~*** Binnenhafen; ***~ of call*** a) ⚓ Anlaufhafen, b) ✈ Anflughafen; ***~ of delivery*** (*od.* ***discharge***) Löschhafen, -platz *m*; ***~ of departure*** a) ⚓ Abgangshafen, b) ✈ Abflughafen; ***~ of destination*** a) ⚓ Bestimmungshafen, b) ✈ Zielflughafen; ***~ of entry*** Einlaufhafen; ***~ of registry*** Heimathafen; ***~ of tran(s)shipment*** Umschlaghafen; ***any ~ in a storm*** *fig.* in der Not frißt der Teufel Fliegen; **2.** Hafenplatz *m*, -stadt *f*; **3.** *fig.* (sicherer) Hafen, Ziel *n*: ***come safe to ~.***

port² [pɔːt] ⚓ **I** *s.* Backbord(seite *f*) *n*: ***on the ~ beam*** an Backbord dwars; ***on the ~ bow*** an Backbord voraus; ***on the ~ quarter*** Backbord achtern; ***cast to ~*** nach Backbord abfallen; **II** *v/t. Ruder* nach der Backbordseite ˈumlegen; **III** *v/i.* nach Backbord drehen (*Schiff*); **IV** *adj.* a) ⚓ Backbord…, b) ✈ link.

port³ [pɔːt] *s.* **1.** Tor *n*, Pforte *f*; ***city ~*** Stadttor; **2.** ⚓ a) (Pfort-, Lade)Luke *f*, b) (Schieß)Scharte *f* (*a.* ⚔ *Panzer*); **3.** ⚙ (Auslaß-, Einlaß)Öffnung *f*, Abzug *m.*

port⁴ [pɔːt] *s.* Portwein *m.*

port⁵ [pɔːt] *v/t.* **1.** *obs.* tragen; **2.** ⚔ *Am.* ***~ arms!*** Gewehr in Schräghalte nach links!

port·a·ble [ˈpɔːtəbl] **I** *adj.* **1.** tragbar: ***~ radio*** (***set***) a) → 3a, b) ⚔ Tornisterfunkgerät; ***~ typewriter*** → 4; **2.** transporˈtabel, beweglich: ***~ derrick*** fahrbarer Kran; ***~ firearm*** Handfeuerwaffe *f*; ***~ railway*** Feldbahn *f*; ***~ search-light*** Handscheinwerfer *m*; **II** *s.* **3.** a) Kofferradio *n*, b) Portable *m*, *n*, tragbares Fernsehgerät, c) Phonokoffer *m*, d) Koffertonbandgerät *n*; **4.** ˈReiseschreibmaˌschine *f.*

por·tage [ˈpɔːtɪdʒ] *s.* **1.** (*bsd.* ˈTrage-) Transˌport *m*; **2.** ✝ Fracht *f*, Rollgeld *n*; **3.** ⚓ a) Porˈtage *f*, Trageplatz *m*, b) Tragen *n* (*von Kähnen etc.*) über e-e Portage.

por·tal¹ [ˈpɔːtl] *s.* **1.** ⌂ Porˈtal *n*, (Haupt)Eingang *m*, Tor *n*: ***~ crane*** ⚙ Portalkran *m*; **2.** *poet.* Pforte *f*, Tor *n*: ***~ of heaven.***

por·tal² [ˈpɔːtl] *anat.* **I** *adj.* Pfort(ader)…; **II** *s.* Pfortader *f.*

ˌpor·tal-to-ˈpor·tal pay *s.* ✝ *Arbeitslohn, berechnet für die Zeit vom Betreten der Fabrik etc. bis zum Verlassen.*

port·cul·lis [ˌpɔːtˈkʌlɪs] *s.* ⚔ *hist.* Fallgatter *n.*

por·tend [pɔːˈtend] *v/t.* vorbedeuten, anzeigen, deuten auf (*acc.*); **por·tent** [ˈpɔːtent] *s.* **1.** Vorbedeutung *f*; **2.** (*bsd.* schlimmes) (Vor-, An)Zeichen, Omen *n*; **3.** Wunder *n* (*Sache od. Person*); **porˈten·tous** [-ntəs] *adj.* □ **1.** omiˈnös, unheil-, verhängnisvoll; **2.** ungeheuer, wunderbar, *a. humor.* unheimlich.

por·ter¹ [ˈpɔːtə] *s.* a) Pförtner *m*, b) Porˈtier *m.*

por·ter² [ˈpɔːtə] *s.* **1.** 🚆 (Gepäck)Träger *m*, Dienstmann *m*; **2.** 🚆 *Am.* (Schlafwagen)Schaffner *m.*

por·ter³ [ˈpɔːtə] *s.* Porter(bier *n*) *m.*

ˈpor·ter-house *s.* **1.** *obs.* Bier-, Speisehaus *n*; **2.** *a.* ***~ steak*** Porterhousesteak *n.*

ˈport|ˌfire *s.* ⚔ Zeitzündschnur *f*, Lunte *f*; **ˌ~ˈfo·li·o** *s.* **1.** a) Aktentasche *f*, (*a.* Künstler- *etc.*)Mappe *f*, b) Porteˈfeuille *n* (*für Staatsdokumente*); **2.** *fig.* (Miˈnister)Porteˌfeuille *n*: ***without ~*** ohne Geschäftsbereich; **3.** ✝ (ˈWechsel-) Porteˌfeuille *n*; **ˈ~·hole** *s.* **1.** ⚓ a) (Pfort)Luke *f*, b) Bullauge *n*; **2.** ⚙ → ***port³*** 3.

por·ti·co [ˈpɔːtɪkəʊ] *pl.* **-cos** *s.* ⌂ Säulengang *m.*

por·tion [ˈpɔːʃn] **I** *s.* **1.** (An)Teil *m* (***of*** an *dat.*); **2.** Portiˈon *f* (*Essen*); **3.** Teil *m*, Stück *n* (*Buch, Gebiet, Strecke etc.*); **4.** Menge *f*, Quantum *n*; **5.** ⚖ a) Mitgift *f*, Aussteuer *f*, b) Erbteil *n*: ***legal ~*** Pflichtteil *n*; **6.** *fig.* Los *n*, Schicksal *n*; **II** *v/t.* **7.** aufteilen: ***~ out*** aus-, verteilen; **8.** zuteilen; **9.** *Tochter* aussteuern.

port·li·ness [ˈpɔːtlɪnɪs] *s.* **1.** Stattlichkeit *f*; **2.** Wohlbeleibtheit *f*; **port·ly** [ˈpɔːtlɪ] *adj.* **1.** stattlich, würdevoll; **2.** wohlbeleibt.

port·man·teau [ˌpɔːtˈmæntəʊ] *pl.* **-s** *u.* **-x** [-z] *s.* **1.** Handkoffer *m*; **2.** *obs.* Mantelsack *m*; **3.** *mst* ***~ word*** *ling.* Schachtelwort *n.*

por·trait [ˈpɔːtrɪt] *s.* **1.** a) Porˈträt *n*, Bild(nis) *n*, b) *phot.* Porˈträt(aufnahme *f*) *n*; ***take s.o.'s ~*** j-n porträtieren *od.* malen; → ***sit for*** 3; **2.** *fig.* Bild *n*, (lebenswahre) Schilderung *f*; **ˈpor·trait·ist** [-tɪst] *s.* Porˈträtmaler(in); **ˈpor·trai·ture** [-tʃə] *s.* **1.** → ***portrait***; **2.** a) Porˈträtmaleˌrei *f*, b) *phot.* Porˈträtphotograˌphie *f*; **por·tray** [pɔːˈtreɪ] *v/t.* **1.** porträˈtieren, (ab)malen; **2.** *fig.* schildern, darstellen; **por·tray·al** [pɔːˈtreɪəl] *s.* **1.** Porträtieren *n*; **2.** Porˈträt *n*; **3.** *fig.* Schilderung *f*.

Por·tu·guese [ˌpɔːtjʊˈgiːz] **I** *pl.* **-guese** *s.* **1.** Portuˈgiese *m*, Portuˈgiesin *f*; **2.** *ling.* Portuˈgiesisch *n*; **II** *adj.* **3.** portuˈgiesisch.

pose[1] [pəʊz] **I** *s.* **1.** Pose *f* (*a. fig.*), Posiˈtur *f*, Haltung *f*; **II** *v/t.* **2.** aufstellen, in Posiˈtur setzen; **3.** *Frage* stellen, aufwerfen; **4.** *Behauptung* aufstellen, *Anspruch* erheben; **5.** (***as***) hinstellen (als), ausgeben (für); **III** *v/i.* **6.** sich in Posiˈtur setzen; **7.** a) *paint etc.* Moˈdell stehen *od.* sitzen, b) sich photographieren lassen; **8.** posieren, sich in Pose werfen; **9.** auftreten *od.* sich ausgeben (***as*** als).

pose[2] [pəʊz] *v/t.* durch Fragen verwirren, verblüffen.

pos·er [ˈpəʊzə] *s.* **1.** → ***poseur***; **2.** ‚harte Nuß', knifflige Frage.

po·seur [pəʊˈzɜː] (*Fr.*) *s.* Poˈseur *m*, ‚Schauspieler' *m*.

posh [ˈpɒʃ] *adj.* F ‚pikfein', ‚todschick', ‚feuˈdal'.

pos·it [ˈpɒzɪt] *phls.* **I** *v/t.* postulieren; **II** *n* Postuˈlat *n*.

po·si·tion [pəˈzɪʃn] **I** *s.* **1.** Positiˈon *f*, Lage *f*, Standort *m*; ⚙ (Schalt- *etc.*) Stellung *f*: ***~ of the sun*** *ast.* Sonnenstand *m*; ***in*** (***out of***) ***~*** (nicht) in der richtigen Lage; **2.** *körperliche* Lage, Stellung *f*: ***horizontal ~***; **3.** ⚓, ✈ Positiˈon *f* (*a. sport*), ⚓ *a.* Besteck *n*: ***~ lights*** a) ⚓, ✈ Positionslichter, b) *mot.* Begrenzungslichter; **4.** ⚔ Stellung *f*: ***~ warfare*** Stellungskrieg *m*; **5.** (Arbeits-) Platz *m*, Stellung *f*, Posten *m*, Amt *n*: ***hold a responsible ~*** e-e verantwortliche Stellung innehaben; **6.** *fig.* (soziˈale) Stellung, (gesellschaftlicher) Rang: ***people of ~*** Leute von Rang; **7.** *fig.* Lage *f*, Situatiˈon *f*: ***an awkward ~***; ***be in a ~ to do s.th.*** in der Lage sein, et. zu tun; **8.** *fig.* (Sach)Lage *f*, Stand *m der Dinge*: ***financial ~*** Finanzlage, Vermögensverhältnisse *pl.*; ***legal ~*** Rechtslage; **9.** Standpunkt *m*, Haltung *f*: ***take up a ~ on a question*** zu e-r Frage Stellung nehmen; **10.** Ꭿ, *phls.* (Grund-, Lehr)Satz *m*; **II** *v/t.* **11.** *bsd.* ⚙ in die richtige Lage bringen, (ein-) stellen; anbringen; **12.** lokalisieren; **13.** *Polizisten etc.* postieren; **poˈsi·tion·al** [-ʃənl] *adj.* Stellungs…, Lage…: ***~ play*** *sport* Stellungsspiel *n*; **po·si·tion find·er** *s.* Ortungsgerät *n*; **po·si·tion pa·per** *s. pol.* ˈGrundsatzpaˌpier *n*.

pos·i·tive [ˈpɒzətɪv] **I** *adj.* ☐ **1.** bestimmt, definiˈtiv, ausdrücklich (*Befehl etc.*), fest (*Versprechen etc.*), unbedingt: ***~ law*** ⚖ positives Recht; **2.** sicher, ˈunumˌstößlich, eindeutig (*Beweis*, *Tatsache*); **3.** positiv, tatsächlich; **4.** positiv, zustimmend: ***~ reaction***; **5.** überˈzeugt, (absoˈlut) sicher: ***be ~ about s.th.*** e-r Sache ganz sicher sein; **6.** rechthaberisch; **7.** F ausgesprochen, absoˈlut: ***a ~ fool*** ein ausgemachter Narr; **8.** ⚡, Ꭿ, ⚗, *biol.*, *phys.*, *phot.*, *phls.* positiv: ***~ electrode*** ⚡ Anode *f*; ***~ pole*** ⚡ Pluspol *m*; **9.** ⚙ zwangsläufig, Zwangs… (*Getriebe*, *Steuerung etc.*); **10.** *ling.* im Positiv stehend: ***~ degree*** Positiv *m*; **II** *s.* **11.** *et.* Positives, Positivum *n*; **12.** *phot.* Positiv *n*; **13.** *ling.* Positiv *m*; **ˈpos·i·tive·ness** [-nɪs] *s.* **1.** Bestimmtheit *f*; Wirklichkeit *f*; **2.** *fig.* Hartnäckigkeit *f*; **ˈpos·i·tiv·ism** [-vɪzəm] *s. phls.* Positiˈvismus *m*.

pos·se [ˈpɒsɪ] *s.* (Poliˈzei- *etc.*)Aufgebot *n*; *allg.* Haufen *m*, Schar *f*.

pos·sess [pəˈzes] *v/t.* **1.** *allg.* (*a. Eigenschaften*, *Kenntnisse etc.*) besitzen, haben; im Besitz haben, (inne)haben: ***~ed of*** im Besitz *e-r Sache*; ***~ o.s. of*** *et.* in Besitz nehmen, sich *e-r Sache* bemächtigen; ***~ed noun*** *ling.* Besitzsubjekt *n*; **2.** a) (*a. fig. e-e Sprache etc.*) beherrschen, Gewalt haben über (*acc.*), b) erfüllen (***with*** mit *e-r Idee*, mit *Unwillen etc.*): ***like a man ~ed*** wie ein Besessener, wie toll; ***~ one's soul in patience*** sich in Geduld fassen; **posˈses·sion** [-eʃn] *s.* **1.** *abstrakt*: Besitz *m* (*a.* ⚖): ***actual ~*** tatsächlicher *od.* unmittelbarer Besitz; ***adverse ~*** Ersitzung(sbesitz *m*) *f*; ***in the ~ of*** in *j-s* Besitz; ***in ~ of s.th.*** im Besitz e-r Sache; ***have ~ of*** im Besitze von *et.* sein; ***take ~ of*** Besitz ergreifen von, in Besitz nehmen; **2.** Besitz(tum *n*) *m*, Habe *f*; **3.** *pl.* Besitzungen *pl.*, Liegenschaften *pl.*: ***foreign ~s*** auswärtige Besitzungen; **4.** *fig.* Besessenheit *f*; **5.** *fig.* Beherrscht-, Erfülltsein *n* (***by*** von *e-r Idee etc.*); **6.** *mst* ***self-~*** *fig.* Fassung *f*, Beherrschung *f*; **posˈses·sive** [-sɪv] **I** *adj.* ☐ **1.** Besitz…; **2.** besitzgierig, -betonend: ***~ instinct*** Sinn *m* für Besitz; **3.** *fig.* besitzergreifend (*Mutter etc.*); **4.** *ling.* posses'siv, besitzanzeigend: ~ ***case*** → 5 b; **II** *s.* **5.** *ling.* a) Posses'siv(um) *n*, besitzanzeigendes Fürwort, b) Genitiv *m*, zweiter Fall; **pos'ses·sor** [-sə] *s.* Besitzer (-in), Inhaber(in); **pos'ses·so·ry** [-sərɪ] *adj.* Besitz...: ~ ***action*** ⚖ Besitzstörungsklage *f*; ~ ***right*** Besitzrecht *n*.

pos·si·bil·i·ty [ˌpɒsəˈbɪlətɪ] *s.* **1.** Möglichkeit *f* (***of*** zu, für, ***of doing*** *et.* zu tun): ***there is no ~ of his coming*** es besteht keine Möglichkeit, daß er kommt; **2.** *pl.* (Entwicklungs)Möglichkeiten *pl.*, (-)Fähigkeiten *pl.*; **pos·si·ble** [ˈpɒsəbl] **I** *adj.* □ **1.** möglich (***with*** bei, ***to*** *dat.*, ***for*** für): ***this is ~ with him*** das ist bei ihm möglich; ***highest ~*** größtmöglich; **2.** eventu'ell, etwaig, denkbar; **3.** F annehmbar, pas'sabel, leidlich; **II** *s.* **4.** ***the ~*** das (Menschen-) Mögliche, das Beste; *sport* die höchste Punktzahl; **5.** in Frage kommende Per'son (*bei Wettbewerb etc.*); **pos·si·bly** [ˈpɒsəblɪ] *adv.* **1.** möglicherweise, viel'leicht; **2.** (irgend) möglich: ***when I ~ can*** wenn ich irgend kann; ***I cannot ~ do this*** ich kann das unmöglich tun; ***how can I ~ do it?*** wie kann ich es nur *od.* bloß machen?

pos·sum [ˈpɒsəm] *s.* F *abbr. für* ***opossum***: ***to play ~*** sich nicht rühren, sich tot *od.* krank *od.* dumm stellen.

post¹ [pəʊst] **I** *s.* **1.** Pfahl *m*, Pfosten *m*, Ständer *m*, Stange *f*, Stab *m*: ***as deaf as a ~*** *fig.* stocktaub; **2.** Anschlagsäule *f*; **3.** *sport* (Start- *od.* Ziel)Pfosten *m*, Start- (*od.* Ziel)linie *f*: ***be beaten at the ~*** kurz vor dem Ziel geschlagen werden; **II** *v/t.* **4.** *mst* ~ ***up*** *Plakate etc.* anschlagen, -kleben; **5.** *mst* ~ ***over*** *Mauer mit Zetteln* bekleben; **6.** a) *et.* (durch Aushang *etc.*) bekanntgeben: ~ ***as missing*** ⚓, ✈ als vermißt melden, b) *fig.* (öffentlich) anprangern.

post² [pəʊst] **I** *s.* **1.** ⚔ Posten *m* (*Stelle od. Soldat*): ***advanced ~*** vorgeschobener Posten; ***last ~*** *Brit.* Zapfenstreich *m*; ***at one's ~*** auf (s-m) Posten; **2.** ⚔ Standort *m*, Garni'son *f*: ***ℒ Exchange*** (*abbr.* ***PX***) *Am.* Einkaufsstelle *f*; ~ ***headquarters*** Standortkommandantur *f*; **3.** Posten *m*, Platz *m*, Stand *m*; ✝ Börsenstand *m*; **4.** Handelsniederlassung *f*, -platz *m*; **5.** ✝ (Rechnungs)Posten *m*; **6.** Posten *m*, (An)Stellung *f*, Stelle *f*, Amt *n*: ~ ***of a secretary*** Sekretärsposten; **II** *v/t.* **7.** *Soldaten etc.* aufstellen, postieren; **8.** ⚔ a) ernennen, b) versetzen, (ab)kommandieren; **9.** ✝ eintragen, verbuchen; *Konto* (ins Hauptbuch) über'tragen: ~ ***up*** *Bücher* nachtragen, in Ordnung bringen.

post³ [pəʊst] **I** *s.* **1.** ✉ *bsd. Brit.* Post *f*: a) *als Einrichtung*, b) *Brit.* Postamt *n*, c) *Brit.* Post-, Briefkasten *m*, d) Postzustellung *f*, e) Postsendung(en *pl.*) *f*, -sachen *pl.*, *f*) Nachricht *f*: ***by ~*** per (*od.* mit der) Post; **2.** *hist.* a) Post(kutsche) *f*, b) Ku'rier *m*; **3.** *bsd. Brit.* 'Briefˌpapier *n* (*Format*); **II** *v/t.* **4.** *Brit.* zur Post geben, mit der Post (zu)senden, aufgeben, in den Briefkasten werfen; **5.** F *mst* ~ ***up*** *j-n* informieren: ***keep s.o. ~ed*** j-n auf dem laufenden halten; ***well ~ed*** gut unterrichtet.

post- [pəʊst] *in Zssgn* nach, später, hinter, post...

post·age [ˈpəʊstɪdʒ] *s.* Porto *n*, Postgebühr *f*, -spesen *pl.*: ***additional*** (*od.* ***extra***) ~ Nachporto, Portozuschlag *m*; ~ ***free***, ~ ***paid*** portofrei, franko; **'~-due** *s.* Nach-, Strafporto *n*; ~ **stamp** *s.* Briefmarke *f*, Postwertzeichen *n*.

post·al [ˈpəʊstəl] **I** *adj.* po'stalisch, Post...: ~ ***card*** → II; ~ ***cash order*** Postnachnahme *f*; ~ ***code*** → ***postcode***; ~ ***district*** Postzustellbezirk *m*; ~ ***order*** *Brit.* Postanweisung *f*; ~ ***parcel*** Postpaket *n*; ~ ***tuition*** Fernunterricht *m*; ~ ***vote*** *Brit.* Briefwahl *f*; ~ ***voter*** Briefwähler(in); ***ℒ Union*** Weltpostverein *m*; **II** *s.* *Am.* Postkarte *f* (*mit aufgedruckter Marke*).

'post|·card [-stk] *s.* Postkarte *f*; **'~·code** *s.* *Brit.* Postleitzahl *f*.

ˌpost|-'date *v/t.* **1.** *Brief etc.* vo'rausdaˌtieren; **2.** nachträglich *od.* später datieren; **'~ˌen·try** *s.* **1.** ✝ nachträgliche (Ver)Buchung; **2.** ✝ Nachverzollung *f*; **3.** *sport* Nachnennung *f*.

post·er [ˈpəʊstə] *s.* **1.** Pla'katankleber *m*; **2.** Pla'kat *n*: ~ ***paint*** Plakatfarbe *f*; **3.** Poster *m*, *n*.

poste res·tante [ˌpəʊstˈrestɑ̃:nt] (*Fr.*) **I** *adj.* postlagernd; **II** *s.* *bsd. Brit.* Aufbewahrungsstelle *f* für postlagernde Sendungen.

pos·te·ri·or [pɒˈstɪrɪə] **I** *adj.* □ a) später (***to*** als), b) hinter, Hinter...: ***be ~ to*** *zeitlich od. örtlich* kommen nach, folgen auf (*acc.*); **II** *s.* Hinterteil *n*, Hintern *m*; **pos·ter·i·ty** [pɒˈsterətɪ] *s.* **1.** Nachkommen(schaft *f*) *pl.*; **2.** Nachwelt *f*.

pos·tern [ˈpəʊstɜ:n] *s. a.* ~ ***door***, ~ ***gate*** Hinter-, Neben-, Seitentür *f*.

ˌpost-'free *adj.* portofrei.

ˌpost'grad·u·ate [-stˈg-] **I** *adj.* nach dem ersten aka'demischen Grad: ~ ***studies***; **II** *s.* j-d, der nach dem ersten aka'demischen Grad weiterstudiert.

ˌ**postˈhaste** *adv.* eiligst.

post·hu·mous [ˈpɒstjʊməs] *adj.* □ poˈstum, postˈhum: a) *nach des Vaters Tod geboren*, b) nachgelassen, hinterˈlassen (*Schriftwerk*), c) nachträglich (*Ordensverleihung etc.*): ~ **fame** Nachruhm *m*.

pos·til·(l)ion [pəˈstɪljən] *s. hist.* Postillion *m*.

post·ing [ˈpəʊstɪŋ] *s.* Versetzung *f*, ⚔ ˈAbkommanˌdierung *f*.

post|·man [ˈpəʊstmən] *s.* [*irr.*] Briefträger *m*, Postbote *m*; ˈ**~·mark** [-stm-] **I** *s.* Poststempel *m*; **II** *v/t.* (ab)stempeln; ˈ**~ˌmas·ter** [-stˌm-] *s.* Postamtsvorsteher *m*, Postmeister *m*: 𝟐 **General** Postminister *m*.

post·me·rid·i·an [ˌpəʊstməˈrɪdɪən] *adj.* Nachmittags..., nachmittägig; **post me·rid·i·em** [-məˈrɪdɪəm] (*Lat.*) *adv.* (*abbr.* **p.m.**) nachmittags.

ˈ**postˌmis·tress** [-stˌm-] *s.* Postmeisterin *f*.

post|-mor·tem [ˌpəʊstˈmɔːtəm] ⚖, ⚕ **I** *adj.* Leichen..., nach dem Tode (stattfindend); **II** *s.* (*abbr. für* ~ **examination**) Leichenöffnung *f*, Autoˈpsie *f*; *fig.* Maˈnöverkriˌtik *f*, nachträgliche Anaˈlyse; ˌ**~ˈna·tal** *adj.* nach der Geburt (stattfindend); ˌ**~ˈnup·tial** *adj.* nach der Hochzeit (stattfindend).

post of·fice *s.* **1.** Post(amt *n*) *f*: **General** 𝟐 Hauptpost(amt); 𝟐 **Department** *Am.* Postministerium *n*; **2.** *Am. ein Gesellschaftsspiel*; ~ **box** *s.* Post(schließ)fach *n*; ~ **or·der** *s.* Postanweisung *f*; ~ **savings bank** *s.* Postsparkasse *f*.

ˌ**postˈop·er·a·tive** *adj.* ⚕ postoperaˈtiv, nachträglich.

ˌ**post-ˈpaid** *adj. u. adv.* freigemacht, frankiert.

post·pone [ˌpəʊstˈpəʊn] *v/t.* **1.** verschieben, auf-, hinˈausschieben; **2.** ˈunterordnen (**to** *dat.*), hintˈansetzen; ˌ**postˈpone·ment** [-mənt] *s.* **1.** Verschiebung *f*, Aufschub *m*; **2.** ⚙, *a. ling.* Nachstellung *f*.

ˌ**post·poˈsi·tion** *s.* **1.** Nachstellung *f* (*a. ling.*); **2.** *ling.* nachgestelltes (Verhältnis)Wort; ˌ**postˈpos·i·tive** *ling.* **I** *adj.* nachgestellt; **II** *s.* → **postposition** 2.

ˌ**postˈpran·di·al** *adj.* nach dem Essen, nach Tisch (*Rede, Schläfchen etc.*).

post·script [ˈpəʊsskrɪpt] *s.* **1.** Postˈskriptum *n* (*zu e-m Brief*), Nachschrift *f*; **2.** Nachtrag *m* (*zu e-m Buch*); **3.** Nachbemerkung *f*.

pos·tu·lant [ˈpɒstjʊlənt] *s.* **1.** Antragsteller(in); **2.** *R.C.* Postuˈlant(in);

pos·tu·late I *v/t.* [ˈpɒstjʊleɪt] **1.** fordern, verlangen, begehren; **2.** postulieren, (als gegeben) vorˈaussetzen; **II** *s.* [-lət] **3.** Postuˈlat *n*, (ˈGrund)Vorˌaussetzung *f*.

pos·ture [ˈpɒstʃə] **I** *s.* **1.** (Körper)Haltung *f*, Stellung *f*; (*a. thea., paint.*) Posiˈtur *f*, Pose *f*; **2.** Lage *f* (*a. fig. Situation*), Anordnung *f*; **3.** *fig. geistige* Haltung; **II** *v/t.* **4.** zuˈrechtstellen, arrangieren; **III** *v/i.* **5.** sich in Posiˈtur stellen *od.* in Pose werfen; posieren (*a. fig.* **as** als); ˈ**pos·tur·er** [-ərə] *s.* **1.** Schlangenmensch *m* (*Artist*); **2.** → **poseur**.

ˌ**postˈwar** *adj.* Nachkriegs...

po·sy [ˈpəʊzɪ] *s.* **1.** Sträußchen *n*; **2.** *obs.* Motto *n*, Denkspruch *m*.

pot [pɒt] **I** *s.* **1.** (*Blumen-, Koch-, Nacht- etc.*)Topf *m*: **go to ~** *sl.* a) kaputtgehen, b) ‚vor die Hunde gehen' (*Person*); **keep the ~ boiling** a) die Sache in Gang halten, b) sich über Wasser halten; **the ~ calls the kettle black** ein Esel schilt den andern Langohr; **big ~** *sl.* ‚großes Tier'; **a ~ of money** F ‚ein Heidengeld'; **he has ~s of money** F er hat Geld wie Heu; **2.** Kanne *f*; **3.** ⚙ Tiegel *m*, Gefäß *n*: ~ **annealing** Kastenglühen *n*; ~ **galvanization** Feuerverzinken *n*; **4.** *sport sl.* Poˈkal *m*; **5.** (Spiel)Einsatz *m*; **6.** → **pot shot**; **7.** *sl.* Pot *n*, Marihuˈana *n*; **II** *v/t.* **8.** in e-n Topf tun; *Pflanze* eintopfen; **9.** *Fleisch* einlegen, einmachen: **~ted meat** Fleischkonserven *pl.*; **10.** *Billardball* einlochen; **11.** *hunt.* (ab)schießen; **12.** F einheimsen, erbeuten; **13.** *Baby* aufs Töpfchen setzen; **14.** *fig.* F a) *Musik* ‚konservieren', b) *Stoff* mundgerecht machen; **III** *v/i.* **15.** (los)ballern, schießen (**at** auf *acc.*).

po·ta·ble [ˈpəʊtəbl] **I** *adj.* trinkbar; **II** *s.* Getränk *n*.

po·tage [pɒˈtɑːʒ] (*Fr.*) *s.* (dicke) Suppe.

pot·ash [ˈpɒtæʃ] *s.* ⚗ **1.** Pottasche *f*, ˈKaliumkarboˌnat *n*: **bicarbonate of ~** doppeltkohlensaures Kali; ~ **fertilizer** Kalidünger *m*; ~ **mine** Kalibergwerk *n*; **2.** → **caustic** 1.

po·tas·si·um [pəˈtæsjəm] *s.* ⚗ Kalium *n*; ~ **bro·mide** *s.* ˈKaliumbroˌmid *n*; ~ **car·bon·ate** *s.* ˈKaliumkarboˌnat *n*, Pottasche *f*; ~ **cy·a·nide** *s.* ˈKaliumcyaˌnid *n*, Zyanˈkali *n*; ~ **hy·drox·ide** *s.* ˈKaliumhydroˌxyd *n*, Ätzkali *n*; ~ **ni·trate** *s.* ˈKaliumniˌtrat *n*.

po·ta·tion [pəʊˈteɪʃn] *s.* **1.** Trinken *n*; Zecheˈrei *f*; **2.** Getränk *n*.

po·ta·to [pəˈteɪtəʊ] *pl.* **-toes** *s.* **1.** Karˈtoffel *f*: **fried ~es** Bratkartoffeln;

small ~es *Am.* F ‚kleine Fische'; ***hot ~*** F ‚heißes Eisen'; ***drop s.th. like a hot ~*** et. wie eine heiße Kartoffel fallen lassen; ***think o.s. no small ~es*** *sl.* sehr von sich eingenommen sein; **2.** *Am. sl.* a) ‚Rübe' *f* (*Kopf*), b) Dollar *m*; **~ bee·tle** *s. zo.* Kar'toffelkäfer *m*; **~ blight** → ***potato disease***; **~ bug** → ***potato beetle***; **~ chips** *s. pl.* a) *Brit.* Pommes frites *pl.*, b) *Am.* → **~ crisps** *s. pl.* Kar'toffelchips *pl.*; **~ dis·ease** *s.* Kar'toffelkrankheit *f*; **~ trap** *s. sl.* ‚Klappe' *f*, ‚Maul' *n*.

pot| bar·ley *s.* Graupen *pl.*; **'~-ˌbel·lied** *adj.* dickbäuchig; **'~-ˌbel·ly** *s.* Schmerbauch *m*; **'~ˌboil·er** *s.* F *Kunst etc.*: reine Brotarbeit; **'~·boy** *s. Brit.* Schankkellner *m*.

po·teen [pɒ'ti:n] *s.* heimlich gebrannter Whisky (*in Irland*).

po·ten·cy ['pəʊtənsɪ] *s.* **1.** Stärke *f*, Macht *f*; *fig. a.* Einfluß *m*; **2.** Wirksamkeit *f*, Kraft *f*; **3.** *physiol.* Po'tenz *f*; **'po·tent** [-nt] *adj.* □ **1.** mächtig, stark; **2.** einflußreich; **3.** po'tent, fi'nanzstark: ***a ~ bidder***; **4.** zwingend, über'zeugend (*Argumente etc.*); **5.** stark (*Drogen*, *Getränk*); **6.** *physiol.* po'tent; **'po·ten·tate** [-teɪt] *s.* Poten'tat *m*, Machthaber *m*, Herrscher *m*; **po·ten·tial** [pəʊ'tenʃl] **I** *adj.* □ **1.** potenti'ell: a) möglich, eventu'ell, b) in der Anlage vorhanden, la'tent: ***~ market*** (***murderer***) potentieller Markt (Mörder); **2.** *ling.* Möglichkeits…: ***~ mood*** → 4; **3.** *phys.* potenti'ell, gebunden: ***~ energy*** potentielle Energie, Energie der Lage; **II** *s.* **4.** *ling.* Potenti'alis *m*, Möglichkeitsform *f*; **5.** *phys.* Potenti'al *n* (*a.* ⚡), ⚡ Spannung *f*: ***~ equation*** ⚗ Potentialgleichung *f*; **6.** (*Kriegs-*, *Menschen- etc.*)Potenti'al *n*, Re'serven *pl.*; **7.** Leistungsfähigkeit *f*, Kraftvorrat *m*; **po·ten·ti·al·i·ty** [pəʊˌtenʃɪ'ælətɪ] *s.* **1.** Potentiali'tät *f*, (Entwicklungs)Möglichkeit *f*; **2.** Wirkungsvermögen *n*, innere Kraft; **po·ten·ti·om·e·ter** [pəʊˌtenʃɪ'ɒmɪtə] *s.* ⚡ Potentio'meter *n* (*veränderbarer Widerstand*).

'pot·head *s. sl.* ‚Hascher' *m*.

po·theen [pɒ'θi:n] → ***poteen***.

poth·er ['pɒðə] **I** *s.* **1.** Aufruhr *m*, Lärm *m*, Aufregung *f*, ‚The'ater' *n*: ***be in a ~ about s.th.*** e-n großen Wirbel wegen et. machen; **2.** Rauch-, Staubwolke *f*, Dunst *m*; **II** *v/t.* **3.** verwirren, aufregen; **III** *v/i.* **4.** sich aufregen.

'pot|·herb *s.* Küchenkraut *n*; **'~·hole** *s.* **1.** *mot.* Schlagloch *n*; **2.** *geol.* Gletschertopf *m*, Strudelkessel *m*; **'~ˌhol·er** *s.* Höhlenforscher *m*; **'~·hook** *s.* **1.** Kesselhaken *m*; **2.** Schnörkel *m* (*Kinderschrift*); *pl.* Gekritzel *n*; **'~·house** *s.* Wirtschaft *f*, Kneipe *f*; **'~ˌhunt·er** *s. sl.* **1.** Aasjäger *m*; **2.** *sport* F Preisjäger *m*.

po·tion ['pəʊʃn] *s.* (Arz'nei-, Gift-, Zauber)Trank *m*.

pot luck *s.*: ***take ~*** a) (***with s.o.***) (bei j-m) mit dem vorliebnehmen, was es gerade (zu essen) gibt, b) es aufs Geratewohl probieren.

pot·pour·ri [ˌpəʊ'pʊrɪ] *s.* Potpourri *n*: a) Dufttopf *m*, b) musi'kalisches Aller'lei, c) *fig.* Kunterbunt *n*, Aller'lei *n*.

pot| roast *s.* Schmorfleisch *n*; **'~·sherd** [-ʃɜ:d] *s.* (Topf)Scherbe *f*; **~ shot** *s.* **1.** unweidmännischer Schuß; **2.** Nahschuß *m*, 'hinterhältiger Schuß; **3.** (wahllos abgegebener) Schuß; **4.** *fig.* Seitenhieb *m*.

pot·tage ['pɒtɪdʒ] *s.* dicke Gemüsesuppe (mit Fleisch).

pot·ter¹ ['pɒtə] **I** *v/i.* **1.** *oft* ***~ about*** her'umwerkeln, -hantieren; **2.** (her'um-)trödeln: ***~ at*** herumspielen, -pfuschen an *od.* in (*dat.*); **II** *v/t.* **3.** ***~ away*** Zeit vertrödeln.

pot·ter² ['pɒtə] *s.* Töpfer(in): ***~'s clay*** Töpferton *m*; ***~'s lathe*** Töpferscheibentisch *m*; ***~'s wheel*** Töpferscheibe *f*; **'pot·ter·y** [-ərɪ] *s.* **1.** Töpfer-, Tonware(n *pl.*) *f*, Steingut *n*, Ke'ramik *f*; **2.** Töpfe'rei(werkstatt) *f*; **3.** Töpfe'rei *f* (*Kunst*), Ke'ramik *f*.

pot·ty ['pɒtɪ] *adj.* F **1.** verrückt; **2.** klein, unbedeutend.

'pot-ˌval·o(u)r *s.* angetrunkener Mut.

pouch [paʊtʃ] **I** *s.* **1.** Beutel (*a. zo.*, ♀), (Leder-, Trage-, *a.* Post)Tasche *f*, (kleiner) Sack; **2.** Tabaksbeutel *m*; **3.** Geldbeutel *m*; **4.** ⚔ Pa'tronentasche *f*; **5.** *anat.* (Tränen)Sack *m*; **II** *v/t.* **6.** in e-n Beutel tun; **7.** *fig.* einstecken; **8.** (*v/i.* sich) beuteln *od.* bauschen; **pouched** [-tʃt] *adj. zo.* Beutel…

pouf(**fe**) [pu:f] *s.* **1.** a) Haarknoten *m*, -rolle *f*, b) Einlage *f*; **2.** Puff *m* (*Sitzpolster*); **3.** Tur'nüre *f*; **4.** → ***poof***.

poul·ter·er ['pəʊltərə] *s.* Geflügelhändler *m*.

poul·tice ['pəʊltɪs] ⚕ **I** *s.* 'Breiˌumschlag *m*, Packung *f*; **II** *v/t.* e-n 'Breiˌumschlag auflegen auf (*acc.*), e-e Packung machen um.

poul·try ['pəʊltrɪ] *s.* (Haus)Geflügel *n*, Federvieh *n*: ***~ farm*** Geflügelfarm *f*; **'~·man** [-mən] *s. irr.* Geflügelzüchter *m od.* -händler *m*.

pounce¹ [paʊns] **I** *s.* **1.** a) Her'abstoßen *n e-s Raubvogels*, b) Sprung *m*, Satz *m*:

on the ~ sprungbereit; **II** *v/i.* **2.** (her'ab)stoßen, sich stürzen (***on***, ***upon*** auf *acc.*) (*Raubvogel*); **3.** *fig.* a) (***on***, ***upon***) sich stürzen (auf *j-n*, *e-n Fehler*, *e-e Gelegenheit etc.*), losgehen (auf *j-n*), b) ‚zuschlagen'; **4.** (plötzlich) stürzen: ***~ into the room***.

pounce² [paʊns] **I** *s.* **1.** Glättpulver *n*, *bsd.* Bimssteinpulver *n*; **2.** Pauspulver *n*; **3.** 'durchgepaustes (*bsd.* Stick)Muster; **II** *v/t.* **4.** glatt abreiben, bimsen; **5.** 'durchpausen.

pound¹ [paʊnd] *s.* **1.** Pfund *n* (*abbr.* ***lb.*** *= 453,59 g*): ***~ cake*** *Am.* (reichhaltiger) Früchtekuchen *m*; **2.** *a.* ***~ sterling*** Pfund *n* (Sterling) (*abbr.* £): ***pay twenty shillings in the ~*** *fig. obs.* voll bezahlen.

pound² [paʊnd] **I** *s.* **1.** schwerer Stoß *od.* Schlag, Stampfen *n*; **II** *v/t.* **2.** (zer-)stoßen, (zer)stampfen; **3.** feststampfen, rammen; **4.** hämmern (auf), trommeln auf, schlagen: ***~ sense into s.o.*** *fig.* j-m Vernunft einhämmern; ***~ out*** a) glatthämmern, b) *Melodie* herunterhämmern (*auf dem Klavier*); **5.** ⚔ beschießen; **III** *v/i.* **6.** hämmern (*a. Herz*), pochen, schlagen; **7.** *mst* ***~ along*** (ein'her)stampfen, wuchtig gehen; **8.** stampfen (*Maschine etc.*); **9.** ***~*** (***away***) ***at*** ⚔ unter schweren Beschuß nehmen.

pound³ [paʊnd] **I** *s.* **1.** 'Tieraˌsyl *n*; **2.** Hürde *f*, Pferch *m*; **3.** Abstellplatz *m* für abgeschleppte Autos; **II** *v/t.* **4.** *oft* ***~ up*** einpferchen.

pound·age ['paʊndɪdʒ] *s.* **1.** Anteil *m od.* Gebühr *f* pro Pfund (*Sterling*); **2.** Bezahlung *f* pro Pfund (*Gewicht*); **3.** Gewicht *n* in Pfund.

pound·er ['paʊndə] *s. in Zssgn* ...pfünder.

ˌpound-'fool·ish *adj.* unfähig, mit großen Summen *od.* Pro'blemen 'umzugehen; → ***penny-wise***.

pour [pɔː] **I** *s.* **1.** Strömen *n*; **2.** (Regen-)Guß *m*; **3.** *metall.* Einguß *m*: ***~ test*** Stockpunktbestimmung; **II** *v/t.* **4.** gießen, schütten (***from***, ***out of*** aus, ***into***, ***in*** in *acc.*, ***on***, ***upon*** auf *acc.*): ***~ forth*** (*od.* ***out***) a) ausgießen, (aus)strömen lassen, b) *fig. Herz* ausschütten, *Kummer* ausbreiten, c) *Flüche etc.* ausstoßen; ***~ out drinks*** Getränke eingießen, -schenken; ***~ off*** abgießen; ***~ it on*** *Am. sl.* a) ‚rangehen', b) *a.* ***~ on the speed*** ‚volle Pulle' fahren; **5.** ***~ itself*** sich ergießen (*Fluß*); **III** *v/i.* **6.** strömen, gießen: ***~ down*** niederströmen; ***~ forth*** (*od.* ***out***) (*a. fig.*) sich ergießen, strömen (***from*** aus); ***it ~s with rain*** es gießt in Strömen; ***it never rains but it ~s*** *fig.* ein Unglück kommt selten allein; **7.** *fig.* strömen (*Menschenmenge etc.*): ***~ in*** hereinströmen (*a. Aufträge*, *Briefe etc.*); **8.** *metall. in die Form* gießen; **pour·a·ble** ['pɔːəbl] *adj.* ⚙ vergießbar: ***~ compound*** Gußmasse *f*; **pour·ing** ['pɔːrɪŋ] **I** *adj.* **1.** strömend (*a. Regen*); **2.** ⚙ Gieß..., Guß...: ***~ gate*** Gießtrichter *m*; **II** *s.* **3.** ⚙ (Ver)Gießen *n*, Guß *m*.

pout¹ [paʊt] **I** *v/i.* **1.** die Lippen spitzen *od.* aufwerfen; **2.** a) e-e Schnute *od.* e-n Flunsch ziehen, b) *fig.* schmollen; **3.** vorstehen (*Lippen*); **II** *v/t.* **4.** *Lippen*, *Mund* (schmollend) aufwerfen, (*a. zum Kuß*) spitzen; **5.** schmollen(d sagen); **III** *s.* **6.** Flunsch *m*, Schnute *f*, Schmollmund *m*; **7.** Schmollen *n*: ***have the ~s*** schmollen, im Schmollwinkel sitzen.

pout² [paʊt] *s. ein* Schellfisch *m*.

pout·er ['paʊtə] *s.* **1.** *a.* ***~ pigeon*** *orn.* Kropftaube *f*; **2.** → ***pout²***.

pov·er·ty ['pɒvətɪ] *s.* **1.** (***of*** an *dat.*) Armut *f*, Mangel *m* (*beide a. fig.*): ***~ of ideas*** Ideenarmut; **2.** *fig.* Armseligkeit *f*, Dürftigkeit *f*; **3.** Armut *f*, geringe Ergiebigkeit (*des Bodens etc.*); **'~-ˌstrick·en** *adj.* **1.** in Armut lebend, verarmt; **2.** *fig.* armselig.

pow·der ['paʊdə] **I** *s.* **1.** (*Back-*, *Schieß- etc.*)Pulver *n*: ***not worth ~ and shot*** keinen Schuß Pulver wert; ***keep your ~ dry!*** sei auf der Hut!; ***take a ~*** *Am. sl.* ‚türmen'; **2.** Puder *m*: ***face ~***; **II** *v/t.* **3.** pulvern, pulverisieren: ***~ed milk*** Trokkenmilch *f*; ***~ed sugar*** Staubzucker *m*; **4.** (be)pudern: ***~ one's nose*** a) sich die Nase pudern, b) F ‚mal kurz verschwinden'; **5.** bestäuben, bestreuen (***with*** mit); **III** *v/i.* **6.** zu Pulver werden; **~ box** *s.* Puderdose *f*; **~ keg** *s. fig.* Pulverfaß *n*; **'~-ˌmet·al·lur·gy** *s.* 'Sintermetallurˌgie *f*, Me'tallkeˌramik *f*; **~ mill** *s.* 'Pulvermühle *f*, -faˌbrik *f*; **~ puff** *s.* Puderquaste *f*; **~ room** *s.* 'Damentoiˌlette *f*.

pow·der·y ['paʊdərɪ] *adj.* **1.** pulverig, Pulver...: ***~ snow*** Pulverschnee *m*; **2.** bestäubt.

pow·er ['paʊə] **I** *s.* **1.** Kraft *f*, Stärke *f*, Macht *f*, Vermögen *n*: ***do all in one's ~*** alles tun, was in s-r Macht steht; ***it was out of*** (*od.* ***not in***) ***his ~*** es stand nicht in s-r Macht (***to do*** zu tun); ***more ~ to you***(***r elbow***)***!*** nur zu!, viel Erfolg!; **2.** Kraft *f*, Ener'gie *f*; *weitS.* Wucht *f*, Gewalt *f*; **3.** *mst pl. hypnotische etc.* Kräfte *pl.*, (geistige) Fähigkeiten *pl.*, Ta'lent *n*: ***reasoning ~*** Denkvermögen *n*; **4.** Macht *f*, Gewalt *f*, Herrschaft *f*, Einfluß *m* (***over*** über *acc.*): ***be in ~ pol.*** an der Macht *od.* am Ruder sein; ***be in s.o.'s ~*** in j-s Gewalt sein; ***come into ~*** *pol.* an die Macht kommen; ***~ politics*** Machtpolitik *f*; **5.** *pol.* Gewalt *f als Staatsfunktion*: ***legislative ~***; ***separation of ~s*** Gewaltenteilung *f*; **6.** *pol.* (Macht)Befugnis *f*, (Amts)Gewalt *f*; **7.** ⚖ (Handlungs-, Vertretungs)Vollmacht *f*, Befugnis *f*, Recht *n*: ***~ of testation*** Testierfähigkeit *f*; → ***attorney***; **8.** *pol.* Macht *f*, Staat *m*; **9.** Macht(faktor *m*) *f*, einflußreiche Stelle *od.* Per'son: ***the ~s that be*** die maßgeblichen (Regierungs)Stellen; ***~ behind the throne*** graue Eminenz; **10.** *mst pl.* höhere Macht: ***heavenly ~s***; **11.** F Masse *f*: ***a ~ of people***; **12.** & Po'tenz *f*: ***raise to the third ~*** in die dritte Potenz erheben; **13.** ⚡, *phys.* Kraft *f*, Ener'gie *f*, Leistung *f*; *a.* ***~ current*** ⚡ (Stark)Strom *m*; *Funk*, *Radio*, *TV*: Sendestärke *f*; *opt.* Stärke *f e-r Linse*: ***~ cable*** Starkstromkabel *n*; ***~ economy*** Energiewirtschaft *f*; **14.** ⚙ me'chanische Kraft, Antriebskraft *f*: ***~-propelled*** kraftbetrieben, Kraft…; ***~ on*** (mit) Vollgas; ***~ off*** a) mit abgestelltem Motor, b) im Leerlauf; **II** *v/t.* **15.** mit (*elektrischer etc.*) Kraft versehen *od.* betreiben, antreiben: ***rocket-~ed*** raketengetrieben; **~ am·pli·fi·er** *s. Radio*: Kraft-, Endverstärker *m*; **'~-as,sis·ted** *adj. mot.* Servo… (*-lenkung etc.*); **~ brake** *s. mot.* 'Servobremse *f*; **~ con·sump·tion** *s.* ⚡ Strom-, Ener'gieverbrauch *m*; **~ cut** *s.* ⚡ **1.** Stromsperre *f*; **2.** → ***power failure***; **'~-drive** *s.* ⚙ Kraftantrieb *m*; **'~-,driv·en** *adj.* ⚙ kraftbetrieben, Kraft…; **~ en·gi·neer·ing** *s.* ⚡ 'Starkstrom,technik *f*; **~ fac·tor** *s.* ⚡, *phys.* 'Leistungs,faktor *m*; **~ fail·ure** *s.* ⚡ Strom-, Netzausfall *m*.

pow·er·ful ['paʊəfʊl] *adj.* ☐ **1.** mächtig (*a. Körper*, *Schlag*, *Mensch*), stark (*a. opt. u. Motor*), gewaltig, kräftig; **2.** *fig.* kräftig, wirksam (*a. Argument*); wuchtig (*Stil*); packend (*Roman etc.*); **3.** F ‚massig', gewaltig.

pow·er| glid·er *s.* ✈ Motorsegler *m*; **'~·house** *s.* **1.** → ***power station***; **2.** ⚙ Ma'schinenhaus *n*; **3.** *Am. sl.* a) *sport* ‚Bombenmannschaft' *f*, b) *sport* ‚Ka'none' *f* (*Spitzenspieler*), c) Riesenkerl *m*, d) ‚Wucht' *f*, ‚tolle' Person *od.* Sache; **~ lathe** *s.* ⚙ Hochleistungsdrehbank *f*.

pow·er·less ['paʊəlɪs] *adj.* ☐ kraft-, machtlos, ohnmächtig.

pow·er| line *s.* ⚡ **1.** Starkstromleitung *f*; **2.** 'Überlandleitung *f*; **,~-'op·er·at·ed** *adj.* ⚙ kraftbetätigt, -betrieben; **~ output** *s.* ⚡, ⚙ Ausgangs-, Nennleistung *f*; **~ pack** *s.* ⚡ Netzteil *n* (*Radio etc.*); **'~-plant** *s.* **1.** → ***power station***; **2.** Ma'schinensatz *m*, Aggre'gat *n*, Triebwerk(anlage *f*) *n*; **~ play** *s. sport* Powerplay *n*; **~ point** *s.* ⚡ Steckdose *f*; **~ pol·i·tics** *s. pl. sg. konstr.* 'Machtpoli,tik *f*; **~ saw** *s.* ⚙ Motorsäge *f*; **~ sharing** *s.* Teilhabe *f* an der Macht; **'~-,shov·el** *s.* ⚙ Löffelbagger *m*; **~ station** *s.* ⚡ Elektrizi'täts-, Kraftwerk *n*: ***long-distance ~*** Überlandzentrale *f*; **~ steer·ing** *s. mot.* Servolenkung *f*; **~ stroke** *s.* ⚙, ⚡, *mot.* Arbeitshub *m*, -takt *m*; **~ strug·gle** *s.* Machtkampf *m*; **~ sup·ply** *s.* ⚡ **1.** Ener'gieversorgung *f*, Netz(anschluß *m*) *n*; **2.** → ***power pack***; **~ trans·mis·sion** *s.* ⚙ 'Leistungs-, Ener'gieüber,tragung *f*; **~ un·it** *s.* **1.** → ***power station***; **2.** → ***power plant*** 2.

pow·wow ['paʊwaʊ] **I** *s.* **1.** a) indi'anisches Fest, b) Ratsversammlung *f*, c) indi'anischer Medi'zinmann; **2.** *Am.* F a) (lärmende, *a.* po'litische) Versammlung, b) Konfe'renz *f*, Besprechung *f*; **II** *v/i.* **3.** *bsd. Am.* F e-e Versammlung *etc.* abhalten; debattieren.

pox [pɒks] *s.* ⚕ **1.** Pocken *pl.*, Blattern *pl.*; Pusteln *pl.*; **2.** V Syphilis *f*.

prac·ti·ca·bil·i·ty [,præktɪkə'bɪlətɪ] *s.* 'Durchführbarkeit *f etc.*; **prac·ti·ca·ble** ['præktɪkəbl] *adj.* ☐ **1.** 'durch-, ausführbar, möglich; **2.** anwendbar, brauchbar; **3.** gang-, (be)fahrbar (*Straße, Furt etc.*).

prac·ti·cal ['præktɪkl] *adj.* ☐ → ***practically***; **1.** (*Ggs. theoretisch*) praktisch (*Kenntnisse*, *Landwirtschaft etc.*); angewandt: ***~ chemistry***; ***~ fact*** Erfahrungstatsache *f*; **2.** praktisch (*Anwendung*, *Versuch etc.*); **3.** praktisch, geschickt (*Person*); **4.** praktisch, in der Praxis tätig, ausübend: ***~ politician***; ***~ man*** Mann der Praxis, Praktiker; **5.** praktisch (*Denken*); **6.** praktisch, faktisch, tatsächlich; **7.** sachlich; **8.** praktisch anwendbar, 'durchführbar; **9.** handgreiflich, grob: ***~ joke***; **prac·ti·cal·i·ty** [,præktɪ'kælətɪ] *s. das* Praktische, praktisches Wesen, Sachlichkeit *f*; praktische Anwendbarkeit; **'prac·ti·cal·ly** *adv.* **1.** [-kəlɪ] → ***practical***; **2.** [-klɪ] praktisch, so gut wie *nichts etc.*

prac·tice ['præktɪs] **I** *s.* **1.** Praxis *f* (*Ggs. Theorie*): ***in ~*** in der Praxis; ***put into ~*** in die Praxis umsetzen, ausführen, verwirklichen; **2.** Übung *f* (*a.* ♪, ⚔), *mot.*

sport Training *n*: ***in*** (***out of***) ~ in (aus) der Übung; ~ ***makes perfect*** Übung macht den Meister; **3.** Praxis *f* (*Arzt*, *Anwalt*): ***be in*** ~ praktizieren, s-e Praxis ausüben (*Arzt*); **4.** Brauch *m*, Gewohnheit *f*, übliches Verfahren, Usus *m*; **5.** Handlungsweise *f*, Praktik *f*; *oft pl. contp.* (unsaubere) Praktiken *pl.*, Machenschaften *pl.*, Schliche *pl.*; **6.** Verfahren *n*; ⚙ *a.* Technik *f*: ***welding*** ~ Schweißtechnik; **7.** ⚖ Verfahren(sregeln *pl.*) *n*, for'melles Recht; **8.** Übungs..., Probe...: ~ ***alarm***, ~ ***alert*** Probealarm *m*; ~ ***ammunition*** ⚔ Übungsmunition *f*; ~ ***cartridge*** ⚔ Exerzierpatrone *f*; ~ ***flight*** ✈ Übungsflug *m*; ~ ***run*** *mot.* Trainingsfahrt *f*; **II** *v/t. u. v/i.* **9.** *Am.* → ***practise***.

prac·tise ['præktɪs] **I** *v/t.* **1.** *Beruf* ausüben; *Geschäft etc.* betreiben; tätig sein als *od.* in (*dat.*), *als Arzt*, *Anwalt* praktizieren: ~ ***medicine*** (***law***); **2.** ♪ *etc.* (ein)üben, sich üben in (*dat.*); *et. auf e-m Instrument* üben; *j-n* schulen: ~ ***Bach*** Bach üben; **3.** *fig. Höflichkeit etc.* üben: ~ ***politeness***; **4.** verüben: ~ ***a fraud on*** *j-n* arglistig täuschen; **II** *v/i.* **5.** praktizieren (*als Arzt*, *Jurist*, *a. Katholik*); **6.** (sich) üben (***on the piano*** auf dem Klavier, ***at shooting*** im Schießen); **7.** ~ ***on*** (*od.* ***upon***) a) *j-n* ‚bearbeiten', b) *j-s Schwäche etc.* ausnutzen, miß'brauchen; '**prac·tised** [-st] *adj.* geübt (*Person*, *a. Auge*, *Hand*).

prac·ti·tion·er [præk'tɪʃnə] *s.* **1.** Praktiker *m*; **2.** ***general*** (*od.* ***medical***) ~ praktischer Arzt; **3.** ***legal*** (*od.* ***general***) ~ (Rechts)Anwalt *m*.

prag·mat·ic [præg'mætɪk] *adj.* (□ ~***ally***) **1.** *phls.* prag'matisch; **2.** → **prag'mat·i·cal** [-kl] *adj.* □ **1.** *phls.* prag'matisch, *fig. a.* praktisch (denkend), sachlich; **2.** belehrend; **3.** geschäftig; **4.** 'übereifrig, aufdringlich; **5.** rechthaberisch; **prag·ma·tism** ['prægmətɪzəm] *s.* **1.** *phls.* Pragma'tismus *m*, *fig. a.* Sachlichkeit *f*, praktisches Denken; **2.** 'Übereifer *m*; **3.** rechthaberisches Wesen; **prag·ma·tize** ['prægmətaɪz] *v/t.* **1.** als re'al darstellen; **2.** vernunftmäßig erklären, rationalisieren.

prai·rie ['preərɪ] *s.* **1.** Grasebene *f*, Steppe *f*; **2.** Prä'rie *f* (*in Nordamerika*); **3.** *Am.* (grasbewachsene) Lichtung; ~ **dog** *s. zo.* Prä'riehund *m*; ~ **schoon·er** *s. Am.* Planwagen *m der frühen Siedler*.

praise [preɪz] **I** *v/t.* **1.** loben, rühmen, preisen; → ***sky*** 2; **2.** (*bsd. Gott*) (lob-) preisen, loben; **II** *s.* **3.** Lob *n*: ***sing s.o.'s*** ~ j-s Lob singen; ***in*** ~ ***of s.o.***, ***in s.o.'s*** ~ zu j-s Lob; '~ˌ**wor·thi·ness** *s.* Löblichkeit *f*, lobenswerte Eigenschaft; '~ˌ**wor·thy** *adj.* □ lobenswert, löblich.

pram[1] [præm] *s.* ⚓ Prahm *m*.

pram[2] [præm] *s.* F → ***perambulator***.

prance [prɑːns] *v/i.* **1.** a) sich bäumen, b) tänzeln (*Pferd*); **2.** (ein'her)stolzieren, paradieren; sich brüsten; **3.** F her'umtollen.

pran·di·al ['prændɪəl] *adj.* Essens..., Tisch...

prang [præŋ] *Brit.* F **I** *s.* **1.** ✈ Bruchlandung *f*; **2.** *mot.* schwerer Unfall; **3.** Luftangriff *m*; **4.** *fig.* ‚tolles Ding'; **II** *v/i.* **5.** ‚knallen', ‚krachen'.

prank[1] [præŋk] *s.* **1.** Streich *m*, Ulk *m*, Jux *m*; **2.** *weitS.* Kapri'ole *f*, Faxe *f e-r Maschine etc.*

prank[2] [præŋk] **I** *v/t. mst* ~ ***out*** (*od.* ***up***) (her'aus)putzen, schmücken; **II** *v/i.* prunken, prangen.

prate [preɪt] **I** *v/i.* schwatzen, schwafeln (***of*** von); **II** *v/t.* (da'her)schwafeln; **III** *s.* Geschwätz *n*, Geschwafel *n*; '**prat·er** [-tə] *s.* Schwätzer(in); '**prat·ing** [-tɪŋ] *adj.* □ schwatzhaft, geschwätzig; **prat·tle** ['prætl] → ***prate***.

prawn [prɔːn] *s. zo.* Gar'nele *f*.

pray [preɪ] **I** *v/i.* **1.** beten (***to*** zu, ***for*** um, für); **2.** bitten, ersuchen (***for*** um); ⚖ beantragen (***that*** daß); **II** *v/t.* **3.** *j-n* inständig bitten, ersuchen, anflehen (***for*** um): ~, ***consider!*** bitte, bedenken Sie doch!; **4.** *et.* erbitten, erflehen.

prayer [preə] *s.* **1.** Ge'bet *n*: ***put up a*** ~ ein Gebet emporsenden; ***say one's*** ~***s*** beten, s-e Gebete verrichten; ***he hasn't got a*** ~ *Am. sl.* er hat nicht die geringste Chance; **2.** *oft pl.* Andacht *f*: ***evening*** ~ Abendandacht; **3.** inständige Bitte, Flehen *n*; **4.** Gesuch *n*; ⚖ *a.* Antrag *m*, Klagebegehren *n*; **5.** ['preɪə] Beter(in); ~ **book** *s.* Ge'betbuch *n*; ~ **meet·ing** *s.* Ge'betsversammlung *f*; ~ **wheel** *s.* Ge'betsmühle *f*.

pre- [priː; prɪ] *in Zssgn* a) (*zeitlich*) vor (-her); vor...; früher als, b) (*räumlich*) vor, da'vor.

preach [priːtʃ] **I** *v/i.* **1.** (***to***) predigen (zu *od.* vor *dat.*), e-e Predigt halten (*dat. od.* vor *dat.*); **2.** *fig.* ‚predigen': ~ ***at s.o.*** j-m e-e (Moral)Predigt halten; **II** *v/t.* **3.** *et.* predigen: ~ ***the gospel*** das Evangelium verkünden; ~ ***a sermon*** e-e Predigt halten; **4.** ermahnen zu: ~ ***charity*** Nächstenliebe predigen; '**preach·er** [-tʃə] *s.* Prediger(in); '**preach·i·fy** [-tʃɪfaɪ] *v/i.* sal'badern, Mo'ral predigen; '**preach·ing** [-tʃɪŋ] *s.* **1.** Predigen *n*; **2.** *bibl.* Lehre *f*;

ˈ**preach·y** [-tʃɪ] *adj.* □ F salˈbadernd, moralisierend.

pre·am·ble [priːˈæmbl] *s.* **1.** Präˈambel *f* (*a.* ⚖), Einleitung *f*; Oberbegriff *m e-r Patentschrift*; Kopf *m e-s Funkspruchs etc.*; **2.** *fig.* Vorspiel *n*, Auftakt *m*.

pre·ar·range [ˌpriːəˈreɪndʒ] *v/t.* **1.** vorher abmachen *od.* anordnen *od.* bestimmen; **2.** vorbereiten.

preb·end [ˈprebənd] *s. eccl.* Präˈbende *f*, Pfründe *f*; ˈ**preb·en·dar·y** [-bəndərɪ] *s.* Pfründner *m*.

pre·cal·cu·late [ˌpriːˈkælkjʊleɪt] *v/t.* vorˈausberechnen.

pre·car·i·ous [prɪˈkeərɪəs] *adj.* □ **1.** preˈkär, unsicher (*a. Lebensunterhalt*), bedenklich (*a. Gesundheitszustand*); **2.** gefährlich; **3.** anfechtbar; **4.** ⚖ ˈwiderruflich; **preˈcar·i·ous·ness** [-nɪs] *s.* **1.** Unsicherheit *f*; **2.** Gefährlichkeit *f*; **3.** Zweifelhaftigkeit *f*.

pre·cau·tion [prɪˈkɔːʃn] *s.* **1.** Vorkehrung *f*, Vorsichtsmaßregel *f*: ***take ~s*** Vorsichtsmaßregeln *od.* Vorsorge treffen; ***as a ~*** vorsichtshalber, vorsorglich; **2.** Vorsicht *f*; **preˈcau·tion·ar·y** [-ʃnərɪ] *adj.* **1.** vorbeugend, Vorsichts...: ***~ measures*** Vorkehrungen; **2.** Warn...: ***~ signal*** Warnsignal *n*.

pre·cede [ˌpriːˈsiːd] **I** *v/t.* **1.** vorˈaus-, vorˈangehen (*dat.*) (*a. fig. Buchkapitel, Zeitraum etc.*); **2.** den Vorrang *od.* Vortritt *od.* Vorzug haben vor (*dat.*), vorgehen (*dat.*); **3.** *fig.* (***by, with s.th.***) (durch et.) einleiten, (*e-r Sache* et.) vorˈausschicken; **II** *v/i.* **4.** vorˈan-, vorˈausgehen; **5.** den Vorrang *od.* Vortritt haben; ˌ**preˈced·ence** [-dəns] *s.* **1.** Vorˈhergehen *n*, Prioriˈtät *f*: ***have the ~ of*** *e-r Sache zeitlich* vorangehen; **2.** Vorrang *m*, Vorzug *m*, Vortritt *m*, Vorrecht *n*: ***take ~ of*** (*od.* ***over***) → ***precede*** 2; (***order of***) ***~*** Rangordnung *f*; **prec·e·dent** [ˈpresɪdənt] **I** *s.* ⚖ Präzeˈdenzfall *m*, Präjuˈdiz *n*: ***without ~*** ohne Beispiel, noch nie dagewesen; ***set a ~*** e-n Präzedenzfall schaffen; **II** [prɪˈsiːdənt] *adj.* □ vorˈhergehend; **preˈced·ing** [-dɪŋ] **I** *adj.* vorˈhergehend: ***~ indorser*** ✝ Vor(der)mann *m* (*Wechsel*); **II** *prp.* vor (*dat.*).

pre·cen·sor [ˌpriːˈsensə] *v/t.* e-r ˈVorzenˌsur unterˈwerfen.

pre·cen·tor [ˌpriːˈsentə] *s.* ♪, *eccl.* Kantor *m*, Vorsänger *m*.

pre·cept [ˈpriːsept] *s.* **1.** (*a.* göttliches) Gebot; **2.** Regel *f*, Richtschnur *f*; **3.** Lehre *f*, Unterˈweisung *f*; **4.** ⚖ Gerichtsbefehl *m*; **pre·cep·tor** [prɪˈseptə] *s.* Lehrer *m*.

pre·cinct [ˈpriːsɪŋkt] *s.* **1.** Bezirk *m*: ***cathedral ~s*** Domfreiheit *f*; **2.** *bsd. Am.* Poliˈzei-, Wahlbezirk *m*; **3.** *pl.* Bereich *m*, *pl. fig. a.* Grenzen *pl.*

pre·ci·os·i·ty [ˌpreʃɪˈɒsətɪ] *s.* Geziertheit *f*, Affektiertheit *f*.

pre·cious [ˈpreʃəs] **I** *adj.* □ **1.** kostbar, wertvoll (*a. fig.*): ***~ memories***; **2.** edel (*Steine etc.*): ***~ metals*** Edelmetalle; **3.** F ‚schön': a) *iro.* ‚nett': ***a ~ mess***, b) beträchtlich: ***a ~ lot better than*** bei weitem besser als; **4.** *fig.* preziˈös, affektiert, geziert: ***~ style***; **II** *adv.* **5.** F reichlich, äußerst: ***~ little***; **III** *s.* **6.** Schatz *m*, Liebling *m*: ***my ~!***; ˈ**pre·cious·ness** [-nɪs] *s.* **1.** Köstlichkeit *f*, Kostbarkeit *f*; **2.** → ***preciosity***.

prec·i·pice [ˈpresɪpɪs] *s.* Abgrund *m*, *fig. a.* Klippe *f*.

pre·cip·i·ta·ble [prɪˈsɪpɪtəbl] *adj.* ⚗ abscheidbar, fällbar, niederschlagbar; **preˈcip·i·tance** [-təns], **pre·cip·i·tan·cy** [-tənsɪ] *s.* **1.** Eile *f*; **2.** Hast *f*, Überˈstürzung *f*; **preˈcip·i·tant** [-tənt] **I** *adj.* □ **1.** (steil) abstürzend, jäh; **2.** *fig.* hastig, eilig; **3.** *fig.* überˈeilt; **II** *s.* **4.** ⚗ Fällungsmittel *n*; **preˈcip·i·tate** [-teɪt] **I** *v/t.* **1.** hinˈabstürzen (*a. fig.*); **2.** *fig. Ereignisse* herˈaufbeschwören, (plötzlich) herˈbeiführen, beschleunigen; **3.** *j-n* (hinˈein)stürzen (***into*** in *acc.*): ***~ a country into war***; **4.** ⚗ (aus)fällen; **5.** *meteor.* niederschlagen, verflüssigen; **II** *v/i.* **6.** ⚗ *u. meteor.* sich niederschlagen; **III** *adj.* [-tət] **7.** jäh(lings) hinˈabstürzend, steil abfallend; **8.** *fig.* überˈstürzt, -ˈeilt, ˈvoreilig; eilig, hastig; **9.** plötzlich; **IV** *s.* [-teɪt] **10.** ⚗ Niederschlag *m*, ˈFällproˌdukt *n*; **preˈcip·i·tate·ness** [-tətnɪs] *s.* Überˈeilung *f*, ˈVoreiligkeit *f*; **pre·cip·i·ta·tion** [prɪˌsɪpɪˈteɪʃn] *s.* **1.** jäher Sturz, (Herˈab)Stürzen *n*; **2.** *fig.* Überˈstürzung *f*; Hast *f*; **3.** ⚗ Fällung *f*; **4.** *meteor.* Niederschlag *m*; **5.** *Spiritismus*: Materialisatiˈon *f*; **preˈcip·i·tous** [-təs] *adj.* □ **1.** jäh, steil (abfallend), abschüssig; **2.** *fig.* überˈstürzt.

pré·cis [ˈpreɪsiː] (*Fr.*) **I** *pl.* **-cis** [-siːz] *s.* (kurze) ˈÜbersicht, Zs.-fassung *f*; **II** *v/t.* kurz zs.-fassen.

pre·cise [prɪˈsaɪs] *adj.* □ **1.** präˈzis(e), klar, genau; **2.** exˈakt, (peinlich) genau, korˈrekt; *contp.* peˈdantisch; **3.** genau, richtig (*Betrag, Moment etc.*); **preˈcise·ly** [-lɪ] *adv.* **1.** → ***precise***; **2.** gerade, genau, ausgerechnet; **3.** ***~!*** genau!; **preˈcise·ness** [-nɪs] *s.* **1.** (überˈtriebene) Genauigkeit; **2.** (ängstliche) Gewissenhaftigkeit, Pedanteˈrie *f*; **pre-**

ci·sion [prɪˈsɪʒn] **I** *s.* Genauigkeit *f*, Exˈaktheit *f*; *a.* ⚙, ⚔ Präzisiˈon *f*; **II** *adj.* ⚙, ⚔ Präzisions…, Fein…: **~ *adjustment*** a) ⚙ Feineinstellung, b) ⚔ genaues Einschießen; **~ *bombing*** gezielter Bombenwurf; **~ *instrument*** Präzisionsinstrument *n*; **~ *mechanics*** Feinmechanik *f*; **~*-made*** Präzisions…

pre·clude [prɪˈklu:d] *v/t.* **1.** ausschließen (***from*** von); **2.** *e-r Sache* vorbeugen *od.* zuˈvorkommen; *Einwände* vorˈwegnehmen; **3.** *j-n* hindern (***from*** an *dat.*, ***from doing*** zu tun); **preˈclu·sion** [-u:ʒn] *s.* **1.** Ausschließung *f*, Ausschluß *m* (***from*** von); **2.** Verhinderung *f*; **preˈclu·sive** [-u:sɪv] *adj.* ☐ **1.** ausschließend (***of*** von); **2.** (ver)hindernd.

pre·co·cious [prɪˈkəʊʃəs] *adj.* ☐ **1.** frühreif, frühzeitig (entwickelt); **2.** *fig.* frühreif, altklug; **preˈco·cious·ness** [-nɪs], **preˈcoc·i·ty** [-ˈkɒsətɪ] *s.* **1.** Frühreife *f*, -zeitigkeit *f*; **2.** *fig.* Frühreife *f*, Altklugheit *f*.

pre·cog·ni·tion [ˌpri:kɒgˈnɪʃn] *s.* Präkognitiˈon *f*, Vorauswissen *n*.

pre·con·ceive [ˌpri:kənˈsi:v] *v/t.* (sich) vorher ausdenken, sich vorher vorstellen: **~*d opinion*** → **pre·con·cep·tion** [ˌpri:kənˈsepʃn] *s.* vorgefaßte Meinung, *a.* Vorurteil *n*.

pre·con·cert [ˌpri:kənˈsɜ:t] *v/t.* vorher vereinbaren: **~*ed*** verabredet, *b.s.* abgekartet.

pre·con·di·tion [ˌpri:kənˈdɪʃn] **I** *s.* **1.** Vorbedingung *f*, Vorˈaussetzung *f*; **II** *v/t.* **2.** ⚙ vorbehandeln; **3.** *fig.* j-n einstimmen.

pre·co·nize [ˈpri:kənaɪz] *v/t.* **1.** öffentlich verkündigen; **2.** *R. C. Bischof* präkonisieren.

pre·cook [ˌpri:ˈkʊk] *v/t.* vorkochen.

pre·cool [ˌpri:ˈku:l] *v/t.* vorkühlen.

pre·cur·sor [ˌpri:ˈkɜ:sə] *s.* **1.** Vorläufer (-in), Vorbote *m*, -botin *f*; **2.** (Amts-) Vorgänger(in); ˌ**preˈcur·so·ry** [-ərɪ] *adj.* **1.** vorˈausgehend; **2.** einleitend, vorbereitend.

pre·da·ceous *Am.*, **pre·da·cious** *Brit.* [prɪˈdeɪʃəs] *adj.* räuberisch: **~ *animal*** Raubtier *n*; **~ *instinct*** Raub(tier)instinkt *m*.

pre·date [ˌpri:ˈdeɪt] *v/t.* **1.** zuˈrück-, vordatieren; **2.** *zeitlich* vorˈangehen.

pred·a·to·ry [ˈpredətərɪ] *adj.* ☐ räuberisch, Raub…(*-krieg*, *-vogel etc.*).

pre·de·cease [ˌpri:dɪˈsi:s] *v/t.* früher sterben als *j-d*, vor *j-m* sterben: **~*d parent*** ⚖ vorverstorbener Elternteil.

pred·e·ces·sor [ˈpri:dɪsesə] *s.* **1.** Vorgänger(in) (*a. fig. Buch etc.*): **~ *in interest*** ⚖ Rechtsvorgänger; **~ *in office*** Amtsvorgänger; **2.** Vorfahr *m*.

pre·des·ti·nate [ˌpri:ˈdestɪneɪt] **I** *v/t. eccl. u. weitS.* prädestinieren, aus(er)wählen, (vorˈher)bestimmen, ausersehen (***to*** für, zu); **II** *adj.* [-neɪt] prädestiniert, auserwählt; **pre·des·ti·na·tion** [pri:ˌdestɪˈneɪʃn] *s.* **1.** Vorˈherbestimmung *f*; **2.** *eccl.* Prädestinatiˈon *f*, Gnadenwahl *f*; ˌ**preˈdes·tine** [-tɪn] → ***predestinate*** I.

pre·de·ter·mi·na·tion [ˈpri:dɪˌtɜ:mɪˈneɪʃn] *s.* Vorˈherbestimmung *f*; **pre·de·ter·mine** [ˌpri:dɪˈtɜ:mɪn] *v/t.* **1.** *eccl.*, *a.* ⚙ vorˈherbestimmen; **2.** *Kosten etc.* vorher festsetzen *od.* bestimmen: **~ *s.o. to s.th.*** j-n für et. vorbestimmen.

pred·i·ca·ble [ˈpredɪkəbl] **I** *adj.* aussagbar, *j-m* zuzuschreiben(d); **II** *s. pl. phls.* Prädikaˈbilien *pl.*, Allgemeinbegriffe *pl.*; **pre·dic·a·ment** [prɪˈdɪkəmənt] *s.* **1.** *phls.* Kategoˈrie *f*; **2.** (mißliche) Lage; **pred·i·cate** [ˈpredɪkeɪt] **I** *v/t.* **1.** behaupten, aussagen; **2.** *phls.* prädizieren, aussagen; **3.** gründen, basieren (***on*** auf *dat.*): ***be ~d on*** basieren auf (*dat.*); **II** *s.* [-kət] **4.** *phls.* Aussage *f*; **5.** *ling.* Prädiˈkat *n*, Satzaussage *f*: **~ *adjective*** prädikatives Adjektiv; **~ *noun*** Prädikatsnomen *n*; **pred·i·ca·tion** [ˌpredɪˈkeɪʃn] *s.* Aussage *f* (*a. ling. im Prädikat*), Behauptung *f*; **pred·i·ca·tive** [prɪˈdɪkətɪv] *adj.* ☐ **1.** aussagend, Aussage…; **2.** *ling.* prädikaˈtiv; **pred·i·ca·to·ry** [prɪˈdɪkətərɪ] *adj.* **1.** predigend, Prediger…; **2.** gepredigt.

pre·dict [prɪˈdɪkt] *v/t.* vorˈher-, vorˈaussagen, propheˈzeien; **preˈdict·a·ble** [-təbl] *adj.* vorˈaussagbar, berechenbar (*a. Person*, *Politik etc.*): ***he's so ~*** bei ihm weiß man immer genau, was er tun wird; **preˈdict·a·bly** [-təblɪ] *adv.* a) wie vorherzusehen war, b) man kann jetzt schon sagen, daß; **preˈdic·tion** [-kʃn] *s.* Vorˈher-, Vorˈaussage *f*, Weissagung *f*, Propheˈzeiung *f*; **preˈdic·tor** [-tə] *s.* **1.** Proˈphet(in); **2.** ✈ Komˈmandogerät *n*.

pre·di·lec·tion [ˌpri:dɪˈlekʃn] *s.* Vorliebe *f*, Voreingenommenheit *f*.

pre·dis·pose [ˌpri:dɪˈspəʊz] *v/t.* **1.** (***for***) *j-n* (im vorˈaus) geneigt *od.* empfänglich machen *od.* einnehmen (für); **2.** (***to***) *bsd.* ⚕ prädisponieren, empfänglich *od.* anfällig machen (für); **pre·dis·po·si·tion** [ˈpri:ˌdɪspəˈzɪʃn] *s.* (***to***) Neigung *f* (zu); Empfänglichkeit *f* (für); Anfälligkeit *f* (für) (*alle a.* ⚕).

pre·dom·i·nance [prɪˈdɒmɪnəns] *s.* **1.**

Vorherrschaft *f*; Vormacht(stellung) *f*; **2.** *fig.* Vorherrschen *n*, Über'wiegen *n*, 'Übergewicht *n* (***in*** in *dat.*, ***over*** über *acc.*); **3.** Über'legenheit *f*; **pre'dom·i·nant** [-nt] *adj.* □ **1.** vorherrschend, über'wiegend, 'vorwiegend; **2.** über'legen; **pre'dom·i·nate** [-neɪt] *v/i.* **1.** vorherrschen, über'wiegen, vorwiegen; **2.** *zahlenmäßig, geistig, körperlich etc.* über'legen sein; **3.** die Oberhand *od.* das 'Übergewicht haben (***over*** über *acc.*); **4.** herrschen, die Herrschaft haben (***over*** über *acc.*).

pre-em·i·nence [ˌpri:'emɪnəns] *s.* **1.** Her'vorragen *n*, Über'legenheit *f* (***above, over*** über *acc.*); **2.** Vorrang *m*, -zug *m* (***over*** vor *dat.*); **3.** her'vorragende Stellung; **ˌpre-'em·i·nent** [-nt] *adj.* □ her'vorragend, über'ragend: ***be ~*** hervorstechen, sich hervortun.

pre-empt [ˌpri:'em*p*t] *v/t.* **1.** (*v/i.* Land) durch Vorkaufsrecht erwerben; **2.** (im voraus) mit Beschlag belegen; **ˌpre-'emp·tion** [-*p*ʃn] *s.* Vorkauf(srecht *n*) *m*: ***~ price*** Vorkaufspreis *m*; **ˌpre-'emp·tive** [-tɪv] *adj.* **1.** Vorkaufs...: ***~ right***; **2.** ⚔ Präventiv...: ***~ strike*** Präventivschlag *m*; **ˌpre'emp·tor** [-tə] *s.* Vorkaufsberechtigte(r *m*) *f*.

preen [pri:n] *v/t. Gefieder etc.* putzen; *sein Haar* (her)richten: ***~ o.s.*** sich putzen (*a. Person*); ***~ o.s. on*** sich et. einbilden auf (*acc.*).

pre-en·gage [ˌpri:ɪn'geɪdʒ] *v/t.* **1.** im vor'aus *vertraglich* verpflichten; **2.** im vor'aus in Anspruch nehmen; **3.** ✝ vorbestellen; **ˌpre-en'gage·ment** [-mənt] *s.* vorher eingegangene Verpflichtung, frühere Verbindlichkeit.

pre-ex·am·i·na·tion ['pri:ɪgˌzæmɪ'neɪʃn] *s.* vor'herige Vernehmung, 'Vorunterˌsuchung *f*, -prüfung *f*.

pre-ex·ist [ˌpri:ɪg'zɪst] *v/i.* vorher vor'handen sein *od.* existieren; **ˌpre·ex'ist·ence** [-təns] *s. bsd. eccl.* früheres Dasein, Präexi'stenz *f*.

pre·fab ['pri:fæb] **I** *adj.* → ***prefabricated***; **II** *s.* Fertighaus *n*.

pre·fab·ri·cate [ˌpri:'fæbrɪkeɪt] *v/t.* vorfabrizieren, *genormte* Fertigteile für *Häuser etc.* herstellen; **ˌpre'fab·ri·cat·ed** [-tɪd] *adj.* vorgefertigt, zs.-setzbar, Fertig...: ***~ house*** Fertighaus *n*; ***~ piece*** Bauteil *n*.

pref·ace ['prefɪs] **I** *s.* Vorwort *n*, -rede *f*; Einleitung *f* (*a. fig.*); **II** *v/t. Rede etc.* einleiten (*a. fig.*), ein Vorwort schreiben zu *e-m Buch*.

pref·a·to·ry ['prefətərɪ] *adj.* □ einleitend, Einleitungs...

pre·fect ['pri:fekt] *s.* **1.** *pol.* Prä'fekt *m*; **2.** *Brit.* Vertrauensschüler *m*.

pre·fer [prɪ'fɜ:] *v/t.* **1.** (es) vorziehen (***to*** *dat.*, ***rather than*** statt); bevorzugen: ***I ~ to go today*** ich gehe lieber heute; ***~red*** ✝ bevorzugt, Vorzugs...(*-aktie etc.*); **2.** befördern (***to*** [***the rank of***] zum); **3.** ⚖ *Gläubiger etc.* begünstigen, bevorzugt befriedigen; **4.** ⚖ *Gesuch, Klage* einreichen (***to*** bei, ***against*** gegen); *Ansprüche* erheben; **pref·er·a·ble** ['prefərəbl] *adj.* □ (***to***) vorzuziehen(d) (*dat.*); vorzüglicher (als); **pref·er·a·bly** ['prefərəblɪ] *adv.* vorzugsweise, lieber, am besten; **pref·er·ence** ['prefərəns] *s.* **1.** Bevorzugung *f*, Vorzug *m* (***above, before, over, to*** vor *dat.*); **2.** Vorliebe *f* (***for*** für): ***by ~*** mit (besonderer) Vorliebe; **3.** ✝, ⚖ a) Vor(zugs)recht *n*, Priori'tät *f*: ***~ bond*** Prioritätsobligation *f*; ***~ dividend*** *Brit.* Vorzugsdividende *f*; ***~ share*** (*od.* ***stock***) → e), b) Vorzug *m*, Bevorrechtigung *f*: ***~ as to dividends*** Dividendenbevorrechtigung *f*, c) bevorzugte Befriedigung (*a. Konkurs*): ***fraudulent ~*** Gläubigerbegünstigung *f*, d) *Zoll*: 'Meistbegünstigung(staˌrif *m*) *f*, e) *Brit.* 'Vorzugsˌaktie *f*; **pref·er·en·tial** [ˌprefə'renʃl] *adj.* □ bevorzugt; *a.* ✝, ⚖ bevorrechtigt (*Forderung, Gläubiger etc.*), Vorzugs...(*-aktie, -dividende, -recht, -zoll*): ***~ treatment*** Vorzugsbehandlung *f*; **pref·er·en·tial·ly** [ˌprefə'renʃəlɪ] *adv.* vorzugsweise; **pre'fer·ment** [-mənt] *s.* **1.** Beförderung *f* (***to*** zu); **2.** höheres Amt, Ehrenamt *n* (*bsd. eccl.*); **3.** ⚖ Einreichung *f* (*Klage*).

pre·fig·u·ra·tion ['pri:ˌfɪgjʊ'reɪʃn] *s.* **1.** vorbildhafte Darstellung, Vor-, Urbild *n*; **2.** vor'herige Darstellung.

pre·fix **I** *v/t.* [ˌpri:'fɪks] (*a. ling. Wort, Silbe*) vorsetzen, vor'ausgehen lassen (***to*** *dat.*); **II** *s.* ['pri:fɪks] *ling.* Prä'fix *n*, Vorsilbe *f*.

preg·gers ['pregəz] *adj.* F schwanger.

preg·nan·cy ['pregnənsɪ] *s.* **1.** Schwangerschaft *f*; *zo.* Trächtigkeit *f*; **2.** *fig.* Fruchtbarkeit *f*, Schöpferkraft *f*, Gedankenfülle *f*; **3.** *fig.* Prä'gnanz *f*, Bedeutungsgehalt *m*, -schwere *f*; **'preg·nant** [-nt] *adj.* □ **1.** a) schwanger (*Frau*), b) trächtig (*Tier*); **2.** *fig.* fruchtbar, reich (***in*** an *dat.*); **3.** einfalls-, geistreich; **4.** *fig.* bedeutungsvoll, gewichtig; voll (***with*** von).

pre·heat [ˌpri:'hi:t] *v/t.* vorwärmen (*a.* ⚙).

pre·hen·sile [prɪ'hensaɪl] *adj. zo.* Greif...: ***~ organ***.

pre·his·tor·ic, pre·his·tor·i·cal [ˌpri:*h*ɪ-

ˈstɒrɪk(l)] *adj.* □ prähiˈstorisch, vorgeschichtlich; **pre·his·to·ry** [ˌpriːˈhɪstərɪ] *s.* Vor-, Urgeschichte *f.*

pre-ig·ni·tion [ˌpriːɪgˈnɪʃn] *s. mot.* Frühzündung *f.*

pre·judge [ˌpriːˈdʒʌdʒ] *v/t.* im vorˈaus *od.* vorschnell be- *od.* verurteilen.

prej·u·dice [ˈpredʒʊdɪs] **I** *s.* **1.** Vorurteil *n*, Voreingenommenheit *f*, *a.* ⚖ Befangenheit *f*; **2.** (*a.* ⚖) Nachteil *m*, Schaden *m*: ***to the ~ of*** zum Nachteil (*gen.*); ***without ~*** ohne Verbindlichkeit; ***without ~ to*** ohne Schaden für, unbeschadet (*gen.*); **II** *v/t.* **3.** mit e-m Vorurteil erfüllen, einnehmen (***in favo[u]r of*** für, ***against*** gegen): ***~d*** a) (vor)eingenommen, b) ⚖ befangen, c) vorgefaßt (*Meinung*); **4.** *a.* ⚖ beeinträchtigen, benachteiligen, schaden (*dat.*), *e-r Sache* abträglich sein; **prej·u·di·cial** [ˌpredʒʊˈdɪʃl] *adj.* □ nachteilig, schädlich (***to*** für): ***be ~ to → prejudice*** 4.

prel·a·cy [ˈpreləsɪ] *s. eccl.* **1.** Prälaˈtur *f* (*Würde od. Amtsbereich*); **2.** *coll.* Präˈlaten(stand *m*, -tum *n*) *pl.*; **prel·ate** [ˈprelɪt] *s.* Präˈlat *m.*

pre·lect [prɪˈlekt] *v/i.* lesen, e-e Vorlesung *od.* Vorlesungen halten (***on, upon*** über *acc.*, ***to*** vor *dat.*); **preˈlec·tion** [-kʃn] *s.* Vorlesung *f*, Vortrag *m*; **preˈlec·tor** [-tə] *s.* Vorleser *m*, (Universiˈtäts)Lektor *m.*

pre·lim [ˈpriːlɪm] **1.** F → ***preliminary examination***; **2.** *pl. typ.* Titeˈlei *f.*

pre·lim·i·nar·y [prɪˈlɪmɪnərɪ] **I** *adj.* □ **1.** einleitend, vorbereitend, Vor...: ***~ discussion*** Vorbesprechung *f*; ***~ inquiry*** ⚖ Voruntersuchung *f*; ***~ measures*** vorbereitende Maßnahmen; ***~ round*** *sport* Vorrunde *f*; ***~ work*** Vorarbeit *f*; **2.** vorläufig: ***~ dressing*** ⚕ Notverband *m*; **II** *s.* **3.** *mst pl.* Einleitung *f*, Vorbereitung(en *pl.*) *f*, vorbereitende Maßnahmen *pl.*; *pl.* Prälimiˈnarien *pl.* (*a.* ⚖ *e-s Vertrags*); **4.** ⚖ Vorverhandlungen *pl.*; **5.** → ***~* ex·am·i·na·tion** *s. univ.* **1.** Aufnahmeprüfung *f*; **2.** a) Vorprüfung *f*, b) ⚕ Physikum *n.*

prel·ude [ˈpreljuːd] **I** *s.* **1.** ♪ Vorspiel *n*, Einleitung *f* (*beide a. fig.*), Präˈludium *n*; *fig.* Auftakt *m*; **II** *v/t.* **2.** ♪ a) einleiten, b) als Präˈludium spielen; **3.** *bsd. fig.* einleiten, das Vorspiel *od.* der Auftakt sein zu; **III** *v/i.* **4.** ♪ a) ein Präˈludium spielen, b) als Vorspiel dienen (***to*** für, zu); **5.** *fig.* das Vorspiel *od.* die Einleitung bilden (***to*** zu).

pre·mar·i·tal [ˌpriːˈmærɪtl] *adj.* vorehelich.

pre·ma·ture [ˌpreməˈtjʊə] *adj.* □ **1.** früh-, vorzeitig, verfrüht: ***~ birth*** Frühgeburt *f*; ***~ ignition*** *mot.* Frühzündung *f*; **2.** *fig.* voreilig, -schnell, überˈeilt; **3.** frühreif; **ˌpre·maˈture·ness** [-nɪs], **ˌpre·maˈtu·ri·ty** [-ərətɪ] *s.* **1.** Frühreife *f*; **2.** Früh-, Vorzeitigkeit *f*; **3.** Überˈeiltheit *f.*

pre·med·i·cal [ˌpriːˈmedɪkl] *adj. univ. Am.* ˈvormediˌzinisch, in die Mediˈzin einführend: ***~ course*** Einführungskurs *m* in die Medizin; ***~ student*** Medizinstudent(in), der (die) e-n Einführungskurs besucht.

pre·me·di·e·val [ˈpriːˌmedɪˈiːvl] *adj.* frühmittelalterlich.

pre·med·i·tate [ˌpriːˈmedɪteɪt] *v/t. u. v/i.* vorher überˈlegen: ***~d murder*** vorsätzlicher Mord; **ˌpreˈmed·i·tat·ed·ly** [-tɪdlɪ] *adv.* mit Vorbedacht, vorsätzlich; **pre·med·i·ta·tion** [priːˌmedɪˈteɪʃn] *s.* Vorbedacht *m*; Vorsatz *m.*

pre·mi·er [ˈpremjə] **I** *adj.* erst; oberst, Haupt...; **II** *s.* Premiˈer(miˌnister) *m*, Miˈnisterpräsiˌdent(in).

pre·mière [prəˈmjeə] (*Fr.*) *thea.* **I** *s.* **1.** Premiˈere *f*, Ur-, Erstaufführung *f*; **2.** a) Darstellerin *f*, b) Primaballeˈrina *f*; **II** *v/t.* **3.** ur-, erstaufführen.

pre·mi·er·ship [ˈpremjəʃɪp] *s.* Amt *n* *od.* Würde *f* des Premiˈermiˌnisters.

prem·ise[1] [ˈpremɪs] *s.* **1.** *phls.* Präˈmisse *f*, Vorˈaussetzung *f*, Vordersatz *m* *e-s Schlusses*; **2.** ⚖ a) *pl. das* Obenerwähnte: ***in the ~s*** im Vorstehenden; ***in these ~s*** in Hinsicht auf das eben Erwähnte, b) obenerwähntes Grundstück; **3.** *pl.* a) Grundstück *n*, b) Haus *n* nebst Zubehör (*Nebengebäude, Grund u. Boden*), c) Loˈkal *n*, Räumlichkeiten *pl.*: ***business ~s*** Geschäftsräume *pl.*, Werksgelände *n*; ***licensed ~*** Schanklokal *n*; ***on the ~s*** an Ort u. Stelle, auf dem Grundstück, im Hause *od.* Lokal.

pre·mise[2] [prɪˈmaɪz] *v/t.* **1.** vorˈausschikken; **2.** *phls.* postulieren.

pre·mi·um [ˈpriːmjəm] *s.* **1.** (Leistungs- *etc.*)Prämie *f*, Bonus *m*; Belohnung *f*, Preis *m*; Zugabe *f*: ***~ offers*** ✝ Verkauf *m* mit Zugaben; ***~ system*** Prämienlohnsystem *n*; **2.** (Versicherungs)Prämie *f*: ***free of ~*** prämienfrei; **3.** ✝ Aufgeld *n*, Agio *n*: ***at a ~*** a) ✝ über Pari, b) *fig.* hoch im Kurs (stehend), sehr gesucht; ***sell at a ~*** a) (*v/i.*) über Pari stehen, b) (*v/t.*) mit Gewinn verkaufen; **4.** Lehrgeld *n e-s Lehrlings*, ˈAusbildungshonoˌrar *n.*

pre·mo·ni·tion [ˌpriːməˈnɪʃn] *s.* **1.** Warnung *f*; **2.** (Vor)Ahnung *f*, (Vor)Gefühl *n*; **pre·mon·i·to·ry** [prɪˈmɒnɪtərɪ] *adj.*

warnend: ~ ***symptom*** ⚕ Frühsymptom *n*.

pre·na·tal [ˌpriːˈneɪtl] *adj.* ⚕ vor der Geburt, vorgeburtlich, pränaˈtal: ~ ***care*** Schwangerenvorsorge *f*.

pre·oc·cu·pan·cy [ˌpriːˈɒkjʊpənsɪ] *s.* **1.** (Recht *n* der) frühere(n) Besitznahme; **2.** (***in***) Beschäftigtsein *n* (mit), Vertieftsein *n* (in *acc.*); **pre·oc·cu·pa·tion** [priːˌɒkjʊˈpeɪʃn] *s.* **1.** vorˈherige Besitznahme; **2.** (***with***) Beschäftigtsein *n* (mit), Vertieftsein *n* (in *acc.*), Inˈanspruchnahme *f* (durch); **3.** Hauptbeschäftigung *f*; **4.** Vorurteil *n*, Voreingenommenheit *f*; ˌ**preˈoc·cu·pied** [-paɪd] *adj.* vertieft (***with*** in *acc.*), gedankenverloren; **pre·oc·cu·py** [ˌpriːˈɒkjʊpaɪ] *v/t.* **1.** vorher *od.* vor anderen in Besitz nehmen; **2.** *j-n* (völlig) in Anspruch nehmen, *j-s Gedanken* ausschließlich beschäftigen, erfüllen.

pre·or·dain [ˌpriːɔːˈdeɪn] *v/t.* vorher anordnen, vorˈherbestimmen.

prep [prep] *s.* F **1.** a) *a.* ~ ***school*** → ***preparatory school***, b) *Am.* Schüler (-in) e-r ***preparatory school***; **2.** *Brit.* → ***preparation*** 5.

pre·pack [ˌpriːˈpæk], **pre·pack·age** [ˌpriːˈpækɪdʒ] *v/t.* ✝ abpacken.

pre·paid [ˌpriːˈpeɪd] *adj.* vorˈausbezahlt; ✉ frankiert, (porto)frei.

prep·a·ra·tion [ˌprepəˈreɪʃn] *s.* **1.** Vorbereitung *f*: ***in*** ~ ***for*** als Vorbereitung auf (*acc.*); ***make*** ~***s*** Vorbereitungen *od.* Anstalten treffen (***for*** für); **2.** (Zu-) Bereitung *f* (*von Tee*, *Speisen etc.*), Herstellung *f*; ⚒, ⚙ Aufbereitung *f* (*von Erz*, *Kraftstoff etc.*); Vorbehandlung *f*, Imprägnieren *n* (*von Holz etc.*); **3.** ⚗, ⚕ Präpaˈrat *n*, *pharm.* *a.* Arzˈnei (-mittel *n*) *f*; **4.** Abfassung *f e-r Urkunde etc.*; Ausfüllen *n e-s Formulars*; **5.** *ped. Brit.* (Anfertigung *f* der) Hausaufgaben *pl.*, Vorbereitung(sstunde) *f*; **6.** ♪ a) (Dissoˈnanz)Vorbereitung *f*, b) Einleitung *f*; **pre·par·a·tive** [prɪˈpærətɪv] **I** *adj.* □ → ***preparatory*** I; **II** *s.* Vorbereitung *f*, vorbereitende Maßnahme (***for*** auf *acc.*, ***to*** zu).

pre·par·a·to·ry [prɪˈpærətərɪ] **I** *adj.* □ **1.** vorbereitend, als Vorbereitung dienend (***to*** für); **2.** Vor(bereitungs)…; **3.** ~ ***to*** *adv.* im Hinblick auf (*acc.*), vor (*dat.*): ~ ***to doing s.th.*** bevor *od.* ehe man etwas tut; **II** *s.* **4.** *Brit.* → ~ **school** *s.* (*Am.* priˈvate) Vor(bereitungs)schule.

pre·pare [prɪˈpeə] **I** *v/t.* **1.** (*a. Rede*, *Schularbeiten*, *Schüler etc.*) vorbereiten; zuˈrecht-, fertigmachen, (her)richten; *Speise etc.* (zu)bereiten; **2.** (aus)rüsten, bereitstellen; **3.** *j-n seelisch* vorbereiten (***to do*** zu tun, ***for*** auf *acc.*): a) geneigt *od.* bereit machen, b) gefaßt machen: ~ ***o.s. to do s.th.*** sich anschikken, et. zu tun; **4.** anfertigen, ausarbeiten, *Plan* entwerfen, *Schriftstück* abfassen; **5.** ⚗, ⚙ a) herstellen, anfertigen, b) präparieren, zurichten; **6.** *Kohle* aufbereiten; **II** *v/i.* **7.** (***for***) sich (*a. seelisch*) vorbereiten (auf *acc.*), sich anschicken *od.* rüsten, Vorbereitungen *od.* Anstalten treffen (für): ~ ***for war*** (sich) zum Krieg rüsten; ~ ***to …!*** ⚔ Fertig zum …!; **preˈpared** [-eəd] *adj.* **1.** vor-, zubereitet, bereit; **2.** *fig.* bereit, gewillt; **3.** gefaßt (***for*** auf *acc.*); **preˈpar·ed·ness** [-eədnɪs] *s.* **1.** Bereitschaft *f*, -sein *n*; **2.** Gefaßtsein *n* (***for*** auf *acc.*).

pre·pay [ˌpriːˈpeɪ] *v/t.* [*irr.* → ***pay***] vorˈausbezahlen, *Brief etc.* frankieren; ˌ**preˈpay·ment** [-mənt] *s.* Vorˈaus(be)zahlung *f*; ✉ Frankierung *f*.

pre·pense [prɪˈpens] *adj.* □ ⚖ vorsätzlich, vorbedacht: ***with*** (*od.* ***of***) ***malice*** ~ in böswilliger Absicht.

pre·pon·der·ance [prɪˈpɒndərəns] *s.* **1.** ˈÜbergewicht *n* (*a. fig.* ***over*** über *acc.*); **2.** *fig.* Überˈwiegen *n* (*an Zahl etc.*), überˈwiegende Zahl (***over*** über *acc.*); **preˈpon·der·ant** [-nt] *adj.* □ überˈwiegend, entscheidend; **pre·pon·der·ate** [prɪˈpɒndəreɪt] *v/i.* *fig.* überˈwiegen, vorherrschen: ~ ***over*** (an Zahl) übersteigen, überlegen sein (*dat.*).

prep·o·si·tion [ˌprepəˈzɪʃn] *s.* *ling.* Präpositiˈon *f*, Verhältniswort *n*; ˌ**prep·oˈsi·tion·al** [-ʃənl] *adj.* □ präpositioˈnal.

pre·pos·sess [ˌpriːpəˈzes] *v/t.* **1.** *mst pass.* *j-n*, *j-s Geist* einnehmen (***in favo[u]r of*** für): ~***ed*** voreingenommen; ~***ing*** einnehmend, anziehend; **2.** erfüllen (***with*** mit *Ideen etc.*); ˌ**pre·posˈses·sion** [-eʃn] *s.* Voreingenommenheit *f* (***in favo[u]r of*** für), Vorurteil *n* (***against*** gegen); vorgefaßte (günstige) Meinung (***for*** von).

pre·pos·ter·ous [prɪˈpɒstərəs] *adj.* □ **1.** abˈsurd, un-, ˈwidersinnig; **2.** lächerlich, groˈtesk.

pre·po·tence [prɪˈpəʊtəns], **preˈpo·ten·cy** [-sɪ] *s.* **1.** Vorherrschaft *f*, Überˈlegenheit *f*; **2.** *biol.* stärkere Vererbungskraft; **preˈpo·tent** [-nt] *adj.* **1.** vorherrschend, (an Kraft) überˈlegen; **2.** *biol.* sich stärker fortpflanzend *od.* vererbend.

pre·print **I** *s.* [ˈpriːprɪnt] **1.** Vorabdruck *m* (*e-s Buches etc.*); **2.** Teilausgabe *f*; **II** *v/t.* [ˌpriːˈprɪnt] **3.** vorabdrucken.

pre·puce [ˈpriːpjuːs] *s.* *anat.* Vorhaut *f*.

Pre-Raph·a·el·ite [ˌpriːˈræfəlaɪt] *paint.* **I** *adj.* präraffaeˈlitisch; **II** *s.* Präraffaeˈlit(in).

pre·re·cord·ed [ˌpriːrɪˈkɔːdɪd] *adj.* bespielt (*Musikkassette etc.*).

pre·req·ui·site [ˌpriːˈrekwɪzɪt] **I** *adj.* vorˈauszusetzen(d), erforderlich (***for, to*** für); **II** *s.* Vorbedingung *f*, (ˈGrund-)Vorˌaussetzung (***for, to*** für).

pre·rog·a·tive [prɪˈrɒgətɪv] **I** *s.* Priviˈleg(ium) *n*, Vorrecht *n*: ***royal ~*** Hoheitsrecht *n*; **II** *adj.* bevorrechtigt: ***~ right*** Vorrecht.

pre·sage [ˈpresɪdʒ] **I** *v/t.* **1.** *mst Böses* ahnen; **2.** (vorher) anzeigen *od.* ankündigen; **3.** weissagen, propheˈzeien; **II** *s.* **4.** Omen *n*, Warnungs-, Anzeichen *n*; **5.** (Vor)Ahnung *f*, Vorgefühl *n*; **6.** Vorbedeutung *f*: ***of evil ~.***

pres·by·op·ic [ˌprezbɪˈɒpɪk] *adj.* alters(weit)sichtig.

pres·by·ter [ˈprezbɪtə] *s. eccl.* **1.** (Kirchen)Älteste(r) *m*; **2.** (Hilfs)Geistliche(r) *m* (*in Episkopalkirchen*); **Pres·by·te·ri·an** [ˌprezbɪˈtɪərɪən] **I** *adj.* presbyteriˈanisch; **II** *s.* Presbyteriˈaner(in); **ˈpres·by·ter·y** [-tərɪ] *s.* **1.** Presbyˈterium *n* (*a.* △ *Chor*); **2.** Pfarrhaus *n*.

pre·school *ped.* **I** *adj.* [ˌpriːˈskuːl] vorschulisch, Vorschul...: ***~ child*** noch nicht schulpflichtiges Kind; **II** *s.* [ˈpriːskuːl] Vorschule *f*.

pre·sci·ence [ˈpresɪəns] *s.* Vorˈherwissen *n*, Vorˈaussicht *f*; **ˈpre·sci·ent** [-nt] *adj.* □ vorˈherwissend, -sehend (***of*** *acc.*).

pre·scribe [prɪˈskraɪb] **I** *v/t.* **1.** vorschreiben (***to s.o.*** j-m), *et.* anordnen: (***as***) ***~d*** (wie) vorgeschrieben, vorschriftsmäßig; **2.** ⚕ verordnen, -schreiben (***for*** *od.* ***to s.o.*** j-m, ***for s.th.*** gegen et.); **II** *v/i.* **3.** ⚕ et. verschreiben, ein Reˈzept ausstellen (***for s.o.*** j-m); **4.** ⚖ a) verjähren, b) Verjährung *od.* Ersitzung geltend machen (***for, to*** für, auf *acc.*).

pre·scrip·tion [prɪˈskrɪpʃn] **I** *s.* **1.** Vorschrift *f*, Verordnung *f*; **2.** ⚕ a) Reˈzept *n*, b) verordnete Mediˈzin; **3.** ⚖ a) (***positive***) ~ Ersitzung *f*, b) (***negative***) ~ Verjährung *f*; **II** *adj.* **4.** ärztlich verordnet: ***~ glasses***; ***~ pad*** Rezeptblock *m*; **preˈscrip·tive** [-ptɪv] *adj.* □ **1.** verordnend, vorschreibend; **2.** ⚖ a) ersessen: ***~ right***, b) Verjährungs...: ***~ period***; ***~ debt*** verjährte Schuld.

pre·se·lec·tion [ˌpriːsɪˈlekʃn] *s.* **1.** ⚙ Vorwahl *f*; **2.** *Radio*: ˈVorselektiˌon *f*; **ˌpre·seˈlec·tive** [-ktɪv] *adj.* ⚙, *mot.* Vorwähler...: ***~ gears***; **ˌpre·seˈlec·tor** [-ktə] *s.* ⚙ Vorwähler *m*.

pres·ence [ˈprezns] *s.* **1.** Gegenwart *f*, Anwesenheit *f*, ⚔ *pol.* Präˈsenz *f*: ***in the ~ of*** in Gegenwart *od.* in Anwesenheit von *od. gen.*, *vor Zeugen*; ***saving your ~*** so sehr ich es bedaure, dies in Ihrer Gegenwart sagen zu müssen; → ***mind*** 2; **2.** (unmittelbare) Nähe, Vorˈhandensein *n*: ***be admitted into the ~*** (zur Audienz) vorgelassen werden; ***in the ~ of danger*** angesichts der Gefahr; **3.** hohe Perˈsönlichkeit(en *pl.*); **4.** Äußere(s) *n*, Aussehen *n*, (stattliche Erscheinung; *weitS.* Auftreten *n*, Haltung *f*; **5.** Anwesenheit *f* e-s unsichtbaren Geistes; **~ cham·ber** *s.* Audiˈenzsaal *m*.

pres·ent[1] [ˈpreznt] **I** *adj.* □ → ***presently***; **1.** (*räumlich*) gegenwärtig, anwesend; vorˈhanden (*a.* ⚗ *etc.*): ***~ company, those ~*** die Anwesenden; ***be ~ at*** teilnehmen an (*dat.*), beiwohnen (*dat.*), zugegen sein bei; ***~!*** (*bei Namensaufruf*) hier!; ***it is ~ to my mind*** *fig.* es ist mir gegenwärtig; **2.** (*zeitlich*) gegenwärtig, jetzig, augenblicklich, momenˈtan: ***the ~ day*** (*od.* ***time***) die Gegenwart; ***~ value*** Gegenwartswert *m*; **3.** heutig (*bsd. Tag*), laufend (*bsd. Jahr, Monat*); **4.** vorliegend (*Fall, Urkunde etc.*): ***the ~ writer*** der Schreiber *od.* Verfasser (dieser Zeilen); **5.** *ling.* ***~ participle*** Mittelwort *n* der Gegenwart, Partizip *n* Präsens; ***~ perfect*** Perfekt *n*, zweite Vergangenheit; ***~ tense*** → 7; **II** *s.* **6.** Gegenwart *f*: ***at ~*** gegenwärtig, im Augenblick, jetzt, momentan; ***for the ~*** für den Augenblick, vorläufig, einstweilen; ***up to the ~*** bislang, bis dato; **7.** *ling.* Präsens *n*, Gegenwart *f*; **8.** *pl.* ⚖ (vorliegendes) Schriftstück *od.* Dokuˈment: ***by these ~s*** hiermit, hierdurch; ***know all men by these ~s*** hiermit jedermann kund und zu wissen (*daß*).

pre·sent[2] [prɪˈzent] **I** *v/t.* **1.** (dar)bieten, (über)ˈreichen; *Nachricht etc.* überˈbringen: ***~ one's compliments to*** sich *j-m* empfehlen; ***~ s.o. with*** j-n mit *et.* beschenken; ***~ s.th. to*** *j-m* et. schenken; **2.** *Gesuch etc.* einreichen, vorlegen, unterˈbreiten; † *Scheck, Wechsel* (zur Zahlung) vorlegen, präsentieren; ⚖ *Klage* erheben: ***~ a case*** e-n Fall vor Gericht vertreten; **3.** *j-n für ein Amt* vorschlagen; **4.** *Bitte, Klage* vorbringen; *Gedanken, Wunsch etc.* äußern, unterbreiten; **5.** *j-n* vorstellen (***to*** *dat.*), einführen (***at*** bei *Hofe*): ***~ o.s.*** a) sich vorstellen, b) sich einfinden, erscheinen, sich melden (***for*** zu), c) *fig.* sich bieten (*Möglichkeit etc.*); **6.** *Schwierig-*

keiten bieten, *Problem* darstellen; **7.** *thea. etc.* darbieten, *Film* vorführen, zeigen, *Sendung* bringen *od.* moderieren, *Rolle* spielen *od.* verkörpern; *fig.* vergegenwärtigen, darstellen, schildern; **8.** ⚔ a) *Gewehr* präsentieren, b) *Waffe* anlegen, richten (***at*** auf *acc.*).

pres·ent[3] ['preznt] *s.* Geschenk *n*: ***make s.o. a ~ of s.th.*** j-m et. zum Geschenk machen.

pre·sent·a·ble [prɪ'zentəbl] *adj.* □ **1.** darstellbar; **2.** präsen'tabel (*Geschenk*); **3.** präsen'tabel (*Erscheinung*), anständig angezogen.

pres·en·ta·tion [ˌprezən'teɪʃn] *s.* **1.** Schenkung *f*, (feierliche) Über'reichung *od.* 'Übergabe: ***~ copy*** Widmungsexemplar *n*; **2.** Gabe *f*, Geschenk *n*; **3.** Vorstellung *f*, Einführung *f e-r Person*; **4.** Vorstellung *f*, Erscheinen *n*; **5.** *fig.* Darstellung *f*, Schilderung *f*, Behandlung *f e-s Falles*, *Problems etc.*; **6.** *thea.*, *Film*: Darbietung *f*, Vorführung *f*; *Radio*, *TV*: Moderati'on *f*; ⚕ Demonstrati'on *f* (*im Kolleg*); **7.** Einreichung *f e-s Gesuchs etc.*; ✝ Vorlage *f e-s Wechsels*: (***up***)***on ~*** gegen Vorlage; ***payable on ~*** zahlbar bei Sicht; **8.** Vorschlag(srecht *n*) *m*; Ernennung *f* (*Brit. a. eccl.*); **9.** ⚕ (Kinds)Lage *f im Uterus*; **10.** *psych.* a) Wahrnehmung *f*, b) Vorstellung *f*.

ˌ**pres·ent-'day** [ˌpreznt-] *adj.* heutig, gegenwärtig, mo'dern.

pre·sent·er [prɪ'zentə] *s. Brit.* ('Fernseh)Modeˌrator *m*.

pre·sen·tient [prɪ'senʃɪənt] *adj.* im vor'aus fühlend, ahnend (***of*** *acc.*); **pre·sen·ti·ment** [prɪ'zentɪmənt] *s.* (Vor-)Gefühl *n*, (*mst* böse Vor)Ahnung.

pres·ent·ly ['prezntlɪ] *adv.* **1.** (so-)'gleich, bald (dar'auf), als'bald; **2.** jetzt, gegenwärtig; **3.** so'fort.

pre·sent·ment [prɪ'zentmənt] *s.* **1.** Darstellung *f*, 'Wiedergabe *f*, Bild *n*; **2.** *thea. etc.* Darbietung *f*, Aufführung *f*; **3.** ✝ (*Wechsel- etc.*)Vorlage *f*; **4.** ⚖ Anklage(schrift) *f*; Unter'suchung *f* von Amts wegen.

pre·serv·a·ble [prɪ'zɜːvəbl] *adj.* erhaltbar, zu erhalten(d), konservierbar; **pres·er·va·tion** [ˌprezə'veɪʃn] *s.* **1.** Bewahrung *f*, (Er)Rettung *f*, Schutz *m* (***from*** vor *dat.*): ***~ of natural beauty*** Naturschutz; **2.** Erhaltung *f*, Konservierung *f*: ***in good ~*** gut erhalten: ***~ of evidence*** ⚖ Beweissicherung *f*; **3.** Einmachen *n*, -kochen *n*, Konservierung *f* (*von Früchten etc.*); **pre'serv·a·tive** [-vətɪv] **I** *adj.* **1.** bewahrend, Schutz...: ***~ coat*** ⚙ Schutzanstrich *m*; **2.** erhaltend, konservierend; **II** *s.* **3.** Konservierungsmittel *n* (*a.* ⚙); **pre·serve** [prɪ'zɜːv] **I** *v/t.* **1.** bewahren, behüten, (er)retten, (be)schützen (***from*** vor *dat.*); **2.** erhalten, vor dem Verderb schützen: ***well-~d*** gut erhalten; **3.** aufbewahren, -heben; ⚖ *Beweise* sichern; **4.** konservieren (*a.* ⚙), *Obst etc.* einkochen, -machen, -legen: ***~d meat*** Büchsenfleisch *n*, *coll.* Fleischkonserven *pl.*; **5.** *hunt. bsd. Brit. Wild*, *Fische* hegen; **6.** *fig. Haltung*, *Ruhe*, *Andenken etc.* (be)wahren: ***~ silence***; **II** *s.* **7.** *mst pl.* Eingemachte(s) *n*, Kon'serve(n *pl.*) *f*; **8.** *oft pl.* a) *hunt. bsd. Brit.* ('Wild)Reserˌvat *n*, (Jagd-, Fisch)Gehege *n*, b) *fig.* Gehege *n*: ***poach on s.o.'s ~s*** j-m ins Gehege kommen (*a. fig.*); **pre'serv·er** [-və] *s.* **1.** Bewahrer(in), Erhalter(in), (Er)Retter(in); **2.** Konservierungsmittel *n*; **3.** 'Einkochappaˌrat *m*; **4.** *hunt. Brit.* Heger *m*, Wildhüter *m*.

pre·set [ˌpriː'set] *v/t.* [*irr.* → ***set***] ⚙ voreinstellen.

pre·shrink [ˌpriː'ʃrɪŋk] *v/t.* [*irr.* → ***shrink***] ⚙ *Stoffe* krumpfen; vorwaschen.

pre·side [prɪ'zaɪd] *v/i.* **1.** den Vorsitz haben *od.* führen (***at*** bei, ***over*** über *acc.*), präsidieren: ***~ over*** (*od.* ***at***) ***a meeting*** e-e Versammlung leiten; ***presiding judge*** ⚖ Vorsitzende(r *m*) *f*; **2.** ♪ *u. fig.* führen.

pres·i·den·cy ['prezɪdənsɪ] *s.* **1.** Prä'sidium *n*, Vorsitz *m*, (Ober)Aufsicht *f*; **2.** *pol.* a) Präsi'dentschaft *f*, b) Amtszeit *f e-s Präsidenten*; **3.** *eccl.* (***First*** ♀ oberste) Mor'monenbehörde *f*; **'pres·i·dent** [-nt] *s.* **1.** Präsi'dent *m* (*a. pol. u.* ⚖), Vorsitzende(r *m*) *f*, Vorstand *m e-r* Körperschaft; *Am.* ✝ (Gene'ral)Diˌrektor *m*: ***♀ of the Board of Trade*** *Brit.* Handelsminister *m*; **2.** *univ. bsd. Am.* Rektor *m*; **pres·i·dent e·lect** *s. der* gewählte Präsi'dent (*vor Amtsantritt*); **pres·i·den·tial** [ˌprezɪ'denʃl] *adj.* □ Präsidenten..., Präsidentschafts...: ***~ message*** *Am.* Botschaft *f* des Präsidenten an den Kongreß; ***~ primary*** *Am.* Vorwahl *f* zur Nominierung des Präsidentschaftskandidaten *e-r Partei*; ***~ system*** Präsidialsystem *n*; ***~ term*** Amtsperiode *f* des Präsidenten; ***~ year*** *Am.* F Jahr *n* der Präsidentenwahl.

press [pres] **I** *v/t.* **1.** *allg.*, *a. j-m die Hand* drücken, pressen (*a.* ⚙); **2.** drükken auf (*acc.*): ***~ the button*** auf den Knopf drücken (*a. fig.*); **3.** *Saft*, *Frucht* *etc.* (aus)pressen, keltern; **4.** (*vorwärts-, weiter- etc.*)drängen, (-)treiben: **~ *on***; **5.** *j-n* (be)drängen: a) in die Enge treiben, zwingen (***to do*** zu tun), b) *j-m* zusetzen, *j-n* bestürmen: **~ *s.o. for*** j-n dringend um *et.* bitten, von j-m *Geld* erpressen; ***be ~ed for money*** (***time***) in Geldverlegenheit sein (unter Zeitdruck stehen, es eilig haben); ***hard ~ed*** in Bedrängnis; **6.** ([***up***]***on*** *j-m*) *et.* aufdrängen, -nötigen; **7.** *Kleidungsstück* plätten; **8.** Nachdruck legen auf (*acc.*): **~ *a charge*** Anklage erheben; **~ *one's point*** auf s-r Forderung *od.* Meinung nachdrücklich bestehen; **~ *the point that*** nachdrücklich betonen, daß; **~ *home*** a) *Forderung etc.* 'durchsetzen, b) *Angriff* energisch 'durchführen, c) *Vorteil* ausnutzen (wollen); **9.** ⚔, ⚓ *in den Dienst* pressen; **II** *v/i.* **10.** drücken, (e-n) Druck ausüben (*a. fig.*); **11.** drängen, pressieren: ***time ~es*** die Zeit drängt; **12. ~ *for*** dringen *od.* drängen auf (*acc.*), fordern; **13.** (sich) *wohin* drängen: **~ *forward*** (sich) vor(wärts)drängen; **~ *on*** vorwärtsdrängen, weitereilen; **~ *in upon s.o.*** auf j-n eindringen (*a. fig.*); **III** *s.* **14.** (*Frucht-, Wein- etc.*)Presse *f*; **15.** *typ.* a) (Drucker-)Presse *f*, b) Drucke'rei(anstalt *f*, -raum *m*, -wesen *n*) *f*, c) Druck(en *n*) *m*: ***correct the ~*** Korrektur lesen; ***go to*** (***the***) **~** in Druck gehen; ***send to*** (***the***) **~** in Druck geben; ***in the ~*** im Druck; ***ready for the ~*** druckfertig; **16. *the ~*** die Presse (*Zeitungswesen, a. coll. die Zeitungen od. die Presseleute*): **~ *campaign*** Pressefeldzug *m*; **~ *conference*** Pressekonferenz *f*; **~ *photographer*** Pressephotograph *m*; ***have a good*** (***bad***) **~** e-e gute (schlechte) Presse haben; **17.** Spanner *m für Skier od. Tennisschläger*; **18.** (*Bücher- etc., bsd. Wäsche*)Schrank *m*; **19.** *fig.* a) Druck *m*, Hast *f*, b) Dringlichkeit *f*, Drang *m der Geschäfte*: ***the ~ of business***; **20.** ⚔, ⚓ *hist.* Zwangsaushebung *f*; **~ a·gen·cy** *s.* 'Presseagen,tur *f*; **~ a·gent** *s. thea. etc.* 'Pressea,gent *m*; **~ bar·on** *s.* Pressezar *m*; **'~-box** *s.* 'Pressetri,büne *f*; **~ but·ton** *s.* ⚡ (Druck)Knopf *m*; **~ clip·ping** *Am.* → ***press cutting***; **~ cop·y** *s.* **1.** 'Durchschlag *m*; **2.** Rezensi'onsexem,plar *n*; **~ cor·rec·tor** *s. typ.* Kor'rektor *m*; **♀ Coun·cil** *s. Brit.* Presserat *m*; **~ cut·ting** *s. Brit.* Zeitungsausschnitt *m*.

pressed [prest] *adj.* gepreßt, Preß... (*-glas, -käse, -öl, -ziegel etc.*); **'press·er** [-sə] *s.* **1.** ⚙ Presser(in); **2.** *typ.* Drukker *m*; **3.** Bügler(in); **4.** ⚙ Preßvorrichtung *f*; **5.** *typ. etc.* Druckwalze *f*.

press| gal·ler·y *s. parl. bsd. Brit.* 'Pressetri,büne *f*; **'~-gang I** *s.* ⚓ *hist.* 'Preßpa,trouille *f*; **II** *v/t.*: **~ *s.o. into doing s.th.*** F j-n zu et. zwingen.

press·ing ['presɪŋ] **I** *adj.* ☐ **1.** pressend, drückend; **2.** *fig.* a) (be)drückend, b) dringend, dringlich; **II** *s.* **3.** (Aus)Pressen *n*; **4.** ⚙ a) Stanzen *n*, b) *Papierfabrikation*: Satinieren *n*; **5.** ⚙ Preßling *m*; **6.** *Schallplattenfabrikation*: a) Preßplatte *f*, b) Pressung *f*, c) Auflage *f*.

press| law *s. mst pl.* Pressegesetz(e *pl.*) *n*; **~ lord** *s.* Pressezar *m*; **'~·man** [-mən] *s.* [*irr.*] **1.** (Buch)Drucker *m*; **2.** Zeitungsmann *m*, Pressevertreter *m*; **'~·mark** *s.* Signa'tur *f*, Biblio'theksnummer *f e-s Buches*; **~ proof** *s. typ.* letzte Korrek'tur, Ma'schinenrevisi,on *f*; **~ re·lease** *s.* Presseverlautbarung *f*; **~ room** *s.* Drucke'rei(raum *m*) *f*, Ma'schinensaal *m*; **'~·stud** *s.* Druckknopf *m*; **,~-to-'talk but·ton** *s.* Sprechtaste *f*; **'~-up** *s. sport* Liegestütz *m*.

pres·sure ['preʃə] **I** *s.* **1.** Druck *m* (*a.* ⚙, *phys.*): **~ *hose*** (***pump, valve***) ⚙ Druckschlauch *m*, (-pumpe *f*, -ventil *n*); ***work at high ~*** mit Hochdruck arbeiten (*a. fig.*); **2.** *meteor.* (Luft)Druck *m*: ***high*** (***low***) **~** Hoch-(Tief)druck; **3.** *fig.* Druck *m* (*Last od. Zwang*): ***act under ~*** unter Druck handeln; ***bring ~ to bear upon*** auf *j-n* Druck ausüben; ***the ~ of business*** der Drang *od.* Druck der Geschäfte; **~ *of taxation*** Steuerdruck *m*, -last *f*; **4.** *fig.* Drangsal *f*, Not *f*: ***monetary ~*** Geldknappheit *f*; **~ *of conscience*** Gewissensnot *f*; **II** *v/t.* **5.** → ***pressurize*** 1; **6.** *fig. j-n* (dazu) treiben *od.* zwingen (***into doing*** et. zu tun); **~ cab·in** *s.* ✈ 'Druckausgleichska,bine *f*; **~ cook·er** *s.* Schnellkochtopf *m*; **~ drop** *s.* **1.** ⚙ Druckgefälle *n*; **2.** ⚡ Spannungsabfall *m*; **~ e·qual·i·za·tion** *s.* Druckausgleich *m*; **~ ga(u)ge** *s.* ⚙ Druckmesser *m*, Mano'meter *n*; **~ group** *s. pol.* Inter'essengruppe *f*; **~ lu·bri·ca·tion** *s.* ⚙ 'Druck(,umlauf)-,schmierung *f*; **'~-,sen·si·tive** *adj.* ⚕ druckempfindlich; **~ suit** *s.* ✈ ('Über-)Druckanzug *m*; **~ tank** *s.* ⚙ Druckbehälter *m*.

pres·sur·ize ['preʃəraɪz] *v/t.* **1.** ⚗, ⚙ unter Druck setzen (*a. fig.*), unter 'Überdruck halten, *bsd.* ✈ druckfest machen: ***~d cabin*** → ***pressure cabin***; **2.** ⚗ belüften.

'press·work *s. typ.* Druckarbeit *f*.

pres·ti·dig·i·ta·tion ['prestɪ,dɪdʒɪ'teɪʃn]

s. **1.** Fingerfertigkeit *f*; **2.** Taschenspielerkunst *f*; **pres·ti·dig·i·ta·tor** [ˌprestɪ'dɪdʒɪteɪtə] *s.* Taschenspieler *m* (*a. fig.*).

pres·tige [pre'stiːʒ] (*Fr.*) *s.* Pre'stige *n*, Geltung *f*, Ansehen *n*.

pres·tig·ious [pre'stɪdʒəs] *adj.* be'rühmt, renom'miert.

pres·to ['prestəʊ] (*Ital.*) **I** *adv.* ♪ presto, (sehr) schnell (*a. fig.*): ***hey ~, pass!*** Hokuspokus (Fidibus)! (*Zauberformel*); **II** *adj.* blitzschnell.

pre·stressed [ˌpriː'strest] *adj.* ⚙ vorgespannt: ***~ concrete*** Spannbeton *m*.

pre·sum·a·ble [prɪ'zjuːməbl] *adj.* □ vermutlich, mutmaßlich, wahr'scheinlich; **pre·sume** [prɪ'zjuːm] **I** *v/t.* **1.** *als wahr* annehmen, vermuten; vor'aussetzen; schließen (***from*** aus): ***~d dead*** verschollen; **2.** sich *et.* erlauben; **II** *v/i.* **3.** vermuten, mutmaßen: ***I ~*** (wie) ich vermute, vermutlich; **4.** sich her'ausnehmen, sich erdreisten, (es) wagen (***to*** *inf.* zu *inf.*); anmaßend sein; **5.** ***~ (up)on*** ausnutzen *od.* miß'brauchen (*acc.*); **pre'sum·ed·ly** [-mɪdlɪ] *adv.* vermutlich; **pre'sum·ing** [-mɪŋ] *adj.* □ → ***presumptuous*** 1.

pre·sump·tion [prɪ'zʌmpʃn] *s.* **1.** Vermutung *f*, Annahme *f*, Mutmaßung *f*; **2.** ⚖ Vermutung *f*, Präsumti'on *f*: ***~ of death*** Todesvermutung, Verschollenheit *f*; ***~ of law*** Rechtsvermutung *f* (*der Wahrheit bis zum Beweis des Gegenteils*); **3.** Wahrscheinlichkeit *f*: ***there is a strong ~ of his death*** es ist (mit Sicherheit) anzunehmen, daß er tot ist; **4.** Vermessenheit *f*, Anmaßung *f*, Dünkel *m*; **pre'sump·tive** [-ptɪv] *adj.* □ vermutlich, mutmaßlich, präsum'tiv: ***~ evidence*** ⚖ Indizienbeweis *m*; ***~ title*** ⚖ präsumtives Eigentum; **pre'sump·tu·ous** [-ptjʊəs] *adj.* □ **1.** anmaßend, vermessen, dreist; **2.** über'heblich, dünkelhaft.

pre·sup·pose [ˌpriːsə'pəʊz] *v/t.* vor'aussetzen: a) im vor'aus annehmen, b) zur Vor'aussetzung haben; **pre·sup·po·si·tion** [ˌpriːsʌpə'zɪʃn] *s.* Vor'aussetzung *f*.

pre-tax [ˌpriː'tæks] *adj.* ✝ vor Abzug der Steuern, *a.* Brutto...

pre-teen [ˌpriː'tiːn] *adj. u. s.* (Kind *n*) im Alter zwischen 10 u. 12.

pre·tence [prɪ'tens] *s.* **1.** Anspruch *m*: ***make no ~ to*** keinen Anspruch erheben auf (*acc.*); **2.** Vorwand *m*, Scheingrund *m*, Vortäuschung *f*: ***false ~s*** ⚖ Arglist *f*; ***under false ~s*** arglistig, unter Vorspiegelung falscher Tatsachen; **3.** *fig.* Schein *m*, Verstellung *f*: ***make ~ of doing s.th.*** sich den Anschein geben, als tue man etwas.

pre·tend [prɪ'tend] **I** *v/t.* **1.** vorgeben, -täuschen, -schützen, -heucheln; so tun als ob: ***~ to be sick*** sich krank stellen, krank spielen; **2.** → ***presume*** 2–4; **II** *v/i.* **3.** sich verstellen, heucheln: ***he is only ~ing*** er tut nur so; **4.** Anspruch erheben (***to*** auf *den Thron etc.*); **pre'tend·ed** [-dɪd] *adj.* □ vorgetäuscht, an-, vorgeblich; **pre'tend·er** [-də] *s.* **1.** Beanspruchende(r *m*) *f*; **2.** ('Thron-)Präten'dent *m*, Thronbewerber *m*.

pre·tense *Am.* → ***pretence.***

pre·ten·sion [prɪ'tenʃn] *s.* **1.** Anspruch *m* (***to*** auf *acc.*): ***of great ~s*** anspruchsvoll; **2.** Anmaßung *f*, Dünkel *m*; **pre'ten·tious** [-ʃəs] *adj.* □ **1.** anmaßend; **2.** prätenti'ös, anspruchsvoll; **3.** protzig; **pre'ten·tious·ness** [-ʃəsnɪs] *s.* Anmaßung *f*.

preter- [priːtə] *in Zssgn* (hin'ausgehend) über (*acc.*), mehr als.

pret·er·it(e) ['pretərɪt] *ling.* **I** *adj.* Vergangenheits...; **II** *s.* Prä'teritum *n*, (erste) Vergangenheit; **ˌ~-'pres·ent** [-'preznt] *s.* Prä'teritoˌpräsens *n*.

pre·ter·nat·u·ral [ˌpriːtə'nætʃrəl] *adj.* □ **1.** ab'norm, außergewöhnlich; **2.** 'übernaˌtürlich.

pre·text ['priːtekst] *s.* Vorwand *m*, Ausrede *f*: ***under*** (*od.* ***on***) ***the ~ of*** unter dem Vorwand (*gen.*).

pre·tri·al [ˌpriː'traɪəl] ⚖ **I** *s.* Vorverhandlung *f*; **II** *adj.* vor der (Haupt)Verhandlung, Untersuchungs...

pret·ti·fy ['prɪtɪfaɪ] *v/t.* F verschönern, hübsch machen; **'pret·ti·ly** [-ɪlɪ] *adv.* → ***pretty*** 1; **'pret·ti·ness** [-ɪnɪs] *s.* **1.** Hübschheit *f*, Niedlichkeit *f*; Anmut *f*; **2.** Geziertheit *f*; **pret·ty** ['prɪtɪ] **I** *adj.* □ **1.** hübsch, nett, niedlich; **2.** (*a. iro.*) schön, fein, tüchtig: ***a ~ mess!*** e-e schöne Geschichte!; **3.** F ‚(ganz) schön', ‚hübsch', beträchtlich: ***it costs a ~ penny*** es kostet e-e schöne Stange Geld; **II** *adv.* **4.** a) ziemlich, ganz, b) einigermaßen, leidlich: ***~ cold*** ganz schön kalt; ***~ good*** recht gut, nicht schlecht; ***~ much the same thing*** so ziemlich dasselbe; ***~ near*** nahe daran, ziemlich nahe; **5.** ***sitting ~*** *sl.* wie der Hase im Kohl, ‚warm' (sitzend); **II** *v/t.* **6.** ***~ up*** *et.* hübsch machen, ‚aufpolieren'.

pret·zel ['pretsəl] *s.* (Salz)Brezel *f*.

pre·vail [prɪ'veɪl] *v/i.* **1.** (***over, against***) die Oberhand *od.* das 'Übergewicht gewinnen *od.* haben (über *acc.*), (*a.* ⚖ ob)siegen; *fig. a.* sich 'durchsetzen *od.*

behaupten (gegen); **2.** *fig.* ausschlag-, maßgebend sein; **3.** *fig.* (vor)herrschen; (weit) verbreitet sein; **4.** ~ (*up*)*on s.o. to do* j-n dazu bewegen *od.* bringen, *et.* zu tun; **pre'vail·ing** [-lɪŋ] *adj.* □ **1.** über'legen: ~ *party* ⚖ obsiegende Partei; **2.** (vor)herrschend, maßgebend: *the ~ opinion* die herrschende Meinung; *under the ~ circumstances* unter den obwaltenden Umständen; ~ *tone* ✝ Grundstimmung *f*; **prev·a·lence** ['prevələns] *s.* **1.** (Vor)Herrschen *n*; Über'handnehmen *n*; **2.** (allgemeine) Gültigkeit; **prev·a·lent** ['prevələnt] *adj.* □ (vor)herrschend, über'wiegend; häufig, weit verbreitet.

pre·var·i·cate [prɪ'værɪkeɪt] *v/i.* Ausflüchte machen; die Wahrheit verdrehen; **pre·var·i·ca·tion** [prɪˌværɪ'keɪʃn] *s.* **1.** Ausflucht *f*, Tatsachenverdrehung *f*, Winkelzug *m*; **2.** ⚖ Anwaltstreubruch *m*; **pre'var·i·ca·tor** [-tə] *s.* Ausflüchtemacher(in), Wortverdreher(in).

pre·vent [prɪ'vent] *v/t.* **1.** verhindern, -hüten; *e-r Sache* vorbeugen *od.* zu'vorkommen; **2.** (*from*) *j-n* hindern (an *dat.*), abhalten (von): ~ *s.o. from coming* j-n am Kommen hindern, j-n vom Kommen abhalten; **pre'vent·a·ble** [-təbl] *adj.* verhütbar, abwendbar; **pre'ven·tion** [-nʃn] *s.* **1.** Verhinderung *f*, Verhütung *f*: ~ *of accidents* Unfallverhütung; **2.** *bsd.* ⚕ Vorbeugung *f*; **pre'ven·tive** [-tɪv] **I** *adj.* □ **1.** *a.* ⚕ vorbeugend, prophy'laktisch, Vorbeugungs…: ~ *medicine* Vorbeugungsmedizin *f*; **2.** *bsd.* ⚖ präven'tiv: ~ *arrest* Schutzhaft *f*; ~ *detention* a) Sicherungsverwahrung, b) *Am.* Vorbeugehaft *f*; ~ *war pol.* Präventivkrieg *m*; **II** *s.* **3.** *a.* ⚕ Vorbeugungs-, Schutzmittel *n*; **4.** Schutz-, Vorsichtsmaßnahme *f*.

pre·view ['pri:vju:] *s.* **1.** Vorbesichtigung *f*; *Film*: a) Probeaufführung *f*, b) (Pro'gramm)Vorschau *f*; *Radio*, *TV*: Probe *f*; **2.** Vorbesprechung *f e-s Buches*; **3.** (Vor)'Ausblick *m*.

pre·vi·ous ['pri:vjəs] **I** *adj.* □ → *previously*; **1.** vor'her-, vor'ausgehend, früher, vor'herig, Vor…: ~ *conviction* ⚖ Vorstrafe *f*; ~ *holder* ✝ Vor(der)mann *m*; ~ *question parl.* Vorfrage, ob ohne weitere Debatte abgestimmt werden soll; *move the ~ question* Übergang zur Tagesordnung beantragen; *without ~ notice* ohne vorherige Ankündigung; **2.** *mst too ~* F verfrüht, voreilig; **II** *adv.* **3.** ~ *to* bevor, vor (*dat.*); ~ *to that* zuvor; **'pre·vi·ous·ly** [-lɪ] *adv.* vorher, früher.

pre·vo·ca·tion·al [ˌpri:vəʊ'keɪʃənl] *adj.* vorberuflich.

pre·vue ['pri:vju:] *s. Am.* (Film)Vorschau *f*.

pre·war [ˌpri:'wɔ:] *adj.* Vorkriegs…

prey [preɪ] **I** *s.* **1.** *zo. u. fig.* Raub *m*, Beute *f*, Opfer *n*: → *beast* 1, *bird* 1; *become* (*od. fall*) *a ~ to j-m od. e-r Sache* zum Opfer fallen; **II** *v/i.* **2.** auf Raub *od.* Beute ausgehen; **3.** ~ (*up*)*on* a) *zo.* Jagd machen auf (*acc.*), erbeuten, fressen, b) *fig.* berauben, aussaugen, c) *fig.* nagen *od.* zehren an (*dat.*): *it ~ed upon his mind* es ließ ihm keine Ruhe, der Gedanke quälte ihn.

price [praɪs] **I** *s.* **1.** ✝ a) (Kauf)Preis *m*, Kosten *pl.*, b) *Börse*: Kurs(wert) *m*: ~ *of issue* Emissionspreis; *bid ~* gebotener Preis, *Börse*: Geldkurs; *share* (*od. stock*) ~ Aktienkurs; *secure a good ~* e-n guten Preis erzielen; *every man has his ~ fig.* keiner ist unbestechlich; (*not*) *at any ~* um jeden (keinen) Preis; **2.** (Kopf)Preis *m*: *set a ~ on s.o.'s head* e-n Preis auf j-s Kopf aussetzen; **3.** *fig.* Lohn *m*, Preis *m*; **4.** (Wett-)Chance(n *pl.*) *f*: *what ~ …? sl.* wie steht es mit …?, welche Chancen hat …?; **II** *v/t.* **5.** ✝ a) den Preis festsetzen für, b) *Waren* auszeichnen: *~d* mit Preisangaben (*Katalog*); *high-~d* hoch im Preis, teuer; **6.** bewerten: ~ *s.th. high* (*low*) e-r Sache großen (geringen) Wert beimessen; **7.** F nach dem Preis *e-r Ware* fragen; **'~-ˌcon·scious** *adj.* preisbewußt; ~ **con·trol** *s.* 'Preiskonˌtrolle *f*, -überˌwachung *f*; ~ **cut** *s.* Preissenkung *f*; ~ **cut·ting** *s.* Preisdrücke'rei *f*, -senkung *f*, 'Preisunterˌbietung *f*; ~ **freeze** *s.* Preisstopp *m*.

price·less ['praɪslɪs] *adj.* unschätzbar, unbezahlbar (*a.* F *köstlich*).

price| lev·el *s.* 'Preisniˌveau *n*; ~ **lim·it** *s.* (Preis)Limit *n*, Preisgrenze *f*; ~ **list** *s.* **1.** Preisliste *f*; **2.** *Börse*: Kurszettel *m*; **'~-mainˌtained** *adj.* ✝ preisgebunden (*Ware*); ~ **main·te·nance** *s.* ✝ Preisbindung *f*; ~ **range** *s.* Preisklasse *f*; ~ **tag**, ~ **tick·et** *s.* Preisschild *n*, -zettel *m*.

pric·ey ['praɪsɪ] *adj.* F (ganz schön) teuer.

prick [prɪk] **I** *s.* **1.** (*Insekten-*, *Nadel- etc.*)Stich *m*; **2.** stechender Schmerz, Stich *m*: *~s of conscience fig.* Gewissensbisse; **3.** spitzer Gegenstand; Stachel *m* (*a. fig.*): *kick against the ~s* wider den Stachel löcken; **4.** V a) ‚Schwanz' *m*, b) ‚blöder Hund'; **II** *v/t.* **5.** (ein-, 'durch)stechen, ‚piken': ~

one's finger sich in den Finger stechen; ***his conscience ~ed him*** *fig.* er bekam Gewissensbisse; **6.** *a.* ***~ out*** (aus)stechen, lochen; *Muster etc.* punktieren; **7.** ✓ pikieren: ***~ in*** (***out***) ein- (aus)pflanzen; **8.** prickeln auf *od.* in (*dat.*); **9.** ***~ up one's ears*** die Ohren spitzen (*a. fig.*); **III** *v/i.* **10.** stechen (*a. Schmerzen*); **11.** prickeln; **12.** ***~ up*** sich aufrichten (*Ohren etc.*); **'prick·er** [-kə] *s.* **1.** ⚙ Pfriem *m*, Ahle *f*; **2.** *metall.* Schießnadel *f*; **'prick·et** [-kɪt] *s. zo.* Spießbock *m*.

prick·le ['prɪkl] **I** *s.* **1.** Stachel *m*, Dorn *m*; **2.** Prickeln *n*, Kribbeln *n* (*der Haut*); **II** *v/i.* **3.** stechen; **4.** prickeln, kribbeln; **'prick·ly** [-lɪ] *adj.* **1.** stachelig, dornig; **2.** stechend, pickelnd: ***~ heat*** ⚕ Frieselausschlag *m*, Hitzebläschen *pl.*; **3.** *fig.* reizbar.

pric·y ['praɪsɪ] → ***pricey***.

pride [praɪd] **I** *s.* **1.** Stolz *m* (*a. Gegenstand des Stolzes*): ***civic ~*** Bürgerstolz *m*; ***~ of place*** Ehrenplatz *m*, *fig.* Vorrang *m*, *b.s.* Standesdünkel *m*; ***take ~ of place*** die erste Stelle einnehmen; ***take*** (***a***) ***~ in*** stolz sein auf (*acc.*); ***he is the ~ of his family*** er ist der Stolz s-r Familie; **2.** *b.s.* Stolz *m*, Hochmut *m*: ***~ goes before a fall*** Hochmut kommt vor dem Fall; **3.** *rhet.* Pracht *f*; **4.** Höhe *f*, Blüte *f*: ***~ of the season*** beste Jahreszeit; ***in the ~ of his years*** in s-n besten Jahren; **5.** *zo.* (Löwen)Rudel *n*; **6.** ***in his ~*** *her.* radschlagend (*Pfau*); **II** *v/t.* **7.** ***~ o.s.*** (***on***, ***upon***) stolz sein (auf *acc.*), sich et. einbilden (auf *acc.*), sich brüsten (mit).

priest [pri:st] *s.* Priester *m*, Geistliche(r) *m*; **'priest·craft** *s. contp.* Pfaffenlist *f*; **'priest·ess** [-tɪs] *s.* Priesterin *f*; **'priest·hood** [-hʊd] *s.* **1.** Priesteramt *n*, -würde *f*; **2.** Priesterschaft *f*, Priester *pl.*; **'priest·ly** [-lɪ] *adj.* priesterlich, Priester…

prig [prɪg] *s.* (selbstgefälliger) Pe'dant; eingebildeter Mensch; Tugendbold *m*; **'prig·gish** [-gɪʃ] *adj.* ☐ **1.** selbstgefällig, eingebildet; **2.** pe'dantisch; **3.** tugendhaft.

prim [prɪm] **I** *adj.* ☐ **1.** steif, for'mell, *a.* affektiert, gekünstelt; **2.** spröde, ‚etepe'tete'; **3.** → ***priggish***; **II** *v/t.* **4.** *Mund*, *Gesicht* affektiert verziehen.

pri·ma·cy ['praɪməsɪ] *s.* **1.** Pri'mat *m*, *n*, Vorrang *m*, Vortritt *m*; **2.** *eccl.* Pri'mat *m*, *n* (*Würde*, *Sprengel e-s Primas*); **3.** *R.C.* Pri'mat *m*, *n* (*Gerichtsbarkeit des Papstes*).

pri·ma don·na [ˌpri:mə'dɒnə] *s.* ♪ Prima'donna *f* (*a. fig.*).

pri·ma fa·ci·e [ˌpraɪmə'feɪʃi:] (*Lat.*) *adj. u. adv.* dem (ersten) Anschein nach: ***~ case*** ⚖ Fall, bei dem der Tatbestand einfach liegt; ***~ evidence*** ⚖ a) glaubhafter Beweis, b) Beweis des ersten Anscheins.

pri·mal ['praɪml] *adj.* ☐ **1.** erst, frühest, ursprünglich; **2.** wichtigst, Haupt…; **'pri·ma·ri·ly** [-mərəlɪ] *adv.* in erster Linie; **pri·ma·ry** ['praɪmərɪ] **I** *adj.* ☐ **1.** erst, ursprünglich, Anfangs…, Ur…: ***~ instinct*** Urinstinkt *m*; ***~ matter*** Urstoff *m*; ***~ rocks*** Urgestein *n*, -gebirge *n*; ***~ scream*** *psych.* Urschrei *m*; **2.** pri'mär, hauptsächlich, wichtigst, Haupt…: ***~ accent*** *ling.* Hauptakzent *m*; ***~ concern*** Hauptsorge *f*; ***~ industry*** Grundstoffindustrie *f*; ***~ liability*** ⚖ unmittelbare Haftung; ***~ road*** Straße *f* erster Ordnung; ***~ share*** † Stammaktie *f*; ***of ~ importance*** von höchster Wichtigkeit; **3.** grundlegend, elemen'tar, Grund…: ***~ education*** Volksschul-, *Am.* Grundschul(aus)bildung *f*; ***~ school*** Volks-, *Am.* Grundschule *f*; **4.** ⚡ Primär…(*-batterie*, *-spule*, *-strom etc.*); **5.** ⚕ Primär…: ***~ tumo***(***u***)***r*** Primärtumor *m*; **II** *s.* **6.** *a.* ***~ colo***(***u***)***r*** Pri'mär-, Grundfarbe *f*; **7.** *a.* ***~ feather*** *orn.* Haupt-, Schwungfeder *f*; **8.** *pol. Am.* a) *a.* ***~ election*** Vorwahl *f* (*zur Aufstellung von Wahlkandidaten*), b) *a.* ***~ meeting*** (*innerparteiliche*) Versammlung zur Nominierung der 'Wahlkandiˌdaten; **9.** *a.* ***~ planet*** *ast.* 'Hauptplaˌnet *m*.

pri·mate ['praɪmət] *s. eccl. Brit.* Primas *m*: ***℗ of England*** (*Titel des Erzbischofs von York*); ***℗ of All England*** (*Titel des Erzbischofs von Canterbury*); **pri·ma·tes** [praɪ'meɪti:z] *s. pl. zo.* Pri'maten *pl.*

prime [praɪm] **I** *adj.* ☐ **1.** erst, wichtigst, wesentlichst, Haupt…(*-grund etc.*): ***of ~ importance*** von größter Wichtigkeit; **2.** erstklassig (*Kapitalanlage*, *Qualität etc.*), prima: ***~ bill*** † vorzüglicher Wechsel; ***~ rate*** Vorzugszins *m* für erste Adressen; ***~ time*** *TV* Haupteinschaltzeit *f*; **3.** pri'mär, grundlegend; **4.** erst, Erst…, Ur…; **5.** ⅄ a) unteilbar, b) teilerfremd (***to*** zu): ***~ factor*** (***number***) Primfaktor *m* (Primzahl *f*); **II** *s.* **6.** Anfang *m*: ***~ of the day*** (***year***) Tagesanbruch *m* (Frühling *m*); **7.** *fig.* Blüte(zeit) *f*: ***in his ~*** in der Blüte s-r Jahre, im besten (Mannes)Alter; **8.** *das* Beste, höchste Voll'kommenheit; † Primasorte *f*, auserlesene Quali'tät; **9.** *eccl.* Prim *f*, erste Gebetsstunde; Frühgottesdienst *m*; **10.**

⩲ a) Primzahl *f*, b) Strich *m* (*erste Ableitung e-r Funktion*): ***x* ~** (***x***') x Strich (x'); **11.** Strichindex *m*; **12.** ♪ *u. fenc.* Prim *f*; **III** *v/t.* **13.** ⚔ *Bomben, Munition* scharfmachen: **~*d*** zündfertig; **14.** a) ⚙ *Pumpe* anlassen, b) *sl.* ‚vollaufen lassen': **~*d*** ‚besoffen'; **15.** *mot.* a) *Kraftstoff* vorpumpen, b) Anlaßkraftstoff einspritzen in (*acc.*); **16.** ⚙, *paint.* grundieren; **17.** mit Strichindex versehen; **18.** *fig.* instruieren, vorbereiten; **~ cost** *s.* ⚕ **1.** Selbstkosten(preis *m*) *pl.*, Gestehungskosten *pl.*; **2.** Einkaufspreis *m*, Anschaffungskosten *pl.*; **~ min·is·ter** *s.* Premi'ermi,nister *m*, Mi'nisterpräsi,dent *m*; **~ mov·er** *s.* **1.** *phys.* Antriebskraft *f*; *fig.* Triebfeder *f*, treibende Kraft; **2.** ⚙ 'Antriebsma,schine *f*; 'Zugma,schine *f* (*Sattelschlepper*); ⚔ *Am.* Geschützschlepper *m*; Triebwagen *m* (*Straßenbahn*).

prim·er[1] ['praımə] *s.* **1.** ⚔ Zündvorrichtung *f*, -hütchen *n*, -pille *f*; Sprengkapsel *f*; **2.** ⚔ Zündbolzen *m* (*am Gewehr*); **3.** ⚒ Zünddraht *m*; **4.** ⚙ Einspritzvorrichtung *f* (*bsd. mot.*): **~ *pump*** Anlaßeinspritzpumpe *f*; **~ *valve*** Anlaßventil *n*; **5.** ⚙ Grundier-, Spachtelmasse *f*: **~ *coat*** Voranstrich *m*; **6.** Grundierer *m*.

prim·er[2] ['praımə] *s.* **1.** a) Fibel *f*, b) Elemen'tarbuch *n*, c) *fig.* Leitfaden *m*; **2.** ['prımə] *typ.* a) ***great* ~** Tertia (-schrift) *f*, b) ***long* ~** Korpus(schrift) *f*, (-), Garmond(schrift) *f*.

pri·me·val [praı'mi:vl] *adj.* □ urzeitlich, Ur…(*-wald etc.*).

prim·ing ['praımıŋ] *s.* **1.** ⚔ Zündmasse *f*, Zündung *f*: **~ *charge*** Zünd-, Initialladung *f*; **2.** ⚙ Grundierung *f*: **~ *colo(u)r*** Grundierfarbe *f*; **3.** *a.* **~ *material*** Spachtelmasse *f*; **4.** *mot.* Einspritzen *n* von Anlaßkraftstoff: **~ *fuel injector*** Anlaßeinspritzanlage *f*; **5.** ⚙ Angießen *n e-r Pumpe*; **6.** *a.* **~ *of the tide*** verfrühtes Eintreten der Flut; **7.** *fig.* Instrukti'on *f*, Vorbereitung *f*.

prim·i·tive ['prımıtıv] **I** *adj.* □ **1.** erst, ursprünglich, urzeitlich, Ur…: **℃ *Church*** Urkirche; **~ *races*** Ur-, Naturvölker; **~ *rocks*** *geol.* Urgestein *n*; **2.** *allg.* (*a. contp.*) primi'tiv (*Kultur, Mensch, a. fig. Denkweise, Konstruktion etc.*); **3.** *ling.* Stamm…: **~ *verb***; **4.** **~ *colo(u)r*** Grundfarbe *f*; **II** *s.* **5.** *der* (*die, das*) Primi'tive: ***the* ~*s*** die Primitiven (*Naturvölker*); **6.** *Kunst*: a) primi'tiver Künstler, b) Frühmeister *m*, c) Früher Meister (*der Frührenaissance, a. Bild*); **7.** *ling.* Stammwort *n*; **'prim·i·tive·ness** [-nıs] *s.* **1.** Ursprünglichkeit *f*; **2.** Primitivi'tät *f*; **'prim·i·tiv·ism** [-vızəm] *s.* **1.** Primitivi'tät *f*; **2.** *Kunst*: Primiti'vismus *m*.

prim·ness ['prımnıs] *s.* **1.** Steifheit *f*, Förmlichkeit *f*; **2.** Sprödigkeit *f*, Zimperlichkeit *f*.

pri·mo·gen·i·tor [,praıməʊ'dʒenıtə] *s.* (Ur)Ahn *m*, Stammvater *m*; **,pri·mo'gen·i·ture** [-ıtʃə] *s.* Erstgeburt(srecht *n* ⚖) *f*.

pri·mor·di·al [praı'mɔ:djəl] □ primordi'al (*a. biol.*), Ur…

prim·rose ['prımrəʊz] *s.* **1.** ⚘ Primel *f*, gelbe Schlüsselblume: **~ *path*** *fig.* Rosenpfad *m*; **2.** ***evening* ~** ⚘ Nachtkerze *f*; **3.** *a.* **~ *yellow*** Blaßgelb *n*.

prim·u·la ['prımjʊlə] *s.* ⚘ Primel *f*.

prince [prıns] *s.* **1.** Fürst *m* (*Landesherr u. Adelstitel*): **℃ *of the Church*** Kirchenfürst; **℃ *of Darkness*** Fürst der Finsternis (*Satan*); **℃ *of Peace*** Friedensfürst (*Christus*); **~ *of poets*** Dichterfürst; ***merchant* ~** Kaufherr *m*; **~ *consort*** Prinzgemahl *m*; **2.** Prinz *m*: **~ *of the blood*** Prinz von (königlichem) Geblüt; **℃ *Albert*** *Am.* Gehrock *m*; **prince·dom** ['prınsdəm] *s.* **1.** Fürstenwürde *f*; **2.** Fürstentum *n*; **'prince·ling** [-lıŋ] *s.* **1.** Prinzchen *n*; **2.** kleiner Herrscher, Duo'dezfürst *m*; **'prince·ly** [-lı] *adj.* fürstlich (*a. fig.*); prinzlich, königlich; **prin·cess** [prın'ses] **I** *s.* **1.** Prin'zessin *f*: **~ *royal*** *älteste Tochter e-s Herrschers*; **2.** Fürstin *f*; **II** *adj.* **3.** *Damenmode*: Prinzeß…(*-kleid etc.*).

prin·ci·pal ['prınsəpl] **I** *adj.* □ → ***principally***; **1.** erst, hauptsächlich, Haupt…: **~ *actor*** Haupt(rollen)darsteller *m*; **~ *office*, ~ *place of business*** Hauptgeschäftsstelle *f*, -niederlassung *f*; **2.** ♪, *ling.* Haupt…, Stamm…: **~ *chord*** Stammakkord; **~ *clause*** Hauptsatz; **~ *parts*** Stammformen *des Verbs*; **3.** ⚕ Kapital…: **~ *amount*** Kapitalbetrag *m*; **II** *s.* **4.** 'Haupt(per,son *f*) *n*; Vorsteher (-in), *bsd. Am.* ('Schul)Di,rektor *m*, Rektor *m*; **5.** ⚕ Chef(in), Prinzi'pal (-in); **6.** ⚕, ⚖ Auftrag-, Vollmachtgeber (-in), Geschäftsherr *m*; **7.** ⚖ *a.* **~ *in the first degree*** Haupttäter(in), -schuldige(r *m*) *f*: **~ *in the second degree*** Mittäter(in); **8.** *a.* **~ *debtor*** Hauptschuldner(in); **9.** Duel'lant *m* (*Ggs. Sekundant*); **10.** ⚕ ('Grund)Kapi,tal *n*, Hauptsumme *f*; (*Nachlaß- etc.*)Masse *f*: **~ *and interest*** Kapital u. Zins(en); **11.** *a.* **~ *beam*** ⚠ Hauptbalken *m*; **prin·ci·pal·i·ty** [,prınsı'pælətı] *s.* Fürstentum *n*; **'prin·ci·pal·ly** [-plı] *adv.* hauptsächlich, in der Hauptsache.

prin·ci·ple ['prɪnsəpl] *s.* **1.** Prin'zip *n*, Grundsatz *m*, -regel *f*: ***a man of ~s*** ein Mann mit Grundsätzen; ***~ of law*** Rechtsgrundsatz *m*; ***in ~*** im Prinzip, an sich; ***on ~*** aus Prinzip, grundsätzlich; ***on the ~ that*** nach dem Grundsatz, daß; **2.** *phys. etc.* Prinzip *n*, (Na'tur-) Gesetz *n*, Satz *m*: ***~ of causality*** Kausalitätsprinzip; ***~ of averages*** Mittelwertsatz: ***~ of relativity*** Relativitätstheorie *f*; **3.** Grund(lage *f*) *m*; **4.** ⚗ Grundbestandteil *m*; '**prin·ci·pled** [-ld] *adj.* mit *hohen etc.* Grundsätzen.

prink [prɪŋk] **I** *v/i. a.* ***~ up*** sich (auf)putzen, sich schniegeln; **II** *v/t.* (auf)putzen: ***~ o.s.*** (***up***).

print [prɪnt] **I** *v/t.* **1.** *typ.* drucken (lassen), in Druck geben: ***~ in italics*** kursiv drucken; **2.** (ab)drucken: ***~ed form*** Vordruck *m*; ***~ed matter*** ✉ Drucksache(n *pl.*) *f*: ***~ed circuit*** ⚡ gedruckte Schaltung; **3.** bedrucken: ***~ed goods*** bedruckte Stoffe; **4.** in Druckschrift schreiben: ***~ed characters*** Druckbuchstaben; **5.** *Stempel etc.* (auf)drükken (***on*** *dat.*), *Eindruck, Spur* hinter'lassen (***on*** auf *acc.*), *Muster etc.* ab-, aufdrucken, drücken (***in*** in *acc.*); **6.** *fig.* einprägen (***on s.o.'s mind*** j-m); **7.** ***~ out*** a) *Computer*: ausdrucken, b) *a.* ***~ off*** *phot.* abziehen, kopieren; **II** *v/i.* **8.** *typ.* drucken; **9.** gedruckt werden, sich im Druck befinden: ***the book is ~ing***; **10.** sich drucken (*phot.* abziehen) lassen; **III** *s.* **11.** (*Finger- etc.*)Abdruck *m*, Eindruck *m*, Spur *f*, Mal *n*; **12.** *typ.* Druck *m*: ***colo(u)red ~*** Farbdruck; ***in ~*** a) im Druck (erschienen), b) vorrätig; ***out of ~*** vergriffen; ***in cold ~*** *fig.* schwarz auf weiß; **13.** Druckschrift *f*, *bsd. Am.* Zeitung *f*, Blatt *n*: ***rush into ~*** sich in die Öffentlichkeit flüchten; ***appear in ~*** im Druck erscheinen; **14.** Druckschrift *f*, -buchstaben *pl.*; **15.** 'Zeitungspa,pier *n*; **16.** (*Stahl- etc.*) Stich *m*; Holzschnitt *m*; Lithogra'phie *f*; **17.** bedruckter Kat'tun, Druckstoff *m*: ***~ dress*** Kattunkleid *n*; **18.** *phot.* Abzug *m*, Ko'pie *f*; **19.** ⚙ Stempel *m*, Form *f*: ***~ cutter*** Formenschneider *m*; **20.** *metall.* Gesenk *n*; *Eisengießerei*: Kernauge *n*; **21.** *fig.* Stempel *m*; '**print·a·ble** [-təbl] *adj.* **1.** druckfähig; **2.** druckfertig, -reif (*Manuskript*); '**print·er** [-tə] *s.* **1.** (Buch- *etc.*)Drucker *m*: ***~'s devil*** Setzerjunge *m*; ***~'s error*** Druckfehler *m*; ***~'s flower*** Vignette *f*; ***~'s ink*** Druckerschwärze *f*; **2.** Drucke'reibesitzer *m*; **3.** ⚙ 'Druck-, Ko'pierappa,rat *m*; **4.** → ***printing telegraph***; '**print·er·y** [-tərɪ] *s. bsd. Am.* Drucke'rei *f*.

print·ing ['prɪntɪŋ] *s.* **1.** Drucken *n*; (Buch)Druck *m*, Buchdruckerkunst *f*; **2.** Tuchdruck *m*; **3.** *phot.* Abziehen *n*, Kopieren *n*; **~ block** *s.* Kli'schee *n*; **~ frame** *s. phot.* Ko'pierrahmen *m*; **~ ink** *s.* Druckerschwärze *f*, -farbe *f*; **~ machine** *s. typ.* Schnellpresse *f*, ('Buch-) ,Druckma,schine *f*; **~ of·fice** *s.* (Buch-) Drucke'rei *f*: ***lithographic ~*** lithographische Anstalt; '**~-out** *adj. phot.* Kopier...; **~ pa·per** *s.* **1.** 'Druckpa,pier *n*; **2.** 'Lichtpauspa,pier *n*; **3.** Ko'pierpa,pier *n*; **~ press** *s.* Druckerpresse *f*: ***~ type*** Letter *f*, Type *f*; **~ tel·e·graph** *s.* 'Drucktele,graph *m*; **~ types** *s. pl.* Lettern *pl.*; **~ works** *s. pl. oft sg. konstr.* Drucke'rei *f*.

'**print|,mak·er** *s.* Graphiker(in); '**~·out** *s. Computer*: Ausdruck *m*, Printout *m*.

pri·or ['praɪə] **I** *adj.* **1.** (***to***) früher, älter (als): ***~ art*** *Patentrecht*: Stand *m* der Technik, Vorwegnahme *f*; ***~ patent*** älteres Patent; ***~ use*** Vorbenutzung *f*; ***subject to ~ sale*** ✝ Zwischenverkauf vorbehalten; **2.** vordringlich, Vorzugs...: ***~ right*** (*od.* ***claim***) Vorzugsrecht *n*; ***~ condition*** erste Voraussetzung; **II** *adv.* **3.** ***~ to*** vor (*dat.*) (*zeitlich*); **III** *s. eccl.* **4.** Prior *m*; '**pri·or·ess** [-ərɪs] *s.* Pri'orin *f*; **pri·or·i·ty** [praɪ'ɒrətɪ] *s.* **1.** Priori'tät *f* (*a.* ⚖), Vorrang *m* (*a. e-s Anspruchs etc.*), Vorzug *m* (***over, to*** vor *dat.*): ***take ~ of*** den Vorrang haben *od.* genießen vor (*dat.*); ***set priorities*** Prioritäten setzen, Schwerpunkte bilden; ***~ share*** ✝ Vorzugsaktie *f*; **2.** Dringlichkeit(sstufe) *f*: ***~ call*** *teleph.* Vorrangsgespräch *n*; ***~ list*** Dringlichkeitsliste *f*; ***of first*** (*od.* ***top***) ***~*** von größter Dringlichkeit; ***give ~ to*** *et.* vordringlich behandeln; **3.** Vorfahrt(srecht *n*) *f*; '**pri·o·ry** [-ərɪ] *s. eccl.* Prio'rei *f*.

prism ['prɪzəm] *s.* Prisma *n* (*a. fig.*): ***~ binoculars*** Prismen(fern)glas *n*; **pris·mat·ic** [prɪz'mætɪk] *adj.* (□ ***~ally***) pris'matisch, Prismen...: ***~ colo(u)rs*** Regenbogenfarben.

pris·on ['prɪzn] *s.* Gefängnis *n* (*a. fig.*), Strafanstalt *f*; '**~-,break·ing** *s.* Ausbruch *m* aus dem Gefängnis; **~ camp** *s.* **1.** (Kriegs)Gefangenenlager *n*; **2.** ‚offenes' Gefängnis; **~ ed·i·tor** *s.* (*presserechtlich verantwortlicher*) ‚'Sitzredak,teur' *m*.

pris·on·er ['prɪznə] *s.* Gefangene(r *m*) *f* (*a. fig.*), Häftling *m*: ***~ (at the bar)*** Angeklagte(r *m*) *f*; ***~ (on remand)*** Untersuchungsgefangene(r); ~ ***of state*** Staatsgefangene(r), politischer Häftling; ~ (***of war***) Kriegsgefangene(r); ***hold*** (***take***) ***s.o.*** ~ j-n gefangenhalten (-nehmen); ***he is a*** ~ ***to*** *fig.* er ist gefesselt an (*acc.*); **~'s bar**(**s**), **~'s base** *s.* Barlauf(spiel *n*) *m*.

pris·on| of·fi·cer *s.* Strafvollzugsbeamte(r) *m*; ~ **psy·cho·sis** *s.* [*irr.*] 'Haftpsy,chose *f*.

pris·sy ['prɪsɪ] *adj. Am.* F zimperlich, etepe'tete.

pris·tine ['prɪstaɪn] *adj.* **1.** ursprünglich, -tümlich, unverdorben; **2.** vormalig, alt.

pri·va·cy ['prɪvəsɪ] *s.* **1.** Zu'rückgezogenheit *f*; Alleinsein *n*; Ruhe *f*: ***disturb s.o.'s*** ~ j-n stören; **2.** Pri'vatleben *n*, *a.* ⚖ Pri'vat-, In'timsphäre *f*: ***right of*** ~ Persönlichkeitsrecht *n*; **3.** Heimlichkeit *f*, Geheimhaltung *f*: ~ ***of letters*** ⚖ Briefgeheimnis *n*; ***talk to s.o. in*** ~ mit j-m unter vier Augen sprechen; ***in strict*** ~ streng vertraulich.

pri·vate ['praɪvɪt] **I** *adj.* ☐ **1.** pri'vat, Privat...(*-konto, -leben, -person, -recht etc.*), per'sönlich: ~ ***affair*** Privatangelegenheit *f*; ~ ***member's bill*** *parl.* Antrag *m* e-s Abgeordneten; ~ ***eye*** *Am. sl.* Privatdetektiv *m*; ~ ***firm*** ✝ Einzelfirma *f*; ~ ***gentleman*** Privatier *m*; ~ ***means*** Privatvermögen *n*; → ***nuisance*** 2; ~ ***property*** Privateigentum *n*; -besitz *m*; **2.** pri'vat, Privat...(*-pension, -schule etc.*), nicht öffentlich: ~ (***limited***) ***company*** ✝ *Brit.* Gesellschaft *f* mit beschränkter Haftung; ~ ***corporation*** a) ⚖ privatrechtliche Körperschaft, b) ✝ *Am.* Gesellschaft *f* mit beschränkter Haftung; ***sell by*** ~ ***contract*** unter der Hand verkaufen; ~ ***hotel*** Fremdenheim *n*; ~ ***industry*** Privatwirtschaft *f*; ~ ***road*** Privatweg *m*; ~ ***theatre*** Liebhabertheater *n*; ~ ***view*** Besichtigung *f* durch geladene Gäste; **3.** al'lein, zu'rückgezogen, einsam; **4.** geheim (*Gedanken, Verhandlungen etc.*), heimlich; vertraulich (*Mitteilung etc.*): ~ ***parts*** → 10; ~ ***prayer*** stilles Gebet; ~ ***reasons*** Hintergründe; ***keep s.th.*** ~ et. geheimhalten *od.* vertraulich behandeln; ***this is for your*** ~ ***ear*** dies sage ich Ihnen ganz im Vertrauen; **5.** außeramtlich (*Angelegenheit*); **6.** nicht beamtet; **7.** ⚖ außergerichtlich: ~ ***arrangement*** gütlicher Vergleich; **8.** ~ ***soldier*** → 9; **II** *s.* **9.** ⚔ (gewöhnlicher) Sol'dat; *pl.* Mannschaften *pl.*: ~ ***1st Class*** *Am.* Obergefreite(r) *m*; **10.** *pl.* Geschlechtsteile *pl.*; **11.** ***in*** ~ a) pri'vat(im), b) insge'heim, unter vier Augen.

pri·va·teer [,praɪvə'tɪə] **I** *s.* **1.** ⚓ Freibeuter *m*, Kaperschiff *n*; **2.** Kapi'tän *m* e-s Kaperschiffes, Kaperer *m*; **3.** *pl.* Mannschaft *f* e-s Kaperschiffes; **II** *v/i.* **4.** Kape'rei treiben.

pri·va·tion [praɪ'veɪʃn] *s.* **1.** *a. fig.* Wegnahme *f*, Entziehung *f*, Entzug *m*; **2.** Not *f*, Entbehrung *f*.

priv·a·tive ['prɪvətɪv] **I** *adj.* ☐ **1.** entziehend, beraubend; **2.** *a. ling. od. phls.* verneinend, negativ; **II** *s.* **3.** *ling.* a) Ver'neinungspar,tikel *f*, b) priva'tiver Ausdruck.

priv·et ['prɪvɪt] *s.* ⚘ Li'guster *m*.

priv·i·lege ['prɪvɪlɪdʒ] **I** *s.* **1.** Privi'leg *n*, Sonder-, Vorrecht *n*, Vergünstigung *f*, *Am. pol.* Grundrecht *n*; ***breach of a*** ~ a) Übertretung *f* der Machtbefugnis, b) *parl.* Vergehen *n* gegen die Vorrechte des Parlaments; ***Committee of*** **&s** Ausschuß *m* zur Untersuchung von Rechtsübergriffen; ~ ***of Parliament*** *pol.* Immunität *f* e-s Abgeordneten; ~ ***of self-defence*** (Recht *n* der) Notwehr *f*; ***with kitchen*** **~s** mit Küchenbenutzung; **2.** *fig.* (besonderer) Vorzug: ***have the*** ~ ***of being admitted*** den Vorzug haben, zugelassen zu sein; ***it is a*** ~ ***to do*** es ist e-e besondere Ehre, *et.* zu tun; **3.** *pl.* ✝ Prämien- *od.* Stellgeschäft *n*; **II** *v/t.* **4.** privilegieren, bevorrecht(ig)en: ***the*** **~d** ***classes*** die privilegierten Stände; **~d** ***debt*** bevorrechtigte Forderung; **~d** ***communication*** ⚖ a) vertrauliche Mitteilung (*für die Schweigepflicht besteht*), b) Berufsgeheimnis *n*.

priv·i·ty ['prɪvətɪ] *s.* **1.** ⚖ (Inter'essen-) Gemeinschaft *f*; **2.** ⚖ Rechtsbeziehung *f*; **3.** ⚖ Rechtsnachfolge *f*; **4.** Mitwisserschaft *f*.

priv·y ['prɪvɪ] **I** *adj.* ☐ **1.** eingeweiht (***to*** in *acc.*); **2.** ⚖ (mit)beteiligt (***to*** an *dat.*); **3.** *mst. poet.* heimlich, geheim: ~ ***parts*** Scham-, Geschlechtsteile; ~ ***stairs*** Hintertreppe *f*; **II** *s.* **4.** 'Mitinteres,sent(in) (***to*** an *dat.*); **5.** A'bort *m*, Abtritt *m*; **&** **Coun·cil** *s. Brit.* (Geheimer) Staats- *od.* Kronrat: ***Judicial Committee of the*** ~ ⚖ Justizausschuß *m* des Staatsrats (*höchste Berufungsinstanz für die Dominions*); **& Coun·cil·lor** *s. Brit.* Geheimer (Staats)Rat (*Person*); **& Purse** *s. königliche* Pri'vatscha,tulle; **& Seal** *s. Brit.* Geheimsiegel *n*: ***Lord*** ~ königlicher Geheimsiegelbewahrer.

prize[1] [praɪz] **I** *s.* **1.** (Sieger)Preis *m* (*a. fig.*), Prämie *f*: ***the*** **~s** ***of a profession***

die höchsten Stellungen in e-m Beruf; **2.** (*a.* Lotte'rie)Gewinn *m*: ***the first ~*** das Große Los; **3.** Lohn *m*, Belohnung *f*; **II** *adj.* **4.** preisgekrönt, prämiiert; **5.** Preis...: ***~ medal***; **6.** a) erstklassig (*a. iro.*), b) F *contp.* Riesen...: ***~ idiot***; **III** *v/t.* **7.** (hoch)schätzen, würdigen.

prize² [praɪz] **I** *s.* ⚓ Prise *f*, Beute *f* (*a. fig.*): ***make ~ of*** → **II** *v/t.* (als Prise) aufbringen, kapern.

prize³ [praɪz] *bsd. Brit.* **I** *v/t.* **1.** (auf-) stemmen: ***~ open*** (mit e-m Hebel) aufbrechen; ***~ up*** hochwuchten *od.* -stemmen; **II** *s.* **2.** Hebelwirkung *f*, -kraft *f*; **3.** Hebel *m*.

prize| com·pe·ti·tion *s.* Preisausschreiben *n*; **~ court** *s.* ⚓ Prisengericht *n*; **~ fight** *s.* Preisboxkampf *m*; **~ fight·er** *s.* Preis-, Berufsboxer *m*; **~ list** *s.* Gewinnliste *f*; **'~·man** [-mən] *s.* [*irr.*] Preisträger *m*; **~ mon·ey** *s.* **1.** ⚓ Prisengeld(er *pl.*) *n*; **2.** Geldpreis *m*; **~ ques·tion** *s.* Preisfrage *f*; **~ ring** *s.* (Box)Ring *m*, *das* Berufsboxen; **~ win·ner** *s.* Preisträger(in); **'~-ˌwin·ning** *adj.* preisgekrönt, präm(i)iert.

pro¹ [prəʊ] *pl.* **pros I** *s.* Ja-Stimme *f*, Stimme *f* da'für: ***the ~s and cons*** das Für und Wider; **II** *adv.* (da)'für.

pro² [prəʊ] (*Lat.*) *prp.* für; pro, per; → ***pro forma***, ***pro rata***.

pro³ [prəʊ] *s.* F **1.** *sport* Profi *m* (*a. fig.*); **2.** ‚Nutte' *f*.

pro- [prəʊ] *in Zssgn*: **1.** pro..., ...freundlich, *z.B.* ***~-German***; **2.** stellvertretend, Vize..., Pro...; **3.** vor (*räumlich u. zeitlich*).

prob·a·bil·i·ty [ˌprɒbə'bɪlətɪ] *s.* Wahrscheinlichkeit *f* (*a.* ⩚): ***in all ~*** aller Wahrscheinlichkeit nach, höchstwahrscheinlich; ***theory of ~***, ***~ calculus*** ⩚ Wahrscheinlichkeitsrechnung *f*; ***the ~ is that*** es besteht die Wahrscheinlichkeit, daß; **prob·a·ble** ['prɒbəbl] *adj.* □ **1.** wahrscheinlich, vermutlich, mutmaßlich: ***~ cause*** ⚖ hinreichender Verdacht; **2.** wahrscheinlich, glaubhaft, einleuchtend.

pro·bate ['prəʊbeɪt] ⚖ **I** *s.* **1.** gerichtliche (*bsd.* Testa'ments)Bestätigung; **2.** Testa'mentserˌöffnung *f*; **3.** Abschrift *f* e-s gerichtlich bestätigten Testaments; **II** *v/t.* **4.** *bsd. Am. Testament* a) bestätigen, b) eröffnen u. als rechtswirksam bestätigen lassen; **~ court** *s.* Nachlaßgericht *n*, (*in U.S.A. a. zuständig in Sachen der freiwilligen Gerichtsbarkeit, bsd. als*) Vormundschaftsgericht *n*; **~ du·ty** *s.* ⚖ Erbschaftssteuer *f*.

pro·ba·tion [prə'beɪʃn] *s.* **1.** (Eignungs-) Prüfung *f*, Probe(zeit) *f*: ***on ~*** auf Probe(zeit); **2.** ⚖ a) Bewährungsfrist *f*, b) bedingte Freilassung *f*: ***place s.o. on ~*** j-m Bewährungsfrist zubilligen, j-n unter Zubilligung von Bewährungsfrist freilassen: ***~ officer*** Bewährungshelfer (-in); **3.** *eccl.* Novizi'at *n*; **pro'ba·tion·ar·y** [-ʃnərɪ], **pro'ba·tion·al** [-ʃənl] *adj.* Probe...: ***~ period*** ⚖ Bewährungsfrist *f*; **pro'ba·tion·er** [-ʃnə] *s.* **1.** 'Probekandiˌdat(in), Angestellte(r *m*) *f* auf Probe, *z.B.* Lernschwester *f*; **2.** *fig.* Neuling *m*; **3.** *eccl.* No'vize *m*, *f*; **4.** ⚖ a) j-d, dessen Strafe zur Bewährung ausgesetzt ist, b) auf Bewährung bedingt Strafentlassene(r).

pro·ba·tive ['prəʊbətɪv] als Beweis dienend (***of*** für): ***~ facts*** ⚖ beweiserhebliche Tatsachen; ***~ force*** Beweiskraft *f*.

probe [prəʊb] **I** *v/t.* **1.** ⚕ sondieren (*a. fig.*); **2.** *fig.* eindringen in (*acc.*), erforschen, (gründlich) unter'suchen; **II** *v/i.* **3.** *fig.* (forschend) eindringen (***into*** in *acc.*); **III** *s.* **4.** ⚕, *a. Raumforschung etc.*: Sonde *f*; **5.** *fig.* Sondierung *f*; *bsd. Am.* Unter'suchung *f*.

prob·i·ty ['prəʊbətɪ] *s.* Rechtschaffenheit *f*, Redlichkeit *f*.

prob·lem ['prɒbləm] **I** *s.* **1.** Pro'blem *n* (*a. phls., Schach etc.*), proble'matische Sache, Schwierigkeit *f*: ***set a ~*** ein Problem stellen; **2.** ⩚ Aufgabe *f*, Problem *n*; **3.** *fig.* Rätsel *n* (***to*** für *j-n*); **II** *adj.* **4.** proble'matisch: ***~ play*** Problemstück *n*; ***~ child*** schwererziehbares Kind, Sorgenkind; ***~ drinker*** Alkoholiker(in); **prob·lem·at·ic**, **prob·lem·at·i·cal** [ˌprɒblə'mætɪk(l)] *adj.* □ proble'matisch, zweifelhaft.

pro·bos·cis [prəʊ'bɒsɪs] *pl.* **-cis·es** [-sɪsi:z] *s. zo.* Rüssel *m* (*a. humor.*).

pro·ce·dur·al [prə'si:dʒərəl] *adj.* ⚖ verfahrensrechtlich; Verfahrens...: ***~ law***; **pro·ce·dure** [prə'si:dʒə] *s.* **1.** *allg.* Verfahren *n* (*a.* ⚙), Vorgehen *n*; **2.** ⚖ (*bsd. prozeßrechtliches*) Verfahren: ***rules of ~*** Prozeßvorschriften, Verfahrensbestimmungen; **3.** Handlungsweise *f*, Verhalten *n*.

pro·ceed [prə'si:d] *v/i.* **1.** weitergehen, -fahren *etc.*; sich begeben (***to*** nach); **2.** *fig.* weitergehen (*Handlung etc.*), fortschreiten; **3.** vor sich gehen, von'statten gehen; **4.** *fig.* fortfahren (***with***, ***in*** mit, in *s-r Rede etc.*), s-e Arbeit *etc.* fortsetzen: ***~ on one's journey*** s-e Reise fortsetzen, weiterreisen; **5.** *fig.* vorgehen, verfahren: ***~ with*** *et.* durchführen *od.* in Angriff nehmen; ***~ on the assumption that*** davon ausgehen, daß; **6.** schreiten *od.* ˈübergehen (***to*** zu), sich anschicken (***to do*** zu tun): **~ *to business*** an die Arbeit gehen, anfangen; **7.** (***from***) ausgehen *od.* herrühren *od.* kommen (von) (*Geräusch*, *Hoffnung*, *Krankheit etc.*), (*e-r Hoffnung etc.*) entspringen; **8.** ⚖ (gerichtlich) vorgehen, e-n Proˈzeß anstrengen (***against*** gegen); **9.** *univ. Brit.* promovieren (***to*** [***the degree of***] zum); **proˈceed·ing** [-dɪŋ] *s.* **1.** Vorgehen *n*, Verfahren *n*; **2.** *pl.* ⚖ Verfahren *n*, (Gerichts)Verhandlung(en *pl.*) *f*: ***take*** (*od.* ***institute***) **~*s against*** ein Verfahren einleiten *od.* gerichtlich vorgehen gegen; **3.** *pl.* (Sitzungs-, Tätigkeits)Bericht(e *pl.*) *m*, (⚖ Proˈzeß)Akten *pl.*; **pro·ceeds** [ˈprəʊsi:dz] *s. pl.* **1.** Erlös *m* (***from a sale*** aus e-m Verkauf), Ertrag *m*, Gewinn *m*; **2.** Einnahmen *pl.*

pro·cess [ˈprəʊses] **I** *s.* **1.** Verfahren *n*, Proˈzeß *m* (*a.* ⚙, ⚗): **~ *engineering*** Verfahrenstechnik *f*; **~ *chart*** Arbeitsablaufdiagramm *n*; **~ *control*** *Computer*: Prozeßsteuerung *f*; **~ *of manufacture*** Herstellungsvorgang *m*, Werdegang *m*; ***in* ~ *of construction*** im Bau (befindlich); **2.** Vorgang *m*, Verlauf *m*, Proˈzeß *m* (*a. phys.*): **~ *of combustion*** Verbrennungsvorgang; ***mental* ~** Denkprozeß *m*; **3.** Arbeitsgang *m*; **4.** Fortgang *m*, -schreiten *n*, (Ver)Lauf *m*: ***in* ~ *of time*** im Laufe der Zeit; ***be in* ~** im Gange sein; **5.** *typ.* ˈphotomeˌchanisches Reproduktiˈonsverfahren: **~ *printing*** Mehrfarbendruck *m*; **6.** *anat.* Fortsatz *m*; **7.** ⚘ Auswuchs *m*; **8.** ⚖ a) Zustellung(en *pl.*) *f*, *bsd.* Vorladung *f*, b) (ordentliches) Verfahren: ***due* ~ *of law*** rechtliches Gehör; **II** *v/t.* **9.** ⚙ *etc.* bearbeiten, (chemisch *etc.*) behandeln, e-m Verfahren unterˈwerfen; *Material*, *a. Daten* verarbeiten; *Lebensmittel* haltbar machen, *Milch etc.* sterilisieren: **~ *into*** verarbeiten zu; **10.** ⚖ *j-n* gerichtlich belangen; **11.** *Am. fig. j-n* ˈdurchschleusen, abfertigen, *j-s Fall etc.* bearbeiten; **III** *v/i.* [prəʊˈses] **12.** F in e-r Prozessiˈon (mit)gehen; ˈ**proc·ess·ing** [-sɪŋ] *s.* **1.** ⚙ Vered(e)lung *f*: **~ *industry*** weiterverarbeitende Industrie, Veredelungsindustrie *f*; **2.** ⚙, *a. Computer*: Verarbeitung *f*; **3.** *bsd. Am. fig.* Bearbeitung *f*.

pro·ces·sion [prəˈseʃn] *s.* **1.** Prozessiˈon *f*, (feierlicher) (Auf-, ˈUm)Zug: ***go in* ~** e-e Prozession abhalten *od.* machen; **2.** Reihe(nfolge) *f*; **3.** *a.* **~ *of the Holy Spirit*** *eccl.* Ausströmen *n* des Heiligen Geistes; **proˈces·sion·al** [-ʃənl] **I** *adj.* Prozessions…; **II** *s. eccl.* a) Prozessiˈonsbuch *n*, b) Prozessiˈonshymne *f*.

pro·ces·sor [ˈprəʊsesə] *s.* **1.** ⚙ Verarbeiter *m*; Hersteller(in); **2.** *Am.* (Sach-)Bearbeiter(in); **3.** *Computer*: Proˈzessor *m*.

pro·claim [prəˈkleɪm] *v/t.* **1.** proklamieren, (öffentlich) verkünd(ig)en, kundgeben: **~ *war*** den Krieg erklären; **~ *s.o. a traitor*** j-n zum Verräter erklären; **~ *s.o. king*** j-n zum König ausrufen; **2.** den Ausnahmezustand verhängen über *ein Gebiet etc.*; **3.** in die Acht erklären; **4.** *Versammlung etc.* verbieten.

proc·la·ma·tion [ˌprɒkləˈmeɪʃn] *s.* **1.** Proklamatiˈon *f* (***to*** an *acc.*), (öffentliche *od.* feierliche) Verkündigung *od.* Bekanntmachung, Aufruf *m*: **~ *of martial law*** Verhängung *f* des Standrechts; **2.** Erklärung *f*, Ausrufung *f zum König etc.*; **3.** Verhängung *f* des Ausnahmezustandes.

pro·cliv·i·ty [prəˈklɪvətɪ] *s.* Neigung *f*, Hang *m* (***to***, ***toward*** zu).

pro·cras·ti·nate [prəʊˈkræstɪneɪt] **I** *v/i.* zaudern, zögern; **II** *v/t.* hiˈnausziehen, verschleppen.

pro·cre·ant [ˈprəʊkrɪənt] *adj.* (er)zeugend; **pro·cre·ate** [ˈprəʊkrɪeɪt] *v/t.* (er-)zeugen, herˈvorbringen (*a. fig.*); **pro·cre·a·tion** [ˌprəʊkrɪˈeɪʃn] *s.* (Er)Zeugung *f*, Herˈvorbringen *n*; ˈ**pro·cre·a·tive** [-ɪeɪtɪv] *adj.* **1.** zeugungsfähig, Zeugungs…: **~ *capacity*** Zeugungsfähigkeit; **2.** fruchtbar; ˈ**pro·cre·a·tor** [-ɪeɪtə] *s.* Erzeuger *m*.

Pro·crus·te·an [prəʊˈkrʌstɪən] *adj.* Prokrustes… (*a. fig.*): **~ *bed***.

proc·tor [ˈprɒktə] **I** *s.* **1.** *univ. Brit.* a) Disziplиˈnarbeˌamte(r) *m*, b) Aufsichtsführende(r) *m*, (*bsd. bei Prüfungen*): **~*'s man***, **~*'s*** (***bull***)***dog*** *sl.* Pedell; **2.** ⚖ a) Anwalt *m* (*an Spezialgerichten*), b) *a.* ***King's*** (*od.* ***Queen's***) **~** Prokuˈrator *m* der Krone; **II** *v/t.* **3.** beaufsichtigen.

pro·cur·a·ble [prəˈkjʊərəbl] *adj.* zu beschaffen(d), erhältlich; **proc·u·ra·tion** [ˌprɒkjʊəˈreɪʃn] *s.* **1.** → ***procurement*** 1 *u.* 3; **2.** (Stell)Vertretung *f*; **3.** ✝ Proˈkura *f*, Vollmacht *f*: ***by* ~** per Prokura; ***joint* ~** Gesamthandlungsvollmacht; ***single*** (*od.* ***sole***) **~** Einzelprokura; **4.** → ***procuring*** 2; **proc·u·ra·tor** [ˈprɒkjʊəreɪtə] *s.* **1.** ⚖ Anwalt *m*: ***ℒ General*** *Brit.* Königlicher Anwalt des Schatzamtes; **2.** ⚖ Bevollmächtigte(r) *m*, Sachwalter *m*; **3.** **~ *fiscal*** ⚖ *Scot.* Staatsanwalt *m*.

pro·cure [prəˈkjʊə] **I** *v/t.* **1.** (sich) be-,

verschaffen, besorgen (***s.th. for s.o., s.o. s.th.*** j-m et.); *a. Beweise etc.* liefern, beibringen; **2.** erwerben, erlangen; **3.** verkuppeln; **4.** *fig.* bewirken, her'beiführen; **5.** veranlassen: ***~ s.o. to commit a crime*** j-n zu e-m Verbrechen anstiften; **II** *v/i.* **6.** kuppeln; Zuhälte'rei treiben; **pro'cure·ment** [-mənt] *s.* **1.** Besorgung *f*, Beschaffung *f*; **2.** Erwerbung *f*; **3.** Vermittlung *f*; **4.** Veranlassung *f*; **pro'cur·er** [-ərə] *s.* **1.** Beschaffer(in), Vermittler(in); **2.** a) Kuppler *m*, b) Zuhälter *m*; **pro'cur·ess** [-ərıs] *s.* Kupplerin *f*; **pro'cur·ing** [-ərıŋ] *s.* **1.** Beschaffen *n etc.*; **2.** a) Kuppe'lei *f*, b) Zuhälte'rei *f*.

prod [prɒd] **I** *v/t.* **1.** stechen, stoßen; **2.** *fig.* anstacheln, -spornen (***into*** zu *et.*); **II** *s.* **3.** Stich *m*, Stechen *n*, Stoß *m* (*a. fig.*); **4.** *fig.* Ansporn *m*; **5.** Stachelstock *m*; **6.** Ahle *f*.

prod·i·gal ['prɒdıgl] **I** *adj.* □ **1.** verschwenderisch (***of*** mit): ***be ~ of*** → ***prodigalize***; ***the ~ son*** *bibl.* der verlorene Sohn; **II** *s.* **2.** Verschwender(in); **3.** reuiger Sünder; **prod·i·gal·i·ty** [ˌprɒdı'gælətı] *s.* **1.** Verschwendung *f*; **2.** Üppigkeit *f*, Fülle *f* (***of*** an *dat.*); **'prod·i·gal·ize** [-gəlaız] *v/t.* verschwenden, verschwenderisch 'umgehen mit.

pro·di·gious [prə'dıdʒəs] *adj.* □ **1.** erstaunlich, wunderbar, großartig; **2.** gewaltig, ungeheuer; **prod·i·gy** ['prɒdıdʒı] *s.* **1.** Wunder *n* (***of*** *gen. od.* an *dat.*): ***a ~ of learning*** ein Wunder der *od.* an Gelehrsamkeit; **2.** *mst* ***infant ~*** Wunderkind *n*.

pro·duce[1] [prə'dju:s] *v/t.* **1.** *allg.* erzeugen, machen, schaffen; ✝ *Waren etc.* produzieren, herstellen, erzeugen; *Kohle etc.* gewinnen, fördern; *Buch* a) verfassen, b) her'ausbringen; *thea. Stück* a) inszenieren, b) aufführen; *Film* produzieren; *Brit. thea.*, *Radio*: Re'gie führen bei: ***~ o.s.*** *fig.* sich produzieren; **2.** ⚘ *Früchte etc.* her'vorbringen; **3.** ✝ *Gewinn*, *Zinsen* (ein)bringen, abwerfen; **4.** *fig.* erzeugen, bewirken, her'vorrufen, zeitigen; *Wirkung* erzielen; **5.** her'vorziehen, -holen (***from*** aus *der Tasche etc.*); *Ausweis etc.* (vor)zeigen, vorlegen; *Beweise*, *Zeugen etc.* beibringen; *Gründe* anführen; **6.** ⩓ *Linie* verlängern.

prod·uce[2] ['prɒdju:s] *s.* (*nur sg.*) **1.** (*bsd.* 'Boden)Proˌdukt(e *pl.*) *n*, (Na'tur)Erzeugnis(se *pl.*) *n*: ***~ market*** Produkten-, Warenmarkt *m*; **2.** Ertrag *m*, Gewinn *m*.

pro·duc·er [prə'dju:sə] *s.* **1.** *a.* ✝ Erzeuger(in), 'Hersteller(in): ***~ country*** ✝ Erzeugerland *n*; **2.** ✝ Produ'zent *m*, Fabri'kant *m*: ***~ goods*** Produktionsgüter; **3.** a) *Film*: Produ'zent *m*, Produkti'onsleiter *m*, b) *Brit. thea.*, *Radio*: Regis'seur *m*, Spielleiter *m*; **4.** ⚙ Gene'rator *m*: ***~ gas*** Generatorgas *n*; **pro'duc·i·ble** [-səbl] *adj.* **1.** erzeug-, herstellbar, produzierbar; **2.** vorzuzeigen(d), beizubringen(d); **pro'duc·ing** [-sıŋ] *adj.* Produktions…, Herstellungs…

prod·uct ['prɒdəkt] *s.* **1.** *a.* ✝, ⚙ Pro'dukt *n* (*a.* ⩓, ⚗), Erzeugnis *n*: ***intermediate ~*** Zwischenprodukt *n*; ***~ line*** Erzeugnis(gruppe *f*) *n*; ***~ patent*** Stoffpatent *n*; **2.** *fig.* (*a.* 'Geistes)Proˌdukt *n*, Ergebnis *n*, Werk *n*; **3.** *fig.* Pro'dukt *n* (*Person*).

pro·duc·tion [prə'dʌkʃn] *s.* **1.** (*z.B. Kälte-*, *Strom*)Erzeugung *f*, (*z.B. Rauch*)Bildung *f*; **2.** ✝ Produkti'on *f*, Herstellung *f*, Erzeugung *f*, Fertigung *f*; ⚗, ⚒, *min.* Gewinnung *f*; ⚒ Förderleistung *f*: ***~ of gold*** Goldgewinnung; ***be in ~*** serienmäßig hergestellt werden; ***be in good ~*** genügend hergestellt werden; ***go into ~*** a) in Produktion gehen, b) die Produktion aufnehmen (*Fabrik*); **3.** (*Arbeits*)Erzeugnis *n*, (*a.* Na'tur)Proˌdukt *n*, Fabri'kat *n*; **4.** *fig.* (*mst* lite'rarisches) Pro'dukt, Ergebnis *n*, Werk *n*, Schöpfung *f*, Frucht *f*; **5.** Her'vorbringen *n*, Entstehung *f*; **6.** Vorlegung *f*, -zeigung *f e-s Dokuments etc.*, Beibringung *f e-s Zeugen*, Erbringen *n e-s Beweises*; Vorführen *n*, Aufweisen *n*; **7.** Her'vorholen *n*, -ziehen *n*; **8.** *thea.* Vor-, Aufführung *f*, Inszenierung *f*; **9.** a) *Brit. thea.*, *Radio*, *TV*: Re'gie *f*, Spielleitung *f*, b) *Film*: Produkti'on *f*; **pro'duc·tion·al** [-ʃənl] *adj.* Produktions…

pro·duc·tion| ca·pac·i·ty *s.* Produkti'onskapaziˌtät *f*, Leistungsfähigkeit *f*; **~ car** *s. mot.* Serienwagen *m*; **~ costs** *s. pl.* Gestehungskosten *pl.*; **~ di·rec·tor** *s. Radio*: Sendeleiter *m*; **~ en·gi·neer** *s.* Be'triebsingeniˌeur *m*; **~ goods** *s. pl.* Produkti'onsgüter *pl.*; **~ line** *s.* ⚙ Fließband *n*, Fertigungsstraße *f*; **~ man·ag·er** *s.* ✝ 'Herstellungsleiter *m*.

pro·duc·tive [prə'dʌktıv] *adj.* □ **1.** (***of*** *acc.*) her'vorbringend, erzeugend, schaffend: ***be ~ of*** führen zu, erzeugen; **2.** produk'tiv, ergiebig, ertragreich, fruchtbar, ren'tabel; **3.** produzierend, leistungsfähig; ⚒ abbauwürdig; **4.** *fig.* produk'tiv, fruchtbar, schöpferisch; **pro'duc·tive·ness** [-nıs], **pro·duc·tiv·i·ty** [ˌprɒdʌk'tıvətı] *s.* Produktivi'tät *f*: a) ✝ Rentabili'tät *f*, Ergiebigkeit *f*, b) ✝ Leistungs-, Ertragsfähigkeit *f*, c) *fig.* Fruchtbarkeit *f*.

pro·em [ˈprəʊem] *s.* Einleitung *f* (*a. fig.*), Vorrede *f*.

prof [prɒf] *s.* F Prof *m* (*Professor*).

prof·a·na·tion [ˌprɒfəˈneɪʃn] *s.* Entweihung *f*, Profanierung *f*; **pro·fane** [prəˈfeɪn] **I** *adj.* ☐ **1.** weltlich, proˈfan, ungeweiht, Profan...(*-bau*, *-geschichte*); **2.** lästerlich, gottlos: **~ *language***; **3.** uneingeweiht (***to*** in *acc.*); **II** *v/t.* **4.** entweihen, profanieren; **pro·fan·i·ty** [prəˈfænətɪ] *s.* **1.** Gott-, Ruchlosigkeit *f*; **2.** Weltlichkeit *f*; **3.** Fluchen *n*; *pl.* Flüche *pl.*

pro·fess [prəˈfes] *v/t.* **1.** (*a.* öffentlich) erklären, *Reue etc.* bekunden, sich bezeichnen (***to be*** als), sich bekennen zu (*e-m Glauben etc.*) *od.* als (*Christ etc.*): **~ *o.s. a communist***; **~ *Christianity***; **2.** beteuern, versichern, *b.s.* heucheln, zur Schau tragen; **3.** eintreten für, *Grundsätze etc.* vertreten; **4.** (*als Beruf*) ausüben, betreiben; **5.** *Brit.* Proˈfessor sein in (*dat.*), lehren; **pro'fessed** [-st] *adj.* ☐ **1.** erklärt (*Feind etc.*), ausgesprochen; **2.** an-, vorgeblich; **3.** Berufs..., berufsmäßig; **4.** (in einen Orden) aufgenommen: **~ *monk*** Profeß *m*; **proˈfess·ed·ly** [-sɪdlɪ] *adv.* **1.** angeblich; **2.** erklärtermaßen; **3.** offenkundig; **proˈfes·sion** [-eʃn] *s.* **1.** (*bsd.* akaˈdemischer *od.* freier) Beruf, Stand *m*: ***learned* ~** gelehrter Beruf; ***the* ~*s*** die akademischen Berufe; ***the military* ~** der Soldatenberuf; ***by* ~** von Beruf; **2. *the* ~** *coll.* der Beruf *od.* Stand: ***the medical* ~** die Ärzteschaft; **3.** (*bsd.* Glaubens)Bekenntnis *n*; **4.** Bekundung *f*, (*a.* falsche) Versicherung *od.* Behauptung, Beteuerung *f*: **~ *of friendship*** Freundschaftsbeteuerung *f*; **5.** *eccl.* Proˈfeß *f*, Gelübde(ablegung *f*) *n*; **proˈfes·sion·al** [-eʃənl] **I** *adj.* ☐ **1.** Berufs..., beruflich, Amts..., Standes...: **~ *discretion*** Schweigepflicht *f des Arztes etc.*; **~ *ethics*** Berufsethos *n*; **2.** Fach..., Berufs..., fachlich: **~ *association*** Berufsgenossenschaft *f*; **~ *school*** Fach-, Berufsschule *f*; **~ *studies*** Fachstudium *n*; **~ *terminology*** Fachsprache *f*; **~ *man*** Mann vom Fach (→ 4); **3.** professioˈnell, Berufs... (*a. sport*): **~ *player***; **4.** freiberuflich, akaˈdemisch; **~ *man*** Akademiker, Geistesarbeiter; ***the* ~ *classes*** die höheren Berufsstände; **5.** gelernt, fachlich ausgebildet: **~ *gardener***; **6.** *fig. iro.* unentwegt, ‚Berufs...': **~ *patriot***; **II** *s.* **7.** *sport* Berufssportler(in) *od.* -spieler (-in); **8.** Berufskünstler *m etc.*, Künstler *m* vom Fach; **9.** Fachmann *m*; **10.** Geistesarbeiter *m*; **proˈfes·sion·al·ism** [-eʃnəlɪzəm] *s.* Berufssportlertum *n*, -spielertum *n*, Profitum *n*.

pro·fes·sor [prəˈfesə] *s.* **1.** Proˈfessor *m*, Profesˈsorin *f*; → ***associate*** 8; **2.** *Am.* Hochschullehrer *m*; **3.** *a. humor.* Lehrmeister *m*; **4.** *bsd. Am. od. Scot.* (*a.* Glaubens)Bekenner *m*; **pro·fes·so·ri·al** [ˌprɒfɪˈsɔːrɪəl] *adj.* ☐ professoˈral; Professoren...: **~ *chair*** Lehrstuhl *m*, Professur *f*; **pro·fes·so·ri·ate** [ˌprɒfɪˈsɔːrɪət] *s.* **1.** Profesˈsoren(schaft *f*) *pl.*; **2.** → **proˈfes·sor·ship** [-ʃɪp] *s.* Profesˈsur *f*, Lehrstuhl *m*.

prof·fer [ˈprɒfə] **I** *s.* Angebot *n*; **II** *v/t.* (an)bieten.

pro·fi·cien·cy [prəˈfɪʃnsɪ] *s.* Können *n*, Tüchtigkeit *f*, (gute) Leistungen *pl.*; Fertigkeit *f*; **proˈfi·cient** [-nt] **I** *adj.* ☐ tüchtig, geübt, bewandert, erfahren (***in***, ***at*** in *dat.*); **II** *s.* Fachmann *m*, Meister *m*.

pro·file [ˈprəʊfaɪl] **I** *s.* **1.** Proˈfil *n*: a) Seitenansicht *f*, b) Konˈtur *f*: ***keep a low* ~** *fig.* sich ‚bedeckt' *od.* im Hintergrund halten; **2.** (*a.* ⚠, ⚙) Proˈfil *n*, Längsschnitt *m*; **3.** Querschnitt *m* (*a. fig.*); **4.** ˈKurzbiograˌphie *f*; **II** *v/t.* **5.** im Profil darstellen, profilieren; ⚙ im Quer- *od.* Längsschnitt zeichnen; **6.** ⚙ profilieren, fassonieren; kopierfräsen: **~ *cutter*** Fassonfräser *m*.

prof·it [ˈprɒfɪt] **I** *s.* **1.** (✝ *oft pl.*) Gewinn *m*, Proˈfit *m*: **~ *and loss account*** Gewinn- u. Verlustkonto *n*, Erfolgsrechnung *f*; **~ *margin*** Gewinnspanne *f*; **~-*sharing*** Gewinnbeteiligung *f*; **~-*taking*** *Börse*: Gewinnmitnahme *f*; ***sell at a* ~** mit Gewinn verkaufen; ***leave a* ~** e-n Gewinn abwerfen; **2.** *oft pl.* a) Ertrag *m*, Erlös *m*, b) Reinertrag *m*; **3.** ⚖ Nutzung *f*, Früchte *pl.* (*aus Land*); **4.** Nutzen *m*, Vorteil *m*: ***turn s.th. to* ~** aus et. Nutzen ziehen; ***to his* ~** zu s-m Vorteil; **II** *v/i.* **5.** (***by***, ***from***) (e-n) Nutzen *od.* Gewinn ziehen (aus), profitieren (von): **~ *by*** *a.* sich *et.* zunutze machen, *e-e Gelegenheit* ausnützen; **III** *v/t.* **6.** nützen, nutzen (*dat.*), von Nutzen sein für; **ˈprof·it·a·ble** [-təbl] *adj.* ☐ **1.** gewinnbringend, einträglich, lohnend, renˈtabel: ***be* ~** *a.* sich rentieren; **2.** vorteilhaft, nützlich (***to*** für); **ˈprof·it·a·ble·ness** [-təblnɪs] *s.* **1.** Einträglichkeit *f*, Rentabiliˈtät *f*; **2.** Nützlichkeit *f*; **prof·it·eer** [ˌprɒfɪˈtɪə] **I** *s.* Proˈfitmacher *m*, (Kriegs- *etc.*)Gewinnler *m*, ‚Schieber' *m*, Wucherer *m*; **II** *v/i.* Schieber-

od. Wuchergeschäfte machen, ‚schieben‘; **prof·it·eer·ing** [ˌprɒfɪˈtɪərɪŋ] *s.* Schieber-, Wuchergeschäfte *pl.*, Preistreibeˈrei *f*; ˈ**prof·it·less** [-lɪs] *adj.* ☐ **1.** ˈunrenˌtabel, ohne Gewinn; **2.** nutzlos.

prof·li·ga·cy [ˈprɒflɪgəsɪ] *s.* **1.** Lasterhaftigkeit *f*, Verworfenheit *f*; **2.** Verschwendung(ssucht) *f*; ˈ**prof·li·gate** [-gət] **I** *adj.* ☐ **1.** verworfen, liederlich; **2.** verschwenderisch; **II** *s.* **3.** lasterhafter Mensch, Liederjan *m*; **4.** Verschwender(in).

pro for·ma [ˌprəʊˈfɔːmə] (*Lat.*) *adv. u. adj.* **1.** pro forma, zum Schein; **2.** ✝ Proforma...(*-rechnung*), Schein...(*-geschäft*): ~ ***bill*** Proforma-, Gefälligkeitswechsel *m*.

pro·found [prəˈfaʊnd] *adj.* ☐ **1.** tief (*mst fig. Friede, Seufzer, Schlaf etc.*); **2.** tiefschürfend, inhaltsschwer, gründlich, proˈfund; **3.** *fig.* unergründlich, dunkel; **4.** *fig.* tief, groß (*Hochachtung etc.*), stark (*Interesse etc.*), vollkommen (*Gleichgültigkeit*); **proˈfound·ness** [-nɪs], **proˈfun·di·ty** [-ˈfʌndətɪ] *s.* **1.** Tiefe *f*, Abgrund *m* (*a. fig.*); **2.** Tiefgründigkeit *f*, -sinnigkeit *f*; **3.** Gründlichkeit *f*; **4.** *pl.* tiefgründige Proˈbleme *od.* Theoˈrien; **5.** *oft pl.* Weisheit *f*, proˈfunder Ausspruch; **6.** Stärke *f*, hoher Grad (*der Erregung etc.*).

pro·fuse [prəˈfjuːs] *adj.* ☐ **1.** (*a.* ˈüber-)reich (***of***, ***in*** an *dat.*), ˈüberfließend, üppig; **2.** (*oft* allzu) freigebig, verschwenderisch (***of***, ***in*** mit): ***be ~ in one's thanks*** überschwenglich danken; ***~ly illustrated*** reich(haltig) illustriert; **proˈfuse·ness** [-nɪs], **proˈfu·sion** [-uːʒn] *s.* **1.** (ˈÜber)Fülle *f*, ˈÜberfluß *m* (***of*** an *dat.*): ***in ~*** in Hülle u. Fülle; **2.** Verschwendung *f*, Luxus *m*, allzu große Freigebigkeit.

pro·gen·i·tive [prəʊˈdʒenɪtɪv] *adj.* **1.** Zeugungs...: ~ ***act***; **2.** zeugungsfähig; **proˈgen·i·tor** [-tə] *s.* **1.** Vorfahr *m*, Ahn *m*; **2.** *fig.* Vorläufer *m*; **proˈgen·i·tress** [-trɪs] *s.* Ahne *f*; **proˈgen·i·ture** [-tʃə] *s.* **1.** Zeugung *f*; **2.** Nachkommenschaft *f*; **prog·e·ny** [ˈprɒdʒənɪ] *s.* **1.** Nachkommen(schaft *f a.* ⚘) *pl.*; *zo. die* Jungen *pl.*, Brut *f*; **2.** *fig.* Frucht *f*, Proˈdukt *n*.

pro·gna·thy [ˈprɒgnəθɪ] *s.* ⚕ **1.** Prognaˈthie *f*; **2.** Progeˈnie *f*.

prog·no·sis [prɒgˈnəʊsɪs] *pl.* **-ses** [-siːz] *s.* ⚕ *etc.* Proˈgnose *f*, Vorˈhersage *f*; **progˈnos·tic** [-ˈnɒstɪk] **I** *adj.* **1.** proˈgnostisch (*bsd.* ⚕), vorˈaussagend (***of*** *acc.*); **2.** warnend, vorbedeutend; **II** *s.* **3.** Vorˈhersage *f*; **4.** (An-, Vor)Zeichen *n*; **prog·nos·ti·cate** [prɒgˈnɒstɪkeɪt] *v/t.* **1.** (*a. v/i.*) vorˈher-, vorˈaussagen, prognostizieren; **2.** anzeigen; **prog·nos·ti·ca·tion** [prəgˌnɒstɪˈkeɪʃn] *s.* **1.** Vorˈher-, Vorˈaussage *f*, Proˈgnose *f* (*a.* ⚕); **2.** Propheˈzeiung *f*; **3.** Vorzeichen *n*.

pro·gram(me) [ˈprəʊgræm] **I** *s.* **1.** (ˈStudien-, Parˈtei- *etc.*)Proˌgramm *n*, Plan *m* (*a. fig.* F): ***manufacturing ~*** Herstellungsprogramm *n*; **2.** Proˈgramm *n*: a) *thea.* Spielplan *m*, b) Proˈgrammheft *n*, c) Darbietung *f*, d) *Radio*, *TV*: Sendefolge *f*, Sendung *f*: ~ ***director*** Programmdirektor *m*; ~ ***music*** Programmmusik *f*; ~ ***picture*** Beifilm *m*; **3.** *Computer*: Programm *n*: ***~-controlled*** programmgesteuert; ~ ***step*** Programmschritt *m*; **II** *v/t.* **4.** ein Proˈgramm aufstellen für; **5.** auf das Proˈgramm setzen, planen, ansetzen; **6.** *Computer* programmieren; ˈ**pro·grammed** [-md] *adj.* programmiert: ~ ***instruction***; ~ ***learning***; ˈ**pro·gram·mer** [-mə] *s.* *Computer*: Programˈmierer(in); ˈ**pro·gram·ming** [-mɪŋ] *s.* **1.** *Rundfunk*, *TV*: Proˈgrammgestaltung *f*; **2.** *Computer*: Programmierung *f*: ~ ***language*** Programmiersprache *f*.

pro·gress **I** [ˈprəʊgres] *s.* (*nur sg. außer* 6) **1.** *fig.* Fortschritt(e *pl.*) *m*: ***make ~*** Fortschritte machen; ~ ***engineer*** Entwicklungsingenieur *m*; ~ ***report*** Zwischenbericht; **2.** (Weiter)Entwicklung *f*: ***in ~*** im Werden (begriffen); **3.** Fortschreiten *n*, Vorrücken *n*; ⚔ Vordringen *n*; **4.** Fortgang *m*, (Ver)Lauf *m*: ***be in ~*** im Gange sein; **5.** Überˈhandnehmen *n*, ˈUmsichgreifen *n*: ***the disease made rapid ~*** die Krankheit griff schnell um sich; **6.** *obs.* Reise *f*, Fahrt *f*; *Brit. mst hist.* Rundreise *f e-s Herrschers etc.*; **II** [prəʊˈgres] *v/i.* **7.** fortschreiten, weitergehen, s-n Fortgang nehmen; **8.** sich (fort-, weiter)entwickeln: ~ ***towards completion*** s-r Vollendung entgegengehen; **9.** *fig.* Fortschritte machen, voˈran-, vorwärtskommen.

pro·gres·sion [prəʊˈgreʃn] *s.* **1.** Vorwärts-, Fortbewegung *f*; **2.** Weiterentwicklung *f*, Verlauf *m*; **3.** (Aufeinˈander)Folge *f*; **4.** Progressiˈon *f*: a) ⩲ Reihe *f*, b) Staffelung *f e-r Steuer etc.*; **5.** ♪ a) Seˈquenz *f*, b) Fortschreitung *f* (*Stimmbewegung*); **proˈgres·sion·ist** [-ʃnɪst], **proˈgress·ist** [-esɪst] *s. pol.* Fortschrittler *m*; **proˈgres·sive** [-esɪv] **I** *adj.* ☐ **1.** fortschrittlich (*Person u. Sache*): ~ ***party*** *pol.* Fortschrittspartei *f*; **2.** fortschreitend, -laufend, progres'siv: ***a ~ step*** *fig.* ein Schritt nach vorn; ***~ assembly*** ⚙ Fließbandmontage *f*; **3.** gestaffelt, progres'siv (*Besteuerung etc.*); **4.** (fort)laufend: ***~ numbers***; **5.** *a.* ⚕ zunehmend, progres'siv: ***~ paralysis***; **6.** *ling.* progres'siv: ***~ form*** Verlaufsform *f*; **II** *s.* **7.** *pol.* Progres'sive(r *m*) *f*, Fortschrittler *m*; **pro'gres·sive·ly** [-esɪvlɪ] *adv.* schritt-, stufenweise, nach u. nach, all'mählich.

pro·hib·it [prə'hɪbɪt] *v/t.* **1.** verbieten, unter'sagen (***s.th.*** et., ***s.o. from doing*** j-m *et.* zu tun); **2.** verhindern (***s.th. being done*** daß et. geschieht); **3.** hindern (***s.o. from doing*** j-n daran, *et.* zu tun); **pro·hi·bi·tion** [ˌprəʊɪ'bɪʃn] *s.* **1.** Verbot *n*; **2.** (*hist. Am. mst* ♀) Prohibiti'on(szeit) *f*, Alkoholverbot *n*; **pro·hi·bi·tion·ist** [ˌprəʊɪ'bɪʃnɪst] *s. hist. Am.* Prohibitio'nist *m*, Verfechter *m* des Alkoholverbots; **pro'hib·i·tive** [-tɪv] *adj.* □ **1.** verbietend, unter'sagend; **2.** ⚕ Prohibitiv..., Schutz..., Sperr...: ***~ duty*** Prohibitivzoll *m*; ***~ tax*** Prohibitivsteuer *f*; **3.** unerschwinglich (*Preis*), untragbar (*Kosten*); **pro'hib·i·to·ry** [-tərɪ] → ***prohibitive***.

pro·ject I *v/t.* [prə'dʒekt] **1.** planen, entwerfen, projektieren; **2.** werfen, schleudern; **3.** *Bild, Licht, Schatten etc.* werfen, projizieren; **4.** *fig.* projizieren (*a.* ⩕): ***~ o.s.*** (*od.* ***one's thoughts***) ***into*** sich versetzen in (*acc.*); ***~ one's feelings into*** s-e Gefühle übertragen auf (*acc.*); **II** *v/i.* **5.** vorspringen, -stehen, -ragen (***over*** über *acc.*); **III** *s.* ['prɒdʒekt] **6.** Pro'jekt *n* (*a. Am. ped.*), Plan *m*, (*a.* Bau)Vorhaben *n*, Entwurf *m*: ***~ engineer*** Projektingenieur *m*.

pro·jec·tile [prəʊ'dʒektaɪl] **I** *s.* **1.** ⚔ Geschoß *n*, Projek'til *n*; **2.** (Wurf)Geschoß *n*; **II** *adj.* **3.** (an)treibend, Stoß..., Trieb...: ***~ force***; **4.** Wurf...

pro·jec·tion [prə'dʒekʃn] *s.* **1.** Vorsprung *m*, vorspringender Teil *od.* Gegenstand *etc.*; △ Auskragung *f*, -ladung *f*, 'Überhang *m*; **2.** Fortsatz *m*; **3.** Werfen *n*, Schleudern *n*, (Vorwärts)Treiben *n*; **4.** Wurf *m*, Stoß *m*; **5.** ⩕, *ast.* Projekti'on *f*: ***upright ~*** Aufriß *m*; **6.** *phot.* Projekti'on *f*: a) Projizieren *n* (*Lichtbilder*), b) Lichtbild *n*; **7.** Vorführen *n* (*Film*): ***~ booth*** Vorführkabine *f*; ***~ screen*** Projektions-, Leinwand *f*, Bildschirm *m*; **8.** *psych.* Projekti'on *f*; **9.** *fig.* 'Widerspiegelung *f*; **10.** a) Planen *n*, Entwerfen *n*, b) Plan *m*, Entwurf *m*; **11.** *Statistik etc.*: Hochrechnung *f*; **pro'jec·tion·ist** [-kʃnɪst] *s.* Filmvorführer *m*; **pro'jec·tor** [-ktə] *s.* **1.** Projekti'onsappaˌrat *m*, Vorführgerät *n*, Bildwerfer *m*, Pro'jektor *m*; **2.** ⚙ Scheinwerfer *m*; **3.** ⚔ (Ra'keten-, Flammen- *etc.*)Werfer *m*; **4.** a) Planer *m*, b) *contp.* Pläneschmied *m*, Pro'jektemacher *m*.

pro·lapse ['prəʊlæps] ⚕ **I** *s.* Vorfall *m*, Pro'laps(us) *m*; **II** *v/i.* [prə'læps] prolabieren, vorfallen; **pro·lap·sus** [prəʊ'læpsəs] → ***prolapse*** I.

prole [prəʊl] *s.* F Pro'let(in).

pro·le·tar·i·an [ˌprəʊlɪ'teərɪən] **I** *adj.* prole'tarisch, Proletarier...; **II** *s.* Prole'tarier(in); **ˌpro·le'tar·i·at(e)** [-ɪət] *s.* Proletari'at *n*.

pro·li·cide ['prəʊlɪsaɪd] *s.* ⚖ Tötung *f* der Leibesfrucht, Abtreibung *f*.

pro·lif·er·ate [prəʊ'lɪfəreɪt] *v/i. biol.* **1.** wuchern; **2.** sich fortpflanzen (*durch Zellteilung etc.*); **3.** sich stark vermehren; **pro·lif·e'ra·tion** [prəʊˌlɪfə'reɪʃn] *s.* **1.** Wuchern *n*; **2.** Fortpflanzung *f*; **3.** starke Vermehrung *od.* Ausbreitung; **pro'lif·ic** [-fɪk] *adj.* (□ ***~ally***) **1.** *bsd. biol.* (*oft* 'überaus) fruchtbar; **2.** *fig.* reich (***of, in*** an *dat.*); **3.** *fig.* fruchtbar, produk'tiv (*Schriftsteller etc.*).

pro·lix ['prəʊlɪks] *adj.* □ weitschweifig; **pro·lix·i·ty** [ˌprəʊ'lɪksətɪ] *s.* Weitschweifigkeit *f*.

pro·log *Am.* → ***prologue***.

pro·logue ['prəʊlɒg] *s.* **1.** *bsd. thea.* Pro'log *m*, Einleitung *f* (***to*** zu); **2.** *fig.* Vorspiel *n*, Auftakt *m*; **'pro·logu·ize** [-gaɪz] *v/i.* e-n Pro'log verfassen *od.* sprechen.

pro·long [prə'lɒŋ] *v/t.* **1.** verlängern, (aus)dehnen; **2.** ⚕ *Wechsel* prolongieren; **pro'longed** [-ŋd] *adj.* anhaltend (*Beifall, Regen etc.*): ***for a ~ period*** längere Zeit; **pro·lon·ga·tion** [ˌprəʊlɒŋ'geɪʃn] *s.* **1.** Verlängerung *f*; **2.** Prolongierung *f e-s Wechsels etc.*, Fristverlängerung *f*, Aufschub *m*: ***~ business*** ⚕ Prolongationsgeschäft *n*.

prom [prɒm] *s.* **1.** *Am.* F High-School-, College-Ball *m*; **2.** *bsd. Brit.* F a) 'Strandpromeˌnade *f*, b) → ***promenade concert***.

prom·e·nade [ˌprɒmə'nɑːd] **I** *s.* **1.** Prome'nade *f*: a) Spaziergang *m*, -fahrt *f*, -ritt *m*, b) Spazierweg *m*, Wandelhalle *f*; **2.** [*a.* -'neɪd] feierlicher Einzug der (Ball)Gäste, Polo'naise *f*; **3.** → ***prom*** 1; **4.** → ***promenade concert***; **II** *v/i.* **5.** promenieren, spazieren(gehen *etc.*); **III** *v/t.* **6.** promenieren *od.* (her'um)spazieren in (*dat.*) *od.* auf (*dat.*); **7.** spazierenführen, (um'her)führen; **~ con·cert**

s. Konzert in ungezwungener Atmosphäre; **~ deck** *s.* ⚓ Prome'nadendeck *n*.

prom·i·nence ['prɒmɪnəns] *s.* **1.** (Her-)'Vorragen *n*, -springen *n*; **2.** Vorsprung *m*, vorstehender Teil; *ast.* Protube'ranz *f*; **3.** *fig.* a) Berühmtheit *f*, b) Bedeutung *f*: ***bring into ~*** a) berühmt machen, b) klar herausstellen, hervorheben; ***come into ~*** in den Vordergrund rücken, hervortreten; → ***blaze*** 7; '**prom·i·nent** [-nt] *adj.* □ **1.** vorstehend, -springend (*a. Nase etc.*); **2.** mar'kant, auffallend, her'vorstechend (*Eigenschaft*); **3.** promi'nent: a) führend (*Persönlichkeit*), her'vorragend, b) berühmt.

prom·is·cu·i·ty [ˌprɒmɪ'skju:ətɪ] *s.* **1.** Vermischt-, Verworrenheit *f*, Durchein'ander *n*; **2.** Wahllosigkeit *f*; **3.** Promiskui'tät *f*, wahllose *od.* ungebundene Geschlechtsbeziehungen *pl.*; **pro·mis·cu·ous** [prə'mɪskjʊəs] *adj.* □ **1.** (kunter)bunt, verworren; **2.** wahl-, 'unterschiedslos, **3.** gemeinsam (*beider Geschlechter*): ***~ bathing***.

prom·ise ['prɒmɪs] **I** *s.* **1.** Versprechen *n*, -heißung *f*, Zusage *f* (***to*** *j-m* gegen'über): ***~ to pay*** ⚕ Zahlungsversprechen; ***break*** (***keep***) ***one's ~*** sein Versprechen brechen (halten); ***make a ~*** ein Versprechen geben; ***breach of ~*** Bruch *m* des Eheversprechens; ***Land of*** ***℘*** → ***Promised Land***; **2.** *fig.* Hoffnung *f od.* Aussicht *f* (***of*** auf *acc.*, zu *inf.*): ***of great ~*** vielversprechend (*Aussicht, junger Mann etc.*); ***show some ~*** gewisse Ansätze zeigen; **II** *v/t.* **3.** versprechen, zusagen, in Aussicht stellen (***s.o. s.th.***, ***s.th. to s.o.*** j-m et.): ***I ~ you*** a) das kann ich Ihnen versichern, b) ich warne Sie!; **4.** *fig.* versprechen, erwarten *od.* hoffen lassen, ankündigen; **5.** ***be ~d*** (in die Ehe) versprochen sein; **6.** ***~ o.s. s.th.*** sich et. versprechen *od.* erhoffen; **III** *v/i.* **7.** versprechen, zusagen; **8.** *fig.* Hoffnungen erwecken: ***he ~s well*** er läßt sich gut an; ***the weather ~s fine*** das Wetter verspricht gut zu werden; **Prom·ised Land** ['prɒmɪst] *s. bibl. u. fig. das* Gelobte Land, Land *n* der Verheißung; **prom·is·ee** [ˌprɒmɪ'si:] *s.* ⚖ Versprechensempfänger(in), Berechtigte(r *m*) *f*; '**prom·is·ing** [-sɪŋ] *adj.* □ *fig.* vielversprechend, hoffnungs-, verheißungsvoll, aussichtsreich; '**prom·i·sor** [-sɔ:] *s.* ⚖ Versprechensgeber(in); '**prom·is·so·ry** [-sərɪ] *adj.* versprechend: ***~ note*** ⚕ Schuldschein *m*, Eigen-, Solawechsel *m*.

pro·mo ['prəʊməʊ] F **I** *adj.* Reklame…; **II** *s. Radio, TV*: (Werbe)Spot *m*; *Zeitung*: Anzeige *f*.

prom·on·to·ry ['prɒməntrɪ] *s.* Vorgebirge *n*.

pro·mote [prə'məʊt] *v/t.* **1.** fördern, unter'stützen; *b.s.* Vorschub leisten (*dat.*); **2.** *j-n* befördern: ***be ~d*** a) befördert werden, b) *sport* aufsteigen; **3.** *parl. Antrag* a) unter'stützen, b) einbringen; **4.** ⚕ *Gesellschaft* gründen; **5.** ⚕ a) *Verkauf* (*durch Werbung*) steigern, b) werben für; **6.** *Boxkampf etc.* veranstalten; **7.** *ped. Am. Schüler* versetzen; **8.** *Schach*: *Bauern* verwandeln; **9.** *Am. sl.* ‚organisieren'; **pro'mot·er** [-tə] *s.* **1.** Förderer *m*; Befürworter *m*; *b.s.* Anstifter *m*; **2.** ⚕ Gründer *m*: ***~'s shares*** Gründeraktien; **3.** *sport* Veranstalter *m*; **pro'mo·tion** [-əʊʃn] *s.* **1.** Beförderung *f* (*a.* ⚔): ***~ list*** Beförderungsliste *f*; ***get one's ~*** befördert werden; ***~ prospects*** *pl.* Aufstiegschancen *pl.*; **2.** Förderung *f*, Befürwortung *f*: ***export ~*** ⚕ Exportförderung; **3.** ⚕ Gründung *f*; **4.** ⚕ Verkaufsförderung *f*, Werbung *f*; **5.** *ped. Am.* Versetzung *f*; **6.** *sport* Aufstieg *m*: ***gain ~*** aufsteigen; **7.** *Schach*: Umwandlung *f*; **pro'mo·tion·al** [-əʊʃənl] *adj.* **1.** Beförderungs…; **2.** fördernd; **3.** ⚕ Reklame…, Werbe…; **pro'mo·tive** [-tɪv] *adj.* fördernd, begünstigend (***of*** *acc.*).

prompt [prɒmpt] **I** *adj.* □ **1.** unverzüglich, prompt, so'fortig, 'umgehend: ***a ~ reply*** e-e prompte *od.* schlagfertige Antwort; **2.** schnell, rasch; **3.** bereit (-willig); **4.** ⚕ a) pünktlich, b) bar, c) sofort liefer- u. zahlbar: ***for ~ cash*** gegen sofortige Kasse; **II** *adv.* **5.** pünktlich; **III** *v/t.* **6.** *j-n* antreiben, bewegen, (*a. et.*) veranlassen (***to*** zu); **7.** *Gedanken, Gefühl etc.* eingeben, wecken; **8.** *j-m* das Stichwort geben, ein-, vorsagen; *thea. j-m* soufflieren: ***~-book*** Souffllierbuch *n*; ***~ box*** Souffleurkasten; **IV** *s.* **9.** ⚕ Ziel *n*, Zahlungsfrist *f*; '**prompt·er** [-tə] *s.* **1.** *thea.* Souf'fleur *m*, Souf'fleuse *f*; **2.** Vorsager(in); **3.** Anreger(in), Urheber(in); *b.s.* Anstifter(in); '**prompt·ing** [-tɪŋ] *s.* (*oft pl.*) *fig.* Eingebung *f*, Stimme *f des Herzens*; '**promp·ti·tude** [-tɪtju:d], '**prompt·ness** [-nɪs] *s.* **1.** Schnelligkeit *f*; **2.** Bereitwilligkeit *f*; **3.** *bsd.* ⚕ Promptheit *f*, Pünktlichkeit *f*.

'**prompt-note** *s.* ⚕ Verkaufsnota *f* mit Angabe der Zahlungsfrist.

pro·mul·gate ['prɒmlgeɪt] *v/t.* **1.** *Gesetz etc.* (öffentlich) bekanntmachen *od.*

verkündigen; **2.** *Lehre etc.* verbreiten; **pro·mul·ga·tion** [ˌprɒmlˈgeɪʃn] *s.* **1.** (öffentliche) Bekanntmachung, Verkündung *f*, -öffentlichung *f*; **2.** Verbreitung *f*.

prone [prəʊn] *adj.* □ **1.** auf dem Bauch *od.* mit dem Gesicht nach unten liegend, hingestreckt: **~ *position*** a) Bauchlage, b) ⚔ *etc.* Anschlag liegend; **2.** (vornˈüber)gebeugt; **3.** abschüssig; **4.** *fig.* (***to***) neigend (zu), veranlagt (zu), anfällig (für); ˈ**prone·ness** [-nɪs] *s.* (***to***) Neigung *f*, Hang *m* (zu), Anfälligkeit *f* (für).

prong [prɒŋ] **I** *s.* **1.** Zinke *f e-r* (*Heu- etc.*)*Gabel*; Zacke *f*, Spitze *f*, Dorn *m*; **2.** (Geweih)Sprosse *f*, -ende *n*; **3.** Horn *n*; **4.** (Heu-, Mist- *etc.*)Gabel *f*; **II** *v/t.* **5.** mit e-r Gabel stechen *od.* heben; **6.** aufspießen; **pronged** [-ŋd] *adj.* gezinkt, zackig: ***two-~*** zweizinkig.

pro·nom·i·nal [prəˈnɒmɪnl] *adj.* □ *ling.* pronomiˈnal.

pro·noun [ˈprəʊnaʊn] *s. ling.* Proˈnomen *n*, Fürwort *n*.

pro·nounce [prəˈnaʊns] **I** *v/t.* **1.** aussprechen (*a. ling.*); **2.** erklären für, bezeichnen als; **3.** *Urteil* aussprechen *od.* verkünden, *Segen* erteilen: ***~ sentence of death*** das Todesurteil fällen, auf Todesstrafe erkennen; **4.** behaupten (***that*** daß); **II** *v/i.* **5.** Stellung nehmen, s-e Meinung äußern (***on*** zu): ***~ in favo(u)r of*** (***against***) ***s.th.*** sich für (gegen) et. aussprechen; **proˈnounced** [-st] *adj.* □ **1.** ausgesprochen, ausgeprägt, deutlich (*Tendenz etc.*), sichtlich (*Besserung etc.*); **2.** bestimmt, entschieden (*Ansicht etc.*); **proˈnounc·ed·ly** [-sɪdlɪ] *adv.* ausgesprochen *gut*, *schlecht etc.*; **proˈnounce·ment** [-mənt] *s.* **1.** Äußerung *f*; **2.** Erklärung *f*, (⚖ *Urteils*)Verkünd(ig)ung *f*; **3.** Entscheidung *f*.

pron·to [ˈprɒntəʊ] *adv. Am.* F fix, schnell, ‚aber dalli'.

pro·nun·ci·a·tion [prəˌnʌnsɪˈeɪʃn] *s.* Aussprache *f*.

proof [pru:f] **I** *adj.* **1.** fest (***against***, ***to*** gegen), ˈundurchˌlässig, (*wasser- etc.*) dicht, (*hitze*)beständig, (*kugel*)sicher; **2.** gefeit (***against*** gegen) (*a. fig.*); *fig. a.* unzugänglich: ***~ against bribes*** unbestechlich; **3.** ⚗ *obs.* probehaltig, norˈmalstark (*alkoholische Flüssigkeit*); **II** *s.* **4.** Beweis *m*, Nachweis *m*: ***in ~ of*** zum *od.* als Beweis (*gen.*); ***give ~ of*** *et.* beweisen; **5.** (*a.* ⚖) Beweis(mittel *n*, -stück *n*) *m*; Beleg(e *pl.*) *m*; **6.** Probe *f* (*a.* ⚗), (*a.* Materiˈal)Prüfung *f*: ***put to*** (***the***) ***~*** auf die Probe stellen; ***the ~ of the pudding is in the eating*** Probieren geht über Studieren; **7.** *typ.* a) Korrekˈturfahne *f*, -bogen *m*, b) Probeabzug *m* (*a. phot.*): ***clean ~*** Revisionsbogen *m*; **8.** Norˈmalstärke *f alkoholischer Getränke*; **III** *v/t.* **9.** ⚙ (*wasser- etc.*)dicht *od.* (*hitze- etc.*)beständig *od.* (*kugel- etc.*)fest machen, imprägnieren; ˈ**~-ˌread·er** *s. typ.* Korˈrektor *m*; ˈ**~ˌread·ing** *s. typ.* Korrekˈturlesen *n*; **~ *sheet*** → ***proof*** 7 a; **~ *spir·it*** *s.* Norˈmalweingeist *m*.

prop[1] [prɒp] **I** *s.* **1.** Stütze *f* (*a.* ⚓), (Stütz)Pfahl *m*; **2.** *fig.* Stütze *f*, Halt *m*; **3.** ⚠, ⚙ Stempel *m*, Stützbalken *m*, Strebe *f*; **4.** ⚙ Drehpunkt *m e-s Hebels*; **5.** *pl. sl.* ‚Stelzen' *pl.* (*Beine*); **II** *v/t.* **6.** stützen (*a. fig.*); **7.** *a.* ***~ up*** a) (ab)stützen, ⚙ *a.* absteifen, verstreben, *mot.* aufbocken, b) *sich*, *et.* lehnen (***against*** gegen).

prop[2] [prɒp] *s. thea.* Requiˈsit *n* (*a. fig.*).

prop[3] [prɒp] *s.* ✈ Proˈpeller *m*.

prop·a·gan·da [ˌprɒpəˈgændə] *s.* Propaˈganda *f*; ✝ Werbung *f*, Reˈklame *f*: ***make ~ for***; ***~ week*** Werbewoche *f*; ˌ**prop·aˈgan·dist** [-dɪst] **I** *s.* Propaganˈdist(in); **II** *adj.* propaganˈdistisch; **prop·a·gan·dis·tic** [ˌprɒpəgænˈdɪstɪk] *adj.* propaganˈdistisch; ˌ**prop·aˈgan·dize** [-daɪz] **I** *v/t.* **1.** Propaˈganda machen für, propagieren; **2.** *j-n* durch Propaˈganda beeinflussen; **II** *v/i.* **3.** Propaˈganda machen.

prop·a·gate [ˈprɒpəgeɪt] **I** *v/t.* **1.** *biol.*, *a. phys. Ton*, *Bewegung*, *Licht* fortpflanzen; **2.** *Nachricht etc.* aus-, verbreiten, propagieren; **II** *v/i.* **3.** sich fortpflanzen; **prop·a·ga·tion** [ˌprɒpəˈgeɪʃn] *s.* **1.** Fortpflanzung *f* (*a. phys.*), Vermehrung *f*; **2.** Aus-, Verbreitung *f*; **prop·a·ga·tor** [ˈprɒpəgeɪtə] *s.* **1.** Fortpflanzer *m*; **2.** Verbreiter *m*, Propaganˈdist *m*.

pro·pane [ˈprəʊpeɪn] *s.* ⚗ Proˈpan *n*.

pro·pel [prəˈpel] *v/t.* (an-, vorwärts)treiben (*a. fig. od.* ⚙); **proˈpel·lant** [-lənt] *s.* ⚙ Treibstoff *m*, -mittel *n*: ***~*** (***charge***) Treibladung *f e-r Rakete etc.*; **proˈpel·lent** [-lənt] **I** *adj.* **1.** (an-, vorwärts-)treibend: ***~ gas*** Treibgas; ***~ power*** Antriebs-, Triebkraft *f*; **II** *s.* **2.** *fig.* treibende Kraft; **3.** → ***propellant***; **proˈpel·ler** [-lə] *s.* Proˈpeller *m*: a) ✈ Luftschraube *f*, b) ⚓ Schiffsschraube *f*: ***~ blade*** ✈ Luftschraubenblatt *n*; **proˈpel·ling** [-lɪŋ] *adj.* Antriebs…, Trieb…, Treib…: ***~ charge*** Treibladung *f*, -satz *m e-r Rakete etc.*; ***~ nozzle*** ✈ Schubdüse *f*; ***~ pencil*** Drehbleistift *m*.

pro·pen·si·ty [prəˈpensətɪ] *s. fig.* Hang *m*, Neigung *f* (***to, for*** zu).

prop·er [ˈprɒpə] *adj.* □ **1.** richtig, passend, geeignet, angemessen, ordnungsgemäß, zweckmäßig: ***in ~ form*** in gebührender *od.* angemessener Form; ***in the ~ place*** am rechten Platz; ***do as you think*** (***it***) ***~*** tun Sie, was Sie für richtig halten; ***~ fraction*** ⩚ echter Bruch; **2.** anständig, schicklich, korˈrekt, einwandfrei (*Benehmen etc.*): ***it is ~*** es (ge)ziemt *od.* schickt sich; **3.** zulässig; **4.** eigen(tümlich) (***to*** *dat.*), besonder; **5.** genau: ***in the ~ meaning of the word*** strenggenommen; **6.** (*mst nachgestellt*) eigentlich: ***philosophy ~*** die eigentliche Philosophie; ***in the Middle East ~*** im Mittleren Osten selbst; **7.** maßgebend, zuständig (*Dienststelle etc.*); **8.** F ‚richtig', ‚ordentlich', ‚anständig': ***a ~ licking*** e-e gehörige Tracht Prügel; **9.** *ling.* Eigen...: ***~ name*** (*od.* ***noun***) Eigenname *m*; **ˈprop·er·ly** [-lɪ] *adv.* **1.** richtig (*etc.* → ***proper*** 1, 2), passend, wie es sich gehört: ***behave ~*** sich (anständig) benehmen; **2.** genau: ***~ speaking*** eigentlich, streng genommen; **3.** F gründlich, ‚anständig', ‚tüchtig'.

prop·er·tied [ˈprɒpətɪd] *adj.* besitzend, begütert: ***the ~ classes***.

prop·er·ty [ˈprɒpətɪ] *s.* **1.** Eigentum *n*, Besitz(tum *n*) *m*, Gut *n*, Vermögen *n*: ***common ~*** Gemeingut; ***damage to ~*** Sachschaden *m*; ***law of ~*** ⚖ Sachenrecht *n*; ***left ~*** Hinterlassenschaft *f*; ***lost ~*** Fundsache *f*; ***man of ~*** begüterter Mann; ***personal ~*** → ***personalty***; **2.** *a.* ***landed ~*** (Grund-, Land)Besitz *m*, Grundstück *n*, Liegenschaft *f*, Ländeˈreien *pl.*; **3.** ⚖ Eigentum(srecht) *n*: ***industrial ~*** gewerbliches Schutzrecht; ***intellectual ~*** geistiges Eigentum; ***literary ~*** literarisches Eigentum, Urheberrecht; **4.** *mst pl. thea.* Requiˈsit(en *pl.*) *n*; **5.** Eigenart *f*, -heit *f*; Merkmal *n*; **6.** *phys. etc.* Eigenschaft *f*, ⚙ *a.* Fähigkeit *f*: ***~ of material*** Werkstoffeigenschaft; ***insulating ~*** Isolationsvermögen *n*; ***~* as·sets** *s. pl.* ☤ Vermögenswerte *pl.*; ***~* in·sur·ance** *s.* Sachversicherung *f*; ***~* man** [mæn] *s.* [*irr.*] *thea.* Requisiˈteur *m*; ***~* mar·ket** *s.* Immoˈbilienmarkt *m*; ***~* tax** *s.* **1.** Vermögenssteuer *f*; **2.** Grundsteuer *f*.

proph·e·cy [ˈprɒfɪsɪ] *s.* Propheˈzeiung *f*, Weissagung *f*; **ˈproph·e·sy** [-saɪ] *v/t.* propheˈzeien, weis-, vorˈaussagen (***s.th. for s.o.*** j-m et.).

proph·et [ˈprɒfɪt] *s.* Proˈphet *m* (*a. fig.*): ***the Major*** (***Minor***) ***2s*** *bibl.* die großen (kleinen) Propheten; **ˈproph·et·ess** [-tɪs] *s.* Proˈphetin *f*; **pro·phet·ic, pro·phet·i·cal** [prəˈfetɪk(l)] *adj.* □ proˈphetisch.

pro·phy·lac·tic [ˌprɒfɪˈlæktɪk] **I** *adj. bsd.* ⚕ prophyˈlaktisch, vorbeugend, Vorbeugungs..., Schutz...; **II** *s.* ⚕ Prophyˈlaktikum *n*, vorbeugendes Mittel; *fig.* vorbeugende Maßnahme; **ˌpro·phyˈlax·is** [-ksɪs] *s.* ⚕ Prophyˈlaxe *f*, Prävenˈtivbeˌhandlung *f*, Vorbeugung *f*.

pro·pin·qui·ty [prəˈpɪŋkwətɪ] *s.* **1.** Nähe *f*; **2.** nahe Verwandtschaft.

pro·pi·ti·ate [prəˈpɪʃɪeɪt] *v/t.* versöhnen, besänftigen, günstig stimmen; **pro·pi·ti·a·tion** [prəˌpɪʃɪˈeɪʃn] *s.* **1.** Versöhnung *f*; Besänftigung *f*; **2.** *obs.* (Sühn-) Opfer *n*, Sühne *f*; **proˈpi·ti·a·to·ry** [-ɪətərɪ] *adj.* □ versöhnend, sühnend, Sühn...

pro·pi·tious [prəˈpɪʃəs] *adj.* □ **1.** günstig, vorteilhaft (***to*** für); **2.** gnädig, geneigt.

ˈprop·jet *s.* ✈ **1.** *a.* ***~ engine*** Proˈpellerturˌbine(n-Triebwerk *n*) *f*; **2.** *a.* ***~ plane*** Flugzeug *n* mit Proˈpellerturˌbine(n).

pro·po·nent [prəˈpəʊnənt] *s.* **1.** Vorschlagende(r *m*) *f*; *fig.* Befürworter(in); **2.** ⚖ präsumˈtiver Testaˈmentserbe.

pro·por·tion [prəˈpɔːʃn] **I** *s.* **1.** (richtiges) Verhältnis; Gleich-, Ebenmaß *n*; *pl.* (Aus)Maße *pl.*, Größenverhältnisse *pl.*, Dimensiˈonen *pl.*, Proportiˈonen *pl.*: ***in ~ as*** in dem Maße wie, je nachdem wie; ***in ~ to*** im Verhältnis zu; ***be out of*** (***all***) ***~ to*** in keinem Verhältnis stehen zu; ***sense of ~*** *fig.* Augenmaß *n*; **2.** *fig.* a) Ausmaß *n*, Größe *f*, Umfang *m*, b) Symmetˈrie *f*, Harmoˈnie *f*; **3.** ⩚, ⚗ Proportiˈon *f*; **4.** ⩚ a) Dreisatz(rechnung *f*) *m*, *obs.* Regeldeˈtri *f*, b) *a.* ***geometric ~*** Verhältnisgleichheit *f*; **5.** Anteil *m*, Teil *m*: ***in ~*** anteilig; **II** *v/t.* **6.** (***to***) in das richtige Verhältnis bringen (mit, zu), anpassen (*dat.*); **7.** verhältnismäßig verteilen; **8.** proportioˈnieren, bemessen; **9.** symˈmetrisch gestalten: ***well-~d*** ebenmäßig, wohlgestaltet; **proˈpor·tion·al** [-ʃənl] **I** *adj.* □ **1.** proportioˈnal, verhältnismäßig; anteilmäßig: ***~ numbers*** ⩚ Proportionalzahlen *pl.*; ***~ representation*** *pol.* Verhältniswahl(system *n*) *f*; **2.** → ***proportionate***; **II** *s.* **3.** ⩚ Proportioˈnale *f*; **proˈpor·tion·ate** [-ʃnət] *adj.* □ (***to***) im richtigen Verhältnis (stehend) (zu), angemessen (*dat.*), entsprechend (*dat.*): ***~ share*** ☤ Verhältnisanteil *m*, anteilmäßige Befriedigung.

pro·pos·al [prəˈpəʊzl] *s.* **1.** Vorschlag *m*, (*a.* ⚜, *a. Friedens*)Angebot *n*, (*a.* Heirats)Antrag *m*; **2.** Plan *m*; **pro·pose** [prəˈpəʊz] **I** *v/t.* **1.** vorschlagen (***s.th. to s.o.*** j-m et., ***s.o. for*** j-n zu *od.* als); **2.** *Antrag* stellen; *Resolution* einbringen; *Mißtrauensvotum* stellen *od.* beantragen; **3.** *Rätsel* aufgeben; *Frage* stellen; **4.** beabsichtigen, sich vornehmen; **5.** e-n Toast ausbringen auf (*acc.*), auf *et.* trinken; **II** *v/i.* **6.** beabsichtigen, vorhaben; planen: ***man ~s (but) God disposes*** der Mensch denkt, Gott lenkt; **7.** e-n Heiratsantrag machen (***to*** *dat.*), anhalten (***for*** um *j-n, j-s Hand*); **proˈpos·er** [-zə] *s. pol.* Antragsteller *m*;

prop·o·si·tion [ˌprɒpəˈzɪʃn] **I** *s.* **1.** Vorschlag *m*, Antrag *m*; **2.** (vorgeschlagener) Plan, Proˈjekt *n*; **3.** ⚜ Angebot *n*; **4.** Behauptung *f*; **5.** F a) Sache *f*, b) Geschäft *n*: ***an easy ~*** ‚kleine Fische', Kleinigkeit *f*; **6.** *phls.* Satz *m*; **7.** ⅌ (Lehr)Satz *m*; **II** *v/t.* **8.** *j-m* e-n Vorschlag machen; **9.** *e-m Mädchen* e-n unsittlichen Antrag machen.

pro·pound [prəˈpaʊnd] *v/t.* **1.** *Frage etc.* vorlegen, -tragen (***to*** *dat.*); **2.** vorschlagen; **3.** ***~ a will*** ⚖ auf Anerkennung e-s Testaments klagen.

pro·pri·e·tar·y [prəˈpraɪətərɪ] **I** *adj.* **1.** Eigentums…(*-recht etc.*), Vermögens…; **2.** Eigentümer…, Besitzer…: ***~ company*** ⚜ a) *Am.* Holding-, Dachgesellschaft *f*, b) *Brit.* Familiengesellschaft *f*; ***the ~ classes*** die besitzenden Schichten; **3.** gesetzlich geschützt (*Arznei, Ware*): ***~ article*** Markenartikel *m*; ***~ name*** Markenbezeichnung *f*; **II** *s.* **4.** Eigentümer *m od. pl.*; **5.** ⚕ a) mediˈzinischer ˈMarkenarˌtikel, b) nicht reˈzeptpflichtiges Medikaˈment; **pro·pri·e·tor** [prəˈpraɪətə] *s.* Eigentümer *m*, Besitzer *m*, (Geschäfts)Inhaber *m*, Anteilseigner *m*, Gesellschafter *m*: ***~s' capital*** Eigenkapital *n e-r Gesellschaft*; ***sole ~*** a) Alleininhaber(in), b) ⚜ *Am.* Einzelkaufmann *m*; **proˈpri·e·tor·ship** [-təʃɪp] *s.* **1.** Eigentum(srecht) *n* (***in*** an *dat.*); **2.** Verlagsrecht *n*; **3.** *Bilanz*: ˈEigenkapiˌtal *n*; **4.** ***sole ~*** a) alˈleiniges Eigentumsrecht, b) ⚜ *Am.* ˈEinzelunterˌnehmen *n*; **proˈpri·e·tress** [-trɪs] *s.* Eigentümerin *f etc.*; **proˈpri·e·ty** [-tɪ] *s.* **1.** Schicklichkeit *f*, Anstand *m*; **2.** *pl.* Anstandsformen *pl.*; **3.** Angemessenheit *f*, Richtigkeit *f*.

props [prɒps] *s. pl. thea. sl.* **1.** Requiˈsiten *pl.*; **2.** *sg. konstr.* Requisiˈteur *m*.

pro·pul·sion [prəˈpʌlʃn] *s.* **1.** ⚙ Antrieb *m* (*a. fig.*), Antriebskraft *f*: ***~ nozzle*** Rückstoßdüse *f*; **2.** Fortbewegung *f*; **proˈpul·sive** [-lsɪv] *adj.* (an-, vorwärts-)treibend (*a. fig.*): ***~ force*** Triebkraft *f*; ***~ jet*** Treibstrahl *m*.

pro ra·ta [ˌprəʊˈrɑːtə] (*Lat.*) *adj. u. adv.* verhältnis-, anteilmäßig, pro ˈrata; **pro·rate** [ˈprəʊreɪt] *Am v/t.* anteilmäßig ver-, aufteilen.

pro·ro·ga·tion [ˌprəʊrəˈgeɪʃn] *s. pol.* Vertagung *f*; **pro·rogue** [prəˈrəʊg] *v/t. u. v/i.* (sich) vertagen.

pro·sa·ic [prəʊˈzeɪɪk] *adj.* (□ ***~ally***) *fig.* proˈsaisch: a) allˈtäglich, b) nüchtern, trocken, c) langweilig.

pro·sce·ni·um [prəʊˈsiːnjəm] *pl.* **-ni·a** [-njə] *s. thea.* Proˈszenium *n*.

pro·scribe [prəʊˈskraɪb] *v/t.* **1.** ächten, für vogelfrei erklären; **2.** *mst fig.* verbannen; **3.** *fig.* a) verurteilen, b) verbieten; **proˈscrip·tion** [-ˈskrɪpʃn] *s.* **1.** Ächtung *f*, Acht *f*, Proskriptiˈon *f* (*mst hist.*); **2.** Verbannung *f*; **3.** *fig.* Verurteilung *f*, Verbot *n*; **proˈscrip·tive** [-ˈskrɪptɪv] *adj.* □ **1.** Ächtungs…, ächtend; **2.** verbietend, Verbots…

prose [prəʊz] **I** *s.* **1.** Prosa *f*; **2.** *fig.* Prosa *f*, Nüchternheit *f*, Allˈtäglichkeit *f*; **3.** *ped.* Überˈsetzung *f in die Fremdsprache*; **II** *adj.* **4.** Prosa…: ***~ writer*** Prosaschriftsteller(in); **5.** *fig.* proˈsaisch; **III** *v/t. u. v/i.* **6.** in Prosa schreiben; **7.** langweilig erzählen.

pros·e·cute [ˈprɒsɪkjuːt] **I** *v/t.* **1.** *Plan etc.* verfolgen, weiterführen: ***~ an action*** ⚖ e-n Prozeß führen; **2.** *Gewerbe, Studien etc.* betreiben; **3.** *Untersuchung* ˈdurchführen; **4.** ⚖ a) strafrechtlich verfolgen, b) gerichtlich verfolgen, belangen, anklagen (***for*** wegen), c) *Forderung* einklagen; **II** *v/i.* **5.** gerichtlich vorgehen; **6.** ⚖ als Kläger auftreten, die Anklage vertreten: ***prosecuting counsel*** (*Am.* ***attorney***) → ***prosecutor***; **pros·e·cu·tion** [ˌprɒsɪˈkjuːʃn] *s.* **1.** Verfolgung *f*, Fortsetzung *f*, ˈDurchführung *f e-s Plans etc.*; **2.** Betreiben *n e-s Gewerbes etc.*; **3.** ⚖ a) strafrechtliche Verfolgung, Strafverfolgung *f*, b) Einklagen *n e-r Forderung etc.*: ***liable to ~*** strafbar; ***Director of Public ~s*** Leiter *m* der Anklagebehörde; **4.** ***the ~*** ⚖ die Staatsanwaltschaft, die Anklage(behörde); → ***witness*** 1; **ˈpros·e·cu·tor** [-tə] *s.* ⚖ (An)Kläger *m*, Anklagevertreter *m*: ***public ~*** Staatsanwalt *m*.

pros·e·lyte [ˈprɒsɪlaɪt] *s. eccl.* Proseˈlyt(-in), Konverˈtit(in), *a. fig.* Neubekehrte(r *m*) *f*; **ˈpros·e·lyt·ism** [-lɪtɪzəm] *s.* Proselyˈtismus *m*: a) Bekehrungseifer *m*, b) Proseˈlytentum *n*; **ˈpros·e·lyt·ize**

[-lɪtaɪz] **I** *v/t.* (***to***) bekehren (zu), *fig. a.* gewinnen (für); **II** *v/i.* Anhänger gewinnen.

pros·i·ness [ˈprəʊzɪnɪs] *s.* **1.** Eintönigkeit *f*, Langweiligkeit *f*; **2.** Weitschweifigkeit *f*.

pros·o·dy [ˈprɒsədɪ] *s.* Prosoˈdie *f* (*Silbenmessungslehre*).

pros·pect I *s.* [ˈprɒspekt] **1.** (Aus)Sicht *f*, (-)Blick *m* (***of*** auf *acc.*); **2.** *fig.* Aussicht *f*: ***hold out a ~ of*** *et.* in Aussicht stellen; ***have s.th. in ~*** auf et. Aussicht haben, et. in Aussicht haben; **3.** *fig.* Vor(ˈaus)schau *f* (***of*** auf *acc.*); **4.** ✝ *etc.* Interesˈsent *m*, Reflekˈtant *m*; ✝ möglicher Kunde; **5.** ⚒ a) (*Erz- etc.*) Anzeichen *n*, b) Schürfprobe *f*, c) Schürfstelle *f*; **II** *v/t.* [prəˈspekt] **6.** *Gebiet* durchˈforschen, unterˈsuchen (***for*** nach *Gold etc.*); **III** *v/i.* [prəˈspekt] **7.** (***for***) ⚒ suchen (nach, *a. fig.*), schürfen (nach); (nach *Öl*) bohren; **pro·spec·tive** [prəˈspektɪv] *adj.* □ **1.** (zu)künftig, vorˈaussichtlich, in Aussicht stehend, potentiˈell: ***~ buyer*** Kaufinteressent *m*, potentieller Käufer; **2.** *fig.* vorˈausschauend; **pros·pec·tor** [prəˈspektə] *s.* Proˈspektor *m*, Schürfer *m*, Goldsucher *m*; **pro·spec·tus** [prəˈspektəs] *s.* Proˈspekt *m*: a) Werbeschrift *f*, b) ✝ Subskriptiˈonsanzeige *f*, c) *Brit.* ˈSchulproˌspekt *m*.

pros·per [ˈprɒspə] **I** *v/i.* Erfolg haben (***in*** bei); gedeihen, florieren, blühen (*Unternehmen etc.*); **II** *v/t.* begünstigen, *j-m* hold *od.* gewogen sein; segnen, *j-m* gnädig sein (*Gott*); **pros·per·i·ty** [prɒˈsperətɪ] *s.* **1.** Wohlstand *m* (*a.* ✝), Gedeihen *n*, Glück *n*; **2.** ✝ Prosperiˈtät *f*, Blüte(zeit) *f*, (*a.* ***peak ~*** ˈHoch)Konjunkˌtur *f*; **ˈpros·per·ous** [-pərəs] *adj.* □ **1.** gedeihend, blühend, erfolgreich, glücklich; **2.** wohlhabend, Wohlstands...; **3.** günstig (*Wind etc.*).

pros·tate (**gland**) [ˈprɒsteɪt] *s. anat.* Prostata *f*, Vorsteherdrüse *f*.

pros·the·sis [ˈprɒsθɪsɪs] *pl.* **-ses** [-siːz] *s.* **1.** ⚕ Proˈthese *f*, künstliches Glied; **2.** ⚕ Anfertigung *f* e-r Proˈthese; **3.** *ling.* Prosˈthese *f* (*Vorsetzen e-s Buchstabens od. e-r Silbe vor ein Wort*).

pros·ti·tute [ˈprɒstɪtjuːt] **I** *s.* **1.** a) Prostituierte *f*, b) *a.* ***male ~*** Strichjunge *m*; **II** *v/t.* **2.** prostituieren: ***to ~ o.s.*** sich prostituieren *od.* verkaufen (*a. fig.*); **3.** *fig.* (für ehrlose Zwecke) her-, preisgeben, entwürdigen, *Talente etc.* wegwerfen; **pros·ti·tu·tion** [prɒstɪˈtjuːʃn] *s.* **1.** Prostitutiˈon *f*; **2.** *fig.* Herˈab-, Entwürdigung *f*.

pros·trate I *v/t.* [prɒˈstreɪt] **1.** zu Boden werfen *od.* strecken, niederwerfen; **2.** ***~ o.s.*** *fig.* sich in den Staub werfen, sich demütigen (***before*** vor); **3.** entkräften, erschöpfen; *fig.* niederschmettern; **II** *adj.* [ˈprɒstreɪt] **4.** hingestreckt; **5.** *fig.* erschöpft (***with*** vor *dat.*), daˈniederliegend, kraftlos; *weitS.* gebrochen (***with grief*** vom Gram); **6.** *fig.* a) demütig, b) fußfällig, im Staube liegend; **prosˈtra·tion** [-eɪʃn] *s.* **1.** Fußfall *m* (*a. fig.*); **2.** *fig.* Niederwerfung *f*; Demütigung *f*; **3.** Erschöpfung, Entkräftung *f*; **4.** *fig.* Niedergeschlagenheit *f*.

pros·y [ˈprəʊzɪ] *adj.* □ **1.** langweilig, weitschweifig; **2.** nüchtern, proˈsaisch.

pro·tag·o·nist [prəʊˈtægənɪst] *s.* **1.** *thea.* ˈHauptfiˌgur *f*, Held(in), Träger(in) der Handlung; **2.** *fig.* Vorkämpfer(in).

pro·te·an [prəʊˈtiːən] *adj.* **1.** *fig.* proˈteisch, vielgestaltig; **2.** *zo.* aˈmöbenartig: ***~ animalcule*** Amöbe *f*.

pro·tect [prəˈtekt] *v/t.* **1.** (be)schützen (***from*** vor *dat.*, ***against*** gegen): ***~ interests*** Interessen wahren; **2.** ✝ (durch Zölle) schützen; **3.** ✝ a) *Sichtwechsel* honorieren, einlösen, b) *Wechsel mit Laufzeit* schützen; **4.** ⚙ (ab)sichern, abschirmen; *weitS.* schonen: ***~ed against corrosion*** korrosionsgeschützt; ***~ed motor*** ↯ geschützter Motor; **5.** ⚔ (taktisch) sichern, abschirmen; **6.** *Schach*: *Figur* decken; **proˈtec·tion** [-kʃn] *s.* **1.** Schutz *m*, Beschützung *f* (***from*** vor *dat.*); Sicherheit *f*: ***~ of interests*** Interessenwahrung *f*; (***legal***) ***~ of registered designs*** ⚖ Gebrauchsmusterschutz *m*; ***~ of industrial property*** gewerblicher Rechtsschutz; **2.** ✝ Wirtschaftsschutz *m*, ˈSchutzzoll(-poliˌtik *f*, -syˌstem *n*) *m*; **3.** ✝ Honorierung *f e-s Wechsels*: ***find due ~*** honoriert werden; **4.** Protektiˈon *f*, Gönnerschaft *f*, Förderung *f*: ***~*** (***money***) *Am.* ‚Schutzgebühr' *f*; **5.** ⚙ Schutz *m*, Abschirmung *f*; **proˈtec·tion·ism** [-kʃənɪzəm] *s.* ✝ ˈSchutzzollpoliˌtik *f*; **proˈtec·tion·ist** [-kʃənɪst] **I** *s.* **1.** Protektioˈnist *m*, Verfechter *m* der Schutzzollpolitik; **2.** Naˈturschützer *m*; **II** *adj.* **3.** protektioˈnistisch, Schutzzoll...; **proˈtec·tive** [-tɪv] *adj.* □ **1.** (be)schützend, schutzgewährend, Schutz...: ***~ conveyance*** ⚖ Sicherungsübereignung *f*; ***~ custody*** ⚖ Schutzhaft *f*; ***~ duty*** ✝ Schutzzoll *m*; ***~ goggles*** Schutzbrille *f*; **2.** ✝ Schutzzoll...; **3.** beschützerisch; **proˈtec·tor** [-tə] *s.* **1.** Beschützer *m*, Schutz-, Schirmherr *m*, Gönner *m*; **2.** ⚙ *etc.* Schutz(vorrichtung *f*, -mittel *n*) *m*,

Schützer *m*, Schoner *m*; **3.** *hist.* Pro'tektor *m*, Reichsverweser *m*; **pro'tec·tor·ate** [-tərət] *s.* Protekto'rat *n*: a) Schutzherrschaft *f*, b) Schutzgebiet *n*; **pro'tec·tress** [-trɪs] *s.* Beschützerin *f*, Schutz-, Schirmherrin *f*.

pro·té·gé ['prəʊteʒeɪ] (*Fr.*) *s.* Schützling *m*, Prote'gé *m*.

pro·te·in ['prəʊti:n] *s. biol.* Prote'in *n*, Eiweiß(körper *m od. pl.*) *n*.

pro·test I *s.* ['prəʊtest] **1.** Pro'test *m*, Ein-, 'Widerspruch *m*: ***in ~, as a ~*** aus (*od.* als) Protest; ***enter*** (*od.* ***lodge***) ***a ~*** Protest erheben *od.* Verwahrung einlegen (***with*** bei); ***accept under ~*** unter Vorbehalt *od.* Protest annehmen; **2.** ⚕, ⚖ ('Wechsel)Pro,test *m*; **3.** ⚓, ⚖ 'See-pro,test *m*, Verklarung *f*; **II** *v/i.* [prə'test] **4.** protestieren, Verwahrung einlegen, sich verwahren (***against*** gegen); **III** *v/t.* [prə'test] **5.** protestieren gegen, reklamieren; **6.** beteuern (***s.th.*** et., ***that*** daß): ***~ one's loyalty***; **7.** ⚕ *Wechsel* protestieren: ***have a bill ~ed*** e-n Wechsel zu Protest gehen lassen.

Prot·es·tant ['prɒtɪstənt] **I** *s.* Prote'stant (-in); **II** *adj.* prote'stantisch; **'Prot·es·tant·ism** [-tɪzəm] *s.* Protestan'tismus *m*.

prot·es·ta·tion [,prəʊte'steɪʃn] *s.* **1.** Beteuerung *f*; **2.** Pro'test *m*.

pro·to·col ['prəʊtəkɒl] **I** *s.* **1.** (Ver'handlungs)Proto,koll *n*; **2.** *pol.* Proto'koll *n*: a) *diplomatische Etikette*, b) *kleineres Vertragswerk*; **3.** *pol.* Einleitungs- u. Schlußformeln *pl. e-r Urkunde etc.*; **II** *v/t. u. v/i.* **4.** protokollieren.

pro·ton ['prəʊtɒn] *s. phys.* Proton *n*.

pro·to·plasm ['prəʊtəʊplæzəm] *s. biol.* **1.** Proto'plasma *n* (*Zellsubstanz*); **2.** Urschleim *m*; **'pro·to·plast** [-plæst] *s. biol.* Proto'plast *m*.

pro·to·type ['prəʊtəʊtaɪp] *s.* Proto'typ *m* (*a. biol.*): a) Urbild *n*, -typ *m*, -form *f*, b) (Ur)Muster *n*; ⚙ ('Richt)Mo,dell *n*, Ausgangsbautyp *m*.

pro·to·zo·on [,prəʊtəʊ'zəʊɒn] *pl.* **-'zo·a** [-'zəʊə] *s. zo.* Proto'zoon *n*, Urtierchen *n*, Einzeller *m*.

pro·tract [prə'trækt] *v/t.* **1.** in die Länge (*od.* hinaus)ziehen, verschleppen: ***~ed illness*** langwierige Krankheit; ***~ed defence*** ⚔ hinhaltende Verteidigung; **2.** Ａ mit e-m Winkelmesser *od.* maßstabsgetreu zeichnen *od.* auftragen; **pro'trac·tion** [-kʃn] *s.* **1.** Hin'ausschieben *n*, -ziehen *n*, Verschleppen *n* (*a.* ⚕); **2.** Ａ maßstabsgetreue Zeichnung; **pro'trac·tor** [-tə] *s.* **1.** Ａ Transpor'teur *m*, Gradbogen *m*, Winkelmesser *m*; **2.** *anat.* Streckmuskel *m*.

pro·trude [prə'tru:d] **I** *v/i.* her'aus-, (her)'vorstehen, -ragen, -treten; **II** *v/t.* her'ausstrecken, (her)'vortreten lassen; **pro'tru·sion** [-u:ʒn] *s.* **1.** Her'vorstehen *n*, -treten *n*, Vorspringen *n*; **2.** Vorwölbung *f*, (her)'vorstehender Teil; **pro'tru·sive** [-u:sɪv] *adj.* □ vorstehend, her'vortretend.

pro·tu·ber·ance [prə'tju:bərəns] *s.* **1.** Auswuchs *m*, Beule *f*, Höcker *m*; **2.** *ast.* Protube'ranz *f*; **3.** (Her)'Vortreten *n*, -stehen *n*; **pro'tu·ber·ant** [-nt] *adj.* □ (her)'vorstehend, -tretend, -quellend (*a. Augen*).

proud [praʊd] **I** *adj.* □ **1.** stolz (***of*** auf *acc.*, ***to*** *inf.* zu *inf.*): ***a ~ day*** *fig.* ein stolzer Tag *für uns etc.*; **2.** hochmütig, eingebildet; **3.** *fig.* stolz, prächtig; **4.** ***~ flesh*** ⚕ wildes Fleisch; **II** *adv.* **5.** F stolz: ***do s.o. ~*** a) j-m große Ehre erweisen, b) j-n königlich bewirten; ***do o.s. ~*** a) stolz auf sich sein können, b) es sich gutgehen lassen.

prov·a·ble ['pru:vəbl] *adj.* □ be-, nachweisbar, erweislich; **prove** [pru:v] **I** *v/t.* **1.** er-, nach-, beweisen, **2.** ⚖ *Testament* bestätigen (lassen); **3.** bekunden, unter Beweis stellen, zeigen; **4.** (*a.* ⚙) prüfen, erproben: ***a ~d remedy*** ein erprobtes *od.* bewährtes Mittel; ***~ o.s.*** a) sich bewähren, b) sich erweisen als; → ***proving*** 1; **5.** Ａ die Probe machen auf (*acc.*); **II** *v/i.* **6.** sich her'ausstellen *od.* erweisen (als): ***he will ~*** (***to be***) ***the heir*** es wird sich herausstellen, daß er der Erbe ist; ***~ true*** (***false***) a) sich als richtig (falsch) herausstellen, b) sich (nicht) bestätigen (*Voraussage etc.*); **7.** ausfallen, sich ergeben; **'prov·en** [-vən] *adj.* be-, erwiesen, nachgewiesen; *fig.* bewährt.

prov·e·nance ['prɒvənəns] *s.* Herkunft *f*, Ursprung *m*, Proveni'enz *f*.

prov·en·der ['prɒvɪndə] *s.* **1.** ✓ (Trokken)Futter *n*; **2.** F *humor.* ‚Futter' *n* (*Lebensmittel*).

prov·erb ['prɒvɜ:b] **1.** *s.* Sprichwort *n*: ***he is a ~ for shrewdness*** s-e Schläue ist sprichwörtlich (*b.s.* berüchtigt); **2.** (***The Book of***) ***2s*** *pl. bibl.* die Sprüche *pl.* (Salo'monis); **pro·ver·bi·al** [prə'vɜ:bjəl] *adj.* □ sprichwörtlich (*a. fig.*).

pro·vide [prə'vaɪd] **I** *v/t.* **1.** versehen, -sorgen, ausstatten, beliefern (***with*** mit); **2.** ver-, beschaffen, besorgen, liefern; zur Verfügung (*od.* bereit)stellen; *Gelegenheit* schaffen; **3.** ⚖ vorsehen, -schreiben, bestimmen (*a. Gesetze, Vertrag etc.*); **II** *v/i.* **4.** Vorsorge *od.*

Vorkehrungen treffen, vorsorgen, sich sichern (***against*** vor *dat.*, gegen): ~ ***against*** a) sich schützen vor (*dat.*), b) *et.* unmöglich machen, verhindern; ~ ***for*** a) sorgen für (*j-s Lebensunterhalt*), b) *Maßnahmen* vorsehen, *e-r Sache* Rechnung tragen, *Bedürfnisse* befriedigen, *Gelder etc.* bereitstellen; **5.** ⚖ den Vorbehalt machen (***that*** daß): ***unless otherwise ~d*** sofern nichts Gegenteiliges bestimmt ist; ***providing*** (***that***) → **pro'vid·ed** [-dɪd] *cj. a.* ~ ***that*** **1.** vor'ausgesetzt (daß), unter der Bedingung, daß; **2.** wenn, so'fern.

prov·i·dence ['prɒvɪdəns] *s.* **1.** (göttliche) Vorsehung; **2.** ***the*** ♀ die Vorsehung, Gott *m*; **3.** Vorsorge *f*, (weise) Vor'aussicht; **'prov·i·dent** [-nt] *adj.* □ **1.** vor'ausblickend, vor-, fürsorglich: ~ ***bank*** Sparkasse *f*; ~ ***fund*** Unterstützungskasse *f*; ~ ***society*** Versicherungsverein *m* auf Gegenseitigkeit; **2.** haushälterisch, sparsam; **prov·i·den·tial** [ˌprɒvɪ'denʃl] *adj.* □ **1.** schicksalhaft; **2.** glücklich, gnädig (*Geschick etc.*).

pro·vid·er [prə'vaɪdə] *s.* **1.** Versorger (-in), Ernährer *m*: ***good*** ~ F treusorgende(r) Mutter (Vater); **2.** Liefe'rant *m*.

prov·ince ['prɒvɪns] *s.* **1.** Pro'vinz *f* (*a. Ggs. Stadt*), Bezirk *m*; **2.** *fig.* a) (Wissens)Gebiet *n*, Fach *n*, b) (Aufgaben-) Bereich *m*, Amt *n*: ***it is not within my*** ~ a) es schlägt nicht in mein Fach, b) es ist nicht m-s Amtes (***to*** *inf.* zu *inf.*).

pro·vin·cial [prə'vɪnʃl] **I** *adj.* □ **1.** Provinz..., provinzi'ell (*a. fig. engstirnig, spießbürgerlich*): ~ ***town***; **2.** provinzi'ell, ländlich, kleinstädtisch; **3.** *fig. contp.* pro'vinzlerisch (*ungebildet, plump*); **II** *s.* **4.** Pro'vinzbewohner(in); *contp.* Pro'vinzler(in); **pro'vin·cial·ism** [-ʃəlɪzəm] *s.* Provinzia'lismus *m* (*a. mundartlicher Ausdruck, a. contp. Kleingeisterei, Lokalpatriotismus, Plumpheit*); *contp.* Pro'vinzlertum *n*.

prov·ing ['pruːvɪŋ] *s.* **1.** Prüfen *n*, Erprobung *f*: ~ ***flight*** Probe-, Erprobungsflug *m*; ~ ***ground*** Versuchsgelände *n*; **2.** ~ ***of a will*** ⚖ Eröffnung *f* u. Bestätigung *f* e-s Testaments.

pro·vi·sion [prə'vɪʒn] **I** *s.* **1.** a) Vorkehrung *f*, -sorge *f*, Maßnahme *f*, b) Vor-, Einrichtung *f*: ***make*** ~ sorgen *od.* Vorkehrungen treffen (***for*** für), sich schützen (***against*** vor *dat. od.* gegen); **2.** ⚖ Bestimmung *f*, Vorschrift *f*: ***come within the ~s of the law*** unter die gesetzlichen Bestimmungen fallen; **3.** ⚖ Bedingung *f*, Vorbehalt *m*; **4.** Beschaffung *f*, Besorgung *f*, Bereitstellung *f*; **5.** *pl.* (Lebensmittel)Vorräte *pl.*, Vorrat *m* (***of*** an *dat.*), Nahrungsmittel *pl.*, Provi'ant *m*: ***~s dealer*** (*od.* ***merchant***) Lebensmittel-, Feinkosthändler *m*; ***~s industry*** Nahrungsmittelindustrie *f*; **6.** *oft pl.* Rückstellungen *pl.*, -lagen *pl.*, Re'serven *pl.*: ~ ***for taxes*** Steuerrückstellungen *pl.*; **II** *v/t.* **7.** mit Lebensmitteln versehen, verproviantieren; **pro'vi·sion·al** [-ʒənl] *adj.* □ provi'sorisch, einstweilig, behelfsmäßig: ~ ***agreement*** Vorvertrag *m*; ~ ***arrangement*** Provisorium *n*; ~ ***receipt*** Interimsquittung *f*; ~ ***regulations*** Übergangsbestimmungen; ~ ***result*** *sport* vorläufiges *od.* inoffizielles Endergebnis.

pro·vi·so [prə'vaɪzəʊ] *s.* ⚖ Vorbehalt *m*, (Bedingungs)Klausel *f*, Bedingung *f*: ~ ***clause*** Vorbehaltsklausel *f*; **pro'vi·so·ry** [-zərɪ] *adj.* □ **1.** bedingend, bedingt, vorbehaltlich; **2.** provi'sorisch, vorläufig.

pro·vo ['prəʊvəʊ] *s. Mitglied der provisorischen irisch-republikanischen Armee.*

prov·o·ca·tion [ˌprɒvə'keɪʃn] *s.* **1.** Her'ausforderung *f*, Provokati'on *f* (*a.* ⚖); **2.** Aufreizung *f*, Erregung *f*; **3.** Verärgerung *f*, Ärger *m*: ***at the slightest*** ~ beim geringsten Anlaß; **pro·voc·a·tive** [prə'vɒkətɪv] **I** *adj.* (*a.* zum 'Widerspruch) her'ausfordernd, aufreizend (***of*** zu), provozierend; **II** *s.* Reiz(mittel *n*) *m*, Antrieb *m* (***of*** zu).

pro·voke [prə'vəʊk] *v/t.* provozieren: a) erzürnen, aufbringen, b) *et.* her'vorrufen, *Gefühl a.* erregen, c) *j-n* (auf)reizen, her'ausfordern: ~ ***s.o. to do s.th.*** j-n dazu bewegen, et. zu tun; **pro'vok·ing** [-kɪŋ] *adj.* □ **1.** → ***provocative*** I; **2.** unerträglich, unausstehlich.

prov·ost ['prɒvəst] *s.* **1.** Vorsteher *m* (*a. univ. Brit. e-s College*); **2.** *Scot.* Bürgermeister *m*; **3.** *eccl.* Propst *m*; **4.** [prə'vəʊ] ⚔ Pro'fos *m*, Offi'zier *m* der Mili'tärpoliˌzei; ~ **mar·shal** [prə'vəʊ] *s.* ⚔ Komman'deur *m* der Mili'tärpoliˌzei.

prow [praʊ] *s.* ⚓, ✈ Bug *m*.

prow·ess ['praʊɪs] *s.* **1.** Tapferkeit *f*, Kühnheit *f*; **2.** über'ragendes Können, Tüchtigkeit *f*.

prowl [praʊl] **I** *v/i.* um'herschleichen, -streichen; **II** *v/t.* durch'streifen; **III** *s.* Um'herstreifen *n*, Streife *f*: ***be on the*** ~ → I; ~ ***car*** *Am.* (Polizei)Streifenwagen *m*; **'prowl·er** [-lə] *s.* Her'umtreiber *m*.

prox·i·mal ['prɒksɪml] *adj.* □ *anat.* proxi'mal, körpernah; **'prox·i·mate** [-mət] *adj.* □ **1.** nächst, folgend, (sich) unmittelbar (anschließend): ~ ***cause*** unmittelbare Ursache; **2.** naheliegend; **3.** annähernd; **prox·im·i·ty** [prɒk'sɪmətɪ] *s.* Nähe *f*: ~ ***fuse*** ⚔ Annäherungszünder *m*; '**prox·i·mo** [-məʊ] *adv.* (des) nächsten Monats.

prox·y ['prɒksɪ] *s.* **1.** (Stell)Vertretung *f*, (Handlungs)Vollmacht *f*: ***by*** ~ in Vertretung (→ 2); ***marriage by*** ~ Ferntrauung *f*; **2.** (Stell)Vertreter(in), Bevollmächtigte(r *m*) *f*: ***by*** ~ durch e-n Bevollmächtigten; ***stand*** ~ ***for s.o.*** als Stellvertreter fungieren für j-n; **3.** Vollmacht(surkunde) *f*.

prude [pru:d] *s.* prüder Mensch: ***be a*** ~ prüde sein.

pru·dence ['pru:dəns] *s.* **1.** Klugheit *f*, Vernunft *f*; **2.** 'Um-, Vorsicht *f*, Über'legtheit *f*: ***ordinary*** ~ ⚖ die im Verkehr erforderliche Sorgfalt; '**pru·dent** [-nt] *adj.* □ **1.** klug, vernünftig; **2.** 'um-, vorsichtig, besonnen; **pru·den·tial** [prʊ'denʃl] *adj.* □ a) → ***prudent***, b) sachverständig: ***for*** ~ ***reasons*** aus Gründen praktischer Überlegung.

prud·er·y ['pru:dərɪ] *s.* Prüde'rie *f*; '**prud·ish** [-dɪʃ] *adj.* □ prüde.

prune[1] [pru:n] *s.* **1.** (*a.* Back)Pflaume *f*; **2.** *sl.* ‚Blödmann' *m*.

prune[2] [pru:n] *v/t.* **1.** *Bäume etc.* (aus-)putzen, beschneiden; **2.** *a.* ~ ***off***, ~ ***away*** wegschneiden; **3.** *fig.* zu('recht-)stutzen, befreien (***of*** von), säubern, *Text etc.* zs.-streichen, straffen, kürzen, *Überflüssiges* entfernen.

pru·nel·la[1] [prʊ'nelə] *s.* ✝ Pru'nell *m*, Lasting *m* (*Gewebe*).

pru·nel·la[2] [prʊ'nelə] *s.* ⚕ *obs.* Halsbräune *f*.

pru·nelle [prʊ'nel] *s.* Prü'nelle *f* (*getrocknete entkernte Pflaume*).

pru·nel·lo [prʊ'neləʊ] → ***prunelle***.

prun·ing| knife ['pru:nɪŋ] *s.* [*irr.*] Gartenmesser *n*; ~ **shears** *s. pl.* Baumschere *f*.

pru·ri·ence ['prʊərɪəns], '**pru·ri·en·cy** [-sɪ] *s.* **1.** Geilheit *f*, Lüsternheit *f*; (Sinnen)Kitzel *m*; **2.** Gier *f* (***for*** nach); '**pru·ri·ent** [-nt] *adj.* □ geil, lüstern, las'ziv.

Prus·sian ['prʌʃn] **I** *adj.* preußisch; **II** *s.* Preuße *m*, Preußin *f*; ~ **blue** *s.* Preußischblau *n*.

prus·si·ate ['prʌʃɪət] *s.* ⚗ Prussi'at *n*; ~ **of pot·ash** *s.* ⚗ 'Kaliumferrocya,nid *n*.

prus·sic ac·id ['prʌsɪk] *s.* ⚗ Blausäure *f*, Zy'anwasserstoff(säure *f*) *m*.

pry[1] [praɪ] *v/i.* neugierig gucken *od.* sein, (***about*** her'um)spähen, (-)schnüffeln: ~ ***into*** a) *et.* zu erforschen suchen, b) *contp.* s-e Nase stecken in (*acc.*).

pry[2] [praɪ] **I** *v/t.* **1.** *a.* ~ ***open*** *mit e-m Hebel etc.* aufbrechen, -stemmen: ~ ***up*** hochstemmen, -heben; **2.** *fig.* her'ausholen; **II** *s.* **3.** Hebel *m*; Brecheisen *n*; **4.** Hebelwirkung *f*.

pry·ing ['praɪɪŋ] *adj.* □ neugierig, naseweis.

psalm [sɑ:m] *s.* Psalm *m*: ***the*** (***Book of***) **2*****s*** *bibl.* die Psalmen; '**psalm·ist** [-mɪst] *s.* Psal'mist *m*; **psal·mo·dy** ['sælmədɪ] *s.* **1.** Psalmo'die *f*, Psalmengesang *m*; **2.** Psalmen *pl.*

Psal·ter ['sɔ:ltə] *s.* Psalter *m*, (Buch *n* der) Psalmen *pl.*; **psal·te·ri·um** [sɔ:l'tɪərɪəm] *pl.* **-ri·a** [-rɪə] *s. zo.* Blättermagen *m*.

pse·phol·o·gy [pse'fɒlədʒɪ] *s.* (wissenschaftliche) Ana'lyse von Wahlergebnissen u. -trends.

pseudo- ['psju:dəʊ] *in Zssgn* Pseudo..., pseudo..., falsch, unecht; ,**pseu·do·'carp** [-'kɑ:p] *s.* ⚘ Scheinfrucht *f*; '**pseu·do·nym** [-dənɪm] *s.* Pseudo'nym *n*, Deckname *m*; ,**pseu·do'nym·i·ty** [-də'nɪmətɪ] *s.* **1.** Pseudonymi'tät *f*; **2.** Führen *n* e-s Pseudo'nyms; **pseu'don·y·mous** [-'dɒnɪməs] *adj.* □ pseudo'nym.

pshaw [pʃɔ:] *int.* pah!

psit·ta·co·sis [psɪtə'kəʊsɪs] *s.* ⚕ Papa'geienkrankheit *f*.

pso·ri·a·sis [psɒ'raɪəsɪs] *s.* ⚕ Schuppenflechte *f*, Pso'riasis *f*.

Psy·che ['saɪkɪ] *s.* **1.** *myth.* Psyche *f*; **2.** 2 Psyche *f*, Seele *f*, Geist *m*.

psy·che·del·ic [,saɪkɪ'delɪk] *adj.* psyche'delisch, bewußtseinserweiternd.

psy·chi·at·ric, **psy·chi·at·ri·cal** [,saɪkɪ'ætrɪk(l)] *adj.* psychi'atrisch; **psy·chi·a·trist** [saɪ'kaɪətrɪst] *s.* ⚕ Psychi'ater *m*; **psy'chi·a·try** [saɪ'kaɪətrɪ] *s.* ⚕ Psychia'trie *f*.

psy·chic ['saɪkɪk] **I** *adj.* (□ ~***ally***) **1.** psychisch, seelisch(-geistig), Seelen...; **2.** 'übersinnlich: ~ ***forces***; **3.** medi'al (veranlagt), F ‚hellseherisch'; **4.** parapsycho'logisch: ~ ***research*** Para-Forschung *f*; **II** *s.* **5.** medi'al veranlagte Per'son, Medium *n*; **6.** *das* Psychische; **7.** *pl. sg. konstr.* a) Seelenkunde *f*, -forschung *f*, b) Parapsycholo'gie *f*; '**psy·chi·cal** [-kl] *adj.* □ → ***psychic*** I.

psy·cho·a·nal·y·sis [,saɪkəʊə'næləsɪs] *s.* ,Psychoana'lyse *f*; **psy·cho·an·a·lyst** [,saɪkəʊ'ænəlɪst] *s.* ,Psychoana'lytiker (-in).

psy·cho·graph ['saɪkəʊgrɑ:f] *s.* Psycho'gramm *n*.

psy·cho·log·ic [ˌsaɪkəˈlɒdʒɪk] → ***psychological***; ˌ**psy·choˈlog·i·cal** [-kl] *adj.* □ psychoˈlogisch: ~ ***moment*** richtiger Augenblick; ~ ***warfare*** a) psychologische Kriegführung, b) *fig.* Nervenkrieg *m*; **psy·chol·o·gist** [saɪˈkɒlədʒɪst] *s.* Psychoˈloge *m*, Psychoˈlogin *f*; **psy·chol·o·gy** [saɪˈkɒlədʒɪ] *s.* Psycholoˈgie *f* (*Wissenschaft od. Seelenleben*): ***good*** ~ *fig.* das psychologisch Richtige.

psy·cho·path [ˈsaɪkəʊpæθ] *s.* Psychoˈpath(in); **psy·cho·path·ic** [ˌsaɪkəʊˈpæθɪk] **I** *adj.* psychoˈpathisch; **II** *s.* Psychoˈpath(in); **psy·chop·a·thy** [saɪˈkɒpəθɪ] *s.* Psychopaˈthie *f*, Gemütskrankheit *f*.

psy·cho·sis [saɪˈkəʊsɪs] *pl.* **-ses** [-si:z] *s.* Psyˈchose *f* (*a. fig.*).

psy·cho·ther·a·py [ˌsaɪkəʊˈθerəpɪ] *s.* ⚕ ˌPsychotheraˈpie *f*.

psy·chot·ic [saɪˈkɒtɪk] **I** *adj.* □ psyˈchotisch; **II** *s.* Psyˈchotiker(in).

ptar·mi·gan [ˈtɑ:mɪgən] *s. zo.* Schneehuhn *n*.

pto·maine [ˈtəʊmeɪn] *s.* ⚗ Ptomaˈin *n*, Leichengift *n*.

pub [pʌb] *s. bsd. Brit.* F Pub *n od. m*, Kneipe *f*; ˈ**~-crawl** *s. bsd. Brit.* F Kneipenbummel *m*.

pu·ber·ty [ˈpju:bətɪ] *s.* **1.** Puberˈtät *f*, Geschlechtsreife *f*; **2.** *a.* ***age of*** ~ Puberˈtät(salter *n*) *f*: ~ ***vocal change*** Stimmbruch *m*.

pu·bes[1] [ˈpju:bi:z] *s. anat.* a) Schamgegend *f*, b) Schamhaare *pl.*

pu·bes[2] [ˈpju:bi:z] *pl. von* **pubis**.

pu·bes·cence [pju:ˈbesns] *s.* **1.** Geschlechtsreife *f*; **2.** ♀, *zo.* Flaumhaar *n*; **puˈbes·cent** [-nt] *adj.* **1.** geschlechtsreif (werdend); **2.** Pubertäts…; **3.** ♀, *zo.* fein behaart.

pu·bic [ˈpju:bɪk] *adj. anat.* Scham…

pu·bis [ˈpju:bɪs] *pl.* **-bes** [-bi:z] *s. anat.* Schambein *n*.

pub·lic [ˈpʌblɪk] **I** *adj.* □ **1.** öffentlich *stattfindend* (*z.B. Verhandlung, Versammlung, Versteigerung*): ~ ***notice*** öffentliche Bekanntmachung, Aufgebot *n*; ***in the*** ~ ***eye*** im Lichte der Öffentlichkeit; **2.** öffentlich, allgemein bekannt: ~ ***figure*** Persönlichkeit *f* des öffentlichen Lebens, prominente Gestalt; ***go*** ~ a) sich an die Öffentlichkeit wenden, b) ✝ sich in e-e AG umwandeln; ***make*** ~ (allgemein) bekanntmachen; **3.** a) öffentlich (*z.B. Anstalt, Bad, Dienst, Feiertag, Kredit, Sicherheit, Straße, Verkehrsmittel*), b) Staats…, staatlich (*z.B. Anleihe, Behörde, Papiere, Schuld, Stellung*), c) Volks… (*-bücherei, -gesundheit etc.*), d) Gemeinde…, Stadt…: ~ ***accountant*** *Am.* Wirtschaftsprüfer *m*; ~***-address system*** öffentliche Lautsprecheranlage; ♀ ***Assistance*** *Am.* Sozialhilfe *f*; ~ ***charge*** Sozialhilfeempfänger(in); ~ (***limited***) ***company*** ✝ *Brit.* Aktiengesellschaft; ~ ***convenience*** öffentliche Bedürfnisanstalt; ~ ***corporation*** ⚖ öffentlich-rechtliche Körperschaft; ~ ***economy*** Volkswirtschaft(slehre) *f*; ~ ***enemy*** Staatsfeind *m*; ~ ***house*** *bsd. Brit.* → ***pub***; ~ ***information*** Unterrichtung der Öffentlichkeit; ~ ***law*** öffentliches Recht; ~ ***opinion*** öffentliche Meinung; ~ ***opinion poll*** öffentliche Umfrage, Meinungsbefragung *f*; ~ ***relations*** a) Public Relations *pl.*, Öffentlichkeitsarbeit *f*, b) *attr.* Presse…, Werbe…, Public-Relations-…; ~ ***revenue*** Staatseinkünfte *pl.*; ~ ***school*** a) *Brit.* Public School *f*, höhere Privatschule mit Internat, b) *Am.* staatliche Schule; ~ ***service*** a) Staatsdienst *m*, b) öffentliche Versorgung (*Gas, Wasser, Elektrizität etc.*); ~ ***servant*** a) (Staats)Beamte(r) *m*, b) Angestellte(r) *m* im öffentlichen Dienst; ~ ***works*** öffentliche (Bau-) Arbeiten; → ***nuisance*** 2, ***policy***[1] 3, ***prosecutor***, ***utility*** 3; **4.** natioˈnal: ~ ***disaster***; **II** *s.* **5.** Öffentlichkeit *f*: ***in*** ~ in der Öffentlichkeit, öffentlich; **6.** *sg. u. pl. konstr.* Öffentlichkeit *f*, *die* Leute *pl.*; *das* Publikum; Kreise *pl.*, Welt *f*: ***appear before the*** ~ an die Öffentlichkeit treten; ***exclude the*** ~ ⚖ die Öffentlichkeit ausschließen; **7.** *Brit.* F → ***pub***; ˈ**pub·li·can** [-kən] *s.* **1.** *Brit.* (Gast)Wirt *m*; **2.** *hist.*, *bibl.* Zöllner *m*; **pub·li·ca·tion** [ˌpʌblɪˈkeɪʃn] *s.* **1.** Bekanntmachung *f*, -gabe *f*; **2.** Herˈausgabe *f*, Veröffentlichung *f* (*von Druckwerken*); **3.** Publikatiˈon *f*, Veröffentlichung *f*, Verlagswerk *n*; (Druck)Schrift *f*: ***monthly*** ~ Monatsschrift; ***new*** ~ Neuerscheinung *f*; ˈ**pub·li·cist** [-ɪsɪst] *s.* **1.** Publiˈzist *m*, Tagesschriftsteller *m*; **2.** Völkerrechtler *m*; **pub·lic·i·ty** [pʌbˈlɪsətɪ] *s.* **1.** Publiziˈtät *f*, Öffentlichkeit *f* (*a.* ⚖ *des Verfahrens*): ***give s.th.*** ~ et. allgemein bekanntmachen; ***seek*** ~ bekannt werden wollen; **2.** Reˈklame *f*, Werbung *f*, Puˈblicity *f*: ~ ***agent***, ~ ***man*** Werbefachmann *m*; ~ ***campaign*** Werbefeldzug *m*; ~ ***manager*** Werbeleiter *m*; ˈ**pub·li·cize** [-ɪsaɪz] *v/t.* **1.** publizieren, (öffentlich) bekanntmachen; **2.** Reˈklame machen für, propagieren.

ˌ**pub·lic**|**-ˈpri·vate** *adj.* ✝ gemischt-wirtschaftlich; ˌ**~-ˈspir·it·ed** *adj.* gemeinsinnig, soziˈal gesinnt.

pub·lish [ˈpʌblɪʃ] *v/t.* **1.** (offiziˈell) bekanntmachen, -geben; *Aufgebot etc.* verkünd(ig)en; **2.** publizieren, veröffentlichen; **3.** *Buch etc.* verlegen, herˈausbringen: ***just ~ed*** (so)eben erschienen; ***~ed by Methuen*** im Verlag Methuen erschienen; ***~ed by the author*** im Selbstverlag; **4.** ⚖ *Beleidigendes* äußern, verbreiten; ˈ**pub·lish·er** [-ʃə] *s.* **1.** Verleger *m*, Herˈausgeber *m*; *bsd. Am.* Zeitungsverleger *m*; **2.** *pl.* Verlag *m*, Verlagsanstalt *f*; ˈ**pub·lish·ing** [-ʃɪŋ] **I** *s.* Herˈausgabe *f*, Verlag *m*; **II** *adj.* Verlags...: ***~ business*** Verlagsgeschäft *n*, -buchhandel *m*; ***~ house*** → ***publisher*** 2.

puce [pjuːs] *adj.* braunrot.

puck [pʌk] *s.* **1.** Kobold *m*; **2.** *Eishokkey*: Puck *m*, Scheibe *f*.

puck·a [ˈpʌkə] *adj. Brit.* F **1.** echt, wirklich; **2.** erstklassig, tadellos.

puck·er [ˈpʌkə] **I** *v/t. oft* ***~ up*** **1.** runzeln, fälteln, Runzeln *od.* Falten bilden in (*dat.*); **2.** *Mund, Lippen etc.* zs.-ziehen, spitzen; *a. Stirn, Stoff* kräuseln; **II** *v/i.* **3.** sich kräuseln, sich zs.-ziehen, sich falten, Runzeln bilden; **III** *s.* **4.** Runzel *f*, Falte *f*; **5.** Bausch *m*; **6.** F Aufregung *f* (***about*** über *acc.*, wegen).

pud·ding [ˈpʊdɪŋ] *s.* **1.** a) Pudding *m*, b) Nach-, Süßspeise *f*; → ***proof*** 6; **2.** *Art* ˈFleischpaˌstete *f*; **3.** *e-e Wurstsorte*: ***black ~*** Blutwurst *f*; ***white ~*** Preßsack *m*; ˈ**~-faced** *adj.* mit e-m Vollmondgesicht.

pud·dle [ˈpʌdl] **I** *s.* **1.** Pfütze *f*, Lache *f*; **2.** ⚙ Lehmschlag *m*; **II** *v/t.* **3.** mit Pfützen bedecken; in Matsch verwandeln; **4.** *Wasser* trüben (*a. fig.*); **5.** *Lehm* zu Lehmschlag verarbeiten; **6.** mit Lehmschlag abdichten *od.* auskleiden; **7.** *metall.* puddeln: ***~(d) steel*** Puddelstahl *m*; **III** *v/i.* **8.** herˈumplanschen *od.* -waten; **9.** *fig.* herˈumpfuschen; ˈ**pud·dler** [-lə] *s.* ⚙ Puddler *m* (*Arbeiter od. Gerät*).

pu·den·cy [ˈpjuːdənsɪ] *s.* Verschämtheit *f*.

pu·den·dum [pjuːˈdendəm] *mst im pl.* **-da** [-də] *s.* (weibliche) Scham, Vulva *f*.

pu·dent [ˈpjuːdənt] *adj.* verschämt.

pudg·y [ˈpʌdʒɪ] *adj.* dicklich.

pu·er·ile [ˈpjʊəraɪl] *adj.* □ pueˈril, knabenhaft, kindlich, *contp.* kindisch; **pu·er·il·i·ty** [pjʊəˈrɪlətɪ] *s.* **1.** Pueriliˈtät *f*, kindliches *od.* kindisches Wesen; **2.** Kindeˈrei *f*.

pu·er·per·al [pjuːˈɜːpərəl] *adj.* Kindbett...: ***~ fever.***

puff [pʌf] **I** *s.* **1.** Hauch *m*; (leichter) Windstoß; **2.** Zug *m beim Rauchen*; Paffen *n der Pfeife etc.*; **3.** (Rauch-, Dampf)Wölkchen *n*; **4.** leichter Knall; **5.** *Bäckerei*: Windbeutel *m*; **6.** Puderquaste *f*; **7.** Puffe *f*, Bausch *m an Kleidern*; **8.** a) marktschreierische Anpreisung, aufdringliche Reˈklame, b) lobhudelnde Kriˈtik: ***~ is part of the trade*** Klappern gehört zum Handwerk; **II** *v/t.* **9.** blasen, pusten (***away*** weg, ***out*** aus); **10.** auspuffen, -paffen, -stoßen; **11.** *Zigarre etc.* paffen; **12.** *oft* ***~ out***, ***~ up*** aufblasen, (-)blähen; *fig.* aufgeblasen machen: ***~ed up with pride*** stolzgeschwellt; ***~ed eyes*** geschwollene Augen; ***~ed sleeve*** Puffärmel *m*; **13.** außer Atem bringen: ***~ed*** außer Atem; **14.** marktschreierisch anpreisen: ***~ up*** *Preise* hochtreiben; **III** *v/i.* **15.** paffen (***at*** an *e-r Zigarre etc.*); Rauch- *od.* Dampfwölkchen ausstoßen; **16.** pusten, schnaufen, keuchen; **17.** *Lokomotive etc.* (daˈhin)dampfen, keuchen; **18.** ***~ out*** (*od.* ***up***) sich (auf)blähen; ***~ adder*** *s. zo.* Puffotter *f*; ˈ**~·ball** *s.* ⚘ Bofist *m*.

puff·er [ˈpʌfə] *s.* **1.** Paffer *m*; **2.** Marktschreier *m*; **3.** Preistreiber *m*, Scheinbieter *m bei Auktionen*; ˈ**puff·er·y** [-ərɪ] *s.* Marktschreieˈrei *f*; **puff·i·ness** [ˈpʌfɪnɪs] *s.* **1.** Aufgeblähtheit *f*, Aufgeblasenheit *f* (*a. fig.*); **2.** (Auf)Gedunsenheit *f*; **3.** Schwulst *m*; **puff·ing** [ˈpʌfɪŋ] *s.* **1.** Aufbauschung *f*, Aufblähung *f*; **2.** → ***puff*** 8 a; **3.** Scheinbieten *n bei Auktionen*, Preistreibeˈrei *f*; **puff paste** *s.* Blätterteig *m*; **puff·y** [ˈpʌfɪ] *adj.* □ **1.** böig (*Wind*); **2.** kurzatmig, keuchend; **3.** aufgebläht, (an)geschwollen; **4.** bauschig (*Ärmel*); **5.** aufgedunsen, dick; **6.** *fig.* schwülstig.

pug¹ [pʌg] *s. a.* ***~-dog*** Mops *m*.

pug² [pʌg] *v/t.* **1.** *Lehm etc.* mischen u. kneten; schlagen; **2.** mit Lehmschlag *etc.* ausfüllen *od.* abdichten.

pug³ [pʌg] *s. sl.* Boxer *m*.

pu·gil·ism [ˈpjuːdʒɪlɪzəm] *s.* (Berufs-)Boxen *n*; ˈ**pu·gil·ist** [-ɪst] *s.* (Berufs-)Boxer *m*.

pug·na·cious [pʌgˈneɪʃəs] *adj.* □ **1.** kampflustig, kämpferisch; **2.** streitsüchtig; **pugˈnac·i·ty** [-ˈnæsətɪ] *s.* **1.** Kampflust *f*; **2.** Streitsucht *f*.

ˈ**pug|-nose** *s.* Stupsnase *f*; ˈ**~-nosed** *adj.* stupsnasig.

puis·ne [ˈpjuːnɪ] **I** *adj.* ⚖ rangjünger, ˈuntergeordnet: ***~ judge*** → II; **II** *s.* ˈUnterrichter *m*, Beisitzer *m*.

puke [pjuːk] **I** *v/t. u. v/i.* (sich) erbrechen, ‚kotzen'; **II** *s.* ‚Kotze' *f*.

puk·ka [ˈpʌkə] → ***pucka.***

pul·chri·tude [ˈpʌlkrɪtjuːd] *s. bsd. Am.* (weibliche) Schönheit; **pul·chri·tu·di·nous** [ˌpʌlkrɪˈtjuːdɪnəs] *adj. Am.* schön.

pule [pjuːl] *v/i.* **1.** wimmern, winseln; **2.** piepsen.

pull [pʊl] **I** *s.* **1.** Ziehen *n*, Zerren *n*; **2.** Zug *m*, Ruck *m*: ***give a strong ~*** (***at***) kräftig ziehen (an *dat.*); **3.** *mot. etc.* Zug(kraft *f*) *m*, Ziehkraft *f*; **4.** Anziehungskraft *f* (*a. fig.*); **5.** *fig.* Zug-, Werbekraft *f*; **6.** Zug *m*, Schluck *m* (***at*** aus); **7.** Zug(griff) *m*, -leine *f*: ***bell ~*** Glokkenzug; **8.** a) Bootfahrt *f*, Ruderparˈtie *f*, b) Ruderschlag *m*; **9.** (***long ~*** große) Anstrengung, ‚Schlauch' *m*, *fig.* Durststrecke *f*; **10.** ermüdende Steigung; **11.** Vorteil *m* (***over***, ***of*** vor *dat.*, gegenˈüber); **12.** *sl.* (***with***) (heimlicher) Einfluß (auf *acc.*), Beziehungen *pl.* (zu); **13.** *typ.* Fahne *f*, (erster) Abzug; **II** *v/t.* **14.** ziehen, schleppen; **15.** zerren (an *dat.*), zupfen (an *dat.*): ***~ about*** umherzerren; ***~ a muscle*** sich e-e Muskelzerrung zuziehen; → ***face*** 2, ***leg*** *Redew.*, ***string*** 3, ***trigger*** 2; **16.** reißen: ***~ apart*** auseinanderreißen; ***~ to pieces*** a) zerreißen, in Stücke reißen, b) *fig.* (in e-r Kritik *etc.*) ‚verreißen'; ***~ o.s. together*** *fig.* sich zs.-reißen; **17.** *Pflanze* ausreißen; *Korken*, *Zahn* ziehen; *Blumen*, *Obst* pflücken; *Flachs* raufen; *Gans etc.* rupfen; *Leder* enthaaren; **18.** ***~ one's punches*** *Boxen*: verhalten schlagen, *fig.* sich zurückhalten; ***not to ~ one's punches*** *fig.* vom Leder ziehen, kein Blatt vor den Mund nehmen; **19.** *Pferd* zügeln; *Rennpferd* pullen; **20.** *Boot* rudern: ***~ a good oar*** gut rudern; → ***weight*** 1; **21.** *Am. Messer etc.* ziehen: ***~ a pistol on*** *j-n* mit der Pistole bedrohen; **22.** *typ. Fahne* abziehen; **23.** *sl. et.* ‚drehen', ‚schaukeln' (*ausführen*): ***~ the job*** das Ding drehen; ***~ a fast one on s.o.*** j-n ‚reinlegen'; **24.** *sl.* ‚schnappen' (*verhaften*); **25.** *sl.* e-e Razzia machen auf (*acc.*), *Spielhölle etc.* ausheben; **III** *v/i.* **26.** ziehen (***at*** an *dat.*); **27.** zerren, reißen (***at*** an *dat.*); **28.** *a.* ***~ against the bit*** am Zügel reißen (*Pferd*); **29.** a) e-n Zug machen, trinken (***at*** aus *e-r Flasche*), b) ziehen (***at*** an *e-r Pfeife etc.*); **30.** *gut etc.* ziehen (*Pfeife etc.*); **31.** sich vorwärtsarbeiten, -bewegen, -schieben: ***~ into the station*** 🚂 (in den Bahnhof) einfahren; **32.** rudern, pullen: ***~ together*** *fig.* zs.-arbeiten; **33.** (herˈan)fahren (***to the kerb*** an den Bordstein); **34.** *sl.* ‚ziehen', Zugkraft haben (*Reklame*);

Zssgn mit adv.:

pull| away I *v/t.* **1.** wegziehen, -reißen; **II** *v/i.* **2.** anfahren (*Bus etc.*); **3.** sich losreißen; **4.** *a. sport* sich absetzen (von ***from***); **~ down** *v/t.* **1.** herˈunterziehen, -reißen; *Gebäude* abreißen; **2.** *fig.* herˈunterreißen, herˈabsetzen; **3.** *j-n* schwächen; *j-n* entmutigen; **~ in I** *v/t.* **1.** (her)ˈeinziehen; **2.** *Pferd* zügeln, parieren; **II** *v/i.* **3.** anhalten, stehenbleiben; **4.** hinˈeinrudern; 🚂 einfahren; **~ off I** *v/t.* **1.** wegziehen, -reißen; **2.** *Schuhe etc.* ausziehen; *Hut* abnehmen (***to*** vor *dat.*); **3.** *Preis*, *Sieg* daˈvontragen, erringen; **4.** F *et.* ‚schaukeln', ‚schaffen'; **II** *v/i.* **5.** sich in Bewegung setzen, abfahren; abstoßen (*Boot*); **~ on** *v/t. Kleid etc.* anziehen; **~ out I** *v/t.* **1.** herˈausziehen; ⚔ *Truppen* abziehen; **2.** ✈ *Flugzeug* hochziehen, *aus dem Sturzflug* abfangen; **3.** *fig.* in die Länge ziehen; **II** *v/i.* **4.** hinˈausrudern; abfahren (*Zug etc.*); ausscheren (*Fahrzeug*); ⚔ abziehen; *fig.* ‚aussteigen' (***of*** aus); **~ round I** *v/t. Kranken* wieder ‚hinkriegen', ˈdurchbringen; **II** *v/i.* wieder auf die Beine kommen, ˈdurchkommen, sich erholen; **~ through I** *v/t.* **1.** (hin-)ˈdurchziehen; **2.** *fig.* a) *j-m* ˈdurchhelfen, b) → ***pull round*** I; **3.** *et.* erfolgreich ˈdurchführen; **II** *v/i.* **4.** → ***pull round*** II; sich ˈdurchschlagen; **~ up I** *v/t.* **1.** hochziehen (*a.* ✈); ⚓ *Flagge* hissen; **2.** *Pferd*, *Wagen* anhalten; **3.** *j-n* zuˈrückhalten, *j-m* Einhalt gebieten; *j-n* zur Rede stellen; **II** *v/i.* **4.** (an)halten, vorfahren; **5.** *fig.* bremsen; **6.** *sport* sich nach vorn schieben: ***~ to*** (*od.* ***with***) *j-n* einholen.

ˈpull|·back *s.* **1.** Hemmnis *n*; **2.** ⚔ Rückzug *m*; **~ date** *s.* † Haltbarkeitsdatum *n*.

pul·let [ˈpʊlɪt] *s.* Hühnchen *n*.

pul·ley [ˈpʊlɪ] ⚙ *s.* **1.** a) Rolle *f* (*bsd. Flaschenzug*): ***rope ~*** Seilrolle *f*; ***block and ~***, ***set of ~s*** Flaschenzug *m*, b) Flasche *f* (*Verbindung mehrerer Rollen*), c) Flaschenzug *m*; **2.** ⚓ Talje *f*; **3.** *a.* ***belt ~*** Riemenscheibe *f*; **~ block** *s.* ⚙ (Roll)Kloben *m*; **~ chain** *s.* Flaschenzugkette *f*; **~ drive** *s.* Riemenscheibenantrieb *m*.

Pull·man (**car**) [ˈpʊlmən] *pl.* **-mans** *s.* 🚂 Pullmanwagen *m*.

ˈpull|-off I *s.* **1.** ✈ Lösen *n* des Fallschirms (*beim Absprung*); **2.** *leichter etc.* Abzug (*Schußwaffe*); **II** *adj.* **3.** ⚙ Abzieh…(*-feder*); **ˈ~-out I** *s.* **1.** Faltblatt *n*; **2.** (Zeitschriften)Beilage *f*; **3.** ⚔ (Truppen)Abzug *m*; **II** *adj.* **4.** ausziehbar: *~ map* Faltkarte *f*; *~ seat* Schiebesitz *m*; **'~,o·ver** *s.* Pull'over *m*; **~ switch** *s.* ↯ Zugschalter *m*.

pul·lu·late ['pʌljʊleɪt] *v/i.* **1.** (her'vor-) sprossen, knospen; **2.** Knospen treiben; **3.** keimen (*Samen*); **4.** *biol.* sich (*durch Knospung*) vermehren; **5.** *fig.* wuchern, grassieren; **6.** *fig.* wimmeln.

'pull-up *s.* **1.** *Brit. mot.* Raststätte *f*; **2.** Klimmzug *m*.

pul·mo·nar·y ['pʌlmənərɪ] *adj. anat.* Lungen...; **'pul·mo·nate** [-neɪt] *zo. adj.* Lungen..., mit Lungen (ausgestattet): *~ (mollusc)* Lungenschnecke *f*; **pul·mon·ic** [pʌl'mɒnɪk] **I** *adj.* Lungen...; **II** *s.* Lungenheilmittel *n*.

pulp [pʌlp] **I** *s.* **1.** Fruchtfleisch *n*, -mark *n*; **2.** ⚘ Stengelmark *n*; **3.** *anat.* (Zahn-) Pulpa *f*; **4.** Brei *m*, breiige Masse: *beat to a ~ fig. j-n* zu Brei schlagen; **5.** ⚙ a) Pa'pierbrei *m*, Pulpe *f*, *bsd.* Ganzzeug *n*, b) Zellstoff *m*: *~board* Zellstoffpappe *f*; *~ engine* → *pulper* 1; *~ factory* Holzschleiferei *f*; **6.** Maische *f*, Schnitzel *pl.* (*Zucker*); **7.** *Am.* a) Schund *m*, b) *a. ~ magazine Am.* Schundblatt *n*; **II** *v/t.* **8.** in Brei verwandeln; **9.** *Papier* einstampfen; **10.** *Früchte* entfleischen; **III** *v/i.* **11.** breiig werden *od.* sein; **'pulp·er** [-pə] *s.* **1.** ⚙ (Ganzzeug)Holländer *m* (*Papier*); **2.** ⚒ (Rüben)Breimühle *f*; **'pulp·i·fy** [-pɪfaɪ] *v/t.* in Brei verwandeln; **'pulp·i·ness** [-pɪnɪs] *s.* **1.** Weichheit *f*; **2.** Fleischigkeit *f*; **3.** Matschigkeit *f*.

pul·pit ['pʊlpɪt] *s.* **1.** Kanzel *f*: *in the ~* auf der Kanzel; *~ orator* Kanzelredner *m*; **2.** *the ~ coll.* die Geistlichkeit; **3.** *fig.* Kanzel *f*; **4.** ⚙ Bedienungsstand *m*.

pulp·y ['pʌlpɪ] *adj.* □ **1.** weich u. saftig; **2.** fleischig; **3.** schwammig; **4.** breiig, matschig.

pul·sate [pʌl'seɪt] *v/i.* **1.** pulsieren (*a.* ↯), (rhythmisch) pochen *od.* schlagen; **2.** vibrieren; **3.** *fig.* pulsieren (*with* von *Leben*, *Erregung*); **pul·sa·tile** ['pʌlsətaɪl] *adj.* ♪ Schlag...: *~ instrument*; **pul'sat·ing** [-tɪŋ] *adj.* **1.** ↯ pulsierend (*a. fig.*), stoßweise; **2.** *fig.* beschwingt (*Rhythmus*, *Weise*); **pul'sa·tion** [-eɪʃn] *s.* **1.** Pulsieren *n* (*a. fig.*), Pochen *n*, Schlagen *n*; **2.** Pulsschlag *m* (*a. fig.*); **3.** Vibrieren *n*.

pulse¹ [pʌls] **I** *s.* **1.** Puls(schlag) *m* (*a. fig.*): *quick ~* schneller Puls; *~-rate* ⚕ Pulszahl *f*; *feel s.o.'s ~* a) j-m den Puls fühlen, b) *fig.* j-m auf den Zahn fühlen, bei j-m vorfühlen; **2.** ↯, *phys.* Im'puls *m*, (Strom)Stoß *m*; **II** *v/i.* **3.** → *pulsate*.

pulse² [pʌls] *s.* Hülsenfrüchte *pl.*

pul·ver·i·za·tion [ˌpʌlvəraɪ'zeɪʃn] *s.* **1.** Pulverisierung *f*, (Feinst)Mahlung *f*; **2.** Zerstäubung *f von Flüssigkeiten*; **3.** *fig.* Zermalmung *f*; **pul·ver·ize** ['pʌlvəraɪz] **I** *v/t.* **1.** pulverisieren, *zu Staub* zermahlen, -stoßen, -reiben: *~d coal* feingemahlene Kohlen *pl.*, Kohlenstaub *m*; **2.** *Flüssigkeit* zerstäuben; **3.** *fig.* zermalmen; **II** *v/i.* **4.** (in Staub) zerfallen; **pul·ver·iz·er** ['pʌlvəraɪzə] *s.* **1.** ⚙ Zerkleinerer *m*, Pulverisiermühle *f*, Mahlanlage *f*; **2.** Zerstäuber *m*; **pul·ver·u·lent** [pʌl'verjələnt] *adj.* **1.** (fein)pulverig; **2.** (leicht) zerbröckelnd; **3.** staubig.

pu·ma ['pju:mə] *s. zo.* Puma *m*.

pum·ice ['pʌmɪs] **I** *s. a. ~-stone* Bimsstein *m*; **II** *v/t.* mit Bimsstein abreiben, (ab)bimsen.

pum·mel ['pʌml] → *pommel* II.

pump¹ [pʌmp] **I** *s.* **1.** Pumpe *f*: (*dispensing*) *~ mot.* Zapfsäule *f*; *~ priming* a) Anlassen *n* der Pumpe, b) ⚚ Ankurbelung *f* der Wirtschaft; **2.** Pumpen(stoß *m*) *n*; **II** *v/t.* **3.** pumpen: *~ dry* aus-, leerpumpen; *~ out* auspumpen (*a. fig. erschöpfen*); *~ up* a) hochpumpen, b) *Reifen* aufpumpen (*a. fig.*); *~ bullets into fig. j-m* Kugeln in den Leib jagen; *~ money into* ⚚ Geld in *et.* hineinpumpen; **4.** *fig. j-n* ausholen, -fragen, -horchen; **III** *v/i.* **5.** pumpen (*a. fig. Herz etc.*).

pump² [pʌmp] *s.* **1.** Pumps *m* (*Halbschuh*); **2.** *Brit.* Turnschuh *m*.

'pump-ˌhan·dle **I** *s.* Pumpenschwengel *m*; **II** *v/t.* F *j-s Hand* 'überschwenglich schütteln.

pump·kin ['pʌmpkɪn] *s.* ⚘ (*bsd.* Garten-) Kürbis *m*.

'pump-room *s.* Trinkhalle *f in Kurbädern*.

pun [pʌn] **I** *s.* Wortspiel *n* (*on* über *acc.*, mit); **II** *v/i.* Wortspiele *od.* ein Wortspiel machen, witzeln.

punch¹ [pʌntʃ] **I** *s.* **1.** (Faust)Schlag *m*: *beat s.o. to the ~ Am. fig.* j-m zuvorkommen; → *pull* 18; **2.** Schlagkraft *f* (*a. fig.*); → *pack* 20; **3.** F Wucht *f*, Schmiß *m*, Schwung *m*; **II** *v/t.* **4.** (*mit der Faust*) schlagen, boxen, knuffen; **5.** (ein)hämmern auf (*acc.*): *~ the typewriter*.

punch² [pʌntʃ] ⚙ **I** *s.* **1.** Stanzwerkzeug *n*, Lochstanze *f*, -eisen *n*, Stempel *m*, 'Durchschlag *m*, Dorn *m*; **2.** Pa'trize *f*; **3.** Prägestempel *m*; **4.** Lochzange *f* (*a.* 🚂 *etc.*); **5.** (Pa'pier)Locher *m*; **II** *v/t.* **6.** (aus-, loch)stanzen, durch'schlagen, lochen; **7.** *Zahlen etc.* punzen, stempeln; **8.** *Fahrkarten etc.* lochen, knipsen: *~ed*

card Lochkarte *f*; ***~ed tape*** Lochstreifen *m*.
punch³ [pʌntʃ] *s.* Punsch *m*.
Punch⁴ [pʌntʃ] *s.* Kasperle *n*, Hans'wurst *m*: ***~ and Judy show*** Kasperletheater *n*; ***he was as pleased as ~*** er hat sich königlich gefreut.
punch⁵ [pʌntʃ] *s. Brit.* **1.** kurzbeiniges schweres Zugpferd; **2.** F ‚Stöpsel' *m* (*kleine dicke Person*).
'punch|·ball *s. Boxen*: Punchingball *m*, (Mais)Birne *f*; **~ card** *s.* Lochkarte *f*; **,~-'drunk** *adj.* **1.** (von vielen Boxhieben) blöde (geworden); **2.** groggy.
pun·cheon¹ ['pʌntʃən] *s.* **1.** (Holz-, Stütz)Pfosten *m*; **2.** ⚙ → ***punch²*** 1.
pun·cheon² ['pʌntʃən] *s. hist.* Puncheon *n* (*Faß von 315–540 l*).
punch·er ['pʌntʃə] *s.* **1.** ⚙ Locheisen *n*, Locher *m*; **2.** F Schläger *m* (*a. Boxer*); **3.** *Am.* F Cowboy *m*.
punch·ing| bag ['pʌntʃɪŋ] *s. Boxen*: Sandsack *m*; **'~-ball** *s. Boxen*: Punchingball *m*; **~ die** *s.* ⚙ 'Stanzma,trize *f*.
punch| line *s. Am.* Po'inte *f*, 'Knallef,fekt *m*; **~ press** *s.* ⚙ Lochpresse *f*; **'~-up** *s.* F Schläge'rei *f*.
punc·til·i·o [pʌŋk'tɪlɪəʊ] *pl.* **-i·os** *s.* **1.** Punkt *m* der Eti'kette; Feinheit *f des Benehmens etc.*; **2.** heikler *od.* kitzliger Punkt: ***~ of hono(u)r*** Ehrenpunkt *m*; **3.** → ***punctiliousness***; **punc'til·i·ous** [-ɪəs] *adj.* □ **1.** peinlich (genau), pe'dantisch, spitzfindig; **2.** (über'trieben) förmlich; **punc'til·i·ous·ness** [-ɪəsnɪs] *s.* pe'dantische Genauigkeit, Förmlichkeit *f*.
punc·tu·al ['pʌŋktjʊəl] *adj.* □ pünktlich; **punc·tu·al·i·ty** [,pʌŋktjʊ'æləti] *s.* Pünktlichkeit *f*.
punc·tu·ate ['pʌŋktjʊeɪt] *v/t.* **1.** interpunktieren, Satzzeichen setzen in (*acc.*); **2.** *fig.* a) unter'brechen (***with*** durch, mit), b) unter'streichen; **punc·tu·a·tion** [,pʌŋktjʊ'eɪʃn] *s.* **1.** Interpunkti'on *f*, Zeichensetzung *f*: ***close*** (***open***) **~** (weniger) strikte Zeichensetzung; ***~ mark*** Satzzeichen *n*; **2.** *fig.* a) Unter'brechung *f*, b) Unter'streichung *f*.
punc·ture ['pʌŋktʃə] **I** *v/t.* **1.** durch'stechen, -'bohren; **2.** ⚕ punktieren; **II** *v/i.* **3.** ein Loch bekommen, platzen (*Reifen*); **4.** ⚡ 'durchschlagen; **III** *s.* **5.** (Ein-)Stich *m*, Loch *n*; **6.** Reifenpanne *f*: ***~ outfit*** Flickzeug *n*; **7.** ⚕ Punk'tur *f*; **8.** ⚡ 'Durchschlag *m*; **'~-proof** *adj. mot.* pannen-, ⚡ 'durchschlagsicher.
pun·dit ['pʌndɪt] *s.* **1.** Pandit *m* (*brahmanischer Gelehrter*); **2.** *humor.* a) ‚gelehrtes Haus', b) ‚Weise(r)' *m* (*Experte*).
pun·gen·cy ['pʌndʒənsɪ] *s.* Schärfe *f* (*a. fig.*); **'pun·gent** [-nt] *adj.* □ **1.** scharf (*im Geschmack*); **2.** stechend (*Geruch etc.*), *a. fig.* beißend, scharf; **3.** *fig.* prickelnd, pi'kant.
pu·ni·ness ['pju:nɪnɪs] *s.* **1.** Schwächlichkeit *f*; **2.** Kleinheit *f*.
pun·ish ['pʌnɪʃ] *v/t.* **1.** *j-n* (be)strafen (***for*** für, wegen); **2.** *Vergehen* bestrafen, ahnden; **3.** F *fig. Boxer etc.* übel zurichten, arg mitnehmen (*a. weitS. strapazieren*): ***~ing*** ‚mörderisch', zermürbend; **4.** F ‚reinhauen' (*ins Essen*); **'pun·ish·a·ble** [-ʃəbl] *adj.* □ strafbar; **'pun·ish·ment** [-mənt] *s.* **1.** Bestrafung *f* (***by*** durch); **2.** Strafe *f* (*a.* ⚖): ***for*** (*od.* ***as***) ***a ~*** als *od.* zur Strafe; **3.** F a) grobe Behandlung, b) *Boxen*: ‚Prügel' *pl.*: ***take ~*** ‚schwer einstecken' müssen; c) Stra'paze *f*, ‚Schlauch' *m*, d) ⚙, ✈ harte Beanspruchung.
pu·ni·tive ['pju:nətɪv] *adj.* Straf…
punk [pʌŋk] **I** *s.* **1.** Zunder(holz *n*) *m*; **2.** *sl. contp.* a) ‚Flasche' *f*, b) ‚Blödmann' *m*, c) ‚Mist' *m*; **3.** ‚Punk' *m* (*Bewegung u. Anhänger*), Punker(in); **II** *adj. sl.* **4.** mise'rabel; **5.** Punk… (*a.* ♪).
pun·ster ['pʌnstə] *s.* Wortspielmacher(-in), Witzbold *m*.
punt¹ [pʌnt] **I** *s.* Punt *n*, Stakkahn *m*; **II** *v/t. Boot* staken; **III** *v/i.* punten, im Punt fahren.
punt² [pʌnt] **I** *s. Rugby etc.*: Falltritt *m*; **II** *v/t. u. v/i.* (den Ball) aus der Hand (ab)schlagen.
punt³ [pʌnt] *v/i.* **1.** *Glücksspiel*: gegen die Bank setzen; **2.** (*auf ein Pferd*) setzen, *allg.* wetten.
pu·ny ['pju:nɪ] *adj.* □ schwächlich; winzig, *a. fig.* kümmerlich.
pup [pʌp] **I** *s.* junger Hund: ***in ~*** trächtig (*Hündin*); ***conceited ~*** → ***puppy*** 2; ***sell s.o. a ~*** F j-m et. andrehen, j-n ‚reinlegen'; **II** *v/t. u. v/i.* (Junge) werfen.
pu·pa ['pju:pə] *pl.* **-pae** [-pi:] *s. zo.* Puppe *f*; **'pu·pate** [-peɪt] *v/i. zo.* sich verpuppen; **pu·pa·tion** [pju:'peɪʃən] *s. zo.* Verpuppung *f*.
pu·pil¹ ['pju:pl] *s.* **1.** Schüler(in): ***~ teacher*** Junglehrer(in); **2.** ✈ Prakti'kant(in); **3.** ⚖ Mündel *m, n*.
pu·pil² ['pju:pl] *s. anat.* Pu'pille *f*.
pu·pil·(l)age ['pju:pɪlɪdʒ] *s.* **1.** Schüler-, Lehrjahre *pl.*; **2.** Minderjährigkeit *f*, Unmündigkeit *f*; **'pu·pil·(l)ar** [-lə] → **'pu·pil·(l)ar·y** [-lərɪ] *adj.* **1.** ⚖ Mündel…; **2.** *anat.* Pupillen…

pup·pet ['pʌpɪt] *s. a. fig.* Mario'nette *f*, Puppe *f*: ~ ***government*** Marionettenregierung *f*; ~ ***show*** (*od.* ***play***) Puppenspiel *n*, Mario'nettenthe,ater *n*.

pup·py ['pʌpɪ] *s.* **1.** *zo.* junger Hund, Welpe *m*, *a. weitS.* Junge(s) *n*: ~ ***love*** → ***calf love***; **2.** *fig.* (junger) Schnösel, Fatzke *m*; '**pup·py·hood** [-hʊd] *s.* Jugend-, Flegeljahre *pl.*

pup tent *s.* kleines Schutzzelt.

pur [pɜː] → ***purr***.

pur·blind ['pɜːblaɪnd] *adj.* **1.** *fig.* kurzsichtig, dumm; **2.** a) halb blind, b) *obs.* (ganz) blind.

pur·chas·a·ble ['pɜːtʃəsəbl] *adj.* käuflich (*a. fig.*); **pur·chase** ['pɜːtʃəs] **I** *v/t.* **1.** kaufen, erstehen, (käuflich) erwerben; **2.** *fig.* erkaufen, erringen (***with*** mit, durch); **3.** *fig.* kaufen (*bestechen*); **4.** ⚙, ⚓ a) hochwinden; b) (mit Hebelkraft) heben *od.* bewegen; **II** *s.* **5.** (An-, Ein)Kauf *m*: ***by*** ~ durch Kauf, käuflich; ***make*** ~***s*** Einkäufe machen; **6.** 'Kauf (-ob,jekt *n*) *m*, Anschaffung *f*: ~***s*** *Bilanz*: Wareneingänge; **7.** ⚖ Erwerbung *f*; **8.** (Jahres)Ertrag *m*: ***at ten years'*** ~ zum Zehnfachen des Jahresertrages; ***his life is not worth a day's*** ~ er lebt keinen Tag mehr, er macht es nicht mehr lange; **9.** ⚙ Hebevorrichtung *f*, *bsd.* a) Flaschenzug *m*, b) ⚓ Talje *f*; **10.** Hebelkraft *f*, -wirkung *f*; **11.** (guter) Angriffs- *od.* Ansatzpunkt; **12.** *fig.* a) Machtstellung *f*, Einfluß *m*, b) Machtmittel *n*, Handhabe *f*.

pur·chase| ac·count *s.* † Wareneingangskonto *n*; ~ **dis·count** *s.* 'Einkaufsra,batt *m*; ~ **mon·ey** *s.* Kaufsumme *f*; ~ **pat·tern** *s.* Käuferverhalten *n*; ~ **price** *s.* Kaufpreis *m*.

pur·chas·er ['pɜːtʃəsə] *s.* **1.** Käufer(in); Abnehmer(in); **2.** ⚖ Erwerber *m*: ***first*** ~ Ersterwerber.

pur·chase tax *s. Brit.* Kaufsteuer *f*.

pur·chas·ing| a·gent ['pɜːtʃəsɪŋ] *s.* † Einkäufer *m*; ~ **as·so·ci·a·tion** *s.* Einkaufsgenossenschaft *f*; ~ **de·part·ment** *s.* Einkauf(sabteilung *f*) *m*; ~ **man·ag·er** *s.* Einkaufsleiter *m*; ~ **pow·er** *s.* Kaufkraft *f*.

pure [pjʊə] *adj.* □ **1.** rein: a) sauber, makellos (*a. fig. Freundschaft, Sprache, Ton etc.*), b) unschuldig, unberührt: ***a*** ~ ***girl***, c) unvermischt: ~ ***gold*** pures *od.* reines Gold, d) theo'retisch: ~ ***mathematics*** reine Mathematik, e) völlig, bloß, pur: ~ ***nonsense***; ~***ly*** *adv. fig.* rein, bloß, ausschließlich; **2.** *biol.* reinrassig; '~·**bred I** *adj.* reinrassig, rasserein; **II** *s.* reinrassiges Tier.

pu·rée ['pjʊəreɪ] (*Fr.*) *s.* **1.** Pü'ree *n*; **2.** (Pü'ree)Suppe *f*.

pur·ga·tion [pɜː'geɪʃn] *s.* **1.** *mst eccl. u. fig.* Reinigung *f*; **2.** ⚕ Darmentleerung *f*; **pur·ga·tive** ['pɜːgətɪv] **I** *adj.* □ **1.** reinigend; **2.** ⚕ abführend, Abführ...; **II** *s.* **3.** ⚕ Abführmittel *n*; **pur·ga·to·ry** ['pɜːgətərɪ] *s. R.C.* Fegefeuer *n* (*a. fig.*).

purge [pɜːdʒ] **I** *v/t.* **1.** *mst fig j-n* reinigen (***of***, ***from*** von *Schuld*, *Verdacht*); **2.** *Flüssigkeit* klären, läutern; **3.** ⚕ a) *Darm* abführen, entschlacken, b) *j-m* Abführmittel geben; **4.** *Verbrechen* sühnen; **5.** *pol.* a) *Partei etc.* säubern, b) (aus der Par'tei) ausschließen, c) liquidieren (*töten*); **II** *v/i.* **6.** sich läutern; **7.** ⚕ a) abführen (*Medikament*), b) Stuhlgang haben; **III** *s.* **8.** Reinigung *f*; **9.** ⚕ a) Entleerung *f*, -schlackung *f*, b) Abführmittel *n*; **10.** *pol.* 'Säuberung(sakti,on) *f*.

pu·ri·fi·ca·tion [,pjʊərɪfɪ'keɪʃn] *s.* **1.** Reinigung *f* (*a. eccl.*); **2.** ⚙ Reinigung *f* (*a. metall.*), Klärung *f*, Abläuterung *f*; Regenerierung *f von Altöl*; **pu·ri·fi·er** ['pjʊərɪfaɪə] *s.* ⚙ Reiniger *m*, 'Reinigungsappa,rat *m*; **pu·ri·fy** ['pjʊərɪfaɪ] **I** *v/t.* **1.** reinigen (***of***, ***from*** von) (*a. fig. läutern*); **2.** ⚙ reinigen, läutern, klären; aufbereiten, *Öl* regenerieren; **II** *v/i.* **3.** sich läutern.

pur·ism ['pjʊərɪzəm] *s. a. ling. u. Kunst*: Pu'rismus *m*; '**pur·ist** [-ɪst] *s.* Pu'rist *m*, *bsd.* Sprachreiniger *m*.

Pu·ri·tan ['pjʊərɪtən] **I** *s.* **1.** *hist.* (*fig. mst* ♀) Puri'taner(in); **II** *adj.* **2.** puri'tanisch; **3.** *fig.* (*mst* ♀) → ***puritanical***; **pu·ri·tan·i·cal** [,pjʊərɪ'tænɪkəl] *adj.* □ puritanisch, über'trieben sittenstreng; '**Pu·ri·tan·ism** [-tənɪzəm] *s.* Purita'nismus *m*.

pu·ri·ty ['pjʊərətɪ] *s.* Reinheit *f*: ♀ ***Campaign*** *fig.* Sauberkeitskampagne *f*.

purl[1] [pɜːl] **I** *v/i.* murmeln, rieseln (*Bach*); **II** *s.* Murmeln *n*.

purl[2] [pɜːl] **I** *v/t.* **1.** (um)'säumen, einfassen; **2.** (*a. v/i.*) linksstricken; **II** *s.* **3.** Gold-, Silberdrahtlitze *f*; **4.** Zäckchen (-borte *f*) *n*; **5.** Häkelkante *f*; **6.** Linksstricken *n*.

purl·er ['pɜːlə] *s.* F **1.** schwerer Sturz: ***come*** (*od.* ***take***) ***a*** ~ schwer stürzen; **2.** schwerer Schlag.

pur·lieus ['pɜːljuːz] *s. pl.* Um'gebung *f*, Randbezirk(e *pl.*) *m*.

pur·loin [pɜː'lɔɪn] *v/t.* entwenden, stehlen (*a. fig.*); **pur'loin·er** [-nə] *s.* Dieb *m*; *fig.* Plagi'ator *m*.

pur·ple ['pɜːpl] **I** *adj.* **1.** purpurn, purpurrot: ♀ **Heart** a) ⚔ *Am.* Verwundetenabzeichen *n*, b) *Brit.* F Amphetamintablette *f*; **2.** *fig.* bril'lant (*Stil*): ~ **passage** Glanzsstelle *f*; **3.** *Am.* lästerlich; **II** *s.* **4.** Purpur *m* (*a. fig. Herrscher-, Kardinalswürde*): **raise to the ~** zum Kardinal ernennen; **III** *v/i.* **5.** sich purpurn färben.

pur·port ['pɜ:pət] **I** *v/t.* **1.** behaupten, vorgeben: **~ to be** (**do**) angeblich sein (tun), sein (tun) wollen; **2.** besagen, beinhalten, zum Inhalt haben, ausdrükken (wollen); **II** *s.* **3.** Tenor *m*, Inhalt *m*, Sinn *m*.

pur·pose ['pɜ:pəs] **I** *s.* **1.** Zweck *m*, Ziel *n*; Absicht *f*, Vorsatz *m*: **for what ~?** zu welchem Zweck?, wozu?; **for all practical ~s** praktisch; **for the ~ of** a) um zu, zwecks, b) im Sinne *e-s Gesetzes*; **of set ~** ⚖ vorsätzlich; **on ~** absichtlich; **to the ~** a) zur Sache (gehörig), b) zweckdienlich; **to no ~** vergeblich, umsonst; **answer** (*od.* **serve**) **the ~** dem Zweck entsprechen; **be to little ~** wenig Zweck haben; **turn to good ~** gut anwenden *od.* nützen; **novel with a ~**, **~-novel** Tendenzroman *m*; **2.** *a.* **strength of ~** Entschlußkraft *f*; **3.** Zielbewußtheit *f*; **4.** Wirkung *f*; **II** *v/t.* **5.** vorhaben, beabsichtigen, bezwecken; '**~-built** *adj.* spezi'algefertigt, Spezial…, Zweck…

pur·pose·ful ['pɜ:pəsfʊl] *adj.* □ **1.** zielbewußt, entschlossen; **2.** zweckmäßig, -voll; **3.** absichtlich; '**pur·pose·less** [-lɪs] *adj.* □ **1.** zwecklos; **2.** ziel-, planlos; '**pur·pose·ly** [-lɪ] *adv.* absichtlich, vorsätzlich; '**pur·pos·ive** [-sɪv] *adj.* **1.** zweckmäßig, -voll, -dienlich; **2.** absichtlich, bewußt, *a.* gezielt; **3.** zielstrebig.

'**pur·pose-trained** *adj.* mit Spezi'alausbildung.

purr [pɜ:] **I** *v/i.* **1.** schnurren (*Katze etc.*); **2.** *fig.* surren, summen (*Motor etc.*); **3.** *fig.* vor Behagen schnurren; **II** *v/t.* **4.** *et.* summen, säuseln (*sagen*); **III** *s.* **5.** Schnurren *n*; Surren *n*.

purse [pɜ:s] **I** *s.* **1.** a) Geldbeutel *m*, Börse *f*, b) (Damen)Handtasche *f*: **a light** (**long**) **~** *fig.* ein magerer (voller) Geldbeutel; **public ~** Staatssäckel *m*; **2.** Fonds *m*: **common ~** gemeinsame Kasse; **3.** Geldsammlung *f*, -geschenk *n*: **make up a ~ for** Geld sammeln für; **4.** *sport*: a) Siegprämie *f*, b) *Boxen*: Börse *f*; **II** *v/t.* **5.** *oft* **~ up** in Falten legen; *Stirn* runzeln; *Lippen* schürzen, *Mund* spitzen; '**~-proud** *adj.* geldstolz, protzig.

purs·er ['pɜ:sə] *s.* **1.** ⚓ Zahl-, Provi'antmeister *m*; **2.** ✈ Purser(in).

'**purse-strings** *s. pl.*: **hold the ~** den Geldbeutel verwalten; **tighten the ~** den Daumen auf dem Beutel halten.

purs·lane ['pɜ:slɪn] *s.* ⚘ Portulak(gewächs *n*) *m*.

pur·su·ance [pə'sjʊəns] *s.* Verfolgung *f*, Ausführung *f*: **in ~ of** a) im Verfolg (*gen.*), b) → **pursuant**; **pur'su·ant** [-nt] *adj.* □: **~ to** gemäß *od.* laut *e-r Vorschrift etc.*

pur·sue [pə'sju:] **I** *v/t.* **1.** (*a.* ⚔) verfolgen, *j-m* nachsetzen, *j-n* jagen; **2.** *fig. Zweck, Ziel, Plan* verfolgen; **3.** nach *Glück etc.* streben; *dem Vergnügen* nachgehen; **4.** *Kurs, Weg* einschlagen, folgen (*dat.*); **5.** *Beruf, Studien etc.* betreiben, nachgehen (*dat.*); **6.** *et.* weiterführen, fortsetzen, fortfahren in; **7.** *Thema etc.* weiterführen, (weiter) diskutieren; **II** *v/i.* **8.** **~ after** → 1; **9.** *im Sprechen etc.* fortfahren; **pur'su·er** [-ju:ə] *s.* **1.** Verfolger(in); **2.** ⚖ *Scot.* (An)Kläger(in).

pur·suit [pə'sju:t] *s.* **1.** Verfolgung *f*, Jagd *f* (**of** auf *acc.*): **~ action** ⚔ Verfolgungskampf *m*; **in hot ~** in wilder Verfolgung *od.* Jagd; **2.** *fig.* Streben *n*, Trachten *n*, Jagd *f* (**of** nach); **3.** Verfolgung *f*, Verfolg *m e-s Plans etc.*: **in ~ of** im Verfolg *e-r Sache*; **4.** Beschäftigung *f*, Betätigung *f*; Ausübung *f e-s Gewerbes*, Betreiben *n von Studien etc.*; **5.** *pl.* Arbeiten *pl.*, Geschäfte *pl.*; Studien *pl.*; **~ in·ter·cep·tor** *s.* ✈ Zerstörer *m*; **~ plane** *s.* ✈ Jagdflugzeug *n*.

pur·sy[1] ['pɜ:sɪ] *adj.* **1.** kurzatmig; **2.** korpu'lent; **3.** protzig.

pur·sy[2] ['pɜ:sɪ] *adj.* zs.-gekniffen.

pu·ru·lence ['pjʊərʊləns] *s.* ⚕ **1.** Eitrigkeit *f*; **2.** Eiter *m*; '**pu·ru·lent** [-nt] *adj.* □ ⚕ eiternd, eit(e)rig; Eiter…: **~ matter** Eiter *m*.

pur·vey [pə'veɪ] **I** *v/t.* (**to**) *mst Lebensmittel* liefern (an *acc.*), (*j-n*) versorgen mit; **II** *v/i.* (**for**) liefern (an *acc.*), sorgen (für): **~ for** *j-n* beliefern; **pur'vey·ance** [-eɪəns] *s.* **1.** Lieferung *f*, Beschaffung *f*; **2.** (Mund)Vorrat *m*, Lebensmittel *pl.*; **pur'vey·or** [-eɪə] *s.* **1.** Liefe'rant *m*: ♀ **to Her Majesty** Hoflieferant; **2.** Lebensmittelhändler *m*.

pur·view ['pɜ:vju:] *s.* **1.** ⚖ verfügender Teil (*e-s Gesetzes*); **2.** *bsd.* ⚖ (Anwendungs)Bereich *m e-s Gesetzes*, b) Zuständigkeit(sbereich *m*) *f*; **3.** Wirkungskreis *m*, Sphäre *f*, Gebiet *n*; **4.** Gesichtskreis *m*, Blickfeld *n* (*a. fig.*).

pus [pʌs] *s.* ⚕ Eiter *m*.

push [pʊʃ] **I** *s.* **1.** Stoß *m*, Schub *m*: ***give s.o. a ~*** a) j-m e-n Stoß versetzen, b) *mot.* j-n anschieben; ***give s.o. the ~*** *sl.* j-n ‚rausschmeißen' (*entlassen*); ***get the ~*** *sl.* ‚rausfliegen' (*entlassen werden*); **2.** ⚠, ⚙, *geol.* (horizon'taler) Druck, Schub *m*; **3.** Anstoß *m*, -trieb *m*; **4.** Anstrengung *f*, Bemühung *f*; **5.** *bsd.* ⚔ Vorstoß *m* (***for*** auf *acc.*); Offen'sive *f*; **6.** *fig.* Druck *m*, Drang *m der Verhältnisse*; **7.** kritischer Augenblick: ***at a ~*** im Notfall; ***bring to the last ~*** aufs Äußerste treiben; ***when it came to the ~*** als es darauf ankam; **8.** F Schwung *m*, Ener'gie *f*, Tatkraft *f*, Draufgängertum *n*; **9.** Protekti'on *f*: ***get a job by ~***; **10.** F Menge *f*, Haufen *m Menschen*; **11.** *sl.* a) (exklu'sive) Clique, b) ‚Verein' *m*, ‚Bande' *f*; **II** *v/t.* **12.** stoßen, *Karren etc.* schieben: ***~ open*** aufstoßen; **13.** stecken, schieben (***into*** in *acc.*); **14.** drängen: ***~ one's way ahead*** (***through***) sich vor- (durch)drängen; **15.** *fig.* (an)treiben, drängen (***to*** zu, ***to do*** zu tun): ***~ s.o. for*** j-n bedrängen *od.* j-m zusetzen wegen; ***~ s.o. for payment*** bei j-m auf Zahlung drängen; ***~ s.th. on s.o.*** j-m et. aufdrängen; ***be ~ed for time*** in Zeitnot *od.* im Gedränge sein; ***be ~ed for money*** in Geldverlegenheit sein; **16.** *a.* ***~ ahead*** (*od.* ***forward*** *od.* ***on***) *Angelegenheit* (e'nergisch) betreiben *od.* verfolgen, vor'antreiben; **17.** *a.* ***~ through*** 'durchführen, -setzen; *Anspruch* 'durchdrücken; *Vorteil* ausnutzen: ***~ s.th. too far*** et. zu weit treiben; **18.** Re'klame machen für, die Trommel rühren für; **19.** F verkaufen, mit *Rauschgift etc.* handeln; **20.** F sich *e-m Alter* nähern: ***be ~ing 70***; **III** *v/i.* **21.** stoßen, schieben; **22.** (sich) drängen; **23.** sich vorwärtsdrängen, sich vor'ankämpfen; **24.** sich tüchtig ins Zeug legen; **25.** *Billard*: schieben; **~ a·round** *v/t.* her'umschubsen (*a. fig.*); **~ off I** *v/t.* **1.** *Boot* abstoßen; **2.** ✝ *Waren* abstoßen, losschlagen; **II** *v/i.* **3.** ⚓ abstoßen (***from*** von); **4.** F ‚abhauen'; **5.** ***~!*** F ‚schieß los'!; **~ up** *v/t.* hoch-, hin'aufschieben, -stoßen; ✝ *Preise* hochtreiben; **~ un·der** *v/t.* F *j-n* ‚'unterbuttern'.

'push|·ball *s.* Pushball(spiel *n*) *m*; **'~-bike** *s. Brit.* F Fahrrad *n*; **'~-ˌbut·ton I** *s.* ⚙ Druckknopf *m*, -taste *f*; **II** *adj.* druckknopfgesteuert, Druckknopf...: ***~ switch***; ***~ telephone*** Tastentelefon *n*; ***~ warfare*** automatische Kriegführung; **'~·cart** *s.* **1.** (Hand)Karren *m*; **2.** *Am.* Einkaufswagen *m*; **'~·chair** *s.* (Kinder-) Sportwagen *m*.

push·er ['pʊʃə] *s.* **1.** ⚙ Schieber *m* (*a. Kinderlöffel*); **2.** 🚂 'Hilfslokomoˌtive *f*; **3.** *a.* ***~ airplane*** Flugzeug *n* mit Druckschraube; **4.** F Streber *m*; Draufgänger *m*; **5.** *sl.* ‚Pusher' *m*, ‚Dealer' *m* (*Rauschgifthändler*).

push·ful ['pʊʃfʊl] *adj.* □ e'nergisch, unter'nehmend, draufgängerisch.

push·ing ['pʊʃɪŋ] *adj.* □ **1.** → ***pushful***; **2.** streberisch; **3.** zudringlich.

'push|-off *s.* F Anfang *m*, Start *m*; **'~ˌo·ver** *s.* F **1.** leicht zu besiegender Gegner; **2.** Gimpel *m*: ***he is a ~ for that*** darauf fällt er prompt herein; **3.** leichte Sache, Kinderspiel *n*; **ˌ~-'pull** *adj.* ϟ Gegentakt...; **~ start** *s. mot.* Anschieben *n*; **ˌ~-to-'talk but·ton** *s.* ϟ Sprechtaste *f*; **'~-up** *s.* Liegestütz *m*.

push·y ['pʊʃɪ] *adj.* F aufdringlich, pene'trant; aggres'siv.

pu·sil·la·nim·i·ty [ˌpju:sɪlə'nɪmətɪ] *s.* Kleinmütigkeit *f*, Verzagtheit *f*; **pu·sil·lan·i·mous** [ˌpju:sɪ'lænɪməs] *adj.* □ kleinmütig, verzagt.

puss¹ [pʊs] *s.* **1.** Mieze *f*, Kätzchen *n* (*a.* F *fig. Mädchen*): ***♀ in Boots*** *der* Gestiefelte Kater; ***~ in the corner*** Kämmerchen vermieten (*Kinderspiel*); **2.** *hunt.* Hase *m*.

puss² [pʊs] *s. sl.* ‚Fresse' *f*, Vi'sage *f*.

puss·l(e)y ['pʊslɪ] *s.* ⚘ *Am.* Kohlportulak *m*.

puss·y ['pʊsɪ] *s.* **1.** Mieze(kätzchen *n*) *f*, Kätzchen *n*; **2.** → ***tipcat***; **3.** *et.* Weiches u. Wolliges, *bsd.* ⚘ (Weiden)Kätzchen *n*; **4.** *vulg.* ‚Muschi' *f* (*Vulva*): ***have some ~*** ‚bumsen'; **'~·cat 1.** → ***pussy*** 1; **2.** → ***pussy willow***; **'~·foot I** *v/i.* **1.** (wie e-e Katze) schleichen; **2.** *fig.* F a) leisetreten, b) sich nicht festlegen (***on*** auf *acc.*), her'umreden (um); **II** *pl.* **-foots** [-fʊts] *s.* **3.** Schleicher *m*; **4.** *fig.* F Leisetreter *m*; **~ wil·low** *s.* ⚘ Verschiedenfarbige Weide.

pus·tule ['pʌstju:l] *s.* **1.** ⚕ Pustel *f*, Eiterbläschen *n*; **2.** ⚘, *zo.* Warze *f*.

put [pʊt] **I** *s.* **1.** *bsd. sport* Stoß *m*, Wurf *m*; **2.** ✝, *Börse*: Rückprämie *f*: ***~ and call*** Stellagegeschäft *n*; ***~ of more*** Nochgeschäft *n* ‚auf Geben'; **II** *adj.* **3.** F an Ort u. Stelle, unbeweglich: ***stay ~*** a) sich nicht (vom Fleck) rühren, b) festbleiben (*a. fig.*); **III** *v/t.* [*irr.*] **4.** legen, stellen, setzen, *wohin* tun; befestigen (***to*** an *dat.*): ***I shall ~ the matter before him*** ich werde ihm die Sache vorlegen; ***I ~ him above his brother*** ich stelle ihn über seinen Bruder; ***~ s.th. in hand*** *fig.* et. in die Hand nehmen, anfangen; **5.**

stecken (***in one's pocket*** in die Tasche, ***in prison*** ins Gefängnis); **6.** *j-n in e-e unangenehme Lage,* ✝ *et. auf den Markt, in Ordnung, thea. ein Stück auf die Bühne etc.* bringen: ***~ s.o. across a river*** j-n über e-n Fluß übersetzen; ***~ it across s.o.*** F j-n ‚reinlegen'; ***~ one's brain to it*** sich darauf konzentrieren, die Sache in Angriff nehmen; ***~ s.o. in mind of*** j-n erinnern an (*acc.*); ***~ s.th. on paper*** et. zu Papier bringen; ***~ s.o. right*** j-n berichtigen; **7.** *ein Ende, in Kraft, in Umlauf, j-n auf Diät, in Besitz, in ein gutes od. schlechtes Licht, ins Unrecht, über ein Land, sich et. in den Kopf, j-n an e-e Arbeit* setzen: ***~ one's signature to*** s-e Unterschrift darauf *od.* darunter setzen; ***~ yourself in my place*** versetze dich in m-e Lage; **8.** ***~ o.s.*** sich in *j-s Hände etc.* begeben: ***~ o.s. under s.o.'s care*** sich in j-s Obhut begeben; ***~ yourself in(to) my hands*** vertraue dich mir ganz an; **9.** ***~ out of*** aus ... hin'ausstellen *etc.*; werfen *od.* verdrängen aus; außer *Betrieb od. Gefecht etc.* setzen; → ***action*** 2, 9, ***running*** 1; **10.** unter'werfen, -'ziehen (***to*** *e-r Probe etc.*; ***through*** *e-m Verhör etc.*): ***~ s.o. through it*** j-n auf Herz u. Nieren prüfen; → ***confusion*** 3, ***death*** 1, ***expense*** 2, ***shame*** 2, ***sword***, ***test*** 1; **11.** *Land* bepflanzen (***into***, ***under*** mit): ***land was ~ under potatoes***; **12.** (***to***) setzen (an *acc.*), (an)treiben *od.* zwingen (zu): ***~ s.o. to work*** j-n an die Arbeit setzen, j-n arbeiten lassen; ***~ to school*** zur Schule schicken, einschulen; ***~ to trade*** *j-n* ein Handwerk lernen lassen; ***~ s.o. to a joiner*** j-n bei e-m Schreiner in die Lehre geben; ***~ s.o. to it*** j-m zusetzen, j-n bedrängen; ***be hard ~ to it*** arg bedrängt werden; → ***flight***[1], ***pace***[1] 2; **13.** veranlassen, verlocken (***on***, ***to*** zu); **14.** *in Furcht, Wut etc.* versetzen; → ***countenance*** 2, ***ease*** 2, ***guard*** 11, ***mettle*** 2, ***temper*** 4; **15.** über'setzen (***into French*** *etc.* ins Französische *etc.*); **16.** (*un*)*klar etc.* ausdrükken, sagen *klug etc.* formulieren, *in Worte* fassen: ***the case was cleverly ~***; ***to ~ it mildly*** gelinde gesagt; ***how shall I ~ it?*** wie soll ich mich (*od.* es) ausdrücken; **17.** schätzen (***at*** auf *acc.*); **18.** (***to***) verwenden (für), anwenden (zu): ***~ s.th. to a good use*** et. gut verwenden; **19.** *Frage, Antrag etc.* vorlegen, stellen; *den Fall* setzen: ***I ~ it to you*** a) ich appelliere an Sie, b) ich stelle es Ihnen anheim; ***I ~ it to you that*** geben Sie zu, daß; **20.** *Geld* setzen, wetten (***on*** auf *acc.*); **21.** (***into***) *Geld* stecken (in *acc.*), anlegen (in *dat.*), investieren (in *dat.*); **22.** *Schuld* zuschieben, geben (***on*** *dat.*): ***they ~ the blame on him***; **23.** *Uhr* stellen; **24.** *bsd. sport* werfen, schleudern; *Kugel, Stein* stoßen; **25.** *Waffe* stoßen, *Kugel* schießen (***in[to]*** in *acc.*); **IV.** *v/i.* [*irr.*] **26.** sich begeben (***to land*** an Land), fahren: ***~ to sea*** in See stechen; **27.** *Am.* münden, sich ergießen (*Fluß*) (***into*** in *e-n See etc.*); **28.** ***~ upon*** *mst pass.* a) *j-m* zusetzen, b) *j-n* ausnutzen, c) *j-n* ‚reinlegen';

Zssgn mit prp.:

→ *Beispiele unter* ***put*** 4 → 28;

Zssgn mit adv.:

put| a·bout I *v/t.* **1.** ⚓ wenden; **2.** *Gerücht* verbreiten; **3.** a) beunruhigen, b) quälen, c) ärgern; **II** *v/i.* **4.** ⚓ wenden; **~ a·cross** *v/t.* **1.** ⚓ 'übersetzen; **2.** *sl. et.* ‚schaukeln', erfolgreich 'durchführen, *Idee etc.* ‚verkaufen': ***put it across*** ‚es schaffen', Erfolg haben; **~ a·side** *v/t.* **1.** → ***put away*** 1 *u.* 3, **2.** *fig.* beiseite schieben; **~ a·way I** *v/t.* **1.** weglegen, -stecken, -tun, beiseite legen; **2.** auf-, wegräumen; **3.** *Geld* zu'rücklegen, ‚auf die hohe Kante legen'; **4.** *Laster etc.* ablegen; **5.** F *Speisen* ‚verdrücken', *Getränke* ‚runterstellen'; **6.** F *j-n* ‚einsperren'; **7.** F *j-n* ‚beseitigen' (*umbringen*); **8.** *sl. et.* versetzen; **II** *v/i.* **9.** ⚓ auslaufen (***for*** nach); **~ back I** *v/t.* **1.** zu'rückschieben, -stellen, -tun; **2.** *Uhr* zu'rückstellen, *Zeiger* zu'rückdrehen; **3.** *fig.* aufhalten, hemmen; → ***clock***[1] 1; **4.** *Schüler* zu'rückversetzen; **II** *v/i.* **5.** ⚓ 'umkehren; **~ by** *v/t.* **1.** → ***put away*** 1 *u.* 3; **2.** *e-r Frage etc.* ausweichen; **3.** *fig.* bei'seite schieben, *j-n* über'gehen; **~ down** *v/t.* **1.** hin-, niederlegen, -stellen, -setzen; → ***foot*** 1; **2.** *j-n auf der Fahrt* absetzen, aussteigen lassen; **3.** *Weinkeller* anlegen; **4.** *Aufstand* niederwerfen, *a. Mißstand* unter'drücken; **5.** *j-n* demütigen, ducken; kurz abweisen; her'untersetzen; **6.** zum Schweigen bringen; **7.** a) *Preise* heruntersetzen, b) *Ausgaben* einschränken; **8.** (auf-, nieder)schreiben; **9.** (***to***) ✝ a) *j-m* anschreiben, b) auf *j-s Rechnung* setzen: ***put s.th. down to s.o.'s account***; **10.** *j-n* eintragen *od.* vormerken (***for*** für *e-e Spende etc.*): ***put o.s. down*** sich eintragen; **11.** zuschreiben (***to*** *dat.*); **12.** schätzen (***at***, ***for*** auf *acc.*); **13.** ansehen (***as***, ***for*** als); **~ forth** *v/t.* **1.** her'vor-, hin'auslegen, -stellen, -schieben; **2.** *Hand etc.* ausstrecken; **3.** *Kraft etc.* aufbieten; **4.** ⚘ *Knospen etc.* treiben; **5.** veröffentlichen, *bsd. Buch* her'ausbringen; **6.** behaupten; **~ for·ward** *v/t.* **1.** vorschieben; *Uhr* vorstellen, *Zeiger* vorrücken; **2.** in den Vordergrund schieben: ***put o.s. forward*** a) sich hervortun, b) sich vordrängen; **3.** *fig.* vor'anbringen, weiterhelfen (*dat.*); **4.** *Meinung etc.* vorbringen, *et.* vorlegen, unter'breiten; *Theorie* aufstellen; **~ in I** *v/t.* **1.** her'ein-, hin'einlegen *etc.*; **2.** einschieben, -schalten: ***~ a word*** a) e-e Bemerkung einwerfen *od.* anbringen, b) ein Wort mitsprechen, c) ein Wort einlegen (***for*** für); ***~ an extra hour's work*** e-e Stunde mehr arbeiten; **3.** *Schlag etc.* anbringen; **4.** *Gesuch etc.* einreichen, *Dokument* vorlegen; *Anspruch* stellen *od.* erheben (***to***, ***for*** auf *acc.*); **5.** *j-n* anstellen, *in ein Amt* einsetzen; **6.** *Annonce* einrücken; **7.** F *Zeit* verbringen; **II** *v/i.* **8.** ⚓ einlaufen; **9.** einkehren (***at*** in *e-m Gasthaus etc.*); **10.** sich bewerben (***for*** um): ***~ for s.th.*** et. fordern *od.* verlangen; **~ in·side** *v/t.* F *j-n* ,einlochen'; **~ off I** *v/t.* **1.** weg-, bei'seite legen, -stellen; **2.** *Kleider*, *bsd. fig. Zweifel etc.* ablegen; **3.** auf-, verschieben; **4.** *j-n* vertrösten, abspeisen (***with*** mit *Worten etc.*); **5.** *j-m* absagen; **6.** sich drücken vor (*dat.*); **7.** *j-n* abbringen, *j-m* abraten (***from*** von); **8.** hindern (***from*** an *dat.*); **9.** ***put s.th. off (up)on s.o.*** j-m et. ,andrehen'; **10.** F a) *j-n* aus der Fassung *od.* aus dem Kon'zept bringen, b) j-m die Lust nehmen, *j-n* abstoßen; **II** *v/i.* **11.** ⚓ auslaufen; **~ on** *v/t.* **1.** *Kleider* anziehen; *Hut*, *Brille* aufsetzen; *Rouge* auflegen; **2.** *Fett* ansetzen; → ***weight*** 1; **3.** *Charakter*, *Gestalt* annehmen; **4.** vortäuschen, -spiegeln, (er)heucheln: → ***air***[1] 7, ***dog*** *Redew.*; ***put it on*** F a) angeben, b) übertreiben, c) ,schwer draufschlagen' (*auf den Preis*), d) heucheln; ***put it on thick*** F dick auftragen; ***his modesty is all ~*** s-e Bescheidenheit ist nur Mache; **5.** *Summe* aufschlagen (***on*** auf *den Preis*); **6.** *Uhr* vorstellen, *Zeiger* vorrücken; **7.** an-, einschalten, *Gas etc.* aufdrehen, *Dampf* anlassen, *Tempo* beschleunigen; **8.** *Kraft, a. Arbeitskräfte*, *Sonderzug etc.* einsetzen; **9.** *Schraube*, *Bremse* anziehen; **10.** *thea. etc. Stück*, *Sendung* bringen; **11.** ***put s.o. on to*** j-m e-n Tip geben für, j-n auf *e-e Idee* bringen; **12.** *sport Tor etc.* erzielen; **~ out I** *v/t.* **1.** hin'auslegen, -stellen *etc.*; **2.** *Hand*, *Fühler* ausstrecken; *Zunge* her'ausstrecken; *Ankündigung etc.* aushängen; **3.** *sport* zum Ausscheiden zwingen, ,aus dem Rennen werfen'; **4.** *Glied* aus-, verrenken; **5.** *Feuer*, *Licht* (aus-) löschen; **6.** a) verwirren, außer Fassung bringen, b) verstimmen, ärgern: ***be ~ about s.th.***, c) *j-m* Ungelegenheiten bereiten, *j-n* stören; **7.** *Kraft etc.* aufbieten; **8.** *Geld* ausleihen (***at interest*** auf Zinsen), investieren; **9.** *Boot* aussetzen; **10.** *Augen* ausstechen; **11.** *Arbeit*, *a. Kind*, *Tier* außer Haus geben; ✝ in Auftrag geben; → ***grass*** 3, ***nurse*** 4; **12.** *Knospen etc.* treiben; **II** *v/i.* **13.** ⚓ auslaufen: **~** (***to sea***) in See stechen; **~ o·ver I** *v/t.* **1.** *sl.* → ***put across*** 2; **2.** *e-m Film etc.* Erfolg sichern, popu'lär machen (*acc.*): ***put o.s. over*** sich durchsetzen, ,ankommen'; **3.** ***put it over on*** *j-n* ,reinlegen'; **II** *v/i.* **4.** ⚓ hin'überfahren; **~ through** *v/t.* **1.** 'durch-, ausführen; **2.** *teleph. j-n* verbinden (***to*** mit); **~ to** *v/t.* *Pferd* anspannen, *Lokomotive* vorspannen; **~ to·geth·er** *v/t.* **1.** zs.-setzen (*a. Schriftwerk*) zs.-stellen; **2.** zs.-zählen: → ***two*** 2; **3.** zs.-stecken; → ***head*** *Redew.*; **~ up I** *v/t.* **1.** hin'auflegen, -stellen; **2.** hochschieben, -ziehen; → ***back***[1] 7, ***shutter*** 1; **3.** *Hände* a) heben, b) *zum Kampf* hochnehmen; **4.** *Bild etc.* aufhängen; *Plakat* anschlagen; **5.** *Haar* aufstecken; **6.** *Schirm* aufspannen; **7.** *Zelt etc.* aufstellen, *Gebäude* errichten; **8.** F *et.* aushecken; *et.* ,drehen', fingieren; **9.** *Gebet* em'porsenden; **10.** *Gast* (bei sich) aufnehmen, 'unterbringen; **11.** weglegen; **12.** aufbewahren; **13.** ein-, ver-, wegpacken; zs.-legen; **14.** *Schwert* einstecken; **15.** konservieren, einkochen, -machen; **16.** *Spiel etc.* zeigen; *e-n Kampf* liefern; *Widerstand* leisten; **17.** (als Kandi'daten) aufstellen; **18.** *Auktion*: an-, ausbieten: ***~ for sale*** meistbietend verkaufen; **19.** *Preis etc.* hin'aufsetzen, erhöhen; **20.** *Wild* aufjagen; **21.** *Eheaufgebot* verkünden; **22.** bezahlen; **23.** (ein)setzen (*Wette etc.*), *Geld* bereitstellen, *od.* hinter'legen; **24.** ***~ to*** a) *j-n* anstiften zu, b) *j-n* informieren über (*acc.*), *a. j-m* e-n Tip geben für; **II** *v/i.* **25.** absteigen, einkehren (***at*** in); **26.** (***for***) sich aufstellen lassen, kandidieren (für), sich bewerben (um); **27.** ***~ with*** sich abfinden mit, sich gefallen lassen, hinnehmen.

pu·ta·tive ['pju:tətɪv] *adj.* □ **1.** vermeintlich; **2.** mutmaßlich; **3.** ⚖ puta'tiv.

'put|·down *s.*: ***that was a ~*** damit wollte er *etc.* mich *etc.* fertigmachen; **'~·off**

s. **1.** Ausflucht *f*; **2.** Verschiebung *f*; **'~-on I** *adj.* **1.** vorgetäuscht; **II** *s. Am. sl.* **2.** Bluff *m*; **3.** Getue *n*, ‚Mache' *f*, ‚Schau' *f*.

put·put ['pʌtpʌt] *s.* Tuckern *n* (*e-s Motors etc.*).

pu·tre·fa·cient [ˌpju:trɪ'feɪʃənt] → ***putrefactive***; **ˌpu·tre'fac·tion** [-'fækʃn] *s.* **1.** Fäulnis *f*, Verwesung *f*; **2.** Faulen *n*; **ˌpu·tre'fac·tive** [-'fæktɪv] **I** *adj.* **1.** faulig, Fäulnis…; **2.** fäulniserregend; **II** *s.* **3.** Fäulniserreger *m*; **pu·tre·fy** ['pju:trɪfaɪ] **I** *v/i.* (ver)faulen, verwesen; **II** *v/t.* verfaulen lassen.

pu·tres·cence [pju:'tresns] *s.* (Ver-)Faulen *n*, Fäulnis *f*; **pu'tres·cent** [-nt] *adj.* **1.** (ver)faulend, verwesend; **2.** faulig, Fäulnis…

pu·trid ['pju:trɪd] *adj.* □ **1.** verfault, verwest; faulig (*Geruch*), stinkend; **2.** *fig.* verderbt, kor'rupt; **3.** *fig.* verderblich; **4.** *fig.* ekelhaft; **5.** *sl.* mise'rabel.

putsch [pʊtʃ] (*Ger.*) *s. pol.* Putsch *m*, Staatsstreich *m*.

putt [pʌt] *Golf*: **I** *v/t. u. v/i.* putten; **II** *s.* Putt *m*.

put·tee ['pʌtɪ] *s.* 'Wickelgaˌmasche *f*.

putt·er ['pʌtə] *s. Golf*: Putter *m* (*Schläger od. Spieler*).

'putt·ing-green ['pʌtɪŋ] *s. Golf*: Putting green *n* (*Platzteil*).

put·ty ['pʌtɪ] **I** *s.* **1.** ⚙ Kitt *m*, Spachtel *m*: (***glaziers'***) **~** Glaserkitt; (***plasterers'***) **~** Kalkkitt; (***jewellers'***) **~** Zinnasche *f*; **2.** *fig.* Wachs *n*: ***he is ~ in her hand***; **II** *v/t.* **3.** *a.* **~ *up*** (ver)kitten; **~ knife** *s.* [*irr.*] Spachtelmesser *n*.

'put-up *adj.* F abgekartet: ***a ~ job*** e-e ‚Schiebung'.

puz·zle ['pʌzl] **I** *s.* **1.** Rätsel *n*; **2.** Puzzle-, Geduldspiel *n*; **3.** schwierige Sache, Prob'lem *n*; **4.** Verwirrung *f*, Verlegenheit *f*; **II** *v/t.* **5.** verwirren, vor ein Rätsel stellen, verdutzen; **6.** *et.* komplizieren, durchein'anderbringen; **7.** *j-m* Kopfzerbrechen machen, zu schaffen machen: **~ *one's brains*** (*od.* ***head***) sich den Kopf zerbrechen (***over*** über *acc.*); **8. ~ *out*** austüfteln, -knobeln, her'ausbekommen; **III** *v/i.* **9.** verwirrt sein (***over***, ***about*** über *acc.*); **10.** sich den Kopf zerbrechen (***over*** über *acc.*); **'~-ˌhead·ed** *adj.* wirrköpfig, kon'fus; **~ lock** *s.* Vexier-, Buchstabenschloß *n*.

puz·zle·ment ['pʌzlmənt] *s.* Verwirrung *f*; **'puz·zler** [-lə] → ***puzzle*** 3; **'puz·zling** [-lɪŋ] *adj.* □ **1.** rätselhaft; **2.** verwirrend.

py·e·li·tis [paɪə'laɪtɪs] *s.* ⚕ Nierenbekenentzündung *f*.

pyg·m(a)e·an [pɪg'mi:ən] → ***pygmy*** II.

pyg·my ['pɪgmɪ] **I** *s.* **1.** ♀ Pyg'mäe *m*, Pyg'mäin *f* (*Zwergmensch*); **2.** *fig.* Zwerg *m*; **II** *adj.* **3.** Pygmäen…; **4.** winzig, Zwerg…; **5.** unbedeutend.

py·ja·mas [pə'dʒɑ:məz] *s. pl.* Schlafanzug *m*, Py'jama *m*.

py·lon ['paɪlən] *s.* **1.** ⚡ (freitragender) Mast (*für Hochspannungsleitungen etc.*); **2.** ✈ Orientierungsturm *m*, *bsd.* Wendeturm *m*.

py·lo·rus [paɪ'lɔ:rəs] *pl.* **-ri** [-raɪ] *s. anat.* Py'lorus *m*, Pförtner *m*.

pyr·a·mid ['pɪrəmɪd] *s.* Pyra'mide *f* (*a.* ⩓ *u. fig.*); **py·ram·i·dal** [pɪ'ræmɪdl] *adj.* □ **1.** Pyramiden…; **2.** pyrami'dal (*a. fig. gewaltig*), pyra'midenartig, -förmig.

pyre ['paɪə] *s.* Scheiterhaufen *m*.

py·ret·ic [paɪ'retɪk] *adj.* ⚕ fieberhaft, Fieber…; **py'rex·i·a** [-eksɪə] *s.* ⚕ Fieberzustand *m*.

py·rite ['paɪraɪt] *s. min.* Py'rit *m*, Schwefel-, Eisenkies *m*; **py·ri·tes** [paɪ'raɪti:z] *s. min.* Py'rit *m*: ***copper ~*** Kupferkies; ***iron ~*** → ***pyrite***.

pyro- [paɪərəʊ] *in Zssgn* Feuer…, Brand…, Wärme…, Glut…; **'py·ro·gen** [-rədʒən] *s.* ⚕ fiebererregender Stoff; **py·rog·e·nous** [paɪ'rɒdʒɪnəs] *adj.* **1.** a) wärmeerzeugend, b) durch Wärme erzeugt; **2.** ⚕ a) fiebererregend, b) durch Fieber verursacht; **3.** *geol.* pyro'gen; **py·rog·ra·phy** [paɪ'rɒgrəfɪ] *s.* Brandmale'rei *f*; **py·ro·ma·ni·a** [ˌpaɪrəʊ'meɪnɪə] *s.* Pyroma'nie *f*, Brandstiftungstrieb *m*; **py·ro·ma·ni·ac** [ˌpaɪrəʊ'meɪnɪæk] *s.* Pyro'mane *m*, Pyro'manin *f*.

py·ro·tech·nic, **py·ro·tech·ni·cal** [ˌpaɪrəʊ'teknɪk(l)] *adj.* □ **1.** pyro'technisch; **2.** Feuerwerks…, feuerwerkartig; **3.** *fig.* bril'lant; **ˌpy·ro'tech·nics** [-ks] *s. pl.* **1.** Pyro'technik *f*, Feuerwerke'rei *f*; **2.** *fig.* Feuerwerk *n von Witz etc.*; **ˌpy·ro'tech·nist** [-ɪst] *s.* Pyro'techniker *m*.

Pyr·rhic vic·to·ry ['pɪrɪk] *s.* Pyrrhussieg *m*.

Py·thag·o·re·an [paɪˌθægə'rɪən] **I** *adj.* pythago'reisch; **II** *s. phls.* Pythago'reer *m*.

py·thon ['paɪθn] *s. zo.* **1.** Python(schlange *f*) *m*; **2.** *allg.* Riesenschlange *f*.

pyx [pɪks] **I** *s.* **1.** *R.C.* Pyxis *f*, Mon'stranz *f*; **2.** *Brit.* Büchse *f* mit Probemünzen; **II** *v/t.* **3.** *Münze* a) in der ***Pyx*** hinter'legen, b) auf Gewicht u. Feinheit prüfen.

Q

Q, **q** [kju:] *s.* Q *n*, q *n* (*Buchstabe*).

ˈ**Q-boat** *s.* ⚓ U-Boot-Falle *f*.

quack[1] [kwæk] **I** *v/i.* **1.** quaken; **2.** *fig.* schnattern, schwatzen; **II** *s.* **3.** Quaken *n*; *fig.* Geplapper *n*.

quack[2] [kwæk] **I** *s.* **1.** *a.* ~ ***doctor*** Quacksalber *m*, Kurpfuscher *m*; **2.** Scharlatan *m*; Marktschreier *m*; **II** *adj.* **3.** quacksalberisch, Quacksalber…; **4.** marktschreierisch; **5.** Schwindel…; **III** *v/i. u. v/t.* **6.** quacksalbern, herˈumpfuschen (an *dat.*); **7.** marktschreierisch auftreten (*v/t.* anpreisen); ˈ**quack·er·y** [-kərı] *s.* **1.** Quacksalbeˈrei *f*, Kurpfuscheˈrei *f*; **2.** Scharlataneˈrie *f*; **3.** marktschreierisches Auftreten.

quad[1] [kwɒd] F → ***quadrangle***, ***quadrat***, ***quadruped***, ***quadruplet***.

quad[2] [kwɒd] **I** *s.* ⚡ Viererkabel *n*; **II** *v/t.* zum Vierer verseilen.

quad·ra·ble [ˈkwɒdrəbl] *adj.* ⩕ quadrierbar.

quad·ra·ge·nar·i·an [kwɒdrədʒıˈneərıən] **I** *adj.* a) vierzigjährig, b) in den Vierzigern; **II** *s.* Vierziger(in), Vierzigjährige(r *m*) *f*.

quad·ran·gle [ˈkwɒdræŋgl] *s.* **1.** ⩕ *u. weitS.* Viereck *n*; **2.** a) (*bsd.* Schul)Hof *m*, b) viereckiger Geˈbäudekomˌplex; **quad·ran·gu·lar** [kwɒˈdræŋgjʊlə] *adj.* ☐ ⩕ viereckig.

quad·rant [ˈkwɒdrənt] *s.* **1.** ⩕ Quaˈdrant *m*, Viertelkreis *m*, (ˈKreis)Segˌment *n*; **2.** ⚓, *ast.* Quaˈdrant *m*.

quad·ra·phon·ic [ˌkwɒdrəˈfɒnık] *adj.* ♪, *phys.* quadroˈphonisch; ˌ**quad·raˈphon·ics** [-ks] *s. pl. sg. konstr.* Quadrophoˈnie *f*.

quad·rat [ˈkwɒdrət] *s. typ.* Quaˈdrat *n*, (großer) Ausschluß: ***em*** ~ Geviert *n*; ***en*** ~ Halbgeviert *n*.

quad·rate [ˈkwɒdrət] **I** *adj.* (annähernd) quaˈdratisch, *bsd. anat.* Quadrat…; **II** *v/t.* [kwɒˈdreıt] in Überˈeinstimmung bringen (***with***, ***to*** mit); **III** *v/i.* [kwɒˈdreıt] überˈeinstimmen; **quad·rat·ic** [kwɒˈdrætık] **I** *adj.* quaˈdratisch (*Form*, ⩕ *Gleichung*): ~ ***curve*** Kurve *f* zweiter Ordnung; **II** *s.* ⩕ quaˈdratische Gleichung; **quad·ra·ture** [ˈkwɒdrətʃə] *s.* **1.** ⩕, *ast.* Quadraˈtur *f* (***of the circle*** des Kreises); **2.** ⚡ (Phasen)Verschiebung *f* um 90 Grad.

quad·ren·ni·al [kwɒˈdrenıəl] **I** *adj.* ☐ **1.** vierjährig, vier Jahre dauernd; **2.** vierjährlich, alle vier Jahre stattfindend; **II** *s.* **3.** Zeitraum *m* von vier Jahren; **4.** vierter Jahrestag.

quad·ri·lat·er·al [ˌkwɒdrıˈlætərəl] **I** *adj.* vierseitig; **II** *s.* Vierseit *n*, -eck *n*.

qua·drille [kwəˈdrıl] *s.* Quaˈdrille *f* (*Tanz*).

quad·ril·lion [kwɒˈdrıljən] *s.* ⩕ **1.** *Brit.* Quadrilliˈon *f*; **2.** *Am.* Billiˈarde *f*.

quad·ri·par·tite [ˌkwɒdrıˈpɑ:taıt] *adj.* **1.** vierteilig (*a.* ⚘); **2.** Vierer…, zwischen vier Partnern abgeschlossen *etc.*: ~ ***pact*** Viererpakt *m*.

quad·ro [ˈkwɒdrəʊ] *adj. u. adv.* ♪, *Radio*: quadro.

quadro- [kwɒdrəʊ] *in Zssgn* quadro…

ˌ**quad·roˈphon·ic** [-ˈfɒnık] *etc.* → ***quadraphonic*** *etc.*

quad·ru·ped [ˈkwɒdrʊped] **I** *s.* Vierfüßer *m*; **II** *adj. a.* **quad·ru·pe·dal** [ˌkwɒdrəˈpi:dl] vierfüßig; ˈ**quad·ru·ple** [-pl] **I** *adj.* **1.** *a.* ~ ***to*** (*od.* ***of***) vierfach, -fältig; viermal so groß wie; **2.** Vierer…: ~ ***machinegun*** ⚔ Vierlings-MG *n*; ~ ***measure*** ♪ Viervierteltakt *m*; ~ ***thread*** ⚙ viergängiges Gewinde; **II** *adv.* **3.** vierfach; **III** *s.* **4.** *das* Vierfache; **IV** *v/t.* **5.** vervierfachen; **6.** viermal so groß *od.* so viel sein wie; **V** *v/i.* **7.** sich vervierfachen; ˈ**quad·ru·plet** [-plıt] *s.* **1.** Vierling *m* (*Kind*); **2.** Vierergruppe *f*; ˈ**quad·ru·plex** [-pleks] **I** *adj.* **1.** vierfach; **2.** ⚡ Quadruplex…, Vierfach…: ~ ***system*** Vierfachbetrieb *m*, Doppelgegensprechen *n*; **II** *s.* **3.** ˈQuadruplextelеˌgraph *m*; **quad·ru·pli·cate I** *v/t.* [kwɒˈdru:plıkeıt] **1.** vervierfachen; **2.** *Dokument* vierfach ausfertigen; **II** *adj.* [kwɒˈdru:plıkət] **3.** vierfach; **III** *s.* [-kət] **4.** vierfache Ausfertigung.

quaff [kwɑ:f] **I** *v/i.* zechen; **II** *v/t.* schlürfen, in langen Zügen (aus)trinken: ~ ***off*** *Getränk* hinunterstürzen.

quag [kwæg] → ***quagmire***; ˈ**quag·gy** [-gı] *adj.* **1.** sumpfig; **2.** schwammig;

'quag·mire [-maɪə] *s.* Mo'rast *m*, Moor(boden *m*) *n*, Sumpf(land *n*) *m*: ***be caught in a ~*** *fig.* in der Patsche sitzen.

quail[1] [kweɪl] *pl.* **quails**, *coll.* **quail** *s. orn.* Wachtel *f.*

quail[2] [kweɪl] *v/i.* **1.** verzagen; **2.** (vor Angst) zittern (***before*** vor *dat.*; ***at*** bei).

quaint [kweɪnt] *adj.* □ **1.** wunderlich, drollig, kuri'os; **2.** malerisch, anheimelnd (*altmodisch*); **3.** seltsam, merkwürdig; **'quaint·ness** [-nɪs] *s.* **1.** Wunderlichkeit *f*; Seltsamkeit *f*; **2.** anheimelndes (*bsd.* altmodisches) Aussehen.

quake [kweɪk] **I** *v/i.* zittern, beben (***with***, ***for*** vor *dat.*); **II** *s.* Zittern *n*, (*a.* Erd)Beben *n*, Erschütterung *f.*

Quak·er ['kweɪkə] *s.* **1.** *eccl.* Quäker *m*: ***~(s') meeting*** *fig.* schweigsame Versammlung; **2.** *a.* ***~ gun*** ⚔ *Am.* Ge'schützatˌtrappe *f*; **3.** ♀, *a.* ***♀-bird*** *orn.* schwarzer Albatros; **'Quak·er·ess** [-ərɪs] *s.* Quäkerin *f*; **'Quak·er·ism** [-ərɪzəm] *s.* Quäkertum *n.*

'quak·ing-grass ['kweɪkɪŋ-] *s.* ⚘ Zittergras *n.*

qual·i·fi·ca·tion [ˌkwɒlɪfɪ'keɪʃn] *s.* **1.** Qualifikati'on *f*, Befähigung *f*, Eignung *f* (***for*** für, zu): ***~ test*** Eignungsprüfung *f*; ***have the necessary ~s*** den Anforderungen entsprechen; **2.** Vorbedingung *f*, (notwendige) Vor'aussetzung (***of***, ***for*** für); **3.** Eignungszeugnis *n*; **4.** Einschränkung *f*, Modifikati'on *f*: ***without any ~*** ohne jede Einschränkung; **5.** *ling.* nähere Bestimmung; **6.** ✝ 'Mindestˌaktienkapiˌtal *n* (*e-s Aufsichtsratsmitglieds*); **qual·i·fied** ['kwɒlɪfaɪd] *adj.* **1.** qualifiziert, geeignet, befähigt (***for*** für); **2.** berechtigt: ***~ for a post*** anstellungsberechtigt; ***~ voter*** Wahlberechtigte(r *m*) *f*; **3.** eingeschränkt, bedingt, modifiziert: ***~ acceptance*** ✝ bedingte Annahme (*e-s Wechsels*); ***~ sale*** ✝ Konditionskauf *m*; ***in a ~ sense*** mit Einschränkungen; **qual·i·fy** ['kwɒlɪfaɪ] **I** *v/t.* **1.** qualifizieren, befähigen, geeignet machen (***for*** für; ***for being***, ***to be*** zu sein); **2.** berechtigen (***for*** zu); **3.** bezeichnen, charakterisieren (***as*** als); **4.** einschränken, modifizieren; **5.** abschwächen, mildern; **6.** *Getränke* verdünnen; **7.** *ling.* modifizieren, näher bestimmen; **II** *v/i.* **8.** sich qualifizieren *od.* eignen, die Eignung besitzen *od.* nachweisen, in Frage kommen (***for*** für; ***as*** als): ***~ing examination*** Eignungsprüfung *f*; ***~ing period*** Anwartschafts-, Probezeit *f*; **9.** *sport* sich qualifizieren (***for*** für): ***~ing round*** Ausscheidungsrunde *f*; **10.** die nötigen Fähigkeiten erwerben; **11.** die (ju'ristischen) Vorbedingungen erfüllen, *bsd. Am.* den Eid ablegen; **qual·i·ta·tive** ['kwɒlɪtətɪv] *adj.* □ qualita'tiv (*a.* ⚗ *Analyse*, *a.* ⚖ *Verteilung*); **qual·i·ty** ['kwɒlətɪ] *s.* **1.** Eigenschaft *f* (*Person u. Sache*): (***good***) ***~*** gute Eigenschaft; ***in the ~ of*** (in der Eigenschaft) als; **2.** Art *f*, Na'tur *f*, Beschaffenheit *f*; **3.** Fähigkeit *f*, Ta'lent *n*; **4.** *bsd.* ✝, ⚙ Quali'tät *f*: ***in ~*** qualitativ; **5.** ✝ (Güte)Sorte *f*, Klasse *f*; **6.** gute Quali'tät, Güte *f*: ***~ goods*** Qualitätswaren; ***~ of life*** Lebensqualität; **7.** a) ♪ 'Tonqualiˌtät *f*, -farbe *f*, b) *ling.* Klangfarbe *f*; **8.** *phls.* Quali'tät *f*; **9.** vornehmer Stand: ***person of ~*** Standesperson *f*; ***the people of ~*** die vornehme Welt.

qualm [kwɑːm] *s.* **1.** Übelkeitsgefühl *n*, Schwäche(anfall *m*) *f*; **2.** Bedenken *pl.*, Zweifel *pl.*; Skrupel *m*; **'qualm·ish** [-mɪʃ] *adj.* □ **1.** (sich) übel (fühlend), unwohl; **2.** Übelkeits...: ***~ feelings***.

quan·da·ry ['kwɒndərɪ] *s.* Verlegenheit *f*, verzwickte Lage: ***be in a ~*** sich in e-m Dilemma befinden; nicht wissen, was man tun soll.

quan·ta ['kwɒntə] *pl. von* ***quantum***.

quan·ti·ta·tive ['kwɒntɪtətɪv] *adj.* □ quantita'tiv (*a. ling.*), Mengen...: ***~ analysis*** ⚗ quantitative Analyse; ***~ ratio*** Mengenverhältnis *n*; **quan·ti·ty** ['kwɒntətɪ] *s.* **1.** Quanti'tät *f*, (bestimmte *od.* große) Menge, Quantum *n*: ***~ of heat*** *phys.* Wärmemenge; ***a ~ of cigars*** e-e Anzahl Zigarren; ***in*** (***large***) ***quantities*** in großen Mengen; ***~ discount*** ✝ Mengenrabatt *m*; ***~ production*** Massenerzeugung *f*, Serienfertigung *f*; ***~ purchase*** Großeinkauf *m*; ***~ surveyor*** *Brit.* Bausachverständige(r) *m*; **2.** ⚖ Größe *f*: ***negligible ~*** a) unwesentliche Größe, b) *fig.* völlig unbedeutende Person *etc.*; ***numerical ~*** Zahlengröße; (***un***)***known ~*** (un)bekannte Größe (*a. fig.*); **3.** *ling.* Quanti'tät *f*, Lautdauer *f*; (Silben)Zeitmaß *n.*

quan·ti·za·tion [ˌkwɒntɪ'zeɪʃn] *s. phys.* Quantelung *f*; **quan·tize** ['kwɒntaɪz] *v/t.* **1.** *phys.* quanteln; **2.** *Computer*: quantisieren.

quan·tum ['kwɒntəm] *pl.* **-ta** [-tə] *s.* **1.** Quantum *n*, Menge *f*; **2.** (An)Teil *m*; **3.** *phys.* Quant *n*: ***~ of radiation*** Lichtquant; **~ me·chan·ics** *s. pl.* 'Quantenmeˌchanik *f*; **~ or·bit**, **~ path** *s.* Quantenbahn *f.*

quar·an·tine ['kwɒrəntiːn] **I** *s.* ⚕ **1.** Quaran'täne *f*: ***absolute ~*** Isolierung *f*;

~ flag ⚓ Quarantäneflagge *f*; ***put in ~*** → 2; **II** *v/t*. **2.** unter Quaran'täne stellen; **3.** *fig. pol.*, ✝ *Land* völlig isolieren.

quar·rel ['kwɒrəl] **I** *s*. **1.** Streit *m*, Zank *m*, Hader *m* (***with*** mit; ***between*** zwischen): ***have no ~ with*** (*od*. ***against***) keinen Grund zum Streit haben mit, nichts auszusetzen haben an (*dat*.); → ***pick*** 8; **II** *v/i*. **2.** (sich) streiten, (sich) zanken (***with*** mit; ***for*** wegen; ***about*** über *acc*.); **3.** sich entzweien; **4.** hadern (***with one's lot*** mit s-m Schicksal); **5.** et. auszusetzen haben (***with*** an *dat*.); → ***bread*** 2; '**quar·rel·(l)er** [-rələ] *s*. Zänker(in), ‚Streithammel' *m*; '**quar·rel·some** [-səm] *adj*. □ streitsüchtig; '**quar·rel·some·ness** [-səmnɪs] *s*. Streitsucht *f*.

quar·ri·er ['kwɒrɪə] *s*. Steinbrecher *m*.

quar·ry[1] ['kwɒrɪ] *s*. **1.** *hunt*. (verfolgtes) Wild, Jagdbeute *f*; **2.** *fig*. Wild *n*, Opfer *n*, Beute *f*.

quar·ry[2] ['kwɒrɪ] **I** *s*. **1.** Steinbruch *m*; **2.** Quaderstein *m*; **3.** 'unglasierte Kachel; **4.** *fig*. Fundgrube *f*, Quelle *f*; **II** *v/t*. **5.** *Steine* brechen, abbauen; **6.** *fig*. zs.-tragen, (mühsam) erarbeiten, ausgraben; stöbern (***for*** nach); '**~·man** [-mən] *s*. [*irr*.] → ***quarrier***; '**~·stone** *s*. Bruchstein *m*.

quart[1] [kwɔːt] *s*. **1.** Quart *n* (*Maß* = *Brit. 1,14 l*, *Am. 0,95 l*); **2.** *a*. ***~-pot*** Quartkrug *m*.

quart[2] [kɑːt] *s*. **1.** *fenc*. Quart *f*; **2.** *Kartenspiel*: Quart *f* (*Sequenz von 4 Karten gleicher Farbe*); **3.** ♪ Quart(e) *f*.

quar·tan ['kwɔːtn] ⚕ **I** *adj*. viertägig: ***~ fever*** → **II** *s*. Quar'tan-, Vier'tagefieber *n*.

quar·ter ['kwɔːtə] **I** *s*. **1.** Viertel *n*, vierter Teil: ***~ of a century*** Vierteljahrhundert *n*; ***for a ~ the price*** zum viertel Preis; ***not a ~ as good*** nicht annähernd so gut; **2.** *a*. ***~ of an hour*** Viertel(stunde *f*) *n*: ***a ~ to six*** (ein) Viertel vor sechs, drei Viertel sechs; **3.** *a*. ***~ of a year*** Vierteljahr *n*, Quar'tal *n*; **4.** Viertel(pfund *n*, -zentner *m*) *n*; **5.** *bsd*. Hinter)Viertel *n e-s Schlachttieres*; Kruppe *f e-s Pferdes*; **6.** *sport* a) (Spiel)Viertel *n*, b) Viertelmeile(nlauf *m*, *a*. ***~-mile race***) *f*, c) → ***quarterback*** I; **7.** *Am*. Vierteldollar *m*, 25 Cent; **8.** Quarter *n*: a) *Handelsgewicht* (*Brit. 12,7 kg*, *Am. 11,34 kg*), b) *Hohlmaß* (*2,908 hl*); **9.** Himmelsrichtung *f*; **10.** Gegend *f*, Teil *m e-s Landes etc*.: ***at close ~s*** nahe aufeinander; ***come to close ~s*** handgemein werden; ***from all ~s*** von überall(her); ***in this ~*** hierzulande, in dieser Gegend; **11.** (Stadt)Viertel *n*: ***poor ~*** Armenviertel; ***residential ~*** Wohnbezirk *m*; **12.** *mst pl*. Quar'tier *n*, 'Unterkunft *f*, Wohnung *f*: ***have free ~s*** freie Wohnung haben; **13.** *mst pl*. ⚔ Quar'tier *n*, ('Truppen)ˌUnterkunft *f*: ***be confined to ~s*** Stubenarrest haben; **14.** Stelle *f*, Seite *f*, Quelle *f*: ***higher ~s*** höhere Stellen; ***in the proper ~*** bei der zuständigen Stelle; ***from official ~s*** von amtlicher Seite; ***from a good ~*** aus guter Quelle; → ***informed*** 1; **15.** *bsd*. ⚔ Par'don *m*, Schonung *f*: ***find no ~*** keine Schonung finden; ***give no ~*** keinen Pardon geben; ***give fair ~*** *fig*. Nachsicht üben; **16.** ⚓ Achterschiff *n*; **17.** ⚓ Posten *m*; **18.** *her*. Quar'tier *n*, (Wappen)Feld *n*; **19.** ⚙, ⚠ Stollenholz *n*; **II** *v/t*. **20.** *et*. vierteln; *weitS*. aufteilen, zerstückeln; **21.** *j-n* vierteilen; **22.** *Wappenschild* vieren; **23.** *j-n* beherbergen; ⚔ einquartieren, *Truppen* 'unterbringen ([***up***]***on*** bei): ***~ed in barracks*** kaserniert; ***be ~ed at*** (*od*. ***in***) in Garnison liegen in (*dat*.); ***be ~ed*** (***up***)***on*** bei *j-m* in Quartier liegen; ***~ o.s. upon s.o.*** *fig*. sich bei j-m einquartieren; **24.** *Gegend* durch'stöbern (*Jagdhunde*).

'**quar·ter|·back I** *s*. *American Football*: ‚Angriffsdiriˌgent' *m*; **II** *v/t*. *den Angriff* dirigieren (*a. fig*.); **~ bind·ing** *s*. *Buchbinderei*: Halbfranz(band *m*) *n*; **~ cir·cle** *s*. **1.** ⟁ Viertelkreis *m*; **2.** ⚙ Abrundung *f*; **~ day** *s*. Quar'talstag *m für fällige Zahlungen* (*in England*: *25. 3.*, *24. 6.*, *29. 9.*, *25. 12.*; *in USA*: *1. 1.*, *1. 4.*, *1. 7.*, *1. 10.*); '**~·deck** *s*. ⚓ **1.** Achterdeck *n*; **2.** *coll*. Offi'ziere *pl*.; ˌ**~'fi·nal** *s*. *sport* **1.** *mst pl*. 'Viertelfiˌnale *n*; **2.** 'Viertelfiˌnalspiel *n*; ˌ**~'fi·nal·ist** *s*. *sport* Teilnehmer(in) am Viertelfinale.

quar·ter·ly ['kwɔːtəlɪ] **I** *adj*. **1.** Viertel...; **2.** vierteljährlich, Quartals...; **II** *adv*. **3.** in *od*. nach Vierteln; **4.** vierteljährlich, quar'talsweise; **III** *s*. **5.** Vierteljahresschrift *f*.

'**quar·terˌmas·ter** *s*. **1.** ⚔ Quar'tiermeister *m*; **2.** ⚓ a) Steuerer *m* (*Handelsmarine*), b) Steuermannsmaat *m* (*Kriegsmarine*); '**~-'Gen·er·al** *s*. ⚔ Gene'ralquarˌtiermeister *m*.

quar·tern ['kwɔːtən] *s*. *bsd*. *Brit*. **1.** Viertel *n* (*bsd. e-s Maßes od. Gewichtes*): a) Viertelpinte *f*, b) Viertel *n* e-s engl. Pfunds; **2.** *a*. ***~ loaf*** Vier'pfundbrot *n*.

quar·ter| ses·sions *s. pl*. ⚖ **1.** *Brit. obs*. Krimi'nalgericht *n* (*mit vierteljähr-*

lichen Sitzungen, *a. Berufungsinstanz für Zivilsachen*; *bis 1971*); **2.** *Am.* (*in einigen Staaten*) *ein ähnliches* Gericht für Strafsachen; **'~-tone** *s.* ♪ **1.** 'Vierteltoninter,vall *n*; **2.** Viertelton *m*.

quar·tet(te) [kwɔː'tet] *s.* **1.** ♪ Quar'tett *n* (*a. humor. 4 Personen*); **2.** Vierergruppe *f*.

quar·tile ['kwɔːtaɪl] *s.* **1.** *ast.* Quadra'tur *f*, Geviertschein *m*; **2.** *Statistik*: Quar'til *n*, Viertelswert *m*.

quar·to ['kwɔːtəʊ] *pl.* **-tos** *typ.* **I** *s.* 'Quartfor,mat *n*; **II** *adj.* im 'Quartfor,mat.

quartz [kwɔːts] *s. min.* Quarz *m*: ***crystallized ~*** Bergkristall *m*; ***~ clock*** Quarzuhr *f*; ***~ lamp*** a) ⚙ Quarz(glas)lampe *f*, b) ⚕ Quarzlampe *f* (*Höhensonne*).

qua·sar ['kweɪzɑː] *s. ast.* Qua'sar *m*.

quash[1] [kwɒʃ] *v/t.* ⚖ **1.** *Verfügung etc.* aufheben, annullieren, verwerfen; **2.** *Klage* abweisen; **3.** *Verfahren* niederschlagen.

quash[2] [kwɒʃ] *v/t.* **1.** zermalmen, stören; **2.** *fig.* unter'drücken.

qua·si ['kweɪzaɪ] *adv.* gleichsam, gewissermaßen, sozu'sagen; (*mst mit Bindestrich*) Quasi..., Schein..., ...ähnlich: ***~ contract*** vertragsähnliches Verhältnis; ***~-judicial*** quasigerichtlich; ***~-official*** halbamtlich.

qua·ter·na·ry [kwə'tɜːnərɪ] **I** *adj.* **1.** aus vier bestehend; **2.** ♀ *geol.* Quartär...; **3.** ⚗ vierbindig, quater'när; **II** *s.* **4.** Gruppe *f* von 4 Dingen; **5.** Vier *f* (*Zahl*); **6.** *geol.* Quar'tär(peri,ode *f*) *n*.

quat·rain ['kwɒtreɪn] *s.* Vierzeiler *m*.

quat·re·foil ['kætrəfɔɪl] *s.* **1.** △ Vierpaß *m*; **2.** ⚘ vierblättriges (Klee)Blatt.

qua·ver ['kweɪvə] **I** *v/i.* **1.** zittern; **2.** ♪ tremolieren (*weitS. a. beim Sprechen*); **II** *v/t. mst* ***~ out*** **3.** mit über'triebenem Vi'brato singen; **4.** mit zitternder Stimme sagen, stammeln; **III** *s.* **5.** ♪ Trillern *n*, Tremolo *n*; **6.** ♪ *Brit.* Achtelnote *f*; **'qua·ver·y** [-vərɪ] *adj.* zitternd.

quay [kiː] *s.* ⚓ (***on the ~*** am) Kai *m*; **quay·age** ['kiːɪdʒ] *s.* **1.** Kaigeld *n*, -gebühr *f*; **2.** Kaianlagen *pl*.

quea·si·ness ['kwiːzɪnɪs] *s.* **1.** Übelkeit *f*; **2.** ('Über)Empfindlichkeit *f*; **quea·sy** ['kwiːzɪ] *adj.* □ **1.** ('über)empfindlich (*Magen etc.*); **2.** heikel, mäkelig (*beim Essen etc.*); **3.** ekelerregend; **4.** unwohl: ***I feel ~*** mir ist übel; **5.** bedenklich.

queen [kwiːn] **I** *s.* **1.** Königin *f* (*a. fig.*): ***♀ of (the) May*** Maikönigin; ***the ~ of the watering-places*** *fig.* die Königin *od.* Perle der Badeorte; ***~'s metal*** Weißmetall *n*; ***~'s ware*** gelbes Steingut; ***♀ Anne is dead!*** *humor.* so'n Bart!; **2.** *zo.* Königin *f*: a) *a.* ***~ bee*** Bienenkönigin, b) *a.* ***~ ant*** Ameisenkönigin; **3.** *Kartenspiel*, *Schach*: Dame *f*: ***~'s pawn*** Damenbauer *m*; **4.** *sl.* a) ‚Schwule(r)' *m*, ‚Tunte' *f*, b) *Am.* ‚Prachtweib' *n*; **II** *v/i.* **5.** *mst* ***~ it*** die große Dame spielen: ***~ it over*** *j-n* von oben herab behandeln; **6.** *Schach*: in e-e Dame verwandelt werden (*Bauer*); **III** *v/t.* **7.** zur Königin machen; **8.** *Bienenstock* beweiseln; **9.** *Schach*: *Bauern* (in e-e Dame) verwandeln; **~ dow·a·ger** *s.* Königinwitwe *f*; **'~·like** → ***queenly***.

queen·ly ['kwiːnlɪ] *adj. u. adv.* wie e-e Königin, maje'stätisch.

queen moth·er *s.* Königinmutter *f*.

Queen's| Bench → ***King's Bench***; **~ Coun·sel** → ***King's Counsel***; **~ English** → ***English*** 3; **~ Speech** → ***King's Speech***.

queer [kwɪə] **I** *adj.* □ **1.** seltsam, sonderbar, wunderlich, kuri'os, ‚komisch': ***~ (in the head)*** F leicht verrückt; ***~ fellow*** komischer Kauz; **2.** F fragwürdig, ‚faul' (*Sache*): ***be in ♀ Street*** a) ‚auf dem trockenen sitzen', b) ‚in der Tinte sitzen'; **3.** unwohl, schwummerig: ***feel ~*** sich ‚komisch' fühlen; **4.** *sl.* gefälscht; **5.** *sl.* ‚schwul' (*homosexuell*); **II** *v/t.* **6.** *sl.* verpfuschen, verderben; → ***pitch***[2] 1; **7.** *sl.* *j-n* in ein falsches Licht setzen (***with*** bei); **III** *s.* **8.** *sl.* ‚Blüte' *f* (*Falschgeld*); **9.** *sl.* ‚Schwule(r)' *m*, ‚Homo' *m*.

quell [kwel] *v/t. rhet.* **1.** bezwingen; **2.** *Aufstand etc.*, *a. Gefühle* unter'drükken, ersticken.

quench [kwentʃ] *v/t.* **1.** *rhet. Flammen*, *Durst etc.* löschen; **2.** *fig.* a) → ***quell*** 2, b) *Hoffnung* zu'nichte machen, c) *Verlangen* stillen; **3.** ⚙ *Asche*, *Koks etc.* (ab)löschen; **4.** *metall.* abschrecken, härten: ***~ing and tempering*** (Stahl-) Vergütung *f*; **5.** ⚡ *Funken* löschen: ***~ed spark gap*** Löschfunkenstrecke *f*; **6.** *fig. j-m* den Mund stopfen; **'quench·er** [-tʃə] *s.* F Schluck *m*; **'quench·less** [-lɪs] *adj.* □ un(aus)löschbar.

que·nelle [kə'nel] *s.* Fleisch- *od.* Fischknödel *m*.

que·rist ['kwɪərɪst] *s.* Fragesteller(in).

quer·u·lous ['kwerʊləs] *adj.* □ quengelig, nörgelnd, verdrossen.

que·ry ['kwɪərɪ] **I** *s.* **1.** (*bsd.* zweifelnde *od.* unangenehme) Frage; ✝ Rückfrage *f*: ***~*** (*abbr.* ***qu.***), ***was the money ever***

paid? Frage, wurde das Geld je bezahlt?; **2.** *typ.* (anzweifelndes) Fragezeichen; **3.** *fig.* Zweifel *m*; **II** *v/t.* **4.** fragen; **5.** *j-n* (aus-, be)fragen; **6.** *et.* in Zweifel ziehen, in Frage stellen, beanstanden; **7.** *typ.* mit e-m Fragezeichen versehen.

quest [kwest] **I** *s.* **1.** Suche *f*, Streben *n*, Trachten *n* (***for***, ***of*** nach): ***knightly ~*** Ritterzug *m*; ***the ~ for the*** (***Holy***) ***Grail*** die Suche nach dem (Heiligen) Gral; ***in ~ of*** auf der Suche nach; **2.** Nachforschung(en *pl.*) *f*; **II** *v/i.* **3.** suchen (***for***, ***after*** nach); **4.** Wild suchen (*Jagdhund*); **III** *v/t.* **5.** suchen *od.* trachten nach.

ques·tion [ˈkwestʃən] **I** *s.* **1.** Frage *f* (*a. ling.*): ***beg the ~*** die Antwort auf eine Frage schuldig bleiben; ***put a ~ to s.o.*** j-m e-e Frage stellen; ***the ~ does not arise*** die Frage ist belanglos; → ***pop***[1] 10; **2.** Frage *f*, Proˈblem *n*, Thema *n*, (Streit)Punkt *m*: ***the social ~*** die soziale Frage; ***~s of the day*** Tagesfragen; ***~ of fact*** ⚖ Tatfrage; ***~ of law*** ⚖ Rechtsfrage; ***the point in ~*** die fragliche *od.* vorliegende *od.* zur Debatte stehende Sache; ***come into ~*** in Frage kommen, wichtig werden; ***there is no ~ of*** *s.th. od. ger.* es ist nicht die Rede von *et. od.* davon, daß; ***~!*** *parl.* zur Sache!; **3.** Frage *f*, Sache *f*, Angelegenheit *f*: ***only a ~ of time*** nur e-e Frage der Zeit; **4.** Frage *f*, Zweifel *m*: ***beyond*** (***all***) ***~*** ohne Frage, fraglos; ***call in ~*** → 8; ***there is no ~ but*** (*od.* ***that***) es steht außer Frage, daß; ***out of ~*** außer Frage; ***that is out of the ~*** das kommt nicht in Frage; **5.** *pol.* Anfrage *f*: ***put to the ~*** zur Abstimmung über *e-e Sache* schreiten; **6.** ⚖ Vernehmung *f*; Unterˈsuchung *f*: ***put to the ~*** *hist. j-n* foltern; **II** *v/t.* **7.** *j-n* (aus-, be)fragen; ⚖ vernehmen, -hören; **8.** *et.* an-, bezweifeln, in Zweifel ziehen; ˈ**ques·tion·a·ble** [-tʃənəbl] *adj.* □ **1.** fraglich, zweifelhaft, ungewiß; **2.** bedenklich, fragwürdig; ˈ**ques·tion·ar·y** [-tʃənərɪ] → ***questionnaire***; ˈ**ques·tion·er** [-tʃənə] *s.* Fragesteller(in), Frager(in); ˈ**ques·tion·ing** [-tʃənɪŋ] **I** *adj.* □ fragend (*a. Blick*, *Stimme*); **II** *s.* Befragung *f*; ⚖ Vernehmung *f*.

ques·tion| mark *s.* Fragezeichen *n*; **~ mas·ter** *s.* Modeˈrator *m* e-r Quizsendung.

ques·tion·naire [ˌkwestɪəˈneə] (*Fr.*) *s.* Fragebogen *m*.

ques·tion time *s. parl.* Fragestunde *f*.

queue [kju:] **I** *s.* **1.** (Haar)Zopf *m*; **2.** *bsd. Brit.* Schlange *f*, Reihe *f vor Geschäften etc.*: ***stand*** (*od.* ***wait***) ***in a ~*** Schlange stehen; → ***jump*** 25; **II** *v/i.* **3.** *mst* ***~ up*** *Brit.* Schlange stehen, sich anstellen; ˈ**~-ˌjump·er** *s.* F j-d., der sich vordrängelt, *mot.* Koˈlonnenspringer *m*.

quib·ble [ˈkwɪbl] **I** *s.* **1.** Spitzfindigkeit *f*, Wortklaubeˈrei *f*, Ausflucht *f*; **2.** *obs.* Wortspiel *n*; **II** *v/i.* **3.** herˈumreden, Ausflüchte machen; **4.** spitzfindig sein, Haarspalteˈrei betreiben; **5.** witzeln; ˈ**quib·bler** [-lə] *s.* **1.** Wortklauber(in), -verdreher(in); **2.** Krittler(in); ˈ**quib·bling** [-lɪŋ] *adj.* □ spitzfindig, haarspalterisch, wortklauberisch.

quick [kwɪk] **I** *adj.* □ **1.** schnell, soˈfortig: ***~ answer*** (***service***) prompte Antwort (Bedienung); ***~ returns*** ✝ schneller Umsatz; **2.** schnell, hurtig, geschwind, rasch: ***be ~!*** mach schnell!, beeile dich!; ***be ~ about s.th.*** sich mit et. beeilen; **3.** (geistig) gewandt, flink, aufgeweckt, schlagfertig, ‚fix'; beweglich, flink (*Geist*): ***~ wit*** Schlagfertigkeit *f*; **4.** scharf (*Auge*, *Ohr*, *Verstand*): ***a ~ ear*** ein feines Gehör; **5.** scharf (*Geruch*, *Geschmack*, *Schmerz*); **6.** voreilig, hitzig: ***a ~ temper***; **7.** *obs.* lebend (*a.* ⚘ *Hecke*), lebendig: ***~ with child*** (hoch)schwanger; **8.** *fig.* lebhaft (*a. Gefühle*; *a. Handel etc.*); **9.** lose, treibend (*Sand etc.*); **10.** *min.* erzhaltig, ergiebig; **11.** ✝ flüssig (*Anlagen*, *Aktiva*); **II** *s.* **12.** ***the ~*** die Lebenden *pl.*; **13.** (lebendes) Fleisch; *fig.* Mark *n*: ***to the ~*** a) (bis) ins Fleisch, b) *fig.* bis ins Mark *od.* Herz, c) durch u. durch; ***cut s.o. to the ~*** j-n tief verletzen; ***touched to the ~*** bis ins Mark getroffen; ***a Socialist to the ~*** ein Sozialist bis auf die Knochen; ***paint s.o. to the ~*** j-n malen wie er leibt u. lebt; **14.** *Am.* → ***quicksilver***; **III** *adv.* **15.** schnell, geschwind; ˌ**~-ˈac·tion** *adj.* ⚙ Schnell…; ˈ**~-break switch** *s.* ⚡ Moˈmentschalter *m*; ˈ**~-change** *adj.* **1.** ***~ artist*** *thea.* Verwandlungskünstler(in); **2.** ⚙ Schnellwechsel…(*-futter*, *-getriebe etc.*); ˈ**~-ˌdry·ing** *adj.* schnelltrocknend (*Lack*); äˈtherisch (*Öl*); ˈ**~-eared** *adj.* mit e-m feinen Gehör.

quick·en [ˈkwɪkən] **I** *v/t.* **1.** beschleunigen; **2.** (wieder) lebendig machen; beseelen; **3.** *Interesse etc.* an-, erregen; **4.** beleben, *j-m* neuen Auftrieb geben; **II** *v/i.* **5.** sich beschleunigen (*Puls*, *Schritte etc.*); **6.** (wieder) lebendig werden; **7.** gekräftigt werden; **8.** hochˈschwanger werden; **9.** sich bewegen (*Fötus*).

ˈ**quick|-eyed** *adj.* scharfsichtig (*a. fig.*);

'~-ˌ**fire**, '~-ˌ**fir·ing** *adj.* ⚔ Schnellfeuer…; '~-**freeze** *v/t.* einfrieren, tiefkühlen; '~-ˌ**freez·ing** *s.* Tiefkühl-, Gefrierverfahren *n*; '~-ˌ**fro·zen** *adj.* tiefgekühlt.

quick·ie ['kwɪkɪ] *s.* F **1.** *et.* ,'Hingehauenes', ,auf die Schnelle' gemachte Sache, *z. B.* billiger, improvisierter Film; **2.** ,kurze Sache', *z. B.* kurzer Werbefilm; **3.** ***have a*** ~ F rasch einen ,kippen'.

'**quick**|·**lime** *s.* ⚗ gebrannter, ungelöschter Kalk, Ätzkalk *m*; ~ **march** *s.* ⚔ Eilmarsch *m*; '~·**match** *s.* ⚔, ⚒ Zündschnur *f*; ~ **mo·tion** *s.* ⚙ Schnellgang *m*; ˌ~-'**mo·tion cam·er·a** *s. phot.* Zeitraffer(kamera *f*) *m*.

quick·ness ['kwɪknɪs] *s.* **1.** Schnelligkeit *f*; **2.** (geistige) Beweglichkeit *od.* Flinkheit; **3.** Hitzigkeit *f*: ~ ***of temper***; **4.** ~ ***of sight*** gutes Sehvermögen; **5.** Lebendigkeit *f*, Kraft *f*.

'**quick**|·**sand** *s. geol.* Treibsand *m*; '~·**set** *s.* **1.** heckenbildende Pflanze, *bsd.* Weißdorn *m*; **2.** Setzling *m*; **3.** *u.* ~ ***hedge*** lebende Hecke; ˌ~-'**set·ting** *adj.* ⚙ schnell abbindend (*Zement etc.*); ˌ~-'**sight·ed** *adj.* scharfsichtig; '~ˌ**sil·ver** *s.* Quecksilber *n* (*a. fig.*); '~·**step** *s.* **1.** ⚔ Schnellschritt *m*; **2.** ♪ Quickstep *m* (*schneller Foxtrott*); ˌ~-'**tem·pered** *adj.* hitzig, jäh; ~ **time** *s.* ⚔ **1.** schnelles Marschtempo; **2.** exerziermäßiges Marschtempo: ~ ***march!*** Im Gleichschritt, marsch!; ˌ~-'**wit·ted** *adj.* schlagfertig, aufgeweckt, ,fix'.

quid¹ [kwɪd] *s.* **1.** Priem *m* (*Kautabak*); **2.** wiedergekäutes Futter.

quid² [kwɪd] *pl. mst* **quid** *s. Brit. sl.* Pfund *n* (Sterling).

quid·di·ty ['kwɪdətɪ] *s.* **1.** *phls.* Es'senz *f*, Wesen *n*; **2.** Feinheit *f*; **3.** Spitzfindigkeit *f*.

quid·nunc ['kwɪdnʌŋk] *s.* Neuigkeitskrämer *m*, Klatschtante *f*.

quid pro quo [ˌkwɪdprəʊ'kwəʊ] *pl.* **quid pro quos** (*Lat.*) *s.* Gegenleistung *f*, Vergütung *f*.

qui·es·cence [kwaɪ'esns] *s.* Ruhe *f*, Stille *f*; **qui'es·cent** [-nt] *adj.* □ **1.** ruhig, bewegungslos; *fig.* ruhig, still: ~ ***state*** Ruhezustand *m*; **2.** *ling.* stumm (*Buchstabe*).

qui·et ['kwaɪət] **I** *adj.* □ **1.** ruhig, still (*a. fig. Person, See, Straße etc.*); **2.** ruhig, leise, geräuschlos (*a.* ⚙): ~ ***running*** *mot.* ruhiger Gang; ***be ~!*** sei still!; ~, ***please!*** ich bitte um Ruhe!; ***keep*** ~ a) sich ruhig verhalten, b) den Mund halten; **3.** bewegungslos, still; **4.** ruhig, friedlich (*a. Leben, Zeiten*); behaglich, beschaulich: ~ ***conscience*** ruhiges Gewissen; ~ ***enjoyment*** ⚖ ruhiger Besitz, ungestörter Genuß; **5.** ruhig, unauffällig (*Farbe etc.*); **6.** versteckt, geheim, leise: ***keep s.th.*** ~ et. geheimhalten, et. für sich behalten; **7.** ✝ ruhig, still, ,flau' (*Geschäft etc.*); **II** *s.* **8.** Ruhe *f*, Stille *f*; Frieden *m*: ***on the*** ~ (*od.* ***on the q.t.***) F ,klammheimlich', stillschweigend; **III** *v/t.* **9.** beruhigen, zur Ruhe bringen; **10.** besänftigen; **11.** zum Schweigen bringen; **IV** *v/i.* **12.** *mst* ~ ***down*** ruhig *od.* still werden, sich beruhigen; '**qui·et·en** [-tn] → ***quiet*** III *u.* IV.

qui·et·ism ['kwaɪɪtɪzəm] *s. eccl.* Quie'tismus *m*.

qui·et·ness ['kwaɪətnɪs] *s.* **1.** → ***quietude***; **2.** Geräuschlosigkeit *f*; **qui·e·tude** ['kwaɪɪtju:d] *s.* **1.** Stille *f*, Ruhe *f*; **2.** *fig.* Friede(n) *m*; **3.** (Gemüts)Ruhe *f*.

qui·e·tus [kwaɪ'i:təs] *s.* **1.** Ende *n*, Tod *m*; **2.** Todesstoß *m*: ***give s.o. his*** ~ j-m den Garaus machen; **3.** (restlose) Tilgung *e-r Schuld*; **4.** ⚖ a) *Brit.* Endquittung *f*, b) *Am.* Entlastung *f des Nachlaßverwalters*.

quill [kwɪl] **I** *s.* **1.** *a.* ~-***feather*** *orn.* (Schwung-, Schwanz)Feder *f*; **2.** *a.* ~ ***pen*** Federkiel *m*; *fig.* Feder *f*; **3.** *zo.* Stachel *m* (*Igel etc.*); **4.** ♪ a) *hist.* Panflöte *f*, b) Plektrum *n*; **5.** Zahnstocher *m*; **6.** Zimtstange *f*; **7.** ⚙ Weberspule *f*; **8.** ⚙ Hohlwelle *f*; **II** *v/t.* **9.** rund fälteln, kräuseln; **10.** *Faden* aufspulen; '~-ˌ**driv·er** *s. contp.* Federfuchser *m*.

quilt [kwɪlt] **I** *s.* **1.** Steppdecke *f*; **2.** gesteppte (Bett)Decke; **II** *v/t.* **3.** steppen, 'durchnähen; **4.** wattieren, (aus)polstern; '**quilt·ing** [-tɪŋ] *s.* **1.** 'Durchnähen *n*, Steppen *n*: ~ ***seam*** Steppnaht *f*; **2.** gesteppte Arbeit; **3.** Füllung *f*, Wattierung *f*; **4.** Pi'kee *m* (*Gewebe*).

quim [kwɪm] *s.* V ,Möse' *f*.

quince [kwɪns] *s.* ⚘ Quitte *f*.

qui·nine [*Brit.* kwɪ'ni:n; *Am.* 'kwaɪnaɪn] *s.* ⚗, *pharm.* Chi'nin *n*.

quin·qua·ge·nar·i·an [ˌkwɪŋkwədʒɪ'neərɪən] **I** *adj.* fünfzigjährig, in den Fünfzigern; **II** *s.* Fünfzigjährige(r *m*) *f*, Fünfziger(in); **quin·quen·ni·al** [kwɪŋ'kwenɪəl] *adj.* □ fünfjährig; fünfjährlich (*wiederkehrend*).

quins [kwɪnz] *s. pl.* F Fünflinge *pl.*

quin·sy ['kwɪnzɪ] *s.* ⚕ (Hals)Bräune *f*, Mandelentzündung *f*.

quint *s.* **1.** [kɪnt] *Pikett*: Quinte *f*; **2.** [kwɪnt] ♪ Quint(e) *f*.

quin·tal ['kwɪntl] *s.* Doppelzentner *m*.

quinte [kɛ̃t; kænt] (*Fr.*) *s. fenc.* Quinte *f.*

quint·es·sence [kwɪnˈtesns] *s.* **1.** ⚗ ˈQuintessenz *f* (*a. phls. u. fig.*); **2.** *fig.* Kern *m*, Inbegriff *m*; **3.** a) Urtyp *m*, b) klassisches Beispiel, c) (höchste) Vollˈkommenheit *f.*

quin·tet(te) [kwɪnˈtet] *s.* **1.** ♪ Quinˈtett *n* (*a. humor. 5 Personen*); **2.** Fünfergruppe *f.*

quin·tu·ple [ˈkwɪntjʊpl] **I** *adj.* fünffach; **II** *s. das* Fünffache; **III** *v/t. u. v/i.* (sich) verfünffachen; ˈ**quin·tu·plets** [-plɪts] *s. pl.* Fünflinge *pl.*

quip [kwɪp] **I** *s.* **1.** witziger Einfall, geistreiche Bemerkung, Bonˈmot *n*; **2.** (Seiten)Hieb *m*, Stich(eˈlei *f*) *m*; **II** *v/i.* **3.** witzeln, spötteln.

quire [ˈkwaɪə] *s.* **1.** *typ.* Buch *n* (*24 Bogen*); **2.** *Buchbinderei*: Lage *f.*

quirk [kwɜːk] *s.* **1.** → ***quip*** 1, 2; **2.** Kniff *m*, Trick *m*; **3.** Zucken *n des Mundes etc.*; **4.** Eigenart *f*, seltsame Angewohnheit: ***by a ~ of fate*** durch e-n verrückten Zufall, wie das Schicksal so spielt; **5.** Schnörkel *m*; **6.** ⚠ Hohlkehle *f*; ˈ**quirk·y** [-kɪ] *adj.* F **1.** ‚gerissen' (*Anwalt etc.*); **2.** eigenartig, schrullig, ‚komisch'.

quis·ling [ˈkwɪzlɪŋ] *s. pol.* F Quisling *m*, Kollaboraˈteur *m.*

quit [kwɪt] **I** *v/t.* **1.** verzichten auf (*acc.*); **2.** *a. Stellung* aufgeben; *Dienst* quittieren; sich vom *Geschäft* zuˈrückziehen; **3.** F aufhören (***s.th.*** mit et.; ***doing*** zu tun); **4.** verlassen; **5.** *Schuld* bezahlen, tilgen; **6.** ***~ o.s.*** sich befreien (***of*** von); **7.** *poet.* vergelten (***love with hate*** Liebe mit Haß); **II** *v/i.* **8.** aufhören; **9.** weggehen; **10.** ausziehen (*Mieter*): ***notice to ~*** Kündigung *f*; ***give notice to ~*** (*j-m* die Wohnung) kündigen; **III** *adj. pred.* **11.** quitt, frei: ***go ~*** frei ausgehen; ***be ~ for*** davonkommen mit; **12.** frei, los (***of*** von): ***~ of charges*** ✝ nach Abzug der Kosten, spesenfrei; ˈ**~·claim** *s.* ⚖ **1.** Verzicht(leistung *f*) *m auf Rechte*; **2.** ***~ deed*** a) Grundstückskaufvertrag *m*, b) *Am.* Zessiˈonsurkunde *f* (*beide*: *ohne Haftung für Rechts- od. Sachmängel*).

quite [kwaɪt] *adv.* **1.** ganz, völlig: ***~ another*** ein ganz anderer; ***~ wrong*** völlig falsch; **2.** wirklich, tatsächlich, ziemlich: ***~ a disappointment*** e-e ziemliche Enttäuschung; ***~ good*** recht gut; ***~ a few*** ziemlich viele; ***~ a gentleman*** wirklich ein feiner Herr; **3.** F ganz, durchˈaus: ***~ nice*** ganz *od.* sehr nett; ***~ the thing*** genau das Richtige; ***~ (so)!*** ganz recht!

quit rent *s.* ⚖ Miet-, Pachtzins *m.*

quits [kwɪts] *adj.* quitt (*mit j-m*): ***call it ~*** quitt sein; ***get ~ with s.o.*** mit j-m quitt werden; → ***double*** 10.

quit·tance [ˈkwɪtəns] *s.* **1.** Vergeltung *f*, Entgelt *n*; **2.** Erledigung *f e-r Schuld etc.*; **3.** ✝ Quittung *f.*

quit·ter [ˈkwɪtə] *s. Am. u.* F **1.** Drückeberger *m*; **2.** Feigling *m.*

quiv·er[1] [ˈkwɪvə] **I** *v/i.* beben, zittern (***with*** vor *dat.*); **II** *s.* Beben *n*, Zittern *n*: ***in a ~ of excitement*** *fig.* zitternd vor Aufregung.

quiv·er[2] [ˈkwɪvə] *s.* Köcher *m*: ***have an arrow left in one's ~*** *fig.* noch ein Eisen im Feuer haben; ***a ~ full of children*** *fig.* e-e ganze Schar Kinder.

qui vive [ˌkiːˈviːv] (*Fr.*) *s.*: ***be on the ~*** auf dem Quivive *od.* auf der Hut sein.

quix·ot·ic [kwɪkˈsɒtɪk] *adj.* (□ ***~ally***) donquiˈchotisch (*weltfremd, überspannt*); **quix·ot·ism** [ˈkwɪksətɪzəm], **quix·ot·ry** [ˈkwɪksətrɪ] *s.* Donquichoteˈrie *f*, Narreˈtei *f.*

quiz [kwɪz] **I** *v/t.* **1.** *Am. j-n* prüfen, abfragen; **2.** (aus)fragen; **3.** *bsd. Brit.* aufziehen, hänseln; **4.** (spöttisch) anstarren, fixieren; **II** *pl.* ˈ**quiz·zes** [-zɪz] *s.* **5.** *ped. Am.* Prüfung *f*, Klassenarbeit *f*; **6.** Ausfragen *n*; **7.** *Radio, TV*: Quiz *n*: ***~ game*** Ratespiel *n*, Quiz; ***~master*** Quizmaster *m*; ***~ program(me)***, ***~ show*** Quizsendung *f*; **8.** Denksportaufgabe *f*; **9.** *obs.* Foppeˈrei *f*, Ulk *m.*

quiz·zi·cal [ˈkwɪzɪkl] *adj.* □ **1.** seltsam, komisch; **2.** spöttisch.

quod [kwɒd] *s. sl.* ‚Kittchen' *n*: ***be in ~*** *a.* ‚sitzen'.

quoin [kɔɪn] **I** *s.* **1.** ⚠ a) (vorspringende) Ecke, b) Eckstein *m*; **2.** *typ.* Schließkeil *m*; **II** *v/t.* **3.** *typ. Druckform* schließen; **4.** ⚙ verkeilen; **5.** ⚠ *Ecke* mit Keilsteinen versehen.

quoit [kɔɪt] *s.* **1.** Wurfring *m*; **2.** *pl. sg. konstr.* Wurfringspiel *n.*

quon·dam [ˈkwɒndæm] *adj.* ehemalig, früher.

Quon·set hut [ˈkwɒnsɪt] *s. Am.* (*Warenzeichen*) *e-e* Nissenhütte.

quo·rum [ˈkwɔːrəm] *s.* **1.** beschlußfähige Anzahl *od.* Mitgliederzahl: ***be*** (*od.* ***constitute***) ***a ~*** beschlußfähig sein; **2.** ⚖ handlungsfähige Besetzung *e-s Gerichts.*

quo·ta [ˈkwəʊtə] *s.* **1.** *bsd.* ✝ Quote *f*, Anteil *m*; **2.** ✝ (*Einfuhr- etc.*)Kontinˈgent *n*: ***~ goods*** kontingentierte Waren; ***~ system*** Zuteilungssystem *n*; **3.** ⚖ Konˈkursdividende(nquote) *f*; **4.**

Am. Einwanderungsquote *f.*
quot·a·ble ['kwəʊtəbl] *adj.* zi'tierbar.
quo·ta·tion [kwəʊ'teɪʃn] *s.* **1.** Zi'tat *n*; Anführung *f*, Her'anziehung *f* (*a.* ⚖): ***familiar ~s*** geflügelte Worte; **2.** Beleg (-stelle *f*) *m*; **3.** ✝ a) Preisangabe *f*, -ansatz *m*, b) (Börsen-, Kurs)Notierung *f*, Kurs *m*: ***final ~*** Schlußnotierung; **4.** *typ.* Steg *m*; **~ marks** *s. pl.* Anführungszeichen *pl.*, ‚Gänsefüßchen' *pl.*
quote [kwəʊt] **I** *v/t.* **1.** zitieren (***from*** aus), (*a. als Beweis*) anführen, *weitS. a.* Bezug nehmen auf (*acc.*), sich auf *ein Dokument etc.* berufen, *e-e Quelle*, *e-n Fall* her'anziehen; **2.** ✝ *Preis* aufgeben, ansetzen, berechnen; **3.** *Börse*: notieren: ***be ~d at*** (*od.* ***with***) notieren *od.* im Kurs stehen mit; **4.** *Am.* in Anführungszeichen setzen; **II** *v/i.* **5.** zitieren (***from*** aus): **~: ...** ich zitiere ..., Zitat...; **III** *s.* F **6.** Zi'tat *n*; **7.** *pl.* → ***quotation marks***.
quoth [kwəʊθ] *obs. ich*, *er*, *sie*, *es* sprach, sagte.
quo·tid·i·an [kwɒ'tɪdɪən] **I** *adj.* **1.** täglich: ***~ fever*** → 3; **2.** all'täglich, gewöhnlich; **II** *s.* **3.** ⚕ Quotidi'anfieber *n*.
quo·tient ['kwəʊʃnt] *s.* Ꜹ Quoti'ent *m*.

R

R, r [ɑː] *s.* R *n*, r *n* (*Buchstabe*): ***the three Rs*** (*reading*, [*w*]*riting*, [*a*]*rithmetic*) (das) Lesen, Schreiben, Rechnen.

rab·bet [ˈræbɪt] ⚙ **I** *s.* **1.** a) Fuge *f*, Falz *m*, Nut *f*, b) Falzverbindung *f*; **2.** Stoßstahl *m*; **II** *v/t.* **3.** einfügen, (zs.-)fugen, falzen; **~ joint** *s.* Fuge *f*, Falzverbindung *f*; **~ plane** *s.* Falzhobel *m*.

rab·bi [ˈræbaɪ] *s.* **1.** Rabˈbiner *m*; **2.** Rabbi *m* (*Schriftgelehrter*); **rab·bin·ate** [ˈræbɪnət] *s.* **1.** Rabbiˈnat *n*; **2.** *coll.* Rabˈbiner *pl.*; **rab·bin·i·cal** [ræˈbɪnɪkl] *adj.* □ rabˈbinisch.

rab·bit [ˈræbɪt] *s.* **1.** *zo.* Kaˈninchen *n*; **2.** *zo. Am. allg.* Hase *m*; **3.** → ***Welsh rabbit***; **4.** *sport* F a) Anfänger(in), b) ‚Flasche' *f*, c) *Laufsport*: Tempomacher *m*; **~ fe·ver** *s.* Hasenpest *f*; **~ hutch** *s.* Kaˈninchenstall *m*; **~ punch** *s. Boxen*: Genickschlag *m*.

rab·ble¹ [ˈræbl] *s.* **1.** Mob *m*, Pöbelhaufen *m*; **2. *the ~*** der Pöbel: ***~-rousing*** aufwieglerisch, demagogisch.

rab·ble² [ˈræbl] ⚙ **I** *s.* Rührstange *f*, Kratze *f*; **II** *v/t.* ˈumrühren.

Rab·e·lai·si·an [ˌræbəˈleɪzɪən] *adj.* **1.** des Rabeˈlais; **2.** im Stil von Rabeˈlais (*grob-satirisch*, *geistvoll-frech*).

rab·id [ˈræbɪd] *adj.* □ **1.** wütend (*a. Haß etc.*), rasend (*a. fig. Hunger etc.*); **2.** rabiˈat, faˈnatisch: ***a ~ anti-Semite***; **3.** toll(wütig): ***a ~ dog***; **ˈrab·id·ness** [-nɪs] *s.* **1.** Rasen *n*, Wut *f*; **2.** (wilder) Fanaˈtismus.

ra·bies [ˈreɪbiːz] *s. vet.* Tollwut *f*.

rac·coon [rəˈkuːn] *s.* Waschbär *m*.

race¹ [reɪs] *s.* **1.** Rasse *f*: ***the white ~***; **2.** Rasse *f*: a) Rassenzugehörigkeit *f*, b) rassische Eigenart: ***differences of ~*** Rassenunterschiede; **3.** a) Geschlecht *n*, Faˈmilie *f*, b) Volk *n*; **4.** *biol.* Rasse *f*, Gattung *f*, ˈUnterart *f*; **5.** (*Menschen- etc.*)Geschlecht *n*: ***the human ~***; **6.** *fig.* Kaste *f*, Schlag *m*: ***the ~ of politicians***; **7.** Rasse *f des Weins etc.*

race² [reɪs] **I** *s.* **1.** *sport* (Wett)Rennen *n*, (Wett)Lauf *m*: ***motor ~*** Autorennen; **2.** *pl. sport* Pferderennen *n*; → ***play*** 16; **3.** *fig.* (***for***) Wettlauf *m*, Kampf *m* (um), Jagd *f* (nach): ***~ against time*** Wettlauf mit der Zeit; **4.** *ast.* Lauf *m* (*a. fig. des Lebens etc.*): ***his ~ is run*** er hat die längste Zeit gelebt; **5.** a) starke Strömung, b) Stromschnelle *f*, c) Flußbett *n*, d) Kaˈnal *m*, Gerinne *n*, e) Kaˈnalgewässer *n*; **6.** ⚙ a) Laufring *m* (*Kugellager*), (Gleit)Bahn *f*, b) *Weberei*: Schützenbahn *f*; **7.** → ***slipstream***; **II** *v/i.* **8.** an e-m Rennen teilnehmen, *bsd.* um die Wette laufen *od.* fahren (***with*** mit); laufen *etc.* (***for*** um); **9.** (daˈhin)rasen, (-)schießen, rennen; **10.** ⚙ ˈdurchdrehen (*Rad*); **III** *v/t.* **11.** um die Wette laufen *od.* fahren *etc.* mit; **12.** *Pferde* rennen *od.* laufen lassen; **13.** *Fahrzeug* rasen lassen, rasen mit; **14.** *fig.* (ˈdurch)hetzen, (-)jagen; *Gesetz* ˈdurchpeitschen; **15.** ⚙ a) *Motor* ˈdurchdrehen lassen, b) *Motor* hochjagen: ***~ up Flugzeugmotor*** abbremsen; **~ boat** *s.* Rennboot *n*; **ˈ~·course** *s.* (Pferde)Rennbahn *f*; **~ di·rec·tor** *s. mot.* Rennleiter *m*; **ˈ~ˌgo·er** *s.* Rennplatzbesucher(in); **ˈ~·horse** *s.* Rennpferd *n*.

ra·ceme [rəˈsiːm] *s.* ⚘ Traube *f* (*Blütenstand*).

race meet·ing *s.* (Pferde)Rennen *n*.

rac·er [ˈreɪsə] *s.* **1.** a) (Renn)Läufer(in), b) Rennfahrer(in); **2.** Rennpferd *n*; **3.** Rennrad *n*, -boot *n*, -wagen *m*.

Race Re·la·tions Board *s. Brit.* Ausschuß *m* zur Verhinderung von Rassendiskriminierung.

race| ri·ot *s.* ˈRassenkraˌwall *m*; **ˈ~·track** *s.* **1.** *mot.* Rennstrecke *f*; **2.** → ***racecourse***; **ˈ~·way** *s.* **1.** (Mühl)Gerinne *n*; **2.** ⚙ Laufring *m*.

ra·chis [ˈreɪkɪs] *pl.* **rach·i·des** [ˈreɪkɪdiːs] *s.* **1.** ⚘, *zo.* Rhachis *f*, Spindel *f*; **2.** *anat.*, *zo.* Rückgrat *n*; **ra·chi·tis** [ræˈkaɪtɪs] *s.* ⚕ Raˈchitis *f*.

ra·cial [ˈreɪʃl] *adj.* □ rassisch, Rassen…: ***~ equality*** Rassengleichheit *f*; ***~ discrimination*** Rassendiskriminierung *f*; ***~ segregation*** Rassentrennung *f*; **ˈra·cial·ism** [-ʃəlɪzəm] *s.* **1.** Rasˈsismus *m*; **2.** Rassenkult *m*; **3.** ˈRassenpoliˌtik *f*; **ˈra·cial·ist** [-ʃəlɪst] **I** *s.* Rasˈsist(in); **II** *adj.* rasˈsistisch.

rac·i·ness [ˈreɪsɪnɪs] *s.* **1.** Rassigkeit *f*, Rasse *f*; **2.** Urwüchsigkeit *f*; **3.** *das* Piˈkante, Würze *f*; **4.** Schwung *m*, ‚Schmiß' *m*.

rac·ing [ˈreɪsɪŋ] **I** *s.* **1.** Rennen *n*; **2.** (Pferde)Rennsport *m*; **II** *adj.* **3.** Renn...(*-boot*, *-wagen etc.*): **~ circuit** *mot.* Rennstrecke *f*; **~ cyclist** Radrennfahrer *m*; **~ driver** Rennfahrer(in); **~ man** Pferdesport-Liebhaber *m*; **~ world** *die* Rennwelt.

rac·ism [ˈreɪsɪzəm] → ***racialism***; ˈ**rac·ist** → ***racialist***.

rack¹ [ræk] **I** *s.* **1.** Gestell *n*, Gerüst *n*; (*Gewehr-*, *Kleider-* *etc.*)Ständer *m*; (Streck-, Stütz)Rahmen *m*; ✓ Raufe *f*, Futtergestell *n*; 🚃 Gepäcknetz *n*; (Handtuch)Halter *m*; **2.** ˈFächerreˌgal *n*; **3.** *typ.* ˈSetzreˌgal *n*; **4.** ⚙ Zahnstange *f*: **~(-and-pinion) gear** Zahnstangengetriebe *n*; **5.** *hist.* Folterbank *f*, (Streck)Folter *f*; *fig.* (Folter)Qualen *pl.*: **put on the ~** *bsd. fig.* *j-n* auf die Folter spannen; **II** *v/t.* **6.** (aus)recken, strecken; **7.** auf *od.* in ein Gestell *od.* Reˈgal legen; **8.** *bsd. fig.* foltern, martern: **~ one's brains** sich den Kopf zermartern; **~ed with pain** schmerzgequält; **~ing pains** rasende Schmerzen; **9.** a) *Miete* (wucherisch) hochschrauben, b) → ***rack-rent*** 3; **10. ~ up** ✓ mit Futter versehen.

rack² [ræk] *s.*: **go to ~ and ruin** *a. fig.* kaˈputtgehen.

rack³ [ræk] *s.* Paßgang *m* (*Pferd*).

rack⁴ [ræk] **I** *s.* fliegendes Gewölk; **II** *v/i.* (daˈhin)ziehen (*Wolken*).

rack⁵ [ræk] *v/t.* *oft* **~ off** *Wein etc.* abziehen, -füllen.

rack·et¹ [ˈrækɪt] *s.* **1.** *sport* Raˈkett *n*, (*Tennis-* *etc.*)Schläger *m*: **~ press** Spanner *m*; **2.** *pl. oft sg. konstr.* Raˈkettspiel *n*, Wandballspiel *n*; **3.** Schneeteller *m*.

rack·et² [ˈrækɪt] **I** *s.* **1.** Krach *m*, Lärm *m*, Raˈdau *m*, Spekˈtakel *m*; **2.** ‚Wirbel' *m*, Aufregung *f*; **3.** a) ausgelassene Gesellschaft, rauschendes Fest, b) Vergnügungstaumel *m*, c) Trubel *m des Gesellschaftslebens*: **go on the ~** ‚auf die Pauke hauen'; **4.** harte (Nerven-)Probe, ‚Schlauch' *m*: **stand the ~** F a) die Sache durchstehen, b) die Folgen zu tragen haben, c) (alles) berappen; **5.** *sl.* a) Schwindel *m*, ‚Schiebung' *f*, b) Erpresserbande *f*, Racket *n*, c) organisierte Erpressung, d) ‚Masche' *f*, (einträgliches) Geschäft, e) *Am.* Beruf *m*, Branche *f*; **II** *v/i.* **6.** Krach machen, lärmen; **7.** *mst* **~ about** ‚(herum)sumpfen'; **rack·et·eer** [ˌrækəˈtɪə] **I** *s.* **1.** Gangster *m*, Erpresser *m*; **2.** Schieber *m*, Geschäftemacher *m*; **II** *v/i.* **3.** dunkle Geschäfte machen; **4.** organisierte Erpressung betreiben; **rack·et·eer·ing** [ˌrækəˈtɪərɪŋ] *s.* **1.** Gangstertum *n*, organisierte Erpressung; **2.** Geschäftemacheˈrei *f*; ˈ**rack·et·y** [-tɪ] *adj.* **1.** lärmend; **2.** turbuˈlent; **3.** ausgelassen, ausschweifend.

rack| rail·way *s.* Zahnradbahn *f*; ˈ**~-rent I** *s.* **1.** Wuchermiete *f*; **2.** *Brit.* höchstmögliche Jahresmiete; **II** *v/t.* **3.** e-e Wuchermiete für *et. od.* von *j-m* verlangen; **~ wheel** *s.* Zahnrad *n*.

ra·coon → ***raccoon***.

rac·y [ˈreɪsɪ] *adj.* **1.** rassig (*a. fig. Auto*, *Stil etc.*), feurig (*Pferd*, *a. Musik etc.*); **2.** urtümlich, kernig: **~ of the soil** urwüchsig, bodenständig; **3.** *fig.* a) leˈbendig, geistreich, ‚spritzig', b) schwungvoll, schmissig: **~ melody**; **4.** piˈkant, würzig (*Geruch etc.*) (*a. fig.*); **5.** F *u. Am.* schlüpfrig, gewagt.

rad [ræd] *s. pol.* Radiˈkale(r *m*) *f*.

ra·dar [ˈreɪdɑː] **I** *s.* **1.** Raˈdar *m*, *n*, Funkmeßtechnik *f*, -ortung *f*; **2.** *a.* **~ set** Radargerät *n*; **II** *adj.* **3.** Radar...: **~ display** Radarschirmbild *n*; **~ scanner** Radarsuchgerät *n*; **~ screen** Radarschirm *m*; **~ scope** Radarsichtgerät *n*; **~ trap** Radarfalle *f* (*der Polizei*).

rad·dle [ˈrædl] **I** *s.* **1.** *min.* Rötel *m*; **II** *v/t.* **2.** mit Rötel bemalen; **3.** rot anmalen.

ra·di·al [ˈreɪdjəl] **I** *adj.* □ **1.** radiˈal, Radial..., Strahl(en)...; sternförmig; **2.** *anat.* Speichen...; **3.** ⚘, *zo.* radiˈalsymˌmetrisch; **II** *s.* **4.** *anat.* → a) ***radial artery***, b) ***radial nerve***; **~ ar·ter·y** *s.* Speichenschlagader *f*; **~ drill** *s.* ⚙ Radiˈalbohrmaˌschine *f*; **~ en·gine** *s.* Sternmotor *m*; ˈ**~-flow tur·bine** *s.* Radiˈalturˌbine *f*; **~ nerve** *s.* Speichennerv *m*; ˈ**~(-ply) tire** (*Brit.* **tyre**) *s.* ⚙ Gürtelreifen *m*; **~ route** *s.* Ausfallstraße *f*.

ra·di·ance [ˈreɪdjəns], ˈ**ra·di·an·cy** [-sɪ] *s.* **1.** *a. fig.* Strahlen *n*, strahlender Glanz; **2.** → ***radiation***; ˈ**ra·di·ant** [-nt] **I** *adj.* □ **1.** strahlend (*a. fig.* **with** vor *dat.*, von): **~ beauty**; **~ with joy** freudestrahlend; **be ~ with health** vor Gesundheit strotzen; **2.** *phys.* Strahlungs...(*-energie etc.*): **~ heating** ⚙ Flächenheizung *f*; **3.** strahlenförmig (angeordnet); **II** *s.* **4.** Strahl(ungs)punkt *m*; ˈ**ra·di·ate** [-dɪeɪt] **I** *v/i.* **1.** ausstrahlen (**from** von) (*a. fig.*); **2.** *a. fig.* strahlen, leuchten; **II** *v/t.* **3.** *Licht*, *Wärme etc.* ausstrahlen; **4.** *fig.* *Liebe etc.* ausstrahlen, -strömen: **~ health** vor Gesundheit strotzen; **5.** *Radio*, *TV*: ausstrahlen, senden; **III** *adj.* [-dɪət] **6.** radi'al, strahlig, Strahl(en)...; **ra·di·a·tion** [ˌreɪdɪ'eɪʃn] *s.* **1.** *phys.* (Aus)Strahlung *f* (*a. fig.*): **~ *detection team*** ⚔ Strahlenspürtrupp *m*; **2.** *a.* **~ *therapy*** ⚕ Strahlenbehandlung *f*, Bestrahlung *f*; **'ra·di·a·tor** [-dɪeɪtə] *s.* **1.** ⚙ Heizkörper *m*; Strahlkörper *m*, -ofen *m*; **2.** ⚡ 'Raumstrahlanˌtenne *f*; **3.** *mot.* Kühler *m*: **~ *core*** Kühlerblock *m*; **~ *grid***, **~ *grill*** Kühlergrill *m*; **~ *mascot*** Kühlerfigur *f*.

rad·i·cal ['rædɪkl] **I** *adj.* □ → ***radically***; **1.** radi'kal (*pol. oft* ♀); *weitS. a.* drastisch, gründlich: **~ *cure*** Radikal-, Roßkur *f*; ***undergo a ~ change*** sich von Grund auf ändern; **2.** ursprünglich, eingewurzelt; fundamen'tal (*Fehler etc.*); grundlegend, Grund...: **~ *difference***; **~ *idea***; **3.** *bsd.* ⚘, ⩚ Wurzel...: **~ *sign*** → 8b; **~ *plane*** ⩚ Potenzebene *f*; **4.** *ling.* Wurzel..., Stamm...: **~ *word*** Stamm(wort *n*) *m*; **5.** ♪ Grund(ton)...; **6.** *a.* ⚗ Radikal...; **II** *s.* **7.** *pol.* (*a.* ♀) Radi'kale(r *m*) *f*; **8.** ⩚ a) Wurzel *f*, b) Wurzelzeichen *n*; **9.** *ling.* Wurzel(buchstabe *m*) *f*; **10.** ♪ Grundton *m* (*Akkord*); **11.** ⚗ Radi'kal *n*; **'rad·i·cal·ism** [-kəlɪzəm] *s.* Radika'lismus *m*; **'rad·i·cal·ize** [-kəlaɪz] *v/t.* (*v/i.* sich) radikalisieren; **'rad·i·cal·ly** [-kəlɪ] *adv.* **1.** radi'kal, von Grund auf; **2.** ursprünglich.

rad·i·ces ['reɪdɪsiːz] *pl. von* ***radix***.

rad·i·cle ['rædɪkl] *s.* **1.** ⚘ a) Keimwurzel *f*, b) Würzelchen *n*; **2.** *anat.* (Gefäß-, Nerven)Wurzel *f*.

ra·di·i ['reɪdɪaɪ] *pl. von* ***radius***.

ra·di·o ['reɪdɪəʊ] **I** *pl.* **-di·os** *s.* **1.** Funk(-betrieb) *m*; **2.** Radio *n*, Rundfunk *m*: ***on the ~*** im Rundfunk; **3.** a) Radio(gerät) *n*, Rundfunkempfänger *m*, b) Funkgerät *n*; **4.** (Radio)Sender *m*; **5.** Rundfunkgesellschaft *f*; **6.** F Funkspruch *m*; **II** *v/t.* **7.** senden, funken, *e-e Funkmeldung* 'durchgeben; **8.** ⚕ a) e-e Röntgenaufnahme machen von, b) durch'leuchten; **9.** ⚕ mit Radium bestrahlen.

ˌra·di·o|'ac·tive *adj.* radioak'tiv: **~ *waste*** radioaktiver Müll, Atom-Müll *m*; **ˌ~·ac'tiv·i·ty** *s.* Radioaktivi'tät *f*; **~ am·a·teur** *s.* 'Funkamaˌteur *m*; **~ bea·con** *s.* Funkbake *f*; **~ beam** *s.* Funk-, Richtstrahl *m*; **~ bear·ing** *s.* **1.** Funkpeilung *f*; **2.** Peilwinkel *m*; **~ car** *s.* Funk(streifen)wagen *m*; **ˌ~'car·bon dat·ing** *s.* Radiokar'bonmeˌthode, C-'14-Meˌthode *f*; **ˌ~'chem·is·try** *s.* 'Radio-, 'Strahlencheˌmie *f*; **ˌ~-con'trol I** *s.* Funksteuerung *f*; **II** *v/t.* fernsteuern; **ˌ~'el·e·ment** *s.* radioak'tives Ele'ment; **~ en·gi·neer·ing** *s.* Funktechnik *f*; **~ fre·quen·cy** *s.* ⚡ 'Hochfreˌquenz *f*.

ra·di·o·gram ['reɪdɪəʊgræm] *s.* **1.** 'Funkmeldung *f*, -teleˌgramm *n*; **2.** *Brit.* a) → ***radiograph*** I, b) Mu'siktruhe *f*.

ra·di·o·graph ['reɪdɪəʊgrɑːf] ⚕ **I** *s.* Radio'gramm *n*, *bsd.* Röntgenaufnahme *f*; **II** *v/t.* ein Radio'gramm *etc.* machen von; **ra·di·o·gra·phy** [ˌreɪdɪ'ɒgrəfɪ] *s.* Röntgenogra'phie *f*.

ra·di·o·log·i·cal [ˌreɪdɪəʊ'lɒdʒɪkl] *adj.* ⚕ radio'logisch, Röntgen...; **ra·di·ol·o·gist** [ˌreɪdɪ'ɒlədʒɪst] *s.* Röntgeno'loge *m*; **ra·di·ol·o·gy** [ˌreɪdɪ'ɒlədʒɪ] *s.* Strahlen-, 'Röntgenkunde *f*.

ra·di·o| mark·er *s.* ✈ (Anflug)Funkbake *f*; **~ mes·sage** *s.* Funkmeldung *f*; **~ op·er·a·tor** *s.* (✈ Bord)Funker *m*.

ra·di·o·phone ['reɪdɪəʊfəʊn] *s.* **1.** *phys.* Radio'phon *n*; **2.** → ***radiotelephone***.

ˌra·di·o|'pho·no·graph *s. Am.* Mu'siktruhe *f*; **ˌ~'pho·to·graph** *s.* Funkbild *n*; **ˌ~·pho'tog·ra·phy** *s.* Bildfunk *m*.

ra·di·os·co·py [ˌreɪdɪ'ɒskəpɪ] *s.* ⚕ Röntgenosko'pie *f*, 'Röntgenunterˌsuchung *f*.

ra·di·o| set *s.* → ***radio*** 3; **~ sonde** [sɒnd] *s. meteor.* Radiosonde *f*; **ˌ~'tel·e·gram** *s.* 'Funkteleˌgramm *n*; **ˌ~·te'leg·ra·phy** *s.* drahtlose Telegra'fie; **ˌ~'tel·e·phone** *s.* Funksprechgerät *n*; **ˌ~·te'leph·o·ny** *s.* drahtlose Telefo'nie; **ˌ~'ther·a·py** *s.* 'Strahlen-, 'Röntgentheraˌpie *f*.

rad·ish ['rædɪʃ] *s.* **1.** *a.* ***large ~*** Rettich *m*; **2.** *a.* ***red ~*** Ra'dieschen *n*.

ra·di·um ['reɪdjəm] *s.* ⚗ Radium *n*.

ra·di·us ['reɪdjəs] *pl.* **-di·i** [-dɪaɪ] *od.* **-di·us·es** *s.* **1.** ⩚ Radius *m*, Halbmesser *m*: **~ *of turn*** *mot.* Wendehalbmesser; **2.** ⚙, *anat.* Speiche *f*; **3.** ⚘ Strahl(-blüte *f*) *m*; **4.** 'Umkreis *m*: ***within a ~ of***; **5.** *fig.* (Wirkungs-, Einfluß)Bereich *m*: **~ (*of action*)** Aktionsradius *m*, *mot.* Fahrbereich *m*.

ra·dix ['reɪdɪks] *pl.* **rad·i·ces** ['reɪdɪsiːz] *s.* **1.** ⩚ Basis *f*, Grundzahl *f*; **2.** ⚘, *a. ling.* Wurzel *f*.

raf·fi·a ['ræfɪə] *s.* Raffiabast *m*.

raff·ish ['ræfɪʃ] *adj.* □ **1.** liederlich; **2.** pöbelhaft, ordi'när.

raf·fle ['ræfl] **I** *s.* Tombola *f*, Verlosung *f*; **II** *v/t. oft* **~ *off*** *et.* (in e-r Tombola) verlosen; **III** *v/i.* losen (***for*** um).

raft [rɑːft] **I** *s.* **1.** Floß *n*; **2.** zs.-gebundenes Holz; **3.** *Am.* Treibholz(ansammlung *f*) *n*; **4.** F Unmenge *f*, ‚Haufen' *m*, ‚Latte' *f*; **II** *v/t.* **5.** flößen, als *od.* mit dem Floß befördern; **6.** zu e-m Floß zs.-

binden; **7.** mit e-m Floß befahren; **'raft·er** [-tə] *s.* **1.** Flößer *m*; **2.** ⚙ (Dach-) Sparren *m*; **rafts·man** ['rɑːftsmən] *s.* [*irr.*] Flößer *m*.

rag¹ [ræg] *s.* **1.** Fetzen *m*, Lumpen *m*, Lappen *m*: ***in ~s*** a) in Fetzen (*Stoff etc.*), b) zerlumpt (*Person*); ***not a ~ of evidence*** nicht den geringsten Beweis; ***chew the ~*** a) ‚quatschen', plaudern, b) ‚meckern'; ***cook to ~s*** zerkochen; ***it's a red ~ to him*** *fig.* es ist für ihn ein rotes Tuch; → ***ragtag***; **2.** *pl. Papierherstellung*: Hadern *pl.*, Lumpen *pl.*; **3.** *humor.* ‚Fetzen' *m* (*Kleid*, *Anzug*): ***not a ~ to put on*** keinen Fetzen zum Anziehen *haben*; → ***glad*** 2; **4.** *humor.* ‚Lappen' *m* (*Geldschein*, *Taschentuch etc.*); **5.** (*contp.* Käse-, Wurst)Blatt *n* (*Zeitung*); **6.** ♪ F → ***ragtime***.

rag² [ræg] *sl.* **I** *v/t.* **1.** *j-n* ‚anschnauzen'; **2.** *j-n* ‚aufziehen'; **3.** *j-m* e-n Streich spielen; **4.** *j-n* ‚piesacken', übel mitspielen (*dat.*); **II** *v/i.* **5.** Ra'dau machen; **III** *s.* **6.** Ra'dau *m*; **7.** Ulk *m*, Jux *m*.

rag·a·muf·fin ['rægəˌmʌfɪn] *s.* **1.** zerlumpter Kerl; **2.** Gassenkind *n*.

ˌrag|-and-'bone man [-gən'b-] *s.* Lumpensammler *m*; **~ bag** *s.* Lumpensack *m*; *fig.* Sammel'surium *n*: ***out of the ~*** aus der ‚Klamottenkiste'; **~ doll** *s.* Stoffpuppe *f*.

rage [reɪdʒ] **I** *s.* **1.** Wut(anfall *m*) *f*, Zorn *m*, Rage *f*: ***be in a ~*** vor Wut schäumen, toben; ***fly into a ~*** in Wut geraten; **2.** Wüten *n*, Toben *n*, Rasen *n* (*der Elemente*, *der Leidenschaft etc.*); **3.** Sucht *f*, Ma'nie *f*, Gier *f* (***for*** nach): ***~ for collecting things*** Sammelwut *f*; **4.** Begeisterung *f*, Taumel *m*, Rausch *m*, Ek'stase *f*: ***it is all the ~*** es ist jetzt die große Mode, alles ist wild darauf; **II** *v/i.* **5.** (*a. fig.*) toben, rasen, wüten (***at***, ***against*** gegen).

rag fair *s.* Trödelmarkt *m*.

rag·ged ['rægɪd] *adj.* □ **1.** zerlumpt, abgerissen (*Person*, *Kleidung*); **2.** zottig, struppig; **3.** zerfetzt, ausgefranst (*Wunde*); **4.** zackig, gezackt (*Glas*, *Stein*); **5.** holp(e)rig: ***~ rhymes***; **6.** verwildert: ***a ~ garden***; **7.** roh, unfertig, fehler-, mangelhaft; zs.-hanglos; **8.** rauh (*Stimme*, *Ton*).

'rag·man [-mən] *s.* [*irr.*] Lumpensammler *m*.

ra·gout ['ræguː] *s.* Ra'gout *n*.

rag| pa·per *s.* ⚙ 'Hadernpaˌpier *n*; **'~ˌpick·er** *s.* Lumpensammler(in); **'~·tag** *s.* Pöbel *m*, Gesindel *n*: ***~ and bobtail*** Krethi u. Plethi *pl.*; **'~·time** *s.* ♪ Ragtime *m* (*Jazzstil*).

raid [reɪd] **I** *s.* **1.** Ein-, 'Überfall *m*; Raub-, Streifzug *m*; ⚔ 'Stoßtruppunterˌnehmen *n*; ⚓ Kaperfahrt *f*; ✈ (Luft-) Angriff *m*; **2.** (Poli'zei)ˌRazzia *f*; **3.** *fig.* a) (An)Sturm *m* (***on***, ***upon*** auf *acc.*), b) *sport* Vorstoß *m*; **II** *v/t.* **4.** e-n 'Überfall machen auf (*acc.*), über'fallen, angreifen (*a.* ✈): ***~ing party*** ⚔ Stoßtrupp *m*; **5.** stürmen, plündern; **6.** e-e Razzia machen in (*dat.*); **7.** ***~ the market*** ✝ den Markt drücken.

rail¹ [reɪl] **I** *s.* **1.** ⚙ Schiene *f*, Riegel *m*, Querstange *f*; **2.** Geländer *n*; (***main***) **~** ⚓ Reling *f*; **3.** 🚂 a) Schiene *f*, b) *pl.* Gleis *n*: ***by ~*** mit der Bahn; ***run off the ~s*** entgleisen; ***off the ~s*** *fig.* aus dem Geleise, durcheinander; **4.** *pl.* ✝ 'Eisenbahnˌaktien *pl.*; **II** *v/t.* **5.** *a.* **~ *in*** mit e-m Geländer um'geben: **~ *off*** durch ein Geländer (ab)trennen.

rail² [reɪl] *s. orn.* Ralle *f*.

rail³ [reɪl] *v/i.* schimpfen, lästern, fluchen (***at***, ***against*** über *acc.*): ***~ at*** (*od.* ***against***) über *et.* herziehen, gegen *et.* wettern.

rail| bus *s.* Schienenbus *m*; **'~·car** *s.* Triebwagen *m*; **'~·head** *s.* **1.** Kopfbahnhof *m*, ⚔ Ausladebahnhof *m*; **2.** 🚂 a) Schienenkopf *m*, b) im Bau befindliches Ende (*e-r neuen Strecke*).

rail·ing ['reɪlɪŋ] *s.* **1.** *a. pl.* Geländer *n*, Gitter *n*; **2.** ⚓ Reling *f*.

rail·ler·y ['reɪlərɪ] *s.* Necke'rei *f*, Stiche'lei *f*, (gutmütiger) Spott.

rail·road ['reɪlrəʊd] *bsd. Am.* **I** *s.* **1.** *allg.* Eisenbahn *f*; **2.** *pl.* ✝ 'Eisenbahnˌaktien *pl.*; **II** *adj.* **3.** Eisenbahn…: ***~ accident***; **II** *v/t.* **4.** mit der Eisenbahn befördern; **5.** F *Gesetzesvorlage etc.* 'durchpeitschen; **6.** F a) *j-n* ‚über'fahren', zwingen (***into doing*** et. zu tun), b) *j-n* ‚abservieren'; **'rail·road·er** [-də] *s. Am.* Eisenbahner *m*.

rail·way ['reilweɪ] **I** *s.* **1.** *bsd. Brit. allg.* Eisenbahn *f*; **2.** Lo'kalbahn *f*; **II** *adj.* **3.** Eisenbahn…: ***~ accident***; **~ car·riage** *s.* Per'sonenwagen *m*; **~ guard** *s.* Zugbegleiter *m*; **~ guide** *s.* Kursbuch *n*; **'~·man** [-weɪmən] *s.* [*irr.*] Eisenbahner *m*.

rai·ment ['reɪmənt] *s. poet.* Kleidung *f*, Gewand *n*.

rain [reɪn] **I** *s.* **1.** Regen *m*; *pl.* Regenfälle *pl.*, -güsse *pl.*: ***the ~s*** die Regenzeit (*in den Tropen*); ***~ or shine*** bei jedem Wetter; ***as right as ~*** F ganz richtig, in Ordnung; **II** *v/i.* **2.** *impers.* regnen; → ***pour*** 6; **3.** *fig.* regnen; niederprasseln (*Schläge*); strömen (*Tränen*); **III** *v/t.* **4.** *Tropfen etc.* (her)'niedersenden, regnen: ***it's ~ing cats and dogs*** es gießt in Strömen; **5.** *fig.* (nieder)regnen *od.* (-)hageln lassen; **'~·bow** [-bəʊ] *s.* Regenbogen *m*; **~ check** *s. Am.* Einlaßkarte *f* für die Neuansetzung e-r wegen Regens abgebrochenen (Sport)Veranstaltung: ***may I take a ~ on it?*** *fig.* darf ich darauf (*auf Ihr Angebot etc.*) später einmal zurückkommen?; **'~·coat** *s.* Regenmantel *m*; **'~·drop** *s.* Regentropfen *m*; **'~·fall** *s.* **1.** Regen(schauer) *m*; **2.** *meteor.* Niederschlagsmenge *f*; **~ forest** *s.* Regenwald *m*.

rain·i·ness ['reɪnɪnɪs] *s.* **1.** Regenneigung *f*; **2.** Regenwetter *n*.

'rain|·proof I *adj.* wasserdicht; **II** *s.* Regenmantel *m*; **'~·storm** *s.* heftiger Regenguß.

rain·y ['reɪnɪ] *adj.* □ regnerisch, verregnet; Regen…(*-wetter, -wind etc.*): ***save up for a ~ day*** *fig.* e-n Notgroschen zurücklegen.

raise [reɪz] **I** *v/t.* **1.** *oft* **~ *up*** (in die Höhe) heben, auf-, em'por-, hochheben, erheben, erhöhen; *mit Kran etc.* hochwinden, -ziehen; *Augen* erheben, aufschlagen; ⚕ *Blasen* ziehen; *Kohle* fördern; *Staub* aufwirbeln; *Vorhang* hochziehen; *Teig, Brot* treiben: ***~ one's glass to*** auf *j-n* das Glas erheben, *j-m* zutrinken; ***~ one's hat*** (***to s.o.***) den Hut ziehen (vor j-m, *a. fig.*); → ***power*** 12; **2.** aufrichten, -stellen, aufrecht stellen; **3.** errichten, erstellen, (er)bauen; **4.** *Familie* gründen; *Kinder* auf-, großziehen; **5.** a) *Pflanzen* ziehen, b) *Tiere* züchten; **6.** aufwecken: ***~ from the dead*** von den Toten erwecken; **7.** *Geister* zitieren, beschwören; **8.** *Gelächter, Sturm etc.* her'vorrufen, verursachen; *Erwartungen, Verdacht, Zorn* erwekken, erregen; *Gerücht* aufkommen lassen; *Schwierigkeiten* machen; **9.** *Geist, Mut* beleben, anfeuern; **10.** aufwiegeln (***against*** gegen); *Aufruhr* anstiften, -zetteln; **11.** *Geld etc.* beschaffen; *Anleihe, Hypothek, Kredit* aufnehmen; *Steuern* erheben; *Heer* aufstellen; **12.** *Stimme, Geschrei* erheben; **13.** *An-, Einspruch* erheben, *Einwand a.* vorbringen, geltend machen, *Forderung a.* stellen; *Frage* aufwerfen; *Sache* zur Sprache bringen; **14.** (ver)stärken, vergrößern, vermehren; **15.** *Lohn, Preis, Wert etc.* erhöhen, hin'aufsetzen; *Temperatur, Wette etc.* steigern; **16.** (im Rang) erhöhen: ***~ to the throne*** auf den Thron erheben; **17.** *Belagerung, Blockade etc., a. Verbot* aufheben; **18.** ⚓ sichten; **II** *s.* **19.** Erhöhung *f*; *Am.* Steigung *f* (*Straße*); **20.** *bsd. Am.* (Gehalts-, Lohn)Erhöhung *f*, Aufbesserung *f*; **raised** [-zd] *adj.* **1.** erhöht; **2.** gesteigert; **3.** ⚙ erhaben; **4.** Hefe…: ***~ cake.***

rai·sin ['reɪzn] *s.* Ro'sine *f*.

rai·son| d'é·tat [ˌreɪzɔ̃:n'deɪ'tɑ:] (*Fr.*) *s.* 'Staatsräˌson *f*; **~ d'ê·tre** [-'deɪtrə] (*Fr.*) *s.* Daseinsberechtigung *f*, -zweck *m*.

raj [rɑ:dʒ] *s. Brit. Ind.* Herrschaft *f*.

ra·ja(h) ['rɑ:dʒə] *s.* Radscha *m* (*indischer Fürst*).

rake¹ [reɪk] **I** *s.* **1.** Rechen *m* (*a. des Croupiers etc.*), Harke *f*; **2.** ⚙ a) Rührstange *f*, b) Kratze *f*, c) Schürhaken *m*; **II** *v/t.* **3.** (glatt-, zs.-)rechen, (-)harken; **4.** *mst* **~ *together*** zs.-scharren (*a. fig. zs.-raffen*); **5.** durch'stöbern (*a.* **~ *up***, **~ *over***): **~ *up*** *fig. alte Geschichten* aufrühren; **6.** ⚔ (mit Feuer) bestreichen, ‚beharken'; **7.** über'blicken, absuchen; **III** *v/i.* **8.** rechen, harken; **9.** *fig.* her'umstöbern, -suchen (***for*** nach).

rake² [reɪk] *s.* Lebemann *m*.

rake³ [reɪk] **I** *v/i.* **1.** Neigung haben; **2.** ⚓ a) 'überhängen (*Steven*), b) Fall haben (*Mast, Schornstein*); **II** *v/t.* **3.** (nach rückwärts) neigen; **III** *s.* **4.** Neigung(swinkel *m*) *f*.

'rake-off *s.* F (Gewinn)Anteil *m*.

rak·ish¹ ['reɪkɪʃ] *adj.* □ ausschweifend, liederlich, wüst.

rak·ish² ['reɪkɪʃ] *adj.* **1.** ⚓, *mot.* schnittig (gebaut); **2.** *fig.* flott, verwegen, keck.

ral·ly¹ ['rælɪ] **I** *v/t.* **1.** *Truppen etc.* (wieder) sammeln *od.* ordnen; **2.** vereinigen, scharen (***round***, ***to*** um *acc.*), zs.-trommeln; **3.** aufrütteln, -muntern, in Schwung bringen; **4.** *Kräfte etc.* sammeln, zs.-raffen; **II** *v/i.* **5.** sich (wieder) sammeln; **6.** *a. fig.* sich scharen (***round***, ***to*** um *acc.*); sich zs.-tun; sich anschließen (***to*** *dat. od.* an *acc.*); **7.** *a.* **~ *round*** sich erholen (*a. fig. u.* ✝), neue Kräfte sammeln; *sport etc.* sich (wieder) ‚fangen'; **8.** *Tennis etc.*: a) e-n Ballwechsel ausführen, b) sich einschlagen; **III** *s.* **9.** ⚔ Sammeln *n*; **10.** Zs.-kunft *f*, Treffen *n*, Tagung *f*, Kundgebung *f*, (Massen)Versammlung *f*; **11.** Erholung *f* (*a.* ✝ *der Preise, des Marktes*); **12.** *Tennis*: Ballwechsel *m*; **13.** *mot.* Rallye *f*, Sternfahrt *f*.

ral·ly² ['rælɪ] *v/t.* hänseln.

ral·ly·ing ['rælɪɪŋ] *adj.* Sammel…: **~ *cry*** Parole *f*, Schlagwort *n*; **~ *point*** Sammelpunkt *m*, -platz *m*.

ram [ræm] **I** *s.* **1.** *zo.* (*ast.* ♈) Widder *m*; **2.** ⚔ *hist.* Sturmbock *m*; **3.** ⚙ a) Ramme *f*, b) Rammbock *m*, -bär *m*, c) Preßkolben *m*; **4.** ⚓ Rammsporn *m*; **II** *v/t.* **5.** (fest-, ein)rammen (*a.* **~ down** *od.* **in**); *weitS.* (gewaltsam) stoßen, drükken; **6.** (hin'ein)stopfen: **~ up** a) vollstopfen, b) verrammeln, verstopfen; **7.** *fig.* eintrichtern, -pauken: **~ s.th. into s.o.** j-m et. einbleuen; → **throat** 1; **8.** ⚓, ✈ *etc.* rammen; *weitS.* stoßen, schmettern, ‚knallen'.

ram·ble ['ræmbl] **I** *v/i.* **1.** um'herwandern, -streifen, bummeln; **2.** sich winden (*Fluß etc.*); **3.** ⚘ wuchern, (üppig) ranken; **4.** *fig.* (vom Thema) abschweifen; drauf'losreden; **II** *s.* **5.** (Fuß)Wanderung *f*, Streifzug *m*; Bummel *m*; **'ram·bler** [-lə] *s.* **1.** Wand(e)rer *m*, Wand(r)erin *f*; **2.** *a.* **crimson ~** ⚘ Kletterrose *f*; **'ram·bling** [-lɪŋ] **I** *adj.* □ **1.** um'herwandernd, -streifend: **~ club** Wanderverein *m*; **2.** ⚘ (üppig) rankend, wuchernd; **3.** weitläufig, verschachtelt (*Gebäude*); **4.** *fig.* abschweifend, weitschweifig, planlos; **II** *s.* **5.** Wandern *n*, Um'herstreifen *n*.

ram·bunc·tious [ræm'bʌŋkʃəs] *adj.* laut, lärmend, wild.

ram·ie ['ræmi:] *s.* Ra'mie(faser) *f*.

ram·i·fi·ca·tion [ˌræmɪfɪ'keɪʃn] *s.* Verzweigung *f*, -ästelung *f* (*a. fig.*); **ram·i·fy** ['ræmɪfaɪ] *v/t. u. v/i.* (sich) verzweigen (*a. fig.*).

ram·jet (en·gine) ['ræmdʒet] *s.* ⚙ Staustrahltriebwerk *n*.

ramp¹ [ræmp] **I** *s.* **1.** Rampe *f* (*a.* ⚠ *Abdachung*); **2.** (schräge) Auffahrt, (Lade)Rampe *f*; **3.** Krümmling *m* (*am Treppengeländer*); **4.** ✈ (fahrbare) Treppe; **II** *v/i.* **5.** sich (drohend) aufrichten, zum Sprung ansetzen (*Tier*); **6.** toben, wüten; **7.** ⚘ wuchern; **III** *v/t.* **8.** mit e-r Rampe versehen.

ramp² [ræmp] *s. Brit. sl.* Betrug *m*.

ram·page [ræm'peɪdʒ] **I** *v/i.* toben, wüten; **II** *s.*: **be on the ~** a) (sich aus)toben, b) *fig.* grassieren, um sich greifen, wüten; **ram'pa·geous** [-dʒəs] *adj.* □ wild, wütend.

ramp·an·cy ['ræmpənsɪ] *s.* **1.** Über'handnehmen *n*, 'Umsichgreifen *n*, Grassieren *n*; **2.** *fig.* wilde Ausgelassenheit, Wildheit *f*; **'ramp·ant** [-nt] *adj.* □ **1.** wild, zügellos, ausgelassen; **2.** über'handnehmend: **be ~** → **rampage** II b; **3.** üppig, wuchernd (*Pflanzen*); **4.** (drohend) aufgerichtet, sprungbereit (*Tier*); **5.** *her.* steigend.

ram·part ['ræmpɑ:t] *s.* ⚔ a) Brustwehr *f*, b) (Schutz)Wall *m* (*a. fig.*).

ram·rod ['ræmrɒd] *s.* ⚔ *hist.* Ladestock *m*: **as stiff as a ~** als hätte *er etc.* e-n Ladestock verschluckt.

ram·shack·le ['ræmˌʃækl] *adj.* baufällig, wack(e)lig; klapp(e)rig.

ran¹ [ræn] *pret. von* **run**.

ran² [ræn] *s.* **1.** Docke *f* Bindfaden; **2.** ⚓ aufgehaspeltes Kabelgarn.

ranch [rɑ:ntʃ; *bsd. Am.* ræntʃ] **I** *s.* Ranch *f*, (*bsd.* Vieh)Farm *f*; **II** *v/i.* Viehzucht treiben; **'ranch·er** [-tʃə] *s. Am.* **1.** Rancher *m*, Viehzüchter *m*; **2.** Farmer *m*; **3.** Rancharbeiter *m*.

ran·cid ['rænsɪd] *adj.* **1.** ranzig (*Butter etc.*); **2.** *fig.* widerlich; **ran·cid·i·ty** [ræn'sɪdətɪ], **'ran·cid·ness** [-nɪs] *s.* Ranzigkeit *f*.

ran·cor *Am.* → **rancour**.

ran·cor·ous ['ræŋkərəs] *adj.* □ erbittert, voller Groll, giftig; **ran·cour** ['ræŋkə] *s.* Groll *m*, Haß *m*.

ran·dom ['rændəm] **I** *adj.* □ ziel-, wahllos, zufällig, aufs Gerate'wohl, Zufalls...: **~ mating** *biol.* Zufallspaarung *f*; **~ sample** (*od.* **test**) Stichprobe *f*; **~ shot** Schuß *m* ins Blaue; **~ access** *Computer*: wahlfreier *od.* direkter Zugriff; **II** *s.*: **at ~** aufs Geratewohl, auf gut Glück, blindlings, zufällig: **talk at ~** (wild) drauflosreden.

rand·y ['rændɪ] *adj.* F geil.

ra·nee [ˌrɑ:'ni:] *s.* Rani *f* (*indische Fürstin*).

rang [ræŋ] *pret. von* **ring²**.

range [reɪndʒ] **I** *s.* **1.** Reihe *f*; (*a.* Berg-)Kette *f*; **2.** (Koch-, Küchen)Herd *m*; **3.** Schießstand *m*, -platz *m*; **4.** Entfernung *f zum Ziel*, Abstand *m*: **at a ~ of** aus (*od.* in) e-r Entfernung von; **at close ~** aus der Nähe; **find the ~** ⚔ sich einschießen; **take the ~** die Entfernung schätzen; **5.** *bsd.* ⚔ Reich-, Trag-, Schußweite *f*; ⚓ Laufstrecke *f* (*Torpedo*); ✈ Flugbereich *m*: **at close ~** aus nächster Nähe; **out of ~** außer Schußweite; **within ~ of vision** in Sichtweite; → **long-range**; **6.** Ausdehnung *f*, (ausgedehnte) Fläche; **7.** *fig.* Bereich *m*, Spielraum *m*, Grenzen *pl.*; (⚘, *zo.* Verbreitungs)Gebiet *n*: **~ (of action)** Aktionsbereich; **~ (of activities)** (Betätigungs)Feld *n*; **~ of application** Anwendungsbereich; **~ of prices** ✝ Preislage *f*, -klasse *f*; **~ of reception** *Funk*: Empfangsbereich; **boiling ~** *phys.* Siedebereich; **8.** ✝ Kollekti'on *f*, Sorti'ment *n*: **a wide ~ (of goods)** e-e große Auswahl, ein großes Angebot; **9.** Bereich *m*, Gebiet *n*, Raum *m*: **~ of knowledge** Wissensbereich; **~ of thought** Ideenkreis *m*; **10.** ♪ a) 'Ton-, 'Stimmˌumfang *m*, b) Ton-, Stimmlage *f*; **II** *v/t.* **11.** (in Reihen) aufstellen *od.* anordnen; **12.** einreihen, -ordnen: **~ *o.s. with*** (*od.* ***on the side of***) zu *j-m* halten; **13.** *Gebiet etc.* durch'streifen, -'wandern; **14.** längs *der Küste* fahren, entlangfahren; **15.** *Teleskop etc.* einstellen; **16.** ⚔ a) *Geschütz* richten (***on*** auf *acc.*), b) e-e Reichweite haben von, tragen; **III** *v/i.* **17.** (***with***) e-e Reihe *od.* Linie bilden (mit), in e-r Reihe *od.* Linie stehen (mit); **18.** sich erstrecken, verlaufen, reichen; **19.** *fig.* rangieren (***among*** unter), im gleichen Rang stehen (***with*** mit); zählen, gehören (***with*** zu); **20.** (um'her)streifen, (-)schweifen, wandern (*a. Auge, Blick*); **21.** ⚘, *zo.* vorkommen, verbreitet *od.* zu finden sein; **22.** schwanken, sich bewegen (***from ... to ...*** *od.* ***between ... and ...*** zwischen ... und ...) (*Zahlenwert, Preis etc.*); **23.** ⚔ sich einschießen (*Geschütz*).

'range-ˌfind·er *s.* ⚔, *phot.* Entfernungsmesser *m* (⚔ *a. Mann*).

rang·er ['reɪndʒə] *s.* **1.** *Am.* Ranger *m*: a) *Wächter e-s Nationalparks*, b) *mst* ♀ *Angehöriger e-r Schutztruppe e-s Bundesstaates*, c) ⚔ *Angehöriger e-r Kommandotruppe*; **2.** *Brit.* Aufseher *m* e-s königlichen Forsts *od.* Parks (*Titel*); **3.** *a.* **~ *guide*** *Brit.* Ranger *f* (*Pfadfinderin über 16 Jahre*).

rank[1] [ræŋk] **I** *s.* **1.** Reihe *f*, Linie *f*; **2.** ⚔ a) Glied *n*, b) Rang *m*, Dienstgrad *m*: ***the ~s*** (Unteroffiziere und) Mannschaften; **~ *and file*** ⚔ *der* Mannschaftsstand, *pol.* die Basis (*e-r Partei*); ***in ~ and file*** in Reih und Glied; ***close the ~s*** die Reihen schließen; ***join the ~s*** ins Heer eintreten; ***rise from the ~s*** von der Pike auf dienen (*a. fig.*); **3.** (sozi'ale) Klasse, Stand *m*, Schicht *f*, Rang *m*: ***man of ~*** Mann von Stand; **~ *and fashion*** die vornehme Welt; ***of second ~*** zweitrangig; ***take ~ of*** den Vorrang haben vor (*dat.*); ***take ~ with*** mit *j-m* gleichrangig sein; **II** *v/t.* **4.** (ein-) reihen, (-)ordnen, klassifizieren; **5.** *Truppe etc.* aufstellen, formieren; **6.** *fig.* rechnen, zählen (***with, among*** zu): ***I ~ him above Shaw*** ich stelle ihn über Shaw; **III** *v/i.* **7.** sich reihen *od.* ordnen; ⚔ (in geschlossener Formati'on) marschieren; **8.** e-n Rang *od.* e-e Stelle einnehmen, rangieren (***above*** über *dat.*, ***below*** unter *dat.*, ***next to*** hinter *dat.*): **~ *as*** gelten als; **~ *first*** an erster Stelle stehen; **~ *high*** e-n hohen Rang einnehmen, *a.* e-n hohen Stellenwert haben; ***~ing officer*** *Am.* rangältester Offizier; **9. ~ *among*, ~ *with*** gehören *od.* zählen zu.

rank[2] [ræŋk] *adj.* ☐ **1.** a) üppig, geil wachsend (*Pflanzen*), b) verwildert (*Garten*); **2.** fruchtbar, fett (*Boden*); **3.** stinkend, ranzig; **4.** widerlich, scharf (*Geruch od. Geschmack*); **5.** kraß: **~ *outsider*, ~ *beginner*** blutiger Anfänger; **~ *nonsense*** blühender Unsinn; **6.** ekelhaft, unanständig.

rank·er ['ræŋkə] *s.* ⚔ a) einfacher Sol'dat, b) aus dem Mannschaftsstand her'vorgegangener Offi'zier.

ran·kle ['ræŋkl] *v/i.* **1.** eitern, schwären (*Wunde*); **2.** *fig.* nagen, fressen, weh tun: **~ *with*** *j-n* wurmen, *j-m* weh tun.

ran·sack ['rænsæk] *v/t.* **1.** durch'wühlen; **2.** plündern, ausrauben.

ran·som ['rænsəm] **I** *s.* **1.** Loskauf *m*, Auslösung *f*; **2.** Lösegeld *n*: ***a king's ~*** e-e Riesensumme; ***hold to ~*** a) *j-n* gegen Lösegeld gefangenhalten, b) *fig. j-n* erpressen; **3.** *eccl.* Erlösung *f*; **II** *v/t.* **4.** los-, freikaufen; **5.** *eccl.* erlösen.

rant [rænt] **I** *v/i.* **1.** toben, lärmen; **2.** schwadronieren, Phrasen dreschen; **3.** *obs.* geifern (***at, against*** über *acc.*); **II** *v/t.* **4.** pa'thetisch vortragen; **III** *s.* **5.** Wortschwall *m*; Schwulst *m*, leeres Gerede, ˌPhrasendresche'rei *f*; **'rant·er** [-tə] *s.* **1.** pa'thetischer Redner, Kanzelpauker *m*; **2.** Schwadro'neur *m*, Großsprecher *m*.

ra·nun·cu·lus [rə'nʌŋkjʊləs] *pl.* **-lus·es, -li** [-laɪ] *s.* ⚘ Ra'nunkel *f*.

rap[1] [ræp] **I** *v/t.* **1.** klopfen *od.* pochen an *od.* auf (*acc.*): **~ *s.o.'s fingers*, ~ *s.o. over the knuckles*** *bsd. fig.* j-m auf die Finger klopfen; **2.** *Am. sl.* a) *j-m* e-e ‚Zi'garre' verpassen, b) *j-n, et.* scharf kritisieren, c) *j-n* ‚verdonnern', d) *j-n* ‚schnappen'; **3. ~ *out*** a) durch Klopfen mitteilen (*Geist*), b) *Worte* her'auspoltern, ‚bellen'; **II** *v/i.* **4.** klopfen, pochen, schlagen (***at*** an *acc.*); **III** *s.* **5.** Klopfen *n*; **6.** Schlag *m*; **7.** *Am.* F a) scharfe Kri'tik, b) ‚Zi'garre' *f*, Rüge *f*; **8.** *Am. sl.* a) Anklage *f*, b) Strafe *f*, c) Schuld *f*: **~ *sheet*** Strafregister *n*; ***beat the ~*** sich rauswinden; ***take the ~*** (zu e-r Strafe) ‚verdonnert' werden; **9.** *Am.* F ‚Plausch' *m*: **~ *session*** (Gruppen-) Diskussion *f*.

rap[2] [ræp] *s. fig.* Heller *m*, Deut *m*: ***I don't care*** (*od.* ***give***) ***a ~*** (***for it***) das ist mir ganz egal; ***it is not worth a ~*** es ist keinen Pfifferling wert.

ra·pa·cious [rə'peɪʃəs] *adj.* ☐ raubgierig, Raub...(*-tier, -vogel*); *fig.* (hab)gierig; **ra'pa·cious·ness** [-nɪs], **ra'pac·i-**

ty [-ˈpæsətɪ] *s.* **1.** Raubgier *f*; **2.** *fig.* Habgier *f*.

rape¹ [reɪp] **I** *s.* **1.** Vergewaltigung *f* (*a. fig.*), ⚖ Notzucht *f*: **~ and murder** Lustmord *m*; **statutory ~** *Am.* ⚖ Unzucht mit Minderjährigen; **2.** Entführung *f*, Raub *m*; **II** *v/t.* **3.** vergewaltigen; **4.** *obs.* rauben.

rape² [reɪp] *s.* ⚘ Raps *m*.

rape³ [reɪp] *s.* Trester *pl*.

rape|·oil *s.* Rüb-, Rapsöl *n*; **ˈ~·seed** *s.* Rübsamen *m*.

rap·id [ˈræpɪd] **I** *adj.* ☐ **1.** schnell, rasch, raˈpid(e); reißend (*Fluß*; ⚚ *Absatz*); Schnell...: **~ fire** ⚔ Schnellfeuer *n*; **~ transit** *Am.* Nahschnellverkehr *m*; **2.** jäh, steil (*Hang*); **3.** *phot.* a) lichtstark (*Objektiv*), b) hochempfindlich (*Film*); **II** *s.* **4.** *pl.* Stromschnelle(n *pl.*) *f*; **ra·pid·i·ty** [rəˈpɪdətɪ] *s.* Schnelligkeit *f*, (rasende) Geschwindigkeit.

ra·pi·er [ˈreɪpjə] *s. fenc.* Raˈpier *n*: **~ thrust** *fig.* sarˈkastische Bemerkung.

rap·ist [ˈreɪpɪst] *s.* Vergewaltiger *m*: **~-killer** Lustmörder *m*.

rap·port [ræˈpɔː] *s.* (enge, perˈsönliche) Beziehung: **be in** (*od.* **en**) **~ with** mit *j-m* in Verbindung stehen, *fig.* gut harmonieren mit.

rap·proche·ment [ræˈprɒʃmɑ̃ːŋ] (*Fr.*) *s. bsd. pol.* (Wieder)ˈAnnäherung *f*.

rapt [ræpt] *adj.* **1.** versunken, verloren (**in** in *acc.*): **~ in thought**; **2.** hingerissen, entzückt (**with**, **by** von); **3.** verzückt (*Lächeln etc.*); gespannt (**upon** auf *acc.*) (*a. Aufmerksamkeit*).

rap·to·ri·al [ræpˈtɔːrɪəl] *orn.* **I** *adj.* Raub...; **II** *s.* Raubvogel *m*.

rap·ture [ˈræptʃə] *s.* **1.** Entzücken *n*, Verzückung *f*, Begeisterung *f*, Taumel *m*: **in ~s** hingerissen (**at** von); **go into ~s** in Verzückung geraten (**over** über *acc.*); **~ of the deep** ⚕ Tiefenrausch *m*; **2.** *pl.* Ausbruch *m* des Entzückens, Begeisterungstaumel *m*; **ˈrap·tur·ous** [-tʃərəs] *adj.* ☐ **1.** entzückt, hingerissen; **2.** stürmisch, begeistert (*Beifall etc.*); **3.** verzückt (*Gesicht*).

rare¹ [reə] *adj.* ☐ **1.** selten, rar (*a. fig. ungewöhnlich, hervorragend, köstlich*): **~ earth** ⚗ seltene Erde; **~ fun** F Mordsspaß *m*; **~ gas** Edelgas *n*; **2.** *phys.* dünn (*Luft*).

rare² [reə] *adj.* halbgar, nicht ˈdurchgebraten (*Fleisch*); englisch (*Steak*).

rare·bit [ˈreəbɪt] *s.*: **Welsh ~** überbackene Käseschnitte.

rar·ee show [ˈreəriː] *s.* **1.** Guckkasten *m*; **2.** Straßenzirkus *m*; **3.** *fig.* Schauspiel *n*.

rar·e·fac·tion [ˌreərɪˈfækʃn] *s. phys.* Verdünnung *f*; **rar·e·fy** [ˈreərɪfaɪ] **I** *v/t.* **1.** verdünnen; **2.** *fig.* verfeinern; **II** *v/i.* **3.** sich verdünnen.

rare·ness [ˈreənɪs] → **rarity**.

rar·ing [ˈreərɪŋ] *adj.*: **~ to do s.th.** F ganz wild darauf, et. zu tun.

rar·i·ty [ˈreərətɪ] *s.* **1.** Seltenheit *f*: a) *seltenes Vorkommen*, b) Rariˈtät *f*, Kostbarkeit *f*; **2.** Vorˈtrefflichkeit *f*; **3.** *phys.* Verdünnung *f*.

ras·cal [ˈrɑːskəl] *s.* **1.** Schuft *m*, Schurke *m*, Haˈlunke *m*; **2.** *humor.* a) Gauner *m*, b) Frechdachs *m* (*Kind*); **ras·cal·i·ty** [rɑːˈskælətɪ] *s.* Schurkeˈrei *f*; **ˈras·cal·ly** [-kəlɪ] *adj u. adv.* niederträchtig, gemein.

rash¹ [ræʃ] *adj.* ☐ **1.** hastig, überˈeilt, -ˈstürzt, vorschnell: **a ~ decision**; **2.** unbesonnen.

rash² [ræʃ] *s.* ⚕ (Haut)Ausschlag *m*.

rash·er [ˈræʃə] *s.* (dünne) Scheibe Frühstücksspeck *od.* Schinken.

rash·ness [ˈræʃnɪs] *s.* **1.** Hast *f*, Überˈeiltheit *f*, ˈstürztheit *f*; **2.** Unbesonnenheit *f*.

rasp [rɑːsp] **I** *v/t.* **1.** raspeln, feilen, schaben; **2.** *fig. Gefühle etc.* verletzen; *Ohren* beleidigen; *Nerven* reizen; **3.** krächzen(d äußern); **II** *s.* **4.** Raspel *f*, Grobfeile *f*; Reibeisen *n*.

rasp·ber·ry [ˈrɑːzbərɪ] *s.* **1.** ⚘ Himbeere *f*; **2.** *a.* **~ cane** ⚘ Himbeerstrauch *m*; **3.** **give** (*od.* **blow**) **a ~** *fig. sl.* verächtlich schnauben.

rasp·ing [ˈrɑːspɪŋ] **I** *adj.* ☐ **1.** kratzend, krächzend (*Stimme etc.*); **II** *s.* **2.** Raspeln *n*; **3.** *pl.* Raspelspäne *pl*.

ras·ter [ˈræstə] *s. opt.*, *TV* Raster *m*.

rat [ræt] **I** *s.* **1.** *zo.* Ratte *f*: **smell a ~** *fig.* Lunte *od.* den Braten riechen, Unrat wittern; **like a drowned ~** pudelnaß; **~s!** ‚Quatsch'!; **2.** *pol.* F ˈÜberläufer *m*, Abtrünnige(r *m*) *f*; **3.** F a) *allg.* Verräter *m*, b) ‚Schwein' *n*, c) Spitzel *m*, d) Streikbrecher *m*; **II** *v/i.* **4.** *pol.* F ˈüberlaufen, *allg.* Verrat begehen: **~ on** a) *j-n* verraten *od.* im Stich lassen, b) *Kumpane* ‚verpfeifen', c) *et.* widerrufen, d) aus *et.* ‚aussteigen'; **5.** Ratten fangen.

rat·a·bil·i·ty [ˌreɪtəˈbɪlətɪ] *s.* **1.** (Ab-) Schätzbarkeit *f*; **2.** Verhältnismäßigkeit *f*; **3.** *bsd. Brit.* Steuerbarkeit *f*, ˈUmlagepflicht *f*; **rat·a·ble** [ˈreɪtəbl] *adj.* ☐ **1.** (ab)schätzbar, abzuschätzen(d), bewertbar; **2.** anteilmäßig, proportioˈnal; **3.** *bsd. Brit.* (kommuˈnal)steuerpflichtig; zollpflichtig: **~ value** Einheitswert *m*.

ratch [rætʃ] *s.* ⚙ **1.** (gezahnte) Sperrstange; **2.** Auslösung *f* (*Uhr*).

ratch·et [ˈrætʃɪt] *s.* ⚙ Sperrklinke *f*; **~ wheel** *s.* ⚙ Sperrad *n*.

rate[1] [reɪt] **I** *s.* **1.** (Verhältnis)Ziffer *f*, Quote *f*, Maß(stab *m*) *n*, (*Wachstums-*, *Inflations- etc.*)Rate *f*: ***birth ~*** Geburtenziffer; ***death ~*** Sterblichkeitsziffer; ***at the ~ of*** im Verhältnis von (→ 2 *u.* 6); ***at a fearful ~*** in erschreckendem Ausmaß; **2.** (*Diskont-*, *Lohn-*, *Steuer- etc.*)Satz *m*, Kurs *m*, Taˈrif *m*: ***~ of exchange*** (Umrechnungs-, Wechsel-)Kurs; ***~ of the day*** Tageskurs; ***at the ~ of*** zum Satze von; **3.** (festgesetzter) Preis, Betrag *m*, Taxe *f*: ***at any ~*** *fig.* a) auf jeden Fall, b) wenigstens; ***at that ~*** unter diesen Umständen; **4.** (Post- *etc.*) Gebühr *f*, Porto *n*; (Gas-, Strom-) Preis *m*: ***inland ~*** Inlandporto; **5.** *Brit.* (Kommuˈnal)Steuer *f*, (Gemeinde)Abgabe *f*; **6.** (relaˈtive) Geschwindigkeit: ***~ of climb*** ✈ Steiggeschwindigkeit; ***~ of energy*** *phys.* Energiemenge *f* pro Zeiteinheit; ***~ of an engine*** Motorleistung *f*; ***~ plate*** ⚙ Leistungsschild *n*; ***at the ~ of*** mit e-r Geschwindigkeit von; **7.** Grad *m*, Rang *m*, Klasse *f*; **8.** ⚓ a) Klasse *f* (*Schiff*), b) Dienstgrad *m* (*Matrose*); **II** *v/t.* **9.** *et.* abschätzen, taxieren (***at*** auf *acc.*); **10.** *j-n* einschätzen, beurteilen; ⚓ *Seemann* einstufen; **11.** *Preis etc.* bemessen, ansetzen; *Kosten* veranschlagen: ***~ up*** höher versichern; **12.** *j-n* betrachten als, halten für; **13.** rechnen, zählen (***among*** zu); **14.** *Brit.* a) (zur Steuer) veranlagen, b) besteuern; **15.** *Am. sl. et.* wert sein, Anspruch haben auf (*acc.*); **III** *v/i.* **16.** angesehen werden, gelten (***as*** als): ***~ high*** (***low***) hoch (niedrig) ‚im Kurs stehen', e-n hohen Stellenwert haben; ***~ above*** (***below***) rangieren, stehen über (unter) *j-m od. e-r Sache*; ***~ with s.o.*** bei j-m e-n Stein im Brett haben; ***she*** (***it***) ***~d high with him*** sie (es) galt viel bei ihm; **17.** ***~ among*** zählen zu.

rate[2] [reɪt] **I** *v/t.* ausschelten (***for***, ***about*** wegen); **II** *v/i.* schimpfen (***at*** auf *acc.*).

rate·a·bil·i·ty *etc.* → ***ratability*** *etc.*

rat·ed [ˈreɪtɪd] *adj.* **1.** (gemeinde)steuerpflichtig; **2.** ⚙ Nenn…: ***~ power*** Nennleistung *f*.

ˈrate͵pay·er *s. Brit.* (Gemeinde)Steuerzahler(in).

rath·er [ˈrɑːðə] *adv.* **1.** ziemlich, fast, etwas: ***~ cold*** ziemlich kalt; ***I would ~ think*** ich möchte fast glauben; ***I ~ expected it*** ich habe es fast erwartet; **2.** lieber, eher (***than*** als): ***I would*** (*od.* ***had***) ***much ~ go*** ich möchte viel lieber gehen; **3.** (***or*** oder) vielmehr, eigentlich, besser gesagt; **4.** *bsd. Brit.* F (ja) freilich!, allerˈdings!

rat·i·fi·ca·tion [͵rætɪfɪˈkeɪʃn] *s.* **1.** Bestätigung *f*, Genehmigung *f*; **2.** *pol.* Ratifizierung *f*; **rat·i·fy** [ˈrætɪfaɪ] *v/t.* **1.** bestätigen, genehmigen, gutheißen; **2.** *pol.* ratifizieren.

rat·ing[1] [ˈreɪtɪŋ] *s.* **1.** (Ab)Schätzung *f*, Bewertung *f*, (*a.* Leistungs)Beurteilung *f*; *ped. Am.* (Zeugnis)Note *f*; *Radio*, *TV*: Einschaltquote *f*; **2.** (Leistungs-) Stand *m*, Niˈveau *n*; **3.** *fig.* Stellenwert *m*; **4.** ⚓ a) Dienstgrad *m*, b) *Brit.* Maˈtrose *m*, c) *pl. Brit.* Leute *pl.* e-s bestimmten Dienstgrades; **5.** ⚓ (Segel-) Klasse *f*; **6.** ✝ Kreˈditwürdigkeit *f*; **7.** Taˈrif *m*; **8.** *Brit.* a) (Gemeindesteuer-) Veranlagung *f*, b) Steuersatz *m*; **9.** ⚙ (Nenn)Leistung *f*, Betriebsdaten *pl.*

rat·ing[2] [ˈreɪtɪŋ] *s.* heftige Schelte.

ra·tio [ˈreɪʃɪəʊ] *s.* **1.** ⅍ *etc.* Verhältnis *n*: ***~ of distribution*** Verteilungsschlüssel *m*; ***be in the inverse ~*** a) im umgekehrten Verhältnis stehen, b) ⅍ umgekehrt proportional sein (***to*** zu); **2.** ⅍ Quotiˈent *m*; **3.** ✝ Wertverhältnis *n* zwischen Gold u. Silber; **4.** ⚙ Überˈsetzungsverhältnis *n* (*e-s Getriebes*).

ra·ti·oc·i·na·tion [͵rætɪɒsɪˈneɪʃn] *s.* **1.** logisches Denken; **2.** logischer Gedankengang *od.* Schluß.

ra·tion [ˈræʃn] **I** *s.* **1.** Ratiˈon *f*, Zuteilung *f*: ***~ card*** Lebensmittelkarte *f*; ***off the ~*** markenfrei; **2.** ⚔ (Tages)Verpflegungssatz *m*; **3.** *pl.* Lebensmittel *pl.*, Verpflegung *f*; **II** *v/t.* **4.** rationieren, (zwangs)bewirtschaften; **5.** *a.* ***~ out*** (in Rationen) zuteilen; **6.** ⚔ verpflegen.

ra·tion·al [ˈræʃənl] *adj.* □ **1.** vernünftig: a) vernunftmäßig, ratioˈnal, b) vernunftbegabt, c) verständig; **2.** zweckmäßig, ratioˈnal (*a.* ⅍); **ra·tion·ale** [͵ræʃəˈnɑːl] *s.* **1.** ˈGrundprin͵zip *n*; **2.** vernunftmäßige Erklärung.

ra·tion·al·ism [ˈræʃnəlɪzəm] *s.* Rationaˈlismus *m*; **ˈra·tion·al·ist** [-ɪst] **I** *s.* Rationaˈlist *m*; **II** *adj.* → **ra·tion·al·is·tic** [͵ræʃnəˈlɪstɪk] *adj.* (□ ***~ally***) rationaˈlistisch; **ra·tion·al·i·ty** [͵ræʃəˈnælətɪ] *s.* **1.** Vernünftigkeit *f*; **2.** Vernunft *f*, Denkvermögen *n*; **ra·tion·al·i·za·tion** [͵ræʃnəlaɪˈzeɪʃn] *s.* **1.** Rationalisieren *n*; **2.** ✝ Rationalisierung *f*; **ˈra·tion·al·ize** [-laɪz] **I** *v/t.* **1.** ratioˈnal erklären, vernunftgemäß deuten; **2.** ✝ rationalisieren; **II** *v/i.* **3.** ratioˈnell verfahren; **4.** rationaˈlistisch denken.

ra·tion·ing [ˈræʃnɪŋ] *s.* Rationierung *f*.

rat race *s.* **1.** ‚Hetzjagd' *f* (*des Lebens*); **2.** harter (Konkur'renz)Kampf; **3.** Teufelskreis *m*.
rats·bane ['rætsbeɪn] *s.* Rattengift *n*.
rat-tat [ˌræt'tæt], *a.* **rat-tat-tat** [ˌrætə'tæt] **I** *s.* Rattern *n*, Geknatter *n*; **II** *v/i.* knattern.
rat·ten ['rætn] *v/i. bsd. Brit.* (die Arbeit) sabotieren, Sabo'tage treiben.
rat·ter ['rætə] *s.* Rattenfänger *m* (*Hund od. Katze*).
rat·tle ['rætl] **I** *v/i.* **1.** rattern, klappern, rasseln, klirren: **~ at the door** an der Tür rütteln; **~ off** losrattern, davonjagen; **2.** röcheln; rasseln (*Atem*); **3.** *a.* **~ away** *od.* **on** plappern; **II** *v/t.* **4.** rasseln mit *od.* an (*dat.*); an *der Tür etc.* rütteln; mit *Geschirr etc.* klappern; → **sabre** 1; **5.** *a.* **~ off** *Rede etc.* ‚her'unterrasseln'; **6.** F *j-n* aus der Fassung bringen, verunsichern; **III** *s.* **7.** Rattern *n*, Gerassel *n*, Klappern *n*; **8.** Rassel *f*, (Kinder)Klapper *f*; **9.** Röcheln *n*; **10.** Lärm *m*, Trubel *m*; **11.** ⚘ a) **red ~** Sumpfläusekraut *n*, b) **yellow ~** Klappertopf *m*; '**~·brain** *s.* Hohl-, Wirrkopf *m*; '**~·brained** [-breɪnd] '**~-ˌpat·ed** [-ˌpeɪtɪd] *adj.* hohl-, wirrköpfig; '**~-snake** *s.* Klapperschlange *f*; '**~·trap** F **I** *s.* **1.** Klapperkasten *m* (*Fahrzeug etc.*); **2.** *mst pl.* (Trödel)Kram *m*; **II** *adj.* **3.** klapperig.
rat·tling ['rætlɪŋ] **I** *adj.* **1.** ratternd, klappernd; **2.** lebhaft; **3.** F schnell: **at a ~ pace** in rasendem Tempo; **4.** F ‚toll'; **II** *adv.* **5.** äußerst.
rat·ty ['rætɪ] *adj.* **1.** rattenverseucht; **2.** Ratten...; **3.** *sl.* gereizt, bissig.
rau·cous ['rɔːkəs] *adj.* □ rauh, heiser.
rav·age ['rævɪdʒ] **I** *s.* **1.** Verwüstung *f*, Verheerung *f*; **2.** *pl.* verheerende (Aus-) Wirkungen *pl.*: **the ~s of time** der Zahn der Zeit; **II** *v/t.* **3.** verwüsten, verheeren; plündern: **a face ~d by grief** *fig.* ein gramzerfurchtes Gesicht; **III** *v/i.* **4.** Verheerungen anrichten.
rave [reɪv] **I** *v/i.* **1.** a) phantasieren, irrereden, b) toben, wüten (*a. fig. Sturm etc.*), c) *fig.* wettern; **2.** schwärmen (**about**, **of** von); **II** *s.* **3.** Pracht *f*; **4.** F Schwärme'rei *f*: **~ review** ‚Bombenkritik' *f*; **5.** *Brit. sl.* a) Mode *f*, b) → **rave-up**.
rav·el ['rævl] **I** *v/t.* **1.** *a.* **~ out** ausfasern, auftrennen; entwirren (*a. fig.*); **2.** verwirren, -wickeln (*a. fig.*); **II** *v/i.* **3.** *a.* **~ out** sich auftrennen, sich ausfasern; sich entwirren (*a. fig.*); **III** *s.* **4.** Verwirrung *f*, -wicklung *f*; **5.** loser Faden.
ra·ven[1] ['reɪvn] **I** *s. orn.* Rabe *m*; **II** *adj.* (kohl)rabenschwarz.
rav·en[2] ['rævn] **I** *v/i.* **1.** rauben, plündern; **2.** gierig (fr)essen; **3.** Heißhunger haben; **4.** lechzen (**for** nach); **II** *v/t.* **5.** (gierig) verschlingen.
rav·en·ous ['rævənəs] *adj.* □ **1.** ausgehungert, heißhungrig (*beide a. fig.*); **2.** gierig (**for** auf *acc.*): **~ hunger** Bärenhunger *m*; **3.** gefräßig; **4.** raubgierig (*Tier*).
'**rave-up** *s. Brit. sl.* ‚tolle Party'.
ra·vine [rə'viːn] *s.* (Berg)Schlucht *f*, Klamm *f*; Hohlweg *m*.
rav·ing ['reɪvɪŋ] **I** *adj.* □ **1.** tobend, rasend; **2.** phantasierend, delirierend; **3.** F ‚toll', phan'tastisch: **a ~ beauty**; **II** *s.* **4.** *mst pl.* a) Rase'rei *f*, b) De'lirien *pl.*, Fieberwahn *m*.
rav·ish ['rævɪʃ] *v/t.* **1.** entzücken, hinreißen; **2.** *obs. Frau* a) vergewaltigen, schänden, b) entführen; **3.** *rhet.* rauben, entreißen; '**rav·ish·er** [-ʃə] *s. obs.* **1.** Schänder *m*; **2.** Entführer *m*; '**rav·ish·ing** [-ʃɪŋ] *adj.* □ hinreißend, entzückend.
raw [rɔː] **I** *adj.* □ **1.** roh (*a. fig. grob*); **2.** roh, ungekocht; **3.** ⚙, ✝ roh, Roh..., unbearbeitet, *a.* ungegerbt (*Leder*), ungewalkt (*Tuch*), ungesponnen (*Wolle etc.*), unvermischt, unverdünnt (*Spirituosen*): **~ material** Rohmaterial *n*, -stoff *m* (*a. fig.*); **~ silk** Rohseide *f*; **4.** *phot.* unbelichtet; **5.** roh, noch nicht ausgewertet: **~ data**; **6.** *Am.* nagelneu; **7.** wund(gerieben); offen (*Wunde*); **8.** unwirtlich, rauh, naßkalt (*Wetter, Klima etc.*); **9.** unerfahren, ‚grün'; **10.** *sl.* gemein: **a ~ deal** e-e Gemeinheit; **II** *s.* **11.** wund(gerieben)e Stelle; **12.** *fig.* wunder Punkt: **touch s.o. on the ~** j-n an s-r empfindlichen Stelle treffen; **13.** ✝ Rohstoff *m*; **14. in the ~** a) im Naturzustand, b) nackt: **life in the ~** *fig.* die grausame Härte des Lebens; '**~-boned** *adj.* hager, (grob)knochig; '**~-hide** *s.* **1.** Rohhaut *f*, -leder *n*; **2.** Peitsche *f*.
raw·ness ['rɔːnɪs] *s.* **1.** Rohzustand *m*; **2.** Unerfahrenheit *f*; **3.** Wundsein *n*; **4.** Rauheit *f des Wetters*.
ray[1] [reɪ] **I** *s.* **1.** (Licht)Strahl *m*; **2.** *fig.* (*Hoffnungs- etc.*)Strahl *m*, Schimmer *m*; **3.** *phys.*, ⚘, ⚘ Strahl *m*: **~ treatment** ⚕ Strahlenbehandlung *f*, Bestrahlung *f*; **II** *v/i.* **4.** Strahlen aussenden; **5.** sich strahlenförmig ausbreiten; **III** *v/t.* **6.** *a.* **~ out** ausstrahlen; **7.** bestrahlen (*a. phys.*, ⚕), ⚕ F röntgen.
ray[2] [reɪ] *s. ichth.* Rochen *m*.
ray·on ['reɪɒn] *s.* ✝ 'Kunstseide(npro-

ˌdukt *n*) *f*: *~ **staple*** Zellwolle *f*.

raze [reɪz] *v/t*. **1.** *Gebäude* niederreißen; *Festung* schleifen: ***~ s.th. to the ground*** et. dem Erdboden gleichmachen; **2.** *fig*. ausmerzen; **3.** ritzen, kratzen, streifen.

ra·zor [ˈreɪzə] *s*. Rasiermesser *n*: (***safety***) *~* Rasierapparat *m*; *~ **blade*** Rasierklinge *f*; ***as sharp as a ~*** messerscharf; ***be on the ~'s edge*** auf des Messers Schneide stehen; *~* **cut** *s*. Messerschnitt *m* (*a. Frisur*); *~* **strop** *s*. Streichriemen *m*.

razz [ræz] *v/t*. *Am. sl.* hänseln, ‚aufziehen'.

raz·zi·a [ˈræzɪə] *s*. *hist*. Raubzug *m*.

raz·zle-daz·zle [ˈræzlˌdæzl] *s. sl.* **1.** Saufeˈrei *f*: ***go on the ~*** ‚auf die Pauke hauen'; **2.** ‚Rummel' *m*; **3.** *Am. sl.* a) ‚Kuddelmuddel' *m, n*, b) ‚Wirbel' *m*, Tamˈtam *n*.

re [riː] (*Lat.*) *prp*. **1.** ⚖ in Sachen; **2.** *bsd*. ☨ betrifft, betreffs, bezüglich.

re- *in Zssgn* **1.** [riː] wieder, noch einmal, neu: ***reprint***, ***rebirth***; **2.** [rɪ] zuˈrück, wider: ***revert***, ***retract***.

're [ə] F *für* ***are***.

re·ab·sorb [ˌriːəbˈsɔːb] *v/t*. resorbieren.

reach [riːtʃ] **I** *v/t*. **1.** (hin-, her)reichen, überˈreichen, geben (***s.o. s.th.*** j-m et.); *j-m e-n Schlag* versetzen; **2.** (her)langen, nehmen: *~ **s.th. down*** et. herunterlangen; **3.** *oft ~ **out*** (*od*. ***forth***) *Hand etc.* reichen, ˈausstrecken; **4.** reichen *od*. sich erstrecken bis an (*acc.*) *od*. zu: ***the water ~ed his knees*** das Wasser ging ihm bis an die Knie; **5.** *Zahl*, *Alter* erreichen; sich belaufen auf (*acc.*); *Auflagenzahl* erleben; **6.** erreichen, erzielen, gelangen zu: *~ **an understanding***; *~ **no conclusion*** zu keinem Schluß gelangen; **7.** *Ziel* erreichen, treffen; **8.** *Ort* erreichen, eintreffen in *od*. an (*dat.*): *~ **home*** nach Hause gelangen; *~ **s.o.'s ear*** j-m zu Ohren kommen; **9.** *j-n* erreichen (*Brief etc.*); **10.** *fig*. (ein)wirken auf (*acc.*), *durch Werbung etc.* ansprechen *od*. gewinnen *od*. erreichen, bei j-m (*geistig*) ˈdurchdringen; **II** *v/i*. **11.** (mit der Hand) reichen *od*. greifen *od*. langen; **12.** *a. ~ **out*** langen, greifen (***after***, ***for***, ***at*** nach); **13.** reichen, sich erstrecken *od*. ausdehnen (***to*** bis [zu]): ***as far as the eye can ~*** soweit das Auge reicht; **14.** sich belaufen (***to*** auf *acc.*); **III** *s*. **15.** Griff *m*: ***make a ~ for s.th.*** nach et. greifen *od*. langen; **16.** Reich-, Tragweite *f* (*Geschoß*, *Waffe*, *Stimme etc.*) (*a. fig.*): ***within ~*** erreichbar; ***within s.o.'s ~*** in j-s Reichweite, für j-n erreichbar *od*. erschwinglich, j-m zugänglich; ***above*** (*od*. ***beyond*** *od*. ***out of***) *~* unerreichbar *od*. unerschwinglich (***of*** für); ***within easy ~ of the station*** vom Bahnhof aus leicht zu erreichen; **17.** Bereich *m*, ˈUmfang *m*, Ausdehnung *f*; **18.** (geistige) Fassungskraft, Horiˈzont *m*; **19.** a) Kaˈnalabschnitt *m* (*zwischen zwei Schleusen*), b) Flußstrecke *f*; **ˈreach·a·ble** [-tʃəbl] *adj*. erreichbar.

ˈreach-me-ˌdown F **I** *adj*. **1.** Konfektions…, von der Stange; **2.** abgelegt (*Kleider*); **II** *s*. **3.** *mst pl*. Konfektiˈonsanzug *m*, Kleid *n* von der Stange, *pl*. Konfektiˈonskleidung *f*; **4.** abgelegtes Kleidungsstück *n* (*das von jüngeren Geschwistern etc. weiter getragen wird*).

re·act [rɪˈækt] **I** *v/i*. **1.** ⚗, ⚕ reagieren (***to*** auf *acc.*): ***slow to ~*** reaktionsträge; **2.** *fig*. (***to***) reagieren, antworten, eingehen (auf *acc.*), aufnehmen (et.); sich verhalten (auf *acc.*, bei): *~ **against*** *e-r Sache* entgegenwirken *od*. widerstreben; **3.** ein-, zuˈrückwirken, Rückwirkungen haben ([***up***]***on*** auf *acc.*): *~ **on each other*** sich gegenseitig beeinflussen; **4.** ⚔ e-n Gegenschlag führen; **II** *v/t*. **5.** ⚗ zur Reaktiˈon bringen.

re-act [ˌriːˈækt] *v/t*. *thea. etc.* wiederˈaufführen.

re·act·ance [rɪˈæktəns] *s*. ⚡ Reakˈtanz *f*, ˈBlindˌwiderstand *m*.

re·ac·tion [rɪˈækʃn] *s*. **1.** ⚗, ⚕, *phys*. Reaktiˈon *f*; **2.** Rückwirkung *f*, -schlag *m*, Gegen-, Einwirkung *f* (***from***, ***against*** gegen, [***up***]***on*** auf *acc.*); **3.** *fig*. (***to***) Reaktiˈon *f* (auf *acc.*), Verhalten *n* (bei), Stellungnahme *f* (zu); **4.** *pol*. Reaktiˈon *f* (*a. Bewegung*), Rückschritt (-lertum *n*) *m*; **5.** ☨ rückläufige Bewegung, (*Kurs-*, *Preis- etc.*)Rückgang *m*; **6.** ⚔ Gegenstoß *m*, -schlag *m*; **7.** ⚙ Gegendruck *m*; **8.** ⚡ Rückkopplung *f*, -wirkung *f*; **reˈac·tion·ar·y** [-ʃnərɪ] **I** *adj*. *bsd. pol.* reaktioˈnär; **II** *s*. *pol*. Reaktioˈnär(in).

re·ac·tion| drive *s*. ⚙ Rückstoßantrieb *m*; *~* **time** *s*. *psych*. Reaktiˈonszeit *f*.

reˈac·ti·vate [rɪˈæktɪveɪt] *v/t*. reaktivieren; **re·ac·tive** [rɪˈæktɪv] *adj*. ☐ **1.** reakˈtiv, rück-, gegenwirkend; **2.** empfänglich (***to*** für), Reaktions…; **3.** ⚡ Blind… (*-strom*, *-leistung etc.*); **re·ac·tor** [rɪˈæktə] *s*. **1.** *phys*. (ˈKern)Reˌaktor *m*; **2.** ⚡ Drossel(spule) *f*.

read[1] [riːd] **I** *v/t*. [*irr.*] **1.** lesen (*a. fig.*): *~ **s.th. into*** et. in *e-n Text* hineinlesen; *~ **off*** *et*. ablesen; *~ **out*** a) *et*. (laut) vorlesen, b) *Buch etc.* auslesen; *~ **over***

a) durchlesen, b) *formell* vor-, verlesen (*Notar etc.*); ~ ***up*** a) sich in *et.* einlesen, b) *et.* nachlesen; ~ ***s.o.'s face*** in j-s Gesicht lesen; **2.** vor-, verlesen; *Rede etc.* ablesen; **3.** *parl.* *Vorlage* lesen: ***was read for the third time*** *die Vorlage* wurde in dritter Lesung behandelt; **4.** *Kurzschrift etc.* lesen können; *die Uhr* kennen: ~ ***music*** a) Noten lesen, b) nach Noten spielen *etc.*; **5.** *Traum etc.* deuten; → ***fortune*** 3; **6.** *et.* auslegen, auffassen, verstehen: ***do you ~ me?*** a) *Funk*: können Sie mich verstehen?, b) *fig.* haben Sie mich verstanden?; ***we can take it as ~ that*** wir können (also) davon ausgehen, daß; **7.** *Charakter etc.* durch'schauen: ***I ~ you like a book*** ich lese in dir wie in e-m Buch; **8.** ⚙ a) anzeigen (*Meßgerät*), b) *Barometerstand etc.* ablesen; **9.** *Rätsel* lösen; **II** *v/i.* [*irr.*] **10.** lesen: ~ ***to s.o.*** j-m vorlesen; **11.** e-e Vorlesung *od.* e-n Vortrag halten; **12.** *bsd. Brit.* (***for***) sich vorbereiten (auf *e-e Prüfung etc.*), *et.* studieren: ~ ***for the bar*** sich auf den Anwaltsberuf vorbereiten; ~ ***up on*** sich in *et.* einlesen *od.* einarbeiten; **13.** sich *gut etc.* lesen lassen; **14.** *so u. so.* lauten, heißen: ***the passage ~s as follows.***

read² [red] **I** *pret. u. p.p. von* ***read¹***; **II** *adj.* **1.** gelesen: ***the most-~ book*** das meistgelesene Buch; **2.** belesen (***in*** in *dat.*); → ***well-read.***

read·a·ble ['ri:dəbl] *adj.* □ lesbar: a) lesenswert, b) leserlich.

re·ad·dress [ˌri:ə'dres] *v/t.* **1.** *Brief* neu adressieren; **2.** ~ ***o.s.*** sich nochmals wenden (***to*** an *j-n*).

read·er ['ri:də] *s.* **1.** Leser(in); **2.** Vorleser(in); **3.** (Verlags)Lektor *m*, (Ver'lags)Lekˌtorin *f*; **4.** *typ.* Kor'rektor *m*; **5.** *univ. Brit.* außerordentlicher Pro'fessor, Do'zent(in); **6.** a) *ped.* Lesebuch *n*, b) Antholo'gie *f*; **7.** *Computer*: Lesegerät *n*; '**read·er·ship** [-ʃɪp] *s.* **1.** Vorleseramt *n*; **2.** *univ. Brit.* Do'zentenstelle *f.*

read·i·ly ['redɪlɪ] *adv.* **1.** so'gleich, prompt; **2.** bereitwillig, gern; **3.** leicht, ohne weiteres; '**read·i·ness** [-ɪnɪs] *s.* **1.** Bereitschaft *f*: ~ ***for war*** Kriegsbereitschaft; ***in ~*** bereit, in Bereitschaft; ***place in ~*** bereitstellen; **2.** Schnelligkeit *f*, Raschheit *f*, Promptheit *f*: ~ ***of mind*** *od.* ***wit*** Geistesgegenwart *f*; **3.** Gewandtheit *f*; **4.** Bereitwilligkeit *f*: ~ ***to help others*** Hilfsbereitschaft *f.*

read·ing ['ri:dɪŋ] **I** *s.* **1.** Lesen *n*; *weitS.* Bücherstudium *n*; **2.** (Vor)Lesung *f*, Vortrag *m*; **3.** *parl.* Lesung *f*; **4.** Belesenheit *f*: ***a man of vast ~*** ein sehr belesener Mann; **5.** Lek'türe *f*, Lesestoff *m*: ***this book makes good ~*** dieses Buch liest sich gut; **6.** Lesart *f*, Ver'si'on *f*; **7.** Deutung *f*, Auslegung *f*, Auffassung *f*; **8.** ⚙ Anzeige *f*, Ablesung *f* (*Meßgerät*), (*Barometer- etc.*)Stand *m*; **II** *adj.* **9.** Lese...: ~ ***lamp***; ~ **desk** *s.* Lesepult *n*; ~ **glass** *s.* Vergrößerungsglas *n*, Lupe *f*; ~ **glas·ses** *s. pl.* Lesebrille *f*; ~ **head** *s. Computer*: Lesekopf *m*; ~ **mat·ter** *s.* **1.** Lesestoff *m*; **2.** redaktio'neller Teil (*e-r Zeitung*); ~ **public** *s.* Leserschaft *f*, 'Leserˌpublikum *n*; ~ **room** *s.* Lesezimmer *n*, -saal *m.*

re·ad·just [ˌri:ə'dʒʌst] *v/t.* **1.** wieder'anpassen; ⚙ nachstellen, -richten; **2.** wieder in Ordnung bringen; ⚚ sanieren; *pol. etc.* neu orientieren; ˌ**re·ad'just·ment** [-stmənt] *s.* **1.** Wieder'anpassung *f*; **2.** Neuordnung *f*; ⚚ wirtschaftliche Sanierung; **3.** ⚙ Korrek'tur *f.*

re·ad·mis·sion [ˌri:əd'mɪʃn] *s.* Wieder'zulassung *f* (***to*** zu); ˌ**re·ad'mit** [-'mɪt] *v/t.* wieder zulassen.

'**read|·out** *s. Computer*: Ausgabe *f* (*von lesbaren Worten*): ~ ***pulse*** Leseimpuls *m*; '**~-through** *s. thea.* Leseprobe *f.*

read·y ['redɪ] **I** *adj.* □ → ***readily***; **1.** bereit, fertig (***for*** zu *et.*): ~ ***for action*** ⚔ einsatzbereit; ~ ***for sea*** ⚓ seeklar; ~ ***for service*** ⚙ betriebsfertig; ~ ***for take-off*** ✈ startbereit; ~ ***to operate*** ⚙ betriebsbereit; ***be ~ with s.th.*** et. bereithaben *od.* -halten; ***get*** *od.* ***make ~*** (sich) bereit- *od.* fertigmachen; ***are you ~? go!*** *sport* Achtung-fertig-los!; **2.** bereit(willig), willens, geneigt (***to*** zu); **3.** schnell, rasch, prompt: ***find a ~ market*** (*od.* ***sale***) ⚚ raschen Absatz finden, gut gehen; **4.** schlagfertig, prompt (*Antwort*), geschickt (*Arbeiter etc.*), gewandt: ***a ~ pen*** e-e gewandte Feder; ~ ***wit*** Schlagfertigkeit *f*; **5.** im Begriff, nahe dar'an (***to do*** zu tun); **6.** ⚚ verfügbar, greifbar (*Vermögenswerte*), bar (*Geld*): ~ ***cash*** *od.* ***money*** Bargeld *n*, -zahlung *f*; ~ ***money business*** Bar-, Kassageschäft *n*; **7.** bequem, leicht: ~ ***at*** (*od.* ***to***) ***hand*** gleich zur Hand; **II** *v/t.* **8.** bereit-, fertigmachen; **III** *s.* **9.** *mst* ***the ~*** *sl.* Bargeld *n*; **10.** ⚔ ***at the ~*** schußbereit (*a. Kamera*); **IV** *adv.* **11.** fertig: ***~-built house*** Fertighaus *n*; **12.** ***readier*** schneller; ***readiest*** am schnellsten; ˌ**~-'made** *adj.* **1.** Konfektions..., von der Stange: ~ ***clothes*** Konfektion(sbekleidung *f*) *f*; ~ ***shop*** Konfektionsgeschäft *n*; **2.** gebrauchsfertig,

Fertig...; **3.** *fig.* schablonisiert, ‚fertig', ‚vorgekaut'; **4.** *fig.* Patent...: ***~ solution***; **~ reck·on·er** *s.* 'Rechenta,belle *f*; **,~-to-'serve** *adj.* tischfertig (*Speise*); **,~-to-'wear** → ***ready-made*** 1; **,~'wit·ted** *adj.* schlagfertig.

re·af·firm [ˌriːəˈfɜːm] *v/t.* nochmals versichern *od.* beteuern.

re·af·for·est [ˌriːæˈfɒrɪst] *v/t.* wieder aufforsten.

re·a·gent [riːˈeɪdʒənt] *s.* **1.** ⚗ Re'agens *n*; **2.** *fig.* Gegenkraft *f*, -wirkung *f*; **3.** *psych.* 'Testperson *f*.

re·al [rɪəl] **I** *adj.* □ → ***really***; **1.** re'al (*a. phls.*), tatsächlich, wirklich, wahr, eigentlich: ***~ life*** das wirkliche Leben; ***the ~ thing*** *sl.* das einzig Wahre; **2.** echt (*Seide etc., a. fig. Gefühle, Mann etc.*); **3.** ⚖ a) dinglich, b) unbeweglich: ***~ account*** ✝ Sach(wert)konto *n*; ***~ action*** dingliche Klage; ***~ assets*** unbewegliches Vermögen; ***~ estate*** *od.* ***property*** Grundeigentum *n*, Liegenschaften *pl.*, Immobilien *pl.*; ***~ stock*** ✝ Ist-Bestand *m*; ***~ time*** *Computer*: Echtzeit *f*; ***~ wage*** Reallohn *m*; **4.** *phys.*, ⚗ re'ell (*Bild, Zahl etc.*); **5.** ⚡ ohmsch, Wirk...: ***~ power*** Wirkleistung *f*; **II** *adv.* **6.** *bsd. Am.* F sehr, äußerst, ‚richtig': ***for ~*** echt, im Ernst; **III** *s.* **7.** ***the ~*** *phls.* das Re'ale, die Wirklichkeit; **'re·al·ism** [-lɪzəm] *s.* Rea'lismus *m* (*a. phls., lit., paint.*); **'re·al·ist** [-lɪst] **I** *s.* Rea'list(in); **II** *adj.* → **re·al·is·tic** [ˌrɪəˈlɪstɪk] *adj.* (□ ***~ally***) rea'listisch (*a. phls., lit., paint.*), wirklichkeitsnah, -getreu, sachlich; **re·al·i·ty** [rɪˈælətɪ] *s.* **1.** Reali'tät *f*, Wirklichkeit *f*: ***in ~*** in Wirklichkeit, tatsächlich; **2.** Wirklichkeits-, Na'turtreue *f*; **3.** Tatsache *f*, Faktum *n*, Gegebenheit *f*; **re·al·iz·a·ble** [ˈrɪəlaɪzəbl] *adj.* □ **1.** realisierbar, aus-, 'durchführbar; **2.** ✝ realisierbar, verwertbar, kapitalisierbar, verkäuflich; **re·al·i·za·tion** [ˌrɪəlaɪˈzeɪʃn] *s.* **1.** Realisierung *f*, Verwirklichung *f*, Aus-, 'Durchführung *f*; **2.** Vergegen'wärtigung *f*, Erkenntnis *f*; **3.** ✝ a) Realisierung *f*, Verwertung *f*, b) Liquidati'on *f*, Glattstellung *f*, c) Erzielung *f e-s Gewinns*: ***~ account*** Liquidationskonto *n*; **re·al·ize** [ˈrɪəlaɪz] *v/t.* **1.** (klar) erkennen, sich klarmachen, begreifen, erfassen: ***he ~d that*** er sah ein, daß; ihm wurde klar *od.* es kam ihm zum Bewußtsein, daß; **2.** verwirklichen, realisieren, aus-, 'durchführen; **3.** sich vergegen'wärtigen, sich (lebhaft) vorstellen; **4.** ✝ a) realisieren, verwerten, zu Geld *od.* flüssig machen, b) *Gewinn, Preis* erzielen; **re·al·ly** [ˈrɪəlɪ] *adv.* **1.** wirklich, tatsächlich, eigentlich: ***not ~*** eigentlich nicht; ***not ~!*** nicht möglich!; **2.** (*rügend*) ***~!*** ich muß schon sagen!; **3.** unbedingt: ***you ~ must come!***

realm [relm] *s.* **1.** Königreich *n*: ***Peer of the*** ♀ Mitglied *n* des Oberhauses; **2.** *fig.* Reich *n*, Sphäre *f*; **3.** Bereich *m*, (Fach-)Gebiet *n*.

re·al·tor [ˈrɪəltə] *s. Am.* Immo'bilienmakler *m*; **'re·al·ty** [-tɪ] *s.* Grundeigentum *n*, -besitz *m*, Liegenschaften *pl.*

ream¹ [riːm] *s.* Ries *n* (*480 Bogen Papier*): ***printer's ~***, ***long ~*** 516 Bogen Druckpapier; ***~s and ~s of*** *fig.* zahllose, große Mengen von.

ream² [riːm] *v/t.* ⚙ **1.** *Bohrloch etc.* erweitern; **2.** *oft* ***~ out*** a) *Bohrung* (auf-, aus)räumen, b) *Kaliber* ausbohren, c) nachbohren; **'ream·er** [-mə] *s.* **1.** ⚙ Reib-, Räumahle *f*; **2.** *Am.* Fruchtpresse *f*.

re·an·i·mate [ˌriːˈænɪmeɪt] *v/t.* **1.** 'wiederbeleben; **2.** *fig.* neu beleben.

reap [riːp] **I** *v/t.* **1.** *Getreide etc.* schneiden, ernten; **2.** *Feld* mähen, abernten; **3.** *fig.* ernten; **II** *v/i.* **4.** mähen, ernten: ***he ~s where he has not sown*** *fig.* er erntet, wo er nicht gesät hat; **'reap·er** [-pə] *s.* **1.** Schnitter(in), Mäher(in): ***the Grim*** ♀ *fig.* der Sensenmann; **2.** 'Mähma,schine *f*: ***~-binder*** Mähbinder *m*.

re·ap·pear [ˌriːəˈpɪə] *v/i.* wieder erscheinen; **,re·ap'pear·ance** [-ərəns] *s.* 'Wiedererscheinen *n*.

re·ap·pli·ca·tion [ˈriːˌæplɪˈkeɪʃn] *s.* **1.** wieder'holte Anwendung; **2.** erneutes Gesuch; **re·ap·ply** [ˌriːəˈplaɪ] **I** *v/t.* wieder *od.* wieder'holt anwenden; **II** *v/i.* (***for***) (*et.*) wiederholt beantragen, erneut e-n Antrag stellen (auf *acc.*); sich erneut bewerben (um).

re·ap·point [ˌriːəˈpɔɪnt] *v/t.* wieder ernennen *od.* einsetzen *od.* anstellen.

re·ap·prais·al [ˌriːəˈpreɪzl] *s.* Neubewertung *f*, -beurteilung *f*.

rear¹ [rɪə] **I** *v/t.* **1.** *Kind* auf-, großziehen, erziehen; *Tiere* züchten; *Pflanzen* ziehen; **2.** *Leiter etc.* aufrichten, -stellen; **3.** *rhet. Gebäude* errichten; **4.** *Haupt, Stimme etc.* (er)heben; **II** *v/i.* **5.** *a.* ***~ up*** sich (auf)bäumen (*Pferd etc.*); **6.** *oft* ***~ up*** (auf-, hoch)ragen.

rear² [rɪə] **I** *s.* **1.** 'Hinter-, Rückseite *f*; *mot.*, ⚓ Heck *n*: ***at*** (*Am.* in) ***the ~ of*** hinter (*dat.*); **2.** 'Hintergrund *m*: ***in the ~ of*** im Hintergrund (*gen.*); **3.** ⚔ Nachhut *f*: ***bring up the ~*** *allg.* die Nachhut bilden, den Zug beschließen; ***take in the ~*** *den Feind* im Rücken fassen; **4.** F a) ‚Hintern' *m*, b) *Brit.* ‚Lokus' *m* (*Abort*); **II** *adj.* **5.** hinter, Hinter..., Rück...; ~ ***axle***: *mot.* Hinterachse *f*; ~ ***echelon*** ⚔ rückwärtiger Stab; ~ ***engine*** *mot.* Heckmotor *m*; ~ **ad·mi·ral** *s.* ⚓ 'Konteradmi,ral *m*; ~ **drive** *s. mot.* Heckantrieb *m*; ~ **end** *s.* **1.** hinter(st)er Teil, Ende *n*; **2.** F ‚Hintern' *m*; '**~-guard** *s.* ⚔ Nachhut *f*: ~ ***action*** Rückzugsgefecht *n* (*a. fig.*); ~ **gun·ner** *s.* ✈ Heckschütze *m*; ~ **lamp**, ~ **light** *s. mot.* Schlußlicht *n*.

re·arm [ˌriːˈɑːm] **I** *v/t.* 'wiederbewaffnen; **II** *v/i.* wieder'aufrüsten; ˌ**re'ar·ma·ment** [-məmənt] *s.* Wieder'aufrüstung *f*, 'Wiederbewaffnung *f*.

re·ar·range [ˌriːəˈreɪndʒ] *v/t.* neu-, 'umordnen, ändern; ˌ**re·ar'range·ment** [-mənt] *s.* **1.** 'Um-, Neuordnung *f*, Neugestaltung *f*; Änderung *f*; **2.** ⚗ 'Umlagerung *f*; **3.** 𝄞 'Umschreibung *f*.

rear| sight *s.* ⚔ Kimme *f*; '**~-view mir·ror**, '**~-ˌvi·sion mir·ror** *s. mot.* Rückspiegel *m*.

rear·ward [ˈrɪəwəd] **I** *adj.* **1.** hinter, rückwärtig; **2.** Rückwärts...; **II** *adv. a.* '**rear·wards** [-dz] nach hinten, rückwärts, zu'rück.

rea·son [ˈriːzn] **I** *s.* **1.** *ohne art.* Vernunft *f* (*a. phls.*), Verstand *m*, Einsicht *f*: ***Age of*** ♀ *hist. die* Aufklärung; ***bring s.o. to*** ~ j-n zur Vernunft bringen; ***listen to*** ~ Vernunft annehmen; ***lose one's*** ~ den Verstand verlieren; ***it stands to*** ~ es ist klar, es leuchtet ein (***that*** daß); ***there is*** ~ ***in what you say*** was du sagst, hat Hand u. Fuß; ***in*** (***all***) ~ a) in Grenzen, mit Maß u. Ziel, b) mit Recht; ***do everything in*** ~ sein möglichstes tun (in gewissen Grenzen); **2.** Grund *m* (***of***, ***for*** *gen. od.* für), Ursache *f* (***for*** *gen.*), Anlaß *m*: ***the*** ~ ***why*** (der Grund) weshalb; ***by*** ~ ***of*** wegen (*gen.*), infolge (*gen.*); ***for this*** ~ aus diesem Grund, deshalb; ***with*** ~ aus gutem Grund, mit Recht; ***have*** ~ ***to do*** Grund *od.* Anlaß haben, zu tun; ***there is no*** ~ ***to suppose*** es besteht kein Grund zu der Annahme; ***there is every*** ~ ***to believe*** alles spricht dafür (***that*** daß); ***for*** ~***s best known to oneself*** *iro.* aus unerfindlichen Gründen; **3.** Begründung *f*, Rechtfertigung *f*: ~ ***of state*** Staatsräson *f*; **II** *v/i.* **4.** logisch denken; vernünftig urteilen; **5.** schließen, folgern (***from*** aus); **6.** (***with***) vernünftig reden (mit *j-m*), (*j-m*) gut zureden, (*j-n*) zu über'zeugen suchen: ***he is not to be*** ~***ed with*** er läßt nicht mit sich reden; **III** *v/t.* **7.** *a.* ~ ***out*** durch'denken: ~***ed*** wohldurchdacht; **8.** ergründen (***why*** warum, ***what*** was); **9.** erörtern: ~ ***away*** *et.* wegdisputieren; ~ ***s.o. into*** (***out of***) ***s.th.*** j-m et. ein- (aus)reden; **10.** schließen, geltend machen (***that*** daß); '**rea·son·a·ble** [-nəbl] *adj.* □ → ***reasonably***; vernünftig: a) vernunftgemäß, b) verständig, einsichtig (*Person*), c) angemessen, annehmbar, tragbar, billig (*Forderung*), zumutbar (*Bedingung*, *Frist*, *Preis etc.*): ~ ***doubt*** berechtigter Zweifel; ~ ***care and diligence*** ⚖ die im Verkehr erforderliche Sorgfalt; '**rea·son·a·ble·ness** [-nəblnɪs] *s.* **1.** Vernünftigkeit *f*, Verständigkeit *f*; **2.** Annehmbarkeit *f*, Zumutbarkeit *f*, Billigkeit *f*; '**rea·son·a·bly** [-nəblɪ] *adv.* **1.** vernünftig; **2.** vernünftiger-, billigerweise; **3.** ziemlich, leidlich: ~ ***good***; '**rea·son·er** [-nə] *s.* logischer Geist (*Person*); '**rea·son·ing** [-nɪŋ] **I** *s.* **1.** Denken *n*, Folgern *n*, Urteilen *n*; **2.** *a.* ***line of*** ~ Gedankengang *m*; **3.** Argumentati'on *f*, Beweisführung *f*; **4.** Schluß(folgerung *f*) *m*, Schlüsse *pl.*; **5.** Argu'ment *n*, Beweis *m*; **II** *adj.* **6.** Denk..., Urteils...

re·as·sem·ble [ˌriːəˈsembl] *v/t.* **1.** (*v/i.* sich) wieder versammeln; **2.** ⚙ wieder zs.-bauen.

re·as·sert [ˌriːəˈsɜːt] *v/t.* **1.** erneut feststellen; **2.** wieder behaupten; **3.** wieder geltend machen.

re·as·sess·ment [ˌriːəˈsesmənt] *s.* **1.** neuerliche (Ab)Schätzung; **2.** ⚕ Neuveranlagung *f*; **3.** *fig.* Neubeurteilung *f*.

re·as·sur·ance [ˌriːəˈʃʊərəns] *s.* **1.** Beruhigung *f*; **2.** nochmalige Versicherung, Bestätigung *f*; **3.** ⚕ Rückversicherung *f*; **re·as·sure** [ˌriːəˈʃʊə] *v/t.* **1.** *j-n* beruhigen; **2.** *et.* nochmals versichern *od.* beteuern; **3.** ⚕ wieder versichern; ˌ**re·as'sur·ing** [-ərɪŋ] *adj.* □ beruhigend.

re·bap·tism [ˌriːˈbæptɪzəm] *s.* 'Wiedertaufe *f*; **re·bap·tize** [ˌriːbæpˈtaɪz] *v/t.* **1.** 'wiedertaufen; **2.** 'umtaufen.

re·bate[1] [ˈriːbeɪt] *s.* **1.** Ra'batt *m*, (Preis-)Nachlaß *m*, Abzug *m*; **2.** Zu'rückzahlung *f*, (Rück)Vergütung *f*.

re·bate[2] [ˈræbɪt] → ***rabbet***.

reb·el [ˈrebl] **I** *s.* Re'bell(in), Empörer(-in) (*beide a. fig.*), Aufrührer(in); **II** *adj.* re'bellisch, aufrührerisch; Rebellen...; **III** *v/i.* [rɪˈbel] rebellieren, sich empören *od.* auflehnen (***against*** gegen); **re·bel·lion** [rɪˈbeljən] *s.* **1.** Rebelli'on *f*, Aufruhr *m*, Aufstand *m*, Empörung *f* (***against***, ***to*** gegen); **2.** Auflehnung *f*, offener 'Widerstand; **re'bel-**

lious [rɪˈbeljəs] *adj.* □ **1.** reˈbellisch: a) aufrührerisch, -ständisch, b) *fig.* aufsässig, ˈwiderspenstig (*a. Sache*); **2.** ⚕ hartnäckig (*Krankheit*).

re·birth [ˌriːˈbɜːθ] *s.* ˈWiedergeburt *f* (*a. fig.*).

re·bore [ˌriːˈbɔː] *v/t.* ⚙ **1.** *Loch* nachbohren; **2.** *Motorzylinder* ausschleifen.

re·born [ˌriːˈbɔːn] *adj.* ˈwiedergeboren, neugeboren (*a. fig.*).

re·bound¹ I *v/i.* [rɪˈbaʊnd] **1.** zuˈrückprallen, -schnellen; **2.** *fig.* zuˈrückfallen (***upon*** auf *acc.*); **II** *s.* [ˈriːbaʊnd] **3.** Zuˈrückprallen *n*; **4.** Rückprall *m*; **5.** ˈWiderhall *m*; **6.** *fig.* Reaktiˈon *f* (***from*** auf *e-n Rückschlag etc.*): ***on the ~*** a) als Reaktion darauf, b) in e-r Krise (befindlich); ***take s.o. on*** (*od.* ***at***) ***the ~*** j-s Enttäuschung ausnutzen; **7.** *sport* Abpraller *m*.

re·bound² [ˌriːˈbaʊnd] *adj.* neugebunden (*Buch*).

re·broad·cast [ˌriːˈbrɔːdkɑːst] **I** *v/t.* [*irr.* → ***cast***] **1.** *Radio, TV*: *e-e Sendung* wiederˈholen; **2.** durch Reˈlais(statiˌonen) überˈtragen; **II** *v/i.* [*irr.* → ***cast***] **3.** über Reˈlais(statiˌonen) senden: ***~ing station*** Ballsender *m*; **III** *s.* **4.** Wiederˈholungssendung *f*; **5.** Reˈlaisüberˌtragung *f*, Ballsendung *f*.

re·buff [rɪˈbʌf] **I** *s.* **1.** (schroffe) Abweisung, Abfuhr *f*: ***meet with a ~*** abblitzen; **II** *v/t.* **2.** zuˈrück-, abweisen, abblitzen lassen; **3.** *Angriff* abweisen, zuˈrückschlagen.

re·build [ˌriːˈbɪld] *v/t.* [*irr.* → ***build***] **1.** wiederˈaufbauen (*a. fig.*); **2.** ˈumbauen; **3.** *fig.* wiederˈherstellen.

re·buke [rɪˈbjuːk] **I** *v/t.* **1.** *j-n* rügen, rüffeln, zuˈrechtweisen, *j-m* e-n scharfen Verweis erteilen; **2.** *et.* scharf tadeln, rügen; **II** *s.* **3.** Rüge *f*, (scharfer) Tadel, Rüffel *m*.

re·bus [ˈriːbəs] *pl.* **-bus·es** [-sɪz] *s.* Rebus *m, n*, Bilderrätsel *n*.

re·but [rɪˈbʌt] *bsd.* ⚖ **I** *v/t.* widerˈlegen, entkräften; **II** *v/i.* den Gegenbeweis antreten; **reˈbut·tal** [-tl] *s. bsd.* ⚖ Widerˈlegung *f*, Entkräftung *f*; **reˈbut·ter** [-tə] *s. bsd.* ⚖ Gegenbeweis *m*.

re·cal·ci·trance [rɪˈkælsɪtrəns] *s.* ˈWiderspenstigkeit *f*; **reˈcal·ci·trant** [-nt] *adj.* ˈwiderspenstig.

re·call [rɪˈkɔːl] **I** *v/t.* **1.** zuˈrückrufen, *Gesandten etc.* abberufen; ✝ *defekte Autos etc.* (in die Werkstatt) zuˈrückrufen; **2.** sich erinnern an (*acc.*), sich ins Gedächtnis zurückrufen; **3.** *j-n* erinnern (***to*** an *acc.*): ***~ s.th. to s.o.*** (*od.* ***to s.o.'s mind***) j-m et. ins Gedächtnis zurückrufen; **4.** *poet. Gefühl* wieder wachrufen; **5.** *Versprechen etc.* zuˈrücknehmen, widerˈrufen: ***until ~ed*** bis auf Widerruf; **6.** ✝ *Kapital, Kredit etc.* (auf)kündigen; **II** *s.* **7.** Zuˈrückrufung *f*; Abberufung *f e-s Gesandten etc.*; ⚙, ✝ Rückruf *m* (*in die Werkstatt*); **8.** ˈWiderruf *m*, Zuˈrücknahme *f*: ***beyond*** (*od.* ***past***) ***~*** unwiderruflich, unabänderlich; **9.** ✝ (Auf)Kündigung *f*, Aufruf *m*; **10.** ⚔ Siˈgnal *n* zum Sammeln; **11.** (***total*** absoˈlutes) Gedächtnis; ***~ test*** *s. ped.* Nacherzählung *f*.

re·cant [rɪˈkænt] **I** *v/t. Behauptung* (forˈmell) zuˈrücknehmen, widerˈrufen; **II** *v/i.* (öffentlich) widerˈrufen, Abbitte tun; **re·can·ta·tion** [ˌriːkænˈteɪʃn] *s.* Widerˈrufung *f*.

re·cap¹ [ˌriːˈkæp] *v/t.* ⚙ *Am. Autoreifen* runderneuern.

re·cap² [ˈriːkæp] F *für* ***recapitulate, recapitulation.***

re·cap·i·tal·i·za·tion [ˈriːˌkæpɪtəlaɪˈzeɪʃn] *s.* ✝ Neukapitalisierung *f*.

re·ca·pit·u·late [ˌriːkəˈpɪtjʊleɪt] *v/t. u. v/i.* rekapitulieren (*a. biol.*), (kurz) zs.-fassen *od.* wiederˈholen; **re·ca·pit·u·la·tion** [ˈriːkəˌpɪtjʊˈleɪʃn] *s.* ˌRekapitulatiˈon *f* (*a. biol.*), kurze Wiederˈholung *od.* Zs.-fassung.

re·cap·ture [ˌriːˈkæptʃə] **I** *v/t.* **1.** *et.* wieder (in Besitz) nehmen, ˈwiedererlangen; *j-n* wieder ergreifen; **2.** ⚔ zuˈrückerobern; **II** *s.* **3.** ˈWiedererlangung *f*, -ergreifung *f*; ⚔ Zuˈrückeroberung *f*.

re·cast [ˌriːˈkɑːst] **I** *v/t.* [*irr.* → ***cast***] **1.** ⚙ ˈumgießen; **2.** ˈumformen, neu-, ˈumgestalten; **3.** *thea. Stück, Rolle* ˈumbesetzen; *Rollen* neu verteilen; **4.** ˈdurchrechnen; **II** *s.* **5.** ⚙ ˈUmguß *m*; **6.** ˈUmarbeitung *f*, ˈUmgestaltung *f*; **7.** *thea.* Neu-, ˈUmbesetzung *f*.

re·cede [rɪˈsiːd] *v/i.* **1.** zuˈrücktreten, -weichen: ***receding*** fliehend (*Kinn, Stirn*); **2.** ent-, verschwinden; *fig. in den Hintergrund* treten; **3.** *fig.* (***from***) zurücktreten (von *e-m Amt, Vertrag*), (von *e-r Sache*) Abstand nehmen, (*e-e Ansicht*) aufgeben; *bsd.* ✝ zuˈrückgehen, im Wert fallen.

re·ceipt [rɪˈsiːt] **I** *s.* **1.** Empfang *m e-s Briefes etc.*, Erhalt *m*; Annahme *f e-r Sendung*; Eingang *m von Waren*: ***on ~ of*** bei *od.* nach Empfang (*gen.*); ***be in ~ of*** im Besitz *e-r Sendung etc.* sein; **2.** Empfangsbestätigung *f*, Quittung *f*, Beleg *m*: ***~ stamp*** Quittungsstempel *m*; **3.** *pl.* ✝ Einnahmen *pl.*, Eingänge *pl.*, eingehende Gelder *pl. od.* Waren *pl.*; **4.** *obs.* (ˈKoch)Reˌzept *n*; **II** *v/t. u. v/i.*

5. quittieren.

re·ceiv·a·ble [rɪ'si:vəbl] *adj.* **1.** annehmbar, zulässig (*Beweis etc.*): ***to be ~*** als gesetzliches Zahlungsmittel gelten; **2.** ♆ ausstehend (*Forderung, Gelder, Guthaben*), debi'torisch (*Posten*): ***accounts ~, ~s*** *s. pl.* Außenstände, Forderungen; ***bills ~*** Rimessen; **re·ceive** [rɪ'si:v] **I** *v/t.* **1.** *Brief etc., a weitS. Befehl, Eindruck, Radiosendung, Sakramente, Wunde* empfangen, *a. Namen, Schock, Treffer* erhalten, bekommen; *Aufmerksamkeit* finden, auf sich ziehen; *Neuigkeit* erfahren; **2.** in Empfang nehmen, annehmen, *a. Beichte, Eid* entgegennehmen; *Geld etc.* einnehmen: ***~ stolen goods*** ⚖ Hehlerei treiben; **3.** *j-n* bei sich aufnehmen, beherbergen; **4.** *Besucher, a. weitS. Schauspieler etc.* empfangen (***with applause*** mit Beifall); **5.** *j-n* aufnehmen (***into*** in *e-e Gemeinschaft*); *j-n* zulassen; **6.** *Nachricht etc.* aufnehmen, reagieren auf (*acc.*): ***how did he ~ this offer?***; **7.** *et.* erleben, erleiden, erfahren; *Beleidigung* einstecken; *Armbruch etc.* da'vontragen; **8.** ⚙ *Flüssigkeit, Schraube etc.* aufnehmen; **9.** *et.* (als gültig) anerkennen; **II** *v/i.* **10.** (Besuch) empfangen; **11.** *eccl.* das Abendmahl empfangen, *R.C.* kommunizieren; **re'ceived** [-vd] *adj.* **1.** erhalten: ***~ with thanks*** dankend erhalten; **2.** allgemein anerkannt: ***~ text*** echter *od.* authentischer Text; **3.** gültig, kor'rekt, vorschriftsmäßig; **re'ceiv·er** [-və] *s.* **1.** Empfänger(in); **2.** (Steuer-, Zoll)Einnehmer *m*; **3.** *a.* ***official ~*** ⚖ a) (gerichtlich bestellter) Zwangs- *od.* Kon'kurs- *od.* Masseverwalter, b) Liqui'dator *m*, c) Treuhänder *m*; **4.** *a.* ***~ of stolen goods*** ⚖ Hehler (-in); **5.** (Radio-, Funk)Empfänger *m*, Empfangsgerät *n*; **6.** *teleph.* Hörer *m*; **7.** ⚙ (Sammel)Becken *n*, (-)Behälter *m*; **8.** ⚗, *phys.* Rezipi'ent *m*; **re'ceiv·er·ship** [-vəʃɪp] *s.* ⚖ Zwangs-, Kon'kursverwaltung *f*, Geschäftsaufsicht *f*; **re'ceiv·ing** [-vɪŋ] *s.* **1.** Annahme *f*: ***~ hopper*** ⚙ Schüttrumpf *m*; ***~ office*** Annahmestelle *f*; ***~ order*** ⚖ Konkurseröffnungsbeschluß *m*; **2.** *Funk*: Empfang *m*: ***~ set*** → ***receiver*** 5; ***~ station*** Empfangsstation *f*; **3.** ⚖ Hehle'rei *f*.

re·cen·cy ['ri:snsɪ] *s.* Neuheit *f*.

re·cen·sion [rɪ'senʃn] *s.* **1.** Prüfung *f*, Revisi'on *f*, 'Durchsicht *f e-s Textes etc.*; **2.** revidierter Text.

re·cent ['ri:snt] *adj.* □ **1.** vor kurzem *od.* unlängst (geschehen *od.* entstanden *etc.*): ***the ~ events*** die jüngsten Ereignisse; **2.** neu, jung, frisch: ***of ~ date*** neueren *od.* jüngeren Datums; **3.** neu, mo'dern; **'re·cent·ly** [-lɪ] *adv.* kürzlich, vor kurzem, unlängst, neulich.

re·cep·ta·cle [rɪ'septəkl] *s.* **1.** Behälter *m*, Gefäß *n*; **2.** *a.* ***floral ~*** ⚘ Fruchtboden *m*; **3.** ⚡ a) Steckdose *f*, b) Gerätbuchse *f*.

re·cep·tion [rɪ'sepʃn] *s.* **1.** Empfang *m* (*a. Funk, TV*), Annahme *f*; **2.** Zulassung *f*; **3.** Aufnahme *f* (*a. fig.*): ***meet with a favo(u)rable ~*** e-e günstige Aufnahme finden (*Buch etc.*); **4.** (offizi'eller) Empfang, *a.* Empfangsabend *m*: ***a warm (cool) ~*** ein herzlicher (kühler) Empfang; ***~ room*** Empfangszimmer *n*; **re'cep·tion·ist** [-ʃənɪst] *s.* **1.** Empfangsdame *f*; **2.** ⚕ Sprechstundenhilfe *f*.

re·cep·tive [rɪ'septɪv] *adj.* □ aufnahmefähig, empfänglich (***of*** für); **re·cep·tiv·i·ty** [ˌresep'tɪvətɪ] *s.* Aufnahmefähigkeit *f*, Empfänglichkeit *f*.

re·cess [rɪ'ses] **I** *s.* **1.** (zeitweilige) Unter'brechung (*a.* ⚖ *der Verhandlung*), (*Am. a.* Schul)Pause *f*, *bsd. parl.* Ferien *pl.*; **2.** Schlupfwinkel *m*, stiller Winkel; **3.** ⚠ (Wand)Aussparung *f*, Nische *f*, Al'koven *m*; **4.** ⚙ Aussparung *f*, Vertiefung *f*, Einschnitt *m*; **5.** *pl. fig. das* Innere, Tiefe(n *pl.*) *f*, geheime Winkel *pl. des Herzens etc.*; **II** *v/t.* **6.** in e-e Nische stellen, zu'rücksetzen; **7.** aussparen; ausbuchten, einsenken, vertiefen; **III** *v/i.* **8.** *Am.* e-e Pause *od.* Ferien machen, unter'brechen, sich vertagen.

re·ces·sion [rɪ'seʃn] *s.* **1.** Zu'rücktreten *n*; **2.** *eccl.* Auszug *m*; **3.** ⚠ *etc.* Vertiefung *f*; **4.** ♆ Rezessi'on *f*, (leichter) Konjunk'turrückgang: ***period of ~*** Rezessionsphase *f*; **re'ces·sion·al** [-ʃənl] **I** *adj.* **1.** *eccl.* Schluß...; **2.** *parl.* Ferien...; **3.** ♆ Rezessions...; **II** *s.* **4.** *a.* ***~ hymn*** 'Schlußchoˌral *m*.

re·charge [ˌri:'tʃɑ:dʒ] *v/t.* **1.** wieder (be-) laden; **2.** ⚔ a) von neuem angreifen, b) nachladen; **3.** ⚡ *Batterie* wieder aufladen.

re·cher·ché [rə'ʃeəʃeɪ] (*Fr.*) *adj. fig.* **1.** ausgesucht, exqui'sit; **2.** *iro.* gesucht, prezi'ös.

re·chris·ten [ˌri:'krɪsn] → ***rebaptize***.

re·cid·i·vism [rɪ'sɪdɪvɪzəm] *s.* ⚖ Rückfall *m*, -fälligkeit *f*; **re'cid·i·vist** [-ɪst] *s.* Rückfällige(r *m*) *f*; **re'cid·i·vous** [-vəs] *adj.* rückfällig.

rec·i·pe ['resɪpɪ] *s.* ('Koch)Reˌzept *n*.

re·cip·i·ent [rɪ'sɪpɪənt] **I** *s.* **1.** Empfänger (-in); **II** *adj.* **2.** aufnehmend; **3.** empfänglich (***of***, ***to*** für).

re·cip·ro·cal [rɪˈsɪprəkl] **I** *adj.* □ **1.** wechsel-, gegenseitig, *Vertrag*, *Versicherung* auf Gegenseitigkeit: ~ ***service*** Gegendienst *m*; ~ ***relationship*** Wechselbeziehung *f*; **2.** ˈumgekehrt; **3.** ⩚, *ling.*, *phls.* reziˈprok; **II** *s.* **4.** Gegenstück *n*; **5.** *a.* ~ ***value*** ⩚ reziproker Wert, Kehrwert *m*; **reˈcip·ro·cate** [-keɪt] **I** *v/t.* **1.** *Gefühle etc.* erwidern, vergelten; *Glückwünsche etc.* austauschen; **II** *v/i.* **2.** sich erkenntlich zeigen, sich revanchieren (***for*** für, ***with*** mit): ***glad to*** ~ zu Gegendiensten gern bereit; **3.** in Wechselbeziehung stehen; **4.** ⚙ sich hin- u. herbewegen: ***reciprocating engine*** Kolbenmaschine *f*, -motor *m*; **re·cip·ro·ca·tion** [rɪˌsɪprəˈkeɪʃn] *s.* **1.** Erwiderung *f*; **2.** Erkenntlichkeit *f*; **3.** Austausch *m*; **4.** Wechselwirkung *f*; **5.** ⚙ ˌHinundˈherbewegung *f*; **rec·i·proc·i·ty** [ˌresɪˈprɒsətɪ] *s.* Reziproziˈtät *f*; Gegenseitigkeit *f* (*a.* ✝ *in Verträgen etc.*): ~ ***clause*** Gegenseitigkeitsklausel *f*.

re·cit·al [rɪˈsaɪtl] *s.* **1.** Vortrag *m*, -lesung *f*; **2.** ♪ (Solo)Vortrag *m*, (*Orgel- etc.*) Konˈzert *n*: ***lieder*** ~ Liederabend *m*; **3.** Bericht *m*, Schilderung *f*; **4.** Aufzählung *f*; **5.** ⚖ a) *a.* ~ ***of fact*** Darstellung *f* des Sachverhalts, b) Präˈambel *f e-s Vertrags etc.*; **rec·i·ta·tion** [ˌresɪˈteɪʃn] *s.* **1.** Auf-, Hersagen *n*, Rezitieren *n*; **2.** Vortrag *m*, Rezitatiˈon *f*; **3.** *ped. Am.* Abfrage-, Übungsstunde *f*; **4.** Vortragsstück *n*, rezitierter Text; **rec·i·ta·tive** [ˌresɪtəˈtiːv] ♪ **I** *adj.* rezitaˈtivartig; **II** *s.* Rezitaˈtiv *n*, Sprechgesang *m*; **re·cite** [rɪˈsaɪt] *v/t.* **1.** (auswendig) her- *od.* aufsagen; **2.** rezitieren, vortragen, deklamieren; **3.** ⚖ a) *Sachverhalt* darstellen, b) anführen, zitieren; **reˈcit·er** [-tə] *s.* **1.** Reziˈtator *m*, Rezitaˈtorin *f*, Vortragskünstler(in); **2.** Vortragsbuch *n*.

reck·less [ˈreklɪs] *adj.* □ **1.** unbesorgt, unbekümmert (***of*** um); ***be*** ~ ***of*** sich nicht kümmern um; **2.** sorglos; leichtsinnig; verwegen; **3.** rücksichtslos; ⚖ (bewußt *od.* grob) fahrlässig; ˈ**reck·less·ness** [-nɪs] *s.* **1.** Unbesorgtheit *f*, Unbekümmertheit *f* (***of*** um); **2.** Sorglosigkeit *f*, Leichtsinn *m*, Verwegenheit *f*; **3.** Rücksichtslosigkeit *f*.

reck·on [ˈrekən] **I** *v/t.* **1.** (be-, er)rechnen: ~ ***in*** einrechnen; ~ ***over*** nachrechnen; ~ ***up*** a) auf-, zs.-zählen, b) *j-n* einschätzen; **2.** halten für: ~ ***as*** *od.* ***for*** betrachten als; ~ ***among*** *od.* ***with*** rechnen *od.* zählen zu (*od.* unter *acc.*); **3.** der Meinung sein (***that*** daß); **II** *v/i.* **4.** zählen, rechnen: ~ ***with*** a) rechnen mit (*a. fig.*), b) abrechnen mit (*a. fig.*); ***he is to be ~ed with*** mit ihm muß man rechnen; ~ ***without*** nicht rechnen mit; ~ (***up***)***on*** *fig.* rechnen *od.* zählen auf *j-n*, *j-s Hilfe etc.*; ***I*** ~ schätze ich, glaube ich; → ***host***[2] 2; **reck·on·er** [ˈreknə] *s.* **1.** Rechner(in); **2.** → ***ready reckoner***; **reck·on·ing** [ˈreknɪŋ] *s.* **1.** Rechnen *n*; **2.** Berechnung *f*, Kalkulatiˈon *f*; ⚓ Gissung *f*: ***dead*** ~ gegißtes Besteck; ***be out of*** (*od.* ***out in***) ***one's*** ~ sich verrechnet haben (*a. fig.*); **3.** Abrechnung *f*: ***day of*** ~ a) *bsd. fig.* Tag *m* der Abrechnung, b) *eccl. der* Jüngste Tag; **4.** *obs.* Rechnung *f*, Zeche *f*.

re·claim [rɪˈkleɪm] *v/t.* **1.** *Eigentum*, *Rechte etc.* zuˈrückfordern, herˈausverlangen, reklamieren; **2.** *Land* urbar machen, kultivieren, trockenlegen; **3.** *Tiere* zähmen; **4.** *Volk* zivilisieren; **5.** ⚙ *aus Altmaterial* gewinnen, *Altöl*, *Gummi etc.* regenerieren; **6.** *fig.* a) *j-n* bekehren, bessern, b) *j-n* zuˈrückbringen, -führen (***from*** von, ***to*** zu); **reˈclaim·a·ble** [-məbl] *adj.* □ **1.** (ver)besserungsfähig; **2.** kulˈturfähig (*Land*); **3.** ⚙ regenerierfähig.

rec·la·ma·tion [ˌrekləˈmeɪʃn] *s.* **1.** Reklamatiˈon *f*: a) Rückforderung *f*, b) Beschwerde *f*; **2.** *fig.* Bekehrung *f*, Besserung *f*, Heilung *f* (***from*** von); **3.** Urbarmachung *f*, Neugewinnung *f* (*von Land*); **4.** ⚙ Rückgewinnung *f*.

re·cline [rɪˈklaɪn] **I** *v/i.* **1.** sich (an-, zuˈrück)lehnen: ***reclining chair*** (verstellbarer) Lehnstuhl; **2.** ruhen, liegen (***on***, ***upon*** an, auf *dat.*); **3.** *fig.* ~ ***upon*** sich stützen auf (*acc.*); **II** *v/t.* **4.** (an-, zuˈrück)lehnen, legen (***on***, ***upon*** auf *acc.*).

re·cluse [rɪˈkluːs] **I** *s.* **1.** Einsiedler(in); **II** *adj.* **2.** einsam, abgeschieden (***from*** von); **3.** einsiedlerisch.

rec·og·ni·tion [ˌrekəgˈnɪʃn] *s.* **1.** (ˈWieder)Erkennen *n*: ~ ***vocabulary*** *ling.* passiver Wortschatz; ***beyond*** ~, ***out of*** ~, ***past*** (***all***) ~ (bis) zur Unkenntlichkeit *verändert*, *verstümmelt etc.*; ***the capital has changed beyond*** (***all***) ~ die Hauptstadt ist (überhaupt) nicht wiederzuerkennen; **2.** Erkenntnis *f*; **3.** Anerkennung *f* (*a. pol.*): ***in*** ~ ***of*** als Anerkennung für; ***win*** ~ sich durchsetzen, Anerkennung finden; **rec·og·niz·a·ble** [ˈrekəgnaɪzəbl] *adj.* □ (ˈwieder-) erkennbar, kenntlich; **re·cog·ni·zance** [rɪˈkɒgnɪzəns] *s.* **1.** ⚖ schriftliche Verpflichtung; (Schuld)Anerkenntnis *n*, *f*: ***enter into ~s*** sich gerichtlich binden;

2. ⚖ Sicherheitsleistung *f*, Kauti'on *f*; **re·cog·ni·zant** [rɪ'kɒgnɪzənt] *adj.*: ***be ~ of*** anerkennen; **rec·og·nize** ['rekəgnaɪz] *v/t.* **1.** ('wieder)erkennen; **2.** *j-n, e-e Regierung, Schuld etc., a. lobend* anerkennen: ***~ that*** zugeben, daß; **3.** No'tiz nehmen von; **4.** *auf der Straße* grüßen; **5.** *j-m* das Wort erteilen.

re·coil I *v/i.* [rɪ'kɔɪl] **1.** zu'rückprallen; zu'rückstoßen (*Gewehr etc.*); **2.** *fig.* zu'rückprallen, -schrecken, -schaudern (***at, from*** vor *dat.*); **3.** ***~ on*** *fig.* zu'rückfallen auf (*acc.*); **II** *s.* ['ri:kɔɪl] **4.** Rückprall *m*; **5.** ⚔ a) Rückstoß *m* (*Gewehr*), b) (Rohr)Rücklauf *m* (*Geschütz*); **re'coil·less** [-lɪs] *adj.* ⚔ rückstoßfrei.

rec·ol·lect [ˌrekə'lekt] *v/t.* sich erinnern (*gen.*) *od.* an (*acc.*), sich ins Gedächtnis zu'rückrufen.

re-col·lect [ˌri:kə'lekt] *v/t.* wieder sammeln (*a. fig.*): ***~ o.s.*** sich fassen.

rec·ol·lec·tion [ˌrekə'lekʃn] *s.* Erinnerung *f* (*Vermögen u. Vorgang*), Gedächtnis *n*: ***it is within my ~*** es ist mir erinnerlich; ***to the best of my ~*** soweit ich mich (daran) erinnern kann.

re-com·mence [ˌri:kə'mens] *v/t. u. v/i.* wieder beginnen.

rec·om·mend [ˌrekə'mend] *v/t.* **1.** empfehlen (***s.th. to s.o.*** j-m et.): ***~ s.o. for a post*** j-n für e-n Posten empfehlen; ***~ caution*** Vorsicht empfehlen, zu Vorsicht raten; **2.** empfehlen, anziehend machen: ***his manners ~ him***; **3.** (an-)empfehlen, anvertrauen: ***~ o.s. to s.o.***; **ˌrec·om'mend·a·ble** [-dəbl] *adj.* □ empfehlenswert; **rec·om·men·da·tion** [ˌrekəmen'deɪʃn] *s.* **1.** Empfehlung *f* (*a. fig. Eigenschaft*), Befürwortung *f*, Vorschlag *m*: ***on the ~ of*** auf Empfehlung von; **2.** *a.* ***letter of ~*** Empfehlungsschreiben *n*; **ˌrec·om'mend·a·to·ry** [-dətərɪ] *adj.* empfehlend, Empfehlungs…

re-com·mis·sion [ˌri:kə'mɪʃn] *v/t.* **1.** wieder anstellen *od.* beauftragen; ⚔ *Offizier* reaktivieren; **2.** ⚓ *Schiff* wieder in Dienst stellen.

re-com·mit [ˌri:kə'mɪt] *v/t.* **1.** *parl.* (an e-n Ausschuß) zu'rückverweisen; **2.** ⚖ a) *j-n* wieder *dem Gericht* über'antworten, b) *j-n* wieder in *e-e* (*Straf- od. Heil-*) *Anstalt* einweisen.

rec·om·pense ['rekəmpens] **I** *v/t.* **1.** *j-n* belohnen, entschädigen (***for*** für); **2.** *et.* vergelten, belohnen (***to s.o.*** j-m); **3.** *et.* erstatten, ersetzen, wieder'gutmachen; **II** *s.* **4.** Belohnung *f*; *a. b.s.* Vergeltung *f*; **5.** Entschädigung *f*, Ersatz *m*.

re-com·pose [ˌri:kəm'pəʊz] *v/t.* **1.** wieder zs.-setzen; **2.** neu (an)ordnen, 'umgestalten, -gruppieren; **3.** *fig.* wieder beruhigen; **4.** *typ.* neu setzen.

rec·on·cil·a·ble ['rekənsaɪləbl] *adj.* **1.** versöhnbar; **2.** vereinbar (***with*** mit); **rec·on·cile** ['rekənsaɪl] *v/t.* **1.** *j-n* ver-, aussöhnen (***to, with*** mit): ***~ o.s. to, become ~d to*** *fig.* sich versöhnen *od.* abfinden *od.* befreunden mit *et.*, sich fügen *od.* finden in (*acc.*); **2.** *fig.* in Einklang bringen, abstimmen (***with, to*** mit); **3.** *Streit* beilegen, schlichten; **rec·on·cil·i·a·tion** [ˌrekənsɪlɪ'eɪʃn] *s.* **1.** Ver-, Aussöhnung *f* (***to, with*** mit); **2.** Beilegung *f*, Schlichtung *f*; **3.** Ausgleich(ung *f*) *m*, Einklang *m* (***between*** zwischen *dat.*, unter *dat.*).

rec·on·dite [rɪ'kɒndaɪt] *adj.* □ *fig.* tief(-gründig), ab'strus, dunkel.

re·con·di·tion [ˌri:kən'dɪʃn] *v/t. bsd.* ⚙ wieder in'standsetzen, über'holen, erneuern.

re·con·nais·sance [rɪ'kɒnɪsəns] *s.* ⚔ a) Erkundung *f*, Aufklärung *f*, b) *a.* ***~ party*** *od.* ***patrol*** Spähtrupp *m*: ***~ car*** Spähwagen *m*; ***~ plane*** Aufklärungsflugzeug *n*, Aufklärer *m*.

rec·on·noi·ter *Am.*, **rec·on·noi·tre** *Brit.* [ˌrekə'nɔɪtə] *v/t.* ⚔ erkunden, aufklären, auskundschaften (*a. fig.*), rekognoszieren (*a. geol.*).

re·con·quer [ˌri:'kɒŋkə] *v/t.* 'wieder-, zu'rückerobern; **ˌre'con·quest** [-kwest] *s.* 'Wiedereroberung *f*.

re·con·sid·er [ˌri:kən'sɪdə] *v/t.* **1.** von neuem erwägen, nochmals über'legen, nachprüfen; **2.** *pol.*, ⚖ *Antrag, Sache* nochmals behandeln; **re·con·sid·er·a·tion** ['ri:kənˌsɪdə'reɪʃn] *s.* nochmalige Über'legung *od.* Erwägung *od.* Prüfung.

re·con·stit·u·ent [ˌri:kən'stɪtjʊənt] **I** *s.* ⚕ 'Roborans *n*; **II** *adj. bsd.* ⚕ wieder'aufbauend.

re·con·sti·tute [ˌri:'kɒnstɪtju:t] *v/t.* **1.** wieder einsetzen; **2.** wieder'herstellen; neu bilden; ⚔ neu aufstellen; **3.** im Wasser auflösen.

re·con·struct [ˌri:kən'strʌkt] *v/t.* **1.** wieder aufbauen (*a. fig.*), wieder herstellen; **2.** 'umbauen (*a.* ⚙ *neu konstruieren*), 'umformen, -bilden; **3.** ✝ wieder'aufbauen, sanieren; **ˌre·con·struc·tion** [ˌri:kən'strʌkʃn] *s.* **1.** Wieder'aufbau *m*, -'herstellung *f*; **2.** 'Umbau *m* (*a.* ⚙ *Neukonstruktion*), 'Umformung *f*; **3.** Rekonstrukti'on *f* (*a. e-s Verbrechens etc.*); **4.** ✝ Sanierung *f*, Wieder'aufbau *m*.

re·con·ver·sion [ˌri:kən'vɜ:ʃn] *s.*

(ˈRück)ˌUmwandlung *f*, ˈUmstellung *f* (*bsd.* ⚕ *e-s Betriebs*, *auf Friedensproduktion etc.*); ˌ**re·conˈvert** [-ˈvɜːt] *v/t.* (wieder) ˈumstellen.

rec·ord¹ [ˈrekɔːd] *s.* **1.** Aufzeichnung *f*, Niederschrift *f*: ***on ~*** a) (geschichtlich *etc.*) verzeichnet, schriftlich belegt, b) → 4 b, c) *fig. das beste etc.* aller Zeiten, bisher; ***off the ~*** inoffiziell, nicht für die Öffentlichkeit bestimmt; ***on the ~*** offiziell; ***matter of ~*** verbürgte Tatsache; **2.** (schriftlicher) Bericht; **3.** *a.* ⚖ Urkunde *f*, Dokuˈment *n*, ˈUnterlage *f*; **4.** ⚖ a) Protoˈkoll *n*, Niederschrift *f*, b) (Gerichts)Akte *f*, Aktenstück *n*: ***on ~*** aktenkundig; ***on the ~ of the case*** nach Aktenlage; ***go on ~*** *fig.* a) sich erklären *od.* festlegen, b) sich erweisen (***as*** als); ***place on ~*** aktenkundig machen; ***court of ~*** ordentliches Gericht; ***~ office*** Archiv *n*; (***just***) ***to put the ~ straight!*** (nur) um das mal klarzustellen!; ***just for the ~!*** (nur) um das mal festzuhalten!; **5.** Reˈgister *n*, Liste *f*, Verzeichnis *n*: ***criminal ~*** a) Strafregister, b) *weitS.* Vorstrafen *pl.*; ***have a*** (***criminal***) ***~*** vorbestraft sein; **6.** *a.* ⚙ Registrierung *f*; **7.** a) Ruf *m*, Leumund *m*, Vergangenheit *f*: ***a bad ~***, b) *gute etc.* Leistung(en *pl.*) *in der Vergangenheit*; **8.** *fig.* Urkunde *f*, Zeugnis *n*: ***be a ~ of*** *et.* bezeugen; **9.** (Schall)Platte *f*: ***~ changer*** Plattenwechsler *m*; ***~ library*** a) Plattensammlung *f*, -archiv *n*, b) Plattenverleih *m*; ***~ machine*** *Am.* Musikautomat *m*; ***~ player*** Plattenspieler *m*; **10.** *sport*, *a. weitS.* Reˈkord *m*, Best-, Höchstleistung *f*: ***~ high*** (***low***) ⚕ Rekordhoch (-tief) *n*; ***~ performance*** *allg.* Spitzenleistung *f*; ***~ prices*** ⚕ Rekordpreise; ***in ~ time*** in Rekordzeit.

re·cord² [rɪˈkɔːd] *v/t.* **1.** schriftlich niederlegen; (*a.* ⚙) aufzeichnen, -schreiben; ⚖ beurkunden, protokollieren; zu den Akten nehmen; ⚕ *etc.* eintragen, registrieren, erfassen: ***by ~ed delivery*** ✆ per Einschreiben; **2.** ⚙ *Meßwerte* registrieren, verzeichnen; **3.** (*auf Tonband etc.*) aufnehmen, -zeichnen, *Sendung* mitschneiden, *a. fotografisch* festhalten; **4.** *fig.* aufzeichnen, festhalten, der Nachwelt überˈliefern; **5.** *Stimme* abgeben; **re·cord·er** [rɪˈkɔːdə] *s.* **1.** Regiˈstrator *m*; *weitS.* Chroˈnist *m*; **2.** Schrift-, Protoˈkollführer(in); **3.** ⚖ *Brit. obs.* Einzelrichter *m* der ***Quarter Sessions***; **4.** ⚙ Aufnahmegerät *n*: a) Regiˈstrierappaˌrat *m*, (Bild-, Selbst-) Schreiber *m*, b) ˈWiedergabegerät *n*; → ***tape recorder*** *etc.*; **5.** ♪ Blockflöte *f*;

re·cord·ing [rɪˈkɔːdɪŋ] **I** *s.* **1.** *a.* ⚙ Aufzeichnung *f*, Registrierung *f*; **2.** Beurkundung *f*; Protokollierung *f*; **3.** *Radio etc.*: Aufnahme *f*, Aufzeichnung *f*, Mitschnitt *m*; **II** *adj.* **4.** Protokoll…; **5.** registrierend: ***~ chart*** Registrierpapier *n*; ***~ head*** a) ϟ Tonkopf *m* (*Tonbandgerät*), b) Schreibkopf *m* (*Computer*).

re·count¹ [rɪˈkaʊnt] *v/t.* **1.** (im einzelnen) erzählen; **2.** aufzählen.

re·count² [ˌriːˈkaʊnt] *v/t.* nachzählen.

re·coup [rɪˈkuːp] *v/t.* **1.** ˈwiedergewinnen, *Verlust etc.* wiederˈeinbringen; **2.** *j-n* entschädigen (***for*** für); **3.** ⚕, ⚖ einbehalten.

re·course [rɪˈkɔːs] *s.* **1.** Zuflucht *f* (***to*** zu): ***have ~ to s.th.*** s-e Zuflucht zu et. nehmen; ***have ~ to foul means*** zu unredlichen Mitteln greifen; **2.** ⚕, ⚖ ReˈgreB *m*, Reˈkurs *m*: ***with*** (***without***) ***~*** mit (ohne) Rückgriff; ***liable to ~*** regreßpflichtig.

re·cov·er [rɪˈkʌvə] **I** *v/t.* **1.** (*a. fig. Appetit*, *Bewußtsein*, *Fassung etc.*) ˈwiedererlangen, -finden; zuˈrückerlangen, -gewinnen; ⚔ ˈwieder-, zuˈrückerobern; *Fahrzeug*, *Schiff* bergen: ***~ one's breath*** wieder zu Atem kommen; ***~ one's legs*** wieder auf die Beine kommen; ***~ land from the sea*** dem Meer Land abringen; **2.** *Verluste etc.* wiederˈgutmachen, wiederˈeinbringen, ersetzen; *Zeit* wiederˈaufholen; **3.** ⚖ a) *Schuld etc.* einziehen, beitreiben, b) *Urteil* erwirken (***against*** gegen): ***~ damages for*** Schadensersatz erhalten für; **4.** ⚙ *aus Altmaterial* regenerieren, ˈwiedergewinnen; **5.** ***~ o.s.*** → 8 *u.* 9.: ***be ~ed from*** wiederhergestellt sein von; **6.** (er)retten, befreien (***from*** aus *dat.*); **7.** *fenc. etc.* in die Ausgangsstellung bringen; **II** *v/i.* **8.** genesen, wieder gesund werden; **9.** sich erholen (***from***, ***of*** von *e-m Schock etc.*) (*a.* ⚕); **10.** wieder zu sich kommen, das Bewußtsein ˈwiedererlangen; **11.** ⚖ a) Recht bekommen, b) entschädigt werden, sich schadlos halten: ***~ in one's*** (***law-***) ***suit*** s-n Prozeß gewinnen, obsiegen.

re·cov·er·a·ble [rɪˈkʌvərəbl] *adj.* **1.** ˈwiedererlangbar; **2.** wiederˈgutzumachen(d); **3.** ⚖ ein-, beitreibbar (*Schuld*); **4.** wiederˈherstellbar; **5.** ⚙ regenerierbar; **re·cov·er·y** [rɪˈkʌvərɪ] *s.* **1.** (Zu)ˈRück-, ˈWiedererlangung *f*, -gewinnung *f*; **2.** ⚖ a) Ein-, Beitreibung *f*, b) *mst **~ of damages*** (Erlangung *f* von) Schadenersatz *m*; **3.** ⚙ Rückgewinnung *f aus Abfallstoffen etc.*; **4.** ⚓ *etc.* Bergung *f*, Rettung *f*: ***~ vehicle*** *mot.* Bergungsfahrzeug *n*; Abschleppwagen *m*; **5.** *fig.* Rettung *f*, Bekehrung *f*; **6.** Genesung *f*, Gesundung *f*, Erholung *f* (*a.* ✝), (*gesundheitliche*) Wieder'herstellung: ***economic ~*** Konjunkturaufschwung *m*, -belebung *f*; ***be past*** (*od.* ***beyond***) **~** unheilbar krank sein, *fig.* hoffnungslos darniederliegen; **7.** *sport* a) *fenc. etc.* Zu'rückgehen *n* in die Ausgangsstellung, b) *Golf*: Bunkerschlag *m*.

rec·re·an·cy ['rekrıənsı] *s.* **1.** Feigheit *f*; **2.** Abtrünnigkeit *f*; **'rec·re·ant** [-nt] **I** *adj.* □ **1.** feig(e); **2.** abtrünnig, treulos; **II** *s.* **3.** Feigling *m*; **4.** Abtrünnige(r *m*) *f*.

rec·re·ate ['rekrıeıt] **I** *v/t.* **1.** erfrischen, *j-m* Erholung *od.* Entspannung gewähren; **2.** erheitern, unter'halten; **3.** **~ *o.s.*** a) ausspannen, sich erholen, b) sich ergötzen *od.* unterhalten; **II** *v/i.* **4.** → 3.

re-cre·ate [ˌri:krı'eıt] *v/t.* neu *od.* wieder (er)schaffen.

rec·re·a·tion [ˌrekrı'eıʃn] *s.* Erholung *f*, Entspannung *f*, Erfrischung *f*; Belustigung *f*, Unter'haltung *f*: **~ *area*** Erholungsgebiet *n*; **~ *centre*, *Am.* ~ *center*** Freizeitzentrum *n*; **~ *ground*** Spiel-, Sportplatz *m*; **ˌrec·re'a·tion·al** [-ʃənl] *adj.* Erholungs…, Entspannungs…, *Ort etc.* der Erholung; Freizeit…: **~ *value*** Freizeitwert *m*; **rec·re·a·tive** ['rekrıeıtıv] *adj.* **1.** erholsam, entspannend, erfrischend; **2.** unter'haltend.

re·crim·i·nate [rı'krımıneıt] *v/i. u. v/t.* Gegenbeschuldigungen vorbringen (gegen); **re·crim·i·na·tion** [rıˌkrımı'neıʃn] *s.* Gegenbeschuldigung *f*.

re·cru·desce [ˌri:kru:'des] *v/i.* **1.** wieder aufbrechen (*Wunde*); **2.** sich wieder verschlimmern (*Zustand*); **3.** *fig.* wieder'ausbrechen, -'aufflackern (*Übel*); **ˌre·cru'des·cence** [-sns] *s.* **1.** Wieder'aufbrechen *n* (*e-r Wunde etc.*); **2.** *fig.* a) Wieder'ausbrechen *n*, b) Wieder'aufleben *n*.

re·cruit [rı'kru:t] **I** *s.* **1.** ⚔ a) Re'krut *m*, b) *Am.* (einfacher) Sol'dat; **2.** Neuling *m* (*a. contp.*); **II** *v/t.* **3.** ⚔ rekrutieren: a) *Rekruten* ausheben, einziehen, b) anwerben, c) *Einheit* ergänzen, erneuern, d) *weitS. Leute* her'anziehen: ***be ~ed from*** sich rekrutieren aus, *fig. a.* sich zs.-setzen *od.* ergänzen aus; **4.** *j-n*, *j-s Gesundheit* wieder'herstellen; **5.** *fig.* stärken, erfrischen; **III** *v/i.* **6.** Rekruten ausheben *od.* anwerben; **7.** sich erholen; **re'cruit·al** [-tl] *s.* Erholung *f*, Wieder'herstellung *f*; **re'cruit·ing** [-tıŋ] ⚔ **I** *s.* Rekrutierung *f*, (An)Werben *n*; **II** *adj.* Werbe…(*-büro*, *-offizier etc.*); Rekrutierungs…(*-stelle*); **re'cruit·ment** [-mənt] *s.* **1.** Verstärkung *f*, Auffrischung *f*; **2.** *bsd.* ⚔ Rekrutierung *f*; **3.** Erholung *f*.

rec·tal ['rektəl] *adj.* □ *anat.* rek'tal: **~ *syringe*** Klistierspritze *f*.

rec·tan·gle ['rekˌtæŋgl] *s.* ⩚ Rechteck *n*; **rec·tan·gu·lar** [rek'tæŋgjʊlə] *adj.* □ ⩚ **1.** rechteckig; **2.** rechtwink(e)lig.

rec·ti·fi·a·ble ['rektıfaıəbl] *adj.* **1.** zu berichtigen(d), korrigierbar; **2.** ⩚, ⚙, ⚗ rektifizierbar; **rec·ti·fi·ca·tion** [ˌrektıfı'keıʃn] *s.* **1.** Berichtigung *f*, Verbesserung *f*, Richtigstellung *f*; **2.** ⩚, ⚗ Rektifikati'on *f*; **3.** ϟ Gleichrichtung *f*; **4.** *phot.* Entzerrung *f*; **'rec·ti·fi·er** [-aıə] *s.* **1.** Berichtiger *m*; **2.** ⚗ *etc.* Rektifizierer *m*; **3.** ϟ Gleichrichter *m*; **4.** *phot.* Entzerrungsgerät *n*; **rec·ti·fy** ['rektıfaı] *v/t.* berichtigen, korrigieren, richtigstellen; *Mißstand etc.* beseitigen; ⩚, ⚗, ⚙ rektifizieren; ϟ gleichrichten.

rec·ti·lin·e·al [ˌrektı'lınıəl] *adj.*, **ˌrec·ti'lin·e·ar** [-ıə] *adj.* □ geradlinig; **rec·ti·tude** ['rektıtju:d] *s.* Geradheit *f*, Rechtschaffenheit *f*.

rec·tor ['rektə] *s.* **1.** *eccl.* Pfarrer *m*; **2.** *univ.* Rektor *m*; **3.** *Scot.* ('Schul)DiˌrekTor *m*; **'rec·tor·ate** [-ərət], **'rec·tor·ship** [-ʃıp] *s.* **1.** *ped.* Rekto'rat *n*; **2.** *eccl.* a) Pfarrstelle *f*, b) Amt *n od.* Amtszeit *f* e-s Pfarrers; **'rec·to·ry** [-tərı] *s.* Pfar'rei *f*, Pfarre *f*: a) Pfarrhaus *n*, b) *Brit.* Pfarrstelle *f*, c) Kirchspiel *n*.

rec·tum ['rektəm] *pl.* **-ta** [-tə] *s. anat.* Mastdarm *m*, Rektum *n*.

re·cum·ben·cy [rı'kʌmbənsı] *s.* **1.** liegende Stellung, Liegen *n*; **2.** *fig.* Ruhe *f*; **re'cum·bent** [-nt] *adj.* □ (sich zu'rück)lehnend, liegend, *a. fig.* ruhend.

re·cu·per·ate [rı'kju:pəreıt] **I** *v/i.* **1.** sich erholen (*a.* ✝); **II** *v/t.* **2.** 'wiedererlangen; **3.** *Verluste etc.* wettmachen; **re·cu·per·a·tion** [rıˌkju:pə'reıʃn] *s.* Erholung *f* (*a. fig.*); **re'cu·per·a·tive** [-rətıv] *adj.* **1.** stärkend, kräftigend; **2.** Erholungs…

re·cur [rı'kɜ:] *v/i.* **1.** 'wiederkehren, wieder'auftreten (*Ereignis, Erscheinung etc.*); **2.** *fig. in Gedanken, im Gespräch* zu'rückkommen (***to*** auf *acc.*); **3.** *fig.* 'wiederkehren (*Gedanken*); **4.** zu'rückgreifen (***to*** auf *acc.*); **5.** ⩚ (peri'odisch) wiederkehren (*Kurve etc.*): ***~ring decimal*** periodische Dezimalzahl; **re·cur·rence** [rı'kʌrəns] *s.* **1.** 'Wiederkehr *f*, Wieder'auftreten *n*; **2.** Zu'rückgreifen *n* (***to*** auf *acc.*); **3.** *fig.* Zu'rückkommen *n* (*im Gespräch etc.*) (***to*** auf *acc.*); **re-**

cur·rent [rɪˈkʌrənt] *adj.* □ **1.** ˈwiederkehrend (*a. Zahlungen, Träume*), sich wiederˈholend; **2.** periˈodisch auftretend: ***~ fever*** ⚕ Rückfallfieber *n*; **3.** ⚘, *anat.* rückläufig (*Nerv, Arterie etc.*).

re·cy·cle [ˌriːˈsaɪkl] *v/t.* **1.** ⚙ *Abfälle* ˈwiederverwerten; **2.** ⚚ *Kapital* zuˈrückschleusen; **reˈcy·cling** [-lɪŋ] *s.* ⚙, ⚚ Reˈcycling *n*: a) ⚙ ˈWiederverwertung *f*: ***~ of waste material***, b) ⚚ Rückschleusung *f*: ***~ of funds***.

red [red] **I** *adj.* **1.** rot: ***~ ant*** rote Waldameise; ***2 Book*** a) Adelskalender *m*, b) *pol.* Rotbuch *n*; ***~ cabbage*** Rotkohl *m*; ***2 Cross*** Rotes Kreuz; ***~ currant*** Johannisbeere *f*; ***~ deer*** Edel-, Rothirsch *m*; ***2 Ensign*** brit. Handelsflagge *f*; ***~ hat*** Kardinalshut *m*; ***~ heat*** Rotglut *f*; ***~ herring*** a) Bückling *m*, b) *fig.* Ablenkungsmanöver *n*, falsche Spur; ***draw a ~ herring across the path*** a) ein Ablenkungsmanöver durchführen, b) e-e falsche Spur zurücklassen; ***~ lead*** *min.* Mennige *f*; ***~ lead ore*** Rotbleierz *n*; ***~ light*** Warn-, Stopplicht *n*; ***see the ~ light*** *fig.* die Gefahr erkennen; ***the lights are at ~*** *mot.* die Ampel steht auf Rot; ***~ tape*** Amtsschimmel *m*, Bürokratismus *m*, Papierkrieg *m*; ***see ~*** ‚rotsehen', wild werden; → ***paint*** 2; ***rag***¹ 1; **2.** rot(glühend); **3.** rot(haarig); **4.** rot(häutig); **5.** *oft 2 pol.* rot: a) kommuˈnistisch, soziaˈlistisch, b) sowˈjetisch: ***the 2 Army*** die Rote Armee; **II** *s.* **6.** Rot *n*; **7.** *a.* ***~skin*** Rothaut *f* (*Indianer*); **8.** *oft 2 pol.* Rote(r *m*) *f*; **9.** *bsd.* ⚚ ***be in the ~*** in den roten Zahlen sein; ***get out of the ~*** aus den roten Zahlen herauskommen.

re·dact [rɪˈdækt] *v/t.* **1.** redigieren, herˈausgeben; **2.** *Erklärung etc.* abfassen; **reˈdac·tion** [-kʃn] *s.* **1.** Redaktiˈon *f* (*Tätigkeit*), Herˈausgabe *f*; **2.** (Ab)Fassung *f*; **3.** Neubearbeitung *f*.

ˌ**red|-ˈblood·ed** *adj. fig.* lebensprühend, viˈtal, feurig; ˈ**~·breast** *s. orn.* Rotkehlchen *n*; ˈ**~·cap** *s.* ‚Rotkäppchen' *n*: a) *Brit. sl.* Miliˈtärpoliˌzist *m*, b) *Am.* (Bahnhofs)Gepäckträger *m*; **~ car·pet** *s.* roter Teppich: ***~ treatment*** ‚großer Bahnhof'.

red·den [ˈredn] **I** *v/t.* röten, rot färben; **II** *v/i.* rot werden: a) sich röten, b) erröten (***at*** über *acc.*, ***with*** vor *dat.*).

red·dish [ˈredɪʃ] *adj.* rötlich.

red·dle [ˈredl] *s.* Rötel *m*.

re·dec·o·rate [ˌriːˈdekəreɪt] *v/t. Zimmer etc.* renovieren, neu streichen *od.* tapezieren.

re·deem [rɪˈdiːm] *v/t.* **1.** *Verpflichtung* abzahlen, -lösen, tilgen, amortisieren; **2.** zuˈrückkaufen; **3.** ⚚ *Staatspapier* auslosen; **4.** *Pfand* einlösen; **5.** *Gefangene etc.* los-, freikaufen; **6.** *Versprechen* erfüllen, einlösen; **7.** *Fehler etc.* wiederˈgutmachen, *Sünde* abbüßen; **8.** *schlechte Eigenschaft* aufwiegen, wettmachen, versöhnen mit: ***~ing feature*** a) versöhnender Zug, b) ausgleichendes Moment; **9.** *Ehre, Rechte* ˈwiedererlangen, wiederˈherstellen; **10.** (***from***) bewahren (vor *dat.*); (er)retten (von); befreien (von); **11.** *eccl.* erlösen (***from*** von); **12.** *Zeitverlust* wettmachen; **reˈdeem·a·ble** [-məbl] *adj.* □ **1.** abzahlbar, -lösbar, tilgbar; kündbar (*Anleihe*); rückzahlbar (*Wertpapier*): ***~ loan*** Tilgungsdarlehen *n*; **2.** zuˈrückkaufbar; **3.** ⚚ auslosbar (*Staatspapier*); **4.** einlösbar (*Pfand, Versprechen etc.*); **5.** wiederˈgutzumachen(d) (*Fehler*), abzubüßen(d) (*Sünde*); **6.** ˈwiedererlangbar; **7.** *eccl.* erlösbar; **reˈdeem·er** [-mə] *s.* **1.** Einlöser(in) *etc.*; **2.** *2 eccl.* Erlöser *m*, Heiland *m*.

re·de·liv·er [ˌriːdɪˈlɪvə] *v/t.* **1.** *j-n* wieder befreien; **2.** *et.* zuˈrückgeben; rückliefern.

re·demp·tion [rɪˈdempʃn] *s.* **1.** Abzahlung *f*, Ablösung *f*, Tilgung *f*, Amortisatiˈon *f e-r Schuld etc.*: ***~ fund*** *Am.* ⚚ Tilgungsfonds *m*; ***~ loan*** ⚚ Ablösungsanleihe *f*; **2.** Rückkauf *m*; **3.** Auslosung *f von Staatspapieren*; **4.** Einlösung *f e-s Pfandes* (*fig. e-s Versprechens*); **5.** Los-, Freikauf *m e-r Geisel etc.*; **6.** Wiederˈgutmachung *f e-s Fehlers*; Abbüßung *f e-r Sünde*; **7.** Ausgleich *m* (***of*** für), Wettmachen *n e-s Nachteils*; **8.** ˈWiedererlangung *f*, Wiederˈherstellung *f e-s Rechts etc.*; **9.** *bsd. eccl.* Erlösung *f* (***from*** von): ***past*** *od.* ***beyond ~*** hoffnungs- *od.* rettungslos (verloren); **reˈdemp·tive** [-ptɪv] *adj. eccl.* erlösend, Erlösungs…

re·de·ploy [ˌriːdɪˈplɔɪ] *v/t.* **1.** *bsd.* ⚔ ˈumgrupˌpieren; **2.** ⚔, *a.* ⚚ verlegen; ˌ**re·deˈploy·ment** [-mənt] *s.* **1.** ˈUmgrupˌpierung *f*; (Truppen)Verschiebung *f*; **2.** Verlegung *f*.

re·de·vel·op [ˌriːdɪˈveləp] *v/t.* **1.** neu entwickeln; **2.** *phot.* nachentwickeln; **3.** *Stadtteil etc.* sanieren; ˌ**re·deˈvel·op·ment** [-mənt] *s.* **1.** Neuentwicklung *f etc.*; **2.** (Stadt- *etc.*)Sanierung *f*: ***~ area*** Sanierungsgebiet *n*.

ˌ**red-ˈhand·ed** *adj.*: ***catch s.o. ~*** j-n auf frischer Tat ertappen.

red·hi·bi·tion [ˌredhɪˈbɪʃn] *s.* ⚖ Wandlung *f beim Kauf*; **red·hib·i·to·ry**

[red'hɪbɪtərɪ] *adj.* Wandlungs...(*-klage etc.*): ~ ***defect*** Fehler *m* der Sache beim Kauf.

ˌ**red-'hot** *adj.* **1.** rotglühend; **2.** glühend heiß; **3.** *fig.* wild, toll; **4.** hitzig, jähzornig; **5.** allerneuest, 'brandaktuˌell: ~ ***news.***

red·in·te·grate [re'dɪntɪgreɪt] *v/t.* **1.** wieder'herstellen; **2.** erneuern.

re·di·rect [ˌri:dɪ'rekt] *v/t.* **1.** *Brief etc.* 'umadresˌsieren; **2.** *Verkehr* 'umleiten; **3.** *fig.* e-e neue Richtung geben (*dat.*), ändern.

re·dis·count [ˌri:'dɪskaʊnt] ✝ **I** *v/t.* **1.** rediskontieren; **II** *s.* **2.** Rediskon'tierung *f*; **3.** Redis'kont *m*: ~ ***rate*** *Am.* Rediskontsatz *m*; **4.** rediskon'tierter Wechsel.

re·dis·cov·er [ˌri:dɪ'skʌvə] *v/t.* 'wiederentdecken.

re·dis·trib·ute [ˌri:dɪ'strɪbju:t] *v/t.* **1.** neu verteilen; **2.** wieder verteilen.

ˌ**red|-'let·ter day** *s. fig.* Freuden-, Glückstag *m*; ˌ~-'**light dis·trict** *s.* Bor'dellviertel *n*.

red·ness ['rednɪs] *s.* Röte *f*.

re·do [ˌri:'du:] *v/t.* [*irr.* → ***do***] **1.** nochmals tun *od.* machen; **2.** *Haar etc.* nochmals richten *etc.*

red·o·lence ['redəʊləns] *s.* Duft *m*, Wohlgeruch *m*; '**red·o·lent** [-nt] *adj.* duftend (***of***, ***with*** nach): ***be*** ~ ***of*** *fig. et.* atmen, stark gemahnen an (*acc.*), um'wittert sein von.

re·dou·ble [ˌri:'dʌbl] **I** *v/t.* **1.** verdoppeln; **2.** *Bridge*: *j-m* Re'kontra geben; **II** *v/i.* **3.** sich verdoppeln; **4.** *Bridge*: Re'kontra geben.

re·doubt [rɪ'daʊt] *s.* ⚔ **1.** Re'doute *f*; **2.** Schanze *f*; **re'doubt·a·ble** [-təbl] *adj. rhet. od. iro.* **1.** furchtbar, schrecklich; **2.** gewaltig.

re·dound [rɪ'daʊnd] *v/i.* **1.** ausschlagen *od.* gereichen (***to*** zu *j-s Ehre*, *Vorteil etc.*); **2.** zu'teil werden, erwachsen (***to*** *dat.*, ***from*** aus); **3.** zu'rückfallen, -wirken (***upon*** auf *acc.*).

re·draft [ˌri:'drɑ:ft] **I** *s.* **1.** neuer Entwurf; **2.** ✝ Rück-, Ri'kambiowechsel *m*; **II** *v/t.* **3.** → ***redraw*** I.

re·draw [ˌri:'drɔ:] [*irr.* → ***draw***] **I** *v/t.* neu entwerfen; **II** *v/i.* ✝ zu'rücktrasˌsieren (***on*** auf *acc.*).

re·dress [rɪ'dres] **I** *s.* **1.** Abhilfe *f* (*a.* ⚖): ***legal*** ~ Rechtshilfe *f*: ***obtain*** ~ ***from s.o.*** gegen j-n Regreß nehmen; **2.** Behebung *f*, Beseitigung *f e-s Übelstandes*; **3.** Wieder'gutmachung *f e-s Unrechts*, *Fehlers etc.*; **4.** Entschädigung *f* (***for*** für); **II** *v/t.* **5.** *Mißstand* beheben, beseitigen, (*dat.*) abhelfen; *Unrecht* wieder'gutmachen; *Gleichgewicht etc.* wieder'herstellen; **6.** ✈ *Flugzeug* in die nor'male Fluglage zu'rückbringen.

ˌ**red|-'short** *adj. metall.* rotbrüchig; '~**·start** *s. orn.* Rotschwänzchen *n*; ˌ~-'**tape** *adj.* büro'kratisch; ˌ~-'**tap·ism** [-'teɪpɪzəm] *s.* Bürokra'tismus *m*; ˌ~-'**tap·ist** [-'teɪpɪst] *s.* Büro'krat(in), Aktenmensch *m*.

re·duce [rɪ'dju:s] **I** *v/t.* **1.** her'absetzen, vermindern, -ringern, -kleinern, reduzieren, *fig. a.* abbauen: ~***d scale*** verjüngter Maßstab; ***on a*** ~***d scale*** in verkleinertem Maßstab; **2.** *Preise* her'absetzen, ermäßigen: ***at*** ~***d prices*** zu herabgesetzten Preisen; ***at a*** ~***d fare*** zu ermäßigtem Fahrpreis; **3.** *im Rang*, *Wert etc.* her'absetzen, -mindern, -drücken, erniedrigen; *a.* ~ ***to the ranks*** ⚔ degradieren; **4.** schwächen, erschöpfen; (*finanziell*) erschüttern: ***in*** ~***d circumstances*** in beschränkten Verhältnissen, verarmt; **5.** (***to***) verwandeln (in *acc.*, zu), machen (zu): ~ ***to pulp*** zu Brei machen; ~***d to a skeleton*** zum Skelett abgemagert; **6.** bringen (***to*** zu): ~ ***to a system*** in ein System bringen; ~ ***to rules*** in Regeln fassen; ~ ***to writing*** schriftlich niederlegen, aufzeichnen; ~ ***theories into practice*** Theorien in die Praxis umsetzen; **7.** zu'rückführen, reduzieren (***to*** auf *acc.*): ~ ***to absurdity*** ad absurdum führen; **8.** zerlegen (***to*** in *acc.*); **9.** einteilen (***to*** in *acc.*); **10.** anpassen (***to*** *dat. od.* an *acc.*); **11.** 𝔄, ⚗, *biol.* reduzieren; *Gleichung* auflösen; ~ ***to a common denominator*** auf e-n gemeinsamen Nenner bringen; **12.** *metall.* (aus)schmelzen (***from*** aus); **13.** zwingen, *zur Verzweiflung etc.* bringen: ~ ***to obedience*** zum Gehorsam zwingen; ***he was*** ~***d to sell*** (***-ing***) ***his house*** er war gezwungen, sein Haus zu verkaufen; ~***d to tears*** zu Tränen gerührt; **14.** unter'werfen, erobern; *Festung* zur 'Übergabe zwingen; **15.** beschränken (***to*** auf *acc.*); **16.** *Farben etc.* verdünnen; **17.** *phot.* abschwächen; **18.** ⚕ einrenken, (wieder) einrichten; **II** *v/i.* **19.** (an Gewicht) abnehmen; e-e Abmagerungskur machen; **re'duc·er** [-sə] *s.* **1.** ⚗ Redukti'onsmittel *n*; **2.** *phot.* a) Abschwächer *m*, b) Entwickler *m*; **3.** ⚙ a) Redu'zierstück *n od.* -maˌschine *f*, b) → ***reducing gear***; **re'duc·i·ble** [-səbl] *adj.* **1.** reduzierbar (*a.* ⚕), zu'rückführbar (***to*** auf *acc.*): ***be*** ~ ***to*** sich reduzieren *od.* zurückführen lassen auf (*acc.*); **2.** verwandelbar (***to***,

into in *acc.*); **3.** her'absetzbar.

re·duc·ing| a·gent [rɪ'dju:sɪŋ] *s.* ⚗ Redukti'onsmittel *n*; **~ di·et** *s.* Abmagerungskur *f*; **~ gear** *s.* ⚙ Unter'setzungsgetriebe *n*.

re·duc·tion [rɪ'dʌkʃn] *s.* **1.** Her'absetzung *f*, Verminderung *f*, -ringerung *f*, -kleinerung *f*, Reduzierung *f*, *fig. a.* Abbau *m*: **~ *in*** (*od.* ***of***) ***prices*** Preisherabsetzung, -ermäßigung *f*; **~ *in*** (*od.* ***of***) ***wages*** Lohnkürzung *f*; **~ *of interest*** Zinsherabsetzung; **~ *of staff*** Personalabbau *m*; **2.** (Preis)Nachlaß *m*, Abzug *m*, Ra'batt *m*; **3.** Verminderung *f*, Rückgang *m*: ***import* ~** ✝ Einfuhrrückgang; **4.** Verwandlung *f* (***into***, ***to*** in *acc.*): **~ *into gas*** Vergasung *f*; **5.** Zu'rückführung *f*, Reduzierung *f* (***to*** auf *acc.*); **6.** Zerlegung *f* (***to*** in *acc.*); **7.** ⚗ Redukti'on *f*; **8.** Å Redukti'on *f*, Kürzung *f*, Vereinfachung *f*; Auflösung *f von Gleichungen*; **9.** *metall.* (Aus-)Schmelzung *f*; **10.** Unter'werfung *f* (***to*** unter *acc.*); Bezwingung *f*, ⚔ Niederkämpfung *f*; **11.** *phot.* Abschwächung *f*; **12.** *biol.* Redukti'on *f*; **13.** ⚕ Einrenkung *f*; **14.** Verkleinerung *f* (*e-s Bildes etc.*); **~ com·pass·es** *s. pl.* Redukti'onszirkel *m*; **~ di·vi·sion** *s. biol.* Redukti'onsteilung *f*; **~ gear** *s.* ⚙ Redukti'ons-, Unter'setzungsgetriebe *n*; **~ ra·tio** *s.* ⚙ Unter'setzungsverhältnis *n*.

re·dun·dance [rɪ'dʌndəns], **re'dun·dan·cy** [-sɪ] *s.* **1.** 'Überfluß *m*, -fülle *f*; **2.** 'Überflüssigkeit *f*, ✝ *a.* Arbeitslosigkeit *f*: **~ *letter*** *od.* ***notice*** Entlassungsschreiben *n*; **3.** Wortfülle *f*; **4.** *ling.*, *Informatik*: Redun'danz *f*; **re'dun·dant** [-nt] *adj.* □ **1.** 'überreichlich, -mäßig; **2.** 'überschüssig, -zählig: **~ *workers*** freigesetzte (*entlassene*) Arbeitskräfte; ***make s.o.* ~** j-n freisetzen, -stellen; **3.** 'überflüssig; **4.** üppig; **5.** 'überfließend (***of***, ***with*** von); **6.** über'laden (*Stil etc.*), *bsd.* weitschweifig; **7.** *ling.*, *Informatik*: redun'dant.

re·du·pli·cate [rɪ'dju:plɪkeɪt] *v/t.* **1.** verdoppeln; **2.** wieder'holen; **3.** *ling.* reduplizieren.

re·dye [ˌri:'daɪ] *v/t.* **1.** nachfärben; **2.** 'umfärben.

re·ech·o [ri:'ekəʊ] **I** *v/i.* 'widerhallen (***with*** von); **II** *v/t.* widerhallen lassen.

reed [ri:d] *s.* **1.** ⚘ Schilf *n*; (Schilf)Rohr *n*; Ried(gras) *n*: ***broken* ~** *fig.* schwankes Rohr; **2.** *pl. Brit.* (Dachdecker-)Stroh *n*; **3.** Pfeil *m*; **4.** Rohrflöte *f*; **5.** ♪ a) (Rohr)Blatt *n*: **~ *instruments***, ***the* ~*s*** Rohrblattinstrumente, b) *a.* **~*-stop*** Zungenstimme *f* (*Orgel*); **6.** ⚙ Weberkamm *m*, Blatt *n*.

re·ed·it [ˌri:'edɪt] *v/t.* neu her'ausgeben; **re·e·di·tion** [ˌri:ɪ'dɪʃn] *s.* Neuausgabe *f*.

re·ed·u·cate [ˌri:'edjʊkeɪt] *v/t.* 'umschulen; **re·ed·u·ca·tion** ['ri:ˌedjʊ'keɪʃn] *s.* 'Umschulung *f*.

reed·y ['ri:dɪ] *adj.* **1.** schilfig, schilfreich; **2.** lang u. schlank; **3.** dünn, quäkend (*Stimme*).

reef[1] [ri:f] *s.* **1.** (Felsen)Riff *n*; **2.** *min.* Ader *f*, (Quarz)Gang *m*.

reef[2] [ri:f] ⚓ **I** *s.* Reff *n*; **II** *v/t. Segel* reffen.

reef·er ['ri:fə] *s.* **1.** ⚓ a) Reffer *m*, b) *sl.* 'Seekaˌdett *m*, c) Bord-, Ma'trosenjakke *f*, d) *Am. sl.* Kühlschiff *n*; **2.** *Am. sl.* a) 🚃, *mot.* Kühlwagen *m*, b) Kühlschrank *m*; **3.** *sl.* Marihu'ana-Zigaˌrette *f*.

reek [ri:k] **I** *s.* **1.** Gestank *m*, (üble) Ausdünstung, Geruch *m*; **2.** Dampf *m*, Dunst *m*, Qualm *m*; **II** *v/i.* **3.** stinken, riechen (***of***, ***with*** nach), üble Dünste ausströmen; **4.** dampfen, rauchen (***with*** von); **5.** *fig.* (***of***, ***with***) stark riechen (nach), voll sein (von); **'reek·y** [-kɪ] *adj.* **1.** dampfend, dunstend; **2.** rauchig.

reel[1] [ri:l] **I** *s.* **1.** Haspel *f*, (*Garn- etc.*) Winde *f*; **2.** (*Garn-*, *Schlauch- etc.*) Rolle *f*, (*Bandmaß-*, *Farbband-*, *Film- etc.*)Spule *f*; ⚡ Kabeltrommel *f*; **3.** a) Film(streifen) *m*, b) (Film)Akt *m*; **II** *v/t.* **4.** *a.* **~ *up*** aufspulen, -wickeln, -rollen: **~ *off*** abhaspeln, -spulen, *fig.* ‚herunterrasseln': **~ *off a poem*.**

reel[2] [ri:l] *v/i.* **1.** sich (schnell) drehen, wirbeln: ***my head* ~*s*** mir schwindelt; **2.** wanken, taumeln: **~ *back*** zurücktaumeln.

reel[3] [ri:l] *s.* Reel *m* (*schottischer Volkstanz*).

re·e·lect [ˌri:ɪ'lekt] *v/t.* 'wiederwählen; **ˌre·e'lec·tion** [-kʃn] *s.* 'Wiederwahl *f*;

re·el·i·gi·ble [ˌri:'elɪdʒəbl] *adj.* 'wiederwählbar.

re·em·bark [ˌri:ɪm'bɑ:k] *v/t.* (*v/i.* sich) wieder einschiffen.

re·e·merge [ˌri:ɪ'mə:dʒ] *v/i.* wieder'auftauchen, -'auftreten.

re·en·act [ˌri:ɪ'nækt] *v/t.* **1.** wieder in Kraft setzen; **2.** *thea.* neu inszenieren; **3.** *fig.* wieder'holen; **ˌre·en'act·ment** [-mənt] *s.* **1.** ˌWiederin'kraftsetzung *f*; **2.** *thea.* Neuinszenierung *f*.

re·en·gage [ˌri:ɪn'geɪdʒ] *v/t.* *j-n* wieder an- *od.* einstellen.

re·en·list [ˌri:ɪn'lɪst] ⚔ *v/t. u. v/i.* (sich) weiter-, 'wiederverpflichten; (*nur v/i.*)

kapitulieren: ***~ed man*** Kapitulant *m*; **ˌre-en'list·ment** [-mənt] *s.* Wieder'anwerbung *f.*

re-en·ter [ˌriː'entə] *v/t.* **1.** wieder betreten, wieder eintreten in (*acc.*); **2.** wieder eintragen (*in e-e Liste etc.*); **3.** ⚙ *Farben* auftragen; **re-en·trant** [riː'entrənt] **I** *adj.* ⩓ einspringend (*Winkel*); **II** *s.* einspringender Winkel; **re-en·try** [riː'entrɪ] *s.* Wieder'eintritt *m* (*a. Raumfahrt*: *in die Erdatmosphäre*; *a.* ⚖ *in den Besitz*).

re-es·tab·lish [ˌriːɪ'stæblɪʃ] *v/t.* **1.** wieder'herstellen; **2.** wieder'einführen, neu gründen.

reeve[1] [riːv] *s. Brit.* a) *hist.* Vogt *m*, b) Gemeindevorsteher *m.*

reeve[2] [riːv] *v/t.* ⚓ *Tauende* einscheren; *das Tau* ziehen (***around*** um).

re-ex·am·i·na·tion ['riːɪgˌzæmɪ'neɪʃn] *s.* **1.** Nachprüfung *f*, Wieder'holungsprüfung *f*; **2.** ⚖ a) nochmaliges (Zeugen-) Verhör, b) nochmalige Unter'suchung.

re-ex·change [ˌriːɪks'tʃeɪndʒ] *s.* **1.** Rücktausch *m*; **2.** ✝ Rück-, Gegenwechsel *m*; **3.** ✝ Rückwechselkosten *pl.*

re-ex·port ✝ **I** *v/t.* [ˌriːek'spɔːt] **1.** wieder'ausführen; **II** *s.* [ˌriː'ekspɔːt] **2.** Wieder'ausfuhr *f*; **3.** wieder'ausgeführte Ware.

re·fash·ion [ˌriː'fæʃn] *v/t.* 'umgestalten, -modeln.

re·fec·tion [rɪ'fekʃn] *s.* **1.** Erfrischung *f*; **2.** Imbiß *m*; **re'fec·to·ry** [-ktərɪ] *s.* **1.** *R.C.* Refek'torium *n* (*Speiseraum*); **2.** *univ.* Mensa *f.*

re·fer [rɪ'fɜː] **I** *v/t.* **1.** verweisen, hinweisen (***to*** auf *acc.*); **2.** *j-n um Auskunft, Referenzen etc.* verweisen (***to*** an *j-n*); **3.** (zur Entscheidung *etc.*) über'geben, -'weisen (***to*** an *acc.*): ***~ back to*** ⚖ *Rechtssache* zurückverweisen an *die Unterinstanz*; ***~ to drawer*** ✝ an Aussteller zurück; **4.** (***to***) zuschreiben (*dat.*), zu'rückführen (auf *acc.*); **5.** zuordnen, -weisen (***to*** *e-r Klasse etc.*); **II** *v/i.* **6.** (***to***) verweisen, hinweisen, sich beziehen, Bezug haben (auf *acc.*), betreffen (*acc.*): ***~ to s.th. briefly*** et. kurz berühren; ***~ring to my letter*** Bezug nehmend auf mein Schreiben; ***the point ~red to*** der erwähnte *od.* betreffende Punkt; **7.** sich beziehen *od.* berufen, Bezug nehmen (***to*** auf *j-n*); **8.** (***to***) sich wenden (an *acc.*), (*a. Uhr, Wörterbuch etc.*) befragen; (in *e-m Buch*) nachschlagen, -sehen; **ref·er·a·ble** [rɪ'fɜːrəbl] *adj.* **1.** (***to***) zuzuschreiben(d) (*dat.*), zu'rückführen(d) (auf *acc.*); **2.** (***to***) zu beziehen(d) (auf *acc.*), bezüglich (*gen.*); **ref·er·ee** [ˌrefə'riː] **I** *s.* **1.** ⚖, *sport* Schiedsrichter *m*, ⚖ *a.* beauftragter Richter; *Boxen*: Ringrichter *m*; **2.** *parl. etc.* Refe'rent *m*, Berichterstatter *m*; **3.** ⚖ *etc.* Sachbearbeiter(in), -verständige(r *m*) *f*; **II** *v/i. u. v/t.* **4.** als Schiedsrichter *etc.* fungieren (bei); **ref·er·ence** ['refrəns] **I** *s.* **1.** Verweis(ung *f*) *m*, Hinweis *m* (***to*** auf *acc.*): ***cross-~*** Querverweis: (***list of***) ***~s*** Quellenangabe *f*, Literaturverzeichnis *n*; ***mark of ~*** → 2 a *u.* 4; **2.** a) Verweiszeichen *n*, b) Verweisstelle *f*, c) Beleg *m*, 'Unterlage *f*; **3.** Bezugnahme *f* (***to*** auf *acc.*); *Patentrecht*: Entgegenhaltung *f*: ***in*** (*od.* ***with***) ***~ to*** bezüglich (*gen.*); ***for future ~*** zu späterer Verwendung; ***terms of ~*** Richtlinien; ***have ~ to*** sich beziehen auf (*acc.*); **4.** *a.* ***~ number*** Akten-, Geschäftszeichen *n*; **5.** (***to***) Anspielung *f* (auf *acc.*), Erwähnung *f* (*gen.*): ***make ~ to*** auf *et.* anspielen, *et.* erwähnen; **6.** (***to***) Zs.-hang *m* (mit), Beziehung *f* (zu): ***have no ~ to*** nichts zu tun haben mit; ***with ~ to him*** was ihn betrifft; **7.** Rücksicht *f* (***to*** auf *acc.*): ***without ~ to*** ohne Berücksichtigung (*gen.*); **8.** (***to***) Nachschlagen *n*, -sehen *n* (in *dat.*), Befragen *n* (*gen.*): ***book*** (*od.* ***work***) ***of ~*** Nachschlagewerk *n*; ***~ library*** Handbibliothek *f*; **9.** (***to***) Befragung *f* (*gen.*), Rückfrage *f* (bei); **10.** ⚖ Über'weisung *f e-r Sache* (***to*** an *ein Schiedsgericht etc.*); **11.** a) Refe'renz *f*, Empfehlung *f*, *allg.* Zeugnis *n*, b) Refe'renz *f* (*Auskunftgeber*); **II** *adj.* **12.** ⚙, ⩓ Bezugs…: ***~ frequency***; ***~ value***; **III** *v/t.* **13.** Verweise anbringen in *e-m Buch*; **ref·er·en·dum** [ˌrefə'rendəm] *pl.* **-dums** *s. pol.* Volksentscheid *m*, -befragung *f*, Refe'rendum *n.*

re·fill [ˌriː'fɪl] **I** *v/t.* wieder füllen, nach-, auffüllen; **II** *v/i.* sich wieder füllen; **III** *s.* ['riːfɪl] Nach-, Ersatzfüllung *f*; ⚡ Er'satzbatteˌrie *f*; Ersatzmine *f* (*Bleistift etc.*); Einlage *f* (*Ringbuch*).

re·fine [rɪ'faɪn] **I** *v/t.* **1.** ⚙ veredeln, raffinieren, *bsd.* a) *Eisen* frischen, b) *Metall* feinen, c) *Stahl* gar machen, d) *Glas* läutern, e) *Petroleum, Zucker* raffinieren; **2.** *fig.* bilden, verfeinern, kultivieren; **3.** *fig.* läutern, vergeistigen; **II** *v/i.* **4.** sich läutern; **5.** sich verfeinern *od.* kultivieren; **6.** (her'um)tüfteln ([***up***]***on*** an *dat.*); **7.** ***~*** (***up***)***on*** verbessern, weiterentwickeln; **re'fined** [-nd] *adj.* ☐ **1.** geläutert, raffiniert: ***~ sugar*** Feinzucker *m*, Raffinade *f*; ***~ steel*** Raffinierstahl *m*; **2.** *fig.* fein, gebildet, kultiviert;

3. *fig.* raffiniert, sub'til; **4.** ('über)fein, (-)genau; **re'fine·ment** [-mənt] *s.* **1.** ⚙ Veredelung *f*, Vergütungs-, Raffinati'onsbehandlung *f*; **2.** Verfeinerung *f*; **3.** Feinheit *f der Sprache*, *e-r Konstruktion etc.*, Raffi'nesse *f* (*des Luxus etc.*); **4.** Vornehm-, Feinheit *f*, Kultiviertheit *f*, gebildetes Wesen; **5.** Klüge'lei *f*, Spitzfindigkeit *f*; **re'fin·er** [-nə] *s.* **1.** ⚙ a) (Eisen)Frischer *m*, b) Raffi'neur *m*, (Zucker)Sieder *m*, c) *metall.* Vorfrischofen *m*; **2.** Verfeinerer *m*; **3.** Klügler (-in), Haarspalter(in); **re'fin·er·y** [-nərı] *s.* ⚙ **1.** (*Öl-*, *Zucker- etc.*)Raffine'rie *f*; **2.** *metall.* (Eisen-, Frisch)Hütte *f*; **re'fin·ing fur·nace** [-nıŋ] *s. metall.* Frisch-, Feinofen *m*.

re·fit [ˌriː'fıt] **I** *v/t.* **1.** wieder in'stand setzen, ausbessern; **2.** neu ausrüsten; **II** *v/i.* **3.** ausgebessert *od.* über'holt werden; **III** *s.* **4.** *a.* **re·fit·ment** [rı'fıtmənt] Wiederin'standsetzung *f*, Ausbesserung *f*.

re·fla·tion [riː'fleıʃn] *s.* ✝ Reflati'on *f*.

re·flect [rı'flekt] **I** *v/t.* **1.** *Strahlen etc.* reflektieren, zu'rückwerfen, -strahlen: **~ing power** Reflexionsvermögen *n*; **2.** *Bild etc.* ('wider)spiegeln: **~ing telescope** Spiegelteleskop *n*; **3.** *fig.* ('wider)spiegeln, zeigen: **be ~ed in** sich (wider)spiegeln in (*dat.*); **~ credit on s.o.** j-m Ehre machen; **our prices ~ your commission** ✝ unsere Preise enthalten Ihre Provision; **4.** über'legen (**that** daß, **how** wie); **II** *v/i.* **5.** ([**up**]**on**) nachdenken, -sinnen (über *acc.*), (*et.*) über'legen; **6. ~** (**up**)**on** a) sich abfällig äußern über (*acc.*), *et.* her'absetzen, b) ein schlechtes Licht werfen auf (*acc.*), *j-m* nicht gerade zur Ehre gereichen, c) *et.* ungünstig beeinflussen; **re'flec·tion** [-kʃn] *s.* **1.** *phys.* Reflexi'on *f*, Zu'rückstrahlung *f*; **2.** ('Wider)Spiegelung *f* (*a. fig.*); Re'flex *m*, 'Widerschein *m*: **a faint ~ of** *fig.* ein schwacher Abglanz (*gen.*); **3.** Spiegelbild *n*; **4.** *fig.* Nachwirkung *f*, Einfluß *m*; **5.** a) Über'legung *f*, Erwägung *f*, b) Betrachtung *f*, Gedanke *m* (**on** über *acc.*): **on ~** nach einigem Nachdenken; **6.** abfällige Bemerkung (**on** über *acc.*), Anwurf *m*: **cast ~s upon** herabsetzen, in ein schlechtes Licht setzen; **7.** *anat.* a) Zu'rückbiegung *f*, b) zu'rückgebogener Teil; **8.** *physiol.* Re'flex *m*; **re'flec·tive** [-tıv] *adj.* ☐ **1.** reflektierend, zu'rückstrahlend; **2.** nachdenklich; **re'flec·tor** [-tə] *s.* **1.** Re'flektor *m*; **2.** Spiegel *m*; **3.** *mot. etc.* Rückstrahler *m*; Katzenauge *n* (*Fahrrad etc.*); **4.** Scheinwerfer *m*; **re·flex** ['riːfleks] **I** *s.* **1.** *physiol.* Re'flex *m*: **~ action** (*od.* **movement**) Reflexbewegung *f*; **2.** ('Licht)Reˌflex *m*, 'Widerschein *m*; *fig.* Abglanz *m*: **~ camera** (Spiegel)Reflexkamera *f*; **3.** Spiegelbild *n* (*a. fig.*); **II** *adj.* **4.** zu'rückgebogen; **5.** Reflex…, Rück…; **re·flex·i·ble** [rı'fleksəbl] *adj.* reflektierbar; **re·flex·ion** [rı'flekʃn] *s.* → **reflection**; **re·flex·ive** [rı'fleksıv] **I** *adj.* ☐ **1.** zu'rückwirkend; **2.** *ling.* refle'xiv, rückbezüglich, Reflexiv…; **II** *s.* **3.** *ling.* a) rückbezügliches Fürwort *od.* Zeitwort, b) reflexive Form.

re·float [ˌriː'fləʊt] ⚓ **I** *v/t.* wieder flottmachen; **II** *v/i.* wieder flott werden.

re·flux ['riːflʌks] *s.* Zu'rückfließen *n*, Rückfluß *m* (*a.* ✝ *von Kapital*).

re·for·est [ˌriː'fɒrıst] *v/t. Land* aufforsten.

re·form¹ [rı'fɔːm] **I** *s.* **1.** *pol. etc.* Re'form *f*, Verbesserung *f*; **2.** Besserung *f*: **~ school** Besserungsanstalt *f*; **II** *v/t.* **3.** reformieren, verbessern; **4.** *j-n* bessern; **5.** *Mißstand etc.* beseitigen; **6.** ⚖ *Am. Urkunde* berichtigen; **III** *v/i.* **7.** sich bessern.

re·form², **re-form** [ˌriː'fɔːm] **I** *v/t.* 'umformen, -gestalten, -bilden, neu gestalten; **II** *v/i.* sich 'umformen, sich neu gestalten.

ref·or·ma·tion¹ [ˌrefə'meıʃn] *s.* **1.** Reformierung *f*, Verbesserung *f*; **2.** Besserung *f des Lebenswandels etc.*; **3.** ♀ *eccl.* Reformati'on *f*; **4.** ⚖ *Am.* Berichtigung *f e-r Urkunde.*

re·for·ma·tion², **re-for·ma·tion** [ˌriːfɔː'meıʃn] *s.* 'Umbildung *f*, 'Um-, Neugestaltung *f*.

re·form·a·to·ry [rı'fɔːmətərı] **I** *adj.* **1.** Besserungs…: **~ measures** Besserungsmaßnahmen; **2.** Reform…; **II** *s.* **3.** Besserungsanstalt *f*; **re'formed** [-md] *adj.* **1.** verbessert, neu u. besser gestaltet; **2.** gebessert: **~ drunkard** geheilter Trinker; **3.** ♀ *eccl.* reformiert; **re'form·er** [-mə] *s.* **1.** *bsd. eccl.* Refor'mator *m*; **2.** *pol.* Re'former(in); **re'form·ist** [-mıst] *s.* **1.** *eccl.* Reformierte(r *m*) *f*; **2.** → **reformer**.

re·fract [rı'frækt] *v/t. phys. Strahlen* brechen; **re'fract·ing** [-tıŋ] *adj. phys.* lichtbrechend, Brechungs…, Refraktions…: **~ angle** Brechungswinkel *m*; **~ telescope** Refraktor *m*; **re'frac·tion** [-kʃn] *s. phys.* **1.** (*Licht-*, *Strahlen*)Brechung *f*, Refrakti'on *f*; **2.** *opt.* Brechungskraft *f*; **re'frac·tive** [-tıv] *adj. phys.* Brechungs…, Refraktions…; **re'frac·tor** [-tə] *s. phys.* **1.** Lichtbrechungskörper *m*; **2.** Re'fraktor *m*; **re'frac·to·ri·ness** [-tərɪnɪs] *s.* **1.** 'Widerspenstigkeit *f*; **2.** 'Widerstandskraft *f*, *bsd.* a) ⚗ Strengflüssigkeit *f*, b) ⚙ Feuerfestigkeit *f*; **3.** ⚕ a) 'Widerstandsfähigkeit *f gegen Krankheiten*, b) Hartnäckigkeit *f e-r Krankheit*; **re'frac·to·ry** [-tərɪ] **I** *adj.* **1.** 'widerspenstig, aufsässig; **2.** ⚗ strengflüssig; **3.** ⚙ feuerfest: **~ *clay*** Schamotte(ton *m*) *f*; **4.** ⚕ a) 'widerstandsfähig (*Person*), b) hartnäckig (*Krankheit*); **II** *s.* **5.** ⚙ feuerfester Baustoff.

re·frain¹ [rɪ'freɪn] *v/i.* (***from***) Abstand nehmen *od.* absehen (von), sich (*gen.*) enthalten: **~ *from doing s.th.*** et. unterlassen, es unterlassen, et. zu tun.

re·frain² [rɪ'freɪn] *s.* Re'frain *m*.

re·fran·gi·ble [rɪ'frændʒɪbl] *adj. phys.* brechbar.

re·fresh [rɪ'freʃ] **I** *v/t.* **1.** erfrischen, erquicken (*a. fig.*); **2.** *fig. sein Gedächtnis* auffrischen; *Vorrat etc.* erneuern; **II** *v/i.* **3.** sich erfrischen; **4.** frische Vorräte fassen (*Schiff etc.*); **re'fresh·er** [-ʃə] *s.* **1.** Erfrischung *f*; ‚Gläs-chen' *n* (*Trunk*); **2.** *fig.* Auffrischung *f*: **~ *course*** Auffrischungs-, Wiederholungskurs *m*; ***paint* ~** Neuglanzpolitur *f*; **3.** ⚖ 'Nachschuß (-hono,rar *n*) *m e-s Anwalts*; **re'fresh·ing** [-ʃɪŋ] *adj.* □ erfrischend (*a. fig. wohltuend*); **re'fresh·ment** [-mənt] *s.* Erfrischung *f* (*a. Getränk etc.*): **~ *room*** (Bahnhofs)Büfett *n*.

re·frig·er·ant [rɪ'frɪdʒərənt] **I** *adj.* **1.** kühlend, Kühl...; **II** *s.* **2.** ⚕ kühlendes Mittel, Kühltrank *m*; **3.** ⚙ Kühlmittel *n*; **re·frig·er·ate** [rɪ'frɪdʒəreɪt] *v/t.* ⚙ kühlen; **re'frig·er·at·ing** [-reɪtɪŋ] *adj.* ⚙ Kühl...(*-raum etc.*), Kälte...(*-maschine etc.*); **re·frig·er·a·tion** [rɪ,frɪdʒə'reɪʃn] *s.* Kühlung *f*; Kälteerzeugung *f*, -technik *f*; **re'frig·er·a·tor** [-reɪtə] *s.* ⚙ Kühlschrank *m*, -raum *m*, -anlage *f*; 'Kältema,schine *f*: **~ *van*** *Brit.*, **~ *car*** *Am.* 🚃 Kühlwagen *m*; **~ *van*** *od.* ***lorry*** *Brit.*, **~ *truck*** *Am. mot.* Kühlwagen *m*; **~ *vessel*** ⚓ Kühlschiff *n*.

re·fu·el [,ri:'fjʊəl] *v/t. u. v/i. mot.*, ✈ (auf)tanken.

ref·uge ['refju:dʒ] **I** *s.* **1.** Zuflucht *f* (*a. fig. Ausweg*, *a. Person*, *Gott*), Schutz *m* (***from*** vor): ***seek*** (*od.* ***take***) **~ *in*** *fig.* s-e Zuflucht suchen in *od.* nehmen zu; ***house of* ~** Obdachlosenasyl *n*; **2.** Zuflucht *f*, Zufluchtsort *m*; **3.** *a.* **~ *hut*** *mount.* Schutzhütte *f*; **4.** Verkehrsinsel *f*; **II** *v/i.* **5.** Schutz suchen; **ref·u·gee** [,refjʊ'dʒi:] *s.* Flüchtling *m*: **~ *camp*** Flüchtlingslager *n*.

re·ful·gent [rɪ'fʌldʒənt] *adj.* □ glänzend, strahlend.

re·fund¹ **I** *v/t.* [ri:'fʌnd] **1.** *Geld* zu'rückzahlen, -erstatten, *Verlust*, *Auslagen* ersetzen, rückvergüten; **2.** *j-m* Rückzahlung leisten, *j-m* seine Auslagen ersetzen; **II** *s.* ['ri:fʌnd] **3.** Rückvergütung *f*.

re·fund² [,ri:'fʌnd] *v/t.* ⚜ *Anleihe etc.* neu fundieren.

re·fund·ment [rɪ'fʌndmənt] *s.* Rückvergütung *f*.

re·fur·bish [,ri:'fɜ:bɪʃ] *v/t.* 'aufpo,lieren (*a. fig.*).

re·fur·nish [,ri:'fɜ:nɪʃ] *v/t.* wieder *od.* neu möblieren *od.* ausstatten.

re·fu·sal [rɪ'fju:zl] *s.* **1.** Ablehnung *f*, Zu'rückweisung *f e-s Angebots etc.*; **2.** Verweigerung *f e-r Bitte*, *des Gehorsams etc.*, *a. Reitsport*; **3.** abschlägige Antwort: ***he will take no* ~** er läßt sich nicht abweisen; **4.** Weigerung *f* (***to do s.th.*** et. zu tun); **5.** ⚜ Vorkaufsrecht *n*, Vorhand *f*: ***first* ~ *of*** erstes Anrecht auf (*acc.*); ***give s.o. the* ~ *of s.th.*** j-m das Vorkaufsrecht auf e-e Sache einräumen.

re·fuse¹ [rɪ'fju:z] **I** *v/t.* **1.** *Amt*, *Antrag*, *Kandidaten etc.* ablehnen; *Angebot* ausschlagen; *et. od. j-n* zu'rückweisen; *j-n* abweisen; *j-m e-e Bitte* abschlagen; **2.** *Befehl*, *Forderung*, *Gehorsam* verweigern; *Bitte* abschlagen; **3.** *Kartenspiel*: *Farbe* verweigern; **4.** *Hindernis* verweigern, scheuen vor (*dat.*) (*Pferd*); **II** *v/i.* **5.** sich weigern, es ablehnen (***to do*** zu tun): ***he* ~*d to believe it*** er wollte es einfach nicht glauben; ***he* ~*d to be bullied*** er ließ sich nicht tyrannisieren; ***it* ~*d to work*** es wollte nicht funktionieren, es ‚streikte'; **6.** absagen (*Gast*); **7.** scheuen (*Pferd*).

ref·use² ['refju:s] **I** *s.* **1.** ⚙ Abfall *m*, Ausschuß *m*; **2.** (Küchen)Abfall *m*, Müll *m*; **II** *adj.* **3.** wertlos; **4.** Abfall..., Müll...

ref·u·ta·ble ['refjʊtəbl] *adj.* □ wider'legbar; **ref·u·ta·tion** [,refju:'teɪʃn] *s.* Wider'legung *f*; **re·fute** [rɪ'fju:t] *v/t.* wider'legen.

re·gain [rɪ'geɪn] *v/t.* 'wiedergewinnen; *a. Bewußtsein etc.* 'wiedererlangen: **~ *one's feet*** wieder auf die Beine kommen; **~ *the shore*** den Strand wiedergewinnen (*erreichen*).

re·gal ['ri:gl] *adj.* □ königlich (*a. fig. prächtig*); Königs...

re·gale [rɪ'geɪl] **I** *v/t.* **1.** erfreuen, ergötzen; **2.** festlich bewirten: **~ *o.s. on*** sich laben an (*dat.*); **II** *v/i.* **3.** (***on***) schwelgen (in *dat.*), sich gütlich tun (an *dat.*).

re·ga·li·a [rɪˈgeɪljə] *s. pl.* (ˈKrönungs-, ˈAmts)Inˌsignien *pl.*

re·gard [rɪˈgɑːd] **I** *v/t.* **1.** ansehen; betrachten (*a. fig.* ***with*** mit *Abneigung etc.*); **2.** *fig.* ***~ as*** betrachten als, halten für: ***be ~ed as*** gelten als *od.* für; **3.** *fig.* beachten, berücksichtigen; **4.** respektieren; **5.** achten, (hoch)schätzen; **6.** betreffen, angehen: ***as ~s*** was ... betrifft; **II** *s.* **7.** (*fester od. bedeutsamer*) Blick; **8.** Hinblick *m*, -sicht *f* (***to*** auf *acc.*): ***in this ~*** in dieser Hinsicht; ***in ~ to*** (*od.* ***of***), ***with ~ to*** hinsichtlich, bezüglich, was ... betrifft; ***have ~ to*** a) sich beziehen auf (*acc.*), b) in Betracht ziehen; **9.** (***to***, ***for***) Rücksicht(nahme) *f* (auf *acc.*), Beachtung *f* (*gen.*): ***pay no ~ to s.th.*** sich um et. nicht kümmern; ***without ~ to*** (*od.* ***for***) ohne Rücksicht auf (*acc.*); ***have no ~ for s.o.'s feelings*** auf j-s Gefühle keine Rücksicht nehmen; **10.** (Hoch)Achtung *f* (***for*** vor *dat.*); **11.** *pl.* Grüße *pl.*, Empfehlungen *pl.*: ***with kind ~s to*** mit herzlichen Grüßen an (*acc.*); ***give him my*** (***best***) ***~s*** grüße ihn (herzlich) von mir; **reˈgard·ful** [-fʊl] *adj.* □ **1.** achtsam, aufmerksam (***of*** auf *acc.*); **2.** rücksichtsvoll (***of*** gegen); **reˈgard·ing** [-dɪŋ] *prp.* bezüglich, betreffs, hinsichtlich (*gen.*); **reˈgard·less** [-lɪs] **I** *adj.* □ **1.** ***~ of*** ungeachtet (*gen.*), ohne Rücksicht auf (*acc.*); **2.** rücksichts-, achtlos; **II** *adv.* **3.** F trotzdem, dennoch; ganz gleich, was passiert *od.* passieren würde; ohne Rücksicht auf Kosten *etc.*

re·gat·ta [rɪˈgætə] *s.* Reˈgatta *f.*

re·gen·cy [ˈriːdʒənsɪ] *s.* **1.** Reˈgentschaft *f* (*Amt, Gebiet, Periode*); **2.** ♀ *hist.* Regentschaft(szeit) *f*, *bsd.* a) Réˈgence *f* (*in Frankreich, des Herzogs Philipp von Orléans* [*1715–23*]), b) *in England* (*1811–30*), *von Georg, Prinz von Wales* (*später Georg IV.*).

re·gen·er·ate [rɪˈdʒenəreɪt] **I** *v/t. u. v/i.* **1.** (sich) regenerieren (*a. biol., phys.*, ⚙) (sich) erneuern, (sich) neu *od.* wieder bilden; (sich) wieder erzeugen: ***to be ~d*** *eccl.* wiedergeboren werden; **2.** *fig.* (sich) bessern *od.* reformieren; **3.** *fig.* (sich) neu beleben; **4.** ⚡ rückkoppeln; **II** *adj.* [-rət] **5.** ge- *od.* verbessert, reformiert; ˈwiedergeboren; **re·gen·er·a·tion** [rɪˌdʒenəˈreɪʃn] *s.* **1.** Regeneratiˈon *f* (*a. biol.*), Erneuerung *f*; **2.** *eccl.* ˈWiedergeburt *f*; **3.** Besserung *f*; **4.** ⚡ Rückkopplung *f*; **5.** ⚙ Regenerierung *f*, ˈWiedergewinnung *f*; **reˈgen·er·a·tive** [-nərətɪv] *adj.* □ **1.** (ver)bessernd; **2.** neuschaffend; **3.** Erneuerungs..., Verjüngungs...; **4.** ⚡ Rückkopplungs...

re·gent [ˈriːdʒənt] *s.* **1.** Reˈgent(in): ***Queen*** ♀ Regentin *f*; ***Prince*** ♀ Prinzregent *m*; **2.** *univ. Am.* Mitglied *n* des ˈAufsichtskomiˌtees; **ˈre·gent·ship** [-ʃɪp] *s.* Reˈgentschaft *f.*

reg·i·cide [ˈredʒɪsaɪd] *s.* **1.** Königsmörder *m*; **2.** Königsmord *m.*

re·gime, *a.* **ré·gime** [reɪˈʒiːm] *s.* **1.** *pol.* Reˈgime *n*, Regierungsform *f*; **2.** (vor-)herrschendes Syˈstem: ***matrimonial ~*** ⚖ eheliches Güterrecht; **3.** → ***regimen*** 1.

reg·i·men [ˈredʒɪmən] *s.* **1.** ⚕ gesunde Lebensweise, *bsd.* Diˈät *f*; **2.** Regierung *f*, Herrschaft *f*; **3.** *ling.* Rektiˈon *f.*

reg·i·ment I *s.* [ˈredʒɪmənt] **1.** ⚔ Regiˈment *n*; **2.** *fig.* (große) Schar; **II** *v/t.* [ˈredʒɪment] **3.** *fig.* reglementieren, bevormunden; **4.** organisieren, systeˈmatisch einteilen.

reg·i·men·tal [ˌredʒɪˈmentl] *adj.* □ Regiments...: ***~ officer*** *Brit.* Truppenoffizier *m*; **reg·i·men·tals** [ˌredʒɪˈmentlz] *s. pl.* ⚔ (Regiˈments)Uniˌform *f*; **reg·i·men·ta·tion** [ˌredʒɪmenˈteɪʃn] *s.* **1.** Organisierung *f*, Einteilung *f*; **2.** Reglementierung *f*, Diriˈgismus *m*, Bevormundung *f.*

Re·gi·na [rɪˈdʒaɪnə] (*Lat.*) *s. Brit.* ⚖ *die* Königin; *weitS. die* Krone, *der* Staat: ***~ versus John Doe.***

re·gion [ˈriːdʒən] *s.* **1.** Gebiet *n* (*a. meteor.*), (*a.* ⚕ *Körper*)Gegend *f*, (*a. Höhen-, Tiefen*)Regiˈon *f*, Landstrich *m*; (Verwaltungs)Bezirk *m*; **2.** *fig.* Gebiet *n*, Bereich *m*, Sphäre *f*; (*a. himmlische etc.*) Regiˈon: ***in the ~ of*** von ungefähr ...; **ˈre·gion·al** [-dʒənl] *adj.* □ regioˈnal; örtlich, loˈkal (*beide a.* ⚕); Orts...; Bezirks...: ***~*** (***station***) *Radio*: Regioˈnalsender *m*; **ˈre·gion·al·ism** [-dʒənəlɪzəm] *s.* **1.** Regionaˈlismus *m*, Loˈkalpatriotismus *m*; **2.** Heimatkunst *f*; **3.** *ling.* nur regioˈnal gebrauchter Ausdruck.

reg·is·ter [ˈredʒɪstə] **I** *s.* **1.** Reˈgister *n* (*a. Computer*), (Eintragungs)Buch *n*, (*a.* Inhalts)Verzeichnis *n*; (*Wähler- etc.*)Liste *f*: ***~ of births, marriages, and deaths*** Personenstandsregister; ***~ of companies*** Handelsregister; (***ship's***) ***~*** Schiffsregister; ***~ ton*** ⚓ Registertonne *f*; **2.** ⚙ a) Registriervorrichtung *f*, Zählwerk *n*: ***cash ~*** Registrier-, Kontrollkasse *f*, b) Schieber *m*, Klappe *f*, Venˈtil *n*; **3.** ♪ a) (ˈOrgel)Reˌgister *n*, b) Stimm-, Tonlage *f*, c) ˈStimmˌumfang *m*; **4.** *typ.* Reˈgister *n*; **5.** *phot.* genaue

Einstellung; **6.** → ***registrar***; **II** *v/t.* **7.** registrieren, (in ein Register *etc.*) eintragen *od.* -schreiben (lassen), anmelden (***for school*** zur Schule); *weitS.* amtlich erfassen; (*a. fig. Erfolg etc.*) verzeichnen, -buchen: ***~ a company*** e-e Firma handelsgerichtlich eintragen; **8.** ♰ *Warenzeichen* anmelden; *Artikel* gesetzlich schützen; **9.** *Postsachen* einschreiben (lassen); *Gepäck* aufgeben; **10.** ⚙ *Meßwerte* registrieren, anzeigen; **11.** *fig. Empfindung* zeigen, ausdrükken, registrieren; **12.** *typ.* in das Re'gister bringen; **13.** ⚔ *Geschütz* einschießen; **III** *v/i.* **14.** sich (in das Ho'telre,gister, in die Wählerliste *etc.*) eintragen (lassen); *univ. etc.* sich einschreiben (***for*** für); **15.** sich (an)melden (***at***, ***with*** bei *der Polizei etc.*); **16.** *typ.* Re'gister halten; **17.** ⚙ a) sich decken, genau passen, b) einrasten; **18.** ♪ registrieren; **19.** ⚔ sich einschießen; **'reg·is·tered** [-əd] *adj.* **1.** eingetragen (♰ *Geschäftssitz, Gesellschaft, Warenzeichen*); **2.** ♰ gesetzlich geschützt: ***~ design*** (*od.* ***pattern***) Gebrauchsmuster *n*; **3.** ♰ registriert, Namens...: ***~ bonds*** Namensschuldverschreibungen; ***~ capital*** autorisiertes (Aktien)Kapital; ***~ share*** (*Am.* ***stock***) Namensaktie *f*; **4.** ✉ eingeschrieben, Einschreibe...(*-brief etc.*): ***~!*** Einschreiben!; **reg·is·trar** [,redʒɪ'strɑː] *s.* Regi'strator *m*, Archi'var(in), Urkundsbeamte(r) *m*; *Brit.* Standesbeamte(r) *m*; ⚕ *Brit.* Krankenhausarzt *m*, -ärztin *f*: ***~'s office*** a) Standesamt *n*, b) Registratur *f*; ***2-General*** *Brit.* oberster Standesbeamter; ***~ in bankruptcy*** ⚖ *Brit.* Konkursrichter *m*; **reg·is·tra·tion** [,redʒɪ'streɪʃn] *s.* **1.** (*bsd.* amtliche) Registrierung, Erfassung *f*; Eintragung *f* (*a.* ♰ *e-r Gesellschaft, e-s Warenzeichens*); *mot.* Zulassung *f e-s Fahrzeugs*; **2.** (*polizeiliche, a. Hotel-, Schul- etc.*) Anmeldung, Einschreibung *f*: ***compulsory ~*** (An)Meldepflicht *f*; ***~ fee*** Anmelde-, Einschreibgebühr *f*; ♰ Umschreibungsgebühr *f* (*Aktien*); ***~ form*** (An)Meldeformular *n*; ***~ office*** Meldestelle *f*, Einwohnermeldeamt *n*; **3.** Zahl *f* der Erfaßten, registrierte Zahl; **4.** ✉ Einschreibung *f*; **5.** *a.* ***~ of luggage*** *bsd. Brit.* Gepäckaufgabe *f*: ***~ window*** Gepäckschalter *m*; **'reg·is·try** [-trɪ] *s.* **1.** Registrierung *f* (*a. e-s Schiffs*): ***~ fee*** *Am.* Anmelde-, Einschreibegebühr *f*; ***port of ~*** ⚓ Registerhafen *m*; **2.** Re'gister *n*; **3.** *a.* ***~ office*** a) Registra'tur *f*, b) Standesamt *n*, c) 'Stellenver,mittlungsbü,ro *n*.

reg·let ['reglɪt] *s.* **1.** △ Leistchen *n*; **2.** *typ.* a) Re'glette *f*, b) ('Zeilen),Durchschuß *m*.

reg·nant ['regnənt] *adj.* regierend; *fig.* (vor)herrschend.

re·gress I *v/i.* [rɪ'gres] **1.** sich rückwärts bewegen; **2.** *fig.* a) sich rückläufig entwickeln, b) *biol., psych.* sich zu'rückbilden *od.* -entwickeln; **II** *s.* ['riːgres] **3.** Rückwärtsbewegung *f*; **4.** rückläufige Entwicklung; **re'gres·sion** [-eʃn] *s.* **1.** → ***regress*** II; **2.** Regressi'on *f*: a) *biol. psych.* Rückentwicklung *f*, b) ⚲ Beziehung *f*; **re'gres·sive** [-sɪv] *adj.* □ **1.** rückläufig; **2.** rückwirkend (*Steuer etc., a. ling. Akzent*); **3.** *biol.* regres'siv.

re·gret [rɪ'gret] **I** *s.* **1.** Bedauern *n* (***at*** über *acc.*): ***to my ~*** zu m-m Bedauern, leider; **2.** Reue *f*; **3.** Schmerz *m*, Trauer *f* (***for*** um); **II** *v/t.* **4.** bedauern, bereuen: ***it is to be ~ted*** es ist bedauerlich; ***I ~ to say*** ich muß leider sagen; **5.** *Vergangenes etc., a. Tote* beklagen, trauern um, *j-m od. e-r Sache* nachtrauern; **re'gret·ful** [-fʊl] *adj.* □ bedauernd, reuevoll, kummervoll; **re'gret·ta·ble** [-təbl] *adj.* □ **1.** bedauerlich; **2.** bedauernswert, zu bedauern(d); **re'gret·ta·bly** [-təblɪ] *adv.* bedauerlicherweise.

re·grind [,riː'graɪnd] *v/t.* [*irr.* → ***grind***] ⚙ nachschleifen.

re·group [,riː'gruːp] *v/t.* 'um-, neugruppieren, (*a.* ♰ *Kapital*) 'umschichten; **re'group·ment** [-mənt] *s.* 'Umgrup,pierung *f*.

reg·u·lar ['regjʊlə] **I** *adj.* □ **1.** *zeitlich* regelmäßig; 🚂 *etc.* fahrplanmäßig: ***~ air service*** regelmäßige Flugverbindung; ***~ business*** ♰ laufende Geschäfte; ***~ customer*** → 14; ***at ~ intervals*** in regelmäßigen Abständen; **2.** regelmäßig (*in Form od. Anordnung*), ebenmäßig; sym'metrisch; **3.** regelmäßig, geregelt, geordnet (*Lebensweise etc.*); **4.** pünktlich, genau; **5.** regu'lär, nor'mal, gewohnt; **6.** richtig, geprüft, gelernt: ***a ~ cook***; ***~ doctor*** approbierter Arzt; **7.** richtig, vorschriftsmäßig, formgerecht; **8.** F ‚richtig(gehend)': ***~ rascal***; ***a ~ guy*** *Am.* ein Pfundskerl; **9.** ⚔ a) regu'lär (*Kampftruppe*), b) Berufs..., ak'tiv (*Heer, Soldat*); **10.** *sport*: Stamm...: ***~ player***; ***make the ~ team*** sich e-n Stammplatz (*in der Mannschaft*) erobern; *eccl.* Ordens...; **II** *s.* **11.** Ordensgeistliche(r) *m*; **12.** ⚔ ak'tiver Sol'dat, Be'rufssol,dat *m*; *pl.* regu'läre Truppen *pl.*; **13.** *pol. Am.* treuer Par'teianhänger; **14.** F Stammkunde *m*, -kundin *f*, -gast *m*; **reg·u·lar·i·ty** [,regjʊˈlærətɪ] *s.* **1.** Regelmäßigkeit *f*: a) Gleichmäßigkeit *f*, Stetigkeit *f*, b) regelmäßige Form; **2.** Ordnung *f*, Richtigkeit *f*; **ˈreg·u·lar·ize** [-əraɪz] *v/t.* regeln, festlegen.

reg·u·late [ˈregjʊleɪt] *v/t.* **1.** *Geschäft, Verdauung, Verkehr etc.* regeln; ordnen; (*a.* ✝ *Wirtschaft*) lenken; **2.** ⚖ (gesetzlich) regeln; **3.** ⚙ a) *Geschwindigkeit etc.* regulieren, regeln, b) *Gerät, Uhr* (ein)stellen; **4.** anpassen (***according to*** an *acc.*); **ˈreg·u·lat·ing** [-tɪŋ] *adj.* ⚙ Regulier…, (Ein)Stell…: **~ *screw*** Stellschraube *f*; **~ *switch*** Regelschalter *m*; **reg·u·la·tion** [ˌregjʊˈleɪʃn] **I** *s.* **1.** Regelung *f*, Regulierung *f* (*a.* ⚙); ⚙ Einstellung *f*; **2.** Verfügung *f*, (Ausführungs)Verordnung *f*; *pl.* a) ˈDurchführungsbestimmungen *pl.*, b) Satzung(en *pl.*) *f*, Staˈtuten *pl.*, c) (Dienst-, Betriebs)Vorschrift *f*: ***~s of the works*** Betriebsordnung *f*; ***traffic ~s*** Verkehrsvorschriften; ***according to ~s*** nach Vorschrift, vorschriftsmäßig; ***contrary to ~s*** vorschriftswidrig; **II** *adj.* **3.** vorschriftsmäßig; ⚔ *a.* Dienst…(*-mütze etc.*); **ˈreg·u·la·tive** [-lətɪv] *adj.* regelnd, regulierend, *a. phls.* regulaˈtiv; **ˈreg·u·la·tor** [-tə] *s.* **1.** ⚡ Regler *m*; **2.** *Uhrmacherei*: Reguˈlator *m* (*a. Uhr*); **3.** ⚙ Regulier-, Stellvorrichtung *f*: **~ *valve*** Reglerventil *n*; **4.** ⚗ Reguˈlator *m*; **ˈreg·u·la·to·ry** [-leɪtərɪ] *adj.* Durch-, Ausführungs…

re·gur·gi·tate [rɪˈgɜːdʒɪteɪt] **I** *v/i.* zuˈrückfließen; **II** *v/t.* wieder ausströmen, -speien; *Essen* erbrechen.

re·ha·bil·i·tate [ˌriːəˈbɪlɪteɪt] *v/t.* **1.** rehabilitieren: a) wiederˈeinsetzen (***in*** in *acc.*), b) *j-s* Ruf wiederˈherstellen, c) *e-n Versehrten* wieder ins Berufsleben eingliedern; **2.** *et. od. j-n* wiederˈherstellen; **3.** ⚖ *Strafentlassenen* resozialisieren; **4.** *Altbauten*, ✝ *e-n Betrieb etc.* sanieren; **re·ha·bil·i·ta·tion** [ˈriːəˌbɪlɪˈteɪʃn] *s.* **1.** Rehabilitierung *f*: a) Wiederˈeinsetzung *f* (*in frühere Rechte*), b) Ehrenrettung *f*, c) *a.* ***vocational ~*** Wiederˈeingliederung *f* ins Berufsleben: **~ *centre*** (*Am.* ***center***) Rehabilitationszentrum *n*; **2.** Wiederˈherstellung *f*; ✝ Sanierung *f*: ***industrial ~*** wirtschaftlicher Wiederaufbau; **3.** *a.* ***social ~*** ⚖ Resozialisierung *f*.

re·hash [ˈriːhæʃ] **I** *s.* **1.** *fig. et.* Aufgewärmtes, Wiederˈholung *f*, ‚Aufguß' *m*; **2.** Wiederˈaufwärmen *n*; **II** *v/t.* [ˌriːˈhæʃ] **3.** *fig.* wiederˈaufwärmen, ˈwiederkäuen.

re·hear·ing [ˌriːˈhɪərɪŋ] *s.* ⚖ erneute Verhandlung.

re·hears·al [rɪˈhɜːsl] *s.* **1.** *thea.*, ♪ *u. fig.* Probe *f*: ***be in ~*** einstudiert werden; ***final ~*** Generalprobe; **2.** Einstudierung *f*; **3.** Wiederˈholung *f*; **4.** Aufsagen *n*, Vortrag *m*; **5.** *fig.* Litaˈnei *f*; **re·hearse** [rɪˈhɜːs] *v/t.* **1.** *thea.*, ♪ *et.* proben (*a. v/i. u. fig.*), *Rolle etc.* einstudieren; **2.** wiederˈholen; **3.** aufzählen; **4.** aufsagen, rezitieren; **5.** *fig. Möglichkeiten etc.* ˈdurchspielen.

reign [reɪn] **I** *s.* **1.** Regierung *f*, Regierungszeit *f*: ***in*** (*od.* ***under***) ***the ~ of*** unter der Regierung (*gen.*); **2.** Herrschaft *f* (*a. fig. der Mode etc.*): **~ *of law*** Rechtsstaatlichkeit *f*; ***♀ of terror*** Schreckensherrschaft; **II** *v/i.* **3.** regieren, herrschen (***over*** über *acc.*); **4.** *fig.* (vor)herrschen: ***silence ~ed*** es herrschte Stille.

re·im·burs·a·ble [ˌriːɪmˈbɜːsəbl] *adj.* rückzahlbar; **re·im·burse** [ˌriːɪmˈbɜːs] *v/t.* **1.** *j-n* entschädigen (***for*** für): **~ *o.s.*** sich entschädigen *od.* schadlos halten; **2.** *et.* zuˈrückzahlen, vergüten, *Auslagen* erstatten, *Kosten* decken; **ˌre·imˈburse·ment** [-mənt] *s.* **1.** Entschädigung *f*; **2.** (ˈWieder)Erstattung *f*, (Rück)Vergütung *f*, (Kosten)Deckung *f*: **~ *credit*** ✝ Rembourskredit *m*.

re·im·port ✝ **I** *v/t.* [ˌriːɪmˈpɔːt] **1.** wiederˈeinführen; **II** *s.* [ˌriːˈɪmpɔːt] **2.** ˈWiedereinfuhr *f*; **3.** *pl.* wiederˈeingeführte Waren *pl.*

rein [reɪn] **I** *s.* **1.** *oft pl.* Zügel *m mst pl.* (*a. fig.*): ***draw ~*** (an)halten, zügeln (*a. fig.*); ***give a horse the ~(s)*** die Zügel locker lassen; ***give free ~(s) to*** *s-r Phantasie* freien Lauf lassen *od.* die Zügel schießen lassen; ***keep a tight ~ on*** *j-n* fest an der Kandare haben; ***take*** (*od.* ***assume***) ***the ~s of government*** die Zügel (der Regierung) in die Hand nehmen; **II** *v/t.* **2.** *Pferd* aufzäumen; **3.** lenken: ***to ~ back*** (*od.* ***in***, ***up***) (*a. v/i.*) a) anhalten, b) verhalten; **4.** *a.* **~ *in*** *fig.* zügeln, im Zaum halten.

re·in·car·na·tion [ˌriːɪnkɑːˈneɪʃn] *s.* Reinkarnatiˈon *f*: a) (Glaube *m* an die) Seelenwanderung *f*, b) ˈWiederverkörperung *f*, -geburt *f*.

rein·deer [ˈreɪnˌdɪə] *pl.* **-deer** *od.* **-deers** *s. zo.* Ren(ntier) *n*.

re·in·force [ˌriːɪnˈfɔːs] **I** *v/t.* **1.** verstärken (*a.* ⚙, *Gewebe etc.*, *a.* ⚔ *u. fig.* ⚙ *Beton* armieren: ***~d concrete*** Eisen-, Stahlbeton *m*; **2.** *fig. Gesundheit* kräftigen, *Worte* bekräftigen, *Beweis* unterˈmauern; **II** *s.* **3.** ⚙ Verstärkung *f*; **ˌre·inˈforce·ment** [-mənt] *s.* **1.** Verstärkung *f*; Armierung *f* (*Beton*); *pl.* ⚔ Verstärkungstruppen *pl.*; **2.** *fig.* Unter'mauerung *f*, Bekräftigung *f*.

re·in·stall [ˌriːɪn'stɔːl] *v/t.* wieder'einsetzen; ˌ**re·in'stal(l)·ment** [-mənt] *s.* Wieder'einsetzung *f*.

re·in·state [ˌriːɪn'steɪt] *v/t.* **1.** *j-n* wieder'einsetzen (*in* in *acc.*); **2.** *et.* (wieder) in'stand setzen; **3.** *j-n od. et.* wieder'herstellen; *Versicherung etc.* wieder'aufleben lassen; ˌ**re·in'state·ment** [-mənt] *s.* **1.** Wieder'einsetzung *f*; **2.** Wieder'herstellung *f*.

re·in·sur·ance [ˌriːɪn'ʃʊərəns] *s.* ✝ Rückversicherung *f*; **re·in·sure** [ˌriːɪn'ʃʊə] *v/t.* **1.** rückversichern; **2.** nachversichern.

re·in·vest·ment [ˌriːɪn'vestmənt] *s.* ✝ Neu-, 'Wiederanlage *f*.

re·is·sue [ˌriː'ɪʃuː] **I** *v/t.* **1.** *Banknoten etc.* wieder ausgeben; **2.** *Buch* neu her'ausgeben; **II** *s.* **3.** 'Wieder-, Neuausgabe *f*: **~ *patent*** Abänderungspatent *n*.

re·it·er·ate [riː'ɪtəreɪt] *v/t.* (ständig) wieder'holen; **re·it·er·a·tion** [riːˌɪtə'reɪʃn] *s.* Wieder'holung *f*.

re·ject I *v/t.* [rɪ'dʒekt] **1.** *Antrag, Kandidaten, Lieferung, Verantwortung etc.* ablehnen; *Ersuchen, Freier etc.* ab-, zu'rückweisen; *Bitte* abschlagen; *et.* verwerfen; *Nahrung* verweigern: ***be ~ed*** *pol. u. thea.* durchfallen; **2.** (als wertlos) ausscheiden; **3.** *Essen* wieder von sich geben (*Magen*); **4.** ⚕ *körperfremdes Gewebe etc.* abstoßen; **II** *s.* ['riːdʒekt] **5.** ⚔ Ausgemusterte(r) *m*, Untaugliche(r) *m*; **6.** ✝ 'Ausschußarˌtikel *m*; **re·jec·ta·men·ta** [rɪˌdʒektə'mentə] *s. pl.* **1.** Abfälle *pl.*; **2.** Strandgut *n*; **3.** *physiol.* Exkre'mente *pl.*; **re'jec·tion** [-kʃn] *s.* **1.** Ablehnung *f*, Zu'rückweisung *f*, Verwerfung *f*; ✝, ⚙ Abnahmeverweigerung *f*; **2.** Ausscheidung *f*; **3.** *pl.* Ausschußartikel *pl.*; **4.** ⚕ Abstoßung *f*; **5.** *pl. physiol.* Exkre'mente *pl.*; **re'jec·tor** [-tə] *s. a.* **~ *circuit*** ⚡ Sperrkreis *m*.

re·joice [rɪ'dʒɔɪs] **I** *v/i.* **1.** sich freuen, froh'locken (***in***, ***at*** über *acc.*); **2. ~ *in*** sich *e-r Sache* erfreuen; **II** *v/t.* **3.** erfreuen: ***~d at*** (*od.* ***by***) erfreut über (*acc.*); **re'joic·ing** [-sɪŋ] **I** *s.* **1.** Freude *f*, Froh'locken *n*; **2.** *oft pl.* (Freuden)Fest *n*, Lustbarkeit(en *pl.*) *f*; **II** *adj.* □ **3.** erfreut, froh (***in***, ***at*** über *acc.*).

re·join [ˌriː'dʒɔɪn] *v/t. u. v/i.* (sich) 'wiedervereinigen (***to***, ***with*** mit), (sich) wieder zs.-fügen.

re·join[1] [ˌriː'dʒɔɪn] *v/t.* sich wieder anschließen (*dat.*) *od.* an (*acc.*), wieder eintreten in *e-e Partei etc.*; wieder zu'rückkehren zu, *j-n* wieder treffen.

re·join[2] [rɪ'dʒɔɪn] *v/t.* **1.** erwidern; **2.** ⚖ e-e Gegenerklärung auf e-e Re'plik abgeben; **re'join·der** [-ndə] *s.* Erwiderung *f*; ⚖ Gegenerklärung *f* (*des Beklagten auf e-e Replik*).

re·ju·ve·nate [rɪ'dʒuːvɪneɪt] *v/t.* (*v/i.* sich) verjüngen; **re·ju·ve·na·tion** [rɪˌdʒuːvɪ'neɪʃn] *s.* Verjüngung *f*.

re·ju·ve·nesce [ˌriːdʒuːvɪ'nes] *v/t. u. v/i.* (sich) verjüngen (*a. biol.*); ˌ**re·ju·ve'nes·cence** [-sns] *s.* (*biol.* Zell)Verjüngung *f*.

re·kin·dle [ˌriː'kɪndl] **I** *v/t.* **1.** wieder anzünden; **2.** *fig.* wieder entfachen, neu beleben; **II** *v/i.* **3.** sich wieder entzünden; **4.** *fig.* wieder entbrennen, wieder'aufleben.

re·lapse [rɪ'læps] **I** *v/i.* **1.** zu'rückfallen, wieder (ver)fallen (***into*** in *acc.*); **2.** rückfällig werden; ⚕ e-n Rückfall bekommen; **II** *s.* **3.** ⚕ Rückfall *m*.

re·late [rɪ'leɪt] **I** *v/t.* **1.** berichten, erzählen (***to s.o.*** j m); **2.** in Beziehung *od.* Zs.-hang bringen, verbinden (***to***, ***with*** mit); **II** *v/i.* **3.** sich beziehen, Bezug haben (***to*** auf *acc.*): ***relating to*** in bezug auf (*acc.*), bezüglich (*gen.*); **4. ~ *to s.o.*** a) sich j-m gegenüber verhalten, b) zu j-m e-e (*gute, innere etc.*) Beziehung haben; **re'lat·ed** [-tɪd] *adj.* verwandt (***to***, ***with*** mit) (*a. fig.*): **~ *by marriage*** verschwägert.

re·la·tion [rɪ'leɪʃn] *s.* **1.** Bericht *m*, Erzählung *f*; **2.** Beziehung *f* (*a. pol.*, ✝, ⚗), (*a. Vertrags-, Vertrauens- etc.*)Verhältnis *n*; (*kausaler etc.*) Zs.-hang; Bezug *m*: ***business ~s*** Geschäftsbeziehungen; ***human ~s*** a) zwischenmenschliche Beziehungen, b) (innerbetriebliche) Kontaktpflege; ***in ~ to*** in bezug auf (*acc.*); ***be out of all ~ to*** in keinem Verhältnis stehen zu; ***bear no ~ to*** nichts zu tun haben mit; → ***public*** 3; **3.** a) Verwandte(r *m*) *f*, b) Verwandtschaft *f* (*a. fig.*): ***what ~ is he to you?*** wie ist er mit dir verwandt?; **re'la·tion·ship** [-ʃɪp] *s.* **1.** Beziehung *f*, (*a. Rechts*)Verhältnis *n* (***to*** zu); **2.** Verwandtschaft *f* (***to*** mit) (*a. coll. u. fig.*).

rel·a·tive ['relətɪv] **I** *adj.* □ **1.** bezüglich, sich beziehend (***to*** auf *acc.*): **~ *value*** ⚗ Bezugswert *m*; **~ *to*** bezüglich, hinsichtlich (*gen.*); **2.** rela'tiv, verhältnismäßig, Verhältnis...; **3.** (***to***) abhängig (von), bedingt (durch); **4.** gegenseitig, entsprechend, jeweilig; **5.** *ling.* bezüglich, Relativ...; **6.** ♪ paral'lel (*Tonart*); **II** *s.* **7.** Verwandte(r *m*) *f*; **8.** *ling.* a) Rela-

ˈtivproˌnomen *n*, b) Relaˈtivsatz *m*; **ˈrel·a·tive·ness** [-nɪs] *s*. Relativiˈtät *f*; **ˈrel·a·tiv·ism** [-vɪzəm] *s. phls.* Relatiˈvismus *m*; **rel·a·tiv·i·ty** [ˌreləˈtɪvətɪ] *s*. **1.** Relativiˈtät *f*: ***theory of ~*** *phys.* Relativitätstheorie *f*; **2.** Abhängigkeit *f* (***to*** von).

re·lax [rɪˈlæks] **I** *v/t*. **1.** *Muskeln etc.*, ⚙ *Feder* entspannen; (*a. fig. Disziplin, Vorschrift etc.*) lockern: ***~ing climate*** Schonklima *n*; **2.** in *s-n Anstrengungen etc.* nachlassen; **3.** ⚕ abführend wirken; **II** *v/i*. **4.** sich entspannen (*Muskeln etc., a. Geist, Person*); ausspannen, sich erholen (*Person*); es sich bequem machen: ***~ing*** entspannend, erholsam, Erholungs…; **5.** sich lockern (*Griff, Seil etc.*) (*a. fig.*); **6.** nachlassen (***in*** in *e-r Bemühung etc.*) (*a. Sturm etc.*); **7.** milder *od.* freundlicher werden; **re·lax·a·tion** [ˌriːlækˈseɪʃn] *s*. **1.** Entspannung *f* (*a. fig. Erholung*); Lockerung *f* (*a. fig.*); Erschlaffung *f*; **2.** Nachlassen *n*; **3.** Milderung *f e-r Strafe etc.*

re·lay [ˈriːleɪ] **I** *s*. **1.** a) frisches Gespann, b) Pferdewechsel *m*, c) *fig.* ✝, ⚔ Ablösung(smannschaft) *f*: ***~ attack*** ⚔ rollender Angriff; ***in ~s*** ⚔ in rollendem Einsatz; **2.** *sport a.* ***~ race*** Staffel(lauf *m*, -wettbewerb *m*) *f*: ***~ team*** Staffel *f*; **3.** a) [ˌriːˈleɪ] ⚡ Reˈlais *n*: ***~ station*** Relais-, Zwischensender *m*, ***~ switch*** Schaltschütz *n*, b) *Radio*: Überˈtragung *f*; **II** *v/t*. **4.** *allg.* weitergeben; **5.** [ˌriːˈleɪ] ⚡ mit Reˈlais steuern; *Radio*: (mit Reˈlais) überˈtragen.

re·lease [rɪˈliːs] **I** *s*. **1.** (Haft)Entlassung *f*, Freilassung *f* (***from*** aus); **2.** *fig.* Befreiung *f*, Erlösung *f* (***from*** von); **3.** Entlastung *f* (*a. e-s Treuhänders etc.*), Entbindung *f* (***from*** von *e-r Pflicht*); **4.** Freigabe *f* (*Buch, Film, Vermögen etc.*): ***first ~*** *Film*: Uraufführung *f*; (***press***) ***~*** (Presse)Verlautbarung *f*; ***~ of energy*** Freiwerden *n* von Energie; **5.** ⚖ a) Verzicht(leistung *f*, -urkunde *f*) *m*, b) (ˈRechts)Überˌtragung *f*, c) Quittung *f*; **6.** ⚙, *phot.* a) Auslöser *m*, b) Auslösung *f*: ***~ of bombs*** ⚔ Bombenabwurf *m*; **II** *v/t*. **7.** *Häftling* ent-, freilassen; **8.** *fig.* (***from***) a) befreien, erlösen (von), b) entbinden, -lasten (von *e-r Pflicht, Schuld etc.*); **9.** *Buch, Film, Guthaben* freigeben; **10.** ⚖ verzichten auf (*acc.*), *Recht* aufgeben *od.* überˈtragen; *Hypothek* löschen; **11.** ⚗, *phys.* freisetzen; **12.** ⚙ a) auslösen (*a. phot.*); *Bomben* abwerfen; *Gas* abblasen, b) ausschalten: ***~ the clutch*** auskuppeln.

rel·e·gate [ˈrelɪgeɪt] *v/t*. **1.** relegieren, verbannen (***out of*** aus): ***be ~d*** *sport* absteigen; **2.** verweisen (***to*** an *acc.*); **3.** (***to***) verweisen (in *acc.*), zuschreiben (*dat.*): ***~ to the sphere of legend*** in das Reich der Fabel verweisen; ***he was ~d to fourth place*** *sport* er wurde auf den vierten Platz verwiesen; **re·le·ga·tion** [ˌrelɪˈgeɪʃn] *s*. **1.** Verbannung *f* (***out of*** aus); **2.** Verweisung *f* (***to*** an *acc.*); **3.** *sport* Abstieg *m*: ***in danger of ~*** in Abstiegsgefahr.

re·lent [rɪˈlent] *v/i*. weicher *od.* mitleidig werden, sich erweichen lassen; **reˈlent·less** [-lɪs] *adj*. □ unbarmherzig, schonungslos, hart.

rel·e·vance [ˈrelɪvəns], **ˈrel·e·van·cy** [-sɪ] *s*. Releˈvanz *f*, (*a.* Beweis)Erheblichkeit *f*; Bedeutung *f* (***to*** für); **ˈrel·e·vant** [-nt] *adj*. □ **1.** einschlägig, sachdienlich; anwendbar (***to*** auf *acc.*); **2.** (beweis-, rechts- *etc.*)erheblich, belangvoll, von Bedeutung (***to*** für).

re·li·a·bil·i·ty [rɪˌlaɪəˈbɪlətɪ] *s*. Zuverlässigkeit *f*, ⚙ *a.* Betriebssicherheit *f*: ***~ test*** Zuverlässigkeitsprüfung *f*; **re·li·a·ble** [rɪˈlaɪəbl] *adj*. □ **1.** zuverlässig (*a.* ⚙ *betriebssicher*), verläßlich; **2.** glaubwürdig; **3.** vertrauenswürdig, reˈell (*Firma etc.*); **re·li·ance** [rɪˈlaɪəns] *s*. Vertrauen *n*: ***in ~*** (***up***)***on*** unter Verlaß auf (*acc.*), bauend auf; ***place ~ on*** (*od.* ***in***) Vertrauen in *j-n* setzen; **re·li·ant** [rɪˈlaɪənt] *adj*. **1.** vertrauensvoll; **2.** zuversichtlich.

rel·ic [ˈrelɪk] *s*. **1.** (ˈÜber)Rest *m*, ˈÜberbleibsel *n*, Reˈlikt *n*: ***~s of the past*** *fig.* Zeugen der Vergangenheit; **2.** *R.C.* Reˈliquie *f*.

re·lief[1] [rɪˈliːf] *s*. **1.** Erleichterung *f* (*a.* ⚕); → ***sigh*** 5; **2.** (angenehme) Unterˈbrechung, Abwechslung *f*, Wohltat *f* (***to*** für *das Auge etc.*); **3.** Trost *m*; **4.** Entlastung *f*; (*Steuer- etc.*)Erleichterung *f*; **5.** a) Unterˈstützung *f*, Hilfe *f*, b) *Am.* Soziˈalhilfe *f*; ***~ fund*** Unterstützungsfonds *m*, -kasse *f*; ***be on ~*** Sozialhilfe beziehen; **6.** ⚖ a) Rechtshilfe *f*: ***the ~ sought*** das Klagebegehren, b) Rechtsbehelf *m*, -mittel *n*; **7.** ⚔ a) *a. allg.* Ablösung *f*, b) Entsatz *m*, Entlastung *f*, c) *in Zssgn* Entlastungs…: ***~ attack*** (***road, train***); ***~ driver*** *mot.* Beifahrer *m*.

re·lief[2] [rɪˈliːf] *s*. ⚠ *etc.* Reliˈef *n*; erhabene Arbeit: ***~ map*** Relief-, Höhenkarte *f*; ***be in ~ against*** sich (scharf) abheben gegen; ***set into vivid ~*** *fig. et.* plastisch schildern; ***stand out in*** (***bold***) ***~*** deutlich hervortreten (*a. fig.*); ***throw into ~*** hervortreten lassen (*a. fig.*).

re·lieve [rɪ'liːv] *v/t.* **1.** *Schmerzen etc.*, *a. Gewissen* erleichtern: **~ *one's feelings*** s-n Gefühlen Luft machen; **~ *s.o.'s mind*** j-n beruhigen; → ***nature*** 7; **2.** *j-n* entlasten: **~ *s.o. from*** (*od.* ***of***) j-m *et.* abnehmen, j-n von *e-r Pflicht etc.* entbinden, j-n *e-r Verantwortung etc.* entheben, j-n von *et.* befreien; **~ *s.o. of*** *humor.* j-n um *et.* ‚erleichtern', j-m *et.* stehlen; **3.** *j-n* erleichtern, beruhigen, trösten: ***I am ~d to hear*** es beruhigt mich, zu hören; **4.** ⚔ a) *Platz* entsetzen, b) *Kampftruppe* entlasten, c) *Posten*, *Einheit* ablösen; **5.** *Bedürftige* unter'stützen, *Armen* helfen; **6.** *Eintöniges* beleben, Abwechslung bringen in (*acc.*); **7.** her'vor-, abheben; **8.** *j-m* Recht verschaffen; *e-r Sache* abhelfen; **9.** ⚙ a) entlasten (*a.* △), *Feder* entspannen, b) 'hinterdrehen.

re·lie·vo [rɪ'liːvəʊ] *pl.* **-vos** *s.* Reli'efarbeit *f.*

re·li·gion [rɪ'lɪdʒən] *s.* **1.** Religi'on *f* (*a. iro.*): ***get ~*** F fromm werden; **2.** Frömmigkeit *f*; **3.** Ehrensache *f*, Herzenspflicht *f*; **4.** mo'nastisches Leben: ***enter ~*** in e-n Orden eintreten; **re'li·gion·ist** [-dʒənɪst] *s.* religi'öser Schwärmer *od.* Eiferer; **re·lig·i·os·i·ty** [rɪˌlɪdʒɪ'ɒsətɪ] *s.* **1.** Religiosi'tät *f*; **2.** Frömme'lei *f.*

re·li·gious [rɪ'lɪdʒəs] *adj.* ☐ **1.** Religions…, religi'ös (*Buch*, *Pflicht etc.*); **2.** religi'ös, fromm; **3.** Ordens…: **~ *order*** geistlicher Orden; **4.** *fig.* gewissenhaft, peinlich genau; **5.** *fig.* andächtig: **~ *silence.***

re·lin·quish [rɪ'lɪŋkwɪʃ] *v/t.* **1.** *Hoffnung*, *Idee*, *Plan etc.* aufgeben; **2.** (***to***) *Besitz*, *Recht* abtreten (*dat. od.* an *acc.*), preisgeben (*dat.*), über'lassen (*dat.*); **3.** *et.* loslassen, fahrenlassen; **4.** verzichten auf (*acc.*); **re'lin·quish·ment** [-mənt] *s.* **1.** Aufgabe *f*; **2.** Über'lassung *f*; **3.** Verzicht *m* (***of*** auf *acc.*).

rel·i·quar·y ['relɪkwərɪ] *s. R.C.* Re'liquienschrein *m.*

rel·ish ['relɪʃ] **I** *v/t.* **1.** gern essen, sich schmecken lassen; *a. fig.* (mit Behagen) genießen, Geschmack finden an (*dat.*): ***I do not much ~ the idea*** ich bin nicht gerade begeistert davon (***of doing*** zu tun); **2.** *fig.* schmackhaft machen; **II** *v/i.* **3.** schmecken *od.* (*fig.*) riechen (***of*** nach); **III** *s.* **4.** (Wohl)Geschmack *m*; **5.** *fig.* a) Kostprobe *f*, b) Beigeschmack *m* (***of*** von); **6.** a) Gewürz *n*, Würze *f* (*a. fig.*), b) Horsd'œuvre *n*, Appe'tithappen *m*; **7.** *fig.* (***for***) Geschmack *m* (an *dat.*), Sinn *m* (für): ***have no ~ for*** sich nichts machen aus; ***with*** (***great***) **~** mit (großem) Behagen, mit Wonne (*a. iro.*).

re·live [ˌriː'lɪv] *v/t. et.* noch einmal durch'leben *od.* erleben.

re·lo·cate [ˌriːləʊ'keɪt] **I** *v/t.* **1.** 'umsiedeln, *Betrieb*, *Werk*: *a.* verlegen; **2.** *Computer*: verschieben; **II** *v/i.* **3.** 'umziehen (***to*** nach).

re·luc·tance [rɪ'lʌktəns] *s.* **1.** Wider'streben *n*, Abneigung *f* (***to*** gegen, ***to do s.th.*** et. zu tun): ***with ~*** widerstrebend, ungern, zögernd; **2.** *phys.* ma'gnetischer 'Widerstand; **re'luc·tant** [-nt] *adj.* ☐ 'widerwillig, wider'strebend, zögernd, ungern: ***be ~ to do s.th.*** sich sträuben, et. zu tun; et. nur ungern tun.

re·ly [rɪ'laɪ] *v/i.* **1. ~** (***up***)***on*** sich verlassen, vertrauen *od.* bauen *od.* zählen auf (*acc.*): **~ *on s.th.*** (***for***) auf et. angewiesen sein (hinsichtlich *gen.*), et. (ausschließlich) beziehen (von); **2. ~** (***up***)***on*** sich auf *e-e Quelle etc.* stützen *od.* berufen.

re·main [rɪ'meɪn] **I** *v/i.* **1.** *allg.* bleiben; **2.** (übrig)bleiben (*a. fig.* ***to s.o.*** j-m); zu'rück-, verbleiben, noch übrig sein: ***it now ~s for me to explain*** es bleibt mir nur noch übrig, zu erklären; ***nothing ~s*** (***to us***) ***but to*** (*inf.*) es bleibt (uns) nichts anderes übrig, als zu (*inf.*); ***that ~s to be seen*** das bleibt abzuwarten; **3.** (bestehen) bleiben: **~ *in force*** in Kraft bleiben; **4.** *im Briefschluß*: verbleiben; **II** *s. pl.* **5.** *a. fig.* Reste *pl.*, 'Überreste *pl.*, -bleibsel *pl.*; **6.** *die* sterblichen Überreste *pl.*; **7.** *a. **literary ~s*** hinter'lassene Werke *pl.*, lite'rarischer Nachlaß; **re'main·der** [-də] **I** *s.* **1.** Rest *m* (*a.* ⅍), *das* übrige; **2.** ✝ Restbestand *m*, -betrag *m*: **~ *of a debt*** Restschuld *f*; **3.** ⚙ Rückstand *m*; **4.** *Buchhandel*: Restauflage *f*, Remit'tenden *pl.*; **5.** ⚖ a) Anwartschaft *f* (auf Grundeigentum), b) Nacherbenrecht *n*; **II** *v/t.* **6.** *Bücher* billig abgeben; **re'main·der·man** [-dəmæn] *s.* [*irr.*] ⚖ a) Anwärter *m*, b) Nacherbe *m*; **re'main·ing** [-nɪŋ] *adj.* übrig(geblieben), Rest…, verbleibend, restlich.

re·make [ˌriː'meɪk] **I** *v/t.* [*irr.* → ***make***] wieder *od.* neu machen, *Film*: *a.* neu drehen; **II** *s.* ['riːmeɪk] 'Neuverfilmung *f*, Re'make *n.*

re·mand [rɪ'mɑːnd] **I** *v/t.* ⚖ a) (in Unter'suchungshaft) zu'rückschicken, b) *Rechtssache* (an die untere In'stanz) zu'rückverweisen; **II** *s.* (Zu'rücksendung *f* in die) Unter'suchungshaft *f*: **~ *prison*** Untersuchungsgefängnis *n*; ***prisoner***

on ~ Untersuchungsgefangene(r *m*) *f*; ***be brought up on ~*** aus der Untersuchungshaft vorgeführt werden; ***~ centre*** (*od.* ***home***) Unter'suchungshaftanstalt *f* für Jugendliche.

re·mark [rɪ'mɑːk] **I** *v/t.* **1.** (be)merken, beobachten; **2.** bemerken, äußern (***that*** daß); **II** *v/i.* **3.** e-e Bemerkung *od.* Bemerkungen machen, sich äußern ([***up***]***on*** über *acc.*, zu); **III** *s.* **4.** Bemerkung *f*, Äußerung *f*: ***without ~*** ohne Kommentar; ***worthy of ~*** → **re'mark·a·ble** [-kəbl] *adj.* □ bemerkenswert: a) beachtlich, b) ungewöhnlich; **re'mark·a·ble·ness** [-kəblnɪs] *s.* **1.** Ungewöhnlichkeit *f*, Merkwürdigkeit *f*; **2.** Bedeutsamkeit *f*.

re·mar·riage [ˌriː'mærɪdʒ] *s.* 'Wiederverˌheiratung *f*; ˌ**re'mar·ry** [-rɪ] *v/i.* wieder heiraten.

re·me·di·a·ble [rɪ'miːdjəbl] *adj.* □ heil-, abstellbar: ***this is ~*** dem ist abzuhelfen; **re'me·di·al** [-jəl] *adj.* □ **1.** heilend, Heil...: ***~ gymnastics*** Heilgymnastik *f*; ***~ teaching*** Förderunterricht *m* (für *Lernschwache*); **2.** abhelfend: ***~ measure*** Abhilfsmaßnahme *f*.

rem·e·dy ['remɪdɪ] **I** *s.* **1.** ⚕ (Heil-)Mittel *n*, Arz'nei *f* (***for***, ***against*** für, gegen); **2.** *fig.* (Gegen)Mittel *n* (***for***, ***against*** gegen); Abhilfe *f*; ⚖ Rechtsmittel *n*, -behelf *m*; **3.** *Münzwesen*: Re'medium *n*, Tole'ranz *f*; **II** *v/t.* **4.** *Mangel*, *Schaden* beheben; **5.** *Mißstand* abstellen, abhelfen (*dat.*), in Ordnung bringen.

re·mem·ber [rɪ'membə] **I** *v/t.* **1.** sich entsinnen (*gen.*) *od.* an (*acc.*), sich besinnen auf (*acc.*), sich erinnern an (*acc.*): ***I ~ that*** es fällt mir (gerade) ein, daß; **2.** sich merken, nicht vergessen; **3.** eingedenk sein (*gen.*), denken an (*acc.*), beherzigen, sich *et.* vor Augen halten; **4.** *j-n mit e-m Geschenk*, *in s-m Testament* bedenken; **5.** empfehlen, grüßen: ***~ me to him*** grüßen Sie ihn von mir; **II** *v/i.* **6.** sich erinnern *od.* entsinnen: ***not that I ~*** nicht, daß ich wüßte; **re'mem·brance** [-brəns] *s.* **1.** Erinnerung *f*, Gedächtnis *n* (***of*** an *acc.*); **2.** Gedächtnis *n*, An-, Gedenken *n*: ***in ~ of*** im Gedenken *od.* zur Erinnerung an (*acc.*); ***℞ Day*** Volkstrauertag *m* (*11. November*); **3.** Andenken *n* (*Sache*); **4.** *pl.* Grüße *pl.*, Empfehlungen *pl.*

re·mi·gra·tion [ˌriːmaɪ'greɪʃn] *s.* Rückwanderung *f*.

re·mil·i·ta·ri·za·tion ['riːˌmɪlɪtəraɪ'zeɪʃn] *s.* Remilitarisierung *f*.

re·mind [rɪ'maɪnd] *v/t.* *j-n* erinnern (***of*** an *acc.*, ***that*** daß): ***that ~s me*** da(bei) fällt mir (et.) ein; ***this ~s me of home*** das erinnert mich an zu Hause; **re'mind·er** [-də] *s.* **1.** Mahnung *f*: ***a gentle ~*** ein (zarter) Wink; **2.** Erinnerung *f* (***of*** an *acc.*); **3.** Gedächtnishilfe *f*.

rem·i·nisce [ˌremɪ'nɪs] *v/i.* in Erinnerungen schwelgen; ˌ**rem·i'nis·cence** [-sns] *s.* **1.** Erinnerung *f*; **2.** *pl.* (Lebens)Erinnerungen *pl.*, Reminis'zenzen *pl.*; **3.** *fig.* Anklang *m*; ˌ**rem·i'nis·cent** [-snt] *adj.* □ **1.** sich erinnernd (***of*** an *acc.*), Erinnerungs...; **2.** Erinnerungen wachrufend (***of*** an *acc.*), erinnerungsträchtig; **3.** sich (gern) erinnernd, in Erinnerungen schwelgend.

re·mise[1] [rɪ'maɪz] *s.* ⚖ Aufgabe *f e-s Anspruchs*, Rechtsverzicht *m*.

re·mise[2] [rə'miːz] *s.* **1.** *obs.* a) Re'mise *f*, Wagenschuppen *m*, b) Mietkutsche *f*; **2.** *fenc.* Ri'messe *f*.

re·miss [rɪ'mɪs] *adj.* □ (nach)lässig, säumig; lax, träge: ***be ~ in one's duties*** s-e Pflichten vernachlässigen; **re'mis·si·ble** [-səbl] *adj.* **1.** erläßlich; **2.** verzeihlich; *R.C.* läßlich (*Sünde*); **re'mis·sion** [-ɪʃn] *s.* **1.** Vergebung *f* (der Sünden); **2.** a) (teilweiser) Erlaß *e-r Strafe*, *Schuld*, *Gebühr etc.*, b) Nachlaß *m*, Ermäßigung *f*; **3.** Nachlassen *n der Intensität etc.*; ⚕ Remissi'on *f*; **re'miss·ness** [-nɪs] *s.* (Nach)Lässigkeit *f*.

re·mit [rɪ'mɪt] **I** *v/t.* **1.** *Sünden* vergeben; **2.** *Schulden*, *Strafe* (ganz *od.* teilweise) erlassen; **3.** hin'aus-, verschieben (***till***, ***to*** bis, ***to*** auf *acc.*); **4.** a) nachlassen in *s-n Anstrengungen etc.*, b) *Zorn etc.* mäßigen, c) aufhören mit, einstellen; **5.** ✝ *Geld etc.* über'weisen, -'senden; **6.** *bsd.* ⚖ a) (*Fall etc. zur Entscheidung*) über'tragen, b) → ***remand*** I b; **II** *v/i.* **7.** ✝ Zahlung leisten, remittieren; **re'mit·tal** [-tl] → ***remission***; **re'mit·tance** [-təns] *s.* **1.** (*bsd.* Geld)Sendung *f*, Über'weisung *f*; **2.** ✝ (Geld-, Wechsel-) Sendung *f*, Überweisung *f*, Ri'messe *f*: ***~ account*** Überweisungskonto *n*; ***make ~*** remittieren, Deckung anschaffen; **re·mit·tee** [ˌremɪ'tiː] *s.* ✝ (Zahlungs-, Über'weisungs)Empfänger *m*; **re'mit·tent** [-tənt] *bsd.* ⚕ **I** *adj.* (vor'übergehend) nachlassend; remittierend (*Fieber*); **II** *s.* remittierendes Fieber; **re'mit·ter** [-tə] *s.* **1.** ✝ Geldsender *m*, Über'sender *m*; Remit'tend *m*; **2.** ⚖ a) Wieder'einsetzung *f* (***to*** in *frühere Rechte etc.*), b) Über'weisung *f e-s Falles*.

rem·nant ['remnənt] *s.* **1.** ('Über)Rest

m, 'Überbleibsel *n*; kläglicher Rest; *fig.* (letzter) Rest, Spur *f*; **2.** ✝ (Stoff)Rest *m*; *pl.* Reste(r) *pl.*: ~ ***sale*** Resteverkauf *m*.

re·mod·el [ˌriːˈmɒdl] *v/t.* 'umbilden, -bauen, -formen, -gestalten.

re·mon·e·ti·za·tion [riːˌmʌnɪtaɪˈzeɪʃn] *s.* ✝ Wiederin'kurssetzung *f*.

re·mon·strance [rɪˈmɒnstrəns] *s.* (Gegen)Vorstellung *f*, Vorhaltung *f*, Einspruch *m*, Pro'test *m*; **re'mon·strant** [-nt] **I** *adj.* ☐ protestierend; **II** *s.* Einsprucherheber *m*; **re·mon·strate** [ˈremənstreɪt] **I** *v/i.* **1.** protestieren (***against*** gegen); **2.** Vorhaltungen *od.* Vorwürfe machen (***on*** über *acc.*, ***with s.o.*** j-m); **II** *v/t.* **3.** einwenden (***that*** daß).

re·morse [rɪˈmɔːs] *s.* Gewissensbisse *pl.*, Reue *f* (***at*** über *acc.*, ***for*** wegen): ***without*** ~ unbarmherzig, kalt; **re'morse·ful** [-fʊl] *adj.* ☐ reumütig, reuevoll; **re'morse·less** [-lɪs] *adj.* ☐ unbarmherzig, hart(herzig).

re·mote [rɪˈməʊt] **I** *adj.* ☐ **1.** *räumlich u. zeitlich*, *a. fig.* fern, (weit) entfernt (***from*** von); *fig.* schwach, vage: ~ ***antiquity*** graue Vorzeit; ***a*** ~ ***chance*** e-e winzige Chance; ~ ***control*** ⚙ a) Fernsteuerung *f*, b) Fernbedienung *f*; ~-***control(led)*** ferngesteuert, -gelenkt, mit Fernbedienung; ~ ***future*** ferne Zukunft; ***not the*** ~***st idea*** keine blasse Ahnung; ~ ***possibility*** vage Möglichkeit; ~ ***relation*** entfernte(r) *od.* weitläufige(r) Verwandte(r); ~ ***resemblance*** entfernte *od.* schwache Ähnlichkeit; **2.** abgelegen, entlegen; **3.** mittelbar, 'indiˌrekt: ~ ***damages*** ⚖ Folgeschäden; **4.** distan'ziert, unnahbar; **II** *s.* **5.** *Am. TV*: Außenübertragung *f*; **re'mote·ness** [-nɪs] *s.* Ferne *f*, Entlegenheit *f*.

re·mount [ˌriːˈmaʊnt] **I** *v/t.* **1.** *Berg, Pferd etc.* wieder besteigen; **2.** ⚔ neue Pferde beschaffen für; **3.** ⚙ *Maschine* wieder aufstellen; **II** *v/i.* **4.** wieder aufsteigen; wieder aufsitzen (*Reiter*); **5.** *fig.* zu'rückgehen (***to*** auf *acc.*); **III** *s.* [ˈriːmaʊnt] **6.** frisches Reitpferd; ⚔ Re'monte *f*.

re·mov·a·ble [rɪˈmuːvəbl] *adj.* ☐ **1.** absetzbar; **2.** ⚙ abnehmbar, auswechselbar; **3.** behebbar (*Übel*); **re'mov·al** [-vl] *s.* **1.** Fort-, Wegschaffen *n*, -räumen *n*; Entfernen *n*; Abfuhr *f*, 'Abtransˌport *m*; Beseitigung *f* (*a. fig. Behebung von Fehlern, Mißständen, e-s Gegners*); **2.** 'Umzug *m* (***to*** in *acc.*, nach): ~ ***of business*** Geschäftsverlegung *f*; ~ ***man*** a) Spediteur *m*, b) Möbelpacker *m*; ~ ***van*** Möbelwagen *m*; **3.** a) Absetzung *f*, Enthebung *f* (***from office*** aus dem Amt), b) (Straf)Versetzung *f*; **4.** ⚖ Verweisung *f* (***to*** an *acc.*);

re·move [rɪˈmuːv] **I** *v/t.* **1.** *allg.* (weg-) nehmen, entfernen (***from*** aus); ⚙ abnehmen, abmontieren, ausbauen; *Kleidungsstück* ablegen; *Hut* abnehmen; *Hand* zu'rückziehen; *fig. Furcht, Zweifel etc.* nehmen: ~ ***from the agenda*** *et.* von der Tagesordnung absetzen; ~ ***o.s.*** sich entfernen (***from*** von); **2.** wegräumen, -rücken, -bringen, fortschaffen, abtransportieren; (*a. fig. j-n*) aus dem Wege räumen: ~ ***furniture*** (Wohnungs)Umzüge besorgen; ~ ***a prisoner*** e-n Gefangenen abführen (lassen); ~ ***mountains*** *fig.* Berge versetzen; ~ ***by suction*** ⚙ absaugen; ***a first cousin once*** ~***d*** Kind e-s Vetters *od.* e-r Kusine; **3.** *Fehler, Gegner, Hindernis, Spuren etc.* beseitigen; *Flecken* entfernen; *fig. Schwierigkeiten* beheben; **4.** *wohin* bringen, schaffen, verlegen; **5.** *Beamten* absetzen, entlassen, *s-s Amtes* entheben; **II** *v/i.* **6.** (aus-, 'um-, ver)ziehen (***to*** nach); **III** *s.* **7.** Entfernung *f*, Abstand *m*: ***at a*** ~ *fig.* mit einigem Abstand; **8.** Schritt *m*, Stufe *f*, Grad *m*; **9.** *Brit.* nächster Gang (*beim Essen*); **re'mov·er** [-və] *s.* **1.** Abbeizmittel *n*; **2.** ('Möbel)Spediˌteur *m*.

re·mu·ner·ate [rɪˈmjuːnəreɪt] *v/t.* **1.** *j-n* entschädigen, belohnen (***for*** für); **2.** *et.* vergüten, Entschädigung zahlen für, ersetzen; **re·mu·ner·a·tion** [rɪˌmjuːnəˈreɪʃn] *s.* **1.** Entschädigung *f*, Vergütung *f*; **2.** Belohnung *f*; **3.** Hono'rar *n*, Lohn *m*, Entgelt *n*; **re'mu·ner·a·tive** [-nərətɪv] *adj.* ☐ einträglich, lohnend, lukra'tiv, vorteilhaft.

Ren·ais·sance [reˈneɪsəns] (*Fr.*) *s.* **1.** Renais'sance *f*; **2.** ♀ 'Wiedergeburt *f*, -erwachen *n*.

re·nal [ˈriːnl] *adj. anat.* Nieren…

re·name [ˌriːˈneɪm] *v/t.* **1.** 'umbenennen; **2.** neu benennen.

re·nas·cence [rɪˈnæsns] *s.* **1.** 'Wiedergeburt *f*, Erneuerung *f*; **2.** ♀ Renais'sance *f*; **re'nas·cent** [-nt] *adj.* sich erneuernd, wieder auflebend, 'wiedererwachend.

rend [rend] [*irr.*] **I** *v/t.* **1.** (zer)reißen: ~ ***from*** *j-m* entreißen; ~ ***the air*** die Luft zerreißen (*Schrei etc.*); **2.** spalten (*a. fig.*); **II** *v/i.* **3.** (zer)reißen.

ren·der [ˈrendə] *v/t.* **1.** *a.* ~ ***back*** zu'rückgeben, -erstatten: ~ ***up*** herausgeben, *fig.* vergelten (***good for evil*** Böses mit Gutem); **2.** (*a.* ⚔ *Festung*) über'geben; ☤ *Rechnung* (vor)legen: ***per account ~ed*** ☤ laut (erteilter) Rechnung; ***~ a profit*** Gewinn abwerfen; → *a.* ***account*** 6 *u.* 7; **3.** (***to s.o.*** j-m) *e-n Dienst*, *Hilfe etc.* leisten; *Aufmerksamkeit*, *Ehre*, *Gehorsam* erweisen; *Dank* abstatten: ***for services ~ed*** für geleistete Dienste; **4.** *Grund* angeben; **5.** ⚖ *Urteil* fällen; **6.** *berühmt*, *schwierig*, *sichtbar etc.* machen: ***~ audible*** hörbar machen; ***~ possible*** möglich machen, ermöglichen; **7.** *künstlerisch* 'wiedergeben, interpretieren; **8.** *sprachlich*, *sinngemäß* 'wiedergeben, über'setzen; **9.** ⚙ *Fett* auslassen; **10.** △ roh bewerfen; **'ren·der·ing** [-dərɪŋ] *s.* **1.** 'Übergabe *f*: ***~ of account*** ☤ Rechnungslegung *f*; **2.** *künstlerische* 'Wiedergabe, ˌInterpretati'on *f*, Gestaltung *f*, Vortrag *m*; **3.** Über'setzung *f*, 'Wiedergabe *f*; **4.** △ Rohbewurf *m*.

ren·dez·vous ['rɒndɪvuː] *pl.* **-vous** [-vuːz] (*Fr.*) *s.* **1.** a) Rendez'vous *n*, Verabredung *f*, Stelldichein *n*, b) Zs.-kunft *f*; **2.** Treffpunkt *m* (*a.* ⚔).

ren·di·tion [ren'dɪʃn] *s.* **1.** → ***rendering*** 2 *u.* 3; **2.** *Am.* (Urteils)Fällung *f*, (-)Verkündung *f*.

ren·e·gade ['renɪgeɪd] *s.* Rene'gat(in), Abtrünnige(r *m*) *f*, 'Überläufer(in).

re·nege [rɪ'niːg] **I** *v/i.* **1.** sein Wort brechen: ***~ on*** *et.* nicht (ein)halten, *e-r Sache* untreu werden; **2.** *Kartenspiel*: nicht bedienen; **II** *v/t.* **3.** ab-, verleugnen.

re·new [rɪ'njuː] *v/t.* **1.** *allg.* erneuern (*z.B. Bekanntschaft*, *Angriff*, *Autoreifen*, *Gelöbnis*): ***~ed*** erneut; **2.** *Briefwechsel etc.* wieder'aufnehmen: ***~ one's efforts*** sich erneut bemühen; **3.** *Jugend*, *Kraft* 'wiedererlangen; *biol.* regenerieren; **4.** ☤ *Vertrag etc.* erneuern, verlängern; *Wechsel* prolongieren; **5.** ergänzen, -setzen; **6.** wieder'holen; **re'new·a·ble** [-juːəbl] *adj.* **1.** erneuerbar, zu erneuern(d); **2.** ☤ erneuerungs-, verlängerungsfähig; prolongierbar (*Wechsel*); **re'new·al** [-juːəl] *s.* **1.** Erneuerung *f*; **2.** ☤ a) Erneuerung *f*, Verlängerung *f*, b) Prolongati'on *f*.

ren·i·form ['riːnɪfɔːm] *adj.* nierenförmig.

ren·net[1] ['renɪt] *s.* ⚗, *zo.* Lab *n*.

ren·net[2] ['renɪt] *s.* ⚘ *Brit.* Re'nette *f*.

re·nounce [rɪ'naʊns] **I** *v/t.* **1.** verzichten auf (*acc.*), *et.* aufgeben; entsagen (*dat.*); **2.** verleugnen; *dem Glauben etc.* abschwören; *Freundschaft* aufsagen; ☤ *Vertrag* kündigen; *et.* von sich weisen, ablehnen; sich von *j-m* lossagen; *j-n* verstoßen; **3.** *Kartenspiel*: *Farbe* nicht bedienen (können); **II** *v/i.* **4.** Verzicht leisten; **5.** *Kartenspiel*: nicht bedienen (können), passen.

ren·o·vate ['renəʊveɪt] *v/t.* **1.** erneuern; wieder'herstellen; **2.** renovieren; **ren·o·va·tion** [ˌrenəʊ'veɪʃn] *s.* Renovierung *f*, Erneuerung *f*; **'ren·o·va·tor** [-tə] *s.* Erneuerer *m*.

re·nown [rɪ'naʊn] *s. rhet.* Ruhm *m*, Ruf *m*, Berühmtheit *f*; **re'nowned** [-nd] *adj.* berühmt, namhaft.

rent[1] [rent] **I** *s.* **1.** (Wohnungs)Miete *f*, Mietzins *m*: ***for ~*** *bsd. Am.* a) zu vermieten, b) zu verleihen; ***~-control(l)ed*** miet(preis)gebunden; ***~ tribunal*** Mieterschiedsgericht *n*; **2.** Pacht(geld *n*, -zins *m*) *f*; **II** *v/t.* **3.** vermieten; **4.** verpachten; **5.** mieten; **6.** (ab)pachten; **7.** *Am.* a) *et.* ausleihen, b) sich *et.* leihen; **III** *v/i.* **8.** vermietet *od.* verpachtet werden (***at*** *od.* ***for*** zu).

rent[2] [rent] **I** *s.* Riß *m*; Spalt(e *f*) *m*; **II** *pret. u. p.p. von* ***rend***.

rent·a·ble ['rentəbl] *adj.* (ver)mietbar.

ˌrent-a-'car (serv·ice) *s. mot.* Autoverleih *m*.

ren·tal ['rentl] *s.* **1.** Miet-, Pachtbetrag *m*, -satz *m*: ***~ car*** Mietwagen *m*; ***~ library*** *Am.* Leihbücherei *f*: ***~ value*** Miet-, Pachtwert *m*; **2.** (Brutto)Mietertrag *m*; **3.** Zinsbuch *n*.

rent charge *pl.* **rents charge** *s.* Grundrente *f*.

rent·er ['rentə] *s. bsd. Am.* **1.** Pächter(-in), Mieter(in); **2.** Verpächter(in), -mieter(in), -leiher(in); **ˌrent-'free** *adj.* miet-, pachtfrei.

re·nun·ci·a·tion [rɪˌnʌnsɪ'eɪʃn] *s.* **1.** (***of***) Verzicht *m* (auf *acc.*), Aufgabe *f* (*gen.*); **2.** Entsagung *f*; **3.** Ablehnung *f*.

re·o·pen [ˌriː'əʊpən] **I** *v/t.* **1.** 'wiedereröffnen; **2.** wieder beginnen, wieder'aufnehmen; **II** *v/i.* **3.** sich wieder öffnen; **4.** 'wiedereröffnen (*Geschäft etc.*); **5.** wieder beginnen.

re·or·gan·i·za·tion ['riːˌɔːgənaɪ'zeɪʃn] *s.* **1.** 'Umbildung *f*, Neuordnung *f*, -gestaltung *f*; **2.** ☤ Sanierung *f*; **re·or·gan·ize** [ˌriː'ɔːgənaɪz] *v/t.* **1.** reorganisieren, neu gestalten, 'umgestalten, 'umgliedern; **2.** ☤ sanieren.

rep[1] [rep] *s.* Rips *m* (*Stoff*).

rep[2] [rep] *s. sl.* **1.** Wüstling *m*; **2.** *Am.* Ruf *m*.

re·pack [ˌriː'pæk] *v/t.* 'umpacken.

re·paint [ˌriː'peɪnt] *v/t.* neu (an)streichen, über'malen.

re·pair[1] [rɪ'peə] **I** *v/t.* **1.** reparieren,

(wieder) in'stand setzen; ausbessern, flicken; **2.** wieder'herstellen; **3.** wieder'gutmachen; *Verlust* ersetzen; **II** *s.* **4.** Repara'tur *f*, In'standsetzung *f*, Ausbesserung *f*; *pl.* In'standsetzungsarbeit(en *pl.*) *f*: ***state of ~*** (baulicher *etc.*) Zustand; ***in good ~*** in gutem Zustand; ***in need of ~*** reparaturbedürftig; ***out of ~*** a) betriebsunfähig, b) baufällig; ***under ~*** in Reparatur; ***~ kit***, ***~ outfit*** Reparaturwerkzeug *n*, Flickzeug *n*.

re·pair² [rɪ'peə] **I** *v/i.* sich begeben (***to*** nach, zu); **II** *s.* Zufluchtsort *m*, (beliebter) Aufenthaltsort.

re·pair·a·ble [rɪ'peərəbl] *adj.* **1.** repara'turbedürftig; **2.** zu reparieren(d), reparierbar; **3.** → ***reparable***.

re'pair|·man [-mæn] *s.* [*irr.*] *bsd. Am.* Me'chaniker *m*, Autoschlosser *m*, (*Fernseh- etc.*)Techniker *m*; **~-shop** *s.* Repara'turwerkstatt *f*.

rep·a·ra·ble ['repərəbl] *adj.* □ wieder'gutzumachen(d); ersetzbar (*Verlust*); **rep·a·ra·tion** [ˌrepə'reɪʃn] *s.* **1.** Wieder'gutmachung *f*: ***make ~*** Genugtuung leisten; **2.** Entschädigung *f*, Ersatz *m*; **3.** *pol.* Wieder'gutmachungsleistung *f*; *pl.* Reparati'onen *pl.*

rep·ar·tee [ˌrepɑː'tiː] *s.* schlagfertige Antwort, Schlagfertigkeit *f*: ***quick at ~*** schlagfertig.

re·par·ti·tion [ˌriːpɑː'tɪʃn] **I** *s.* Aufteilung *f*, (Neu)Verteilung *f*; **II** *v/t.* (neu) auf-, verteilen.

re·pass [ˌriː'pɑːs] *v/i.* (*u. v/t.*) wieder vor'beikommen (***an*** *dat.*).

re·past [rɪ'pɑːst] *s.* Mahl(zeit *f*) *n*.

re·pa·tri·ate [riː'pætrɪeɪt] **I** *v/t.* repatriieren, (in die Heimat) zu'rückführen; **II** *s.* Repatriierte(r *m*) *f*, Heimkehrer (-in); **re·pa·tri·a·tion** [ˌriːpætrɪ'eɪʃn] *s.* Rückführung *f*.

re·pay [*irr.* → ***pay***] **I** *v/t.* [riː'peɪ] **1.** *Geld etc.* zu'rückzahlen, (zu'rück)erstatten; **2.** *fig. Besuch*, *Gruß*, *Schlag etc.* erwidern; *Böses* heimzahlen, vergelten (***to s.o.*** j-m); **3.** *j-n* belohnen, (*a.* ✝) entschädigen (***for*** für); **4.** *et.* lohnen, vergelten (***with*** mit); **II** *v/i.* [ˌriː'peɪ] **5.** nochmals (be)zahlen; **re'pay·a·ble** [-'peɪəbl] *adj.* rückzahlbar; **re'pay·ment** [-mənt] *s.* **1.** Rückzahlung *f*; **2.** Erwiderung *f*; **3.** Vergeltung *f*.

re·peal [rɪ'piːl] **I** *v/t.* **1.** *Gesetz etc.* aufheben, außer Kraft setzen; **2.** wider'rufen; **II** *s.* **3.** Aufhebung *f von Gesetzen*; **re'peal·a·ble** [-ləbl] *adj.* 'widerruflich, aufhebbar.

re·peat [rɪ'piːt] **I** *v/t.* **1.** wieder'holen: ***~ an experience*** et. nochmals durchmachen *od.* erleben; ***~ an order*** (***for s.th.*** et.) nachbestellen; **2.** nachsprechen, wieder'holen; weitererzählen; **3.** *ped. Gedicht* aufsagen; **II** *v/i.* **4.** sich wieder'holen (*Vorgang*); **5.** repetieren (*Uhr*, *Gewehr*); **6.** aufstoßen (*Speisen*); **III** *s.* **7.** Wieder'holung *f* (*a. TV etc.*); **8.** *et.* sich Wieder'holendes (*z.B. Muster*), *bsd. Stoff*, *Tapete*: Rap'port *m*; **9.** ♪ a) Wieder'holung *f*, b) Wieder'holungszeichen *n*: **10.** ✝ *oft* ***~ order*** Nachbestellung *f*; **re'peat·ed** [-tɪd] *adj.* □ wieder'holt, mehrmalig; neuerlich; **re'peat·er** [-tə] *s.* **1.** Wieder'holende(r *m*) *f*; **2.** Repetieruhr *f*; **3.** Repetier-, Mehrladegewehr *n*; **4.** *Am. Wähler, der widerrechtlich mehrere Stimmen abgibt*; **5.** 𝔄 peri'odische Dezi'malzahl *f*; **6.** ⚖ Rückfällige(r *m*) *f*; **7.** ⚓ Tochterkompaß *m*; **8.** ⚡ a) (Leitungs)Verstärker *m*, b) Über'trager *m*; **re'peat·ing** [-tɪŋ] *adj.* wieder'holend: ***~ decimal*** → ***repeater*** 5; ***~ rifle*** → ***repeater*** 3; ***~ watch*** → ***repeater*** 2.

re·pel [rɪ'pel] *v/t.* **1.** *Angreifer* zu'rückschlagen, -treiben; **2.** *Angriff* abschlagen, abweisen, *a. Schlag* abwehren; **3.** *fig.* ab-, zu'rückweisen; **4.** *phys.* abstoßen; **5.** *fig. j-n* abstoßen, anwidern; **re'pel·lent** [-lənt] *adj.* □ **1.** ab-, zu'rückstoßend; **2.** *fig.* abstoßend.

re·pent [rɪ'pent] *v/t.* (a. *v/i.* ***of***) *et.* bereuen; **re'pent·ance** [-təns] *s.* Reue *f*; **re'pent·ant** [-tənt] *adj.* □ reuig (***of*** über *acc.*), bußfertig.

re·per·cus·sion [ˌriːpə'kʌʃn] *s.* **1.** Rückprall *m*, -stoß *m*; **2.** 'Widerhall *m*; **3.** *mst pl. fig.* Rück-, Auswirkungen *pl.* (***on*** auf *acc.*).

rep·er·toire ['repətwɑː] → ***repertory*** 1.

rep·er·to·ry ['repətərɪ] *s.* **1.** *thea.* Reper'toire *n*, Spielplan *m*: ***~ theatre*** (*Am.* ***theater***) Repertoirebühne *f*, -theater *n*; **2.** → ***repository*** 3.

rep·e·ti·tion [ˌrepɪ'tɪʃn] *s.* **1.** Wieder'holung *f*: ***~ order*** ✝ Nachbestellung *f*; ***~ work*** ⚙ Reihenfertigung *f*; **2.** *ped.* (Stück *n* zum) Aufsagen *n*; **3.** Ko'pie *f*, Nachbildung *f*; **rep·e·ti·tious** [ˌrepɪ'tɪʃəs] *adj.* □ sich ständig wieder'holend; ewig gleichbleibend; **re·pet·i·tive** [rɪ'petətɪv] *adj.* □ **1.** sich wieder'holend, wieder'holt; **2.** → ***repetitious***.

re·pine [rɪ'paɪn] *v/i.* murren, 'mißvergnügt *od.* unzufrieden sein (***at*** über *acc.*); **re'pin·ing** [-nɪŋ] *adj.* □ unzufrieden, murrend, mürrisch.

re·place [rɪ'pleɪs] *v/t.* **1.** wieder hinstellen, -legen; *teleph. Hörer* auflegen; **2.** *et. Verlorenes*, *Veraltetes* ersetzen, an die Stelle treten von; ⚙ austauschen, ersetzen, *a.* wieder einsetzen; **3.** *j-n* ersetzen *od.* ablösen *od.* vertreten, *j-s* Stelle einnehmen; **4.** *Geld* zu'rückerstatten, ersetzen; **5.** ♘ vertauschen; **re'place·a·ble** [-səbl] *adj.* ersetzbar; ⚙ auswechselbar; **re'place·ment** [-mənt] *s.* **1.** a) Ersetzung *f*, b) Ersatz *m*: **~ *engine*** ⚙ Austauschmotor *m*; **~ *part*** Ersatzteil *n*; **2.** ⚔ a) Ersatzmann *m*, b) Ersatz *m*, Auffüllung *f*: **~ *unit*** Ersatztruppenteil *m*; **3.** *med.* Pro'these *f*: **~ *surgery*** Ersatzteilchirurgie *f*.

re·plant [ˌriː'plɑːnt] *v/t.* **1.** 'umpflanzen; **2.** neu pflanzen.

re·play ['riːpleɪ] *s. sport* **1.** Wieder'holungsspiel *n*; **2.** *TV*: Wieder'holung *f e-r Spielszene*.

re·plen·ish [rɪ'plenɪʃ] *v/t.* (wieder) auffüllen, ergänzen; **re'plen·ish·ment** [-mənt] *s.* **1.** Auffüllung *f*, Ersatz *m*; **2.** Ergänzung *f*.

re·plete [rɪ'pliːt] *adj.* **1.** (***with***) (zum Platzen) voll (von), angefüllt (von); **2.** reichlich versehen (***with*** mit); **re'ple·tion** [-iːʃn] *s.* ('Über)Fülle *f*: ***full to ~*** bis zum Rande voll.

re·plev·in [rɪ'plevɪn] *s.* ⚖ **1.** (Klage *f* auf) Her'ausgabe *f* gegen Sicherheitsleistung; **2.** einstweilige Verfügung (auf Herausgabe).

rep·li·ca ['replɪkə] *s.* **1.** *paint.* Re'plik *f*, Origi'nalkoˌpie *f*; **2.** Ko'pie *f*; **3.** *fig.* Ebenbild *n*.

rep·li·ca·tion [ˌreplɪ'keɪʃn] *s.* **1.** Erwiderung *f*; **2.** Echo *n*; **3.** ⚖ Re'plik *f*; **4.** Reprodukti'on *f*, Ko'pie *f*.

re·ply [rɪ'plaɪ] **I** *v/i.* **1.** antworten, erwidern (***to s.th.*** auf et., ***to s.o.*** j-m) (*a. fig.*); **2.** ⚖ replizieren; **II** *s.* **3.** Antwort *f*, Erwiderung *f*: ***in ~ to*** (als Antwort) auf; ***in ~ to your letter*** in Beantwortung Ihres Schreibens; ***~-paid telegram*** Telegramm *n* mit bezahlter Rückantwort; **~ (*postal*) *card*** Postkarte *f* mit Rückantwort; **~ *postage*** Rückporto *n*; (***there is***) ***no ~*** *teleph.* der Teilnehmer meldet sich nicht; **4.** *Funk*: Rückmeldung *f*; **5.** ⚖ Re'plik *f*.

re·port [rɪ'pɔːt] **I** *s.* **1.** *allg.* Bericht *m* (***on*** über *acc.*); ✝ (Geschäfts-, Sitzungs-, Verhandlungs)Bericht *m*: ***month under ~*** Berichtsmonat *m*; **~ *stage*** *parl.* Erörterungsstadium *n e-r Vorlage*; **2.** Gutachten *n*, Refe'rat *n*; **3.** ⚔ Meldung *f*; **4.** ⚖ Anzeige *f*; **5.** Nachricht *f*, (Presse)Bericht *m*, (-)Meldung *f*; **6.** (Schul)Zeugnis *n*; **7.** Gerücht *n*; **8.** Ruf *m*, Leumund *m*; **9.** Knall *m*; **II** *v/t.* **10.** berichten (***to s.o.*** j-m); Bericht erstatten, berichten über (*acc.*); erzählen: ***it is ~ed that*** es heißt, daß; ***he is ~ed as saying*** er soll gesagt haben; **~*ed speech*** *ling.* indirekte Rede; **11.** *Vorkommnis, Schaden etc.* melden; **12.** *j-n* (***o.s.*** sich) melden; anzeigen (***to*** bei, ***for*** wegen); **13.** *parl. Gesetzesvorlage* (wieder) vorlegen (*Ausschuß*); **III** *v/i.* **14.** (e-n) Bericht geben *od.* erstatten, berichten (***on***, ***of*** über *acc.*); **15.** als Berichterstatter(in) arbeiten (***for*** für *e-e Zeitung*); **16.** (***to***) sich melden (bei); sich stellen (*dat.*): **~ *for duty*** sich zum Dienst melden; **17.** **~ *to*** *Am. j-m* unter'stellt sein; **re'port·a·ble** [-təbl] *adj.* **1.** ⚕ meldepflichtig (*Krankheit*); **2.** steuerpflichtig (*Einkommen*); **re'port·ed·ly** [-tɪdlɪ] *adv.* wie verlautet; **re'port·er** [-tə] *s.* **1.** Re'porter(in), (Presse)Berichterstatter(in); **2.** Berichterstatter(-in), Refe'rent(in); **3.** Proto'kollführer(in).

re·pose [rɪ'pəʊz] **I** *s.* **1.** Ruhe *f* (*a. fig.*); Erholung *f* (***from*** von): ***in ~*** in Ruhe, untätig (*a. Vulkan*); **2.** *fig.* Gelassenheit *f*, (Gemüts)Ruhe *f*; **II** *v/i.* **3.** ruhen (*a. Toter*); (sich) ausruhen, schlafen; **4.** **~ *on*** a) liegen *od.* ruhen auf (*dat.*), b) *fig.* beruhen auf (*dat.*), c) verweilen bei (*Gedanken*); **5.** **~ *in*** *fig.* vertrauen auf (*acc.*); **III** *v/t.* **6.** *j-m* Ruhe gewähren, *j-n* (sich aus)ruhen lassen: **~ *o.s.*** sich zur Ruhe legen; **7.** **~ *on*** legen *od.* betten auf (*acc.*); **8.** **~ *in*** *fig. Vertrauen, Hoffnung* setzen auf (*acc.*); **re·pos·i·to·ry** [rɪ'pɒzɪtərɪ] *s.* **1.** Behältnis *n*, Gefäß *n* (*a. fig.*); **2.** Verwahrungsort *m*; ✝ (Waren)Lager *n*, Niederlage *f*; **3.** *fig.* Fundgrube *f*, Quelle *f*; **4.** Vertraute(r *m*) *f*.

re·pos·sess [ˌriːpə'zes] *v/t.* **1.** wieder in Besitz nehmen; **2.** **~ *of*** *j-n* wieder in den Besitz *e-r Sache* setzen.

rep·re·hend [ˌreprɪ'hend] *v/t.* tadeln, rügen; **ˌrep·re'hen·si·ble** [-nsəbl] *adj.* □ tadelnswert, sträflich; **ˌrep·re'hen·sion** [-nʃn] *s.* Tadel *m*, Rüge *f*, Verweis *m*.

rep·re·sent [ˌreprɪ'zent] *v/t.* **1.** *j-n od. j-s Sache* vertreten: ***be ~ed at*** bei *e-r Sache* vertreten sein; **2.** (bildlich, graphisch) dar-, vorstellen, abbilden; **3.** *thea.* a) *Rolle* darstellen, verkörpern, b) *Stück* aufführen; **4.** *fig.* (*symbolisch*) darstellen, verkörpern, bedeuten, repräsentieren; *e-r Sache* entsprechen; **5.** darlegen, -stellen, schildern, vor Augen führen (***to*** *dat.*): **~ *to o.s.*** sich *et.* vorstellen; **6.** hin-, darstellen (***as*** *od.* ***to be*** als); behaupten, vorbringen: **~ *that*** behaupten, daß; es so hinstellen, als ob; **~**

to s.o. that j-m vorhalten, daß; **rep·re·sen·ta·tion** [ˌreprɪzen'teɪʃn] *s.* **1.** ⚖, ✝, *pol.* Vertretung *f*; → ***proportional*** 1; **2.** (*bildliche*, *graphische*) Darstellung, Bild *n*; **3.** *thea.* a) Darstellung *f e-r Rolle*, b) Aufführung *f e-s Stückes*; **4.** Schilderung *f*, Darstellung *f des Sachverhalts*: ***false ~s*** ⚖ falsche Angaben; **5.** Vorhaltung *f*: ***make ~s to*** bei *j-m* vorstellig werden, Vorstellungen erheben bei; **6.** ⚖ a) Anzeige *f* von Ge'fahrˌumständen (*Versicherung*), b) Rechtsnachfolge *f* (*bsd. Erbrecht*); **7.** *phls.* Vorstellung *f*, Begriff *m*; ˌ**rep·re'sent·a·tive** [-tətɪv] **I** *s.* **1.** Vertreter (-in); Stellvertreter(in), Beauftragte(r *m*) *f*, Repräsen'tant(in): ***authorized ~*** Bevollmächtigte(r *m*) *f*; (***commercial***) ***~*** Handelsvertreter(in); **2.** *parl.* (Volks-) Vertreter(in), Abgeordnete(r *m*) *f*: ***House of 2s*** *Am.* Repräsentantenhaus *n*; **3.** *fig.* typischer Vertreter, Musterbeispiel *n* (***of*** *gen.*); **II** *adj.* □ **4.** (***of***) vertretend (*acc.*), stellvertretend (für): ***in a ~ capacity*** als Vertreter(in); **5.** *pol.* repräsenta'tiv: ***~ government*** parlamentarische Regierung; **6.** darstellend (***of*** *acc.*): ***~ arts***; **7.** (***of***) *fig.* verkörpernd (*acc.*), sym'bolisch (für); **8.** typisch, kennzeichnend (***of*** für); *Statistik etc.*: repräsenta'tiv (*Auswahl*, *Querschnitt*): ***~ sample*** ✝ Durchschnittsmuster *n*; **9.** ⚘, *zo.* entsprechend (***of*** *dat.*).

re·press [rɪ'pres] *v/t.* **1.** *Gefühle*, *Tränen etc.* unter'drücken; **2.** *psych.* verdrängen; **re'pres·sion** [-eʃn] *s.* **1.** Unter'drückung *f*; **2.** *psych.* Verdrängung *f*; **re'pres·sive** [-sɪv] *adj.* □ **1.** repres'siv, unter'drückend; **2.** hemmend, Hemmungs...

re·prieve [rɪ'pri:v] **I** *s.* **1.** ⚖ a) Begnadigung *f*, b) (Straf-, Voll'streckungs)Aufschub *m*; **2.** *fig.* (Gnaden)Frist *f*, Atempause *f*; **II** *v/t.* **3.** ⚖ *j-s* 'Urteilsvollˌstreckung aussetzen, (*a. fig.*) *j-m* e-e Gnadenfrist gewähren; **4.** *j-n* begnadigen; **5.** *fig. j-m* e-e Atempause gönnen.

rep·ri·mand ['reprɪmɑ:nd] **I** *s.* Verweis *m*, Rüge *f*, Maßregelung *f*; **II** *v/t. j-m* e-n Verweis erteilen, *j-n* rügen *od.* maßregeln.

re·print [ˌri:'prɪnt] **I** *v/t.* neu drucken, nachdrucken, neu auflegen; **II** *s.* ['ri:prɪnt] Nach-, Neudruck *m*, Re'print *m*, Neuauflage *f*.

re·pris·al [rɪ'praɪzl] *s.* Repres'salie *f*, Vergeltungsmaßnahme *f*: ***make ~s*** (***up***)***on*** Repressalien ergreifen gegen.

re·pro ['reprəʊ] *s.* F **1.** *typ.* ‚Repro' *f*, Reprodukti'on(svorlage) *f*; **2.** → ***reproduction*** 8.

re·proach [rɪ'prəʊtʃ] **I** *s.* **1.** Vorwurf *m*, Tadel *m*: ***without fear or ~*** ohne Furcht u. Tadel; ***heap ~es on*** *j-n* mit Vorwürfen überschütten; **2.** *fig.* Schande *f* (***to*** für): ***bring ~*** (***up***)***on*** *j-m* Schande machen; **II** *v/t.* **3.** vorwerfen, -halten, zum Vorwurf machen (***s.o. with s.th.*** j-m et.); **4.** *j-m* Vorwürfe machen, *j-n* tadeln (***for*** wegen); **5.** *et.* tadeln; **6.** *fig.* ein Vorwurf sein für, *et.* mit Schande bedecken; **re'proach·ful** [-fʊl] *adj.* □ vorwurfsvoll, tadelnd.

rep·ro·bate ['reprəʊbeɪt] **I** *adj.* **1.** ruchlos, lasterhaft; **2.** *eccl.* verdammt; **II** *s.* **3.** a) verkommenes Sub'jekt, b) Schurke *m*, c) Taugenichts *m*; **4.** (*von Gott*) Verworfene(r *m*) *f*; Verdammte(r *m*) *f*; **III** *v/t.* **5.** miß'billigen, verurteilen, verwerfen; verdammen (*Gott*); **rep·ro·ba·tion** [ˌreprəʊ'beɪʃn] *s.* 'Mißbilligung *f*, Verurteilung *f*.

re·pro·cess [ˌri:'prəʊses] *v/t.* ⚙ wieder'aufbereiten: ***~ing plant*** Wiederaufbereitungsanlage *f* (*für Kernbrennstoffe*).

re·pro·duce [ˌri:prə'dju:s] **I** *v/t.* **1.** *biol. u. fig.* ('wieder)erzeugen, (wieder) her'vorbringen; (***o.s.*** sich) fortpflanzen; **2.** *biol. Glied* regenerieren, neu bilden; **3.** *Bild etc.* reproduzieren; (*a.* ⚙) nachbilden, kopieren; *typ.* ab-, nachdrucken, vervielfältigen; **4.** *Stimme etc.* reproduzieren, 'wiedergeben; **5.** *Buch*, *Schauspiel* neu her'ausbringen; **6.** *et.* wieder'holen; **II** *v/i.* **7.** sich fortpflanzen *od.* vermehren; ˌ**re·pro'duc·er** [-sə] *s.* **1.** ⚡ a) 'Tonˌwiedergabegerät *n*, b) Tonabnehmer *m*; **2.** *Computer*: (Loch)Kartendoppler *m*; ˌ**re·pro'duc·i·ble** [-səbl] *adj.* reproduzierbar; ˌ**re·pro'duc·tion** [-'dʌkʃn] *s.* **1.** *allg.* 'Wiedererzeugung *f*; **2.** *biol.* Fortpflanzung *f*; **3.** *typ.*, *phot.* Reprodukti'on *f* (*a. psych. früherer Erlebnisse*); **4.** *typ.* Nachdruck *m*, Vervielfältigung *f*; **5.** ⚙ Nachbildung *f*; **6.** ♪, ⚡ *etc.* 'Wiedergabe *f*; **7.** *ped.* Nacherzählung *f*; **8.** Reproduktion *f*: a) Nachbildung *f*, b) *paint.* Ko'pie *f*; ˌ**re·pro'duc·tive** [-'dʌktɪv] *adj.* □ **1.** sich vermehrend, fruchtbar; **2.** *biol.* Fortpflanzungs...: ***~ organs***; **3.** *psych.* reproduk'tiv, nachschöpferisch.

re·proof [rɪ'pru:f] *s.* Tadel *m*, Rüge *f*, Verweis *m*.

re·prov·al [rɪ'pru:vl] → ***reproof***; **re·prove** [rɪ'pru:v] *v/t. j-n* tadeln, rügen; *et.* miß'billigen; **re'prov·ing·ly** [-vɪŋlɪ] *adv.* tadelnd *etc.*

reps [reps] → ***rep***[1].

rep·tant ['reptənt] *adj.* ♀, *zo.* kriechend; '**rep·tile** [-taɪl] **I** *s.* **1.** *zo.* Rep'til *n*, Kriechtier *n*; **2.** *fig.* a) Kriecher(in), b) ‚falsche Schlange'; **II** *adj.* **3.** kriechend, Kriech...; **4.** *fig.* a) kriecherisch, b) gemein, niederträchtig, **rep·til·i·an** [rep'tɪlɪən] **I** *adj.* **1.** *zo.* Reptilien..., Kriechtier..., rep'tilisch; **2.** → ***reptile*** 4 b; **II** *s.* **3.** → ***reptile*** 1 *u.* 2.

re·pub·lic [rɪ'pʌblɪk] *s. pol.* Repu'blik *f*: ***the ~ of letters*** *fig.* die Gelehrtenwelt, die literarische Welt; **re'pub·li·can** [-kən] (*USA pol.* ♎) **I** *adj.* republi'kanisch; **II** *s.* Republi'kaner(in); **re'pub·li·can·ism** [-kənɪzəm] *s.* **1.** republi'kanische Staatsform; **2.** republi'kanische Gesinnung.

re·pub·li·ca·tion ['riːˌpʌblɪ'keɪʃn] *s.* **1.** 'Wiederveröffentlichung *f*; **2.** Neuauflage *f* (*a. Erzeugnis*); **re·pub·lish** [ˌriː'pʌblɪʃ] *v/t.* neu veröffentlichen.

re·pu·di·ate [rɪ'pjuːdɪeɪt] **I** *v/t.* **1.** *Autorität, Schuld etc.* nicht anerkennen; *Vertrag* für unverbindlich erklären; **2.** *als unberechtigt* zu'rückweisen, verwerfen; **3.** *et.* ablehnen, nicht glauben; **4.** *Sohn etc.* verstoßen; **II** *v/i.* **5.** Staatsschulden nicht anerkennen; **re·pu·di·a·tion** [rɪˌpjuːdɪ'eɪʃn] *s.* **1.** Nichtanerkennung *f* (*bsd. e-r Staatsschuld*); **2.** Ablehnung *f*, Zu'rückweisung *f*, Verwerfung *f*; **3.** Verstoßung *f*.

re·pug·nance [rɪ'pʌgnəns] *s.* **1.** 'Widerwille *m*, Abneigung *f* (***to***, ***against*** gegen); **2.** Unvereinbarkeit *f*, (innerer) 'Widerspruch (***of*** *gen. od.* von, ***to***, ***with*** mit); **re'pug·nant** [-nt] *adj.* **1.** widerlich, zu'wider(laufend), 'widerwärtig (***to*** *dat.*); **2.** unvereinbar (***to***, ***with*** mit); **3.** wider'strebend.

re·pulse [rɪ'pʌls] **I** *v/t.* **1.** *Feind* zu'rückschlagen, -werfen; *Angriff* abschlagen, -weisen; **2.** *fig. j-n* abweisen; *Bitte* abschlagen; **II** *s.* **3.** Zurückschlagen *n*, Abwehr *f*; **4.** *fig.* Zu'rückweisung *f*, Absage *f*: ***meet with a ~*** abgewiesen werden (*a. fig.*); **5.** *phys.* Rückstoß *m*; **re'pul·sion** [-lʃn] *s.* **1.** *phys.* Abstoßung *f*, Repulsi'on *f*: ***~ motor*** ⚡ Repulsionsmotor *m*; **2.** *fig.* Abscheu *m*, *f*; **re'pul·sive** [-sɪv] *adj.* □ *fig.* abstoßend (*a. phys.*), 'widerwärtig; **re'pul·sive·ness** [-sɪvnɪs] *s.* 'Widerwärtigkeit *f*.

re·pur·chase [ˌriː'pɜːtʃəs] **I** *v/t.* 'wieder-, zu'rückkaufen; **II** *s.* ⚕ Rückkauf *m*.

rep·u·ta·ble ['repjʊtəbl] *adj.* □ **1.** achtbar, geachtet, angesehen, ehrbar; **2.** anständig; **rep·u·ta·tion** [ˌrepjʊ'teɪʃn] *s.* **1.** (guter) Ruf, Name *m*: ***a man of ~*** ein Mann von Ruf *od.* Namen; **2.** Ruf *m*: ***good*** (***bad***) ***~***; ***have the ~ of being*** im Ruf stehen, *et.* zu sein; ***have a ~ for*** bekannt sein für *od.* wegen.

re·pute [rɪ'pjuːt] **I** *s.* **1.** Ruf *m*, Leumund *m*: ***by ~*** dem Rufe nach, wie es heißt; ***of ill ~*** von schlechtem Ruf, übelbeleumdet; ***house of ill ~*** Bordell *n*; **2.** → ***reputation*** 1: ***be held in high ~*** hohes Ansehen genießen; **II** *v/t.* **3.** halten für: ***be ~d*** (***to be***) gelten als; ***be well*** (***ill***) ***~d*** in gutem (üblem) Rufe stehen; **re'put·ed** [-tɪd] *adj.* □ **1.** angeblich; **2.** ungeeicht, landesüblich (*Maß*); **3.** bekannt, berühmt; **re'put·ed·ly** [-tɪdlɪ] *adv.* angeblich, dem Vernehmen nach.

re·quest [rɪ'kwest] **I** *s.* **1.** Bitte *f*, Wunsch *m*; (*a. formelles*) Ersuchen, Gesuch *n*, Antrag *m*; (*Zahlungs- etc.*) Aufforderung *f*: ***at*** (*od.* ***by***) (***s.o.'s***) ***~*** auf (j-s) Ansuchen *od.* Bitte hin, auf (j-s) Veranlassung; ***by ~*** auf Wunsch; ***no flowers by ~*** Blumenspenden dankend verbeten; ***~ denied!*** *a. iro.* (Antrag) abgelehnt!; (***musical***) ***~ program***(***me***) Wunschkonzert *n*; ***~ stop*** 🚌 *etc.* Bedarfshaltestelle *f*; **2.** Nachfrage *f* (*a.* ⚕): ***to be in*** (***great***) ***~*** (sehr) gefragt *od.* begehrt sein; **II** *v/t.* **3.** bitten *od.* ersuchen um: ***~ s.th. from s.o.*** j-n um et. ersuchen; ***it is ~ed*** es wird gebeten; **4.** *j-n* (höflich) bitten, *j-n* (*a. amtlich*) ersuchen (***to do*** zu tun).

re·qui·em ['rekwɪem] *s.* Requiem *n* (*a.* ♪), Seelen-, Totenmesse *f*.

re·quire [rɪ'kwaɪə] **I** *v/t.* **1.** erfordern (*Sache*): ***be ~d*** erforderlich sein; ***if ~d*** erforderlichenfalls, wenn nötig; **2.** brauchen, nötig haben, *e-r Sache* bedürfen: ***a task which ~s to be done*** e-e Aufgabe, die noch erledigt werden muß; **3.** verlangen, fordern (***of s.o.*** von j-m): ***~*** (***of***) ***s.o. to do s.th.*** j-n auffordern, et. zu tun; von j-m verlangen, daß er et. tue; ***~d subject*** *ped. Am.* Pflichtfach *n*; **4.** *Brit.* wünschen; **II** *v/i.* **5.** (es) verlangen; **re'quire·ment** [-mənt] *s.* **1.** (*fig.* An)Forderung *f*; *fig.* Bedingung *f*, Vor'aussetzung *f*: ***meet the ~s*** den Anforderungen entsprechen; **2.** Erfordernis *n*, Bedürfnis *n*; *mst pl.* Bedarf *m*: ***~s of raw materials*** Rohstoffbedarf *m*.

req·ui·site ['rekwɪzɪt] **I** *adj.* **1.** erforderlich, notwendig (***for***, ***to*** für); **II** *s.* **2.** Erfordernis *n*, Vor'aussetzung *f* (***for*** für); **3.** (Be'darfs-, Ge'brauchs)Arˌtikel *m*: ***office ~s*** Büroartikel; **req·ui·si·tion** [ˌrekwɪ'zɪʃn] **I** *s.* **1.** Anforderung *f* (***for*** an *dat.*): ***~ number*** Bestellnummer *f*;

2. (amtliche) Aufforderung; *Völkerrecht*: Ersuchen *n*; **3.** ⚔ Requisiti'on *f*, Beschlagnahme *f*; In'anspruchnahme *f*; **4.** Einsatz *m*, Beanspruchung *f*; **5.** Erfordernis *n*; **II** *v/t.* **6.** verlangen; **7.** in Anspruch nehmen; ⚔ requirieren.

re·quit·al [rɪ'kwaɪtl] *s.* **1.** Belohnung *f* (***for*** für); **2.** Vergeltung *f* (***of*** für); **3.** Vergütung *f* (***for*** für); **re·quite** [rɪ'kwaɪt] *v/t.* **1.** belohnen: **~ *s.o.*** (***for s.th.***); **2.** vergelten.

re·read [ˌri:'ri:d] *v/t.* [*irr.* → ***read***] nochmals ('durch)lesen.

re·route [ˌri:'ru:t] *v/t.* 'umleiten.

re·run [ˌri:'rʌn] **I** *v/t.* [*irr.*] *thea. Film*: wieder aufführen; *Radio*, *TV*, *a. Computer*: *Programm* wieder'holen; **II** *s.* ['ri:rʌn] 'Wiederaufführung *f*; Wieder'holung *f*.

res [ri:z] *pl.* **res** (*Lat.*) *s.* ⚖ Sache *f*: **~ *judicata*** rechtskräftig entschiedene Sache, *weitS.* (materielle) Rechtskraft; **~ *gestae*** (beweiserhebliche) Tatsachen, Tatbestand *m*.

re·sale ['ri:seɪl] *s.* 'Wieder-, Weiterverkauf *m*: **~ *price maintenance*** Preisbindung *f* der zweiten Hand.

re·scind [rɪ'sɪnd] *v/t. Gesetz*, *Urteil etc.* aufheben, für nichtig erklären; *Kauf etc.* rückgängig machen; von *e-m Vertrag* zu'rücktreten; **re'scis·sion** [-ɪʒn] *s.* **1.** Aufhebung *f e-s Urteils etc.*; **2.** Rücktritt *m vom Vertrag*.

res·cue ['reskju:] **I** *v/t.* **1.** (***from***) retten (aus), (*bsd.* ⚖ gewaltsam) befreien (von); (*bsd. et.*) bergen: **~ *from oblivion*** der Vergessenheit entreißen; **2.** (gewaltsam) zu'rückholen; **II** *s.* **3.** Rettung *f* (*a. fig.*); Bergung *f*: ***come to s.o.'s ~*** j-m zu Hilfe kommen; **4.** (gewaltsame) Befreiung; **III** *adj.* **5.** Rettungs...: **~ *operation*** *a. fig.* Rettungsaktion *f*; **~ *party*** Rettungs-, Bergungsmannschaft *f*; **~ *vessel*** ⚓ Bergungsfahrzeug *f*; **'res·cu·er** [-jʊə] *s.* Befreier(in), Retter(in).

re·search [rɪ'sɜ:tʃ] **I** *s.* **1.** Forschung(sarbeit) *f*, (wissenschaftliche) Unter'suchung (***on*** über *acc.*, auf dem Gebiet *gen.*); **2.** (genaue) Unter'suchung, (Nach)Forschung *f* (***after***, ***for*** nach); **II** *v/i.* **3.** forschen, Forschungen anstellen, wissenschaftlich arbeiten (***on*** über *acc.*): **~ *into*** → 4; **III** *v/t.* **4.** erforschen, unter'suchen; **IV** *adj.* **5.** Forschungs...: **re'search·er** [-tʃə] *s.* Forscher(in).

re·seat [ˌri:'si:t] *v/t.* **1.** *Saal etc.* neu bestuhlen; **2.** *j-n* 'umsetzen; **3.** **~ *o.s.*** sich wieder setzen; **4.** ⚙ *Ventile* nachschleifen.

re·sect [ri:'sekt] *v/t.* ⚕ her'ausschneiden; **re'sec·tion** [-kʃn] *s.* ⚕ Resekti'on *f*.

re·se·da ['resɪdə] *s.* **1.** ⚘ Re'seda *f*; **2.** Re'sedagrün *n*.

re·sell [ˌri:'sel] *v/t.* [*irr.* → ***sell***] wieder verkaufen, weiterverkaufen; **ˌre'sell·er** [-lə] *s.* 'Wiederverkäufer *m*.

re·sem·blance [rɪ'zembləns] *s.* Ähnlichkeit *f* (***to*** mit, ***between*** zwischen): ***bear*** (*od.* ***have***) **~ *to*** → **re·sem·ble** [rɪ'zembl] *v/t.* (*dat.*) ähnlich sein *od.* sehen, gleichen, ähneln.

re·sent [rɪ'zent] *v/t.* übelnehmen, verübeln, sich ärgern über (*acc.*); **re'sent·ful** [-fʊl] *adj.* ☐ **1.** (***against***, ***of***) aufgebracht (gegen), ärgerlich *od.* voller Groll (auf *acc.*); **2.** übelnehmerisch, reizbar; **re'sent·ment** [-mənt] *s.* **1.** Ressenti'ment *n*, Groll *m* (***against***, ***at*** gegen); **2.** Verstimmung *f*, Unmut *m*, Unwille *m*.

res·er·va·tion [ˌrezə'veɪʃn] *s.* **1.** Vorbehalt *m*; ⚖ *a.* Vorbehaltsrecht *n od.* -klausel *f*. ***without* ~** ohne Vorbehalt; → ***mental*** 1; **2.** *oft pl. Am.* Vorbestellung *f*, Reservierung *f von Zimmern etc.*; **3.** *Am.* Reser'vat *n*: a) Na'turschutzgebiet *n*, b) Indi'anerreservatiˌon *f*.

re·serve [rɪ'zɜ:v] **I** *s.* **1.** *allg.* Re'serve *f* (*a. fig.*), Vorrat *m*: ***in* ~** in Reserve, vorrätig; **~ *seat*** Notsitz *m*; **2.** ✝ Reserve *f*, Rücklage *f*, -stellung *f*: **~ *account*** Rückstellungskonto *n*: **~ *currency*** Leitwährung *f*; **3.** ⚔ a) Re'serve *f*: **~ *officer*** Reserveoffizier *m*; b) *pl. taktische* Re'serven *pl.*; **4.** *sport* Ersatz (-mann) *m*, Re'servespieler *m*; **5.** Reser'vat *n*, Schutzgebiet *n*: **~ *game*** geschützter Wildbestand; **6.** Vorbehalt *m* (*a.* ⚖): ***without* ~** vorbehalt-, rückhaltlos; ***with certain* ~*s*** mit gewissen Einschränkungen; **~ *price*** ✝ Mindestgebot *n* (*bei Versteigerungen*); **7.** *fig.* Zu'rückhaltung *f*, Re'serve *f*, zu'rückhaltendes Wesen: ***receive s.th. with* ~** *e-e Nachricht etc.* mit Zurückhaltung aufnehmen; **II** *v/t.* **8.** (sich) aufsparen *od.* -bewahren, (zu'rück)behalten, in Re'serve halten; ⚔ *j-n* zu'rückstellen; **9.** (sich) zu'rückhalten mit, warten mit, *et.* verschieben: **~ *judg*(*e*)*ment*** ⚖ die Urteilsverkündung aussetzen; **10.** reservieren (lassen), vorbestellen, vormerken (***to***, ***for*** für); **11.** *bsd.* ⚖ a) vorbehalten (***to s.o.*** j-m), b) sich vorbehalten: **~ *the right to do*** (*od.* ***of doing***) ***s.th.*** sich das Recht vorbehalten, et. zu tun; ***all rights* ~*d*** alle Rechte vorbehalten; **re'served** [-vd] *adj.* □ *fig.* zu'rückhaltend, reserviert; **re'serv·ist** [-vɪst] *s.* ⚔ Reser'vist *m.*

res·er·voir ['rezəvwɑ:] *s.* **1.** Behälter *m* für Wasser *etc.*; Speicher *m*; **2.** ('Wasser)Reser,voir *n*: a) Wasserturm *m*, b) Sammel-, Staubecken *n*, Bas'sin *n*; **3.** *fig.* Reser'voir *n* (**of** an *dat.*).

re·set [,ri:'set] *v/t.* [*irr.* → **set**] **1.** *Edelstein* neu fassen; **2.** *Messer* neu abziehen; **3.** *typ.* neu setzen; **4.** ⚙ nachrichten, -stellen; *Computer*: rücksetzen, nullstellen.

re·set·tle [,ri:'setl] **I** *v/t.* **1.** *Land* wieder besiedeln; **2.** *j-n* wieder ansiedeln, 'umsiedeln; **3.** wieder in Ordnung bringen; **II** *v/i.* **4.** sich wieder ansiedeln; **5.** *fig.* sich wieder setzen *od.* legen *od.* beruhigen; **,re'set·tle·ment** [-mənt] *s.* **1.** 'Wiederansiedlung *f*, 'Umsiedlung *f*; **2.** Neuordnung *f*.

re·shape [,ri:'ʃeɪp] *v/t.* neu formen, 'umgestalten.

re·ship [,ri:'ʃɪp] *v/t.* **1.** *Güter* wieder verschiffen; **2.** 'umladen; **,re'ship·ment** [-mənt] *s.* **1.** 'Wiederverladung *f*; **2.** Rückladung *f*, -fracht *f*.

re·shuf·fle [,ri:'ʃʌfl] **I** *v/t.* **1.** *Spielkarten* neu mischen; **2.** *bsd. pol.* 'umgruppieren, -bilden; **II** *s.* **3.** *pol.* 'Umbildung *f*, 'Umgruppierung *f*.

re·side [rɪ'zaɪd] *v/i.* **1.** wohnen, ansässig sein, s-n (ständigen) Wohnsitz haben (**in**, **at** in *dat.*); **2.** *fig.* (**in**) a) wohnen (in *dat.*), b) innewohnen (*dat.*), c) zustehen (*dat.*), liegen, ruhen (bei *j-m*).

res·i·dence ['rezɪdəns] *s.* **1.** Wohnsitz *m*, -ort *m*; Sitz *m e-r Behörde etc.*: **take up one's ~** s-n Wohnsitz nehmen *od.* aufschlagen, sich niederlassen; **2.** Aufenthalt *m*: **~ permit** Aufenthaltsgenehmigung *f*; **place of ~** Wohn-, Aufenthaltsort *m*; **3.** (herrschaftliches) Wohnhaus; **4.** Wohnung *f*: **official ~** Dienstwohnung *f*; **5.** Wohnen *n*; **6.** Ortsansässigkeit *f*: **~ is required** es besteht Residenzpflicht; **be in ~** am Amtsort ansässig sein; **'res·i·dent** [-nt] **I** *adj.* **1.** (orts-) ansässig, (ständig) wohnhaft; **2.** im (*Schul- od. Kranken- etc.*)Haus wohnend: **~ physician**; **3.** *fig.* innewohnend (**in** *dat.*); **4.** *zo.* seßhaft: **~ birds** Standvögel; **II** *s.* **5.** Ortsansässige(r *m*) *f*, Einwohner(in); *mot.* Anlieger *m*; **6.** ⚕ *Am.* Assis'tenzarzt *m*, -ärztin *f*; *pol. a.* **minister-~** Mi'nisterresi,dent *m* (*Gesandter*); **res·i·den·tial** [,rezɪ'denʃl] *adj.* **1.** a) Wohn...: **~ allowance** Ortszulage *f*; **~ area** (*a.* vornehme) Wohngegend; **~ university** Internatsuniversität *f*, b) herrschaftlich; **2.** Wohnsitz...

re·sid·u·al [rɪ'zɪdjʊəl] **I** *adj.* **1.** ℞ zu'rückbleibend, übrig; **2.** übrig(geblieben), Rest... (*a. phys. etc.*): **~ product** ⚗, ⚙ Nebenprodukt *n*; **~ soil** *geol.* Eluvialboden *m*; **3.** *phys.* rema'nent: **~ magnetism**; **II** *s.* **4.** Rückstand *m*, Rest *m*; **5.** ℞ Rest(wert) *m*, Diffe'renz *f*; **re'sid·u·ar·y** [-ərɪ] *adj.* restlich, übrig(geblieben): **~ estate** ⚖ Reinnachlaß *m*; **~ legatee** Nachvermächtnisnehmer(in); **res·i·due** ['rezɪdju:] *s.* **1.** Rest *m* (*a.* ℞, ✝); **2.** ⚗ Rückstand *m*; **3.** ⚖ reiner (Erb)Nachlaß; **re'sid·u·um** [-jʊəm] *pl.* **-u·a** [-jʊə] (*Lat.*) *s.* **1.** *bsd.* ⚗ Rückstand *m*, (*a.* ℞) Re'siduum *n*; **2.** *fig.* Bodensatz *m*, Hefe *f e-s Volkes etc.*

re·sign [rɪ'zaɪn] **I** *v/t.* **1.** *Besitz*, *Hoffnung etc.* aufgeben; verzichten auf (*acc.*); *Amt* niederlegen; **2.** über'lassen (**to** *dat.*); **3.** **~ o.s.** sich anvertrauen *od.* überlassen (**to** *dat.*); **4.** **~ o.s.** (**to**) sich ergeben (in *acc.*), sich abfinden *od.* versöhnen (mit *s-m Schicksal etc.*); **II** *v/i.* **5.** (**to** in *acc.*) sich ergeben, sich fügen; **6.** (**from**) a) zu'rücktreten (von *e-m Amt*), abdanken, b) austreten (aus); **res·ig·na·tion** [,rezɪg'neɪʃn] *s.* **1.** Aufgabe *f*, Verzicht *m*; **2.** Rücktritt(sgesuch *n*) *m*, Amtsniederlegung *f*, Abdankung *f*: **send in** (*od.* **tender**) **one's ~** s-n Rücktritt einreichen; **3.** Ergebung *f* (**to** in *acc.*); **re'signed** [-nd] *adj.* □ ergeben: **he is ~ to his fate** er hat sich mit s-m Schicksal abgefunden.

re·sil·i·ence [rɪ'zɪlɪəns] *s.* Elastizi'tät *f*: a) *phys.* Prallkraft *f*, b) *fig.* Spannkraft *f*; **re'sil·i·ent** [-nt] *adj.* e'lastisch: a) federnd, b) *fig.* spannkräftig, unverwüstlich.

res·in ['rezɪn] **I** *s.* **1.** Harz *n*; **2.** → **rosin** I; **II** *v/t.* **3.** harzen, mit Harz behandeln; **'res·in·ous** [-nəs] *adj.* harzig, Harz...

re·sist [rɪ'zɪst] **I** *v/t.* **1.** wider'stehen (*dat.*): **I cannot ~ doing it** ich muß es einfach tun; **2.** 'Widerstand leisten (*dat. od.* gegen), sich wider'setzen (*dat.*), sich sträuben gegen: **~ing a public officer in the excecution of his duty** ⚖ Widerstand *m* gegen die Staatsgewalt; **II** *v/i.* **3.** 'Widerstand leisten, sich wider'setzen; **III** *s.* **4.** ⚙ Deckmittel *n*, Schutzlack *m*; **re'sist·ance** [-təns] *s.* **1.** Widerstand *m* (**to** gegen): **air ~** *phys.* Luftwiderstand; **~ movement** *pol.* Widerstandsbewegung *f*; **offer ~** Widerstand leisten (**to** *dat.*); **take the line of least ~** den Weg des geringsten Widerstandes einschlagen; **2.** 'Widerstandskraft *f* (*a.* ⚕); ⚙ (*Hitze-*, *Kälte- etc.*)Beständigkeit *f*, (*Biegungs-*, *Säure-*, *Stoß- etc.*)Festigkeit *f*: **~ to wear** Verschleißfestigkeit *f*; **3.** ⚡ Widerstand *m*; **re'sist·ant** [-tənt] *adj.* **1.** wider'stehend, -'strebend; **2.** ⚙ 'widerstandsfähig (**to** gegen), beständig; **re·sis·tiv·i·ty** [rɪzɪ'stɪvətɪ] *s.* ⚡ spe'zifischer Widerstand; **re'sis·tor** [-tə] *s.* ⚡ Widerstand *m* (*Bauteil*).

re·sit I *s.* ['riːsɪt] *ped.* Wieder'holungsprüfung *f*; **II** *v/t.* [ˌriː'sɪt] [*irr.* → **sit**] *Prüfung* wieder'holen; **III** *v/i.* [ˌriː'sɪt] [*irr.* → **sit**] die Prüfung wieder'holen.

re·sole [ˌriː'səʊl] *v/t.* neu besohlen.

res·o·lu·ble [rɪ'zɒljʊbl] *adj.* **1.** ⚗ auflösbar; **2.** *fig.* lösbar.

res·o·lute ['rezəluːt] *adj.* □ entschieden, entschlossen, reso'lut; **'res·o·lute·ness** [-nɪs] *s.* Entschlossenheit *f*; reso'lute Art.

res·o·lu·tion [ˌrezə'luːʃn] *s.* **1.** Entschlossenheit *f*, Entschiedenheit *f*; **2.** Entschluß *m*: **good ~s** gute Vorsätze; **3.** ⚖, *parl.* Beschluß(fassung *f*) *m*, Entschließung *f*, Resoluti'on *f*; **4.** ⚗, ⚓, ♪, *phys.*, *opt.* (*a. Metrik*) Auflösung *f* (**into** in *acc.*); **5.** ⚙ Rasterung *f* (*Bild*); **6.** ⚕ a) Lösung *f e-r Entzündung etc.*, b) Zerteilung *f e-s Tumors*; **7.** *fig.* Lösung *f e-r Frage*; Behebung *f von Zweifeln*.

re·solv·a·ble [rɪ'zɒlvəbl] *adj.* (auf)lösbar (**into** in *acc.*); **re'solve** [rɪ'zɒlv] **I** *v/t.* **1.** *a. opt.*, ⚗, ♪, ⚓ auflösen (**into** in *acc.*): **be ~d into** sich auflösen in (*acc.*); **~d into dust** in Staub verwandelt; **resolving power** *opt.*, *phot.* Auflösungsvermögen *n*; → **committee**; **2.** analysieren; **3.** *fig.* zu'rückführen (**into**, **to** auf *acc.*); **4.** *fig. Frage etc.* lösen; **5.** *fig. Bedenken*, *Zweifel* zerstreuen; **6.** a) beschließen, sich entschließen (**to do** *et.* zu tun), b) entscheiden; **II** *v/i.* **7.** sich auflösen (**into** in *acc.*, **to** zu); **8.** (**on**, **upon s.th.**) (et.) beschließen, sich entschließen (zu et.); **III** *s.* **9.** Entschluß *m*, Vorsatz *m*; **10.** *Am.* → **resolution** 3; **11.** *rhet.* Entschlossenheit *f*; **re'solved** [-vd] *p.p. u. adj.* □ (fest) entschlossen.

res·o·nance ['rezənəns] *s.* Reso'nanz *f* (*a.* ♪, ⚕, *phys.*), Nach-, 'Widerhall *m*, Mitschwingen *n*: **~ box** Resonanzkasten *m*; **'res·o·nant** [-nt] *adj.* □ **1.** 'wider-, nachhallend (**with** von); **2.** volltönend (*Stimme*); **3.** *phys.* mitschwingend, Resonanz...; **'res·o·na·tor** [-neɪtə] *s.* **1.** *phys.* Reso'nator *m*; **2.** ⚡ Reso'nanzkreis *m*.

re·sorb [rɪ'sɔːb] *v/t.* (wieder) aufsaugen, resorbieren; **re'sorb·ence** [-bəns], **re'sorp·tion** [-ɔːpʃn] *s.* Resorpti'on *f*.

re·sort [rɪ'zɔːt] **I** *s.* **1.** Zuflucht *f* (**to** zu); Mittel *n*: **in the** (*od.* **as a**) **last ~** als letzter Ausweg, ‚wenn alle Stricke reißen'; **have ~ to** → 5; **without ~ to force** ohne Gewaltanwendung; **2.** Besuch *m*, Zustrom *m*: **place of ~** (beliebter) Treffpunkt; **3.** (Aufenthalts-, Erholungs)Ort *m*: **health ~** Kurort; **summer ~** Sommerurlaubsort; **II** *v/i.* **4. ~ to** a) sich begeben zu *od.* nach, b) *Ort* oft besuchen; **5. ~ to** s-e Zuflucht nehmen zu, zu'rückgreifen auf (*acc.*), greifen zu, Gebrauch machen von.

re·sound [rɪ'zaʊnd] **I** *v/i.* **1.** 'widerhallen (**with**, **to** von): **~ing** schallend; **2.** erschallen, ertönen (*Klang*); **II** *v/t.* **3.** 'widerhallen lassen.

re·source [rɪ'sɔːs] *s.* **1.** (Hilfs)Quelle *f*, (-)Mittel *n*; **2.** *pl.* a) Mittel *pl.*, Reichtümer *pl. e-s Landes*: **natural ~s** Bodenschätze, b) Geldmittel *pl.*, c) ⚖ *Am.* Ak'tiva *pl.*; **3.** → **resort** 1; **4.** Findig-, Wendigkeit *f*; Ta'lent *n*: **he is full of ~** er weiß sich immer zu helfen; **5.** Entspannung *f*, Unter'haltung *f*; **re'source·ful** [-fʊl] *adj.* □ **1.** reich an Hilfsquellen; **2.** findig, wendig, einfallsreich.

re·spect [rɪ'spekt] **I** *s.* **1.** Rücksicht *f* (**to**, **of** auf *acc.*): **without ~ to persons** ohne Ansehen der Person; **2.** Hinsicht *f*, Beziehung *f*: **in every** (**some**) **~** in jeder (gewisser) Hinsicht; **in ~ of** (*od.* **to**), **with ~ to** (*od.* **of**) hinsichtlich (*gen.*), bezüglich (*gen.*), in Anbetracht (*gen.*); **have ~ to** sich beziehen auf (*acc.*); **3.** (Hoch)Achtung *f*, Ehrerbietung *f*, Re'spekt *m* (**for** vor *dat.*); **4. one's ~s** *pl.* s-e Empfehlungen *pl. od.* Grüße *pl.* (**to** an *acc.*): **give him my ~s** grüßen Sie ihn von mir; **pay one's ~s to** a) *j-n* bestens grüßen, b) *j-m* s-e Aufwartung machen; **II** *v/t.* **5.** sich beziehen auf (*acc.*), betreffen; **6.** (hoch)achten, ehren; **7.** *Gefühle*, *Gesetze etc.* respektieren, (be)achten; **~ o.s.** etwas auf sich halten; **re·spect·a·bil·i·ty** [rɪˌspektə'bɪlətɪ] *s.* **1.** Ehrbarkeit *f*, Achtbarkeit *f*; **2.** Ansehen *n*; ⚖ Solidi'tät *f*; **3.** a) *pl.* Re'spektsperˌsonen *pl.*, Honorati'oren *pl.*, b) Re'spektsperˌson *f*; **4.** *pl.* Anstandsregeln *pl.*; **re'spect·a·ble** [-təbl] *adj.* □ **1.** ansehnlich, (recht) beachtlich; **2.** acht-, ehrbar; anständig, so'lide; **3.** angesehen, geachtet; **4.** kor'rekt, konventio'nell; **re'spect·er** [-tə] *s.*: **be no ~ of persons** ohne Ansehen der Person handeln; **re'spect·ful** [-fʊl] *adj.*

□ re'spektvoll (*a. iro. Entfernung*), ehrerbietig, höflich: ***Yours ~ly*** mit vorzüglicher Hochachtung (*Briefschluß*); **re'spect·ing** [-tɪŋ] *prp.* bezüglich (*gen.*), hinsichtlich (*gen.*), über (*acc.*); **re'spec·tive** [-tɪv] *adj.* □ jeweilig (*jedem einzeln zukommend*), verschieden: ***to our ~ places*** *wir gingen* jeder an s-n Platz; **re'spec·tive·ly** [-tɪvlɪ] *adv.* a) beziehungsweise, b) in dieser Reihenfolge.

res·pi·ra·tion [ˌrespəˈreɪʃn] *s.* Atmung *f*, Atmen *n*, Atemholen *n*: ***artificial ~*** künstliche Beatmung; **res·pi·ra·tor** [ˈrespəreɪtə] *s.* **1.** *Brit.* Gasmaske *f*; **2.** Atemfilter *m*; **3.** ⚕ Atemgerät *n*, 'Sauerstoffappaˌrat *m*; **re·spir·a·to·ry** [rɪˈspaɪərətərɪ] *adj. anat.* Atmungs…

re·spire [rɪˈspaɪə] **I** *v/i.* **1.** atmen; **2.** *fig.* aufatmen; **II** *v/t.* **3.** (ein)atmen; *poet.* atmen.

res·pite [ˈrespaɪt] **I** *s.* **1.** Frist *f*, (Zahlungs)Aufschub *m*, Stundung *f*; **2.** ⚖ a) Aussetzung *f* des Voll'zugs (*der Todesstrafe*), b) Strafaufschub *m*; **3.** *fig.* (Atem-, Ruhe)Pause *f*; **II** *v/t.* **4.** auf-, verschieben; **5.** *j-m* Aufschub gewähren, e-e Frist einräumen; **6.** ⚖ die Voll'streckung des Urteils an *j-m* aufschieben; **7.** Erleichterung von *Schmerz etc.* verschaffen.

re·splend·ence [rɪˈsplendəns], **re'splend·en·cy** [-sɪ] *s.* Glanz *m* (*a. fig. Pracht*); **re'splend·ent** [-nt] *adj.* □ glänzend, strahlend, prangend.

re·spond [rɪˈspɒnd] *v/i.* **1.** (***to***) antworten (auf *acc.*) (*a. eccl.*), *Brief etc.* beantworten; **2.** *fig.* antworten, er'widern (***with*** mit); **3.** *fig.* (***to***) reagieren *od.* ansprechen (auf *acc.*), empfänglich sein (für), eingehen auf (*acc.*): ***~ to a call*** e-m Rufe folgen; **4.** ⚙ ansprechen (*Motor*), gehorchen; **re'spond·ent** [-dənt] **I** *adj.* **1.** ***~ to*** reagierend auf (*acc.*), empfänglich für; **2.** ⚖ beklagt; **II** *s.* **3.** ⚖ a) (Scheidungs)Beklagte(r *m*) *f*, b) Berufungsbeklagte(r *m*) *f*.

re·sponse [rɪˈspɒns] *s.* **1.** Antwort *f*, Erwiderung *f*: ***in ~ to*** als Antwort auf (*acc.*), in Erwiderung (*gen.*); **2.** *fig.* a) Reakti'on *f* (*a. biol.*, *psych.*), Antwort *f*, b) 'Widerhall *m* (*alle*: ***to*** auf *acc.*): ***meet with a good ~*** Widerhall *od.* e-e gute Aufnahme finden; **3.** *eccl.* Antwort(strophe) *f*; **4.** ⚙ Ansprechen *n* (*des Motors etc.*).

re·spon·si·bil·i·ty [rɪˌspɒnsəˈbɪlətɪ] *s.* **1.** Verantwortlichkeit *f*; **2.** Verantwortung *f* (***for***, ***of*** für): ***on one's own ~*** auf eigene Verantwortung; **3.** ⚖ a) Zurechnungsfähigkeit *f*, b) Haftbarkeit *f*; **4.** Vertrauenswürdigkeit *f*; ⚕ Zahlungsfähigkeit *f*; **5.** *oft pl.* Verbindlichkeit *f*, Verpflichtung *f*; **re·spon·si·ble** [rɪˈspɒnsəbl] *adj.* □ **1.** verantwortlich (***to*** *dat.*, ***for*** für): ***~ partner*** ⚕ persönlich haftender Gesellschafter; **2.** ⚖ a) zurechnungsfähig, b) geschäftsfähig, c) haftbar; **3.** verantwortungsbewußt, zuverlässig; ⚕ so'lide, zahlungsfähig; **4.** verantwortungsvoll, verantwortlich (*Stellung*): ***used to ~ work*** an selbständiges Arbeiten gewöhnt; **5.** (***for***) a) schuld (an *dat.*), verantwortlich (für), b) die Ursache (*gen. od.* von); **re·spon·sive** [rɪˈspɒnsɪv] *adj.* □ **1.** Antwort…, antwortend (***to*** auf *acc.*); **2.** (***to***) (leicht) reagierend (auf *acc.*), ansprechbar; *weitS.* empfänglich *od.* zugänglich *od.* aufgeschlossen (für): ***be ~ to*** a) ansprechen *od.* reagieren auf (*acc.*), b) eingehen auf (*j-n*), (*e-m Bedürfnis etc.*) entgegenkommen; **3.** ⚙ e'lastisch (*Motor*).

rest[1] [rest] **I** *s.* **1.** (*a.* Nacht)Ruhe *f*, Rast *f*; *fig.* a) Ruhe *f* (*Frieden*, *Untätigkeit*), b) Ruhepause *f*, Erholung *f*, c) ewige *od.* letzte Ruhe (*Tod*); *phys.* Ruhe(lage *f*): ***at ~*** in Ruhe, ruhig; ***be at ~*** a) ruhen (*Toter*), b) beruhigt sein, c) ⚙ sich in Ruhelage befinden; ***give a ~ to*** a) *Maschine etc.* ruhen lassen, b) F *et.* auf sich beruhen lassen; ***have a good night's ~*** gut schlafen; ***lay to ~*** zur letzten Ruhe betten; ***set s.o.'s mind at ~*** j-n beruhigen; ***set a matter at ~*** e-e Sache (endgültig) entscheiden *od.* erledigen; ***take a ~*** sich ausruhen; **2.** Ruheplatz *m* (*a. Grab*), Raststätte *f*; Aufenthalt *m*; Herberge *f*, Heim *n*; **3.** ⚙ a) Auflage *f*, Stütze *f*, (Arm)Lehne *f*, (Fuß)Raste *f*, *teleph.* Gabel *f*, b) Sup'port *m e-r Drehbank*, c) ⚔ (Gewehr)Auflage *f*; **4.** ♪ Pause *f*; **5.** *Metrik*: Zä'sur *f*; **II** *v/i.* **6.** ruhen, schlafen (*a. Toter*); **7.** (sich aus-) ruhen, rasten, e-e (Ruhe)Pause einlegen: ***let a matter ~*** *fig.* e-e Sache auf sich beruhen lassen; ***the matter cannot ~ there*** damit kann es nicht sein Bewenden haben; **8.** sich stützen: ***~ against*** sich stützen *od.* lehnen gegen, ⚙ anliegen an (*acc.*); ***~ (up)on*** a) ruhen auf (*dat.*) (*a. Last*, *Blick*, *Schatten etc.*), b) *fig.* beruhen auf (*dat.*), sich stützen auf (*acc.*), c) *fig.* sich verlassen auf (*acc.*); **9.** ***~ with*** bei *j-m* liegen (*Entscheidung*, *Schuld*), in *j-s* Händen liegen, von *j-m* abhängen, *j-m* über'lassen bleiben; **10.** ⚖ *Am.* → 16; **III** *v/t.* **11.** (aus)ruhen lassen, *j-m* Ruhe gönnen: ~

o.s. sich ausruhen; ***God ~ his soul*** Gott hab' ihn selig; **12.** *Augen*, *Stimme* schonen; **13.** legen, lagern (***on*** auf *acc.*); **14.** *Am.* F *Hut etc.* ablegen; **15.** ***~ one's case*** ⚖ *Am.* den Beweisvortrag abschließen.

rest² [rest] **I** *s.* **1.** Rest *m*; (*das*) übrige, (*die*) übrigen: ***and all the ~ of it*** und alles übrige; ***the ~ of us*** wir übrigen; ***for the ~*** im übrigen; **2.** ✝ *Brit.* Re'serveˌfonds *m*; **3.** ✝ *Brit.* a) Bilanzierung *f*, b) Restsaldo *m*; **II** *v/i.* **4.** *in e-m Zustand* bleiben, weiterhin sein: ***~ assured that*** seien Sie versichert *od.* verlassen Sie sich darauf, daß; **5.** ***~ with*** → ***rest¹*** 9.

re·state [ˌriː'steɪt] *v/t.* neu (u. besser) formulieren; **ˌre'state·ment** [-mənt] *s.* neue Darstellung *od.* Formulierung.

res·tau·rant ['restərɔ̃ːŋ] (*Fr.*) *s.* Restau'rant *n*, Gaststätte *f*: ***~ car*** Speisewagen *m*.

rest| cure ⚕ Liegekur *f*; **~ home** *s.* Alten- *od.* Pflegeheim *n*.

rest·ed ['restɪd] *p.p. u. adj.* ausgeruht, erholt; **rest·ful** ['restfʊl] *adj.* □ **1.** ruhig, friedlich; **2.** erholsam, gemütlich; **3.** bequem, angenehm.

rest house *s.* Rasthaus *n*.

rest·ing place ['restɪŋ] *s.* **1.** Ruheplatz *m*; **2.** (letzte) Ruhestätte, Grab *n*.

res·ti·tu·tion [ˌrestɪ'tjuːʃn] *s.* **1.** Restituti'on *f*: a) (Zu)'Rückerstattung *f*, b) Entschädigung *f*, c) Wieder'gutmachung *f*, d) Wieder'herstellung *f von Rechten etc.*: ***make ~*** Ersatz leisten (***of*** für); **2.** *phys.* (e'lastische) Rückstellung; **3.** *phot.* Entzerrung *f*.

res·tive ['restɪv] *adj.* □ **1.** unruhig, ner'vös; **2.** störrisch, 'widerspenstig, bokkig (*a. Pferd*); **'res·tive·ness** [-nɪs] *s.* **1.** Unruhe *f*, Ungeduld *f*; **2.** 'Widerspenstigkeit *f*.

rest·less ['restlɪs] *adj.* □ **1.** ruhe-, rastlos; **2.** unruhig; **3.** schlaflos (*Nacht*); **'rest·less·ness** [-nɪs] *s.* **1.** Ruhe-, Rastlosigkeit *f*; **2.** (ner'vöse) Unruhe, Unrast *f*.

re·stock [ˌriː'stɒk] **I** *v/t.* **1.** ✝ a) *Lager* wieder auffüllen, b) *Ware* wieder auf Lager nehmen; **2.** *Gewässer* wieder mit Fischen besetzen; **II** *v/i.* **3.** neuen Vorrat einlagern.

res·to·ra·tion [ˌrestə'reɪʃn] *s.* **1.** Wieder'herstellung *f* (*e-s Zustandes*, *der Gesundheit etc.*); **2.** Restaurierung *f e-s Kunstwerks etc.*; **3.** Rückerstattung *f*, -gabe *f*; **4.** Wieder'einsetzung *f* (***to*** in *ein Amt*); **5.** ***the ℛ*** *hist.* die Restaurati'on; **re·stor·a·tive** [rɪ'stɒrətɪv] ⚕ **I** *adj.* □ **1.** stärkend; **II** *s.* **2.** Stärkungsmittel *n*; **3.** 'Wiederbelebungsmittel *n*.

re·store [rɪ'stɔː] *v/t.* **1.** *Einrichtung*, *Gesundheit*, *Ordnung etc.* wieder'herstellen; **2.** a) *Kunstwerk etc.* restaurieren, b) ⚙ in'stand setzen; **3.** *j-n* wieder'einsetzen (***to*** in *acc.*); **4.** zu'rückerstatten, -bringen, -geben: ***~ s.th. to its place*** et. an s-n Platz zurückstellen; ***~ the receiver*** *teleph.* den Hörer auflegen *od.* einhängen; ***~ s.o.*** (***to health***) j-n gesund machen *od.* wiederherstellen; ***~ s.o. to liberty*** j-m die Freiheit wiedergeben; ***~ s.o. to life*** j-n ins Leben zurückrufen; ***~ a king*** (***to the throne***) e-n König wieder auf den Thron setzen; **re'stor·er** [-ɔːrə] *s.* **1.** Wieder'hersteller (-in); **2.** Restau'rator *m*, Restaura'torin *f*; **3.** Haarwuchsmittel *n*.

re·strain [rɪ'streɪn] *v/t.* **1.** zu'rückhalten: ***~ s.o. from doing s.th.*** j-n davon abhalten, et. zu tun; ***~ing order*** ⚖ Unterlassungsurteil *n*; **2.** a) in Schranken halten, Einhalt gebieten (*dat.*), b) *Pferd* im Zaum halten, zügeln (*a. fig.*); **3.** *Gefühl* unter'drücken, bezähmen; **4.** a) einsperren, -schließen, b) *Geisteskranken* in e-r Anstalt 'unterbringen; **5.** *Macht etc.* be-, einschränken; **6.** ✝ *Produktion etc.* drosseln; **re'strained** [-nd] *adj.* □ **1.** zu'rückhaltend, beherrscht, maßvoll; **2.** verhalten, gedämpft; **re'straint** [-nt] *s.* **1.** Einschränkung *f*, Beschränkung(en *pl.*) *f*; Hemmnis *n*, Zwang *m*: ***~ of*** (*od.* ***upon***) ***liberty*** Beschränkung der Freiheit; ***~ of trade*** a) Beschränkung des Handels, b) Einschränkung des freien Wettbewerbs, Konkurrenzverbot *n*; ***~ clause*** Konkurrenzklausel *f*; ***call for ~*** Maßhalteappell *m*; ***without ~*** frei, ungehemmt, offen; **2.** ⚖ Freiheitsbeschränkung *f*, Haft *f*: ***place s.o. under ~*** j-n in Gewahrsam nehmen; **3.** a) Zu'rückhaltung *f*, Beherrschtheit *f*, b) (künstlerische) Zucht.

re·strict [rɪ'strɪkt] *v/t.* a) einschränken, b) beschränken (***to*** auf *acc.*): ***be ~ed to doing*** sich darauf beschränken müssen, *et.* zu tun; **re'strict·ed** [-tɪd] *adj.* □ eingeschränkt, beschränkt, begrenzt: ***~!*** nur für den Dienstgebrauch!; ***~ area*** Sperrgebiet *n*; ***~ district*** Gebiet *n* mit bestimmten Baubeschränkungen; **re'stric·tion** [-kʃn] *s.* **1.** Ein-, Beschränkung *f* (***of***, ***on*** *gen.*): ***~s on imports*** Einfuhrbeschränkungen; ***~s of space*** räumliche Beschränktheit; ***without ~s*** uneingeschränkt; **2.** Vorbehalt *m*; **re'stric·tive** [-tɪv] **I** *adj.* □ be-, einschränkend (***of*** *acc.*): ~ ***clause*** a) *ling.* einschränkender Relativsatz, b) ✝ einschränkende Bestimmung; **II** *s. ling.* Einschränkung *f.*

rest room *s. Am.* Toi'lette *f* (*Hotel etc.*).

re·struc·ture [ˌriːˈstrʌktʃə] *v/t.* ˈumstrukturieren.

re·sult [rɪˈzʌlt] **I** *s.* **1.** *a.* ⩚ Ergebnis *n*, Resulˈtat *n*; (*a.* guter) Erfolg: ***without*** ~ ergebnislos; **2.** Folge *f*, Aus-, Nachwirkung *f*: ***as a*** ~ a) die Folge war, daß, b) folglich; ***get*** ~***s*** Erfolge erzielen, et. erreichen; **II** *v/i.* **3.** sich ergeben, resultieren (***from*** aus): ~ ***in*** hinauslaufen auf (*acc.*), zur Folge haben (*acc.*), enden mit (*dat.*); **reˈsult·ant** [-tənt] **I** *adj.* **1.** sich ergebend, (dabei *od.* daraus) entstehend, resultierend (***from*** aus); **II** *s.* **2.** *phys.*, ⩚ Resulˈtante *f*; **3.** (End)Ergebnis *n*.

re·sume [rɪˈzjuːm] **I** *v/t.* **1.** *Tätigkeit etc.* wiederˈaufnehmen, wieder anfangen; fortsetzen: ***he*** ~***d painting*** er begann wieder zu malen, er malte wieder; **2.** ˈwiedererlangen; *Platz* wieder einnehmen; *Amt*, *Kommando* wieder überˈnehmen; *Namen* wieder annehmen; **3.** resümieren, zs.-fassen; **II** *v/i.* **4.** s-e Tätigkeit wiederˈaufnehmen; **5.** *in s-r Rede* fortfahren; **6.** wieder beginnen.

ré·su·mé [ˈrezjuːmeɪ] (*Fr.*) *s.* **1.** Resüˈmee *n*, Zs.-fassung *f*; **2.** *bsd. Am.* Lebenslauf *m*.

re·sump·tion [rɪˈzʌmpʃn] *s.* **1.** a) Zuˈrücknahme *f*, b) ✝ Liˈzenzentzug *m*; **2.** Wiederˈaufnahme *f e-r Tätigkeit*, *von Zahlungen etc.*

re·sur·gence [rɪˈsɜːdʒəns] *s.* Wiederemˈporkommen *n*, Wiederˈaufleben *n*, -ˈaufstieg *m*, ˈWiedererweckung *f*; **reˈsur·gent** [-nt] *adj.* wiederˈauflebend, ˈwiedererwachend.

res·ur·rect [ˌrezəˈrekt] *v/t.* **1.** F wieder zum Leben erwecken; **2.** *fig. Sitte* wiederˈaufleben lassen; **3.** *Leiche* ausgraben; **ˌres·urˈrec·tion** [-kʃn] *s.* **1.** (*eccl.* ♀) Auferstehung *f*; **2.** *fig.* Wiederˈaufleben *n*, ˈWiedererwachen *n*; **3.** Leichenraub *m*.

re·sus·ci·tate [rɪˈsʌsɪteɪt] **I** *v/t.* **1.** ˈwiederbeleben; **2.** *fig.* ˈwiedererwecken, wiederˈaufleben lassen; **II** *v/i.* **3.** das Bewußtsein ˈwiedererlangen; **4.** wiederˈaufleben; **re·sus·ci·ta·tion** [rɪˌsʌsɪˈteɪʃn] *s.* **1.** ˈWiederbelebung *f* (*a. fig. Erneuerung*); **2.** Auferstehung *f*.

ret [ret] **I** *v/t. Flachs etc.* rösten, rötten; **II** *v/i.* verfaulen (*Heu*).

re·tail [ˈriːteɪl] **I** *s.* Einzel-, Kleinhandel *m*, Kleinverkauf *m*, Deˈtailgeschäft *n*: ***by*** (*Am.* ***at***) ~ → III; **II** *adj.* Einzel-, Kleinhandels...: ~ ***bookseller*** Sortimentsbuchhändler *m*; ~ ***dealer*** Einzelhändler *m*; ~ ***price*** Einzelhandels-, Ladenpreis *m*; ~ ***trade*** → I; **III** *adv.* im Einzelhandel, einzeln, en deˈtail: ***sell*** ~; **IV** *v/t.* [riːˈteɪl] a) *Waren* im kleinen *od.* en deˈtail verkaufen, b) *Klatsch* weitergeben, (haarklein) weitererzählen; **V** *v/i.* [riːˈteɪl] im Einzelhandel verkauft werden (***at*** zu *6 Dollar etc.*); **re·tail·er** [riːˈteɪlə] *s.* **1.** ✝ Einzel-, Kleinhändler (-in); **2.** Erzähler(in), Verbreiter(in) *von Klatsch etc.*

re·tain [rɪˈteɪn] *v/t.* **1.** zuˈrück(be)halten, einbehalten; **2.** *Eigenschaft*, *Posten etc.*, *a. im Gedächtnis* behalten; *a. Geduld etc.* bewahren; **3.** *Brauch* beibehalten; **4.** *j-n* in s-n Diensten halten: ~ ***a lawyer*** e-n Anwalt nehmen; ~***ing fee*** → ***retainer*** 2 a; **5.** ⚙ halten, sichern, stützen; *Wasser* stauen: ~***ing nut*** Befestigungsmutter *f*; ~***ing ring*** Sprengring *m*; ~***ing wall*** Stütz-, Staumauer *f*; **reˈtain·er** [-nə] *s.* **1.** *hist.* Gefolgsmann *m*: ***old*** ~ F altes Faktotum; **2.** ⚖ a) Verpflichtung *f* e-s Anwalts, b) Honoˈrarvorschuß *m*: ***general*** ~ Pauschalhonorar *n*, c) Proˈzeßvollmacht *f*; **3.** ⚙ a) Befestigungsteil *n*, b) Käfig *m e-s Kugellagers*.

re·take [ˌriːˈteɪk] **I** *v/t.* [*irr.* → ***take***] **1.** wieder (an-, ein-, zuˈrück)nehmen; **2.** ⚔ wiederˈeinnehmen; **3.** *Film*: *Szene etc.* wiederˈholen, nochmals (ab)drehen; **II** *s.* [ˈriːteɪk] **4.** *Film*: Reˈtake *n*, Wiederˈholung *f*.

re·tal·i·ate [rɪˈtælɪeɪt] **I** *v/i.* Vergeltung üben, sich rächen (***upon s.o.*** an j-m); **II** *v/t.* vergelten, sich rächen für, heimzahlen; **re·tal·i·a·tion** [rɪˌtælɪˈeɪʃn] *s.* Vergeltung *f*: ***in*** ~ als Vergeltung(smaßnahme); **reˈtal·i·a·to·ry** [-ɪətərɪ] *adj.* Vergeltungs...: ~ ***duty*** ✝ Kampfzoll *m*.

re·tard [rɪˈtɑːd] *v/t.* **1.** verzögern, -langsamen, aufhalten; **2.** *phys.* retardieren, verzögern; *Elektronen* bremsen: ***be*** ~***ed*** nacheilen; **3.** *biol.* retardieren; **4.** *psych. j-s.* Entwicklung hemmen: ~***ed child*** zurückgebliebenes Kind; ***mentally*** ~***ed*** geistig zurückgeblieben; **5.** *mot. Zündung* nachstellen: ~***ed ignition*** a) Spätzündung *f*, b) verzögerte Zündung; **re·tar·da·tion** [ˌriːtɑːˈdeɪʃn] *s.* **1.** Verzögerung *f* (*a. phys.*), -langsamung *f*, -spätung *f*; Aufschub *m*; **2.** ⩚, *phys.*, *biol.* Retardatiˈon *f*; *phys.* (*Elektronen-*) Bremsung *f*; **3.** *psych.* a) Entwicklungshemmung *f*, b) ˈUnterentwickeltheit *f*; **4.** ♪ a) Verlangsamung *f*, b) aufwärtsgehender Vorhalt.

retch [retʃ] *v/i.* würgen (*beim Erbrechen*).

re·tell [ˌriːˈtel] *v/t.* [*irr.* → ***tell***] **1.** nochmals erzählen *od.* sagen, wiederˈholen; **2.** *ped.* nacherzählen.

re·ten·tion [rɪˈtenʃn] *s.* **1.** Zuˈrückhalten *n*; **2.** Einbehaltung *f*; **3.** Beibehaltung *f* (*a. von Bräuchen etc.*), Bewahrung *f*; **4.** ⚕ Verhalten *n*; **5.** Festhalten *n*, Halt *m*: ~ ***pin*** ⚙ Arretierstift *m*; **6.** Merken *n*, Merkfähigkeit *f*; **reˈten·tive** [-ntɪv] *adj.* □ **1.** (zuˈrück)haltend (***of*** *acc.*); **2.** erhaltend, bewahrend; gut (*Gedächtnis*); **3.** Wasser speichernd.

re·think [ˌriːˈθɪŋk] *v/t.* [*irr.* → ***think***] *et.* nochmals überˈdenken; **ˌreˈthink·ing** [-kɪŋ] *s.* ˈUmdenken *n*.

ret·i·cence [ˈretɪsəns] *s.* **1.** Verschwiegenheit *f*, Schweigsamkeit *f*; **2.** Zuˈrückhaltung *f*; **ˈret·i·cent** [-nt] *adj.* □ verschwiegen (***about***, ***on*** über *acc.*), schweigsam; zuˈrückhaltend.

ret·i·cle [ˈretɪkl] *s. opt.* Fadenkreuz *n*.

re·tic·u·lar [rɪˈtɪkjʊlə] *adj.* □ netzartig, -förmig, Netz…; **reˈtic·u·late I** *adj.* □ [-lət] netzartig, -förmig; **II** *v/t.* [-leɪt] netzförmig mustern *od.* bedecken; **III** *v/i.* [-leɪt] sich verästeln; **reˈtic·u·lat·ed** [-leɪtɪd] *adj.* netzförmig, maschig, Netz…: ~ ***glass*** Filigranglas *n*; **re·tic·u·la·tion** [rɪˌtɪkjʊˈleɪʃn] *s.* Netzwerk *n*; **ret·i·cule** [ˈretɪkjuːl] *s.* **1.** → ***reticle***; **2.** Damentasche *f*; Arbeitsbeutel *m*; **re·ti·form** [ˈriːtɪfɔːm] *adj.* netz-, gitterförmig.

ret·i·na [ˈretɪnə] *s. anat.* Retina *f*, Netzhaut *f*.

ret·i·nue [ˈretɪnjuː] *s.* Gefolge *n*.

re·tire [rɪˈtaɪə] **I** *v/i.* **1.** *allg.* sich zuˈrückziehen (*a.* ⚔): ~ (***from business***) *a.* sich zur Ruhe setzen; ~ ***into o.s.*** sich verschließen; ~ (***to rest***) sich zur Ruhe begeben, schlafen gehen; **2.** ab-, zuˈrücktreten; in den Ruhestand treten, in Pensiˈon *od.* Rente gehen, s-n Abschied nehmen (*Beamter*); **3.** *fig.* zuˈrücktreten (*Hintergrund, Ufer etc.*); **II** *v/t.* **4.** zuˈrückziehen (*a.* ⚔); **5.** ✝ *Noten* aus dem Verkehr ziehen; *Wechsel* einlösen; **6.** *bsd.* ⚔ verabschieden, pensionieren; → ***retired*** 1; **reˈtired** [-əd] *p.p. u. adj.* □ **1.** pensioniert, im Ruhestand (lebend): ~ ***general*** General a.D. *od.* außer Dienst; ~ ***pay*** Ruhegeld *n*, Pension *f*; ***be placed on the ~ list*** ⚔ den Abschied erhalten; **2.** im Ruhestand (lebend); **3.** zuˈrückgezogen (*Leben*); **4.** abgelegen, einsam (*Ort*): **reˈtire·ment** [-mənt] *s.* **1.** (Sich)Zuˈrückziehen *n*; **2.** Aus-, Rücktritt *m*, Ausscheiden *n*; **3.** Ruhestand *m*: ***early*** ~ vorzeitiger Ruhestand; ~ ***pension*** (Alters)Rente *f*, Ruhegeld *n*; ~ ***pensioner*** (Alters)Rentner(in), Ruhegeldempfänger(in); ***go into*** ~ sich ins Privatleben zurückziehen; **4.** *j-s* Zuˈrückgezogenheit *f*; **5.** a) Abgeschiedenheit *f*, b) abgelegener Ort, Zuflucht *f*; **6.** ⚔ (planmäßige) Absetzbewegung, Rückzug *m*; **7.** ✝ Einziehung *f*; **reˈtir·ing** [-ərɪŋ] *adj.* □ **1.** Ruhestands…: ~ ***age*** Renten-, Pensionsalter *n*; ~ ***pension*** Ruhegeld *n*; **2.** *fig.* zuˈrückhaltend, bescheiden; **3.** unauffällig, deˈzent (*Farbe etc.*); **4.** ~ ***room*** a) Privatzimmer *n*, b) Toilette *f*.

re·tool [ˌriːˈtuːl] *v/t. Fabrik* mit neuen Maˈschinen ausrüsten.

re·tort[1] [rɪˈtɔːt] **I** *s.* **1.** (scharfe *od.* treffende) Entgegnung, (schlagfertige) Antwort; Erwiderung *f*; **II** *v/t.* **2.** (darauf) erwidern; **3.** *Beleidigung etc.* zuˈrückgeben (***on s.o.*** j-m); **III** *v/i.* **4.** (scharf *od.* treffend) erwidern, entgegnen.

re·tort[2] [rɪˈtɔːt] *s.* ⚗, ⚙ Reˈtorte *f*.

re·tor·tion [rɪˈtɔːʃn] *s.* **1.** (Sich)ˈUmwenden *n*, Zuˈrückströmen *n*, -biegen *n*, -beugen *n*; **2.** *Völkerrecht*: Retorsiˈon *f* (*Vergeltungsmaßnahme*).

re·touch [ˌriːˈtʌtʃ] **I** *v/t. et.* überˈarbeiten; *phot.* retuschieren; **II** *s.* Reˈtusche *f*.

re·trace [rɪˈtreɪs] **I** *v/t.* (*a. fig. Stammbaum etc.*) zuˈrückverfolgen; *fig.* zuˈrückführen (***to*** auf *acc.*): ~ ***one's steps*** a) (denselben Weg) zurückgehen, b) *fig.* die Sache ungeschehen machen; **II** *s.* ⚡ Rücklauf *m*.

re·tract [rɪˈtrækt] **I** *v/t.* **1.** *Behauptung* zuˈrücknehmen, (*a.* ⚖ *Aussage*) widerˈrufen; **2.** *Haut, Zunge etc., a.* ⚖ *Anklage* zuˈrückziehen; **3.** *zo. Klauen etc., a.* ✈ *Fahrgestell* einziehen; **II** *v/i.* **4.** sich zurückziehen; **5.** widerrufen, es zurücknehmen; **6.** zuˈrücktreten (***from*** von *e-m Entschluß, e-m Vertrag etc.*); **reˈtract·a·ble** [-təbl] *adj.* **1.** einziehbar: ~ ***landing gear*** ✈ einziehbares Fahrgestell; **2.** zuˈrückziehbar; **3.** zuˈrücknehmbar, zu widerˈrufen(d); **re·trac·ta·tion** [ˌriːtrækˈteɪʃn] → ***retraction*** 1; **reˈtrac·tile** [-taɪl] *adj.* **1.** einziehbar; **2.** *a. anat.* zuˈrückziehbar; **reˈtrac·tion** [-kʃn] *s.* **1.** Zuˈrücknahme *f*, ˈWiderruf *m*; **2.** Zuˈrück-, Einziehen *n*; **3.** ⚕, *zo.* Retraktiˈon *f*; **reˈtrac·tor** [-tə] *s.* **1.** *anat.* Retraktiˈonsmuskel *m*; **2.** ⚕ Reˈtraktor *m*, Wundhaken *m*.

re·train [ˌriː'treɪn] *v/t.* *j-n* 'umschulen; ˌ**re'train·ing** [-nɪŋ] *s.* *a.* ***occupational*** **~** 'Umschulung *f.*

re·trans·late [ˌriːtræns'leɪt] *v/t.* (zu-) 'rücküberˌsetzen; ˌ**re·trans'la·tion** [-eɪʃn] *s.* 'Rücküberˌsetzung *f.*

re·tread [ˌriː'tred] **I** *v/t.* ⚙ *Reifen* runderneuern; **II** ['riːtred] *s.* runderneuerter Reifen.

re·treat [rɪ'triːt] **I** *s.* **1.** *bsd.* ⚔ Rückzug *m*: ***beat a*** **~** *fig.* das Feld räumen, klein beigeben; ***sound the*** (*od.* ***a***) **~** zum Rückzug blasen; ***there was no*** **~** es gab kein Zurück; **2.** Zufluchtsort *m*, Schlupfwinkel *m*; **3.** Anstalt *f für Geisteskranke etc.*; **4.** Zu'rückgezogenheit *f*, Abgeschiedenheit *f*; **5.** ⚔ Zapfenstreich *m*; **II** *v/i.* **6.** *a.* ⚔ sich zu'rückziehen; **7.** zu'rücktreten, -weichen (*z.B. Meer*): **~*ing chin*** fliehendes Kinn; **III** *v/t.* **8.** *bsd. Schachfigur* zu'rückziehen.

re-treat [ˌriː'triːt] *v/t.* *allg.* erneut behandeln.

re·trench [rɪ'trentʃ] **I** *v/t.* **1.** *Ausgaben etc.* einschränken, *a. Personal* abbauen; **2.** beschneiden, kürzen; **3.** a) *Textstelle* streichen, b) *Buch* zs.-streichen; **4.** *Festungswerk* mit inneren Verschanzungen versehen; **II** *v/i.* **5.** sich einschränken, Sparmaßnahmen 'durchführen, sparen; **re'trench·ment** [-mənt] *s.* **1.** Einschränkung *f*, (*Kosten-*, *Personal-*) Abbau *m*; Sparmaßnahme *f*; (Gehalts-) Kürzung *f*; **2.** Streichung *f*, Kürzung *f*; **3.** ⚔ Verschanzung *f*, innere Verteidigungsstellung.

re·tri·al [ˌriː'traɪəl] *s.* **1.** nochmalige Prüfung; **2.** ⚖ Wieder'aufnahmeverfahren *n.*

ret·ri·bu·tion [ˌretrɪ'bjuːʃn] *s.* Vergeltung *f*, Strafe *f*; **re·trib·u·tive** [rɪ'trɪbjʊtɪv] *adj.* □ vergeltend, Vergeltungs…

re·triev·a·ble [rɪ'triːvəbl] *adj.* □ **1.** 'wiederzugewinnen(d); **2.** wieder'gutzumachen(d), wettzumachen(d); **re'trieve** [rɪ'triːv] **I** *v/t.* **1.** *hunt.* apportieren; **2.** 'wiederfinden, -bekommen; **3.** (sich *et.*) zu'rückholen; **4.** *et.* her'ausholen, -fischen (***from*** aus); **5.** *fig.* 'wiedergewinnen, -erlangen; *Fehler* wieder'gutmachen; *Verlust* wettmachen; **6.** *j-n* retten (***from*** aus); **7.** *et.* der Vergessenheit entreißen; **II** *s.* **8.** ***beyond*** (*od.* ***past***) **~** unwiederbringlich dahin; **re'triev·er** [-və] *s.* *hunt.* Re'triever *m*, *allg.* Apportierhund *m.*

retro- [retrəʊ] *in Zssgn* zurück…, rück(-wärts)…, Rück…; entgegengesetzt; hinter…; ˌ**ret·ro'ac·tive** *adj.* □ **1.** ⚖ rückwirkend; **2.** zu'rückwirkend; ˌ**ret·ro'ces·sion** *s.* **1.** a) *a.* ⚕ Zu'rückgehen *n*, b) ⚕ Nach'innenschlagen *n*; **2.** ⚖ 'Wieder-, Rückabtretung *f*; ˌ**ret·ro·gra'da·tion** *s.* **1.** → ***retrogression*** 1; **2.** Zu'rückgehen *n*; **3.** *fig.* Rück-, Niedergang *m*; **ret·ro·grade** ['retrəʊgreɪd] **I** *adj.* **1.** ⚕, ♪, *ast.*, *zo.* rückläufig; **2.** *fig.* rückgängig, -läufig, Rückwärts…, rückschrittlich; **II** *v/i.* **3.** a) rückläufig sein, b) zu'rückgehen; **4.** rückwärts gehen; **5.** *bsd. biol.* entarten.

ret·ro·gres·sion [ˌretrəʊ'greʃn] *s.* **1.** *ast.* rückläufige Bewegung; **2.** *bsd. biol.* Rückentwicklung *f*; **3.** *fig.* Rückgang *m*, -schritt *m*; ˌ**ret·ro'gres·sive** [-esɪv] *adj.* □ **1.** *bsd. biol.* rückschreitend: **~** ***metamorphosis*** *biol.* Rückbildung *f*; **2.** *fig.* rückschrittlich; **3.** *fig.* nieder-, zu'rückgehend; **ret·ro·rock·et** ['retrəʊˌrɒkɪt] *s.* 'Bremsraˌkete *f*; **ret·ro·spect** ['retrəʊspekt] *s.* Rückblick *m*, -schau *f* (***of***, ***on*** auf *acc.*): ***in*** (***the***) **~** rückschauend, im Rückblick; **ret·ro·spec·tion** [ˌretrəʊ'spekʃn] *s.* Erinnerung *f*; Zu'rückblicken *n*; **ret·ro·spec·tive** [ˌretrəʊ'spektɪv] *adj.* □ **1.** zu'rückblickend; **2.** nach rückwärts *od.* hinten (gerichtet); **3.** ⚖ rückwirkend.

ret·rous·sé [rə'truːseɪ] (*Fr.*) *adj.* nach oben gebogen: **~** ***nose*** Stupsnase *f.*

re·try [ˌriː'traɪ] *v/t.* ⚖ a) *Prozeß* wieder'aufnehmen, b) neu verhandeln gegen *j-n.*

re·turn [rɪ'tɜːn] **I** *v/i.* **1.** zu'rückkehren, -kommen (***to*** zu); 'wiederkehren (*a. fig.*); *fig.* wieder auftreten (*Krankheit etc.*): **~** ***to*** *fig.* a) auf *ein Thema* zurückkommen, b) zu *e-m Vorhaben* zurückkommen, c) in *e-e Gewohnheit etc.* zurückfallen, d) in *e-n Zustand* zurückkehren; **~** ***to dust*** zu Staub werden; **~** ***to health*** wieder gesund werden; **2.** zu'rückfallen (*Besitz*) (***to*** an *acc.*); **3.** erwidern, antworten; **II** *v/t.* **4.** *Gruß etc.*, *a. Besuch*, ⚔ *Feuer*, *Liebe*, *Schlag etc.* erwidern: **~** ***thanks*** danken; **5.** zu'rückgeben, *Geld a.* zu'rückzahlen, -erstatten; **6.** zu'rückschicken, -senden: **~*ed empties*** ✝ zurückgesandtes Leergut; **~*ed letter*** unzustellbarer Brief; **7.** (an s-n Platz) zu'rückstellen, -tun; **8.** (ein-) bringen, *Gewinn* abwerfen, *Zinsen* tragen; **9.** *Bericht* erstatten; ⚖ a) Voll'zugsbericht erstatten über (*acc.*), b) *Gerichtsbefehl* mit Vollzugsbericht rückvorlegen; **10.** ⚖ Schuldspruch fällen *od.* aussprechen: ***be*** **~*ed guilty*** schuldig gesprochen werden; **11.** *Vo-*

tum abgeben; **12.** amtlich erklären für *od.* als, *j-n arbeitsunfähig etc.* schreiben; **13.** *Einkommen* zur Steuerveranlagung erklären, angeben (***at*** mit); **14.** *amtliche Liste etc.* vorlegen *od.* veröffentlichen; **15.** *parl. Brit. Wahlergebnis* melden; **16.** *parl. Brit.* als Abgeordneten wählen (***to Parliament*** ins Parlament); **17.** *sport Ball* zu'rückschlagen; **18.** *Echo*, *Strahlen* zu'rückwerfen; **19.** ⚙ zu'rückführen, -leiten; **III** *s.* **20.** Rückkehr *f*, -kunft *f*; 'Wiederkehr *f* (*a. fig.*): ***~ of health*** Genesung *f*; ***by ~ of post*** *Brit.*, ***by ~ mail*** *Am.* postwendend, umgehend; ***many happy ~s of the day!*** herzlichen Glückwunsch zum Geburtstag!; ***on my ~*** bei m-r Rückkehr; **21.** Wieder'auftreten *n* (*Krankheit etc.*): ***~ of influenza*** Gripperückfall *m*; ***~ of cold weather*** Kälterückfall *m*; **22.** 🚂 Rückfahrkarte *f*; **23.** Rück-, Her'ausgabe *f*: ***on sale or ~*** ✝ in Kommission; **24.** *oft pl.* ✝ Rücksendung *f* (*a. Ware*): ***~s*** a) Rückgut, b) *Buchhandel*: *a.* ***~ copies*** Remittenden; **25.** ✝ Rückzahlung *f*, (-)Erstattung *f*; *Versicherung*: ***~*** (***of premium***) Ri'storno *n*; **26.** Entgelt *n*, Gegenleistung *f*, Entschädigung *f*: ***in ~*** dafür, dagegen; ***in ~ for*** (als Gegenleistung) für; ***without ~*** unentgeltlich; **27.** *oft pl.* ✝ a) (*Kapital- etc.*)'Umsatz *m*: ***quick ~s*** schneller Umsatz, b) Ertrag *m*, Einnahme *f*, Verzinsung *f*, Gewinn *m*: ***yield*** (*od.* ***bring***) ***a ~*** Nutzen abwerfen, sich rentieren; **28.** Erwiderung *f* (*a. fig. e-s Grußes etc.*): ***~ of affection*** Gegenliebe *f*; **29.** (amtlicher) Bericht, (sta'tistischer) Ausweis, Aufstellung *f*; *pol. Brit.* Wahlbericht *m*, -ergebnis *n*: ***annual ~*** Jahresbericht *m*, -ausweis *m*; ***bank ~*** Bankausweis *m*; ***official ~s*** amtliche Ziffern; **30.** Steuererklärung *f*; **31.** ⚖ a) Rückvorlage *f* (*e-s Vollstreckungsbefehls etc.*) (mit Voll'zugsbericht), b) Voll'zugsbericht *m* (*des Gerichtsvollziehers etc.*); **32.** *a.* ***~ day*** ⚖ Ver'handlungster,min *m*; **33.** ⚙ a) Rückführung *f*, -leitung *f*, b) Rücklauf *m*, c) ⚡ Rückleitung *f*; **34.** Biegung *f*, Krümmung *f*; **35.** △ a) 'Wiederkehr *f*, b) vorspringender *od.* zu'rückgesetzter Teil, c) (Seiten)Flügel *m*; **36.** *Tennis*: Re'turn *m*, Rückschlag *m* (*a. Ball*); **37.** *sport a.* ***~ match*** Rückspiel *n*; **38.** (leichter) Feinschnitt (*Tabak*); **IV** *adj.* **39.** Rück...(*-porto*, *-reise*, *-spiel etc.*): ***~ cable*** ⚡ Rückleitung *f*; ***~ cargo*** Rückfracht *f*, -ladung *f*; ***~ current*** ⚡ Rück-, Erdstrom *m*; ***~ ticket*** a) Rückfahrkarte *f*, b) ✈ Rückflugkarte *f*; ***~ valve*** ⚙ Rückschlagventil *n*; ***~ visit*** Gegenbesuch *m*; ***~ wire*** ⚡ Nulleiter *m*; **re'turn·a·ble** [-nəbl] *adj.* **1.** zu'rückzugeben(d); einzusenden(d); **2.** ✝ rückzahlbar.

re·turn·ing of·fi·cer [rɪ'tɜːnɪŋ] *s. pol. Brit.* 'Wahlkommis,sar *m*.

re·u·ni·fi·ca·tion [,riːjuːnɪfɪ'keɪʃn] *s. pol.* 'Wiedervereinigung *f*.

re·un·ion [,riː'juːnjən] *s.* **1.** 'Wiedervereinigung *f*; *fig.* Versöhnung *f*; **2.** (*Familien-*, *Klassen- etc.*)Treffen *n*, Zs.-kunft *f*.

re·u·nite [,riːjuː'naɪt] **I** *v/t.* 'wiedervereinigen; **II** *v/i.* sich wieder vereinigen.

rev [rev] *mot.* F **I** *s.* Umdrehung *f*: ***~s per minute*** Dreh-, Tourenzahl *f*; **II** *v/t. mst* ***~ up*** auf Touren bringen; **III** *v/i.* laufen, auf Touren sein (*Motor*): ***~ up*** a) auf Touren kommen, b) den Motor ‚hochjagen' *od.* auf Touren bringen.

re·vac·ci·nate [,riː'væksɪneɪt] *v/t.* ⚕ 'wieder-, nachimpfen.

re·val·or·i·za·tion ['riː,vælərаɪ'zeɪʃn] *s.* ✝ Aufwertung *f*; **re·val·or·ize** [,riː'væləraɪz] *v/t.* aufwerten.

re·val·u·ate [,riː'væljʊeɪt] *v/t.* ✝ **1.** neu bewerten; **2.** aufwerten; **re·val·u·a·tion** ['riː,væljʊ'eɪʃn] *s.* **1.** Neubewertung *f*; **2.** Aufwertung *f*.

re·val·ue [,riː'væljuː] → ***revaluate***.

re·vamp [,riː'væmp] *v/t.* F ‚aufpolieren'.

re·vanch·ist [rɪ'væntʃɪst] **I** *adj.* revan'chistisch; **II** *s.* Revan'chist *m*.

re·veal [rɪ'viːl] **I** *v/t.* (***to***) **1.** *eccl.*, *a. fig.* offenbaren (*dat.*); **2.** enthüllen, zeigen (*dat.*) (*a. fig. erkennen lassen*), sehen lassen; **3.** *fig. Geheimnis etc.* enthüllen, verraten, aufdecken (*dat.*); **II** *s.* **4.** ⚙ a) innere Laibung (*Tür etc.*), b) Fensterrahmen *m* (*Auto*); **re'veal·ing** [-lɪŋ] *adj.* **1.** enthüllend, aufschlußreich; **2.** ‚offenherzig' (*Kleid*).

rev·eil·le [rɪ'vælɪ] *s.* ⚔ (Si'gnal *n* zum) Wecken *n*.

rev·el ['revl] **I** *v/i.* **1.** (lärmend) feiern, ausgelassen sein; **2.** (***in***) *fig.* a) schwelgen (in *dat.*), *et.* in vollen Zügen genießen, b) sich weiden *od.* ergötzen (***in*** an *dat.*); **II** *s.* **3.** *oft pl.* → ***revelry***.

rev·e·la·tion [,revə'leɪʃn] *s.* **1.** Enthüllung *f*, Offen'barung *f*: ***it was a ~ to me*** es fiel mir wie Schuppen von den Augen; ***what a ~!*** welch überraschende Entdeckung!, ach so ist das!; **2.** (göttliche) Offenbarung: ***the*** ⁓ (***of St. John***) *bibl.* die (Geheime) Offenbarung (des Johannes); **3.** F ‚Offenbarung' *f* (*et. Ausgezeichnetes*).

rev·el·(l)er ['revlə] *s.* **1.** Feiernde(r *m*) *f*; **2.** Zecher *m*; **3.** Nachtschwärmer *m*; '**rev·el·ry** [-lrɪ] *s.* lärmende Festlichkeit, Rummel *m*, Trubel *m*.

re·venge [rɪ'vendʒ] **I** *v/t.* **1.** *et.*, *a. j-n* rächen ([***up***]***on*** an *dat.*): ***~ o.s. for s.th.*** sich für et. rächen; ***be ~d*** a) gerächt sein *od.* werden, b) sich rächen; **2.** sich rächen für, vergelten (***upon***, ***on*** an *dat.*); **II** *s.* **3.** Rache *f*: ***take one's ~*** Rache nehmen, sich rächen; ***in ~ for it*** dafür; **4.** Re'vanche *f* (*beim Spiel*): ***have one's ~*** sich revanchieren; **5.** Rachsucht *f*, -gier *f*; **re'venge·ful** [-fʊl] *adj.* □ rachsüchtig; **re'venge·ful·ness** [-fʊlnɪs] → ***revenge*** 5.

rev·e·nue ['revənju:] *s.* **1.** *a.* ***public ~*** öffentliche Einnahmen *pl.*, Staatseinkünfte *pl.*; **2.** a) Fi'nanzverwaltung *f*, b) Fiskus *m*: ***defraud the ~*** Steuern hinterziehen; ***~ board*** → ***revenue office***; **3.** *pl.* Einnahmen *pl.*, Einkünfte *pl.*; **4.** Ertrag *m*, Nutzung *f*; **5.** Einkommensquelle *f*; **~ cut·ter** *s.* ⚓ Zollkutter *m*; **~ of·fice** *s.* Fi'nanzamt *n*; **~ of·fi·cer** *s.* Zollbeamte(r) *m*; Fi'nanzbeamte(r) *m*; **~ stamp** *s.* ✝ Bande'role *f*, Steuermarke *f*.

re·ver·ber·ate [rɪ'vɜ:bəreɪt] *phys.* **I** *v/i.* **1.** zu'rückstrahlen; **2.** (nach-, 'wider-) hallen; **II** *v/t.* **3.** *Strahlen*, *Hitze*, *Klang* zu'rückwerfen; von *e-m Klange* widerhallen; **re·ver·ber·a·tion** [rɪˌvɜ:bə'reɪʃn] *s.* **1.** Zu'rückwerfen *n*, -strahlen *n*; **2.** 'Widerhall(en *n*) *m*; Nachhall *m*; **re'ver·ber·a·tor** [-tə] *s.* ⚙ **1.** Re'flektor *m*; **2.** Scheinwerfer *m*.

re·vere [rɪ'vɪə] *v/t.* (ver)ehren.

rev·er·ence ['revərəns] **I** *s.* **1.** Verehrung *f* (***for*** für *od. gen.*); **2.** Ehrfurcht *f* (***for*** vor *dat.*); **3.** Ehrerbietung *f*; **4.** Reve'renz *f* (*Verbeugung od. Knicks*); **5.** *dial. od. humor.* ***Your*** (***His***) **~** Euer (Seine) Ehrwürden; **II** *v/t.* **6.** (ver)ehren; '**rev·er·end** [-nd] **I** *adj.* **1.** ehrwürdig; **2.** 𝟐 *eccl.* hochwürdig (*Geistlicher*): ***Very*** 𝟐 (*im Titel e-s Dekans*); ***Right*** 𝟐 (*Bischof*); ***Most*** 𝟐 (*Erzbischof*): 𝟐 ***Mother*** Mutter Oberin *f*; **II** *s.* **3.** Geistliche(r) *m*; '**rev·er·ent** [-nt] *adj.* □, **rev·er·en·tial** [ˌrevə'renʃl] *adj.* □ ehrerbietig, ehrfurchtsvoll.

rev·er·ie ['revərɪ] *s.* Träume'rei *f* (*a.* ♪): ***be lost in*** (***a***) **~** in Träumen versunken sein.

re·ver·sal [rɪ'vɜ:sl] *s.* **1.** 'Umkehr(ung) *f*; 'Umschwung *m*, -schlagen *n*: ***~ of opinion*** Meinungsumschwung; ***~ process*** *phot.* Umkehrentwicklung *f*; **2.** ⚖ (Urteils)Aufhebung *f*, 'Umstoßung *f*; **3.** ⚙ 'Umsteuerung *f*; **4.** ⚡ ('Strom)ˌUmkehr *f*; **5.** ✝ Stornierung *f*; **re'verse** [rɪ'vɜ:s] **I** *s.* **1.** Gegenteil *n*, *das* 'Umgekehrte; **2.** Rückschlag *m*: ***~ of fortune*** Schicksalsschlag *m*; **3.** ⚔ Niederlage *f*, Schlappe *f*; **4.** Rückseite *f*, *bsd. fig.* Kehrseite *f*: ***~ of a coin*** Rückseite *od.* Revers *m* e-r Münze; ***~ of the medal*** *fig.* Kehrseite der Medaille; ***on the ~*** umstehend; ***take in ~*** ⚔ im Rücken packen; **5.** *mot.* Rückwärtsgang *m*; **6.** ⚙ 'Umsteuerung *f*; **II** *adj.* □ **7.** 'umgekehrt, verkehrt, entgegengesetzt (***to*** *dat.*): ***~-charge call*** *teleph.* R-Gespräch *n*; ***~ current*** ⚡ Gegenstrom *m*; ***~ flying*** ✈ Rückenflug *m*; ***~ order*** umgekehrte Reihenfolge; ***~ side*** a) Rückseite *f*, b) linke (*Stoff*)Seite; **8.** rückläufig, rückwärts…: ***~ gear*** → 5; **III** *v/t.* **9.** 'umkehren (*a.* ⚗, ⚡), 'umdrehen; *fig. Politik* (ganz) 'umstellen; *Meinung* völlig ändern: ***~ the charge***(***s***) *teleph.* ein R-Gespräch führen; ***~ the order of things*** die Weltordnung auf den Kopf stellen; **10.** ⚖ *Urteil* aufheben, 'umstoßen; **11.** ✝ stornieren; **12.** ⚙ im Rückwärtsgang *od.* rückwärts fahren *od.* laufen (lassen); **13.** ⚡ a) 'umpolen, b) 'umsteuern; **IV** *v/i.* **14.** rückwärts fahren; **15.** *beim Walzer* 'linksherˌum tanzen; **re'vers·i·ble** [-səbl] *adj.* **1.** *a.* ⚗, ⚕, *phys.* 'umkehrbar; **2.** doppelseitig, wendbar (*Stoff*, *Mantel*); **3.** ⚙ 'umsteuerbar; **4.** ⚖ 'umstoßbar; **re'vers·ing** [-sɪŋ] *adj.* ⚙, *phys.* Umkehr…, Umsteuerungs…: ***~ gear*** a) Umsteuerung *f*, b) Wendegetriebe *n*, c) Rückwärtsgang *m*; ***~ pole*** ⚡ Wendepol *m*; ***~ switch*** ⚡ Wendeschalter *m*; **re'version** [-ɜ:ʃn] *s.* **1.** *a.* ⚗ 'Umkehrung *f*; **2.** ⚖ a) Heim-, Rückfall *m*, b) *a.* ***right of ~*** Heimfallsrecht *n*; **3.** ⚖ a) Anwartschaft *f* (***of*** auf *acc.*), b) Anwartschaftsrente *f*; **4.** *biol.* a) Rückartung *f*, b) Ata'vismus *m*; **5.** ⚡ 'Umpolung *f*; **re'ver·sion·ar·y** [-ɜ:ʃnərɪ] *adj.* **1.** ⚖ anwartschaftlich, Anwartschafts…: ***~ annuity*** Rente *f* auf den Überlebensfall; ***~ heir*** Nacherbe *m*; **2.** *biol.* ata'vistisch; **re'ver·sion·er** [-ɜ:ʃnə] *s.* ⚖ **1.** Anwartschaftsberechtigte(r *m*) *f*, Anwärter(in); **2.** Nacherbe *m*, -erbin *f*; **re·vert** [rɪ'vɜ:t] **I** *v/i.* **1.** zu'rückkehren (***to*** zu *s-m Glauben etc.*); **2.** zu'rückkommen (***to*** auf *e-n Brief*, *ein Thema etc.*); **3.** wieder zu'rückfallen (***to*** in *acc.*): ***~ to barbarism***; **4.** ⚖ zu'rück-, heimfallen (***to s.o.*** an j-n); **5.** *biol.* zu'rückschlagen (***to*** zu); **II** *v/t.* **6.** *Blick* (zu'rück)wenden; **re'vert·i·ble** [-ɜ:təbl] *adj.* ⚖

heimfällig (*Besitz*).

re·vet·ment [rɪ'vetmənt] *s.* **1.** ⚙ Verkleidung *f*, Futtermauer *f* (*Ufer etc.*); **2.** ⚔ Splitterschutzwand *f*.

re·view [rɪ'vjuː] **I** *s.* **1.** 'Nachprüfung *f*, (Über)'Prüfung *f*, Revisi'on *f*: ***court of ~*** ⚖ Rechtsmittelgericht *n*; ***be under ~*** überprüft werden; **2.** (Buch)Besprechung *f*, Rezensi'on *f*, Kri'tik *f*: ***~ copy*** Rezensionsexemplar *n*; **3.** Rundschau *f*, kritische Zeitschrift; **4.** ⚔ Pa'rade *f*, Truppenschau *f*: ***naval ~*** Flottenparade; ***pass in ~*** a) mustern, b) (vorbei-) defilieren (lassen), c) → **5.** Rückblick *m*, -schau *f* (***of*** auf *acc.*): ***pass in ~*** a) Rückschau halten über (*acc.*), b) *im Geiste* Revue passieren lassen; **6.** Bericht *m*, 'Übersicht *f*, -blick *m* (***of*** über *acc.*): ***market ~*** ✝ Markt-, Börsenbericht; ***month under ~*** Berichtsmonat *m*; **7.** 'Durchsicht *f*; **8.** → ***revue***; **II** *v/t.* **9.** nachprüfen, (über)'prüfen, e-r Revisi'on unter'ziehen; **10.** ⚔ besichtigen, inspizieren; **11.** *fig.* zu'rückblicken auf (*acc.*); **12.** über'blicken, 'schauen: ***~ the situation***; **13.** e-n 'Überblick geben über (*acc.*); **14.** *Buch* besprechen, rezensieren; **III** *v/i.* **15.** (Buch)Besprechungen schreiben; **re'view·er** [-juːə] *s.* Kritiker(in), Rezen'sent(in): ***~'s copy*** Rezensionsexemplar *n*.

re·vile [rɪ'vaɪl] *v/t. u. v/i.*: ***~*** (***at*** *od.* ***against***) ***s.th.*** et. schmähen *od.* verunglimpfen; **re'vile·ment** [-mənt] *s.* Schmähung *f*, Verunglimpfung *f*.

re·vis·al [rɪ'vaɪzl] *s.* **1.** (Nach)Prüfung *f*; **2.** (nochmalige) 'Durchsicht; **3.** *typ.* zweite Korrek'tur; **re·vise** [rɪ'vaɪz] **I** *v/t.* **1.** revidieren: a) *typ.* in zweiter Korrektur lesen, b) *Buch* über'arbeiten: ***~ed edition*** verbesserte Auflage, c) *fig. Ansicht* ändern; **2.** über'prüfen, (wieder)'durchsehen; **II** *s.* **3.** *a.* ***~ proof*** *typ.* Revisi'onsbogen *m*, Korrek'turabzug *m*; **4.** → ***revision***; **re'vis·er** [-zə] *s.* **1.** *typ.* Kor'rektor *m*; **2.** Bearbeiter *m*; **re·vi·sion** [rɪ'vɪʒn] *s.* **1.** Revisi'on *f*: a) 'Durchsicht *f*, b) Über'arbeitung *f*, c) Korrek'tur *f*; **2.** verbesserte Ausgabe *od.* Auflage.

re·vis·it [ˌriː'vɪzɪt] *v/t.* nochmals *od.* wieder besuchen: ***London ~ed*** Wiedersehen *n* mit London.

re·vi·tal·ize [ˌriː'vaɪtəlaɪz] *v/t.* neu beleben, 'wiederbeleben.

re·viv·al [rɪ'vaɪvl] *s.* **1.** 'Wiederbelebung *f* (*a.* ✝; *a.* ⚖ *von Rechten*): ***~ of architecture*** Neugotik *f*; ***℞ of Learning*** *hist.* Renaissance *f*; **2.** Wieder'aufleben *n*, -'aufblühen *n*, Erneuerung *f*; **3.** *eccl.* a) Erweckung *f*, b) *a.* ***~ meeting*** Erwekkungsversammlung *f*; **4.** Wieder'aufgreifen *n e-s veralteten Worts etc.*; *thea.* Wieder'aufnahme *f e-s vergessenen Stücks*; **re'viv·al·ism** [-vəlɪzəm] *s. bsd. U.S.A.* a) (religi'öse) Erweckungsbewegung, ˌEvangelisati'on *f*, b) Erwekkungseifer *m*; **re·vive** [rɪ'vaɪv] **I** *v/t.* **1.** 'wiederbeleben (*a. fig.*); **2.** *Anspruch, Gefühl, Hoffnung, Streit etc.* wieder'aufleben lassen; *Gefühle* 'wiedererwecken; *Brauch, Gesetz* wieder'einführen; *Vertrag* erneuern; *Gerechtigkeit, Ruf* wieder'herstellen; *Thema* wieder'aufgreifen; **3.** *thea. Stück* wieder auf die Bühne bringen; **4.** ⚙ *Metall* frischen; **II** *v/i.* **5.** wieder (zum Leben) erwachen; **6.** das Bewußtsein 'wiedererlangen; **7.** *fig.* wieder'aufleben (*a. Rechte*); 'wiedererwachen (*Haß etc.*); wieder'aufblühen; ✝ sich erholen; **8.** wieder'auftreten; wieder'aufkommen (*Brauch etc.*); **re'viv·er** [-və] *s.* **1.** ⚙ Auffrischungs-, Regenerierungsmittel *n*; **2.** *sl.* (*alkoholische*) Stärkung; **re·viv·i·fy** [riː'vɪvɪfaɪ] *v/t.* **1.** 'wiederbeleben; **2.** *fig.* wieder'aufleben lassen, neu beleben.

rev·o·ca·ble ['revəkəbl] *adj.* □ 'widerruflich; **rev·o·ca·tion** [ˌrevə'keɪʃn] *s.* ⚖ 'Widerruf *m*, Aufhebung *f*; (*Lizenz- etc.*)Entzug *m*.

re·voke [rɪ'vəʊk] **I** *v/t.* wider'rufen, aufheben, rückgängig machen; **II** *v/i. Kartenspiel*: nicht Farbe bekennen, nicht bedienen.

re·volt [rɪ'vəʊlt] **I** *s.* **1.** Re'volte *f*, Aufruhr *m*, Aufstand *m*; **II** *v/i.* **2.** a) (*a. fig.*) revoltieren, sich em'pören, sich auflehnen (***against*** gegen), b) abfallen (***from*** von); **3.** *fig.* 'Widerwillen empfinden (***at*** über *acc.*), sich sträuben *od.* empören (***against***, ***at***, ***from*** gegen); **III** *v/t.* **4.** *fig.* empören, mit Abscheu erfüllen, abstoßen; **re'volt·ing** [-tɪŋ] *adj.* □ em'pörend, abstoßend, widerlich.

rev·o·lu·tion [ˌrevə'luːʃn] *s.* **1.** 'Umwälzung *f*, Um'drehung *f*, Rotati'on *f*: ***~s per minute*** ⚙ Umdrehungen pro Minute, Dreh-, Tourenzahl *f*; ***~ counter*** Drehzahlmesser *m*, Tourenzähler *m*; **2.** *ast.* a) Kreislauf *m* (*a. fig.*), b) Um'drehung *f*, c) 'Umlauf(zeit *f*) *m*; **3.** *fig.* Revoluti'on *f*: a) 'Umwälzung *f*, 'Umschwung *m*, b) *pol.* 'Umsturz *m*; **ˌrev·o'lu·tion·ar·y** [-ʃnərɪ] **I** *adj.* revolutio'när: a) *pol.* Revolutions…, Umsturz…, b) *fig.* 'umwälzend, e'pochemachend; **II** *s. a.* **ˌrev·o'lu·tion·ist** [-ʃnɪst] Revolutio'när(in) (*a. fig.*);

ˌ**rev·o'lu·tion·ize** [-ʃnaɪz] *v/t.* **1.** aufwiegeln, in Aufruhr bringen; **2.** *Staat* revolutionieren (*a. fig. von Grund auf umgestalten*).

re·volve [rɪ'vɒlv] **I** *v/i.* **1.** *bsd.* ⚹, ⚙, *phys.* sich drehen, kreisen, rotieren (***on***, ***about*** um *e-e Achse*, ***round*** um *e-n Mittelpunkt*); **2.** e-n Kreislauf bilden, da'hinrollen (*Jahre etc.*); **II** *v/t.* **3.** drehen, rotieren lassen; **4.** *fig.* (hin u. her) über'legen, *Gedanken*, *Problem* wälzen; **re'volv·er** [-və] *s.* Re'volver *m*; **re'volv·ing** [-vɪŋ] *adj.* a) sich drehend, kreisend, drehbar (***about***, ***round*** um), b) Dreh…(*-bleistift*, *-brücke*, *-bühne*, *-tür etc.*): ~ ***credit*** ✝ Revolving-Kredit *m*; ~ ***shutter*** Rolladen *m*.

re·vue [rɪ'vjuː] *s. thea.* **1.** Re'vue *f*; **2.** (zeitkritisches) Kaba'rett, sa'tirische Kaba'rettvorführung.

re·vul·sion [rɪ'vʌlʃn] *s.* **1.** ⚕ Ableitung *f*; **2.** *fig.* 'Umschwung *m*; **3.** *fig.* Abscheu *m* (***against*** vor *dat.*); **re'vul·sive** [-lsɪv] *adj. u. s.* ableitend(es Mittel).

re·ward [rɪ'wɔːd] **I** *s.* **1.** Entgelt *n*; Belohnung *f*, *a.* Finderlohn *m*; **2.** Vergeltung *f*, (gerechter) Lohn; **II** *v/t.* **3.** *j-n od. et.* belohnen (*a. fig.*); *fig. j-m* vergelten (***for s.th.*** et.); *j-n od. et.* bestrafen; **re'ward·ing** [-dɪŋ] *adj.* □ lohnend (*a. fig.*); *fig. a.* dankbar (*Aufgabe*).

re·wind [ˌriː'waɪnd] **I** *v/t. Film*, *Tonband etc.* (zu')rückspulen, 'umspulen; *Garn etc.* wieder'aufspulen; *Uhr* wieder aufziehen; **II** *s.* Rückspulung *f etc.*; Rücklauf *m* (*am Tonbandgerät etc.*): ~ ***button*** Rücklauftaste *f*.

re·word [ˌriː'wɜːd] *v/t.* neu *od.* anders formulieren.

re·write [ˌriː'raɪt] **I** *v/t. u. v/i.* [*irr.* → ***write***] **1.** nochmals *od.* neu schreiben; **2.** 'umschreiben; *Am. Pressebericht* redigieren, über'arbeiten; **II** *s.* **3.** *Am.* redigierter Bericht: ~ ***man*** Überarbeiter *m*.

Rex [reks] (*Lat.*) *s.* ⚖ *Brit. der* König.

rhap·sod·ic, **rhap·sod·i·cal** [ræp'sɒdɪk(l)] *adj.* □ **1.** rhap'sodisch; **2.** *fig.* begeistert, 'überschwenglich, ek'statisch; **rhap·so·dist** ['ræpsədɪst] *s.* **1.** Rhap'sode *m*; **2.** *fig.* begeisterter Schwärmer; **rhap·so·dize** ['ræpsədaɪz] *v/i. fig.* schwärmen (***about***, ***on*** von); **rhap·so·dy** ['ræpsədɪ] *s.* **1.** Rhapso'die *f* (*a.* ♪); **2.** *fig.* (Wort)Schwall *m*, Schwärme'rei *f*: ***go into rhapsodies over*** in Ekstase geraten über (*acc.*).

rhe·o·stat ['rɪəʊstæt] *s.* ⚡ Rheo'stat *m*, 'Regelˌwiderstand *m*.

rhet·o·ric ['retərɪk] *s.* **1.** Rhe'torik *f*, Redekunst *f*; **2.** *fig. contp.* schöne Reden *pl.*, (leere) Phrasen *pl.*, Schwulst *m*; **rhe·tor·i·cal** [rɪ'tɒrɪkl] *adj.* □ **1.** rhe'torisch, Redner…: ~ ***question*** rhetorische Frage; **2.** *contp.* schönrednerisch, phrasenhaft, schwülstig; **rhet·o·ri·cian** [ˌretə'rɪʃn] *s.* **1.** guter Redner, Redekünstler *m*; **2.** *contp.* Schönredner *m*, Phrasendrescher *m*.

rheu·mat·ic [ruː'mætɪk] ⚕ **I** *adj.* (□ ***~ally***) **1.** rheu'matisch: ~ ***fever*** Gelenkrheumatismus *m*; **II** *s.* **2.** Rheu'matiker(in); **3.** *pl.* F Rheuma *n*; **rheu·ma·tism** ['ruːmətɪzəm] *s.* Rheuma'tismus *m*, Rheuma *n*: ***articular*** ~ Gelenkrheumatismus.

Rhine·land·er ['raɪnlændə] *s.* Rheinländer(in).

rhine·stone ['raɪnstəʊn] *s. min.* Rheinkiesel *m* (*Bergkristall*).

rhi·no¹ ['raɪnəʊ] *s. sl.* ‚Kies' *m* (*Geld*).

rhi·no² ['raɪnəʊ] *pl.* **-nos** *s.* F, **rhi·noc·er·os** [raɪ'nɒsərəs] *pl.* **-os·es**, *coll.* **-os** *s. zo.* Rhi'nozeros *n*, Nashorn *n*.

rhi·zoph·a·gous [raɪ'zɒfəgəs] *adj. zo.* wurzelfressend.

Rho·de·si·an [rəʊ'diːzjən] **I** *adj.* rho'desisch; **II** *s.* Rho'desier(in).

rho·do·cyte ['rəʊdəsaɪt] *s. physiol.* rotes Blutkörperchen.

rho·do·den·dron [ˌrəʊdə'dendrən] *s.* ⚘ Rhodo'dendron *n*, *m*.

rhomb [rɒm] → ***rhombus***; **rhom·bic** ['rɒmbɪk] *adj.* rhombisch, rautenförmig; **rhom·bo·he·dron** [ˌrɒmbə'hedrən] *pl.* **-he·dra** [-drə], **-he·drons** *s.* ⚹ Rhombo'eder *n*; **rhom·boid** ['rɒmbɔɪd] **I** *s.* **1.** ⚹ Rhombo'id *n*, Parallelo'gramm *n*; **II** *adj.* **2.** rautenförmig; **3.** → ***rhomboidal***; **rhom·boi·dal** [rɒm'bɔɪdl] *adj.* ⚹ rhombo'idförmig, rhombo'idisch; **rhom·bus** ['rɒmbəs] *pl.* **-bus·es**, **-bi** [-baɪ] *s.* ⚹ Rhombus *m*, Raute *f*.

rhu·barb ['ruːbɑːb] *s.* **1.** ⚘ Rha'barber *m*; **2.** *Am. sl.* ‚Krach' *m*.

rhumb [rʌm] *s.* **1.** Kompaßstrich *m*; **2.** *a.* ***~-line*** a) ⚹ loxo'dromische Linie, b) ⚓ Dwarslinie *f*.

rhyme [raɪm] **I** *s.* **1.** Reim *m* (***to*** auf *acc.*): ***without ~ or reason*** ohne Sinn und Zweck; **2.** *sg. od. pl.* a) Vers *m*, b) Reim *m*, Gedicht *n*, Lied *n*; **II** *v/i.* **3.** reimen, Verse machen; **4.** sich reimen (***with*** mit, ***to*** auf *acc.*); **III** *v/t.* **5.** reimen, in Reime bringen; **6.** *Wort* reimen lassen (***with*** auf *acc.*); '**rhyme·less** [-lɪs] *adj.* reimlos; '**rhym·er** [-mə], '**rhyme·ster** [-stə] *s.* Verseschmied *m*; **rhym·ing dic·tion·ar·y** ['raɪmɪŋ] *s.*

Reimwörterbuch *n.*

rhythm ['rɪðəm] *s.* **1.** ♪ Rhythmus *m* (*a. Metrik u. fig.*); Takt *m*: ***three-four*** **~**; ***dance*** **~*s*** Tanzrhythmen, beschwingte Weisen; **~** ***method*** Knaus-Ogino-Methode *f* (*Empfängnisverhütung*); **2.** Versmaß *n*; **3.** ⚕ Pulsschlag *m*; **rhythmic**, **rhyth·mi·cal** ['rɪðmɪk(l)] *adj.* □ rhythmisch: a) taktmäßig, b) *fig.* regelmäßig ('wiederkehrend); **rhyth·mics** ['rɪðmɪks] *s. pl. sg. konstr.* ♪ Rhythmik *f* (*a. Metrik*).

ri·al·to [rɪ'æltəʊ] *s.* **1.** *Am.* The'aterviertel *n*; **2.** Börse *f*, Markt *m*.

rib [rɪb] **I** *s.* **1.** *anat.* Rippe *f*: **~** ***cage*** Brustkorb *m*; **2.** *Küche*: a) *a.* **~** ***roast*** Rippenstück *n*, b) Rippe(n)speer *m*; **3.** *humor.* ‚Ehehälfte' *f*; **4.** ⚘ (Blatt)Rippe *f*, (-)Ader *f*; **5.** ⚙ Stab *m*, Stange *f*, (*a. Heiz-, Kühl- etc.*)Rippe *f*; **6.** ⚠ (*Gewölbe- etc.*)Rippe *f*, Strebe *f*; **7.** ⚓ a) (Schiffs)Rippe *f*, Spant *n*, b) Spiere *f*; **8.** ♪ Zarge *f*; **9.** (*Stoff*)Rippe *f*: **~** ***stitch*** *Stricken*: linke Masche; **II** *v/t.* **10.** mit Rippen versehen; **11.** *Stoff etc.* rippen; **12.** *sl.* ‚aufziehen', hänseln.

rib·ald ['rɪbəld] **I** *adj.* **1.** lästerlich, frech; **2.** zotig, ‚saftig', ob'szön; **II** *s.* **3.** Spötter(in), Lästermaul *n*; **4.** Zotenreißer *m*; '**rib·ald·ry** [-drɪ] *s.* Zoten(reiße'rei *f*) *pl.*, ‚saftige' Späße *pl.*

rib·and ['rɪbənd] *s.* (Zier)Band *n*.

ribbed [rɪbd] *adj.* gerippt, geriffelt, Rippen...: **~** ***cooler*** ⚙ Rippenkühler *m*; **~** ***glass*** Riffelglas *n*.

rib·bon ['rɪbən] *s.* **1.** Band *n*, Borte *f*; **2.** Ordensband *n*; **3.** (schmaler) Streifen; **4.** Fetzen *m*: ***tear to*** **~*s*** in Fetzen reißen; **5.** Farbband *n* (*Schreibmaschine*); **6.** ⚙ a) (Me'tall)Band *n*, (-)Streifen *m*, b) (Holz)Leiste *f*: **~** ***microphone*** Bändchenmikrophon *n*; **~** ***saw*** Bandsäge *f*; **7.** *pl.* Zügel *pl.*; **~ build·ing**, **~ de·vel·op·ment** *s. Brit.* Stadtrandsiedlung *f* entlang e-r Ausfallstraße.

rib·bon·ed ['rɪbənd] *adj.* **1.** bebändert; **2.** gestreift.

ri·bo·fla·vin [raɪbəʊ'fleɪvɪn] *s.* ⚕ Ribofla'vin *n* (*Vitamin* B_2).

rice [raɪs] *s.* ⚘ Reis *m*; **~ flour** *s.* Reismehl *n*; **~ pad·dy** *s.* Reisfeld *n*; **~ pa·per** *s.* 'Reispaˌpier *n*; **~ pud·ding** *s.* Milchreis *m*.

ric·er ['raɪsə] *s. Am.* Kar'toffelpresse *f*.

rich [rɪtʃ] **I** *adj* (□ → ***richly***) **1.** reich (***in*** an *dat.*) (*a. fig.*), wohlhabend: **~** ***in cattle*** viehreich; **~** ***in hydrogen*** wasserstoffreich; **~** ***in ideas*** ideenreich; **2.** schwer (*Stoff*), prächtig, kostbar (*Seide, Schmuck etc.*); **3.** reich(lich), reichhaltig, ergiebig (*Ernte etc.*); **4.** fruchtbar, fett (*Boden*); **5.** a) *geol.* (erz)reich, fündig (*Lagerstätte*), b) *min.* reich, fett (*Erz*): ***strike it*** **~** *min.* a) auf Öl *etc.* stoßen, b) *fig.* arrivieren, zu Geld kommen, c) *fig.* das große Los ziehen, e-n Volltreffer landen; **6.** ⚗ schwer; *mot.* fett, gasreich (*Luftgemisch*); **7.** schwer, fett (*Speise*); **8.** schwer, kräftig (*Wein, Duft etc.*); **9.** satt, voll (*Farbton*); **10.** voll, satt (*Ton*); voll(tönend), klangvoll (*Stimme*); **11.** inhalt(s)reich; **12.** F ‚köstlich', ‚großartig'; **II** *s.* **13.** *coll.* ***the*** **~** die Reichen *pl.*; **rich·es** ['rɪtʃɪz] *s. pl.* Reichtum *m*, -tümer *pl.*; '**rich·ly** [-lɪ] *adv.* reichlich, in reichem Maße; '**rich·ness** [-nɪs] *s.* **1.** Reichtum *m*, Reichhaltigkeit *f*, Fülle *f*; **2.** Pracht *f*; **3.** Ergiebigkeit *f*; **4.** Nahrhaftigkeit *f*; **5.** (Voll)Gehalt *m*, Schwere *f* (*Wein etc.*); **6.** Sattheit *f* (*Farbton*); **7.** Klangfülle *f*.

rick[1] [rɪk] ⚒ *bsd. Brit.* **I** *s.* (Getreide-, Heu)Schober *m*; **II** *v/t.* schobern.

rick[2] [rɪk] *v/t. bsd. Brit.* verrenken.

rick·ets ['rɪkɪts] *s. sg. od. pl. konstr.* ⚕ Ra'chitis *f*; '**rick·et·y** [-tɪ] *adj.* **1.** ⚕ ra'chitisch; **2.** gebrechlich (*Person*), wack(e)lig (*a. Möbel u. fig.*), klapp(e)rig (*Auto etc.*).

ric·o·chet ['rɪkəʃeɪ] **I** *s.* **1.** Abprallen *n*; **2.** ⚔ a) Rikoschettieren *n*, b) *a.* **~** ***shot*** Abpraller *m*, Querschläger *m*; **II** *v/i.* **3.** abprallen.

rid [rɪd] *v/t.* [*irr.*] befreien, frei machen (***of*** von): ***get*** **~** ***of*** *j-n od. et.* loswerden; ***be*** **~** ***of*** *j-n od. et.* los sein; **rid·dance** ['rɪdəns] *s.* Befreiung *f*, Erlösung *f*: (***he is a***) ***good*** **~*!*** man ist froh, daß man ihn (wieder) los ist!, den wären wir los!

rid·den ['rɪdn] **I** *p.p. von* ***ride***; **II** *adj. in Zssgn.* bedrückt, geplagt, gepeinigt von: ***fever-*~**; ***pest-*~** von der Pest heimgesucht.

rid·dle[1] ['rɪdl] **I** *s.* **1.** Rätsel *n* (*a. fig.*): ***speak in*** **~*s*** → 4; **II** *v/t.* **2.** enträtseln: **~** ***me*** rate mal; **3.** *fig. j-n* vor ein Rätsel stellen; **III** *v/i.* **4.** *fig.* in Rätseln sprechen.

rid·dle[2] ['rɪdl] **I** *s.* **1.** Schüttelsieb *n*; **II** *v/t.* **2.** ('durch-, aus)sieben; **3.** *fig.* durch'sieben, durch'löchern: **~** ***s.o. with bullets***; **4.** *fig. Argument etc.* zerpflücken; **5.** *fig.* mit Fragen bestürmen.

ride [raɪd] **I** *s.* **1.** a) Ritt *m*, b) Fahrt *f* (*bsd. auf e-m [Motor]Rad od. in e-m öffentlichen Verkehrsmittel*): ***go for a*** **~**, ***take a*** **~** a) ausreiten, b) ausfahren; ***give s.o. a.*** **~** j-n reiten *od.* fahren lassen, j-n *im Auto etc.* mitnehmen; ***take s.o. for a*** **~** F a) j-n (im Auto entführen und) umbringen, b) j-n ‚reinlegen' (*betrügen*), c) j-n ‚auf den Arm nehmen' (*hänseln*); **2.** Reitweg *m*, Schneise *f*; **II** *v/i.* [*irr.*] **3.** reiten (*a. fig. rittlings sitzen*): **~ out** F ausreiten; **~ for** zustreben (*dat.*), entgegeneilen (*dat.*); **~ for a fall** halsbrecherisch reiten, *fig.* in sein Verderben rennen; **~ up** hochrutschen (*Kragen etc.*); **let it ~!** F laß die Karre laufen!; **he let the remark ~** er ließ die Bemerkung hingehen; **Nixon ~s again!** *iro.* N. ist wieder da!; **4.** fahren: **~ on a bicycle** radfahren; **~ in a train** mit e-m Zug fahren; **5.** sich (fort)bewegen, da'hinziehen (*a. Mond, Wolken etc.*); **6.** (auf dem Wasser) treiben, schwimmen; *fig.* schweben: **~ at anchor** ⚓ vor Anker liegen; **~ on the waves of popularity** *fig.* von der Woge der Volksgunst getragen werden; **~ on the wind** sich vom Wind tragen lassen (*Vogel*); **be riding on air** *fig.* selig sein (*vor Glück*); **7.** *fig.* ruhen, liegen, sich drehen (**on** auf *dat.*); **8.** sich über'lagern (*z.B.* ⚕ *Knochenfragmente*); ⚓ unklar laufen (*Tau*); **9.** ⚙ fahren, laufen, gleiten; **10.** zum Reiten *gut etc.* geeignet sein (*Boden*); **11.** im Reitdreß wiegen; **III** *v/t.* [*irr.*] **12.** reiten: **~ at** *sein Pferd* lenken nach *od.* auf (*acc.*); **~ to death** zu Tode reiten (*a. fig. Theorie, Witz etc.*); **~ a race** an e-m Rennen teilnehmen; **13.** reiten *od.* rittlings sitzen (lassen) auf (*dat.*); *j-n auf den Schultern* tragen; **14.** *Motorrad etc.* fahren, lenken: **~ over** a) *j-n* überfahren, b) → 17; c) über *e-e Sache* rücksichtslos hinweggehen; **15.** *fig.* reiten *od.* schwimmen *od.* schweben auf (*dat.*): **~ the waves** auf den Wellen reiten; **16.** aufliegen *od.* ruhen auf (*dat.*); **17.** tyrannisieren, beherrschen; *weitS.* heimsuchen, plagen, quälen; *j-m* bös zusetzen (*a. mit Kritik*); *Am.* F *j-n* reizen, hänseln: **the devil ~s him** ihn reitet der Teufel; → **ridden** II; **18.** *Land* durch'reiten; **~ down** *v/t.* **1.** über'holen; **2.** a) niederreiten, b) über'fahren; **~ out** *v/t. Sturm etc.* (gut) über'stehen (*a. fig.*).

rid·er ['raɪdə] *s.* **1.** Reiter(in); **2.** (Mit-)Fahrer(in); **3.** ⚙ a) Oberteil *n*, b) Laufgewicht *n* (*Waage*); **4.** △ Strebe *f*; **5.** ⚓ Binnenspant *n*; **6.** ⚖ a) Zusatz (-klausel *f*) *m*, b) Beiblatt *n*, c) ('Wechsel)Al‚longe *f*, d) zusätzliche Empfehlung; **7.** ♗ Zusatzaufgabe *f*; **8.** ⚒ Salband *n*.

ridge [rɪdʒ] **I** *s.* **1.** a) (Gebirgs)Kamm *m*, Grat *m*, Kammlinie *f*, b) Berg-, Hügelkette *f*, c) Wasserscheide *f*; **2.** Kamm *m* *e-r Welle*; **3.** Rücken *m der Nase*, *e-s Tiers*; **4.** △ (Dach)First *m*; **5.** ⚘ a) (Furchen)Rain *m*, b) erhöhtes Mistbeet; **6.** ⚙ Wulst *m*; **7.** *meteor.* Hochdruckgürtel *m*; **II** *v/t. u. v/i.* **8.** (sich) furchen; **~ pole** *s.* **1.** △ Firstbalken *m*; **2.** Firststange *f* (*Zelt*); **~ tent** *s.* Hauszelt *n*; **~ tile** *s.* △ Firstziegel *m*; '**~·way** *s.* Kammlinien-, Gratweg *m*.

rid·i·cule ['rɪdɪkju:l] **I** *s.* Spott *m*: **hold up to ~** → II; **turn (in)to ~** *et.* ins Lächerliche ziehen; **II** *v/t.* lächerlich machen, verspotten; **ri·dic·u·lous** [rɪ'dɪkjʊləs] *adj.* □ lächerlich; **ri·dic·u·lous·ness** [rɪ'dɪkjʊləsnɪs] *s.* Lächerlichkeit *f*.

rid·ing ['raɪdɪŋ] **I** *s.* **1.** Reiten *n*; Reitsport *m*; **2.** Fahren *n*; **3.** Reitweg *m*; **4.** *Brit.* Verwaltungsbezirk *m*; **II** *adj.* **5.** Reit…: **~ horse** (**school**, **whip** *etc.*); **~ breeches** *pl.* Reithose *f*; **~ habit** Reitkleid *n*.

rife [raɪf] *adj. pred.* **1.** weit verbreitet, häufig: **be ~** (vor)herrschen, grassieren; **grow** (*od.* **wax**) **~** überhandnehmen; **2.** (**with**) voll (von), angefüllt (mit).

rif·fle ['rɪfl] **I** *s.* **1.** ⚙ Rille *f*, Riefelung *f*; **2.** *Am.* a) seichter Abschnitt (*Fluß*), b) Stromschnelle *f*; **3.** Stechen *n* (*Mischen von Spielkarten*); **II** *v/t.* **4.** ⚙ riffeln; **5.** *Spielkarten* stechen (*mischen*); **6.** 'durchblättern; *Zettel etc.* durchein'anderbringen.

riff-raff ['rɪfræf] *s.* Pöbel *m*, Gesindel *n*, Pack *n*.

ri·fle¹ ['raɪfl] **I** *s.* **1.** Gewehr *n* (*mit gezogenem Lauf*), Büchse *f*; **2.** *pl.* ⚔ Schützen *pl.*; **II** *v/t.* **3.** *Gewehrlauf* ziehen.

ri·fle² ['raɪfl] *v/t.* (aus)plündern, *Haus a.* durch'wühlen.

ri·fle| corps *s.* Schützenkorps *n*; **~ grenade** *s.* Ge'wehrgranate *f*; '**~·man** [-mən] *s.* [*irr.*] ⚔ Schütze *m*, Jäger *m*; **~ pit** *s.* ⚔ Schützenloch *n*; **~ prac·tice** *s.* ⚔ Schießübung *f*; **~ range** *s.* **1.** Schießstand *m*; **2.** Schußweite *f*; **~ shot** *s.* **1.** Gewehrschuß *m*; **2.** Schußweite *f*.

ri·fling ['raɪflɪŋ] *s.* **1.** Ziehen *n e-s Gewehrlaufs etc.*; **2.** Züge *pl.*

rift [rɪft] **I** *s.* **1.** Spalte *f*, Spalt *m*, Ritze *f*; **2.** Sprung *m*, Riß *m*: **a little ~ within the lute** *fig.* der Anfang vom Ende; **II** *v/t.* **3.** (zer)spalten; **~ saw** *s.* ⚙ Gattersäge *f*; **~ val·ley** *s. geol.* Senkungsgraben *m*.

rig¹ [rɪg] **I** *s.* **1.** ⚓ Takelung *f*, Take'lage *f*; ✈ (Auf)Rüstung *f*; **2.** Ausrüstung *f*; Vorrichtung *f*; **3.** F *fig.* Aufmachung *f* (*Kleidung*): **in full ~** in voller Montur;

4. *Am.* a) Fuhrwerk *n*, b) Sattelschlepper *m*; **5.** Bohranlage *f*; **II** *v/t.* **6.** ⚓ a) *Schiff* auftakeln, b) *Segel* anschlagen; **7.** ✈ (auf)rüsten, montieren; **8.** *~ out*, *~ up* a) ⚓ *etc.* ausrüsten, -statten, b) F *fig. j-n* ‚auftakeln', ausstaffieren; **9.** *oft ~ up* (behelfsmäßig) zs.-bauen, zs.-basteln.

rig² [rɪg] **I** *v/t.* ✝ *Markt etc., pol. Wahl* manipulieren; **II** *s.* (ˈSchwindel)Maˌnöver *n*, Schiebung *f*.

rig·ger [ˈrɪgə] *s.* **1.** ⚓ Takler *m*; **2.** ✈ Monˈteur *m*, (ˈRüst)Meˌchaniker *m*; **3.** ⚡ Kabelleger *m*; **4.** ⚠ Schutzgerüst *n*; **5.** ⚙ Schnur-, Riemenscheibe *f*; **6.** ✝ Kurstreiber *m*.

rig·ging [ˈrɪgɪŋ] *s.* **1.** ⚓ Takeˈlage *f*, Takelwerk *n*: ***running*** (***standing***) *~* laufendes (stehendes) Gut; **2.** ✈ Verspannung *f*; **3.** → ***rig²*** II; *~* **loft** *s. thea.* Schnürboden *m*.

right [raɪt] **I** *adj.* □ → ***rightly***; **1.** richtig, recht, angemessen: ***it is only ~*** es ist nicht mehr als recht und billig; ***he is ~ to do so*** er tut recht daran (, so zu handeln); ***the ~ thing*** das Richtige; ***say the ~ thing*** das rechte Wort finden; **2.** richtig: a) korˈrekt, b) wahr(heitsgemäß): ***the solution is ~*** die Lösung stimmt *od.* ist richtig; ***is your watch ~?*** geht Ihre Uhr richtig?; ***be ~*** recht haben; ***get s.th. ~*** et. klarlegen, et. in Ordnung bringen; ***~?*** F klar?; ***all ~!*** a) alles in Ordnung, b) ganz recht!, c) abgemacht!, in Ordnung!, gut!, (na) schön! (→ *a.* 4); ***~ you are!*** F richtig!, jawohl!; ***that's ~!*** ganz recht!, stimmt!; **3.** richtig, geeignet: ***he is the ~ man*** er ist der Richtige; ***he is all ~*** F er ist in Ordnung (→ *a.* 4); ***the ~ man in the ~ place*** der rechte Mann am rechten Platz; **4.** gesund, wohl: ***he is all ~*** a) es geht ihm gut, er fühlt sich wohl, b) ihm ist nichts passiert; ***out of one's ~ mind***, ***not ~ in one's*** (*od.* ***the***) ***head*** F nicht ganz bei Trost; ***in one's ~ mind*** bei klarem Verstand; **5.** richtig, in Ordnung: ***come ~*** in Ordnung kommen; ***put*** (*od.* ***set***) *~* a) in Ordnung bringen, b) *j-n* (über e-n Irrtum) aufklären, c) *Irrtum* richtigstellen, d) *j-n* gesund machen; ***put o.s. ~ with s.o.*** a) sich vor j-m rechtfertigen, b) sich mit j-m gut stellen; **6.** recht, Rechts… (*a. pol.*): ***~ arm*** (*od.* ***hand***) *fig.* rechte Hand; ***~ side*** rechte Seite, Oberseite *f* (*a. Münze, Stoff etc.*); ***on*** (*od.* ***to***) ***the ~ side*** rechts, rechter Hand; ***on the ~ side of 40*** noch nicht 40 (Jahre alt); ***~ turn*** Rechtswendung *f* (um 90 Grad); ***~ wing*** a) *sport u. pol.* rechter Flügel, b) *sport* Rechtsaußen *m* (*Spieler*); **7.** ⩓ a) recht(*er Winkel*), b) rechtwink(e)lig (*Dreieck*), c) gerade (*Linie*), d) senkrecht (*Figur*): ***at ~ angles*** rechtwink(e)lig; **8.** *obs.* rechtmäßig (*Erbe*); echt (*Kognak etc.*); **II** *adv.* **9.** richtig, recht: ***act*** (*od.* ***do***) *~*; ***guess ~*** richtig (er)raten; **10.** recht, richtig, gut: ***nothing goes ~ with me*** (bei) mir geht alles schief; ***turn out ~*** gut ausgehen; → 5; **11.** rechts (***from*** von); nach rechts; auf der rechten Seite: ***~ and left*** a) rechts und links, b) *fig. a.* ***~, left and centre*** (*Am.* ***center***) überall, von *od.* auf *od.* nach allen Seiten; ***~ about face!*** ⚔ (ganze Abteilung,) kehrt!; **12.** gerade (-wegs), (schnur)stracks, soˈfort: ***~ ahead***, ***~ on*** geradeaus; ***~ away*** (*od.* ***off***) *bsd. Am.* sofort, gleich; ***~ now*** *Am.* jetzt (gleich); **13.** völlig, ganz (und gar), diˈrekt: ***rotten ~ through*** durch und durch faul; **14.** genau, gerade: ***~ in the middle***; **15.** F ‚richtig', ‚ordentlich': ***I was ~ glad***; ***he's a big shot all ~*** (***but***) er ist schon ein ‚großes Tier' (, aber); **16.** *obs.* recht, sehr: ***know ~ well*** sehr wohl wissen; **17.** ♀ *in Titeln*: hoch, sehr: ***~ Hono(u)rable*** Sehr Ehrenwert; → ***reverend*** 2; **III** *s.* **18.** Recht *n*: ***of*** (*od.* ***by***) ***~s*** von Rechts wegen, rechtmäßig, eigentlich; ***in the ~*** im Recht; ***~ and wrong*** Recht und Unrecht; ***do s.o. ~*** j-m Gerechtigkeit widerfahren lassen; ***give s.o. his ~s*** j-m sein Recht geben *od.* lassen; **19.** ⚖ (subjekˈtives) Recht, Anrecht *n*, (Rechts)Anspruch *m* (***to*** auf *acc.*); Berechtigung *f*: ***~s and duties*** Rechte und Pflichten; ***~ of inheritance*** Erbschaftsanspruch; ***~ of possession*** Eigentumsrecht; ***~ of sale*** Verkaufsrecht; ***~ of way*** → ***right-of-way***; ***industrial ~s*** gewerbliche Schutzrechte; ***by ~ of*** kraft (*gen.*), auf Grund (*gen.*); ***in ~ of his wife*** a) im Namen s-r Frau, b) von seiten s-r Frau; ***in one's own ~*** aus eigenem Recht; ***be within one's ~s*** das Recht auf s-r Seite haben; **20.** *das* Rechte *od.* Richtige: ***do the ~***; **21.** *pl.* (richtige) Ordnung: ***bring*** (*od.* ***put*** *od.* ***set***) ***s.th. to ~s*** et. (wieder) in Ordnung bringen; **22.** wahrer Sachverhalt: ***know the ~s of a case***; **23.** *die* Rechte, rechte Seite (*a. Stoff*): ***on*** (*od.* ***to***) ***the ~*** rechts, zur Rechten; ***on the ~ of*** rechts von; ***keep to the ~*** sich rechts halten, *mot.* rechts fahren; ***turn to the ~*** (sich) nach rechts wenden; **24.** rechte Hand, Rechte *f*; **25.** *Boxen*: Rechte *f* (*Faust* *od. Schlag*); **26.** ♀ *pol.* a) rechter Flügel, b) 'Rechtspar,tei *f*; **IV** *v/t.* **27.** (⚓ auf)richten, ins Gleichgewicht bringen; ✈ *Maschine* abfangen; **28.** *Fehler, Irrtum* berichtigen: **~ itself** a) sich wieder ausgleichen, b) (wieder) in Ordnung kommen; **29.** *Unrecht etc.* wieder'gutmachen, in Ordnung bringen; **30.** *Zimmer etc.* in Ordnung bringen; **31.** *j-m* zu s-m Recht verhelfen: **~ o.s.** sich rehabilitieren; **V** *v/i.* **32.** sich wieder aufrichten.

'right|·a·bout *s. a.* **~ face** (*od.* **turn**) Kehrtwendung *f* (*a. fig.*): **send s.o. to the ~** j-m ‚heimleuchten'; **'~-,an·gled** → **right** 7 b; **'~·down** *adj. u. adv.* ‚regelrecht', ausgesprochen.

right·eous ['raɪtʃəs] **I** *adj.* □ gerecht (*a. Sache, Zorn*), rechtschaffen; **II** *s. coll.* **the ~** die Gerechten *pl.*; **'right·eous·ness** [-nɪs] *s.* Rechtschaffenheit *f.*

'right|·ful [-fʊl] *adj.* □ rechtmäßig; **'~-hand** *adj.* **1.** recht: **~ bend** Rechtskurve *f*; **~ man** a) ⚔ rechter Nebenmann, b) *fig.* rechte Hand; **2.** rechtshändig: **~ blow** *Boxen*: Rechte *f*; **3.** ⚙ Rechts...; rechtsgängig (*Schraube*); rechtsläufig (*Motor*): **~ drive** Rechtssteuerung *f*; **~ thread** Rechtsgewinde *n*; **,~-'hand·ed** *adj.* **1.** rechtshändig: **~ person** Rechtshänder(in); **2.** → **right-hand** 3; **,~-'hand·er** [-'hændə] *s.* F **1.** Rechtshänder(in); **2.** *Boxen*: Rechte *f* (*Schlag*).

right·ist ['raɪtɪst] **I** *adj. pol.* 'rechtsgerichtet, -stehend; **II** *s.* 'Rechtspar,teiler *m*, Rechte(r *m*) *f.*

right·ly ['raɪtlɪ] *adv.* **1.** richtig; **2.** mit Recht; **3.** F (*nicht*) genau.

,right-'mind·ed *adj.* rechtschaffen.

right·ness ['raɪtnɪs] *s.* **1.** Richtigkeit *f*; **2.** Rechtmäßigkeit *f*; **3.** Geradheit *f* (*Linie*).

right·o [,raɪt'əʊ] *int. Brit.* F gut!, schön!, in Ordnung!

,right|-of-'way *pl.* **,rights-of-'way** *s.* **1.** *Verkehr*: a) Vorfahrt(srecht *n*) *f*, b) Vorrang *m* (*e-r Straße, a. fig.*): **yield the ~** (die) Vorfahrt gewähren (**to** *dat.*); **2.** Wegerecht *n*; **3.** öffentlicher Weg; **4.** *Am.* zu öffentlichen Zwecken beanspruchtes (*z.B.* Bahn)Gelände; **,~-'wing** *adj. pol.* Rechts..., dem rechten Flügel angehörend, rechtsstehend; **,~'wing·er** *s.* **1.** → **rightist** II; **2.** *sport* Rechtsaußen *m.*

right·oh → **righto.**

rig·id ['rɪdʒɪd] *adj.* □ **1.** starr, steif; **2.** ⚙ a) starr, unbeweglich, b) (stand-, form-) fest, sta'bil: **~ airship** Starrluftschiff *n*; **3.** *fig.* a) streng (*Disziplin, Glaube, Sparsamkeit etc.*), b) starr (*Politik*, ✝ *Preise etc.*), c) streng, hart, unbeugsam (*Person*); **ri·gid·i·ty** [rɪ'dʒɪdətɪ] *s.* **1.** Starr-, Steifheit *f* (*a. fig.*), Starre *f*; **2.** ⚙ a) Starrheit *f*, Unbeweglichkeit *f*, b) (Stand-, Form)Festigkeit *f*, Stabili'tät *f*; **3.** *fig.* Strenge *f*, Härte *f*, Unnachgiebigkeit *f.*

rig·ma·role ['rɪgmərəʊl] *s.* **1.** Geschwätz *n*: **tell a long ~** lang u. breit erzählen; **2.** *iro.* Brim'borium *n.*

rig·or[1] ['rɪgə] *Am.* → **rigour.**

rig·or[2] ['rɪgə] *s.* ⚕ **1.** Schüttel-, Fieberfrost *m*; **2.** Starre *f*; → **ri·gor mor·tis** ['raɪgɔ: 'mɔ:tɪs] *s.* ⚕ Leichenstarre *f.*

rig·or·ous ['rɪgərəs] *adj.* □ **1.** streng, hart, rigo'ros: **~ measures**; **2.** streng (*Winter*); rauh (*Klima etc.*); **3.** (peinlich) genau, strikt, ex'akt.

rig·our ['rɪgə] *s.* **1.** Strenge *f*, Härte *f* (*a. des Winters*); Rauheit *f* (*Klima*): **~s of the weather** Unbilden der Witterung; **2.** Ex'aktheit *f*, Schärfe *f.*

rile [raɪl] *v/t.* F ärgern: **be ~d at** aufgebracht sein über (*acc.*).

rill [rɪl] *s.* Bächlein *n*, Rinnsal *n.*

rim [rɪm] **I** *s.* **1.** *allg.* Rand *m*; **2.** ⚙ a) Felge *f*, b) (Rad)Kranz *m*: **~ brake** Felgenbremse *f*; **3.** (Brillen)Rand *m*, Fassung *f*; **II** *v/t.* **4.** mit e-m Rand versehen; einfassen; **5.** ⚙ *Rad* befelgen.

rime [raɪm] *s. poet.* (Rauh)Reif *m.*

rim·less ['rɪmlɪs] *adj.* randlos.

rim·y ['raɪmɪ] *adj.* bereift, voll Reif.

rind [raɪnd] *s.* **1.** ⚘ (Baum)Rinde *f*, Borke *f*; **2.** (Brot-, Käse)Rinde *f*, Kruste *f*; **3.** (Speck)Schwarte *f*; **4.** (Obst-, Gemüse)Schale *f*; **5.** *fig.* Schale *f*, *das* Äußere.

ring[1] [rɪŋ] **I** *s.* **1.** *allg.* Ring *m* (*a.* ⚘, ⚗): **form a ~** *fig.* e-n Kreis bilden (*Personen*); **2.** ⚙ Öse *f*; **3.** *ast.* Hof *m*; **4.** (Zirkus)Ring *m*, Ma'nege *f*; **5.** (Box-) Ring *m*, *weitS.* (*das*) (Berufs)Boxen: **be in the ~ for** *fig.* kämpfen um; **6.** *Rennsport*: a) Buchmacherstand *m*, b) *coll. die* Buchmacher *pl.*; **7.** ✝ Ring *m*, Kar'tell *n*; **8.** (*Verbrecher-, Spionage- etc.*)Ring *m*, Organisati'on *f*; *weitS.* Clique *f*; **II** *v/t.* **9.** beringen; *e-m Tier* e-n Ring durch die Nase ziehen; **10.** ⚒ *Baum* ringeln; **11.** in Ringe schneiden: **~ onions**; **12.** *mst* **~ in** (*od.* **round** *od.* **about**) um'ringen, -'kreisen, einschließen; *Vieh* um'reiten, zs.-treiben.

ring[2] [rɪŋ] **I** *s.* **1.** a) Glockenklang *m*, -läuten *n*, b) Glockenspiel *n*, Läutwerk *n* (*Kirche*); **2.** Läut-, Rufzeichen *n*, Klingeln *n*; **3.** *teleph.* Anruf *m*: **give me a ~** rufe mich an; **4.** Klang *m*,

Schall *m*: ***the ~ of truth*** der Klang der Wahrheit, der echte Klang; **II** *v/i.* [*irr.*] **5.** läuten (*Glocke*), klingeln (*Glöckchen*): ***~ at the door*** klingeln; ***~ for*** nach *j-m* klingeln; ***~ off*** *teleph.* (den Hörer) auflegen; **6.** klingen (*Münze, Stimme, Ohr etc.*): ***~ true*** wahr klingen; **7.** *oft* ***~ out*** erklingen, -schallen (***with*** von), ertönen (*a. Schuß*): ***~ again*** widerhallen; **III** *v/t.* [*irr.*] **8.** *Glocke* läuten: ***~ the bell*** a) klingeln, läuten, b) *fig.* → ***bell***[1] 1; ***~ down*** (***up***) ***the curtain*** *thea.* den Vorhang nieder- (hoch)gehen lassen; ***~ in the new year*** das neue Jahr einläuten; ***~ s.o. up*** *teleph. bsd. Brit.* j-n *od.* bei j-m anrufen; **9.** erklingen lassen; *fig. j-s Lob* erschallen lassen.

'ring|-a,round-a-'ros·y *s.* ‚Ringelreihen' *n* (*Kinderspiel*); **~ bind·er** *s.* Ringbuch *n*; **~ com·pound** *s.* ⚗ Ringverbindung *f*; **'~·dove** *s. orn.* **1.** Ringeltaube *f*; **2.** Lachtaube *f*.

ringed [rɪŋd] *adj.* **1.** beringt (*Hand etc.*); *fig.* verheiratet; **2.** *zo.* Ringel...

ring·er ['rɪŋə] *s.* **1.** Glöckner *m*; **2.** *Am. sl.* a) *Pferderennen*: ‚Ringer' *m vertauschtes Pferd*, b) *fig. a.* ***dead ~*** Doppelgänger(in), (genaues) Ebenbild, ‚Zwilling' *m* (***for*** von).

ring·ing ['rɪŋɪŋ] **I** *s.* **1.** (Glocken)Läuten *n*; **2.** Klinge(l)n *n*: ***he has a ~ in his ears*** ihm klingen die Ohren; **II** *adj.* ☐ **3.** klinge(l)nd, schallend: ***~ cheers*** brausende Hochrufe; ***~ laugh*** schallendes Gelächter.

'ring,lead·er *s.* Rädelsführer *m*.

ring·let ['rɪŋlɪt] *s.* **1.** Ringlein *n*; **2.** (Ringel)Löckchen *n*.

'ring|,mas·ter *s.* 'Zirkusdi,rektor *m*; **'~-road** *s. mot. bsd. Brit.* Ring-, Um'gehungsstraße *f*; **'~·side** *s.*: ***at the ~*** *Boxen*: am Ring; ***~ seat*** Ringplatz *m*, *weitS.* guter Platz; ***have a ~ seat*** *fig.* die Sache aus nächster Nähe verfolgen (können); **~ snake** *s. zo.* Ringelnatter *f*.

ring·ster ['rɪŋstə] *s. Am.* F *bsd. pol.* Mitglied *n* e-s Ringes *od.* e-r Clique.

'ring|-wall *s.* Ringmauer *f*; **'~-worm** *s.* ⚕ Ringelflechte *f*.

rink [rɪŋk] *s.* **1.** a) (*bsd.* Kunst)Eisbahn *f*, b) Rollschuhbahn *f*; **2.** a) *Bowls*: Spielfeld *n*, b) *Curling*: Rink *m*, Bahn *f*.

rinse [rɪns] **I** *v/t.* **1.** *oft* ***~ out*** (ab-, aus-, nach)spülen; **2.** *Haare* tönen; **II** *s.* **3.** Spülung *f*: ***give s.th. a good ~*** et. gut (ab- *od.* aus)spülen; **4.** Spülmittel *n*; **5.** Tönung *f* (*Haar*); **'rins·ing** [-sɪŋ] *s.* **1.** (Aus)Spülen *n*, Spülung *f*; **2.** *mst pl.* Spülwasser *n*.

ri·ot ['raɪət] **I** *s.* **1.** *bsd.* ⚖ Aufruhr *m*, Zs.-rottung *f*: ***2 Act*** *hist. Brit.* Aufruhrakte *f*; ***read the 2 Act to*** *fig. humor. j-n* (ernstlich) warnen, *j-m* die Leviten lesen; ***~ call*** *Am.* Hilfeersuchen *n* (der Polizei bei Aufruhr *etc.*); ***~ gun*** Straßenkampfwaffe *f*; ***~ squad***, ***~ police*** Überfallkommando *n*; ***~ stick*** Schlagstock *m*; **2.** Tu'mult *m*, Aufruhr *m*, (*a. fig. der Gefühle*), Kra'wall *m* (*a.* = Lärm *m*); **3.** *fig.* Ausschweifung *f*, 'Orgie *f* (*a. weitS. in Farben etc.*): ***run ~*** a) (sich aus)toben, b) durchgehen (*Phantasie etc.*), c) *hunt.* e-e falsche Fährte verfolgen (*Hund*), d) ⚘ wuchern; ***he*** (***it***) ***is a ~*** F er (es) ist einfach ‚toll' *od.* ‚zum Schreien' (komisch); **II** *v/i.* **4.** a) an e-m Aufruhr teilnehmen, b) e-n Aufruhr anzetteln; **5.** randalieren, toben; **6.** *a. fig.* schwelgen (***in*** in *dat.*); **'ri·ot·er** [-tə] *s.* Aufrührer *m*; Randalierer *m*, Kra'wallmacher *m*; **'ri·ot·ous** [-təs] *adj.* ☐ **1.** aufrührerisch: ***~ assembly*** ⚖ Zs.-rottung *f*; **2.** tumultu'arisch, tobend; **3.** ausgelassen, wild (*a. Farbe etc.*); **4.** zügellos, toll.

rip [rɪp] **I** *v/t.* **1.** (zer)reißen, (-)schlitzen; *Naht etc.* (auf-, zer)trennen: ***~ off*** los-, wegreißen, *fig. sl.* ***sich et.*** ‚unter den Nagel reißen'; *Bank etc.* ausrauben; *j-n* ‚ausnehmen', neppen; ***~ up*** (*od.* ***open***) aufreißen, -schlitzen, -trennen; **II** *v/i.* **2.** reißen, (auf)platzen; **3.** F sausen: ***let her ~!*** gib Gas!; ***~ into*** *fig.* auf *j-n* losgehen; **4.** ***~ out with*** *Fluch etc.* ausstoßen; **III** *s.* **5.** Schlitz *m*, Riß *m*.

ri·par·i·an [raɪ'peərɪən] **I** *adj.* **1.** Ufer...: ***~ owner*** → 3; **II** *s.* **2.** Uferbewohner (-in); **3.** ⚖ Uferanlieger *m*.

'rip·cord *s.* ✈ Reißleine *f*.

ripe [raɪp] *adj.* ☐ **1.** reif (*Obst, Ernte etc.*); ausgereift (*Käse, Wein*); schlachtreif (*Tier*); *hunt.* abschußreif; ⚕ operati'onsreif (*Abszeß etc.*): ***~ beauty*** *fig.* reife Schönheit; **2.** *körperlich, geistig* reif, voll entwickelt; **3.** *fig.* reif, gereift, (*Alter, Urteil etc.*); voll'endet (*Künstler etc.*); ausgereift (*Plan etc.*); **4.** (*zeitlich*) reif (***for*** für); **5.** reif, bereit, fertig (***for*** für); **6.** F deftig (*Witz etc.*); **'rip·en** [-pən] **I** *v/i.* **1.** *a. fig.* reifen, reif werden; **2.** sich (voll) entwickeln, her'anreifen (***into*** zu); **II** *v/t.* **3.** reifen lassen; **'ripe·ness** [-nɪs] *s.* Reife *f* (*a. fig.*).

'rip-off *s. sl.* **1.** a) Diebstahl *m*, b) Raub *m*; **2.** ‚Nepp' *m*, *allg.* ‚Beschiß' *m*.

ri·poste [rɪ'pɒst] **I** *s.* **1.** *fenc.* Ri'poste *f*, Nachstoß *m*; **2.** *fig.* a) schlagfertige Erwiderung, b) scharfe Antwort; **II** *v/i.* **3.** *fenc.* ripostieren; Gegenstoß machen (*a. fig.*); **4.** *fig.* (schlagfertig *od.* hart) kontern.

rip·per [ˈrɪpə] *s.* **1.** ⚙ a) Trennmesser *n*, b) ˈTrennmaˌschine *f*, c) → ***rip saw***; **2.** *sl.* a) ˈPrachtexemˌplar *n*, b) Prachtkerl *m*; **3.** *blutrünstiger Mörder*; **rip·ping** [ˈrɪpɪŋ] *obs. Brit. sl. adj.* □ prächtig, ‚prima', ‚toll'.

rip·ple[1] [ˈrɪpl] **I** *s.* **1.** kleine Welle(n *pl.*), Kräuselung *f* (*Wasser*, *Sand etc.*): ***~ of laughter*** *fig.* leises Lachen; ***cause a ~*** *fig.* ein kleines Aufsehen erregen; **2.** Rieseln *n*, (Daˈhin)Plätschern *n* (*a. fig. Gespräch*); **3.** *fig.* Spiel(en) *n* (*der Muskeln etc.*); **II** *v/i.* **4.** kleine Wellen schlagen, sich kräuseln; **5.** rieseln, (daˈhin-) plätschern (*a. fig. Gespräch*); **6.** *fig.* spielen (*Muskeln etc.*); **III** *v/t.* **7.** *Wasser etc.* leicht bewegen, kräuseln.

rip·ple[2] [ˈrɪpl] ⚙ **I** *s.* Riffelkamm *m*; **II** *v/t. Flachs* riffeln.

ˈrip·ple| cloth *s.* Zibeˈline *f* (*Wollstoff*); **~ cur·rent** *s.* ⚡ Brummstrom *m*; **~ finish** *s.* ⚙ Kräusellack *m*.

ˌrip|-ˈroar·ing *adj.* F ‚toll'; **~ saw** *s.* ⚙ Spaltsäge *f*; **ˈ~ˌsnort·er** [-ˌsnɔːtə] *s. sl.* a) ‚tolle Sache', b) ‚toller Kerl'; **ˈ~-ˈsnort·ing** [-ˈsnɔːtɪŋ] *adj. sl.* ‚toll'.

rise [raɪz] **I** *v/i.* [*irr.*] **1.** sich erheben, *vom Bett*, *Tisch etc.* aufstehen: ***~ (from the dead)*** *eccl.* (von den Toten) auferstehen; **2.** a) aufbrechen, b) die Sitzung schließen, sich vertagen; **3.** auf-, emˈpor-, hochsteigen (*Vogel*, *Rauch etc.*; *a. Geruch*; *a. fig. Gedanke*, *Zorn etc.*): ***the curtain ~s*** *thea.* der Vorhang geht auf; ***my hair ~s*** die Haare stehen mir zu Berge; ***her colo(u)r rose*** die Röte stieg ihr ins Gesicht; ***land ~s to view*** Land kommt in Sicht; ***spirits rose*** die Stimmung hob sich; ***the word rose to her lips*** das Wort kam ihr auf die Lippen; **4.** steigen, sich bäumen (*Pferd*): ***~ to a fence*** zum Sprung über ein Hindernis ansetzen; **5.** sich erheben, emˈporragen (*Berg etc.*); **6.** aufgehen (*Sonne etc.*; *a. Saat*, *Teig*); **7.** (an)steigen (*Gelände etc.*; *a. Wasser*; *a. Temperatur etc.*); **8.** (an)steigen, anziehen (*Preise etc.*); **9.** ⚕ sich bilden (*Blasen*); **10.** sich erheben, aufkommen (*Sturm*); **11.** sich erheben *od.* emˈpören, revoltieren: ***~ in arms*** zu den Waffen greifen; ***my stomach ~s against*** (*od.* ***at***) ***it*** mein Magen sträubt sich dagegen, (*a. fig.*) es ekelt mich an; **12.** *beruflich od. gesellschaftlich* aufsteigen: ***~ in the world*** vorwärtskommen, es zu et. bringen; **13.** *fig.* sich erheben: a) erhaben sein (***above*** über *acc.*), b) sich emˈporschwingen (*Geist*); → ***occasion*** 3; **14.** ♪ (an)steigen, anschwellen; **II** *v/t.* [*irr.*] **15.** aufsteigen lassen; *Fisch* an die Oberfläche locken; **16.** *Schiff* sichten; **III** *s.* **17.** (Auf)Steigen *n*, Aufstieg *m*; **18.** *ast.* Aufgang *m*; **19.** Auferstehung *f von den Toten*; **20.** Steigen *n* (*Fisch*), Schnappen *n* nach dem Köder: ***get*** (*od.* ***take***) ***a ~ out of s.o.*** *sl.* j-n ‚auf die Palme bringen'; **21.** *fig.* Aufstieg *m* (*Person*, *Nation etc.*): ***a young man on the ~*** ein aufstrebender junger Mann; **22.** (An)Steigen *n*, Erhöhung *f* (*Flut*, *Temperatur etc.*; ✝ *Preise etc.*); *Börse*: Aufschwung *m*, Hausse *f*; *bsd. Brit.* Aufbesserung *f*, Lohn-, Gehaltserhöhung *f*: ***buy for a ~*** auf Hausse spekulieren; ***on the ~*** im Steigen (begriffen) (*Preise*); **23.** Zuwachs *m*, -nahme *f*: ***~ in population*** Bevölkerungszuwachs; **24.** Ursprung *m* (*a. fig. Entstehung*): ***take*** (*od.* ***have***) ***its ~*** entspringen, entstehen; **25.** Anlaß *m*: ***give ~ to*** verursachen, hervorrufen, erregen; **26.** a) Steigung *f* (*Gelände*), b) Anhöhe *f*, Erhebung *f*; **27.** Höhe *f*; △ Pfeilhöhe *f* (*Bogen*); **ris·en** [ˈrɪzn] *p.p. von* ***rise***; **ˈris·er** [-zə] *s.* **1.** ***early ~*** Frühaufsteher (-in); ***late ~*** Langschläfer(in); **2.** Steigung *f e-r Treppenstufe*; **3.** a) ⚙ Steigrohr *n*, b) ⚡ Steigleitung *f*, c) *Gießerei*: Steiger *m*.

ris·i·bil·i·ty [ˌrɪzɪˈbɪlətɪ] *s.* **1.** *a. pl.* Lachlust *f*; **2.** Gelächter *n*; **ris·i·ble** [ˈrɪzɪbl] *adj.* **1.** lachlustig; **2.** Lach...: ***~ muscles***; **3.** lachhaft.

ris·ing [ˈraɪzɪŋ] **I** *adj.* **1.** (an)steigend (*a. fig.*): ***~ ground*** (Boden)Erhebung *f*, Anhöhe *f*; ***~ gust*** Steigbö *f*; ***~ main*** a) ⚙ Steigrohr *n*, b) ⚡ Steigleitung *f*; ***~ rhythm*** *Metrik*: steigender Rhythmus; **2.** herˈanwachsend, kommend (*Generation*); **3.** aufstrebend: ***a ~ lawyer***; **II** *prp.* **4.** *Am.* F ***~ of*** a) (etwas) mehr als, b) genau; **III** *s.* **5.** Aufstehen *n*; **6.** (An-) Steigen *n* (*a. fig. Preise*, *Temperatur etc.*); **7.** Steigung *f*, Anhöhe *f*; **8.** *ast.* Aufgehen *n*; **9.** Aufstand *m*, Erhebung *f*; **10.** Steigerung *f*, Zunahme *f*; **11.** Aufbruch *m e-r Versammlung*; **12.** ⚕ a) Geschwulst *f*, b) Pustel *f*.

risk [rɪsk] **I** *s.* **1.** Wagnis *n*, Gefahr *f*, Risiko *n*: ***at one's own ~*** auf eigene Gefahr; ***at the ~ of one's life*** unter Lebensgefahr; ***at the ~ of*** (*ger.*) auf die Gefahr hin, zu (*inf.*); ***be at ~*** gefährdet sein, auf dem Spiel stehen; ***put at ~*** gefährden; ***run the ~ of doing s.th.*** Gefahr laufen, et. zu tun; ***run*** (*od.* ***take***) ***a ~*** ein Risiko eingehen; **2.** ✝ a)

Risiko *n*, Gefahr *f*, b) versichertes Wagnis (*Ware od. Person*): ***security ~*** *pol.* Sicherheitsrisiko; **II** *v/t.* **3.** riskieren, wagen, aufs Spiel setzen: ***~ one's life***; **4.** *Verlust, Verletzung etc.* riskieren; **'risk·y** [-kɪ] *adj.* □ **1.** ris'kant, gewagt, gefährlich; **2.** → ***risqué***.

ris·qué ['ri:skeɪ] *adj.* gewagt, schlüpfrig: ***a ~ story***.

ris·sole ['rɪsəʊl] (*Fr.*) *s. Küche*: Briso'lett *n*.

rite [raɪt] *s.* **1.** *bsd. eccl.*: Ritus *m*, Zeremo'nie *f*, feierliche Handlung: ***funeral ~s*** Totenfeier *f*, Leichenbegängnis *n*; ***last ~s*** Sterbesakramente; **2.** *oft* ♀ *eccl.* Ritus *m*: a) Religi'onsform *f*, b) Litur'gie *f*; **3.** Gepflogenheit *f*, Brauch *m*.

rit·u·al ['rɪtʃʊəl] **I** *s.* **1.** *eccl. etc., a. fig.* Ritu'al *n*; **2.** *eccl.* Ritu'albuch *n*; **II** *adj.* □ **3.** ritu'al, Ritual…: ***~ murder*** Ritualmord *m*; **4.** ritu'ell, feierlich: ***~ dance***.

ritz·y ['rɪtsɪ] *adj. sl.* **1.** ‚stinkvornehm', ‚feu'dal'; **2.** angeberisch.

ri·val ['raɪvl] **I** *s.* **1.** Ri'vale *m*, Ri'valin *f*, Nebenbuhler(in), Konkur'rent(in): ***without a ~*** *fig.* ohnegleichen, unerreicht; **II** *adj.* **2.** rivalisierend, wetteifernd: ***~ firm*** ✝ Konkurrenzfirma *f*; **III** *v/t.* **3.** rivalisieren *od.* wetteifern *od.* konkurrieren mit, *j-m* den Rang streitig machen; **4.** *fig.* es aufnehmen mit; gleichkommen (*dat.*); **'ri·val·ry** [-rɪ] *s.* **1.** Rivali'tät *f*, Nebenbuhlerschaft *f*; **2.** Wettstreit *m*, -eifer *m*, Konkur'renz *f*: ***enter into ~ with s.o.*** j-m Konkurrenz machen.

rive [raɪv] **I** *v/t.* [*irr.*] **1.** (zer)spalten; **2.** *poet.* zerreißen; **II** *v/i.* [*irr.*] **3.** sich spalten; *fig.* brechen (*Herz*); **riv·en** ['rɪvən] *p.p. von* ***rive***.

riv·er ['rɪvə] *s.* **1.** Fluß *m*, Strom *m*: ***~ police*** Wasserschutzpolizei *f*; ***the ~ Thames*** die Themse; ***Hudson*** ♀ der Hudson; ***down the ~*** stromab(wärts); ***sell s.o. down the ~*** F j-n ‚verkaufen'; ***up the ~*** a) stromauf(wärts), b) *Am.* F in den *od.* im ‚Knast'; **2.** *fig.* Strom *m*, Flut *f*.

riv·er·ain ['rɪvəreɪn] **I** *adj.* Ufer…, Fluß…; **II** *s.* Ufer- *od.* Flußbewohner(in).

riv·er| ba·sin *s. geol.* Einzugsgebiet *n*; **'~-bed** *s.* Flußbett *n*; **~ dam** *s.* Staudamm *m*, Talsperre *f*; **'~·front** *s.* (Fluß-)Hafenviertel *n*; **'~·head** *s.* (Fluß)Quelle *f*, Quellfluß *m*; **~ horse** *s. zo.* Flußpferd *n*.

riv·er·ine ['rɪvəraɪn] *adj.* am Fluß (gelegen *od.* wohnend); Fluß…

riv·er| po·lice *s.* 'Wasserschutzpoliˌzei *f*; **'~·side I** *s.* Flußufer *n*; **II** *adj.* am Ufer (gelegen), Ufer…

riv·et ['rɪvɪt] **I** *s.* ⚙ **1.** Niete *f*, Niet *m*: ***~ joint*** Nietverbindung *f*; **II** *v/t.* **2.** ⚙ (ver)nieten; **3.** befestigen (***to*** an *acc.*); **4.** *fig.* a) *Blick, Aufmerksamkeit* heften, richten (***on*** auf *acc.*), b) *Aufmerksamkeit, a. j-n* fesseln: ***stand ~ed to the spot*** wie angewurzelt stehenbleiben; **'riv·et·ing** [-tɪŋ] *s.* ⚙ **1.** Nietnaht *f*; **2.** (Ver)Nieten *n*: ***~ hammer*** Niethammer *m*.

riv·u·let ['rɪvjʊlɪt] *s.* Flüßchen *n*.

roach[1] [rəʊtʃ] *s. ichth.* Plötze *f*, Rotauge *n*: ***sound as a ~*** kerngesund.

roach[2] [rəʊtʃ] *s.* ⚓ Gilling *f*.

roach[3] [rəʊtʃ] → ***cockroach***.

road [rəʊd] **I** *s.* **1.** a) (Land)Straße *f*, b) Weg *m* (*a. fig.*), c) Strecke *f*, d) Fahrbahn *f*: ***by ~*** a) auf dem Straßenweg, b) per Achse, mit dem Fahrzeug; ***on the ~*** a) auf der Straße, b) auf Reisen, unterwegs, c) *thea.* auf Tournee; ***hold the ~ well*** *mot.* e-e gute Straßenlage haben; ***take*** (*sl.* ***hit***) ***the ~*** aufbrechen; ***rule of the ~*** Straßenverkehrsordnung *f*; ***the ~ to success*** *fig.* der Weg zum Erfolg; ***be in s.o.'s ~*** *fig.* j-m im Wege stehen; ***~ up!*** Straßenarbeiten!; **2.** *mst pl.* ⚓ Reede *f*; **3.** 🚂 *Am.* Bahn(strecke) *f*; **4.** ⚒ Förderstrecke *f*; **II** *adj.* **5.** Straßen…, Weg…: ***~ conditions*** Straßenzustand *m*; ***~ haulage*** Güterkraftverkehr *m*; ***~ junction*** Straßenknotenpunkt *m*, -einmündung *f*; ***~ sign*** Straßenschild *n*, Wegweiser *m*.

road·a·bil·i·ty [ˌrəʊdə'bɪlətɪ] *s. mot.* Fahreigenschaften *pl.*; *engS.* Straßenlage *f*.

road| ac·ci·dent *s.* Verkehrsunfall *m*; **'~·bed** *s.* a) 🚂 Bahnkörper *m*, b) Straßenbettung *f*; **'~·block** *s.* **1.** Straßensperre *f*; **2.** Verkehrshindernis *n*; **3.** *fig.* Hindernis *n*; **'~·book** *s.* Reisehandbuch *n*; **~ hog** *s.* Verkehrsrowdy *m* (*rücksichtsloser Fahrer*); **'~ˌhold·ing** *s. mot.* Straßenlage *f*; **~ hole** *s.* Schlagloch *n*; **~ house** *s.* Rasthaus *n*; **'~·man** [-mən] *s.* [*irr.*] **1.** Straßenarbeiter *m*; **2.** Straßenhändler *m*; **~ man·a·ger** *s.* Roadmanager *m* (*e-r Rockgruppe*); **~ map** *s.* Straßen-, Autokarte *f*; **~ met·al** *s.* Straßenbeschotterung *f*, -schotter *m*; **~ roll·er** *s.* ⚙ Straßenwalze *f*; **~ sense** *s. mot.* Fahrverstand *m*; **'~·side I** *s.* (***by the ~*** am) Straßenrand *m*; **II** *adj.* an der Landstraße (gelegen): ***~ inn***; **'~·stead** *s.* ⚓ Reede *f*.

road·ster ['rəʊdstə] *s.* **1.** *Am.* Roadster

m, (offener) Sportzweisitzer; **2.** *sport* (starkes) Tourenrad.

road| tank·er *s. mot.* Tankwagen *m*; **'~-test** *mot.* **I** *s.* Probefahrt *f*; **II** *v/t. ein Auto* probefahren; **~ us·er** *s.* Verkehrsteilnehmer(in); **'~·way** *s.* Fahrdamm *m*, -bahn *f*; **'~·work** *s. sport* Lauftraining *n*; **~ works** *s. pl.* Straßenarbeiten *pl.*, Baustelle *f auf e-r Straße*; **'~ˌwor·thi·ness** *s. mot.* Verkehrssicherheit *f* (*Auto*); **'~ˌwor·thy** *adj. mot.* verkehrssicher (*Auto*).

roam [rəʊm] **I** *v/i. a.* **~ about** (um'her-) streifen, (-)wandern; **II** *v/t.* durch'streifen (*a. fig. Blick etc.*); **III** *s.* Wandern *n*, Um'herstreifen *n*.

roan [rəʊn] **I** *adj.* **1.** rötlichgrau; **2.** gefleckt; **II** *s.* **3.** Rotgrau *n*; **4.** *zo.* a) Rotschimmel *m*, b) rotgraue Kuh; **5.** Schafleder *n*.

roar [rɔː] **I** *v/i.* **1.** brüllen: **~ at** a) *j-n* anbrüllen, b) über *et.* schallend lachen; **~ with** vor *Schmerz, Lachen etc.* brüllen; **2.** *fig.* tosen, toben, brausen (*Wind, Meer*); krachen, (g)rollen (*Donner*); (er)dröhnen, donnern (*Geschütz, Motor etc.*); brausen, donnern (*Fahrzeug*); **3.** *vet.* keuchen (*Pferd*); **II** *v/t.* **4.** *et.* brüllen: **~ out** *Freude, Schmerz etc.* hinausbrüllen; **~ s.o. down** j-n niederschreien; **III** *s.* **5.** Brüllen *n*, Gebrüll *n* (*a. fig.*): **set the table in a ~** (**of laughter**) bei der Gesellschaft schallendes Gelächter hervorrufen; **6.** *fig.* Tosen *n*, Toben *n*, Brausen *n* (*Wind, Meer*); Krachen *n*, Rollen *n* (*Donner*); Donner *m* (*Geschütze*); Dröhnen *n*, Lärm *m* (*Motor, Maschinen etc.*); Getöse *n*; **'roar·ing** [-rɪŋ] **I** *adj.* □ **1.** brüllend (*a. fig.* **with** vor *dat.*); **2.** lärmend, laut; **3.** tosend (*etc.* → **roar** 2); **4.** brausend, stürmisch (*Nacht, Fest*); **5.** a) großartig, ‚phan'tastisch': **a ~ business** (*od.* **trade**) ein schwunghafter Handel, ein ‚Bombengeschäft'; **in ~ health** vor Gesundheit strotzend, b) ‚wild', ‚fa'natisch': **a ~ Christian**; **II** *s.* **6.** → **roar** 5 *u.* 6; **7.** *vet.* Keuchen *n* (*Pferd*).

roast [rəʊst] **I** *v/t.* **1.** *Fleisch etc.* braten, rösten; schmoren: **be ~ed alive** a) bei lebendigem Leibe verbrannt werden *od.* verbrennen, b) *fig.* vor Hitze fast umkommen; **2.** *Kaffee etc.* rösten; **3.** *metall.* rösten, abschwelen; **4.** F a) ‚durch den Kakao ziehen', b) ‚verreißen' (*kritisieren*); **II** *v/i.* **5.** rösten, braten; schmoren (*a. fig. in der Sonne etc.*): **I am simply ~ing** *fig.* mir ist wahnsinnig heiß; **III** *s.* **6.** Braten *m*; → **rule** 13; **IV** *adj.* **7.** geröstet, gebraten, Röst...: **~ beef** Rinderbraten *m*; **~ meat** Braten *m*; **~ pork** Schweinebraten *m*; **'roast·er** [-tə] *s.* **1.** Röster *m*, 'Röstappaˌrat *m*; **2.** *metall.* Röstofen *m*; **3.** Spanferkel *n*, Brathähnchen *n etc.*; **'roast·ing** [-tɪŋ] *s.*: **give s.o. a. ~** F → **roast** 4.

rob [rɒb] *v/t.* **1.** a) *et.* rauben, stehlen, b) *Haus etc.* ausrauben, (-)plündern, c) *fig.* berauben (**of** *gen.*); **2.** *j-n* berauben: **~ s.o. of** a) j-n *e-r Sache* berauben (*a. fig.*), b) *fig.* j-n um *et.* bringen, j-m *et.* nehmen; **rob·ber** ['rɒbə] *s.* Räuber *m*; **rob·ber·y** ['rɒbərɪ] *s.* **1.** *a.* ⚖ Raub *m* (**from** an *dat.*); 'Raubˌüberfall *m*; **2.** *fig.* ‚Diebstahl' *m*, ‚Beschiß' *m*.

robe [rəʊb] **I** *s.* **1.** (Amts)Robe *f*, Ta'lar *m* (*Geistlicher, Richter etc.*): **~s** Amtstracht *f*; **state ~** Staatskleid *n*; (**the gentlemen of**) **the** (**long**) **~** *fig.* die Juristen; **2.** Robe *f*: a) wallendes Gewand, b) Festkleid *n*, c) Abendkleid *n*, d) † *einteiliges Damenkleid*, e) Bademantel *m*; **3.** *bsd.* Taufkleid *n* (*Säugling*); **II** *v/t.* **4.** *j-n* (feierlich an)kleiden, *j-m* die Robe anlegen; **5.** *fig.* (ein)hüllen; **III** *v/i.* **6.** die Robe anlegen.

rob·in ['rɒbɪn] *s.* **1.** *a.* **~ red-breast** *orn.* a) Rotkehlchen *n*, b) amer. Wanderdrossel *f*; **2.** → **round robin**.

rob·o·rant ['rɒbərənt] ⚕ **I** *adj.* stärkend; **II** *s.* Stärkungsmittel *n*, Roborans *n*.

ro·bot ['rəʊbɒt] **I** *s.* **1.** Roboter *m* (*a. fig.*), ⚙ *a.* Auto'mat *m*; **2.** *a.* **~ bomb** ⚔ V-Geschoß *n*; **II** *adj.* **3.** auto'matisch: **~ pilot** ✈ Selbststeuergerät *n*.

ro·bust [rəʊ'bʌst] *adj.* □ **1.** ro'bust: a) kräftig, stark (*Gesundheit, Körper, Person etc.*), b) kernig, gerade (*Geist*), c) derb (*Humor*); **2.** ⚙ sta'bil, 'widerstandsfähig; **3.** hart, schwer (*Arbeit etc.*); **ro'bust·ness** [-nɪs] *s.* Ro'bustheit *f*.

roc [rɒk] *s. myth.* (Vogel *m*) Rock *m*.

rock¹ [rɒk] *s.* **1.** Fels *m* (*a. fig.*), Felsen *m*; *coll.* Felsen *pl.*, (Fels)Gestein *n*: **the** ♀ *geogr.* Gibraltar; **volcanic ~** *geol.* vulkanisches Gestein; (**as**) **firm as a ~** *fig.* wie ein Fels, zuverlässig; **2.** Klippe *f* (*a. fig.*): **on the ~s** a) F ‚pleite', in Geldnot, b) F ‚kaputt', in die Brüche gegangen (*Ehe etc.*), c) on the rocks, mit Eiswürfeln (*Getränk*); **see ~s ahead** mit Schwierigkeiten rechnen; **3.** *Am.* Stein *m*: **throw ~s at s.o.**; **4.** Pfefferminzstange *f*; **5.** *sl.* Stein, *bsd.* Diamant *m*, *pl.* ‚Klunkern' *pl.*; **6.** *Am. sl.* a) Geldstück *n*, *bsd.* Dollar *m*, b) *pl.* ‚Kies' *m* (*Geld*); **7.** *pl.* V ‚Eier' *pl.*

(*Hoden*).

rock² [rɒk] **I** *v/t.* **1.** wiegen, schaukeln; *Kind* (in den Schlaf) wiegen: **~ *in security*** *fig. j-n* in Sicherheit wiegen; **2.** ins Wanken bringen, erschüttern: **~ *the boat*** *fig.* die Sache gefährden; **3.** *Sieb, Sand etc.* rütteln; **II** *v/i.* **4.** (sich) schaukeln, sich wiegen; **5.** (sch)wanken, wackeln, taumeln (*a. fig.*); **6.** ♪ a) Rock 'n' Roll tanzen, b) ‚rocken' (*spielen*); **III** *s.* **7.** → ***rock 'n' roll***.

rock| and roll [ˌrɒkən'rəʊl] → ***rock 'n' roll***; **~ bed** Felsengrund *m*; **~ bot·tom** *s. fig.* Tief-, Nullpunkt *m*: ***get down to ~*** der Sache auf den Grund gehen; ***his supplies touched ~*** s-e Vorräte waren erschöpft; **ˌ~-'bot·tom** *adj.* F allerniedrigst, äußerst (*Preis etc.*); **'~-bound** *adj.* von Felsen um'schlossen; **~ cake** *s.* hartgebackenes Plätzchen; **~ can·dy** → ***rock¹*** 4; **~ climb·ing** *s.* Felsenklettern *n*; **~ cork** *s. min.* 'Bergasˌbest *m*, -kork *m*; **~ crys·tal** *s. min.* 'Bergkriˌstall *m*; **~ de·bris** *geol.* Felsgeröll *n*; **~ draw·ings** *s. pl.* Felszeichnungen *pl.*; **~ drill** *s.* ⚙ Steinbohrer *m*.

rock·er ['rɒkə] *s.* **1.** Kufe *f* (*Wiege etc.*): ***off one's ~*** *sl.* ‚übergeschnappt', verrückt; **2.** a) Schaukelpferd *n*, b) *Am.* Schaukelstuhl *m*; **3.** ⚙ a) Wippe *f*, b) Wiegemesser *n*, c) Schwing-, Kipphebel *m*; **4.** Schwingtrog *m* (*zur Goldwäsche*); **5.** *Eislauf*: a) Holländer(schlittschuh) *m*, b) Kehre *f*; **6.** *pl. Brit.* Rokker *pl.*, ‚Lederjacken' *pl.* (*Jugendliche*); **~ arm** *s.* ⚙ Kipphebel *m*; **~ switch** *s.* ⚡ Wippschalter *m*.

rock·er·y ['rɒkərɪ] *s.* Steingarten *m*.

rock·et¹ ['rɒkɪt] **I** *s.* **1.** *allg.* Ra'kete *f*; **2.** *fig.* F ‚Zi'garre' *f*, Anpfiff *m*; **II** *adj.* **3.** Raketen...: ***~ bomb***; ***~ aircraft***, ***~-driven airplane*** Raketenflugzeug *n*; ***~-assisted take-off*** ✈ Raketenstart *m*; **III** *v/i.* **4.** (wie e-e Ra'kete) hochschießen; **5.** ✝ hochschnellen (*Preise*); **6.** *fig.* e-n ko'metenhaften Aufstieg nehmen; **IV** *v/t.* **7.** ⚔ mit Raketen beschießen; **8.** mit e-r Ra'kete *in den Weltraum etc.* befördern.

rock·et² ['rɒkɪt] *s.* ⚘ **1.** 'Nachtviˌole *f*; **2.** Rauke *f*; **3.** → ***~ salad***; **4.** *a.* ***~ cress*** (echtes) Barbarakraut.

rock·et·eer [ˌrɒkɪ'tɪə] *s.* ⚔ **1.** Ra'ketenkanoˌnier *m od.* -piˌlot *m*; **2.** Ra'ketenforscher *m*, -fachmann *m*.

rock·et| jet *s.* Ra'ketentriebwerk *n*; **~ launch·er** *s.* ⚔ Ra'ketenwerfer *m*; **'~-ˌlaunch·ing site** *s.* ⚔ Ra'ketenabschußbasis *f*; **'~-ˌpow·ered** *adj.* mit Ra'ketenantrieb; **~ pro·jec·tor** *s.* ⚔ (Ra'keten)Werfer *m*.

rock·et·ry ['rɒkɪtrɪ] *s.* **1.** Ra'ketentechnik *f od.* -forschung *f*; **2.** *coll.* Ra'keten *pl.*

rock·et sal·ad *s.* ⚘ Senfkohl *m*.

rock| flour *s. min.* Bergmehl *n*; **~ garden** *s.* Steingarten *m*.

rock·i·ness ['rɒkɪnɪs] *s.* felsige *od.* steinige Beschaffenheit.

rock·ing| chair ['rɒkɪŋ] *s.* Schaukelstuhl *m*; **~ horse** *s.* Schaukelpferd *n*; **~ le·ver** *s.* Schwinghebel *m*.

rock| leath·er → ***rock cork***; **~ 'n' roll** [ˌrɒkən'rəʊl] *s.* Rock 'n' Roll *m* (*Musik u. Tanz*); **~ oil** *s.* Stein-, Erdöl *n*, Pe'troleum *n*; **~ plant** *s.* ⚘ Felsen-, Alpen-, Steingartenpflanze *f*; **'~·rose** *s.* ⚘ Cistrose *f*; **~ salt** *s.* ⚒ Steinsalz *n*; **'~·slide** *s.* Steinschlag *m*, Felssturz *m*; **'~·wood** *s. min.* 'Holzasˌbest *m*; **'~·work** *s.* **1.** Gesteinsmasse *f*; **2.** a) Steingarten *m*, b) Grottenwerk *n*; **3.** ⚠ Quaderwerk *n*.

rock·y¹ ['rɒkɪ] *adj.* **1.** felsig; **2.** steinhart (*a. fig.*)

rock·y² ['rɒkɪ] *adj.* □ F wack(e)lig (*a. fig.*), wankend.

ro·co·co [rəʊ'kəʊkəʊ] **I** *s.* **1.** Rokoko *n*; **II** *adj.* **2.** Rokoko...; **3.** verschnörkelt, über'laden.

rod [rɒd] *s.* **1.** Rute *f*, Gerte *f*; *a. fig. bibl.* Reis *n*; **2.** (Zucht)Rute *f* (*a. fig.*): ***have a ~ in pickle for s.o.*** mit j-m noch ein Hühnchen zu rupfen haben; ***kiss the ~*** sich unter die Rute beugen; ***make a ~ for one's own back*** *fig.* sich die Rute selber flechten; ***spare the ~ and spoil the child*** wer die Rute spart, verzieht das Kind; **3.** a) Zepter *n*, b) Amtsstab *m*, c) *fig.* Amtsgewalt *f*, d) *fig.* Knute *f*, Tyran'nei *f*; → ***Black Rod***; **4.** (Holz)Stab *m*, Stock *m*; **5.** ⚙ (Rund-)Stab *m*, (Treib-, Verbindungs- *etc.*) Stange *f*: **~ *aerial*** ⚡ Stabantenne *f*; *Kernkraft*: Brennstab *m*; **6.** a) Angelrute *f*, b) Angler *m*; **7.** Meßlatte *f*, -stab *m*; **8.** a) Rute *f* (*Längenmaß*), b) Qua'dratrute *f* (*Flächenmaß*); **9.** *Am. sl.* ‚Ka'none' *f* (*Pistole*); **10.** *anat.* Stäbchen *n* (*Netzhaut*); **11.** *biol.* 'Stäbchenbakˌterie *f*; **12.** *Am. sl.* → ***hot rod***.

rode [rəʊd] *pret. von* **ride**.

ro·dent ['rəʊdənt] **I** *adj.* **1.** *zo.* nagend; Nage...: **~ *teeth***; **2.** ⚕ fressend (*Geschwür*); **II** *s.* **3.** Nagetier *n*.

ro·de·o [rəʊ'deɪəʊ] *pl.* **-s** *s. Am.* Ro'deo *m, n*: a) Zs.-treiben *n* von Vieh, b) *Sammelplatz für diesen Zweck*, c) 'Cowboy-Turˌnier *n*, Wildwest-Vorführung *f*, d) 'Motorrad-, 'Autoroˌdeo *m, n*.

roe¹ [rəʊ] *s. zo.* **1.** *a.* ***hard ~*** Rogen *m*, Fischlaich *m*: ***~ corn*** Fischei *n*; **2.** *a.* ***soft ~*** Milch *f*; **3.** Eier *pl.* (*vom Hummer etc.*).

roe² [rəʊ] *pl.* **roes**, *coll.* **roe** *s. zo.* **1.** Reh *n*; **2.** a) Ricke *f* (*weibliches Reh*), b) Hirschkuh *f*; **'~·buck** *s.* Rehbock *m*; **'~-deer** *s.* Reh *n*.

roent·gen → ***röntgen***.

ro·ga·tion [rəʊ'geɪʃn] *s. eccl.* a) (Für-) Bitte *f*, ('Bitt)Lita,nei *f*, b) *mst pl.* Bittgang *m*: ***♀ Sunday*** Sonntag *m* Rogate; ***♀ week*** Himmelfahrts-, Bittwoche *f*; **rog·a·to·ry** ['rɒgətərɪ] *adj.* ⚖ Untersuchungs...: ***~ commission***; ***letters ~*** Amtshilfeersuchen *n*.

rog·er ['rɒdʒə] **1.** *int. Funk*: Roger!, Verstanden!; **2.** F in Ordnung!

rogue [rəʊg] *s.* **1.** Schurke *m*, Gauner *m*: ***~s' gallery*** Verbrecheralbum *n*; **2.** *humor.* Schelm *m*, Schlingel *m*, Spitzbube *m*; **3.** ⚘ a) aus der Art schlagende Pflanze, b) 'Mißbildung *f*; **4.** *zo. a.* ***~ elephant***, ***~ buffalo*** *etc.* bösartiger Einzelgänger; **5.** *Pferderennen*: a) bokkendes Pferd, b) Ausreißer *m* (*Pferd*); **'ro·guer·y** [-gərɪ] *s.* **1.** Schurke'rei *f*, Gaune'rei *f*; **2.** Spitzbübe'rei *f*; **'ro·guish** [-gɪʃ] *adj.* □ **1.** schurkisch; **2.** schelmisch, schalkhaft, spitzbübisch.

roist·er ['rɔɪstə] *v/i.* **1.** kra'keelen; **2.** aufschneiden, prahlen; **'roist·er·er** [-tərə] *s.* **1.** Kra'keeler *m*; **2.** Großmaul *n*.

role, **rôle** [rəʊl] (*Fr.*) *s. thea. u. fig.* Rolle *f*: ***play a ~*** e-e Rolle spielen.

roll [rəʊl] **I** *s.* **1.** (*Haar-, Kragen-, Papier- etc.*)Rolle *f*; **2.** a) *hist.* Schriftrolle *f*, Perga'ment *n*, b) Urkunde *f*, c) (*bsd.* Namens)Liste *f*, Verzeichnis *n*, d) ⚖ Anwaltsliste *f*: ***~ of hono(u)r*** Ehrenliste, -tafel *f* (*bsd. der Gefallenen*); ***the ♀s*** Staatsarchiv *n* (*Gebäude in London*); ***call the ~*** die (Namens- *od.* Anwesenheits)Liste verlesen, Appell abhalten; ***strike s.o. off the ~*** j-n von der Anwaltsliste streichen; → ***master*** 13; **3.** ⚠ a) *a.* ***~-mo(u)lding*** Rundleiste *f*, Wulst *m*, b) *antiq.* Vo'lute *f*; **4.** ⚙ Rolle *f*, Walze *f*; **5.** Brötchen *n*, Semmel *f*; **6.** (*bsd.* 'Fleisch)Rou,lade *f*; **7.** *sport* Rolle *f* (*a.* ✈ *Kunstflug*); **8.** ⚓ Rollen *n*, Schlingern *n* (*Schiff*); **9.** wiegender Gang, Seemannsgang *m*; **10.** Fließen *n*, Fluß *m* (*des Wassers*; *a. fig. der Rede, von Versen etc.*); **11.** (*Orgel- etc.*)Brausen *n*; (*Donner*)Rollen *n*; (*Trommel-*) Wirbel *m*; Dröhnen *n* (*Stimme etc.*); Rollen *n*, Trillern *n* (*Vogel*); **12.** *Am. sl.* a) Geldscheinbündel *n*, b) *fig.* (*e-e* Masse) Geld *n*; **II** *v/i.* **13.** rollen (*Ball etc.*): ***start ~ing*** ins Rollen kommen; **14.** rollen, fahren (*Fahrzeug*); **15.** *a.* ***~ along*** sich (da'hin)wälzen, da'hinströmen (*Fluten*) (*a. fig.*); **16.** da'hinziehen (*Gestirn, Wolken*); **17.** sich wälzen: ***be ~ing in money*** F im Geld schwimmen; **18.** *sport*, *a.* ✈ e-e Rolle machen; **19.** ⚓ schlingern; **20.** wiegend gehen: ***~ing gait*** → 9; **21.** (g)rollen (*Donner*); brausen (*Orgel*); dröhnen (*Stimme*); wirbeln (*Trommel*); trillern (*Vogel*); **22.** a) ⚙ sich walzen lassen, b) *typ.* sich verteilen (*Druckfarbe*); **III** *v/t.* **23.** *Faß, Rad etc.*, *a. Augen* rollen; (her'um)wälzen, (-)drehen: ***~ a problem round in one's mind*** *fig.* ein Problem wälzen; *Film*: ***~ film!***, ***~ it*** *Am.* Kamera an!; **24.** *Wagen etc.* rollen, fahren, schieben; **25.** *Wassermassen* wälzen (*Fluß*); **26.** (zs.-, auf-, ein)rollen, (-)wickeln; **27.** *Teig* (aus)rollen; *Zigarette* drehen; *Schneeball etc.* formen: ***~ed ham*** Rollschinken *m*; **28.** ⚙ *Metalle* walzen, strecken; *Rasen, Straße* walzen: ***~ed glass*** gezogenes Glas; ***~ed gold*** Walzgold *n*, Golddublee *n*; ***~ed iron*** (*od.* ***products***) Walzeisen *n*; ***~ on*** *et.* aufwalzen; **29.** *typ.* a) *Papier* ka'landern, glätten, b) *Druckfarbe* auftragen; **30.** rollen(d sprechen): ***~ one's r's***; ***~ed r*** Zungen-R *n*; **31.** *Trommel* wirbeln; **32.** ⚓ *Schiff* zum Rollen bringen; **33.** *Körper etc. beim Gehen* wiegen; **34.** *Am. sl. Betrunkenen etc.* ausplündern;

Zssgn mit adv.:

roll| back *v/t. fig.* her'unterschrauben, reduzieren; **~ in** *v/i.* **1.** *fig.* her'einströmen, eintreffen (*Angebote, Geld etc.*); **2.** F schlafen gehen; **~ out** *v/t.* **1.** *metall.* auswalzen, strecken; **2.** *Teig* ausrollen; **3.** a) *Lied etc.* (hin'aus)schmettern, b) *Verse* deklamieren; **~ o·ver** *v/t.* (*v/i.* sich) he'rumwälzen, -drehen; **~ up I** *v/i.* **1.** (her)'anrollen, (-)'anfahren; F vorfahren; **2.** F ‚aufkreuzen', auftauchen; **3.** sich zs.-rollen; **4.** *fig.* sich ansammeln *od.* (-)häufen; **II** *v/t.* **5.** her'anfahren; **6.** aufrollen, -wickeln; **7.** ⚔ *gegnerische Front* aufrollen; **8.** *sl.* ansammeln: ***~ a fortune***.

'roll|·back *s. Am.* **1.** ⚔ Zu'rückwerfen *n* (*des Feinds*); **2.** ✝ Zu'rückschrauben *n* (*der Preise*); **'~·bar** *s. mot.* 'Überrollbügel *m*; **~ call** *s.* **1.** Namensaufruf *m*: **~ (*vote*)** *pol.* namentliche Abstimmung; **2.** ⚔ 'Anwesenheitsap,pell *m*.

roll·er ['rəʊlə] *s.* **1.** ⚙ a) Walzwerkarbeiter *m*, b) Fördermann *m*; **2.** (Stoff-, Garn- *etc.*)Rolle *f*; **3.** ⚙ a) (Gleit-,

Lauf-, Führungs)Rolle *f*, b) (Gleit)Rolle *f*, Rädchen *n* (*unter Möbeln, an Rollschuhen etc.*); **4.** a) Walze *f*, b) Zy'linder *m*, Trommel *f*; **5.** *typ.* Druckwalze *f*; **6.** Rollstab *m* (*Landkarte etc.*); **7.** ⚓ Roller *m*, Sturzwelle *f*; **8.** *orn.* a) Flug-, Tümmlertaube *f*, b) *e-e* Racke: ***common ~*** Blauracke, c) Harzer Roller *m*; **~ band·age** *s.* ⚕ Rollbinde *f*; **~ bear·ing** *s.* ⚙ Rollen-, Wälzlager *n*; **~ clutch** *s.* ⚙ Rollen-, Freilaufkupplung *f*; **~ coast·er** *s.* Achterbahn(wagen *m*) *f*; **'~-mill** *s.* ⚙ **1.** Mahl-, Quetschwerk *n*; **2.** → ***rolling mill***; **'~-skate I** *s.* Rollschuh *m*; **II** *v/i.* rollschuhlaufen; **~ skat·ing** *s.* Rollschuhlaufen *n*; **~ tow·el** *s.* Rollhandtuch *n*.

roll| film *s. phot.* Rollfilm *m*; **'~-front cab·i·net** *s.* Rollschrank *m*.

rol·lick ['rɒlɪk] *v/i.* **1.** a) ausgelassen *od.* 'übermütig sein, b) her'umtollen; **2.** das Leben genießen; **'rol·lick·ing** [-kɪŋ] *adj.* ausgelassen, 'übermütig.

roll·ing ['rəʊlɪŋ] **I** *s.* **1.** Rollen *n*; **2.** Da'hinfließen *n* (*Wasser etc.*); **3.** Rollen *n* (*Donner*); Brausen *n* (*Wasser*); **4.** *metall.* Walzen *n*, Strecken *n*; **5.** ⚓ Schlingern *n*; **II** *adj.* **6.** rollend *etc.*; → ***roll*** II; **~ bar·rage** *s.* ⚔ Feuerwalze *f*; **~ cap·i·tal** *s.* ♰ Be'triebskapi,tal *n*; **~ chair** *s.* ⚕ Rollstuhl *m*; **~ kitch·en** *s.* ⚔ Feldküche *f*; **~ mill** *s.* ⚙ **1.** Walzwerk *n*, Hütte *f*; **2.** 'Walzma,schine *f*; **3.** Walz(en)straße *f*; **~ pin** *s.* Nudel-, Wellholz *n*; **~ press** *s.* ⚙ **1.** Walzen-, Rotati'onspresse *f*; **2.** *Papierfabrikation*: Sati'nierma,schine *f*; **~ stock** *s.* 🚂 rollendes Materi'al, Betriebsmittel *pl.*; **~ stone** *s.* *fig.* Zugvogel *m*: ***a ~ gathers no moss*** wer rastet, der rostet; **~ ti·tle** *s.* *Film*: Rolltitel *m*.

roll| lathe *s.* ⚙ Walzendrehbank *f*; **'~·mop** *s.* Rollmops *m*; **'~·neck** *s.* 'Rollkragen(pul,lover) *m*; **'~-on** *s.* **1.** E'lastikschlüpfer *m*; **2.** Deorollstift *m*; **'~-top desk** *s.* Rollpult *n*; **~ train** *s.* *metall.* Walzenstrecke *f*.

ro·ly-po·ly [,rəʊlɪ'pəʊlɪ] **I** *s.* **1.** *a.* ***~ pudding*** *Art* Pudding *m*; **2.** Pummelchen *n* (*Person*); **II** *adj.* **3.** mollig, pummelig.

Ro·ma·ic [rəʊ'meɪɪk] **I** *adj.* ro'maisch, neugriechisch; **II** *s. ling.* Neugriechisch *n*.

Ro·man ['rəʊmən] **I** *adj.* **1.** römisch: ***~ arch*** ⚠ romanischer Bogen; ***~ candle*** Leuchtkugel *f* (*Feuerwerk*); ***~ holiday*** *fig.* a) blutrünstiges Vergnügen, b) Vergnügen *n* auf Kosten anderer, c) Riesenskandal *m*; ***~ law*** römisches Recht; ***~ nose*** Römer-, Adlernase *f*; ***~ numeral*** römische Ziffer; **2.** (römisch-)ka'tholisch; **3.** *mst* ℒ *typ.* Antiqua…; **II** *s.* **4.** Römer(in); **5.** *mst* ℒ *typ.* An'tiqua *f*; **6.** *eccl.* Katho'lik(in); **7.** *pl. bibl.* (Brief *m* des Paulus an die) Römer *pl.*

ro·man à clef [rəʊ,mɑːnɑː'kleɪ] (*Fr.*) *s.* 'Schlüsselro,man *m*.

Ro·man Cath·o·lic *eccl.* **I** *adj.* (römisch-) ka'tholisch; **II** *s.* Katho'lik(in); **~ Church** *s.* Römische *od.* (Römisch-) Ka'tholische Kirche.

ro·mance[1] [rəʊ'mæns] **I** *s.* **1.** *hist.* ('Ritter-, 'Vers)Ro,man *m*; **2.** Ro'manze *f*: a) (ro'mantischer) 'Liebes-, 'Abenteuerro,man, b) *fig.* 'Liebesaf,färe *f*, c) ♪ *Lied od. lyrisches Instrumentalstück*; **3.** *fig.* Märchen *n*, Phantaste'rei *f*; **4.** *fig.* Ro'mantik *f*: a) Zauber *m*, b) ro'mantische I'deen *pl.*; **II** *v/i.* **5.** (Ro'manzen) dichten; **6.** *fig.* a) fabulieren, ‚Ro'mane erzählen', b) ins Schwärmen geraten.

Ro·mance[2] [rəʊ'mæns] *bsd. ling.* **I** *adj.* ro'manisch: ***~ peoples*** Romanen; ***~ philologist*** Romanist(in); **II** *s.* a) Ro'manisch *n*, b) *a.* ***the ~ languages*** die romanischen Sprachen *pl.*

ro·manc·er [rəʊ'mænsə] *s.* **1.** Ro'manzendichter(in); Verfasser(in) e-s ('Vers-) Ro,mans; **2.** a) Phan'tast(in), b) Aufschneider(in).

Rom·a·nes ['rɒmənes] *s.* Zi'geunersprache *f*.

Ro·man·esque [,rəʊmə'nesk] **I** *adj.* **1.** ⚠, *ling.* ro'manisch; **2.** *ling.* proven'zalisch; **3.** ℒ *fig.* ro'mantisch; **II** *s.* **4.** *a.* ***~ style*** romanischer (Bau)Stil; *das* Ro'manische; **5.** → ***Romance***[2] II.

ro·man-fleuve [rəʊ,mɑ̃ːŋ'flɜːv] (*Fr.*) *s.* Fa'milienro,man *m*.

Ro·man·ic [rəʊ'mænɪk] *adj.* **1.** → ***Romance***[2] I; **2.** römisch (*Kulturform*).

Ro·man·ism ['rəʊmənɪzəm] *s.* **1.** a) Roma'nismus *m*, römisch-ka'tholische Einstellung, b) Poli'tik *f od.* Gebräuche *pl.* der römischen Kirche; **2.** *hist.* das Römertum; **'Ro·man·ist** [-ɪst] *s.* **1.** *ling.*, ⚖ Roma'nist(in); **2.** ('Römisch-) Ka,tholische(r *m*) *f*.

ro·man·tic [rəʊ'mæntɪk] **I** *adj.* (□ ***~ally***) **1.** *allg.* ro'mantisch: a) Kunst *etc.*: *die Romantik betreffend*: ***the ~ movement*** die Romantik, b) ro'manhaft, phan'tastisch (*a. iro.*): ***a ~ tale***, c) ro'mantisch veranlagt: ***a ~ girl***, d) malerisch: ***a ~ town***, e) gefühlvoll: ***a ~ scene***; **II** *s.* **2.** Ro'mantiker(in) (*a. fig.*); **3.** *das* Ro'mantische; **4.** *pl.* romantische I'deen *pl. od.* Gefühle *pl.*; **ro'man·ti·cism** [-ɪsɪzəm] *s.* **1.** *Kunst*: Ro'mantik *f*; **2.** (Sinn *m* für) Romantik *f*; **ro'man·ti·cist**

[-ɪsɪst] *s. Kunst*: Ro'mantiker(in); **ro'man·ti·cize** [-ɪsaɪz] **I** *v/t.* **1.** romantisieren; **2.** in ro'mantischem Licht sehen; **II** *v/i.* **3.** *fig.* schwärmen.

Rom·a·ny ['rɒmənɪ] *s.* **1.** Zi'geuner(in); **2.** *coll. die* Zigeuner *pl.*; **3.** Romani *n*, Zi'geunersprache *f*.

Rome [rəʊm] *npr.* Rom *n* (*a. fig. hist. das Römerreich*; *eccl. die Katholische Kirche*): **~ *was not built in a day*** Rom ist nicht an einem Tag erbaut worden; ***do in ~ as the Romans do!*** man sollte sich immer s-r Umgebung anpassen!

romp [rɒmp] **I** *v/i.* **1.** um'hertollen, sich balgen, toben: **~ *through*** *fig.* spielend durchkommen; **2.** ‚rasen', flitzen: **~ *away*** davonziehen (*Rennpferd etc.*); **II** *s.* **3.** *obs.* Wildfang *m*, Range *f*; **4.** Tollen *n*, Balge'rei *f*; **5.** F *sport* leichter Sieg; **6.** F ‚(wilde) Schmuse'rei'; **'romp·ers** [-pəz] *s. pl.* Spielanzug *m* (*für Kinder*); **'romp·y** [-pɪ] *adj.* ausgelassen, wild.

ron·deau ['rɒndəʊ] *pl.* **-deaus** [-dəʊz] *s. Metrik*: Ron'deau *n*, Ringelgedicht *n*; **ron·del** ['rɒndl] *s.* vierzehnzeiliges Rondeau.

ron·do ['rɒndəʊ] *s.* ♪ Rondo *n*.

rönt·gen ['rɒntjən] **I** *s. phys.* Röntgen *n* (*Maßeinheit*); **II** *adj. mst* ♀ Röntgen...: **~ *rays***; **III** *v/t.* → **'rönt·gen·ize** [-tgənaɪz] *v/t.* röntgen; **rönt·gen·o·gram** [rɒnt'genəgræm] *s.* Röntgenaufnahme *f*; **rönt·gen·og·ra·phy** [ˌrɒntgə'nɒgrəfɪ] *s.* 'Röntgenphotograˌphie *f* (*Verfahren*); **rönt·gen·ol·o·gist** [ˌrɒntgə'nɒlədʒɪst] *s.* Röntgeno'loge *f*; **rönt·gen·os·co·py** [ˌrɒntgə'nɒskəpɪ] *s.* 'Röntgendurchˌleuchtung *f*, -unterˌsuchung *f*; **rönt·gen·o·ther·a·py** [ˌrɒntgənə'θerəpɪ] *s.* 'Röntgentheraˌpie *f*.

rood [ru:d] **I** *s.* **1.** *eccl.* Kruzi'fix *n*; **2.** Viertelacre *m* (*Flächenmaß*); **3.** Rute *f* (*Längenmaß*); **II** *adj.* **4.** ⚠ Lettner...: **~ *altar***; **~ *loft*** Chorbühne *f*; **~ *screen*** Lettner *m*.

roof [ru:f] **I** *s.* **1.** ⚠ (Haus)Dach *n*: ***under my ~*** *fig.* unter m-m Dach, in m-m Haus; ***raise the ~*** F Krach schlagen; **2.** *mot.* Verdeck *n*; **3.** *fig.* (*Blätter-, Zelt- etc.*)Dach *n*, (*Himmels*)Gewölbe *n*, (-)Zelt *n*: **~ *of the mouth*** *anat.* Gaumen(dach *n*) *m*; ***the ~ of the world*** das Dach der Welt; **4.** ⚒ Hangende(s) *n*; **II** *v/t.* **5.** bedachen: **~ *in*** *Haus* (ein)dekken; **~ *over*** überdachen: ***~ed-in*** überdacht, umbaut; **'roof·age** [-fɪdʒ] → ***roofing*** 2; **'roof·er** [-fə] *s.* Dachdecker *m*; **roof gar·den** *s.* **1.** Dachgarten *m*; **2.** *Am.* 'Dachrestauˌrant *n*; **'roof·ing** [-fɪŋ] **I** *s.* **1.** Bedachen *n*, Dachdeckerarbeit *f*; **2.** a) 'Deckmateriˌalien *pl.*, b) Dachwerk *n*; **II** *adj.* **3.** Dach...: **~ *felt*** Dachpappe *f*; **'roof·less** [-lɪs] *adj.* **1.** ohne Dach, unbedeckt; **2.** *fig.* obdachlos; **roof rack** *s. mot.* Dachgepäckträger *m*; **roof tree** *s.* **1.** ⚠ Firstbalken *m*; **2.** *fig.* Dach *n*.

rook[1] [rʊk] **I** *s.* **1.** *orn.* Saatkrähe *f*; **2.** *fig.* Gauner *m*, Bauernfänger *m*; **II** *v/t.* **3.** *j-n* betrügen.

rook[2] [rʊk] *s. Schachspiel*: Turm *m*.

rook·er·y ['rʊkərɪ] *s.* **1.** a) Krähenhorst *m*, b) 'Krähenkoloˌnie *f*; **2.** *orn.*, *zo.* Brutplatz *m*; **3.** *fig.* a) 'Elendsquarˌtier *n*, -viertel *n*, b) 'Mietskaˌserne *f*.

rook·ie ['rʊkɪ] *s. sl.* **1.** ⚔ Re'krut *m*; **2.** Neuling *m*, Anfänger(in).

room [ru:m] **I** *s.* **1.** Raum *m*, Platz *m*: ***make ~*** (***for***) *a. fig.* Platz machen (*dat.*); ***no ~ to swing a cat*** (***in***) sehr wenig Platz; ***in the ~ of*** an Stelle von (*od. gen.*); **2.** Raum *m*, Zimmer *n*, Stube *f*: ***next ~*** Nebenzimmer; **~ *heating*** Raumheizung *f*; **~ *temperature*** (*a. normale*) Raum-, Zimmertemperatur *f*; **3.** *pl. Brit.* Wohnung *f*; **4.** *fig.* (Spiel-) Raum *m*; Gelegenheit *f*, Anlaß *m*: **~ *for complaint*** Anlaß zur Klage; ***there is no ~ for hope*** es besteht keinerlei Hoffnung; ***there is ~ for improvement*** es ließe sich noch manches besser machen; **II** *v/i.* **5.** *bsd. Am.* wohnen, logieren (***at*** in *dat.*, ***with*** bei): **~ *together*** zs.-wohnen; **-roomed** [ru:md] *adj. in Zssgn.* ...zimmerig; **room·er** ['ru:mə] *s. bsd. Am.* 'Untermieter(in); **'room·ful** [-fʊl] *pl.* **-fuls** *s.*: ***a ~ of people*** ein Zimmer voll(er) Leute; **room·i·ness** ['ru:mɪnɪs] *s.* Geräumigkeit *f*.

room·ing| house ['ru:mɪŋ] *s. Am.* Fremdenheim *n*, Pensi'on *f*; **ˌ~-'in** *n* ⚕ Rooming-'in *n* (*gemeinsame Unterbringung von Mutter und Kind*).

'room·mate *s.* 'Stubenkameˌrad(in).

room·y ['ru:mɪ] *adj.* □ geräumig.

roost [ru:st] **I** *s.* a) Schlafplatz *m*, -sitz *m* (*Vogel*), b) Hühnerstange *f od.* -stall *m*: ***at ~*** auf der Stange; ***come home to ~*** *fig.* auf den Urheber zurückfallen; → ***rule*** 13; **II** *v/i. orn.* a) auf der Stange sitzen, b) sich (zum Schlafen) niederhocken; **'roost·er** [-tə] *s. bsd. Am.* (Haus)Hahn *m*.

root[1] [ru:t] **I** *s.* **1.** ⚘ Wurzel *f* (*a. weitS. Wurzelgemüse*, *Knolle*, *Zwiebel*): **~ *and branch*** *fig.* mit Stumpf u. Stiel; ***pull out by the ~*** mit der Wurzel herausreißen (*a. fig. ausrotten*); ***put down ~s*** *fig.* Wurzel schlagen, seßhaft werden; ***strike at the ~ of*** *fig. et.* an der Wurzel treffen; ***strike*** (*od.* ***take***) **~** Wurzel schlagen (*a. fig.*); ***~s of a mountain*** *der* Fuß e-s Berges; **2.** *anat.* (*Haar-, Nagel-, Zahn-, Zungen- etc.*) Wurzel *f*; **3.** ✯ a) Wurzel *f*, b) eingesetzter *od.* gesuchter Wert (*Gleichung*): ***~ extraction*** Wurzelziehen *n*; **4.** *ling.* Wurzel(wort *n*) *f*, Stammwort *n*; **5.** ♪ Grundton *m*; **6.** *fig.* a) Quelle *f*, Ursache *f*, Wurzel *f*: ***~ of all evil*** Wurzel alles Bösen; ***get at the ~ of*** *e-r Sache* auf den Grund gehen; ***have its ~ in, take its ~ from*** → 8, b) *pl.* Wurzeln *pl.*, Ursprung *m*, c) Kern *m*, Wesen *n*, Gehalt *m*: ***~ of the matter*** Kern der Sache; ***~ idea*** Grundgedanke *m*; **II** *v/i.* **7.** Wurzel fassen *od.* schlagen, (ein)wurzeln (*a. fig.*): ***deeply ~ed*** *fig.* tief verwurzelt; ***stand ~ed to the ground*** wie angewurzelt dastehen; **8. *~ in*** beruhen auf (*dat.*), s-n Grund *od.* Ursprung haben in (*dat.*); **III** *v/t.* **9.** tief einpflanzen, einwurzeln lassen: ***fear ~ed him to the ground*** *fig.* er stand vor Furcht wie angewurzelt; **10. *~ up, ~ out, ~ away*** a) ausreißen, b) *fig.* ausrotten, vertilgen.

root² [ruːt] **I** *v/i.* **1.** wühlen (***for*** nach) (*Schwein*); **2. *~ about*** *fig.* her'umwühlen; **II** *v/t.* **3.** *Boden* auf-, 'umwühlen; **4. *~ out, ~ up*** *a. fig.* ausgraben, aufstöbern.

root³ [ruːt] *v/i.* ***~ for*** *Am. sl.* a) *sport j-n* anfeuern, b) *fig.* Stimmung machen für *j-n od. et.*

ˌroot-and-ˈbranch *adj.* radi'kal, restlos.

root·ed ['ruːtɪd] *adj.* □ (fest) eingewurzelt (*a. fig.*); **'root·ed·ly** [-lɪ] *adv.* von Grund auf, zu'tiefst; **'root·ed·ness** [-nɪs] *s.* Verwurzelung *f*, Eingewurzeltsein *n*.

root·er ['ruːtə] *s. sport Am.* F begeisterter Anhänger, ‚Fa'natiker' *m*.

root·less ['ruːtlɪs] *adj.* wurzellos (*a. fig.*); **root·let** ['ruːtlɪt] *s.* ⚘ Wurzelfaser *f*.

ˌroot|-mean-ˈsquare *s.* ✯ qua'dratischer Mittelwert; **'~-stock** *s.* **1.** ⚘ Wurzelstock *m*; **2.** *fig.* Wurzel *f*; **~ treatment** *s.* ⚕ (Zahn)Wurzelbehandlung *f*.

rope [rəʊp] **I** *s.* **1.** Seil *n*, Tau *n*; Strick *m*, Strang *m* (*beide a. zum Erhängen*); ⚓ (Tau)Ende *n*: ***the ~*** *fig.* der Strick (*Tod durch den Strang*); ***be at the end of one's ~*** mit s-m Latein am Ende sein; ***know the ~s*** sich auskennen, ‚den Bogen raushaben'; ***learn the ~s*** sich einarbeiten; ***show s.o. the ~s*** j-m die Kniffe beibringen; **2.** *mount.* (Kletter)Seil *n*: ***on the ~*** angeseilt; **~ (*team*)** Seilschaft *f*; **3.** (Ar'tisten)Seil *n*: ***on the high ~s*** *fig.* a) hochgestimmt, b) hochmütig; **4.** *Am.* Lasso *n*, *m*; **5.** *pl. Boxen*: (Ring)Seile *pl.*: ***be on the ~s*** a) (angeschlagen) in den Seilen hängen, b) *fig.* am Ende *od.* ‚fertig' sein; ***have s.o. on the ~s*** *sl.* j-n ‚zur Schnecke' gemacht haben; **6.** *fig.* Strang *m Tabak etc.*; Bund *n Zwiebeln etc.*; Schnur *f Perlen etc.*: ***~ of sand*** *fig.* Illusion *f*; **7.** Faden *m* (*Flüssigkeit*); **8.** *fig.* Spielraum *m*, Handlungsfreiheit *f*: ***give s.o.*** (***plenty of***) **~**; **II** *v/t.* **9.** (mit e-m Seil) zs.-binden; festbinden; **10.** *mst* ***~ in*** (*od.* ***off*** *od.* ***out***) *Platz* (durch ein Seil) absperren *od.* abgrenzen; **11.** *mount.* anseilen: ***~ down*** (***up***) *j-n* ab- (auf)seilen; **12.** *Am.* mit dem Lasso einfangen: ***~ in*** *sl. Wähler, Kunden etc.* fangen, *j-n* ‚an Land ziehen', sich *ein Mädchen etc.* ‚anlachen'; **III** *v/i.* **13.** Fäden ziehen (*Flüssigkeit*); **14.** *a.* ***~ up*** *mount.* sich anseilen: ***~ down*** sich abseilen; **~ dancer** *s.* Seiltänzer(in); **~ lad·der** *s.* **1.** Strickleiter *f*; **2.** ⚓ Seefallreep *n*; **~ mo(u)ld·ing** *s.* ⚠ Seilleiste *f*; **~ quoit** *s.* ⚓, *sport* Seilring *m*; **~ rail·way** → ***ropeway***.

rop·er·y ['rəʊpərɪ] *s.* Seile'rei *f*.

'rope's-end ⚓ **I** *s.* Tauende *n*; **II** *v/t.* mit dem Tauende prügeln.

rope| tow *s. Skisport*: Schlepplift *m*; **'~·walk** *s.* Seiler-, Reeperbahn *f*; **'~ˌwalk·er** *s.* Seiltänzer(in); **'~·way** *s.* (Seil)Schwebebahn *f*; **'~·yard** *s.* Seile'rei *f*; **~ yarn** *s.* **1.** ⚙ Kabelgarn *n*; **2.** *fig.* Baga'telle *f*.

rop·i·ness ['rəʊpɪnɪs] *s.* Dickflüssigkeit *f*, Klebrigkeit *f*; **'rop·y** [-pɪ] *adj.* □ **1.** klebrig, zäh, fadenziehend: ***~ sirup***; **2.** kahmig: ***~ wine***; **3.** F ‚mies'.

ror·qual ['rɔːkwəl] *s. zo.* Finnwal *m*.

ro·sace ['rəʊzeɪs] (*Fr.*) *s.* ⚠ **1.** Ro'sette *f*; **2.** → ***rose window***.

ro·sa·ceous [rəʊ'zeɪʃəs] *adj.* **1.** ⚘ a) zu den Rosa'zeen gehörig, b) rosenblütig; **2.** Rosen...

ro·sar·i·an [rəʊ'zeərɪən] *s.* **1.** Rosenzüchter *m*; **2.** *R.C.* Mitglied *n* einer Rosenkranzbruderschaft.

ro·sa·ry ['rəʊzərɪ] *s.* **1.** *R.C.* Rosenkranz *m*: ***say the ♀*** den Rosenkranz beten; **2.** Rosengarten *m*, -beet *n*.

rose¹ [rəʊz] **I** *s.* **1.** ⚘ Rose *f*: ***~ of Jericho*** Jerichorose; ***~ of May*** Weiße Narzisse; ***~ of Sharon*** a) *bibl.* Sharon-Tulpe *f*, b) Großblumiges Johanniskraut; ***the ~ of*** *fig.* die Rose (*das schönste Mädchen*) von; ***gather*** (***life's***) ***~s*** sein

Leben genießen; ***on a bed of ~s*** *fig.* auf Rosen gebettet; ***it is no bed of ~s*** es ist kein Honiglecken; ***it is not all ~s*** es ist nicht so rosig, wie es aussieht; ***under the ~*** im Vertrauen; **2.** → ***rose colo(u)r***; **3.** *her. hist.* Rose *f*: ***Red* ≈** Rote Rose (*Haus Lancaster*); ***White* ≈** Weiße Rose (*Haus York*); ***Wars of the ≈s*** Rosenkriege; **4.** ⚠ Ro'sette *f* (*a. Putz*; *a. Edelstein[schliff]*); **5.** Brause *f* (*Gießkanne etc.*); **6.** *phys.* 'Kreis,skala *f*; **7.** ⚓ *etc.* Windrose *f*; **8.** ⚕ Wundrose *f*; **II** *adj.* **9.** Rosen…; **10.** rosenfarbig.

rose² [rəʊz] *pret. von* ***rise***.

ro·se·ate ['rəʊzɪət] *adj.* □ → ***rosecolo(u)red***.

rose| bit *s.* ⚙ Senkfräser *m*; **'~·bud** *s.* ⚘ Rosenknospe *f* (*a. fig. Mädchen*); **'~-bush** *s.* Rosenstrauch *m*; **~ col·o(u)r** *s.* Rosa-, Rosenrot *n*: ***life is not all ~*** *fig.* das Leben besteht nicht nur aus Annehmlichkeiten; **'~-,col·o(u)red** *adj.* **1.** rosa-, rosenfarbig, rosenrot; **2.** *fig.* rosig, opti'mistisch: ***see things through ~ spectacles*** die Dinge durch e-e rosa (-rote) Brille sehen; **'~·hip** *s.* ⚘ Hagebutte *f*.

rose·mar·y ['rəʊzmərɪ] *s.* ⚘ Rosmarin *m*.

ro·se·o·la [rəʊ'zi:ələ] *s.* ⚕ **1.** Rose'ole *f* (*Ausschlag*); **2.** → ***German measles***.

,rose|-'pink I *s.* ⚙ Rosenlack *m*, roter Farbstoff; **II** *adj.* rosa, rosenrot (*a. fig.*); **~ rash** → ***roseola*** 1; **,~-'red** *adj.* rosenrot.

ro·ser·y → ***rosary*** 2.

rose tree *s.* Rosenstock *m*.

ro·sette [rəʊ'zet] *s.* Ro'sette *f* (*a.* ⚠); **ro'set·ted** [-tɪd] *adj.* **1.** mit Rosetten geschmückt; **2.** ro'settenförmig.

'rose|-,wa·ter I *s.* **1.** Rosenwasser *n*; **2.** *fig.* a) Schmeiche'leien *pl.*, b) Gefühlsduse'lei *f*; **II** *adj.* **3.** *fig.* a) ('über)fein, (-)zart, b) affek'tiert, c) sentimen'tal; **~ win·dow** *s.* ⚠ ('Fenster)Ro,sette *f*, (-)Rose *f*; **'~·wood** *s.* Rosenholz *n*.

ros·in ['rɒzɪn] **I** *s.* ⚗ (Terpen'tin)Harz *n*, *bsd.* Kolo'phonium *n*, Geigenharz *n*; **II** *v/t.* mit Kolo'phonium einreiben.

ros·i·ness ['rəʊzɪnɪs] *s.* Rosigkeit *f*, rosiges Aussehen.

ros·ter ['rəʊstə] *s.* ⚔ **1.** (Dienst-, Namens)Liste *f*; **2.** Dienstplan *m*.

ros·tral ['rɒstrəl] *adj.* (schiffs)schnabelförmig; **'ros·trate(d)** [-reɪt(ɪd)] *adj.* **1.** ⚘, *zo.* geschnäbelt; **2.** → ***rostral***.

ros·trum ['rɒstrəm] *pl.* **-tra** [-trə] *s.* **1.** a) Rednerbühne *f*, Podium *n*, b) Kanzel *f*, c) *fig.* Plattform *f*; **2.** ⚓ *hist.* Schiffsschnabel *m*; **3.** ⚘, *zo.* Schnabel *m*; **4.** *zo.* a) Kopfspitze *f*, b) Rüssel *m* (*Insekt*).

ros·y ['rəʊzɪ] *adj.* □ **1.** rosenrot, -farbig; ***~ red*** Rosenrot *n*; **2.** rosig, blühend (*Wangen etc.*); **3.** *fig.* rosig.

rot [rɒt] **I** *v/i.* **1.** (ver)faulen, (-)modern (*a. fig. im Gefängnis*); verrotten, verwesen; *geol.* verwittern; **2.** *fig.* verkommen, verrotten; **3.** *Brit. sl.* ‚quatschen', Unsinn reden; **II** *v/t.* **4.** faulen lassen; **5.** *bsd. Flachs* rotten; **6.** *Brit. sl. Plan etc.* vermurksen; **7.** *Brit. sl.* j-n ‚anpflaumen' (*hänseln*); **III** *s.* **8.** a) Fäulnis *f*, Verwesung *f*, b) Fäule *f*, c) *et.* Verfaultes; → ***dry-rot***; **9.** ⚘, *zo.* a) Fäule *f*, b) *vet.* Leberfäule *f* (*Schaf*); **10.** *Brit. sl.*, *a. int.* ‚Quatsch' *m*, Blödsinn *m*.

ro·ta ['rəʊtə] *s.* **1.** → ***roster***; **2.** *Brit.* a) 'Dienst,turnus *m*, b) *a.* ***~ system*** Turnusplan *m*; **3.** *mst* ≈ *R.C.* Rota *f* (*oberster Gerichtshof der römisch-katholischen Kirche*).

Ro·tar·i·an [rəʊ'teərɪən] **I** *s.* Ro'tarier *m*; **II** *adj.* Rotary…, Rotarier…

ro·ta·ry ['rəʊtərɪ] **I** *adj.* **1.** rotierend, kreisend, sich drehend, 'umlaufend; Rotations…, Dreh…: ***~ crane*** Dreh-, Schwenkkran *m*; ***~ file*** Drehkartei *f*; ***~ pump*** Umlaufpumpe *f*; ***~ switch*** ⚡ Drehschalter *m*; ***~ traffic*** Kreisverkehr *m*; **II** *s.* **2.** ⚙ *durch Rotation arbeitende Maschine*, *bsd.* a) → ***rotary engine***, b) → ***rotary machine***, c) → ***rotary press***; **3.** ≈ → ≈ **Club** *s.* Rotary-Club *m*; **~ cur·rent** *s.* ⚡ Drehstrom *m*; **~ en·gine** *s.* Drehkolbenmotor *m*; **~ hoe** *s.* ⚒ Hackfräse *f*; **≈ In·ter·na·tion·al** *s.* Weltvereinigung *f* der Rotary-Clubs; **~ ma·chine** *s. typ.* Rotati'onsma,schine *f*; **~ pis·ton en·gine** *s.* → ***rotary engine***; **~ press** *s. typ.* Rotati'ons(druck)presse *f*.

ro·tate¹ [rəʊ'teɪt] **I** *v/i.* **1.** rotieren, kreisen, sich drehen; **2.** der Reihe nach *od.* turnusmäßig wechseln: ***~ in office***; **II** *v/t.* **3.** rotieren *od.* (um)'kreisen lassen; **4.** *Personal* turnusmäßig *etc.* auswechseln; **5.** ⚒ *Frucht* wechseln: ***~ crops*** im Fruchtwechsel anbauen.

ro·tate² ['rəʊteɪt] *adj.* ⚘, *zo.* radförmig.

ro·ta·tion [rəʊ'teɪʃn] *s.* **1.** ⚙, *phys.* Rotati'on *f*, (Achsen-, 'Um)Drehung *f*, 'Um-, Kreislauf *m*, Drehbewegung *f*: ***~ of the earth*** (tägliche) Erdumdrehung (*um die eigene Achse*); **2.** Wechsel *m*, Abwechslung *f*: ***in*** (*od.* ***by***) ***~*** der Reihe nach, abwechselnd, im Turnus; ***~ in office*** turnusmäßiger Wechsel im Amt; ***~ of crops*** ⚒ Fruchtwechsel, -folge *f*; **ro·ta·tive** ['rəʊtətɪv] *adj.* **1.** → ***rotary*** 1; **2.**

abwechselnd, regelmäßig ˈwiederkehrend; **ro·ta·to·ry** [ˈrəʊtətərɪ] *adj.* **1.** → ***rotary*** 1; **2.** *fig.* abwechselnd *od.* turnusmäßig (aufeinˈanderfolgend): ***~ assemblies***; **3.** ***~ muscle*** *anat.* Dreh-, Rollmuskel *m.*

rote [rəʊt] *s.*: ***by ~*** *fig.* a) (rein) mechanisch, b) auswendig.

ˈ**rot·gut** *s. sl.* Fusel *m.*

ro·ti·fer [ˈrəʊtɪfə] *s. zo.* Rädertier(chen) *n*; **Ro·tif·er·a** [rəʊˈtɪfərə] *s. pl. zo.* Rädertiere *pl.*

ro·to·gra·vure [ˌrəʊtəʊgrəˈvjʊə] *s. typ.* **1.** Kupfer(tief)druck *m*; **2.** → ***roto section***.

ro·tor [ˈrəʊtə] *s.* **1.** ✈ Rotor *m*, Drehflügel *m*; **2.** ⚡ Rotor *m*, Anker *m*; **3.** ⚙ Rotor *m* (*Drehteil e-r Maschine*); **4.** ⚓ (Flettner)Rotor *m.*

ro·to sec·tion [ˈrəʊtəʊ] *s.* Kupfertiefdruckbeilage *f e-r Zeitung.*

rot·ten [ˈrɒtn] *adj.* □ **1.** faul, verfault: ***~ to the core*** a) kernfaul, b) *fig.* durch u. durch korrupt; **2.** morsch, mürbe; **3.** brandig, stockig (*Holz*); **4.** ⚕ faul(ig) (*Zahn*); **5.** *fig.* a) verderbt, korˈrupt, b) niederträchtig, gemein; **6.** *sl.* (ˌˈhunds-)miseˌrabel‘: ***~ luck*** Saupech *n*; ***~ weather*** Sauwetter *n*; ˈ**rot·ten·ness** [-nɪs] *s.* **1.** Fäule *f*, Fäulnis *f*; **2.** *fig.* Verderbtheit *f*, Korˈruptheit *f*; **rot·ter** [ˈrɒtə] *s. Brit. sl.* Schweinehund *m*, ‚Scheißkerl‘ *m.*

ro·tund [rəʊˈtʌnd] *adj.* □ **1.** *obs.* rund, kreisförmig; **2.** rundlich (*Mensch*); **3.** *fig.* a) voll(tönend) (*Stimme*), b) hochtrabend, blumig, pomˈpös (*Ausdruck*); **4.** *fig.* ausgewogen (*Stil*); **roˈtun·da** [-də] *s.* △ Rundbau *m*; **roˈtun·date** [-deɪt] *adj. bsd.* ⚘ abgerundet; **roˈtun·di·ty** [-dətɪ] *s.* **1.** Rundheit *f*; **2.** Rundlichkeit *f*; **3.** Rundung *f*; **4.** *fig.* Ausgewogenheit *f* (*des Stils etc.*).

rou·ble [ˈruːbl] *s.* Rubel *m* (*russische Währung*).

rou·é [ˈruːeɪ] (*Fr.*) *s. obs.* Rouˈé *m*, Lebemann *m.*

rouge [ruːʒ] **I** *s.* Rouge *n*, (rote) Schminke; ⚙ Polierrot *n*; **II** *adj. her.* rot; **III** *v/i.* Rouge auflegen, sich schminken; **IV** *v/t.* (rot) schminken.

rough [rʌf] **I** *adj.* □ → ***roughly***; **1.** rauh (*Oberfläche, a. Haut, Tuch etc.*; *a. Stimme*); **2.** rauh, struppig (*Fell, Haar*); **3.** holp(e)rig, uneben (*Gelände, Weg*); **4.** rauh, unwirtlich, zerklüftet (*Landschaft*); **5.** rauh (*Wind etc.*); stürmisch (*See, Überfahrt, Wetter*): ***~ sea*** ⚓ grobe See; **6.** grob, roh (*Mensch, Manieren etc.*); rauhbeinig, ungehobelt (*Person*); heftig (*Temperament etc.*): ***~ play*** rohes *od.* hartes Spiel; ***~ stuff*** F Gewalttätigkeit(en *pl.*) *f*; **7.** rauh, barsch, schroff (*Person od. Redeweise*): ***~ words***; ***have a ~ tongue*** e-e rauhe Sprache sprechen; **8.** F rauh (*Behandlung, Empfang etc.*), hart (*Leben, Tag etc.*), garstig, böse: ***it was ~*** es war e-e böse Sache; ***I had a ~ time*** es ist mir ziemlich ‚mies‘ ergangen; ***that's ~ luck for him*** da hat er aber Pech (gehabt); **9.** roh, grob: a) ohne Feinheit, b) unbearbeitet, im Rohzustand: ***~ cloth*** ungewalktes Tuch; ***~ food*** grobe Kost; ***~ rice*** unpolierter Reis; ***~ style*** grober *od.* ungeschliffener Stil; ***~ stone*** a) unbehauener Stein, b) ungeschliffener (Edel-) Stein; → ***diamond*** 1, ***rough-and-ready***; **10.** ⚙ Grob…: ***~ carpenter*** Grobtischler *m*; ***~ file*** Schruppfeile *f*; **11.** unfertig, Roh…: ***~ copy*** Konzept *n*; ***~ draft*** (*od.* ***sketch***) Faustskizze *f*, Rohentwurf *m*; ***in a ~ state*** im Rohzustand; **12.** *fig.* grob: a) annähernd (richtig), ungefähr, b) flüchtig, im ˈÜberschlag: ***~ analysis*** Rohanalyse *f*; ***~ calculation*** Überschlag *m*; ***~ size*** ⚙ Rohmaß *n*; **13.** *typ.* noch nicht beschnitten (*Buchrand*); **14.** herb, sauer (*bsd. Wein*); **15.** stark (wirkend) (*Arznei*); **16.** *Brit. sl.* schlecht, ungenießbar (*Fisch*); **II** *adv.* **17.** rauh, hart, roh: ***play ~***; ***cut up ~*** ‚massiv‘ werden; **18.** grob, flüchtig; **III** *s.* **19.** Rauheit *f*, *das* Rauhe: ***over ~ and smooth*** über Stock und Stein; ***take the ~ with the smooth*** *fig.* das Leben nehmen, wie es ist; → ***rough-and-tumble*** II; **20.** *bsd. Brit.* ‚Schläger‘ *m*, Rowdy *m*, Rohling *m*; **21.** Rohzustand *m*: ***from the ~*** aus dem Rohen *arbeiten*; ***in the ~*** im Groben, im Rohzustand; ***take s.o. in the ~*** j-n nehmen, wie er ist; **22.** a) holperiger Boden, b) *Golf*: Rough *n*; **23.** Stollen *m* (*am Pferdehufeisen*); **IV** *v/t.* **24.** an-, aufrauhen; **25.** *j-n* mißˈhandeln, übel zurichten; **26.** *mst* ***~ out*** *Material* roh *od.* grob bearbeiten, vorbearbeiten; *metall.* vorwalzen; *Linse, Edelstein* grob schleifen; **27.** *Pferd* zureiten; **28.** *Pferd*(*ehuf*) mit Stollen versehen; **29.** ***~ in, ~ out*** entwerfen, flüchtig skizzieren; **30.** ***~ up*** *Haare etc.* gegen den Strich streichen: ***~ the wrong way*** *fig. j-n* reizen *od.* verstimmen; **31.** *sport Gegner* hart ‚nehmen‘; **V** *v/i.* **32.** rauh werden; **33.** *sport* (überˈtrieben) hart spielen; **34.** ***~ it*** F primiˈtiv *od.* anspruchslos leben, ein sparˈtanisches Leben führen.

rough·age [ˈrʌfɪdʒ] *s.* a) ✓ Rauhfutter

n, b) grobe Nahrung, c) *biol.* Ballaststoffe *pl.*

ˌ**rough|-and-ˈread·y** *adj.* **1.** grob (gearbeitet), Not..., Behelfs...: **~ *rule*** Faustregel *f*; **2.** rauh *od.* grob, aber zuverlässig (*Person*); **3.** schludrig: ***a ~ worker***; ˌ**~-and-ˈtum·ble I** *adj.* **1.** wild, heftig, verworren: ***a ~ fight***; **II** *s.* **2.** wildes Handgemenge, wüste Keileˈrei; **3.** *fig.* Wirren *pl. des Krieges, des Lebens etc.*; ˈ**~·cast I** *s.* **1.** *fig.* roher Entwurf; **2.** ⚠ Rohputz *m*, Berapp *m*; **II** *adj.* **3.** im Entwurf, unfertig; **4.** roh verputzt, angeworfen; **III** *v/t.* [*irr.* → ***cast***] **5.** im Entwurf anfertigen, roh entwerfen; **6.** ⚠ berappen, (*mit Rohputz*) anwerfen; ˈ**~·dry** *v/t. Wäsche* (nur) trocknen (*ohne sie zu bügeln od. mangeln*).

rough·en [ˈrʌfən] **I** *v/i.* rauh(er) werden; **II** *v/t. a.* **~ *up*** an-, aufrauhen, rauh machen.

ˌ**rough|-ˈgrind** *v/t.* [*irr.* → ***grind***] **1.** ⚙ vorschleifen; **2.** *Korn* schroten; **~-ˈhan·dle** *v/t.* grob *od.* bruˈtal behandeln; ˌ**~-ˈhew** *v/t.* [*irr.* → ***hew***] **1.** *Holz, Stein etc.* roh behauen, grob bearbeiten; **2.** *fig.* in groben Zügen entwerfen; ˌ**~-ˈhewn** *adj.* **1.** ⚙ roh behauen; **2.** *fig.* in groben Zügen entworfen *od.* gestaltet; **3.** *fig.* grobschlächtig, ungehobelt; ˈ**~·house** *sl.* **I** *s.* a) Raˈdau *m*, b) wüste Keileˈrei; **II** *v/t.* → ***rough*** 25; **III** *v/i.* Raˈdau machen, toben.

rough·ly [ˈrʌflɪ] *adv.* **1.** rauh, roh, grob; **2.** a) grob, ungefähr, annähernd: **~ *speaking*** etwa, ungefähr, b) ganz allgemein (gesagt).

ˌ**rough|-maˈchine** *v/t.* ⚙ grob bearbeiten; ˈ**~·neck** *s. Am. sl.* **1.** Rauhbein *n*, Grobian *m*; **2.** Rowdy *m*.

rough·ness [ˈrʌfnɪs] *s.* **1.** Rauheit *f*, Unebenheit *f*; **2.** ⚙ rauhe Stelle; **3.** *fig.* Roheit *f*, Grobheit *f*, Ungeschliffenheit *f*; **4.** Wildheit *f*, Heftigkeit *f*; **5.** Herbheit *f* (*Wein*).

ˌ**rough|-ˈplane** *v/t.* ⚙ vorhobeln; ˈ**~·rid·er** *s.* **1.** Zureiter *m*; **2.** verwegener Reiter; **3.** *Am.* ⚔ *hist.* a) ˈirreguˌlärer Kavalleˈrist, b) ℒ *Angehöriger e-s im spanisch-amer. Krieg aufgestellten Kavallerie-Freiwilligenregiments*; ˈ**~·shod** *adj.* scharf beschlagen (*Pferd*): ***ride ~ over*** *fig.* a) *j-n* rücksichtslos behandeln, *j-n* schikanieren, b) rücksichtslos über *et.* hinweggehen.

rou·lade [ruːˈlɑːd] (*Fr.*) *s.* **1.** ♪ Rouˈlade *f*, Pasˈsage *f*; **2.** *Küche*: Rouˈlade *f*.

rou·lette [ruːˈlet] *s.* **1.** Rouˈlett *n* (*Glücksspiel*); **2.** ⚙ Rollrädchen *n*.

Rou·ma·ni·an → ***Rumanian***.

round [raʊnd] **I** *adj.* □ → ***roundly***; **1.** *allg.* rund: a) kugelrund, b) kreisrund, c) zyˈlindrisch, d) abgerundet, e) bogenförmig, f) e-n Kreis beschreibend (*Bewegung, Linie etc.*), g) rundlich, dick (*Arme, Wangen etc.*): → ***round angle*** (***hand***, ***robin*** *etc.*); **2.** *ling.* gerundet (*Vokal*); **3.** weich, vollmundig (*Wein*); **4.** 𝔄 ganz (*ohne Bruch*): ***in ~ numbers*** a) in ganzen Zahlen, b) auf- *od.* abgerundet; **5.** *fig.* rund, voll: ***a ~ dozen***; **6.** rund, annähernd (richtig); **7.** rund, beträchtlich (*Summe*); **8.** (ab)gerundet, flüssig (*Stil*); **9.** voll(tönend) (*Stimme*); **10.** flott, scharf: ***at a ~ pace***; **11.** offen, unverblümt: ***a ~ answer***; **~ *lie*** freche Lüge; **12.** kräftig, derb, ‚saftig': ***in ~ terms*** in unmißverständlichen Ausdrücken; **II** *s.* **13.** Rund *n*, Kreis *m*, Ring *m*; **14.** Rund (-teil *n*, -bau *m*) *n*, *et.* Rundes; **15.** a) (runde) Stange, b) ⚙ Rundstab *m*, c) (Leiter)Sprosse *f*; **16.** Rundung *f*: ***out of ~*** ⚙ unrund; ***worked on the ~*** über e-n Leisten gearbeitet (*Schuh*); **17.** *Kunst*: Rundplastik *f*: ***in the ~*** a) plastisch, b) *fig.* vollkommen; **18.** *a.* **~ *of beef*** Rindskeule *f*; **19.** *Brit.* Scheibe *f*, Schnitte *f* (*Brot etc.*); **20.** Kreislauf *m*, Runde *f*: ***the ~ of the seasons***; ***the daily ~*** der tägliche Trott; **21.** a) (Dienst)Runde *f*, Rundgang *m* (*Briefträger, Polizist etc.*), b) ⚔ Streife *f*: ***make the ~ of*** e-n Rundgang machen um; **22.** a) (Inspektiˈons)Rundgang *m*, -fahrt *f*, b) Rundreise *f*, Tour *f*; **23.** *fig.* Reihe *f*, Folge *f von Besuchen, Pflichten etc.*: ***a ~ of pleasures***; **24.** a) *Boxen, Golf etc.*: Runde *f*, b) (Verhandlungs- *etc.*)Runde *f*: ***first ~ to him!*** die erste Runde geht an ihn!, *fig. humor. a.* eins zu null für ihn!; **25.** Runde *f*, Lage *f* (*Bier etc.*): ***stand a ~*** (***of drinks***) ‚e-n ausgeben' (*für alle*); **26.** Runde *f*, Kreis *m* (*Personen*): ***go*** (*od.* ***make***) ***the ~*** (***of***) die Runde machen, kursieren (bei, in *dat.*) (*Gerücht, Witz etc.*); **27.** a) ⚔ Salve *f*, b) Schuß *m*: ***20 ~s*** (***of cartridge***) 20 Schuß (Patronen); **28.** *fig.* Lach-, Beifallssalve *f*: ***~ after ~ of applause*** nicht enden wollender Beifall; **29.** ♪ a) Rundgesang *m*, Kanon *m*, b) Rundtanz *m*, Reigen *m*; **III** *adv.* **30.** *a.* **~ *about*** rund-, rings(her)ˈum; **31.** rund(her)ˈum, im ganzen ˈUmkreis, auf *od.* von allen Seiten: ***all ~*** a) ringsum, überall, b) *fig.* durch die Bank, auf der ganzen Linie; ***for a mile ~*** im Umkreis von e-r Meile; **32.** rundherum, im Kreise: ***~ and ~*** immer rundherum; ***hand***

s.th.* ~** et. herumreichen; ***look* ~** um sich blicken; ***turn* ~** (sich) umdrehen; ***the wheels go* ~** die Räder drehen sich; **33.** außen her'um: ***a long way* ~** ein weiter Umweg; **34.** *zeitlich*: her'an: ***comes* ~ *again *der Sommer etc.* kehrt wieder; **35.** e-e Zeit lang: ***all the year* ~** das ganze Jahr lang *od.* hindurch; ***the clock* ~** volle 24 Stunden; **36.** a) hin-'über, b) her'über: ***ask s.o.* ~** j-n zu sich bitten; ***order one's car* ~** (den Wagen) vorfahren lassen; **IV** *prp.* **37.** (rund) um: ***a tour* ~ *the world***; **38.** um (... her'um): ***sail* ~ *the Cape***; ***just* ~ *the corner*** gleich um die Ecke; **39.** in *od.* auf (*dat.*) ... herum: **~ *all the shops*** in allen Läden herum; **40.** um (... herum), im 'Umkreis von (*od. gen.*); **41.** um (... herum): ***write a book* ~ *a story***; ***argue* ~ *and* ~ *a subject*** um ein Thema herumreden; **42.** *zeitlich*: durch, während (*gen.*); **V** *v/t.* **43.** rund machen, (*a. fig.* ab)runden: **~*ed edge*** abgerundete Kante; **~*ed number*** auf- *od.* abgerundete Zahl; **~*ed teaspoon*** gehäufter Teelöffel; **~*ed vowel*** *ling.* gerundeter Vokal; **44.** um'kreisen; **45.** um'geben, -'schließen; **46.** *Ecke, Landspitze etc.* um'fahren, -'segeln, her'umfahren *od.* biegen um; **47.** *mot. Kurve* ausfahren; **VI** *v/i.* **48.** rund werden, sich runden; **49.** *fig.* sich abrunden, voll'kommen werden; **50.** ⚓ drehen, wenden; **51.** **~ *on*** F a) *j-n* ‚anfahren', b) über *j-n* herfallen;

Zssgn mit adv.:

round| off *v/t.* **1.** abrunden (*a. fig.*); **2.** *Fest, Rede etc.* beschließen, krönen; **3.** *Zahlen* auf *od.* abrunden; **4.** *Schiff* wenden; **~ out I** *v/t.* **1.** (*v/i.* sich) runden *od.* ausfüllen; **2.** *fig.* abrunden; **II** *v/i.* **3.** rundlich werden (*Person*); **~ to** *v/i.* ⚓ beidrehen; **~ up** *v/t.* **1.** *Vieh* zs.-treiben; **2.** F a) *Verbrecherbande* ausheben, b) *Leute etc.* zs.-trommeln, *a. et.* auftreiben, c) zs.-klauben; **3.** *Zahl etc.* aufrunden.

'round·a·bout I *adj.* **1.** 'umständlich, weitschweifig (*Erklärung etc.*): **~ *way*** Umweg *m*; **2.** rundlich (*Person*); **II** *s.* **3.** 'Umweg *m*; **4.** *fig.* 'Umschweife *pl.*; **5.** *bsd. Brit.* Karus'sell *n*; → ***swing*** 24; **6.** *Brit.* Kreisverkehr *m*.

round| an·gle *s.* ⩓ Vollwinkel *m*; **~ arch** *s.* △ (ro'manischer) Rundbogen; **~ dance** *s.* Rundtanz *m*; Dreher *m*.

roun·del ['raʊndl] *s.* **1.** kleine runde Scheibe; **2.** Medail'lon *n* (*a. her.*), runde Schmuckplatte; **3.** △ a) rundes Feld *od.* Fenster, b) runde Nische; **4.** *Metrik*: → ***rondel***.

roun·de·lay ['raʊndɪleɪ] *s.* **1.** ♪ Re'frainliedchen *n*, Rundgesang *m*; **2.** Rundtanz *m*; **3.** (Vogel)Lied *n*.

round·er ['raʊndə] *s.* **1.** *Brit. sport* a) *pl. sg. konstr.* Rounders *n*, Rundball *m* (*Art Baseball*), b) ganzer 'Umlauf; **2.** *Am. sl.* a) liederlicher Kerl, b) Säufer *m*.

'round|-eyed *adj.* mit großen Augen, staunend; **~ hand** *s.* Rundschrift *f*; **'~·head** *s.* **1.** ♀ *hist.* Rundkopf *m* (*Puritaner*); **2.** Rundkopf *m* (*Person*; *a.* ⚙): **~ *screw*** Rundkopfschraube *f*; **'~·house** *s.* **1.** 🚂 Lokomo'tivschuppen *m*; **2.** ⚓ *hist.* Achterhütte *f*; **3.** *hist.* Turm *m*, Gefängnis *n*; **4.** *Am. sl.* (wilder) Schwinger (*Schlag*).

round·ing ['raʊndɪŋ] *s.* Rundung *f* (*a. ling.*): **~*-off*** Abrundung *f*; **'round·ish** [-ɪʃ] *adj.* rundlich; **'round·ly** [-dlɪ] *adv.* **1.** rund, ungefähr; **2.** rundweg, rundher'aus; **3.** gründlich, gehörig; **'round·ness** [-dnɪs] *s.* **1.** Rundheit *f* (*a. fig.*); Rundung *f*; **2.** *fig.* Unverblümtheit *f*; **'round·nose(d)** *adj.* ⚙ Rund...: **~ *pliers*** Rundzange *f*; **round rob·in** *s.* **1.** Petiti'on *f*, Denkschrift *f* (*bsd. mit im Kreis herum geschriebenen Unterschriften*); **2.** *sport Am. Turnier, bei dem jeder gegen jeden antritt*; **round shot** *s.* ⚔ *hist.* Ka'nonenkugel *f*.

rounds·man ['raʊndzmən] *s.* [*irr.*] *Brit.* Austräger *m*, Laufbursche *m*: ***milk* ~** Milchmann *m*.

round| steak *s. aus der Keule geschnittenes Beefsteak*; **~ ta·ble** *s.* **1.** a) runder Tisch, b) Tafelrunde *f*: ***the* ♀** die Tafelrunde (des König Artus); **2.** ***round-table conference*** Konfe'renz *f* am runden Tisch, 'Round-table-Konfe,renz *f*; **'~-the-clock** *adj.* 24stündig, rund um die Uhr; **'~·top** *s.* ⚓ Krähennest *n*; **~ tow·el** *s.* Rollhandtuch *n*; **~ trip** *s.* *Am.* 'Hin- u. 'Rückfahrt *f od.* -flug *m*; **,~-'trip** *adj.*: **~ *ticket*** *Am.* a) Rückfahrkarte *f*, b) ✈ Rückflugticket *n*; **~ turn** *s.* ⚓ Rundtörn *m* (*Knoten*): ***bring up with a* ~** *j-n* jäh unterbrechen; **'~·up** *s.* **1.** Zs.-treiben *n von Vieh*; **2.** *fig.* a) Zs.-treiben *n*, Sammeln *n*, b) Razzia *f*, Aushebung *f* von Verbrechern, c) Zs.-fassung *f*, 'Übersicht *f*: ***football* ~**; **~ *of the news*** Nachrichtenüberblick *m*; **'~·worm** *s. zo.*, ⚕ Spulwurm *m*.

roup [ru:p] *s. vet.* a) Darre *f der Hühner*, b) Pips *m*.

rouse [raʊz] **I** *v/t.* **1.** *oft* **~ *up*** wachrütteln, (auf)wecken (***from*** aus); **2.** *Wild* *etc.* aufjagen; **3.** *fig. j-n* auf-, wachrütteln, ermuntern: **~ o.s.** sich aufraffen; **4.** *fig. j-n* in Wut bringen, aufbringen, reizen; **5.** *fig. Gefühle etc.* erwecken, wachrufen, *Haß* entflammen, *Zorn* erregen; **6.** ⚙ *Bier etc.* ('um)rühren; **II** *v/i.* **7.** *mst* **~ up** aufwachen (*a. fig.*); **8.** aufschrecken; **III** *s.* **9.** ⚔ *Brit.* Wecken *n*; **'rous·er** [-zə] *s.* F **1.** Sensati'on *f*; **2.** faustdicke Lüge, Schwindel *m*; **'rous·ing** [-zɪŋ] *adj.* □ **1.** *fig.* aufrüttelnd, zündend, mitreißend (*Ansprache*, *Lied etc.*); **2.** brausend, stürmisch (*Beifall etc.*); **3.** aufregend, spannend; **4.** F ‚toll'.

roust·a·bout ['raʊstəbaʊt] *s.* **1.** *Am.* a) Werft-, Hafenarbeiter *m*, b) *oft contp.* Gelegenheitsarbeiter *m*; **2.** Handlanger *m*, Hilfsarbeiter *m*.

rout¹ [raʊt] **I** *s.* **1.** Rotte *f*, wilder Haufen; **2.** ⚖ Zs.-rottung *f*, Auflauf *m*; **3.** *bsd.* ⚔ a) wilde Flucht, b) Schlappe *f*, Niederlage *f*: **put to ~** → 5; **4.** *obs.* (große) Abendgesellschaft; **II** *v/t.* **5.** ⚔ in die Flucht *od.* vernichtend schlagen.

rout² [raʊt] *v/t.* **1.** → **root²** II; **2. ~ out, ~ up** *j-n aus dem Bett od. e-m Versteck etc.* (her'aus)treiben, (-)jagen; **3.** vertreiben; **4.** ⚙ ausfräsen (*a. typ.*), ausschweifen.

route [ruːt; ⚔ *a.* raʊt] **I** *s.* **1.** (Reise-, Fahrt)Route *f*, (-)Weg *m*: **en ~** (*Fr.*) unterwegs; **2.** (Bahn-, Bus-, Flug-) Strecke *f*, Route *f*; (Verkehrs)Linie *f*; ⚓ Schiffahrtsweg *m*; (Fern)Straße *f*; **3.** ⚡ Leit(ungs)weg *m*; **4.** ⚔ a) Marschroute *f*, b) *Brit.* Marschbefehl *m*: **~ march** *Brit.* Übungsmarsch *m*, *Am.* Marsch *m* mit Marscherleichterungen; **~ step, march!** ohne Tritt(, marsch)!; **5.** ✝ *Am.* Versand(art *f*) *m*; **II** *v/t.* **6.** *Truppen* in Marsch setzen; *Transportgüter etc.* befördern, *a. weitS.* leiten (**via** über *acc.*); **7.** die Route (*od.* ⚙ den Arbeitsgang) festlegen von (*od. gen.*); **8.** *Anträge etc.* (auf dem Dienstweg) weiterleiten; **9.** a) ⚡ legen, führen: **~ lines**, b) *tel.* leiten.

rou·tine [ruː'tiːn] **I** *s.* **1.** a) (Ge'schäfts-, 'Amts- *etc.*)Rou͵tine *f*, übliche *od.* gleichbleibende Proze'dur, gewohnter Gang, b) me'chanische Arbeit, (ewiges) Einerlei, c) Rou'tinesache *f*, d) *contp.* Scha'blone *f*, e) *contp.* (alter) Trott; **2.** *Am.* a) (Zirkus- *etc.*)Nummer *f*, b) *contp.* ‚Platte' *f*, Geschwätz *n*; **3.** *Computer etc.*: Rou'tine *f*, (Unter)Pro'gramm *n*; **II** *adj.* **4.** a) all'täglich, immer gleichbleibend, üblich, b) laufend, regel-, rou'tinemäßig: **~ check**; **5.** *contp.* me'chanisch, scha'blonenhaft; **rou'tine·ly** [-lɪ] *adv.* **1.** rou'tinemäßig; **2.** *contp.* mechanisch; **rou'tin·ist** [-nɪst] *s.* Gewohnheitsmensch *m*; **rou'tin·ize** [-naɪz] *v/t.* **1.** e-r Rou'tine *etc.* unter'werfen; **2.** *et.* zur Routine machen.

roux [ruː] *s. pl.* **roux** [ruːz] Mehlschwitze *f*, Einbrenne *f*.

rove¹ [rəʊv] **I** *v/i. a.* **~ about** um'herstreifen, -schweifen, -wandern (*a. fig. Augen etc.*); **II** *v/t.* durch'streifen; **III** *s.* (Um'her)Wandern *n*; Wanderschaft *f*.

rove² [rəʊv] **I** *v/t.* **1.** ⚙ vorspinnen; **2.** *Wolle etc.* ausfasern; *Gestricktes* auftrennen, aufräufeln; **II** *s.* **3.** Vorgespinst *n*; **4.** (*Woll- etc.*)Strähne *f*.

rov·er¹ ['rəʊvə] *s.* ⚙ 'Vorspinnma͵schine *f*.

rov·er² ['rəʊvə] *s.* **1.** Wanderer *m*; **2.** Pi'rat(enschiff *n*) *m*; **3.** Wandertier *n*; **4.** *obs. Brit. Pfadfinder über 17.*

rov·ing ['rəʊvɪŋ] *adj.* **1.** um'herziehend, -streifend; **2.** *fig.* ausschweifend: **~ fancy**; **have a ~ eye** gern ein Auge riskieren; **3.** *fig.* ‚fliegend': **~ reporter**; **~ force** (Polizei)Einsatztruppe *f*.

row¹ [rəʊ] *s.* **1.** *allg.* (*a. Häuser-*, *Sitz-*) Reihe *f*: **in ~s** in Reihen, reihenweise; **a hard ~ to hoe** *fig.* e-e schwierige Sache; **2.** Straße *f*: **Rochester ~**; **3.** ⚠ Baufluchtlinie *f*.

row² [rəʊ] **I** *v/i.* **1.** rudern; **II** *v/t.* **2.** *Boot*, *a. Rennen*, *a. j-n* rudern: **~ down** *j-n* (*beim Rudern*) überholen; **3.** rudern gegen, mit *j-m* (wett)rudern; **III** *s.* **4.** Rudern *n*; 'Ruderpar͵tie *f*: **go for a ~** rudern gehen.

row³ [raʊ] F **I** *s.* Krach *m*: a) Kra'wall *m*, Spek'takel *m*, b) Streit *m*, c) Schläge'rei *f*: **get into a ~** a) ‚eins aufs Dach bekommen', b) Krach bekommen (**with** mit); **have a ~ with** Krach haben mit; **kick up a ~** Krach schlagen; **what's the ~?** was ist denn los?; **II** *v/t. j-n* ‚zs.-stauchen'; **III** *v/i.* randalieren.

row·an ['raʊən] *s.* ⚘ Eberesche *f*; **'~͵ber·ry** *s.* Vogelbeere *f*.

row·di·ness ['raʊdɪnɪs] *s.* Pöbelhaftigkeit *f*, rüpelhaftes Benehmen *od.* Wesen; **row·dy** ['raʊdɪ] **I** *s.* 'Rowdy *m*, Ra'bauke *m*, Schläger *m*; **II** *adj.* rüpel-, rowdyhaft, gewalttätig; **'row·dy·ism** [-ɪɪzəm] *s.* **1.** Rowdytum *n*, rüpelhaftes Benehmen; **2.** Gewalttätigkeit *f*, Rüpe'lei *f*.

row·el ['raʊəl] **I** *s.* Spornrädchen *n*; **II** *v/t. e-m Pferd* die Sporen geben.

row·en ['raʊən] *s.* ⚒ Grummet *n*.

row·ing ['rəʊɪŋ] **I** *s.* Rudern *n*, Rudersport *m*; **II** *adj.* Ruder…: **~ boat**; **~**

machine Ruderapparat *m.*

row·lock ['rɒlək] *s.* ⚓ Dolle *f.*

roy·al ['rɔɪəl] **I** *adj.* □ **1.** königlich, Königs...: ***His* ♔ *Highness*** S-e Königliche Hoheit; ***~ prince*** Prinz *m* von königlichem Geblüt; → ***princess*** 1; ***♔ Academy*** Königliche Akademie der Künste (*Großbritanniens*); ***~ blue*** Königsblau *n*; ***♔ Exchange*** *die* Londoner Börse (*Gebäude*); ***~ flush*** *Poker*: Royal Flush *m*; ***♔ Navy*** (Königlich-Brit.) Marine *f*; ***~ paper*** → 6; ***~ road*** *fig.* leichter *od.* bequemer Weg (***to*** zu); ***~ speech*** Thronrede *f*; **2.** fürstlich (*a. fig.*): ***the ~ and ancient game*** das Golfspiel; **3.** *fig.* (*a.* F) prächtig, großartig: ***in ~ spirits*** F in glänzender Stimmung; ***~ stag*** *hunt.* Kapitalhirsch *m*; ***~ tiger*** *zo.* Königstiger *m*; **4.** edel (*a. Gas*); **II** *s.* **5.** F Mitglied *n* des Königshauses; **6.** Roy'alpa,pier *n* (*Format*); **7.** *a.* ***~ sail*** ⚓ Ober(bram)segel *n*; **roy·al·ist** ['rɔɪəlɪst] **I** *s.* Roya'list(in), Königstreue(r *m*) *f*; **II** *adj.* königstreu; **'roy·al·ty** [-ltɪ] *s.* **1.** Königtum *n*: a) Königswürde *f*, b) Königreich *n*: ***insignia of ~*** Kroninsignien *pl.*; **2.** königliche Abkunft; **3.** a) fürstliche Per'sönlichkeit, b) *pl.* Fürstlichkeiten *pl.*, c) Königshaus *n*; **4.** Krongut *n*; **5.** Re'gal *n*, königliches Privi'leg; **6.** Abgabe *f* an die Krone, Pachtgeld *n*: ***mining ~*** Bergwerksabgabe *f*; **7.** mon'archische Regierung; **8.** ⚖ (Au'toren- *etc.*)Tanti,eme *f*, Gewinnanteil *m*; **9.** ⚖ a) Li'zenz *f*, b) Li'zenzgebühr *f*: ***~ fees*** Pa'tentgebühren; ***subject to payment of royalties*** lizenzpflichtig.

rub [rʌb] **I** *s.* **1.** (Ab)Reiben *n*, Polieren *n*: ***give it a ~*** reibe es (doch einmal); ***have a ~ with a towel*** sich (mit dem Handtuch) abreiben *od.* abtrocknen; **2.** *fig.* Schwierigkeit *f*, Haken *m*: ***there's the ~!*** F da liegt der Hase im Pfeffer!; ***there's a ~ in it*** F die Sache hat e-n Haken; **3.** Unannehmlichkeit *f*; **4.** *fig.* Stiche'lei *f*; **5.** rauhe *od.* aufgeriebene Stelle; **6.** Unebenheit *f*; **II** *v/t.* **7.** reiben: ***~ one's hands*** sich die Hände reiben (*mst fig.*); ***~ shoulders with*** *fig.* verkehren mit, (*dat.*) nahe stehen; ***~ it in, ~ s.o.'s nose in it*** es j-m ‚unter die Nase reiben'; → ***rub up***; **8.** reiben, (reibend) streichen; massieren; **9.** einreiben (***with*** mit *e-r Salbe etc.*); **10.** streifen, reiben an (*dat.*); (wund) scheuern; **11.** a) scheuern, schaben, b) *Tafel etc.* abwischen, c) polieren, d) wichsen, bohnern, e) abreiben, frottieren; **12.** ⚙ (ab)schleifen, (ab)feilen: ***~ with emery*** (***pumice***) abschmirgeln (abbimsen); **13.** *typ.* abklatschen; **III** *v/i.* **14.** reiben, streifen (***against*** *od.* [***up***]***on*** an *dat.*, gegen); **15.** *fig.* sich schlagen (***through*** durch);

Zssgn mit adv.:

rub| a·long *v/i.* **1.** sich (mühsam) 'durchschlagen; **2.** (gut) auskommen (***with*** mit *j-m*); **~ down** *v/t.* **1.** abreiben, frottieren; *Pferd* striegeln; **2.** her'unter-, wegreiben; **~ in** *v/t.* **1.** *a. Zeichnung* einreiben; **2.** *sl.* ‚her'umreiten' auf (*dat.*); → ***rub*** 7; **~ off I** *v/t.* **1.** ab-, wegreiben; abschleifen; **II** *v/i.* **2.** abgehen (*Lack etc.*); **3.** *fig.* sich abnützen; **4.** *fig.* F abfärben (***onto*** auf *acc.*); **~ out I** *v/t.* **1.** ausradieren; **2.** wegwischen, -reiben; **3.** *Am. sl.* ‚'umlegen' (*töten*); **II** *v/i.* **4.** weggehen (*Fleck etc.*); **~ up** *v/t.* **1.** (auf)polieren; **2.** *fig.* a) *Kenntnisse etc.* auffrischen, b) *Gedächtnis etc.* stärken; **3.** *fig.* F ***rub s.o. up the right way*** j-n richtig behandeln; ***rub s.o. up the wrong way*** j-n ‚verschnupfen' *od.* verstimmen; ***it rubs me up the wrong way*** es geht mir gegen den Strich; **4.** *Farben etc.* verreiben.

rub-a-dub ['rʌbədʌb] *s.* Ta'ramtamtam *n*, Trommelwirbel *m.*

rub·ber[1] ['rʌbə] **I** *s.* **1.** Gummi *n, m*, (Na'tur)Kautschuk *m*; **2.** (Radier-) Gummi *m*; **3.** *a.* ***~ band*** Gummiring *m*, -band *n*; **4.** ***~ tyre*** (*od. bsd. Am.* ***tire***) Gummireifen *m*; **5.** *pl.* a) *Am.* ('Gummi),Überschuhe *pl.*, b) *Brit.* Turnschuhe *pl.*; **6.** *sl.* ‚Gummi' *m*, ‚Pa'riser' *m* (*Kondom*); **7.** Reiber *m*, Polierer *m*; **8.** Mas'seur(in), Mas'seuse *f*; **9.** Reibzeug *n*; **10.** a) Frottier(hand)tuch *n*, -handschuh *m*, b) Wischtuch *n*, c) Polierkissen *n*, d) *Brit.* Geschirrtuch *n*; **11.** Reibfläche *f*; **12.** ⚙ a) Schleifstein *m*, b) Putzfeile *f*; **13.** *typ.* Farbläufer *m*; **14.** 'Schmirgelpa,pier *n*; 'Glaspa,pier *n*; **15.** (weicher) Formziegel; **16.** F *Eishockey*: Puck *m*, Scheibe *f*; **17.** *Baseball*: Platte *f*; **II** *v/t.* **18.** → ***rubberize***; **III** *v/i.* **19.** → ***rubberneck*** 4, 5; **IV** *adj.* **20.** Gummi...: ***~ solution*** Gummilösung *f.*

rub·ber[2] ['rʌbə] *s. Kartenspiel*: Robber *m.*

rub·ber| boat *s.* Gummi-, Schlauchboot *n*; **~ ce·ment** *s.* ⚙ Gummilösung *f*; **~ check** *s. Am.*, **~ cheque** *s. Brit.* F geplatzter Scheck; **~ coat·ing** *s.* Gummierung *f*; **~ din·ghi** *s.* Schlauchboot *n.*

rub·ber·ize ['rʌbəraɪz] *v/t.* ⚙ mit Gummi imprägnieren, gummieren.

'rub·ber|·neck *Am.* F **I** *s.* **1.** Gaffer(in), Neugierige(r *m*) *f*; **2.** Tou'rist(in); **II**

adj. **3.** neugierig, schaulustig; **III** *v/i.* **4.** neugierig gaffen, ‚sich den Hals verrenken'; **5.** die Sehenswürdigkeiten (*e-r Stadt etc.*) ansehen; **IV** *v/t.* **6.** neugierig betrachten; **~ plant** *s.* ⚘ Kautschukpflanze *f*, *bsd.* Gummibaum *m*; **~ stamp** *s.* **1.** Gummistempel *m*; **2.** F a) sturer Beamter, b) bloßes Werkzeug, c) Nachbeter *m*; **3.** *bsd. Am.* F (abgedroschene) Phrase; **ˌ~-'stamp** *v/t.* **1.** abstempeln; **2.** F (rou'tinemäßig) genehmigen; **~ tree** *s.* ⚘ a) Gummibaum *m*, b) Kautschukbaum *m*.

rub·bing ['rʌbɪŋ] *s.* **1.** a) *phys.* Reibung *f*, b) ⚙ Abrieb *m*; **2.** *typ.* Reiberdruck *m*; **~ cloth** *s.* Frottier-, Wisch-, Scheuertuch *n*; **~ con·tact** *s.* ⚡ 'Reibe-, 'Schleifkonˌtakt *m*; **'~·stone** *s.* Schleif-, Wetzstein *m*; **~ var·nish** *s.* ⚙ Schleiflack *m*.

rub·bish ['rʌbɪʃ] **I** *s.* **1.** Abfall *m*, Kehricht *m*, Müll *m*: ***~ bin*** Abfalleimer *m*; ***~ chute*** Müllschlucker *m*; **2.** (Gesteins-) Schutt *m* (*a. geol.*); **3.** F Schund *m*, Plunder *m*; **4.** F *a. int.* Blödsinn *m*, Quatsch *m*; **5.** ⚒ a) *über Tage*: Abraum *m*, b) *unter Tage*: taubes Gestein; **'rub·bish·y** [-ʃɪ] *adj.* **1.** schuttbedeckt; **2.** F Schund…, wertlos.

rub·ble ['rʌbl] *s.* **1.** Bruchstein(e *pl.*) *m*, Schotter *m*; **2.** *geol.* (Stein)Schutt *m*, Geröll *n*, Geschiebe *n*; **3.** (rohes) Bruchsteinmauerwerk; **4.** loses Packeis; **~ ma·son·ry** → ***rubble*** 3; **'~·stone** *s.* Bruchstein *m*; **'~·work** → ***rubble*** 3.

'rub·down *s.* Abreibung *f*: ***have a ~*** sich trockenreiben *od.* frottieren.

rube [ru:b] *s. Am. sl.* ‚Lackel' *m*.

ru·be·fa·cient [ˌru:bɪ'feɪʃjənt] ⚕ **I** *adj.* (*bsd.* haut)rötend; **II** *s.* (*bsd.* haut)rötendes Mittel; **ˌru·be'fac·tion** [-'fækʃn] *s.* ⚕ Hautröte *f*, -rötung *f*.

ru·bi·cund ['ru:bɪkənd] *adj.* rötlich, rot, rosig (*Person*).

ru·bric ['ru:brɪk] **I** *s.* **1.** *typ.* Ru'brik *f* ([*roter*] *Titelkopf od. Buchstabe*; *Abschnitt*); **2.** *eccl.* Rubrik *f*, li'turgische Anweisung; **II** *adj.* **3.** rot (gedruckt *etc.*), rubriziert; **'ru·bri·cate** [-keɪt] *v/t.* **1.** rot bezeichnen; **2.** rubrizieren.

'rub·stone *s.* Schleifstein *m*.

ru·by ['ru:bɪ] **I** *s.* **1.** *a.* ***true ~, Oriental ~*** *min.* Ru'bin *m*; **2.** (Ru'bin)Rot *n*; **3.** *fig.* Rotwein *m*; **4.** *fig.* roter (Haut)Pikkel; **5.** *Uhrmacherei*: Stein *m*; **6.** *typ.* Pa'riser Schrift *f*, Fünfein'halbpunktschrift *f*; **II** *adj.* **7.** (kar'min-, ru'bin)rot.

ruche [ru:ʃ] *s.* Rüsche *f*; **ruched** [-ʃt] *adj.* mit Rüschen besetzt; **'ruch·ing** [-ʃɪŋ] *s.* **1.** *coll.* Rüschen(besatz *m*) *pl.*; **2.** Rüschenstoff *m*.

ruck¹ [rʌk] *s.* **1.** *sport das* (Haupt)Feld; **2.** ***the*** (***common***) **~** *fig.* die breite Masse: ***rise out of the ~*** *fig.* sich über den Durchschnitt erheben.

ruck² [rʌk] **I** *s.* Falte *f*; **II** *v/t. oft* **~ *up*** hochschieben, zerknüllen, -knittern; **III** *v/i. oft* **~ *up*** Falten werfen, hochrutschen.

ruck·sack ['rʌksæk] (*Ger.*) *s.* Rucksack *m*.

ruck·us ['rʌkəs] → ***ruction***.

ruc·tion ['rʌkʃn] *s. oft pl.* F a) Tohuwa'bohu *n*, b) Krach *m*, Kra'wall *m*, c) Schläge'rei *f*.

rud·der ['rʌdə] *s.* **1.** ⚓ (Steuer)Ruder *n*, Steuer *n*; **2.** ✈ Seitenruder *n*, -steuer *n*: ***~ controls*** Seitensteuerung *f*; **3.** *fig.* Richtschnur *f*; **4.** *Brauerei*: Rührkelle *f*; **'rud·der·less** [-lɪs] *adj.* **1.** ohne Ruder; **2.** *fig.* führer-, steuerlos.

rud·di·ness ['rʌdɪnɪs] *s.* Röte *f*; **rud·dy** ['rʌdɪ] *adj.* □ **1.** rot, rötlich, gerötet; gesund (*Gesichtsfarbe*); **2.** *Brit. sl.* verflixt.

rude [ru:d] *adj.* □ **1.** grob, unverschämt; rüde, ungehobelt; **2.** roh, unsanft (*a. fig. Erwachen*); **3.** wild, heftig (*Kampf*, *Leidenschaft*); rauh (*Klima etc.*); hart (*Los*, *Zeit etc.*); **4.** wild (*Landschaft*); holp(e)rig (*Weg*); **5.** wirr (*Masse etc.*): ***~ chaos*** chaotischer Urzustand; **6.** *allg.* primi'tiv: a) unzivilisiert, b) ungebildet, c) kunstlos, d) behelfsmäßig; **7.** ro'bust, unverwüstlich (*Gesundheit*): ***be in ~ health*** vor Gesundheit strotzen; **8.** roh, unverarbeitet (*Stoff*); **9.** plump, ungeschickt; **10.** a) ungefähr, b) flüchtig, grob: ***~ sketch***; ***a ~ observer*** ein oberflächlicher Beobachter; **'rude·ness** [-nɪs] *s.* **1.** Grobheit *f*; **2.** Roheit *f*; **3.** Heftigkeit *f*; **4.** Wild-, Rauheit *f*; **5.** Primitivi'tät *f*; **6.** Unebenheit *f*.

ru·di·ment ['ru:dɪmənt] *s.* **1.** Rudi'ment *n* (*a. biol. rudimentäres Organ*), Ansatz *m*; **2.** *pl.* Anfangsgründe *pl.*, Grundlagen *pl.*, Rudi'mente *pl.*; **ru·di·men·tal** [ˌru:dɪ'mentl], **ru·di·men·ta·ry** [ˌru:dɪ'mentərɪ] *adj.* □ **1.** elemen'tar, Anfangs…; **2.** rudimen'tär (*a. biol.*).

rue¹ [ru:] *s.* ⚘ Gartenraute *f*.

rue² [ru:] *v/t.* bereuen, bedauern; *Ereignis* verwünschen: ***he will live to ~ it*** er wird es noch bereuen; **'rue·ful** [-fʊl] *adj.* □ **1.** kläglich, jämmerlich: ***the Knight of the ♀ Countenance*** der Ritter von der traurigen Gestalt (*Don Quichotte*); **2.** wehmütig; **3.** reumütig;

'rue·ful·ness [-fʊlnɪs] *s.* **1.** Gram *m*, Traurigkeit *f*; **2.** Jammer *m*.

ruff[1] [rʌf] *s.* **1.** Halskrause *f* (*a. zo., orn.*); **2.** (Pa'pier)Krause *f* (*Topf etc.*); **3.** Rüsche *f*; **4.** *orn.* a) Kampfläufer *m*, b) Haustaube *f* mit Halskrause.

ruff[2] [rʌf] **I** *s. Kartenspiel*: Trumpfen *n*; **II** *v/t. u. v/i.* mit Trumpf stechen.

ruff(e)[3] [rʌf] *s. ichth.* Kaulbarsch *m*.

ruf·fi·an ['rʌfjən] *s.* **1.** Rüpel *m*; **2.** Raufbold *m*; **'ruf·fi·an·ism** [-nɪzəm] *s.* Roheit *f*, Brutali'tät *f*; **'ruf·fi·an·ly** [-lɪ] *adj.* **1.** roh, bru'tal; **2.** wild.

ruf·fle ['rʌfl] **I** *v/t.* **1.** *Wasser etc., a. Tuch* kräuseln; *Stirn* kraus ziehen; **2.** *Federn, Haare* sträuben: ***~ one's feathers*** sich aufplustern (*a. fig.*); **3.** *Papier* zerknittern; **4.** durchein'anderbringen, -werfen; **5.** *fig. j-n* aus der Fassung bringen; *j-n* (ver)ärgern: ***~ s.o.'s temper*** j-n verstimmen; **II** *v/i.* **6.** sich kräuseln; **7.** zerknüllt *od.* zerzaust werden; **8.** *fig.* die Ruhe verlieren; **9.** *fig.* sich aufspielen, anmaßend auftreten; **III** *s.* **10.** Kräuseln *n*; **11.** Rüsche *f*, Krause *f*; **12.** *orn.* Halskrause *f*; **13.** *fig.* Aufregung *f*, Störung *f*: ***without ~ or excitement*** in aller Ruhe.

ru·fous ['ru:fəs] *adj.* rotbraun.

rug [rʌg] *s.* **1.** (kleiner) Teppich, (Bett-, Ka'min)Vorleger *m*, Brücke *f*: ***pull the ~ from under s.o.*** *fig.* j-m den Boden unter den Füßen wegziehen; **2.** *bsd. Brit.* dicke wollene (Reise- *etc.*)Decke.

rug·by (foot·ball) ['rʌgbɪ] *s. sport* Rugby *n*.

rug·ged ['rʌgɪd] *adj.* ☐ **1.** zerklüftet, wild (*Landschaft etc.*), zackig, schroff (*Fels etc.*), felsig; **2.** durch'furcht (*Gesicht etc.*), uneben (*Boden etc.*), holperig (*Weg etc.*), knorrig (*Gestalt*); **3.** rauh (*Rinde, Tuch, a. fig. Manieren, Sport etc.*): ***life is ~*** das Leben ist hart; ***~ individualism*** krasser Individualismus; **4.** ruppig, grob; **5.** *bsd. Am. a.* ⚙ ro'bust, stark, sta'bil; **'rug·ged·ness** [-nɪs] *s.* **1.** Rauheit *f*; **2.** Grobheit *f*; **3.** *Am.* Ro'bustheit *f*.

rug·ger ['rʌgə] *Brit.* F *für* ***Rugby***.

ru·in ['rʊɪn] **I** *s.* **1.** Ru'ine *f* (*a. fig. Person etc.*); *pl.* Ruine(n *pl.*) *f*, Trümmer *pl.*: ***lay in ~s*** in Schutt u. Asche legen; ***lie in ~s*** in Trümmern liegen; **2.** Verfall *m*: ***go to ~*** verfallen; **3.** Ru'in *m*, 'Untergang *m*, Zs.-bruch *m*, Verderben *n*: ***bring to ~*** → 5; ***the ~ of my hopes*** (***plans***) das Ende m-r Hoffnungen (Pläne); ***it will be the ~ of him*** es wird sein Untergang sein; **II** *v/t.* **4.** vernichten, zerstören; **5.** *j-n, a. Sache, Gesundheit etc.* ruinieren, zu'grunde richten; *Hoffnungen, Pläne* zu'nichte machen; *Augen, Aussichten etc.* verderben; *Sprache* verhunzen; **6.** *Mädchen* verführen; **ru·in·a·tion** [rʊɪ'neɪʃn] *s.* **1.** Zerstörung *f*, Verwüstung *f*; **2.** F *j-s* Ru'in *m*, Verderben *n*, 'Untergang *m*; **'ru·in·ous** [-nəs] *adj.* ☐ **1.** verfallen(d), baufällig, ru'inenhaft; **2.** verderblich, mörderisch, ruinierend, rui'nös: ***a ~ price*** a) ruinöser *od.* enormer Preis, b) Schleuderpreis *m*; **'ru·in·ous·ness** [-nəsnɪs] *s.* **1.** Baufälligkeit *f*; **2.** Verderblichkeit *f*.

rule [ru:l] **I** *s.* **1.** Regel *f*, Nor'malfall *m*: ***as a ~*** in der Regel; ***as is the ~*** wie es allgemein üblich ist; ***become the ~*** zur Regel werden; ***make it a ~ to*** (*inf.*) es sich zur Regel machen, zu (*inf.*); ***by all the ~s*** eigentlich; → ***exception*** 1; **2.** Regel *f*, Richtschnur *f*, Grundsatz *m*; *sport etc.* Spielregel *f* (*a. fig.*): ***against the ~s*** regelwidrig; ***~s of action*** (*od.* ***conduct***) Verhaltensmaßregeln, Richtlinien; ***~ of thumb*** Faustregel, praktische Erfahrung; ***by ~ of thumb*** über den Daumen gepeilt; ***serve as a ~*** als Richtschnur *od.* Maßstab dienen; **3.** ⚖ a) Vorschrift *f*, (gesetzliche) Bestimmung, Norm *f*, b) gerichtliche Entscheidung, c) Rechtsgrundsatz *m*: ***~s of the air*** Luftverkehrsregeln; ***work to ~*** Dienst nach Vorschrift tun (*als Streikmittel*); → ***road*** 1; **4.** *pl.* (Geschäfts-, Gerichts- *etc.*)Ordnung *f*: (***standing***) ***~s of court*** ⚖ Prozeßordnung; ***~s of procedure*** a) Verfahrensordnung, b) Geschäftsordnung; **5.** *a.* ***standing ~*** Satzung *f*: ***against the ~s*** satzungswidrig; ***the ~s*** (***and by-laws***) die Satzungen, die Statuten; **6.** *eccl.* Ordensregel *f*; **7.** ✝ U'sance *f*, Handelsbrauch *m*; **8.** ♈ Regel *f*, Rechnungsart *f*: ***~ of proportion, ~ of three*** Regeldetri *f*, Dreisatz *m*; **9.** Herrschaft *f*, Regierung *f*: ***during*** (***under***) ***the ~ of*** während (unter) der Regierung (*gen.*); ***~ of law*** Rechtsstaatlichkeit *f*; **10.** a) Line'al *n*, b) *a.* ***folding ~*** Zollstock *m*; **11.** a) Richtmaß *n*, b) Winkel(eisen *n*, -maß *n*) *m*; **12.** *typ.* a) (Messing)Linie *f*: ***~ case*** Linienkasten *m*, b) Ko'lumnenmaß *n* (*Satzspiegel*), c) *Brit.* Strich *m*: ***em ~*** Gedankenstrich; ***en ~*** Halbgeviert *n*; **II** *v/t.* **13.** *a.* ***~ over*** *Land, Gefühl etc.* beherrschen, herrschen über (*acc.*), regieren: ***~ the roast*** (*od.* ***roost***) *fig.* das Regiment führen, Herr im Haus sein; **14.** lenken, leiten: ***be ~d by*** sich leiten lassen von; **15.** *bsd.* ⚖ anordnen, verfügen, entscheiden: ***~ out***

a) *j-n od. et.* ausschließen (*a. sport*), b) *et.* ablehnen; **~ s.o. out of order** *parl.* j-m das Wort entziehen; **~ s.th. out of order** et. nicht zulassen; **16.** a) *Papier* linieren, b) *Linie* ziehen: **~ s.th. out** et. durchstreichen; **~d paper** liniertes Papier; **III** *v/i.* **17.** herrschen *od.* regieren (**over** über *acc.*); **18.** entscheiden (**that** daß); **19.** ✝ *hoch etc.* stehen, liegen, notieren (*Preise*): **~ high** (**low**); weiterhin hoch notieren; **20.** vorherrschen; **21.** gelten, in Kraft sein (*Recht etc.*); **'rul·er** [-lə] *s.* **1.** Herrscher(in); **2.** Line'al *n*; ⚙ Richtscheit *n*; **3.** ⚙ Li'nierma,schine *f*; **'rul·ing** [-lɪŋ] **I** *s.* **1.** ⚖ (gerichtliche) Entscheidung; Verfügung *f*; **2.** Linie(n *pl.*) *f*; **3.** Herrschaft *f*; **II** *adj.* **4.** herrschend; *fig.* (vor-) herrschend; **5.** maßgebend, grundlegend: **~ case**; **6.** ✝ bestehend, laufend: **~ price** Tagespreis *m*.

rum¹ [rʌm] *s.* Rum *m*, *Am. a.* Alkohol *m*.

rum² [rʌm] *adj.* □ *bsd. Brit. sl.* **1.** ‚komisch' (*eigenartig*): **~ customer** komischer Kauz; **~ go** dumme Geschichte; **~ start** (tolle) Überraschung; **2.** ulkig, drollig.

Ru·ma·ni·an [ruː'meɪnjən] **I** *adj.* **1.** ru'mänisch; **II** *s.* **2.** Ru'mäne *m*, Ru'mänin *f*; **3.** *ling.* Ru'mänisch *n*.

rum·ba ['rʌmbə] *s.* Rumba *m*, *f*.

rum·ble¹ ['rʌmbl] **I** *v/i.* **1.** poltern (*a. Stimme*); rattern (*Gefährt, Zug etc.*), rumpeln, rollen (*Donner*), knurren (*Magen*); **II** *v/t.* **2.** *a.* **~ out** *Worte* her'auspoltern, *Lied* grölen; **III** *s.* **3.** Gepolter *n*, Rattern *n*, Rumpeln *n*, Rollen *n* (*Donner*); **4.** ⚙ Poliertrommel *f*; **5.** a) Bedientensitz *m*, b) Gepäckraum *m*, c) → **rumble seat**; **6.** *Am.* (Straßen-) Schlacht *f* (*zwischen jugendlichen Banden*).

rum·ble² ['rʌmbl] *v/t. sl.* **1.** *j-n* durch'schauen; **2.** *et.* ‚spitzkriegen'; **3.** *Am.* *j-n* argwöhnisch machen.

rum·ble seat *s. Am. mot.* Not-, Klappsitz *m*.

rum·bus·tious [rʌm'bʌstɪəs] *adj.* F **1.** laut, lärmend; **2.** wild, ausgelassen.

ru·men ['ruːmen] *pl.* **-mi·na** [-mɪnə] *s. zo.* Pansen *m*; **'ru·mi·nant** [-mɪnənt] **I** *adj.* □ **1.** *zo.* 'wiederkäuend; **2.** *fig.* grübelnd; **II** *s.* **3.** *zo.* 'Wiederkäuer *m*; **'ru·mi·nate** [-mɪneɪt] **I** *v/i.* **1.** 'wiederkäuen; **2.** *fig.* grübeln (**about**, **over** über *acc.*); **II** *v/t.* **3.** *fig.* grübeln über (*acc.*, *dat.*); **ru·mi·na·tion** [,ruːmɪ'neɪʃn] *s.* **1.** 'Wiederkäuen *n*; **2.** *fig.* Grübeln *n*; **'ru·mi·na·tive** [-mɪnətɪv] *adj.* □ nachdenklich, grüblerisch.

rum·mage ['rʌmɪdʒ] **I** *v/t.* **1.** durch'stöbern, -'wühlen, wühlen in (*dat.*); **2.** *a.* **~ out**, **~ up** aus-, her'vorkramen; **II** *v/i.* **3.** *a.* **~ about** (her'um)stöbern *od.* (-)wühlen (**in** in *dat.*); **III** *s.* **4.** *mst* **~ goods** Ramsch *m*, Ausschuß *m*, Restwaren *pl.*; **~ sale** *s.* **1.** Ramschverkauf *m*; **2.** 'Wohltätigkeitsba,zar *m*.

rum·mer ['rʌmə] *s.* Römer *m*, ('Wein-) Po,kal *m*.

rum·my¹ ['rʌmɪ] *s.* Rommé *n* (*Kartenspiel*).

rum·my² ['rʌmɪ] *adj.* □ → **rum²** 1 *u.* 2.

ru·mo(u)r ['ruːmə] **I** *s.* a) Gerücht *n*, b) Gerede *n*: **~ has it**, **the ~ runs** es geht das Gerücht; **II** *v/t.* (als Gerücht) verbreiten (*mst pass.*): **it is ~ed that** man sagt *od.* es geht das Gerücht, daß; **he is ~ed to be** man munkelt *od.* es heißt, er sei.

rump [rʌmp] *s.* **1.** *zo.* Steiß *m*, 'Hinterteil *n* (*a. des Menschen*); *orn.* Bürzel *m*; **~ steak** *Küche*: Rumpsteak *n*; **2.** *fig.* Rumpf *m*, kümmerlicher Rest: **the ~** (**Parliament**) *hist.* das Rumpfparlament.

rum·pie ['rʌmpɪ] *s.* Aufsteiger *m*, der auf dem Lande wohnt (= **rural upwardly-mobile professional**).

rum·ple ['rʌmpl] *v/t.* **1.** zerknittern, -knüllen; **2.** *Haar etc.* zerwühlen.

rum·pus ['rʌmpəs] *s.* F **1.** Krach *m*, Kra'wall *m*; **2.** Trubel *m*; **3.** Streit *m*, ‚Krach' *m*; **~ room** *s. Am.* Hobby- *od.* Partyraum *m*.

'rum-,run·ner *s. Am.* Alkoholschmuggler *m*.

run [rʌn] **I** *s.* **1.** Laufen *n*, Rennen *n*; **2.** Lauf *m* (*a. sport u. fig.*); Lauf-, ⚔ Sturmschritt *m*: **at the ~** im Lauf (-schritt), im Dauerlauf; **in the long ~** *fig.* auf die Dauer, am Ende, schließlich; **in the short ~** fürs nächste; **on the ~** a) auf der Flucht, b) (immer) auf den Beinen (*tätig*); **be in the ~** *bsd. Am. pol. bei e-r Wahl* in Frage kommen *od.* im Rennen liegen, kandidieren; **come down with a ~** schnell *od.* plötzlich fallen (*a. Barometer, Preis*); **go for** (*od.* **take**) **a ~** e-n Lauf machen; **have a ~ for one's money** sich abhetzen müssen; **have s.o. on the ~** j-n herumjagen, -hetzen; **3.** a) Anlauf *m*: **take a ~** (e-n) Anlauf nehmen, b) *Baseball, Kricket*: erfolgreicher Lauf; **4.** *Reiten*: schneller Ga'lopp; **5.** ⚓, *mot.* Fahrt *f*; **6.** *oft* **short ~** Spazierfahrt *f*; **7.** Abstecher *m*, kleine Reise (**to** nach); **8.** ✈ (Bomben)Zielanflug *m*; **9.** ♪ Lauf *m*;

10. Zulauf *m*, ✝ Ansturm *m*, Run *m* (***on*** auf *e-e Bank etc.*); ✝ stürmische Nachfrage (***on*** nach *e-r Ware*); **11.** *fig.* Lauf *m*, (Fort)Gang *m*: ***the ~ of events***; **12.** *fig.* Verlauf *m*: ***the ~ of the hills***; **13.** *fig.* a) Ten'denz *f*, b) Mode *f*; **14.** Folge *f*, (*sport* Erfolgs-, Treffer)Serie *f*: ***a ~ of bad*** (***good***) ***luck*** e-e Pechsträhne (e-e Glückssträhne); **15.** *Am.* kleiner Wasserlauf; **16.** *bsd. Am.* Laufmasche *f*; **17.** (Bob-, Rodel)Bahn *f*; **18.** ✈ Rollstrecke *f*; **19.** a) (Vieh-) Trift *f*, Weide *f*, b) (Hühner)Hof *m*, Auslauf *m*; **20.** ⚙ a) Bahn *f*, b) Laufschiene *f*, c) Rinne *f*; **21.** Mühl-, Mahlgang *m*; **22.** ⚙ a) Herstellungsgröße *f*, (Rohr- *etc.*)Länge *f*, b) (Betriebs)Leistung *f*, Ausstoß *m*, c) Gang *m*, 'Arbeitsperi,ode *f*, d) 'Durchlauf *m* (*von Beschickungsgut*), e) Charge *f*, Menge *f*, f) Bedienung *f*; **23.** Auflage *f* (*Zeitung*); **24.** *Kartenspiel*: Se'quenz *f*; **25.** (Amts-, Gültigkeits-, Zeit)Dauer *f*: ***~ of office***; **26.** *thea.*, *Film*: Laufzeit *f*: ***have a ~ of 20 nights*** 20mal nacheinander gegeben werden; **27.** a) Art *f*, Schlag *m*; Sorte *f* (*a.* ✝), b) *mst* ***common*** (*od.* ***general*** *od.* ***ordinary***) ***~*** 'Durchschnitt *m*, *die* große Masse: ***~ of the mill*** Durchschnitt *m*; **28.** Herde *f*; **29.** Schwarm *m* (*Fische*); **30.** ⚓ (Achter)Piek *f*; **31.** (***of***) a) freie Benutzung (*gen.*), b) freier Zutritt (zu); **II** *v/i.* [*irr.*] **32.** laufen, rennen; eilen, stürzen; **33.** da'vonlaufen, Reiß'aus nehmen; **34.** *sport* a) (um die Wette) laufen, b) (an e-m Lauf *od.* Rennen) teilnehmen, laufen, c) als *Zweiter etc.* einlaufen: ***also ran*** ferner liefen; **35.** *fig.* laufen (*Blick*, *Feuer*, *Finger*, *Schauer etc.*): ***his eyes ran over ...*** sein Blick überflog ...; ***the tune keeps ~ning through my head*** die Melodie geht mir nicht aus dem Kopf; **36.** *pol.* kandidieren (***for*** für); **37.** ⚓ *etc.* fahren; (*in den Hafen*) einlaufen: ***~ before the wind*** vor dem Wind segeln; **38.** wandern (*Fische*); **39.** 🚃 *etc.* verkehren, *auf e-r Strecke* fahren, gehen; **40.** fließen, strömen (*beide a. fig. Blut in den Adern*, *Tränen*, *a. Verse*): ***it ~s in the blood*** (***family***) es liegt im Blut (in der Familie); **41.** lauten (*Schriftstück*); **42.** gehen (*Melodie*); **43.** verfließen, -streichen (*Zeit etc.*); **44.** dauern: ***three days ~ning*** drei Tage hintereinander; **45.** laufen, gegeben werden (*Theaterstück etc.*); **46.** verlaufen (*Straße etc.*, *a. Vorgang*), sich erstrecken; führen, gehen (*Weg etc.*): ***my taste*** (***talent***) ***does not ~ that way*** dafür habe ich keinen Sinn (keine Begabung); **47.** ⚙ laufen, gleiten (*Seil etc.*); **48.** ⚙ laufen: a) in Gang sein, arbeiten, b) gehen (*Uhr etc.*), funktionieren; **49.** in Betrieb sein (*Fabrik*, *Hotel etc.*); **50.** aus-, zerlaufen (*Farbe*); **51.** tropfen, strömen, triefen (***with*** vor *dat.*) (*Gesicht etc.*); laufen (*Nase*, *Augen*); 'übergehen (*Augen*): ***~ with tears*** in Tränen schwimmen; **52.** rinnen, laufen (*Gefäß*); **53.** schmelzen (*Metall*); tauen (*Eis*); **54.** ⚕ eitern, laufen; **55.** fluten, wogen: ***a heavy sea was ~ning*** es ging e-e schwere See; **56.** *Am.* a) laufen, fallen (*Masche*), b) Laufmaschen bekommen (*Strumpf*); **57.** ⚖ laufen, gelten, in Kraft sein *od.* bleiben: ***the period ~s*** die Frist läuft; **58.** ✝ sich stellen (*Preis*, *Ware*); **59.** *mit adj.*: werden, sein: ***~ dry*** a) versiegen, b) keine Milch mehr geben, c) erschöpft sein, d) sich ausgeschrieben haben (*Schriftsteller*); → 80; ***~ low*** (*od.* ***short***) zur Neige gehen, knapp werden; → ***high*** 22, ***riot*** 3, ***wild*** 2; **60.** *im Durchschnitt* sein, *klein etc.* ausfallen (*Früchte etc.*); **III** *v/t.* [*irr.*] **61.** *Weg etc.* laufen; *Strecke* durch'laufen, zu'rücklegen; *Weg* einschlagen; **62.** fahren (*a.* ⚓); *Strecke* be-, durch'fahren: ***~ a car against a tree*** mit e-m Wagen gegen e-n Baum fahren; **63.** *Rennen* austragen, laufen, *Wettlauf* machen; **64.** um die Wette laufen mit: ***~ s.o. close*** dicht an j-n herankommen (*a. fig.*); **65.** *Pferd* treiben; **66.** *hunt.* hetzen, *a. Spur* verfolgen (*a. fig.*); **67.** *Botschaften* über'bringen; *Botengänge od. Besorgungen* machen: ***~ errands***; **68.** *Blokkade* brechen; **69.** a) *Pferd etc.* laufen lassen, b) *pol. j-n* als Kandi'daten aufstellen (***for*** für); **70.** a) *Vieh* treiben, b) weiden lassen; **71.** 🚃, ⚓ *etc.* fahren *od.* verkehren lassen; **72.** *Am. Annonce* veröffentlichen; **73.** transportieren; **74.** *Schnaps etc.* schmuggeln; **75.** *Augen*, *Finger etc.* gleiten lassen: ***~ one's hand through one's hair*** (sich) mit den Fingern durchs Haar fahren; **76.** *Film* laufen lassen; **77.** ⚙ *Maschine etc.* laufen lassen, bedienen; **78.** *Betrieb etc.* führen, leiten, verwalten; *Geschäft etc.* betreiben; *Zeitung* her'ausgeben; **79.** hin'eingeraten (lassen) in (*acc.*): ***~ debts*** Schulden machen; ***~ a firm into debt*** e-e Firma in Schulden stürzen; ***~ the danger of*** (*ger.*) Gefahr laufen zu (*inf.*); → ***risk*** 1; **80.** ausströmen, fließen lassen; *Wasser etc.* führen (*Leitung*): ***~ dry*** leerlaufen lassen; →

59; **81.** *Gold etc.* (mit sich) führen (*Fluß*); **82.** *Metall* schmelzen; **83.** *Blei*, *Kugel* gießen; **84.** *Fieber*, *Temperatur* haben; **85.** stoßen, stechen, stecken; **86.** *Graben*, *Linie*, *Schnur etc.* ziehen; *Straße etc.* anlegen; *Brücke* schlagen; *Leitung* legen; **87.** leicht (ver)nähen, heften; **88.** *j-n* belangen (***for*** wegen);

Zssgn mit prp.:

run| a·cross *v/i. j-n* zufällig treffen, stoßen auf (*acc.*); **~ aft·er** *v/i.* hinter ... (*dat.*) herlaufen *od.* sein, nachlaufen (*dat.*) (*alle a. fig.*); **~ a·gainst I** *v/i.* **1.** zs.-stoßen mit, laufen *od.* rennen *od.* fahren gegen; **2.** *pol.* kandidieren gegen; **II** *v/t.* **3.** *et.* stoßen gegen: ***run one's head against*** mit dem Kopf gegen *die Wand etc.* stoßen; **~ at** *v/i.* losstürzen auf (*acc.*); **~ for** *v/i.* **1.** auf ... (*acc.*) zulaufen *od.* -rennen; laufen nach; **2. ~ *it*** Reiß'aus nehmen; **3.** *fig.* sich bemühen *od.* bewerben um; *pol.* → ***run*** 36; **~ in·to I** *v/i.* **1.** (hin'ein)laufen *od.* (-)rennen in (*acc.*); **2.** ⚓ in *den Hafen* einlaufen; **3.** → ***run against*** 1; **4.** → ***run across***; **5.** geraten *od.* sich stürzen in (*acc.*): **~ *debt***; **6.** werden *od.* sich entwickeln zu; **7.** sich belaufen auf (*acc.*): **~ *four editions*** vier Auflagen erleben; **~ *money*** ins Geld laufen; **II** *v/t.* **8.** *Messer etc.* stoßen *od.* rennen in (*acc.*); **~ off** *v/i.* her'unterfahren *od.* -laufen von: **~ *the rails*** entgleisen; **~ on** *v/i.* **1.** sich drehen um, betreffen; **2.** sich beschäftigen mit; **3.** losfahren auf (*acc.*); **4.** → ***run across***; **5.** mit *e-m Treibstoff* fahren, (an)getrieben werden von; **~ o·ver** *v/i.* **1.** laufen *od.* gleiten über (*acc.*); **2.** über'fahren; **3.** 'durchgehen, -lesen, über'fliegen; **~ through** *v/i.* **1.** → ***run over*** 3; **2.** kurz erzählen, streifen; **3.** 'durchmachen, erleben; **4.** sich hin'durchziehen durch; **5.** *Vermögen* 'durchbringen; **~ to** *v/i.* **1.** sich belaufen auf (*acc.*); **2.** (aus)reichen für (*Geldmittel*); **3.** sich entwickeln zu, neigen zu; **4.** F sich *et.* leisten; **5.** allzusehr *Blätter etc.* treiben (*Pflanze*); → ***fat*** 5, ***seed*** 1; **~ up·on** → ***run on***; **~ with** *v/i.* über'einstimmen mit;

Zssgn mit adv.:

run| a·way *v/i.* **1.** da'vonlaufen (***from*** von *od. dat.*): **~ *from a subject*** von einem Thema abschweifen; **2.** 'durchgehen (*Pferd etc.*): **~ *with*** a) durchgehen mit *j-m* (*a. Phantasie*, *Temperament*); ***don't ~ with the idea that*** glauben Sie bloß nicht, daß, b) *et.* ‚mitgehen lassen', c) *viel Geld* kosten *od.* verschlingen, d) *sport Satz etc.* klar gewinnen; **~ down I** *v/i.* **1.** hin'unterlaufen (*a. Träne etc.*); **2.** ablaufen (*Uhr*); **3.** *fig.* her'unterkommen; **II** *v/t.* **4.** über'fahren; **5.** ⚓ in den Grund bohren; **6.** *j-n* einholen; **7.** *Wild*, *Verbrecher* zur Strecke bringen; **8.** aufstöbern, ausfindig machen; **9.** erschöpfen, *Batterie a.* zu stark entladen: ***be ~*** *fig.* erschöpft *od.* ab(gearbeitet, -gespannt) sein; **10.** *Betrieb etc.* her'unterwirtschaften; **~ in I** *v/i.* **1.** hin'ein, her'einlaufen; **2. ~ *with*** *fig.* über'einstimmen mit; **II** *v/t.* **3.** hin'einlaufen lassen; **4.** einfügen (*a. typ.*); **5.** F *Verbrecher* ‚einlochen'; **6.** ⚙ *Maschine* (sich) einlaufen lassen, *Auto etc.* einfahren; **~ off I** *v/i.* **1.** → ***run away***; **2.** ablaufen, -fließen; **II** *v/t.* **3.** *et.* schnell erledigen; *Gedicht etc.* her'unterrasseln; **4.** *typ.* abdrucken, -ziehen; **5.** *Rennen etc.* a) austragen, b) zur Entscheidung bringen; **~ on** *v/i.* **1.** weiterlaufen; **2.** *fig.* fortlaufen, fortgesetzt werden (***to*** bis); **3.** a) (unaufhörlich) reden, fortplappern, b) *in der Rede* fortfahren; **4.** anwachsen (***into*** zu); **5.** *typ.* (ohne Absatz) fortlaufen; **~ out I** *v/i.* **1.** hin'aus-, her'auslaufen; **2.** her'ausfließen, -laufen; **3.** (aus)laufen (*Gefäß*); **4.** *fig.* ablaufen, zu Ende gehen; **5.** ausgehen, knapp werden (*Vorrat*): ***I have ~ of tobacco*** ich habe keinen Tabak mehr; **6.** her'ausragen; sich erstrecken; **II** *v/t.* **7.** hin'ausjagen, -treiben; **8.** erschöpfen: ***run o.s. out*** bis zur Erschöpfung laufen; ***be ~*** a) *vom Laufen* ausgepumpt sein, b) ausverkauft sein; **~ o·ver I** *v/i.* **1.** hin'überlaufen; **2.** 'überlaufen, -fließen; **II** *v/t.* **3.** über'fahren; **~ through** *v/t.* **1.** durch'bohren, -'stoßen; **2.** *Wort* 'durchstreichen; **3.** *Zug* 'durchfahren lassen; **~ up I** *v/i.* **1.** hin'auflaufen, -fahren; **2.** zulaufen (***to*** auf *acc.*); **3.** schnell anwachsen, hochschießen; **4.** einlaufen, -gehen (*Kleider*); **II** *v/t.* **5.** *Vermögen etc.* anwachsen lassen; **6.** *Rechnung* auflaufen lassen; **7.** *Angebot*, *Preis* in die Höhe treiben; **8.** *Flagge* hissen; **9.** schnell zs.-zählen; **10.** *Haus etc.* schnell hochziehen; **11.** *Kleid etc.* ‚zs.-hauen' (*schnell nähen*).

'**run|·a·bout** *s.* **1.** Her'umtreiber(in); **2.** *a.* **~ *car*** *mot.* Kleinwagen *m*, Stadtauto *n*; **3.** leichtes Motorboot; '**~-a·round** *s. Am.* F: ***give s.o. the ~*** a) j-n von Pontius zu Pilatus schicken, b) j-n hinhalten, c) *j-n* ‚an der Nase herumführen'; '**~·a·way I** *s.* **1.** Ausreißer(in), 'Durchgänger *m* (*a. Pferd*); **2.** 'Durchgehen *n e-s Atomreaktors*; **II** *adj.* **3.** 'durchgebrannt, flüchtig (*Häftling etc.*): ~ ***car*** Wagen, der sich selbständig gemacht hat; ~ ***inflation*** ☤ galoppierende Inflation; ~ ***match*** Heirat *f* e-s durchgebrannten Liebespaares; ~ ***victory*** *sport* Kantersieg *m*; **'~-down I** *adj.* **1.** erschöpft (*a.* ⚡ *Batterie*), abgespannt, ‚erledigt'; **2.** heruntergekommen, baufällig; **3.** abgelaufen (*Uhr*); **II** ['rʌndaʊn] *s.* **4.** F (ausführlicher) Bericht.

rune [ruːn] *s.* Rune *f*.

rung¹ [rʌŋ] *p.p. von* ***ring²***.

rung² [rʌŋ] *s.* **1.** (*bsd.* Leiter)Sprosse *f*; **2.** *fig.* Stufe *f*, Sprosse *f*; **3.** (Rad)Speiche *f*; **4.** Runge *f*.

ru·nic ['ruːnɪk] **I** *adj.* **1.** runisch; Runen…; **II** *s.* **2.** Runeninschrift *f*; **3.** *typ.* Runenschrift *f*.

'run-in *s.* **1.** *sport Brit.* Einlauf *m*; **2.** *typ.* Einschiebung *f*; **3.** ⚙ a) Einfahren *n* (*Auto etc.*), b) Einlaufen *n* (*Maschine*); **4.** *Am.* F ‚Krach' *m*, Zs.-stoß *m* (*Streit*); ~ **groove** *s.* Einlaufrille *f* (*Schallplatte*).

run·let ['rʌnlɪt] *s.* Bach *m*.

run·nel ['rʌnl] *s.* **1.** Rinnsal *n*; **2.** Rinne *f*, Rinnstein *m*.

run·ner ['rʌnə] *s.* **1.** (*a.* Wett)Läufer (-in); **2.** Rennpferd *n*; **3.** a) Bote *m*, b) Laufbursche *m*, c) ⚔ Melder *m*; **4.** ☤ *Am.* a) Unter'nehmer *m*, b) F Vertreter *m*, c) F ‚Renner' *m*, Verkaufsschlager *m*; **5.** *mst in Zssgn* Schmuggler *m*; **6.** Läufer *m* (*Teppich*); **7.** (*Schlitten- etc.*) Kufe *f*; **8.** ⚙ a) Laufschiene *f*, b) Seilring *m*, c) (*Turbinen- etc.*) Laufrad *n*, d) (Gleit-, Lauf)Rolle *f*, e) Rollwalze *f*; **9.** *typ.* Zeilenzähler *m*; **10.** ✓ Drillschar *f*; **11.** ⚓ Drehreep *n*; **12.** ⚘ a) Ausläufer *m*, b) Kletterpflanze *f*, c) Stangenbohne *f*; **13.** *orn.* Ralle *f*; **14.** *ichth.* Goldstöcker *m*; **,~-'up** *s.* (***to*** hinter *dat.*) Zweite(r *m*) *f*, *sport a.* Vizemeister(in).

run·ning ['rʌnɪŋ] **I** *s.* **1.** Laufen *n*, Lauf *m* (*a.* ⚙): ***be still in the ~*** noch gut im Rennen liegen (*a. fig.* ***for*** um); ***be out of the ~*** aus dem Rennen sein (*a. fig.* ***for*** um); ***make the ~*** a) das Tempo machen, b) das Tempo angeben; ***put s.o. out of the ~*** j-n aus dem Rennen werfen (*a. fig.*); ***take*** (***up***) ***the ~*** sich an die Spitze setzen (*a. fig.*); **2.** Schmuggel *m*; **3.** Leitung *f*, Aufsicht *f*; Bedienung *f*, Über'wachung *f e-r Maschine*; **4.** Durch'brechen *n e-r Blockade*; **II** *adj.* **5.** laufend (*a.* ⚙): ~ ***fight*** ⚔ a) Rückzugsgefecht *n*, b) laufendes Gefecht (*a. fig.*); ~ ***gear*** ⚙ Laufwerk *n*; ~ ***glance*** *fig.* flüchtiger Blick; ~ ***jump*** Sprung *m* mit Anlauf; ~ ***knot*** laufender Knoten; ~ ***mate*** *pol. Am.* 'Vizepräsi,dentschaftsbewerber(in); ~ ***shot*** *Film*: Fahraufnahme *f*; ~ ***speed*** Fahr- *od.* Umlaufgeschwindigkeit *f*; ~ ***start*** *sport* fliegender Start; ***in ~ order*** ⚙ betriebsfähig; **6.** *fig.* laufend (*ständig*), fortlaufend: ~ ***account*** ☤ a) laufende Rechnung, b) Kontokorrent *n*; ~ ***commentary*** a) laufender Kommentar, b) (Funk)Reportage *f*; ~ ***debts*** laufende Schulden; ~ ***hand*** Schreibschrift *f*; ~ ***head***(***line***), ~ ***title*** Kolumnentitel *m*; ~ ***pattern*** fortlaufendes Muster; ~ ***text*** fortlaufender Text; **7.** fließend (*Wasser*); **8.** ⚕ laufend, eiternd (*Wunde*); **9.** aufein'anderfolgend: ***five times*** (***for three days***) ~ fünfmal (drei Tage) hintereinander; ~ ***fire*** ⚔ Lauffeuer *n*; **10.** line'ar gemessen: ***per ~ metre*** pro laufenden Meter; **11.** ⚘ a) rankend, b) kriechend; **12.** ♪ laufend: ~ ***passages*** Läufe; ~ **board** *s. mot.*, 🚂 *etc.* Tritt-, Laufbrett *n*; **,~-'in test** *s.* ⚙ Probelauf *m*.

'run|-off *s. sport* Entscheidungslauf *m*, -rennen *n*; **'~-off vote** *s. pol.* Stichwahl *f*; **,~-of-the-'mill** *adj.* Durchschnitts…, mittelmäßig; **'~·proof** *adj.* maschenfest; **'~-on** *typ.* **I** *adj.* angehängt, fortlaufend gesetzt; **II** *s.* angehängtes Wort.

runs [rʌnz] *s. pl.* F *bsd. Brit.* Durchfall *m*, ‚Scheißerei' *f*.

runt [rʌnt] *s.* **1.** *zo.* Zwergrind *n*, -ochse *m*; **2.** *fig.* (*contp.* lächerlicher) Zwerg; **3.** *orn. große kräftige Haustaubenrasse.*

'run|·through *s.* **1.** a) Überfliegen *n* (*e-s Briefs etc.*), b) kurze Zs.-fassung; **2.** *thea.* schnelle Probe; **'~-up** *s.* **1.** *sport.* Anlauf *m*: ***in the ~ to*** *fig.* im Vorfeld *der Wahlen etc.*; **2.** ⚔ (Ziel)Anflug *m*; **3.** ✈ kurzer Probelauf *der Motoren*; **'~·way** *s.* **1.** ✈ Start-, Lande-, Rollbahn *f*; **2.** *sport* Anlaufbahn *f*; **3.** *hunt.* Wildpfad *m*, (-)Wechsel *m*: ~ ***watching*** Ansitzjagd *f*; **4.** *bsd. Am.* Laufsteg *m*.

ru·pee [ruː'piː] *s.* Rupie *f* (*Geld*).

rup·ture ['rʌptʃə] **I** *s.* **1.** Bruch *m* (*a.* ⚕ *u. fig.*), (*a.* ⚕ *Muskel- etc.*)Riß *m*: ***diplomatic ~*** Abbruch *m* der diplomatischen Beziehungen; ~ ***support*** ⚕ Bruchband *n*; **2.** Brechen *n* (*a.* ⚙): ~ ***limit*** ⚙ Bruchgrenze *f*; **II** *v/t.* **3.** brechen (*a. fig.*), zersprengen, -reißen (*a.* ⚕): ~ ***o.s.*** → 6; **4.** *fig.* abbrechen, trennen; **III** *v/i.* **5.** zerspringen, (-)reißen; **6.** ⚕ sich e-n Bruch heben.

ru·ral ['rʊərəl] *adj.* □ **1.** ländlich, Land…; **2.** landwirtschaftlich; **'ru·ral-**

ize [-rəlaɪz] **I** *v/t.* **1.** e-n ländlichen Cha'rakter geben; **2.** auf das Landleben 'umstellen; **II** *v/i.* **3.** auf dem Lande leben; **4.** sich auf das Landleben umstellen; **5.** ländlich werden, verbauern.

Ru·ri·ta·ni·an [ˌrʊərɪ'teɪnjən] *adj. fig.* abenteuerlich.

ruse [ru:z] *s.* List *f*, Trick *m*.

rush¹ [rʌʃ] *s.* ⚘ Binse *f*; *coll.* Binsen *pl.*: ***not worth a ~*** *fig.* keinen Pfifferling wert.

rush² [rʌʃ] **I** *v/i.* **1.** rasen, stürzen, (da'hin)jagen, stürmen, (he'rum)hetzen: ***~ at s.o.*** auf j-n losstürzen; ***~ in*** hereinstürzen, -stürmen; ***~ into extremes*** *fig.* ins Extrem verfallen: ***~ through*** a) hasten durch, b) *et.* hastig erledigen *etc.*; ***an idea ~ed into my mind*** ein Gedanke schoß mir durch den Kopf; ***blood ~ed to her face*** das Blut schoß ihr ins Gesicht; **2.** (da'hin)brausen (*Wind*); **3.** *fig.* sich (*vorschnell*) stürzen (***into*** in *od.* auf *acc.*); → ***conclusion*** 3, ***print*** 13; **II** *v/t.* **4.** (an)treiben, drängen, hetzen, jagen: ***I refuse to be ~ed*** ich lasse mich nicht drängen; ***~ up prices*** *Am.* die Preise in die Höhe treiben; ***be ~ed for time*** F unter Zeitdruck stehen; **5.** schnell *od.* auf dem schnellsten Wege *wohin* bringen *od.* schaffen: ***~ s.o. to the hospital***; **6.** schnell erledigen, *Arbeit etc.* her'unterhasten, hinhauen: ***~ a bill*** (***through***) e-e Gesetzesvorlage durchpeitschen; **7.** über'stürzen, -'eilen; **8.** losstürmen auf (*acc.*), angreifen; **9.** im Sturm nehmen (*a. fig.*), stürmen (*a. fig.*): ***~ s.o. off his feet*** j-n in Trab halten; **10.** über *ein Hindernis* hin'wegsetzen; **11.** *Am. sl.* mit Aufmerksamkeiten über'häufen, um'werben; **12.** *Brit. sl.* ‚neppen', ‚bescheißen' (***£5*** um 5 Pfund); **III** *s.* **13.** Vorwärtsstürmen *n*, Da'hinschießen *n*; Brausen *n* (*Wind*): ***on the ~*** F in aller Eile; ***with a ~*** plötzlich; **14.** ⚔ a) Sturm *m*, b) Sprung *m*: ***by ~es*** sprungweise; **15.** *American Football*: Vorstoß *m*, 'Durchbruch *m*; **16.** *fig.* a) (An)Sturm *m* (***for*** auf *acc.*), b) (Massen)Andrang *m*, c) *a.* ✝ stürmische Nachfrage (***on*** *od.* ***for*** nach): ***make a ~ for*** losstürzen auf (*acc.*); **17.** ⚕ a) (Blut)Andrang *m*, b) (Adrena'lin- *etc.*)Stoß *m*; **18.** *fig.* plötzlicher Ausbruch (*von Tränen etc.*); plötzliche Anwandlung, Anfall *m*: ***~ of pity***; **19.** a) Drang *m der Geschäfte*, ‚Hetze' *f*, b) Hochbetrieb *m*, -druck *m*, c) Über'häufung *f* (***of*** mit *Arbeit*); ***~ hour*** *s.* Hauptverkehrs-, Stoßzeit *f*; **'~-ˌhour** *adj.* Hauptverkehrs…, Stoß…: ***~ traffic*** Stoßverkehr *m*; ***~ job*** *s.* eilige Arbeit, dringende Sache; ***~ or·der*** *s.* ✝ Eilauftrag *m*.

rusk [rʌsk] *s.* **1.** Zwieback *m*; **2.** Sandkuchengebäck *n*.

rus·set ['rʌsɪt] **I** *adj.* **1.** a) rostbraun, b) rotgelb, -grau; **2.** *obs.* grob; **II** *s.* **3.** a) Rostbraun *n*, b) Rotgelb *n*, -grau *n*; **4.** grobes handgewebtes Tuch; **5.** Boskop *m* (*rötlicher Winterapfel*).

Rus·sia leath·er ['rʌʃə] *s.* Juchten(leder) *n*; **'Rus·sian** [-ʃn] **I** *s.* **1.** Russe *m*, Russin *f*; **2.** *ling.* Russisch *n*; **II** *adj.* **3.** russisch; **'Rus·sian·ize** [-ʃənaɪz] *v/t.* russifizieren.

Russo- [rʌsəʊ] *in Zssgn* a) russisch, b) russisch-…

rust [rʌst] **I** *s.* **1.** Rost *m* (*a. fig.*): ***gather ~*** Rost ansetzen; **2.** Rost- *od.* Moderfleck *m*; **3.** ⚘ a) Rost *m*, Brand *m*, b) *a.* ***~-fungus*** Rostpilz *m*; **II** *v/i.* **4.** (ver-)rosten, einrosten (*a. fig.*), rostig werden; **5.** moderfleckig werden; **III** *v/t.* **6.** rostig machen; **7.** *fig.* einrosten lassen.

rus·tic ['rʌstɪk] **I** *adj.* □ (***~ally***) **1.** ländlich, rusti'kal, Land…, Bauern…; **2.** simpel, schlicht, anspruchslos; **3.** grob, ungehobelt, bäurisch; **4.** rusti'kal, roh (gearbeitet): ***~ furniture***; **5.** ⚠ a) Rustika…, b) mit Bossenwerk verziert; **6.** *typ.* unregelmäßig geformt; **II** *s.* **7.** (einfacher) Bauer, Landmann *m*; **8.** *fig.* Bauer *m*; **'rus·ti·cate** [-keɪt] **I** *v/i.* **1.** auf dem Lande leben; **2.** a) ein ländliches Leben führen, b) verbauern; **II** *v/t.* **3.** aufs Land senden; **4.** *Brit. univ.* relegieren, (zeitweilig) von der Universi'tät verweisen; **5.** ⚠ mit Bossenwerk verzieren; **rus·ti·ca·tion** [ˌrʌstɪ'keɪʃn] *s.* **1.** Landaufenthalt *m*; **2.** Verbauerung *f*; **3.** *Brit. univ.* (zeitweise) Relegati'on; **rus·tic·i·ty** [rʌ'stɪsətɪ] *s.* **1.** ländlicher Cha'rakter; **2.** grobe *od.* bäurische Art; **3.** (ländliche) Einfachheit.

rus·tic| ware *s.* hellbraune Terra'kotta; ***~ work*** *s.* **1.** ⚠ Bossenwerk *n*, Rustika *f*; **2.** *roh gezimmerte Möbel etc.*

rust·i·ness ['rʌstɪnɪs] *s.* **1.** Rostigkeit *f*; **2.** *fig.* Eingerostetsein *n*.

rus·tle ['rʌsl] **I** *v/i.* **1.** rascheln (*Blätter etc.*), rauschen, knistern (*Seide etc.*); **2.** *Am. sl.* ‚rangehen', (e'nergisch) zupakken; **II** *v/t.* **3.** rascheln mit (*od.* in *dat.*), rascheln machen; **4.** *Am. sl. Vieh* stehlen; **5.** ***~ up*** F a) *et.* ‚organisieren', auftreiben, b) *Essen* ‚zaubern'; **III** *s.* **6.** Rauschen *n*, Rascheln *n*, Knistern *n*; **'rus·tler** [-lə] *s. Am. sl.* **1.** Viehdieb *m*; **2.** Mordsanstrengung *f*.

rust·less ['rʌstlɪs] *adj.* rostfrei, nicht rostend: ~ ***steel***.

rust·y [ˈrʌstɪ] *adj.* □ **1.** rostig, verrostet; **2.** *fig.* eingerostet (*Kenntnisse etc.*); **3.** rostfarben; **4.** ⚘ vom Rost(pilz) befallen; **5.** schäbig (*Kleidung*); **6.** rauh (*Stimme*).

rut¹ [rʌt] **I** *s.* **1.** (Wagen-, Rad)Spur *f*, Furche *f*; **2.** *fig.* altes Geleise, alter Trott: ***be in a ~*** sich in ausgefahrenem Gleis bewegen; ***get into a ~*** in e-n (immer gleichen) Trott verfallen; **II** *v/t.* **3.** furchen.

rut² [rʌt] *zo.* **I** *s.* **1.** a) Brunst *f*, b) Brunft *f* (*Hirsch*); **2.** Brunst-, Brunftzeit *f*; **II** *v/i.* **3.** brunften, brunsten.

ru·ta·ba·ga [ˌruːtəˈbeɪgə] *s.* ⚘ *Am.* Gelbe Kohlrübe.

Ruth¹ [ruːθ], *a.* **book of ~** *s. bibl.* (das Buch) Ruth *f*.

ruth² [ruːθ] *s. obs.* Mitleid *n*.

ruth·less [ˈruːθlɪs] *adj.* □ **1.** unbarmherzig, mitleidlos; **2.** rücksichts-, skrupellos; **ˈruth·less·ness** [-nɪs] *s.* **1.** Unbarmherzigkeit *f*; **2.** Rücksichts-, Skrupellosigkeit *f*.

rut·ting [ˈrʌtɪŋ] *zo.* **I** *s.* Brunst *f*; **II** *adj.* Brunst…, Brunft…: ~ ***time***; **rut·tish** [ˈrʌtɪʃ] *adj. zo.* brunftig, brünstig.

rut·ty [ˈrʌtɪ] *adj.* durchˈfurcht, ausgefahren (*Weg*).

rye [raɪ] *s.* **1.** ⚘ Roggen *m*; **2.** *a.* ~-***whisky*** Roggenwhisky *m*.

S

S, s [es] *s.* S *n*, s *n* (*Buchstabe*).

's [z] **1.** F *für* **is**: ***he's here***; **2.** F *für* **has**: ***she's just come***; **3.** [s] F *für* **us**: ***let's go***; **4.** [s] F *für* **does**: ***what's he think about it?***

Sab·bath ['sæbəθ] *s.* Sabbat *m*; *weitS.* ♀ Sonn-, Ruhetag *m*: ***break*** (***keep***) ***the ~*** den Sabbat entheiligen (heiligen); ***witches' ~*** Hexensabbat; **'~ˌbreak·er** *s.* Sabbatschänder(in).

Sab·bat·ic [sə'bætɪk] *adj.* (□ ***~ally***) → ***sabbatical*** I; **sab'bat·i·cal** [-kl] **I** *adj.* □ ♀ Sabbat...; **II** *s. a.* ***~ year*** a) Sabbatjahr *n*, b) *univ.* Ferienjahr *n e-s Professors.*

sa·ber ['seɪbə] *Am.* → ***sabre.***

sa·ble ['seɪbl] **I** *s.* **1.** *zo.* a) Zobel *m*, b) (*bsd.* Fichten)Marder *m*; **2.** Zobelfell *n*, -pelz *m*; **3.** *her.* Schwarz *n*; **4.** *mst pl. poet.* Trauer(kleidung) *f*; **II** *adj.* **5.** Zobel...; **6.** *her.* schwarz; **7.** *poet.* schwarz, finster.

sa·bot ['sæbəʊ] *s.* **1.** Holzschuh *m*; **2.** ⚔ Geschoß-, Führungsring *m*.

sab·o·tage ['sæbətɑːʒ] **I** *s.* Sabo'tage *f*; **II** *v/t.* sabotieren; **III** *v/i.* Sabo'tage treiben; **sa·bo·teur** [ˌsæbə'tɜː] (*Fr.*) *s.* Sabo'teur *m*.

sa·bre ['seɪbə] **I** *s.* **1.** Säbel *m*: ***rattle the ~*** *fig.* mit dem Säbel rasseln; **2.** ⚔ *hist.* Kavalle'rist *m*; **II** *v/t.* **3.** niedersäbeln; **~ rat·tling** *s. fig.* Säbelrasseln *n*.

sab·u·lous ['sæbjʊləs] *adj.* sandig, Sand...: ***~ urine*** ⚕ Harngrieß *m*.

sac [sæk] *s.* **1.** ♀, *anat.*, *zo.* Sack *m*, Beutel *m*; **2.** ⚙ (Tinten)Sack *m* (*Füllhalter*).

sac·cha·rate ['sækəreɪt] *s.* ⚗ Saccha'rat *n*; **sac·char·ic** [sə'kærɪk] *adj.* ⚗ Zucker...: ***~ acid***; **sac·cha·rif·er·ous** [ˌsækə'rɪfərəs] *adj.* ⚗ zuckerhaltig *od.* -erzeugend; **sac·char·i·fy** [sə'kærɪfaɪ] *v/t.* **1.** verzuckern, saccharifizieren; **2.** süßen; **sac·cha·rim·e·ter** [ˌsækə'rɪmɪtə] *s.* Zuckermesser *m*, Sacchari'meter *n*.

sac·cha·rin(e) ['sækərɪn] *s.* ⚗ Saccha'rin *n*; **'sac·cha·rine** [-raɪn] *adj.* **1.** Zucker..., Süßstoff...: **2.** *fig.* süßlich: ***a ~ smile***; **'sac·cha·roid** [-rɔɪd] *adj.* ⚗, *min.* zuckerartig, körnig; **sac·cha·rom·e·ter** [ˌsækə'rɒmɪtə] → ***saccharimeter***; **'sac·cha·rose** [-rəʊs] *s.* ⚗ Rohrzucker *m*, Saccha'rose *f*.

sac·cule ['sækjuːl] *s. bsd. anat.* Säckchen *n*.

sac·er·do·tal [ˌsæsə'dəʊtl] *adj.* □ priesterlich, Priester...; **ˌsac·er'do·tal·ism** [-təlɪzəm] *s.* **1.** Priestertum *n*; **2.** *contp.* Pfaffentum *n*.

sa·chem ['seɪtʃəm] *s.* **1.** Indi'anerhäuptling *m*; **2.** *Am. humor.* ‚großes Tier', *bsd. pol.* ‚Par'teiboß' *m*.

sa·chet ['sæʃeɪ] *s.* **1.** Säckchen *n*, Tütchen *n*; **2.** Duftkissen *n*.

sack[1] [sæk] **I** *s.* **1.** Sack *m*; **2.** F ‚Laufpaß' *m*: ***get the ~*** a) ‚fliegen', ‚an die Luft gesetzt (*entlassen*) werden', b) *von e-m Mädchen* den Laufpaß bekommen; ***give s.o. the ~*** → 7; **3.** *Am.* a) (Verpackungs)Beutel *m*, Tüte *f*, b) Beutel (-inhalt) *m*; **4.** a) 'Umhang *m*, b) (kurzer) loser Mantel, c) → ***sack coat***, ***sack dress***; **5.** *sl.* ‚Falle' *f*, ‚Klappe' *f* (*Bett*): ***hit the ~*** sich ‚hinhauen'; **II** *v/t.* **6.** einsacken, in Säcke *od.* Beutel abfüllen; **7.** F a) *j-n* ‚rausschmeißen' (*entlassen*), b) *e-m Liebhaber* den Laufpaß geben.

sack[2] [sæk] **I** *s.* Plünderung *f*: ***put to ~*** → **II** *v/t. Stadt etc.* (aus)plündern.

sack[3] [sæk] *s.* heller Südwein.

'sack|·but [-bʌt] *s.* ♪ **1.** *hist.* 'Zugpoˌsaune *f*; **2.** *bibl.* Harfe *f*; **'~·cloth** *s.* Sackleinen *n*: ***in ~ and ashes*** *fig.* in Sack u. Asche *Buße tun od. trauern*; **~ coat** *s. Am.* Sakko *m*, *n*; **~ dress** *s.* Sackkleid *n*; **'~·ful** [-fʊl] *pl.* **-fuls** *s.* Sack(voll) *m*; **~ race** *s.* Sackhüpfen *n*.

sa·cral ['seɪkrəl] **I** *adj.* **1.** *eccl.* sa'kral, Sakral...; **2.** *anat.* Sakral..., Kreuz(bein)...; **II** *s.* **3.** Sa'kralwirbel *m*; **4.** Sa'kralnerv *m*.

sac·ra·ment ['sækrəmənt] *s.* **1.** *eccl.* Sakra'ment *n*: ***the*** (***Blessed*** *od.* ***Holy***) ***~*** a) das (heilige) Abendmahl, b) *R.C.* die heilige Kommunion; ***the last ~s*** die Sterbesakramente; **2.** Sym'bol *n* (***of*** für); **3.** My'sterium *n*; **4.** feierlicher Eid; **sac·ra·men·tal** [ˌsækrə'mentl] **I** *adj.* □ sakramen'tal, Sakraments...;

fig. heilig, weihevoll; **II** *s. R.C.* heiliger *od.* sakramen'taler Ritus *od.* Gegenstand; *pl.* Sakramen'talien *pl.*

sa·cred ['seɪkrɪd] *adj.* □ **1.** *eccl. u. fig.* heilig (*a. Andenken, Pflicht, Recht etc.*), geheiligt, geweiht (***to*** *dat.*): ***~ cow*** *fig.* ‚heilige Kuh'; **2.** geistlich, kirchlich, Kirchen... (*Dichtung, Musik*); **'sa·cred·ness** [-nɪs] *s.* Heiligkeit *f.*

sac·ri·fice ['sækrɪfaɪs] **I** *s.* **1.** *eccl. u. fig.* a) Opfer *n* (*Handlung u. Sache*), b) *fig.* Aufopferung *f*; Verzicht *m* (***of*** auf *acc.*): ***~ of the Mass*** Meßopfer *n*; ***the great*** (*od.* ***last***) ***~*** das höchste Opfer, *bsd.* der Heldentod; ***make a ~ of*** *et.* opfern; ***make ~s*** → 6; ***at some ~ of accuracy*** unter einigem Verzicht auf Genauigkeit; **2.** ✝ Verlust *m*: ***sell at a ~*** → 4; **II** *v/t.* **3.** *eccl. u. fig., a. Schach*: opfern (***to*** *dat.*): ***~ one's life***; **4.** ✝ mit Verlust verkaufen; **III** *v/i.* **5.** *eccl.* opfern; **6.** *fig.* Opfer bringen; **sac·ri·fi·cial** [ˌsækrɪ'fɪʃl] *adj.* □ **1.** *eccl.* Opfer...; **2.** aufopferungsvoll.

sac·ri·lege ['sækrɪlɪdʒ] *s.* Sakri'leg *n*: a) Kirchenschändung *f*, -raub *m*, b) Entweihung *f*, c) *allg.* Frevel *m*; **sac·ri·le·gious** [ˌsækrɪ'lɪdʒəs] *adj.* □ sakri'legisch, *allg.* frevlerisch.

sa·crist ['seɪkrɪst], **sac·ris·tan** ['sækrɪstən] *s. eccl.* Sakri'stan *m*, Mesner *m*, Küster *m*; **sac·ris·ty** ['sækrɪstɪ] *s. eccl.* Sakri'stei *f.*

sac·ro·sanct ['sækrəʊsæŋkt] *adj.* (*a. iro.*) sakro'sankt, hochheilig.

sa·crum ['seɪkrəm] *s. anat.* Kreuzbein *n*, Sakrum *n.*

sad [sæd] *adj.* □ → ***sadly***; **1.** (***at***) traurig (über *acc.*), bekümmert, niedergeschlagen (wegen); melan'cholisch: ***a ~der and a wiser man*** j-d, der durch Schaden klug geworden ist; **2.** traurig (*Pflicht*), tragisch (*Unfall etc.*): ***~ to say*** bedauerlicherweise; **3.** schlimm, arg (*Zustand*); **4.** *contp.* elend, mise'rabel, jämmerlich, F arg, ‚furchtbar': ***a ~ dog*** ein mieser Kerl; **5.** dunkel, matt (*Farbe*); **6.** teigig, klitschig: ***~ bread***; **sad·den** ['sædn] **I** *v/t.* traurig machen, betrüben; **II** *v/i.* traurig werden (***at*** über *acc.*).

sad·dle ['sædl] **I** *s.* **1.** (*Pferde-, Fahrrad- etc.*)Sattel *m*: ***in the ~*** im Sattel, *fig.* fest im Sattel, im Amt, an der Macht; ***put the ~ on the wrong*** (***right***) ***horse*** *fig.* die Schuld dem Falschen (Richtigen) geben *od.* zuschreiben; **2.** a) (*Pferde*)Rücken *m*, b) Rücken(stück *n*) *m* (*Schlachtvieh etc.*): ***~ of mutton*** Hammelrücken; **3.** (Berg)Sattel *m*; **4.** Buchrücken *m*; **5.** ⚙ a) Querholz *n*, b) Bettschlitten *m*, Sup'port *m* (*Werkzeugmaschine*), c) Lager *n*, d) Türschwelle *f*; **II** *v/t.* **6.** *Pferd* satteln; **7.** *bsd. fig.* a) belasten, b) *Aufgabe etc.* aufbürden, -halsen (***on, upon*** *dat.*), c) *et.* zur Last legen (***on, upon*** *dat.*); **'~·back** *s.* **1.** Bergsattel *m*; **2.** △ Satteldach *n*; **3.** *zo. Tier mit sattelförmiger Rückenzeichnung, bsd.* a) Nebelkrähe *f*, b) männliche Sattelrobbe; **4.** hohlrückiges Pferd; **'~·backed** *adj.* **1.** hohlrückig (*Pferd etc.*); **2.** sattelförmig; **'~·bag** *s.* Satteltasche *f*; **~ blan·ket** *s.* Woilach *m*; **~ horse** *s.* Reitpferd *n*; **'~·nose** *s.* Sattelnase *f.*

sad·dler·y ['sædlərɪ] *s.* **1.** Sattle'rei *f*; **2.** Sattelzeug *n.*

sad·ism ['seɪdɪzəm] *s. psych.* Sa'dismus *m*; **'sad·ist** [-ɪst] **I** *s.* Sa'dist(in); **II** *adj.* → **sa·dis·tic** [sə'dɪstɪk] *adj.* (□ ***~ally***) sa'distisch.

sad·ly ['sædlɪ] *adv.* **1.** traurig, betrübt; **2.** *a.* ***~ enough*** unglücklicherweise, leider; **3.** erbärmlich, arg, schmählich *vernachlässigt etc.*

sad·ness ['sædnɪs] *s.* Traurigkeit *f.*

sa·fa·ri [sə'fɑːrɪ] *s.* (***on ~*** auf) Sa'fari *f.*

safe [seɪf] **I** *adj.* □ **1.** sicher (***from*** vor *dat.*): ***we are ~ now*** jetzt sind wir in Sicherheit; ***keep s.th. ~*** et. sicher aufbewahren; ***better to be ~ than sorry!*** ‚Vorsicht ist die Mutter der Porzellankiste!'; **2.** sicher, unversehrt, heil; außer Gefahr (*a. Patient*): ***~ and sound*** heil u. gesund *ankommen etc.*; **3.** sicher, ungefährlich: ***~ period*** ⚕ unfruchtbare Tage *pl.* (*der Frau*); ***~*** (***to operate***) ⚙ betriebssicher; ***~ stress*** ⚙ zulässige Beanspruchung; ***the rope is ~*** das Seil hält; ***is it ~ to go there?*** ist es ungefährlich, da hinzugehen?; ***in ~ custody*** → 7; ***as ~ as houses*** F absolut sicher; ***it is ~ to say*** man kann (ruhig) sagen; ***to be on the ~ side*** um ganz sicher zu gehen; → ***play*** 9; **4.** vorsichtig (*Fahrer, Schätzung etc.*); **5.** sicher, zuverlässig: ***a ~ leader***, ***a ~ method***; **6.** sicher, wahrscheinlich: ***a ~ winner***, ***he is ~ to be there*** er wird sicher *od.* bestimmt da sein; **7.** in sicherem Gewahrsam (*a. Verbrecher*); **II** *s.* **8.** Safe *m*, Tre'sor *m*, Geldschrank *m*; **9.** → ***meat-safe***; **'~ˌblow·er**, **'~ˌcrack·er** *s.* F Geldschrankknacker *m*; **~ con·duct** *s.* **1.** Geleitbrief *m*; **2.** freies *od.* sicheres Geleit; **~ de·pos·it** *s.* Stahlkammer *f*, Tre'sor(raum) *m*; **'~-deˌpos·it box** *s.* Tre'sor(fach *n*) *m*,

Safe *m*; '**~·guard I** *s.* Sicherung *f*: a) Schutz (***against*** gegen, vor *dat.*), Vorsichtsmaßnahme *f* (gegen), b) Sicherheitsklausel *f*, c) ⚙ Schutzvorrichtung *f*; **II** *v/t.* sichern, schützen; *Interessen* wahrnehmen: ***~ing duty*** Schutzzoll *m*; **~ keep·ing** *s.* sichere Verwahrung, Gewahrsam *m*.

safe·ness ['seɪfnɪs] → ***safety*** 1–3.

safe·ty ['seɪftɪ] *s.* **1.** Sicherheit *f*: ***be in ~***; ***jump to ~*** sich durch e-n Sprung retten; **2.** Sicherheit *f*, Gefahrlosigkeit *f*: ***~ (of operation)*** ⚙ Betriebssicherheit; ***~ glass*** Sicherheitsglas *n*; ***~ measure*** Sicherheitsmaßnahme *f*, -vorkehrung *f*; ***~ in flight*** ✈ Flugsicherheit; ***~ on the road*** Verkehrssicherheit; ***there is ~ in numbers*** zu mehreren ist man sicherer; ***~ first!*** Sicherheit über alles!; ***~ first scheme*** Unfallverhütungsprogramm *n*; ***play for ~*** sichergehen (wollen), Risiken vermeiden; **3.** Sicherheit *f*, Zuverlässigkeit *f*, Verläßlichkeit *f* (*Mechanismus*, *Verfahren etc.*); **4.** *a.* ***~ device*** ⚙ Sicherung *f*, Schutz-, Sicherheitsvorrichtung *f*; **5.** Sicherung(sflügel *m*) *f* (*Gewehr etc.*): ***at ~*** gesichert; **~ belt** *s.* **1.** Rettungsgürtel *m*; **2.** ✈, *mot.* Sicherheitsgurt *m*; **~ bolt** *s.* ⚙, ⚔ Sicherheitsbolzen *m*; **~ buoy** *s.* Rettungsboje *f*; **~ catch** *s.* **1.** ⚙ Sicherung *f* (*Lift etc.*); **2.** Sicherungsflügel *m* (*Gewehr etc.*): ***release the ~*** entsichern; **~ curtain** *s. thea.* eiserner Vorhang; **~ fuse** *s.* **1.** ⚙ Sicherheitszünder *m*, -zündschnur *f*; **2.** ⚡ a) (Schmelz)Sicherung *f*, b) Sicherheitsausschalter *m*; **~ is·land** *s.* Verkehrsinsel *f*; **~ lamp** *s.* ⚒ Grubenlampe *f*; **~ lock** *s.* **1.** Sicherheitsschloß *n*; **2.** Sicherung *f* (*Gewehr*, *Mine etc.*); **~ match** *s.* Sicherheitszündholz *n*; **~ net** *s. Zirkus etc.* (*a. fig. soziales*) Netz; **~ pin** *s.* Sicherheitsnadel *f*; **~ razor** *s.* Ra'sierappa͵rat *m*; **~ rules** *pl.* ⚙ Sicherheits-, Unfallverhütungsvorschriften *pl.*; **~ sheet** *s.* Sprungtuch *n* (*Feuerwehr*); **~ valve** *s.* **1.** ⚙ 'Überdruck-, 'Sicherheitsven͵til *n*; **2.** *fig.* Ven'til *n*: ***sit on the ~*** Unterdrückungspolitik treiben; **~ zone** *s.* Verkehrsinsel *f*.

saf·fi·an ['sæfjən] *s.* Saffian(leder *n*) *m*.

saf·flow·er ['sæflaʊə] *s.* **1.** ⚘ Sa'flor *m*, Färberdistel *f*; **2.** getrocknete Sa'florblüten *pl.*: ***~ oil*** Safloröl *n*.

saf·fron ['sæfrən] *s.* **1.** ⚘ echter Safran; **2.** *pharm.*, *Küche*: Safran *m*; **3.** Safrangelb *n*.

sag [sæg] **I** *v/i.* **1.** sich senken, ab-, 'durchsacken; *bsd.* ⚙ 'durchhängen; **2.** (he'rab)hängen (*a. Unterkiefer etc.*): ***~ging shoulders*** hängende *od.* abfallende Schultern; **3.** schief hängen (*Rocksaum etc.*); **4.** *fig.* sinken, nachlassen, abfallen; ✝ nachgeben (*Markt*, *Preise*): ***~ging spirits*** sinkender Mut; **5.** ⚓ (*mst* ***~ to leeward*** nach Lee) (ab-) treiben; **II** *s.* **6.** 'Durch-, Absacken *n*; **7.** Senkung *f*; ⚙ 'Durchhang *m*; **8.** ✝ (Preis)Abschwächung *f*.

sa·ga ['sɑːgə] *s.* **1.** Saga *f* (*Heldenerzählung*); **2.** Sage *f*, Erzählung *f*; **3.** *a.* ***~ novel*** Fa'milienro͵man *m*.

sa·ga·cious [sə'geɪʃəs] *adj.* ☐ scharfsinnig, klug (*a. Tier*); **sa·gac·i·ty** [sə'gæsɪtɪ] *s.* Scharfsinn *m*.

sage[1] [seɪdʒ] **I** *s.* Weise(r) *m*; **II** *adj.* ☐ weise, klug, verständig.

sage[2] [seɪdʒ] *s.* ⚘ Salbei *m*, *f*: ***~ tea***.

Sag·it·ta·ri·us [͵sædʒɪ'teərɪəs] *s. ast.* Schütze *m*.

sa·go ['seɪgəʊ] *s.* Sago *m*.

said [sed; səd] **I** *pret. u. p.p. von* ***say***: ***he is ~ to have been ill*** er soll krank gewesen sein; es heißt, er sei krank gewesen; **II** *adj. bsd.* ⚖ vorerwähnt, besagt.

sail [seɪl] **I** *s.* **1.** ⚓ a) Segel *n*, b) *coll.* Segel(werk *n*) *pl.*: ***make ~*** a) die Segel (bei)setzen, b) mehr Segel beisetzen, c) *a.* ***set ~*** unter Segel gehen, auslaufen (***for*** nach); ***take in ~*** a) Segel einholen, b) *fig.* zurückstecken; ***under ~*** unter Segel, auf der Fahrt; ***under full ~*** mit vollen Segeln; → ***trim*** 9; **2.** ⚓ (Segel-) Schiff(e *pl.*) *n*: ***a fleet of 20 ~***; ***~ ho!*** Schiff ho! (*in Sicht*); **3.** ⚓ Fahrt *f*: ***have a ~*** segeln gehen; **4.** ⚙ a) Segel *n e-s Windmühlenflügels*, b) Flügel *m e-r Windmühle*; **II** *v/i.* **5.** a) *allg.* mit e-m Schiff *od.* zu Schiff fahren *od.* reisen, b) fahren (*Schiff*), c) *bsd. sport* segeln; → ***wind***[1] 1; **6.** ⚓ a) auslaufen (*Schiff*), b) abfahren, -segeln (***for*** *od.* ***to*** nach): ***ready to ~*** seeklar; **7.** a) ✈ fliegen, b) *a.* ***~ along*** *fig.* da'hinschweben, (-)segeln (*Wolke*, *Vogel*); **8.** *fig.* (*bsd. stolz*) schweben, ‚rauschen', schreiten; **9.** ***~ in*** F ‚sich ranmachen', zupacken; **10.** ***~ into*** F a) *j-n od. et.* attackieren, 'herfallen über (*acc.*), b) ‚rangehen' an (*acc.*), *et.* tüchtig anpacken; **III** *v/t.* **11.** durch'segeln, befahren; **12.** *Segelboot* segeln, *allg. Schiff* steuern; **13.** *poet.* durch *die Luft* schweben; '**~·boat** → ***sailing boat***.

sail·er ['seɪlə] *s.* ⚓ Segler *m* (*Schiff*).

sail·ing ['seɪlɪŋ] **I** *s.* **1.** ⚓ (Segel-) Schiffahrt *f*, Navigati'on *f*: ***plain*** (*od.* ***smooth***) ***~*** *fig.* ‚klare Sache'; ***from now on it is all plain ~*** von jetzt an geht alles glatt (über die Bühne); **2.** Segelsport *m*, Segeln *n*; **3.** Abfahrt *f* (***for*** nach); **II** *adj.* **4.** Segel...; **~ boat** *s.* Segelboot *n*; **~ mas·ter** *s.* Navi'gator *m e-r Jacht*; **~ or·ders** *s. pl.* ⚓ **1.** Fahrtauftrag *m*; **2.** Befehl *m* zum Auslaufen; **~ ship**, **~ ves·sel** *s.* ⚓ Segelschiff *n*.

sail loft *s.* ⚓ Segelmacherwerkstatt *f* (*an Bord*).

sail·or ['seılə] *s.* **1.** Ma'trose *m*, Seemann *m*: ***~ hat*** Matrosenhut *m*; ***~s' home*** Seemannsheim *n*; ***~'s knot*** Schifferknoten *m*; **2.** *von Seereisenden*: ***be a good ~*** seefest sein; ***be a bad ~*** leicht seekrank werden; **3.** Ma'trosenanzug *m od.* -hut *m für Kinder*; **'sail·or·ly** [-lı] *adj.* seemännisch.

'sail·plane I *s.* Segelflugzeug *n*; **II** *v/i.* segelfliegen.

saint [seınt] **I** *s.* (*vor Eigennamen* ℒ, *abbr.* ***St*** *od.* ***S*** [snt]) *eccl.* (*a. fig.*, *iro. a.* ***~ on wheels***) Heilige(r *m*) *f*: ***St Bernard*** (***dog***) Bernhardiner *m* (*Hund*); ***St Anthony's fire*** ⚕ *die* Wundrose; ***St Elmo's fire*** *meteor. das* Elmsfeuer; (***the Court of***) ***St James***(***'s***) der brit. Hof; ***St-John's-wort*** ⚘ *das* Johanniskraut; ***St Monday*** *Brit.* F ‚blauer Montag'; ***St Martin's summer*** Altweibersommer *m*; ***St Paul's*** *die* Paulskathedrale (*in London*); ***St Peter's*** *die* Peterskirche (*in Rom*); ***St Valentine's day*** *der* Valentinstag; ***St Vitus's dance*** ⚕ *der* Veitstanz; **II** *v/t.* heiligsprechen; **III** *v/i. mst* ***~ it*** a) wie ein Heiliger leben, b) den Heiligen spielen; **'saint·ed** [-tıd] *p.p. u. adj.* **1.** *eccl.* heilig(gesprochen); **2.** heilig, fromm; **3.** anbetungswürdig; **4.** geheiligt, geweiht (*Ort*); **5.** selig (*Verstorbener*); **'saint·hood** [-hʊd] *s.* (Stand *m* der) Heiligkeit *f*.

'saint·like → ***saintly***.

saint·li·ness ['seıntlınıs] *s.* Heiligkeit *f* (*a. iro.*); **saint·ly** ['seıntlı] *adj.* **1.** heilig; **2.** fromm; **3.** heiligmäßig (*Leben*).

saith [seθ] *obs. od. poet. 3. sg. pres. von* ***say***.

sake [seık] *s.*: ***for the ~ of*** um ... (*gen.*) willen, *j-m* zuliebe; wegen (*gen.*), halber (*gen.*): ***for heaven's ~*** um Himmels willen; ***for his ~*** ihm zuliebe, seinetwegen; ***for my own ~ as well as yours*** um meinetwillen ebenso wie um deinetwillen; ***for peace(') ~*** um des lieben Friedens willen; ***for old times' ~***, ***for old ~'s ~*** eingedenk alter Zeiten.

sal [sæl] *s.* ⚗, *pharm.* Salz *n*: ***~ ammoniac*** Salmiak(salz) *n*.

sa·laam [sə'lɑːm] **I** *s.* Selam *m* (*orientalischer Gruß*); **II** *v/t. u. v/i.* mit e-m Selam *od.* e-r tiefen Verbeugung (be-)grüßen.

sal·a·bil·i·ty [ˌseılə'bılətı] *s.* ✝ Verkäuflichkeit *f*, Marktfähigkeit *f*; **sal·a·ble** ['seıləbl] *adj.* ☐ ✝ **1.** verkäuflich; **2.** marktfähig, gangbar.

sa·la·cious [sə'leıʃəs] *adj.* ☐ **1.** geil, lüstern; **2.** ob'szön, zotig; **sa'la·cious·ness** [-nıs], **sa·lac·i·ty** [sə'læsətı] *s.* **1.** Geilheit *f*, Wollust *f*; **2.** Obszöni'tät *f*.

sal·ad ['sæləd] *s.* **1.** Sa'lat *m* (*a. fig. Durcheinander*); **2.** ⚘ Sa'lat(gewächs *n*, -pflanze *f*) *m*; **~ days** *s. pl.*: ***in my ~*** in m-n wilden Jugendtagen; **~ dress·ing** *s.* Sa'latsoße *f*; **~ oil** *s.* Sa'latöl *n*.

sal·a·man·der ['sæləˌmændə] *s.* **1.** *zo.* Sala'mander *m*; **2.** Sala'mander *m* (*Feuergeist*); **3.** *j-d der große Hitze ertragen kann*; **4.** a) rotglühendes (Schür)Eisen (*zum Anzünden*), b) *glühende Eisenschaufel, die über Gebäck gehalten wird, um es zu bräunen*; **5.** *metall.* Ofensau *f*.

sa·la·mi [sə'lɑːmı] *s.* Sa'lami *f*; **~ tac·tics** *s. pl. pol.* Sa'lamitaktik *f*.

sa·lar·i·at [sə'leərıæt] *s.* (Klasse *f* der) Gehaltsempfänger *pl*.

sal·a·ried ['sælərıd] *adj.* **1.** (fest)bezahlt, festangestellt: ***~ employee*** Gehaltsempfänger(in), Angestellte(r *m*) *f*; **2.** bezahlt (*Stellung*); **sal·a·ry** ['sælərı] **I** *s.* Gehalt *n*, Besoldung *f*; **II** *v/t.* (mit e-m Gehalt) bezahlen, *j-m* ein Gehalt zahlen.

sale [seıl] *s.* **1.** Verkauf *m*, -äußerung *f*: ***by private ~*** unter der Hand; ***for ~*** zu verkaufen; ***not for ~*** unverkäuflich; ***be on ~*** angeboten *od.* verkauft werden; ***forced ~*** Zwangsverkauf *m*; ***~ of work*** Basar *m*; **2.** ✝ Verkauf *m*, Vertrieb *m*; → ***return*** 23; **3.** ✝ Ab-, 'Umsatz *m*, Verkaufsziffer *f*: ***slow ~*** schleppender Absatz; ***meet with a ready ~*** schnellen Absatz finden, gut ‚gehen'; **4.** (öffentliche) Versteigerung, Aukti'on *f*: ***put up for ~*** versteigern, meistbietend verkaufen; **5.** ✝ *a. pl.* (Sai'son)Schlußverkauf *m*; **sale·a·bil·i·ty** *etc. bsd. Brit.* → ***salability*** *etc.*; **'sale·room** → ***salesroom***.

sales| ac·count [seılz] *s.* ✝ Verkaufskonto *n*; **~ a·gent** *s.* (Handels)Vertreter *m*; **~ ap·peal** *s.* Zugkraft *f e-r Ware*; **'~·clerk** *s.* ✝ *Am.* (Laden)Verkäufer(-in); **~ de·part·ment** *s.* ✝ Verkauf(sabteilung *f*) *m*; **~ drive** *s.* ✝ Ver'kaufskamˌpagne *f*; **~ en·gi·neer** *s.* ✝ Ver'kaufsingeniˌeur *m*; **~ fi·nance com·pa·ny** *s. Am.* **1.** Absatzfinanzierungsgesellschaft *f*; **2.** 'Teilzahlungskreˌditinstiˌtut *n*; **'~·girl** *s.* (Laden)Verkäuferin *f*; '**~ˌla·dy** *Am.* → ***saleswoman***; '**~·man** [-mən] *s.* [*irr.*] **1.** ✝ a) Verkäufer *m*, b) *Am.* (Handlungs)Reisende(r) *m*, (Handels)Vertreter *m*; **2.** *fig. Am.* Reisende(r) *m* (***of*** in *dat.*); **~ man·ag·er** *s.* ✝ Verkaufsleiter *m*.

sales·man·ship ['seɪlzmənʃɪp] *s.* **1.** a) Verkaufstechnik, b) ✝ Verkaufsgewandtheit *f*, Geschäftstüchtigkeit *f*; **2.** *fig.* Über'zeugungskunst *f*, wirkungsvolle Art, e-e Idee *etc.* zu ‚verkaufen' *od.* ‚an den Mann zu bringen'.

sales| pro·mo·tion *s.* ✝ Verkaufsförderung *f*; **~ re·sist·ance** *s.* ✝ Kaufabneigung *f*, 'Widerstand *m* (des potenti'ellen Kunden); '**~·room** [-rʊm] *s.* Ver'kaufs-, *bsd.* Aukti'onsraum *m*, -loˌkal *n*; **~ slip** *s. Am.* Kassenbeleg *m*; **~ talk** *s.* **1.** ✝ Verkaufsgespräch *n*; **2.** anpreisende Worte *pl.*; **~ tax** *s.* ✝ 'Umsatzsteuer *f*; '**~ˌwom·an** *s.* [*irr.*] ✝ **1.** Verkäuferin *f*; **2.** *Am.* (Handels)Vertreterin *f*.

Sal·ic[1] ['sælɪk] *adj. hist.* salisch: **~ *law*** Salisches Gesetz.

sal·ic[2] ['sælɪc] *adj. min.* salisch.

sal·i·cyl·ic [ˌsælɪ'sɪlɪk] *adj.* Salizyl...

sa·li·ence ['seɪljəns], '**sa·li·en·cy** [-sɪ] *s.* **1.** Her'vorspringen *n*, Her'ausragen *n*; **2.** vorspringende Stelle, Vorsprung *m*: ***give ~ to*** *fig. e-e Sache* herausstellen; '**sa·li·ent** [-nt] **I** *adj.* **1.** (her)'vorspringend, her'ausragend: **~ *angle*** ausspringender Winkel; **~ *point*** *fig.* springender Punkt; **2.** *fig.* her'vorstechend, ins Auge springend; **3.** *her. u. humor.* springend; **4.** *poet.* (her'vor)sprudelnd; **II** *s.* **5.** ⚔ Frontausbuchtung *f*.

sa·lif·er·ous [sə'lɪfərəs] *adj.* **1.** salzbildend; **2.** *bsd. geol.* salzhaltig.

sa·line I *adj.* ['seɪlaɪn] **1.** salzig, salzhaltig, Salz...; **2.** *pharm.* sa'linisch; **II** *s.* [sə'laɪn] **3.** Salzsee *m od.* -sumpf *m od.* -quelle *f*; **4.** Sa'line *f*, Salzwerk *n*; **5.** ⚗ a) *pl.* Salze *pl.*, b) Salzlösung *f*; **6.** *pharm.* sa'linisches Mittel; **sa·lin·i·ty** [sə'lɪnətɪ] *s.* **1.** Salzigkeit *f*; **2.** Salzhaltigkeit *f*, Salzgehalt *m*.

sa·li·va [sə'laɪvə] *s.* Speichel(flüssigkeit *f*) *m*; **sal·i·var·y** ['sælɪvərɪ] *adj.* Speichel...; **sal·i·vate** ['sælɪveɪt] **I** *v/t.* **1.** (vermehrten) Speichelfluß her'vorrufen bei *j-m*; **II** *v/i.* **2.** Speichelfluß haben; **3.** Speichel absondern; **sal·i·va·tion** [ˌsælɪ'veɪʃn] *s.* **1.** Speichelabsonderung *f*; **2.** (vermehrter) Speichelfluß.

sal·low[1] ['sæləʊ] *s.* ♀ (*bsd.* Sal)Weide *f*.

sal·low[2] ['sæləʊ] *adj.* bläßlich, fahl.

sal·ly ['sælɪ] **I** *s.* **1.** ⚔ Ausfall *m*: **~ *port*** *hist.* Ausfallstor *n*; **2.** *fig.* geistreicher Ausspruch *od.* Einfall, Geistesblitz *m*, *a.* (Seiten)Hieb *m*; **3.** (Zornes)Ausbruch *m*; **II** *v/i.* **4.** *oft* **~ *out*** ⚔ e-n Ausfall machen, her'vorbrechen; **5.** *mst* **~ *forth*** (*od.* ***out***) sich aufmachen, aufbrechen.

Sal·ly Lunn [ˌsælɪ'lʌn] *s. leichter Teekuchen.*

sal·ma·gun·di [ˌsælmə'gʌndɪ] *s.* **1.** bunter Teller (*Salat, kalter Braten etc.*); **2.** *fig.* Mischmasch *m*.

salm·on ['sæmən] *pl.* **-mons**, *coll.* **-mon I** *s.* **1.** *ichth.* Lachs *m*, Salm *m*: **~ *ladder*** (*od.* ***leap***, ***pass***) Lachsleiter *f*; **~ *peal***, **~ *peel*** junger Lachs; **~ *trout*** Lachsforelle *f*; **2.** *a.* **~ *colo*(*u*)*r***, **~ *pink*** Lachs(farbe *f*) *n*; **II** *adj.* **3.** *a.* **~*-colo*(*u*)*red***, **~*-pink*** lachsfarben, -rot.

sal·mo·nel·la [ˌsælmə'nelə] *pl.* **-lae** [-liː] *s. biol.* Salmo'nelle *f*.

sa·lon ['sælɔ̃ːŋ] (*Fr.*) *s.* Sa'lon *m* (*a. Ausstellungsraum, vornehmes Geschäft*; *a. fig. schöngeistiger Treffpunkt*).

sa·loon [sə'luːn] *s.* **1.** Sa'lon *m* (*bsd. in Hotels etc.*), (Gesellschafts)Saal *m*: ***billiard ~*** *Brit.* Billiardzimmer *n*; ***shaving ~*** Rasiersalon; **2.** a) ✈ Sa'lon *m* (*Aufenthaltsraum*), b) ⚓ *a.* **~ *cabin*** Ka'bine *f* erster Klasse, c) → ***saloon car***, d) → ***saloon bar***: ***sleeping ~*** 🚃 (Luxus-) Schlafwagen *m*; **3.** *Am.* Kneipe *f*; **4.** *obs.* Sa'lon *m*, Empfangszimmer *n*; **~ bar** *s. Brit. vornehmerer Teil e-s Lokals*; **~ car** *s.* **1.** *mot. Brit.* a) Limou'sine *f*, b) *sport* Tourenwagen *m*; **2.** → **~ car·riage** *s.* 🚃 Sa'lonwagen *m*; **~ deck** *s.* ⚓ Sa'londeck *n*; **~ pis·tol** *s. Brit.* 'Übungspiˌstole *f*.

salt [sɔːlt] **I** *s.* **1.** (Koch)Salz *n*: ***eat s.o.'s ~*** *fig.* a) j-s Gast sein, b) von j-m abhängen; ***with a grain of ~*** *fig.* mit Vorbehalt, cum grano salis; ***not to be worth one's ~*** keinen Schuß Pulver wert sein; ***the ~ of the earth*** *bibl. u. fig.* das Salz der Erde; **2.** Salz(fäßchen) *n*: ***above*** (***below***) ***the ~*** am oberen (unteren) Ende der Tafel; **3.** ⚗ Salz *n*; **4.** *oft pl. pharm.* a) (*bsd.* Abführ)Salz *n*, b) *mst* ***smelling ~s*** Riechsalz, c) F → ***Epsom salt***; **5.** *fig.* Würze *f*, Salz *n*; **6.** *fig.* Witz *m*, E'sprit *m*; **7.** *bsd.* ***old ~*** F alter Seebär; **II** *v/t.* **8.** salzen, würzen (*beide a. fig.*); **9.** (ein)salzen, *bsd.* pökeln: ***~ed meat*** Pökel-, Salzfleisch *n*; **10.** ✝ F a) *Bücher etc.* ‚frisieren', b) *Bohrloch etc.* (betrügerisch) ‚anreichern'; **11.** *fig.* durch'setzen mit; **12.** **~ *away*** (*od.* ***down***) a) einsalzen, -pökeln, b) F *Geld etc.* ‚auf die hohe Kante legen'; **III** *adj.* **13.** salzig, Salz...: **~**

spring Salzquelle *f*; **14.** ⚘ halo'phil, Salz…; **15.** → ***salted*** 1.

sal·tant ['sæltənt] *adj. her.* springend; **sal·ta·tion** [sæl'teɪʃn] *s.* **1.** Springen *n*; **2.** Sprung *m*; **3.** plötzlicher 'Umschwung; **4.** *biol.* Erbsprung *m*; **'sal·ta·to·ry** [-ətərɪ] *adj.* **1.** springend; **2.** Spring…, Sprung…; **3.** Tanz…; **4.** *fig.* sprunghaft.

'salt,cel·lar *s.* **1.** Salzfäßchen *n*; **2.** *Brit.* F ‚Salzfäßchen' *n* (*Vertiefung über dem Schlüsselbein*).

salt·ed ['sɔːltɪd] *adj.* **1.** gesalzen; **2.** (ein-) gesalzen, gepökelt: **~ *herring*** Salzhering *m*; **3.** *sl.* routi'niert, ausgekocht, erfahren; **'salt·ern** [-tən] *s.* ⚙ **1.** Sa'line *f*; **2.** Salzgarten *m* (*Bassins*).

'salt-free *adj.* salzlos.

salt·i·ness ['sɔːltɪnɪs] *s.* Salzigkeit *f*.

salt| lick *s.* Salzlecke *f* (*für Wild*); **~ marsh** *s.* **1.** Salzsumpf *m*; **2.** Butenmarsch *f*; **~ mine** *s.* Salzbergwerk *n*.

salt·ness ['sɔːltnɪs] *s.* Salzigkeit *f*.

'salt·pan *s.* **1.** ⚙ Salzsiedepfanne *f*; **2.** (*geol.* na'türliches) Ver'dunstungsbas,sin.

salt·pe·ter *Am.*, **salt·pe·tre** *Brit.* ['sɔːlt,piːtə] *s.* ⚗ Sal'peter *m*.

salt| pit *s.* Salzgrube *f*; **'~,wa·ter** *adj.* Salzwasser…; **'~·works** *s. pl. oft sg. konstr.* Sa'line *f*.

salt·y ['sɔːltɪ] *adj.* **1.** salzig; **2.** *fig.* gesalzen, gepfeffert: **~ *remarks***.

sa·lu·bri·ous [sə'luːbrɪəs] *adj.* □ heilsam, gesund, zuträglich, bekömmlich; **sa'lu·bri·ty** [-rətɪ] *s.* Heilsamkeit *f*, Zuträglichkeit *f*.

sal·u·tar·i·ness ['sæljʊtərɪnɪs] → ***salubrity***; **sal·u·tar·y** ['sæljʊtərɪ] *adj.* heilsam, gesund (*a. fig.*).

sal·u·ta·tion [,sælju:'teɪʃn] *s.* **1.** Begrüßung *f*, Gruß *m*: ***in* ~** zum Gruß; **2.** Anrede *f* (*im Brief*); **sa·lu·ta·to·ry** [sə'luːtətərɪ] *adj.* Begrüßungs…: **~ (*oration*)** *bsd. ped. Am.* Begrüßungsrede *f*; **sa·lute** [sə'luːt] **I** *v/t.* **1.** grüßen, begrüßen (*durch e-e Geste etc.*); *weitS.* empfangen, *j-m* begegnen; **~ *with a smile***; **2.** (*dem Auge, dem Ohr*) begegnen, *j-n* begrüßen (*Anblick, Geräusch etc.*); **3.** ⚔, ⚓ salutieren vor (*dat.*), grüßen; **4.** *fig.* grüßen, ehren, feiern; **II** *v/i.* **5.** grüßen (***to*** *acc.*); **6.** ⚔ (***to***) salutieren (vor *dat.*), grüßen (*acc.*); **7.** Sa'lut schießen; **III** *s.* **8.** Gruß *m* (*a. fenc.*), Begrüßung *f*; **9.** ⚔, ⚓ a) Gruß *m*, Ehrenbezeigung *f*, b) Sa'lut *m* (***of six guns*** von 6 Schuß): **~ *of colo(u)rs*** ⚓ Flaggensalut; ***stand at the* ~** salutieren; ***take the* ~** a) den Gruß erwidern, b) die Parade abnehmen, c) die Front (der Ehrenkompanie) abschreiten; **10.** *obs.* (Begrüßungs)Kuß *m*; **11.** *Am.* Frosch *m* (*Feuerwerk*).

sal·vage ['sælvɪdʒ] **I** *s.* **1.** a) Bergung *f*, Rettung *f* (*Schiff, Ladung etc.*), b) Bergungsgut *n*, c) *a.* **~ *money*** Bergegeld *n*: **~ *vessel*** Bergungs-, *a.* Hebeschiff *n*, d) *Versicherung*: Wert *m* der geretteten Güter; **2.** *a.* **~ *work*** Aufräumungsarbeiten *pl.*; **3.** ⚙ a) verwertbares 'Altmateri,al, b) 'Wiederverwertung *f*: **~ *value*** Schrottwert *m*; **4.** *fig.* (Er-) Rettung *f* (***from*** aus); **II** *v/t.* **5.** bergen, retten (*a.* ⚕ *u. fig.*); **6.** *Schrott etc.* verwerten.

sal·va·tion [sæl'veɪʃn] *s.* **1.** (Er)Rettung *f*; **2.** a) Heil *n*, Rettung *f*, b) Retter *m*; **3.** *eccl.* a) (Seelen)Heil *n*, b) Erlösung *f*: **⁀ *Army*** Heilsarmee *f*; **sal'va·tion·ist** [-nɪst] *s. eccl.* Mitglied *n* der 'Heilsar,mee.

salve[1] [sælv] **I** *s.* **1.** (Heil)Salbe *f*; **2.** *fig.* Balsam *m*, Pflaster *n*, Trost *m*; **3.** *fig.* Beruhigungsmittel *n fürs Gewissen etc.*; **II** *v/t.* **4.** (ein)salben; **5.** *fig. Gewissen etc.* beschwichtigen; **6.** *fig. Mangel* beschönigen; **7.** *Schaden, Zweifel etc.* beheben.

salve[2] [sælv] → ***salvage*** 5.

sal·ver ['sælvə] *s.* Ta'blett *n*.

sal·vo[1] ['sælvəʊ] *pl.* **-vos, -voes** *s.* **1.** ⚔ a) Salve *f*, Lage *f*, b) *a.* **~ *bombing*** ✈ Schüttwurf *m*; **~ *fire*** a) ⚔ Laufsalve, b) ⚓ Salvenfeuer; **2.** *fig.* (*Beifalls*)Salve *f*.

sal·vo[2] ['sælvəʊ] *pl.* **-vos** *s.* **1.** Ausrede *f*; **2.** *bsd.* ⚖ Vorbehalt(sklausel *f*) *m*.

sal·vor ['sælvə] *s.* ⚓ **1.** Berger *m*; **2.** Bergungsschiff *n*.

Sa·mar·i·tan [sə'mærɪtən] **I** *s.* Samari'taner(in), Sama'riter(in): ***good* ~** *bibl. u. fig.* barmherziger Samariter; **II** *adj.* sama'ritisch; *fig.* barmherzig.

same [seɪm] **I** *adj.* **1.** selb, gleich, nämlich: ***at the* ~ *price as*** zu demselben Preis wie; ***it comes to the* ~ *thing*** es läuft auf dasselbe hinaus; ***the very*** (*od.* ***just the*** *od.* ***exactly the***) **~ *thing*** genau dasselbe; ***one and the* ~ *thing*** ein u. dasselbe; ***he is no longer the* ~ *man*** er ist nicht mehr der gleiche *od.* der alte; → ***time*** 4; **2.** *ohne Artikel fig.* eintönig; **II** *pron.* **3.** der-, die-, dasselbe, der *od.* die *od.* das gleiche: ***it is much the* ~** es ist (so) ziemlich das gleiche; **~ *here*** F so geht es mir auch, ‚ganz meinerseits'; ***it is all the* ~ *to me*** es ist mir ganz gleich *od.* einerlei; **4.** ***the* ~** a) *a.* ⚖ der- *od.* dieselbe, die besagte Person, b) ⚖ der- *od.* dieselbe, die erwähnte Person, *a.*

eccl. er, sie, es, dieser, diese, dies(es); **5.** *ohne Artikel* ✝ *od.* F der- *od.* die- *od.* dasselbe: ***£5 for alterations to ~***; **III** *adv.* **6.** ***the ~*** in derselben Weise, genau so, ebenso (***as*** wie): ***all the ~*** gleichviel, trotzdem; ***just the ~*** F a) genau so, b) trotzdem; (***the***) ***~ to you!*** (*danke*,) gleichfalls!; **ˈsame·ness** [-nɪs] *s.* **1.** Gleichheit *f*, Identiˈtät *f*; **2.** Einförmigkeit *f*, -tönigkeit *f*.

sam·let [ˈsæmlɪt] *s.* junger Lachs.

sam·pan [ˈsæmpæn] *s.* Sampan *m* (*chinesisches* [*Haus*]*Boot*).

sam·ple [ˈsɑːmpl] **I** *s.* **1.** ✝ a) (Waren-, Qualiˈtäts)Probe *f*, (Stück-, Typen-) Muster *n*, b) Probepackung *f*, c) (Ausstellungs)Muster *n*, d) Stichprobe(nmuster *n*) *f*: ***by ~ post*** (als) Muster ohne Wert; ***up to ~*** dem Muster entsprechend; ***~s only*** Muster ohne Wert; **2.** *Statistik*: Sample *n*, Stichprobe *f*; **3.** *fig.* Probe *f*: ***a ~ of his courage***; ***that's a ~ of her behavio***(***u***)***r*** das ist typisch für sie; **II** *v/t.* **4.** probieren, e-e Probe nehmen von, *bsd.* *Küche*: kosten; **5.** e-e Stichprobe machen bei; **6.** e-e Probe zeigen von; ✝ *et.* bemustern; **7.** als Muster dienen für; **8.** *Computer*: a) abfragen, b) abtasten; **III** *v/i.* **9.** ***~ out*** ausfallen; **IV** *adj.* **10.** Muster…(*-buch*, *-karte*, *-koffer etc.*), Probe…; **ˈsam·pler** [-lə] *s.* **1.** Probierer(in), Prüfer *m*; **2.** *Stickerei*: Sticktuch *n*; **3.** *TV* Farbschalter *m*; **4.** *Computer*: Abtaster *m*; **ˈsam·pling** [-lɪŋ] *s.* **1.** ✝ a) ˈMusterkollektiˌon *f*, b) Bemusterung *f*; **2.** Stichprobenerhebung *f*.

Sam·son [ˈsæmsn] *s. fig.* Samson *m*, Herkules *m*.

Sam·u·el [ˈsæmjʊəl] *npr. u. s. bibl.* (das Buch) Samuel *m*.

san·a·tive [ˈsænətɪv] *adj.* heilend, heilsam, -kräftig; **san·a·to·ri·um** [ˌsænəˈtɔːrɪəm] *pl.* **-ri·ums**, **-ri·a** [-rɪə] *s.* ⚕ **1.** Sanaˈtorium *n*, *bsd.* a) Lungenheilstätte *f*, b) Erholungsheim *n*; **2.** (*bsd.* Höhen-) Luftkurort *m*; **3.** *Brit.* (Interˈnats-) Krankenzimmer *n*; **ˈsan·a·to·ry** [-tərɪ] → ***sanative***.

sanc·ti·fi·ca·tion [ˌsæŋktɪfɪˈkeɪʃn] *s. eccl.* **1.** Heilig(mach)ung *f*; **2.** Weihung *f*, Heiligung *f*; **sanc·ti·fied** [ˈsæŋktɪfaɪd] *adj.* **1.** geheiligt, geweiht; **2.** heilig u. unverletzlich; **3.** → ***sanctimonious***; **sanc·ti·fy** [ˈsæŋktɪfaɪ] *v/t.* heiligen: a) weihen, b) (von Sünden) reinigen, c) *fig.* rechtfertigen: ***the end sanctifies the means*** der Zweck heiligt die Mittel.

sanc·ti·mo·ni·ous [ˌsæŋktɪˈməʊnjəs] *adj.* □ frömmelnd, scheinheilig; **ˌsanc·tiˈmo·ni·ous·ness** [-nɪs], **sanc·ti·mo·ny** [ˈsæŋktɪmənɪ] *s.* Scheinheiligkeit *f*, Frömmeˈlei *f*.

sanc·tion [ˈsæŋkʃn] **I** *s.* **1.** Sanktiˈon *f*, (nachträgliche) Billigung *od.* Zustimmung: ***give one's ~ to*** → 3 a; **2.** ⚖ a) Sanktionierung *f e-s Gesetzes etc.*, b) *pol.* Sanktiˈon *f*, Zwangsmittel *n*, c) *gesetzliche* Strafe, d) *hist.* Deˈkret *n*; **II** *v/t.* **3.** sanktionieren: a) billigen, gutheißen, b) dulden, c) *Eid etc.* bindend machen, d) Gesetzeskraft verleihen (*dat.*).

sanc·ti·ty [ˈsæŋktətɪ] *s.* **1.** Heiligkeit *f* (*a. fig.* *Unverletzlichkeit*); **2.** *pl.* heilige Ideˈale *pl. od.* Gefühle *pl.*

sanc·tu·ar·y [ˈsæŋktjʊərɪ] *s.* **1.** Heiligtum *n* (*a. fig.*); **2.** *eccl.* Heiligtum *n*, heilige Stätte; *bsd. bibl.* Allerˈheiligste(s) *n*; **3.** Frei- (*fig. a.* Zufluchts)stätte *f*, Aˈsyl *n*: (***rights of***) ***~*** Asylrecht *n*; ***break the ~*** das Asylrecht verletzen; **4.** *hunt.* a) Schonzeit *f*, b) Schutzgebiet *n*.

sanc·tum [ˈsæŋktəm] *s.* Heiligtum *n*: a) heilige Stätte, b) *fig.* Priˈvat-, Studierzimmer *n*, c) innerste Sphäre; **~ sanc·to·rum** [sæŋkˈtɔːrəm] *s. eccl.*, *a. humor. das* Allerˈheiligste.

sand [sænd] **I** *s.* **1.** Sand *m*: ***built on ~*** *fig.* auf Sand gebaut; ***rope of ~*** *fig.* trügerische Sicherheit; **2.** *oft pl.* a) Sandbank *f*, b) Sand(fläche *f*, -wüste *f*) *m*: ***plough the ~***(***s***) *fig.* s-e Zeit verschwenden; **3.** *mst pl.* Sand(körner *pl.*) *m*: ***his ~s are running out*** s-e Tage sind gezählt; **4.** *Am. sl.* ‚Mumm' *m*; **II** *v/t.* **5.** mit Sand bestreuen; **6.** (ab-) schmirgeln.

san·dal[1] [ˈsændl] *s.* Sanˈdale *f*.

san·dal[2] [ˈsændl], **ˈ~·wood** *s.* **1.** (rotes) Sandelholz; **2.** Sandelbaum *m*.

ˈsand|·bag [-ndb-] **I** *s.* **1.** Sandsack *m*; **II** *v/t.* **2.** *bsd.* ⚔ mit Sandsäcken befestigen; **3.** mit e-m Sandsack niederschlagen; **ˈ~·bank** [-ndb-] *s.* Sandbank *f*; **ˈ~·blast** [-ndb-] ⚙ **I** *s.* Sandstrahl(gebläse *n*) *m*; **II** *v/t.* sandstrahlen; **ˈ~·box** [-ndb-] *s.* **1.** *hist.* Streusandbüchse *f*; **2.** *Gießerei*: Sandform *f*; **3.** Sandkasten *m*; **ˈ~·boy** [-ndb-] *s.*: (***as***) ***happy as a ~*** kreuzfidel; **~ drift** *s. geol.* Flugsand *m*.

sand·er [ˈsændə] *s.* ⚙ **1.** Sandstrahlgebläse *n*; **2.** ˈSandpaˌpierˌschleifmaˌschine *f*.

ˈsand|·fly *s.* a) Sandfliege *f*, b) Gnitze *f*, c) Kriebelmücke *f*; **ˈ~·glass** *s.* Sanduhr *f*, Stundenglas *n*; **ˈ~·grouse** *s. orn.* Flughuhn *n*; **ˈ~·lot** *s. Am.* Sandplatz *m* (*Behelfsspielplatz für Baseball etc.*); **ˈ~·man** [-ndmæn] *s.* [*irr.*] Sandmann *m*,

-männchen *n*; '**~-ˌmar·tin** [-ndˌm-] *s. orn.* Uferschwalbe *f*; '**~ˌpa·per** [-ndˌp-] **I** *s.* 'Sandpaˌpier *n*; **II** *v/t.* (ab)schmirgeln; '**~ˌpip·er** [-ndˌp-] *s. orn.* Flußuferläufer *m*; '**~·pit** [-ndp-] *s.* **1.** Sandgrube *f*; **2.** Sandkasten *m*; **~ shoes** *s. pl.* Strandschuhe *pl.*; **~ spout** *s.* Sandhose *f*; '**~·stone** [-nds-] *s. geol.* Sandstein *m*; '**~·storm** [-nds-] *s.* Sandsturm *m*; **~ table** *s.* ⚔ Sandkasten *m*; **~ trap** *s. Golf*: Sandhindernis *n*.

sand·wich ['sænwɪdʒ] **I** *s.* Sandwich *n* (*belegtes Doppelbrot*): ***open ~*** belegtes Brot; ***sit ~*** *fig.* eingezwängt sitzen; **II** *v/t. a.* ***~ in*** *fig.* einlegen, schieben; einklemmen, -zwängen; *sport Gegner* ‚in die Zange nehmen'; **~ cake** *s.* Schichttorte *f*; **~ course** *s. ped. Kurs, bei dem sich theoretische u. praktische Ausbildung abwechseln*; **~ man** [-mæn] *s.* [*irr.*] Sandwichman *m*, Pla'katträger *m*.

sand·y[1] ['sændɪ] *adj.* **1.** sandig, Sand…: ***~ desert*** Sandwüste *f*; **2.** *fig.* sandfarben; rotblond (*Haare*); **3.** sandartig; **4.** *fig.* a) unsicher, b) *Am. sl.* frech.

Sand·y[2] ['sændɪ] *s.* **1.** *bsd. Scot. Kurzform für* ***Alexander***; **2.** (*Spitzname für*) Schotte *m*.

sand yacht *s.* Strandsegler *m*.

sane [seɪn] *adj.* ☐ **1.** geistig gesund *od.* nor'mal; **2.** vernünftig, gescheit.

San·for·ize ['sænfəraɪz] *v/t.* sanforisieren (*Gewebe schrumpffest machen*).

sang [sæŋ] *pret. u. p.p. von* ***sing***.

sang·froid [ˌsɑ̃:ŋ'frwɑ:] (*Fr.*) *s.* Kaltblütigkeit *f*.

San·grail [sæŋ'greɪl], **San·gre·al** ['sæŋgrɪəl] *s.* der Heilige Gral.

san·gui·nar·y ['sæŋgwɪnərɪ] *adj.* ☐ **1.** blutig, mörderisch (*Kampf etc.*); **2.** blutdürstig, grausam: ***a ~ person***; ***~ laws***; **3.** blutig, Blut…; **4.** *Brit.* unflätig; **san·guine** ['sæŋgwɪn] **I** *adj.* ☐ **1.** heiter, lebhaft, leichtblütig; **2.** 'voll-, heißblütig, hitzig; **3.** zuversichtlich (*a. Bericht, Hoffnung etc.*): ***be ~ of success*** zuversichtlich auf Erfolg rechnen; **4.** rot, blühend, von gesunder Gesichtsfarbe; **5.** ⚕ *hist.* sangu'inisch; **6.** (blut-)rot; **II** *s.* **7.** Rötelstift *m*; **8.** Rötelzeichnung *f*; **san·guin·e·ous** [sæŋ'gwɪnɪəs] *adj.* → ***sanguine*** I.

sa·ni·es ['seɪnɪi:z] *s.* ⚕ pu'trider Eiter, Jauche *f*.

san·i·tar·i·an [ˌsænɪ'teərɪən] **I** *adj.* **1.** → ***sanitary*** 1; **II** *s.* **2.** Hygi'eniker *m*; **3.** Ge'sundheitsaˌpostel *m*; ˌ**san·i'tar·i·um** [-rɪəm] *pl.* **-i·ums**, **-i·a** [-ɪə] *s. bsd. Am. für* ***sanatorium***; **san·i·tar·y** ['sænɪtərɪ] **I** *adj.* ☐ **1.** hygi'enisch, Gesundheits…, (*a.* ⚙) sani'tär: ***~ towel*** (*Am.* ***napkin***) Damenbinde *f*; **2.** hygi'enisch (einwandfrei), gesund; **II** *s.* **3.** *Am.* öffentliche Bedürfnisanstalt; ˌ**san·i'ta·tion** [-'teɪʃn] *s.* **1.** sani'täre Einrichtungen *pl.* (*in Gebäuden*); **2.** Gesundheitspflege *f*, -wesen *n*, Hygi'ene *f*.

san·i·tize ['sænɪtaɪz] *v/t.* **1.** → ***sterilize*** a; **2.** *fig. Image etc.* ‚aufpolieren'.

san·i·ty ['sænətɪ] *s.* **1.** geistige Gesundheit; *bsd.* ⚖ Zurechnungsfähigkeit *f*; **2.** gesunder Verstand.

sank [sæŋk] *pret. von* ***sink***.

san·se·rif [ˌsæn'serɪf] *s. typ.* Gro'tesk *f*.

San·skrit ['sænskrɪt] *s.* Sanskrit *n*.

San·ta Claus [ˌsæntə'klɔ:z] *npr.* der Nikolaus, der Weihnachtsmann.

sap[1] [sæp] **I** *s.* **1.** ⚘ Saft *m*; **2.** *fig.* (Lebens)Saft *m*, (-)Kraft *f*, Mark *n*; **3.** *a.* ***~-wood*** Splint(holz *n*) *m*; **II** *v/t.* **4.** entsaften.

sap[2] [sæp] **I** *s.* **1.** ⚔ Sappe *f*, Grabenkopf *m*; **II** *v/t.* **2.** (*a. fig. Gesundheit etc.*) unter'graben, -mi'nieren; **3.** *Kräfte etc.* erschöpfen, schwächen.

sap[3] [sæp] *s.* F Trottel *m*.

sap[4] [sæp] *Am. sl.* **I** *s.* Totschläger *m* (*Waffe*); **II** *v/t.* *j-n* (mit e-m Totschläger) bewußtlos schlagen.

'**sap·head** *s.* **1.** ⚔ Sappenkopf *m*; **2.** F Trottel *m*.

sap·id ['sæpɪd] *adj.* **1.** e-n Geschmack habend; **2.** schmackhaft; **3.** *fig.* interes'sant; **sa·pid·i·ty** [sə'pɪdətɪ] *s.* Schmackhaftigkeit *f*.

sa·pi·ence ['seɪpjəns] *s. mst iro.* Weisheit *f*; '**sa·pi·ent** [-nt] *adj.* ☐ *mst iro.* weise.

sap·less ['sæplɪs] *adj.* saftlos (*a. fig. kraftlos*).

sap·ling ['sæplɪŋ] *s.* **1.** junger Baum, Schößling *m*; **2.** *fig.* Grünschnabel *m*, Jüngling *m*.

sap·o·na·ceous [ˌsæpəʊ'neɪʃəs] *adj.* **1.** seifenartig, seifig; **2.** *fig.* glatt.

sa·pon·i·fi·ca·tion [səˌpɒnɪfɪ'keɪʃn] *s.* ⚗ Verseifung *f*; **sa·pon·i·fy** [sə'pɒnɪfaɪ] *v/t. u. v/i.* verseifen.

sap·per ['sæpə] *s.* ⚔ Pio'nier *m*, Sap'peur *m*.

Sap·phic ['sæfɪk] **I** *adj.* **1.** sapphisch; **2.** ♀ lesbisch; **II** *s.* **3.** sapphischer Vers.

sap·phire ['sæfaɪə] **I** *s.* **1.** *min.* Saphir *m* (*a. am Plattenspieler*); **2.** *a.* ***~ blue*** Saphirblau *n*; **3.** *orn.* Saphirkolibri *m*; **II** *adj.* **4.** saphirblau; **5.** Saphir…

sap·py ['sæpɪ] *adj.* **1.** saftig; **2.** *fig.* kraftvoll, markig; **3.** *sl.* blöd, doof.

Sar·a·cen ['særəsn] **I** *s.* Sara'zene *m*, Sara'zenin *f*; **II** *adj.* sara'zenisch.

sar·casm ['sɑːkæzəm] *s.* Sar'kasmus *m*: a) beißender Spott, b) sar'kastische Bemerkung; **sar·cas·tic** [sɑː'kæstɪk] *adj.* (□ **~ally**) sarkastisch.

sar·co·ma [sɑː'kəʊmə] *pl.* **-ma·ta** [-mətə] *s.* ⚕ Sar'kom *n* (*Geschwulst*); **sar'coph·a·gous** [-'kɒfəgəs] *adj. zo.* fleischfressend; **sar'coph·a·gus** [-'kɒfəgəs] *pl.* **-gi** [-gaɪ] *s.* Sarko'phag *m* (*Steinsarg*).

sard [sɑːd] *s. min.* Sard(er) *m*.

sar·dine¹ [sɑː'diːn] *pl.* **sar·dines** *od. coll.* **sar·dine** *s. ichth.* Sar'dine *f*: ***packed like ~s*** zs.-gepfercht wie die Heringe.

sar·dine² ['sɑːdaɪn] → ***sard***.

sar·don·ic [sɑː'dɒnɪk] *adj.* (□ **~ally**) ⚕ *u. fig.* sar'donisch.

sa·ri ['sɑːrɪ] *s.* Sari *m*.

sark [sɑːk] *s. Scot. od. dial.* Hemd *n*.

sark·y ['sɑːkɪ] F *für* ***sarcastic***.

sa·rong [sə'rɒŋ] *s.* Sarong *m*.

sar·sen ['sɑːsn] *s. geol.* großer Sandsteinblock.

sar·to·ri·al [sɑː'tɔːrɪəl] *adj.* □ **1.** Schneider...; **2.** Kleidung(s)...: ***~ elegance*** Eleganz der Kleidung; **sar'to·ri·us** [-rɪəs] *s. anat.* Schneidermuskel *m*.

sash¹ [sæʃ] *s.* Schärpe *f*.

sash² [sæʃ] *s.* **1.** (schiebbarer) Fensterrahmen; **2.** schiebbarer Teil *e-s Schiebefensters*; **~ saw** *s.* ⚙ Schlitzsäge *f*; **~ win·dow** *s.* Schiebe-, Fallfenster *n*.

Sas·se·nach ['sæsənæk] *Scot. u. Irish* **I** *s.* ‚Sachse' *m*, Engländer *m*; **II** *adj.* englisch.

sat [sæt] *pret. u. p.p. von* ***sit***.

Sa·tan ['seɪtən] *s.* Satan *m*, Teufel *m* (*fig.* ♀); **sa·tan·ic** [sə'tænɪk] *adj.* (□ **~ally**) sa'tanisch, teuflisch.

satch·el ['sætʃəl] *s.* Schultasche *f*, -mappe *f*, *bsd.* Schulranzen *m*.

sate¹ [seɪt] *v/t.* über'sättigen: ***be ~d with*** übersättigt sein von.

sate² [sæt; seɪt] *obs. für* ***sat***.

sa·teen [sæ'tiːn] *s.* ('Baum)Wollsaˌtin *m*.

sat·el·lite ['sætəlaɪt] *s.* **1.** *ast.* a) Satel'lit *m*, Tra'bant *m*, b) (*künstlicher*) ('Erd-) Satelˌlit *m*: ***~ picture*** Satellitenbild *n*; ***~ transmission*** *TV etc.* Satellitenübertragung *f*; **2.** Tra'bant *m*, Anhänger *m*; **3.** *fig.* a) *a.* ***~ state*** *od.* ***nation*** *pol.* Satel'lit(enstaat) *m*, b) *a.* ***~ town*** Tra'bantenstadt *f*, c) *a.* ***~ airfield*** Ausweichflugplatz *m*, d) ✝ Zweigfirma *f*.

sa·ti·ate ['seɪʃɪeɪt] *v/t.* **1.** über'sättigen; **2.** vollauf sättigen *od.* befriedigen; **sa·ti·a·tion** [ˌseɪʃɪ'eɪʃn] *s.* (Über)'Sättigung *f*; **sa·ti·e·ty** [sə'taɪətɪ] *s.* **1.** (***of***) Übersättigung *f* (mit), 'Überdruß *m* (an *dat.*): ***to ~*** bis zum Überdruß; **2.** Sattheit *f*.

sat·in ['sætɪn] **I** *s.* ⚙ **1.** Sa'tin *m*, Atlas *m* (*Stoff*); **2.** *a.* ***white ~*** *sl.* Gin *m*; **II** *adj.* **3.** Satin...; **4.** a) seidenglatt, b) glänzend; **III** *v/t.* **5.** ⚙ satinieren, glätten; **sat·i·net(te)** [ˌsætɪ'net] *s.* Halbatlas *m*.

'sat·in|-ˌfin·ished *adj.* ⚙ mattiert; **~ pap·er** *s.* satiniertes Pa'pier, 'Atlaspaˌpier *n*.

sat·in·y ['sætɪnɪ] *adj.* seidig.

sat·ire ['sætaɪə] *s.* **1.** Sa'tire *f*, *bsd.* a) Spottgedicht *n*, -schrift *f* (**[*up*]*on*** auf *acc.*), b) sa'tirische Litera'tur, c) Spott *m*; **2.** *fig.* Hohn *m* (**[*up*]*on*** auf *acc.*); **sa·tir·ic**, **sa·tir·i·cal** [sə'tɪrɪk(l)] *adj.* □ sa'tirisch; **sat·i·rist** ['sætərɪst] *s.* Sa'tiriker(in); **sat·i·rize** ['sætəraɪz] *v/t.* verspotten, e-e Sa'tire machen auf (*acc.*).

sat·is·fac·tion [ˌsætɪs'fækʃn] *s.* **1.** Befriedigung *f*, Zu'friedenstellung *f*: ***find ~ in*** Befriedigung finden in (*dat.*); ***give ~*** befriedigen; **2.** (***at***, ***with***) Zufriedenheit *f* (mit), Befriedigung *f*, Genugtuung *f* (über *acc.*): ***to the ~ of all*** zur Zufriedenheit aller; **3.** *eccl.* Sühne *f*; **4.** Satisfakti'on *f*, Genugtuung *f* (*Duell etc.*); **5.** ⚖, ✝ Befriedigung *f e-s Anspruchs*; Erfüllung *f e-r Verpflichtung*; (Be)Zahlung *f e-r Schuld*; **6.** Gewißheit *f*: ***show to the court's ~*** ⚖ einwandfrei glaubhaft machen; **ˌsat·is'fac·to·ri·ness** [-ktərɪnɪs] *s. das* Befriedigende; **ˌsat·is'fac·to·ry** [-ktərɪ] *adj.* □ **1.** befriedigend, zu'friedenstellend; **2.** *eccl.* sühnend; **sat·is·fy** ['sætɪsfaɪ] **I** *v/t.* **1.** befriedigen, zu'friedenstellen, genügen (*dat.*): ***be satisfied with s.th.*** mit et. zufrieden sein; **2.** a) *j-n* sättigen, b) *Hunger etc.*, *a. Neugier* stillen, c) *fig. Wunsch* erfüllen, *Bedürfnis*, *a. Trieb* befriedigen; **3.** ✝ *Anspruch* befriedigen; *Schuld* begleichen, tilgen; *e-r Verpflichtung* nachkommen; *Bedingungen*, ⚖ *a. Urteil* erfüllen; **4.** a) *j-n* entschädigen, b) *Gläubiger* befriedigen; **5.** *den Anforderungen* entsprechen, genügen; **6.** ♈ *Bedingung*, *Gleichung* erfüllen; **7.** *j-n* über'zeugen (***of*** von): ***~ o.s. that*** sich überzeugen *od.* vergewissern, daß; ***I am satisfied that*** ich bin davon (*od.* habe mich) überzeugt, daß; **II** *v/i.* **8.** befriedigen; **sat·is·fy·ing** ['sætɪsfaɪɪŋ] *adj.* □ **1.** befriedigend, zu'friedenstellend; **2.** sättigend.

sa·trap ['sætrəp] *s. hist.* Sa'trap *m* (*a. fig.*), Statthalter *m*.

sat·u·rant ['sætʃərənt] **I** *adj.* **1.** *bsd.* ⚗ sättigend; **II** *s.* **2.** neutralisierender

Stoff; **3.** ⚕ Mittel *n* gegen Magensäure; **sat·u·rate** [ˈsætʃəreɪt] *v/t.* **1.** ⚗ *u. fig.* sättigen, saturieren (*a.* ✝ *Markt*); **2.** (durch)ˈtränken, durchˈsetzen: ***be ~d with*** *fig.* erfüllt *od.* durchdrungen sein von; **3.** ⚔ mit Bombenteppichen belegen; **sat·u·rat·ed** [ˈsætʃəreɪtɪd] *adj.* **1.** durchˈtränkt, -ˈsetzt; **2.** tropfnaß; **3.** satt (*Farbe*); **4.** ⚗ a) *a. fig.* saturiert, gesättigt, b) reaktiˈonsträge.

sat·u·ra·tion [ˌsætʃəˈreɪʃn] *s.* **1.** *bsd.* ⚗, *phys. u. fig.* Sättigung *f*, Saturierung *f*; **2.** (Durch)ˈTränkung *f*, Durchˈsetzung *f*; **3.** Sattheit *f* (*Farbe*); **~ bomb·ing** *s.* ⚔ Bombenteppich(e *pl.*) *m*; **~ point** *s.* ⚗ Sättigungspunkt *m*.

Sat·ur·day [ˈsætədɪ] *s.* Sonnabend *m*, Samstag *m*: ***on ~*** am Sonnabend *od.* Samstag; ***on ~s*** sonnabends, samstags.

Sat·urn [ˈsætən] *s.* **1.** *antiq.* Saˈturn(us) *m* (*Gott*); **2.** *ast.* Saˈturn *m* (*Planet*); **3.** ⚗ *hist.* Blei *n*; **4.** *her.* Schwarz *n*; **Sat·ur·na·li·a** [ˌsætəˈneɪljə] *s. pl. antiq.* Saturˈnalien *pl.*; **Sat·ur·na·li·an** [ˌsætəˈneɪljən] *adj.* **1.** *antiq.* saturˈnalisch; **2.** ♃ *fig.* orgiˈastisch; **Sa·tur·ni·an** [sæˈtɜːnjən] *adj.* **1.** *ast.* Saturn…; **2.** *myth*, *a. fig. poet.* saˈturnisch: **~ *age*** *fig.* goldenes Zeitalter; **ˈsat·ur·nine** [-naɪn] *adj.* ☐ **1.** düster, finster (*Person*, *Gesicht etc.*); **2.** ♃ im Zeichen des Saˈturn geboren; **3.** *min.* Blei…

sat·yr [ˈsætə] *s.* **1.** *oft* ♃ *myth.* Satyr *m* (*Waldgott*); **2.** *fig.* Satyr *m* (*geiler Mensch*); **3.** ⚕ Satyroˈmane *m*; **sat·y·ri·a·sis** [ˌsætəˈraɪəsɪs] *s.* ⚕ Satyˈriasis *f*; **sa·tyr·ic** [səˈtɪrɪk] *adj.* Satyr…, satyrhaft.

sauce [sɔːs] **I** *s.* **1.** Sauce *f*, Soße *f*, Tunke *f*: ***hunger is the best ~*** Hunger ist der beste Koch; ***what is ~ for the goose is ~ for the gander*** was dem einen recht ist, ist dem andern billig; **2.** *fig.* Würze *f*; **3.** *Am.* Komˈpott *n*; **4.** F Frechheit *f*; **5.** ⚙ a) Beize *f*, b) (Tabak-)Brühe *f*; **II** *v/t.* **6.** mit Soße würzen; **7.** *fig.* würzen; **8.** F frech sein zu; **ˈ~·boat** *s.* Saucière *f*, Soßenschüssel *f*; **ˈ~·dish** *s. Am.* Komˈpottschüssel *f*, -schale *f*; **ˈ~·pan** [-pən] *s.* Kochtopf *m*, Kasseˈrolle *f*.

sau·cer [ˈsɔːsə] *s.* ˈUntertasse *f*; → ***flying saucer***; **~ eye** [-əraɪ] *s.* Glotz-, Kullerauge *n*; **ˈ~-eyed** [-əraɪd] *adj.* glotzäugig.

sau·ci·ness [ˈsɔːsɪnɪs] *s.* **1.** Frechheit *f*; **2.** Keßheit *f*; **sau·cy** [ˈsɔːsɪ] *adj.* ☐ **1.** frech, unverschämt; **2.** F keß, flott, fesch: ***a ~ hat.***

sau·na [ˈsɔːnə] *s.* Sauna *f*.

saun·ter [ˈsɔːntə] **I** *v/i.* schlendern: **~ *about*** umˈherschlendern, (-)bummeln; **II** *s.* (Umˈher)Schlendern *n*, Bummel *m*.

sau·ri·an [ˈsɔːrɪən] *zo.* **I** *s.* Saurier *m*; **II** *adj.* Saurier…, Echsen…

sau·sage [ˈsɒsɪdʒ] *s.* **1.** Wurst *f*; **2.** *a.* **~ *balloon*** ⚔ F ˈFesselbalˌlon *m*; **3.** *sl.* Deutsche(r *m*) *f*; **~ dog** *s. Brit.* F Dakkel *m*; **~ meat** *s.* Wurstmasse *f*, Brät *n*.

sau·té [ˈsəʊteɪ] (*Fr.*) **I** *adj. Küche*: sauˈté, sautiert; **II** *s.* Sauˈté *n*.

sav·age [ˈsævɪdʒ] **I** *adj.* ☐ **1.** *allg.* wild: a) primiˈtiv (*Volk etc.*), b) ungezähmt (*Tier*), c) bruˈtal, grausam, d) F wütend, e) wüst (*Landschaft*); **II** *s.* **2.** Wilde(r *m*) *f*; **3.** Rohling *m*; **4.** bösartiges Tier, *bsd.* bissiges Pferd; **III** *v/t.* **5.** *j-n* übel zurichten, *a. fig. j-m* übel mitspielen; **6.** *j-n* anfallen, beißen (*Pferd etc.*); **ˈsav·age·ness** [-nɪs] *s.* **1.** Wildheit *f*, Roheit *f*, Grausamkeit *f*; **2.** Wut *f*, Bissigkeit *f*; **ˈsav·age·ry** [-dʒərɪ] *s.* **1.** Unzivilisiertheit *f*, Wildheit *f*; **2.** Roheit *f*, Grausamkeit *f*.

sa·van·na(h) [səˈvænə] *s. geogr.* Saˈvanne *f*.

sa·vant [ˈsævənt] *s.* großer Gelehrter.

save¹ [seɪv] **I** *v/t.* **1.** (er)retten (***from*** von, vor *dat.*): **~ *s.o.'s life*** j-m das Leben retten; **2.** ⚓ bergen; **3.** bewahren, schützen (***from*** vor *dat.*): ***God ~ the Queen*** Gott erhalte die Königin; **~ *the situation*** die Situation retten; → ***appearance*** 3, ***face*** 4, ***harmless*** 2; **4.** *Geld etc.* sparen, einsparen: **~ *time*** Zeit gewinnen *od.* sparen; **5.** (auf)sparen, aufheben, -bewahren: **~ *it!*** *sl.* ‚geschenkt'!, halt's Maul!; → ***breath*** 1; **6.** *a. Augen* schonen; schonend *od.* sparsam ˈumgehen mit; **7.** *j-m e-e Mühe etc.* ersparen: ***it ~d me the trouble of going there***; **8.** *eccl.* (***from***) retten (aus), erlösen (von); **9.** *Brit.* ausnehmen: **~ *the mark!*** verzeihen Sie die Bemerkung!; **~ *your presence*** (*od.* ***reverence***) mit Verlaub; **10.** *a.* **~ *up*** aufsparen; **11.** *sport*: a) *Schuß* halten, b) *Tor* verhindern; **II** *v/i.* **12.** sparen; **13.** *sport* ‚retten', halten; **III** *s.* **14.** *sport* Paˈrade *f* (*Tormann*).

save² [seɪv] *prp. u. cj.* außer (*dat.*), mit Ausnahme von (*od. gen.*), ausgenommen (*nom.*), abgesehen von: **~ *for*** bis auf (*acc.*); **~ *that*** abgesehen davon, daß; nur, daß.

sav·e·loy [ˌsævəˈlɔɪ] *s.* Zerveˈlatwurst *f*.

sav·er [ˈseɪvə] *s.* **1.** Retter(in); **2.** Sparer(-in); **3.** sparsames Gerät *etc.*

sav·ing [ˈseɪvɪŋ] **I** *adj.* ☐ **1.** sparsam (***of***

mit); **2.** ...sparend: ***time-~***; **3.** rettend: ***~ grace*** *eccl.* seligmachende Gnade; ***~ humo(u)r*** befreiender Humor; **4.** ⚖ Vorbehalts...: ***~ clause***; **II** *s.* **5.** (Er-) Rettung *f*; **6.** a) Sparen *n*, b) Ersparnis *f*, Einsparung *f*: ***~ of time*** Zeitersparnis; **7.** *pl.* Ersparnis(se *pl.*) *f*; Spargeld (-er *pl.*) *n*; **8.** ⚖ Vorbehalt *m*; **III** *prp. u. cj.* **9.** außer (*dat.*), ausgenommen: ***~ your presence*** (*od.* ***reverence***) mit Verlaub.

sav·ings| ac·count [ˈseɪvɪŋz] *s.* Sparkonto *n*; **~ bank** *s.* Sparkasse *f*: ***~ (deposit) book*** Spar(kassen)buch *n*; **~ de·pos·it** *s.* Spareinlage *f*.

sav·io(u)r [ˈseɪvjə] *s.* (Er)Retter *m*, Erlöser *m*: ***the ~*** *eccl.* der Heiland *od.* Erlöser.

sa·voir| faire [ˌsævwɑːˈfeə] (*Fr.*) *s.* Gewandtheit *f*, Takt(gefühl *n*) *m*, Savoir-ˈfaire *n*; **~ vi·vre** [-ˈviːvr] (*Fr.*) *s.* feine Lebensart, Savoir-ˈvivre *n*.

sa·vor·y [ˈseɪvərɪ] *s.* ⚘ Bohnenkraut *n*, Kölle *f*.

sa·vo(u)r [ˈseɪvə] **I** *s.* **1.** (Wohl)Geschmack *m*; **2.** *bsd. fig.* Würze *f*, Reiz *m*; **3.** *fig.* Beigeschmack *m*, Anstrich *m*; **II** *v/t.* **4.** *bsd. fig.* genießen, auskosten; **5.** *bsd. fig.* würzen; **6.** *fig.* e-n Beigeschmack *od.* Anstrich haben von, riechen nach; **III** *v/i.* **7.** ***~ of*** a) *a. fig.* schmecken *od.* riechen nach, b) → 6; **ˈsa·vo(u)r·i·ness** [-vərɪnɪs] *s.* Wohlgeschmack *m*, -geruch *m*, Schmackhaftigkeit *f*; **ˈsa·vo(u)r·less** [-lɪs] *adj.* geschmack-, geruchlos, fade; **ˈsa·vo(u)r·y** [-vərɪ] **I** *adj.* □ **1.** wohlschmeckend, -riechend, schmackhaft; **2.** *a. fig.* appeˈtitlich, angenehm; **3.** würzig, piˈkant (*a. fig.*); **II** *s.* **4.** *Brit.* piˈkante Vor- *od.* Nachspeise.

sa·voy [səˈvɔɪ] *s.* Wirsing(kohl) *m*.

sav·vy [ˈsævɪ] *sl.* **I** *v/t.* ‚kapieren', verstehen; **II** *s.* ‚Köpfchen' *n*, ‚ˈDurchblick' *m*, Verstand *m*.

saw¹ [sɔː] *pret. von* ***see¹***.

saw² [sɔː] *s.* Sprichwort *n*.

saw³ [sɔː] **I** *s.* **1.** ⚙ Säge *f*: ***singing*** (*od.* ***musical***) ***~*** ♪ singende Säge; **II** *v/t.* **2.** [*irr.*] sägen: ***~ down*** *Baum* umsägen; ***~ off*** absägen; ***~ out*** *Bretter* zuschneiden; ***~ up*** zersägen; ***~ the air*** (***with one's hands***) (mit den Händen) herumfuchteln; **III** *v/i.* [*irr.*] **3.** sägen; **4.** (auf der Geige) ‚kratzen'.

ˈsaw|·bones *s. pl. sg. konstr. sl.* a) ‚Bauchaufschneider' *m* (*Chirurg*), b) ‚Mediˈzinmann' *m* (*Arzt*); **ˈ~·buck** *s. Am.* **1.** Sägebock *m*; **2.** *sl.* 10-Dollar-Note *f*; **ˈ~·dust** *s.* Sägemehl *n*: ***let the ~ out of*** *fig.* die Hohlheit zeigen von; **ˈ~·fish** *s. ichth.* Sägefisch *m*; **ˈ~·fly** *s. zo.* Blattwespe *f*; **~ frame**, **~ gate** *s.* ⚙ Sägegatter *n*; **ˈ~·horse** *s.* Sägebock *m*; **ˈ~·mill** *s.* Sägewerk *n*, -mühle *f*.

sawn [sɔːn] *p.p. von* ***saw³***.

Saw·ney [ˈsɔːnɪ] *s.* F **1.** (*Spitzname für*) Schotte *m*; **2.** ~ Trottel *m*.

saw| set *s.* ⚙ Schränkeisen *n*; **ˈ~·tooth I** *s.* **1.** Sägezahn *m*; **II** *adj.* **2.** Sägezahn...: ***~ roof*** Säge-, Scheddach *n*; **3.** ⚡ Sägezahn..., Kipp...(*-spannung etc.*); **ˈ~·wort** *s.* ⚘ Färberdistel *f*.

saw·yer [ˈsɔːjə] *s.* Säger *m*.

Saxe [sæks] *s.* Sächsischblau *n*.

sax·horn [ˈsækshɔːn] *s.* ♪ Saxhorn *n*.

sax·i·frage [ˈsæksɪfrɪdʒ] *s.* ⚘ Steinbrech *m*.

Sax·on [ˈsæksn] **I** *s.* **1.** Sachse *m*, Sächsin *f*; **2.** *hist.* (Angel)Sachse *m*, (Angel-) Sächsin *f*; **3.** *ling.* Sächsisch *n*; **II** *adj.* **4.** sächsisch; **5.** (alt-, angel)sächsisch, *ling. oft* gerˈmanisch: ***~ genitive*** sächsischer Genitiv; **~ blue** → ***Saxe***; **ˈSax·o·ny** [-nɪ] *s.* **1.** *geogr.* Sachsen *n*; **2.** ~ feiner, glänzender Wollstoff.

sax·o·phone [ˈsæksəfəʊn] *s.* ♪ Saxoˈphon *n*; **sax·o·phon·ist** [sækˈsɒfənɪst] *s.* Saxophoˈnist(in).

say [seɪ] **I** *v/t.* [*irr.*] **1.** *et.* sagen, sprechen; **2.** sagen, äußern, berichten: ***he has nothing to ~ for himself*** a) er ist sehr zurückhaltend, b) *contp.* mit ihm ist nicht viel los; ***have you nothing to ~ for yourself?*** hast du nichts zu deiner Rechtfertigung zu sagen?; ***to ~ nothing of*** ganz zu schweigen von, geschweige; ***the Bible ~s*** die Bibel sagt, in der Bibel heißt es; ***people*** (*od.* ***they***) ***~ he is ill, he is said to be ill*** man sagt *od.* es heißt, er sei krank, er soll krank sein; **3.** sagen, behaupten, versprechen: ***you said you would come***; → ***soon*** 2; **4.** a) *a.* ***~ over*** *Gedicht etc.* auf-, hersagen, b) *Gebet* sprechen, c) *R.C. Messe* lesen; **5.** (be)sagen, bedeuten: ***that is to ~*** das heißt; ***$500, ~, five hundred dollars*** $500, in Worten: fünfhundert Dollar; ***that is ~ing a great deal*** das will viel heißen; **6.** annehmen: (***let us***) ***~ it happens*** angenommen, es passiert; ***a sum of, ~, $20*** e-e Summe von, sagen wir (mal), *od.* von etwa $20; ***I should ~*** ich dächte, ich würde sagen; **II** *v/i.* [*irr.*] **7.** sagen, meinen: ***you may well ~ so!*** das kann man wohl sagen!; ***it is hard to ~*** es ist schwer zu sagen; ***what do you ~*** (*od.* ***what ~ you***) ***to ...?*** was hältst du von ...?, wie wäre es mit ...?; ***you don't ~ (so)!*** was Sie nicht sagen!, nicht möglich!; ***it ~s*** es lautet (*Schreiben etc.*); ***it ~s here*** hier steht (*geschrieben*), hier heißt es; **8.** ***I ~!*** *int.* a) hör(en Sie) mal!, sag(en Sie) mal!, b) *erstaunt od. beifällig*: Donnerwetter!; **III** *s.* **9.** ***have one's ~*** (***to*** *od.* ***on***) s-e Meinung äußern (über *acc. od.* zu); **10.** Mitspracherecht *n*: ***have a*** (***no***) ***~ in*** et. (nichts) zu sagen haben bei; ***it is my ~ now!*** jetzt rede ich!; **11.** *a.* ***final ~*** endgültige Entscheidung: ***who has the ~ in this matter?*** wer hat in dieser Sache zu entscheiden *od.* das letzte Wort zu reden?

say·est ['seɪɪst] *obs. 2. sg. pres. von* ***say***: ***thou ~*** du sagst.

say·ing ['seɪɪŋ] *s.* **1.** Reden *n*: ***it goes without ~*** es ist selbstverständlich; ***there is no ~*** man kann nicht sagen *od.* wissen (*ob, wann etc.*); **2.** Ausspruch *m*; **3.** Sprichwort *n*, Redensart *f*: ***as the ~ goes*** (*od.* ***is***) wie es (im Sprichwort) heißt, wie man sagt.

says [sez; səz] *3. sg. pres. von* ***say***: ***he ~*** er sagt.

'say-so *s.* F **1.** (bloße) Behauptung; **2.** → ***say*** 11.

scab [skæb] **I** *s.* **1.** ⚕ a) Grind *m*, (Wund)Schorf *m*, b) Krätze *f*; **2.** *vet.* Räude *f*; **3.** ⚘ Schorf *m*; **4.** *sl.* Ha'lunke *m*; **5.** *sl.* a) Streikbrecher(in), b) Nichtgewerkschaftler *m*: ***~ work*** Schwarzarbeit *f*; *a.* Arbeit unter Tariflohn; **6.** ⚙ Gußfehler *m*; **II** *v/i.* **7.** verschorfen, sich verkrusten; **8.** *a.* ***~ it*** *sl.* als Streikbrecher *od.* unter Ta'riflohn arbeiten.

scab·bard ['skæbəd] *s.* (Schwert- *etc.*) Scheide *f*.

scabbed [skæbd] *adj.* **1.** → ***scabby***; **2.** ⚘ schorfig.

scab·by ['skæbɪ] *adj.* □ **1.** ⚕ schorfig, grindig; **2.** *vet.* räudig; **3.** F schäbig, schuftig.

sca·bi·es ['skeɪbiːz] → ***scab*** 1 b *u.* 2.

sca·bi·ous[1] ['skeɪbjəs] *adj.* **1.** ⚕ skabi'ös, krätzig; **2.** *vet.* räudig.

sca·bi·ous[2] ['skeɪbjəs] *s.* ⚘ Skabi'ose *f*.

sca·brous ['skeɪbrəs] *adj.* **1.** rauh, schuppig (*Pflanze etc.*); **2.** heikel, kniff(e)lig: ***a ~ question***; **3.** *fig.* schlüpfrig, anstößig.

scaf·fold ['skæfəld] **I** *s.* **1.** (Bau-, Arbeits)Gerüst *n*; **2.** Blutgerüst *n*, (*a.* Tod *m* auf dem) Scha'fott *n*; **3.** ('Redner-, 'Zuschauer)Tri͵büne *f*; **4.** *anat.* a) Knochengerüst *n*, b) Stützgewebe *n*; **5.** ⚙ Ansatz *m* (*im Hochofen*); **II** *v/t.* **6.** ein Gerüst anbringen an (*dat.*); **7.** auf e-m Gestell aufbauen; **'scaf·fold·ing** [-dɪŋ] *s.* **1.** (Bau)Gerüst *n*; **2.** Ge'rüstmateri͵al *n*; **3.** Errichtung *f* des Gerüsts.

scal·a·ble ['skeɪləbl] *adj.* ersteigbar.

scal·age ['skeɪlɪdʒ] *s.* **1.** ⚜ *Am.* Schwundgeld *n*; **2.** Holzmaß *n*.

sca·lar ['skeɪlə] ⚗ **I** *adj.* ska'lar, ungerichtet; **II** *s.* Ska'lar *m*.

scal·a·wag ['skæləwæg] *s.* **1.** Kümmerling *m* (*Tier*); **2.** F Lump *m*.

scald[1] [skɔːld] *s.* Skalde *m* (*nordischer Sänger*).

scald[2] [skɔːld] **I** *v/t.* **1.** verbrühen; **2.** *Milch etc.* abkochen: ***~ing hot*** a) kochendheiß, b) glühendheiß (*Tag etc.*); ***~ing tears*** *fig.* heiße Tränen; **3.** *Obst etc.* dünsten; **4.** *Geflügel, Schwein etc.* abbrühen; **5.** *a.* ***~ out*** *Gefäß, Instrumente* auskochen; **II** *s.* **6.** Verbrühung *f*.

scale[1] [skeɪl] **I** *s.* **1.** *zo.* Schuppe *f*; *coll.* Schuppen *pl.*; **2.** ⚕ Schuppe *f*: ***come off in ~s*** → 11; ***the ~s fell from my eyes*** es fiel mir wie Schuppen von den Augen; **3.** a) ⚘ Schuppenblatt *n*, b) (*Erbsen- etc.*)Hülse *f*, Schale *f*; **4.** (*Messer*)Schale *f*; **5.** Ablagerung *f*, *bsd.* a) Kesselstein *m*, b) ⚕ Zahnstein *m*; **6.** *a. pl. metall.* Zunder *m*: ***iron ~*** Hammerschlag *m*, Glühspan *m*; **II** *v/t.* **7.** *a.* ***~ off*** *Fisch* (ab)schuppen; *Schicht etc.* ablösen, -schälen, -häuten; **8.** a) abklopfen, den Kesselstein entfernen aus, b) *Zähne* vom Zahnstein befreien; **9.** e-e Kruste *od.* Kesselstein ansetzen in (*dat.*) *od.* an (*dat.*); **10.** *metall.* zunderfrei machen, ausglühen; **III** *v/i.* **11.** *a.* ***~ off*** sich abschuppen *od.* -lösen, abblättern; **12.** Kessel- *od.* Zahnstein ansetzen.

scale[2] [skeɪl] **I** *s.* **1.** Waagschale *f* (*a. fig.*): ***hold the ~s even*** *fig.* gerecht urteilen; ***throw into the ~*** *fig. Argument, Schwert etc.* in die Waagschale werfen; ***turn*** (*od.* ***tip***) ***the ~(s)*** *fig.* den Ausschlag geben; ***turn the ~ at 55 lbs*** 55 Pfund wiegen; → ***weight*** 4; **2.** *mst pl.* Waage *f*: ***a pair of ~s*** eine Waage; ***go to ~*** *sport* gewogen werden (*Jockey, Boxer*); ***go to ~ at 90 lbs*** 90 Pfund auf die Waage bringen; **3.** ***2s*** *pl. ast.* Waage *f*; **II** *v/t.* **4.** wiegen; **5.** F (ab-, aus-) wiegen; **III** *v/i.* **6.** ***~ in*** (***out***) vor (nach) dem Rennen gewogen werden (*Jokkey*).

scale[3] [skeɪl] **I** *s.* **1.** ⚙, *phys.* Skala *f*: ***~ division*** Gradeinteilung *f*; ***~ disk*** Skalenscheibe *f*; ***~ line*** Teilstrich *m*; **2.** a) Stufenleiter *f*, Staffelung *f*, b) Skala *f*, Ta'rif *m*: ***~ of fees*** Gebührenordnung *f*; ***~ of wages*** Lohnskala, -tabelle *f*; **3.** Stufe *f* (*auf e-r Skala, Tabelle etc.*; *a. fig.*): ***social ~*** Gesellschaftsstufe; **4.** ⚗, ⚙ a) Maßstab(angabe *f*) *m*, b) loga'rithmischer Rechenstab: ***in*** (*od.* ***to***) ~ maßstab(s)gerecht: ***drawn to a ~ of 1:5*** im Maßstab 1:5 gezeichnet; ***~ model*** maßstab(s)getreues Modell; **5.** *fig.* Maßstab *m*, 'Umfang *m*: ***on a large ~*** in großem Umfang, im großen; **6.** ⩚ (nu'merische) Zahlenreihe: ***decimal ~*** Dezimalreihe *f*; **7.** ♪ a) Tonleiter *f*, b) 'Tonˌumfang *m* (*Instrument*): ***learn one's ~s*** Tonleitern üben; **8.** *Am. Börse*: ***on a ~*** zu verschiedenen Kurswerten (*Wertpapiere*); **9.** *fig.* Leiter *f*: ***a ~ to success***; **II** *v/t.* **10.** erklimmen, erklettern (*a. fig.*); **11.** maßstab(s)getreu zeichnen: ***~ down*** (***up***) maßstäblich verkleinern (vergrößern); **12.** einstufen: ***~ down*** *Löhne* herunterschrauben, drücken; ***~ up*** *Preise etc.* hochschrauben; **III** *v/i.* **13.** *auf e-r Skala od. fig.* klettern, steigen: ***~ down*** fallen.

scale| ar·mo(u)r *s.* Schuppenpanzer *m*; **~ beam** *s.* Waagebalken *m*; **~ buy·ing** *s.* ✝ (spekula'tiver) Aufkauf von 'Wertpaˌpieren.

scaled [skeɪld] *adj.* **1.** *zo.* schuppig, Schuppen...; **2.** abgeschuppt: ***~ herring***; **3.** mit e-r Skala (versehen).

'scale-down *s.* maßstab(s)gerechte Verkleinerung.

scale·less ['skeɪllɪs] *adj.* schuppenlos.

sca·lene ['skeɪliːn] ⩚ **I** *adj.* ungleichseitig (*Figur*), schief (*Körper*); **II** *s.* schiefwinkliges Dreieck.

scal·ing ['skeɪlɪŋ] *s.* **1.** (Ab)Schuppen *n*; **2.** Kesselstein- *od.* Zahnsteinentfernung *f*; **3.** Erklettern *n*, Aufstieg *m* (*a. fig.*); **4.** ✝ (spekula'tiver) Auf- u. Verkauf *m* von 'Wertpaˌpieren.

scall [skɔːl] *s.* ⚕ (Kopf)Grind *m*.

scal·la·wag → ***scalawag***.

scal·lion ['skæljən] *s.* ⚘ Scha'lotte *f*.

scal·lop ['skɒləp] **I** *s.* **1.** *zo.* Kammuschel *f*; **2.** *a.* ***~ shell*** Muschelschale *f* (*a. aus Porzellan zum Servieren von Speisen*); **3.** *Näherei*: Lan'gette *f*; **II** *v/t.* **4.** ⚙ ausbogen, bogenförmig verzieren; **5.** *Näherei*: langettieren; **6.** *Speisen* in der (Muschel)Schale über'backen.

scalp [skælp] **I** *s.* **1.** *anat.* Kopfhaut *f*; **2.** Skalp *m* (*abgezogene Kopfhaut als Siegeszeichen*): ***be out for ~s*** sich auf dem Kriegspfad befinden, *fig.* kampf-, angriffslustig sein; **3.** *fig.* ('Sieges)Troˌphäe *f*; **II** *v/t.* **4.** skalpieren; **5.** ✝ *Am.* F *Wertpapiere* mit kleinem Pro'fit weiterverkaufen; **6.** *Am. sl. Eintrittskarten* auf dem schwarzen Markt verkaufen.

scal·pel ['skælpəl] *s.* ⚕ Skal'pell *n*.

scal·y ['skeɪlɪ] *adj.* **1.** schuppig, geschuppt; **2.** Schuppen...; **3.** schuppenförmig; **4.** sich abschuppend, schilferig.

scamp [skæmp] **I** *s.* Ha'lunke *m*; *humor. a.* Spitzbube *m*; **II** *v/t. Arbeit etc.* schlud(e)rig ausführen, hinschlampen.

scam·per ['skæmpə] **I** *v/i.* **1.** *a.* ***~ about*** (he'rum)tollen, her'umhüpfen; **2.** hasten: ***~ away*** (*od.* ***off***) sich davonmachen; **II** *s.* **3.** (He'rum)Tollen *n*.

scan [skæn] **I** *v/t.* **1.** genau *od.* kritisch prüfen, forschend *od.* scharf ansehen; **2.** *Horizont etc.* absuchen; **3.** über'fliegen: ***~ the headlines***; **4.** *Vers* skandieren; **5.** ⚡ *Computer, Radar, TV*: abtasten; **II** *v/i.* **6.** *Metrik*: a) skan'dieren, b) sich *gut etc.* skandieren (lassen).

scan·dal ['skændl] *s.* **1.** Skan'dal *m*: a) skanda'löses Ereignis, b) (öffentliches) Ärgernis: ***cause ~*** Anstoß erregen, c) Schande *f*, Schmach *f* (***to*** für); **2.** Verleumdung *f*, (böswilliger) Klatsch: ***talk ~*** klatschen; ***~ sheet*** Skandal-, Revolverblatt *n*; **3.** ⚖ üble Nachrede (*im Prozeß*); **4.** ‚unmöglicher' Mensch.

scan·dal·ize[1] ['skændəlaɪz] *v/t.* Anstoß erregen bei (*dat.*), *j-n* schockieren: ***be ~d at*** Anstoß nehmen an (*dat.*), empört sein über (*acc.*).

scan·dal·ize[2] ['skændəlaɪz] *v/t.* ⚓ *Segel* verkleinern, ohne zu reffen.

'scan·dalˌmon·ger *s.* Lästermaul *n*, Klatschbase *f*.

scan·dal·ous ['skændələs] *adj.* □ **1.** skanda'lös, anstößig, schockierend; **2.** schändlich, schimpflich; **3.** verleumderisch, Schmäh...: ***~ stories***; **4.** klatschsüchtig (*Person*).

Scan·di·na·vi·an [ˌskændɪ'neɪvjən] **I** *adj.* **1.** skandi'navisch; **II** *s.* **2.** Skandi'navier(in); **3.** *ling.* a) Skandi'navisch *n*, b) Altnordisch *n*.

scan·ner ['skænə] *s.* **1.** *Computer, Radar*: Abtaster *m*; **2.** → ***scanning disk***.

scan·ning ['skænɪŋ] *s. allg.* Abtastung *f*; **~ disk** *s. TV* Abtastscheibe *f*; **~ lines** *s. pl. TV* Rasterlinien *pl.*

scan·sion ['skænʃn] *s. Metrik*: Skandierung *f*, Skansi'on *f*.

Scan·so·res [skæn'sɔːriːz] *s. pl. orn.* Klettervögel *pl.*; **scan'so·ri·al** [-rɪəl] *adj. orn.* **1.** Kletter...; **2.** zu den Klettervögeln gehörig.

scant [skænt] *adj.* knapp (***of*** an *dat.*), spärlich, dürftig, gering: ***a ~ 2 hours*** knapp 2 Stunden; **'scan·ties** [-tɪz] *s. pl.* Damenslip *m*; **'scant·i·ness** [-tɪnɪs], **'scant·ness** [-nɪs] *s.* **1.** Knappheit *f*, Kargheit *f*; **2.** Unzulänglichkeit *f*; **'scant·y** [-tɪ] *adj.* □ **1.** → ***scant***; **2.** unzureichend; **3.** eng, beengt (*Raum etc.*).

scape [skeɪp] *s.* **1.** ⚘, *zo.* Schaft *m*; **2.** △ (Säulen)Schaft *m*.
'**scape·goat** *s. fig.* Sündenbock *m*.
'**scape·grace** *s.* Taugenichts *m*.
scaph·oid ['skæfɔɪd] *anat.* **I** *adj.* scapho'id, Kahn...; **II** *s. a.* ~ ***bone*** Kahnbein *n*.
scap·u·la ['skæpjʊlə] *pl.* **-lae** [-li:] *s. anat.* Schulterblatt *n*; '**scap·u·lar** [-lə] **I** *adj.* **1.** *anat.* Schulter(blatt)...; **II** *s.* **2.** → ***scapulary***; **3.** ⚕ Schulterbinde *f*; '**scap·u·lar·y** [-lərɪ] *s. eccl.* Skapu'lier *n*.
scar¹ [skɑ:] **I** *s.* **1.** Narbe *f* (*a.* ⚘; *a. fig. u. psych.*); **2.** Schramme *f*, Kratzer *m*; **3.** *fig.* (Schand)Fleck *m*, Makel *m*; **II** *v/t.* **4.** e-e Narbe *od.* Narben hinter'lassen auf (*dat.*); **5.** *fig.* bei *j-m* ein Trauma hinter'lassen; **6.** *fig.* entstellen, verunstalten; **III** *v/i.* **7.** *a.* ~ ***over*** vernarben (*a. fig.*).
scar² [skɑ:] *s. Brit.* Klippe *f*, steiler (Felsen)Abhang.
scar·ab ['skærəb] *s.* **1.** *zo.* Skara'bäus *m* (*a. Schmuck etc.*); **2.** *zo.* Mistkäfer *m*.
scarce [skeəs] **I** *adj.* □ **1.** knapp, spärlich: ~ ***commodities*** ⚚ Mangelwaren; **2.** selten, rar: ***make o.s.*** ~ F a) sich rar machen, b) ‚sich dünnmachen'; **II** *adv.* **3.** *obs.* → '**scarce·ly** [-lɪ] *adv.* **1.** kaum, gerade erst: ~ ***anything*** kaum etwas, fast nichts; ~ ... ***when*** kaum ... als; **2.** wohl nicht, kaum, schwerlich; '**scarce·ness** [-nɪs], '**scar·ci·ty** [-sətɪ] *s.* **1.** a) Knappheit *f*, Mangel *m* (***of*** an *dat.*), b) Verknappung *f*; **2.** (Hungers)Not *f*; **3.** Seltenheit *f*: ~ ***value*** Seltenheitswert *m*.
scare [skeə] **I** *v/t.* **1.** erschrecken, *j-m* e-n Schrecken einjagen, ängstigen: ***be ~d of s.th.*** sich vor et. fürchten; **2.** *a.* ~ ***away*** verscheuchen, -jagen; **3.** ~ ***up*** a) *Wild etc.* aufscheuchen, b) F *Geld etc.* auftreiben, *et.* ‚organisieren'; **II** *v/i.* **4.** erschrecken: ***he does not ~ easily*** er läßt sich nicht leicht ins Bockshorn jagen; **III** *s.* **5.** Schreck(en) *m*, Panik *f*: ~ ***buying*** Angstkäufe *pl.*; ~ ***news*** Schreckensnachricht(en *pl.*) *f*; **6.** blinder A'larm; '**~·crow** *s.* **1.** Vogelscheuche *f* (*a. fig. Person*); **2.** *fig.* Schreckgespenst *n*; '**~-ˌhead(·ing)** *s.* (riesige) Sensati'onsschlagzeile; '**~ˌmon·ger** *s.* Panikmacher(in); '**~ˌmon·ger·ing** *s.* Panikmache *f*.
scarf¹ [skɑ:f] *pl.* **scarfs**, **scarves** [-vz] *s.* **1.** Hals-, Kopf-, Schultertuch *n*, Schal *m*; **2.** (breite) Kra'watte (*für Herren*); **3.** ⚔ Schärpe *f*; **4.** *eccl.* Seidenstola *f*; **5.** Tischläufer *m*.
scarf² [skɑ:f] **I** *s.* **1.** ⚙ Laschung *f*, Blatt *n* (*Hölzer*); ⚓ Lasch *m*; **2.** ⚙ → ***scarf joint***; **II** *v/t.* **3.** ⚙ zs.-blatten; ⚓ (ver)laschen; **4.** *e-n Wal* aufschneiden.
scarf| joint *s.* ⚙ Blattfuge *f*, Verlaschung *f*; '**~·pin** *s.* Kra'wattennadel *f*; '**~·skin** *s. anat.* Oberhaut *f*.
scar·i·fi·ca·tion [ˌskeərɪfɪ'keɪʃn] *s.* ⚕ Hautritzung *f*; **scar·i·fi·ca·tor** ['skeərɪfɪkeɪtə], **scar·i·fi·er** ['skeərɪfaɪə] *s.* **1.** ⚕ Stichelmesser *n*; **2.** ⚒ Messeregge *f*; **3.** ⚙ Straßenaufreißer *m*; **scar·i·fy** ['skeərɪfaɪ] *v/t.* **1.** *Haut* ritzen, ⚕ skarifizieren; **2.** ⚒ a) *Boden* auflockern, b) *Samen* anritzen; **3.** *fig.* a) *Gefühle etc.* verletzen, b) scharf kritisieren.
scar·la·ti·na [ˌskɑ:lə'ti:nə] *s.* ⚕ Scharlach(fieber *n*) *m*.
scar·let ['skɑ:lət] **I** *s.* **1.** Scharlach(rot *n*) *m*; **2.** Scharlach(tuch *n*, -gewand *n*) *m*; **II** *adj.* **3.** scharlachrot: ***flush*** (*od.* ***turn***) ~ dunkelrot werden; **4.** *fig.* unzüchtig; ~ **fe·ver** *s.* ⚕ Scharlach(fieber *n*) *m*; ~ **hat** *s.* **1.** Kardi'nalshut *m*; **2.** *fig.* Kardi'nalswürde *f*; ~ **run·ner** *s.* ⚘ Scharlach-, Feuerbohne *f*; ≈ **Wom·an** *s.* **1.** *bibl. die* (scharlachrot gekleidete) Hure; **2.** *fig. contp.* (*das* heidnische *od.* päpstliche) Rom.
scarp [skɑ:p] **I** *s.* **1.** steile Böschung; **2.** ⚔ Es'karpe *f*; **II** *v/t.* **3.** abböschen, abdachen; **scarped** [-pt] *adj.* steil, abschüssig.
scarred [skɑ:d] *adj.* narbig.
scarves [skɑ:vz] *pl. von* ***scarf¹***.
scar·y ['skeərɪ] *adj.* F **1.** a) grus(e)lig, schaurig, b) unheimlich; **2.** schreckhaft, ängstlich.
scat¹ [skæt] F **I** *int.* **1.** ‚hau ab'!; **2.** Tempo!; **II** *v/i.* **3.** ‚verduften'; **4.** flitzen.
scat² [skæt] *s. Jazz*: Scat *m* (*Singen zs.-hangloser Silben*).
scathe [skeɪð] **I** *v/t.* **1.** *poet.* versengen; **2.** *obs. od. Scot.* verletzen; **3.** *fig.* vernichtend kritisieren; **II** *s.* **4.** Schaden *m*: ***without*** ~; **5.** Beleidigung *f*; '**scathe·less** [-lɪs] *adj.* unversehrt; '**scath·ing** [-ðɪŋ] *adj.* □ *fig.* **1.** vernichtend, ätzend (*Kritik etc.*); **2.** verletzend.
sca·tol·o·gy [skə'tɒlədʒɪ] *s.* **1.** ⚕ Skato-lo'gie *f*, Kotstudium *n*; **2.** *fig.* Beschäftigung *f* mit dem Ob'szönen (in der Lite-ra'tur).
scat·ter ['skætə] **I** *v/t.* **1.** *a.* ~ ***about*** (aus-, um'her-, ver)streuen; **2.** verbreiten, -teilen; **3.** bestreuen (***with*** mit); **4.** *Menge etc.* zerstreuen, *a. Vögel etc.* ausein'anderscheuchen: ***be ~ed to the four winds*** in alle Winde zerstreut werden *od.* sein; **5.** *Geld* verschleudern, verzetteln: ~ ***one's strength*** *fig.* sich

verzetteln; **6.** *phys. Licht etc.* zerstreuen; **II** *v/i.* **7.** sich zerstreuen (*Menge*), ausein'anderstieben (*a. Vögel etc.*), sich zerteilen (*Nebel*); **8.** a) sich verbreiten (**over** über *acc.*), b) verstreut sein; **III** *s.* **9.** *allg., a. phys. etc.* Streuung *f*; **'~brain** *s.* Wirrkopf *m*; **'~brained** *adj.* wirr, kon'fus.

scat·tered ['skætəd] *adj.* **1.** ver-, zerstreut (liegend *od.* vorkommend *etc.*); **2.** vereinzelt (auftretend): **~ rain showers**; **3.** *fig.* wirr; **4.** *phys.* dif'fus, Streu...

'scat·ter|·gun *s. Am.* Schrotflinte *f*; **~ rug** *s. Am.* Brücke *f* (*Teppich*).

scaur [skɔ:] *bsd. Scot. für* **scar²**.

scav·enge ['skævɪndʒ] **I** *v/t.* **1.** *Straßen etc.* reinigen, säubern; **2.** *mot. Zylinder von Gasen* reinigen, spülen: **~ stroke** Spültakt *m*, Auspuffhub *m*; **3.** *Am.* a) *Abfälle etc.* auflesen, b) *et.* auftreiben, c) *et.* durch'stöbern (**for** nach); **II** *v/i.* **4.** **~ for** (her'um)suchen nach; **'scav·en·ger** [-dʒə] *s.* **1.** Straßenkehrer *m*; **2.** Müllmann *m*; **3.** a) Trödler *m*, b) Lumpensammler *m*; **4.** ⚗ Reinigungsmittel *n*; **5.** *zo.* Aasfresser *m*: **~ beetle** aasfressender Käfer.

sce·nar·i·o [sɪ'nɑ:rɪəʊ] *pl.* **-ri·os** *s.* **1.** a) *thea.* Sze'nar(io) *n*, b) *Film*: Drehbuch *n*; **2.** *fig.* Sze'nario *n*, Plan *m*; **sce·na·rist** ['si:nərɪst] *s.* Drehbuchautor *m*.

scene [si:n] *s.* **1.** *thea., Film, TV*: a) Szene *f*, Auftritt *m*, b) Ort *m* der Handlung, Schauplatz *m* (*a. Roman etc.*); → **lay** 6, c) Ku'lisse *f*, d) → **scenery** b: **behind the ~s** hinter den Kulissen (*a. fig.*); **change of ~** Szenenwechsel *m*, *fig.* ‚Tapetenwechsel' *m*; **2.** Szene *f*, Epi'sode *f* (*Roman etc.*); **3.** 'Hintergrund *m e-r Erzählung etc.*; **4.** *fig.* Szene *f*, Schauplatz *m*: **~ of accident** (**crime**) Unfallort *m* (Tatort *m*); **5.** Szene *f*, Anblick *m*; *paint.* (Landschafts-) Bild *n*: **~ of destruction** *fig.* Bild der Zerstörung; **6.** Szene *f*: a) Vorgang *m*, b) (heftiger) Auftritt: **make** (**s.o.**) **a. ~** (j-m) e-e Szene machen; **7.** *fig.* (Welt-) Bühne *f*: **quit the ~** von der Bühne abtreten, sterben; **8.** *sl.* (Drogen-, Pop- *etc.*)Szene *f*: **that's not my ~** *fig.* das ist nicht mein Fall; **~ dock** *s. thea.* Requi'sitenraum *m*; **~ paint·er** *s.* Bühnenmaler(in).

scen·er·y ['si:nərɪ] *s.* Szene'rie *f*: a) Landschaft *f*, Gegend *f*, b) *thea.* Bühnenbild *n*, -ausstattung *f*.

'scene|shift·er *s. thea.* Bühnenarbeiter *m*, Ku'lissenschieber *m*.

sce·nic ['si:nɪk] **I** *adj.* (□ **~ally**) **1.** landschaftlich, Landschafts...; **2.** (landschaftlich) schön, malerisch: **~ railway** (in e-r künstlichen Landschaft angelegte) Liliputbahn; **~ road** landschaftlich schöne Strecke (*Hinweis auf Autokarte*); **3.** *thea.* a) szenisch, Bühnen...: **~ designer** Bühnenbildner(in), b) dra'matisch (*a. Gemälde etc.*), c) Ausstattungs...; **II** *s.* **4.** Na'turfilm *m*.

sce·no·graph·ic, sce·no·graph·i·cal [ˌsi:nə'græfɪk(l)] *adj.* □ szeno'graphisch, perspek'tivisch.

scent [sent] **I** *s.* **1.** (*bsd.* Wohl)Geruch *m*, Duft *m*; **2.** Par'füm *n*; **3.** *hunt.* a) Witterung *f*, b) Spur *f*, Fährte *f* (*a. fig.*): **blazing ~** warme Fährte; **on the** (**wrong**) **~** auf der (falschen) Fährte; **put on the ~** auf die Fährte setzen; **put** (*od.* **throw**) **off the ~** von der (richtigen) Spur ablenken; **4.** a) Geruchssinn *m*, b) *zo. u. fig.* Spürsinn *m*, *gute etc.* Nase: **have a ~ for s.th.** *fig.* e-e Nase für et. haben; **II** *v/t.* **5.** *et.* riechen; **6.** *a.* **~ out** *hunt. u. fig.* wittern, (auf)spüren; **7.** mit Wohlgeruch erfüllen; **8.** parfümieren; **scent bag** *s.* **1.** *zo.* Duftdrüse *f*; **2.** *Fuchsjagd*: künstliche Schleppe; **3.** Duftkissen *n*; **scent bot·tle** *s.* Par'fümfläschchen *n*; **'scent·ed** [-tɪd] *adj.* **1.** duftend; **2.** parfümiert; **scent gland** *s. zo.* Duft-, Moschusdrüse *f*; **'scent·less** [-lɪs] *adj.* **1.** geruchlos; **2.** *hunt.* ohne Witterung (*Boden*).

scep·sis ['skepsɪs] *s.* **1.** Skepsis *f*; **2.** *phls.* Skepti'zismus *m*.

scep·ter ['septə] *etc. Am.* → **sceptre** *etc.*

scep·tic ['skeptɪk] *s.* **1.** (*phls. mst* ♀) Skeptiker(in); **2.** *eccl.* Zweifler(in), *allg.* Ungläubige(r *m*) *f*, Athe'ist(in); **'scep·ti·cal** [-kl] *adj.* □ skeptisch (*a. phls.*), mißtrauisch, ungläubig: **be ~ about** (*od.* **of**) **s.th.** e-r Sache skeptisch gegenüberstehen, et. bezweifeln, an et. zweifeln; **'scep·ti·cism** [-ɪsɪzəm] → **scepsis**.

scep·tre ['septə] *s.* Zepter *n*: **wield the ~** das Zepter führen, herrschen; **'scep·tered** [-əd] *adj.* **1.** zeptertragend, herrschend (*a. fig.*); **2.** *fig.* königlich.

sched·ule [*Brit.* 'ʃedju:l; *Am.* 'skedʒʊl] **I** *s.* **1.** Liste *f*, Ta'belle *f*, Aufstellung *f*, Verzeichnis *n*; **2.** *bsd.* ⚖ Anhang *m*; **3.** *bsd. Am.* a) (Arbeits-, Lehr-, Stunden-) Plan *m*, b) Fahrplan *m*: **be behind ~** Verspätung haben, *weitS.* im Verzug sein; **on ~** (fahr)planmäßig, pünktlich; **4.** Formblatt *n*, Vordruck *m*, Formu'lar *n*; **5.** Einkommensteuerklasse *f*; **II** *v/t.* **6.** *et.* in e-r Liste *etc. od.* tabel'larisch zs.-stellen; **7.** (in e-e Liste *etc.*) eintragen, -fügen: ***~d departure*** (fahr)planmäßige Abfahrt; ***~d flight*** ✈ Linienflug *m*; ***the train is ~d to leave at 6*** der Zug fährt fahrplanmäßig um 6; **8.** *bsd.* ⚖ (als Anhang) beifügen (***to*** *dat.*); **9.** a) festlegen, b) planen.

sche·mat·ic [skɪ'mætɪk] *adj.* (□ ***~ally***) sche'matisch; **sche·ma·tize** ['ski:mətaɪz] *v/t. u. v/i.* schematisieren.

scheme [ski:m] **I** *s.* **1.** Schema *n*, Sy'stem *n*, Anlage *f*: ***~ of colo(u)r*** Farbenzusammenstellung *f*, -skala *f*; ***~ of philosophy*** philosophisches System; **2.** a) Schema *n*, Aufstellung *f*, Ta'belle *f*, b) 'Übersicht *f*, c) sche'matische Darstellung; **3.** Plan *m*, Pro'jekt *n*, Pro'gramm *n*: ***irrigation ~***; **4.** (dunkler) Plan, In'trige *f*, Kom'plott *n*; **II** *v/t.* **5.** *a.* ***~ out*** planen, entwerfen; **6.** *Böses* planen, aushecken; **7.** in ein Schema *od.* Sy'stem bringen; **III** *v/i.* **8.** Pläne schmieden, *bsd. b.s.* Ränke schmieden, intrigieren; '**schem·er** [-mə] *s.* **1.** Plänemacher *m*; **2.** Ränkeschmied *m*, Intri'gant *m*; '**schem·ing** [-mɪŋ] *adj.* □ ränkevoll, intri'gant.

scher·zan·do [skeət'sændəʊ] (*Ital.*) *adv.* ♪ scher'zando, heiter; **scher·zo** ['skeətsəʊ] *s.* ♪ Scherzo *n*.

schism ['sɪzəm] *s.* **1.** *eccl.* a) Schisma *n*, Kirchenspaltung *f*, b) Lossagung *f*; **2.** *fig.* Spaltung *f*, Riß *m*; **schis·mat·ic** [sɪz'mætɪk] *bsd. eccl.* **I** *adj.* (□ ***~ally***) schis'matisch, abtrünnig; **II** *s.* Schis'matiker *m*, Abtrünnige(r) *m*; **schis'mat·i·cal** [sɪz'mætɪkl] *adj.* □ → ***schismatic*** I.

schist [ʃɪst] *s. geol.* Schiefer *m*.

schiz·oid ['skɪtsɔɪd] *psych.* **I** *adj.* schizo'id; **II** *s.* Schizo'ide(r *m*) *f*.

schiz·o·my·cete [ˌskɪtsəʊmaɪ'si:t] *s.* ⚘ Spaltpilz *m*, Schizomy'zet *m*.

schiz·o·phrene ['skɪtsəʊfri:n] *s. psych.* Schizo'phrene(r *m*) *f*; **schiz·o·phre·ni·a** [ˌskɪtsəʊ'fri:njə] *s. psych.* Schizophre'nie *f*; **schiz·o·phren·ic** [ˌskɪtsəʊ'frenɪk] *psych.* **I** *s.* Schizophrene(r *m*) *f*; **II** *adj.* schizo'phren.

schle·miel, **schle·mihl** [ʃle'mi:l] *s. Am. sl.* **1.** Pechvogel *m*; **2.** Tolpatsch *m*.

schlep(p) [ʃlep] *Am. sl.* **I** *v/t.* (*v/i.* sich) schleppen; **II** *s.* → '**schlep·per** [-pə] *s. Am. sl.* ‚Blödmann' *m*.

schmaltz [ʃmɔ:lts] (*Ger.*) *s. sl.* **1.** ‚Schmalz' *m* (*a. Musik*); **2.** Kitsch *m*; '**schmaltz·y** [-tsɪ] *adj.* ‚schmalzig', sentimen'tal.

schnap(p)s [ʃnæps] (*Ger.*) *s.* Schnaps *m*.

schnit·zel ['ʃnɪtsəl] (*Ger.*) *s. Küche*: Wiener Schnitzel *n*.

schnor·kel ['ʃnɔ:kəl] → ***snorkel.***

schol·ar ['skɒlə] *s.* **1.** a) Gelehrte(r) *m*, *bsd.* Geisteswissenschaftler *m*, b) Gebildete(r) *m*; **2.** Studierende(r *m*) *f*: ***he is an apt ~*** er lernt gut; ***he is a good French ~*** er ist im Französischen gut beschlagen; ***he is not much of a ~*** F mit s-r Bildung ist es nicht weit her; **3.** *ped. univ.* Stipendi'at *m*; **4.** *obs. od. poet.* Schüler(in), Jünger(in); '**schol·ar·ly** [-lɪ] *adj. u. adv.* **1.** gelehrt; **2.** gelehrtenhaft; '**schol·ar·ship** [-ʃɪp] *s.* **1.** Gelehrsamkeit *f*: ***classical ~*** humanistische Bildung; **2.** *ped.* Sti'pendium *n*.

scho·las·tic [skə'læstɪk] **I** *adj.* (□ ***~ally***) **1.** aka'demisch (*Bildung etc.*); **2.** schulisch, Schul…, Schüler…; **3.** erzieherisch: ***~ profession*** Lehr(er)beruf *m*; **4.** *phls.* scho'lastisch (*a. fig. contp. spitzfindig, pedantisch*); **II** *s.* **5.** *phls.* Scho'lastiker *m*; **6.** *fig.* Schulmeister *m*, Pe'dant *m*; **scho'las·ti·cism** [-ɪsɪzəm] *s.* **1.** *a.* ♀ Scho'lastik *f*; **2.** *fig.* Pedante'rie *f*.

school¹ [sku:l] **I** *s.* **1.** Schule *f* (*Anstalt*): ***at ~*** auf der Schule; → ***high school*** *etc.*; → 4; **2.** (Schul)Stufe *f*: ***lower ~*** Unterstufe; ***senior*** (*od.* ***upper***) ***~*** Oberstufe; **3.** Lehrgang *m*, Kurs(us) *m*; **4.** *mst ohne art.* ('Schul)ˌUnterricht *m*, Schule *f*: ***at*** (*od.* ***in***) ***~*** in der Schule, im Unterricht; ***go to ~*** zur Schule gehen; ***put to ~*** einschulen; → ***tale*** 5; **5.** Schule *f*, Schulhaus *n*, -gebäude *n*; **6.** *univ.* a) Fakul'tät *f*: ***the law ~*** die juristische Fakultät, b) Fachbereich *m*, (selbständige) Abteilung innerhalb e-r Fakul'tät; **7.** *Am.* Hochschule *f*; **8.** *pl.* 'Schlußexˌamen *n* (*für den Grad e-s* ***Bachelor of Arts***; *Oxford*); **9.** *fig. harte etc.* Schule, Lehre *f*: ***a severe ~***; **10.** *phls.*, *paint. etc.* Schule *f* (*Richtung u. Anhängerschaft*): ***~ of thought*** (geistige) Richtung; ***the Hegelian ~*** *phls.* die hegelianische Schule *od.* Richtung, die Hegelianer *pl.*; ***a gentleman of the old ~*** ein Kavalier der alten Schule; **11.** ♪ Schule *f*: a) Lehrbuch *n*, b) Lehre *f*, Sy'stem *n*; **II** *v/t.* **12.** einschulen; **13.** schulen, unter'richten, ausbilden, trainieren; **14.** *Temperament, Zunge etc.* zügeln; **15.** ***~ o.s.*** (***to***) sich erziehen (zu), sich üben (in *dat.*); ***~ o.s. to do s.th.*** lernen *od.* sich daran gewöhnen et. zu tun; **16.** *Pferd* dressieren; **17.** *obs.* tadeln.

school² [sku:l] *s. ichth.* Schwarm *m* (*a. fig.*), Schule *f*, Zug *m* (*Wale etc.*).

school| age *s.* schulpflichtiges Alter; **'~-age** *adj.* schulpflichtig; **'~·board** *s.* (lo'kale) Schulbehörde; **'~·boy** *s.* Schüler *m*, Schuljunge *m*; **'~·bus** *s.* Schulbus *m*; **~ days** *pl.* (alte) Schulzeit; **'~,fel·low** → ***schoolmate***; **'~·girl** *s.* Schülerin *f*, Schulmädchen *n*; **'~,girl·ish** *adj.* schulmädchenhaft; **'~·house 1.** (*bsd.* Dorf-) Schulhaus *n*; **2.** *Brit.* (Wohn)Haus *n* des Schulleiters.

school·ing ['sku:lɪŋ] *s.* **1.** ('Schul),Unterricht *m*; **2.** Schulung *f*, Ausbildung *f*; **3.** Schulgeld *n*; **4.** *sport* Schulreiten *n*; **5.** *obs.* Verweis *m*.

school| leav·er ['li:və] *s.* Schulabgänger (-in); **~ leav·ing cer·tif·i·cate** *s.* Abgangszeugnis *n*; **'~·ma'am** [-mæm] *s. Am. für* ***schoolmarm***; **'~·man** [-mən] *s.* [*irr.*] **1.** Päda'goge *m*; **2.** *hist.* Scho'lastiker *m*; **'~·marm** [-mɑ:m] F **1.** Lehrerin *f*; **2.** *fig. contp.* Schulmeisterin *f*; **'~,mas·ter** *s.* **1.** Schulleiter *m*; **2.** Lehrer *m*; **3.** *fig. contp.* Schulmeister *m*; **'~,mas·ter·ly** *adj.* schulmeisterlich; **'~·mate** *s.* 'Schulkame,rad(in); **'~,mis·tress** *s.* **1.** Schulleiterin *f*; **2.** Lehrerin *f*; **~ re·port** *s.* Schulzeugnis *n*; **'~·room** [-rʊm] *s.* Klassenzimmer *n*; **~ ship** *s.* ⚓ Schulschiff *n*; **~ tie** *s.*: ***old ~*** *Brit.* a) Krawatte *f* mit den Farben e-r ***Public School***, b) *Spitzname für e-n ehemaligen Schüler e-r* ***Public School***, c) sentimentale Bindung an die alte Schule, d) *der* Einfluß der ***Public Schools*** auf das öffentliche Leben in England, e) *contp.* Cliquenwirtschaft *f* unter ehemaligen Schülern e-r ***Public School***, f) *contp.* arrogantes Gehabe solcher Schüler; **~ u·ni·form** *s.* (einheitliche) Schulkleidung; **'~·work** *s.* (in der Schule zu erledigende) Aufgaben *pl.*; **'~·yard** *s. Am.* Schulhof *m*.

schoon·er ['sku:nə] *s.* **1.** ⚓ Schoner *m*; **2.** *bsd. Am.* → ***prairie schooner***; **3.** großes Bierglas.

schorl [ʃɔ:l] *s. min.* Schörl *m*, (schwarzer) Turma'lin.

schot·tische [ʃɒ'ti:ʃ] *s.* ♪ Schottische(r) *m* (*a. Tanz*).

schuss [ʃʊs] (*Ger.*) *Skisport*: **I** *s.* Schuß (-fahrt *f*) *m*; **II** *v/i.* Schuß fahren.

schwa [ʃwɑ:] *s. ling.* Schwa *n*: a) *kurzer Vokal von unbestimmter Klangfarbe*, b) *das phonetische Symbol* ə.

sci·a·gram ['skaɪəgræm], **'sci·a·graph** [-grɑ:f] *s.* ⚕ Röntgenbild *n*; **sci·ag·ra·phy** [skaɪ'ægrəfɪ] *s.* **1.** ⚕ Herstellung *f* von Röntgenaufnahmen; **2.** Schattenmale'rei *f*, Schattenriß *m*.

sci·at·ic [saɪ'ætɪk] *adj.* ⚕ **1.** Ischias…; **2.** an Ischias leidend; **sci'at·i·ca** [-kə] *s.* ⚕ Ischias *f*.

sci·ence ['saɪəns] *s.* **1.** Wissenschaft *f*: ***man of ~*** Wissenschaftler *m*; **2.** *a.* ***natural ~*** *coll. die* Na'turwissenschaft(en *pl.*); **3.** *fig.* Lehre *f*, Kunde *f*: ***~ of gardening*** Gartenbaukunst *f*; **4.** *phls., eccl.* Erkenntnis *f* (***of*** von); **5.** Kunst (-fertigkeit) *f*, (gute) Technik (*a. sport*); **6.** ♀ → ***Christian Science***; **~ fic·tion** *s.* 'Science-'fiction *f*.

sci·en·ter [saɪ'entə] (*Lat.*) ⚖ *adv.* wissentlich.

sci·en·tif·ic [,saɪən'tɪfɪk] *adj.* (□ ***~ally***) **1.** (*engS.* na'tur)wissenschaftlich; **2.** wissenschaftlich, ex'akt, syste'matisch; **3.** *fig. sport etc.* kunstgerecht; **sci·en·tist** ['saɪəntɪst] *s.* (Na'tur)Wissenschaftler *m*.

sci-fi [,saɪ'faɪ] F *für* ***science fiction***.

scil·i·cet ['saɪlɪset] *adv.* (*abbr.* ***scil.*** *od.* ***sc.***) nämlich, d. h. (das heißt).

scim·i·tar, scim·i·ter ['sɪmɪtə] *s.* (orien'talischer) Krummsäbel.

scin·til·la [sɪn'tɪlə] *s. bsd. fig.* Fünkchen *n*: ***not a ~ of truth***; **scin·til·lant** ['sɪntɪlənt] *adj.* funkelnd, schillernd; **scin·til·late** ['sɪntɪleɪt] **I** *v/i.* **1.** Funken sprühen; **2.** funkeln (*a. fig. Augen*), sprühen (*a. fig. Geist, Witz*); **II** *v/t.* **3.** *Funken, fig. Geistesblitze* (ver)sprühen; **scin·til·la·tion** [,sɪntɪ'leɪʃn] *s.* **1.** Funkensprühen *n*, Funkeln *n*; **2.** Schillern *n*; **3.** *fig.* Geistesblitz *m*.

sci·o·lism ['saɪəʊlɪzəm] *s.* Halbwissen *n*; **'sci·o·list** [-lɪst] *s.* Halbgebildete(r) *m*, -wisser *m*.

sci·on ['saɪən] *s.* **1.** ⚘ Ableger *m*, Steckling *m*, (Pfropf)Reis *n*; **2.** *fig.* Sproß *m*, Sprößling *m*.

scir·rhous ['sɪrəs] *adj.* ⚕ szir'rhös, hart geschwollen; **'scir·rhus** [-rəs] *pl.* **-rhus·es** *s.* ⚕ Szirrhus *m*, harte Krebsgeschwulst.

scis·sor ['sɪzə] *v/t.* **1.** (*mit der Schere*) (zer-, zu-, aus)schneiden; **2.** scherenartig bewegen *etc.*; **~ kick** *s. Fußball, Schwimmen*: Scherenschlag *m*.

scis·sors ['sɪzəz] *s. pl.* **1.** *a.* ***pair of ~*** Schere *f*; **2.** *sg. konstr. sport* (*Hochsprung*: *a.* ***~ jump***, *Ringen*: *a.* ***~ hold***) Schere *f*.

scis·sure ['sɪʒə] *s. bsd.* ⚕ Fis'sur *f*, Riß *m*.

scle·ra ['sklɪərə] *s. anat.* Sklera *f*, Lederhaut *f* des Auges.

scle·ro·ma [,sklɪə'rəʊmə] *pl.* **-ma·ta** [-mətə] *s.* ⚕ Skle'rom *n*, Verhärtung *f*;

ˌscleˈro·sis [-ˈrəʊsɪs] *pl.* **-ro·ses** [-siːz] *s.* **1.** ⚕ Skleˈrose *f*, Verhärtung *f* (*des Zellgewebes*); **2.** ⚘ Verhärtung *f* (*der Zellwand*); **scleˈrot·ic** [-ˈrɒtɪk] **I** *adj.* ⚕, *anat.* skleˈrotisch; *fig.* verkalkt; **II** *s. anat.* → ***sclera***; **scle·rous** [ˈsklɪərəs] *adj.* ⚕ skleˈrös, verhärtet.

scoff [skɒf] **I** *s.* **1.** Spott *m*, Hohn *m*; **2.** Zielscheibe *f* des Spotts; **II** *v/i.* **3.** spotten (***at*** über *acc.*); **ˈscoff·er** [-fə] *s.* Spötter(in).

scold [skəʊld] **I** *v/t.* *j-n* (aus)schelten, auszanken; **II** *s.* zänkisches Weib, (Haus)Drachen *m*; **ˈscold·ing** [-dɪŋ] *s.* **1.** Schelten *n*; **2.** Schelte *f*: ***get a*** (***good***) **~** (tüchtig) ausgeschimpft werden.

scol·lop [ˈskɒləp] → ***scallop***.

sconce¹ [skɒns] *s.* **1.** (Wand-, Klaˈvier-) Leuchter *m*; **2.** Kerzenhalter *m*.

sconce² [skɒns] *s.* ⚔ Schanze *f*.

sconce³ [skɒns] *univ.* **I** *v/t. zu e-r Strafe* verdonnern; **II** *s.* Strafe *f*.

sconce⁴ [skɒns] *s. sl.* ‚Birne' *f*, Schädel *m*.

scone [skɒn] *s.* weiches Teegebäck.

scoop [skuːp] **I** *s.* **1.** a) Schöpfkelle *f*, (*a.* Wasser)Schöpfer *m*, b) (*a. Zucker- etc.*) Schaufel *f*, Schippe *f*, c) ⚙ Baggereimer *m*, -löffel *m*; **2.** *Äpfel-*, *Käse-*Stecher *m*; **3.** ⚕ Spatel *m*; **4.** (Aus)Schöpfen *n*; **5.** Schub *m*: ***in one*** **~** mit ˈeinem Schub; **6.** *sport* Schlenzer *m*; **7.** *sl.* a) ‚Schnitt' *m*, (großer) Fang, b) *Zeitung*: sensatioˈnelle Erstmeldung, Excluˈsivbericht *m*, ‚Knüller' *m*; **II** *v/t.* **8.** schöpfen, schaufeln: **~ *out water*** Wasser ausschöpfen; **~ *up*** (auf)schaufeln, *fig. Geld* scheffeln; **9.** *mst* **~ *out*** *Loch* (aus-) graben; **10.** *oft* **~ *in*** *sl. Gewinn* einstekken, *Geld* scheffeln; **11.** *sl. Konkurrenzzeitung* durch e-e Erstmeldung ausstechen, *j-m* zuˈvorkommen (***on*** bei, mit).

scoot [skuːt] F *v/t.* **1.** rasen, flitzen; **2.** ‚abhauen'; **ˈscoot·er** [-tə] *s.* **1.** (Kinder-, *a.* Motor)Roller *m*; **2.** *sport Am.* Eisjacht *f*.

scope [skəʊp] *s.* **1.** Bereich *m*, Gebiet *n*; ⚖ Anwendungsbereich *m*; Reichweite *f*: ***within the*** **~ *of*** im Rahmen (*gen.*); ***come within the*** **~ *of*** unter *ein Gesetz etc.* fallen; ***an undertaking of wide*** **~** ein großangelegtes Unternehmen; **2.** Ausmaß *n*, ˈUmfang *m*: **~ *of authority*** ⚖ Vollmachtsumfang; **3.** (Spiel)Raum *m*, Bewegungsfreiheit *f*: ***give one's fancy full*** **~** s-r Phantasie freien Lauf lassen; ***have free*** **~** freie Hand haben (***for*** bei); **4.** (geistiger) Horiˈzont, Gesichtskreis *m*.

scor·bu·tic [skɔːˈbjuːtɪk] ⚕ **I** *adj.* (□ **~*ally***) **1.** skorˈbutisch, Skorbut...; **II** *s.* **2.** Skorˈbutkranke(r *m*) *f*.

scorch [skɔːtʃ] **I** *v/t.* **1.** versengen, -brennen: **~*ed earth*** ⚔ verbrannte Erde; **2.** (aus)dörren; **3.** ⚡ verschmoren; **4.** *fig.* (durch scharfe Kritik *od.* beißenden Spott) verletzen; **II** *v/i.* **5.** versengt werden; **6.** ausdörren; **7.** F *mot. etc.* rasen; **ˈscorch·er** [-tʃə] *s.* **1.** F et. sehr Heißes, *bsd.* glühendheißer Tag; **2.** *sl.* ‚Ding' *n*: a) beißende Bemerkung, b) scharfe Kritik, c) böser Brief, d) ‚tolle' Sache; **3.** F *mot.* ‚Raser' *m*; **4.** *sport sl.* a) ‚Bombenschuß' *m*, b) knallharter Schlag; **ˈscorch·ing** [-tʃɪŋ] *adj.* □ **1.** sengend, brennend (heiß); **2.** vernichtend (*Kritik etc.*).

score [skɔː] **I** *s.* **1.** Kerbe *f*, Rille *f*; **2.** (Markierungs)Linie *f*; *sport* Start-, Ziellinie *f*: ***get off at full*** **~** a) losrasen, b) *fig.* außer sich geraten; **3.** Zeche *f*, Rechnung *f*: ***run up a*** **~** Schulden machen; ***settle old*** **~*s*** *fig.* e-e alte Rechnung begleichen; ***on the*** **~ *of*** *fig.* auf Grund von, wegen; ***on that*** **~** in dieser Hinsicht; ***on what*** **~*?*** aus welchem Grund?; **4.** *bsd. sport* a) (Spiel)Stand *m*, b) *erzielte* Punkt- *od.* Trefferzahl, (Spiel)Ergebnis *n*, (Be)Wertung *f*, c) Punktliste *f*: ***know the*** **~** F Bescheid wissen; ***make a*** **~ *off s.o.*** F *fig.* j-m ‚eins auswischen'; ***what is the*** **~*?*** a) wie steht das Spiel?, b) *fig. Am.* wie ist die Lage?; **~ *one for me!*** *humor.* eins zu null für mich!; **5.** (Satz *m* von) 20, 20 Stück: ***four*** **~ *and seven years*** 87 Jahre; **6.** *pl.* große (An)Zahl *f*, Menge *f*: **~*s of times*** *fig.* hundert-, x-mal; **7.** ♪ Partiˈtur *f*; **II** *v/t.* **8.** einkerben; **9.** markieren: **~ *out*** aus-, durchstreichen; **10.** *oft* **~ *up*** *Schulden*, *Zechen* anschreiben, -rechnen: **~ (*up*) *s.th. against*** (*od.* ***to***) ***s.o.*** *fig.* j-m et. ankreiden; **11.** *ped. psych. j-s Leistung etc.* bewerten; **12.** *sport* a) *Punkte*, *Treffer* erzielen, sammeln, *Tore* schießen, *fig. Erfolge*, *Sieg* verzeichnen, erringen, b) *Punkte*, *Spielstand etc.* aufschreiben: **~ *a hit*** a) e-n Treffer erzielen, b) *fig.* e-n Bombenerfolg haben; **~ *s.o. off*** F *fig.* j-m ‚eins auswischen'; **13.** *sport* zählen: ***a try*** **~*s 6 points***; **14.** ♪ a) in Partiˈtur setzen, b) instrumentieren; **15.** *Am. fig.* scharf kritisieren *od.* angreifen; **III** *v/i.* **16.** *sport* a) e-n Punkt *od.* Treffer erzielen, Punkte sammeln, b) die Punkte zählen *od.* aufschreiben; **17.** F Erfolg *od.* Glück haben, e-n Vorteil erzielen:

~ over j-n, et. übertreffen; **18.** zählen, gezählt werden: ***that ~s for us***; **'~board** *s.* Anzeigetafel *f im Stadion etc.*; **'~card** *s. sport* **1.** Spielberichtsbogen *m*; **2.** *Boxen etc.*: Punktzettel *m*; *Golf*: Zählkarte *f*.

score·less ['skɔːlɪs] *adj. sport* torlos.

scor·er ['skɔːrə] *s. sport* a) Schreiber *m*, b) Torschütze *m*.

sco·ri·a ['skɔːrɪə] *pl.* **-ri·ae** [-rɪiː] *s.* (⚙ Me'tall-, *geol.* Gesteins)Schlacke *f*; **sco·ri·a·ceous** [ˌskɔːrɪ'eɪʃəs] *adj.* schlackig; **'sco·ri·fy** [-ɪfaɪ] *v/t.* verschlacken.

scorn [skɔːn] **I** *s.* **1.** Verachtung *f*: ***think ~ of*** verachten; **2.** Spott *m*, Hohn *m*: ***laugh to ~*** verlachen; **3.** Zielscheibe *f* des Spottes, *das* Gespött (*der Leute etc.*); **II** *v/t.* **4.** verachten: a) geringschätzen, b) verschmähen; **'scorn·ful** [-fʊl] *adj.* □ **1.** verächtlich; **2.** spöttisch.

Scor·pi·o ['skɔːpɪəʊ] *s. ast.* Skorpi'on *m*; **'scor·pi·on** [-pjən] *s. zo.* Skorpi'on *m*.

Scot¹ [skɒt] *s.* Schotte *m*, Schottin *f*.

scot² [skɒt] *s.* **1.** (Zahlungs)Beitrag *m*: ***pay (for) one's ~s*** s-n Beitrag leisten; **2.** *a.* ***~ and lot*** *hist.* Gemeindeabgabe *f*: ***pay ~ and lot*** *fig.* alles auf Heller u. Pfennig bezahlen.

Scotch¹ [skɒtʃ] **I** *adj.* **1.** schottisch (*bsd. Whisky etc.*): ***~ broth*** *dicke Rindfleischsuppe mit Gemüse u. Graupen*; ***~ mist*** dichter, nasser Nebel; ***~ tape*** durchsichtiger Klebestreifen; ***~ terrier*** Scotchterrier *m*; ***~ woodcock*** *heißer Toast mit Anchovispaste u. Rührei*; **II** *s.* **2.** Scotch *m*, schottischer Whisky; **3.** ***the ~*** *coll.* die Schotten *pl.*; **4.** *ling.* Schottisch *n*.

scotch² [skɒtʃ] **I** *v/t.* **1.** (leicht) verwunden, schrammen; **2.** *fig. et.* im Keim ersticken: ***~ s.o.'s plans*** j-m e-n Strich durch die Rechnung machen; **3.** *Rad etc. mit e-m Bremsklotz* blockieren; **II** *s.* **4.** (Ein)Schnitt *m*, Kerbe *f*; **5.** ⚙ Bremsklotz *m*, Hemmschuh *m* (*a. fig.*).

'Scotch·man [-mən] *s.* [*irr.*] → ***Scotsman***.

ˌscot-'free [ˌskɒt-] *adj.*: ***go*** (*od.* ***get off***) *~ fig.* ungeschoren davonkommen.

Scot·land Yard ['skɒtlənd] *s.* Scotland Yard *m* (*die Londoner Kriminalpolizei*).

Scots [skɒts] **I** *s. ling.* Schottisch *n*; **II** *adj.* schottisch: ***~ law***; **'~·man** [-mən] *s.* [*irr.*] *bsd. Scot.* Schotte *m*; **'~ˌwom·an** *s.* [*irr.*] *bsd. Scot.* Schottin *f*.

Scot·ti·cism ['skɒtɪsɪzəm] *s.* schottische (Sprach)Eigenheit.

Scot·tish ['skɒtɪʃ] *adj.* schottisch.

scoun·drel ['skaʊndrəl] *s.* Schurke *m*, Schuft *m*, Ha'lunke *m*; **'scoun·drel·ly** [-rəlɪ] *adj.* schurkisch, niederträchtig, gemein.

scour¹ ['skaʊə] *v/t.* **1.** scheuern, schrubben; *Messer etc.* polieren; **2.** *Kleider etc.* säubern, reinigen; **3.** *Kanal etc.* schlämmen, *Rohr etc.* (aus)spülen; **4.** *Pferd etc.* putzen, striegeln; **5.** ⚙ *Wolle* waschen: ***~ing mill*** Wollwäscherei *f*; **6.** *Darm* entschlacken; **7.** *a.* ***~ away***, ***~ off*** *Flecken etc.* entfernen, *Schmutz* abreiben.

scour² ['skaʊə] **I** *v/i.* **1.** *a.* ***~ about*** (um'her)rennen, (-)jagen; **2.** (suchend) um'herstreifen; **II** *v/t.* **3.** durch'suchen, -'stöbern, *Gegend a.* -'kämmen, *Stadt a.* ‚abklappern' (***for*** nach).

scourge [skɜːdʒ] **I** *s.* **1.** Geißel *f*: a) Peitsche *f*, b) *fig.* Plage *f*; **II** *v/t.* **2.** geißeln, (aus)peitschen; **3.** *fig.* a) *durch Kritik etc.* geißeln, b) züchtigen, c) quälen, peinigen.

scouse¹ [skaʊs] *s.* Labskaus *n*.

scouse² [skaʊs] *s. Brit.* F *s.* **1.** Liverpooler(in); **2.** Liverpooler Jar'gon *m*.

scout [skaʊt] **I** *s.* **1.** Kundschafter *m*, Späher *m*; **2.** ⚔ a) Erkundungsfahrzeug *n*: ***~ car*** Spähwagen *m*, b) ⚓ *a.* ***~ vessel*** Aufklärungsfahrzeug *n*, c) ✈ *a.* ***~ (air)plane*** Aufklärer *m*; **3.** Kundschaften *n*; ⚔ Erkundung *f*: ***on the ~*** auf Erkundung; **4.** Pfadfinder *m*, *Am.* Pfadfinderin *f*; **5.** ***a good ~*** F ein feiner Kerl; **6.** *univ. Brit.* Hausdiener *m* e-s College (*Oxford*); **7.** *mot. Brit.* Straßenwachtfahrer *m* (*Automobilklub*); **8.** a) *sport* ‚Späher' *m*, Beobachter *m* (*gegnerischer Mannschaften*), b) *a.* ***talent ~*** Ta'lentsucher *m*; **II** *v/i.* **9.** auf Erkundung sein: ***~ about*** (*od.* ***around***) sich umsehen (***for*** nach); ***~ing party*** ⚔ Spähtrupp *m*; **III** *v/t.* **10.** auskundschaften, erkunden; **'~ˌmas·ter** *s.* Führer *m* (e-r Pfadfindergruppe).

scow [skaʊ] *s.* ⚓ (See)Leichter *m*.

scowl [skaʊl] **I** *v/i.* finster blicken: ***~ at*** finster anblicken; **II** *s.* finsterer Blick *od.* (Gesichts)Ausdruck; **'scowl·ing** [-lɪŋ] *adj.* □ finster.

scrab·ble ['skræbl] **I** *v/i.* **1.** kratzen, scharren: ***~ about*** *bsd. fig.* (herum)suchen (***for*** nach); **2.** *fig.* sich (ab)plagen (***for*** für, um); **3.** krabbeln; **4.** kritzeln; **II** *v/t.* **5.** scharren nach; **6.** bekritzeln.

scrag [skræg] **I** *s.* **1.** *fig.* ‚Gerippe' *n* (*dürrer Mensch etc.*); **2.** *mst* ***~ end (of mutton)*** (Hammel)Hals *m*; **3.** F ‚Kragen' *m*, Hals *m*; **II** *v/t.* **4.** *sl.* a) *j-n*

,abmurksen', *j-m* den Hals 'umdrehen, b) *j-n* aufhängen; '**scrag·gi·ness** [-gɪnɪs] *s.* Magerkeit *f*; '**scrag·gy** [-gɪ] *adj.* □ **1.** dürr, hager, knorrig; **2.** zerklüftet, rauh.

scram [skræm] *v/i. sl.* ,abhauen', verduften: **~!** hau ab!, raus!

scram·ble ['scræmbl] **I** *v/i.* **1.** krabbeln, klettern: **~ to one's feet** sich aufrappeln; **2.** *a. fig.* sich raufen *od.* balgen (**for** um): **~ for a living** sich (um s-n Lebensunterhalt) ,abstrampeln'; **II** *v/t.* **3.** *oft* **~ up**, **~ together** zs.-scharren, -raffen; **4.** ↯ *Funkspruch etc.* zerhakken; **5.** *Eier* verrühren: **~d eggs** Rührei *n*; **6.** *Karten etc.* durchein'anderwerfen; *Flugplan etc.* durchein'anderbringen; **III** *s.* **7.** Krabbe'lei *f*, Klette'rei *f*; **8.** *a. fig.* (**for**) Balge'rei *f* (um), Jagd *f* (nach *Geld etc.*); **9.** *Brit.* Moto-'Cross-Rennen *n*; **10.** ✈ a) A'larmstart *m*, b) Luftkampf *m*; '**scram·bler** [-lə] *s. tel.* Zerhacker *m*.

scrap¹ [skræp] **I** *s.* **1.** Stück(chen) *n*, Brocken *m*, Fetzen *m*, Schnitzel *n*, *m*: **a ~ of paper** ein Fetzen Papier (*a. fig.*); **not a ~** kein bißchen; **2.** *pl.* Abfall *m*, (*bsd.* Speise)Reste *pl.*; **3.** (Zeitungs-)Ausschnitt *m*; ausgeschnittenes Bild *etc. zum Einkleben*; **4.** *mst pl. fig.* Bruchstück *n*, (Gesprächs- *etc.*)Fetzen *m*: **~s of conversation**; **5.** *mst pl.* (Fett)Grieben *pl.*; **6.** ⚙ a) Schrott *m*, b) Ausschuß *m*, c) Abfall *m*: **~ value** Schrottwert *m*; **II** *v/t.* **7.** (als unbrauchbar) ausrangieren; **8.** *fig.* zum alten Eisen *od.* über Bord werfen: **~ methods**; **9.** ⚙ verschrotten.

scrap² [skræp] *sl.* **I** *s.* **1.** Streit *m*, Ausein'andersetzung *f*; **2.** Keile'rei *f*, Prüge'lei *f*; **3.** (Box)Kampf *m*; **II** *v/i.* **4.** streiten; **5.** sich prügeln; kämpfen (**with** mit).

'**scrap·book** *s.* Sammelalbum *n*, Einklebebuch *n*.

scrape [skreɪp] **I** *s.* **1.** Kratzen *n*, Scharren *n*; **2.** Kratzer *m*, Schramme *f*; **3.** *fig. obs.* Kratzfuß *m*; **4.** *fig.* ,Klemme' *f*: **be in a ~** in der Klemme sein *od.* sitzen; **5.** **bread and ~** F dünngeschmiertes Butterbrot; **II** *v/t.* **6.** kratzen, schaben: **~ off** ab-, wegkratzen; **~ together** (*od.* **up**) *a. fig. Geld etc.* zs.-kratzen; **~ (an) acquaintance with** a) oberflächlich bekannt werden mit, b) *contp.* sich bei *j-m* anbiedern; **~ a living** → 11; **7.** kratzen *od.* scharren mit *den Füßen etc.*; **III** *v/i.* **8.** kratzen, schaben, scharren; **9.** scheuern, sich reiben (**against** an *dat.*); **10.** kratzen (**on** auf *e-r Geige etc.*); **11.** *mst* **~ along** *fig.* sich (mühsam) 'durchschlagen: **~ through** (**an examination**) mit Ach u. Krach durchkommen (durch e-e Prüfung); '**scrap·er** [-pə] *s.* **1.** Fußabstreifer *m*; **2.** ⚙ a) Schaber *m*, Kratzer *m*, Streichmesser *n*, b) ⚠ *etc.* Schrapper *m*, c) Planierpflug *m*.

scrap heap *s.* Abfall-, Schrotthaufen *m*: **fit only for the ~** völlig wertlos; **throw on the ~** *fig. a. j-n* zum alten Eisen werfen.

scrap·ing ['skreɪpɪŋ] *s.* **1.** Kratzen *n etc.*; **2.** *pl.* (Ab)Schabsel *pl.*, Späne *pl.*; **3.** *pl. fig. contp.* Abschaum *m*.

scrap| i·ron *s.*, **~ met·al** *s.* ⚙ (Eisen-)Schrott *m*, Alteisen *n*.

scrap·per ['skræpə] *s. sl.* Raufbold *m*.

scrap·py¹ ['skræpɪ] *adj.* □ *sl.* rauflustig.

scrap·py² ['skræpɪ] *adj.* □ **1.** aus (Speise)Resten (hergestellt): **~ dinner**; **2.** bruchstückhaft; **3.** zs.-gestoppelt.

'**scrap·yard** *s.* Schrottplatz *m*.

scratch [skrætʃ] **I** *s.* **1.** Kratzer *m*, Schramme *f* (*beide a. fig. leichte Verwundung*), Riß *m*; **2.** Kratzen *n* (*a. Geräusch*): **by the ~ of a pen** mit 'einem Federstrich; **3.** *sport* a) Startlinie *f*, b) nor'male Startbedingungen *pl.*: **come up to (the) ~** a) sich stellen, s-n Mann stehen, b) den Erwartungen entsprechen; **keep s.o. up to (the) ~** j-n bei der Stange halten; **start from ~** a) ohne Vorgabe starten, b) *fig.* ganz von vorne anfangen; **up to ~** auf der Höhe, in Form; **4.** *pl. mst sg. konstr. vet.* Mauke *f*; **II** *adj.* **5.** Konzept..., Schmier...: **~ paper**, **~ pad** a) Notizblock *m*, b) *Computer*: Notizblockspeicher *m*; **6.** *sport* a) ohne Vorgabe: **~ race**, b) zs.-gewürfelt: **~ team**; **III** *v/t.* **7.** (zer)kratzen: **~ the surface of** *fig. et.* (nur) oberflächlich behandeln; **8.** kratzen; *Tier* kraulen: **~ one's head** sich (*aus Verlegenheit etc.*) den Kopf kratzen; **~ together** (*od.* **up**) *bsd. fig.* zs.-kratzen, -scharren; **9.** kritzeln; **10.** *a.* **~ out**, **~ through** aus-, 'durchstreichen; **11.** *sport Pferd etc.* vom Rennen, *a. Nennung* zu'rückziehen; **12.** *pol. Kandidaten* streichen; **IV** *v/i.* **13.** kratzen (*a. Schreibfeder etc.*); **14.** sich kratzen *od.* scheuern; **15.** scharren (**for** nach); **16.** **~ along**, **~ through** → **scrape** 11; **17.** *sport* s-e Meldung zu'rückziehen, ausscheiden; '**scratch·y** [-tʃɪ] *adj.* □ **1.** kratzend; **2.** zerkratzt; **3.** kritzelig; **4.** *sport* a) → **scratch** 6, b) unausgeglichen; **5.** *vet.* an Mauke erkrankt.

scrawl [skrɔ:l] **I** *v/t.* kritzeln, hinschmieren; **II** *v/i.* kritzeln; **III** *s.* Gekritzel *n*;

Geschreibsel *n*.

scray [skreɪ] *s. Brit.* Seeschwalbe *f*.

scream [skri:m] **I** *s.* **1.** (gellender) Schrei; **2.** Gekreisch(e) *n*: ***~s of laughter*** brüllendes Gelächter; ***he*** (***it***) ***was a*** (***perfect***) ***~*** *sl.* er (es) war zum Schreien (komisch); **3.** Heulen *n* (*Sirene etc.*); **II** *v/i.* **4.** schreien (*a. fig. Farben etc.*), gellen; kreischen: ***~ out*** aufschreien; ***~ with laughter*** vor Lachen brüllen; **5.** heulen (*Wind etc.*), schrill pfeifen; **III** *v/t.* **6.** *oft* ***~ out*** (her'aus)schreien; '**scream·er** [-mə] *s.* **1.** Schreiende(r *m*) *f*; **2.** *sl.* a) ‚tolle Sache', b) *bsd. Am.* F Riesenschlagzeile *f*; '**scream·ing** [-mɪŋ] *adj.* □ **1.** schrill, gellend; **2.** *fig.* schreiend, grell: ***~ colo(u)rs***; **3.** F a) ‚toll', großartig, b) *a.* ***~ly funny*** zum Schreien (komisch).

scree [skri:] *s. geol. Brit.* **1.** Geröll *n*; **2.** Geröllhalde *f*.

screech [skri:tʃ] **I** *v/i.* (gellend) schreien; kreischen (*a. weitS. Bremsen etc.*); **II** *v/t. et.* kreischen; **III** *s.* ('durchdringender) Schrei; **~ owl** *s. orn.* schreiende Eule.

screed [skri:d] *s.* **1.** lange Liste; **2.** langatmige Rede *etc.*, Ti'rade *f*.

screen [skri:n] **I** *s.* **1.** (Schutz)Schirm *m*, (-)Wand *f*; **2.** ⚠ a) Zwischenwand *f*, b) *eccl.* Lettner *m*; **3.** a) (Film)Leinwand *f*, b) *coll.* ***the ~*** der Film, das Kino: ***~ star*** Filmstar *m*; ***on the ~*** im Film; **4.** a) *TV*, *Radar*, *Computer*: Bildschirm *m*, b) ⚕ Röntgenschirm *m*; **5.** Drahtgitter *n*, -netz *n*; **6.** Fliegenfenster *n*; **7.** ⚙ Gittersieb *n für Sand etc.*; **8.** ⚔ a) *taktische* Abschirmung, (⚓ Geleit-)Schutz *m*, b) (Rauch-, Schützen-)Schleier *m*, Nebelwand *f*, c) Tarnung *f*; **9.** *fig.* a) Schutz *m*, Schirm *m*, b) Tarnung *f*, Maske *f*; **10.** *phys.* a) *a.* ***optical ~*** Filter *m*, Blende *f*, b) *a.* ***electric ~*** Abschirmung *f*, c) *a.* ***ground ~*** Erdungsebene *f*; **11.** *phot.*, *typ.* Raster (-platte *f*) *m*; **12.** *mot.* Windschutzscheibe *f*; **II** *v/t.* **13.** *a.* ***~ off*** abschirmen, verdecken; *Licht* abblenden; **14.** (be-)schirmen (***from*** vor *dat.*); **15.** *fig. j-n* decken; **16.** ⚔ a) tarnen (*a. fig.*), b) einnebeln; **17.** ⚙ *Sand etc.* ('durch)sieben: ***~ed coal*** Würfelkohle *f*; **18.** *phot. Bild* projizieren; **19.** *Film*: a) verfilmen, b) für den Film bearbeiten; **20.** *fig. Personen* (aus)sieben, (über)'prüfen; **III** *v/i.* **21.** sich (ver)filmen lassen; sich für den Film eignen (*a. Person*); **~ grid** *s.* ⚡ Schirmgitter *n*; '**~·land** [-lənd] *s. Am.* Filmwelt *f*; '**~·play** *s. Film*: Drehbuch *n*; '**~·print I** *s.* Siebdruck *m*; **II** *v/t.* im Siebdruckverfahren herstellen; **~ test** *s. Film*: Probeaufnahme *f*; '**~-test** *v/t. Film*: Probeaufnahmen machen von; **~ wash·er** *s. mot.* Scheibenwaschanlage *f*; **~ wire** *s.* ⚙ Maschendraht *m*.

screw [skru:] **I** *s.* **1.** ⚙ Schraube *f* (*ohne Mutter*): ***there is a ~ loose*** (***somewhere***) *fig.* da stimmt et. nicht; ***he has a ~ loose*** F bei ihm ist e-e Schraube locker; **2.** ⚙ Spindel *f* (*Presse*); **3.** (Flugzeug-, Schiffs)Schraube *f*; **4.** ⚓ Schraubendampfer *m*; **5.** F *fig.* Druck *m*: ***apply the ~ to***, ***put the ~(s) on*** *j-n* unter Druck setzen; ***give another turn to the ~*** *a. fig.* die Schraube anziehen; **6.** *Brit.* Tütchen *n Tabak etc.*; **7.** *bsd. sport* Ef'fet *m*; **8.** *Brit.* Geizhals *m*; **9.** *Brit.* alter Klepper (*Pferd*); **10.** *Brit. sl.* Lohn *m*, Gehalt *n*; **11.** Korkenzieher *m*; **12.** *sl.* Gefängniswärter *m*; **13.** V ‚Nummer' *f*: ***have a ~*** ‚bumsen'; ***be a good ~*** gut ‚bumsen'; **II** *v/t.* **14.** schrauben: ***~ down*** ein-, festschrauben; ***~ on*** an-, aufschrauben; ***~ up*** a) zuschrauben, b) *Papier* zerknüllen; ***his head is ~ed on the right way*** F er ist nicht auf den Kopf gefallen; **15.** *fig. Augen*, *Körper etc.* (ver)drehen; *Mund etc.* verziehen; **16.** ***~ down*** (***up***) ✝ *Preise* her'unter- (hoch)schrauben; ***~ s.th. out of*** et. aus *j-m* herauspressen; ***~ up one's courage*** Mut fassen; **17.** *sport dem Ball* Ef'fet geben; **18.** F *j-n* ‚reinlegen'; **19.** ***~ up*** F ‚vermasseln'; **20.** V ‚bumsen', ‚vögeln': ***~ you!***, ***get ~ed*** *bsd. Am.* geh zum Teufel!; **III** *v/i.* **21.** sich (ein)schrauben lassen; **22.** knausern; **23.** V ‚bumsen', ‚vögeln'; **24.** ***~ around*** *Am. sl.* sich he'rumtreiben.

'**screw|·ball** *Am.* **I** *s.* **1.** *Baseball*: Ef'fetball *m*; **2.** *sl.* ‚Spinner' *m*; **II** *adj.* **3.** *sl.* verrückt; **~ bolt** *s.* ⚙ Schraubenbolzen *m*; **~ cap** *s.* **1.** Schraubdeckel *m*, Verschlußkappe *f*; **2.** 'Überwurfmutter *f*; **~ con·vey·er** *s.* Förderschnecke *f*; **~ die** *s.* Gewindeschneideeisen *n*; '**~ˌdriv·er** *s.* Schraubenzieher *m*.

screw·ed [skru:d] *adj.* **1.** verschraubt; **2.** mit Gewinde; **3.** verdreht, gewunden; **4.** F ‚besoffen'.

screw| gear(·ing) *s.* ⚙ **1.** Schneckenrad *n*; **2.** Schneckengetriebe *n*; **~ jack** *s.* **1.** Hebespindel *f*; **2.** Wagenheber *m*; **~ nut** *s.* Mutterschraube *f*; **~ press** *s.* Spindel- *od.* Schraubenpresse *f*; **~ steam·er** → ***screw*** 4; **~ tap** *s.* ⚙ Gewindebohrer *m*; **~ top** *s.* Schraubverschluß *m*; **~ wrench** *s.* ⚙ Schraubenschlüssel *m*.

screw·y ['skru:ɪ] *adj.* **1.** schraubenartig; **2.** F ‚beschwipst'; **3.** *Am. sl.* verrückt; **4.** knickerig.

scrib·ble ['skrɪbl] **I** *v/t.* **1.** *a.* ~ ***down*** (hin)kritzeln, (-)schmieren: ~ ***over*** bekritzeln; **2.** ⚙ *Wolle* krempeln; **II** *v/i.* **3.** kritzeln; **III** *s.* **4.** Gekritzel *n*, Geschreibsel *n*; '**scrib·bler** [-lə] *s.* **1.** Kritzler *m*, Schmierer *m*; **2.** Schreiberling *m*; **3.** ⚙ 'Krempelmaˌschine *f*.

scrib·bling| block, ~ **pad** ['skrɪblɪŋ] *s. Brit.* Schmier-, No'tizblock *m*.

scribe [skraɪb] **I** *s.* **1.** Schreiber *m* (*a. hist.*), Ko'pist *m*; **2.** *bibl.* Schriftgelehrte(r) *m*; **3.** *humor.* a) Schriftsteller *m*, b) Journa'list *m*; **4.** ⚙ *a.* ~ ***awl*** Reißnadel *f*; **II** *v/t.* **5.** ⚙ anreißen; '**scrib·er** [-bə] → ***scribe*** 4.

scrim [skrɪm] *s.* leichter Leinen- *od.* Baumwollstoff.

scrim·mage ['skrɪmɪdʒ] *s.* **1.** Handgemenge *n*, Getümmel *n*; **2.** a) *American Football*: Scrimmage *n* (*Rückpaß*), b) *Rugby*: Gedränge *n*.

scrimp [skrɪmp] **I** *v/t.* **1.** knausern mit, knapp bemessen; **2.** *j-n* knapp halten (***for*** mit); **II** *v/i.* **3.** *a.* ~ ***and save*** knausern (***on*** mit); **III** *adj.* **4.** → '**scrimp·y** [-pɪ] knapp, eng.

'**scrim·shank** *v/i. bsd.* ⚔ *Brit. sl.* sich drücken.

scrip¹ [skrɪp] *s. hist.* (Pilger-, Schäfer-) Tasche *f*, Ränzel *n*.

scrip² [skrɪp] *s.* **1.** ✝ a) Berechtigungsschein *m*, b) Scrip *m*, Interimsschein *m*, -aktie *f*, *coll. die* Scrips *pl. etc.*; **2.** *a.* ~ ***money*** a) Er'satzpaˌpiergeldwährung *f*, b) ⚔ Besatzungsgeld *n*.

script [skrɪpt] *s.* **1.** Handschrift *f*; **2.** Schrift(art) *f*: ***phonetic*** ~ Lautschrift; **3.** *typ.* (Schreib)Schrift *f*; **4.** a) Text *m*, b) *thea. etc.* Manu'skript *n*, c) *Film*: Drehbuch *n*; **5.** ⚖ Urschrift *f*; **6.** *ped. Brit.* (schriftliche) Prüfungsarbeit; ~ **ed·i·tor** *s. Film, thea., TV*: Drama'turg *m*; ~ **girl** *s. Film*: Scriptgirl *n* (*Ateliersekretärin*).

scrip·tur·al ['skrɪptʃərəl] *adj.* **1.** Schrift...; **2.** *a.* ♀ biblisch, der Heiligen Schrift; **scrip·ture** ['skrɪptʃə] *s.* **1.** ♀, *mst* ***the*** ♀***s*** *die* Heilige Schrift, *die* Bibel; **2.** *obs.* ♀ Bibelstelle *f*; **3.** heilige (nichtchristliche) Schrift: ***Buddhist*** ~; **4.** *a.* ~ ***class*** (*od.* ***lesson***) *ped.* Religi'onsstunde *f*.

'**scriptˌwrit·er** *s.* **1.** *Film, TV*: Drehbuchautor(in); **2.** *Radio*: Hörspielautor(in).

scrive·ner ['skrɪvnə] *s. hist.* **1.** (öffentlicher) Schreiber; **2.** No'tar *m*.

scrof·u·la ['skrɒfjʊlə] *s.* ⚕ Skrofu'lose *f*; '**scrof·u·lous** [-ləs] *adj.* □ ⚕ skrofu'lös.

scroll [skrəʊl] *s.* **1.** Schriftrolle *f*; **2.** a) △ Vo'lute *f*, b) ♪ Schnecke *f*, c) Schnörkel *m* (*Schrift*); **3.** Liste *f*, Verzeichnis *n*; **4.** ⚙ Triebkranz *m*; ~ **chuck** *s.* ⚙ Univer'salspannfutter *n*; ~ **gear** *s.* ⚙ Schneckenrad *n*; ~ **saw** *s.* ⚙ Laubsäge *f*; '~**·work** *s.* **1.** Schneckenverzierung *f*; **2.** Laubsägearbeit *f*.

scro·tum ['skrəʊtəm] *pl.* **-ta** [-tə] *s. anat.* Hodensack *m*, Skrotum *n*.

scrounge [skraʊndʒ] F **I** *v/t.* **1.** ‚organisieren': a) ‚klauen', b) beschaffen; **2.** schnorren; **II** *v/i.* **3.** ‚klauen'; **4.** schnorren, nassauern; '**scroung·er** [-dʒə] *s.* F **1.** Dieb *m*; **2.** Schnorrer *m*, Nassauer *m*.

scrub¹ [skrʌb] **I** *v/t.* **1.** schrubben, scheuern; **2.** ⚙ *Gas* reinigen; **3.** F *fig.* streichen, ausfallen lassen; **II** *v/i.* **4.** schrubben, scheuern; **III** *s.* **5.** Schrubben *n*: ***that wants a good*** ~ das muß tüchtig gescheuert werden; **6.** *sport* a) Re'servespieler *m*, b) *a.* ~ ***team*** zweite Mannschaft *od.* ‚Garni'tur', c) *a.* ~ ***game*** Spiel *n* der Re'servemannschaften.

scrub² [skrʌb] *s.* **1.** Gestrüpp *n*, Buschwerk *n*; **2.** Busch *m* (*Gebiet*); **3.** a) verkümmerter Baum, b) Tier *n* minderwertiger Abstammung, c) Knirps *m*, d) *fig. contp.* ‚Null' *f* (*Person*).

'**scrub(·bing) brush** ['skrʌbɪŋ] *s.* Scheuerbürste *f*.

scrub·by ['skrʌbɪ] *adj.* **1.** verkümmert, -krüppelt; **2.** gestrüppreich; **3.** armselig, schäbig; **4.** stopp(e)lig.

scruff [skrʌf], ~ **of the neck** *s.* Genick *n*: ***take s.o. by the*** ~ ***of the neck*** j-n beim Kragen packen.

scruff·y ['skrʌfɪ] *adj.* F schmudd(e)lig, dreckig.

scrum·mage ['skrʌmɪdʒ] → ***scrimmage***.

scrump·tious ['skrʌmpʃəs] *adj.* F ‚toll', ‚prima'.

scrunch [skrʌntʃ] **I** *v/t.* **1.** knirschend (zer)kauen; **2.** zermalmen; **II** *v/i.* **3.** knirschen; **4.** knirschend kauen; **III** *s.* **5.** Knirschen *n*.

scru·ple ['skru:pl] **I** *s.* **1.** Skrupel *m*, Zweifel *m*, Bedenken *n* (*alle mst pl.*): ***have*** ~***s about doing*** Bedenken haben, *et.* zu tun; ***without*** ~ skrupellos; **2.** *pharm.* Skrupel *n* (= *20 Gran od. 1,296 Gramm*); **II** *v/i.* **3.** Skrupel *od.* Bedenken haben; '**scru·pu·lous** [-pjʊləs] *adj.* □ **1.** voller Skrupel *od.* Bedenken, (allzu) bedenklich (***about*** in *dat.*); **2.**

('über)gewissenhaft, peinlich (genau); **3.** ängstlich, vorsichtig.

scru·ti·neer [ˌskruːtɪˈnɪə] *s. pol.* Wahlprüfer *m*; **scru·ti·nize** [ˈskruːtɪnaɪz] *v/t.* **1.** (genau) prüfen, unter'suchen; **2.** genau ansehen, studieren; **scru·ti·ny** [ˈskruːtɪnɪ] *s.* **1.** (genaue) Unter'suchung, *pol.* Wahlprüfung *f*; **2.** prüfender *od.* forschender Blick.

scu·ba [ˈskuːbə] *s.* (Schwimm)Tauchgerät *n*: ~ **diving** Sporttauchen *n*.

scud [skʌd] **I** *v/i.* **1.** eilen, jagen; **2.** ⚓ lenzen; **II** *s.* **3.** (Da'hin)Jagen *n*; **4.** (tieftreibende) Wolkenfetzen *pl.*; **5.** (Wind)Bö *f*.

scuff [skʌf] **I** *v/i.* **1.** schlurfen(d gehen); **2.** ab-, aufscharren; **II** *v/t.* **3.** *bsd. Am.* abstoßen, abnutzen; **4.** boxen.

scuf·fle [ˈskʌfl] **I** *v/i.* **1.** sich balgen, raufen; **2.** → ***scuff*** 1; **II** *s.* **3.** Balge'rei *f*, Raufe'rei *f*, Handgemenge *n*; **4.** Schlurfen *n*.

scull [skʌl] ⚓ **I** *s.* **1.** Heck-, Wriggriemen *m*; **2.** Skullboot *n*; **II** *v/i. u. v/t.* **3.** wriggen; **4.** skullen; **ˈscul·ler** [-lə] *s.* **1.** Skuller *m* (*Ruderer*); **2.** → ***scull*** 2.

scul·ler·y [ˈskʌlərɪ] *s. Brit.* Spülküche *f*: ***~-maid*** Spül-, Küchenmädchen *n*; **ˈscul·lion** [-ljən] *s. hist. Brit.* Küchenjunge *m*.

sculp(t) [skʌlp(t)] F *für* ***sculpture*** II *u.* III.

sculp·tor [ˈskʌlptə] *s.* Bildhauer *m*; **ˈsculp·tress** [-trɪs] *s.* Bildhauerin *f*; **ˈsculp·tur·al** [-tʃərəl] *adj.* □ bildhauerisch, Skulptur…; **ˈsculp·ture** [-tʃə] **I** *s.* Plastik *f*: a) Bildhauerkunst *f*, b) Skulp'tur *f*, Bildhauerwerk *n*; **II** *v/t.* formen, (her'aus)meißeln *od.* (-)schnitzen; **III** *v/i.* bildhauern.

scum [skʌm] **I** *s.* (⚙ *u. fig.* Ab)Schaum *m*: ***the ~ of the earth*** *fig.* der Abschaum der Menschheit; **II** *v/t. u. v/i.* abschäumen.

scum·ble [ˈskʌmbl] *paint.* **I** *v/t.* **1.** *Farben, Umrisse* vertreiben, dämpfen; **II** *s.* **2.** Gedämpftheit *f*; **3.** La'sur *f*.

scum·my [ˈskʌmɪ] *adj.* **1.** schaumig; **2.** *fig.* gemein, ‚fies'.

scup·per [ˈskʌpə] **I** *s.* **1.** ⚓ Speigatt *n*; **II** *v/t.* ⚔ *Brit. sl.* **2.** niedermetzeln; **3.** *Schiff* versenken; **4.** *fig.* ka'puttmachen.

scurf [skɜːf] *s.* **1.** ⚕ a) Schorf *m*, Grind *m*, b) *bsd. Brit.* (Kopf)Schuppen *pl.*; **2.** abblätternde Kruste; **ˈscurf·y** [-fɪ] *adj.* schorfig, grindig; schuppig.

scur·ril·i·ty [skʌˈrɪlətɪ] *s.* **1.** zotige Scherzhaftigkeit; **2.** Zotigkeit *f*; **3.** Zote *f*; **scur·ril·ous** [ˈskʌrɪləs] *adj.* □ **1.** ordi'när-scherzhaft, ‚frech'; **2.** unflätig, zotig.

scur·ry [ˈskʌrɪ] **I** *v/i.* **1.** huschen, hasten; **II** *s.* **2.** Hasten *n*; Getrippel *n*; **3.** *sport* a) Sprint *m*, b) *Pferdesport*: Fliegerrennen *n*; **4.** Schneetreiben *n*.

scur·vy [ˈskɜːvɪ] **I** *s.* ⚕ Skor'but *m*; **II** *adj.* (hunds)gemein, ‚fies'.

scut [skʌt] *s.* **1.** *hunt.* Blume *f*, kurzer Schwanz (*Hase*), Wedel *m* (*Rotwild*); **2.** Stutzschwanz *m*.

scu·tage [ˈskjuːtɪdʒ] *s.* ⚔ *hist.* Schildpfennig *m*, Rittersteuer *f*.

scutch [skʌtʃ] ⚙ **I** *v/t.* **1.** *Flachs* schwingen; **2.** *Baumwolle od. Seidenfäden* (durch Schlagen) entwirren; **II** *s.* **3.** (Flachs)Schwingmesser *n*, (ˈFlachs-)ˌSchwingmaˌschine *f*.

scutch·eon [ˈskʌtʃən] *s.* **1.** → ***escutcheon***; **2.** → ***scute***.

scute [skjuːt] *s. zo.* Schuppe *f*.

scu·tel·late(d) [ˈskjuːtəleɪt(ɪd)] *adj. zo.* schuppig; **scuˈtel·lum** [skjuːˈteləm] *pl.* **-la** [-lə] *s.* ⚘, *zo.* Schildchen *n*.

scut·tle[1] [ˈskʌtl] *s.* **1.** Kohlenkasten *m*, -eimer *m*; **2.** (flacher) Korb.

scut·tle[2] [ˈskʌtl] **I** *v/i.* **1.** hasten, flitzen; **2.** ~ ***out of*** ⚔ *u. fig.* sich hastig zu'rückziehen aus *od.* von; **II** *s.* **3.** hastiger Rückzug.

scut·tle[3] [ˈskʌtl] **I** *s.* **1.** (Dach-, Boden-) Luke *f*; **2.** ⚓ (Spring)Luke *f*; **3.** *mot.* Stirnwand *f*, Spritzbrett *n*; **II** *v/t.* **4.** ⚓ a) *Schiff* anbohren *od.* die ˈBodenvenˌtile öffnen, b) (selbst) versenken; **ˈ~·butt** *s.* **1.** ⚓ Trinkwassertonne *f od.* -anlage *f*; **2.** *Am.* F Gerücht *n*.

scythe [saɪð] **I** *s.* **1.** Sense *f*; **II** *v/t.* **2.** (ab)mähen; **3.** ~ ***down*** *Fußball*: ‚umsäbeln'.

sea [siː] *s.* **1.** a) See *f*, Meer *n* (*a. fig.*), b) Ozean *m*, Weltmeer *n*: ***at ~*** auf *od.* zur See; *mst* ***all at ~*** *fig.* ratlos, im dunkeln tappend; ***beyond the ~, over ~(s)*** nach *od.* in Übersee; ***by ~*** auf dem Seeweg; ***on the ~*** a) auf *od.* zur See, b) an der See *od.* Küste (gelegen); ***follow the ~*** zur See fahren; ***put (out) to ~*** in See stechen; ***the four ~s*** die vier (*Großbritannien umgebenden*) Meere; ***the high ~s*** die hohe See, die Hochsee; **2.** ⚓ See(gang *m*) *f*: ***heavy ~***; ***long (short) ~*** lange (kurze) See; **3.** ⚓ See *f*, hohe Welle; → ***ship*** 7; ~ **an·chor** *s.* **1.** ⚓ Treibanker *m*; **2.** ✈ Wasseranker *m*; ~ **bear** *s. zo.* **1.** Eisbär *m*; **2.** Seebär *m*; **ˈ~·board** **I** *s.* (See)Küste *f*; **II** *adj.* Küsten…; **ˈ~-born** *adj.* **1.** aus dem Meer stammend; **2.** *poet.* meergeboren; **ˈ~·borne** *adj.* auf dem Seewege befördert, See...: *~ goods* Seehandelsgüter; *~ invasion* ⚔ Landungsunternehmen *n* von See aus; *~ trade* Seehandel *m*; **~ calf** → *sea dog* 1a; **~ cap·tain** *s.* ('Schiffs)Kapi,tän *m*; **~ cock** *s.* ⚓ 'Bordven,til *n*; **~ cow** *s. zo.* **1.** Seekuh *f*, Si'rene *f*; **2.** Walroß *n*; **~ dog** *s.* **1.** *zo.* a) Gemeiner Seehund, Meerkalb *n*, b) → *dogfish*; **2.** *fig.* ⚓ (alter) Seebär; **'~·drome** [-drəʊm] *s.* ✈ Wasserflughafen *m*; **~ el·e·phant** *s. zo.* 'See-Ele,fant *m*; **'~,far·er** [-,feərə] *s.* Seefahrer *m*, -mann *m*; **'~,far·ing** [-,feərɪŋ] **I** *adj.* seefahrend: *~ man* Seemann *m*; *~ nation* Seefahrernation *f*; **II** *s.* Seefahrt *f*; **~ farm·ing** *s.* 'Aquakul,tur *f*; **'~·food** *s.* Meeresfrüchte *pl.*; **'~-fowl** *s.* Seevogel *m*; **~ front** *s.* Seeseite *f* (*e-r Stadt etc.*); **~ ga(u)ge** *s.* ⚓ **1.** Tiefgang *m*; **2.** Lotstock *m*; **'~·girt** *adj. poet.* 'meerum,schlungen; **~ god** *s.* Meeresgott *m*; **'~,go·ing** *adj.* ⚓ seetüchtig, Hochsee...; **~ green** *s.* Meergrün *n*; **~ gull** *s. orn.* Seemöwe *f*; **~ hog** *s. zo.* Schweinswal *m*, *bsd.* Meerschwein *n*; **~ horse** *s.* **1.** *zo.* a) Seepferdchen *n*, b) Walroß *n*; **2.** *myth.* Seepferd *n*; **3.** große Welle.

seal¹ [si:l] **I** *s.* **1.** *pl.* **seals**, *bsd. coll.* **seal** *zo.* Robbe *f*, *engS.* Seehund *m*; **2.** → *sealskin*; **II** *v/i.* **3.** auf Robbenjagd gehen.

seal² [si:l] **I** *s.* **1.** Siegel *n*: *set one's ~ to* sein Siegel auf *et.* drücken, *bsd. fig. et.* besiegeln (*bekräftigen*); *under the ~ of secrecy fig.* unter dem Siegel der Verschwiegenheit; **2.** Siegel(prägung *f*) *n*; **3.** Siegel(stempel *m*) *n*, Petschaft *n*; → *Great Seal*; **4.** ⚖ *etc.* Siegel *n*, Verschluß *m*; *Zollverkehr etc.*: Plombe *f*: *under ~* unter Verschluß; **5.** ⚙ a) (wasser-, luftdichter) Verschluß, b) (Ab-)Dichtung *f*, c) Versiegelung *f* (*Kunststoff etc.*); **6.** *fig.* Siegel *n*, Besiegelung *f*, Bekräftigung *f*; **7.** Zeichen *n*, Garan'tie *f*; **8.** *fig.* Stempel *m*, Zeichen *n des Todes etc.*; **II** *v/t.* **9.** *Urkunde* siegeln; **10.** *Rechtsgeschäft etc.* besiegeln (*bekräftigen*); **11.** *fig.* besiegeln: *his fate is ~ed*; **12.** *fig.* zeichnen, s-n Stempel aufdrücken (*dat.*); **13.** versiegeln: *~ed offer* ✝ versiegeltes Angebot; *under ~ed orders* ✝ mit versiegelter Order; **14.** *Verschluß etc.* plombieren; **15.** *oft ~ up* her'metisch (*od.* ⚙ wasser-, vakuumdicht) abschließen *od.* abdichten, *Holz, Kunststoff etc.* versiegeln, ⚙ *a.* einzementieren, zuschmelzen, *mit Klebestreifen etc.* verschließen: *it is a ~ed book to me fig.* es ist mir ein Buch mit sieben Siegeln; *~ a letter* e-n Brief zukleben; **16.** *~ off fig.* a) ⚔ *etc.* abriegeln, b) dichtmachen: *~ off the border*.

sea lane *s.* See-, Schiffahrtsweg *m*.

seal·ant ['si:lənt] *s.* ⚙ Dichtungsmittel *n*.

sea| law·yer *s.* ⚓ F Queru'lant *m*; **'~-legs** *s. pl.*: *get od. find one's ~* ⚓ seefest werden.

seal·er¹ ['si:lə] *s.* ⚓ Robbenfänger *m* (*Mann od. Schiff*).

seal·er² ['si:lə] *s.* ⚙ a) Versiegler *m*, b) Verschließvorrichtung *f*, c) Versiegelungsmasse *f*.

'seal·er·y [-ərɪ] *s.* **1.** Robbenfang *m*; **2.** Robbenfangplatz *m*.

sea lev·el *s.* Meeresspiegel *m*, -höhe *f*: *corrected to ~* auf Meereshöhe umgerechnet.

'seal-,fish·er·y → *sealery* 1.

seal·ing ['si:lɪŋ] *s.* **1.** (Be)Siegeln *n*; **2.** Versiegeln *n*, ⚙ *a.* (Ab)Dichtung *f*: *~ (compound)* Dichtungsmasse *f*; *~ machine* → *sealer²* b; *~ ring* Dichtungsring *m*; **~ wax** *s.* Siegellack *m*.

sea| li·on *s. zo.* Seelöwe *m*; **♀ Lord** *s.* ⚓ *Brit.* Seelord *m* (*Amtsleiter in der brit. Admiralität*).

'seal|-,rook·er·y *s. zo.* Brutplatz *m* von Robben; **'~·skin** *s.* **1.** Seal(skin) *m*, *n*, Seehundsfell *n*; **2.** Sealmantel *m*, -cape *n*.

seam [si:m] **I** *s.* **1.** Saum *m*, Naht *f* (*a.* ⚕): *burst at the ~s* aus den Nähten platzen (*a. fig.*); **2.** ⚙ a) (Guß-, Schweiß)Naht *f*: *~ welding* Nahtschweißen *n*, b) *bsd.* ⚓ Fuge *f*, c) Sprung *m*, d) Falz *m*; **3.** Runzel *f*; **4.** Narbe *f*; **5.** *geol.* (Nutz)Schicht *f*, Flöz *n*; **II** *v/t.* **6.** *a. ~ up*, *~ together* zs.-nähen; **7.** säumen; **8.** *bsd. fig.* (durch-)'furchen; **9.** (zer)schrammen; **10.** ⚙ durch e-e (Guß- *od.* Schweiß)Naht verbinden.

sea·man ['si:mən] *s.* [*irr.*] ⚓ **1.** Seemann *m*, Ma'trose *m*; **2.** ⚔ *Am.* (Ma'rine)Obergefreite(r) *m*: *~ recruit* Matrose; **'sea·man·like** *adj. u. adv.* seemännisch; **'sea·man·ship** [-ʃɪp] *s.* Seemannschaft *f*.

sea| mark *s.* Seezeichen *n*; **~ mew** *s. orn.* Sturmmöwe *f*; **~ mile** *s.* Seemeile *f*; **~ mine** *s.* ⚔ Seemine *f*.

seam·less ['si:mlɪs] *adj.* □ **1.** naht-, saumlos: *~-drawn tube* ⚙ nahtlos gezogene Röhre; **2.** fugenlos.

sea mon·ster *s.* Meeresungeheuer *n*.

seam·stress ['semstrɪs] *s.* Näherin *f*.

sea mud *s.* Seeschlamm *m*, Schlick *m*.

seam·y ['si:mɪ] *adj.* gesäumt: *the ~ side* a) die linke Seite, b) *fig.* die Kehr- *od.*

Schattenseite.

se·ance, **sé·ance** [ˈseɪɑ̃:ns] (*Fr.*) *s.* Séˈance *f*, (spiriˈtistische) Sitzung.

ˈsea|·piece *s. paint.* Seestück *n*; **ˈ~·plane** *s.* See-, Wasserflugzeug *n*; **ˈ~·port** *s.* Seehafen *m*, Hafenstadt *f*; **~ pow·er** *s.* Seemacht *f*; **ˈ~·quake** *s.* Seebeben *n*.

sear¹ [sɪə] **I** *v/t.* **1.** versengen; **2.** ⚕ (aus-)brennen; **3.** *Fleisch* anbraten; **4.** *bsd. fig.* brandmarken; **5.** *fig.* abstumpfen: ***a ~ed conscience***; **6.** verdorren lassen; **II** *v/i.* **7.** verdorren; **III** *adj.* **8.** *poet.* verdorrt, -welkt: ***the ~ and yellow leaf*** *fig.* der Herbst des Lebens.

sear² [sɪə] *s.* ⚔ Abzugsstollen *m* (*Gewehr*).

search [sɜ:tʃ] **I** *v/t.* **1.** durchˈsuchen, -ˈstöbern (***for*** nach); **2.** ⚖ *Person*, *Haus etc.* durchˈsuchen, visitieren; **3.** unterˈsuchen; **4.** *fig. Gewissen etc.* erforschen, prüfen; **5.** *mst* ***~ out*** auskundschaften, ausfindig machen; **6.** durchˈdringen (*Wind*, *Geschosse etc.*); **7.** ⚔ mit Tiefenfeuer belegen *od.* bestreichen; **8.** *sl.* ***~ me!*** keine Ahnung!; **II** *v/i.* **9.** (***for***) suchen, forschen (nach); ⚖ fahnden (nach): ***~ into*** ergründen, untersuchen; **10.** ***~ after*** streben nach; **III** *s.* **11.** Suchen *n*, Forschen *n* (***for***, ***of*** nach): ***in ~ of*** auf der Suche nach; ***go in ~ of*** auf die Suche gehen nach; **12.** ⚖ a) Fahndung *f*, b) Haussuchung *f*, c) (ˈLeibes)Visitatiˌon *f*, d) Einsichtnahme *f in öffentliche Bücher*, e) Überprüfung *f*, *Patentwesen*: Reˈcherche *f*: ***right of*** (***visit and***) ***~*** ⚓ Recht *n* auf Durchsuchung neutraler Schiffe; **ˈsearch·er** [-tʃə] *s.* **1.** Sucher *m*, (Er)Forscher *m*; **2.** (*Zoll- etc.*)Prüfer *m*; **3.** ⚕ Sonde *f*; **ˈsearch·ing** [-tʃɪŋ] *adj.* ☐ **1.** gründlich, eingehend, tiefschürfend; **2.** forschend (*Blick*); durchˈdringend (*Wind etc.*): ***~ fire*** ⚔ Tiefen-, Streufeuer *n*.

ˈsearch|·light *s.* (Such)Scheinwerfer *m*; **~ par·ty** *s.* Suchtrupp *m*; **~ ra·dar** *s.* ⚔ Raˈdar-Suchgerät *n*; **~ war·rant** *s.* ⚖ Haussuchungsbefehl *m*.

ˈsea|-ˌres·cue *adj.* Seenot...; **~ risk** *s.* ⚖ Seegefahr *f*; **~ room** *s.* ⚓ Seeräumte *f*; **~ route** *s.* See-, Schiffahrtsweg *m*; **ˈ~·scape** *s.* **1.** *paint.* Seestück *n*; **2.** (Aus)Blick *m* auf das Meer; **~ ser·pent** *s. zo. u. myth.* Seeschlange *f*; **ˈ~·shore** *s.* Seeküste *f*; **ˈ~·sick** *adj.* seekrank; **ˈ~·sick·ness** *s.* Seekrankheit *f*; **ˈ~·side** **I** *s.* See-, Meeresküste *f*: ***go to the ~*** an die See fahren; **II** *adj.* an der See gelegen, See...: ***~ place***, ***~ resort*** Seebad *n*.

sea·son [ˈsi:zn] **I** *s.* **1.** (Jahres)Zeit *f*; **2.** a) (Reife- *etc.*)Zeit *f*, rechte Zeit (*für et.*), b) *hunt.* (*Paarungs- etc.*)Zeit *f*: ***in ~*** a) (gerade) reif, (günstig auf dem Markt) zu haben (*Frucht*), b) zur rechten Zeit, c) *hunt.* jagdbar, d) brünstig (*Tier*); ***out of ~*** a) nicht (auf dem Markt) zu haben, b) *fig.* unpassend; ***in and out of ~*** jederzeit; ***cherries are now in ~*** jetzt ist Kirschenzeit; ***a word in ~*** ein Rat zur rechten Zeit; ***for a ~*** e-e Zeitlang; → ***close season***; **3.** ☤ Saiˈson *f*, Haupt(betriebs-, -geschäfts)zeit *f*: ***dull*** (*od.* ***slack***) ***~*** stille Saison, tote Jahreszeit; ***height of the ~*** Hochsaison; **4.** (*Veranstaltungs*)Saiˈson *f*: ***theatrical ~*** Theatersaison, Spielzeit *f*; **5.** (*Bade-*, *Kur- etc.*)Saiˈson *f*: ***holiday ~*** Ferienzeit *f*; **6.** Festzeit *f*; → ***compliment*** 3; **7.** F → ***season ticket***; **II** *v/t.* **8.** *Speisen* würzen (*a. fig.*): ***~ed with wit*** geistreich; **9.** *Tabak etc.* (aus)reifen lassen: ***~ed wine*** abgelagerter *od.* ausgereifter Wein; **10.** *Holz* ablagern; **11.** *Pfeife* einrauchen; **12.** gewöhnen (***to*** an *acc.*), abhärten: ***be ~ed to*** an *ein Klima etc.* gewöhnt sein; ***~ed soldiers*** fronterfahrene Soldaten; ***~ed by battle*** kampfgewohnt; **13.** *obs.* mildern; **III** *v/i.* **14.** reifen; **15.** ablagern (*Holz*); **ˈsea·son·a·ble** [-nəbl] *adj.* ☐ **1.** rechtzeitig; **2.** jahreszeitlich; **3.** zeitgemäß; **4.** passend, angebracht, opporˈtun, günstig; **ˈsea·son·al** [-zənl] *adj.* ☐ **1.** jahreszeitlich; **2.** saiˈsonbedingt, -gemäß: ***~ closing-out sale*** ☤ Saisonschlußverkauf *m*; ***~ trade*** Saisongewerbe *n*; ***~ work***(***er***) Saisonarbeit(er *m*) *f*; **ˈsea·son·ing** [-nɪŋ] *s.* **1.** Würze *f* (*a. fig.*), Gewürz *n*; **2.** Reifen *n etc.*; **sea·son tick·et** *s.* **1.** 🚆 *etc. Brit.* Dauer-, Zeitkarte *f*; **2.** *thea. etc.* Abonneˈment(skarte *f*) *n*.

seat [si:t] **I** *s.* **1.** Sitz(gelegenheit *f*, -platz *m*) *m*; Stuhl *m*, Sessel *m*, Bank *f*; **2.** (*Stuhl- etc.*)Sitz *m*; **3.** Platz *m bei Tisch etc.*: ***take a ~*** Platz nehmen; ***take one's ~*** s-n Platz einnehmen; ***take your ~s!*** 🚆 einsteigen!; **4.** *thea. etc.* Platz *m*, Sitz *m*: ***book a ~*** e-e (*Theater- etc.*)Karte kaufen; **5.** (Präsiˈdenten- *etc.*) Sitz *m* (*a. fig. Amt*); **6.** (Amts-, Regierungs-, ☤ Geschäfts)Sitz *m*; **7.** *parl. etc.* Sitz *m* (*a. Mitgliedschaft*), *parl. a.* Manˈdat *n*: ***a ~ in parliament***; ***have ~ and vote*** Sitz u. Stimme haben; **8.** Wohn-, Faˈmilien-, Landsitz *m*; **9.** *fig.* Sitz *m*: a) Stätte *f*, (Schau)Platz *m*: ***~ of war*** Kriegsschauplatz, b) ⚕ Herd *m e-r Krankheit* (*a. fig.*); **10.** Gesäß *n*, Sitzfläche *f*; Hosenboden *m*; **11.** *Reitsport etc.*: Sitz *m* (*Haltung*); **12.** ⚙ Auflager *n*, Funda'ment *n*; **II** *v/t.* **13.** *j-n wohin* setzen, *j-m* e-n Sitz anweisen: **~ *o.s.*** sich setzen; ***be ~ed*** sitzen; **14.** Sitzplätze bieten für: ***the hall ~s 600 persons***; **15.** *Raum* bestuhlen, mit Sitzplätzen versehen; **16.** *Stuhl* mit e-m (neuen) Sitz versehen; **17.** ⚙ a) auflegen, lagern (***on*** auf *dat.*), b) einpassen, *Ventil* einschleifen; **18.** *pass.* sitzen, s-n Sitz haben, liegen (***in*** in *dat.*); **seat belt** *s.* ✈, *mot.* Sicherheitsgurt *m*; **'seat·ed** [-tɪd] *adj.* **1.** sitzend: ***be ~*** → ***seat*** 18; ***be ~!*** nehmen Sie Platz!; ***remain ~*** sitzen bleiben, Platz behalten; **2.** *in Zssgn* ...sitzig: ***two-~***; **'seat·er** [-tə] *s. in Zssgn* ...sitzer *m*: ***two-~***; **'seat·ing** [-tɪŋ] **I** *s.* **1.** a) Anweisen *n* von Sitzplätzen, b) Platznehmen *n*; **2.** Sitzgelegenheit(en *pl.*) *f*, Bestuhlung *f*; **II** *adj.* **3.** Sitz...: **~ *accommodation*** Sitzgelegenheiten; **seat mile** *s.* ⚓ Passa'giermeile *f*.

sea| trout *s.* 'Meer-, 'Lachsfo͵relle *f*; **~ ur·chin** *s. zo.* Seeigel *m*; **'~·wall** *s.* Deich *m*; (Hafen)Damm *m*.

sea·ward ['si:wəd] **I** *adj. u. adv.* seewärts; **II** *s.* Seeseite *f*; **'sea·wards** [-dz] *adv.* seewärts.

sea| wa·ter *s.* See-, Meerwasser *n*; **'~·way** *s.* **1.** ⚓ Fahrt *f*; **2.** Seeweg *m*; **3.** Seegang *m*; **'~·weed** *s.* **1.** (See)Tang *m*, Alge *f*; **2.** *allg.* Meerespflanze(n *pl.*) *f*; **'~͵wor·thy** *adj.* seetüchtig.

se·ba·ceous [sɪ'beɪʃəs] *adj. physiol.* Talg...

sec [sek] (*Fr.*) *adj.* sec, trocken (*Wein*).

se·cant ['si:kənt] **I** *s.* ⩘ a) Se'kante *f*, b) Schnittlinie *f*; **II** *adj.* schneidend.

sec·a·teur ['sekətɜ:] (*Fr.*) *s. mst* (***a pair of***) ***~s*** *pl.* (e-e) Baumschere.

se·cede [sɪ'si:d] *v/i. bsd. eccl.*, *pol.* sich trennen *od.* lossagen, abfallen (***from*** von); **se'ced·er** [-də] *s.* Abtrünnige(r *m*) *f*, Separa'tist *m*.

se·ces·sion [sɪ'seʃn] *s.* **1.** Sezessi'on *f* (*USA hist. oft* 𝔖), (Ab-, *eccl.* Kirchen-)Spaltung *f*, Abfall *m*, Lossagung *f*; **2.** 'Übertritt *m* (***to*** zu); **se'ces·sion·al** [-ʃənl] *adj.* Sonderbunds..., Abfall..., Sezessions...; **se'ces·sion·ist** [-nɪst] *s.* Abtrünnige(r *m*) *f*, Sonderbündler *m*, Sezessio'nist *m* (*Am. hist. oft* 𝔖).

se·clude [sɪ'klu:d] *v/t.* (***o.s.*** sich) abschließen, absondern (***from*** von); **se'clud·ed** [-dɪd] *adj.* □ einsam, abgeschieden: a) zu'rückgezogen (*Lebensweise*), b) abgelegen (*Ort*); **se'clu·sion** [-u:ʒn] *s.* **1.** Abschließung *f*; **2.** Zu'rückgezogenheit *f*, Abgeschiedenheit *f*: ***live in ~*** zurückgezogen leben.

sec·ond ['sekənd] **I** *adj.* □ → ***secondly***; **1.** zweit; nächst: **~ *Advent*** (*od.* ***Coming***) *eccl.* 'Wiederkunft *f* (Christi); **~ *ballot*** Stichwahl *f*; **~ *Chamber*** *parl.* Oberhaus *n*; **~ *floor*** a) *Brit.* zweiter Stock, b) *Am.* erster Stock (*über dem Erdgeschoß*); **~ *in height*** zweithöchst; ***at ~ hand*** aus zweiter Hand; ***in the ~ place*** zweitens; ***it has become ~ nature with him*** es ist ihm zur zweiten Natur geworden *od.* in Fleisch u. Blut übergegangen; → ***self*** 1, ***sight*** 1, ***thought*** 3, ***wind***[1] 6; **2.** (***to***) 'untergeordnet (*dat.*), geringer (als): **~ *cabin*** ⚓ Kabine *f* zweiter Klasse; **~ *cousin*** Vetter *m* zweiten Grades; **~ *lieutenant*** ⚔ Leutnant *m*; ***come ~*** *fig.* an zweiter Stelle kommen; **~ *to none*** unerreicht; ***he is ~ to none*** er ist unübertroffen; → ***fiddle*** 1; **II** *s.* **3.** *der* (*die*, *das*) Zweite: **~ *in command*** ⚔ a) stellvertretender Kommandeur, b) ⚓ erster Offizier; **4.** *sport* Zweite(r *m*) *f*, zweiter Sieger; ***run ~*** den zweiten Platz belegen; ***be a good ~*** nur knapp geschlagen werden; **5.** *univ.* → ***second class*** 2; **6.** F 🚂 *etc.* zweite Klasse; **7.** *Duell*, *Boxen*: Sekun'dant *m*; *fig.* Beistand *m*; **8.** Se'kunde *f*; *weitS. a.* Augenblick *m*, Mo'ment *m*; **9.** ♪ a) Se'kunde *f*, b) Begleitstimme *f*; **10.** *pl.* ✝ Ware(n *pl.*) *f* zweiter Quali'tät *od.* Wahl; **11.** **~ *of exchange*** ✝ Se'kundawechsel *m*; **III** *v/t.* **12.** sekundieren (*dat.*) (*a. fig.*); **13.** *fig.* unter'stützen (*a. parl.*), beistehen (*dat.*); **14.** [sɪ'kɒnd] ⚔ *Brit. Offizier* abstellen, abkommandieren.

sec·ond·ar·i·ness ['sekəndərɪnɪs] *s. das* Sekun'däre, Zweitrangigkeit *f*; **sec·ond·ar·y** ['sekəndərɪ] **I** *adj.* □ **1.** sekun'där, zweitrangig, 'untergeordnet, nebensächlich: ***of ~ importance***; **2.** ϟ, ⚗, *biol.*, *geol.*, *phys.* sekun'där, Sekundär...: **~ *electron***; **3.** Neben...: **~ *colo(u)r***, **~ *effect***; **4.** Neben..., Hilfs...: **~ *line*** 🚂 Nebenbahn; **5.** *ling.* a) sekun'där, abgeleitet, b) Neben...: **~ *accent*** Nebenakzent *m*; **~ *derivative*** Sekundärableitung *f*; **~ *tense*** Nebentempus *n*; **6.** *ped.* Oberschul...: **~ *education*** höhere Schulbildung; **~ *school*** höhere Schule; **II** *s.* **7.** 'Untergeordnete(r *m*) *f*, Stellvertreter(in); **8.** ϟ a) Sekun'där(strom)kreis *m*, b) Sekun'därwicklung *f*; **9.** *ast. a.* **~ *planet*** Satel'lit *m*; **10.** *orn.* Nebenfeder *f*.

'sec·ond|-best *adj.* zweitbest: ***come off ~*** *fig.* den kürzeren ziehen; **~ class**

s. **1.** 🚆 *etc.* zweite Klasse; **2.** *univ. Brit. akademischer Grad zweiter Klasse*; **ˌ~-ˈclass** [-nd'k-] *adj.* **1.** zweitklassig, -rangig; **2.** 🚆 *etc. Wagen etc.* zweiter Klasse: **~ mail** a) *Am.* Zeitungspost *f*, b) *Brit.* gewöhnliche Inlandspost; **ˌ~-deˈgree** *adv.* **1.** zweiten Grades: **~ burns**; **2. ~ murder** ⚖ Totschlag *m*; **ˌ~ˈguess** *v/t. Am.* **1.** im nachhinein kritisieren; **2.** a) durchˈschauen, b) vorˈhersehen; **ˈ~·hand I** *adj.* **1.** überˈnommen, *a. Wissen etc.* aus zweiter Hand; **2.** ˈindiˌrekt; **3.** gebraucht, alt; antiˈquarisch (*Bücher*): **~ bookshop** Antiquariat *n*; **~ car** Gebrauchtwagen *m*; **~ dealer** Altwarenhändler *m*; **II** *adv.* **4.** gebraucht: **buy s.th. ~**; **~ hand** *s.* Seˈkundenzeiger *m*.

sec·ond·ly [ˈsekəndlɪ] *adv.* zweitens.

se·cond·ment [sɪˈkɒndmənt] *s. Brit.* **1.** ⚔ Abkommandierung *f*; **2.** Versetzung *f*.

ˌsec·ond|-ˈrate *adj.* zweitrangig, -klassig, mittelmäßig; **ˌ~-ˈrat·er** *s.* mittelmäßige Perˈson *od.* Sache.

se·cre·cy [ˈsiːkrəsɪ] *s.* **1.** Verborgenheit *f*; **2.** Heimlichkeit *f*: **in all ~, with absolute ~** ganz im geheimen, insgeheim; **3.** Verschwiegenheit *f*; Geheimhaltung(spflicht) *f*; (*Wahl- etc.*)Geheimnis *n*: **official ~** Amtsverschwiegenheit *f*; **professional ~** Berufsgeheimnis *n*, Schweigepflicht *f*; → **swear** 6; **se·cret** [ˈsiːkrɪt] **I** *adj.* □ **1.** geheim, heimlich, Geheim…(*-dienst*, *-diplomatie*, *-tür etc.*): **~ ballot** geheime Wahl; → **keep** 13; **2.** a) verschwiegen, b) verstohlen (*Person*); **3.** verschwiegen (*Ort*); **4.** unerforschlich, verborgen; **II** *s.* **5.** Geheimnis *n* (**from** vor *dat.*): **the ~ of success** *fig.* das Geheimnis des Erfolgs, der Schlüssel zum Erfolg; **in ~** a) heimlich, im geheimen, b) im Vertrauen; **be in the ~** (in das Geheimnis) eingeweiht sein; **let s.o. into the ~** j-n (in das Geheimnis) einweihen; **make no ~ of** kein Geheimnis *od.* Hehl aus *et.* machen.

se·cre·taire [ˌsekrəˈteə] (*Fr.*) *s.* Sekreˈtär *m*, Schreibschrank *m*.

se·cre·tar·i·al [ˌsekrəˈteərɪəl] *adj.* **1.** Sekretärs…: **~ help** Schreibkraft *f*; **2.** Schreib…, Büro…; **ˌsec·reˈtar·i·at(e)** [-ɪət] *s.* Sekretariˈat *n*.

sec·re·tar·y [ˈsekrətrɪ] *s.* **1.** Sekreˈtär (-in): **~ of embassy** Botschaftsrat *m*; **2.** Schriftführer *m*; ✝ a) Geschäftsführer *m*, b) Syndikus *m*; **3.** *pol. Brit.* a) **~ (of state)** Miˈnister *m*, b) ˈStaatssekreˌtär *m*: **♀ of State for Foreign Affairs, Foreign ♀** Außenminister *m*; **♀ of State for Home Affairs, Home ♀** Innenminister; **4.** *pol. Am.* Miˈnister *m*: **♀ of Defense** Verteidigungsminister; **♀ of State** a) Außenminister, b) Staatssekretär *m e-s Bundesstaats*; **5.** → **secretaire**; **~ bird** *s. orn.* Sekreˈtär *m*; **ˌ~-ˈgen·er·al** *pl.* **ˌsec·re·tar·ies-ˈgen·er·al** *s.* Geneˈralsekreˌtär *m*.

sec·re·tar·y·ship [ˈsekrətrɪʃɪp] *s.* **1.** Posten *m od.* Amt *n* e-s Sekreˈtärs *etc.*; **2.** Miˈnisteramt *n*.

se·crete [sɪˈkriːt] *v/t.* **1.** *physiol.* absondern, abscheiden; **2.** verbergen (**from** vor *dat.*); ⚖ *Vermögensstücke* beiˈseite schaffen; **seˈcre·tion** [-iːʃn] *s.* **1.** *physiol.* a) Sekretiˈon *f*, Absonderung *f*, b) Seˈkret *n*; **2.** Verheimlichung *f*; **seˈcre·tive** [-tɪv] *adj.* □ heimlich, verschlossen, geheimnistuerisch: **be ~ about** mit *et.* geheim tun; **seˈcre·tive·ness** [-tɪvnɪs] *s.* Heimlichtueˈrei *f*; Verschwiegenheit *f*.

ˈse·cretˌmon·ger *s.* Geheimniskrämer(in).

se·cre·to·ry [sɪˈkriːtərɪ] *physiol.* **I** *adj.* sekreˈtorisch, Sekretions…; **II** *s.* sekretorische Drüse.

sect [sekt] *s.* **1.** Sekte *f*; **2.** Religiˈonsgemeinschaft *f*.

sec·tar·i·an [sekˈteərɪən] **I** *adj.* **1.** sekˈtiererisch; **2.** Konfessions…; **II** *s.* **3.** Anhänger(in) e-r Sekte; **4.** Sekˈtierer (-in); **secˈtar·i·an·ism** [-nɪzəm] *s.* Sekˈtierertum *n*.

sec·tion [ˈsekʃn] **I** *s.* **1.** a) Durchˈschneidung *f*, b) (*a. mikroskopischer*) Schnitt, c) ⚕ Sektiˈon *f*, Schnitt *m*; **2.** Ab-, Ausschnitt *m*, Teil *m* (*a. der Bevölkerung etc.*); **3.** Abschnitt *m*, Absatz *m* (*Buch etc.*); ⚖ (*Gesetzes- etc.*)Paraˈgraph *m*; **4.** *a.* **~ mark** Paraˈgraph(enzeichen *n*) *m*; **5.** ⚙ Teil *m*, *n*; **6.** ⚒, ⚙ Schnitt(bild *n*) *m*, Querschnitt *m*, Proˈfil *n*: **horizontal ~** Horizontalschnitt *m*; **7.** 🚆 *Am.* a) Streckenabschnitt *m*, b) Abˈteil *n e-s Schlafwagens*; **8.** *Am.* Bezirk *m*; **9.** *Am.* ˈLandparˌzelle *f* von e-r Quaˈdratmeile; **10.** ⚘, *zo.* ˈUntergruppe *f*; **11.** Abˈteilung *f*, Refeˈrat *n* (*Verwaltung*); **12.** ⚔ a) *Brit.* Gruppe *f*, b) *Am.* Halbzug *m*, c) ✈ Halbstaffel *f*, d) Stabsabteilung *f*; **II** *v/t.* **13.** (ab-, ein-) teilen, unterˈteilen; **14.** e-n Schnitt machen von; **ˈsec·tion·al** [-ʃənl] *adj.* □ **1.** Schnitt…(*-fläche*, *-zeichnung etc.*); **2.** Teil…(*-ansicht*, *-streik etc.*); **3.** zs.-setzbar, montierbar: **~ furniture** Anbaumöbel *pl.*; **4.** ⚙ Profil…, Form…(*-draht*, *-stahl*); **5.** regioˈnal, *contp.* partikula'ristisch: *~ pride* Lokalpatriotismus *m*; **'sec·tion·al·ism** [-nəlɪzəm] *s.* Partikula'rismus *m*.

sec·tor ['sektə] *s.* **1.** ⩓ (Kreis- *od.* Kugel)Sektor *m*; **2.** ⩓, *ast.* Sektor *m* (*a. fig. Bereich*); **3.** ⚔ Sektor *m*, Frontabschnitt *m*.

sec·u·lar ['sekjʊlə] **I** *adj.* □ **1.** weltlich: a) diesseitig, b) pro'fan: *~ music*, c) nicht kirchlich (*Erziehung etc.*): *~ arm* weltliche Gerichtsbarkeit; **2.** 'freireli-gi,ös, -denkerisch; **3.** *eccl.* weltgeistlich, Säkular...: *~ clergy* Weltgeistlichkeit *f*; **4.** säku'lar: a) hundertjährlich, b) hundertjährig, c) säku'lar; **5.** jahr'hundertelang; **6.** *ast., phys.* säku'lar; **II** *s.* **7.** *R.C.* Weltgeistliche(r) *m*; **'sec·u·lar·ism** [-ərɪzəm] *s.* **1.** Säkula'rismus *m* (*a. phls.*), Weltlichkeit *f*; **2.** Antiklerika'lismus *m*; **sec·u·lar·i·ty** [ˌsekjʊ'lærətɪ] *s.* **1.** Weltlichkeit *f*; **2.** *pl.* weltliche Dinge *pl.*; **sec·u·lar·i·za·tion** [ˌsekjʊləraɪ'zeɪʃn] *s.* **1.** *eccl.* Säkularisierung *f*; **2.** Verweltlichung *f*; **'sec·u·lar·ize** [-əraɪz] *v/t.* **1.** kirchlichem Einfluß entziehen; **2.** *kirchlichen Besitz*, *a. Ordensgeistliche* säkularisieren; **3.** verweltlichen; *Sonntag etc.* entheiligen; **4.** mit freidenkerischen I'deen durch'dringen.

sec·un·dine ['sekəndɪn] *s.* **1.** *mst pl.* ⚕ Nachgeburt *f*; **2.** ⚘ inneres Integu'ment der Samenanlage.

se·cure [sɪ'kjʊə] **I** *adj.* □ **1.** sicher: a) geschützt (*from* vor *dat.*), b) fest (*Grundlage etc.*), c) gesichert (*Existenz*), d) gewiß (*Hoffnung*, *Sieg etc.*); **2.** ruhig, sorglos: *a ~ life*; **II** *v/t.* **3.** sichern, schützen (*from*, *against* vor *dat.*); **4.** sichern, garantieren (*s.th. to s.o. od. s.o. s.th.* j-m et.); **5.** sich *et.* sichern *od.* beschaffen; erreichen, erlangen; *Patent*, *Urteil etc.* erwirken; **6.** ⚙ *etc.* sichern, befestigen; *Türe etc.* (fest) (ver)schließen: *~ by bolts* festschrauben; **7.** *Wertsachen* sicherstellen; **8.** *Verbrecher* festnehmen; **9.** *bsd.* ✝ sicherstellen: a) *et.* sichern (*on*, *by* durch *Hypothek etc.*), b) *j-m* Sicherheit bieten: *~ a creditor*; **10.** ⚕ *Ader* abbinden.

se·cu·ri·ty [sɪ'kjʊərətɪ] *s.* **1.** Sicherheit *f* (*Zustand od. Schutz*) (*against*, *from* vor *dat.*, gegen): ♀ Sicherheit(sabteilung) *f*; ✝ *a.* Werkspolizei *f*; ♀ *Council pol.* Sicherheitsrat *m*; *~ check* Sicherheitsüberprüfung *f*; *~ clearance* Unbedenklichkeitsbescheinigung *f*; ♀ *Force* Friedenstruppe *f*; → *risk* 2; **2.** (innere) Sicherheit, Sorglosigkeit *f*; **3.** Gewißheit *f*; **4.** ⚖, ✝ a) Bürge *m*, b) Sicherheit *f*, Bürgschaft *f*, Kauti'on *f*: *~ bond* Bürgschaftswechsel *m*; *give* (*od. put up*, *stand*) *~* Bürgschaft leisten, Kaution stellen; **5.** ✝ a) Schuldverschreibung *f*, b) Aktie *f*, c) *pl.* 'Wertpa,piere *pl.*: *~ market* Effektenmarkt *m*; *public securities* Staatspapiere.

se·dan [sɪ'dæn] *s.* **1.** *mot.* Limou'sine *f*; **2.** *a. ~ chair* Sänfte *f*.

se·date [sɪ'deɪt] *adj.* □ **1.** ruhig, gelassen; **2.** gesetzt, ernst; **se'date·ness** [-nɪs] *s.* **1.** Gelassenheit *f*; **2.** Gesetztheit *f*; **se'da·tion** [-eɪʃn] *s.*: *be under ~* ⚕ unter dem Einfluß von Beruhigungsmitteln stehen.

sed·a·tive ['sedətɪv] *bsd.* ⚕ **I** *adj.* beruhigend; **II** *s.* Beruhigungsmittel *n*.

sed·en·tar·i·ness ['sedntərɪnɪs] *s.* **1.** sitzende Lebensweise; **2.** Seßhaftigkeit *f*; **sed·en·tar·y** ['sedntərɪ] *adj.* □ **1.** sitzend (*Beschäftigung*, *Statue etc.*): *~ life* sitzende Lebensweise; **2.** seßhaft: *~ birds* Standvögel.

sedge [sedʒ] *s.* ⚘ **1.** Segge *f*; **2.** *allg.* Riedgras *n*.

sed·i·ment ['sedɪmənt] *s.* Sedi'ment *n*: a) (Boden)Satz *m*, Niederschlag *m*, b) *geol.* Schichtgestein *n*; **sed·i·men·ta·ry** [ˌsedɪ'mentərɪ] *adj.* sedimen'tär, Sediment...; **sed·i·men·ta·tion** [ˌsedɪmen'teɪʃn] *s.* **1.** Sedimentati'on *f*: a) Ablagerung *f*, b) *geol.* Schichtenbildung *f*; **2.** *a. blood ~* ⚕ Blutsenkung *f*: *~ rate* Senkungsgeschwindigkeit *f*.

se·di·tion [sɪ'dɪʃn] *s.* **1.** Aufwiegelung *f*, *a.* ⚖ Volksverhetzung *f*; **2.** Aufruhr *m*; **se'di·tious** [-ʃəs] *adj.* □ aufrührerisch, 'umstürzlerisch, staatsgefährdend.

se·duce [sɪ'dju:s] *v/t.* **1.** *Frau etc.* verführen (*a. fig. verleiten*; *into*, *to* zu; *into doing s.th.* dazu, et. zu tun); **2.** *~ from j-n* von *s-r Pflicht etc.* abbringen; **se'duc·er** [-sə] *s.* Verführer *m*; **se·duc·tion** [sɪ'dʌkʃn] *s.* **1.** (*a. sexuelle*) Verführung; Verlockung *f*; **2.** *fig.* Versuchung *f*, verführerischer Zauber; **se·duc·tive** [sɪ'dʌktɪv] *adj.* □ verführerisch (*a. fig.*).

se·du·li·ty [sɪ'dju:lətɪ] *s.* Emsigkeit *f*, (emsiger) Fleiß; **sed·u·lous** ['sedjʊləs] *adj.* □ emsig, fleißig.

see[1] [si:] **I** *v/t.* [*irr.*] **1.** sehen: *~ page 15* siehe Seite 15; *I ~ him come* (*od. coming*) ich sehe ihn kommen; *I cannot ~ myself doing it fig.* ich kann mir nicht vorstellen, daß ich es tue; *I ~ things otherwise fig.* ich sehe *od.* betrachte die Dinge anders; *~ o.s. obliged to fig.* sich gezwungen sehen zu; **2.** (ab)sehen, erkennen: ***~ danger ahead***; **3.** ersehen, entnehmen (***from*** aus *der Zeitung etc.*); **4.** (ein)sehen, verstehen: ***as I ~ it*** wie ich es sehe, in m-n Augen; ***I do not ~ the use of it*** ich weiß nicht, wozu es gut sein soll; → ***joke*** 2; **5.** (sich) ansehen, besuchen: ***~ a play***; **6.** a) *j-n* besuchen: ***go*** (***come***) ***to ~ s.o.*** j-n besuchen (gehen *od.* kommen), b) *Anwalt etc.* aufsuchen, konsultieren (***about*** wegen), *j-n* sprechen (***on business*** geschäftlich); **7.** *j-n* empfangen: ***he refused to ~ me***; **8.** nachsehen, her'ausfinden; **9.** dafür sorgen (daß): ***~*** (***to it***) ***that it is done!*** sorge dafür *od.* sieh zu, daß es geschieht!; ***~ justice done to s.o.*** dafür sorgen, daß j-m Gerechtigkeit widerfährt; **10.** sehen, erleben: ***live to ~*** erleben; ***~ action*** ⚔ im Einsatz sein, Kämpfe mitmachen; ***he has seen better days*** er hat (schon) bessere Tage gesehen; **11.** *j-n* begleiten, geleiten, bringen (***to the station*** zum Bahnhof); → ***see off***, ***see out***; **II** *v/i.* [*irr.*] **12.** sehen; → ***fit***[1] 3; **13.** verstehen, einsehen: ***I ~!*** (ich) verstehe!, aha!, ach so!; (***you***) ***~*** wissen Sie, weißt du; (***you***) ***~?*** F verstehst du?; **14.** nachsehen; **15.** sehen, sich über'legen: ***let me ~!*** warte mal!, laß mich überlegen!; ***we'll ~*** wir werden sehen, mal abwarten.

Zssgn mit prp.:

see| a·bout *v/i.* **1.** sich kümmern um; **2.** F sich *et.* überlegen; **~ af·ter** *v/i.* sehen nach, sich kümmern um; **~ in·to** *v/i.* e-r Sache auf den Grund gehen; **~ o·ver** *v/i.* sich ansehen; **~ through I** *v/i. j-n od. et.* durch'schauen; **II** *v/t. j-m* über *et.* hin'weghelfen; **~ to** *v/i.* sich kümmern um; → ***see***[1] 9.

Zssgn mit adv.:

see| off *v/t. j-n* fortbegleiten, verabschieden; **~ out** *v/t.* **1.** *j-n* hin'ausbegleiten; **2.** F *et.* bis zum Ende ansehen *od.* mitmachen; **~ through I** *v/t.* **1.** *j-m* 'durchhelfen (***with*** in *e-r Sache*); **2.** *et.* (bis zum Ende) 'durchhalten *od.* -fechten; **II** *v/i.* **3.** F durchhalten.

see[2] [si:] *s. eccl.* **1.** (Erz)Bischofssitz *m*; → ***Holy See***; **2.** (Erz)Bistum *n*.

seed [si:d] **I** *s.* **1.** ⚘ a) Same *m*, b) (Obst-)Kern *m*, c) *coll.* Samen *pl.*, d) ↗ Saat (-gut *n*) *f*: ***go*** (*od.* ***run***) ***to ~*** in Samen schießen, *fig.* herunterkommen; **2.** *zo.* a) Ei *n od.* Eier *pl.* (*des Hummers etc.*), b) Austernbrut *f*; **3.** *physiol.* Samen *m*; *fig.* Nachkommenschaft *f*: ***the ~ of Abraham*** *bibl.* der Same Abrahams; **4.** *pl. fig.* Saat *f*, Keim *m*: ***sow the ~s of discord*** (die Saat der) Zwietracht säen; **II** *v/t.* **5.** entsamen; *Obst* entkernen; **6.** *Acker* besäen; **7.** *sport Spieler* setzen; **III** *v/i.* **8.** ⚘ a) Samen tragen, b) in Samen schießen, c) sich aussäen; **'~·bed** *s.* Treibbeet *n*; *fig.* Pflanz-, *contp.* Brutstätte *f*; **'~·cake** *s.* Kümmelkuchen *m*; **'~·case** *s.* ⚘ Samenkapsel *f*; **~ corn** *s.* **1.** Saatkorn *n*; **2.** *Am.* Saatmais *m*; **~ drill** → ***seeder*** 1.

seed·er ['si:də] *s.* **1.** ↗ 'Säma,schine *f*; **2.** (Frucht)Entkerner *m*.

seed·i·ness ['si:dınıs] *s.* F **1.** Schäbigkeit *f*, Abgerissenheit *f*; verwahrloster Zustand; **2.** ‚Flauheit' *f des Befindens*.

seed leaf *s.* [*irr.*] ⚘ Keimblatt *n*.

seed·less ['si:dlıs] *adj.* kernlos; **'seed·ling** [-lıŋ] *s.* ⚘ Sämling *m*.

seed| oys·ter *s. zo.* **1.** Saatauster *f*; **2.** *pl.* Austernlaich *m*; **~ pearl** *s.* Staubperle *f*; **~ plot** *s.* → ***seedbed***; **~ po·ta·to** *s.* 'Saatkar,toffel *f*.

seed·y ['si:dı] *adj.* **1.** ⚘ samentragend, -reich; **2.** F schäbig: a) fadenscheinig, b) her'untergekommen (*Person*); **3.** F ‚flau', ‚mies' (*Befinden*): ***look ~*** elend aussehen.

see·ing ['si:ıŋ] **I** *s.* Sehen *n*: ***worth ~*** sehenswert; **II** *cj. a.* ***~ that*** da doch; in Anbetracht dessen, daß; **III** *prp.* angesichts (*gen.*), in Anbetracht (*gen.*); **'~-eye dog** *s. Am.* Blindenhund *m*.

seek [si:k] **I** *v/t.* [*irr.*] **1.** suchen; **2.** *Bett*, *Schatten*, *j-n* aufsuchen; **3.** (***of***) *Rat*, *Hilfe etc.* suchen (bei), erbitten (von); **4.** begehren, erstreben, nach *Ruhm etc.* trachten; ⚖ *etc.* beantragen, begehren: ***~ divorce***; → ***life*** *Redew.*; **5.** (ver)suchen, trachten (*et. zu tun*); **6.** zu ergründen suchen; **7.** ***be to ~*** *obs.* (noch) fehlen, zu wünschen übrig lassen; **8.** *a.* ***~ out*** her'ausfinden, aufspüren, *fig.* aufs Korn nehmen; **II** *v/i.* [*irr.*] **9.** suchen, fragen, forschen (***for***, ***after*** nach): ***~ after*** *a.* begehren; **'seek·er** [-kə] *s.* **1.** Sucher(in): ***~ after truth*** Wahrheitssucher; **2.** ⚕ Sonde *f*.

seem [si:m] *v/i.* **1.** (zu sein) scheinen, anscheinend sein, erscheinen: ***it ~s impossible to me*** es (er)scheint mir unmöglich; **2.** *mit inf.* scheinen: ***you ~ to believe it*** du scheinst es zu glauben; ***apples ~ not to grow here*** Äpfel wachsen hier anscheinend nicht; ***I ~ to hear voices*** mir ist, als hörte ich Stimmen; **3.** *impers.* ***it ~s that*** es scheint, daß; anscheinend; ***it ~s as if*** (*od.* ***though***) es sieht so aus *od.* es scheint so als ob; ***it ~s to me that it will rain*** mir scheint, es wird regnen; ***it should*** (*od.*

would) **~ *that*** man sollte glauben, daß; ***I can't ~ to open this door*** ich bringe diese Tür einfach nicht auf; **'seem·ing** [-mɪŋ] *adj.* □ **1.** scheinbar: ***a ~ friend***; **2.** anscheinend; **'seem·li·ness** [-lɪnɪs] *s.* Anstand *m*, Schicklichkeit *f*; **'seem·ly** [-lɪ] *adj. u. adv.* geziemend, schicklich.

seen [siːn] *p.p. von* ***see***[1].

seep [siːp] *v/i.* ('durch)sickern (*a. fig.*), tropfen, lecken: **~ *away*** versickern; **~ *in*** *a. fig.* einsickern, -dringen; **'seep·age** [-pɪdʒ] *s.* **1.** ('Durch-, Ver)Sickern *n*; **2.** 'Durchgesickertes *n*; **3.** Leck *n*.

se·er ['siːə] *s.* Seher(in).

seer·suck·er ['sɪəˌsʌkə] *s.* leichtes, kreppartiges Leinen.

see·saw ['siːsɔ] **I** *s.* **1.** Wippen *n*, Schaukeln *n*; **2.** Wippe *f*, Wippschaukel *f*; **3.** *fig.* (ständiges) Auf u. Ab *od.* Hin u. Her; **II** *adj.* **4.** schaukelnd, (*a. fig.*) Schaukel...(*-bewegung*, *-politik*); **III** *v/i.* **5.** wippen, schaukeln; **6.** sich auf u. ab *od.* hin u. her bewegen; **7.** *fig.* (hin u. her) schwanken.

seethe [siːð] *v/i.* **1.** kochen, sieden, wallen (*alle a. fig.* ***with*** vor *dat.*); **2.** *fig.* brodeln, gären (***with*** vor *dat.*): ***seething with rage*** vor Wut kochend; **3.** wimmeln (***with*** von).

'see-through *adj.* **1.** 'durchsichtig: **~ *blouse***; **2.** Klarsicht...: **~ *package***.

seg·ment ['segmənt] **I** *s.* **1.** Abschnitt *m*, Teil *m*, *n*; **2.** *bsd.* ⚹ (*Kreis- etc.*) Seg'ment *n*; **3.** *biol.* a) *allg.* Glied *n*, Seg'ment *n*, b) 'Körperseg,ment *n*, Ring *m* (*Wurm etc.*); **II** *v/t.* [seg'ment] **4.** (*v/i.* sich) in Segmente teilen; **seg·men·tal** [seg'mentl] *adj.* □, **'seg·men·tar·y** [-tərɪ] *adj.* segmen'tär; **seg·men·ta·tion** [ˌsegmən'teɪʃn] *s.* **1.** Segmentati'on *f*; **2.** *biol.* Zellteilung *f*, (Ei)Furchung *f*.

seg·ment| gear *s.* Seg'ment(zahnrad)-getriebe *n*; **~ saw** *s.* **1.** Baumsäge *f*; **2.** Bogenschnittsäge *f*.

seg·re·gate ['segrɪgeɪt] **I** *v/t.* **1.** trennen (*a. nach Rassen etc.*), absondern; **2.** ⚙ ausseigern, -scheiden; **II** *v/i.* **3.** sich absondern *od.* abspalten (*a. fig.*); ⚗ sich abscheiden; **4.** *biol.* mendeln; **III** *adj.* [-gɪt] **5.** abgesondert, isoliert; **seg·re·ga·tion** [ˌsegrɪ'geɪʃn] *s.* **1.** Absonderung *f*, -trennung *f*; **2.** Rassentrennung *f*; **3.** ⚗ Ausscheidung *f*; **4.** abgespaltener Teil; **seg·re·ga·tion·ist** [ˌsegrɪ'geɪʃnɪst] **I** *s.* Verfechter(in) der Rassentrennung; **II** *adj.* die Rassentrennung befürwortend; **'seg·re·ga·tive** [-gətɪv] *adj.* sich absondernd, Trennungs...

sei·gneur [se'njɜː], **sei·gnor** ['seɪnjə] *s.* **1.** *hist.* Lehns-, Feu'dalherr *m*; **2.** Herr *m*; **seign·ior·age** ['seɪnjərɪdʒ] *s.* **1.** Re'gal *n*, Vorrecht *n*; **2.** a) *königliche* Münzgebühr, b) Schlagschatz *m*; **sei'gno·ri·al** [-'njɔːrɪəl] *adj.* feu'dalherrschaftlich; **seign·ior·y** ['seɪnjərɪ] *s.* **1.** Feu'dalrechte *pl.*; **2.** (feu'dal)herrschaftliche Do'mäne.

seine [seɪn] *s.* ⚓ Schlagnetz *n*.

seise [siːz] → ***seize*** 4; **'sei·sin** [-zɪn] → ***seizin***.

seis·mic ['saɪzmɪk] *adj.* seismisch.

seis·mo·graph ['saɪzməgrɑːf] *s.* Seismo'graph *m*, Erdbebenmeßgerät *n*; **seis·mol·o·gist** [saɪz'mɒlədʒɪst] *s.* Seismo'loge *m*; **seis·mol·o·gy** [saɪz'mɒlədʒɪ] *s.* Erdbebenkunde *f*, Seismik *f*; **seis·mom·e·ter** [saɪz'mɒmɪtə] *s.* Seismo'meter *n*; **'seis·mo·scope** [-əskəʊp] *s.* Seismo'skop *n*.

seiz·a·ble ['siːzəbl] *adj.* **1.** (er)greifbar; **2.** ⚖ pfändbar; **seize** [siːz] **I** *v/t.* **1.** *et. od. j-n* (er)greifen, packen, fassen (*alle a. fig. Panik etc.*): **~*d with*** ⚕ von *e-r Krankheit* befallen; **~*d with apoplexy*** ⚕ vom Schlag getroffen; **2.** ⚔ (ein-)nehmen, erobern; **3.** sich *e-r Sache* bemächtigen, *Macht etc.* an sich reißen; **4.** ⚖ *j-n* in den Besitz setzen (***of*** von *od. gen.*): ***be ~d with***, ***stand ~d of*** im Besitz *e-r Sache* sein; **5.** *j-n* ergreifen, festnehmen; **6.** beschlagnahmen; **7.** *Gelegenheit* ergreifen, wahrnehmen; **8.** *geistig* erfassen, begreifen; **9.** ⚓ (bei)zeisen, zurren; **II** *v/i.* **10.** **~ (*up*)*on*** *Gelegenheit* ergreifen, *Idee* (begierig) aufgreifen, *a.* einhaken bei; **11.** *oft* **~ *up*** ⚙ sich festfressen; **'sei·zin** [-zɪn] *s.* ⚖ *Am.* (Grund)Besitz *m*, verbunden mit Eigentumsvermutung; **'seiz·ings** [-zɪŋz] *s. pl.* ⚓ Zurrtau *n*; **sei·zure** ['siːʒə] *s.* **1.** Ergreifung *f*; **2.** Inbesitznahme *f*; **3.** ⚖ a) Beschlagnahme *f*, b) Festnahme *f*; **4.** ⚕ Anfall *m*.

sel·dom ['seldəm] *adv.* selten.

se·lect [sɪ'lekt] **I** *v/t.* **1.** auswählen, -lesen; **II** *adj.* **2.** ausgewählt: **~ *committee*** *parl. Brit.* Sonderausschuß *m*; **3.** erlesen (*Buch*, *Geist*, *Speise etc.*); exklu'siv (*Gesellschaft etc.*); **4.** wählerisch; **se·lect·ee** [sɪˌlek'tiː] *s.* ⚔ *Am.* Einberufene(r) *m*; **se'lec·tion** [-kʃn] *s.* **1.** Wahl *f*; **2.** Auswahl *f*, -lese *f*; **3.** *biol.* Zuchtwahl *f*: ***natural ~*** natürliche Auslese; **4.** Auswahl *f* (***of*** an *dat.*); **se'lec·tive** [-tɪv] *adj.* □ **1.** auswählend, Auswahl...: **~ *service*** ⚔ *Am.* a) Wehrpflicht *f*, -dienst *m*, b) Einberufung; **2.** ⚡ trennscharf, selek'tiv: **~ *circuit*** Trennkreis *m*; **se·lec·tiv·i·ty** [ˌsɪlek'tɪvətɪ] *s. Radio, TV*: Trennschärfe *f*; **se'lect·man** [-mən] *s.* [*irr.*] *Am.* Stadtrat *m*; **se'lec·tor** [-tə] *s.* **1.** Auswählende(r *m*) *f*; **2.** Sortierer(in); **3.** ⚙ a) *a.* ⚡ Wähler *m*, b) Schaltgriff *m*, c) *mot.* Gangwähler *m*, d) *Computer*: Se'lektor *m*.

se·le·nic [sɪ'lenɪk] *adj.* ⚗ se'lensauer, Selen…; **se·le·ni·um** [sɪ'li:njəm] *s.* ⚗ Se'len *n*.

sel·e·nog·ra·phy [ˌselɪ'nɒgrəfɪ] *s.* Mondbeschreibung *f*; **ˌsel·e'nol·o·gy** [-ɒlədʒɪ] *s.* Selenolo'gie *f*, Mondkunde *f*.

self [self] **I** *pl.* **selves** [selvz] *s.* **1.** Selbst *n*, Ich *n*: ***my better*** (***second***) ~ mein besseres Selbst (mein zweites Ich); ***my humble*** (*od.* ***poor***) ~ meine Wenigkeit; ***the study of the*** ~ *phls.* das Studium des Ich; → ***former***² 1; **2.** Selbstsucht *f*, das eigene *od.* liebe Ich; **3.** *biol.* a) Tier *n od.* Pflanze *f* von einheitlicher Färbung, b) auto'games Lebewesen; **II** *adj.* **4.** einheitlich, *bsd.* ❀ einfarbig; **III** *pron.* **5.** ✝ *od.* F → ***myself*** *etc.*

ˌself|-a'ban·don·ment *s.* (Selbst)Aufopferung *f*, (bedingungslose) Hingabe; **ˌ~-a'base·ment** *s.* Selbsterniedrigung *f*; **ˌ~-ab'sorbed** *adj.* **1.** mit sich selbst beschäftigt; **2.** ego'zentrisch; **ˌ~-a'buse** *s.* Selbstbefleckung *f*; **ˌ~-'act·ing** *adj.* ⚙ selbsttätig; **ˌ~-ad'he·sive** *adj.* selbstklebend; **ˌ~-ad'just·ing** *adj.* ⚙ selbstregelnd, -einstellend; **ˌ~-ap'point·ed** *adj.* selbsternannt; **ˌ~-as'ser·tion** *s.* **1.** Geltendmachung *f* s-r Rechte, s-s Willens, s-r Meinung *etc.*; **2.** anmaßendes Auftreten; **ˌ~-as'sert·ive** *adj.* **1.** anmaßend, über'heblich; **2.** ~ ***person*** j-d, der sich 'durchzusetzen weiß; **ˌ~-as'sur·ance** *s.* Selbstsicherheit *f*, -bewußtsein *n*; **ˌ~-as'sured** *adj.* selbstbewußt; **ˌ~-'ca·ter·ing** *adj.* für Selbstversorger, mit Selbstverpflegung; **ˌ~-'cen·t(e)red** *adj.* ichbezogen, ego'zentrisch; **ˌ~-'col·o(u)red** *adj.* **1.** einfarbig; **2.** na'turfarben; **ˌ~-com'mand** *s.* Selbstbeherrschung *f*; **ˌ~-com'pla·cent** *adj.* selbstgefällig, -zufrieden; **ˌ~-con'ceit** *s.* Eigendünkel *m*; **ˌ~-con'fessed** *adj.* selbsterklärt: ***a*** ~ ***racist*** j-d, der zugibt, Rassist zu sein; **ˌ~-'con·fi·dence** *s.* Selbstvertrauen *n*, -bewußtsein *n*; **ˌ~-'con·scious** *adj.* befangen, gehemmt; **ˌ~-'con·scious·ness** *s.* Befangenheit *f*; **ˌ~-con'tained** *adj.* **1.** *a.* ⚙ (in sich) geschlossen, unabhängig, selbständig: ~ ***country*** Selbstversorgerland *n*; ~ ***flat*** abgeschlossene Wohnung; ~ ***house*** Einfamilienhaus *n*; **2.** reserviert, zu'rückhaltend (*Charakter*, *Person*); **3.** selbstbeherrscht; **'~-ˌcon·tra'dic·tion** *s.* innerer 'Widerspruch; **'~-ˌcon·tra'dic·to·ry** *adj.* 'widersprüchlich; **ˌ~-con'trol** *s.* Selbstbeherrschung *f*; **ˌ~-de'ceit**, **ˌ~-de'cep·tion** *s.* Selbsttäuschung *f*, -betrug *m*; **ˌ~-de'feat·ing** *adj.* genau das Gegenteil bewirkend, sinn- und zwecklos; **ˌ~-de'fence** *Brit.*, **ˌ~-de'fense** *Am. s.* **1.** Selbstverteidigung *f*; **2.** ⚖ Notwehr *f*; **ˌ~-de'ni·al** *s.* Selbstverleugnung *f*; **ˌ~-de'ny·ing** *adj.* selbstverleugnend; **ˌ~-de'spair** *s.* Verzweiflung *f* an sich selbst; **ˌ~-de'struc·tion** *s.* **1.** Selbstzerstörung *f*; **2.** Selbstvernichtung *f*, -mord *m*; **'~-deˌter·mi'na·tion** *s.* **1.** *pol. etc.* Selbstbestimmung *f*; **2.** *phls.* freier Wille; **ˌ~-de'vo·tion** → ***self-abandonment***; **ˌ~-dis'trust** *s.* Mangel *m* an Selbstvertrauen; **ˌ~-'doubt** *s.* Selbstzweifel *pl.*; **ˌ~-'ed·u·cat·ed** → ***self-taught*** 1; **ˌ~-em'ployed** *adj.* ✝ selbständig (*Handwerker etc.*); **ˌ~-es'teem** *s.* **1.** Selbstachtung *f*; **2.** Eigendünkel *m*; **ˌ~-'ev·i·dent** *adj.* □ selbstverständlich; **ˌ~-ex'plan·a·to·ry** *adj.* ohne Erläuterung verständlich, für sich (selbst) sprechend; **ˌ~-ex'pres·sion** *s.* Ausdruck *m* der eigenen Per'sönlichkeit; **ˌ~-'feed·ing** *adj.* ⚙ auto'matisch (*Material od. Brennstoff*) zuführend; **ˌ~-for'get·ful** *adj.* □ selbstvergessen, -los; **ˌ~-ful'fil(l)·ment** *s.* Selbstverwirklichung *f*; **ˌ~-'gov·ern·ing** *adj. pol.* 'selbstverwaltet, auto'nom, unabhängig; **ˌ~-'gov·ern·ment** *s. pol.* Selbstverwaltung *f*, -regierung *f*, Autono'mie *f*; **ˌ~-'help** *s.* Selbsthilfe *f*: ~ ***group***; **ˌ~-ig'ni·tion** *s. mot.* Selbstzündung *f*; **ˌ~-'im·age** *s. psych.* Selbstverständnis *n*; **ˌ~-im'por·tance** *s.* 'Selbstüberˌhebung *f*, Wichtigtue'rei *f*; **ˌ~-im'por·tant** *adj.* über'heblich, wichtigtuerisch; **ˌ~-in'duced** *adj.* **1.** ⚡ selbstinduziert; **2.** selbstverursacht; **ˌ~-in'dul·gence** *s.* **1.** Sich'gehenlassen *n*; **2.** Zügellosigkeit *f*, Maßlosigkeit *f*; **ˌ~-in'dul·gent** *adj.* **1.** schwach, nachgiebig gegen sich selbst; **2.** zügellos; **ˌ~-in'flict·ed** *adj.* selbstzugefügt: ~ ***wounds*** ⚔ Selbstverstümmelung *f*; **ˌ~-in'struc·tion** *s.* 'Selbstˌunterricht *m*; **ˌ~-in'struc·tion·al** *adj.* Selbstlehr…, Selbstunterrichts…: ~ ***manual***; **ˌ~-'in·ter·est** *s.* Eigennutz *m*, eigenes Inter'esse.

self·ish ['selfɪʃ] *adj.* □ selbstsüchtig, ego'istisch, eigennützig; **'self·ish·ness** [-nɪs] *s.* Selbstsucht *f*, Ego'ismus *m*.

ˌself|-'knowl·edge *s.* Selbst(er)kenntnis *f*; ˈ~-ˌ**lac·erˈa·tion** *s.* Selbstzerfleischung *f*.

self·less [ˈselflɪs] *adj.* selbstlos; ˈ**self·less·ness** [-nɪs] *s.* Selbstlosigkeit *f*.

ˌ**self|-ˈload·ing** *adj.* Selbstlade...; ˌ~-ˈ**love** *s.* Eigenliebe *f*; ˌ~-ˈ**lu·bri·cat·ing** *adj.* ⚙ selbstschmierend; ˌ~-ˈ**made** *adj.* selbstgemacht: ~ **man** j-d, der durch eigene Kraft hochgekommen ist, Selfmademan *m*; ˌ~-**negˈlect** *s.* **1.** Selbstlosigkeit *f*; **2.** Vernachlässigung *f* s-s Äußeren; ˌ~-**oˈpin·ion·at·ed** *adj.* **1.** eingebildet; **2.** rechthaberisch; ˌ~-ˈ**pit·y** *s.* Selbstmitleid *n*; ˌ~-ˈ**por·trait** *s.* ˈSelbstporˌträt *n*, -bildnis *n*; ˌ~-**posˈses·sion** *s.* Selbstbeherrschung *f*; ˌ~-ˈ**praise** *s.* Eigenlob *n*; ˈ~-ˌ**pres·erˈva·tion** *s.* Selbsterhaltung *f*: ***instinct of*** ~ Selbsterhaltungstrieb *m*; ˌ~-**proˈpelled** *adj.* ⚙ Selbstfahr..., mit Eigenantrieb; ˈ~-ˌ**re·al·iˈza·tion** *s.* Selbstverwirklichung *f*; ˌ~-**reˈcord·ing** *adj.* ⚙ selbstschreibend; ˌ~-**reˈgard** *s.* **1.** Eigennutz *m*; **2.** Selbstachtung *f*; ˌ~-**reˈli·ance** *s.* Selbstvertrauen *n*, -sicherheit *f*; ˌ~-**reˈli·ant** *adj.* selbstbewußt, -sicher; ˌ~-**reˈproach** *s.* Selbstvorwurf *m*; ˌ~-**reˈspect** *s.* Selbstachtung *f*; ˌ~-**reˈspect·ing** *adj.*: ***every*** ~ ***craftsman*** jeder Handwerker, der etwas auf sich hält; ˌ~-**reˈstraint** *s.* Selbstbeherrschung *f*; ˌ~-ˈ**right·eous** *adj.* selbstgerecht; ˌ~-ˈ**sac·ri·fice** *s.* Selbstaufopferung *f*; ˌ~-ˈ**sac·ri·fic·ing** *adj.* aufopferungsvoll; ˈ~**·same** *adj.* ebenderselbe, -dieselbe, -dasselbe; ˌ~-ˈ**sat·is·fied** *adj.* selbstzufrieden; ˌ~-ˈ**seal·ing** *adj.* **1.** ⚙ selbstdichtend; **2.** selbstklebend (*bsd. Briefumschlag*); **3.** schußsicher; ˌ~-ˈ**seek·er** *s.* Egoˈist(in); ˌ~-ˈ**serv·ice I** *adj.* Selbstbedienungs...: ~ ***shop***; **II** *s.* Selbstbedienung *f*; ˌ~-ˈ**start·er** *s. mot.* (Selbst-)Anlasser *m*; ˌ~-ˈ**styled** *adj. iron.* von eigenen Gnaden; ˌ~-**sufˈfi·cien·cy** *s.* **1.** Unabhängigkeit *f* (von fremder Hilfe); **2.** ✝ Autarˈkie *f*; **3.** Eigendünkel *m*; ˌ~-**sufˈfi·cient** *adj.* **1.** unabhängig, Selbstversorger..., ✝ *a.* auˈtark; **2.** dünkelhaft; ˌ~-**sugˈges·tion** *s. psych.* ˌAutosuggestiˈon *f*; ˌ~-**supˈpli·er** *s.* Selbstversorger *m*; ˌ~-**supˈport·ing** *adj.* **1.** → ***self-sufficient*** 1; **2.** ⚙ freitragend (*Brücke etc.*); ˌ~-ˈ**taught** *adj.* **1.** autodiˈdaktisch: ~ ***person*** Autodidakt *m*; **2.** selbsterlernt; ˌ~-ˈ**tim·er** *s. phot.* Selbstauslöser *m*; ˌ~-ˈ**will** *s.* Eigensinn *m*; ˌ~-ˈ**willed** *adj.* eigensinnig; ˌ~-ˈ**wind·ing** *adj.* autoˈmatisch (*Uhr*).

sell [sel] **I** *s.* **1.** F a) Reinfall *m*, b) Schwindel *m*; **2.** ✝ F (***hard*** ~ aggresˈsive) Verˈkaufsmeˌthode; → ***soft*** 1; **II** *v/t.* [*irr.*] **3.** verkaufen, -äußern (***to*** an *acc.*), ✝ *a. Ware* absetzen; → ***life*** *Redew.*; **4.** ✝ *Waren* führen, handeln mit, vertreiben; **5.** *fig.* verkaufen, e-n guten Absatz sichern (*dat.*): ***his name will*** ~ ***the book***; **6.** *fig.* ‚verkaufen', verraten; **7.** *sl.* ‚anschmieren'; **8.** F *j-m et.* ‚verkaufen', aufschwatzen, schmackhaft machen: ~ ***s.o. on*** j-m *et.* andrehen, j-n zu *et.* überreden; ***be sold on*** *fig.* von *et.* überzeugt *od.* begeistert sein; **III** *v/i.* [*irr.*] **9.** verkaufen; **10.** verkauft werden (***at*** für); **11.** sich *gut etc.* verkaufen, *gut etc.* gehen, ‚ziehen'; ~ **off** *v/t.* ausverkaufen, *Lager* räumen; ~ **out** *v/t.* **1.** → ***sell off***: ***be sold out*** ausverkauft sein; **2.** *Wertpapiere* realisieren; **3.** *fig.* → ***sell*** 6; ~ **up** *v/t.* **1.** (*v/i.* sein) *Geschäft etc.* verkaufen; **2.** ~ ***s.o. up*** j-n auspfänden.

sell·er [ˈselə] *s.* **1.** Verkäufer(in); Händler(in): ~***s' market*** ✝ Verkäufermarkt *m*; ~***'s option*** Verkaufsoption *f*, *Börse*: Rückprämie(ngeschäft *n*) *f*; **2.** ***good*** ~ ✝ gutgehende Ware, zugkräftiger Arˈtikel.

sell·ing [ˈselɪŋ] **I** *adj.* **1.** Verkaufs..., Absatz..., Vertriebs...: ~ ***area*** *od.* ***space*** Verkaufsfläche *f*; **II** *s.* **2.** Verkauf *m*; **3.** → ***sell*** 2.

ˈ**sell·out** *s.* **1.** Ausverkauf *m* (*a. fig. pol.*); **2.** ausverkaufte Veranstaltung, volles Haus; **3.** *fig.* Verrat *m*.

Selt·zer (wa·ter) [ˈseltsə] *s.* Selters (-wasser) *n*.

sel·vage [ˈselvɪdʒ] *s. Weberei*: Salband *n*.

selves [selvz] *pl. von* ***self***.

se·man·tic [sɪˈmæntɪk] *adj. ling.* seˈmantisch; **seˈman·tics** [-ks] *s. pl. mst sg. konstr.* Seˈmantik *f*, (Wort)Bedeutungslehre *f*.

sem·a·phore [ˈseməfɔː] **I** *s.* **1.** ⚙ Semaˈphor *m*: a) 🚂 (ˈFlügel)Siˌgnalmast *m*, b) optischer Teleˈgraph; **2.** ⚔, ⚓ (Flaggen)Winken *n*: ~ ***message*** Winkspruch *m*; **II** *v/t. u. v/i.* **3.** signalisieren.

sem·blance [ˈsembləns] *s.* **1.** (äußere) Gestalt, Erscheinung *f*: ***in the*** ~ ***of*** in Gestalt (*gen.*); **2.** Ähnlichkeit *f* (***to*** mit); **3.** (An)Schein *m*: ***the*** ~ ***of honesty***; ***under the*** ~ ***of*** unter dem Deckmantel (*gen.*).

se·mei·ol·o·gy [ˌsemɪˈɒlədʒɪ] *s.*, ˌ**se·meiˈot·ics** [-ˈɒtɪks] *s. pl. sg. konstr.* Semiˈotik *f*: a) *Lehre von den Zeichen*, b) ⚕ Symptomatoloˈgie *f*.

se·men [ˈsiːmen] *s. physiol.* Samen *m* (*a.* ⚘), Sperma *n*, Samenflüssigkeit *f*.

se·mes·ter [sɪˈmestə] *s. univ. bsd. Am.*

Se'mester *n*, Halbjahr *n*.

sem·i ['semɪ] *s.* F *für* a) ***semidetached*** II, b) ***semifinal*** I, c) *Am.* ***semitrailer***.

semi- [semɪ] *in Zssgn* halb…, Halb…; ˌ**~-'an·nu·al** *adj.* □ halbjährlich; '**~ˌau·to'mat·ic** *adj.* (□ **~*ally***) 'halbautoˌmatisch; ˌ**~'bold** *adj. u. s. typ.* halbfett(e Schrift); '**~·breve** *s.* ♪ ganze Note: **~ *rest*** ganze Pause; '**~ˌcir·cle** *s.* **1.** Halbkreis *m*; **2.** ⚠ Winkelmesser *m*; ˌ**~'cir·cu·lar** *adj.* halbkreisförmig; ˌ**~'co·lon** *s.* Semi'kolon *n*, Strichpunkt *m*; ˌ**~·con'duc·tor** *s.* ϟ Halbleiter *m*; ˌ**~'con·scious** *adj.* nicht bei vollem Bewußtsein; ˌ**~·de'tached I** *adj.*: **~ *house*** → **II** *s.* Doppelhaushälfte *f*; ˌ**~'fi·nal** *sport* **I** *s.* **1.** 'Semi-, 'Halbfiˌnale *n*, Vorschlußrunde *f*; **2.** 'Halbfiˌnalspiel *n*; **II** *adj.* **3.** Halbfinal…; ˌ**~'fi·nal·ist** *s. sport* 'Halbfinaˌlist(in); ˌ**~'fin·ished** *adj.* ⚙ halbfertig: **~ *product*** Halbfabrikat *n*; ˌ**~'flu·id**, ˌ**~'liq·uid** *adj.* halb-, zähflüssig; '**~ˌman·u'fac·tured** → ***semifinished***; ˌ**~'month·ly I** *adj. u. adv.* halbmonatlich; **II** *s.* Halbmonatsschrift *f*.

sem·i·nal ['semɪnl] *adj.* □ **1.** ⚘, *physiol.* Samen…: **~ *duct*** Samengang *m*, -leiter *m*; **~ *fluid*** Samenflüssigkeit *f*, Sperma *n*; **~ *leaf*** ⚘ Keimblatt *n*; **~ *power*** Zeugungsfähigkeit *f*; **2.** *fig.* a) zukunftsträchtig, fruchtbar, b) folgenreich; **3.** noch unentwickelt: ***in the ~ state*** im Entwicklungsstadium.

sem·i·nar ['semɪnɑː] *s. univ.* Semi'nar *n*.

sem·i·nar·y ['semɪnərɪ] *s.* **1.** (*eccl.* 'Priester)Semiˌnar *n*, Bildungsanstalt *f*; **2.** *fig.* Schule *f*, Pflanzstätte *f*, *contp.* Brutstätte *f*.

sem·i·na·tion [ˌsemɪ'neɪʃn] *s.* (Aus)Säen *n*.

ˌ**sem·i·of'fi·cial** *adj.* □ halbamtlich, offizi'ös.

se·mi·ol·o·gy [ˌsemɪ'ɒlədʒɪ] *s.*, ˌ**se·mi·'ot·ics** [-'ɒtɪks] *s. pl. sg. konstr.* → ***semeiology***.

'**sem·i|ˌpre·cious** *adj.* halbedel: **~ *stone*** Halbedelstein *m*; ˌ**~·pro'fes·sion·al I** *adj.* 'halbprofessioˌnell; **II** *s. sport* ‚Halbprofi' *m*; '**~ˌqua·ver** *s.* ♪ Sechzehntel(note *f*) *n*: **~ *rest*** Sechzehntelpause *f*; ˌ**~'rig·id** *adj.* halbstarr (*Luftschiff*); ˌ**~'skilled** *adj.* angelernt (*Arbeiter*).

Sem·ite ['siːmaɪt] **I** *s.* Se'mit(in); **II** *adj.* se'mitisch; **Se·mit·ic** [sɪ'mɪtɪk] **I** *adj.* se'mitisch; **II** *s. ling.* Se'mitisch *n*.

'**sem·i|·steel** *s.* ⚙ Halb-, *Am.* Puddelstahl *m*; '**~·tone** *s.* ♪ Halbton *m*; '**~ˌtrail·er** *s. mot.* Sattelschlepper(anhänger) *m*; '**~ˌvow·el** *s. ling.* 'Halbvoˌkal *m*; ˌ**~'week·ly I** *adj. u. adv.* halbwöchentlich; **II** *s.* halbwöchentlich erscheinende Veröffentlichung.

sem·o·li·na [ˌsemə'liːnə] *s.* Grieß(mehl *n*) *m*.

sem·pi·ter·nal [ˌsempɪ'tɜːnl] *adj. rhet.* immerwährend, ewig.

semp·stress ['sem*p*strɪs] → ***seamstress***.

sen·ate ['senɪt] *s.* **1.** Se'nat *m* (*a. univ.*); **2.** ♀ *parl. Am.* Se'nat *m* (*Oberhaus*); **sen·a·tor** ['senətə] *s.* Se'nator *m*; **sen·a·to·ri·al** [ˌsenə'tɔːrɪəl] *adj.* □ **1.** sena'torisch, Senats…; **2.** *Am.* zur Wahl von Sena'toren berechtigt.

send [send] [*irr.*] **I** *v/t.* **1.** *j-n*, *Brief*, *Hilfe etc.* senden, schicken (***to*** *dat.*): **~ *s.o. to bed*** (***to a school***, ***to prison***) j-n ins Bett (auf e-e Schule, ins Gefängnis) schicken; → ***word*** 6; **2.** *Ball*, *Kugel etc. wohin* senden, schießen, jagen; **3.** *mit adj. od. pres.p.* machen: **~ *s.o. mad***; **~ *s.o. flying*** a) j-n verjagen, b) j-n hinschleudern; **~ *s.o. reeling*** j-n taumeln machen *od.* lassen; **4.** *sl. Zuhörer etc.* in Ek'stase versetzen, 'hinreißen; **II** *v/i.* **5.** **~ *for*** a) nach *j-m* schicken, *j-n* kommen lassen, *j-n* holen *od.* rufen (lassen), b) (sich) *et.* kommen lassen, bestellen; **6.** ϟ, *Radio etc.*: senden;

Zssgn mit adv.:

send| a·way I *v/t.* **1.** weg-, fortschikken; **2.** *Brief etc.* absenden; **II** *v/i.* **3.** **~ *for*** (***to s.o.***) sich (von j-m) *et.* kommen lassen; **~ down** *v/t.* **1.** *fig. Preise*, *Temperatur* (her'ab)drücken; **2.** *univ.* relegieren; **3.** F *j-n* einsperren; **~ forth** *v/t.* **1.** *j-n*, *et.*, *a. Licht* aussenden; *Wärme etc.* ausstrahlen; **2.** *Laut etc.* von sich geben; **3.** her'vorbringen; **4.** *fig.* veröffentlichen, verbreiten; **~ in** *v/t.* **1.** einsenden, -schicken, -reichen; → ***name*** *Redew.*; **2.** *sport Ersatzmann* aufs Feld schicken; **~ off** *v/t.* **1.** → ***send away*** I; **2.** *j-n* (herzlich) verabschieden; **3.** *sport* vom Platz stellen; **~ on** *v/t.* vor'aus-, nachschicken; **~ out** → ***send forth***; **~ up** *v/t.* **1.** *j-n*, *a. Ball etc.* hin'aufsenden; **2.** *Schrei* ausstoßen; **3.** *fig. Preise*, *Fieber* in die Höhe treiben; **4.** *Brit.* F ‚durch den Ka'kao' ziehen, parodieren; **5.** F ‚einlochen'.

send·er ['sendə] *s.* **1.** Absender(in); **2.** (Über)'Sender(in); **3.** *tel.* Geber *m* (*Sendegerät*).

'**send|·off** *s.* F **1.** Abschied *m*, Abschiedsfeier *f*, Geleit(e) *n*; **2.** gute Wünsche *pl.* zum Anfang; **3.** *sport u. fig.* Start *m*; '**~-up** *s. Brit.* F Verulkung *f*, Paro'die *f*.

se·nes·cence [sɪˈnesns] *s.* Altern *n*; **seˈnes·cent** [-nt] *adj.* **1.** alternd; **2.** Alters…
sen·es·chal [ˈsenɪʃl] *s. hist.* Seneschall *m*, Majorˈdomus *m.*
se·nile [ˈsiːnaɪl] *adj.* **1.** seˈnil: a) greisenhaft, b) ‚verkalkt', kindisch; **2.** Alters…: ~ ***decay*** Altersabbau *m*; ~ ***speckle*** ⚕ Altersfleck *m*; **se·nil·i·ty** [sɪˈnɪlətɪ] *s.* Seniliˈtät *f.*
sen·ior [ˈsiːnjə] **I** *adj.* **1.** (*nachgestellt, abbr. in England* **sen.**, *in USA* **Sr.**) senior: ***Mr. John Smith sen.*** (***Sr.***) Herr John Smith sen.; **2.** älter (***to*** als): ~ ***citizen*** älterer Mitbürger, Rentner(in); ~ ***citizens*** Senioren *pl.*; ~ ***partner*** ✝ Seniorchef *m*, Hauptteilhaber; **3.** rang-, dienstälter, ranghöher, Ober…: ***a*** ~ ***man*** *Brit.* ein höheres Semester (*Student*); ~ ***officer*** a) höherer Offizier, *mein etc.* Vorgesetzter, b) Rangälteste(r); ~ ***service*** *Brit. die* Kriegsmarine; **4.** *ped.* Ober…: ~ ***classes*** Oberklassen; **5.** *Am.* im letzten Schuljahr (stehend): ***the*** ~ ***class*** die oberste Klasse; ~ ***high*** (***school***) *Am. die obersten Klassen der High-School*; ~ ***college*** *College, an dem das 3. und 4. Jahr eines Studiums absolviert wird*; **II** *s.* **6.** Ältere(r *m*) *f*; Älteste(r *m*) *f*: ***he is my*** ~ ***by four years, he is four years my*** ~ er ist vier Jahre älter als ich; **7.** Rang-, Dienstälteste(r *m*) *f*; **8.** Vorgesetzte(r *m*) *f*; **9.** *Am.* Stuˈdent *m od.* Schüler *m* im letzten Studienjahr.
sen·ior·i·ty [ˌsiːnɪˈɒrətɪ] *s.* **1.** höheres Alter; **2.** höheres Dienstalter: ***by*** ~ *Beförderung* nach dem Dienstalter.
sen·na [ˈsenə] *s. pharm.* Sennesblätter *pl.*
sen·sate [ˈsenseɪt] *adj.* sinnlich (wahrgenommen).
sen·sa·tion [senˈseɪʃn] *s.* **1.** (Sinnes-) Wahrnehmung *f*, (-)Empfindung *f*; **2.** Gefühl *n*: ***pleasant*** ~; ~ ***of thirst*** Durstgefühl *n*; **3.** Empfindungsvermögen *n*; **4.** Sensatiˈon *f* (*a. Ereignis*), (großer) Eindruck, Aufsehen *n*: ***make*** (*od.* ***create***) ***a*** ~ großes Aufsehen erregen; **senˈsa·tion·al** [-ʃənl] *adj.* □ **1.** sensatioˈnell, Sensations…; **2.** sinnlich, Sinnes…; **3.** *phls.* sensuaˈlistisch; **senˈsa·tion·al·ism** [-ʃnəlɪzəm] *s.* **1.** Sensatiˈonsgier *f*, -lust *f*; **2.** ‚Sensatiˈonsmache' *f*; **3.** *phls.* Sensuaˈlismus *m.*
sense [sens] **I** *s.* **1.** Sinn *m*, ˈSinnesorˌgan n: ***the five*** ~***s*** die fünf Sinne; ~ ***of smell*** (***touch***) Geruchs- (Tast)sinn; ~ ***organ*** Sinnesorgan *n*; → ***sixth*** 1; **2.** *pl.* Sinne *pl.*, (klarer) Verstand: ***in*** (***out of***) ***one's*** ~***s*** bei (von) Sinnen; ***in one's right*** ~***s*** bei Verstand; ***lose one's*** ~***s*** den Verstand verlieren; ***bring s.o. to his*** ~***s*** j-n zur Besinnung bringen; **3.** *fig.* Vernunft *f*, Verstand *m*: ***a man of*** ~ ein vernünftiger *od.* kluger Mensch; ***common*** (*od.* ***good***) ~ gesunder Menschenverstand; ***have the*** ~ ***to do s.th.*** so klug sein, et. zu tun; ***knock some*** ~ ***into s.o.*** j-m den Kopf zurechtsetzen; **4.** Sinne *pl.*, Empfindungsvermögen *n*; **5.** Gefühl *n*, Empfindung *f* (***of*** für): ~ ***of pain*** Schmerzgefühl, -empfindung; ~ ***of security*** Gefühl der Sicherheit; **6.** Sinn *m*, Gefühl *n* (***of*** für): ~ ***of beauty*** Schönheitssinn; ~ ***of duty*** Pflichtgefühl; ~ ***of humo(u)r*** (Sinn für) Humor *m*; ~ ***of justice*** Gerechtigkeitssinn; ~ ***of locality*** Ortssinn; ~ ***of purpose*** Zielstrebigkeit *f*; **7.** Sinn *m*, Bedeutung *f* (*e-s Wortes etc.*): ***in a*** ~ gewissermaßen; **8.** Sinn *m* (*et. Vernünftiges*): ***what is the*** ~ ***of doing this?*** was hat es für e-n Sinn, das zu tun?; ***talk*** ~ vernünftig reden; ***it does not make*** ~ es hat keinen Sinn; **9.** (allgemeine) Ansicht, Meinung *f*: ***take the*** ~ ***of*** die Meinung (*gen.*) einholen; **10.** ⩓ Richtung *f*: ~ ***of rotation*** Drehsinn *m*; **II** *v/t.* **11.** fühlen, spüren, ahnen; **12.** *Am.* F ‚kapieren', begreifen; **13.** *Computer*: a) abtasten, ⚡ *a.* (ab)fühlen, b) abfragen; ˈ**sense·less** [-lɪs] *adj.* □ **1.** a) besinnungslos, b) gefühllos; **2.** unvernünftig, dumm, verrückt (*Mensch*); **3.** sinnlos, unsinnig (*Sache*); ˈ**sense·less·ness** [-lɪsnɪs] *s.* **1.** Unempfindlichkeit *f*; **2.** Bewußtlosigkeit *f*; **3.** Unvernunft *f*; **4.** Sinnlosigkeit *f.*
sen·si·bil·i·ty [ˌsensɪˈbɪlətɪ] *s.* **1.** Sensibiliˈtät *f*, Empfindungsvermögen *n*; **2.** *phys. etc.* Empfindlichkeit *f*: ~ ***to light*** Lichtempfindlichkeit; **3.** *fig.* Empfänglichkeit *f* (***to*** für); **4.** Sensibiliˈtät *f*, Empfindsamkeit *f*; **5.** *a. pl.* Fein-, Zartgefühl *n*; **sen·si·ble** [ˈsensəbl] *adj.* □ **1.** vernünftig (*Person, Sache*); **2.** fühl-, spürbar; **3.** merklich, wahrnehmbar; **4.** bei Bewußtsein; **5.** bewußt (***of*** *gen.*): ***be*** ~ ***of*** a) sich *e-r Sache* bewußt sein, b) *et.* empfinden; **sen·si·ble·ness** [ˈsensəblnɪs] *s.* Vernünftigkeit *f*, Klugheit *f.*
sens·ing| el·e·ment [ˈsensɪŋ] *s.* ⚙ (Meß)Fühler *m*; ~ **head** *s. Computer*: Abtastkopf *m.*
sen·si·tive [ˈsensɪtɪv] **I** *adj.* □ **1.** fühlend (*Kreatur etc.*); **2.** Empfindungs…: ~ ***nerves***; **3.** sensiˈtiv, (ˈüber)empfindlich (***to*** gegen): ***be*** ~ ***to*** empfindlich reagieren auf (*acc.*); **4.** senˈsibel, feinfühlig, empfindsam; **5.** *phys. etc.* (*phot.* licht-)

empfindlich: *~ **to heat*** wärmeempfindlich; ***~ plant*** ⚘ Sinnpflanze *f*; ***~ spot*** *fig.* empfindliche Stelle, neuralgischer Punkt; ***~ subject*** *fig.* heikles Thema; **6.** schwankend (*a.* ⚕ *Markt*); **7.** ⚔ gefährdet; **II** *s.* **8.** sensi'tiver Mensch; **'sen·si·tive·ness** [-nɪs], **sen·si·tiv·i·ty** [ˌsensɪ'tɪvətɪ] *s.* **1.** → ***sensibility*** 1 *u.* 2: ***~ group*** *psych.* Trainingsgruppe *f*; ***~ training*** *psych.* Sensitivitätstraining *n*; **2.** Sensitivi'tät *f*, Feingefühl *n*.

sen·si·tize ['sensɪtaɪz] *v/t.* sensibilisieren, (*phot.* licht)empfindlich machen.

sen·sor ['sensə] *s.* ⚡, ⚙ Sensor *m*.

sen·so·ri·al [sen'sɔːrɪəl] → ***sensory***; **sen'so·ri·um** [-əm] *pl.* **-ri·a** [-rɪə] *s.* *anat.*, *psych.* **1.** Sen'sorium *n*, 'Sinnesappaˌrat *m*; **2.** Sitz *m* des Empfindungsvermögens, Bewußtsein *n*; **sen·so·ry** ['sensərɪ] *adj.* sen'sorisch, Sinnes...: ***~ perception***.

sen·su·al ['sensjʊəl] *adj.* □ **1.** sinnlich: a) Sinnes..., b) wollüstig, *bsd. bibl.* fleischlich; **2.** *phls.* sensua'listisch; **'sen·su·al·ism** [-lɪzəm] *s.* **1.** Sinnlichkeit *f*, Lüsternheit *f*; **2.** *phls.* Sensua'lismus *m*; **'sen·su·al·ist** [-lɪst] *s.* **1.** sinnlicher Mensch; **2.** *phls.* Sensua'list *m*; **sen·su·al·i·ty** [ˌsensjʊ'ælətɪ] *s.* Sinnlichkeit *f*; **'sen·su·al·ize** [-laɪz] *v/t.* **1.** sinnlich machen; **2.** versinnlichen.

sen·su·ous ['sensjʊəs] *adj.* □ sinnlich: a) Sinnes..., b) sinnenfroh; **'sen·su·ous·ness** [-nɪs] *s.* Sinnlichkeit *f*.

sent [sent] *pret. u. p.p. von **send***.

sen·tence ['sentəns] **I** *s.* **1.** *ling.* Satz (-verbindung *f*) *m*: ***complex ~*** Satzgefüge *n*; ***~ stress*** Satzbetonung *f*; **2.** ⚖ a) (*bsd.* Straf)Urteil *n*: ***pass ~ (up)on*** das (*fig.* ein) Urteil fällen über (*acc.*), verurteilen (*a. fig.*), b) Strafe *f*: ***under ~ of death*** zum Tode verurteilt; ***serve a ~ of imprisonment*** e-e Freiheitsstrafe verbüßen; **3.** *obs.* Sen'tenz *f*, Sinnspruch *m*; **II** *v/t.* **4.** ⚖ *u. fig.* verurteilen (***to*** zu).

sen·ten·tious [sen'tenʃəs] *adj.* □ **1.** sententi'ös, prä'gnant, kernig; **2.** spruchreich, lehrhaft; *contp.* aufgeblasen, salbungsvoll; **sen'ten·tious·ness** [-nɪs] *s.* **1.** Prä'gnanz *f*; **2.** Spruchreichtum *m*, Lehrhaftigkeit *f*; **3.** Großsprече'rei *f*.

sen·ti·ence ['senʃəns] *s.* **1.** Empfindungsvermögen *n*; **2.** Empfindung *f*; **'sen·tient** [-nt] *adj.* □ **1.** empfindungsfähig; **2.** fühlend.

sen·ti·ment ['sentɪmənt] *s.* **1.** Empfindung *f*, (Gefühls)Regung *f*, Gefühl *n* (***towards*** *j-m* gegenüber); **2.** *pl.* Gedanken *pl.*, Meinung *f*, (Geistes)Haltung *f*: ***noble ~s*** edle Gesinnung; ***them's my ~s*** *humor.* (so) denke ich; **3.** (Fein)Gefühl *n*, Innigkeit *f* (*a. Kunst*); **4.** *contp.* Sentimentali'tät *f*.

sen·ti·men·tal [ˌsentɪ'mentl] *adj.* □ **1.** sentimen'tal: a) gefühlvoll, empfindsam, b) *contp.* rührselig; **2.** gefühlsmäßig, Gefühls..., emotio'nal: ***~ value*** ⚕ Liebhaberwert *m*; **ˌsen·ti'men·tal·ism** [-təlɪzəm] **1.** Empfindsamkeit *f*; **2.** → ***sentimentality***; **ˌsen·ti'men·tal·ist** [-təlɪst] *s.* Gefühlsmensch *m*; **sen·ti·men·tal·i·ty** [ˌsentɪmen'tælətɪ] *s.* *contp.* Sentimentali'tät *f*, Rührseligkeit *f*, Gefühlsduse'lei *f*; **ˌsen·ti'men·tal·ize** [-təlaɪz] **I** *v/t.* sentimen'tal gestalten; **II** *v/i.* (***about***, ***over***) in Gefühlen schwelgen (bei), sentimen'tal werden (bei, über *dat.*).

sen·ti·nel ['sentɪnl] *s.* **1.** Wächter *m*: ***stand ~ over*** bewachen; **2.** ⚔ → ***sentry*** 1; **3.** *Computer*: 'Trennsymˌbol *n*.

sen·try ['sentrɪ] ⚔ *s.* **1.** (Wach)Posten *m*, Wache *f*; **2.** Wache *f*, Wachdienst *m*; **'~-box** *s.* Wachhäus-chen *n*; **'~-go** *s.* Wachdienst *m*.

se·pal ['sepəl] *s.* ⚘ Kelchblatt *n*.

sep·a·ra·ble ['sepərəbl] *adj.* □ (ab-) trennbar; **'sep·a·rate** ['sepəreɪt] **I** *v/t.* **1.** trennen (***from*** von): a) *Freunde*, *a. Kämpfende etc.* ausein'anderbringen, ⚖ (ehelich) trennen, b) abtrennen, -schneiden, c) (ab)sondern, (aus)scheiden, d) ausein'anderhalten, unter'scheiden zwischen; **2.** (auf-, zer)teilen (***into*** in *acc.*); **3.** ⚗, ⚙ a) scheiden, (ab)spalten, b) sortieren, c) aufbereiten; **4.** *Milch* zentrifugieren; **5.** ⚔ *Am.* entlassen; **II** *v/i.* **6.** sich (⚖ ehelich) trennen (***from*** von), ausein'andergehen; **7.** ⚗, ⚙ sich absondern; **III** *adj.* ['seprət] □ **8.** getrennt, besonder, sepa'rat, Separat..., Sonder...: ***~ account*** ⚕ Sonderkonto *n*; ***~ estate*** ⚖ eingebrachtes Sondergut (*der Ehefrau*); **9.** einzeln, gesondert, getrennt, Einzel...: ***~ questions*** gesondert zu behandelnde Fragen; **10.** einzeln, isoliert; **IV** *s.* ['seprət] **11.** *typ.* Sonder(ab)druck *m*; **sep·a·rate·ness** ['seprətnɪs] *s.* **1.** Getrenntheit *f*; **2.** Besonderheit *f*; **3.** Abgeschiedenheit *f*, Isoliertheit *f*; **sep·a·ra·tion** [ˌsepə'reɪʃn] *s.* **1.** (⚖ eheliche) Trennung, Absonderung *f*: ***judicial ~*** (gerichtliche) Aufhebung der ehelichen Gemeinschaft; ***~ of powers*** *pol.* Gewaltenteilung *f*; ***~ allowance*** Trennungszulage *f*; **2.** ⚙, ⚗ a) Abscheidung *f*, -spaltung *f*, b) Scheidung *f*, Klassierung *f von Erzen*; **3.** ⚔ *Am.* Entlassung *f*; **'sep·a·ra·tism** [-ətɪzəm] *s.* Separa'tismus *m*; **'sep·a·ra·tist** [-ətɪst] **I** *s.* **1.** Separa'tist(in); **2.** *eccl.* Sektierer (-in); **II** *adj.* **3.** separa'tistisch; **'sep·a·ra·tive** [-ətɪv] *adj.* trennend, Trennungs...; **sep·a·ra·tor** ['sepəreɪtə] *s.* **1.** ⚙ a) (Ab)Scheider *m*, b) (*bsd.* 'Milch-) Zentri,fuge *f*; **2.** *a.* **~ stage** ⚡ Trennstufe *f*; **3.** *bsd.* ⚕ Spreizvorrichtung *f*.

Se·phar·dim [se'fɑːdɪm] (*Hebrew*) *s. pl.* Se'phardim *pl.*

se·pi·a ['siːpjə] *s.* **1.** *zo.* Sepia *f*, (Gemeiner) Tintenfisch *m*; **2.** Sepia *f* (*Sekret od. Farbstoff*); **3.** *paint.* a) Sepia *f* (*Farbe*), b) Sepiazeichnung *f*; **4.** *phot.* Sepiadruck *m*.

sep·sis ['sepsɪs] *s.* ⚕ Sepsis *f*.

sept- [sept] *in Zssgn* sieben...

sep·ta ['septə] *pl. von* ***septum***.

sep·tan·gle ['septæŋgl] *s.* ⩚ Siebeneck *n*.

Sep·tem·ber [sep'tembə] *s.* Sep'tember *m*: ***in ~*** im September.

sep·te·mi·a [sep'tiːmɪə] → ***septic(a)emia***.

sep·te·nar·y [sep'tiːnərɪ] **I** *adj.* **1.** aus sieben bestehend, Sieben...; **2.** → ***septennial***; **II** *s.* **3.** Satz *m* von sieben Dingen; **4.** Sieben *f*.

sep·ten·ni·al [sep'tenjəl] *adj.* □ **1.** siebenjährlich; **2.** siebenjährig.

sep·tet(te) [sep'tet] *s.* ♪ Sep'tett *n*.

sep·tic ['septɪc] **I** *adj.* (□ **~*ally***) ⚕ septisch: **~ *sore throat*** septische Angina; **II** *s.* Fäulniserreger *m*.

sep·ti·c(a)e·mi·a [ˌseptɪ'siːmɪə] *s.* ⚕ Blutvergiftung *f*, Sepsis *f*.

sep·tu·a·ge·nar·i·an [ˌseptjʊədʒɪ'neərɪən] **I** *s.* Siebzigjährige(r *m*) *f*, Siebziger(in); **II** *adj.* a) siebzigjährig, b) in den Siebzigern; **Sep·tu·a·ges·i·ma (Sun·day)** [ˌseptjʊə'dʒesɪmə] *s.* Septua'gesima *f* (*9. Sonntag vor Ostern*).

sep·tum ['septəm] *pl.* **-ta** [-tə] *s.* ⚘, *anat.*, *zo.* (Scheide)Wand *f*, Septum *n*.

sep·tu·ple ['septjʊpl] **I** *adj.* siebenfach; **II** *s. das* Siebenfache; **III** *v/t.* (*v/i.* sich) versiebenfachen.

sep·tu·plet ['septjʊplɪt] *s.* **1.** Siebenergruppe *f*; **2.** *mst pl.* Siebenling *m* (*Kind*).

sep·ul·cher *Am.* → ***sepulchre***; **se·pul·chral** [sɪ'pʌlkrəl] *adj.* □ **1.** Grab..., Begräbnis...; **2.** *fig.* düster, Grabes... (*-stimme etc.*); **sep·ul·chre** ['sepəlkə] *s.* **1.** Grab(stätte *f*, -mal *n*) *n*; **2.** *a.* ***Easter ~*** *R.C.* Ostergrab *n* (*Schrein*).

sep·ul·ture ['sepəltʃə] *s.* (Toten)Bestattung *f*.

se·quel ['siːkwəl] *s.* **1.** (Aufein'ander-) Folge *f*: ***in the ~*** in der Folge; **2.** Folge (-erscheinung) *f*, (Aus)Wirkung *f*, Konse'quenz *f*; (*gerichtliches etc.*) Nachspiel; **3.** (Ro'man- *etc.*)Fortsetzung *f*, (*a.* Hörspiel- *etc.*)Folge *f*.

se·quence ['siːkwəns] *s.* **1.** (Aufein'ander)Folge *f*: **~ *of operations*** ⚙ Arbeitsablauf *m*; **~ *of tenses*** *ling.* Zeitenfolge; **2.** (Reihen)Folge *f*: ***in ~*** der Reihe nach; **3.** Folge *f*, Reihe *f*, Serie *f*; **4.** → ***sequel*** 2; **5.** ♪, *eccl.*, *a. Kartenspiel*: Se'quenz *f*; **6.** *Film*: Szene *f*; **7.** Folgerichtigkeit *f*; **8.** *fig.* Vorgang *m*; **'se·quent** [-nt] **I** *adj.* **1.** (aufein'ander)folgend; **2.** (logisch) folgend; **II** *s.* **3.** (*zeitliche od. logische*) Folge; **se·quen·tial** [sɪ'kwenʃl] *adj.* □ **1.** (*regelmäßig*) (aufein'ander)folgend; **2.** folgend (***to*** auf *acc.*); **3.** folgerichtig, konse'quent.

se·ques·ter [sɪ'kwestə] *v/t.* **1.** (***o.s.*** sich) absondern (***from*** von); **2.** ⚖ → ***sequestrate***; **se'ques·tered** [-əd] *adj.* einsam, weltabgeschieden; zu'rückgezogen; **se'ques·trate** [-treɪt] *v/t.* ⚖ beschlagnahmen: a) unter Treuhänderschaft stellen, b) konfiszieren; **se·ques·tra·tion** [ˌsiːkwe'streɪʃn] *s.* **1.** Absonderung *f*; Ausschluß *m* (***from*** von, *eccl.* aus *der Kirche*); **2.** ⚖ Beschlagnahme *f*: a) Zwangsverwaltung *f*, b) Einziehung *f*; **3.** Zu'rückgezogenheit *f*.

se·quin ['siːkwɪn] *s.* **1.** *hist.* Ze'chine *f* (*Goldmünze*); **2.** Ziermünze *f*; **3.** Pail'lette *f*.

se·quoi·a [sɪ'kwɔɪə] *s.* ⚘ Mammutbaum *m*.

se·ra·glio [se'rɑːlɪəʊ] *s.* Se'rail *n*.

se·rai [se'raɪ] *s.* Karawanse'rei *f*.

ser·aph ['serəf] *pl.* **'ser·aphs**, **'ser·a·phim** [-fɪm] *s.* Seraph *m* (*Engel*); **se·raph·ic** [se'ræfɪk] *adj.* (□ **~*ally***) se'raphisch, engelhaft, verzückt.

Serb [sɜːb], **'Ser·bian** [-bjən] **I** *s.* **1.** Serbe *m*, Serbin *f*; **2.** *ling.* Serbisch *n*; **II** *adj.* **3.** serbisch.

sere [sɪə] → ***sear***[1] 7.

ser·e·nade [ˌserə'neɪd] ♪ **I** *s.* **1.** Sere'nade *f*, Ständchen *n*, 'Nachtmuˌsik *f*; **2.** Sere'nade *f* (*vokale od. instrumentale Abendmusik*); **II** *v/i. u. v/t.* **3.** (*j-m*) ein Ständchen bringen; **ˌser·e'nad·er** [-də] *s.* j-d, der ein Ständchen bringt.

se·rene [sɪ'riːn] *adj.* □ **1.** heiter, klar (*Himmel, Wetter etc.*), ruhig (*See*), friedlich (*Natur etc.*): ***all ~*** *sl.* ‚alles in Butter'; **2.** heiter, gelassen (*Person, Gemüt etc.*); **3.** ~ durch'lauchtig: ***His ~ Highness*** Seine Durchlaucht; **se·ren-**

i·ty [sɪ'renətɪ] *s.* **1.** Heiterkeit *f*, Klarheit *f*; **2.** Gelassenheit *f*, heitere (Gemüts)Ruhe; **3.** (**Your**) ♀ (Eure) 'Durchlaucht *f* (*Titel*).

serf [sɜːf] *s.* **1.** *hist.* Leibeigene(r *m*) *f*; **2.** *obs. od. fig.* Sklave *m*; **'serf·age** [-fɪdʒ], **'serf·dom** [-dəm] *s.* **1.** Leibeigenschaft *f*; **2.** *obs. od. fig.* Sklave'rei *f*.

serge [sɜːdʒ] *s.* Serge *f* (*Stoff*).

ser·geant ['sɑːdʒənt] *s.* **1.** ⚔ Feldwebel *m*; *Artillerie, Kavallerie*: Wachtmeister *m*: **~ first class** *Am.* Oberfeldwebel; **first ~** Hauptfeldwebel; **2.** (Poli'zei-) Wachtmeister *m*; **3.** → **serjeant**; **~ major** *s.* ⚔ Hauptfeldwebel *m*.

se·ri·al ['sɪərɪəl] **I** *s.* **1.** in Fortsetzungen *od.* in regelmäßiger Folge erscheinende Veröffentlichung, *bsd.* 'Fortsetzungsroˌman *m*; **2.** (Veröffentlichungs)Reihe *f*; Lieferungswerk *n*; peri'odische Zeitschrift; **3.** a) Sendereihe *f*, b) (Hörspiel-, Fernseh)Folge *f*, Serie *f*; **II** *adj.* □ **4.** Serien..., Fortsetzungs...: **~ story**; **~ rights** Copyright *n* e-s Fortsetzungsromans; **5.** serienmäßig, Serien..., Reihen...: **~ manufacture**; **~ number** a) laufende Nummer, b) Fabrikationsnummer *f*; **~ photograph** Reihenbild *n*; **6.** ♪ Zwölfton...; **'se·ri·al·ize** [-laɪz] *v/t.* **1.** peri'odisch *od.* in Fortsetzungen veröffentlichen; **2.** reihenweise anordnen; **se·ri·a·tim** [ˌsɪərɪ'eɪtɪm] (*Lat.*) *adv.* der Reihe nach.

se·ri·ceous [sɪ'rɪʃəs] *adj.* **1.** Seiden...; **2.** seidig; **3.** ♀, *zo.* seidenhaarig; **ser·i·cul·ture** ['serɪˌkʌltʃə] *s.* Seidenraupenzucht *f*.

se·ries ['sɪəriːz] *pl.* **-ries** *s.* **1.** Serie *f*, Folge *f*, Kette *f*, Reihe *f*: **in ~** der Reihe nach (→ 3 *u.* 9); **2.** (Ar'tikel-, Buch- *etc.*)Serie *f*, Reihe *f*, Folge *f*; **3.** ⚙ Serie *f*, Baureihe *f*: **~ production** Reihen-, Serienbau *m*; **in ~** serienmäßig; **4.** (*Briefmarken- etc.*)Serie *f*; **5.** ⅍ Reihe *f*; **6.** ⚗ homo'loge Reihe; **7.** *geol.* Schichtfolge *f*; **8.** *zo.* Ab'teilung *f*; **9.** *a.* **~ connection** ⚡ Serien-, Reihenschaltung *f*: **~ motor** Reihen(schluß)motor *m*; **connect in ~** hintereinanderschalten.

ser·if ['serɪf] *s. typ.* Se'rife *f*.

ser·in ['serɪn] *s. orn.* wilder Ka'narienvogel.

se·ri·o-com·ic [ˌsɪərɪəʊ'kɒmɪk] *adj.* (□ **~ally**) ernst-komisch.

se·ri·ous ['sɪərɪəs] *adj.* □ **1.** ernst(haft): a) feierlich, b) von ernstem Cha'rakter, seri'ös, c) schwerwiegend, bedeutend: **~ dress** seriöse Kleidung; **~ music** ernste Musik; **~ problem** ernstes Problem; **~ artist** ernsthafter Künstler; **2.** ernstlich, bedenklich, gefährlich: **~ illness**; **~ rival** ernstzunehmender Rivale; **3.** ernst(haft, -lich), ernstgemeint (*Angebot etc.*): **are you ~?** meinst du das im Ernst?; **'se·ri·ous·ly** [-lɪ] *adv.* ernst (-lich); im Ernst: **~ ill** ernstlich krank; **~ wounded** schwerverwundet; **now, ~!** im Ernst!; **'se·ri·ous·ness** [-nɪs] *s.* **1.** Ernst *m*, Ernsthaftigkeit *f*; **2.** Wichtigkeit *f*, Bedeutung *f*.

ser·jeant ['sɑːdʒənt] *s.* ⚖ **1.** Gerichtsdiener *m*; **2. Common** ♀ Stadtsyndikus *m* (*London*); **3.** *a.* **~ at law** höherer Barrister (des Gemeinen Rechts); **~ at arms** *s. parl.* Ordnungsbeamte(r) *m*.

ser·mon ['sɜːmən] *s.* **1.** Predigt *f*: ♀ **on the Mount** *bibl.* Bergpredigt; **2.** *iro.* (Mo'ral-, Straf)Predigt *f*; **'ser·mon·ize** [-naɪz] **I** *v/i.* (*a. iro.*) predigen; **II** *v/t.* *j-m* e-e (Mo'ral)Predigt halten.

se·rol·o·gist [ˌsɪə'rɒlədʒɪst] *s.* ⚕ Sero'loge *m*; **se'rol·o·gy** [-dʒɪ] *s.* Serolo'gie *f*, Serumkunde *f*; **se'ros·i·ty** [-ɒsətɪ] *s.* ⚕ **1.** se'röser Zustand; **2.** se'röse Flüssigkeit; **se·rous** ['sɪərəs] *adj.* ⚕ se'rös.

ser·pent ['sɜːpənt] *s.* **1.** (*bsd. große*) Schlange; **2.** *fig.* (Gift)Schlange *f* (*Person*); **3.** ♀ *ast.* Schlange *f*; **'ser·pen·tine** [-taɪn] **I** *adj.* **1.** schlangenförmig, Schlangen...; **2.** sich schlängelnd *od.* windend, geschlängelt, Serpentinen...: **~ road**; **3.** *fig.* falsch, tückisch; **II** *s.* **4.** *geol.* Serpen'tin *m*; **5.** *Eislauf*: Schlangenbogen *m*; **6.** ♀ *Teich im Hyde Park*.

ser·pi·go [sɜː'paɪgəʊ] *s.* ⚕ fressende Flechte.

ser·rate ['serɪt], **ser·rat·ed** [se'reɪtɪd] *adj.* (sägeförmig) gezackt; **ˌser·rate-'den·tate** *adj.* ♀ gesägt-gezähnt.

ser·ra·tion [se'reɪʃn] *s.* (sägeförmige) Auszackung.

ser·ried ['serɪd] *adj.* dichtgeschlossen (*Reihen*).

se·rum ['sɪərəm] *s.* **1.** *physiol.* (Blut-) Serum *n*; **2.** ⚕ (Heil-, Schutz)Serum *n*.

ser·val ['sɜːvəl] *s. zo.* Serval *m*.

serv·ant ['sɜːvənt] *s.* **1.** Diener *m* (*a. fig. Gottes, der Kunst etc.*); (**domestic**) **~** Dienstbote *m*, -mädchen *n*, Hausangestellte(r *m*) *f*; **~s' hall** Gesindestube *f*; **your obedient ~** hochachtungsvoll (*Amtsstil*); **2.** *bsd.* **public ~** Beamte(r) *m*, Angestellte(r) *m* (*im öffentlichen Dienst*); → **civil** 2; **3.** ⚖ (Handlungs-) Gehilfe *m*, Angestellte(r) *m* (*Ggs.* **master** 5 b); **~ girl**, **~ maid** *s.* Dienstmädchen *n*.

serve [sɜːv] **I** *v/t.* **1.** *j-m, a. Gott, s-m Land etc.* dienen; arbeiten für, im

Dienst stehen bei; **2.** *j-m* dienlich sein, helfen (*a. Sache*); **3.** *Dienstzeit* (*a.* ⚔) ableisten; *Lehre* 'durchmachen; ⚖ *Strafe* absitzen, verbüßen; **4.** a) *Amt* ausüben, innehaben, b) Dienst tun in (*dat.*), *Gebiet*, *Personenkreis* betreuen, versorgen; **5.** *e-m Zweck* dienen *od.* entsprechen, *e-n Zweck* erfüllen, *e-r Sache* nützen: ***it ~s no purpose*** es hat keinen Zweck; **6.** genügen (*dat.*), ausreichen für: ***enough to ~ us a month***; **7.** *j-m bei Tisch* aufwarten; *j-n*, ⚕ *Kunden* bedienen; **8.** *a.* **~ *up*** *Essen etc.* servieren, auftragen, reichen: ***dinner is ~d!*** es ist serviert *od.* angerichtet!; **~ *up*** F *fig.* ‚auftischen'; **9.** ⚔ *Geschütz* bedienen; **10.** versorgen (***with*** mit): **~ *the town with gas***; **11.** *oft* **~ *out*** aus-, verteilen; **12.** *mst* F a) *j-n schändlich etc.* behandeln, b) *j-m et.* zufügen: **~ *s.o. a trick*** j-m e-n Streich spielen; **~ *s.o. out*** es j-m heimzahlen; (***it***) ***~s him right*** (das) geschieht ihm recht; **13.** *Verlangen* befriedigen, frönen (*dat.*); **14.** *Stute etc.* decken; **15.** ⚖ *Vorladung etc.* zustellen (*dat.*): **~ *s.o. a writ***, **~ *a writ on s.o.***; **16.** ⚙ um'wickeln; **17.** ⚓ *Tau* bekleiden; **II** *v/i.* **18.** dienen, Dienst tun (*beide a.* ⚔); in Dienst stehen, angestellt sein (***with*** bei); **19.** servieren, bedienen: **~ *at table***; **20.** fungieren, amtieren (***as*** als): **~ *on a committee*** in e-m Ausschuß tätig sein; **21.** dienen, nützen: ***it ~s to*** *inf.* es dient dazu, zu *inf.*; ***it ~s to show his cleverness*** daran kann man s-e Klugheit erkennen; **22.** dienen (***as***, ***for*** als): ***a blanket ~d as a curtain***; **23.** genügen, den Zweck erfüllen; **24.** günstig sein, passen: ***as occasion ~s*** bei passender Gelegenheit; ***the tide ~s*** ⚓ der Wasserstand ist (*zum Auslaufen etc.*) günstig; **25.** *sport* a) *Tennis etc.*: aufschlagen, b) *Volleyball*: aufgeben: ***X to ~!*** Aufschlag X; **26.** *R.C.* ministrieren; **III** *s.* **27.** → ***service*** 20; **'serv·er** [-və] *s.* **1.** *R.C.* Mini'strant *m*; **2.** a) *Tennis*: Aufschläger *m*, b) *Volleyball*: Aufgeber *m*; **3.** a) Tab'lett *n*, b) Warmhalteplatte *f*, c) Serviertischchen *n od.* -wagen *m*, d) Tortenheber *m*.

serv·ice¹ ['sɜːvɪs] *s.* ⚘ **1.** Spierbaum *m*; **2.** *a.* ***wild ~(tree)*** Elsbeerbaum *m*.

serv·ice² ['sɜːvɪs] **I** *s.* **1.** Dienst *m*, Stellung *f* (*bsd. v. Hausangestellten*): ***be in ~*** in Stellung sein; ***take s.o. into ~*** j-n einstellen; **2.** a) Dienstleistung *f* (*a.* ⚕, ⚖), Dienst *m* (***to*** an *dat.*), b) (guter) Dienst, Gefälligkeit *f*: ***do*** (*od.* ***render***) ***s.o. a ~*** j-m e-n Dienst erweisen; ***at your ~*** zu Ihren Diensten; ***be*** (***place***) ***at s.o.'s ~*** j-m zur Verfügung stehen (stellen); **3.** ⚕ Bedienung *f*: ***prompt ~***; **4.** Nutzen *m*: ***be of ~ to*** *j-m* nützen; **5.** (*Nacht-*, *Nachrichten-*, *Presse-*, *Telefon- etc.*)Dienst *m*; **6.** a) Versorgungsdienst *m*, b) Versorgungsbetrieb *m*: ***water ~*** Wasserversorgung *f*; **7.** Funkti'on *f*, Amt *n* (*e-s Beamten*); **8.** (öffentlicher) Dienst, Staatsdienst *m*: ***diplomatic ~***; ***on Her Majesty's ~*** *Brit.* ✉ Dienstsache *f*; **9.** 🚂 *etc.* Verkehr *m*, Betrieb *m*: ***twenty-minute ~*** Zwanzig-Minuten-Takt *m*; **10.** ⚙ Betrieb *m*: ***in*** (***out of***) **~** in (außer) Betrieb; **~ *conditions*** Betriebsbeanspruchung *f*; **~ *life*** Lebensdauer *f*; **11.** ⚙ Wartung *f*, Kundendienst *m*, Service *m*; **12.** ⚔ a) (Wehr-) Dienst *m*, b) Waffengattung *f*, c) *pl.* Streitkräfte *pl.*, d) *Brit.* Ma'rine *f*: ***be on active ~*** aktiv dienen; **~ *pistol*** Dienstpistole *f*; **13.** ⚔ *Am.* (technische) Versorgungstruppe; **14.** ⚔ Bedienung *f* (*Geschütz*); **15.** *mst pl.* Hilfsdienst *m*: ***medical ~(s)***; **16.** *eccl.* a) *a.* ***divine ~*** Gottesdienst *m*, b) Litur'gie *f*; **17.** Ser'vice *n*, Tafelgerät *n*; **18.** ⚖ Zustellung *f*; **19.** ⚓ Bekleidung *f* (*Tau*); **20.** *sport* a) *Tennis etc.*: Aufschlag, b) *Volleyball*: Aufgabe *f*; **II** *v/t.* **21.** ⚙ a) warten, pflegen, b) über'holen; **22.** ⚕ *bsd. Am.* Kundendienst verrichten für *od.* bei; **23.** *zo.* *Stute* decken; **'serv·ice·a·ble** [-səbl] *adj.* □ **1.** brauch-, verwendbar, nützlich; betriebs-, leistungsfähig; **2.** zweckdienlich; **3.** haltbar, strapazierfähig.

serv·ice| a·re·a *s.* **1.** *Radio*, *TV*: Sendebereich *m*; **2.** *Brit.* (Autobahn)Raststätte *f* (mit Tankstelle); **~ book** *s. eccl.* Gebet-, Gesangbuch *n*; **~ box** *s.* ⚡ Anschlußkasten *m*; **~ brake** *s. mot.* Betriebsbremse *f*; **~ charge** *s.* **1.** *econ.* Bedienungszuschlag *m*; **2.** ⚕ Bearbeitungsgebühr *f*; **~ court** *s. Tennis etc.*: Aufschlagfeld *n*; **~ dress** → ***service uniform***; **~ flat** *s. Brit.* E'tagenwohnung *f* mit Bedienung; **~ hatch** *s. Brit.* 'Durchreiche *f* (*für Speisen*); **~ in·dus·try** *s.* **1.** *mst pl.* Dienstleistungsbetriebe *pl.*, -gewerbe *n*; **2.** 'Zulieferindusˌtrie *f*; **~ life** *s.* ⚙ Lebensdauer *f*; **~ line** *s. Tennis etc.*: Aufschlaglinie *f*; **'~·man** [-mən] *s.* [*irr.*] **1.** Sol'dat *m*, Mili'tärangehörige(r) *m*; **2.** ⚙ a) 'Kundendienstmeˌchaniker *m*, b) 'Wartungsmonˌteur *m*; **~ mod·ule** *s.* Versorgungsteil *m e-s Raumschiffs*; **~ so·ci·e·ty** *s.* Dienstleistungsgesellschaft *f*; **~ sta·tion** *s.* **1.** Kundendienst- *od.* Repara'turwerkstatt *f*; **2.** (Groß)Tankstelle *f*; **~ trade** *s.* Dienstleistungsgewerbe *n*; **~ u·ni·form** *s.* ⚔ Dienstanzug *m.*

ser·vi·ette [sɜːvɪˈet] *s.* Serviˈette *f.*

ser·vile [ˈsɜːvaɪl] *adj.* □ **1.** serˈvil, unterˈwürfig, kriecherisch; **2.** *fig.* sklavisch (*Gehorsam*, *Genauigkeit etc.*); **ser·vil·i·ty** [sɜːˈvɪlətɪ] *s.* Unterˈwürfigkeit *f*; Kriecheˈrei *f.*

serv·ing [ˈsɜːvɪŋ] *s.* Portiˈon *f.*

ser·vi·tor [ˈsɜːvɪtə] *s.* **1.** *obs.* Diener(in) (*a. fig.*); **2.** *obs. od. poet.* Gefolgsmann *m*; **3.** *univ. hist.* Stipendiˈat *m.*

ser·vi·tude [ˈsɜːvɪtjuːd] *s.* **1.** Sklaveˈrei *f*, Knechtschaft *f* (*a. fig.*); **2.** ⚖ Zwangsarbeit *f*: **penal ~** Zuchthausstrafe *f*; **3.** ⚖ Serviˈtut *n*, Nutzungsrecht *n.*

ˈser·vo|-asˌsist·ed [ˈsɜːvəʊ-] *adj.* ⚙ Servo...; **~ brake** *s.* Servobremse *f*; **~ steer·ing** *s.* Servolenkung *f.*

ses·a·me [ˈsesəmɪ] *s.* **1.** ⚘ Indischer Sesam; **2.** → ***open sesame.***

ses·a·moid [ˈsesəmɔɪd] *adj. anat.* Sesam...: **~ bones** Sesamknöchelchen.

sesqui- [seskwɪ] *in Zssgn* ˈandertˈhalb; **ˌ~ˈal·ter** [-ˈæltə], **ˌ~ˈal·ter·al** [-ˈæltərəl] *adj.* im Verhältnis 3:2 *od.* 1:1½ stehend; **ˌ~·cenˈten·ni·al I** *adj.* 150jährig; **II** *s.* 150-Jahr-Feier *f*; **ˌ~·peˈda·li·an** [-pɪˈdeɪljən] *adj.* **1.** ˈandertˈhalb Fuß lang; **2.** *fig. humor.* sehr lang, monˈströs: **~ word**; **3.** *fig.* schwülstig; **ˈ~·plane** [-pleɪn] *s.* ✈ Anderthalbdekker *m.*

ses·sile [ˈsesɪl] *adj.* **1.** ⚘ stiellos; **2.** *zo.* ungestielt.

ses·sion [ˈseʃn] *s.* **1.** *parl.* ⚖ a) Sitzung *f*, b) ˈSitzungsperiˌode *f*: **be in ~** e-e Sitzung abhalten, tagen; **2.** (*einzelne*) Sitzung (*a.* ⚕ *psych.*), Konfeˈrenz *f*; **3.** **2s** *pl.* → ***magistrates' court***, ***Quarter Sessions***; **4.** a) ***Court of 2*** *oberstes schottisches Zivilgericht*, b) ***Court of 2s*** *Am.* (*einzelstaatliches*) *Gericht für Strafsachen*; **5.** *univ.* a) *Brit.* akaˈdemisches Jahr, b) *Am.* (ˈStudien)SeˌWmester *n*; **ˈses·sion·al** [-ʃənl] *adj.* □ **1.** Sitzungs...; **2.** *univ. Brit.* Jahres...: **~ course.**

ses·tet [sesˈtet] *s.* **1.** ♪ Sexˈtett *n*; **2.** *Metrik*: sechszeilige Strophe.

set [set] **I** *s.* **1.** Satz *m Briefmarken*, *Dokumente*, *Werkzeuge etc.*; (*Möbel-*, *Toiletten- etc.*)Garniˈtur *f*; (*Speise- etc.*) Serˈvice *n*, Besteck *n*; (*Farben- etc.*) Sortiˈment *n*; **2.** ✝ Kollektiˈon *f*; **3.** Sammlung *f*: ***a ~ of Shakespeare's works***; **4.** (Schriften)Reihe *f*, (Arˈtikel-) Serie *f*; **5.** ⚙ (Maˈschinen)Anlage *f*; **6.** (Häuser)Gruppe *f*; **7.** (Zimmer)Flucht *f*; **8.** ⚙ a) (Maˈschinen)Satz *m*, (-)Anlage *f*, Aggreˈgat *n*, b) (*Radio- etc.*)Gerät *n*, Appaˈrat *m*; **9.** a) *thea.* Bühnenausstattung *f*, b) *Film*: Szenenaufbau *m*; **10.** *Tennis etc.*: Satz *m*; **11.** ♧ a) Zahlenreihe *f*, b) Menge *f*; **12. *~ of teeth*** Gebiß *n*; **13.** (Perˈsonen)Kreis *m*: a) Gesellschaft(sschicht) *f*, *vornehme*, *literarische etc.* Welt, b) *contp.* Klüngel *m*, Clique *f*: ***the chic ~*** die ‚Schickeria'; ***the fast ~*** die Lebewelt; **14.** Sitz *m*, Schnitt *m von Kleidern*; **15.** Haltung *f*; **16.** Richtung *f*, (Ver)Lauf *m e-r Strömung etc.*; **17.** Neigung *f*, Tenˈdenz *f*; **18.** *poet.* ˈUntergang *m der Sonne etc.*: ***the ~ of the day*** das Tagesende; **19.** ⚙ → ***setting*** 10; **20.** *hunt.* Vorstehen *n des Hundes*: ***make a dead ~ at*** *fig.* a) über *j-n* herfallen, b) es auf *e-n Mann* abgesehen haben (*Frau*); **21.** *hunt.* (*Dachs- etc.*)Bau *m*; **22.** ⚘ Setzling *m*, Ableger *m*; **II** *adj.* **23.** starr (*Gesicht*, *Lächeln*); **24.** fest (*Meinung*); **25.** festgesetzt: ***at the ~ day***; **26.** vorgeschrieben, festgelegt: ***~ rules***; ***~ books*** *od.* ***reading*** Pflichtlektüre *f*; **27.** forˈmell, konventioˈnell: ***~ party***; **28.** ˈwohlüberˌlegt, einstudiert: ***~ speech***; **29.** a) bereit, b) fest entschlossen (***on doing*** zu tun); **30.** zs.-gebissen (*Zähne*); **31.** eingefaßt (*Edelstein*); **32.** ***~ piece*** *paint. etc.* Gruppenbild *n*; **33.** ***~ fair*** beständig (*Barometer*); **34.** *in Zssgn* ...gebaut; **III** *v/t.* [*irr.*] **35.** setzen, stellen, legen: ***~ the glass to one's lips*** das Glas an die Lippen setzen; ***~ a match to*** ein Streichholz halten an (*acc.*), *et.* in Brand stecken; → ***hand*** 7, ***sail*** 1 *etc.*; **36.** (ein-, her)richten, (an)ordnen, zuˈrechtmachen; *thea. Bühne* aufbauen; *Tisch* decken; ⚙ *etc.* (ein)stellen, (-) richten, regulieren; *Uhr*, *Wecker* stellen; ⚙ *Säge* schränken; *hunt. Falle* (auf-) stellen; ⚕ *Bruch*, *Knochen* (ein)richten; *Messer* abziehen; *Haar* legen; **37.** ♪ a) vertonen, b) arrangieren; **38.** *typ.* absetzen; **39.** ✎ a) *a.* ***~ out*** *Setzlinge* (aus)pflanzen, b) *Boden* bepflanzen; **40.** a) *Bruthenne* setzen, b) *Eier* ˈunterlegen; **41.** a) *Edelstein* fassen, b) *mit Edelsteinen etc.* besetzen; **42.** *Wache* (auf)stellen; **43.** *Aufgabe*, *Frage* stellen; **44.** *j-n* anweisen (***to do s.th.*** et. zu tun), *j-n* an (*e-e Sache*) setzen: ***~ o.s. to do s.th.*** sich daran machen, et. zu tun; **45.** vorschreiben; **46.** *Zeitpunkt* festlegen; **47.** *Hund etc.* hetzen (***on*** auf *j-n*): ***~ spies on*** *j-n* bespitzeln lassen; **48.** (veran)lassen (***doing*** zu tun): ***~ going***

in Gang setzen; **~ *s.o. laughing*** j-n zum Lachen bringen; **~ *s.o. thinking*** j-m zu denken geben; **49.** *in e-n Zustand* versetzen; → ***ease*** 2; **50.** *Flüssiges* fest werden lassen; *Milch* gerinnen lassen; **51.** *Zähne* zs.-beißen; **52.** *Wert* bemessen, festsetzen; **53.** *Preis* aussetzen (***on*** auf *acc.*); **54.** *Geld*, *Leben* riskieren; **55.** *Hoffnung*, *Vertrauen* setzen (***on*** auf *acc.*; ***in*** in *acc.*); **56.** *Grenzen*, *Schranken etc.* setzen (***to*** *dat.*); **IV** *v/i.* [*irr.*] **57.** 'untergehen (*Sonne etc.*); **58.** a) auswachsen (*Körper*), b) ausreifen (*Charakter*); **59.** fest werden (*Flüssiges*); abbinden (*Zement etc.*); erstarren (*a. Gesicht*, *Muskel*); gerinnen (*Milch*); ⚕ sich einrenken; **60.** sitzen (*Kleidung*); **61.** fließen, laufen (*Flut etc.*); wehen, kommen (***from*** aus, von) (*Wind*) *fig.* sich neigen *od.* richten (***against*** gegen); **62.** ⚘ Frucht ansetzen (*Blüte*, *Baum*); **63.** *hunt.* (vor)stehen (*Hund*);

Zssgn mit prp.:

set| a·bout *v/i.* **1.** sich an *et.* machen, *et.* in Angriff nehmen; **2.** F über *j-n* herfallen; **~ a·gainst** *v/t.* **1.** entgegen- *od.* gegen'überstellen (*dat.*): ***set o.s.*** (*od.* ***one's face***) ***against*** sich *e-r Sache* widersetzen; **2.** *j-n* aufhetzen gegen; **~ (up·)on** *v/i.* herfallen über *j-n*.

Zssgn mit adv.:

set| a·part *v/t.* **1.** *Geld etc.* bei'seite legen; **2.** ***set s.o. apart*** (***from***) j-n unter'scheiden (von); **~ a·side** *v/t.* **1.** a) bei'seite legen, b) → ***set apart*** 1; **2.** *Plan etc.* fallenlassen; **3.** außer acht lassen, ausklammern; **4.** verwerfen, *bsd.* ⚖ aufheben; **~ back I** *v/t.* **1.** *Uhr* zu'rückstellen; **2.** *Haus etc.* zu'rücksetzen; **3.** *fig. j-n*, *et.* zu'rückwerfen; **4.** *j-n* ärmer machen (um); **II** *v/i.* **5.** zu'rückfließen (*Flut etc.*); **~ by** *v/t. Geld etc.* zu'rücklegen, sparen; **~ down** *v/t.* **1.** *Last*, *a. Fahrgast*, *a. das Flugzeug* absetzen; **2.** (schriftlich) niederlegen, aufzeichnen; **3.** *j-m* e-n ‚Dämpfer' aufsetzen; **4.** **~ *as*** *j-n* abtun *od.* betrachten als; **5.** *et.* zuschreiben (***to*** *dat.*); **6.** *et.* festlegen, -setzen; **~ forth I** *v/t.* **1.** bekanntmachen; **2.** → ***set out*** 1; **3.** zur Schau stellen; **II** *v/i.* **4.** aufbrechen: **~ *on a journey*** e-e Reise antreten; **5.** *fig.* ausgehen (***from*** von); **~ for·ward I** *v/t.* **1.** *Uhr* vorstellen; **2.** a) *et.* vor'antreiben, b) *j-n od. et.* weiterbringen; **3.** vorbringen, darlegen; **II** *v/i.* **4.** sich auf den Weg machen; **~ in** *v/i.* einsetzen (*beginnen*); **~ off I** *v/t.* **1.** her'vortreten lassen, abheben (***from*** von); **2.** her'vorheben; **3.** a) *Rakete* abschießen, b) *Sprengladung* zur Explosi'on bringen, c) *Feuerwerk* abbrennen; **4.** *Alarm etc.* auslösen (*a. Streik etc.*), führen zu; **5.** † auf-, anrechnen (***against*** gegen); **6.** ⚖ als Ausgleich nehmen (***against*** für); **7.** *Verlust etc.* ausgleichen; **II** *v/i.* **8.** → ***set forth*** 4; **9.** *fig.* anfangen; **~ on** *v/t.* **1.** a) *j-n* drängen (***to do*** zu tun), b) *j-n* aufhetzen (***to*** zu); **2.** *Hund etc.* hetzen (***to*** auf *acc.*); **~ out I** *v/t.* **1.** (ausführlich) darlegen, aufzeigen; **2.** anordnen, arrangieren; **II** *v/i.* **3.** aufbrechen, sich aufmachen, sich auf den Weg machen (***for*** nach); **4.** sich vornehmen, da'rangehen (***to do*** *et.* zu tun); **~ to** *v/i.* **1.** sich dar'anmachen, sich ‚da'hinterklemmen', ‚loslegen'; **2.** aufein'ander losgehen; **~ up I** *v/t.* **1.** errichten: **~ *a monument***; **2.** ⚙ *Maschine etc.* aufstellen, montieren; **3.** *Geschäft etc.* gründen; *Regierung* bilden, einsetzen; **4.** *j-m* zu e-m (guten) Start verhelfen, *j-n* etablieren: **~ *s.o. up in business***; **~ *o.s. up*** (***as***) → 15; **5.** *Behauptung etc.*, *a. Rekord* aufstellen; ⚖ *Anspruch* geltend machen, *a. Verteidigung* vorbringen; **6.** *Kandidaten* aufstellen; **7.** *j-n* erhöhen (***over*** über *acc.*), *a. j-n* auf den Thron setzen; **8.** *Stimme*, *Geschrei* erheben; **9.** *a. Krankheit* verursachen; **10.** a) *j-n* kräftigen, b) *gesundheitlich* wieder'herstellen; **11.** *j-m* (finanzi'ell) ‚auf die Beine helfen'; **12.** *j-n* versehen, -sorgen (***with*** mit); **13.** F a) *j-m* e-e Falle stellen, b) *j-m* et. ‚anhängen'; **14.** *typ.* (ab-) setzen: **~ *in type***; **II** *v/i.* **15.** sich niederlassen *od.* etablieren (***as*** als): **~ *for o.s.*** sich selbständig machen; **16.** **~ *for*** sich ausgeben für *od.* als, sich aufspielen als.

se·ta·ceous [sɪ'teɪʃəs] *adj.* borstig.

'set|·a,side *s. Am.* Rücklage *f*; **'~·back** *s.* **1.** *fig.* a) Rückschlag *m*, b) ‚Schlappe' *f*; **2.** △ a) Rücksprung *m e-r Wand*, b) zu'rückgesetzte Fas'sade; **'~·down** *s.* **1.** Dämpfer *m*; **2.** Rüffel *m*; **'~·off** *s.* **1.** Kon'trast *m*; **2.** ⚖ a) Gegenforderung *f*, b) Ausgleich *m* (*a. fig*; ***against*** für); **3.** † Aufrechnung *f*; **'~·out** *s.* **1.** a) Aufbruch *m*, b) Anfang *m*; **2.** Aufmachung *f*; **3.** F a) Vorführung *f*, b) Party *f*; **~ piece** *s.* **1.** *Kunst*: formvollendetes Werk; **2.** ⚔ sorgfältig geplante Operati'on; **3.** → ***set*** 32; **~ point** *s.* **1.** *Tennis etc.*: Satzball *m*; **2.** ⚙ Sollwert *m*; **'~·screw** *s.* ⚙ Stellschraube *f*; **~ square** *s.* Winkel *m*, Zeichendreieck *n*.

sett [set] *s.* Pflasterstein *m*.

set·tee [se'ti:] *s.* **1.** Sitz-, Polsterbank *f*; **2.** kleineres Sofa: **~ *bed*** Bettcouch *f*.

set·ter ['setə] *s.* **1.** *allg.* Setzer(in), Einrichter(in); **2.** *typ.* (Schrift)Setzer *m*; **3.** Setter *m* (*Vorstehhund*); **4.** (Poli'zei-)Spitzel *m*; **ˌ~-'on** [-ər'ɒn] *pl.* **ˌ~s-'on** *s.* Aufhetzer(in).

set the·o·ry *s.* ⩚ Mengenlehre *f*.

set·ting ['setıŋ] *s.* **1.** (*typ.* Schrift)Setzen *n*; Einrichten *n*; (Ein)Fassen *n* (*Edelstein*); **2.** Schärfen *n* (*Messer*); **3.** (*Gold- etc.*)Fassung *f*; **4.** Lage *f*, 'Hintergrund *m* (*a. fig. Rahmen*); **5.** Schauplatz *m*, 'Hintergrund *m e-s Romans etc.*; **6.** *thea.* szenischer 'Hintergrund, Bühnenbild *n*; *a. Film*: Ausstattung *f*; **7.** ♪ a) Vertonung *f*, b) Satz *m*; **8.** (*Sonnen- etc.*)'Untergang *m*; **9.** ⚙ Einstellung *f*; **10.** ⚙ Hartwerden *n*, Abbinden *n von Zement etc.*: **~ *point*** Stockpunkt *m*; **11.** ⚙ Schränkung *f* (*Säge*); **12.** Gedeck *n*; **~ lo·tion** *s.* (Haar)Festiger *m*; **'~-rule** *s. typ.* Setzlinie *f*; **'~-stick** *s. typ.* Winkelhaken *m*; **'~-up** *s.* **1.** *bsd.* ⚙ Einrichtung *f*, Aufstellung *f*; **2. ~ *exercises*** *Am.* Gymnastik *f*, Freiübungen *pl.*

set·tle ['setl] **I** *v/i.* **1.** sich niederlassen *od.* setzen (*a. Vogel etc.*); **2.** a) sich ansiedeln, b) **~ *in*** sich *in e-r Wohnung etc.* einrichten, c) **~ *in*** sich einleben *od.* eingewöhnen; **3.** a) *a.* **~ *down*** sich *in e-m Ort* niederlassen, b) sich (häuslich) niederlassen, c) *a.* ***marry and ~ down*** e-n Hausstand gründen, d) seßhaft werden, zur Ruhe kommen, sich einleben; **4. ~ *down to*** sich widmen (*dat.*), sich an *e-e Arbeit etc.* machen; **5.** sich legen *od.* beruhigen (*Wut etc.*); **6. ~ *on*** sich zuwenden (*dat.*), fallen auf (*acc.*) (*Zuneigung etc.*); **7.** ⚕ sich festsetzen (***on***, ***in*** in *dat.*), sich legen (***on*** auf *acc.*) (*Krankheit*); **8.** beständig werden (*Wetter*): ***it ~d in for rain*** es regnete sich ein; ***it is settling for a frost*** es wird Frost geben; ***the wind has ~d in the west*** der Wind steht im Westen; **9.** sich senken (*Mauern etc.*); **10.** langsam absacken (*Schiff*); **11.** sich klären (*Flüssigkeit*); **12.** sich setzen (*Trübstoff*); **13.** sich legen (*Staub*); **14.** (***upon***) sich entscheiden (für), sich entschließen (zu); **15. ~ *for*** sich begnügen *od.* abfinden mit; **16.** e-e Vereinbarung treffen; **17.** a) **~ *up*** zahlen *od.* abrechnen (***with*** mit), b) **~ *with*** e-n Vergleich schließen mit, *Gläubiger* abfinden; **II** *v/t.* **18.** *Füße, Hut etc.* (fest) setzen (***on*** auf *acc.*): **~ *o.s.*** sich niederlassen; **~ *o.s. to*** sich an *e-e Arbeit etc.* machen, sich anschicken zu; **19.** a) *Menschen* ansiedeln, b) *Land* besiedeln; **20.** *j-n beruflich, häuslich etc.* etablieren, 'unterbringen; *Kind etc.* versorgen, ausstatten, *a.* verheiraten; **21.** a) *Flüssigkeit* ablagern lassen, klären, b) *Trübstoff* sich setzen lassen; **22.** *Boden etc.*, *a. fig. Glauben*, *Ordnung etc.* festigen; **23.** *Institutionen* gründen, aufbauen (***on*** auf *dat.*); **24.** *Zimmer etc.* in Ordnung bringen; **25.** *Frage etc.* klären, regeln, erledigen: ***that ~s it*** a) damit ist der Fall erledigt, b) *iro.* jetzt ist es endgültig aus; **26.** *Streit* schlichten, beilegen; *strittigen Punkt* beseitigen; **27.** *Nachlaß* regeln, *s-e Angelegenheiten* in Ordnung bringen: **~ *one's affairs***; **28.** (**[*up*]*on***) *Besitz* über'schreiben, -'tragen (auf *acc.*), *letztwillig* vermachen (*dat.*), *Legat*, *Rente* aussetzen (für); **29.** bestimmen, festlegen, -setzen; **30.** vereinbaren, sich einigen auf (*acc.*); **31.** *a.* **~ *up*** ⚕ erledigen, in Ordnung bringen: a) *Rechnung* begleichen, b) *Konto* ausgleichen, c) *Anspruch* befriedigen, d) *Geschäft* abwickeln; → ***account*** 5; **32.** ⚖ *Prozeß* durch Vergleich beilegen; **33.** *Magen*, *Nerven* beruhigen; **34.** *j-n* ‚fertigmachen', zum Schweigen bringen (F *a. töten*); **III** *s.* **35.** Sitzbank *f* (mit hoher Lehne); **'set·tled** [-ld] *adj.* **1.** fest, bestimmt; entschieden; feststehend (*Tatsache*); **2.** fest begründet (*Ordnung*); **3.** fest, ständig (*Wohnsitz*, *Gewohnheit*); **4.** beständig (*Wetter*); **5.** ruhig, gesetzt (*Person*, *Leben*).

set·tle·ment ['setlmənt] *s.* **1.** Ansied(e)lung *f*; **2.** Besied(e)lung *f e-s Landes*; **3.** Siedlung *f*, Niederlassung *f*; **4.** 'Unterbringung *f*, Versorgung *f* (*Person*); **5.** Regelung *f*, Klärung *f*, Erledigung *f e-r Frage etc.*; **6.** Schlichtung *f*, Beilegung *f e-s Streits*; **7.** Festsetzung *f*; **8.** (endgültige) Entscheidung; **9.** Über'einkommen *n*, Abmachung *f*; **10.** ⚕ a) Begleichung *f von Rechnungen*, b) Ausgleich(ung *f*) *m von Konten*, c) *Börse*: Abrechnung *f*, d) Abwicklung *f e-s Geschäfts*, e) Vergleich *m*, Abfindung *f*: **~ *day*** Abrechnungstag *m*; ***day of ~*** *fig.* Tag *m* der Abrechnung; ***in ~ of all claims*** zum Ausgleich aller Forderungen; **11.** ⚖ a) (*Eigentums*)Über'tragung *f*, b) Vermächtnis *n*, c) Aussetzung *f e-r Rente etc.*, d) Schenkung *f*, Stiftung *f*; **12.** ⚖ Ehevertrag *m*; **13.** a) ständiger Wohnsitz, b) Heimatberechtigung *f*; **14.** sozi'ales Hilfswerk.

set·tler ['setlə] *s.* **1.** (An)Siedler(in), Kolo'nist(in); **2.** F a) entscheidender

Schlag, b) *fig.* vernichtendes Argu'ment, c) Abfuhr *f*; '**set·tling** [-lɪŋ] *s.* **1.** Festsetzen *n etc.*; → ***settle***; **2.** ⚙ Ablagerung *f*; **3.** *pl.* (Boden)Satz *m*; **4.** ✝ Abrechnung *f*: ~ ***day*** Abrechnungstag *m*; '**set·tlor** [-lə] *s.* ⚖ Verfügende(r *m*) *f*.

set-to [ˌset'tu:] *pl.* **-tos** *s.* F **1.** Schläge'rei *f*; **2.** (kurzer) heftiger Kampf; **3.** heftiger Wortwechsel.

set-up ['setʌp] *s.* **1.** Aufbau *m*; **2.** Anordnung *f* (*a.* ⚙); **3.** ⚙ Mon'tage *f*; **4.** *Film*, *TV*: a) (Kamera)Einstellung *f*, b) Bauten *pl.*; **5.** *Am.* Konstituti'on *f*; **6.** *Am.* F a) Situati'on *f*, b) Pro'jekt *n*; **7.** *Am.* F ‚Laden' *m* (*Firma etc.*), ‚Bude' *f* (*Wohnung etc.*); **8.** *Am.* F a) Schiebung *f*, b) Gimpel *m*, leichtes Opfer.

sev·en ['sevn] **I** *adj.* sieben: ~***-league boots*** Siebenmeilenstiefel; ***the*** ♀ ***Years' War*** der Siebenjährige Krieg; **II** *s.* Sieben *f* (*Zahl*, *Spielkarte etc.*); '~**·fold** *adj. u. adv.* siebenfach.

sev·en·teen ['sevnti:n] **I** *adj.* siebzehn; **II** *s.* Siebzehn *f*: ***sweet*** ~ ‚göttliche Siebzehn' (*Mädchenalter*); ˌ**sev·en'teenth** [-nθ] **I** *adj.* **1.** siebzehnt; **II** *s.* **2.** *der* (*die*, *das*) Siebzehnte; **3.** Siebzehntel *n*.

sev·enth ['sevnθ] **I** *adj.* **1.** siebent; **II** *s.* **2.** *der* (*die*, *das*) Sieb(en)te: ***the*** ~ ***of May*** der 7. Mai; **3.** Sieb(en)tel *n*; **4.** ♪ Sep'time *f*; '**sev·enth·ly** [-lɪ] *adv.* sieb(en)tens.

sev·en·ti·eth ['sevntɪɪθ] **I** *adj.* **1.** siebzigst; **II** *s.* **2.** *der* (*die*, *das*) Siebzigste; **3.** Siebzigstel *n*; **sev·en·ty** ['sevntɪ] **I** *adj.* siebzig; **II** *s.* Siebzig *f*: ***the seventies*** a) die siebziger Jahre (*e-s Jahrhunderts*), b) die Siebziger(jahre) (*Alter*).

sev·er ['sevə] **I** *v/t.* **1.** (ab)trennen (***from*** von); **2.** ('durch)trennen; **3.** *fig. Freundschaft etc.* lösen, *Beziehungen* abbrechen; **4.** ~ ***o.s.*** (***from***) sich trennen *od.* lösen (von), (aus *der Kirche etc.*) austreten; **5.** (vonein'ander) trennen; **6.** ⚖ *Besitz etc.* teilen; **II** *v/i.* **7.** (zer)reißen; **8.** sich trennen (***from*** von); **9.** sich (vonein'ander) trennen; **sev·er·al** ['sevrəl] **I** *adj.* □ **1.** mehrere: ~ ***people***; **2.** verschieden, getrennt: ***three*** ~ ***occasions***; **3.** einzeln, verschieden: ***the*** ~ ***reasons***; **4.** besonder, eigen: ***we went our*** ~ ***ways*** wir gingen jeder seinen (eigenen) Weg; → ***joint*** 6; **II** *s.* **5.** mehrere *pl.*: ~ ***of you***; **sev·er·al·ly** ['sevrəlɪ] *adv.* **1.** einzeln, getrennt; **2.** beziehungsweise; '**sev·er·ance** [-ərəns] *s.* **1.** (Ab)Trennung *f*; **2.** Lösung *f e-r Freundschaft etc.*, Abbruch *m von Beziehungen*: ~ ***pay*** ✝ Entlassungsabfindung *f*.

se·vere [sɪ'vɪə] *adj.* □ **1.** streng: a) hart, scharf (*Kritik*, *Richter*, *Strafe etc.*), b) ernst(haft) (*Miene*, *Person*), c) rauh (*Wetter*), hart (*Winter*), d) herb (*Schönheit*, *Stil*), schmucklos, e) ex'akt, strikt; **2.** schwer, schlimm (*Krankheit*, *Verlust etc.*); **3.** heftig (*Schmerz*, *Sturm etc.*); **4.** scharf (*Bemerkung*); **se'vere·ly** [-lɪ] *adv.* **1.** streng, strikt; **2.** schwer, ernstlich: ~ ***ill***; **se·ver·i·ty** [sɪ'verətɪ] *s.* **1.** *allg.* Strenge *f*: a) Schärfe *f*, Härte *f*, b) Rauheit *f* (*des Wetters etc.*), c) Ernst *m*, d) (herbe) Schlichtheit *f* (*Stil*), e) Ex'aktheit *f*; **2.** Heftigkeit *f*.

sew [səʊ] *v/t.* [*irr.*] **1.** nähen (*a. v/i.*): ~ ***on*** annähen; ~ ***up*** zu-, vernähen (→ 3); **2.** *Bücher* heften, broschieren; **3.** ~ ***up*** F a) *Brit. j-n* ‚restlos fertigmachen', b) *Am.* sich *et. od. j-n* sichern, c) *et.* ‚per'fekt machen': ~ ***up a deal***.

sew·age ['sju:ɪdʒ] *s.* **1.** Abwasser *n*: ~ ***farm*** Rieselfeld *n*; ~ ***sludge*** Klärschlamm *m*; ~ ***system*** Kanalisation *f*; ~ ***works*** Kläranlage *f*; **2.** → ***sewerage***; **sew·er** ['sjʊə] **I** *s.* **1.** 'Abwasserkaˌnal *m*, Klo'ake *f*: ~ ***gas*** Faulschlammgas *n*; ~ ***pipe*** Abzugrohr *n*; ~ ***rat*** *zo.* Wanderratte *f*; **2.** Gosse *f*; **II** *v/t.* **3.** kanalisieren; **sew·er·age** ['sjʊərɪdʒ] *s.* **1.** Kanalisati'on *f* (*System u. Vorgang*); **2.** → ***sewage*** 1.

sew·in ['sju:ɪn] *s.* 'Lachsfoˌrelle *f*.

sew·ing ['səʊɪŋ] *s.* Näharbeit *f*; ~ **machine** *s.* 'Nähmaˌschine *f*.

sex [seks] **I** *s.* **1.** *biol.* Geschlecht *n*; **2.** (*männliches od. weibliches*) Geschlecht (*als Gruppe*): ***the*** ~ *humor.* die Frauen; ***the gentle*** (*od.* ***weaker*** *od.* ***softer***) ~ das zarte *od.* schwache Geschlecht; ***of both*** ~***es*** beiderlei Geschlechts; **3.** a) Geschlechtstrieb *m*, b) e'rotische Anziehungskraft, 'Sex(-Apˌpeal) *m*, c) Sexu'al-, Geschlechtsleben *n*, d) Sex(uali'tät *f*) *m*, e) Geschlechtsteil(e *pl.*) *n*, f) (Geschlechts)Verkehr *m*, ‚Sex' *m*: ***have*** ~ ***with*** mit *j-m* schlafen; **II** *v/t.* **4.** das Geschlecht bestimmen von; **5.** ~ ***up*** F a) *Film etc.* ‚sexy' gestalten, b) *j-n* ‚scharf machen'; **III** *adj.* **6.** a) Sexual…: ~ ***crime*** (***education***, ***hygiene*** *etc.*); ~ ***appeal*** → 3b; ~ ***life*** → 3c; ~ ***object*** Lustobjekt *n*, b) Geschlechts…: ~ ***act*** (***hormone***, ***organ***, *etc.*), c) Sex…: ~ ***film*** (***magazine***, *etc.*).

sex- [seks] *in Zssgn* sechs.

sex·a·ge·nar·i·an [ˌseksədʒɪ'neərɪən] **I** *adj.* a) sechzigjährig, b) in den Sechzigern; **II** *s.* Sechzigjährige(r *m*) *f*; Sechziger(in).

sex·ag·e·nar·y [sekˈsædʒənərɪ] **I** *adj.* **1.** sechzigteilig; **2.** → ***sexagenarian*** I; **II** *s.* **3.** → ***sexagenarian*** II.

Sex·a·ges·i·ma (**Sun·day**) [ˌseksəˈdʒesɪmə] *s.* Sonntag *m* Sexaˈgesima (*8. Sonntag vor Ostern*); ˌ**sex·aˈges·i·mal** [-məl] ⩘ **I** *adj.* Sexagesimal...; **II** *s.* Sexagesiˈmalbruch *m.*

sex·an·gu·lar [sekˈsæŋgjʊlə] *adj.* □ sechseckig.

sex·cen·te·nar·y [ˌsekssenˈtiːnərɪ] **I** *adj.* sechshundertjährig; **II** *s.* Sechshundertˈjahrfeier *f.*

sex·en·ni·al [sekˈsenɪəl] *adj.* □ **1.** sechsjährig; **2.** sechsjährlich.

sex·i·ness [ˈseksɪnɪs] *s.* F *für* ***sex*** 3b.

sex·ism [ˈseksɪzəm] *s.* Seˈxismus *m*; ˈ**sex·ist** [-ɪst] **I** *adj.* seˈxistisch; **II** *s.* Seˈxist *m.*

sex·less [ˈsekslɪs] *adj. biol.* geschlechtslos (*a. fig.*), aˈgamisch.

sex·ol·o·gy [sekˈsɒlədʒɪ] *s. biol.* Sexuˈalwissenschaft *f.*

sex·par·tite [seksˈpɑːtaɪt] *adj.* sechsteilig.

ˈ**sex·pot** *s. sl.* a) ‚Sexbombe' *f*, b) ‚Sexbolzen' *m.*

sex·tain [ˈsekstem] *s. Metrik*: sechszeilige Strophe.

sex·tant [ˈsekstənt] *s.* **1.** ⚓, *ast.* Sexˈtant *m*; **2.** ⩘ Kreissechstel *n.*

sex·tet(**te**) [seksˈtet] *s.* ♪ Sexˈtett *n.*

sex·to [ˈsekstəʊ] *pl.* **-tos** *s. typ.* ˈSexto (-forˌmat) *n*; **sex·to·dec·i·mo** [ˌsekstəʊˈdesɪməʊ] *pl.* **-mos** *s.* **1.** Seˈdez(forˌmat) *n*; **2.** Seˈdezband *m.*

sex·ton [ˈsekstən] *s.* Küster *m* (u. Totengräber *m*); **~ bee·tle** *s. zo.* Totengräber *m* (*Käfer*).

sex·tu·ple [ˈsekstjʊpl] **I** *adj.* sechsfach; **II** *s. das* Sechsfache; **III** *v/t. u. v/i.* (sich) versechsfachen.

sex·u·al [ˈseksjʊəl] *adj.* □ sexuˈell, geschlechtlich, Geschlechts..., Sexual...: ***~ intercourse*** Geschlechtsverkehr *m*; **sex·u·al·i·ty** [ˌseksjʊˈælətɪ] *s.* **1.** Sexualiˈtät *f*; **2.** Sexuˈal-, Geschlechtsleben *n*; ˈ**sex·y** [-sɪ] *adj.* ‚sexy', ‚scharf'.

shab·bi·ness [ˈʃæbɪnɪs] *s.* Schäbigkeit *f* (*a. fig.*).

shab·by [ˈʃæbɪ] *adj.* □ *allg.* schäbig: a) fadenscheinig (*Kleider*), b) abgenutzt (*Sache*), c) ärmlich, herˈuntergekommen (*Person*, *Haus*, *Gegend etc.*), d) niederträchtig, e) geizig; ˌ**~-genˈteel** *adj.* vornehm, aber arm: ***the ~*** die verarmten Vornehmen.

shab·rack [ˈʃæbræk] *s.* ⚔ Schaˈbracke *f*, Satteldecke *f.*

shack [ʃæk] **I** *s.* Hütte *f*, Baˈracke *f* (*a. contp.*); **II** *v/i.* ***~ up*** *sl.* zs.-leben (***with*** mit).

shack·le [ˈʃækl] **I** *s.* **1.** *pl.* Fesseln *pl.*, Ketten *pl.* (*a. fig.*); **2.** ⚙ Gelenkstück *n e-r Kette*; Bügel *m*, Lasche *f*; ⚓ (Anker-) Schäkel *m*; ⚡ Schäkel *m*; **II** *v/t.* **3.** fesseln (*a. fig. hemmen*); **4.** ⚓, ⚙ laschen.

ˈ**shack·town** *s. Am.* → ***shantytown.***

shad [ʃæd] *pl.* **shads**, *coll.* **shad** *s. ichth.* Alse *f.*

shade [ʃeɪd] **I** *s.* **1.** Schatten *m* (*a. paint. u. fig.*): ***put*** (*od.* ***throw***) ***into the ~*** *fig.* in den Schatten stellen; (***the***) ***~s of Goethe!*** *iro.* (das) erinnert doch sehr an Goethe!; **2.** schattiges Plätzchen; **3.** *myth.* a) Schatten *m* (*Seele*), b) *pl.* Schatten(reich *n*) *pl.*; **4.** a) Farbton *m*, Schattierung *f* (*a. fig.*), b) dunkle Tönung; **5.** *fig.* Spur *f*, ‚Iˈdee' *f*: ***a ~ better*** ein kleines bißchen besser; **6.** (*Schutz-*, *Lampen-*, *Sonnen- etc.*)Schirm *m*; **7.** *Am.* Rouˈleau *n*; **8.** *pl.* F Sonnenbrille *f*; **II** *v/t.* **9.** beschatten, verdunkeln (*a. fig.*); **10.** *Augen etc.* abschirmen, schützen (***from*** gegen); **11.** *paint.* a) schattieren, b) schraffieren, c) dunkel tönen; **12.** *a.* ***~ off*** a) *fig.* abstufen, b) ✝ *Preise* nach u. nach senken, c) *a.* ***~ away*** allˈmählich übergehen lassen (***into*** in *acc.*), d) *a.* ***~ away*** allˈmählich verschwinden lassen; **III** *v/i.* **13.** *a.* ***~ off*** (*od.* ***away***) a) allˈmählich ˈübergehen (***into*** in *acc.*), b) nach u. nach verschwinden; ˈ**shade·less** [-lɪs] *adj.* schattenlos; ˈ**shad·i·ness** [-dɪnɪs] *s.* **1.** Schattigkeit *f*; **2.** *fig.* Anrüchigkeit *f*; ˈ**shad·ing** [-dɪŋ] *s. paint. u. fig.* Schattierung *f.*

shad·ow [ˈʃædəʊ] **I** *s.* **1.** Schatten *m* (*a. paint. u. fig.*); Schattenbild *n*: ***live in the ~*** im Verborgenen leben; ***worn to a ~*** zum Skelett abgemagert; ***he is but the ~ of his former self*** er ist nur noch ein Schatten s-r selbst; ***coming events cast their ~s before*** kommende Ereignisse werfen ihre Schatten voraus; ***may your ~ never grow less*** *fig.* möge es dir immer gut gehen; **2.** Schemen *m*, Phanˈtom *n*: ***catch*** (*od.* ***grasp***) ***at ~s*** Phantomen nachjagen; **3.** *fig.* Spur *f*, Kleinigkeit *f*: ***without a ~ of doubt*** ohne den leisesten Zweifel; **4.** *fig.* Schatten *m*, Trübung *f* (*e-r Freundschaft etc.*); **5.** *fig.* Schatten *m* (*Begleiter od. Verfolger*); **II** *v/t.* **6.** e-n Schatten werfen auf (*acc.*), verdunkeln (*beide a. fig.*); **7.** *j-n* beschatten, verfolgen; **8.** *mst* ***~ forth*** (*od.* ***out***) a) dunkel andeuten, b) versinnbildlichen; ˈ**~ˌbox·ing** *s.*

sport Schattenboxen *n*, *fig. a.* Spiegelfechte'rei *f*; **~ cab·i·net** *s. pol.* 'Schattenkabi,nett *n*; **~ fac·to·ry** *s.* Schatten-, Ausweichbetrieb *m*.

shad·ow·less ['ʃædəʊlɪs] *adj.* schattenlos; **'shad·ow·y** [-əʊɪ] *adj.* **1.** schattig: a) dämmerig, düster, b) schattenspendend; **2.** *fig.* schattenhaft, vage; **3.** *fig.* unwirklich.

shad·y ['ʃeɪdɪ] *adj.* □ **1.** → ***shadowy*** 1 *u.* 2: ***on the ~ side of forty*** *fig.* über die Vierzig hinaus; **2.** F anrüchig, zwielichtig, fragwürdig.

shaft [ʃɑ:ft] *s.* **1.** (*Pfeil- etc.*)Schaft *m*; **2.** *poet.* Pfeil *m* (*a. fig. des Spottes*), Speer *m*; **3.** (Licht)Strahl *m*; **4.** ⚘ Stamm *m*; **5.** a) Stiel *m* (*Werkzeug etc.*), b) Deichsel(arm *m*) *f*, c) Welle *f*, Spindel *f*; **6.** (Fahnen)Stange *f*; **7.** Säulenschaft *m*, *a.* Säule *f*; **8.** (*Aufzugs-*, *Bergwerks- etc.*)Schacht *m*; → ***sink*** 17.

shag [ʃæg] **I** *s.* **1.** Zotte(l) *f*; zottiges Haar; **2.** a) (lange, grobe) Noppe, b) Plüsch(stoff) *m*; **3.** Shag(tabak) *m*; **4.** *orn.* Krähenscharbe *f*; **II** *v/t.* **5.** zottig machen, aufrauhen; **III** *v/i.* **6.** *sl.* ‚bumsen'; **shag·gy** ['ʃægɪ] *adj.* □ **1.** zottig, struppig; rauhhaarig: ***~-dog story*** a) surrealistischer Witz, b) kalauerhafte Geschichte; **2.** verwildert, verwahrlost; **3.** *fig.* verschroben.

sha·green [ʃæ'gri:n] *s.* Cha'grin *n*, Körnerleder *n*.

shah [ʃɑ:] *s.* Schah *m*.

shake [ʃeɪk] **I** *s.* **1.** Schütteln *n*, Rütteln *n*: ***~ of the hand*** Händeschütteln; ***~ of the head*** Kopfschütteln; ***give s.th. a good ~*** et. tüchtig schütteln; ***give s.o. the ~*** *Am. sl.* j-n ‚abwimmeln'; ***in two ~s (of a lamb's tail)*** F im Nu; **2.** (*a.* seelische) Erschütterung; (*Wind- etc.*) Stoß *m*; *Am.* F Erdstoß *m*: ***he (it) is no great ~s*** F mit ihm (damit) ist nicht viel los; **3.** Beben *n*: ***the ~s*** ‚Tatterich' *m*; ***all of a ~*** am ganzen Leibe zitternd; **4.** (Milch- *etc.*)Shake *m*; **5.** ♪ Triller *m*; **6.** Riß *m*, Spalt *m*; **II** *v/i.* [*irr.*] **7.** (sch)wanken; **8.** zittern, beben (*a. Stimme*) (***with*** vor *Furcht etc.*); **9.** ♪ trillern; **III** *v/t.* [*irr.*] **10.** schütteln: ***~ one's head*** den Kopf schütteln; ***~ one's finger at s.o.*** j-m mit dem Finger drohen; ***be shaken before taken!*** vor Gebrauch schütteln!; → ***hand*** *Redew.*, ***side*** 4; **11.** (*a. fig. Entschluß*, *Gegner*, *Glauben*, *Zeugenaussage*) erschüttern; **12.** a) *j-n* (seelisch) erschüttern, b) *j-n* aufrütteln; **13.** rütteln an (*dat.*) (*a. fig.*); **14.** ♪ *Ton* trillern; *Zssgn mit adv.* :

shake| down I *v/t.* **1.** *Obst etc.* her'unterschütteln; **2.** *Stroh etc.* (zu e-m Nachtlager) ausbreiten; **3.** *Gefäßinhalt* zu'rechtschütteln; **4.** *Am. sl.* a) *j-n* ausplündern (*a. fig.*), b) erpressen, c) ‚filzen', durch'suchen; **5.** *bsd. Am.* F *Schiff*, *Flugzeug* testen; **II** *v/i.* **6.** sich setzen (*Masse*); **7.** a) sich ein (Nacht-) Lager zu'rechtmachen, b) ‚sich hinhauen'; **8.** *Am.* F a) sich vor'übergehend niederlassen (*an e-m Ort*), b) sich einleben, -gewöhnen, c) sich ‚einpendeln' (*Sache*), d) sich beschränken (***to*** auf *acc.*); **~ off** *v/t.* **1.** *Staub etc.*, *a. fig. Joch*, *a. Verfolger etc.* abschütteln; **2.** *fig. j-n od. et.* loswerden; **~ out** *v/t.* **1.** ausschütteln; **2.** *Fahne etc.* ausbreiten; **~ up** *v/t.* **1.** *Bett*, *Kissen* aufschütteln; **2.** *et.* zs.-, 'umschütteln, mischen; **3.** *fig.* a) *j-n* aufrütteln, b) *j-n* arg mitnehmen; **4.** *Betrieb etc.* 'umkrempeln.

'shake|·down *s.* **1.** (Not)Lager *n*; **2.** *Am. sl.* a) Ausplünderung *f*, b) Erpressung *f*, c) Durch'suchung *f*; **3.** *bsd. Am.* F Testfahrt *f*, -flug *m*; **,~-'hands** *s.* Händedruck *m*.

shak·en ['ʃeɪkən] **I** *p.p. von* ***shake***; **II** *adj.* **1.** erschüttert, (sch)wankend (*a. fig.*): (***badly***) **~** arg mitgenommen; **2.** → ***shaky*** 5.

'shake-out *s.* ✝ *Am.* F Rezessi'on *f*.

shak·er ['ʃeɪkə] *s.* **1.** Mixbecher *m*, (Cocktail- *etc.*)Shaker *m*; **2.** ♀ *eccl.* Zitterer *m* (*Sektierer*).

Shake·spear·i·an [ʃeɪk'spɪərɪən] **I** *adj.* shakespearisch; **II** *s.* Shakespeareforscher(in).

'shake-up *s.* **1.** F Aufrütt(e)lung *f*; **2.** drastische (*bsd.* perso'nelle) Veränderungen *pl.*, 'Umkrempelung *f*, -gruppierung *f*.

shak·i·ness ['ʃeɪkɪnɪs] *s.* Wack(e)ligkeit *f* (*a. fig.*).

shak·ing ['ʃeɪkɪŋ] **I** *s.* **1.** Schütteln *n*; Erschütterung *f*; **II** *adj.* **2.** Schüttel...; → ***palsy*** 1; **3.** zitternd; **4.** wackelnd.

shak·y ['ʃeɪkɪ] *adj.* □ **1.** wack(e)lig (*a. fig. Person*, *Gesundheit*, *Kredit*, *Kenntnisse*): ***in rather ~ English*** in ziemlich holprigem Englisch; **2.** zitt(e)rig, bebend: ***~ hands***; ***~ voice***; **3.** *fig.* (sch)wankend; **4.** *fig.* unsicher, zweifelhaft; **5.** (kern)rissig (*Holz*).

shale [ʃeɪl] *s. geol.* Schiefer(ton) *m*: ***~ oil*** Schieferöl *n*.

shall [ʃæl; ʃəl] *v/aux.* [*irr.*] **1.** *Futur*: *ich* werde, *wir* werden; **2.** *Befehl*, *Pflicht*: *ich*, *er*, *sie*, *es* soll, *du* sollst, *ihr* sollt, *wir*, *Sie*, *sie* sollen: ***~ I come?***; **3.** ⚖ *Mußbestimmung* (*im Deutschen durch*

Indikativ wiederzugeben): ***any person ~ be liable*** jede Person ist verpflichtet ...; **4.** → ***should*** 1.

shal·lop ['ʃæləp] *s.* ⚓ Scha'luppe *f.*

shal·low ['ʃæləʊ] **I** *adj.* □ seicht, flach (*beide a. fig. oberflächlich*); **II** *s.* (*a. pl.*) seichte Stelle, Untiefe *f*; **III** *v/t. u. v/i.* (sich) verflachen; '**shal·low·ness** [-nɪs] *s.* Seichtheit *f* (*a. fig.*).

shalt [ʃælt; ʃəlt] *obs. 2. sg. pres. von* ***shall***: ***thou ~*** du sollst.

sham [ʃæm] **I** *s.* **1.** (Vor)Täuschung *f*, (Be)Trug *m*, Heuche'lei *f*; **2.** Schwindler(in), Scharlatan *m*; **3.** Heuchler(in); **II** *adj.* **4.** vorgetäuscht, fingiert, Schein...: ***~ battle*** Scheingefecht *n*; **5.** unecht, falsch: ***~ diamond***; ***~ piety***; **III** *v/t.* **6.** vortäuschen, -spiegeln, fingieren, simulieren; **IV** *v/i.* **7.** sich (ver)stellen, heucheln: ***~ ill*** simulieren, krank spielen.

sha·man ['ʃæmən] *s.* Scha'mane *m.*

sham·a·teur ['ʃæmətə] *s.* F *sport* 'Scheinamaˌteur *m.*

sham·ble ['ʃæmbl] **I** *v/i.* watscheln; **II** *s.* watschelnder Gang.

sham·bles ['ʃæmblz] *s. pl. sg. konstr.* **1.** a) Schlachthaus *n*, b) Fleischbank *f*; **2.** *fig.* a) Schlachtfeld *n* (*a. iro. wüstes Durcheinander*), b) Trümmerfeld *n*, Bild *n* der Verwüstung, c) Scherbenhaufen *m*: ***his marriage was a ~.***

shame [ʃeɪm] **I** *s.* **1.** Scham(gefühl *n*) *f*: ***for ~!*** pfui, schäm dich!; ***feel ~ at*** sich über *et.* schämen; **2.** Schande *f*, Schmach *f*: ***be a ~ to*** → 5; ***~ on you!*** schäm dich!, pfui!; ***put s.o. to ~*** a) Schande über j-n bringen, b) j-n beschämen (*übertreffen*); ***to cry ~ upon s.o.*** pfui über j-n rufen; **3.** F Schande *f* (*Gemeinheit*): ***what a ~!*** a) es ist e-e Schande!, b) es ist ein Jammer!; **II** *v/t.* **4.** *j-n* beschämen, mit Scham erfüllen: ***~ s.o. into doing s.th.*** j-n so beschämen, daß er et. tut; **5.** *j-m* Schande machen; **6.** Schande bringen über (*acc.*); '**~-faced** [-feɪst] *adj.* □ **1.** verschämt, schamhaft; **2.** schüchtern; **3.** schamrot.

shame·ful ['ʃeɪmfʊl] *adj.* □ **1.** schmachvoll, schändlich; **2.** schimpflich; **3.** unanständig, anstößig; '**shame·ful·ness** [-nɪs] *s.* **1.** Schändlichkeit *f*; **2.** Anstößigkeit *f*; '**shame·less** [-lɪs] *adj.* □ schamlos (*a. fig. unverschämt*); '**shame·less·ness** [-lɪsnɪs] *s.* Schamlosigkeit *f* (*a. fig. Unverschämtheit*).

sham·mer ['ʃæmə] *s.* **1.** Schwindler(in); **2.** Heuchler(in); **3.** Simu'lant(in).

sham·my (**leath·er**) ['ʃæmɪ] *s.* Sämisch-, Wildleder *n.*

sham·poo [ʃæm'puː] **I** *v/t.* **1.** *Kopf, Haare* schamponieren, waschen; **2.** *j-m* den Kopf *od.* das Haar waschen; **II** *s.* **3.** Haar-, Kopfwäsche *f*: ***~ and set*** Waschen u. Legen *n*; **4.** Sham'poo *n*, Schampon *n* (*Haarwaschmittel*).

sham·rock ['ʃæmrɒk] *s.* **1.** ⚘ Weißer Feldklee; **2.** Shamrock *m* (*Kleeblatt als Wahrzeichen Irlands*).

sham·us ['ʃeɪməs] *s. Am. sl.* **1.** ‚Schnüffler' *m* (*Detektiv*); **2.** ‚Bulle' *m* (*Polizist*).

shan·dy ['ʃændɪ] *s. Mischgetränk aus Bier u. Limonade.*

shang·hai [ʃæŋ'haɪ] *v/t.* F **1.** ⚓ schang'haien (*gewaltsam anheuern*); **2.** *fig.* *j-n* zwingen (***into doing*** *et.* zu tun).

shank [ʃæŋk] *s.* **1.** a) 'Unterschenkel *m*, Schienbein *n*, b) F Bein *n*, c) Hachse *f* (*vom Schlachttier*): ***go on* ꝸ*'s pony*** (*od.* ***mare***) auf Schusters Rappen reiten; **2.** (Anker-, Bolzen-, Säulen- *etc.*) Schaft *m*; **3.** (Schuh)Gelenk *n*; **4.** *typ.* (Schrift)Kegel *m*; **5.** ⚘ Stiel *m*; **shanked** [-kt] *adj.* **1.** ...schenk(e)lig; **2.** gestielt.

shan't [ʃɑːnt] F *für* ***shall not.***

shan·ty[1] ['ʃæntɪ] *s.* Shanty *n*, Seemannslied *n.*

shan·ty[2] ['ʃæntɪ] *s.* Hütte *f*, Ba'racke *f*; '**~·town** *s.* Barackensiedlung *f*, -stadt *f.*

shape [ʃeɪp] **I** *s.* **1.** Gestalt *f*, Form *f* (*a. fig.*): ***in the ~ of*** in Form *e-s Briefes etc.*; ***in human ~*** in Menschengestalt; ***put*** *od.* ***get into ~*** formen, gestalten, *s-e Gedanken* ordnen; ***in no ~*** in keiner Weise; **2.** Fi'gur *f*, Gestalt *f*; **3.** feste Form, Gestalt *f*: ***take ~*** Gestalt annehmen (*a. fig.*); → ***lick*** 1; **4.** *körperliche od. geistige* Verfassung, Form *f*: ***be in*** (***good***) ***~*** in (guter) Form sein; **5.** ⚙ a) Form *f*, Fas'son *f*, Mo'dell *n*, b) Formteil *n*; **6.** *Küche*: a) (Pudding- *etc.*)Form *f*, b) Stürzpudding *m*; **II** *v/t.* **7.** gestalten, formen, bilden (*alle a. fig.*), *Charakter a.* prägen; **8.** anpassen (***to*** *dat.*); **9.** planen, entwerfen: ***~ the course for*** ⚓ *u. fig.* den Kurs setzen auf (*acc.*); **10.** ⚙ formen; **III** *v/i.* **11.** Gestalt *od.* Form annehmen, sich formen; **12.** sich entwickeln, sich gestalten: ***~*** (***up***) ***well*** sich ‚machen' *od.* gut anlassen, vielversprechend sein; ***~ up*** F e-e endgültige Form annehmen, sich (gut) entwickeln; **13.** ***~ up to*** a) Boxstellung einnehmen gegen, b) *fig.* *j-n* herausfordern; **shaped** [-pt] *adj.* geformt, ...gestaltet, ...förmig; '**shape·less** [-lɪs] *adj.* □ **1.** form-, gestaltlos; **2.** unförmig; '**shape-**

less·ness [-lɪsnɪs] *s.* **1.** Fom-, Gestaltlosigkeit *f*; **2.** Unförmigkeit *f*; ˈ**shape·li·ness** [-lɪnɪs] *s.* Wohlgestalt *f*, schöne Form; ˈ**shape·ly** [-lɪ] *adj.* wohlgeformt, schön, hübsch; ˈ**shap·er** [-pə] *s.* **1.** Former(in), Gestalter(in); **2.** ⚙ a) ˈWaagrecht-ˈStoßmaˌschine *f*, b) Schnellhobler *m*.

shard [ʃɑːd] *s.* **1.** (Ton)Scherbe *f*; **2.** *zo.* (harte) Flügeldecke (*Insekt*).

share¹ [ʃeə] *s.* (Pflug)Schar *f*.

share² [ʃeə] **I** *s.* **1.** (An)Teil *m* (*a. fig.*): ***fall to s.o.'s ~*** j-m zufallen; ***go ~s with*** mit *j-m* teilen (***in s.th.*** et.); ***~ and ~ alike*** zu gleichen Teilen; **2.** (An)Teil *m*, Beitrag *m*; Kontinˈgent *n*: ***do one's ~*** sein(en) Teil leisten; ***take a ~ in*** sich beteiligen an (*dat.*); ***have*** (*od.* ***take***) ***a large ~ in*** e-n großen Anteil haben an (*dat.*); **3.** ✝ Beteiligung *f*; Geschäftsanteil *m*; Kapiˈtaleinlage *f*: ***~ in a ship*** Schiffspart *m*; **4.** ✝ a) Gewinnanteil *m*, b) Aktie *f*, c) ⚒ Kux *m*: ***hold ~s in*** Aktionär in *e-r Gesellschaft* sein; **II** *v/t.* **5.** (*a. fig. sein Bett, e-e Ansicht, den Ruhm etc.*) teilen (***with*** mit); **6.** *mst* ***~ out*** aus-, verteilen; **7.** teilnehmen, -haben an (*dat.*); sich an *den Kosten etc.* beteiligen; **III** *v/i.* **8.** ***~ in*** → 7; **9.** sich teilen (***in*** in *acc.*); **~ cer·tif·i·cate** *s.* ✝ *Brit.* ˈAktienzertifiˌkat *n*; ˈ**~ˌcrop·per** *s. Am. kleiner* Farmpächter (*der s-e Pacht mit e-m Teil der Ernte entrichtet*); ˈ**~ˌhold·er** *s.* ✝ *Brit.* Aktioˈnär(in); **~ list** *s.* ✝ *Brit.* (Aktien)Kurszettel *m*; **~ mark·et** *s.* ✝ *Brit.* Aktienmarkt *m*; ˈ**~·out** [-əraʊt] *s.* Aus-, Verteilung *f*.

shark [ʃɑːk] *s.* **1.** *ichth.* Hai(fisch) *m*; **2.** *fig.* Gauner *m*, Betrüger *m*; **3.** *fig.* Schmaˈrotzer *m*; **4.** *Am. sl.* ‚Kaˈnone' *f* (*Könner*).

sharp [ʃɑːp] **I** *adj.* ☐ **1.** scharf (*Messer etc., a. Gesichtszüge, Kurve etc.*); **2.** spitz (*Giebel etc.*); **3.** steil; **4.** *fig. allg.* scharf: a) deutlich (*Gegensatz, Umrisse etc.*), b) herb (*Geschmack*), c) schneidend (*Befehl, Stimme*), schrill (*Schrei, Ton*), d) heftig (*Schmerz etc.*), schneidend (*a. Frost, Wind*), e) hart (*Antwort, Kritik*), spitz (*Bemerkung, Zunge*), f) schnell (*Tempo, Spiel etc.*): ***~'s the word*** F mach fix!; **5.** scharf, wachsam (*Auge, Ohr*); angespannt (*Aufmerksamkeit*); **6.** scharfsinnig, gescheit, aufgeweckt, ‚auf Draht': ***~ at figures*** gut im Rechnen; **7.** gerissen, raffiniert: ***~ practice*** Gaunerei *f*; **8.** F eleˈgant, schick; **9.** ♪ a) (zu) hoch, b) (*durch Kreuz* um e-n Halbton) erhöht, c) Kreuz...: ***C ~*** Cis *n*; **10.** *ling.* stimmlos (*Konsonant*); **II** *adv.* **11.** scharf; **12.** plötzlich; **13.** pünktlich, genau: ***at 3 o'clock ~*** Punkt 3 Uhr, genau um 3 Uhr; **14.** schnell: ***look ~*** mach schnell!; **15.** ♪ zu hoch; **III** *v/i. u. v/t.* **16.** ♪ zu hoch singen *od.* spielen; **17.** betrügen; **IV** *s.* **18.** *pl.* lange Nähnadeln *pl.*; **19.** *pl.* ✝ *Brit.* grobes Kleienmehl; **20.** ♪ a) Kreuz *n*, b) Erhöhung *f*, Halbton *m*, c) nächsthöhere Taste; **21.** F → ***sharper***; ˌ**~-ˈcut** *adj.* **1.** scharf (geschnitten); **2.** festumˈrissen, deutlich; ˌ**~-ˈedged** *adj.* scharfkantig.

sharp·en [ˈʃɑːpən] **I** *v/t.* **1.** *Messer etc.* schärfen, schleifen, wetzen; *Bleistift etc.* (an)spitzen; **2.** *fig. j-n* ermuntern *od.* anspornen; *Sinn, Verstand* schärfen; *Appetit* anregen; **3.** *Rede etc.* verschärfen; *s-r Stimme etc.* e-n scharfen Klang geben; **II** *v/i.* **4.** scharf *od.* schärfer werden, sich verschärfen (*a. fig.*); ˈ**sharp·en·er** [-pnə] *s.* (*Bleistift- etc.*) Spitzer *m*.

sharp·er [ˈʃɑːpə] *s.* **1.** Gauner *m*, Betrüger *m*; **2.** Falschspieler *m*.

ˌ**sharp-ˈeyed** → ***sharp-sighted***.

sharp·ness [ˈʃɑːpnɪs] *s.* **1.** Schärfe *f*, Spitzigkeit *f*; **2.** *fig.* Schärfe *f* (*Herbheit, Strenge, Heftigkeit*); **3.** (Geistes)Schärfe *f*, Scharfsinn *m*; Gerissenheit *f*; **4.** (*phot.* Rand)Schärfe *f*, Deutlichkeit *f*.

ˌ**sharp|-ˈset** *adj.* **1.** (heiß)hungrig; **2.** *fig.* scharf, erpicht (***on*** auf *acc.*); ˈ**~ˌshoot·er** *s.* Scharfschütze *m*; ˌ**~-ˈsight·ed** *adj.* **1.** scharfsichtig; **2.** *fig.* scharfsinnig; ˌ**~-ˈtongued** *adj. fig.* scharfzüngig (*Person*); ˌ**~-ˈwit·ted** *adj.* scharfsinnig.

shat·ter [ˈʃætə] **I** *v/t.* **1.** zerschmettern, -schlagen, -trümmern (*alle a. fig.*); *fig. Hoffnungen* zerstören; **2.** *Gesundheit, Nerven* zerrütten: ***I was*** (***absolutely***) ***~ed*** F ich war ‚am Boden zerstört'; **II** *v/i.* **3.** in Stücke brechen, zerspringen; ˈ**shat·ter·ing** [-ərɪŋ] *adj.* ☐ **1.** vernichtend (*a. fig.*); **2.** *fig.* a) ˈumwerfend, eˈnorm, b) entsetzlich, verheerend; ˈ**shat·ter-proof** *adj.* ⚙ a) bruchsicher, b) splitterfrei, -sicher (*Glas*).

shave [ʃeɪv] **I** *v/t.* **1.** (***o.s.*** sich) rasieren: ***~*** (***off***) *Bart* abrasieren; ***get ~d*** rasiert werden; **2.** *Rasen etc.* (kurz) scheren; *Holz* (ab)schälen *od.* glatthobeln; *Häute* abschaben; **3.** streifen, *a.* knapp vorˈbeikommen an (*dat.*); **II** *v/i.* **4.** sich rasieren; **5.** ***~ through*** F (gerade noch) ‚ˈdurchrutschen' (*in e-r Prüfung*); **III** *s.* **6.** Raˈsur *f*, Rasieren *n*: ***have*** (*od.* ***get***) ***a ~*** sich rasieren (lassen); ***have a close*** (*od.* ***narrow***) ***~*** F *fig.* mit knapper Not davonkommen; ***that was a close ~*** F ‚das hätte ins Auge gehen können'; ***by a ~*** F um ein Haar; **7.** (Ab)Schabsel *n*, Span *m*; **8.** ⚙ Schabeisen *n*; **9.** *obs.* F Schwindel *m*, Betrug *m*; **'shave·ling** [-lɪŋ] *s. obs. contp.* **1.** Pfaffe *m*; **2.** Mönch *m*; **'shav·en** [-vn] *adj.* **1.** (***clean-~*** glatt)rasiert; **2.** (kahl)geschoren (*Kopf*); **'shav·er** [-və] *s.* **1.** Bar'bier *m*; **2.** Ra'sierappa,rat *m*; **3.** *mst* ***young ~*** F Grünschnabel *m*.

Sha·vi·an ['ʃeɪvjən] *adj.* Shawsch, für G. B. Shaw charakte'ristisch: ***~ humo(u)r*** Shawscher Humor.

shav·ing ['ʃeɪvɪŋ] *s.* **1.** Rasieren *n*: ***~ brush*** (***cream***, ***mirror***) Rasierpinsel *m* (-creme *f*, -spiegel *m*); ***~ head*** Scherkopf *m*; ***~ soap***, ***~ stick*** Rasierseife *f*; **2.** *mst pl.* Schnitzel *m*, *n*, (Hobel)Span *m*.

shawl [ʃɔ:l] *s.* **1.** 'Umhängetuch *n*; **2.** Kopftuch *n*.

shawm [ʃɔ:m] *s.* ♪ Schal'mei *f*.

she [ʃi:; ʃɪ] **I** *pron.* **1.** a) sie (*3. sg. für alle weiblichen Lebewesen*), b) (*beim Mond*) er, (*bei Ländern*) es, (*bei Schiffen mit Namen*) sie, (*bei Schiffen ohne Namen*) es, (*bei Motoren u. Maschinen, wenn personifiziert*) er, es; **2.** sie, die (-jenige); **II** *s.* **3.** Sie *f*: a) Mädchen *n*, Frau *f*, b) Weibchen *n* (*Tier*); **III** *adj. in Zssgn* **4.** weiblich: ***~-bear*** Bärin *f*; ***~-dog*** Hündin *f*; **5.** *contp.* Weibs...: ***~-devil*** Weibsteufel *m*.

sheaf [ʃi:f] **I** *pl.* **-ves** [-vz] *s.* **1.** ⚘ Garbe *f*; **2.** (*Papier-*, *Pfeil-*, *phys. Strahlen-*) Bündel *n*: ***~ of fire*** ⚔ Feuer-, Geschoßgarbe *f*; **II** *v/t.* **3.** → ***sheave***[1].

shear [ʃɪə] **I** *v/t.* [*irr.*] **1.** scheren: ***~ sheep***; **2.** *a.* ***~ off*** (ab)scheren, abschneiden; **3.** *fig.* berauben; → ***shorn***; **4.** *fig. j-n* ‚schröpfen'; **5.** *poet. mit dem Schwert* (ab)hauen; **II** *v/i.* [*irr.*] **6.** ⚘ sicheln, mähen; **III** *s.* **7.** *pl.* große Schere; ⚙ Me'tall-, Blechschere *f*; **8.** → ***shearing force***, ***shearing stress***; **'shear·er** [-ərə] *s.* **1.** (Schaf)Scherer *m*; **2.** Schnitter *m*.

shear·ing ['ʃɪərɪŋ] *s.* **1.** Schur *f* (*Schafescheren od. Schurertrag*); **2.** *phys.* (Ab-) Scherung *f*; **3.** *Scot. od. dial.* Mähen *n*, Mahd *f*; ***~ force*** *s. phys.* Scher-, Schubkraft *f*; ***~ strength*** *s. phys.* Scherfestigkeit *f*; ***~ stress*** *s. phys.* Scherbeanspruchung *f*.

shear·ling ['ʃɪəlɪŋ] *s.* erst 'einmal geschorenes Schaf.

shear| pin *s.* ⚙ Scherbolzen *m*; ***~ stress*** → ***shearing stress***; **'~,wa·ter** *s. orn.* Sturmtaucher *m*.

sheath [ʃi:θ] *s.* **1.** (*Schwert- etc.*)Scheide *f*; **2.** Futte'ral *n*, Hülle *f*; **3.** ⚘, *zo.* Scheide *f*; **4.** *zo.* Flügeldecke *f* (*Käfer*); **5.** Kon'dom *n*, *m*; **6.** Futte'ralkleid *n*; **sheathe** [ʃi:ð] *v/t.* **1.** *das Schwert* in die Scheide stecken; **2.** in e-e Hülle *od.* ein Futte'ral stecken; **3.** *bsd.* ⚙ um'hüllen, -'manteln, über'ziehen; *Kabel* armieren; **sheath·ing** ['ʃi:ðɪŋ] *s.* ⚙ Verschalung *f*, -kleidung *f*; Beschlag *m*; 'Überzug *m*, Mantel *m*; (Kabel)Bewehrung *f*.

sheave[1] [ʃi:v] *v/t.* ⚘ in Garben binden.

sheave[2] [ʃi:v] *s.* ⚙ Scheibe *f*, Rolle *f*.

sheaves [ʃi:vz] **1.** *pl. von* ***sheaf***; **2.** *pl. von* ***sheave***[2].

she·bang [ʃə'bæŋ] *s. Am. sl.* **1.** ‚Bude' *f*, ‚Laden' *m*; **2.** ***the whole ~*** der ganze Plunder *od.* Kram.

shed[1] [ʃed] *s.* **1.** Schuppen *m*; **2.** Stall *m*; **3.** ✈ *kleine* Flugzeughalle; **4.** Hütte *f*.

shed[2] [ʃed] *v/t.* [*irr.*] F **1.** verschütten, *a. Blut*, *Tränen* vergießen; **2.** ausstrahlen, -strömen, *Duft*, *Licht*, *Frieden etc.* verbreiten; → ***light*** 1; **3.** *Wasser* abstoßen (*Stoff*); **4.** *biol. Laub*, *Federn etc.* abwerfen, *Hörner* abstoßen, *Zähne* verlieren: ***~ one's skin*** sich häuten; **5.** *Winterkleider etc.*, *a. fig. Gewohnheit*, *a. iro. Freunde* ablegen.

she'd [ʃi:d] F *für* a) ***she would***, b) ***she had***.

sheen [ʃi:n] *s.* Glanz *m* (*bsd. von Stoffen*), Schimmer *m*.

sheen·y[1] ['ʃi:nɪ] *adj.* glänzend.

sheen·y[2] ['ʃi:nɪ] *s. sl.* ‚Itzig' *m* (*Jude*).

sheep [ʃi:p] *pl. coll.* **sheep** *s.* **1.** *zo.* Schaf *n*: ***cast ~'s eyes at s.o.*** j-m schmachtende Blicke zuwerfen; ***separate the ~ and the goats*** *bibl.* die Schafe von den Böcken trennen; ***you might as well be hanged for a ~ as*** (***for***) ***a lamb!*** wenn schon, denn schon!; → ***black sheep***; **2.** *fig. contp.* Schaf *n* (*Person*); **3.** *pl. fig.* Schäflein *pl.*, Herde *f* (*Gemeinde e-s Pfarrers etc.*); **4.** Schafleder *n*; **'~-dip** *s.* Desinfekti'onsbad *n* für Schafe; **'~·dog** *s.* Schäferhund *m*; **'~·farm** *s. Brit.* Schaf(zucht)farm *f*; **'~,farm·ing** *s. Brit.* Schafzucht *f*; **'~-fold** *s.* Schafhürde *f*.

sheep·ish ['ʃi:pɪʃ] *adj.* □ **1.** schüchtern; **2.** einfältig, blöd(e); **3.** verlegen, ‚belämmert'.

'sheep|·man [-mən] *s.* [*irr.*] *Am.* Schafzüchter *m*; **'~·pen** → ***sheepfold***; ***~ run*** → ***sheepwalk***; **'~,shear·ing** *s.* Schafschur *f*; **'~·skin** *s.* **1.** Schaffell *n*; **2.** (*a.* Perga'ment *n* aus) Schafleder *n*; **3.** F a) Urkunde *f*, b) Di'plom *n*; **'~·walk** *s.*

Schafweide *f.*

sheer[1] [ʃɪə] **I** *adj.* □ **1.** bloß, rein, pur, nichts als: ***~ nonsense***; ***by ~ force*** mit bloßer *od.* nackter Gewalt; **2.** völlig, glatt: ***~ impossibility***; **3.** rein, unvermischt, pur: ***~ ale***; **4.** steil, jäh; **5.** hauchdünn (*Textilien*); **II** *adv.* **6.** völlig; **7.** senkrecht; **8.** di'rekt.

sheer[2] [ʃɪə] **I** *s.* **1.** ⚓ a) Ausscheren *n*, b) Sprung *m* (*Deckerhöhung*); **II** *v/i.* **2.** ⚓ abscheren, (ab)gieren (*Schiff*); **3.** *fig. a.* ***~ away*** (***from***) a) abweichen (von), b) sich losmachen (von); ***~ off*** *v/i.* **1.** → ***sheer***[2] 2; **2.** abhauen; **3.** ***~ from*** aus dem Wege gehen (*dat.*).

sheet [ʃiːt] **I** *s.* **1.** Bettuch *n*, (Bett)Laken *n*; Leintuch *n*: ***stand in a white ~*** reumütig s-e Sünden bekennen; (***as***) ***white as a ~*** *fig.* kreidebleich; **2.** (*typ.* Druck)Bogen *m*, Blatt *n* (*Papier*): ***a blank ~*** *fig.* ein unbeschriebenes Blatt; ***a clean ~*** *fig.* e-e reine Weste; ***in*** (***the***) ***~s*** (noch) nicht gebunden, ungefalzt (*Buch*); **3.** Bogen *m* (*von Briefmarken*); **4.** a) Blatt *n*, Zeitung *f*, b) (Flug-)Schrift *f*; **5.** ⚙ (dünne) (*Blech-*, *Glas-* *etc.*)Platte *f*; **6.** *metall.* (Fein)Blech *n*; **7.** weite Fläche (*von Wasser etc.*); (wogende) Masse; (*Feuer-*, *Regen*)Wand *f*; *geol.* Schicht *f*: ***rain came down in ~s*** es regnete in Strömen; **8.** ⚓ Schot(e) *f*, Segelleine *f*: ***have three ~s in the wind*** *sl.* ‚sternhagelvoll' sein; **9.** ⚓ Vorder- (*u.* Achter)Teil *m*, *n* (*Boot*); **II** *v/t.* **10.** *Bett* beziehen; **11.** (in Laken) (ein)hüllen; **12.** ⚙ mit Blech verkleiden; **13.** *a.* ***~ home*** *Segel* anholen; ***~ an·chor*** *s.* ⚓ Notanker *m* (*a. fig.*); ***~ cop·per*** *s.* Kupferblech *n*; ***~ glass*** *s.* Tafelglas *n*.

sheet·ing ['ʃiːtɪŋ] *s.* **1.** Bettuchstoff *m*; **2.** Blechverkleidung *f*.

sheet| i·ron *s.* Eisenblech *n*; ***~ light·ning*** *s.* **1.** Wetterleuchten *n*; **2.** Flächenblitz *m*; ***~ met·al*** *s.* (Me'tall)Blech *n*; ***~ mu·sic*** *s.* Noten(blätter) *pl.*; ***~ steel*** *s.* Stahlblech *n*.

sheik(h) [ʃeɪk] *s.* **1.** Scheich *m*; **2.** *fig.* F a) ‚Scheich' *m* (*Freund*), b) *Am.* ‚Schwarm' *m* (*Person*); **'sheik(h)·dom** [-dəm] *s.* Scheichtum *n*.

shek·el ['ʃekl] *s.* **1.** a) S(ch)ekel *m* (*hebräische Gewichts- u. Münzeinheit*), b) Schekel *m* (*Münzeinheit in Israel*); **2.** *pl.* F ‚Zaster' *m* (*Geld*).

shel·drake ['ʃeldreɪk] *s. orn.* Brandente *f*.

shelf [ʃelf] *pl.* **shelves** [-vz] *s.* **1.** (Bücher-, Wand-, Schrank)Brett *n*; ('Bücher-, 'Waren- *etc.*)Re,gal *n*, Bord *n*, Fach *n*, Sims *m*: ***be put*** (*od.* ***laid***) ***on the ~*** *fig.* a) ausrangiert werden (*a. Beamter etc.*), b) auf die lange Bank geschoben werden; ***get on the ~*** ‚sitzenbleiben' (*Mädchen*); **2.** Riff *n*, Felsplatte *f*; **3.** ⚓ a) Schelf *m*, *n*, Küstensockel *m*, b) Sandbank *f*; **4.** *geol.* Festlandssockel *m*, Schelf *m*, *n*; ***~ life*** *s.* ✝ Lagerfähigkeit *f*; **'~,warm·er** *s.* ‚Ladenhüter' *m*.

shell [ʃel] **I** *s.* **1.** *allg.* Schale *f*; **2.** *zo.* a) Muschelschale *f*, b) Schneckenhaus *n*, c) Flügeldecke *f* (*Käfer*), d) Rückenschild *m* (*Schildkröte*): ***come out of one's ~*** *fig.* aus sich herausgehen; ***retire into one's ~*** *fig.* sich in sein Schneckenhaus zurückziehen; **3.** (Eier-) Schale *f*: ***in the ~*** a) (noch) unausgebrütet, b) *fig.* noch in der Entwicklung; **4.** a) Muschel *f*, b) Perlmutt *n*, c) Schildpatt *n*; **5.** (Nuß- *etc.*)Schale *f*, Hülse *f*; **6.** ⚓, ✈ Schale *f*, Außenhaut *f*; (Schiffs)Rumpf *m*; **7.** Gerippe *n*, Gerüst *n* (*a. fig.*), ⚠ *a.* Rohbau *m*; **8.** ⚙ Kapsel *f*, (*Scheinwerfer- etc.*)Gehäuse *n*; **9.** ⚔ a) Gra'nate *f*, b) Hülse *f*, c) *Am.* Pa'trone *f*; **10.** ('Feuerwerks)Ra,kete *f*; **11.** *Küche*: (Pa'steten)Hülle *f*; **12.** *phys.* (Elek'tronen)Schale *f*; **13.** *sport* (leichtes) Renn(ruder)boot; **14.** (*Degen- etc.*)Korb *m*; **15.** *fig. das* (bloße) Äußere; **16.** *ped. Brit.* Mittelstufe *f*; **II** *v/t.* **17.** schälen; *Erbsen etc.* enthülsen; *Nüsse* knacken; *Körner* von der Ähre *od.* vom Kolben entfernen; **18.** ⚔ (mit Gra'naten) beschießen; ***~ out*** *v/t. u. v/i. sl.* ‚blechen' (*bezahlen*).

shel·lac [ʃə'læk] **I** *s.* **1.** ⚗ Schellack *m*; **II** *v/t. pret. u. p.p.* **shel'lacked** [-kt] **2.** mit Schellack behandeln; **3.** *fig. Am. sl.* *j-n* ‚vermöbeln'.

'shell,cra·ter *s.* ⚔ Gra'nattrichter *m*.

shelled [ʃeld] *adj.* …schalig.

shell| egg *s.* Frischei *n*; **'~·fish** *s. zo.* Schalentier *n*; ***~ game*** *s. Am.* Falschspielertrick *m* (*a. fig.*).

shell·ing ['ʃelɪŋ] *s.* ⚔ Beschuß *m*, (Artille'rie)Feuer *n*.

shell shock *s.* ⚔ 'Kriegsneu,rose *f*.

shel·ter ['ʃeltə] **I** *s.* **1.** Schutzhütte *f*, -dach *n*; Schuppen *m*; **2.** Obdach *n*, Herberge *f*; **3.** Zuflucht *f*; **4.** Schutz *m*: ***take*** (*od.* ***seek***) ***~*** Schutz suchen (***with*** bei, ***from*** vor *dat.*); **5.** ⚔ a) Bunker *m*, 'Unterstand *m*, b) Deckung *f*; **II** *v/t.* **6.** (be)schützen, beschirmen (***from*** vor): ***a ~ed life*** ein behütetes Leben; **7.** schützen, bedecken, über'dachen; **8.** *j-m* Schutz *od.* Zuflucht gewähren: ***~ o.s.*** *fig.* sich verstecken (***behind*** hinter *j-m etc.*); ***~ed trade*** ✝ *Brit.* (*durch Zölle*) geschützter Handelszweig; ***~ed workshop*** beschützende Werkstatt; **9.** *j-n* beherbergen; **III** *v/i.* **10.** Schutz suchen; sich ˈunterstellen; **~ half** *s.* ⚔ *Am.* Zeltbahn *f.*

shelve¹ [ʃelv] *v/t.* **1.** *Bücher* (in ein Reˈgal) einstellen, auf ein (Bücher)Brett stellen; **2.** *fig.* a) *et.* zu den Akten legen, beiˈseite legen, b) *j-n* ausrangieren; **3.** aufschieben; **4.** mit Fächern *od.* Reˈgalen versehen.

shelve² [ʃelv] *v/i.* (sanft) abfallen.

shelves [ʃelvz] *pl. von* ***shelf.***

shelv·ing¹ [ˈʃelvɪŋ] *s.* (Bretter *pl.* für) Fächer *pl. od.* Reˈgale *pl.*

shelv·ing² [ˈʃelvɪŋ] *adj.* schräg, abfallend.

she·nan·i·gan [ʃɪˈnænɪgən] *s. mst pl.* F **1.** ‚Mumpitz' *m*, ‚fauler Zauber'; **2.** Trick *m*; **3.** ‚Blödsinn' *m*, Streich *m.*

shep·herd [ˈʃepəd] **I** *s.* **1.** (Schaf)Hirt *m*, Schäfer *m*; **2.** *fig. eccl.* (Seelen)Hirt *m* (*Geistlicher*): ***the*** (***good***) ≈ *bibl.* der Gute Hirte (*Christus*); **II** *v/t.* **3.** *Schafe etc.* hüten; **4.** *fig. Menschenmenge etc.* treiben, führen, ‚bugsieren'; ˈ**shep·herd·ess** [-dɪs] *s.* (Schaf)Hirtin *f*, Schäferin *f.*

shep·herd's| crook *s.* Hirtenstab *m*; **~ dog** *s.* Schäferhund *m*; **~ pie** *s.* Auflauf *m* aus Hackfleisch u. Karˈtoffelbrei; ˌ**~-ˈpurse** *s.* ⚘ Hirtentäschel *n.*

sher·bet [ˈʃɜːbət] *s.* **1.** Sorˈbett *n*, *m* (*Frucht-, Eisgetränk*); **2.** *bsd. Am.* Fruchteis *n*; **3.** *a.* ***~ powder*** Brausepulver *n.*

sherd [ʃɜːd] → ***shard.***

sher·iff [ˈʃerɪf] *s.* ⚖ Sheriff *m*: a) *in England, Wales u. Irland der höchste Verwaltungsbeamte e-r Grafschaft*, b) *in den USA der gewählte höchste Exekutivbeamte e-s Verwaltungsbezirkes*, c) *in Schottland e-e Art Amtsrichter.*

sher·ry [ˈʃerɪ] *s.* Sherry *m.*

she's [ʃiːz; ʃɪz] F *für* a) ***she is***, b) ***she has.***

shew [ʃəʊ] *obs. für* ***show.***

shib·bo·leth [ˈʃɪbəleθ] *s. fig.* **1.** Schibˈboleth *n*, Erkennungszeichen *n*, -wort *n*; **2.** Kastenbrauch *m*; **3.** Platiˈtüde *f.*

shield [ʃiːld] **I** *s.* **1.** Schild *m*; **2.** Schutzschild *m*, -schirm *m*; **3.** *fig.* a) Schutz *m*, Schirm *m*, b) (Be)Schützer(in); **4.** ⚡, ⚙ (Ab)Schirmung *f*; **5.** Arm-, Schweißblatt *n*; **6.** *zo.* (Rücken)Schild *m*, Panzer *m* (*Insekt etc.*); **7.** *her.* (Wappen-)Schild *m*; **II** *v/t.* **8.** (be)schützen, (be-)schirmen (***from*** vor *dat.*); **9.** *bsd. b.s. j-n* decken; **10.** ⚡, ⚙ (ab)schirmen; ˈ**~-ˌbear·er** *s.* Schildknappe *m*; **~ fern** *s.* ⚘ Schildfarn *m*; **~ forc·es** *s. pl.* ⚔ Schildstreitkräfte *pl.*

shiel·ing [ˈʃiːlɪŋ] *s. Scot.* **1.** (Vieh)Weide *f*; **2.** Hütte *f.*

shift [ʃɪft] **I** *v/i.* **1.** den Platz *od.* die Lage wechseln, sich bewegen; **2.** sich verlagern (*a.* ⚖ *Beweislast*), sich verwandeln (*a. Szene*), sich verschieben (*a. ling.*), wechseln; **3.** ⚓ ˈüberschießen, sich verlagern (*Ballast, Ladung*); **4.** die Wohnung wechseln; **5.** ˈumspringen (*Wind*); **6.** *mot.* schalten: ***~ up*** (***down***) hinaufschalten (herunterschalten); **7.** *Kugelstoßen*: angleiten; **8.** ***~ for o.s.*** a) auf sich selbst gestellt sein, b) sich selbst (weiter)helfen, sich durchschlagen; **9.** Ausflüchte machen; **10.** *mst* ***~ away*** F sich daˈvonmachen; **II** *v/t.* **11.** (aus-, ˈum)wechseln, (aus)tauschen; → ***ground*** 2; **12.** (*a. fig.*) verschieben, -lagern, (*a. Schauplatz*, ⚔ *das Feuer*) verlegen; *Betrieb* ˈumstellen (***to*** auf *acc.*); *thea. Kulissen* schieben; **13.** ⚙ schalten, ausrücken, verstellen, *Hebel* ˈumlegen: ***~ gears*** *mot.* schalten; **14.** ⚓ a) *Schiff* verholen, b) *Ladung* ˈumstauen; **15.** *Kleidung* wechseln; **16.** *Schuld, Verantwortung* (ab)schieben, abwälzen ([***up***]***on*** auf *acc.*); **17.** *j-n* loswerden; **18.** *Am.* F a) *Essen etc.* ‚wegputzen', b) *Schnaps etc.* ‚kippen'; **III** *s.* **19.** Verschiebung *f*, -änderung *f*, -lagerung *f*, Wechsel *m*; **20.** ✝ (Arbeits)Schicht *f* (*Arbeiter od. Arbeitszeit*); **21.** Ausweg *m*, Hilfsmittel *n*, Notbehelf *m*: ***make*** (***a***) **~** a) sich durchschlagen, b) es fertigbringen, es möglich machen (***to do*** zu tun), c) sich behelfen (***with*** mit, ***without*** ohne); **22.** Kniff *m*, List *f*, Ausflucht *f*; **23.** ***~ of crop*** ✓ *Brit.* Fruchtwechsel *m*; **24.** *geol.* Verwerfung *f*; **25.** ♪ a) Lagenwechsel *m* (*Streichinstrumente*), b) Zugwechsel *m* (*Posaune*), c) Verschiebung *f* (*Klavierpedal etc.*); **26.** *ling.* Lautverschiebung *f*; **27.** *Kugelstoßen*: Angleiten *n*; **28.** *obs.* (ˈUnter-)Hemd *n der Frau*; ˈ**shift·er** [-tə] *s.* **1.** *thea.* Kuˈlissenschieber *m*; **2.** *fig.* schlauer Fuchs; **3.** ⚙ a) Schalter *m*, b) Ausrückvorrichtung *f*; ˈ**shift·i·ness** [-tɪnɪs] *s.* **1.** Gewandtheit *f*; **2.** Verschlagenheit *f*; **3.** Unzuverlässigkeit *f*; ˈ**shift·ing** [-tɪŋ] *adj.* sich verschiebend, veränderlich: ***~ sand*** Treib-, Flugsand *m.*

shift key *s.* ˈUmschalter *m* (*Schreibmaschine*).

shift·less [ˈʃɪftlɪs] *adj.* □ **1.** hilflos (*a. fig. unfähig*); **2.** unbeholfen, einfallslos; **3.** träge, faul.

shift| work *s.* **1.** Schichtarbeit *f*; **2.** *ped.* ˈSchichtˌunterricht *m*; **~ work·er** *s.* Schichtarbeiter(in).

shift·y [ˈʃɪftɪ] *adj.* □ **1.** a) wendig, b) schlau, gerissen, c) verschlagen, falsch; **2.** *fig.* unstet.

shil·ling [ˈʃɪlɪŋ] *s. Brit. obs.* Schilling *m*: ***a ~ in the pound*** 5 Prozent; ***pay twenty ~s in the pound*** s-e Schulden *etc.* auf Heller u. Pfennig bezahlen; ***cut s.o. off with a ~*** j-n enterben; **~ shock·er** *s.* ˈSchundroˌman *m*.

shil·ly-shal·ly [ˈʃɪlɪˌʃælɪ] **I** *v/i.* zögern, schwanken; **II** *s.* Schwanken *n*, Zögern *n*; **III** *adj. u. adv.* zögernd, schwankend.

shim [ʃɪm] ⚙ *s.* Keil *m*, Klemmstück *n*, Ausgleichsscheibe *f*.

shim·mer [ˈʃɪmə] **I** *v/i.* schimmern; **II** *s.* Schimmer *m*; ˈ**shim·mer·y** [-ərɪ] *adj.* schimmernd.

shim·my [ˈʃɪmɪ] **I** *s.* **1.** Shimmy *m* (*Tanz*); **2.** ⚙ Flattern *n* (*der Vorderräder*); **3.** F (Damen)Hemd *n*; **II** *v/i.* **4.** Shimmy tanzen; **5.** ⚙ flattern (*Vorderräder*).

shin [ʃɪn] **I** *s.* **1.** Schienbein *n*; **2.** ***~ of beef*** Rinderhachse *f*; **II** *v/i.* **3.** ***~ up*** *e-n Baum etc.* hinˈaufklettern; **4.** *Am.* rennen; **III** *v/t.* **5.** *j-n* ans Schienbein treten; **6.** ***~ o.s.*** sich das Schienbein verletzen; ˈ**~·bone** *s.* Schienbein(knochen *m*) *n*.

shin·dig [ˈʃɪndɪg] *s.* **1.** *sl.* ‚Schwof' *m*, Tanz(veranstaltung *f*) *m*; *weitS.* (‚wilde') Party; **2.** → ***shindy***.

shin·dy [ˈʃɪndɪ] *s.* F Krach *m*, Raˈdau *m*.

shine [ʃaɪn] **I** *v/i.* [*irr.*] **1.** scheinen; leuchten, strahlen (*a. Augen etc.*; ***with joy*** vor Freude): ***~ out*** hervorleuchten, *fig.* herausragen; ***~ (up)on*** *et.* beleuchten; ***~ up to*** *Am. sl.* sich bei *j-m* anbiedern; **2.** glänzen (*a. fig. sich hervortun* ***as*** als, ***at*** in *dat.*); **II** *v/t.* [*irr.*] **3.** F *Schuhe etc.* polieren; **III** *s.* **4.** (*Sonnen- etc.*)Schein *m*; → ***rain*** 1; **5.** Glanz *m*: ***take the ~ out of*** a) *e-r Sache* den Glanz nehmen, b) *et. od. j-n* in den Schatten stellen; **6.** Glanz *m* (*bsd. auf Schuhen*): ***have a ~?*** Schuhputzen gefällig?; **7.** ***kick up a ~*** F Radau machen; **8.** ***take a ~ to s.o.*** F j-n ins Herz schließen; ˈ**shin·er** [-nə] *s.* **1.** glänzender Gegenstand; **2.** *sl.* a) Goldmünze *f* (*bsd. Sovereign*), b) Diaˈmant *m*, c) *pl.* ‚Kies' *m* (*Geld*); **3.** *sl.* ‚Veilchen' *n*, blau(geschlagen)es Auge.

shin·gle¹ [ˈʃɪŋgl] **I** *s.* **1.** (Dach)Schindel *f*; **2.** Herrenschnitt *m* (*Damenfrisur*); **3.** *Am.* F (Firmen)Schild *n*: ***hang out one's ~*** sich (als Arzt *etc.*) etablieren, ‚s-n eigenen Laden aufmachen'; **II** *v/t.* **4.** mit Schindeln decken; **5.** *Haar* (sehr) kurz schneiden: ***~d hair*** → 2.

shin·gle² [ˈʃɪŋgl] *s. Brit.* **1.** grober Strandkies(el) *m*; **2.** Kiesstrand *m*.

shin·gle³ [ˈʃɪŋgl] *v/t. metall.* zängen.

shin·gles [ˈʃɪŋglz] *s. pl. sg. konstr.* ⚕ Gürtelrose *f*.

shin·gly [ˈʃɪŋglɪ] *adj.* kies(el)ig.

shin·ing [ˈʃaɪnɪŋ] *adj.* □ leuchtend (*a. fig. Beispiel*), strahlend; glänzend (*a. fig.*): ***a ~ light*** e-e Leuchte (*Person*).

shin·ny [ˈʃɪnɪ] *v/i. Am.* F klettern.

shin·y [ˈʃaɪnɪ] *adj. allg.* glänzend: a) leuchtend (*a. fig.*), funkelnd (*a. Auto etc.*), b) strahlend (*Tag etc.*), c) blank (-geputzt), d) abgetragen: ***a ~ jacket***.

ship [ʃɪp] **I** *s.* **1.** ⚓ *allg.* Schiff *n*: ***~'s articles*** → ***shipping articles***; ***~'s company*** Besatzung *f*; ***~'s husband*** Mitreeder *m*; ***~'s papers*** Schiffspapiere; ***~ of the desert*** *fig.* Wüstenschiff (*Kamel*); ***take ~*** sich einschiffen (***for*** nach); ***about ~!*** klar zum Wenden!; ***when my ~ comes home*** *fig.* wenn ich mein Glück mache; **2.** ⚓ Vollschiff *n* (*Segelschiff*); **3.** Boot *n*; **4.** *Am.* a) Luftschiff *n*, b) Flugzeug *n*, c) Raumschiff *n*; **II** *v/t.* **5.** an Bord bringen *od.* (*a. Passagiere*) nehmen, verladen; **6.** ⚓ verschiffen, transportieren; **7.** † a) verladen, b) versenden, -frachten, (aus-) liefern (*a. zu Lande*), c) *Ware zur Verladung* abladen, d) ⚓ *Ladung* überˈnehmen: ***~ a sea*** e-e See (*Sturzwelle*) übernehmen; **8.** ⚓ *Ruder* einlegen, *Mast* einsetzen: ***~ the oars*** die Riemen einlegen; **9.** ⚓ *Matrosen* (an)heuern; **10.** F *a.* ***~ off*** fortschicken; **III** *v/i.* **11.** sich einschiffen; **12.** sich anheuern lassen; **~ bis·cuit** *s.* Schiffszwieback *m*; ˈ**~·board** *s.*: ***on ~*** an Bord; ˈ**~·borne air·craft** *s.* ✈ Bordflugzeug *n*; ˈ**~ˌbuild·er** *s.* ⚓ ˈSchiffsarchiˌtekt *m*, -bauer *m*; ˈ**~ˌbuild·ing** *s.* ⚓ Schiff(s)bau *m*; **~ ca·nal** *s.* ⚓ ˈSeekaˌnal *m*; **~ chan·dler** *s.* Schiffsausrüster *m*; ˈ**~·load** *s.* (volle) Schiffsladung (*als Maß*); ˈ**~ˌmas·ter** *s.* ⚓ (ˈHandels)Kapiˌtän *m*.

ship·ment [ˈʃɪpmənt] *s.* **1.** ⚓ a) Verladung *f*, b) Verschiffung *f*, ˈSeetransˌport *m*, c) (Schiffs)Ladung *f*; **2.** † (*a. zu Lande*) a) Versand *m*, b) (Waren)Sendung *f*, Lieferung *f*.

ˈ**shipˌown·er** *s.* Reeder *m*.

ship·per [ˈʃɪpə] *s.* † **1.** Verschiffer *m*, Ablader *m*; **2.** Spediˈteur *m*.

ship·ping [ˈʃɪpɪŋ] *s.* **1.** Verschiffung *f*; **2.** † a) Abladung *f* (*Anbordnahme*), b)

Verfrachtung *f*, Versand *m* (*a. zu Lande etc.*); **3.** ⚓ *coll.* Schiffsbestand *m* (*e-s Landes etc.*); **~ a·gent** *s.* **1.** 'Schiffsa͵gent *m*; **2.** Schiffsmakler *m*; **~ ar·ti·cles** *s. pl.* ⚓ 'Schiffsar͵tikel *pl.*, Heuervertrag *m*; **~ bill** *s. Brit.* Mani'fest *n*; **~ clerk** *s.* † Leiter *m* der Versandabteilung; **~ com·pa·ny** *s.* ⚓ Reede'rei *f*; **~ fore·cast** *s.* Seewetterbericht *m*.

'ship|·shape *pred. adj. u. adv.* in tadelloser Ordnung, blitzblank; **͵~-to-'ship** *adj.* Bord-Bord-...; **͵~-to-'shore** *adj.* Bord-Land-...; **'~·way** *s.* Stapel *m*, Helling *f*; **'~·wreck I** *s.* **1.** ⚓ Wrack *n*; **2.** Schiffbruch *m*, *fig. a.* Scheitern *n von Plänen etc.*: ***make ~ of*** → 4; **II** *v/t.* **3.** scheitern lassen: ***be ~ed*** schiffbrüchig werden *od.* sein; **4.** *fig.* zum Scheitern bringen, vernichten; **III** *v/i.* **5.** Schiffbruch erleiden, scheitern (*beide a. fig.*); **'~·wright** *s.* **1.** → ***shipbuilder***; **2.** Schiffszimmermann *m*; **'~·yard** *s.* (Schiffs)Werft *f*.

shir [ʃɜː] → ***shirr***.

shire ['ʃaɪə] *s.* **1.** brit. Grafschaft *f*; **2.** au'stralischer Landkreis; **3.** *a.* **~ *horse*** *ein schweres Zugpferd*.

shirk [ʃɜːk] **I** *v/t.* sich drücken vor (*dat.*); **II** *v/i.* sich drücken (***from*** vor *dat.*); **'shirk·er** [-kə] *s.* Drückeberger *m*.

shirr [ʃɜː] **I** *s.* e'lastisches Gewebe, eingewebte Gummischnur, Zugband *n*; **II** *v/t. Gewebe* kräuseln; **shirred** [ʃɜːd] *adj.* e'lastisch, gekräuselt.

shirt [ʃɜːt] *s.* **1.** (Herren-, Ober-, *a.* 'Unter-, Nacht)Hemd *n*: ***get s.o.'s ~ out*** j-n ‚auf die Palme bringen'; ***give away the ~ off one's back*** sein letztes Hemd *für j-n* hergeben; ***keep one's ~ on*** *sl.* sich nicht aufregen; ***lose one's ~*** ‚sein letztes Hemd verlieren'; ***put one's ~ on*** *sl.* alles auf *ein Pferd etc.* setzen; **2.** *a.* **~ *blouse*** Hemdbluse *f*; **~ front** *s.* Hemdbrust *f*.

shirt·ing ['ʃɜːtɪŋ] *s.* Hemdenstoff *m*.

'shirt-sleeve I *s.* Hemdsärmel *m*: ***in one's ~s*** in Hemdsärmeln; **II** *adj. fig.* ‚hemdsärmelig', ungezwungen, le'ger: **~ *diplomacy*** offene Diplomatie.

shirt·y ['ʃɜːtɪ] *adj. sl.* unverschämt, ungehobelt.

shit [ʃɪt] V **I** *s.* **1.** Scheiße *f*: ***have a ~*** scheißen; **2.** *fig.* ‚Scheiße' *f*, ‚Scheiß(-dreck)' *m*; **3.** *fig.* Arschloch *n*; **4.** *pl.* ‚Scheiße'rei' *f*; **5.** *sl.* ‚Shit' *n* (*Haschisch*); **II** *v/i.* [*irr.*] **6.** scheißen: **~ *on*** a) auf *j-n od. et.* scheißen, b) *fig. j-n* ‚verpfeifen'; **III** *v/t.* **7.** vollscheißen, scheißen in (*acc.*); **shit·ty** ['ʃɪtɪ] *adj.* ‚beschissen'.

shiv·er¹ ['ʃɪvə] **I** *s.* **1.** Splitter *m*, (Bruch-)Stück *n*, Scherbe *f*; **2.** *min.* Dachschiefer *m*; **II** *v/t.* **3.** zersplittern, zerschmettern; **III** *v/i.* **4.** (zer)splittern.

shiv·er² ['ʃɪvə] **I** *v/i.* **1.** (***with*** vor *dat.*) zittern, (er)schauern, frösteln; **2.** flattern (*Segel*); **II** *s.* **3.** Schauer *m*, Zittern *n*, Frösteln *n*: ***the ~s*** a) ⚕ der Schüttelfrost, b) F *fig.* das kalte Grausen; **'shiv·er·ing** [-vərɪŋ] *s.* Schauer(n *n*) *m*: **~ *fit*** Schüttelfrost *m*; **'shiv·er·y** [-ərɪ] *adj.* **1.** fröstelnd; **2.** fiebrig.

shoal¹ [ʃəʊl] **I** *s.* Schwarm *m*, Zug *m von Fischen*; *fig.* Unmenge *f*, Masse *f*; **II** *v/i.* in Schwärmen auftreten.

shoal² [ʃəʊl] **I** *s.* **1.** Untiefe *f*, seichte Stelle; Sandbank *f*; **2.** *fig.* Klippe *f*; **II** *adj.* **3.** seicht; **III** *v/i.* **4.** seicht(er) werden; **'shoal·y** [-lɪ] *adj.* seicht.

shock¹ [ʃɒk] **I** *s.* **1.** Stoß *m*, Erschütterung *f* (*a. fig. des Vertrauens etc.*); **2.** Zs.-stoß *m*, Zs.-prall *m*, Anprall *m*; **3.** ⚕ (Nerven)Schock *m*, Schreck *m*, (plötzlicher) Schlag (***to*** für), *seelische* Erschütterung (***to*** *gen.*): ***be in*** (***a state of***) **~** e-n Schock haben; ***get the ~ of one's life*** a) zu Tode erschrecken, b) sein blaues Wunder erleben; ***with a ~*** mit Schrecken; **4.** Schock *m*, Ärgernis *n* (***to*** für); **5.** ⚡ Schlag *m*, (*a.* ⚕ E'lektro-)Schock *m*; **II** *v/t.* **6.** erschüttern, erbeben lassen; **7.** *fig.* schockieren, em'pören: ***~ed*** empört *od.* entrüstet (***at*** über *acc.*, ***by*** durch); **8.** *fig. j-m* e-n Schock versetzen, *j-n* erschüttern: ***I was ~ed to hear*** zu m-m Entsetzen hörte ich; **9.** *j-m* e-n e'lektrischen Schlag versetzen; ⚕ *j-n* schocken.

shock² [ʃɒk] ✓ **I** *s.* Mandel *f*, Hocke *f*; **II** *v/t.* in Mandeln aufstellen.

shock³ [ʃɒk] **I** *s.* (**~ *of hair*** Haar)Schopf *m*; **II** *adj.* zottig: **~ *head*** Strubbelkopf *m*.

shock| ab·sorb·er *s.* ⚙ **1.** Stoßdämpfer *m*; **2.** 'Schwingme͵tall *n*; **~ ab·sorp·tion** *s.* ⚙ Stoßdämpfung *f*.

shock·er ['ʃɒkə] *s.* **1.** *allg.* ‚Schocker' *m*; **2.** Elektri'sierappa͵rat *m*.

'shock-͵head·ed *adj.* strubb(e)lig: **~ *Peter*** (der) Struwwelpeter.

shock·ing ['ʃɒkɪŋ] **I** *adj.* ☐ **1.** schockierend, em'pörend, unerhört, anstößig; **2.** entsetzlich, haarsträubend; **3.** F scheußlich, schrecklich, mise'rabel; **II** *adv.* F **4.** schrecklich, unheimlich (*groß etc.*).

'shock|·proof *adj.* ⚙ stoß-, erschütterungsfest; **~ tac·tics** *s. pl. sg. konstr.* ⚔ 'Durchbruchs-, Stoßtaktik *f*; **~ ther·a·py**, **~ treat·ment** *s.* ⚕ 'Schockthera͵pie *f*, -behandlung *f*; **~ troops** *s. pl.* ⚔ Stoßtruppen *pl.*; **~ wave** *s.* Druckwelle *f*; *fig.* Erschütterung *f*, Schock *m*; **~ work·er** *s. DDR etc.*: Stoßarbeiter *m*.

shod [ʃɒd] **I** *pret. u. p.p. von* **shoe**; **II** *adj.* **1.** beschuht; **2.** beschlagen (*Pferd, Stock etc.*); **3.** bereift.

shod·dy [ˈʃɒdɪ] **I** *s.* **1.** Shoddy *n*, (langfaserige) Reißwolle; **2.** Shoddytuch *n*; **3.** *fig.* Schund *m*, Kitsch *m*; **4.** *fig.* Protzentum *n*; **II** *adj.* **5.** Shoddy...; **6.** *fig.* a) unecht, falsch: ***~ aristocracy*** Talmiaristokratie *f*, b) kitschig, Schund...: ***~ literature***, c) protzig.

shoe [ʃu:] **I** *s.* **1.** (*bsd. Brit.* Halb)Schuh *m*: ***dead men's ~s*** *fig.* ungeduldig erwartetes Erbe; ***be in s.o.'s ~s*** *fig.* in j-s Haut stecken; ***know where the ~ pinches*** *fig.* wissen, wo der Schuh drückt; ***shake in one's ~s*** *fig.* vor Angst schlottern; ***step into s.o.'s ~s*** j-s Stelle einnehmen; ***that is another pair of ~s*** *fig.* das sind zwei Paar Stiefel; ***now the ~ is on the other foot*** F jetzt will er *etc.* (plötzlich) nichts mehr davon wissen; **2.** Hufeisen *n*; **3.** ⚙ Schuh *m*, (Schutz)Beschlag *m*; **4.** ⚙ a) Bremsschuh *m*, -klotz *m*, b) Bremsbacke *f*; **5.** ⚙ (Reifen)Decke *f*; **6.** ⚡ Gleitschuh *m*; **II** *v/t.* [*irr.*] **7.** a) beschuhen, b) *Pferd, a. Stock* beschlagen; **ˈ~·black** *s.* Schuhputzer *m*; **ˈ~·horn** *s.* Schuhlöffel *m*; **ˈ~·lace** *s.* Schnürsenkel *m*; **ˈ~͵mak·er** *s.* Schuhmacher *m*: ***~'s thread*** Pechdraht *m*; **ˈ~·shine** *s. Am.* Schuhputzen *n*: ***~ boy*** Schuhputzer *m*; **ˈ~·string I** *s.* → ***shoelace***: ***on a ~*** F mit ein paar Groschen, praktisch mit nichts *anfangen etc.*; **II** *adj.* F a) fiˈnanzschwach, b) ‚klein', c) armselig.

shone [ʃɒn] *pret. u. p.p. von* **shine**.

shoo [ʃu:] **I** *int.* **1.** husch!, sch!, fort!; **II** *v/t.* **2.** *a.* ***~ away*** *Vögel etc.* verscheuchen; **3.** *Am.* F *j-n* ‚scheuchen'; **III** *v/i.* **4.** husch! *od.* sch! rufen.

shook[1] [ʃʊk] *bsd. Am. s.* **1.** Bündel *n* Faßdauben; **2.** Pack *m* Kistenbretter; **3.** → ***shock***[2] I.

shook[2] [ʃʊk] *pret. von* **shake**.

shoot [ʃu:t] **I** *s.* **1.** a) (*a.* Wett)Schießen *n*, b) Schuß *m*; **2.** *hunt.* a) Jagd *f*, b) ˈJagd(re͵vier *n*) *f*, c) Jagdgesellschaft *f*, d) *Am.* Strecke *f*; **3.** *Am.* Raˈketenabschuß *m*; **4.** *phot.* (Film)Aufnahme *f*; **5.** (Holz- *etc.*)Rutsche *f*, Rutschbahn *f*; **6.** Stromschnelle *f*; **7.** ⚘ Schößling *m*, Trieb *m*; **II** *v/t.* [*irr.*] **8.** *Pfeil, Kugel etc.* (ab)schießen, (-)feuern: ***~ questions at s.o.*** j-n mit Fragen bombardieren; → ***shoot off*** I; **9.** a) *Wild* schießen, erlegen, b) *a. j-n* anschießen, c) *a.* ***~ dead*** *j-n* erschießen (***for*** wegen); **10.** *hunt.* in *e-m Revier* jagen; **11.** *sport Ball, Tor* schießen; **12.** ⚓ *Sonne etc.* schießen (*Höhe messen*); → ***moon*** 1; **13.** *fig. Strahl etc.* schießen, senden: ***~ a glance at*** e-n schnellen Blick werfen auf (*acc.*); **14.** a) *Film, Szene* drehen, b) ‚schießen', aufnehmen, fotografieren; **15.** *fig.* stoßen, schleudern, werfen; **16.** *fig.* unter *e-r Brücke etc.* hinˈdurchschießen, über *e-e Stromschnelle etc.* hinˈwegschießen; **17.** *Riegel* vorschieben; **18.** *mit Fäden* durchˈschießen, -ˈwirken; **19.** *a.* ***~ forth*** ⚘ *Knospen etc.* treiben; **20.** *Müll, Karren etc.* abladen, auskippen; **21.** *Faß* schroten; **22.** ⚕ (ein)spritzen; → ***shoot up*** 2; **III** *v/i.* [*irr.*] **23.** *a. sport* schießen, feuern (***at*** nach, auf *acc.*): ***~!*** *Am. sl.* schieß los! (*sprich!*); **24.** *hunt.* jagen, schießen: ***go ~ing*** auf die Jagd gehen; **25.** *fig.* (daˈhin-, vorˈbei- *etc.*)schießen, (-)jagen, (-)rasen: ***~ ahead*** nach vorn schießen, voranstürmen; ***~ ahead of*** vorbeischießen an (*dat.*), überholen; **26.** stechen (*Schmerz, Glied*); **27.** *a.* ***~ forth*** ⚘ sprossen, keimen; **28.** a) filmen, b) fotografieren; **29.** ⚓ ˈüberschießen (*Ballast*);

Zssgn mit adv.:

shoot| down *v/t.* **1.** *j-n* niederschießen; **2.** *Flugzeug etc.* abschießen; **3.** F ‚abschmettern'; **~ off I** *v/t. Waffe* abschießen: ***~ one's mouth*** a) ‚blöd daherreden', b) ‚quatschen', ‚(weiter-)tratschen'; **II** *v/i.* stechen (*bei gleicher Trefferzahl*); **~ out I** *v/t.* **1.** *Auge etc.* ausschießen; **2.** ***shoot it out*** die Sache mit ‚blauen Bohnen' entscheiden; **3.** herˈausschleudern, hinˈauswerfen; **4.** *Faust, Fuß* vorschnellen (lassen); *Zunge* herˈausstrecken; **5.** herˈausragen lassen; **II** *v/i.* **6.** ⚘ herˈvorsprießen; **7.** vor-, herˈausschnellen; **~ up I** *v/t.* **1.** *sl.* zs.-schießen; **2.** *sl. Heroin etc.* ‚drükken'; **II** *v/i.* **3.** in die Höhe schießen, rasch wachsen (*Pflanze, Kind*); **4.** emˈporschnellen (*a.* ✝ *Preise*); **5.** (jäh) aufragen (*Klippe etc.*).

shoot·er [ˈʃu:tə] *s.* **1.** Schütze *m*, Schützin *f*; **2.** F ‚Schießeisen' *n*.

shoot·ing [ˈʃu:tɪŋ] **I** *s.* **1.** a) Schießen *n*, b) Schießeˈrei *f*; **2.** Erschießen *n*; **3.** *fig.* Stechen *n* (*Schmerz*); **4.** *hunt.* a) Jagd *f*, b) Jagdrecht *n*, c) ˈJagdre͵vier *n*; **5.** Aufnahme(n *pl.*) *f zu e-m Film*, Dreharbeiten *pl.*; **II** *adj.* **6.** schießend, Schieß...; **7.** *fig.* stechend (*Schmerz*);

8. Jagd…; **~ box** *s.* Jagdhütte *f*; **~ gal·ler·y** *s.* **1.** ⚔, *sport* Schießstand *m*; **2.** Schießbude *f*; **~ i·ron** *s. sl.* ‚Schießeisen' *n*; **~ li·cense** *s.* Jagdschein *m*; **~ match** *s.* Preis-, Wettschießen *n*: ***the whole ~*** F der ganze ‚Kram'; **~ range** *s.* Schießstand *m*; **~ star** *s. ast.* Sternschnuppe *f*; **~ war** *s.* heißer Krieg, Schießkrieg *m*.

shop [ʃɒp] **I** *s.* **1.** (Kauf)Laden *m*, Geschäft *n*: ***set up ~*** ein Geschäft eröffnen; ***shut up ~*** das Geschäft schließen, den Laden dichtmachen (*a. für immer*); ***come to the wrong ~*** F an die falsche Adresse geraten; ***all over the ~*** *sl.* a) überall verstreut, b) in alle Himmelsrichtungen; **2.** ⚙ Werkstatt *f*; **3.** a) Betrieb *m*, Fa'brik *f*, b) Ab'teilung *f in e-r Fabrik*: ***talk ~*** fachsimpeln; ***sink the ~*** F a) nicht vom Geschäft reden, b) s-n Beruf verheimlichen; → ***closed shop***, ***open shop***; **4.** *bsd. Brit. sl.* a) ‚Laden' *m* (*Institut etc.*), ‚Penne' *f* (*Schule*), ‚Uni' *f* (*Universität*), b) ‚Kittchen' *n* (*Gefängnis*); **II** *v/i.* **5.** einkaufen, Einkäufe machen: ***go ~ping***; ***~ around*** F a) *vor dem Einkauf* die Preise vergleichen, b) *fig.* sich umsehen (***for*** nach); **III** *v/t.* **6.** *bsd. Brit. sl.* a) *j-n* ‚verpfeifen', b) *j-n* ‚ins Kittchen bringen'; **~ as·sist·ant** *s. Brit.* Verkäufer(in); **~ com·mit·tee** *s.* ✝ *Am.* Betriebsrat *m*; **'~,fit·ter** *s.* Ladeneinrichter *m*, -ausstatter *m*; **~ floor** *s.* **1.** Produkti'onsstätte *f*; **2.** Arbeiter *pl.*, Belegschaft *f*; **'~·girl** *s.* Ladenmädchen *n*; **'~,keep·er** *s.* Ladenbesitzer(in): ***nation of ~s*** *fig. contp.* Krämervolk *n*; **'~,keep·ing** *s.* **1.** Kleinhandel *m*; **2.** Betrieb *m e-s* (Laden)Geschäfts; **'~,lift·er** *s.* Ladendieb(in); **'~,lift·ing** *s.* Ladendiebstahl *m*.

shop·per ['ʃɒpə] *s.* (Ein)Käufer(in);

shop·ping ['ʃɒpɪŋ] *s.* **1.** Einkauf *m*, Einkaufen *n* (*in Läden*): ***~ centre*** *Brit.*, ***~ center*** *Am.* Einkaufszentrum *n*; ***~ list*** Einkaufsliste *f*; ***do one's ~*** (seine) Einkäufe machen; **2.** Einkäufe *pl.* (*Ware*).

,shop|-'soiled *adj.* **1.** ✝ angestaubt, beschädigt; **2.** *fig.* abgenutzt; **~ stew·ard** *s.* ✝ (gewerkschaftlicher) Vertrauensmann; **'~·talk** *s.* Fachsimpe'lei *f*; **'~,walk·er** *s. Brit.* (aufsichtführender) Ab'teilungsleiter (*im Kaufhaus*); **,~'win·dow** *s.* Schaufenster *n*, Auslage *f*: ***put all one's goods in the ~*** *fig.* ‚ganz auf Wirkung machen'; **'~·worn** → ***shop-soiled***.

shore¹ [ʃɔː] **I** *s.* **1.** Stütz-, Strebebalken *m*, Strebe *f*; **2.** ⚓ Schore *f* (*Spreizholz*); **II** *v/t.* **3.** *mst* ***~ up*** a) abstützen, b) *fig.* (unter)'stützen.

shore² [ʃɔː] **I** *s.* **1.** Küste *f*, Strand *m*, Ufer *n*, Gestade *n*: ***my native ~*** *fig.* mein Heimatland; **2.** ⚓ Land *n*: ***on ~*** an(s) Land; ***in ~*** in Küstennähe; **II** *adj.* **3.** Küsten…, Strand…, Land…: ***~ battery*** ⚔ Küstenbatterie *f*; ***~ leave*** ⚓ Landurlaub *m*; **'shore·less** [-lɪs] *adj.* ohne Ufer, uferlos (*a. poet. fig.*); **'shore·ward** [-wəd] **I** *adj.* küstenwärts gelegen *od.* gerichtet *etc.*; **II** *adv. a.* ***~s*** küstenwärts, (nach) der Küste zu.

shorn [ʃɔːn] *p.p. von* ***shear***: ***~ of*** *fig. e-r Sache* beraubt.

short [ʃɔːt] **I** *adj.* □ → ***shortly***; **1.** *räumlich u. zeitlich* kurz: ***a ~ life***; ***a ~ memory***; ***a ~ street***; ***a ~ time ago*** vor kurzer Zeit, vor kurzem; ***~ sight*** Kurzsichtigkeit *f* (*a. fig.*); ***get the ~ end of the stick*** *Am.* F schlecht wegkommen (*bei e-r Sache*); ***have by the ~ hairs*** *Am.* F *j-n od. et.* ‚in der Tasche' haben; **2.** kurz, gedrungen, klein; **3.** zu kurz (***for*** für): ***fall*** (*od.* ***come***) ***~ of*** *fig. et.* nicht erreichen, *den Erwartungen etc.* nicht entsprechen, hinter (*dat.*) zurückbleiben; **4.** *fig.* kurz, knapp: ***a ~ speech***; ***be ~ for*** die Kurzform sein von; **5.** kurz angebunden, barsch (***with*** gegen); **6.** knapp, unzureichend: ***~ rations***; ***~ weight*** Fehlgewicht *n*; ***run ~*** knapp werden; **7.** knapp (***of*** an *dat.*): ***~ of breath*** kurzatmig; ***~ of cash*** knapp bei Kasse; ***they ran ~ of bread*** das Brot ging ihnen aus; **8.** knapp, nicht ganz: ***a ~ hour*** (***mile***); **9.** geringer, weniger (***of*** als): ***nothing ~ of*** nichts weniger als, geradezu (→ *a.* 17); **10.** mürbe (*Gebäck etc.*): ***~ pastry*** Mürbeteig *m*; **11.** *metall.* brüchig; **12.** *bsd.* ✝ kurzfristig, *Wechsel etc.* auf kurze Sicht: ***at ~ date*** kurzfristig; ***at ~ notice*** a) kurzfristig (kündbar), b) schnell, prompt; **13.** ✝ *Börse*: a) Baisse…, b) ungedeckt, dekkungslos: ***sell ~***; **14.** a) klein, in e-m Gläs-chen serviert, b) stark (*Getränk*); **II** *adv.* **15.** kurz(erhand), plötzlich, ab'rupt: ***cut s.o. ~***, ***take s.o. up ~*** j-n (jäh) unterbrechen; ***be taken ~*** F ‚dringend (austreten) müssen'; ***stop ~*** plötzlich innehalten (→ *a.* 17); **16.** zu kurz; **17.** ***~ of*** a) knapp *od.* kurz vor (*dat.*), b) *fig.* abgesehen von, außer (*dat.*): ***anything ~ of murder***; ***~ of lying*** ehe ich lüge; ***stop ~ of*** zurückschrecken vor (*dat.*); **III** *s.* **18.** *et.* Kurzes, *z.B.* Kurzfilm *m*; **19.** ***in ~*** kurzum; ***called Bill for ~*** kurz *od.* der Kürze halber Bill genannt; **20.** ⚡ F ‚Kurze(r)' *m* (*Kurz-*

schluß); **21.** ♆ a) ˈBaissespekuˌlant *m*, b) *pl.* ohne Deckung verkaufte ˈWertpaˌpiere *pl. od.* Waren *pl.*; **22.** *ling.* a) kurzer Voˈkal, b) kurze Silbe; **23.** *pl.* a) Shorts *pl.*, kurze Hose, b) *Am.* kurze ˈUnterhose; **IV** *v/t.* **24.** F → ***short-circuit*** 1, 2; ˈ**short·age** [-tɪdʒ] *s.* **1.** Knappheit *f*, Mangel *m* (***of*** an *dat.*); **2.** Fehlbetrag *m*, Defizit *n*.

ˈ**short**|**·bread**, ˈ**~·cake** *s.* Mürbe-, Teekuchen *m*; ˌ**~**ˈ**change** *v/t.* F *j-m* zuˈwenig (Wechselgeld) herˈausgeben; *fig. j-n* ‚übers Ohr hauen'; **~ cir·cuit** *s.* ↯ Kurzschluß *m*; ˌ**~-**ˈ**cir·cuit** *v/t.* **1.** ↯ e-n Kurzschluß verursachen in (*dat.*); **2.** ↯ kurzschließen; **3.** *fig.* F a) *et.* ‚torpedieren', b) *et.* umˈgehen; ˌ**~**ˈ**com·ing** *s.* **1.** Unzulänglichkeit *f*; **2.** Fehler *m*, Mangel *m*; **3.** Pflichtversäumnis *n*; **4.** Fehlbetrag *m*; **~ cut** *s.* Abkürzung *f* (*Weg*); *fig.* abgekürztes Verfahren: ***take a ~*** (den Weg) abkürzen; ˌ**~**ˈ**dat·ed** *adj.* ♆ kurzfristig: ***~ bond***; ˌ**~**ˈ**dis·tance** *adj.* Nah…

short·en [ˈʃɔːtn] **I** *v/t.* **1.** (ab-, ver)kürzen, kürzer machen; *Bäume etc.* stutzen; *fig.* vermindern; **2.** ⚓ *Segel* reffen; **3.** *Teig* mürbe machen; **II** *v/i.* **4.** kürzer werden; **5.** fallen (*Preise*); ˈ**short·en·ing** [-nɪŋ] *s.* **1.** (Ab-, Ver)Kürzung *f*; **2.** (Ver)Minderung *f*; **3.** Backfett *n*.

ˈ**short**|**·fall** *s.* Fehlbetrag *m*; ˈ**~·hand I** *s.* **1.** Kurzschrift *f*; **II** *adj.* **2.** in Kurzschrift (geschrieben), stenographiert; **3.** Kurzschrift…: ***~ typist*** Stenotypistin *f*; ***~ writer*** Stenograph(in); ˌ**~-**ˈ**hand·ed** *adj.* knapp an Arbeitskräften; **~ haul** *s.* Nahverkehr *m*; ˈ**~·horn** *s. zo.* Shorthorn *n*, Kurzhornrind *n*.

short·ie [ˈʃɔːtɪ] → ***shorty***.

short·ish [ˈʃɔːtɪʃ] *adj.* etwas *od.* ziemlich kurz (geraten).

short| **list** *s.*: ***be on the ~*** in der engeren Wahl sein; ˈ**~-list** *v/t. j-n* in die engere Wahl ziehen; ˌ**~**ˈ**lived** [-ˈlɪvd] *adj.* kurzlebig, *fig. a.* von kurzer Dauer.

short·ly [ˈʃɔːtlɪ] *adv.* **1.** in Kürze, bald: ***~ after*** kurz (da)nach; **2.** in kurzen Worten; **3.** kurz (angebunden), schroff; **short·ness** [ˈʃɔːtnɪs] *s.* **1.** Kürze *f*; **2.** Schroffheit *f*; **3.** Knappheit *f*, Mangel *m* (***of*** an *dat.*): ***~ of breath*** Kurzatmigkeit *f*; **4.** Mürbe *f* (*Gebäck etc.*).

ˈ**short**|**-range** *adj.* **1.** Kurzstrecken…, Nah…, ⚔ *a.* Nahkampf…; **2.** *fig.* kurzfristig; **~ rib** *s. anat.* falsche Rippe; **~ sale** *s.* ♆ Leerverkauf *m*; ˌ**~-**ˈ**sight·ed** [-ˈsaɪtɪd] *adj.* □ kurzsichtig (*a. fig.*); ˌ**~-**ˈ**sight·ed·ness** [-ˈsaɪtɪdnɪs] *s.* Kurzsichtigkeit *f* (*a. fig.*); ˌ**~-**ˈ**spo·ken** *adj.* kurz angebunden, schroff; **~ sto·ry** *s.* Kurzgeschichte *f*; **~ tem·per** *s.* Reizbarkeit *f*, Heftigkeit *f*; ˌ**~-**ˈ**tem·pered** *adj.* reizbar, aufbrausend; ˈ**~-term** *adj. bsd.* ♆ kurzfristig: ***~ credit***; **~ time** *s.* ♆ Kurzarbeit *f*: ***work*** (*od.* ***be on***) ***~*** kurzarbeiten; **~ ton** *s. bsd. Am.* Tonne *f* (*2000 lbs.*); **~ wave** *s.* ↯ Kurzwelle *f*; ˌ**~-**ˈ**wave** *adj.* ↯ **1.** kurzwellig; **2.** Kurzwellen…; **~ wind** *s.* Kurzatmigkeit *f* (*a. fig.*); ˌ**~-**ˈ**wind·ed** *adj.* kurzatmig (*a. fig.*).

short·y [ˈʃɔːtɪ] *s.* F **1.** ‚Knirps' *m*; **2.** a) kleines Ding, b) kurze Sache.

shot¹ [ʃɒt] **I** *pret. u. p.p. von* ***shoot***; **II** *adj.* **1.** *a.* ***~ through*** durchˈschossen, gesprenkelt (*Seide etc.*); **2.** changierend, schillernd (*Stoff*, *Farbe*); **3.** *sl.* ‚kaˈputt', erschöpft.

shot² [ʃɒt] *s.* **1.** Schuß *m* (*a. Knall*): ***a long ~*** *fig.* ein kühner Versuch; ***by a long ~*** *sl.* weitaus; ***not by a long ~*** längst nicht, kein bißchen; ***call the ~s*** *fig.* ‚am Drücker sein', das Sagen haben; ***like a ~*** F wie der Blitz, sofort; ***take a ~ at*** schießen auf (*acc.*); **2.** Schußweite *f*: ***out of ~*** außer Schußweite; **3.** *a.* ***small ~*** a) Schrotkugel *f*, -korn *n*, b) *coll.* Schrot(kugeln *pl.*) *m*; **4.** (Kaˈnonen)Kugel *f*, Geschoß *n*: ***a ~ in the locker*** F Geld in der Tasche; **5.** *guter etc.* Schütze: ***big ~*** F ‚großes *od.* hohes Tier'; **6.** *sport* Schuß *m*, Wurf *m*, Stoß *m*, Schlag *m*; **7.** *sport* Kugel *f*: → ***shot put***; **8.** a) (Film)Aufnahme *f*, (-)Szene *f*, b) *phot.* F Aufnahme *f*, Schnappschuß *m*; **9.** *fig.* Versuch *m*: ***at the third ~*** beim dritten Versuch; ***have a ~ at*** es (einmal) mit *et.* versuchen; **10.** *fig.* (Seiten)Hieb *m*; **11.** ⚕ Spritze *f* (*Injektion*): ***~ in the arm*** F *fig.* ‚Spritze' *f* (*bsd.* ♆ *finanzielle Hilfe*); **12.** F Schuß *m Rum etc.*; ‚Gläs-chen' *n Schnaps*: ***stand ~*** die Zeche (für alle) bezahlen; **13.** ⚙ a) Sprengladung *f*, b) Sprengung *f*; **14.** *Am. sl.* Chance *f*; ˈ**~·gun** *s.* Schrotflinte *f*: ***~ wedding*** F ‚Mußheirat' *f*; **~ put** *s. sport* a) Kugelstoßen *n*, b) Stoß *m*; ˈ**~-**ˌ**put·ter** *s. sport* Kugelstoßer(in).

shot·ten [ˈʃɒtn] *adj. ichth.* gelaicht habend: ***~ herring*** Laichhering *m*.

shot weld·ing *s.* ⚙ Schußschweißen *n*.

should [ʃʊd; ʃəd] **1.** *pret. von* ***shall***, *a. konditional futurisch*: *ich*, *er*, *sie*, *es* sollte, *du* solltest, *wir*, *Ihr*, *Sie*, *sie* sollten: ***I ~ have gone*** ich hätte gehen sollen; ***if he ~ come*** falls er kommen sollte; ***~ it prove false*** sollte es sich als falsch erweisen; **2.** *konditional*: *ich* würde, *wir* würden: ***I ~ go if ...***; ***I ~ not have come if*** ich wäre nicht gekommen, wenn; ***I ~ like to*** ich würde *od.* möchte gern; **3.** *nach Ausdrücken des Erstaunens*: ***it is incredible that he ~ have failed*** es ist unglaublich, daß er versagt hat.

shoul·der [ˈʃəʊldə] **I** *s.* **1.** Schulter *f*, Achsel *f*: ***~ to ~*** *bsd. fig.* Schulter an Schulter; ***put one's ~ to the wheel*** *fig.* sich tüchtig ins Zeug legen; (***straight***) ***from the ~*** *fig.* unverblümt, geradeheraus; ***give s.o. the cold ~*** *fig.* j-m die kalte Schulter zeigen; → ***rub*** 7; ***he has broad ~s*** *fig.* er hat e-n breiten Rükken; **2.** Bug *m*, Schulterstück *n* (*von Tieren*): ***~ of mutton*** Hammelkeule *f*; **3.** *fig.* Schulter *f*, Vorsprung *m*; **4.** *a.* ***hard ~*** a) Banˈkett *n*, Seitenstreifen *m*, b) *mot.* Standspur *f*; **5.** ✈ ˈÜbergangsstreifen *m* (*Flugplatz*); **II** *v/t.* **6.** (mit der Schulter) stoßen *od.* drängen: ***~ one's way through the crowd*** sich e-n Weg durch die Menge bahnen; **7.** *et.* schultern, auf die Schulter nehmen; ⚔ *Gewehr* ˈübernehmen; *Aufgabe*, *Verantwortung etc.* auf sich nehmen; **~ bag** *s.* ˈUmhängetasche *f*; **~ belt** *s.* **1.** ⚔ Schulterriemen *m*; **2.** *mot.* Schultergurt *m*; **~ blade** *s. anat.* Schulterblatt *n*; **~ strap** *s.* **1.** Träger *m* (*bsd. an Damenunterwäsche*); **2.** ⚔ Schulterstück *n*.

should·n't [ˈʃʊdnt] F *für* ***should not***.

shout [ʃaʊt] **I** *v/i.* **1.** (laut) rufen, schreien (***for*** nach): ***~ to s.o.*** j-m zurufen; **2.** schreien, brüllen (***with*** vor *Schmerz*, *Lachen*): ***~ at s.o.*** j-n anschreien; **3.** jauchzen (***for***, ***with*** vor *dat.*); **II** *v/t.* **4.** (laut) rufen, schreien: ***~ disapproval*** laut sein Mißfallen äußern; ***~ s.o. down*** j-n niederbrüllen; ***~ out*** a) herausschreien, b) *Namen etc.* ausrufen; **III** *s.* **5.** Schrei *m*, Ruf *m*; **6.** Geschrei *n*, Gebrüll *n*: ***a ~ of laughter*** brüllendes Lachen; **7.** ***my ~!*** F jetzt bin ich dran! (*zum Stiften von Getränken*); ˈ**shout·ing** [-tɪŋ] *s.* Schreien *n*, Geschrei *n*: ***all is over but*** *od.* ***bar the ~*** es ist so gut wie gelaufen.

shove [ʃʌv] **I** *v/t.* **1.** *beiseite etc.* schieben, stoßen: ***~ s.o. around*** *bsd. fig.* F j-n ‚herumschubsen'; **2.** (achtlos *od.* rasch) *wohin* schieben, stecken; **II** *v/i.* **3.** schieben, stoßen; **4.** (sich) dränge(l)n; **5.** ***~ off*** a) vom Ufer abstoßen, b) *sl.* ‚abschieben', sich daˈvonmachen; **III** *s.* **6.** Stoß *m*, Schubs *m*.

shov·el [ˈʃʌvl] **I** *s.* **1.** Schaufel *f*; **2.** ⚙ a) Löffel *m* (*e-s Löffelbaggers*), b) Löffelbagger *m*; **II** *v/t.* **3.** schaufeln: ***~ up*** (*od.* ***in***) ***money*** Geld scheffeln; ˈ**shov·el·ful** [-fʊl] *pl.* **-fuls** *s. e-e* Schaufel(voll).

show [ʃəʊ] **I** *s.* **1.** (Her)Zeigen *n*: ***vote by ~ of hands*** durch Handzeichen wählen; **2.** Schau *f*, Zurˈschaustellung *f*: ***a ~ of force*** *fig.* e-e Demonstration der Macht; **3.** *künstlerische etc.* Darbietung, Vorführung *f*, -stellung *f*, Show *f*: ***put on a ~*** F *fig.* ‚e-e Schau abziehen'; ***steal s.o. the ~*** F *fig.* j-m ‚die Schau stehlen'; **4.** F (Theˈater-, Film)Vorstellung *f*; **5.** Schau *f*, Ausstellung *f*: ***flower ~***; ***on ~*** ausgestellt, zu besichtigen(d); **6.** *prunkvoller* ˈUmzug; **7.** Schaubude *f auf Jahrmärkten*; **8.** Anblick *m*: ***make a sorry ~*** e-n traurigen Eindruck hinterlassen; ***make a good ~*** (e-e) ‚gute Figur' machen; **9.** F *gute etc.* Leistung: ***good ~!*** gut gemacht!, bravo!; **10.** Protzeˈrei *f*, Angebeˈrei *f*: ***for ~*** um Eindruck zu machen, (nur) fürs Auge; ***be fond of ~*** gern großtun; ***make a ~ of*** mit *et.* protzen (→ *a.* 11); **11.** (leerer) Schein: ***in outward ~*** nach außen hin; ***make a ~ of rage*** sich wütend stellen; **12.** Spur *f*: ***no ~ of*** keine Spur von; **13.** F Chance *f*: ***give s.o. a ~***; **14.** F ‚Laden' *m*, ‚Kiste' *f*, ‚Kram' *m*: ***run the ~*** *sl.* ‚den Laden schmeißen'; ***give the*** (***whole***) ***~ away*** F den ganzen Schwindel verraten; ***a dull*** (***poor***) ***~*** e-e langweilige (armselige) Sache; **II** *v/t.* [*irr.*] **15.** zeigen (***s.o. s.th.***, ***s.th. to s.o.*** j-m et.), sehen lassen, *Fahrkarten etc. a.* vorzeigen, -weisen: ***~ o.s.*** *od.* ***one's face*** sich zeigen *od.* blicken lassen, *fig.* sich *grausam etc.* zeigen, sich erweisen als; ***~ s.o. the door*** j-m die Tür weisen; ***we had nothing to ~ for it*** wir hatten nichts vorzuweisen; **16.** ausstellen, (auf e-r Ausstellung) zeigen; **17.** *thea. etc.* zeigen, vorführen; **18.** *j-n ins Zimmer etc.* geleiten, führen: ***~ s.o. over the house*** j-n durch das Haus führen; **19.** *Absicht etc.* (auf)zeigen, kundtun, darlegen; **20.** zeigen, beweisen, nachweisen; ⚖ *a.* glaubhaft machen: ***~ proof*** den Beweis erbringen; ***that goes to ~ that*** das zeigt *od.* beweist, daß; **21.** zeigen, erkennen lassen, verraten: ***~ bad taste***; **22.** *Gunst etc.* erweisen; **23.** *j-m* zeigen *od.* erklären (*wie et. gemacht wird*): ***~ s.o. how to write*** j-m das Schreiben beibringen; **III** *v/i.* [*irr.*] **24.** sich zeigen, sichtbar werden *od.* sein: ***it ~s*** man sieht es; **25.** F sich *in Gesellschaft* zeigen, erscheinen;

Zssgn mit adv.:

show| forth *v/t.* darlegen, kundtun; **~ in** *v/t. j-n* herˈeinführen; **~ off I** *v/t.* **1.**

protzen mit; **2.** *a.* ~ ***to advantage*** vorteilhaft zur Geltung bringen; **II** *v/i.* **3.** angeben; ~ **out** *v/t.* hin'ausgeleiten, -bringen; ~ **up I** *v/t.* **1.** her'auf-, hin'aufführen; **2.** F a) *j-n* bloßstellen, entlarven, b) *et.* aufdecken; **II** *v/i.* **3.** F ‚auftauchen', -tauchen, erscheinen; **4.** sich abheben (***against*** gegen).

show| biz F → ***show business***; '~**·boat** *s.* The'aterschiff *n*; ~ **busi·ness** *s.* Showbusineß *n*, Show-, Schaugeschäft *n*; ~ **card** *s.* ✝ **1.** Musterkarte *f*; **2.** 'Werbepla₁kat *n* (*im Schaufenster*); '~**·case** *s.* Schaukasten *m*; '~**·down** *s.* **1.** Aufdecken *n* der Karten (*a. fig.*); **2.** entscheidende Kraftprobe, endgültige Ausein'andersetzung, ‚Showdown' *m.*

show·er ['ʃaʊə] **I** *s.* **1.** (*Regen-, Hagel- etc.*)Schauer *m*; **2.** Guß *m*; **3.** *fig.* a) (*Funken-, Kugel- etc.*)Regen *m*, (*Geschoß-, Stein*)Hagel *m*, b) Schwall *m*, Unmenge *f*; **4.** *Am.* a) Brautgeschenke *pl.*, b) *a.* ~ ***party*** Party *f* zur Über'reichung der Brautgeschenke; **5.** → ***shower bath***; **II** *v/t.* **6.** über'schütten, begießen: ~ ***gifts*** *etc.* ***upon s.o.*** j-n mit Geschenken *etc.* überhäufen; **7.** *j-n* duschen; **8.** niederprasseln lassen; **III** *v/i.* **9.** (~ ***down*** nieder)prasseln; **10.** (sich) duschen; **show·er bath** *s.* **1.** Dusche *f*: a) Brausebad *n*, b) Brause *f* (*Vorrichtung*); **2.** Duschraum *m*; **show·er·y** ['ʃaʊərɪ] *adj.* **1.** mit einzelnen (Regen-) Schauern; **2.** schauerartig.

show| girl *s.* Re'vuegirl *n*; ~ **glass** → ***showcase***.

show·i·ness ['ʃəʊɪnɪs] *s.* **1.** Prunkhaftigkeit *f*, Gepränge *n*; **2.** Protzigkeit *f*, Auffälligkeit *f*; **3.** pom'pöses Auftreten.

show·ing ['ʃəʊɪŋ] *s.* **1.** Zur'schaustellung *f*; **2.** Ausstellung *f*; **3.** Vorführung *f* (*e-s Films etc.*); **4.** Darlegung *f*, Erklärung *f*; Beweis(e *pl.*) *m*: ***on*** (*od.* ***by***) ***your own*** ~ nach Ihrer eigenen Darstellung; ***upon proper*** ~ ⚖ nach erfolgter Glaubhaftmachung; **5.** *gute etc.* Leistung; **6.** Stand *m* der Dinge: ***on present*** ~ so wie es derzeit aussieht; ₁~-'**off** *s.* Angebe'rei *f.*

show| jump·er *s. sport* **1.** Springreiter (-in); **2.** Springpferd *n*; ~ **jump·ing** *s.* Springreiten *n.*

'**show·man** [-mən] *s.* [*irr.*] **1.** Schausteller *m*; **2.** ‚Showman' *m*: a) *j-d der im Showgeschäft tätig ist*, b) *fig.* geschickter Propagan'dist, wirkungsvoller Redner *etc.*, j-d, der sich gut ‚zu verkaufen' versteht, *contp.* ‚Schauspieler' *m*; '**show·man·ship** [-ʃɪp] *s.* ‚Showmanship' *f*: a) ef'fektvolle Darbietung, b) *die* Kunst, sich in Szene zu setzen, Publikumswirksamkeit *f.*

shown [ʃəʊn] *p.p. von* ***show***.

'**show|-off** *s.* F **1.** ‚Angabe' *f*, Protze'rei *f*; **2.** ‚Angeber(in)' *m*; '~**·piece** *s.* Schau-, Pa'radestück *n*; '~**·place** *s.* Ort *m* mit vielen Sehenswürdigkeiten; '~**room** *s.* **1.** Ausstellungsraum *m*; **2.** Vorführungssaal *m*; ~ **tri·al** *s.* ⚖ 'Schaupro₁zeß *m*; ~ **win·dow** *s.* Schaufenster *n.*

show·y ['ʃəʊɪ] *adj.* □ **1.** a) prächtig, b) protzig; **2.** auffällig, grell.

shrank [ʃræŋk] *pret. von* ***shrink***.

shrap·nel ['ʃræpnl] *s.* ⚔ **1.** Schrap'nell *n*; **2.** Schrap'nelladung *f.*

shred [ʃred] **I** *s.* **1.** Fetzen *m* (*a. fig.*), Lappen *m*: ***in ~s*** in Fetzen; ***tear to ~s*** a) → 4, b) *fig. Argument etc.* zerpflükken, -reißen; **2.** Schnitzel *m, n*; **3.** *fig.* Spur *f*, A'tom *n*: ***not a ~ of doubt*** nicht der leiseste Zweifel; **II** *v/t.* [*irr.*] **4.** zerfetzen, in Fetzen reißen; **5.** in Streifen schneiden, *Küche*: *a.* schnetzeln; **III** *v/i.* [*irr.*] **6.** zerreißen, in Fetzen gehen; '**shred·der** [-də] *s.* **1.** ⚙ Reißwolf *m*; **2.** *Küche*: a) 'Schnitzelma₁schine *f*, -einsatz *m*, b) Reibeisen *n.*

shrew[1] [ʃru:] *s.* Xan'thippe *f*, zänkisches Weib.

shrew[2] [ʃru:] *s. zo.* Spitzmaus *f.*

shrewd [ʃru:d] *adj.* □ **1.** schlau, gerieben; **2.** scharfsinnig, klug, gescheit: ***this was a ~ guess*** das war gut geraten; **3.** *obs.* scharf; '**shrewd·ness** [-nɪs] *s.* **1.** Schlauheit *f*; **2.** Scharfsinn *m*, Klugheit *f.*

shrew·ish ['ʃru:ɪʃ] *adj.* □ zänkisch.

shriek [ʃri:k] **I** *s.* **1.** schriller *od.* spitzer Schrei; **2.** Kreischen *n* (*a. von Bremsen etc.*): ***~s of laughter*** kreischendes Lachen; **II** *v/i.* **3.** schreien, schrille Schreie ausstoßen; **4.** (gellend) aufschreien (***with*** vor *Schmerz etc.*): ~ ***with laughter*** kreischen vor Lachen; **5.** schrill klingen; kreischen (*Bremsen etc.*); **III** *v/t.* **6.** ~ ***out*** *et.* kreischen *od.* gellend schreien.

shriev·al·ty ['ʃri:vltɪ] *s.* Amt *n* des Sheriffs.

shrift [ʃrɪft] *s.* **1.** *obs. eccl.* Beichte *f* (u. Absoluti'on *f*); **2.** ***give s.o. short ~*** *fig.* mit j-m kurzen Prozeß machen, j-n kurz abfertigen.

shrike [ʃraɪk] *s. orn.* Würger *m.*

shrill [ʃrɪl] **I** *adj.* □ **1.** schrill, gellend; **2.** *fig.* grell (*Farbe etc.*); **3.** *fig.* heftig; **II** *v/t.* **4.** *et.* kreischen *od.* gellend schreien; **III** *v/i.* **5.** schrillen; '**shrill·ness**

[-nɪs] *s.* schriller Klang.

shrimp [ʃrɪmp] **I** *s.* **1.** *pl. coll.* **shrimp** *zo.* Gar'nele *f*; **2.** *fig. contp.* Knirps *m*, ‚Gartenzwerg' *m*; **II** *v/i.* **3.** Gar'nelen fangen.

shrine [ʃraɪn] *s.* **1.** *eccl.* a) (Re'liquien-) Schrein *m*, b) Heiligengrab *n*, c) Al'tar *m*; **2.** *fig.* Heiligtum *n*.

shrink [ʃrɪŋk] **I** *v/i.* [*irr.*] **1.** sich zs.-ziehen, (zs.-, ein)schrumpfen; **2.** einlaufen, -gehen (*Stoff*); **3.** abnehmen, schwinden; **4.** *fig.* zu'rückweichen (***from*** vor *dat.*): ***~ from doing s.th.*** et. höchst widerwillig tun; **5.** *a.* ***~ back*** zu'rückschrecken, -schaudern, -beben (***from***, ***at*** vor *dat.*); **6.** sich scheuen *od.* fürchten (***from*** vor *dat.*); **7.** ***~ away*** sich da'vonschleichen; **II** *v/t.* [*irr.*] **8.** (ein-, zs.-)schrumpfen lassen; **9.** *Stoffe* einlaufen lassen, krump(f)en; **10.** *fig.* zum Schwinden bringen; **11.** ***~ on*** ⚙ aufschrumpfen: ***~ fit*** Schrumpfsitz *m*; **III** *s.* **12.** *sl.* Psychi'ater *m*; **'shrink·age** [-kɪdʒ] *s.* **1.** (Zs.-, Ein)Schrumpfen *n*; **2.** Schrumpfung *f*; **3.** Verminderung *f*; Schwund *m* (*a.* ⚕, ⚙); **4.** Einlaufen *n* (*Textilien*); **'shrink·ing** [-kɪŋ] *adj.* □ **1.** schrumpfend; **2.** abnehmend; **3.** 'widerwillig; **4.** scheu; **'shrink·proof** *adj.* nicht einlaufend (*Gewebe*); **'shrink-wrap** *v/t.* *Bücher etc.* einschweißen.

shriv·el ['ʃrɪvl] **I** *v/t.* **1.** *a.* ***~ up*** (ein-, zs.-) schrumpfen lassen; **2.** (ver)welken lassen, ausdörren; **3.** runzeln; **II** *v/i.* **4.** *oft* ***~ up*** (zs.-, ein)schrumpfen, schrumpeln; **5.** runz(e)lig werden; **6.** (ver)welken; **7.** *fig.* verkümmern.

shroud [ʃraʊd] **I** *s.* **1.** Leichentuch *n*, Totenhemd *n*; **2.** *fig.* Hülle *f*, Schleier *m*; **3.** *pl.* ⚓ Wanten *pl.*; **4.** *a.* ***~ line*** Fangleine *f* (*am Fallschirm*); **II** *v/t.* **5.** in ein Leichentuch (ein)hüllen; **6.** *fig.* *in Nebel*, *Geheimnis* hüllen; **7.** *fig. et.* verschleiern.

Shrove| Mon·day [ʃrəʊv] *s.* Rosen'montag *m*; **'~·tide** *s.* Faschings-, Fastnachtszeit *f*; **~ Tues·day** *s.* Faschings-, Fastnachts'dienstag *m*.

shrub[1] [ʃrʌb] *s.* Strauch *m*, Busch *m*.

shrub[2] [ʃrʌb] *s.* *Art* Punsch *m*.

shrub·ber·y ['ʃrʌbərɪ] *s.* ⚘ Strauchwerk *n*, Sträucher *pl.*, Gebüsch *n*; **'shrub·by** [-bɪ] *adj.* ⚘ strauchig, buschig, Strauch…, Busch…

shrug [ʃrʌg] **I** *v/t.* **1.** *die Achseln* zucken: ***she ~ged her shoulders***; **2.** ***~ s.th. off*** *fig.* et. mit e-m Achselzucken abtun; **II** *v/i.* **3.** die Achseln zucken; **III** *s.* **4.** *a.* ***~ of the shoulders*** Achselzucken *n*.

shrunk [ʃrʌŋk] **I** *p.p. von* ***shrink***; **II** *adj.* **1.** (ein-, zs.-)geschrumpft; **2.** eingelaufen, dekatiert (*Stoff*); **'shrunk·en** [-kən] **I** → ***shrunk*** 1; **II** *adj.* abgemagert, -gezehrt; eingefallen (*Wangen*).

shuck [ʃʌk] *bsd. Am.* **I** *s.* **1.** Hülse *f*, Schote *f* (*von Bohnen etc.*); **2.** grüne Schale (*von Nüssen etc.*), *a.* Austernschale *f*; **3.** ***I don't care ~s!*** F das ist mir völlig ‚schnurz'!; ***~s!*** F Quatsch!; **II** *v/t.* **4.** enthülsen, -schoten; schälen.

shud·der ['ʃʌdə] **I** *v/i.* schaudern, (er-) zittern (***at*** bei, ***with*** vor *dat.*): ***I ~ at the thought***, ***I ~ to think of it*** es schaudert mich bei dem Gedanken; **II** *s.* Schauder(n *n*) *m*.

shuf·fle ['ʃʌfl] **I** *s.* **1.** Schlurfen *n*, schlurfender Gang; **2.** *Tanz*: a) Schleifschritt *m*, b) Schleifer *m* (*Tanz*); **3.** (Karten-) Mischen *n*; **4.** Ausflucht *f*; Trick *m*; **II** *v/i.* **5.** schlurfen; (mit den Füßen) scharren: ***~ through s.th.*** *fig.* et. flüchtig erledigen; **6.** *fig.* a) Ausflüchte machen, sich her'auszureden suchen, b) sich her'auswinden (***out of*** aus); **7.** (die Karten) mischen; **III** *v/t.* **8.** hin- u. herschieben, *fig. a.* ‚jonglieren' mit: ***~ one's feet*** → 5; **9.** schmuggeln: ***~ away*** wegpraktizieren; **10.** ***~ off*** a) *Kleider* abstreifen, b) *fig.* abschütteln, sich befreien von, sich *e-r Verpflichtung* entziehen, *Schuld etc.* abwälzen (***on***[***to***] auf *acc.*); **11.** ***~ on*** *Kleider* mühsam anziehen; **12.** *Karten* mischen: ***~ together*** et. zs.-werfen, -raffen; **'shuf·fle·board** *s.* a) Beilkespiel *n*, b) ⚓ *ein ähnliches Bordspiel*; **'shuf·fler** [-lə] *s.* **1.** Schlurfende(r *m*) *f*; **2.** Ausflüchtemacher *m*; Schwindler(in); **'shuf·fling** [-lɪŋ] *adj.* □ **1.** schlurfend, schleppend; **2.** unaufrichtig, unredlich; **3.** ausweichend: ***a ~ answer***.

shun [ʃʌn] *v/t.* (ver)meiden, ausweichen (*dat.*), sich fernhalten von.

shunt [ʃʌnt] **I** *v/t.* **1.** bei'seite schieben; **2.** 🚂 *Zug etc.* rangieren, auf ein anderes Gleis fahren; **3.** ⚡ nebenschließen, shunten; **4.** *fig. et.* aufschieben; **5.** *fig.* *j-n* beiseite schieben, *j-n* kaltstellen; **6.** abzweigen; **II** *v/i.* **7.** 🚂 rangieren; **8.** *fig. von e-m Thema*, *Vorhaben etc.* abkommen, -springen; **III** *s.* **9.** 🚂 a) Rangieren *n*, b) Weiche *f*; **10.** ⚡ a) Nebenschluß *m*, b) 'Neben,widerstand *m*; **'shunt·er** [-tə] *s.* 🚂 a) Weichensteller *m*, b) Rangierer *m*; **'shunt·ing** [-tɪŋ] 🚂 **I** *s.* Rangieren *n*; Weichenstellen *n*; **II** *adj.* Rangier…, Verschiebe…: ***~ engine***.

shush [ʃʌʃ] **I** *int.* sch!, pst!; **II** *v/i.* ‚sch' *od.* ‚pst' machen; **III** *v/t.* *j-n* zum

Schweigen bringen.
shut [ʃʌt] **I** *v/t.* [*irr.*] **1.** (ver)schließen, zumachen: **~ *one's mind*** (*od.* ***heart***) ***to s.th.*** *fig.* sich gegen et. verschließen; → *Verbindungen mit anderen Substantiven*; **2.** einschließen, -sperren (***into***, ***in*** in *dat.*, *acc.*); **3.** ausschließen, -sperren (***out of*** aus); **4.** *Finger etc.* (ein)klemmen; **5.** *Taschenmesser*, *Buch etc.* schließen, zs.-, zuklappen; **II** *v/i.* [*irr.*] **6.** sich schließen, zugehen; **7.** schließen (*Fenster etc.*); **III** *p.p. u. adj.* **8.** ge-, verschlossen, zu: ***the shops are*** **~** die Geschäfte sind geschlossen *od.* zu; *Zssgn mit adv.*:
shut| down I *v/t.* **1.** *Fenster etc.* schließen; **2.** *Fabrik etc.* schließen, stillegen; **II** *v/i.* **3.** die Arbeit *od.* den Betrieb einstellen, ‚zumachen'; **4.** **~** (***up***)***on*** F ein Ende machen mit; **~ in** *v/t.* **1.** einschließen (*a. fig.*); **2.** *Aussicht* versperren; **~ off** *v/t.* **1.** *Wasser*, *Motor etc.* abstellen; **2.** abschließen (***from*** von); **~ out** *v/t.* **1.** *j-n*, *a. Licht*, *Luft etc.* ausschließen, sperren; **2.** *Landschaft* den Blicken entziehen; **3.** *sport Am. Gegner* (ohne Gegentor *etc.*) besiegen; **~ to I** *v/t.* → ***shut*** 1; **II** *v/i.* → ***shut*** 6; **~ up I** *v/t.* **1.** *Haus etc.* (fest) verschließen, -riegeln; → ***shop*** 1; **2.** *j-n* einsperren, -schließen; **3.** F *j-m* den Mund stopfen; **II** *v/i.* **4.** F die ‚Klappe' halten: **~!** halt's Maul!
'shut|·down *s.* **1.** Arbeitsniederlegung *f*; **2.** Schließung *f*, (Betriebs)Stillegung *f*; **3.** *Radio*, *TV*: Sendeschluß *m*; **'~·eye** *s.*: ***catch some*** **~** *sl.* ein Schläfchen machen; **'~·off** *s.* **1.** ⚙ Abstell-, Absperrvorrichtung *f*; **2.** *hunt.* Schonzeit *f*; **'~·out** *s.* **1.** Ausschließung *f*; **2.** *sport* Zu-'Null-Niederlage *f od.* -Sieg *m*.
shut·ter ['ʃʌtə] **I** *s.* **1.** Fensterladen *m*, Rolladen *m*: ***put up the*** **~*s*** *fig.* das Geschäft (*am Abend od. für immer*) schließen; **2.** Klappe *f*; Verschluß *m* (*a. phot.*); **3.** ⚠ Schalung *f*; **4.** *Wasserbau*: Schütz(e *f*) *n*; **5.** ♪ Jalou'sie *f* (*Orgel*); **II** *v/t.* **6.** mit Fensterläden versehen *od.* verschließen; **'~·bug** *s.* F ‚Fotonarr' *m*; **~ speed** *s. phot.* Belichtung(szeit) *f*.
shut·tle ['ʃʌtl] **I** *s.* **1.** ⚙ a) Weberschiff(-chen) *n*, (Web)Schütze(n) *m*, b) Schiffchen *n* (*Nähmaschine*); **2.** Schütz(-entor) *n* (*Schleuse*); **3.** Pendelroute *f*; → *a.* ***shuttle service***, ***shuttle train***; **4.** (Raum)Fähre *f*; **II** *v/t.* **5.** (schnell) hin- u. herbewegen *od.* -befördern; **III** *v/i.* **6.** sich (schnell) hin- u. herbewegen; **7.** 🚂 *etc.* pendeln (***between*** zwischen); **'~·cock I** *s. sport* Federball(spiel *n*) *m*; **II** *v/t. fig.* 'hin- u. 'herjagen; **~ di·plo·ma·cy** *s.* 'Reisediploma,tie *f*; **~ race** *s. sport* Pendelstaffel(lauf *m*) *f*; **~ ser·vice** *s.* Pendelverkehr *m*; **~ train** *s.* Pendel-, Vorortzug *m*.
shy¹ [ʃaɪ] **I** *adj.* □ **1.** scheu (*Tier*); **2.** scheu, schüchtern; **3.** zu'rückhaltend: ***be*** (*od.* ***fight***) **~ *of s.o.*** j-m aus dem Weg gehen; **4.** argwöhnisch; **5.** zaghaft: ***be*** **~ *of doing s.th.*** Hemmungen haben, et. zu tun; **6.** *sl.* knapp (***of*** an *dat.*); **7.** ***I'm*** **~ *of one dollar*** *sl.* mir fehlt (noch) ein Dollar; **II** *v/i.* **8.** scheuen (*Pferd etc.*); **9.** *fig.* zu'rückscheuen, -schrecken (***at*** vor *dat.*); **III** *s.* **10.** Scheuen *n* (*Pferd etc.*).
shy² [ʃaɪ] **I** *v/t. u. v/i.* **1.** werfen; **II** *s.* **2.** Wurf *m*; **3.** *fig.* Hieb *m*, Stiche'lei *f*; **4.** ***have a*** **~ *at*** (***doing***) ***s.th.*** F es (mal) mit et. versuchen.
shy·ness ['ʃaɪnɪs] *s.* **1.** Scheu *f*; **2.** Schüchternheit *f*; **3.** Zu'rückhaltung *f*; **4.** 'Mißtrauen *n*.
shy·ster ['ʃaɪstə] *s. Am. sl.* **1.** 'Winkeladvo,kat *m*; **2.** *fig.* Gauner *m*.
Si·a·mese [,saɪə'mi:z] **I** *adj.* **1.** sia'mesisch; **II** *pl.* **,Si·a'mese** *s.* **2.** Sia'mese *m*, Sia'mesin *f*; **3.** *ling.* Sia'mesisch *n*; **~ cat** *s. zo.* Siamkatze *f*; **~ twins** *s. pl.* Sia'mesische Zwillinge *pl.* (*a. fig.*).
Si·be·ri·an [saɪ'bɪərɪən] **I** *adj.* si'birisch; **II** *s.* Si'birier(in).
sib·i·lance ['sɪbɪləns] *s.* **1.** Zischen *n*; **2.** *ling.* Zischlaut *m*; **'sib·i·lant** [-nt] **I** *adj.* **1.** zischend; **2.** *ling.* Zisch...: **~ *sound***; **II** *s.* **3.** *ling.* Zischlaut *m*; **'sib·i·late** [-leɪt] *v/t. u. v/i.* zischen; **sib·i·la·tion** [,sɪbɪ'leɪʃn] *s.* **1.** Zischen *n*; **2.** *ling.* Zischlaut *m*.
sib·ling ['sɪblɪŋ] *s. biol.* Bruder *m*, Schwester *f*; *pl.* Geschwister *pl.*
sib·yl ['sɪbɪl] *s.* **1.** *myth.* Si'bylle *f*; **2.** *fig.* a) Seherin *f*, b) Hexe *f*; **sib·yl·line** [sɪ'bɪlaɪn] *adj.* **1.** sibyl'linisch; **2.** pro'phetisch; geheimnisvoll, dunkel.
sic·ca·tive ['sɪkətɪv] **I** *adj.* trocknend; **II** *s.* Trockenmittel *n*.
Si·cil·ian [sɪ'sɪljən] **I** *adj.* si'zilisch, sizili'anisch; **II** *s.* Si'zilier(in), Sizili'aner(in).
sick¹ [sɪk] **I** *adj.* **1.** (*Brit. nur attr.*) krank (***of*** an *dat.*): ***fall*** **~** krank werden, erkranken; ***go*** **~** *bsd.* ⚔ sich krank melden; **2.** Brechreiz verspürend: ***be*** **~** sich erbrechen *od.* übergeben; ***I feel*** **~** mir ist schlecht *od.* übel; ***she turned*** **~** ihr wurde übel, sie mußte (sich er)brechen; ***it makes me*** **~** mir wird übel davon, *fig. a.* es widert *od.* ekelt mich an; **3.** *fig.* krank (***of*** vor *dat.*; ***for*** nach); **4.** *fig.*

enttäuscht, ärgerlich (***with*** über *j-n*; ***at*** über *et.*): ~ ***at heart*** a) todunglücklich, b) angsterfüllt; **5.** F *fig.* (***of***) 'überdrüssig (*gen.*), angewidert (von): ***I am ~*** (***and tired***) ***of it*** ich habe es satt, es hängt mir zum Hals heraus; **6.** fahl (*Farbe*, *Licht*); **7.** F matt (*Lächeln*); **8.** schlecht (*Nahrungsmittel*, *Luft*); trüb (*Wein*); **9.** F grausig, ma'kaber: ***~ jokes***; ***~ humo(u)r*** ‚schwarzer' Humor; **II** *s.* **10.** ***the ~*** *pl.* die Kranken *pl.*

sick² [sɪk] *v/t. Hund*, *Polizei etc.* hetzen (***on*** auf *acc.*): ***~ him!*** faß!

sick| bay *s.* ⚓ ('Schiffs)Laza͵rett *n*; '**~·bed** *s.* Krankenbett *n*; **~ ben·e·fit** *s. Brit.* Krankengeld *n*; **~ call** *s.* ⚔ Re'vierstunde *f*: ***go on ~*** sich krank melden; **~ cer·tif·i·cate** *s.* 'Krankheitsat͵test *n*.

sick·en ['sɪkn] **I** *v/i.* **1.** erkranken, krank werden: ***be ~ing for*** *e-e Krankheit* ‚ausbrüten'; **2.** kränkeln; **3.** sich ekeln (***at*** vor *dat.*); **4.** 'überdrüssig *od.* müde sein *od.* werden (***of*** *gen.*): ***be ~ed with*** *e-r Sache* überdrüssig sein; **II** *v/t.* **5.** *j-m* Übelkeit verursachen, *j-n* zum Erbrechen reizen; **6.** anekeln, anwidern; '**sick·en·er** [-nə] *s. fig.* Brechmittel *n*; '**sick·en·ing** [-nɪŋ] *adj.* □ **1.** Übelkeit erregend: ***this is ~*** dabei kann einem (ja) übel werden; **2.** *fig.* ekelhaft, widerlich.

sick| head·ache *s.* **1.** Kopfschmerz(en *pl.*) *m* mit Übelkeit; **2.** Mi'gräne *f*; **~ in·sur·ance** *s.* Krankenversicherung *f*, -kasse *f*.

sick·ish ['sɪkɪʃ] *adj.* □ **1.** kränklich, unpäßlich, unwohl; **2.** → ***sickening***.

sick·le ['sɪkl] *s.* ✓ *u. fig.* Sichel *f*.

sick leave *s.* Fehlen *n* wegen Krankheit: ***be on ~*** wegen Krankheit fehlen; ***request ~*** sich krank melden.

sick·li·ness ['sɪklɪnɪs] *s.* **1.** Kränklichkeit *f*; **2.** kränkliches Aussehen; **3.** Unzuträglichkeit *f*.

sick list *s.* ⚓, ⚔ Krankenliste *f*: ***be on the ~*** krank (gemeldet) sein.

sick·ly ['sɪklɪ] *adj. u. adv.* **1.** kränklich, schwächlich; **2.** kränklich, blaß (*Aussehen etc.*); matt (*Lächeln*); **3.** ungesund (*Gebiet*, *Klima*); **4.** 'widerwärtig (*Geruch etc.*); **5.** *fig.* wehleidig, süßlich: ***~ sentimentality***.

sick·ness ['sɪknɪs] *s.* **1.** Krankheit *f*: ***~ insurance*** → ***sick insurance***; **2.** Übelkeit *f*, Erbrechen *n*.

sick| nurse *s.* Krankenschwester *f*; **~ pay** *s.* Krankengeld *n*; **~ re·port** *s.* ⚔ **1.** Krankenbericht *m*, -liste *f*; **2.** Krankmeldung *f*; '**~·room** *s.* Krankenzimmer *n*, -stube *f*.

side [saɪd] **I** *s.* **1.** *allg.* Seite *f*: ***~ by ~*** Seite an Seite (***with*** mit); ***at*** (*od.* ***by***) ***the ~ of*** an der Seite von (*od. gen.*); ***by the ~ of*** *fig.* neben (*dat.*), verglichen mit; ***stand by s.o.'s ~*** *fig.* j-m zur Seite stehen; ***on all ~s*** überall; ***on the ~*** *sl.* nebenbei *verdienen etc.*; ***on the ~ of*** a) auf der Seite von, b) seitens (*gen.*); ***on this*** (***the other***) ***~ of*** diesseits (jenseits) (*gen.*); ***this ~ up!*** Vorsicht, nicht stürzen!; ***be on the small ~*** ziemlich klein sein; ***keep on the right ~ of*** sich mit *j-m* gut stellen; ***put on one ~*** *Frage etc.* zurückstellen, ausklammern; → ***dark*** 5, ***right*** 6, ***sunny***, ***wrong*** 2; **2.** ⩓ Seite *f* (*a. Gleichung*); Seitenlinie *f*, -fläche *f*; **3.** (Seiten)Rand *m*; **4.** (Körper)Seite *f*: ***shake*** (*od.* ***split***) ***one's ~s with laughter*** sich schütteln vor Lachen; **5.** (Speck-, Hammel- *etc.*)Seite *f*; **6.** Seite *f*: a) Hang *m*, Flanke *f*, *a.* Wand *f e-s Berges*, b) Ufer(seite *f*) *n*; **7.** Seite *f*, (Abstammungs)Linie *f*: ***on one's father's ~***, ***on the paternal ~*** väterlicherseits; **8.** *fig.* Seite *f*, (Cha'rakter)Zug *m*; **9.** Seite *f*: a) Par'tei *f* (*a.* ⚖ *u. sport*), b) *sport* Spielfeld(hälfte *f*) *n*: ***be on s.o.'s ~*** auf j-s Seite stehen; ***change ~s*** a) ins andere Lager überwechseln, b) *sport* die Seiten wechseln; ***take ~s*** → 16; ***win s.o. over to one's ~*** j-n auf s-e Seite ziehen; **10.** *sport Brit.* Mannschaft *f*; **11.** *ped. Brit.* Ab'teilung *f*: ***classical ~*** humanistische Abteilung; **12.** *Billiard*: Ef'fet *n*; **13.** ***put on ~*** *sl.* ‚angeben'; **II** *adj.* **14.** seitlich (liegend, stehend *etc.*), Seiten…; **15.** Seiten…, Neben…: ***~ door***; **III** *v/i.* **16.** (***with***) Par'tei ergreifen (*gen. od.* für), es halten (mit); **~ aisle** *s.* △ Seitenschiff *n* (*Kirche*); **~ arms** *s. pl.* ⚔ Seitenwaffen *pl.*; **~ band** *s.* ⚡, *Radio*: 'Seiten(fre͵quenz)band *n*; '**~·board** *s.* **1.** Anrichtetisch *m*; **2.** Sideboard *n*: a) Bü'fett *n*, b) Anrichte *f*; **3.** *pl.* → '**~·burns** *s. pl.* Kote'letten *pl.* (*Backenbart*); '**~·car** *s.* **1.** Beiwagen *m*: ***~ motorcycle*** Seitenwagenmaschine *f*; **2.** → ***jaunting-car***; **3.** *ein Cocktail*.

sid·ed ['saɪdɪd] *adj. in Zssgn* …seitig: ***four-~***.

side| dish *s.* **1.** Zwischengang *m*; **2.** Beilage *f*; **~ ef·fect** *s.* Nebenwirkung *f*; **~ face** *s.* Pro'fil *n*; **~ glance** *s.* Seitenblick *m* (*a. fig.*); **~ is·sue** *s.* Nebenfrage *f*, -sache *f*, 'Randpro͵blem *n*; '**~·kick** *s. Am. sl.* Kum'pan *m*, Kumpel *m*, ‚Spezi' *m*; '**~·light** *s.* **1.** Seitenleuchte *f*; ⚓ Seitenlampe *f*; ✈ Positi'onslicht *n*;

mot. Begrenzungslicht *n*; **2.** Seitenfenster *n*; **3.** *fig.* Streiflicht *n*: ***~s*** interessante Aufschlüsse (***on*** über *acc.*); **'~·line** *s.* **1.** Seitenlinie *f* (*a. sport*): ***on the ~s*** am Spielfeldrand; ***keep on the ~s*** *fig.* sich im Hintergrund halten; **2.** 🚂 Nebenstrecke *f*; **3.** Nebenbeschäftigung *f*, -verdienst *m*; **4.** ⚕ a) Nebenzweig *m e-s Gewerbes*, b) 'Nebenar,tikel *m*; **'~·long** *adj. u. adv.* seitlich, seitwärts, schräg: ***~ glance*** Seitenblick *m*.

si·de·re·al [saɪ'dɪərɪəl] *adj. ast.* si'derisch, Stern(en)...: ***~ day*** Sterntag *m*.

sid·er·ite ['saɪdəraɪt] *s.* ⚒, *min.* **1.** Side'rit *m*; **2.** Mete'orgestein *n*.

'side|,sad·dle *s.* Damensattel *m*; **'~·show** *s.* **1.** a) Nebenvorstellung *f*, -ausstellung *f*, b) kleine Schaubude; **2.** *fig.* a) Nebensache *f*, b) Epi'sode *f* (am Rande); **'~·slip** *v/i.* **1.** seitwärts rutschen; **2.** ✈ seitlich abrutschen; **3.** *mot.* (seitlich) ausbrechen.

sides·man ['saɪdzmən] *s.* [*irr.*] Kirchenrat *m*.

'side|,split·ting *adj.* zwerchfellerschütternd; **'~·step I** *s.* **1.** Seit(en)schritt *m*; **II** *v/t.* **2.** *Boxen*: *e-m Schlag* (durch Seitschritt) ausweichen; **3.** ausweichen (*dat.*) (*a. fig.*): ***~ a decision***; **III** *v/i.* **4.** e-n Seit(en)schritt machen; **5.** ausweichen (*a. fig.*); **'~·stroke** *s.* Seitenschwimmen *n*; **'~·swipe I** *v/t. Am.* F **1.** *j-m* e-n ‚Wischer' verpassen; **2.** *mot. Fahrzeug* streifen, *a.* seitlich abdrängen (*beim Überholen*); **II** *s.* **3.** ‚Wischer' *m* (*Streifschlag*); **4.** *fig.* Seitenhieb *m*; **'~·track I** *s.* **1.** → ***siding*** 1; **II** *v/t.* **2.** 🚂 *Waggon* auf ein Nebengleis schieben; **3.** *fig.* a) *et.* aufschieben, abbiegen, b) *j-n* ablenken (*a. v/i.*), c) *j-n* kaltstellen; **~ view** *s.* Seitenansicht *f*; **'~·walk** *s. bsd. Am.* Bürgersteig *m*: ***~ artist*** Pflastermaler *m*; ***~ superintendent*** *humor.* (besserwisserischer) Zuschauer *bei Bauarbeiten*.

side·ward ['saɪdwəd] **I** *adj.* seitlich; **II** *adv.* seitwärts; **'side·wards** [-dz] → ***sideward*** II; **'side·ways** → ***sideward***.

side| whis·kers *pl.* → ***sideburns***; **'~,wind·er** [-,waɪndə] *s. Am. sl.* **1.** (harter) Haken (*Schlag*); **2.** *Art* Klapperschlange *f*.

side·wise ['saɪdwaɪz] → ***sideward***.

sid·ing ['saɪdɪŋ] *s.* **1.** 🚂 Neben-, Anschluß-, Rangiergleis *n*; **2.** *fig.* Par'teinahme *f*.

si·dle ['saɪdl] *v/i.* sich schlängeln: ***~ away*** sich davonschleichen; ***~ up to*** sich an *j-n* heranmachen.

siege [si:dʒ] *s.* **1.** ⚔ Belagerung *f*: ***state of ~*** Belagerungszustand *m*; ***lay ~ to*** a) *Stadt etc.* belagern, b) *fig. j-n* bestürmen; **2.** *fig.* a) heftiges Zusetzen, Bestürmen *n*, b) Zermürbung *f*; **3.** ⚙ a) Werktisch *m*, b) Glasschmelzofenbank *f*.

si·es·ta [sɪ'estə] *s.* Si'esta *f*, Mittagsruhe *f*, -schlaf *m*.

sieve [sɪv] **I** *s.* **1.** Sieb *n*: ***have a memory like a ~*** ein Gedächtnis wie ein Sieb haben; **2.** *fig.* Klatschmaul *n*; **3.** Weidenkorb *m* (*a. Maß*); **II** *v/t. u. v/i.* **4.** ('durch-, aus)sieben.

sift [sɪft] **I** *v/t.* **1.** ('durch)sieben: ***~ out*** a) aussieben, b) erforschen, ausfindig machen; **2.** *Zucker etc.* streuen; **3.** *fig.* sichten, sorgfältig (über)'prüfen; **II** *v/i.* **4.** 'durchrieseln, -dringen (*a. Licht etc.*); **'sift·er** [-tə] *s.* Sieb(vorrichtung *f*) *n*; **'sift·ing** [-tɪŋ] *s.* **1.** ('Durch)Sieben *n*; **2.** Sichten *n*, (sorgfältige) Unter'suchung; **3.** *pl.* a) *das* 'Durchgesiebte, b) Siebabfälle *pl.*

sigh [saɪ] **I** *v/i.* **1.** (auf)seufzen; tief (auf-) atmen; **2.** schmachten, seufzen (***for*** nach): ***~ed-for*** heißbegehrt; **3.** *fig.* seufzen, ächzen (*Wind*); **II** *v/t.* **4.** *oft* ***~ out*** seufzen(d äußern); **III** *s.* **5.** Seufzer *m*: ***a ~ of relief*** ein Seufzer der Erleichterung, ein erleichtertes Aufatmen.

sight [saɪt] **I** *s.* **1.** Sehvermögen *n*, -kraft *f*, Auge(nlicht) *n*: ***good ~*** gute Augen; ***long*** (***near***) ***~*** Weit- (Kurz)Sichtigkeit *f*; ***second ~*** Zweites Gesicht; ***lose one's ~*** das Augenlicht verlieren, erblinden; **2.** *fig.* Auge *n*: ***in my ~*** in m-n Augen; ***in the ~ of God*** vor Gott; ***find favo(u)r in s.o.'s ~*** Gnade vor j-s Augen finden; **3.** (An)Blick *m*, Sicht *f*: ***at*** (*od.* ***on***) ***~*** beim ersten Anblick, auf Anhieb; sofort (*er*)*schießen etc.*; ***at ~*** vom Blatt *singen*, *spielen*, *übersetzen*; ***at first ~*** auf den ersten Blick; ***by ~*** vom Sehen *kennen*; ***catch*** (*od.* ***get***) ***~ of*** zu Gesicht bekommen, erblicken; ***lose ~ of*** a) aus den Augen verlieren (*a. fig.*), b) *et.* übersehen; **4.** Sicht(weite) *f*: (***with***)***in ~*** a) in Sicht(weite), b) *fig.* in Sicht; ***within ~ of*** kurz vor *dem Sieg etc.*; ***out of ~*** außer Sicht; ***out of ~, out of mind*** aus den Augen, aus dem Sinn; (***get***) ***out of my ~!*** geh mir aus den Augen!; ***come in ~*** in Sicht kommen; ***put out of ~*** wegtun; **5.** ⚕ Sicht *f*: ***payable at ~*** bei Sicht fällig; ***30 days*** (***after***) ***~*** 30 Tage (nach) Sicht; ***~ unseen*** unbesehen *kaufen*; ***~ bill*** (*od.* ***draft***) Sichtwechsel *m*, -tratte *f*; **6.** Anblick *m*: ***a sorry ~***; ***a ~ for sore eyes*** ein erfreulicher Anblick, eine Augenweide; ***be*** (*od.* ***look***) ***a ~*** F gräßlich *od.* ‚verboten' aussehen; ***I did look a ~!*** F ich sah vielleicht aus!; ***what a ~ you are!*** F wie siehst denn du aus!; → ***god*** 1; **7.** Sehenswürdigkeit *f*: ***the ~s of a town***; **8.** F Menge *f*, Masse *f Geld etc.*: ***a long ~ better*** zehnmal besser; ***not by a long ~*** bei weitem nicht; **9.** ⚔ *etc.* Visier *n*; Zielvorrichtung *f*: ***take ~*** (an-) visieren, zielen; ***have in one's ~s*** im Visier haben (*a. fig.*); ***lower one's ~s*** *fig.* zurückstecken; ***raise one's ~s*** höhere Ziele anstreben; **10.** *Am. sl.* Aussicht *f*, Chance *f*; **II** *v/t.* **11.** sichten, zu Gesicht bekommen; **12.** ⚔ a) anvisieren (*a.* ⚓, *ast.*), b) *Geschütz* richten; **13.** † *Wechsel* präsentieren; **ˈsight·ed** [-tɪd] *adj. in Zssgn* ...sichtig; **ˈsight·ing** [-tɪŋ] *adj.* ⚔ Ziel..., Visier...: ***~ mechanism*** Zieleinrichtung *f*, -gerät *n*; ***~ shot*** Anschuß *m* (*Probeschuß*); ***~ telescope*** Zielfernrohr *n*; **ˈsight·less** [-lɪs] *adj.* □ blind; **ˈsight·li·ness** [-lɪnɪs] *s.* Ansehnlichkeit *f*, Stattlichkeit *f*; **ˈsight·ly** [-lɪ] *adj.* gutaussehend, stattlich.

ˈsight|-read *v/t. u. v/i.* [*irr.* → ***read***] **1.** ♪ vom Blatt singen *od.* spielen; **2.** *ling.* vom Blatt überˈsetzen; **ˈ~ˌsee·ing I** *s.* Besichtigung *f* von Sehenswürdigkeiten; **II** *adj.* Besichtigungs...: ***~ bus*** Rundfahrtautobus *m*; ***~ tour*** Stadtrundfahrt *f*, Besichtigungstour *f*; **ˈ~ˌse·er** [-ˌsiːə] *s.* Touˈrist(in).

sign [saɪn] **I** *s.* **1.** (*a.* Schrift)Zeichen *n*, Symˈbol *n* (*a. fig.*): ***~*** (***of the cross***) *eccl.* Kreuzzeichen; ***in ~ of*** *fig.* zum Zeichen (*gen.*); **2.** ✎, ♪ (Vor)Zeichen *n*; **3.** Zeichen *n*, Wink *m*: ***give s.o. a ~***, ***make a ~ to s.o.*** j-m ein Zeichen geben; **4.** (An)Zeichen *n*, Symˈptom *n* (*a.* ⚕): ***no ~ of life*** kein Lebenszeichen; ***the ~s of the times*** die Zeichen der Zeit; ***make no ~*** sich nicht rühren; **5.** Kennzeichen *n*; **6.** *ast.* (Tierkreis)Zeichen *n*; **7.** (Aushänge-, Wirtshaus-) Schild *n*: ***at the ~ of*** im Wirtshaus zum *Hirsch etc.*; **8.** (Wunder)Zeichen *n*: ***~s and wonders*** Zeichen u. Wunder; **9.** *hunt. etc.* Spur *f*; **II** *v/t.* **10.** unterˈzeichnen, -ˈschreiben, (*a. typ. u. paint.*) signieren; **11.** mit *s-m Namen* unterˈzeichnen: ***~ one's name*** unterschreiben; **12.** ***~ away*** *Vermögen etc.* überˈtragen, -ˈschreiben; **13.** ***~ on*** (*od.* ***up***) (vertraglich) verpflichten, anstellen, -mustern, ⚓ anheuern; **14.** *eccl.* das Kreuzzeichen machen über (*acc. od. dat.*); *Täufling* segnen; **15.** *j-m* bedeuten (***to do*** zu tun), *j-m et.* (durch Gebärden) zu verstehen geben: ***~ one's assent***; **III** *v/i.* **16.** unterˈzeichnen, -ˈschreiben: ***~ in*** a) sich eintragen, b) *bei Arbeitsbeginn* einstempeln; ***~ out*** a) sich austragen, b) ausstempeln; **17.** ***~ on*** (***off***) *Radio, TV*: sein Proˈgramm beginnen (beenden); ***~ off*** *fig.* F *a.* Schluß machen; ***~ on*** (*od.* ***up***) a) sich (vertraglich) verpflichten (***for*** zu), e-e Arbeit annehmen, b) ⚓ anheuern, ⚔ sich verpflichten (***for*** auf *3 Jahre etc.*).

sig·nal [ˈsɪgnl] **I** *s.* **1.** *a.* ⚔ *etc.* Siˈgnal *n*, (*a.* verabredetes) Zeichen: ***~ of distress*** Notzeichen *n*; **2.** (Funk)Spruch *m*: ***the ≈s*** *Brit.* Fernmeldetruppe *f*; **3.** *fig.* Siˈgnal *n*, (*auslösendes*) Zeichen (***for*** für, zu); **4.** *Kartenspiel*: Siˈgnal *n*; **II** *adj.* □ **5.** Signal...: ***~ beacon***; ***≈ Corps*** *Am.* Fernmeldetruppe *f*; ***~ communications*** ⚔ Fernmeldewesen *n*; **6.** *fig.* beachtlich, außerordentlich; **III** *v/t.* **7.** *j-m* Zeichen geben, winken; **8.** *Nachricht* signalisieren (*a. fig.*); *et.* melden; **IV** *v/i.* **9.** signalisieren; ***~ book*** *s.* ⚓ Siˈgnalbuch *n*; ***~ box*** *s.* 🚂 Stellwerk *n*; ***~ check*** *s.* Sprechprobe *f* (*Mikrophon*); ***~ code*** *s.* Zeichenschlüssel *m*.

sig·nal·er *Am.* → ***signaller***.

sig·nal·ize [ˈsɪgnəlaɪz] *v/t.* **1.** aus-, kennzeichnen: ***~ o.s. by*** sich hervortun durch; **2.** herˈvorheben; **3.** *a. fig.* ankündigen, signalisieren.

sig·nal·ler [ˈsɪgnələ] *s.* Siˈgnalgeber *m*, *bsd.* a) ⚔ Blinker *m*, Melder *m*, b) ⚓ Siˈgnalgast *m*.

ˈsig·nal|·man [-mən] *s.* [*irr.*] **1.** 🚂 Stellwärter *m*; **2.** ⚓ Siˈgnalgast *m*; ***~ of·ficer*** *s.* ⚔ *Am.* **1.** ˈFernmeldeoffiˌzier *m*; **2.** Leiter *m* des Fernmeldedienstes; ***~ rock·et*** *s.* ⚔ Leuchtkugel *f*; ***~ tow·er*** *s.* **1.** ⚙ Siˈgnalturm *m*; **2.** 🚂 *Am.* Stellwerk *n*.

sig·na·ry [ˈsɪgnərɪ] *s.* (ˈSchrift)Zeichensyˌstem *n*.

sig·na·to·ry [ˈsɪgnətərɪ] **I** *adj.* **1.** unterˈzeichnend, vertragschließend, Signatar...: ***~ powers*** → 3c; **2.** † Zeichnungs...: ***~ power*** Unterschriftsvollmacht *f*; **II** *s.* **3.** a) (ˈMit)Unterˌzeichner (-in), b) *pol.* Signaˈtar *m* (*Unterzeichnerstaat*), c) *pl. pol.* Signaˈtarmächte *pl.* (***to a treaty*** e-s Vertrags).

sig·na·ture [ˈsɪgnɪtʃə] *s.* **1.** ˈUnterschrift(sleistung) *f*, Namenszug *m*; **2.** Signaˈtur *f* (*e-s Buchs etc., a. pharm. Aufschrift*); **3.** ♪ Signaˈtur *f*, Vorzeichnung *f*; **4.** *a.* ***~ tune*** *Radio*: ˈKennmeloˌdie *f*; **5.** *typ.* a) *a.* ***~ mark*** Signaˈtur *f*, Bogenzeichen *n*, b) signierter Druckbogen.

'sign·board *s.* (*bsd.* Firmen-, Aushänge)Schild *n.*

sign·er ['saɪnə] *s.* Unter'zeichner(in).

sig·net ['sɪgnɪt] *s.* Siegel *n*, Petschaft *n*: ***privy ~*** Privatsiegel des Königs; **~ ring** *s.* Siegelring *m.*

sig·nif·i·cance [sɪg'nɪfɪkəns], *a.* **sig'nif·i·can·cy** [-sɪ] *s.* **1.** Bedeutung *f*, (tieferer) Sinn; **2.** Bedeutung *f*, Wichtigkeit *f*: ***of no ~*** nicht von Belang; **sig'nif·i·cant** [-nt] *adj.* □ **1.** bedeutsam, wichtig, von Bedeutung; **2.** merklich; **3.** bezeichnend (***of*** für); **4.** *fig.* vielsagend: ***a ~ gesture***; **5.** ⚕ geltend; **sig·ni·fi·ca·tion** [ˌsɪgnɪfɪ'keɪʃn] *s.* **1.** (*bestimmte*) Bedeutung, Sinn *m*; **2.** Bezeichnung *f*, Bekundung *f*; **sig'nif·i·ca·tive** [-ətɪv] *adj.* □ **1.** Bedeutungs..., bedeutsam; **2.** bezeichnend, kennzeichnend (***of*** für).

sig·ni·fy ['sɪgnɪfaɪ] **I** *v/t.* **1.** an-, bedeuten, kundtun, zu verstehen geben; **2.** bedeuten, ankündigen; **3.** bedeuten; **II** *v/i.* **4.** F wichtig sein: ***it does not ~*** es hat nichts auf sich.

sign| lan·guage *s.* Zeichen-, *bsd.* Fingersprache *f*; **~ man·u·al** *s.* **1.** (eigenhändige) 'Unterschrift; **2.** Handzeichen *n*; **~ paint·er** *s.* Schilder-, Pla'katmaler *m*; **'~·post I** *s.* **1.** Wegweiser *m*; **2.** (Straßen)Schild *n*, (Verkehrs)Zeichen *n*; **II** *v/t.* **3.** *Straße etc.* aus-, beschildern.

si·lage ['saɪlɪdʒ] ✓ **I** *s.* Silofutter *n*; **II** *v/t.* *Gärfutter* silieren.

si·lence ['saɪləns] **I** *s.* **1.** (Still)Schweigen *n* (*a. fig.*), Ruhe *f*, Stille *f*: ***keep ~*** a) schweigen, still sein, b) Stillschweigen wahren (***on*** über *acc.*); ***in ~*** (still-)schweigend; ***~ gives consent*** wer schweigt, scheint zuzustimmen; ***~ is golden*** Schweigen ist Gold; ***~!*** Ruhe!; → ***pass over*** 4; **2.** Schweigsamkeit *f*; **3.** Verschwiegenheit *f*; **4.** Vergessenheit *f*; **5.** *a.* ⚙ Geräuschlosigkeit *f*; **II** *v/t.* **6.** zum Schweigen bringen (*a.* ⚔ *u. fig.*); **'si·lenc·er** [-sə] *s.* **1.** ⚔, ⚙ Schalldämpfer *m*; **2.** *mot.* Auspufftopf *m*; **'si·lent** [-nt] *adj.* □ **1.** still, ruhig, schweigsam: ***be ~*** (sich aus)schweigen (***on*** über *acc.*) (*a. fig.*); **2.** still (*Gebet etc.*), stumm (*Schmerz etc.*; *a. ling. Buchstabe*): ***~ film*** Stummfilm *m*; ***~ partner*** ✝ stiller Teilhaber (mit unbeschränkter Haftung); **3.** *fig.* stillschweigend: ***~ consent***; ***~ majority*** *die* schweigende Mehrheit; **4.** *a.* ⚙ geräuschlos, leise.

Si·le·sian [saɪ'li:zjən] **I** *adj.* schlesisch; **II** *s.* Schlesier(in).

sil·hou·ette [ˌsɪlu:'et] **I** *s.* **1.** Silhou'ette *f*: a) Schattenbild *n*, -riß *m*, b) 'Umriß *m* (*a. fig.*): **~ (*target*)** ⚔ Kopfscheibe *f*; ***stand out in ~ against*** → 4; **2.** Scherenschnitt *m*; **II** *v/t.* **3.** silhouettieren; **4.** ***be ~d*** sich abheben (***against*** gegen).

sil·i·ca ['sɪlɪkə] *s.* ⚗ **1.** Kieselerde *f*; **2.** Quarz(glas *n*) *m*; **'sil·i·cate** [-kɪt] *s.* ⚗ Sili'kat *n*; **'sil·i·cat·ed** [-keɪtɪd] *adj.* siliziert; **si·li·ceous** [sɪ'lɪʃəs] *adj.* kiesel(erde-, -säure)haltig, -artig, Kiesel...; **si'lic·ic** [sɪ'lɪsɪk] *adj.* Kiesel(erde)...; **si·lic·i·fy** [sɪ'lɪsɪfaɪ] *v/t. u. v/i.* verkieseln; **si·li·cious** → ***siliceous***; **'sil·i·con** [-kən] *s.* ⚗ Si'lizium *n*; **sil·i·co·sis** [ˌsɪlɪ'kəʊsɪs] *s.* ⚕ Sili'kose *f*, Staublunge *f*.

silk [sɪlk] **I** *s.* **1.** Seide *f*: a) Seidenfaser *f*, b) Seidenfaden *m*, c) Seidenstoff *m*, -gewebe *n*; **2.** Seide(nkleid *n*) *f*: ***in ~s and satins*** in Samt u. Seide; **3.** ⚖ *Brit.* a) → ***silk gown***, b) F Kronanwalt *m*: ***take ~*** Kronanwalt werden; **4.** *fig.* Seide *f*, *zo. bsd.* Spinnfäden *pl.*; **5.** Seidenglanz *m* (*von Edelsteinen*); **II** *adj.* **6.** seiden, Seiden...: ***make a ~ purse out of a sow's ear*** *fig.* aus e-m Kieselstein e-n Diamanten schleifen; ***~ culture*** Seidenraupenzucht *f*; **'silk·en** [-kən] *adj.* **1.** *poet.* seiden, Seiden...; **2.** → ***silky*** 1 *u.* 2.

silk| gown *s. Brit.* 'Seidentaˌlar *m* (*e-s* ***King's*** *od.* ***Queen's Counsel***); **~ hat** *s.* Zy'linder(hut) *m.*

silk·i·ness ['sɪlkɪnɪs] *s.* **1.** *das* Seidige, seidenartige Weichheit; **2.** *fig.* Sanftheit *f*.

silk| moth *s. zo.* Seidenspinner *m*; **'~-screen print·ing** *s. typ.* Seidensiebdruck *m*; **~ stock·ing** *s.* **1.** Seidenstrumpf *m*; **2.** *fig. Am.* ele'gante *od.* vornehme Per'son; **'~·worm** *s. zo.* Seidenraupe *f*.

silk·y ['sɪlkɪ] *adj.* □ **1.** seidig (glänzend), seidenweich: ***~ hair***; **2.** *fig.* sanft, einschmeichelnd, zärtlich (*Person*, *Stimme etc.*), *contp.* ölig, (aal)glatt; **3.** lieblich (*Wein*).

sill [sɪl] *s.* **1.** (Tür)Schwelle *f*; **2.** Fensterbrett *n*; **3.** ⚙ Schwellbalken *m*; **4.** *geol.* Lagergang *m.*

sil·la·bub ['sɪləbʌb] *s. Getränk aus Wein, Sahne u. Gewürzen.*

sil·li·ness ['sɪlɪnɪs] *s.* **1.** Dummheit *f*, Albernheit *f*; **2.** Verrücktheit *f*.

sil·ly ['sɪlɪ] **I** *adj.* □ **1.** dumm, albern, blöd(e), verrückt (*Person u. Sache*); **2.** dumm, unklug (*Handlungsweise*); **3.** benommen, betäubt; **II** *s.* **4.** Dummkopf *m*, Dummerchen *n*; **~ sea·son** *s.* ‚Saure'gurkenzeit' *f*.

si·lo ['saɪləʊ] **I** *pl.* **-los** *s.* **1.** ✓, ⚙ Silo *m*;

2. ⚔ 'unterirdische Ra'ketenabschuß-rampe; **II** *v/t.* **3.** ↗ *Futter* a) in e-m Silo aufbewahren, b) einmieten.

silt [sɪlt] **I** *s.* Treibsand *m*, Schlamm *m*, Schlick *m*; **II** *v/i. u. v/t. mst* ~ ***up*** verschlammen.

sil·van ['sɪlvən] → ***sylvan.***

sil·ver ['sɪlvə] **I** *s.* **1.** ⚗, *min.* Silber *n*; **2.** a) Silber(geld) *n*, b) *allg.* Geld *n*; **3.** Silber(geschirr *n*, -zeug *n*) *n*; **4.** Silber (-farbe *f*, -glanz *m*) *n*; **5.** *phot.* 'Silbersalz *n*, -niˌtrat *n*; **II** *adj.* **6.** silbern, Silber...: ~ ***paper*** *phot.* Silberpapier *n*; **7.** silb(e)rig, silberglänzend; **8.** *fig.* silberhell (*Stimme etc.*); **III** *v/t.* **9.** versilbern; *Spiegel* belegen; **10.** silbern färben; **IV** *v/i.* **11.** silberweiß werden (*Haar etc.*); ~ **fir** *s.* ⚘ Edel-, Weißtanne *f*; ~ **foil** *s.* **1.** Silberfolie *f*; **2.** 'Silberpaˌpier *n*; ~ **fox** *s. zo.* Silberfuchs *m*; ~ **gilt** *s.* vergoldetes Silber; ~ **glance** *s.* Schwefelsilber *n*; ˌ~-'**gray** *bsd. Am.*, ˌ~-'**grey** *adj.* silbergrau; ~ **leaf** *s.* ⚙ Blattsilber *n*; ~ **lin·ing** *s. fig.* Silberstreifen *m* am Hori'zont, Lichtblick *m*: ***every cloud has its*** ~ jedes Unglück hat auch sein Gutes; ~ **med·al** *s.* 'Silbermeˌdaille *f*; ~ **med·al·(l)ist** *s.* 'Silbermeˌdaillengewinner(in); ~ **ni·trate** *s.* ⚗, *phot.* 'Silberniˌtrat *n*; *bsd.* ⚕ Höllenstein *m*; ~ **plate** *s.* **1.** Silberauflage *f*; **2.** Silber(geschirr *n*, -zeug *n*) *n*, Tafelsilber *n*; '~-**plate** *v/t.* versilbern; ~ **point** *s. paint.* Silberstiftzeichnung *f*; ~ **screen** *s.* **1.** (Film)Leinwand *f*; **2.** *coll. der* Film; '~-**side** *s.* bester Teil der Rindskeule; '~**smith** *s.* Silberschmied *m*; ~ **spoon** *s.* Silberlöffel *m*: ***be born with a*** ~ ***in one's mouth*** *fig.* ein Glückskind *od.* das Kind reicher Eltern sein; ˌ~-'**tongued** *adj.* redegewandt; '~**ware** → ***silver plate*** 2; ~ **wed·ding** *s.* silberne Hochzeit.

sil·ver·y ['sɪlvərɪ] → ***silver*** 7 *u.* 8.

sil·vi·cul·ture ['sɪlvɪkʌltʃə] *s.* Waldbau *m*, 'Forstkulˌtur *f*.

sim·i·an ['sɪmɪən] **I** *adj. zo.* affenartig, Affen...; **II** *s.* (*bsd.* Menschen)Affe *m*.

sim·i·lar ['sɪmɪlə] **I** *adj.* □ → ***similarly***; **1.** ähnlich (*a.* ⩓), (annähernd) gleich (***to*** *dat.*); **2.** gleichartig, entsprechend; **3.** *phys.*, ⚡ gleichnamig; **II** *s.* **4.** *das* Ähnliche *od.* Gleichartige; **5.** *pl.* ähnliche *od.* gleichartige Dinge *pl.*; **sim·i·lar·i·ty** [ˌsɪmɪ'lærətɪ] *s.* **1.** Ähnlichkeit *f* (***to*** mit), Gleichartigkeit *f*; **2.** *pl.* Ähnlichkeiten *pl.*; '**sim·i·lar·ly** [-lɪ] *adv.* ähnlich, entsprechend.

sim·i·le ['sɪmɪlɪ] *s.* Gleichnis *n*, Vergleich *m*; **si·mil·i·tude** [sɪ'mɪlɪtju:d] *s.* **1.** Ähnlichkeit *f* (*a.* ⩓); **2.** Gleichnis *n*; **3.** (Eben)Bild *n*.

sim·mer ['sɪmə] **I** *v/i.* **1.** sieden, wallen, brodeln; **2.** *fig.* kochen (***with*** vor *dat.*), gären (*Gefühl*, *Aufstand*): ~ ***down*** sich ‚abregen' *od.* beruhigen; **II** *v/t.* **3.** zum Brodeln *od.* Wallen bringen; **III** *s.* **4.** ***keep at a*** (*od.* ***on the***) ~ sieden lassen.

Si·mon ['saɪmən] *npr.* Simon *m*: ***Simple*** ~ *fig.* F Einfaltspinsel *m*.

si·mo·ny ['saɪmənɪ] *s.* Simo'nie *f*, Ämterkauf *m*.

simp [sɪmp] *s. Am. sl.* Simpel *m*.

sim·per ['sɪmpə] **I** *v/i.* albern *od.* geziert lächeln; **II** *s.* einfältiges *od.* geziertes Lächeln.

sim·ple ['sɪmpl] **I** *adj.* □ → ***simply***; **1.** *allg.* einfach: a) simpel, leicht: ***a*** ~ ***explanation***; ***a*** ~ ***task***, b) schlicht (*Person*, *Lebensweise*, *Stil etc.*): ~ ***beauty***, c) unkompliziert: ***a*** ~ ***design***; ~ ***fracture*** ⚕ einfacher (Knochen)Bruch, d) nicht zs.-gesetzt, unzerlegbar: ~ ***equation*** ⩓ einfache Gleichung; ~ ***fraction*** ⩓ einfacher *od.* gemeiner Bruch; ~ ***fruit*** ⚘ einfache Frucht; ~ ***interest*** ✝ Kapitalzinsen *pl.*; ~ ***larceny*** einfacher Diebstahl; ~ ***sentence*** *ling.* einfacher Satz, e) niedrig: ***of*** ~ ***birth***; **2.** ♪ einfach; **3.** a) einfältig, simpel, b) na'iv, leichtgläubig; **4.** gering(fügig): ~ ***efforts***; **5.** rein, glatt: ~ ***madness***; **II** *s.* **6.** *pharm.* Heilkraut *n*, -pflanze *f*; ˌ~-'**heart·ed**, ˌ~-'**mind·ed** *adj.* **1.** schlicht, einfach; **2.** → ***simple*** 3; ˌ~-'**mind·ed·ness** *s.* **1.** Schlichtheit *f*; **2.** Einfalt *f*; **3.** Arglosigkeit *f*.

sim·ple·ton ['sɪmpltən] *s.* Einfaltspinsel *m*.

sim·plex ['sɪmpleks] **I** *adj.* **1.** ⚙, ⚡ Simplex...; **II** *s.* **2.** *ling.* Simplex *n*; **3.** ⚡, *teleph. etc.* Simplex-, Einfachbetrieb *m*.

sim·plic·i·ty [sɪm'plɪsətɪ] *s.* **1.** Einfachheit *f*; **2.** Einfalt *f*.

sim·pli·fi·ca·tion [ˌsɪmplɪfɪ'keɪʃn] *s.* Vereinfachung *f*; **sim·pli·fi·ca·tive** ['sɪmplɪfɪkətɪv] *adj.* vereinfachend; **sim·pli·fy** ['sɪmplɪfaɪ] *v/t.* **1.** vereinfachen (*a. erleichtern*, *a. als einfach hinstellen*); **2.** ⚙, ✝ *Am.* normieren.

sim·plis·tic [sɪm'plɪstɪk] *adj.* (zu) stark vereinfachend.

sim·ply ['sɪmplɪ] *adv.* **1.** einfach (*etc.* → ***simple***); **2.** bloß, nur; **3.** F einfach (*großartig etc.*).

sim·u·la·crum [ˌsɪmjʊ'leɪkrəm] *pl.* **-cra** [-krə] *s.* **1.** (Ab)Bild *n*; **2.** Scheinbild *n*, Abklatsch *m*; **3.** leerer Schein.

sim·u·lant ['sɪmjʊlənt] *adj. bsd. biol.* ähnlich (***of*** *dat.*); **sim·u·late** ['sɪmjʊleɪt] *v/t.* **1.** vortäuschen, (-)heucheln, *bsd. Krankheit* simulieren: ***~d account*** ✝ fingierte Rechnung; **2.** *j-n od. et.* nachahmen; **3.** sich tarnen als; **4.** ähneln (*dat.*); **5.** *ling.* sich angleichen an (*acc.*); **6.** ⚙ simulieren; **sim·u·la·tion** [ˌsɪmjʊˈleɪʃn] *s.* **1.** Vorspiegelung *f*, -täuschung *f*; **2.** Heucheˈlei *f*, Verstellung *f*; **3.** Nachahmung *f*; **4.** Simulieren *n*, Krankspielen *n*; **5.** ⚙ Simulierung *f*; **sim·u·la·tor** [ˈsɪmjʊleɪtə] *s.* **1.** Heuchler(in); **2.** Simuˈlant(in); **3.** ⚙ *allg.* Simuˈlator *m*.

si·mul·ta·ne·i·ty [ˌsɪməltəˈnɪətɪ] *s.* Gleichzeitigkeit *f*; **si·mul·ta·ne·ous** [ˌsɪməlˈteɪnjəs] *adj.* □ gleichzeitig, simulˈtan (***with*** mit): ***~ translation*** Simultandolmetschen *n*.

sin [sɪn] **I** *s.* **1.** *eccl.* Sünde *f*: ***cardinal ~*** Hauptsünde; ***deadly*** (*od.* ***mortal***) ***~*** Todsünde; ***original ~*** Erbsünde; ***like ~*** F wie der Teufel; ***live in ~*** *obs. od. humor.* in Sünde leben; **2.** *fig.* (***against***) Sünde *f* (*Verstoß*) (gegen), Versündigung *f* (an *dat.*); **II** *v/i.* **3.** sündigen; **4.** *fig.* (***against***) sündigen, verstoßen (gegen *et.*), sich versündigen (an *j-m*).

sin·a·pism [ˈsɪnəpɪzəm] *s.* ⚕ Senfpflaster *n*.

since [sɪns] **I** *adv.* **1.** seitˈdem, -ˈher: ***ever ~*** seit der Zeit, seitdem: ***long ~*** seit langem, schon lange; ***how long ~?*** seit wie langer Zeit?; ***a short time ~*** vor kurzem; **2.** inˈzwischen, mittlerˈweile; **II** *prp.* **3.** seit: ***~ 1945***; ***~ Friday***; ***~ seeing you*** seitdem ich dich sah; **III** *cj.* **4.** seit(dem): ***how long is it ~ it happened?*** wie lange ist es her, daß das geschah?; **5.** da (ja), weil.

sin·cere [sɪnˈsɪə] *adj.* □ **1.** aufrichtig, ehrlich, offen: ***a ~ friend*** ein wahrer Freund; **2.** aufrichtig, echt (*Gefühl etc.*); **3.** rein, lauter; **sinˈcere·ly** [-lɪ] *adv.* aufrichtig: ***Yours ~*** Mit freundlichen Grüßen (*Briefschluß*); **sinˈcere·ness** [-nɪs], **sin·cer·i·ty** [sɪnˈserətɪ] *s.* **1.** Aufrichtigkeit *f*; **2.** Lauterkeit *f*, Echtheit *f*.

sin·ci·put [ˈsɪnsɪpʌt] *s. anat.* Schädeldach *n*, *bsd.* Vorderhaupt *n*.

sine¹ [saɪn] *s.* ⩓ Sinus *m*: ***~ of angle*** Winkelsinus; ***~ curve*** Sinuskurve *f*; ***~ wave*** *phys.* Sinuswelle *f*.

si·ne² [ˈsaɪnɪ] (*Lat.*) *prp.* ohne.

si·ne·cure [ˈsaɪnɪkjʊə] *s.* Sineˈkure *f*: a) *eccl. hist.* Pfründe *f* ohne Seelsorge, b) einträglicher Ruheposten.

si·ne di·e [ˌsaɪnɪˈdaɪiː] (*Lat.*) *adv.* ⚖ auf unbestimmte Zeit; **si·ne qua non** [ˌsaɪnɪkweɪˈnɒn] (*Lat.*) *s.* unerläßliche Bedingung, Conˈditio *f* sine qua non.

sin·ew [ˈsɪnjuː] *s.* **1.** *anat.* Sehne *f*, Flechse *f*; **2.** *pl.* Muskeln *pl.*, (Muskel-)Kraft *f*: ***the ~s of war*** *fig.* das Geld *od.* die Mittel (zur Kriegführung *etc.*); **ˈsin·ewed** [-juːd] → ***sinewy***; **ˈsin·ew·less** [-lɪs] *adj. fig.* kraftlos, schwach; **ˈsin·ew·y** [-juːɪ] *adj.* **1.** sehnig; **2.** zäh (*Fleisch*); **3.** *fig.* a) stark, zäh, b) kräftig, kraftvoll (*a. Stil*).

sin·ful [ˈsɪnfʊl] *adj.* □ sündig, sündhaft.

sing [sɪŋ] **I** *v/i.* [*irr.*] **1.** singen (*a. fig. dichten*): ***~ of*** → 9; ***~ to s.o.*** j-m vorsingen; ***~ small*** *fig.* F kleinlaut werden, klein beigeben; **2.** summen (*Biene, Wasserkessel etc.*); **3.** krähen (*Hahn*); **4.** *fig.* pfeifen, sausen (*Geschoß*); heulen (*Wind*); **5.** ***~ out*** F (laut) rufen, schreien; **6.** *a.* ***~ out*** *sl.* gestehen, alle(s) verraten, ‚singen' (*Verbrecher*); **7.** sich *gut etc.* singen lassen; **II** *v/t.* [*irr.*] **8.** *Lied* singen: ***~ a child to sleep*** ein Kind in den Schlaf singen; ***~ out*** ausrufen, schreien; **9.** *poet.* (be)singen; **III** *s.* **10.** *Am.* F (Gemeinschafts)Singen *n*.

singe [sɪndʒ] **I** *v/t.* **1.** ver-, ansengen; → ***wing*** 1; **2.** *Geflügel, Schwein* sengen; **3.** *a.* ***~ off*** *Borsten etc.* absengen; **4.** *Haar* sengen (*Friseur*); **II** *v/i.* **5.** versengen; **III** *s.* **6.** Versengung *f*; **7.** versengte Stelle.

sing·er [ˈsɪŋə] *s.* **1.** Sänger(in); **2.** *poet.* Sänger *m* (*Dichter*).

sing·ing [ˈsɪŋɪŋ] **I** *adj.* **1.** singend *etc.*; **2.** Sing…, Gesangs…: ***~ lesson***; **II** *s.* **3.** Singen *n*, Gesang *m*; **4.** *fig.* Klingen *n*, Summen *n*, Pfeifen *n*, Sausen *n*: ***a ~ in the ears*** (ein) Ohrensausen; ***~ bird*** *s.* Singvogel *m*; ***~ voice*** *s.* Singstimme *f*.

sin·gle [ˈsɪŋgl] **I** *adj.* □ → ***singly***; **1.** einzig: ***not a ~ one*** kein *od.* nicht ein einziger; **2.** einzeln, einfach, Einzel…, Ein(fach)…: ***~-decker*** ✈ Eindecker *m* (*a. Bus*); ***~-stage*** einstufig; (***bookkeeping by***) ***~ entry*** ✝ einfache Buchführung; ***~(-trip) ticket*** → 10; **3.** einzeln, alˈlein, Einzel…: ***~ bed*** Einzelbett *n*; ***~ bill*** ✝ Solawechsel *m*; ***~ combat*** ⚔ Einzel-, Zweikampf *m*; ***~ game*** *sport* Einzel(spiel) *n*; ***~ house*** Einfamilienhaus *n*; **4.** a) allein, einsam, für sich (lebend), b) alˈleinstehend, ledig, unverheiratet; → *a.* 14; **5.** einmalig: ***~ payment***; **6.** ⚘ einfach; **7.** *fig.* ungeteilt, einzig: ***~ purpose***; ***have a ~ eye for*** nur Sinn haben für, nur denken an (*acc.*); ***with a ~ voice*** wie aus ˈeinem Munde; **8.** *fig.* aufrichtig: ***~ mind***; **II** *s.* **9.** *der* (*die, das*) Einzelne *od.* Einzige;

Einzelstück *n*; **10.** *Brit.* a) 🚂 einfache Fahrkarte, b) ✈ einfaches (Flug)Ticket *n*; **11.** *pl. sg. konstr. sport* Einzel *n*: ***play a ~s***; ***men's ~s*** Herreneinzel; **12.** Single *f* (*Schallplatte*); **13.** Einbettzimmer *n*; **14.** Single *m*, al'leinstehende Per'son; **III** *v/t.* **15.** ***~ out*** a) auslesen, -suchen, -wählen (***from*** aus), b) bestimmen (***for*** für *e-n Zweck*), c) her'ausheben; **ˌ~-'act·ing** *adj.* ⚙ einfach wirkend; **ˌ~-'breast·ed** *adj.*: ***~ suit*** Einreiher *m*; **ˌ~-'en·gined** *adj.* 'einmoˌtorig (*Flugzeug*); **ˌ~-'eyed** → ***single-minded***; **ˌ~-'hand·ed** *adj. u. adv.* **1.** einhändig; mit 'einer Hand; **2.** *fig.* eigenhändig, al'lein, ohne (fremde) Hilfe; auf eigene Faust; **ˌ~-'heart·ed** *adj.* □ → ***single-minded***; **ˌ~-'line** *adj.* 🚂 eingleisig; **ˌ~-'mind·ed** *adj.* **1.** aufrichtig, redlich; **2.** zielbewußt, -strebig.

sin·gle·ness ['sɪŋglnɪs] *s.* **1.** Einmaligkeit *f*; **2.** Ehelosigkeit *f*; **3.** *a.* ***~ of purpose*** Zielstrebigkeit *f*; **4.** *fig.* Aufrichtigkeit *f*.

ˌsin·gle|-'phase *adj.* ⚡ einphasig, Einphasen…; **ˌ~-'seat·er** *bsd.* ✈ **I** *s.* Einsitzer *m*; **II** *adj.* Einsitzer…, einsitzig; **'~·stick** *s. sport* 'Stockraˌpier(fechten) *n*.

sin·glet ['sɪŋglɪt] *s.* ärmelloses 'Unter- *od.* Tri'kothemd *n*.

sin·gle·ton ['sɪŋgltən] *s.* **1.** *Kartenspiel*: Singleton *m* (*einzige Karte e-r Farbe*); **2.** einziges Kind; **3.** Indi'viduum *n*; **4.** Einzelgegenstand *m*.

ˌsin·gle-'track *adj.* **1.** einspurig (*Straße*); **2.** 🚂 eingleisig (*a. fig.* F *einseitig*).

sin·gly ['sɪŋglɪ] *adv.* **1.** einzeln, al'lein; **2.** → ***single-handed*** 2.

'sing·song I *s.* **1.** Singsang *m*; **2.** *Brit.* Gemeinschaftssingen *n*; **II** *adj.* **3.** eintönig; **III** *v/t. u. v/i.* **4.** eintönig sprechen *od.* singen.

sin·gu·lar ['sɪŋgjʊlə] **I** *adj.* □ **1.** *ling.* singu'larisch: ***~ number*** → 6; **2.** ⚗, *phls.* singu'lär; **3.** *bsd.* ⚖ einzeln: ***all and ~*** jeder (jede, jedes) einzelne; **4.** *fig.* einzigartig, außer-, ungewöhnlich, einmalig; **5.** *fig.* eigentümlich, seltsam; **II** *s.* **6.** *ling.* Singular *m*, Einzahl *f*; **sin·gu·lar·i·ty** [ˌsɪŋgjʊ'lærətɪ] *s.* **1.** Eigentümlichkeit *f*, Seltsamkeit *f*; **2.** Einzigartigkeit *f*; **'sin·gu·lar·ize** [-əraɪz] *v/t.* **1.** her'ausstellen; **2.** *ling.* in die Einzahl setzen.

sin·is·ter ['sɪnɪstə] *adj.* □ **1.** böse, drohend, unheilvoll, schlimm; **2.** finster, unheimlich; **3.** *her.* link.

sink [sɪŋk] **I** *v/i.* [*irr.*] **1.** sinken, 'untergehen (*Schiff*, *Gestirn etc.*); **2.** (her'ab-, nieder)sinken (*Arm*, *Kopf*, *Person etc.*): ***~ into a chair***; ***~ into the grave*** ins Grab sinken; **3.** *im Wasser*, *Schnee etc.* versinken, ein-, 'untersinken: ***~ or swim*** *fig.* egal, was passiert; **4.** sich senken: a) her'absinken (*Dunkelheit*, *Wolken etc.*), b) abfallen (*Gelände*), c) einsinken (*Haus*, *Grund*), d) sinken (*Preise*, *Wasserspiegel*, *Zahl etc.*); **5.** 'umsinken; **6.** ***~ under*** erliegen (*dat.*); **7.** (***into***) a) (ein)dringen, (ein)sickern (in *acc.*), b) *fig.* (in *j-s Geist*) eindringen, sich einprägen (*dat.*): ***he allowed his words to ~ in*** er ließ s-e Worte wirken; **8.** ***~ into*** in *Ohnmacht* fallen *od.* sinken, in *Schlaf*, *Schweigen etc.* versinken; **9.** nachlassen, schwächer werden; **10.** sich dem Ende nähern (*Kranker*): ***he is ~ing fast*** er verfällt zusehends; **11.** *im Wert*, *in j-s Achtung etc.* sinken; **12.** *b.s.* (ver)sinken (***into*** in *acc.*), *in Armut*, *Vergessenheit* geraten, *dem Laster etc.* verfallen; **13.** sich senken (*Blick*, *Stimme*); **14.** sinken (*Mut*): ***his heart sank*** ihn verließ der Mut; **II** *v/t.* [*irr.*] **15.** *Schiff etc.* versenken; **16.** *bsd. in den Boden* ver-, einsenken; **17.** *Grube etc.* ausheben; *Brunnen*, *Loch* bohren: ***~ a shaft*** ⚒ e-n Schacht abteufen; **18.** ⚙ a) einlassen, -betten, b) eingravieren, c) *Stempel* schneiden; **19.** *Wasserspiegel etc.*, *a. Preis*, *Wert* senken; **20.** *Blick*, *Kopf*, *Stimme* senken; **21.** *fig. Niveau*, *Stand* her'abdrücken; **22.** zu'grunde richten: ***we are sunk*** *sl.* wir sind ‚erledigt'; **23.** *Tatsache* unter'drücken, vertuschen; **24.** *et.* ignorieren; *Streit* beilegen; *Ansprüche*, *Namen etc.* aufgeben; **25.** a) ✝ *Kapital* fest (*bsd.* ungünstig) anlegen, ‚stecken' (***into*** in *acc.*), b) (*bsd.* durch 'Fehlinvestiˌtion) verlieren; **26.** ✝ *Schuld* tilgen; **III** *s.* **27.** Ausguß(becken *n*, -loch *n*) *m*, Spülstein *m* (*Küche*); **28.** a) Abfluß *m* (*Rohr*), b) Senkgrube *f*, c) *fig.* Pfuhl *m*: ***~ of iniquity*** *fig.* Sündenpfuhl, Lasterhöhle *f*; **29.** *thea.* Versenkung *f*; **'sink·a·ble** [-kəbl] *adj.* zu versenken(d), versenkbar (*bsd. Schiff*); **'sink·er** [-kə] *s.* **1.** ⚒ Abteufer *m*; **2.** ⚙ Stempelschneider *m*; **3.** *Weberei*: Pla'tine *f*; **4.** ⚓ a) Senkblei *n* (*Lot*), b) Senkgewicht *n* (*Angelleine*, *Fischnetz*); **5.** *Am. sl.* Krapfen *m*; **'sink·ing** [-kɪŋ] **I** *s.* **1.** (Ver)Sinken *n*; **2.** Versenken *n*; **3.** ⚕ a) Schwächegefühl *n*, b) Senkung *f e-s Organs*; **4.** ✝ Tilgung *f*; **II** *adj.* **5.** sinkend (*a. Mut etc.*): ***a ~ feeling*** Beklommenheit *f*, flaues Gefühl (im Magen); **6.** ✝ Tilgungs…: ***~ fund*** Amortisationsfonds *m.*

sin·less ['sɪnlɪs] *adj.* □ sünd(en)los, unschuldig, schuldlos.

sin·ner ['sɪnə] *s. eccl.* Sünder(in) (*a. fig. Übeltäter*; *a. humor. Halunke*).

Sinn Fein [ˌʃɪn'feɪn] *s. pol.* Sinn Fein *m* (*nationalistische Bewegung u. Partei in Irland*).

Sino- [sɪnəʊ] *in Zssgn* chi'nesisch, Chinesen..., China...; **si·nol·o·gy** [sɪ'nɒlədʒɪ] *s.* Sinolo'gie *f* (*Erforschung der chinesischen Sprache, Kultur etc.*).

sin·ter ['sɪntə] **I** *s. geol. u. metall.* Sinter *m*; **II** *v/t. Erz* sintern.

sin·u·ate ['sɪnjʊət] *adj.* □ ⚘ gebuchtet (*Blatt*); **sin·u·os·i·ty** [ˌsɪnjʊ'ɒsətɪ] *s.* **1.** Biegung *f*, Krümmung *f*; **2.** Gewundenheit *f* (*a. fig.*); **'sin·u·ous** [-jʊəs] *adj.* □ **1.** gewunden, sich schlängelnd: **~ *line*** Wellen-, Schlangenlinie *f*; **2.** ⩚ sinusförmig gekrümmt; **3.** *fig.* a) verwickelt, b) winkelzügig; **4.** geschmeidig.

si·nus ['saɪnəs] *s.* **1.** Krümmung *f*, Kurve *f*; **2.** Ausbuchtung *f* (*a.* ⚘, ⚕); **3.** *anat.* Sinus *m*, (Knochen-, Neben)Höhle *f*; **4.** ⚕ Fistelgang *m*; **si·nus·i·tis** [ˌsaɪnə'saɪtɪs] *s.* ⚕ Sinu'sitis *f*, Nebenhöhlenentzündung *f*: ***frontal* ~** Stirnhöhlenkatarrh *m*; **si·nus·oi·dal** [ˌsaɪnə'sɔɪdl] *adj.* ⩚, ⚡, *phys.* sinusförmig: **~ *wave*** Sinuswelle *f*.

Sioux [su:] *pl.* **Sioux** [su:; su:z] *s.* **1.** 'Sioux(indiˌaner[in]) *m, f*; **2.** *pl. die* 'Sioux(indiˌaner) *pl.*

sip [sɪp] **I** *v/t.* **1.** nippen an (*acc.*) *od.* von, schlürfen (*a. fig.*); **II** *v/i.* **2.** (***of***) nippen (an *dat. od.* von), schlückchenweise trinken (von); **III** *s.* **3.** Nippen *n*; **4.** Schlückchen *n*.

si·phon ['saɪfn] **I** *s.* **1.** (Saug)Heber *m*; Siphon *m*; **2.** *a.* **~ *bottle*** Siphonflasche *f*; **3.** *zo.* Sipho *m*; **II** *v/t.* **4.** **~ *out*** (*a.* ⚕ *Magen*) aushebe(r)n; **5.** **~ *off*** a) absaugen, b) *fig.* abziehen, *Gewinne etc.* abschöpfen; **6.** *fig.* (weiter)leiten; **III** *v/i.* **7.** ablaufen.

sip·pet ['sɪpɪt] *s.* **1.** (Brot-, Toast)Brokken *m* (*zum Eintunken*); **2.** geröstete Brotschnitte.

sir [sɜ:] *s.* **1.** (mein) Herr! (*respektvolle Anrede*): ***yes, ~!*** ja(wohl)!; **2(*s*)** *Anrede in* (*Leser*)*Briefen* (*unübersetzt*); ***Dear 2s*** Sehr geehrte Herren! (*Anrede in Briefen*); ***my dear ~!*** *iro.* mein Verehrtester!; **2.** **2** *Brit.* Sir *m* (*Titel e-s **baronet** od. **knight***); **3.** *Brit. Anrede für den **Speaker** im Unterhaus.*

sire ['saɪə] **I** *s.* **1.** *poet.* a) Vater *m*, Erzeuger *m*, b) Vorfahr *m*; **2.** *zo.* Vater (-tier *n*) *m*, *bsd.* Zuchthengst *m*; **3.** ***2!*** Sire!, Eure Maje'stät!; **II** *v/t.* **4.** zeugen: ***be ~d by*** abstammen von (*bsd. Zuchtpferd*).

si·ren ['saɪərən] *s.* **1.** *myth.* Si'rene *f* (*a. fig. verführerische Frau, bezaubernde Sängerin*); **2.** ⚙ Si'rene *f*; **3.** *zo.* a) Armmolch *m*, b) → **si·re·ni·an** [saɪ'rɪnjən] *s. zo.* Seekuh *f*, Si'rene *f*.

sir·loin ['sɜ:lɔɪn] *s.* Lendenstück *n*.

si·roc·co [sɪ'rɒkəʊ] *pl.* **-cos** *s.* Schi'rokko *m* (*Wind*).

sir·up ['sɪrəp] → ***syrup***.

sis [sɪs] *s.* F Schwester *f*.

si·sal (hemp) ['saɪsl] *s.* ⚘ Sisal(hanf) *m*.

sis·sy ['sɪsɪ] *s.* F **1.** Weichling *m*, ‚Heulsuse' *f*; **2.** ‚Waschlappen' *m*, Feigling *m*.

sis·ter ['sɪstə] **I** *s.* **1.** Schwester *f* (*a. fig. Genossin*): ***the three 2s*** *myth.* die drei Schicksalsschwestern; ***Hey, ~!*** *Am. sl.* He, Kleine!; **2.** *fig.* Schwester *f* (*Gleichartiges*); **3.** *eccl.* (Ordens)Schwester *f*: ***2s of Mercy*** Barmherzige Schwestern; **4.** ⚕ *bsd. Brit.* a) Oberschwester *f*, b) (Kranken)Schwester *f*; **5.** *a.* **~ *company*** ⚚ Schwester(gesellschaft) *f*; **II** *adj.* **6.** Schwester... (*a. fig.*); **'sis·ter·hood** [-hʊd] *s.* **1.** schwesterliches Verhältnis; **2.** *eccl.* Schwesternschaft *f*; **'sis·ter-in-law** [-ərɪn-] *pl.* **'sis·ters-in-law** *s.* Schwägerin *f*; **'sis·ter·ly** [-lɪ] *adj.* schwesterlich.

Sis·tine ['sɪstaɪn] *adj.* six'tinisch: **~ *Chapel***; **~ *Madonna***.

Sis·y·phe·an [ˌsɪsɪ'fi:ən] *adj.*: **~ *task*** (*od.* ***labo[u]r***) Sisyphusarbeit *f*.

sit [sɪt] [*irr.*] **I** *v/i.* **1.** sitzen; **2.** sich setzen; **3.** (***to** j-m*) (Por'trät *od.* Mo'dell) sitzen; **4.** sitzen, brüten (*Henne*); **5.** sitzen (*Sache, a. Wind*); **6.** Sitzung (ab-) halten, tagen; **7.** (***on***) beraten (über *acc.*), (*e-n Fall etc.*) unter'suchen; **8.** sitzen, e-n Sitz (inne)haben (***in Parliament*** im Parlament): **~ *on a committee*** e-m Ausschuß angehören; **~ *on the bench*** Richter sein; **~ *on a jury*** Geschworener sein; **9.** (***on***) sitzen, passen (*dat.*) (*Kleidung*); *fig.* (*j-m*) *gut etc.* zu Gesicht stehen; **II** *v/t.* **10.** **~ *o.s.*** sich setzen; **11.** sitzen auf (*dat.*): **~ *a horse well*** gut zu Pferde sitzen;

Zssgn mit adv.:

sit| back *v/i.* **1.** sich zu'rücklehnen; **2.** *fig.* die Hände in den Schoß legen; **~ by** *v/i.* untätig zusehen; **~ down I** *v/i.* **1.** sich (hin)setzen, sich niederlassen, Platz nehmen: **~ *to work*** sich an die Arbeit machen; **2.** **~ *under*** *e-e Beleidigung etc.* hinnehmen; **3.** ✈ aufsetzen; **II** *v/t.* **4.** *j-n* (hin)setzen; **~ in** *v/i.* F **1.**

babysitten; **2.** F mitmachen (***at***, ***on*** bei); **3.** ~ ***for*** für *j-n* einspringen; **4.** a) ein Sit-'in veranstalten, b) an e-m Sit-'in teilnehmen; ~ **out I** *v/t.* **1.** *e-r Vorstellung etc.* bis zu Ende beiwohnen; **2.** länger bleiben *od.* aushalten als; **3.** *Spiel, Tanz* auslassen; **II** *v/i.* **4.** aussetzen, nicht mitmachen (*bei e-m Spiel etc.*); **5.** im Freien sitzen; ~ **up** *v/i.* **1.** aufrecht sitzen; **2.** sich aufsetzen: ~ (***and beg***) ‚schönmachen' (*Hund*); ***make s.o.*** ~ a) j-n aufrütteln, b) j-n aufhorchen lassen; ~ (***and take notice***) F aufhorchen; **3.** sich *im Bett etc.* aufrichten; **4.** aufsitzen, -bleiben; wachen (***with*** bei *e-m Kranken*);

Zssgn mit prp.:

sit| for *v/i.* **1.** *e-e Prüfung* machen; **2.** *parl. e-n Wahlkreis* vertreten; **3.** ~ ***one's portrait*** sich porträtieren lassen; ~ **on** → ***sit*** 7, 8, 9, ***sit upon***; ~ **through** → ***sit out*** 1 (*Zssgn mit adv.*); ~ **un·der** *v/i.* **1.** *eccl.* zu *j-s* Gemeinde gehören; **2.** *j-s* Schüler sein; ~ **up·on** *v/i.* **1.** lasten auf *j-m*; im *Magen* liegen; **2.** *sl. j-m* ‚aufs Dach steigen'; **3.** F *Nachricht etc.* zu'rückhalten; auf *e-m Antrag* ‚sitzen'.

sit|·com ['sɪtkɒm] *s. thea.* F Situati'onsko,mödie *f*; '**~-down** *s.* **1.** Verschnaufpause *f*; **2.** a) *a.* ~ ***strike*** ✝ Sitzstreik *m*, b) 'Sitzdemonstrati,on *f*.

site [saɪt] **I** *s.* **1.** Lage *f* (*e-s Gebäudes, e-r Stadt etc.*): ~ ***plan*** Lageplan *m*; **2.** Stelle *f* (*a.* ⚕), Örtlichkeit *f*; **3.** Bauplatz *m*, Grundstück *n*; **4.** ✝ a) (Ausstellungs)Gelände *n*, b) Sitz *m* (*e-r Industrie*); **5.** Stätte *f*, Schauplatz *m*; **II** *v/t.* **6.** plazieren, legen, 'unterbringen: ***well-~d*** gutgelegen, in guter Lage (*Haus*).

'**sit-in** *s.* Sit-'in *n*.

sit·ter ['sɪtə] *s.* **1.** Sitzende(r *m*) *f*; **2.** a) Glucke *f*: ***a good*** ~ e-e gute Brüterin, b) brütender Vogel; **3.** *paint.* Mo'dell *n*; **4.** *a.* ***~-in*** Babysitter *m*; **5.** *sl.* a) *hunt.* leichter Schuß, b) *fig.* leichte Beute, c) ‚todsichere Sache'.

sit·ting ['sɪtɪŋ] **I** *s.* **1.** Sitzen *n*; **2.** *bsd.* ⚖, *parl.* Sitzung *f*, Tagung *f*; **3.** *paint., phot. etc.* Sitzung *f*: ***at a*** ~ *fig.* in 'einem Zug; **4.** a) Brutzeit *f*, b) Gelege *n*; **5.** *eccl., thea.* Sitz(platz) *m*; **II** *adj.* **6.** sitzend, Sitz…: ~ ***duck*** *fig.* leichtes Opfer; **7.** brütend; ~ **room** *s.* **1.** Platz *m* zum Sitzen; **2.** Wohnzimmer *n*.

sit·u·ate ['sɪtjʊeɪt] **I** *v/t.* **1.** aufstellen, *e-r Sache* e-n Platz geben, den Platz festlegen (*gen.*); **2.** in e-e Lage bringen; **II** *adj.* **3.** ⚖ *od. obs.* → ***situated*** 1; '**sit·u·at·ed** [-tɪd] *adj.* **1.** gelegen: ***be*** ~ liegen *od.* sein (*Haus etc.*); **2.** in e-r *schwierigen etc.* Lage: ***thus*** ~ in dieser Lage; ***well*** ~ gutsituiert, wohlhabend.

sit·u·a·tion [,sɪtjʊ'eɪʃn] *s.* **1.** Lage *f e-s Hauses etc.*; **2.** Situati'on *f*: a) Lage *f*, Zustand *m*, b) Sachlage *f*, 'Umstände *pl.*: ***difficult*** ~; **3.** *thea.* dra'matische Situati'on, Höhepunkt *m*: ~ ***comedy*** Situationskomödie *f*; **4.** Stellung *f*, Stelle *f*, Posten *m*: ***~s offered*** Stellenangebote; ***~s wanted*** Stellengesuche.

si·tus ['saɪtəs] (*Lat.*) *s.* **1.** ⚕ Situs *m*, Lage *f* (*e-s Organs*); **2.** Sitz *m*, Lage *f*: ***in situ*** an Ort u. Stelle.

six [sɪks] **I** *adj.* **1.** sechs: ***it is*** ~ ***of one and half a dozen of the other*** *fig.* das ist gehupft wie gesprungen; **2.** *in Zssgn* sechs…: ***~-cylinder(ed)*** sechszylindrig, Sechszylinder… (*Motor*); **II** *s.* **3.** Sechs *f* (*Zahl, Spielkarte etc.*): ***at ~es and sevens*** a) ganz durcheinander, b) uneins; **4.** *Kricket*: *a.* **six·er** ['sɪksə] *s.* F Sechserschlag *m*; '**six·fold** [-fəʊld] *adj. u. adv.* sechsfach.

,**six|-'foot·er** *s.* F sechs Fuß langer *od.* ‚baumlanger' Mensch; '**~·pence** *s. Brit. obs.* Sixpencestück *n*, ½ Schilling *m*: ***it does not matter (a)*** ~ das ist ganz egal; ,**~-'shoot·er** *s.* F sechsschüssiger Re'volver.

six·teen [,sɪks'tiːn] **I** *s.* Sechzehn *f*; **II** *adj.* sechzehn; ,**six'teenth** [-nθ] **I** *adj.* **1.** sechzehnt; **2.** sechzehntel; **II** *s.* **3.** *der* (*die, das*) Sechzehnte; **4.** Sechzehntel *n*; **5.** *a.* ~ ***note*** ♪ Sechzehntel(note *f*) *n*.

sixth [sɪksθ] **I** *adj.* **1.** sechst: ~ ***sense*** *fig.* sechster Sinn; **II** *s.* **2.** *der* (*die, das*) Sechste; **3.** Sechstel *n*; **4.** ♪ Sext *f*; **5.** *a.* ~ ***form*** *ped. Brit.* Abschlußklasse *f*; '**sixth·ly** [-lɪ] *adv.* sechstens.

six·ti·eth ['sɪkstɪɪθ] **I** *adj.* **1.** sechzigst; **2.** sechzigstel; **II** *s.* **3.** *der* (*die, das*) Sechzigste; **4.** Sechzigstel *n*.

Six·tine ['sɪkstaɪn] → ***Sistine***.

six·ty ['sɪkstɪ] **I** *adj.* **1.** sechzig; **II** *s.* **2.** Sechzig *f*; **3.** *pl.* a) *die* sechziger Jahre *pl.* (*e-s Jahrhunderts*), b) *die* Sechziger (-jahre) *pl.* (*Alter*).

'**six-,wheel·er** *s. mot.* Dreiachser *m*.

siz·a·ble ['saɪzəbl] *adj.* (ziemlich) groß, ansehnlich, beträchtlich.

siz·ar ['saɪzə] *s. univ.* Stipendi'at *m* (*in Cambridge od. Dublin*).

size[1] [saɪz] **I** *s.* **1.** Größe *f*, Maß *n*, For'mat *n*, 'Umfang *m*: ***all of a*** ~ (alle) gleich groß; ***of all ~s*** in allen Größen; ***the*** ~ ***of*** so groß wie; ***that's about the*** ~ ***of it*** F (genau) so ist es; ***cut s.o.***

down to ~** fig.* j-n in die Schranken verweisen; **2.** (Schuh-, Kleider- *etc.*) Größe *f*, Nummer *f*: ***two ~s too big zwei Nummern zu groß; ***what ~ do you take?*** welche Größe haben Sie?; **3.** *fig.* a) Größe *f*, Ausmaß *n*, b) *geistiges etc.* For'mat *e-r Person*; **II** *v/t.* **4.** nach Größen ordnen; **5.** ***~ up*** F ab-, einschätzen, taxieren (*alle a. fig.*); **III** *v/i.* **6.** ***~ up*** F gleichkommen (***to, with*** *dat.*).

size² [saɪz] **I** *s.* **1.** (*paint.* Grundier)Leim *m*, Kleister *m*; **2.** a) *Weberei*: Appre'tur *f*, b) *Hutmacherei*: Steife *f*; **II** *v/t.* **3.** leimen; **4.** *paint.* grundieren; **5.** *Stoff* appretieren; **6.** *Hutfilz* steifen.

-size [saɪz] → ***-sized***.

size·a·ble ['saɪzəbl] → ***sizable***.

-sized [saɪzd] *adj. in Zssgn* …groß, von *od.* in … Größe.

siz·er¹ ['saɪzə] *s.* **1.** Sortierer(in); **2.** ⚙ a) ('Größen)Sorˌtiermaˌschine *f*, b) ('Holz)ˌZuschneidemaˌschine *f*.

siz·er² ['saɪzə] *s.* ⚙ **1.** Leimer *m*; **2.** *Textilindustrie*: Schlichter *m*.

siz·zle ['sɪzl] **I** *v/i.* zischen; *Radio etc.*: knistern; **II** *s.* Zischen *n*; **'siz·zling** [-lɪŋ] *adj.* **1.** zischend, brutzelnd; **2.** glühend heiß.

skald [skɔːld] → ***scald¹***.

skat [skæt] *s.* Skat(spiel *n*) *m*.

skate¹ [skeɪt] *pl.* **skates**, *bsd. coll.* **skate** *s. ichth.* (Glatt)Rochen *m*.

skate² [skeɪt] **I** *s.* **1.** a) Schlittschuh *m*, b) Kufe *f*; **2.** Rollschuh *m*; **II** *v/i.* **3.** Schlittschuh *od.* Rollschuh laufen: ***~ over*** *fig. Schwierigkeiten etc.* überspielen; → ***ice*** 1; **'skate·board** *s.* Skateboard *n*; **'skat·er** [-tə] *s.* **1.** Schlittschuh-, Eisläufer(in); **2.** Rollschuhläufer(in); **skate sail·ing** *s.* Eissegeln *n*.

skat·ing ['skeɪtɪŋ] *s.* **1.** Schlittschuhlauf(en *n*) *m*, Eislauf(en *n*) *m*; **2.** Rollschuhlauf((en *n*) *m*; **~ rink** *s.* **1.** Eisbahn *f*; **2.** Rollschuhbahn *f*.

ske·dad·dle [skɪ'dædl] F **I** *v/i.* ‚türmen', ‚abhauen'; **II** *s.* ‚Türmen' *n*.

skeet (shoot·ing) [skiːt] *s. sport* Skeetschießen *n*.

skein [skeɪn] *s.* **1.** Strang *m*, Docke *f* (*Wolle etc.*); **2.** Skein *n*, Warp *n* (*Baumwollmaß*); **3.** Kette *f*, Schwarm *m* (*Wildenten etc.*); **4.** *fig.* Gewirr *n*.

skel·e·tal ['skelɪtl] *adj.* **1.** ⚕ Skelett…; **2.** ske'lettartig; **skel·e·tol·o·gy** [ˌskelɪ'tɒlədʒɪ] *s.* Knochenlehre *f*.

skel·e·ton ['skelɪtn] **I** *s.* **1.** Ske'lett *n*, Knochengerüst *n*, Gerippe *n* (*alle a. fig.*): ***~ in the cupboard*** (*Am.* ***closet***), ***family ~*** *fig.* dunkler Punkt, (düsteres) Familiengeheimnis; ***~ at the feast*** Gespenst *n* der Vergangenheit; **2.** ⚘ Rippenwerk *n* (*Blatt*); **3.** ⚠, ⚙ (*Stahl- etc.*)Ske'lett *n*, (*a. Schiffs-, Flugzeug-*) Gerippe *n*; (*a. Schirm*)Gestell *n*; **4.** *fig.* a) Entwurf *m*, Rohbau *m*, b) Rahmen *m*; **5.** a) 'Stamm(persoˌnal *n*) *m*, b) ⚔ Kader *m*, Stammtruppe *f*; **6.** *sport* Skeleton *m* (*Schlitten*); **II** *adj.* **7.** Skelett…: ***~ construction*** ⚠ Skelettbauweise *f*; ***~-face type*** *typ.* Skelettschrift *f*; **8.** ✝, ⚖ Rahmen…: ***~ agreement***; ***~ law***; ***~ bill*** Wechselblankett *n*; ***~ wage agreement*** Manteltarif(vertrag) *m*; **9.** ⚔ Stamm…: ***~ crew*** Stamm-, Restmannschaft *f*, *weitS.* Notbelegschaft *f*; **'skel·e·ton·ize** [-tənaɪz] *v/t.* **1.** skelettieren; **2.** *fig.* skizzieren, in großen 'Umrissen darstellen; **3.** *fig.* zahlenmäßig reduzieren.

skel·e·ton| key *s.* Dietrich *m*, Nachschlüssel *m*; **~ ser·vice** *s.* Bereitschaftsdienst *m*.

skep [skep] *s.* **1.** (Weiden)Korb *m*; **2.** Bienenkorb *m*.

skep·tic ['skeptɪk] *etc. Am.* → ***sceptic*** *etc.*

sker·ry ['skerɪ] *s. bsd. Scot.* kleine Felseninsel.

sketch [sketʃ] **I** *s.* **1.** *paint. etc.* Skizze *f*, Studie *f*: ***~ block***; **2.** Grundriß *m*, Schema *n*, Entwurf *m*; **3.** *fig.* (*a. literarische*) Skizze; **4.** *thea.* Sketch *m*; **II** *v/t.* **5.** *oft* ***~ in*** (*od.* ***out***) skizzieren; **6.** *fig.* skizzieren, in großen Zügen darstellen; **III** *v/i.* **7.** e-e Skizze *od.* Skizzen machen; **'sketch·i·ness** [-tʃɪnɪs] *s.* Skizzenhaftigkeit *f*, *fig. a.* Oberflächlichkeit *f*; **'sketch·y** [-tʃɪ] *adj.* □ **1.** skizzenhaft, flüchtig; **2.** *fig.* a) oberflächlich, b) unzureichend: ***a ~ meal***; **3.** *fig.* unklar, vage.

skew [skjuː] **I** *adj.* **1.** schief, schräg: ***~ bridge***; **2.** abschüssig; **3.** ⚹ 'asymˌmetrisch; **II** *s.* **4.** Schiefe *f*; **5.** ⚹ Asymme'trie *f*; **6.** ⚠ a) schräger Kopf (*Strebepfeiler*), b) 'Untersatzstein *m*; **'~·back** *s.* ⚠ schräges 'Widerlager; **'~·bald I** *adj.* scheckig (*bsd. Pferd*); **II** *s.* Schecke *m*.

skewed [skjuːd] *adj.* schief, abgeschrägt, verdreht; **skew·er** ['skjuːə] **I** *s.* **1.** Fleischspieß *m*; **2.** *humor.* Schwert *n*, Dolch *m*; **II** *v/t.* **3.** *Fleisch* spießen, *Wurst* speilen; **4.** *fig.* aufspießen.

'skew|-eyed *adj. Brit.* schielend; **~ gear·ing** *s.* ⚙ Stirnradgetriebe *n*.

ski [skiː] **I** *pl.* **ski, skis** *s.* **1.** *sport* Ski *m*; **2.** ✈ (Schnee)Kufe *f*; **II** *v/i. pret. u. p.p. Brit.* **ski'd**, *Am.* **skied** **3.** *sport* Ski laufen *od.* fahren; **'~·bob** *s.* Skibob *m*.

skid [skɪd] **I** *s.* **1.** Stützbalken *m*; **2.** Ladebalken *m*, (Lasten)Rolle *f*: ***put the ~s under*** *od.* ***on s.o.*** *fig.* F j-n ‚fertigmachen' *od.* ‚abschießen'; ***he is on the ~s*** *sl.* mit ihm geht's abwärts; **3.** Hemmschuh *m*, Bremsklotz *m*; **4.** ✈ (Gleit)Kufe *f*, Sporn(rad *n*) *m*; **5.** *a. mot.* Rutschen *n*, Schleudern *n*: ***go into a ~*** ins Schleudern geraten (*a. fig.* F); ***~ chain*** Schneekette *f*; ***~ mark*** Bremsspur *f*; **II** *v/t.* **6.** *Rad* bremsen, hemmen; **III** *v/i.* **7.** *a. mot. etc.* a) rutschen, b) schleudern; **'~·lid** *s. sl.* Sturzhelm *m*; **'~·proof** *adj.* rutschfest; **~ row** [rəʊ] *s. Am.* F a) billiges Vergnügungsviertel, b) ‚Pennergegend' *f*.

ski·er ['skiːə] *s. sport* Skiläufer(in), -fahrer(in).

skies [skaɪz] *pl. von* ***sky***.

skiff [skɪf] *s.* Skiff *n* (*Ruderboot*).

ski·ing ['skiːɪŋ] *s.* Skilaufen *n*, -fahren *n*, -sport *m*.

ski|-jor·ing ['skiːˌdʒɔːrɪŋ] *s. sport* Ski-(k)jöring *n*; **~ jump** *s.* **1.** Skisprung *m*; **2.** Sprungschanze *f*; **~ jump·ing** *s.* Skispringen *n*, Sprunglauf *m*.

skil·ful ['skɪlfʊl] *adj.* □ geschickt: a) gewandt, b) kunstgerecht (*Arbeit, Operation etc.*), c) geübt, (sach)kundig (***at, in*** in *dat.*): ***be ~ at*** sich verstehen auf (*acc.*); **'skil·ful·ness** [-nɪs] → ***skill***.

skill [skɪl] *s.* **1.** Geschick(lichkeit *f*) *n*: a) (Kunst)Fertigkeit *f*, Können *n*, b) Gewandtheit *f*; **2.** (Fach-, Sach)Kenntnis *f* (***at, in*** in *dat.*); **skilled** [-ld] *adj.* **1.** geschickt, gewandt, erfahren (***in*** in *dat.*); **2.** Fach…: ***~ labo(u)r*** Facharbeiter *pl.*; ***~ trades*** Fachberufe; ***~ workman*** gelernter Arbeiter, Facharbeiter *m*.

skil·let ['skɪlɪt] *s.* **1.** a) Tiegel *m*, b) Kasse'rolle *f*; **2.** *Am.* Bratpfanne *f*.

skill·ful(·ness) *Am.* → ***skilful(ness)***.

skil·ly ['skɪlɪ] *s. Brit.* dünne Hafergrütze.

skim [skɪm] **I** *v/t.* **1.** (*a. fig.* ✝ *Gewinne*) abschöpfen: ***~ the cream off*** den Rahm abschöpfen (*oft fig.*); **2.** abschäumen; **3.** *Milch* entrahmen: ***~med milk*** → ***skim milk***; **4.** *fig.* (hin)gleiten über (*acc.*); **5.** *fig. Buch etc.* über'fliegen, flüchtig lesen; **II** *v/i.* **6.** gleiten, streichen (***over*** über *acc.*, ***along*** entlang); **7.** ***~ over*** → 5; **'skim·mer** [-mə] *s.* **1.** Schaum-, Rahmkelle *f*; **2.** ⚙ Abstreicheisen *n*; **3.** ⚓ *Brit.* leichtes Rennboot; **skim milk** *s.* entrahmte Milch, Magermilch *f*; **'skim·ming** [-mɪŋ] *s.* **1.** *mst pl. das* Abgeschöpfte; **2.** *pl.* Schaum *m* (*auf Kochgut etc.*); **3.** *pl.* ⚙ Schlacken *pl.*; **4.** Abschöpfen *n*, -schäumen *n*: ***~ of excess profit*** ✝ Gewinnabschöpfung *f*.

skimp [skɪmp] *etc.* → ***scrimp*** *etc.*

skin [skɪn] **I** *s.* **1.** Haut *f* (*a. biol.*): ***dark (fair) ~*** dunkle (helle) Haut(farbe); ***he is mere ~ and bone*** er ist nur noch Haut u. Knochen; ***be in s.o.'s ~*** *fig.* in j-s Haut stecken; ***get under s.o.'s ~*** F a) j-m ‚unter die Haut' gehen, b) j-n ärgern; ***have a thick (thin) ~*** dickfellig (zartbesaitet) sein; ***save one's ~*** mit heiler Haut davonkommen; ***by the ~ of one's teeth*** mit knapper Not; ***that's no ~ off my nose*** F das ‚juckt' mich nicht; → ***jump*** 12; **2.** Fell *n*, Pelz *m*, Balg *m* (*von Tieren*); **3.** (*Obst- etc.*) Schale *f*, Haut *f*, Hülse *f*, Rinde *f*; **4.** ⚙ *etc.* dünne Schicht, Haut *f* (*auf der Milch etc.*); **5.** Oberfläche *f*, *bsd.* a) ⚓ Außenhaut *f*, b) ✈ Bespannung *f*, c) (*Ballon*)Hülle *f*; **6.** (*Wein- etc.*) Schlauch *m*; **7.** *sl.* Klepper *m* (*Pferd*); **II** *v/t.* **8.** enthäuten, (ab)häuten, schälen: ***keep one's eyes ~ned*** F die Augen offenhalten; **9.** *a.* ***~ out*** *Tier* abbalgen, -ziehen; **10.** *Knie etc.* aufschürfen; **11.** *sl. j-m* das Fell über die Ohren ziehen, *j-n* ‚rupfen' (*beim Spiel etc.*); **12.** F *Strumpf etc.* abstreifen; **III** *v/i.* **13.** ***~ over*** (zu)heilen (*Wunde*); **14.** ***~ out*** *Am. sl.* ‚abhauen'; **ˌ~-'deep** *adj. u. adv.* (nur) oberflächlich; **~ dis·ease** *s.* Hautkrankheit *f*; **~ div·ing** *s.* Sporttauchen *n*; **'~·flicks** *s.* F Sexfilm *m*; **'~·flint** *s.* Knicker *m*, Geizhals *m*; **~ food** *s.* Nährcreme *f*; **~ fric·tion** *s. phys.* Oberflächenreibung *f*; **~ game** *s.* F Schwindel *m*, Bauernfänge'rei *f*; **~ graft** *s.* ⚕ 'Hauttransplanˌtat *n*; **'~-ˌgraft·ing** *s.* ⚕ 'Hauttransplantatiˌon *f*.

skinned [skɪnd] *adj.* **1.** häutig; **2.** enthäutet; **3.** *in Zssgn* …häutig, …fellig; **'skin·ner** [-nə] *s.* **1.** Pelzhändler *m*, Kürschner *m*; **2.** Abdecker *m*; **'skin·ny** [-nɪ] *adj.* **1.** häutig; **2.** mager, abgemagert, dünn; **3.** *fig.* knauserig.

ˌskin|'tight *adj.* hauteng (*Kleidung*); **~ wool** *s.* Schlachtwolle *f*.

skip¹ [skɪp] **I** *v/i.* **1.** hüpfen, hopsen, springen; **2.** seilhüpfen; **3.** *fig.* Sprünge machen, *von e-m Thema zum andern* springen; *ped. Am.* e-e Klasse über'springen; Seiten über'schlagen (*in e-m Buch*): ***~ off*** abschweifen; ***~ over*** *et.* übergehen; **4.** aussetzen, e-n Sprung tun (*Herz etc., a.* ⚙); **5.** *oft* ***~ out*** F ‚abhauen'; ***~ (over) to*** e-n Abstecher nach *e-m Ort* machen; **II** *v/t.* **6.** springen über (*acc.*): ***~ (a) rope*** seilhüpfen; **7.** *fig.* (*ped. Am. a. e-e Klasse*) über-

'springen, auslassen, *Buchseite* über'schlagen: **~ it!** ‚geschenkt'!; **8.** F a) verschwinden aus *e-r Stadt etc.*, b) sich vor *e-r Verabredung etc.* drücken, *Schule etc.* schwänzen; **9.** F **~ it** ‚abhauen'; **III** *s.* **10.** Hopser *m*; *Tanzen*: Hüpfschritt *m*.

skip² [skɪp] → ***skipper*** 2.

skip³ [skɪp] *s.* (Stu'denten)Diener *m*.

skip⁴ [skɪp] *s.* ⚙ Förderkorb *m*.

'skip·jack *s.* **1.** *coll. pl. ichth.* a) *ein* Thunfisch *m*, b) Blaufisch *m*; **2.** *zo.* Springkäfer *m*; **3.** Stehaufmännchen *n* (*Spielzeug*).

ski plane *s.* Flugzeug *n* mit Schneekufen.

skip·per ['skɪpə] *s.* **1.** ⚓, ✈ Kapi'tän *m*, ⚓ *a.* Schiffer *m*; **2.** *sport* a) 'Mannschaftskapiˌtän *m*, b) *Am.* Manager *m od.* Trainer *m*.

skip·ping ['skɪpɪŋ] *s.* Hüpfen *n*, (*bsd.* Seil)Springen *n*; **~ rope** *s.* Springseil *n*.

skirl [skɜːl] *dial.* **I** *v/i.* **1.** pfeifen (*bsd. Dudelsack*); **2.** Dudelsack spielen; **II** *s.* **3.** Pfeifen *n* (*des Dudelsacks*).

skir·mish ['skɜːmɪʃ] **I** *s.* ⚔ *u. fig.* Geplänkel *n*: **~ line** Schützenlinie *f*; **II** *v/i.* plänkeln; **'skir·mish·er** [-ʃə] *s.* ⚔ Plänkler *m* (*a. fig.*).

skirt [skɜːt] **I** *s.* **1.** (Frauen)Rock *m*; **2.** *sl.* ‚Weibsbild' *n*, ‚Schürze' *f*; **3.** (Rock-, Hemd-, *etc.*)Schoß *m*; **4.** Saum *m*, Rand *m* (*fig. oft pl.*); **5.** *pl.* Außenbezirk *m*, Randgebiet *n*; **6.** Kutteln *pl.*: **~ of beef**; **II** *v/t.* **7.** a) (um)'säumen, b) sich entlangziehen an (*dat.*); **8.** entlang- *od.* her'umgehen *od.* -fahren um; **9.** *fig.* um'gehen; **III** *v/i.* **10.** **~ along** am Rande entlanggehen *od.* -fahren, sich entlangziehen; **'skirt·ed** [-tɪd] *adj.* **1.** e-n Rock tragend; **2.** *in Zssgn* a) mit e-m *langen etc.* Rock: **long-~**, b) *fig.* eingesäumt; **'skirt·ing** [-tɪŋ] *s.* **1.** Rand *m*, Saum *m*; **2.** Rockstoff *m*; **3.** *mst* **~ board** ⚠ (*bsd.* Fuß-, Scheuer)Leiste *f*.

'ski-run *s.* Skipiste *f*.

skit [skɪt] *s.* **1.** Stiche'lei *f*, Seitenhieb *m*; **2.** Paro'die *f*, Sa'tire *f* (**on** über, auf *acc.*).

ski tow *s.* Schlepplift *m*.

skit·ter ['skɪtə] *v/i.* **1.** jagen, rennen; **2.** rutschen; **3.** hopsen; **4.** den Angelhaken an der Wasseroberfläche hinziehen.

skit·tish ['skɪtɪʃ] *adj.* □ **1.** ungebärdig, scheu (*Pferd*); **2.** ner'vös, ängstlich; **3.** *fig.* a) lebhaft, wild, b) (kindisch) ausgelassen (*bsd. Frau*), c) fri'vol, d) sprunghaft, kaprizi'ös.

skit·tle ['skɪtl] **I** *s.* **1.** *bsd. Brit.* Kegel *m*; **2.** *pl. sg. konstr.* Kegeln *n*, Kegelspiel *n*: **play (at) ~s** kegeln; **II** *int.* **3.** **~s!** F Quatsch!, Unsinn!; **III** *v/t.* **4.** **~ out** *Kricket*: *Schläger od. Mannschaft* (rasch) ‚erledigen'; **~ al·ley** *s.* Kegelbahn *f*.

skive¹ [skaɪv] **I** *v/t.* **1.** *Leder, Fell* spalten; **2.** *Edelstein* abschleifen; **II** *s.* **3.** Dia'mantenschleifscheibe *f*.

skive² [skaɪv] *Brit. sl.* **I** *v/t.* ‚sich drükken' vor (*dat.*); **II** *v/i. a.* **~ off** sich drücken.

skiv·vy ['skɪvɪ] *s. Brit. contp.* Dienstmagd *f*.

sku·a ['skjuːə] *s. orn.* (**great ~** Riesen-) Raubmöwe *f*.

skul·dug·ger·y [skʌl'dʌgərɪ] *s.* F Gaune'rei *f*, Schwindel *m*.

skulk [skʌlk] *v/i.* **1.** lauern; **2.** (um'her-) schleichen: **~ after s.o.** j-m nachschleichen; **3.** *fig.* sich drücken; **'skulk·er** [-kə] *s.* **1.** Schleicher(in); **2.** Drückeberger(in).

skull [skʌl] *s.* **1.** *anat.* Schädel *m*, Hirnschale *f*: **fractured ~** ⚕ Schädelbruch *m*; **2.** Totenschädel *m*: **~ and crossbones** a) Totenkopf *m* (*Giftzeichen etc.*), b) *hist.* Totenkopf-, Piratenflagge *f*; **3.** *fig.* Schädel *m* (*Verstand*): **have a thick ~** ein Brett vor dem Kopf haben; **'~-cap** *s.* **1.** *anat.* Schädeldach *n*; **2.** Käppchen *n*.

skunk [skʌŋk] **I** *s.* **1.** *zo.* Skunk *m*, Stinktier *n*; **2.** Skunk(s)pelz *m*; **3.** *fig. sl.* ‚Scheißkerl' *m*, ‚Schwein' *n*; **II** *v/t.* **4.** *Am.* F a) ‚vermöbeln' (*a. sport*), b) ‚bescheißen'.

sky [skaɪ] **I** *s.* **1.** *oft pl.* (*Wolken*)Himmel *m*: **in the ~** am Himmel; **out of a clear ~** *bsd. fig.* aus heiterem Himmel; **2.** *oft pl.* Himmel *m* (*a. fig.*), Himmelszelt *n*: **under the open ~** unter freiem Himmel; **praise to the skies** *fig.* in den Himmel heben; **the ~ is the limit** F nach oben sind keine Grenzen gesetzt; **3.** a) Klima *n*, b) Himmelsstrich *m*, Gegend *f*, c) ⚔, ✈ Luftraum *m*; **II** *v/t.* **4.** *Ball etc.* hoch in die Luft schlagen *od.* werfen; **5.** F *Bild* (zu) hoch aufhängen (*in e-r Ausstellung*); **~ ad·ver·tis·ing** *s.* ✝ Luftwerbung *f*; **ˌ~-'blue** *adj.* himmelblau; **'~·coach** *s.* ✈ *Am. Passagierflugzeug ohne Service*; **'~ˌdiv·er** *s. sport* Fallschirmspringer(in); **'~ˌdiv·ing** *s. sport* Fallschirmspringen *n*; **ˌ~-'high** *adj. u. adv.* himmelhoch (*a. fig.*): **blow ~** a) sprengen, b) *fig. Theorie etc.* über den Haufen werfen; **'~·jack I** *v/t. Flugzeug* entführen; **II** *s.* Flugzeugentführung *f*; **'~·jack·er** *s.* Flugzeugentführer

(-in); **'~ˌjack·ing** *s.* → ***skyjack*** II; **'~·lab** *s.* 'Raumlaˌbor *n*; **'~·lark I** *s.* **1.** *orn.* (Feld)Lerche *f*; **2.** Spaß *m*, Ulk *m*; **II** *v/i.* **3.** he'rumtollen, ‚Blödsinn' treiben; um'hertollen; **'~·light** *s.* Oberlicht *n*, Dachfenster *n*; **'~·line** *s.* Hori'zont (-linie *f*) *m*, (*Stadt- etc.*)Silhou'ette *f*; **'~ˌlin·er** → ***airliner***; **~ mar·shal** *s. Am. Bundespolizist, der zur Verhinderung von Flugzeugentführungen eingesetzt wird*; **~ pi·lot** *s. sl.* ‚Schwarzrock' *m* (*Geistlicher*); **'~ˌrock·et I** *s. Feuerwerk*: Ra'kete *f*; **II** *v/i.* in die Höhe schießen (*Preise etc.*), sprunghaft ansteigen; **III** *v/t.* sprunghaft ansteigen lassen; **'~·scape** [-skeɪp] *s. paint.* Wolkenlandschaft *f* (*Bild*); **'~ˌscrap·er** *s.* Wolkenkratzer *m*; **~ sign** *s.* ✝ 'Leuchtreˌklame *f* (*auf Häusern etc.*).

sky·ward ['skaɪwəd] **I** *adv.* himmel'an, -wärts; **II** *adj.* himmelwärts gerichtet; **'sky·wards** [-dz] → ***skyward*** I.

'sky|·way *s. bsd. Am.* **1.** ✈ Luftroute *f*; **2.** Hochstraße *f*; **'~ˌwrit·er** *s.* Himmelsschreiber *m*; **'~ˌwrit·ing** *s.* Himmelsschrift *f*.

slab [slæb] **I** *s.* **1.** (Me'tall-, Stein-, Holz- *etc.*)Platte *f*, Tafel *f*, Fliese *f*: ***on the ~*** F a) auf dem Operationstisch, b) im Leichenschauhaus; **2.** (dicke) Scheibe (*Brot, Fleisch etc.*); **3.** ⚙ Schwarten-, Schalbrett *n*; **4.** *metall.* Bramme *f* (*Roheisenblock*); **5.** *Am. sl. Baseball*: Schlagmal *n*; **6.** (*westliche USA*) Be'tonstraße *f*; **II** *v/t.* **7.** ⚙ a) *Stamm* abschwarten, b) in Platten *od.* Bretter zersägen.

slack¹ [slæk] **I** *adj.* □ **1.** schlaff, locker, lose (*alle a. fig.*): ***keep a ~ rein*** (*od.* ***hand***) die Zügel locker lassen (*a. fig.*); **2.** a) langsam, träge (*Strömung etc.*), b) flau (*Brise*); **3.** ✝ flau, lustlos; → ***season*** 3; **4.** (nach)lässig, lasch, schlaff: ***be ~ in one's duties*** s-e Pflichten vernachlässigen; ***~ performance*** schlappe Leistung; **5.** *ling.* locker: ***~ vowel*** offener Vokal; **II** *s.* **6.** ⚓ Lose *n* (*loses Tauende*); **7.** ⚙ Spiel *n*: ***take up the ~*** Druckpunkt nehmen (*beim Schießen*); **8.** ⚓ Stillwasser *n*; **9.** Flaute *f* (*a.* ✝); **10.** F (Ruhe)Pause *f*; **11.** *pl.* Freizeithose *f*; **III** *v/t.* **12.** *a.* ***~ off*** → ***slacken*** 1; **13.** *a.* ***~ up*** → ***slacken*** 2 u. 3; **14.** → ***slake*** 2; **IV** *v/i.* **15.** → ***slacken*** 5; **16.** *oft* ***~ off*** a) nachlassen, b) F trödeln; **17.** ***~ up*** langsamer werden *od.* fahren.

slack² [slæk] *s.* ⚒ Kohlengrus *m*.

slack·en ['slækən] **I** *v/t.* **1.** *Seil, Muskel etc.* lockern, locker machen, entspannen; **2.** lösen; ⚓ *Segel* lose machen; (*Tau*)*Ende* fieren; **3.** *Tempo* verlangsamen, her'absetzen; **4.** nachlassen *od.* nachlässig werden in (*dat.*); **II** *v/i.* **5.** sich lockern, schlaff werden; **6.** *fig.* erlahmen, nachlassen, nachlässig werden; **7.** langsamer werden; **8.** ✝ stocken; **'slack·er** [-kə] *s.* Bumme'lant *m*, Faulpelz *m*; **'slack·ness** [-knɪs] *s.* **1.** Schlaffheit *f*, Lockerheit *f*; **2.** Flaute *f*, Stille *f* (*a. fig.*); **3.** ✝ Flaute *f*, (Geschäfts)Stockung *f*; Unlust *f*; **4.** *fig.* Schlaffheit *f*, (Nach)Lässigkeit *f*, Trägheit *f*; **5.** ⚙ Spiel *n*, toter Gang.

slack| suit *s. Am.* Freizeitanzug *m*; **~ wa·ter** → ***slack¹*** 8.

slag [slæg] **I** *s.* **1.** ⚙ (*geol.* vul'kanische) Schlacke: ***~ concrete*** Schlackenbeton *m*; **2.** *Brit. sl.* Schlampe *f*; **II** *v/t. u. v/i.* **3.** verschlacken; **'slag·gy** [-gɪ] *adj.* schlackig.

slain [sleɪn] *p.p. von* ***slay***.

slake [sleɪk] *v/t.* **1.** *Durst, a. fig. Begierde etc.* stillen; **2.** ⚙ *Kalk* löschen: ***~d lime*** ⚗ Löschkalk *m*.

sla·lom ['slɑːləm] *s. sport* Slalom *m*, Torlauf *m*.

slam¹ [slæm] **I** *v/t.* **1.** *a.* ***~ to*** *Tür, Deckel* zuschlagen, zuknallen; **2.** *et. auf den Tisch etc.* knallen: ***~ down*** *et.* hinknallen; **3.** *j-n* schlagen; **4.** *sl. sport* ‚über'fahren' (*besiegen*); **5.** F *j-n od. et.* ‚in die Pfanne hauen'; **II** *v/i.* **6.** *a.* ***~ to*** zuschlagen (*Tür*); **III** *s.* **7.** Knall *m*; **IV** *adv.* **8.** *a. int.* bums(!), peng(!).

slam² [slæm] *s. Kartenspiel*: Schlemm *m*: ***grand ~*** Groß-Schlemm.

slan·der ['slɑːndə] **I** *s.* **1.** ⚖ *mündliche* Verleumdung, üble Nachrede; **2.** *allg.* Verleumdung *f*, Klatsch *m*; **II** *v/t.* **3.** verleumden; **'slan·der·er** [-dərə] *s.* Verleumder(in); **'slan·der·ous** [-dərəs] *adj.* □ verleumderisch.

slang [slæŋ] **I** *s.* Slang *m*, Jar'gon *m*: a) Sonder-, Berufssprache *f*: ***schoolboy ~*** Schülersprache; ***thieves' ~*** Gaunersprache, *das* Rotwelsch, b) sa'loppe 'Umgangssprache; **II** *v/t.* *j-n* (wüst) beschimpfen: ***~ing match*** wüste gegenseitige Beschimpfungen *pl.*; **'slang·y** [-ɪ] *adj.* sa'lopp, Slang…

slant [slɑːnt] **I** *s.* **1.** Schräge *f*, schräge Fläche *od.* Richtung *od.* Linie: ***on the*** (*od.* ***on a***) ***~*** schräg, schief; **2.** Abhang *m*; **3.** *fig.* a) Ten'denz *f*, ‚Färbung' *f*, b) Einstellung *f*, Gesichtspunkt *m*: ***take a ~ at*** *Am.* F e-n (Seiten)Blick werfen auf (*acc.*); **II** *adj.* □ **4.** schräg; **III** *v/i.* **5.** schräg liegen; sich neigen, kippen; **6.** *fig.* tendieren (***towards*** zu *et.* hin); **IV** *v/t.* **7.** schräg legen, kippen, e-e schräge

Richtung geben (*dat.*): **~ed** schräg; **8.** *fig.* e-e Ten'denz geben, ‚färben'; **'~-eye** *s.* Schlitzauge *n* (*Asiate etc.*); **'slant-eyed** *adj.* schlitzäugig; **'slant·ing** [-tɪŋ] *adj.* □ schräg; **'slant·wise** *adj. u. adv.* schräg, schief.

slap [slæp] **I** *s.* **1.** Schlag *m*, Klaps *m*: ***give s.o. a ~ on the back*** j-m anerkennend auf den Rücken klopfen; ***a ~ in the face*** e-e Ohrfeige, ein Schlag ins Gesicht (*a. fig.*); ***have a (bit of) ~ and tickle*** F ‚knutschen'; **II** *v/t.* **2.** schlagen, e-n Klaps geben (*dat.*): ***~ s.o.'s face*** j-n ohrfeigen; **3.** → ***slam***[1] 2; **4.** scharf tadeln; **5. ~ *on*** F a) *et.* draufklatschen, b) *Zuschlag etc.* ‚draufhauen'; **III** *v/i.* **6.** schlagen, klatschen (*a. Regen etc.*); **IV** *adv.* **7.** F genau, bums, ‚zack': ***I ran ~ into him***; **ˌ~-'bang** *adv.* **1.** → ***slap*** 7; **2.** Knall u. Fall; **'~·dash I** *adv.* **1.** blindlings, Hals über Kopf; **2.** hoppla'hopp, ‚auf die Schnelle'; **3.** aufs Gerate'wohl; **II** *adj.* **4.** heftig, ungestüm; **5.** schlampig, schlud(e)rig: **~ *work***; **'~ˌhap·py** *adj.* unbekümmert; **'~·jack** *s. Am.* **1.** Pfannkuchen *m*; **2.** *ein Kinderkartenspiel*; **'~·stick I** *s.* **1.** (Narren)Pritsche *f*; **2.** *thea.* a) Slapstick *m*, Kla'mauk *m*, b) 'Slapstickkoˌmödie *f*; **II** *adj.* **3.** Slapstick..., Klamauk...: **~ *comedy*** → 2 b; **'~-up** *adj. sl.* ‚todschick', prima, ‚toll'.

slash [slæʃ] **I** *v/t.* **1.** (auf)schlitzen; zerfetzen; **2.** *Kleid etc.* schlitzen: ***~ed sleeve*** Schlitzärmel *m*; **3.** a) peitschen, b) *Peitsche* knallen lassen; **4.** *Ball etc.* ‚dreschen'; **5.** *fig.* geißeln, scharf kritisieren; **6.** *fig.* drastisch kürzen *od.* her'absetzen, zs.-streichen; **II** *v/i.* **7.** hauen (***at*** nach): **~ *out*** um sich hauen (*a. fig.*); **III** *s.* **8.** Hieb *m*, Streich *m*; **9.** Schnitt (-wunde *f*) *m*; **10.** Schlitz *m*; **11.** Holzschlag *m*; **12.** a) drastische Kürzung, b) drastischer Preisnachlaß; **'slash·ing** [-ʃɪŋ] **I** *s.* **1.** ⚔ Verhau *m*; **II** *adj.* **2.** schneidend, schlitzend: **~ *weapon*** ⚔ Hiebwaffe *f*; **3.** *fig.* vernichtend, beißend (*Kritik etc.*); **4.** F ‚toll'.

slat [slæt] *s.* **1.** Leiste *f*, (*a.* Jalou'sie-) Stab *m*; **2.** *pl. sl.* a) Rippen *pl.*, b) ‚Arschbacken' *pl.*

slate[1] [sleɪt] **I** *s.* **1.** *geol.* Schiefer *m*; **2.** (Dach)Schiefer *m*, Schieferplatte *f*; **3.** Schiefertafel *f* (*zum Schreiben*): ***have a clean ~*** *fig.* e-e reine Weste haben; ***clean the ~*** *fig.* reinen Tisch machen; → ***wipe off*** 2; **4.** *Film*: Klappe *f*; **5.** *pol. etc. Am.* Kandi'datenliste *f*; **6.** Schiefergrau *n* (*Farbe*); **II** *v/t.* **7.** *Dach* mit Schiefer decken; **8.** *Am.* a) *Kandidaten* (vorläufig) aufstellen, vorschlagen: ***be ~d for*** für *e-n Posten* vorgesehen sein, b) *zeitlich* ansetzen; **III** *adj.* **9.** schieferartig, -farbig; Schiefer...

slate[2] [sleɪt] *v/t. sl.* **1.** ‚vermöbeln'; **2.** *fig.* a) *et.* ‚verreißen' (*kritisieren*), b) *j-n* abkanzeln.

ˌslate|-'blue *adj.* schieferblau; **'~-club** *s. Brit.* Sparverein *m*; **ˌ~-'gray, ˌ~-'grey** *adj.* schiefergrau; **~ pen·cil** *s.* Griffel *m*.

slath·er ['slæðə] *Am.* F **I** *v/t.* **1.** dick schmieren *od.* auftragen; **2.** verschwenden; **II** *s.* **3.** *mst pl.* große Menge.

slat·ing ['sleɪtɪŋ] *s. sl.* **1.** ‚Verriß' *m*, beißende Kri'tik; **2.** Standpauke *f*.

slat·tern ['slætɜ:n] *s.* **1.** Schlampe *f*; **2.** *Am.* ‚Nutte' *f*; **'slat·tern·ly** [-lɪ] *adj. u. adv.* schlampig, schmudd(e)lig.

slat·y ['sleɪtɪ] *adj.* schief(e)rig.

slaugh·ter ['slɔ:tə] **I** *s.* **1.** Schlachten *n*; **2.** *fig.* a) Abschlachten *n*, Niedermetzeln *n*, b) Gemetzel *n*, Blutbad *n*; → ***innocent*** 7; **II** *v/t.* **3.** *Vieh* schlachten; **4.** *fig.* a) (ab)schlachten, niedermetzeln, b) F *j-n* ‚auseinandernehmen' (*a. sport*); **'slaugh·ter·er** [-ərə] *s.* Schlächter *m*; **'slaugh·ter·house** *s.* **1.** Schlachthaus *n*; **2.** *fig.* Schlachtbank *f*.

Slav [slɑ:v] **I** *s.* Slawe *m*, Slawin *f*; **II** *adj.* slawisch, Slawen...

slave [sleɪv] **I** *s.* **1.** Sklave *m*, Sklavin *f*; **2.** *fig.* Sklave *m*, Arbeitstier *n*, Kuli *m*: ***work like a ~*** → 4; **3.** *fig.* Sklave *m* (***to, of*** *gen.*): ***a ~ to one's passions***; ***a ~ to drink*** alkoholsüchtig; **II** *v/i.* **4.** schuften, wie ein Kuli arbeiten; **~ driv·er** *s.* **1.** Sklavenaufseher *m*; **2.** *fig.* Leuteschinder *m*.

slav·er[1] ['sleɪvə] *s.* **1.** Sklavenschiff *n*; **2.** Sklavenhändler *m*.

slav·er[2] ['slævə] **I** *v/i.* **1.** geifern, sabbern (*a. fig.*): **~ *for*** *fig.* lechzen nach; **2.** *fig.* katzbuckeln; **II** *v/t.* **3.** *obs.* besabbern; **III** *s.* **4.** Geifer *m*.

slav·er·y ['sleɪvərɪ] *s.* **1.** Sklave'rei *f* (*a. fig.*): **~ *to*** *fig.* sklavische Abhängigkeit von; **2.** Sklavenarbeit *f*; *fig.* Placke'rei *f*, Schinde'rei *f*.

slave| ship *s.* Sklavenschiff *n*; **~ trade** *s.* Sklavenhandel *m*; **~ trad·er** *s.* Sklavenhändler *m*.

slav·ey ['sleɪvɪ] *s. Brit.* F ‚dienstbarer Geist'.

Slav·ic ['slɑ:vɪk] **I** *adj.* slawisch; **II** *s. ling.* Slawisch *n*.

slav·ish ['sleɪvɪʃ] *adj.* **1.** □ sklavisch, Sklaven...; **2.** *fig.* knechtisch, kriecherisch, unter'würfig; **3.** *fig.* sklavisch: **~ *imitation***; **'slav·ish·ness** [-nɪs] *s. das* Sklavische, sklavische Gesinnung.

slaw [slɔː] *s. Am.* ˈKrautsaˌlat *m.*

slay [sleɪ] [*irr.*] **I** *v/t.* töten, erschlagen, ermorden; **II** *v/i.* morden; **slay·er** [ˈsleɪə] *s.* Mörder(in).

slea·zy [ˈsliːzɪ] *adj.* **1.** dünn (*a. fig.*), verschlissen (*Gewebe*); **2.** → ***shabby***.

sled [sled] → ***sledge***[1] 1; **ˈsled·ding** [-dɪŋ] *s. bsd. Am.* ˈSchlittenfahren *n*, -transˌport *m*: ***hard*** (***smooth***) **~** *fig.* schweres (glattes) Vorankommen.

sledge[1] [sledʒ] **I** *s.* **1.** a) *a.* ⚙ Schlitten *m*, b) (Rodel)Schlitten *m*; **2.** *bsd. Brit.* (leichterer) Pferdeschlitten; **II** *v/t.* **3.** mit e-m Schlitten befördern *od.* fahren; **III** *v/i.* **4.** Schlitten fahren, rodeln.

sledge[2] [sledʒ] ⚙ *s.* **1.** Vorschlag-, Schmiedehammer *m*; **2.** schwerer Treibfäustel; **3.** ⚒ Schlägel *m*; **ˈ~ˌham·mer I** *s.* → ***sledge***[2] 1; **II** *adj. fig.* a) Holzhammer…(*-argumente etc.*), b) wuchtig, vernichtend (*Schlag*), c) ungeschlacht (*Stil*).

sleek [sliːk] **I** *adj.* ☐ **1.** glatt, glänzend (*Haar*); **2.** geschmeidig, glatt (*Körper*; *a. fig. Wesen*); **3.** *fig.* a) gepflegt, eleˈgant, schick, b) schnittig (*Form*); **4.** *fig. b.s.* aalglatt, ölig; **II** *v/t.* **5.** *a.* ⚙ glätten; *Haar* glatt kämmen *od.* bürsten; ⚙ *Leder* schlichten; **ˈsleek·ness** [-nɪs] *s.* Glätte *f*, Geschmeidigkeit *f* (*a. fig.*).

sleep [sliːp] **I** *v/i.* [*irr.*] **1.** schlafen, ruhen (*beide a. fig. Dorf*, *Streit*, *Toter etc.*): **~ *late*** lange schlafen; **~ *like a log*** (*od.* ***top*** *od.* ***dormouse***) schlafen wie ein Murmeltier; **~** [***up***]***on*** (*od.* ***over***) ***s.th.*** *fig.* et. überschlafen; **2.** schlafen, überˈnachten: **~ *in*** (***out***) im (außer) Haus schlafen; **3.** stehen (*Kreisel*); **4. ~ *with*** mit *j-m* schlafen; **~ *around*** mit vielen Männern ins Bett gehen; **II** *v/t.* [*irr.*] **5.** schlafen: **~ *the* ~ *of the just*** den Schlaf des Gerechten schlafen; **6. ~ *away*** *Zeit* verschlafen; **7. ~ *off*** *Kopfweh etc.* ausschlafen: **~ *it off*** s-n Rausch *etc.* ausschlafen; **8.** Schlafgelegenheit bieten für; *j-n* ˈunterbringen; **III** *s.* **9.** Schlaf *m*, Ruhe *f* (*a. fig.*): ***in one's*** **~** im Schlaf; ***the last*** **~** *fig.* die letzte Ruhe, der Tod(esschlaf); ***get some*** **~** ein wenig schlafen; ***go to*** **~** a) schlafen gehen, b) einschlafen (*a. fig. sterben*); ***put to*** **~** *allg., a.* ⚕ einschläfern; **10.** *zo.* (Winter)Schlaf *m*; **11.** ⚘ Schlafbewegung *f*; **ˈsleep·er** [-pə] *s.* **1.** Schläfer(in): ***be a light*** (***sound***) **~** e-n leichten (festen) Schlaf haben; **2.** 🚃 a) Schlafwagen *m*, b) *Brit.* Schwelle *f*; **3.** *Am.* Lastwagen *m* mit Schlafkoje; **4.** *Am.* a) (ˈKinder-) Pyˌjama *m*, b) (Baby)Schlafsack *m*; **5.** *Am.* F überˈraschender Erfolg; **6.** ✝ *Am.* Ladenhüter *m*; **ˈsleep-in** *s.* Sleep-in *n*, ˈSchlafdemonstratiˌon *f*; **ˈsleep·i·ness** [-pɪnɪs] *s.* **1.** Schläfrigkeit *f*; **2.** *a. fig.* Verschlafenheit *f*.

sleep·ing [ˈsliːpɪŋ] *adj.* **1.** schlafend; **2.** Schlaf…: **~ *accommodation*** Schlafgelegenheit *f*; **~ bag** *s.* Schlafsack *m*; ♀ **Beau·ty** *s.* Dornˈrös-chen *n*; **~ car** *s.* 🚃 Schlafwagen *m*; **~ draught** *s.* Schlaftrunk *m*, -mittel *n*; **~ part·ner** *s.* ✝ *Brit.* stiller Teilhaber (mit unbeschränkter Haftung); **~ sick·ness** *s.* ⚕ Schlafkrankheit *f*; **~ suit** *s.* → ***sleeper*** 4 a; **~ tab·let** *s.* ⚕ ˈSchlaftaˌblette *f*.

sleep·less [ˈsliːplɪs] *adj.* ☐ **1.** schlaflos; **2.** *fig.* a) rast-, ruhelos, b) wachsam; **ˈsleep·less·ness** [-nɪs] *s.* **1.** Schlaflosigkeit *f*; **2.** *fig.* Rast-, Ruhelosigkeit *f*; **3.** Wachsamkeit *f*.

ˈsleep|ˌwalk·er *s.* Nachtwandler(in); **ˈ~ˌwalk·ing I** *s.* Nacht-, Schlafwandeln *n*; **II** *adj.* schlafwandelnd; nachtwandlerisch.

sleep·y [ˈsliːpɪ] *adj.* ☐ **1.** schläfrig, müde; **2.** *fig.* schläfrig, schlafmützig, träge; **3.** *fig.* verschlafen, verträumt (*Dorf etc.*); **4.** teigig (*Obst*); **ˈ~·head** *s. fig.* Schlafmütze *f*.

sleet [sliːt] *meteor.* **I** *s.* **1.** Graupel(n *pl.*) *f*, Schloße(n *pl.*) *f*; **2.** a) *Brit.* Schneeregen *m*, b) *Am.* Graupelschauer *m*; **3.** F ˈEisˌüberzug *m auf Bäumen etc.*; **II** *v/i.* **4.** graupeln; **ˈsleet·y** [-tɪ] *adj.* graupelig.

sleeve [sliːv] *s.* **1.** Ärmel *m*: ***have s.th. up*** (*od.* ***in***) ***one's*** **~** a) et. auf Lager *od.* in petto haben, b) et. im Schild führen; ***laugh in one's*** **~** sich ins Fäustchen lachen; ***roll up one's*** **~*s*** die Ärmel hochkrempeln (*a. fig.*); **2.** ⚙ Muffe *f*, Buchse *f*, Manˈschette *f*; **3.** (Schutz-) Hülle *f*; **sleeved** [-vd] *adj.* **1.** mit Ärmeln; **2.** *in Zssgn* …ärmelig; **ˈsleeve·less** [-lɪs] *adj.* ärmellos.

sleeve| link *s.* Manˈschettenknopf *m*; **~ tar·get** *s.* ⚔ Schleppsack *m*; **~ valve** *s.* ⚙ ˈMuffenvenˌtil *n*.

sleigh [sleɪ] **I** *s.* (Pferde- *od.* Last)Schlitten *m*; **II** *v/i.* (im) Schlitten fahren; **~ bell** *s.* Schlittenschelle *f*.

sleight [slaɪt] *s.* **1.** Geschicklichkeit *f*; **2.** Trick *m*; **ˌ~-of-ˈhand** *s.* **1.** (Taschenspieler)Kunststück *n*, (-)Trick *m* (*a. fig.*); **2.** (Finger)Fertigkeit *f*.

slen·der [ˈslendə] *adj.* ☐ **1.** schlank; **2.** schmal, schmächtig; **3.** *fig.* a) schmal, dürftig: **~ *income***, b) gering, schwach: ***a*** **~ *hope***; **4.** mager, karg (*Essen*); **ˈslen·der·ize** [-əraɪz] *v/t. u. v/i.* schlank

(-er) machen *od.* werden; **ˈslen·der·ness** [-nɪs] *s.* **1.** Schlankheit *f*, Schmalheit *f*; **2.** *fig.* Dürftigkeit *f*; **3.** Kargheit *f* (*des Essens*).

slept [slept] *pret. u. p.p. von* ***sleep***.

sleuth [slu:θ] **I** *s. a.* ***~hound*** Spürhund *m* (*a. fig. Detektiv*); **II** *v/i.* ‚(heˈrum-) schnüffeln'; **III** *v/t. j-s* Spur verfolgen.

slew¹ [slu:] *pret. von* ***slay***.

slew² [slu:] *s. Am. od. Canad.* Sumpf (-land *n*, -stelle *f*) *m*.

slew³ [slu:] **I** *v/t. a.* ***~ round*** herˈumdrehen, (-)schwenken; **II** *v/i.* sich herˈumdrehen.

slew⁴ [slu:] *s. Am.* F (große) Menge, Haufe(n) *m*: ***a ~ of people***.

slice [slaɪs] **I** *s.* **1.** Scheibe *f*, Schnitte *f*, Stück *n*: ***a ~ of bread***; **2.** *fig.* Stück *n Land etc.*; (An)Teil *m*: ***a ~ of the profits*** ein Anteil am Gewinn; ***a ~ of luck*** *fig.* e-e Portion Glück; **3.** (*bsd.* Fisch-) Kelle *f*; **4.** ⚙ Spa(ch)tel *m*; **5.** *Golf, Tennis*: Slice *m* (*Schlag u. Ball*); **II** *v/t.* **6.** in Scheiben schneiden, aufschneiden: ***~ off*** *Stück* abschneiden; **7.** *a. Luft, Wellen* durchˈschneiden; **8.** *fig.* aufteilen; **9.** *Golf, Tennis*: *den Ball* slicen; **III** *v/i.* **10.** Scheiben schneiden; **11.** *Golf, Tennis*: slicen; **ˈslic·er** [-sə] *s.* (*Brot-, Gemüse- etc.*)ˈSchneidemaˌschine *f*; (*Gurken-, Kraut- etc.*)Hobel *m*.

slick [slɪk] F **I** *adj.* ☐ **1.** glatt, glitschig; **2.** *Am.* Hochglanz…; → *a.* 8; **3.** F a) geschickt, raffiniert, b) ‚schick', ‚flott'; **II** *adv.* **4.** geschickt; **5.** flugs; **6.** genau, ‚peng': ***~ in the eye***; **III** *v/t.* **7.** glätten; **8.** ‚auf Hochglanz bringen'; **IV** *s.* **9.** Ölfläche *f*; **10.** F *a.* ***~ paper*** *Am.* F eleˈgante Zeitschrift; **ˈslick·er** [-kə] *s. Am.* **1.** Regenmantel *m*; **2.** F a) raffinierter Kerl, Schwindler *m*, b) ‚Großstadtpinkel' *m*.

slid [slɪd] *pret. u. p.p. von* ***slide***.

slide [slaɪd] **I** *v/i.* [*irr.*] **1.** gleiten (*a. Riegel etc.*): ***~ down*** hinunterrutschen, -gleiten; ***~ from*** entgleiten (*dat.*); ***let things ~*** *fig.* die Dinge laufen lassen; **2.** *auf Eis* schlittern; **3.** (aus)rutschen; **4.** ***~ over*** *fig.* leicht über *ein Thema* hinˈweggehen; **5.** ***~ into*** *fig.* in *et.* hinˈeinschlittern; **II** *v/t.* [*irr.*] **6.** *Gegenstand, s-e Hände etc. wohin* gleiten lassen, schieben: ***~ in*** *fig. Wort* einfließen lassen; **III** *s.* **7.** Gleiten *n*; **8.** Schlittern *n auf Eis*; **9.** a) Schlitterbahn *f*, b) Rodelbahn *f*, c) (*a.* Wasser)Rutschbahn *f*; **10.** *geol.* Erd-, Fels-, Schneerutsch *m*; **11.** ⚙ a) Rutsche *f*, b) Schieber *m*, c) Schlitten *m* (*Drehbank etc.*), Führung *f*; **12.** ♪ Zug *m*; **13.** Spange *f*; **14.** *phot.* Dia(positiv) *n*: ***~ lecture*** Lichtbildervortrag *m*; **15.** *Mikroskop*: Obˈjektträger *m*; **16.** (*Haar- etc.*)Spange *f*; ***~ cal·i·per*** *s.* ⚙ Schieb-, Schublehre *f*; ***~ rest*** *s.* ⚙ Supˈport *m*; ***~ rule*** *s.* ⚙ Rechenschieber *m*; ***~ valve*** *s.* ⚙ ˈSchieber(venˌtil *n*) *m*.

slid·ing [ˈslaɪdɪŋ] *adj.* ☐ **1.** gleitend; **2.** Schiebe…: ***~ door***; ***~ fit*** *s.* ⚙ Gleitsitz *m*; ***~ roof*** *s. mot.* Schiebedach *n*; ***~ rule*** → ***slide rule***; ***~ scale*** *s.* ✝ **1.** gleitende (Lohn- *od.* Preis)Skala; **2.** ˈStaffeltaˌrif *m*; ***~ seat*** *s. Rudern*: Gleit-, Rollsitz *m*; ***~ ta·ble*** *s.* Ausziehtisch *m*; ***~ time*** *s.* ✝ *Am.* Gleitzeit *f*.

slight [slaɪt] **I** *adj.* ☐ → ***slightly***; **1.** schmächtig, dünn; **2.** schwach (*Konstruktion*); **3.** leicht, schwach (*Geruch etc.*); **4.** leicht, gering(fügig), unbedeutend: ***a ~ increase***; ***not the ~est doubt*** nicht der geringste Zweifel; **5.** schwach, gering (*Intelligenz etc.*); **6.** flüchtig, oberflächlich (*Bekanntschaft etc.*); **II** *v/t.* **7.** *j-n* kränken; **8.** *et.* auf die leichte Schulter nehmen; **III** *s.* **9.** Kränkung *f*; **ˈslight·ing** [-tɪŋ] *adj.* ☐ abschätzig, kränkend; **ˈslight·ly** [-lɪ] *adv.* leicht, schwach, etwas, ein bißchen; **ˈslight·ness** [-nɪs] *s.* **1.** Geringfügigkeit *f*; **2.** Schmächtigkeit *f*; **3.** Schwäche *f*.

sli·ly [ˈslaɪlɪ] *adv. von* ***sly***.

slim [slɪm] **I** *adj.* ☐ **1.** schlank, dünn; **2.** *fig.* gering, dürftig, schwach: ***a ~ chance***; **3.** schlau, gerieben; **II** *v/t.* **4.** schlank(er) machen; **5.** ***~ down*** F *fig.* ‚abspecken', *a.* gesundschrumpfen; **III** *v/i.* **6.** schlank(er) werden; **7.** e-e Schlankheitskur machen; **ˈslim·down** *s. fig.* ‚Schlankheitskur' *f*, Gesundschrumpfung *f*.

slime [slaɪm] **I** *s.* **1.** *bsd.* ⚘, *zo.* Schleim *m*; **2.** Schlamm *m*; *fig.* Schmutz *m*; **II** *v/t.* **3.** mit Schlamm *od.* Schleim überˈziehen *od.* bedecken; **ˈslim·i·ness** [-mɪnɪs] *s.* **1.** Schleimigkeit *f*, *das* Schleimige; **2.** Schlammigkeit *f*.

ˈslim·line *v/t.* (*v/i.* sich) gesundschrumpfen.

slim·ming [ˈslɪmɪŋ] **I** *s.* Abnehmen *n*; Schlankheitskur *f*; **II** *adj.* Schlankheits…: ***~ cure***; ***~ diet***; **ˈslim·ness** [-mnɪs] *s.* **1.** Schlankheit *f*; **2.** *fig.* Dürftigkeit *f*.

slim·y [ˈslaɪmɪ] *adj.* ☐ **1.** schleimig, glitschig; **2.** schlammig; **3.** *fig.* a) ‚schleimig', kriecherisch, b) schmierig, schmutzig, c) widerlich, ‚fies'.

sling¹ [slɪŋ] **I** *s.* **1.** Schleuder *f*; **2.** (Schleuder)Wurf *m*; **II** *v/t.* [*irr.*] **3.**

schleudern: ~ ***ink*** F schriftstellern.

sling² [slɪŋ] **I** *s.* **1.** Schlinge *f zum Heben von Lasten*; **2.** ⚕ (Arm)Schlinge *f*, Binde *f*; **3.** Tragriemen *m*; **4.** *mst pl.* ⚓ Stropp *m*, Tauschlinge *f*; **II** *v/t.* [*irr.*] **5.** a) e-e Schlinge legen um *e-e Last*, b) *Last* hochziehen; **6.** aufhängen: ***be slung from*** hängen *od.* baumeln von; **7.** ⚔ *Gewehr* ˈumhängen; **8.** ⚕ *Arm* in die Schlinge legen.

sling³ [slɪŋ] *s. Art* Punsch *m.*

ˈ**sling·shot** *s.* **1.** (Stein)Schleuder *f*; **2.** *Am.* Kataˈpult *n*, *m.*

slink [slɪŋk] **I** *v/i.* [*irr.*] **1.** schleichen, sich *wohin* stehlen: ~ ***off*** wegschleichen, sich fortstehlen; **2.** *zo.* fehlgebären, *bsd.* verkalben (*Kuh*); **II** *v/t.* [*irr.*] **3.** *Junges* vor der Zeit werfen, zu früh zur Welt bringen; ˈ**slink·y** [-kɪ] *adj.* **1.** aufreizend; **2.** geschmeidig; **3.** hauteng (*Kleid*).

slip [slɪp] **I** *s.* **1.** (Aus)Gleiten *n*, (-)Rutschen *n*; Fehltritt *m* (*a. fig.*); **2.** *fig.* (Flüchtigkeits)Fehler *m*, Schnitzer *m*, Lapsus *m*: ~ ***of the pen*** Schreibfehler *m*; ~ ***of the tongue*** ‚Versprecher' *m*; ***it was a ~ of the tongue*** ich habe mich (er hat sich *etc.*) versprochen; **3.** *fig.* ‚Panne' *f*: a) Mißgeschick *n*, b) Fehler *m*, Fehlleistung *f*; **4.** ˈUnterkleid *n*, -rock *m*; **5.** (Kissen)Bezug *m*; **6.** (Hunde)Leine *f*, Koppel *f*: ***give s.o. the ~*** *fig.* j-m entwischen; **7.** ⚓ (Schlipp)Helling *f*; **8.** ⚙ Schlupf *m* (*Nachbleiben der Drehzahl*); **9.** *geol.* Erdrutsch *m*; **10.** ⚘ Pfropfreis *n*, Setzling *m*; **11.** *fig.* Sprößling *m*; **12.** Streifen *m*, Stück *n Holz od. Papier*, Zettel *m*: ***a ~ of a boy*** *fig.* ein schmächtiges Bürschchen; ***a ~ of a room*** ein winziges Zimmer; **13.** (Konˈtroll- *etc.*)Abschnitt *m*; **14.** *typ.* Fahne *f*; **15.** *Kricket*: Eckmann *m*; **II** *v/i.* **16.** gleiten, rutschen: ~ ***from*** *der Hand*, *a. dem Gedächtnis* entgleiten; **17.** sich (hoch- *etc.*)schieben, (ver)rutschen; **18.** sich lösen (*Knoten*); **19.** *wohin* schlüpfen: ~ ***away*** a) *a.* ~ ***off*** entschlüpfen, -wischen, sich davonstehlen, b) *a.* ~ ***by*** verstreichen (*Tage*, *Zeit*); ~ ***in*** sich einschleichen (*a. fig. Fehler etc.*), hineinschlüpfen; ~ ***into*** in *ein Kleid*, *Zimmer etc.* schlüpfen *od.* gleiten; ***let an opportunity ~*** sich e-e Gelegenheit entgehen lassen; **20.** *a.* F ~ ***up*** e-n Fehler machen, sich vertun: ***he is ~ping*** F er läßt nach; **III** *v/t.* **21.** *Gegenstand*, *s-e Hand etc. wohin* gleiten lassen, (*bsd.* heimlich) *wohin* stecken *od.* schieben: ~ ***s.o. s.th.*** j-m et. zustecken; ~ ***in*** a) *et.* hineingleiten lassen, b) *Bemerkung* einfließen lassen; **22.** *Ring*, *Kleid etc.* ˈüber- *od.* abstreifen: ~ ***on*** (***off***); **23.** *j-m* entwischen; **24.** *j-s Aufmerksamkeit* entgehen: ***have ~ped s.o.'s memory*** (*od.* ***mind***) j-m entfallen sein; **25.** *et.* fahrenlassen; **26.** a) *Hundehalsband*, *a. Fessel etc.* abstreifen, b) *Hund etc.* loslassen; **27.** *Knoten* lösen; **28.** → ***slink*** 3; ˈ**~·case** *s.* **1.** (ˈBücher)Kasˌsette *f*; **2.** → ˈ**~ˌcov·er** *s.* Schutzhülle *f* (*für Bücher*); Schonbezug *m* (*für Möbel*); ˈ**~·knot** *s.* Laufknoten *m*; ˈ**~-on I** *s.* Kleidungsstück *n* zum ˈÜberstreifen, *bsd.* a) Slipon *m* (*Mantel*), b) Pullˈover *m*, c) Slipper *m*; **II** *adj.* a) Umhänge…, Überzieh…, b) ⚙ Aufsteck…

slip·per [ˈslɪpə] **I** *s.* **1.** a) Panˈtoffel *m*, b) Slipper *m* (*leichter Haus- od. Straßenschuh*); **2.** ⚙ Hemmschuh *m*; **II** *v/t.* **3.** mit e-m Pantoffel schlagen.

slip·per·i·ness [ˈslɪpərɪnɪs] *s.* **1.** Schlüpfrigkeit *f*; **2.** *fig.* Gerissenheit *f*;

slip·per·y [ˈslɪpərɪ] *adj.* □ **1.** schlüpfrig, glatt, glitschig; **2.** *fig.* gerissen (*Person*); **3.** *fig.* zweifelhaft, unsicher; **4.** *fig.* heikel (*Thema*); **slip·py** [ˈslɪpɪ] *adj.* F **1.** → ***slippery*** 1; **2.** fix, flink: ***look ~!*** mach fix!

slip|ring *s.* ⚡ Schleifring *m*; ~ **road** *s.* *Brit.* (Autobahn)Zubringerstraße *f*; ˈ**~·shod** *adj.* schlampig, schludrig; ˈ**~·slop** *s.* F labberiges Zeug (*Getränk*; *a. fig. leeres Gewäsch*); ~ **sole** *s.* Einlegesohle *f*; ˈ**~·stick** *s. Am.* Rechenschieber *m*; ˈ**~·stream** *s.* **1.** ✈ Luftschraubenstrahl *m*; **2.** *sport* Windschatten *m*; ˈ**~-up** *s.* → ***slip*** 2, 3; ˈ**~·way** *s.* ⚓ Helling *f.*

slit [slɪt] **I** *v/t.* [*irr.*] **1.** aufschlitzen, -schneiden; **2.** zerschlitzen; **3.** spalten; **4.** ritzen; **II** *v/i.* [*irr.*] **5.** reißen, schlitzen, e-n Riß bekommen; **III** *s.* **6.** Schlitz *m*; ˈ**~-eyed** *adj.* schlitzäugig.

slith·er [ˈslɪðə] *v/i.* **1.** schlittern, rutschen, gleiten; **2.** (schlangenartig) gleiten; ˈ**slith·er·y** [-ðərɪ] *adj.* schlüpfrig.

sliv·er [ˈslɪvə] **I** *s.* **1.** Splitter *m*, Span *m*; **2.** *Spinnerei*: a) Kammzug *m*, b) Florband *n*; **II** *v/t.* **3.** *Span etc.* abspalten; **4.** zersplittern; **III** *v/i.* **5.** zersplittern.

slob [slɒb] *s.* **1.** *bsd. Ir.* Schlamm *m*; **2.** *sl.* a) ‚fieser Typ', b) ordiˈnärer Kerl, c) ‚Blödmann' *m.*

slob·ber [ˈslɒbə] **I** *v/i.* **1.** geifern, sabbern; **2.** ~ ***over*** *fig.* kindisch schwärmen von; **II** *v/t.* **3.** begeifern, -sabbern; **4.** *j-n* abküssen; **III** *s.* **5.** Geifer *m*; **6.** *fig.* sentimenˈtales Gewäsch; ˈ**slob·ber·y** [-ərɪ] *adj.* **1.** sabbernd; **2.** besabbert; **3.** *fig.* gefühlsduselig; **4.** schlampig.

sloe [sləʊ] *s.* ⚘ **1.** Schlehe *f*; **2.** *a.* **~ bush**, **~ tree** Schleh-, Schwarzdorn *m*; **'~worm** → **slowworm**.

slog [slɒg] F **I** *v/t.* **1.** hart schlagen; **2.** (ver)prügeln; **II** *v/i.* **3.** **~ on**, **~ away** a) sich da'hinschleppen, b) sich ,'durchbeißen'; **4.** *a.* **~ away** sich plagen, schuften; **III** *s.* **5.** harter Schlag; **6.** *fig.* Schinde'rei *f*: **a long ~** e-e ,Durststrecke'.

slo·gan ['sləʊgən] *s.* **1.** *Scot.* Schlachtruf *m*; **2.** Slogan *m*: a) Schlagwort *n*, b) ✝ Werbespruch *m*.

slog·ger ['slɒgə] *s.* **1.** *sport* harter Schläger; **2.** *fig.* ,Arbeitstier' *n*.

sloop [slu:p] *s.* ⚓ Scha'luppe *f*.

slop[1] [slɒp] **I** *s.* **1.** Pfütze *f*; **2.** *pl.* a) Spülwasser *n*, b) Schmutzwasser *n*; **3.** Schweinetrank *m*; **4.** *pl.* a) Krankensüppchen *n*, b) ,labberiges Zeug', ,Spülwasser' *n*; **5.** F rührseliges Zeug; **II** *v/t.* **6.** (ver)schütten; **7.** *a.* **~ up** geräuschvoll essen *od.* trinken; **III** *v/i.* **8.** **~ over** 'überschwappen; **9.** **~ over** F kindisch schwärmen; **10.** patschen, waten; **11.** *a.* **~ around** ,her'umhängen, -schlurfen'.

slop[2] [slɒp] *s.* **1.** Kittel *m*, lose Jacke; **2.** *pl.* (billige) Konfekti'onskleider *pl.*; **3.** ⚓ ,Kla'motten' *pl.* (*Kleidung u. Bettzeug*).

slop ba·sin *s.* Schale *f* für Tee- *od.* Kaffeereste.

slope [sləʊp] **I** *s.* **1.** (Ab)Hang *m*; **2.** Böschung *f*; **3.** a) Neigung *f*, Gefälle *n*, b) Schräge *f*, geneigte Ebene: **on the ~** schräg, abfallend; **4.** *geol.* Senke *f*; **5.** **at the ~** ⚔ mit Gewehr über; **II** *v/i.* **6.** sich neigen; (schräg) abfallen; **III** *v/t.* **7.** neigen, senken; **8.** abschrägen (*a.* ⚙); **9.** schräg legen; **10.** (ab)böschen; **11.** ⚔ *Gewehr* 'übernehmen; **12.** F a) *a.* **~ off** ,abhauen', b) **~ around** her'umschlendern; **'slop·ing** [-pɪŋ] *adj.* □ schräg, abfallend; ansteigend.

'slop-pail *s.* Toi'letteneimer *m*.

slop·pi·ness ['slɒpɪnɪs] *s.* **1.** Matschigkeit *f*; **2.** Matsch *m*; **3.** Schlampigkeit *f*; **4.** F Rührseligkeit *f*; **slop·py** ['slɒpɪ] *adj.* □ **1.** matschig (*Boden etc.*); **2.** naß, bespritzt (*Tisch etc.*); **3.** *fig.* labberig (*Speisen*); **4.** schlampig, nachlässig (*Arbeit etc.*), sa'lopp (*Sprache*); **5.** rührselig.

'slop·shop *s.* *Laden mit billiger Konfektionsware.*

slosh [slɒʃ] **I** *s.* **1.** → **slush** 1 *u.* 2; **II** *v/i.* **2.** im (Schmutz)Wasser her'umpatschen; **3.** schwappen; **III** *v/t.* **4.** bespritzen: **~ on** *Farbe etc.* a) draufklatschen, b) klatschen auf (*acc.*); **5.** *Bier im Glas etc.* schwenken; **6.** *a.* **~ down** F *Bier etc.* ,hin'unterschütten'; **'sloshed** [-ʃt] *adj. sl.* ,besoffen'.

slot[1] [slɒt] **I** *s.* **1.** Schlitz(einwurf) *m*; Spalte *f*; **2.** ⚙ Nut *f*: **~ and key** Nut u. Feder (*Metall*); **3.** F (freie) Stelle, Platz *m*: **find a ~ for** (**in**) → 5; **II** *v/t.* **4.** ⚙ nuten, schlitzen: **~ting-machine** Nutenstoßmaschine *f*; **5.** F *j-n od. et.* 'unterbringen (**into** in *dat.*); **III** *v/i.* **6.** **~ into** F *a. fig.* (hin'ein)passen in (*acc.*).

slot[2] [slɒt] *s. hunt.* Spur *f*.

sloth [sləʊθ] *s.* **1.** Faulheit *f*; **2.** *zo.* Faultier *n*; **'sloth·ful** [-fʊl] *adj.* □ faul, träge.

slot ma·chine *s.* ('Waren-, 'Spiel)Auto,mat *m*.

slouch [slaʊtʃ] **I** *s.* **1.** krumme, nachlässige Haltung; **2.** latschiger Gang; **3.** a) her'abhängende Hutkrempe, b) → **slouch hat**; **4.** F ,Flasche' *f*, ,Niete' *f* (*Nichtskönner*): **he is no ~** ,er ist auf Draht'; **the show is no ~** das Stück ist nicht ohne; **II** *v/i.* **5.** krumm dasitzen *od.* -stehen; **6.** *a.* **~ along** latschen, latschig gehen; **7.** her'abhängen (*Krempe*); **III** *v/t.* **8.** *Schultern* hängen lassen; **9.** *Krempe* her'unterbiegen; **slouch hat** *s.* Schlapphut *m*; **'slouch·ing** [-tʃɪŋ] *adj.* □, **'slouch·y** [-tʃɪ] *adj.* **1.** krumm (*Haltung*); latschig (*Gang, Haltung, Person*); **2.** her'abhängend (*Krempe*); **3.** lax, faul.

slough[1] [slaʊ] *s.* **1.** Sumpf-, Schmutzloch *n*; **2.** Mo'rast *m* (*a. fig.*): **2 of Despond** Sumpf *m* der Verzweiflung.

slough[2] [slʌf] **I** *s.* **1.** abgestreifte Haut (*bsd. Schlange*); **2.** ⚕ Schorf *m*; **II** *v/i.* **3.** *oft* **~ away** (*od.* **off**) sich häuten; **4.** sich ablösen (*Schorf etc.*); **III** *v/t.* **5.** *a.* **~ off** *Haut etc.* abstreifen, -werfen; *fig.* *Gewohnheit etc.* ablegen; **'slough·y** [-fɪ] *adj.* ⚕ schorfig.

slov·en ['slʌvn] *s.* a) Schlamper *m*, b) Schlampe *f*; **'slov·en·ly** [-lɪ] *adj. u. adv.* schlampig, schlud(e)rig.

slow [sləʊ] **I** *adj.* □ **1.** *allg.* langsam: **~ and sure** langsam, aber sicher; **~ train** 🚂 Personenzug *m*; **be ~ in arriving** lange ausbleiben, auf sich warten lassen; **be ~ to write** sich mit dem Schreiben Zeit lassen; **be ~ to take offence** nicht leicht et. übelnehmen; **not to be ~ to do s.th.** et. prompt tun, nicht lange mit et. fackeln; **the clock is 20 minutes ~** die Uhr geht 20 Minuten nach; **2.** all'mählich, langsam: **~ growth**; **3.** säumig (*a. Zahler*); unpünktlich; **4.** schwach (*Feuer*); **5.** schleichend (*Fie-

ber, *Gift*); **6.** ✝ schleppend, schlecht (*Geschäft*); **7.** schwerfällig, schwer von Begriff, begriffsstutzig: ***be ~ in learning s.th.*** et. nur schwer lernen; ***be ~ of speech*** e-e schwere Zunge haben; **8.** langweilig, fad(e), ‚müde'; **9.** langsam (*Rennbahn*); schwer (*Boden*); **10.** *mot.* Leerlauf...; **II** *adv.* **11.** langsam: ***go ~*** *fig.* a) ‚langsam treten', b) ✝ e-n Bummelstreik machen; **III** *v/t.* **12.** *mst* ***~ down*** (*od.* ***off***, ***up***) a) *Geschwindigkeit* verlangsamen, verringern, b) *et.* verzögern; **IV** *v/i.* **13.** ***~ down*** *od.* ***up*** sich verlangsamen, langsamer werden, *fig.* ‚langsamer tun'; **'~-ˌburn·ing stove** *s.* Dauerbrandofen *m*; **'~·coach** *s. contp.* ‚Schlafmütze' *f*; **'~·down** *s.* **1.** Verlangsamung *f*; **2.** *Am.* Bummelstreik *m*; **~ lane** *s. mot.* Kriechspur *f*; **~ march** *s.* ♪ Trauermarsch *m*; **~ match** *s.* ⚔ Zündschnur *f*, Lunte *f*; **~ mo·tion** *s.* Zeitlupentempo *n*; **ˌ~-'mo·tion** *adj.* Zeitlupen...: ***~ picture*** Zeitlupe(naufnahme) *f*.

slow·ness ['sləʊnɪs] *s.* **1.** Langsamkeit *f*; **2.** Schwerfälligkeit *f*, Begriffsstutzigkeit *f*; **3.** Langweiligkeit *f*, ‚Lahmheit' *f*.

'slow|·poke *Am.* F Langweiler *m*; **ˌ~'speed** *adj.* ⚙ langsam(laufend); **~ train** *s.* Bummel-, Per'sonenzug *m*; **ˌ~-'wit·ted** → ***slow*** 7; **'~·worm** *s. zo.* Blindschleiche *f*.

sloyd [slɔɪd] *s. ped.* 'Werkˌunterricht *m* (*bsd. Schnitzen*).

sludge [slʌdʒ] *s.* **1.** Schlamm *m*, (*a.* Schnee)Matsch *m*; **2.** ⚙ Schlamm *m*, Bodensatz *m*; **3.** Klärschlamm *m*; **4.** Treibeis *n*; **'sludg·y** [-dʒɪ] *adj.* schlammig, matschig.

slue [slu:] → ***slew***[3] *u.* ***slew***[4].

slug[1] [slʌg] **I** *s. zo.* **1.** (Weg)Schnecke *f*; **2.** F Faulpelz *m*; **II** *v/i.* **3.** faulenzen.

slug[2] [slʌg] *s.* **1.** Stück *n* 'Rohmeˌtall; **2.** a) *hist.* Mus'ketenkugel *f*, b) grobes Schrot, c) (Luftgewehr-, *Am.* Pi'stolen-) Kugel *f*; **3.** *Am.* a) falsche Münze, b) Gläs-chen *n Schnaps etc.*; **4.** *typ.* a) Re'glette *f*, b) 'Setzmaˌschinenzeile *f*, c) Zeilenguß *m*; **5.** *phys.* Masseneinheit *f*.

slug[3] [slʌg] **I** *bsd. Am.* harter Schlag; **II** *v/t. j-m* ‚ein Ding verpassen'.

slug·a·bed ['slʌgəbed] *s.* Langschläfer(in).

slug·gard ['slʌgəd] **I** *s.* Faulpelz *m*; **II** *adj.* □ faul.

slug·ger ['slʌgə] *s. Am.* F *Baseball*, *Boxen*: harter Schläger.

slug·gish ['slʌgɪʃ] *adj.* □ **1.** träge (*a.* ⚕ *Organ*), langsam, schwerfällig; **2.** ✝ *etc.* schleppend; **3.** träge fließend (*Fluß etc.*); **'slug·gish·ness** [-nɪs] *s.* Trägheit *f*, Langsamkeit *f*, Schwerfälligkeit *f*.

sluice [slu:s] **I** *s.* ⚙ **1.** Schleuse *f* (*a. fig.*); **2.** Stauwasser *n*; **3.** 'Schleusenkaˌnal *m*; **4.** *min.* (Erz-, Gold)Waschrinne *f*; **II** *v/t.* **5.** *Wasser* ablassen; **6.** *min. Erz etc.* waschen; **7.** (aus)spülen; **III** *v/i.* **8.** (aus)strömen; **~ gate** *s.* Schleusentor *n*; **'~·way** → ***sluice*** 3.

slum [slʌm] **I** *s.* **1.** schmutzige Gasse; **2.** *mst pl.* Slums *pl.*, Elendsviertel *n*; **II** *v/i.* **3.** *mst* ***go ~ming*** die Slums aufsuchen (*bsd. aus Neugierde*); **4.** in primi'tiven Verhältnissen leben; **III** *v/t.* **5.** ***~ it*** → 4.

slum·ber ['slʌmbə] **I** *v/i.* **1.** *bsd. poet.* schlummern (*a. fig.*); **2.** da'hindösen; **II** *v/t.* **3.** ***~ away*** *Zeit* verschlafen; **III** *s.* *mst pl.* **4.** (*fig.* tiefer) Schlummer; **'slum·ber·ous** [-bərəs] *adj.* □ **1.** schläfrig; **2.** einschläfernd.

slump [slʌmp] **I** *v/i.* **1.** (hin'ein)plumpsen; **2.** *mst* ***~ down*** (in sich) zs.-sacken (*Person*); **3.** ✝ stürzen (*Preise*); **4.** völlig versagen; **II** *s.* **5.** ✝ a) (Börsen-, Preis)Sturz *m*, Baisse *f*, b) starker Konjunk'turrückgang, Wirtschaftskrise *f*; **6.** *allg.* plötzlicher Rückgang.

slung [slʌŋ] *pret. u. p.p. von* ***sling***.

slung shot *s. Am.* Schleudergeschoß *n*.

slunk [slʌŋk] *pret. u. p.p. von* ***slink***.

slur[1] [slɜ:] **I** *v/t.* **1.** verunglimpfen, verleumden; **II** *s.* **2.** Makel *m* (Schand-) Fleck *m*: ***put*** *od.* ***cast a ~ (up)on*** a) → 1, b) *j-s Ruf etc.* schädigen; **3.** Verunglimpfung *f*.

slur[2] [slɜ:] **I** *v/t.* **1.** a) undeutlich schreiben, b) *typ.* schmitzen, verwischen; **2.** undeutlich aussprechen; *Silbe etc.* verschleifen, -schlucken; **3.** ♪ a) *Töne* binden, b) *Noten* mit Bindebogen bezeichnen; **4.** *oft* ***~ over*** (leicht) über *ein Thema* hin'weggehen; **II** *v/i.* **5.** undeutlich schreiben *od.* sprechen; **6.** ♪ le'gato singen *od.* spielen; **III** *s.* **7.** Undeutlichkeit *f*, ‚Genuschel' *n*; **8.** ♪ a) Bindung *f*, b) Bindebogen *m*; **9.** *typ.* Schmitz *m*.

slurp [slɜ:p] *v/t. u. v/i.* schlürfen.

slush [slʌʃ] **I** *s.* **1.** Schneematsch *m*; **2.** Schlamm *m*, Matsch *m*; **3.** ⚙ Schmiere *f*, Rostschutzmittel *n*; **4.** ⚙ Pa'pierbrei *m*; **5.** *fig.* Gefühlsduse'lei *f*; **6.** *fig.* Kitsch *m*, Schund *m*; **II** *v/t.* **7.** bespritzen; **8.** ⚙ schmieren; **III** *v/i.* **9.** → ***slosh*** 2 *u.* 3; **slush fund** *s. pol. Am.* Schmiergelderfonds *m*; **'slush·y** [-ʃɪ] *adj.* **1.** matschig, schlammig; **2.** rührselig, kitschig.

slut [slʌt] *s.* **1.** Schlampe *f*; **2.** Hure *f*, ‚Nutte' *f*; **3.** *humor.* ‚kleines Luder' (*Mädchen*); **4.** *Am.* Hündin *f*; **'slut·tish**

[-tɪʃ] *adj.* □ schlampig, liederlich.

sly [slaɪ] *adj.* □ **1.** schlau, verschlagen, listig; **2.** verstohlen, heimlich, 'hinterhältig: ***a ~ dog*** ein ganz Schlauer; ***on the ~*** ‚klammheimlich'; **3.** durch'trieben, pfiffig; **'sly·boots** *s. humor.* Pfiffikus *m*, Schlauberger *m*; **'sly·ness** [-nɪs] *s.* Schlauheit *f etc.*

smack¹ [smæk] **I** *s.* **1.** (Bei)Geschmack *m* (***of*** von); **2.** Prise *f Salz etc.*; **3.** *fig.* Beigeschmack *m*, Anflug *m* (***of*** von); **II** *v/i.* **4.** schmecken (***of*** nach); **5.** *fig.* schmecken *od.* riechen (***of*** nach).

smack² [smæk] **I** *s.* **1.** Klatsch *m*, Klaps *m*: ***a ~ in the eye*** *fig.* a) ein Schlag ins Gesicht, b) ein Schlag ins Kontor; **2.** Schmatzen *n*; **3.** (*Peitschen- etc.*)Knall *m*; **4.** Schmatz *m* (*Kuß*); **II** *v/t.* **5.** *et.* schmatzend genießen; **6.** ***~ one's lips*** a) (mit den Lippen) schmatzen, b) sich die Lippen lecken; **7.** *Hände etc.* zs.-schlagen; **8.** mit *der Peitsche* knallen; **9.** *j-m* e-n Klaps geben; **10.** *et.* hinklatschen; **III** *v/i.* **11.** schmatzen; **12.** knallen (*Peitsche etc.*); **13.** (hin)klatschen (***on*** auf *acc.*); **IV** *adv. u. int.* **14.** F a) klatsch(!), platsch(!), b) ‚zack', di'rekt: ***run ~ into s.th.***

smack³ [smæk] *s.* ⚓ Schmack(e) *f.*

smack·er ['smækə] *s.* **1.** F Schmatz *m* (*Kuß*); **2.** *sl.* a) *Brit.* Pfund *n*, b) *Am.* Dollar *m*; **'smack·ing** [-kɪŋ] *s.* Tracht *f* Prügel.

small [smɔːl] **I** *adj.* **1.** *allg.* klein; **2.** klein, schmächtig; **3.** klein, gering (*Anzahl, Ausdehnung, Grad etc.*): ***they came in ~ numbers*** es kamen nur wenige; **4.** klein, armselig, dürftig; **5.** wenig: ***~ blame to him*** das macht ihm kaum Schande; ***~ wonder*** kein Wunder; ***have ~ cause for*** kaum Anlaß zu *Dankbarkeit etc.* haben; **6.** klein, mit wenig Besitz: ***~ farmer*** Kleinbauer *m*; **7.** klein, (sozi'al) niedrig: ***~ people*** kleine Leute; **8.** klein, unbedeutend: ***a ~ man***; ***a ~ poet***; **9.** trivi'al, klein: ***the ~ worries*** die kleinen Sorgen: ***a ~ matter*** e-e Kleinigkeit; **10.** klein, bescheiden: ***a ~ beginning***; ***in a ~ way*** a) bescheiden *leben etc.*, b) im Kleinen handeln *etc.*; **11.** *contp.* kleinlich; **12.** *b.s.* niedrig (*Gesinnung etc.*): ***feel ~*** sich schämen; ***make s.o. feel ~*** j-n beschämen; **13.** dünn (*Bier*); **14.** schwach (*Stimme, Puls*); **II** *s.* **15.** schmal(st)er *od.* verjüngter Teil: ***~ of the back*** *anat.* das Kreuz; **16.** *pl. Brit.* F 'Unterwäsche *f*, Taschentücher *pl. etc.*; **~ arms** *s. pl.* ⚔ Hand(feuer)waffen *pl.*; **~ beer** *s.* **1.** *obs.* Dünnbier *n*; **2.** *bsd. Brit.* F a) Lap'palie *f*, b) ‚Null' *f*, unbedeutende Per'son: ***think no ~ of o.s.*** F e-e hohe Meinung von sich haben; **~ cap·i·tals** *s. pl. typ.* Kapi'tälchen *pl.*; **~ change** *s.* **1.** Kleingeld *n*; **2.** → ***small beer*** 2; **'~·clothes** *s.* **1.** *pl. hist.* Kniehosen *pl.*; **2.** 'Unterwäsche *f*; **3.** Kinderkleidung *f*; **~ coal** *s.* Feinkohle *f*, Grus *m*; **~ fry** *s.* **1.** junge, kleine Fische *pl.*; **2.** ‚junges Gemüse', *die* Kleinen *pl.*; **3.** → ***small beer*** 2; **'~ˌhold·er** *s. Brit.* Kleinbauer *m*; **'~ˌhold·ing** *s. Brit.* Kleinlandbesitz *m*; **~ hours** *s. pl. die* frühen Morgenstunden *pl.*

small·ish ['smɔːlɪʃ] *adj.* ziemlich klein.

small| let·ter *s.* Kleinbuchstabe *m*; **ˌ~-'mind·ed** *adj.* engstirnig, kleinlich, ‚kleinkariert'.

small·ness ['smɔːlnɪs] *s.* **1.** Kleinheit *f*; **2.** geringe Anzahl; **3.** Geringfügigkeit *f*; **4.** Kleinlichkeit *f*; **5.** niedrige Gesinnung.

small| pi·ca *s. typ.* kleine Cicero (-schrift); **'~·pox** [-pɒks] *s.* ⚕ Pocken *pl.*, Blattern *pl.*; **~ print** *s. das* Kleingedruckte *e-s Vertrags*; **~ shot** *s.* Schrot *m*, *n*; **'~·sword** *s. fenc.* Flo'rett *n*; **~ talk** *s.* oberflächliche Konversati'on, Geplauder *n*: ***he has no ~*** er kann nicht (unverbindlich) plaudern; **'~·time** *adj. Am. sl.* unbedeutend, klein, ‚Schmalspur…'; **'~·ware** *s.* Kurzwaren *pl.*

smalt [smɔːlt] *s.* **1.** ⚒ S(ch)malte *f*, Kobaltblau *n*; **2.** Kobaltglas *n*.

smar·agd ['smærægd] *s. min.* Sma'ragd *m.*

smarm·y ['smɑːmɪ] *adj.* □ *Brit.* F **1.** ölig; **2.** kriecherisch; **3.** kitschig.

smart [smɑːt] **I** *adj.* □ **1.** klug, gescheit, intelli'gent, pa'tent; **2.** geschickt, gewandt; **3.** geschäftstüchtig; **4.** *b.s.* gerissen, raffiniert; **5.** witzig, geistreich; **6.** *contp.* ‚superklug', ‚klugscheißerisch'; **7.** flink, fix; **8.** schmuck, gepflegt; **9.** a) ele'gant, fesch, schick, b) modisch (*Person, Kleidung, Wort etc.*): ***the ~ set*** die elegante Welt, die ‚Schikkeria'; **10.** forsch, schneidig: ***~ pace***; ***salute ~ly*** zackig grüßen; **11.** hart, empfindlich (*Schlag, Strafe*); **12.** scharf (*Schmerz, Kritik etc.*); **13.** F beträchtlich; **II** *v/i.* **14.** schmerzen, brennen; **15.** leiden (***from, under*** unter *dat.*): ***he ~ed under the insult*** die Kränkung nagte an s-m Herzen; **III** *s.* **16.** Schmerz *m*; **smart al·eck** ['ælɪk] *s.* F ‚Klugscheißer' *m*; **'smart-ˌal·eck·y** [-kɪ] → ***smart*** 6; **'smart·en** [-tn] **I** *v/t.* **1.** *a.* ***~ up*** her'ausputzen; **2.** *fig. j-n* ‚auf Zack' bringen; **II** *v/i. mst* ***~ up*** **3.** sich schönmachen, sich ,in Schale werfen'; **4.** *fig.* aufwachen; **'smart-ˌmon·ey** *s.* Schmerzensgeld *n*; **'smart·ness** [-nɪs] *s.* **1.** Klugheit *f*, Gescheitheit *f*; **2.** Gewandtheit *f*; **3.** *b.s.* Gerissenheit *f*; **4.** flotte Ele'ganz, Schick *m*; **5.** Forschheit *f*; **6.** Schärfe *f*, Heftigkeit *f*; **'smart·y** [-tɪ] → ***smart aleck.***

smash [smæʃ] **I** *v/t.* **1.** *oft* ~ ***up*** zertrümmern, -schmettern, -schlagen: ~ ***in*** einschlagen; **2.** *j-n* (zs.-)schlagen; *Feind* vernichtend schlagen; *fig. Argument* restlos wider'legen, *Gegner* ,fertigmachen'; **3.** *j-n* (finanzi'ell) ruinieren; **4.** *Faust, Stein etc. wohin* schmettern; **5.** *Tennis*: *Ball* schmettern; **II** *v/i.* **6.** zersplittern, in Stücke springen; **7.** krachen, knallen (***against*** gegen, ***through*** durch); **8.** zs.-stoßen, -krachen (*Autos etc.*); ✈ Bruch machen; **9.** a) *oft* ~ ***up*** ,zs.-krachen', bank'rott gehen, b) zu'schanden werden, c) (gesundheitlich) ka'puttgehen; **III** *adv.* (*a. int.*) **10.** krachend, krach(!); **IV** *s.* **11.** Zerkrachen *n*; **12.** Krach *m*; **13.** (*a.* finanzi'eller) Zs.-bruch, Ru'in *m*: ***go*** ~ a) völlig zs.-brechen, ,kaputtgehen', b) → 9; **14.** F voller Erfolg; **15.** *Tennis*: Schmetterball *m*; **16.** *kaltes Branntwein-Mischgetränk*; **ˌsmash-and-'grab raid** [-ʃn'g-] *s.* Schaufenstereinbruch *m*; **smashed** [-ʃt] *adj. sl.* **1.** ,blau', besoffen; **2.** ,high' (*unter Drogeneinfluß*); **'smash·er** [-ʃə] *s. sl.* **1.** schwerer Schlag (*a. fig.*); **2.** vernichtendes Argu'ment; **3.** ,Wucht' *f*: a) ,tolle Sache', b) ,tolle Person': ***a*** ~ (***of a girl***) ein tolles Mädchen; **smash hit** *s.* F Schlager *m*, Bombenerfolg *m*; **'smash·ing** [-ʃɪŋ] *adj.* **1.** F ,toll', sagenhaft; **2.** vernichtend (*Schlag, Niederlage*); **'smash-up** *s.* **1.** völliger Zs.-bruch; **2.** Bank'rott *m*; **3.** *mot. etc.* Zs.-stoß *m*; **4.** ✈ Bruch(landung *f*) *m*.

smat·ter·er ['smætərə] *s.* Stümper *m*, Halbwisser *m*; Dilet'tant *m*; **'smat·ter·ing** [-tərɪŋ] *s.* oberflächliche Kenntnis: ***he has a*** ~ ***of French*** er kann ein bißchen Französisch.

smear [smɪə] **I** *v/t.* **1.** *Fett etc.* schmieren (***on*** auf *acc.*); **2.** *et.* beschmieren, bestreichen (***with*** mit); **3.** (ein)schmieren; **4.** *Schrift* verschmieren; **5.** beschmieren, besudeln; **6.** *fig.* a) *j-s Ruf etc.* besudeln, b) *j-n* verleumden, ,durch den Dreck ziehen'; **7.** *sport Am.* F ,über'fahren'; **II** *v/i.* **8.** schmieren; **9.** sich verwischen; **III** *s.* **10.** Schmiere *f*; **11.** (Fett-, Schmutz)Fleck *m*; **12.** *fig.* Besudelung *f*; **13.** ⚕ Abstrich *m*; ~ **cam·paign** *s. pol.* Ver'leumdungskamˌpagne *f*; **'~·case** *s. Am.* Quark *m*; ~ **sheet** *s.* Skan'dalblatt *n*; ~ **test** *s.* ⚕ Abstrich *m*.

smear·y ['smɪərɪ] *adj.* □ **1.** schmierig; **2.** verschmiert.

smell [smel] **I** *v/t.* [*irr.*] **1.** *et.* riechen; **2.** *et.* beriechen, riechen an (*dat.*); **3.** *fig. Verrat etc.* wittern; → ***rat*** 1; **4.** *fig.* sich *et.* genauer besehen; **5.** ~ ***out*** *hunt.* aufspüren (*a. fig. entdecken, ausschnüffeln*); **II** *v/i.* [*irr.*] **6.** riechen (***at*** an *dat.*): ~ ***about*** (*od.* ***round***) *fig.* herumschnüffeln; **7.** *gut etc.* riechen: ***his breath*** ~***s*** er riecht aus dem Mund; **8.** ~ ***of*** riechen nach (*a. fig.*); **III** *s.* **9.** Geruch(ssinn) *m*; **10.** Geruch *m*: a) Duft *m*, b) Gestank *m*; **11.** *fig.* Anflug *m*, -strich *m* (***of*** von); **12.** ***take a*** ~ ***at s.th.*** et. beriechen (*a. fig.*); **'smell·er** [-lə] *s. sl.* **1.** ,Riechkolben' *m* (*Nase*); **2.** Schlag *m* auf die Nase; Sturz *m*; **'smell·y** [-lɪ] *adj.* F übelriechend, muffig: ~ ***feet*** Schweißfüße.

smelt[1] [smelt] *pl.* **smelts** *coll. a.* **smelt** *s. ichth.* Stint *m*.

smelt[2] [smelt] *v/t.* **1.** *Erz* (ein)schmelzen, verhütten; **2.** *Kupfer etc.* ausschmelzen.

smelt[3] [smelt] *pret. u. p.p. von* ***smell.***

smelt·er ['smeltə] *s.* Schmelzer *m*; **'smelt·er·y** [-ərɪ] *s.* Schmelzhütte *f*; **'smelt·ing** [-tɪŋ] *s.* ⚙ Verhüttung *f*: ~ ***furnace*** Schmelzofen *m*.

smile [smaɪl] **I** *v/i.* **1.** lächeln (*a. fig. Sonne etc.*): ~ ***at*** a) *j-m* zulächeln, b) *et.* belächeln, lächeln über (*acc.*); ***come up smiling*** *fig.* die Sache leicht überstehen; **2.** ~ (***up***)***on*** *fig. j-m* lächeln, hold sein: ***fortune*** ~***d on him***; **II** *v/t.* **3.** ~ ***away*** *Tränen etc.* hin'weglächeln; **4.** ~ ***approval*** (***consent***) beifällig (zustimmend) lächeln; **III** *s.* **5.** Lächeln *n*: ***be all*** ~***s*** (über das ganze Gesicht) strahlen; **6.** *mst pl.* Gunst *f*; **'smil·ing** [-lɪŋ] *adj.* □ **1.** lächelnd (*a. fig. heiter*); **2.** *fig.* huldvoll.

smirch [smɜːtʃ] **I** *v/t.* besudeln (*a. fig.*); **II** *s.* Schmutzfleck *m*; *fig.* Schandfleck *m*.

smirk [smɜːk] **I** *v/i.* affektiert *od.* blöd lächeln, grinsen; **II** *s.* einfältiges Lächeln, Grinsen *n*.

smite [smaɪt] [*irr.*] **I** *v/t.* **1.** *bibl., rhet., a. humor.* schlagen (*a. erschlagen, heimsuchen*): ***smitten with the plague*** von der Pest befallen; **2.** *j-n* quälen, peinigen (*Gewissen*); **3.** *fig.* packen: ***smitten with*** von *Begierde etc.* gepackt; **4.** *fig.* hinreißen: ***he was smitten with***

(*od.* ***by***) ***her charms*** er war hingerissen von ihrem Charme; ***be smitten by*** (sinnlos) verliebt sein in (*acc.*); **II** *v/i.* **5.** ***~ upon*** *bsd. fig.* an *das Ohr etc.* schlagen.

smith [smɪθ] *s.* Schmied *m.*

smith·er·eens [ˌsmɪðəˈri:nz] *s. pl.* F Fetzen *pl.*, Splitter *pl.*: ***smash to ~*** in (tausend) Stücke schlagen.

smith·er·y [ˈsmɪðərɪ] *s.* **1.** Schmiedearbeit *f*; **2.** Schmiedekunst *f.*

smith·y [ˈsmɪðɪ] *s.* Schmiede *f.*

smit·ten [ˈsmɪtn] **I** *p.p. von* ***smite***; **II** *adj.* **1.** betroffen, befallen; **2.** (***by***) hingerissen (von), ‚verknallt', verliebt (in *acc.*); → ***smite*** 4.

smock [smɒk] **I** *s.* **1.** (Arbeits)Kittel *m*: ***~ frock*** *Art* Fuhrmannskittel *m*; **2.** Kinderkittel *m*; **II** *v/t.* **3.** *Bluse etc.* smoken, mit Smokarbeit verzieren; ˈ**smock·ing** [-kɪŋ] *s.* Smokarbeit *f* (*Vorgang u. Verzierung*).

smog [smɒg] *s.* (*aus* ***smoke*** *u.* ***fog***) Smog *m*, Dunstglocke *f*; ˈ**~-bound** *adj.* von Smog eingehüllt.

smok·a·ble [ˈsməʊkəbl] *adj.* rauchbar;

smoke [sməʊk] **I** *s.* **1.** Rauch *m* (*a.* ⚗, *phys.*): ***like ~*** *sl.* wie der Teufel; ***no ~ without a fire*** *fig.* irgend etwas ist immer dran (*an e-m Gerücht*); **2.** Qualm *m*, Dunst *m*: ***end*** (*od.* ***go up***) ***in ~*** *fig.* in nichts zerrinnen, zu Wasser werden; **3.** ⚔ (Tarn)Nebel *m*; **4.** Rauchen *n e-r Zigarre etc.*: ***have a ~*** ‚eine' rauchen; **5.** F ‚Glimmstengel' *m*, Ziˈgarre *f*, Zigaˈrette *f*; **6.** *sl.* a) ‚Hasch' *n*, b) Marihuˈana *n*; **II** *v/i.* **7.** rauchen, qualmen (*Schornstein*, *Ofen etc.*); **8.** dampfen (*a. Pferd*); **9.** rauchen: ***do you ~?***; **III** *v/t.* **10.** *Pfeife etc.* rauchen; **11.** ***~ out*** a) ausräuchern (*a. fig.*), b) *fig.* ans Licht bringen; **12.** *Fisch etc.* räuchern; **13.** *Glas etc.* schwärzen; **~ ball**, **~ bomb** *s.* Nebel-, Rauchbombe *f*; **~ con·sum·er** *s.* Rauchverzehrer *m*; ˈ**~-dried** *adj.* geräuchert; **~ hel·met** *s.* Rauchmaske *f* (*Feuerwehr*).

smoke·less [ˈsməʊklɪs] *adj.* □ *a.* ⚔ rauchlos.

smok·er [ˈsməʊkə] *s.* **1.** Raucher(in): ***~'s cough*** Raucherhusten *m*; ***~'s heart*** ⚕ Nikotinherz *n*; **2.** 🚂 Raucher(abteil *n*) *m.*

smoke| room [rʊm] *s.* Herren-, Rauchzimmer *n*; **~ screen** *s.* ⚔ Rauch-, Nebelvorhang *m*; *fig.* Tarnung *f*, Nebel *m*; ˈ**~·stack** *s.* ⚓, 🚂, ⚙ Schornstein *m.*

smok·ing [ˈsməʊkɪŋ] **I** *s.* **1.** Rauchen *n*; **II** *adj.* **2.** Rauch...; **3.** Raucher...; **~ car**, **~ com·part·ment** *s.* 🚂 ˈRaucherabˌteil *n.*

smok·y [ˈsməʊkɪ] *adj.* □ **1.** qualmend; **2.** dunstig, verräuchert; **3.** rauchig (*a. Stimme*); rauchgrau.

smol·der [ˈsməʊldə] *Am.* → ***smoulder.***

smooch [smu:tʃ] *v/i. sl.* **1.** schmusen, knutschen; **2.** *Brit.* engumˈschlungen tanzen.

smooth [smu:ð] **I** *adj.* □ **1.** *allg.* glatt; **2.** glatt, ruhig (*See*): ***I am in ~ water now*** *fig.* jetzt habe ich es geschafft; **3.** ⚙ ruhig (*Gang*); *mot. a.* zügig (*Fahren*, *Schalten*); ✈ glatt (*Landung*); **4.** *fig.* glatt, reibungslos: ***make things ~ for j-m*** den Weg ebnen; **5.** fließend, geschliffen (*Rede etc.*); schwungvoll (*Melodie*, *Stil*); **6.** *fig.* sanft, weich (*Stimme*, *Ton*); **7.** glatt, gewandt (*Manieren*, *Person*); *b.s.* aalglatt: ***a ~ tongue*** e-e glatte Zunge; **8.** *Am. sl.* a) fesch, schick, b) ‚sauber', prima; **9.** geschmeidig, nicht klumpig (*Teig etc.*); **10.** lieblich (*Wein*); **II** *adv.* **11.** glatt, ruhig: ***things have gone ~ with me*** bei mir ging alles glatt; **III** *v/t.* **12.** glätten (*a. fig.*): ***.. the way for*** *fig. j-m od. e-r Sache* den Weg ebnen; **13.** besänftigen; **IV** *v/i.* **14.** → ***smooth down*** 1;

Zssgn mit adv.:

smooth| a·way *v/t. Schwierigkeiten etc.* wegräumen, ‚ausbügeln'; **~ down I** *v/i.* **1.** sich glätten *od.* beruhigen (*Meer etc.*) (*a. fig.*); **II** *v/t.* **2.** glattstreichen, glätten; **3.** *fig.* besänftigen; **4.** *Streit* schlichten; **~ out** *v/t.* **1.** *Falte* ausplätten (***from*** aus); **2.** → ***smooth away***; **~ o·ver** *v/t.* **1.** *Fehler etc.* bemänteln; **2.** *Streit* schlichten.

ˈ**smooth|·bore** *adj. u. s.* (Gewehr *n*) mit glattem Lauf; ˈ**~-faced** *adj.* **1.** a) bartlos, b) glattrasiert; **2.** *fig.* glatt, schmeichlerisch; **~ file** *s.* ⚙ Schlichtfeile *f.*

smooth·ie [ˈsmu:ðɪ] *s.* F **1.** ‚dufter Typ'; **2.** aalglatter Bursche.

smooth·ing| i·ron [ˈsmu:ðɪŋ] *s.* Plätt-, Bügeleisen *n*; **~ plane** *s.* ⚙ Schlichthobel *m.*

smooth·ness [ˈsmu:ðnɪs] *s.* **1.** Glätte *f* (*a. fig.*); **2.** Reibungslosigkeit *f* (*a. fig.*); **3.** *fig.* glatter Fluß, Eleˈganz *f e-r Rede etc.*; **4.** Glätte *f*, Gewandtheit *f*; **5.** Sanftheit *f.*

ˈ**smooth-tongued** *adj.* glattzüngig, schmeichlerisch, aalglatt.

smote [sməʊt] *pret. von* ***smite.***

smoth·er [ˈsmʌðə] **I** *v/t.* **1.** *j-n, a. Feuer, Rebellion, Ton* ersticken; **2.** *bsd. fig.* überˈhäufen (***with*** mit *Arbeit etc.*): ***~ s.o. with kisses*** j-n abküssen; **3.** ***~ in***

(*od.* ***with***) völlig bedecken mit, einhüllen in (*dat.*), begraben unter (*Blumen*, *Decken etc.*); **4.** *oft* ~ ***up*** *Gähnen*, *Wut etc.*, *a. Geheimnis etc.* unter'drücken, *Skandal* vertuschen; **II** *v/i.* **5.** ersticken; **6.** *sport* F ‚über'fahren'; **III** *s.* **7.** dicker Qualm; **8.** Dampf-, Dunst-, Staubwolke *f*; **9.** (erdrückende) Masse.

smoul·der ['sməʊldə] **I** *v/i.* **1.** glimmen, schwelen (*a. fig. Feindschaft*, *Rebellion etc.*); **2.** glühen (*a. fig. Augen*); **II** *s.* **3.** schwelendes Feuer.

smudge [smʌdʒ] **I** *s.* **1.** Schmutzfleck *m*, Klecks *m*; **2.** qualmendes Feuer (*gegen Mücken*, *Frost etc.*); **II** *v/t.* **3.** beschmutzen; **4.** be-, verschmieren, 'vollklecksen; **5.** *fig. Ruf etc.* besudeln; **III** *v/i.* **6.** schmieren (*Tinte*, *Papier etc.*); **7.** schmutzig werden; '**smudg·y** [-dʒɪ] *adj.* □ verschmiert, schmierig, schmutzig.

smug [smʌg] *adj.* □ **1.** *obs.* schmuck; **2.** geschniegelt u. gebügelt; **3.** selbstgefällig, blasiert.

smug·gle ['smʌgl] **I** *v/t. Waren*, *a. weitS. Brief*, *j-n etc.* schmuggeln: ~ ***in*** einschmuggeln; **II** *v/i.* schmuggeln; '**smug·gler** [-lə] *s.* **1.** Schmuggler *m*; **2.** Schmuggelschiff *n*; '**smug·gling** [-lɪŋ] *s.* Schmuggel *m*.

smut [smʌt] **I** *s.* **1.** Ruß-, Schmutzflocke *f od.* -fleck *m*; **2.** *fig.* Zote(n *pl.*) *f*, Schmutz *m*, Schweine'rei(en *pl.*) *f*: ***talk*** ~ Zoten reißen, ‚schweinigeln'; **3.** ⚘ (*bsd.* Getreide)Brand *m*; **II** *v/t.* **4.** beschmutzen; **5.** ⚘ brandig machen.

smutch [smʌtʃ] **I** *v/t.* beschmutzen; **II** *s.* schwarzer Fleck.

smut·ty ['smʌtɪ] *adj.* □ **1.** schmutzig, rußig; **2.** *fig.* zotig, ob'szön: ~ ***joke*** Zote *f*; **3.** ⚘ brandig.

snack [snæk] *s.* **1.** a) Imbiß *m*, b) Happen *m*, Bissen *m*; **2.** Anteil *m*: ***go*** ~***s*** teilen; ~ **bar** *s.* Imbißstube *f*.

snaf·fle ['snæfl] **I** *s.* **1.** *a.* ~ ***bit*** Trense(ngebiß *n*) *f*; **II** *v/t.* **2.** *e-m Pferd* die Trense anlegen; **3.** mit der Trense lenken; **4.** *Brit. sl.* ‚klauen'.

sna·fu [snæ'fu:] *Am. sl.* **I** *adj.* in heillosem Durchein'ander, ‚beschissen'; **II** *s.* ‚beschissene Lage'; **III** *v/t.* ‚versauen'.

snag [snæg] **I** *s.* **1.** Aststumpf *m*; **2.** Baumstumpf *m* (*in Flüssen*); *fig.* ‚Haken' *m*: ***strike a*** ~ auf Schwierigkeiten stoßen; **3.** a) Zahnstumpf *m*, b) *Am.* Raffzahn *m*; **II** *v/t.* **4.** *Boot* gegen e-n Stumpf fahren lassen; **5.** *Fluß* von Baumstümpfen befreien; **snagged** [-gd], '**snag·gy** [-gɪ] *adj.* **1.** ästig, knorrig; **2.** voller Baumstümpfe (*Fluß*).

snail [sneɪl] *s.* **1.** *zo.* Schnecke *f* (*a. fig.* lahmer Kerl): ***at a*** ~***'s pace*** im Schneckentempo; **2.** → ***snail wheel***; ~ **shell** *s.* Schneckenhaus *n*; ~ **wheel** *s.* Schnecke(nrad *n*) *f* (*Uhr*).

snake [sneɪk] **I** *s.* **1.** Schlange *f* (*a. fig.*): ~ ***in the grass*** a) verborgene Gefahr, b) (falsche) Schlange; ***see*** ~***s*** F weiße Mäuse sehen; **2.** ⚕ Währungsschlange *f*; **II** *v/i.* **3.** sich schlängeln (*a. Weg*); **snake charm·er** *s.* Schlangenbeschwörer *m*; **snake pit** *s.* **1.** Schlangengrube *f*; **2.** Irrenanstalt *f*; **3.** *fig.* Hölle *f*; '**snake·skin** *s.* **1.** Schlangenhaut *f*; **2.** Schlangenleder *n*; **snak·y** ['sneɪkɪ] *adj.* □ **1.** Schlangen…; **2.** schlangenartig, gewunden; **3.** *fig.* 'hinterhältig.

snap [snæp] **I** *s.* **1.** Schnappen *n*, Biß *m*; **2.** Knacken *n*, Knacks *m*, Klicken *n*; **3.** (*Peitschen- etc.*)Knall *m*; **4.** Reißen *n*; **5.** Schnappschloß *n*, Schnapper *m*; **6.** *phot.* Schnappschuß *m*; **7.** *etwa*: Schnipp-Schnapp *n* (*Kartenspiel*); **8.** *fig.* Schwung *m*, Schmiß *m*; **9.** kurze Zeit: ***in a*** ~ im Nu; ***cold*** ~ Kältewelle *f*; **10.** (knuspriges) Plätzchen; **11.** *Am.* F Kleinigkeit *f*, ‚Kinderspiel' *n*; **II** *adj.* **12.** Schnapp…; **13.** spontan, Schnell…: ~ ***decision*** rasche Entscheidung; ~ ***judgement*** (vor)schnelles Urteil; ~ ***vote*** Blitzabstimmung *f*; **III** *adv. u. int.* **14.** knack(s)(!), krach(!), schnapp(!); **IV** *v/i.* **15.** schnappen (***at*** nach *a. fig. e-m Angebot etc.*), zuschnappen: ~ ***at the chance*** zugreifen, die Gelegenheit beim Schopfe fassen; ~ ***at s.o.*** j-n anschnauzen; **16.** *a.* ~ ***to*** zuschnappen, zuknallen (*Schloß*, *Tür*); **17.** knacken, klicken; **18.** knallen (*Peitsche etc.*); **19.** (zer)springen, (-)reißen, entzweigehen: ***there something*** ~***ped in me*** da ‚drehte ich durch'; **20.** schnellen: ~ ***to attention*** ⚔ ‚Männchen bauen'; ~ ***to it!*** F mach Tempo!; ~ ***out of it!*** F komm, komm!, laß das (sein)!; **V** *v/t.* **21.** (er)schnappen; beißen: ~ ***off*** abbeißen; ~ ***s.o.'s head*** (*od.* ***nose***) ***off*** → ***snap up*** 4; **22.** (zu)schnappen lassen; **23.** *phot.* knipsen; **24.** zerknicken, -knacken, -brechen, -reißen: ~ ***off*** abbrechen; **25.** mit *der Peitsche* knallen; mit *den Fingern* schnalzen: ~ ***one's fingers at*** *fig.* auslachen, verhöhnen; **26.** *a.* ~ ***out*** *Wort* her'vorstoßen, bellen; ~ **up** *v/t.* **1.** auf-, wegschnappen; **2.** (gierig) an sich reißen, *Angebot* schnell annehmen: ***snap it up!*** F mach fix!; **3.** *Häuser etc.* aufkaufen; **4.** a) *j-n* anschnauzen, b) *j-m* das Wort abschneiden.

snap| catch *s.* ⚙ Schnapper *m*; '~ˌ**drag-**

on *s.* **1.** ⚘ Löwenmaul *n*; **2.** Ro'sinenfischen *n aus brennendem Branntwein* (*Spiel*); **~ fas·ten·er** *s.* Druckknopf *m*; **~ hook** *s.* Kara'binerhaken *m*; **~ lock** *s.* Schnappschloß *n*.

snap·pish ['snæpɪʃ] *adj.* □ **1.** bissig (*Hund*, *a. Person*); **2.** schnippisch.

snap·py ['snæpɪ] *adj.* □ **1.** → ***snappish***; **2.** F a) schnell, fix, b) ‚zackig', forsch, c) schwungvoll, schmissig, d) schick: ***make it ~!***, ***look ~!*** mach mal fix!

snap| shot *s.* ⚔ Schnellschuß *m*; **'~·shot** *phot.* **I** *s.* Schnappschuß *m*; **II** *v/t.* e-n Schnappschuß machen von, *et.* knipsen.

snare [sneə] **I** *s.* **1.** Schlinge (*a.* ⚕), Fallstrick *m*, *fig. a.* Fußangel *f*: ***set a ~ for s.o.*** j-m e-e Falle stellen; **2.** ♪ Schnarrsaite *f*; **II** *v/t.* **3.** mit e-r Schlinge fangen; **4.** *fig.* um'stricken, fangen, *j-m* e-e Falle stellen; **5.** sich *et.* ‚angeln' *od.* unter den Nagel reißen; **~ drum** *s.* ♪ kleine Trommel, Schnarrtrommel *f*.

snarl¹ [snɑːl] *bsd. Am.* **I** *s.* **1.** Knoten *m*, ‚Fitz' *m*; **2.** *fig.* wirres Durchein'ander, Gewirr *n*, *a.* Verwicklung *f*: (***traffic***) **~** Verkehrschaos *n*; **II** *v/t.* **3.** *a.* **~ *up*** verwirren, durchein'anderbringen; **III** *v/i.* **4.** *a.* **~ *up*** sich verwirren; (völlig) durchein'andergeraten.

snarl² [snɑːl] **I** *v/i.* wütend knurren, die Zähne fletschen (*Hund*, *a. Person*): **~ *at*** *j-n* anfauchen; **II** *v/t.* *et.* knurren, wütend her'vorstoßen; **III** *s.* Knurren *n*, Zähnefletschen *n*.

'snarl-up *s.* F → ***snarl¹*** 2.

snatch [snætʃ] **I** *v/t.* **1.** *et.* schnappen, packen, (er)haschen, fangen: **~ *up*** aufraffen; **2.** *fig. Gelegenheit etc.* ergreifen; *et.*, *a. Schlaf* ergattern: ***~ a hurried meal*** rasch et. zu sich nehmen; **3.** *et.* an sich reißen; *a. Kuß* rauben; **4.** **~** (***away***) ***from*** *j-m et.*, *a. j-n dem Meer*, *dem Tod*, *durch den Tod* entreißen: ***he was ~ed away from us*** er wurde uns *durch e-n frühen Tod etc.* entrissen; **5.** **~ *off*** weg-, her'unterreißen; **6.** *Am. sl. Kind* rauben; **7.** *Gewichtheben*: reißen; **II** *v/i.* **8.** **~ *at*** schnappen *od.* greifen *od.* haschen nach: **~ *at the offer*** *fig.* mit beiden Händen zugreifen; **III** *s.* **9.** Schnappen *n*, schneller Griff: ***make a ~ at*** → 8; **10.** *fig.* (kurzer) Augenblick: ***~es of sleep***; **11.** *pl.* Bruchstücke *pl.*, ‚Brokken' *pl.*, Aufgeschnappte(s) *n*: ***~es of conversation*** Gesprächsfetzen *pl.*; ***by*** (*od.* ***in***) ***~es*** a) hastig, ruckweise, b) ab und zu; **12.** *Am.* V a) ‚Möse' *f*, b) ‚Nummer' *f* (*Koitus*); **'snatch·y** [-tʃɪ] *adj.* □ abgehackt, ruckweise, spo'radisch.

snaz·zy ['snæzɪ] *adj.* F ‚todschick'.

sneak [sniːk] **I** *v/i.* **1.** (sich *wohin*) schleichen: **~ *about*** herumschleichen, -schnüffeln; **~ *out of*** *fig.* sich von *et.* drücken, sich aus *e-r Sache* herauswinden; **2.** *ped. Brit. sl.* ‚petzen': **~ *on s.o.*** j-n verpetzen; **II** *v/t.* **3.** *et.* (heimlich) *wohin* schmuggeln; **4.** *sl.* ‚sti'bitzen'; **III** *s.* **5.** *contp.* ‚Leisetreter' *m*, Kriecher *m*; **6.** *Brit.* F ‚Petze' *f*; **~ at·tack** *s.* ⚔ Über'raschungsangriff *m*.

sneak·ers ['sniːkəz] *s. pl. bsd. Am.* leichte Turnschuhe *pl.*; **'sneak·ing** [-kɪŋ] *adj.* □ **1.** verstohlen; **2.** 'hinterlistig, gemein; **3.** *fig.* heimlich, leise (*Verdacht etc.*).

sneak| pre·view *s. Am.* F *inoffizielle erste Vorführung e-s neuen Films*; **~ thief** *s.* Einsteig- *od.* Gelegenheitsdieb *m*.

sneak·y ['sniːkɪ] → ***sneaking***.

sneer [snɪə] **I** *v/i.* **1.** höhnisch grinsen, ‚feixen' (***at*** über *acc.*); **2.** spötteln (***at*** über *acc.*); **II** *v/t.* **3.** *et.* höhnen(d äußern); **III** *s.* **4.** Hohnlächeln *n*; **5.** Hohn *m*, Spott *m*, höhnische Bemerkung; **'sneer·er** [-ərə] *s.* Spötter *m*, ‚Feixer' *m*; **'sneer·ing** [-ərɪŋ] *adj.* □ höhnisch, spöttisch, ‚feixend'.

sneeze [sniːz] **I** *v/i.* niesen: ***not to be ~d at*** F nicht zu verachten; **II** *s.* Niesen *n*; **'~·wort** *s.* ⚘ Sumpfgarbe *f*.

snick [snɪk] **I** *v/t.* (ein)kerben; **II** *s.* Kerbe *f*.

snick·er ['snɪkə] **I** *v/i.* **1.** kichern; **2.** wiehern; **II** *v/t.* **3.** F *et.* kichern; **III** *s.* **4.** Kichern *n*; ˌ**~'snee** [-'sniː] *s. humor.* ‚Dolch' *m* (*Messer*).

snide [snaɪd] *adj.* abfällig, höhnisch.

sniff [snɪf] **I** *v/i.* **1.** schniefen; **2.** schnüffeln (***at*** an *dat.*); **3.** *fig.* die Nase rümpfen (***at*** über *acc.*); **II** *v/t.* **4.** *a.* **~ *in*** (*od.* ***up***) durch die Nase einziehen; **5.** schnuppern an (*dat.*); **6.** riechen (*a. fig. wittern*); **III** *s.* **7.** Schnüffeln *n*; **8.** kurzer Atemzug; **9.** Naserümpfen *n*.

snif·fle ['snɪfl] *Am.* **I** *v/i.* **1.** schniefen; **2.** greinen, heulen; **II** *s.* **3.** Schnüffeln *n*; **4.** ***the ~s*** *pl.* F Schnupfen *m*.

sniff·y ['snɪfɪ] *adj.* □ F **1.** naserümpfend, hochnäsig, verächtlich; **2.** muffig.

snif·ter ['snɪftə] *s.* **1.** Schnäps-chen *n*, ‚Gläs-chen' *n*; **2.** *Am.* Kognakschwenker *m*.

snift·ing valve ['snɪftɪŋ] *s.* ⚙ 'Schnüffelvenˌtil *n*.

snig·ger ['snɪgə] → ***snicker***.

snip [snɪp] **I** *v/t.* **1.** schnippeln, schnipseln, schneiden; **2.** *Fahrkarte* knipsen;

II *s.* **3.** Schnitt *m*; **4.** Schnippel *m*, Schnipsel *m*, *n*; **5.** *sl.* a) todsichere Sache, b) günstige (Kauf)Gelegenheit: ***it's a ~!***; **6.** *Am.* F (frecher) Knirps.

snipe [snaɪp] **I** *s.* **1.** *orn.* Schnepfe *f*; **II** *v/i.* **2.** *hunt.* Schnepfen jagen *od.* schießen; **3.** ⚔ aus dem 'Hinterhalt schießen (***at*** auf *acc.*); **III** *v/t.* **4.** ⚔ abschießen, ‚wegputzen'; **'snip·er** [-pə] *s.* **1.** ⚔ Scharf-, Heckenschütze *m*: ***~scope*** ⚔ 'Infrarotvi,sier *n*; **2.** Todesschütze *m*, Killer *m*.

snip·pet ['snɪpɪt] *s.* **1.** (Pa'pier)Schnipsel *m*, *n*; **2.** *pl.* *fig.* Bruchstücke *pl.*, ‚Brokken' *pl.*

snitch [snɪtʃ] *sl.* **I** *v/t.* ‚klauen', sti'bitzen; **II** *v/i.* ***~ on*** *j-n* ‚verpfeifen'.

sniv·el ['snɪvl] **I** *v/i.* **1.** schniefen; **2.** greinen, plärren; **3.** wehleidig tun; **II** *v/t.* **4.** *et.* (her'aus)schluchzen; **III** *s.* **5.** Greinen *n*, Plärren *n*; **6.** wehleidiges Getue; **'sniv·el·(l)er** [-lə] *s.* ‚Heulsuse' *f*; **'sniv·el·(l)ing** [-lɪŋ] **I** *adj.* **1.** triefnasig; **2.** wehleidig; **II** *s.* **3.** → ***snivel*** 5 *u.* 6.

snob [snɒb] *s.* Snob *m*: ***~ appeal*** Snob-Appeal *m*; **'snob·ber·y** [-bərɪ] *s.* Sno'bismus *m*; **'snob·bish** [-bɪʃ] *adj.* □ sno'bistisch, versnobt.

snog [snɒg] *v/i.* F knutschen.

snook [snu:k] *s.*: ***cock a ~ at*** *j-m* e-e lange Nase machen, *fig.* *j-n* auslachen.

snook·er ['snu:kə] *s.* *a.* ***~ pool*** *Billard*: Snooker Pool *m*; **'snook·ered** [-əd] *adj.* F ‚to'tal erledigt'.

snoop [snu:p] *bsd. Am.* F **I** *v/i.* **1.** *a.* ***~ around*** her'umschnüffeln; **II** *s.* **2.** Schnüffe'lei *f*; **3.** → **'snoop·er** [-pə] ‚Schnüffler' *m*; **'snoop·y** [-pɪ] *adj.* F schnüffelnd, neugierig.

snoot [snu:t] *s.* *Am.* F **1.** ‚Schnauze' *f* (*Nase, Gesicht*); **2.** Gri'masse *f*, ‚Schnute' *f*; **'snoot·y** [-tɪ] *adj.* *Am.* F ‚großkotzig', hochnäsig, patzig.

snooze [snu:z] **I** *v/i.* **1.** ein Nickerchen machen; **2.** dösen; **II** *v/t.* **3.** ***~ away*** Zeit vertrödeln; **III** *s.* **4.** Nickerchen *n*: ***have a ~*** → 1.

snore [snɔ:] **I** *v/i.* schnarchen; **II** *s.* Schnarchen *n*; **snor·er** ['snɔ:rə] *s.* Schnarcher *m*.

snor·kel ['snɔ:kl] **I** *s.* ⚓, ⚔ *etc.* Schnorchel *m*; **II** *v/i.* schnorcheln.

snort [snɔ:t] **I** *v/i.* (*a.* wütend *od.* verächtlich) schnauben; prusten; **II** *v/t.* *a.* ***~ out*** *Worte* (wütend) schnauben; **III** *s.* Schnauben *n*; Prusten *n*; **'snort·er** [-tə] *s.* F **1.** heftiger Sturm; **2.** Mordsding *n*; **3.** Mordskerl *m*.

snot [snɒt] *s.* **1.** Rotz *m*; **2.** ‚Schwein' *n*; **'snot·ty** [-tɪ] *adj.* □ **1.** V rotzig, Rotz...; **2.** F ‚dreckig', gemein; **3.** *Am. sl.* patzig.

snout [snaʊt] *s.* **1.** *zo.* Schnauze *f* (*a.* F *fig. Nase, Gesicht*); **2.** ‚Schnauze' *f*, Vorderteil *n* (*Auto etc.*); **3.** ⚙ Schnabel *m*, Tülle *f*.

snow [snəʊ] **I** *s.* **1.** Schnee *m* (*a.* ⛷ *u. Küche*; *a.* *TV*); **2.** Schneefall *m*; **3.** *pl.* Schneemassen *pl.*; **4.** *sl.* ‚Snow' *m*, ‚Schnee' *m* (*Kokain, Heroin*); **II** *v/i.* **5.** schneien: ***~ in*** hereinschneien (*a. fig.*); ***~ed in*** (*od.* ***up***, ***under***) eingeschneit; ***be ~ed under*** *fig.* a) *mit Arbeit etc.* überhäuft sein, *von Sorgen etc.* erdrückt werden, b) *pol. Am. in e-r Wahl* vernichtend geschlagen werden; **6.** *fig.* regnen, hageln; **III** *v/t.* **7.** her'unterrieseln lassen; **'~·ball I** *s.* **1.** Schneeball *m* (*a.* ⚘): ***~ fight*** Schneeballschlacht *f*; **2.** *fig.* La'wine *f*: ***~ system*** Schneeballsystem *n*; **3.** *Getränk aus Eierlikör u. Zitronenlimonade*; **II** *v/t.* **4.** Schneebälle werfen auf; **III** *v/i.* **5.** sich mit Schneebällen bewerfen; **6.** *fig.* la'winenartig anwachsen; **'~·bank** *s.* Schneewehe *f*; **'~·bird** *s.* **1.** → ***snow bunting***; **2.** *sl.* ‚Kokser' *m*, Koka'inschnupfer *m*; **'~-blind** *adj.* schneeblind; **'~·bound** *adj.* eingeschneit, durch Schnee(massen) abgeschnitten; **~ bun·ny** *s.* F ‚Skihaserl' *n*; **~ bun·ting** *s.* *orn.* Schneeammer *f*; **'~·cap** *s.* *orn.* *ein* Kolibri *m*; **'~-capped** *adj.* schneebedeckt; **'~·drift** *s.* Schneewehe *f*; **'~·drop** *s.* ⚘ Schneeglöckchen *n*; **'~·fall** *s.* Schneefall *m*, -menge *f*; **'~·field** *s.* Schneefeld *n*; **'~·flake** *s.* Schneeflocke *f*; **~ gog·gles** *s. pl.* Schneebrille *f*; **~ line** *s.* Schneegrenze *f*; **'~·man** *s.* [*irr.*] Schneemann *m*: ***Abominable*** ♀ Schneemensch *m*, *der* Jeti; **'~·mo,bile** [-məʊ,bi:l] *s.* Motorschlitten *m*; **'~·plough**, *Am.* **'~·plow** *s.* Schneepflug *m* (*a. beim Skifahren*); **'~·shoe I** *s.* Schneeschuh *m*; **II** *v/i.* auf Schneeschuhen gehen; **'~·slide**, **'~·slip** *s.* Schneerutsch *m*; **'~·storm** *s.* Schneesturm *m*; **~ tire** (*Brit.* **tyre**) *s.* *mot.* Winterreifen *m*; **,~-'white** *adj.* schneeweiß; ♀ **White** *npr.* Schnee'wittchen *n*.

snow·y ['snəʊɪ] *adj.* □ **1.** schneeig, Schnee...: ***~ weather***; **2.** schneebedeckt, Schnee...; **3.** schneeweiß.

snub[1] [snʌb] **I** *v/t.* **1.** *j-n* brüskieren, vor den Kopf stoßen; **2.** *j-n* kurz abfertigen; **3.** *j-m* über den Mund fahren; **II** *s.* **4.** Brüskierung *f*.

snub[2] [snʌb] *adj.* stumpf: ***~ nose*** Stupsnase *f*; **'~-nosed** *adj.* stupsnasig.

snuff[1] [snʌf] **I** *v/t.* **1.** *a.* ***~ up*** durch die

Nase einziehen; **2.** beschnüffeln; **II** *v/i.* **3.** schnüffeln (***at*** an *dat.*); **4.** (Schnupftabak) schnupfen; **III** *s.* **5.** Atemzug *m*, Einziehen *n*; **6.** Schnupftabak *m*, Prise *f*: ***take ~*** schnupfen; ***be up to ~*** F a) ‚schwer auf Draht sein', b) (toll) in Form sein; ***give s.o. ~*** F j-m ‚Saures geben'.

snuff² [snʌf] **I** *s.* **1.** Schnuppe *f e-r Kerze*; **II** *v/t.* **2.** *Kerze* putzen; **3.** ***~ out*** auslöschen (*a. fig.*); *fig.* ersticken, vernichten; **4.** ***~ it*** *Brit.* F ‚abkratzen' (*sterben*).

'snuff|·box *s.* Schnupftabaksdose *f*; **'~-ˌcol·o(u)red** *adj.* gelbbraun, tabakfarben.

snuf·fle ['snʌfl] **I** *v/i.* **1.** schnüffeln, schnuppern; **2.** schniefen; **3.** näseln; **II** *v/t.* **4.** *mst* ***~ out*** *et.* näseln; **III** *s.* **5.** Schnüffeln *n*; **6.** Näseln; **7.** ***the ~s*** *pl.* Schnupfen *m*.

'snuff|-ˌtak·er *s.* Schnupfer(in); **'~-ˌtak·ing** *s.* (Tabak)Schnupfen *n*.

snug [snʌg] **I** *adj.* □ **1.** gemütlich, behaglich, traulich; **2.** geborgen, gut versorgt: ***as ~ as a bug in a rug*** F wie die Made im Speck; **3.** angenehm; **4.** auskömmlich, ‚hübsch' (*Einkommen etc.*); **5.** kom'pakt; **6.** ordentlich; **7.** eng anliegend (*Kleid*): ***~ fit*** a) guter Sitz, b) ⚙ Paßsitz *m*; **8.** ⚓ schmuck, seetüchtig (*Schiff*); **9.** verborgen: ***keep s.th. ~*** et. geheimhalten; ***lie ~*** sich verborgen halten; **II** *v/i.* **10.** → ***snuggle*** I; **III** *v/t.* **11.** *oft* ***~ down*** gemütlich *od.* bequem machen; **12.** *mst* ***~ down*** ⚓ *Schiff* auf Sturm vorbereiten; **'snug·ger·y** [-gərɪ] *s.* **1.** behagliche Bude, warmes Nest (*Zimmer etc.*); **2.** kleines Nebenzimmer; **'snug·gle** [-gl] **I** *v/i.* sich schmiegen *od.* kuscheln ([***up***] ***in*** in *e-e Decke*, ***up to*** an *acc.*): ***~ down*** (***in bed***) sich ins Bett kuscheln; **II** *v/t.* an sich schmiegen, (lieb)'kosen.

so [səʊ] **I** *adv.* **1.** (*mst vor adj. u. adv.*) so, dermaßen: ***I was ~ surprised***; ***not ~ ... as*** nicht so ... wie; ***~ great a man*** ein so großer Mann; → ***far*** 3, ***much*** *Redew.*; **2.** (*mst exklamatorisch*) (ja) so, 'überaus: ***I am ~ glad!***; **3.** so, in dieser Weise: ***and ~ on*** (*od.* ***forth***) und so weiter; ***is that ~?*** wirklich?; ***~ as to*** so daß, um zu; ***~ that*** so daß; ***or ~*** etwa, oder so; ***~ saying*** mit *od.* bei diesen Worten; → ***if*** 1; **4.** (*als Ersatz für ein Prädikativum od. e-n Satz*) a) es, das: ***I hope ~*** ich hoffe (es); ***I have never said ~*** das habe ich nie behauptet, b) auch: ***you are tired, ~ am I*** du bist müde, ich (bin es) auch, c) allerdings, ja: ***are you tired? ~ I am*** bist du müde? ja *od.* allerdings; ***I am stupid! ~ you are*** ich bin dumm! allerdings (das bist du); ***~ what?*** F na und?; **5.** so ... daß: ***it was ~ hot I took my coat off***; **II** *cj.* **6.** daher, folglich, also, und so: ***it was necessary ~ we did it*** es war nötig, und so taten wir es (denn); ***~ you came after all!*** du bist also doch (noch) gekommen!

soak [səʊk] **I** *v/i.* **1.** sich vollsaugen, durch'tränkt werden: ***~ing wet*** tropfnaß; **2.** ('durch)sickern; **3.** *fig.* langsam *ins Bewußtsein* einsickern *od.* -dringen; **4.** *sl.* ‚saufen'; **II** *v/t.* **5.** *et.* einweichen; **6.** durch'tränken, -'nässen, -'feuchten; ⚙ *a.* imprägnieren (***in*** mit); **7.** ***~ o.s. in*** *fig.* sich ganz versenken in; **8.** ***~ in*** einsaugen: ***~ up*** a) aufsaugen, b) *fig. Wissen etc.* in sich aufnehmen; **9.** *sl. et.* ‚saufen'; **10.** *sl. j-n* ‚schröpfen'; **11.** *sl. j-n* verdreschen; **III** *s.* **12.** Einweichen *n*, Durch'tränken *n*; ⚙ Imprägnieren *n*; **13.** *sl.* a) Säufer *m*, b) Saufe'rei *f*; **14.** F Regenguß *m*, ‚Dusche' *f*; **'soak·age** [-kɪdʒ] *s.* **1.** 'Durchsickern *n*; **2.** 'durchgesickerte Flüssigkeit, Sickerwasser *n*; **'soak·er** [-kə] → ***soak*** 14.

'so-and-so ['səʊənsəʊ] *pl.* **-sos** *s.* **1.** (Herr *etc.*) Soundso: ***Mr. ~***; **2.** F ‚(blöder) Hund'.

soap [səʊp] **I** *s.* Seife *f* (*a.* ⚗): ***no ~!*** *Am.* F nichts zu machen!; **II** *v/t. a.* ***~ down*** a) (ein-, ab)seifen, b) → ***soft-soap***; **'~·box I** *s.* **1.** 'Seifenkiste *f*, -karˌton *m*; **2.** ‚Seifenkiste' *f* (*improvisierte Rednerbühne od. Fahrzeug*); **II** *adj.* **3.** Seifenkisten...: ***~ derby*** Seifenkistenrennen *n*; ***~ orator*** Straßenredner *m*; ***~ bub·ble*** *s.* Seifenblase *f* (*a. fig.*); ***~ dish*** *s.* Seifenschale *f*; ***~ op·er·a*** *s. Radio, TV*: ‚Seifenoper' *f* (*rührselige Serie*); **'~·stone** *s. min.* Seifen-, Speckstein *m*; **'~·suds** *s. pl.* Seifenlauge *f*, -wasser *n*; **'~·works** *s. pl. oft sg. konstr.* Seifensiede'rei *f*.

soap·y ['səʊpɪ] *adj.* □ **1.** seifig, Seifen...; **2.** *fig.* ölig, schmeichlerisch.

soar [sɔː] *v/i.* **1.** (hoch) aufsteigen, sich erheben (*Vogel, Berge etc.*); **2.** in großer Höhe schweben; **3.** ✈ segelfliegen, segeln; **4.** *fig.* sich em'porschwingen (*Geist*): ***~ing thoughts*** hochfliegende Gedanken; **5.** ✝ in die Höhe schnellen (*Preise*); **soar·ing** ['sɔːrɪŋ] **I** *adj.* □ **1.** hochfliegend (*a. fig.*); **2.** *fig.* em'porstrebend; **II** *s.* **3.** ✈ Segeln *n*.

sob [sɒb] **I** *v/i.* schluchzen; **II** *v/t. a* ***~ out*** *Worte* (her'aus)schluchzen; **III** *s.* Schluchzen *n*; schluchzender Laut: ***~***

sister *sl.* a) Briefkastenonkel *m*, -tante *f* (*Frauenzeitschrift*), b) Verfasser(in) rührseliger Romane *etc.*; **~ *stuff*** *sl.* rührseliges Zeug, Schnulze(n *pl.*) *f*.

so·ber [ˈsəʊbə] **I** *adj.* □ **1.** nüchtern: a) nicht betrunken, b) *fig.* sachlich: **~ *facts*** nüchterne Tatsachen; ***in ~ fact*** nüchtern betrachtet, c) unauffällig, gedeckt (*Farbe etc.*); **2.** mäßig; **II** *v/t.* **3.** *oft* **~ *up*** ernüchtern; **III** *v/i.* **4.** *oft* **~ *down*** *od.* ***up*** a) (wieder) nüchtern werden, b) *fig.* vernünftig werden; **ˌ~-ˈmind·ed** *adj.* besonnen, nüchtern; **ˈ~·sides** *s.* fader Kerl, ‚Trauerkloß' *m*, Spießer *m*.

so·bri·e·ty [səʊˈbraɪətɪ] *s.* **1.** Nüchternheit *f* (*a. fig.*); **2.** Mäßigkeit *f*; **3.** Ernst (-haftigkeit *f*) *m*.

so·bri·quet [ˈsəʊbrɪkeɪ] (*Fr.*) *s.* Spitzname *m*.

soc·age [ˈsɒkɪdʒ] *s.* ⚖ *hist.* **1.** Lehensleistung *f* (*ohne Ritter- u. Heeresdienst*); **2.** Frongut *n*.

ˌso-ˈcalled [ˌsəʊ-] *adj.* sogenannt (*a. angeblich*).

socc·age [ˈsɒkɪdʒ] → ***socage***.

soc·cer [ˈsɒkə] **I** *s. sport* Fußball *m* (*Spiel*); **II** *adj.* Fußball…: **~ *team***; **~ *ball*** Fußball *m*.

so·cia·bil·i·ty [ˌsəʊʃəˈbɪlətɪ] *s.* Geselligkeit *f*, ˈUmgänglichkeit *f*; **so·cia·ble** [ˈsəʊʃəbl] **I** *adj.* □ **1.** gesellig (*a. zo. etc.*), ˈumgänglich, freundlich; **2.** gesellig, gemütlich, ungezwungen: **~ *evening***; **II** *s.* **3.** Kremser *m* (*Kutschwagen*); **4.** Zweisitzer *m* (*Dreirad etc.*); **5.** Plaudersofa *n*; **6.** *bsd. Am.* → ***social*** 7.

so·cial [ˈsəʊʃl] **I** *adj.* □ **1.** *zo. etc.* gesellig; **2.** gesellschaftlich, Gesellschafts…, soziˈal, Sozial…: **~ *action*** Bürgerinitiative *f*; **~ *climber*** *contp.* gesellschaftlicher ‚Aufsteiger'; **~ *contract*** *hist.* Gesellschaftsvertrag *m*; **~ *criticism*** Sozialkritik *f*; **~ *engineering*** angewandte Sozialwissenschaft; **~ *evil*** *die* Prostitution; **~ *order*** Gesellschaftsordnung *f*; **~ *rank*** gesellschaftlicher Rang, soziale Stellung; **~ *register*** Prominentenliste *f*; **~ *science*** Sozialwissenschaft *f*; **3.** soziˈal, Sozial…: **~ *insurance*** Sozialversicherung *f*; **~ *insurance contribution*** Sozialversicherungsbeitrag *m*; **~ *policy*** Sozialpolitik *f*; **~ *security*** a) soziale Sicherheit, b) Sozialversicherung *f*, c) Sozialhilfe *f*; ***be on ~ security*** Sozialhilfe beziehen; **~ *services*** a) Sozialeinrichtungen, b) staatliche Sozialleistungen; **~ *studies*** Gemeinschaftskunde *f*; **~ *work*** Sozialarbeit *f*; **~ *worker*** Sozialarbeiter(in); **4.** *pol.* Sozial…: ***♀ Democrat*** Sozialdemokrat(in); **5.** gesellschaftlich, gesellig: **~ *activities*** gesellschaftliche Veranstaltungen; **6.** → ***sociable*** 1; **II** *s.* **7.** geselliges Beiˈsammensein; **ˈso·cial·ism** [-ʃəlɪzəm] *s. pol.* Soziaˈlismus *m*; **ˈso·cial·ist** [-ʃəlɪst] **I** *s.* Soziaˈlist(in); **II** *adj. a.* **so·cial·is·tic** [ˌsəʊʃəˈlɪstɪk] *adj.* (□ **~*ally***) soziaˈlistisch; **ˈso·cial·ite** [-ʃəlaɪt] *s. Am.* F Angehörige(r *m*) *f* der oberen Zehnˈtausend, Promiˈnente(r *m*) *f*.

so·cial·i·za·tion [ˌsəʊʃəlaɪˈzeɪʃn] *s. pol.*, ✝ Sozialisierung *f*; **so·cial·ize** [ˈsəʊʃəlaɪz] *v/t. pol.*, ✝ sozialisieren, verstaatlichen, vergesellschaften.

so·ci·e·ty [səˈsaɪətɪ] *s. allg.* Gesellschaft *f*: a) Gemeinschaft *f*: ***human ~***, b) Kulˈturkreis *m*, c) (*die* große *od.* eleˈgante) Welt: **~ *lady*** Dame *f* der großen Gesellschaft; ***not fit for good ~*** nicht salon- *od.* gesellschaftsfähig, d) (gesellschaftlicher) ˈUmgang, e) Anwesenheit *f*, f) Verein(igung *f*) *m*: ***♀ of Friends*** Gesellschaft der Freunde (*die Quäker*); ***♀ of Jesus*** Gesellschaft Jesu.

socio- [səʊsjəʊ] *in Zssgn* a) Sozial…, b) sozioˈlogisch: **~*biology*** Soziobiologie *f*; **~*critical*** sozialkritisch; **~*political*** sozialpolitisch; **~*psychology*** Sozialpsychologie *f*.

so·ci·og·e·ny [ˌsəʊsɪˈɒdʒənɪ] *s.* Wissenschaft *f* vom Ursprung der menschlichen Gesellschaft; **so·ci·o·gram** [ˈsəʊsjəgræm] *s.* Sozioˈgramm *n*; **so·ci·o·log·ic**, **so·ci·o·log·i·cal** [ˌsəʊsjəˈlɒdʒɪk(l)] *adj.* □ sozioˈlogisch; **so·ci·ol·o·gist** [ˌsəʊsɪˈɒlədʒɪst] *s.* Sozioˈloge *m*; **so·ci·ol·o·gy** [ˌsəʊsɪˈɒlədʒɪ] *s.* Sozioloˈgie *f*.

sock[1] [sɒk] *s.* **1.** Socke *f*: ***pull up one's ~s*** *Brit.* F ‚sich am Riemen reißen', sich anstrengen; ***put a ~ in it!*** *Brit. sl.* hör auf!, halt's Maul!; **2.** *Brit.* Einlegesohle *f*.

sock[2] [sɒk] *sl.* **I** *v/t.* *j-m* ‚eine knallen *od.* reinhauen': **~ *it to s.o.*** j-m ‚Bescheid stoßen', j-m ‚Saures geben'; **II** *s.* (Faust)Schlag *m*; **III** *adj. Am.* ‚toll'.

sock·et [ˈsɒkɪt] *s.* **1.** *anat.* a) (Augen-, Zahn)Höhle *f*, b) (Gelenk)Pfanne *f*; **2.** ⚙ Muffe *f*, Rohransatz *m*; **3.** ⚡ a) Steckdose *f*, b) Fassung *f*, c) Sockel *m* (*für Röhren etc.*), d) Anschluß *m*; **~ *joint*** *s.* ⚙, *anat.* Kugelgelenk *n*; **~ *wrench*** *s.* ⚙ Steckschlüssel *m*.

so·cle [ˈsɒkl] *s.* △ Sockel *m*.

sod[1] [sɒd] **I** *s.* **1.** Grasnarbe *f*: ***under the ~*** unterm Rasen (*tot*); **2.** Rasenstück *n*; **II** *v/t.* **3.** mit Rasen bedecken.

sod[2] [sɒd] *sl.* **I** *s.* **1.** ‚Heini' *m*, Blödmann *m*; **2.** Kerl *m*: ***the poor ~***; **II** *v/t.* **3.** ***~ it!*** ‚Mist!'

so·da ['səʊdə] *s.* ⚗ **1.** Soda *f, n*, kohlensaures Natrium: (***bicarbonate of***) ***~*** → ***sodium bicarbonate***; **2.** → ***sodium hydroxide***; **3.** 'Natriumoˌxyd *n*; **4.** Soda(wasser *n*) *f, n*: ***whisky and ~***; **5.** → ***soda water*** 2; **~ foun·tain** *s.* **1.** Siphon *m*; **2.** *Am.* Erfrischungshalle *f*, Eisbar *f*; **~ jerk(·er)** *s. Am.* F Verkäufer *m* in e-r Erfrischungshalle *od.* Eisbar; **~ lye** *s.* Natronlauge *f*; **~ pop** *s. Am.* ‚Limo' *f*; **~ wa·ter** *s.* **1.** Sodawasser *n*; **2.** Selters(-wasser) *n*, Sprudel *m*.

sod·den ['sɒdn] *adj.* **1.** durch'weicht, -'näßt; **2.** teigig, klitschig (*Brot etc.*); **3.** *fig.* a) ‚voll', ‚besoffen', b) blöd(e) (*vom Trinken*); **4.** aufgedunsen; **5.** *sl.* a) ‚blöd', ‚doof', b) fad.

so·di·um ['səʊdjəm] *s.* ⚗ Natrium *n*; **~ bi·car·bon·ate** *s.* 'Natriumbikarboˌnat *n*, doppeltkohlensaures Natrium; **~ car·bon·ate** *s.* Soda *f, n*, 'Natriumkarboˌnat *n*; **~ chlor·ide** *s.* 'Natriumchloˌrid *n*, Kochsalz *n*; **~ hy·drox·ide** *s.* 'Natriumhydroˌxyd *n*, Ätznatron *n*; **~ ni·trate** *s.* 'Natriumniˌtrat *n*.

sod·o·my ['sɒdəmɪ] *s.* **1.** Sodo'mie *f*; **2.** *allg.* 'widernaˌtürliche Unzucht.

so·ev·er [səʊ'evə] *adv.* (*mst in Zssgn wer etc.*) auch immer.

so·fa ['səʊfə] *s.* Sofa *n*; **~ bed** *s.* Bettcouch *f*.

sof·fit ['sɒfɪt] *s.* △ Laibung *f*.

soft [sɒft] **I** *adj.* □ **1.** *allg.* weich (*a. fig. Person, Charakter etc.*): ***as ~ as silk*** seidenweich; ***~ currency*** ✝ weiche Währung; ***~ prices*** ✝ nachgiebige Preise; ***~ sell*** ✝ weiche Verkaufstaktik; **2.** ⚙ weich, *bsd.* a) ungehärtet (*Eisen*), b) schmiedbar (*Metall*), c) enthärtet (*Wasser*): ***~ coal*** ⚒ Weichkohle *f*; ***~ solder*** Weichlot *n*; **3.** *fig.* weich, sanft (*Augen, Worte etc.*); → ***spot*** 5; **4.** mild, sanft (*Klima, Regen, Schlaf, Wind, a. Strafe etc.*): ***be ~ with*** sanft umgehen mit *j-m*; **5.** leise, sacht (*Bewegung, Geräusch, Rede*); **6.** sanft, gedämpft (*Licht, Farbe, Musik*); **7.** schwach, verschwommen: ***~ outlines***; ***~ negative*** *phot.* weiches Negativ; **8.** mild, lieblich (*Wein*); **9.** *Brit.* schwül, feucht, regnerisch; **10.** höflich, ruhig, gewinnend; **11.** zart, zärtlich, verliebt: ***~ nothings*** zärtliche Worte; → ***sex*** 2; **12.** schlaff (*Muskeln*); **13.** *fig.* verweichlicht, schlapp; **14.** angenehm, leicht, ‚gemütlich': ***~ job***; ***a ~ thing*** e-e ruhige Sache, e-e ‚Masche' (*einträgliches Geschäft*); **15.** *a.* ***~ in the head*** F ‚leicht bescheuert', ‚doof'; **16.** a) alkoholfrei: ***~ drinks***, b) weich: ***~ drug*** Soft drug *f*, weiche Droge; **II** *adv.* **17.** sanft, leise; **III** *s.* **18.** F Trottel *m*; **'~·ball** *s. Am. sport Form des Baseball mit weicherem Ball u. kleinerem Feld*; **'~-boiled** *adj.* **1.** weich(gekocht) (*Ei*); **2.** F weichherzig; **'~-ˌcen·tred** *adj. Brit.* mit Cremefüllung.

sof·ten ['sɒfn] **I** *v/t.* **1.** weich machen; ⚙ *Wasser* enthärten; **2.** *Ton, Farbe* dämpfen; **3.** *a.* ***~ up*** ⚔ a) *Gegner* zermürben, b) *Festung etc.* sturmreif schießen; **4.** *fig.* mildern; *j-n* erweichen; *j-s Herz* rühren; *contp. j-n* ‚kleinkriegen'; **5.** *fig.* verweichlichen; **II** *v/i.* **6.** weich(er) werden, sich erweichen; **'sof·ten·er** [-nə] *s.* ⚙ **1.** Enthärtungsmittel *n*; **2.** Weichmacher *m* (*bei Kunststoff, Öl etc.*); **'sof·ten·ing** [-nɪŋ] *s.* **1.** Erweichen *n*: ***~ of the brain*** ⚕ Gehirnerweichung *f*; ***~ point*** ⚙ Erweichungspunkt *m*; **2.** *fig.* Besänftigung *f*.

soft| goods *s. pl.* Tex'tilien *pl.*; **~ hail** *s.* Eisregen *m*; **'~·head** *s.* Schwachkopf *m*; **ˌ~'heart·ed** *adj.* weichherzig; **ˌ~'land** *v/t. u. v/i.* weich landen.

soft·ness ['sɒftnɪs] *s.* **1.** Weichheit *f*; **2.** Sanftheit *f*; **3.** Milde *f*; **4.** Zartheit *f*; **5.** *contp.* Weichlichkeit *f*.

soft| ped·al *s.* ♪ (Pi'ano)Peˌdal *n*; **ˌ~'ped·al** *v/t.* **1.** (*a. v/i.*) mit dem Pi'anopeˌdal spielen; **2.** F *et.* ‚her'unterspielen'; **~ sci·ence** *s. Ggs. exakte Wissenschaft, z.B. Soziologie, Psychologie etc.*; **~ soap** *s.* **1.** Schmierseife *f*; **2.** *sl.* ‚Schmus' *m*, Schmeiche'lei(en *pl.*) *f*; **ˌ~'soap** *v/t. sl. j-m* ‚um den Bart gehen', *j-m* Honig ums Maul schmieren; **ˌ~'sol·der** *v/t.* ⚙ weichlöten; **'~-ˌspo·ken** *adj.* **1.** leise sprechend; **2.** *fig.* gewinnend, freundlich; **'~·ware** *s. Computer*: Software *f*; **'~·wood** *s.* **1.** Weichholz *n*; **2.** Nadelbaumholz *n*; **3.** Baum *m* mit weichem Holz.

soft·y ['sɒftɪ] *s.* F **1.** ‚Softie' *m*; **2.** ‚Schlappschwanz' *m*.

sog·gy ['sɒgɪ] *adj.* **1.** feucht, sumpfig (*Land*); **2.** durch'näßt, -'weicht; **3.** klitschig (*Brot etc.*); **4.** F ‚doof'.

soi-di·sant [ˌswɑːdiː'zɑ̃ːŋ] (*Fr.*) *adj.* angeblich, sogenannt.

soil [sɔɪl] **I** *v/t.* **1.** a) schmutzig machen, verunreinigen, b) *bsd. fig.* besudeln, beflecken, beschmutzen; **II** *v/i.* **2.** schmutzig werden, *leicht etc.* schmutzen; **III** *s.* **3.** Verschmutzung *f*; **4.** Schmutzfleck *m*; **5.** Schmutz *m*; **6.** Dung *m*.

soil² [sɔɪl] *s.* **1.** (Erd)Boden *m*, Erde *f*, (Acker)Krume *f*, Grund *m*; **2.** *fig.*

(Heimat)Erde *f*, Land *n*: ***on British ~*** auf britischem Boden; ***one's native ~*** die heimatliche Erde.

soil³ [sɔɪl] *v/t.* ✓ mit Grünfutter füttern; **ˈsoil·age** [-lɪdʒ] *s.* ✓ Grünfutter *n*.

soil pipe *s.* ⚙ Abflußrohr *n*.

soi·rée [ˈswɑːreɪ] (*Fr.*) *s.* Soiˈree *f*, Abendgesellschaft *f*.

so·journ [ˈsɒdʒɜːn] **I** *v/i.* sich (vorˈübergehend) aufhalten, (ver)weilen (***in*** in *od.* an *dat.*, ***with*** bei); **II** *s.* (vorˈübergehender) Aufenthalt; **ˈso·journ·er** [-nə] *s.* Gast *m*, Besucher(in).

soke [səʊk] *s.* ⚖ *hist. Brit.* Gerichtsbarkeit(sbezirk *m*) *f*.

sol·ace [ˈsɒləs] **I** *s.* Trost *m*: ***she found ~ in religion***; **II** *v/t.* trösten.

so·la·num [səʊˈleɪnəm] *s.* ⚘ Nachtschatten *m*.

so·lar [ˈsəʊlə] *adj.* **1.** *ast.* Sonnen…(*-system*, *-tag*, *-zeit etc.*), Solar…: ***~ eclipse*** Sonnenfinsternis *f*; ***~ plexus*** *anat.* Solarplexus *m*, F Magengrube *f*; **2.** ⚙ a) Sonnen…: ***~ cell*** (***energy*** *etc.*); ***~ collector*** *od.* ***panel*** Sonnenkollektor *m*, b) durch ˈSonnenenerˌgie angetrieben: ***~ power station*** Sonnen-, Solarkraftwerk *n*.

so·lar·i·um [səʊˈleərɪəm] *pl.* **-i·a** [-ɪə], **-i·ums** *s. allg.* Soˈlarium *n*, ⚕ *a.* Sonnenliegehalle *f*.

so·lar·ize [ˈsəʊləraɪz] *v/t.* **1.** ⚕ *j-n* mit Lichtbädern behandeln; **2.** ⚙ *Haus* auf ˈSonnenenerˌgie ˈumstellen; **3.** *phot.* solarisieren (*a. v/i.*).

sold [səʊld] *pret. u. p.p. von* ***sell***.

sol·der [ˈsɒldə] **I** *s.* **1.** ⚙ Lot *n*, ˈLötmeˌtall *n*; **II** *v/t.* **2.** (ver)löten: ***~ed joint*** Lötstelle *f*; ***~ing iron*** Lötkolben *m*; **3.** *fig.* zs.-schweißen; **III** *v/i.* **4.** löten.

sol·dier [ˈsəʊldʒə] **I** *s.* **1.** Solˈdat *m* (*a. engS. Feldherr*): ***~ of Christ*** Streiter *m* Christi; ***~ of fortune*** Glücksritter *m*; ***old ~*** a) F ‚alter Hase', b) *sl.* leere Flasche; **2.** ⚔ (einfacher) Solˈdat, Schütze *m*, Mann *m*; **3.** *fig.* Kämpfer *m*; **4.** *zo.* Krieger *m*, Solˈdat *m* (*bei Ameisen etc.*); **II** *v/i.* **5.** (als Solˈdat) dienen: ***go ~ing*** Soldat werden; **6.** ***~ on*** *fig.* (unbeirrt) weitermachen; **ˈsol·dier·ly** [-lɪ] *adj.* **1.** solˈdatisch; **2.** Soldaten…; **ˈsol·dier·y** [-ərɪ] *s.* **1.** Miliˈtär *n*; **2.** Solˈdaten *pl.*, *contp.* Soldaˈteska *f*.

sole¹ [səʊl] **I** *s.* **1.** (Fuß- *od.* Schuh)Sohle *f*: ***~ leather*** Sohlleder *n*; **2.** Bodenfläche *f*, Sohle *f*; **II** *v/t.* **3.** besohlen.

sole² [səʊl] *adj.* □ → ***solely***; **1.** einzig, alˈleinig, Allein…: ***~ agency*** Alleinvertretung *f*; ***~ bill*** ✝ Solawechsel *m*; ***~ heir*** Allein-, Universalerbe *m*; **2.** ⚖ unverheiratet.

sole³ [səʊl] *pl.* **soles**, *coll.* **sole** *s. ichth.* Seezunge *f*.

sol·e·cism [ˈsɒlɪsɪzəm] *s.* Schnitzer *m*, Verstoß *m*, ‚Sünde' *f*: a) *ling.* Sprachsünde, b) Fauxˈpas *m*; **sol·e·cis·tic** [ˌsɒlɪˈsɪstɪk] *adj.* **1.** *ling.* ˈunkorˌrekt; **2.** ungehörig.

sole·ly [ˈsəʊllɪ] *adv.* (einzig u.) alˈlein, ausschließlich, nur.

sol·emn [ˈsɒləm] *adj.* □ **1.** *allg.* feierlich, ernst, soˈlenn; **2.** feierlich (*Eid etc.*); ⚖ forˈmell (*Vertrag*); **3.** gewichtig, ernst: ***a ~ warning***; **4.** hehr, erhaben: ***~ building***; **5.** düster; **so·lem·ni·ty** [səˈlemnətɪ] *s.* **1.** Feierlichkeit *f*, (feierlicher *od.* würdevoller) Ernst; **2.** *oft pl.* feierliches Zeremoniˈell; **3.** *bsd. eccl.* Festlich-, Feierlichkeit *f*; **ˈsol·em·nize** [-mnaɪz] *v/t.* **1.** feierlich begehen; **2.** *Trauung* (feierlich) vollˈziehen.

so·le·noid [ˈsəʊlənɔɪd] *s.* ⚡, ⚙ Solenoˈid *n*, Zyˈlinderspule *f*: ***~ brake*** Solenoidbremse *f*.

sol-fa [ˌsɒlˈfɑː] ♪ **I** *s.* **1.** *a.* ***~ syllables*** Solmisatiˈonssilben *pl.*; **2.** Tonleiter *f*; **3.** Solmisatiˈon(sübung) *f*; **II** *v/t.* **4.** auf Solmisatiˈonssilben singen; **III** *v/i.* **5.** solmisieren.

so·lic·it [səˈlɪsɪt] **I** *v/t.* **1.** (dringend) bitten, angehen (***s.o.*** j-n; ***s.th.*** um et.; ***s.o. for s.th.*** *od.* ***s.th. of s.o.*** j-n um et.); **2.** sich um *ein Amt etc.* bemühen; ✝ um *Aufträge*, *Kundschaft* werben; **3.** *j-n* ansprechen (*Prostituierte*); **4.** ⚖ anstiften; **II** *v/i.* **5.** dringend bitten (***for*** um); **6.** ✝ Aufträge sammeln; **7.** sich anbieten (*Prostituierte*); **so·lic·i·ta·tion** [səˌlɪsɪˈteɪʃn] *s.* **1.** dringende Bitte; **2.** ✝ (Auftrags-, Kunden)Werbung *f*; **3.** Ansprechen *n* (*durch Prostituierte*); **4.** ⚖ Anstiftung *f* (***of*** zu).

so·lic·i·tor [səˈlɪsɪtə] *s.* **1.** ⚖ *Brit.* Soˈlicitor *m*, Anwalt *m* (*der nur vor niederen Gerichten plädieren darf*); **2.** *Am.* ˈRechtsrefeˌrent *m e-r Stadt etc.*; **3.** *Am.* ✝ Aˈgent *m*, Werber *m*; ***~ gen·er·al*** *pl.* **so·lic·i·tors gen·er·al** *s.* **1.** ⚖ zweiter Kronanwalt (*in England*); **2.** *USA* a) stellvertretender Juˈstizmiˌnister, b) oberster Juˈstizbeamter (*in einigen Staaten*).

so·lic·it·ous [səˈlɪsɪtəs] *adj.* □ **1.** besorgt (***about*** um, ***for*** um, wegen); **2.** fürsorglich; **3.** (***of***) eifrig bedacht (auf *acc.*), begierig (nach); **4.** bestrebt *od.* eifrig bemüht (***to do*** zu tun); **soˈlic·i·tude** [-tjuːd] *s.* **1.** Besorgtheit *f*, Sorge *f*; **2.** (überˈtriebener) Eifer; **3.** *pl.* Sorgen *pl.*

sol·id [ˈsɒlɪd] **I** *adj.* □ **1.** *allg.* fest (*Eis*,

Kraftstoff, Speise, Wand etc.): **~ body** Festkörper *m*; **~ lubricant** ⚙ Starrschmiere *f*; **~ state** *phys.* fester (Aggregat)Zustand; **~ waste** Festmüll *m*; **on ~ ground** auf festem Boden (*a. fig.*); **2.** kräftig, sta'bil, derb, fest: **~ build** kräftiger Körperbau; **~ leather** Kernleder *n*; **a ~ meal** ein kräftiges Essen; **a ~ blow** ein harter Schlag; **3.** mas'siv (*Ggs. hohl*), Voll...(*-gummi, -reifen*); **4.** mas'siv, gediegen: **~ gold**; **5.** *fig.* so'lid(e), gründlich: **~ learning**; **6.** *fig.* gewichtig, triftig (*Grund etc.*), stichhaltig, handfest (*Argument etc.*); **7.** so'lid(e), gediegen, zuverlässig (*Person*); **8.** ✝ so'lid(e), gutfundiert; **9.** a) soli'darisch, b) einmütig, geschlossen (**for** für *j-n od. et.*): **be ~ for s.o.**; **be ~ly behind s.o.** geschlossen hinter j-m stehen; **a ~ vote** e-e einstimmige Wahl; **10. be ~ (with s.o.)** *Am.* F (mit j-m) auf gutem Fuß stehen; **11.** *Am. sl.* ‚prima', erstklassig; **12.** ⩚ a) körperlich, räumlich, b) Kubik..., Raum...: **~ capacity**; **~ geometry** Stereometrie *f*; **~ measure** Raummaß *n*; **13.** geschlossen: **a ~ row of buildings**; **14.** F voll, ‚geschlagen': **a ~ hour**; **15.** F to'tal: **booked ~** total ausgebucht; **II** *s.* **16.** ⩚ Körper *m*; **17.** *phys.* Festkörper *m*; **18.** *pl.* feste Bestandteile *pl.*: **the ~s of milk**.

sol·i·dar·i·ty [ˌsɒlɪ'dærətɪ] *s.* Solidari'tät *f*, Zs.-halt *m*, Zs.-gehörigkeitsgefühl *n*; **sol·i·dar·y** ['sɒlɪdərɪ] *adj.* soli'darisch.

'sol·id|-drawn *adj.* ⚙ gezogen: **~ axle**; **~ tube** nahtlos gezogenes Rohr; **'~-hoofed** *adj. zo.* einhufig.

so·lid·i·fi·ca·tion [səˌlɪdɪfɪ'keɪʃn] *s. phys. etc.* Erstarrung *f*, Festwerden *n*; **so·lid·i·fy** [sə'lɪdɪfaɪ] **I** *v/t.* **1.** fest werden lassen; **2.** verdichten; **3.** *fig. Partei* festigen, konsolidieren; **II** *v/i.* **4.** fest werden, erstarren.

so·lid·i·ty [sə'lɪdətɪ] *s.* **1.** Festigkeit *f* (*a. fig.*); kom'pakte *od.* mas'sive Struk'tur; Dichtigkeit *f*; **2.** *fig.* Gediegenheit *f*, Zuverlässigkeit *f*, Solidi'tät *f*; ✝ Kre'ditfähigkeit *f*.

'sol·id-state chem·is·try *s.* 'Festkörperchemie *f*.

sol·id·un·gu·late [ˌsɒlɪd'ʌŋgjʊleɪt] *adj. zo.* einhufig.

so·lil·o·quize [sə'lɪləkwaɪz] **I** *v/i.* Selbstgespräche führen, *bsd. thea.* monologisieren; **II** *v/t. et.* zu sich selbst sagen; **so'lil·o·quy** [-kwɪ] *s.* Selbstgespräch *n*, *bsd. thea.* Mono'log *m*.

sol·i·ped ['sɒlɪped] *zo.* **I** *s.* Einhufer *m*; **II** *adj.* einhufig.

sol·i·taire ['sɒlɪteə] *s.* **1.** Soli'tär(spiel) *n*; **2.** Pa'tience *f*; **3.** Soli'tär *m* (*einzeln gefaßter Edelstein*).

sol·i·tar·y ['sɒlɪtərɪ] *adj.* ☐ **1.** einsam (*Leben, Spaziergang etc.*); → **confinement** 2; **2.** einsam, abgelegen (*Ort*); **3.** einsam, einzeln (*Baum, Reiter etc.*); **4.** ⚘, *zo.* soli'tär; **5.** *fig.* einzig: **~ exception**; **'sol·i·tude** [-tjuːd] *s.* **1.** Einsamkeit *f*; **2.** (Ein)Öde *f*.

sol·mi·za·tion [ˌsɒlmɪ'zeɪʃn] *s.* ♪ a) Solmisati'on *f*, b) Solmisati'onsübung *f*.

so·lo ['səʊləʊ] *pl.* **-los I** *s.* **1.** *bsd.* ♪ Solo(gesang *m*, -spiel *n*, -tanz *m etc.*) *n*; **2.** *Kartenspiele*: Solo *n*; **3.** ✈ Al'leinflug *m*; **II** *adj.* **4.** *bsd.* ♪ Solo...; **5.** Allein...: **~ flight** → 3; **~ run** *sport* Alleingang *m*; **III** *adv.* **6.** al'lein, ‚solo': **fly ~** e-n Alleinflug machen; **'so·lo·ist** [-əʊɪst] *s.* So'list(in).

sol·stice ['sɒlstɪs] *s. ast.* Sonnenwende *f*: **summer ~**; **sol·sti·tial** [sɒl'stɪʃl] *adj.* Sonnenwende...: **~ point** Umkehrpunkt *m*.

sol·u·bil·i·ty [ˌsɒljʊ'bɪlətɪ] *s.* **1.** ⚗ Löslichkeit *f*; **2.** *fig.* Lösbarkeit *f*; **sol·u·ble** ['sɒljʊbl] *adj.* **1.** ⚗ löslich; **2.** *fig.* (auf-)lösbar.

so·lu·tion [sə'luːʃn] *s.* **1.** ⚗ a) Auflösung *f*, b) Lösung *f*: **aqueous ~** wässerige Lösung; (**rubber**) **~** Gummilösung *f*; **2.** ⩚ *etc.* (Auf)Lösung *f*; **3.** *fig.* Lösung *f* (*e-s Problems etc.*); (Er)Klärung *f*.

solv·a·ble ['sɒlvəbl] → **soluble**.

solve [sɒlv] *v/t.* **1.** *Aufgabe, Problem* lösen; **2.** lösen, (er)klären: **~ a mystery**; **~ a crime** ein Verbrechen aufklären; **'sol·ven·cy** [-vənsɪ] *s.* ✝ Zahlungsfähigkeit *f*; **'sol·vent** [-vənt] **I** *adj.* **1.** ⚗ (auf)lösend; **2.** *fig.* zersetzend; **3.** *fig.* erlösend: **the ~ power of laughter**; **4.** ✝ zahlungsfähig, sol'vent, li'quid; **II** *s.* **5.** ⚗ Lösungsmittel *n*; **6.** *fig.* zersetzendes Ele'ment.

so·mat·ic [səʊ'mætɪk] *adj. biol.*, ⚕ **1.** körperlich, physisch; **2.** so'matisch: **~ cell** Somazelle *f*.

so·ma·tol·o·gy [ˌsəʊmə'tɒlədʒɪ] *s.* ⚕ Somatolo'gie *f*, Körperlehre *f*; **so·ma·to·psy·chic** [ˌsəʊmətəʊ'saɪkɪk] *adj.* ⚕, *psych.* psychoso'matisch.

som·ber *Am.*, **som·bre** *Brit.* ['sɒmbə] *adj.* ☐ **1.** düster, trübe (*a. fig.*); **2.** dunkel(farbig); **3.** *fig.* melan'cholisch; **'som·ber·ness** *Am.*, **'som·bre·ness** *Brit.* [-nɪs] *s.* **1.** Düsterkeit *f*, Trübheit *f* (*a. fig.*); **2.** *fig.* Trübsinnigkeit *f*.

some [sʌm; səm] **I** *adj.* **1.** (*vor Substantiven*) (irgend)ein: **~ day** eines Tages; **~ day** (**or other**), **~ time** irgendwann (einmal), mal; **2.** (*vor pl.*) einige, ein paar: ***~ few*** einige wenige; **3.** manche; **4.** ziemlich (viel), beträchtlich, e-e ganze Menge; **5.** gewiß: ***to ~ extent*** in gewissem Grade, einigermaßen; **6.** etwas, ein (klein) wenig: ***~ bread*** (etwas) Brot; ***take ~ more!*** nimm noch etwas!; **7.** ungefähr, gegen: ***a village of ~ 60 houses*** ein Dorf von etwa 60 Häusern; **8.** *sl.* beachtlich, ‚ganz hübsch': ***~ race!*** das war vielleicht ein Rennen!; ***~ teacher!*** *contp.* ein ‚schöner' Lehrer (ist das)!; **II** *adv.* **9.** *bsd. Am.* etwas, ziemlich; **10.** F ‚e'norm', ‚toll'; **III** *pron.* **11.** (irgend)ein: ***~ of these days*** dieser Tage, demnächst; **12.** etwas: ***~ of it*** etwas davon; ***~ of these people*** einige dieser Leute; **13.** welche: ***will you have ~?***; **14.** *Am. sl.* dar'über hin'aus, noch mehr; **15.** ***some ... some*** die einen ... die anderen.

some|·bod·y ['sʌmbədɪ] **I** *pron.* jemand, (irgend)einer; **II** *s.* e-e bedeutende Per'sönlichkeit: ***he thinks he is ~*** er bildet sich ein, er sei jemand; **'~·how** *adv. oft* ***~ or other*** **1.** irgend'wie, auf irgendeine Weise; **2.** aus irgendeinem Grund(e), ‚irgendwie': ***~ (or other) I don't trust him***; **'~·one I** *pron.* jemand, (irgend)einer: ***~ or other*** irgendeiner; **II** *s.* → ***somebody*** II; **'~·place** *adv. Am.* irgendwo('hin).

som·er·sault ['sʌməsɔ:lt] **I** *s.* a) Salto *m*, b) Purzelbaum *m* (*a. fig.*): ***turn*** *od.* ***do a ~*** → **II** *v/i.* e-n Salto machen *od.* e-n Purzelbaum schlagen.

Som·er·set House ['sʌməsɪt] *s. Verwaltungsgebäude in London mit Personenstandsregister, Notariats- u. Inlandssteuerbehörden etc.*

'some|·thing ['sʌm-] **I** *s.* **1.** (irgend) etwas, was: ***~ or other*** irgend etwas; ***a certain ~*** ein gewisses Etwas; **2.** ***~ of*** so etwas wie: ***he is ~ of a mechanic***; **3.** ***or ~*** oder so (etwas Ähnliches); **II** *adv.* **4.** ***~ like*** a) so etwas wie, so ungefähr, b) F wirklich, mal: ***that's ~ like a pudding!***; ***that's ~ like!*** das lasse ich mir gefallen!; **'~·time I** *adv.* **1.** irgend(-wann) einmal (*bsd. in der Zukunft*): ***write ~!*** schreib (ein)mal!; **2.** früher, ehemals; **II** *adj.* **3.** ehemalig, weiland (*Professor etc.*); **'~·times** *adv.* manchmal, hie und da, gelegentlich, zu'weilen; **'~·what** *adv. u. s.* etwas, ein wenig, ein bißchen: ***she was ~ puzzled***; ***~ of a shock*** ein ziemlicher Schock; **'~·where** *adv.* **1.** irgend'wo; **2.** irgendwo'hin: ***~ else*** sonstwohin, woandershin; **3.** ***~ about*** so etwa, um ... her'um.

som·nam·bu·late [sɒm'næmbjʊleɪt] *v/i.* schlaf-, nachtwandeln; **som'nam·bu·lism** [-lɪzəm] *s.* Schlaf-, Nachtwandeln *n*; **som'nam·bu·list** [-lɪst] *s.* Schlaf-, Nachtwandler(in); **som·nam·bu·lis·tic** [sɒm,næmbjʊ'lɪstɪk] *adj.* schlaf-, nachtwandlerisch.

som·nif·er·ous [sɒm'nɪfərəs] *adj.* einschläfernd.

som·no·lence ['sɒmnələns] *s.* **1.** Schläfrigkeit *f*; **2.** ⚕ Schlafsucht *f*; **'som·no·lent** [-nt] *adj.* □ **1.** schläfrig; **2.** einschläfernd.

son [sʌn] *s.* **1.** Sohn *m*: ***~ and heir*** Stammhalter *m*; ***~ of God*** (*od.* ***man***), ***the*** ♀ *eccl.* Gottes-, Menschensohn (*Christus*); **2.** *fig.* Sohn *m*, Abkomme *m*: ***~ of a bitch*** *Am. sl.* a) ‚Scheißkerl' *m*, b) ‚Scheißding' *n*; ***~ of a gun*** *Am. sl.* a) ‚toller Hecht', b) ‚(alter) Gauner'; **3.** *fig. pl. coll.* Schüler *pl.*, Jünger *pl.*; Söhne *pl.* (*e-s Volks, e-r Gemeinschaft etc.*); **4.** → ***sonny***.

so·nance ['səʊnəns] *s.* **1.** Stimmhaftigkeit *f*; **2.** Laut *m*; **'so·nant** [-nt] *ling.* **I** *adj.* stimmhaft; **II** *s.* a) So'nant *m*, b) stimmhafter Laut.

so·nar ['səʊnɑ:] *s.* ⚓ Sonar *n*, S-Gerät *n* (*aus* ***sound navigation and ranging***).

so·na·ta [sə'nɑ:tə] *s.* ♪ So'nate *f*; **so·na·ti·na** [ˌsɒnə'ti:nə] *s.* ♪ Sona'tine *f*.

song [sɒŋ] *s.* **1.** ♪ Lied *n*, Gesang *m*: ***~ (and dance)*** F *fig.* Getue *n*, ‚The'ater' *n* (***about*** wegen); ***for a ~*** *fig.* für ein Butterbrot; **2.** Song *m*; **3.** *poet.* a) Lied *n*, Gedicht *n*, b) Dichtung *f*: ♀ ***of Solomon***, ♀ ***of Songs*** *bibl. das* Hohelied (Salomonis); ♀ ***of the Three Children*** *bibl. der* Gesang der drei Männer *od.* Jünglinge im Feuerofen; **4.** Singen *n*, Gesang *m*: ***break*** (*od.* ***burst***) ***into ~*** zu singen anfangen; **'~·bird** *s.* **1.** Singvogel *m*; **2.** ‚Nachtigall' *f* (*Sängerin*); **'~·book** *s.* Liederbuch *n*.

song·ster ['sɒŋstə] *s.* **1.** ♪ Sänger *m*; **2.** Singvogel *m*; **3.** *Am.* (*bsd.* volkstümliches) Liederbuch; **'song·stress** [-trɪs] *s.* Sängerin *f*.

'song-thrush *s. orn.* Singdrossel *f*.

son·ic ['sɒnɪk] *adj.* ⚙ Schall...; ***~ bang*** → ***sonic boom***; ***~ bar·ri·er*** → ***sound barrier***; ***~ boom*** *s.* ✈ Düsen-, 'Überschallknall *m*; ***~ depth find·er*** *s.* ⚓ Echolot *n*.

'son-in-law *pl.* **'sons-in-law** *s.* Schwiegersohn *m*.

son·net ['sɒnɪt] *s.* So'nett *n*.

son·ny ['sʌnɪ] *s.* Junge *m*, Kleiner *m* (*Anrede*).

son·o·buoy ['səʊnəbɔɪ] *s.* ⚓ Schallboje

f.

so·nom·e·ter [səʊˈnɒmɪtə] *s.* Schallmesser *m.*

so·nor·i·ty [səˈnɒrətɪ] *s.* **1.** Klangfülle *f*, (Wohl)Klang *m*; **2.** *ling.* (Ton)Stärke *f* (*e-s Lauts*); **so·no·rous** [səˈnɔːrəs] *adj.* □ **1.** tönend, resoˈnant (*Holz etc.*); **2.** volltönend (*a. ling.*), klangvoll, soˈnor (*Stimme, Sprache*); **3.** *phys.* Schall…, Klang…

son·sy [ˈsɒnsɪ] *adj. Scot.* **1.** drall (*Mädchen*); **2.** gutmütig.

soon [suːn] *adv.* **1.** bald, unverzüglich; **2.** (sehr) bald, (sehr) schnell: ***no ~er … than*** kaum … als; ***no ~er said than done*** gesagt, getan; **3.** bald, früh: ***as ~ as*** sobald als *od.* wie; ***~er or later*** früher oder später; ***the ~er the better*** je früher desto besser; **4.** gern: (***just***) ***as ~*** ebenso gern; ***I would ~er … than*** ich möchte lieber … als; **ˈsoon·er** [-nə] *comp. adv.* **1.** früher, eher; **2.** schneller; **3.** lieber; → ***soon*** 2, 3, 4; **ˈsoon·est** [-nɪst] *sup. adv.* frühestens.

soot [sʊt] **I** *s.* Ruß *m*; **II** *v/t.* mit Ruß bedecken, be-, verrußen.

sooth [suːθ] *s. Brit. obs.*: ***in ~, ~ to say*** fürwahr, wahrlich.

soothe [suːð] *v/t.* **1.** besänftigen, beruhigen, beschwichtigen; **2.** *Schmerz etc.* mildern, lindern; **ˈsooth·ing** [-ðɪŋ] *adj.* □ **1.** besänftigend; **2.** lindernd; **3.** wohltuend, sanft: ***~ light***; ***~ music***.

sooth·say·er [ˈsuːθˌseɪə] *s.* Wahrsager(in).

soot·y [ˈsʊtɪ] *adj.* □ **1.** rußig; **2.** geschwärzt; **3.** schwarz.

sop [sɒp] **I** *s.* **1.** eingetunkter Bissen (*Brot etc.*); **2.** *fig.* Beschwichtigungsmittel *n*, ‚Schmiergeld' *n*, ‚Brocken' *m*; → ***Cerberus***; **3.** *fig.* Weichling *m*; **II** *v/t.* **4.** *Brot etc.* eintunken; **5.** durchˈnässen, -ˈweichen; **6.** ***~ up*** *Wasser* aufwischen.

soph [sɒf] F *für* ***sophomore***.

soph·ism [ˈsɒfɪzəm] *s.* **1.** Soˈphismus *m*, Spitzfindigkeit *f*, ˈScheinarguˌment *n*; **2.** Trugschluß *m*; **ˈSoph·ist** [-ɪst] *s. phls.* Soˈphist *m* (*a. fig. spitzfindiger Mensch*); **ˈsoph·ist·er** [-ɪstə] *s. univ. hist. Student im 2. od. 3. Jahr* (*in Cambridge, Dublin*).

so·phis·tic, so·phis·ti·cal [səˈfɪstɪk(l)] *adj.* □ soˈphistisch; **soˈphis·ti·cate** [-keɪt] **I** *v/t.* **1.** verfälschen; **2.** *j-n* verbilden; **3.** *j-n* verfeinern; **II** *v/i.* **4.** Soˈphismen gebrauchen; **III** *s.* **5.** weltkluge (*etc.*) Perˈson (→ ***sophisticated*** 1 *u.* 2); **soˈphis·ti·cat·ed** [-keɪtɪd] *adj.* **1.** weltklug, intellektuˈell, (geistig) anspruchsvoll; **2.** *contp.* blasiert, ‚auf moˈdern *od.* intellektuell machend', ‚hochgestochen'; **3.** verfeinert, kultiviert, raffiniert (*Stil etc.*); hochentwickelt (*a.* ⚙ *Maschinen*); **4.** anspruchsvoll, exquiˈsit (*Roman etc.*); **5.** unecht, verfälscht; **so·phis·ti·ca·tion** [səˌfɪstɪˈkeɪʃn] *s.* **1.** Intellektuaˈlismus *m*, Kultiviertheit *f*; **2.** Blasiertheit *f*, hochgestochene Art; **3.** *das* (geistig) Anspruchsvolle; **4.** ⚙ Ausgereiftheit, (technisches) Raffineˈment; **5.** (Ver)Fälschung *f*; **6.** → ***sophistry***; **soph·ist·ry** [ˈsɒfɪstrɪ] *s.* **1.** Spitzfindigkeit *f*, Sophisteˈrei *f*; **2.** Soˈphismus *m*, Trugschluß *m*.

soph·o·more [ˈsɒfəmɔː] *s. ped. Am.* ˈCollege-StuˌdentIin) *od.* Schüler(in) e-r ***High School*** im 2. Jahr.

so·po·rif·ic [ˌsɒpəˈrɪfɪk] **I** *adj.* einschläfernd, schlaffördernd; **II** *s. bsd. pharm.* Schlafmittel *n*.

sop·ping [ˈsɒpɪŋ] *adj. a.* ***~ wet*** patschnaß, triefend (naß); **ˈsop·py** [-pɪ] *adj.* □ **1.** durchˈweicht (*Boden etc.*); **2.** regnerisch; **3.** F saftlos, fad(e); **4.** F rührselig, ‚schmalzig'; **5.** F ‚verknallt' (***on s.o.*** in j-n).

so·pran·o [səˈprɑːnəʊ] *pl.* **-nos I** *s.* **1.** Soˈpran *m* (*Singstimme*); **2.** Soˈpranstimme *f*, -parˌtie *f* (*e-r Komposition*); **3.** Sopraˈnist(in); **II** *adj.* **4.** Sopran…

sorb [sɔːb] *s.* ⚘ **1.** Eberesche *f*; **2.** *a.* ***~ apple*** Elsbeere *f*.

sor·be·fa·cient [ˌsɔːbɪˈfeɪʃənt] **I** *adj.* absorbierend, absorptiˈonsfördernd; **II** *s.* ⚕ Abˈsorbens *n*.

sor·bet [ˈsɔːbɪt] *s.* Fruchteis *n*.

sor·cer·er [ˈsɔːsərə] *s.* Zauberer *m*; **ˈsor·cer·ess** [-rɪs] *s.* Zauberin *f*, Hexe *f*; **ˈsor·cer·ous** [-rəs] *adj.* Zauber…, Hexen…; **ˈsor·cer·y** [-rɪ] *s.* Zaubeˈrei *f*, Hexeˈrei *f*.

sor·did [ˈsɔːdɪd] *adj.* □ *bsd. fig.* schmutzig, schäbig; **ˈsor·did·ness** [-nɪs] *s.* Schmutzigkeit *f* (*a. fig.*).

sor·dine [ˈsɔːdiːn], **sor·di·no** [sɔːˈdiːnəʊ] *pl.* **-ni** [-niː] ♪ Dämpfer *m*, Sorˈdine *f*.

sore [sɔː] **I** *adj.* □ → ***sorely***; **1.** weh(e), wund: ***~ feet***; ***~ heart*** *fig.* wundes Herz, Leid *n*; ***like a bear with a ~ head*** *fig.* brummig, bärbeißig; → ***spot*** 5; **2.** entzündet, schlimm, ‚böse': ***~ finger***; ***~ throat*** Halsentzündung *f*; → ***sight*** 6; **3.** *fig.* schlimm, arg: ***~ calamity***; **4.** F verärgert, beleidigt, böse (***about*** über *acc.*, wegen); **5.** heikel (*Thema*); **II** *s.* **6.** Wunde *f*, wunde Stelle, Entzündung *f*: ***an open ~*** a) e-e offene Wunde (*a. fig.*), b) *fig.* ein altes

Übel, ein ständiges Ärgernis; **III** *adv.* **7.** → ***sorely*** 1; **ˈsore·head** *s. Am.* F mürrischer Mensch; **ˈsore·ly** [-lɪ] *adv.* **1.** arg, ‚bös': a) sehr, bitter, b) schlimm; **2.** dringend; **3.** bitterlich *weinen etc.*

so·ror·i·ty [səˈrɒrətɪ] *s.* **1.** *Am.* Verbindung *f* von Stuˈdentinnen; **2.** *eccl.* Schwesternschaft *f.*

sorp·tion [ˈsɔːpʃn] *s.* ⚗, *phys.* (Ab-)Sorptiˈon *f.*

sor·rel¹ [ˈsɒrəl] **I** *s.* **1.** Rotbraun *n*; **2.** (Rot)Fuchs *m* (*Pferd*); **II** *adj.* **3.** rotbraun.

sor·rel² [ˈsɒrəl] *s.* ⚘ **1.** Sauerampfer *m*; **2.** Sauerklee *m.*

sor·row [ˈsɒrəʊ] **I** *s.* **1.** Kummer *m*, Leid *n*, Gram *m* (***at*** über *acc.*, ***for*** um): ***to my ~*** zu m-m Kummer *od.* Leidwesen; **2.** Leid *n*, Unglück *n*; *pl.* Leid(en *pl.*) *n*; **3.** Reue *f* (***for*** über *acc.*); **4.** *bsd. iro.* Bedauern *n*: ***without much ~***; **5.** Klage *f*, Jammer *m*; **II** *v/i.* **6.** sich grämen *od.* härmen (***at***, ***over***, ***for*** über *acc.*, wegen, um); **7.** klagen, trauern (***after***, ***for*** um, über *acc.*); **sor·row·ful** [ˈsɒrəʊfʊl] *adj.* □ **1.** sorgen-, kummervoll, bekümmert; **2.** klagend, traurig: ***a ~ song***; **3.** traurig, beklagenswert: ***a ~ accident.***

sor·ry [ˈsɒrɪ] *adj.* □ **1.** betrübt: ***I am*** (*od.* ***feel***) ***~ for him*** er tut mit leid; ***be ~ for o.s.*** sich selbst bedauern; (***I am***) (***so***) ***~!*** (es) tut mir (sehr) leid!, (ich) bedaure!, Verzeihung!; ***we are ~ to say*** wir müssen leider sagen; **2.** reuevoll: ***be ~ about*** *et.* bereuen *od.* bedauern; **3.** *contp.* traurig, erbärmlich (*Anblick*, *Zustand etc.*): ***a ~ excuse*** ‚e-e faule Ausrede'.

sort [sɔːt] **I** *s.* **1.** Sorte *f*, Art *f*, Klasse *f*, Gattung *f*; ✝ *a.* Marke *f*, Qualiˈtät *f*: ***all ~s of people*** allerhand *od.* alle möglichen Leute; ***all ~s of things*** alles mögliche; **2.** Art *f*: ***after a ~*** gewissermaßen; ***nothing of the ~*** nichts dergleichen; ***something of the ~*** so etwas, et. Derartiges; ***he is not my ~*** er ist nicht mein Fall *od.* Typ; ***he is not the ~ of man who ...*** er ist nicht der Mann, der *so et. tut*; ***what ~ of a ...?*** was für ein ...?; ***he is a good ~*** er ist ein guter *od.* anständiger Kerl; (***a***) ***~ of a peace*** so etwas wie ein Frieden; ***I ~ of expected it*** F ich habe es irgendwie *od.* halb erwartet; ***he ~ of hinted*** F er machte so eine *od.* e-e vage Andeutung; **3.** ***of a ~, of ~s*** *contp.* so was wie: ***a politician of ~s***; **4.** ***out of ~s*** a) unwohl, nicht auf der Höhe, b) verstimmt; → 5; **5.** *typ.* ˈSchriftgarniˌtur *f*: ***out of ~*** ausgegangen; **II** *v/t.* **6.** sortieren, (ein)ordnen, sichten; **7.** sondern, trennen (***from*** von); **8.** *oft* ***~ out*** auslesen, -suchen, -sortieren; **9.** ***~ s.th. out*** *fig.* a) et. ‚auseinanderklauben', sich Klarheit verschaffen über et., b) e-e Lösung finden für et.; ***~ itself out*** sich von selbst erledigen; **10.** ***~ s.o. out*** F a) j-m den Kopf zurechtsetzen, b) j-n ‚zur Schnecke machen'; ***~ o.s. out*** zur Ruhe kommen, mit sich ins reine kommen; **11.** *a.* ***~ together*** zs.-stellen, -tun (***with*** mit); **ˈsort·er** [-tə] *s.* Sortierer(in).

sor·tie [ˈsɔːtiː] **I** *s.* ⚔ a) Ausfall *m*, b) ✈ (Einzel)Einsatz *m*, Feindflug *m*; **II** *v/i.* ⚔ a) e-n Ausfall machen, b) ✈ e-n Einsatz fliegen, c) ⚓ auslaufen.

sor·ti·lege [ˈsɔːtɪlɪdʒ] *s.* Wahrsagen *n* (aus Losen).

so-so, **so so** [ˈsəʊsəʊ] *adj. u. adv.* F so laˈla (*leidlich*, *mäßig*).

sot [sɒt] **I** *s.* Säufer *m*; **II** *v/i.* (sich be-)saufen; **sot·tish** [ˈsɒtɪʃ] *adj.* □ **1.** ‚versoffen'; **2.** ‚besoffen'; **3.** ‚blöd' (*albern*).

sot·to vo·ce [ˌsɒtəʊˈvəʊtʃɪ] (*Ital.*) *adv.* ♪ *u. fig.* leise, gedämpft.

sou·brette [suːˈbret] (*Fr.*) *s. thea.* Souˈbrette *f.*

sou·bri·quet [ˈsuːbrɪkeɪ] → ***sobriquet.***

souf·fle [ˈsuːfl] *s.* ⚕ Geräusch *n.*

souf·flé [ˈsuːfleɪ] (*Fr.*) *s.* Auflauf *m*, Soufˈflé *n.*

sough [saʊ] **I** *s.* Rauschen *n* (*des Windes*); **II** *v/i.* rauschen.

sought [sɔːt] *pret. u. p.p. von* ***seek.***

soul [səʊl] *s.* **1.** *eccl.*, *phls.* Seele *f*: ***upon my ~!*** ganz bestimmt!; **2.** Seele *f*, Herz *n*, *das* Innere: ***he has a ~ above mere money-grubbing*** er hat auch noch Sinn für andere Dinge als Geldraffen; **3.** *fig.* Seele *f* (*Triebfeder*): ***he was the ~ of the enterprise***; **4.** *fig.* Geist *m* (*Person*): ***the greatest ~s of the past***; **5.** Seele *f*, Mensch *m*: ***the ship went down with 300 ~s***; ***a good ~*** e-e gute Seele, e-e Seele von e-m Menschen; ***poor ~*** armer Kerl; ***not a ~*** keine Menschenseele, niemand; **6.** Inbegriff *m*, *ein* Muster (***of*** an *dat.*): ***the ~ of generosity*** *er ist* die Großzügigkeit selbst; **7.** Inbrunst *f*, Kraft *f*, *künstlerischer* Ausdruck; **8.** *a.* ***~ music*** ♪ Soul *m*; **9.** ***~ brother***, ***~ sister*** *Am.* Schwarze(r *m*) *f*; **ˈsoul-deˌstroy·ing** *adj.* geisttötend (*Arbeit etc.*); **ˈsoul·ful** [-fʊl] *adj.* □ seelenvoll (*a. fig. u. iro.*); **ˈsoul·less** [-lɪs] *adj.* □ seelenlos (*a. fig. gefühllos*, *egoistisch*, *ausdruckslos*); **ˈsoul-ˌstir·ring** *adj.* ergreifend.

sound¹ [saʊnd] **I** *adj.* □ **1.** gesund: ***as ~ as a bell*** kerngesund; ***~ in mind and body*** körperlich u. geistig gesund; ***of ~ mind*** ⚖ voll zurechnungs- *od.* handlungsfähig; **2.** fehlerfrei (*Holz etc.*), tadellos, in'takt: ***~ fruit*** unverdorbenes Obst; **3.** gesund, fest (*Schlaf*); **4.** † gesund, so'lide (*Firma*, *Währung*); sicher (*Kredit*); **5.** gesund, vernünftig (*Urteil etc.*); gut, brauchbar (*Rat*, *Vorschlag*); kor'rekt, folgerichtig (*Denken etc.*); ⚖ begründet, gültig; **6.** zuverlässig (*Freund etc.*); **7.** gut, tüchtig (*Denker*, *Schläfer*, *Stratege etc.*); **8.** tüchtig, kräftig, gehörig: ***a ~ slap*** e-e saftige Ohrfeige; **II** *adv.* **9.** fest, tief *schlafen*.

sound² [saʊnd] *s.* **1.** Sund *m*, Meerenge *f*; **2.** *ichth.* Fischblase *f*.

sound³ [saʊnd] **I** *v/t.* **1.** ⚓ (aus)loten, peilen; **2.** *Meeresboden etc.* erforschen (*a. fig.*); **3.** ⚕ a) sondieren, b) → ***sound⁴*** 14; **4.** *fig.* a) sondieren, erkunden, b) *j-n* ausholen, *j-m* auf den Zahn fühlen; **II** *v/i.* **5.** ⚓ loten; **6.** (weg)tauchen (*Wal*); **7.** *fig.* sondieren; **III** *s.* **8.** ⚕ Sonde *f*.

sound⁴ [saʊnd] **I** *s.* **1.** Schall *m*, Laut *m*, Ton *m*: ***~ amplifier*** Lautverstärker *m*; ***faster than ~*** mit Überschallgeschwindigkeit; ***~ and fury*** *fig.* a) Schall und Rauch, b) hohles Getöse; ***2 Peter Brown*** *Film*, *TV*: Ton: Peter Brown; ***within ~*** in Hörweite; **2.** Geräusch *n*, Laut *m*: ***without a ~*** geräusch-, lautlos; **3.** Ton *m*, Klang *m*, *a. fig.* Tenor *m* (*e-s Briefes*, *e-r Rede etc.*); **4.** ♪ Klang *m*, *Jazz etc.*: Sound *m*; **5.** *ling.* Laut *m*; **II** *v/i.* **6.** (er)schallen, (-)tönen, (-)klingen; **7.** (*a. fig. gut*, *unwahrscheinlich etc.*) klingen; **8.** ***~ off*** F ,tönen' (***about***, ***on*** von): ***~ off against*** ,herziehen' über (*acc.*); **9.** ***~ in*** ⚖ auf *Schadenersatz etc.* gehen *od.* lauten (*Klage*); **III** *v/t.* **10.** *Trompete etc.* erschallen *od.* ertönen *od.* erklingen lassen: ***~ s.o.'s praises*** *fig.* j-s Lob singen; **11.** *durch ein Signal* verkünden; → ***alarm*** 1; ***retreat*** 1; **12.** äußern, von sich geben: ***~ a note of fear***; **13.** *ling.* aussprechen; **14.** ⚕ abhorchen, -klopfen; ***~ bar·rier*** *s.* ✈, *phys.* Schallgrenze *f*, -mauer *f*; ***~ board*** *s.* ♪ Reso'nanzboden *m*, Schallbrett *n*; ***~ box*** *s.* **1.** ♪ Reso'nanzkasten *m*; **2.** *Film etc.*: 'Tonka,bine *f*; ***~ broad·cast·ing*** *s.* Hörfunk *m*; ***~ ef·fects*** *s. pl.* *Film*, *TV*: 'Tonef,fekte *pl.*, Geräusche *pl.*; ***~ en·gi·neer*** *s.* *Film*: Tonmeister *m*.

sound·er ['saʊndə] *s.* **1.** ⚓ a) Lot *n*, b) ⚔ Lotgast *m*; **2.** *tel.* Klopfer *m*.

sound film *s.* Tonfilm *m*.

sound·ing¹ ['saʊndɪŋ] *adj.* □ **1.** tönend, schallend; **2.** wohlklingend; **3.** *contp.* lautstark, bom'bastisch.

sound·ing² ['saʊndɪŋ] *s.* **1.** Loten *n*; **2.** *pl.* (ausgelotete *od.* auslotbare) Wassertiefe: ***take a ~*** loten, *fig.* sondieren.

sound·ing| bal·loon *s.* Ver'suchsbal,lon *m*, Bal'lonsonde *f*; ***~ board*** *s.* ♪ **1.** → ***sound board***; **2.** Schallmuschel *f* (*für Orchester etc. im Freien*); **3.** Schalldämpfungsbrett *n*; **4.** *fig.* Podium *n*.

sound·less ['saʊndlɪs] *adj.* □ laut-, geräuschlos.

sound mix·er *s.* *Film etc.*: Tonmeister *m*.

sound·ness ['saʊndnɪs] **1.** Gesundheit *f* (*a. fig.*); **2.** Vernünftigkeit *f*; **3.** Brauchbarkeit *f*; **4.** Folgerichtigkeit *f*; **5.** Zuverlässigkeit *f*; **6.** Tüchtigkeit *f*; **7.** ⚖ Rechtmäßigkeit *f*, Gültigkeit *f*.

'sound|-on-film *s.* Tonfilm *m*; **'~·proof** [-ndp-] **I** *adj.* schalldicht; **II** *v/t.* schalldicht machen, isolieren; **'~,proof·ing** [-ndp-] *s.* ⚙ Schalldämpfung *f*, Schallisolierung *f*; ***~ rang·ing*** **I** *s.* ⚔ Schallmessen *n*; **II** *adj.* Schallmeß...; ***~ re·cord·er*** *s.* Tonaufnahmegerät *n*; ***~ shift*** *s.* *ling.* Lautverschiebung *f*; ***~ track*** *s.* *Film*: Tonstreifen *m*, -spur *f*; ***~ truck*** *s.* *Am.* Lautsprecherwagen *m*; ***~ wave*** *s.* *phys.* Schallwelle *f*.

soup [su:p] **I** *s.* **1.** Suppe *f*, Brühe *f*: ***be in the ~*** F ,in der Tinte sitzen'; ***from ~ to nuts*** F von A bis Z; **2.** *fig.* dicker Nebel, ,Waschküche' *f*; **3.** *phot.* F Entwickler *m*; **4.** *mot. sl.* P'S *f*; **II** *v/t.* **5.** *Am. sl.* ***~ up*** a) *Motor* ,frisieren', b) *fig.* *et.* ,aufmöbeln', c) *fig.* Dampf hinter *e-e Sache* machen.

soup·çon ['su:psɔ̃:ŋ] *s.* Spur *f* (***of*** *Knoblauch*, *a. Ironie etc.*).

soup| kitch·en *s.* **1.** Armenküche *f*; **2.** ⚔ Feldküche *f*; **'~·mix** *s.* 'Suppenprä-pa,rat *n*.

sour ['saʊə] **I** *adj.* □ **1.** sauer (*a. Geruch*, *Milch*); herb, bitter: ***~ grapes*** *fig.* saure Trauben; ***turn*** *od.* ***go ~*** → 8 *u.* 9; **2.** *fig.* sauer (*Gesicht etc.*); **3.** *fig.* sauertöpfisch, mürrisch, bitter; **4.** naßkalt (*Wetter*); **5.** ✔ sauer (*kalkarm*, *naß*) (*Boden*); **II** *s.* **6.** Säure *f*; **7.** *fig.* Bitternis *f*: ***take the sweet with the ~*** das Leben nehmen, wie es (eben) ist; **III** *v/i.* **8.** sauer werden; **9.** *fig.* a) verbittert *od.* ,sauer' werden, b) die Lust verlieren (***on*** an *dat.*), c) ,mies' werden, d) ,ka'puttgehen'; **IV** *v/t.* **10.** sauer machen, säuern; **11.** *fig.* verbittern.

source [sɔ:s] *s.* **1.** Quelle *f*, *poet.* Quell

m; **2.** Quellfluß *m*; **3.** *poet.* Strom *m*; **4.** *fig.* (*Licht-*, *Strom- etc.*)Quelle *f*: **~ impedance** ⚡ Quellwiderstand *m*; **~ material** Ausgangsstoff *m* (→ *a.* 6); **5.** *fig.* Quelle *f*, Ursprung *m*: **~ of information** Nachrichtenquelle *f*; **from a reliable ~** aus zuverlässiger Quelle; **have its ~ in** s-n Ursprung haben in (*dat.*); **take its ~ from** entspringen (*dat.*); **6.** *fig. literarische* Quelle: **~ material** Quellenmaterial *n*; **7.** ✝ (*Einnahme-*, *Kapital- etc.*)Quelle *f*: **~ of supply** Bezugsquelle; **levy a tax at the ~** e-e Steuer an der Quelle erheben; **~ lan·guage** *s. ling.* Ausgangssprache *f* (*Übersetzung etc.*).

sour| cream *s. Brit.* Sauerrahm *m*; **ˈ~·dough** *s. Am.* **1.** Sauerteig *m*; **2.** Aˈlaska-Schürfer *m*.

sour·ing [ˈsaʊərɪŋ] *s.* ⚗ Säuerung *f*; **ˈsour·ish** [-ərɪʃ] *adj.* säuerlich, angesäuert; **ˈsour·ness** [-nɪs] *s.* **1.** Herbheit *f*; **2.** Säure *f* (*als Eigenschaft*); **3.** *fig.* Bitterkeit *f*.

ˈsour·puss *s.* F ‚Sauertopf' *m*.

souse [saʊs] **I** *s.* **1.** Pökelfleisch *n*; **2.** Pökelbrühe *f*, Lake *f*; **3.** Eintauchen *n*; **4.** Sturz *m* ins Wasser; **5.** ‚Dusche' *f*, (Regen)Guß *m*; **6.** *sl.* a) Saufeˈrei *f*, b) *Am.* Säufer *m*, c) *Am.* ‚Suff' *m*; **II** *v/t.* **7.** eintauchen; **8.** durchˈtränken, einweichen; **9.** *Wasser etc.* ausgießen (**over** über *acc.*); **10.** (ein)pökeln; **11.** **~d** *sl.* ‚voll', besoffen.

sou·tane [su:ˈtɑ:n] *s. R.C.* Souˈtane *f*.

sou·ten·eur [ˌsu:təˈnɜ:] (*Fr.*) *s.* Zuhälter *m*.

south [saʊθ] **I** *s.* **1.** Süden *m*: **in the ~ of** im Süden von; **to the ~ of** → 6; **2.** *a.* ♀ Süden *m* (*Landesteil*): **from the ♀** aus dem Süden (*Person*, *Wind*); **the ♀** der Süden, die Südstaaten (*der USA*); **3.** *poet.* Südwind *m*; **II** *adj.* **4.** südlich, Süd...: **♀ Pole** Südpol *m*; **♀ Sea** Südsee *f*; **III** *adv.* **5.** nach Süden, südwärts; **6.** **~ of** südlich von; **7.** aus dem Süden (*Wind*); **♀ Af·ri·can I** *adj.* ˈsüdafriˈkanisch; **II** *s.* ˈSüdafriˈkaner(in): **~ Dutch** Afrikaander(in); **~ by east** *s.* Südsüdˈost *m*; **~·east** [ˌsaʊθˈi:st, ⚓ saʊˈi:st] **I** *s.* Südˈosten *m*; **II** *adj.* südˈöstlich, Südost...; **III** *adv.* südˈöstlich; nach Südˈosten.

south|·east·er [ˌsaʊθˈi:stə] *s.* Südˈostwind *m*, -ˈoststurm *m*; **ˌ~-ˈeast·er·ly** [-lɪ] **I** *adj.* → **southeast** II; **II** *adv.* von *od.* nach Südˈosten; **ˌ~-ˈeast·ern** [-ən] → **southeast** II; **ˌ~-ˈeast·ward** [-stwəd] **I** *adj. u. adv.* nach Südˈosten, südˈöstlich; **II** *s.* südˈöstliche Richtung; **ˌ~-ˈeast·wards** [-stwədz] *adv.* nach Südˈosten.

south·er·ly [ˈsʌðəlɪ] **I** *adj.* südlich, Süd...; **II** *adv.* von *od.* nach Süden.

south·ern [ˈsʌðən] **I** *adj.* **1.** südlich, Süd...: **♀ Cross** *ast. das* Kreuz des Südens; **~ lights** *ast. das* Südlicht; **2.** ♀ südstaatlich, ... der Südstaaten (*der USA*); **II** *s.* **3.** → **southerner**; **ˈsouth·ern·er** [-nə] *s.* **1.** Bewohner(in) des Südens (*e-s Landes*); **2.** ♀ Südstaatler(in) (*in den USA*); **ˈsouth·ern·ly** [-lɪ] → **southerly**; **ˈsouth·ern·most** *adj.* südlichst.

south·ing [ˈsaʊθɪŋ] *s.* **1.** ⚓ a) Südrichtung *f*, südliche Fahrt, b) ˈBreitenˌunterschied *m* bei südlicher Fahrt; **2.** *ast.* a) Kulminatiˈon *f* (*des Mondes etc.*), b) südliche Deklinatiˈon (*e-s Gestirns*).

ˈsouth|·most *adj.* südlichst; **ˈ~·paw** *sport* **I** *adj.* linkshändig; **II** *s.* Linkshänder *m*; *Boxen*: Rechtsausleger *m*; **ˌ~-southˈeast** [⚓ ˌsaʊsaʊˈi:st] **I** *adj.* südsüdˈöstlich, Südsüdost...; **II** *adv.* nach *od.* aus Südsüdˈosten; **III** *s.* Südsüdˈosten *m*; **ˈ~·ward** [-wəd] *adj. u. adv.* nach Süden, südwärts.

south|-west [ˌsaʊθˈwest; ⚓ saʊˈwest] **I** *adj.* südˈwestlich, Südwest...; **II** *adv.* nach *od.* aus Südˈwesten; **III** *s.* Südˈwesten *m*; **ˌ~ˈwest·er** [-tə] *s.* **1.** Südˈwestwind *m*; **2.** → **sou'wester** 1; **ˌ~ˈwest·er·ly** [-təlɪ] *adj.* nach *od.* aus Südˈwesten; **ˌ~ˈwest·ern** [-tən] *adj.* südˈwestlich, Südwest...; **ˌ~-ˈwest·ward** [-wəd] *adj. u. adv.* nach Südˈwesten.

sou·ve·nir [ˌsu:vəˈnɪə] *s.* Andenken *n*, Souveˈnir *n*: **~ shop**.

sou'·west·er [saʊˈwestə] *s.* **1.** Südˈwester *m* (*wasserdichter Hut*); **2.** → **southwester** 1.

sov·er·eign [ˈsɒvrɪn] **I** *s.* **1.** Souveˈrän *m*, Monˈarch(in); **2.** *die* Macht im Staate (*Person od. Gruppe*); **3.** souveˈräner Staat; **4.** ✝ *Brit.* Sovereign *m* (*alte 20-Schilling-Münze aus Gold*); **II** *adj.* **5.** höchst, oberst; **6.** ˈunumˌschränkt, souveˈrän, königlich: **~ power**; **7.** souveˈrän (*Staat*); **8.** äußerst, größt: **~ contempt** tiefste Verachtung; **9.** ˈunüberˌtrefflich; **ˈsov·er·eign·ty** [-rəntɪ] *s.* **1.** höchste (Staats)Gewalt; **2.** Landeshoheit *f*, Souveräniˈtät *f*; **3.** Oberherrschaft *f*.

so·vi·et [ˈsəʊvɪət] **I** *s. oft* ♀ **1.** Soˈwjet *m*: **Supreme ♀** Oberster Sowjet; **2.** ♀ Soˈwjetsyˌstem *n*; **3.** *pl. die* Soˈwjets; **II** *adj.* **4.** ♀ soˈwjetisch, Sowjet...; **ˈso·vi·et·ize** [-taɪz] *v/t.* sowjetisieren.

sow¹ [saʊ] *s.* **1.** Sau *f*, (Mutter)Schwein *n*: **get the wrong ~ by the ear** a) den

Falschen erwischen, b) sich gewaltig irren; **2.** *metall.* a) (Ofen)Sau *f*, b) Massel *f* (*Barren*).

sow² [səʊ] [*irr.*] **I** *v/t.* **1.** säen; **2.** *Land* besäen; **3.** *fig.* säen, ausstreuen; → ***seed*** 4, ***wind¹*** 1; **4.** *et.* verstreuen; **II** *v/i.* **5.** säen.

sown [səʊn] *p.p. von* ***sow²***.

soy [sɔɪ] *s.* **1.** Sojabohnenöl *n*; **2.** → ˈ**so·ya** (**bean**) [ˈsɔɪə], ˈ**soy·bean** *s.* Sojabohne *f*.

soz·zled [ˈsɒzld] *adj. Brit. sl.* ‚blau'.

spa [spɑː] *s.* a) Mineˈralquelle *f*, b) Badekurort *m*, Bad *n*.

space [speɪs] **I** *s.* **1.** Raum *m* (*Ggs. Zeit*): ***disappear into ~*** ins Nichts verschwinden; ***look into ~*** ins Leere starren; **2.** Raum *m*, Platz *m*: ***require much ~***; ***for ~ reasons*** aus Platzgründen; **3.** (Welt)Raum *m*; **4.** (Zwischen-) Raum *m*, Stelle *f*, Lücke *f*; **5.** Zwischenraum *m*, Abstand *m*; **6.** Zeitraum *m*: ***a ~ of three hours***; ***after a ~*** nach e-r Weile; ***for a ~*** e-e Zeitlang; **7.** *typ.* Spatium *n*, Ausschlußstück *n*; **8.** *tel.* Abstand *m*, Pause *f*; **9.** *Am.* a) Raum *m* für Reˈklame (*Zeitung*), b) *Radio*, *TV*: (Werbe)Zeit *f*; **II** *v/t.* **10.** räumlich *od.* zeitlich einteilen: ***~d out over 10 years*** auf 10 Jahre verteilt; **11.** in Zwischenräumen anordnen; **12.** *mst* ***~ out*** *typ.* a) ausschließen, b) gesperrt setzen, sperren: ***~d type*** Sperrdruck *m*; **13.** gesperrt schreiben (*auf der Schreibmaschine*); ***~ age*** *s.* Weltraumzeitalter *n*; ***~ bar*** *s.* Leertaste *f*; ˈ***~·borne*** *adj.* **1.** Weltraum...: ***~ satellite***; **2.** über Satelˈlit, Satelliten...: ***~ television***; ***~ capsule*** *s.* Raumkapsel *f*; ˈ***~·craft*** *s.* Raumfahrzeug *n*, -schiff *n*; ***~ flight*** *s.* Raumflug *m*; ***~ heat·er*** *s.* Raumerhitzer *m*, -strahler *m*; ˈ***~·lab*** *s.* ˈRaumlaˌbor *n*; ˈ***~·man*** *s.* [*irr.*] **1.** Raumfahrer *m*, Astroˈnaut *m*; **2.** Außerirdische(r) *m*; ***~ med·i·cine*** *s.* ⚕ ˈRaumfahrtmediˌzin *f*; ***~ probe*** *s.* Raumsonde *f*.

spac·er [ˈspeɪsə] *s.* ⚙ **1.** Diˈstanzstück *n*; **2.** → ***space bar***.

space| race *s.* Wettlauf *m* um die Eroberung des Weltraums; ***~ re·search*** *s.* (Welt)Raumforschung *f*; ˈ***~-ˌsav·ing*** *adj.* raumsparend; ˈ***~·ship*** *s.* Raumschiff *n*; ***~ shut·tle*** *s.* Raumfähre *f*; ***~ sta·tion*** *s.* ˈRaumstatiˌon *f*; ˈ***~·suit*** *s.* Raumanzug *m*; ˌ***~-ˈtime*** **I** *s.* ⚗, *phls.* Zeit-Raum *m*; **II** *adj.* Raum-Zeit-...; ***~ trav·el*** *s.* (Welt)Raumfahrt *f*; ˈ***~·walk*** *s.* Weltraumspaziergang *m*; ˈ***~ˌwom·an*** *s.* [*irr.*] **1.** Raumfahrerin *f*, Astroˈnautin *f*; **2.** Außerirdische *f*; ***~ writ·er*** *s.* (Zeitungs- *etc.*)Schreiber, der nach dem ˈUmfang s-s Beitrags bezahlt wird.

spa·cious [ˈspeɪʃəs] *adj.* ☐ **1.** geräumig, weit, ausgedehnt; **2.** *fig.* weit, ˈumfangreich, umˈfassend; ˈ**spa·cious·ness** [-nɪs] *s.* **1.** Geräumigkeit *f*; **2.** *fig.* Weite *f*, ˈUmfang *m*, Ausmaß *n*.

spade¹ [speɪd] **I** *s.* **1.** Spaten *m*: ***call a ~ a ~*** *fig.* das Kind beim (rechten) Namen nennen; ***dig the first ~*** den ersten Spatenstich tun; **2.** ⚔ Laˈfettensporn *m*; **II** *v/t.* **3.** ˈumgraben, mit e-m Spaten bearbeiten; **III** *v/i.* **4.** graben.

spade² [speɪd] *s.* **1.** Pik(karte *f*) *n*, Schippe *f* (*französisches Blatt*), Grün *n* (*deutsches Blatt*): ***seven of ~s*** Piksieben *f*; ***in ~s*** *Am.* F mit Zins u. Zinseszinsen; **2.** *mst pl.* Pik(farbe *f*) *n*.

spade·ful [ˈspeɪdfʊl] *pl.* **-fuls** *s. ein* Spaten(voll) *m*.

ˈ**spade·work** *s. fig.* (mühevolle) Vorarbeit, Kleinarbeit *f*.

spa·dix [ˈspeɪdɪks] *pl.* **spa·di·ces** [speɪˈdaɪsiːs] *s.* ⚘ (Blüten)Kolben *m*.

spa·do [ˈspeɪdəʊ] *pl.* **spa·do·nes** [spɑːˈdəʊniːz] (*Lat.*) *s.* **1.** Kaˈstrat *m*; **2.** kastriertes Tier.

spa·ghet·ti [spəˈgetɪ] (*Ital.*) *s.* **1.** Spaˈghetti *pl.*; **2.** *sl.* ˈFilmsaˌlat *m*.

spake [speɪk] *obs. pret. von* ***speak***.

spall [spɔːl] **I** *s.* (Stein-, Erz)Splitter *m*; **II** *v/t.* ⚙ *Erz* zerstückeln; **III** *v/i.* zerbröckeln, absplittern.

span [spæn] **I** *s.* **1.** Spanne *f*: a) *gespreizte Hand*, b) *engl. Maß = 9 inches*; **2.** ⚠ a) Spannweite *f* (*Brückenbogen*), b) Stützweite *f* (*e-r Brücke*), c) (einzelner) Brückenbogen; **3.** ✈ Spannweite *f*; **4.** ⚓ Spann *n*, *m* (*Haltetau*, *-kette*); **5.** *fig.* Spanne *f*, ˈUmfang *m*; **6.** *fig.* (kurze) Zeitspanne; **7.** Lebensspanne *f*, -zeit *f*; **8.** ⚕, *psych.* (*Gedächtnis-*, *Seh- etc.*) Spanne *f*; **9.** Gewächshaus *n*; **10.** *Am.* Gespann *n*; **II** *v/t.* **11.** abmessen; **12.** umˈspannen (*a. fig.*); **13.** sich erstrecken über (*acc.*) (*a. fig.*), überˈspannen; **14.** *Fluß* überˈbrücken; **15.** *fig.* überspannen, bedecken.

span·drel [ˈspændrəl] *s.* **1.** ⚠ Spanˈdrille *f*, (Gewölbe-, Bogen)Zwickel *m*; **2.** ⚙ Hohlkehle *f*.

span·gle [ˈspæŋgl] **I** *s.* **1.** Flitter(plättchen *n*) *m*, Pailˈlette *f*; **2.** ⚘ Gallapfel *m*; **II** *v/t.* **3.** mit Flitter besetzen; **4.** *fig.* schmücken, überˈsäen (***with*** mit): ***the ~d heavens*** der gestirnte Himmel.

Span·iard [ˈspænjəd] *s.* Spanier(in).

span·iel [ˈspænjəl] *s. zo.* Spaniel *m*, Wachtelhund *m*: ***a*** (***tame***) ***~*** *fig.* ein Kriecher.

Span·ish [ˈspænɪʃ] **I** *adj.* **1.** spanisch; **II** *s.* **2.** *coll. die* Spanier; **3.** *ling.* Spanisch *n*; **~ A·mer·i·can I** *adj.* laˈteinameriˌkanisch; **II** *s.* Laˈteinameriˌkaner(in); **~ chest·nut** *s.* ♆ ˈEßkaˌstanie *f*; **~ pa·pri·ka** *s.* ♆ Spanischer Pfeffer, Paprika *m.*

spank [spæŋk] F **I** *v/t.* **1.** verhauen, *j-m* ‚den Hintern versohlen'; **2.** *Pferde etc.* antreiben; **II** *v/i.* **3. ~ *along*** daˈhinflitzen; **III** *s.* **4.** Schlag *m*, Klaps *m*; **ˈspank·er** [-kə] *s.* **1.** F Renner *m* (*Pferd*); **2.** ⚓ Beˈsan *m*; **3.** *sl.* a) Prachtkerl *m*, b) ˈPrachtexemˌplar *n*; **ˈspank·ing** [-kɪŋ] F **I** *adj.* □ **1.** schnell, tüchtig; **2.** scharf, stark: **~ *breeze*** steife Brise; **3.** prächtig, ‚toll'; **II** *adv.* **4.** prächtig; **III** *s.* **5.** ‚Haue' *f*, Schläge *pl.*

span·ner [ˈspænə] *s.* ⚙ Schraubenschlüssel *m*: ***throw a ~ in(to) the works*** F ‚querschießen'.

spar¹ [spɑː] *s. min.* Spat *m.*

spar² [spɑː] *s.* **1.** ⚓ Rundholz *n*, Spiere *f*; **2.** ✈ Holm *m.*

spar³ [spɑː] **I** *v/i.* **1.** *Boxen*: sparren: **~ *for time*** *fig.* Zeit schinden; **2.** (mit Sporen) kämpfen (*Hähne*); **3.** sich streiten (***with*** mit), sich in den Haaren liegen; **II** *s.* **4.** *Boxen*: Sparringskampf *m*; **5.** Hahnenkampf *m*; **6.** (Wort)Geplänkel *n.*

spare [speə] **I** *v/t.* **1.** *j-n od. et.* verschonen; *Gegner, j-s Gefühle, j-s Leben etc.* schonen: ***if we are ~d*** wenn wir verschont *od.* am Leben bleiben; **~ *his blushes!*** bring ihn doch nicht in Verlegenheit!; **2.** sparsam ˈumgehen mit, schonen; kargen mit: **~ *neither trouble nor expense*** weder Mühe noch Kosten scheuen; (***not to***) **~ *o.s.*** sich (nicht) schonen; **3.** *j-m et.* ersparen, *j-n* verschonen mit; **4.** entbehren: ***we cannot ~ him just now***; **5.** *et.* erübrigen, übrig haben: ***can you ~ me a cigarette*** (***a moment***)***?*** hast du e-e Zigarette (e-n Augenblick Zeit) für mich (übrig)?; ***no time to ~*** keine Zeit (zu verlieren); → ***enough*** II; **II** *v/i.* **6.** sparen; **7.** Gnade walten lassen; **III** *adj.* □ **8.** Ersatz…, Reserve…: **~ *part*** → 14; **~ *tyre*** (*od.* ***tire***) a) Ersatzreifen *m*, b) *humor.* ‚Rettungsring' *m* (*Fettwulst*); **9.** ˈüberflüssig, übrig: **~ *hours*** (*od.* ***time***) Freizeit *f*, Mußestunden *pl.*; **~ *moment*** freier Augenblick; **~ *room*** Gästezimmer *n*; **~ *money*** übriges Geld; **10.** sparsam, kärglich; **11.** → ***sparing*** 2; **12.** sparsam (*Person*); **13.** hager, dürr (*Person*); **IV** *s.* **14.** ⚙ Ersatzteil *n*; **15.** *Bowling*: Spare *m*; **ˈspare·ness** [-nɪs] *s.* **1.** Magerkeit *f*; **2.** Kärglichkeit *f.*

ˈspare|-part sur·ger·y *s.* ⚕ Erˈsatzteilchirurˌgie *f*; **ˈ~·rib** *s.* Rippe(n)speer *m.*

spar·ing [ˈspeərɪŋ] *adj.* □ **1.** sparsam (***in, of*** mit), karg; mäßig: ***be ~ of*** sparsam umgehen mit, mit *et.*, *a. Lob* kargen; **2.** spärlich, dürftig, knapp, gering; **ˈspar·ing·ness** [-nɪs] *s.* **1.** Sparsamkeit *f*; **2.** Spärlichkeit *f*, Dürftigkeit *f.*

spark¹ [spɑːk] **I** *s.* **1.** Funke(n) *m* (*a. fig.*): ***the vital ~*** der Lebensfunke; ***strike ~s out of s.o.*** j-n in Fahrt bringen; **2.** *fig.* Funke(n) *m*, Spur *f* (***of*** von *Intelligenz, Leben etc.*); **3.** ⚡ a) (eˈlektrischer) Funke, b) Entladung *f*, c) (Licht-)Bogen *m*; **4.** *mot.* (Zünd)Funke *m*: ***advance*** (***retard***) ***the ~*** die Zündung vor-(zurück)stellen; **5.** → ***sparks***; **II** *v/i.* **6.** Funken sprühen, funke(l)n; **7.** ⚙ zünden; **III** *v/t.* **8.** *fig. j-n* befeuern; **9.** *fig. et.* auslösen.

spark² [spɑːk] **I** *s.* **1.** flotter Kerl; **2. *bright ~*** *Brit. iro.* ‚Intelliˈgenzbolzen' *m*; **II** *v/t.* **3.** *j-m* den Hof machen.

spark| ad·vance *s. mot.* Vor-, Frühzündung *f*; **~ ar·rest·er** *s.* ⚡ Funkenlöscher *m*; **~ dis·charge** *s.* ⚡ Funkenentladung *f*; **~ gap** *s.* ⚡ (Meß)Funkenstrecke *f.*

spark·ing plug [ˈspɑːkɪŋ] *s. mot.* Zündkerze *f.*

spar·kle [ˈspɑːkl] **I** *v/i.* **1.** funkeln (*a. fig. Augen etc.*; ***with*** vor *Zorn etc.*); **2.** *fig.* a) funkeln, sprühen (*Geist, Witz*), b) brillieren, glänzen (*Person*): ***his conversation ~d with wit*** s-e Unterhaltung sprühte vor Witz; **3.** Funken sprühen; **4.** perlen (*Wein*); **II** *v/t.* **5.** *Licht* sprühen; **III** *s.* **6.** Funkeln *n*, Glanz *m*; **7.** Funke(n) *m*; **8.** *fig.* Brilˈlanz *f*; **ˈspar·kler** [-lə] *s.* **1.** *sl.* Diaˈmant *m*; **2.** Wunderkerze *f* (*Feuerwerk*); **ˈspark·let** [-lɪt] *s.* **1.** Fünkchen *n* (*a. fig.*); **2.** Kohlenˈdioxydkapsel *f* (*für Siphonflaschen*); **ˈspar·kling** [-lɪŋ] *adj.* □ **1.** funkelnd, sprühend (*beide a. fig. Witz etc.*); **2.** *fig.* geistsprühend (*Person*); **3.** schäumend, moussierend: **~ *wine*** Schaumwein *m*, Sekt *m.*

ˈspark|ˌo·ver *s.* ⚡ (ˈFunken)ˌÜberschlag *m*; **~ plug** *s.* **1.** *mot.* Zündkerze *f*; **2.** F ‚Motor' *m*, treibende Kraft.

sparks [spɑːks] *s.* F **1.** ⚓ Funker *m*; **2.** Eˈlektriker *m.*

spar·ring [ˈspɑːrɪŋ] *s.* **1.** *Boxen*: Sparring *n*: **~ *partner*** Sparringspartner *m*; **2.** *fig.* Wortgefecht *n.*

spar·row [ˈspærəʊ] *s. orn.* Spatz *m*, Sperling *m*; **ˈ~·grass** *s.* F Spargel *m*; **~ hawk** *s. orn.* Sperber *m.*

sparse [spɑːs] *adj.* □ spärlich, dünn(gesät); ˈ**sparse·ness** [-nɪs], ˈ**spar·si·ty** [-sətɪ] *s.* Spärlichkeit *f.*

Spar·tan [ˈspɑːtən] **I** *adj. antiq. u. fig.* sparˈtanisch; **II** *s.* Sparˈtaner(in).

spasm [ˈspæzəm] *s.* **1.** ⚕ Krampf *m*, Spasmus *m*, Zuckung *f*; **2.** *a. fig.* Anfall *m*; **spas·mod·ic** [spæzˈmɒdɪk] *adj.* (□ **~ally**) **1.** ⚕ krampfhaft, -artig, spasˈmodisch; **2.** *fig.* sprunghaft, vereinzelt; **spas·tic** [ˈspæstɪk] ⚕ **I** *adj.* (□ **~ally**) spastisch, Krampf…; **II** *s.* Spastiker(in).

spat[1] [spæt] *zo.* **I** *s.* **1.** Muschel-, Austernlaich *m*; **2.** a) *coll.* junge Schaltiere *pl.*, b) junge Auster; **II** *v/i.* **3.** laichen (*bsd. Muscheln*).

spat[2] [spæt] *s.* Gaˈmasche *f.*

spat[3] [spæt] F **I** *s.* **1.** Klaps *m*; **2.** *Am.* Kabbeˈlei *f*; **II** *v/i.* **3.** *Am.* sich kabbeln.

spat[4] [spæt] *pret. u. p.p. von* **spit**.

spatch·cock [ˈspætʃkɒk] **I** *s.* sofort nach dem Schlachten gegrilltes Huhn *etc.*; **II** *v/t.* F *Worte etc.* einflicken.

spate [speɪt] *s.* **1.** Überˈschwemmung *f*, Hochwasser *n*; **2.** *fig.* Flut *f*, (Wort-) Schwall *m*.

spathe [speɪð] *s.* ⚘ Blütenscheide *f.*

spa·tial [ˈspeɪʃl] *adj.* □ räumlich, Raum…

spat·ter [ˈspætə] **I** *v/t.* **1.** bespritzen (**with** mit); **2.** (ver)spritzen; **3.** *fig. j-s Namen* besudeln, *j-n* ‚mit Dreck bewerfen'; **II** *v/i.* **4.** spritzen; **5.** prasseln, klatschen; **III** *s.* **6.** Spritzen *n*; **7.** Klatschen *n*, Prasseln *n*; **8.** Spritzer *m*, Spritzfleck *m*; ˈ**~·dash** → **spat**[2].

spat·u·la [ˈspætjʊlə] *s.* ⚙, ⚕ Spatel *m*, Spachtel *m, f*; ˈ**spat·u·late** [-lɪt] *adj.* spatelförmig.

spav·in [ˈspævɪn] *s. vet.* Spat *m*; ˈ**spav·ined** [-nd] *adj.* spatig, lahm.

spawn [spɔːn] **I** *s.* **1.** *ichth.* Laich *m*; **2.** ⚘ Myˈzel(fäden *pl.*) *n*; **3.** *fig. contp.* Brut *f*; **II** *v/i.* **4.** *ichth.* laichen; **5.** *fig. contp.* a) sich wie Kaˈninchen vermehren, b) wie Pilze aus dem Boden schießen; **III** *v/t.* **6.** *ichth. Laich* ablegen; **7.** *fig. contp. Kinder* massenweise in die Welt setzen; **8.** *fig.* ausbrüten, herˈvorbringen; ˈ**spawn·er** [-nə] *s. ichth.* Rogener *m*, Fischweibchen *n* zur Laichzeit; ˈ**spawn·ing** [-nɪŋ] **I** *s.* **1.** Laichen *n*; **II** *adj.* **2.** Laich…; **3.** *fig.* sich stark vermehrend.

spay [speɪ] *v/t. vet.* die Eierstöcke (*gen.*) entfernen, kastrieren.

speak [spiːk] [*irr.*] **I** *v/i.* **1.** reden, sprechen (**to** mit, zu, **about**, **of**, **on** über *acc.*): **spoken** *thea.* gesprochen (*Regieanweisung*); **so to ~** sozusagen; **the portrait ~s** *fig.* das Bild ist sprechend ähnlich; → **speak of** *u.* **to**, **speaking** I; **2.** (öffentlich) sprechen *od.* reden; **3.** *fig.* ertönen (*Trompete etc.*); **4.** ⚓ signalisieren; **II** *v/t.* **5.** sprechen, sagen; **6.** *Gedanken, s-e Meinung etc.* aussprechen, äußern, *die Wahrheit etc.* sagen; **7.** verkünden (*Trompete etc.*); **8.** *Sprache* sprechen (können): **he ~s French** er spricht Französisch; **9.** *fig. Eigenschaft etc.* verraten; **10.** ⚓ *Schiff* ansprechen;

Zssgn mit prp.:

speak| for *v/i.* **1.** sprechen *od.* eintreten für: **that speaks well for him** das spricht für ihn; **~ o.s.** a) selbst sprechen, b) s-e eigene Meinung äußern; **that speaks for itself** das spricht für sich selbst; **2.** zeugen von; **~ of** *v/i.* **1.** sprechen von *od.* über (*acc.*): **nothing to ~** nicht der Rede wert; **not to ~** ganz zu schweigen von; **2.** *et.* verraten, zeugen von; **~ to** *v/i.* **1.** *j-n* ansprechen; mit *j-m* reden (*a. mahnend etc.*); **2.** *et.* bestätigen, bezeugen; **3.** zu sprechen kommen auf (*acc.*);

Zssgn mit adv.:

speak| out I *v/i.* → **speak up** 1 *u.* 2; **II** *v/t.* aussprechen; **~ up** *v/i.* **1.** laut u. deutlich sprechen: **~!** (sprich) lauter!; **2.** kein Blatt vor den Mund nehmen, frei herˈaussprechen: **~!** heraus mit der Sprache!; **3.** sich einsetzen (**for** für).

ˈ**speakˌeas·y** *pl.* **-ˌeas·ies** *s. Am. sl.* Flüsterkneipe *f* (*ohne Konzession*).

speak·er [ˈspiːkə] *s.* **1.** Sprecher(in), Redner(in); **2.** ♀ *parl.* Sprecher *m*, Präsiˈdent *m*: **the ♀ of the House of Commons**; **Mr ♀!** Herr Vorsitzender!; **3.** ⚡ Lautsprecher *m*.

speak·ing [ˈspiːkɪŋ] **I** *adj.* □ **1.** sprechend (*a. fig. Ähnlichkeit*): **~!** *teleph.* am Apparat!; **Brown ~!** *teleph.* (hier) Brown!; **have a ~ knowledge of** *e-e Sprache* (*nur*) sprechen können; **~ acquaintance** flüchtige(r) Bekannte(r); → **term** 9; **2.** Sprech…, Sprach…: **a ~ voice** e-e (gute) Sprechstimme; **II** *s.* **3.** Sprechen *n*, Reden *n*; **III** (*adverbial*) **4.** **generally ~** allgemein; **legally ~** vom rechtlichen Standpunkt aus (gesehen); **strictly ~** strenggenommen; **~ clock** *s. teleph.* Zeitansage *f*; **~ trum·pet** *s.* Sprachrohr *n*; **~ tube** *s.* **1.** Sprechverbindung *f* zwischen zwei Räumen *etc.*; **2.** Sprachrohr *n*.

spear [spɪə] **I** *s.* **1.** (Wurf)Speer *m*, Lanze *f*; Spieß *m*: **~ side** männliche Linie *e-r Familie*; **2.** *poet.* Speerträger *m*; **3.**

⚘ Halm *m*, Sproß *m*; **II** *v/t.* **4.** durch'bohren, aufspießen; **III** *v/i.* **5.** ⚘ (auf-)sprießen; **~ gun** *s.* Har'punenbüchse *f*; **'~·head I** *s.* **1.** Lanzenspitze *f*; **2.** ⚔ a) Angriffsspitze *f*, b) Stoßkeil *m*; **3.** *fig.* a) Anführer *m*, Vorkämpfer *m*, b) Spitze *f*; **II** *v/t.* **4.** *fig.* an der Spitze (*gen.*) stehen, die Spitze (*gen.*) bilden; **'~·mint** *s.* ⚘ Grüne Minze.

spec [spek] *s.* F Spekulati'on *f*: ***on ~*** auf ‚Verdacht', auf gut Glück.

spe·cial ['speʃl] **I** *adj.* □ → ***specially***; **1.** spezi'ell: a) (ganz) besonder: ***a ~ occasion***; ***his ~ charm***; ***my ~ friend***; ***on ~ days*** an bestimmten Tagen, b) spezialisiert, Spezial…, Fach…: ***~ knowledge*** Fachkenntnis(se *pl.*) *f*; **2.** Sonder…(*-erlaubnis*, *-fall*, *-schule*, *-steuer*, *-zug etc.*), Extra…, Ausnahme…: ***~ area*** *Brit.* Notstandsgebiet *n*; ***♀ Branch*** *Brit.* Staatssicherheitspolizei *f*; ***~ constable*** → 3a; ***~ correspondent*** → 3b; ***~ delivery*** ✉ *Am.* Eilzustellung *f*, ‚durch Eilboten'; ***~ edition*** → 3c; ***~ offer*** ✝ Sonderangebot *n*; **II** *s.* **3.** a) 'Hilfspoli,zist *m*, b) Sonderberichterstatter *m*, c) Sonderausgabe *f*, d) Sonderzug *m*, e) Sonderprüfung *f*, f) ✝ *Am.* Sonderangebot *n*, g) *Radio*, *TV*: Sondersendung *f*, h) *Am.* Tagesgericht (*im Restaurant*); **'spe·cial·ist** [-ʃəlɪst] **I** *s.* **1.** Spezia'list *m*: a) Fachmann *m*, b) ⚕ Facharzt *m* (***in*** für); **2.** *Am. Börse*: Jobber *m* (*der sich auf e-e bestimmte Kategorie von Wertpapieren beschränkt*); **II** *adj.* **3.** → **spe·cial·ist·ic** [,speʃə'lɪstɪk] *adj.* spezialisiert, Fach…, Spezial…; **spe·ci·al·i·ty** [,speʃɪ'ælətɪ] *s.* *bsd. Brit.* **1.** Besonderheit *f*; **2.** besonderes Merkmal; **3.** Spezi'alfach *n*, -gebiet *n*; **4.** Speziali'tät *f* (*a.* ✝); **5.** ✝ a) Spezi'alar,tikel *m*, b) Neuheit *f*; **spe·cial·i·za·tion** [,speʃəlaɪ'zeɪʃn] *s.* Spezialisierung *f*; **'spe·cial·ize** [-ʃəlaɪz] **I** *v/i.* **1.** sich spezialisieren (***in*** auf *acc.*); **II** *v/t.* **2.** spezialisieren: ***~d*** spezialisiert, Spezial…, Fach…; **3.** näher bezeichnen; **4.** *biol. Organe* besonders entwickeln; **'spe·cial·ly** [-ʃəlɪ] *adv.* **1.** besonders, im besonderen; **2.** eigens, extra, ausdrücklich; **'spe·cial·ty** [-tɪ] *s.* **1.** *bsd. Am.* → ***speciality***; **2.** ⚖ a) besiegelte Urkunde, b) formgebundener Vertrag.

spe·cie ['spi:ʃɪ] *s.* **1.** Hartgeld *n*, Münze *f*; **2.** Bargeld *n*: ***~ payments*** Barzahlung *f*; ***in ~*** a) in bar, b) in natura, c) *fig.* in gleicher Münze.

spe·cies ['spi:ʃi:z] *s. sg. u. pl.* **1.** *allg.* Art *f*, Sorte *f*; **2.** *biol.* Art *f*, Spezies *f*: ***our*** (*od.* ***the***) ***~*** die Menschheit; **3.** *Logik*: Art *f*, Klasse *f*; **4.** *eccl.* (sichtbare) Gestalt (von Brot u. Wein).

spe·cif·ic [spɪ'sɪfɪk] **I** *adj.* (□ ***~ally***) **1.** spe'zifisch, spezi'ell, bestimmt; **2.** eigen(tümlich); **3.** typisch, kennzeichnend, besonder; **4.** wesentlich; **5.** genau, defini'tiv, prä'zis(e), kon'kret: ***a ~ statement***; **6.** *biol.* Art…: ***~ name***; **7.** ⚕ spe'zifisch (*Heilmittel*, *Krankheit*); **8.** *phys.* spe'zifisch: ***~ gravity*** spezifisches Gewicht, *die* Wichte; **II** *s.* **9.** ⚕ Spe'zifikum *n*.

spec·i·fi·ca·tion [,spesɪfɪ'keɪʃn] *s.* **1.** Spezifizierung *f*; **2.** genaue Aufzählung, Einzelaufstellung *f*; **3.** *mst pl.* Einzelangaben *pl.*, -vorschriften *pl.*, *bsd.* a) ⚠ Baubeschrieb *m*, b) ⚙ (technische) Beschreibung; **4.** ⚖ Pa'tentbeschreibung *f*, -schrift *f*; **5.** ⚖ Spezifikati'on *f* (*Eigentumserwerb durch Verarbeitung*);

spec·i·fy ['spesɪfaɪ] **I** *v/t.* **1.** (einzeln) angeben *od.* aufführen, (be)nennen, spezifizieren; **2.** bestimmen, (im einzelnen) festsetzen; **3.** in e-r Aufstellung besonders anführen; **II** *v/i.* **4.** genaue Angaben machen.

spec·i·men ['spesɪmɪn] *s.* **1.** Exem'plar *n*: ***a fine ~***; **2.** Muster *n* (*a. typ.*), Probe(stück *n*) *f*, ⚙ Prüfstück *n*: ***~ of s.o.'s handwriting*** Handschriftenprobe; **3.** *fig.* Probe *f*, Beispiel *n* (***of*** *gen.*); **4.** *fig. contp.* a) ‚Exem'plar' *n*, ‚Muster' *n* (***of*** an), b) ‚Type' *f*, komischer Kauz; ***~ cop·y*** *s.* 'Probeexem,plar *n*; ***~ sig·na·ture*** *s.* 'Unterschriftsprobe *f*.

spe·cious ['spi:ʃəs] *adj.* □ *äußerlich* blendend, bestechend, trügerisch, Schein…(*Argument etc.*): ***~ prosperity*** scheinbarer Wohlstand; **'spe·cious·ness** [-nɪs] *s.* **1.** *das* Bestechende; **2.** trügerischer Schein.

speck [spek] **I** *s.* **1.** Fleck(en) *m*, Fleckchen *n*; **2.** Stückchen *n*, *das* bißchen: ***a ~ of dust*** ein Stäubchen; **3.** faule Stelle (*im Obst*); **4.** *fig.* Pünktchen *n*; **II** *v/t.* **5.** sprenkeln; **'speck·le** [-kl] **I** *s.* Fleck(-en) *m*, Sprenkel *m*, Tupfen *m*, Punkt *m*; **II** *v/t.* → ***speck*** 5; **'speck·led** [-ld] *adj.* **1.** gefleckt, gesprenkelt, getüpfelt; **2.** (bunt)scheckig; **'speck·less** [-lɪs] *adj.* □ fleckenlos, sauber, rein (*a. fig.*).

specs [speks] *s. pl.* F Brille *f*.

spec·ta·cle ['spektəkl] *s.* **1.** Schauspiel *n* (*a. fig.*); **2.** Schaustück *n*: ***make a ~ of o.s.*** sich zur Schau stellen, (unangenehm) auffallen; **3.** *trauriger etc.* Anblick; **4.** *pl. a.* ***a pair of ~s*** e-e Brille; **'spec·ta·cled** [-ld] *adj.* **1.** bebrillt; **2.** *zo.* Brillen…(*-bär etc.*): ***~ cobra*** Brillenschlange *f*; **spec·tac·u·lar** [spek'tækjʊlə] **I** *adj.* □ **1.** Schau…, schauspielartig; **2.** spektaku'lär, aufsehenerregend, sensatio'nell; **II** *s.* **3.** *Am.* große (Fernseh)Schau, 'Galare,vue *f*; **spec·ta·tor** [spek'teɪtə] *s.* Zuschauer(in): ~ ***sport*** Zuschauersport *m.*

spec·ter ['spektə] *Am.* → ***spectre.***

spec·tra ['spektrə] *pl. von* ***spectrum***; '**spec·tral** [-trəl] *adj.* □ **1.** geisterhaft, gespenstisch; **2.** *phys.* Spektral…: ~ ***colo(u)r*** Spektral-, Regenbogenfarbe *f*; '**spec·tre** [-tə] *s.* **1.** Geist *m*, Gespenst *n*; **2.** *fig.* a) (Schreck)Gespenst *n*, b) *fig.* Hirngespinst *n.*

spec·tro·gram ['spektrəʊgræm] *s. phys.* Spektro'gramm *n*; '**spec·tro·graph** [-grɑ:f] *s. phys.* **1.** Spektro'graph *m*; **2.** Spektro'gramm *n*; **spec·tro·scope** ['spektrəskəʊp] *s. phys.* Spektro'skop *n.*

spec·trum ['spektrəm] *pl.* **-tra** [-trə] *s.* **1.** *phys.* Spektrum *n*: ~ ***analysis*** Spektralanalyse *f*; **2.** *a.* ***radio*** ~ ⚡ (Fre'quenz)Spektrum *n*; **3.** *a.* ***ocular*** ~ *opt.* Nachbild *n*; **4.** *fig.* Spektrum *n*, Skala *f*: ***all across the*** ~ auf der ganzen Linie.

spec·u·la ['spekjʊlə] *pl. von* ***speculum***; '**spec·u·lar** [-lə] *adj.* **1.** spiegelnd, Spiegel…: ~ ***iron*** *min.* Eisenglanz *m*; **2.** ⚕ Spekulum…

spec·u·late ['spekjʊleɪt] *v/i.* **1.** nachsinnen, -denken, theoretisieren, Vermutungen anstellen, ‚spekulieren' (***on***, ***upon***, ***about*** über *acc.*); **2.** ✝ spekulieren (***for***, ***on*** auf *Baisse etc.*, ***in*** in *Kupfer etc.*); **spec·u·la·tion** [ˌspekjʊ'leɪʃn] *s.* **1.** Nachdenken *n*, Grübeln *n*; **2.** Betrachtung *f*, Theo'rie *f*, Spekulati'on *f* (*a. phls.*); **3.** Vermutung *f*, Mutmaßung *f*, Rätselraten *n*, Spekulati'on *f*: ***mere*** ~; **4.** ✝ Spekulati'on *f*; '**spec·u·la·tive** [-lətɪv] *adj.* □ **1.** *phls.* spekula'tiv; **2.** theo'retisch; **3.** nachdenkend, grüblerisch; **4.** forschend, abwägend (*Blick etc.*); **5.** ✝ spekula'tiv, Spekulations…; '**spec·u·la·tor** [-leɪtə] *s.* ✝ Speku'lant *m.*

spec·u·lum ['spekjʊləm] *pl.* **-la** [-lə] *s.* **1.** (Me'tall)Spiegel *m* (*bsd. für Teleskope*); **2.** ⚕ Spekulum *n*, Spiegel *m.*

sped [sped] *pret. u. p.p. von* ***speed.***

speech [spi:tʃ] **I** *s.* **1.** Sprache *f*, Sprechvermögen *n*: ***recover one's*** ~ die Sprache wiedergewinnen; **2.** Reden *n*, Sprechen *n*: ***freedom of*** ~ Redefreiheit *f*; **3.** Rede *f*, Äußerung *f*: ***direct one's*** ~ ***to*** das Wort an *j-n* richten; **4.** Gespräch *n*: ***have*** ~ ***with*** mit *j-m* reden; **5.** Rede *f*, Ansprache *f*, Vortrag *m*; ⚖ Plädoy'er *n*; **6.** a) (Landes)Sprache *f*, b) Dia'lekt *m*: ***in common*** ~ in der Umgangssprache, landläufig; **7.** Sprech-, Ausdrucksweise *f*, Sprache *f* (*e-r Person*); **8.** ♪ Klang *m e-r Orgel etc.*; **II** *adj.* **9.** Sprach…, Sprech…: ~ ***area*** *ling.* Sprachraum *m*; ~ ***centre*** (*Am.* ***center***) *anat.* Sprechzentrum *n*; ~ ***clinic*** ⚕ Sprachklinik *f*; ~ ***day*** *ped.* (Jahres-) Schlußfeier *f*; ~ ***defect*** Sprachfehler *m*; ~ ***island*** Sprachinsel *f*; ~ ***map*** Sprachenkarte *f*; ~ ***record*** Sprechplatte *f*; ~ ***therapist*** Logopäde *m*; ~ ***therapy*** Logopädie *f.*

speech·i·fi·ca·tion [ˌspi:tʃɪfɪ'keɪʃn] *s. contp.* Redenschwingen *n*; **speech·i·fi·er** ['spi:tʃɪfaɪə] *s.* Viel-, Volksredner *m*; **speech·i·fy** ['spi:tʃɪfaɪ] *v/i.* Reden schwingen.

speech·less ['spi:tʃlɪs] *adj.* □ **1.** *fig.* sprachlos (***with*** vor *Empörung etc.*): ***that left him*** ~ das verschlug ihm die Sprache; **2.** stumm, wortkarg; **3.** *fig.* unsäglich: ~ ***grief***; '**speech·less·ness** [-nɪs] *s.* Sprachlosigkeit *f.*

speed [spi:d] **I** *s.* **1.** Geschwindigkeit *f*, Schnelligkeit *f*, Eile *f*, Tempo *n*: ***at a*** ~ ***of*** mit e-r Geschwindigkeit von; ***at full*** ~ mit Höchstgeschwindigkeit; ***at the*** ~ ***of light*** mit Lichtgeschwindigkeit; ***full*** ~ ***ahead*** ⚓ volle Kraft voraus; ***that's not my*** ~***!*** *sl.* das ist nicht mein Fall!; **2.** ⚙ a) Drehzahl *f*, b) *mot. etc.* Gang *m*: ***three-***~ ***bicycle*** Fahrrad mit Dreigangschaltung; **3.** *phot.* a) Lichtempfindlichkeit *f*, b) Verschlußgeschwindigkeit *f*; **4.** *obs.*: ***good*** ~***!*** viel Erfolg!, viel Glück!; **5.** *sl.* ‚Speed' *m* (*Aufputschmittel*); **II** *adj.* **6.** Schnell…, Geschwindigkeits…; **III** *v/t.* [*irr.*] **7.** *Gast* (rasch) verabschieden, *j-m* Lebe'wohl sagen; **8.** *j-m* beistehen: ***God*** ~ ***you!*** Gott sei mit dir!; **9.** rasch befördern; **10.** *Lauf etc.* beschleunigen; **11.** *mst* ~ ***up*** (*pret. u. p.p.* ***speeded***) *Maschine* beschleunigen, *fig. Sache* vo'rantreiben; *Produktion* erhöhen; **IV** *v/i.* [*irr.*] **12.** (da'hin-) eilen, rasen; **13.** *mot.* (zu) schnell fahren; → ***speeding***; **14.** ~ ***up*** (*pret. u. p.p.* ***speeded***) die Geschwindigkeit erhöhen; **15.** *obs.* gedeihen, Glück haben; '~**·boat** *s.* **1.** ⚓ Schnellboot *n*; **2.** *sport* Rennboot *n*; ~ **cop** *s.* F motorisierter Ver'kehrspoliˌzist; ~ **count·er** *s.* ⚙ Drehzahlmesser *m*, Tourenzähler *m.*

speed·er ['spi:də] *s.* **1.** ⚙ Geschwindigkeitsregler *m*; **2.** *mot.* ‚Raser' *m.*

speed in·di·ca·tor *s.* **1.** → ***speedometer***; **2.** → ***speed counter.***

speed·i·ness ['spi:dɪnɪs] *s.* Schnelligkeit

f, Zügigkeit *f*.

speed·ing ['spi:dɪŋ] *s. mot.* zu schnelles Fahren, Ge'schwindigkeitsüberˌtretung *f*: ***no ~!*** Schnellfahren verboten!

speed| lathe *s.* ⚙ Schnelldrehbank *f*; **~ lim·it** *s. mot.* Geschwindigkeitsbegrenzung *f*, Tempolimit *n*; **~ mer·chant** *s. mot. Brit. sl.* ‚Raser' *m*.

speed·o ['spi:dəʊ] *s. mot.* F ‚Tacho' *m*.

speed·om·e·ter [spɪ'dɒmɪtə] *s. mot.* Tacho'meter *m, n*.

'speed|-ˌread·ing *s.* 'Schnelleseme,thode *f*; **~ skat·er** *s. sport* Eisschnellläufer(in); **~ skat·ing** *s.* Eisschnellauf *m*.

speed·ster ['spi:dstə] *s.* **1.** → ***speeder*** 2; **2.** ‚Flitzer' *m* (*Sportwagen*).

speed| trap *s.* Ra'darfalle *f*; **'~-up** *s.* **1.** Beschleunigung *f*; **2.** Produkti'onserhöhung *f*; **'~·way** *s.* **1.** *sport* a) Speedwayrennen *pl.*, b) *a.* **~ *track*** Speedwaybahn *f*; **2.** *Am.* a) Schnellstraße *f*, b) Autorennstrecke *f*.

speed·well ['spi:dwel] *s.* ⚘ Ehrenpreis *n, m*.

speed·y ['spi:dɪ] *adj.* □ schnell, zügig, rasch, prompt: ***wish s.o. a ~ recovery*** j-m gute Besserung wünschen.

speiss [spaɪs] *s.* ⚒, *metall.* Speise *f*.

spe·le·ol·o·gist [ˌspelɪ'ɒlədʒɪst] *s.* Höhlenforscher *m*; **ˌspe·le'ol·o·gy** [-dʒɪ] *s.* Speläolo'gie *f*, Höhlenforschung *f*.

spell¹ [spel] **I** *v/t.* [*a. irr.*] **1.** buchstabieren: **~ *backward*** a) rückwärts buchstabieren, b) *fig.* völlig verdrehen; **2.** (ortho'graphisch richtig) schreiben; **3.** *Wort* bilden, ergeben: ***l-e-d ~s led***; **4.** *fig.* bedeuten: ***it ~s trouble***; **5. ~ *out*** (*od.* ***over***) (mühsam) entziffern; **6.** *oft* **~ *out*** *fig.* a) darlegen, b) (***for s.o.*** j-m) *et.* ‚ausein'anderklauben'; **II** *v/i.* [*a. irr.*] **7.** (richtig) schreiben; **8.** geschrieben werden, sich schreiben.

spell² [spel] **I** *s.* **1.** Arbeit(szeit) *f*: ***have a ~ at*** sich e-e Zeitlang mit *et.* beschäftigen; **2.** (Arbeits)Schicht *f*: ***give s.o. a ~*** → 7; **3.** *Am.* (*Husten- etc.*)Anfall *m*, (ner'vöser) Zustand; **4.** a) Zeit(abschnitt *m*) *f*, b) *ein* Weilchen *n*: ***for a ~***; **5.** *Am.* F Katzensprung *m* (*kurze Strecke*); **6.** *meteor.* Peri'ode *f*: ***a ~ of fine weather*** e-e Schönwetterperiode; ***hot ~*** Hitzewelle *f*; **II** *v/t.* **7.** *Am. j-n* (bei der Arbeit) ablösen.

spell³ [spel] **I** *s.* **1.** Zauber(wort *n*) *m*; **2.** *fig.* Zauber *m*, Bann *m*, Faszinati'on *f*: ***be under a ~*** a) verzaubert sein, b) *fig.* gebannt *od.* fasziniert sein; ***break the ~*** den Zauberbann (*fig.* das Eis) brechen; ***cast a ~ on*** → 3; **II** *v/t.* **3.** *j-n* a) verzaubern, b) *fig.* bezaubern, fesseln, faszinieren; **'~·bind** *v/t.* [*irr.* → ***bind***] → ***spell³*** 3; **'~ˌbind·er** *s.* faszinierender Redner, fesselnder Ro'man *etc.*; **'~·bound** *adj. u. adv.* (wie) gebannt, fasziniert.

spell·er ['spelə] *s.* **1. *he is a good ~*** er ist in der Orthographie gut beschlagen; **2.** Fibel *f*; **'spell·ing** [-lɪŋ] *s.* **1.** Buchstabieren *n*; **2.** Rechtschreibung *f*, Orthogra'phie *f*: **~ *bee*** Rechtschreibewettbewerb *m*.

spelt¹ [spelt] *s.* ⚘ Spelz *m*, Dinkel *m*.

spelt² [spelt] *pret. u. p.p. von* ***spell¹***.

spel·ter ['speltə] *s.* **1.** ☤ (Handels-, Roh)Zink *n*; **2.** *a.* **~ *solder*** ⚙ Messingschlaglot *n*.

spe·lunk [spɪ'lʌŋk] *v/i. Am.* Höhlen erforschen (*als Hobby*).

spen·cer¹ ['spensə] *s. hist. u. Damenmode*: Spenzer *m* (*kurze Überjacke*).

spen·cer² ['spensə] *s.* ⚓ *hist.* Gaffelsegel *n*.

spend [spend] [*irr.*] **I** *v/t.* **1.** verbrauchen, aufwenden, ausgeben (***on*** für): **~ *money***; → ***penny*** 1; **2.** *Geld, Zeit etc.* verwenden, anlegen (***on*** für): **~ *time on s.th.*** Zeit für et. verwenden; **3.** verschwenden, -geuden, 'durchbringen; **4.** *Zeit* zu-, verbringen; **5.** (***o.s.*** sich) erschöpfen, verausgaben: ***the storm is spent*** der Sturm hat sich gelegt *od.* ausgetobt; **II** *v/i.* **6.** Geld ausgeben, Ausgaben machen; **7.** laichen (*Fische*).

spend·ing ['spendɪŋ] *s.* **1.** (*das*) Geldausgeben; **2.** Ausgabe(n *pl.*) *f*; **~ mon·ey** *s.* Taschengeld *n*; **~ pow·er** *s.* Kaufkraft *f*.

spend·thrift ['spendθrɪft] **I** *s.* Verschwender(in); **II** *adj.* verschwenderisch.

Spen·se·ri·an [spen'sɪərɪən] *adj.* (Edmund) Spenser betreffend: **~ *stanza*** Spenserstanze *f*.

spent [spent] **I** *pret. u. p.p. von* ***spend***; **II** *adj.* **1.** matt, verausgabt, erschöpft, entkräftet: **~ *bullet*** matte Kugel; **~ *liquor*** ⚙ Ablauge *f*; **2.** verbraucht; **3.** *zo.* (*von Eiern od. Samen*) entleert (*Insekten, Fische*): **~ *herring*** Hering *m* nach dem Laichen.

sperm¹ [spɜ:m] *s. physiol.* **1.** Sperma *n*, Samenflüssigkeit *f*; **2.** Samenzelle *f*.

sperm² [spɜ:m] *s.* **1.** Walrat *m, n*; **2.** → ***sperm whale***; **3.** → ***sperm oil***.

sper·ma·ce·ti [ˌspɜ:mə'setɪ] *s.* Walrat *m, n*.

sper·ma·ry ['spɜ:mərɪ] *s. physiol.* Keimdrüse *f*; **sper·mat·ic** [spɜ:'mætɪk] *adj. physiol.* sper'matisch, Samen…: **~ *cord*** Samenstrang *m*; **~ *filament*** Samenfaden *m*; ~ ***fluid*** → ***sperm***[1] 1.

sper·ma·to·blast ['spɜ:mətəʊblæst] *s. biol.* Ursamenzelle *f*; ˌ**sper·ma·to'gen·e·sis** [-əʊ'dʒenɪsɪs] *s. biol.* Samenbildung *f*; ˌ**sper·ma·to'zo·on** [-əʊ'zəʊɒn] *pl.* **-'zo·a** [-'zəʊə] *s. biol.* Spermato'zoon *n*, Spermium *n*.

spermo- [spɜ:məʊ] *in Zssgn* Samen…

sperm oil *s.* Walratöl *n*.

sper·mo·log·i·cal [ˌspɜ:mə'lɒdʒɪkl] *adj.* **1.** ⚕ spermato'logisch; **2.** ⚘ samenkundlich.

sperm whale *s. zo.* Pottwal *m*.

spew [spju:] **I** *v/i.* sich erbrechen, ‚spukken', ‚speien'; **II** *v/t.* (er)brechen: ~ ***forth*** (*od.* ***out***, ***up***) (aus)speien, (-)spucken, (-)werfen; **III** *s. das* Erbrochene.

sphac·e·la·tion [ˌsfæsɪ'leɪʃn] *s.* ⚕ Brandbildung *f*; **sphac·e·lous** ['sfæsɪləs] *adj.* ⚕ gangrä'nös, ne'krotisch.

sphaero- [sfɪərəʊ] *in Zssgn* Kugel…, Sphaero…

sphe·nog·ra·phy [sfɪ'nɒgrəfɪ] *s.* Keilschriftkunde *f*; **sphe·noid** ['sfi:nɔɪd] **I** *adj.* **1.** keilförmig; **2.** *anat.* Keilbein…; **II** *s.* **3.** *min.* Spheno'id *n* (*Kristallform*).

sphere [sfɪə] *s.* **1.** Kugel *f* (*a.* ⩘; *a. sport Ball*), kugelförmiger Körper; Erd-, Himmelskugel *f*; Himmelskörper *m*: ***doctrine of the*** ~ ⩘ Sphärik *f*; **2.** *antiq. ast.* Sphäre *f*: ***music of the*** ~***s*** Sphärenmusik *f*; **3.** *poet.* Himmel *m*, Sphäre *f*; **4.** *fig.* (*Einfluß-*, *Interessen- etc.*)Sphäre *f*, Gebiet *n*, Bereich *m*, Kreis *m*: ~ ***of influence***; ~ (***of activity***) Wirkungskreis; **5.** Mili'eu *n*, (gesellschaftliche) Um'gebung; **spher·ic** ['sferɪk] **I** *adj.* **1.** *poet.* himmlisch; **2.** kugelförmig; **3.** sphärisch; **II** *s. pl.* **4.** → ***spherics***[1]; **spher·i·cal** ['sferɪkl] *adj.* □ **1.** kugelförmig; **2.** ⩘ Kugel…(*-ausschnitt*, *-vieleck etc.*), sphärisch: ~ ***astronomy***; ~ ***trigonometry***; **sphe·ric·i·ty** [sfɪ'rɪsətɪ] *s.* Kugelgestalt *f*, sphärische Gestalt.

spher·ics[1] ['sferɪks] *s. pl. sg. konstr.* ⩘ Sphärik *f*, Kugellehre *f*.

spher·ics[2] ['sferɪks] *s. pl. sg. konstr.* Wetterbeobachtung *f* mit elek'tronischen Geräten.

sphero- → ***sphaero-***.

sphe·roid ['sfɪərɔɪd] **I** *s.* ⩘ Sphäro'id *n*; **II** *adj.* → **sphe·roi·dal** [ˌsfɪə'rɔɪdl] *adj.* □ sphäro'idisch, kugelig; **sphe·roi·dic**, **sphe·roi·di·cal** [ˌsfɪə'rɔɪdɪk(l)] *adj.* □ → ***spheroidal***.

spher·ule ['sferju:l] *s.* Kügelchen *n*.

sphinc·ter ['sfɪŋktə] *s. a.* ~ ***muscle*** *anat.* Schließmuskel *m*.

sphinx [sfɪŋks] *pl.* '**sphinx·es** *s.* **1.** *mst* ♀ *myth. u.* ⚠ Sphinx *f* (*a. fig. rätselhafter Mensch*); **2.** a) *a.* ~ ***moth*** Sphinx *f* (*Nachtfalter*), b) *a.* ~ ***baboon*** Sphinxpavian *m*; '~**·like** *adj.* sphinxartig (*a. fig. rätselhaft*).

spi·ca ['spaɪkə] *pl.* **-cae** [-si:] *s.* **1.** ⚘ Ähre *f*; **2.** ⚕ Kornährenverband *m*; '**spi·cate** [-keɪt] *adj.* ⚘ a) ährentragend (*Pflanze*), b) ährenförmig (angeordnet) (*Blüte*).

spice [spaɪs] **I** *s.* **1.** a) Gewürz *n*, Würze *f*, b) *coll.* Gewürze *pl.*; **2.** *fig.* Würze *f*; **3.** *fig.* Beigeschmack *m*, Anflug *m*; **II** *v/t.* **4.** würzen (*a. fig.*); **spiced** [-st] → ***spicy*** 1 *u.* 2; '**spic·er·y** [-sərɪ] *s. coll.* Gewürze *pl.*; '**spic·i·ness** [-sɪnɪs] *s. fig. das* Würzige, *das* Pi'kante.

spick-and-span [ˌspɪkən'spæn] *adj.* **1.** funkelnagelneu; **2.** a) blitzsauber, b) ‚wie aus dem Ei gepellt' (*Person*).

spic·u·lar ['spaɪkjʊlə] *adj.* **1.** *zo.* nadelförmig; **2.** ⚘ ährchenförmig; **spic·ule** ['spaɪkju:l] *s.* **1.** (Eis- *etc.*)Nadel *f*; **2.** *zo.* nadelartiger Fortsatz, *bsd.* Ske'lettnadel *f* (*e-s Schwammes etc.*); **3.** ⚘ Ährchen *n*.

spic·y ['spaɪsɪ] *adj.* □ **1.** gewürzt; **2.** würzig, aro'matisch (*Duft etc.*); **3.** Gewürz…; **4.** *fig.* a) gewürzt, witzig, b) pi'kant, gepfeffert, schlüpfrig; **5.** *sl.* a) ‚gewieft', geschickt, b) schick.

spi·der ['spaɪdə] *s.* **1.** *zo.* Spinne *f*; **2.** ⚙ a) Armkreuz *n*, b) Drehkreuz *n*, c) Armstern *m* (*Rad*); **3.** ⚡ Ständerkörper *m*; **4.** *Am.* Dreifuß *m* (*Untersatz*); ~ **catch·er** *s. orn.* **1.** Spinnenfresser *m*; **2.** Mauerspecht *m*; ~ **line** *s. mst pl.* ⚙, *opt.* Faden(kreuz *n*) *m*, Ableselinie *f*; ~ **web**, *a.* ~**'s web** *s.* Spinn(en)gewebe *n* (*a. fig.*).

spi·der·y ['spaɪdərɪ] *adj.* **1.** spinnenartig; **2.** spinnwebartig; **3.** voll von Spinnen.

spiel [spi:l] *s. Am. sl.* **1.** Werbesprüche *pl.*; **2.** ‚Platte' *f*, Gequassel *n*.

spiff·ing ['spɪfɪŋ] *adj. sl.* ‚toll', ‚(tod-)schick'.

spif·(f)li·cate ['spɪflɪkeɪt] *v/t. sl.* ‚es *j-m* besorgen'.

spig·ot ['spɪgət] *s.* ⚙ **1.** (Faß)Zapfen *m*; **2.** Zapfen *m* (*e-s Hahns*); **3.** (Faß-, Leitungs)Hahn *m*; **4.** Muffenverbindung *f* (*bei Röhren*).

spike[1] [spaɪk] *s.* ⚘ **1.** (Gras-, Korn)Ähre *f*; **2.** (Blüten)Ähre *f*.

spike[2] [spaɪk] **I** *s.* **1.** Stift *m*, Spitze *f*, Dorn *m*, Stachel *m*; **2.** ⚙ (Haken-, Schienen)Nagel *m*, Bolzen *m*; **3.** (Zaun)Eisenspitze *f*; **4.** a) *mst pl.* Spike *m* (*am Rennschuh etc.*), b) *pl. mot.* Spikes *pl.* (*am Reifen*); **5.** *hunt.* Spieß *m* (*e-s Junghirsches*); **6.** *ichth.* junge Ma'krele; **II** *v/t.* **7.** festnageln; **8.** mit (Eisen)Spitzen versehen; **9.** aufspießen; **10.** *sport* mit den Spikes verletzen; **11.** ⚔ *Geschütz* vernageln: **~ *s.o.'s guns*** *fig.* j-m e-n Strich durch die Rechnung machen; **12.** a) e-n Schuß Alkohol geben in *ein Getränk*, b) *fig.* ‚pfeffern'.

spiked¹ [spaɪkt] *adj.* ⚘ ährentragend.

spiked² [spaɪkt] *adj.* **1.** mit Nägeln *od.* (Eisen)Spitzen (versehen): **~ *shoes***; **~ *helmet*** Pickelhaube *f*; **2.** mit ‚Schuß' (*Getränk*).

spike·nard ['spaɪknɑːd] *s.* **1.** La'vendelöl *n*; **2.** ⚘ Indische Narde; **3.** ⚘ Traubige A'ralie.

spike oil → ***spikenard*** 1.

spik·y ['spaɪkɪ] *adj.* **1.** spitz, dornenartig, stachelig; **2.** *Brit.* F a) eigensinnig, b) empfindlich.

spile [spaɪl] **I** *s.* **1.** (Faß)Zapfen *m*, Spund *m*; **2.** Pflock *m*, Pfahl *m*; **II** *v/t.* **3.** verspunden; **4.** anzapfen; **'~·hole** *s.* Spundloch *n*.

spill¹ [spɪl] *s.* **1.** (Holz)Splitter *m*; **2.** Fidibus *m*.

spill² [spɪl] **I** *v/t.* [*irr.*] **1.** aus-, verschütten, 'überlaufen lassen; **2.** *Blut* vergießen; **3.** um'her-, verstreuen; **4.** ⚓ *Segel* killen lassen; **5.** a) *Reiter* abwerfen, b) *j-n* schleudern; **6.** *sl.* ausplaudern, verraten; → ***bean*** 1; **II** *v/i.* [*irr.*] **7.** 'überlaufen, verschüttet werden; **8.** *a.* **~ *over*** sich ergießen (*a. fig.*); **9.** **~ *over with*** *fig.* wimmeln von; **10.** *sl.* ‚auspacken', ‚singen'; **III** *s.* **11.** F Sturz *m* (*vom Pferd etc.*); **12.** ✝ Preissturz *m*.

spil·li·kin ['spɪlɪkɪn] *s.* **1.** (*bsd.* Mi'kado-) Stäbchen *n*; **2.** *pl. sg. konstr.* Mi'kado *n*.

'spill·way *s.* ⚙ 'Überlauf(rinne *f*) *m*, 'Abflußka͵nal *m*.

spilt [spɪlt] *pret. u. p.p. von* ***spill²***; → ***milk*** 1.

spin [spɪn] **I** *v/t.* [*irr.*] **1.** *Wolle, Flachs etc.* (zu Fäden) spinnen; **2.** *Fäden, Garn* spinnen; **3.** schnell drehen, (her'um)wirbeln; *Kreisel* treiben; ✈ *Flugzeug* trudeln lassen; *Münze* hochwerfen; *Wäsche* schleudern; *Schallplatte* ‚laufen lassen'; **4.** a) sich *et.* ausdenken, *Pläne* aushecken, b) erzählen; → ***yarn*** 3; **5.** **~ *out*** in die Länge ziehen, *Geschichte* ausspinnen, *a. Suppe etc.* ‚strecken'; **6.** *sport Ball* mit Ef'fet schlagen; **7.** *sl. Kandidaten* ‚'durchrasseln' lassen; **II** *v/i.* [*irr.*] **8.** spinnen; **9.** *a.* **~ *round*** sich (im Kreis um die eigene Achse) drehen, her'umwirbeln: ***send s.o. ~ning*** j-n hinschleudern; ***my head ~s*** mir dreht sich alles; **10.** **~ *along*** da'hinsausen (*fahren*); **11.** ✈ trudeln; **12.** *mot.* 'durchdrehen (*Räder*); **13.** *sl.* ‚durchrasseln' (*Prüfungskandidat*); **III** *s.* **14.** *das* Her'umwirbeln; **15.** schnelle Drehung, Drall *m*; **16.** *phys.* Spin *m*, Drall *m* (*des Elektrons*); **17.** ***go for a ~*** F e-e Spritztour machen; **18.** ✈ a) (Ab)Trudeln *n*, b) 'Sturzspi͵rale *f*; **19.** *sport* Ef'fet *m*.

spin·ach ['spɪnɪdʒ] *s.* **1.** ⚘ Spi'nat *m*; **2.** *Am. sl.* ‚Mist' *m*.

spi·nal ['spaɪnl] *adj. anat.* spi'nal, Rückgrat..., Rückenmarks...; **~ col·umn** *s.* Wirbelsäule *f*, Rückgrat *n*; **~ cord**, **~ mar·row** *s.* Rückenmark *n*; **~ nerve** *s.* Spi'nalnerv *m*.

spin·dle ['spɪndl] **I** *s.* **1.** ⚙ a) (Hand-, *a.* Drehbank)Spindel *f*, b) Welle *f*, Achszapfen *m*, c) Triebstock *m*, d) Hydro'meter *n*; **2.** *ein Garnmaß*; **3.** *biol.* Kernspindel *f*; **4.** ⚘ Spindel *f*; **II** *v/i.* **5.** (auf)schießen (*Pflanze*); **6.** in die Höhe schießen (*Person*); **'~-legged** *adj.* storchbeinig; **'~·legs**, **'~·shanks** *s. pl.* **1.** ‚Storchbeine' *pl.*; **2.** *sg. konstr.* ‚Storchbein' *n* (*Person*).

spin·dling ['spɪndlɪŋ], **'spin·dly** [-lɪ] *adj.* lang u. dünn, spindeldürr.

͵spin|-'dry *v/t.* *Wäsche* schleudern; **͵~-'dry·er**, *a.* **͵~-'dri·er** *s.* Wäscheschleuder *f*.

spine [spaɪn] *s.* **1.** ⚘, *zo.* Stachel *m*; **2.** *anat.* Rückgrat *n* (*a. fig. fester Charakter*), Wirbelsäule *f*; **3.** (Gebirgs)Grat *m*; **4.** Buchrücken *m*; **spined** [-nd] *adj.* **1.** *bot.*, *zo.* stachelig, Stachel...; **2.** Rückgrat..., Wirbel...; **'spine·less** [-lɪs] *adj.* **1.** stachellos; **2.** rückgratlos (*a. fig.*).

spin·et [spɪ'net] *s.* ♪ Spi'nett *n*.

spin·na·ker ['spɪnəkə] *s.* ⚓ Spinnaker *m* (*großes Dreiecksegel*).

spin·ner ['spɪnə] *s.* **1.** *poet. od. dial.* Spinne *f*; **2.** Spinner(in); **3.** ⚙ 'Spinnma͵schine *f*; **4.** Kreisel *m*; **5.** (Polier-) Scheibe *f*; **6.** → **'spin·ner·et** [-əret] *s. zo.* Spinndrüse *f*.

spin·ney ['spɪnɪ] *pl.* **-neys** *s. Brit.* Dikkicht *n*.

spin·ning| jen·ny ['spɪnɪŋ] *s.* 'Feinspinnma͵schine *f*; **~ mill** *s.* Spinne'rei *f*; **~ wheel** *s.* Spinnrad *n*.

'spin-off *s.* ⚙ 'Nebenpro͵dukt *n* (*a. fig.*).

spi·nose ['spaɪnəʊs], **'spi·nous** [-nəs] *adj.* stach(e)lig.

spin·ster ['spɪnstə] *s.* **1.** älteres Fräulein, alte Jungfer; **2.** *Brit.* ⚖ a) unverheiratete Frau, b) *nach dem Namen*: ledig: **~ *aunt*** unverheiratete Tante;

'**spin·ster·hood** [-hʊd] *s.* **1.** Alt'jüngferlichkeit *f*; **2.** Alt'jungfernstand *m*; **3.** lediger Stand; '**spin·ster·ish** [-ərɪʃ], '**spin·ster·ly** [-lɪ] *adj.* alt'jüngferlich.

spin·y ['spaɪnɪ] *adj.* **1.** ⚘, *zo.* stach(e)lig; **2.** *fig.* heikel (*Thema etc.*).

spi·ra·cle ['spaɪərəkl] *s.* **1.** Atem-, Luftloch *n*, *bsd. zo.* Tra'chee *f*; **2.** *zo.* Spritzloch *n* (*bei Walen etc.*).

spi·ral ['spaɪərəl] **I** *adj.* □ **1.** gewunden, schrauben-, schneckenförmig, spi'ral, Spiral...: ~ ***balance*** ⚙ (Spiral)Federwaage *f*; ~ ***staircase*** Wendeltreppe *f*; **2.** ⚘ spi'ralig, Spiral...; **II** *s.* **3.** ⚘ *etc.* Spi'rale *f*; **4.** Windung *f e-r Spirale*; **5.** ⚙ a) *a.* ~ ***conveyer*** Förderschnecke *f*, b) *a.* ~ ***spring*** Spi'ralfeder *f*; **6.** ⚡ a) Spule *f*, b) Wendel *f* (*Glühlampe*); **7.** *a.* ~ ***nebula*** *ast.* Spi'ralnebel *m*; **8.** ✈ Spi'ralflug *m*, Spi'rale *f*; **9.** ✝ (*Preis-, Lohn- etc.*)Spi'rale *f*: ***wage-price*** ~ Lohn-Preis-Spirale; **III** *v/t.* **10.** spi'ralig machen; **11.** ~ ***up*** (***down***) *Preise etc.* hin'auf- (her'unter)schrauben; **IV** *v/i.* **12.** sich spi'ralförmig nach oben *od.* unten bewegen, *a.* ✈, ✝ sich hoch- *od.* niederschrauben.

spi·rant ['spaɪərənt] *ling.* **I** *s.* Spirans *f*, Reibelaut *m*; **II** *adj.* spi'rantisch.

spire[1] ['spaɪə] *s.* **1.** → ***spiral*** 4; **2.** Spi'rale *f*; **3.** *zo.* Gewinde *n*.

spire[2] ['spaɪə] **I** *s.* **1.** (*Dach-, Turm-, a. Baum-, Berg- etc.*)Spitze *f*; **2.** Spitzturm *m*; **3.** Kirchturm(spitze *f*) *m*; **4.** spitz zulaufender Körper *od.* Teil, *z.B.* (Blüten)Ähre *f*, Grashalm *m*, (Geweih)Gabel *f*; **II** *v/i. u. v/t.* **5.** spitz zulaufen (lassen).

spired[1] ['spaɪəd] *adj.* spi'ralförmig.

spired[2] ['spaɪəd] *adj.* **1.** spitz (zulaufend); **2.** spitztürmig.

spir·it ['spɪrɪt] **I** *s.* **1.** *allg.* Geist *m*: a) Odem *m*, Lebenshauch *m*, b) innere Vorstellung: ***in*** (***the***) ~ im Geiste, c) Seele *f* (*a. e-s Toten*), d) Gespenst *n*, e) Gesinnung *f*, (*Gemein- etc.*)Sinn *m*, f) Cha'rakter *m*, g) Sinn *m*: ***the*** ~ ***of the law***; → ***enter into*** 4; **2.** Stimmung *f*, Gemütsverfassung *f*, *pl. a.* Lebensgeister *pl.*: ***in high*** (***low***) ~***s*** gehobener (in gedrückter) Stimmung; **3.** Feuer *n*, Schwung *m*, E'lan *m*; Ener'gie *f*, Mut *m*; **4.** (Mann *m* von) Geist *m*, Kopf *m*, Ge'nie *n*; **5.** Seele *f e-s Unternehmens*; **6.** (Zeit)Geist *m*: ~ ***of the age***; **7.** ⚗ Destil'lat *n*, Geist *m*, Spiritus *m*: ~(***s***) ***of hartshorn*** Hirschhornspiritus, -geist; ~(***s***) ***of turpentine*** Terpentinöl *n*; ~(***s***) ***of wine*** Weingeist; **8.** *pl.* alko'holische *od.* geistige Getränke *pl.*, Spiritu'osen *pl.*; **9.** *a. pl.* ⚗ *Am.* Alkohol *m*; **II** *v/t.* **10.** *a.* ~ ***up*** aufmuntern, anstacheln; **11.** ~ ***away***, ~ ***off*** wegschaffen, -zaubern, verschwinden lassen; '**spir·it·ed** [-tɪd] *adj.* □ **1.** le'bendig, lebhaft, schwungvoll, tempera'mentvoll; **2.** e'nergisch, beherzt; **3.** feurig (*Pferd etc.*); **4.** (geist)sprühend, le'bendig (*Rede, Buch etc.*).

-spir·it·ed [spɪrɪtɪd] *adj. in Zssgn* **1.** ...gesinnt: → ***public-***~; **2.** ...gestimmt: → ***low-***~.

spir·it·ed·ness ['spɪrɪtɪdnɪs] *s.* **1.** Lebhaftigkeit *f*, Le'bendigkeit *f*; **2.** Ener'gie *f*, Beherztheit *f*; **3.** *in Zssgn*: ***low-***~ Niedergeschlagenheit *f*; ***public-***~ Gemeinsinn *m*.

spir·it·ism ['spɪrɪtɪzəm] *s.* Spiri'tismus *m*; '**spir·it·ist** [-ɪst] *s.* Spiri'tist(in); **spir·it·is·tic** [ˌspɪrɪ'tɪstɪk] *adj.* (□ ~***ally***) spiri'tistisch.

spir·it·less ['spɪrɪtlɪs] *adj.* □ **1.** geistlos; **2.** leb-, lust-, schwunglos, schlapp; **3.** niedergeschlagen, mutlos; '**spir·it·less·ness** [-nɪs] *s.* **1.** Geistlosigkeit *f*; **2.** Lust-, Schwunglosigkeit *f*; **3.** Kleinmut *m*.

spir·it| lev·el *s.* ⚙ Nivellier-, Wasserwaage *f*; ~ **rap·ping** *s.* Geisterklopfen *n*.

spir·it·u·al ['spɪrɪtjʊəl] **I** *adj.* □ **1.** geistig, unkörperlich; **2.** geistig, innerlich, seelisch: ~ ***life*** Seelenleben *n*; **3.** vergeistigt (*Person, Gesicht etc.*); **4.** göttlich (inspiriert); **5.** a) religi'ös, b) kirchlich, c) geistlich (*Gericht, Lied etc.*); **6.** geistig, intellektu'ell; **7.** geistreich, -voll; **II** *s.* **8.** ♪ (Neger)Spiritual *n*; '**spir·it·u·al·ism** [-lɪzəm] *s.* **1.** Geisterglaube *m*, Spiri'tismus *m*; **2.** *phls.* a) Spiritua'lismus *m*, b) meta'physischer Idea'lismus; **3.** *das* Geistige; '**spir·it·u·al·ist** [-lɪst] *s.* **1.** Spiritua'list *m*, Idea'list *m*; **2.** Spiri'tist *m*; **spir·it·u·al·i·ty** [ˌspɪrɪtjʊ'ælətɪ] *s.* **1.** *das* Geistige; **2.** *das* Geistliche; **3.** Unkörperlichkeit *f*, geistige Na'tur; **4.** *oft pl. hist.* geistliche Rechte *pl. od.* Einkünfte *pl.*; '**spir·it·u·al·ize** [-laɪz] *v/t.* **1.** vergeistigen; **2.** im über'tragenen Sinne deuten.

spir·it·u·ous ['spɪrɪtjʊəs] *adj.* **1.** alko'holisch: ~ ***liquors*** Spirituosen; **2.** destilliert.

spir·y[1] ['spaɪərɪ] → ***spired***[1].

spir·y[2] ['spaɪərɪ] *adj.* **1.** spitz zulaufend; **2.** vieltürmig.

spit[1] [spɪt] **I** *v/i.* [*irr.*] **1.** spucken: ~ ***on*** *fig.* auf *et.* spucken; ~ ***on*** (*od.* ***at***) ***s.o.*** j-n anspucken; ~ ***s.o. in the eye*** j-m ins Gesicht spucken (*a. fig.*); **2.** spritzen, klecksen (*Federhalter*); **3.** sprühen (*Regen*); **4.** fauchen, zischen (*Katze etc.*): ***~ at s.o.*** j-n anfauchen; **5.** (her'aus)sprudeln, (-)spritzen (*kochendes Wasser etc.*); **II** *v/t.* [*irr.*] **6.** *a.* ***~ out*** (aus)spukken; **7.** *Feuer etc.* speien; **8.** *a.* ***~ out*** *fig. Worte* (heftig) her'vorstoßen, zischen: ***~ it out!*** F nun sag's schon!; **III** *s.* **9.** Spucke *f*, Speichel *m*: ***~ and polish*** ⚓, ⚔ *sl.* a) Putz- u. Flickstunde *f*, b) peinliche Sauberkeit, c) Leuteschinderei *f*; ***~-and-polish*** F *attr.* ,wie aus dem Ei gepellt'; **10.** Fauchen *n* (*e-r Katze*); **11.** Sprühregen *m*; **12.** F Eben-, Abbild *n*: ***she is the ~*** (***and image***) ***of her mother*** sie ist ihrer Mutter wie aus dem Gesicht geschnitten.

spit² [spɪt] **I** *s.* **1.** (Brat)Spieß *m*; **2.** *geogr.* Landzunge *f*; **3.** spitz zulaufende Sandbank; **II** *v/t.* **4.** an e-n Bratspieß stecken; **5.** aufspießen.

spit³ [spɪt] *s.* Spatenstich *m*.

spite [spaɪt] **I** *s.* **1.** Boshaftigkeit *f*, Gehässigkeit *f*: ***from pure*** (*od.* ***in*** *od.* ***out of***) ***~*** aus reiner Bosheit; **2.** Groll *m*: ***have a ~ against*** *j-m* grollen; ***~ vote*** *pol.* Protest-, Trotzwahl *f*; **3.** (***in***) ***~ of*** trotz, ungeachtet (*gen.*): ***in ~ of that*** dessenungeachtet; ***in ~ of o.s.*** unwillkürlich; **II** *v/t.* **4.** *j-m* ,eins auswischen'; → ***nose*** *Redew.*; **'spite·ful** [-fʊl] *adj.* □ boshaft, gehässig; **'spite·ful·ness** [-fʊlnɪs] → ***spite*** 1.

'spit,fire *s.* **1.** Feuer-, Hitzkopf *m*, *bsd.* ,Drachen' *m* (*Frau*); **2.** feuerspeiender Vul'kan.

spit·tle ['spɪtl] *s.* Spucke *f*, Speichel *m*.

spit·toon [spɪ'tu:n] *s.* Spucknapf *m*.

spitz (**dog**) [spɪts] *s.* *zo.* Spitz *m* (*Hund*).

spiv [spɪv] *s.* *Brit. sl.* Schieber *m*, Schwarzhändler *m*.

splanch·nic ['splæŋknɪk] *adj. anat.* Eingeweide...

splash [splæʃ] **I** *v/t.* **1.** (mit Wasser *od.* Schmutz *etc.*) bespritzen; **2.** *Wasser etc.* spritzen, gießen, *Farbe etc.* klatschen (***on, over*** über *acc. od.* auf *acc.*); **3.** *s-n Weg* patschend bahnen; **4.** *Plakate* anbringen; **5.** F *in der Zeitung* in großer Aufmachung bringen; **II** *v/i.* **6.** spritzen; **7.** platschen: a) planschen, b) klatschen (*Regen etc.*), c) plumpsen: ***~ down*** wassern (*Raumkapsel*); **III** *adv. u. int.* **8.** p(l)atsch(!), klatsch(!); **IV** *s.* **9.** a) Spritzen *n*, b) Platschen *n*, Klatschen *n*, c) Schwapp *m*, Guß *m*; **10.** Spritzer *m*, (Spritz)Fleck *m*; **11.** (Farb-, Licht)Fleck *m*; **12.** F a) Aufsehen *n*, Sensati'on *f*, b) große Aufmachung, c) großer Aufwand: ***get a ~*** groß herausgestellt werden; ***make a ~*** Aufsehen erregen, Furore machen; **13.** *Brit.* F Schuß *m* (Soda)Wasser (*zum Whisky etc.*); **'~·board** *s.* ⚙ Schutzblech *n*; **'~·down** *s.* Wasserung *f*, Eintauchen *n* (*e-r Raumkapsel*).

splash·er ['splæʃə] *s.* **1.** Schutzblech *n*; **2.** Wandschoner *m*.

splash| guard *s.* ⚙ Spritzschutz *m*; **'~·proof** *adj.* ⚙ spritzwassergeschützt.

splash·y ['splæʃɪ] *adj.* **1.** spritzend; **2.** klatschend, platschend; **3.** bespritzt, beschmutzt; **4.** matschig; **5.** F sensatio'nell, ,toll'.

splat·ter ['splætə] → ***splash*** 1, 2, 6, 7.

splay [spleɪ] **I** *v/t.* **1.** ausbreiten, -dehnen; **2.** ⚠ ausschrägen; **3.** (ab)schrägen; **4.** *bsd. vet. Schulterknochen* ausrenken (*bei Pferden*); **II** *v/i.* **5.** ausgeschrägt sein; **III** *adj.* **6.** breit u. flach; **7.** gespreizt, auswärts gebogen (*Fuß*); **8.** schief, schräg; **9.** *fig.* linkisch; **IV** *s.* **10.** ⚠ Ausschrägung *f*; **splayed** [-eɪd] → ***splay*** 7.

'splay|·foot I *s.* ⚕ Spreiz-, Plattfuß *m*; **II** *adj. a.* **,~'foot·ed** spreiz- *od.* plattfüßig.

spleen [spli:n] *s.* **1.** *anat.* Milz *f*; **2.** *fig.* schlechte Laune; **3.** *obs.* Hypochon'drie *f*, Melancho'lie *f*; **4.** *obs.* Spleen *m*, ,Tick' *m*; **'spleen·ful** [-fʊl], **'spleen·ish** [-nɪʃ] *adj.* □ **1.** mürrisch, übelgelaunt; **2.** hypo'chondrisch.

splen·dent ['splendənt] *adj. min. u. fig.* glänzend, leuchtend.

splen·did ['splendɪd] *adj.* □ **1.** *alle a.* F glänzend, großartig, herrlich, prächtig: ***~ isolation*** *pol. hist.* Splendid isolation *f*; **2.** glorreich; **3.** wunderbar, her'vorragend: ***~ talents***; **'splen·did·ness** [-nɪs] *s.* **1.** Glanz *m*, Pracht *f*; **2.** Großartigkeit *f*.

splen·dif·er·ous [splen'dɪfərəs] *adj.* F *od. humor.* herrlich, prächtig.

splen·do(u)r ['splendə] *s.* **1.** heller Glanz; **2.** Pracht *f*; **3.** Großartigkeit *f*, Bril'lanz *f*, Größe *f*.

sple·net·ic [splɪ'netɪk] **I** *adj.* (□ ***~ally***) **1.** ⚕ Milz...; **2.** milzkrank; **3.** → ***spleenish***; **II** *s.* **4.** ⚕ Milzkranke(r *m*) *f*; **5.** Hypo'chonder *m*.

splen·ic ['splenɪk] *adj.* ⚕ Milz...: ***~ fever*** Milzbrand *m*.

splice [splaɪs] **I** *v/t.* **1.** spleißen, zs.-splissen; **2.** (ein)falzen; **3.** verbinden, zs.-fügen, *bsd. Filmstreifen, Tonband* (zs.-)kleben; **4.** F verheiraten: ***get ~d*** getraut werden; **II** *s.* **5.** ⚓ Spleiß *m*, Splissung *f*; **6.** ⚙ (Ein)Falzung *f*; **7.** Klebestelle *f* (*an Filmen etc.*).

spline [splaın] *s.* **1.** längliches, dünnes Stück Holz *od.* Me'tall; **2.** *Art* 'Kurvenline,al *n*; **3.** ⚙ a) Keil *m*, Splint *m*, b) (Längs)Nut *f*.

splint [splınt] **I** *s.* **1.** ⚕ Schiene *f*: ***in ~s*** geschient; **2.** ⚙ Span *m*; **3.** → ***splint bone*** 1; **4.** *vet.* a) → ***splint bone*** 2, b) Knochenauswuchs *m*, Tumor *m* (*Pferdefuß*); **5.** *a.* ***~ coal*** Schieferkohle *f*; **II** *v/t.* **6.** ⚕ schienen; ***~ bone*** *s.* **1.** *anat.* Wadenbein *n*; **2.** *vet. Knochen des Pferdefußes hinter dem Schienbein.*

splin·ter ['splıntə] **I** *s.* **1.** (*a. Bomben-, Knochen- etc.*)Splitter *m*, Span *m*: ***go (in)to ~s*** → 4; **2.** *fig.* Splitter *m*, Bruchstück *n*; **II** *v/t.* **3.** zersplittern (*a. fig.*); **III** *v/i.* **4.** zersplittern (*a. fig.*): ***~ off*** (*fig.* sich) absplittern; ***~ group*** *s.* Splittergruppe *f*; ***~ par·ty*** *s. pol.* 'Splitterpar,tei *f*; '***~-proof*** *adj.* splittersicher.

splin·ter·y ['splıntərı] *adj.* **1.** *bsd. min.* splitterig, schieferig; **2.** leicht splitternd; **3.** Splitter...

split [splıt] **I** *v/t.* [*irr.*] **1.** (zer)spalten, zerteilen, schlitzen; *Holz, fig. Haare* spalten; **2.** zerreißen; → ***side*** 4; **3.** *fig.* zerstören; **4.** *Gewinn, Flasche Wein etc.* (unterein'ander) teilen, sich in *et.* teilen; ⚚ *Aktien* splitten: ***~ the difference*** a) ⚚ sich in die Differenz teilen, b) sich auf halbem Wege entgegenkommen *od.* einigen; → ***ticket*** 7; **5.** trennen, entzweien, *Partei etc.* spalten; **6.** *sl. Plan etc.* verraten; **7.** *Am.* F *Whisky etc.* ‚spritzen' (*mit Wasser verdünnen*); **8.** ⚛, *phys. Atome etc.* (auf)spalten: ***~ off*** abspalten; **II** *v/i.* [*irr.*] **9.** sich aufspalten, reißen; platzen, bersten, zerspringen: ***my head is ~ing*** *fig.* ich habe rasende Kopfschmerzen; **10.** zerschellen (*Schiff*); **11.** sich spalten (***into*** in *acc.*): ***~ off*** sich abspalten; **12.** sich entzweien *od.* trennen (***over*** wegen *e-r Sache*); **13.** sich teilen (***on*** in *acc.*); **14.** ***~ on*** *j-n* ‚verpfeifen'; **15.** a) F sich schütteln vor Lachen, b) *sl.* ‚abhauen'; **16.** *pol. Am.* panaschieren; **III** *s.* **17.** Spalt *m*, Riß *m*, Sprung *m*; **18.** *fig.* Spaltung *f*, Zersplitterung *f* (*e-r Partei etc.*); **19.** *fig.* Entzweiung *f*, Bruch *m*; **20.** *pol.* Splittergruppe *f*; **21.** ⚙ Schicht *f von Spaltleder*; **22.** (*bsd.* Ba'nanen)Split *m*; **23.** F a) halbe Flasche (*Mineralwasser etc.*), b) halbgefülltes (Schnaps- *etc.*) Glas; **24.** *pl.* a) *Akrobatik*: Spa'gat *m*: ***do the ~s*** e-n Spagat machen, b) *sport* Grätsche *f*; **25.** *sl.* Spitzel *m*; **IV** *adj.* **26.** zer-, gespalten, Spalt...: ***~ infinitive*** *ling.* gespaltener Infinitiv; ***~-level house*** Halbgeschoßhaus *n*; ***~ peas(e)*** getrocknete halbe Erbsen (*für Püree etc.*); ***~ personality*** *psych.* gespaltene Persönlichkeit; ***~ second*** Bruchteil *m* e-r Sekunde; ***~-second watch*** *sport* Stoppuhr *f*; ***~ ticket*** *Am.* Wahlzettel *m* mit Stimmen für Kandidaten mehrerer Parteien; '**split·ting** [-tıŋ] **I** *adj.* **1.** (*ohren- etc.*)zerreißend; **2.** rasend, heftig (*Kopfschmerzen*); **3.** blitzschnell; **4.** zwerchfellerschütternd: ***a ~ farce***; **II** *s.* **5.** Spaltung *f*; **6.** ⚚ Splitting *n*: a) Aktienteilung *f*, b) *Besteuerung e-s Ehepartners zur Hälfte des gemeinsamen Einkommens*; '**split-up** *s.* **1.** → ***split*** 17–19; **2.** ⚚ (Aktien)Split *m*.

splodge [splɒdʒ], **splotch** [splɒtʃ] **I** *s.* Fleck *m*, Klecks *m*; **II** *v/t.* beklecksen; **splotch·y** ['splɒtʃı] *adj.* fleckig, schmutzig.

splurge [splɜ:dʒ] F **I** *s.* **1.** ‚Angabe' *f*, protziges Getue; **2.** verschwenderischer Aufwand; **II** *v/i.* **3.** protzen, angeben; **4.** prassen.

splut·ter ['splʌtə] **I** *v/i.* **1.** stottern; **2.** ‚stottern', ‚kotzen' (*Motor*); **3.** zischen (*Braten etc.*); **4.** klecksen (*Schreibfeder*); **5.** spritzen, platschen (*Wasser etc.*); **II** *v/t.* **6.** *Worte* her'aussprudeln, -stottern; **7.** verspritzen; **8.** bespritzen; **9.** *j-n* (*beim Sprechen*) bespucken; **III** *s.* **10.** Geplapper *m*; **11.** Spritzen *n*; Sprudeln *n*; Zischen *n*.

spoil [spɔıl] **I** *v/t.* [*irr.*] **1.** *et., a. Appetit, Spaß* verderben, ruinieren, vernichten; *Plan* vereiteln; **2.** *Charakter etc.* verderben, *Kind* verziehen, -wöhnen: ***a ~ed brat*** ein verzogener Fratz; **3.** (*pret. u. p.p. nur **~ed***) berauben, entblößen (***of*** *gen.*); **4.** (*pret. u. p.p. nur **~ed***) *obs.* (aus)plündern; **II** *v/i.* [*irr.*] **5.** verderben, ‚ka'puttgehen', schlecht werden (*Obst etc.*); **6.** ***be ~ing for*** brennen auf (*acc.*); ***~ing for a fight*** streitlustig; **III** *s.* **7.** *mst pl.* (Sieges)Beute *f*, Raub *m*; **8.** Beute(stück *n*) *f*; **9.** *mst pl. bsd. Am.* a) Ausbeute *f*, b) *pol.* Gewinn *m*, Einkünfte *pl.* (*e-r Partei nach dem Wahlsieg*); **10.** Errungenschaft *f*, Gewinn *m*; **11.** *pl.* 'Überreste *pl.*, -bleibsel *pl.* (*von Mahlzeiten*); '**spoil·age** [-lıdʒ] *s.* **1.** *typ.* Makula'tur *f*; **2.** ⚚ Verderb *m von Waren*; '**spoil·er** [-lə] *s.* **1.** *mot.* Spoiler *m*; **2.** ✈ Störklappe *f*.

spoils·man ['spɔılzmən] *s.* [*irr.*] *pol. Am.* j-d, der nach der ‚Futterkrippe' strebt.

'**spoil·sport** *s.* Spielverderber(in).

spoils sys·tem *s. pol. Am.* 'Futterkrippensy,stem *n*.

spoilt [spɔılt] *pret. u. p.p. von* ***spoil***.

spoke[1] [spəʊk] **I** *s.* **1.** (Rad)Speiche *f*; **2.** (Leiter)Sprosse *f*; **3.** ⚓ Spake *f* (*des Steuerrads*); **4.** Bremsvorrichtung *f*: ***put a ~ in s.o.'s wheel*** *fig.* j-m e-n Knüppel zwischen die Beine werfen; **II** *v/t.* **5.** *Rad* a) verspeichen, b) (ab)bremsen.

spoke[2] [spəʊk] *pret. u. obs. p.p. von* ***speak***.

spoke bone *s. anat.* Speiche *f*.

spo·ken ['spəʊkən] **I** *p.p. von* ***speak***; **II** *adj.* **1.** gesprochen, mündlich: ***~ English*** gesprochenes Englisch; **2.** *in Zssgn* ...sprechend.

spokes·man ['spəʊksmən] *s.* [*irr.*] Wortführer *m*, Sprecher *m*: ***government ~*** *pol.* Regierungssprecher.

spo·li·ate ['spəʊlɪeɪt] *v/t. u. v/i.* plündern; **spo·li·a·tion** [ˌspəʊlɪ'eɪʃn] *s.* **1.** Plünderung *f*, Beraubung *f*; **2.** ⚓, ⚔ *kriegsrechtliche Plünderung neutraler Schiffe*; **3.** ⚖ unberechtigte Änderung *e-s Dokuments*.

spon·da·ic [spɒn'deɪɪk] *adj. Metrik*: spon'deisch; **spon·dee** ['spɒndiː] *s.* Spon'deus *m*.

spon·dyl(e) ['spɒndɪl] *s. anat., zo.* Wirbelknochen *m*.

sponge [spʌndʒ] **I** *s.* **1.** *zo. u. weitS.* Schwamm *m*: ***pass the ~ over*** *fig.* aus dem Gedächtnis löschen, vergessen; ***throw up the ~*** *Boxen*: das Handtuch werfen (*a. fig. sich geschlagen geben*); **2.** ⚔ Wischer *m*; **3.** *fig.* Schma'rotzer *m*, ‚Nassauer' *m* (*Person*); **4.** *Küche*: a) aufgegangener Teig, b) *lockerer, gekochter Pudding*; **II** *v/t.* **5.** *a.* ***~ down*** (mit e-m Schwamm) reinigen, abwaschen: ***~ off***, ***~ away*** weg-, abwischen; ***~ out*** auslöschen (*a. fig.*); **6.** ***~ up*** *Wasser etc.* (mit e-m Schwamm) aufsaugen, -nehmen; **7.** (kostenlos) ergattern, ‚schnorren'; **III** *v/i.* **8.** Schwämme sammeln; **9.** F schma'rotzen, ‚nassauern': ***~ on s.o.*** auf j-s Kosten leben; ***~ bag*** *s.* Kul'turbeutel *m*; ***~ cake*** *s.* Bis'kuitkuchen *m*; ***~ cloth*** *s.* ✝ *Art* Frot'tee *n*; **'~-down** *s.* Abreibung *f* (mit e-m Schwamm).

spong·er ['spʌndʒə] *s.* **1.** ⚙ Dekatierer *m*; **2.** ⚙ Deka'tiermaˌschine *f*; **3.** Schwammtaucher *m*; **4.** → ***sponge*** 3.

sponge rub·ber *s.* Schaumgummi *m*.

spon·gi·ness ['spʌndʒɪnɪs] *s.* Schwammigkeit *f*; **spon·gy** ['spʌndʒɪ] *adj.* **1.** schwammig, po'rös, Schwamm...; **2.** *metall.* locker, porös; **3.** sumpfig, matschig.

spon·sal ['spɒnsəl] *adj.* Hochzeits...

spon·sion ['spɒnʃn] *s.* **1.** ('Übernahme *f* e-r) Bürgschaft *f*; **2.** ⚖, *pol.* (*von e-m nicht bsd. bevollmächtigten Vertreter*) *für e-n Staat übernommene Verpflichtung*.

spon·sor ['spɒnsə] **I** *s.* **1.** Bürge *m*, Bürgin *f*; **2.** (Tauf)Pate *m*, (-)Patin *f*: ***stand ~ to*** (*od.* ***for***) Pate stehen bei; **3.** Förderer *m*, Gönner(in); **4.** Schirmherr(in); **5.** Sponsor *m*, Geldgeber *m*; **II** *v/t.* **6.** bürgen für; **7.** fördern; **8.** die Schirmherrschaft (*gen.*) über'nehmen; **9.** *Radio, TV, sport etc.* sponsern, (als Sponsor) finanzieren; **spon·so·ri·al** [spɒn'sɔːrɪəl] *adj.* Paten...; **'spon·sor·ship** [-ʃɪp] *s.* **1.** Bürgschaft *f*; **2.** Gönnerschaft *f*, Schirmherrschaft *f*; **3.** Patenschaft *f*.

spon·ta·ne·i·ty [ˌspɒntə'neɪətɪ] *s.* **1.** Spontanei'tät *f*, Freiwilligkeit *f*, eigener *od.* freier Antrieb; **2.** *das* Impul'sive, impul'sives *od.* spon'tanes Handeln; **3.** Ungezwungenheit *f*, Na'türlichkeit *f*; **spon·ta·ne·ous** [spɒn'teɪnjəs] □ *adj.* **1.** spon'tan: a) plötzlich, impul'siv, b) freiwillig, von innen her'aus (erfolgend), c) ungekünstelt, ungezwungen (*Stil etc.*); **2.** auto'matisch, 'unwillˌkürlich; **3.** ⚘ wildwachsend; **4.** selbsttätig, von selbst (entstanden): ***~ combustion*** *phys.* Selbstverbrennung *f*; ***~ generation*** *biol.* Urzeugung *f*; ***~ ignition*** ⚙ Selbstentzündung *f*; **spon·ta·ne·ous·ness** [spɒn'teɪnjəsnɪs] → ***spontaneity***.

spoof [spuːf] F **I** *s.* **1.** Humbug *m*, Schwindel *m*; **2.** Ulk *m*; **II** *v/t.* **3.** beschwindeln; **4.** verulken.

spook [spuːk] **I** *s.* F **1.** Spuk *m*, Gespenst *n*; **2.** *Am. sl.* Ghostwriter *m*; **II** *v/i.* **3.** (her'um)geistern, spuken; **'spook·ish** [-kɪʃ], **'spook·y** [-kɪ] *adj.* **1.** gespenstisch, spukhaft, schaurig; **2.** *Am.* schreckhaft.

spool [spuːl] **I** *s.* Rolle *f*, Spule *f*, Haspel *f*; **II** *v/t.* (auf)spulen.

spoon [spuːn] **I** *s.* **1.** Löffel *m*; **2.** ⚓ Löffelruder(blatt) *n*; **3.** ⚓, ⚔ Führungsschaufel *f* (*Torpedorohr*); **4.** → ***spoon bait***; **5.** *sport* Spoon *m* (*Golfschläger*); **6.** F Einfaltspinsel *m*; **II** *v/t.* **7.** *mst* ***~ up***, ***~ out*** auslöffeln: ***~ out*** *a.* (löffelweise) austeilen; **8.** *sport Ball* schlenzen; **III** *v/i.* **9.** mit e-m Blinker angeln; **10.** *sl. obs.* ‚schmusen'; ***~ bait*** *s. Angeln*: Blinker *m*; **'~·bill** *s. orn.* **1.** Löffelreiher *m*; **2.** Löffelente *f*.

spoon·er·ism ['spuːnərɪzəm] *s.* (*un*)*beabsichtigtes Vertauschen von Buchstaben od. Silben* (*z. B.* ***queer old dean*** *statt* ***dear old queen***).

'spoon|·feed *v/t.* [*irr.* → ***feed***] **1.** mit dem Löffel füttern; **2.** *fig.* *j-n* auf-, hochpäppeln, *a.* verwöhnen; **3. ~ *s.th. to s.o.*** *fig.* a) j-m et. ‚vorkauen‘, b) j-m et. eintrichtern; **4. ~ *s.o.*** *fig.* j-n (geistig) bevormunden; **'~·ful** [-fʊl] *pl.* **-fuls** *s. ein* Löffel(voll) *m*; **~ meat** *s.* (Kinder-, Kranken)Brei *m*, ‚Papp‘ *m.*

spoor [spʊə] *hunt.* **I** *s.* Spur *f*, Fährte *f*; **II** *v/t.* aufspüren; **III** *v/i.* e-e Spur verfolgen.

spo·rad·ic [spə'rædɪk] *adj.* (□ **~*ally***) spo'radisch, vereinzelt (auftretend).

spore [spɔː] *s.* **1.** *biol.* Spore *f*, Keimkorn *n*; **2.** *fig.* Keim(zelle *f*) *m.*

spo·rif·er·ous [spɔː'rɪfərəs] *adj.* sporentragend, -bildend.

spo·ro·zo·a [ˌspɔːrə'zəʊə] *s. pl. zo.* Sporentierchen *pl.*, Sporo'zoen *pl.*

spor·ran ['spɒrən] *s.* beschlagene Felltasche (*Schottentracht*).

sport [spɔːt] **I** *s.* **1.** *oft pl.* Sport *m*: ***go in for ~s*** Sport treiben; **2.** 'Sport(art *f*, -disziˌplin *f*) *m*, *engS.* Jagd-, Angelsport *m*; **3.** Kurzweil *f*, Zeitvertreib *m*; **4.** Spaß *m*, Scherz *m*: ***in ~*** im Spaß, zum Scherz; ***make ~ of*** sich lustig machen über (*acc.*); **5.** Zielscheibe *f* des Spottes; **6.** *fig.* Spielball *m* (*des Schicksals, der Wellen etc.*); **7.** feiner *od.* anständiger Kerl: ***be a*** (***good***) **~** a) sei kein Spielverderber, b) sei ein guter Kerl, nimm es nicht übel; **8.** *Am.* F a) Sportbegeisterte(r *m*) *f*, *bsd.* Spieler *m*, b) Genießer *m*; **9.** *biol.* Spiel-, Abart *f*; **II** *adj.* **10.** sportlich, Sport...; **III** *v/i.* **11.** sich belustigen; **12.** sich tummeln, her'umtollen; **13.** sich lustig machen (***at, over, upon*** über *acc.*); **IV** *v/t.* **14.** stolz (zur Schau) tragen, protzen mit; **'sport·ing** [-tɪŋ] *adj.* □ **1.** a) Sport...: **~ *editor***, b) Jagd...: **~ *gun***; **2.** sportlich (*a. fig. fair, anständig*): ***a ~ chance*** e-e faire Chance; **3.** unter'nehmungslustig, mutig; **'spor·tive** [-tɪv] *adj.* □ **1.** a) mutwillig, b) verspielt; **2.** spaßhaft.

sports [spɔːts] *adj.* Sport...: **~ *car*** Sportwagen *m*; **~ *coat***, **~ *jacket*** Sportsakko *m*, *n*; **'~·cast** *s. Radio, TV*: *Am.* Sportsendung *f*; **'~ˌcast·er** *s. Am.* 'Sportreˌporter *m*; **'~·man** [-mən] *s.* [*irr.*] **1.** Sportsmann *m*, Sportler *m*; **2.** *fig.* fairer, anständiger Kerl; **'~·man-like** [-mənlaɪk] *adj.* sportlich, fair; **'~·man·ship** [-mənʃɪp] *s.* sportliches Benehmen, Fairneß *f*; **'~·wear** *s.* Sport- *od.* Freizeitkleidung *f*; **'~ˌwom·an** *s.* [*irr.*] Sportlerin *f.*

sport·y ['spɔːtɪ] *adj.* F **1.** angeberisch, auffallend; **2.** sportlich: a) sporttreibend, b) fair, c) schick.

spor·ule ['spɒrjuːl] *s. biol.* (kleine) Spore.

spot [spɒt] **I** *s.* **1.** (Schmutz-, Rost- *etc.*) Fleck(en) *m*; **2.** *fig.* Schandfleck *m*, Makel *m*; **3.** (Farb)Fleck *m*, Tupfen *m* (*a. zo.*); **4.** ⚕ a) Leberfleck *m*, Hautmal *n*, b) Pustel *f*, Pickel *m*; **5.** Stelle *f*, Ort *m*, Platz *m*: ***on the ~*** a) zur Stelle, da, b) an Ort u. Stelle, ‚vor Ort‘, c) auf der Stelle, sofort, d) ‚auf Draht‘, e) *sl.* in der ‚Tinte‘ *od.* Klemme; ***put on the ~*** F a) *j-n* in Verlegenheit bringen, b) *j-n* ‚umlegen‘ (*töten*); ***on the ~ of four*** Punkt 4 Uhr; ***in ~s*** stellenweise; ***soft ~*** *fig.* Schwäche (***for*** für); ***sore*** (*od.* ***tender***) **~** *fig.* wunder Punkt, empfindliche Stelle; **6.** Fleckchen *n*, Stückchen *n* (*Erde*); **7.** *bsd. Brit.* F a) Bissen *m*, Häppchen *n* (*Essen*), b) Tropfen *m*, Schluck *m* (*Whisky etc.*); **8.** *Billard*: Point *m*; **9.** *Am.* Auge *n* (*Würfel etc.*); **10.** *pl.* ✝ Lokowaren *pl.*; **11.** ✝, *Radio, TV*: (Werbe)Spot *m*; **12.** *Am.* F Nachtklub *m*; **13.** → ***spotlight*** I; **II** *adj.* **14.** ✝ a) so'fort lieferbar, b) so'fort zahlbar (*bei Lieferung*), c) bar, Bar...: **~ *business*** Lokogeschäft *n*; **~ *goods*** → 10; → ***spot cash***; **III** *v/t.* **15.** beflekken (*a. fig.*); **16.** tüpfeln, sprenkeln; **17.** F entdecken, erspähen, her'ausfinden; **18.** placieren: **~ *a billiard ball***; **19.** ⚔, ✈ (genau) ausmachen; **IV** *v/i.* **20** e-n Fleck *od.* Flecke machen; **21.** flecken, fleckig werden.

spot| an·nounce·ment → ***spot*** 11; **~ ball** *s. Billard*: auf dem Point stehender Ball; **~ cash** *s.* ✝ Barzahlung *f*, so'fortige Kasse; **~ check** *s.* Stichprobe *f*; **'~-check** *v/t.* stichprobenweise über'prüfen.

spot·less ['spɒtlɪs] *adj.* □ fleckenlos (*a. fig.*); **'spot·less·ness** [-nɪs] *s.* Flekken-, Makellosigkeit *f* (*a. fig.*).

'spot|·light I *s.* **1.** *thea.* (Punkt)Scheinwerfer(licht *n*) *m*; **2.** *fig.* Rampenlicht *n* (der Öffentlichkeit): ***in the ~*** im Brennpunkt des Interesses; **3.** *mot.* Suchscheinwerfer *m*; **II** *v/t.* **4.** anstrahlen; **5.** *fig.* die Aufmerksamkeit lenken auf (*acc.*); **~ news** *s. pl.* Kurznachrichten *pl.*; **ˌ~-'on** *adj. Brit.* F haargenau; **~ price** *s.* ✝ Kassapreis *m*; **~ re·mov·er** *s.* Fleckentferner *m.*

spot·ted ['spɒtɪd] *adj.* **1.** fleckig, gefleckt, getüpfelt, gesprenkelt; **2.** *fig.* besudelt, befleckt; **3.** ⚕ Fleck...: **~ *fever*** a) Fleckfieber *n*, b) Genickstarre *f*; **'spot·ter** [-tə] *s.* **1.** *Am.* F Detek'tiv *m*; **2.** ⚔ a) (Luft)Aufklärer *m*, Artille'riebeobachter *m*, b) *Luftschutz*: Flugmelder *m.*

spot test → ***spot check***.

spot·ty ['spɒtɪ] *adj.* □ **1.** → ***spotted*** 1; **2.** uneinheitlich; **3.** pickelig.

'spot-weld *v/t.* ⚙ punktschweißen.

spous·al ['spaʊzl] **I** *adj.* **1.** a) Hochzeits..., b) ehelich; **II** *s.* **2.** *mst pl.* Hochzeit *f*; **3.** *obs.* Ehe(stand *m*) *f*; **spouse** [spaʊz] *s.* (*a.* ⚖ Ehe)Gatte *m*, Gattin *f*, Gemahl(in).

spout [spaʊt] **I** *v/t.* **1.** *Wasser etc.* (aus-) speien, (her'aus)spritzen; **2.** a) *Gedicht etc.* deklamieren, b) ‚her'unterrasseln', c) *Fragen etc.* her'aussprudeln; **3.** *sl.* versetzen, -pfänden; **II** *v/i.* **4.** Wasser speien, spritzen (*a. Wal*); **5.** her'vorsprudeln, her'ausschießen, -spritzen (*Blut, Wasser etc.*); **6.** a) deklamieren, b) *contp.* sal'badern; **III** *s.* **7.** Tülle *f*, Schnauze *f e-r Kanne*; **8.** Abfluß-, Speirohr *n*; **9.** (kräftiger) Wasserstrahl; **10.** *zo.* a) Fon'täne *f* (*e-s Wals*); b) → ***spout hole***; **11.** ***up the ~*** *fig.* F a) versetzt, verpfändet, b) ‚im Eimer', futsch, c) ‚in Schwulitäten' (*Person*); ***she's up the ~*** bei ihr ist was ‚unterwegs'; **'spout·er** [-tə] *s.* **1.** (spritzender) Wal; **2.** Ölquelle *f*; **3.** ‚Redenschwinger' *m*.

spout hole *s. zo.* Spritzloch *m* (*Wal*).

sprag¹ [spræg] *s.* **1.** Bremsklotz *m*; **2.** ⚙ Spreizholz *n*.

sprag² [spræg] *s. ichth.* Dorsch *m*.

sprain [spreɪn] **I** *v/t.* verstauchen; **II** *s.* ⚕ Verstauchung *f*.

sprang [spræŋ] *pret. von* ***spring***.

sprat [spræt] *s. ichth.* Sprotte *f*: ***throw a ~ to catch a whale*** (*od.* ***mackerel***) *fig.* mit der Wurst nach der Speckseite werfen.

sprawl [sprɔːl] **I** *v/i.* **1.** ausgestreckt daliegen: ***send s.o. ~ing*** j-n zu Boden strecken; **2.** sich spreizen; **3.** sich (hin-) rekeln *od.* (-)lümmeln; **4.** sich ausbreiten: ***~ing town***; ***~ ing hand*** ausladende Handschrift; **5.** ⚘ wuchern; **II** *v/t.* **6.** *mst* ***~ out*** ausstrecken, -spreizen; **III** *s.* **7.** Rekeln *n*, Sich'breitmachen *n*; **8.** Ausbreitung *f des Stadtgebiets etc.*: ***urban ~***.

spray¹ [spreɪ] *s.* **1.** Zweig(chen *n*) *m*, Reis *n*; **2.** *coll.* a) Gezweig *n*, b) Reisig *n*; **3.** Zweigverzierung *f*.

spray² [spreɪ] **I** *s.* **1.** Gischt *m, f*, Schaum *m*; Sprühnebel *m*, -regen *m*, -wasser *n*; **2.** ⚙, *pharm.* a) Spray *m, n*, b) Zerstäuber *m*, Sprüh-, Spraydose *f*; **II** *v/t.* **3.** zerstäuben, (ver)sprühen; *vom Flugzeug* abregnen; **4.** *a.* ***~ on*** ⚙ aufsprühen, -spritzen; **5.** *et.* besprühen, -spritzen, *Haar* sprayen; *mot. etc.* spritzlackieren; **'spray·er** [-eɪə] → ***spray²*** 2b.

spray| gun *s.* ⚙ 'Spritzpiˌstole *f*; **~ noz·zle** *s.* **1.** (Gießkannen)Brause *f*; **2.** Brause *f*; **3.** *mot.* Spritzdüse *f*; **'~-paint** *v/t. Parolen etc.* sprühen (***on*** auf *acc.*).

spread [spred] **I** *v/t.* [*irr.*] **1.** *oft* ***~ out*** *Hände, Flügel, Teppich etc.* ausbreiten, *Arme etc. a.* ausstrecken: ***~ the table*** den Tisch decken; ***the peacock ~s its tail*** der Pfau schlägt ein Rad; **2.** *oft* ***~ out*** ausdehnen; *Beine etc.* spreizen (*a.* ⚙); **3.** bedecken, über'ziehen, -'säen (***with*** mit); **4.** *Heu etc.* ausbreiten; **5.** *Butter etc.* aufstreichen, *Farbe, Mörtel etc.* auftragen; **6.** *Brot* streichen, schmieren; **7.** breitschlagen; **8.** *Krankheit, Geruch etc., a. Furcht* verbreiten; **9.** *a.* ***~ abroad*** *Gerücht, Nachricht* verbreiten, aussprengen, -streuen; **10.** *zeitlich* verteilen; **11.** ***~ o.s.*** *sl.* a) sich *als Gastgeber etc.* mächtig anstrengen, b) ‚angeben'; **II** *v/i.* [*irr.*] **12.** *a.* ***~ out*** sich ausbreiten *od.* verteilen; **13.** sich ausbreiten (*Fahne etc.*; *a. Lächeln etc.*); sich spreizen (*Beine etc.*); **14.** sich *vor den Augen* ausbreiten *od.* -dehnen, sich erstrecken (*Landschaft*); **15.** ⚙ sich strecken *od.* dehnen (lassen) (*Werkstoff*); **16.** sich streichen *od.* auftragen lassen (*Butter, Farbe*); **17.** sich ver- *od.* ausbreiten (*Geruch, Pflanze, Krankheit, Gerücht etc.*), 'übergreifen (***to*** auf *acc.*) (*Feuer, Epidemie etc.*); **III** *s.* **18.** Ausbreitung *f*, -dehnung *f*; **19.** Aus-, Verbreitung *f* (*e-r Krankheit, von Wissen etc.*); **20.** Ausdehnung *f*, Weite *f*, 'Umfang *m*; **21.** (weite) Fläche; **22.** *orn.*, ✈ (Flügel)Spanne *f*; **23.** ⚔, *phys.*, *a. Ballistik*: Streuung *f*; **24.** (Zwischen)Raum *m*, Abstand *m*, Lücke *f* (*a. fig.*); (*a.* Zeit)Spanne *f*; **25.** Dehnweite *f*; **26.** Körperfülle *f*; **27.** (Bett- *etc.*)Decke *f*; **28.** Brotaufstrich *m*; **29.** F fürstliches Mahl; **30.** *typ.* Doppelseite *f*; **31.** ✝ Stel'lagegeschäft *n*; **32.** ✝ *Am.* Marge *f*, (Verdienst-) Spanne *f*, Differ'enz *f*; **IV** *adj.* **33.** verbreitet; ausgebreitet; **34.** gespreizt; **35.** Streich...: ***~ cheese***.

spread| ea·gle *s.* **1.** *her.* Adler *m*; **2.** *Am.* F Chauvi'nismus *m*; **3.** *Eiskunstlauf*: Mond *m*; **ˌ~-'ea·gle I** *adj.* **1.** F angeberisch, bom'bastisch; **2.** F chauvi'nistisch; **II** *v/t.* **3.** ausbreiten, spreizen.

spread·er ['spredə] *s.* Streu- *od.* Spritzgerät *n*, *bsd.* a) ('Dünger)Streumaˌschine *f*, b) Abstandsstütze *f*, c) Zerstäuber *m*, d) Spritzdüse *f*, e) Buttermesser *n*.

spree [spriː] F *s.* (*Kauf- etc.*)Orgie *f*: ***go***

on a ~ a) ‚einen draufmachen', b) e-e ‚Sauftour' machen; ***go on a buying*** (*od.* ***shopping***, ***spending***) ~ wie verrückt einkaufen.

sprig [sprɪg] **I** *s.* **1.** Zweigchen *n*, Schößling *m*, Reis *n*; **2.** F Sprößling *m*, ‚Ableger' *m*; **3.** Bürschchen *n*; **4.** → ***spray***[1] 3; **5.** ⚙ Zwecke *f*, Stift *m*; **II** *v/t.* **6.** mit e-m Zweigmuster verzieren; **7.** anheften.

spright·li·ness ['spraɪtlɪnɪs] *s.* Lebhaftigkeit *f*, Munterkeit *f*; **spright·ly** ['spraɪtlɪ] *adj. u. adv.* lebhaft, munter, ‚spritzig'.

spring [sprɪŋ] **I** *v/i.* [*irr.*] **1.** springen: ~ ***at*** (*od.* [***up***]***on***) auf *j-n* losspringen, *j-n* anfallen; **2.** aufspringen; **3.** springen, schnellen, hüpfen: ~ ***open*** aufspringen (*Tür*); ***the trap sprang*** die Falle schnappte zu; **4.** *oft* ~ ***forth*** (*od.* ***out***) a) her'ausschießen, (-)sprudeln (*Wasser*, *Blut etc.*), b) (her'aus)sprühen, springen (*Funken etc.*); **5.** (***from***) entspringen (*dat.*): a) quellen (aus), b) *fig.* herkommen, abstammen (von): ***be sprung from*** entstanden sein aus; **6.** *mst* ~ ***up*** a) aufkommen (*Wind*), b) *fig.* plötzlich entstehen *od.* aufkommen (*Ideen*, *Industrie etc.*): ~ ***into existence***; ~ ***into fame*** plötzlich berühmt werden; **7.** aufschießen (*Pflanzen etc.*); **8.** (hoch) aufragen; **9.** auffliegen (*Rebhühner etc.*); **10.** ⚙ a) sich werfen, b) springen, platzen (*Holz*); **11.** ⚔ explodieren (*Mine*); **II** *v/t.* [*irr.*] **12.** *Falle* zuschnappen lassen, *et.* zu'rückschnellen lassen; **13.** *Riß etc.*, ⚓ *Leck* bekommen; **14.** explodieren lassen; → ***mine***[2] 8; **15.** mit *e-r Neuigkeit etc.* ‚her'ausplatzen': ~ ***s.th. on s.o.*** j-m et. plötzlich eröffnen; **16.** △ *Bogen* wölben; **17.** ⚙ (ab)federn; **18.** *Brit.* F *Geld etc.* springen lassen; **19.** *Brit.* F *j-n* erleichtern (***for*** um *Geld etc.*); **20.** *sl. j-n* ‚rausholen' (*befreien*); **III** *s.* **21.** Sprung *m*, Satz *m*; **22.** Frühling *m*, Lenz *m* (*beide a. fig.*); **23.** Elastizi'tät *f*, Sprung-, Schnellkraft *f*; **24.** *fig.* (geistige) Spannkraft; **25.** Sprung *m*, Riß *m im Holz etc.*; Krümmung *f e-s Bretts*; **26.** (*a. Mineral-*, *Öl*)Quelle *f*, Brunnen *m*: ***hot ~s*** heiße Quellen; **27.** *fig.* Quelle *f*, Ursprung *m*; **28.** *fig.* Triebfeder *f*, Beweggrund *m*; **29.** △ a) (Bogen)Wölbung *f*, b) Gewölbeanfang *m*; **30.** ⚙ (*bsd.* Sprung)Feder *f*; Federung *f*; **IV** *adj.* **31.** Sprung…, Schwung…; **32.** Feder…; **33.** Frühlings…; ~ **bal·ance** *s.* ⚙ Federwaage *f*; ~ **bed** *s.* 'Sprungfederma,tratze *f*; '**~·board** *s. sport* Sprungbrett *n* (*a. fig.*): ~ ***diving*** Kunstspringen *n*; '**~·bok** [-bɒk] *pl.* **-boks**, *bsd. coll.* **-bok** *s. zo.* Springbock *m*; ~ **bows** [bəʊz] *s. pl.* ⚙ Federzirkel *m*; ~ **chick·en** *s.* Brathühnchen *n*: ***she is no ~*** *fig.* F a) sie ist nicht mehr die jüngste, b) sie ist nicht von gestern; **,~-'clean·ing** *s.* Frühjahrsputz *m*.

springe [sprɪndʒ] **I** *s.* **1.** *hunt.* Schlinge *f*; **2.** *fig.* Falle *f*; **II** *v/t.* **3.** *Tier* mit e-r Schlinge fangen.

spring·er ['sprɪŋə] *s.* **1.** *a.* ~ ***spaniel*** *hunt.* Springerspaniel *m*; **2.** △ (Bogen-)Kämpfer *m*.

spring| fe·ver *s.* **1.** Frühjahrsmüdigkeit *f*; **2.** (*rastlose*) Frühlingsgefühle *pl.*; ~ **gun** *s.* Selbstschuß *m*.

spring·i·ness ['sprɪŋɪnɪs] → ***spring*** 23.

spring·ing ['sprɪŋɪŋ] *s.* **1.** ⚙ Federung *f*; **2.** △ Kämpferlinie *f*.

spring| leaf *s.* ⚙ Federblatt *n*; ~ **lock** *s.* ⚙ Schnappschloß *n*; ~ **mat·tress** → ***spring bed***; ~ **sus·pen·sion** *s.* ⚙ federnde Aufhängung, Federung *f*; '**~·tide** → ***spring*** 22; ~ **tide** *s.* ⚓ Springflut *f*; *fig.* Flut *f*, Über'schwemmung *f*; '**~·time** → ***spring*** 22; ~ **wheat** *s.* ♪ Sommerweizen *m*.

spring·y ['sprɪŋɪ] *adj.* □ **1.** federnd, e'lastisch; **2.** *fig.* schwungvoll.

sprin·kle ['sprɪŋkl] **I** *v/t.* **1.** *Wasser etc.* sprenkeln, (ver)sprengen (***on*** auf *acc.*); **2.** *Salz*, *Pulver etc.* sprenkeln, streuen; **3.** (ver-, zer)streuen, verteilen; **4.** *et.* besprenkeln, besprengen, bestreuen, (be)netzen (***with*** mit); **5.** *Stoff etc.* sprenkeln; **II** *v/i.* **6.** sprenkeln; **7.** (nieder)sprühen; **III** *s.* **8.** Sprühregen *m*; **9.** leichter Schneefall; **10.** Prise *f Salz etc.*; **11.** → ***sprinkling*** 2; '**sprin·kler** [-lə] *s.* **1.** a) 'Spreng-, Be'rieselungsappa,rat *m*: ~ ***system*** Sprinkler-, Beregnungsanlage *f*, b) Sprinkler *m*, Rasensprenger *m*, c) Brause *f*, Gießkannenkopf *m*, d) Sprinkler *m* (*e-r Feuerlöschanlage*), e) Sprengwagen *m*, f) Streuer *m*, Streudose *f*; **2.** *R.C.* Weihwasserwedel *m*; '**sprin·kling** [-lɪŋ] *s.* **1.** → ***sprinkle*** 8–10; **2.** *a.* ~ ***of*** *fig.* ein bißchen, etwas, e-e Spur, ein paar *Leute etc.*, ein wenig *Salz etc.*

sprint [sprɪnt] **I** *v/i.* **1.** rennen; **2.** *sport* sprinten (*Läufer*), *allg.* spurten; **II** *s.* **3.** *sport* a) Sprint *m*, Kurzstreckenlauf *m*, b) *allg.* Spurt *m* (*a. fig.*); c) *Pferde-*, *Radsport*: Fliegerrennen *n*; '**sprint·er** [-tə] *s. sport* **1.** Sprinter(in), *a. allg.* Spurter(in); **2.** *Radsport*: Flieger *m*.

sprit [sprɪt] *s.* ⚓ Spriet *n*.

sprite [spraɪt] *s.* **1.** Elfe *f*, Fee *f*; Kobold

m; **2.** Geist *m*, Schemen *n*.

sprit·sail ['sprɪtsl] *s.* ⚓ Sprietsegel *n*.

sprock·et ['sprɒkɪt] *s.* ⚙ **1.** Zahn *m* e-s (Ketten)Rades; **2.** *a.* ~ ***wheel*** (Ketten-)Zahnrad *n*, Kettenrad *n*; **3.** 'Filmtransˌporttrommel *f*.

sprout [spraʊt] **I** *v/i.* **1.** *a.* ~ ***up*** sprießen, (auf)schießen, aufgehen; **2.** keimen; **3.** schnell wachsen, sich schnell entwikkeln; in die Höhe schießen (*Person*); wie Pilze aus dem Boden schießen (*Gebäude etc.*); **II** *v/t.* **4.** (her'vor)treiben, wachsen *od.* keimen lassen, entwikkeln; **III** *s.* **5.** Sproß *m*, Sprößling *m* (*a. fig.*), Schößling *m*; **6.** *pl.* → ***Brussels sprouts***.

spruce¹ [spru:s] *s.* ⚘ **1.** *a.* ~ ***fir*** Fichte *f*, Rottanne *f*; **2.** Fichte(nholz *n*) *f*.

spruce² [spru:s] **I** *adj.* ☐ **1.** schmuck, (blitz)sauber, a'drett; **2.** geschniegelt; **II** *v/t.* **3.** *oft* ~ ***up*** *j-n* feinmachen, (her'aus)putzen: ~ ***o.s. up*** → 4; **III** *v/i.* **4.** *oft* ~ ***up*** sich feinmachen, sich ‚in Schale werfen'; '**spruce·ness** [-nɪs] *s.* A'drettheit *f*; *contp.* Affigkeit *f*.

sprung [sprʌŋ] **I** *pret. u. p.p. von* ***spring***; **II** *adj.* **1.** ⚙ gefedert; **2.** rissig (*Holz*).

spry [spraɪ] *adj.* **1.** flink, hurtig; **2.** lebhaft, munter.

spud [spʌd] **I** *s.* **1.** ⚒ a) Jätmesser *n*, Reutspaten *m*, b) Stoßeisen *n*; **2.** Spachtel *m, f*; **3.** F Kar'toffel *f*; **II** *v/t.* **4.** *mst* ~ ***up***, ~ ***out*** ausgraben, -jäten; **5.** *Ölquelle* anbohren.

spue [spju:] → ***spew***.

spume [spju:m] *s.* Schaum *m*, Gischt *m, f*; '**spu·mous** [-məs], '**spu·my** [-mɪ] *adj.* schäumend.

spun [spʌn] **I** *pret. u. p.p. von* ***spin***; **II** *adj.* gesponnen: ~ ***glass*** Glasgespinst *n*; ~ ***gold*** Goldgespinst *n*; ~ ***silk*** Schappseide *f*.

spunk [spʌŋk] *s.* **1.** Zunderholz *n*; **2.** Zunder *m*, Lunte *f*; **3.** F a) Feuer *n*, Schwung *m*, b) ‚Mumm' *m*, Mut *m*; '**spunk·y** [-kɪ] *adj.* **1.** schwungvoll; **2.** mutig, draufgängerisch; **3.** *Am.* reizbar.

spur [spɜ:] **I** *s.* **1.** (Reit)Sporn *m*: ~***s*** Sporen *pl.*; ***put*** (*od.* ***set***) ~***s to*** → 8; ***win one's*** ~***s*** *fig.* sich die Sporen verdienen; **2.** *fig.* Ansporn *m*, -reiz *m*: ***on the*** ~ ***of the moment*** der Eingebung des Augenblicks folgend, ohne Überlegung, spontan; **3.** ⚘ a) Dorn *m*, Stachel *m* (*kurzer Zweig etc.*), b) Sporn *m* (*Nektarbehälter*); **4.** *zo.* Sporn *m*, Stachel *m* (*des Hahns*); **5.** *geogr.* Ausläufer *m*, (Gebirgs)Vorsprung *m*; **6.** ⚠ a) Strebe *f*, Stütze *f*, b) Strebebalken *m*, c) (Mauer)Vorsprung *m*; **7.** ⚔ *hist.* Außen-, Vorwerk *n*; **II** *v/t.* **8.** *Pferd* spornen, die Sporen geben (*dat.*); **9.** *oft* ~ ***on*** *fig. j-n* anspornen, -stacheln: ~ ***s.o. into action***; **10.** mit Sporen versehen, Sporen (an)schnallen an (*acc.*); **III** *v/i.* **11.** (das Pferd) spornen; **12.** a) sprengen, eilen, b) *fig.* (vorwärts)drängen.

spurge [spɜ:dʒ] *s.* ⚘ Wolfsmilch *f*.

spur| gear *s.* ⚙ **1.** Geradstirnrad *n*; **2.** → ~ **gear·ing** *s.* Geradstirnradgetriebe *n*.

spu·ri·ous ['spjʊərɪəs] *adj.* ☐ **1.** falsch, unecht, Pseudo…, *a.* ⚘, *zo.* Schein…: ~ ***fruit***; **2.** nachgemacht, gefälscht; **3.** unehelich; '**spu·ri·ous·ness** [-nɪs] *s.* Unechtheit *f*.

spurn [spɜ:n] *v/t.* **1.** *obs.* mit dem Fuß (weg)stoßen; **2.** verschmähen, verächtlich zu'rückweisen, *j-n a.* abweisen.

spurred [spɜ:d] *adj.* gespornt; *a.* ⚘, *zo.* sporentragend.

spurt¹ [spɜ:t] **I** *s.* **1.** *sport* (*a.* Zwischen-)Spurt *m*; **2.** plötzliche Aktivi'tät, ruckartige Anstrengung; **3.** † plötzliches Anziehen (*von Preisen etc.*); **II** *v/i.* **4.** *sport* spurten; **5.** plötzlich ak'tiv werden.

spurt² [spɜ:t] **I** *v/t. u. v/i.* (her'aus)spritzen; **II** *s.* (*Wasser- etc.*)Strahl *m*.

spur| track *s.* 🚂 Neben-, Seitengleis *n*; ~ **wheel** → ***spur gear*** 1.

sput·ter ['spʌtə] → ***splutter***.

spu·tum ['spju:təm] *pl.* **-ta** [-tə] *s.* ⚕ Sputum *n*, Auswurf *m*.

spy [spaɪ] **I** *v/t.* **1.** *a.* ~ ***out*** ausspionieren, -spähen, -kundschaften: ~ ***out*** *a.* herausfinden; ~ ***the land*** *fig.* ‚die Lage peilen'; **2.** erspähen, entdecken; **II** *v/i.* **3.** ⚔ *etc.* spionieren, Spio'nage treiben: ~ (***up***)***on*** *j-m* nachspionieren, *j-n* bespitzeln, *Gespräch etc.* abhören; **4.** her'umspionieren; **III** *s.* **5.** Späher(in), Kundschafter(in); **6.** ⚔, *pol.* Spi'on(in) (*a. fig. Spitzel*); '~**·glass** *s.* Fernglas *n*; '~**·hole** *s.* Guckloch *n*; ~ **ring** *s.* Spio'nagering *m*; ~ **sat·el·lite** *s.* ⚔ ‚'Himmelsspiˌon' *m*.

squab·ble ['skwɒbl] **I** *v/i.* sich zanken *od.* kabbeln; **II** *v/t. typ.* verquirlen; **III** *s.* Zank *m*, Kabbe'lei *f*; '**squab·bler** [-lə] *s.* ‚Streithammel' *m*.

squab·by ['skwɒbɪ] *adj.* unter'setzt, feist, plump.

squad [skwɒd] *s.* **1.** ⚔ Gruppe *f*, Korpo'ralschaft *f*: ***awkward*** ~ a) ‚patschnasse' Re'kruten, b) *fig.* ‚Flaschenverein' *m*; **2.** (Arbeits- *etc.*)Trupp *m*; **3.** *Polizei*: a) ('Überfall- *etc.*)Komˌmando *n*, b) (ˈRaub- *etc.*)Dezerˌnat *n*; → ***murder squad*** *etc.*; **~ *car*** *Am.* (Funk)Streifenwagen *m*; **4.** *sport* Riege *f*, Kader *m*.

squad·ron [ˈskwɒdrən] *s.* **1.** ⚔ a) (ˈReiter)Schwaˌdron *f*, b) (ˈPanzer)Batailˌlon *n*; **2.** ⚓, ⚔ (Flotten)Geschwader *n*; **3.** ✈ Staffel *f*; **4.** *allg.* Gruppe *f*, Abˈteilung *f*, Mannschaft *f*; **~ lead·er** *s.* (ˈFlieger)Maˌjor *m*.

squail [skweɪl] *s.* **1.** *pl. sg. konstr.* Flohhüpfen *n*; **2.** Spielplättchen *n*.

squal·id [ˈskwɒlɪd] *adj.* □ schmutzig, verkommen (*beide a. fig.*), verwahrlost; **squa·lid·i·ty** [skwɒˈlɪdətɪ], **ˈsqual·id·ness** [-nɪs] *s.* Schmutz *m*, Verkommenheit *f* (*beide a. fig.*), Verwahrlosung *f*.

squall[1] [skwɔːl] **I** *s.* **1.** *meteor.* Bö *f*, heftiger Windstoß: ***white ~*** Sturmbö aus heiterem Himmel; **2.** F ‚Sturm' *m*, ‚Gewitter' *n*: ***look out for ~s*** die Augen offen halten, auf der Hut sein; **II** *v/i.* **3.** stürmen.

squall[2] [skwɔːl] **I** *v/i.* kreischen, schreien (*a. Kind*); **II** *v/t. oft* **~ *out*** *et.* kreischen; **III** *s.* schriller Schrei: ***~s*** Geschrei *n*; **ˈsquall·er** [-lə] *s.* Schreihals *m*.

squall·y [ˈskwɔːlɪ] *adj.* böig, stürmisch (*a.* F *fig.*).

squal·or [ˈskwɒlə] → ***squalidity***.

squa·ma [ˈskweɪmə] *pl.* **-mae** [-miː] *s.* ⚘, *anat., zo.* Schuppe *f*, schuppenartige Orˈganbildung; **ˈsqua·mate** [-meɪt], **ˈsqua·mous** [-məs] *adj.* schuppig.

squan·der [ˈskwɒndə] *v/t. oft* **~ *away*** *Geld, Zeit etc.* verschwenden, -geuden: ***~ o.s.*** *od.* ***one's energies*** sich verzetteln *od.* ‚verplempern'; **ˈsquan·der·er** [-dərə] *s.* Verschwender(in); **ˈsquan·der·ing** [-dərɪŋ] **I** *adj.* □ verschwenderisch; **II** *s.* Verschwendung *f*, -geudung *f*.

squan·der·ma·ni·a [ˌskwɒndəˈmeɪnjə] *s.* Verschwendungssucht *f*.

square [skweə] **I** *s.* **1.** A Quaˈdrat *n* (*Figur*); **2.** Quaˈdrat *n*, Viereck *n*, quaˈdratisches Stück (*Glas, Stoff etc.*), Karo *n*; **3.** Feld *n* (*Schachbrett etc.*): ***be back to ~ one*** *fig.* wieder da sein, wo man angefangen hat; **4.** Häuserblock *m*; **5.** (öffentlicher) Platz; **6.** ⚙ a) Winkel(maß *n*) *m*, b) *bsd. Zimmerei*: Geviert *n*: ***on the ~*** a) rechtwink(e)lig, b) F ehrlich, anständig, in Ordnung; ***out of ~*** a) nicht rechtwink(e)lig, b) *fig.* nicht in Ordnung; **7.** A Quaˈdrat(zahl *f*) *n*: ***in the ~*** im Quadrat; **8.** ⚔ *hist.* Karˈree *n*; **9.** (ˈWort-, ˈZahlen)Quaˌdrat *n*; **10.** △ Säulenplatte *f*; **11.** *sl.* Spießer *m*; **II** *v/t.* **12.** rechtwink(e)lig *od.* quaˈdratisch machen; **13.** *a.* **~ *off*** in Quaˈdrate einteilen, *Papier etc.* karieren: ***~d paper*** Millimeterpapier *n*; **14.** auf s-e Abweichung vom rechten Winkel prüfen; **15.** A a) den Flächeninhalt berechnen von (*od. gen.*), b) *Zahl* quadrieren, ins Quaˈdrat erheben, c) *Figur* quadrieren; → ***circle*** 1; **16.** ⚙ vierkantig behauen; **17.** *Schultern* straffen; **18.** *fig.* in Einklang bringen (***with*** mit), anpassen (***to*** an *acc.*); **19.** (*a.* ✝ *Konten*) ausgleichen; → ***account*** 5; **20.** *Schuld* begleichen; **21.** *Gläubiger* befriedigen; **22.** *sl. j-n* ‚schmieren', bestechen; **23.** *sport Kampf* unentschieden beenden; **III** *v/i.* **24.** **~ *up*** (*Am. a.* ***off***) in Boxerstellung *od.* in Auslage gehen: **~ *up to*** sich vor *j-m* aufpflanzen, *fig. Problem* anpacken; **25.** (***with***) überˈeinstimmen (mit), passen (zu); **26.** **~ *up*** ✝ *u. fig.* abrechnen (***with*** mit); **IV** *adj.* □ **27.** A quaˈdratisch, Quadrat...(*-meile, -wurzel, -zahl etc.*); **28.** im Quaˈdrat: ***2 feet ~***; **29.** rechtwink(e)lig, im rechten Winkel (stehend) (***to*** zu); **30.** (vier)eckig; **31.** ⚙ Vierkant...; **32.** gerade, gleichmäßig; **33.** breit(schulterig), stämmig, vierschrötig; **34.** *fig.* in Einklang (stehend) (***with*** mit), stimmend, in Ordnung: ***get things ~*** die Sache in Ordnung bringen; **35.** ✝ abgeglichen (*Konten*): ***get ~ with*** mit *j-m* quitt werden (*a. fig.*); **36.** F a) reˈell, anständig, b) offen, ehrlich: **~ *deal*** a) reeller Handel, b) anständige Behandlung; **37.** klar, deutlich: ***a ~ refusal***; **38.** F ordentlich, reichlich: ***a ~ meal***; **39.** *sl.* ‚spießig'; **40.** zu viert: **~ *game***; **V** *adv.* **41.** quaˈdratisch, viereckig; rechtwink(e)lig; **42.** F anständig, ehrlich; **43.** *Am.* diˈrekt, gerade; **ˌ~-ˈbuilt** → ***square*** 33; **~ dance** *s. Am.* Square dance *m*; **ˈ~·head** *s. contp.* ‚Quaˈdratschädel' *m* (*Skandinavier od. Deutscher in U.S.A. od. Kanada*); **~ meas·ure** *s.* Flächenmaß *n*.

square·ness [ˈskweənɪs] *s.* **1.** *das* Quaˈdratische *od.* Viereckige; **2.** Vierschrötigkeit *f*; **3.** F Ehrlichkeit *f*; **4.** *sl.* ‚Spießigkeit' *f*.

ˌsquare|-ˈrigged *adj.* ⚓ mit Rahen getakelt; **ˈ~-ˌrig·ger** *s.* ⚓ Rahsegler *m*; **~ root** *s.* A (Quaˈdrat)Wurzel *f*; **~ sail** *s.* ⚓ Rahsegel *n*; **~ shoot·er** *s. Am.* F ehrlicher *od.* anständiger Kerl; **ˌ~-ˈshoul·dered** *adj.* breitschultrig; **ˌ~-ˈtoed** *adj. fig.* a) altmodisch, b) steif.

squash [skwɒʃ] **I** *v/t.* **1.** (zu Brei) zerquetschen, zs.-drücken; breitschlagen; **2.** *fig. Aufruhr etc.* niederschlagen, im

Keim ersticken; **3.** F *j-n* ‚fertigmachen'; **II** *v/i.* **4.** zerquetscht werden; **5.** glucksen (*Schuhe im Morast etc.*); **III** *s.* **6.** Matsch *m*, Brei *m*; **7.** Gedränge *n*; **8.** ⚘ Kürbis *m*; **9.** (Zi'tronen- *etc.*)Saft *m*; **10.** Glucksen *n*, Platsch(en *n*) *m*; **11.** *sport* a) *a.* **~ tennis** Squash *n*, b) *a.* **~ rackets** *ein dem Squash ähnliches Spiel*; **'squash·y** [-ʃɪ] *adj.* □ **1.** weich, breiig; **2.** matschig (*Boden*).

squat [skwɒt] **I** *v/t.* **1.** hocken, kauern: **~ down** sich hinhocken; **2.** sich ducken (*Tier*); **3.** F ‚hocken' (*sitzen*); **4.** sich ohne Rechtstitel ansiedeln; **II** *v/t.* **5.** *leerstehendes Haus* besetzen; **III** *adj.* **6.** unter'setzt, vierschrötig (*Person*); **7.** flach, platt; **IV** *s.* **8.** Hockstellung *f*, Hocke *f* (*a. sport*); **9.** Sitz *m*, Platz *m*; **'squat·ter** [-tə] *s.* **1.** Hockende(r *m*) *f*; **2.** Hausbesetzer *m*; **3.** Squatter *m*, Ansiedler *m* ohne Rechtstitel; **4.** Siedler *m* auf regierungseigenem Land; **5.** *Austral.* Schafzüchter *m*.

squaw [skwɔ:] *s.* **1.** Squaw *f*, Indi'anerfrau *f*; **2.** *Am.* F (Ehe)Frau *f*.

squawk [skwɔ:k] **I** *v/i.* **1.** *bsd. orn.* kreischen; **2.** *fig.* F zetern, aufbegehren; **II** *s.* **3.** *bsd. orn.* Kreischen *n*; **4.** F Gezeter *n*.

squeak [skwi:k] **I** *v/i.* **1.** quiek(s)en, piep(s)en; **2.** quietschen (*Bremsen, Türangel etc.*); **3.** *sl.* → **squeal** 5; **II** *v/t.* **4.** *et.* quiek(s)en; **III** *s.* **5.** Gequiek(s)e *n*, Piep(s)en *n*; **6.** Quietschen *n*; **7. have a narrow** (*od.* **close**) **~** F mit knapper Not davonkommen; **'squeak·y** [-kɪ] *adj.* □ **1.** quiek(s)end; **2.** quietschend.

squeal [skwi:l] **I** *v/i.* **1.** kreischen, (auf-) schreien; **2.** quietschen (*Bremsen etc.*); **3.** quieken, piepsen; **4.** F zetern, schimpfen (**about, against** gegen); **5.** *sl.* ‚pfeifen', ‚singen' (*verraten*): **~ on s.o.** j-n verpetzen *od.* ‚verpfeifen' (**to** bei); **II** *v/t.* **6.** *et.* schreien, kreischen; **III** *s.* **7.** schriller Schrei; **8.** Kreischen *n*, Quieken *n*; **9.** F *fig.* Aufschrei *m*; **'squeal·er** [-lə] *s.* **1.** Schreier *m*; **2.** Täubchen *n*, *allg.* junger Vogel; **3.** *sl.* Verräter *m*.

squeam·ish ['skwi:mɪʃ] *adj.* □ **1.** ('über)empfindlich, zimperlich; **2.** a) heikel (*im Essen*), b) (leicht) Ekel empfindend; **3.** 'übergewissenhaft, pe'nibel; **'squeam·ish·ness** [-nɪs] **1.** 'Überempfindlichkeit *f*, Zimperlichkeit *f*; **2.** 'Übergewissenhaftigkeit *f*; **3.** a) heikle Art, b) Ekel *m*, Übelkeit *f*.

squee·gee [ˌskwi:'dʒi:] *s.* **1.** Gummischrubber *m*; **2.** *phot. etc.* (Gummi-) Quetschwalze *f*.

squeez·a·ble ['skwi:zəbl] *adj.* **1.** zs.-drückbar; **2.** *fig.* gefügig; **'squeeze** [skwi:z] **I** *v/t.* **1.** (zs.-)drücken; **2.** a) *Frucht* auspressen, -quetschen, *Schwamm* ausdrücken, b) F *j-n* ‚ausnehmen', ‚schröpfen'; **3.** *oft* **~ out** *Saft etc.* (her)'auspressen, -quetschen (**from** aus): **~ a tear** *fig.* e-e Träne zerdrükken, ein paar Krokodilstränen weinen; **4.** drücken, quetschen, zwängen (**into** in *acc.*); eng (zs.-)packen: **~ o.s.** (*od.* **one's way**) **into** (**through**) sich hinein- (hindurch)zwängen; **5.** F fest *od.* innig an sich drücken; **6.** F a) unter Druck setzen, erpressen, b) *Geld etc.* her'auspressen, *Vorteil etc.* her'ausschinden (**out of** aus); **7.** e-n Abdruck machen von (*e-r Münze etc.*); **II** *v/i.* **8.** quetschen, drücken, pressen; **9.** sich zwängen: **~ through** (**in**) sich durch- (hinein)zwängen; **III** *s.* **10.** Druck *m*, Pressen *n*, Quetschen *n*; **11.** Händedruck *m*; **12.** (innige) Um'armung; **13.** Gedränge *n*; **14.** F a) Klemme *f*, *bsd.* Geldverlegenheit *f*, b) ‚Druck' *m*, Erpressung *f*: **put the ~ on s.o.** j-n unter Druck setzen; **15.** ✝ wirtschaftlicher Engpaß, (*a.* Geld)Knappheit *f*; **16.** (*bsd.* Wachs)Abdruck *m*; **squeeze bot·tle** *s.* (Plastik)Spritzflasche *f*; **squeeze box** *s.* ♪ F ,'Quetschkomˌmode' *f*; **'squeez·er** [-zə] *s.* **1.** (Frucht-) Presse *f*; **2.** ⚙ a) ('Aus)Preßmaˌschine *f*, b) Quetschwerk *n*, c) 'Preßformmaˌschine *f*.

squelch [skweltʃ] **I** *v/t.* **1.** zermalmen; **2.** *fig.* F *j-n* ‚kurz fertigmachen', *j-m* den Mund stopfen, *Kritik etc.* abwürgen; **II** *v/i.* **3.** p(l)atschen; **4.** glucksen (*nasser Schuh etc.*); **III** *s.* **5.** Matsch *m*; **6.** P(l)atschen *n*, Glucksen *n*; **7.** → **'squelch·er** [-tʃə] *s.* F **1.** vernichtender Schlag; **2.** vernichtende Antwort.

squib [skwɪb] *s.* **1.** a) Frosch *m*, (Feuerwerks)Schwärmer *m*, b) *Brit. allg.* (Hand)Feuerwerkskörper *m*: **damp ~** *fig.* ‚Flop' *m*, Schlag *m* ins Wasser; **2.** ⚒, *a.* ⚔ *hist.* Zündladung *f*; **3.** Spottgedicht *n*, Sa'tire *f*.

squid [skwɪd] *pl.* **squids**, *bsd. coll.* **squid** *s.* **1.** *zo. ein* zehnarmiger Tintenfisch; **2.** *künstlicher Köder in Tintenfischform*.

squif·fy ['skwɪfɪ] *adj. sl.* beschwipst.

squig·gle ['skwɪgl] **I** *s.* **1.** Schnörkel *m*; **II** *v/i.* **2.** kritzeln; **3.** sich winden.

squill [skwɪl] *s.* **1.** ⚘ a) Meerzwiebel *f*, b) Blaustern *m*; **2.** *zo.* Heuschreckenkrebs *m*.

squint [skwɪnt] **I** *v/i.* **1.** schielen (*a. weitS.*); **2. ~ at** a) schielen nach, b) e-n Blick werfen auf (*acc.*), c) scheel *od.* argwöhnisch blicken auf (*acc.*); **3.** blinzeln, zwinkern; **II** *v/t.* **4.** *Augen* a) verdrehen, b) zs.-kneifen; **III** *s.* **5.** Schielen *n* (*a. fig.*): ***have a ~*** schielen; **6.** F (rascher *od.* verstohlener) Blick: ***have a ~ at*** → 2b; **IV** *adj.* **7.** schielend; **8.** schief, schräg; **'~-eyed** *adj.* **1.** schielend; **2.** *fig.* scheel, böse.

squir·arch·y ['skwaɪərɑːkɪ] *s.* → ***squirearchy***.

squire ['skwaɪə] **I** *s.* **1.** *englischer* Landjunker, *a.* Gutsherr *m*, Großgrundbesitzer *m*; **2.** *bsd.* F (*a. Am.*) a) (Friedens)Richter *m*, b) *andere Person mit lokaler Obrigkeitswürde*; **3.** *hist.* Edelknabe *m*, (Schild)Knappe *m*; **4.** Kava'lier *m*: a) Begleiter *m* (*e-r Dame*), b) Ga'lan *m*: ***~ of dames*** Frauenheld *m*; **II** *v/t. u. v/i.* **5.** *obs.* a) (e-e Dame) begleiten, b) (e-r Dame) Ritterdienste leisten *od.* den Hof machen; **'squire·arch·y** [-ərɑːkɪ] *s.* Junkertum *n*: a) *coll. die* (Land)Junker *pl.*, b) (Land-) Junkerherrschaft *f*; **'squire·ling** [-əlɪŋ] *s. contp.* Krautjunker *m*.

squirm [skwɜːm] **I** *v/i.* **1.** sich krümmen, sich winden (*a. fig.* ***with*** vor Scham *etc.*): ***~ out of*** a) sich (mühsam) aus *e-m Kleid* ‚herausschälen', b) *fig.* sich aus *e-r Notlage etc.* (heraus)winden; **II** *s.* **2.** Krümmen *n*, Sich'winden *n*; **3.** ⚓ Kink *m im Tau*; **'squirm·y** [-mɪ] *adj.* **1.** sich windend; **2.** *fig.* eklig.

squir·rel ['skwɪrəl] *s.* **1.** *zo.* Eichhörnchen *n*: ***flying ~*** Flughörnchen *n*; **2.** Feh *n* (*Pelzwerk*); **~ cage** *s.* **1.** a) Laufradkäfig *m*, b) *fig.* ‚Tretmühle' *f*; **2.** ⚡ Käfiganker *m*; **'~-cage** *adj.* ⚡ Käfig…, Kurzschluß…

squirt [skwɜːt] **I** *v/i.* **1.** spritzen; **2.** her'vorspritzen, -sprudeln; **II** *v/t.* **3.** *Flüssigkeit etc.* her'vor-, her'ausspritzen; **4.** bespritzen; **III** *s.* **5.** (Wasser- *etc.*)Strahl *m*; **6.** Spritze *f*: ***~ can*** ⚙ Spritzkanne *f*; **7.** *a.* ***~ gun*** 'Wasserpiˌstole *f*; **8.** F ‚kleiner Scheißer'.

squish [skwɪʃ] F **I** *v/t.* zermatschen; **II** *v/i.* → ***squelch*** 4.

stab [stæb] **I** *v/t.* **1.** *j-n* a) (nieder)stechen, b) erstechen, erdolchen; **2.** *Messer etc.* bohren, stoßen (***into*** in *acc.*); **3.** *fig.* verletzen: ***~ s.o. in the back*** j-m in den Rücken fallen; ***~ s.o.'s reputation*** an j-m Rufmord begehen; **4.** ⚙ *Mauer* rauh hauen; **II** *v/i.* **5.** stechen (***at*** nach); **6.** *mit den Fingern etc.* stoßen (***at*** nach, auf *acc.*); **7.** stechen (*Schmerz*); **III** *s.* **8.** (Dolch- *etc.*)Stoß *m*, Stich *m*: ***~ in the back*** *fig.* Dolchstoß; ***have*** (*od.* ***make***) ***a ~ at*** F *et.* probieren; **9.** Stich (-wunde *f*) *m*; **10.** *fig.* Stich *m* (*Schmerz, jähes Gefühl*); **~ cell** *s. biol.* Stabzelle *f*.

sta·bil·i·ty [stə'bɪlətɪ] *s.* **1.** Stabili'tät *f*: a) Standfestigkeit *f*, b) (Wert)Beständigkeit *f*, Festigkeit *f*, Haltbarkeit *f*, c) Unveränderlichkeit *f* (*a.* ⚗), d) ⚕ Resi'stenz *f*: ***monetary ~*** ✝ Währungsstabilität; **2.** *fig.* Beständigkeit *f*, Standhaftigkeit *f*, (Cha'rakter)Festigkeit *f*; **3.** a) ⚙ Kippsicherheit *f*, b) ✈ dy'namisches Gleichgewicht, c) ***~ on curves*** *mot.* Kurvenstabilität *f*.

sta·bi·li·za·tion [ˌsteɪbɪlaɪ'zeɪʃn] *s. allg., bsd.* ⚙, ✝ Stabilisierung *f*; **sta·bi·lize** ['steɪbɪlaɪz] *v/t.* stabilisieren (*a.* ⚙, ⚓, ✈): a) festigen, stützen, b) kon'stant halten: ***~d warfare*** ⚔ Stellungskrieg *m*; **sta·bi·liz·er** ['steɪbɪlaɪzə] *s.* ⚙, ✈, ⚓, ⚕ Stabili'sator *m*.

sta·ble¹ ['steɪbl] *adj.* □ **1.** sta'bil (*a.* ✝): a) standfest, -sicher (*a.* ⚙), b) (wert-) beständig, fest, dauerhaft, haltbar, c) unveränderlich (*a.* ⚗), d) ⚕ resi'stent; **2.** ✝, *pol.* sta'bil: ***~ currency***; **3.** *fig.* beständig, (*a.* cha'rakterlich) gefestigt.

sta·ble² ['steɪbl] **I** *s.* **1.** (Pferde-, Kuh-) Stall *m*; **2.** Stall(bestand) *m*; **3.** Rennstall *m* (*bsd. coll. Pferde, a. Rennfahrer*); **4.** *fig.* ‚Stall' *m* (*Mannschaft etc., a. Familie*); **5.** *pl.* ⚔ *Brit.* a) Stalldienst *m*, b) → ***stable call***; **II** *v/t.* **6.** *Pferd* einstallen; **III** *v/i.* **7.** im Stall stehen (*Pferd*); **8.** *fig.* hausen; **'~·boy** *s.* Stalljunge *m*; **~ call** *s.* ⚔ Si'gnal *n* zum Stalldienst; **~ com·pan·ion** → ***stablemate***; **'~·man** [-mən] *s.* [*irr.*] Stallknecht *m*; **'~·mate** *s.* Stallgefährte *m* (*a. fig. Radsport etc.*).

sta·ble·ness ['steɪblnɪs] → ***stability***.

sta·bling ['steɪblɪŋ] *s.* **1.** Einstallung *f*; **2.** Stallung(en *pl.*) *f*, Ställe *pl.*

stac·ca·to [stə'kɑːtəʊ] (*Ital.*) *adv.* **1.** ♪ stak'kato; **2.** *fig.* abgehackt.

stack [stæk] **I** *s.* **1.** Schober *m*, Feim *m*; **2.** Stoß *m*, Stapel *m* (*Holz, Bücher etc.*); **3.** *Brit. Maßeinheit für Holz u. Kohlen* (*3,05814 m³*); **4.** *Am.* ('Bücher-) Reˌgal *n*; *pl.* 'Hauptmagaˌzin *n e-r Bibliothek*; **5.** ⚔ (Ge'wehr)Pyraˌmide *f*; **6.** a) *bsd.* 🚂, ⚓ Schornstein *m*, Ka'min *m*, b) (Schmiede)Esse *f*, c) *mot.* Auspuffrohr *n*, d) Aggre'gat *n*, Satz *m*, e) (gestockte) An'tennenkombinatiˌon, f) *Computer*: Stapelspeicher *m*: ***blow one's ~*** F ‚in die Luft gehen'; **7.** Felssäule *f*; **II** *v/t.* **8.** *Heu etc.* aufschobern; **9.** aufschichten, -stapeln; **10.** *et.* 'vollstapeln; **11.** ⚔ *Gewehre* zs.-setzen: ~ ***arms***; **12.** ~ ***the cards*** die Karten ‚packen' (*um zu betrügen*): ***the cards are ~ed against him*** *fig.* er hat kaum e-e Chance; **'stack·er** [-kə] *s.* Stapler *m* (*Person u. Gerät*).

sta·di·a¹ ['steɪdjə] *pl. von* ***stadium***.

sta·di·a² ['steɪdjə] *s. a.* ~ ***rod*** *surv.* Meßlatte *f.*

sta·di·um ['steɪdjəm] *pl.* **-di·a** [-djə] *s.* **1.** *antiq.* Stadion *n* (*Kampfbahn u. Längenmaß*); **2.** *pl. mst* **'sta·di·ums** *sport* Stadion *n*; **3.** *bsd.* ⚕, *biol.* Stadium *n.*

staff¹ [stɑːf] **I** *s.* **1.** Stock *m*, Stecken *m*; **2.** (*a.* Amts-, Bischofs-, Kom'mando-, Meß-, Wander)Stab *m*; **3.** (Fahnen-)Stange *f*, ⚓ Flaggenstock *m*; **4.** *fig.* a) Stütze *f des Alters etc.*, b) *das* Nötige *od.* Wichtigste: ~ ***of life*** Brot *n*, Nahrung *f*; **5.** Unruhewelle *f* (*Uhr*); **6.** a) (Assi'stenten-, Mitarbeiter)Stab *m*, b) Beamtenkörper *m*, -stab *m*, c) Lehrkörper *m*, 'Lehrerkolˌlegium *n*, d) Perso'nal *n*, Belegschaft *f*: ***editorial*** ~ Redaktion(sstab *m*) *f*; ***nursing*** ~ ⚕ Pflegepersonal; ***the senior*** ~ ✝ die leitenden Angestellten; ***be on the*** ~ (***of***) zum Stab *od.* Lehrkörper *od.* Personal gehören (*gen.*), Mitarbeiter sein (bei), fest angestellt sein (bei); **7.** ⚔ Stab *m*: ~ ***order*** Stabsbefehl *m*; **8.** *pl.* **staves** [steɪvz] ♪ 'Noten(linien)syˌstem *n*; **II** *adj.* **9.** *bsd.* ⚔ Stabs...; **10.** Personal...; **III** *v/t.* **11.** (mit Perso'nal) besetzen: ***well ~ed*** gut besetzt; **12.** mit e-m Stab *od.* Lehrkörper *etc.* versehen; **13.** den Lehrkörper *e-r Schule* bilden.

staff² [stɑːf] *s.* ⚙ *Baustoff aus Gips u.* (*Hanf*)*Fasern*.

staff| car *s.* ⚔ Befehlsfahrzeug *n*; ~ **col·lege** *s.* ⚔ Gene'ralstabsakadeˌmie *f*; ~ **man·a·ger** *s.* ✝ Perso'nalchef *m*; ~ **mem·ber** *s.* Mitarbeiter(in); ~ **no·ta·tion** *s.* ♪ Liniennotenschrift *f*; ~ **of·fi·cer** *s.* ⚔ 'Stabsoffiˌzier *m*; ~ **re·duc·tions** *pl.* ✝ Perso'nalabbau *m*; ~ **room** *s. ped.* Lehrerzimmer *n*; ~ **ser·geant** *s.* ⚔ (*Brit.* Ober)Feldwebel *m.*

stag [stæg] **I** *s.* **1.** *hunt.*, *zo.* a) Rothirsch *m*, b) Hirsch *m*; **2.** *zo. bsd. dial.* Männchen *n*; **3.** *nach der Reife kastriertes männliches Tier*; **4.** F a) ‚Unbeweibte(r)' *m*, Herr *m* ohne Damenbegleitung, b) *bsd. Am.* → ***stag party***; **5.** ✝ *Brit.* Kon'zertzeichner *m*; **II** *adj.* **6.** F a) Herren...: ~ ***dinner***, b) Sex...: ~ ***film***; **III** *v/i.* **7.** ✝ *Brit. sl.* in neu ausgegebenen Aktien spekulieren; **8.** *a.* ***go*** ~ F ohne Damenbegleitung *od.* ‚solo' gehen; ~ **bee·tle** *s. zo.* Hirschkäfer *m.*

stage [steɪdʒ] **I** *s.* **1.** Bühne *f*, Gerüst *n*; ⚓ Landungsbrücke *f*; **2.** *thea.* Bühne *f* (*a. fig. Theaterwelt*, *Bühnenlaufbahn*): ***the*** ~ *fig.* die Bühne, das Theater; ***be on the*** ~ Schauspieler(in) *od.* beim Theater sein; ***bring on the*** ~ → 11a; ***go on the*** ~ zur Bühne gehen; ***hold the*** ~ sich auf der Bühne halten; ***set the*** ~ ***for*** *fig.* alles vorbereiten für; **3.** *hist.* a) ('Post)Statiˌon *f*, b) Postkutsche *f*; **4.** a) *Brit.* Teilstrecke *f*, Fahrzone *f* (*Bus etc.*), b) (Reise)Abschnitt *m*, E'tappe *f* (*a. fig. u. Radsport*): ***by*** (*od.* ***in***) (***easy***) ***~s*** etappenweise; **5.** ⚕, ✝, *biol. etc.* Stadium *n*, (Entwicklungs)Stufe *f*, Phase *f*: ***at this*** ~ zum gegenwärtigen Zeitpunkt; ***critical*** (***experimental***, ***initial***) ~ kritisches (Versuchs-, Anfangs-) Stadium; ***~s of appeal*** ⚖ Instanzenweg *m*; **6.** ⚙ (Schalt- *etc.*, ⚡ Verstärker-, *a.* Ra'keten)Stufe *f*; **7.** *geol.* Stufe *f e-r Formation*; **8.** Ob'jektträger *m* (*am Mikroskop*); **9.** ⚙ Farbläufer *m*; **10.** *Am.* Höhe *f* des Spiegels (*e-s Flusses*); **II** *v/t.* **11.** *Theaterstück* a) auf die Bühne bringen, inszenieren, b) für die Bühne bearbeiten; **12.** *fig.* a) *allg.* veranstalten, b) inszenieren, aufziehen: ~ ***a demonstration***; **13.** ⚙ berüsten; **14.** ⚔ *Am. Personen* 'durchschleusen; ~ **box** *s. thea.* Pro'szeniumsloge *f*; **'~·coach** *s. hist.* Postkutsche *f*; **'~·craft** *s.* drama'turgisches *od.* schauspielerisches Können; ~ **de·sign·er** *s.* Bühnenbildner(in); ~ **di·rec·tion** *s.* Bühnen-, Re'gieanweisung *f*; ~ **di·rec·tor** *s.* Regis'seur *m*; ~ **door** *s.* Bühneneingang *m*; ~ **ef·fect** *s.* **1.** 'Bühnenwirkung *f*, -efˌfekt *m*; **2.** *fig.* Thea'tralik *f*; ~ **fe·ver** *s.* The'aterbesessenheit *f*; ~ **fright** *s.* Lampenfieber *n*; **'~·hand** *s.* Bühnenarbeiter *m*; **ˌ~-'man·age** → ***stage*** 12; ~ **man·ag·er** *s.* Inspizi'ent *m*; ~ **name** *s.* Bühnen-, Künstlername *m*; ~ **play** *s.* Bühnenstück *n.*

stag·er ['steɪdʒə] *s. mst* ***old*** ~ ‚alter Hase'.

stage| race *s. Radsport*: E'tappenrennen *n*; ~ **rights** *s. pl.* ⚖ Aufführungs-, Bühnenrechte *pl.*; **'~-struck** *adj.* the'aterbesessen; ~ **ver·sion** *s. thea.* Bühnenfassung *f*; ~ **whis·per** *s.* **1.** *thea.* nur für das Publikum bestimmtes Flüstern; **2.** *fig.* weithin hörbares Geflüster; **'~ˌworth·y** *adj.* bühnenfähig, -gerecht (*Schauspiel*).

stage·y ['steɪdʒɪ] *adj. Am. für* ***stagy***.

stag·fla·tion [stæg'fleɪʃn] *s.* ✝ Stagflati'on *f.*

stag·ger ['stægə] **I** *v/i.* **1.** (sch)wanken,

taumeln, torkeln; **2.** *fig.* wanken(d werden); **II** *v/t.* **3.** ins Wanken bringen, erschüttern (*a. fig.*); **4.** *fig.* verblüffen, *stärker*: 'umwerfen, über'wältigen; **5.** ⚙ gestaffelt *od.* versetzt anordnen; (*a. fig. Arbeitszeit*) staffeln; **III** *s.* **6.** Schwanken *n*, Taumeln *n*; **7.** *pl. sg. konstr.*: a) Schwindel *m*, b) *vet.* Schwindel *m* (*von Rindern*), Koller *m* (*von Pferden*), Drehkrankheit *f* (*von Schafen*); **8.** ⚙, ✈ *u. fig.* Staffelung *f*; **9.** *Leichtathletik*: Kurvenvorgabe *f*; '**stag·gered** [-əd] *adj.* **1.** ⚙ versetzt (angeordnet), gestaffelt; **2.** gestaffelt (*Arbeitszeit etc.*); '**stag·ger·ing** [-ərɪŋ] *adj.* □ **1.** (sch)wankend, taumelnd; **2.** wuchtig, heftig (*Schlag*); **3.** *fig.* a) 'umwerfend, phan'tastisch, b) schwindelerregend (*Preise etc.*).

stag·i·ness ['steɪdʒɪnɪs] *s.* Thea'tralik *f*, Effekthasche'rei *f*.

stag·ing ['steɪdʒɪŋ] *s.* **1.** *thea.* a) Inszenierung *f* (*a. fig.*), b) Bühnenbearbeitung *f*; **2.** (Bau)Gerüst *n*; **3.** ⚓ Hellinggerüst *n* (*e-r Werft*); **~ a·re·a** *s.* ⚔ **1.** Bereitstellungsraum *m*; **2.** Auffangraum *m*.

stag·nan·cy ['stægnənsɪ] *s.* Stagnati'on *f*: a) Stockung *f*, Stillstand *m*, b) *bsd.* ✝ Flauheit *f*, c) *fig.* Trägheit *f*; '**stag·nant** [-nt] *adj.* □ stagnierend: a) stockend (*a.* ✝), stillstehend, b) abgestanden (*Wasser*), c) *fig.* träge; '**stag·nate** [-neɪt] *v/i.* stagnieren, stocken; **stag·na·tion** [stæg'neɪʃn] → ***stagnancy***.

stag par·ty *s.* F (*bsd.* feuchtfröhlicher) Herrenabend *m*.

stag·y ['steɪdʒɪ] *adj.* □ **1.** bühnenmäßig, Bühnen…; **2.** *fig.* thea'tralisch.

staid [steɪd] *adj.* □ gesetzt, seri'ös; ruhig (*a. Farbe*), gelassen; '**staid·ness** [-nɪs] *s.* Gesetztheit *f*.

stain [steɪn] **I** *s.* **1.** (Schmutz-, *a.* Farb-) Fleck *m*: ***~-resistant*** schmutzabweisend; **2.** *fig.* Schandfleck *m*, Makel *m*; **3.** Färbung *f*; **4.** ⚙ Farbe *f*, Färbemittel *n* (*a. beim Mikroskopieren*); **5.** (Holz-) Beize *f*; **II** *v/t.* **6.** beschmutzen, beflecken, besudeln (*alle a. fig.*); **7.** färben; *Holz* beizen; *Glas etc.* bemalen; *Stoff etc.* bedrucken: ***~ed glass*** buntes (Fenster)Glas; **III** *v/i.* **8.** Flecken verursachen; **9.** Flecken bekommen, schmutzen; '**stain·ing** [-nɪŋ] **I** *s.* **1.** (Ver)Färbung *f*; **2.** Verschmutzung *f*; **3.** ⚙ Färben *n*, Beizen *n*: ***~ of glass*** Glasmalerei *f*; **II** *adj.* **4.** Färbe…; '**stain·less** [-lɪs] *adj.* □ **1.** *bsd. fig.* fleckenlos, unbefleckt; **2.** rostfrei, nichtrostend (*Stahl*).

stair [steə] *s.* **1.** Treppe *f*, Stiege *f*; **2.** (Treppen)Stufe *f*; **3.** *pl.* Treppe(nhaus *n*) *f*: ***below ~s*** a) unten, b) *Br. obs.* beim Hauspersonal; '**~·case** → ***stair*** 3; '**~·head** *s.* oberster Treppenabsatz; '**~·way** → ***stair*** 3.

stake[1] [steɪk] **I** *s.* **1.** (*a.* Grenz)Pfahl *m*, Pfosten *m*: ***pull up ~s*** *Am.* F *fig.* s-e Zelte abbrechen; **2.** Marter-, Brandpfahl *m*: ***the ~*** *fig.* der (Tod auf dem) Scheiterhaufen; **3.** Pflock *m* (*zum Anbinden von Tieren*); **4.** (Wagen)Runge *f*; **5.** Absteckpfahl *m*, -pflock *m*; **6.** kleiner (Hand)Amboß; **II** *v/t.* **7.** *oft* ***~ off***, ***~ out*** abstecken (*a. fig.*): ***~ out a claim*** *fig.* s-e Ansprüche anmelden (***to*** auf *acc.*); ***~ in*** (*od.* ***out***) mit Pfählen einzäunen; **8.** *Pflanze* mit e-m Pfahl stützen; **9.** *Tier* anpflocken; **10.** a) mit e-m Pfahl durch'bohren, aufspießen, b) pfählen (*als Strafe*).

stake[2] [steɪk] **I** *s.* **1.** (Wett-, Spiel)Einsatz *m*: ***place one's ~s on*** setzen auf (*acc.*); ***be at ~*** *fig.* auf dem Spiel stehen; ***play for high ~s*** a) um hohe Einsätze spielen, b) *fig.* ein hohes Spiel spielen, allerhand riskieren; ***sweep the ~s*** den ganzen Gewinn kassieren; **2.** *fig.* Inter'esse *n*, Anteil *m* (*a.* ✝): ***have a ~ in*** interessiert *od.* beteiligt sein an (*dat.*); **3.** *pl. Pferderennen*: a) Dotierung *f*, b) Rennen *n*; **II** *v/t.* **4.** *Geld* setzen (***on*** auf *acc.*); **5.** *fig.* (ein)setzen, aufs Spiel setzen, riskieren: ***I'd ~ my life on that*** darauf gehe ich jede Wette ein; **6.** *Am.* F Geld in *j-n od. et.* investieren.

'**stake|,hold·er** *s.* 'Unpar,teiische(r), der die Wetteinsätze verwahrt; **~ net** *s.* ⚓ Staknetz *n*; '**~·out** *s.* F (poli'zeiliche) Über'wachung (***on*** *gen.*).

Sta·kha·no·vism [stæ'kænəvɪzəm] *s.* Sta'chanow-Sy,stem *n*.

sta·lac·tic, **sta·lac·ti·cal** [stə'læktɪk(l)] *adj.* → ***stalactitic***; **sta·lac·tite** ['stæləktaɪt] *s.* Stalak'tit *m*, hängender Tropfstein; **stal·ac·tit·ic** [,stælək'tɪtɪk] *adj.* (□ ***~ally***) stalak'titisch, Stalaktiten…

sta·lag·mite ['stæləgmaɪt] *s. min.* Stalag'mit *m*, stehender Tropfstein; **stal·ag·mit·ic** [,stæləg'mɪtɪk] *adj.* (□ ***~ally***) stalag'mitisch.

stale[1] [steɪl] **I** *adj.* □ **1.** *allg.* alt (*Ggs. frisch*), *bsd.* a) schal, abgestanden (*Wasser*, *Wein*), b) alt(backen) (*Brot*), c) schlecht, verdorben (*Lebensmittel*); **2.** verbraucht (*Luft*); **3.** schal (*Geruch*, *Geschmack*, *fig. Vergnügen*); **4.** fad, abgedroschen, (ur)alt (*Witz*); **5.** a) verbraucht (*Person*, *Geist*), über'anstrengt, b) ‚eingerostet', aus der Übung (gekommen); **6.** ⚖ verjährt (*Scheck*, *Schuld etc.*), gegenstandslos (geworden); **II** *v/i.* **7.** schal *etc.* werden.

stale² [steɪl] **I** *v/i.* stallen, harnen (*Vieh*); **II** *s.* Harn *m.*

stale·mate ['steɪlmeɪt] **I** *s.* **1.** *Schach*: Patt *n*; **2.** *fig.* 'Patt(situati,on *f*) *n*, Sackgasse *f*; **II** *v/t.* **3.** patt setzen; **4.** *fig.* a) in e-e Sackgasse führen, b) matt setzen.

stale·ness ['steɪlnɪs] *s.* **1.** Schalheit *f* (*a. fig.*); **2.** a) Verbrauchtheit *f*, b) Abgedroschenheit *f*.

Sta·lin·ism ['stɑːlɪnɪzəm] *s. pol.* Stali'nismus *m*; **'Sta·lin·ist** [-nɪst] **I** *s.* Stali'nist(in); **II** *adj.* stali'nistisch.

stalk¹ [stɔːk] *s.* **1.** ⚘ Stengel *m*, Stiel *m*, Halm *m*; **2.** *biol.*, *zo.* Stiel *m* (*Träger e-s Organs*); **3.** *zo.* Federkiel *m*; **4.** Stiel *m* (*e-s Weinglases etc.*); **5.** (Fa'brik-)Schlot *m*.

stalk² [stɔːk] **I** *v/i.* **1.** *hunt.* (sich an)pirschen; **2.** (ein'her)schreiten, (-)stolzieren; **3.** *fig.* 'umgehen (*Krankheit*, *Gespenst etc.*); **4.** staken, steifbeinig gehen; **II** *v/t.* **5.** *hunt. u. fig.* sich her'anpirschen an (*acc.*); **6.** *hunt.* durch'jagen; **7.** *j-n* verfolgen; **8.** 'umgehen in (*dat.*) (*Gespenst etc.*); **III** *s.* **9.** Pirsch (-jagd) *f*.

stalked [stɔːkt] *adj.* ⚘, *zo.* gestielt, ...stielig.

stalk·er ['stɔːkə] *s.* Pirschjäger *m*.

'stalk·ing-horse ['stɔːkɪŋ] *s.* **1.** *hunt.*, *hist.* Versteckpferd *n*; **2.** *fig.* Deckmantel *m*; **3.** *pol.* Strohmann *m*.

stalk·less ['stɔːklɪs] *adj.* **1.** ungestielt; **2.** ⚘ stengellos, sitzend.

stalk·y ['stɔːkɪ] *adj.* **1.** stengel-, stielartig; **2.** hochaufgeschossen.

stall¹ [stɔːl] **I** *s.* **1.** Box *f* (*im Stall*); **2.** (Verkaufs)Stand *m*, (Markt)Bude *f*: **~ money** Standgeld *n*; **3.** Chor-, Kirchenstuhl *m*; **4.** *pl. thea. Brit.* Sperrsitz *m*; **5.** Hülle *f*, Schutz *m*; **6.** ⚒ Arbeitsstand *m*; **7.** ✈ Sackflug *m*; **8.** (markierter) Parkplatz; **II** *v/t.* **9.** *Tiere* in Boxen 'unterbringen; **10.** im Stall füttern *od.* mästen; **11.** a) *Wagen* durch ‚Abwürgen' des Motors zum Stehen bringen, b) *Motor* abwürgen, c) ✈ über'ziehen: **~ing speed** kritische Geschwindigkeit; **III** *v/i.* **12.** steckenbleiben (*Wagen*); **13.** absterben (*Motor*); **14.** ✈ abrutschen.

stall² [stɔːl] **I** *s.* **1.** Ausflucht *f*, 'Hinhaltema,növer *n*; **2.** *Am.* Kom'plize *m*; **II** *v/i.* **3.** a) Ausflüchte machen, ausweichen, b) *a.* **~ for time** Zeit schinden; **4.** *sport* a) auf Zeit spielen, b) ‚kurztreten'; **III** *v/t.* **5.** *a.* **~ off** a) *j-n* hinhalten, b) *et.* hin'auszögern.

stall·age ['stɔːlɪdʒ] *s. Brit.* Standgeld *n*.

stal·lion ['stæljən] *s. zo.* (Zucht)Hengst *m*.

stal·wart ['stɔːlwət] **I** *adj.* □ **1.** ro'bust, stramm, (hand)fest; **2.** *bsd. pol.* unentwegt, treu; **II** *s.* **3.** strammer Kerl; **4.** *bsd. pol.* treuer Anhänger, Unentwegte(r *m*) *f*.

sta·men ['steɪmən] *s.* ⚘ Staubblatt *n*, -gefäß *n*, -faden *m*.

stam·i·na ['stæmɪnə] *s.* **1.** a) Lebenskraft *f* (*a. fig.*), b) Vitali'tät *f*; **2.** Zähigkeit *f*, Ausdauer *f*, 'Durchhalte-, Stehvermögen *n*; **3.** *a.* ⚔ 'Widerstandskraft *f*; **'stam·i·nal** [-nl] *adj.* **1.** Lebens..., vi'tal; **2.** Widerstands..., Konditions...; **3.** ⚘ Staubblatt...

stam·mer ['stæmə] **I** *v/i.* (*v/t. a.* **~ out**) stottern, stammeln; **II** *s.* Stottern *n* (*a.* ⚕), Gestammel *n*; **'stam·mer·er** [-ərə] *s.* Stotterer *m*, Stotterin *f*; **'stam·mer·ing** [-ərɪŋ] **I** *adj.* □ stotternd; **II** *s.* → ***stammer*** II.

stamp [stæmp] **I** *v/t.* **1.** stampfen (auf *acc.*): **~ one's foot** → 12; **~ down** a) feststampfen, b) niedertrampeln; **~ out** a) *Feuer* austreten, b) zertrampeln, c) ausmerzen, d) *Aufstand* niederschlagen; **2.** *Geld* prägen; **3.** aufprägen (**on** auf *acc.*); **4.** *Namen etc.* aufstempeln; **5.** *Urkunde etc.* stempeln; **6.** *Gewichte* eichen; **7.** *Brief etc.* frankieren, e-e Brief- *od.* Gebührenmarke (auf)kleben auf (*acc.*): **~ed envelope** Freiumschlag *m*; **8.** kennzeichnen; **9.** *fig.* stempeln, kennzeichnen, charakterisieren (**as** als); **10.** *fig.* (fest) einprägen: **~ed on s.o.'s memory** j-s Gedächtnis eingeprägt, unverrückbar in j-s Erinnerung; **11.** ⚙ a) *a.* **~ out** (aus)stanzen, b) pressen, c) *Erz* pochen, d) *Lumpen etc.* einstampfen; **II** *v/i.* **12.** (auf)stampfen; **13.** stampfen, trampeln (**upon** auf *acc.*); **III** *s.* **14.** Stempel *m*, (*Dienst-etc.*)Siegel *n*; **15.** *fig.* Stempel *m* (*der Wahrheit etc.*), Gepräge *n*: **bear the ~ of** den Stempel *des Genies etc.* tragen, das Gepräge *j-s od. e-r Sache* haben; **16.** (Brief)Marke *f*, (Post)Wertzeichen *n*; **17.** (Stempel-, Steuer-, Gebühren-) Marke *f*; **18.** ✝ Ra'battmarke *f*; **19.** ✝ (Firmen)Zeichen *n*, Eti'kett *n*; **20.** *fig.* Art *f*, Schlag *m*: **a man of his ~** ein Mann s-s Schlages; **of a different ~** aus e-m andern Holz geschnitzt; **21.** ⚙ a) Prägestempel *m*, b) Stanze *f*, c) Stampfe *f*, d) Presse *f*, e) Pochstempel *m*, f)

Pa'trize *f*; **22.** Prägung *f*; **23.** Aufdruck *m*; **24.** Eindruck *m*, Spur *f*; ⚖ **Act** *s. hist.* Stempelakte *f*; ~ **col·lec·tor** *s.* Briefmarkensammler *m*; ~ **du·ty** *s.* Stempelgebühr *f*.

stam·pede [stæm'pi:d] **I** *s.* **1.** a) wilde, panische Flucht, Panik *f*, b) wilder Ansturm; **2.** (Massen)Ansturm *m* (*von Käufern etc.*); **3.** *Am. pol.* a) (krasser) 'Meinungs,umschwung, b) ‚Erdrutsch' *m*; **II** *v/i.* **4.** (in wilder Flucht) da'vonstürmen, 'durchgehen; **5.** (in Massen) losstürmen; **III** *v/t.* **6.** in wilde Flucht jagen; **7.** a) in Panik versetzen, b) *j-n* treiben (***into doing*** dazu, *et.* zu tun), c) über'rumpeln, d) *Am. pol.* e-n Erdrutsch her'vorrufen bei.

stamp·ing ['stæmpɪŋ] *s.* ⚙ **1.** Ausstanzen *n etc.*; **2.** Stanzstück *n*; **3.** Preßstück *n*; **4.** Prägung *f*; ~ **die** *s.* ⚙ 'Schlagma'trize *f*; ~ **ground** *s. zo. u. fig.* Tummelplatz *m*, Re'vier *n*.

stamp(·ing) mill *s.* ⚙ a) Stampfwerk *n*, b) Pochwerk *n*.

stance [stæns] *s.* Stellung *f*, Haltung *f* (*a. sport*).

stanch[1] [stɑ:ntʃ] *v/t. Blutung* stillen.

stanch[2] [stɑ:ntʃ] → ***staunch***[2].

stan·chion ['stɑ:nʃn] **I** *s.* Pfosten *m*, Stütze *f* (*a.* ⚓); **II** *v/t.* (ab)stützen, verstärken.

stand [stænd] **I** *s.* **1.** Stillstand *m*, Halt *m*; **2.** Standort *m*, Platz *m*, *fig.* Standpunkt *m*: ***take one's*** ~ a) sich (auf)stellen (***at*** bei, auf *dat.*), b) Stellung beziehen; **3.** *fig.* Eintreten *n*: ***make a*** ~ ***for*** sich einsetzen für; ***make a*** ~ ***against*** sich entgegenstellen *od.* -stemmen (*dat.*); **4.** (Verkaufs-, Messe)Stand *m*; **5.** Stand(platz) *m für Taxis*; **6.** ('Zuschauer)Tri,büne *f*; **7.** Podium *n*; **8.** *Am.* ⚖ Zeugenstand *m*: ***take the*** ~ a) den Zeugenstand betreten, b) als Zeuge aussagen; **9.** (Kleider-, Noten- *etc.*) Ständer *m*; **10.** Gestell *n*; **11.** *phot.* Sta'tiv *n*; **12.** (Baum)Bestand *m*; **13.** ✓ Stand *m des Getreides etc.*, (zu erwartende) Ernte: ~ ***of wheat*** stehender Weizen; **14.** ~ ***of arms*** ⚔ ('vollständige) Ausrüstung *e-s Soldaten*; **II** *v/i.* [*irr.*] **15.** *allg.* stehen: ~ ***alone*** a) allein (da)stehen *mit e-r Ansicht etc.*, b) unerreicht dastehen *od.* sein; ~ ***fast*** (*od.* ***firm***) hart bleiben (***on*** in *e-r Sache*); ~ ***or fall*** siegen oder untergehen; ~***s at 78*** *das Thermometer* steht auf 78 Grad (Fahrenheit); ***the wind*** ~***s in the west*** der Wind weht von Westen; ~ ***well with s.o.*** mit j-m gut stehen; ~ ***to lose*** (***win***) (mit Sicherheit) verlieren (gewinnen); ***as matters*** ~ (so) wie die Dinge (jetzt) liegen, nach Lage der Dinge; ***I want to know where I*** ~ ich will wissen, woran ich bin; **16.** aufstehen, sich erheben; **17.** sich *wohin* stellen, treten: ~ ***back*** (*od.* ***clear***) zurücktreten; **18.** sich *wo* befinden, stehen, liegen (*Sache*); **19.** *a.* ~ ***still*** stehenbleiben, stillstehen: ~***!*** halt!; ~ ***fast!*** ⚔ *Brit.* stillgestanden!, *Am.* Abteilung halt!; **20.** *bestürzt etc.* sein: ~ ***aghast***; ~ ***convicted*** überführt sein; ~ ***corrected*** s-n Irrtum *od.* sein Unrecht zugeben; ~ ***in need of*** benötigen; **21.** groß sein, messen: ***he*** ~***s six feet*** (***tall***); **22.** *neutral etc.* bleiben: ~ ***unchallenged*** unbeanstandet bleiben; ***and so it*** ~***s*** und dabei bleibt es; **23.** *a.* ~ ***good*** gültig bleiben, (weiterhin) gelten: ***my offer*** ~***s*** mein Angebot bleibt bestehen; **24.** bestehen, sich behaupten: ~ ***through*** *et.* überstehen, -dauern; **25.** ⚓ *auf e-m Kurs* liegen, steuern; **26.** zu'statten kommen (***to*** *dat.*); **27.** *hunt.* vorstehen (***upon*** *dat.*) (*Hund*); **III** *v/t.* [*irr.*] **28.** *wohin* stellen; **29.** *e-m Angriff etc.* standhalten; **30.** *Beanspruchung*, *Kälte etc.* aushalten; *Klima*, *Person* (v)ertragen: ***I cannot*** ~ ***him*** ich kann ihn nicht ausstehen; **31.** sich *et.* gefallen lassen, dulden: ***I won't*** ~ ***it any longer***; **32.** sich *e-r Sache* unter'ziehen; *Pate* stehen; → ***trial*** 2; **33.** a) aufkommen für *et.*; *Bürgschaft* leisten, b) *j-m ein Essen etc.* spendieren: ~ ***a drink*** ‚einen ausgeben'; → ***treat*** 11; **34.** *e-e Chance* haben;

Zssgn mit prp.:

stand| by *v/i.* **1.** *fig. j-m* zur Seite stehen, zu *j-m* halten *od.* stehen; **2.** *s-m Wort*, *s-n Prinzipien etc.* treu bleiben, stehen zu; ~ **for** *v/i.* **1.** stehen für, bedeuten; **2.** eintreten für, vertreten; **3.** *bsd. Brit.* sich um *ein Amt* bewerben; **4.** *pol. Brit.* kandidieren für *e-n Sitz im Parlament*: ~ ***election*** kandidieren, sich zur Wahl stellen; **5.** → ***stand*** 31; ~ **on** *v/i.* **1.** bestehen *od.* halten auf (*acc.*); → ***ceremony*** 2; **2.** auf *sein Recht etc.* pochen; **3.** ⚓ *Kurs* beibehalten; ~ **o·ver** *v/i. j-m* auf die Finger sehen; ~ **to** *v/i.* **1.** → ***stand by*** 1; **2.** zu *s-m Versprechen etc.* stehen, bei *s-m Wort* bleiben: ~ ***it that*** dabei bleiben *od.* darauf beharren, daß; ~ ***one's duty*** (treu) s-e Pflicht tun; ~ **up·on** → ***stand on***;

Zssgn mit adv.:

stand| a·loof, ~ **a·part** *v/i.* **1.** a) abseits *od.* für sich stehen, b) sich ausschließen, nicht mitmachen; **2.** *fig.* sich distanzieren (***from*** von); ~ **a·side** *v/i.* **1.** bei'seite treten; **2.** *fig. zu j-s Gunsten* verzichten, zu'rücktreten; **3.** tatenlos her'umstehen; ~ **by** *v/i.* **1.** da'bei sein u. zusehen (müssen), (ruhig) zusehen; **2.** a) *bsd.* ⚔ bereitstehen, sich in Bereitschaft halten, b) ~**!** Achtung!, ⚓ klar zum Manöver!; **3.** *Funk*: a) auf Empfang bleiben, b) sendebereit sein; ~ **down** *v/i.* **1.** ⚖ den Zeugenstand verlassen; **2.** → ***stand aside*** 2; ~ **in** *v/i.* **1.** einspringen (***for*** für *j-n*): ~ ***for s.o.*** *Film*: j-n doubeln; **2.** ~ ***with*** ‚unter e-r Decke stecken' mit *j-m*; **3.** ⚓ landwärts anliegen; ~ **off I** *v/i.* **1.** sich entfernt halten (***from*** von); **2.** *fig.* Abstand halten (*im Umgang*); **3.** ⚓ seewärts anliegen; **II** *v/t.* **4.** † *j-n* (vor'übergehend) entlassen; **5.** sich *j-n* vom Leibe halten; ~ **out** *v/i.* **1.** (*a. fig.* deutlich) her'vortreten: ~ ***against*** sich gut abheben von; → 4; **2.** abstehen (*Ohren*); **3.** *fig.* her'ausragen, her'vorstechen; **4.** aus-, 'durchhalten: ~ ***against*** sich hartnäckig wehren gegen; **5.** ~ ***for*** bestehen auf (*dat.*); **6.** ~ ***to sea*** ⚓ in See stechen; ~ **o·ver I** *v/i.* **1.** (***to*** auf *acc.*) a) sich vertagen, b) verschoben werden; **2.** *für später* liegenbleiben, warten; **II** *v/t.* **3.** vertagen, verschieben (***to*** auf *acc.*); ~ **to** ⚔ **I** *v/t.* in Bereitschaft versetzen; **II** *v/i.* in Bereitschaft stehen; ~ **up I** *v/i.* **1.** aufstehen, sich erheben (*beide a. fig.*); **2.** sich aufrichten (*Stachel etc.*); **3.** eintreten *od.* sich einsetzen (***for*** für); **4.** ~ ***to*** (mutig) gegen'übertreten (*dat.*); **5.** (***under***, ***to***) sich (gut) halten (unter, gegen), standhalten (*dat.*); **II** *v/t.* **6.** F *j-n* ‚versetzen'.

stand·ard[1] ['stændəd] **I** *s.* **1.** Standard *m*, Norm *f*; **2.** Muster *n*, Vorbild *n*; **3.** Maßstab *m*: ***apply another*** ~ e-n anderen Maßstab anlegen; ~ ***of value*** Wertmaßstab; ***by present-day*** ~***s*** nach heutigen Begriffen; ***double*** ~ doppelte Moral; **4.** Richt-, Eichmaß *n*; **5.** Richtlinie *f*; **6.** (Mindest)Anforderungen *pl.*: ***be up to*** (***below***) ~ den Anforderungen (nicht) genügen *od.* entsprechen; ***set a high*** ~ hohe Anforderungen stellen, viel verlangen; ~ ***of living*** Lebensstandard *m*; **7.** † 'Standard(quali,tät *f od.* -ausführung *f*) *m*; **8.** (*Gold- etc.*) Währung *f*, (-)Standard *m*; **9.** Standard *m*: a) (gesetzlich vorgeschriebener) Feingehalt (*der Edelmetalle*), b) Münzfuß *m*; **10.** Ni'veau *n*, Grad *m*: ***be of a high*** ~ ein hohes Niveau haben; ~ ***of knowledge*** Bildungsgrad, -stand *m*; ~ ***of prices*** Preisniveau; **11.** *ped. bsd. Brit.* Stufe *f*, Klasse *f*; **II** *adj.* **12.** nor'mal, Normal...(*-film, -wert, -zeit etc.*); Standard..., Einheits...(*-modell etc.*); Durchschnitts...(*-wert etc.*): ~ ***ga***(***u***)***ge*** 🚂 Normalspur *f*; ~ ***set*** Seriengerät *n*; ~ ***size*** gängige Größe (*Schuhe etc.*); **13.** gültig, maßgebend, Standard...(*-muster, -werk*), *ling.* hochsprachlich: ~ ***German*** Hochdeutsch *n*; **14.** klassisch: ~ ***novel***; ~ ***author*** Klassiker *m*.

stand·ard[2] ['stændəd] **I** *s.* **1.** a) *pol. u.* ⚔ Stan'darte *f*, b) Fahne *f*, Flagge *f*, c) Wimpel *m*, d) *fig.* Banner *n*: ~***-bearer*** Fahnen-, *a. fig.* Bannerträger *m*; **2.** ⚙ a) Ständer *m*, b) Pfosten *m*, Pfeiler *m*, Stütze *f*; **3.** ✓ Hochstämmchen *n*, Bäumchen *n*; **II** *adj.* **4.** Steh...: ~ ***lamp***; **5.** ✓ hochstämmig: ~ ***rose***.

stand·ard·i·za·tion [ˌstændədaɪ'zeɪʃn] *s.* **1.** Normung *f*, Standardisierung *f*: ~ ***committee*** Normenausschuß *m*; **2.** ⚗ Titrierung *f*; **3.** Eichung *f*; **stand·ard·ize** ['stændədaɪz] *v/t.* **1.** normen, normieren, standardisieren; **2.** ⚗ einstellen, titrieren; **3.** eichen.

'**stand**|**-by** [-n*d*b-] **I** *pl.* **-bys** *s.* **1.** Stütze *f*, Beistand *m*, Hilfe *f*: (***old***) ~ altbewährte Sache; (***on*** ~ in) (A'larm- *etc.*) Bereitschaft *f*; **2.** ⚙ Hilfs-, Re'servegerät *n*; **II** *adj.* **3.** Hilfs..., Ersatz..., Reserve...: ~ ***unit*** ϟ Notaggregat *n*; ~ ***credit*** † Beistandskredit *m*; **4.** *bsd.* ⚔ Bereitschafts...(*-dienst etc.*); '~**-down** *s.* Pause *f*.

stand·ee [stæn'di:] *s. Am.* F Stehplatzinhaber(in).

'**stand-in** *s.* **1.** *Film*: Double *n*; **2.** Vertreter(in), Ersatzmann *m*.

stand·ing ['stændɪŋ] **I** *s.* **1.** Stehen *n*: ***no*** ~ keine Stehplätze; **2.** a) Stand *m*, Rang *m*, Stellung *f*, b) Ruf *m*, Ansehen *n*: ***of high*** ~ hochangesehen, -stehend; **3.** Dauer *f*: ***of long*** ~ alt (*Brauch, Freundschaft etc.*); **II** *adj.* **4.** stehend, Steh...: ~ ***army*** stehendes Heer; ~ ***corn*** Getreide *n* auf dem Halm; ~ ***jump*** Sprung *m* aus dem Stand; ~ ***ovation*** stürmischer Beifall; ~ ***rule*** stehende Regel; ~ ***start*** stehender Start; **5.** *fig.* ständig (*a. Ausschuß etc.*); **6.** † laufend (*Unkosten etc.*); **7.** üblich, gewohnt: ***a*** ~ ***dish***; **8.** bewährt, alt (*Witz etc.*); ~ **order** *s.* **1.** † Dauerauftrag *m*; **2.** *pl. parl. etc.* Geschäftsordnung *f*; **3.** ⚔ Dauerbefehl *m*; ~ **room** *s.* Platz *m* zum Stehen: ~ ***only!*** nur Stehplätze!

'**stand**|**·off** *s.* **1.** *Am.* Distanzierung *f*; **2.** *fig.* Sackgasse *f*; ˌ~**'off·ish** [-'ɒfɪʃ] *adj.* ☐ reserviert, (sehr) ablehnend, unnahbar; ˌ~**'pat**(**·ter**) [-nd'pæt(ə)] *s. pol.*

Am. F sturer Konserva'tiver; '**~·pipe** [-ndp-] *s.* ⚙ Standrohr *n*; '**~·point** [-ndp-] *s.* Standpunkt *m* (*a. fig.*); '**~·still** [-nds-] **I** *s.* Stillstand *m*: ***be at a ~*** stillstehen, stocken, ruhen; ***to a ~*** zum Stillstand *kommen*, *bringen*; **II** *adj.* stillstehend: ***~ agreement*** *pol.* Stillhalteabkommen *n*; '**~-up** *adj.* **1.** stehend: ***~ collar*** Stehkragen *m*; **2.** F im Stehen eingenommen: ***~ meal***; **3.** wild, wüst (*Schlägerei*).

stank [stæŋk] *pret. von* ***stink***.

stan·na·ry ['stænərı] *Brit.* **I** *s.* **1.** Zinngrubengebiet *n*; **2.** Zinngrube *f*; **II** *adj.* **3.** Zinn(gruben)...; '**stan·nate** [-nət] *s.* ⚗ Stan'nat *n*; '**stannic** [-nık] *adj.* ⚗ Zinn...; '**stan·nite** [-naıt] *s.* **1.** *min.* Zinnkies *m*, Stan'nin *n*; **2.** ⚗ Stan'nit *n*; '**stan·nous** [-nəs] *adj.* ⚗ Zinn...

stan·za ['stænzə] *pl.* **-zas** *s.* **1.** Strophe *f*; **2.** Stanze *f*.

sta·ple[1] [steıpl] **I** *s.* **1.** ⚚ Haupterzeugnis *n e- Landes etc.*; **2.** ⚚ Stapelware *f*: a) 'Hauptarˌtikel *m*, b) Massenware *f*; **3.** ⚚ Rohstoff *m*; **4.** ⚙ Stapel *m*; a) *Fadenlänge od. -qualität*: ***of short ~*** kurzstapelig, b) *Büschel Schafwolle*; **5.** ⚙ a) Rohwolle *f*, b) Faser *f*: ***~ fibre*** (*Am.* ***fiber***) Zellwolle *f*; **6.** *fig.* Hauptgegenstand *m*, -thema *n*; **7.** ⚚ a) Stapelplatz *m*, b) Handelszentrum *n*, c) *hist.* Markt *m* (mit Stapelrecht); **II** *adj.* **8.** Stapel...: ***~ goods***; **9.** Haupt...: ***~ food***; ***~ industry***; ***~ topic*** Hauptthema *n*; **10.** ⚚ a) Haupthandels..., b) gängig, c) Massen...; **III** *v/t.* **11.** *Wolle* (nach Stapel) sortieren.

sta·ple[2] [steıpl] ⚙ **I** *s.* **1.** (Draht)Öse *f*; **2.** Krampe *f*; **3.** Heftdraht *m*, -klammer *f*; **II** *v/t.* **4.** (mit Draht) heften; klammern (***to*** an *acc.*): ***stapling machine*** → ***stapler***[1].

sta·pler[1] ['steıplə] *s.* ⚙ 'Heftmaˌschine *f*.

sta·pler[2] ['steıplə] *s.* ⚚ **1.** (Baumwoll-) Sortierer *m*; **2.** Stapelkaufmann *m*.

star [stɑ:] **I** *s.* **1.** *ast.* a) Stern *m*, b) *mst* ***fixed ~*** Fixstern *m*; **2.** Stern *m*: a) sternähnliche Figur, b) *fig.* Größe *f*, Berühmtheit *f* (*Person*), c) Orden *m*, d) *typ.* Sternchen *n*, e) *weißer Stirnfleck*, *bsd. e-s Pferdes*: ***2s and Stripes*** *das* Sternenbanner (*Nationalflagge der USA*); ***see ~s*** F Sterne sehen (*nach e-m Schlag*); **3.** a) Stern *m* (*Schicksal*), b) *a.* ***lucky ~*** Glücksstern *m*: ***unlucky ~*** Unstern *m*; ***his ~ is in the ascendant*** (***is*** *od.* ***has set***) sein Stern ist im Aufgehen (ist untergegangen); ***my good ~*** mein guter Stern; ***you may thank your ~s*** Sie können von Glück sagen (, daß); **4.** *thea.* (Bühnen-, *bsd.* Film)Star *m*; **5.** *sport* Star *m*; **II** *adj.* **6.** Stern...; **7.** Haupt...: ***~ prosecution witness*** ⚖ Hauptbelastungszeuge *m*; **8.** *thea.*, *sport* Star...: ***~ performance*** Elitevorstellung *f*; ***~ turn*** Hauptattraktion *f*; **9.** *Segeln*: Star *m* (*Boot*); **III** *v/t.* **10.** mit Sternen schmücken, besternen; **11.** *j-n* in der Hauptrolle zeigen: ***~ring X.*** mit X. in der Hauptrolle; **12.** *typ. Wort* mit Sternchen versehen; **IV** *v/i.* **13.** die *od.* e-e Hauptrolle spielen: ***~ in a film***.

star·board ['stɑ:bəd] ⚓ **I** *s.* Steuerbord *n*; **II** *adj.* Steuerbord...; **III** *adv.* a) nach Steuerbord, b) steuerbord(s).

starch [stɑ:tʃ] **I** *s.* **1.** Stärke *f*: a) Stärkemehl *n*, b) Wäschestärke *f*, c) Stärkekleister *m*, d) ⚗ A'mylum *n*; **2.** *pl.* stärkereiche Nahrungsmittel *pl.*, 'Kohle(n)hyˌdrate *pl.*; **3.** *fig.* Steifheit *f*, Förmlichkeit *f*; **4.** *Am.* F ‚Mumm' *m*: ***take the ~ out of s.o.*** j-m ‚die Gräten ziehen'; **II** *v/t.* **5.** *Wäsche* stärken.

Star Cham·ber *s.* ⚖ *hist.* Sternkammer *f* (*nur dem König verantwortliches Willkürgericht bis 1641*).

starched [stɑ:tʃt] *adj.* ☐ **1.** gestärkt, gesteift; **2.** → ***starchy*** 4; '**starch·i·ness** [-tʃınıs] *s. fig.* F Steifheit *f*, Förmlichkeit *f*; '**starch·y** [-tʃı] *adj.* ☐ **1.** stärkehaltig: ***~ food***; **2.** Stärke...; **3.** gestärkt; **4.** *fig.* F steif, förmlich.

'**star-crossed** *adj. poet.* von e-m Unstern verfolgt, unglückselig.

star·dom ['stɑ:dəm] *s.* **1.** Welt *f* der Stars; **2.** *coll.* Stars *pl.*; **3.** Berühmtheit *f*: ***rise to ~*** ein Star werden.

star dust *s. ast.* **1.** Sternennebel *m*; **2.** kosmischer Staub.

stare [steə] **I** *v/i.* **1.** (***~ at*** an)starren, (-)stieren; **2.** große Augen machen, erstaunt blicken: ***~ at*** anstaunen, angaffen; ***make s.o. ~*** j-n in Erstaunen versetzen; **II** *v/t.* **3.** ***~ s.o. out*** (*od.* ***down***) j-n durch Anstarren aus der Fassung bringen; **4.** ***~ s.o. in the face*** *fig.* a) j-m in die Augen springen, b) j-m deutlich *od.* drohend vor Augen stehen; **III** *s.* **5.** (starrer *od.* erstaunter) Blick, Starrblick *m*, Starren *n*.

'**star|·finch** *s. orn.* Rotschwänzchen *n*; '**~ˌgaz·er** *s. humor.* **1.** Sterngucker *m*; **2.** Träumer(in); **3.** ‚Anbeter(in)' (*von Idolen*).

star·ing ['steərıŋ] **I** *adj.* ☐ **1.** stier, starrend: ***~ eyes***; **2.** auffallend: ***a ~ tie***; **3.** grell (*Farbe*); **II** *adv.* **4.** to'tal.

stark [stɑ:k] **I** *adj.* ☐ **1.** steif, starr; **2.** rein, völlig: ***~ folly***; ***~ nonsense*** barer Unsinn; **3.** *fig.* rein sachlich (*Bericht*);

4. kahl, öde (*Landschaft*); **II** *adv.* **5.** ganz, völlig: **~ (*staring*) *mad*** ,total' verrückt; ***~ naked*** → **stark·ers** ['stɑːkəz] *adj.* F splitternackt.

star·less ['stɑːlɪs] *adj.* sternlos.

star·let ['stɑːlɪt] *s.* **1.** Sternchen *n*; **2.** *fig.* Starlet(t) *n*, Filmsternchen *n*.

'star·light I *s.* Sternenlicht *n*; **II** *adj.* → ***starlit***.

star·ling[1] ['stɑːlɪŋ] *s. orn.* Star *m*.

star·ling[2] ['stɑːlɪŋ] *s.* ⚙ Pfeilerkopf *m* (*Eisbrecher e-r Brücke*).

'star·lit *adj.* sternhell, -klar.

star map *s. ast.* Sternkarte *f*, -tafel *f*.

starred [stɑːd] *p.p. u. adj.* **1.** gestirnt (*Himmel*); **2.** sternengeschmückt; **3.** *typ. etc.* mit (e-m) Sternchen bezeichnet.

star·ry ['stɑːrɪ] *adj.* **1.** Sternen..., Stern...; **2.** → a) ***starlit***, b) ***starred*** 2; **3.** strahlend: ***~ eyes***; **4.** sternförmig; **ˌ~-'eyed** *adj.* **1.** mit strahlenden Augen; **2.** *fig.* a) ,blauäugig', na'iv, b) ro'mantisch.

star| shell *s.* ⚔ Leuchtgeschoß *n*; **'~-ˌspan·gled** *adj.* sternenbesät: ***Star-Spangled Banner*** *Am. das* Sternenbanner (*Nationalflagge od. -hymne der USA*).

start [stɑːt] **I** *s.* **1.** *sport* Start *m* (*a. fig.*): ***good ~***; ***~-and-finish line*** Start u. Ziel; ***give s.o. a ~ (in life)*** j-m zu e-m Start ins Leben verhelfen; **2.** Startzeichen *n* (*a. fig.*): ***give the ~***; **3.** a) Aufbruch *m*, b) Abreise *f*, c) Abfahrt *f*, d) ✈ Abflug *m*, Start *m*, e) Abmarsch *m*; **4.** Beginn *m*, Anfang *m*: ***at the ~*** am Anfang; ***from the ~*** von Anfang an; ***from ~ to finish*** von Anfang bis Ende; ***make a fresh ~*** e-n neuen Anfang machen, noch einmal von vorn anfangen; **5.** *sport* a) Vorgabe *f*, b) Vorsprung *m* (*a. fig.*): ***get*** (*od.* ***have***) ***the ~ of one's rivals*** s-n Rivalen zuvorkommen; **6.** Auf-, Zs.-fahren *n*, -schrecken *n*; Schreck *m*: ***give a ~*** → 12; ***give s.o. a ~*** j-n erschrecken; ***with a ~*** jäh, erschrokken; **II** *v/i.* **7.** aufbrechen, sich aufmachen (***for*** nach): ***~ on a journey*** e-e Reise antreten; **8.** a) abfahren, abgehen (*Zug etc.*), b) auslaufen (*Schiff*), ✈ abfliegen, starten (***for*** nach); **9.** anfangen, beginnen (***on*** mit *e-r Arbeit etc.*, ***doing*** zu tun): ***~ in business*** ein Geschäft anfangen *od.* eröffnen; ***to ~ with*** (*Redew.*) a) erstens, als erstes, b) zunächst, c) um es gleich zu sagen, d) ... als Vorspeise; **10.** *fig.* ausgehen (***from*** von *e-m Gedanken*); **11.** entstehen, aufkommen; **12.** a) auffahren, -schrecken, b) zs.-fahren, -zucken (***at*** vor *dat.*, bei *e-m Laut etc.*); **13.** a) aufspringen, b) losstürzen; **14.** stutzen (***at*** bei); **15.** aus den Höhlen treten (*Augen*); **16.** sich lockern *od.* lösen; **17.** ⚙, *mot.* anspringen, anlaufen; **III** *v/t.* **18.** in Gang *od.* in Bewegung setzen; ⚙ *a.* anlassen; *Feuer* anzünden, in Gang bringen; **19.** *Brief*, *Streit etc.* anfangen; *Aktion* starten; *Geschäft*, *Zeitung* gründen, aufmachen; **20.** *Frage* aufwerfen, *Thema* anschneiden; **21.** *Gerücht* in 'Umlauf setzen; **22.** *sport* starten (lassen); **23.** *Läufer*, *Pferd* aufstellen, an den Start bringen; **24.** 🚆 *Zug* abfahren lassen; **25.** *fig.* *j-m* zu e-m Start verhelfen: ***~ s.o. in business***; **26.** *j-n* (veran)lassen (***doing*** zu tun); **27.** lockern, lösen; **28.** aufscheuchen; **~ in** (*Am. a.* **out**) *v/i.* F anfangen (***to do*** zu tun); **~ off** → ***start*** 9, 18; **~ up** → ***start*** 12 a, 13 a, 17, 18.

start·er ['stɑːtə] *s.* **1.** *sport* a) Starter *m* (*Kampfrichter u. Wettkampfteilnehmer* [*-in*]); **2.** *mot.* Starter *m*, Anlasser *m*; **3.** *fig.* Initi'ator *m*; **4.** F *bsd. Brit.* Vorspeise *f*; **5.** ***for ~s*** F a) als erstes, b) zunächst, c) um es gleich zu sagen.

start·ing ['stɑːtɪŋ] **I** *s.* **1.** Starten *n*, Ablauf *m*; **2.** ⚙ Anlassen *n*, In'gangsetzen *n*, Starten *n*: ***cold ~*** *mot.* Kaltstart *m*; **II** *adj.* **3.** Start...(*-block*, *-geld*, *-linie*, *-schuß etc.*); *mot. etc.* Anlaß...(*-kurbel*, *-motor*, *-schalter*); **~ gate** *s.* *Pferderennen*: 'Startmaˌschine *f*; **~ point** *s.* Ausgangspunkt *m* (*a. fig.*); **~ price** *s.* **1.** *Pferderennen*: Eventu'alquote *f*; **2.** *Auktion*: Mindestgebot *n*; **~ sal·a·ry** *s.* Anfangsgehalt *n*.

star·tle ['stɑːtl] **I** *v/t.* **1.** erschrecken; **2.** aufschrecken; **3.** über'raschen: a) bestürzen, b) verblüffen; **II** *v/i.* **4.** auf-, erschrecken: ***~ easily*** sehr schreckhaft sein; **'star·tling** [-lɪŋ] *adj.* □ **1.** erschreckend, bestürzend; **2.** verblüffend, aufsehenerregend.

star·va·tion [stɑː'veɪʃn] *s.* **1.** Hungern *n*: ***~ diet*** Hungerkur *f*; ***~ wages*** Hungerlohn *m*, -löhne *pl.*; **2.** Hungertod *m*, Verhungern *n*.

starve [stɑːv] **I** *v/i.* **1.** *a.* ***~ to death*** verhungern: ***I am simply starving*** F ich komme fast um vor Hunger; **2.** hungern (*a. fig.* ***for*** nach), Hunger (*fig.* Not) leiden; **3.** fasten; **4.** *fig.* verkümmern; **II** *v/t.* **5.** *a.* ***~ to death*** verhungern lassen; **6.** aushungern; **7.** hungern lassen: ***be ~d*** Hunger leiden, ausgehungert sein (*a. fig.* ***for*** nach); **8.** darben lassen (*a. fig.*): ***be ~d of*** *od.* ***for*** knapp sein an (*dat.*); **'starve·ling** [-lɪŋ] *obs.* **I** *s.* **1.**

Hungerleider *m*; **2.** Kümmerling *m*; **II** *adj.* **3.** hungrig; **4.** abgemagert; **5.** kümmerlich.

star wheel *s.* ⚙ Sternrad *n.*

stash [stæʃ] *v/t. sl.* **1.** *mst ~ away* verstecken, bei'seite tun; **2.** aufhören mit.

sta·sis ['steɪsɪs] *pl.* **-ses** [-si:z] *s.* ⚕ Stase *f*, (*Blut- etc.*)Stauung *f.*

state [steɪt] **I** *s.* **1.** *mst* ♀ *pol.*, *a. zo.* Staat *m*: ***affairs of ~*** Staatsgeschäfte; **2.** *pol. Am.* (Bundes-, Einzel)Staat *m*: ***the ♀s*** die (Vereinigten) Staaten; ***~ law*** Rechtsordnung *f* des Einzelstaates; ***♀'s attorney*** ⚖ Staatsanwalt *m*; ***turn ~'s evidence*** ⚖ als Kronzeuge auftreten, gegen s-e Komplizen aussagen; **3.** (*Gesundheits-*, *Geistes- etc.*)Zustand *m*: ***~ of health***; ***~ of aggregation*** *phys.* Aggregatzustand; ***~ of war*** Kriegszustand; ***in a ~*** F a) in e-m schrecklichen Zustand, b) ‚ganz aus dem Häuschen'; → ***emergency*** I; **4.** Stand *m*, Lage *f* (***of affairs*** der Dinge): ***~ of the art*** neuester Stand der Technik; **5.** (Fa'milien-) Stand *m*: ***married ~*** Ehestand; **6.** ⚕, *zo.* Stadium *n*; **7.** (gesellschaftliche) Stellung, Stand *m*: ***in a style befitting one's ~*** standesgemäß; **8.** Pracht *f*, Staat *m*: ***in ~*** feierlich, mit großem Zeremoniell *od.* Pomp; ***lie in ~*** feierlich aufgebahrt liegen; ***live in ~*** großen Aufwand treiben; **9.** *pl. pol. hist.* (Land- *etc.*)Stände *pl.*; **10.** *Kupferstecherei*: (Ab)Druck *m*; **II** *adj.* **11.** Staats…, staatlich, po'litisch: ***~ capitalism*** Staatskapitalismus *m*; ***~ funeral*** Staatsbegräbnis *n*; ***~ mourning*** Staatstrauer *f*; ***~ prison*** staatliche Strafanstalt (*in U.S.A. e-s Bundesstaates*); ***~ prisoner*** politischer Häftling *od.* Gefangener; **12.** Staats…, Prunk…, Parade…, feierlich: ***~ apartment*** → ***stateroom*** 1; ***~ carriage*** Prunk-, Staatskarosse *f*; **III** *v/t.* **13.** festsetzen, -legen; *e-e Regel* aufstellen; → ***stated*** 1; **14.** erklären: a) darlegen, b) *a.* ⚖ (aus)sagen, *Gründe*, *Klage etc.* vorbringen, *Tatsachen etc.* anführen; → ***case***[1] 1, c) *Einzelheiten etc.* angeben; **15.** feststellen, konstatieren; **16.** behaupten; **17.** erwähnen, bemerken; **18.** *Problem etc.* stellen; **19.** ⩚ (mathe'matisch) ausdrücken.

ˌstate|-con'trolled *adj.* staatlich gelenkt, unter staatlicher Aufsicht: ***~ economy*** Zwangswirtschaft *f*; **'~·craft** *s. pol.* Staatskunst *f.*

stat·ed ['steɪtɪd] *p.p. u. adj.* **1.** festgesetzt: ***at the ~ time***; ***at ~ intervals*** in regelmäßigen Abständen; ***~ meeting*** *bsd. Am.* ordentliche Versammlung; **2.** festgestellt; **3.** bezeichnet, (*a.* amtlich) anerkannt; **4.** angegeben: ***as ~ above***; ***~ case*** ⚖ Sachdarstellung *f.*

State| De·part·ment *s. pol. Am.* 'Außenminiˌsterium *n*; **♀·hood** ['steɪthʊd] *s. pol. bsd. Am.* Eigenstaatlichkeit *f*, Souveräni'tät *f*; **'~·house** *s. pol. Am.* Parla'mentsgebäude *n od.* Kapi'tol *n* (*e-s Bundesstaats*).

state·less ['steɪtlɪs] *adj. pol.* staatenlos: ***~ person*** Staatenlose(r *m*) *f.*

state·li·ness ['steɪtlɪnɪs] *s.* **1.** Stattlichkeit *f*; Vornehmheit *f*; **2.** Würde *f*; **3.** Pracht *f*; **'state·ly** [-lɪ] *adj.* **1.** stattlich, impo'sant; prächtig; **2.** würdevoll; **3.** erhaben, vornehm.

state·ment ['steɪtmənt] *s.* **1.** (*a.* amtliche *etc.*) Erklärung: ***make a ~*** e-e Erklärung abgeben; **2.** a) (Zeugen- *etc.*) Aussage *f*, b) Angabe(n *pl.*) *f*: ***false ~***; ***~ of facts*** Sachdarstellung *f*, Tatbestand *m*; ***~ of contents*** Inhaltsangabe; **3.** Behauptung *f*; **4.** *bsd.* ⚖ (schriftliche) Darlegung, (Par'tei)Vorbringen *n*: ***~ of claim*** Klageschrift *f*; ***~ of defence*** (*Am.* ***defense***) a) Klagebeantwortung *f*, b) Verteidigungsschrift *f*; **5.** *bsd.* ✝ (*Geschäfts-*, *Monats-*, *Rechenschafts- etc.*)Bericht *m*, (*Bank-*, *Gewinn-*, *Jahres- etc.*)Ausweis *m*, (*statistische etc.*) Aufstellung: ***~ of affairs*** Situationsbericht, Status *m e-r Firma*; ***~ of account*** Kontoauszug *m*; ***financial ~*** Gewinn- und Verlustrechnung *f*; **6.** *Am.* ✝ Bi'lanz *f*: ***~ of assets and liabilities***; **7.** Darstellung *f*, Darlegung *f e-s Sachverhalts*; **8.** ✝ Lohn *m*, Ta'rif *m*; **9.** *fig.* Aussage *f*, Statement *n e-s Autors etc.*

'state·room *s.* **1.** Staats-, Prunkzimmer *n*; **2.** ⚓ ('Einzel)Kaˌbine *f*; **3.** 🚂 *Am.* Pri'vatabteil *n* (*mit Betten*).

'state·side *oft* ♀ *Am.* **I** *adj.* ameri'kanisch, Heimat…; ***~ duty*** *bsd.* ⚔ Dienst *m* in der Heimat; **II** *adv.* in den *od.* in die Staaten (zurück).

states·man ['steɪtsmən] *s.* [*irr.*] **1.** *pol.* Staatsmann *m*; **2.** (bedeutender) Po'litiker; **'states·man·like** [-laɪk], **'states·man·ly** [-lɪ] *adj.* staatsmännisch; **'states·man·ship** [-ʃɪp] *s.* Staatskunst *f.*

States' rights *s. pl.* Staatsrechte *pl.* (*der Einzelstaaten der USA*).

stat·ic ['stætɪk] **I** *adj.* (□ ***~ally***) **1.** *phys. u. fig.* statisch: ***~ sense*** ⚕ Gleichgewichtssinn *m*; **2.** ⚡ (elektro)'statisch; **3.** *Funk*: a) atmo'sphärisch (*Störung*), b) Störungs…; **II** *s.* **4.** ⚡ statische *od.* atmo'sphärische Elektrizi'tät; **5.** *pl. sg. konstr. phys.* Statik *f*; **6.** *pl. Funk*: atmo'sphärische Störung(en *pl.*).

sta·tion ['steɪʃn] **I** *s.* **1.** Platz *m*, Posten *m* (*a. sport*); **2.** (*Rettungs-*, *Unfall- etc.*) Stati'on *f*, (*Beratungs-*, *Dienst-*, *Tank- etc.*)Stelle *f*; (Tele'grafen)Amt *n*; (Tele'fon)Sprechstelle *f*; ('Wahl)Loˌkal *n*; (Handels)Niederlassung *f*; (Feuer)Wache *f*; **3.** (Poli'zei)Wache *f*; **4.** 🚂 a) Bahnhof *m*, b) ('Bahn)Statiˌon *f*; **5.** *Am.* (Bus- *etc.*)Haltestelle *f*; **6.** (Zweig-)Postamt *n*; **7.** ('Forschungs)Statiˌon *f*; (Erdbeben)Warte *f*; **8.** (Rundfunk-)Sender *m*, Stati'on *f*; **9.** Kraftwerk *n*; **10.** ⚔ a) Posten *m*, (⚓ Flotten)Stützpunkt *m*, b) Standort *m*, c) ✈ *Brit.* Fliegerhorst *m*; **11.** *biol.* Standort *m*; **12.** ⚓, ⚔ Positi'on *f*; **13.** Stati'on *f* (*Rastort*); **14.** *R.C.* a) *a.* **~ *of the cross*** ('Kreuzweg)Statiˌon *f*, b) Stati'onskirche *f*; **15.** *eccl. a.* **~ *day*** Wochen-Fasttag *m*; **16.** *surv.* a) Stati'on *f* (*Ausgangspunkt*), b) Basismeßstrecke *f*; **17.** *Austral.* (Rinder-, Schafs)Zuchtfarm *f*; **18.** *fig.* a) *gesellschaftliche etc.* Stellung: **~ *in life***, b) Stand *m*, Rang *m*: ***below one's ~*** nicht standesgemäß *heiraten etc.*; ***men of ~*** Leute von Rang; **II** *v/t.* **19.** aufstellen, postieren; **20.** ⚔, ⚓ stationieren: ***be ~ed*** stehen.

sta·tion·ar·y ['steɪʃnərɪ] *adj.* **1.** ⚙ *etc.* statio'när (*a. ast.*, ⚕), ortsfest, fest(stehend): **~ *treatment*** ⚕ stationäre Behandlung; **~ *warfare*** Stellungskrieg *m*; **2.** seßhaft; **3.** gleichbleibend, stationär, unveränderlich: ***remain ~*** unverändert sein *od.* bleiben; **4.** (still)stehend: ***be ~*** stehen; **~ dis·ease** *s.* ⚕ lo'kal auftretende u. jahreszeitlich bedingte Krankheit.

sta·tion·er ['steɪʃnə] *s.* Pa'pier-, Schreibwarenhändler *m*; **'sta·tion·er·y** [-ərɪ] *s.* **1.** Schreib-, Pa'pierwaren *pl.*: ***office ~*** Büromaterial *n*, -bedarf *m*; **2.** 'Brief-, 'Schreibpaˌpier *n*.

sta·tion| hos·pi·tal *s.* ⚔ 'Standortlazaˌrett *n*; **~ house** *s.* **1.** a) Poli'zeiwache *f*, b) Feuerwache *f*; **2.** 🚂 'Bahnstatiˌon *f*; **'~ˌmas·ter** *s.* 🚂 Stati'onsvorsteher *m*; **~ se·lec·tor** *s.* ⚡ Stati'onswähler *m*, Sendereinstellung *f*; **~ wag·on** *s. mot. Am.* Kombiwagen *m*.

stat·ism ['steɪtɪzəm] *s.* ✝, *pol.* Diri'gismus *m*, Planwirtschaft *f*; **'stat·ist** [-tɪst] **I** *s.* **1.** Sta'tistiker *m*; **2.** Anhänger(in) der Planwirtschaft; **II** *adj.* **3.** *pol.* diri'gistisch.

sta·tis·tic, sta·tis·ti·cal [stə'tɪstɪk(l)] *adj.* ☐ sta'tistisch; **stat·is·ti·cian** [ˌstætɪ'stɪʃn] *s.* Sta'tistiker *m*; **sta'tis·tics** [-ks] *s. pl.* **1.** *sg. konstr. allg.* Sta'tistik *f*; **2.** Sta'tistik(en *pl.*) *f*.

sta·tor ['steɪtə] *s.* ⚙, ⚡ Stator *m*.

stat·u·ar·y ['stætjʊərɪ] **I** *s.* **1.** Bildhauerkunst *f*; **2.** (Rund)Plastiken *pl.*, Statuen *pl.*, Skulp'turen *pl.*; **3.** Bildhauer *m*; **II** *adj.* **4.** Bildhauer...; **5.** (rund)plastisch; **6.** Statuen...: **~ *marble***; **stat·ue** ['stætʃuː] Statue *f*, Standbild *n*, Plastik *f*; **stat·u·esque** [ˌstætjʊ'esk] *adj.* ☐ statuenhaft (*a. fig.*); **stat·u·ette** [ˌstætjʊ'et] *s.* Statu'ette *f*.

stat·ure ['stætʃə] *s.* **1.** Sta'tur *f*, Wuchs *m*, Gestalt *f*; **2.** Größe *f*; **3.** *fig.* (geistige *etc.*) Größe, For'mat *n*, Ka'liber *n*.

sta·tus ['steɪtəs] *pl.* **-es** [-ɪz] *s.* **1.** ⚖ a) Status *m*, Rechtsstellung *f*, b) *a.* ***legal ~*** Rechtsfähigkeit *f*, c) Ak'tivlegitimatiˌon *f*: **~ *of ownership*** Eigentumsverhältnisse *pl.*; ***equality of ~*** (politische) Gleichberechtigung; ***national ~*** Staatsangehörigkeit *f*; **2.** (Fa'milien-, Per'sonen)Stand *m*; **3.** *a.* ***military ~*** (Wehr-)Dienstverhältnis *n*; **4.** (gesellschaftliche *etc.*) Stellung *f*, (Sozi'al)Preˌstige *n*, Status *m*: **~ *symbol*** Statussymbol *n*; **5.** ✝ (geschäftliche) Lage: ***financial ~*** Vermögenslage; **6.** *a.* ⚕ Zustand *m*, Status *m*; **~ quo** [kwəʊ] (*Lat.*) *s. der* Status quo (*der jetzige Zustand*); **~ quo an·te** [kwəʊ'æntɪ] (*Lat.*) *s. der* Status quo ante (*der vorherige Zustand*).

stat·ute ['stætjuːt] *s.* **1.** ⚖ a) Gesetz *n* (*vom Parlament erlassene Rechtsvorschrift*), b) Gesetzesvorschrift *f*, c) *parl.* Parla'mentsakte *f*: **~ *of bankruptcy*** Konkursordnung *f*; **2.** **~ (*of limitations*)** ⚖ (Gesetz *n* über) Verjährung *f*: ***not subject to the ~*** unverjährbar; **3.** Sta'tut *n*, Satzung *f*; **'~-barred** *adj.* ⚖ verjährt; **~ book** *s.* Gesetzessammlung *f*; **~ law** *s.* Gesetzesrecht *n* (*Ggs.* ***common law***); **~ mile** *s.* (gesetzliche) Meile (*1,60933 km*).

stat·u·to·ry ['stætjʊtərɪ] *adj.* ☐ **1.** ⚖ gesetzlich (*Erbe, Feiertag, Rücklage etc.*): **~ *corporation*** Körperschaft *f* des öffentlichen Rechts; **~ *declaration*** eidesstattliche Erklärung; **2.** Gesetzes...; **3.** ⚖ (dem Gesetz nach) strafbar; → ***rape*[1]** 1; **4.** ⚖ Verjährungs...; **5.** satzungsgemäß.

staunch[1] [stɔːntʃ] → ***stanch*[1]**.

staunch[2] [stɔːntʃ] *adj.* ☐ **1.** (ge)treu, zuverlässig; **2.** standhaft, fest, eisern; **'staunch·ness** [-ʃnɪs] *s.* Festigkeit *f*, Zuverlässigkeit *f*.

stave [steɪv] **I** *s.* **1.** (Faß)Daube *f*; **2.** (Leiter)Sprosse *f*; **3.** Stock *m*; **4.** Strophe *f*, Vers *m*; **5.** ♪ 'Noten(linien)syˌstem *n*; **II** *v/t.* [*irr.*] **6.** *mst* **~ *in*** a) einschlagen, b) *Loch* schlagen; **7. ~ off** a) *j-n* hinhalten *od.* abweisen, b) *Unheil etc.* abwenden, abwehren, c) *et.* aufschieben; **8.** mit Dauben *od.* Sprossen versehen; **~ rhyme** *s.* Stabreim *m.*

staves [steɪvz] *pl. von* **staff**[1] 8.

stay [steɪ] **I** *v/i.* **1.** bleiben (**with** bei *j-m*): **~ away** fernbleiben (**from** *dat.*); **~ behind** zurückbleiben; **~ clean** rein bleiben; **come to ~** (für immer) bleiben; **~ in** zu Hause *od.* drinnen bleiben; **~ on** (noch länger) bleiben; **~ for** (*od.* **to**) **dinner** zum Essen bleiben; **2.** sich (vor'übergehend) aufhalten, wohnen, weilen (**at, in** in *dat.*, **with** bei *j-m*); **3.** stehenbleiben; **4.** (sich) verweilen; **5.** warten (**for s.o.** auf j-n); **6.** *bsd. sport* F a) 'durchhalten, b) **~ with** *Am.* mithalten (können) mit; **II** *v/t.* **7.** a) aufhalten, hemmen, Halt gebieten (*dat.*), b) zu'rückhalten (**from** von): **~ one's hand** sich zurückhalten; **8.** ⚖ *Urteilsvollstreckung, Verfahren* aussetzen; *Verfahren, Zwangsvollstreckung* einstellen; **9.** *Hunger etc.* stillen; **10.** *a.* **~ up** stützen (*a. fig.*); **11.** ⚙ a) absteifen, b) ab-, verspannen, c) verankern; **III** *s.* **12.** (vor'übergehender) Aufenthalt; **13.** a) Halt *m*, Stockung *f*, b) Hemmnis *n* (**upon** für): **put a ~ on** *s-e Gedanken etc.* zügeln; **14.** ⚖ Aussetzung *f*, Einstellung *f*, (Voll'streckungs)Aufschub *m*; **15.** F Ausdauer *f*; **16.** ⚙ a) Stütze *f*, b) Strebe *f*, c) Verspannung *f*, d) Anker *m*; **17.** ⚓ Stag *n*, Stütztau *n*; **18.** *pl.* Kor'sett *n*; **19.** *fig.* Stütze *f des Alters etc.*

stay|-at-home ['steɪəthəʊm] **I** *s.* Stubenhocker(in); **II** *adj.* stubenhockerisch; '**~-down (strike)** *s.* ⚒ *Brit.* Sitzstreik *m.*

stay·er ['steɪə] *s.* **1.** ausdauernder Mensch; **2.** *Pferdesport*: Steher *m.*

stay·ing pow·er ['steɪɪŋ] *s.* Stehvermögen *n*, Ausdauer *f.*

'**stay-in strike** *s.* Sitzstreik *m.*

stead [sted] *s.* **1.** Stelle *f*: **in his ~** an s-r Statt, statt seiner; **2.** Nutzen *m*: **stand s.o. in good ~** j-m (gut) zustatten kommen (*Kenntnisse etc.*).

stead·fast ['stedfəst] *adj.* □ fest: a) unverwandt (*Blick*), b) standhaft, unentwegt, treu (*Person*), c) unerschütterlich (*Person, a. Entschluß, Glaube etc.*); '**stead·fast·ness** [-nɪs] *s.* Standhaftigkeit *f*, Festigkeit *f.*

stead·i·ness ['stedɪnɪs] *s.* **1.** Festigkeit *f*; **2.** Beständigkeit *f*, Stetigkeit *f*; **3.** so'lide Art; **stead·y** ['stedɪ] **I** *adj.* □ **1.** (stand)fest, sta'bil: **a ~ ladder**; **not ~ on one's legs** nicht fest auf den Beinen; **2.** gleichbleibend, -mäßig, unveränderlich; ausgeglichen (*Klima*); † fest, sta'bil (*Preise*); **3.** stetig, ständig: **~ progress**; **~ work**; **4.** regelmäßig: **~ customer** Stammkunde *m*; **go ~ with** F mit *e-m Mädchen* (fest) ‚gehen'; **5.** ruhig (*Augen, Nerven*), sicher (*Hand*); **6.** → **steadfast**; **7.** so'lide, ordentlich, zuverlässig (*Person, Lebensweise*); **II** *int.* **8.** sachte!, ruhig Blut!; **9. ~ on!** halt!; **III** *v/t.* **10.** festigen, fest *od.* sicher *etc.* machen: **~ o.s.** sich stützen; **11.** *Pferd* zügeln; **12.** *j-n* zur Vernunft bringen; **IV** *v/i.* **13.** fest *od.* ruhig *od.* sicher *etc.* werden; sich festigen (*a.* † *Kurse*); **V** *s.* **14.** Stütze *f* (*für Hand od. Werkzeug*); **15.** F fester Freund *od.* feste Freundin; **~ state** *s. phys.* Fließgleichgewicht *n.*

steak [steɪk] *s.* **1.** (*bsd.* Beef)Steak *n*; **2.** ('Fisch)Kote,lett *n*, (-)Fi,let *n*; **~ hammer** *s.* Fleischklopfer *m.*

steal [sti:l] **I** *v/t.* [*irr.*] **1.** (**from s.o.** j-m) stehlen (*a. fig. plagiieren*); **2.** *fig.* stehlen, erhaschen, ergattern: **~ a kiss** e-n Kuß rauben; **~ a look** e-n verstohlenen Blick werfen; → **march**[1] 10, **show** 3, **thunder** 1; **3.** *fig. wohin* schmuggeln; **II** *v/i.* [*irr.*] **4.** stehlen; **5.** schleichen: **~ away** sich davonstehlen; **~ into** sich einschleichen *od.* sich stehlen in (*acc.*); **6. ~ over** *od.* (**up**)**on** *fig. j-n* beschleichen, über'kommen (*Gefühl*); **III** *s.* **7.** F a) Diebstahl *m*, b) *Am.* Schiebung *f.*

stealth [stelθ] *s.* Heimlichkeit *f*: **by ~** heimlich; '**stealth·i·ness** [-θɪnɪs] *s.* Heimlichkeit *f*; '**stealth·y** [-θɪ] *adj.* □ verstohlen, heimlich.

steam [sti:m] **I** *s.* **1.** (Wasser)Dampf *m*: **at full ~** mit Volldampf (*a. fig.*); **get up ~** Dampf aufmachen (*a. fig.*); **let** (*od.* **blow**) **off ~** Dampf ablassen, *fig. a.* sich *od.* s-m Zorn Luft machen; **put on ~** a) Dampf anlassen, b) *fig.* Dampf dahinter machen; **he ran out of ~** ihm ging die Puste aus; **under one's own ~** mit eigener Kraft (*a. fig.*); **2.** Dunst *m*, Dampf *m*, Schwaden *pl.*; **3.** *fig.* Kraft *f*, Wucht *f*; **II** *v/i.* **4.** dampfen (*a. Pferd etc.*); **5.** verdampfen; **6.** ⚓, 🚂 dampfen (*fahren*): **~ ahead** F *fig.* a) sich (mächtig) ins Zeug legen, b) gut vorankommen; **7. ~ over** *od.* **up** (sich) beschlagen (*Glas*); **8.** F vor Wut kochen (**about** wegen); **III** *v/t.* **9.** a) *Speisen etc.* dämpfen, dünsten, b) *Holz etc.* mit Dampf behandeln, dämpfen, *Stoff* dekatieren; **10. ~ up** *Glas* beschlagen; **11. ~ up** F a) ankurbeln, b) *j-n* in Rage bringen: **be ~ed up** → 8; **~ bath** *s.*

Dampfbad *n*; '~·**boat** *s.* Dampfboot *n*; ~ **boil·er** *s.* Dampfkessel *m*; ~ **en·gine** *s.* 'Dampfma,schine *f od.* -lokomo,tive *f.*

steam·er ['sti:mə] *s.* **1.** Dampfer *m*, Dampfschiff *n*; **2.** a) Dampfkochtopf *m*, b) 'Dämpfappa,rat *m*.

steam| fit·ter *s.* ('Heizungs)Installa,teur *m*; ~ **ga(u)ge** *s.* Mano'meter *n*; ~ **hammer** *s.* Dampfhammer *m*; ~ **heat** *s.* **1.** durch Dampf erzeugte Hitze; **2.** *phys.* spe'zifische Verdampfungswärme; ~ **nav·vy** *Brit.* → ***steam-shovel***; '~,**roll·er I** *s.* **1.** Dampfwalze *f* (*a. fig.*); **II** *v/t.* **2.** glattwalzen; **3.** *fig.* a) *Opposition etc.* niederwalzen, ‚über'fahren', b) *Antrag etc.* 'durchpeitschen; '~·**ship** → ***steamer*** 1; '~-,**shov·el** *s.* ⚙ (Dampf)Löffelbagger *m*; ~ **tug** *s.* Schleppdampfer *m*.

steam·y ['sti:mɪ] *adj.* □ dampfig, dunstig, dampfend, Dampf...

ste·a·rate ['stɪəreɪt] *s.* ⚗ Stea'rat *n*.

ste·ar·ic [stɪ'ærɪk] *adj.* ⚗ Stearin...; **ste·a·rin** ['stɪərɪn] *s.* **1.** Stea'rin *n*; **2.** *der feste Bestandteil e-s Fettes.*

ste·a·tite ['stɪətaɪt] *s. min.* Stea'tit *m*.

steed [sti:d] *s. rhet.* (Streit)Roß *n*.

steel [sti:l] **I** *s.* **1.** Stahl *m*: ~**s** † Stahlaktien *pl.*; **of** ~ → 3; **2.** Stahl *m*: a) *oft* ***cold*** ~ kalter Stahl, Schwert *n*, Dolch *m*, b) Wetzstahl *m*, c) Feuerstahl *m*, d) Korsettstäbchen *n*; **II** *adj.* **3.** stählern (*a. fig.*), aus Stahl, Stahl...; **III** *v/t.* **4.** ⚙ (ver)stählen; **5.** *fig.* stählen, (ver)härten, wappnen: ~ ***o.s. for*** (***against***) ***s.th.*** sich für (gegen) et. wappnen; '~-**clad** *adj.* stahlgepanzert; ~ **en·grav·ing** *s.* Stahlstich *m*; ~ **mill** *s.* Stahl(walz)werk *n*; ~ **wool** *s.* Stahlspäne *pl.*, -wolle *f*; '~·**works** *s. pl. mst sg. konstr.* Stahlwerk(e *pl.*) *n*.

steel·y ['sti:lɪ] *adj.* → ***steel*** 3.

steel·yard ['sti:ljɑ:d] *s.* Laufgewichtswaage *f*.

steep¹ [sti:p] **I** *adj.* □ **1.** steil, jäh; **2.** F *fig.* a) ‚happig', ‚gepfeffert', unverschämt (*Preis etc.*), b) ‚toll', unglaublich; **II** *s.* **3.** steiler Abhang.

steep² [sti:p] **I** *v/t.* **1.** eintauchen, -weichen; **2.** (***in***, ***with***) (durch)'tränken (mit); imprägnieren (mit); **3.** (***in***) *fig.* durch'dringen (mit), versenken (in *acc.*), erfüllen (von): ~ ***o.s. in*** sich in *ein Thema etc.* versenken; ~***ed in*** versunken in (*dat.*), *b.s.* tief in *et.* verstrickt; **II** *s.* **4.** Einweichen *n*, -tauchen *n*; **5.** (Wasch)Lauge *f*.

steep·en ['sti:pən] *v/t. u. v/i.* steil(er) machen (werden); *fig.* (sich) erhöhen.

stee·ple ['sti:pl] *s.* **1.** Kirchturm(spitze *f*) *m*; **2.** Spitzturm *m*; '~·**chase** *sport s.* **1.** *Pferdesport*: Steeplechase *f*, Hindernis-, Jagdrennen *n*; **2.** Hindernislauf *m*.

stee·pled ['sti:pld] *adj.* **1.** betürmt (*Gebäude*); **2.** vieltürmig (*Stadt*).

'**stee·ple·jack** *s.* Schornstein- *od.* Turmarbeiter *m*.

steep·ness ['sti:pnɪs] *s.* **1.** Steilheit *f*, Steile *f*; **2.** steile Stelle.

steer¹ [stɪə] *s.* (*bsd.* junger) Ochse.

steer² [stɪə] **I** *v/t.* **1.** *Schiff, Fahrzeug, a. fig. Staat etc.* steuern, lenken; **2.** *Weg, Kurs* verfolgen, einhalten; **3.** *j-n wohin* lotsen, dirigieren; **II** *v/i.* **4.** steuern: ~ ***clear of*** *fig.* vermeiden, aus dem Wege gehen (*dat.*); ~ ***for*** lossteuern auf (*acc.*) (*a. fig.*); '**steer·a·ble** [-ərəbl] *adj.* lenkbar; '**steer·age** [-ərɪdʒ] *s. mst* ⚓ **1.** Steuerung *f*; **2.** Steuerwirkung *f*: ~***way*** ⚓ Steuerfahrt *f*; **3.** Zwischendeck *n*.

steer·ing ['stɪərɪŋ] **I** *s.* **1.** Steuern *n*; **2.** Steuerung *f*; **II** *adj.* **3.** Steuer...; ~ **col·umn** *s. mot.* Lenksäule *f*: ~ ***lock*** Lenk(-rad)schloß *n*; ~ **com·mit·tee** *s.* Lenkungsausschuß *m*; (Kon'greß- *etc.*)Leitung *f*; ~ **gear** *s.* **1.** *mot.*, ✈ Steuerung *f*, Lenkung *f*; **2.** ⚓ Steuergerät *n*, Ruderanlage *f*; ~ **lock** *s. mot.* Lenkungseinschlag *m*; ~ **wheel** *s.* ⚓ Steuer-, *mot. a.* Lenkrad *n*.

steeve¹ [sti:v] ⚓ *v/t.* traven, *Ballenladung* zs.-pressen.

steeve² [sti:v] *s.* ⚓ Steigung *f* (*des Bugspriets*).

stein [staɪn] (*Ger.*) *s.* Bier-, Maßkrug *m*.

stel·lar ['stelə] *adj.* stel'lar, Stern(en)...

stel·late ['stelət] *adj.* sternförmig: ~ ***leaves*** ⚘ quirlständige Blätter.

stem¹ [stem] **I** *s.* **1.** (Baum)Stamm *m*; **2.** a) Stengel *m*, b) (Blüten-, Blatt-, Frucht)Stiel *m*, c) Halm *m*; **3.** Bündel *n* Bananen; **4.** (*Pfeifen-, Weinglas- etc.*) Stiel *m*; (Lampen)Fuß *m*; (Ven'til-) Schaft *m*; (Thermo'meter)Röhre *f*; **5.** (Aufzieh)Welle *f* (*Uhr*); **6.** Geschlecht *n*, Stamm *m*; **7.** *ling.* (Wort)Stamm *m*; **8.** ♪ (Noten)Hals *m*; **9.** *typ.* Grundstrich *m*; **10.** ⚓ (Vorder)Steven *m*: ***from*** ~ ***to stern*** von vorn bis achtern; **II** *v/t.* **11.** entstielen; **III** *v/i.* **12.** stammen (***from*** von).

stem² [stem] **I** *v/t.* **1.** *Fluß etc.* eindämmen (*a. fig.*); **2.** *Blutung* stillen; **3.** ⚓ ankämpfen gegen *die Strömung etc.*; **4.** *fig.* a) aufhalten, Einhalt gebieten (*dat.*), b) ankämpfen gegen, sich entgegenstemmen (*dat.*); **II** *v/i.* **5.** *Skisport*: stemmen.

stem·less ['stemlɪs] *adj.* stengellos, ungestielt.

stem| turn *s. Skisport*: Stemmbogen *m*; '**~ₗwind·er** *s.* Remon'toiruhr *f*.

stench [stentʃ] *s.* Gestank *m*.

sten·cil ['stensl] **I** *s.* **1.** *a.* ***~ plate*** ('Maler)Schaₗblone *f*, Pa'trone *f*; **2.** *typ.* ('Wachs)Maₗtrize *f*; **3.** Scha'blonenzeichnung *f*, -muster *n*; **4.** Ma'trizenabzug *m*; **II** *v/t.* **5.** *Oberfläche, Buchstaben* schablonieren; **6.** auf Matrize(n) schreiben.

Sten gun [sten] *s.* ⚔ leichtes Ma'schinengewehr, LMG *n*.

sten·o ['stenəʊ] F → a) ***stenograph*** 4, b) *Am.* ***stenographer***.

sten·o·graph ['stenəgrɑːf] **I** *s.* **1.** Steno'gramm *n*; **2.** Kurzschriftzeichen *n*; **3.** Stenogra'phiermaₗschine *f*; **II** *v/t.* **4.** stenographieren; **ste·no·gra·pher** [ste'nɒgrəfə] *s.* **1.** Steno'graph(in); **2.** *Am.* Stenoty'pistin *f*; **sten·o·graph·ic** [ˌstenə'græfɪk] *adj.* (□ ***~ally***) steno'graphisch; **ste·nog·ra·phy** [ste'nɒgrəfɪ] *s.* Stenogra'phie *f*, Kurzschrift *f*.

sten·o·type ['stenəʊtaɪp] → ***stenograph*** 2 *u.* 3.

sten·to·ri·an [sten'tɔːrɪən] *adj.* 'überlaut: ***~ voice*** Stentorstimme *f*.

step [step] **I** *s.* **1.** Schritt *m* (*a. Geräusch, Maß*): ***~ by ~*** Schritt für Schritt (*a. fig.*); ***take a ~*** e-n Schritt machen; **2.** Fußstapfen *m*: ***tread in s.o.'s ~s*** *fig.* in j-s Fußstapfen treten; **3.** *eiliger etc.* Schritt, Gang *m*; **4.** (Tanz)Schritt *m*; **5.** (Gleich)Schritt *m*: ***in ~*** im Gleichschritt; ***out of ~*** außer Tritt; ***out of ~ with*** *fig.* nicht im Einklang mit; ***fall in ~*** Tritt fassen; ***keep ~*** (***with***) Schritt halten (mit); **6.** ein paar Schritte *pl.*, *ein* ‚Katzensprung' *m*: ***it is only a ~ to the inn***; **7.** *fig.* Schritt *m*, Maßnahme *f*: ***take ~s*** Schritte unternehmen; ***take legal ~s against*** gegen *j-n* gerichtlich vorgehen; ***a false ~*** ein Fehler, e-e Dummheit; → ***watch*** 17; **8.** *fig.* Schritt *m*, Stufe *f*: ***a great ~ forward*** ein großer Schritt vorwärts; **9.** Stufe *f* (*e-r Treppe etc.*; *a.* ⚡ *e-s Verstärkers etc.*); (Leiter)Sprosse *f*; ⚙, ⚡ Schaltschritt *m*; **10.** (***pair of***) ***~s*** *pl.* Trittleiter *f*; **11.** Tritt(brett *n*) *m*; **12.** *geogr.* Stufe *f*, Ter'rasse *f*; Pla'teau *n*; **13.** ♪ a) (Ton-, Inter'vall)Schritt *m*, b) Inter'vall *n*, c) (Tonleiter)Stufe *f*; **14.** *fig.* a) (Rang-) Stufe *f*, Grad *m*, b) *bsd.* ⚔ Beförderung *f*; **II** *v/i.* **15.** schreiten, treten: ***~ into a fortune*** *fig.* unverhofft zu e-m Vermögen kommen; **16.** *wohin* gehen, treten: ***~ in!*** herein!; **17.** → ***step out*** 2; **18.** treten ([***up***]***on*** auf *acc.*): ***~ on the gas*** (*od.* ***~ on it***) (F *a. fig.*) Gas geben; ***~ on it!*** F Tempo!; **III** *v/t.* **19.** *Schritt* machen: ***~ it*** zu Fuß gehen; **20.** *Tanz* tanzen; **21.** *a.* ***~ off*** (*od.* ***out***) *Entfernung etc.* a) abschreiten, b) abstecken; **22.** abstufen;

Zssgn mit adv.:

step| a·side *v/i.* **1.** zur Seite treten; **2.** → ***step down*** 2; ***~*** **back I** *v/i. a. fig.* zu'rücktreten; **II** *v/t.* abstufen; ***~*** **down I** *v/i.* **1.** her'unter-, hin'unterschreiten; **2.** *fig.* zu'rücktreten (***in favo***[***u***]***r of*** zu'gunsten); **II** *v/t.* **3.** verringern, verzögern; **4.** ⚡ her'untertransformieren; ***~*** **in** *v/i.* **1.** eintreten, -steigen; **2.** *fig.* einschreiten, -greifen; ***~*** **out I** *v/i.* **1.** her'austreten, aussteigen; **2.** (forsch) ausschreiten; **3.** F (viel) ausgehen; **II** *v/t.* **4.** → ***step*** 21a; ***~*** **up I** *v/i.* **1.** hin'auf-, her'aufsteigen; **2.** zugehen (***to*** auf *acc.*); **II** *v/t.* **3.** *Produktion etc.* steigern, ankurbeln; **4.** ⚡ hochtransformieren.

step- [step] *in Zssgn* Stief…: ***~child*** Stiefkind *n*; ***~father*** Stiefvater *m*.

step| dance *s.* Step(tanz) *m*; '**~-down** *adj.* ⚡ Umspann…: ***~ transformer*** Abwärtstransformator *m*; '**~-in I** *adj.* **1.** zum Hin'einschlüpfen, Schlupf…; **II** *s.* **2.** *mst pl.* Schlüpfer *m*; **3.** *pl. a.* ***~ shoes*** Slipper *pl.*; '**~ₗlad·der** *s.* Trittleiter *f*; '**~ₗmoth·er·ly** *adj. a. fig.* stiefmütterlich.

steppe [step] *s. geogr.* Steppe *f*.

step·ping stone ['stepɪŋ] *s.* **1.** (Tritt-) Stein *m im Wasserlauf etc.*; **2.** *fig.* Sprungbrett *n* (***to*** zu).

'**step-up I** *adj.* stufenweise erhöhend: ***~ transformer*** ⚡ Aufwärtstransformator *m*; **II** *s.* Steigerung *f*.

'**step·wise** *adv.* schritt-, stufenweise.

ster·e·o ['sterɪəʊ] F **I** *s.* **1.** a) → ***stereotype*** 1, b) → ***stereoscope***; **2.** a) Stereogerät *n*, b) Stereo(schall)platte *f*; **II** *adj.* **3.** → ***stereoscopic***; **4.** stereo, Stereo…: ***~ record*** → 2b.

stereo- [sterɪəʊ] *in Zssgn* a) starr, fest, b) 'dreidimensioₗnal, stereo…, Stereo…, Raum…; **ster·e·o·chem·is·try** [ˌsterɪəʊ'kemɪstrɪ] *s.* 'Stereo-, 'Raumcheₗmie *f*; **ster·e·og·ra·phy** [ˌsterɪ'ɒgrəfɪ] *s.* ⩓ Stereogra'phie *f*, Körperzeichnung *f*; **ster·e·om·e·try** [ˌsterɪ'ɒmɪtrɪ] *s.* **1.** *phys.* Stereome'trie *f*; **2.** ⩓ Geome'trie *f* des Raumes.

ster·e·o·phon·ic [ˌsterɪəʊ'fɒnɪk] *adj.* (□ ***~ally***) stereo'phonisch, Stereoton…: ***~ sound*** Raumton *m*.

ster·e·o·plate ['sterɪəpleɪt] *s. typ.* Stereo'typplatte *f*, Stereo *n*.

ster·e·o·scope ['sterɪəskəʊp] *s.* Stereo'skop *n*; **ster·e·o·scop·ic** [ˌsterɪə'skɒpık] *adj.* (□ **~ally**) stereo'skopisch, Stereo...; **ster·e·os·co·py** [ˌsterɪ'ɒskəpɪ] *s.* Stereosko'pie *f.*

ster·e·o·type ['stɪərɪətaɪp] **I** *s.* **1.** *typ.* a) Steroty'pie *f*, Plattendruck *m*, b) Stereo'type *f*, Druckplatte *f*; **2.** *fig.* Kli'schee *n*, Scha'blone *f*; **II** *v/t.* **3.** *typ.* stereotypieren; **4.** *fig. Redensart etc.* stereo'typ wieder'holen; **5.** e-e feste Form geben (*dat.*); '**ster·e·o·typed** [-pt] *adj.* **1.** *typ.* stereotypiert; **2.** *fig.* stereo'typ, scha'blonenhaft; **ster·e·o·ty·pog·ra·phy** [ˌstɪərɪəʊtaɪ'pɒgrəfɪ] *s. typ.* Stereo'typdruck(verfahren *n*) *m*; '**ster·e·o·ˌtyp·y** [-pɪ] *s. typ.* Stereoty'pie *f.*

ster·ile ['steraɪl] *adj.* **1.** ste'ril: a) ⚕ keimfrei, b) ⚘, *physiol.* unfruchtbar (*a. fig. Geist etc.*); **2.** *fig.* fruchtlos (*Arbeit, Diskussion etc.*); leer, gedankenarm (*Stil*); **ste·ril·i·ty** [ste'rɪlətɪ] *s.* Sterili'tät *f* (*a. fig.*).

ster·i·li·za·tion [ˌsterəlaɪ'zeɪʃn] *s.* **1.** Sterilisati'on *f*: a) Entkeimung *f*, b) Unfruchtbarmachung *f*; **2.** Sterili'tät *f*; **ster·i·lize** ['sterəlaɪz] *v/t.* sterilisieren: a) keimfrei machen, b) unfruchtbar machen; '**ster·i·li·zer** ['sterəlaɪzə] *s.* Sterili'sator *m* (*Apparat*).

ster·ling ['stɜːlɪŋ] **I** *adj.* **1.** ✝ Sterling(...): ***ten pounds ~*** 10 Pfund Sterling; ***~ area*** Sterlinggebiet *n*, -block *m*; **2.** von Standardwert (*Gold, Silber*); **3.** *fig.* echt, gediegen, bewährt; **II** *s.* **4.** ✝ Sterling *m.*

stern¹ [stɜːn] *adj.* □ **1.** streng, hart: ***~ discipline***; ***~ penalty***; **2.** unnachgiebig; **3.** streng, finster: ***a ~ face.***

stern² [stɜːn] **I** *s.* **1.** ⚓ Heck *n*, Achterschiff *n*: (***down***) ***by the ~*** hecklastig; **2.** *zo.* a) 'Hinterteil *n*, b) Schwanz *m*; **3.** *allg.* hinterer Teil; **II** *adj.* **4.** ⚓ Heck...

ster·nal ['stɜːnl] *adj. anat.* Brustbein...

'**stern**|-ˌ**chas·er** *s.* ⚓ *hist.* Heckgeschütz *n*; '**~-fast** *s.* ⚓ Achtertau *n.*

stern·ness ['stɜːnnɪs] *s.* Strenge *f*, Härte *f*, Düsterkeit *f.*

'**stern·post** *s.* ⚓ Achtersteven *m.*

ster·num ['stɜːnəm] *pl.* **-na** [-nə] *s. anat.* Brustbein *n.*

ster·to·rous ['stɜːtərəs] *adj.* □ röchelnd.

stet [stet] (*Lat.*) *typ.* **I** *imp.* stehenlassen!, bleibt!; **II** *v/t.* mit ‚stet' markieren.

steth·o·scope ['steθəskəʊp] ⚕ **I** *s.* Stetho'skop *n*, Hörrohr *n*; **II** *v/t.* abhorchen; **steth·o·scop·ic** [ˌsteθə'skɒpɪk] *adj.* (□ **~ally**) stetho'skopisch.

ste·ve·dore ['stiːvədɔː] *s.* ⚓ **1.** Stauer *m*, Schauermann *m*; **2.** Stauer *m* (*Unternehmer*).

stew¹ [stjuː] **I** *v/t.* **1.** schmoren, dämpfen, langsam kochen; → ***stewed*** 1; **II** *v/i.* **2.** schmoren; → ***juice*** 1; **3.** *fig.* ‚schmoren', vor Hitze (fast) 'umkommen; **4.** F sich aufregen; **III** *s.* **5.** Schmor-, Eintopfgericht *n*; **6.** F Aufregung *f.*

stew² [stjuː] *s. Brit.* a) Fischteich *m*, b) Fischbehälter *m.*

stew·ard ['stjʊəd] *s.* **1.** Verwalter *m*; **2.** Haushalter *m*, Haushofmeister *m*; **3.** Tafelmeister *m*, Kämmerer *m* (*e-s College, Klubs etc.*); **4.** ⚓, ✈ Steward *m*; **5.** (Fest- *etc.*)Ordner *m*; *mot.* 'Rennkommisˌsar *m*; → ***shop steward***; '**stew·ard·ess** [-dɪs] *s.* ⚓, ✈ Stewardeß *f*; '**stew·ard·ship** [-ʃɪp] *s.* Verwalteramt *n.*

stewed [stjuːd] *adj.* **1.** geschmort, gedämpft, gedünstet; **2.** *sl.* ‚besoffen'.

'**stew**|**·pan** *s.* Schmorpfanne *f*; '**~·pot** *s.* Schmortopf *m.*

stick¹ [stɪk] **I** *s.* **1.** Stecken *m*, Stock *m*, (trockener) Zweig; *pl.* Klein-, Brennholz *n*: ***dry ~s*** (dürres) Reisig; **2.** Scheit *n*, Stück *n* Holz; **3.** Gerte *f*, Rute *f*; **4.** Stengel *m*, Stiel *m* (*Rhabarber, Sellerie*); **5.** Stock *m* (*a. fig. Schläge*), Stab *m*: ***get*** (***give***) ***the ~*** e-e Tracht Prügel bekommen (verabreichen); ***get hold of the wrong end of the ~*** *fig.* die Sache falsch verstehen; **6.** (Besen- *etc.*)Stiel *m*; **7.** (Spazier)Stock *m*; **8.** (Zucker-, Siegellack)Stange *f*; **9.** a) (Stück *n*) Rasierseife *f*, b) (Lippen- *etc.*)Stift *m*; **10.** ♪ a) Taktstock *m*, b) (Trommel)Schlegel *m*, c) (Geigen)Bogen *m*; **11.** *sport* a) Schläger *m*, *Hockey etc.*: Stock *m*, b) *Pferdesport*: Hürde *f*; **12.** a) ✈ Steuerknüppel *m*, b) *mot.* Schalthebel *m*; **13.** ⚔ Bombenreihe *f*; **14.** *typ.* Winkelhaken *m*; **15.** F *a.* ***dry*** (*od.* ***dull***) ***~*** Stockfisch *m*, *allg.* Kerl *m*; **16.** *pl. Am.* F finsterste Pro'vinz; **II** *v/t.* **17.** *Pflanze* mit e-m Stock stützen; **18.** *typ.* a) setzen, b) in e-m Winkelhaken anein'anderreihen.

stick² [stɪk] **I** *v/t.* [*irr.*] **1.** durch'stechen, -'bohren; *Schweine* (ab)stechen; **2.** stechen mit *e-r Nadel etc.* (***in, into*** in *acc.*); *et.* stecken, stoßen; **3.** *auf e-e Gabel etc.* stecken, aufspießen; **4.** *Kopf, Hand etc. wohin* stecken *od.* strecken; **5.** F legen, setzen, *in die Tasche etc.* stecken; **6.** (an)stecken, anheften; **7.** 'vollstecken (***with*** mit); **8.** *Briefmarke, Plakat etc.* ankleben, *Fotos etc.* (ein)kleben: ***~ together*** *et.* zs.-kleben; **9.** bekleben; **10.** zum Stecken bringen, festfahren: ***be***

stuck *im Schlamm etc.* stecken(bleiben *a. fig.*), festsitzen (*a. fig.*); ***be stuck on*** F vernarrt sein in (*acc.*); ***be stuck with s.th.*** et. ‚am Hals haben'; ***be stuck for s.th.*** um et. verlegen sein; **11.** *j-n* verwirren; **12.** F *j-n* ‚blechen' lassen (***for*** für); **13.** *sl. j-n* ‚leimen' (*betrügen*); **14.** *sl. et. od. j-n* aushalten, -stehen, (v)ertragen: ***I can't ~ him***; **15.** ***~ it*** (***out***) F 'durchhalten, es aushalten; **16.** ***~ it on*** F a) e-n unverschämten Preis verlangen, b) ‚dick auftragen', über'treiben; **II** *v/i.* [*irr.*] **17.** stecken; **18.** (fest)kleben, haften: ***~ together*** zs.-kleben; **19.** sich festklammern *od.* heften (***to*** an *acc.*); **20.** haften, hängenbleiben (*a. fig. Spitzname etc.*): ***some of it will ~*** et. (*von e-r Verleumdung*) bleibt immer hängen; ***~ in the mind*** im Gedächtnis haftenbleiben; ***make s.th. ~*** *fig.* dafür sorgen, daß et. ‚sitzt'; **21.** ***~ to*** bei *j-m od. e-r Sache* bleiben, *j-m* nicht von der Seite weichen: ***~ to the point*** *fig.* bei der Sache bleiben; ***~ to it*** dranbleiben; → ***gun*** 1; **22.** ***~ to*** treu bleiben (*dat.*), zu *j-m*, *s-m Wort etc.* stehen, bei *s-r Ansicht etc.* bleiben, sich an *e-e Regel etc.* halten; ***~ together*** zs.-halten (*Freunde*); **23.** *im Hals, im Schmutz, a. fig. beim Lesen etc.* stekkenbleiben; → ***mud*** 2; **24.** ***~ at nothing*** vor nichts zurückschrecken; **25.** her'vorstehen (***from***, ***out of*** aus); *Zssgn mit adv.*:

stick| a·round *v/i.* F in der Nähe bleiben; ***~*** **out I** *v/i.* **1.** ab-, her'vor-, her'ausstehen; **2.** *fig.* auffallen; **3.** bestehen (***for*** auf *dat.*); **II** *v/t.* **4.** *Arm, Brust, a. Kopf, Zunge* her'ausstrecken; **5.** → ***stick²*** 15; ***~*** **up I** *v/t.* **1.** *sl.* über'fallen, ausrauben; **2.** ***~ 'em up!*** *sl.* Hände hoch!; **II** *v/i.* **3.** in die Höhe stehen; **4.** ***~ for*** sich für *j-n* einsetzen; **5.** ***~ to*** mutig gegen'übertreten (*dat.*), Pa'roli bieten (*dat.*).

stick·er ['stɪkə] *s.* **1.** a) (Schweine-) Schlächter *m*, b) Schlachtmesser *n*; **2.** Klebezettel *m*, Aufkleber *m*; **3.** *Am.* (*angeklebter*) Strafzettel; **4.** *fig.* zäher Kerl; **5.** F ‚Hocker' *m*, (zu) lange bleibender Gast; **6.** F ‚Ladenhüter' *m*; **7.** ‚harte Nuß'.

stick·i·ness ['stɪkɪnɪs] *s.* **1.** Klebrigkeit *f*; **2.** Schwüle *f*; **3.** F Schwierigkeit *f*.

stick·ing plas·ter ['stɪkɪŋ] *s.* Heftpflaster *n*.

stick-in-the-mud ['stɪkɪnðəmʌd] F **I** *adj.* rückständig, -schrittlich; **II** *s.* Rückschrittler *m*, *bsd. pol.* Reaktio'när *m*.

'stick·jaw *s.* F ‚Plombenzieher' *m* (*zäher Bonbon etc.*).

stick·le ['stɪkl] *v/i.* **1.** harnäckig zanken *od.* streiten: ***~ for s.th.*** et. hartnäckig verfechten; **2.** Bedenken äußern, Skrupel haben.

stick·le·back ['stɪklbæk] *s. ichth.* Stichling *m*.

stick·ler ['stɪklə] *s.* **1.** Eiferer *m*; **2.** Verfechter *m* (***for*** *gen.*); **3.** Kleinigkeitskrämer *m*, Pe'dant *m*, j-d, der es ganz genau nimmt (***for*** mit).

stick-to-it·ive [ˌstɪk'tu:ətɪv] *adj. Am.* F hartnäckig, zäh.

'stick-up I *adj.* **1.** ***~ collar*** → 2; **II** *s.* **2.** F Stehkragen *m*; **3.** *sl.* ('Raub)ˌÜberfall *m*.

stick·y ['stɪkɪ] *adj.* □ **1.** klebrig, zäh: ***~ charge*** ⚔ Haftladung *f*; ***~ label*** *Brit.* Klebezettel *m*; **2.** schwül, stickig (*Wetter etc.*); **3.** F *fig.* a) klebrig, b) eklig, c) schwierig, heikel (*Sache*), d) kritisch, e) kitschig: ***be ~ about doing s.th.*** et. nur ungern tun.

stiff [stɪf] **I** *adj.* □ **1.** *allg.* steif, starr (*a. Gesicht, Person*): ***~ collar*** steifer Kragen; ***~ neck*** steifer Hals; → ***lip*** 1; **2.** zäh, dick, steif (*Teig etc.*); **3.** steif (*Brise*), stark (*Wind, Strömung*); **4.** stark (*Dosis, Getränk*), steif (*Grog*); **5.** *fig.* starrköpfig; **6.** *fig.* hart (*Gegner, Kampf etc.*), scharf (*Konkurrenz, Opposition*); **7.** schwierig (*Aufstieg, Prüfung etc.*); **8.** hart (*Strafe*); **9.** steif, for'mell, gezwungen (*Benehmen, Person etc.*); **10.** steif, linkisch (*Stil*); **11.** F unglaublich: ***a bit ~*** ziemlich stark, allerhand; **12.** F ‚zu Tode' *gelangweilt, erschrocken*; **13.** ✝ a) sta'bil, fest (*Preis, Markt*), b) hoch, unverschämt (*Forderung, Preis*); **II** *s. sl.* **14.** a) Leiche *f*, b) Besoffene(r) *m*; **15.** a) Langweiler *m*, b) Blödmann *m*; **16.** *Am.* a) ‚Lappen' *m* (*Banknote*), b) ‚Blüte' *f* (*Falschgeld*), c) ‚Kas'siber' *m* (*im Gefängnis*); **'stiff·en** [-fn] **I** *v/t.* **1.** (ver)steifen, (ver)stärken; *Stoff etc.* stärken, steifen; **2.** steif *od.* starr machen (*Flüssigkeit, Glieder etc.*), verdicken (*Flüssiges*); **3.** *fig.* a) *et.* verschärfen, b) (be)stärken, *j-m* den Nacken steifen; **II** *v/i.* **4.** sich versteifen, -stärken; starr werden; **5.** *fig.* hart werden, sich versteifen; **6.** steif *od.* förmlich werden; **7.** ✝ sich festigen (*Preise etc.*); **'stiff·en·er** [-fnə] *s.* **1.** Versteifung *f*; **2.** F ‚Seelenwärmer' *m*, Stärkung *f* (*Getränk*); **'stiff·en·ing** [-fnɪŋ] *s.* Versteifung *f*: a) Steifwerden *n*, b) 'Steifmateriˌal *n*.

ˌstiff-'necked *adj. fig.* halsstarrig.

stiff·ness ['stɪfnɪs] *s.* **1.** Steifheit *f* (*a. fig. Förmlichkeit*), Steife *f*, Starrheit *f*; **2.** Zähigkeit *f*, Dickflüssigkeit *f*; **3.** *fig.* Härte *f*, Schärfe *f*.

sti·fle[1] ['staɪfl] **I** *v/t.* **1.** *j-n* ersticken; **2.** *Fluch etc., a. Gefühl, a. Aufstand etc.* ersticken, unter'drücken, *Diskussion etc.* abwürgen; **II** *v/i.* **3.** (*weitS.* schier) ersticken.

sti·fle[2] ['staɪfl] *s. zo.* **1.** *a.* **~ *joint*** Kniegelenk *n* (*Pferd, Hund*); **2.** *vet.* Kniegelenkgalle *f* (*Pferd*); **~ bone** *s.* Kniescheibe *f* (*Pferd*).

sti·fling ['staɪflɪŋ] *adj.* □ erstickend (*a. fig.*), stickig.

stig·ma ['stɪgmə] *pl.* **-mas**, **-ma·ta** [-mətə] *s.* **1.** *fig.* Brand-, Schandmal *n*, Stigma *n*; **2.** ⚕ Sym'ptom *n*; **3.** ⚕ (*pl.* ***-mata***) Mal *n*, roter Hautfleck; **4.** ***stigmata*** *pl. eccl.* Wundmale *pl.*, Stigmata *pl.*; **5.** ⚘ Narbe *f* (*Blüte*); **6.** *zo.* Luftloch *n* (*Insekt*); **stig·mat·ic** [stɪg'mætɪk] *adj.* (□ ***~ally***) **1.** stig'matisch (*a. opt.*); **2.** ⚘ narbenartig; **3.** *opt.* (ana-)stig'matisch; **'stig·ma·tize** [-ətaɪz] *v/t.* **1.** ⚕, *eccl.* stigmatisieren; **2.** *bsd. fig.* brandmarken.

stile[1] [staɪl] *s.* Zauntritt *m*.

stile[2] [staɪl] *s.* Seitenstück *n* (*e-r Täfelung*), Höhenfries *m* (*e-r Tür*).

sti·let·to [stɪ'letəʊ] *pl.* **-tos** [-z] *s.* Sti'lett *n*: **~ (*heel*)** Pfennigabsatz *m*.

still[1] [stɪl] **I** *adj.* □ **1.** *allg.* still: a) reglos, unbeweglich, b) ruhig, lautlos, c) leise, gedämpft, d) friedlich, ruhig: ***keep ~!*** sei ruhig!; → ***water*** 11; **2.** nicht moussierend: **~ *wine*** Stillwein *m*; **3.** *phot.* Stand..., Steh..., Einzel(aufnahme)...; **II** *s.* **4.** *poet.* Stille *f*; **5.** *phot.* Standfoto *n*, Einzelaufnahme *f*; **III** *v/t.* **6.** *Geräusche etc.* zum Schweigen bringen; **7.** *j-n* beruhigen, *Verlangen etc.* stillen; **IV** *v/i.* **8.** still werden.

still[2] [stɪl] **I** *adv.* **1.** (immer) noch, noch immer, bis jetzt; **2.** (*beim comp.*) noch, immer: **~ *higher*, *higher* ~** noch höher; **~ *more so because*** um so mehr als; **3.** dennoch, doch; **II** *cj.* **4.** (und) dennoch, und doch, in'des(sen).

still[3] [stɪl] *s.* a) Destillierkolben *m*, b) Destil'lierappa͵rat *m*.

stil·lage ['stɪlɪdʒ] *s.* Gestell *n*.

'still|·birth *s.* Totgeburt *f*; **'~·born** *adj.* totgeboren (*a. fig.*); **'~-fish** *v/i.* vom verankerten Boot aus angeln; **~ hunt** *s.* Pirsch(jagd) *f*; **'~-hunt** *v/i.* (*v/t.* an)pirschen; **~ life** *s. paint.* Stilleben *n*.

still·ness ['stɪlnɪs] *s.* Stille *f*.

still room *s. bsd. Brit.* **1.** *hist.* Destilla-ti'onsraum *m*; **2.** a) Vorratskammer *f*, b) Servierraum *m*.

stilt [stɪlt] *s.* **1.** Stelze *f*; **2.** ⚠ Pfahl *m*, Pfeiler *m*; **3.** *a.* **~ *bird*** *orn.* Stelzenläufer *m*; **'stilt·ed** [-tɪd] *adj.* □ **1.** gestelzt, gespreizt, geschraubt (*Rede, Stil etc.*); **2.** ⚠ erhöht; **'stilt·ed·ness** [-tɪdnɪs] *s.* Gespreiztheit *f*.

stim·u·lant ['stɪmjʊlənt] **I** *s.* **1.** ⚕ Stimulans *n*, Anregungs-, Weckmittel *n*; **2.** Genußmittel *n*, *bsd.* Alkohol *m*; **3.** Anreiz *m* (**of** für); **II** *adj.* **4.** → ***stimulating*** 1; **stim·u·late** ['stɪmjʊleɪt] *v/t.* **1.** ⚕ *etc., a. fig.* stimulieren, anregen (***s.o. into*** j-n zu *et.*); *fig. a.* anspornen, anstacheln; beleben, ankurbeln; **2.** *Nerv* reizen; **'stim·u·lat·ing** [-leɪtɪŋ] *adj.* **1.** *a. fig.* stimulierend, anregend, belebend; **2.** *fig.* anspornend; **stim·u·la·tion** [͵stɪmjʊ'leɪʃn] *s.* **1.** Anreiz *m*, Antrieb *m*, Anregung *f*, Belebung *f*; **2.** ⚕ Reizung *f*, Reiz *m*; **'stim·u·la·tive** [-lətɪv] → ***stimulating***; **'stim·u·lus** [-ləs] *pl.* **-li** [-laɪ] *s.* **1.** Stimulus *m*: a) (An)Reiz *m*, Antrieb *m*, Ansporn *m* (***to*** zu), b) ⚕ Reiz *m*: **~ *threshold*** Reizschwelle *f*; **2.** → ***stimulant*** 1; **3.** ⚘ Nesselhaar *n*.

sti·my ['staɪmɪ] → ***stymie.***

sting [stɪŋ] **I** *v/t.* [*irr.*] **1.** stechen (*Insekt, Nessel etc.*); **2.** brennen, beißen in *od.* auf (*dat.*); **3.** schmerzen, weh tun (*Schlag etc.*): ***stung by remorse*** *fig.* von Reue geplagt; **4.** *fig. j-n* verletzen, kränken; **5.** anstacheln, reizen (***into*** zu); **6.** *sl.* ‚neppen' (***for*** um *Geld*); **II** *v/i.* [*irr.*] **7.** stechen; **8.** brennen, beißen (*Pfeffer etc.*); **9.** *a. fig.* schmerzen, weh tun; **III** *s.* **10.** Stachel *m* (*Insekt; a. fig. des Todes, der Eifersucht etc.*); **11.** ⚘ Brennborste *f*; **12.** Stich *m*, Biß *m*: **~ *of conscience*** *fig.* Gewissensbisse *pl.*; **13.** Schärfe *f*; **14.** Pointe *f*, Spitze *f* (*e-s Witzes*); **15.** Schwung *m*, Wucht *f*; **'sting·er** [-ŋə] *s.* **1.** a) stechendes In'sekt, b) stechende Pflanze; **2.** F a) schmerzhafter Schlag, b) beißende Bemerkung.

sting·i·ness ['stɪndʒɪnɪs] *s.* Geiz *m*.

sting·ing ['stɪŋɪŋ] *adj.* □ **1.** ⚘, *zo.* stechend; **2.** *fig.* schmerzhaft (*Schlag etc.*); schneidend (*Kälte, Wind*); scharf, beißend, verletzend (*Worte, Tadel*); **~ net·tle** *s.* ⚘ Brennessel *f*.

stin·gy ['stɪndʒɪ] *adj.* □ **1.** geizig, knikkerig: ***be ~ of s.th.*** mit et. knausern; **2.** dürftig, kärglich.

stink [stɪŋk] **I** *v/i.* [*irr.*] **1.** stinken, übel riechen (***of*** nach): **~ *of money*** *fig.* F vor Geld stinken; **2.** *fig.* verrufen sein, ‚stinken': **~ *to high heaven*** zum Himmel stinken; → ***nostril***; **3.** *fig.* F ('hunds)mise,rabel sein; **II** *v/t.* [*irr.*] **4.** *a.* **~ out, up** verstänkern; **5. ~ out** a) *Höhle, Tiere* ausräuchern, b) *j-n* durch Gestank vertreiben; **6.** *sl.* (den Gestank *gen.*) riechen: ***you can ~ it a mile off***; **III** *s.* **7.** Gestank *m*; **8.** Stunk *m*, Krach *m*: ***raise*** (*od.* ***kick up***) ***a ~*** Stunk machen (***about*** wegen); **9.** *pl. Brit. sl.* Che'mie *f*; **10.** *Am.* F (billiges) Par'füm; **'stink·ard** [-kəd] *s.* **1.** *zo.* Stinktier *n*; **2.** → ***stinker*** 1; **'stink·er** [-kə] *s.* **1.** a) ‚Stinker' *m*, b) *sl.* Dreckskerl *m*; **2.** a) ‚Stinka'dores' *m* (*Käse*), b) ‚Stinka'dores' *f* (*Zigarre*); **3.** *sl.* a) gemeiner Brief, b) böse Bemerkung *od.* Kri'tik, c) ‚böse' (*schwierige etc.*) Sache, d) ‚Mist' *m*; **'stink·ing** [-kɪŋ] **I** *adj.* □ **1.** stinkend; **2.** *sl.* a) widerlich, b) mise'rabel; **3.** → ***stinko***; **II** *adv.* **4. ~ *rich*** *sl.* ‚stinkreich'.

stinko ['stɪŋkəʊ] *adj. Am. sl.* ‚(stink)besoffen', (to'tal) ‚blau'.

'stink·pot *s.* **1.** ⚓ *hist.* Stinktopf *m*; **2.** F → ***stinker*** 1.

stint [stɪnt] **I** *v/t.* **1.** *j-n od. et.* einschränken, *j-n* kurz *od.* knapp halten (***in, of*** mit): **~ *o.s. of*** sich einschränken mit, sich *et.* versagen; **2.** knausern *od.* kargen mit (*Geld, Lob etc.*); **II** *s.* **3.** Be-, Einschränkung *f*: ***without ~*** ohne Einschränkung, rückhaltlos; **4.** a) (zugewiesene) Arbeit, Pensum *n*, b) (vorgeschriebenes) Maß; **5.** ⚒ Schicht *f*; **'stint·ed** [-tɪd] *adj.* □ knapp, karg.

stipe [staɪp] *s.* ♀, *zo.* Stiel *m*.

sti·pend ['staɪpend] *s.* Gehalt *n* (*bsd. e-s Geistlichen*); **sti·pen·di·ar·y** [staɪ'pendjərɪ] **I** *adj.* besoldet: **~ *magistrate*** → **II** *s. Brit.* Richter *m an e-m* ***magistrates' court***.

stip·ple ['stɪpl] **I** *v/t.* **1.** *paint.* tüpfeln, punktieren; **II** *s.* **2.** Punk'tierma,nier *f*, Pointil'lismus *m*; **3.** Punktierung *f*.

stip·u·late ['stɪpjʊleɪt] *bsd.* ⚖, ✝ **I** *v/i.* **1.** (***for***) a) e-e Vereinbarung treffen (über *acc.*), b) *et.* zur Bedingung machen; **II** *v/t.* **2.** festsetzen, vereinbaren, ausbedingen; **3.** ⚖ *Tatbestand* einverständlich feststellen, außer Streit stellen; **stip·u·la·tion** [,stɪpjʊ'leɪʃn] *s.* **1.** ✝, ⚖ (vertragliche) Abmachung, Über'einkunft *f*; **2.** Klausel *f*, Bedingung *f*; **3.** ⚖ Par'teienüber,einkunft *f*.

stip·ule ['stɪpju:l] *s.* ♀ Nebenblatt *n*.

stir¹ [stɜ:] **I** *v/t.* **1.** *Kaffee, Teig etc.* rühren: **~ *up*** a) (gut) umrühren, b) *Schlamm* aufwühlen; **2.** *Feuer* (an-) schüren; **3.** *Glied etc.* rühren, bewegen: ***not to ~ a finger*** keinen Finger krumm machen; **4.** *Blätter, See etc.* bewegen (*Wind*); **5. ~ *up*** *a. fig. j-n* auf-, wachrütteln; **6. ~ *up*** *fig.* a) *j-n* aufreizen, -hetzen, b) *Neugier etc.* erregen, c) *Streit etc.* entfachen; **7.** *fig.* aufwühlen, bewegen, erregen; *j-s Blut* in Wallung bringen; **II** *v/i.* **8.** sich rühren *od.* regen (*a. fig. geschäftig sein*): ***not to ~ from the spot*** sich nicht von der Stelle rühren; ***he never ~red abroad*** er ging nie aus; ***he is not ~ring yet*** er ist noch nicht auf(gestanden); **9.** a) im Gange *od.* 'Umlauf sein, b) geschehen, sich ereignen; **III** *s.* **10.** Rühren *n*; **11.** Bewegung *f*; **12.** Aufregung *f*; **13.** Aufsehen *n*, Sensati'on *f*: ***create*** *od.* ***make a ~*** Aufsehen erregen.

stir² [stɜ:] *s. sl.* ‚Kittchen' *n*, ‚Knast' *m* (*Gefängnis*): ***in ~*** im Knast.

stirps [stɜ:ps] *pl.* **stir·pes** ['stɜ:pi:z] *s.* **1.** Fa'milie(nzweig *m*) *f*; **2.** ⚖ a) Stammvater *m*, b) Stamm *m*: ***by stirpes*** *Erbfolge* nach Stämmen.

stir·rer ['stɜ:rə] *s.* a) Rührlöffel *m*, b) Rührwerk *n*.

stir·ring ['stɜ:rɪŋ] *adj.* □ **1.** bewegt; **2.** *fig.* rührig; **3.** erregend, aufwühlend; zündend (*Rede*); bewegt (*Zeiten*).

stir·rup ['stɪrəp] *s.* **1.** Steigbügel *m*; **2.** ⚙ Bügel *m*; **3.** ⚓ Springpferd *n* (*Haltetau*); **~ *bone*** *s. anat.* Steigbügel *m* (*im Ohr*); **~ *i·ron*** *s.* Steigbügel *m* (*ohne Steigriemen*); **~ *leath·er*** *s.* Steig(bügel)riemen *m*.

stitch [stɪtʃ] **I** *s.* **1.** *Nähen etc.*: Stich *m*: ***a ~ in time saves nine*** gleich getan ist viel gespart; ***put ~es in*** → 7; **2.** *Stricken, Häkeln etc.*: Masche *f*; → ***take up*** 14; **3.** Stich(art *f*) *m*, Strick-, Häkelart *f*; **4.** F Faden *m*: ***not to have a dry ~ on one*** keinen trockenen Faden am Leibe haben; ***without a ~ on*** splitternackt; **5.** a) Stich *m*, Stechen *n* (*Schmerz*), b) *a.* **~*es in the side*** Seitenstechen *n*: ***be in ~es*** F sich kaputtlachen; **II** *v/t.* **6.** nähen, steppen, (be)sticken; **7. ~ *up*** vernähen (*a.* ⚕), (zs.-)flicken; **8.** *Buchbinderei*: (zs.-)heften, broschieren.

sto·a ['stəʊə] *pl.* **-ae** [-i:] *s. antiq.* Stoa *f*: a) ⛫ Säulenhalle *f*, b) ♀ stoische Philo'sophie.

stoat [stəʊt] *s. zo.* **1.** Herme'lin *n*; **2.** Wiesel *n*.

stock [stɒk] **I** *s.* **1.** (*Baum-, Pflanzen-*) Strunk *m*; **2.** *fig.* ‚Klotz' *m* (*steifer Mensch*); **3.** ♀ Lev'koje *f*; **4.** ✓ ('Pfropf),Unterlage *f*; **5.** (*Peitschen-, Werkzeug*)Griff *m*; **6.** ⚔ a) (Gewehr-) Schaft *m*, b) Schulterstütze *f* (*MG*); **7.** ⚙ 'Unterlage *f*, Block *m*; (Amboß-) Klotz *m*; **8.** ⚓ Stapel *m*: ***on the ~s*** im

Bau, im Werden (*a. fig.*); **9.** *hist.* Stock *m* (*Strafmittel*); **10.** ⚙ (Grund-, Werk)Stoff *m*: ***paper ~*** Papierstoff; **11.** a) ⚙ (*Füll- etc.*)Gut *n*, Materi'al *n*, b) (Fleisch-, Gemüse)Brühe *f* (*als Suppengrundlage*); **12.** steifer Kragen; *bsd.* ⚔ Halsbinde *f*; **13.** Stamm *m*, Rasse *f*, Her-, Abkunft *f*; **14.** *allg.* Vorrat *m*; ⚚ (Waren)Lager *n*, Inven'tar *n*: ***~*** (***on hand***) Warenbestand *m*; ***in*** (***out of***) ***~*** (nicht) vorrätig; ***take ~*** Inventur machen, *a. fig.* (e-e) Bestandsaufnahme machen; ***take ~ of*** *fig.* sich klarwerden über (*acc.*), *j-n od. et.* abschätzen; **15.** ⚚ Ware(n *pl.*) *f*; **16.** *fig.* (*Wissens- etc.*) Schatz *m*: ***a ~ of information***; **17.** a) *a.* ***live ~*** lebendes Inven'tar, Vieh(bestand *m*) *n*, b) *a.* ***dead ~*** totes Inventar, Materi'al *n*: ***fat ~*** Schlachtvieh *n*; **18.** a) ⚚ 'Anleihekapi,tal *n*, b) 'Grundkapi,tal *n*, c) 'Aktienkapi,tal *n*, d) Geschäftsanteil *m*; **19.** ⚚ a) *Am.* Aktie(n *pl.*) *f*: ***issue ~*** Aktien ausgeben, b) *pl.* Aktien *pl.*, c) *pl.* Ef'fekten *pl.*, 'Wertpa,piere *pl.*: ***his ~ has gone up*** s-e Aktien sind gestiegen (*a. fig.* F); **20.** ⚚ a) Schuldverschreibung *f*, b) *pl. Brit.* 'Staatspa,piere *pl.*; **21.** *thea.* Reper'toire(the,ater) *n*; **II** *adj.* **22.** (stets) vorrätig, Lager…, Serien…: ***~ size*** Standardgröße *f*; **23.** *fig.* stehend, stereo'typ: ***~ phrase***; **24.** ✓ Vieh…, Zucht…; **25.** ⚚ *bsd. Am.* Aktien…; **26.** *thea.* Repertoire…; **III** *v/t.* **27.** versehen, -sorgen, ausstatten, füllen (***with*** mit); **28.** *a.* ***~ up*** auf Lager legen, (auf)speichern; **29.** ⚚ *Ware* vorrätig haben, führen; **30.** ✓ anpflanzen; **31.** *Gewehr, Werkzeug* schäften; **IV** *v/i.* **32.** *a.* ***~ up*** sich eindecken; **~ ac·count** *s.* ⚚ *Brit.* Kapi'tal-, Ef'fektenkonto *n*, -rechnung *f*.

stock·ade [stɒ'keɪd] **I** *s.* **1.** Sta'ket *n*, Einpfählung *f*; **2.** ⚔ a) Pali'sade *f*, b) *Am.* Mili'tärgefängnis *n*; **II** *v/t.* **3**: einpfählen, mit Sta'ket um'geben.

stock| book *s.* ⚚ **1.** Lagerbuch *n*; **2.** *Am.* Aktienbuch *n*; **'~,breed·er** *s.* Viehzüchter *m*; **'~,bro·ker** *s.* Ef'fekten-, Börsenmakler *m*; **'~·car** *s.* 🚂 *Am.* Viehwagen *m*; **~ car** *s. mot.* Serienwagen *m*, *sport* Stock-Car *m*; **~ cer·tif·i·cate** *s.* 'Aktienzertifi,kat *n*; **~ com·pa·ny** *s.* **1.** ⚚ *Am.* Aktiengesellschaft *f*; **2.** *thea.* Reper'toiregruppe *f*, En'semble *n*; **~ cor·po·ra·tion** *s.* ⚚ *Am.* **1.** Kapi'talgesellschaft *f*; **2.** Aktiengesellschaft *f*; **~ div·i·dend** *s.* ⚚ *Am.* Divi'dende *f* in Form von Gratisaktien *pl.*; **~ ex·change** *s.* ⚚ (Ef'fekten-, Aktien-) Börse *f*; **~ farm·er** *s.* Viehzüchter *m*; **~ farm·ing** *s.* Viehzucht *f*; **'~·fish** *s.* Stockfisch *m*; **'~,hold·er** *s.* ⚚ *bsd. Am.* Aktio'när *m*; **'~,hold·ing** *s.* ⚚ *Am.* Aktienbesitz *m*.

stock·i·net [,stɒkɪ'net] *s.* Stocki'nett *n*, Tri'kot *m*, *n*.

stock·ing ['stɒkɪŋ] *s.* **1.** Strumpf *m*; **2.** *zo.* Färbung *f* am Fuß; **~ mask** *s.* Strumpfmaske *f*; **'~,weav·er** *s.* Strumpfwirker *m*.

,stock|-in-'trade *s.* **1.** ⚚ a) Warenbestand *m*, b) Betriebsmittel *pl.*, c) 'Arbeitsmateri,al *n*; **2.** *fig.* a) Rüstzeug *n*, b) ,Reper'toire' *n*; **'~,job·ber** → ***jobber*** 3, 4; **~ ledg·er** *s.* ⚚ *Am.* Aktienbuch *n*; **'~·list** *s.* (Aktien- *od.* Börsen)Kurszettel *m*; **~ mar·ket** *s.* ⚚ **1.** → ***stock exchange***; **2.** Börsenkurse *pl.*; **'~·pile I** *s.* Vorrat *m* (***of*** an *dat.*); **II** *v/t.* e-n Vorrat anlegen von, aufstapeln; **'~·pot** *s.* Suppentopf *m*; **~ room** *s.* Lager(-raum *m*) *n*; **~ shot** *s. phot.* Ar'chivaufnahme *f*; **,~-'still** *adj.* stockstill, -steif; **'~,tak·ing** *s.* ⚚ Bestandsaufnahme *f* (*a. fig.*), Inven'tur *f*.

stock·y ['stɒkɪ] *adj.* □ stämmig, unter'setzt.

'stock·yard *s.* Viehhof *m*.

stodge [stɒdʒ] *sl.* **I** *v/i. u. v/t.* sich (*den Magen*) vollstopfen; **II** *s.* a) dicker Brei, b) schwerverdauliches Zeug (*a. fig.*); **'stodg·y** [-dʒɪ] *adj.* □ **1.** schwerverdaulich (*a. fig. Stil etc.*), *fig. a.* schwerfällig (*a. Person*); langweilig; **2.** *fig.* ,spießig'.

sto·gie, sto·gy ['stəʊgɪ] *s. Am.* billige Zi'garre.

Sto·ic ['stəʊɪk] **I** *s. phls.* Stoiker *m* (*a. fig.* 2); **II** *adj.*, *a.* **'Sto·i·cal** [-kl] □ *phls.* stoisch (*a. fig.* 2 *unerschütterlich, gleichmütig*); **'Sto·i·cism** [-ɪsɪzəm] *s.* Stoi'zismus *m*: a) *phls.* Stoa *f*, b) 2 *fig.* Gleichmut *m*.

stoke [stəʊk] **I** *v/t.* **1.** *Feuer etc.* schüren (*a. fig.*); **2.** *Ofen etc.* (an)heizen, beschicken; **3.** F a) 'vollstopfen, b) *Essen etc.* hin'einstopfen; **II** *v/i.* **4.** schüren, stochern; **5.** heizen, feuern; **'~·hold** *s.* ⚓ Heizraum *m*; **'~·hole 1.** → ***stokehold***; **2.** Schürloch *n*.

stok·er ['stəʊkə] *s.* **1.** Heizer *m*; **2.** (auto'matische) Brennstoffzuführung.

stole¹ [stəʊl] *s. eccl. u. Damenkleidung*: Stola *f*.

stole² [stəʊl] *pret.*, **'sto·len** [-lən] *p.p. von* ***steal***.

stol·id ['stɒlɪd] *adj.* □ **1.** stur, stumpf; **2.** gleichmütig, unerschütterlich; **sto·lid·i·ty** [stɒ'lɪdətɪ] *s.* **1.** Gleichmut *m*, Unerschütterlichkeit *f*; **2.** Stur-, Stumpfheit *f*.

sto·ma ['stəʊmə] *pl.* **-ma·ta** ['stɒmətə] *s.* **1.** ⚘ Stoma *n*, Spaltöffnung *f*; **2.** *zo.* Atmungsloch *n*.

stom·ach ['stʌmək] **I** *s.* **1.** Magen *m*: ***on an empty ~*** auf leeren Magen, nüchtern; **2.** Bauch *m*, Leib *m*; **3.** Appe'tit *m* (***for*** auf *acc.*); **4.** Lust *f* (***for*** zu); **II** *v/t.* **5.** verdauen (*a. fig.*); **6.** *fig.* a) (v)ertragen, b) ‚einstecken', hinnehmen; '**~·ache** *s.* Magenschmerz(en *pl.*) *m*.

stom·ach·er ['stʌməkə] *s. hist.* Mieder *n*, Brusttuch *n*.

sto·mach·ic [stəʊ'mækɪk] **I** *adj.* **1.** Magen...; **2.** magenstärkend; **II** *s.* **3.** ⚕ Magenmittel *n*.

sto·ma·ti·tis [ˌstəʊmə'taɪtɪs] *s.* ⚕ Mundschleimhautentzündung *f*, Stoma'titis *f*.

stomp [stɒmp] → ***stamp*** 1, 12, 13.

stone [stəʊn] **I** *s.* **1.** *allg.* (*a. Grab-, Schleif- etc.*)Stein *m*: ***a ~'s throw*** ein Steinwurf (weit), (nur) ein ‚Katzensprung'; ***leave no ~ unturned*** nichts unversucht lassen; ***throw ~s at*** *fig.* mit Steinen nach *j-m* werfen; → ***rolling stone***; **2.** *a.* ***precious ~*** (Edel)Stein *m*; **3.** (*Obst*)Kern *m*, Stein *m*; **4.** ⚕ a) (Gallen- *etc.*)Stein *m*, b) Steinleiden *n*; **5.** (Hagel)Korn *n*; **6.** *brit. Gewichtseinheit (= 6,35 kg)*; **II** *adj.* **7.** steinern, Stein...; **III** *v/t.* **8.** mit Steinen bewerfen; **9.** *a.* ***~ to death*** steinigen; **10.** *Obst* entkernen, -steinen; **11.** ⚙ schleifen, glätten; ♀ **Age** *s.* Steinzeit *f*; '**~-blind** *adj.* stockblind; ˌ**~-'broke** *adj.* ‚pleite', völlig ‚abgebrannt'; **~ coal** *s.* Steinkohle *f*, *bsd.* Anthra'zit *m*; '**~·crop** *s.* ⚘ Steinkraut *n*; '**~ˌcut·ter** *s.* **1.** Steinmetz *m*, -schleifer *m*; **2.** 'Steinschneidemaˌschine *f*.

stoned [stəʊnd] *adj.* **1.** entsteint, -kernt; **2.** *sl.* a) ‚(stink)besoffen', b) ‚high' (*im Drogenrausch*).

ˌ**stone|-'dead** *adj.* mausetot; ˌ**~-'deaf** *adj.* stocktaub; **~ fruit** *s.* Steinfrucht *f*; *coll.* Steinobst *n*.

stone·less ['stəʊnlɪs] *adj.* steinlos (*Obst*).

stone| mar·ten *s. zo.* Steinmarder *m*; '**~ˌma·son** *s.* Steinmetz *m*; **~ pit** *s.* Steinbruch *m*; ˌ**~'wall I** *v/i.* **1.** *sport* mauern (*defensiv spielen*); **2.** *pol.* Obstrukti'on treiben (***on*** gegen); **II** *v/t.* **3.** *pol. Antrag* durch Obstrukti'on zu Fall bringen; ˌ**~'wall·ing** *s.* **1.** *sport* Mauern *n*; **2.** *pol.* Obstrukti'on *f*; '**~·ware** *s.* Steinzeug *n*.

ston·i·ness ['stəʊnɪnɪs] *s.* **1.** steinige Beschaffenheit; **2.** *fig.* Härte *f*; **ston·y** ['stəʊnɪ] *adj.* ☐ **1.** steinig; **2.** steinern (*a. fig. Herz*), Stein...; **3.** starr (*Blick*); **4.** *a.* ***~-broke*** → ***stone-broke***.

stood [stʊd] *pret. u. p.p. von* ***stand***.

stooge [stuːdʒ] *s.* **1.** *thea.* Stichwortgeber *m*; **2.** *sl.* Handlanger *m*, Krea'tur *f*; **3.** *Am. sl.* (Lock)Spitzel *m*; **4.** *Brit. sl.* ‚Heini' *m*.

stool [stuːl] *s.* **1.** Hocker *m*; (Bü'ro-, Kla'vier)Stuhl *m*: ***fall between two ~s*** sich zwischen zwei Stühle setzen; **2.** Schemel *m*; **3.** Nachtstuhl *m*; **4.** ⚕ Stuhl *m*: a) Kot *m*, b) Stuhlgang *m*: ***go to ~*** Stuhlgang haben; **5.** ⚘ a) Wurzelschößling *m*, b) Wurzelstock *m*, c) Baumstumpf *m*; **~ pi·geon** *s.* **1.** Lockvogel *m* (*a. fig.*); **2.** *bsd. Am. sl.* (Lock-) Spitzel *m*.

stoop[1] [stuːp] **I** *v/i.* **1.** sich bücken, sich (vorn'über)beugen; **2.** sich krumm halten, gebeugt gehen; **3.** *fig. contp.* a) sich her'ablassen, b) sich erniedrigen, die Hand reichen (***to*** zu *et.*, ***to do*** zu tun); **4.** her'abstoßen (*Vogel*); **II** *v/t.* **5.** neigen, beugen; *Schultern* hängen lassen; **III** *s.* **6.** (Sich)Beugen *n*; **7.** gebeugte *od.* krumme Haltung; krummer Rücken; **8.** Niederstoßen *n* (*Vogel*).

stoop[2] [stuːp] *s. Am.* kleine Ve'randa (*vor dem Haus*).

stop [stɒp] **I** *v/t.* **1.** aufhören (***doing*** zu tun): ***~ it!*** hör auf (damit)!; **2.** aufhören mit, *Besuche*, ✝ *Lieferung*, *Zahlung*, *Tätigkeit*, ⚖ *Verfahren* einstellen; *Kampf*, *Verhandlungen etc.* abbrechen; **3.** ein Ende machen *od.* bereiten (*dat.*), Einhalt gebieten (*dat.*); **4.** *Angriff*, *Fortschritt*, *Gegner*, *Verkehr etc.* aufhalten, zum Stehen bringen, *Ball* stoppen; *Wagen*, *Zug*, *a. Uhr* anhalten, stoppen; *Maschine*, *a. Gas*, *Wasser* abstellen; *Fabrik* stillegen; *Lohn*, *Scheck etc.* sperren; *Redner etc.* unter'brechen; *Lärm etc.* unter'binden; **5.** verhindern; hindern (***from*** an *dat.*, ***from doing*** zu tun); **6.** *Boxen etc.*: a) *Schlag* parieren, b) *Gegner* besiegen, stoppen: ***~ a bullet*** e-e (Kugel) ‚verpaßt' kriegen; **7.** *a.* ***~ up*** *Ohren etc.* verstopfen: ***~ s.o.'s mouth*** *fig.* j-m den Mund stopfen; → ***gap*** 4; **8.** *Weg* versperren; **9.** *Blut*, *Wunde* stillen; **10.** *Zahn* plombieren, füllen; **11.** ♪ a) *Saite*, *Ton* greifen, b) *Griffloch* zuhalten, c) *Instrument*, *Ton* stopfen; **12.** *ling.* interpunktieren; **13.** ***~ down*** *phot. Objektiv* abblenden; **14.** ***~ out*** *Ätzkunst*: abdecken; **II** *v/i.* **15.** (an)halten, haltmachen, stehenbleiben, stoppen; **16.** aufhören, an-, innehalten, e-e Pause machen: ***~ dead*** (*od.* ***short***) jäh aufhören; ***~ at nothing*** *fig.* vor nichts zurückschrecken; **17.** aufhören (*Vorgang, Lärm etc.*); **18. ~ *for*** warten auf (*acc.*); **19.** F *im Bett etc.* bleiben: **~ *away*** (***from***) fernbleiben (*dat.*); **~ *by*** *Am.* (rasch) bei *j-m* ‚reinschauen'; **~ *in*** zu Hause bleiben; **~ *off*** *od.* ***over*** Zwischenstation machen; **~ *out*** a) wegbleiben, nicht heimkommen, b) ✝ weiterstreiken; **III** *s.* **20.** Halt *m*, Stillstand *m*: ***come to a ~*** anhalten; ***come to a full ~*** aufhören, zu e-m Ende kommen; ***put a ~ to*** → 3; **21.** Pause *f*; **22.** 🚂 *etc.* Aufenthalt *m*, Halt *m*; **23.** a) Stati'on *f* (*Zug*), b) Haltestelle *f* (*Autobus*), c) Anlegestelle *f* (*Schiff*); **24.** 'Absteigequar,tier *n*; **25.** ⚙ Anschlag *m*, Sperre *f*, Hemmung *f*; **26.** ✝ Sperrung *f*, Sperrauftrag *m* (*für Scheck etc.*); → *a.* ***stop order***; **27.** ♪ a) Griff *m*, Greifen *n* (*e-r Saite etc.*), b) Griffloch *n*, c) Klappe *f*, d) Ven'til *n*, e) Re'gister *n* (*Orgel etc.*), f) *a.* **~ *knob*** Re'gisterzug *m*: ***pull out all the ~s*** *fig.* alle Register ziehen; ***pull out the pathetic ~*** *fig.* pathetisch werden; **28.** *phot.* f-stop Blende *f* (*Einstellmarke*); **29.** *ling.* a) Knacklaut *m*, b) Verschlußlaut *m*; **30.** a) Satzzeichen *n*, b) Punkt *m*; **,~-and-'go** *adj.* durch Verkehrsampeln geregelt: **~ *traffic*** Stop-and-go-Verkehr *m*; **'~·cock** *s.* ⚙ Absperrhahn *m*; **'~·gap I** *s.* Lückenbüßer *m*, Notbehelf *m*; ✝ Über'brückung *f*; **II** *adj.* Not...; Behelfs...; ✝ Überbrückungs...(*-hilfe*, *-kredit*); **'~·light** *s.* **1.** *mot.* Bremslicht *n*; **2.** rotes (Verkehrs)Licht; **'~-loss** *adj.* ✝ zur Vermeidung weiterer Verluste: **~ *order*** → **~ or·der** *s.* ✝ Stopp-loss-Auftrag *m*; **'~,o·ver** *s.* **1.** 'Reise-, 'Fahrtunter,brechung *f*, (kurzer) Aufenthalt; **2.** 'Zwischenstati,on *f*.

stop·page ['stɒpɪdʒ] *s.* **1.** a) (An)Halten *n*, b) Stillstand *m*, c) Aufenthalt *m*; **2.** (Verkehrs- *etc.*)Stockung *f*; **3.** ⚙ a) (Betriebs)Störung *f*, Hemmung *f*, b) *a.* ⚕ Verstopfung *f*; **4.** Sperrung *f*, (✝ *Kredit- etc.*, ⚡ *Strom*)Sperre *f*; **5.** (Arbeits-, Betriebs-, Zahlungs)Einstellung *f*; **6.** (Gehalts)Abzug *m*.

stop pay·ment *s.* ✝ Zahlungssperre *f* (*für Schecks etc.*).

stop·per ['stɒpə] **I** *s.* **1.** a) Stöpsel *m*, Pfropf(en) *m*, b) Stopfer *m*: ***put a ~ on*** *fig. e-r Sache* ein Ende setzen; **2.** ⚙ Absperrvorrichtung *f*; Hemmer *m*: **~ *circuit*** ⚡ Sperrkreis *m*; **3.** *Werbung*: F Blickfang *m*; **II** *v/t.* **4.** zustöpseln.

stop·ping ['stɒpɪŋ] *s.* ⚕ (Zahn)Füllung *f*, Plombe *f*; **~ dis·tance** *s. mot.* Anhalteweg *m*; **~ place** *s.* Haltestelle *f*; **~ train** *s.* 🚂 Bummelzug *m*.

stop·ple ['stɒpl] **I** *s.* Stöpsel *m*; **II** *v/t.* zustöpseln.

stop| press *s.* (Spalte *f* für) letzte (nach Redakti'onsschluß eingelaufene) Meldungen *pl.*; **~ screw** *s.* ⚙ Anschlagschraube *f*; **~ sign** *s. mot.* Stoppschild *n*; **~ valve** *s.* ⚙ 'Absperrven,til *n*; **~ vol·ley** *s. Tennis*: Stoppflugball *m*; **'~·watch** *s.* Stoppuhr *f*.

stor·a·ble ['stɔːrəbl] **I** *adj.* lagerfähig, Lager...; **II** *s.* lagerfähige Ware.

stor·age ['stɔːrɪdʒ] *s.* **1.** (Ein)Lagerung *f*, Lagern *n*; *a.* ⚡ *u. Computer*: Speicherung *f*; → ***cold storage***; **2.** Lager(raum *m*) *n*, De'pot *n*; **3.** Lagergeld *n*; **~ bat·ter·y** *s.* ⚡ Akku(mu'lator) *m*; **~ cam·er·a** *s.* Speicherkamera *f*; **~ heat·er** *s.* Speicherofen *m*.

store [stɔː] **I** *s.* **1.** (Vorrats)Lager *n*, Vorrat *m*: ***in ~*** vorrätig, auf Lager; ***be in ~ for s.o.*** *fig.* j-m bevorstehen, auf j-n warten; ***have*** (*od.* ***hold***) ***in ~ for*** *fig. Überraschung etc.* bereithalten für *j-n*, *j-m e-e Enttäuschung etc.* bringen; **2.** *pl.* a) Vorräte *pl.*, Ausrüstung *f* (u. Verpflegung *f*), Provi'ant *m*, b) *a.* ***military ~s*** Mili'tärbedarf *m*, Versorgungsgüter *pl.*, c) *a.* ***naval*** (*od.* ***ship's***) ***~s*** Schiffsbedarf *m*; **3.** *a. pl. bsd. Brit.* Kauf-, Warenhaus *n*; **4.** *Am.* (Kauf)Laden *m*, Geschäft *n*; **5.** *bsd. Brit.* Lagerhaus *n*, Speicher *m* (*a. Computer*); **6.** *a. pl. fig.* (große) Menge, Fülle *f*, Reichtum *m* (***of*** an *dat.*): ***a great ~ of knowledge*** ein großer Wissensschatz; **7. *set great*** (***little***) **~ *by*** *fig.* a) hoch (gering) einschätzen, b) großen (wenig) Wert legen auf (*acc.*); **II** *v/t.* **8.** versorgen, -sehen, eindecken (***with*** mit); *Schiff* verproviantieren; *fig. s-n Kopf mit Wissen etc.* anfüllen; **9.** *a.* **~ *up*** einlagern, (auf-) speichern; *fig. im Gedächtnis* bewahren; **10.** *Möbel etc.* einstellen, -lagern; **11.** fassen, aufnehmen, 'unterbringen; **12.** ⚡, *phys.*, *a. Computer*: speichern; **~ cat·tle** *s.* Mastvieh *n*; **'~·house** *s.* **1.** Lagerhaus *n*; **2.** *fig.* Fundgrube *f*; **'~,keep·er** *s.* **1.** Lagerverwalter *m*; ⚔ Kammer-, Geräteverwalter *m*; **2.** *Am.* Ladenbesitzer(in); **'~·room** *s.* **1.** Lagerraum *m*; **2.** Verkaufsraum *m*.

sto·rey ['stɔːrɪ] → ***story***[2]; **'sto·reyed** [-ɪd] → ***storied***[2].

sto·ried[1] ['stɔːrɪd] *adj.* **1.** geschichtlich, berühmt; **2.** 'sagenum,woben; **3.** mit Bildern aus der Geschichte geschmückt: ***a ~ frieze***.

sto·ried[2] ['stɔːrɪd] *adj.* mit Stockwerken: ***two-~*** zweistöckig (*Haus*).

stork [stɔːk] *s. orn.* Storch *m*; **'~s·bill** *s.* ⚘ Storchschnabel *m.*

storm [stɔːm] **I** *s.* **1.** Sturm *m* (*a.* ⚔ *u. fig.*), Unwetter *n*: **~ *of applause*** Beifallssturm *m*; **~ *and stress*** *hist.* Sturm u. Drang; **~ *in a teacup*** *fig.* Sturm im Wasserglas; ***take by* ~** im Sturm erobern (*a. fig.*); **2.** (Hagel-, Schnee-) Sturm *m*, Gewitter *n*; **II** *v/i.* **3.** stürmen, wüten, toben (*Wind etc.*) (*a. fig.* ***at*** gegen, über *acc.*); **4.** ⚔ stürmen; **5.** *wohin* stürmen, stürzen; **III** *v/t.* **6.** ⚔ (er-) stürmen; **7.** *fig.* bestürmen; **8.** *et.* wütend ausstoßen; **~ an·chor** *s. bsd. fig.* Notanker *m*; **'~-ˌbeat·en** *adj.* sturmgepeitscht; **'~·bird** → ***stormy petrel*** 1; **'~·bound** *adj.* vom Sturm aufgehalten; **~ cen·ter** *Am.*, **~ cen·tre** *Brit. s.* **1.** *meteor.* Sturmzentrum *n*; **2.** *fig.* Unruheherd *m*; **~ cloud** *s.* Gewitterwolke *f* (*a. fig.*); **'~-tossed** *adj.* sturmgepeitscht; **'~-troops** *s. pl.* **1.** ⚔ Schock-, Sturmtruppe(n *pl.*) *f*; **2.** *hist.* (*Nazi-*)'Sturmabˌteilung *f*, S'A *f.*

storm·y ['stɔːmɪ] *adj.* □ stürmisch (*a. fig.*); **~ pet·rel** *s.* **1.** *orn.* Sturmschwalbe *f*; **2.** *fig.* a) Unruhestifter *m*, b) Unglücksbote *m.*

sto·ry¹ ['stɔːrɪ] *s.* **1.** (*a.* amü'sante) Geschichte, Erzählung *f*: ***the same old* ~** *fig.* das alte Lied; **2.** Fabel *f*, Handlung *f*, Story *f e-s Dramas etc.*; **3.** Bericht *m*, Geschichte *f*: ***the* ~ *goes*** man erzählt sich; ***to cut*** (*od.* ***make***) ***a long* ~ *short*** (*Redewendung*) um es kurz zu machen, kurz u. gut; ***tell the full* ~** *fig.* ‚auspakken'; ***that's quite another* ~** das ist et. ganz anderes; **4.** (Lebens)Geschichte *f*, Story *f*: ***the Glenn Miller* ~**; **5.** *bsd. Am.* ('Zeitungs)Arˌtikel *m*; **6.** F (Lügen-, Ammen)Märchen *n.*

sto·ry² ['stɔːrɪ] *s.* Stock(werk *n*) *m*, Geschoß *n*, E'tage *f*; → ***upper*** I.

'sto·ry|·book I *s.* Geschichten-, Märchenbuch *n*; **II** *adj. fig.* ‚Bilderbuch…', märchenhaft; **'~ˌtell·er** *s.* **1.** (Märchen-, Geschichten)Erzähler(in); **2.** F Lügenbold *m.*

stoup [stuːp] *s.* **1.** *R.C.* Weihwasserbekken *n*; **2.** *Scot.* Eimer *m*; **3.** *dial.* a) Becher *m*, b) Krug *m.*

stout [staʊt] **I** *adj.* □ **1.** dick, beleibt; **2.** stämmig, kräftig; **3.** ausdauernd, zäh; **4.** mannhaft, beherzt, tapfer; **5.** heftig (*Angriff, Wind*); **6.** kräftig, ro'bust (*Material etc.*); **II** *s.* **7.** Stout *m* (*dunkles Bier*); **ˌstout'heart·ed** *adj.* □ → ***stout*** 4; **'stout·ness** [-nɪs] *s.* **1.** Stämmigkeit *f*; **2.** Beleibtheit *f*, Korpu'lenz *f*; **3.** Tapferkeit *f*, Mannhaftigkeit *f*; **4.** Ausdauer *f.*

stove¹ [stəʊv] **I** *s.* **1.** Ofen *m*; **2.** (Koch-) Herd *m*; **3.** ⚙ a) Brennofen *m*, b) Trokkenraum *m*; **4.** Treibhaus *n*; **II** *v/t.* **5.** trocknen, erhitzen; **6.** ⚘ im Treibhaus ziehen.

stove² [stəʊv] *pret. u. p.p. von* ***stave.***

stove| en·am·el *s.* ⚙ Einbrennlack *m*; **'~·pipe** *s.* **1.** Ofenrohr *n*; **2.** *a.* **~ *hat*** *bsd. Am.* F Zy'linder *m*, ‚Angströhre' *f*; **3.** *pl.* F Röhrenhose *f.*

stow [stəʊ] **I** *v/t.* **1.** ⚓ (ver)stauen; **2.** verstauen, packen: **~ *away*** a) wegräumen, -stecken, b) F *Essen* ‚verdrücken'; **3.** *sl.* aufhören mit: **~ *it!*** hör auf (damit)!, halt's Maul!; **II** *v/i.* **4.** *a.* **~ *away*** sich an Bord schmuggeln; **stow·age** ['stəʊɪdʒ] *s. bsd.* ⚓ **1.** Stauen *n*; **2.** Laderaum *m*; **3.** Ladung *f*; **4.** Staugeld *n*; **'stow·a·way** [-əʊə-] *s.* blinder Passa'gier.

stra·bis·mus [strə'bɪzməs] *s.* ⚕ Schielen *n*; **stra'bot·o·my** [-'bɒtəmɪ] *s.* ⚕ 'Schieloperatiˌon *f.*

strad·dle ['strædl] **I** *v/i.* **1.** a) die Beine spreizen, grätschen, b) breitbeinig *od.* mit gespreizten Beinen gehen *od.* stehen *od.* sitzen, c) rittlings sitzen; **2.** sich spreizen; **3.** sich (aus)strecken; **4.** *Am. fig.* schwanken, es mit beiden Par'teien halten; **II** *v/t.* **5.** rittlings sitzen auf (*dat.*); **6.** mit gespreizten Beinen stehen über (*dat.*); **7.** *die Beine* spreizen; **8.** *fig.* sich nicht festlegen wollen bei *e-r Streitfrage etc.*; **9.** ⚔ *Ziel* eingabeln; **10.** *Poker*: *den Einsatz* blind verdoppeln; **III** *s.* **11.** a) (Beine)Spreizen *n*, b) breitbeiniges *od.* ausgreifendes Gehen, c) breitbeiniges (Da)Stehen, d) Rittlingssitzen *n*; **12.** a) *Turnen*: Grätsche *f*, b) *Hochsprung*: Straddle *m*; **13.** † Stel'lage(geschäft *n*) *f.*

strafe [*Brit.* strɑːf; *Am.* streɪf] **I** *v/t.* **1.** ⚔, ✈ im Tiefflug mit Bordwaffen angreifen; **2.** *fig.* F *j-n* anschnauzen; **II** *s.* **3.** → **'straf·ing** [-fɪŋ] *s.* **1.** (Bordwaffen)Beschuß *m*; **2.** *fig.* ‚Anpfiff' *m.*

strag·gle ['strægl] *v/i.* **1.** um'herstreifen; **2.** (hinter'drein- *etc.*)bummeln, (-)zotteln; **3.** ⚘ wuchern; **4.** zerstreut liegen *od.* stehen (*Häuser etc.*); sich hinziehen (*Vorstadt etc.*); **5.** *fig.* abschweifen; **'strag·gler** [-lə] *s.* **1.** Bummler(in); **2.** Nachzügler *m* (*a.* ⚓); **3.** ⚔ Versprengte(r) *m*; **4.** ⚘ wilder Schößling; **'strag·gling** [-lɪŋ] *adj.* □, **'strag·gly** [-lɪ] *adj.* **1.** *beim Marsch etc.* zu'rückgeblieben; **2.** ausein'andergezogen (*Kolonne*); **3.** zerstreut (liegend); **4.** weitläufig; **5.** ⚘ wuchernd; **6.** lose, 'widerspenstig (*Haar etc.*).

straight [streɪt] **I** *adj.* □ **1.** gerade: **~ angle** ⩘ gestreckter Winkel; **~ hair** glattes Haar; **~ left** *Boxen*: linke Gerade; **~ line** gerade Linie, ⩘ Gerade *f*; **keep a ~ face** das Gesicht nicht verziehen; **2.** ordentlich: **put ~** in Ordnung bringen; **put things ~** Ordnung schaffen; **set s.o. ~ on** j-n berichtigen hinsichtlich (*gen.*); → **record**[1] 4; **3.** gerade, di'rekt; **4.** *fig.* gerade, offen, ehrlich, re'ell: **as ~ as a die** a) grundehrlich, b) kerzengerade; **5.** anständig; **6.** F zuverlässig: **a ~ tip**; **7.** pur: **~ whisk(e)y**; **8.** *pol. Am.* 'hundertpro,zentig: **a ~ Republican**; → **ticket** 7; **9.** ✝ *Am. sl.* ohne ('Mengen)Ra,batt; **10.** *thea.* a) konventio'nell (*Stück*), b) ef'fektlos (*Spiel*); **11.** nor'mal, konventio'nell (*Roman etc.*); **II** *adv.* **12.** gerade('aus); **13.** di'rekt, gerade(s)wegs: **~ from London**; **14.** anständig, ordentlich: **live ~**; **15.** richtig: **get s.o. ~** j-n richtig verstehen; **I can't think ~** ich kann nicht (richtig) denken; **16. ~ away**, **~ off** so'fort, auf der Stelle; **17. ~ out** 'rundher,aus; **III** *s.* **18.** Geradheit *f*: **out of the ~** krumm, schief; **19.** *sport* a) Gerade *f*: **back ~** Gegengerade; **home ~** Zielgerade, b) (Erfolgs-, Treffer- *etc.*) Serie *f*; **20.** *Poker*: Straight *m*; **21. be on the ~ and narrow** auf dem Pfad der Tugend wandeln; **22. the ~ of it** *Am.* F die (reine) Wahrheit; **23.** *sl.* ‚Spießer' *m*; **,~·a'way I** *adv.* → **straight** 16; **II** *s. Am.* → **straight** 19a; **'~-edge** *s.* ⚙ Line'al *n*, Richtscheit *n*.

straight·en ['streɪtn] **I** *v/t.* **1.** gerade machen, -biegen, (gerade-, aus)richten; ⚔ *Front* begradigen: **~ one's face** e-e ernste Miene aufsetzen; **~ o.s. up** sich aufrichten; **2.** *oft* **~ out** in Ordnung bringen: **~ one's affairs**; **things will ~ themselves out** das wird von allein (wieder) in Ordnung kommen; **3.** *oft* **~ out** entwirren, klarstellen; **4. ~ s.o. out** j-m den Kopf zurechtsetzen; **II** *v/i.* **5.** geade werden; **6. ~ up** *Am.* a) sich aufrichten, b) F ein anständiges Leben beginnen.

'straight|-faced *adj.* mit unbewegtem Gesicht; **~ flush** *s. Poker*: Straightflush *m*; **,~'for·ward** [-'fɔːwəd] **I** *adj.* □ **1.** di'rekt, offen, freimütig; **2.** ehrlich, redlich, aufrichtig; **3.** einfach, ganz nor'mal, unkompliziert (*Aufgabe etc.*); **II** *adv.* **4.** → I; **,~'for·ward·ness** [-'fɔːwədnɪs] *s.* Geradheit *f*, Offenheit *f*, Ehrlichkeit *f*, Aufrichtigkeit *f*; **,~-from-the-'shoul·der** *adj.* unverblümt; **'~-line** *adj.* ⩘, ⚙ geradlinig, line'ar (*a.* ✝).

straight·ness ['streɪtnɪs] *s.* Geradheit *f*: a) Geradlinigkeit *f*, b) *fig.* Offenheit *f*, Aufrichtigkeit *f*.

'straight-out *adj. Am.* F **1.** rückhaltlos; **2.** offen, aufrichtig.

strain[1] [streɪn] **I** *s.* **1.** Beanspruchung *f*, Spannung *f*, Zug *m*; **2.** ⚙ (verformende) Spannung, Verdehnung *f*; **3.** ⚕ a) Zerrung *f*, b) Über'anstrengung *f* (**on** *gen.*); **4.** Anstrengung *f*, -spannung *f*, Kraftaufwand *m*; **5.** (**on**) Anstrengung *f*, Stra'paze *f* (für); starke In'anspruchnahme (*gen.*); *nervliche*, *finanzielle etc.* Belastung (für); Druck *m* (auf *acc.*); Last *f der Verantwortung etc.*: **be a ~ on**, **put a** (**great**) **~ on** stark beanspruchen *od.* belasten, strapazieren; **6.** *mst pl.* ♪ Weise *f*, Melo'die *f*: **to the ~s of** unter den Klängen (*gen.*); **7.** *fig.* Ton *m*, Ma'nier *f*: **a humorous ~**; **8.** Laune *f*; **II** *v/t.* **9.** (an)spannen; **10.** ⚙ verformen, -dehnen; **11.** ⚕ *Muskel etc.* zerren; *Handgelenk etc.* verstauchen; *s-e Augen*, *das Herz etc.* über'anstrengen; → **nerve** 1; **12.** *fig.* über'spannen, strapazieren, *j-s Geduld*, *Kräfte etc.* über'fordern; *Befugnisse* über'schreiten; *Recht*, *Sinn* vergewaltigen, strapazieren: **~ a point** zu weit gehen; **13.** ('durch)seihen, filtrieren: **~ off** (*od.* **out**) abseihen; **14. ~ s.o. to one's breast** j-n ans Herz drücken; **III** *v/i.* **15.** sich (an)spannen; **16.** ⚙ sich verdehnen, -formen; **17. ~ at** zerren an (*dat.*); → **gnat** 1; **18.** sich anstrengen: **~ after** sich abmühen um, streben nach; → **effect** 3; **19.** drücken, pressen.

strain[2] [streɪn] *s.* **1.** Abstammung *f*; **2.** Linie *f*, Geschlecht *n*; **3.** *biol.* a) Rasse *f*, b) (Spiel)Art *f*; **4.** (Rassen)Merkmal *n*, Zug *m*, Schuß *m* (*indischen Bluts etc.*); **5.** (Erb)Anlage *f*, (Cha'rakter-) Zug *m*; **6.** Anflug *m* (**of** von).

strained [streɪnd] *adj.* □ **1.** gezwungen: **~ smile**; **2.** gespannt: **~ relations**; **'strain·er** [-nə] *s.* Sieb *n*, Filter *m*, *n*.

strait [streɪt] **I** *s.* **1.** *oft pl.* Straße *f*, Meerenge *f*: **the** **ℒs of Dover** die Straße von Dover; **ℒs Settlements** *ehemalige brit. Kronkolonie* (*Malakka*, *Penang*, *Singapur*); **the ℒs** a) (*früher*) die Meerenge von Gibraltar, b) (*heute*) die Malakkastraße; **2.** *oft pl.* Not *f*, *bsd. finanzielle* Verlegenheit, Engpaß *m*: **in dire ~s** in e-r ernsten Notlage; **II** *adj.* □ **3.** *obs.* eng, schmal; **4.** streng, hart; **'strait·en** [-tn] *v/t.* beschränken, beengen: **in ~ed circumstances** in beschränkten Verhältnissen; ***~ed for*** verlegen um.

'strait|,jack·et I *s.* Zwangsjacke *f* (*a. fig.*); **II** *v/t.* in e-e Zwangsjacke stecken (*a. fig.*); **'~-laced** *adj.* sittenstreng, puri'tanisch, prüde.

strand¹ [strænd] **I** *s.* **1.** *poet.* Gestade *n*, Ufer *n*; **II** *v/t.* **2.** ⚓ auf den Strand setzen, auf Grund treiben; **3.** *fig.* stranden *od.* scheitern lassen: ***~ed*** a) gestrandet (*a. fig.*), b) *mot.* steckengeblieben, c) *fig.* arbeits-, mittellos; ***be*** (***left***) ***~ed*** a) auf dem trockenen sitzen, b) ‚aufgeschmissen' sein; **III** *v/i.* **4.** stranden.

strand² [strænd] **I** *s.* **1.** Strang *m* (*e-s Taus od. Seils*); **2.** (*Draht-*, *Seil*)Litze *f*; **3.** *biol.* (Gewebe)Faser *f*; **4.** (Haar-)Strähne *f*; **5.** (Perlen)Schnur *f*; **6.** *fig.* Faden *m*, Zug *m* (*e-s Ganzen*); **II** *v/t.* **7.** ⚙ *Seil* drehen; *Kabel* verseilen: ***~ed wire*** Litzendraht *m*, Drahtseil *n*; **8.** *Tau etc.* brechen.

strange [streɪndʒ] *adj.* □ **1.** fremd, neu, unbekannt, ungewohnt (***to*** *j-m*); **2.** seltsam, sonderbar, merkwürdig: ***~ to say*** seltsamerweise; **3.** (***to***) nicht gewöhnt (an *acc.*), nicht vertraut (mit); **'strange·ness** [-nɪs] *s.* **1.** Fremdheit *f*; Fremdartigkeit *f*; **2.** Seltsamkeit *f*, *das* Merkwürdige; **'stran·ger** [-dʒə] *s.* **1.** Fremde(r *m*) *f*, Unbekannte(r *m*) *f*, Fremdling *m*: ***I am a ~ here*** ich bin hier fremd; ***you are quite a ~*** Sie sind ein seltener Gast; ***he is no ~ to me*** er ist mir kein Fremder; ***I spy*** (*od.* ***see***) ***~s*** *parl. Brit.* ich beantrage die Räumung der Zuschauertribüne; ***the little ~*** der kleine Neuankömmling (*Kind*); **2.** Neuling *m* (***to*** in *dat.*): ***be a ~ to*** nicht vertraut sein mit; ***he is no ~ to poverty*** die Armut ist ihm nicht unbekannt.

stran·gle ['stræŋgl] **I** *v/t.* **1.** erwürgen, erdrosseln; **2.** *j-n* würgen, *den Hals* einschnüren (*Kragen etc.*); **3.** *fig.* a) *Seufzer etc.* ersticken, b) *et.* abwürgen; **II** *v/i.* **4.** ersticken; **'~·hold** *s.* Würgegriff *m*, *fig. a.* to'tale Gewalt (***on*** über *acc.*).

stran·gu·late ['stræŋgjʊleɪt] *v/t.* **1.** ⚕ abschnüren, abbinden; **2.** → ***strangle*** 1; **stran·gu·la·tion** [,stræŋgjʊ'leɪʃn] *s.* **1.** Erdrosselung *f*, Strangulierung *f*; **2.** ⚕ Abschnürung *f*.

stran·gu·ry ['stræŋgjʊrɪ] *s.* ⚕ Harnzwang *m*.

strap [stræp] **I** *s.* **1.** (Leder-, *a.* Trag-, ⚙ Treib)Riemen *m*, Gurt *m*, Band *n*; **2.** a) Halteriemen *m im Bus etc.*, b) (Stiefel)Schlaufe *f*; **3.** a) Träger *m am Kleid*, b) Steg *m an der Hose*; **4.** Achselklappe *f*; **5.** Streichriemen *m*; **6.** ⚙ a) (Me'tall-)Band *n*, b) Bügel *m* (*a. am Kopfhörer*); **7.** ⚓ Stropp *m*; **8.** ⚘ Blatthäutchen *n*; **II** *v/t.* **9.** festschnallen (***to*** an *dat.*): ***~ o.s. in*** sich anschnallen; **10.** *Messer* abziehen; **11.** mit e-m Riemen schlagen; **12.** ⚕ ein (Heft)Pflaster kleben auf *e-e Wunde*; **'~,hang·er** *s.* F Stehplatzinhaber(in) *im Omnibus etc.*; **~ i·ron** *s.* ⚙ *Am.* Bandeisen *n*.

strap·less ['stræplɪs] *adj.* trägerlos (*Kleid*); **'strap·per** [-pə] *s.* a) strammer Bursche, b) strammes *od.* dralles Mädchen; **'strap·ping** [-pɪŋ] **I** *adj.* **1.** stramm (*Bursche*, *Mädchen*), drall (*Mädchen*); **II** *s.* **2.** Riemen *pl.*; **3.** Tracht *f* Prügel; **4.** ⚕ Heftpflaster(verband *m*) *n*.

stra·ta ['strɑːtə] *pl. von* ***stratum***.

strat·a·gem ['strætɪdʒəm] *s.* **1.** Kriegslist *f*; **2.** List *f*, Kunstgriff *m*.

stra·te·gic [strə'tiːdʒɪk] *adj.* (□ ***~ally***) *allg.* stra'tegisch, *a.* stra'tegisch wichtig, *a.* kriegswichtig, *a.* Kriegs...(*-lage*, *-plan*): ***~ arms*** strategische Waffen; **strat·e·gist** ['strætɪdʒɪst] *s.* Stra'tege *m*; **strat·e·gy** ['strætɪdʒɪ] *s.* Strate'gie *f*: a) Kriegskunst *f*, b) (Art *f* der) Kriegsführung *f*, c) *fig.* Taktik *f* (*a. sport*), d) *fig.* List *f*.

strat·i·fi·ca·tion [,strætɪfɪ'keɪʃn] *s.* Schichtung *f* (*a. fig. Gliederung*); **strat·i·fied** ['strætɪfaɪd] *adj.* geschichtet, schichtenförmig: ***~ rock*** *geol.* Schichtgestein *n*; **strat·i·form** ['strætɪfɔːm] *adj.* schichtenförmig; **strat·i·fy** ['strætɪfaɪ] **I** *v/t.* schichten, *fig. a.* gliedern; **II** *v/i.* (*a. fig.* gesellschaftliche) Schichten bilden, *fig. a.* sich gliedern.

stra·tig·ra·phy [strə'tɪgrəfɪ] *s. geol.* Formati'onskunde *f*.

strat·o·cruis·er ['strætəʊ,kruːzə] *s.* ✈ Strato'sphärenflugzeug *n*.

strat·o·sphere ['strætəʊ,sfɪə] *s.* Strato'sphäre *f*; **strat·o·spher·ic** [,strætəʊ'sferɪk] *adj.* **1.** strato'sphärisch; **2.** *Am.* F ‚astro'nomisch', e'norm.

stra·tum ['strɑːtəm] *pl.* **-ta** [-tə] *s.* **1.** *allg.* (*a.* Gewebe-, Luft)Schicht *f*, Lage *f*; **2.** *geol.* (Gesteins- *etc.*)Schicht *f*, Formati'on *f*; **3.** *fig.* (gesellschaftliche *etc.*) Schicht.

stra·tus ['streɪtəs] *pl.* **-ti** [-taɪ] *s.* Stratus *m*, Schichtwolke *f*.

straw [strɔː] **I** *s.* **1.** Strohhalm *m*: ***draw ~s*** Strohhalme ziehen (*als Lose*); ***catch*** (*od.* ***grasp***) ***at a ~*** sich an e-n Strohhalm klammern; ***the last ~ that breaks the camel's back*** der Tropfen, der das Faß zum Überlaufen bringt; ***that's the last ~!*** das hat gerade noch gefehlt!, jetzt reicht es mir aber!; ***he doesn't care a ~*** es ist ihm völlig ‚schnurz'; **2.** Stroh *n*; → ***man*** 3; **3.** Trinkhalm *m*; **4.** Strohhut *m*; **II** *adj.* **5.** Stroh…

straw·ber·ry ['strɔːbərɪ] *s.* **1.** ⚘ Erdbeere *f*; **2.** F ‚Knutschfleck' *m*; **~ mark** *s.* ⚕ rotes Muttermal; **~ tongue** *s.* ⚕ Himbeerzunge *f* (*bei Scharlach*).

straw| bid *s.* ✝ *Am.* Scheingebot *n*; **'~-ˌcol·o(u)red** *adj.* strohfarbig, -farben; **~ hat** *s.* Strohhut *m*; **~ mat·tress** *s.* Strohsack *m*; **~ vote** *s. bsd. Am.* Probeabstimmung *f*.

straw·y ['strɔːɪ] *adj.* **1.** strohern; **2.** mit Stroh bestreut.

stray [streɪ] **I** *v/i.* **1.** (um'her)streunen (*a. Tier*): **~ *to*** *j-m* zulaufen; **2.** weglaufen (***from*** von); **3.** a) abirren (***from*** von), sich verlaufen, b) her'umirren, c) *fig.* in die Irre gehen, vom rechten Weg abkommen; **4.** *fig.* abirren, -schweifen (*Gedanken etc.*); **5.** ⚡ streuen, vagabundieren; **II** *s.* **6.** verirrtes *od.* streunendes Tier; **7.** Her'umirrende(r *m*) *f*, Heimatlose(r *m*) *f*; **8.** *pl.* ⚡ atmo'sphärische Störungen *pl.*; **III** *adj.* **9.** *a.* ***strayed*** verirrt (*a. Kugel*), verlaufen, streunend (*Hund*, *Kind*); **10.** vereinzelt: **~ *customers***; **11.** beiläufig: ***a ~ remark***; **12.** ⚡ Streu…, vagabundierend (*Strom*).

streak [striːk] **I** *s.* **1.** Streif(en) *m*, Strich *m*; (Licht)Streifen *m*, (-)Strahl *m*: **~ *of lightning*** Blitzstrahl; ***like a ~*** (***of lightning***) F blitzschnell; **2.** Maser *f*, Ader *f* (*im Holz*); **3.** *fig.* Spur *f*, Anflug *m*; **4.** Anlage *f*, *humoristische etc.* Ader; **5.** **~ *of*** (***bad***) ***luck*** (Pech-)Glückssträhne *f*; **6.** ⚗ Schliere *f*; **7.** ⚕ Aufstreichimpfung *f*: **~ *culture*** Strichkultur *f*; **II** *v/t.* **8.** streifen; **9.** adern; **III** *v/i.* **10.** F flitzen; **streaked** [-kt] *adj.*, **'streak·y** [-kɪ] *adj.* □ **1.** gestreift; **2.** gemasert (*Holz*); **3.** durch'wachsen (*Speck*; *a. Am. fig.* F).

stream [striːm] **I** *s.* **1.** Wasserlauf *m*, Flüßchen *n*, Bach *m*; **2.** Strom *m*, Strömung *f*: ***against*** (***with***) ***the ~*** gegen den (mit dem) Strom *schwimmen* (*a. fig.*); **3.** (*a. Blut-*, *Gas-*, *Menschen- etc.*) Strom *m*, (*Licht-*, *Tränen- etc.*)Flut *f*: **~ *of words*** Wortschwall *m*; **~ *of consciousness*** *psych.* Bewußtseinsstrom; **4.** *ped.* Leistungsgruppe *f*; **5.** *fig.* a) Strömung *f*, Richtung *f*, b) Strom *m*, Lauf *m der Zeit etc.*; **II** *v/i.* **6.** strömen, fluten (*a. Licht*, *Menschen etc.*); **7.** strömen (*Tränen*), tränen (*Augen*): **~ *with*** triefen vor (*dat.*); **8.** *im Wind* flattern; **9.** fließen (*langes Haar*); **III** *v/t.* **10.** aus-, verströmen; **'stream·er** [-mə] *s.* **1.** Wimpel *m*; flatternde Fahne; **2.** (langes, flatterndes) Band; Pa'pierschlange *f*; **3.** Lichtstreifen *m* (*bsd. des Nordlichts*); **4.** *a.* **~ *headline*** *Zeitung*: breite Schlagzeile; **'stream·ing** [-mɪŋ] *s. ped.* Einteilung *f e-r Klasse* in Leistungsgruppen; **'stream·let** [-lɪt] *s.* Bächlein *n*.

'stream|·line I *s.* **1.** *phys.* Stromlinie *f*; **2.** *a.* **~ *shape*** Stromlinienform *f*, *weitS.* schnittige Form; **II** *adj.* **3.** → ***streamlined*** 1; **III** *v/t.* **4.** ⚙ stromlinienförmig konstruieren; windschnittig gestalten *od.* verkleiden; **5.** *fig.* a) modernisieren, b) rationalisieren, 'durchorganisieren, c) *pol.* ‚gleichschalten'; **'~·lined** *adj.* **1.** ⚙ stromlinienförmig, windschnittig, Stromlinien…; **2.** schnittig, formschön; **3.** *fig.* a) modernisiert, fortschrittlich, b) ratio'nell, c) *pol.* ‚gleichgeschaltet'; **'~ˌlin·er** *s. Am.* Stromlinienzug *m*.

street [striːt] *s.* **1.** Straße *f*: ***in the ~*** auf der Straße; ***~s ahead*** F haushoch überlegen (***of*** *dat.*); ***~s apart*** F völlig verschieden; ***not in the same ~ as*** F nicht zu vergleichen mit; ***walk the ~s*** ‚auf den Strich' gehen (*Prostituierte*); ***that's*** (***right***) ***up my ~*** das ist genau mein Fall; → ***man*** 3; **2. *the ~*** a) Hauptgeschäfts- *od.* Börsenviertel *n*, b) *Brit.* → ***Fleet Street***, c) *Am.* → ***Wall Street***, d) Finanzwelt *f*; **~ Ar·ab** *s.* Gassenjunge *m*; **'~·car** *s. Am.* Straßenbahn(wagen *m*) *f*; **'~ˌclean·er** → ***streetsweeper***; **~ map** *s.* Stadtplan *m*; **~ mar·ket** *s.* ✝ **1.** Freiverkehrsmarkt *m*; **2.** *Brit.* Nachbörse *f*; **'~ˌsweep·er** *s. bsd. Brit.* **1.** Straßenkehrer *m*; **2.** Kehrfahrzeug *n*; **~ the·a·ter** *Am.*, **~ the·a·tre** *Brit. s.* 'Straßentheˌater *n*; **'~ˌwalk·er** *s.* Straßen-, Strichmädchen *n*, Prostituierte *f*.

strength [streŋθ] *s.* **1.** Kraft *f*, Kräfte *pl.*, Stärke *f*: **~ *of body*** (***mind***, ***will***) Körper- (Geistes-, Willens)kraft, -stärke: ***go from ~ to ~*** immer stärker werden; **2.** *fig.* Stärke *f*: ***his ~ is*** (*od.* ***lies***) ***in endurance*** s-e Stärke ist die Ausdauer; **3.** ⚔ (Truppen)Stärke *f*, Bestand *m*: ***actual ~*** Iststärke; ***in full ~*** in voller Stärke, vollzählig; ***in*** (***great***) **~** in großer Zahl; **4.** ⚔ Stärke *f*, (Heeres- *etc.*)Macht *f*, Schlagkraft *f*; **5.** ⚙ (⚡ *Strom-*, *Feld- etc.*)Stärke *f*, (*Bruch-*, *Zerreiß- etc.*)Festigkeit *f*; ⚗, *phys.* Stärke *f* (*a. e-s Getränks*), Wirkungsgrad *m*; **6.** Stärke *f*, Intensi'tät *f* (*Farbe*,

Gefühl etc.); **7.** (Beweis-, Über'zeugungs)Kraft *f*: ***on the ~ of*** auf Grund (*gen.*), kraft (*gen.*), auf (*acc.*) ... hin; **'strength·en** [-θn] **I** *v/t.* **1.** stärken: ***~ s.o.'s hand*** *fig.* j-m Mut machen; **2.** *fig.* bestärken; **3.** (*zahlenmäßig, a.* ⚙, ⚡) verstärken; **II** *v/i.* **4.** stark *od.* stärker werden, sich verstärken; **'strength·en·er** [-θənə] *s.* **1.** ⚙ Verstärkung *f*; **2.** ⚕ Stärkungsmittel *n*; **3.** *fig.* Stärkung *f*; **'strength·en·ing** [-θənɪŋ] **I** *s.* **1.** Stärkung *f*; **2.** Verstärkung *f* (*a.* ⚙, ⚡); **II** *adj.* **3.** stärkend; **4.** verstärkend; **'strength·less** [-lɪs] *adj.* kraftlos.

stren·u·ous ['strenjʊəs] *adj.* □ **1.** emsig, rührig; **2.** eifrig, tatkräftig; **3.** e'nergisch: ***~ opposition***; **4.** anstrengend, mühsam; **'stren·u·ous·ness** [-nɪs] *s.* **1.** Emsigkeit *f*; **2.** Eifer *m*, Tatkraft *f*; **3.** Ener'gie *f*; **4.** *das* Anstrengende.

stress [stres] **I** *s.* **1.** ♪, *ling.* a) Ton *m*, ('Wort-, 'Satz)Akˌzent *m*, b) Betonung *f*: ***the ~ is on ...*** der Ton liegt auf *der zweiten Silbe*; **2.** *fig.* Nachdruck *m*: ***lay ~ (up)on*** → 7; **3.** ⚙, *phys.* a) Beanspruchung *f*, Druck *m*, b) Spannung *f*, Dehnung *f*: ***~ analyst*** Statiker *m*; **4.** *seelische etc.* Belastung, Druck *m*, Streß *m*: ***~ disease*** ⚕ Streß-, Managerkrankheit *f*; **5.** Zwang *m*, Druck *m*: ***under (the) ~ of circumstances*** unter dem Druck der Umstände; **6.** Ungestüm *n*; Unbilden *pl. der Witterung*; **II** *v/t.* **7.** ♪, *ling., a. fig.* betonen, den Ak'zent legen auf (*acc.*); *fig.* Nachdruck *od.* Gewicht legen auf (*acc.*), her'vorheben; **8.** ⚙, *phys. u. fig.* beanspruchen, belasten; **'stress·ful** [-fʊl] *adj.* anstrengend, ‚stressig', Streß...

stretch [stretʃ] **I** *v/t.* **1.** *oft* ***~ out*** (aus-) strecken, *bsd. Kopf, Hals* recken: ***~ o.s. (out)*** → 11; ***~ one's legs*** sich die Beine vertreten; **2.** ***~ out*** *Hand etc.* aus-, hinstrecken; **3.** *j-n* niederstrekken; **4.** *Seil, Saite, Tuch etc.* spannen (***over*** über *dat. od. acc.*), straff ziehen; *Teppich etc.* ausbreiten; **5.** strecken; *Handschuhe etc.* ausweiten; *Hosen* spannen; **6.** ⚙ spannen, dehnen; **7.** *Nerven, Muskel* anspannen; **8.** *fig.* über'spannen, -'treiben: ***~ a principle***; **9.** 'überbeanspruchen, *Befugnisse, Kredit etc.* über'schreiten; **10.** *fig.* es mit *der Wahrheit, e-r Vorschrift etc.* nicht allzu genau nehmen: ***~ a point*** fünf gerade sein lassen, ein Auge zudrücken; **II** *v/i.* **11.** sich (aus)strecken; sich dehnen *od.* rekeln; **12.** langen (***for*** nach); **13.** sich erstrecken *od.* hinziehen (***to*** [bis] zu) (*Gebirge etc., a. Zeit*): ***~ down to*** zurückreichen *od.* -gehen (bis) zu *od.* in (*acc.*) (*Zeitalter, Erinnerung etc.*); **14.** sich *vor dem Blick* ausbreiten; **15.** sich dehnen (lassen); **16.** *mst* ***~ out*** a) *sport* im gestreckten Galopp reiten, b) F sich ins Zeug legen, c) reichen (*Vorrat*); **III** *s.* **17.** ***have a ~, give o.s. a ~*** sich strecken; **18.** Strecken *n*, (Aus-) Dehnen *n*; **19.** Spannen *n*; **20.** (An-) Spannung *f*, (Über)'Anstrengung *f*: ***by every ~ of the imagination*** unter Aufbietung aller Phantasie; ***on the ~*** (an-) gespannt (*Nerven etc.*); **21.** Über'treiben *n*; **22.** Über'schreiten *n von Befugnissen, Mitteln etc.*; **23.** (Weg)Strecke *f*; Fläche *f*, Ausdehnung *f*; **24.** *sport*: Gerade *f*; **25.** Zeit(spanne) *f*: ***a ~ of 10 years***; ***at a ~*** ununterbrochen, hintereinander, auf 'einen Sitz; **26.** ***do a ~*** *sl.* ‚Knast schieben', ‚sitzen'; **'stretch·er** [-tʃə] *s.* **1.** ⚕ (Kranken)Trage *f*: ***~-bearer*** Krankenträger *m*; **2.** (*Schuh- etc.*) Spanner *m*; **3.** ⚙ Streckvorrichtung *f*; **4.** *paint.* Keilrahmen *m*; **5.** Fußleiste *f im Boot*; **6.** ⚠ Läufer(stein) *m*; **'stretch·y** [-tʃɪ] *adj.* dehnbar.

strew [stru:] *v/t.* [*irr.*] **1.** (aus)streuen; **2.** bestreuen; **strewn** [stru:n] *p.p. von* ***strew***.

stri·a ['straɪə] *pl.* **stri·ae** ['straɪi:] *s.* **1.** Streifen *m*, Furche *f*, Riefe *f*; **2.** *pl.* ⚕ Striemen *pl.*, Streifen *pl.*, Striae *pl.*; **3.** *zo.* Stria *f*; **4.** *pl. geol.* (Gletscher-) Schrammen *pl.*; **5.** ⚠ Riffel *m* (*an Säulen*); **stri·ate I** *v/t.* [straɪ'eɪt] **1.** streifen, furchen, riefeln; **2.** *geol.* kritzen; **II** *adj.* ['straɪɪt] **3.** → **stri·at·ed** [straɪ'eɪtɪd] *adj.* **1.** gestreift, geriefelt; **2.** *geol.* gekritzt; **stri·a·tion** [straɪ'eɪʃn] *s.* **1.** Streifenbildung *f*, Riefung *f*; **2.** Streifen *m*, *pl.*, Riefe(n *pl.*) *f*; **3.** *geol.* Schramme(n *pl.*) *f*.

strick·en ['strɪkən] **I** *p.p. von* ***strike***; **II** *adj.* **1.** *obs.* verwundet; **2.** (***with***) heimgesucht, schwer betroffen (von *Unglück etc.*), befallen (von *Krankheit*), ergriffen (von *Schrecken, Schmerz etc.*); schwergeprüft (*Person*): ***~ in years*** hochbetagt, vom Alter gebeugt; ***~ area*** Katastrophengebiet *n*; **3.** *fig.* (nieder)geschlagen, (gram)gebeugt; verzweifelt (*Blick*); **4.** *allg.* angeschlagen: ***a ~ ship***; **5.** gestrichen (voll).

strick·le ['strɪkl] ⚙ **I** *s.* **1.** Abstreichlatte *f*; **2.** Streichmodel *m*; **II** *v/t.* **3.** ab-, glattstreichen.

strict [strɪkt] *adj.* □ → ***strictly***; **1.** strikt, streng (*Person; Befehl, Befolgung, Disziplin; Wahrheit etc.*); streng (*Gesetz, Moral, Untersuchung*): ***be ~***

with mit *j-m* streng sein; ***in ~ confidence*** streng vertraulich; **2.** streng, genau: ***in the ~ sense*** im strengen Sinne; **'strict·ly** [-lɪ] *adv.* **1.** streng *etc.*; **2.** *a.* ***~ speaking*** genaugenommen; **3.** völlig, ausgesprochen; **4.** ausschließlich, rein; **'strict·ness** [-nɪs] *s.* Strenge *f*: a) Härte *f*, b) Genauigkeit *f*.

stric·ture ['strɪktʃə] *s.* **1.** *oft pl.* (***on, upon***) scharfe Kri'tik (an *dat.*), kritische Bemerkung (über *acc.*); **2.** ⚕ Strik'tur *f*, Verengung *f*.

strid·den ['strɪdn] *p.p. von* ***stride***.

stride [straɪd] **I** *v/i.* [*irr.*] **1.** schreiten; **2.** *a.* ***~ out*** ausschreiten; **II** *v/t.* [*irr.*] **3.** *et.* entlang-, abschreiten; **4.** über-, durch'schreiten; **5.** mit gespreizten Beinen stehen über (*dat.*) *od.* gehen über (*acc.*); **6.** rittlings sitzen auf (*dat.*); **III** *s.* **7.** (langer *od.* großer) Schritt: ***get into one's ~*** *fig.* (richtig) in Schwung kommen; ***take s.th. into*** (*od.* ***hit***) ***one's ~*** *fig.* et. spielend (leicht) schaffen; **8.** Schritt(weite *f*) *m*; **9.** *mst pl. fig.* Fortschritt(e *pl.*) *m*: ***with rapid ~s*** mit Riesenschritten.

stri·dent ['straɪdnt] *adj.* □ **1.** 'durchdringend, schneidend, grell (*Stimme, Laut*); **2.** knirschend; **3.** *fig.* scharf, heftig.

strife [straɪf] *s.* Streit *m*: a) Hader *m*, b) Kampf *m*: ***be at ~*** sich streiten, uneins sein.

stri·gose ['straɪgəʊs] *adj.* **1.** ⚘ Borsten...; **2.** *zo.* fein gestreift.

strike [straɪk] **I** *s.* **1.** (*a. Glocken*)Schlag *m*, Hieb *m*, Stoß *m*; **2.** a) *Bowling*: Strike *m* (*Abräumen beim 1. Wurf*), b) *Am. Baseball*: (Verlustpunkt *m* bei) Schlagfehler *m*; **3.** *fig.* ‚Treffer' *m*, Glücksfall *m*; **4.** ✝ Streik *m*, Ausstand *m*: ***be on ~*** streiken; ***go on ~*** in (den) Streik *od.* in den Ausstand treten; ***on ~*** streikend; **5.** ⚔ a) (*bsd.* Luft)Angriff *m*, b) A'tomschlag *m*; **II** *v/t.* [*irr.*] **6.** schlagen, Schläge *od.* e-n Schlag versetzen (*dat.*); *allg.* treffen: ***~ off*** abschlagen, -hauen; ***struck by a stone*** von e-m Stein getroffen; **7.** *Waffe* stoßen (***into*** in *acc.*); **8.** *Schlag* führen; → ***blow***[2] 1; **9.** ♪ *Ton, a. Glocke, Saite, Taste* anschlagen; → ***note*** 8; **10.** *Zündholz* anzünden, *Feuer* machen, *Funken* schlagen; **11.** *Kopf, Fuß etc.* (an)stoßen, schlagen (***against*** gegen); **12.** stoßen *od.* schlagen gegen *od.* auf (*acc.*); zs.-stoßen mit; ⚓ auflaufen auf; einschlagen in (*acc.*) (*Geschoß, Blitz*); fallen auf (*acc.*) (*Strahl*); *Auge, Ohr* treffen (*Lichtstrahl, Laut*): ***~ s.o.'s eye*** j-m ins Auge fallen; **13.** *j-m* einfallen, in den Sinn kommen; **14.** *j-m* auffallen; **15.** *j-n* beeindrucken, Eindruck machen auf (*acc.*); **16.** *j-m wie* vorkommen: ***how does it ~ you?*** was hältst du davon?; ***it ~s me as ridiculous*** es kommt mir lächerlich vor; **17.** stoßen auf (*acc.*): a) (zufällig) treffen *od.* entdecken, b) *Gold etc.* finden; → ***oil*** 2, ***rich*** 5; **18.** *Wurzeln* schlagen; **19.** *Lager, Zelt* abbrechen; **20.** ⚓ *Flagge, Segel* streichen; **21.** *Angeln*: *Fisch* mit e-m Ruck auf den Haken spießen; **22.** *Giftzähne* schlagen in (*acc.*) (*Schlange*); **23.** ⚙ glattstreichen; **24.** a) ⚒ *Durchschnitt, Mittel* nehmen, b) ✝ *Bilanz*: *den Saldo* ziehen; → ***balance*** 6; **25.** (***off*** von *e-r Liste etc.*) streichen; **26.** *Münze* schlagen, prägen; **27.** *Stunde* schlagen (*Uhr*); **28.** *fig. j-n* schlagen, treffen (*Unglück etc.*), befallen (*Krankheit*); **29.** (***with*** mit *Schrecken, Schmerz etc.*) erfüllen; **30.** *blind etc.* machen; → ***blind*** 1, ***dumb*** 1; **31.** *Haltung, Pose* einnehmen; **32.** *Handel* abschließen; → ***bargain*** 2; **33.** ***~ work*** die Arbeit niederlegen: a) Feierabend machen, b) in Streik treten; **III** *v/i.* [*irr.*] **34.** (zu)schlagen, (-)stoßen; **35.** schlagen, treffen: ***~ at*** a) *j-n od.* nach *j-m* schlagen, b) *fig.* zielen auf (*acc.*); **36.** ([***up***]***on***) a) (an)schlagen, stoßen (an *acc.*, gegen), b) ⚓ auflaufen (auf *acc.*), auf Grund stoßen; **37.** fallen (*Licht*), auftreffen (*Lichtstrahl, Schall etc.*) ([***up***]***on*** auf *acc.*); **38.** *fig.* stoßen ([***up***]***on*** auf *acc.*); **39.** schlagen (*Uhrzeit*): ***the hour has struck*** die Stunde hat geschlagen (*a. fig.*); **40.** sich entzünden, angehen (*Streichholz*); **41.** einschlagen (*Geschoß, Blitz*); **42.** Wurzel schlagen; **43.** den Weg einschlagen, sich (plötzlich) *nach links etc.* wenden: ***~ for home*** F heimzu gehen; ***~ into*** a) einbiegen in (*acc.*), *Weg* einschlagen, b) *fig.* plötzlich verfallen in (*acc.*), *et.* beginnen, *a.* sich *e-m Thema* zuwenden; **44.** ✝ streiken (***for*** für); **45.** ⚓ die Flagge streichen (***to*** vor *dat.*) (*a. fig.*); **46.** (zu)beißen (*Schlange*); **47.** *fig.* zuschlagen (*Feind etc.*);
Zssgn mit adv.:

strike| back *v/i.* zu'rückschlagen (*a. fig.*); **~ down** *v/t.* niederschlagen, -strecken (*a. fig.*); **~ in** *v/i.* **1.** beginnen, einfallen (*a.* ♪); **2.** ⚕ (sich) nach innen schlagen; **3.** einfallen, unter'brechen (***with*** mit *e-r Frage etc.*); **4.** sich einmischen, -schalten, *a.* mitmachen: ***~ with*** a) sich richten nach, b) mitmachen bei;

~ in·wards → ***strike in*** 2; **~ off** *v/t.* **1.** → ***strike*** 6; **2.** a) *Wort etc.* ausstreichen, *Eintragung* löschen, b) *j-n von e-r Liste etc.* streichen, *j-m die Berufserlaubnis etc.* entziehen; **3.** *typ.* abziehen; **~ out I** *v/t.* **1.** → ***strike off*** 2 a; **2.** *fig. et.* ersinnen; **3.** *mst fig. e-n Weg* einschlagen; **II** *v/i.* **4.** a) (los-, zu)schlagen, b) (zum Schlag) ausholen; **5.** (forsch) ausschreiten, *a.* (los)schwimmen (***for*** nach, auf *e-n Ort* zu); **6.** *fig.* loslegen; **7.** *mit den Armen beim Schwimmen* ausgreifen; **~ through** *v/t. Wort etc.* 'durchstreichen; **~ up I** *v/i.* **1.** ♪ einsetzen (*Spieler, Melodie*); **II** *v/t.* **2.** ♪ a) *Lied etc.* anstimmen, b) *Kapelle* einsetzen lassen; **3.** *Bekanntschaft, Freundschaft* schließen, *a. Gespräch* anknüpfen (***with*** mit).

strike| bal·lot *s.* Urabstimmung *f*; '**~·bound** *adj.* bestreikt (*Fabrik etc.*); '**~ˌbreak·er** *s.* Streikbrecher *m*; **~ call** *s.* Streikaufruf *m*; **~ pay** *s.* Streikgeld *n*; '**~-prone** *adj.* streikanfällig.

strik·er ['straɪkə] *s.* **1.** Schläger(in); **2.** Streikende(r *m*) *f*, Ausständige(r *m*) *f*; **3.** Hammer *m*, Klöppel *m* (*Uhr*); **4.** ⚔ Schlagbolzen *m*; **5.** ϟ Zünder *m*; **6.** *bsd. Fußball*: Stürmer *m*, ‚Spitze' *f*: ***be ~*** Spitze spielen.

strike vote → ***strike ballot.***

strik·ing ['straɪkɪŋ] *adj.* ☐ **1.** schlagend, Schlag…; **2.** *fig.* a) bemerkenswert, auffallend, eindrucksvoll, b) über'raschend, verblüffend, c) treffend: ***~ example***; **3.** streikend.

string [strɪŋ] **I** *s.* **1.** Schnur *f*, Bindfaden *m*; **2.** (*Schürzen-, Schuh- etc.*)Band *n*, Kordel *f*: ***have s.o. on a ~*** j-n am Gängelband *od.* in s-r Gewalt haben; **3.** (Puppen)Draht *m*: ***pull ~s*** *fig.* s-e Beziehungen spielen lassen; ***pull the ~s*** *fig.* der Drahtzieher sein; **4.** (Bogen-)Sehne *f*: ***have two ~s to one's bow*** *fig.* zwei Eisen im Feuer haben; ***be a second ~*** das zweite Eisen im Feuer sein (→ 5); **5.** ♪ a) Saite *f*, b) *pl.* 'Streichinstruˌmente *pl.*, *die* Streicher *pl.*; ***first*** (***second*** *etc.*) *~ sport etc.* erste (zweite *etc.*) ‚Garnitur'; ***be a second ~*** zur zweiten Garnitur gehören; ***harp on one ~*** *fig.* immer auf derselben Sache herumreiten; **6.** Schnur *f* (*Perlen etc.*); **7.** *fig.* Reihe *f*, Kette *f* (*von Fragen, Fahrzeugen etc.*); **8.** Koppel *f* (*Pferde etc.*); **9.** ⚘ a) Faser *f*, Fiber *f*, b) Faden *m von Bohnen*; **10.** *zo. obs.* Flechse *f*; **11.** ⚠ Fries *m*, Sims *m*; **12.** F Bedingung *f*, ‚Haken' *m*: ***no ~s attached*** ohne Bedingungen; **II** *v/t.* [*irr.*] **13.** *Schnur etc.* spannen; **14.** (zu-, ver-) schnüren, zubinden; **15.** *Perlen etc.* aufreihen; **16.** *fig.* anein'anderreihen: ***~ s.th. out*** et. ‚strecken', et. ‚ausspinnen'; **17.** *Bogen* spannen; **18.** ♪ a) besaiten, bespannen (*a. Tennisschläger*), b) *Instrument* stimmen; **19.** *mit Girlanden etc.* behängen; **20.** *Bohnen* abziehen; **21.** ***~ up*** *sl.* ‚aufknüpfen', -hängen; **22.** ***~ up*** *Nerven* anspannen: ***~ o.s. up to*** a) sich in *e-e Erregung etc.* hineinsteigern, b) sich aufraffen (***to do*** *et.* zu tun); → ***high-strung***; **23.** *Am. sl. j-n* ‚verkohlen', aufziehen; **24.** ***~ along*** F a) *j-n* hinhalten, b) *j-n* ‚einwickeln'; **III** *v/i.* [*irr.*] **25.** Fäden ziehen (*Flüssigkeit*); **26.** ***~ along*** mitmachen (***with*** mit, bei); **~ bag** *s.* Einkaufsnetz *n*; **~ band** *s.* ♪ 'Streichorˌchester *n*; **~ bean** *s.* ⚘ Gartenbohne *f*; '**~·course** → ***string*** 11.

stringed [strɪŋd] *adj.* **1.** ♪ Saiten…, Streich…: ***~ instruments***; ***~ music*** Streichmusik *f*; **2.** ♪ *in Zssgn* …saitig; **3.** aufgereiht (*Perlen etc.*).

strin·gen·cy ['strɪndʒənsɪ] *s.* **1.** Strenge *f*, Schärfe *f*; **2.** Bündigkeit *f*, zwingende Kraft: ***the ~ of an argument***; **3.** ✝ (Geld-, Kre'dit)Verknappung *f*, Knappheit *f*; '**strin·gent** [-nt] *adj.* ☐ **1.** streng, scharf; **2.** zwingend: ***~ necessity***; **3.** zwingend, über'zeugend, bündig: ***~ arguments***; **4.** ✝ knapp (*Geld*), gedrückt (*Geldmarkt*).

string·er ['strɪŋə] *s.* **1.** ♪ Saitenaufzieher *m*; **2.** ⚙ Längs-, Streckbalken *m*; ⚠ (Treppen)Wange *f*; 🚂 Langschwelle *f*; ✈ Längsversteifung *f*; ⚓ Stringer *m*.

string·i·ness ['strɪŋɪnɪs] *s.* **1.** Faserigkeit *f*; **2.** Zähigkeit *f*.

string| or·ches·tra *s.* ♪ 'Streichorˌchester *n*; **~ quar·tet(te)** *s.* ♪ 'Streichquarˌtett *n*.

string·y ['strɪŋɪ] *adj.* **1.** faserig, zäh, sehnig; **2.** zäh(flüssig), klebrig, Fäden ziehend.

strip [strɪp] **I** *v/t.* **1.** *Haut etc.* abziehen, (-)schälen; *Baum* abrinden; **2.** *Bett* abziehen; **3.** *a.* ***~ off*** *Kleid etc.* ausziehen, abstreifen; **4.** *j-n* entkleiden, ausziehen (***to the skin*** bis auf die Haut): ***~ped*** a) nackt, entblößt, b) *mot.* ‚nackt' (*ohne Extras*); **5.** *fig.* entblößen, berauben (***of*** *gen.*), (aus)plündern: ***~ s.o. of his office*** j-n s-s Amtes entkleiden; **6.** *Haus etc.* ausräumen; *Fabrik* demontieren; **7.** ⚓ abtakeln; **8.** ⚙ zerlegen; **9.** ⚙ *Gewinde* über'drehen; **10.** *Kuh* ausmelken; **11.** *Kohlenlager etc.* freilegen; **II** *v/i.* **12.** a) sich ausziehen, b) ‚strippen':

~ to the waist den Oberkörper frei machen; **III** *s.* **13.** a) (Sich)Ausziehen *n*, b) → ***striptease***; **14.** ✈ Start- u. Landestreifen *m*; **15.** *sport* F Dreß *m*; **16.** Streifen *m* (*Papier etc.*, *a. Land*); **17.** ⚙ a) Walzrohling *m*, b) Bandeisen *n*, -stahl *m*; **18.** → **~ car·toon** *s.* Comic strip *m*.

stripe [straɪp] **I** *s.* **1.** *mst andersfarbiger* Streifen (*a. zo.*), Strich *m*; **2.** ⚔ Tresse *f*, (Ärmel)Streifen *m*: ***get one's ~s*** (zum Unteroffizier) befördert werden; ***lose one's ~s*** degradiert werden; **3.** Striemen *m*; **4.** (Peitschen- *etc.*)Hieb *m*; **5.** *fig. Am.* Sorte *f*, Schlag *m*; **II** *v/t.* **6.** streifen: ***~d*** gestreift, streifig.

strip light·ing *s.* Sof'fittenbeleuchtung *f*.

strip·ling ['strɪplɪŋ] *s.* Bürschchen *n*.

strip| min·ing *s.* ⚒ Tagebau *m*; **'~·tease** *s.* Striptease *m*, *n*; **'~ˌteas·er** *s.* Stripteasetänzerin *f*, ‚Stripperin' *f*.

strive [straɪv] *v/i.* [*irr.*] **1.** sich (be)mühen, bestrebt sein (***to do*** zu tun); **2.** (***for***, ***after***) streben (nach), ringen, sich mühen (um); **3.** (erbittert) kämpfen (***against*** gegen, ***with*** mit), ringen (***with*** mit); **striv·en** ['strɪvn] *p.p. von* ***strive***.

strobe [strəʊb] *s.* **1.** *phot.* Röhrenblitz *m*; **2.** *Radar*: Schwelle *f*.

strode [strəʊd] *pret. von* ***stride***.

stroke [strəʊk] **I** *s.* **1.** (*a. Blitz-*, *Flügel-*, *Schicksals*)Schlag *m*; Hieb *m*, Streich *m*, Stoß *m*: ***at a*** (*od.* ***one***) ***~*** *a. fig.* mit 'einem Schlag, auf 'einen Streich; ***a good ~ of business*** ein gutes Geschäft; ***~ of luck*** Glückstreffer *m*, -fall *m*; ***not to do a ~ of work*** keinen Finger rühren; **2.** (Glocken-, Hammer-, Herz- *etc.*)Schlag *m*: ***on the ~*** pünktlich; ***on the ~ of nine*** Punkt neun; **3.** ⚕ Anfall *m*, *bsd.* Schlag(anfall) *m*; **4.** *mot.* a) (Kolben)Hub *m*, b) Hubhöhe *f*, c) Takt *m*; **5.** *sport* a) *Schwimmen*: Stoß *m*, (Bein)Schlag *m*, (Arm)Zug *m*, b) *Golf*, *Rudern*, *Tennis etc.*: Schlag *m*, c) *Rudern*: Schlagzahl *f*; **6.** *Rudern*: Schlagmann *m*: ***row ~*** → 11; **7.** (Pinsel-, Feder)Strich *m* (*a. typ.*), (Feder)Zug *m*: ***with a ~ of the pen*** mit einem Federstrich (*a. fig.*); **8.** *fig.* (glänzender) Einfall, Leistung *f*: ***a clever ~*** ein geschickter Schachzug; ***a ~ of genius*** ein Geniestreich; **9.** ♪ a) Bogenstrich *m*, b) Anschlag *m*, c) (Noten)Balken *m*; **10.** Streicheln *n*; **II** *v/t.* **11.** ***~ a boat*** *Rudern*: am Schlag (e-s Bootes) sitzen; **12.** streichen über (*acc.*); glattstreichen; **13.** streicheln.

stroll [strəʊl] **I** *v/i.* **1.** schlendern, (um'her)bummeln, spazieren(gehen); **2.** um'herziehen: ***~ing actor*** (*od.* ***player***) → ***stroller*** 2; **II** *s.* **3.** Spaziergang *m*, Bummel *m*: ***go for a ~***, ***take a ~*** e-n Bummel machen; **'stroll·er** [-lə] *s.* **1.** Bummler(in), Spaziergänger(in); **2.** Wanderschauspieler(in); **3.** (Kinder-) Sportwagen *m*.

stro·ma ['strəʊmə] *pl.* **-ma·ta** [-mətə] *s. biol.* Stroma *n* (*a.* ⚘).

strong [strɒŋ] **I** *adj.* □ → ***strongly***; **1.** *allg.* stark (*a. Gift*, *Kandidat*, *Licht*, *Nerven*, *Schlag*, *Verdacht*, *Gefühl etc.*); kräftig (*a. Farbe*, *Gesundheit*, *Stimme*, *Wort*): ***~ face*** energisches *od.* markantes Gesicht; ***~ man*** *pol.* starker Mann; ***have ~ feelings about*** sich erregen über (*acc.*); ***use ~ language*** Kraftausdrücke gebrauchen; → ***point*** 24; **2.** stark (an Zahl *od.* Einfluß), mächtig: ***a company 200 ~*** e-e 200 Mann starke Kompanie; **3.** *fig.* scharf (*Verstand*), klug (*Kopf*): ***~ in*** tüchtig in (*dat.*); **4.** fest (*Glaube*, *Überzeugung*); **5.** eifrig, über'zeugt: ***a ~ Tory***; **6.** gewichtig, zwingend: ***~ arguments***; **7.** stark, gewaltsam, e'nergisch (*Anstrengung*, *Maßnahmen*): ***with a ~ hand*** mit starker Hand; **8.** stark, schwer (*Getränk*, *Speise*, *Zigarre*); **9.** a) stark (*Geruch*, *Geschmack*, *Parfüm*), b) übelriechend *od.* -schmeckend, *a.* ranzig; **10.** *ling.* stark: ***~ declination***; ***~ verb***; **11.** † a) anziehend (*Preis*), b) fest (*Markt*), c) lebhaft (*Nachfrage*); **II** *adv.* **12.** stark, e'nergisch, nachdrücklich; **13.** F tüchtig, mächtig: ***be going ~*** gut in Schuß *od.* Form sein; ***come*** (*od.* ***go***) ***it ~*** mächtig ‚rangehen', auftrumpfen; **'~·arm** F **I** *adj.* Gewalt...: ***~ methods***; ***~ man*** Schläger *m*; **II** *v/t.* a) *j-n* einschüchtern, b) über'fallen, c) zs.-schlagen; **'~·box** *s.* ('Geld-, 'Stahl)Kasˌsette *f*; Tre'sorfach *n*; **ˌ~'head·ed** *adj.* starrköpfig; **'~·hold** *s.* **1.** ⚔ Feste *f*; **2.** *fig.* Bollwerk *n*; **3.** *fig.* Hochburg *f*.

strong·ly ['strɒŋlɪ] *adv.* **1.** kräftig, stark; heftig: ***feel ~ about*** sich erregen über (*acc.*); **2.** nachdrücklich, sehr.

ˌstrong|-'mind·ed *adj.* willensstark, e'nergisch; **~ point** *s.* **1.** ⚔ Stützpunkt *m*; **2.** *fig.* → ***point*** 24; **~ room** *s.* Tre'sor(raum) *m*; **ˌ~-'willed** *adj.* **1.** willensstark; **2.** eigenwillig, -sinnig.

stron·ti·um ['strɒntɪəm] *s.* ⚗ Strontium *n*.

strop [strɒp] **I** *s.* **1.** Streichriemen *m* (*für Rasiermesser*); **2.** ⚓ Stropp *m*; **II** *v/t.* **3.** *Rasiermesser etc.* abziehen.

stro·phe ['strəʊfɪ] *s.* Strophe *f*; **stroph·ic** ['strɒfɪk] *adj.* strophisch.
strop·py ['strɒpɪ] *adj.* F 'widerspenstig, -borstig.
strove [strəʊv] *pret. von* ***strive***.
struck [strʌk] **I** *pret. u. p.p. von* ***strike***; **II** *adj.* ✝ *Am.* bestreikt.
struc·tur·al ['strʌktʃərəl] *adj.* □ **1.** struktu'rell (bedingt), Struktur... (*a. fig.*): ~ ***unemployment*** strukturelle Arbeitslosigkeit; **2.** ⚙ baulich, Bau... (*-stahl*, *-teil*, *-technik etc.*), Konstruktions...; **3.** *biol.* a) morpho'logisch, Struktur..., b) or'ganisch (*Krankheit etc.*); **4.** *geol.* tek'tonisch; **5.** ⚗ Struktur...; '**struc·tur·al·ism** [-lɪzəm] *s. ling., phls.* Struktura'lismus *m*.
struc·ture ['strʌktʃə] **I** *s.* **1.** Struk'tur *f* (*a.* ⚗, *biol.*, *phys.*, *psych.*, *sociol.*), Gefüge *n*, (Auf)Bau *m*, Gliederung *f* (*alle a. fig.*): ~ ***of a sentence*** Satzbau *m*; ***price*** ~ ✝ Preisstruktur, -gefüge; **2.** ⚙, ⚠ Bau(art *f*) *m*, Konstrukti'on *f*; **3.** Bau(werk *n*) *m*, Gebäude *n* (*a. fig.*); *pl.* Bauten *pl.*; **4.** *fig.* Gebilde *n*; **II** *v/t.* **5.** strukturieren; '**struc·ture·less** [-tʃəlɪs] *adj.* struk'turlos; '**struc·tur·ize** [-raɪz] *v/t.* strukturieren.
strug·gle ['strʌgl] **I** *v/i.* **1.** (***against***, ***with***) kämpfen (gegen, mit), ringen (mit) (***for*** um *Atem*, *Macht etc.*); **2.** sich winden, zappeln, sich sträuben (***against*** gegen); **3.** sich (ab)mühen (***with*** mit, ***to do*** *et.* zu tun), sich anstrengen *od.* quälen: ~ ***through*** sich durchkämpfen; ~ ***to one's feet*** mühsam aufstehen, sich ‚hochrappeln'; **II** *s.* **4.** Kampf *m*, Ringen *n*, Streit *m* (***for*** um, ***with*** mit): ~ ***for existence*** a) *biol.* Kampf ums Dasein, b) Existenzkampf; **5.** Anstrengung(en *pl.*) *f*, Streben *n*; **6.** Zappeln *n*, Sich'aufbäumen *n*; '**strug·gler** [-lə] *s.* Kämpfer *m*.
strum [strʌm] **I** *v/t.* **1.** klimpern auf (*dat.*): ~ ***a piano***; **2.** *Melodie* (her'unter)klimpern *od.* (-)hämmern; **II** *v/i.* **3.** klimpern (***on*** auf *dat.*); **III** *s.* **4.** Geklimper *n*.
stru·ma ['stru:mə] *pl.* **-mae** [-mi:] *s.* ⚕ **1.** Struma *f*, Kropf *m*; **2.** Skrofu'lose *f*; '**stru·mose** [-məʊs], '**stru·mous** [-məs] *adj.* **1.** ⚕ stru'mös; **2.** ⚕ skrofu'lös; **3.** ⚘ kropfig.
strum·pet ['strʌmpɪt] *s. obs.* Metze *f*, Dirne *f*, Hure *f*.
strung [strʌŋ] *pret. u. p.p. von* ***string***.
strut¹ [strʌt] **I** *v/i.* **1.** (ein'her)stolzieren; **2.** *fig.* großspurig auftreten, sich spreizen; **II** *s.* **3.** Stolzieren *n*, stolzer Gang; **4.** *fig.* großspuriges Auftreten.
strut² [strʌt] ⚠, ⚙ **I** *s.* Strebe *f*, Stütze *f*, Spreize *f*; **II** *v/t.* verstreben, abspreizen, -stützen.
strut·ting¹ ['strʌtɪŋ] **I** *adj.* □ großspurig, -tuerisch; **II** *s.* → ***strut¹*** II.
strut·ting² ['strʌtɪŋ] *s.* ⚙, ⚠ Verstrebung *f*, Abstützung *f*.
strych·nic ['strɪknɪk] *adj.* ⚗ Strychnin...; '**strych·nin(e)** [-ni:n] *s.* ⚗ Strych'nin *n*.
stub [stʌb] **I** *s.* **1.** (Baum)Stumpf *m*; **2.** (Kerzen-, Bleistift- *etc.*)Stummel *m*, Stumpf *m*; **3.** Ziga'retten-, Zi'garrenstummel *m*, ‚Kippe' *f*; **4.** kurzer stumpfer Gegenstand, *z.B.* Kuppnagel *m*; **5.** *Am.* Kon'trollabschnitt *m*; **II** *v/t.* **6.** *Land* roden; **7.** *mst* ~ ***up*** *Bäume etc.* ausroden; **8.** mit *der Zehe etc.* (an)stoßen; **9.** *mst* ~ ***out*** *Zigarette* ausdrücken.
stub·ble ['stʌbl] *s.* **1.** Stoppel *f*; **2.** *coll.* (Getreide-, Bart- *etc.*)Stoppeln *pl.*; **3.** *a.* ~ ***field*** Stoppelfeld *n*; '**stub·bly** [-lɪ] *adj.* stopp(e)lig, Stoppel...
stub·born ['stʌbən] *adj.* □ **1.** eigensinnig, halsstarrig, störrisch, stur; 'widerspenstig (*a. Sache*); **2.** hartnäckig (*a. Widerstand etc.*); **3.** standhaft, unbeugsam; **4.** spröde, hart; *metall.* strengflüssig; '**stub·born·ness** [-nɪs] *s.* **1.** Eigen-, Starrsinn *m*, Halsstarrigkeit *f*; **2.** Hartnäckigkeit *f*; **3.** Standhaftigkeit *f*.
stub·by ['stʌbɪ] *adj.* **1.** stummelartig, kurz; **2.** unter'setzt, kurz und dick; **3.** stopp(e)lig.
stuc·co ['stʌkəʊ] ⚠ **I** *pl.* **-coes** *s.* **1.** Stuck *m* (*Gipsmörtel*); **2.** Stuck(arbeit *f*, -verzierung *f*) *m*, Stucka'tur *f*; **II** *v/t.* **3.** mit Stuck verzieren, stuckieren; '**~·work** → ***stucco*** 2.
stuck [stʌk] *pret. u. p.p. von* ***stick***.
ˌ**stuck-'up** *adj.* F hochnäsig.
stud¹ [stʌd] **I** *s.* **1.** Beschlagnagel *m*, Knopf *m*, Knauf *m*, Buckel *m*; **2.** ⚠ (Wand)Pfosten *m*, Ständer *m*; **3.** ⚙ a) Kettensteg *m*, b) Stift *m*, Zapfen *m*, c) Stiftschraube *f*, d) Stehbolzen *m*; **4.** ⚔ (Führungs)Warze *f* (*e-s Geschosses*); **5.** Kragen- *od.* Man'schettenknopf *m*; **6.** ⚡ a) Kon'taktbolzen *m*, b) Brücke *f*; **7.** Stollen *m* (*am Fußballschuh etc.*); **II** *v/t.* **8.** (mit Beschlagnägeln *etc.*) beschlagen *od.* verzieren; **9.** *a. fig.* besetzen, über'säen; **10.** verstreut sein über (*acc.*).
stud² [stʌd] **I** *s.* **1.** Gestüt *n*; **2.** *coll.* a) Zucht *f* (*Tiere*), b) Stall *m* (*Pferde*); **3.** a) (Zucht)Hengst *m*, b) *allg.* männliches Zuchttier, c) *sl.* ‚Zuchtbulle' *m*, ‚Aufreißer' *m*; **II** *adj.* **4.** Zucht...; **5.** Stall...; '**~·book** *s.* **1.** Gestütbuch *n für Pferde*; **2.** *allg.* Zuchtstammbuch *n*.

stu·dent ['stju:dnt] *s.* **1.** a) *univ.* Stu'dent(in), b) *ped. bsd. Am. u. allg.* Schüler(in), c) Lehrgangs-, Kursteilnehmer(in): ***~ adviser*** Studienberater (-in); ***~ driver*** *Am.* Fahrschüler(in); ***~ hostel*** Studentenwohnheim *n*; ***~ teacher*** *ped.* Praktikant(in); **2.** Gelehrte(r *m*) *f*, Forscher(in); Büchermensch *m*; **3.** Beobachter(in), Erforscher(in) *des Lebens etc.*; **'stu·dent·ship** [-ʃɪp] *s.* **1.** Stu'dentenzeit *f*; **2.** *Brit.* Sti'pendium *n*.

stud| farm *s.* Gestüt *n*; **~ horse** *s.* Zuchthengst *m*.

stud·ied ['stʌdɪd] *adj.* □ **1.** gewollt, gesucht, gekünstelt; **2.** absichtlich, geflissentlich; **3.** wohlüberlegt.

stu·di·o ['stju:dɪəʊ] *s.* **1.** *paint., phot. etc.* Ateli'er *n*, *a. thea. etc.* Studio *n*; **2.** ('Film)Ateli,er *n*: ***~ shot*** Atelieraufnahme *f*; **3.** (Fernseh-, Rundfunk)Studio *n*, Aufnahme-, Senderaum *m*; **~ couch** *s.* Schlafcouch *f*.

stu·di·ous ['stju:dɪəs] *adj.* □ **1.** gelehrtenhaft; **2.** fleißig, beflissen, lernbegierig; **3.** (eifrig) bedacht (***of*** auf *acc.*), bemüht (***to do*** zu tun); **4.** sorgfältig, peinlich (gewissenhaft); **5.** → ***studied***; **'stu·di·ous·ness** [-nɪs] *s.* **1.** Fleiß *m*, (Studier)Eifer *m*, Beflissenheit *f*; **2.** Sorgfalt *f*.

stud·y ['stʌdɪ] **I** *s.* **1.** Studieren *n*; **2.** Studium *n*: ***studies*** Studien *pl.*, Studium *n*; ***make a ~ of*** *et.* sorgfältig studieren; ***make a ~ of doing s.th.*** *fig.* bestrebt sein, et. zu tun; ***in a*** (***brown***) ***~*** *fig.* in Gedanken versunken, geistesabwesend; **3.** Studie *f*, Unter'suchung *f* (***of***, ***in*** über *acc.*, zu); **4.** 'Studienfach *n*, -zweig *m*, -ob,jekt *n*, Studium *n*: ***his face was a perfect ~*** *fig.* sein Gesicht war sehenswert; **5.** Studier-, Arbeitszimmer *n*; **6.** *Kunst, Literatur*: Studie *f*, Entwurf *m*; **7.** ♪ E'tüde *f*; **8.** ***be a good*** (***slow***) ***~*** *thea.* s-e Rolle leicht (schwer) lernen; **II** *v/t.* **9.** *allg.* studieren: a) *Fach etc.* erlernen, b) unter'suchen, erforschen, genau lesen: ***~ out*** *sl.* ausknobeln, c) mustern, prüfen(d ansehen), d) *sport etc. Gegner* abschätzen; **10.** *thea. Rolle* einstudieren; **11.** *Brit. j-m* gegenüber aufmerksam *od.* rücksichtsvoll sein; **12.** sich bemühen um *et.* (*od.* ***to do*** zu tun), bedacht sein auf (*acc.*): ***~ one's own interests***; **III** *v/i.* **13.** studieren; **~ group** *s.* Arbeitsgruppe *f*, -gemeinschaft *f*.

stuff [stʌf] **I** *s.* **1.** (*a.* Roh)Stoff *m*, Mate'ri'al *n*; **2.** a) (Woll)Stoff *m*, Zeug *n*, b) *Brit.* (*bsd.* Kamm)Wollstoff *m*; **3.** ⚙ Bauholz *n*; **4.** ⚙ Ganzzeug *n* (*Papier*); **5.** Lederschmiere *f*; **6.** *coll.* Zeug *n*, Sachen *pl.* (*Gepäck, Ware etc.*): ***green ~*** Grünzeug, Gemüse *n*; **7.** *contp.* (wertloses) Zeug, Kram *m* (*a. fig.*): ***~*** (***and nonsense***) dummes Zeug; **8.** *fig.* Zeug *n*, Stoff *m*: ***the ~ that heroes are made of*** das Zeug, aus dem Helden gemacht sind; ***he is made of sterner ~*** er ist aus härterem Holz geschnitzt; ***do your ~!*** F zeig mal, was du kannst!; ***he knows his ~*** F er kennt sich aus (*ist gut bewandert*); ***good ~!*** bravo!, prima!; ***that's the ~*** (***to give them***)***!*** F so ist's richtig!; → ***rough*** 6; **9.** F a) ‚Zeug' *n*, ‚Stoff' *m* (*Schnaps etc.*), b) ‚Stoff' *m* (*Drogen*); **II** *v/t.* **10.** (*a. fig. sich den Kopf mit Tatsachen etc.*) vollstopfen; *e-e Pfeife* stopfen: ***~ o.s.*** (***on***) sich vollstopfen (mit *Essen*); ***~ s.o.*** (***with lies***) F j-m die Hucke voll lügen; ***~ed shirt*** *sl.* Fatzke *m*, Wichtigtuer *m*, ‚lackierter Affe'; **11.** *a.* ***~ up*** ver-, zustopfen; **12.** *Sofa etc.* polstern; **13.** *Geflügel* a) stopfen, nudeln, b) *Küche*: füllen; **14.** *Tiere* ausstopfen; **15.** *Am. Wahlurne* mit gefälschten Stimmzetteln füllen; **16.** *Leder* mit Fett imprägnieren; **17.** *et. wohin* stopfen; **18.** V *Frau* ‚bumsen': ***get ~ed!*** leck mich (am Arsch)!; **III** *v/i.* **19.** sich (den Magen) vollstopfen; **'stuff·i·ness** [-fɪnɪs] *s.* **1.** Dumpfheit *f*, Schwüle *f*, Stickigkeit *f*; **2.** Langweiligkeit *f*; **3.** F a) Spießigkeit *f*, b) Steifheit *f*, c) Verstaubtheit *f*, d) ‚Muffigkeit' *f*.

stuff·ing ['stʌfɪŋ] *s.* **1.** Füllung *f*, 'Füllmateri,al *n*; Füllhaar *n*, 'Polstermateri,al *n*: ***knock the ~ out of*** *fig.* a) *j-n* ‚zur Schnecke machen', b) *j-n* fix u. fertig machen, c) *j-n gesundheitlich* kaputtmachen; **2.** *Küche*: Füllung *f*, Farce *f*; **3.** *fig.* Füllsel *n*; **4.** Lederschmiere *f*; **~ box** *s.* ⚙ Stopfbüchse *f*.

stuff·y ['stʌfɪ] *adj.* □ **1.** stickig, dumpf, schwül; **2.** *fig.* langweilig, fad; **3.** F a) beschränkt, spießig, b) pe'dantisch, c) verknöchert, d) F ‚muffig', e) prüde.

stul·ti·fi·ca·tion [,stʌltɪfɪ'keɪʃn] *s.* Verdummung *f*; **stul·ti·fy** ['stʌltɪfaɪ] *v/t.* **1.** *a.* ***~ the mind*** verdummen; **2.** *j-n* veralbern; **3.** wirkungslos *od.* zu'nichte machen.

stum·ble ['stʌmbl] **I** *v/i.* **1.** stolpern, straucheln (***at*** *od.* ***over*** über *acc.*) (*a. fig.*): ***~ in***(***to***) *fig.* in *e-e Sache* (hinein-) stolpern, (-)schlittern; ***~*** (***up***)***on*** (*od.* ***across***) *fig.* zufällig stoßen auf (*acc.*); **2.** stolpern, wanken; **3.** *fig.* e-n Fehltritt tun, straucheln; **4.** stottern, stokken: ***~ through*** *Rede etc.* herunterstottern; **II** *s.* **5.** Stolpern *n*, Straucheln *n*; *fig. a.* Fehltritt *m*; **6.** *fig.* ‚Schnitzer' *m*, Fehler *m*; **stum·bling block** ['stʌmblɪŋ] *s. fig.* **1.** Hindernis *n* (***to*** für); **2.** Stolperstein *m*.

stu·mer ['stju:mə] *s. Brit. sl.* **1.** Fälschung *f*; **2.** gefälschter *od.* ungedeckter Scheck.

stump [stʌmp] **I** *s.* **1.** (*Baum-, Kerzen-, Zahn- etc.*)Stumpf *m*, Stummel *m*; (*Ast*)Strunk *m*: **~ *foot*** ⚕ Klumpfuß *m*; ***up a ~*** *Am. sl.* in der Klemme; **2.** ***go on*** (*od.* ***take***) ***the ~*** *bsd. Am. pol.* e-e Propagandareise machen, öffentliche Reden halten; **3.** *Kricket*: Torstab *m*: ***draw*** (***the***) **~*s*** das Spiel beenden; **4.** *sl.* ‚Stelzen' *pl.* (*Beine*): ***stir one's ~s*** ‚Tempo machen', sich beeilen; **5.** *Zeichnen*: Wischer *m*; **II** *v/t.* **6.** *a.* **~ *out*** *Kricket: den Schläger* ‚aus' machen; **7.** F *j-n durch e-e Frage etc.* verblüffen: ***he was ~ed*** er war verblüfft *od.* aufgeschmissen; **~*ed for*** verlegen um *e-e Antwort etc.*; **8.** *bsd. Am.* F *Gegend* als Wahlredner bereisen; **~ *it*** F → 2; **9.** F sta(m)pfen über (*acc.*); **10.** *Zeichnung* abtönen; **11.** *Am.* F *j-n* her'ausfordern (***to do*** zu tun); **12.** **~ *up*** *Brit.* F ‚berappen', ‚blechen'; **III** *v/i.* **13.** (da'her-) sta(m)pfen; **14.** → 12; **15.** → 2; **'stump·er** [-pə] *s.* **1.** *Kricket*: Torwächter *m*; **2.** F harte Nuß; **3.** *Am.* F a) Wahlredner *m*, b) Agi'tator *m*; **stump speech** *s. Am.* Wahlrede *f*; **'stump·y** [-pɪ] *adj.* □ **1.** stumpfartig; **2.** gedrungen, unter'setzt; **3.** plump.

stun [stʌn] *v/t.* **1.** *durch Schlag etc., a. durch Lärm etc.* betäuben; **2.** *fig.* betäuben: a) verblüffen, b) niederschmettern, c) über'wältigen: **~*ned*** wie betäubt *od.* gelähmt.

stung [stʌŋ] *pret. u. p.p. von* **sting**.

stunk [stʌŋk] *pret. u. p.p. von* **stink**.

stun·ner ['stʌnə] *s.* F a) ‚toller Kerl', b) ‚tolle Frau', c) ‚tolle Sache'; **'stun·ning** [-nɪŋ] *adj.* □ **1.** betäubend (*a. fig. niederschmetternd*); **2.** *sl.* ‚toll', phänome'nal.

stunt¹ [stʌnt] *v/t.* **1.** (im Wachstum, in der Entwicklung *etc.*) hemmen; **2.** verkümmern lassen, verkrüppeln: **~*ed*** verkümmert, verkrüppelt.

stunt² [stʌnt] **I** *s.* **1.** Kunst-, Glanzstück *n*; Kraftakt *m*; **2.** Sensati'on *f*: a) Schaunummer *f*, b) Bra'vourstück *n*, c) Schlager *m*; **3.** ✈ Flugkunststück *n*; *pl. a.* Kunstflug *m*; **4.** (Re'klame- *etc.*)Trick *m*, ‚tolle I'dee', *weitS.* ‚tolles Ding'; **II** *v/i.* **5.** (Flug)Kunststücke machen, kunstfliegen; **'stunt·er** [-tə] *s.* F **1.** Kunstflieger(in); **2.** Akro'bat(in).

stunt| fly·ing *s.* ✈ Kunstflug *m*; **~ man** *s.* [*irr.*] *Film*: Stuntman *m*, Double *n* (*für gefährliche Szenen*).

stupe [stju:p] ⚕ **I** *s.* heißer 'Umschlag *od.* Wickel; **II** *v/t.* heiße 'Umschläge legen auf (*acc.*), *j-m* heiße 'Umschläge machen.

stu·pe·fa·cient [ˌstju:pɪ'feɪʃnt] **I** *adj.* betäubend, abstumpfend; **II** *s.* ⚕ Betäubungsmittel *n*; **ˌstu·pe'fac·tion** [-'fækʃn] *s.* **1.** Betäubung *f*; **2.** Abstumpfung *f*; **3.** Abgestumpftheit *f*; **4.** Bestürzung *f*, Verblüffung *f*; **stu·pe·fy** ['stju:pɪfaɪ] *v/t.* **1.** betäuben; **2.** verdummen; **3.** abstumpfen; **4.** verblüffen, bestürzen.

stu·pen·dous [stju:'pendəs] *adj.* □ erstaunlich; riesig, gewaltig, e'norm.

stu·pid ['stju:pɪd] **I** *adj.* □ **1.** dumm; **2.** stumpfsinnig, blöd, fad; **3.** betäubt, benommen; **II** *s.* **4.** Dummkopf *m*; **stu·pid·i·ty** [stju:'pɪdətɪ] *s.* **1.** Dummheit *f* (*a. Handlung, Idee*); **2.** Stumpfsinn *m*; **stu·por** ['stju:pə] *s.* **1.** Erstarrung *f*, Betäubung *f*; **2.** Stumpfheit *f*; **3.** ⚕, *psych.* Stupor *m*: a) Benommenheit *f*, b) Stumpfsinn *m*.

stur·di·ness ['stɜ:dɪnɪs] *s.* **1.** Ro'busthheit *f*, Kräftigkeit *f*; **2.** Standhaftigkeit *f*; **stur·dy** ['stɜ:dɪ] *adj.* □ **1.** ro'bust, kräftig, sta'bil (*a. Material etc.*); **2.** *fig.* standhaft, fest.

stur·geon ['stɜ:dʒən] *pl.* **'stur·geons**, *coll.* **'stur·geon** *s. ichth.* Stör *m*.

stut·ter ['stʌtə] **I** *v/i.* **1.** stottern (*a. Motor*); **2.** keckern (*MG etc.*); **II** *v/t.* **3.** *a.* **~ *out*** (her'vor)stottern; **III** *s.* **4.** Stottern *n*: ***have a ~*** stottern; **'stut·ter·er** [-ərə] *s.* Stotterer *m*.

sty¹ [staɪ] *s.* Schweinestall *m* (*a. fig.*).

sty², **stye** [staɪ] *s.* ⚕ Gerstenkorn *n*.

Styg·i·an ['stɪdʒɪən] *adj.* **1.** stygisch; **2.** finster; **3.** höllisch.

style [staɪl] **I** *s.* **1.** *allg.* Stil *m*: a) Art *f*, Typ *m*, b) Manier *f*, Art *f* u. Weise *f*, *sport* Technik *f*: **~ *of singing*** Gesangsstil; ***in superior ~*** in überlegener Manier, souverän; ***it cramps my ~*** dabei kann ich mich nicht recht entfalten, c) guter Stil: ***in ~*** stilvoll (→ e, f), d) Lebensart *f*, -stil: ***in good*** (***bad***) **~** stil-, geschmackvoll (-los), e) vornehme Lebensart, Ele'ganz *f*: ***in ~*** vornehm; ***put on ~*** *Am.* F vornehm tun, f) Mode *f*: ***in ~*** modisch, g) *literarische etc.* Ausdrucksweise *od.* -kraft: ***commercial ~*** Geschäftsstil, h) Kunst-, Baustil: ***in proper ~*** stilecht; **2.** (Mach)Art *f*, Ausführung *f*, Fas'son *f*; **3.** a) Titel *m*, Anrede *f*, b) ✝ (Firmen)Bezeichnung *f*, Firma *f*: ***under the ~ of*** unter dem Namen ..., ✝ unter der Firma ...; **4.** a) *antiq.* (Schreib)Griffel *m*, b) (Schreib-, Ritz)Stift *m*, c) Radiernadel *f*, d) Feder *f e-s Dichters*, e) Nadel *f* (*Plattenspieler*); **5.** ⚕ Sonde *f*; **6.** Zeiger *m* der Sonnenuhr; **7.** Zeitrechnung *f*, Stil *m*: ***Old*** (***New***) ~; **8.** ⚘ Griffel *m*; **9.** *anat.* Griffelfortsatz *m*; **II** *v/t.* **10.** betiteln, benennen, bezeichnen, anreden (mit *od.* als); **11.** a) ⚙, ✝ entwerfen, gestalten, b) modisch zuschneiden; **'styl·er** [-lə] *s.* **1.** Modezeichner(in), -schöpfer (-in); **2.** ⚙ (Form)Gestalter *m*, Designer *m*.

sty·let ['staılıt] *s.* **1.** Sti'lett *n* (*Dolch*); **2.** ⚕ Man'drin *m*, Sondenführer *m*.

styl·ing ['staılıŋ] *s.* **1.** Stilisierung *f*; **2.** ✝, ⚙ Styling *n*, (Form)Gestaltung *f*.

styl·ish ['staılıʃ] *adj.* □ **1.** stilvoll; **2.** modisch, ele'gant, flott; **'styl·ish·ness** [-nıs] *s.* Ele'ganz *f*.

styl·ist ['staılıst] *s.* **1.** Sti'list(in); **2.** → ***styler***; **sty·lis·tic** [staı'lıstık] *adj.* (□ ***~ally***) sti'listisch, Stil...

sty·lite ['staılaıt] *s. eccl.* Sty'lit *m*, Säulenheilige(r) *m*.

styl·ize ['staılaız] *v/t.* **1.** *allg.* stilisieren; **2.** der Konventi'on unter'werfen.

sty·lo ['staıləʊ] *pl.* **-los** F, **'sty·lo·graph** [-ləgrɑ:f], **sty·lo·graph·ic pen** [ˌstaıləʊ'græfık] *s.* **1.** Tintenkuli *m*; **2.** Füll(feder)halter *m*.

sty·lus ['staıləs] *s.* **1.** → ***style*** 4 a *u.* e, 6, 8, 9; **2.** Kopierstift *m*; **3.** Schreibstift *m e-s Registriergeräts.*

sty·mie, *a.* **sty·my** ['staımı] **I** *s. Golf*: **1.** a) *Situation, wenn der gegnerische Ball zwischen dem Ball des Spielers u. dem Loch liegt, auf das er spielt*, b) *Lage des gegnerischen Balles wie in 1a*; **2.** *den Gegner* (*durch die Ballage von 1*) hindern; **3.** *fig.* a) *Gegner* matt setzen, b) *Plan etc.* vereiteln: ***be stymied*** ‚aufgeschmissen' sein.

styp·tic ['stıptık] *adj. u. s.* ⚕ blutstillend (-es Mittel).

Styr·i·an ['stırıən] **I** *adj.* stei(e)risch, steiermärkisch; **II** *s.* Steiermärker(in).

Sua·bi·an ['sweıbjən] → ***Swabian***.

su·a·ble ['sju:əbl] *adj.* ⚖ **1.** (ein)klagbar (*Sache*); **2.** (passiv) pro'zeßfähig (*Person*).

sua·sion ['sweıʒn] *s.* **1.** (***moral ~*** gütliches) Zureden; **2.** Über'redung(sversuch *m*) *f*; **sua·sive** ['sweısıv] *adj.* □ **1.** über'redend, zuredend; **2.** über'zeugend.

suave [swɑ:v] *adj.* □ **1.** verbindlich, höflich, zu'vorkommend, sanft; *contp.* ölig; **2.** lieblich, mild (*Wein etc.*); **suav·i·ty** ['swɑ:vətı] *s.* **1.** Höflichkeit *f*, Verbindlichkeit *f*; **2.** Lieblichkeit *f*, Milde *f*; **3.** *pl.* a) Artigkeiten *pl.*, b) Annehmlichkeiten *pl.*

sub[1] [sʌb] **I** *s.* F *abbr. für* ***submarine***, ***subordinate***, ***subway***, ***subaltern***, ***sublieutenant*** *etc.*; **II** *adj.* Aushilfs..., Not...; **III** *v/i.* F (***for***) einspringen (für), vertreten (*acc.*).

sub[2] [sʌb] (*Lat.*) *prp.* unter: ***~ finem*** am Ende (*e-s zitierten Kapitels*); ***~ judice*** (noch) anhängig, (noch) nicht entschieden (*Rechtsfall*); ***~ rosa*** unter dem Siegel der Verschwiegenheit, vertraulich; ***~ voce*** unter dem angegebenen Wort (*in e-m Wörterbuch etc.*).

sub- [sʌb; səb] *in Zssgn* a) Unter..., Grund..., Sub..., b) 'untergeordnet, Neben..., Unter..., c) annähernd, d) ⚗ basisch, e) ⚘ 'umgekehrt.

ˌsub'ac·e·tate [ˌsʌb-] *s.* ⚗ basisch essigsaures Salz.

ˌsub'ac·id [ˌsʌb-] *adj.* **1.** säuerlich; **2.** *fig.* bissig, säuerlich.

ˌsub'a·gent [ˌsʌb-] *s.* **1.** ✝ a) 'Untervertreter *m*, b) 'Zwischenspediˌteur *m*; **2.** ⚖ 'Unterbevollmächtigte(r *m*) *f*.

ˌsub'al·pine [ˌsʌb-] ⚘, *zo.* **I** *adj.* subal'pin(isch); **II** *s.* a) subal'pines Tier, b) subal'pine Pflanze.

sub·al·tern ['sʌbltən] **I** *adj.* **1.** subal'tern, 'untergeordnet, Unter...; **II** *s.* **2.** Subal'terne(r *m*) *f*, Unter'gebene(r *m*) *f*; **3.** ⚔ *bsd. Brit.* Subal'ternoffiˌzier *m*.

sub·a·qua [səb'ækwə] *adj.* **1.** Unterwasser...; **2.** (Sport)Taucher...

ˌsub'arc·tic [ˌsʌb-] *adj. geogr.* sub'arktisch.

sub'au·di·ble [səb-] *adj.* **1.** *phys.* unter der Hörbarkeitsgrenze; **2.** kaum hörbar.

sub'cal·i·ber *Am.*, **sub'cal·i·bre** *Brit.* [səb-] *adj.* **1.** Kleinkaliber...; **2.** ⚔ *Artillerie*: Abkommkaliber...

'sub·comˌmit·tee ['sʌb-] *s.* 'Unterausschuß *m*.

ˌsub'com·pact (**car**) [ˌsʌb-] *s. mot.* Kleinwagen *m*.

ˌsub'con·scious [ˌsʌb-] ⚕, *psych.* **I** *adj.* □ 'unterbewußt; **II** *s.* 'Unterbewußtsein *n*, *das* 'Unterbewußte.

ˌsub'con·ti·nent [ˌsʌb-] *s. geogr.* 'Subkontiˌnent *m*.

sub'con·tract [səb-] *s.* Nebenvertrag *m*; **ˌsub·con'trac·tor** [ˌsʌb-] *s.* ✝ 'Subunterˌnehmer(in), *a.* Zulieferer *m*.

ˌsub'cul·ture [ˌsʌb-] *s. sociol.* 'Subkulˌtur *f*.

sub·cu·ta·ne·ous [ˌsʌbkjuːˈteɪnjəs] *adj.* □ *anat.* subkuˈtan, unter der *od.* die Haut.

sub·deb [ˌsʌbˈdeb] *s. Am.* F **1.** → ***sub-debutante***; **2.** Teenager *m*; ˌ**sub-ˈdeb·u·tante** [ˌsʌb-] *s. Am.* noch nicht in die Gesellschaft eingeführtes junges Mädchen.

ˌ**sub·diˈvide** [ˌsʌb-] *v/t.* (*v/i.* sich) unterˈteilen; ˈ**sub·diˌvi·sion** *s.* **1.** Unterˈteilung *f*; **2.** ˈUnterabˌteilung *f*.

sub·due [səbˈdjuː] *v/t.* **1.** unterˈwerfen (***to*** *dat.*), unterˈjochen; **2.** überˈwinden, -ˈwältigen, **3.** *fig.* besiegen, bändigen, zähmen: ***~ one's passions***; **4.** *Farbe, Licht, Stimme, Wirkung etc., a. Begeisterung, Stimmung etc.* dämpfen; **5.** *fig. j-m* e-n Dämpfer aufsetzen; **subˈdued** [-juːd] *adj.* **1.** unterˈworfen, -ˈjocht; **2.** gebändigt; **3.** gedämpft (*a. fig.*).

ˌ**subˈed·it** [ˌsʌb-] *v/t. Zeitung etc.* redigieren; ˌ**subˈed·i·tor** *s.* Redakˈteur *m*.

ˈ**subˌhead(·ing)** [ˈsʌb-] *s.* **1.** ˈUnter-, Zwischentitel *m*; **2.** ˈUnterabˌteilung *f e-s Buches etc.*

ˌ**subˈhu·man** [ˌsʌb-] *adj.* **1.** halbtierisch; **2.** unmenschlich.

sub·ja·cent [sʌbˈdʒeɪsənt] *adj.* **1.** darˈunter *od.* tiefer liegend; **2.** *fig.* zuˈgrunde liegend.

sub·ject [ˈsʌbʒɪkt] **I** *s.* **1.** (*Gesprächs- etc.*)Gegenstand *m*, Thema *n*, Stoff *m*: ***~ of conversation***; ***on the ~ of*** über (*acc.*), bezüglich (*gen.*); **2.** *ped.* (Lehr-, Schul-, Studien)Fach *n*, Fachgebiet *n*: ***compulsory ~*** Pflichtfach; **3.** Grund *m*, Anlaß *m* (***for complaint*** zur Beschwerde); **4.** Obˈjekt *n*, Gegenstand *m* (***of ridicule*** des Spotts); **5.** *paint. etc.* Thema *n* (*a.* ♪), Suˈjet *n*, Vorwurf *m*; **6.** *ling.* Subˈjekt *n*, Satzgegenstand *m*; **7.** ˈUntertan(in), *a.* Staatsbürger(in), -angehörige(r *m*) *f*: ***a British ~***; **8.** *bsd.* ⚕ a) Verˈsuchsperˌson *f*, -tier *n*, b) Leichnam *m für Sektionszwecke*, c) Patiˈent (-in), *hysterische etc.* Perˈson; **9.** *ohne Artikel* die betreffende Person *etc.* (*in Informationen*); **10.** *phls.* a) Subˈjekt *n*, Ich *n*, b) Subˈstanz *f*; **II** *adj. pred.* **11.** ˈuntertan, unterˈgeben (***to*** *dat.*); **12.** abhängig (***to*** von); **13.** ausgesetzt (***to*** *dem Gespött etc.*); **14.** (***to***) unterˈworfen, -ˈliegend (*dat.*), abhängig (von), vorbehaltlich (*gen.*): ***~ to approval*** genehmigungspflichtig; ***~ to your consent*** vorbehaltlich Ihrer Zustimmung; ***~ to change without notice*** Änderungen vorbehalten; ***~ to being unsold***, ***~ to (prior) sale*** † freibleibend, Zwischenverkauf vorbehalten; **15.** (***to***) neigend (zu), anfällig (für): ***~ to headaches***; **III** *v/t.* [səbˈdʒekt] **16.** (***to***) a) unterˈwerfen (*dat.*), abhängig machen (von), b) *e-r Behandlung, Prüfung etc.* unterˈziehen, c) *dem Gespött, der Hitze etc.* aussetzen; ***~ cat·a·logue*** *s.* ˈSchlagwortkataˌlog *m*; ***~ head·ing*** *s.* Ruˈbrik *f* in e-m ˈSachreˌgister; ***~ in·dex*** *s.* ˈSachreˌgister *n*.

sub·jec·tion [səbˈdʒekʃn] *s.* **1.** Unterˈwerfung *f*; **2.** Unterˈworfensein *n*; **3.** Abhängigkeit *f*: ***be in ~ to s.o.*** von j-m abhängig sein.

sub·jec·tive [səbˈdʒektɪv] **I** *adj.* □ **1.** *allg., a.* ⚕, *phls.* subjekˈtiv; **2.** *ling.* Subjekts...; **II** *s.* **3.** *a.* ***~ case*** *ling.* Nominativ *m*; **subˈjec·tive·ness** [-nɪs] *s.* Subjektiviˈtät *f*; **subˈjec·tiv·ism** [-vɪzəm] *s. bsd. phls.* Subjektiˈvismus *m*.

sub·jec·tiv·i·ty [ˌsʌbdʒekˈtɪvətɪ] *s.* Subjektiviˈtät *f*.

sub·ject| mat·ter *s.* **1.** Gegenstand *m* (*e-r Abhandlung etc., a.* ⚖); **2.** Stoff *m*, Inhalt *m* (*Ggs. Form*); ***~ ref·er·ence*** *s.* Sachverweis *m*.

ˌ**subˈjoin** [ˌsʌb-] *v/t.* **1.** hinˈzufügen, -setzen; **2.** beilegen, -fügen.

sub·ju·gate [ˈsʌbdʒʊgeɪt] *v/t.* **1.** unterˈjochen, -ˈwerfen (***to*** *dat.*); **2.** *bsd. fig.* bezwingen, bändigen; **sub·ju·ga·tion** [ˌsʌbdʒʊˈgeɪʃn] *s.* Unterˈwerfung *f*, -ˈjochung *f*.

sub·junc·tive [səbˈdʒʌŋktɪv] *ling.* **I** *adj.* □ **1.** konjunktiv(isch); **II** *s.* **2.** *a.* ***~ mood*** Konjunktiv *m*; **3.** Konjunktivform *f*.

ˌ**subˈlease** [ˌsʌb-] **I** *s.* ˈUntermiete *f*, -pacht *f*, -vermietung *f*, -verpachtung *f*; **II** *v/t.* ˈuntervermieten, -verpachten; ˌ**sub·lesˈsee** *s.* ˈUntermieter(in), -pächter(in); ˌ**sub·lesˈsor** [-ˈsɔː] *s.* ˈUntervermieter(in), -verpächter(in).

sub·let [ˌsʌbˈlet] *v/t.* [*irr.* → ***let***[1]] ˈunter-, weitervermieten.

sub·lieu·ten·ant [ˌsʌblefˈtenənt] *s.* ⚓ *Brit.* Oberleutnant *m* zur See.

sub·li·mate [ˈsʌblɪmeɪt] **I** *v/t.* **1.** ⚗ sublimieren; **2.** *fig.* sublimieren (*a. psych.*), veredeln, vergeistigen; **II** *s.* [-mɪt] **3.** ⚗ Subliˈmat *n*; **sub·li·ma·tion** [ˌsʌblɪˈmeɪʃn] *s.* **1.** ⚗ Sublimatiˈon *f*; **2.** *fig.* Sublimierung *f* (*a. psych.*).

sub·lime [səˈblaɪm] **I** *adj.* □ **1.** erhaben, hehr, suˈblim; **2.** a) großartig (*a. iro.*): ***~ ignorance***, b) *iro.* komˈplett: ***a ~ idiot***, c) kraß: ***~ indifference***; **II** *s.* **3.** ***the ~*** das Erhabene; **III** *v/t.* **4.** → ***sublimate*** 1 *u.* 2; **IV** *v/i.* **5.** ⚗ sublimiert werden; **6.** *fig.* sich läutern.

sub·lim·i·nal [ˌsʌbˈlɪmɪnl] *psych.* **I** *adj.*

1. ˈunterbewußt: **~ self** → 3; **2.** ˈunterschwellig (*Reiz etc.*, ✝ *Werbung*); **II** *s.* **3.** *das* ˈUnterbewußte.

ˌ**sub·maˈchine-gun** [ˌsʌb-] *s.* ⚔ Maˈschinenpiˌstole *f.*

sub·man [ˈsʌbmæn] *s.* [*irr.*] **1.** tierischer Kerl; **2.** Idiˈot *m.*

ˌ**sub·maˈrine** [ˌsʌb-] **I** *s.* **1.** ⚓, ⚔ ˈUnterseeboot *n*, U-Boot *n*; **II** *adj.* **2.** ˈunterseeisch, Untersee…, submaˈrin; **3.** ⚓, ⚔ Unterseeboot…, U-Boot-…: **~ warfare**; **~ chaser** U-Boot-Jäger *m*; **~ pen** U-Boot-Bunker *m.*

sub·merge [səbˈmɜːdʒ] **I** *v/t.* **1.** ein-, ˈuntertauchen; **2.** überˈschwemmen, unter Wasser setzen; **3.** *fig.* a) unterˈdrücken, b) überˈtönen; **II** *v/i.* **4.** ˈuntertauchen, -sinken; **5.** ⚓ tauchen (*U-Boot*); **subˈmerged** [-dʒd] *adj.* **1.** ˈuntergetaucht; ⚓, ⚔ *Angriff etc.* unter Wasser; **2.** überˈschwemmt; **3.** *fig.* verelendet, verarmt.

sub·mersed [səbˈmɜːst] *adj.* **1.** → **submerged** 1 *u.* 2; **2.** *bsd.* ⚘ Unterwasser…: **~ plants**; **subˈmers·i·ble** [-səbl] **I** *adj.* **1.** ˈuntertauch-, versenkbar; **2.** überˈschwemmbar; **3.** ⚓ tauchfähig; **II** *s.* **4.** ⚓ ˈUnterseeboot *n*; **subˈmer·sion** [-ɜːʃn] *s.* **1.** Ein-, ˈUntertauchen *n*; **2.** Überˈschwemmung *f.*

sub·mis·sion [səbˈmɪʃn] *s.* **1.** (*to*) Unterˈwerfung *f* (unter *acc.*), Ergebenheit *f* (in *acc.*), Gehorsam *m* (gegen); **2.** Unterˈwürfigkeit *f*: **with all due ~** mit allem schuldigen Respekt; **3.** *bsd.* ⚖ Vorlage *f e-s Dokuments etc.*, Unterˈbreitung *f e-r Frage etc.*; **4.** ⚖ a) Sachvorlage *f*, Behauptung *f*, b) Komproˈmiß *m*, *n*; **subˈmis·sive** [-ɪsɪv] *adj.* □ **1.** ergeben, gehorsam; **2.** unterˈwürfig; **subˈmis·sive·ness** [-ɪsɪvnɪs] *s.* **1.** Ergebenheit *f*; **2.** Unterˈwürfigkeit *f*; **subˈmit** [-ˈmɪt] **I** *v/t.* **1.** unterˈwerfen, -ˈziehen, aussetzen (**to** *dat.*): **~ o.s.** (**to**) → 4; **2.** *bsd.* ⚖ unterˈbreiten, vortragen, -legen (**to** *dat.*); **3.** *bsd.* ⚖ beantragen, behaupten, zu bedenken geben, anˈheimstellen (**to** *dat.*); *bsd. parl.* ergebenst bemerken; **II** *v/i.* **4.** (**to**) gehorchen (*dat.*), sich fügen (*dat. od.* in *acc.*); sich *j-m*, *e-m Urteil etc.* unterˈwerfen, sich *e-r Operation etc.* unterˈziehen; **subˈmit·tal** [-ˈmɪtl] *s.* Vorlage *f*, Unterˈbreitung *f.*

ˌ**subˈnor·mal** [ˌsʌb-] *adj.* □ **1.** a) ˈunterˌdurchschnittlich, b) minderbegabt, c) schwachsinnig; **2.** ⩕ ˈsubnorˌmal.

ˈ**subˌor·der** [ˈsʌb-] *s. biol.* ˈUnterordnung *f.*

sub·or·di·nate [səˈbɔːdnɪt] **I** *adj.* □ **1.** ˈuntergeordnet: a) unterˈstellt (**to** *dat.*): **~ position** untergeordnete Stellung, b) zweitrangig, nebensächlich: **~ clause** *ling.* Nebensatz *m*; **be ~ to** *e-r Sache* an Bedeutung nachstehen; **II** *s.* **2.** Unterˈgebene(r *m*) *f*; **III** [-dɪneɪt] *v/t.* **3.** *a. ling.* ˈunterordnen (**to** *dat.*); **4.** zuˈrückstellen (**to** hinter *acc.*); **sub·or·di·na·tion** [səˌbɔːdɪˈneɪʃn] *s.* ˈUnterordnung *f* (**to** unter *acc.*); **subˈor·di·na·tive** [-dɪnətɪv] *adj. ling.* ˈunterordnend: **~ conjunction.**

sub·orn [sʌˈbɔːn] *v/t.* ⚖ (*bsd.* zum Meineid) anstiften; *Zeugen* bestechen; **sub·or·na·tion** [ˌsʌbɔːˈneɪʃn] *s.* ⚖ Anstiftung *f*, Verleitung *f* (**of** zum *Meineid*, zu *falscher Zeugenaussage*), (Zeugen)Bestechung *f.*

sub·pe·na *Am.* → **subpoena.**

ˈ**sub·plot** [ˈsʌb-] *s.* Nebenhandlung *f.*

sub·poe·na [səbˈpiːnə] ⚖ **I** *s.* (Vor)Ladung *f* (unter Strafandrohung); **II** *v/t.* vorladen.

sub·ro·gate [ˈsʌbrəʊgeɪt] *v/t.* ⚖ einsetzen (**for s.o.** an j-s Stelle; **to the rights of** in *j-s* Rechte); **sub·ro·ga·tion** [ˌsʌbrəʊˈgeɪʃn] *s.* ⚖ ˈForderungsˌübergang *m* (kraft Gesetzes); Ersetzung *f e-s Gläubigers durch e-n anderen*: **~ of rights** Rechtseintritt *m.*

sub·scribe [səbˈskraɪb] **I** *v/t.* **1.** *Vertrag etc.* unterˈzeichnen, (ˈunterschriftlich) anerkennen; **2.** *et.* mit *s-m Namen etc.* (unter)ˈzeichnen; **3.** *Geldbetrag* zeichnen (**for** für *Aktien*, **to** für *e-n Fonds*); **II** *v/i.* **4.** e-n Geldbetrag zeichnen (**to** für *e-n Fonds*, **for** für *e-e Anleihe etc.*); **5.** **~ for** *Buch* vorbestellen; **6.** **~ to** *Zeitung etc.* abonnieren; **7.** unterˈschreiben, -ˈzeichnen (**to** *acc.*); **8.** **~ to** *fig. et.* unterˈschreiben, gutheißen, billigen; **subˈscrib·er** [-bə] *s.* **1.** Unterˈzeichner (-in), -ˈzeichnete(r *m*) *f* (**to** *gen.*); **2.** Befürworter(in) (**to** *gen.*); **3.** Subskriˈbent(in), Abonˈnent(in); *teleph.* Teilnehmer(in); **4.** Zeichner *m*, Spender *m* (**to** *e-s Geldbetrages*).

sub·scrip·tion [səbˈskrɪpʃn] *s.* **1.** a) Unterˈzeichnung *f*, b) ˈUnterschrift *f*; **2.** (**to**) (ˈunterschriftliche) Einwilligung (in *acc.*), Zustimmung *f* (zu); **3.** (**to**) Beitrag *m* (zu, für), Spende *f* (für), (gezeichneter) Betrag; (*teleph.* Grund)Gebühr *f*; **4.** *Brit.* (Mitglieds)Beitrag *m*; **5.** Aboneˈment *n*, Bezugsrecht *n*, Subskriptiˈon *f* (**to** auf *acc.*): **by ~** im Abonnement; **take out a ~ to** *Zeitung etc.* abonnieren; **6.** ✝ Zeichnung *f* (**of** *e-r Summe*, *Anleihe etc.*): **~ for shares** Aktienzeichnung; **open for ~** zur

Zeichnung aufgelegt; ***invite ~s for a loan*** e-e Anleihe (zur Zeichnung) auflegen; **~ list** *s.* **1.** ✝ Subskripti'onsliste *f*; **2.** *Zeitung*: Zeichnungsliste *f*; **~ price** *s.* Bezugspreis *m*.

'sub,sec·tion ['sʌb-] *s.* 'Unterab,teilung *f*, -abschnitt *m*.

sub·se·quence ['sʌbsɪkwəns] *s.* **1.** späteres Eintreten; **2.** ♈ Teilfolge *f*; **'sub·se·quent** [-nt] *adj.* □ (nach)folgend, später, nachträglich, Nach...: ***~ to*** a) später als, b) nach, im Anschluß an (*acc.*), folgend (*dat.*); ***~ upon*** a) infolge (*gen.*), b) *nachgestellt*: (daraus) entstehend, (daraufhin) erfolgend; **'sub·se·quent·ly** [-ntlɪ] *adv.* **1.** 'hinterher, nachher; **2.** anschließend; **3.** später.

sub·serve [səb'sɜːv] *v/t.* dienlich *od.* förderlich sein (*dat.*); **sub'ser·vi·ence** [-vjəns] *s.* **1.** Dienlich-, Nützlichkeit *f* (***to*** für); **2.** Abhängigkeit *f* (***to*** von); **3.** Unter'würfigkeit *f*; **sub'ser·vi·ent** [-vjənt] *adj.* □ **1.** dienstbar, 'untergeordnet (***to*** *dat.*); **2.** unter'würfig (***to*** gegenüber); **3.** dienlich, förderlich (***to*** *dat.*).

sub·side [səb'saɪd] *v/i.* **1.** sich senken: a) sinken (*Flut etc.*), b) (ein)sinken, absacken (*Boden etc.*), sich setzen (*Haus*); **2.** ⚗ sich niederschlagen; **3.** *fig.* abklingen, abflauen, sich legen: ***~ into*** verfallen in (*acc.*); **4.** *in e-n Stuhl etc.* sinken.

sub·sid·i·ar·y [səb'sɪdjərɪ] **I** *adj.* □ **1.** Hilfs..., Unterstützungs..., Subsidien...: ***be ~ to*** ergänzen, unterstützen; **2.** 'untergeordnet (***to*** *dat.*), Neben...: ***~ company*** → 4; ***~ stream*** Nebenfluß *m*; **II** *s.* **3.** *oft pl.* Hilfe *f*, Stütze *f*; **4.** ✝ Tochtergesellschaft *f*.

sub·si·dize ['sʌbsɪdaɪz] *v/t.* subventionieren; **'sub·si·dy** [-dɪ] *s.* **1.** Beihilfe *f* (aus öffentlichen Mitteln), Subventi'on *f*; **2.** *oft pl. pol.* Sub'sidien *pl.*, Hilfsgelder *pl.*

sub·sist [səb'sɪst] **I** *v/i.* **1.** existieren, bestehen; **2.** weiterbestehen, fortdauern; **3.** sich ernähren *od.* erhalten, leben ([***up***]***on*** von *e-r Nahrung*, ***by*** von *e-m Beruf*); **II** *v/t.* **4.** *j-n* er-, unter'halten; **sub'sist·ence** [-təns] *s.* **1.** Dasein *n*, Exi'stenz *f*; **2.** ('Lebens),Unterhalt *m*, Auskommen *n*, Exi'stenz(möglichkeit) *f*: ***~ level*** Existenzminimum *n*; **3.** *bsd.* ⚔ Verpflegung *f*, -sorgung *f*; **4.** *a.* ***~ money*** a) (Lohn)Vorschuß *m*, b) 'Unterhaltsbeihilfe *f*, -zuschuß *m*.

'sub·soil ['sʌb-] *s.* 'Untergrund *m*.

,sub'son·ic [,sʌb-] **I** *adj.* Unterschall...; **II** *s.* 'Unterschallflug(zeug *n*) *m*.

'sub,spe·cies ['sʌb-] *s. biol.* 'Unterart *f*, Sub'spezies *f*.

sub·stance ['sʌbstəns] *s.* **1.** Sub'stanz *f*, Ma'terie *f*, Stoff *m*, Masse *f*; **2.** feste Konsi'stenz, Körper *m* (*Tuch etc.*); **3.** *fig.* Sub'stanz *f*: a) Wesen *n*, b) *das* Wesentliche, wesentlicher Inhalt *od.* Bestandteil, Kern *m*: ***this essay lacks ~***; ***in ~*** im wesentlichen *übereinstimmen etc.*, c) Gehalt *m*: ***arguments of little ~*** wenig stichhaltige Argumente; **4.** *phls.* a) Sub'stanz *f*, b) Wesen *n*, Ding *n*; **5.** Vermögen *n*, Kapi'tal *n*: ***a man of ~*** ein vermögender Mann.

sub'stand·ard [səb-] *adj.* **1.** unter der Norm, klein..., Klein...; **2.** *ling.* 'umgangssprachlich.

sub·stan·tial [səb'stænʃl] *adj.* □ → ***substantially***; **1.** materi'ell, stofflich, wirklich; **2.** fest, kräftig; **3.** nahrhaft, kräftig: ***a ~ meal***; **4.** beträchtlich, wesentlich (*Fortschritt*, *Unterschied etc.*), namhaft (*Summe*); **5.** wesentlich: ***in ~ agreement*** im wesentlichen übereinstimmend; **6.** vermögend, kapi'talkräftig; **7.** *phls.* substanti'ell, wesentlich; **sub·stan·ti·al·i·ty** [səb,stænʃɪ'ælətɪ] *s.* **1.** Wirklichkeit *f*, Stofflichkeit *f*; **2.** Festigkeit *f*; **3.** Nahrhaftigkeit *f*; **4.** Gediegenheit *f*; **5.** Stichhaltigkeit *f*; **6.** *phls.* Substantiali'tät *f*; **sub'stan·tial·ly** [-ʃəlɪ] *adv.* **1.** dem Wesen nach; **2.** im wesentlichen, wesentlich; **3.** beträchtlich, wesentlich, in hohem Maße; **4.** wirklich; **sub'stan·ti·ate** [-ʃɪeɪt] *v/t.* **1.** a) begründen, b) erhärten, beweisen, c) glaubhaft machen; **2.** Gestalt *od.* Wirklichkeit verleihen (*dat.*), konkretisieren; **3.** stärken, festigen; **sub·stan·ti·a·tion** [səb,stænʃɪ'eɪʃn] *s.* **1.** a) Begründung *f*, b) Erhärtung *f*, Beweis *m*, c) Glaubhaftmachung *f*: ***in ~ of*** zur Erhärtung *od.* zum Beweis von (*od. gen.*); **2.** Verwirklichung *f*.

sub·stan·ti·val [,sʌbstən'taɪvl] *adj.* □ *ling.* substantivisch, Substantiv...; **sub·stan·tive** ['sʌbstəntɪv] **I** *s.* **1.** *ling.* a) Substantiv *n*, Hauptwort *n*, b) substantivisch gebrauchte Form; **II** *adj.* □ **2.** *ling.* substantivisch (gebraucht); **3.** selbständig; **4.** wesentlich; **5.** wirklich, re'al; **6.** fest; **7.** ⚖ materi'ell: ***~ law***.

'sub,sta·tion ['sʌb-] *s.* **1.** Neben-, Außenstelle *f*: ***post office ~*** Zweigpostamt *n*; **2.** ⚡ 'Unterwerk *n*; **3.** *teleph.* (Teilnehmer)Sprechstelle *f*.

sub·sti·tute ['sʌbstɪtjuːt] **I** *s.* **1.** Ersatz (-mann) *m*: a) (Stell)Vertreter(in), b) *sport* Auswechselspieler(in): ***act as a ~***

for *j-n* vertreten; **2.** Ersatz(stoff) *m*, Surro'gat *n* (***for*** für); **3.** *ling.* Ersatzwort *n*; **II** *adj.* **4.** Ersatz...: ***~ driver***; ***~ material*** ⚙ Austausch(werk)stoff *m*; ***~ power of attorney*** ⚖ Untervollmacht *f*; **III** *v/t.* **5.** (***for***) einsetzen (für, an Stelle von), an die Stelle setzen (von *od. gen.*): ***~ A for B*** B durch A ersetzen, B gegen A austauschen *od.* auswechseln (*alle a. sport*); **6.** ersetzen, an *j-s* Stelle treten; **IV** *v/i.* **7.** (***for***) als Ersatz dienen, als Stellvertreter fungieren (für), vertreten (*acc.*), an die Stelle treten (von *od. gen.*); **sub·sti·tu·tion** [ˌsʌbstɪ'tjuːʃn] *s.* **1.** Einsetzung *f* (⚖ *e-s Ersatzerben, Unterbevollmächtigten*); *bsd. b.s.* (*Kindes- etc.*)'Unterschiebung *f*; **2.** Ersatz *m*, Ersetzung *f*; (ersatzweise) Verwendung; **3.** Stellvertretung *f*; **4.** ⅍, ⚗, *ling.* Substituti'on *f*; **sub·sti·tu·tion·al** [ˌsʌbstɪ'tjuːʃənl] *adj.* □ **1.** stellvertretend, Stellvertretungs...; **2.** Ersatz...

ˌsub'stra·tum [ˌsʌb-] *s.* [*irr.*] **1.** 'Unter-, Grundlage *f* (*a. fig.*); **2.** *geol.* 'Unterschicht *f*; **3.** *biol.* a) Sub'strat *n*, Nähr-, Keimboden *m*, b) *a.* ⚗ Träger *m*, Medium *n*; **4.** *phot.* Grundschicht *f*; **5.** *ling.* Sub'strat *n*; **6.** *phls.* Sub'stanz *f*.

'subˌstruc·ture ['sʌb-] *s.* **1.** ⚠ Funda'ment *n*, 'Unterbau *m* (*a.* 🚂); **2.** *fig.* Grundlage *f*.

sub·sume [səb'sjuːm] *v/t.* **1.** zs.-fassen, 'unterordnen (***under*** unter *dat. od. acc.*); **2.** einordnen, -reihen, -schließen (***in*** in *acc.*); **3.** *phls. als Prämisse* vor'ausschicken; **sub'sump·tion** [-'sʌmpʃn] *s.* **1.** Zs.-fassung *f* (***under*** unter *dat. od. acc.*); **2.** Einordnung *f*.

ˌsub'ten·ant [ˌsʌb-] *s.* 'Untermieter *m*, -pächter *m*.

sub·ter·fuge ['sʌbtəfjuːdʒ] *s.* **1.** Vorwand *m*, Ausflucht *f*; **2.** List *f*.

sub·ter·ra·ne·an [ˌsʌbtə'reɪnjən] *adj.*, **ˌsub·ter'ra·ne·ous** [-njəs] *adj.* □ **1.** 'unterirdisch (*a. fig.*); **2.** *fig.* verborgen, heimlich.

sub·tile ['sʌtl], **sub·til·i·ty** [sʌb'tɪlətɪ] → ***subtle***, ***subtlety***; **sub·til·i·za·tion** [ˌsʌtɪlaɪ'zeɪʃn] *s.* **1.** Verfeinerung *f*; **2.** Spitzfindigkeit *f*; **3.** ⚗ Verflüchtigung *f*; **sub·til·ize** ['sʌtɪlaɪz] **I** *v/t.* **1.** verfeinern; **2.** spitzfindig diskutieren *od.* erklären; ausklügeln; **3.** ⚗ verflüchtigen, -dünnen; **II** *v/i.* **4.** spitzfindig argumentieren.

'subˌti·tle ['sʌb-] **I** *s.* 'Untertitel *m* (*Buch, Film*); **II** *v/t. Film* unter'titeln.

sub·tle ['sʌtl] *adj.* □ **1.** *allg.* fein: ***~ delight***; ***~ odo(u)r***; ***~ smile***; **2.** fein(sinnig), sub'til: ***~ distinction***; ***~ irony***; **3.** scharf(sinnig), spitzfindig; **4.** heikel, schwierig: ***a ~ point***; **5.** raffiniert; **6.** schleichend (*Gift*); **'sub·tle·ty** [-tɪ] *s.* **1.** Feinheit *f*; sub'tile Art; **2.** Spitzfindigkeit *f*; **3.** Scharfsinn(igkeit *f*) *m*; **4.** Gerissenheit *f*, Raffi'nesse *f*; **5.** schlauer Einfall, Fi'nesse *f*.

sub·to·pi·a [sʌb'təʊpɪə] *s. Brit.* zersiedelte Landschaft.

sub'to·tal [səb-] *s.* ⅍ Zwischen-, Teilsumme *f*.

sub·tract [səb'trækt] **I** *v/t.* ⅍ abziehen, subtrahieren; **II** *v/i. fig.* (***from***) Abstriche machen (von), schmälern (*acc.*); **sub'trac·tion** [-kʃn] *s.* **1.** ⅍ Subtrakti'on *f*, Abziehen *n*; **2.** *fig.* Abzug *m*.

sub·tra·hend ['sʌbtrəhənd] *s.* ⅍ Subtra'hend *m*.

sub·trop·i·cal [ˌsʌb'trɒpɪkl] *adj. geogr.* subtropisch; **ˌsub'trop·ics** [-ks] *s. pl. geogr.* Subtropen *pl.*

sub·urb ['sʌbɜːb] *s.* Vorstadt *f*, -ort *m*; **sub·ur·ban** [sə'bɜːbən] **I** *adj.* **1.** vorstädtisch, Vorstadt..., Vororts...; **2.** *contp.* kleinstädtisch, spießig; **II** *s.* **3.** → ***suburbanite***; **sub·ur·ban·ite** [sə'bɜːbənaɪt] *s.* Vorstadtbewohner(in); **sub·ur·bi·a** [sə'bɜːbɪə] *s. oft contp.* **1.** Vorstadt *f*; **2.** *coll. die* Vorstädter *pl.*

'sub·vaˌri·e·ty ['sʌb-] *s.* ⚘, *zo.* 'untergeordnete Abart.

sub·ven·tion [səb'venʃn] *s.* (staatliche) Subventi'on, (geldliche) Beihilfe, Unter'stützung *f*; **sub'ven·tioned** [-nd] *adj.* subventioniert.

sub·ver·sion [səb'vɜːʃn] *s.* **1.** *pol.* a) 'Umsturz *m*, Sturz *m e-r Regierung*, b) Staatsgefährdung *f*, Verfassungsverrat *m*; **2.** Unter'grabung *f*, Zerrüttung *f*; **sub'ver·sive** [-ɜːsɪv] *adj.* **1.** *pol.* 'umstürzlerisch, staatsgefährdend, Wühl..., subver'siv; **2.** zerstörerisch; **3.** zerrüttend; **sub'vert** [-ɜːt] *v/t.* **1.** *Regierung* stürzen; *Gesetz* 'umstoßen; *Verfassung* gewaltsam ändern; **2.** *Glauben, Moral, Ordnung etc.* unter'graben, zerrütten.

'sub·way ['sʌb-] *s.* **1.** ('Straßen-, 'Fußgänger)Unterˌführung *f*; **2.** *Am.* U-Bahn *f*.

ˌsub'ze·ro [ˌsʌb-] *adj.* unter dem Gefrierpunkt.

suc·ceed [sək'siːd] **I** *v/i.* **1.** glücken, gelingen, erfolgreich sein *od.* verlaufen, Erfolg haben (*Sache*); **2.** Erfolg haben, erfolgreich sein, sein Ziel erreichen (*Person*) (***as*** als, ***in*** mit *et.*, ***with*** bei *j-m*): ***he ~ed in doing s.th.*** es gelang ihm, et. zu tun; ***~ in an action*** ⚖ obsiegen; **3.** (***to***) a) Nachfolger werden (in *e-m Amt etc.*), b) erben (*acc.*): **~ *to the throne*** auf den Thron folgen; **~ *to s.o.'s rights*** in j-s Rechte eintreten; **4.** (***to***) *unmittelbar* folgen (*dat. od.* auf *acc.*), nachfolgen (*dat.*); **II** *v/t.* **5.** nachfolgen (*dat.*), folgen (*dat. od.* auf *acc.*); *j-s* (Amts-, Rechts)Nachfolger werden, an *j-s* Stelle treten; *j-n* beerben: **~ *s.o. in office*** j-s Amt übernehmen.

suc·cès d'es·time [sʊkˌseɪdes'tiːm] (*Fr.*) *s.* Achtungserfolg *m.*

suc·cess [sək'ses] *s.* **1.** (guter) Erfolg, Gelingen *n*: ***with ~*** erfolgreich; ***without ~*** erfolglos; ***be a*** (***great***) **~** ein (großer) Erfolg sein (*Sache u. Person*), (gut) einschlagen; ***crowned with ~*** von Erfolg gekrönt (*Bemühung*); **~ *rate*** Erfolgsquote *f*; **2.** Erfolg *m*, Glanzleistung *f*; **3.** *beruflicher etc.* Erfolg; **suc'cess·ful** [-fʊl] *adj.* □ **1.** erfolgreich: ***be ~ in doing s.th.*** et. mit Erfolg tun, Erfolg haben bei *od.* mit et.; **2.** erfolgreich, glücklich (*Sache*): ***be ~*** → ***succeed*** 1.

suc·ces·sion [sək'seʃn] *s.* **1.** (Aufein'ander-, Reihen)Folge *f*: ***in ~*** nach-, auf-, hintereinander; ***in rapid ~*** in rascher Folge; **2.** Reihe *f*, Kette *f*, ('ununterˌbrochene) Folge (***of*** *gen. od.* von); **3.** Nach-, Erbfolge *f*, Sukzessi'on *f*: **~ *to the throne*** Thronfolge; ***in ~ to*** als Nachfolger von; ***be next in ~ to s.o.*** als nächster auf j-n folgen; **~ *to an office*** Übernahme *f* e-s Amtes, Amtsnachfolge; ***Apostolic ≈*** *eccl.* Apostolische Sukzession; ***the War of the Spanish ≈*** *hist.* der Spanische Erbfolgekrieg; **4.** ⚖ a) Rechtsnachfolge *f*, b) Erbfolge *f*, c) *a.* ***order of ~*** Erbfolgeordnung *f*, d) *a.* ***law of ~*** *objektives* Erb(folge)recht, e) **~ *to*** 'Übernahme *f e-s Erbes*: **~ *duties*** Erbschaftssteuer *f* (*für unbewegliches Vermögen*); **~ *rights*** *subjektive* Erbrechte; **5.** *coll.* Nachkommenschaft *f*, Erben *pl.*; **suc'ces·sive** [-esɪv] *adj.* □ (aufein'ander)folgend, sukzes'siv: ***3 ~ days*** 3 Tage hintereinander; **suc'ces·sive·ly** [-esɪvlɪ] *adv.* nach-, hintereinander, der Reihe nach; **suc'ces·sor** [-esə] *s.* **1.** Nachfolger(in), (***to***, ***of*** *j-s*, für *j-n*): **~ *in office*** Amtsnachfolger; **~ *to the throne*** Thronfolger *m*; **2.** *a.* **~ *in interest*** (*od.* ***title***) ⚖ Rechtsnachfolger(in).

suc·cinct [sək'sɪŋkt] *adj.* □ kurz (und bündig), knapp, la'konisch, prä'gnant; **suc'cinct·ness** [-nɪs] *s.* Kürze *f*, Bündigkeit *f*, Prä'gnanz *f*.

suc·cor ['sʌkə] *Am.* → ***succour***.

suc·co·ry ['sʌkərɪ] *s.* ⚘ Zi'chorie *f*.

suc·cour ['sʌkə] **I** *s.* Hilfe *f*, Beistand *m*; ⚔ Entsatz *m*; **II** *v/t.* beistehen (*dat.*), zu Hilfe kommen (*dat.*); ⚔ entsetzen.

suc·cu·lence ['sʌkjʊləns], **'suc·cu·len·cy** [-sɪ] *s.* Saftigkeit *f*; **'suc·cu·lent** [-nt] *adj.* □ **1.** saftig, fleischig, sukku'lent (*Frucht etc.*); **2.** *fig.* kraftvoll, saftig.

suc·cumb [sə'kʌm] *v/i.* **1.** zs.-brechen (***to*** unter *dat.*); **2.** (***to***) (*j-m*) unter'liegen, (*e-r Krankheit*, *s-n Verletzungen etc.*, *a. der Versuchung*) erliegen; **3.** (***to***, ***under***, ***before***) nachgeben (*dat.*).

such [sʌtʃ; sətʃ] **I** *adj.* **1.** solch, derartig: ***no ~ thing*** nichts dergleichen; ***there are ~ things*** so etwas gibt es *od.* kommt vor; **~ *people as you see here*** die(jenigen) *od.* alle Leute, die man hier sieht; ***a system ~ as this*** ein derartiges System; **~ *a one*** ein solcher, eine solche, ein solches; **~ *and ~ persons*** die u. die Personen; **2.** ähnlich, derartig: ***silk and ~ luxuries***; ***poets ~ as Spenser*** Dichter wie Spenser; **3.** *pred.* so (beschaffen), derart(ig) (***as to*** daß): **~ *is life*** so ist das Leben; **~ *as it is*** wie es nun einmal ist; **~ *being the case*** da es sich so verhält; **4.** solch, so (groß *od.* klein *etc.*), dermaßen: **~ *a fright that*** e-n derartigen Schrecken, daß...; **~ *was the force of the explosion*** so groß war die Gewalt der Explosion; **5.** F so (gewaltig), solch: ***we had ~ fun*** wir hatten e-n Riesenspaß; **II** *adv.* **6.** so, derart: **~ *a nice day*** so ein schöner Tag; **~ *a long time*** e-e so lange Zeit; **III** *pron.* **7.** solch, der, die das, die *pl.*: **~ *as*** a) diejenigen welche, alle die, b) wie (zum Beispiel); **~ *was not my intention*** das war nicht meine Absicht; ***man as ~*** der Mensch als solcher; ***and ~*** (***like***) u. dergleichen; **8.** F *u.* ✝ der-, die-, das'selbe, die'selben *pl.*; **'~-like** *adj. u. pron.* dergleichen.

suck [sʌk] **I** *v/t.* **1.** saugen (***from***, ***out of*** aus *dat.*); **2.** saugen an (*dat.*), aussaugen; **3.** *a.* **~ *in***, **~ *up*** ein-, aufsaugen, absorbieren (*a. fig.*); **4.** **~ *in*** einsaugen, verschlingen; **5.** lutschen (an *dat.*): **~ *one's thumb*** (am) Daumen lutschen; **6.** schlürfen: **~ *soup***; **7.** *fig.* holen, gewinnen, ziehen: **~ *advantage out of*** Vorteil ziehen aus; **8.** *fig.* aussaugen: **~ *s.o.'s brain*** j-n ausholen, j-m s-e Ideen stehlen; **II** *v/i.* **9.** saugen, lutschen (***at*** an *dat.*); **10.** Luft saugen *od.* ziehen (*Pumpe*); **11.** **~ *up to*** *sl. j-m* ‚in den Arsch kriechen'; **III** *s.* **12.** Saugen *n*, Lutschen *n*: ***give ~ to*** → ***suckle*** 1; **13.** Sog *m*, Saugkraft *f*; **14.** saugendes Geräusch; **15.** Strudel *m*; **16.** F kleiner

Schluck; **17.** *sl.* ‚Arschkriecher' *m*; **'suck·er** [-kə] *s.* **1.** *zo.* saugendes Jungtier, *bsd.* Spanferkel *n*; **2.** *zo.* a) Saugrüssel *m*, b) Saugnapf *m*; **3.** *ichth.* a) *ein* Karpfenfisch *m*, b) Neunauge *n*, c) Lumpenfisch *m*, d) Schildfisch *m*; **4.** ⚙ 'Saugven,til *n od.* -kolben *m od.* -rohr *n*; **5.** Lutscher *m* (*Bonbon*); **6.** ⚘ (*a. Wurzel*)Schößling *m*; **7.** *sl.* Dumme(r) *m*, Gimpel *m*: ***be a ~ for*** a) stets hereinfallen auf (*acc.*), b) scharf sein auf (*acc.*); ***play s.o. for a ~*** j-n ‚anschmieren'; ***there's a ~ born every minute*** die Dummen werden nicht alle.

suck·ing ['sʌkɪŋ] *adj.* **1.** saugend; Saug...; **2.** *fig.* angehend, ‚grün', Anfänger...; **~ coil** *s.* ⚙ Tauchkernspule *f*; **~ disk** *s. zo.* Saugnapf *m*; **~ pig** *s. zo.* (Span)Ferkel *n*.

suck·le ['sʌkl] *v/t.* **1.** *Kind, a. Jungtier* säugen, *Kind* stillen; **2.** *fig.* nähren, pflegen; **'suck·ling** [-lɪŋ] *s.* **1.** Säugling *m*; **2.** *zo.* (noch nicht entwöhntes) Jungtier.

su·crose ['sju:krəʊs] *s.* Rohr-, Rübenzucker *m*, Su'crose *f*.

suc·tion ['sʌkʃn] **I** *s.* **1.** (An)Saugen *n*; ⚙ *a.* Saugwirkung *f*; *phys.* Saugfähigkeit *f*; **2.** ⚙, *phys.* Sog *m*; **3.** *mot.* Hub (-höhe *f*, -kraft *f*) *m*; **II** *adj.* **4.** Saug... (*-leistung*, *-pumpe etc.*): **~ *cleaner*** (*od.* ***sweeper***) Staubsauger *m*; **~ cup** *s.* ⚙ Saugnapf *m*; **~ pipe** *s.* ⚙ Ansaugrohr *n*; **~ plate** *s.* ⚕ Saugplatte *f* (*für Zahnprothese*); **~ stroke** *s. mot.* (An)Saughub *m*.

Su·da·nese [ˌsu:də'ni:z] **I** *adj.* suda'nesisch; **II** *s.* Suda'nese *m*, Suda'nesin *f*; *pl.* Suda'nesen *pl.*

su·dar·i·um [sju:'deərɪəm] *s. eccl.* Schweißtuch *n* (der Heiligen Ve'ronika); **su·da·to·ri·um** [ˌsju:də'tɔ:rɪəm] *pl.* **ri·a** [-rɪə] → ***sudatory*** 3; **su·da·to·ry** ['sju:dətərɪ] **I** *adj.* **1.** Schwitz(bad)...; **2.** ⚕ schweißtreibend; **II** *s.* **3.** Schwitzbad *n*; **4.** ⚕ schweißtreibendes Mittel.

sud·den ['sʌdn] **I** *adj.* □ plötzlich, jäh, unvermutet, ab'rupt, über'stürzt; **II** *s.*: ***on a ~***, (***all***) ***of a ~*** (ganz) plötzlich; **'sud·den·ness** [-nɪs] *s.* Plötzlichkeit *f*.

su·dor·if·er·ous [ˌsju:də'rɪfərəs] *adj.* Schweiß absondernd: **~ *glands*** Schweißdrüsen; **ˌsu·dor'if·ic** [-fɪk] *adj. u. s.* schweißtreibend(es Mittel).

suds [sʌdz] *s. pl.* **1.** Seifenwasser *n*, -lauge *f*; **2.** *Am.* F Bier *n*; **'suds·y** [-zɪ] *adj. Am.* schaumig, seifig.

sue [sju:] **I** *v/t.* **1.** ⚖ *j-n* (gerichtlich) belangen, verklagen (***for*** auf *acc.*, wegen); **2. ~ *out*** *Gerichtsbeschluß etc.* erwirken; **3.** *j-n* bitten (***for*** um); **4.** *obs.* werben *od.* anhalten um *j-n*; **II** *v/i.* **5.** (***for***) klagen (auf *acc.*), Klage einreichen (wegen); (*e-e Schuld*) einklagen: **~ *for a divorce*** auf Scheidung klagen; **6.** nachsuchen (***to s.o.*** bei j-m, ***for s.th.*** um et.).

suede, **suède** [sweɪd] *s.* Wildleder *n*, Ve'lours(leder) *n*.

su·et ['sjʊɪt] *s.* Nierenfett *n*, Talg *m*.

suf·fer ['sʌfə] **I** *v/i.* **1.** leiden (***from*** an *e-r Krankheit etc.*); **2.** leiden (***under*** [*od.* ***from***] unter *dat.*) (*Handel*, *Ruf*, *Maschine etc.*), Schaden leiden, zu Schaden kommen (*a. Person*); **3.** ⚔ Verluste erleiden; **4.** büßen, bezahlen müssen (***for*** für); **5.** hingerichtet werden; **II** *v/t.* **6.** *Strafe*, *Tod*, *Verlust etc.* erleiden, *Durst etc.* leiden, erdulden; **7.** *et. od. j-n* ertragen *od.* aushalten; **8.** a) dulden, (zu)lassen, b) erlauben, gestatten: ***he ~ed himself to be cheated*** er ließ sich betrügen; **'suf·fer·a·ble** [-fərəbl] *adj.* □ erträglich; **'suf·fer·ance** [-fərəns] *s.* **1.** Duldung *f*, Einwilligung *f*: ***on ~*** unter stillschweigender Duldung, nur geduldet(erweise); **2.** *obs.* a) Ergebung *f*, (Er)Dulden *n*, b) Leiden *n*, Not *f*: ***remain in ~*** ✝ weiter Not leiden (*Wechsel*); **'suf·fer·er** [-fərə] *s.* **1.** Leidende(r *m*) *f*, Dulder(in): ***be a ~ by*** (***from***) leiden durch (an *dat.*); **2.** Geschädigte(r *m*) *f*; **3.** Märtyrer(in); **'suf·fer·ing** [-fərɪŋ] **I** *s.* Leiden *n*, Dulden *n*; **II** *adj.* leidend.

suf·fice [sə'faɪs] **I** *v/i.* genügen, (aus)reichen: **~ *it to say*** es genüge zu sagen; **II** *v/t. j-m* genügen.

suf·fi·cien·cy [sə'fɪʃnsɪ] *s.* **1.** Hinlänglichkeit *f*, Angemessenheit *f*; **2.** hinreichende Menge *od.* Zahl: ***a ~ of money*** genug Geld; **3.** hinreichendes Auskommen, auskömmliches Vermögen; **suf'fi·cient** [-nt] **I** *adj.* □ **1.** genügend, genug, aus-, hin-, zureichend (***for*** für): ***be ~*** genügen, (aus)reichen; **~ *reason*** zureichender Grund; ***I am not ~ of a scientist*** ich bin in den Naturwissenschaften nicht bewandert genug; **2.** *obs.* tauglich, fähig; **II** *s.* **3.** F genügende Menge, genug; **suf'fi·cient·ly** [-ntlɪ] *adv.* genügend, genug, hinlänglich.

suf·fix ['sʌfɪks] **I** *s.* **1.** *ling.* Suf'fix *n*, Nachsilbe *f*; **II** *v/t.* **2.** *ling.* als Nachsilbe anfügen; **3.** anfügen, -hängen.

suf·fo·cate ['sʌfəkeɪt] **I** *v/t.* ersticken (*a. fig.*); **II** *v/i.* (***with***) ersticken (an *dat.*), (fast) 'umkommen (vor *dat.*); **'suf·fo·cat·ing** [-tɪŋ] *adj.* □ erstickend, stickig; **suf·fo·ca·tion** [ˌsʌfə'keɪʃn] *s.* Ersticken *n*, Erstickung *f*.

suf·fra·gan ['sʌfrəgən] *eccl.* **I** *adj.* Hilfs…, Suffragan…; **II** *s. a.* **~ bishop** Weihbischof *m*.

suf·frage ['sʌfrɪdʒ] *s.* **1.** *pol.* Wahl-, Stimmrecht *n*: ***female ~*** Frauenstimmrecht; ***universal ~*** allgemeines Wahlrecht; **2.** (Wahl)Stimme *f*; **3.** Abstimmung *f*, Wahl *f*; **4.** Zustimmung *f*; **suf·fra·gette** [ˌsʌfrə'dʒet] *s.* Suffra'gette *f*, Stimmrechtlerin *f*.

suf·fuse [sə'fjuːz] *v/t.* **1.** über'strömen, benetzen; über'gießen, -'ziehen, bedekken (***with*** mit *e-r Farbe*); durch'fluten (*Licht*): ***a face ~d with blushes*** ein von Schamröte übergossenes Gesicht; **2.** *fig.* (er)füllen; **suf'fu·sion** [-juːʒn] *s.* **1.** Über'gießen *n*, -'flutung *f*; **2.** 'Überzug *m*; **3.** ⚕ 'Blutunterˌlaufung *f*; **4.** *fig.* Schamröte *f*.

sug·ar ['ʃʊgə] **I** *s.* **1.** Zucker *m* (*a.* ⚗, *physiol.*); **2.** ⚗ 'Kohlehyˌdrat *n*; **3.** *fig.* honigsüße Worte *pl.*; **4.** *sl.* ‚Zaster' *m* (*Geld*); **5.** F ‚Schätzchen' *n*; **II** *v/t.* **6.** zuckern, süßen; (über)'zuckern; **7.** *a.* ***~ over*** *fig.* a) versüßen, b) über'tünchen; **~ ba·sin** *s. Brit.* Zuckerdose *f*; **~ beet** *s.* ⚘ Zuckerrübe *f*; **~ bowl** *s. Am.* Zukkerdose *f*; **~ can·dy** *s.* Kandis(zucker) *m*; **~ cane** *s.* ⚘ Zuckerrohr *n*; **'~-coat** *v/t.* mit Zuckerguß über'ziehen; verzukkern (*a. fig.*): ***~ed pill*** Dragée *n*, verzuckerte Pille (*a. fig.*); **'~-ˌcoat·ing** *s.* **1.** Über'zuckerung *f*, Zuckerguß *m*; **2.** *fig.* Versüßen *n*; Beschönigung *f*; **~ dad·dy** *s.* alter ‚Knacker', der ein junges Mädchen aushält.

sug·ared ['ʃʊgəd] *adj.* **1.** gezuckert, gesüßt; **2.** mit Zuckerguß; **3.** *fig.* (honig)süß.

sug·ar| loaf *s.* Zuckerhut *m*; **~ ma·ple** *s.* ⚘ Zuckerahorn *m*; **'~·plum** *s.* **1.** Bon'bon *m*, *n*, Süßigkeit *f*; **2.** *fig.* Lockspeise *f*, Schmeiche'lei *f*; **~ re·fin·er·y** *s.* 'Zuckerraffineˌrie *f*; **~ tongs** *s. pl.* Zukkerzange *f*.

sug·ar·y ['ʃʊgərɪ] *adj.* **1.** zuckerhaltig, zuck(e)rig, süß; **2.** süßlich (*a. fig.*); **3.** *fig.* zuckersüß.

sug·gest [sə'dʒest] *v/t.* **1.** *et. od. j-n* vorschlagen, empfehlen; *et.* anregen; *et.* nahelegen (***to*** *dat.*); **2.** *Idee etc.* eingeben, -flüstern, suggerieren: ***the idea ~s itself*** der Gedanke drängt sich auf (***to*** *dat.*); **3.** hindeuten, -weisen, schließen lassen auf (*acc.*); **4.** denken lassen *od.* erinnern *od.* gemahnen an (*acc.*); **5.** *et.* andeuten, anspielen auf (*acc.*); zu verstehen geben (***that*** daß); **6.** behaupten, meinen (***that*** daß); **sug'gest·i·ble** [-təbl] *adj.* **1.** beeinflußbar, sugge'stibel; **2.** suggerierbar; **sug'ges·tion** [-tʃn] *s.* **1.** Vorschlag *m*, Anregung *f*: ***at the ~ of*** auf Vorschlag von (*od. gen.*); **2.** Wink *m*, Hinweis *m*; **3.** Spur *f*, I'dee *f*: ***not even a ~ of fatigue*** nicht die leiseste Spur von Müdigkeit; **4.** Vermutung *f*: ***a mere ~***; **5.** Erinnerung *f* (***of*** an *acc.*); **6.** Andeutung *f*, Anspielung *f* (***of*** auf *acc.*); **7.** Suggesti'on *f*, Beeinflussung *f*; **8.** Eingebung *f*, -flüsterung *f*; **sug'ges·tive** [-tɪv] *adj.* ☐ **1.** anregend, gehaltvoll; **2.** (***of***) andeutend (*acc.*), erinnernd (an *acc.*): ***be ~ of*** → ***suggest*** 3, 4; **3.** vielsagend; *b.s.* zweideutig, schlüpfrig; **4.** *psych.* sugge'stiv; **sug'ges·tive·ness** [-tɪvnɪs] *s.* **1.** *das* Anregende *od.* Vielsagende, Gedanken-, Beziehungsreichtum *m*; **2.** Schlüpfrigkeit *f*, Zweideutigkeit *f*.

su·i·cid·al [sjʊɪ'saɪdl] *adj.* ☐ selbstmörderisch (*a. fig.*), Selbstmord…; **su·i·cide** ['sjʊɪsaɪd] **I** *s.* **1.** Selbstmord *m* (*a. fig.*), Freitod *m*: ***commit ~*** Selbstmord begehen; **2.** Selbstmörder(in); **II** *adj.* **3.** Selbstmord…

su·int [swɪnt] *s.* Wollfett *n*.

suit [suːt] **I** *s.* **1.** Satz *m*, Garni'tur *f*: ***~ of armo(u)r*** Rüstung *f*; **2.** a) *a.* ***~ of clothes*** (Herren)Anzug *m*, b) ('Damen)Koˌstüm *n*: ***cut one's ~ according to one's cloth*** *fig.* sich nach der Decke strecken; **3.** *Kartenspiel*: Farbe *f*: ***long ~*** lange Hand; ***follow ~*** a) Farbe bekennen, b) *fig.* ‚nachziehen', dasselbe tun, j-s Beispiel folgen; **4.** ⚖ Rechtsstreit *m*, Pro'zeß *m*, Klage(sache) *f*; **5.** Werbung *f*, (Heirats)Antrag *m*; **6.** Anliegen *n*, Bitte *f*; **II** *v/t.* **7.** (***to***) anpassen (*dat. od.* an *acc.*), einrichten (nach): ***~ the action to the word*** das Wort in die Tat umsetzen; ***~ one's style to*** sich im Stil nach *dem Publikum* richten; ***a task ~ed to his powers*** e-e s-n Kräften angemessene Aufgabe; **8.** entsprechen (*dat.*): ***~ s.o.'s purpose***; **9.** passen zu; *j-m* stehen, *j-n* kleiden; **10.** passen für, sich eignen zu *od.* für; → ***suited*** 1; **11.** sich schicken *od.* ziemen für *j-n*; **12.** *j-m* bekommen, zusagen (*Klima*, *Speise etc.*); **13.** *j-m* gefallen, *j-n* zufriedenstellen: ***try to ~ everybody*** es allen Leuten recht machen wollen; ***~ o.s.*** nach Belieben handeln; ***~ yourself*** mach, was du willst; ***are you ~ed?*** haben Sie et. Passendes gefunden?; **14.** *j-m* recht sein *od.* passen; **III** *v/i.* **15.** passen, (an)genehm sein; **16.** (***with***, ***to***) passen (zu), über'einstimmen (mit); **suit·a·bil·i·ty** [ˌsuː-

tə'bɪlətɪ] *s.* **1.** Eignung *f*; **2.** Angemessenheit *f*; **3.** Schicklichkeit *f*; **'suit·a·ble** [-təbl] *adj.* □ passend, geeignet; angemessen (*to*, *for* für, zu): ***be ~*** a) passen, sich eignen, b) sich schicken; **'suit·a·ble·ness** [-təblnɪs] → ***suitability***.

'suit·case *s.* Handkoffer *m*.

suite [swi:t] *s.* **1.** Gefolge *n*; **2.** Folge *f*, Reihe *f*, Serie *f*; **3.** *a.* ***~ of rooms*** a) Suite *f*, Zimmerflucht *f*, b) Apparte'ment *n*; **4.** ('Möbel)Garni,tur *f*, (Zimmer)Einrichtung *f*; **5.** Fortsetzung *f* (*Roman etc.*); **6.** ♪ Suite *f*.

suit·ed ['su:tɪd] *adj.* **1.** passend, geeignet (*to*, *for* für): ***he is not ~ for*** (*od.* ***to be***) ***a teacher*** er eignet sich nicht zum Lehrer; **2.** *in Zssgn*: gekleidet; **'suit·ing** [-ɪŋ] *s.* Anzugstoff *m*.

suit·or ['su:tə] *s.* **1.** Freier *m*; **2.** ⚖ Kläger *m*, (Pro'zeß)Par,tei *f*; **3.** Bittsteller *m*.

sulfa drugs, **sul·fate** *etc.* → ***sulpha drugs***, ***sulphate*** *etc.*

sulk [sʌlk] **I** *v/i.* schmollen (***with*** mit), trotzen, schlechter Laune *od.* ‚eingeschnappt' sein; **II** *s. mst pl.* Schmollen *n*, (Anfall *m* von) Trotz *m*, schlechte Laune: ***be in the ~s*** → I; **'sulk·i·ness** [-kɪnɪs] *s.* Schmollen *n*, Trotzen *n*, schlechte Laune, mürrisches Wesen; **'sulk·y** [-kɪ] **I** *adj.* □ **1.** mürrisch, launisch; **2.** schmollend, trotzend; **3.** *Am.* für 'eine Per'son (bestimmt): ***a ~ set of China***; **4.** ✓, ⚙ *Am. Pflug* mit Fahrersitz; **II** *s.* **5.** a) zweirädriger, einsitziger Einspänner, b) *sport* Sulky *n*, Traberwagen *m*.

sul·len ['sʌlən] *adj.* □ **1.** mürrisch, grämlich, verdrossen; **2.** düster (*Miene*, *Landschaft etc.*); **3.** 'widerspenstig, störrisch (*bsd. Tiere u. Dinge*); **4.** langsam, träge (*Schritt etc.*); **'sul·len·ness** [-nɪs] *s.* **1.** mürrisches Wesen, Verdrossenheit *f*; **2.** Düsterkeit *f*; **3.** 'Widerspenstigkeit *f*; **4.** Trägheit *f*.

sul·ly ['sʌlɪ] *v/t. mst fig.* besudeln, beflecken.

sul·pha drugs ['sʌlfə] *s. pl.*, *pharm.* Sulfona'mide *pl*.

sul·phate ['sʌlfeɪt] ⚗ **I** *s.* schwefelsaures Salz, Sul'fat *n*: ***~ of copper*** Kupfervitriol *n*, -sulfat; **II** *v/t.* sulfatieren; **'sul·phide** [-faɪd] *s.* ⚗ Sul'fid *n*; **'sul·phite** [-faɪt] *s.* ⚗ schwefeligsaures Salz, Sul'fit *n*.

sul·phur ['sʌlfə] *s.* **1.** ⚗ Schwefel *m*; **2.** *a.* ***~ yellow*** Schwefelgelb *n* (*Farbe*); **3.** *zo. ein* Weißling *m* (*Falter*); **'sul·phu·rate** [-fjʊreɪt] → ***sulphurize***; **sul·phu·re·ous** [sʌl'fjʊərɪəs] *adj.* **1.** schwef(e)lig, schwefelhaltig, Schwefel...; **2.** schwefelfarben; **'sul·phu·ret** [-fjʊret] ⚗ **I** *s.* Sul'fid *n*; **II** *v/t.* schwefeln: ***~ted*** geschwefelt; ***~ted hydrogen*** Schwefelwasserstoff *m*; **sul·phu·ric** [sʌl'fjʊərɪk] *adj.* ⚗ Schwefel...; **'sul·phu·rize** [-jʊəraɪz] ⚗, ⚙ *v/t.* **1.** schwefeln; **2.** vulkanisieren; **'sul·phu·rous** [-fərəs] *adj.* **1.** ⚗ → ***sulphureous***; **2.** *fig.* hitzig, heftig.

sul·tan ['sʌltən] *s.* Sultan *m*; **sul·tan·a** [sʌl'tɑ:nə] *s.* **1.** Sultanin *f*; **2.** [səl'tɑ:nə] *a.* ***~ raisin*** ⚘ Sulta'nine *f*; **'sul·tan·ate** [-tənɪt] *s.* Sulta'nat *n*.

sul·tri·ness ['sʌltrɪnɪs] *s.* Schwüle *f*; **sul·try** ['sʌltrɪ] *adj.* □ **1.** schwül (*a. fig. erotisch*); **2.** *fig.* heftig, heiß, hitzig (*Temperament etc.*).

sum [sʌm] **I** *s.* **1.** *allg.* Summe *f*: a) *a.* ***~ total*** (Gesamt-, End)Betrag *m*, b) (Geld)Betrag *m*, c) *fig.* Ergebnis *n*, d) *fig.* Gesamtheit *f*: ***in ~*** insgesamt, *fig.* mit 'einem Wort; **2.** F a) Rechenaufgabe *f*, b) *pl.* Rechnen *n*: ***do ~s*** rechnen; ***he is good at ~s*** er kann gut rechnen; **3.** *fig.* Inbegriff *m*, Kern *m*, Sub'stanz *f*; **4.** Zs.-fassung *f*; **II** *v/t.* **5.** *a.* ***~ up*** summieren, zs.-zählen; **6.** ***~ up*** *Ergebnis* ausmachen; **7.** ***~ up*** *fig.* (kurz) zs.-fassen, rekapitulieren; **8.** ***~ up*** (kurz) ein-, abschätzen, (mit Blicken) messen; **III** *v/i.* **9.** ***~ up*** (das Gesagte) zs.-fassen, resümieren.

sum·ma·ri·ness ['sʌmərɪnɪs] *s.* *das* Sum'marische, Kürze *f*; **'sum·ma·rize** [-raɪz] *v/t. u. v/i.* (kurz) zs.-fassen; **'sum·ma·ry** [-rɪ] **I** *s.* Zs.-fassung *f*, (gedrängte) 'Übersicht, Abriß *m*, (kurze) Inhaltsangabe; **II** *adj.* sum'marisch: a) knapp, gedrängt, b) ⚖ abgekürzt, Schnell...: ***~ procedure***; ***~ offence*** Übertretung *f*; ***~ dismissal*** fristlose Entlassung; **sum·ma·tion** [sʌ'meɪʃn] *s.* **1.** a) Zs.-zählen *n*, b) Summierung *f*, c) (Gesamt)Summe *f*; **2.** ⚖ Resü'mee *n*.

sum·mer[1] ['sʌmə] **I** *s.* **1.** Sommer *m*: ***in*** (***the***) ***~*** im Sommer; **2.** Lenz *m* (*Lebensjahr*): ***a lady of 20 ~s***; **II** *v/t.* **3.** *Vieh etc.* über'sommern lassen; **III** *v/i.* **4.** den Sommer verbringen; **IV** *adj.* **5.** Sommer...

sum·mer[2] ['sʌmə] *s.* △ **1.** Oberschwelle *f*; **2.** Trägerbalken *m*; **3.** Tragstein *m auf Pfeilern*.

'sum·mer|·house *s.* **1.** Gartenhaus *n*, (-)Laube *f*; **2.** Landhaus *n*; **~ light·ning** *s.* Wetterleuchten *n*.

'sum·mer·like [-laɪk], **sum·mer·ly** ['sʌməlɪ] *adj.* sommerlich.

sum·mer| re·sort *s.* Sommerfrische *f*, -kurort *m*; **~ school** *s. bsd. univ.* Ferien-, Sommerkurs *m*; ~ **term** *s. univ.* 'Sommerse,mester *n*; '~**·time** *s.* Sommer *m*, Sommerzeit *f*; ~ **time** *s.* Sommerzeit *f* (*Uhrzeit*).

sum·mer·y ['sʌmərı] *adj.* sommerlich.

,sum·ming-'up [,sʌmıŋ-] (kurze) Zs.-fassung, Resü'mee *n* (*a.* ⚖).

sum·mit ['sʌmıt] *s.* **1.** Gipfel *m* (*a. fig. pol.*), Kuppe *f e-s Berges*: ~ ***conference*** *pol.* Gipfelkonferenz *f*; **2.** Scheitel *m e-r Kurve etc.*; Kappe *f*, Krone *f e-s Dammes etc.*; **3.** *fig.* Gipfel *m*, Höhepunkt *m*: ***at the ~ of power*** auf dem Gipfel der Macht; **4.** höchstes Ziel; '**sum·mit·ry** [-trı] *s. pol.* 'Gipfelpoli,tik *f*.

sum·mon ['sʌmən] *v/t.* **1.** auffordern, -rufen (***to do*** *et.* zu tun); **2.** rufen, kommen lassen, (her)zitieren; **3.** ⚖ vorladen; **4.** *Konferenz etc.* zs.-rufen, einberufen; **5.** *oft* ~ ***up*** *Kräfte*, *Mut etc.* zs.-nehmen, zs.-raffen, aufbieten; '**sum·mon·er** [-nə] *s.* (*hist.* Gerichts)Bote *m*; '**sum·mons** [-nz] *s.* **1.** Ruf *m*, Berufung *f*; **2.** Aufforderung *f*, Aufruf *m*; **3.** ⚖ (Vor)Ladung *f*: ***take out a ~ against s.o.*** j-n (vor)laden lassen; **4.** Einberufung *f*.

sump [sʌmp] *s.* **1.** Sammelbehälter *m*, Senkgrube *f*; **2.** ⚙, *mot.* Ölwanne *f*; **3.** ⚒ (Schacht)Sumpf *m*.

sump·ter ['sʌmptə] **I** *s.* Saumtier *n*; **II** *adj.* Pack...: ~ ***horse***; ~ ***saddle.***

sump·tion ['sʌmpʃn] *s. phls.* **1.** Prä'misse *f*; **2.** Obersatz *m*.

sump·tu·ar·y ['sʌmptjʊərı] *adj.* Aufwands..., Luxus...; '**sump·tu·ous** [-əs] *adj.* □ **1.** kostspielig; **2.** kostbar, prächtig, herrlich; **3.** üppig; '**sump·tu·ous·ness** [-əsnıs] *s.* **1.** Kostspieligkeit *f*; **2.** Pracht *f*; Aufwand *m*, Luxus *m*.

sun [sʌn] **I** *s.* **1.** Sonne *f*: ***a place in the ~*** *fig.* ein Platz an der Sonne; ***under the ~*** *fig.* unter der Sonne, auf Erden; ***with the ~*** bei Tagesanbruch; ***his ~ is set*** *fig.* sein Stern ist erloschen; **2.** Sonne *f*, Sonnenwärme *f*, -licht *n*, -schein *m*: ***have the ~ in one's eyes*** die Sonne genau im Gesicht haben; **3.** *poet.* a) Jahr *n*, b) Tag *m*; **II** *v/t. u. v/i.* **4.** (sich) sonnen; **,~-and-'plan·et (gear)** *s.* ⚙ Pla'netengetriebe *n*; '**~·baked** *adj.* von der Sonne ausgedörrt *od.* getrocknet; ~ **bath** *s.* Sonnenbad *n*; '**~·bathe** *v/i.* Sonnenbäder *od.* ein Sonnenbad nehmen; '**~·beam** *s.* Sonnenstrahl *m*; ~ **blind** *s. Brit.* Mar'kise *f*; '**~·burn** *s.* **1.** Sonnenbrand *m*; **2.** Sonnenbräune *f*; '**~·burned**, '**~·burnt** *adj.* **1.** sonn(en)verbrannt: ***be ~*** *a.* e-n Sonnenbrand haben; **2.** sonnengebräunt; '**~·burst** *s.* **1.** plötzlicher 'Durchbruch der Sonne; **2.** Sonnenbanner *n* (*Japans*).

sun·dae ['sʌndeı] *s.* Eisbecher *m*.

Sun·day ['sʌndı] **I** *s.* **1.** Sonntag *m*: ***on ~*** (am) Sonntag; ***on ~(s)*** sonntags; ~ ***evening***, ~ ***night*** Sonntagabend *m*; **II** *adj.* **2.** sonntäglich, Sonntags...: ~ ***best*** F Sonntagsstaat *m*, -kleider *pl.*; ~ ***school*** *eccl.* Sonntagsschule *f*; **3.** F Sonntags...: ~ ***driver***, ~ ***painter***.

sun·der ['sʌndə] *poet.* **I** *v/t.* **1.** trennen, sondern (***from*** von); **2.** *fig.* entzweien; **II** *v/i.* **3.** sich trennen; **III** *s.* **4.** ***in ~*** entzwei, auseinander.

'**sun|·di·al** *s.* Sonnenuhr *f*; '**~·down** → ***sunset***; '**~,down·er** *s.* F **1.** *Austral.* Landstreicher *m*; **2.** Dämmerschoppen *m*.

sun·dries ['sʌndrız] *s. pl.* Di'verses *n*, Verschiedenes *n*, allerlei Dinge; di'verse Unkosten; **sun·dry** ['sʌndrı] *adj.* verschiedene, di'verse, allerlei, -hand: ***all and ~*** all u. jeder, alle miteinander.

'**sun|·fast** *adj. Am.* lichtecht; '**~·flow·er** *s.* Sonnenblume *f*.

sung [sʌŋ] *pret. u. p.p. von* ***sing***.

'**sun|,glass·es** *s. pl. a.* ***pair of ~*** Sonnenbrille *f*; '**~·glow** *s.* **1.** Morgen- *od.* Abendröte *f*; **2.** Sonnenhof *m*; ~ **god** *s.* Sonnengott *m*; ~ **hel·met** *s.* Tropenhelm *m*.

sunk [sʌŋk] **I** *pret. u. p.p. von* ***sink***; **II** *adj.* **1.** vertieft; **2.** *bsd.* ⚙ eingelassen, versenkt: ~ ***screw***; '**sunk·en** [-kn] **I** *obs. p.p. von* ***sink***; **II** *adj.* **1.** versunken; **2.** eingesunken: ~ ***rock*** blinde Klippe; **3.** tiefliegend, vertieft (angelegt); **4.** ⚙ → ***sunk*** 2; **5.** *fig.* hohl (*Augen*, *Wangen*), eingefallen (*Gesicht*).

sun| lamp *s.* **1.** ⚕ Ultravio'lettlampe *f*; **2.** *Film*: Jupiterlampe *f*; '**~·light** *s.* Sonnenschein *m*, -licht *n*; '**~·lit** *adj.* sonnenbeschienen.

sun·ni·ness ['sʌnınıs] *fig. das* Sonnige; **sun·ny** ['sʌnı] *adj.* □ sonnig (*a. fig. Gemüt*, *Lächeln etc.*), Sonnen...: ~ ***side*** Sonnenseite *f* (*a. fig. des Lebens*), *fig. a. die* heitere Seite; ***be on the ~ side of forty*** noch nicht 40 (Jahre alt) sein.

sun| par·lor, ~ **porch** *s. Am.* 'Glasve,randa *f*; ~ **pow·er** *s. phys.* 'Sonnenener,gie *f*; '**~·proof** *adj.* **1.** für Sonnenstrahlen 'un,durchlässig; **2.** lichtfest; '**~·rise** *s.* (***at ~*** bei) Sonnenaufgang *m*; '**~·roof** *s.* **1.** 'Dachter,rasse *f*; **2.** *mot.* Schiebedach *n*; '**~·set** *s.* (***at ~*** bei) 'Sonnen,untergang *m*: ~ ***of life*** *fig.* Lebensabend *m*; '**~·shade** *s.* **1.** Sonnenschirm *m*; **2.** Mar'kise *f*; **3.** *phot.* Gegenlichtblende *f*; **4.** *pl.* Sonnenbrille *f*; **'~·shine** *s.* Sonnenschein *m* (*a. fig.*); sonniges Wetter: **~ *roof*** *mot.* Schiebedach *n*; **~ show·er** *s.* F leichter Schauer bei Sonnenschein; **~ spot** *s.* **1.** *ast.* Sonnenfleck *m*; **2.** Sommersprosse *f*; **3.** *Brit.* F sonnige Gegend; **'~·stroke** *s.* ⚕ Sonnenstich *m*; **'~-struck** *adj.*: ***be ~*** e-n Sonnenstich haben; **'~·tan** *s.* (Sonnen-) Bräune *f*: **~ *lotion*** Sonnenöl *n*; **'~·trap** *s.* sonniges Plätzchen; **'~·up** *s. dial.* Sonnenaufgang *m*; **~ vi·sor** *s. mot.* Sonnenblende *f*; **~ wor·ship·(p)er** *s.* Sonnenanbeter *m*.

sup¹ [sʌp] *v/i. obs.* zu Abend essen (***off*** *od.* ***on s.th.*** et).

sup² [sʌp] **I** *v/t. a.* **~ *off***, **~ *out*** löffeln, schlürfen: **~ *sorrow*** *fig.* leiden; **II** *v/i.* nippen, löffeln; **III** *s.* Mundvoll *m*, kleiner Schluck: ***a bite and a ~*** et. zu essen u. zu trinken; ***neither bit*** (*od.* ***bite***) ***nor ~*** nichts zu nagen u. zu beißen.

super- [su:pə] *in Zssgn* a) 'übermäßig, Über…, über…, b) oberhalb (von *od. gen.*) *od.* über (*dat.*) befindlich, c) Super… (*bsd. in wissenschaftlichen Ausdrücken*), d) 'übergeordnet, Ober…

su·per ['su:pə] **I** *s.* **1.** F *für* a) ***superintendent***, b) ***supernumerary***, c) ***superhet***(***erodyne***); **2.** ✝ F a) Spitzenklasse *f*, b) Quali'tätsware *f*; **II** *adj.* **3.** *a. iro.* Super…; **4.** F ‚super', ‚toll'; **III** *v/i. thea.* als Sta'tist(in) mitspielen.

su·per·a·ble ['su:pərəbl] *adj.* über'windbar, besiegbar.

ˌsu·per|·a'bound [-ərə-] *v/i.* **1.** im 'Überfluß vor'handen sein; **2.** Überfluß *od.* e-e 'Überfülle haben (***in***, ***with*** an *dat.*); **ˌ~·a'bun·dance** [-ərə-] *s.* 'Überfülle *f*, -fluß *m* (***of*** an *dat.*); **ˌ~·a'bun·dant** [-ərə-] *adj.* □ **1.** 'überreichlich; **2.** 'überschwenglich; **ˌ~'add** [-ər'æd] *v/t.* noch hin'zufügen (***to*** zu): ***be ~ed*** (***to***) noch dazukommen (zu *et.*).

su·per|·an·nu·ate [ˌsu:pə'rænjʊeɪt] *v/t.* **1.** pensionieren, in den Ruhestand versetzen; **2.** (als zu alt *od.* als veraltet) ausscheiden *od.* zurückweisen; **ˌ~'an·nu·at·ed** [-tɪd] *adj.* **1.** a) pensioniert, b) über'altert (*Person*); **2.** veraltet, über'holt; **3.** ausgedient (*Sache*); **~·an·nu·a·tion** ['su:pəˌrænjʊ'eɪʃn] *s.* **1.** Pensionierung *f*; **2.** Ruhestand *m*; **3.** (Alters)Rente *f*, Ruhegeld *n*, Pensi'on *f*: **~ *fund*** Pensionskasse *f*.

su·perb [sju:'pɜ:b] *adj.* □ **1.** herrlich, prächtig; **2.** vor'züglich.

ˌsu·per|'cal·en·der ⚙ **I** *s.* 'Hochkaˌlander *m*; **II** *v/t. Papier* hochsatinieren; **'~ˌcar·go** *s.* Frachtaufseher *m*, Super'kargo *m*; **'~·charge** *v/t.* **1.** über'laden; **2.** ⚙, *mot.* vor-, 'überverdichten: ***~d engine*** Lader-, Kompressormotor *m*; **'~ˌcharg·er** *s.* ⚙ Kom'pressor *m*, Gebläse *n*.

su·per·cil·i·ous [ˌsu:pə'sɪlɪəs] *adj.* □ hochmütig, her'ablassend; **ˌsu·per'cil·i·ous·ness** [-nɪs] *s.* Hochmut *m*, Hochnäsigkeit *f*.

ˌsu·per|·con'duc·tive *adj. phys.* supraleitend; **ˌ~·con'duc·tor** *s. phys.* Supraleiter *m*; **ˌ~-'du·ty** *adj.* ⚙ Höchstleistungs…; **ˌ~·el·e'va·tion** [-əre-] *s.* ⚙ Über'höhung *f*; **ˌ~'em·i·nence** [-ər'e-] *s.* **1.** Vorrang(stellung *f*) *m*; **2.** über'ragende Bedeutung *od.* Quali'tät, Vortrefflichkeit *f*.

su·per·er·o·ga·tion ['su:pərˌerə'geɪʃn] *s.* Mehrleistung *f*: ***works of ~*** *eccl.* überschüssige (gute) Werke; ***work of ~*** *fig.* Arbeit über die Pflicht hinaus; **su·per·e·rog·a·to·ry** [ˌsu:pəre'rɒgətərɪ] *adj.* **1.** über das Pflichtmaß hin'ausgehend, 'übergebührlich; **2.** 'überflüssig.

su·per·fi·ci·al [ˌsu:pə'fɪʃl] *adj.* □ **1.** oberflächlich, Oberflächen…; **2.** Flächen…, Quadrat…: **~ *measurement*** Flächenmaß *n*; **3.** äußerlich, äußer: **~ *characteristics***; **4.** *fig.* oberflächlich: a) flüchtig, b) *contp.* seicht; **su·per·fi·ci·al·i·ty** ['su:pəˌfɪʃɪ'ælətɪ] *s.* **1.** Oberflächenlage *f*; **2.** *fig.* Oberflächlichkeit *f*; **su·per·fi·ci·es** [ˌsu:pə'fɪʃi:z] *s.* **1.** (Ober)Fläche *f*; **2.** *fig.* Oberfläche *f*, äußerer Anschein.

'su·per|-film *s.* Monumen'talfilm *m*; **ˌ~'fine** *adj.* **1.** *bsd.* ✝ extra-, hochfein; **2.** über'feinert.

su·per·flu·i·ty [ˌsu:pə'flʊətɪ] *s.* **1.** 'Überfluß *m*, Zu'viel *n* (***of*** an *dat.*); **2.** *mst pl.* Entbehrlichkeit *f*, 'Überflüssigkeit *f*; **su·per·flu·ous** [su:'pɜ:flʊəs] *adj.* □ 'überflüssig.

ˌsu·per|'heat *v/t.* ⚙ über'hitzen; **'~ˌhe·ro** *s.* Superheld *m*; **'~·het** [-het], **ˌ~'het·er·o·dyne** [-'hetərədaɪn] **I** *adj.* Überlagerungs…, Superhet…; **II** *s.* Über'lagerungsempfänger *m*, Super(het) *m*; **'~·high fre·quen·cy** *s.* ⚡ 'Höchstfreˌquenz(bereich *m*) *f*; **ˌ~'high·way** *s. Am.* Autobahn *f*; **ˌ~'hu·man** *adj.* 'übermenschlich: **~ *beings***; **~ *efforts***; **ˌ~·im'pose** [-ərɪ-] *v/t.* **1.** dar'auf-, dar'übersetzen *od.* -legen; **2.** setzen, legen, lagern (***on*** auf, über *acc.*): ***one ~d on the other*** übereinandergelagert; **3.** (***on***) hin'zufügen (zu), folgen lassen (*dat.*); **4.** ⚡, *phys.* über'lagern; **5.** *Film etc.*: 'durch-, einblenden, einkopieren.

su·per·in·tend [ˌsuːpərɪnˈtend] *v/t.* die (Ober)Aufsicht haben über (*acc.*), beaufsichtigen, überˈwachen, leiten; ˌ**su·per·inˈtend·ence** [-dəns] *s.* (Ober-) Aufsicht *f* (***over*** über *acc.*), Leitung *f* (***of*** *gen.*); ˌ**su·per·inˈten·dent** [-dənt] **I** *s.* **1.** Leiter *m*, Vorsteher *m*, Diˈrektor *m*: ***~ of public works***; **2.** Oberaufseher *m*, Aufsichtsbeamte(r) *m*, Inˈspektor *m*: ***~ of schools***; **3.** a) *Brit. etwa* ˈHauptkommisˌsar *m*, b) *Am.* Poliˈzeichef *m*; **4.** *eccl.* Superintenˈdent *m*; **5.** Hausverwalter *m*; **II** *adj.* **6.** aufsichtführend, leitend, Aufsichts...

su·pe·ri·or [suːˈpɪərɪə] **I** *adj.* □ **1.** höherliegend, ober: ***~ planets*** *ast.* äußere Planeten; ***~ wings*** *zo.* Flügeldecken; **2.** höher(stehend), Ober..., vorgesetzt: ***~ court*** ⚖ höhere Instanz; ***~ officer*** vorgesetzter *od.* höherer Beamter *od.* Offizier, Vorgesetzte(r) *m*; **3.** überˈlegen, -ˈragend: ***~ man***; ***~ skill***; → ***style*** 1b; **4.** besser (***to*** als), herˈvorragend, erlesen: ***~ quality***; **5.** (***to***) größer, stärker (als), überˈlegen (*dat.*): ***~ forces*** ⚔ Übermacht *f*; ***~ in number*** zahlenmäßig überlegen, in der Überzahl; **6.** *fig.* erhaben (***to*** über *acc.*): ***~ to prejudice***; ***rise ~ to*** sich über *et.* erhaben zeigen; **7.** *fig.* überˈlegen, -ˈheblich: ***~ smile***; **8.** *iro.* vornehm: ***~ persons*** bessere *od.* feine Leute; **9.** *typ.* hochgestellt; **II** *s.* **10.** ***be s.o.'s ~*** j-m überlegen sein (***in*** im *Denken etc.*, an *Mut etc.*); **11.** Vorgesetzte(r *m*) *f*; **12.** *eccl.* a) Suˈperior *m*, b) *mst* ***lady ~*** Oberin *f*; **su·pe·ri·or·i·ty** [suːˌpɪərɪˈɒrətɪ] *s.* **1.** Erhabenheit *f* (***to***, ***over*** über *acc.*); **2.** Überˈlegenheit *f*, ˈÜbermacht *f* (***to***, ***over*** über *acc.*, ***in*** in *od.* an *dat.*); **3.** Vorrecht *n*, -rang *m*, -zug *m*; **4.** Überˈheblichkeit *f*: ***~ complex*** *psych.* Superioritätskomplex *m*.

su·per·la·tive [suːˈpɜːlətɪv] **I** *adj.* □ **1.** höchst; **2.** überˈragend, ˈunüberˌtrefflich; **3.** *ling.* superlativisch, Superlativ...: ***~ degree*** → 5; **II** *s.* **4.** höchster Grad, Gipfel *m*; *contp.* Ausbund *m* (***of*** von *od.* an *dat.*); **5.** *ling.* Superlativ *m*: ***talk in ~s*** *fig.* in Superlativen reden.

ˈ**su·per|·man** [-mæn] *s.* [*irr.*] **1.** ˈÜbermensch *m*; **2.** a) ♀ *ein Comics-Held*, b) *iro.* Supermann *m*; ˈ**~ˌmar·ket** *s.* Supermarkt *m*; ˌ**~ˈnat·u·ral** **I** *adj.* □ ˈübernaˌtürlich; **II** *s. das* ˈÜbernaˌtürliche; ˌ**~ˈnor·mal** *adj.* □ **1.** ˈüberˌdurchschnittlich; **2.** außer-, ungewöhnlich; ˌ**~ˈnu·mer·ar·y** [-ˈnjuːmərərɪ] **I** *adj.* **1.** ˈüberzählig, außerplanmäßig, extra; **2.** ˈüberflüssig; **II** *s.* **3.** ˈüberzählige Perˈson *od.* Sache; **4.** außerplanmäßiger Beamter *od.* Offiˈzier; **5.** Hilfskraft *f*, -arbeiter(in); **6.** *thea. etc.* Staˈtist(in); ˌ**~ˈox·ide** [-ərˈɒ-] *s.* ⚗ ˈSuper-, ˈPeroˌxyd *n*; ˌ**~ˈphos·phate** *s.* ⚗ ˈSuperphosˌphat *n*.

su·per·pose [ˌsuːpəˈpəʊz] *v/t.* **1.** (auf)legen, lagern, schichten (***on*** über, auf *acc.*); **2.** übereinˈanderlegen, -lagern (*a.* ⩚); **3.** ⚡ überˈlagern; ˌ**su·per·po·ˈsi·tion** *s.* **1.** Aufschichtung *f*, -lagerung *f*; **2.** Übereinˈandersetzen *n*; **3.** *geol.* Schichtung *f*; **4.** ⚘, ⩚ Superpositiˈon *f*; **5.** ⚡ Überˈlagerung.

ˈ**su·per|ˌpow·er** **I** *s. pol.* Supermacht *f*; **II** *adj.* ⚡ Groß...: ***~ station*** Großkraftwerk *n*; ˈ**~·race** *s.* Herrenvolk *n*.

su·per·sede [ˌsuːpəˈsiːd] *v/t.* **1.** *j-n od. et.* ersetzen (***by*** durch); **2.** *et.* abschaffen, beseitigen, *Gesetz etc.* aufheben; **3.** *j-n* absetzen, s-s Amtes entheben; **4.** *j-n in der Beförderung etc.* überˈgehen; **5.** *et.* verdrängen, ersetzen, ˈüberflüssig machen; **6.** an die Stelle treten von (*od. gen.*), *j-n od. et.* ablösen: ***be ~d by*** abgelöst werden von; ˌ**su·perˈse·de·as** [-dɪæs] *s.* **1.** ⚖ Sistierungsbefehl *m*, ˈWiderruf *m e-r Anordnung*; **2.** *fig.* aufschiebende Wirkung, Hemmnis *n*; ˌ**su·perˈsed·ence** [ˌsuːpəˈsiːdəns] → ***supersession***.

ˌ**su·perˈsen·si·tive** *adj.* ˈüberempfindlich.

ˌ**su·perˈses·sion** *s.* **1.** Ersetzung *f* (***by*** durch); **2.** Abschaffung *f*, Aufhebung *f*; **3.** Absetzung *f*; **4.** Verdrängung *f*.

ˌ**su·per|ˈson·ic** **I** *adj.* **1.** *phys.* Ultraschall...; **2.** ✈ Überschall...: ***~ boom***, ***~ bang*** → ***sonic bang***; ***at ~ speed*** mit Überschallgeschwindigkeit; **II** *s.* **3.** ✈, *phys.* ˈÜberschallflug(zeug *n*) *m*; ˌ**~ˈson·ics** *pl. phys.* a) Ultraschallwellen *pl.*, b) *mst sg. konstr.* Fachgebiet *n* des Ultraschalls; ˈ**~·star** *s.* Superstar *m*; ˈ**~·state** *s. pol.* Supermacht *f*.

su·per·sti·tion [ˌsuːpəˈstɪʃn] *s.* Aberglaube(n) *m*; ˌ**su·perˈsti·tious** [-ʃəs] *adj.* □ abergläubisch; ˌ**su·perˈsti·tious·ness** [-ʃəsnɪs] *s. das* Abergläubische, Aberglaube(n) *m*.

ˌ**su·per|ˈstra·tum** *s.* [*irr.*] **1.** *geol.* obere Schicht; **2.** *ling.* Superˈstrat *n*; ˈ**~ˌstruc·ture** *s.* **1.** Ober-, Aufbau *m*: ***~ work*** Hochbau *m*; **2.** ⚓ (Decks)Aufbauten *pl.*; **3.** *fig.* Oberbau *m*; ˈ**~·tax** *s.* **1.** → ***surtax*** I; **2.** *Brit.* Einkommensteuerzuschlag *m*.

su·per·vene [ˌsuːpəˈviːn] *v/i.* **1.** (noch) hinˈzukommen ([***up***]***on*** zu); **2.** (unvermutet) eintreten, daˈzwischenkommen;

3. (unmittelbar) folgen, sich ergeben; ˌ**su·perˈven·tion** [-ˈvenʃn] *s.* **1.** Hinˈzukommen *n* (***on*** zu); **2.** Daˈzwischenkommen *n*.

su·per·vise [ˈsu:pəvaɪz] *v/t.* beaufsichtigen, überˈwachen, die Aufsicht haben *od.* führen über (*acc.*), kontrollieren; ˌ**su·perˈvi·sion** [-ˈvɪʒn] *s.* **1.** Beaufsichtigung *f*; **2.** (Ober)Aufsicht *f*, Leitung *f*, Konˈtrolle *f* (***of*** über *acc.*): ***police ~*** Polizeiaufsicht; **3.** *ped.* ˈSchulinspektiˈon *f*; ˈ**su·per·vi·sor** [-zə] *s.* **1.** Aufseher *m*, Aufsichtführende(r) *m*, Inˈspektor *m*, Kontrolˈleur *m*; **2.** *Am.* (leitender) Beamter e-s Stadt- *od.* Kreisverwaltungsvorstandes; **3.** *univ.* Doktorvater *m*; ˈ**su·per·vi·so·ry** [-zərɪ] *adj.* Aufsichts…: ***in a ~ capacity*** aufsichtführend.

su·pine[1] [ˈsju:paɪn] *s. ling.* Suˈpinum *n*.

su·pine[2] [sju:ˈpaɪn] *adj.* □ **1.** auf dem Rücken liegend, aus-, hingestreckt: ***~ position*** Rückenlage *f*; **2.** *poet.* zuˈrückgelehnt; **3.** *fig.* (nach)lässig, untätig, träge.

sup·per [ˈsʌpə] *s.* **1.** Abendessen *n*: ***have ~*** zu Abend essen; ***~ club*** *Am.* exklusiver Nachtklub; **2.** ***the ℒ*** *eccl.* a) *a.* ***the Last ℒ*** das letzte Abendmahl, b) *a.* ***the Lord's ℒ*** das heilige Abendmahl, *R.C.* die heilige Kommunion.

sup·plant [səˈplɑ:nt] *v/t. j-n od. et.* verdrängen, *Rivalen etc.* ausstechen.

sup·ple [ˈsʌpl] **I** *adj.* □ **1.** geschmeidig: a) biegsam, b) *fig.* beweglich (*Geist etc.*); **2.** unterˈwürfig; **II** *v/t.* **3.** geschmeidig machen.

sup·ple·ment I *s.* [ˈsʌplɪmənt] **1.** (***to***) Ergänzung *f* (*gen. od.* zu), Zusatz *m* (zu); **2.** Nachtrag *m*, Anhang *m* (*zu e-m Buch*), Ergänzungsband *m*; **3.** (*Zeitungs- etc.*)Beilage *f*; **4.** ⩚ Ergänzung (*auf 180 Grad*); **II** *v/t.* [ˈsʌplɪment] **5.** ergänzen; **sup·ple·ment·al** [ˌsʌplɪˈmentl] *adj.* □, **sup·ple·men·ta·ry** [ˌsʌplɪˈmentərɪ] *adj.* □ **1.** ergänzend, Ergänzungs…, Zusatz…, Nach(trags)…: ***be ~ to*** *et.* ergänzen; ***~ agreement*** *pol.* Zusatzabkommen *n*; ***~ budget, ~ estimates*** Nachtragshaushalt *m*, -etat *m*; ***~ order*** Nachbestellung *f*; ***~ question*** Zusatzfrage *f*; ***~ proceedings*** ⚖ (Zwangs)Vollstreckungsverfahren *n*; ***take a ~ ticket*** (e-e Fahrkarte) nachlösen; **2.** ⩚ supplemenˈtär; **3.** Hilfs…, Ersatz…, Zusatz…; **sup·ple·men·ta·tion** [ˌsʌplɪmenˈteɪʃn] *s.* Ergänzung *f*: a) Nachtragen *n*, b) Nachtrag *m*, Zusatz *m*.

sup·ple·ness [ˈsʌplnɪs] *s.* Geschmeidigkeit *f* (*a. fig.*).

sup·pli·ant [ˈsʌplɪənt] **I** *s.* (demütiger) Bittsteller; **II** *adj.* □ flehend, demütig (bittend).

sup·pli·cant [ˈsʌplɪkənt] → ***suppliant***; **sup·pli·cate** [ˈsʌplɪkeɪt] **I** *v/i.* **1.** demütig *od.* dringlich bitten, flehen (***for*** um); **II** *v/t.* **2.** anflehen, demütig bitten (***s.o. for s.th.*** j-n um et.); **3.** erbitten, erflehen, bitten um; **sup·pli·ca·tion** [ˌsʌplɪˈkeɪʃn] *s.* **1.** demütige Bitte (***for*** um), Flehen *n*; **2.** (Bitt)Gebet *n*; **3.** Bittschrift *f*, Gesuch *n*; ˈ**sup·pli·ca·to·ry** [-ətərɪ] *adj.* flehend, Bitt…

sup·pli·er [səˈplaɪə] *s.* Liefeˈrant(in), *a. pl.* Lieferfirma *f*.

sup·ply[1] [səˈplaɪ] **I** *v/t.* **1.** *Ware,* ⚡ *Strom etc., a. fig. Beweis etc.* liefern; beschaffen, bereitstellen, zuführen; **2.** *j-n* beliefern, versorgen, -sehen, ausstatten; ⚙, ⚡ speisen (***with*** mit); **3.** *Fehlendes* ergänzen; *Verlust* ausgleichen, ersetzen; *Defizit* decken; **4.** *Bedürfnis* befriedigen; *Nachfrage* decken: ***~ a want*** e-m Mangel abhelfen; **5.** *e-e Stelle* ausfüllen, einnehmen; *Amt* vorˈübergehend versehen: ***~ the place of*** *j-n* vertreten; **II** *s.* **6.** Lieferung *f* (***to*** an *acc.*); Beschaffung *f*, Bereitstellung *f*; An-, Zufuhr *f*; **7.** Belieferung *f*, Versorgung *f* (***of*** mit): ***~ of power*** Energie-, Stromversorgung; **8.** ⚙, ⚡ (Netz)Anschluß *m*; **9.** Ergänzung *f*; Beitrag *m*, Zuschuß *m*; **10.** ⚕ Angebot *n*: ***~ and demand*** Angebot und Nachfrage; ***be in short ~*** knapp sein; **11.** *pl.* ⚕ Arˈtikel *pl.*, Bedarf *m*: ***office supplies*** Bürobedarf; **12.** *mst pl.* Vorrat *m*, Lager *n*, Bestand *m*; **13.** *mst pl.* ⚔ Nachschub *m*, Verˈsorgung(smateriˌal *n*) *f*, Proviˈant *m*; **14.** *mst pl. parl.* bewilligter Eˈtat, (ˈAusgabe)Buˌdget *n*: ***Committee of ℒ*** Haushaltsausschuß *m*; **15.** (Amts-, Stell)Vertretung *f*: ***on ~*** in Vertretung, als Ersatz; **16.** (Stell)Vertreter *m* (*Lehrer etc.*); **III** *adj.* **17.** Versorgungs…, Liefer(ungs)…: ***~ house*** Lieferfirma *f*; ***~-side economics*** *pl.* angebotsorientierte Wirtschaftspolitik *sg.*; **18.** ⚔ Versorgungs…(*-bombe, -gebiet, -offizier, -schiff*), Nachschub…: ***~ base*** Versorgungs-, Nachschubbasis *f*; ***~ depot*** Nachschublager *n*; ***~ lines*** Nachschubverbindungen; ***~ sergeant*** Kammerunteroffizier *m*; **19.** ⚙, ⚡ Speise… (*-leitung, -stromkreis etc.*): ***~ pipe*** Zuleitung(srohr *n*) *f*; **20.** Hilfs…, Ersatz…: ***~ teacher*** Hilfslehrer *m*.

sup·ply[2] [ˈsʌplɪ] *adv.* → ***supple***.

sup·port [səˈpɔ:t] **I** *v/t.* **1.** *Gewicht*,

Wand etc. tragen, (ab)stützen, (aushalten; **2.** ertragen, (er)dulden, aushalten; **3.** *j-n* unter'stützen, stärken, *j-m* beistehen, *j-m* Rückendeckung geben; **4.** *sich*, *e-e Familie etc.* er-, unter'halten, sorgen für, ernähren (**on** von): **~ o.s.** für s-n Lebensunterhalt sorgen; **5.** *et.* finanzieren; **6.** *Debatte etc.* in Gang halten; **7.** eintreten für, unter'stützen, fördern, befürworten; **8.** *Theorie etc.* vertreten; **9.** *Anklage, Anspruch etc.* beweisen, erhärten, begründen, rechtfertigen; **10.** ✝ *Währung* decken; **11.** a) *thea. Rolle* spielen, b) als Nebendarsteller auftreten mit *e-m Star etc.*; **II** *s.* **12.** *allg.* Stütze *f*: **walk without ~**; **13.** *bsd.* ⚙ Stütze *f*, Träger *m*, Ständer *m*, Strebe *f*, Absteifung *f*, Bettung *f*; Sta'tiv *n*; ⚠ 'Durchzug *m*; ⚔ (Gewehr-)Auflage *f*; **14.** *fig.* (*a.* ⚔ taktische) Unter'stützung, Beistand *m*: **~ buying** ✝ Stützungskäufe *pl.*; **give ~ to** → 3; **in ~ of s.o.** zur Unterstützung von j-m; **15.** ('Lebens),Unterhalt *m*; **16.** Unter'haltung *f e-r Einrichtung*; **17.** *fig.* Stütze *f*, (Rück)Halt *m*; **18.** Beweis *m*, Erhärtung *f*: **in ~ of** zur Bestätigung (*gen.*); **19.** ⚔ Re'serve *f*, Verstärkung *f*; **20.** *thea.* a) Partner(in) *e-s Stars*, b) Unter'stützung *f e-s Stars durch das Ensemble*, c) En'semble *n*; **sup'port·a·ble** [-təbl] *adj.* □ **1.** haltbar, vertretbar (*Ansicht etc.*); **2.** erträglich, zu ertragen(d); **sup'port·er** [-tə] *s.* **1.** ⚙, ⚠ Stütze *f*, Träger *m*; **2.** Stütze *f*, Beistand *m*, Helfer(in), Unter'stützer(in); **3.** Erhalter(in); **4.** Anhänger(in), Verfechter(-in), Vertreter(in); **5.** ⚕ Tragbinde *f*, Stütze *f*; **sup'port·ing** [-tɪŋ] *adj.* **1.** tragend, stützend, Stütz..., Trag..., *fig. a.* Unterstützungs...: **~ actor** *thea.* Nebendarsteller *m*; **~ cast** *thea. etc.* Ensemble *n*; **~ bout** *Boxen*: Rahmenkampf *m*; **~ fire** ⚔ Unterstützungsfeuer *n*; **~ measures** flankierende Maßnahmen; **~ part** Nebenrolle *f*; **~ program(me)** *Film*: Beiprogramm *n*; **~ purchases** ✝ Stützungskäufe; **~ surfaces** ✈ Tragwerk *n*; **2.** erhärtend: **~ document** Beleg *m*, Unterlage *f*; **~ evidence** ⚖ zusätzliche Beweise *pl.*

sup·pose [sə'pəʊz] **I** *v/t.* **1.** (als möglich *od.* gegeben) annehmen, sich vorstellen: **~** (*od.* **supposing** *od.* **let us ~**) angenommen, gesetzt den Fall; **it is to be ~d that** es ist anzunehmen, daß; **2.** *imp.* (*e-n Vorschlag einleitend*) wie wäre es, wenn *wir e-n Spaziergang machten!*: **~ we went for a walk!**; **~ you meet me at 10 o'clock** ich schlage vor, du triffst mich um 10 Uhr; **3.** vermuten, glauben, meinen: **I don't ~ we shall be back** ich glaube nicht, daß wir zurück sein werden; **they are British, I ~** es sind wohl *od.* vermutlich Engländer; **I ~ so** ich nehme an, wahrscheinlich, vermutlich; **4.** (*mit acc. u. inf.*) halten für: **I ~ him to be a painter**; **he is ~d to be rich** er soll reich sein; **5.** (mit Notwendigkeit) vor'aussetzen: **creation ~s a creator**; **6.** (*pass. mit inf.*) sollen: **isn't he ~d to be at home?** sollte er nicht eigentlich zu Hause sein?; **he is ~d to do** man erwartet *od.* verlangt von ihm, daß er *et.* tut; **what is that ~d to be** (*od.* **mean**) was soll das sein (*od.* heißen)?; **II** *v/i.* **7.** denken, glauben, vermuten; **sup'posed** [-zd] *adj.* □ **1.** angenommen: **a ~ case**; **2.** vermutlich; **3.** vermeintlich, angeblich.

sup·po·si·tion [ˌsʌpə'zɪʃn] *s.* **1.** Vor'aussetzung *f*, Annahme *f*: **on the ~ that** unter der Voraussetzung, daß; **2.** Vermutung *f*, Mutmaßung *f*, Annahme *f*; ˌ**sup·po'si·tion·al** [-ʃənl] *adj.* □ angenommen, hypo'thetisch; **sup·pos·i·ti·tious** [səˌpɒzɪ'tɪʃəs] *adj.* □ **1.** unecht, gefälscht; **2.** 'untergeschoben (*Kind, Absicht etc.*), erdichtet; **3.** → **suppositional.**

sup·pos·i·to·ry [sə'pɒzɪtərɪ] *s.* ⚕ Zäpfchen *n*, Supposi'torium *n*.

sup·press [sə'pres] *v/t.* **1.** *Aufstand etc., a. Gefühl, Lachen etc., a.* ⚡ unter'drükken; **2.** *et.* abstellen, abschaffen; **3.** *Buch* verbieten *od.* unter'drücken; **4.** *Textstelle* streichen; **5.** *Skandal, Wahrheit etc.* verheimlichen, vertuschen, unter'schlagen; **6.** ⚕ *Blutung* stillen, *Durchfall* stopfen; **7.** *psych.* verdrängen; **sup'pres·sant** [-sənt] *s. pharm.* Dämpfungsmittel *n*, (Appe'tit- *etc.*) Zügler *m*; **sup'pres·sion** [-eʃn] *s.* **1.** Unter'drückung *f* (*a. fig. u.* ⚡); **2.** Aufhebung *f*, Abschaffung *f*; **3.** Verheimlichung *f*, Vertuschung *f*; **4.** ⚕ (Blut)Stillung *f*; Stopfung *f*, (Harn)Verhaltung *f*; **5.** *psych.* Verdrängung *f*; **sup'pres·sive** [-sɪv] *adj.* unter'drückend, Unterdrückungs...; **sup'pres·sor** [-sə] *s.* ⚡ a) Sperrgerät *n*, b) Entstörer *m*: **~ grid** Bremsgitter *n*.

sup·pu·rate ['sʌpjʊəreɪt] *v/i.* ⚕ eitern; **sup·pu·ra·tion** [ˌsʌpjʊə'reɪʃn] *s.* Eiterung *f*; '**sup·pu·ra·tive** [-rətɪv] *adj.* eiternd, eitrig, Eiter...

su·pra ['su:prə] (*Lat.*) *adv.* oben (*bei Verweisen in e-m Buch etc.*).

supra- [su:prə] *in Zssgn* über, supra..., Supra...

ˌ**supra|·con'duc·tor** *s. phys.* Supraleiter *m*; ˌ**~'mun·dane** *adj.* 'überweltlich; ˌ**~'nas·al** *adj. anat.* über der Nase (befindlich); ˌ**~'re·nal** *s. anat.* Nebenniere(ndrüse) *f*.

su·prem·a·cy [sʊ'preməsɪ] *s.* **1.** Oberhoheit *f*: a) *pol.* höchste Gewalt, Souveräni'tät *f*, b) Supre'mat *m*, *n* (*in Kirchensachen*); **2.** *fig.* Vorherrschaft *f*, Über'legenheit *f*: ***air ~*** ⚔ Luftherrschaft *f*; **3.** Vorrang *m*; **su·preme** [sʊ'pri:m] **I** *adj.* ☐ **1.** höchst, oberst, Ober...: ***~ authority*** höchste (Regierungs)Gewalt; ***~ command*** ⚔ Oberbefehl *m*, -kommando *n*; ***~ commander*** ⚔ Oberbefehlshaber *m*; ***♀ Court*** *Am.* a) oberstes Bundesgericht, b) oberstes Gericht (*e-s Bundesstaates*); ***♀ Court*** (***of Judicature***) *Brit.* Oberster Gerichtshof; ***reign ~*** herrschen (*a. fig.*); **2.** höchst, größt, äußerst, über'ragend: ***~ courage***; ***♀ Being*** → 6; ***the ~ good*** *phls.* das höchste Gut; ***the ~ punishment*** die Todesstrafe; ***stand ~ among*** den höchsten Rang einnehmen unter (*dat.*); **3.** letzt: ***~ moment*** Augenblick *m* des Todes; ***~ sacrifice*** Hingabe *f* des Lebens; **4.** entscheidend, kritisch: ***the ~ hour in the history of a nation***; **II** *s.* **5.** ***the ~*** der *od.* die *od.* das Höchste; **6.** ***the ♀*** der Allerhöchste, Gott *m*; **su·preme·ly** [sʊ'pri:mlɪ] *adv.* höchst, aufs äußerste, 'überaus.

su·pre·mo [sʊ'pri:məʊ] *s. Brit.* F Oberboß *m*.

sur-¹ [sɜ:] *in Zssgn* über, auf.

sur-² [sə] → ***sub-***.

sur·cease [sɜ:'si:s] *obs.* **I** *v/i.* **1.** ablassen (***from*** von); **2.** aufhören; **II** *s.* **3.** Ende *n*, Aufhören *n*; **4.** Pause *f*.

sur·charge I *s.* ['sɜ:tʃɑ:dʒ] **1.** *bsd. fig.* Über'lastung *f*; **2.** ✝ a) Über'forderung *f* (*a. fig.*), b) 'Überpreis *m*, (*a.* Steuer-) Zuschlag *m*, c) Strafporto *n*; **3.** 'Über-, Aufdruck *m* (*Briefmarke etc.*); **II** *v/t.* [sɜ:'tʃɑ:dʒ] **4.** über'lasten, -'fordern; **5.** ✝ a) e-n Zuschlag *od.* ein Nachporto erheben auf (*acc.*), b) *Konto* zusätzlich belasten; **6.** *Briefmarken etc.* (*mit neuer Wertangabe*) über'drucken; **7.** über'füllen, -'sättigen.

sur·cingle ['sɜ:ˌsɪŋgl] *s.* Sattel-, Packgurt *m*.

sur·coat ['sɜ:kəʊt] *s.* **1.** *hist.* a) Wappenrock *m*, b) 'Überrock *m* (*der Frauen*); **2.** Freizeitjacke *f*.

surd [sɜ:d] **I** *adj.* **1.** ⩲ 'irratioˌnal (*Zahl*); **2.** *ling.* stimmlos; **II** *s.* **3.** ⩲ 'irratioˌnale Größe, *a.* Wurzelausdruck *m*; **4.** *ling.* stimmloser Laut.

sure [ʃʊə] **I** *adj.* ☐ → ***surely***; **1.** *pred.* (***of***) sicher, gewiß (*gen.*), über'zeugt (von): ***I am ~ he is there***; ***are you ~*** (***about it***)***?*** bist du (dessen) sicher?; ***he is*** (*od.* ***feels***) ***~ of success*** er ist sich s-s Erfolges sicher; ***I'm ~ I didn't mean to hurt you*** ich wollte Sie ganz gewiß nicht verletzen; ***are you ~ you won't come?*** wollen Sie wirklich nicht kommen?; **2.** *pred.* sicher, gewiß, (ganz) bestimmt, zweifellos (*objektiver Sachverhalt*): ***he is ~ to come*** er kommt sicher *od.* bestimmt; ***man is ~ of death*** dem Menschen ist der Tod gewiß *od.* sicher; ***make ~ that ...*** sich (davon) überzeugen, daß ...; ***make ~ of s.th.*** a) sich von et. überzeugen, sich e-r Sache vergewissern, b) sich et. sichern; ***to make ~*** (*Redewendung*) um sicher zu gehen; ***be ~ to*** (*od.* ***and***) ***shut the window!*** vergiß nicht, das Fenster zu schließen!; ***to be ~*** (*Redewendung*) sicher(lich), natürlich (*a. einschränkend = freilich*, *allerdings*); ***~ thing*** *Am.* F (tod)sicher, klar; **3.** sicher, fest: ***a ~ footing***; ***~ faith*** *fig.* fester Glaube; **4.** sicher, untrüglich: ***a ~ proof***; **5.** verläßlich, zuverlässig; **6.** sicher, unfehlbar: ***a ~ cure*** (***method***, ***shot***); **II** *adv.* **7.** *obs. od.* F sicher(lich): (***as***) ***~ as eggs*** ‚bombensicher'; ***~ enough*** a) ganz bestimmt, sicher(lich), b) tatsächlich; **8.** F wirklich, ‚echt': ***it ~ was cold***; **9.** ***~!*** *bsd. Am.* F sicher!, klar!; **'~-ˌfire** *adj.* F (tod)sicher, zuverlässig; ˌ**~-'foot·ed** *adj.* **1.** sicher (auf den Füßen *od.* Beinen; **2.** *fig.* sicher.

sure·ly ['ʃʊəlɪ] *adv.* **1.** sicher(lich), zweifellos; **2.** (ganz) bestimmt *od.* gewiß, doch (wohl): ***~ something can be done to help him***; **3.** sicher: ***slowly but ~***; **sure·ness** ['ʃʊənɪs] *s.* Sicherheit *f*: a) Gewißheit *f*, b) feste Über'zeugung, c) Zuverlässigkeit *f*; **sure·ty** ['ʃʊərətɪ] *s.* **1.** *bsd.* ⚖ a) Bürge *m*, b) Bürgschaft *f*, Sicherheit *f*: ***stand ~ for*** bürgen *od.* Bürgschaft leisten (***for*** für *j-n*); **2.** Gewähr(leistung) *f*, Garan'tie *f*; **3.** *obs.* Sicherheit *f*: ***of a ~*** sicher(lich), ohne Zweifel; **sure·ty·ship** ['ʃʊərətɪʃɪp] *s. bsd.* ⚖ Bürgschaft(sleistung) *f*.

surf [sɜ:f] **I** *s.* Brandung *f*; **II** *v/i. sport* surfen.

sur·face ['sɜ:fɪs] **I** *s.* **1.** *allg.* Oberfläche *f*: ***~ of water*** Wasseroberfläche *f*; ***come*** (*od.* ***rise***) ***to the*** → 13; **2.** *fig.* Oberfläche *f*, *das* Äußere: ***on the ~*** a) äußerlich, b) vordergründig, c) oberflächlich betrachtet; → ***scratch*** 7; **3.** ⩲ a) (Ober)Fläche *f*, b) Flächeninhalt *m*:

***lateral** ~* Seitenfläche; **4.** (Straßen)Belag *m*, (-)Decke *f*; **5.** ✈ (Trag)Fläche *f*; **6.** ⚒ Tag *m*: ***on the** ~* über Tag, im Tagebau; **II** *adj.* **7.** Oberflächen… (*a.* ⚙ *-härtung etc.*); **8.** *fig.* oberflächlich: a) flüchtig, b) vordergründig, äußerlich, Schein…; **III** *v/t.* **9.** ⚙ *allg.* die Oberfläche behandeln von; glätten; *Lackierung* spachteln; *Straße* mit e-m Belag versehen; **10.** ⚙ flach-, plandrehen; **11.** ⚓ *U-Boot* auftauchen lassen; **IV** *v/i.* **12.** ⚓ auftauchen (*U-Boot*); **13.** an die Oberfläche (*fig.* ans Tageslicht) kommen, sich zeigen; ~ **mail** *s. Brit.* gewöhnliche Post (*Ggs. Luftpost*); **'~·man** [-mən] *s.* [*irr.*] 🚂 Streckenarbeiter *m*; ~ **noise** *s.* Rauschen *n* (*e-r Schallplatte*); ~ **print·ing** *s. typ.* Reli'ef-, Hochdruck *m*.

sur·fac·er ['sɜːfɪsə] *s.* ⚙ **1.** Spachtelmasse *f*; **2.** 'Plandreh- *od.* -hobelmaˌschine *f*.

ˌsur·face|-to-'air mis·sile *s.* ⚔ 'Boden-'Luft-Raˌkete *f*; ~ **work** *s.* ⚒ Über'tagearbeit *f*.

'surf|·board *sport* **I** *s.* Surfbrett *n*; **II** *v/i.* surfen; **'~·boat** *s.* ⚓ Brandungsboot *n*.

sur·feit ['sɜːfɪt] **I** *s.* **1.** 'Übermaß *n* (***of*** an *dat.*); **2.** *a. fig.* Über'sättigung *f* (***of*** mit); **3.** 'Überdruß *m*: ***to*** (***a***) ~ bis zum Überdruß; **II** *v/t.* **4.** über'sättigen, -'füttern (***with*** mit); **5.** über'füllen, -'laden; **III** *v/i.* **6.** sich über'sättigen (***of***, ***with*** mit).

surf·er ['sɜːfə] *s. sport* Surfer(in); **surf·ing** ['sɜːfɪŋ] *s. sport* Surfen *n*.

surge [sɜːdʒ] **I** *s.* **1.** Woge *f*, Welle *f* (*beide a. fig.*); **2.** Brandung *f*; **3.** *a. fig.* Wogen *n*, (An)Branden *n*; Aufwallung *f der Gefühle*; **4.** ⚡ Spannungsstoß *m*; **II** *v/i.* **5.** wogen: a) (hoch)branden (*a. fig.*), b) *fig.* (vorwärts)drängen (*Menge*), c) brausen (*Orgel*, *Verkehr etc.*); **6.** *fig.* (auf)wallen (*Blut*, *Gefühl etc.*); **7.** ⚡ plötzlich ansteigen, heftig schwanken (*Spannung etc.*).

sur·geon ['sɜːdʒən] *s.* **1.** Chir'urg *m*; **2.** ⚔ leitender Sani'tätsoffiˌzier: ~ ***general** Brit.* Stabsarzt *m*; ♀ ***General** Am.* a) General(stabs)arzt *m*, b) ⚓ Marineadmiralarzt *m*; ~ ***major** Brit.* Oberstabsarzt *m*; **3.** Schiffsarzt *m*; **4.** *hist.* Bader *m*; **'sur·ger·y** [-dʒərɪ] *s.* ⚕ **1.** Chirur'gie *f*; **2.** chir'urgische Behandlung, opera'tiver Eingriff; **3.** Operati'onssaal *m*; **4.** *Brit.* Sprechzimmer *n*: ~ ***hours*** Sprechstunden; **'sur·gi·cal** [-dʒɪkl] *adj.* □ ⚕ **1.** chir'urgisch: ~ ***cotton*** (Verband)Watte *f*; **2.** Operations…: ~ ***wound***; ~ ***fever*** septisches Fieber; **3.** medi'zinisch: ~ ***boot*** orthopädischer Schuh; ~ ***stocking*** Stützstrumpf *m*; ~ ***spirit*** Wundbenzin *n*.

surg·ing ['sɜːdʒɪŋ] **I** *s.* **1.** *a. fig.* Wogen *n*, Branden *n*; **2.** ⚡ Pendeln *n* (*der Spannung etc.*); **II** *adj.* **3.** *a.* **'surg·y** [-dʒɪ] *adj.* wogend, brandend (*a. fig.*).

sur·li·ness ['sɜːlɪnɪs] *s.* Verdrießlichkeit *f*, mürrisches Wesen; Bärbeißigkeit *f*; **sur·ly** ['sɜːlɪ] *adj.* □ **1.** verdrießlich, mürrisch; **2.** grob, bärbeißig; **3.** zäh (*Boden*).

sur·mise **I** *s.* ['sɜːmaɪz] Vermutung *f*, Mutmaßung *f*, Einbildung *f*; **II** *v/t.* [sɜː'maɪz] mutmaßen, vermuten, sich *et.* einbilden.

sur·mount [sɜː'maʊnt] *v/t.* **1.** über'steigen; **2.** *fig.* über'winden; **3.** bedecken, krönen: ~***ed by*** gekrönt *od.* überdeckt *od.* überragt von; **sur'mount·a·ble** [-təbl] *adj.* **1.** über'steigbar, ersteigbar; **2.** *fig.* über'windbar.

sur·name ['sɜːneɪm] **I** *s.* **1.** Fa'milien-, Nach-, Zuname *m*; **2.** *obs.* Beiname *m*; **II** *v/t.* **3.** *j-m* den Zu- *od. obs.* Beinamen … geben: ~***d*** mit Zunamen.

sur·pass [sə'pɑːs] *v/t.* **1.** *j-n od. et.* über'treffen (***in*** an *dat.*): ~ ***o.s.*** sich selbst übertreffen; **2.** *et.*, *j-s Kräfte etc.* über'steigen; **sur'pass·ing** [-sɪŋ] *adj.* □ her'vorragend, 'unüberˌtrefflich, unerreicht.

sur·plice ['sɜːplɪs] *s. eccl.* Chorhemd *n*, -rock *m*.

sur·plus ['sɜːpləs] **I** *s.* **1.** 'Überschuß *m*, Rest *m*; **2.** † a) 'Überschuß *m*, Mehr(-betrag *m*) *n*, b) Mehrertrag *m*, 'überschüssiger Gewinn, c) (unverteilter) Reingewinn, d) Mehrwert *m*; **II** *adj.* **3.** 'überschüssig, Über(schuß)…, Mehr…: ~ ***population*** Bevölkerungsüberschuß *m*; ~ ***weight*** Mehr-, Übergewicht *n*; **'sur·plus·age** [-sɪdʒ] *s.* **1.** 'Überschuß *m*, -fülle *f* (***of*** an *dat.*); **2.** *et.* 'Überflüssiges; **3.** ⚖ unerhebliches Vorbringen.

sur·prise [sə'praɪz] **I** *v/t.* **1.** über'raschen: a) ertappen, b) verblüffen, in Erstaunen (ver)setzen: ***be** ~**d at s.th.*** über et. erstaunt sein, sich über et. wundern, c) *bsd.* ⚔ über'rumpeln; **2.** befremden, empören; **3.** ~ ***s.o. into*** (***doing***) ***s.th.*** j-n zu et. verleiten, j-n dazu verleiten, et. zu tun; **II** *s.* **4.** Über'raschung *f*: a) Über'rump(e)lung *f*: ***take by** ~ j-n*, *feindliche Stellung etc.* überrumpeln, *Festung etc.* im Handstreich nehmen, b) *et.* Über'raschendes: ***it came as a great** ~* (***to him***) es kam (ihm) sehr überraschend, c) Verblüffung *f*, Erstaunen *n*, Verwunderung *f*, Bestürzung *f* (***at*** über *acc.*): ***to my ~*** zu m-r Überraschung; ***stare in ~*** große Augen machen; **III** *adj.* **5.** über'raschend, Überraschungs...: ***~ attack***; ***~ visit***; **sur'pris·ed·ly** [-zɪdlɪ] *adv.* über'rascht; **sur'pris·ing** [-zɪŋ] *adj.* □ über'raschend, erstaunlich; **sur'pris·ing·ly** [-zɪŋlɪ] *adv.* über'raschend(erweise), erstaunlich(erweise).

sur·re·al·ism [sə'rɪəlɪzəm] *s.* Surrea'lismus *m*; **sur're·al·ist** [-ɪst] **I** *s.* Surrea'list(in); **II** *adj.* → **sur·re·al·is·tic** [səˌrɪə'lɪstɪk] *adj.* (□ ***~ally***) surrea'listisch.

sur·re·but [ˌsʌrɪ'bʌt] *v/i.* ⚖ e-e Quintu'plik vorbringen; **ˌsur·re'but·ter** [-tə] *s.* ⚖ Quintu'plik *f*.

sur·re·join·der [ˌsʌrɪ'dʒɔɪndə] *s.* ⚖ Tri'plik *f*.

sur·ren·der [sə'rendə] **I** *v/t.* **1.** *et.* über'geben, ausliefern, -händigen (***to*** *dat.*): ***~ o.s.*** (***to***) → 5, 6, 7; **2.** *Amt, Vorrecht, Hoffnung etc.* aufgeben; *et.* abtreten, verzichten auf (*acc.*); **3.** ⚖ a) *Sache, Urkunde* her'ausgeben, b) *Verbrecher* ausliefern; **4.** ✝ *Versicherungspolice* zum Rückkauf bringen; **II** *v/i.* **5.** ⚔ *u. fig.* sich ergeben (***to*** *dat.*), kapitulieren; **6.** sich *der Verzweiflung etc.* hingeben *od.* über'lassen; **7.** ⚖ sich *der Polizei etc.* stellen; **III** *s.* **8.** 'Übergabe *f*, Auslieferung *f*, -händigung *f*; **9.** ⚔ 'Übergabe *f*, Kapitulati'on *f*; **10.** (***of***) Auf-, Preisgabe *f*, Abtretung *f* (*gen.*), Verzicht *m* (auf *acc.*); **11.** Hingabe *f*, Sichüber'lassen *n*; **12.** ⚖ Aufgabe *f* e-r Versicherung: ***~ value*** Rückkaufswert *m*; **13.** ⚖ a) Aufgabe *f e-s Rechts etc.*, b) Her'ausgabe *f*, c) Auslieferung *f e-s Verbrechers*.

sur·rep·ti·tious [ˌsʌrep'tɪʃəs] *adj.* □ **1.** erschlichen, betrügerisch; **2.** heimlich, verstohlen: ***a ~ glance***; ***~ edition*** unerlaubter Nachdruck.

sur·ro·gate ['sʌrəgɪt] *s.* **1.** Stellvertreter *m* (*bsd. e-s Bischofs*); **2.** ⚖ *Am.* Nachlaß- u. Vormundschaftsrichter *m*; **3.** Ersatz *m*, Surro'gat *n* (***of***, ***for*** für).

sur·round [sə'raʊnd] **I** *v/t.* **1.** um'geben, -'ringen (*a. fig.*): ***~ed by danger*** (***luxury***) von Gefahr umringt *od.* mit Gefahr verbunden (von Luxus umgeben); ***circumstances ~ing s.th.*** (Begleit)Umstände e-r Sache; **2.** ⚔ *etc.* um'zingeln, -'stellen, einkreisen, -schließen; **II** *s.* **3.** Einfassung *f*, *bsd.* Boden(schutz)belag *m* zwischen Wand u. Teppich; **4.** *hunt. Am.* Treibjagd *f*; **sur'round·ing** [-dɪŋ] **I** *adj.* um'gebend, 'umliegend; **II** *s. pl.* Um'gebung *f*: a) 'Umgegend *f*, b) 'Umwelt *f*, c) 'Umfeld *n*.

sur·tax ['sɜːtæks] **I** *s.* (*a.* Einkommen-) Steuerzuschlag *m*; **II** *v/t.* mit e-m Steuerzuschlag belegen.

sur·veil·lance [sɜː'veɪləns] *s.* Über'wachung *f*, (*a.* Poli'zei)Aufsicht *f*: ***be under ~*** unter Polizeiaufsicht stehen; ***keep under ~*** überwachen.

sur·vey **I** *v/t.* [sə'veɪ] **1.** über'blicken, -'schauen; **2.** genau betrachten, (sorgfältig) prüfen, mustern; **3.** abschätzen, begutachten; **4.** besichtigen, inspizieren; **5.** *Land etc.* vermessen, aufnehmen; **6.** *fig.* e-n 'Überblick geben über (*acc.*); **II** *s.* ['sɜːveɪ] **7.** *bsd. fig.* 'Überblick *m*, -sicht *f* (***of*** über *acc.*); **8.** Besichtigung *f*, Prüfung *f*; **9.** Schätzung *f*, Begutachtung *f*; **10.** Gutachten *n*, (Prüfungs)Bericht *m*; **11.** (Land)Vermessung *f*, Aufnahme *f*; **12.** (Lage)Plan *m*; **13.** (sta'tistische) Erhebung, 'Umfrage *f*; **14.** ⚕ 'Reihenunterˌsuchung *f*; **sur'vey·ing** [-eɪɪŋ] *s.* **1.** (Land-, Feld)Vermessung *f*, Vermessungsurkunde *f*, -wesen *n*; **2.** Vermessen *n*, Aufnehmen *n* (*von Land etc.*); **sur'vey·or** [-eɪə] *s.* **1.** Landmesser *m*, Geo'meter *m*: ***~'s chain*** Meßkette *f*; **2.** (amtlicher) In'spektor *od.* Verwalter *od.* Aufseher: ***~ of highways*** Straßenmeister *m*; ***Board of ꝛs*** Baubehörde *f*; **3.** *Brit.* (ausführender) Archi'tekt; **4.** Sachverständige(r) *m*, Gutachter *m*.

sur·viv·al [sə'vaɪvl] *s.* **1.** Über'leben *n*: ***~ of the fittest*** *biol.* Überleben der Tüchtigsten; ***~ kit*** Überlebensausrüstung *f*; ***~ rate*** Überlebensquote *f*; ***~ shelter*** atomsicherer Bunker; ***~ time*** ⚔ Überlebenszeit *f*; **2.** Weiterleben *n*; **3.** Fortbestand *m*; **4.** 'Überbleibsel *n alten Brauchtums etc.*; **sur·vive** [sə'vaɪv] **I** *v/t.* **1.** *j-n od. et.* über'leben (*a. fig.* F *ertragen*), über'dauern, länger leben als; **2.** *Unglück etc.* über'leben, -'stehen; **II** *v/i.* **3.** am Leben bleiben, übrigbleiben, über'leben; **4.** noch leben *od.* bestehen; übriggeblieben sein; **5.** weiter-, fortleben *od.* -bestehen; **sur'viv·ing** [-vɪŋ] *adj.* **1.** über'lebend: ***~ wife***; **2.** hinter'blieben: ***~ dependents*** Hinterbliebene; **3.** übrigbleibend: ***~ debts*** ✝ Restschulden; **sur'vi·vor** [-və] *s.* **1.** Über'lebende(r *m*) *f*; **2.** ⚖ Über'lebender, auf den nach dem Ableben der Miteigentümer das Eigentumsrecht 'übergeht.

sus·cep·ti·bil·i·ty [səˌseptə'bɪlətɪ] *s.* **1.** Empfänglichkeit *f*, Anfälligkeit *f* (***to*** für); **2.** Empfindlichkeit *f*; **3.** *pl.* (leicht verletzbare) Gefühle *pl.*, Feingefühl *n*; **sus·cep·ti·ble** [sə'septəbl] *adj.* □ **1.**

anfällig (***to*** für); **2.** empfindlich (***to*** gegen); **3.** (***to***) empfänglich (für *Reize, Schmeicheleien etc.*), zugänglich (*dat.*); **4.** (leicht) zu beeindrucken(d); **5.** ***be ~ of*** (*od.* ***to***) *et.* zulassen.

sus·cep·tive [sə'septɪv] *adj.* **1.** aufnehmend, aufnahmefähig, rezep'tiv; **2.** → ***susceptible.***

sus·pect [sə'spekt] **I** *v/t.* **1.** *j-n* verdächtigen (***of*** *gen.*), im Verdacht haben (***of doing*** *et.* getan zu haben *od.* daß *j-d et.* tut): ***be ~ed of doing s.th.*** im Verdacht stehen *od.* verdächtigt werden, et. getan zu haben; **2.** argwöhnen, befürchten; **3.** für möglich halten, halb glauben; **4.** vermuten, glauben (***that*** daß); **5.** *Echtheit, Wahrheit etc.* anzweifeln, miß'trauen (*dat.*); **II** *v/i.* **6.** (e-n) Verdacht hegen, argwöhnisch sein; **III** *s.* ['sʌspekt] **7.** Verdächtige(r *m*) *f*, verdächtige Per'son, Ver'dachtsper͵son *f*: ***smallpox ~*** ⚕ Pockenverdächtige(r); **IV** *adj.* ['sʌspekt] **8.** verdächtig, su'spekt (*a. fig. fragwürdig*).

sus·pend [sə'spend] *v/t.* **1.** *a.* ⚙ aufhängen (***from*** an *dat.*); **2.** *bsd.* ⚗ suspendieren, (*in Flüssigkeiten etc.*) schwebend halten; **3.** *Frage etc.* in der Schwebe *od.* unentschieden lassen; **4.** *einstweilen* auf-, verschieben; ⚖ *Verfahren, Vollstreckung* aussetzen: ***~ a sentence*** ⚖ e-e Strafe zur Bewährung aussetzen; **5.** *Verordnung etc.* zeitweilig aufheben *od.* außer Kraft setzen; **6.** *die Arbeit,* ⚔ *die Feindseligkeiten,* † *Zahlungen etc.* (zeitweilig) einstellen; **7.** *j-n* (zeitweilig) des Amtes entheben, suspendieren; **8.** *Mitglied* zeitweilig ausschließen; **9.** *Sportler* sperren; **10.** mit *s-r Meinung etc.* zu'rückhalten; **11.** ♪ *Ton* vorhalten; **sus'pend·ed** [-dɪd] *adj.* **1.** hängend, Hänge…(*-decke, -lampe etc.*): ***be ~*** hängen (***by*** an *dat.*, ***from*** von); **2.** schwebend; **3.** unter'brochen, ausgesetzt, zeitweilig eingestellt: ***~ animation*** ⚕ Scheintod *m*; **4.** ⚖ zur Bewährung ausgesetzt (*Strafe*): ***~ sentence of two years*** zwei Jahre mit Bewährung; **5.** suspendiert (*Beamter*); **sus'pend·er** [-də] *s.* **1.** *pl. bsd. Am.* Hosenträger *pl.*; **2.** *Brit.* Strumpf- *od.* Sockenhalter *m*: ***~ belt*** Hüftgürtel *m*, Straps *m*; **3.** Aufhängevorrichtung *f*.

sus·pense [sə'spens] *s.* **1.** Spannung *f*, Ungewißheit *f*: ***anxious ~*** Hangen u. Bangen *n*; ***in ~*** gespannt, voller Spannung; ***be in ~*** in der Schwebe sein; ***keep in ~*** a) *j-n* in Spannung halten, im ungewissen lassen, b) *et.* in der Schwebe lassen; ***~ account*** † Interimskonto *n*; ***~ entry*** † transitorische Buchung; **2.** → ***suspension*** 6; **sus'pense·ful** [-fʊl] *adj.* spannend; **su'spen·sion** [-nʃn] *s.* **1.** Aufhängen *n*; **2.** *bsd.* ⚙ Aufhängung *f*: ***front-wheel ~***; ***~ bridge*** Hängebrükke *f*; ***~ railway*** Schwebebahn *f*; **3.** ⚙ Federung *f*: ***~ spring*** Tragfeder *f*; **4.** ⚗, *phys.* Suspensi'on *f*; *pl.* Aufschlämmungen *pl.*; **5.** (einstweilige) Einstellung (*der Feindseligkeiten etc.*): ***~ of payment(s)*** † Zahlungseinstellung; **6.** ⚖ Aufschub *m*, Aussetzung *f*; vor'übergehende Aufhebung *e-s Rechts*; Hemmung *f der Verjährung*; **7.** Aufschub *m*, Verschiebung *f*; **8.** Suspendierung *f* (***from*** von), (Dienst-, Amts)Enthebung *f*; **9.** zeitweiliger Ausschluß; **10.** *sport* Sperre *f*; **11.** ♪ Vorhalt *m*; **sus'pen·sive** [-sɪv] *adj.* □ **1.** aufschiebend, suspen'siv: ***~ condition***; ***~ veto***; **2.** unter'brechend, hemmend; **3.** unschlüssig; **4.** unbestimmt; **sus'pen·so·ry** [-sərɪ] **I** *adj.* **1.** hängend, Schwebe…, Hänge…; **2.** *anat.* Aufhänge…; **3.** ⚖ → ***suspensive*** 1; **II** *s.* **4.** *anat.* a) *a.* ***~ ligament*** Aufhängeband *n*, b) *a.* ***~ muscle*** Aufhängemuskel *m*; **5.** ⚕ a) *a.* ***~ bandage*** Suspen'sorium *n*, b) Bruchband *n*.

sus·pi·cion [sə'spɪʃn] *s.* **1.** Argwohn *m*, 'Mißtrauen *n* (***of*** gegen); **2.** (***of***) Verdacht *m* (gegen *j-n*), Verdächtigung *f* (*gen.*): ***above ~*** über jeden Verdacht erhaben; ***on ~ of murder*** unter Mordverdacht *festgenommen werden*; ***be under ~*** unter Verdacht stehen; ***cast a ~ on*** e-n Verdacht auf *j-n* werfen; ***have a ~ that*** e-n Verdacht haben *od.* hegen, daß; **3.** Vermutung *f*: ***no ~*** keine Ahnung; **4.** *fig.* Spur *f*: ***a ~ of brandy*** (***arrogance***); ***a ~ of a smile*** der Anflug e-s Lächelns; **sus'pi·cious** [-ʃəs] *adj.* □ **1.** 'mißtrauisch, argwöhnisch (***of*** gegen): ***be ~ of s.th.*** et. befürchten; **2.** verdächtig, verdachterregend; **sus'pi·cious·ness** [-ʃəsnɪs] *s.* **1.** Mißtrauen *n*, Argwohn *m* (***of*** gegen); 'mißtrauisches Wesen; **2.** *das* Verdächtige.

sus·tain [sə'steɪn] *v/t.* **1.** stützen, tragen: ***~ing wall*** Stützmauer *f*; **2.** *Last, Druck, fig. den Vergleich etc.* aushalten; *e-m Angriff etc.* standhalten; **3.** *Niederlage, Schaden, Verletzungen, Verlust etc.* erleiden, da'vontragen; **4.** *et.* (aufrecht-) erhalten, in Gang halten; *Interesse* wachhalten: ***~ing program*** *Am. Radio, TV*: Programm *n* ohne Reklameeinblendungen; **5.** *j-n* er-, unter'halten, *Familie etc.* ernähren; *Heer* verpflegen; **6.** *Institution* unter'halten, -'stützen; **7.**

j-n, *j-s Forderung* unter'stützen; **8.** ⚖ als rechtsgültig anerkennen, *e-m Antrag*, *Einwand etc.* stattgeben; **9.** *Behauptungen etc.* bestätigen, rechtfertigen, erhärten; **10.** *j-n* aufrecht halten; *j-m* Kraft geben; **11.** ♪ *Ton* (aus)halten; **12.** *Rolle* (gut) spielen; **sus'tained** [-nd] *adj.* **1.** anhaltend (*a. Interesse etc.*), Dauer…(*-feuer*, *-geschwindigkeit etc.*); **2.** ♪ a) (aus)gehalten (*Ton*), b) getragen; **3.** *phys.* ungedämpft.

sus·te·nance ['sʌstɪnəns] *s.* **1.** ('Lebens-)ˌUnterhalt *m*, Auskommen *n*; **2.** Nahrung *f*; **3.** Nährwert *m*; **4.** Erhaltung *f*, Ernährung *f*; **5.** *fig.* Beistand *m*, Stütze *f*; **sus·ten·ta·tion** [ˌsʌsten'teɪʃn] *s.* **1.** → ***sustenance*** 1, 2, 4; **2.** Unter'haltung *f e-s Instituts etc.*; **3.** (Aufrecht-)Erhaltung *f*; **4.** Unter'stützung *f*.

su·sur·rant [sjʊ'sʌrənt] *adj.* **1.** flüsternd, säuselnd; **2.** raschelnd.

sut·ler ['sʌtlə] *s.* ⚔ *hist.* Marke'tender(in).

su·ture ['sju:tʃə] **I** *s.* **1.** ⚕, ♀, *anat.* Naht *f*; **2.** ⚕ (Zs.-)Nähen *n*; **3.** ⚕ 'Nahtmateriˌal *n*, Faden *m*; **II** *v/t.* **4.** *bsd.* ⚕ (zu-, ver)nähen.

su·ze·rain ['su:zəreɪn] **I** *s.* **1.** Oberherr *m*, Suze'rän *m*; **2.** *pol.* Pro'tektorstaat *m*; **3.** *hist.* Oberlehensherr *m*; **II** *adj.* **4.** oberhoheitlich; **5.** *hist.* oberlehensherrlich; **'su·ze·rain·ty** [-tɪ] *s.* **1.** Oberhoheit *f*; **2.** *hist.* Oberlehensherrlichkeit *f*.

svelte [svelt] *adj.* schlank, gra'zil.

swab [swɒb] **I** *s.* **1.** a) Scheuerlappen *m*, b) Schrubber *m*, c) Mop *m*, d) Handfeger *m*, e) ⚓ Schwabber *m*; **2.** ⚕ a) Tupfer *m*, b) Abstrich *m*; **II** *v/t.* **3.** *a.* ~ ***down*** aufwischen, ⚓ *Deck* schrubben; **4.** ⚕ a) *Blut etc.* abtupfen, b) *Wunde* betupfen.

Swa·bi·an ['sweɪbjən] **I** *s.* Schwabe *m*, Schwäbin *f*; **II** *adj.* schwäbisch.

swad·dle ['swɒdl] **I** *adj.* **1.** *Säugling* wickeln, in Windeln legen; **2.** um'wickeln, einwickeln; **II** *s.* **3.** *Am.* Windel *f*.

swad·dling ['swɒdlɪŋ] *s.* Wickeln *n e-s Babys*; ~ **clothes** [kləʊðz] *s. pl.* Windeln *pl.*: ***be still in one's ~*** *fig.* ‚noch in den Windeln liegen'.

swag [swæg] *s.* **1.** Gir'lande *f* (*Zierat*); **2.** *sl.* Beute *f*, Raub *m*.

swage [sweɪdʒ] **I** *s.* ⚙ **1.** Gesenk *n*; **2.** Präge *f*, Stanze *f*; **II** *v/t.* **3.** im Gesenk bearbeiten.

swag·ger ['swægə] **I** *v/i.* **1.** (ein'her)stolzieren; **2.** prahlen, aufschneiden, renommieren (***about*** mit); **II** *s.* **3.** stolzer Gang, Stolzieren *n*; **4.** Großtue'rei *f*, Prahle'rei *f*; **III** *adj.* **5.** F (tod)schick: ~ ***stick*** ⚔ Offi'ziersstöckchen *n*; **'swag·ger·er** [-ərə] *s.* Großtuer *m*, Aufschneider *m*; **'swag·ger·ing** [-ərɪŋ] *adj.* □ **1.** stolzierend; **2.** schwadronierend.

swain [sweɪn] *s.* **1.** *mst poet.* Bauernbursche *m*, Schäfer *m*; **2.** *poet. od. humor.* Liebhaber *m*, Verehrer *m*.

swal·low[1] ['swɒləʊ] **I** *v/t.* **1.** (ver)schlucken, verschlingen: ~ ***down*** hinunterschlucken; **2.** *fig. Buch etc.* verschlingen, *Ansicht etc.* begierig in sich aufnehmen; **3.** *Gebiet etc.* ‚schlucken', sich einverleiben; **4.** *mst* ~ ***up*** *fig. j-n*, *Schiff*, *Geld*, *Zeit etc.* verschlingen; **5.** ‚schlucken', für bare Münze nehmen; **6.** *Beleidigung etc.* schlucken, einstekken; **7.** *Tränen*, *Ärger* hin'unterschlukken; **8.** *Behauptung* zu'rücknehmen: ~ ***one's words***; **II** *v/i.* **9.** schlucken (*a. vor Erregung*): ~ ***hard*** *fig.* kräftig schlucken; ~ ***the wrong way*** sich verschlucken; **III** *s.* **10.** Schlund *m*, Kehle *f*; **11.** Schluck *m*.

swal·low[2] ['swɒləʊ] *s. orn.* Schwalbe *f*: ***one ~ does not make a summer*** eine Schwalbe macht noch keinen Sommer; **'~·tail** *s.* **1.** *orn.* Schwalbenschwanz-Kolibri *m*; **2.** *zo.* Schwalbenschwanz *m* (*Schmetterling*); **3.** ⚙ Schwalbenschwanz *m*; **4.** *a. pl.* Frack *m*; **'~-tailed** *adj.* Schwalbenschwanz…: ~ ***coat*** Frack *m*.

swam [swæm] *pret. von* ***swim***.

swa·mi ['swɑ:mɪ] *s.* **1.** Meister *m* (*bsd. Brahmane*); **2.** → ***pundit*** 2.

swamp [swɒmp] **I** *s.* **1.** Sumpf *m*; **2.** (Flach)Moor *n*; **II** *v/t.* **3.** über'schwemmen (*a. fig.*): ***be ~ed with*** mit *Arbeit*, *Einladungen etc.* überhäuft werden *od.* sein, sich nicht mehr retten können vor (*dat.*); **4.** ⚓ *Boot* vollaufen lassen, zum Sinken bringen; **5.** *Am. pol. Gesetz* zu Fall bringen; **6.** *sport* ‚über'fahren'; **'swamp·y** [-pɪ] *adj.* sumpfig, mo'rastig, Sumpf…

swan [swɒn] *s.* **1.** *zo.* Schwan *m*: ***♀ of Avon*** *fig.* der Schwan vom Avon (*Shakespeare*); **2.** ♀ *ast.* Schwan *m* (*Sternbild*).

swank [swæŋk] F **I** *s.* **1.** Protze'rei *f*, ‚Angabe' *f*; **2.** ‚Angeber' *m*; **II** *v/i.* **3.** protzen, ‚angeben'; **III** *adj.* **4.** → **'swank·y** [-kɪ] *adj.* F **1.** protzig; **2.** (tod)schick.

'swan|·like *adj. u. adv.* schwanengleich; ~ **maid·en** *s. myth.* Schwan(en)jungfrau *f*; **'~·neck** *s.* ⚙ Schwanenhals *m*.

swan·ner·y ['swɒnərɪ] *s.* Schwanenteich *m*.

swan| song *s. bsd. fig.* Schwanengesang *m*; **'~-ˌup·ping** *s. Brit. Einfangen u. Kennzeichnen der jungen Schwäne (bsd. auf der Themse).*

swap [swɒp] F **I** *v/t.* (aus-, ein)tauschen (***s.th. for*** et. für); *Pferde etc.* tauschen, wechseln: ***to ~ stories*** *fig.* Geschichten austauschen; **II** *v/i.* tauschen; **III** *s.* Tausch(handel) *m*; ✝ Swap(geschäft *n*) *m*.

sward [swɔːd] *s.* Rasen *m*, Grasnarbe *f*; **'sward·ed** [-dɪd] *adj.* mit Rasen bedeckt.

swarm¹ [swɔːm] **I** *s.* **1.** (Bienen- *etc.*) Schwarm *m*; **2.** Schwarm *m* (*Kinder, Soldaten etc.*); **3.** *fig.* Haufen *m*, Masse *f* (*Briefe etc.*); **II** *v/i.* **4.** schwärmen (*Bienen*); **5.** (um'her)schwärmen, (zs.-) strömen: **~ out** a) ausschwärmen, b) hinausströmen; ***~ to a place*** zu e-m Ort (hin)strömen; ***beggars ~ in that town*** in dieser Stadt wimmelt es von Bettlern; **6.** (***with***) wimmeln (von); **III** *v/t.* **7.** um'schwärmen, -'drängen; **8.** *Örtlichkeit* in Schwärmen über'fallen; **9.** *Bienen* ausschwärmen lassen.

swarm² [swɔːm] **I** *v/t.* a) hochklettern an (*dat.*), b) hin'aufklettern auf (*acc.*); **II** *v/i.* klettern.

swarth·i·ness ['swɔːðɪnɪs] *s.* dunkle Gesichtsfarbe, Schwärze *f*, Dunkelbraun *n*; **swarth·y** ['swɔːðɪ] *adj.* □ dunkel (-häutig), schwärzlich.

swash [swɒʃ] **I** *v/i.* **1.** klatschen, schwappen (*Wasser etc.*); **2.** planschen (*im Wasser*); **II** *v/t.* **3.** *Wasser etc.* a) spritzen lassen, b) klatschen; **III** *s.* **4.** Platschen *n*, Schwappen *n*; **5.** Platsch *m*, Klatsch *m* (*Geräusch*); **'~ˌbuck·ler** [-ˌbʌklə] *s.* **1.** Schwadro'neur *m*, Bra'marbas *m*; **2.** verwegener Kerl; **3.** hi'storischer 'Abenteuerfilm *m od.* -roˌman *m*; **'~ˌbuck·ling** [-ˌbʌklɪŋ] **I** *s.* Bramarbasieren *n*, Prahlen *n*; **II** *adj.* schwadronierend, prahlerisch; **~ plate** *s.* ⚙ Taumelscheibe *f*.

swas·ti·ka ['swɒstɪkə] *s.* Hakenkreuz *n*.

swat [swɒt] F **I** *v/t.* **1.** schlagen; **2.** *Fliege etc.* totschlagen; **II** *s.* **3.** (wuchtiger) Schlag; **4.** → ***swatter***.

swath [swɔːθ] *s.* ✓ Grasnarbe *f*.

swathe¹ [sweɪð] **I** *v/t.* **1.** (um)'wickeln (***with*** mit), einwickeln; **2.** (*wie e-n Verband*) her'umwickeln; **3.** einhüllen; **II** *s.* **4.** Binde *f*, Verband *m*; **5.** (Wickel-) Band *n*; **6.** ⚕ 'Umschlag *m*.

swathe² [sweɪð] → ***swath***.

swat·ter ['swɒtə] *s.* Fliegenklatsche *f*.

sway [sweɪ] **I** *v/i.* **1.** schwanken, schaukeln, sich wiegen; **2.** sich neigen; **3.** (***to***) *fig.* sich zuneigen (*dat.*) (*öffentliche Meinung etc.*); **4.** herrschen; **II** *v/t.* **5.** *et.* schwenken, schaukeln, wiegen; **6.** neigen; **7.** ⚓ *mst* **~ up** *Masten etc.* aufheißen; **8.** *fig.* beeinflussen, lenken; **9.** beherrschen, herrschen über (*acc.*); *Publikum* mitreißen; **10.** *rhet. Zepter etc.* schwingen; **III** *s.* **11.** Schwanken *n*, Schaukeln *n*, Wiegen *n*; **12.** Schwung *m*, Wucht *f*; **13.** 'Übergewicht *n*; **14.** Einfluß *m*: ***under the ~ of*** unter dem Einfluß *od.* im Banne (*gen.*) (→ 15); **15.** Herrschaft *f*, Gewalt *f*, Macht *f*: ***hold ~ over*** beherrschen, herrschen über (*acc.*); ***under the ~ of*** in der Gewalt *od.* unter der Herrschaft (*gen.*).

swear [sweə] **I** *v/i.* [*irr.*] **1.** schwören, e-n Eid leisten (***on the Bible*** auf die Bibel): **~ by** a) bei *Gott etc.* schwören, b) F schwören auf (*acc.*), felsenfest glauben an (*acc.*); ***~ by all that's holy*** Stein u. Bein schwören; **~ off** F *e-m Laster* abschwören; **~ to** a) *et.* beschwören, b) *et.* geloben; **2.** fluchen (***at*** auf *acc.*); **II** *v/t.* [*irr.*] **3.** *Eid* schwören, leisten; **4.** *et.* beschwören, eidlich bekräftigen; **~ out** ⚖ *Am. Haftbefehl* durch eidliche Strafanzeige erwirken; **5.** *Rache, Treue etc.* schwören; **6.** *a.* **~ in** *j-n* vereidigen: ***~ s.o. into an office*** j-n in ein Amt einschwören; ***~ s.o. to secrecy*** j-n eidlich zur Verschwiegenheit verpflichten; **III** *s.* **7.** F Fluch *m*; **'swear·ing** [-ərɪŋ] *s.* **1.** Schwören *n*: ***~-in*** ⚖ Vereidigung *f*; **2.** Fluchen *n*; **'swear·word** *s.* Fluch(wort *n*) *m*.

sweat [swet] **I** *s.* **1.** Schweiß *m*: ***cold ~*** kalter Schweiß, Angstschweiß; ***by the ~ of one's brow*** im Schweiße s-s Angesichts; ***be in a ~*** a) in Schweiß gebadet sein, b) F (vor Angst, Erregung *etc.*) schwitzen; ***get into a ~*** in Schweiß geraten; ***no ~!*** F kein Problem!; **2.** Schwitzen *n*, Schweißausbruch *m*; **3.** ⚙ Ausschwitzung *f*, Feuchtigkeit *f*; **4.** F Plakke'rei *f*; **5.** ***old ~*** ⚔ *sl.* alter Haudegen *m*; **II** *v/i.* [*Am. irr.*] **6.** schwitzen (***with*** vor *dat.*); **7.** ⚙, *phys. etc.* schwitzen, anlaufen; gären (*Tabak*); **8.** F schwitzen, sich schinden; **9.** ✝ für e-n Hungerlohn arbeiten; **III** *v/t.* [*Am. irr.*] **10.** schwitzen: **~ blood** Blut schwitzen; **~ out** a) *Krankheit etc.* (her)ausschwitzen, b) *fig. et.* mühsam hervorbringen; ***~ it out*** F durchhalten, es durchstehen; **11.** *Kleidung* 'durchschwitzen; **12.** *j-n* schwitzen lassen (*a.* F *fig. im Verhör etc.*); *fig.* schuften lassen, *Arbeiter* ausbeuten; F *j-n* ‚bluten lassen'; **13.** ⚙ schwitzen *od.* gären lassen; *metall.* (~

out aus)seigern; (heiß-, weich)löten; *Kabel* schweißen; '**~·band** *s.* Schweißleder *n* (*im Hut*); *bsd. sport* Schweißband *n*.

sweat·ed ['swetɪd] *adj.* ✝ **1.** für Hungerlöhne hergestellt; **2.** ausgebeutet, 'unterbezahlt; '**sweat·er** [-tə] *s.* **1.** Sweater *m*, Pull'over *m*; **2.** ✝ Ausbeuter *m*.

sweat gland *s. physiol.* Schweißdrüse *f*.

sweat·i·ness ['swetɪnɪs] *s.* Verschwitztheit *f*, Schweißigkeit *f*.

sweat·ing ['swetɪŋ] *s.* **1.** Schwitzen *n*; **2.** ✝ Ausbeutung *f*; **~ bath** *s.* ⚕ Schwitzbad *n*; **~ sys·tem** *s.* ✝ 'Ausbeutungssyˌstem *n*.

'**sweat|·shirt** *s.* Sweatshirt *n*; '**~·shop** *s.* ✝ Ausbeutungsbetrieb *m*; '**~·suit** *s.* Trainingsanzug *m*.

sweat·y ['swetɪ] *adj.* □ **1.** schweißig, verschwitzt; **2.** anstrengend.

Swede [swi:d] *s.* **1.** Schwede *m*, Schwedin *f*; **2.** ♀ *Brit.* → ***Swedish turnip***.

Swed·ish ['swi:dɪʃ] **I** *adj.* **1.** schwedisch; **II** *s.* **2.** *ling.* Schwedisch *n*; **3.** ***the ~*** *coll.* die Schweden *pl.*; **~ tur·nip** *s.* ⚘ *Brit.* Schwedische Rübe, Gelbe Kohlrübe.

sweep [swi:p] **I** *v/t.* [*irr.*] **1.** kehren, fegen: ***~ away*** (***off***, ***up***) weg-(fort-, auf-) kehren; **2.** freimachen, säubern (***of*** von; *a. fig.*); **3.** hin'wegstreichen über (*acc.*) (*Wind etc.*); **4.** *Flut etc.* jagen, treiben: ***~ before one*** *Feind* vor sich her treiben; ***~ all before one*** *fig.* auf der ganzen Linie siegen; **5.** *a.* ***~ away*** (*od.* ***off***) *fig.* fort-, mitreißen (*Flut etc.*): ***~ along with one*** *Zuhörer* mitreißen; ***~ s.o. off his feet*** j-s Herz im Sturm erobern; **6.** *a.* ***~ away*** *Hindernis etc.* (aus dem Weg) räumen, *e-m Übelstand etc.* abhelfen, aufräumen mit: ***~ aside*** *et.* abtun, beiseite schieben; ***~ off*** *j-n* hinwegraffen (*Tod*, *Krankheit*); **7.** *mit der Hand* streichen über (*acc.*); **8.** *Geld* einstreichen: ***~ the board*** *Kartenspiel u. fig.* alles gewinnen; **9.** a) *Gebiet* durch'streifen, b) *Horizont etc.* absuchen (*a.* ⚔ *mit Scheinwerfern*, *Radar*) (***for*** nach), c) hingleiten über (*acc.*) (*Blick etc.*); **10.** ⚔ *mit MG-Feuer* bestreichen; **11.** ♪ *Saiten*, *Tasten* (be)rühren, schlagen, (hin)gleiten über (*acc.*); **II** *v/i.* [*irr.*] **12.** kehren, fegen; **13.** fegen, stürmen, jagen (*Wind*, *Regen etc.*, *a. Krieg*, *Heer*), fluten (*Wasser*, *Truppen etc.*); *durchs Land* gehen (*Epidemie etc.*): ***~ along*** (***down***, ***over***) entlang- *od.* einher- (hernieder-, darüber hin)fegen *etc.*; ***~ down on*** sich (herab-) stürzen auf (*acc.*); ***fear swept over him*** Furcht überkam ihn; **14.** maje'stätisch ein'herschreiten: ***she swept from the room*** sie rauschte aus dem Zimmer; **15.** in weitem Bogen gleiten; **16.** sich da'hinziehen (*Küste*, *Straße etc.*); **17.** (***for***) ⚓ (nach *et.*) dreggen; ⚔ *Minen* suchen, räumen; **III** *s.* **18.** Kehren *n*, Fegen *n*: ***give s.th. a ~*** et. kehren; ***make a clean ~*** (***of***) *fig.* gründlich aufräumen (mit); **19.** *mst pl.* Müll *m*; **20.** *bsd. Brit.* Schornsteinfeger *m*; **21.** Da'hinfegen *n*, (Da'hin)Stürmen *n* (*des Windes etc.*); **22.** schwungvolle (Hand- *etc.*)Bewegung; Schwung *m* (*e-r Sense*, *Waffe etc.*); (Ruder)Schlag *m*; **23.** *fig.* Reichweite *f*, Bereich *m*, Spielraum *m*; weiter (geistiger) Hori'zont; **24.** Schwung *m*, Bogen *m* (*Straße etc.*); **25.** ausgedehnte Strecke, weite Fläche; **26.** Auffahrt *f zu e-m Haus*; **27.** Ziehstange *f*, Schwengel *m* (*Brunnen*); **28.** ⚓ langes Ruder; **29.** ♪ Tusch *m*; **30.** *Radar*: Abtaststrahl *m*; **31.** *Kartenspiel*: Gewinn *m* aller Stiche *od.* Karten; **IV** *adj.* **32.** ⚡ Kipp…

'**sweep·back** ✈ **I** *s.* Pfeilform *f*; **II** *adj.* pfeilförmig, Pfeil…

sweep·er ['swi:pə] *s.* **1.** (Straßen-) Kehrer *m*, Feger(in); **2.** 'Kehrmaˌschine *f*; **3.** ⚓ Such-, Räumboot *n*; **4.** *Fußball*: Ausputzer *m*; '**sweep·ing** [-pɪŋ] **I** *adj.* □ **1.** kehrend, Kehr…; **2.** sausend, stürmisch (*Wind etc.*); **3.** ausgedehnt; **4.** schwungvoll (*a. fig. mitreißend*); **5.** 'durchschlagend, über'wältigend (*Sieg*, *Erfolg*); **6.** 'durchgreifend, radi'kal: ***~ changes***; **7.** um'fassend, weitreichend, *a.* (zu) stark verallgemeinernd, sum'marisch: ***~ statement***; **II** *s.* **8.** *pl.* a) → ***sweep*** 19, b) *fig. contp.* Abschaum *m*.

sweep| net *s.* **1.** ⚓ Schleppnetz *n*; **2.** Schmetterlingsnetz *n*; '**~·stake** *s. sport* **1.** *sg. od. pl.* a) *Pferderennen*, *dessen Dotierung rein aus Nenngeldern besteht*, b) *aus den Nenngeldern gebildete Dotierung*; **2.** *Lotterie*, *deren Gewinne sich ausschließlich aus den Einsätzen zs.-setzen*; **3.** *fig.* Rennen *n*, Kampf *m*.

sweet [swi:t] **I** *adj.* □ **1.** süß (*im Geschmack*); **2.** süß, lieblich (duftend): ***be ~ with*** duften nach; **3.** frisch (*Butter*, *Fleisch*, *Milch*); **4.** Frisch…, Süß…: ***~ water***; **5.** süß, lieblich (*Musik*, *Stimme*), **6.** süß, angenehm: ***~ dreams***; ***~ sleep***; **7.** süß, lieb: ***~ face***; ***at her own ~ will*** (ganz) nach ihrem Köpfchen; → ***seventeen*** II; **8.** (***to*** zu *od.* gegenüber *j-m*) lieb, nett, freundlich, sanft: ***~ nature*** *od.* ***temper***; ***be ~ on s.o.*** in j-n verliebt sein; **9.** F ‚süß', reizend, goldig (*alle a. iro.*): ***what a ~ dress!***; **10.** leicht, bequem; glatt, ruhig; **11.** ⚗ a) säurefrei (*Mineralien*), b) schwefelfrei, süß (*bsd. Benzin, Rohöl*); **12.** ✓ nicht sauer (*Boden*); **13.** *Jazz*: ‚sweet', melo'di'ös; **II** *s.* **14.** Süße *f*; **15.** *Brit.* a) Bon'bon *m, n*, Süßigkeit *f*, b) *oft pl.* Nachtisch *m*, Süßspeise *f*; **16.** *mst pl. fig.* Freude *f*, Annehmlichkeit *f*: ***the ~(s) of life***; → ***sour*** 7; **17.** *mst in der Anrede*: Liebling *m*, Süße(r *m*) *f*; **ˌ~-and-ˈsour** *adj.* süß-sauer (*Soße etc.*); **ˈ~·bread** *s.* Bries n; **~ chest·nut** *s.* ˈEdelkaˌstanie *f*; **~ corn** *s.* **1.** ⚘ Zuckermais *m*; **2.** grüne Maiskolben *pl.*

sweet·en [ˈswi:tn] **I** *v/t.* **1.** süßen; **2.** *fig.* versüßen, angenehm(er) machen; **II** *v/i.* **3.** süß(er) werden; **4.** milder *od.* sanfter werden; **ˈsweet·en·er** [-nə] *s.* Süßstoff *m*.

ˈsweet|·heart *s.* Liebste(r *m*) *f*, Schatz *m*; **~ herbs** *s. pl.* Küchen-, Gewürzkräuter *pl.*

sweet·ie [ˈswi:tɪ] *s.* **1.** F Schätzchen *n*, ‚Süße' *f*; **2.** *Brit.* Bonˈbon *m, n, pl. a.* Süßigkeiten *pl.*

sweet·ing [ˈswi:tɪŋ] *s.* ⚘ Joˈhannisapfel *m*, Süßling *m*.

sweet·ish [ˈswi:tɪʃ] *adj.* süßlich.

ˈsweet|·meat *s.* Bonˈbon *m, n*; **ˌ~-ˈna·tured** → ***sweet*** 8.

sweet·ness [ˈswi:tnɪs] *s.* **1.** Süße *f*, Süßigkeit *f*; **2.** süßer Duft; **3.** Frische *f*; **4.** *fig. et.* Angenehmes, Annehmlichkeit *f*, *das* Süße; **5.** Freundlichkeit *f*, Liebenswürdigkeit *f*.

sweet| oil *s.* Oˈlivenöl *n*; **~ pea** *s.* ⚘ Gartenwicke *f*; **~ po·ta·to** *s.* ⚘ ˈSüßkarˌtoffel *f*, Baˈtate *f*; **ˌ~ˈscent·ed** *adj. bsd.* ⚘ wohlriechend, duftend; **ˈ~·shop** *s. bsd. Brit.* Süßwarengeschäft *n*; **ˈ~-talk** *v/t. Am.* F *j-m* schmeicheln; **ˌ~-ˈtem·pered** *adj.* sanft-, gutmütig; **~ tooth** *s.* F: ***she has a ~*** sie ißt gern Süßigkeiten; **~ wil·liam** *s.* ⚘ Stuˈdentennelke *f*.

sweet·y [ˈswi:tɪ] → ***sweetie***.

swell [swel] **I** *v/i.* [*irr.*] **1.** *a.* ***~ up, ~ out*** (an-, auf)schwellen (***into, to*** zu), dick werden; **2.** sich aufblasen *od.* -blähen (*a. fig.*); **3.** anschwellen, (an)steigen (*Wasser etc., a. fig. Preise, Anzahl etc.*); **4.** sich wölben: a) ansteigen (*Land etc.*), b) sich ausbauchen *od.* bauschen (*Mauerwerk, Möbel etc.*), c) ⚓ sich blähen (*Segel*); **5.** herˈvorbrechen (*Quelle, Tränen*); **6.** *bsd.* ♪ a) anschwellen (***into*** zu), b) (an- u. ab-) schwellen (*Ton, Orgel etc.*); **7.** *fig.* bersten (wollen) (***with*** vor): ***his heart ~s with indignation***; **8.** aufwallen, sich steigern (***into*** zu) (*Gefühl*); **II** *v/t.* [*irr.*] **9.** ***~ up, ~ out*** *a.* ♪ *u. fig. Buch etc.* anschwellen lassen; **10.** aufblasen, -blähen, -treiben; **11.** *fig.* aufblähen (***with*** vor): ***~ed*** (***with pride***) stolzgeschwellt; **III** *s.* **12.** (An)Schwellen *n*; **13.** Schwellung *f*; **14.** ⚓ Dünung *f*; **15.** Wölbung *f*, Ausbauchung *f*; **16.** kleine Anhöhe, sanfte Steigung; **17.** *fig.* Anschwellen *n*, -wachsen *n*, (An)Steigen *n*; **18.** ♪ a) An- (u. Ab)Schwellen *n*, b) Schwellzeichen *n*, c) Schwellwerk *n* (*Orgel etc.*); **19.** F a) ‚hohes Tier', ‚Größe' *f*, b) ‚feiner Pinkel', c) ‚Kaˈnone' *f*, ‚Mordskerl' *m* (***at*** in *dat.*); **IV** *adj.* **20.** (*a. int.*) F ‚prima', ‚bombig'; **21.** F (tod)schick, ‚piekfein', feuˈdal; **swelled** [-ld] *adj.* **1.** (an)geschwollen, aufgebläht: ***~ head*** F *fig.* Aufgeblasenheit *f*; **2.** geschweift (*Möbel*); **ˈswell·ing** [-lɪŋ] **I** *s.* **1.** (*a. fig. u.* ♪ An)Schwellen *n*; **2.** ⚕ Schwellung *f*, Geschwulst *f*, *a.* Beule *f*: ***hunger ~*** Hungerödem *n*; **3.** Wölbung *f*: a) Erhöhung *f*, b) ⚠ Ausbauchung *f*, ⚙ Schweifung *f*; **II** *adj.* □ **4.** (an)schwellend; **5.** ‚geschwollen' (*Stil etc.*).

swell| man·u·al *s.* ♪ ˈSchwellmanuˌal *n* (*Orgel*); **~ mob** *s. sl. die* Hochstapler *pl.*; **~ or·gan** *s.* ♪ Schwellwerk *n*.

swel·ter [ˈsweltə] **I** *v/i.* **1.** vor Hitze (fast) ˈumkommen *od.* verschmachten; **2.** in Schweiß gebadet sein; **3.** (vor Hitze) kochen (*Stadt etc.*); **II** *s.* **4.** drückende Hitze, Schwüle *f*; **5.** F *fig.* Hexenkessel *m*; **ˈswel·ter·ing** [-tərɪŋ], **ˈswel·try** [-trɪ] *adj.* **1.** vor Hitze vergehend, verschmachtend; **2.** in Schweiß gebadet; **3.** drückend, schwül.

swept [swept] *pret. u. p.p. von* ***sweep***; **ˈ~-back wing** → ***swept wing***; **~ vol·ume** *s. mot.* Hubraum *m*; **~ wing** *s.* ✈ Pfeilflügel *m*.

swerve [swɜ:v] **I** *v/i.* **1.** ausbrechen (*Auto, Pferd*); **2.** *mot.* das Steuer herˈumreißen; **3.** ausweichen; **4.** schwenken (*Straße*); **5.** *fig.* abweichen (***from*** von); **II** *v/t.* **6.** *sport Ball* anschneiden; **7.** *fig. j-n* abbringen (***from*** von); **III** *s.* **8.** Ausweichbewegung *f*, *mot.* Schlenker *m*.

swift [swɪft] **I** *adj.* □ **1.** *allg.* schnell, rasch; **2.** flüchtig (*Zeit, Stunde etc.*); **3.** geschwind, eilig; **4.** flink, hurtig, *a.* geschickt: ***a ~ worker***; ***~ wit*** rasche Auffassungsgabe; **5.** rasch, schnell bereit: ***~ to anger*** jähzornig; ***~ to take offence*** leicht beleidigt; **II** *adv.* **6.** *mst poet. od. in Zssgn* schnell, geschwind, rasch; **III** *s.* **7.** *orn.* (*bsd.* Mauer)Segler *m*; **8.** *e-e brit. Taubenrasse*; **9.** *zo.* → ***newt***; **10.** ⚙ Haspel *f*; **ˌswiftˈfoot·ed** *adj.* schnellfüßig, flink; ˈ**swift·ness** [-nɪs] *s.* Schnelligkeit *f.*

swig [swɪg] F **I** *v/t. Getränk* ‚hinˈunterkippen'; **II** *v/i.* e-n kräftigen Schluck nehmen (***at*** aus); **III** *s.* (kräftiger) Schluck.

swill [swɪl] **I** *v/t.* **1.** *bsd. Brit.* (ab)spülen: ***~ out*** ausspülen; **2.** *Bier etc.* ‚saufen'; **II** *v/i.* **3.** ‚saufen'; **III** *s.* **4.** (Ab)Spülen *n*; **5.** Schweinetrank *m*, -futter *n*; **6.** Spülicht *n* (*a. fig. contp.*); **7.** *fig. contp.* a) ‚Gesöff' *n*, b) ‚Saufraß' *m.*

swim [swɪm] **I** *v/i.* [*irr.*] **1.** schwimmen; **2.** schwimmen (*Gegenstand*), treiben; **3.** schweben, (sanft) gleiten; **4.** a) schwimmen (***in*** in *dat.*), b) überˈschwemmt sein, ˈüberfließen (***with*** von): ***his eyes were ~ming with tears*** s-e Augen schwammen in Tränen; ***~ in*** *fig.* schwimmen in (*Geld etc.*); **5.** (ver-) schwimmen (***before one's eyes*** vor den Augen): ***my head ~s*** mir ist schwind(e)lig; **II** *v/t.* [*irr.*] **6.** *Strecke etc.* schwimmen, *Gewässer* durchˈschwimmen; **7.** *Person, Pferd etc.* schwimmen lassen; **8.** F mit *j-m* um die Wette schwimmen; **III** *s.* **9.** Schwimmen *n*, Bad *n*: ***go for a ~*** schwimmen gehen; ***be in*** (***out of***) ***the ~*** F *fig.* a) (nicht) auf dem laufenden sein, b) (nicht) mithalten können; **10.** *Angelsport*: tiefe u. fischreiche Stelle (*e-s Flusses*); **11.** Schwindel(anfall) *m*; ˈ**swim·mer** [-mə] *s.* **1.** Schwimmer(in); **2.** *zo.* ˈSchwimmorˌgan *n.*

swim·mer·et [ˈswɪmərət] *s. zo.* Schwimmfuß *m* (*Krebs*).

swim·ming [ˈswɪmɪŋ] **I** *s.* **1.** Schwimmen *n*; **2.** ***~ of the head*** Schwindelgefühl *n*; **II** *adj.* □ → ***swimmingly***; **3.** Schwimm...; ***~*** **bath** *s.* Schwimmbad *n*; ***~*** **blad·der** *s. zo.* Schwimmblase *f.*

swim·ming·ly [ˈswɪmɪŋlɪ] *adv. fig.* glatt, reibungslos.

swim·ming| pool *s.* **1.** Schwimmbecken *n*, Swimmingpool *m*; **2.** Schwimmbad *n*: a) Freibad *n*, b) *mst* ***indoor ~*** Hallenbad *n*; ***~*** **trunks** *s. pl.* Badehose *f.*

swin·dle [ˈswɪndl] **I** *v/i.* **1.** betrügen, mogeln; **II** *v/t.* **2.** *j-n* beschwindeln, betrügen (***out of s.th.*** um et.); **3.** *et.* erschwindeln (***out of s.o.*** von j-m); **III** *s.* **4.** Schwindel *m*, Betrug *m*; ˈ**swin·dler** [-lə] *s.* Schwindler(in), Betrüger(in).

swine [swaɪn] *pl.* **swine** *s. zo.*, *mst* 🌾, *poet. od. obs.* Schwein *n* (*a. fig. contp.*); ***~*** **fe·ver** *s. vet.* Schweinepest *f*; ˈ***~*·herd** *s. poet.* Schweinehirt *m*; ˈ***~*·pox** *s.* **1.** ⚕ *hist.* Wasserpocken *pl.*; **2.** *vet.* Schweinepocken *pl.*

swing [swɪŋ] **I** *v/t.* [*irr.*] **1.** *Stock, Keule, Lasso etc.* schwingen; **2.** *Glocke etc.* schwingen, (hin- u. her)schwenken: ***~ one's arms*** mit den Armen schlenkern; ***~ s.th. about*** et. (im Kreis) herumschwenken; **3.** *Beine etc.* baumeln lassen, *a. Tür etc.* pendeln lassen; *Hängematte etc.* aufhängen (***from*** an *dat.*): ***~ open*** (***to***) *Tor* auf-(zu)stoßen; **4.** *j-n in e-r Schaukel* schaukeln; **5.** *auf die Schulter etc.* (hoch)schwingen; **6.** ⚔ (***~ in*** *od.* ***out*** ein- *od.* aus)schwenken lassen; **7.** ⚓ (rund)schwojen; **8.** *bsd. Am.* F a) *et.* ‚schaukeln', ‚hinkriegen', b) *Wähler* herˈumkriegen; **II** *v/i.* [*irr.*] **9.** (hin- u. her)schwingen, pendeln, ausschlagen (*Pendel, Zeiger*): ***~ into motion*** in Schwung *od.* Gang kommen; **10.** schweben, baumeln (***from*** an *dat.*) (*Glocke etc.*); **11.** (sich) schaukeln; **12.** F ‚baumeln' (*gehängt werden*): ***he must ~ for it***; **13.** sich (*in den Angeln*) drehen (*Tür etc.*): ***~ open*** (***to***) auffliegen (zuschlagen); ***~ round*** a) sich ruckartig umdrehen, b) sich drehen (*Wind etc.*), c) *fig.* umschlagen (*öffentliche Meinung etc.*); **14.** ⚓ schwojen; **15.** schwenken, mit schwungvollen Bewegungen gehen, (flott) marschieren: ***~ into line*** ⚔ einschwenken; **16.** *a.* ***~ it*** *sl.* a) ‚toll leben', b) ‚auf den Putz hauen'; **17.** schwanken; **18.** (zum Schlag) ausholen: ***~ at*** nach *j-m* schlagen; **19.** ♪ swingen; **III** *s.* **20.** (Hin- u. Her)Schwingen *n*, Pendeln *n*, Schwingung *f*; ⚙ Schwungweite *f*, Ausschlag *m* (*e-s Pendels od. Zeigers*): ***the ~ of the pendulum*** der Pendelschlag (*a. fig. od. pol.*); ***free ~*** Bewegungsfreiheit *f*, Spielraum *m* (*a. fig.*); ***in full ~*** in vollem Gange, im Schwung; ***give full ~ to*** a) *e-r Sache* freien Lauf lassen, b) *j-m* freie Hand lassen; **21.** Schaukeln *n*; **22.** a) Schwung *m beim Gehen, Skilauf etc.*, schwingender Gang, Schlenkern *n*, b) ♪ *etc.* Schwung *m*, (schwingender) Rhythmus: ***go with a ~*** a) Schwung haben, b) *fig.* wie am Schnürchen gehen; **23.** ♪ Swing *m* (*Jazz*); **24.** Schaukel *f*: ***lose on the ~s what you make on the roundabouts*** *fig.* genau so weit sein wie am Anfang; ***you make up on the ~s what you lose on the roundabouts*** was man hier verliert, macht man dort wieder wett; **25.** ✝ a) Swing *m*, Spielraum *m* für Kreˈditgewährung, b) *Am.* F Konjunkˈturperiˌode *f*; **26.** *Boxen*: Schwinger *m*; **27.** Schwenkung *f*; ˈ***~*·back** *s.* **1.** *phot.* Einstellscheibe *f*; **2.** *fig.* (***to***) Rückkehr *f* (zu), Rückfall *m* (in *acc.*); ˈ***~*·boat** *s.*

Schiffsschaukel *f*; **~ bridge** *s.* Drehbrücke *f*; **~ cred·it** *s.* ✝ 'Swingkre,dit *m*; **~ door** *s.* Pendeltür *f.*

swinge [swɪndʒ] *v/t. obs.* 'durchprügeln, (aus)peitschen; **'swinge·ing** [-dʒɪŋ] *adj. fig.* drastisch, ex'trem.

swing·er ['swɪŋə] *s. sl.* lebenslustige Per'son.

swing·ing ['swɪŋɪŋ] *adj.* ☐ **1.** schwingend, schaukelnd, pendelnd, Schwing...; **2.** Schwenk...; **3.** rhythmisch, schwungvoll; **4.** lebenslustig; **5.** schwankend: **~ *temperature*** ⚕ Temperaturschwankungen *pl.*

swin·gle [swɪŋgl] **I** *s.* ⚙ (Flachs-, Hanf-) Schwinge *f*; **II** *Flachs*, *Hanf* schwingeln; **'~·tree** *s.* Ortscheit *n*, Wagenschwengel *m.*

'swing|-out *adj.* ⚙ ausschwenkbar; **~ seat** *s.* Hollywoodschaukel *f*; **~ shift** *s. Am.* ✝ Spätschicht *f*; **'~-wing** *s.* ✈ **1.** Schwenkflügel *m*; **2.** Schwenkflügler *m.*

swin·ish ['swaɪnɪʃ] *adj.* ☐ schweinisch, säuisch.

swipe [swaɪp] **I** *v/i.* **1.** dreinschlagen, hauen; *sport* aus vollem Arm schlagen; **II** *v/t.* **2.** (hart) schlagen; **3.** *sl.* ‚klauen', stehlen; **III** *s.* **4.** *bsd. sport* harter Schlag, Hieb *m*; **5.** *pl. sl.* Dünnbier *n.*

swirl [swɜ:l] **I** *v/i.* **1.** wirbeln (*Wasser*, *a. fig. Kopf*), e-n Strudel bilden; **2.** (her-'um)wirbeln; **II** *v/t.* **3.** *et.* her'umwirbeln; **III** *s.* **4.** Wirbel *m*, Strudel *m*; **5.** *Am.* (Haar)Wirbel *m*; **6.** Wirbel(n *n*) *m* (*Drehbewegung*).

swish [swɪʃ] **I** *v/i.* **1.** schwirren, zischen, sausen; **2.** rascheln (*Seide*); **II** *v/t.* **3.** sausen *od.* schwirren lassen; **4.** *Brit.* 'durchprügeln; **III** *s.* **5.** Sausen *n*, Zischen *n*; **6.** Rascheln *n*; **7.** *Brit.* (Ruten-) Streich *m*, Peitschenhieb *m*; **IV** *adj.* **8.** *Brit. sl.* ‚(tod)schick'.

Swiss [swɪs] **I** *pl.* **Swiss** *s.* **1.** Schweizer (-in); **2.** ⚙ ♀, *a.* **~ *muslin*** 'Schweizermusse,lin *m* (*Stoff*); **II** *adj.* **3.** schweizerisch, Schweizer: **~ *German*** Schweizerdeutsch *n*; **~ *Guard*** *R.C.* a) Schweizergarde *f*, b) Schweizer *m*; **~ *roll*** Biskuitrolle *f.*

switch [swɪtʃ] **I** *s.* **1.** Gerte *f*, Rute *f*; **2.** (Ruten)Streich *m*; **3.** falscher Zopf; **4.** ⚡, ⚙ Schalter *m*; **5.** 🚂 Weiche *f*; **6.** (***to***) *fig.* a) 'Umstellung *f* (auf *acc.*), Wechsel *m* (zu), b) Verwandlung *f* (in *acc.*), c) Vertauschung *f*; **II** *v/t.* **7.** peitschen; **8.** zucken mit; **9.** ⚡, ⚙ ('um)schalten: **~ *on*** einschalten, *Licht* anschalten, *teleph. j-n* verbinden; **~ *off*** *Gerät etc.* ab-, ausschalten, abstellen, *teleph. j-n* trennen; **~ *to*** anschließen an (*acc.*); **10.** 🚂 a) *Zug* rangieren, b) *Waggons* 'umstellen; **11.** *fig. Produktion etc.* 'umstellen, *Methode*, *Thema etc.* wechseln, *Gedanken*, *Gespräch* 'überleiten (***to*** auf *acc.*); **III** *v/i.* **12.** 🚂 rangieren; **13.** ⚡, ⚙ (*a.* **~ *over*** 'um)schalten; **~ *off*** abschalten, *teleph.* trennen; **14.** *fig.* 'umstellen: **~** (***off*** *od.* ***over***) ***to*** übergehen zu, sich umstellen auf (*acc.*), *univ. etc.* umsatteln auf (*acc.*); **'~·back** *s. Brit.* **1.** *a.* **~ *road*** Serpen'tinenstraße *f*; **2.** Achterbahn *f*; **'~·blade knife** *s.* Schnappmesser *n*; **'~·board** *s.* ⚡ **1.** Schaltbrett *n*, -tafel *f*; **2.** (Tele'fon)Zen,trale *f*, Vermittlung *f*: **~ *operator*** Telefonist(in); **~ box** *s.* **1.** ⚡ Schaltkasten *m*; **2.** 🚂 Stellwerk *n.*

switch·er·oo [,swɪtʃə'ru:] *s. Am. sl.* **1.** unerwartete Wendung; **2.** → ***switch*** 6 b u. c.

switch·ing ['swɪtʃɪŋ] **I** *s.* **1.** ⚡, ⚙ ('Um-) Schalten *n*; **~-*on*** Einschalten; **~-*off*** Ab-, Ausschalten; **2.** 🚂 Rangieren *n*; **II** *adj.* **3.** ⚡, ⚙ (Um)Schalt...; **4.** 🚂 Rangier...

switch| plug *s.* ⚡, ⚙ Schaltstöpsel *m*; **'~·yard** *s.* 🚂 *Am.* Rangier-, Verschiebebahnhof *m.*

swiv·el ['swɪvl] **I** *s.* Drehzapfen *m*, -ring *m*, -gelenk *n*, (⚓ Ketten)Wirbel *m*; **II** *v/t.* (*auf e-m Zapfen etc.*) drehen *od.* schwenken; **III** *v/i.* sich drehen; **IV** *adj.* dreh-, schwenkbar, Dreh..., Schwenk...; **~ bridge** *s.* ⚙ Drehbrücke *f*; **~ chair** *s.* Drehstuhl *m*; **~ joint** *s.* ⚙ Drehgelenk *n.*

swiz·zle stick ['swɪzl] *s.* Sektquirl *m.*

swol·len ['swəʊlən] **I** *p.p. von* ***swell***; **II** *adj.* ⚕ geschwollen (*a. fig.*): **~-*headed*** aufgeblasen.

swoon [swu:n] **I** *v/i. oft* **~ *away*** in Ohnmacht fallen (***with*** vor *dat.*); **II** *s.* Ohnmacht(sanfall *m*) *f.*

swoop [swu:p] **I** *v/i.* **1.** *oft* **~ *down*** ([***up***]***on***, ***at***) her'abstoßen, sich stürzen (auf *acc.*), *fig.* zuschlagen, herfallen (über *acc.*); **II** *v/t.* **2.** *mst* **~ *up*** F packen, ‚schnappen'; **III** *s.* **3.** Her'abstoßen *n* (*Raubvogel*); **4.** *fig.* a) 'Überfall *m*, b) Razzia *f*; **5.** ***at one*** (***fell***) **~** mit 'einem Schlag.

swop [swɒp] → ***swap***.

sword [sɔ:d] *s.* Schwert *n* (*a. fig.*); Säbel *m*, Degen *m*; *allg.* Waffe *f*: ***draw*** (***sheathe***) ***the* ~** das Schwert ziehen (in die Scheide stecken), *fig.* den Kampf beginnen (beenden); ***put to the* ~** über die Klinge springen lassen; → ***cross*** 11, ***measure*** 16; **~ belt** *s.* **1.** Schwertgehenk *n*; **2.** ⚔ Degenkoppel *n*; **~ cane**

s. Stockdegen *m*; ~ **dance** *s.* Schwert(er)tanz *m*; '~**·fish** *s.* Schwertfisch *m*; ~ **knot** *s.* ⚔ Degen-, Säbelquaste *f*; ~ **lil·y** *s.* ⚘ Schwertel *m*, Siegwurz *f*; '~**·play** *s.* **1.** (Degen-, Säbel)Kampf *m*; **2.** Fechtkunst *f*; **3.** *fig.* Gefecht *n*, Du'ell *n*.

swords·man ['sɔːdzmən] *s.* [*irr.*] Fechter *m*; Kämpfer *m*; '**swords·man·ship** [-ʃɪp] *s.* Fechtkunst *f*.

'**sword·stick** → ***sword cane***.

swore [swɔː] *pret. von* ***swear***; **sworn** [swɔːn] **I** *p.p. von* ***swear***; **II** *adj.* **1.** ⚖ (gerichtlich) vereidigt, beeidigt: ~ ***expert***; **2.** eidlich: ~ ***statement***; **3.** geschworen (*Gegner*): ~ ***enemies*** Todfeinde; **4.** verschworen (*Freunde*).

swot [swɒt] *ped. Brit.* F **I** *v/i.* **1.** büffeln, pauken; **II** *v/t.* **2.** *mst* ~ ***up*** *Lehrstoff* pauken, büffeln; **III** *s.* **3.** Büffler(in), Streber(in); **4.** Büffe'lei *f*, Pauke'rei *f*; *weitS.* hartes Stück Arbeit.

swung [swʌŋ] *pret. u. p.p. von* ***swing***.

syb·a·rite ['sɪbəraɪt] *s. fig.* Syba'rit *m*, Genußmensch *m*; **syb·a·rit·ic** [ˌsɪbə'rɪtɪk] *adj.* (□ ~***ally***) syba'ritisch, genußsüchtig; '**syb·a·rit·ism** [-rɪtɪzəm] *s.* Genußsucht *f*.

syc·a·more ['sɪkəmɔː] *s.* ⚘ **1.** *Am.* Pla'tane *f*; **2.** *a.* ~ ***maple*** *Brit.* Bergahorn *m*; **3.** Syko'more *f*, Maulbeerfeigenbaum *m*.

syc·o·phan·cy ['sɪkəfənsɪ] *s.* Krieche'rei *f*, Speichellecke'rei *f*; '**syc·o·phant** [-nt] *s.* Schmeichler *m*, Kriecher *m*, Speichellecker *m*; **syc·o·phan·tic** [ˌsɪkəʊ'fæntɪk] *adj.* (□ ~***ally***) schmeichlerisch, kriecherisch.

syl·la·bar·y ['sɪləbərɪ] *s.* 'Silbenta,belle *f*; '**syl·la·bi** [-baɪ] *pl. von.* ***syllabus***.

syl·lab·ic [sɪ'læbɪk] *adj.* (□ ~***ally***) **1.** syl'labisch (*a.* ♪), Silben...: ~ ***accent***; **2.** silbenbildend, silbisch; **3.** *in Zssgn* ...silbig; **syl'lab·i·cate** [-keɪt], **syl'lab·i·fy** [-ɪfaɪ], **syl·la·bize** ['sɪləbaɪz] *v/t. ling.* syllabieren, in Silben teilen, Silbe für Silbe (aus)sprechen.

syl·la·ble ['sɪləbl] **I** *s.* **1.** *ling.* Silbe *f*: ***not a*** ~ *fig.* keine Silbe *od.* kein Sterbenswörtchen *sagen*; **2.** ♪ Tonsilbe *f*; **II** *v/t.* **3.** → ***syllabicate***; '**syl·la·bled** [-ld] *adj.* ...silbig.

syl·la·bus ['sɪləbəs] *pl.* **-bi** [-baɪ] *s.* **1.** Auszug *m*, Abriß *m*; zs.-fassende Inhaltsangabe; **2.** (*bsd.* Vorlesungs)Verzeichnis *n*; Lehr-, 'Unterrichtsplan *m*; **3.** ⚖ Kom'pendium *n von richtungweisenden Entscheidungen*; **4.** *R.C.* Syllabus *m*.

syl·lep·sis [sɪ'lepsɪs] *s. ling.* Syl'lepsis, Syl'lepse *f*.

syl·lo·gism ['sɪlədʒɪzəm] *s. phls.* Syllo'gismus *m*, (Vernunft)Schluß *m*; '**syl·lo·gize** [-dʒaɪz] *v/i.* syllogisieren, folgerichtig denken.

sylph [sɪlf] *s.* **1.** *myth.* Sylphe *m*, Luftgeist *m*; **2.** *fig.* Syl'phide *f*, gra'ziles Mädchen; '**sylph·ish** [-fɪʃ], '**sylph·like** [-laɪk], '**sylph·y** [-fɪ] *adj.* sylphenhaft, gra'zil.

syl·van ['sɪlvən] *adj. poet.* waldig, Wald...

sym·bi·o·sis [ˌsɪmbɪ'əʊsɪs] *s. biol. u. fig.* Symbi'ose *f*; ˌ**sym·bi'ot·ic** [-ɪ'ɒtɪk] *adj.* (□ ~***ally***) *biol.* symbi'o(n)tisch.

sym·bol ['sɪmbl] *s.* Sym'bol *n*, Sinnbild *n*, Zeichen *n*; **sym·bol·ic**, **sym·bol·i·cal** [sɪm'bɒlɪk(l)] *adj.* □ sym'bolisch, sinnbildlich (***of*** für): ***be*** ~ ***of s.th.*** et. versinnbildlichen; **sym·bol·ics** [sɪm'bɒlɪks] *s. pl. mst sg. konstr.* **1.** Studium *n* alter Sym'bole; **2.** *eccl.* Sym'bolik *f*; '**sym·bol·ism** [-bəlɪzəm] *s.* **1.** Sym'bolik *f* (*a. eccl.*), sym'bolische Darstellung; ✎ Forma'lismus *m*; **2.** sym'bolische Bedeutung; **3.** *coll.* Sym'bole *pl.*; **4.** *paint. etc.* Symbo'lismus *m*; '**sym·bol·ize** [-bəlaɪz] *v/t.* **1.** symbolisieren: a) versinnbildlichen, b) sinnbildlich darstellen; **2.** sym'bolisch auffassen.

sym·met·ric, **sym·met·ri·cal** [sɪ'metrɪk(l)] *adj.* □ sym'metrisch, eben-, gleichmäßig: ~ ***axis*** ✎ Symmetrieachse *f*; **sym·me·trize** ['sɪmɪtraɪz] *v/t.* sym'metrisch machen; **sym·me·try** ['sɪmɪtrɪ] *s.* Symme'trie *f* (*a. fig. Ebenmaß*).

sym·pa·thet·ic [ˌsɪmpə'θetɪk] **I** *adj.* (□ ~***ally***) **1.** mitfühlend, teilnehmend: ~ ***strike*** Sympathiestreik *m*; **2.** einfühlend, verständnisvoll; **3.** gleichgesinnt, geistesverwandt, kongeni'al; **4.** sym'pathisch; **5.** F wohlwollend (***to***[***ward***] gegen['über]); **6.** sympa'thetisch (*Kur, Tinte etc.*); **7.** ⚕, *physiol.* sym'pathisch (*Nervensystem etc.*); → 9a; **8.** ♪, *phys.* mitschwingend: ~ ***vibration*** Sympathieschwingung *f*; **II** *s.* **9.** a) *a.* ~ ***nerve*** *physiol.* Sym'pathikus(nerv) *m*, b) Sym'pathikussys,tem *n*.

sym·pa·thize ['sɪmpəθaɪz] *v/i.* **1.** (***with***) a) sympathisieren (mit), gleichgesinnt sein (*dat.*), b) über'einstimmen (mit), wohlwollend gegen'überstehen (*dat.*), c) mitfühlen (mit); **2.** sein Mitgefühl *od.* Beileid ausdrücken (***with*** *dat.*); **3.** ⚕ in Mitleidenschaft gezogen werden (***with*** von); '**sym·pa·thiz·er** [-zə] *s.* j-d, der *mit j-m od. e-r Sache* sympathisiert, Anhänger(in), *bsd. pol.* Sympathi'sant(in); '**sym·pa·thy** [-θɪ] *s.* **1.**

Sympa'thie *f*, Zuneigung *f* (**for** für): ~ **strike** Sympathiestreik *m*; **2.** Gleichgestimmtheit *f*; **3.** Mitleid *n*, -gefühl *n* (**with** mit, **for** für): **feel ~ for** (*od.* **with**) Mitleid haben mit *j-m*, Anteil nehmen an *e-r Sache*; **4.** *pl.* (An)Teilnahme *f*, Beileid *n*: **letter of ~** Beileidschreiben *n*; **offer one's sympathies to s.o.** j-m sein Beileid bezeigen, j-m kondolieren; **5.** ⚕ Mitleidenschaft *f*; **6.** Wohlwollen *n*, Zustimmung *f*; **7.** Über'einstimmung *f*, Einklang *m*; **8.** *biol.*, *psych.* Sympa'thie *f*, Wechselwirkung *f*.

sym·phon·ic [sɪm'fɒnɪk] *adj.* (□ **~ally**) sin'fonisch, sym'phonisch, Sinfonie…, Symphonie…: **~ poem** ♪ symphonische Dichtung; **sym'pho·ni·ous** [-'fəʊnjəs] *adj.* har'monisch (*a. fig.*); **sym·pho·nist** ['sɪmfənɪst] *s.* ♪ Sin'foniker *m*, Sym'phoniker *m*; **sym·pho·ny** ['sɪmfənɪ] **I** *s.* **1.** ♪ Sinfo'nie *f*, Sympho'nie *f*; **2.** *fig.* (*Farben- etc.*)Sympho'nie *f*, (*a. häusliche etc.*) Harmo'nie, Zs.-klang *m*; **II** *adj.* **3.** Sinfonie…, Symphonie…: **~ orchestra**.

sym·po·si·um [sɪm'pəʊzjəm] *pl.* **-si·a** [-zjə] *s.* **1.** *antiq.* Sym'posion *n*: a) Gastmahl *n*, b) *Titel philosophischer Dialoge*; **2.** *fig.* Sammlung *f* von Beiträgen (*über e-e Streitfrage*); **3.** Sym'posium *n*, (Fach)Tagung *f*.

symp·tom ['sɪmptəm] *s.* ⚕ *u. fig.* Sym'ptom *n* (**of** für, von), (An)Zeichen *n*; **symp·to·mat·ic**, **symp·to·mat·i·cal** [ˌsɪmptə'mætɪk(l)] *adj.* □ *bsd.* ⚕ sympto'matisch (*a. fig. bezeichnend*) (**of** für); **symp·tom·a·tol·o·gy** [ˌsɪmptəmə'tɒlədʒɪ] *s.* ⚕ Symptomatolo'gie *f*.

syn- [sɪn] *in Zssgn* mit, zusammen.

syn·a·gogue ['sɪnəgɒg] *s. eccl.* Syna'goge *f*.

syn·a·l(o)e·pha [ˌsɪnə'li:fə] *s. ling.* Syna'loiphe *f*, Verschleifung *f*.

syn·an·ther·ous [sɪ'nænθərəs] *adj.* ⚘ syn'andrisch: **~ plant** Korbblüt(l)er *m*, Komposite *f*.

sync [sɪŋk] F *für* a) **synchronization** 1: **in** (**out of**) **~** (nicht) synchron, *fig.* (nicht) in Einklang, b) **synchronize** 5.

syn·carp ['sɪnkɑ:p] *s.* ⚘ Sammelfrucht *f*.

ˌsyn·chro|'flash [ˌsɪŋkrəʊ-] *s. phot.* Syn'chronblitz(licht *n*) *m*; **ˌ~'mesh** [-'meʃ] ⚙ **I** *adj.* Synchron…; **II** *s. a.* **~ gear** Syn'chrongetriebe *n*.

syn·chro·nism ['sɪŋkrənɪzəm] *s.* **1.** Synchro'nismus *m*, Gleichzeitigkeit *f*; **2.** Synchronisati'on *f*; **3.** synchro'nistische (Ge'schichts)Taˌbelle; **4.** *phys.* Gleichlauf *m*; **syn·chro·ni·za·tion** [ˌsɪŋkrənaɪ'zeɪʃn] *s.* **1.** *bsd. Film*, *TV*: Synchronisati'on *f*; **2.** Gleichzeitigkeit *f*, zeitliches Zs.-fallen; **syn·chro·nize** ['sɪŋkrənaɪz] **I** *v/i.* **1.** gleichzeitig sein, zeitlich zs.-fallen *od.* über'einstimmen; **2.** syn'chron gehen (*Uhr*) *od.* laufen (*Maschine*); **3.** synchronisiert sein (*Bild u. Ton e-s Films*); **II** *v/t.* **4.** *Uhren*, *Maschinen* synchronisieren: **~d shifting** *mot.* Synchron(gang)schaltung *f*; **5.** *Film*, *TV*: synchronisieren; **6.** *Ereignisse* synchro'nistisch darstellen, *Gleichzeitiges* zs.-stellen; **7.** *Geschehnisse* (zeitlich) zs.-fallen lassen *od.* aufein'ander abstimmen: **~d swimming** Synchronschwimmen *n*; **8.** ♪ a) *Ausführende* zum (genauen) Zs.-spiel bringen, b) *Stelle*, *Bogenstrich etc.* genau zu'sammen ausführen (lassen); **'syn·chro·nous** [-nəs] *adj.* □ **1.** gleichzeitig: **be ~** (zeitlich) zs.-fallen; **2.** syn'chron: a) ⚙, ⚡ gleichlaufend (*Maschine etc.*), gleichgehend (*Uhr*), b) ⚡, ⚙ von gleicher Phase u. Schwingungsdauer: **~ motor** Synchronmotor *m*.

syn·co·pal ['sɪŋkəpl] *adj.* **1.** syn'kopisch; **2.** ⚕ Ohnmachts…; **'syn·co·pate** [-peɪt] *v/t.* **1.** *ling. Wort* synkopieren, zs.-ziehen; **2.** ♪ synkopieren; **syn·co·pa·tion** [ˌsɪŋkə'peɪʃn] *s.* **1.** → **syncope** 1; **2.** ♪ a) Synkopierung *f*, b) Syn'kope(n *pl.*) *f*, c) syn'kopische Mu'sik; **syn·co·pe** ['sɪŋkəpɪ] *s.* **1.** *ling.* a) Syn'kope *f*, kontrahiertes Wort, b) Kontrakti'on *f*; **2.** ♪ Syn'kope *f*; **3.** ⚕ Syn'kope *f*, tiefe Ohnmacht.

syn·dic ['sɪndɪk] *s.* **1.** ⚖, ✝ Syndikus *m*, Rechtsberater *m*; **2.** *univ. Brit.* Se'natsmitglied *n*; **'syn·di·cal·ism** [-kəlɪzəm] *s.* Syndika'lismus *m* (*radikaler Gewerkschaftssozialismus*); **'syn·di·cate I** *s.* [-kɪt] **1.** ✝, ⚖ Syndi'kat *n*, Kon'sortium *n*; **2.** ✝ a) Ring *m*, Verband *m*, 'Absatzkarˌtell *n*, b) 'Zeitungssyndiˌkat *n od.* -gruppe *f*; **3.** 'Pressezenˌtrale *f*; **4.** ‚Syndi'kat' *n*, Verbrecherring *m*; **II** *v/t.* [-keɪt] **5.** ✝ zu e-m Syndi'kat vereinigen; **6.** a) *Artikel etc.* in mehreren Zeitungen zu'gleich veröffentlichen, b) über ein Syndi'kat verkaufen, c) *Zeitungen* zu e-m Syndi'kat zs.-schließen; **III** *v/i.* [-keɪt] **7.** ✝ sich zu e-m Syndi'kat zs.-schließen; **IV** *adj.* [-kɪt] **8.** ✝ Konsortial…; **syn·di·ca·tion** [ˌsɪndɪ'keɪʃn] *s.* ✝ Syndi'katsbildung *f*.

syn·drome ['sɪndrəʊm] *s.* ⚕ Syn'drom *n* (*a. sociol. etc.*).

syn·od ['sɪnəd] *s. eccl.* Syn'ode *f*; **'syn·od·al** [-dl], **syn·od·ic**, **syn·od·i·cal** [sɪ'nɒdɪk(l)] *adj.* □ syn'odisch (*a. ast.*), Synoden…

syn·o·nym ['sɪnənɪm] *s. ling.* Syno'nym *n*, bedeutungsgleiches *od.* -ähnliches Wort: ***be a ~ for*** *fig.* gleichbedeutend sein mit; **syn·on·y·mous** [sɪ'nɒnɪməs] *adj.* □ **1.** *ling.* syno'nym(isch), bedeutungsgleich *od.* -ähnlich; **2.** *allg.* gleichbedeutend (***with*** mit).

syn·op·sis [sɪ'nɒpsɪs] *pl.* **-ses** [-si:z] *s.* **1.** Syn'opse *f*: a) Zs.-fassung *f*, 'Übersicht *f*, Abriß *m*, b) *eccl.* (vergleichende) Zs.-schau; **syn'op·tic** [-ptɪk] *adj.* (□ ***~ally***) **1.** syn'optisch, 'übersichtlich, zs.-fassend: ***~ chart*** *meteor.* synoptische Karte; **2.** um'fassend (*Genie*); **3.** *oft* 𝔖 *eccl.* syn'optisch; **Syn'op·tist**, *a.* 𝔖 [-ptɪst] *s. eccl.* Syn'optiker *m* (*Matthäus, Markus u. Lukas*).

syn·o·vi·a [sɪ'nəʊvɪə] *s. physiol.* Gelenkschmiere *f*; **syn'o·vi·al** [-əl] *adj.* Synovial…: ***~ fluid*** → ***synovia***; **syn·o·vi·tis** [ˌsɪnə'vaɪtɪs] *s.* ⚕ Gelenkentzündung *f*.

syn·tac·tic, **syn·tac·ti·cal** [sɪn'tæktɪk(l)] *adj.* □ *ling.* syn'taktisch, Syntax…; **syn'tac·ti·cals** [-ɪklz] *s. pl. sg. konstr.* Syn'taktik *f*; **syn·tax** ['sɪntæks] *s.* **1.** *ling.* Syntax *f*: a) Satzbau *m*, b) Satzlehre *f*; **2.** 𝔄, *phls.* Syntax *f*, Be'weistheoˌrie *f*.

syn·the·sis ['sɪnθɪsɪs] *pl.* **-ses** [-si:z] *s. allg.* Syn'these *f*; **'syn·the·size** [-saɪz] *v/t.* **1.** zs.-fügen, (durch Syn'these) aufbauen; **2.** ⚗, ⚙ syn'thetisch *od.* künstlich herstellen; **syn·thet·ic** [sɪn'θetɪk] **I** *adj.* (□ ***~ally***) syn'thetisch: a) *bsd. ling., phls.* zs.-fügend: ***~ language***, b) ⚗ künstlich (*a. fig. unecht*), Kunst…: ***~ rubber***; ***~ trainer*** ✈ (Flug)Simulator *m*; **II** *s.* Kunststoff *m*; **syn·thet·i·cal** [sɪn'θetɪkl] *adj.* □ → ***synthetic*** I; **'syn·the·tize** [-ɪtaɪz] → ***synthesize***.

syn·ton·ic [sɪn'tɒnɪk] *adj.* (□ ***~ally***) **1.** ⚡ (auf gleiche Fre'quenz) abgestimmt; **2.** *psych.* extravertiert; **syn·to·nize** ['sɪntənaɪz] *v/t.* ⚡ (***to*** auf *e-e bestimmte Frequenz*) abstimmen *od.* einstellen; **syn·to·ny** ['sɪntənɪ] *s.* **1.** ⚡ (Fre'quenz-)Abstimmung *f*, Reso'nanz *f*; **2.** *psych.* Extraversi'on *f*.

syph·i·lis ['sɪfɪlɪs] *s.* ⚕ Syphilis *f*; **syph·i·lit·ic** [sɪfɪ'lɪtɪk] **I** *adj.* syphi'litisch; **II** *s.* Syphi'litiker(in).

sy·phon ['saɪfn] → ***siphon***.

Syr·i·an ['sɪrɪən] **I** *adj.* syrisch; **II** *s.* Syr(i)er(in).

sy·rin·ga [sɪ'rɪŋgə] *s.* ⚘ Sy'ringe *f*, Flieder *m*.

syr·inge ['sɪrɪndʒ] **I** *s.* **1.** ⚕, ⚙ Spritze *f*; **II** *v/t.* **2.** *Flüssigkeit etc.* (ein)spritzen; **3.** *Ohr* ausspritzen; **4.** *Pflanze etc.* ab-, bespritzen.

syr·inx ['sɪrɪŋks] *s.* **1.** *antiq.* Pan-, Hirtenflöte *f*; **2.** a) *anat.* Eu'stachische Röhre, b) ⚕ Fistel *f*; **3.** *orn.* Syrinx *f*, unterer Kehlkopf.

Syro- [saɪərəʊ] *in Zssgn* Syro…, syrisch.

syr·up ['sɪrəp] *s.* **1.** Sirup *m*, Zuckersaft *m*; **2.** *fig.* ‚süßliches Zeug', Kitsch *m*; **'syr·up·y** [-pɪ] *adj.* **1.** sirupartig, dickflüssig, klebrig; **2.** *fig.* süßlich, sentimen'tal.

sys·tem ['sɪstəm] *s.* **1.** *allg.* Sy'stem *n* (*a.* 𝔄, ♪, ⚗, ⚘, *zo.*): a) Gefüge *n*, Aufbau *m*, Anordnung *f*, b) Einheit *f*, geordnetes Ganzes, c) *phls., eccl.* Lehrgebäude *n*, d) ⚙ Anlage *f*, e) Verfahren *n*: ***~ of government*** Regierungssystem; ***~ of logarithms*** 𝔄 Logarithmensystem; ***electoral ~*** *pol.* Wahlsystem, -verfahren; ***mountain ~*** Gebirgssystem; ***savings-bank ~*** Sparkassenwesen *n*; ***lack ~*** kein System haben; **2.** *ast.* Sy'stem *n*: ***solar ~***; ***the ~*** das Weltall; **3.** *geol.* Formati'on *f*; **4.** *pysiol.* a) (Or'gan)Syˌstem *n*, b) ***the ~*** der Organismus: ***digestive ~*** Verdauungssystem; ***get s.th. out of one's ~*** F et. loswerden; **5.** (*Eisenbahn-, Straßen-, Verkehrs- etc.*)Netz *n*: ***~ of roads***; **sys·tem·at·ic**, **sys·tem·at·i·cal** [ˌsɪstɪ'mætɪk(l)] *adj.* □ syste'matisch: a) plan-, zweckmäßig, -voll, b) me'thodisch (*vorgehend od. geordnet*); **'sys·tem·a·tist** [-mətɪst] *s.* Syste'matiker *m*; **sys·tem·a·ti·za·tion** [ˌsɪstɪmətaɪ'zeɪʃn] *s.* Systematisierung *f*; **'sys·tem·a·tize** [-tɪmətaɪz] *v/t.* systematisieren, in ein Sy'stem bringen.

sys·tem·ic [sɪs'temɪk] *adj.* (□ ***~ally***) *physiol.* Körper…, Organ…: ***~ circulation*** großer Blutkreislauf; ***~ disease*** Systemerkrankung *f*.

sys·tems| a·nal·y·sis *s. Computer*: Sy'stemanaˌlyse *f*; **~ an·a·lyst** *s.* Sy'stemanaˌlytiker *m*.

sys·to·le ['sɪstəlɪ] *s.* Sy'stole *f*: a) ⚕ *Zs.-ziehung des Herzmuskels*, b) *Metrik*: *Verkürzung e-r langen Silbe*.

T

T, t [tiː] *pl.* **T's, Ts, t's, ts** *s.* **1.** T *n*, t *n* (*Buchstabe*): ***to a T*** haargenau; ***it suits me to a T*** das paßt mir ausgezeichnet; ***cross the T's*** a) peinlich genau sein, b) es klar u. deutlich sagen; **2.** *a.* ***flanged T*** ⚙ T-Stück *n*.

ta [tɑː] *int. Brit.* F danke.

Taal [tɑːl] *s. ling.* Afri'kaans *n*.

tab [tæb] *s.* **1.** Streifen *m*, *bsd.* a) Schlaufe *f*, (Mantel)Aufhänger *m*, b) Lappen *m*, Zipfel *m*, c) (Schuh)Lasche *f*, (Stiefel)Strippe *f*, d) Dorn *m am Schnürsenkel*, e) Ohrklappe *f* (*Mütze*); **2.** ⚔ (Kragen)Spiegel *m*; **3.** Schildchen *n*, Anhänger *m*, Eti'kett *n*; (Kar'tei)Reiter *m*; **4.** F a) Rechnung *f*, b) Kon'trolle *f*: ***keep ~(s) on*** *fig.* kontrollieren, beobachten, sich auf dem laufenden halten über (*acc.*); ***pick up the ~*** *Am.* (die Rechnung) bezahlen; **5.** ⚙ Nase *f*; **6.** ✈ Trimmruder *n*.

tab·by ['tæbɪ] **I** *s.* **1.** *obs.* Moi'ré *m*, *n* (*Stoff*); **2.** *mst* ***~ cat*** a) getigerte *od.* gescheckte Katze, b) (weibliche) Katze; **3.** F a) alte Jungfer, b) Klatschbase *f*; **II** *adj.* **4.** *obs.* Moiré...; **5.** gestreift; scheckig; **III** *v/t.* **6.** *Seide* moirieren.

tab·er·nac·le ['tæbənækl] *s.* **1.** *bibl.* Zelt *n*, Hütte *f*; **2.** ℒ *eccl.* Stiftshütte *f der Juden*: ***Feast of ℒs*** Laubhüttenfest *n*; **3.** *eccl.* a) (jüdischer) Tempel, b) ℒ Mor'monentempel *m*, c) Bethaus *n der Dissenter*; **4.** Taber'nakel *n*: a) *R.C.* Sakra'mentshäuschen *n*, b) △ Statuennische *f*; **5.** *fig.* Leib *m* (*als Wohnsitz der Seele*); **6.** ⚓ Mastbock *m*.

tab·la·ture ['tæblətʃə] *s.* **1.** Bild *n*: a) Tafelgemälde *n*, b) bildliche Darstellung (*a. fig.*); **2.** ♪ *hist.* Tabula'tur *f*.

ta·ble ['teɪbl] **I** *s.* **1.** *allg.* Tisch *m*: ***lay*** (*od.* ***put***) ***s.th. on the ~*** → 14 u. 15a; ***set*** (*od.* ***lay, spread***) ***the ~*** den Tisch decken; ***lay s.th. on the ~*** → 15a; ***turn the ~s*** (***on s.o.***) den Spieß umdrehen (gegenüber j-m); ***the ~s are turned*** das Blatt hat sich gewendet; **2.** Tafel *f*, Tisch *m*: a) gedeckter Tisch, b) Kost *f*, Essen *n*: ***at ~*** bei Tisch, beim Essen; ***keep*** (*od.* ***set***) ***a good ~*** e-e gute Küche führen; ***the Lord's ~*** der Tisch des Herrn, das Heilige Abendmahl; **3.** (Tisch-, Tafel)Runde *f*; → ***round table***; **4.** Komi'tee *n*, Ausschuß *m*; **5.** *geol.* Tafel(land *n*) *f*, Pla'teau *n*: ***~ mountain*** Tafelberg *m*; **6.** △ a) Tafel *f*, Platte *f*, b) Sims *m*, *n*, Fries *m*; **7.** (Holz-, Stein-, *a.* Gedenk- *etc.*)Tafel *f*: ***the*** (***two***) ***~s of the law*** die Gesetzestafeln, die Zehn Gebote Gottes; **8.** Ta'belle *f*, Verzeichnis *n*: ***~ of contents*** Inhaltsverzeichnis; ***~ of wages*** Lohntabelle; **9.** A Tabelle *f*: ***~ of logarithms*** Logarithmentafel *f*; ***learn one's ~s*** rechnen lernen; **10.** *anat.* Tafel *f*, Tabula *f* (ex'terna *od.* in'terna) (*Schädeldach*); **11.** ⚙ (Auflage)Tisch *m*; **12.** *opt.* Bildebene *f*; **13.** *Chiromantie*: Handteller *m*; **II** *v/t.* **14.** auf den Tisch legen (*a. fig. vorlegen*); **15.** *bsd. parl.* a) *Brit. Antrag etc.* einbringen, b) *Am.* zu'rückstellen, *bsd. Gesetzesvorlage* ruhen lassen; **16.** in e-e Tabelle eintragen, tabel'larisch verzeichnen.

ta·bleau ['tæbləʊ] *pl.* **'ta·bleaux** [-əʊz] *s.* **1.** Bild *n*: a) Gemälde *n*, b) anschauliche Darstellung; **2.** *Brit.* dra'matische Situati'on, über'raschende Szene: ***~!*** Tableau!, man stelle sich die Situation vor!; **3.** → **~ vi·vant** [viː'vɑ̃ːŋ] (*Fr.*) *s.* a) lebendes Bild, b) *fig.* malerische Szene.

'ta·ble|·cloth *s.* Tischtuch *n*, -decke *f*; **'~-cut** *adj.* mit Tafelschnitt (versehen) (*Edelstein*).

ta·ble d'hôte [ˌtɑːbl'dəʊt] (*Fr.*) *s. a.* ***~ meal*** Me'nü *n*.

ta·ble| knife *s.* [*irr.*] *Brit.* Tafel-, Tischmesser *n*; **'~·land** *s. geogr., geol.* Tafelland *n*, Hochebene *f*; **'~-ˌlift·ing** → ***table-turning***; **~ light·er** *s.* Tischfeuerzeug *n*; **~ lin·en** *s.* Tischwäsche *f*; **~ mat** *s.* Set *n*, *m*; **~ nap·kin** *s.* Servi'ette *f*; **'~-ˌrap·ping** *s. Spiritismus*: Tischklopfen *n*; **~ salt** *s.* Tafelsalz *n*; **~ set** *s. Radio, TV*: Tischgerät *n*; **'~·spoon** *s.* Eßlöffel *m*; **'~ˌspoon·ful** *s. ein* Eßlöffel(voll) *m*.

tab·let ['tæblɪt] *s.* **1.** Täfelchen *n*; **2.** (Gedenk-, Wand- *etc.*)Tafel *f*; **3.** *hist.* Schreibtafel *f*; **4.** (No'tiz-, Schreib-,

Zeichen)Block *m*; **5.** a) Stück *n Seife*, b) Tafel *f Schokolade*; **6.** *pharm.* Ta'blette *f*; **7.** ⚠ Kappenstein *m*.

ta·ble| talk *s.* Tischgespräch *n*; **~ ten·nis** *s.* Tischtennis *n*; **~ top** *s.* Tischplatte *f*; **'~-ˌturn·ing** *s. Spiritismus*: Tischrücken *n*; **'~·ware** *s.* Tischgeschirr *n*; **~ wa·ter** *s.* Tafel-, Mine'ralwasser *n*.

tab·loid ['tæblɔɪd] **I** *s.* **1.** Bildzeitung *f*, Boule'vard-, Sensati'onsblatt *n*; *pl. a.* Boule'vardpresse *f*; **2.** *Am.* Informati'onsblatt *n*; **3.** *fig.* Kurzfassung *f*; **II** *adj.* **4.** konzentriert: ***in ~ form***.

ta·boo [tə'bu:] **I** *adj.* ta'bu: a) unantastbar, b) verboten, c) verpönt; **II** *s.* Ta'bu *n*: ***put s.th. under (a) ~*** → **III** *v/t.* für tabu erklären, tabuisieren.

tab·o(u)·ret ['tæbərɪt] *s.* **1.** Hocker *m*, Tabu'rett *n*; **2.** Stickrahmen *m*.

tab·u·lar ['tæbjʊlə] *adj.* □ **1.** tafelförmig, Tafel…, flach; **2.** dünn; **3.** blättrig; **4.** tabel'larisch, Tabellen…: ***~ standard*** ✝ Preisindexwährung *f*.

ta·bu·la ra·sa [ˌtæbjʊlə'rɑ:sə] (*Lat.*) *s.* Tabula *f* rasa: a) unbeschriebenes Blatt, völlige Leere, b) reiner Tisch.

tab·u·late ['tæbjʊleɪt] **I** *v/t.* tabellarisieren, tabel'larisch (an)ordnen; **II** *adj.* → ***tabular***; **tab·u·la·tion** [ˌtæbjʊ'leɪʃn] *s.* **1.** Tabellarisierung *f*; **2.** Ta'belle *f*; **'tab·u·la·tor** [-tə] *s.* **1.** Tabellarisierer *m*; **2.** ⚙ Tabu'lator *m* (*Schreibmaschine*).

tach [tæk] F *für* ***tachometer***.

tach·o·graph ['tækəʊgrɑ:f] *s.* ⚙ Tacho'graph *m*, Fahrtenschreiber *m*.

ta·chom·e·ter [tæ'kɒmɪtə] *s.* ⚙ Tacho'meter *n*, Geschwindigkeitsmesser *m*.

tac·it ['tæsɪt] *adj.* □ *bsd.* ⚖ stillschweigend: ***~ approval***.

tac·i·turn ['tæsɪtɜ:n] *adj.* □ schweigsam, wortkarg; **tac·i·tur·ni·ty** [ˌtæsɪ'tɜ:nətɪ] *s.* Schweigsamkeit *f*, Verschlossenheit *f*.

tack¹ [tæk] **I** *s.* **1.** (Nagel)Stift *m*, Reißnagel *m*, Zwecke *f*; **2.** *Näherei*: Heftstich *m*; **3.** ⚓ a) Halse *f*, b) Haltetau *n*; **4.** ⚓ Schlag *m*, Gang *m* (*beim Lavieren od. Kreuzen*): ***be on the port ~*** auf Backbordhalsen liegen; **5.** ⚓ Lavieren *n* (*a. fig.*); **6.** *fig.* Kurs *m*, Weg *m*, Richtung *f*: ***on the wrong ~*** auf dem Holzwege; ***try another ~*** es anders versuchen; **7.** *parl. Brit.* 'Zusatzantrag *m*, -arˌtikel *m*; **8.** ⚙ Klebrigkeit *f*; **II** *v/t.* **9.** heften (***to*** an *acc.*); **10.** *a.* ***~ down*** festmachen; **11.** *a.* ***~ together*** anein'anderfügen (*a. fig.*); **12.** (***on***, ***to***) anfügen (an *acc.*): ***~ mortgages*** *Brit.* Hypotheken (verschiedenen Ranges) zs.-schreiben; ***~ securities*** ⚖ *Brit.* Sicherheiten zs.-fassen; ***~ a rider to a bill*** *parl. Brit.* e-e Vorlage mit e-m Zusatzantrag koppeln; **13.** ⚙ heftschweißen; **III** *v/i.* **14.** ⚓ a) wenden, b) lavieren (*a. fig.*).

tack² [tæk] *s.* F Nahrung *f*, ‚Fraß' *m*.

tack·le ['tækl] **I** *s.* **1.** Gerät *n*, (Werk-)Zeug *n*, Ausrüstung *f*; **2.** (Pferde)Geschirr *n*; **3.** *a.* ***block and ~*** ⚙ Flaschenzug *m*; **4.** ⚓ Talje *f*; **5.** ⚓ Takel-, Tauwerk *n*; **6.** *Fußball etc.*: Angreifen *n* (*e-s Gegners im Ballbesitz*); **7.** *amer. Fußball*: Halbstürmer *m*; **II** *v/t.* **8.** *et. od. j-n* packen; **9.** *Fußball etc.*: *Gegner im Ballbesitz* angreifen, stoppen; **10.** *j-n* angreifen, anein'andergeraten mit; **11.** *fig. j-n* (*mit Fragen etc.*) angehen (***on*** wegen); **12.** *fig.* a) *Problem etc.* anpacken, angehen, in Angriff nehmen, b) *Aufgabe etc.* lösen, fertig werden mit.

'tack-weld *v/t.* ⚙ heftschweißen.

tack·y ['tækɪ] *adj.* **1.** klebrig, zäh; **2.** *Am.* F a) schäbig, her'untergekommen, b) 'unmoˌdern, c) protzig.

tact [tækt] *s.* **1.** Takt *m*, Takt-, Zartgefühl *n*; **2.** Feingefühl *n* (***of*** für); **3.** ♪ Takt(schlag) *m*; **'tact·ful** [-fʊl] *adj.* □ taktvoll; **'tact·ful·ness** [-fʊlnɪs] → ***tact*** 1.

tac·ti·cal ['tæktɪkl] *adj.* □ ⚔ taktisch (*a. fig. planvoll, klug*); **tac·ti·cian** [tæk'tɪʃn] *s.* ⚔ Taktiker *m* (*a. fig.*); **'tac·tics** [-ks] *s.* **1.** *sg. od. pl. konstr.* ⚔ Taktik *f*; **2.** *nur pl. konstr. fig.* Taktik *f*, planvolles Vorgehen.

tac·tile ['tæktaɪl] *adj.* **1.** tak'til, Tast…: ***~ sense*** Tastsinn *m*; ***~ hair*** *zo.*, ⚘ Tasthaar *n*; **2.** tast-, greifbar; **tac·til·i·ty** [tæk'tɪlətɪ] *s.* Greif-, Tastbarkeit *f*.

tact·less ['tæktlɪs] *adj.* □ taktlos; **'tact·less·ness** [-nɪs] *s.* Taktlosigkeit *f*.

tac·tu·al ['tæktjʊəl] *adj.* □ tastbar, Tast…: ***~ sense*** Tastsinn *m*.

tad·pole ['tædpəʊl] *s. zo.* Kaulquappe *f*.

taf·fe·ta ['tæfɪtə] *s.* Taft *m*.

taf·fy¹ ['tæfɪ] *s.* **1.** *Am.* → ***toffee***; **2.** F ‚Schmus' *m*, Schmeiche'lei *f*.

Taf·fy² ['tæfɪ] *s. sl.* Wa'liser *m*.

tag¹ [tæg] **I** *s.* **1.** (loses) Ende, Anhängsel *n*, Zipfel *m*, Fetzen *m*, Lappen *m*; **2.** Eti'kett *n*, Anhänger *m*, Schildchen *n*; Abzeichen *n*, Pla'kette *f*: ***~ day*** *Am.* Sammeltag *m*; **3.** a) Schlaufe *f am Stiefel*, b) (Schnürsenkel)Stift *m*; **4.** ⚙ a) Lötklemme *f*, b) Lötfahne *f*; **5.** a) Schwanzspitze *f* (*bsd. e-s Fuchses*), b) Wollklunker *f*, *m* (*Schaf*); **6.** (Schrift-)Schnörkel *m*; **7.** *ling.* Frageanhängsel *n*; **8.** Re'frain *m*, Kehrreim *m*; **9.** Schlußwort *n*, Po'inte *f*, Mo'ral *f*; **10.** stehende Redensart, bekanntes Zi'tat; **11.** Bezeichnung *f*, Beiname *m*; **12.** *Computer*: Identifizierungskennzeichen *n*; **13.** *Am.* Strafzettel *m*; **14.** → ***rag-tag***; **II** *v/t.* **15.** mit e-m Etikett *etc.* versehen, etikettieren; *Waren* auszeichnen; *et.* markieren; **16.** mit e-m Schlußwort *od.* e-r Moral versehen; **17.** *Rede etc.* verbrämen; **18.** *et.* anhängen (***to*** an *acc.*); **19.** *Schafen* Klunkerwolle abscheren; **20.** F hinter *j-m* ‚herlatschen'; **III** *v/i.* **21.** ***~ along*** F hinter'herlaufen: ***~ after*** → 20.

tag² [tæg] **I** *s.* Fangen *n*, Haschen *n* (*Kinderspiel*); **II** *v/t.* haschen.

tag end *s.* F **1.** ‚Schwanz' *m*, Schluß *m*; **2.** *Am.* a) (letzter) Rest, b) Fetzen *m* (*a. fig.*).

Ta·hi·ti·an [tɑː'hiːʃn] **I** *s.* **1.** Tahiti'aner (-in); **2.** *ling.* Ta'hitisch *n*; **II** *adj.* **3.** ta'hitisch.

tail¹ [teɪl] **I** *s.* **1.** *zo.* Schwanz *m*, (Pferde-)Schweif *m*: ***turn ~*** *fig.* ausreißen, davonlaufen; ***twist s.o.'s ~*** j-n piesacken; ***close on s.o.'s ~*** j-m dicht auf den Fersen; ***~s up*** fidel, hochgestimmt; ***keep your ~ up!*** laß dich nicht unterkriegen!; ***with one's ~ between one's legs*** *fig.* mit eingezogenem Schwanz; ***the ~ wags the dog*** *fig.* der Kleinste hat das Sagen; **2.** F Hinterteil *m*, Steiß *m*; **3.** *fig.* Schwanz *m*, Ende *n*, Schluß *m* (*e-r Marschkolonne*, *e-s Briefes etc.*): ***~ of a comet*** *ast.* Kometenschweif *m*; ***the ~ of the class*** *ped.* der ‚Schwanz' *od.* die Schlechtesten der Klasse; ***~ of a note*** ♪ Notenhals *m*; ***~ of a storm*** (ruhigeres) Ende e-s Sturms; ***out of the ~ of one's eye*** aus den Augenwinkeln; **4.** Haarzopf *m*, -schwanz *m*; **5.** a) Schleppe *f e-s Kleides*, b) (Rock-, Hemd)Schoß *m*, c) *pl.* Gesellschaftsanzug *m*, *bsd.* Frack *m*; **6.** ✈ Schwanz *m*, Heck *n*; **7.** *mst pl.* Rück-, Kehrseite *f e-r Münze*; **8.** a) Gefolge *n*, b) Anhang *m e-r Partei*, große Masse *e-r Gemeinschaft*; **9.** F ‚Beschatter' *m* (*Detektiv etc.*): ***put a ~ on s.o.*** j-n beschatten lassen; **10.** ✈ a) Leitwerk *n*, b) Heck *n*, Schwanz *m*; **II** *v/t.* **11.** mit e-m Schwanz versehen; **12.** *Marschkolonne etc.* beschließen; **13.** *a.* ***~ on*** befestigen, anhängen (***to*** an *acc.*); **14.** *Tier* stutzen; **15.** *Beeren* zupfen, entstielen; **16.** F *j-n* ‚beschatten', verfolgen; **III** *v/i.* **17.** sich hinziehen: ***~ away*** (*od.* ***off***) a) abflauen, -nehmen, sich verlieren, b) zurückbleiben, -fallen, c) sich auseinanderziehen (*Marschkolonne etc.*); **18.** F hinter'herlaufen (***after s.o.*** j-m); **19.** ***~ back*** *mot. Brit.* e-n Rückstau bilden; **20.** ⚠ eingelassen sein (***in***[***to***] in *acc. od. dat.*).

tail² [teɪl] ⚖ **I** *s.* Beschränkung *f* (*der Erbfolge*), beschränktes Erb- *od.* Eigentumsrecht: ***heir in ~*** Vorerbe *m*; ***estate in ~ male*** Fideikommiß *m*; **II** *adj.* beschränkt: ***estate ~***.

'tail|·back *s. mot. Brit.* Rückstau *m*; **'~·board** *s.* Ladeklappe *f* (*a. mot.*); **~ coat** *s.* Frack *m*; **~ comb** *s.* Stielkamm *m*.

tailed [teɪld] *adj.* **1.** geschwänzt; **2.** *in Zssgn* …schwänzig.

tail| end *s.* **1.** Schluß *m*, Ende *n*; **2.** → ***tail¹*** 2; **ˌ~'end·er** *s. sport* ‚Schlußlicht' *n*; **~ fin** *s.* **1.** *ichth.* Schwanzflosse *f*; **2.** ✈ Seitenflosse *f*; **~ fly** *s. Am.* (Angel-)Fliege *f*; **'~·gate I** *s.* **1.** a) → ***tailboard***, b) *mot.* Hecktür *f*; **2.** Niedertor *n* (*e-r Schleuse*); **II** *v/t. u. v/i. mot.* (zu) dicht auffahren (auf *acc.*); **'~-gun** *s.* ✈ Heckwaffe *f*; **'~-ˌheav·y** *adj.* ✈ schwanzlastig.

tail·ing ['teɪlɪŋ] *s.* **1.** ⚠ eingelassenes Ende; **2.** *pl.* a) (*bsd.* Erz)Abfälle *pl.*, b) Ausschußmehl *n*.

tail lamp *s. mot. etc.* Rück-, Schlußlicht *n*.

tail·less ['teɪllɪs] *adj.* schwanzlos.

'tail-light → ***tail-lamp***.

tai·lor ['teɪlə] **I** *s.* **1.** Schneider *m*: ***the ~ makes the man*** Kleider machen Leute; **II** *v/t.* **2.** schneidern; **3.** schneidern für *j-n*; **4.** *j-n* kleiden; **5.** nach Maß arbeiten; **6.** *fig.* zuschneiden (***to*** für *j-n*, auf *et.*); **'tai·lored** [-ləd] *adj.* maßgeschneidert, gut sitzend, tadellos gearbeitet: ***~ suit*** Maßanzug *m*; ***~ costume*** Schneiderkostüm *n*; **ˌtai·lor'ess** [-ə'res] *s.* Schneiderin *f*.

'tai·lor-made I *adj.* **1.** → ***tailored*** 1; **2.** ele'gant gekleidet (*Dame*); **3.** auf Bestellung angefertigt; **4.** *fig.* (genau) zugeschnitten (***for*** auf *acc.*); **II** *s.* **5.** 'Schneiderkoˌstüm *n*.

'tail|·piece *s.* **1.** ♪ Saitenhalter *m*; **2.** *typ.* 'Schlußviˌgnette *f*; **~ pipe** *s. mot.* Auspuffrohr(ende) *n*; **~ plane** *s.* ✈ Höhenflosse *f*; **~ skid** *s.* ✈ Schwanzsporn *m*; **'~·spin** *s.* **1.** ✈ (Ab)Trudeln *n*; **2.** *fig.* Panik *f*; **'~·stock** *s.* ⚙ Reitstock *m* (*Drehbank*); **~ u·nit** *s.* ✈ (Schwanz)Leitwerk *n*; **~ wind** *s.* ✈ Rückenwind *m*.

taint [teɪnt] **I** *s.* **1.** *bsd. fig.* Fleck *m*, Makel *m*; *fig.* a) *krankhafter etc.* Zug, b) Spur *f*: ***a ~ of suspicion*** ein Anflug von Mißtrauen; **2.** ⚕ a) (verborgene) Ansteckung, b) (verborgene) Anlage (***of*** zu *e-r Krankheit*): ***hereditary ~*** erbliche Belastung; **3.** *fig.* verderblicher Einfluß, Gift *n*; **II** *v/t.* **4.** *a. fig.* verderben, -giften; **5.** anstecken; **6.** *fig.* verderben: ***be ~ed with*** behaftet sein mit; **7.** *bsd. fig.* beflecken, besudeln; **III** *v/i.* **8.** verderben, schlecht werden; **'taint·less** [-lɪs] *adj.* □ makellos.

take [teɪk] **I** *s.* **1.** a) *Fischerei*: Fang *m*, b) *hunt.* Beute *f* (*beide a.* F *fig.*); **2.** F Einnahme(n *pl.*) *f*; **3.** F Anteil *m* (***of*** an *dat.*); **4.** *Film etc.*: Aufnahme *f*; **5.** *typ.* Porti'on *f* (*Manuskript*); **6.** ⚕ a) Reakti'on *f* (*a. fig.*), b) Anwachsen *n* (*e-s Transplantats*); **7.** *Schach etc.*: Schlagen *n* (*e-r Figur*); **II** *v/t.* [*irr.*] **8.** *allg.*, *a. Abschied*, *Partner*, *Unterricht etc.* nehmen: ***~ it or leave it*** *sl.* mach, was du willst; ***~n all in all*** im großen ganzen; ***taking one thing with another*** eins zum anderen gerechnet; → ***account*** 9, ***action*** 8, ***aim*** 6, ***care*** 4, ***consideration*** 1, ***effect*** 1 *etc.*; **9.** (weg)nehmen; **10.** nehmen, fassen, packen, ergreifen; **11.** *Fische etc.* fangen; **12.** *Verbrecher etc.* fangen, ergreifen; **13.** ⚔ gefangennehmen, *Gefangene* machen; **14.** ⚔ *Stadt*, *Stellung etc.* (ein)nehmen, *a. Land* erobern; *Schiff* kapern; **15.** *j-n* erwischen, ertappen (***stealing*** beim Stehlen, ***in a lie*** bei e-r Lüge); **16.** nehmen, sich aneignen, Besitz ergreifen von, sich bemächtigen (*gen.*); **17.** *Gabe etc.* (an-, entgegen)nehmen, empfangen; **18.** bekommen, erhalten; *Geld*, *Steuer etc.* einnehmen; *Preis etc.* gewinnen; **19.** (her'aus)nehmen (***from***, ***out of*** aus); *a. fig. Zitat etc.* entnehmen (***from*** *dat.*): ***I ~ it from s.o. who knows*** ich habe (*weiß*) es von j-m, der es genau weiß; **20.** *Speise etc.* zu sich nehmen; *Mahlzeit* einnehmen; *Gift*, *Medizin etc.* nehmen; **21.** sich *e-e Krankheit* holen *od.* zuziehen: ***be ~n ill*** krank werden; **22.** nehmen: a) auswählen: ***I am not taking any*** *sl.* ‚ohne mich'!, b) kaufen, c) mieten, d) *Eintritts-*, *Fahrkarte* lösen, e) *Frau* heiraten, f) *e-r Frau* beischlafen, g) *Weg* wählen; **23.** mitnehmen: ***~ me with you*** nimm mich mit; ***you can't ~ it with you*** *fig.* im Grabe nützt (dir) aller Reichtum nichts mehr; **24.** (hin- *od.* weg)bringen; *j-n wohin* führen: ***business took him to London***; ***he was ~n to the hospital*** er wurde in die Klinik gebracht; **25.** *j-n durch den Tod* nehmen, wegraffen; **26.** ⩲ abziehen (***from*** von); **27.** *j-n* treffen, erwischen (*Schlag*); **28.** *Hindernis* nehmen; **29.** *j-n* befallen, packen (*Empfindung*, *Krankheit*): ***be ~n with*** *e-e Krankheit* bekommen (→ 42); ***~n with fear*** von Furcht gepackt; **30.** *Gefühl* haben, bekommen, *Mitleid etc.* empfinden, *Mut* fassen, *Anstoß* nehmen; *Ab-*, *Zuneigung* fassen (***to*** gegen, für): ***~ alarm*** beunruhigt sein (***at*** über *acc.*); ***~ comfort*** sich trösten; → ***fancy*** 5, ***pride*** 1; **31.** *Feuer* fangen; **32.** *Bedeutung*, *Sinn*, *Eigenschaft*, *Gestalt* annehmen, bekommen: ***~ a new meaning***; **33.** *Farbe*, *Geruch*, *Geschmack* annehmen; **34.** *sport u. Spiele*: a) *Ball*, *Punkt*, *Figur*, *Stein* abnehmen (***from*** *dat.*), b) *Stein* schlagen, c) *Karte* stechen, d) *Spiel* gewinnen; **35.** ⚖ *etc.* erwerben, *bsd.* erben; **36.** *Ware*, *Zeitung* beziehen; ⚚ *Auftrag* her'einnehmen; **37.** nehmen, verwenden: ***~ 4 eggs*** *Küche*: man nehme 4 Eier; **38.** *Zug*, *Taxi etc.* nehmen, benutzen; **39.** *Gelegenheit*, *Vorteil* ergreifen, wahrnehmen; → ***chance*** 2; **40.** (als Beispiel) nehmen; **41.** *Platz* einnehmen: ***~n*** besetzt; **42.** *fig. j-n*, *das Auge*, *den Sinn* gefangennehmen, fesseln, (für sich) einnehmen: ***be ~n with*** (*od.* ***by***) begeistert *od.* entzückt sein von (→ 29); **43.** *Befehl*, *Führung*, *Rolle*, *Stellung*, *Vorsitz* über'nehmen; **44.** *Mühe*, *Verantwortung* auf sich nehmen; **45.** leisten: a) *Arbeit*, *Dienst* verrichten, b) *Eid*, *Gelübde* ablegen, c) *Versprechen* (ab)geben; **46.** *Notiz*, *Aufzeichnung* machen, niederschreiben, *Diktat*, *Protokoll* aufnehmen; **47.** *phot. et. od. j-n* aufnehmen, *Bild* machen; **48.** *Messung*, *Zählung etc.* vornehmen, 'durchführen; **49.** *wissenschaftlich* ermitteln, *Größe*, *Temperatur etc.* messen; *Maß* nehmen; **50.** machen, tun: ***~ a look*** e-n Blick tun *od.* werfen; ***~ a swing*** schaukeln; **51.** *Maßnahme* ergreifen, treffen; **52.** *Auswahl* treffen; **53.** *Entschluß* fassen; **54.** *Fahrt*, *Spaziergang*, *a. Sprung*, *Verbeugung*, *Wendung etc.* machen; *Anlauf* nehmen; **55.** *Ansicht* vertreten; → ***stand*** 2, ***view*** 11; **56.** a) verstehen, b) auffassen, auslegen, c) *et. gut etc.* aufnehmen: ***do you ~ me?*** verstehen Sie(, was ich meine)?; ***I ~ it that*** ich nehme an, daß; ***~ s.th. ill of s.o.*** j-m et. übelnehmen; ***~ it seriously*** es ernst nehmen; **57.** ansehen *od.* betrachten (***as*** als); halten (***for*** für): ***I took him for an honest man***; **58.** sich *Rechte*, *Freiheiten* (her'aus)nehmen; **59.** a) *Rat*, *Auskunft* einholen, b) *Rat* annehmen, befolgen; **60.** *Wette*, *Angebot* annehmen; **61.** glauben: ***you may ~ it from me*** verlaß dich drauf!; **62.** *Beleidigung*, *Verlust etc.*, *a. j-n* hinnehmen, *Strafe*, *Folgen* auf sich nehmen, sich *et.* gefallen lassen: ***~ people as they are*** die Leute nehmen, wie sie (eben) sind; **63.** *et.* ertragen, aushalten: ***can you ~ it?*** kannst du das aushalten?; ***~ it*** F es ‚kriegen', es ausbaden (müssen); **64.** ⚕ sich *e-r Behandlung etc.* unter'ziehen; **65.** *ped. Prüfung* machen, ablegen: ***~ French*** Examen im Französischen machen; → ***degree*** 3; **66.** *Rast*, *Ferien etc.* machen, *Urlaub*, *a. Bad* nehmen; **67.** *Platz*, *Raum* ein-, wegnehmen, beanspruchen; **68.** a) *Zeit*, *Material etc.*, *a. fig. Geduld*, *Mut etc.* brauchen, erfordern, kosten, *gewisse Zeit* dauern: ***it took a long time*** es dauerte *od.* brauchte lange; ***it ~s brains and courage*** es erfordert Verstand u. Mut; ***it ~s a man to do that*** das kann nur ein Mann (fertigbringen), b) *j-n et.* kosten, *j-m et.* abverlangen: ***it took him*** (*od.* ***he took***) ***3 hours*** es kostete *od.* er brauchte 3 Stunden; → ***time*** 9; **69.** *Kleidergröße*, *Nummer* haben: ***which size in hats do you ~?***; **70.** *ling.* a) *grammatische Form* annehmen, im *Konjunktiv etc.* stehen, b) *Akzent*, *Endung*, *Objekt etc.* bekommen; **71.** aufnehmen, fassen, Platz bieten für; **III** *v/i.* [*irr.*] **72.** ⚘ *Wurzel* schlagen; **73.** ⚘, ⚕ anwachsen (*Pfropfreis*, *Steckling*, *Transplantat*); **74.** ⚕ wirken, anschlagen (*Droge etc.*); **75.** F ‚ankommen', ‚ziehen', ‚einschlagen', Anklang finden (*Buch*, *Theaterstück etc.*); **76.** ⚖ das Eigentumsrecht erlangen, *bsd.* erben, (als Erbe) zum Zuge kommen; **77.** sich *gut etc.* fotografieren (lassen); **78.** Feuer fangen; **79.** anbeißen (*Fisch*); **80.** ⚙ an-, eingreifen;

Zssgn mit prp.:

take| aft·er *v/i. j-m* nachschlagen, -geraten, ähneln (*dat.*); **~ for** *v/t.* **1.** halten für; **2.** auf *e-n Spaziergang etc.* mitnehmen; **~ from I** *v/t.* **1.** *j-m* wegnehmen; **2.** ⅍ abziehen von; **II** *v/i.* **3.** Abbruch tun (*dat.*), schmälern (*acc.*), her'absetzen (*acc.*); **4.** beeinträchtigen, mindern, (ab)schwächen; **~ in·to** *v/t.* **1.** (hin)'einführen in (*acc.*); **2.** bringen in (*acc.*); **~ to** *v/i.* **1.** a) sich begeben in (*acc.*) *od.* nach *od.* zu, b) sich flüchten in (*acc.*) *od.* zu, c) *fig.* Zuflucht nehmen zu: ***~ the stage*** zur Bühne gehen; → ***bed*** 1, ***heel***[1] *Redew.*, ***road*** 1; **2.** a) (her'an)gehen *od.* sich begeben an *e-e Arbeit etc.*, b) sich *e-r Sache* widmen, sich abgeben mit: ***~ doing s.th.*** dazu übergehen, et. zu tun; **3.** *et.* anfangen, sich ergeben (*dat.*), sich verlegen auf (*acc.*); *schlechte Gewohnheiten* annehmen: ***~ drink(ing)*** sich aufs Trinken verlegen, das Trinken anfangen; **4.** sich hingezogen fühlen zu, Gefallen finden an *j-m*; **~ up·on** *v/t.*: ***~ o.s.*** *et.* auf sich nehmen: ***take it upon o.s. to do s.th.*** a) es auf sich nehmen, et. zu tun, b) sich berufen fühlen, et. zu tun; **~ with** *v/i.* verfangen bei *j-m*: ***that won't ~ me*** das ‚zieht' bei mir nicht;

Zssgn mit adv.:

take| a·back *v/t.* verblüffen, über'raschen; → ***aback*** 3; **~ a·long** *v/t.* mitnehmen; **~ a·part** *v/t.* (*a.* F *fig. Gegner etc.*) ausein'andernehmen; **~ a·side** *v/t. j-n* bei'seite nehmen; **~ a·way** *v/t.* wegnehmen (***from s.o.*** j-m, ***from s.th.*** von et.): ***pizzas to ~*** (*Schild*) Pizzas zum Mitnehmen; **~ back** *v/t.* **1.** zu'rücknehmen (*a. fig. sein Wort*); **2.** *j-n im Geist* zu'rückversetzen (***to*** in *e-e Zeit*); **~ down** *v/t.* **1.** her'unter-, abnehmen; **2.** *Gebäude* abreißen, abtragen, *Gerüst* abnehmen; **3.** ⚙ *Motor etc.* zerlegen; **4.** *Baum* fällen; **5.** *Arznei etc.* (hin'unter-) schlucken; **6.** *j-n* demütigen, ‚ducken'; **7.** nieder-, aufschreiben, notieren; **~ for·ward** *v/t.* weiterführen, -bringen; **~ in** *v/t.* **1.** *Wasser etc.* (her)'einlassen; **2.** *Gast etc.* einlassen, aufnehmen; **3.** *Heimarbeit* annehmen; **4.** *Geld* einnehmen; **5.** ☤ *Waren* her'einnehmen; **6.** *Zeitung* halten; **7.** *fig.* in sich aufnehmen; *Lage* über'schauen; **8.** für bare Münze nehmen, glauben; **9.** her'einnehmen, einziehen, ⚓ *Segel* einholen; **10.** *Kleider* kürzer *od.* enger machen; **11.** einschließen (*a. fig. umfassen*); **12.** F *j-n* reinlegen: ***be taken in*** a) reinfallen, b) reingefallen sein; **~ off I** *v/t.* **1.** wegnehmen, -bringen, -schaffen; fortführen: ***take o.s. off*** sich fortmachen; **2.** *durch den Tod* hinraffen; **3.** *Verkehrsmittel* einstellen; **4.** *Hut etc.* abnehmen, *Kleidungsstück* ablegen, ausziehen; **5.** ⚕ abnehmen, amputieren; **6.** a) *Rabatt* abziehen, b) *Steuer etc.* senken; **7.** hin'unter-, austrinken; **8.** *thea. Stück* absetzen; **9.** ***take a day off*** sich e-n Tag freinehmen; **10.** *j-n* nachmachen, -äffen, imitieren; **II** *v/i.* **11.** *sport* abspringen; **12.** ✈ aufsteigen, starten; **13.** fortgehen, sich entfernen; **~ on I** *v/t.* **1.** *Arbeit* annehmen, über'nehmen; **2.** *Arbeiter* ein-, anstellen; *Mitglied* aufnehmen; **3.** a) *j-n* (als Gegner) annehmen, b) es aufnehmen mit *od.* gegen; **4.** *Wette* eingehen; **5.** *Eigenschaft, Gestalt, Farbe* annehmen; **II** *v/i.* **6.** F ‚sich haben', großes The'ater machen: ***don't ~ so!***; ***~ out*** *v/t.* **1.** a) her'ausnehmen, *a. Geld* abheben, b) wegnehmen, entfernen (***of*** von, aus); **2.** *Fleck* entfernen (***of*** aus); **3.** ✝, ⚖ *Patent, Vorladung etc.* erwirken; *Versicherung* abschließen; **4.** ***take it out*** sich schadlos halten (***in*** an *e-r Sache*); ***take it out of*** a) sich rächen *od.* schadlos halten für (*Beleidigung etc.*), b) *j-n* ‚kaputtmachen', erschöpfen, c) *sl. j-n* ‚wegputzen', liquidieren: ***take it out on s.o.*** s-n Zorn an j-m auslassen; **5.** (***of s.o.*** j-m) *den Unsinn etc.* austreiben; **6.** *j-n zum Abendessen etc.* ausführen; *Kinder* spazierenführen; ***~ o·ver*** **I** *v/t.* **1.** *Amt, Aufgabe, die Macht etc., a. Idee etc.* über'nehmen; **II** *v/i.* **2.** die Amtsgewalt, Leitung *etc.* über'nehmen; die Sache in die Hand nehmen: ***~ for s.o.*** j-s Stelle einnehmen; **3.** *fig.* in den Vordergrund treten; ***~ up*** **I** *v/t.* **1.** aufheben, -nehmen; **2.** *Pflaster* aufreißen; **3.** *Gerät, Waffe* erheben, ergreifen (***against*** gegen); **4.** *Reisende* mitnehmen; **5.** *Flüssigkeit* aufsaugen, -nehmen; **6.** *Tätigkeit* aufnehmen; sich befassen mit, sich 'verlegen auf (*acc.*); *Beruf* ergreifen; **7.** *Fall, Idee etc.* aufgreifen: ***take s.o. up on s.th.*** bei j-m wegen e-r Sache einhaken (→ 17); **8.** *Erzählung etc.* fortführen; **9.** *Platz, Zeit, Gedanken etc.* ausfüllen, beanspruchen, in Anspruch nehmen: ***taken up with*** in Anspruch genommen von; **10.** *Wohnsitz* aufschlagen; **11.** *Stelle* antreten; **12.** *Posten* einnehmen; **13.** *Verbrecher* aufgreifen, verhaften; **14.** *Masche* aufnehmen; **15.** ⚕ *Gefäß* abbinden; **16.** ✝ a) *Anleihe, Kapital* aufnehmen, b) *Aktien* zeichnen, c) *Wechsel* einlösen; **17.** *Wette, Herausforderung* annehmen: ***take s.o. up on it*** die Herausforderung annehmen; **18.** a) *e-m Redner* ins Wort fallen, b) *j-n* zu'rechtweisen, korrigieren; **II** *v/i.* **19.** ***~ with*** anbändeln *od.* sich einlassen mit.

'take|·a·way *Brit.* **I** *adj.* zum Mitnehmen: ***~ meals***; **II** *s.* Restau'rant *n* mit Straßenverkauf; **'~·down I** *adj.* zerlegbar; **II** *s.* Zerlegen *n*; **'~-home pay** *s.* Nettolohn *m*, -gehalt *n*; **'~-in** *s.* F **1.** Schwindel *m*, Betrug *m*; **2.** ‚Reinfall' *m*.

tak·en ['teɪkən] *p.p. von* ***take***.

'take|-off *s.* **1.** ✈ Start *m* (*a. mot.*), Abflug *m*; → ***assist*** 1; **2.** *sport* a) Absprung *m*, b) Absprungstelle *f*: ***~ board*** Absprungbalken *m*; **3.** *a.* ***~ point*** *fig.* Ausgangspunkt *m*; **4.** Nachahmung *f*, -äffung *f*, Karika'tur *f*; **'~·out** *Am.* **I** *adj.* **1.** → ***takeaway*** I; **II** *s.* **2.** → ***takeaway*** II; **3.** *sl.* Liquidierung *f*; **'~-ˌo·ver** *s.* **1.** ✝ 'Übernahme *f e-r Firma*: ***~ bid*** Übernahmeangebot *n*; **2.** *pol.* 'Machtˌübernahme *f*.

tak·er ['teɪkə] *s.* **1.** Nehmer(in); **2.** ✝ Käufer(in); **3.** Wettende(r *m*) *f*.

tak·ing ['teɪkɪŋ] **I** *s.* **1.** (An-, Ab-, Auf-, Ein-, Ent-, Hin-, Weg- *etc.*)Nehmen *n* (*etc.* → ***take*** II); ⚖ Wegnahme *f*; **2.** Inbe'sitznahme *f*; **3.** ⚔ Einnahme *f*, Eroberung *f*; **4.** *pl.* ✝ Einnahmen *pl.*; **5.** F Aufregung *f*; **II** *adj.* ☐ **6.** fesselnd; **7.** anziehend, einnehmend, gewinnend; **8.** F ansteckend.

talc [tælk] *s.* Talk *m*.

tal·cum ['tælkəm] *s.* Talk *m*; ***~ pow·der*** *s.* **1.** Talkum(puder *m*) *n*; **2.** Körperpuder *m*.

tale [teɪl] *s.* **1.** Erzählung *f*, Bericht *m*: ***it tells its own ~*** es spricht für sich selbst; **2.** Erzählung *f*, Geschichte *f*: ***old wives' ~*** Ammenmärchen *n*; ***thereby hangs a ~*** damit ist e-e Geschichte verknüpft; **3.** Sage *f*, Märchen *n*; **4.** Lüge(ngeschichte) *f*, Unwahrheit *f*; **5.** Klatschgeschichte *f*: ***tell*** (*od.* ***carry, bear***) ***~s*** klatschen; ***tell ~s*** (***out of school***) *fig.* aus der Schule plaudern; **'~ˌbear·er** *s.* Klatschmaul *n*; **'~ˌbear·ing** *s.* Zuträge'rei *f*, Klatsch(e'rei *f*) *m*.

tal·ent ['tælənt] *s.* **1.** Ta'lent *n*, Begabung *f* (*beide a. Person*): ***~ for languages*** Sprachtalent; **2.** *coll.* Ta'lente *pl.* (*Personen*): ***engage the best ~*** die besten Kräfte verpflichten; ***~ scout*** Talentsucher *m*; ***~ show*** ‚Talentschuppen' *m*; **3.** *bibl.* Pfund *n*; **'tal·ent·ed** [-tɪd] *adj.* talen'tiert, ta'lentvoll, begabt; **'tal·ent·less** [-lɪs] *adj.* 'untalenˌtiert, ta'lentlos.

ta·les·man ['teɪli:zmən] *s.* [*irr.*] Ersatzgeschworene(r) *m*.

'taleˌtell·er *s.* **1.** Märchen-, Geschichtenerzähler(in); **2.** Flunkerer *m*; **3.** Klatschmaul *n*.

tal·is·man ['tælɪzmən] *pl.* **-mans** *s.* 'Talisman *m*.

talk [tɔ:k] **I** *s.* **1.** Reden *n*; **2.** Gespräch *n*: a) Unter'haltung *f*, Plaude'rei *f*, b) *a. pol.* Unter'redung *f*: ***have a ~ with s.o.*** mit j-m reden *od.* plaudern, sich mit j-m unterhalten; **3.** Ansprache *f*; **4.** *bsd. Radio*: a) Plaude'rei *f*, b) Vortrag *m*; **5.** Gerede *n*, Geschwätz *n*: ***he is all ~*** er ist ein großer Schwätzer; ***end in ~***

im Sand verlaufen; ***there is ~ of his being bankrupt*** es heißt, daß er bank(e)rott ist; → ***small talk***; **6.** Gesprächsgegenstand *m*: ***be the ~ of the town*** Stadtgespräch sein; **7.** Sprache *f*, Art *f* zu reden; → ***baby talk***; **II** *v/i.* **8.** reden, sprechen: ***~ big*** große Reden führen, ‚angeben'; ***~ round s.th.*** um et. herumreden; **9.** reden, sprechen, plaudern, sich unter'halten (***about***, ***on*** über *acc.*, ***of*** von): ***~ at*** *j-n* indirekt ansprechen, meinen; ***~ to s.o.*** a) mit j-m sprechen *od.* reden, b) F j-m die Meinung sagen; ***~ to o.s.*** Selbstgespräche führen; ***~ing of*** da wir gerade von … sprechen; ***you can ~!*** F du hast gut reden!; ***now you are ~ing!*** *sl.* das läßt sich eher hören!; **10.** *contp.* reden, schwatzen; **11.** *b.s.* reden, klatschen (***about*** über *acc.*); **III** *v/t.* **12.** *et.* reden: ***~ nonsense***; ***~ sense*** vernünftig reden; **13.** reden *od.* sprechen über (*acc.*): ***~ business*** (***politics***); **14.** *Sprache* sprechen: ***~ French***; **15.** reden: ***~ o.s. hoarse*** sich heiser reden; ***~ s.o. into believing s.th.*** j-n et. glauben machen; ***~ s.o. into*** (***out of***) ***s.th.*** j-m et. ein- (aus-) reden;

Zssgn mit adv.:

talk| a·way *v/t. Zeit* verplaudern; **~ back** *v/i.* e-e freche Antwort geben; **~ down I** *v/t.* **1.** a) *j-n* unter den Tisch reden, b) niederschreien; **2.** *Flugzeug* ‚her'untersprechen'; **II** *v/i.* **3.** (***to***) sich dem (*niedrigen*) Ni'veau (*e-r Zuhörerschaft*) anpassen; **~ o·ver** *v/t.* **1.** *j-n* über'reden; **2.** *et.* besprechen, 'durchsprechen; **~ round** → ***talk over*** 1; **~ up I** *v/i.* **1.** laut u. deutlich reden; **II** *v/t. Am.* F **2.** *et.* rühmen, anpreisen; **3.** *et.* frei her'aussagen.

talk·a·thon ['tɔːkəθɒn] *s. Am.* F Marathonsitzung *f*.

talk·a·tive ['tɔːkətɪv] *adj.* □ geschwätzig, gesprächig, redselig; **'talk·a·tive·ness** [-nɪs] *s.* Geschwätzigkeit *f etc.*

talk·ee-talk·ee [ˌtɔːkɪ'tɔːkɪ] *s.* F *contp.* Geschwätz *n*.

talk·er ['tɔːkə] *s.* **1.** Schwätzer(in); **2.** Sprecher *m*, Sprechende(r *m*) *f*: ***he is a good ~*** er kann (gut) reden.

talk·ie ['tɔːkɪ] *s.* F Tonfilm *m*.

talk·ing ['tɔːkɪŋ] **I** *s.* **1.** Sprechen *n*, Reden *n*: ***he did all the ~*** er führte allein das Wort; ***let him do the ~*** laß(t) ihn (für uns alle) sprechen; **II** *adj.* **2.** sprechend: ***~ doll***; ***~ parrot***; **3.** *teleph.* Sprech…: ***~ current***; **4.** *fig.* sprechend: ***~ eyes***; **~ film**, **~ (mo·tion) pic·ture** *s.* Tonfilm *m*; **'~-to** *s.* F: ***give s.o. a ~*** j-m e-e Standpauke halten.

'talk-show *s. bsd. Am. TV*: Talk-Show *f*.

talk·y ['tɔːkɪ] *adj.* F geschwätzig (*a. fig.*); **'~-talk** *s.* F Geschwätz *n*.

tall [tɔːl] **I** *adj.* **1.** groß, hochgewachsen: ***he is six feet ~*** er ist sechs Fuß groß; **2.** hoch: ***~ house*** hohes Haus; **3.** F a) großsprecherisch, b) über'trieben, unglaublich (*Geschichte*): ***that's a ~ order*** das ist ein bißchen viel verlangt; **II** *adv.* **4.** F prahlerisch: ***talk ~*** prahlen; **'tall·boy** *s.* hohe Kom'mode; **'tall·ish** [-lɪʃ] *adj.* ziemlich groß; **'tall·ness** [-nɪs] *s.* Größe *f*, Höhe *f*, Länge *f*.

tal·low ['tæləʊ] **I** *s.* **1.** *ausgelassener* Talg: ***vegetable ~*** Pflanzenfett *n*; **2.** ⚙ Schmiere *f*; **3.** Talg-, Unschlittkerze *f*; **II** *v/t.* **4.** (ein)talgen, schmieren; **5.** *Tiere* mästen; **'~-faced** *adj.* bleich, käsig.

tal·low·y ['tæləʊɪ] *adj.* talgig.

tal·ly¹ ['tælɪ] **I** *s.* **1.** *hist.* Kerbholz *n*, -stock *m*; **2.** ✝ (Ab)Rechnung *f*; **3.** (Gegen)Rechnung *f*; **4.** ✝ Kontogegenbuch *n* (*e-s Kunden*); **5.** Seiten-, Gegenstück *n* (***of*** zu); **6.** Zählstrich *m*: ***by the ~*** ✝ nach dem Stück *kaufen*; **7.** Eti'kett *n*, Marke *f*, Kennzeichen *n* (*auf Kisten etc.*); **8.** Ku'pon *m*; **II** *v/t.* **9.** (stückweise) nachzählen, buchen, kontrollieren; **10.** *oft* ***~ up*** berechnen; **III** *v/i.* **11.** (***with***) über'einstimmen (mit), entsprechen (*dat.*); **12.** stimmen.

tal·ly² ['tælɪ] *v/t.* ⚓ *Schoten* beiholen.

tal·ly-ho [ˌtælɪ'həʊ] *hunt.* **I** *int.* hal'lo!, ho! (*Jagdruf*); **II** *pl.* **-hos** *s.* Hallo *n*; **III** *v/i.* ‚hallo' rufen.

'tal·ly|-sheet *s.* ✝ Kon'trolliste *f*; **'~-shop** *s.* ✝ *bsd. Brit.* Abzahlungsgeschäft *n*; **~ sys·tem**, **~ trade** *s.* ✝ *bsd. Brit.* 'Abzahlungsgeschäft *n*, -syˌstem *n*.

tal·mi gold ['tælmɪ] *s.* Talmigold *n*.

Tal·mud ['tælmʊd] *s.* Talmud *m*; **Tal·mud·ic** [tæl'mʊdɪk] *adj.* tal'mudisch; **'Tal·mud·ist** [-dɪst] *s.* Talmu'dist *m*.

tal·on ['tælən] *s.* **1.** *orn.* Klaue *f*, Kralle *f*; **2.** ⚠ Kehlleiste *f*; **3.** *Kartenspiel*: Ta'lon *m*; **4.** ✝ Ta'lon *m*, 'Zinskuˌpon *m*.

ta·lus¹ ['teɪləs] *pl.* **-li** [-laɪ] *s.* **1.** *anat.* Talus *m*, Sprungbein *n*; **2.** Fußgelenk *n*; **3.** ⚕ Klumpfuß *m*.

ta·lus² ['teɪləs] *s.* **1.** Böschung *f*; **2.** *geol.* Geröll-, Schutthalde *f*.

tam [tæm] → ***tam-o'-shanter***.

tam·a·ble ['teɪməbl] *adj.* (be)zähmbar.

tam·a·rack ['tæməræk] *s.* ⚘ **1.** Nordamer. Lärche *f*; **2.** Tamarakholz *n*; **tam·a·rind** ['tæmərɪnd] *s.* ⚘ Tama'rinde *f*; **tam·a·risk** ['tæmərɪsk] *s.* ⚘ Tama'riske *f*.

tam·bour ['tæm,bʊə] **I** *s.* **1.** (große) Trommel; **2.** *a.* ~ ***frame*** Stickrahmen *m*; **3.** Tambu'riersticke,rei *f*; **4.** ⚠ a) Säulentrommel *f*, b) Tambour *m* (*Unterbau e-r Kuppel*); **5.** *Festungsbau*: Tambour *m*; **II** *v/t.* **6.** *Stoff* tamburieren.

tam·bou·rine [,tæmbə'ri:n] *s.* ♪ (flaches) Tamb(o)u'rin.

tame [teɪm] **I** *adj.* □ **1.** *allg.* zahm: a) gezähmt (*Tier*), b) friedlich, c) folgsam, d) harmlos (*Witz*), e) lahm, fad(e): ***a ~ affair***; **II** *v/t.* **2.** zähmen, bändigen (*a. fig.*); **3.** *Land* urbar machen; '**tame·ness** [-nɪs] *s.* **1.** Zahmheit *f* (*a. fig.*); **2.** Unter'würfigkeit *f*; **3.** Harmlosigkeit *f*; **4.** Lahmheit *f*, Langweiligkeit *f*; '**tam·er** [-mə] *s.* (Be)Zähmer(in), Bändiger(in).

Tam·ma·ny ['tæmənɪ] *s. pol. Am.* **1.** → a) ***Tammany Hall***, b) ***Tammany Society***; **2.** *fig.* po'litische Korrupti'on, ‚Filz' *m*; ~ **Hall** *s. pol. Am.* **1.** *Zentrale der* ***Tammany Society*** *in New York*; **2.** *fig. a.* ~ **So·ci·e·ty** *s. pol. Am. organisierte demokratische Partei in New York*.

tam-o'-shan·ter [,tæmə'ʃæntə] *s.* Schottenmütze *f*.

tamp [tæmp] *v/t.* ⚙ **1.** *Bohrloch* besetzen; zustopfen; **2.** *Sprengladung* verdämmen; **3.** *Lehm etc.* feststampfen; *Beton* rammen.

tamp·er¹ ['tæmpə] *s.* ⚙ Stampfer *m*.

tam·per² ['tæmpə] *v/i.* ~ ***with*** **1.** sich (unbefugt) zu schaffen machen mit, her'umbasteln *od.* -pfuschen an (*dat.*), *bsd. Urkunde etc.* verfälschen, ‚frisieren'; **2.** a) sich (ein)mischen in (*acc.*), b) hin'einpfuschen in (*acc.*); **3.** a) mit *j-m* intrigieren, b) *bsd. Zeugen* (zu) bestechen (suchen).

tam·pon ['tæmpən] **I** *s.* **1.** ⚕, *a. typ.* Tam'pon *m*; **2.** *allg.* Pfropfen *m*; **II** *v/t.* **3.** ⚕, *typ.* tamponieren.

tan [tæn] **I** *s.* **1.** ⚙ Lohe *f*; **2.** ⚗ Gerbstoff *m*; **3.** Lohfarbe *f*; **4.** (gelb)braunes Kleidungsstück (*bsd. Schuh*); **5.** (Sonnen)Bräune *f*; **II** *v/t.* **6.** ⚙ a) *Leder* gerben (*a. phot.*), b) beizen; **7.** *Haut* bräunen; **8.** F versohlen, *j-m* das Fell gerben; **III** *v/i.* **9.** a) sich bräunen (*Haut*), b) braun werden; **IV** *adj.* **10.** lohfarben, gelbbraun; **11.** Gerb…

tan·dem ['tændəm] **I** *adv.* **1.** hinterein'ander (angeordnet) (*bsd. Pferde, Maschinen etc.*); **II** *s.* **2.** Tandem *n* (*Gespann, Wagen, Fahrrad*): ***work in ~ with*** *fig.* zs.-arbeiten mit; **3.** ⚙ Reihe *f*, Tandem *n*; **4.** ⚡ Kas'kade *f*; **III** *adj.* **5.** Tandem…, hinterein'ander angeordnet; ~ ***bicycle*** Tandem *n*; ~ ***connection*** ⚡ Kaskadenschaltung *f* ~ ***compound*** (***engine***) Reihenverbundmaschine *f*.

tang¹ [tæŋ] *s.* **1.** ⚙ a) Griffzapfen *m* (*Messer etc.*), b) Angel *f*, c) Dorn *m*; **2.** scharfer Geruch *od.* Geschmack; Beigeschmack *m* (***of*** von) (*a. fig.*).

tang² [tæŋ] **I** *s.* (scharfer) Klang; **II** *v/i. u. v/t.* (laut u. scharf) ertönen (lassen).

tang³ [tæŋ] *s.* ♀ Seetang *m*.

tan·gent ['tændʒənt] **I** *s.* ⩓ Tan'gente *f*: ***fly*** (*od.* ***go***) ***off at a ~*** *fig.* plötzlich (vom Thema) abspringen; **II** *adj.* → ***tangential*** 1; **tan·gen·tial** [tæn'dʒenʃl] *adj.* □ **1.** ⩓ berührend, tangenti'al, Berührungs…, Tangential…: ~ ***force*** Tangentialkraft *f*; ~ ***plane*** Berührungsebene *f*; ***be ~ to*** *et.* berühren; **2.** *fig.* a) sprunghaft, flüchtig, b) ziellos, c) 'untergeordnet, Neben…

tan·ge·rine [,tændʒə'ri:n] *s.* ♀ Manda'rine *f*.

tan·gi·ble ['tændʒəbl] *adj.* □ greifbar: a) fühlbar, b) *fig.* handgreiflich, c) ⚖ re'al: ~ ***assets*** materielle Vermögenswerte; ~ ***property*** Sachvermögen *n*.

tan·gle ['tæŋgl] **I** *v/t.* **1.** verwirren, -wickeln, durchein'anderbringen (*alle a. fig.*); **2.** verstricken (*a. fig.*); **II** *v/i.* **3.** sich verheddern; **4.** ~ ***with*** sich mit *j-m* (in e-n Kampf *etc.*) einlassen; **III** *s.* **5.** Gewirr *n*, wirrer Knäuel; **6.** Verwirrung *f*, -wicklung *f*, Durchein'ander *n*.

tan·go ['tæŋgəʊ] **I** *pl.* **-gos** *s.* Tango *m* (*Tanz*); **II** *v/i. pret. u. p.p.* **-goed** Tango tanzen.

tank [tæŋk] **I** *s.* **1.** *mot. etc.* Tank *m*; **2.** (Wasser)Becken *n*, Zi'sterne *f*; **3.** 🚂 a) Wasserkasten *m*, b) 'Tenderlokomo,tive *f*; **4.** *phot.* Bad *n*; **5.** ⚔ Panzer(wagen) *m*, Tank *m*; **6.** *Am. sl.* a) ‚Kittchen' *n*, b) (Haft)Zelle *f*; **II** *v/t. u. v/i.* **7.** tanken; **8.** ~ ***up*** a) auf-, volltanken, b) *sl.* sich ‚vollaufen' lassen: ~***ed*** besoffen; '**tank·age** [-kɪdʒ] *s.* **1.** Fassungsvermögen *n* e-s Tanks; **2.** (Gebühr *f* für) Aufbewahrung *f* in Tanks; **3.** ✓ Fleischmehl *n* (*Düngemittel*); '**tank·ard** [-kəd] *s.* (*bsd.* Bier)Krug *m*, Humpen *m*.

'**tank**|-,**bust·er** *s.* ⚔ *sl.* **1.** Panzerknakker *m*; **2.** Jagdbomber *m* zur Panzerbekämpfung; ~ **car** *s.* 🚂 Kesselwagen *m*; ~ **de·stroy·er** *s.* ⚔ Sturmgeschütz *n*; ~ **dra·ma** *s. thea. Am.* F Sensati'onsstück *n*.

tank·er ['tæŋkə] *s.* **1.** ⚓ Tanker *m*, Tankschiff *n*; **2.** *a.* ~ ***aircraft*** ✈ Tankflugzeug *n*; **3.** *mot.* Tankwagen *m*; **~ farm·ing** *s.* 'Hydrokul,tur *f.*

tank top *s.* Pull'under *m.*

tan liq·uor *s.* ⚙ Beizbrühe *f.*

tanned [tænd] *adj.* braungebrannt.

tan·ner[1] ['tænə] *s. Brit. obs. sl.* Sixpencestück *n.*

tan·ner[2] ['tænə] *s.* ⚙ (Loh)Gerber *m*; **'tan·ner·y** [-ərɪ] *s.* Gerbe'rei *f*; **'tan·nic** [-nɪk] *adj.* Gerb...: **~ *acid***; **'tan·nin** [-nɪn] *s.* ⚗ Tan'nin *n.*

tan·ning ['tænɪŋ] *s.* **1.** Gerben *n*; **2.** (Tracht *f*) Prügel *pl.*

tan| ooze, **~ pick·le** → ***tan liquor***; **'~-pit** *s. Gerberei*: Lohgrube *f.*

tan·ta·li·za·tion [ˌtæntəlaɪ'zeɪʃn] *s.* **1.** Quälen *n*, Zappelnlassen *n*; **2.** (Tantalus)Qual *f*; **tan·ta·lize** ['tæntəlaɪz] *v/t. fig.* peinigen, quälen, zappeln lassen; **tan·ta·liz·ing** ['tæntəlaɪzɪŋ] *adj.* □ quälend, aufreizend, verlockend.

tan·ta·mount ['tæntəmaʊnt] *adj.* gleichbedeutend (***to*** mit): ***be ~ to*** *a.* gleichkommen (*dat.*).

tan·tiv·y [tæn'tɪvɪ] **I** *s.* **1.** schneller Ga'lopp; **2.** Hussa *n* (*Jagdruf*); **II** *adv.* **3.** eiligst, spornstreichs.

tan·trum ['tæntrəm] *s.* F **1.** schlechte Laune; **2.** Wut(anfall *m*) *f*, Koller *m*: ***fly into a ~*** e-n Koller kriegen.

tap[1] [tæp] **I** *s.* **1.** Zapfen *m*, Spund *m* (Faß)Hahn *m*: ***on ~*** a) angestochen, angezapft (*Faß*), b) vom Faß (*Bier etc.*), c) *fig.* (sofort) verfügbar; **2.** *Brit.* a) (Wasser-, Gas)Hahn *m*, b) Wasserleitung *f*: ***turn on the ~*** F ‚losflennen'; **3.** F (Getränke)Sorte *f*; **4.** *Brit.* → ***taproom***; **5.** ⚙ a) Gewindebohrer *m*, b) (Ab)Stich *m*, c) Abzweigung *f*; **6.** ⚡ a) Stromabnehmer *m*, b) Zapfstelle *f*; **7.** ⚕ Punkti'on *f*; **II** *v/t.* **8.** mit e-m Zapfen *od.* Hahn versehen; **9.** *Flüssigkeit* abzapfen; **10.** *Faß* anstechen; **11.** ⚕ punktieren; **12.** ⚡ *Telefonleitung etc.* anzapfen: ***~ the wire(s)*** a) Strom abzapfen, b) Telefongespräche *etc.* abhören; **13.** ⚡ a) *Spannung* abgreifen, b) anschließen; **14.** ⚙ mit (e-m) Gewinde versehen; **15.** *metall. Schlacke* abstechen; **16.** *fig. Hilfsquellen etc.* erschließen; **17.** *fig. Vorräte etc.* angreifen, anbrechen; **18.** *sl. j-n* ‚anpumpen' (***for*** um).

tap[2] [tæp] **I** *v/t.* **1.** (leicht) klopfen *od.* pochen an (*acc.*) *od.* auf (*acc.*) *od.* gegen, *et.* beklopfen; **2.** klopfen mit; **3.** *Schuh* flicken; **II** *v/i.* **4.** klopfen (***on***, ***at*** gegen, an *acc.*); **III** *s.* **5.** Klaps *m*, leichter Schlag; **6.** *pl.* ⚔ *Am.* Zapfenstreich *m*; **7.** Stück *n* Leder *m*, Flicken *m.*

tap| dance *s.* Steptanz *m*; **'~-dance** *v/i.* steppen; **~ danc·er** *s.* Steptänzer(in); **~ danc·ing** *s.* Steptanz *m.*

tape [teɪp] **I** *s.* **1.** schmales (Leinen-) Band, Zwirnband *n*; **2.** (Isolier-, Meß-, Me'tall- *etc.*)Band *n*, (Pa'pier-, Kleb- *etc.*)Streifen *m*; ⚕ Heftpflaster *n*; **3.** a) *Telegrafie*: Papierstreifen *m*, b) *Fernschreiber*, *Computer*: Lochstreifen *m*; **4.** ⚡ (Video-, Ton)Band *n*; **5.** *sport* Zielband *n*: ***breast the ~*** das Zielband durchreißen; **II** *v/t.* **6.** mit Band versehen; (mit Band) um'wickeln *od.* binden; **7.** mit Heftpflaster verkleben; **8.** *Buchteile* heften; **9.** mit dem Bandmaß messen: ***I've got him ~d*** *sl.* ich habe ihn durchschaut, ich weiß genau Bescheid über ihn; **10.** mitschneiden: a) auf (Ton)Band aufnehmen, b) *TV* aufzeichnen; **~ deck** *s.* ⚡ Tapedeck *n*; **~ li·brar·y** *s.* 'Bandar,chiv *n*; **~ line**, **~ meas·ure** *s.* Meßband *n*, Bandmaß *n*; **~ play·er** *s.* ⚡ 'Band,wiedergabegerät *n.*

ta·per ['teɪpə] **I** *s.* **1.** (dünne) Wachskerze; **2.** ⚙ Verjüngung *f*; **3.** ⚡ 'Widerstandsverteilung *f*; **II** *adj.* **4.** spitz zulaufend, verjüngt; **III** *v/t.* **5.** zuspitzen, verjüngen; **6.** **~ *off*** *fig.* F *Produktion*, *a. den Tag etc.* auslaufen lassen; **IV** *v/i.* **7.** *oft* **~ *off*** spitz zulaufen, sich verjüngen; all'mählich dünn werden; **8.** **~ *off*** F allmählich aufhören, auslaufen.

'tape|-re,cord *v/t.* → ***tape*** 10; **~ re·cord·er** *s.* ⚡ Tonbandgerät *n*; **~ re·cord·ing** *s.* **1.** (Ton)Bandaufnahme *f*; **2.** *TV*: Aufzeichnung *f.*

ta·pered ['teɪpəd] *adj.*, **'ta·per·ing** [-ərɪŋ] → ***taper*** 4.

tap·es·tried ['tæpɪstrɪd] *adj.* gobe'lingeschmückt; **tap·es·try** ['tæpɪstrɪ] *s.* **1.** a) Gobe'lin *m*, Wandteppich *m*, gewirkte Ta'pete, b) Dekorati'onsstoff *m*; **2.** Tapisse'rie *f.*

'tape·worm *s. zo.* Bandwurm *m.*

tap·pet ['tæpɪt] *s.* ⚙ **1.** Daumen *m*, Mitnehmer *m*; **2.** (Ven'til- *etc.*)Stößel *m*; **3.** (Wellen)Nocke *f*; **4.** (Steuer)Knagge *f.*

'tap|·room [-rʊm] *s.* Schankstube *f*; **'~-root** *s.* ⚘ Pfahlwurzel *f.*

tar [tɑː] **I** *s.* **1.** Teer *m*; **2.** F ‚Teerjacke' *f* (*Matrose*); **II** *v/t.* **3.** teeren: ***~ and feather*** *j-n* teeren u. federn; ***~red with the same brush*** (*od.* ***stick***) kein Haar besser.

tar·a·did·dle ['tærədɪdl] *s.* F **1.** Flunke'rei *f*; **2.** Quatsch *m.*

ta·ran·tu·la [tə'ræntjʊlə] *s. zo.* Ta'rantel *f.*

'tar|·board *s.* Dach-, Teerpappe *f*; **'~-brush** *s.* Teerpinsel *m*: ***he has a touch of the ~*** F er hat Neger- *od.* Indianerblut in den Adern.

tar·di·ness ['tɑ:dɪnɪs] *s.* **1.** Langsamkeit *f*; **2.** Unpünktlichkeit *f*; **3.** Verspätung *f*; **tar·dy** ['tɑ:dɪ] *adj.* □ **1.** langsam, träge; **2.** säumig, unpünktlich; **3.** spät, verspätet: ***be ~*** (zu) spät kommen.

tare¹ [teə] *s.* **1.** ⚘ (*bsd.* Futter)Wicke *f*; **2.** *bibl.* Unkraut *n*.

tare² [teə] ✝ **I** *s.* Tara *f*: ***~ and tret*** Tara u. Gutgewicht *n*; **II** *v/t.* tarieren.

tar·get ['tɑ:gɪt] **I** *s.* **1.** (Schieß-, Ziel-) Scheibe *f*; **2.** ⚔, *Radar etc.*: Ziel *n* (*a. fig.*): ***be off ~*** das Ziel verfehlen, danebenschießen, *fig.* ‚danebenhauen'; ***be on ~*** a) das Ziel erfaßt haben, *a.* sich eingeschossen haben, *sport* aufs Tor gehen (*Schuß*), b) treffen, sitzen (*Schuß etc.*), c) *fig.* richtig geraten haben; **3.** *fig.* Zielscheibe *f des Spottes etc.*; **4.** *fig.* (Leistungs-, Produkti'ons- *etc.*)Ziel *n*, Soll *n*; **5.** 🚂 'Weichensiˌgnal *n*; **6.** ϟ a) 'Fangelekˌtrode *f*, b) 'Antikaˌthode *f von Röntgenröhren*, c) *Kernphysik*: Target *n*; **7.** *her.* runder Schild; **II** *adj.* **8.** Ziel...: ***~ area*** ⚔ Zielbereich *m*, -raum *m*; ***~ bombing*** gezielter Bombenwurf; ***~ date*** Stichtag *m*, Termin *m*; ***~ electrode*** → 6a; ***~ group*** ✝ Zielgruppe *f*; ***~ language*** Zielsprache *f*; ***~ pistol*** Übungspistole *f*; ***~ practice*** Übungs-, Scheibenschießen *n*; ***~-seeking*** zielsuchend (*Rakete etc.*).

tar·iff ['tærɪf] **I** *s.* **1.** 'Zolltaˌrif *m*; **2.** Zoll (-gebühr *f*) *m*; **3.** (Ge'bühren-, 'Kosten- *etc.*)Taˌrif *m*; **4.** Preisverzeichnis *n* (*in e-m Hotel etc.*); **II** *v/t.* **5.** e-n Ta'rif aufstellen für; **6.** *Ware* mit Zoll belegen; **~ rate** *s.* **1.** Ta'rifsatz *m*; **2.** Zollsatz *m*; **~ wall** *s.* Zollschranke *f e-s Staates*.

tar·mac ['tɑ:mæk] *s. Brit.* 'Teermakaˌdam(straße *f*, ✈ -rollfeld *n*) *m*, ✈ *a.* Hallenvorfeld *n*.

tar·nish ['tɑ:nɪʃ] **I** *v/t.* **1.** trüben, matt *od.* blind machen, *e-r Sache* den Glanz nehmen; **2.** *fig.* besudeln, beflecken; **3.** ⚙ mattieren; **II** *v/i.* **4.** matt *od.* trübe werden; **5.** anlaufen (*Metall*); **III** *s.* **6.** Trübung *f*; Beschlag *m*, Anlaufen *n* (*von Metall*); **7.** *fig.* Fleck *m*, Makel *m*.

tarp [tɑ:p] *abbr.* → **tar·pau·lin** [tɑ:'pɔ:lɪn] *s.* **1.** ⚓ a) Per'senning *f* (*geteertes Segeltuch*), b) Ölzeug *n* (*Hose, Mantel*); **2.** Plane *f*, Wagendecke *f*; **3.** Zeltbahn *f*.

tar·ra·did·dle → ***taradiddle***.

tar·ry¹ ['tɑ:rɪ] *adj.* teerig.

tar·ry² ['tærɪ] **I** *v/i.* **1.** zögern, zaudern, säumen; **2.** (ver)weilen, bleiben; **II** *v/t.* **3.** *obs. et.* abwarten.

tar·sal ['tɑ:sl] *anat.* **I** *adj.* **1.** Fußwurzel...; **2.** (Augen)Lidknorpel...; **II** *s.* **3.** *a.* ***~ bone*** Fußwurzelknochen *m*; **4.** (Augen)Lidknorpel *m*.

tar·si·a ['tɑ:sɪə] *s.* In'tarsia *f*, Einlegearbeit *f* in Holz.

tar·sus ['tɑ:səs] *pl.* **-si** [-saɪ] *s.* **1.** → ***tarsal*** 3 *u.* 4; **2.** *orn.* Laufknochen *m*; **3.** *zo.* Fußglied *n*.

tart¹ [tɑ:t] *adj.* □ **1.** sauer, herb, scharf; **2.** *fig.* scharf, beißend: ***~ reply***.

tart² [tɑ:t] **I** *s.* **1.** a) (Obst)Torte *f*, Obstkuchen *m*, b) *bsd. Am.* (*Creme-*, Obst-) Törtchen *n*; **2.** *sl.* ‚Nutte' *f*; **II** *v/t.* ***~ up*** *sl.* ‚aufputzen', ‚aufmotzen'.

tar·tan¹ ['tɑ:tən] *s.* Tartan *m*: a) Schottentuch *n*, b) Schottenmuster *n*: ***~ plaid*** Schottenplaid *n*.

tar·tan² ['tɑ:tən] *s. sport* Tartan *n* (*Bahnbelag*).

Tar·tar¹ ['tɑ:tə] **I** *s.* **1.** Ta'tar(in); **2.** *a.* ♀ Wüterich *m*, böser Kerl: ***catch a ~*** an den Unrechten kommen; **II** *adj.* **3.** ta'tarisch.

tar·tar² ['tɑ:tə] *s.* **1.** Weinstein *m*: ***~ emetic*** ⚕ Brechweinstein; **2.** Zahnstein *m*; **tar·tar·ic** [tɑ:'tærɪk] *adj.*: ***~ acid*** ⚗ Weinsäure *f*.

tart·ness ['tɑ:tnɪs] *s.* Schärfe *f*: a) Säure *f*, Herbheit *f*, b) *fig.* Schroffheit *f*, Bissigkeit *f*.

task [tɑ:sk] **I** *s.* **1.** Aufgabe *f*: ***take to ~*** *fig. j-n* ins Gebet nehmen (***for*** wegen); **2.** Pflicht *f*, (auferlegte) Arbeit; **3.** *ped.* (Prüfungs)Aufgabe *f*; **II** *v/t.* **4.** *j-m* Arbeit zuweisen *od.* aufbürden, *j-n* beschäftigen; **5.** *fig. Kräfte etc.* stark beanspruchen, *sein Gedächtnis etc.* anstrengen; **~ force** *s.* **1.** ⚔ *gemischter* Kampfverband (*für Sonderunternehmen*), Task force *f*; **2.** *Polizei*: a) Spezi'aleinheit *f*, Einsatzgruppe *f*, b) 'Sonderdezerˌnat *n*; **3.** ✝ Pro'jektgruppe *f*; **'~ˌmas·ter** *s.* **1.** (*bsd.* strenger) Arbeitgeber: ***severe ~*** *fig.* strenger Zuchtmeister; **2.** ⚙ (Arbeit)Anweiser *m*; **~ wag·es** *s. pl.* ✝ Ak'kord-, Stücklohn *m*; **'~·work** *s.* **1.** ✝ Ak'kordarbeit *f*; **2.** harte Arbeit.

tas·sel ['tæsl] **I** *s.* Quaste *f*, Troddel *f*; **II** *v/t.* mit Quasten schmücken.

taste [teɪst] **I** *v/t.* **1.** *Speisen etc.* kosten, (ab)schmecken, probieren, versuchen (*a. fig.*); **2.** kosten, *Essen* anrühren: ***he had not ~d food for days***; **3.** *et.* (her'aus)schmecken; **4.** *fig.* kosten, kennenlernen, erleben; **5.** *fig.* genießen; **II** *v/i.* **6.** schmecken (***of*** nach); **7.** kosten, versuchen (***of*** von *od. acc.*); **8.** ***~ of*** → 4; **III** *s.* **9.** Geschmack *m*: ***a ~ of garlic*** ein Knoblauchgeschmack; ***leave a bad ~ in one's mouth*** *bsd. fig.* e-n üblen Nachgeschmack haben; **10.** Geschmackssinn *m*; **11.** (Kost)Probe *f* (***of*** von *od. gen.*): a) kleiner Bissen, b) Schlückchen *n*; **12.** *fig.* (Kost)Probe *f*, Vorgeschmack *m* (***of*** *gen.*); **13.** *fig.* Beigeschmack *m*, Anflug *m* (***of*** von); **14.** *fig.* (künstlerischer *od.* guter) Geschmack: ***in bad ~*** geschmacklos (*a. weitS. unfein, taktlos*); ***in good ~*** a) geschmackvoll, b) taktvoll; ***each to his*** (***own***) ***~*** jeder nach s-m Geschmack; **15.** Geschmacksrichtung *f*, Mode *f*; **16.** a) Neigung *f*, Sinn *m* (***for*** für), b) Geschmack *m*, Gefallen *n* (***for*** an *dat.*): ***not to my ~*** nicht nach m-m Geschmack; **taste bud** *s. anat.* Geschmacksbecher *m*; **'taste·ful** [-fʊl] *adj.* □ *fig.* geschmackvoll; **'taste·ful·ness** [-fʊlnɪs] *s. fig.* guter Geschmack *e-r Sache*, *das* Geschmackvolle; **'taste·less** [-lɪs] *adj.* □ **1.** unschmackhaft, fade; **2.** *fig.* geschmacklos; **'taste·less·ness** [-lɪsnɪs] *s.* **1.** Unschmackhaftigkeit *f*; **2.** *fig.* Geschmack-, Taktlosigkeit *f*; **'tast·er** [-tə] *s.* **1.** (berufsmäßiger Tee-, Wein- *etc.*)Koster *m*; **2.** *hist.* Vorkoster *m*; **3.** Pro'biergläs-chen *n* (*für Wein*); **4.** (Käse)Stecher *m*; **'tast·i·ness** [-tɪnɪs] *s.* **1.** Schmackhaftigkeit *f* (*Speise etc.*); **2.** *fig.* → ***tastefulness***; **'tast·y** [-tɪ] *adj.* □ F **1.** schmackhaft; **2.** *fig.* geschmack-, stilvoll.

ta-ta [ˌtæ'tɑ:] *int. Brit.* F ‚Tschüs'!, auf 'Wiedersehen!

Ta·tar ['tɑ:tə] **I** *s.* Ta'tar(in); **II** *adj.* ta'tarisch; **Ta·tar·i·an** [tɑ:'teərɪən], **Ta·tar·ic** [tɑ:'tærɪk] *adj.* tatarisch.

tat·ter ['tætə] *s.* Lumpen *m*, Fetzen *m*: ***in ~s*** zerfetzt; ***tear to ~s*** (*a. fig. Argument etc.*) zerfetzen, -reißen; **'tat·tered** [-təd] *adj.* **1.** zerlumpt, abgerissen; **2.** zerrissen, zerfetzt; **3.** ramponiert (*Ruf etc.*).

tat·tle ['tætl] **I** *v/i.* klatschen, ‚tratschen'; **II** *v/t.* ausplaudern; **III** *s.* Klatsch *m*, ‚Tratsch' *m*; **'tat·tler** [-lə] *s.* Klatschbase *f*, -maul *n*.

tat·too¹ [tə'tu:] **I** *s.* **1.** ⚔ a) Zapfenstreich *m* (*Signal*), b) 'Abendpaˌrade *f* mit Mu'sik; **2.** Trommeln *n*, Klopfen *n*: ***beat a*** (*od.* ***the devil's***) ***~*** ungeduldig mit den Fingern trommeln; **II** *v/i.* **3.** den Zapfenstreich blasen *od.* trommeln; **4.** trommeln, klopfen.

tat·too² [tə'tu:] **I** *v/t. pret. u. p.p.* **tat'tooed** [-u:d] **1.** *Haut* tätowieren; **2.** *Muster* eintätowieren (***on*** in *acc.*); **II** *s.* **3.** Tätowierung *f*.

tat·ty ['tætɪ] *adj.* schäbig, schmuddelig, ‚billig'.

taught [tɔ:t] *pret. u. p.p. von* ***teach***.

taunt [tɔ:nt] **I** *v/t.* verhöhnen, -spotten: ***~ s.o. with*** j-m *et.* (höhnisch) vorwerfen; **II** *v/i.* höhnen, spotten; **III** *s.* Spott *m*, Hohn *m*; **'taunt·ing** [-tɪŋ] *adj.* □ spöttisch, höhnisch.

tau·rine ['tɔ:raɪn] *adj.* **1.** *zo.* a) rinderartig, b) Rinder…, Stier…; **2.** *ast.* Stier…; **Tau·rus** ['tɔ:rəs] *s. ast.* Stier *m* (*Sternbild u. Tierkreiszeichen*).

taut [tɔ:t] *adj.* □ **1.** straff, stramm (*Seil etc.*), angespannt (*a. Nerven, Gesicht, Person*); **2.** schmuck (*Schiff etc.*); **'taut·en** [-tən] **I** *v/t.* stramm ziehen, straff anspannen; **II** *v/i.* sich straffen *od.* spannen.

tau·to·log·ic, tau·to·log·i·cal [ˌtɔ:tə'lɒdʒɪk(l)] *adj.* □ tauto'logisch, unnötig das'selbe wieder'holend; **tau·tol·o·gy** [tɔ:'tɒlədʒɪ] *s.* Tautolo'gie *f*, Doppelaussage *f*.

tav·ern ['tævən] *s.* **1.** *obs.* Ta'verne *f*, Schenke *f*; **2.** *Am.* Gasthaus *n*.

taw¹ [tɔ:] *v/t.* weißgerben.

taw² [tɔ:] *s.* **1.** Murmel *f*; **2.** Murmelspiel *n*; **3.** Ausgangslinie *f*.

taw·dri·ness ['tɔ:drɪnɪs] *s.* **1.** Flitterhaftigkeit *f*, grelle Buntheit, Kitsch *m*; **2.** Wertlosigkeit *f*, Billigkeit *f*; **taw·dry** ['tɔ:drɪ] *adj.* □ **1.** flitterhaft, Flitter…; **2.** geschmacklos aufgemacht; **3.** grell, knallig; **4.** kitschig, billig.

tawed [tɔ:d] *adj. Gerberei*: a'laungar (*Leder*); **taw·er** ['tɔ:ə] *s.* Weißgerber *m*; **taw·er·y** ['tɔ:ərɪ] *s.* Weißgerbe'rei *f*.

taw·ny ['tɔ:nɪ] *adj.* lohfarben, gelbbraun: ***~ owl*** *orn.* Waldkauz *m*.

taws(e) [tɔ:z] *s. Brit.* Peitsche *f*.

tax [tæks] **I** *s.* **1.** (Staats)Steuer *f* (***on*** auf *acc.*), Abgabe *f*: ***~ on land*** Grundsteuer; **2.** Besteuerung *f* (***on*** *gen.*); ***after*** (***before***) ***~*** nach (vor) Abzug der Steuern, *a.* netto (brutto); **3.** Taxe *f*, Gebühr *f*; **4.** *fig.* a) Bürde *f*, Last *f*, b) Belastung *f*, Beanspruchung *f* (***on*** *gen. od.* von): ***a heavy ~ on his time*** e-e starke Inanspruchnahme s-r Zeit; **II** *v/t.* **5.** *j-n od. et.* besteuern, *j-m* e-e Steuer auferlegen; **6.** ⚖ *Kosten etc.* schätzen, taxieren, ansetzen (***at*** auf *acc.*); **7.** *fig.* belasten; **8.** *fig.* stark in Anspruch nehmen, anstrengen, strapazieren; **9.** auf e-e harte Probe stellen; **10.** *j-n* zu'rechtweisen: ***~ s.o. with*** j-n *e-r Sache* beschuldigen *od.* bezichtigen; **tax·a·ble** ['tæksəbl] **I** *adj.* □ **1.** besteuerbar; **2.**

steuerpflichtig: ~ ***income***; **3.** Steuer...: ~ ***value***; **4.** ⚖ gebührenpflichtig; **II** *s. Am.* **5.** steuerpflichtiges Einkommen; **6.** Steuerpflichtige(r *m*) *f*; **tax·a·tion** [tæk'seɪʃn] *s.* **1.** Besteuerung *f*; **2.** *coll.* Steuern *pl.*; **3.** ⚖ Schätzung *f*, Taxierung *f*.

tax| al·low·ance *s.* Steuerfreibetrag *m*; ~ **a·void·ance** (le'gale) 'Steuerum,gehung; ~ **brack·et** *s.* Steuerklasse *f*, -gruppe *f*; ~ **col·lec·tor** *s.* Steuereinnehmer *m*; '~-**de,duct·i·ble** *adj.* steuerabzugsfähig; ~ **dodg·er**, ~ **e·vad·er** *s.* 'Steuerhinter,zieher *m*; ~ **e·va·sion** *s.* 'Steuerhinter,ziehung *f*; ,~-**ex·'empt**, ,~-'**free** *adj.* steuerfrei; ~ **ha·ven** *s.* 'Steuero,ase *f*.

tax·i ['tæksɪ] **I** *pl.* '**tax·is** *s.* **1.** → ***taxicab***; **II** *v/i.* **2.** mit e-m Taxi fahren; **3.** ✈ rollen; '~·**cab** *s.* Taxi *n*; ~ **danc·er** *s. Am.* Taxigirl *n*.

tax·i·der·mal [,tæksɪ'dɜ:ml], **tax·i'der·mic** [-mɪk] *adj.* taxi'dermisch; **tax·i·der·mist** ['tæksɪdɜ:mɪst] *s.* Präpa'rator *m*, Ausstopfer *m* (*von Tieren*); **tax·i·der·my** ['tæksɪdɜ:mɪ] *s.* Taxider'mie *f*.

'**tax·i|-,driv·er** *s.*, '~-**man** [-mæn] *s.* [*irr.*] 'Taxichauf,feur *m*, -fahrer *m*; '~,**me·ter** *s.* Taxa'meter *m*, Zähler *m*, Fahrpreisanzeiger *m*; '~·**plane** *s.* Lufttaxi *n*; ~ **rank** *s.* Taxistand *m*; ~ **strip,** '~·**way** *s.* ✈ Rollbahn *f*.

'**tax|,pay·er** *s.* Steuerzahler *m*; ~ **rate** *s.* Steuersatz *m*; ~ **re·fund** *s.* Steuerrückzahlung *f*; ~ **re·lief** *s.* Steuererleichterung(en *pl.*) *f*; ~ **re·turn** *s.* Steuererklärung *f*.

'**T-bone steak** *s.* T-bone-Steak *n* (*Steak aus dem Rippenstück des Rinds*).

tea [ti:] *s.* **1.** Tee *m*; **2.** Tee(mahlzeit *f*) *m*: ***five-o'clock*** ~ Fünfuhrtee; **3.** *Am. sl.* ,Grass' *n* (*Marihuana*); ~ **bag** *s.* Teebeutel *m*; ~ **ball** *s. Am.* Tee-Ei *n*; ~ **bread** *s. ein* Teekuchen *m*; ~ **cad·dy** *s.* Teebüchse *f*; ~ **cake** *s.* Teekuchen *m*; '~·**cart** *s.* Teewagen *m*.

teach [ti:tʃ] *pret. u. p.p.* **taught** [tɔ:t] **I** *v/t.* **1.** *Fach* lehren, 'Unterricht geben in (*dat.*); **2.** *j-n et.* lehren, *j-n* unter'richten, -'weisen in (*dat.*), *j-m* 'Unterricht geben in (*dat.*); **3.** *j-m et.* zeigen, beibringen: ~ ***s.o. to whistle*** j-m das Pfeifen beibringen; ~ ***s.o. better*** j-n e-s Besser(e)n belehren; ***I will*** ~ ***you to steal*** F dich werd' ich das Stehlen lehren!; ***that'll*** ~ ***you!*** F a) das wird dir e-e Lehre sein!, b) das kommt davon!; **4.** *Tier* dressieren, abrichten; **II** *v/i.* **5.** unter'richten, 'Unterricht geben, '**teach·a·ble** [-tʃəbl] *adj.* **1.** lehrbar (*Fach etc.*); **2.** gelehrig (*Person*); '**teach·er** [-tʃə] *s.* Lehrer(in): ~***s college*** *Am.* Pädagogische Hochschule.

'**teach-in** *s.* Teach-in *n*.

teach·ing ['ti:tʃɪŋ] **I** *s.* **1.** Unter'richten *n*, Lehren *n*; **2.** *oft pl.* Lehre *f*, Lehren *pl.*; **3.** Lehrberuf *m*; **II** *adj.* **4.** lehrend, unter'richtend: ~ ***aid*** Lehrmittel *n*; ~ ***machine*** Lehr-, Lernmaschine *f*; ~ ***profession*** Lehrberuf *m*; ~ ***staff*** Lehrkörper *m*.

tea| cloth *s.* **1.** kleine Tischdecke; **2.** *Am.* Geschirrtuch *n*; ~ **co·sy** *s.*, *Am.* ~ **co·zy** *s.* Teewärmer *m*; '~·**cup** *s.* Teetasse *f*; → ***storm*** 1; '~·**cup,ful** [-,fʊl] *pl.* **-fuls** *s. e-e* Teetasse(voll); ~ **dance** *s.* Tanztee *m*; ~ **egg** *s.* Tee-Ei *n*; ~ **garden** *s.* 'Gartenrestau,rant *n*; ~ **gown** *s.* Nachmittagskleid *n*; '~·**house** *s.* Teehaus *n* (*in China u. Japan*).

teak [ti:k] *s.* **1.** ♀ Teakholzbaum *m*; **2.** Teak(holz) *n*.

teal [ti:l] *pl.* **teal** *s. orn.* Krickente *f*.

team [ti:m] **I** *s.* **1.** Gespann *n*; **2.** *bsd. sport u. fig.* Mannschaft *f*, Team *n*; **3.** (*Arbeits- etc.*)Gruppe *f*, Team *n*: ***by a*** ~ ***effort*** mit vereinten Kräften; **4.** Ab'teilung *f*, Ko'lonne *f von Arbeitern*; **5.** *orn.* Flug *m*, Zug *m*; **II** *v/t.* **6.** *Zugtiere* zs.-spannen; **7.** F *Arbeit* (an Unter'nehmer) vergeben; **III** *v/i.* **8.** ~ ***up*** *bsd. Am.* sich zs.-tun (***with*** mit); ~ **e·vent** *s. sport* Mannschaftswettbewerb *m*; '~·**mate** *s.* 'Mannschaftskame,rad *m*; ~ **spir·it** *s.* **1.** *sport* Mannschaftsgeist *m*; **2.** *fig.* Gemeinschafts-, 'Korpsgeist *m*.

team·ster ['ti:mstə] *s.* **1.** Fuhrmann *m*; **2.** *Am.* Lastwagenfahrer *m*.

team| teach·ing *s. Am.* gemeinsamer 'Unterricht (*Fachlehrer*); '~·**work** *s.* **1.** *sport, thea.* Zs.-spiel *n*; **2.** *fig.* (gute) Zs.-arbeit, Teamwork *n*.

tea| par·ty *s.* Teegesellschaft *f*: ***the Boston*** ♀ ♀ *hist.* der Teesturm von Boston (*1773*); '~·**pot** *s.* Teekanne *f*; → ***tempest*** 1.

tear[1] [tɪə] *s.* **1.** Träne *f*: ***in*** ~***s*** in Tränen (aufgelöst), unter Tränen; → ***fetch*** 3, ***squeeze*** 3; **2.** ⚙ (Harz- *etc.*)Tropfen *m*; (Glas)Träne *f*.

tear[2] [teə] **I** *s.* **1.** Riß *m*; **2.** ***at full*** ~ in vollem Schwung; ***in a*** ~ in wilder Hast; **II** *v/t.* [*irr.*] **3.** zerreißen: ~ ***in*** (*od.* ***to***) ***pieces*** in Stücke reißen; ~ ***open*** aufreißen; ~ ***out*** herausreißen; ***torn between hope and despair*** *fig.* zwischen Hoffnung u. Verzweiflung hin- u. hergerissen;: ***a country torn by civil war*** ein vom Bürgerkrieg zerrissenes Land; ***that's torn it!*** *sl.* jetzt ist es passiert!, damit ist alles ‚im Eimer'!; **4.** *Haut etc.* aufreißen; **5.** *Loch* reißen; **6.** zerren, (aus)reißen: **~ *one's hair*** sich die Haare (aus)raufen; **7.** *a.* **~ *away*, ~ *off*** ab-, wegreißen (***from*** von): **~ *o.s. away*** sich losreißen (*a. fig.*); **~ *s.th. from s.o.*** j-m et. entreißen; **III** *v/i.* [*irr.*] **8.** (zer-) reißen; **9.** reißen, zerren (***at*** an *dat.*); **10.** F rasen, sausen, ‚fegen': **~ *about*** herumsausen; **~ up** *v/t.* **1.** aufreißen; **2.** *Baum etc.* ausreißen; **3.** zerreißen, in Stücke reißen; **4.** *fig.* unter'graben, zerstören.

tear·a·way ['teərəweɪ] **I** *adj.* ‚wild'; **II** *s.* ‚wilder' Kerl, Ra'bauke *m.*

tear| bomb [tɪə] Tränengasbombe *f*; **'~·drop** *s.* **1.** Träne *f*; **2.** Anhänger *m* (*Ohrring*).

tear·ful ['tɪəfʊl] *adj.* □ **1.** tränenreich; **2.** weinend, in Tränen; **3.** weinerlich; **4.** schmerzlich.

tear| gas [tɪə] *s.* ⚗ Tränengas *n*; **~ gland** *s. anat.* Tränendrüse *f.*

tear·ing ['teərɪŋ] *adj. fig.* F **1.** rasend, toll (*Tempo, Wut etc.*); **2.** ‚toll'; **~ strength** *s.* ⚙ Zerreißfestigkeit *f.*

'tear|jerk·er [tɪə] *s. Am.* F ‚Schnulze' *f*, ‚Schmachtfetzen' *m.*

'tear-off ['teərɒf] *adj.* Abreiß...: **~ *calendar*.**

'tea|·room [-rʊm] *s.* Teestube *f*, Ca'fé *n*; **~ rose** *s.* ⚘ Teerose *f.*

tear sheet [teə] *s. Am.* Belegbogen *m.*

'tear-stained ['tɪə-] *adj.* **1.** tränennaß; **2.** verweint (*Augen*).

tease [ti:z] **I** *v/t.* **1.** ⚙ a) *Wolle* kämmen, krempeln, b) *Flachs* hecheln, c) *Werg* auszupfen; **2.** ⚙ *Tuch* krempeln, karden; **3.** *fig.* quälen: a) hänseln, aufziehen, b) ärgern, c) bestürmen, belästigen (***for*** wegen); **4.** (auf)reizen; **II** *s.* **5.** F a) → ***teaser*** 1, 2, b) Plage *f*, lästige Sache.

tea·sel ['ti:zl] **I** *s.* **1.** ⚘ Karde(ndistel) *f*; **2.** *Weberei:* Karde *f*; **II** *v/t.* **3.** → ***tease*** 2.

teas·er ['ti:zə] *s.* **1.** Necker *m*; **2.** Quäl-, Plagegeist *m*; **3.** *sl.* Frau, die ‚alles verspricht und nichts hält'; **4.** F ‚harte Nuß', schwierige Sache; **5.** F et. Verlockendes.

tea| serv·ice, ~ set *s.* 'Teeser,vice *n*; **'~-shop** → ***tearoom***; **'~·spoon** *s.* Teelöffel *m*; **'~·spoon,ful** [-,fʊl] *pl.* **-fuls** *s. ein* Teelöffel(voll) *m.*

teat [ti:t] *s.* **1.** *zo.* Zitze *f*; **2.** *anat.* Brustwarze *f*; **3.** (Gummi)Sauger *m*; **4.** ⚙ Warze *f.*

'tea|-things *s. pl.* Teegeschirr *n*; **'~-time** *s.* Teestunde *f*; **~ tow·el** *s.* Geschirrtuch *n*; **'~-urn** *s.* **1.** 'Teema,schine *f*; **2.** Gefäß *n* zum Heißhalten des Teewassers.

tea·zel, tea·zle → ***teasel*.**

tec [tek] *s. sl.* Detek'tiv *m.*

tech·nic ['teknɪk] **I** *adj.* → ***technical***; **II** *s. mst pl.* → a) ***technics***, b) ***technology***, c) ***technique***; **'tech·ni·cal** [-kl] *adj.* □ → ***technically***; **1.** ⚙ 'technisch: **~ *bureau*** Konstruktionsbüro *n*; **2.** technisch (*a. sport*), fachlich, fachmännisch, Fach..., Spezial...: **~ *book*** (technisches) Fachbuch; **~ *dictionary*** Fachwörterbuch *n*; **~ *school*** Fachhochschule *f*; **~ *skill*** a) (technisches) Geschick, b) ♪ Technik *f*; **~ *staff*** technisches Personal; **~ *term*** Fachausdruck *m*; **3.** *fig.* technisch: a) sachlich, b) (rein) for'mal, c) theo'retisch: **~ *knockout*** *Boxen:* technischer K. o.; ***on ~ grounds*** ⚖ aus formaljuristischen *od.* verfahrenstechnischen Gründen; **tech·ni·cal·i·ty** [,teknɪ'kælətɪ] *s.* **1.** *das* Technische; **2.** technische Besonderheit *od.* Einzelheit; **3.** Fachausdruck *m*; **4.** *bsd.* ⚖ (reine) Formsache, (for'male) Spitzfindigkeit; **'tech·ni·cal·ly** [-kəlɪ] *adv.* **1.** technisch *etc.*; **2.** genaugenommen, eigentlich; **tech·ni·cian** [tek'nɪʃn] *s.* **1.** Techniker(in) (*a. weitS. Virtuose etc.*), (technischer) Fachmann; **2.** ⚔ *Am.* Techniker *m* (*Dienstrang für Spezialisten*).

tech·nics ['teknɪks] *s. pl.* **1.** *mst sg. konstr.* Technik *f*, *bsd.* Ingeni'eurwissenschaft *f*; **2.** technische Einzelheiten *pl.*; **3.** Fachausdrücke *pl.*; **4.** → **tech·nique** [tek'ni:k] *s.* **1.** ⚙ (Arbeits)Verfahren *n*, (*Schweiß- etc.*)Technik *f*; **2.** ♪, *paint., sport etc.* Technik *f*: a) Me'thode *f*, b) Art *f* der Ausführung, c) Geschicklichkeit *f*; **tech·noc·ra·cy** [tek'nɒkrəsɪ] *s.* Technokra'tie *f*; **tech·no·crat** ['teknəʊkræt] *s.* Techno'krat *m.*

tech·no·log·ic, tech·no·log·i·cal [,teknə'lɒdʒɪk(l)] *adj.* □ **1.** techno'logisch, technisch; **2.** ✝ techno'logisch (bedingt): **~ *unemployment***; **tech·nol·o·gist** [tek'nɒlədʒɪst] *s.* Techno'loge *m*; **tech·nol·o·gy** [tek'nɒlədʒɪ] *s.* **1.** Technolo'gie *f*: **~ *transfer*** Technologietransfer *m*; ***school of ~*** technische Universität; **2.** technische 'Fachterminolo,gie.

tech·y ['tetʃɪ] → ***testy*.**

tec·tol·o·gy [tek'tɒlədʒɪ] *s. biol.* Struk'turlehre *f.*

tec·ton·ic [tek'tɒnɪk] *adj.* (□ **~*ally***) **1.** ⚠, *geol.* tek'tonisch; **2.** *biol.* struktu'rell; **tec'ton·ics** [-ks] *s. pl. mst sg.*

konstr. **1.** ⚠ *etc.* Tek'tonik *f*; **2.** *geol.* ('Geo)Tek,tonik *f*.

tec·to·ri·al [tek'tɔ:rɪəl] *adj. physiol.* Schutz…, Deck…: **~ *membrane***.

tec·tri·ces [tek'traɪsi:z] *s. pl. zo.* Deckfedern *pl.*

ted·der ['tedə] *s.* ⚒ Heuwender *m*.

Ted·dy bear ['tedɪ] *s.* Teddybär *m*.

te·di·ous ['ti:djəs] *adj.* ☐ **1.** langweilig, öde, ermüdend; **2.** weitschweifig; **'te·di·ous·ness** [-nɪs] *s.* **1.** Langweiligkeit *f*; **2.** Weitschweifigkeit *f*; **'te·di·um** [-jəm] *s.* **1.** Lang(e)weile *f*; **2.** Langweiligkeit *f*.

tee¹ [ti:] **I** *s.* ⚙ T-Stück *n*; **II** *adj.* T-…: **~ *iron***; **III** *v/t.* ⚡ abzweigen: **~ *across*** (***together***) in Brücke (parallel)schalten.

tee² [ti:] **I** *s. sport* Tee *n*: a) *Curling*: Mittelpunkt *m* des Zielkreises, b) *Golf*: Abschlag(stelle *f*) *m*: ***to a ~*** *fig.* aufs Haar; **II** *v/t. Golf*: *Ball* auf die Abschlagstelle legen; **III** *v/i.* **~ *off*** a) *Golf*: abschlagen, b) *fig.* anfangen.

teem¹ [ti:m] *v/i.* **1.** wimmeln, voll sein (***with*** von): ***the roads are ~ing with people***; ***this page ~s with mistakes*** diese Seite strotzt von Fehlern; **2.** reichlich vor'handen sein: ***fish ~ in that river*** in dem Fluß wimmelt es von Fischen; **3.** *obs.* a) schwanger sein, b) ♀ Früchte tragen, c) *zo.* Junge gebären.

teem² [ti:m] **I** *v/t. bsd.* ⚙ *flüssiges Metall* (aus)gießen; **II** *v/i.* gießen (*a. fig. Regen*).

teen [ti:n] *Am.* → ***teenage***(***r***); **'teen·age** [-eɪdʒ] **I** *adj. a.* ***teenaged*** **1.** im Teenageralter; **2.** Teenager…; **II** *s.* **3.** → ***teens*** 1; **'teen,ag·er** [-,eɪdʒə] *s.* Teenager *m*.

teens [ti:nz] *s. pl.* **1.** Teenageralter *n*: ***be in one's ~*** ein Teenager sein; **2.** Teenager *pl.*

tee·ny¹ ['ti:nɪ], *a.* **,~-'wee·ny** [-'wi:nɪ] *adj.* F klitzeklein.

teen·y² ['ti:nɪ] *s.* F ‚Teeny' *m* (*jüngerer Teenager*).

'tee-shirt ['ti:-] *s.* 'T-Shirt *n*.

tee·ter ['ti:tə] *v/i. Am.* F **1.** (*a. v/t.*) schaukeln, wippen; **2.** (sch)wanken.

teeth [ti:θ] *pl. von* ***tooth***.

teethe [ti:ð] *v/i.* zahnen, (die) Zähne bekommen: ***teething troubles*** a) Beschwerden beim Zahnen, b) *fig.* Kinderkrankheiten.

tee·to·tal [ti:'təʊtl] *adj.* absti'nent, Abstinenzler…; **tee'to·tal·(l)er** [-tlə] *s.* Absti'nenzler(in), ,Antialko'holiker (-in); **tee'to·tal·ism** [-tlɪzəm] *s.* **1.** Absti'nenz *f*; **2.** Absti'nenzprin,zip *n*.

tee·to·tum [,ti:təʊ'tʌm] *s.* Drehwürfel *m*.

teg·u·ment ['tegjʊmənt] *etc.* → ***integument*** *etc.*

tele-¹ [telɪ] *in Zssgn* a) Fern…, b) Fernseh…

tele-² [telɪ] *in Zssgn* a) Ziel, b) Ende.

'tel·e,cam·er·a *s. TV* Fernsehkamera *f*.

'tel·e·cast I *v/t.* [*irr.* → ***cast***] im Fernsehen über'tragen *od.* bringen; **II** *s.* Fernsehsendung *f*; **'tel·e·cast·er** *s.* (Fernseh)Ansager(in).

'tel·e·com,mu·ni'ca·tion I *s.* **1.** Fernmeldeverbindung *f*, -verkehr *m*, 'Telekommunikati,on *f*; **2.** *pl.* Fernmeldewesen *n*, -technik *f*; **II** *adj.* **3.** Fernmelde…

tel·e·con·fer·ence ['telɪ,kɒnfərəns] *s.* Tele'fonkonfe,renz *f*.

'tel·e·course *s.* Fernsehlehrgang *m*, -kurs *m*.

tel·e·di·ag·no·sis ['telɪ,daɪəg'nəʊsɪs] *s.* [*irr.*] ⚕ 'Ferndiag,nose *f*.

'tel·e·film *s.* Fernsehfilm *m*.

tel·e·gen·ic [,telɪ'dʒenɪk] *adj. TV* tele'gen.

tel·e·gram ['telɪgræm] *s.* Tele'gramm *n*: ***by ~*** telegrafisch.

tel·e·graph ['telɪgrɑ:f; -græf] **I** *s.* **1.** Tele'graf *m*; **2.** Tele'gramm *n*; **3.** → ***telegraph board***; **II** *v/t.* **4.** telegrafieren; **5.** *j-n* tele'grafisch benachrichtigen; **6.** (*durch Zeichen*) zu verstehen geben, signalisieren; **7.** *sport Spielstand etc.* auf e-r Tafel anzeigen; **8.** *sl. Boxen*: *Schlag* ‚telegrafieren' (*erkennbar ansetzen*); **III** *v/i.* **9.** telegrafieren (***to*** *dat. od.* an *acc.*); **~ board** *s. bsd. sport* Anzeigetafel *f*; **~ code** *s.* Tele'grammschlüssel *m*.

te·leg·ra·pher [tɪ'legrəfə] *s.* Telegra'fist(in).

tel·e·graph·ese [,telɪgrɑ:'fi:z] *s.* Tele'grammstil *m*; **tel·e·graph·ic** [,telɪ'græfɪk] *adj.* (☐ ***~ally***) **1.** tele'grafisch: **~ *address*** Tele'grammadresse *f*, Drahtanschrift *f*; **2.** tele'grammartig (*Kürze, Stil*); **te·leg·ra·phist** [tɪ'legrəfɪst] *s.* Telegra'fist(in).

tel·e·graph| line *s.* Tele'grafenleitung *f*; **~ pole**, **~ post** *s.* Tele'grafenstange *f*, -mast *m*.

te·leg·ra·phy [tɪ'legrəfɪ] *s.* Telegra'fie *f*.

tel·e·ki·ne·sis [,telɪkɪ'ni:sɪs] *s. psych.* Teleki'nese *f*.

tel·e·lens ['telɪlens] *s. phot.* 'Teleobjek,tiv *n*.

te·lem·e·ter ['telɪmi:tə] *s.* Tele'meter *n*: a) ⚙ Entfernungsmesser *m*, b) ⚡ Fernmeßgerät *n*.

tel·e·o·log·ic, **tel·e·o·log·i·cal** [,telɪə'lɒdʒɪk(l)] *adj.* ☐ *phls.* teleo'logisch: **~**

argument teleologischer Gottesbeweis; **tel·e·ol·o·gy** [ˌtelɪˈɒlədʒɪ] *s.* Teleoloˈgie *f.*

tel·e·path·ic [ˌtelɪˈpæθɪk] *adj.* (□ **~ally**) teleˈpathisch; **te·lep·a·thy** [tɪˈlepəθɪ] *s.* Telepaˈthie *f,* Geˈdankenüberˌtragung *f.*

tel·e·phone [ˈtelɪfəʊn] **I** *s.* **1.** Teleˈfon *n,* Fernsprecher *m*: ***at the ~*** am Apparat; ***by ~*** telefonisch; ***on the ~*** telefonisch, durch das *od.* am Telefon; ***be on the ~*** a) Telefonanschluß haben, b) am Telefon sein; ***over the ~*** durch das *od.* per Telefon; **II** *v/t.* **2.** *j-n* anrufen, antelefonieren; **3.** *Nachricht etc.* telefonieren, teleˈfonisch überˈmitteln (***s.th. to s.o., s.o. s.th.*** j-m et.); **III** *v/i.* **4.** telefonieren; **~ booth**, *Brit.* **~ box** *s.* Teleˈfon-, Fernsprechzelle *f*; **~ call** *s.* Teleˈfongespräch *n,* (Teleˈfon)Anruf *m*; **~ con·nec·tion** *s.* Teleˈfonanschluß *m*; **~ di·rec·to·ry** *s.* Teleˈfon-, Fernsprechbuch *n*; **~ ex·change** *s.* Fernsprechamt *n,* Teleˈfonzenˌtrale *f*; **~ op·er·a·tor** *s.* Telefoˈnist(in); **~ re·ceiv·er** *s.* (Teleˈfon-)Hörer *m*; **~ sub·scrib·er** *s.* Fernsprechteilnehmer(in).

tel·e·phon·ic [ˌtelɪˈfɒnɪk] *adj.* (□ **~ally**) teleˈfonisch, fernmündlich, Telefon...; **tel·e·pho·nist** [tɪˈlefənɪst] *s.* Telefoˈnist(in); **te·leph·o·ny** [tɪˈlefənɪ] *s.* Telefoˈnie *f,* Fernsprechwesen *n.*

ˌtel·eˈpho·to *phot.* **I** *adj.* **1.** Telefoto(grafie)..., Fernaufnahme...: ***~ lens*** → ***telelens***; **II** *s.* **2.** ˈTelefoto(graˌfie *f*) *n,* Fernbild *n*; **3.** ˈBildteleˌgramm *n*; **4.** Funkbild *n*; **ˌtel·eˈpho·to·graph** → ***telephoto*** II; **ˈtel·eˌpho·toˈgraph·ic** *adj.* (□ **~ally**) **1.** ˈfernfotoˌgrafisch; **2.** ˈbildteleˌgrafisch; **ˌtel·e·phoˈtog·ra·phy** *s.* **1.** ˈTele-, ˈFernfotograˌfie *f*; **2.** ˈBildtelegraˌfie *f.*

tel·e·play [ˈtelɪpleɪ] *s.* Fernsehspiel *n.*

ˈtel·eˌprint·er *s.* Fernschreiber *m* (*Gerät*): ***~ message*** Fernschreiben *n*; ***~ operator*** Fernschreiber(in).

tel·e·prompt·er [ˈtelɪˌprɒmptə] *s. TV* Teleprompter *m* (*optisches Souffliergerät, Textband*).

ˈtel·e·reˌcord·ing *s.* (Fernseh)Aufzeichnung *f.*

tel·e·scope [ˈtelɪskəʊp] **I** *s.* Teleˈskop *n,* Fernrohr *n*; **II** *v/t. u. v/i.* a) (sich) ineinˈanderschieben, b) (sich) verkürzen; **III** *adj.* → ***telescopic***.

tel·e·scop·ic [ˌtelɪˈskɒpɪk] *adj.* (□ **~ally**) **1.** teleˈskopisch, Fernrohr...: ***~ sight*** ⚔ Zielfernrohr *n*; **2.** ineinˈanderschiebbar, ausziehbar, Auszieh..., Teleskop...

ˈtel·e·screen *s. TV* Bildschirm *m.*

tel·e·text [ˈtelɪtekst] *s. TV* Videotext *m.*

ˌtel·e·therˈmom·e·ter *s. phys.* ˈFern-, ˈThelethermoˌmeter *n.*

ˈtel·e·type, **ˌtel·eˈtypeˌwrit·er** *Am.* → ***teleprinter***.

ˈtel·e·view I *v/t.* sich (im Fernsehen) ansehen; **II** *v/i.* fernsehen; **ˈtel·eˌview·er** *s.* Fernsehzuschauer(in).

tel·e·vise [ˈtelɪvaɪz] → ***telecast*** I; **ˈtel·eˌvi·sion I** *s.* **1.** Fernsehen *n*: ***watch ~*** fernsehen; ***on ~*** im Fernsehen; **2.** *a.* ***~ set*** Fernsehgerät *n,* Fernseher *m*; **II** *adj.* Fernseh...; **ˈtel·e·vi·sor** *s.* **1.** → ***television*** 2; **2.** → ***telecaster***, **3.** → ***televiewer***.

tel·ex [ˈteleks] **I** *s.* **1.** Telex *n,* Fernschreibernetz *n*: ***be on the ~*** Telex- *od.* Fernschreibanschluß haben; **2.** Fernschreiber *m* (*Gerät*): ***~ operator*** Fernschreiber(in); **3.** Fernschreiben *n*: ***by ~*** per Telex *od.* Fernschreiben; ***~ operator*** Fernschreiber(in); **II** *v/t.* **4.** *j-m et.* telexen *od.* per Fernschreiben mitteilen.

tell [tel] [*irr.*] **I** *v/t.* **1.** sagen, erzählen (***s.o. s.th., s.th. to s.o.*** j-m et): ***I can ~ you that ...*** ich kann Sie *od.* Ihnen versichern, daß; ***I have been told*** mir ist gesagt worden; ***I told you so!*** ich habe es (dir) ja gleich gesagt!, ‚siehste'!; ***you are ~ing me!*** *sl.* wem sagen Sie das!; ***~ the world*** F (es) hinausposaunen; **2.** mitteilen, berichten, *a. die Wahrheit* sagen; *Neuigkeit* verkünden: ***~ a lie*** lügen; **3.** *Geheimnis* verraten; **4.** erkennen (***by, from*** an *dat.*), feststellen, sagen: ***~ by ear*** mit dem Gehör feststellen, hören; **5.** (mit Bestimmtheit) sagen: ***I cannot ~ what it is***; ***it is difficult to ~*** es ist schwer zu sagen; **6.** unterˈscheiden (***one from the other*** eines vom andern): ***~ apart*** auseinanderhalten; **7.** sagen, befehlen: ***~ s.o. to do s.th.*** j-m sagen, er solle et. tun; j-n et. tun heißen; ***do as you are told*** tu wie dir geheißen; **8.** *bsd. pol. Stimmen* zählen: ***all told*** alles in allem; **9.** ***~ off*** a) abzählen, b) ⚔ abkommandieren, c) F *j-m* ‚Bescheid stoßen'; **II** *v/i.* **10.** berichten, erzählen (***of*** von, ***about*** über *acc.*); **11.** *fig.* ein Zeichen *od.* Beweis sein (***of*** für, von); **12.** *et.* sagen können, wissen: ***how can you ~?, you never can ~*** man kann nie wissen; **13.** ‚petzen': ***~ on s.o.*** j-n verpetzen *od.* verraten; ***don't ~!*** nicht verraten!; **14.** sich auswirken (***on*** bei, auf *acc.*): ***the hard work began to ~ on him***; ***his troubles have told on him*** s-e Sorgen haben ihn sichtlich mitgenommen; ***every blow*** (***word***) ***~s*** jeder Schlag (jedes Wort) sitzt; ***that ~s against you*** das spricht gegen Sie; **15.** sich (deutlich) abheben (***against*** gegen, von); zur Geltung kommen (*Farbe etc.*);

'tell·er [-lə] *s.* **1.** Erzähler(in); **2.** Zähler (-in); *bsd. parl.* Stimmenzähler *m*; **3.** Kassierer(in), Schalterbeamte(r) *m* (*Bank*): ***~'s department*** Hauptkasse *f*; ***automatic ~*** Geldautomat *m*; **'tell·ing** [-lɪŋ] *adj.* □ **1.** wirkungsvoll (*a. Schlag*), wirksam, eindrucksvoll; 'durchschlagend (*Erfolg*, *Wirkung*); **2.** *fig.* aufschlußreich; **ˌtell·ing-'off** *s.*: ***give s.o. a ~*** j-m ‚Bescheid stoßen'.

'tell·tale I *s.* **1.** Klatschbase *f*, Zuträger (-in), ‚Petze' *f*; **2.** verräterisches (Kenn-) Zeichen; **3.** ⚙ (selbsttätige) Anzeigevorrichtung; **II** *adj.* **4.** *fig.* verräterisch: ***a ~ tear***; **5.** sprechend (*Ähnlichkeit*); **6.** ⚙ a) Anzeige…, b) Warnungs…: ***~ clock*** Kontrolluhr *f*.

tel·ly ['telɪ] *s. Brit.* F Fernseher *m* (*Gerät*): ***on the ~*** im Fernsehen.

tel·o·type ['teləʊtaɪp] *s.* **1.** e'lektrischer 'Schreib- *od.* 'Drucktele͵graph; **2.** auto'matisch gedrucktes Tele'gramm.

tel·pher ['telfə] **I** *s.* Wagen *m* e-r Hängebahn; **II** *adj.* (Elektro)Hängebahn…; **'tel·pher·age** [-ərɪdʒ] *s.* e'lektrische Lastenbeförderung; **'tel·pher·way** *s.* Telpherbahn *f*, E'lektrohängebahn *f*.

te·mer·i·ty [tɪ'merətɪ] *s.* **1.** (Toll)Kühnheit *f*, Verwegenheit *f*; *b.s.* Frechheit *f*.

temp [temp] *s. Brit.* F 'Zeitsekre͵tärin *f*.

tem·per ['tempə] **I** *s.* **1.** Tempera'ment *n*, Natu'rell *n*, Gemüt(sart *f*) *n*, Cha'rakter *m*, Veranlagung *f*: ***even ~*** Gleichmut *m*; ***have a quick ~*** ein hitziges Temperament haben; **2.** Stimmung *f*, Laune *f*: ***in a bad ~*** (in) schlechter Laune, schlecht gelaunt; **3.** Gereiztheit *f*, Zorn *m*, Wut *f*: ***be in a ~*** gereizt *od.* wütend sein; ***fly*** (*od.* ***get***) ***into a ~*** in Wut geraten; **4.** Gemütsruhe *f* (*obs. außer in den Redew.*): ***keep one's ~*** ruhig bleiben; ***lose one's ~*** in Wut geraten, die Geduld verlieren; ***out of ~*** übelgelaunt; ***put s.o. out of ~*** j-n wütend machen *od.* erzürnen; **5.** Zusatz *m*, Beimischung *f*, *metall.* Härtemittel *n*; **6.** *bsd.* ⚙ richtige Mischung; **7.** *metall.* Härte(grad *m*) *f*; **II** *v/t.* **8.** mildern (***with*** durch); **9.** *Farbe*, *Kalk*, *Mörtel* mischen, anmachen; **10.** ⚙ a) *Stahl* härten, anlassen, b) *Eisen* ablöschen, c) *Gußeisen* adouzieren, d) *Glas* rasch abkühlen; **11.** ♪ *Klavier etc.* temperieren; **III** *v/i.* **12.** ⚙ den richtigen Härtegrad erreichen *od.* haben.

tem·per·a ['tempərə] *s.* 'Tempera(male͵rei) *f*.

tem·per·a·ment ['tempərəmənt] *s.* **1.** → ***temper*** 1; **2.** Tempera'ment *n*, Lebhaftigkeit *f*; **3.** ♪ Tempera'tur *f*; **tem·per·a·men·tal** [͵tempərə'mentl] *adj.* □ **1.** tempera'mentvoll, veranlagungsmäßig, Temperaments…; **2.** a) reizbar, launisch, b) leicht erregbar; **3.** eigenwillig; **4.** ***be ~*** F (s-e) ‚Mucken' haben (*Gerät etc.*).

tem·per·ance ['tempərəns] *s.* **1.** Mäßigkeit *f*, Enthaltsamkeit *f*; **2.** Mäßigkeit *f* im *od.* Absti'nenz *f* vom Alkoholgenuß; ***~ ho·tel*** *s.* alkoholfreies Hotel; ***~ move·ment*** *s.* Absti'nenzbewegung *f*.

tem·per·ate ['tempərət] *adj.* □ **1.** gemäßigt, maßvoll: ***~ language***; **2.** zu'rückhaltend; **3.** mäßig: ***~ enthusiasm***; **4.** a) mäßig, enthaltsam (*bsd. im Essen u. Trinken*), b) absti'nent (*alkoholische Getränke meidend*); **5.** gemäßigt, mild (*Klima etc.*); **'tem·per·ate·ness** [-nɪs] *s.* **1.** Gemäßigtheit *f*; **2.** Beherrschtheit *f*, Zu'rückhaltung *f*; **3.** geringes Ausmaß; **4.** a) Mäßigkeit *f*, Enthaltsamkeit *f*, Mäßigung *f* (*bsd. im Essen u. Trinken*), b) Absti'nenz *f* (*von alkoholischen Getränken*); **5.** Milde *f* (*des Klimas etc.*).

tem·per·a·ture ['temprətʃə] *s.* **1.** *phys.* Tempera'tur *f*: ***at a ~ of*** bei e-r Temperatur von; **2.** *physiol.* ('Körper)Tempera͵tur *f*: ***to take s.o.'s ~*** j-s Temperatur messen; ***to have*** (*od.* ***run***) ***a ~*** ⚕ F Fieber *od.* (erhöhte) Temperatur haben.

tem·pest ['tempɪst] *s.* **1.** (wilder) Sturm: ***~ in a teapot*** *fig.* ‚Sturm im Wasserglas'; **2.** *fig.* Sturm *m*, Ausbruch *m*; **3.** Gewitter *n*; **tem·pes·tu·ous** [tem'pestjʊəs] *adj.* □ *a. fig.* stürmisch, ungestüm, heftig; **tem·pes·tu·ous·ness** [tem'pestjʊəsnɪs] *s.* Ungestüm *n*, Heftigkeit *f*.

Tem·plar ['templə] *s.* **1.** *hist.* Templer *m*, Tempelherr *m*, -ritter *m*; **2.** Tempelritter *m* (*Freimaurer*); **3.** *oft* ***Good ~*** Guttempler *m* (*ein Temperenzler*).

tem·plate ['templɪt] *s.* **1.** ⚙ Scha'blone *f*; **2.** ⚠ a) 'Unterleger *m* (*Balken*), b) (Dach)Pfette *f*, c) Kragholz *n*; **3.** ⚓ Mallbrett *n*.

tem·ple¹ ['templ] *s.* **1.** *eccl.* Tempel *m* (*a. fig.*); **2.** *Am.* Syna'goge *f*; **3.** ~ ⚖ Temple *m* (*in London*, *Sitz zweier Rechtskollegien*: ***the Inner ~*** *u.* ***the Middle ~***).

tem·ple² ['templ] *s. anat.* Schläfe *f*.

tem·ple[3] ['templ] *s. Weberei*: Tömpel *m*.
tem·plet ['templɪt] → ***template***.
tem·po ['tempəʊ] *pl.* **-pi** *s.* ♪ Tempo *n* (*a. fig. Geschwindigkeit*): ~ **turn** *Skisport*: Temposchwung *m*.
tem·po·ral[1] ['tempərəl] *adj.* □ **1.** zeitlich: a) Zeit… (*Ggs. räumlich*), b) irdisch; **2.** weltlich (*Ggs. geistlich*): ~ ***courts***; **3.** *ling.* tempo'ral, Zeit…: ~ ***adverb*** Umstandswort *n* der Zeit; ~ ***clause*** Temporalsatz *m*.
tem·po·ral[2] ['tempərəl] *anat.* **I** *adj.* a) Schläfen…, b) Schläfenbein…; **II** *s.* Schläfenbein *n*.
tem·po·rar·i·ness ['tempərərɪnɪs] *s.* Einst-, Zeitweiligkeit *f*; **tem·po·rar·y** ['tempərərɪ] *adj.* □ provi'sorisch: a) vorläufig, einst-, zeitweilig, vor'übergehend, tempo'rär, b) behelfsmäßig, Not…, Hilfs…, Interims…: ~ ***arrangement*** Übergangsregelung *f*; ~ ***bridge*** Behelfs-, Notbrücke *f*; ~ ***credit*** ✝ Zwischenkredit *m*.
tem·po·rize ['tempəraɪz] *v/i.* **1.** Zeit zu gewinnen suchen, abwarten, sich nicht festlegen, lavieren: ~ ***with s.o.*** j-n hinhalten; **2.** mit dem Strom schwimmen, s-n Mantel nach dem Wind hängen; '**tem·po·riz·er** [-zə] *s.* **1.** j-d, der Zeit zu gewinnen sucht *od.* sich nicht festlegt; **2.** Opportu'nist(in); '**tem·po·riz·ing** [-zɪŋ] *adj.* □ **1.** hinhaltend, abwartend; **2.** opportu'nistisch.
tempt [tempt] *v/t.* **1.** *eccl., a. allg. j-n* versuchen, in Versuchung führen; **2.** *j-n* verlocken, -leiten, da'zu bringen (***to do*** zu tun): ***be ~ed to do*** versucht *od.* geneigt sein, zu tun; **3.** reizen, locken (*Angebot, Sache*); **4.** *Gott, sein Schicksal* versuchen, her'ausfordern; **temp·ta·tion** [tem*p*'teɪʃn] *s.* Versuchung *f*, -führung *f*, -lockung *f*: ***lead into ~*** in Versuchung führen; '**tempt·er** [-tə] *s.* Versucher *m*, -führer *m*: ***the* 2** *eccl.* der Versucher; '**tempt·ing** [-tɪŋ] *adj.* □ verführerisch, -lockend; '**tempt·ing·ness** [-tɪŋnɪs] *s. das* Verführerische; '**tempt·ress** [-trɪs] *s.* Versucherin *f*, Verführerin *f*.
ten [ten] **I** *adj.* **1.** zehn; **II** *s.* **2.** Zehn *f* (*Zahl, Spielkarte*): ***the upper ~*** *fig.* die oberen Zehntausend; **3.** F Zehner *m* (*Geldschein etc.*); **4.** zehn (Uhr).
ten·a·ble ['tenəbl] *adj.* **1.** haltbar (⚔ *Stellung, fig. Behauptung etc.*); **2.** verliehen (***for*** für, auf *acc.*): ***an office ~ for two years***; '**ten·a·ble·ness** [-nɪs] *s.* Haltbarkeit *f* (*a. fig.*).
te·na·cious [tɪ'neɪʃəs] *adj.* □ **1.** zäh(e), klebrig; **2.** *fig.* zäh(e), hartnäckig: ***be ~ of*** zäh an *et.* festhalten; ~ ***of life*** zählebig; ~ ***ideas*** zählebige Ideen; **3.** verläßlich, gut (*Gedächtnis*); **te'na·cious·ness** [-nɪs], **te·nac·i·ty** [tɪ'næsɪtɪ] *s.* **1.** *allg.* Zähigkeit *f*: a) Klebrigkeit *f*, b) *phys.* Zug-, Zähfestigkeit *f*, c) *fig.* Hartnäckigkeit *f*: ~ ***of life*** zähes Leben; ~ ***of purpose*** Zielstrebigkeit *f*; **2.** Verläßlichkeit *f* (*des Gedächtnisses*).
ten·an·cy ['tenənsɪ] *s.* ⚖ **1.** Pacht-, Mietverhältnis *n*: ~ ***at will*** jederzeit beiderseits kündbares Pachtverhältnis; **2.** a) Pacht-, Mietbesitz *m*, b) Eigentum *n*: ~ ***in common*** Miteigentum *n*; **3.** Pacht-, Mietdauer *f*; '**ten·ant** [-nt] **I** *s.* **1.** ⚖ Pächter(in), Mieter(in): ~ ***farmer*** Gutspächter *m*; **2.** ⚖ Inhaber(in) (*von Realbesitz, Renten etc.*); **3.** Bewohner (-in); **4.** *hist.* Lehnsmann *m*; **II** *v/t.* **5.** bewohnen; **6.** *als Mieter etc.* beherbergen; '**ten·ant·a·ble** [-ntəbl] *adj.* **1.** ⚖ pacht-, mietbar; **2.** bewohnbar; '**ten·ant·less** *adj.* **1.** unverpachtet; **2.** unvermietet, leer(stehend); '**ten·ant·ry** [-trɪ] *s. coll.* Pächter *pl.*, Mieter *pl.*
tench [tenʃ] *pl.* '**tench·es**, *bsd. coll.* **tench** *s. ichth.* Schleie *f*.
tend[1] [tend] *v/i.* **1.** sich *in e-r bestimmten Richtung* bewegen; (hin)streben (***to*** [***-ward***] nach): ~ ***from*** wegstreben von; **2.** *fig.* a) tendieren, neigen (***to***[***wards***] zu), b) da'zu neigen (***to do*** zu tun); **3.** abzielen, gerichtet sein (***to*** auf *acc.*); **4.** (da'zu) führen *od.* beitragen (***to*** [***do***] zu [tun]); hin'auslaufen (***to*** auf *acc.*); **5.** ⚓ schwoien.
tend[2] [tend] *v/t.* **1.** ⚙ *Maschine* bedienen; **2.** sich kümmern um, sorgen für, *Kranke* pflegen, *Vieh* hüten.
ten·den·cious → ***tendentious***.
tend·en·cy ['tendənsɪ] *s.* **1.** Ten'denz *f*: a) Richtung *f*, Strömung *f*, Hinstreben *n*, b) (bestimmte) Absicht, Zweck *m*, c) Hang *m* (***to***, ***toward*** zu), Neigung *f* (***to*** für); **2.** Gang *m*, Lauf *m*: ***the ~ of events***.
ten·den·tious [ten'denʃəs] *adj.* □ tendenzi'ös, Tendenz…; **ten'den·tious·ness** [-nɪs] *s.* tendenzi'öser Cha'rakter.
ten·der[1] ['tendə] *adj.* □ **1.** zart, weich, mürbe (*Fleisch etc.*); **2.** *allg.* zart (*a. Alter, Farbe, Gesundheit*): ~ ***passion*** Liebe *f*; **3.** zart, zärtlich, sanft; **4.** zart, empfindlich (*Körperteil, a. Gewissen*): ~ ***spot*** *fig.* wunder Punkt; **5.** heikel, kitzlig (*Thema*); **6.** bedacht (***of*** auf *acc.*).
ten·der[2] ['tendə] **I** *v/t.* **1.** (for'mell) anbieten; → ***oath*** 1, ***resignation*** 2; **2.** *s-e Dienste etc.* anbieten, zur Verfügung

stellen; **3.** *s-n Dank, s-e Entschuldigung* zum Ausdruck bringen; **4.** ♆, ⚖ als Zahlung (*e-r Verpflichtung*) anbieten; **II** *v/i.* **5.** sich an e-r Ausschreibung beteiligen, ein Angebot machen: ***~ and contract for a supply*** e-n Lieferungsvertrag abschließen; **III** *s.* **6.** Anerbieten *n*, Angebot *n*: ***make a ~ of*** → 2; **7.** ♆ (***legal*** gesetzliches) Zahlungsmittel; **8.** ♆ Angebot *n*, Of'ferte *f bei Ausschreibung*: ***invite ~s for*** *ein Projekt* ausschreiben; ***put to ~*** in freier Ausschreibung vergeben; ***by ~*** in Submission; **9.** ♆ Kosten(vor)anschlag *m*; **10.** ⚖ Zahlungsangebot *n*; **11.** ***~ of resignation*** Rücktrittsgesuch *n*.

tend·er³ ['tendə] *s.* **1.** Pfleger(in); **2.** 🚂 Tender *m*, Kohlewagen *m*; **3.** ⚓ Tender *m*, Begleitschiff *n*.

'ten·der|·foot *pl.* **-feet** *od.* **-foots** *s. Am.* F **1.** Anfänger(in), Greenhorn *n*; **2.** neuaufgenommener Pfadfinder; **ˌ~-'heart·ed** *adj.* □ weichherzig; **'~·loin** *s.* zartes Lendenstück, Fi'let *n*.

ten·der·ness ['tendənɪs] *s.* **1.** Zartheit *f*, Weichheit *f* (*a. fig.*); **2.** Empfindlichkeit *f* (*a. fig. des Gewissens etc.*); **3.** Zärtlichkeit *f*.

ten·di·nous ['tendɪnəs] *adj.* **1.** sehnig, flechsig; **2.** *anat.* Sehnen…; **ten·don** ['tendən] *s. anat.* Sehne *f*, Flechse *f*; **ten·do·vag·i·ni·tis** ['tendəʊˌvædʒɪ'naɪtɪs] *s.* ⚕ Sehnenscheidenentzündung *f*.

ten·dril ['tendrɪl] *s.* ⚘ Ranke *f*.

ten·e·brous ['tenɪbrəs] *adj.* dunkel, finster, düster.

ten·e·ment ['tenɪmənt] *s.* **1.** Wohnhaus *n*; **2.** *a.* ***~ house*** Miet(s)haus *n*, *bsd.* 'Mietskaˌserne *f*; **3.** Mietwohnung *f*; **4.** Wohnung *f*; **5.** ⚖ a) (Pacht)Besitz *m*, b) beständiger Besitz, beständiges Privi'legium.

te·nes·mus [tɪ'nezməs] *s.* ⚕ Te'nesmus *m*: ***rectal ~*** Stuhldrang *m*; ***vesical ~*** Harndrang *m*.

ten·et ['ti:net] *s.* (Grund-, Lehr)Satz *m*, Lehre *f*.

'ten·fold I *adj. u. adv.* zehnfach; **II** *s. das* Zehnfache.

ˌten-'gal·lon hat *s. Am.* breitrandiger Cowboyhut.

ten·ner ['tenə] *s.* F ‚Zehner' *m*: a) *Brit.* Zehn'pfundnote *f*, b) *Am.* Zehn'dollarnote *f*.

ten·nis ['tenɪs] *s. sport* Tennis *n*; **~ arm** *s.* ⚕ Tennisarm *m*; **~ ball** *s.* Tennisball *m*; **~ court** *s.* Tennisplatz *m*; **~ rack·et** *s.* Tennisschläger *m*.

ten·on ['tenən] ⚙ **I** *s.* Zapfen *m*; **II** *v/t.* verzapfen; **~ saw** *s.* ⚙ Ansatzsäge *f*, Fuchsschwanz *m*.

ten·or ['tenə] **I** *s.* **1.** Verlauf *m*; **2.** 'Tenor *m*, (wesentlicher) Inhalt, Sinn *m*; **3.** Absicht *f*; **4.** ♆ Laufzeit *f* (*Wechsel etc.*); **5.** ♪ Te'nor(stimme *f*, -parˌtie *f*, -sänger *m*, -instruˌment *n*) *m*; **II** *adj.* **6.** ♪ Tenor…

'ten·pin *s. Am.* **1.** Kegel *m*; **2.** *pl. sg. konstr. Am.* Bowling *n*.

tense¹ [tens] *s. ling.* Zeit(form) *f*, Tempus *n*: ***simple*** (***compound***) ***~s*** einfache (zs.-gesetzte) Zeiten.

tense² [tens] **I** *adj.* □ **1.** gespannt (*a. ling. Laut*); **2.** *fig.* a) (an)gespannt (*Person, Nerven*), b) spannungsgeladen: ***a ~ moment***; **II** *v/t.* **3.** straffen, (an)spannen; **III** *v/i.* **4.** sich straffen *od.* (an)spannen; **5.** *fig.* (vor Nervosi'tät *etc.*) starr werden; **'tense·ness** [-nɪs] *s.* **1.** Straffheit *f*; **2.** *fig.* (ner'vöse) Spannung; **'ten·si·ble** [-səbl] *adj.* dehnbar; **'ten·sile** [-saɪl] *adj.* dehn-, streckbar; *phys.* Dehn(ungs)…, Zug…: ***~ strength*** (***stress***) Zugfestigkeit *f* (-beanspruchung *f*); **ten·sim·e·ter** [ten'sɪmɪtə] *s.* ⚙ Gas-, Dampfdruckmesser *m*; **ten·si·om·e·ter** [tensɪ'ɒmɪtə] *s.* ⚙ Zugmesser *m*.

ten·sion ['tenʃn] *s.* **1.** Spannung *f* (*a.* ⚡); **2.** ⚕, *phys.* Druck *m*; **3.** *phys.* a) Dehnung *f*, b) Zug-, Spannkraft *f*: ***~ spring*** ⚙ Zug-, Spannfeder *f*; **4.** (ner'vöse) Spannung; **5.** *fig.* Spannung *f*, gespanntes Verhältnis: ***political ~***; **'ten·sion·al** [-ʃənl] *adj.* Dehn…, Spann(ungs)…; **ten·sor** ['tensə] *s. anat.* Tensor *m* (*a.* ⚔), Streck-, Spannmuskel *m*.

'ten|-spot *s. Am. sl.* **1.** *Kartenspiel*: Zehn *f*; **2.** → ***tenner*** b; **'~-strike** *s.* **1.** → ***strike*** 2 a; **2.** F *fig.* ‚Volltreffer' *m*.

tent¹ [tent] *s.* Zelt *n* (*a.* ⚕): ***pitch one's ~s*** s-e Zelte aufschlagen (*a. fig.*).

tent² [tent] ⚕ **I** *s.* Tam'pon *m*; **II** *v/t.* durch e-n Tampon offenhalten.

tent³ [tent] *s. obs.* Tintowein *m*.

ten·ta·cle ['tentəkl] *s. zo.* **1.** Ten'takel *m, n* (*a.* ⚘), Fühler *m* (*a. fig.*); **2.** Fangarm *m e-s Polypen*; **'ten·ta·cled** [-ld] *adj.* ⚘, *zo.* mit Ten'takeln versehen; **ten·tac·u·lar** [ten'tækjʊlə] *adj.* Fühler…, Tentakel…

ten·ta·tive ['tentətɪv] **I** *adj.* □ **1.** versuchsweise, Versuchs…; **2.** provi'sorisch; **3.** vorsichtig; **II** *s.* **4.** Versuch *m*; **'ten·ta·tive·ly** [-lɪ] *adv.* versuchsweise.

ten·ter ['tentə] *s.* ⚙ Spannrahmen *m für Tuch*; **'~·hook** *s.* ⚙ Spannhaken *m*: ***be on ~s*** *fig.* auf die Folter gespannt sein, wie auf glühenden Kohlen sitzen; ***keep***

s.o. on ~s *fig.* j-n auf die Folter spannen.

tenth [tenθ] **I** *adj.* □ **1.** zehnt; **2.** zehntel; **II** *s.* **3.** *der* (*die, das*) Zehnte; **4.** Zehntel *n*: ***a ~ of a second*** e-e Zehntelsekunde; **5.** ♪ De'zime *f*; **'tenth·ly** [-lɪ] *adv.* zehntens.

tent| peg *s.* Zeltpflock *m*, Hering *m*; **~ pole** *s.* Zeltstange *f*; **~ stitch** *s. Stickerei*: Perlstich *m*.

ten·u·is ['tenjʊɪs] *pl.* **'ten·u·es** [-i:z] *s. ling.* Tenuis *f* (*stimmloser, nicht aspirierter Verschlußlaut*).

te·nu·ous ['tenjʊəs] *adj.* **1.** dünn; **2.** zart, fein; **3.** *fig.* dürftig.

ten·ure ['teˌnjʊə] *s.* **1.** (Grund-, *hist.* Lehens)Besitz *m*; **2.** ⚖ a) Besitzart *f*, b) Besitztitel *m*: ***~ by lease*** Pachtbesitz *m*; **3.** Besitzdauer *f*; **4.** (feste) Anstellung; **5.** Innehaben *n*, Bekleidung *f* (e-s Amtes): ***~ of office*** Amtsdauer *f*; **6.** *fig.* Genuß *m e-r Sache.*

te·pee ['ti:pi:] *s.* Indi'anerzelt *n*, Tipi *n*.

tep·id ['tepɪd] *adj.* □ lauwarm, lau (*a. fig.*); **te·pid·i·ty** [te'pɪdətɪ], **'tep·id·ness** [-nɪs] *s.* Lauheit *f* (*a. fig.*).

ter·cen·te·nar·y [ˌtɜ:sen'ti:nərɪ], **ˌter·cen'ten·ni·al** [-'tenjəl] **I** *adj.* **1.** dreihundertjährig; **II** *s.* **2.** dreihundertster Jahrestag; **3.** Dreihundert'jahrfeier *f*.

ter·cet ['tɜ:sɪt] *s.* **1.** *Metrik*: Ter'zine *f*; **2.** ♪ Tri'ole *f*.

ter·gi·ver·sate ['tɜ:dʒɪvɜ:seɪt] *v/i.* Ausflüchte machen; sich drehen und wenden; sich wider'sprechen; **ter·gi·ver·sa·tion** [ˌtɜ:dʒɪvɜ:'seɪʃn] *s.* **1.** Ausflucht *f*, Winkelzug *m*; **2.** Wankelmut *m*.

term [tɜ:m] **I** *s.* **1.** *bsd. fachlicher* Ausdruck, Bezeichnung *f*, Wort *n*: ***botanical ~s***; **2.** *pl.* a) Ausdrucksweise *f*, b) ('Denk)Kategoˌrien *pl.*: ***in ~s of*** a) in Form von (*od. gen.*), b) im Sinne (*gen.*), als, c) hinsichtlich (*gen.*), d) von … her, vom Standpunkt (*gen.*), e) im Vergleich zu; ***in ~s of approval*** beifällig; ***in ~s of literature*** literarisch (betrachtet), vom Literarischen her; ***in plain ~s*** rundheraus (gesagt); ***in the strongest ~s*** schärfstens; ***think in ~s of money*** (nur) in Mark u. Pfennig denken; ***think in military ~s*** in militärischen Kategorien denken; **3.** Wortlaut *m*; **4.** a) Zeit *f*, Dauer *f*: ***~ of imprisonment*** Freiheitsstrafe *f*; ***~ of office*** Amtsdauer *f*, -periode *f*; ***on*** (*od.* ***in***) ***the long ~*** auf lange Sicht, langfristig (betrachtet); ***for a ~ of four years*** für die Dauer von vier Jahren, b) (*Zahlungs- etc.*)Frist *f*: ***~ deposit*** Termingeld *n*; **5.** ✝, ⚖ a) Laufzeit *f* (*Vertrag, Wechsel*), b) Ter'min *m*, c) *Brit.* Quar'talsterˌmin *m* (*vierteljährlicher Zahltag für Miete etc.*), d) *Brit. hist. halbjährlicher* Lohn-, Zahltag (*für Dienstboten*), e) ⚖ 'Sitzungsperiˌode *f*; **6.** *ped., univ.* Quar'tal *n*, Tri'mester *n*, Se'mester *n*: ***end of ~*** Schul- *od.* Semesterschluß *m*; ***keep ~s*** *Brit.* Jura studieren; **7.** *pl.* ✝, ⚖ (*Vertrags- etc.*)Bedingungen *pl.*: ***~s of delivery*** Lieferungsbedingungen; ***~s of trade*** Austauschverhältnis *n im* Außenhandel; ***on easy ~s*** zu günstigen Bedingungen; ***on equal ~s*** unter gleichen Bedingungen; ***come to ~s*** *a. fig.* handelseinig werden, sich einigen, *fig. a.* sich abfinden (***with*** mit); ***come to ~s with the past*** die Vergangenheit bewältigen; **8.** *pl.* Preise *pl.*, Hono'rar *n*: ***cash ~s*** Barpreis *m*; ***inclusive ~s*** Pauschalpreis *m*; **9.** *pl.* Beziehungen *pl.*: ***be on good*** (***bad***) ***~s with*** auf gutem (schlechtem) Fuße stehen mit; ***they are not on speaking ~s*** sie sprechen nicht (mehr) miteinander; **10.** *Logik*: Begriff *m*; → ***contradiction*** 2; **11.** ⅍ a) Glied *n*: ***~ of a sum*** Summand *m*, b) *Geometrie*: Grenze *f*; **12.** ⚠ Terme *m*, Grenzstein *m*; **13.** *physiol.* a) Menstruati'on *f*, b) (nor'male) Schwangerschaftszeit: ***carry to*** (***full***) ***~*** *ein Kind* austragen; ***she is near her ~*** ihre Niederkunft steht dicht bevor; **II** *v/t.* **14.** (be)nennen, bezeichnen als.

ter·ma·gant ['tɜ:məgənt] **I** *s.* Zankteufel *m*, (Haus)Drachen *m* (*Weib*); **II** *adj.* zänkisch, keifend.

ter·mi·na·ble ['tɜ:mɪnəbl] *adj.* □ **1.** begrenzbar; **2.** befristet, (zeitlich) begrenzt, kündbar (*Vertrag etc.*).

ter·mi·nal ['tɜ:mɪnl] **I** *adj.* □ → ***terminally***; **1.** letzt, Grenz…, End…, (Ab-) Schluß…: ***~ amplifier*** ϟ Endverstärker *m*; ***~ station*** → ***~ value*** ⅍ Endwert *m*; ***~ voltage*** ϟ Klemmenspannung *f*; **2.** *univ.* Semester… *od.* Trimester…; **3.** ⚕ a) unheilbar (*a. fig.*), b) im Endstadium: ***~ case***, c) Sterbe…: ***~ clinic***, d) *fig.* verhängnisvoll (***to*** für); **4.** ⚘ gipfelständig; **II** *s.* **5.** Endstück *n*, -glied *n*, Spitze *f*; **6.** *ling.* Endsilbe *f od.* -buchstabe *m od.* -wort *n*; **7.** ϟ a) (Anschluß-) Klemme *f*, (*Plus-*, *Minus*)Pol *m*, b) Klemmschraube *f*, c) Endstecker *m*; **8.** a) 🚂 'Endstatiˌon *f*, Kopfbahnhof *m*, b) ✈ Bestimmungsflughafen *m* (→ *a.* ***air terminal***), c) (zen'traler) 'Umschlagplatz, d) End- *od.* Ausgangspunkt *m*; **9.** *Computer*: Terminal *n*; **10.** *univ.* Se'mesterprüfung *f*; **'ter·mi·nal·ly** [-nəlɪ] *adv.* **1.** zum Schluß; **2.** ter'minweise; **3.**

~ ill ⚕ unheilbar krank; **4.** *univ.* se'mesterweise; **'ter·mi·nate** [-neɪt] **I** *v/t.* **1.** *räumlich* begrenzen; **2.** beendigen, *Vertrag a.* aufheben, kündigen; **II** *v/i.* **3.** endigen (**in** in *dat.*); **4.** *ling.* enden (**in** auf *acc.*); **III** *adj.* [-nət] **5.** begrenzt; **6.** ⩓ endlich; **ter·mi·na·tion** [ˌtɜːmɪ'neɪʃn] *s.* **1.** Aufhören *n*; **2.** Ende *n*, (Ab)Schluß *m*; **3.** Beendigung *f*: **~ of pregnancy** ⚕ Schwangerschaftsunterbrechung *f*; **4.** ⚖ Beendigung *f e-s Vertrags etc.*: a) Ablauf *m*, Erlöschen *n*, b) Aufhebung *f*, Kündigung *f*; **5.** *ling.* Endung *f*.

ter·mi·no·log·i·cal [ˌtɜːmɪnə'lɒdʒɪkl] *adj.* □ termino'logisch: **~ inexactitude** *humor.* Schwindelei *f*; **ter·mi·nol·o·gy** [ˌtɜːmɪ'nɒlədʒɪ] *s.* Terminolo'gie *f*, Fachsprache *f*, -ausdrücke *pl.*

ter·mi·nus ['tɜːmɪnəs] *pl.* **-ni** [-naɪ], **-nus·es** *s.* **1.** Endpunkt *m*, Ziel *n*, Ende *n*; **2.** → **terminal** 8 a.

ter·mite ['tɜːmaɪt] *s. zo.* Ter'mite *f*.

'term·time *s.* Schul- *od.* Se'mesterzeit *f* (*Ggs. Ferien*).

tern[1] [tɜːn] *s. orn.* Seeschwalbe *f*.

tern[2] [tɜːn] *s.* Dreiergruppe *f*, -satz *m*; **'ter·na·ry** [-nərɪ] *adj.* **1.** aus (je) drei bestehend, dreifältig; **2.** ⚘ dreizählig; **3.** *metall.* dreistoffig; **4.** ⩓ ter'när; **5.** aus drei A'tomen bestehend; **'ter·nate** [-nɪt] *adj.* → **ternary** 1 *u.* 2.

ter·ra ['terə] (*Lat. u. Ital.*) *s.* Land *n*, Erde *f*.

ter·race ['terəs] **I** *s.* **1.** Ter'rasse *f* (*a.* ⚠ *u. geol.*); **2.** *bsd. Brit.* Häuserreihe *f* an erhöht gelegener Straße; **3.** *Am.* Grünstreifen *m*, -anlage *f in der Straßenmitte*; **4.** *sport Brit.* (Zuschauer)Rang *m*: **the ~s** die Ränge (*a. die Zuschauer*); **II** *v/t.* **5.** ter'rassenförmig anlegen, terrassieren; **'ter·raced** [-st] *adj.* **1.** terrassenförmig (angelegt); **2.** flach (*Dach*); **3. ~ house** *Brit.* Reihenhaus *n*.

ter·ra|-cot·ta [ˌterə'kɒtə] **I** *s.* **1.** Terra'kotta *f*; **2.** Terra'kottafiˌgur *f*; **II** *adj.* **3.** Terrakotta...; **~ fir·ma** ['fɜːmə] (*Lat.*) *s.* festes Land.

ter·rain [te'reɪn] *bsd.* ⚔ **I** *s.* Ter'rain *n*, Gelände *n*; **II** *adj.* Gelände...

ter·ra in·cog·ni·ta [ɪŋ'kɒgnɪtə] (*Lat.*) *s.* unerforschtes Land; *fig.* (völliges) Neuland.

ter·ra·ne·ous [tə'reɪnjəs] *adj.* ⚘ Land...

ter·ra·pin ['terəpɪn] *s. zo.* Dosenschildkröte *f*.

ter·raz·zo [te'rætsəʊ] (*Ital.*) *s.* Ter'razzo *m*, Ze'mentmosaˌik *n*.

ter·rene [te'riːn] *adj.* **1.** irdisch, Erd...; **2.** erdig, Erd...

ter·res·tri·al [tɪ'restrɪəl] **I** *adj.* □ **1.** irdisch; **2.** Erd...: **~ globe** Erdball *m*; **3.** ⚘, *zo.*, *geol.* Land...; **II** *s.* **4.** Erdenbewohner(in).

ter·ri·ble ['terəbl] *adj.* □ schrecklich, furchtbar, fürchterlich (*alle a.* F *außerordentlich*); **'ter·ri·ble·ness** [-nɪs] *s.* Schrecklichkeit *f etc.*

ter·ri·er[1] ['terɪə] *s.* **1.** *zo.* Terrier *m* (*Hunderasse*); **2.** F → **territorial** 4 a.

ter·ri·er[2] ['terɪə] *s.* ⚖ Flurbuch *n*.

ter·rif·ic [tə'rɪfɪk] *adj.* (□ **~ally**) **1.** furchtbar, fürchterlich, schrecklich (*alle a.* F *fig.*); **2.** F ‚toll', phan'tastisch.

ter·ri·fied ['terɪfaɪd] *adj.* erschrocken, verängstigt, entsetzt: **be ~ of** schreckliche Angst haben vor (*dat.*); **ter·ri·fy** ['terɪfaɪ] *v/t.* erschrecken, *j-m* Angst und Schreck einjagen; **'ter·ri·fy·ing** [-aɪɪŋ] *adj.* furchterregend, erschreckend, fürchterlich.

ter·ri·to·ri·al [ˌterɪ'tɔːrɪəl] **I** *adj.* □ **1.** Grund..., Land...: **~ property**; **2.** territori'al, Landes..., Gebiets...: **2 Army**, **2 Force** ⚔ Territorialarmee *f*, Landwehr *f*; **~ waters** *pol.* Hoheitsgewässer *pl.*; **3.** 2 *pol.* Territorial..., ein Terri'torium (*der USA*) betreffend; **II** *s.* **4.** 2 ⚔ a) Landwehrmann *m*, b) *pl.* Territori'altruppen *pl.*; **ter·ri·to·ry** ['terɪtərɪ] *s.* **1.** (*a. fig.*) Gebiet *n*, Terri'torium *n*; **2.** *pol.* Hoheits-, Staatsgebiet *n*: **Federal ~** Bundesgebiet; **on British ~** auf britischem Gebiet; **3.** *pol.* Terri'torium *n* (*Schutzgebiet*); **4.** ✝ (Vertrags-, Vertreter)Gebiet *n*, (-)Bezirk *m*; **5.** *sport* F (Spielfeld)Hälfte *f*.

ter·ror ['terə] *s.* **1.** Schrecken *m*, Entsetzen *n*, schreckliche Furcht (**of** vor *dat.*); **2.** Schrecken *m* (**of** *od.* **to** *gen.*) (*schreckeneinflößende Person od. Sache*); **3.** Terror *m*: a) Gewalt-, Schreckensherrschaft *f*, b) Terrorakte *pl.*: **political ~** Politterror; **~ bombing** Bombenterror; **4.** F a) Ekel *n*, ‚Landplage' *f*, b) (schreckliche) Plage (**to** für), c) Alptraum *m*; **'ter·ror·ism** [-ərɪzəm] *s.* **1.** → **terror** 3; **2.** Terro'rismus *m*; **3.** Terrorisierung *f*; **'ter·ror·ist** [-ərɪst] *s.* Terro'rist(in); **'ter·ror·ize** [-əraɪz] *v/t.* **1.** terrorisieren; **2.** einschüchtern.

'ter·ror|-ˌstrick·en, **'~-struck** *adj.* schreckerfüllt, starr vor Schreck.

ter·ry ['terɪ] *s.* **1.** ungeschnittener Samt *od.* Plüsch; **2.** Frot'tiertuch *n*, Frot'tee (-gewebe) *n*; **3.** Schlinge *f* (*des ungeschnittenen Samtes etc.*).

terse [tɜːs] *adj.* □ knapp, kurz u. bündig, markig; **'terse·ness** [-nɪs] *s.* Knappheit *f*, Kürze *f*, Bündigkeit *f*,

Prä'gnanz *f*.

ter·tian ['tɜːʃn] ⚕ **I** *adj.* am dritten Tag wiederkehrend, Tertian…: **~ *ague***, **~ *fever***, **~ *malaria*** → **II** *s.* Terti'anfieber *n*.

ter·ti·ar·y ['tɜːʃərɪ] **I** *adj. allg.* terti'är, Tertiär…; **II** *s.* ♀ *geol.* Terti'är *n*.

ter·zet·to [tɜːt'setəʊ] *pl.* **-tos**, **-ti** [-tɪ] (*Ital.*) *s.* ♪ Ter'zett *n*, Trio *n*.

tes·sel·late ['tesɪleɪt] *v/t.* tessellieren, mit Mosa'iksteinen auslegen: **~*d pavement*** Mosaik(fuß)boden *m*; **tes·sel·la·tion** [ˌtesɪ'leɪʃn] *s.* Mosa'ik(arbeit *f*) *n*.

test [test] **I** *s.* **1.** *allg.*, *a.* ⚙ Test *m*, Probe *f*, Versuch *m*; **2.** a) Prüfung *f*, Unter'suchung *f*, Stichprobe *f*, b) *fig.* Probe *f*, Prüfung *f*: ***put to the* ~** auf die Probe stellen; ***stand the* ~** die Probe bestehen, sich bewähren; **~ *of strength*** Kraftprobe *f*; → ***acid test***, ***crucial*** 1; **3.** *fig.* Prüfstein *m*, Kri'terium *n*: ***success is not a fair* ~**; **4.** *ped.*, *psych.* (Eignungs-, Leistungs)Prüfung *f*, Test *m*; **5.** *ped.* Klassenarbeit *f*; **6.** ⚕ (Blut- *etc.*)Probe *f*, (Haut- *etc.*)Test *m*; **7.** ⚗ a) Ana'lyse *f*, b) Rea'gens *n*; **8.** *metall.* a) Versuchstiegel *m*, Ka'pelle *f*, b) Treibherd *m*; **9.** F → ***test match***; **10.** *hist. Brit.* Testeid *m*; **II** *v/t.* **11.** (***for s.th.*** auf et. [hin]) prüfen (*a. ped.*) *od.* unter'suchen, erproben, e-r Prüfung unter'ziehen, testen (*alle a.* ⚙): **~ *out*** ausprobieren; **12.** *fig. j-s Geduld etc.* auf die Probe stellen; **13.** *ped.*, *psych. j-n* testen; **14.** ⚗ analysieren; **15.** ϟ *Leitung* prüfen *od.* abfragen; **16.** ⚔ *Waffe* anschießen; **III** *adj.* **17.** Probe…, Versuchs…, Prüf(ungs)…, Test…; → ***test case***, ***test flight*** *etc.*

tes·ta·cean [te'steɪʃn] *zo.* **I** *adj.* hartschalig, Schal(tier)…; **II** *s.* Schaltier *n*; **tes'ta·ceous** [-ʃəs] *adj. zo.* hartschalig, Schalen…

tes·ta·ment ['testəmənt] *s.* **1.** ⚖ Testa'ment *n*, letzter Wille; **2.** ♀ *bibl.* (*Altes od. Neues*) Testa'ment; **3.** *fig.* Zeugnis *n*, Beweis *m* (***to*** *gen. od.* für); **tes·ta·men·ta·ry** [ˌtestə'mentərɪ] *adj.* □ ⚖ testamen'tarisch: a) letztwillig, b) durch Testa'ment (vermacht, bestimmt): **~ *disposition*** letztwillige Verfügung; **~ *capacity*** Testierfähigkeit *f*.

tes·tate ['testeɪt] *adj.*: ***die* ~** ⚖ unter Hinterlassung e-s Testaments sterben, ein Testament hinterlassen; **tes·ta·tor** [te'steɪtə] *s.* ⚖ Erblasser *m*; **tes·ta·trix** [te'steɪtrɪks] *pl.* **-tri·ces** [-siːz] *s.* Erblasserin *f*.

'test|-bed *s.* ⚙ Prüfstand *m*; **~ card** *s.* *TV* Testbild *n*; **~ case** *s.* **1.** ⚖ a) 'Musterproˌzeß *m*, b) Präze'denzfall *m*; **2.** *fig.* Muster-, Schulbeispiel *n*; **~ cir·cuit** *s.* ϟ Meßkreis *m*; **~ drive** *s. mot.* Probefahrt *f*; **'~-drive** *v/t.* [*irr.*] *Auto* probefahren.

test·ed ['testɪd] *adj.* geprüft; erprobt (*a. weitS. bewährt*).

test·er[1] ['testə] *s.* **1.** Prüfer *m*; **2.** Prüfgerät *n*.

tes·ter[2] ['testə] *s.* **1.** ⚠ Baldachin *m*; **2.** (Bett)Himmel *m*.

tes·tes ['testiːz] *pl. von* ***testis***.

test| flight *s.* ✈ Probeflug *m*; **'~-glass** → ***test tube***.

tes·ti·cle ['testɪkl] *s. anat.* Hode *m*, *f*, Hoden *m*; **tes'tic·u·lar** *adj.* Hoden…

tes·ti·fy ['testɪfaɪ] **I** *v/t.* **1.** ⚖ aussagen, bezeugen; **2.** *fig.* bezeugen: a) zeugen von, b) kundtun; **II** *v/i.* **3.** ⚖ (als Zeuge) aussagen: **~ *to*** → 2; ***refuse to* ~** die Aussage verweigern; **tes·ti·mo·ni·al** [ˌtestɪ'məʊnjəl] *s.* **1.** (Führungs- *etc.*) Zeugnis *n*; **2.** Empfehlungsschreiben *n*; **3.** Zeichen *n* der Anerkennung, *bsd.* Ehrengabe *f*; **'tes·ti·mo·ny** [-ɪmənɪ] *s.* **1.** Zeugnis *n*: a) ⚖ (Zeugen)Aussage *f*, b) Beweis *m*: ***in* ~ *whereof*** ⚖ zu Urkund dessen; ***bear* ~ *to*** *et.* bezeugen (*a. fig.*); ***call s.o. in* ~** ⚖ j-n als Zeugen aufrufen, *fig.* j-n zum Zeugen anrufen; ***have s.o.'s* ~ *for*** j-n zum Zeugen haben für; **2.** *coll. od. pl.* Zeugnis(se *pl.*) *n*: ***the* ~ *of history***; **3.** *bibl.* Zeugnis *n*: a) Gesetzestafeln *pl.*, b) *mst pl.* göttliche Offenbarung, *a.* Heilige Schrift.

tes·ti·ness ['testɪnɪs] *s.* Gereiztheit *f*.

test·ing ['testɪŋ] *adj. bsd.* ⚙ Probe…, Prüf…, Versuchs…: **~ *engineer*** ⚙ Prüfingenieur *m*; **~ *ground*** ⚙ a) Prüffeld *n*, b) Versuchsgelände *n*; **~ *method*** *psych.* Testmethode *f*.

tes·tis ['testɪs] *pl.* **-tes** [-tiːz] (*Lat.*) → ***testicle***.

test| match *s. Kricket*: internatio'naler Vergleichskampf; **~ pa·per** *s.* **1.** *ped.* a) schriftliche (Klassen)Arbeit, b) Prüfungsbogen *m*; **2.** ⚗ Rea'genzpaˌpier *n*; **~ pi·lot** *s.* 'Testpiˌlot *m*; **~ print** *s. phot.* Probeabzug *m*; **~ run** *s.* ⚙ Probelauf *m*; **~ stand** *s.* ⚙ Prüfstand *m*; **~ tube** [-stt-] *s.* ⚗ Rea'genzglas *n*; **'~-tube** *adj.*: **~ *baby*** ⚕ Retortenbaby *n*.

tes·ty ['testɪ] *adj.* □ gereizt, reizbar.

tet·a·nus ['tetənəs] *s.* ⚕ Tetanus *m*, (*bsd.* Wund)Starrkrampf *m*.

tetch·y ['tetʃɪ] *adj.* □ reizbar.

tête-à-tête [ˌteɪtɑː'teɪt] (*Fr.*) **I** *adv.* **1.** vertraulich, unter vier Augen; **2.** ganz al'lein (***with*** mit); **II** *s.* **3.** Tête-à-tête *n*.

teth·er ['teðə] **I** *s.* Haltestrick *m*, -seil *n*: ***be at the end of one's ~*** *fig.* am Ende s-r (*a. finanziellen*) Kräfte sein, sich nicht mehr zu helfen wissen; **II** *v/t.* anbinden (***to*** an *acc.*).

tetra- [tetrə] *in Zssgn* vier.

tet·rad ['tetræd] *s.* **1.** Vierzahl *f*; **2.** ⚗ vierwertiges A'tom *od.* Ele'ment; **3.** *biol.* ('Sporen)Te,trade *f*.

tet·ra·gon ['tetrəgən] *s.* ⩘ Tetra'gon *n*, Viereck *n*; **te·trag·o·nal** [te'trægənl] *adj.* ⩘ tetrago'nal.

tet·ra·he·dral [,tetrə'hedrəl] *adj.* ⩘ vierflächig, tetra'edrisch; **,tet·ra'he·dron** [-drən] *pl.* **-'he·drons**, **-'he·dra** [-drə] *s.* ⩘ Tetra'eder *n*.

tet·ter ['tetə] *s.* ⚕ (Haut)Flechte *f*.

Teu·ton ['tju:tən] **I** *s.* **1.** Ger'mane *m*, Ger'manin *f*; **2.** Teu'tone *m*, Teu'tonin *f*; **3.** F Deutsche(r *m*) *f*; **II** *adj.* **4.** → ***Teutonic*** I; **Teu·ton·ic** [tju:'tɒnɪk] **I** *adj.* **1.** ger'manisch; **2.** teu'tonisch; **3.** Deutschordens…: ***~ Order*** *hist.* Deutschritterorden *m*; **4.** F (typisch) deutsch; **II** *s.* **5.** *ling.* Ger'manisch *n*; **'Teu·ton·ism** [-tənɪzəm] *s.* **1.** Ger'manentum *n*, ger'manisches Wesen; **2.** *ling.* Germa'nismus *m*.

Tex·an ['teksən] **I** *adj.* te'xanisch, aus Texas; **II** *s.* Te'xaner(in).

text [tekst] *s.* **1.** (Ur)Text *m*, (genauer) Wortlaut; **2.** *typ.* a) Text(abdruck, -teil) *m* (*Ggs. Illustrationen, Vorwort etc.*), b) Text *m* (*Schriftgrad*), c) Frak'turschrift *f*; **3.** (Lied- *etc.*)Text *m*; **4.** a) Bibelspruch *m*, -stelle *f*, b) Bibeltext *m*; **5.** Thema *n*: ***stick to one's ~*** bei der Sache bleiben; **6.** → ***text hand***; **'~·book** *s.* Lehrbuch *n*, Leitfaden *m*: ***~ example*** *fig.* Paradebeispiel *n*; **~ hand** *s.* große Schreibschrift.

tex·tile ['tekstaɪl] **I** *s.* a) Gewebe *n*, Web-, Faserstoff *m*, b) *pl.* Web-, Tex'tilwaren *pl.*, Tex'tilien *pl.*; **II** *adj.* gewebt; Textil…, Stoff…, Gewebe…: ***~ goods*** → I b; ***~ industry*** Textilindustrie *f*.

tex·tu·al ['tekstjʊəl] *adj.* □ **1.** textlich, Text…; **2.** wortgetreu.

tex·tur·al ['tekstʃərəl] *adj.* □ **1.** Gewebe…; **2.** struktu'rell, Struktur…: ***~ changes***; **tex·ture** ['tekstʃə] *s.* **1.** Gewebe *n*; **2.** *biol.* Tex'tur *f* (*Gewebezustand*); **3.** Maserung *f* (*Holz*); **4.** Struk'tur *f*, Beschaffenheit *f*; **5.** *geol.*, *a. fig.* Struk'tur *f*, Gefüge *n*.

'T-,gird·er *s.* ⚙ T-Träger *m*.

Thai [taɪ] **I** *pl.* **Thais**, **Thai** *s.* **1.** Thai *m*, *f*, Thailänder(in); **2.** *ling.* a) Thai *n*, b) Thaisprachen *pl.*; **II** *adj.* **3.** Thai…, thailändisch.

thal·a·mus ['θæləməs] *pl.* **-mi** [-maɪ] *s. anat.* Sehhügel *m*.

thali·dom·i·de [θə'lɪdəmaɪd] *s. pharm.* Thalido'mid *n*: ***~ child*** Contergankind *n*.

Thames [temz] *npr.* Themse *f*: ***he won't set the ~ on fire*** *fig.* er hat das Pulver auch nicht erfunden.

than [ðæn; ðən] *cj.* (*nach e-m Komparativ*) als: ***more ~ was necessary*** mehr als nötig.

thane [θeɪn] *s.* **1.** *hist.* a) Gefolgsadlige(r) *m*, b) Than *m*, Lehensmann *m* (*der schottischen Könige*); **2.** *allg.* schottischer Adliger.

thank [θæŋk] **I** *v/t. j-m* danken, sich bedanken bei: (***I***) ***~ you*** danke; ***~ you*** bitte (*beim Servieren etc.*); (***yes,***) ***~ you*** ja, bitte; ***no, ~ you*** nein, danke; ***I will ~ you*** *oft iro.* ich wäre Ihnen sehr dankbar (***to do***, ***for doing*** wenn sie täten); ***~ you for nothing*** *iro.* ich danke (bestens); ***he has only himself to ~ for that*** das hat er sich selbst zuzuschreiben; **II** *s. pl.* a) Dank *m*, b) Dankesbezeigung(en *pl.*) *f*, Danksagung(en *pl.*) *f*: ***letter of ~s*** Dankesbrief *m*; ***in ~s for*** zum Dank für; ***with ~s*** dankend, mit Dank; ***~s to*** *a. fig. u. iro.* dank (*gen.*); ***small ~s to her*** sie hat sich nicht gerade über'anstrengt; (***many***) ***~s!*** vielen Dank!, danke!; ***no, ~s!*** nein, danke!; ***small ~s I got*** schlecht hat man es mir gedankt; **'thank·ful** [-fʊl] *adj.* □ dankbar (***to s.o.*** j-m): ***I am ~ that*** ich bin (heil)froh, daß; **'thank·less** [-lɪs] *adj.* □ undankbar (*a. fig. Aufgabe etc.*); **'thank·less·ness** [-lɪsnɪs] *s.* Undankbarkeit *f*.

thank of·fer·ing *s. bibl.* Sühneopfer *n der Juden*.

thanks·giv·ing ['θæŋks,gɪvɪŋ] *s.* **1.** Danksagung *f*, *bsd.* Dankgebet *n*; **2.** ♀ (***Day***) (Ernte)Dankfest *n* (*4. Donnerstag im November*).

'thank|,wor·thy *adj.* dankenswert; **'~-you** [-jʊ] *s.* F Dankeschön *n*.

that[1] [ðæt] **I** *pron. u. adj.* (*hinweisend*) *pl.* **those** [ðəʊz] **1.** (*ohne pl.*) das: ***~'s all*** das ist alles; ***~'s it!*** a) das ist es ja (gerade)!, b) so ist's recht!; ***~'s what it is*** das ist es ja gerade; ***~'s that*** F das wäre erledigt, damit basta, das wär's; ***~ was ~!*** F das war's denn wohl!, aus der Traum!; ***~ is*** (***to say***) das heißt; ***and ~*** und zwar; ***at ~*** a) zudem, obendrein, b) F dabei; ***for all ~*** trotz alledem; ***like ~*** so; **2.** jener, jene, jenes, der, die, das, der-, die-, dasjenige: ***~ car over there***

das Auto da drüben; **~ *there man*** V der Mann da; ***those who*** diejenigen welche; **~ *which*** das, was; ***those are his friends*** das sind seine Freunde; **3.** solch: ***to ~ degree that*** in solchem Ausmaße *od.* so sehr, daß; **II** *adv.* **4.** F so (sehr), dermaßen: **~ *big***; ***not all ~ good*** (***much***) so gut (viel) auch wieder nicht.

that² [ðæt; ðət] *pl.* **that** *rel. pron.* **1.** (*bsd. in einschränkenden Sätzen*) der, die, das, welch: ***the book ~ he wanted*** das Buch, das er wünschte; ***any house ~*** jedes Haus, das; ***no one ~*** keiner, der; ***Mrs. Jones, Miss Black ~ was*** F Frau J., geborene B.; ***Mrs. Quilp ~ is*** die jetzige Frau Q.; **2.** (*nach **all**, **everything**, **nothing** etc.*) was: ***the best ~*** das Beste, was.

that³ [ðæt; ðət] *cj.* **1.** (*in Subjekts- u. Objektssätzen*) daß: ***it is a pity ~ he is not here*** es ist schade, daß er nicht hier ist; ***it is 4 years ~ he went away*** es sind nun 4 Jahre her, daß *od.* seitdem er fortging; **2.** (*in Konsekutivsätzen*) daß: ***so ~*** so daß; **3.** (*in Finalsätzen*) da'mit, daß; **4.** (*in Kausalsätzen*) weil, da (ja), daß: ***not ~ I have any objection*** nicht, daß ich etwas dagegen hätte; ***it is rather ~*** es ist eher deshalb, weil; ***in ~*** a) darum, weil, b) insofern als; **5.** (*nach Adverbien der Zeit*) als, da.

thatch [θætʃ] **I** *s.* **1.** Dachstroh *n*; **2.** Strohdach *n*; **3.** F Haarwald *m*; **II** *v/t.* **4.** mit Stroh *od.* Binsen *etc.* decken: ***~ed roof*** → 2.

thaw [θɔː] **I** *v/i.* **1.** (auf)tauen, schmelzen; **2.** tauen (*Wetter*): ***it is ~ing*** es taut; **3.** *fig.* auftauen (*Person*); **II** *v/t.* **4.** schmelzen, auftauen; **5.** *a.* **~ *out*** *fig. j-n* zum Auftauen bringen; **III** *s.* **6.** (Auf-)Tauen *n*; **7.** Tauwetter *n* (*a. fig. pol.*); **8.** *fig.* ‚Auftauen' *n.*

the [*unbetont vor Konsonanten*: ðə; *unbetont vor Vokalen*: ðɪ; *betont od. alleinstehend*: ðiː] **I** *bestimmter Artikel* **1.** der, die, das, *pl.* die (*u. die entsprechenden Formen im acc. u. dat.*): **~ *book on ~ table*** das Buch auf dem Tisch; **~ *England of today*** das England von heute; **~ *Browns*** die Browns, die Familie Brown; **2.** *vor Maßangaben*: ***one dollar ~ pound*** einen Dollar das Pfund; ***wine at 2 pounds ~ bottle*** Wein zu 2 Pfund die Flasche; **3.** [ðiː] 'der, 'die, 'das (*hervorragende od. geeignete etc.*): ***he is ~ painter of the century*** er ist 'der Maler des Jahrhunderts; **II** *adv.* **4.** (*vor comp.*) desto, um so: **~ ... ~** je ... desto; **~ *sooner ~ better*** je eher, desto besser; ***so much ~ better*** um so besser.

the·a·ter *Am.*, **the·a·tre** *Brit.* ['θɪətə] *s.* **1.** The'ater *n* (*Gebäude u. Kunstgattung*); **2.** *coll.* Bühnenwerke *pl*; **3.** Hörsaal *m*: ***lecture ~***; (***operating***) **~** ⚕ Operationssaal *m*; **~ *nurse*** Operationsschwester *f*; **4.** *fig.* (***of war*** Kriegs-) Schauplatz *m*; '**~ˌgo·er** *s.* The'aterbesucher(in).

the·at·ri·cal [θɪ'ætrɪkl] **I** *adj.* ☐ **1.** Theater..., Bühnen..., bühnenmäßig; **2.** thea'tralisch: **~ *gestures***; **II** *s.* **3.** *pl.* The'ater-, *bsd.* Liebhaberaufführungen *pl.*; **the'at·rics** *s. pl.* **1.** *sg. konstr.* The'ater(reˌgie)kunst *f*; **2.** *fig.* Thea'tralik *f.*

thee [ðiː] *pron.* **1.** *obs. od. poet. od. bibl.* a) dich, b) dir: ***of ~*** dein; **2.** *dial.* (*u. in der Sprache der Quäker*) du.

theft [θeft] *s.* Diebstahl *m* (***from*** aus, ***from s.o.*** an j-m); '**~·proof** *adj.* diebstahlsicher.

the·in(e) ['θiːiːn; -ɪn] *s.* ⚗ The'in *n.*

their [ðeə; *vor Vokal* ðer] *pron.* (*besitzanzeigendes Fürwort der 3. pl.*) ihr, ihre: **~ *books*** ihre Bücher.

theirs [ðeəz] *pron.* der *od.* die *od.* das ihrige *od.* ihre: ***this book is ~*** dieses Buch gehört ihnen; ***a friend of ~*** ein Freund von ihnen.

the·ism¹ ['θiːɪzəm] *s.* ⚕ Teevergiftung *f.*

the·ism² ['θiːɪzəm] *s. eccl.* The'ismus *m*; **the·is·tic** [θiː'ɪstɪk] *adj.* the'istisch.

them [ðem; ðəm] *pron.* **1.** (*acc. u. dat. von **they***) a) sie (*acc.*), b) ihnen: ***they looked behind ~*** sie blickten hinter sich; **2.** F *od. dial.* sie (*nom.*): **~ *as*** diejenigen, die; **3.** *dial. od.* V diese: **~ *guys***; **~ *were the days!*** das waren (halt) noch Zeiten!

the·mat·ic [θɪ'mætɪk] *adj.* (☐ ***~ally***) **1.** *bsd.* ♪ the'matisch; **2.** *ling.* Stamm..., Thema...: **~ *vowel***.

theme [θiːm] *s.* **1.** Thema *n* (*a.* ♪): ***have s.th. for*** (***a***) **~** et. zum Thema haben; **2.** *bsd. Am.* (Schul)Aufsatz *m*, (-)Arbeit *f*; **3.** *ling.* (Wort)Stamm *m*; **4.** *Radio, TV*: 'Kennmeloˌdie *f*; **~ *song*** *s.* **1.** 'Titelmeloˌdie *f* (*Film etc.*); **2.** → ***theme*** 4.

them·selves [ðəm'selvz] *pron.* **1.** (*emphatisch*) (sie) selbst: ***they ~ said it***; **2.** *refl.* sich (selbst): ***the ideas in ~*** die Ideen an sich.

then [ðen] **I** *adv.* **1.** damals: ***long before ~*** lange vorher; **2.** dann: **~ *and there*** auf der Stelle, sofort; ***by ~*** bis dahin, inzwischen; ***from ~*** von da an; ***till ~*** bis dahin; **3.** dann, 'darauf, 'hierauf: ***what ~?*** was dann?; **4.** dann, außerdem: ***but ~*** aber andererseits *od.* freilich; **5.** dann, in dem Falle: ***if ... ~*** wenn ... dann; **6.** denn: ***well ~*** nun gut (denn); ***how ~ did he do it?*** wie hat er es denn (dann) getan?; **7.** also, folglich, dann: ***~ you did not expect me?*** du hast mich also nicht erwartet?; **II** *adj.* **8.** damalig: ***the ~ president***.

the·nar ['θi:nɑ:] *s. anat.* **1.** Handfläche *f*; **2.** Daumenballen *m*; **3.** Fußsohle *f*.

thence [ðens] *adv.* **1.** von da, von dort; **2.** (*zeitlich*) von da an, seit jener Zeit: ***a week ~*** e-e Woche darauf; **3.** 'daher, deshalb; **4.** 'daraus, aus dieser Tatsache: ***~ it follows***; **ˌ~'forth**, **ˌ~'for·ward(s)** *adv.* von da an, seit der Zeit, seit'dem.

the·oc·ra·cy [θɪ'ɒkrəsɪ] *s.* Theokra'tie *f*.

the·o·lo·gi·an [θɪə'ləʊdʒjən] *s.* Theo'loge *m*; **the·o'log·i·cal** [-'lɒdʒɪkl] *adj.* □ theo'logisch; **the·ol·o·gy** [θɪ'ɒlədʒɪ] *s.* Theolo'gie *f*.

the·oph·a·ny [θɪ'ɒfənɪ] *s.* Theopha'nie *f*, Erscheinung *f* (*e-s*) Gottes.

the·o·rem ['θɪərəm] *s.* A, *phls.* Theo'rem *n*, (Grund-, Lehr)Satz *m*: ***~ of the cosine*** Kosinussatz.

the·o·ret·ic, **the·o·ret·i·cal** [θɪə'retɪk(l)] *adj.* □ **1.** theo'retisch; **2.** spekula'tiv; **the·o·rist** ['θɪərɪst] *s.* Theo'retiker(in); **the·o·rize** ['θɪəraɪz] *v/i.* **1.** theoretisieren, Theo'rien aufstellen; **2.** ***~ that*** die Theorie aufstellen, daß; annehmen, daß; **the·o·ry** ['θɪərɪ] *s.* Theo'rie *f*: a) Lehre *f*: ***~ of chances*** Wahrscheinlichkeitsrechnung *f*; ***~ of relativity*** Relativitätstheorie, b) theo'retischer Teil (*e-r Wissenschaft*): ***~ of music*** Musiktheorie, c) *Ggs. Praxis*: ***in ~*** theoretisch, d) Anschauung *f*: ***it is his pet ~*** es ist s-e Lieblingsidee.

the·o·soph·ic, **the·o·soph·i·cal** [θɪə'sɒfɪk(l)] *adj.* □ *eccl.* theo'sophisch; **the·os·o·phist** [θɪ'ɒsəfɪst] *s.* Theo'soph(in); **the·os·o·phy** [θɪ'ɒsəfɪ] *s.* Theoso'phie *f*.

ther·a·peu·tic, **ther·a·peu·ti·cal** [ˌθerə'pju:tɪk(l)] *adj.* □ thera'peutisch: ***~ exercises*** Bewegungstherapie *f*; **ˌther·a'peu·tics** [-ks] *s. pl. mst sg. konstr.* Thera'peutik *f*, Thera'pie(lehre) *f*; **ther·a·pist** ['θerəpɪst] *s.* Thera'peut (-in): ***mental ~*** Psychotherapeut(in); **ther·a·py** ['θerəpɪ] *s.* Thera'pie *f*: a) Behandlung *f*, b) Heilverfahren *n*.

there [ðeə; ðə] **I** *adj.* **1.** da, dort: ***down*** (***up***, ***over***, ***in***) ***~*** da *od.* dort unten (oben, drüben, drinnen); ***have been ~*** *sl.* ‚dabeigewesen sein', genau Bescheid wissen; ***be not all ~*** *sl.* ‚nicht ganz richtig (im Oberstübchen) sein'; ***~ and then*** a) (gerade) hier u. jetzt, b) auf der Stelle, sofort; ***~ it is!*** a) da ist es!, b) *fig.* so steht es!; ***~ you are*** (*od.* ***go***)***!*** siehst du!, da hast du's; ***you ~!*** (*Anruf*) du da!, he!; **2.** ('da-, 'dort)hin: ***down*** (***up***, ***over***, ***in***) ***~*** (da- *od.* dort)hinunter (-hinauf, -hinüber, -hinein); ***~ and back*** hin u. zurück; ***get ~*** a) hingelangen, -kommen, b) *sl.* ‚es schaffen'; **3.** 'darin, in dieser Sache *od.* Hinsicht: ***~ I agree with you***; **4.** *fig.* da, an dieser Stelle (*in e-r Rede etc.*); **5.** es: ***~ is***, *pl.* ***~ are*** es gibt, ist, sind; ***~ was once a king*** es war einmal ein König; ***~ is no saying*** es läßt sich nicht sagen; ***~ was dancing*** es wurde getanzt; ***~'s a good boy*** (***girl***, ***fellow***)***!*** a) sei doch (so) lieb!, b) so bist du lieb!, brav!; **II** *int.* **6.** da!, schau (her)!, na!: ***~, ~!*** *tröstend*: (ganz) ruhig!; ***~ now*** na, bitte; **'~·a·bout**, *a.* **'~·bouts** ['ðeərə-] *adv.* **1.** da her'um, etwa da: ***somewhere ~*** da irgendwo; **2.** *fig.* so ungefähr, so etwa: ***500 people or ~s***; **ˌ~'aft·er** [ðeər'ɑ:-] *adv.* **1.** da'nach, später; **2.** seit'her; **~·at** [ˌðeər'æt] *adv. obs. od.* ⚖ **1.** da'selbst, dort; **2.** bei der Gelegenheit, 'dabei; **ˌ~'by** *adv.* **1.** 'dadurch, auf diese Weise; **2.** da'bei, dar'an, da'von; **3.** nahe da'bei; **ˌ~'for** *adv.* 'dafür; **'~·fore** *adv. u. cj.* **1.** deshalb, -wegen, 'daher, 'darum; **2.** demgemäß, folglich; **ˌ~'from** *adv.* da'von, dar'aus, da'her; **~·in** [ˌðeər'ɪn] *adv.* **1.** dar'in, da drinnen; **2.** *fig.* 'darin, in dieser Hinsicht; **ˌ~·in'aft·er** [ˌðeərɪn-] *adv. bsd.* ⚖ (*weiter*) unten, später (*in e-r Urkunde etc.*); **~·of** [ˌðeər'ɒv] *adv. obs. od.* ⚖ **1.** da'von; **2.** dessen, deren; **~·on** [ˌðeər'ɒn] *adv.* 'darauf, -über; **ˌ~'to** *adv. obs.* **1.** da'zu, dar'an, da'für; **2.** außerdem, noch da'zu; **~·un·der** [ˌðeər'ʌndə] *adv.* dar'unter; **~·up·on** [ˌðeərə'pɒn] *adv.* **1.** dar'auf, 'hier'auf, da'nach; **2.** darauf'hin, demzufolge, 'darum; **ˌ~'with** *adv.* **1.** 'damit; **2.** → ***thereupon***; **ˌ~·with'al** *adv. obs.* **1.** über'dies, außerdem; **2.** 'damit.

therm [θɜ:m] *s. phys.* **1.** *unbestimmte Wärmeeinheit*; **2.** *Brit.* 100,000 Wärmeeinheiten *pl.* (*zur Messung des Gasverbrauchs*); **'ther·mae** [-mi:] (*Lat.*) *s. pl.* **1.** *antiq.* Thermen *pl.*; **2.** ⚕ Ther'malquellen *pl.*

ther·mal ['θɜ:ml] **I** *adj.* □ **1.** *phys.* thermisch, Wärme...: ***~ barrier*** ✈ Hitzemauer *f*; ***~ breeder*** thermischer Brüter; ***~ efficiency*** Wärmewirkungsgrad *m*; ***~ power-station*** Wärmekraftwerk *n*; ~ ***reactor*** thermischer Reaktor; ~ ***value*** Heizwert *m*; **2.** warm, heiß: ~ ***water*** heiße Quelle; **3.** ⚕ ther'mal, Thermal…; **II** *s.* **4.** *pl.* ✈, *phys.* Thermik *f*; '**ther·mic** [-mɪk] *adj.* (□ ~***ally***) thermisch, Wärme…, Hitze…; **therm·i·on·ic** [ˌθɜːmɪ'ɒnɪk] **I** *adj.* thermi'onisch: ~ ***valve*** (*Am.* ***tube***) Elektronenröhre *f*; **II** *s. pl. mst sg. konstr.* Thermi'onik *f*, Lehre *f* von den Elektronenröhren.

thermo- [θɜːməʊ] *in Zssgn* a) Wärme, Hitze, Thermo…, b) thermoe'lektrisch; ˌ**ther·mo'chem·is·try** *s.* ⚗ Thermoche'mie *f*; '**ther·moˌcou·ple** *s.* ⚡ Thermoele'ment *n*; ˌ**ther·mo·dy'nam·ics** *s. sg. u. pl. konstr. phys.* Thermody'namik *f*; ˌ**ther·mo·e'lec·tric** *adj.* thermoe'lektrisch, 'wärmeeˌlektrisch: ~ ***couple*** → ***thermocouple***.

ther·mom·e·ter [θə'mɒmɪtə] *s. phys.* Thermo'meter *n*: ***clinical*** ~ ⚕ Fieberthermometer; ~ ***reading*** Thermometerablesung *f*, -stand *m*; **ther·mo·met·ric**, **ther·mo·met·ri·cal** [ˌθɜːməʊ'metrɪk(l)] *adj.* □ *phys.* thermo'metrisch, Thermometer…; ˌ**ther·mo'nu·cle·ar** *adj. phys.* thermonukle'ar: ~ ***bomb*** *a.* Fusionsbombe *f*; '**ther·mo·pile** *s. phys.* Thermosäule *f*; ˌ**ther·mo'plas·tic** ⚗ **I** *adj.* thermo'plastisch; **II** *s.* Thermo'plast *m*.

Ther·mos (**bot·tle** *od.* **flask**) ['θɜːmɒs] *s.* Thermosflasche *f*.

ˌ**ther·mo'set·ting** *adj.* ⚗ ˌthermostato'plastisch, hitzehärtbar.

ther·mo·stat ['θɜːməʊstæt] *s.* ⚡, ⚙ Thermo'stat *m*; **ther·mo·stat·ic** [ˌθɜːməʊ'stætɪk] *adj.* (□ ~***ally***) thermo'statisch.

the·sau·rus [θɪ'sɔːrəs] *pl.* **-ri** [-raɪ] (*Lat.*) *s.* The'saurus *m*: a) Wörterbuch *n*, b) (Wort-, Wissens-, Sprach)Schatz *m*.

these [ðiːz] *pl. von* ***this***.

the·sis ['θiːsɪs] *pl.* **-ses** [-siːz] *s.* **1.** These *f*: a) Behauptung *f*, b) (Streit)Satz *m*, Postu'lat *n*; **2.** *univ.* Dissertati'on *f*; **3.** ['θesɪs] *Metrik*: unbetonte Silbe; ~ **nov·el** *s.* Ten'denzroˌman *m*; ~ **play** *s. thea.* Pro'blemstück *n*.

Thes·pi·an ['θespɪən] **I** *adj. fig.* dra'matisch, Schauspiel…; **II** *s. oft humor.* Thespisjünger(in).

Thes·sa·lo·ni·ans [ˌθesə'ləʊnjənz] *s. pl. sg. konstr. bibl.* (Brief *m* des Paulus an die) Thessa'lonicher *pl*.

thews [θjuːz] *s. pl.* **1.** Muskeln *pl.*, Sehnen *pl.*; **2.** *fig.* Kraft *f*.

they [ðeɪ; ðe] *pron.* **1.** (*pl. zu* ***he***, ***she***, ***it***) sie; **2.** man: ~ ***say*** man sagt; **3.** es: ***who are*** ~***?*** – ~ ***are Americans*** Wer sind sie? – Es (*od.* sie) sind Amerikaner; **4.** (*auf Kollektiva bezogen*) er, sie, es: ***the police …,*** ~ ***…*** die Polizei …, sie (*sg.*); **5.** ~ ***who*** diejenigen, welche.

they'd [ðeɪd] F *für* a) ***they would***, b) ***they had***.

thick [θɪk] **I** *adj.* □ **1.** *allg.* dick: ***a*** ~ ***neck***; ***a board 2 inches*** ~ ein 2 Zoll starkes Brett; **2.** dicht (*Wald*, *Haar*, *Menschenmenge*, *a. Nebel etc.*); **3.** ~ ***with*** über u. über bedeckt von; **4.** ~ ***with*** voll von, voller, reich an (*dat.*): ***a tree*** ~ ***with leaves***; ***the air is*** ~ ***with snow*** die Luft ist voll(er) Schnee; **5.** dick(flüssig); **6.** neblig, trüb(e) (*Wetter*); **7.** schlammig, trübe; **8.** dumpf, belegt (*Stimme*); **9.** dumm; **10.** dicht (aufein'anderfolgend); **11.** F dick (befreundet): ***they are as*** ~ ***as thieves*** sie sind dicke Freunde, sie halten zusammen wie Pech u. Schwefel; **12.** *sl.* ‚stark', frech: ***that's a bit*** ~***!*** das ist ein starkes Stück!; **II** *s.* **13.** dickster *od.* dichtester Teil; **14.** *fig.* Brennpunkt *m*: ***in the*** ~ ***of*** mitten in (*dat.*); ***in the*** ~ ***of it*** mittendrin; ***in the*** ~ ***of the fight*** im dichtesten Kampfgetümmel; ***the*** ~ ***of the crowd*** das dichteste Menschengewühl; ***through*** ~ ***and thin*** durch dick u. dünn; **15.** F Dummkopf *m*; **III** *adv.* **16.** dick: ***spread*** ~ *Butter etc.* dick aufstreichen; ***lay it on*** ~ F ‚dick auftragen'; **17.** dicht *od.* rasch (aufein'ander); *a.* ***fast and*** ~ hageldicht (*Schläge*); **thick·en** ['θɪkən] **I** *v/t.* **1.** dick(er) machen, verdicken; **2.** *Sauce*, *Flüssigkeit* eindicken, *Suppe* legieren; **3.** dicht(er) machen, verdichten; **4.** verstärken, -mehren; **5.** trüben; **II** *v/i.* **6.** dick(er) werden; **7.** dick(flüssig) werden; **8.** sich verdichten; **9.** sich trüben; **10.** sich verwirren: ***the plot*** ~***s*** der Knoten (*im Drama etc.*) schürzt sich; **11.** zunehmen; **thick·en·er** ['θɪknə] *s.* ⚗ **1.** Eindicker *m*; **2.** Verdicker *m*, Absetzbehälter *m*; **3.** Verdickungsmittel *n*; **thick·en·ing** ['θɪknɪŋ] *s.* **1.** Verdickung *f*; **2.** Eindikkung *f*; **3.** Eindickmittel *n*; **4.** Verdichtung *f*; **5.** ⚕ Anschwellung *f*, Schwarte *f*.

thick·et ['θɪkɪt] *s.* Dickicht *n*; '**thick·et·ed** [-tɪd] *adj.* voller Dickicht(e).

'**thick|·head** *s.* Dummkopf *m*; ˌ~-'**head·ed** *adj.* **1.** dickköpfig; **2.** *fig.* dumm.

thick·ness ['θɪknɪs] *s.* **1.** Dicke *f*, Stärke *f*; **2.** Dichte *f*; **3.** Verdickung *f*; **4.** ⚒ Lage *f* (*Seide etc.*), Schicht *f*; **5.** Dickflüssigkeit *f*; **6.** Trübheit *f*: ***misty ~*** undurchdringlicher Nebel; **7.** Heiserkeit *f*, Undeutlichkeit *f*: ***~ of speech*** schwere Zunge.

ˌ**thick**|ˈ**set** *adj.* **1.** dicht (gepflanzt): ***a ~ hedge***; **2.** unterˈsetzt (*Person*); ˌ**~-ˈskinned** *adj.* **1.** dickhäutig; **2.** dickschalig; **3.** *zo.* Dickhäuter…; **4.** *fig.* dickfellig; ˌ**~-ˈskulled** [-ˈskʌld] *adj.* **1.** dickköpfig; **2.** → ***thick-witted***; ˌ**~-ˈwitted** *adj.* dumm, begriffsstutzig, schwer von Begriff.

thief [θiːf] *pl.* **thieves** [θiːvz] *s.* Dieb (-in): ***thieves' Latin*** Gaunersprache *f*; ***stop ~!*** haltet den Dieb!; ***one ought to set a ~ to catch a ~*** wenn man e-n Schlauen fangen will, muß man e-n Schlauen schicken; **thieve** [θiːv] *v/t. u. v/i.* stehlen; **thiev·er·y** [ˈθiːvərɪ] *s.* **1.** Diebeˈrei *f*, Diebstahl *m*; **2.** Diebesgut *n*; **thiev·ish** [ˈθiːvɪʃ] *adj.* □ **1.** diebisch, Dieb(e)s…; **2.** heimlich, verstohlen; ˈ**thiev·ish·ness** [-nɪs] *s.* diebisches Wesen.

thigh [θaɪ] *s. anat.* (Ober)Schenkel *m*; ˈ**~·bone** *s. anat.* (Ober)Schenkelknochen *m*.

thill [θɪl] *s.* (Gabel)Deichsel *f*; **thill·er** [ˈθɪlə], *a.* **thill horse** *s.* Deichselpferd *n*.

thim·ble [ˈθɪmbl] *s.* **1.** *Näherei*: a) Fingerhut *m*, b) Nähring *m*; **2.** ⚙ a) Meˈtallring *m*, b) (Stock)Zwinge *f*; ˈ**thimble·ful** [-fʊl] *pl.* **-fuls** *s.* **1.** Fingerhutvoll *m*, Schlückchen *n*; **2.** *fig.* Kleinigkeit *f*.

ˈ**thim·ble**|**·rig I** *s.* Fingerhutspiel *n* (*Bauernfängerspiel*); **II** *v/t. a. allg.* betrügen; ˈ**~·rig·ger** *s.* **1.** Fingerhutspieler *m*; **2.** *allg.* Bauernfänger *m*.

thin [θɪn] **I** *adj.* □ **1.** *allg.* dünn: ***~ air***, ***~ blood***; ***~ clothes***; ***a ~ line*** e-e dünne *od.* schmale *od.* feine Linie; **2.** dünn, mager, schmächtig: ***as ~ as a lath*** spindeldürr; **3.** dünn, licht (*Wald*, *Haar etc.*): ***~ rain*** feiner Regen; **4.** dünn, schwach (*Getränk etc.*, *a. Stimme*, *Ton*); **5.** ⚘ mager (*Boden*); **6.** *fig.* mager, spärlich, dürftig: ***a ~ house*** *thea.* e-e schwachbesuchte Vorstellung; ***he had a ~ time of it*** *sl.* es ging ihm ‚mies'; **7.** *fig.* fadenscheinig: ***a ~ excuse***; **8.** seicht, subˈstanzlos (*Buch etc.*); **II** *v/t.* **9.** *oft* ***~ down***, ***~ off***, ***~ out*** a) dünn(er) machen, b) *Flüssigkeit* verdünnen, c) *fig.* verringern, *Bevölkerung* dezimieren, *Schlachtreihe*, *Wald etc.* lichten; **III** *v/i.* **10.** *oft* ***~ down***, ***~ off***, ***~ out*** a) dünn(er) werden, b) sich verringern, c) sich lichten (*a. Haar*), d) *fig.* spärlicher werden, abnehmen: ***his hair is ~ning*** sein Haar lichtet sich.

thine [ðaɪn] *pron. obs. od. bibl. od. poet.* **1.** (*substantivisch*) der *od.* die *od.* das dein(ig)e, dein(e, er); **2.** (*adjektivisch vor Vokalen od. stummem h für* ***thy***) dein(e): ***~ eyes*** deine Augen.

thing [θɪŋ] *s.* **1.** *konkretes* Ding, Sache *f*, Gegenstand *m*: ***the law of ~s*** ⚖ das Sachenrecht; ***just the ~ I wanted*** genau (das), was ich wollte; **2.** *fig.* Ding *n*, Sache *f*, Angelegenheit *f*: ***~s political*** politische Dinge, alles Politische; ***above all ~s*** vor allen Dingen, vor allem; ***another ~*** etwas anderes; ***the best ~ to do*** das Beste(, was man tun kann); ***a foolish ~ to do*** e-e Torheit; ***for one ~*** (erstens) einmal; ***in all ~s*** in jeder Hinsicht; ***no small ~*** keine Kleinigkeit; ***no such ~*** nichts dergleichen; ***not a ~*** (rein) gar nichts; ***of all ~s*** ausgerechnet (*dieses etc.*); ***a pretty ~*** *iro.* e-e schöne Geschichte; ***taking one ~ with the other*** im großen (u.) ganzen; ***do great ~s*** große Dinge tun, Großes vollbringen; ***get ~s done*** et. zuwege bringen; ***do one's own ~*** F tun, was man will; ***know a ~ or two*** Bescheid wissen (***about*** über *acc.*); ***it's one of those ~s*** da kann man (halt) nichts machen; → ***first*** 1; **3.** *pl.* Sachen *pl.*, Zeug *n* (*Gepäck*, *Gerät*, *Kleider etc.*): ***swimming ~s*** Badesachen, -zeug; ***put on one's ~s*** sich anziehen; **4.** *pl.* Dinge *pl.*, ˈUmstände *pl.*, (Sach)Lage *f*: ***~s are improving*** die Dinge *od.* Verhältnisse bessern sich; ***~s look black for me*** es sieht schwarz aus für mich; **5.** Geschöpf *n*, Wesen *n*: ***dumb ~s***; **6.** a) Ding *n* (*Mädchen etc.*), b) Kerl *m*: (***the***) ***poor ~*** das arme Ding, der *od.* die Ärmste; ***poor ~!*** du *od.* Sie Ärmste(r)!; ***the dear old ~*** die gute alte Haut; **7.** ***the ~*** F a) die Hauptsache, b) das Richtige, richtig, c) das Schickliche, schicklich: ***the ~ was to*** das Wichtigste war zu; ***this is not the ~*** das ist nicht das Richtige; ***not to be*** (*od.* ***feel***) ***quite the ~*** nicht ganz auf dem Posten sein; ***that's not all the ~ to do*** so etwas tut man nicht; ˌ**~-in-itˈself** *s. phls. das* Ding an sich.

thing·um·a·bob [ˈθɪŋəmɪbɒb], **thing·um·a·jig** [ˈθɪŋəmɪdʒɪg], **thing·um·my** [ˈθɪŋəmɪ] *s.* F *der* (*die*, *das*) ‚Dings(da)' *od.* ‚Dingsbums'.

think [θɪŋk] [*irr.*] **I** *v/i.* **1.** denken (***of*** an *acc.*): ***~ ahead*** vorausdenken, *a.* vorsichtig sein; ***~ aloud*** laut denken; **2.** (***about***, ***over***) nachdenken (über *acc.*), sich (*e-e Sache*) über'legen; **3.** ~ ***of*** a) sich besinnen auf (*acc.*), sich erinnern an (*acc.*): (***now that I***) ***come to ~ of it*** dabei fällt mir ein; b) *et.* bedenken: ***~ of it!*** denke daran!, c) sich *et.* denken *od.* vorstellen, d) *Plan etc.* ersinnen, ausdenken, e) halten von: ***~ much*** (*od.* ***highly***) ***of*** viel halten von, e-e hohe Meinung haben von; ***~ nothing of*** a) wenig halten von, b) nichts dabei finden (***to do s.th.*** et. zu tun); → ***better***[1] 4; **4.** meinen, denken: ***I ~ so*** ich glaube (schon), ich denke; ***I should ~ so*** ich denke doch, das will ich meinen; **5.** gedenken, vorhaben, beabsichtigen (***of doing, to do*** zu tun); **II** *v/t.* **6.** *et.* denken: ***~ away*** *et.* wegdenken; ***~ out*** a) sich *et.* ausdenken, b) *Am. a.* ***~ through*** *Problem* zu Ende denken; ***~ s.th. over*** sich et. überlegen *od.* durch den Kopf gehen lassen; ***~ up*** F *Plan etc.* aushecken, sich ausdenken, sich *et.* einfallen lassen; **7.** sich *et.* denken *od.* vorstellen; **8.** halten für: ***~ o.s. clever***; ***~ it advisable*** es für ratsam halten *od.* erachten; ***I ~ it best to do*** ich halte es für das beste, *et.* zu tun; **9.** über'legen, nachdenken über (*acc.*); **10.** denken, vermuten: ***~ no harm*** nichts Böses denken; **III** *s.* F **11.** ***have a*** (***fresh***) ***~ about s.th.*** et. (noch einmal) überdenken; ***he has another ~ coming!*** da hat er sich aber schwer getäuscht!; '**think·a·ble** [-kəbl] *adj.* denkbar: a) begreifbar, b) möglich; '**think·er** [-kə] *s.* Denker(in); '**think-in** *s.* F Konfe'renz *f*; '**think·ing** [-kɪŋ] **I** *adj.* □ **1.** denkend, vernünftig: ***a ~ being*** ein denkendes Wesen; ***all ~ men*** jeder vernünftig Denkende; ***put on one's ~ cap*** F (mal) nachdenken; **2.** Denk…; **II** *s.* **3.** Denken *n*: ***way of ~*** Denkart *f*; ***do some hard*** (***quick***) ***~*** scharf nachdenken (schnell ‚schalten'); **4.** Meinung *f*: ***in*** (*od.* ***to***) ***my*** (***way of***) ***~*** m-r Meinung nach; '**think-so** *s.*: ***on his*** (*etc.*) ***mere ~*** auf eine bloße Vermutung hin; ***~ tank*** *s.* F ‚'Denkfaˌbrik' *f.*

thin·ner[1] ['θɪnə] *s.* **1.** Verdünner *m* (*Arbeiter od. Gerät*); **2.** (*bsd.* Farben)Verdünnungsmittel *n.*

thin·ner[2] ['θɪnə] *comp. von* **thin.**

thin·ness ['θɪnnɪs] *s.* **1.** Dünne *f*, Dünnheit *f*; **2.** Magerkeit *f*; **3.** Spärlichkeit *f*; **4.** *fig.* Dürftigkeit *f*, Seichtheit *f.*

ˌ**thin-'skinned** *adj.* **1.** dünnhäutig; **2.** *fig.* ('über)empfindlich.

third [θɜ:d] **I** *adj.* □ → ***thirdly***; **1.** dritt: ***~ best*** *der* (*die, das*) Drittbeste; ***~ cousin*** Vetter *m* dritten Grades; ***~ degree*** dritter Grad; ***~ estate*** *pol. hist.* dritter Stand, Bürgertum *n*; ***~ party*** ⚖ Dritte(r *m*) *f*; **II** *s.* **2.** *der* (*die, das*) Dritte; **3.** ♪ Terz *f*; **4.** *mot.* F dritter Gang; **5.** Drittel *n*; **6.** *pl.* ✝ Waren *pl.* dritter Quali'tät, dritte Wahl; ***~ class*** *s.* 🚂 *etc.* dritte Klasse; ˌ**~-'class** *adj. u. adv.* **1.** *allg.* drittklassig; **2.** 🚂 *etc.* Abteil *etc.* dritter Klasse: ***travel ~*** dritter Klasse reisen.

third·ly ['θɜ:dlɪ] *adv.* drittens.

ˌ**third|-'par·ty** *adj.* ⚖ Dritt…: ***~ debtor***; ***~ insurance*** Haftpflichtversicherung *f*; ***insured against ~ risks*** haftpflichtversichert; ˌ**~-'rate** *adj.* **1.** drittrangig; **2.** *fig.* minderwertig; **♀ World** *s. pol. die* dritte Welt.

thirst [θɜ:st] **I** *s.* **1.** Durst *m*; **2.** *fig.* Durst *m*, Gier *f*, Verlangen *n*, Sucht *f* (***for, of, after*** nach): ***~ for blood*** Blutdurst; ***~ for knowledge*** Wissensdurst; ***~ for power*** Machtgier; **II** *v/i.* **3.** *bsd. fig.* dürsten, lechzen (***for, after*** nach *Rache etc.*); '**thirst·i·ness** [-tɪnɪs] *s.* Durst(igkeit *f*) *m*; '**thirst·y** [-tɪ] *adj.* □ **1.** durstig: ***be ~*** Durst haben, durstig sein; **2.** dürr, trocken (*Boden, Jahreszeit*); **3.** F ‚durstig', Durst verursachend: ***~ work***; **4.** *fig.* begierig, lechzend: ***be ~ for*** (*od.* ***after***) ***s.th.*** nach et. lechzen.

thir·teen [ˌθɜ:'ti:n] **I** *adj.* dreizehn; **II** *s.* Dreizehn *f*; ˌ**thir'teenth** [-nθ] **I** *adj.* **1.** dreizehnt; **II** *s.* **2.** *der* (*die, das*) Dreizehnte; **3.** Dreizehntel *n.*

thir·ti·eth ['θɜ:tɪɪθ] **I** *adj.* **1.** dreißigst; **II** *s.* **2.** *der* (*die, das*) Dreißigste; **3.** Dreißigstel *n*; **thir·ty** ['θɜ:tɪ] **I** *adj.* **1.** dreißig: ***~ all***, F ***~ up*** *Tennis*: dreißig beide; **II** *s.* **2.** Dreißig *f*: ***the thirties*** a) die Dreißiger(jahre) (*des Lebens*): ***he is in his thirties*** er ist in den Dreißigern, b) die dreißiger Jahre (*e-s Jahrhunderts*); **3.** *Am. sl.* Ende *n* (*e-s Zeitungsartikels etc.*).

this [ðɪs] *pl.* **these** [ði:z] **I** *pron.* **1.** a) dieser, diese, dieses, b) dies, das: ***all ~*** dies alles, all das; ***for all ~*** deswegen, darum; ***like ~*** so; ***~ is what I expected*** (genau) das habe ich erwartet; ***~ is what happened*** Folgendes geschah; **2.** dieses, dieser Zeitpunkt, dieses Ereignis: ***after ~*** danach; ***before ~*** zuvor; ***by ~*** bis dahin, mittlerweile; **II** *adj.* **3.** dieser, diese, dieses, ✝ *a.* laufend (*Monat, Jahr*): ***~ day week*** heute in e-r Woche; ***in ~ country*** hierzulande; ***~ morning*** heute morgen; ***~ time*** diesmal; ***these 3 weeks*** die letzten 3 Wochen, seit 3 Wochen; **III** *adv.* **4.** so: ***~ much*** so viel.

this·tle ['θɪsl] *s.* ⚘ Distel *f*; '**~·down** *s.* ⚘ Distelwolle *f*.

this·tly ['θɪslɪ] *adj.* **1.** distelig; **2.** distelähnlich, stach(e)lig.

thith·er ['ðɪðə] *obs. od. poet.* **I** *adv.* dort-, dahin; **II** *adj.* jenseitig.

'**thole(-pin)** [θəʊl] *s.* ⚓ Dolle *f*.

thong [θɒŋ] **I** *s.* **1.** (Leder)Riemen *m* (*Halfter, Zügel, Peitschenschnur etc.*); **II** *v/t.* **2.** mit Riemen versehen *od.* befestigen; **3.** (mit e-m Riemen) peitschen.

tho·rac·ic [θɔː'ræsɪk] *adj. anat.* Brust…; **tho·rax** ['θɔːræks] *pl.* **-rax·es** [-ræksɪz] *s.* **1.** *anat.* Brust(korb *m*, -kasten *m*) *f*, Thorax *m*; **2.** *zo.* Mittelleib *m bei Gliederfüßlern.*

thorn [θɔːn] *s.* **1.** Dorn *m*: ***a ~ in the flesh*** (*od.* ***side***) *fig.* ein Pfahl im Fleische, ein Dorn im Auge; ***be*** (*od.* ***sit***) ***on ~s*** *fig.* (wie) auf glühenden Kohlen sitzen; **2.** *ling.* Dorn *m* (*altenglischer Buchstabe*); **~ ap·ple** *s.* ⚘ Stechapfel *m*.

thorn·y ['θɔːnɪ] *adj.* **1.** dornig, stach(e)lig; **2.** *fig.* dornenvoll, mühselig; **3.** *fig.* heikel: ***a ~ subject.***

thor·ough ['θʌrə] *adj.* □ → ***thoroughly***; **1.** gründlich: a) sorgfältig (*Person u. Sache*), b) genau, eingehend: ***a ~ inquiry***; ***a ~ knowledge***, c) 'durchgreifend: ***a ~ reform***; **2.** voll'endet: a) voll'kommen, meisterhaft, b) völlig, echt, durch u. durch: ***a ~ politician***, c) *contp.* ausgemacht: ***a ~ rascal***; **ˌ~-'bass** [-'beɪs] *s.* ♪ Gene'ralbaß *m*; '**~·bred I** *adj.* **1.** reinrassig, Vollblut…; **2.** *fig.* a) rassig, b) ele'gant, c) kultiviert, d) schnittig (*Auto*); **II** *s.* **3.** Vollblut(pferd) *n*; **4.** rassiger *od.* kultivierter Mensch; **5.** *mot.* rassiger *od.* schnittiger Wagen; '**~·fare** *s.* **1.** Hauptverkehrs-, 'Durchgangsstraße *f*; **2.** 'Durchfahrt *f*: ***no ~!***; **3.** Wasserstraße *f*; '**~ˌgo·ing** *adj.* **1.** → ***thorough*** 1; **2.** ex'trem, kompro'mißlos, durch u. durch.

thor·ough·ly ['θʌrəlɪ] *adv.* **1.** gründlich *etc.*; **2.** völlig, gänzlich, abso'lut; '**thor·ough·ness** [-ənɪs] *s.* **1.** Gründlichkeit *f*; **2.** Voll'endung *f*, Voll'kommenheit *f*.

'**thor·ough·paced** *adj.* **1.** in allen Gangarten geübt (*Pferd*); **2.** *fig.* → ***thorough*** 2 b.

those [ðəʊz] *pron. pl. von* ***that***[1].

thou [ðaʊ] **I** *pron. poet. od. dial. od. bibl.* du; **II** *v/t.* mit ‚thou' anreden.

though [ðəʊ] **I** *cj.* **1.** ob'wohl, ob'gleich, ob'schon; **2.** *a.* ***even ~*** wenn auch, wenn'gleich, selbst wenn, zwar: ***important ~ it is*** so wichtig es auch ist; ***what ~ the way is long*** was macht es schon aus, wenn der Weg (auch) lang ist; **3.** je'doch, doch; **4.** ***as ~*** als ob, wie wenn; **II** *adv.* **5.** F (*am Satzende*) aber, aller'dings, dennoch, immer'hin: ***I wish you had told me, ~.***

thought [θɔːt] **I** *pret. u. p.p. von* ***think***; **II** *s.* **1.** a) Gedanke *m*, Einfall *m*: ***a happy ~***, b) Gedankengang *m*, c) Gedanken *pl.*, Denken *n*: ***lost in ~*** in Gedanken (verloren); ***his one ~ was how to*** er dachte nur daran, wie er *es tun könnte*; ***it never entered my ~s*** es kam mir nie in den Sinn; **2.** *nur sg.* Denken *n*, Denkvermögen *n*; **3.** Über'legung *f*: ***give ~ to*** sich Gedanken machen über (*acc.*); ***take ~ how*** sich überlegen, wie *man es tun könnte*; ***after serious ~*** nach ernsthafter Erwägung; ***on second ~s*** a) nach reiflicher Überlegung, b) wenn ich es mir recht überlege; ***have second ~s about it*** (so seine) Zweifel darüber haben; ***without ~*** ohne zu überlegen; **4.** Absicht *f*: ***he had no ~ of coming***; ***we had*** (***some***) ***~s of going*** wir trugen uns mit dem Gedanken zu gehen; **5.** *mst pl.* Gedanke *m*, Meinung *f*, Ansicht *f*; **6.** (Für)Sorge *f*, Rücksicht *f*: ***give*** (*od.* ***have***) ***some ~ to*** Rücksicht nehmen auf (*acc.*); ***take ~ for*** Sorge tragen für *od.* um (*acc.*); ***take no ~ to*** nicht achten auf (*acc.*); **7.** *nur sg.* Denken *n*: a) Denkweise *f*: ***scientific ~***, b) Gedankenwelt *f*: ***Greek ~***; **8.** *fig.* Spur *f*: ***a ~ smaller*** e-e ‚Idee' kleiner; ***a ~ hesitant*** etwas zögernd; '**thought·ful** [-fʊl] *adj.* □ **1.** gedankenvoll, nachdenklich, besinnlich (*a. Buch etc.*); **2.** achtsam (***of*** auf *acc.*); **3.** rücksichtsvoll, aufmerksam, zu'vorkommend; '**thought·ful·ness** [-fʊlnɪs] *s.* **1.** Nachdenklichkeit *f*, Besinnlichkeit *f*; **2.** Achtsamkeit *f*; **3.** Rücksichtnahme *f*, Aufmerksamkeit *f*; '**thought·less** [-lɪs] *adj.* □ **1.** gedankenlos, unbesonnen, unbekümmert; **2.** rücksichtslos, unaufmerksam; '**thought·less·ness** [-lɪsnɪs] *s.* **1.** Gedankenlosigkeit *f*, Unbekümmertheit *f*; **2.** Rücksichtslosigkeit *f*, Unaufmerksamkeit *f*.

ˌ**thought|-'out** *adj.* (***well ~*** wohl)durchdacht; **~ read·er** *s.* Gedankenleser (-in); **~ read·ing** *s.* Gedankenlesen *n*; **~ trans·fer·ence** *s.* Ge'dankenüberˌtragung *f*.

thou·sand ['θaʊznd] **I** *adj.* **1.** tausend (*a. fig. unzählige*): ***~ and one*** *fig.* zahllos, unzählig; ***The* 2 *and One Nights*** Tausendundeine Nacht; ***a ~ times*** tausendmal; ***a ~ thanks*** tausend Dank; **II** *s.* **2.** Tausend *n*, *pl.* Tausende *pl.*: ***many ~s of times*** vieltausendmal; ***in their***

~s, by the ~ zu Tausenden; **3.** Tausend *f* (*Zahlzeichen*): ***one in a ~*** eine(r, s) unter tausend, ˈeine Ausnahme; **ˈthou·sand·fold** [-ndf-] **I** *adj.* tausendfach, -fältig; **II** *adv. mst* ***a ~*** tausendfach, -mal; **ˈthou·sandth** [-ntθ] **I** *s.* **1.** *der* (*die, das*) Tausendste; **2.** Tausendstel *n*; **II** *adj.* **3.** tausendst.

thral·dom [ˈθrɔːldəm] *s.* **1.** Leibeigenschaft *f*; **2.** *fig.* Knechtschaft *f*, Sklaveˈrei *f*; **thrall** [θrɔːl] *s.* **1.** *hist.* Leibeigene(r *m*) *f*, Hörige(r *m*) *f*; **2.** *fig.* Sklave *m*, Knecht *m*; **3.** → ***thraldom***; **thralldom** *Am.* → ***thraldom***.

thrash [θræʃ] **I** *v/t.* **1.** → ***thresh***; **2.** verdreschen, -prügeln; *fig.* (vernichtend) schlagen, ‚vermöbeln'; **II** *v/i.* **3.** *a.* ***~ about*** a) sich *im Bett etc.* ˈhin- u. ˈherwerfen, b) um sich schlagen, c) zappeln; **4.** ⚓ sich vorwärtsarbeiten; **ˈthrash·er** [-ʃə] → ***thresher***; **ˈthrash·ing** [-ʃɪŋ] *s.* Dresche *f*, Prügel *pl.*: ***give s.o. a ~*** → ***thrash*** 2.

thread [θred] **I** *s.* **1.** Faden *m*: a) Zwirn *m*, Garn *n*: ***hang by a ~*** *fig.* an e-m Faden hängen, b) *weitS.* Faser *f*, Fiber *f*, c) *fig.* (dünner) Strahl, Strich *m*, d) *fig.* Zs.-hang *m*: ***lose the ~*** (***of one's story***) den Faden verlieren; ***resume*** (*od.* ***take up***) ***the ~*** den Faden wieder aufnehmen; **2.** ⚙ Gewinde(gang *m*) *n*; **II** *v/t.* **3.** *Nadel* einfädeln; **4.** *Perlen etc.* aufreihen; **5.** mit Fäden durchˈziehen; **6.** *fig.* durchˈziehen, -ˈdringen; **7.** sich winden durch: ***~ one's way*** (***through***) sich (hindurch)schlängeln (durch); **8.** ⚙ Gewinde schneiden in (*acc.*): ***~ on*** anschrauben; **ˈ~·bare** *adj.* **1.** fadenscheinig, abgetragen; **2.** schäbig (gekleidet); **3.** *fig.* abgedroschen.

thread·ed [ˈθredɪd] *adj.* ⚙ Gewinde...: ***~ flange***; **ˈthread·er** [-də] *s.* **1.** ˈEinfädelmaˌschine *f*; **2.** ⚙ Gewindeschneider *m*.

thread·ing lathe [ˈθredɪŋ] *s.* ⚙ Gewindeschneidbank *f*.

thread·y [ˈθredɪ] *adj.* **1.** fadenartig, faserig; **2.** Fäden ziehend; **3.** *fig.* schwach, dünn.

threat [θret] *s.* **1.** Drohung *f* (***of*** mit, ***to*** gegen); **2.** (***to***) Bedrohung *f* (*gen.*), Gefahr *f* (für): ***a ~ to peace***; ***there was a ~ of rain*** es drohte zu regnen; **ˈthreat·en** [-tn] **I** *v/t.* **1.** (***with***) *j-m* drohen (mit), *j-m* androhen (*acc.*), *j-n* bedrohen (mit); **2.** drohend ankündigen: ***the sky ~s a storm***; **3.** (damit) drohen (***to do*** zu tun); **4.** bedrohen, gefährden; **II** *v/i.* **5.** drohen; **6.** *fig.* drohen: a) drohend bevorstehen, b) Gefahr laufen (***to do*** zu tun); **ˈthreat·en·ing** [-tnɪŋ] *adj.* □ **1.** drohend, Droh...: ***~ letter*** Drohbrief *m*; **2.** *fig.* bedrohlich.

three [θriː] **I** *adj.* drei; **II** *s.* Drei *f* (*Zahl, Spielkarte etc.*); **ˌ~-ˈcol·o(u)r** *adj.* dreifarbig, Dreifarben...: ***~ process*** Dreifarbendruck(verfahren *n*) *m*; **ˌ~-ˈcor·nered** *adj.* **1.** dreieckig: ***~ hat*** Dreispitz *m*; **2.** zu dreien, Dreier...: ***a ~ discussion***; **ˌ~-ˈD** *adj.* ˈdreidimensioˌnal, 3-ˈD-...; **ˈ~-day e·vent** *s. Reitsport*: Military *f*; **ˈ~-day e·vent·er** *s.* Military-Reiter *m*; **ˌ~-ˈdeck·er** *s.* **1.** ⚓ *hist.* Dreidecker *m*; **2.** *et.* Dreiteiliges, *z.B.* F dreibändiger Roˈman; **ˌ~-diˈmen·sion·al** *adj.* ˈdreidimensioˌnal.

ˈthree·fold I *adj. u. adv.* dreifach; **II** *s.* *das* Dreifache.

ˈthree|-lane *adj.* dreispurig (*Autobahn etc.*); **ˌ~-ˈmast·er** *s.* ⚓ Dreimaster *m*; **ˈ~-mile** *adj.* Dreimeilen...: ***~ zone***.

three|·pence [ˈθrepəns] *s. Brit.* **1.** drei Pence *pl.*; **2.** *obs.* Dreiˈpencestück *n*; **~·pen·ny** [ˈθrepənɪ] *adj.* **1.** drei Pence wert, Dreipence...; **2.** *fig.* billig, wertlos.

ˈthree|-phase *adj.* ⚡ dreiphasig, Dreiphasen...: ***~ current*** Drehstrom *m*, Dreiphasenstrom *m*; **ˈ~-piece** *adj.* dreiteilig (*Anzug etc.*); **ˈ~-ply I** *adj.* **1.** dreifach (*Garn, Seil etc.*); **2.** dreischichtig (*Holz etc.*); **II** *s.* **3.** dreischichtiges Sperrholz; **ˈ~-point land·ing** *s.* ✈ Dreipunktlandung *f*; **ˌ~-ˈquar·ter I** *adj.* dreiviertel; **II** *s. a.* ***~ back*** *Rugby*: Dreiˈviertelspieler *m*; **ˌ~ˈscore** *adj. obs.* sechzig.

three·some [ˈθriːsəm] **I** *adj.* **1.** zu dreien, Dreier...; **II** *s.* **2.** Dreiergruppe *f*, ‚Trio' *n*; **3.** *Golf etc.*: Dreier(spiel *n*) *m*.

ˈthree|-speed gear *s.* ⚙ Dreiganggetriebe *n*; **ˈ~-stage** *adj.* ⚙ dreistufig (*Rakete, Verstärker etc.*); **ˈ~-way** *adj.* ⚙ Dreiwege...

thresh [θreʃ] *v/t. u. v/i.* dreschen: ***~ (over old) straw*** *fig.* leeres Stroh dreschen; ***~ out*** *fig. et.* gründlich erörtern, klären; **ˈthresh·er** [-ʃə] *s.* **1.** Drescher *m*; **2.** ˈDreschmaˌschine *f*; **ˈthresh·ing** [-ʃɪŋ] **I** *s.* Dreschen *n*; **II** *adj.* Dresch...: ***~ floor*** Dreschboden *m*, Tenne *f*.

thresh·old [ˈθreʃhəʊld] **I** *s.* **1.** (Tür-)Schwelle *f*; **2.** *fig.* Schwelle *f*, Beginn *m*; **3.** *psych.* (*Bewußtseins- etc.*)Schwelle *f*; **II** *adj.* **4.** *bsd.* ⚙ Schwellen...: ***~ frequency***; ***~ value*** Grenzwert *m*.

threw [θruː] *pret von* ***throw***.

thrice [θraɪs] *adv. obs.* **1.** dreimal; **2.** *fig.* sehr, ˈüberaus, höchst.

thrift [θrɪft] *s.* **1.** Sparsamkeit *f*: a) Sparsinn *m*, b) Wirtschaftlichkeit *f*; **2.** ⚘ Grasnelke *f*; ˈ**thrift·i·ness** [-tɪnɪs] → ***thrift*** 1; ˈ**thrift·less** [-lɪs] *adj.* □ verschwenderisch; ˈ**thrift·less·ness** [-lɪsnɪs] *s.* Verschwendung *f*; ˈ**thrift·y** [-tɪ] *adj.* □ sparsam (***of***, ***with*** mit): a) haushälterisch, b) wirtschaftlich (*a. Sachen*).

thrill [θrɪl] **I** *v/t.* **1.** erschauern lassen, erregen, packen, begeistern, elektrisieren, entzücken; **2.** *j-n* durchˈlaufen, -ˈschauern, überˈlaufen (*Gefühl*); **II** *v/i.* **3.** (er)beben, erschauern, zittern (***with*** vor *Freude etc.*); **4.** (***to***) sich begeistern (für), gepackt werden (von); **5.** durchˈlaufen, -ˈschauern, -ˈrieseln (***through*** *acc.*); **III** *s.* **6.** Zittern *n*, Erregung *f*, prickelndes Gefühl: ***a ~ of joy*** freudige Erregung; **7.** a) *das* Spannende *od.* Erregende, b) Nervenkitzel *m*, c) Sensatiˈon *f*; ˈ**thrill·er** [-lə] *s.* F ‚Reißer' *m*, ‚Krimi' *m*, Thriller *m* (*Kriminalroman, -film etc.*); ˈ**thrill·ing** [-lɪŋ] *adj.* □ **1.** erregend, packend, spannend, sensatioˈnell; **2.** hinreißend, begeisternd.

thrive [θraɪv] *v/i.* [*irr.*] **1.** gedeihen (*Pflanze, Tier etc.*); **2.** *fig.* gedeihen: a) blühen, Erfolg haben (*Geschäft etc.*), b) reich werden (*Person*), c) sich entwickeln (*Laster etc.*); **thriv·en** [ˈθrɪvn] *p.p. von* ***thrive***; ˈ**thriv·ing** [-vɪŋ] *adj.* □ *fig.* blühend.

thro' [θru:] *poet. für* ***through***.

throat [θrəʊt] *s.* **1.** *anat.* Kehle *f*, Gurgel *f*, Rachen *m*, Schlund *m*: ***sore ~*** Halsschmerzen *pl.*, rauher Hals; ***stick in one's ~*** j-m im Halse stecken bleiben (*Worte*); ***ram*** (*od.* ***thrust***) ***s.th. down s.o.'s ~*** j-m et. aufzwingen; **2.** Hals *m*, Kehle *f*: ***cut s.o.'s ~*** j-m den Hals abschneiden; ***cut one's own ~*** *fig.* sich selbst ruinieren; ***take s.o. by the ~*** j-n an der Gurgel packen; **3.** *fig.* ˈDurch-, Eingang *m*, verengte Öffnung, Schlund *m*, *z.B.* Hals *m e-r Vase*, Kehle *f e-s Kamins*, Gicht *f e-s Hochofens*; **4.** ⚠ Hohlkehle *f*; ˈ**throat·y** [-tɪ] *adj.* □ **1.** kehlig, gutturˈral; **2.** rauh, heiser.

throb [θrɒb] **I** *v/i.* **1.** pochen, hämmern, klopfen (*Herz etc.*): ***~bing pains*** klopfende Schmerzen; **II** *s.* **2.** Pochen *n*, Klopfen *n*, Hämmern *n*, (Puls)Schlag *m*; **3.** *fig.* Erregung *f*, Erbeben *n*.

throe [θrəʊ] *s. mst pl.* heftiger Schmerz: a) *pl.* (Geburts)Wehen *pl.*, b) *pl.* Todeskampf *m*, Agoˈnie *f*: ***in the ~s of*** *fig.* mitten in *et. Unangenehmem*, im Kampfe mit.

throm·bo·sis [θrɒmˈbəʊsɪs] *s.* ⚕ Thromˈbose *f*; **thromˈbot·ic** [-ˈbɒtɪk] *adj.* ⚕ thromˈbotisch.

throne [θrəʊn] **I** *s.* **1.** Thron *m* (*König, Prinz*), Stuhl *m* (*Papst, Bischof*); **2.** *fig.* Thron *m*: a) Herrschaft *f*, b) Herrscher (-in); **II** *v/t.* **3.** auf den Thron setzen; **III** *v/i.* **4.** thronen.

throng [θrɒŋ] **I** *s.* **1.** (Menschen)Menge *f*; **2.** Gedränge *n*, Andrang *m*; **3.** Menge *f*, Masse *f* (*Sachen*); **II** *v/i.* **4.** sich drängen *od.* (zs.-)scharen, (herˈbei-, hinˈein- *etc.*)strömen; **III** *v/t.* **5.** sich drängen in (*dat.*): ***~ the streets***; **6.** bedrängen, umˈdrängen.

throt·tle [ˈθrɒtl] **I** *s.* **1.** F Kehle *f*; **2.** ⚙, *mot.* a) *a.* ***~ lever*** Gashebel *m*, b) *a.* ***~ valve*** Drosselklappe *f*: ***open*** (***close***) ***the ~*** Gas geben (wegnehmen); **II** *v/t.* **3.** erdrosseln; *fig.* ersticken, abwürgen, unterˈdrücken; **4.** *a.* ***~ down*** ⚙, *mot.* (ab)drosseln; **III** *v/i.* **5.** ***~ back*** (*od.* ***down***) *mot. etc.* drosseln, Gas wegnehmen.

through [θru:] **I** *prp.* **1.** *räumlich u. fig.* ˈdurch, durch … hinˈdurch; **2.** durch, in (*überall umher in e-m Gebiet etc.*): ***~ all the country***; **3.** a) *e-n Zeitraum* hinˈdurch, während, b) *Am.* (von …) bis; **4.** *bis zum Ende od. ganz* durch, fertig (mit): ***when will you get ~ your work?***; **5.** durch, mittels; **6.** aus, vor, durch, in-, zuˈfolge, wegen: ***~ fear*** aus *od.* vor Furcht; ***~ neglect*** infolge *od.* durch Nachlässigkeit; **II** *adv.* **7.** durch: ***~ and ~*** durch u. durch (*a. fig.*); ***push a needle ~*** e-e Nadel durchstechen; ***he would not let us ~*** er wollte uns nicht durchlassen; ***this train goes ~ to Boston*** dieser Zug fährt (durch) bis Boston; ***you are ~!*** *teleph.* Sie sind verbunden!; **8.** (ganz) durch (*von Anfang bis Ende*): ***read a letter ~*** e-n Brief ganz durchlesen; ***carry a matter ~*** e-e Sache durchführen; **9.** fertig (***with*** mit): ***I am ~ with him*** F er ist für mich erledigt; ***I'm ~ with it!*** ich habe es satt!; **III** *adj.* **10.** ˈdurchgehend, Durchgangs…: ***a ~ train***; ***~ carriage*** (*od.* ***coach***) Kurswagen *m*; ***~ dialing*** *teleph. Am.* ˈDurchwahl *f*; ***~ flight*** ✈ Direktflug *m*; ***~ traffic*** Durchgangsverkehr *m*; ***~way*** *Am.* Durchgangs- *od.* Schnellstraße *f*; **through·out** [θru:ˈaʊt] **I** *prp.* **1.** überˈall in: ***~ the country*** im ganzen Land; **2.** während (*gen.*): ***~ the year*** das ganze Jahr hindurch; **II** *adv.* **3.** durch u. durch, ganz u. gar, ˈdurchweg; **4.** überall; **5.** die ganze Zeit; ˈ**through·put** *s. econ.*, *a. Computer*: ˈDurchsatz *m*.

throve [θrəʊv] *pret. von* ***thrive***.

throw [θrəʊ] **I** *s.* **1.** Werfen *n*, (*Speer- etc.*)Wurf *m*; **2.** Wurf *m* (*a. Ringkampf, Würfelspiel*), *fig. a.* Coup *m*; **3.** ⚙ (Kolben)Hub *m*; **4.** ⚙ (Regler- *etc.*)Ausschlag *m*; **5.** ⚙ Kröpfung *f* (*Kurbelwelle*); **II** *v/t.* [*irr.*] **6.** werfen, schleudern; (*a. fig. Blick, Kußhand etc.*) zuwerfen (***s.o. s.th., s.th. to s.o.*** j-m et.); mit *Steinen etc.* werfen; *Wasser* schütten *od.* gießen: **~ *at*** werfen nach; **~ *o.s. at s.o.*** *fig.* sich j-m an den Hals werfen; **~ *a shawl over one's shoulders*** sich e-n Schal um die Schultern werfen; **~ *together*** zs.-werfen; ***be thrown*** (***together***) ***with*** *fig.* (*zufällig*) zs.-geraten mit; **7.** *Angel, Netz etc.* auswerfen; **8.** a) *Würfel* werfen, b) *Zahl* würfeln, c) *Karten* ausspielen *od.* ablegen; **9.** *Reiter* abwerfen; **10.** *Ringkampf*: *Gegner* werfen; **11.** *zo. Junge* werfen; **12.** *Brücke* schlagen (***over, across*** über *acc.*); **13.** *zo. Haut* abwerfen; **14.** ⚙ *Hebel* 'umlegen, *Kupplung od. Schalter* ein-, ausrükken, ein-, ausschalten; **15.** *Töpferei*: formen, drehen; **16.** ⚙ *Seide* zwirnen, mulinieren; **17.** *fig.* in *Entzückung, Verwirrung etc.* versetzen; **18.** F *j-n* ,'umwerfen' *od.* aus der Fassung bringen; **19.** F *e-e Gesellschaft* geben, *e-e Party* ,schmeißen'; **20.** *Am.* F *Wettkampf* absichtlich verlieren; **21.** *sl. Wutanfall etc.* bekommen: **~ *a fit*; III** *v/i.* [*irr.*] **22.** werfen; **23.** würfeln;

Zssgn mit prp.:

throw| in·to *v/t.* (hin'ein)werfen in (*acc.*): **~ *prison*** *j-n* ins Gefängnis werfen; **~ *the bargain*** (beim Kauf) dreingeben; ***throw o.s. into*** *fig.* sich in *die Arbeit, den Kampf etc.* stürzen; **~ (*up·*)*on*** *v/t.* **1.** werfen auf (*acc.*): ***be thrown upon o.s.*** (*od.* ***upon one's own resources***) auf sich selbst angewiesen sein; **2.** ***throw o.s.*** (***up***)***on*** a) sich auf *die Knie etc.* werfen, b) sich anvertrauen (*dat.*);

Zssgn mit adv.:

throw| a·way *v/t.* **1.** wegwerfen; **2.** *Geld etc.* verschwenden, -geuden ([***up***]***on*** an *acc.*); **3.** *Gelegenheit* verpassen, -schenken; **4.** *et.* verwerfen; **~ back I** *v/t.* **1.** zu'rückwerfen (*a. fig. hemmen*): ***be thrown back upon*** angewiesen sein auf (*acc.*); **II** *v/i.* **2.** (***to***) zu'rückkehren (zu), zu'rückfallen (auf *acc.*, in *acc.*); **3.** nachgeraten (***to*** *dat.*); *biol.* rückarten; **~ down** *v/t.* **1.** (***o.s.*** sich) niederwerfen; **2.** 'umstürzen, vernichten; **~ in** *v/t.* **1.** (hin)'einwerfen; **2.** *Bemerkung etc.* einwerfen, -schalten; **3.** *et.* mit in den Kauf geben, dreingeben; **4.** ⚙ *Gang etc.* einrücken; **~ off I** *v/t.* **1.** *Kleider, Maske etc., a. fig. Schamgefühl etc.* abwerfen, ablegen; **2.** *Joch etc.* abwerfen, abschütteln, sich freimachen von; **3.** *Bekannte, Krankheit etc.* loswerden; **4.** *Verfolger, a. Hund* von der Fährte abbringen, abschütteln; **5.** *Gedicht etc.* hinwerfen, aus dem Ärmel schütteln; **6.** ⚙ a) kippen, 'umlegen, b) auskuppeln, -rücken; **7.** *typ.* abziehen; **8.** *j-n* aus dem Kon'zept *od.* aus der Fassung bringen; **II** *v/i.* **9.** (*hunt.* die Jagd) beginnen; **~ on** *v/t. Kleider* 'überwerfen, sich *et.* 'umwerfen; **~ o·pen** *v/t.* **1.** *Tür etc.* aufreißen, -stoßen; **2.** öffentlich zugänglich machen (***to*** *dat.* für); **~ out** *v/t.* **1.** (*a. j-n* hin)'auswerfen; **2.** *bsd. parl.* verwerfen; **3.** ⚠ vorbauen; anbauen (***to*** an *acc.*); **4.** *Bemerkung* fallenlassen, *Vorschlag etc.* äußern; *e-n Wink* geben; **5.** a) *et.* über den Haufen werfen, b) *j-n* aus dem Kon'zept bringen; **6.** ⚙ auskuppeln, -rükken; **7.** *Fühler etc.* ausstrecken: **~ *a chest*** F sich in die Brust werfen; **~ o·ver** *v/t.* **1.** über den Haufen werfen; **2.** *fig. Plan etc.* über Bord werfen, aufgeben; **3.** *Freund etc.* im Stich lassen, fallenlassen; **~ up I** *v/t.* **1.** in die Höhe werfen, hochwerfen; **2.** *et.* hastig errichten, *Schanze etc.* aufwerfen; **3.** *Karten, a. Amt etc.* hinwerfen, -schmeißen; **4.** erbrechen; **II** *v/i.* **5.** (sich er)brechen, sich über'geben.

'throw|·a·way I *s.* et. zum Wegwerfen, *z.B.* Re'klamezettel *m*; **II** *adj.* Wegwerf...: **~ *package*; ~ *bottle*** Einwegflasche *f*; **~ *prices*** ✝ Schleuderpreise; **'~·back** *s.* **1.** *bsd. biol.* Ata'vismus *m*, *a. fig.* Rückkehr *f* (***to*** zu); **2.** *Film*: Rückblende *f*.

throw·er ['θrəʊə] *s.* **1.** Werfer(in); **2.** *Töpferei*: Dreher(in), Former(in); **3.** → ***throwster***.

'throw-in *s. sport* Einwurf *m*.

throw·ing ['θrəʊɪŋ] **I** *s.* Werfen *n*, (*Speer- etc.*)Wurf *m*: **~ *the javelin*; II** *adj.* Wurf...: **~ *knife***.

thrown [θrəʊn] **I** *p.p. von* ***throw*; II** *adj.* gezwirnt: **~ *silk*** Seidengarn *n*.

'throw|·off *s.* **1.** Aufbruch *m* (zur Jagd); **2.** *fig.* Beginn *m*; **'~-out** *s.* ⚙ **1.** Auswerfer *m*; **2.** Ausschalter *m*; **3.** *mot.* Ausrückvorrichtung *f*: **~ *lever*** (Kupplungs)Ausrückhebel *m*.

throw·ster ['θrəʊstə] *s.* Seidenzwirner(in).

thru [θruː] *Am.* F *für* ***through***.

thrum[1] [θrʌm] **I** *v/i.* **1.** ♪ klimpern (***on*** auf *dat.*); **2.** (mit den Fingern) trommeln; **II** *v/t.* **3.** ♪ klimpern auf (*dat.*); **4.** (mit den Fingern) trommeln auf (*dat.*).

thrum² [θrʌm] **I** *s.* **1.** *Weberei*: a) Trumm *n*, *m* (*am Ende der Kette*), b) *pl.* (Reihe *f* von) Fransen *pl.*, Saum *m*; **2.** Franse *f*; **3.** loser Faden; **4.** *oft pl.* Garnabfall *m*, Fussel *f*; **II** *v/t.* **5.** befransen.

thrush¹ [θrʌʃ] *s. orn.* Drossel *f.*

thrush² [θrʌʃ] *s.* **1.** ⚕ Soor *m*; **2.** *vet.* Strahlfäule *f.*

thrust [θrʌst] **I** *v/t.* [*irr.*] **1.** *Waffe etc.* stoßen; **2.** *allg.* stecken, schieben: **~ o.s.** (*od.* **one's nose**) **in** *fig.* s-e Nase stecken *od.* sich einmischen in (*acc.*); **~ one's hand into one's pocket** die Hand in die Tasche stecken; **~ on** *et.* hastig anziehen, (sich) *et.* hastig überwerfen; **3.** stoßen, drängen, treiben, (*a. ins Gefängnis*) werfen: **~ aside** zur Seite stoßen; **~ o.s. into** sich werfen *od.* drängen in (*acc.*); **~ out** a) (her-, hin-) ausstoßen, b) *Zunge* herausstrecken, c) *Hand* ausstrecken; **~ s.th. upon s.o.** j-m et. aufdrängen; **4. ~ through** *j-n* durch'bohren; **5. ~ in** *Wort* einwerfen; **II** *v/i.* [*irr.*] **6.** stoßen (**at** nach); **7.** sich *wohin* drängen *od.* schieben: **~ into** ⚔ hineinstoßen in *e-e Stellung etc.*; **a ~ing politician** ein ehrgeiziger *od.* aufstrebender Politiker; **III** *s.* **8.** Stoß *m*; **9.** Hieb *m* (*a. fig.*); **10.** *allg. u.* ⚙ Druck *m*; **11.** ✈, *phys.* Schub(kraft *f*) *m*; **12.** ⚙, ⚠ (Seiten)Schub *m*; **13.** *geol.* Schub *m*; **14.** ⚔ *u. fig.* a) Vorstoß *m*, b) Stoßrichtung *f*; **~ bear·ing** *s.* ⚙, ✈ Drucklager *n*; **~ per·form·ance** *s.* ⚙, ✈ Schubleistung *f*; **~ weap·on** *s.* ⚔ Stich-, Stoßwaffe *f.*

thud [θʌd] **I** *s.* dumpfer (Auf)Schlag, Bums *m*; **II** *v/i.* dumpf (auf)schlagen, bumsen.

thug [θʌg] *s.* **1.** (Gewalt)Verbrecher *m*, Raubmörder *m*; **2.** Rowdy *m*, ‚Schläger' *m*; **3.** *fig.* Gangster *m*, Halsabschneider *m.*

thumb [θʌm] **I** *s.* **1.** Daumen *m*: **his fingers are all ~s, he is all ~s** er hat zwei linke Hände; **turn ~s down on** *fig. et.* ablehnen, verwerfen; **under s.o.'s ~** unter j-s Fuchtel; **that sticks out like a sore ~** F a) das sieht ja ein Blinder, b) das fällt entsetzlich auf; **it's ~s down on your offer!** Ihr Angebot ist abgelehnt!; → **rule** 2; **II** *v/t.* **2.** *Buchseiten* 'durchblättern; **3.** *Buch* abgreifen, beschmutzen: (**well-**)**~ed** abgegriffen; **4. ~ a lift** (*od.* **ride**) F per Anhalter fahren, trampen; **~ a car** e-n Wagen anhalten, sich mitnehmen lassen; **5. ~ one's nose at** *j-m* e-e lange Nase machen; **~ in·dex** *s. typ.* Daumenindex *m*; **'~·mark** *s.* Daumenabdruck *m*; **'~·nail I** *s.* Daumennagel *m*; **II** *adj.*: **~ sketch** kleine (*fig.* kurze) Skizze; **~ nut** *s.* ⚙ Flügelmutter *f*; **'~·print** *s.* Daumenabdruck *m*; **'~·screw** *s.* **1.** *hist.* Daumenschraube *f*; **2.** ⚙ Flügelschraube *f*; **'~·stall** *s.* Däumling *m* (*Schutzkappe*); **'~·tack** *s. Am.* Reißnagel *m.*

thump [θʌmp] **I** *s.* **1.** dumpfer Schlag, Bums *m*; **2.** (Faust)Schlag *m*, Puff *m*; **II** *v/t.* **3.** schlagen auf (*acc.*), hämmern *od.* pochen gegen *od.* auf (*acc.*); *Kissen* aufschütteln; **4.** plumpsen gegen *od.* auf (*acc.*); **III** *v/i.* **5.** (auf)schlagen, (-) bumsen (**on** auf *acc.*, **at** gegen); **6.** (laut) pochen (*Herz*); **'thump·er** [-pə] *s.* **1.** *sl.* Mordsding *n*, *e-e* ‚Wucht'; **2.** *sl.* faustdicke Lüge; **'thump·ing** [-pɪŋ] F **I** *adj.* kolos'sal, Mords...; **II** *adv.* mordsmäßig.

thun·der ['θʌndə] **I** *s.* **1.** Donner *m* (*a. fig. Getöse*): **steal s.o.'s ~** *fig.* j-m den Wind aus den Segeln nehmen; **~s of applause** donnernder Beifall; **II** *v/i.* **2.** donnern (*a. fig. Kanone, Zug etc.*); **3.** *fig.* wettern; **III** *v/t.* **4.** *et.* donnern; **'~·bolt** *s.* **1.** Blitz *m* (u. Donnerschlag *m*), Blitzstrahl *m* (*a. fig.*); **2.** *myth. u. geol.* Donnerkeil *m*; **'~·clap** *s.* Donnerschlag *m* (*a. fig.*); **'~·cloud** *s.* Gewitterwolke *f.*

thun·der·ing ['θʌndərɪŋ] **I** *adj.* ☐ **1.** donnernd (*a. fig.*); **2.** F kolos'sal, gewaltig: **a ~ lie** e-e faustdicke Lüge; **II** *adv.* **3.** F riesig, mächtig: **~ glad**; **'thun·der·ous** [-rəs] *adj.* ☐ **1.** gewitterschwül; **2.** *fig.* donnernd; **3.** *fig.* gewaltig.

'thun·der|ˌshow·er *s.* Gewitterschauer *m*; **'~·storm** *s.* Gewitter *n*, Unwetter *n*; **'~·struck** *adj.* (*fig.* wie) vom Blitz getroffen.

thun·der·y ['θʌndərɪ] *adj.* gewitterschwül: **~ showers** gewittrige Schauer.

Thu·rin·gi·an [θjʊə'rɪndʒɪən] **I** *adj.* Thüringer(...); **II** *s.* Thüringer(in).

Thurs·day ['θɜːzdɪ] *s.* Donnerstag *m*: **on ~** am Donnerstag; **on ~s** donnerstags.

thus [ðʌs] *adv.* **1.** so, folgendermaßen; **2.** so'mit, also, folglich, demgemäß; **3.** so, in diesem Maße: **~ far** soweit, bis jetzt; **~ much** so viel.

thwack [θwæk] **I** *v/t.* verprügeln, schlagen; **II** *s.* derber Schlag.

thwart [θwɔːt] **I** *v/t.* **1.** *Pläne etc.* durch'kreuzen, vereiteln, hinter'treiben; **2.** *j-m* entgegenarbeiten, *j-m* e-n Strich durch die Rechnung machen; **II** *s.* **3.** ⚓

Ruderbank *f*.

thy [ðaɪ] *adj. bibl., rhet., poet.* dein.

thyme [taɪm] *s.* ⚘ Thymian *m*.

thy·mus [ˈθaɪməs], *a.* **~ gland** *s. anat.* Thymus(drüse *f*) *m*.

thy·roid [ˈθaɪrɔɪd] ⚕ **I** *adj.* **1.** Schilddrüsen...; **2.** Schildknorpel...: **~ *cartilage*** → 4; **II** *s.* **3.** *a.* **~ *gland*** Schilddrüse *f*; **4.** Schildknorpel *m*.

thyr·sus [ˈθɜːsəs] *pl.* **-si** [-saɪ] *s. antiq. u.* ⚘ Thyrsus *m*.

thy·self [ðaɪˈself] *pron. bibl., rhet., poet.* **1.** du (selbst); **2.** *dat.* dir (selbst); **3.** *acc.* dich (selbst).

ti·ar·a [tɪˈɑːrə] *s.* **1.** Tiˈara *f* (*Papstkrone u. fig. -würde*); **2.** Diaˈdem *n*, Stirnreif *m* (*für Damen*).

tib·i·a [ˈtɪbɪə] *pl.* **-ae** [-iː] *s. anat.* Schienbein *n*, Tibia *f*; ˈ**tib·i·al** [-əl] *adj. anat.* Schienbein..., Unterschenkel...

tic [tɪk] *s.* ⚕ Tic(k) *m*, (nerˈvöses) Muskel- *od.* Gesichtszucken.

tick[1] [tɪk] **I** *s.* **1.** Ticken *n*: ***to*** (*od.* ***on***) ***the ~*** (auf die Sekunde) pünktlich; **2.** F Augenblick *m*; **3.** Häkchen *n*, Vermerkzeichen *n*; **II** *v/i.* **4.** ticken: **~ *over*** a) *mot.* im Leerlauf sein, b) *fig.* normal *od.* ganz gut laufen; ***what makes him ~?*** a) was hält ihn (so) in Schwung?, b) wie ‚funktioniert' er?; **III** *v/t.* **5.** *in e-r Liste* anhaken: ***to ~ off*** a) abhaken, b) F *j-n* ‚zs.-stauchen'.

tick[2] [tɪk] *s. zo.* Zecke *f*.

tick[3] [tɪk] *s.* **1.** (Kissen- *etc.*)Bezug *m*; **2.** Inlett *n*, Maˈtratzenbezug *m*; **3.** F Drillich *m*, Drell *m*.

tick[4] [tɪk] *s.* F Kreˈdit *m*, Pump *m*: ***buy on ~*** auf Pump *od.* Borg kaufen.

tick·er [ˈtɪkə] *s.* **1.** *Börse*: Fernschreiber *m*; **2.** *sl.* a) ‚Wecker' *m* (*Uhr*), b) ‚Pumpe' *f* (*Herz*); **~ tape** *s. Am.* Lochstreifen *m*: **~ *parade*** Konfettiparade *f*.

tick·et [ˈtɪkɪt] **I** *s.* **1.** (Ausweis-, Eintritts-, Lebensmittel-, Mitglieds- *etc.*) Karte *f*; 🚂 *etc.* Fahrkarte *f*, -schein *m*; ✈ Flugschein *m*, Ticket *n*: ***take a ~*** e-e Karte lösen; **2.** (*bsd.* Gepäck-, Pfand-) Schein *m*; **3.** Lotteˈrielos *n*; **4.** Etiˈkett *n*, (*Preis- etc.*)Zettel *m*; **5.** *mot.* a) Strafzettel *m*, b) gebührenpflichtige Verwarnung; **6.** ⚓, ✈ Liˈzenz *f*; **7.** *pol. bsd. Am.* a) (Wahl-, Kandiˈdaten)Liste *f*, b) (ˈWahl-, Parˈtei)Proˌgramm *n*: ***split the ~*** panaschieren; ***vote a straight ~*** die Liste e-r Partei unverändert wählen; ***write one's own ~*** F (ganz) s-e eigenen Bedingungen stellen; **8.** **~ *of leave*** ⚖ *Brit.* (Schein *m* über) bedingte Freilassung: ***be on ~ of leave*** bedingt freigelassen sein; **9.** F *das* Richtige: ***that's the ~!***; **II** *v/t.* **10.** etikettieren, kennzeichnen, *Waren* auszeichnen; **~ a·gen·cy** *s. thea. etc.* Vorverkaufsstelle *f*; **~ col·lec·tor** *s.* 🚂 Bahnsteigschaffner *m*; **~ day** *s. Börse*: Tag *m* vor dem Abrechnungstag; **~ in·spec·tor** *s.* ˈFahrkartenkontrolˌleur *m*; **~ of·fice** *s.* **1.** Fahrkartenschalter *m*; **2.** (Theˈater)Kasse *f*; **~ punch** *s.* Lochzange *f*; **~ tout** *s.* Kartenschwarzhändler *m*.

tick·ing [ˈtɪkɪŋ] *s.* Drell *m*, Drillich *m*; ˌ**~-ˈoff** *s.* F ‚Anpfiff' *m*.

tick·le [ˈtɪkl] **I** *v/t.* **1.** kitzeln (*a. fig.*); **2.** *fig. j-s Eitelkeit etc.* schmeicheln; **3.** *fig.* amüsieren: ***~d pink*** F ‚ganz weg' (vor Freude); ***I'm ~d to death*** ich könnte mich totlachen (*a. iro.*); **4.** **~ *up*** (an-) reizen; **II** *v/i.* **5.** kitzeln; **6.** jucken; **III** *s.* **7.** Kitzel *m* (*a. fig.*); **8.** Juckreiz *m*; ˈ**tick·ler** [-lə] *s.* **1.** kitzlige Sache, (schwieriges) Proˈblem; **2.** *Am.* Noˈtizbuch *n*: **~ *file*** Wiedervorlagemappe *f*; **3.** *a.* **~ *coil*** ⚡ Rückkopplungsspule *f*; ˈ**tick·lish** [-lɪʃ] *adj.* □ **1.** kitz(e)lig; **2.** *fig.* a) kitzlig, heikel, schwierig, b) empfindlich (*Person*).

tick·tack [ˈtɪktæk] *s.* **1.** Ticktack *n*; **2.** *sl. Rennsport*: Zeichensprache *f* der Buchmacher: **~ *man*** Buchmachergehilfe *m*.

tid·al [ˈtaɪdl] *adj.* **1.** Gezeiten..., den Gezeiten unterˈworfen: **~ *basin*** ⚓ Tidebecken *n*; **~ *inlet*** Priel *m*; **~ *power plant*** Gezeitenkraftwerk *n*; **2.** Flut...: **~ *wave*** Flutwelle *f*, *fig. a.* Woge *f*.

tid·bit [ˈtɪdbɪt] *Am.* → ***titbit***.

tid·dly [ˈtɪdlɪ] *adj. Brit.* F **1.** winzig; **2.** ‚angesäuselt', beschwipst.

tid·dly·winks [ˈtɪdlɪwɪŋks] *s. pl.* Flohhüpfen *n*.

tide [taɪd] **I** *s.* **1.** a) Gezeiten *pl.*, Ebbe *f* u. Flut, b) Flut *f*, Tide *f*: ***high ~*** Flut; ***low ~*** Ebbe; ***the ~ is coming in*** (***going out***) die Flut kommt (die Ebbe setzt ein); ***the ~ is out*** es ist Ebbe; ***turn of the ~*** a) Gezeitenwechsel *m*, b) *fig.* Umschwung *m*; ***the ~ turns*** *fig.* das Blatt wendet sich; **2.** *fig.* Strom *m*, Strömung *f*: **~ *of events*** *der* Gang der Ereignisse; ***swim against*** (***with***) ***the ~*** gegen (mit) dem Strom schwimmen; **3.** *fig. die* rechte Zeit, günstiger Augenblick; **4.** *in Zssgn* Zeit *f*: ***winter~***; **II** *v/i.* **5.** (mit dem Strom) treiben, ⚓ bei Flut ein- *od.* auslaufen; **6.** **~ *over*** *fig.* hinˈwegkommen über (*acc.*); **III** *v/t.* **7.** **~ *over*** *fig. j-m* hinˈweghelfen über (*acc.*): **~ *it over*** ‚sich über Wasser halten'; **~ gate** *s.* Flut(schleusen)tor *n*; **~ ga(u)ge** *s.* (Gezeiten)Pegel *m*; ˈ**~·land**

s. Watt *n*; '**~·mark** *s.* **1.** Gezeitenmarke *f*; **2.** Pegelstand *m*; **3.** *bsd. Brit.* F schwarzer Rand (*am Hals etc.*); **~ ta·ble** *s.* Gezeitentafel *f*; '**~,wait·er** *s. hist.* Hafenzollbeamte(r) *m*; '**~,wa·ter** *s.* Flut-, Gezeitenwasser *n*: **~ *district*** Wattengebiet *n*; '**~·way** *s.* Priel *m*.

ti·di·ness ['taɪdɪnɪs] *s.* **1.** Sauberkeit *f*, Ordnung *f*; **2.** Nettigkeit *f*.

ti·dings ['taɪdɪŋz] *s. pl. sg. od. pl. konstr.* Nachricht(en *pl.*) *f*, Neuigkeit (-en *pl.*) *f*, Kunde *f*.

ti·dy ['taɪdɪ] **I** *adj.* □ **1.** sauber, reinlich, ordentlich (*Zimmer*, *Person*, *Aussehen etc.*); **2.** nett, schmuck; **3.** *fig.* F ordentlich, beträchtlich: ***a ~ penny*** e-e Stange Geld; **II** *s.* **4.** (Sofa- *etc.*)Schoner *m*; **5.** (Arbeits-, Flick- *etc.*)Beutel *m*; Fächerkasten *m*; **6.** Abfallkorb *m*; **III** *v/t.* **7.** *a.* **~ *up*** in Ordnung bringen, aufräumen, säubern: **~ *out*** ‚ausmisten'; **~ *o.s. up*** sich zurechtmachen; **IV** *v/i.* **8.** **~ *up*** aufräumen, saubermachen.

tie [taɪ] **I** *s.* **1.** (Schnür)Band *n*; **2.** a) Kra'watte *f*, b) Halstuch *n*; **3.** Schleife *f*, Masche *f*; **4.** *fig.* a) Band *n*: ***the ~(s) of friendship***, b) *pol.*, *psych.* Bindung *f*: ***mother ~***; **5.** *fig.* (lästige) Fessel, Last *f*; **6.** ⚠, ⚙ a) Verbindung(sstück *n*) *f*, b) Anker *m*, c) → ***tie beam***; **7.** 🚂 *Am.* Schwelle *f*; **8.** *parl. pol.* Stimmengleichheit *f*: ***end in a ~*** stimmengleich enden; **9.** *sport* a) Punktgleichheit *f*, Gleichstand *m*, b) Unentschieden *n*, c) Ausscheidungsspiel *n*, d) Wieder'holung(sspiel *n*) *f*; **10.** ♪ Bindebogen *m*, Liga'tur *f*; **II** *v/t.* **11.** an-, festbinden (***to*** an *acc.*); **12.** binden, schnüren; *fig.* fesseln: **~ *s.o.'s hands*** (***tongue***) j-m die Hände (Zunge) binden; **13.** *Schleife*, *Schuhe etc.* binden; **14.** ⚠, ⚙ verankern, befestigen; **15.** ♪ *Noten* (anein'ander)binden; **16.** (***to***) *fig. j-n* binden (an *acc.*), verpflichten (zu); **17.** hindern, hemmen; **18.** *j-n* in Anspruch nehmen (*Pflichten etc.*); **III** *v/i.* **19.** *sport* a) gleichstehen, punktgleich sein, b) unentschieden spielen *od.* kämpfen (***with*** gegen); **20.** *parl.*, *pol.* gleiche Stimmenzahl haben;

Zssgn mit adv.:

tie| down *v/t.* **1.** festbinden; **2.** niederhalten, fesseln; **3.** (***to***) *fig. j-n* binden (an *Pflichten*, *Regeln etc.*), *j-n* festlegen (auf *acc.*): ***be tied down*** (***by***) angebunden sein (durch *e-e Familie etc.*); **~ in I** *v/i.* (***with***) über'einstimmen (mit), passen (zu); **II** *v/t.* (***with***) verbinden *od.* koppeln (mit), einbauen (in *acc.*); **~ up** *v/t.* **1.** (an-, ein-, ver-, zs.-, zu)binden; **2.** *fig.* a) hemmen, fesseln, b) festhalten, beschäftigen; **3.** *fig.* lahmlegen; *Industrie*, *Produktion* stillegen; *Vorräte etc.* blockieren; **4.** ✝, ⚖ festlegen: a) *Geld* fest anlegen, b) *bsd. Erbgut* e-r Verfügungsbeschränkung unter'werfen; **5.** ***tie it up*** *Am.* F die Sache erledigen.

tie| bar *s.* **1.** 🚂 a) Verbindungsstange *f* (*Weiche*), b) Spurstange *f*; **2.** *typ.* Bogen *m über 2 Buchstaben*; **~ beam** *s.* ⚠ Zugbalken *m*; '**~,break(·er)** *s. Tennis*: Tie-Break *m*, *n*.

tied [taɪd] *adj.* ✝ zweckgebunden; **~ house** *s. Brit.* Braue'reigaststätte *f*.

'**tie|-in** *s.* **1.** ✝ *Am.* a) Gemeinschaftswerbung *f*, b) *a.* **~ *sale*** Kopplungsgeschäft *n*, -verkauf *m*; **2.** Zs.-hang *m*, Verbindung *f*; '**~-on** *adj.* zum Anbinden, Anhänge...

tier [tɪə] *s.* **1.** Reihe *f*, Lage *f*: ***in ~s*** in Reihen übereinander, lagenweise; **2.** *thea.* a) (Sitz)Reihe *f*, b) Rang *m*; **3.** *fig.* Rang *m*, Stufe *f*.

tierce [tɪəs] *s.* **1.** [*Kartenspiel*: tɜːs] ♪, *fenc.*, *eccl.*, *Kartenspiel*: Terz *f*; **2.** Weinfaß *n* (*mit 42 Gallonen*).

tie rod *s.* ⚙ **1.** Zugstange *f*; **2.** Kuppelstange *f*; **3.** 🚂 Spurstange *f*.

'**tie-up** *s.* **1.** a) Verbindung *f*, Zs.-hang *m*, b) Koppelung *f*; **2.** *Am.* Still-, Lahmlegung *f*; **3.** *bsd. Am.* (*a.* Verkehrs)Stockung *f*, Stillstand *m*.

tiff [tɪf] *s.* **1.** kleine Meinungsverschiedenheit, Kabbe'lei *f*; **2.** schlechte Laune: ***in a ~*** übelgelaunt.

tif·fin ['tɪfɪn] *s. Brit.* Mittagessen *n* (*in Indien*).

tige [tiːʒ] (*Fr.*) *s.* **1.** ⚠ Säulenschaft *m*; **2.** ⚘ Stengel *m*, Stiel *m*.

ti·ger ['taɪgə] *s.* **1.** *zo.* Tiger *m* (*a. fig. Wüterich*): ***American ~*** Jaguar *m*: ***rouse the ~ in s.o.*** *fig.* j-n in kalte Wut versetzen; **2.** *hist. Brit. sl.* livrierter Bedienter, Page *m*; **~ cat** *s. zo.* **1.** Tigerkatze *f*; **2.** getigerte (Haus)Katze.

ti·ger·ish ['taɪgərɪʃ] *adj.* **1.** tigerartig; **2.** blutdürstig; **3.** wild, grausam.

tight [taɪt] **I** *adj.* □ **1.** dicht (*nicht leck*): ***a ~ barrel***; **2.** fest(sitzend) (*Kork*, *Knoten etc.*), stramm (*Schraube etc.*); **3.** straff, (an)gespannt (*Muskel*, *Seil etc.*); **4.** schmuck; **5.** a) (zu) eng, knapp, b) eng (anliegend) (*Kleid etc.*): **~ *fit*** knapper Sitz, ⚙ Feinpassung; **6.** a) eng, dicht (gedrängt), b) *fig.* F kritisch, ‚mulmig'; → ***corner*** 2; **7.** prall (voll); **8.** *fig.* a) komprimiert, straff (*Handlung etc.*), b) gedrängt, knapp (*Stil*), c) hieb- u. stichfest (*Argument*), d) straff, streng (*Sicherheitsmaßnahmen etc.*): ***a ~ schedule*** knappe Termine, *a.* ein voller Terminkalender; **9.** ✝ a) knapp (*Geld*), b) angespannt (*Marktlage*); **10.** F knick(e)rig, geizig; **11.** eng, am Kleinen klebend (*Kunst etc.*); **12.** *sl.* ‚blau', besoffen; **II** *adv.* **13.** eng, knapp; *a.* ⚙ fest: ***hold ~*** festhalten; ***sit ~*** a) fest im Sattel sitzen, b) sich nicht (vom Fleck) rühren, c) *fig.* sich eisern behaupten, sich nicht beirren lassen, *a.* abwarten; **'tight·en** [-tn] **I** *v/t.* **1.** *a.* ***~ up*** zs.-ziehen; **2.** *Schraube*, *Zügel etc.* fest-, anziehen; *Feder*, *Gurt etc.* spannen; *Gürtel* enger schnallen; *Muskel*, *Seil etc.* straffen: ***~ one's grip*** fester zupacken, den Druck verstärken (*a. fig.*); **3.** *a.* ***~ up*** *fig.* a) *Manuskript*, *Handlung etc.* straffen, b) *Sicherheitsmaßnahmen etc.* verschärfen; **4.** (ab)dichten; **II** *v/i.* **5.** sich straffen; **6.** fester werden (*Griff*); **7.** *a.* ***~ up*** sich fest zs.-ziehen; **8.** ✝ sich versteifen (*Markt*).

ˌtight|-'fist·ed → ***tight*** 10; **ˌ~-'fit·ting** *adj.* **1.** → ***tight*** 5; **2.** ⚙ genau an- *od* eingepaßt, Paß…; **ˌ~-'laced** *adj.* sittenstreng, prüde, puri'tanisch; **ˌ~-'lipped** *adj.* **1.** schmallippig; **2.** *fig.* verschlossen.

tight·ness ['taɪtnɪs] *s.* **1.** Dichtheit *f*; **2.** Festigkeit *f*; fester Sitz; **3.** Straffheit *f*; **4.** Enge *f*; **5.** Gedrängtheit *f*; **6.** Geiz *m*, Knicke'rei *f*; **7.** ✝ a) (Geld)Knappheit *f*, b) angespannte Marktlage.

'tight·rope I *s.* (Draht)Seil *n* (*Zirkus*); **II** *adj.* (Draht)Seil…: ***~ walker*** Seiltänzer(in).

tights [taɪts] *s. pl.* **1.** ('Tänzer-, Ar'tisten)Triˌkot *n*; **2.** *bsd. Brit.* Strumpfhose *f*.

'tight·wad *s. Am.* F Geizkragen *m*.

ti·gress ['taɪgrɪs] *s.* **1.** Tigerin *f*; **2.** *fig.* Me'gäre *f*, (Weibs)Teufel *m*.

tike → ***tyke***.

til·de [tɪld] *s. ling.* Tilde *f*.

tile [taɪl] **I** *s.* **1.** (Dach)Ziegel *m*: ***he has a ~ loose*** *sl.* bei ihm ist eine Schraube locker; ***be*** (***out***) ***on the ~s*** *sl.* ‚herumsumpfen'; **2.** ([Kunst]Stein)Platte *f*, (Fußboden-, Wand-, Teppich)Fliese *f*, (Ofen-, Wand)Kachel *f*; **3.** *coll.* Ziegel *pl.*, Fliesen(fußboden *m*) *pl.*, Fliesen(ver)täfelung *f*; **4.** △ Hohlstein *m*; **5.** F a) ‚Angströhre' *f* (*Zylinder*), b) ‚Dekkel' *m* (*steifer Hut*); **II** *v/t.* **6.** (mit Ziegeln) decken; **7.** mit Fliesen *od.* Platten auslegen, fliesen, kacheln; **til·er** ['taɪlə] *s.* **1.** Dachdecker *m*; **2.** Fliesen-, Plattenleger *m*; **3.** Ziegelbrenner *m*; **4.** Logenhüter *m* (*Freimaurer*).

till[1] [tɪl] **I** *prp.* **1.** bis: ***~ now*** bis jetzt, bisher; ***~ then*** bis dahin *od.* dann *od.* nachher; **2.** bis zu: ***~ death*** bis zum Tod, bis in den Tod; **3.** ***not ~*** erst: ***not ~ yesterday***; **II** *cj.* **4.** bis; **5.** ***not ~*** erst als (*od.* wenn).

till[2] [tɪl] *s.* **1.** Ladenkasse *f*: ***~ money*** ✝ Kassenbestand *m*; **2.** Geldkasten *m*.

till[3] [tɪl] ⚘ **I** *v/t. Boden* bebauen, bestellen, (be)ackern; **II** *v/i.* ackern, pflügen; **'till·a·ble** [-ləbl] *adj.* anbaufähig; **'till·age** [-lɪdʒ] *s.* **1.** Bodenbestellung *f*; **2.** Ackerbau *m*; **3.** Ackerland *n*.

till·er[1] ['tɪlə] *s.* **1.** (Acker)Bauer *m*; **2.** Ackerfräse *f*.

till·er[2] ['tɪlə] *s.* **1.** ⚓ Ruderpinne *f*; **2.** ⚙ Griff *m*; **~ rope** *s.* ⚓ Steuerreep *n*.

tilt[1] [tɪlt] **I** *v/t.* **1.** kippen, neigen, schrägstellen; **2.** 'umkippen, 'umstoßen; **3.** ⚓ *Schiff* krängen; **4.** ⚙ recken (*schmieden*); **5.** *hist.* a) (mit eingelegter Lanze) anreiten gegen, b) *Lanze* einlegen; **II** *v/i.* **6.** *a.* ***~ over*** a) sich neigen, kippen, b) ('um)kippen, 'umfallen; **7.** ⚓ krängen; **8.** *hist.* im Tur'nier kämpfen: ***~ at*** a) anreiten gegen, b) (mit der Lanze) stechen nach, c) *fig.* losziehen gegen, attackieren; **III** *s.* **9.** Kippen *n*: ***give a ~ to*** → 1; **10.** Schräglage *f*, Neigung *f*: ***on the ~*** auf der Kippe; **11.** *hist.* Tur'nier *n*, Lanzenbrechen *n*; **12.** *fig.* Strauß *m*, (Wort)Gefecht *n*; **13.** (Lanzen)Stoß *m*; **14.** (Angriffs)Wucht *f*: (***at***) ***full ~*** mit voller Wucht *od.* Geschwindigkeit; **15.** *Am.* ‚Drall' *m*, Ten'denz *f*.

tilt[2] [tɪlt] **I** *s.* **1.** (Wagen- *etc.*)Plane *f*, Verdeck *n*; **2.** ⚓ Sonnensegel *n*; **3.** Sonnendach *n*; **II** *v/t.* (mit e-r Plane) bedecken.

tilt cart *s.* Kippwagen *m*.

tilt·er ['tɪltə] *s.* **1.** (*Kohlen-etc.*)Kipper *m*, Kippvorrichtung *f*; **2.** ⚙ *Walzwerk*: Wipptisch *m*.

tilth [tɪlθ] → ***tillage***.

tilt·ing ['tɪltɪŋ] *adj.* **1.** *hist.* Turnier…; **2.** ⚙ schwenk-, kippbar, Kipp…

'tilt·yard *s. hist.* Tur'nierplatz *m*.

tim·bal ['tɪmbl] *s.* ♪ *hist.* (Kessel)Pauke *f*.

tim·ber ['tɪmbə] **I** *s.* **1.** Bau-, Nutzholz *n*; **2.** *coll.* (Nutzholz)Bäume *pl.*, Baumbestand *m*, Wald(bestand) *m*; **3.** *Brit.* a) Bauholz *n*, b) Schnittholz *n*; **4.** ⚓ Inholz *n*; *pl.* Spantenwerk *n*; **5.** *Am. fig.* Holz *n*, Schlag *m*, Ka'liber *n*: ***a man of his ~***; ***he is of presidential ~*** er hat das Zeug zum Präsidenten; **II** *v/t.* **6.** (ver-) zimmern; **7.** *Holz* abvieren; **8.** *Graben etc.* absteifen; **III** *adj.* **9.** Holz…; **'timbered** [-əd] *adj.* **1.** gezimmert; **2.** Fachwerk…; **3.** bewaldet.

tim·ber| for·est *s.* Hochwald *m*; **~ frame** ⚙ Bundsäge *f*; **'~-framed** *adj.* Fachwerk…

tim·ber·ing ['tɪmbərɪŋ] *s.* **1.** Zimmern *n*, Ausbau *m*; **2.** ⚙ Verschalung *f*; **3.** Bau-, Zimmerholz *n*; **4.** a) Gebälk *n*, b) Fachwerk *n*.

'tim·ber|·land *s. Am.* Waldland *n* (*für Nutzholz*); **~ line** *s.* Baumgrenze *f*; **'~·man** [-mən] *s.* [*irr.*] **1.** Holzfäller *m*, -arbeiter *m*; **2.** ⚒ Stempelsetzer *m*; **~ tree** Nutzholzbaum *m*; **'~·work** *s.* ⚙ Gebälk *n*; **'~·yard** *s.* Zimmerplatz *m*, Bauhof *m*.

tim·bre ['tæ̃mbrə] (*Fr.*) *s.* ♪, *ling.* Klangfarbe *f*, Timbre *n*.

tim·brel ['tɪmbrəl] *s.* Tambu'rin *n*.

time [taɪm] **I** *s.* **1.** Zeit *f*: **~ past, present, and to come** Vergangenheit, Gegenwart und Zukunft; **for all ~** für alle Zeiten; **~ will show** die Zeit wird es lehren; **2.** Zeit *f*, Uhr(zeit) *f*: **what's the ~?**, **what ~ is it?** wieviel Uhr *od.* wie spät ist es?; **at this ~ of day** a) zu dieser (späten) Tageszeit, b) *fig.* so spät, in diesem späten Stadium; **bid** (*od.* **pass**) **s.o. the ~ of** (**the**) **day**, **pass the ~ of day with s.o.** j-n grüßen; **know the ~ of the day** F wissen, was es geschlagen hat; **some ~ about noon** etwa um Mittag; **this ~ tomorrow** morgen um diese Zeit; **this ~ twelve months** heute übers Jahr; **keep good ~** richtig gehen (*Uhr*); **3.** Zeit(dauer) *f*, Zeitabschnitt *m*, (*a. phys. Fall-, Schwingungs- etc.*)Dauer *f*; ✝ Laufzeit *f* (*Wechsel- etc.*); Arbeitszeit *f im Herstellungsprozeß etc.*: **in three weeks' ~** in drei Wochen; **a long ~** lange Zeit; **be a long ~ in doing s.th.** lange (Zeit) dazu brauchen, et. zu tun; **4.** Zeit(-punkt *m*) *f*: **~ of arrival** Ankunftszeit; **at the ~** a) zu dieser Zeit, damals, b) gerade; **at the present ~** derzeit, gegenwärtig; **at the same ~** a) zur selben Zeit, gleichzeitig, b) gleichwohl, zugleich, andererseits; (**at**) **any ~**, **at all ~s** zu jeder Zeit; **at no ~** nie; **at that ~** zu der Zeit; **at one ~** einst, früher (einmal); **at some ~** irgendwann; **for the ~** für den Augenblick; **for the ~ being** a) vorläufig, fürs erste, b) unter den gegenwärtigen Umständen; **5.** *oft pl.* Zeit(alter *n*) *f*, E'poche *f*: **~ immemorial**, **~ out of mind** un(vor)denkliche Zeit; **at** (*od.* **in**) **the ~ of Queen Anne** zur Zeit der Königin Anna; **the good old ~s** die gute alte Zeit; **6.** *pl.* Zeiten *pl.*, (Zeit)Verhältnisse *pl.*: **hard ~s**; **7.** **the ~s** die Zeit: **behind the ~s** rückständig; **move with the ~s** mit der Zeit gehen; **8.** Frist *f*, Ter'min *m*: **~ for payment** Zahlungsfrist; **~ of delivery** ✝ Lieferfrist, -zeit *f*; **ask** (**for a**) **~** ✝ um Frist(verlängerung) bitten; **you must give me ~** Sie müssen mir Zeit geben *od.* lassen; **9.** (verfügbare) Zeit: **have no ~** keine Zeit haben; **have no ~ for s.o.** *fig.* nichts übrig haben für j-n; **buy a little ~** etwas Zeit (heraus)schinden; **kill ~** die Zeit totschlagen; **take** (**the**) **~**, **take out ~** sich die Zeit nehmen (**to do** zu tun); **take one's ~** sich Zeit lassen; **~ is up!** die Zeit ist um!; **~ gentlemen, please!** (es ist bald) Polizeistunde! (*Lokal*); **~!** *sport* Zeit!: a) anfangen!, b) aufhören!; **~!** *parl.* Schluß!; → **forelock**; **10.** Lehr-, Dienstzeit *f*: **serve one's ~** s-e Lehre machen; **11.** a) (na'türliche *od.* nor'male) Zeit, b) Lebenszeit *f*: **~ of life** Alter *n*; **ahead of ~** vorzeitig; **die before one's ~** vor der Zeit *od.* zu früh sterben; **his ~ is drawing near** sein Tod naht heran; **12.** a) Schwangerschaft *f*, b) Entbindung *f*, Niederkunft *f*: **she is far on in her ~** sie ist hochschwanger; **she is near her ~** sie steht kurz vor der Entbindung; **13.** (günstige) Zeit: **now is the ~** nun ist die passende Gelegenheit, jetzt gilt es (**to do** zu tun); **at such ~s** bei solchen Gelegenheiten; **bide one's ~** (s-e Zeit) abwarten; **14.** Mal *n*: **the first ~** das erste Mal; **for the last ~** zum letzten Mal; **till next ~** bis zum nächsten Mal; **every ~** jedesmal; **many ~s** viele Male; **~ and again**, **~ after ~** immer wieder; **at some other ~**, **at other ~s** ein anderes Mal; **at a ~** auf einmal, zusammen, zugleich, jeweils; **one at a ~** einzeln, immer nur eine(r, s); **two at a ~** zu zweit, jeweils zwei; **15.** *pl.* mal, …mal: **three ~s four is twelve** drei mal vier ist zwölf; **twenty ~s** zwanzigmal; **four ~s the size of yours** viermal so groß wie deines; **16.** *bsd. sport* (erzielte, gestoppte) Zeit; **17.** a) Tempo *n*, Zeitmaß *n* (*beide a.* ♪), b) ♪ Takt *m*: **change of ~** Taktwechsel *m*; **beat** (**keep**) **~** den Takt schlagen (halten); **18.** ⚔ Marschtempo *n*, Schritt *m*: **mark ~** a) ⚔ auf der Stelle treten (*a. fig.*), b) *fig.* nicht vom Fleck kommen;

Besondere Redewendungen:

against ~ gegen die Zeit *od.* Uhr, mit größter Eile; **ahead of** (*od.* **before**) **one's ~** s-r Zeit voraus; **all the ~** a) die ganze Zeit (über), ständig, b) jederzeit; **at ~s** zu Zeiten, gelegentlich; **at all ~s**

stets, zu jeder Zeit; ***at any ~*** a) zu irgendeiner Zeit, jemals, b) jederzeit; ***behind ~*** zu spät d(a)ran, verspätet; ***between ~s*** in den Zwischenzeiten; ***by that ~*** a) bis dahin, unterdessen, b) zu der Zeit; ***for a*** (*od.* ***some***) ***~*** e-e Zeitlang, einige Zeit; ***for a long ~ past*** schon seit langem; ***not for a long ~*** noch lange nicht; ***from ~ to ~*** von Zeit zu Zeit; ***in ~*** a) rechtzeitig (***to do*** um zu tun), b) mit der Zeit, c) im (richtigen) Takt; ***in due ~*** rechtzeitig, termingerecht; ***in good ~*** (gerade) rechtzeitig; ***all in good ~*** alles zu s-r Zeit; ***in one's own good ~*** wenn es e-m paßt; ***in no ~*** im Nu, im Handumdrehen; ***on ~*** a) pünktlich, rechtzeitig, b) *bsd. Am.* für e-e (bestimmte) Zeit, c) ✝ *Am.* auf Zeit, *bsd.* auf Raten; ***out of ~*** a) zur Unzeit, unzeitig, b) vorzeitig, c) zu spät, d) aus dem Takt *od.* Schritt; ***till such ~ as*** so lange bis; ***to ~*** pünktlich; ***do ~*** F *im Gefängnis* ‚sitzen'; ***have a good ~*** es schön haben, es sich gutgehen lassen, sich gut amüsieren; ***have the ~ of one's life*** sich großartig amüsieren, leben wie ein Fürst; ***have a hard ~*** Schlimmes durchmachen; ***he had a hard ~ getting up early*** es fiel ihm schwer, früh aufzustehen; ***with ~*** mit der Zeit; ***~ was, when*** die Zeit ist vorüber, als;

II *v/t.* **19.** (mit der Uhr) messen, (ab-)stoppen, die Zeit messen von; **20.** timen (*a. sport*), die Zeit *od.* den richtigen Zeitpunkt wählen *od.* bestimmen für, zur rechten Zeit tun; → ***timed***; **21.** zeitlich abstimmen; **22.** die Zeit festsetzen für: ***is ~d to leave at 7*** *der Zug etc.* soll um 7 abfahren; **23.** ⚙ *Zündung etc.* einstellen; *Uhr* stellen; **24.** zeitlich regeln (***to*** nach); **25.** das Tempo *od.* den Takt angeben für; **III** *v/i.* **26.** Takt halten; **27.** zeitlich zs.- *od.* über'einstimmen (***with*** mit); **ˌ~-and-'mo·tion stud·y** *s.* ✝ Zeitstudie *f*; **~ bar·gain** *s.* ✝ Ter'mingeschäft *n*; **'~-base** *adj.* ⚡ Kipp…; **~ bill** *s.* ✝ Zeitwechsel *m*; **~ bomb** *s.* Zeitbombe *f* (*a. fig.*); **'~·card** *s.* **1.** Stech-, Stempelkarte *f*; **2.** Fahrplan *m*; **~ clock** *s.* Stechuhr *f*; **~ constant** *s. phys.* 'Zeitkonˌstante *f*; **'~-conˌsum·ing** *adj.* zeitraubend.

timed [taɪmd] *adj.* zeitlich (genau) festgelegt *od.* reguliert, getimed: → ***ill-timed***; ***well-timed***.

time| de·pos·its *s. pl.* ✝ *Am.* Ter'mingelder *pl.*; **~ draft** *s.* ✝ Zeitwechsel *m*; **'~-exˌpired** *adj.* ⚔ *Brit.* ausgedient (*Soldat od. Unteroffizier*); **~ ex·po·sure** *s. phot.* **1.** Zeitbelichtung *f*; **2.** Zeitaufnahme *f*; **~ freight** *s.* ✝ *Am.* Eilfracht *f*; **~ fuse** *s.* ⚔ Zeitzünder *m*; **'~-ˌhon·o(u)red** *adj.* alt'ehrwürdig; **'~ˌkeep·er** *s.* **1.** Zeitmesser *m*; **2.** *sport u.* ✝ Zeitnehmer *m*; **~ lag** *s. bsd.* ⚙ Verzögerung *f*, zeitliche Nacheilung *od.* Lücke; **'~-lapse** *adj. phot.* Zeitraffer…

time·less ['taɪmlɪs] *adj.* □ **1.** ewig; **2.** zeitlos (*a. Schönheit etc.*).

time lim·it *s.* Frist *f*, Ter'min *m*.

time·li·ness ['taɪmlɪnɪs] *s.* **1.** Rechtzeitigkeit *f*; **2.** günstige Zeit; **3.** Aktuali'tät *f*.

time| loan *s.* ✝ Darlehen *n* auf Zeit; **~ lock** *s.* ⚙ Zeitschloß *n*.

time·ly ['taɪmlɪ] *adj.* **1.** rechtzeitig; **2.** (*zeitlich*) günstig, angebracht; **3.** aktu'ell.

ˌtime|-'out *pl.* **-'outs** *s.* **1.** *sport* Auszeit *f*; **2.** *Am.* Pause *f*; **~ pay·ment** *s.* ✝ *Am.* Ratenzahlung *f*; **'~·piece** *s.* Chrono'meter *n*, Uhr *f*.

tim·er ['taɪmə] *s.* **1.** Zeitmesser *m* (*Apparat*); **2.** ⚙ Zeitgeber *m*, -schalter *m*; **3.** *mot.* Zündverteiler *m*; **4.** Stoppuhr *f*; **5.** *phot.* Zeitauslöser *m*; **6.** ⚙ *u. sport* Zeitnehmer *m* (*Person*).

'time|ˌsav·er *s.* zeitsparendes Ge'rät *od.* Ele'ment; **'~ˌsav·ing** *adj.* zeit(er)sparend; **~ sense** *s.* Zeitgefühl *n*; **'~-ˌserv·er** *s.* Opportu'nist(in), Gesinnungslump *m*; **'~ˌserv·ing I** *adj.* opportu'nistisch; **II** *s.* Opportu'nismus *m*, Gesinnungslumpe'rei *f*; **~ shar·ing** *s. Computer*: Time-sharing *n*; **~ sheet** *s.* **1.** Arbeits(zeit)blatt *n*; **2.** Stechblatt *n*; **~ sig·nal** *s. Radio*: Zeitzeichen *n*; **'~-stud·y man** *s.* [*irr.*] ✝, ⚙ Zeitstudienfachmann *m*; **~ switch** *s.* Zeitschalter *m*; **'~ˌta·ble** *s.* **1.** a) Fahrplan *m*, b) Flugplan *m*; **2.** Stundenplan *m*; **3.** ‚Fahrplan' *m*, 'Zeittaˌbelle *f*; **'~-ˌtest·ed** *adj.* (alt)bewährt; **'~·work** *s.* ✝ nach Zeit bezahlte Arbeit; **'~·worn** *adj.* **1.** abgenutzt (*a. fig.*); **2.** veraltet; **3.** abgedroschen.

tim·id ['tɪmɪd] *adj.* □ **1.** furchtsam, ängstlich (***of*** vor *dat.*); **2.** schüchtern, zaghaft; **ti·mid·i·ty** [tɪ'mɪdətɪ], **'tim·id·ness** [-nɪs] *s.* **1.** Ängstlichkeit *f*; **2.** Schüchternheit *f*.

tim·ing ['taɪmɪŋ] *s.* **1.** Timing *n* (*a. sport*), zeitliche Abstimmung *od.* Berechnung; **2.** Wahl *f* des richtigen Zeitpunkts; **3.** (gewählter) Zeitpunkt; **4.** ⚙, *mot.* (zeitliche) Steuerung, (*Ventil-, Zündpunkt- etc.*)Einstellung *f*.

tim·or·ous ['tɪmərəs] *adj.* □ → ***timid***.

Tim·o·thy ['tɪməθɪ] *npr. u. s. bibl.* (Brief *m* des Paulus an) Ti'motheus *m*.

tim·pa·nist ['tɪmpənɪst] *s.* ♪ Pauker *m*; **tim·pa·no** ['tɪmpənəʊ] *pl.* **-ni** [-nɪ] *s.* (Kessel)Pauke *f*.

tin [tɪn] **I** *s.* **1.** ⚗, ⚙ Zinn *n*; **2.** (Weiß-) Blech *n*; **3.** (Blech-, *bsd. Brit.* Kon'serven)Dose *f*, (-)Büchse *f*; **4.** *sl.* ‚Piepen' *pl.* (*Geld*); **II** *adj.* **5.** zinnern, Zinn...; **6.** Blech..., blechern (*a. fig. contp.*); **III** *v/t.* **7.** verzinnen; **8.** *Brit.* eindosen, (in Büchsen) einmachen *od.* packen, konservieren; → ***tinned*** 2; **~ can** *s.* **1.** Blechdose *f*; **2.** ⚓ *sl.* Zerstörer *m*; '**~-coat** *v/t.* ⚙ feuerverzinnen; **~ cry** *s.* ⚙ Zinngeschrei *n*.

tinc·ture ['tɪŋktʃə] **I** *s.* **1.** *pharm.* Tink'tur *f*; **2.** *poet.* Farbe *f*; **3.** *her.* Farbe *f*, Tink'tur *f*; **4.** *fig.* a) Spur *f*, Beigeschmack *m*, b) Anstrich *m*: ***~ of education***; **II** *v/t.* **5.** färben; **6.** *fig.* a) → ***tinge*** 2, b) durch'dringen (***with*** mit).

tin·der ['tɪndə] *s.* Zunder *m*; '**~·box** *s.* **1.** Zunderbüchse *f*; **2.** *fig.* Pulverfaß *n*.

tine [taɪn] *s.* **1.** Zinke *f*, Zacke *f* (*Gabel etc.*); **2.** *hunt.* (Geweih)Sprosse *f*.

tin| fish *s.* ⚓ *sl.* ‚Aal' *m* (*Torpedo*); **~ foil** *s.* **1.** Stanni'ol *n*; **2.** Stanni'olpa,pier *n*; '**~-foil I** *v/t.* **1.** mit Stanni'ol belegen; **2.** in Stanni'ol(pa,pier) verpacken; **II** *adj.* **3.** Stanniol...

ting [tɪŋ] **I** *s.* Klingeln *n*; **II** *v/t.* klingeln mit; **III** *v/i.* klingeln; **~-a-ling** [,tɪŋə'lɪŋ] *s.* Kling'ling *n*.

tinge [tɪndʒ] **I** *v/t.* **1.** tönen, (leicht) färben; **2.** *fig.* e-n Anstrich geben (*dat.*): ***be ~d with*** e-n Anflug haben von, et. von ... an sich haben; **II** *v/i.* **3.** sich färben; **III** *s.* **4.** leichter Farbton, Tönung *f*: ***have a ~ of red*** e-n Stich ins Rote haben, ins Rote spielen; **5.** *fig.* Anstrich *m*, Anflug *m*, Spur *f*.

tin·gle ['tɪŋgl] **I** *v/i.* **1.** prickeln, kribbeln, beißen, brennen (*Haut, Ohren etc.*) (***with cold*** vor Kälte); **2.** klingen, summen (***with*** vor *dat.*): ***my ears are tingling*** mir klingen die Ohren; **3. ~ *with*** *fig.* ‚knistern' vor *Spannung, Erotik etc.*: ***the story ~s with suspense***; **4.** flirren (*Hitze, Licht*); **II** *s.* **5.** Prikkeln *n etc.*; **6.** Klingen *n in den Ohren*; **7.** (ner'vöse) Erregung.

tin| god *s.* Götze *m*, Popanz *m*; **~ hat** *s.* ⚔ F Stahlhelm *m*; '**~·horn** *Am. sl.* **I** *adj.* angeberisch, hochstaplerisch; **II** *s.* Hochstapler *m*, Angeber *m*.

tink·er ['tɪŋkə] **I** *s.* **1.** Kesselflicker *m*: ***not worth a ~'s cuss*** keinen Pfifferling wert; **2.** a) Pfuscher *m*, Stümper *m*, b) Bastler *m*, Tüftler *m*; **3.** Pfusche'rei *f*: ***have a ~ at*** an *et.* herumpfuschen; **II** *v/i.* **4.** her'umbasteln, -pfuschen (***at, with*** an *dat.*); **III** *v/t.* **5.** *mst* **~ *up*** (rasch) zs.-flicken; zu'rechtbasteln *od.* -pfuschen (*a. fig.*).

tin·kle ['tɪŋkl] **I** *v/i.* klingeln, hell (er-) klingen; **II** *v/t.* klingeln mit; **III** *s.* Klingeln *n*, (*a. fig.* Vers-, Wort)Geklingel *n*: ***give s.o. a. ~*** *Brit.* F j-n ‚anklingeln'; ***have a ~*** F ‚pinkeln'.

tin| Liz·zie ['lɪzɪ] *s. humor.* alter Klapperkasten (*Auto*); '**~·man** [-mən] *s.* [*irr.*] **1.** Zinngießer *m*; **2.** → ***tinsmith***.

tinned [tɪnd] *adj.* **1.** verzinnt; **2.** *Brit.* konserviert, Dosen..., Büchsen...: **~ *fruit*** Obstkonserven *pl.*; **~ *meat*** Büchsenfleisch *n*; **~ *music*** *humor.* ‚Musik *f* aus der Konserve'; **tin·ner** ['tɪnə] *s.* **1.** → ***tinsmith***; **2.** Verzinner *m*.

tin·ny ['tɪnɪ] *adj.* **1.** zinnern; **2.** zinnhaltig; **3.** blechern (*a. fig. Klang*).

tin o·pen·er *s. Brit.* Dosen-, Büchsenöffner *m*; ♀ **Pan Al·ley** [,tɪnpæn'ælɪ] *s.* (Zentrum *n* der) 'Schlagerindu,strie *f*; **~ plate** *s.* Weiß-, Zinnblech *n*; '**~-plate** *v/t.* verzinnen; '**~·pot I** *s.* Blechtopf *m*; **II** *adj. sl.* ‚schäbig', ‚billig'.

tin·sel ['tɪnsl] **I** *s.* **1.** Flitter-, Rauschgold *n*, -silber *n*; **2.** La'metta *n*; **3.** Glitzerschmuck *m*; **4.** *fig.* Flitterkram *m*, Kitsch *m*; **II** *adj.* **5.** Flitter...; **6.** *fig.* flitterhaft, kitschig, Flitter..., Schein...; **III** *v/t.* **7.** mit Flitterwerk verzieren.

'**tin|·smith** *s.* Blechschmied *m*, Klempner *m*; **~ sol·der** *s.* ⚙ Weichlot *n*, Lötzinn *n*.

tint [tɪnt] **I** *s.* **1.** (hellgetönte *od.* zarte) Farbe; **2.** (Farb)Ton *m*, Tönung *f*: ***autumnal ~s*** Herbstfärbung *f*; ***have a bluish ~*** ins Blaue spielen, e-n Stich ins Blaue haben; **3.** *paint.* Weißmischung *f*; **II** *v/t.* **4.** (leicht) färben: ***~ed glass*** Rauchglas *n*; ***~ed paper*** Tonpapier *n*; **5.** a) (ab)tönen, b) aufhellen.

tin·tin·nab·u·la·tion ['tɪntɪ,næbjʊ'leɪʃn] *s.* Geklingel *n*.

ti·ny ['taɪnɪ] **I** *adj.* winzig (*a. Geräusch etc.*); **II** *s.* Kleine(r *m*) *f* (*Kind*).

tip[1] [tɪp] **I** *s.* **1.** (Schwanz-, Stock- *etc.*) Spitze *f*, (Flügel- *etc.*)Ende *n*: **~ *of the ear*** Ohrläppchen *n*; **~ *of the finger*** (***nose, tongue***) Finger- (Nasen-, Zungen)spitze; ***have s.th. at the ~s of one's fingers*** et. ‚parat' haben, et. aus dem Effeff können; ***I have it on the ~ of my tongue*** es schwebt mir auf der Zunge; **2.** Gipfel *m*, (Berg)Spitze *f*; → ***iceberg***; **3.** ⚙ spitzes Endstück, *bsd.* a) (*Stock- etc.*)Zwinge *f*, b) Düse *f*, c) Tülle *f*, d) (Schuh)Kappe *f*; **4.** Filter *m e-r*

Zigarette; **II** *v/t.* **5.** ⚙ mit e-r Spitze *etc.* versehen; beschlagen, bewehren; **6.** *Büsche etc.* stutzen.

tip² [tɪp] **I** *s.* **1.** Neigung *f*: ***give s.th. a ~*** → 3; **2.** (Schutt- *etc.*)Abladeplatz *m*, (*a.* Kohlen)Halde *f*; **II** *v/t.* **3.** kippen, neigen; → ***scale²*** 1; **4.** *mst* ***~ over*** 'umkippen; **5.** *Hut* abnehmen, an *den Hut* tippen (*zum Gruß*); **6.** *Brit. Müll etc.* abladen; **III** *v/i.* **7.** sich neigen; **8.** *mst* ***~ over*** umkippen; ✈ auf den Kopf gehen (*beim Landen*); **~ off** *v/t.* **1.** abladen; **2.** *sl. Glas Bier etc.* ‚hin'unterkippen'; **~ out I** *v/t.* ausschütten; **II** *v/i.* her'ausfallen; **~ o·ver** → ***tip²*** 4 *u.* 8; **~ up** *v/t. u. v/i.* **1.** hochkippen, -klappen; **2.** umkippen.

tip³ [tɪp] **I** *s.* **1.** Trinkgeld *n*; **2.** (Wett-*etc.*)Tip *m*; **3.** Tip *m*, Wink *m*, Fingerzeig *m*, Rat *m*; **II** *v/t.* **4.** *j-m* ein Trinkgeld geben; **5.** F *j-m* e-n Tip *od.* Wink geben: ***~ s.o. off***, ***~ s.o. the wink*** j-m (rechtzeitig) e-n Tip geben, j-n warnen; **6.** *sport* tippen auf (*acc.*); **III** *v/i.* **7.** Trinkgeld(er) geben.

tip⁴ [tɪp] **I** *s.* Klaps *m*; leichte Berührung; **II** *v/t.* leicht schlagen; antippen, antupfen.

tip| and run *s. Brit. Art* Kricket *n*; **ˌ~-and-'run** *adj. fig.* Überraschungs…, blitzschnell: ***~ raider*** ⚔ Einbruchsflieger *m*; **'~·cart** *s.* Kippwagen *m*.

'tip-off *s.* **1.** Tip *m*, Wink *m*; **2.** *sport* Sprungball *m*.

tipped [tɪpt] *adj.* **1.** mit e-m Endstück *od.* e-r Zwinge, Spitze *etc.* versehen; **2.** mit Filter (*Zigarette*).

tip·per ['tɪpə] *s.* ⚙ Kippwagen *m*.

tip·pet ['tɪpɪt] *s.* **1.** Pele'rine *f*, (her'abhängender) Pelzkragen; **2.** *eccl.* (Seiden)Halsband *n*, (-)Schärpe *f*.

tip·ple ['tɪpl] **I** *v/t. u. v/i.* ‚picheln'; **II** *s.* (alko'holisches) Getränk; **'tip·pler** [-lə] *s.* ‚Pichler' *m*, Säufer *m*.

tip·si·fy ['tɪpsɪfaɪ] *v/t.* beduseln; **'tip·si·ness** [-ɪnɪs] *s.* Beschwipstheit *f*.

'tip·staff *pl.* **-staves** *s.* **1.** *hist.* Amtsstab *m*; **2.** Gerichtsdiener *m*.

tip·ster ['tɪpstə] *s.* **1.** *bsd. Rennsport u. Börse*: (berufsmäßiger) Tipgeber; **2.** Infor'mant *m*.

tip·sy ['tɪpsɪ] *adj.* □ **1.** angeheitert, beschwipst; **2.** wack(e)lig, schief; **~ cake** *s. mit Wein getränkter u. mit Eiercreme servierter Kuchen.*

'tip|-ˌtilt·ed *adj.*: ***~ nose*** Stupsnase *f*; **'~·toe I** *s.*: ***on ~*** a) auf den Zehenspitzen, b) *fig.* neugierig, gespannt (***with*** vor *dat.*), c) darauf brennend (*et. zu tun*); **II** *adj. u. adv.* → I; **III** *v/i.* auf den Zehenspitzen gehen, schleichen; **ˌ~'top I** *s.* Gipfel *m*, *fig. a.* Höhepunkt *m*; **II** *adj. u. adv.* F 'tipp'topp, erstklassig; **'~-up** *adj.* aufklappbar: ***~ seat*** Klappsitz *m*.

ti·rade [taɪ'reɪd] *s.* **1.** Ti'rade *f* (*a.* ♪), Wortschwall *m*; **2.** 'Schimpfkanoˌnade *f*.

tire¹ ['taɪə] **I** *v/t.* ermüden (*a. fig. langweilen*): ***~ out*** erschöpfen; ***~ to death*** a) todmüde machen, b) *fig.* tödlich langweilen; **II** *v/i.* müde werden: a) ermüden, ermatten, b) *fig.* 'überdrüssig werden (***of*** *gen.*, ***of doing*** zu tun).

tire² ['taɪə] *mot. bsd. Am.* **I** *s.* (Rad-, Auto)Reifen *m*; **II** *v/t.* bereifen.

tire³ ['taɪə] *obs.* **I** *v/t.* schmücken; **II** *s.* a) (Kopf)Putz *m*, Schmuck *m*, b) (schöne) Kleidung, Kleid *n*.

tire| cas·ing *s. mot.* (Reifen)Mantel *m*, (-)Decke *f*; **~ chain** *s. mot.* Schneekette *f*.

tired¹ ['taɪəd] *adj.* **1.** müde: a) ermüdet (***by***, ***with*** von): ***~ to death*** todmüde, b) 'überdrüssig (***of*** *gen.*); ***I am ~ of it*** *fig.* ich habe es satt; **2.** erschöpft, verbraucht; **3.** abgenutzt.

tired² ['taɪəd] *adj.* ⚙, *mot.* bereift.

tired·ness ['taɪədnɪs] *s.* **1.** Müdigkeit *f*; **2.** *fig.* 'Überdruß *m*.

tire| ga(u)ge *s. mot.* Reifendruckmesser *m*; **~ grip** *s.* ⚙ Griffigkeit *f* der Reifen.

tire·less¹ ['taɪəlɪs] *adj.* ⚙ unbereift.

tire·less² ['taɪəlɪs] *adj.* □ unermüdlich; **'tire·less·ness** [-nɪs] *s.* Unermüdlichkeit *f*.

tire| le·ver *s. mot.* ('Reifen)Monˌtierhebel *m*; **~ marks** *s. pl. mot.* Reifen-, Bremsspur(en *pl.*) *f*; **~ rim** *s.* Reifenwulst *m*.

tire·some ['taɪəsəm] *adj.* □ **1.** ermüdend (*a. fig.*); **2.** *fig.* unangenehm, lästig.

'tireˌwom·an *s.* [*irr.*] *obs.* **1.** Kammerzofe *f*; **2.** *thea.* Garderobi'ere *f*.

ti·ro → ***tyro***.

Tir·o·lese [ˌtɪrə'liːz] **I** *adj.* ti'rolerisch, ti'rolisch, Tiroler(…); **II** *s.* Ti'roler(in).

'T-ˌi·ron *s.* ⚙ T-Eisen *n*.

tis·sue ['tɪʃuː; 'tɪsjuː] *s.* **1.** *biol.* (Zell-, Muskel- *etc.*)Gewebe *n*; **2.** ✝ feines Gewebe, Flor *m*; **3.** *a.* ***~ paper*** 'Seidenpaˌpier *n*; **4.** Pa'pier(taschen)tuch *n*; **5.** *phot.* 'Kohlepaˌpier *n*; **6.** *fig.* (*Lügen- etc.*)Gewebe *n*, Netz *n*.

tit¹ [tɪt] *s. orn.* Meise *f*.

tit² [tɪt] *s.*: ***~ for tat*** wie du mir, so ich dir; ***give s.o. ~ for tat*** j-m mit gleicher Münze heimzahlen.

tit[3] [tɪt] *s.* **1.** → ***teat***; **2.** *vulg.* ‚Titte' *f.*

Ti·tan ['taɪtən] *s.* Ti'tan *m*; **'Ti·tan·ess** [-tənɪs] *s.* Ti'tanin *f*; **ti·tan·ic** [taɪ'tænɪk] *adj.* **1.** ti'tanisch, gi'gantisch; **2.** ⚗ Titan…: ~ ***acid***; **ti·ta·ni·um** [taɪ'teɪnjəm] *s.* ⚗ Ti'tan *n*.

tit·bit ['tɪtbɪt] *s.* Leckerbissen *m* (*a. fig.*).

tith·a·ble ['taɪðəbl] *adj.* zehntpflichtig.

tithe [taɪð] **I** *s.* **1.** *oft pl. bsd. eccl.* Zehnte *m*; **2.** Zehntel *n*: ***not a ~ of it*** *fig.* nicht ein bißchen davon; **II** *v/t.* **3.** den Zehnten bezahlen von; **4.** den Zehnten erheben von.

tit·il·late ['tɪtɪleɪt] *v/t. u. v/i.* kitzeln (*a. fig. angenehm erregen*); **tit·il·la·tion** [ˌtɪtɪ'leɪʃn] *s.* **1.** Kitzeln *n*; **2.** *fig.* Kitzel *m*.

tit·i·vate ['tɪtɪveɪt] *v/t. u. v/i. humor.* (sich) feinmachen, (sich) her'ausputzen.

tit·lark ['tɪtlɑːk] *s. orn.* Pieper *m*.

ti·tle ['taɪtl] *s.* **1.** (*Buch- etc.*)Titel *m*; **2.** (Ka'pitel- *etc.*)ˌÜberschrift *f*; **3.** (Haupt)Abschnitt *m e-s Gesetzes etc.*; **4.** *Film*: 'Untertitel *m*; **5.** Bezeichnung *f*; **6.** (Adels-, Ehren-, Amts)Titel *m*: ~ ***of nobility*** Adelsprädikat *n*; **7.** *sport* Titel *m*; **8.** ⚖ a) Rechtstitel *m*, -anspruch *m*, Recht *n* (***to*** auf *acc.*), b) dingliches Eigentum(srecht) (***to*** an *dat.*), c) Eigentumsurkunde *f*; **9.** *allg.* Recht *n* (***to*** auf *acc.*), Berechtigung *f* (***to do*** zu tun); **10.** *typ.* a) → ***title page***, b) Buchrücken *m*; **'ti·tled** [-ld] *adj.* **1.** betitelt, tituliert; **2.** ad(e)lig.

ti·tle| deed → ***title*** 8 c; **'~ˌhold·er** *s.* **1.** ⚖ (Rechts)Titelinhaber(in); **2.** *sport* Titelhalter(in), -verteidiger(in); **~ page** *s.* Titelblatt *n*; **~ role** *s. thea.* Titelrolle *f*.

'tit·mouse *s.* [*irr.*] *orn.* Meise *f*.

ti·trate ['taɪtreɪt] *v/t. u. v/i.* ⚗ titrieren.

tit·ter ['tɪtə] **I** *v/i.* kichern; **II** *s.* Gekicher *n*, Kichern *n*.

tit·tle ['tɪtl] *s.* **1.** Pünktchen *n*, (*bsd.* I-) Tüpfelchen *n*; **2.** *fig.* Tüttelchen *n*, *das* bißchen: ***to a ~*** aufs I-Tüpfelchen *od.* Haar, ganz genau; ***not a ~ of it*** nicht ein Iota (davon).

'tit·tle-ˌtat·tle **I** *s.* **1.** Schnickschnack *m*, Geschwätz *n*; **2.** Klatsch *m*, Tratsch *m*; **II** *v/i.* **3.** schwatzen, schwätzen; **4.** tratschen.

tit·u·lar ['tɪtjʊlə] **I** *adj.* ☐ **1.** Titel…; **2.** Titular…, nomi'nell: ~ ***king*** Titularkönig *m*; **II** *s.* **3.** Titu'lar *m*.

Ti·tus ['taɪtəs] *npr. u. s. bibl.* (Brief *m* des Paulus an) Titus *m*.

tiz·zy ['tɪzɪ] *s.* F Aufregung *f*.

to [tuː; *im Satz mst* tʊ; *vor Konsonanten* tə] **I** *prp.* **1.** *Grundbedeutung*: zu; **2.** *Richtung u. Ziel, räumlich*: zu, nach, an (*acc.*), in (*acc.*), auf (*acc.*): ~ ***bed*** zu Bett *gehen*; ~ ***London*** nach London *reisen etc.*; ~ ***school*** in die Schule *gehen*; ~ ***the ground*** auf den *od.* zu Boden *fallen*, *werfen etc.*; ~ ***the station*** zum Bahnhof; ~ ***the wall*** an die Wand *nageln etc.*; ~ ***the right*** auf der rechten Seite, rechts; ***back ~ back*** Rücken an Rücken; **3.** in (*dat.*): ***I have never been ~ London***; **4.** *Richtung*, *Ziel*, *Zweck*, *Wirkung*: zu, auf (*acc.*), an (*acc.*), in (*acc.*), für, gegen: ***pray ~ God*** zu Gott beten; ***our duty ~*** unsere Pflicht *j-m* gegenüber; ~ ***dinner*** zum Essen *einladen etc.*; ~ ***my surprise*** zu m-r Überraschung; ***pleasant ~ the ear*** angenehm für das Ohr; ***here's ~ you!*** F (auf) Ihre Gesundheit!, Prosit!; ***what is that ~ you?*** was geht das Sie an?; ~ ***a large audience*** vor e-m großen Publikum *spielen*; **5.** *Zugehörigkeit*: zu, in (*acc.*), für, auf (*acc.*): ***cousin ~*** Vetter des *Königs etc.*, der *Frau N.*, von *N.*; ***he is a brother ~ her*** er ist ihr Bruder; ***secretary ~*** Sekretär des …, *j-s* Sekretär; ***that is all there is ~ it*** das ist alles; ***a cap with a tassel ~ it*** e-e Mütze mit e-r Troddel (daran); ***a room ~ myself*** ein eigenes Zimmer; ***a key ~ the trunk*** ein Schlüssel für den (*od.* zum) Koffer; **6.** *Gemäßheit*: nach: ~ ***my feeling*** m-m Gefühl nach; ***not ~ my taste*** nicht nach m-m Geschmack; **7.** (im Verhältnis *od.* Vergleich) zu, gegen, gegen'über, auf (*acc.*), mit: ***you are but a child ~ him*** Sie sind nur ein Kind gegen ihn; ***nothing ~*** nichts im Vergleich zu; ***five ~ one*** fünf gegen eins, *sport etc.* fünf zu eins; ***three ~ the pound*** drei auf das Pfund; **8.** *Ausmaß*, *Grenze*: bis, (bis) zu, (bis) an (*acc.*), auf (*acc.*), in (*dat.*): ~ ***the clouds***; ***goods ~ the value of*** Waren im Werte von; ***love ~ craziness*** bis zum Wahnsinn lieben; **9.** *zeitliche Ausdehnung od. Grenze*: bis, bis zu, bis gegen, auf (*acc.*), vor (*dat.*): ***a quarter ~ one*** ein Viertel vor eins; ***from three ~ four*** von drei bis vier (Uhr); ~ ***this day*** bis zum heutigen Tag; ~ ***the minute*** auf die Minute (genau); **10.** *Begleitung*: zu, nach: ~ ***a guitar*** zu e-r Gitarre *singen*; ~ ***a tune*** nach e-r Melodie *tanzen*; **11.** *zur Bildung des (betonten) Dativs*: ~ ***me***, ***you*** *etc.* mir, dir, Ihnen *etc.*; ***it seems ~ me*** es scheint mir; ***she was a good mother ~ him*** sie war ihm e-e gute Mutter; **12.** *zur Bezeichnung des Infinitivs*: ~ ***be or not ~ be*** sein oder nicht sein; ~ ***go*** gehen; ***I want ~ go*** ich möchte gehen; ***easy ~ understand*** leicht zu verstehen; ***years ~ come*** künftige Jahre; ***I want her ~ come*** ich will, daß sie kommt; **13.** *Zweck, Absicht*: um zu, zu: ***he only does it ~ earn money*** er tut es nur, um Geld zu verdienen; **14.** *zur Verkürzung des Nebensatzes*: ***I weep ~ think of it*** ich weine, wenn ich daran denke; ***he was the first ~ arrive*** er kam als erster; ***~ be honest, I should decline*** wenn ich ehrlich sein soll, muß ich ablehnen; ***~ hear him talk*** wenn man ihn (so) reden hört; **15.** *zur Andeutung e-s aus dem vorhergehenden zu ergänzenden Infinitivs*: ***I don't go because I don't want ~*** ich gehe nicht, weil ich nicht (gehen) will; **II** *adv.* [tu:] **16.** zu, geschlossen: ***pull the door ~*** die Tür zuziehen; **17.** *bei verschiedenen Verben*: dran; → ***fall to***, ***put to*** *etc.*; **18.** zu Bewußtsein *od.* zu sich *kommen*, *bringen*; **19.** ⚓ nahe am Wind: ***keep her ~!***; **20.** ***~ and fro*** a) hin u. her, b) auf u. ab.

toad [təʊd] *s.* **1.** *zo.* Kröte *f*: ***a ~ under a harrow*** *fig.* ein geplagter Mensch; **2.** Ekel *n* (*Person*); **'~ˌeat·ing I** *s.* Speichellecke'rei *f*; **II** *adj.* speichelleckerisch; **'~·flax** *s.* ⚘ Leinkraut *n*; **ˌ~-in-the-'hole** *s. in Pfannkuchenteig gebackene Würste*; **'~·stool** *s. bot.* **1.** (größerer Blätter)Pilz; **2.** Giftpilz *m*.

toad·y ['təʊdɪ] **I** *s.* Speichellecker *m*; **II** *v/i.* (*v/t.* vor *j-m*) kriechen *od.* scharˈwenzeln; **'toad·y·ism** [-ɪɪzəm] *s.* Speichellecke'rei *f*.

to-and-fro [ˌtu:ən'frəʊ] *s.* Hin u. Her *n*; Kommen u. Gehen *n*.

toast¹ [təʊst] **I** *s.* **1.** Toast *m*, geröstete (Weiß)Brotschnitte: ***have s.o. on ~*** *Brit. sl.* j-n ganz in der Hand haben; **II** *v/t.* **2.** toasten, rösten; **3.** sich *die Hände etc.* wärmen; **III** *v/i.* **4.** sich rösten *od.* toasten lassen; **5.** F sich *von der Sonne* braten lassen.

toast² [təʊst] **I** *s.* **1.** Trinkspruch *m*, Toast *m*: ***propose a ~ to s.o.*** e-n Toast auf j-n ausbringen; **2.** gefeierte Per'son *od.* Sache; **II** *v/t.* **3.** toasten *od.* trinken auf (*acc.*); **III** *v/i.* **4.** toasten (***to*** auf *acc.*).

toast·er ['təʊstə] *s.* Toaster *m*.

to·bac·co [tə'bækəʊ] *pl.* **-cos** *s.* **1.** *a.* ***~ plant*** Tabak(pflanze *f*) *m*; **2.** (Rauch- *etc.*)Tabak *m*: ***~ heart*** ⚕ Nikotinherz *n*; **to'bac·co·nist** [-kənɪst] *s.* Tabak(waren)händler *m*: ***~'s (shop)*** Tabak(waren)laden *m*.

to·bog·gan [tə'bɒgən] **I** *s.* **1.** (Rodel-) Schlitten *m*; **2.** *Am.* Rodelhang *m*; **II** *v/i.* **3.** rodeln; **~ chute**, **~ slide** *s.* Rodelbahn *f*.

to·by ['təʊbɪ] *s. a.* ***~ jug*** Bierkrug *m in Gestalt e-s dicken, alten Mannes*.

toc·sin ['tɒksɪn] *s.* **1.** A'larm-, Sturmglocke *f*; **2.** A'larm-, 'Warnsiˌgnal *n*.

tod [tɒd] *s.*: ***on one's ~*** *Brit. sl.* allein.

to·day [tə'deɪ] **I** *adv.* **1.** heute; **2.** heute, heutzutage; **II** *s.* **3.** heutiger Tag: ***~'s paper*** die heutige Zeitung, die Zeitung von heute; ***~'s rate*** ✝ Tageskurs *m*; **4.** *das* Heute, heutige Zeit, Gegenwart *f*: ***of ~, ~'s*** von heute, heutig, Tages…, der Gegenwart.

tod·dle ['tɒdl] **I** *v/i.* **1.** watscheln (*bsd. kleine Kinder*); **2.** F (da'hin)zotteln: ***~ off*** sich trollen, ‚abhauen'; **II** *s.* **3.** Watscheln *n*; **4.** F Bummel *m*; **5.** F → **'tod·dler** [-lə] *s.* Kleinkind *n*.

tod·dy ['tɒdɪ] *s.* Toddy *m*: a) *Art Grog*, b) Palmwein *m*.

to-do [tə'du:] *s.* F **1.** Lärm *m*; **2.** Ge'tue *n*, ‚Wirbel' *m*, ‚The'ater' *n*: ***make much ~ about s.th.*** viel Wind um e-e Sache machen.

toe [təʊ] **I** *s.* **1.** *anat.* Zehe *f*: ***on one's ~s*** F ‚auf Draht'; ***turn one's ~s in (out)*** einwärts (auswärts) gehen; ***turn up one's ~s*** *sl.* ins Gras beißen; ***tread on s.o.'s ~s*** F *fig.* ‚j-m auf die Hühneraugen treten'; **2.** Vorderhuf *m* (*Pferd*); **3.** Spitze *f*, Kappe *f von Schuhen, Strümpfen etc.*; **4.** ⚙ a) (Well)Zapfen *m*, b) Nocken *m*, Daumen *m*, c) 🚂 Keil *m* (*Weiche*); **5.** *sport* Löffel *m* (*Golfschläger*); **II** *v/t.* **6.** a) *Strümpfe* mit neuen Spitzen versehen, b) *Schuhe* bekappen; **7.** mit den Zehen berühren: ***~ the line*** a) *a.* ***~ the mark*** in e-r Reihe (*sport* zum Start) antreten, b) *pol.* sich der Parteilinie unterwerfen, ‚spuren' (*a. weitS. gehorchen*); **8.** *sport den Ball* spitzeln; **9.** *sl. j-m* e-n (Fuß)Tritt versetzen; **10.** *Golf*: *Ball* mit dem Löffel schlagen; **'~·board** *s. sport* Stoß-, Wurfbalken *m*; **'~·cap** *s.* (Schuh)Kappe *f*.

-toed [təʊd] *in Zssgn* …zehig.

'toe|ˌdanc·er *s.* Spitzentänzer(in); **'~-hold** *s.* **1.** Halt *m* für die Zehen (*beim Klettern*); **2.** *fig.* a) Ansatzpunkt *m*, b) Brückenkopf *m*, 'Ausgangspositiˌon *f*: ***get a ~*** Fuß fassen; **3.** *Ringen*: Zehengriff *m*; **'~·nail** *s.* Zehennagel *m*; **~ spin** *s.* 'Spitzenpirouˌette *f*.

toff [tɒf] *s. Brit. sl.* ‚Fatzke' *m*.

tof·fee, tof·fy ['tɒfɪ] *s. Brit.* 'Sahnebonˌbon *m*, *n*, Toffee *n*: ***he can't shoot for ~*** F vom Schießen hat er keine Ahnung;

not for ~ F nicht für Geld u. gute Worte; '**~-nosed** *adj.* F eingebildet.

tog [tɒg] F **I** *s. pl.* ‚Kla'motten' *pl*: ***golf ~s*** Golfdreß *m*; **II** *v/t.*: ***~ o.s. up*** sich ‚in Schale werfen'.

to·geth·er [tə'geðə] **I** *adv.* **1.** zu'sammen: ***call*** (***sew***) ***~*** zs.-rufen (-nähen); **2.** zu-, bei'sammen, mitein'ander, gemeinsam; **3.** zusammen (genommen); **4.** mitein'ander *od.* gegenein'ander: ***fight ~***; **5.** zu'gleich, gleichzeitig, zusammen; **6.** *Tage etc.* nach-, hinterein'ander, *e-e Zeit* lang *od.* hin'durch: ***he talked for hours ~*** er sprach stundenlang; **7. *~ with*** zusammen *od.* gemeinsam mit, mit(samt); **II** *adj.* **8.** *Am. sl.* ausgeglichen (*Person*); **to'geth·er·ness** [-nɪs] *s. bsd. Am.* Zs.-gehörigkeit(sgefühl *n*) *f*; Einheit *f*; Nähe *f*.

tog·ger·y ['tɒgərɪ] → ***tog*** I.

tog·gle ['tɒgl] **I** *s.* **1.** ⚙, ⚓ Knebel *m*; **2.** *a.* ***~ joint*** ⚙ Knebel-, Kniegelenk *n*; **II** *v/t.* **3.** festknebeln; **~ switch** *s.* ⚡ Kippschalter *m*.

toil[1] [tɔɪl] *s. mst pl. fig.* Schlingen *pl.*, Netz *n*: ***in the ~s of*** a) in den Schlingen *od.* Fängen des *Satans etc.*, b) in *Schulden etc.* verstrickt.

toil[2] [tɔɪl] **I** *s.* (mühselige) Arbeit, Mühe *f*, Plage *f*, Placke'rei *f*; **II** *v/i. a.* ***~ and moil*** sich abmühen *od.* abplacken *od.* quälen (***at***, ***on*** mit): ***~ up a hill*** e-n Berg mühsam erklimmen; '**toil·er** [-lə] *s. fig.* Arbeitstier *n*, Schwerarbeiter *m*.

toi·let ['tɔɪlɪt] *s.* **1.** Toi'lette *f*, Klo'sett *n*; **2.** Fri'sier-, Toi'lettentisch *m*; **3.** Toi'lette *f* (*Ankleiden etc.*): ***make one's ~*** Toilette machen; **4.** Toi'lette *f*, Kleidung *f*, *a.* (Abend)Kleid *n od.* (Gesellschafts)Anzug *m*; **~ bag** *s.* Kul'turbeutel *m*; **~ case** *s.* 'Reiseneces,saire *n*; **~ pa·per** *s.* Toi'letten-, Klo'settpa,pier *n*; **~ pow·der** *s.* Körperpuder *m*; **~ roll** *s.* Rolle *f* Klo'settpa,pier.

toi·let·ry ['tɔɪlɪtrɪ] *s.* Toi'lettenar,tikel *pl.*

toi·let| set *s.* Toi'lettengarni,tur *f*; **~ soap** *s.* Toi'lettenseife *f*; **~ ta·ble** → ***toilet*** 2.

toil·ful ['tɔɪlfʊl], '**toil·some** [-səm] *adj.* □ mühsam, -selig; '**toil·some·ness** [-səmnɪs] *s.* Mühseligkeit *f*.

'**toil·worn** *adj.* abgearbeitet.

To·kay [təʊ'keɪ] *s.* To'kaier *m* (*Wein u. Traube*).

to·ken ['təʊkən] **I** *s.* **1.** Zeichen *n*: a) Anzeichen *n*, Merkmal *n*, b) Beweis *m*: ***as a*** (*od.* ***in***) ***~ of*** als *od.* zum Zeichen (*gen.*); ***by the same ~*** a) aus dem gleichen Grunde, mit demselben Recht, umgekehrt, b) ferner, überdies; **2.** Andenken *n*, (Erinnerungs)Geschenk *n*, ('Unter)Pfand *n*; **3.** *hist.* Scheidemünze *f*; **4.** (Me'tall)Marke *f* (*als Fahrausweis*); **5.** Spielmarke *f*; **6.** Gutschein *m*, Bon *m*; **II** *adj.* **7.** nomi'nell: ***~ money*** a) Scheidemünzen *pl.*, b) Not-, Ersatzgeld *n*; ***~ payment*** symbolische Zahlung; ***~ strike*** (kurzer) Warnstreik; **8.** Alibi…: ***~ negro***; ***~ woman***; **9.** Schein…: ***~ raid*** Scheinangriff *m*.

told [təʊld] *pret. u. p.p. von* ***tell***.

tol·er·a·ble ['tɒlərəbl] *adj.* □ **1.** erträglich; **2.** *fig.* leidlich, mittelmäßig, erträglich; **3.** F ‚einigermaßen' (*gesund*), ‚so la'la'; '**tol·er·a·ble·ness** [-nɪs] *s.* Erträglichkeit *f*; '**tol·er·ance** [-rəns] *s.* **1.** Tole'ranz *f*, Duldsamkeit *f*; **2.** (***of***) a) Duldung *f* (*gen.*), b) Nachsicht *f* (mit); **3.** ⚕ a) Tole'ranz *f*, 'Widerstandsfähigkeit *f* (***for*** gegen), b) Verträglichkeit *f*; **4.** ⚙ Tole'ranz *f*, zulässige Abweichung, Spiel *n*, Fehlergrenze *f*; '**tol·er·ant** [-rənt] *adj.* □ **1.** tole'rant, duldsam (***of*** gegen); **2.** geduldig, nachsichtig (***of*** mit); **3.** ⚕ 'widerstandsfähig (***of*** gegen); **tol·er·ate** ['tɒləreɪt] *v/t.* **1.** *j-n od. et.* dulden, tolerieren, *et. a.* zulassen, hinnehmen, *a. j-s Gesellschaft* ertragen; **2.** duldsam *od.* tole'rant sein gegen; **3.** *bsd.* ⚕ vertragen; **tol·er·a·tion** [,tɒlə'reɪʃn] *s.* **1.** Duldung *f*; **2.** → ***tolerance*** 1.

toll[1] [təʊl] **I** *v/t.* **1.** *bsd. Totenglocke* läuten, erschallen lassen; **2.** *Stunde* schlagen; **3.** (durch Glockengeläut) verkünden; die Totenglocke läuten für *j-n*; **II** *v/i.* **4.** a) läuten, schallen, b) schlagen (*Glocke*); **III** *s.* **5.** Geläut *n*; **6.** Glokkenschlag *m*.

toll[2] [təʊl] *s.* **1.** *hist.* (*bsd.* Wege-, Brükken)Zoll *m*; **2.** Straßenbenutzungsgebühr *f*, Maut *f*; **3.** Standgeld *n auf dem Markt etc.*; **4.** *Am.* Hafengebühr *f*; **5.** *teleph. Am.* Gebühr *f* für ein Ferngespräch; **6.** *fig.* Tri'but *m an Menschenleben etc.*, (Blut)Zoll *m*, (Zahl *f* der) Todesopfer *pl.*: ***the ~ of the road*** die Verkehrsopfer *od.* -unfälle; ***take its ~ of*** *fig. j-n* arg mitnehmen, s-n Tribut fordern von *j-m od. e-r Sache*, *Kräfte*, *Vorräte etc.* strapazieren; ***take a ~ of 100 lives*** 100 Todesopfer fordern (*Katastrophe*); **~ bar** → ***toll gate***; **~ call** *s. teleph.* **1.** *Am.* Ferngespräch *n*; **2.** *Brit. obs.* Nahverkehrsgespräch *n*; **~ gate** *s.* Schlagbaum *m e-r Mautstraße*; '**~·house** *s.* Mautstelle *f*; **~ road** *s.*, '**~·way** *s.* gebührenpflichtige Straße, Mautstraße *f*.

tol·u·ene ['tɒljʊi:n], '**tol·u·ol** [-jʊɒl] *s.*

⚗ Tolu'ol *n.*

tom [tɒm] *s.* **1.** Männchen *n kleinerer Tiere*: **~ turkey** Truthahn *m*, Puter *m*; **2.** Kater *m*; **3.** ♀ *abbr. für* **Thomas**: ♀ **and Jerry** *Am.* Eiergrog *m*; ♀**, Dick, and Harry** Hinz u. Kunz; ♀ **Thumb** Däumling *m.*

tom·a·hawk ['tɒməhɔːk] **I** *s.* Tomahawk *m*, Kriegsbeil *n der Indianer*: **bury** (**dig up**) **the ~** *fig.* das Kriegsbeil begraben (ausgraben); **II** *v/t.* mit dem Tomahawk (er)schlagen.

to·ma·to [tə'mɑːtəʊ] *pl.* **-toes** *s.* ⚘ To'mate *f.*

tomb [tuːm] *s.* **1.** Grab(stätte *f*) *n*; **2.** Grabmal *n*, Gruft *f*; **3.** *fig. das* Grab, *der* Tod.

tom·bac, **tom·bak** ['tɒmbæk] *s. metall.* Tombak *m.*

tom·bo·la [tɒm'bəʊlə] *s.* Tombola *f.*

tom·boy ['tɒmbɔɪ] *s.* Wildfang *m*, Range *f* (*Mädchen*); '**tom·boy·ish** [-bɔɪɪʃ] *adj.* ausgelassen, wild.

'**tomb·stone** ['tuːm-] *s.* Grabstein *m.*

'**tom·cat** *s.* Kater *m.*

tome [təʊm] *s.* **1.** Band *m e-s Werkes*; **2.** (dicker) Wälzer (*Buch*).

tom·fool [ˌtɒm'fuːl] **I** *s.* Einfaltspinsel *m*, Narr *m*; **II** *adj.* dumm; **III** *v/i.* (he'rum-) albern; **tom·fool·er·y** [tɒm'fuːlərɪ] *s.* Albernheit *f*, Unsinn *m.*

tom·my ['tɒmɪ] *s.* **1.** a) *a.* ♀ **Atkins** Tommy *m* (*der brit. Soldat*), b) *a.* ♀ F Tommy *m*, *brit.* Landser *m* (*einfacher Soldat*); **2.** *dial.* ‚Fres'salien' *pl.*, Verpflegung *f*; **3.** ⚙ a) (verstellbarer) Schraubenschlüssel, b) *a.* **~ bar** Knebelgriff *m*; ♀ **gun** *s.* ⚔ Ma'schinenpiˌstole *f*; ˌ**~'rot** *s.* F (purer) Blödsinn, Quatsch *m.*

to·mor·row [tə'mɒrəʊ] **I** *adv.* morgen: **~ week** morgen in e-r Woche *od.* acht Tagen; **~ morning** morgen früh; **~ night** morgen abend; **II** *s. der* morgige Tag, *das* Morgen: **~'s paper** die morgige Zeitung; **~ never comes** das werden wir nie erleben; **the day after ~** übermorgen.

'**tom·tit** *s. orn.* (Blau)Meise *f.*

ton¹ [tʌn] *s.* **1.** *engl.* Tonne *f* (*Gewicht*): a) *a.* **long ~** *bsd. Brit. = 2240 lbs. od. 1016,05 kg*, b) *a.* **short ~** *bsd. Am. = 2000 lbs. od. 907,18 kg*, c) *a.* **metric ~** metrische Tonne (= *2205 lbs. od. 1000 kg*); **2.** ⚓ Tonne *f* (*Raummaß*): a) **register ~** Registertonne (= *100 cubic feet od. 2,83 m³*), b) **gross register ~** Bruttoregistertonne (*Schiffsgrößenangabe*); **3. weigh a ~** F ‚wahnsinnig' schwer sein; **4.** *pl. e-e* Unmenge (**of money** Geld): **~s of times** ‚tausendmal'; **5. do the ~** *Brit. sl.* a) mit 100 Meilen fahren, b) 100 Meilen schaffen (*Auto etc.*).

ton² [tɔ̃ːŋ] (*Fr.*) *s.* **1.** *die* (herrschende) Mode; **2.** Ele'ganz *f*: **in the ~** modisch, elegant.

ton·al ['təʊnl] *adj.* ☐ ♪ **1.** Ton..., tonlich; **2.** to'nal; **to·nal·i·ty** [təʊ'nælətɪ] *s.* **1.** ♪ a) Tonali'tät *f*, Tonart *f*, b) 'Ton-, 'Klangchaˌrakter *m*; **2.** *paint.* Farbton *m*, Tönung *f.*

tone [təʊn] **I** *s.* **1.** *allg.* Ton *m*, Klang *m*: **heart ~s** ⚕ Herztöne; **2.** Ton *m*, Stimme *f*: **in an angry ~** in ärgerlichem Ton, mit zorniger Stimme; **3.** *ling.* a) Tonfall *m*, b) Tonhöhe *f*, Betonung *f*; **4.** ♪ a) Ton *m*, b) *Am.* Note *f*, c) Klang(farbe *f*) *m*; **5.** *paint.* (Farb)Ton *m*, Tönung *f* (*a. fig.*); **6.** ⚕ a) Tonus *m der Muskeln*, b) *fig.* Spannkraft *f*; **7.** *fig.* Geist *m*, Haltung *f*; **8.** Stimmung *f* (*a. Börse*); **9.** a) Ton *m*, Note *f*, Stil *m*, b) Ni'veau *n*: **set the ~ of** a) den Ton angeben für, b) den Stil *e-r Sache* bestimmen; **raise** (**lower**) **the ~** (**of**) das Niveau (*gen.*) heben (senken); **give ~ to** Niveau verleihen (*dat.*); **II** *v/t.* **10.** e-n Ton verleihen (*dat.*), e-e Färbung geben (*dat.*); **11.** *Farbe etc.* abtönen: **~ down** *Farbe*, *fig. Zorn etc.* dämpfen, mildern; **~ up** *paint. u. fig.* (ver)stärken; **12.** *phot.* tonen; **13.** *fig.* a) 'umformen, -modeln, b) regeln; **III** *v/i.* **14.** *a.* **~ in** (**with**) a) verschmelzen (mit), b) harmonieren (mit), passen (zu) (*bsd. Farbe*); **15. ~ down** sich mildern *od.* abschwächen; **16. ~ up** stärker werden; **~ arm** *s.* Tonarm *m am Plattenspieler*; **~ con·trol** *s.* ⚡ Klangregler *m.*

tone·less ['təʊnlɪs] *adj.* ☐ **1.** tonlos (*a. Stimme*); **2.** ausdruckslos.

tone po·em *s.* ♪ Tondichtung *f.*

tongs [tɒŋz] *s. pl. sg. konstr.* Zange *f*: **a pair of ~** eine Zange; **I would not touch that with a pair of ~** a) das würde ich nicht mal mit e-r Zange anfassen, b) *fig.* mit dieser Sache möchte ich nichts zu tun haben.

tongue [tʌŋ] **I** *s.* **1.** *anat.* Zunge *f* (*a. fig. Redeweise*): **malicious ~s** böse Zungen; **have a long** (**ready**) **~** geschwätzig (schlagfertig) sein; **find one's ~** die Sprache wiederfinden; **give ~** a) sich laut u. deutlich äußern (**to** zu), b) anschlagen (*Hund*), c) Laut geben (*Jagdhund*); **hold one's ~** den Mund halten; **keep a civil ~ in one's head** höflich bleiben; **put one's ~ out** (**at s.o.**) (j-m) die Zunge herausstrecken; **with** (**one's**) **~ in** (**one's**) **cheek** → **tongue-in-cheek**; → **wag** 1; **2.** Sprache *f e-s*

Volkes, Zunge *f*; **3.** *fig.* Zunge *f* (*Schuh*, *Flamme*, *Klarinette etc.*); **4.** (Glocken)Klöppel *m*; **5.** (Wagen-)Deichsel *f*; **6.** ⚙ Feder *f*, Spund *m*: **~ *and groove*** Feder u. Nut; **7.** Dorn *m* (*Schnalle*); **8.** Zeiger *m* (*Waage*); **9.** ↯ (Re'lais)Anker *m*; **10.** *geogr.* Landzunge *f*; **II** *v/t.* **11.** ♪ mit Flatterzunge blasen; **12.** ⚙ verzapfen; **tongued** [-ŋd] *adj.* **1.** *in Zssgn* …züngig; **2.** ⚙ gefedert, gezapft.

ˌ**tongue|-in-'cheek** *adj.* **1.** i'ronisch; **2.** mit Hintergedanken; '**~-ˌlash·ing** *s.* F Standpauke *f*; '**~-tied** *adj.* stumm, sprachlos (*vor Verlegenheit etc.*): ***be ~*** keinen Ton herausbringen; **~ twist·er** *s.* Zungenbrecher *m*.

ton·ic ['tɒnɪk] **I** *adj.* (□ **~*ally***) **1.** ⚕ tonisch: ***~ spasm*** Starrkrampf *m*; **2.** ⚕ stärkend, belebend (*a. fig.*): ***~ water*** Tonic *n*; **3.** *ling.* Ton…: ***~ accent*** musikalischer Akzent; **4.** ♪ Tonika…, (Grund)Ton…: ***~ chord*** Grundakkord *m*; ***~ major*** gleichnamige Dur-Tonart; ***~ sol-fa*** Tonika-Do-System *n*; **5.** *paint.* Tönungs…, Farbgebungs…; **II** *s.* **6.** ⚕ Stärkungsmittel *n*, Tonikum *n*; **7.** Tonic *n* (*Getränk*); **8.** *fig.* Stimulans *n*; **9.** ♪ Grundton *m*, Tonika *f*; **10.** *ling.* stimmhafter Laut; **to·nic·i·ty** [təʊ'nɪsətɪ] *s.* **1.** → ***tone*** 6; **2.** musi'kalischer Ton.

to·night [tə'naɪt] **I** *adv.* **1.** heute abend; **2.** heute nacht; **II** *s.* **3.** der heutige Abend; **4.** diese Nacht.

ton·nage ['tʌnɪdʒ] *s.* **1.** ⚓ Ton'nage *f*, Tonnengehalt *m*, Schiffsraum *m*; **2.** ⚓ Ge'samttonˌnage *f e-s Landes*; **3.** ⚓ Tonnengeld *n*; **4.** ⚙ (Ge'samt)Produktiˌon *f* (*Stahl etc.*).

tonne [tʌn] *s.* metrische Tonne.

ton·neau ['tɒnəʊ] *pl.* **-neaus** (*Fr.*) *s. mot.* hinterer Teil (*mit Rücksitzen*) e-s Autos.

ton·ner ['tʌnə] *s.* ⚓ *in Zssgn* …tonner, *ein* Schiff von … Tonnen.

to·nom·e·ter [təʊ'nɒmɪtə] *s.* **1.** ♪, *phys.* Tonhöhenmesser *m*; **2.** ⚕ Blutdruckmesser *m*.

ton·sil ['tɒnsl] *s. anat.* Mandel *f*; '**ton·sil·lar** [-sɪlə] *adj.* Mandel…; **ton·sil·lec·to·my** [ˌtɒnsɪ'lektəmɪ] *s.* ⚕ Mandelentfernung *f*; **ton·sil·li·tis** [ˌtɒnsɪ'laɪtɪs] *s.* ⚕ Mandelentzündung *f*.

ton·so·ri·al [tɒn'sɔːrɪəl] *adj. mst humor.* Barbier…: ***~ artist*** ‚Figaro' *m*.

ton·sure ['tɒnʃə] *eccl.* **I** *s.* **1.** Tonsurierung *f*; **2.** Ton'sur *f*; **II** *v/t.* **3.** tonsurieren.

to·ny ['təʊnɪ] *adj. Am.* F (tod)schick.

too [tuː] *adv.* **1.** (*vorangestellt*) zu, allzu: ***all ~ familiar*** allzu vertraut; ***~ fond of comfort*** zu sehr auf Bequemlichkeit bedacht; ***~ many*** zu viele; ***none ~ pleasant*** nicht gerade angenehm; **2.** F sehr, äußerst: ***it is ~ kind of you***; **3.** (*nachgestellt*) auch, ebenfalls.

took [tʊk] *pret. von* ***take***.

tool [tuːl] **I** *s.* **1.** Werkzeug *n*, Gerät *n*, Instru'ment *n*: **~*s pl.*** *a.* Handwerkszeug *n*; ***gardener's ~s*** Gartengerät; **2.** ⚙ (Bohr-, Schneide- *etc.*)Werkzeug *n e-r Maschine*, *a.* Arbeits-, Drehstahl *m*; **3.** ⚙ a) 'Werkzeugmaˌschine *f*, b) Drehbank *f*; **4.** *typ.* a) 'Stempelfiˌgur *f* (*Punzarbeit*), b) (Präge)Stempel *m*; **5.** *pl. fig.* a) Handwerkszeug *n* (*Bücher etc.*), b) Rüstzeug *n* (*Fachwissen*); **6.** *fig. contp.* Werkzeug *n*, Handlanger *m*, Krea'tur *f e-s anderen*; **7.** V ‚Appa'rat' *m* (*Penis*); **II** *v/t.* **8.** ⚙ bearbeiten; **9.** *mst* ***~ up*** *Fabrik* (maschi'nell) ausstatten, -rüsten; **10.** *Bucheinband* punzen; **11.** *sl.* ‚kutschieren' (*fahren*); **III** *v/i.* **12.** *mst* ***~ up*** ⚙ sich (maschi'nell) ausrüsten (***for*** für); **13.** *a.* ***~ along*** *sl.* (da'hin-, her'um)gondeln; **~ bag** *s.* Werkzeugtasche *f*; **~ bit** *s.* ⚙ Werkzeugspitze *f*; **~ box** *s.* Werkzeugkasten *m*; **~ car·ri·er** *s.* ⚙ Werkzeugschlitten *m*; **~ en·gi·neer·ing** *s.* Arbeitsvorbereitung *f*.

tool·ing ['tuːlɪŋ] *s.* ⚙ **1.** Bearbeitung *f*; **2.** Einrichten *n e-r Werkzeugmaschine*; **3.** maschi'nelle Ausrüstung; **4.** *Buchbinderei*: Punzarbeit *f*.

'**tool|ˌmak·er** *s.* Werkzeugmacher *m*; '**~-post** *s.* Schneidstahlhalter *m*.

toot [tuːt] *v/i.* **1.** (*a. v/t. et.*) tuten, blasen; **2.** hupen (*Auto*).

tooth [tuːθ] **I** *pl.* **teeth** [tiːθ] *s.* **1.** *anat.* Zahn *m*: ***~ and nail*** *fig.* verbissen, erbittert (*be*)*kämpfen*; ***armed to the teeth*** bis an die Zähne bewaffnet; ***in the teeth of*** *fig.* a) gegen *Widerstand etc.* b) trotz *od.* ungeachtet *der Gefahr etc.*; ***cut one's teeth*** zahnen; ***draw the teeth of*** *fig.* a) *j-n* beruhigen, b) *j-n* ungefährlich machen, c) *e-r Sache* die Spitze nehmen, *et.* entschärfen; ***get one's teeth into*** sich an *e-e Arbeit etc.* ‚ranmachen'; ***have a sweet ~*** gerne Süßigkeiten essen *od.* naschen; ***put teeth into*** (den nötigen) Nachdruck verleihen (*dat.*); ***set s.o.'s teeth on edge*** j-m auf die Nerven gehen *od.* ‚weh' tun; ***show one's teeth*** (***to***) a) die Zähne fletschen (gegen), b) *fig. j-m* die Zähne zeigen; **2.** Zahn *m e-s Kammes*, *e-r Säge*, *e-s Zahnrads etc.*; **3.** (Gabel)Zinke *f*; **II** *v/t.* **4.** *Rad etc.* bezahnen; **5.** *Brett* verzahnen; **III** *v/i.* **6.** inein'andergreifen (*Zahnräder*); '**~·ache** *s.* Zahnweh *n*; '**~·brush** *s.* Zahnbürste *f*; '**~·comb** *s.* Staubkamm *m*; **~ de·cay** *s.* Zahnverfall *m*.

toothed [tu:θt] *adj.* **1.** mit Zähnen (versehen), Zahn..., gezahnt: **~ *wheel*** Zahnrad *n*; **2.** ⚘ gezähnt, gezackt (*Blattrand*); **3.** ⚙ verzahnt; '**tooth·less** [-θlɪs] *adj.* zahnlos.

'**tooth|·paste** *s.* Zahnpasta *f*; '**~·pick** *s.* Zahnstocher *m*; **~ pow·der** *s.* Zahnpulver *n*.

tooth·some ['tu:θsəm] *adj.* □ lecker (*a. fig.*).

too·tle ['tu:tl] *v/i.* **1.** tuten, dudeln; **2.** *Am.* F quatschen; **3.** F a) (her'um)gondeln, b) ‚(da'hin)zotteln': **~ *off*** sich trollen.

toot·sy(-woot·sy) [ˌtʊtsɪ('wʊtsɪ)] *s. Kindersprache*: Füßchen *n*.

top¹ [tɒp] **I** *s.* **1.** ober(st)es Ende, Oberteil *n*; Spitze *f*, Gipfel *m e-s Berges etc.*; Krone *f*, Wipfel *m des Baumes*; (Haus-)Giebel *m*, Dach(spitze *f*) *n*; Kopf(ende *n*) *m des Tisches, e-r Buchseite etc.*: ***at the ~*** oben(an); ***at the ~ of*** oben an (*dat.*); ***at the ~ of one's speed*** mit höchster Geschwindigkeit; ***at the ~ of one's voice*** aus vollem Halse; ***page 20 at the ~*** auf Seite 20 oben; ***on ~*** oben (-auf); ***on*** (***the***) ***~ of*** oben auf (*dat.*), über (*dat.*); ***on ~ of each other*** auf- *od.* übereinander; ***on*** (***the***) ***~ of it*** obendrein; ***go over the ~*** a) ⚔ zum Sturmangriff (*aus dem Schützengraben*) antreten, b) *fig.* es maßlos übertreiben; **2.** *fig.* Spitze *f*, erste *od.* höchste Stelle; 'Spitzenpositiˌon *f*: ***the ~ of the class*** der Primus der Klasse; ***the ~ of the tree*** (*od.* ***ladder***) *fig.* die höchste Stellung, der Gipfel des Erfolgs; ***at the ~*** an der Spitze; ***be on ~*** (***of the world***) obenauf sein; ***come out on ~*** als Sieger *od.* Bester hervorgehen; ***come to the ~*** an die Spitze kommen, sich durchsetzen; ***get on ~ of s.th.*** e-r Sache Herr werden; **3.** *fig.* Gipfel *m*, *das* Äußerste *od.* Höchste; **4.** Scheitel *m*, Kopf *m*: ***from ~ to toe*** von Kopf bis Fuß; ***blow one's ~*** *sl.* ‚hochgehen', e-n Wutanfall haben; **5.** Oberfläche *f des Tisches, Wassers etc.*; **6.** *mot. etc.* Verdeck *n*; **7.** (Bett)Himmel *m*; **8.** (Möbel)Aufsatz *m*; **9.** ⚓ Mars *m, f*, Topp *m*; **10.** (Schuh)Oberleder *n*; **11.** Stulpe *f* (*Stiefel, Handschuh*); **12.** (Topf- *etc.*)Deckel *m*; **13.** ⚘ a) (oberer Teil e-r) Pflanze *f* (*Ggs. Wurzel*), b) *mst pl.* (Rüben- *etc.*)Kraut *n*; **14.** Blume *f des Bieres*; **15.** *mot.* → ***top gear***; **II** *adj.* **16.** oberst: **~ *line*** Kopf-, Titelzeile *f*; ***the ~ rung*** *fig.* oberste Stelle, höchste Stellung; **17.** höchst: **~ *earner*** Spitzenverdiener(in); **~ *efficiency*** ⚙ Spitzenleistung *f*; **~ *price*** Höchstpreis *m*; **~ *speed*** Höchstgeschwindigkeit *f*; **~ *secret*** streng geheim; **18.** *der* (*die*, *das*) erste; **19.** Haupt...; **III** *v/t.* **20.** (oben) bedecken; krönen; **21.** über'ragen; **22.** *fig.* über'treffen, -'ragen; **23.** die Spitze (*gen.*) erreichen; **24.** an der Spitze *der Klasse, e-r Liste etc.* stehen; **25.** über'steigen; **26.** ✓ stutzen, kappen; **27.** *Hindernis* nehmen; **28.** *Golf*: *Ball* oben schlagen; **~ off** *v/t.* F *et.* abschließen *od.* krönen (***with*** mit); **~ out I** *v/i.* Richtfest feiern; **II** *v/t.* das Richtfest (*gen.*) feiern: **~ *a building***; **~ up** *v/t.* **1.** auf-, nachfüllen; **2.** F *j-m* nachschenken.

top² [tɒp] *s.* Kreisel *m* (*Spielzeug*).

to·paz ['təʊpæz] *s. min.* To'pas *m*.

top| boot *s.* (kniehoher) Stiefel, Stulpenstiefel *m*; '**~·coat** 'Überzieher *m*, Mantel *m*; **~ dog** *s.* F *fig.* **1.** *der* Herr *od.* Über'legene; *der* Sieger; **2.** ‚Chef' *m*, *der* Oberste; **3.** *der* (*die*, *das*) Beste; **~ draw·er** *s.* **1.** oberste Schublade; **2.** F *fig.* *die* oberen Zehntausend: ***he does not come from the ~*** er kommt nicht aus vornehmster Familie; **ˌ~-'draw·er** *adj.* F **1.** vornehm; **2.** best; **~ dress·ing** *s.* **1.** ✓ Kopfdüngung *f*; **2.** ⚙ Oberflächenbeschotterung *f*.

tope¹ [təʊp] *v/t. u. v/i.* ‚saufen'.

tope² [təʊp] *s. ichth.* Glatthai *m*.

to·pee ['təʊpi:] *s.* Tropenhelm *m*.

top·er ['təʊpə] *s.* Säufer *m*, Zecher *m*.

'**top|·flight** *adj.* F erstklassig, prima; '**~ˌflight·er** → ***topnotcher***; **~·gal·lant** [ˌtɒp'gælənt; ⚓ tə'g-] ⚓ **I** *s.* Bramsegel *n*; **II** *adj.* Bram...: **~ *sail***; **~ gear** *s. mot.* höchster Gang; **~ hat** *s.* Zy'linder(hut) *m*; **ˌ~-'heav·y** *adj.* **1.** oberlastig (*Gefäß etc.*); **2.** ⚓ topplastig; **3.** ✈ kopflastig; **4.** ✝ a) 'überbewertet (*Wertpapiere*), b) 'überkapitalisiert (*Unternehmen*); **ˌ~-'hole** → ***topflight***.

top·ic ['tɒpɪk] *s.* **1.** Thema *n*, Gegenstand *m*; **2.** *phls.* Topik *f*; '**top·i·cal** [-kl] **I** *adj.* □ **1.** örtlich, lo'kal (*a.* ⚕): **~ *colo*(*u*)*rs*** topische Farben; **2.** a) aktu'ell, b) zeitkritisch: **~ *song*** Lied *n* mit aktuellen Anspielungen; **3.** the'matisch; **II** *s.* **4.** aktu'eller Film; **top·i·cal·i·ty** [ˌtɒpɪ'kælətɪ] *s.* aktu'elle *od.* lo'kale Bedeutung.

top| kick *Am. sl. für* → ***top sergeant***; '**~·knot** *s.* **1.** Haarknoten *m*; **2.** *orn.* (Feder)Haube *f*, Schopf *m*.

top·less ['tɒplɪs] *adj.* **1.** ohne Kopf; **2.**

ˈOben-ˈohne…: ***~ dress*** (***night club, waitress***).

ˌ**top|-ˈline** *adj.* **1.** promiˈnent; **2.** wichtigst: ***~ news***; ˌ**~ˈlin·er** *s.* F Promiˈnente(r *m*) *f*; ˈ**~·mast** [-mɑːst; -məst] *s.* ⚓ (Mars)Stenge *f*; ˈ**~·most** *adj.* höchst, oberst; ˌ**~ˈnotch** *adj.* F prima, erstklassig; ˌ**~ˈnotch·er** *s.* F ‚Kaˈnone' *f* (*Könner*).

to·pog·ra·pher [təˈpɒɡrəfə] *s. geogr.* Topoˈgraph *m*; **top·o·graph·ic, top·o·graph·i·cal** [ˌtɒpəˈɡræfɪk(l)] *adj.* ☐ topoˈgraphisch; **toˈpog·ra·phy** [-fɪ] *s.* **1.** *geogr., a.* ⚕ Topograˈphie *f*; **2.** ⚔ Geländekunde *f*.

top·per [ˈtɒpə] *s.* **1.** ⚠ oberer Stein; **2.** ✝ F (obenˈaufliegendes) Schaustück (*Obst etc.*); **3.** F Zyˈlinder *m* (*Hut*); **4.** F a) ‚(tolles) Ding', b) ‚Pfundskerl' *m*; **top·ping** [ˈtɒpɪŋ] *adj.* ☐ F prima, fabelhaft.

top·ple [ˈtɒpl] **I** *v/i.* **1.** wackeln; **2.** kippen, stürzen, purzeln: ***~ down*** (*od.* ***over***) umkippen, hinpurzeln, niederstürzen; **II** *v/t.* **3.** ins Wanken bringen, stürzen: ***~ over*** *et.* umstürzen, -kippen; **4.** *fig. Regierung* stürzen.

tops [tɒps] *adj.* F prima, erstklassig, ‚super'.

top|·sail [ˈtɒpsl] *s.* ⚓ Marssegel *n*; **~ saw·yer** *s.* F *fig.* ‚hohes Tier'; ˌ**~-ˈse·cret** *adj.* streng geheim; **~ ser·geant** *s.* ⚔ *Am.* F Hauptfeldwebel *m*, ‚Spieß' *m*; ˈ**~·soil** *s.* ⚒ Ackerkrume *f*, Mutterboden *m*.

top·sy·tur·vy [ˌtɒpsɪˈtɜːvɪ] **I** *adv.* **1.** das Oberste zuˈunterst, auf den Kopf: ***turn everything ~*** alles auf den Kopf stellen; **2.** kopfˈüber kopfˈunter *fallen*; **3.** drunter u. drüber, verkehrt; **II** *adj.* **4.** auf den Kopf gestellt, in wildem Durcheinˈander, chaˈotisch; **III** *s.* **5.** (wildes *od.* heilloses) Durcheinˈander, Kuddelmuddel *m, n*; ˌ**top·syˈtur·vy·dom** [-dəm] → ***topsyturvy*** 5.

toque [təʊk] *s.* **1.** *hist.* Baˈrett *n*; **2.** Toque *f* (*randloser Damenhut*).

tor [tɔː] *s. Brit.* Felsturm *m*.

to·ra(h) [ˈtɔːrə] *s.* **1.** ☧ *das* Gesetz Mosis; **2.** Thoˈra *f*.

torch [tɔːtʃ] *s.* **1.** Fackel *f* (*a. fig. der Wissenschaft etc.*): ***carry a ~ for*** *Am. fig. Mädchen* (von ferne) verehren; **2.** *a.* ***electric ~*** *Brit.* Taschenlampe *f*; **3.** ⚙ a) Schweißbrenner *m*, b) → ***torch lamp***; **4.** *Am.* Brandstifter *m*; ˈ**~ˌbear·er** *s.* Fackelträger *m* (*a. fig.*); **~ lamp** *s.* ⚙ Lötlampe *f*; ˈ**~·light** *s.* Fackelschein *m*: ***~ procession*** Fackelzug *m*; **~ pine** *s.* ⚘ (Amer.) Pechkiefer *f*; **~ sing·er** *s.* Schnulzensänger(in); **~ song** *s.* ‚Schnulze' *f*, sentimenˈtales Liebeslied.

tore [tɔː] *pret. von* ***tear***[2].

tor·e·a·dor [ˈtɒrɪədɔː] (*Span.*) *s.* Toreaˈdor *m*, berittener Stierkämpfer.

to·re·ro [tɒˈreərəʊ] *pl.* **-ros** (*Span.*) *s.* Toˈrero *m*, Stierkämpfer *m* (*zu Fuß*).

tor·ment I *v/t.* [tɔːˈment] **1.** *bsd. fig.* quälen, peinigen, foltern, plagen (***with*** mit): ***~ed with*** gequält *od.* gepeinigt von *Zweifel etc.*; **II** *s.* [ˈtɔːment] **2.** Qual *f*, Pein *f*, Marter *f*: ***be in ~*** Qualen ausstehen; **3.** Plage *f*; **4.** Quälgeist *m*; **torˈmen·tor** [-tə] *s.* **1.** Peiniger *m*; **2.** Quälgeist *m*; **3.** ⚓ lange Fleischgabel; **4.** *thea.* vordere Kuˈlisse; **torˈmen·tress** [-trɪs] *s.* Peinigerin *f*.

torn [tɔːn] *p.p. von* ***tear***[2].

tor·na·do [tɔːˈneɪdəʊ] *pl.* **-does** *s.* **1.** Torˈnado *m*: a) *Wirbelsturm in den USA*, b) *tropisches Wärmegewitter*; **2.** *fig.* a) (Beifall-, Proˈtest)Sturm *m*, b) Wirbelwind *m* (*Person*).

tor·pe·do [tɔːˈpiːdəʊ] **I** *pl.* **-does** *s.* **1.** ⚓ Torˈpedo *m*; **2.** *a.* ***aerial ~*** ✈ ˈLufttorˌpedo *m*; **3.** *a.* ***toy ~*** Knallerbse *f*; **4.** *ichth.* Zitterrochen *m*; **5.** *Am. sl.* ‚Killer' *m*; **II** *v/t.* **6.** torpedieren (*a. fig. vereiteln*); **~ boat** *s.* ⚓ Torˈpedoboot *n*; **~ plane** *s.* ⚔ Torˈpedoflugzeug *n*; **~ tube** *s.* Torˈpedorohr *n*.

tor·pid [ˈtɔːpɪd] **I** *adj.* ☐ **1.** starr, erstarrt, betäubt; **2.** träge, schlaff; **3.** aˈpathisch, stumpf; **II** *s.* **4.** *mst* **tor·pid·i·ty** [tɔːˈpɪdətɪ], ˈ**tor·pid·ness** [-nɪs], ˈ**tor·por** [-pə] *s.* **1.** Erstarrung *f*, Betäubung *f*; **2.** Träg-, Schlaffheit *f*, ⚕ *a.* Torpor *m*; **3.** Apaˈthie *f*, Stumpfheit *f*.

torque [tɔːk] *s.* ⚙, *phys.* ˈDrehmoˌment *n*; **~ shaft** *s.* ⚙ Dreh-, Torsiˈonsstab *m*.

tor·re·fy [ˈtɒrɪfaɪ] *v/t.* rösten, darren.

tor·rent [ˈtɒrənt] *s.* **1.** reißender Strom, *bsd.* Wild-, Sturzbach *m*; **2.** (Lava-) Strom *m*; **3.** ***~s of rain*** sintflutartige Regenfälle; ***it rains in ~s*** es gießt in Strömen; **4.** *fig.* Strom *m*, Schwall *m*, Sturzbach *m von Fragen etc.*; **tor·ren·tial** [təˈrenʃl] *adj.* ☐ **1.** reißend, strömend, sturzbachartig; **2.** sintflutartig: ***~ rain(s)***; **3.** *fig.* a) wortreich, b) wild, ungestüm.

tor·rid [ˈtɒrɪd] *adj.* **1.** sengend, brennend heiß (*a. fig. Leidenschaft etc.*): ***~ zone*** *geogr.* heiße Zone; **2.** ausgedörrt, verbrannt: ***~ plain***.

tor·sion [ˈtɔːʃn] *s.* **1.** *a.* ⚖ Drehung *f*; **2.** ⚙, *phys.* Torsiˈon *f*, Verdrehung *f*: ***~ balance*** Drehwaage *f*; **3.** ⚕ Abschnürung *f e-r Arterie*; ˈ**tor·sion·al** [-ʃənl] *adj.* Dreh…, (Ver)Drehungs…, Torsions…: *~ force*.

tor·so ['tɔːsəʊ] *pl.* **-sos** *s.* Torso *m*: a) Rumpf *m*, b) *fig.* Bruchstück *n*, unvollendetes Werk.

tort [tɔːt] *s.* ⚖ unerlaubte Handlung, zi'vilrechtliches De'likt: ***law of ~s*** Schadenersatzrecht *n*; **'~-ˌfea·sor** [-ˌfiːzə] *s.* ⚖ rechtswidrig Handelnde(r) *m*.

tor·til·la [tɔː'tɪlə] (*Span.*) *s. Am.* Tor'tilla *f* (*Maiskuchen*).

tor·tious ['tɔːʃəs] *adj.* □ ⚖ rechtswidrig: ***~ act*** → ***tort***.

tor·toise ['tɔːtəs] **I** *s. zo.* Schildkröte *f*: ***as slow as a ~*** *fig.* (langsam) wie e-e Schnecke; **II** *adj.* Schildpatt…; **'~·shell** *s.* Schildpatt *n*: ***~ cat*** *zo.* Schildpattkatze *f*.

tor·tu·os·i·ty [ˌtɔːtjʊ'ɒsətɪ] *s.* **1.** Krümmung *f*, Windung *f*; **2.** Gewundenheit *f* (*a. fig.*); **3.** *fig.* 'Umständlichkeit *f*; **tor·tu·ous** ['tɔːtjʊəs] *adj.* □ **1.** gewunden, verschlungen, gekrümmt; **2.** *fig.* gewunden, 'umständlich; **3.** *fig.* ‚krumm', unehrlich.

tor·ture ['tɔːtʃə] **I** *s.* **1.** Folter(ung) *f*: ***put to the ~*** foltern; **2.** *fig.* Tor'tur *f*, Marter *f*, (Folter)Qual(en *pl.*) *f*; **II** *v/t.* **3.** foltern, martern, *fig. a.* quälen, peinigen; **4.** *Text etc.* entstellen; **'tor·tur·er** [-ərə] *s.* **1.** Folterknecht *m*; **2.** *fig.* Peiniger *m*.

to·rus ['tɔːrəs] *pl.* **-ri** [-raɪ] *s.* △, ✇, ⚙, ⚘, ✱ Torus *m*.

To·ry ['tɔːrɪ] **I** *s.* **1.** *pol. Brit.* Tory *m*, (*contp.* 'Ultra)Konservaˌtive(r) *m*; **2.** *hist.* Tory *m* (*Loyalist in Amerika*); **II** *adj.* Tory…, konserva'tiv; **'To·ry·ism** [-ɪɪzəm] **1.** To'rysmus *m*; **2.** 'Ultrakonservaˌtismus *m*.

tosh [tɒʃ] *s. Brit. sl.* ‚Quatsch' *m*.

toss [tɒs] **I** *v/t.* **1.** werfen, schleudern: ***~ off*** a) *Reiter* abwerfen (*Pferd*), b) *Getränk* hinunterstürzen, c) *Arbeit* ‚hinhauen'; ***~ up*** hochschleudern, *in e-r Decke* prellen; **2.** *a.* ***~ up*** *Münze etc.*, *a. Kopf* hochwerfen: ***~ s.o. for*** mit j-m um *et.* losen (*durch Münzwurf*); **3.** *a.* ***~ about*** hin- u. herschleudern, schütteln; **4.** ⚓ *Riemen* pieken: ***~ oars!*** Riemen hoch!; **5.** *Am. sl. j-n* ‚filzen'; **II** *v/i.* **6.** *a.* ***~ about*** sich *im Schlaf etc.* hin- u. herwerfen *od.* -wälzen; **7.** *a.* ***~ about*** hin- u. hergeworfen werden, geschüttelt werden; hin- und herschwanken; flattern; **8.** rollen (*Schiff*); **9.** schwer gehen (*See*); **10.** *a.* ***~ up*** (durch Hochwerfen e-r Münze) losen (***for*** um); **III** *s.* **11.** Werfen *n*, Wurf *m*; **12.** Hoch-, Zu'rückwerfen *n des Kopfes*; **13.** a) Hochwerfen *n* e-r Münze, b) → ***toss-up***; **14.** Sturz *m vom Pferd etc.*: ***take a ~*** stürzen, *bsd.* abgeworfen werden; **'~-up** *s.* **1.** Losen *n mit e-r Münze*, Loswurf *m*; **2.** *fig.* ungewisse Sache: ***it is a ~ whether*** es ist völlig offen, ob.

tot¹ [tɒt] *s.* F **1.** Knirps *m*, Kerlchen *n*; **2.** *Brit.* Schlückchen *n* (*Alkohol*); **3.** *fig.* Häppchen *n*.

tot² [tɒt] F **I** *s.* **1.** (Gesamt)Summe *f*; **2.** a) Additi'onsaufgabe *f*, b) Additi'on *f*; **II** *v/t.* **3.** ***~ up*** zs.-zählen; **III** *v/i.* **4.** ***~ up*** sich belaufen (***to*** auf *acc.*); sich summieren.

to·tal ['təʊtl] **I** *adj.* □ **1.** ganz, gesamt, Gesamt…; **2.** to'tal, Total…, völlig, gänzlich; **II** *s.* **3.** (Gesamt)Summe *f*, Gesamtbetrag *m*, -menge *f*: ***a ~ of 20 cases*** insgesamt 20 Kisten; **4.** *die* Gesamtheit, *das* Ganze; **III** *v/t.* **5.** zs.-zählen; **6.** insgesamt betragen, sich belaufen auf (*acc.*): ***total(l)ing $70*** im Gesamtbetrag von 70 Dollar; **7.** *Am.* F *Auto* zu Schrott fahren; **to·tal·i·tar·i·an** [ˌtəʊtælɪ'teərɪən] *adj. pol.* totali'tär; **to·tal·i·tar·i·an·ism** [ˌtəʊtælɪ'teərɪənɪzəm] *s.* totali'täres Sy'stem; **to·tal·i·ty** [təʊ'tælətɪ] *s.* **1.** Gesamtheit *f*; **2.** Vollständigkeit *f*; **3.** *ast.* to'tale Verfinsterung; **'to·tal·i·za·tor** [-təlaɪzeɪtə] *s. Pferderennen*: Totali'sator *m*; **'to·tal·ize** [-təlaɪz] *v/t.* **1.** zs.-zählen; **2.** (zu e-m Ganzen) zs.-fassen; **'to·tal·iz·er** [-təlaɪzə] → ***totalizator***.

tote¹ [təʊt] *s. sl.* → ***totalizator***.

tote² [təʊt] *v/t.* F **1.** tragen (mit sich) schleppen; **2.** transportieren; **~ bag** *s. Am.* Einkaufs-, Tragtasche *f*.

to·tem ['təʊtəm] *s.* Totem *n*; **~ pole**, **~ post** *s.* Totempfahl *m*.

tot·ter ['tɒtə] *v/i.* **1.** torkeln, wanken: ***~ to one's grave*** *fig.* dem Grabe zuwanken; **2.** (sch)wanken, wackeln: ***~ to its fall*** *fig.* (allmählich) zs.-brechen (*Reich etc.*); **'tot·ter·ing** [-ərɪŋ] *adj.* □, **'tot·ter·y** [-ərɪ] *adj.* wack(e)lig, (sch)wankend.

touch [tʌtʃ] **I** *s.* **1.** Berührung *f*: ***at a ~*** beim Berühren; ***on the slightest ~*** bei der leisesten Berührung; ***it has a velvety ~*** es fühlt sich wie Samt an; ***that was a (near) ~*** F das hätte ins Auge gehen können; **2.** Tastsinn *m*: ***it is soft to the ~*** es fühlt sich weich an; **3.** (*Pinsel-etc.*)Strich *m*: ***put the finishing ~es to*** letzte Hand legen an (*acc.*), *e-r Sache* den letzten Schliff geben; **4.** ♪ a) Anschlag *m des Pianisten od. des Pianos*, b) Strich *m des Geigers*; **5.** *fig.* Fühlung(nahme) *f*, Verbindung *f*, Kon'takt *m*: ***get into ~ with*** sich in Verbindung setzen mit, Fühlung nehmen mit; ***please get in ~!*** bitte melden (Sie sich)!; ***keep in ~ with*** in Verbindung bleiben mit; ***lose ~ with*** den Kontakt mit *j-m od. e-r Sache* verlieren; ***put s.o. in ~ with*** j-n in Verbindung setzen mit; ***within ~*** in Reichweite; **6.** *fig.* Hand *f des Meisters etc.*, Stil *m*; (souve'räne) Ma'nier: ***light ~*** leichte Hand; ***with sure ~*** mit sicherer Hand; **7.** Einfühlungsvermögen *n*, Feingefühl *n*; **8.** *e-e* Spur *Pfeffer etc.*: ***a ~ of red*** ein rötlicher Hauch; **9.** Anflug *m von Sarkasmus etc.*, Hauch *m von Romantik etc.*: ***he has a ~ of genius*** er hat e-e geniale Ader; **10.** ⚕ *etc.* (leichter) Anfall: ***a ~ of flu*** e-e leichte Grippe; ***a ~ of the sun*** ein leichter Sonnenstich; **11.** (besondere) Note, Zug *m*: ***the personal ~*** die persönliche Note; **12.** *fig.* Stempel *m*, Gepräge *n*; **13.** Probe *f*: ***put to the ~*** auf die Probe stellen; **14.** a) *Rugby etc.*: Mark *f*, b) *Fußball*: Seitenaus *n*; **15.** Fangspiel *n*; **16.** *sl.* a) Anpumpen *n*, b) gepumptes Geld: ***he is a soft ~*** er läßt sich leicht anpumpen, *weitS.* er ist ein leichtes Opfer; **II** *v/t.* **17.** an-, berühren (*a. weitS. Essen etc. mst neg.*); anfassen, angreifen: ***~ the spot*** das Richtige treffen; **18.** befühlen, betasten; **19.** *Hand etc.* legen (***to*** an *acc.*, auf *acc.*); **20.** mitein'ander in Berührung bringen; **21.** in Berührung kommen *od.* stehen mit; **22.** drücken auf (*acc.*), (leicht) anstoßen: ***to ~ the bell*** klingeln; ***to ~ glasses*** (mit den Gläsern) anstoßen; **23.** grenzen *od.* stoßen an (*acc.*); **24.** reichen an (*acc.*), erreichen; F *fig.* her'anreichen an (*acc.*), gleichkommen (*dat.*); **25.** erlangen, erreichen; **26.** ♪ *Saiten* rühren; *Ton* anschlagen; **27.** tönen, (leicht) färben; *fig.* färben, beeinflussen; **28.** beeindrucken; rühren, bewegen: ***~ed to tears*** zu Tränen gerührt; **29.** *fig.* verletzen, treffen; **30.** *fig.* berühren, betreffen; **31.** in Mitleidenschaft ziehen, mitnehmen: ***~ed*** a) angegangen (*Fleisch*), b) F ‚bekloppt', ‚nicht ganz bei Trost' (*Person*); **32.** *Ort* berühren, haltmachen in (*dat.*); *Hafen* anlaufen; **33.** *sl.* anpumpen (***for*** um); **III** *v/i.* **34.** sich berühren; **35.** ***~ at*** ⚓ anlegen bei *od.* in (*dat.*), anlaufen (*acc.*); **36.** ***~ (up)on*** *fig.* berühren: a) (kurz) erwähnen, b) betreffen;

Zssgn mit adv.:

touch| down *v/i.* **1.** *Rugby etc.*: e-n Versuch legen *od.* erzielen; **2.** ✈ aufsetzen; **~ off** *v/t.* **1.** skizzieren; **2.** *Skizze* flüchtig entwerfen; **3.** *e-e Explosion, fig. e-e Krise etc.* auslösen, *fig. a.* entfachen; **~ up** *v/t.* **1.** auffrischen (*a. fig.*), aufpolieren; verbessern; **2.** *phot.* retuschieren.

touch| and go *s.* ris'kante Sache, pre'käre Situati'on: ***it was ~*** es hing an e-m Haar, es stand auf des Messers Schneide; **ˌ~-and-'go** *adj.* **1.** ris'kant; **2.** flüchtig, oberflächlich: ***~ landing*** ✈ Aufsetz- u. Durchstartlandung; **'~down** *s.* **1.** *Rugby etc.*: Versuch *m*; **2.** ✈ Aufsetzen *n*.

touch·i·ness ['tʌtʃɪnɪs] *s.* Empfindlichkeit *f*.

touch·ing ['tʌtʃɪŋ] *adj.* □ *fig.* rührend, ergreifend.

'touch|·line *s.* a) *Fußball*: Seitenlinie *f*, b) *Rugby*: Marklinie *f*; **'~-me-not** *s.* ⚘ (*fig.* F Blümlein *n*) Rührmichnichtan *n*; **'~ˌpa·per** *s.* 'Zündpaˌpier *n*; **'~·stone** *s.* **1.** *min.* Probierstein *m*; **2.** *fig.* Prüfstein *m*; **~ sys·tem** *s.* Zehn'fingersysˌtem *n*; **~ tel·e·phone** *s.* 'Tastenteleˌfon *n*; **'~-type** *v/i.* blindschreiben; **'~·wood** *s.* **1.** Zunder(holz *n*) *m*; **2.** ⚘ Feuerschwamm *m*.

touch·y ['tʌtʃɪ] *adj.* □ **1.** empfindlich, reizbar; **2.** a) ris'kant, b) heikel, kitzlig (*Thema*).

tough [tʌf] **I** *adj.* □ **1.** *allg.* zäh: a) hart, 'widerstandsfähig, b) ro'bust, stark (*Person, Körper etc.*), c) hartnäckig (*Kampf, Wille etc.*); **2.** *fig.* schwierig, unangenehm, ‚bös' (*Arbeit etc., a.* F *Person*); F eklig, grob (*Person*): ***it was ~ going*** F es war ein hartes Stück Arbeit; ***he is a ~ customer*** mit ihm ist nicht gut Kirschen essen; ***if things get ~*** wenn es ‚mulmig' wird; ***~ luck*** F ‚Pech' *n*; **3.** rowdyhaft, bru'tal, übel, Verbrecher…: ***get ~ with s.o.*** j-m gegenüber massiv werden; **II** *s.* **4.** Rowdy *m*, Schläger(typ) *m*, ‚übler Kunde'; **tough·en** ['tʌfn] *v/t. u. v/i.* zäh(er) *etc.* machen (werden); **tough·ie** ['tʌfɪ] *s.* F **1.** ‚harte Nuß', schwierige Sache; **2.** → ***tough*** 4; **'tough·ness** [-nɪs] *s.* **1.** Zähigkeit *f*, Härte *f* (*a. fig.*); **2.** Ro'busheit *f*; **3.** *fig.* Hartnäckigkeit *f*; **4.** Schwierigkeit *f*; **5.** Brutali'tät *f*.

tou·pee, *a.* **tou·pet** ['tu:peɪ] (*Fr.*) *s.* Tou'pet *n* (*Haarersatzstück*).

tour [tʊə] **I** *s.* **1.** Tour *f* (***of*** durch): a) (Rund)Reise *f*, (-)Fahrt *f*, b) Ausflug *m*, Wanderung *f*: ***conducted ~*** a) Führung *f*, b) Gesellschaftsreise *f*; ***the grand ~*** *hist.* (Bildungs)Reise durch Europa; ***~ operator*** Reiseveranstalter *m*; **2.** Rundgang *m* (***of*** durch): ***~ of***

inspection Besichtigungsrundgang *od.* -rundfahrt *f*; **3.** *thea. etc.* Tour'nee *f*, Gastspielreise *f*: ***go on ~*** auf Tournee gehen; **4.** ⚔ (turnusmäßige) Dienstzeit; **II** *v/t.* **5.** bereisen; **III** *v/i.* **6.** e-e (*thea.* Gastspiel)Reise *od.* (*a. sport*) e-e Tour'nee machen (***through***, ***about*** durch); **~ de force** [ˌtʊədə'fɔːs] (*Fr.*) *s.* **1.** Gewaltakt *m*; **2.** Glanzleistung *f*.

tour·ing ['tʊərɪŋ] *adj.* Touren..., Reise...: ***~ car*** *mot.* Tourenwagen *m*; ***~ company*** *thea.* Wanderbühne *f*; ***~ exhibition*** Wanderausstellung *f*; **tour·ism** ['tʊərɪzəm] *s.* Reise-, Fremdenverkehr *m*, Tou'rismus *m*; **tour·ist** ['tʊərɪst] **I** *s.* Tou'rist(in), (Ferien-, Vergnügungs-) Reisende(r *m*) *f*; **II** *adj.* Reise..., Fremden(verkehrs)..., Touristen...: ***~ agency***, ***~ bureau***, ***~ office*** a) Reisebüro *n*, b) Verkehrsamt *n*, -verein *m*; ***~ class*** ⚓, ✈ Touristenklasse *f*; ***~ industry*** Fremdenverkehr(sindustrie *f*) *m*; ***~ season*** Reisezeit *f*; ***~ ticket*** Rundreisekarte *f*; ***~ trap*** Touristenfalle *f*; **'tour·ist·y** *adj. contp.* tou'ristisch, Touristen...

tour·na·ment ['tʊənəmənt] *s.* (*hist. Ritter-, a. Tennis- etc.*)Tur'nier *n*.

tour·ney ['tʊənɪ] *bsd. hist.* **I** *s.* Tur'nier *n*; **II** *v/i.* turnieren.

tour·ni·quet ['tʊənɪkeɪ] *s.* ⚕ Aderpresse *f*.

tou·sle ['taʊzl] *v/t. Haar etc.* (zer)zausen, verwuscheln.

tout [taʊt] **I** *v/i.* **1.** (*bsd. aufdringliche* Kunden-, Stimmen)Werbung treiben (***for*** für); **2.** *Pferderennen*: a) *Brit.* sich *durch Spionieren* gute Renntips verschaffen, b) Wettips geben *od.* verkaufen; **II** *s.* **3.** Kundenschlepper *m*, -werber *m*; **4.** *Pferderennen*: a) *Brit.* ‚Spi'on' *m beim Pferdetraining*, b) Tipgeber *m*; **5.** (Karten)Schwarzhändler *m*.

tow[1] [təʊ] **I** *s.* **1.** a) Schleppen *n*, b) Schlepptau *n*: ***have in ~*** im Schlepptau haben (*a. fig.*); ***take ~*** sich schleppen lassen; ***take in ~*** *bsd. fig.* ins Schlepptau nehmen; **2.** *bsd.* ⚓ Schleppzug *m*; **II** *v/t.* **3.** (ab)schleppen, ins Schlepptau nehmen: ***~ away*** *Auto* abschleppen; ***~ed flight*** (***target***) Schleppflug *m* (-ziel *n*); **4.** *Schiff* treideln; **5.** *fig. j-n* ab-, mitschleppen, *wohin* bugsieren.

tow[2] [təʊ] *s.* (Schwing)Werg *n*.

tow·age ['təʊɪdʒ] *s.* **1.** Schleppen *n*, Bugsieren *n*; **2.** Schleppgebühr *f*.

to·ward I *adj.* ['təʊəd] **1.** *obs.* fügsam; **2.** *obs. od. Am.* vielversprechend; **3.** im Gange, am Werk; **4.** bevorstehend; **II** *prp.* [tə'wɔːd] **5.** auf (*acc.*) ... zu, (nach) ... zu, nach ... hin, gegen *od.* zu ... (hin); **6.** *zeitlich*: gegen; **7.** *Gefühle etc.* gegen'über; **8.** *als Beitrag* zu, um *e-r Sache* willen, zum Zwecke (*gen.*): ***efforts ~ reconciliation*** Bemühungen um e-e Versöhnung; **to·wards** [tə'wɔːdz] → ***toward*** II.

'tow|·a·way *adj.* Abschlepp...: ***~ zone***; **'~·boat** *s.* Schleppschiff *n*, Schlepper *m*.

tow·el ['taʊəl] **I** *s.* Handtuch *n*: ***throw in the ~*** *Boxen*: das Handtuch werfen (*a. fig. sich geschlagen geben*); **II** *v/t.* (mit e-m Handtuch) (ab)trocknen, (-)reiben; **~ horse**, **~ rack** *s.* Handtuchständer *m*.

tow·er ['taʊə] **I** *s.* **1.** Turm *m*: ***~ block*** *Brit.* (Büro-, Wohn)Hochhaus *n*; **2.** Feste *f*, Bollwerk *n*: ***~ of strength*** *fig.* Stütze *f*, Säule *f*; **3.** Zwinger *m*, Festung *f* (*Gefängnis*); **4.** ⚗ Turm *m* (*Reinigungsanlage*); **II** *v/i.* **5.** (hoch)ragen, sich (em'por)türmen (***to*** zu): ***~ above*** *et. od. j-n* (weit) überragen (*a. fig. turmhoch überlegen sein* [*dat.*]); **'tow·ered** [-əd] *adj.* (hoch)getürmt; **'tow·er·ing** [-ərɪŋ] *adj.* **1.** (turm)hoch, hoch-, aufragend; **2.** *fig.* maßlos, gewaltig: ***~ ambition***; ***~ passion***; ***~ rage*** rasende Wut.

tow·ing ['təʊɪŋ] *adj.* (Ab)Schlepp...; **~ line**, **~ path**, **~ rope** → ***towline***, ***towpath***, ***towrope***.

'tow·line *s.* **1.** ⚓ Treidelleine *f*, Schlepptau *n*; **2.** Abschleppseil *n*.

town [taʊn] **I** *s.* **1.** Stadt *f* (*unter dem Rang e-r* ***city***); **2. *the ~*** *fig.* die Stadt: a) die Stadtbevölkerung, die Einwohnerschaft, b) das Stadtleben; **3.** *Brit.* Marktflecken *m*; **4.** *ohne art. die* (nächste) Stadt: a) Stadtzentrum *n*, b) *Brit. bsd.* London: ***to ~*** nach der *od.* in die Stadt, *Brit. bsd.* nach London; ***out of ~*** nicht in der Stadt, *Brit. bsd.* nicht in London, auswärts; ***go to ~*** F ‚auf den Putz hauen'; → ***paint*** 2; **5.** *Brit.* Bürgerschaft *f e-r Universitätsstadt*; → ***gown*** 3; **II** *adj.* **6.** städtisch, Stadt..., Städte...; **'~·bred** *adj.* in der Stadt aufgewachsen; **~ cen·tre** *s. Brit.* Innenstadt *f*, City *f*; **~ clerk** *s.* 'Stadtdiˌrektor *m*; **~ coun·cil** *s.* Stadtrat *m* (*Gremium*); **~ coun·cil·(l)or** *s.* Stadtrat(smitglied *n*) *m*; **~ cri·er** *s.* Ausrufer *m*; **~ hall** *s.* Rathaus *n*; **~ house** *s.* Stadt-, *Am.* Reihenhaus *n*; **~ plan·ning** *s.* Städte-, Stadtplanung *f*; **'~·scape** [-skeɪp] *s.* Stadtbild *n*, *paint.* -ansicht *f*.

towns·folk ['taʊnzfəʊk] *s. pl.* Stadtleute *pl.*, Städter *pl.*

town·ship ['taʊnʃɪp] *s.* **1.** *hist.* (Dorf-,

Stadt)Gemeinde *f od.* (-)Gebiet *n*; **2.** *Am.* Verwaltungsbezirk *m*; **3.** *surv. Am.* 6 Qua'dratmeilen großes Gebiet.

towns|·man ['taʊnzmən] *s.* [*irr.*] **1.** Städter *m*, Stadtbewohner *m*; **2.** *a.* ***fellow ~*** Mitbürger *m*; '**~ˌpeo·ple** [-nz-] → ***townsfolk***.

'**tow|·path** *s.* Treidelpfad *m*; '**~·rope** → ***towline***.

tox·(a)e·mi·a [tɒk'si:mɪə] *s.* ⚕ Blutvergiftung *f*.

tox·ic, **tox·i·cal** ['tɒksɪk(l)] *adj.* □ giftig, toxisch, Gift...; '**tox·i·cant** [-sɪkənt] **I** *adj.* giftig, toxisch; **II** *s.* Gift (-stoff *m*) *n*; **tox·i·co·log·i·cal** [ˌtɒksɪkə'lɒdʒɪkl] *adj.* □ toxiko'logisch; **tox·i·col·o·gist** [ˌtɒksɪ'kɒlədʒɪst] *s.* ⚕ Toxiko'loge *m*; **tox·i·col·o·gy** [ˌtɒksɪ'kɒlədʒɪ] *s.* ⚕ Toxikolo'gie *f*, Giftkunde *f*; '**tox·in** [-sɪn] *s.* ⚕ To'xin *n*, Gift(stoff *m*) *n*.

toy [tɔɪ] **I** *s.* **1.** (Kinder)Spielzeug *n* (*a. fig.*); *pl.* Spielwaren *pl.*, -sachen *pl.*; **2.** *fig.* Tand *m*, ‚Kinkerlitzchen' *n*; **II** *v/i.* **3.** (***with***) spielen (mit *e-m Gegenstand*, *fig.* mit *e-m Gedanken*), *fig. a.* liebäugeln (mit); **III** *adj.* **4.** Spielzeug..., Kinder..., Zwerg...: ***~ dog*** Schoßhund *m*; ***~ train*** Miniatur-, Kindereisenbahn *f*; **~ book** *s.* Bilderbuch *n*; '**~-box** *s.* Spielzeugkiste *f*; '**~-shop** *s.* Spielwarenhandlung *f*.

trace¹ [treɪs] *s.* Zugriemen *m*, Strang *m* (*Pferdegeschirr*): ***in the ~s*** angespannt (*a. fig.*); ***kick over the ~s*** *fig.* über die Stränge schlagen.

trace² [treɪs] **I** *s.* **1.** (Fuß-, Wagen-, Wild- *etc.*)Spur *f*: ***hot on s.o.'s ~s*** j-m dicht auf den Fersen; ***without a ~*** spurlos; ***~ element*** ⚛ Spurenelement *n*; **2.** *fig.* Spur *f*: a) ('Über)Rest *m*: ***~s of ancient civilizations***, b) (An)Zeichen *n*: ***~s of fatigue***, c) geringe Menge, bißchen: ***not a ~ of fear*** keine Spur von Angst; ***a ~ of a smile*** der Anflug e-s Lächelns; **3.** ⚔ a) Leuchtspur *f*, b) *Radar*: Bildspur *f*; **4.** Linie *f*: a) Aufzeichnung *f* (*Meßgerät*), b) Zeichnung *f*, Skizze *f*, c) Pauszeichnung *f*, d) Grundriß *m*; **5.** *Am.* (markierter) Weg; **II** *v/t.* **6.** nachspüren (*dat.*), *j-s* Spur verfolgen; **7.** *Wild*, *Verbrecher* verfolgen, aufspüren; **8.** *a.* ***~ out*** *et. od. j-n* ausfindig machen *od.* aufspüren, *et.* auf-, her'ausfinden; **9.** *fig. e-r Entwicklung etc.* nachgehen, *e-e Sache* verfolgen: ***~ back*** *et.* zurückverfolgen (***to*** bis zu); ***~ s.th. to*** et. zurückführen auf (*acc.*), et. herleiten von; **10.** erkennen; **11.** *Pfad* verfolgen; **12.** *a.* ***~ out*** (auf)zeichnen, skizzieren, entwerfen; **13.** *Buchstaben* sorgfältig (aus)ziehen, schreiben; **14.** ⚙ a) *a.* ***~ over*** ('durch)pausen, b) *Bauflucht etc.* abstecken, c) *Messung* aufzeichnen (*Gerät*); '**trace·a·ble** [-səbl] *adj.* □ **1.** auffindbar, nachweisbar; **2.** zu'rückzuführen(d) (***to*** auf *acc.*); '**trac·er** [-sə] *s.* **1.** Aufspürer(in); **2.** ✉, 🚂 *Am.* Lauf-, Suchzettel *m*; **3.** *Schneiderei*: Kopierrädchen *n*; **4.** ⚙ Punzen *m*; **5.** ⚛ Iso'topenindiˌkator *m*; **6.** ⚔ a) *mst* ***~ bullet***, ***~ shell*** Leuchtspur-, Rauchspurgeschoß *n*, b) *mst* ***~ composition*** Leuchtspursatz *m*; **7.** a) technischer Zeichner, b) Pauser *m*; '**trac·er·y** [-sərɪ] *s.* **1.** △ Maßwerk *n an gotischen Fenstern*; **2.** Flechtwerk *n*.

tra·che·a [trə'ki:ə] *pl.* **-che·ae** [-'ki:i:] *s.* **1.** *anat.* Tra'chea *f*, Luftröhre *f*; **2.** ⚘, *zo.* Tra'chee *f*; **tra'che·al** [-'ki:əl] *adj.* **1.** *anat.* Luftröhren...; **2.** *zo.* Tracheen...; **3.** ⚘ Gefäß...; **tra·che·i·tis** [ˌtrækɪ'aɪtɪs] *s.* ⚕ 'Luftröhrenkaˌtarrh *m*; **tra·che·ot·o·my** [ˌtrækɪ'ɒtəmɪ] *s.* ⚕ Luftröhrenschnitt *m*.

trac·ing ['treɪsɪŋ] *s.* **1.** Suchen *n*, Nachforschung *f*; **2.** ⚙ a) (Auf)Zeichnen *n*, b) 'Durchpausen *n*; **3.** ⚙ a) Zeichnung *f*, (Auf)Riß *m*, Plan *m*, b) Pause *f*; **4.** Aufzeichnung *f* (*e-s Kardiographen etc.*); **~ file** *s.* 'Suchkarˌtei *f*; **~ op·er·a·tion** *s.* Fahndung *f*; **~ pa·per** *s.* 'Pauspaˌpier *n*; **~ ser·vice** *s.* Suchdienst *m*.

track [træk] **I** *s.* **1.** (Fuß-, Wild- *etc.*) Spur *f* (*a. fig.*), Fährte *f*: ***on s.o.'s ~s*** j-m auf der Spur; ***be on the wrong ~*** auf der falschen Spur *od.* auf dem Holzweg sein; ***cover up one's ~s*** s-e Spuren verwischen; ***throw s.o. off the ~*** j-n von der (richtigen) Spur ablenken; ***keep ~ of*** *fig. et.* verfolgen, sich auf dem laufenden halten über (*acc.*); ***lose ~ of*** aus den Augen verlieren; ***make ~s*** *sl.* ‚abhauen'; ***make ~s for*** schnurstracks losgehen auf (*acc.*); ***stop in one's ~s*** wie festgewurzelt stehenbleiben; ***shoot s.o. in his ~s*** j-n auf der Stelle niederschießen; **2.** 🚂 Gleis *n*, Geleise *n u. pl.*, Schienenstrang *m*: ***off the ~*** entgleist, aus den Schienen; ***on ~*** ✝ auf (der) Achse, rollend; ***born on the wrong side of the ~s*** *fig. Am.* aus ärmlichen Verhältnissen stammend; **3.** ⚓ Fahrwasser *n*; **4.** ⚓ *übliche* Route; **5.** Weg *m*, Pfad *m*; **6.** (Ko'meten- *etc.*) Bahn *f*; **7.** *sport* a) (Renn-, Lauf-) Bahn *f*, b) *mst* ***~ events*** 'Laufdisziˌplinen *pl.*, c) *a.* ***~-and-field sports*** 'Leichtathˌletik *f*; **8.** (Gleis-, Raupen-) Kette *f e-s Traktors etc.*; **9.** *mot.* a)

Spurweite *f*, b) 'Reifenpro,fil *n*; **10.** *Computer*, *Tonband*: Spur *f*; **11.** *ped. Am.* Leistungsgruppe *f*; **II** *v/t.* **12.** nachspüren (*dat.*), *a. fig.* verfolgen (*acc.*); **13.** aufspüren: a) *a.* **~ *down*** *Wild*, *Verbrecher* zur Strecke bringen, b) ausfindig machen; **14.** *Weg* kennzeichnen; **15.** durch'queren; **16.** 🚂 *Am.* Gleise verlegen in (*dat.*); **17.** *Am.* (Schmutz)Spuren hinter'lassen auf (*dat.*); **18.** ⚙ mit Raupenketten versehen: ***~ed vehicle*** Ketten-, Raupenfahrzeug *n*; **III** *v/i.* **19.** Spur halten (*Räder*); **20.** *Film*: (mit der Kamera) fahren: ***~ing shot*** Fahraufnahme *f*; **IV** *adj.* **21.** 🚂 Gleis…, Schienen…; **22.** *sport* a) (Lauf)Bahn…, Lauf…, b) Leichtathletik…: **'track·age** [-kɪdʒ] *s.* 🚂 **1.** *coll.* Schienen *pl.*; **2.** Schienenlänge *f*; **3.** *Am.* Streckenbenutzungsrecht *n*, -gebühr *f*; **,track-and-'field** *adj.* Leichtathletik…; → ***track*** 7 c; **'track·er** [-kə] *s.* **1.** *bsd. hunt.* Spurenleser *m*: **~ *dog*** Spürhund *m*; **2.** *fig.* ‚Spürhund' *m* (*Person*); **3.** ✕ Zielgeber *m* (*Gerät*)

'track|,lay·er *s.* **1.** 🚂 *Am.* Streckenarbeiter *m*; **2.** Raupenschlepper *m*; **'~,lay·ing** *adj.* ⚙ Raupen…, Gleisketten…: **~ *vehicle***.

track·less ['træklɪs] *adj.* □ **1.** unbetreten; **2.** weg-, pfadlos; **3.** schienenlos; **4.** spurlos.

track| meet *s. Am.* Leichtathletikveranstaltung *f*; **~ shoe** *s.* Rennschuh *m*; **~ suit** *s.* Trainingsanzug *m*; **~ walk·ing** *s. sport* Bahngehen *n*.

tract[1] [trækt] *s.* **1.** (ausgedehnte) Fläche, Strecke *f*, (Land)Strich *m*, Gebiet *n*, Gegend *f*; **2.** Zeitraum *m*; **3.** *anat.* Trakt *m*, (Ver'dauungs- *etc.*)Sy,stem *n*: ***respiratory* ~** Atemwege *pl.*; **4.** *physiol.* (Nerven)Strang *m*: ***optic* ~** Sehstrang.

tract[2] [trækt] *s. eccl.* Trak'tat *m*, *n*; *contp.* Trak'tätchen *n*.

trac·ta·ble ['træktəbl] *adj.* **1.** □ lenk-, folg-, fügsam; **2.** *fig.* gefügig, geschmeidig (*Material*).

trac·tion ['trækʃn] *s.* **1.** Ziehen *n*; **2.** ⚙, *phys.* a) Zug *m*, b) Zugleistung *f*: **~ *engine*** Zugmaschine *f*; **3.** *phys.* Reibungsdruck *m*; **4.** *mot.* a) Griffigkeit *f* (*Reifen*), b) *a.* **~ *of the road*** Bodenhaftung *f*; **5.** Trans'port *m*, Fortbewegung *f*; **6.** *physiol.* Zs.-ziehung *f* (*Muskeln*); **'trac·tion·al** [-ʃənl], **'trac·tive** [-tɪv] *adj.* ⚙ Zug…

trac·tor ['træktə] *s.* **1.** ⚙ 'Zugma,schine *f*, Traktor *m*, Schlepper *m*; **2.** ✈ a) Zugschraube *f*, b) *a.* **~ *airplane*** Flugzeug *n* mit Zugschraube; **~ truck** *s. Am. mot.* Sattelschlepper *m*.

trade [treɪd] **I** *s.* **1.** † Handel *m*, (Handels)Verkehr *m*: ***foreign* ~** a) Außenhandel, b) ⚓ große Fahrt; ***home* ~** a) Binnenhandel, b) ⚓ kleine Fahrt; → ***board*** 9; **2.** † Geschäft *n*: a) Gewerbe *n*, Geschäftszweig *m*, Branche *f*, b) (Einzel-, Groß)Handel *m*, c) Geschäftslage *f*, -gewinn *m*: ***be in* ~** (Einzel)Händler sein; ***do a good* ~** gute Geschäfte machen; ***sell to the* ~** an Wiederverkäufer abgeben; **3.** † ***the* ~** a) *coll.* die Geschäftswelt, b) *Brit.* der Spiritu'osenhandel, c) die Kundschaft; **4.** Gewerbe *n*, Beruf *m*, Handwerk *n*: ***the* ~** *coll.* die Zunft *od.* Gilde; ***by* ~** *Bäcker etc.* von Beruf; ***every man to his* ~** jeder, wie er es gelernt hat; ***the* ~ *of war*** das Kriegshandwerk; **5.** *mst* ***the* ~*s*** *pl.* die Pas'satwinde *pl.*; **II** *v/i.* **6.** Handel treiben, handeln (***in*** mit *et.*); in Geschäftsverbindung stehen (***with*** mit *j-m*); *Am.* (ein)kaufen (***with*** bei *j-m*, ***at*** in *e-m Laden*); **7.** **~ (*up*)*on*** *fig.* spekulieren *od.* ‚reisen' auf (*acc.*), ausnutzen; **III** *v/t.* **8.** (aus)tauschen (***for*** gegen); **9.** **~ *in*** *bsd. Auto* in Zahlung geben; **~ ac·cept·ance** *s.* † 'Handelsak,zept *n*; **~ ac·count** *s. Bilanz*: a) ***~s payable*** Warenschulden *pl.*, b) ***~s receivable*** Warenforderungen *pl.*; **~ as·so·ci·a·tion** *s.* **1.** Wirtschaftsverband *m*; **2.** Arbeitgeberverband *m*; **~ bal·ance** *s.* 'Handelsbi,lanz *f*; **~ bar·riers** *s. pl.* Handelsschranken *pl.*; **~ bill** *s.* Warenwechsel *m*; **~ cy·cle** *s.* Konjunk'turzyklus *m*; **~ di·rec·to·ry** *s.* Branchen-, Firmenverzeichnis *n*, 'Handelsa,dreßbuch *n*; **~ dis·count** *s.* 'Händlerra,batt *m*; **~ fair** *s.* (Handels)Messe *f*; **~ gap** *s.* 'Handelsbi,lanzdefizit *n*; **'~-in** *s.* in Zahlung gegebene Sache (*bsd. Auto*): **~ *value*** Eintausch-, Verrechnungswert *m*; **'~·mark I** *s.* **1.** Warenzeichen *n*: ***registered* ~** eingetragenes Warenzeichen; **2.** *fig.* Kennzeichen *n*; **II** *v/t.* **3.** *Ware* gesetzlich schützen lassen: ***~ed goods*** Markenartikel; **~ mis·sion** *s. pol.* 'Handelsmissi,on *f*; **~ name** *s.* **1.** Handelsbezeichnung *f*, Markenname *m*; **2.** Firmenname *m*, Firma *f*; **~ price** *s.* (Groß)Handelspreis *m*.

trad·er ['treɪdə] *s.* **1.** Händler *m*, Kaufmann *m*; **2.** *Börse*: 'Wertpa,pierhändler *m*; **3.** ⚓ Handelsschiff *n*.

trade| school *s.* Gewerbeschule *f*; **~ se·cret** *s.* Geschäftsgeheimnis *n*; **~ show** *s.* Filmvorführung *f* für Verleiher u. Kritiker.

trades|·man [ˈtreɪdzmən] *s.* [*irr.*] **1.** (Einzel)Händler *m*; **2.** Ladeninhaber *m*; **3.** Handwerker *m*; **ˈ~·peo·ple** [-zp-] *s. pl.* Geschäftsleute *pl.*

trade| sym·bol *s.* Bild *n* (*Warenzeichen*); **~ un·ion** *s.* Gewerkschaft *f*; **~ un·ion·ism** *s.* Gewerkschaftswesen *n*; **~ un·ion·ist** *s.* Gewerkschaftler(in); **~ wind** *s.* Pasˈsatwind *m.*

trad·ing [ˈtreɪdɪŋ] **I** *s.* **1.** Handeln *n*; **2.** Handel *m* (***in*** mit *et.*, ***with*** mit *j-m*); **II** *adj.* **3.** Handels...; **~ a·re·a** *s.* ✝ Absatzgebiet *n*; **~ cap·i·tal** *s.* Beˈtriebskapiˌtal *n*; **~ com·pa·ny** *s.* Handelsgesellschaft *f*; **~ post** *s.* Handelsniederlassung *f*; **~ stamp** *s.* Raˈbattmarke *f.*

tra·di·tion [trəˈdɪʃn] *s.* **1.** Traditiˈon *f*: a) (mündliche) Überˈlieferung (*a. eccl.*), b) Herkommen *n*, (alter) Brauch, Brauchtum *n*: ***be in the ~*** sich im Rahmen der Tradition halten; **2.** ⚖ Auslieferung *f*, ˈÜbergabe *f*; **traˈdi·tion·al** [-ʃənl] *adj.* □ traditioˈnell, Traditions...: a) (mündlich) überˈliefert, b) herkömmlich, brauchtümlich, (alt)hergebracht, üblich; **traˈdi·tion·al·ism** [-ʃnəlɪzəm] *s. bsd. eccl.* Traditionaˈlismus *m*, Festhalten *n* an der Überˈlieferung.

tra·duce [trəˈdjuːs] *v/t.* verleumden.

traf·fic [ˈtræfɪk] **I** *s.* **1.** (öffentlicher, Straßen-, Schiffs-, Eisenbahn- *etc.*) Verkehr; **2.** (Perˈsonen-, Güter-, Nachrichten-, Fernsprech- *etc.*)Verkehr *m*; **3.** a) (Handels)Verkehr *m*, Handel *m* (***in*** in *dat.*, mit), b) *b.s.* (ˈilleˌgaler) Handel: ***drug ~***; **4.** *fig.* a) Verkehr *m*, Geschäft(e *pl.*) *n*, b) Austausch *m* (***in*** von): ***~ in ideas***; **II** *v/i. pret. u. p.p.* **ˈtraf·ficked** [-kt] **5.** handeln, Handel treiben (***in*** in *dat.*, ***with*** mit); **6.** *fig.* verhandeln (***with*** mit).

traf·fi·ca·tor [ˈtræfɪkeɪtə] *s. mot. Brit.* a) Blinker *m*, b) *hist.* Winker *m.*

traf·fic| cen·sus *s.* Verkehrszählung *f*; **~ cir·cle** *s. mot. Am.* Kreisverkehr *m*; **~ is·land** *s.* Verkehrsinsel *f*; **~ jam** *s.* Verkehrsstauung *f*, -stockung *f*, (Fahrzeug)Stau *m.*

traf·fick·er [ˈtræfɪkə] *s.* (*a.* ˈilleˌgaler) Händler.

traf·fic| lane *s. mot.* Spur *f*; **~ lights** *s. pl.* Verkehrsampel *f*; **~ man·a·ger** *s.* ✝ **1.** Versandleiter *m*; **2.** Beˈtriebsdiˌrektor *m*; **~ of·fence** *s. Brit.*, **~ of·fense** *s. Am.* Verˈkehrsdeˌlikt *n*; **~ of·fend·er** *s.* Verkehrssünder *m*; **~ reg·u·la·tions** *s. pl.* Verkehrsvorschriften *pl.*, (Straßen)Verkehrsordnung *f*; **~ sign** *s.* Verkehrszeichen *n*, -schild *n*; **~ ward·en** *s.* Poliˈtesse *f.*

tra·ge·di·an [trəˈdʒiːdjən] *s.* **1.** Tragiker *m*, Trauerspieldichter *m*; **2.** *thea.* Traˈgöde *m*, tragischer Darsteller *m*; **tra·ge·di·enne** [trədʒiːˈdjen] *s. thea.* Traˈgödin *f*; **trag·e·dy** [ˈtrædʒɪdɪ] *s.* **1.** Traˈgödie *f*: a) *thea.* Trauerspiel *n*, b) *fig.* tragische Begebenheit, *a.* Unglück *n*; **2.** *fig. das* Tragische; **tra·gic, trag·i·cal** [ˈtrædʒɪk(l)] *adj.* □ *thea. u. fig.* tragisch: ***~ly*** tragischerweise; **trag·i·com·e·dy** [ˌtrædʒɪˈkɒmɪdɪ] *s.* Tragikoˈmödie *f* (*a. fig.*); **trag·i·com·ic** [ˌtrædʒɪˈkɒmɪk] *adj.* (□ ***~ally***) tragiˈkomisch.

trail [treɪl] **I** *v/t.* **1.** (nach)schleppen, (-) schleifen, hinter sich her ziehen: ***~ one's coat*** *fig.* Streit suchen; **2.** verfolgen (*acc.*), nachspüren (*dat.*), ‚beschatten' (*acc.*); **3.** zuˈrückbleiben hinter (*dat.*); **II** *v/i.* **4.** schleifen (*Rock etc.*); **5.** wehen, flattern; herˈunterhängen; **6.** ⚘ kriechen, sich ranken; **7.** (sich daˈhin-) ziehen (*Rauch etc.*); **8.** sich daˈhinschleppen; **9.** nachhinken (*a. fig.*); **10.** ***~ off*** sich verlieren (*Klang, Stimme etc.*); **III** *s.* **11.** geschleppter Teil, *z.B.* Schleppe *f* (*Kleid*); **12.** *fig.* Schweif *m*, Schwanz *m* (*Meteor etc.*): ***~ of smoke*** Rauchfahne *f*; **13.** Spur *f*: ***~ of blood***; **14.** *hunt. u. fig.* Fährte *f*, Spur *f*: ***on s.o.'s ~*** j-m auf der Spur *od.* auf den Fersen; ***off the ~*** von der Spur abgekommen; **15.** (Trampel)Pfad *m*, Weg *m*: ***blaze the ~*** a) den Weg markieren, b) *fig.* den Weg bahnen (***for*** für), bahnbrechend sein; **ˈ~ˌblaz·er** *s.* **1.** Pistensucher *m*; **2.** *fig.* Bahnbrecher *m*, Pioˈnier *m.*

trail·er [ˈtreɪlə] *s.* **1.** ⚘ Kriechpflanze *f*; rankender Ausläufer; **2.** *mot.* a) Anhänger *m*, b) *Am.* Wohnwagen *m*, Caravan *m*: ***~ camp, ~ park*** Platz *m* für Wohnwagen; **3.** *Film, TV*: (Proˈgramm-) Vorschau *f*; **ˈtrail·er·ite** *s. Am.* Caravaner *m.*

trail·ing| a·e·ri·al [ˈtreɪlɪŋ] *s.* ⚡ ˈSchleppanˌtenne *f*; **~ ax·le** *s. mot.* nicht angetriebene Achse, Schleppachse *f.*

train [treɪn] **I** *s.* **1.** (Eisenbahn)Zug *m*: ***~ journey*** Bahnfahrt *f*; ***~ staff*** Zugpersonal *n*; ***by ~*** mit der Bahn; ***be on the ~*** im Zug sein *od.* sitzen; ***take a ~ to*** mit dem Zug fahren nach; **2.** Zug *m von Personen, Wagen etc.*, Kette *f*, Koˈlonne *f*: ***~ of barges*** Schleppzug (*Kähne*); **3.** Gefolge *n* (*a. fig.*): ***have*** (*od.* ***bring***) ***in its ~*** *et.* mit sich bringen, zur Folge haben; **4.** *fig.* Folge *f*, Kette *f*, Reihe *f von Ereignissen etc.*: ***~ of thought*** Gedankengang *m*; ***in ~*** a) im Gang, im

Zuge, b) bereit (***for*** für); ***put in ~*** in Gang setzen; **5.** Schleppe *f am Kleid*; **6.** (Ko'meten)Schweif *m*; **7.** ⚒, ⚔ Zündlinie *f*; **8.** ⚙ Räder-, Triebwerk *n*; **II** *v/t.* **9.** auf-, erziehen; **10.** ⚘ ziehen; **11.** *j-n* ausbilden (*a.* ⚔), *a. Auge, Geist etc.* schulen: → ***trained***; **12.** *j-m et.* einexerzieren, beibringen; **13.** a) *Sportler, a. Pferde* trainieren, b) *Tiere* abrichten, dressieren (***to do*** zu tun), *Pferd* zureiten; **14.** ⚔ *Geschütz* richten (***on*** auf *acc.*); **III** *v/i.* **15.** sich ausbilden (***for*** zu, als); sich schulen *od.* üben; **16.** *sport* trainieren (***for*** für); **17.** *a.* ***~ it*** F mit der Bahn fahren; **~ down** *v/i. sport* abtrainieren, ‚abkochen'.

'train|ˌbear·er *s.* Schleppenträger *m*; **~ call** *s. teleph.* Zuggespräch *n*.

trained [treɪnd] *adj.* **1.** geübt, geschult (*Auge, Geist etc.*); **2.** (voll) ausgebildet, geschult, Fach...: ***~ men*** Fachkräfte;

train·ee [treɪ'niː] *s.* **1.** a) Auszubildende(r *m*) *f*, Lehrling *m*, b) Prakti'kant (-in), c) *Management*: Trai'nee *m, f*: ***~ nurse*** Lernschwester *f*; **2.** ⚔ *Am.* Re'krut *m*; **'train·er** [-nə] *s.* **1.** Ausbilder *m*; **2.** *sport* Trainer *m*; **3.** a) Abrichter *m*, ('Hunde- *etc.*)Dresˌseur *m*, b) Zureiter *m*; **4.** ✈ a) Schulflugzeug *n*, b) ('Flug)Simuˌlator *m*.

train fer·ry *s.* Eisenbahnfähre *f*.

train·ing ['treɪnɪŋ] **I** *s.* **1.** Schulung *f*, Ausbildung *f*; **2.** Üben *n*; **3.** *sport* Training *n*: ***be in ~*** a) im Training stehen, b) (gut) in Form sein; ***go into ~*** das Training aufnehmen; ***out of ~*** nicht in Form; **4.** a) Abrichten *n von Tieren*, b) Zureiten *n*; **II** *adj.* **5.** Ausbildungs..., Schul(ungs)..., Lehr...; **6.** *sport* Trainings...; **~ camp** *s.* **1.** *sport* Trainingslager *n*; **2.** ⚔ Ausbildungslager *n*; **~ cen·ter** *Am.*, **~ cen·tre** *Brit. s.* Ausbildungszentrum *n*; **~ film** *s.* Lehrfilm *m*; **~ school** *s.* **1.** *ped.* Aufbauschule *f*; **2.** ⚖ Jugendstrafanstalt *f*; **~ ship** *s.* ⚓ Schulschiff *n*.

'train|·load *s.* Zugladung *f*; **~ oil** *s.* (Fisch)Tran *m*, *bsd.* Walöl *n*; **'~·sick** *adj.*: ***she gets ~*** ihr wird beim Zugfahren schlecht.

traipse [treɪps] → ***trapse***.

trait [treɪ] *s.* **1.** (Cha'rakter)Zug *m*, Merkmal *n*; **2.** *Am.* Gesichtszug *m*.

trai·tor ['treɪtə] *s.* Verräter *m* (***to*** an *dat.*); **'trai·tor·ous** [-tərəs] *adj.* □ verräterisch; **'trai·tress** [-trɪs] *s.* Verräterin *f*.

tra·jec·to·ry ['trædʒɪktərɪ] *s.* **1.** *phys.* Flugbahn *f*; Fallkurve *f e-r Bombe*; **2.** ⩓ Trajekto'rie *f*.

tram [træm] **I** *s.* **1.** *Brit.* (***by ~*** mit der) Straßenbahn *f*; **2.** ⚒ Förderwagen *m*, Hund *m*; **II** *v/i.* **3.** *a.* ***~ it*** *Brit.* mit der Straßenbahn fahren; **'~·car** *s. Brit.* Straßenbahnwagen *m*; **'~·line** *s.* **1.** *Brit.* Straßenbahnlinie *f*; **2.** *pl. Tennis etc.*: Seitenlinien *pl.* für Doppel; **3.** *pl. fig.* 'Leitprinˌzipien *pl.*

tram·mel ['træml] **I** *s.* **1.** (Schlepp)Netz *n*; **2.** Spannriemen *m für Pferde*; **3.** *fig.* Fessel *f*; **4.** Kesselhaken *m*; **5.** ⩓ El'lipsenzirkel *m*; **6.** *a.* ***pair of ~s*** Stangenzirkel *m*; **II** *v/t.* **7.** *mst fig.* hemmen.

tra·mon·tane [trə'mɒnteɪn] *adj.* **1.** transal'pin(isch); **2.** *fig.* fremd, bar'barisch.

tramp [træmp] **I** *v/i.* **1.** trampeln ([***up***]***on*** auf *acc.*); sta(m)pfen; **2.** *mst* ***~ it*** marschieren, wandern, ‚tippeln'; **3.** vagabundieren; **II** *v/t.* **4.** durch'wandern; **5.** ***~ down*** niedertrampeln; **III** *s.* **6.** Getrampel *n*; **7.** (schwerer) Tritt; **8.** (Fuß)Marsch *m*, Wanderung *f*: ***on the ~*** auf (der) Wanderschaft; **9.** Landstreicher *m*; **10.** F ‚Luder' *n*, ‚Flittchen' *n*; **11.** ⚓ Trampschiff *n*; **'tram·ple** [-pl] **I** *v/i.* **1.** (her'um)trampeln ([***up***]***on*** auf *dat.*); **2.** *fig.* mit Füßen treten ([***up***]***on*** *acc.*); **II** *v/t.* **3.** (zer)trampeln: ***~ down*** niedertrampeln; ***~ out*** *Feuer* austreten; ***~ under foot*** he'rumtrampeln auf (*dat.*); **III** *s.* **4.** Trampeln *n*.

tram·po·lin(e) ['træmpəlɪn] *s. sport* Trampo'lin *n*; **'tram·po·lin·er** *s.* Trampo'linspringer(in), -turner(in).

'tram·way *s.* **1.** *Brit.* Straßenbahn(linie) *f*; **2.** ⚒ Grubenbahn *f*.

trance [trɑːns] *s.* **1.** Trance(zustand *m*) *f*: ***go*** (***put***) ***into a ~*** in Trance fallen (versetzen); **2.** Verzückung *f*, Ek'stase *f*.

trank [træŋk] *s. Am.* F Beruhigungsmittel *n*.

tran·quil ['træŋkwɪl] *adj.* □ **1.** ruhig, friedlich; **2.** gelassen, heiter; **tran·quil(l)i·ty** [træŋ'kwɪlətɪ] *s.* **1.** Ruhe *f*, Friede(n) *m*, Stille *f*; **2.** Gelassenheit *f*, Heiterkeit *f*; **'tran·quil·(l)ize** [-laɪz] *v/t.* (*v/i.* sich) beruhigen; **'tran·quil·(l)iz·er** [-laɪzə] *s.* Beruhigungsmittel *n*.

trans·act [træn'zækt] **I** *v/t. Geschäfte etc.* ('durch)führen, abwickeln; *Handel* abschließen; **II** *v/i.* ver-, unter'handeln (***with*** mit); **trans'ac·tion** [-kʃn] *s.* **1.** 'Durchführung *f*, Abwicklung *f*, Erledigung *f*; **2.** Ver-, Unter'handlung *f*; **3.** a) ✝ Transakti'on *f*, (Geschäfts)Abschluß *m*, Geschäft *n*, b) ⚖ Rechtsgeschäft *n*; **4.** *pl.* ✝ (Ge'schäfts)ˌUmsatz *m*; **5.** *pl.* Proto'koll *n*, Sitzungsbericht *m*.

trans·al·pine [ˌtrænz'ælpaɪn] *adj.* transal'pin(isch).

trans·at·lan·tic [ˌtrænzət'læntɪk] *adj.* **1.** transat'lantisch, 'überseeisch; **2.** Übersee...: ~ ***liner***; ~ ***flight*** Ozeanflug *m*.

trans·ceiv·er [træn'siːvə] *s.* ⚡ Sender-Empfänger *m*.

tran·scend [træn'send] *v/t.* **1.** *bsd. fig.* über'schreiten, -'steigen; **2.** *fig.* über'treffen; **tran'scend·ence** [-dəns], **tran'scend·en·cy** [-dənsɪ] *s.* **1.** Über'legenheit *f*, Erhabenheit *f*; **2.** *phls.*, *eccl.*, *a.* ⚙ Transzen'denz *f*; **tran'scend·ent** [-dənt] *adj.* □ **1.** transzen'dent: a) *phls.* 'übersinnlich, b) *eccl.* 'überweltlich; **2.** her'vorragend.

tran·scen·den·tal [ˌtrænsen'dentl] *adj.* □ **1.** *phls.* transzenden'tal: a) meta'physisch, b) *bei Kant*: apri'orisch: ~ ***meditation*** transzendentale Meditation; **2.** 'überna,türlich; **3.** erhaben; **4.** ab'strus, verworren; **5.** ⚙ transzen'dent; ˌ**tran·scen'den·tal·ism** [-təlɪzəm] *s.* Transzenden'talphiloso,phie *f*.

tran·scribe [træn'skraɪb] *v/t.* **1.** abschreiben; **2.** *Stenogramm etc.* über'tragen; **3.** ♪ transkribieren; **4.** *Radio*, *TV*: a) aufzeichnen, auf Band aufnehmen, b) (vom Band) über'tragen; **5.** *Computer*: 'umschreiben; **tran·script** ['trænskrɪpt] *s.* Abschrift *f*, Ko'pie *f*; **tran'scrip·tion** [-rɪpʃn] *s.* **1.** Abschreiben *n*; **2.** Abschrift *f*; **3.** 'Umschrift *f*; **4.** ♪ Transkripti'on *f*; **5.** *Radio*, *TV*: a) Aufnahme *f*, b) Aufzeichnung *f*.

trans·duc·er [trænz'djuːsə] *s.* **1.** ⚡ ('Um)Wandler; **2.** ⚙ 'Umformer; **3.** *Computer*: Wandler *m*.

tran·sept ['trænsept] *s.* ⚠ Querschiff *n*.

trans·fer [træns'fɜː] **I** *v/t.* **1.** hin'überbringen, -schaffen (***from*** ... ***to*** von ... nach *od.* zu); **2.** über'geben (***to*** *dat.*); **3.** *Betrieb*, *Truppen*, *Wohnsitz etc.* verlegen, *Beamten*, *Schüler in e-e andere Schule etc.* versetzen (***to*** nach, ***in***, ***into*** in *acc.*); *Technologie*, *a. sport Spieler* transferieren; ⚕ *Patienten* über'weisen; **4.** ⚖ (***to***) über'tragen (auf *acc.*), abtreten (an *acc.*); **5.** ✝ a) *Summe* vortragen, b) *Posten*, *Wertpapiere* 'umbuchen, c) *Aktien etc.* über'tragen; **6.** *Geld* über'weisen; **7.** *fig. Zuneigung etc.* über'tragen (***to*** auf *acc.*); **8.** *typ. Druck*, *Stich etc.* 'umdrucken, über'tragen; **II** *v/i.* **9.** 'übertreten (***to*** zu); **10.** verlegt *od.* versetzt werden (***to*** nach); **11.** 🚂 *etc.* 'umsteigen; **III** *s.* ['trænsfɜː] **12.** (***to***) Über'tragung *f* (auf *acc.*), 'Übergabe *f* (an *acc.*); **13.** Wechsel *m* (***to*** zu); **14.** (***to***) a) Verlegung *f* (nach), b) Versetzung *f* (nach), c) *sport* Trans'fer *m od.* Wechsel *m* (zu); **15.** ⚖ (***to***) Über'tragung *f* (***to*** auf *acc.*), Abtretung *f* (an *acc.*); **16.** ('Geld)Über,weisung *f*: ~ ***business*** ✝ Giroverkehr *m*; ~ ***of foreign exchange*** Devisentransfer *m*; **17.** ✝ ('Wertpa,pier- *etc.*)ˌUmbuchung *f*; **18.** ✝ ('Aktien- *etc.*)Über,tragung *f*; **19.** *typ.* a) Über'tragung *f*, 'Umdruck *m*, b) Abziehen *n*, Abzug *m*, c) Abziehbild *n*; **20.** 🚂 *etc.* a) 'Umsteigen *n*, b) 'Umsteigefahrkarte *f*, c) *a.* ⚓ 'Umschlagplatz *m*, d) Fährboot *n*; **trans'fer·a·ble** [-'fɜːrəbl] *adj. bsd.* ✝, ⚖ über'tragbar (*a. Wahlstimme*).

trans·fer| bank *s.* ✝ Girobank *f*; ~ **book** *s.* ✝ 'Umschreibungs-, Aktienbuch *n*; ~ **day** *s.* ✝ 'Umschreibungstag *m*; ~ **deed** *s.* Über'tragungsurkunde *f*.

trans·fer·ee [ˌtrænsfɜː'riː] *s.* Zessio'nar *m*, Über'nehmer *m*; **trans·fer·ence** ['trænsfərəns] *s.* **1.** → ***transfer*** 14, 15, 17, 18; **2.** *psych.* Über'tragung *f*; **trans·fer·en·tial** [ˌtrænsfə'renʃl] *adj.* Übertragungs...

trans·fer ink *s. typ.* 'Umdrucktinte *f*, -farbe *f*.

trans·fer·or [træns'fɜːrə] *s.* ⚖ Ze'dent *m*, Abtretende(r *m*) *f*.

trans·fer| pa·per *s. typ.* 'Umdruckpa,pier *n*; ~ **pic·ture** *s.* Abziehbild *n*.

trans·fer·rer [træns'fɜːrə] *s.* **1.** Über'trager *m*; **2.** → ***transferor***.

trans·fer tick·et → ***transfer*** 20b.

trans·fig·u·ra·tion [ˌtrænsfɪgjʊ'reɪʃn] *s.* **1.** 'Umgestaltung *f*; **2.** *eccl.* a) Verklärung *f*, b) ♀ Fest *n* der Verklärung (*6. August*); **trans·fig·ure** [træns'fɪgə] *v/t.* **1.** 'umgestalten; **2.** *eccl. u. fig.* verklären.

trans·fix [træns'fɪks] *v/t.* **1.** durch'stechen, -'bohren (*a. fig.*); **2.** *fig.* lähmen: ~***ed*** (wie) versteinert, starr (***with*** vor *dat.*).

trans·form [træns'fɔːm] **I** *v/t.* **1.** 'umgestalten, -wandeln ([***in***]***to*** in *acc.*, zu); 'umformen (*a.* ⚙); *a. j-n* verwandeln, verändern; **2.** ⚡ 'umspannen; **II** *v/i.* **3.** sich verwandeln (***into*** zu); **trans·for·ma·tion** [ˌtrænsfə'meɪʃn] *s.* **1.** 'Umgestaltung *f*, -bildung *f*; 'Umwandlung *f*, -formung *f* (*a.* ⚙); Verwandlung *f*, (*a.* Cha'rakter-, Sinnes)Änderung *f*; ~ ***of energy*** *phys.* Energieumsetzung *f*; ~ (***scene***) *thea.* Verwandlungsszene *f*; **2.** ⚡ 'Umspannung *f*; **3.** 'Damenpe,rücke *f*; **trans'form·er** [-mə] *s.* **1.** 'Umgestalter(in); **2.** ⚡ Transfor'mator *m*.

trans·fuse [træns'fjuːz] *v/t.* **1.** 'umgießen; **2.** ⚕ a) *Blut* über'tragen, b) e-e

ˈBluttransfusiˌon machen bei, c) *Serum etc.* einspritzen; **3.** *fig.* einflößen (***into*** *dat.*); **4.** *fig.* durchˈdringen, erfüllen (***with*** mit, von); **transˈfu·sion** [-juːʒn] *s.* **1.** ˈUmgießen *n*; **2.** ⚕ (ˈBlut)Transfusiˌon *f*; **3.** *fig.* Erfüllung (***with*** mit).

trans·gress [trænsˈgres] **I** *v/t.* **1.** überˈschreiten (*a. fig.*); **2.** *fig. Gesetze etc.* überˈtreten; **II** *v/i.* **3.** (***against*** gegen) sich vergehen, sündigen; **transˈgres·sion** [-eʃn] *s.* **1.** Überˈschreitung *f* (*a. fig.*); **2.** Überˈtretung *f von Gesetzen etc.*; **3.** Vergehen *n*, Missetat *f*; **transˈgres·sor** [-sə] *s.* Missetäter(in).

tran·sience [ˈtrænzɪəns], **ˈtran·sien·cy** [-nsɪ] *s.* Vergänglichkeit *f*, Flüchtigkeit *f*; **ˈtran·sient** [-nt] **I** *adj.* □ **1.** *zeitlich* vorˈübergehend; **2.** vergänglich, flüchtig; **3.** *Am.* Durchgangs…: ~ ***camp***; ~ ***visitor*** → 5; **4.** ⚡ Einschalt…, Einschwing…; **II** *s.* **5.** *Am.* ˈDurchreisende(r *m*) *f*; **6.** ⚡ a) Einschaltstoß *m*, b) Einschwingvorgang, c) Wanderwelle *f*.

trans·i·re [trænzˈaɪərɪ] *s.* ✝ Zollbegleitschein *m*.

tran·sis·tor [trænˈsɪstə] *s.* ⚡ Tranˈsistor *m*; **tranˈsis·tor·ize** [-raɪz] *v/t.* ⚡ transistorisieren.

trans·it [ˈtrænsɪt] **I** *s.* **1.** ˈDurch-, ˈÜberfahrt *f*; **2.** *a. ast.* ˈDurchgang *m*; **3.** ✝ Tranˈsit *m*, ˈDurchfuhr *f*, Transˈport *m*: ***in*** ~ unterwegs, auf dem Transport; **4.** ✝ ˈDurchgangsverkehr *m*; **5.** ˈDurchgangsstraße *f*; **6.** *Am.* öffentliche Verkehrsmittel *pl.*; **7.** *fig.* ˈÜbergang *m* (***to*** zu); **II** *adj.* **8.** *a.* ✝ Durchgangs… (*-lager, -verkehr etc.*): ~ ***visa*** Durchreise-, Transitvisum *n*; **9.** ✝ Durchfuhr…, Transit…: ~ ***trade*** Transithandel *m*.

tran·si·tion [trænˈsɪʒn] **I** *s.* **1.** ˈÜbergang *m* (*a.* ♪, *phys.*); **2.** ˈÜbergangszeit *f*: (***state of***) ~ Übergangsstadium *n*; **II** *adj.* **3.** → **tranˈsi·tion·al** [-ʒənl] *adj.* □ Übergangs…, Überleitungs…, Zwischen…

tran·si·tive [ˈtrænsɪtɪv] *adj.* □ **1.** *ling.* transitiv: ~ (***verb***) Transitiv *n*, transitives Verb; **2.** Übergangs…

tran·si·to·ri·ness [ˈtrænsɪtərɪnɪs] *s.* Flüchtigkeit *f*, Vergänglichkeit *f*; **tran·si·to·ry** [ˈtrænsɪtərɪ] *adj.* □ **1.** *zeitlich* vorˈübergehend, transiˈtorisch; **2.** vergänglich, flüchtig.

trans·lat·a·ble [trænsˈleɪtəbl] *adj.* überˈsetzbar; **trans·late** [trænsˈleɪt] **I** *v/t.* **1.** *Buch etc.* überˈsetzen (*a. Computer*), -ˈtragen (***into*** in *acc.*); **2.** *fig. Grundsätze etc.* überˈtragen (***into*** in *acc.*, zu): ~ ***ideas into action*** Gedanken in die Tat umsetzen; **3.** *fig.* a) auslegen, b) ausdrücken (***in*** in *dat.*); **4.** *eccl.* a) *Geistlichen* versetzen, b) *Reliquie etc.* ˈüberführen, verlegen (***to*** nach), c) *j-n* entrücken; **5.** *Brit. Schuhe etc.* ˈumarbeiten; **6.** ⚙ *Bewegung* überˈtragen (***to*** auf *acc.*); **II** *v/i.* **7.** sich *gut etc.* überˈsetzen lassen; **transˈla·tion** [-eɪʃn] *s.* **1.** Überˈsetzung *f*, -ˈtragung *f*; **2.** *fig.* Auslegung *f*; **3.** *eccl.* a) Versetzung *f*, b) Entrükkung *f*; **transˈla·tor** [-tə] *s.* **1.** Überˈsetzer(in); **2.** *Computer*: Überˈsetzer *m*.

trans·lit·er·ate [trænzˈlɪtəreɪt] *v/t.* transkribieren, ˈumschreiben; **trans·lit·er·a·tion** [ˌtrænzlɪtəˈreɪʃn] *s.* Transkriptiˈon *f*.

trans·lo·cate [ˌtrænzləʊˈkeɪt] *v/t.* verlagern.

trans·lu·cence [trænzˈluːsns], **transˈlu·cen·cy** [-sɪ] *s.* **1.** ˈDurchscheinen *n*; **2.** ˈLichtˌdurchlässigkeit *f*; **transˈlu·cent** *adj.* □ **1.** a) ˈlichtˌdurchlässig, b) halb ˈdurchsichtig; **2.** ˈdurchscheinend.

trans·ma·rine [ˌtrænzməˈriːn] *adj.* ˈüberseeisch, Übersee…

trans·mi·grant [trænzˈmaɪgrənt] *s.* ˈDurchreisende(r *m*) *f*, -wandernde(r *m*) *f*; **trans·mi·grate** [ˌtrænzmaɪˈgreɪt] *v/i.* **1.** fortziehen; **2.** ˈübersiedeln; **3.** auswandern; **4.** wandern (*Seele*); **trans·mi·gra·tion** [ˌtrænzmaɪˈgreɪʃn] *s.* **1.** Auswanderung *f*, ˈÜbersiedlung *f*; **2.** *a.* ~ ***of souls*** Seelenwanderung *f*; **3.** ⚕ a) ˈÜberwandern *n* (*Ei-, Blutzelle etc.*), b) Diapeˈdese *f*.

trans·mis·si·ble [trænzˈmɪsəbl] *adj.* **1.** überˈsendbar; **2.** *a.* ⚕ *u. fig.* überˈtragbar (***to*** auf *acc.*).

trans·mis·sion [trænzˈmɪʃn] *s.* **1.** Überˈsendung *f*, -ˈmittlung *f*; ✝ Versand *m*; **2.** Überˈmittlung *f von Nachrichten etc.*; **3.** *ling.* (ˈText)ÜberˌIieferung *f*; **4.** ⚙ a) Transmissiˈon *f*, Überˈsetzung *f*, -ˈtragung *f*, b) Triebwelle *f*, -werk *n*: ~ ***gear*** Wechselgetriebe *n*; **5.** Überˈtragung *f*: a) *biol.* Vererbung *f*, b) ⚕ Ansteckung *f*, c) *Radio, TV*: Sendung *f*, d) ⚖ Überˈlassung *f*, e) *phys.* Fortpflanzung *f*; ~ **belt** *s.* ⚙ Treibriemen *m*; ~ **gear·ing** *s.* ⚙ Überˈsetzungsgetriebe *n*; ~ **ra·tio** *s.* ⚙ Überˈsetzungsverhältnis *n*; ~ **shaft** *s.* ⚙ Karˈdanwelle *f*.

trans·mit [trænzˈmɪt] *v/t.* **1.** (***to***) überˈsenden, -ˈmitteln (*dat.*), (ver)senden (an *acc.*); *a. Telegramm etc.* weitergeben (an *acc.*), befördern; **2.** *Nachrichten etc.* mitteilen (***to*** *dat.*); **3.** *fig. Ideen etc.* überˈmitteln, weitergeben (***to*** an *acc.*); **4.** überˈtragen (*a.* ⚕): a) *biol.* vererben, b) ⚖ überˈschreiben, vermachen; **5.** *phys. Wellen, Wärme etc.* a) (weiter)leiten, b) *a. Kraft* über'tragen, c) *Licht etc.* 'durchlassen; **trans'mit·tal** [-tl] → ***transmission*** 1–4a; **trans'mit·ter** [-tə] *s.* **1.** Über'sender *m*, -'mittler *m*; **2.** *Radio*: a) Sendegerät *n*, b) Sender *m*; **3.** *teleph.* Mikro'phon *n*; **4.** ⚙ (Meßwert)Geber *m*; **trans'mit·ting** [-tɪŋ] *adj.* Sende…(*-antenne*, *-stärke etc.*): ~ ***station*** Sender *m*.

trans·mog·ri·fy [trænz'mɒgrɪfaɪ] *v/t. humor.* (gänzlich) 'ummodeln.

trans·mut·a·ble [trænz'mju:təbl] *adj.* □ 'umwandelbar; **trans·mu·ta·tion** [ˌtrænzmju:'teɪʃn] *s.* **1.** 'Umwandlung *f* (*a.* ⚗, *phys.*); **2.** *biol.* Transmutati'on *f*, 'Umbildung *f*; **trans·mute** [trænz'mju:t] *v/t.* 'umwandeln (***into*** in *acc.*).

trans·na·tion·al [trænz'næʃənl] *adj.* 'über-, ✝ 'multinatioˌnal.

trans·o·ce·an·ic ['trænzˌəʊʃɪ'ænɪk] *adj.* **1.** transoze'anisch, 'überseeisch; **2.** a) Übersee…, b) Ozean…

tran·som ['trænsəm] *s.* △ a) Querbalken *m über e-r Tür*, b) (Quer)Blende *f e-s Fensters*.

tran·son·ic [træn'sɒnɪk] *adj. phys.* Überschall…

trans·par·en·cy [træns'pærənsɪ] *s.* **1.** *a. fig.* 'Durchsichtigkeit *f*, Transpa'renz *f*; **2.** Transpa'rent *n*, Leuchtbild *n*; **3.** *phot.* Dia(posi'tiv) *n*; **trans'par·ent** [-nt] *adj.* □ **1.** 'durchsichtig (*a. fig. offenkundig*): ~ ***colo(u)r*** ⚙ Lasurfarbe; ~ ***slide*** Diapositiv *n*; **2.** *phys.* transpa'rent, 'lichtˌdurchlässig; **3.** *fig.* a) klar (*Stil etc.*), b) offen, ehrlich.

tran·spi·ra·tion [ˌtrænspɪ'reɪʃn] *s.* **1.** (*bsd.* Haut)Ausdünstung *f*; **2.** Schweiß *m*; **tran·spire** [træn'spaɪə] **I** *v/i.* **1.** *physiol.* transpirieren, schwitzen; **2.** ausgedünstet werden; **3.** *fig.* 'durchsickern, bekannt werden; **4.** *fig.* passieren, sich ereignen; **II** *v/t.* **5.** ausdünsten, ausschwitzen.

trans·plant [træns'plɑ:nt] **I** *v/t.* **1.** ⚘ 'umpflanzen; **2.** ⚕ transplantieren, verpflanzen; **3.** *fig.* versetzen, -pflanzen (***to*** nach, ***into*** in *acc.*); **II** *v/i.* **4.** sich verpflanzen lassen; **III** *s.* ['trænsplɑ:nt] **5.** a) → ***transplantation***, b) ⚕ Transplan'tat *n*; **trans·plan·ta·tion** [ˌtrænsplɑ:n'teɪʃn] *s.* Verpflanzung *f*: a) ⚘ 'Umpflanzung *f*, b) *fig.* Versetzung *f*, 'Umsiedlung *f*, c) ⚕ Transplantati'on *f*.

trans·port I *v/t.* [træn'spɔ:t] **1.** transportieren, befördern, versenden; **2.** *mst pass. fig.* a) *j-n* hinreißen, entzücken (***with*** vor *dat.*, von), b) heftig erregen: ~***ed with joy*** außer sich vor Freude; **3.** *bsd. hist.* deportieren; **II** *s.* ['trænspɔ:t] **4.** a) ('Ab-, 'An)TransˌPort *m*, Beförderung *f*, b) Versand *m*, c) Verschiffung *f*; **5.** Verkehr *m*; **6.** Beförderungsmittel *n od. pl.*; **7.** *a.* ~ ***ship***, ~ ***vessel*** a) Trans'port-, Frachtschiff *n*, b) ⚔ 'Truppentransˌporter *m*; **8.** *a.* ~ ***plane*** ✈ Trans'portflugzeug *n*; **9.** *fig.* a) Taumel *m der Freude etc.*, b) heftige Erregung: ***in a*** ~ ***of*** außer sich vor *Entzücken*, *Wut etc.*; **trans'port·a·ble** [-təbl] *adj.* trans'portfähig, versendbar; **trans·por·ta·tion** [ˌtrænspɔ:'teɪʃn] *s.* **1.** → ***transport*** 4; **2.** Trans'portsyˌstem *n*; **3.** *bsd. Am.* a) Beförderungsmittel *pl.*, b) Trans'portkosten *pl.*, c) Fahrausweis *m*; **4.** *bsd. hist.* Deportati'on *f*; **trans'port·er** [-tə] *s.* **1.** Beförderer *m*; **2.** ⚙ Förder-, Trans'portvorrichtung *f*.

trans·pose [træns'pəʊz] *v/t.* **1.** 'umstellen (*a. ling.*), ver-, 'umsetzen; **2.** ♪, 𝔄, ⚗ transponieren; **trans·po·si·tion** [ˌtrænspə'zɪʃn] *s.* **1.** 'Umstellen *n*; **2.** 'Umstellung *f* (*a. ling.*); **3.** ♪, 𝔄 Transpositi'on *f*; **4.** ⚡, ⚙ Kreuzung *f von Leitungen etc.*

trans·sex·u·al [trænz'seksjʊəl] **I** *adj.* transsexu'ell; **II** *s.* Transsexu'elle(r *m*) *f*.

trans·ship [træns'ʃɪp] *v/t.* ✝, ⚓ 'umladen, -schlagen; **trans'ship·ment** [-mənt] *s.* ⚓ 'Umladung *f*, 'Umschlag *m*: ~ ***charge*** Umladegebühr *f*; ~ ***port*** Umschlaghafen *m*.

tran·sub·stan·ti·ate [ˌtrænsəb'stænʃɪeɪt] *v/t.* 'umwandeln, (*a. eccl. Brot u. Wein*) verwandeln (***into***, ***to*** in *acc.*, zu); **tran·sub·stan·ti·a·tion** ['trænsəbˌstænʃɪ'eɪʃn] *s.* **1.** 'Stoffˌumwandlung *f*; **2.** *eccl.* Transsubstantiati'on *f*.

tran·sude [træn'sju:d] *v/i.* **1.** *physiol.* 'durchschwitzen (*Flüssigkeiten*); **2.** ('durch)dringen, (-)sickern (***through*** durch); **3.** abgesondert werden.

trans·ver·sal [trænz'vɜ:sl] **I** *adj.* □ → ***transverse*** 1; **II** *s.* 𝔄 Transver'sale *f*; **trans·verse** ['trænzvɜ:s] **I** *adj.* □ **1.** schräg, diago'nal, Quer…, quer(laufend) (***to*** zu): ~ ***flute*** ♪ Querflöte *f*; ~ ***section*** 𝔄 Querschnitt *m*; **II** *s.* **2.** Querstück *n*, -achse *f*, -muskel *m*; **3.** 𝔄 große Achse e-r El'lipse.

trans·ves·tism [træns'vestɪzəm] *s. psych.* Transve'stismus *m*; **trans'ves·tite** [-taɪt] *s.* Transve'stit *m*.

trap[1] [træp] **I** *s.* **1.** *hunt.*, *a.* ⚔ *u. fig.* Falle *f*: ***lay*** (*od.* ***set***) ***a*** ~ ***for s.o.*** j-m e-e Falle stellen; ***walk*** (*od.* ***fall***) ***into a*** ~ in e-e Falle gehen; **2.** ⚗ Abscheider *m*; **3.** a) Auffangvorrichtung *f*, b) Dampf-, Wasserverschluß *m*, c) Geruchverschluß *m* (*Klosett*); **4.** ⚡ (Funk)Sperrkreis *m*; **5.** *Tontaubenschießen*: 'Wurfma₁schine *f*; **6.** *Golf*: Sandhindernis *n*; **7.** → ***trapdoor***; **8.** *Brit.* Gig *n*, zweirädriger Einspänner; **9.** *mot.* offener Zweisitzer; **10.** *pl.* ♪ Schlagzeug *n*; **11.** *sl.* ,Klappe' *f* (*Mund*); **II** *v/t.* **12.** fangen (*a. fig.*); (*a. phys. Elektronen*) einfangen; **13.** einschließen (*a.* ⚔); verschütten; **14.** *fig.* in e-e Falle locken, ,fangen'; **15.** Fallen aufstellen in (*dat.*); **16.** ⚙ a) mit Wasserverschluß *etc.* versehen, verschließen, b) *Gase etc.* abfangen; **III** *v/i.* **17.** Fallen stellen (***for*** *dat.*).

trap² [træp] *s. mst pl.* F ,Kla'motten' *pl.*, Siebensachen *pl.*, Gepäck *n*.

trap³ [træp] *s. min.* Trapp *m*.

₁**trap|'door** *s.* **1.** Fall-, Klapptür *f*, (✈ Boden)Klappe *f*; **2.** *thea.* Versenkung *f*.

tra·peze [trə'pi:z] *s.* Tra'pez *n*; **tra'pe·zi·form** [-zıfɔ:m] *adj.* tra'pezförmig; **tra'pe·zi·um** [-zjəm] *s.* **1.** ✎ a) Tra'pez *n*, b) *bsd. Am.* Trapezo'id *n*; **2.** *anat.* großes Vieleckbein (*Handwurzel*); **trap·e·zoid** ['træpızɔıd] **I** *s.* **1.** ✎ a) *Brit.* Trapezo'id *n*, b) *bsd. Am.* Tra'pez *n*; **2.** *anat.* kleines Vieleckbein (*Handwurzel*); **II** *adj.* **3.** → **trap·e·zoi·dal** [₁træpı'zɔıdl] ✎ trapezo'id, *bsd. Am.* tra'pezförmig.

trap·per ['træpə] *s.* Trapper *m*, Pelztierjäger *m*.

trap·pings ['træpıŋz] *s. pl.* **1.** Staatsgeschirr *n für Pferde*; **2.** *fig.* a) ,Staat' *m*, Schmuck *m*, b) Drum u. Dran *n*, ,Verzierungen' *pl*.

trapse [treıps] *v/i.* **1.** (da'hin)latschen; **2.** (um'her)schlendern.

trap shoot·ing *s. sport* Trapschießen *n*.

trash [træʃ] *s.* **1.** *bsd. Am.* Abfall *m*, Müll *m*: ~ ***can*** Abfall-, Mülleimer *m od.* -tonne *f*; **2.** Plunder *m*, Schund *m*; **3.** *fig.* Schund *m*, Kitsch *m* (*Bücher etc.*); **4.** ,Blech' *n*, Unsinn *m*; **5.** Ausschuß *m*, Gesindel *n*; → ***white trash***; '**trash·i·ness** [-ʃınıs] *s.* Wertlosigkeit *f*, Minderwertigkeit *f*; '**trash·y** [-ʃı] *adj.* □ wertlos, minderwertig, kitschig, Schund..., Kitsch...

trau·ma ['trɔ:mə] *s.* Trauma *n*: a) ⚕ Wunde *f*, b) *psych.* seelische Erschütterung, (bleibender) Schock; **trau·mat·ic** [trɔ:'mætık] *adj.* (□ ~***ally***) ⚕, *psych.* trau'matisch: ~ ***medicine*** Unfallmedizin *f*.

trav·ail ['træveıl] **I** *s.* **1.** *obs. od. rhet.* (mühevolle) Arbeit; **2.** (Geburts)Wehen *pl.*; **3.** *fig.* (Seelen)Qual *f*: ***be in ~ with*** schwer ringen mit; **II** *v/i.* **4.** sich abrackern; **5.** in den Wehen liegen.

trav·el ['trævl] **I** *s.* **1.** Reisen *n*: ~ ***sickness*** Reisekrankheit *f*; **2.** *mst pl.* (längere) Reise: ***book of*** ~ Reisebeschreibung *f*; **3.** ⚙ Bewegung *f*, Lauf *m*, (Kolben- *etc.*)Hub *m*; **II** *v/i.* **4.** reisen, e-e Reise machen: ~ ***light*** mit leichtem Gepäck reisen; **5.** ♱ reisen (***in*** in *e-r Ware*), als (Handels)Vertreter arbeiten (***for*** für); **6.** *ast.*, *phys.*, *mot. etc.* sich bewegen; sich fortpflanzen (*Licht etc.*); **7.** ⚙ sich ('hin- u. 'her)bewegen, laufen (*Kolben etc.*); **8.** *bsd. fig.* schweifen, wandern (*Blick etc.*); **9.** F (da'hin)sausen; **III** *v/t.* **10.** *Land*, *a.* ♱ *Vertreterbezirk* bereisen, *Strecke* zu'rücklegen; ~ **a·gen·cy** *s.* 'Reisebü₁ro *n*; ~ **al·low·ance** *s.* Reisekostenzuschuß *m*.

trav·el·la·tor ['trævəleıtə] *s. Brit.* Rollsteig *m*.

trav·el(l)ed ['trævld] *adj.* **1.** (weit-, viel-) gereist; **2.** (viel)befahren (*Straße etc.*); '**trav·el·(l)er** [-lə] *s.* **1.** Reisende(r *m*) *f*; **2.** ♱ *bsd. Brit.* (Handlungs)Reisende(r) *m*, (Handels)Vertreter *m*; **3.** ⚙ Laufstück *n*, *bsd.* a) Laufkatze *f*, b) Hängekran *m*.

trav·el·(l)er's| check (*Brit.* **cheque**) *s.* Reisescheck *m*; ~ **joy** *s.* ⚘ Waldrebe *f*.

trav·el·(l)ing ['trævlıŋ] *adj.* **1.** Reise... (*-koffer*, *-wecker*, *-kosten etc.*): ~ ***agent***, *bsd. Am.* ~ ***salesman*** → ***travel(l)er*** 2; **2.** Wander...(*-ausstellung*, *-bücherei*, *-zirkus etc.*); fahrbar, auf Rädern: ~ ***dental clinic***; ~ ***crane*** Laufkran *m*.

trav·e·log(ue) ['trævəlɒg] *s.* Reisebericht *m* (*Vortrag*, *mst mit Lichtbildern*), Reisefilm *m*.

trav·ers·a·ble ['trævəsəbl] *adj.* **1.** (leicht) durch- *od.* über'querbar; **2.** passierbar, befahrbar; **3.** ⚙ (aus-) schwenkbar; **trav·erse** ['trævəs] **I** *v/t.* **1.** durch-, über'queren; **2.** durch'ziehen, -'fließen; **3.** *Fluß etc.* über'spannen; **4.** *fig.* 'durchgehen, -sehen; **5.** ⚙, *a.* ⚔ *Geschütz* (seitwärts) schwenken, **6.** *Linie etc.* kreuzen, schneiden; **7.** *Plan etc.* durch'kreuzen; **8.** ⚓ kreuzen; **9.** ⚖ a) *Vorbringen* bestreiten, b) gegen *e-e Klage etc.* Einspruch erheben; **10.** *mount.*, *Skisport*: *Hang* queren; **II** *v/i.* **11.** ⚙ sich drehen; **12.** *fenc.*, *Reitsport*: traversieren; **13.** *mount.*, *Skisport*: queren; **III** *s.* **14.** Durch-, Über'querung *f*; **15.** ⚠ a) Quergitter *n*, b) Querwand *f*, c) Quergang *m*, d) Tra'verse *f*, Querstück *n*; **16.** ✎ Schnittlinie *f*; **17.** ⚓ Koppelkurs *m*; **18.** ⚔ a) Traverse *f*, Querwall *m*, b) Schulterwehr *f*; **19.** ⚔ Schwenken *n* (*Geschütz*); **20.** ⚙ a) Schwenkung *f e-r Maschine*, b) schwenkbarer Teil; **21.** *surv.* Poly'gon(zug *m*) *n*; **22.** ⚖ a) Bestreitung *f*, b) Einspruch *m*; **23.** *mount.*, *Skisport*: a) Queren *n e-s Hanges*, b) Quergang *m*; **IV** *adj.* **24.** querlaufend, Quer…(*-bohrer etc.*): **~ motion** Schwenkung *f*; **25.** Zickzack…: **~ sailing** ⚓ Koppelkurs *m*; **26.** sich kreuzend (*Linien*).

trav·es·ty ['trævɪstɪ] **I** *s.* **1.** Trave'stie *f*; **2.** *fig.* Zerrbild *n*, Karika'tur *f*; **II** *v/t.* **3.** travestieren (*scherzhaft umgestalten*); **4.** *fig.* ins Lächerliche ziehen, verzerren.

trawl [trɔːl] ⚓ **I** *s. a.* **~ net** (Grund-) Schleppnetz *n*; **II** *v/t. u. v/i.* mit dem Schleppnetz fischen; **'trawl·er** [-lə] *s.* (Grund)Schleppnetzfischer *m* (*Boot u. Person*).

tray [treɪ] *s.* **1.** Ta'blett *n*, (Ser'vier-, Tee)Brett *n*; **2.** a) Auslagekästchen *n*, b) ('umgehängtes) Verkaufsbrett, ‚Bauchladen' *m*; **3.** flache Schale; **4.** Ablagekorb *m im Büro*; **5.** (Koffer-) Einsatz *m*.

treach·er·ous ['tretʃərəs] *adj.* □ **1.** verräterisch, treulos (**to** gegen); **2.** (heim-) tückisch, 'hinterhältig; **3.** *fig.* tückisch, trügerisch (*Eis*, *Wetter etc.*), unzuverlässig (*a. Gedächtnis*); **'treach·er·ous·ness** [-nɪs] *s.* **1.** Treulosigkeit *f*, Verräte'rei *f*; **2.** *a. fig.* Tücke *f*; **'treach·er·y** [-rɪ] *s.* (**to**) Verrat *m* (an *dat.*), Verräte'rei *f*, Treulosigkeit *f* (gegen).

trea·cle ['triːkl] *s.* **1.** a) Sirup *m*, b) Me'lasse *f*; **2.** *fig.* a) Süßlichkeit *f*, b) süßliches Getue; **'trea·cly** [-lɪ] *adj.* **1.** siruppartig, Sirup…; **2.** *fig.* süßlich.

tread [tred] **I** *s.* **1.** Tritt *m*, Schritt *m*; **2.** a) Tritt(spur *f*) *m*, b) (Rad- *etc.*)Spur *f*; **3.** ⚙ Lauffläche *f* (*Rad*); *mot.* ('Reifen-) Pro,fil *n*; **4.** Spurweite *f*; **5.** Pe'dalabstand *m* (*Fahrrad*); **6.** a) Fußraste *f*, Trittbrett *n*, b) (Leiter)Sprosse *f*; **7.** Auftritt *m* (*Stufe*); **8.** *orn.* a) Treten *n* (*Begattung*), b) Hahnentritt *m* (*im Ei*); **II** *v/t.* [*irr.*] **9.** beschreiten: **~ the boards** *thea.* (als Schauspieler) auftreten; **10.** *rhet. Zimmer etc.* durch'messen; **11.** *a.* **~ down** zertreten, -trampeln: **to ~ out** *Feuer* austreten, *fig. Aufstand* niederwerfen; **~ underfoot** niedertreten, *fig.* mit Füßen treten; **12.** *Pedale etc.*, *a. Wasser* treten; **13.** *orn.* treten, begatten; **III** *v/i.* [*irr.*] **14.** treten (**on** auf *acc.*): **~ on air** (glück)selig sein; **~ lightly** leise auftreten, *fig.* vorsichtig zu Werke gehen; **15.** (ein'her)schreiten; **16.** trampeln: **~ (up)on** zertrampeln; **17.** unmittelbar folgen (**on** auf *acc.*); → **heel**[1] *Redew.*; **18.** *orn.* a) treten (*Hahn*), b) sich paaren; **trea·dle** ['tredl] **I** *s.* **1.** ⚙ Tretkurbel *f*, Tritt *m*: **~ drive** Fußantrieb *m*; **2.** Pe'dal *n*; **II** *v/i.* **3.** treten; **'tread·mill** *s.* Tretmühle *f* (*a. fig.*).

trea·son ['triːzn] *s.* (⚖ Landes)Verrat *m* (**to** an *dat.*): **high ~**, **~ felony** Hochverrat *m*; **'trea·son·a·ble** [-nəbl] *adj.* □ (landes- *od.* hoch)verräterisch.

treas·ure ['treʒə] **I** *s.* **1.** Schatz *m* (*a. fig.*); **2.** Reichtum *m*, Reichtümer *pl.*, Schätze *pl.*: **~s of the soil** Bodenschätze; **~ trove** (herrenloser) Schatzfund, *fig.* Fundgrube *f*; **3.** F ‚Perle' *f* (*Dienstmädchen etc.*); **4.** F Schatz *m*, Liebling *m*; **II** *v/t.* **5.** *oft* **~ up** *Schätze* (an)sammeln, aufhäufen; **6.** a) (hoch)schätzen, b) hegen, *a. Andenken* in Ehren halten; **~ house** *s.* **1.** Schatzhaus *n*, -kammer *f*; **2.** *fig.* Gold-, Fundgrube *f*.

treas·ur·er ['treʒərə] *s.* **1.** Schatzmeister (-in) (*a.* ✝); Kassenwart *m*; **2.** ✝ Leiter *m* der Fi'nanzab,teilung: **city ~** Stadtkämmerer *m*; **3.** Fis'kalbeamte(r) *m*: **≈ of the Household** *Brit.* Fiskalbeamte(r) des königlichen Haushalts; **'treas·ur·er·ship** [-ʃɪp] *s.* Schatzmeisteramt *n*, Amt *n* e-s Kassenwarts.

treas·ur·y ['treʒərɪ] *s.* **1.** Schatzkammer *f*, -haus *n*; **2.** a) Schatzamt *n*, b) Staatsschatz *m*: **Lords** (*od.* **Commissioners**) **of the ≈** *das* brit. Finanzministerium; **First Lord of the ≈** erster Schatzlord (*mst der Premierminister*); **3.** Fiskus *m*, Staatskasse *f*; **4.** *fig.* Schatz(kästlein *n*) *m*, Antholo'gie *f* (*Buchtitel*); **≈ bench** *s. parl. Brit.* Regierungsbank *f*; **~ bill** *s.* ✝ (*kurzfristiger*) Schatzwechsel; **≈ Board** *s. Brit.* Fi'nanzmini,sterium *n*; **~ bond** *s. Am.* (*langfristige*) Schatzanweisung; **~ cer·tif·i·cate** *s. Am.* (kurzfristiger) Schatzwechsel; **≈ De·part·ment** *s. Am.* Fi'nanzmini,sterium *n*; **~ note** *s. Am.* (*mittelfristiger*) Schatzwechsel; **≈ war·rant** *s. Brit.* Schatzanweisung *f*.

treat [triːt] **I** *v/t.* **1.** behandeln, 'umgehen mit: **~ s.o. brutally**; **2.** behandeln, betrachten (**as** als); **3.** ⚕, ⚗, ⚙ behandeln (**for** gegen, **with** mit); **4.** *fig. Thema etc.* behandeln; **5.** *j-m* e-n Genuß bereiten, *bsd. j-n* bewirten (**to** mit): **~ o.s. to** sich *et.* gönnen *od.* leisten *od.* genehmigen; **~ s.o. to s.th.** j-m et. spendieren; **be ~ed to s.th.** in den Genuß e-r Sache kommen; **II** *v/i.* **6. ~ of** handeln von, *Thema* behandeln; **7. ~**

with verhandeln mit; **8.** (die Zeche) bezahlen, e-e Runde ausgeben; **III** *s.* **9.** (Extra)Vergnügen *n*, *bsd.* (Fest-) Schmaus *m*: ***school ~*** Schulfest *n od.* -ausflug *m*; **10.** *fig.* (Hoch)Genuß *m*, Wonne *f*; **11.** (Gratis)Bewirtung *f*: ***stand ~*** → 8; ***it is my ~*** das geht auf m-e Rechnung, diesmal bezahle ich; **ˈtrea·tise** [-tɪz] *s.* (*wissenschaftliche*) Abhandlung; **ˈtreat·ment** [-mənt] *s.* **1.** Behandlung *f* (*a.* ⚕, ⚗, *a. fig. e-s Themas etc.*): ***give s.th. the full ~*** *fig.* et. gründlich behandeln; ***give s.o. the ~*** F j-n ‚in die Mangel nehmen'; **2.** ⚙ Bearbeitung *f*; **3.** *Film*: Treatment *n* (*erweitertes Handlungsschema*).

trea·ty [ˈtriːtɪ] *s.* **1.** (*bsd.* Staats)Vertrag *m*, Pakt *m*: ***~ powers*** Vertragsmächte; **2.** *obs.* Verhandlung *f.*

tre·ble [ˈtrebl] **I** *adj.* □ **1.** dreifach; **2.** ⚔ dreistellig; **3.** ♪ Diskant…, Sopran…; **4.** hoch, schrill; **5.** *Radio*: Höhen…: ***~ control*** Höhenregler *m*; **II** *s.* **6.** ♪ *allg.* Disˈkant *m*; **III** *v/t. u. v/i.* **7.** (sich) verdreifachen.

tree [triː] **I** *s.* **1.** Baum *m*: ***~ of life*** a) *bibl.* Baum des Lebens, b) ⚘ Lebensbaum; ***up a ~*** F in der Klemme; → ***top***[1] 2; **2.** (*Rosen- etc.*)Strauch *m*, (*Bananen- etc.*)Staude *f*; **3.** ⚙ Baum *m*, Welle *f*, Schaft *m*; (Holz)Gestell *n*; (Stiefel)Leisten *m*; **4.** → ***family tree***; **II** *v/t.* **5.** auf e-n Baum jagen; **6.** *j-n* in die Enge treiben; **~ fern** *s.* ⚘ Baumfarn *m*; **~ frog** *s. zo.* Laubfrosch *m*.

tree·less [ˈtriːlɪs] *adj.* baumlos, kahl.

tree| line *s.* Baumgrenze *f*; **ˈ~·nail** *s.* ⚙ Holznagel *m*, Dübel *m*; **~ nurs·er·y** *s.* Baumschule *f*; **~ sur·geon** *s.* ˈBaumchirˌurg *m*; **~ toad** → ***tree frog***; **ˈ~·top** *s.* Baumkrone *f*, -wipfel *m*.

tre·foil [ˈtrefɔɪl] *s.* **1.** ⚘ Klee *m*; **2.** ⚠ Dreipaß *m*; **3.** *bsd. her.* Kleeblatt *n*.

trek [trek] **I** *v/i.* **1.** *Südafrika*: trecken, (im Ochsenwagen) reisen; **2.** ziehen, wandern; **II** *s.* **3.** Treck *m*.

trel·lis [ˈtrelɪs] **I** *s.* **1.** Gitter *n*, Gatter *n*; **2.** ⚙ Gitterwerk *n*; **3.** ⚘ Spaˈlier *n*; **4.** Pergola *f*; **II** *v/t.* **5.** vergittern: ***~ed window*** Gitterfenster *n*; **6.** ⚘ am Spalier ziehen; **ˈ~·work** *s.* Gitterwerk *n* (*a.* ⚙).

trem·ble [ˈtrembl] **I** *v/i.* **1.** (er)zittern, (-) beben (***at***, ***with*** vor *dat.*): ***~ all over*** (*od.* ***in every limb***) am ganzen Leibe zittern; ***~ at the thought*** (*od.* ***to think***) bei dem Gedanken zittern; → ***balance*** 2; **2.** zittern, bangen (***for*** für, um): ***a trembling uncertainty*** e-e bange Ungewißheit; **II** *s.* **3.** Zittern *n*, Beben *n*: ***be all of a ~*** am ganzen Körper zittern; **4.** *pl. sg. konstr. vet.* Milchfieber *n*; **ˈtrem·bler** [-lə] *s.* **1.** ⚡ (ˈSelbst)Unterˌbrecher *m*; **2.** eˈlektrische Glocke *od.* Klingel; **ˈtrem·bling** [-lɪŋ] *adj.* □ zitternd: ***~ grass*** ⚘ Zittergras *n*; ***~ poplar*** (*od.* ***tree***) ⚘ Zitterpappel *f*, Espe *f*.

tre·men·dous [trɪˈmendəs] *adj.* □ **1.** schrecklich, fürchterlich; **2.** F ungeheuer, eˈnorm, ‚toll'.

trem·o·lo [ˈtreməlәʊ] *pl.* **-los** *s.* ♪ Tremolo *n*.

trem·or [ˈtremə] *s.* **1.** ⚕ Zittern *n*, Zucken *n*: ***~ of the heart*** Herzflackern *n*; **2.** Zittern *n*, Schau(d)er *m der Erregung*; **3.** Beben *n der Erde*; **4.** Angst (-gefühl *n*) *f*, Beben *n*.

trem·u·lous [ˈtremjʊləs] *adj.* □ **1.** zitternd, bebend; **2.** zitt(e)rig, ängstlich.

tre·nail [ˈtrenl] → ***treenail***.

trench [trentʃ] **I** *v/t.* **1.** mit Gräben durchˈziehen *od.* (⚔) befestigen; **2.** ⚘ tief ˈumpflügen, riˈgolen; **3.** zerschneiden, durchˈfurchen; **II** *v/i.* **4.** (⚔ Schützen)Gräben ausheben; **5.** *geol.* sich (ein)graben (*Fluß etc.*); **6.** ***~ (up)on*** beeinträchtigen, in *j-s Rechte* eingreifen; **7.** ***~ (up)on*** *fig.* hart grenzen an (*acc.*); **III** *s.* **8.** (⚔ Schützen)Graben *m*; **9.** Furche *f*, Rinne *f*; **10.** ⚒ Schramm *m*.

trench·an·cy [ˈtrentʃənsɪ] *s.* Schärfe *f*; **ˈtrench·ant** [-nt] *adj.* □ **1.** scharf, schneidend (*Witz etc.*); **2.** einschneidend, eˈnergisch: ***a ~ policy***.

trench coat *s.* Trenchcoat *m*.

trench·er[1] [ˈtrentʃə] *s.* ⚔ Schanzarbeiter *m*.

trench·er[2] [ˈtrentʃə] *s.* **1.** Tranchier-, Schneidebrett *n*; **2.** *obs.* Speise *f*; **~ cap** → ***mortarboard*** 2; **ˈ~·man** [-mən] *s.* [*irr.*] guter *etc.* Esser.

trench| fe·ver *s.* ⚕ Schützengrabenfieber *n*; **~ foot** *s.* ⚕ Schützengrabenfüße *pl.* (*Fußbrand*); **~ mor·tar** *s.* ⚔ Graˈnatwerfer *m*; **~ war·fare** *s.* ⚔ Stellungskrieg *m*.

trend [trend] **I** *s.* **1.** Richtung *f* (*a. fig.*); **2.** *fig.* Tenˈdenz *f*, Entwicklung *f*, Trend *m* (*alle a.* ✝); Neigung *f*, Bestreben *n*: ***the ~ of his argument was*** s-e Beweisführung lief darauf hinaus; ***~ in*** *od.* ***of prices*** ✝ Preistendenz; **3.** *fig.* (Ver-) Lauf *m*: ***the ~ of events***; **II** *v/i.* **4.** sich neigen, streben, tendieren (***towards*** nach *e-r Richtung*); **5.** sich erstrecken, laufen (***towards*** nach *Süden etc.*); **6.** *geol.* streichen (***to*** nach); **~ a·nal·y·sis** *s.* ✝ Konjunkˈturanaˌlyse *f*; **ˈ~ˌset·ter** *s. Mode etc.*: j-d, der den Ton angibt, Schrittmacher *m*, Trendsetter *m*; **ˈ~ˌset·ting** *adj.* tonangebend.

tren·dy ['trendɪ] *adj.* ('super)mo,dern, schick, modebewußt.

tre·pan [trɪ'pæn] **I** *s.* **1.** ⚕ *hist.* Schädelbohrer *m*; **2.** ⚙ 'Bohrma,schine *f*; **3.** *geol.* Stein-, Erdbohrer *m*; **II** *v/t.* **4.** ⚕ trepanieren.

trep·i·da·tion [,trepɪ'deɪʃn] *s.* **1.** ⚕ (Glieder-, Muskel)Zittern *n*; **2.** Beben *n*; **3.** Angst *f*, Bestürzung *f*.

tres·pass ['trespəs] **I** *s.* **1.** Über'tretung *f*, Vergehen *n*, Verstoß *m*, Sünde *f*; **2.** 'Übergriff *m*; **3.** 'Mißbrauch *m* (*on gen.*); **4.** ⚖ *allg.* unerlaubte Handlung (*Zivilrecht*): a) unbefugtes Betreten, b) Besitzstörung *f*, c) 'Übergriff *m* gegen die Per'son (*z.B. Körperverletzung*); **5.** *a. action for* ~ ⚖ Schadenersatzklage *f* aus unerlaubter Handlung, *z.B.* Besitzstörungsklage *f*; **II** *v/i.* **6.** ⚖ e-e unerlaubte Handlung begehen: ~ (*up*)*on* a) widerrechtlich betreten, b) rechtswidrige Übergriffe gegen *j-s Eigentum* begehen; **7.** ~ (*up*)*on fig.* a) 'übergreifen auf (*acc.*), b) hart grenzen an (*acc.*), c) *j-s Zeit etc.* über Gebühr in Anspruch nehmen; **8.** (*against*) verstoßen (gegen), sündigen (wider *od.* gegen); '**tres·passer** [-sə] *s.* **1.** ⚖ a) Rechtsverletzer *m*, b) Unbefugte(r *m*) *f*: *~s will be prosecuted!* Betreten bei Strafe verboten!; **2.** *obs.* Sünder(in).

tress [tres] *s.* **1.** (Haar)Flechte *f*, Zopf *m*; **2.** Locke *f*; **3.** *pl.* üppiges Haar; **tressed** [-st] *adj.* **1.** geflochten; **2.** gelockt.

tres·tle ['tresl] *s.* **1.** ⚙ Gestell *n*, Gerüst *n*, Bock *m*, Schragen *m*: ~ *table* Zeichentisch *m*; **2.** ⚔ Brückenbock *m*: ~ *bridge* Bockbrücke *f*; '**~·work** *s.* **1.** Gerüst *n*; **2.** *Am.* 'Bahnvia,dukt *m*.

trey [treɪ] *s.* Drei *f im Karten- od. Würfelspiel.*

tri·a·ble ['traɪəbl] *adj.* ⚖ a) justiti'abel, zu verhandeln(d) (*Sache*), b) belangbar, abzuurteilen(d) (*Person*).

tri·ad ['traɪəd] *s.* **1.** Tri'ade *f*: a) Dreizahl *f*, b) ⚗ dreiwertiges Ele'ment, c) ⩓ Dreiergruppe *f*, Trias *f*; **2.** ♪ Dreiklang *m*.

tri·al ['traɪəl] **I** *s.* **1.** Versuch *m* (*of* mit), Probe *f*, Erprobung *f*, Prüfung *f* (*alle a.* ⚙): ~ *and error* a) ⩓ Regula *f* falsi, b) empirische Methode; ~ *of strength* Kraftprobe; *on* ~ auf *od.* zur Probe; *give a* ~, *make a* ~ *of* e-n Versuch machen mit, erproben; *be on* ~ a) erprobt werden, b) e-e Probezeit durchmachen (*Person*), c) *fig.* auf dem Prüfstand sein (→ *a.* 2); **2.** ⚖ ('Straf- *od.* Zi'vil)Pro,zeß *m*, (Gerichts)Verfahren *n*, (Haupt)Verhandlung *f*: ~ *by jury* Schwurgerichtsverfahren; *be on* (*od. stand*) ~ unter Anklage stehen (*for* wegen); *bring* (*od. put*) *s.o. to* ~ j-n vor Gericht bringen; *stand* (*one's*) ~ sich vor Gericht verantworten; **3.** (*to* für) *fig.* a) (Schicksals)Prüfung *f*, Heimsuchung *f*, b) Last *f*, Plage *f*, Stra'paze *f*; **4.** *sport* a) Vorlauf *m*, Ausscheidungsrennen *n*, b) Ausscheidungsspiel *n*; **II** *adj.* **5.** Versuchs…, Probe…: ~ *balance* ✝ Rohbilanz *f*; ~ *balloon fig.* Versuchsballon *m*; ~ *marriage* Ehe *f* auf Probe; ~ *match* → 4 b; ~ *order* ✝ Probeauftrag *m*; ~ *package* ✝ Probepackung *f*; ~ *period* Probezeit *f*; ~ *run* Probefahrt *f*, -lauf *m*; **6.** ⚖ Verhandlungs…: ~ *court* erstinstanzliches Gericht; ~ *judge* Richter *m* der ersten Instanz; ~ *lawyer Am.* Prozeßanwalt *m*.

tri·an·gle ['traɪæŋgl] *s.* **1.** ⩓ Dreieck *n*; **2.** ♪ Triangel *m*; **3.** ⚙ a) Reißdreieck *n*, b) Winkel *m*; **4.** *mst eternal* ~ *fig.* Dreiecksverhältnis *n*; **tri·an·gu·lar** [traɪ'æŋgjʊlə] *adj.* dreieckig, -winkelig; *fig.* dreiseitig, Dreiecks…

Tri·as ['traɪəs] → **Tri·as·sic** [traɪ'æsɪk] *geol.* **I** *s.* 'Trias(formati,on) *f*; **II** *adj.* Trias…

trib·al ['traɪbl] *adj.* □ Stammes…; '**trib·al·ism** [-bəlɪzəm] *s.* 'Stammessy,stem *n od.* -gefühl *n*.

tri·bas·ic [traɪ'beɪsɪk] *adj.* ⚗ drei-, tribasisch.

tribe [traɪb] *s.* **1.** (Volks)Stamm *m*; **2.** ⚘, *zo.* Tribus *f*, Klasse *f*; **3.** *humor. u. contp.* Sippschaft *f*, ‚Verein' *m*; **tribes·man** ['traɪbzmən] *s.* [*irr.*] Stammesangehörige(r) *m*, -genosse *m*.

trib·u·la·tion [,trɪbjʊ'leɪʃn] *s.* Drangsal *f*, 'Widerwärtigkeit *f*.

tri·bu·nal [traɪ'bju:nl] *s.* **1.** ⚖ Gericht(shof *m*) *n*, Tribu'nal *n* (*a. fig.*); **2.** Richterstuhl *m* (*a. fig.*); **trib·une** ['trɪbju:n] *s.* **1.** *antiq.* ('Volks)Tri,bun *m*; **2.** Volksheld *m*; **3.** Tri'büne *f*; **4.** Rednerbühne *f*; **5.** Bischofsthron *m*.

trib·u·tar·y ['trɪbjʊtərɪ] **I** *adj.* □ **1.** tri'but-, zinspflichtig (*to dat.*); **2.** 'untergeordnet (*to dat.*); **3.** helfend, beisteuernd (*to* zu); **4.** *geogr.* Neben…: ~ *stream*; **II** *s.* **5.** Tri'butpflichtige(r) *m*, *a.* tri'butpflichtiger Staat; **6.** *geogr.* Nebenfluß *m*; **trib·ute** ['trɪbju:t] *s.* Tri'but *m*: a) Zins *m*, Abgabe *f*, b) *fig.* Zoll *m*, Beitrag *m*, c) *fig.* Huldigung *f*, Achtungsbezeigung *f*, Anerkennung *f*: ~ *of admiration* gebührende Bewunderung; *pay* ~ *to j-m* Hochachtung bezeigen *od.* Anerkennung zollen.

tri·car ['traɪkɑː] *s. Brit.* Dreiradlieferwagen *m.*

trice [traɪs] *s.*: ***in a ~*** im Nu.

tri·ceps ['traɪseps] *pl.* '**tri·ceps·es** *s. anat.* Trizeps *m* (*Muskel*).

tri·chi·na [trɪ'kaɪnə] *pl.* **-nae** [-niː] *s. zo.* Tri'chine *f*; **trich·i·no·sis** [ˌtrɪkɪ'nəʊsɪs] *s.* ⚕ Trichi'nose *f.*

trich·o·mon·ad [ˌtrɪkəʊ'mɒnæd] *s. zo.* Trichomo'nade *f.*

tri·chord ['traɪkɔːd] *adj. u. s.* ♪ dreisaitig(es Instru'ment).

tri·chot·o·my [traɪ'kɒtəmɪ] *s.* Dreiheit *f*, -teilung *f.*

trick [trɪk] **I** *s.* **1.** Trick *m*, Kunstgriff *m*, Kniff *m*, List *f*; *pl. a.* Schliche *pl.*, Ränke *pl.*, Winkelzüge *pl.*: ***full of ~s*** raffiniert; **2.** (***dirty ~*** gemeiner) Streich: ***~s of fortune*** Tücken des Schicksals; ***the ~s of the memory*** *fig.* die Tücken des Gedächtnisses; ***be up to one's ~s*** (wieder) Dummheiten machen; ***be up to s.o.'s ~s*** j-n *od.* j-s Schliche durchschauen; ***what ~s have you been up to?*** was hast du angestellt?; ***play s.o. a ~, play a ~ on s.o.*** j-m e-n Streich spielen; ***none of your ~s!*** keine Mätzchen!; **3.** Trick *m*, (*Karten- etc.*)Kunststück *n*: ***do the ~*** den Zweck erfüllen; ***that did the ~*** damit war es geschafft; **4.** (Sinnes)Täuschung *f*; **5.** (*bsd.* üble *od.* dumme) Angewohnheit, Eigenheit *f*; **6.** *Kartenspiel*: Stich *m*: ***take*** *od.* ***win a ~*** e-n Stich machen; **7.** ⚓ Rudertörn *m*; **8.** *Am. sl.* ‚Mieze' *f* (*Mädchen*); **9.** V ‚Nummer' *f* (*Koitus*); **II** *adj.* **10.** Trick...(*-dieb*, *-film*, *-szene*); **11.** Kunst...(*-flug*, *-reiten*); **III** *v/t.* **12.** über'listen, betrügen, prellen (***out of*** um); **13.** *j-n* verleiten (***into doing*** *et.* zu tun); **14.** *mst* ***~ up*** (*od.* ***out***) schmücken, (her'aus)putzen; '**trick·er** [-kə] → ***trickster***; '**trick·er·y** [-kərɪ] *s.* **1.** Betrüge'rei(en *pl.*) *f*, Gaune'rei(en *pl.*) *f*; **2.** Kniff *m*; '**trick·i·ness** [-kɪnɪs] *s.* **1.** Verschlagenheit *f*, Durch'triebenheit *f*; **2.** Kitzligkeit *f e-r Situation etc.*; **3.** Kompliziertheit *f*; '**trick·ish** [-kɪʃ] → ***tricky***.

trick·le ['trɪkl] **I** *v/i.* **1.** tröpfeln (*a. fig.*); **2.** rieseln; kullern (*Tränen*); **3.** sickern: ***~ out*** *fig.* durchsickern; **4.** trudeln (*Ball etc.*); **II** *v/t.* **5.** tröpfeln (lassen), träufeln; **6.** rieseln lassen; **III** *s.* **7.** Tröpfeln *n*; Rieseln *n*; **8.** Rinnsal *n* (*a. fig.*); **~ charg·er** *s.* ⚡ Kleinlader *m.*

trick·si·ness ['trɪksɪnɪs] *s.* **1.** → ***trickiness***; **2.** 'Übermut *m.*

trick·ster ['trɪkstə] *s.* Gauner(in), Schwindler(in).

trick·sy ['trɪksɪ] *adj.* **1.** → ***tricky*** 1; **2.** 'übermütig.

trick·y ['trɪkɪ] *adj.* ☐ **1.** verschlagen, durch'trieben, raffiniert; **2.** heikel, kitzlig (*Lage*, *Problem*); **3.** kompliziert, knifflig; **4.** unzuverlässig.

tri·col·o(u)r ['trɪkələ] *s.* Triko'lore *f.*

tri·cot ['triːkəʊ] *s.* Tri'kot *m* (*Stoff*).

tri·cy·cle ['traɪsɪkl] **I** *s.* Dreirad *n*; **II** *v/i.* Dreirad fahren.

tri·dent ['traɪdnt] *s.* Dreizack *m.*

tried [traɪd] **I** *p.p. von* ***try***; **II** *adj.* erprobt, bewährt.

tri·en·ni·al [traɪ'enjəl] *adj.* ☐ **1.** dreijährig; **2.** alle drei Jahre stattfindend, dreijährlich.

tri·er·arch·y ['traɪərɑːkɪ] *s. hist.* Trierar'chie *f.*

tri·fle ['traɪfl] **I** *s.* **1.** Kleinigkeit *f*: a) unbedeutender Gegenstand, b) Baga'telle *f*, Lap'palie *f*, c) Kinderspiel *n* (***to*** für *j-n*), d) kleine Geldsumme, e) *das* bißchen: ***a ~ expensive*** etwas *od.* ein bißchen teuer; ***not to stick at ~s*** sich nicht mit Kleinigkeiten abgeben; ***stand upon ~s*** ein Kleinigkeitskrämer sein; **2.** a) *Brit.* Trifle *n* (*Biskuitdessert*), b) *Am.* 'Obstdesˌsert *n* mit Sahne; **II** *v/i.* **3.** spielen (***with*** mit *dem Bleistift etc.*); **4.** (***with***) *fig.* spielen (mit), sein Spiel treiben *od.* leichtfertig 'umgehen (mit): ***he is not to be ~d with*** er läßt nicht mit sich spaßen; **5.** tändeln, scherzen; leichtfertig da'herreden; **6.** (her'um-) trödeln; **III** *v/t.* **7.** ***~ away*** *Zeit* vertändeln, vertrödeln, *a. Geld* verplempern; '**tri·fler** [-lə] *s.* **1.** oberflächlicher *od.* fri'voler Mensch; **2.** Tändler *m*; **3.** Müßiggänger *m*; '**tri·fling** [-lɪŋ] *adj.* ☐ **1.** oberflächlich, leichtfertig; **2.** tändelnd; **3.** unbedeutend, geringfügig.

tri·fo·li·ate [traɪ'fəʊlɪət] *adj.* ⚘ **1.** dreiblätt(e)rig; **2.** → **tri·fo·li·o·late** [traɪ'fəʊlɪəleɪt] *adj.* ⚘ **1.** dreizählig (*Blatt*); **2.** mit dreizähligen Blättern (*Pflanze*).

trig [trɪg] F *für* ***trigonometry***.

trig·ger ['trɪgə] **I** *s.* **1.** ⚡, *phot.*, ⚙ Auslöser *m* (*a. fig.*); **2.** Abzug *m* (*Feuerwaffe*), *am Gewehr*: *a.* Drücker *m*, *e-r Bombe*: Zünder *m*: ***pull the ~*** abdrücken; ***quick on the ~*** *fig.* ‚fix', ‚auf Draht' (*reaktionsschnell od. schlagfertig*); **II** *v/t.* **3.** ⚙ auslösen (*a. fig.*); **~ guard** *s.* ⚔ Abzugsbügel *m*; '**~-ˌhap·py** *adj.* **1.** schießwütig; **2.** *pol.* kriegslüstern; **3.** *fig.* kampflustig.

trig·o·no·met·ric, trig·o·no·met·ri·cal [ˌtrɪgənə'metrɪk(l)] *adj.* ☐ Å trigono'metrisch; **trig·o·nom·e·try** [ˌtrɪgə'nɒmɪtrɪ] *s.* Trigonome'trie *f.*

tri·he·dral [ˌtraɪˈhedrl] *adj.* ⩓ dreiflächig, triˈedrisch.
tri·lat·er·al [ˌtraɪˈlætərəl] *adj.* **1.** ⩓ dreiseitig; **2.** *pol.* Dreier…: ~ **talks**.
tril·by [ˈtrɪlbɪ] *s.* **1.** *a.* ~ **hat** *Brit.* F weicher Filzhut; **2.** *pl. sl.* ‚Haxen' *pl.* (*Füße*).
tri·lin·e·ar [ˌtraɪˈlɪnɪə] *adj.* ⩓ dreilinig: ~ **coordinates** Dreieckskoordinaten.
tri·lin·gual [ˌtraɪˈlɪŋgwəl] *adj.* dreisprachig.
trill [trɪl] **I** *v/t. u. v/i.* **1.** ♪ *etc.* trillern, trällern; **2.** *ling.* (*bsd.* das r) rollen; **II** *s.* **3.** ♪ Triller *m*; **4.** *ling.* gerolltes r, gerollter Konsoˈnant.
tril·lion [ˈtrɪljən] *s.* **1.** *Brit.* Trilliˈon *f*; **2.** *Am.* Billiˈon *f*.
tril·o·gy [ˈtrɪlədʒɪ] *s.* Triloˈgie *f*.
trim [trɪm] **I** *v/t.* **1.** in Ordnung bringen, zuˈrechtmachen; **2.** *Feuer* anschüren; **3.** *Haar, Hecken etc.* (be-, zuˈrecht-) schneiden, stutzen, *bsd. Hundefell* trimmen; **4.** *fig. Budget etc.* stutzen, beschneiden; **5.** ⚙ *Bauholz* behauen, zurichten; **6.** *a.* ~ **up** (herˈaus)putzen, schmücken, ausstaffieren, schönmachen; **7.** *Hüte etc.* besetzen, garnieren; **8.** F a) *j-n* ‚zs.-stauchen', b) ‚reinlegen', c) ‚vertrimmen' (*a. sport schlagen*); **9.** ✈, ⚓ trimmen: a) *Flugzeug, Schiff* in die richtige Lage bringen, b) *Segel* stellen, brassen: ~ **one's sails to every wind** *fig.* sein Mäntelchen nach dem Wind hängen, c) *Kohlen* schaufeln, d) *Ladung* (richtig) verstauen; **10.** ⚡ trimmen, (fein) abgleichen; **II** *v/i.* **11.** *fig.* e-n Mittelkurs steuern, *bsd. pol.* lavieren: ~ **with the times** sich den Zeiten anpassen, Opportunitätspolitik treiben; **III** *s.* **12.** Ordnung *f*, (richtiger) Zustand, *a.* richtige (*körperliche od. seelische*) Verfassung *od.* Form: **in good** (**out of**) ~ in guter (schlechter) Verfassung (*a. Person*); **13.** ✈, ⚓ a) Trimm (-lage *f*) *m*, b) richtige Stellung *der Segel*, c) gute Verstauung *der Ladung*; **14.** Putz *m*, Staat *m*, Gala *f*; **15.** *mot.* a) Innenausstattung *f*, b) Zierleiste(n *pl.*) *f*; **IV** *adj.* **16.** ordentlich; **17.** schmuck, sauber, aˈdrett; gepflegt (*a. Bart, Rasen etc.*); **18.** (gut) in Schuß.
tri·mes·ter [trɪˈmestə] *s.* **1.** Zeitraum *m* von drei Monaten, Vierteljahr *n*; **2.** *univ.* Triˈmester *n*.
trim·mer [ˈtrɪmə] *s.* **1.** Aufarbeiter(in), Putzmacher(in); **2.** ⚓ a) (Kohlen)Trimmer *m*, b) Stauer *m*; **3.** *Zimmerei*: Wechselbalken *m*; **4.** *fig. bsd. pol.* Opportuˈnist(in); **ˈtrim·ming** [-mɪŋ] *s.* **1.** (Auf-, Aus)Putzen *n*, Zurichten *n*; **2.** a) (Hut-, Kleider)Besatz *m*, Borte *f*, b) *pl.* Zutaten *pl.*, Posaˈmenten *pl.*, c) *fig.* ‚Verzierung' *f*, ‚Garnierung' *f im Stil etc.*; **3.** *pl.* Garnierung *f*, Zutaten *pl.* (*Speise*); **4.** *pl.* Abfälle *pl.*, Schnipsel *pl.*; **5.** ⚓ a) Trimmen *n*, (Ver)Stauen *n*, b) Staulage *f*; **6.** (Tracht *f*) Prügel *pl.*; **7.** *bsd. sport* (böse) Abfuhr; **ˈtrim·ness** [-mnɪs] *s.* **1.** gute Ordnung; **2.** gutes Aussehen, Gepflegtheit *f*.
trine [traɪn] **I** *adj.* **1.** dreifach; **II** *s.* **2.** Dreiheit *f*; **3.** *ast.* Trigoˈnalaˌspekt *m*.
Trin·i·tar·i·an [ˌtrɪnɪˈteərɪən] *eccl.* **I** *adj.* **1.** Dreieinigkeits…; **II** *s.* **2.** Bekenner (-in) der Dreiˈeinigkeit; **3.** *hist.* Triniˈtarier *m*; ˌ**Trin·iˈtar·i·an·ism** [-nɪzəm] *s.* Dreiˈeinigkeitslehre *f*.
tri·ni·tro·tol·u·ene [traɪˌnaɪtrəʊˈtɒljʊiːn] *s.* ⚗ Trinitrotoluˈol *n*.
trin·i·ty [ˈtrɪnɪtɪ] *s.* **1.** Dreiheit *f*; **2.** ♀ *eccl.* Dreiˈeinigkeit *f*; ♀ **House** *s.* Verband *m* zur Aufsicht über See- u. Lotsenzeichen *etc.*; ♀ **Sun·day** *s.* Sonntag *m* Triniˈtatis; ♀ **term** *s. univ.* ˈSommertriˌmester *n*.
trin·ket [ˈtrɪŋkɪt] *s.* **1.** Schmuck *m*; (*bsd.* wertloses) Schmuckstück; **2.** *pl. fig.* Kram *m*, Plunder *m*.
tri·no·mi·al [traɪˈnəʊmjəl] **I** *adj.* **1.** ⩓ triˈnomisch, dreigliedrig, -namig; **2.** *biol., zo.* dreigliedrig (*Artname*); **II** *s.* **3.** ⩓ Triˈnom *n*, dreigliedrige (Zahlen-) Größe.
tri·o [ˈtriːəʊ] *pl.* **-os** *s.* ♪ *u. fig.* Trio *n*.
tri·ode [ˈtraɪəʊd] *s.* ⚡ Triˈode *f*, ˈDreielekˌtrodenˌröhre *f*.
tri·o·let [ˈtriːəʊlet] *s.* Trioˈlett *n* (*Ringelgedicht*).
trip [trɪp] **I** *s.* **1.** (*bsd.* kurze, *a.* See)Reise; Ausflug *m*, Spritztour *f* (**to** nach); **2.** *weitS.* Fahrt *f*; **3.** Trippeln *n*; **4.** Stolpern *n*; **5.** Fehltritt *m* (*bsd. fig.*); **6.** *fig.* Fehler *m*; **7.** Beinstellen *n*; **8.** ⚙ Auslösung *f*: ~ **cam** *od.* **dog** Schaltnocken *m*; ~ **lever** Auslöse- *od.* Schalthebel *m*; **9.** *sl.* ‚Trip' *m* (*Drogenrausch*); **II** *v/i.* **10.** trippeln, tänzeln; **11.** stolpern, straucheln (*a. fig.*); **12.** *fig.* (e-n) Fehler machen: **catch s.o. ~ping** j-n bei e-m Fehler ertappen; **13.** *über ein Wort* stolpern, sich versprechen; **III** *v/t.* **14.** *oft* ~ **up** *j-m* ein Bein stellen, *j-n* zu Fall bringen (*beide a fig.*); **15.** *fig.* vereiteln; **16.** (**in** bei *e-m Fehler etc.*) ertappen; **17.** ⚙ a) auslösen, b) schalten.
tri·par·tite [ˌtraɪˈpɑːtaɪt] *adj.* **1.** ⚘ dreiteilig; **2.** Dreier…, Dreimächte… (*Vertrag etc.*)
tripe [traɪp] *s.* **1.** Kalˈdaunen *pl.*, Kutteln *pl.*; **2.** *sl.* a) Schund *m*, Kitsch *m*,

b) Quatsch *m*, Blödsinn *m*.
tri·phase [ˈtraɪfeɪz] → ***three-phase***.
tri·phib·i·ous [traɪˈfɪbɪəs] *adj.* ⚔ mit Einsatz von Land-, See- u. Luftstreitkräften (ˈdurchgeführt).
triph·thong [ˈtrɪfθɒŋ] *s. ling.* Triˈphthong *m*, Dreilaut *m*.
tri·plane [ˈtraɪpleɪn] *s.* ✈ Dreidecker *m*.
tri·ple [ˈtrɪpl] **I** *adj.* □ **1.** dreifach; **2.** dreimalig; **3.** Drei…, drei…: ♀ ***Alliance*** *hist.* Tripelallianz *f*, Dreibund *m*; ~ ***fugue*** ♪ Tripelfuge *f*; ~ ***jump*** *sport* Dreisprung *m*; ~ ***time*** ♪ Tripeltakt *m*; **II** *s.* **4.** *das* Dreifache; **III** *v/t. u. v/i.* **5.** (sich) verdreifachen.
tri·plet [ˈtrɪplɪt] *s.* **1.** *biol.* Drilling *m*; **2.** Dreiergruppe *f*, Trio *n* (*drei Personen etc.*); **3.** ♪ Triˈole *f*; **4.** *Verskunst*: Dreireim *m*.
tri·plex [ˈtrɪpleks] **I** *adj.* **1.** dreifach: ~ ***glass*** → 3; **II** *s.* **2.** ♪ Tripeltakt *m*; **3.** ⚙ Triplex-, Sicherheitsglas *n*.
trip·li·cate [ˈtrɪplɪkət] **I** *adj.* **1.** dreifach; **2.** in dreifacher Ausfertigung (geschrieben *etc.*); **II** *s.* **3.** *das* Dreifache; **4.** dreifache Ausfertigung: ***in*** ~ in dreifacher Ausfertigung; **5.** dritte Ausfertigung; **III** *v/t.* [-keɪt] **6.** verdreifachen; **7.** dreifach ausfertigen.
tri·pod [ˈtraɪpɒd] *s.* **1.** Dreifuß *m*; **2.** *bsd. phot.* Staˈtiv *n*; **3.** ⚙, ⚔ Dreibein *n*.
tri·pos [ˈtraɪpɒs] *s.* letztes Exˈamen *für* ***honours*** (*Cambridge*).
trip·per [ˈtrɪpə] *s.* a) Ausflügler(in), b) Touˈrist(in).
trip·ping [ˈtrɪpɪŋ] **I** *adj.* □ **1.** leicht(füßig), flink; **2.** flott, munter; **3.** strauchelnd (*a. fig.*); **4.** ⚙ Auslöse…, Schalt…; **II** *s.* **5.** Trippeln *n*; **6.** Beinstellen *n*.
trip·tych [ˈtrɪptɪk] *s.* Triptychon *n*, dreiteiliges (Alˈtar)Bild.
tri·sect [traɪˈsekt] *v/t.* in drei (gleiche) Teile teilen.
tri·syl·lab·ic [ˌtraɪsɪˈlæbɪk] *adj.* (□ ~***ally***) dreisilbig; **tri·syl·la·ble** [ˌtraɪˈsɪləbl] *s.* dreisilbiges Wort.
trite [traɪt] *adj.* □ abgedroschen, platt, baˈnal; ˈ**trite·ness** [-nɪs] *s.* Abgedroschenheit *f*, Plattheit *f*.
Tri·ton [ˈtraɪtn] *s.* **1.** *antiq.* Triton *m* (*niederer Meergott*): ***a ~ among*** (***the***) ***minnows*** ein Riese unter Zwergen; **2.** ♀ *zo.* Tritonshorn *n*; **3.** ♀ *zo.* Molch *m*.
tri·tone [ˈtraɪtəʊn] *s.* ♪ Tritonus *m*.
trit·u·rate [ˈtrɪtjʊreɪt] *v/t.* zerreiben, -mahlen, -stoßen, pulverisieren.
tri·umph [ˈtraɪəmf] **I** *s.* **1.** Triˈumph *m*: a) Sieg *m* (***over*** über *acc.*), b) Siegesfreude *f* (***at*** über *acc.*): ***in*** ~ im Triumph, triumphierend; **2.** Triˈumph *m* (*Großtat*, *Erfolg*): ***the ~s of science***; **II** *v/i.* **3.** triumphieren: a) den Sieg daˈvontragen, b) jubeln, frohˈlokken (*beide* ***over*** über *acc.*), c) Erfolg haben; **tri·um·phal** [traɪˈʌmfl] *adj.* Triumph…, Sieges…: ~ ***arch*** Triumphbogen *m*; ~ ***procession*** Triumphzug *m*; **tri·um·phant** [traɪˈʌmfənt] *adj.* □ **1.** triumphierend: a) den Sieg feiernd, b) sieg-, erfolg-, glorreich, c) frohˈlokkend, jubelnd; **2.** *obs.* herrlich.
tri·um·vir [trɪˈʌmvə] *pl.* **-virs** *od.* **-vi·ri** [trɪˈʊmvɪriː] *s. antiq.* Triˈumvir *m* (*a. fig.*); **tri·um·vi·rate** [traɪˈʌmvɪrət] *s.* **1.** *antiq.* Triumviˈrat *n* (*a. fig.*); **2.** *fig.* Dreigestirn *n*.
tri·une [ˈtraɪjuːn] *adj. bsd. eccl.* dreiˈeinig.
tri·va·lent [ˌtraɪˈveɪlənt] *adj.* ⚗ dreiwertig.
triv·et [ˈtrɪvɪt] *s.* Dreifuß *m* (*bsd. für Kochgefäße*): (***as***) ***right as a ~*** *fig.* bei bester Gesundheit.
triv·i·a [ˈtrɪvɪə] *s. pl.* Bagaˈtellen *pl.*; ˈ**triv·i·al** [-əl] *adj.* □ **1.** triviˈal, baˈnal, allˈtäglich; **2.** gering(fügig), unbedeutend; **3.** oberflächlich (*Person*); **4.** volkstümlich (*Ggs. wissenschaftlich*); **triv·i·al·i·ty** [ˌtrɪvɪˈælətɪ] *s.* **1.** Trivialiˈtät *f*, Plattheit *f*, Banaliˈtät *f* (*a. Ausspruch etc.*); **2.** Geringfügigkeit *f*, Belanglosigkeit *f*; ˈ**triv·i·al·ize** *v/t.* bagatellisieren.
tri·week·ly [ˌtraɪˈwiːklɪ] **I** *adj.* **1.** dreiwöchentlich; **2.** dreimal wöchentlich erscheinend (*Zeitschrift etc.*); **II** *adv.* **3.** dreimal in der Woche.
troat [trəʊt] **I** *s.* Röhren *n des Hirsches*; **II** *v/i.* röhren.
tro·cha·ic [trəʊˈkeɪɪk] *Metrik* **I** *adj.* troˈchäisch; **II** *s.* Troˈchäus *m* (*Vers*); **tro·chee** [ˈtrəʊkiː] *s.* Troˈchäus *m* (*Versfuß*).
trod [trɒd] *pret. u. p.p. von* ***tread***.
trod·den [ˈtrɒdn] *p.p. von* ***tread***.
trog·lo·dyte [ˈtrɒglədaɪt] *s.* **1.** Trogloˈdyt *m*, Höhlenbewohner *m*; **2.** *fig.* a) Einsiedler *m*, b) primiˈtiver *od.* bruˈtaler Kerl; **trog·lo·dyt·ic** [ˌtrɒgləˈdɪtɪk] *adj.* trogloˈdytisch.
troi·ka [ˈtrɔɪkə] (*Russ.*) *s.* Troika *f*, Dreigespann *n*.
Tro·jan [ˈtrəʊdʒən] **I** *adj.* troˈjanisch; **II** *s.* Troˈjaner(in): ***like a ~*** F wie ein Pferd *arbeiten*.
troll[1] [trəʊl] **I** *v/t. u. v/i.* **1.** (fröhlich) trällern; **2.** (mit der Schleppangel) fischen (***for*** nach); **II** *s.* **3.** Schleppangel *f*, künstlicher Köder.

troll² [trəʊl] *s.* Troll *m*, Kobold *m*.

trol·ley [ˈtrɒlɪ] *s.* **1.** *Brit.* Hand-, Gepäck-, Einkaufswagen *m*; Kofferkuli *m*; (Schub)Karren *m*; **2.** ⚙ Förderwagen *m*; **3.** 🚂 *Brit.* Draiˈsine *f*; **4.** ϟ Konˈtaktrolle *f bei Oberleitungsfahrzeugen*; **5.** *Am.* Straßenbahn(wagen *m*) *f*; **6.** *Brit.* Tee-, Servierwagen *m*; **~ bus** *s.* O(berleitungs)bus *m*; **~ car** *s. Am.* Straßenbahnwagen *m*; **~ pole** *s.* ϟ Stromabnehmerstange *f*; **~ wire** *s.* Oberleitung *f*.

trol·lop [ˈtrɒləp] **I** *s.* **1.** Schlampe *f*; **2.** ‚Flittchen' *n*; **II** *v/i.* **3.** schlampen; **4.** ‚latschen'.

trom·bone [trɒmˈbəʊn] *s.* ♪ **1.** Poˈsaune *f*; **2.** → **tromˈbon·ist** [-nɪst] *s.* ♪ Posauˈnist *m*.

troop [tru:p] **I** *s.* **1.** Trupp *m*, Schar *f*; **2.** *pl.* ⚔ Truppe(n *pl.*) *f*; **3.** ⚔ a) Schwaˈdron *f*, b) (ˈPanzer)Kompaˌnie *f*, c) Batteˈrie *f*; **II** *v/i.* **4.** *oft* ***~ up, ~ together*** sich scharen, sich sammeln; **5.** (in Scharen) *wohin* ziehen, (herˈein- *etc.*) strömen, marschieren: ***~ away, ~ off*** F abziehen, sich daˈvonmachen; **III** *v/t.* **6.** ***~ the colour(s)*** *Brit.* ⚔ Fahnenparade abhalten; **~ car·ri·er** *s.* ⚔ **1.** ✈, ⚓ ˈTruppentransˌporter *m*; **2.** Mannschaftswagen *m*; **ˈ~-ˌcar·ry·ing** *adj.*: ***~ vehicle*** → ***troop carrier*** 2.

troop·er [ˈtru:pə] *s.* **1.** ⚔ Reiter *m*, Kavalleˈrist *m*: ***swear like a ~*** fluchen wie ein Landsknecht; **2.** ˈStaatspoliˌzist *m*; **3.** *bsd. Am.* berittener Poliˈzist; **4.** ⚔ Kavalleˈriepferd *n*; **5.** *Brit.* → ***troopship***.

ˈtroop·ship *s.* ⚓ ˈTruppentransˌporter *m*.

trope [trəʊp] *s.* Tropus *m* (*a.* ♪), bildlicher Ausdruck.

troph·ic [ˈtrɒfɪk] *adj. biol.* trophisch, Ernährungs…

tro·phy [ˈtrəʊfɪ] **I** *s.* **1.** Troˈphäe *f*, Siegeszeichen *n*, -beute *f* (*alle a. fig.*); **2.** Preis *m*, (*Jagd- etc.*)Troˈphäe *f*; **II** *v/t.* **3.** mit Troˈphäen schmücken.

trop·ic [ˈtrɒpɪk] **I** *s.* **1.** *ast., geogr.* Wendekreis *m*; **2.** *pl. geogr.* Tropen *pl.*; **II** *adj.* **3.** → ***tropical¹***.

trop·i·cal¹ [ˈtrɒpɪkl] *adj.* □ Tropen…, tropisch.

trop·i·cal² [ˈtrɒpɪkl] → ***tropological***.

trop·o·log·i·cal [ˌtrɒpəˈlɒdʒɪkl] *adj.* □ fiˈgürlich, metaˈphorisch.

trop·o·sphere [ˈtrɒpəˌsfɪə] *s. meteor.* Tropoˈsphäre *f*.

trot [trɒt] **I** *v/i.* **1.** traben, trotten, im Trab gehen *od.* reiten: ***~ along*** (*od.* ***off***) F ab-, losziehen; **II** *v/t.* **2.** *Pferd* traben lassen, *a. j-n* in Trab setzen; **3. *~ out*** a) *Pferd* vorreiten, -führen, b) *fig. et. od. j-n* vorführen, renommieren mit, *Argumente, Kenntnisse etc., a. Wein etc.* auftischen, aufwarten mit; **4.** *a.* ***~ round*** *j-n* herˈumführen; **III** *s.* **5.** Trott *m*, Trab *m* (*a. fig.*): ***at a ~*** im Trab; ***keep s.o. on the ~*** j-n in Trab halten; **6.** F ‚Taps' *m* (*kleines Kind*); **7.** F ‚Tante' *f* (*alte Frau*); **8. *the ~s*** *pl.* F ‚Dünnpfiff' *m*; **9.** *ped. Am. sl.* a) Eselsbrücke *f*, ‚Klatsche' *f* (*Übersetzungshilfe*), b) Spickzettel *m*; **10.** F Trabrennen *n*.

troth [trəʊθ] *s. obs.* Treue(gelöbnis *n*) *f*: ***by my ~!, in ~!*** meiner Treu!, wahrlich!; ***pledge one's ~*** sein Wort verpfänden, ewige Treue schwören; ***plight one's ~*** sich verloben.

trot·ter [ˈtrɒtə] *s.* **1.** Traber *m* (*Pferd*); **2.** F Fuß *m*, Bein *n von Schlachttieren*: ***pigs ~s*** Schweinsfüße; **3.** *pl. humor.* ‚Haxen' *pl.*; **trot·ting race** [ˈtrɒtɪŋ] *s.* Trabrennen *n*.

trou·ble [ˈtrʌbl] **I** *v/t.* **1.** beunruhigen, stören, belästigen; **2.** *j-n* bemühen, bitten (***for*** um): ***may I ~ you to pass me the salt*** darf ich Sie um das Salz bitten; ***I will ~ you to hold your tongue*** *iro.* würden sie gefälligst den Mund halten; **3.** *j-m* ˈUmstände *od.* Unannehmlichkeiten bereiten, *j-m* Mühe machen; *j-n* behelligen (***about, with*** mit); **4.** *j-n* plagen, quälen: ***be ~d with*** von *e-r Krankheit etc.* geplagt sein; **5.** *j-m* Sorge *od.* Verdruß *od.* Kummer machen *od.* bereiten, *j-n* beunruhigen: ***be ~d about*** sich Sorgen machen wegen; ***don't let it ~ you*** machen Sie sich deswegen keine Gedanken; ***~d face*** sorgenvolles *od.* gequältes Gesicht; **6.** *Wasser* trüben: ***~d waters*** *fig.* schwierige Situation, unangenehme Lage; ***fish in ~d waters*** *fig.* im trüben fischen; **II** *v/i.* **7.** sich beunruhigen (***about*** über *acc.*): ***I should not ~ if*** a) ich wäre beruhigt, wenn, b) es wäre mir gleichgültig, wenn; **8.** sich die Mühe machen, sich bemühen (***to do*** zu tun); sich ˈUmstände machen: ***don't ~ (yourself)*** bemühen Sie sich nicht; ***don't ~ to write*** du brauchst nicht zu schreiben; **III** *s.* **9.** Mühe *f*, Plage *f*, Last *f*, Belästigung *f*, Störung *f*: ***give s.o. ~*** j-m Mühe verursachen; ***go to much ~*** sich besondere Mühe machen *od.* geben; ***put s.o. to ~*** j-m Umstände bereiten; ***save o.s. the ~ of doing*** sich die Mühe (er)sparen, zu tun; ***take (the) ~*** sich (die) Mühe machen; ***take ~ over*** sich Mühe geben mit; (***it is***) ***no ~*** (***at all***) (es ist) nicht der

Rede wert; **10.** Unannehmlichkeiten *pl.*, Schwierigkeiten *pl.*, Scherereien *pl.*, ‚Ärger' *m* (**with** mit *der Polizei etc.*): **ask** *od.* **look for ~** unbedingt Ärger haben wollen; **be in ~** in Schwierigkeiten sein; **get into ~** in Schwierigkeiten geraten, Ärger bekommen; **make ~ for s.o.** j-n in Schwierigkeiten bringen; **he is ~** F er ist gefährlich, mit ihm wird es Ärger geben; **11.** Schwierigkeit *f*, Pro'blem *n*: **the ~ is** der Haken dabei ist, das Unangenehme ist (**that** daß); **what's the ~?** wo(ran) fehlt's?, was ist los?; **12.** ⚕ Störung *f*, Leiden *n*: **heart ~** Herzleiden; **13.** a) *pol.* Unruhe(n *pl.*) *f*, Wirren *pl.*, b) *allg.* Af'färe *f*, Kon'flikt *m*; **14.** ⚙ Störung *f*, De'fekt *m*; **'~ˌmak·er** *s.* Unruhestifter *m*; **~ man** [-mən] *s.* [*irr.*] ⚙ Störungssucher *m*; **'~·proof** *adj.* störungsfrei; **'~ˌshoot·er** *s. bsd. Am.* **1.** → **trouble man**; **2.** *fig.* Friedensstifter *m*, ‚Feuerwehrmann' *m*.

trou·ble·some ['trʌblsəm] *adj.* □ lästig, beschwerlich, unangenehm; **'trou·ble·some·ness** [-nɪs] *s.* Lästigkeit *f*, Beschwerlichkeit *f*; *das* Unangenehme.

trouble spot *s.* **1.** ⚙ Schwachstelle *f*; **2.** *bsd. pol.* Unruheherd *m*.

trou·blous ['trʌbləs] *adj.* □ *obs.* unruhig.

trough [trɒf] *s.* **1.** Trog *m*, Mulde *f*; **2.** Wanne *f*; **3.** Rinne *f*, Ka'nal *m*; **4.** Wellental *n*: **~ of the sea**; **5.** *a.* **~ of low pressure** *meteor.* Tief(druckrinne *f*) *n*; **6.** *bsd.* † Tiefpunkt *m*, ‚Talsohle' *f*.

trounce [traʊns] *v/t.* **1.** verprügeln; **2.** *fig.* her'untermachen; **3.** *sport* ‚über'fahren', *j-m* e-e Abfuhr erteilen.

troupe [tru:p] *s.* (Schauspieler-, Zirkus-) Truppe *f*.

trou·sered ['traʊzəd] *adj.* Hosen tragend, behost; **'trou·ser·ing** [-zərɪŋ] *s.* Hosenstoff *m*; **trou·sers** ['traʊzəz] *s. pl.* (**a pair of ~** e-e) (lange) Hose; Hosen *pl.*; → **wear¹** 1.

trou·ser suit *s.* Hosenanzug *m*.

trousse [tru:s] *s.* ⚕ (chi'rurgisches) Besteck.

trous·seau ['tru:səʊ] *pl.* **-seaus** (*Fr.*) *s.* Aussteuer *f*.

trout [traʊt] *ichth.* **I** *pl.* **-s**, *bsd. coll.* **trout** *s.* Fo'relle *f*; **II** *v/i.* Fo'rellen fischen; **III** *adj.* Forellen…

trove [trəʊv] *s.* Fund *m*.

tro·ver ['trəʊvə] *s.* ⚖ **1.** rechtswidrige Aneignung; **2.** *a.* **action of ~** Klage *f* auf Her'ausgabe des Wertes.

trow·el ['traʊəl] **I** *s.* **1.** (Maurer)Kelle *f*: **lay it on with a ~** *fig.* (zu) dick auftragen; **2.** ✓ Hohlspatel *m*, Pflanzenheber *m*; **II** *v/t.* **3.** mit der Kelle auftragen, glätten.

troy (**weight**) [trɔɪ] *s.* † Troygewicht *n* (*für Edelmetalle, Edelsteine u. Arzneien; 1 lb. = 373,24 g*).

tru·an·cy ['tru:ənsɪ] *s.* (Schul)Schwänze'rei *f*, unentschuldigtes Fernbleiben; **'tru·ant** [-nt] **I** *s.* **1.** a) (Schul)Schwänzer(in), b) Bummler(in), Faulenzer (-in): **play ~** (*bsd.* die Schule) schwänzen, *a.* bummeln; **II** *adj.* **2.** träge, faul, pflichtvergessen; **3.** (schul)schwänzend; **4.** *fig.* (ab)schweifend (*Gedanken*).

truce [tru:s] *s.* **1.** ⚔ Waffenruhe *f*, -stillstand *m*: **flag of ~** Parlamentärflagge *f*; **~ of God** *hist.* Gottesfriede *m*; (**political**) **~** Burgfriede *m*; **a ~ to talking!** Schluß mit (dem) Reden!; **2.** *fig.* (Ruhe-, Atem)Pause *f* (**from** von).

truck¹ [trʌk] **I** *s.* **1.** Tausch(handel) *m*; **2.** Verkehr *m*: **have no ~ with s.o.** mit j-m nichts zu tun haben; **3.** *Am.* Gemüse *n*: **~ farm**, **~ garden** *Am.* Gemüsegärtnerei *f*; **~ farmer** *Am.* Gemüsegärtner *m*; **4.** *coll.* a) Kram(waren *pl.*) *m*, Hausbedarf *m*, b) *contp.* Plunder *m*; **5.** *mst* **~ system** † *hist.* Natu'rallohn-, 'Trucksyˌstem *n*; **II** *v/t.* **6.** (**for**) (aus-, ver)tauschen (gegen), eintauschen (für); **7.** verschachern; **III** *v/i.* **8.** Tauschhandel treiben; **9.** schachern, handeln (**for** um).

truck² [trʌk] **I** *s.* **1.** ⚙ Block-, Laufrad *n*; **2.** Hand-, Gepäck-, Rollwagen *m*; **3.** Lore *f*: a) 🚂 *Brit.* offener Güterwagen, b) ⚒ Kippkarren *m*, Förderwagen *m*; **4.** *Am.* Lastauto *n*, -(kraft)wagen *m*: **~ trailer** a) Lastwagenanhänger *m*, b) Lastzug *m*; **5.** 🚂 Dreh-, 'Untergestell *n*; **6.** ⚓ Flaggenknopf *m*; **II** *v/t.* **7.** auf Güter- *od.* Lastwagen *etc.* befördern; **'truck·age** [-kɪdʒ] *s.* **1.** *Am.* 'Lastwagentransˌport *m*; **2.** Trans'portkosten *pl.*

truck·er¹ ['trʌkə] *s. Am.* **1.** Lastwagen-, Fernlastfahrer *m*; **2.** 'Autospediˌteur *m*.

truck·er² ['trʌkə] *s. Am.* Gemüsegärtner *m*.

truck·le¹ ['trʌkl] *v/i.* (zu Kreuze) kriechen (**to** vor).

truck·le² ['trʌkl] *s.* **1.** (Lauf)Rolle *f*; **2.** *mst* **~ bed** (niedriges) Rollbett.

truc·u·lence ['trʌkjʊləns], **'truc·u·len·cy** [-sɪ] *s.* Wildheit *f*; **'truc·u·lent** [-nt] *adj.* □ **1.** wild, grausam; **2.** trotzig; **3.** gehässig.

trudge [trʌdʒ] **I** *v/i.* (*bsd.* mühsam) stapfen; sich (mühsam) (fort)schleppen: **~ along**; **II** *v/t.* (mühsam) durch'wandern; **III** *s.* mühseliger Marsch *od.* Weg.

true [tru:] **I** *adj.* □ → ***truly***; **1.** wahr, wahrheitsgetreu: ***a ~ story***; ***be ~ of*** zutreffen auf (*acc.*), gelten für; ***come ~*** sich bewahrheiten, sich erfüllen, eintreffen; **2.** wahr, echt, wirklich, (regel-) recht: ***a ~ Christian***; ***~ bill*** ⚖ begründete (*von den Geschworenen bestätigte*) Anklage(schrift); ***~ love*** wahre Liebe; (***it is***) ~ zwar, allerdings, freilich, zugegeben; **3.** (ge)treu (***to*** *dat.*): ***a ~ friend***; (***as***) ***~ as gold*** (*od.* ***steel***) treu wie Gold; ***~ to one's principles*** (***word***) s-n Grundsätzen (s-m Wort) getreu; **4.** (ge-) treu (***to*** *dat.*) (*von Sachen*): ***~ copy***; ***~ weight*** genaues *od.* richtiges Gewicht; ***~ to life*** lebenswahr, -echt; ***~ to nature*** naturgetreu; ***~ to size*** ⚙ maßgerecht, -haltig; ***~ to type*** artgemäß, typisch; **5.** rechtmäßig: ***~ heir*** (***owner***); **6.** zuverlässig: ***a ~ sign***; **7.** ⚙ genau, richtig eingestellt *od.* eingepaßt; **8.** ⚓, *phys.* rechtweisend (*Kurs, Peilung*): ***~ declination*** Ortsmißweisung *f*; ***~ north*** geographisch Nord; **9.** ♪ richtig gestimmt, rein; **10.** *biol.* reinrassig; **II** *adv.* **11.** wahr('haftig): ***speak ~*** die Wahrheit reden; **12.** (ge)treu (***to*** *dat.*); **13.** genau: ***shoot ~***; **III** *s.* **14.** ***the ~*** das Wahre; **15.** ***out of ~*** ⚙ unrund; **IV** *v/t.* **16.** *a.* ***~ up*** ⚙ *Lager* ausrichten; *Werkzeug* nachschleifen; *Rad* zentrieren; **~ blue** *s.* getreuer Anhänger; **ˌ~-'blue** *adj.* waschecht, treu; **'~-born** *adj.* echt, gebürtig; **'~-bred** *adj.* reinrassig; **ˌ~-'heart·ed** *adj.* aufrichtig, ehrlich; **ˌ~-'life** *adj.* lebenswahr, -echt; **'~-love** *s.* Geliebte(r *m*) *f*.

true·ness ['tru:nɪs] *s.* **1.** Wahrheit *f*; **2.** Echtheit *f*; **3.** Treue *f*; **4.** Richtigkeit *f*; **5.** Genauigkeit *f*.

truf·fle ['trʌfl] *s.* ⚘ Trüffel *f*.

tru·ism ['tru:ɪzəm] *s.* Binsenwahrheit *f*, Gemeinplatz *m*.

trull [trʌl] *s.* Dirne *f*, Hure *f*.

tru·ly ['tru:lɪ] *adv.* **1.** wahrheitsgemäß; **2.** aufrichtig: ***Yours*** (***very***) ~ (*als Briefschluß*) Hochachtungsvoll; ***yours ~*** *humor.* meine Wenigkeit; **3.** wahr'haftig, in der Tat; **4.** genau.

trump¹ [trʌmp] *s. obs. od. poet.* Trom'pete(nstoß *m*) *f*: ***the ~ of doom*** die Posaune des Jüngsten Gerichts.

trump² [trʌmp] **I** *s.* **1.** a) Trumpf *m*, b) *a.* ***~ card*** Trumpfkarte *f* (*a. fig.*): ***play one's ~ card*** *fig.* s-n Trumpf ausspielen; ***put s.o. to his ~*** *fig.* j-n bis zum Äußersten treiben; ***turn up ~s*** a) sich als das Beste erweisen, b) Glück haben; **2.** F *fig.* feiner Kerl; **II** *v/t.* **3.** (über-) 'trumpfen; **4.** *fig.* *j-n* über'trumpfen (***with*** mit); **III** *v/i.* **5.** Trumpf ausspielen, trumpfen.

trump³ [trʌmp] *v/t.* ***~ up*** *contp.* erdichten, erfinden, sich aus den Fingern saugen; **ˌtrumped-'up** [ˌtrʌmpt-] *adj.* erfunden, erlogen, falsch: ***~ charges***.

trump·er·y ['trʌmpərɪ] **I** *s.* **1.** Plunder *m*, Schund *m*; **2.** *fig.* Gewäsch *n*, Quatsch *m*; **II** *adj.* **3.** Schund..., Kitsch..., kitschig, geschmacklos; **4.** *fig.* billig, nichtssagend: ***~ arguments***.

trum·pet ['trʌmpɪt] **I** *s.* **1.** ♪ Trom'pete *f*: ***~ call*** Trompetensignal *n*; ***blow one's own ~*** *fig.* sein eigenes Lob singen; ***the last ~*** die Posaune des Jüngsten Gerichts; **2.** Trom'petenstoß *m* (*a. des Elefanten*); **3.** ♪ Trom'pete(nreˌgister *n*) *f* (*Orgel*); **4.** Schalltrichter *m*, Sprachrohr *n*; **5.** Hörrohr *n*; **II** *v/t. u. v/i.* **6.** trom'peten (*a. Elefant*): ~ (***forth***) *fig.* ausposaunen; **'trum·pet·er** [-tə] *s.* **1.** Trom'peter *m*; **2.** *fig.* a) 'Auspoˌsauner(in), b) Lobredner *m*, c) ‚Sprachrohr' *n*; **3.** *orn.* Trom'petertaube *f*; **trum·pet ma·jor** *s.* ⚔ 'Stabstromˌpeter *m*.

trun·cate [trʌŋ'keɪt] **I** *v/t.* **1.** *a. fig.* stutzen, beschneiden; **2.** A abstumpfen; **3.** ⚙ *Gewinde* abflachen; **4.** *Computer*: beenden; **II** *adj.* **5.** abgestutzt, -stumpft (*Blätter, Muscheln*); **trun'cat·ed** [-tɪd] *adj.* **1.** *a. fig.* gestutzt, beschnitten; **2.** A abgestumpft: ***~ cone*** (***pyramid***) Kegel- (Pyramiden)stumpf *m*; **3.** ⚙ abgeflacht; **trun·ca·tion** [trʌŋ'keɪʃn] *s.* **1.** *a. fig.* Stutzung *f*; **2.** A Abstumpfung *f*; **3.** ⚙ Abflachung *f*; **4.** *Computer*: Beendigung *f*.

trun·cheon ['trʌntʃən] *s.* **1.** *Brit.* (Gummi)Knüppel *m*, Schlagstock *m der Polizei*; **2.** Kom'mandostab *m*.

trun·dle ['trʌndl] **I** *v/t. Faß etc.* trudeln, rollen; *Reifen* schlagen; *j-n im Rollstuhl etc.* fahren; **II** *v/i. oft* ***~ along*** rollen, sich wälzen, trudeln; **III** *s.* Rolle *f*, Walze *f*: ***~ bed*** → ***truckle²*** 2.

trunk [trʌŋk] *s.* **1.** (Baum)Stamm *m*; **2.** Rumpf *m*, Leib *m*, Torso *m*; **3.** *zo.* Rüssel *m*; **4.** (Schrank)Koffer *m*, Truhe *f*; **5.** ⚠ (Säulen)Schaft *m*; **6.** *anat.* (*Nerven- etc.*)Strang *m*, Stamm *m*; **7.** *pl.* a) → ***trunk hose***, b) Badehose *f*, c) *sport* Shorts *pl.*, d) ('Herren)ˌUnterhose *f*; **8.** ⚙ Rohrleitung *f*, Schacht *m*; **9.** *teleph. bsd. Brit.* a) Fernleitung *f*, b) Fernverbindung *f*; **10.** 🚂 → ***trunk line*** 1; **11.** *mot. Am.* Kofferraum *m*; **12.** *Computer*: Anschlußstelle *f*; ***~ call*** *s. teleph.*

Brit. Ferngespräch *n*; ~ **hose** *s. hist.* Kniehose *f*; ~ **line** *s.* **1.** 🚂 Hauptstrecke *f*, -linie *f*; **2.** → ***trunk*** 9 a; ~ **road** *s.* Haupt-, Fernverkehrsstraße *f*; ~ **route** *s. allg.* Hauptstrecke *f.*

trun·nion [ˈtrʌnjən] *s.* ⚙ (Dreh)Zapfen *m.*

truss [trʌs] **I** *v/t.* **1.** *oft* ~ ***up*** a) bündeln, (fest)schnüren, zs.-binden, b) *j-n* fesseln; **2.** *Geflügel zum Braten* dressieren; **3.** ⚠ absteifen, stützen; **4.** *oft* ~ ***up*** *obs. Kleider etc.* aufschürzen, -stecken; **5.** *obs. j-n* aufhängen; **II** *s.* **6.** ⚕ Bruchband *n*; **7.** ⚠ a) Träger *m*, Binder *m*, b) Fach-, Gitter-, Hängewerk *n*, Gerüst *n*; **8.** ⚓ Rack *n*; **9.** (Heu-, Stroh)Bündel *n*, (*a.* Schlüssel)Bund *n*; **10.** ⚘ Dolde *f*; ~ **bridge** *s.* (Gitter)Fachwerkbrücke *f.*

trust [trʌst] **I** *s.* **1.** (*in*) Vertrauen *n* (auf *acc.*), Zutrauen *n* (zu *dat.*): ***place*** (*od.* ***put***) ***one's*** ~ ***in*** → 13; ***position of*** ~ Vertrauensposten *m*; ***take s.th. on*** ~ et. (einfach) glauben; **2.** Zuversicht *f*, zuversichtliche Erwartung *od.* Hoffnung, Glaube *m*; **3.** Kreˈdit *m*: ***on*** ~ a) auf Kredit, b) auf Treu u. Glauben; **4.** Pflicht *f*, Verantwortung *f*; **5.** Verwahrung *f*, Obhut *f*: ***in*** ~ zu treuen Händen; **6.** Pfand *n*, anvertrautes Gut; **7.** ⚖ a) Treuhand(verhältnis *n*) *f*, b) Treuhandgut *n*, -vermögen *n*: ***breach of*** ~ Verletzung *f* der Treupflicht; ~ ***territory*** *pol.* Treuhandgebiet *n*; ***hold s.th. in*** ~ et. treuhänderisch verwalten; **8.** ✝ a) Trust *m*, b) Konˈzern *m*, c) Karˈtell *n*, Ring *m*; **9.** (*Familien- etc.*)Stiftung *f*; **II** *v/t.* **10.** *j-m* (ver)trauen, glauben, sich auf *j-n* verlassen: ~ ***s.o. to do s.th.*** j-m zutrauen, daß er et. tut; ~ ***him to do that!*** *iro.* a) das sieht ihm ähnlich!, b) verlaß dich drauf, er wird es tun!; **11.** (***s.o. with s.th., s.th. to s.o.*** j-m et.) anvertrauen; **12.** (zuversichtlich) hoffen *od.* erwarten, glauben; **III** *v/i.* **13.** (***in, to***) vertrauen (auf *acc.*), sein Vertrauen setzen (auf *acc.*); **14.** hoffen, glauben, denken; ~ **com·pa·ny** *s. Am.* Treuhandgesellschaft *f od.* -bank *f*; ~ **deed** *s.* Treuhandvertrag *m.*

trus·tee [ˌtrʌsˈtiː] *s.* **1.** Sachwalter *m* (*a. fig.*), (Vermögens)Verwalter *m*, Treuhänder *m*: ~ ***in bankruptcy***, ***official*** ~ Konkurs-, Masseverwalter; ***Public*** ♀ *Brit.* Öffentlicher Treuhänder; ~ ***process*** *Am.* Beschlagnahme *f*, (*bsd.* Forderungs)Pfändung *f*; ~ ***securities***, ~ ***stock*** mündelsichere Wertpapiere; **2.** Kuˈrator *m*, Pfleger *m*: ***board of*** ~***s*** Kuratorium *n*; ˌ**trusˈtee·ship** [-ʃɪp] *s.* **1.** Treuhänderschaft *f*; **2.** Kuraˈtorium *n*; **3.** *pol.* a) Treuhandverwaltung *f*, b) Treuhandgebiet *n.*

trust·ful [ˈtrʌstfʊl] *adj.* □ vertrauensvoll, zutraulich.

trust fund *s.* ✝ Treuhandvermögen *n.*

trust·i·fi·ca·tion [ˌtrʌstɪfɪˈkeɪʃn] *s.* ✝ Verˈtrustung *f*, Trustbildung *f.*

trust·ing [ˈtrʌstɪŋ] *adj.* □ → ***trustful.***

ˈ**trustˌwor·thi·ness** [-ˌwɜːðɪnɪs] *s.* Vertrauenswürdigkeit *f*; ˈ**trustˌwor·thy** *adj.* □ vertrauenswürdig, zuverlässig.

trust·y [ˈtrʌstɪ] **I** *adj.* □ **1.** vertrauensvoll; **2.** treu, zuverlässig; **II** *s.* **3.** ‚Kalˈfakter' *m* (*privilegierter Sträfling*).

truth [truːθ] *s.* **1.** Wahrheit *f*: ***in*** ~, *obs.* ***of a*** ~ in Wahrheit; ***the*** ~, ***the whole*** ~ ***and nothing but the*** ~ ⚖ die reine Wahrheit; ***to tell the*** ~, ~ ***to tell*** um die Wahrheit zu sagen, ehrlich gesagt; ***there is no*** ~ ***in it*** daran ist nichts Wahres; ***the*** ~ ***is that I forgot it*** in Wirklichkeit *od.* tatsächlich habe ich es vergessen; **2.** *allgemein anerkannte* Wahrheit: ***historical*** ~; **3.** Wahrˈhaftigkeit *f*; Aufrichtigkeit *f*; **4.** Wirklichkeit *f*, Echtheit *f*, Treue *f*; **5.** Richtigkeit *f*, Genauigkeit *f*: ***be out of*** ~ ⚙ nicht genau passen; ~ ***to life*** Lebensechtheit *f*; ~ ***to nature*** Naturtreue *f.*

truth·ful [ˈtruːθfʊl] *adj.* □ **1.** wahr (-heitsgemäß); **2.** wahrheitsliebend; **3.** echt, genau, getreu; ˈ**truth·ful·ness** [-nɪs] *s.* **1.** Wahrˈhaftigkeit *f*; **2.** Wahrheitsliebe *f*; **3.** Echtheit *f.*

try [traɪ] **I** *s.* **1.** Versuch *m*: ***have a*** ~ e-n Versuch machen, es versuchen (***at*** mit); **2.** *Rugby*: Versuch *m*; **II** *v/t.* **3.** versuchen, probieren: ~ ***one's best*** sein Bestes tun; ~ ***one's hand at s.th.*** sich an e-r Sache versuchen; **4.** *a.* ~ ***out*** (aus-, ˈdurch)probieren, erproben, prüfen: ~ ***a new method*** (***remedy***, ***invention***); ~ ***on*** *Kleid etc.* anprobieren, *Hut* aufprobieren; ~ ***it on with s.o.*** *sl.* ‚es bei j-m probieren'; **5.** e-n Versuch machen mit, es versuchen mit: ~ ***the door*** die Tür zu öffnen suchen; ~ ***one's luck*** sein Glück versuchen (***with*** bei *j-m*); **6.** ⚖ a) verhandeln über *e-e Sache*, *Fall* unterˈsuchen, b) verhandeln gegen *j-n*, vor Gericht stellen; **7.** *Augen etc.* angreifen, (über)ˈanstrengen, *Geduld*, *Mut*, *Nerven etc.* auf e-e harte Probe stellen; **8.** *j-n* arg mitnehmen, plagen, quälen; **9.** *mst* ~ ***out*** ⚙ a) *Metalle* raffinieren, scheiden, b) *Talg etc.* ausschmelzen, c) *Spiritus* rektifizieren; **III** *v/i.* **10.** versuchen (***at*** *acc.*), sich bemühen *od.* bewerben (***for*** um); **11.** versuchen, e-n Versuch machen: ~ ***again!***

(versuch es) noch einmal!; *~ **and read!*** F versuche zu lesen!; *~ **hard*** sich große Mühe geben.

try·ing ['traɪɪŋ] *adj.* □ **1.** schwierig, kritisch, unangenehm, nervtötend; **2.** anstrengend, ermüdend (***to*** für).

'try|-on *s.* **1.** Anprobe *f*; **2.** F 'Schwindelma,növer *n*; **'~-out** *s.* **1.** Probe *f*, Erprobung *f*; **2.** *sport* Ausscheidungskampf *m*, -spiel *n*; **~·sail** ['traɪsl] *s.* ⚓ Gaffelsegel *n*; **~ square** *s.* ⚙ Richtscheit *n*.

tryst [trɪst] *obs.* **I** *s.* **1.** Stelldichein *n*, Rendez'vous *n*; **2.** → ***trysting place***; **II** *v/t.* **3.** *j-n* (an e-n verabredeten Ort) bestellen; **4.** *Zeit*, *Ort* verabreden; **tryst·ing place** [-tɪŋ] *s.* Treffpunkt *m*.

tsar [zɑː] *etc.* → ***czar*** *etc.*

tset·se (fly) ['tsetsɪ] *s. zo.* Tsetsefliege *f*.

'T-shirt *s.* T-Shirt *n*.

'T-square *s.* ⚙ **1.** Reißschiene *f*; **2.** Anschlagwinkel *m*.

tub [tʌb] **I** *s.* **1.** (Bade)Wanne *f*; **2.** *Brit.* F (Wannen)Bad *n*; **3.** Bottich *m*, Kübel *m*, Wanne *f*; **4.** (*Butter- etc.*)Faß *n*, Tonne *f*; **5.** Faß *n* (*als Maß*): ***a ~ of tea***; **6.** ⚓ *humor.* ‚Kahn' *m*, ‚Kasten' *m* (*Schiff*); **7.** *Rudern*: Übungsboot *n*; **8.** ⚒ Förderkorb *m*, -wagen *m*; **9.** *humor.* Kanzel *f*; **II** *v/t.* **10.** *bsd. Butter* in ein Faß tun; **11.** ⚘ in e-n Kübel pflanzen; **12.** F baden; **III** *v/i.* **13.** F (sich) baden; **14.** *Rudern*: im Übungsboot trainieren.

tu·ba ['tjuːbə] *s.* ♪ Tuba *f*.

tub·by ['tʌbɪ] **I** *adj.* **1.** faß-, tonnenartig; **2.** F rundlich, klein u. dick; **3.** dumpf, hohl (*klingend*); **II** *s.* **4.** F ‚Dickerchen' *n*.

tube [tjuːb] **I** *s.* **1.** Rohr(leitung *f*) *n*, Röhre *f*; (Glas- *etc.*)Röhrchen *n*: → ***test tube***; **2.** Schlauch *m*: (***inner***) ***~*** ⚙ (Luft)Schlauch *m*; **3.** (Me'tall)Tube *f*: ***~ colo(u)rs*** Tubenfarben; **4.** ♪ (Blas-)Rohr *n*; **5.** *anat.* (*Luft- etc.*)Röhre *f*, Ka'nal *m*; **6.** ⚘ (Pollen)Schlauch *m*; **7.** ⚡ Röhre *f*: ***the ~*** die ‚Röhre' *f* (*Fernseher*); ***on the ~*** ‚in der Glotze'; **8.** a) (U-Bahn)Tunnel *m*, b) *a.* ***2*** *die* Londoner U-Bahn; **II** *v/t.* **9.** ⚙ mit Röhren versehen; **10.** (durch Röhren) befördern; **11.** (in Röhren *od.* Tuben) abfüllen; **'tube-feed** [*irr.*] *v/t.* ⚕ künstlich (⚖ zwangs)ernähren; **'tube·less** [-lɪs] *adj.* schlauchlos (*Reifen*).

tu·ber ['tjuːbə] *s.* **1.** ⚘ Knolle *f*, Knollen(-gewächs *n*) *m*; **2.** ⚕ Knoten *m*, Schwellung *f*, Tuber *n*.

tu·ber·cle ['tjuːbəkl] *s.* **1.** *biol.* Knötchen *n*; **2.** ⚕ a) Tu'berkel(knötchen *n*) *m*, b) (*bsd.* 'Lungen)Tu,berkel *m*; **3.** ⚘ kleine Knolle, Warze *f*; **tu·ber·cu·lar** [tjuː'bɜːkjʊlə] → ***tuberculous***; **tu·ber·cu·lo·sis** [tjuː,bɜːkjʊ'ləʊsɪs] *s.* ⚕ Tuberku'lose *f*; **tu·ber·cu·lous** [tjuː'bɜːkjʊləs] *adj.* **1.** ⚕ tuberku'lös, Tuberkel...; **2.** knotig.

tube·rose¹ ['tjuːbərəʊz] *s.* ⚘ Tube'rose *f*, 'Nachthya,zinthe *f*.

tu·ber·ose² ['tjuːbərəʊs] → ***tuberous***.

tu·ber·os·i·ty [,tjuːbə'rɒsɪtɪ] → ***tuber*** 2.

tu·ber·ous ['tjuːbərəs] *adj.* **1.** *anat.*, ⚕ knotig, knötchenförmig; **2.** ⚘ a) knollentragend, b) knollig.

tub·ing ['tjuːbɪŋ] *s.* ⚙ **1.** 'Röhrenmateri,al *n*, Rohr *n*; **2.** *coll.* Röhren *pl.*, Röhrenanlage *f*; **3.** Rohr(stück) *n*.

'tub|-,thump·er *s.* (g)eifernder *od.* schwülstiger Redner; **'~-,thump·ing** *adj.* (g)eifernd, schwülstig.

tu·bu·lar ['tjuːbjʊlə] *adj.* rohrförmig, Röhren..., Rohr...: ***~ boiler*** Heizrohrkessel *m*; ***~ furniture*** Stahlrohrmöbel *pl.*; **tu·bule** ['tjuːbjuːl] *s.* **1.** Röhrchen *n*; **2.** *anat.* Ka'nälchen *n*.

tuck [tʌk] **I** *s.* **1.** Falte *f*, Biese *f*, Einschlag *m*, Saum *m*; Lasche *f*; **2.** ⚓ Gilling *f*; **3.** *ped. Brit.* F Süßigkeiten *pl.*; **4.** *sport* Hocke *f*; **II** *v/t.* **5.** *mst* ***~ in*** a) einnähen, b) *Falte* einschlagen; **6.** Biesen nähen in *ein Kleid*; **7.** *mst* ***~ in*** (*od.* ***up***) ein-, 'umschlagen: ***~ up*** a) abnähen, b) hochstecken, -schürzen, c) raffen, d) *Ärmel* hochkrempeln; **8.** *et. wohin* stecken, *unter den Arm etc.* klemmen: ***~ away*** a) wegstecken, verstauen, b) verstecken; ***~ed away*** versteckt (liegend) (*z.B. Dorf*); ***~ in*** (*od.* ***up***) (warm) zudecken, (behaglich) einpakken; ***~ up in bed*** ins Bett stecken; ***~ up one's legs*** die Beine anziehen; **9.** ***~ in*** *sl. Essen etc.* ‚verdrücken'; **III** *v/i.* **10.** sich falten: ***~ away*** sich verstauen lassen; **11.** ***~ in*** F *beim Essen* ‚einhauen': ***~ into*** sich *et.* schmecken lassen.

tuck·er¹ ['tʌkə] *s.* **1.** Faltenleger *m* (*Nähmaschine*); **2.** *hist.* Brusttuch *n*: ***best bib and ~*** *fig.* Sonntagsstaat *m*.

tuck·er² ['tʌkə] *v/t. mst* ***~ out*** *Am.* F *j-n* ‚fertigmachen' (*völlig erschöpfen*): ***~ed out*** (total) erledigt.

'tuck|-in *s. Brit. sl.* ‚Fresse'rei' *f*, Schmaus *m*; **'~·shop** *s. Brit. ped. sl.* Süßwarenladen *m*.

Tues·day ['tjuːzdɪ] *s.* Dienstag *m*: ***on ~*** am Dienstag; ***on ~s*** dienstags.

tu·fa ['tjuːfə] *s. geol.* Kalktuff *m*, Tuff(-stein) *m*; **tu·fa·ceous** [tjuː'feɪʃəs] *adj.* (Kalk)Tuff...

tuff [tʌf] → ***tufa***.

tuft [tʌft] *s.* **1.** (*Gras-*, *Haar- etc.*)Büschel *n*, (*Feder- etc.*)Busch *m*, (*Haar-*)

Schopf *m*; **2.** Quaste *f*, Troddel *f*; **3.** *anat.* Kapil'largefäßbündel *n*; **'tuft·ed** [-tɪd] *adj.* **1.** büschelig; **2.** *orn.* Hauben...: **~ *lark***; **'tuft,hunt·er** *s.* gesellschaftlicher Streber; **tuft·y** ['tʌftɪ] *adj.* büschelig.

tug [tʌg] **I** *v/t.* **1.** zerren, ziehen an (*dat.*); ⚓ schleppen; **II** *v/i.* **2. ~ *at*** zerren an (*dat.*); **3.** *fig.* sich (ab)placken; **III** *s.* **4.** Zerren *n*, (heftiger) Zug, Ruck *m*: ***give a ~ at*** → 2; ***~ of war*** *sport u. fig.* Tauziehen *n*; **5.** *fig.* a) große Anstrengung, b) schwerer (*a. seelischer*) Kampf; **6.** *a.* ***~boat*** ⚓ Schleppdampfer *m*, Schlepper *m*.

tu·i·tion [tjuː'ɪʃn] *s.* 'Unterricht *m*: ***private ~*** Privatunterricht, -stunden *pl.*; **tu'i·tion·al** [-ʃənl], **tu'i·tion·ar·y** [-ʃnərɪ] *adj.* Unterrichts..., Studien...

tu·lip ['tjuːlɪp] *s.* ⚘ Tulpe *f*; **~ tree** *s.* ⚘ Tulpenbaum *m*.

tulle [tjuːl] *s.* Tüll *m*.

tum·ble ['tʌmbl] **I** *s.* **1.** Fall *m*, Sturz *m* (*a.* ✝): ***~ in prices*** ✝ Preissturz; **2.** Purzelbaum *m*; Salto *m*; **3.** *fig.* Wirrwarr *m*: ***all in a ~*** kunterbunt durcheinander; **4. *give s.o. a. ~*** *sl.* von j-m Notiz nehmen; **II** *v/i.* **5.** *a.* ***~ down*** (ein-, 'um-, hin-, hin'ab)fallen, (-)stürzen, (-)purzeln: ***to ~ over*** umkippen, sich überschlagen; **6.** purzeln, stolpern (***over*** über *acc.*); **7.** *wohin* stolpern (*eilen*): ***~ into*** *fig.* a) *j-m* in *die Arme* laufen, b) in *e-n Krieg etc.* ‚hineinschlittern'; ***~ to*** *sl. et.* plötzlich ‚kapieren' *od.* ‚spitzkriegen'; **8.** Luftsprünge *od.* Saltos *etc.* machen; *sport* Bodenübungen machen; **9.** sich wälzen; **10.** ⚔ taumeln (*Geschoß*); **11.** ✝ ‚purzeln' (*Aktien, Preise*); **III** *v/t.* **12.** zu Fall bringen, 'umstürzen, -werfen; **13.** durch'wühlen; **14.** schleudern, schmeißen; **15.** zerknüllen; *Haar* zerzausen; **16.** ⚙ schleudern; **17.** *hunt.* abschießen; **'~·down** *adj.* baufällig; **~ dri·er** *s.* Wäschetrockner *m*.

tum·bler ['tʌmblə] *s.* **1.** Trink-, Wasserglas *n*, Becher *m*; **2.** Par'terreakro,bat (-in); **3.** ⚙ a) Zuhaltung *f* (*Türschloß*), b) Richtwelle *f* (*Übersetzungsmotor*), c) Zahn *m*, d) Nocken, e) (Wasch-, Scheuer)Trommel *f*; **4.** *orn.* Tümmler *m*; **5.** *Am.* Stehaufmännchen *n*; **~ switch** *s.* ⚡ Kippschalter *m*.

tum·brel ['tʌmbrəl], **'tum·bril** [-rɪl] *s.* **1.** ✓ Mistkarren *m*; **2.** *hist.* Schinderkarren *m*; **3.** ⚔ *hist.* Muniti'onskarren *m*.

tu·me·fa·cient [,tjuːmɪ'feɪʃnt] *adj.* ⚕ Schwellung erzeugend; **,tu·me'fac·tion** [-'fækʃn] *s.* ⚕ (An)Schwellung *f*, Geschwulst *f*; **tu·me·fy** ['tjuːmɪfaɪ] *v/i. u. v/t.* ⚕ (an)schwellen lassen; **tu·mes·cent** [tjuː'mesnt] *adj.* (an)schwellend, geschwollen.

tu·mid ['tjuːmɪd] *adj.* □ geschwollen (*a. fig.*); **tu·mid·i·ty** [tjuː'mɪdətɪ] *s.* **1.** ⚕ Schwellung *f*; **2.** *fig.* Geschwollenheit *f*.

tum·my ['tʌmɪ] *s. Kindersprache*: Bäuchlein *n*: ***~ ache*** Bauchweh *n*.

tu·mo(u)r ['tjuːmə] *s.* ⚕ Tumor *m*.

tu·mult ['tjuːmʌlt] *s.* Tu'mult *m*: a) Getöse *n*, Lärm *m*, b) (*a. seelischer*) Aufruhr *m*; **tu·mul·tu·ar·y** [tjuː'mʌltjʊərɪ] *adj.* **1.** → ***tumultuous***; **2.** verworren; **3.** aufrührerisch; **tu·mul·tu·ous** [tjuː'mʌltjʊəs] *adj.* □ **1.** tumultu'arisch, lärmend; **2.** heftig, stürmisch, turbu'lent.

tu·mu·lus ['tjuːmjʊləs] *s.* (*bsd. alter* Grab)Hügel.

tun [tʌn] *s.* **1.** Faß *n*; **2.** *Brit.* Tonne *f* (*altes Flüssigkeitsmaß*); **3.** *Brauerei*: Maischbottich *m*.

tune [tjuːn] **I** *s.* **1.** ♪ Melo'die *f*; Weise *f*, Lied *n*; *a.* Hymne *f*, Cho'ral *m*: ***to the ~ of*** a) nach der Melodie von, b) *fig.* in Höhe von, von sage u. schreibe *£ 100*; ***call the ~*** *fig.* das Sagen haben; ***change one's ~, sing another ~*** F e-n anderen Ton anschlagen, andere Saiten aufziehen; **2.** ♪ a) (richtige) (Ein)Stimmung e-s Instru'ments, b) richtige Tonhöhe: ***in ~*** (richtig) gestimmt; ***out of ~*** verstimmt; ***keep ~*** a) Stimmung halten (*Instrument*), b) Ton halten; ***play out of ~*** unrein *od.* falsch spielen; ***sing in ~*** tonrein *od.* sauber singen; **3.** ⚡ Abstimmung *f*, (Scharf)Einstellung *f*; **4.** *fig.* Harmo'nie *f*: ***in ~ with*** übereinstimmend mit, im Einklang (stehend) mit, harmonierend mit; ***be out of ~ with*** im Widerspruch stehen zu, nicht übereinstimmen mit; **5.** *fig.* Stimmung *f*: ***not in ~ for*** nicht aufgelegt zu; ***out of ~*** verstimmt, mißgestimmt; **II** *v/t.* **6.** *a.* ***~ up*** a) ♪ stimmen, b) *fig.* abstimmen (***to*** auf *acc.*); **7.** *Antenne, Radio, Stromkreis* abstimmen, einstellen (***to*** auf *acc.*); **8.** *fig.* a) (***to***) anpassen (an *acc.*), b) (***for***) bereitmachen (für); **III** *v/i.* **9.** ♪ stimmen; **~ in** *v/i.* (das Radio *etc.*) einschalten: ***~ to*** a) *e-n Sender, ein Programm* einschalten, b) *fig.* sich einstellen auf (*acc.*); **~ up I** *v/t.* **1.** → ***tune*** 6; **2.** *mot.*, ✈ a) startbereit machen, b) *Motor* einfahren, c) *e-n Motor* tunen; **3.** *fig.* a) bereitmachen, b) in Schwung bringen, c) *das Befinden etc.* heben; **II** *v/i.* **4.** ♪ (die Instru'mente) stimmen; **5.** F a) einsetzen, b) F losheulen.

tune·ful ['tju:nfʊl] *adj.* □ **1.** me'lodisch; **2.** *obs.* sangesfreudig: ~ ***birds***; **'tune·less** [-nlɪs] *adj.* 'unme,lodisch.

tun·er ['tju:nə] *s.* **1.** ♪ (Instru'menten-) Stimmer *m*; **2.** ♪ a) Stimmpfeife *f*, b) Stimmvorrichtung *f* (*Orgel*); **3.** ⚡ Abstimmvorrichtung *f*; **4.** *Radio*, *TV*: Tuner *m*, Ka'nalwähler *m*.

tune-up ['tju:nʌp] *s.* **1.** *Am.* → ***warm-up*** 1 *u.* 3; **2.** ⚙ leistungsfördernde Maßnahmen *pl.*

tung·state ['tʌŋsteɪt] *s.* ⚗ Wolfra'mat *n*; **'tung·sten** [-stən] *s.* ⚗ Wolfram *n*: ~ ***steel*** ⚙ Wolframstahl *m*; **'tung·stic** [-stɪk] *adj.* ⚗ Wolfram…: ~ ***acid***.

tu·nic ['tju:nɪk] *s.* **1.** *antiq.* Tunika *f*; **2.** *bsd.* ⚔ *Brit.* Waffenrock *m*; **3.** a) 'Überkleid *n*, b) Kasack *m*; **4.** → ***tunicle***; **5.** *biol.* Häutchen *n*, Hülle *f*; **'tu·ni·ca** [-kə] *pl.* **-cae** [-si:] *s. anat.* Häutchen *n*, Mantel *m*; **'tu·ni·cate** [-kət] *s. zo.* Manteltier *n*; **'tu·ni·cle** [-kl] *s. R.C.* Meßgewand *n*.

tun·ing ['tju:nɪŋ] **I** *s.* **1.** a) ♪ Stimmen *n*, b) *fig.* Ab-, Einstimmung *f* (***to*** auf *acc.*); **2.** Anpassung *f* (***to*** an *acc.*); **3.** ⚡ Abstimmung *f*, Einstellung *f* (***to*** auf *acc.*); **II** *adj.* **4.** ♪ Stimm…: ~ ***fork***; **5.** ⚡ Abstimm…(*-kreis*, *-skala etc.*).

tun·nel ['tʌnl] **I** *s.* **1.** Tunnel *m*, Unter'führung *f* (*Straße*, *Bahn*, *Kanal*); **2.** *a. zo.* 'unterirdischer Gang, Tunnel *m*; **3.** ⚒ Stollen *m*; **4.** ✈ 'Windka,nal *m*; **II** *v/t.* **5.** unter'tunneln, e-n Tunnel bohren *od.* treiben durch; **III** *v/i.* **6.** e-n Tunnel anlegen *od.* treiben (***through*** durch); **'tun·nel·(l)ing** [-lɪŋ] *s.* ⚙ Tunnelanlage *f*, -bau *m*.

tun·ny ['tʌnɪ] *s. bsd. coll.* Thunfisch *m*.

tup [tʌp] **I** *s.* **1.** *zo.* Widder *m*; **2.** ⚙ Hammerkopf *m*, Rammklotz *m*; **II** *v/t.* **3.** *zo.* bespringen, decken.

tup·pence ['tʌpəns], **'tup·pen·ny** [-pnɪ] *Brit.* F *für* ***twopence***, ***twopenny***.

tur·ban ['tɜ:bən] *s.* Turban *m*; **'tur·baned** [-nd] *adj.* turbantragend.

tur·bid ['tɜ:bɪd] *adj.* □ **1.** dick(flüssig), trübe, schlammig; **2.** dick, dicht: ~ ***fog***; **3.** *fig.* verworren, wirr; **tur·bid·i·ty** [tɜ:'bɪdətɪ], **'tur·bid·ness** [-nɪs] *s.* **1.** Trübheit *f*; **2.** Dicke *f*; **3.** *fig.* Verworrenheit *f*.

tur·bine ['tɜ:baɪn] **I** *s.* Tur'bine *f*; **II** *adj.* Turbinen…: ~ ***steamer***, ~***-powered*** mit Tur'binenantrieb.

turbo- [tɜ:bəʊ] ⚙ *in Zssgn* Turbinen…, Turbo…; **,tur·bo'jet (en·gine)** *s.* (Flugzeug *n* mit) Turbostrahltriebwerk *n*; **,tur·bo'prop(-jet) (en·gine)** *s.* (Flugzeug *n* mit) ✈ 'Turbo-Pro'peller-Strahltriebwerk *n*; **,tur·bo'ram-jet en·gine** *s.* ✈ Ma'schine *f* mit Staustrahltriebwerk.

tur·bot ['tɜ:bət] *s. ichth.* Steinbutt *m*.

tur·bu·lence ['tɜ:bjʊləns] *s.* **1.** Unruhe *f*, Aufruhr *m*, Ungestüm *n*, Sturm *m* (*a. meteor.*); **2.** *phys.* Turbu'lenz *f*, Wirbelbewegung *f*; **'tur·bu·lent** [-nt] *adj.* □ **1.** unruhig, ungestüm, stürmisch, turbu'lent; **2.** aufrührerisch; **3.** *phys.* verwirbelt, turbu'lent, Wirbel…

turd [tɜ:d] *s.* V **1.** ‚Scheißhaufen' *m*; **2.** ‚Scheißer' *m*.

tu·reen [tə'ri:n] *s.* Ter'rine *f*.

turf [tɜ:f] **I** *s.* **1.** Rasen *m*; **2.** Rasenstück *n*, -sode *f*; **3.** Torf(ballen) *m*; **4.** *sport* Turf *m*: a) (Pferde)Rennbahn *f*, b) ***the*** ~ *fig.* der Pferderennsport; **5.** *fig. j-s* Re'vier *n*; **II** *v/t.* **6.** mit Rasen bedekken; **7.** ~ ***out*** *Brit.* F *j-n* ‚rausschmeißen'; **'turf·ite** [-faɪt] *s.* (Pferde)Rennsportliebhaber *m*; **'turf·y** [-fɪ] *adj.* **1.** rasenbedeckt; **2.** torfartig; **3.** *fig.* (Pferde)Rennsport…

tur·ges·cence [tɜ:'dʒesns] *s.* **1.** ⚕, ⚘ Schwellung *f*, Geschwulst *f*; **2.** *fig.* Schwulst *m*.

tur·gid ['tɜ:dʒɪd] *adj.* □ **1.** ⚕ geschwollen; **2.** *fig.* schwülstig, ‚geschwollen'; **tur·gid·i·ty** [tɜ:'dʒɪdətɪ], **'tur·gid·ness** [-nɪs] *s.* **1.** Geschwollensein *n*; **2.** *fig.* Geschwollenheit *f*, Schwülstigkeit *f*.

Turk [tɜ:k] **I** *s.* **1.** Türke *m*, Türkin *f*: ***Young ⁓s*** *pol.* Jungtürken *pl.*; **2.** *obs.* Ty'rann *m*; **II** *adj.* **3.** türkisch, Türken…

Tur·key[1] ['tɜ:kɪ] **I** *s.* Tür'kei *f*; **II** *adj.* türkisch: ~ ***carpet*** Orientteppich *m*; ~ ***red*** *das* Türkischrot.

tur·key[2] ['tɜ:kɪ] *s.* **1.** *orn.* Truthahn *m*, -henne *f*, Pute(r *m*) *f*: ***talk*** ~ *Am. sl.* a) Fraktur reden (***with*** mit), b) offen *od.* sachlich reden; **2.** *Am. sl. thea. etc.* ‚Pleite' *f*, ‚'Durchfall' *m*; ~ ***cock*** *s.* **1.** Truthahn *m*, Puter *m*: (***as***) ***red as a*** ~ puterrot (im Gesicht); **2.** *fig.* eingebildeter Fatzke.

Turk·ish ['tɜ:kɪʃ] **I** *adj.* türkisch, Türken…; **II** *s. ling.* Türkisch *n*; ~ ***bath*** *s.* türkisches Bad; ~ ***de·light*** *s.* 'Fruchtge,leekon,fekt *n*; ~ ***tow·el*** *s.* Frottier-, Frot'tee(hand)tuch *n*.

Turko- [tɜ:kəʊ, -kə] *in Zssgn* türkisch, Türken…

Tur·ko·man ['tɜ:kəmən] *pl.* **-mans** *s.* **1.** Turk'mene *m*; **2.** *ling.* Turk'menisch *n*.

tur·mer·ic ['tɜ:mərɪk] *s.* **1.** ⚘ Gelbwurz *f*; **2.** *pharm.* Kurkuma *f*; **3.** Kurkumagelb *n* (*Farbstoff*): ~ ***paper*** ⚗ Kurkumapapier *n*.

tur·moil [ˈtɜːmɔɪl] *s.* **1.** *a. fig.* Aufruhr *m*, Tuˈmult *m*: ***in a ~*** in Aufruhr; **2.** Getümmel *n*.

turn [tɜːn] **I** *s.* **1.** (Um)ˈDrehung *f*: ***a single ~ of the handle***; ***done to a ~*** gerade richtig durchgebraten; ***to a ~*** *fig.* aufs Haar, vortrefflich; **2.** Turnus *m*, Reihe(nfolge) *f*: ***by*** (*od.* ***in***) ***~s*** abwechselnd, wechselweise; ***in ~*** a) der Reihe nach, b) dann wieder; ***in his ~*** seinerseits; ***speak out of ~*** *fig.* unpassende Bemerkungen machen; ***it is my ~*** ich bin an der Reihe *od.* dran; ***take ~s*** (mit)einander *od.* sich abwechseln (***at*** in *dat.*, bei); ***take one's ~*** handeln, wenn die Reihe an einen kommt; ***wait your ~!*** warte bis du dran bist!; ***my ~ will come*** *fig.* m-e Zeit kommt (auch) noch, ‚ich komme schon noch dran'; **3.** a) Drehung *f*, (***~ to the left*** Links)Wendung *f*, b) *Schwimmen*: Wende *f*, c) *Skisport*: Wende *f*, Kehre *f*, Schwung *m*, d) *Eislauf etc.*: Kehre *f*; **4.** Wendepunkt *m* (*a. fig.*); **5.** Biegung *f*, Kurve *f*, Kehre *f*; **6.** Krümmung *f* (*a.* ⩚); **7.** Wendung *f*: a) ˈUmkehr *f*: ***be on the ~*** ⚓ umschlagen (*Gezeit*) (→ *a.* 23); → ***tide*** 1, b) Richtung *f*, (Ver)Lauf *m*: ***take a good*** (***bad***) ***~*** sich zum Guten (Schlechten) wenden; ***take a ~ for the better*** (***worse***) sich bessern (verschlimmern); ***take an interesting ~*** e-e interessante Wendung nehmen (*Gespräch etc.*), c) (*Glücks-*, *Zeiten- etc.*) Wende *f*, Wechsel *m*, ˈUmschwung *m*, Krise *f*: ***~ of the century*** Jahrhundertwende; ***~ of life*** Lebenswende, ⚕ Wechseljahre *pl. der Frau*; **8.** Ausschlag (-en *n*) *m e-r Waage*; **9.** (Arbeits-) Schicht *f*; **10.** Tour *f*, (einzelne) Windung (*Bandage*, *Kabel etc.*); **11.** (Rede-) Wendung *f*, Formulierung *f*; **12.** a) (kurzer) Spaziergang: ***take a ~*** e-n Spaziergang machen, b) kurze Fahrt, ‚Spritztour' *f*; **13.** (***for***, ***to***) Neigung *f*, Hang *m*, Taˈlent *n* (zu), Sinn *m* (für); **14.** *a.* ***~ of mind*** Denkart *f*, -weise *f*; **15.** a) (*ungewöhnliche od. unerwartete*) Tat, b) Dienst *m*, Gefallen *m*: ***a bad ~*** e-e schlechte Tat *od.* ein schlechter Dienst; ***a friendly ~*** ein Freundschaftsdienst; ***do s.o. a good ~*** j-m e-n Gefallen tun; ***one good ~ derserves another*** e-e Liebe ist der andern wert; **16.** Anlaß *m*: ***at every ~*** auf Schritt u. Tritt; **17.** (kurze) Beschäftigung: ***~*** (***of work***) (Stück *n*) Arbeit *f*; ***take a ~ at*** rasch mal an *e-e Sache* gehen, sich kurz mit *e-r Sache* versuchen; **18.** F Schock *m*, Schrecken *m*: ***give s.o. a. ~*** j-n erschrecken; **19.** Zweck *m*: ***this won't serve my ~*** damit ist mir nicht gedient; **20.** ♪ Doppelschlag *m*; **21.** (Proˈgramm)Nummer *f*; **22.** ⚔ (Kehrt-) Wendung *f*: ***left*** (***right***) ***~!*** *Brit.* links- (rechts)um!; ***about ~!*** *Brit.* ganze Abteilung kehrt!; **23.** ***on the ~*** am Sauerwerden (*Milch*); **II** *v/t.* **24.** (*im Kreis od. um e-e Achse*) drehen; *Hahn*, *Schlüssel*, *Schraube*, *e-n Patienten etc.* (ˈum-, herˈum)drehen; **25.** *a. Kleider* wenden; *et.* ˈumkehren, -stülpen, -drehen; *Blatt*, *Buchseite* ˈumdrehen, -wenden, *Buch* ˈumblättern; *Boden* ˈumpflügen, -graben; 🚂 *Weiche*, ⚙ *Hebel* ˈumlegen: ***it ~s my stomach*** mir dreht sich dabei der Magen um; ***~ s.o.'s head*** *fig.* a) j-m den Kopf verdrehen, b) j-m zu Kopf steigen; **26.** zuwenden, -drehen, -kehren (***to*** *dat.*); **27.** *Blick*, *Kamera*, *Schritte etc.* wenden, *a. Gedanken*, *Verlangen* richten, lenken (***against*** gegen, ***on*** auf *acc.*, ***to***, ***toward***(***s***) nach, auf *acc.*): ***~ the hose on the fire*** den (Spritzen)Schlauch auf das Feuer richten; **28.** a) ˈum-, ablenken, (-)leiten, (-) wenden, b) abwenden, abhalten, c) *j-n* ˈumstimmen, abbringen (***from*** von), d) *Richtung* ändern, e) *Gesprächsthema* wechseln; **29.** a) *Waage* zum Ausschlagen bringen, b) *fig.* ausschlaggebend sein bei: ***~ an election*** bei e-r Wahl den Ausschlag geben; → ***balance*** 2, ***scale***[2] 1; **30.** verwandeln (***into*** in *acc.*): ***~ water into wine***; ***~ love into hate***; ***~ into cash*** † flüssigmachen, zu Geld machen; **31.** a) machen, werden lassen (***into*** zu): ***it ~ed her pale*** es ließ sie erblassen; ***~ colo***(***u***)***r*** die Farbe wechseln, b) *a.* ***~ sour*** *Milch* sauer werden lassen, c) *Laub* verfärben; **32.** *Text* überˈtragen, -ˈsetzen (***into*** ins *Italienische etc.*); **33.** herˈumgehen um: ***~ the corner*** um die Ecke biegen, *fig.* über den Berg kommen; **34.** ⚔ a) umˈgehen, -ˈfassen, b) aufrollen: ***~ the enemy's flank***; **35.** hinˈausgehen *od.* hinˈaus sein über *ein Alter*, *e-n Betrag etc.*: ***he is just ~ing*** (*od.* ***has just ~ed***) ***50*** er ist gerade 50 geworden; **36.** ⚙ a) drehen, b) *Holzwaren*, *a. fig. Komplimente*, *Verse* drechseln; **37.** formen, *fig.* gestalten, bilden: ***a well-~ed ankle***; **38.** *fig. Satz* formen, (ab)runden: ***~ a phrase***; **39.** † verdienen, ˈumsetzen; **40.** *Messerschneide etc.* verbiegen, *a.* stumpf machen: ***~ the edge of*** *fig. e-r Bemerkung etc.* die Spitze nehmen; **41.** *Purzelbaum etc.* schlagen; **42.** ***~ loose*** los-, freilassen, -machen; **III** *v/i.* **43.**

sich drehen (lassen), sich (im Kreis) (her'um)drehen; **44.** sich (ab-, hin-, zu-) wenden; → ***turn to*** I; **45.** sich *stehend*, *liegend etc.* ('um-, her'um)drehen; ⚓, *mot.* wenden, (⚓ ab)drehen; ✈, *mot.* kurven; **46.** (ab-, ein)biegen: ***I do not know which way to ~*** *fig.* ich weiß nicht, was ich machen soll; **47.** e-e Biegung machen (*Straße*, *Wasserlauf etc.*); **48.** sich krümmen *od.* winden (*Wurm etc.*): ***~ in one's grave*** sich im Grabe umdrehen; **49.** sich umdrehen, -stülpen (*Schirm etc.*): ***my stomach ~s at this sight*** bei diesem Anblick dreht sich mir der Magen um; **50.** schwind(e)lig werden: ***my head ~s*** mein Kopf dreht sich; **51.** sich (ver)wandeln (***into***, ***to*** in *acc.*), 'umschlagen (*bsd. Wetter*): ***love has ~ed into hate***; **52.** *Kommunist*, *Soldat etc.*, *a. blaß*, *kalt etc.* werden: ***~*** (***sour***) sauer werden (*Milch*); ***~ traitor*** zum Verräter werden; **53.** sich verfärben (*Laub*); **54.** sich wenden (*Gezeiten*); → ***tide*** 1;

Zssgn mit prp.:

turn| a·gainst I *v/i.* **1.** sich (*feindlich etc.*) wenden gegen; **II** *v/t.* **2.** *j-n* aufhetzen *od.* aufbringen gegen; **3.** *Spott etc.* richten gegen; **~ in·to** → ***turn*** 30, 31, 32, 51; **~ on I** *v/i.* **1.** sich drehen um *od.* in (*dat.*); **2.** → ***turn upon***; **3.** sich wenden *od.* richten gegen; **II** *v/t.* **4.** → ***turn*** 27; **~ to I** *v/i.* **1.** sich nach *links etc.* wenden (*Person*), nach *links etc.* abbiegen (*a. Fahrzeug*, *Straße etc.*); **2.** a) sich *der Musik*, *e-m Thema etc.* zuwenden, b) sich beschäftigen mit, c) sich anschicken (***doing s.th.*** et. zu tun); **3.** s-e Zuflucht nehmen zu: ***~ God***; **4.** sich an *j-n* wenden, *j-n od. et.* zu Rate ziehen; **5.** → ***turn*** 51; **II** *v/t.* **6.** *Hand* anlegen bei: ***turn a*** (*od.* ***one's***) ***hand to s.th.*** et. in Angriff nehmen; ***he can turn his hand to anything*** er ist zu allem zu gebrauchen; **7.** → ***turn*** 26, 27; **8.** verwandeln in (*acc.*); **9.** anwenden zu; → ***account*** 11; **~ up·on** *v/i.* **1.** *fig.* abhängen von; **2.** *fig.* sich drehen um, handeln von; **3.** → ***turn on*** 3;

Zssgn mit adv.:

turn| a·bout, ~ a·round I *v/t.* **1.** 'umdrehen; **2.** ✓ *Heu*, *Boden* wenden; **II** *v/i.* **3.** sich 'umdrehen; ⚔ kehrtmachen; *fig.* 'umschwenken; **~ a·side** *v/t.* (*v/i.* sich) abwenden; **~ a·way I** *v/t.* **1.** abwenden (***from*** von); **2.** abweisen, wegschicken, -jagen; **3.** entlassen; **II** *v/i.* **4.** sich abwenden; **~ back I** *v/t.* **1.** 'umkehren lassen; **2.** → ***turn down*** 3; **3.** *Uhr* zu'rückdrehen; **II** *v/i.* **4.** zu'rück-, 'umkehren; **5.** zu'rückgehen; **~ down I** *v/t.* **1.** 'umkehren, -legen, -biegen; *Kragen* 'umschlagen, *Buchseite etc.* 'umknicken; **2.** *Gas*, *Lampe* kleiner stellen, *Radio etc.* leiser stellen; **3.** *Bett* aufdecken; *Bettdecke* zu'rückschlagen; **4.** *j-n*, *Vorschlag etc.* ablehnen; *j-m* e-n Korb geben; **II** *v/i.* **5.** abwärts *od.* nach unten gebogen sein; **6.** sich 'umlegen *od.* -schlagen lassen; **~ in I** *v/t.* **1.** a) einreichen, -senden, b) ab-, zu'rückgeben; **2.** *Füße etc.* einwärts *od.* nach innen drehen *od.* biegen *od.* stellen; **3.** F *et.* zu'stande bringen; **II** *v/i.* **4.** F zu Bett gehen; **5.** einwärts gebogen sein; **~ off I** *v/t.* **1.** *Wasser*, *Gas* abdrehen; *Licht*, *Radio etc.* ausschalten, abstellen; **2.** *Schlag etc.* abwenden, ablenken; **3.** F ‚rausschmeißen', entlassen; **4.** F a) *j-m* die Lust nehmen, b) *j-n* anwidern; **II** *v/i.* **5.** abbiegen (*Person*, *a. Straße*); **~ on** *v/t.* **1.** *Gas*, *Wasser* aufdrehen, *a. Radio* anstellen; *Licht*, *Gerät* anmachen, einschalten; **2.** F a) *j-n* ‚antörnen', b) *j-n* (*a. sexuell*) ‚anmachen', ‚in Fahrt' bringen; **~ out I** *v/t.* **1.** hin'auswerfen, wegjagen, vertreiben; **2.** entlassen (***of*** aus *e-m Amt etc.*); **3.** *Regierung* stürzen; **4.** *Vieh* auf die Weide treiben; **5.** *Taschen etc.* 'umkehren, -stülpen; **6.** *Zimmer*, *Möbel* ausräumen; **7.** a) ⚒ *Waren* produzieren, herstellen, b) *contp. Bücher etc.* produzieren, c) *fig. Wissenschaftler etc.* her'vorbringen (*Universität etc.*): ***Oxford has turned out many statesmen*** aus Oxford sind schon viele Staatsmänner hervorgegangen; **8.** → ***turn off*** 1; **9.** *Füße etc.* auswärts *od.* nach außen drehen *od.* biegen; **10.** ausstatten, herrichten, *bsd.* kleiden: ***well turned-out*** gutgekleidet; **11.** ⚔ antreten *od. die Wache* her'austreten lassen; **II** *v/i.* **12.** auswärts gebogen sein (*Füße etc.*); **13.** a) hin'ausziehen, her'auskommen (***of*** aus), b) ⚔ ausrücken (*a. Feuerwehr etc.*), c) *zur Wahl etc.* kommen (*Bevölkerung*), d) ⚔ antreten, e) in Streik treten, f) F *aus dem Bett* aufstehen; **14.** *gut etc.* ausfallen, werden; **15.** sich gestalten, *gut etc.* ausgehen, ablaufen; **16.** sich erweisen *od.* entpuppen als, sich her'ausstellen: ***he turned out*** (***to be***) ***a good swimmer*** er entpuppte sich als guter Schwimmer; ***it turned out that he was*** (***had***), ***he turned out to be*** (***have***) es stellte sich heraus, daß er ... war (hatte); **~ o·ver I** *v/t.* **1.** ⚒ *Geld*, *Ware* 'umsetzen, e-n 'Umsatz haben von; **2.** 'umdrehen, -wenden, *Buch*,

Seite a. 'umblättern: ***please ~!*** bitte wenden!; → ***leaf*** 3; **3.** (***to***) a) über'tragen (*dat. od.* auf *acc.*), über'geben (*dat.*), b) *j-n der Polizei etc.* ausliefern, über'geben; **4.** *a.* ***~ in one's mind*** über'legen, sich *et.* durch den Kopf gehen lassen; **II** *v/i.* **5.** sich *im Bett etc.* 'umdrehen; **6.** 'umkippen, -schlagen; **~ round I** *v/i.* **1.** sich (im Kreis *od.* her'um)drehen; **2.** *fig.* s-n Sinn ändern, 'umschwenken: ***but then he turned round and said*** doch dann sagte er plötzlich; **II** *v/t.* **3.** (her'um)drehen; **~ to** *v/i.* sich ‚ranmachen' (an die Arbeit), sich ins Zeug legen; **~ un·der** *v/t.* ✓ 'unterpflügen; **~ up I** *v/t.* **1.** nach oben drehen *od.* richten *od.* biegen; *Kragen* hochschlagen, -klappen; → ***nose*** *Redew.*, ***toe*** 1; **2.** ausgraben, zu'tage fördern; **3.** *Spielkarte* aufdecken; **4.** *Hose etc.* 'um-, einschlagen; **5.** *Brit.* a) *Wort* nachschlagen, b) *Buch* zu Rate ziehen; **6.** *Gas, Licht* groß *od.* größer drehen, *Radio* lauter stellen; **7.** *Kind* übers Knie legen (*züchtigen*); **8.** F *j-m* den Magen 'um drehen (*vor Ekel*); **9.** *sl.* *Arbeit* ‚aufstecken'; **II** *v/i.* **10.** sich nach oben drehen, nach oben gerichtet *od.* hochgeschlagen sein; **11.** *fig.* auftauchen: a) aufkreuzen, erscheinen (*Person*), b) zum Vorschein kommen, sich (ein)finden (*Sache*); **12.** geschehen, eintreten, passieren.

turn·a·ble ['tɜ:nəbl] *adj.* drehbar.

'turn|·a·bout *s.* **1.** *a. fig.* Kehrtwendung *f*; **2.** ⚓ Gegenkurs *m*; **3.** *fig.* 'Umschwung *m*; **4.** *Am.* Karus'sell *n*; **'~·a·round** *s.* **1.** → ***turnabout*** 1, 3; **2.** *mot. etc.* Wendeplatz *m*; **3.** ⚙ (Gene'ral)Über‚holung *f*; **'~·coat** *s.* Abtrünnige(r *m*) *f*, Rene'gat *m*; **'~·down I** *adj.* **1.** 'umlegbar, Umleg...; **II** *s.* **2.** *a.* ***~ collar*** Umleg(e)kragen *m*; **3.** *fig.* Ablehnung *f*.

turned [tɜ:nd] *adj.* **1.** ⚙ gedreht, gedrechselt; **2.** ('um)gebogen: ***~-back*** zurückgebogen; ***~-down*** a) abwärts gebogen, b) Umlege...; ***~-in*** einwärts gebogen; **3.** *typ.* auf dem Kopf stehend; **'turn·er** [-nə] *s.* **1.** ⚙ a) Dreher *m*, b) Drechsler *m*; **2.** *sport Am.* Turner(in); **'turn·er·y** [-nərɪ] *s.* ⚙ **1.** *coll.* a) Dreharbeit(en *pl.*) *f*, b) Drechslerarbeit(en *pl.*) *f*; **2.** a) Drehe'rei *f*, b) Drechsle'rei *f* (*Werkstatt*).

turn·ing ['tɜ:nɪŋ] *s.* **1.** ⚙ Drehen *n*, Drechseln *n*; **2.** a) (Straßen-, Fluß)Biegung *f*, b) (Straßen)Ecke *f*, c) Querstraße *f*, Abzweigung *f*; **3.** *pl.* ⚙ Drehspäne *pl.*; **~ cir·cle** *s. mot.* Wendekreis *m*; **~ lathe** *s.* ⚙ Drehbank *f*; **~ ma·chine** *s.* ⚙ 'Drehma‚schine *f*; **~ point** *s.* **1.** ✈, *sport* Wendemarke *f*; **2.** *fig.* Wendepunkt *m*.

tur·nip ['tɜ:nɪp] *s.* **1.** ♀ (*bsd.* Weiße) Rübe; **2.** *sl.* ‚Zwiebel' *f* (*Uhr*).

'turn|·key *s.* Gefangenenwärter *m*, Schließer *m*; **'~-off** *s.* **1.** Abzweigung *f*; **2.** Ausfahrt *f* (*Autobahn*); **'~·out** *s.* **1.** ✝ *Brit.* a) Streik *m*, Ausstand *m*, b) Streikende(r *m*) *f*; **2.** a) Besucher(zahl *f*) *pl.*, Zuschauer *pl.*, b) (Wahl- *etc.*) Beteiligung *f*; **3.** (Pferde)Gespann *n*, Kutsche *f*; **4.** Ausstattung *f*, *bsd.* Kleidung *f*; **5.** ✝ Ge'samtprodukti‚on *f*, Ausstoß *m*; **6.** a) Ausweichstelle *f* (*Autostraße*), b) → ***turn-off***; **'~‚o·ver** *s.* **1.** 'Umstürzen *n*; **2.** ✝ 'Umsatz *m*: **~ *tax*** Umsatzsteuer *f*; **3.** Zu- u. Abgang *m* (*von Patienten in Krankenhäusern etc.*): ***labo(u)r ~*** Arbeitskräftebewegung *f*; **4.** ✝ 'Umgruppierung *f*, -schichtung *f*; **5.** *Brit.* ('Zeitungs)Ar‚tikel, der auf die nächste Seite übergreift; **6.** (Apfel- *etc.*) Tasche *f* (*Gebäck*); **'~·pike** *s.* **1.** Schlagbaum *m* (*Mautstraße*); **2.** *a.* **~ *road*** gebührenpflichtige (*Am.* Schnell)Straße *f*, Mautstraße *f*; **'~-round** *s.* **1.** ✝, ⚓ 'Umschlag *m* (*Schiffsabfertigung*); **2.** Wendestelle *f*; **3.** → ***turnabout*** 3; **'~·screw** *s.* ⚙ Schraubenzieher *m*; **'~·spit** *s.* Drehspieß *m*; **'~·stile** *s.* Drehkreuz *n an Durchgängen etc.*; **'~‚ta·ble** *s.* **1.** 🚂 Drehscheibe *f*; **2.** Plattenteller *m* (*Plattenspieler*); **'~·up I** *adj.* **1.** hochklappbar; **II** *s.* **2.** ('Hosen- *etc.*)‚Umschlag *m*; **3.** F Über'raschung *f*, ‚Ding' *n*.

tur·pen·tine ['tɜ:pəntaɪn] *s.* ⚗ **1.** Terpen'tin *n*; **2.** *a.* ***oil*** (*od.* ***spirits***) ***of ~*** Terpen'tingeist *m*, -öl *n*.

tur·pi·tude ['tɜ:pɪtju:d] *s.* **1.** *a.* ***moral ~*** Verworfenheit *f*; **2.** Schandtat *f*.

turps [tɜ:ps] F → ***turpentine*** 2.

tur·quoise ['tɜ:kwɔɪz] *s.* **1.** *min.* Tür'kis *m*; **2.** *a.* **~ *blue*** Tür'kisblau *n*: **~ *green*** Türkisgrün *n*.

tur·ret ['tʌrɪt] *s.* **1.** △ Türmchen *n*; **2.** ⚔, ⚓ Geschütz-, Panzer-, Gefechtsturm *m*: **~ *gun*** Turmgeschütz *n*; **3.** ✈ Kanzel *f*; **4.** ⚙ Re'volverkopf *m*: **~ *lathe*** Revolverdrehbank *f*; **'tur·ret·ed** [-tɪd] *adj.* **1.** mit Türmchen; **2.** *zo.* spi'ral-, türmchenförmig.

tur·tle[1] ['tɜ:tl] *s. zo.* (See)Schildkröte *f*: ***turn ~*** a) ⚓ kentern, umschlagen, b) sich überschlagen, c) *Am.* F hilflos *od.* feige sein.

tur·tle[2] ['tɜ:tl] *s. obs. für* ***turtledove***.

'tur·tle|·dove *s. orn.* Turteltaube *f*;

ˈ~·**neck** *s.* ˈRollkragen(pullˌover) *m.*

Tus·can [ˈtʌskən] **I** *adj.* tosˈkanisch; **II** *s.* Tosˈkaner(in).

tusk [tʌsk] *s. zo.* a) Fangzahn *m*, b) Stoßzahn *m des Elefanten etc.*, c) Hauer *m des Wildschweins*; **tusked** [-kt] *adj. zo.* mit Fangzähnen *etc.* (bewaffnet); ˈ**tusk·er** [-kə] *s. zo.* Eleˈfant *m od.* Keiler *m (mit ausgebildeten Stoßzähnen)*; ˈ**tusk·y** [-kɪ] → ***tusked***.

tus·sle [ˈtʌsl] **I** *s.* **1.** Balgeˈrei *f*, Raufeˈrei *f* (*a. fig.*); **2.** *fig.* scharfe Kontroˈverse; **II** *v/i.* **3.** kämpfen, raufen, sich balgen (***for*** um *acc.*).

tus·sock [ˈtʌsək] *s.* (*bsd.* Gras)Büschel *n*.

tut(**-tut**) [tʌt] *int.* **1.** ach was!; **2.** pfui!; **3.** Unsinn!, Na, ˈna!

tu·te·lage [ˈtju:tɪlɪdʒ] *s.* **1.** ⚖ Vormundschaft *f*; **2.** Unmündigkeit *f*; **3.** *fig.* a) Bevormundung *f*, b) Schutz *m*, c) (An-)Leitung *f*; ˈ**tu·te·lar** [-lə], ˈ**tu·te·lar·y** [-lərɪ] *adj.* **1.** schützend, Schutz…; **2.** ⚖ Vormunds…, Vormundschafts…

tu·tor [ˈtju:tə] **I** *s.* **1.** Priˈvat-, Hauslehrer *m*; **2.** *ped.*, *univ. Brit.* Tutor *m*, Studienleiter *m*; **3.** *ped.*, *univ. Am.* Assiˈstent *m mit Lehrauftrag*; **4.** (Ein)Pauker *m*, Repeˈtitor *m*; **5.** ⚖ Vormund *m*; **II** *v/t.* **6.** *ped.* unterˈrichten, *j-m* Priˈvatˌunterricht geben; **7.** *j-n* schulen, erziehen; **8.** *fig. j-n* bevormunden; ˈ**tu·tor·ess** *s.* **1.** *ped.* Priˈvatlehrerin *f*; **2.** *univ. Brit.* Tuˈtorin *f*; **tu·to·ri·al** [tju:ˈtɔ:rɪəl] *ped.* **I** *adj.* Tutor…; **II** *s.* Tuˈtorenkurs (-us) *m*; ˈ**tu·tor·ship** [-ʃɪp] *s.* **1.** Priˈvatlehrerstelle; **2.** *univ. Brit.* Amt *n* e-s Tutors.

tu·tu [ˈtu:tu:] *s.* (Balˈlett)Röckchen *n*.

tux·e·do [tʌkˈsi:dəʊ] *pl.* **-dos** *s. Am.* Smoking *m*.

TV [ˌti:ˈvi:] F **I** *adj.* Fernseh…; **II** *s.* a) ˈFernsehappaˌrat *m*, b) (***on ~*** im) Fernsehen *n*.

twad·dle [ˈtwɒdl] **I** *v/i.* **1.** quasseln; **II** *s.* **2.** Gequassel *n*; **3.** Quatsch *m*.

twain [tweɪn] **I** *adj. obs.* zwei: ***in ~*** entzwei; **II** *s. die* Zwei *pl.*

twang [twæŋ] **I** *v/i.* **1.** schwirren, (scharf) klingen; **2.** näseln; **II** *v/t.* **3.** *Saiten etc.* schwirren (lassen), zupfen; klimpern *od.* kratzen auf (*dat.*); **4.** *et.* näseln, durch die Nase sprechen; **III** *s.* **5.** scharfer Ton *od.* Klang, Schwirren *n*; **6.** Näseln *n*.

tweak [twi:k] **I** *v/t.* zwicken, kneifen; **II** *s.* Zwicken *n*.

tweed [twi:d] *s.* **1.** Tweed *m* (*Wollgewebe*); **2.** *pl.* Tweedsachen *pl.*

Twee·dle·dum and Twee·dle·dee [ˌtwi:dlˈdʌmənˌtwi:dlˈdi:] *s.*: ***be*** (***alike***) ***as ~*** a) sich gleichen wie ein Ei dem andern, b) ‚Jacke wie Hose' sein.

ˈ**tween** [twi:n] **I** *adv. u. prp.* → ***between***; **II** *in Zssgn* Zwischen…; **~deck** *s.* ⚓ Zwischendeck *n*.

tween·y [ˈtwi:nɪ] *s. obs.* Hausmagd *f*.

tweet·er [ˈtwi:tə] *s. Radio*: Hochtonlautsprecher *m*.

tweez·ers [ˈtwi:zəz] *s. pl. a.* ***pair of ~*** Pinˈzette *f*.

twelfth [twelfθ] **I** *adj.* □ **1.** zwölft: ***ℒ Night*** Dreikönigsabend *m*; **II** *s.* **2.** *der* (*die, das*) Zwölfte; **3.** Zwölftel *n*; ˈ**twelfth·ly** [-lɪ] *adv.* zwölftens.

twelve [twelv] **I** *adj.* zwölf; **II** *s.* Zwölf *f*; ˈ**twelve·mo** [-məʊ] *s. typ.* Duoˈdez(forˌmat, -band *m*) *n*.

ˈ**twelve-tone** *adj.* ♪ Zwölfton…

twen·ti·eth [ˈtwentɪɪθ] **I** *adj.* **1.** zwanzigst; **II** *s.* **2.** *der* (*die, das*) Zwanzigste; **3.** Zwanzigstel *n*.

twen·ty [ˈtwentɪ] **I** *adj.* **1.** zwanzig; **II** *s.* **2.** Zwanzig *f*; **3.** ***in the twenties*** in den zwanziger Jahren (*e-s Jahrhunderts*); ***he is in his twenties*** er ist in den Zwanzigern.

twerp [twɜ:p] *s. sl.* **1.** ‚(blöder) Heini'; **2.** ‚Niete' *f*, ‚Flasche' *f*.

twice [twaɪs] *adv.* zweimal: ***think ~ about s.th.*** *fig.* sich e-e Sache gründlich überlegen; ***he didn't think ~ about it*** er zögerte nicht lange; ***~ as much*** doppelt soviel, das Doppelte; ***~ the sum*** die doppelte Summe; ˌ**~-ˈtold** *adj. fig.* alt, abgedroschen: ***~ tales***.

twid·dle [ˈtwɪdl] *v/t.* (herˈum)spielen mit: ***~ one's thumbs*** *fig.* Däumchen drehen, die Hände in den Schoß legen.

twig[1] [twɪg] *s.* **1.** (dünner) Zweig, Rute *f*: ***hop the ~*** F ‚abkratzen' (*sterben*); **2.** Wünschelrute *f*.

twig[2] [twɪg] *Brit. sl.* **I** *v/t.* **1.** ‚kapieren' (*verstehen*); **2.** ‚spitzkriegen'; **II** *v/i.* **3.** ‚kapieren'.

twi·light [ˈtwaɪlaɪt] **I** *s.* **1.** (*mst* Abend-)Dämmerung *f*: ***~ of the gods*** *myth.* Götterdämmerung; **2.** Zwielicht *n* (*a. fig.*), Halbdunkel *n*; **3.** *fig. a.* ***~ state*** Dämmerzustand *m*; **II** *adj.* **4.** Zwielicht…, dämmerig, schattenhaft (*a. fig.*): ***~ sleep*** ⚕ *u. fig.* Dämmerschlaf *m*.

twill [twɪl] **I** *s.* Köper(stoff) *m*; **II** *v/t.* köpern.

twin [twɪn] **I** *s.* **1.** Zwilling *m*: ***the ℒs*** *ast.* die Zwillinge; **II** *adj.* **2.** Zwillings…, Doppel…, doppelt: ***~-bedded room*** Zweibettzimmer *n*; ***~ brother*** Zwillingsbruder *m*; ***~ engine*** ✈ Zwillingstriebwerk *n*; **~-engined** zweimotorig; **~ town** Partnerstadt *f*; **~ track** Doppelspur *f* (*Tonband*); **3.** ⚘ gepaart.

twine [twaın] **I** *s.* **1.** Bindfaden *m*, Schnur *f*; **2.** ⚙ Garn *n*, Zwirn *m*; **3.** Wick(e)lung *f*; **4.** Windung *f*; **5.** Geflecht *n*; **6.** ⚘ Ranke *f*; **II** *v/t.* **7.** *Fäden etc.* zs.-drehen, zwirnen; **8.** *Kranz* winden; **9.** *fig.* inein'anderschlingen, verflechten; **10.** schlingen, winden (**about**, **around** um); **11.** um'schlingen, -'winden, -'ranken (**with** mit); **III** *v/i.* **12.** sich verflechten (**with** mit); **13.** sich winden *od.* schlingen; sich schlängeln; **'twin·er** [-nə] *s.* **1.** ⚘ Kletter-, Schlingpflanze *f*; **2.** ⚙ 'Zwirnma͵schine *f*.

twinge [twındʒ] **I** *s.* **1.** stechender Schmerz, Zwicken *n*, Stechen *n*, Stich *m* (*a. fig.*): **~ of conscience** Gewissensbisse *pl.*; **II** *v/t. u. v/i.* **2.** stechen; **3.** zwicken, kneifen.

twin·kle ['twıŋkl] **I** *v/i.* **1.** (auf)blitzen, glitzern, funkeln (*Sterne etc.*; *a. Augen*); **2.** huschen; **3.** (verschmitzt) zwinkern, blinzeln; **II** *s.* **4.** Blinken *n*, Blitzen *n*, Glitzern *n*; **5.** (Augen)Zwinkern *n*, Blinzeln *n*: **a humorous ~**; **6.** → **twinkling** 2; **'twin·kling** [-lıŋ] *s.* **1.** → **twinkle** 4, 5; **2.** *fig.* Augenblick *m*: **in the ~ of an eye** im Nu, im Handumdrehen.

twirl [twɜːl] **I** *v/t.* **1.** (her'um)wirbeln, quirlen; *Daumen*, *Locke etc.* drehen; *Bart* zwirbeln; → *a.* **twiddle**; **II** *v/i.* **2.** (sich her'um)wirbeln; **III** *s.* **3.** schnelle (Um)'Drehung, Wirbel *m*; **4.** Schnörkel *m*.

twist [twıst] **I** *v/t.* **1.** drehen: **~ off** losdrehen, *Deckel* abschrauben; **2.** zs.-drehen, zwirnen; **3.** verflechten, -schlingen; **4.** *Kranz etc.* winden, *Schnur etc.* wickeln: **~ s.o. round one's (little) finger** j-n um den (kleinen) Finger wickeln; **5.** um'winden; **6.** wringen; **7.** (ver)biegen, (-)krümmen; *Fuß* vertreten; *Gesicht* verzerren: **~ s.o.'s arm** a) j-m den Arm verdrehen, b) *fig.* j-n unter Druck setzen; **~ed mind** *fig.* verbogener *od.* krankhafter Geist; **~ed with pain** schmerzverzerrt (*Züge*); **8.** *fig. Sinn*, *Bericht* verdrehen, entstellen; **9.** *dem Ball* Ef'fet geben; **II** *v/i.* **10.** sich drehen: **~ round** sich umdrehen; **11.** sich krümmen; **12.** sich winden (*a. fig.*); **13.** sich winden *od.* schlängeln (*Fluß etc.*); **14.** sich verziehen *od.* verzerren (*a. Gesicht*); **15.** sich verschlingen; **III** *s.* **16.** Drehung *f*, Windung *f*, Biegung *f*, Krümmung *f*; **17.** Drehung *f*, Rotati'on *f*; **18.** Geflecht *n*; **19.** Zwirnung *f*; **20.** Verflechtung *f*, Knäuel *m*, *n*; **21.** (Gesichts-)Verzerrung *f*; **22.** *fig.* Verdrehung *f*; **23.** *fig.* Veranlagung *od.* Neigung (**towards** zu); **24.** *fig.* Trick *m*, ‚Dreh' *m*; **25.** *fig.* über'raschende Wendung, ‚'Knallef͵fekt' *m*; **26.** ⚙ a) Drall *m* (*Schußwaffe*, *Seil etc.*), b) Torsi'on *f*; **27.** Spi'rale *f*: **~ drill** ⚙ Spiralbohrer *m*; **28.** ♪ Twist *m* (*Tanz*); **29.** a) (Seiden-, Baumwoll)Twist *m*, b) Zwirn *m*; **30.** Seil *n*, Schnur *f*; **31.** Rollentabak *m*; **32.** *Bäckerei*: Kringel *m*, Zopf *m*; **33.** *Wasserspringen*: Schraube *f*; **'twist·er** [-tə] *s.* **1.** a) Dreher(in), Zwirner(in), b) Seiler(in); **2.** ⚙ 'Zwirn-, 'Drehma͵schine *f*; **3.** *sport* Ef'fetball *m*; **4.** F harte Nuß, knifflige Sache; **5.** F Gauner *m*; **6.** *Am.* Tor'nado *m*, Wirbel(wind) *m*; **'twist·y** [-tı] *adj.* **1.** gewunden, kurvenreich; **2.** *fig.* falsch, verschlagen.

twit¹ [twıt] *v/t.* **1.** *j-n* aufziehen (**with** mit); **2.** *j-m* Vorwürfe machen (**with** wegen).

twit² [twıt] *s. Brit.* F Trottel *m*.

twitch [twıtʃ] **I** *v/t.* **1.** zupfen, zerren, reißen; **2.** zucken mit; **II** *v/i.* **3.** zucken (**with** vor); **III** *s.* **4.** Zucken *n*, Zuckung *f*; **5.** Ruck *m*; **6.** Stich *m* (*Schmerz*); **7.** Nasenbremse *f* (*Pferd*).

twit·ter ['twıtə] **I** *v/i.* **1.** zwitschern (*Vogel*), zirpen (*a. Insekt*); **2.** *fig.* a) (aufgeregt) schnattern, b) piepsen, c) kichern; **3.** F (vor Aufregung) zittern; **II** *v/t.* **4.** *et.* zwitschern; **III** *s.* **5.** Gezwitscher *n*; **6.** *fig.* Geschnatter *n* (*Person*); **7.** Kichern *n*; **8.** Nervosi'tät *f*: **in a ~** aufgeregt.

two [tuː] **I** *s.* **1.** Zwei *f* (*Zahl*, *Spielkarte*, *Uhrzeit etc.*); **2.** Paar *n*: **the ~** die beiden, beide; **the ~ of us** wir beide; **put ~ and ~ together** *fig.* es sich zs.-reimen, s-e Schlüsse ziehen; **in** (*od.* **by**) **~s** zu zweien, paarweise; **~ and ~** paarweise, zwei u. zwei; **~ can play at that game!** das kann ich (*od.* ein anderer) auch! **II** *adj.* **3.** zwei: **one or ~** einige; **in a day or ~** in ein paar Tagen; **in ~** entzwei; **cut in ~** entzweischneiden; **4.** beide: **the ~ cars**; **'~-bit** *adj. Am.* F **1.** 25-Cent-…; **2.** billig (*a. fig. contp.*); klein, unbedeutend; **'~͵cy·cle** *adj.* ⚙ Zweitakt…: **~ engine**; **͵~-'edged** *adj.* zweischneidig (*a. fig.*); **͵~-'faced** *adj. fig.* falsch, heuchlerisch; **͵~-'fist·ed** *adj. Am.* F *fig.* ‚knallhart'; handfest; **'~·fold** *adj. u. adv.* zweifach, doppelt; **͵~-'four** *adj.* ♪ Zweiviertel…; **͵~-'hand·ed** *adj.* **1.** zweihändig; **2.** für zwei Per'sonen

(*Spiel etc.*); ˈ**~-horse** *adj.* zweispännig; ˈ**~-job man** *s.* [*irr.*] Doppelverdiener *m*; ˈ**~-lane** *adj.* zweispurig (*Straße*); **~·pence** [ˈtʌpəns] *s. Brit.* zwei Pence *pl.*: ***not to care ~ for*** *fig.* sich nicht scheren um; ***he didn't care ~*** es war ihm völlig egal; **~·pen·ny** [ˈtʌpnɪ] *adj.* **1.** zwei Pence wert *od.* betragend, Zweipenny…; **2.** *fig.* armselig, billig; **~·pen·ny-half·pen·ny** [ˌtʌpnɪˈheɪpnɪ] *adj.* **1.** Zweieinhalbpenny…; **2.** *fig.* miseˈrabel, schäbig; ˈ**~-phase** *adj.* ⚡ zweiphasig, Zweiphasen…; ˈ**~-piece I** *adj.* zweiteilig; **II** *s.* a) *a.* ***~ dress*** Jakkenkleid *n*, b) *a.* ***~ swimming suit*** Zweiteiler *m*; ˈ**~-ply** *adj.* doppelt (*Stoff etc.*); zweischäftig (*Tau*); zweisträhnig (*Wolle etc.*); ˌ**~ˈseat·er** *s.* ✈, *mot.* Zweisitzer *m*; ˈ**~·some** [-səm] *s.* **1.** *Golf*: Zweier(spiel *n*) *m*; **2.** *bsd. humor.* ‚Duo' *n*, ‚Pärchen' *n*; ˈ**~-speed** *adj.* ⚙ Zweigang…; ˈ**~-stage** *adj.* ⚙ zweistufig; ˈ**~-step** *s.* Twostep *m* (*Tanz*); ˈ**~-stroke** *adj. mot.* Zweitakt…; ˈ**~-time** *v/t.* F **1.** *bsd. Ehepartner* betrügen; **2.** *j-n* ‚reinlegen'; ˈ**~-way** *adj.* Zweiweg(e)…, Doppel…: ***~ adapter*** (*od.* ***plug***) ⚡ Doppelstecker *m*; ***~ cock*** Zweiwegehahn *m*; ***~ communication*** ⚡ Doppelverkehr *m*, Gegensprechen *n*; ***~ traffic*** Gegenverkehr *m*.

ty·coon [taɪˈkuːn] *s.* F **1.** Induˈstriemaˌgnat *m*, -kapiˌtän *m*: ***oil ~*** Ölmagnat; **2.** *pol.* ‚Oberbonze' *m*.

ty·ing [ˈtaɪɪŋ] *pres. p. von* ***tie***.

tyke [taɪk] *s.* **1.** Köter *m*; **2.** Lümmel *m*, Kerl *m*; **3.** *Am.* F Kindchen *n*.

tym·pan [ˈtɪmpən] *s.* **1.** *typ.* Preßdeckel *m*; **2.** → ***tympanum*** 2; **tym·pan·ic** [tɪmˈpænɪk] *adj. anat.* Mittelohr…, Trommelfell…: ***~ membrane*** Trommelfell *n*; **tym·pa·ni·tis** [ˌtɪmpəˈnaɪtɪs] *s.* ⚕ Mittelohrentzündung *f*; ˈ**tym·pa·num** [-nəm] *pl.* **-na** [-nə], **-nums** *s.* **1.** *anat.* a) Mittelohr *n*, b) Trommelfell *n*; **2.** ⚠ Tympanon *n*: a) Giebelfeld *n*, b) Türbogenfeld *n*.

type [taɪp] **I** *s.* **1.** Typ(us) *m*: a) Urform *f*, b) typischer Vertreter, c) charakteˈristische Klasse; **2.** Ur-, Vorbild *n*, Muster *n*; **3.** ⚙ Typ *m*, Moˈdell *n*, Ausführung *f*, Baumuster *n*: ***~ plate*** Typenschild *n*; **4.** Art *f*, Schlag *m*, Sorte *f* (*alle a.* F); ***out of ~*** atypisch; ***he acted out of ~*** das war sonst nicht s-e Art; → ***true*** 4; **5.** *typ.* a) Letter *f*, (Druck)Type *f*, b) *coll.* Lettern *pl.*, Schrift *f*, Druck *m*: ***in ~*** (ab)gesetzt; ***set (up) in ~*** setzen; **6.** *fig.* Sinnbild *n*, Symˈbol *n* (***of*** *gen. od.* für); **II** *v/t.* **7.** mit der Maˈschine (abschreiben, (ab)tippen: ***~d*** maschinegeschrieben; ***typing pool*** Schreibsaal *m*, -büro *n*; **8.** ***~ into*** in *e-n Computer* eingeben, -tippen; **III** *v/i.* **9.** maˈschineschreiben, tippen; **~ a·re·a** *s. typ.* Satzspiegel *m*; ˈ**~·cast** *v/t.* [*irr.* → ***cast***] *thea. etc.* a) *e-m Schauspieler* e-e s-m Typ entsprechende Rolle geben, b) *e-n Schauspieler* auf ein bestimmtes Rollenfach festlegen; ˈ**~·face** *s. typ.* **1.** Schriftbild *n*; **2.** Schriftart *f*; **~ found·er** *s. typ.* Schriftgießer *m*; **~ found·ry** *s. typ.* Schriftgießeˈrei *f*; **~ met·al** *s. typ.* ˈLetternmeˌtall *n*; **~ page** *s. typ.* Satzspiegel *m*; ˈ**~·script** *s.* Maˈschinenschrift(satz *m*) *f*, maˈschinengeschriebener Text; ˈ**~ˌset·ter** *s. typ.* (Schrift)Setzer *m*; **~ spec·i·men** *s.* **1.** ⚙ ˈMusterexemˌplar *n*; **2.** *biol.* Typus *m*, Origiˈnal *n*; ˈ**~·write** *v/t. u. v/i.* [*irr.* → ***write***] → ***type*** 7, 9; ˈ**~ˌwrit·er** *s.* **1.** ˈSchreibmaˌschine *f*: ***~ ribbon*** Farbband *n*; **2.** *a.* ***~ face*** *typ.* ˈSchreibmaˌschinenschrift *f*; ˈ**~ˌwrit·ing** *s.* **1.** Maˈschineschreiben *n*; **2.** Maˈschinenschrift *f*; ˈ**~ˌwrit·ten** *adj.* maˈschinegeschrieben, in Maˈschinenschrift.

ty·phoid [ˈtaɪfɔɪd] ⚕ **I** *adj.* tyˈphös, Typhus…: ***~ fever*** → **II** *s.* (ˈUnterleibs-) Typhus *m*.

ty·phoon [taɪˈfuːn] *s.* Taiˈfun *m*.

ty·phus [ˈtaɪfəs] *s.* ⚕ Flecktyphus *m*, -fieber *n*.

typ·i·cal [ˈtɪpɪkl] *adj.* □ **1.** typisch: a) repräsentaˈtiv, b) charakteˈristisch, bezeichnend, kennzeichnend (***of*** für): ***be ~ of*** *et.* kennzeichnen *od.* charakterisieren; **3.** symˈbolisch, sinnbildlich (***of*** für); **4.** a) vorbildlich, echt, b) hinweisend (***of*** auf *et. Künftiges*); ˈ**typ·i·cal·ness** [-nɪs] *s.* **1.** *das* Typische; **2.** Sinnbildlichkeit *f*; ˈ**typ·i·fy** [-ɪfaɪ] *v/t.* **1.** typisch *od.* ein typisches Beispiel sein für, verkörpern; **2.** versinnbildlichen.

typ·ist [ˈtaɪpɪst] *s.* **1.** Maˈschinenschreiber(in); **2.** Schreibkraft *f*.

ty·pog·ra·pher [taɪˈpɒgrəfə] *s.* **1.** (Buch)Drucker *m*; **2.** (Schrift)Setzer *m*; **ty·po·graph·ic**, **ty·po·graph·i·cal** [ˌtaɪpəˈgræfɪk(l)] *adj.* □ **1.** Druck…, drucktechnisch: ***~ error*** Druckfehler *m*; **2.** typoˈgraphisch, Buchdruck(er)…; **tyˈpog·ra·phy** [-fɪ] *s.* **1.** Buchdruckerkunst *f*, Typograˈphie *f*; **2.** (Buch-) Druck *m*; **3.** Druckbild *n*.

ty·po·log·i·cal [ˌtaɪpəˈlɒdʒɪkl] *adj.* typoˈlogisch; **ty·pol·o·gy** [taɪˈpɒlədʒɪ] *s.* Typoloˈgie *f*.

ty·ran·nic, **ty·ran·ni·cal** [tɪˈrænɪk(l)] *adj.* □ tyˈrannisch; **tyˈran·ni·cide**

[-ısaıd] *s.* **1.** Ty'rannenmord *m*; **2.** Ty'rannenmörder *m*; **tyr·an·nize** ['tırənaız] **I** *v/i.* ty'rannisch sein *od.* herrschen: ~ ***over*** → **II** *v/t.* tyrannisieren; **tyr·an·nous** ['tırənəs] *adj.* □ *rhet.* ty'rannisch; **tyr·an·ny** ['tırənı] *s.* **1.** Tyran'nei *f*: a) Despo'tismus, b) Gewalt-, Willkürherrschaft *f*; **2.** Tyran'nei *f* (*tyrannische Handlung etc.*); **3.** *antiq.* Ty'rannis *f*; **ty·rant** ['taıərənt] *s.* Ty'rann(in).

tyre *etc. bsd. Brit.* → ***tire***[2] *etc.*

ty·ro ['taıərəʊ] *pl.* **-ros** *s.* Anfänger(in), Neuling *m*.

Tyr·o·lese [ˌtırə'li:z] **I** *pl.* **-lese** *s.* Ti'roler(in); **II** *adj.* ti'rol(er)isch, Tiroler(...).

tzar *etc.* → ***czar*** *etc.*

U

U, u [juː] **I** *s.* **1.** U *n*, u *n* (*Buchstabe*); **2.** U *n*: ***U-bolt*** ⚙ U-Bolzen *m*; **II** *adj.* **3.** ***U*** *Brit.* F vornehm; **4.** *Brit.* jugendfrei: ~ ***film***.

u·biq·ui·tous [juːˈbɪkwɪtəs] *adj.* □ allˈgegenwärtig, (gleichzeitig) ˈüberall zu finden(d); **uˈbiq·ui·ty** [-kwətɪ] *s.* Allˈgegenwart *f*.

ˈU-boat *s.* ⚓ U-Boot *n*, (deutsches) ˈUnterseeboot.

u·dal [ˈjuːdl] *s.* ⚖ *hist.* Alˈlod(ium) *n*, Freigut *n*.

ud·der [ˈʌdə] *s.* Euter *n*.

u·dom·e·ter [juːˈdɒmɪtə] *s. meteor.* Regenmesser *m*, Udoˈmeter *n*.

ugh [ʌx; ʊh; ɜːh] *int.* hu!, pfui!

ug·li·fy [ˈʌglɪfaɪ] *v/t.* häßlich machen, entstellen; **ˈug·li·ness** [-ɪnɪs] *s.* Häßlichkeit *f*; **ug·ly** [ˈʌglɪ] **I** *adj.* □ **1.** häßlich, garstig (*beide a. fig.*); **2.** *fig.* gemein, schmutzig; **3.** unangenehm, ˈwiderwärtig, übel: ***an ~ customer*** ein unangenehmer Kerl, ‚ein übler Kunde'; **4.** bös, schlimm, gefährlich (*Situation, Wunde etc.*); **II** *s.* **5.** F häßlicher Mensch; ‚Ekel' *n*.

u·kase [juːˈkeɪz] *s. hist. u. fig.* Ukas *m*, Erlaß *m*, Befehl *m*.

U·krain·i·an [juːˈkreɪnjən] **I** *adj.* **1.** ukraˈinisch; **II** *s.* **2.** Ukraˈiner(in); **3.** *ling.* Ukraˈinisch *n*.

u·ku·le·le [ˌjuːkəˈleɪlɪ] *s.* ♪ Ukuˈlele *f*, *n*.

ul·cer [ˈʌlsə] *s.* **1.** ⚕ (*Magen- etc.*)Geschwür *n*; **2.** *fig.* a) (Eiter)Beule *f*, b) Schandfleck *m*; **ˈul·cer·ate** [-əreɪt] ⚕ **I** *v/t.* schwären lassen: ***~d*** eitrig, vereitert; **II** *v/i.* geschwürig werden, schwären; **ul·cer·a·tion** [ˌʌlsəˈreɪʃn] *s.* ⚕ Geschwür(bildung *f*) *n*; Schwären *n*, (Ver-)Eiterung *f*; **ul·cer·ous** [ˈʌlsərəs] *adj.* □ **1.** ⚕ geschwürig, eiternd; Geschwür(s)…, Eiter…; **2.** *fig.* korˈrupt, giftig.

ul·lage [ˈʌlɪdʒ] *s.* ✝ Schwund *m*: a) Lekˈkage *f*, Flüssigkeitsverlust *m*, b) Gewichtsverlust *m*.

ul·na [ˈʌlnə] *pl.* **-nae** [-niː] *s. anat.* Elle *f*.

ul·ster [ˈʌlstə] *s.* Ulster(mantel) *m*.

ul·te·ri·or [ʌlˈtɪərɪə] *adj.* □ **1.** (*räumlich*) jenseitig; **2.** später (folgend), weiter, anderweitig: ~ ***action***; **3.** *fig.* tiefer(liegend), versteckt: ~ ***motives*** tiefere Beweggründe, Hintergedanken.

ul·ti·mate [ˈʌltɪmət] **I** *adj.* □ **1.** äußerst, (aller)letzt; höchst; **2.** entferntest; **3.** endgültig, End…: ~ ***consumer*** ✝ Endverbraucher *m*; ~ ***result*** Endergebnis *n*; **4.** grundlegend, elemenˈtar, Grund…; **5.** ⚙, *phys.* Höchst…, Grenz…: ~ ***strength*** Bruchfestigkeit *f*; **II** *s.* **6.** *das* Letzte, *das* Äußerste; **7.** *fig.* *der* Gipfel (***in*** an *dat.*); **ˈul·ti·mate·ly** [-lɪ] *adv.* schließlich, endlich, letzten Endes, im Grunde.

ul·ti·ma·tum [ˌʌltɪˈmeɪtəm] *pl.* **-tums**, **-ta** [-tə] *s. pol. u. fig.* Ultiˈmatum *n* (***to*** an *acc.*): ***deliver an ~ to*** *j-m* ein Ultimatum stellen.

ul·ti·mo [ˈʌltɪməʊ] (*Lat.*) *adv.* ✝ letzten *od.* vorigen Monats.

ul·tra [ˈʌltrə] **I** *adj.* **1.** exˈtrem, radiˈkal, Erz…, Ultra…; **2.** ˈübermäßig, überˈtrieben; ultra…, super…; **II** *s.* **3.** Extreˈmist *m*, Ultra *m*; **ˌ~ˈhigh fre·quen·cy** ⚡ **I** *s.* Ultraˈhochfreˌquenz *f*, Ultraˈkurzwelle *f*; **II** *adj.* Ultrahochfrequenz…, Ultrakurzwellen…

ul·tra·ism [ˈʌltrəɪzəm] *s.* Extreˈmismus *m*.

ul·tra|·ma·rine [ˌʌltrəməˈriːn] **I** *adj.* **1.** ˈüberseeisch; **2.** 🧪, *paint.* ultramaˈrin: ~ ***blue*** → **II** *s.* **3.** Ultramaˈrin(blau) *n*; **ˌ~ˈmod·ern** *adj.* ˈultra-, ˈhypermoˌdern; **ˌ~ˈmon·tane** [-ˈmɒnteɪn] **I** *adj.* **1.** jenseits der Berge (gelegen); **2.** südlich der Alpen (gelegen), italiˈenisch; **3.** *pol., eccl.* ultramonˈtan, streng päpstlich; **II** *s.* **4.** → **ˌ~ˈmon·ta·nist** [-ˈmɒntənɪst] *s.* Ultramonˈtane(r *m*) *f*; **ˌ~ˈna·tion·al** *adj.* ˈultranatioˌnal; **ˌ~ˈshort wave** *s.* ⚡ Ultraˈkurzwelle *f*; **ˌ~ˈson·ic** *phys.* **I** *adj.* Ultra-, Überschall…; **II** *s. pl. sg. konstr.* (Lehre *f* vom) Ultraschall *m*; **ˌ~ˈvi·o·let** *adj. phys.* ˈultravioˌlett.

ul·tra vi·res [ˌʌltrəˈvaɪəriːz] (*Lat.*) *adv. u. pred. adj.* ⚖ über j-s Macht *od.* Befugnisse (hinˈausgehend).

ul·u·late [ˈjuːljʊleɪt] *v/i.* heulen; **ul·u·la·tion** [ˌjuːljʊˈleɪʃn] *s.* Heulen *n*, (Weh-)

Klagen *n.*

um·bel [ˈʌmbəl] *s.* ⚘ Dolde *f*; **ˈum·bel·late** [-leɪt] *adj.* doldenblütig, Dolden...; **um·bel·li·fer** [ʌmˈbelɪfə] *s.* Doldengewächs *n*; **ˌum·bel·lif·er·ous** [ˌʌmbeˈlɪfərəs] *adj.* doldenblütig, -tragend.

um·ber [ˈʌmbə] *s.* **1.** *min.* Umber(erde *f*) *m*, Umbra *f*; **2.** *paint.* Erd-, Dunkelbraun *n.*

um·bil·i·cal [ˌʌmbɪˈlaɪkl] *adj. anat.* Nabel...: **~ (cord)** Nabelschnur *f*; **um·bil·i·cus** [ʌmˈbɪlɪkəs] *pl.* **-cus·es** *s.* **1.** *anat.* Nabel *m*; **2.** (nabelförmige) Delle; **3.** ⚘ (Samen)Nabel *m*; **4.** ⩓ Nabelpunkt *m.*

um·bra [ˈʌmbrə] *pl.* **-brae** [-bri:], **-bras** *s. ast.* a) Kernschatten *m*, b) Umbra *f* (*dunkler Kern e-s Sonnenflecks*).

um·brage [ˈʌmbrɪdʒ] *s.* **1.** Anstoß *m*, Ärgernis *n*: ***give ~*** Anstoß erregen (***to*** bei); ***take ~ at*** Anstoß nehmen an (*dat.*); **2.** *poet.* Schatten *m von Bäumen*; **um·bra·geous** [ʌmˈbreɪdʒəs] *adj.* ☐ **1.** schattig, schattenspendend, -reich; **2.** *fig.* empfindlich, übelnehmerisch.

um·brel·la [ʌmˈbrelə] *s.* **1.** (*bsd.* Regen-) Schirm *m*: ***~ stand*** Schirmständer *m*; ***get*** (*od.* ***put***) ***under one ~*** *fig.* ,unter ˈeinen Hut bringen'; **2.** ✈, ⚔ a) Jagdschutz *m*, Abschirmung *f*, b) *a.* ***~ barrage*** Feuervorhang *m*, -glocke *f*; **3.** *fig.* a) Schutz *m*, b) Rahmen *m*, c) Dach...: ***~ organization.***

um·laut [ˈʊmlaʊt] *ling.* **I** *s.* ˈUmlaut(zeichen *n*) *m*; **II** *v/t.* ˈumlauten.

um·pire [ˈʌmpaɪə] **I** *s.* **1.** *sport etc.* Schiedsrichter *m*, ˈUnparˌteiische(r *m*) *f*; **2.** ⚖ Obmann *m* e-s Schiedsgerichts; **II** *v/t.* **3.** als Schiedsrichter fungieren bei, *sport a. das Spiel* leiten.

ump·teen [ˌʌmpˈti:n] *adj.* F ,zig' (*viele*): ***~ times*** x-mal; **ˌumpˈteenth** [-nθ], **ˈump·ti·eth** [-tɪɪθ] *adj.* F ,zigst', *der* (*die, das*) ˈsoundsoˈvielte: ***for the ~ time*** zum x-ten Mal.

'un [ən] *pron.* F *für* ***one.***

un- [ʌn] *in Zssgn* **1.** Un..., un..., nicht...; **2.** ent..., los..., auf..., ver... (*bei Verben*).

ˌun·aˈbashed *adj.* **1.** unverfroren; **2.** unerschrocken.

un·a·bat·ed [ˌʌnəˈbeɪtɪd] *adj.* unvermindert; **ˌun·aˈbat·ing** [-tɪŋ] *adj.* unablässig, anhaltend.

ˌun·abˈbre·vi·at·ed *adj.* ungekürzt.

unˈa·ble *adj.* **1.** unfähig, außerˈstande (***to do*** zu tun): ***be ~ to work*** nicht arbeiten können, arbeitsunfähig sein; ***~ to pay*** zahlungsunfähig, insolvent; **2.** untauglich, ungeeignet (***for*** für).

ˌun·aˈbridged *adj.* ungekürzt.

ˌun·acˈcent·ed *adj.* unbetont.

ˌun·acˈcept·a·ble *adj.* **1.** unannehmbar (***to*** für); **2.** untragbar, unerwünscht (***to*** für).

ˌun·acˈcom·mo·dat·ing *adj.* **1.** ungefällig, **2.** unnachgiebig.

ˌun·acˈcom·pa·nied *adj.* unbegleitet, ohne Begleitung (*a.* ♪).

ˌun·acˈcom·plished *adj.* **1.** ˈunvollˌendet, unfertig; **2.** *fig.* ungebildet.

ˌun·acˈcount·a·ble *adj.* ☐ **1.** nicht verantwortlich; **2.** unerklärlich, seltsam; **ˌun·acˈcount·a·bly** *adv.* unerklärlicherweise.

ˌun·acˈcount·ed-for *adj.* **1.** unerklärt (geblieben); **2.** nicht belegt.

ˌun·acˈcus·tomed *adj.* **1.** ungewohnt; **2.** nicht gewöhnt (***to*** an *acc.*).

un·a·chiev·a·ble [ˌʌnəˈtʃi:vəbl] *adj.* **1.** unausführbar; **2.** unerreichbar; **ˌun·aˈchieved** [-vd] *adj.* unerreicht, ˈunvollˌendet.

ˌun·acˈknowl·edged *adj.* **1.** nicht anerkannt; **2.** uneingestanden; **3.** unbestätigt (*Brief etc.*).

ˌun·acˈquaint·ed *adj.* (***with***) unerfahren (in *dat.*), nicht vertraut (mit), unkundig (*gen.*): ***be ~ with*** *et.* nicht kennen.

ˌunˈact·a·ble *adj. thea.* nicht bühnengerecht, unaufführbar.

ˌun·aˈdapt·a·ble *adj.* **1.** nicht anpassungsfähig (***to*** an *acc.*); **2.** nicht anwendbar (***to*** auf *acc.*); **3.** ungeeignet (***for, to*** für, zu); **ˌun·aˈdapt·ed** *adj.* **1.** nicht angepaßt (***to*** *dat. od.* an *acc.*); **2.** ungeeignet, nicht eingerichtet (***to*** für).

ˌun·adˈdressed *adj.* ohne Anschrift.

ˌun·aˈdorned *adj.* schmucklos.

ˌun·aˈdul·ter·at·ed *adj.* rein, unverfälscht, echt.

ˌun·adˈven·tur·ous *adj.* **1.** ohne Unterˈnehmungsgeist; **2.** ereignislos (*Reise*).

ˈun·adˌvis·aˈbil·i·ty *s.* Unratsamkeit *f*; **ˌun·adˈvis·a·ble** *adj.* ☐ unratsam, nicht ratsam *od.* empfehlenswert; **ˌun·adˈvised** *adj.* ☐ **1.** unberaten; **2.** unbesonnen, ˈunüberˌlegt.

ˌun·afˈfect·ed *adj.* ☐ **1.** ungekünstelt, nicht affektiert (*Stil, Auftreten etc.*); **2.** echt, aufrichtig; **3.** unberührt, ungerührt, unbeeinflußt (***by*** von); **ˌun·afˈfect·ed·ness** [-nɪs] *s.* Naˈtürlichkeit *f*; Aufrichtigkeit *f.*

ˌun·aˈfraid *adj.* furchtlos: ***be ~ of*** keine Angst haben vor (*dat.*).

ˌunˈaid·ed *adj.* **1.** ohne Unterˈstützung, ohne Hilfe (***by*** von); (ganz) alˈlein; **2.**

unbewaffnet, bloß (*Auge*).

ˌ**un'al·ien·a·ble** *adj.* □ unveräußerlich (*a. fig. Recht*).

ˌ**un·al'loyed** *adj.* **1.** ⚗ unvermischt, unlegiert; **2.** *fig.* ungetrübt, rein: ~ ***happiness.***

un'al·ter·a·ble *adj.* □ unveränderlich, unabänderlich; ˌ**un'al·tered** *adj.* unverändert.

ˌ**un·a'mazed** *adj.* nicht verwundert: ***be ~ at*** sich nicht wundern über (*acc.*).

un·am·big·u·ous [ˌʌnæm'bɪgjʊəs] *adj.* □ unzweideutig; ˌ**un·am'big·u·ous·ness** [-nɪs] *s.* Eindeutigkeit *f.*

ˌ**un·am'bi·tious** *adj.* □ **1.** nicht ehrgeizig, ohne Ehrgeiz; **2.** anspruchslos, schlicht (*Sache*).

ˌ**un·a'me·na·ble** *adj.* **1.** unzugänglich (***to*** *dat. od.* für); **2.** nicht verantwortlich (***to*** gegenüber).

ˌ**un·a'mend·ed** *adj.* unverbessert, unabgeändert; nicht ergänzt.

ˌ**un-A'mer·i·can** *adj.* **1.** 'unameriˌkanisch; **2.** ~ ***activities*** *pol. Am.* staatsfeindliche Umtriebe.

ˌ**un'a·mi·a·ble** *adj.* □ unliebenswürdig, unfreundlich.

ˌ**un·a'mus·ing** *adj.* □ nicht unter'haltsam, langweilig, unergötzlich.

u·na·nim·i·ty [ˌju:nə'nɪmətɪ] *s.* **1.** Einstimmigkeit *f*; **2.** Einmütigkeit *f*; **u·nan·i·mous** [ju:'nænɪməs] *adj.* □ **1.** einmütig, einig; **2.** einstimmig (*Beschluß etc.*).

ˌ**un·an'nounced** *adj.* unangemeldet, unangekündigt.

ˌ**un'an·swer·a·ble** *adj.* □ **1.** nicht zu beantworten(d); unlösbar (*Rätsel*); **2.** 'unwiderˌlegbar; **3.** nicht verantwortlich *od.* haftbar; ˌ**un'an·swered** *adj.* **1.** unbeantwortet; **2.** 'unwiderˌlegt.

un·ap·peal·a·ble [ˌʌnə'pi:ləbl] *adj.* ⚖ nicht berufungs- *od.* rechtsmittelfähig, unanfechtbar.

un·ap·peas·a·ble [ˌʌnə'pi:zəbl] *adj.* **1.** nicht zu besänftigen(d), unversöhnlich; **2.** nicht zu'friedenzustellen(d), unersättlich.

ˌ**un'ap·pe·tiz·ing** *adj.* □ 'unappeˌtitlich, *fig. a.* wenig reizvoll.

ˌ**un·ap'plied** *adj.* nicht angewandt *od.* gebraucht: ~ ***funds*** totes Kapital.

ˌ**un·ap'pre·ci·at·ed** *adj.* nicht gebührend gewürdigt *od.* geschätzt, unbeachtet.

ˌ**un·ap'proach·a·ble** *adj.* □ unnahbar.

ˌ**un·ap'pro·pri·at·ed** *adj.* **1.** herrenlos; **2.** nicht verwendet *od.* gebraucht; **3.** ✝ nicht zugeteilt, keiner bestimmten Verwendung zugeführt.

ˌ**un·ap'proved** *adj.* ungebilligt, nicht genehmigt.

ˌ**un'apt** *adj.* □ **1.** ungeeignet, untauglich (***for*** für, zu); **2.** unangebracht, unpassend; **3.** nicht geeignet (***to do*** zu tun); **4.** ungeschickt (***at*** bei, in *dat.*).

ˌ**un'ar·gued** *adj.* **1.** unbesprochen; **2.** unbestritten.

ˌ**un'armed** *adj.* **1.** unbewaffnet; **2.** unscharf (*Munition*).

ˌ**un'ar·mo(u)red** *adj.* **1.** *bsd.* ⚔, ⚓ ungepanzert; **2.** ⚙ nicht bewehrt.

ˌ**un·as·cer'tain·a·ble** *adj.* nicht feststellbar; ˌ**un·as·cer'tained** *adj.* nicht (sicher) festgestellt.

ˌ**un·a'shamed** *adj.* □ **1.** nicht beschämt; **2.** schamlos.

ˌ**un'asked** *adj.* **1.** ungefragt; **2.** ungebeten, unaufgefordert; **3.** uneingeladen.

ˌ**un·as'pir·ing** *adj.* □ ohne Ehrgeiz, anspruchslos, bescheiden.

ˌ**un·as'sail·a·ble** *adj.* **1.** unangreifbar (*a. fig.*); **2.** *fig.* unanfechtbar.

ˌ**un·as'sign·a·ble** *adj.* ⚖ nicht über'tragbar.

ˌ**un·as'sist·ed** *adj.* □ ohne Hilfe *od.* Unter'stützung (***by*** von), (ganz) al'lein.

ˌ**un·as'sum·ing** *adj.* □ anspruchslos, bescheiden.

ˌ**un·at'tached** *adj.* **1.** nicht befestigt (***to*** an *dat.*); **2.** nicht gebunden, unabhängig; **3.** ungebunden, frei, ledig; **4.** *ped., univ.* ex'tern, keinem College angehörend (*Student*); **5.** ⚔ zur Dispositi'on stehend; **6.** ⚖ nicht mit Beschlag belegt.

ˌ**un·at'tain·a·ble** *adj.* □ unerreichbar.

ˌ**un·at'tempt·ed** *adj.* unversucht.

ˌ**un·at'tend·ed** *adj.* **1.** unbegleitet; **2.** *mst* ~ ***to*** a) unbeaufsichtigt, b) vernachlässigt.

ˌ**un·at'test·ed** *adj.* **1.** unbezeugt, unbestätigt; **2.** *Brit.* (behördlich) nicht über'prüft.

ˌ**un·at'trac·tive** *adj.* □ wenig anziehend, reizlos, 'unattrakˌtiv.

ˌ**un'au·thor·ized** *adj.* **1.** nicht bevollmächtigt, unbefugt: ~ ***person*** Unbefugte(r *m*) *f*; **2.** unerlaubt; unberechtigt (*Nachdruck etc.*).

un·a·vail·a·ble [ˌʌnə'veɪləbl] *adj.* □ **1.** nicht verfügbar *od.* vor'handen; **2.** → ˌ**un·a'vail·ing** [-lɪŋ] *adj.* □ frucht-, nutzlos, vergeblich.

un·a·void·a·ble [ˌʌnə'vɔɪdəbl] *adj.* □ **1.** unvermeidlich, unvermeidbar: ~ ***cost*** notwendige Kosten; **2.** ⚖ unanfechtbar.

un·a·ware [ˌʌnə'weə] *adj.* **1.** (***of***) nicht gewahr (*gen.*), in Unkenntnis (*gen.*):

be ~ of sich *e-r Sache* nicht bewußt sein, *et.* nicht wissen *od.* bemerken; **2.** nichtsahnend: ***he was ~ that*** er ahnte nicht, daß; ˌ**un·a'wares** [-eəz] *adv.* **1.** versehentlich, unabsichtlich; **2.** unversehens, unerwartet, unvermutet: ***catch*** (*od.* ***take***) ***s.o. ~*** j-n überraschen; ***at ~*** unverhofft, überraschend.

ˌ**un'backed** *adj.* **1.** ohne Rückhalt *od.* Unter'stützung; **2.** *~ **horse*** Pferd, auf das nicht gesetzt wurde; **3.** ✝ ungedeckt, nicht indossiert.

ˌ**un'baked** *adj.* **1.** ungebacken; **2.** *fig.* unreif.

ˌ**un'bal·ance I** *v/t.* **1.** aus dem Gleichgewicht bringen (*a. fig.*); **2.** *fig. Geist* verwirren; **II** *s.* **3.** gestörtes Gleichgewicht, *fig. a.* Unausgeglichenheit *f*; **4.** ⚡, ⚙ Unwucht *f*; ˌ**un'bal·anced** *adj.* **1.** aus dem Gleichgewicht gebracht, nicht im Gleichgewicht (befindlich); **2.** *fig.* unausgeglichen (*a.* ✝); **3.** *psych.* la'bil, ‚gestört'.

ˌ**un·bap'tized** *adj.* ungetauft.

ˌ**un'bar** *v/t.* aufriegeln.

ˌ**un'bear·a·ble** *adj.* □ unerträglich.

ˌ**un'beat·en** *adj.* **1.** ungeschlagen, unbesiegt; **2.** *fig.* 'unüberˌtroffen; **3.** unerforscht: ***~ region.***

ˌ**un·be'com·ing** *adj.* □ **1.** unkleidsam: ***this hat is ~ to him*** dieser Hut steht ihm nicht; **2.** *fig.* unpassend, unschicklich, ungeziemend (***of***, ***to***, ***for*** für *j-n*).

ˌ**un·be'fit·ting** → ***unbecoming*** 2.

ˌ**un·be'friend·ed** *adj.* ohne Freund(e).

un·be·known(st F) [ˌʌnbɪ'nəʊn(st)] *adj. u. adv.* **1.** (***to***) ohne *j-s* Wissen; **2.** unbekannt(erweise).

ˌ**un·be'lief** *s.* Unglaube *m*, Ungläubigkeit *f*; ˌ**un·be'liev·a·ble** *adj.* □ unglaublich; ˌ**un·be'liev·er** *s. eccl.* Ungläubige(r *m*) *f*, Glaubenslose(r *m*) *f*; ˌ**un·be'liev·ing** *adj.* □ ungläubig.

ˌ**un'bend** [*irr.* → ***bend***] **I** *v/t.* **1.** *Bogen etc., a. fig. Geist* entspannen; **2.** ⚙ geradebiegen, glätten; **3.** ⚓ a) *Tau etc.* losmachen, b) *Segel* abschlagen; **II** *v/i.* **4.** sich entspannen, sich lösen; **5.** *fig.* auftauen, freundlich(er) werden, s-e Förmlichkeit ablegen; ˌ**un'bend·ing** [-dɪŋ] *adj.* □ **1.** unbiegsam; **2.** *fig.* unbeugsam, entschlossen; **3.** *fig.* reserviert, steif.

un·be·seem·ing [ˌʌnbɪ'si:mɪŋ] → ***unbecoming*** 2.

ˌ**un'bi·as(s)ed** *adj.* □ unvoreingenommen, *a.* ⚖ unbefangen.

ˌ**un'bid(·den)** *adj.* ungeheißen, unaufgefordert; ungebeten (*a. Gast*).

ˌ**un'bind** *v/t.* [*irr.* → ***bind***] **1.** *Gefangenen etc.* losbinden, befreien; **2.** *Haar, Knoten etc.* lösen.

ˌ**un'bleached** *adj.* ungebleicht.

ˌ**un'blem·ished** *adj. bsd. fig.* unbefleckt, makellos.

ˌ**un'blink·ing** *adj.* □ **1.** ungerührt; **2.** unerschrocken.

ˌ**un'blush·ing** *adj.* □ *fig.* schamlos.

ˌ**un'bolt** *v/t.* aufriegeln, öffnen.

ˌ**un'born** *adj.* **1.** (noch) ungeboren; **2.** *fig.* (zu)künftig, kommend.

ˌ**un'bos·om** *v/t. Gedanken, Gefühle etc.* enthüllen, offen'baren (***to*** *dat.*): ***~ o.s.*** (***to s.o.***) sich (j-m) offenbaren, (j-m) sein Herz ausschütten.

ˌ**un'bound** *adj.* ungebunden: a) broschiert (*Buch*), b) *fig.* frei.

ˌ**un'bound·ed** *adj.* □ **1.** unbegrenzt; **2.** *fig.* grenzen-, schrankenlos.

ˌ**un'brace** *v/t.* **1.** *Gurte etc.* lösen, losschnallen; **2.** entspannen (*a. fig.*): ***~ o.s.*** sich entspannen.

ˌ**un'break·a·ble** *adj.* unzerbrechlich.

ˌ**un'brib·a·ble** *adj.* unbestechlich.

ˌ**un'bri·dled** *adj.* **1.** ab-, ungezäumt; **2.** *fig.* ungezügelt, zügellos.

ˌ**un'bro·ken** *adj.* □ **1.** ungebrochen (*a. fig. Eid etc.*), unzerbrochen, ganz, heil; **2.** 'ununterˌbrochen, ungestört; **3.** nicht zugeritten (*Pferd*); **4.** unbeeinträchtigt; **5.** ⚒ ungepflügt; **6.** ungebrochen: ***~ record.***

ˌ**un'broth·er·ly** *adj.* unbrüderlich.

ˌ**un'buck·le** *v/t.* auf-, losschnallen.

ˌ**un'built** *adj.* **1.** (noch) nicht gebaut; **2.** *a. **~-on*** unbebaut (*Gelände*).

ˌ**un'bur·den** *v/t.* **1.** *bsd. fig.* entlasten, von e-r Last befreien, *Gewissen etc.* erleichtern: ***~ o.s.*** (***to s.o.***) (j-m) sein Herz ausschütten; **2.** a) *Geheimnis etc.* loswerden, b) *Sünden* bekennen, beichten: ***~ one's troubles to s.o.*** s-e Sorgen bei j-m abladen.

ˌ**un'bur·ied** *adj.* unbegraben.

ˌ**un'burnt** *adj.* **1.** unverbrannt; **2.** ⚙ ungebrannt (*Ziegel etc.*).

ˌ**un'bur·y** *v/t.* ausgraben (*a. fig.*).

ˌ**un'busi·ness·like** *adj.* unkaufmännisch, nicht geschäftsmäßig.

ˌ**un'but·ton** *v/t.* aufknöpfen; ˌ**un'but·toned** *adj.* aufgeknöpft, *fig. a.* gelöst, zwanglos.

ˌ**un'called** *adj.* **1.** unaufgefordert; **2.** ✝ nicht aufgerufen; ˌ**un'called-for** *adj.* **1.** ungerufen, unerwünscht; unverlangt (*Sache*); **2.** unangebracht, unpassend: ***~ remarks.***

un'can·ny *adj.* □ unheimlich (*a. fig.*).

ˌ**un'cared-for** *adj.* **1.** unbeachtet; **2.** vernachlässigt; ungepflegt.

ˌ**un'case** *v/t.* auspacken.

un·ceas·ing [ʌn'si:sɪŋ] *adj.* □ unaufhörlich.

'**unˌcer·e'mo·ni·ous** *adj.* □ **1.** ungezwungen, zwanglos; **2.** a) unsanft, grob, b) unhöflich.

un'cer·tain *adj.* □ **1.** unsicher, ungewiß, unbestimmt; **2.** nicht sicher: ***be ~ of s.th.*** e-r Sache nicht sicher *od.* gewiß sein; **3.** zweifelhaft, undeutlich, vage: ***an ~ answer***; **4.** unzuverlässig: ***an ~ friend***; **5.** unstet, unbeständig, veränderlich, launenhaft: ***~ temper***, ***~ weather***; **6.** unsicher, verunsichert; **un'cer·tain·ty** [-tɪ] *s.* **1.** Unsicherheit *f*, Ungewißheit *f*; **2.** Zweifelhaftigkeit *f*; **3.** Unzuverlässigkeit *f*; **4.** Unbeständigkeit *f*.

ˌ**un'cer·ti·fied** *adj.* nicht bescheinigt, unbeglaubigt.

ˌ**un'chain** *v/t.* **1.** losketten; **2.** befreien (*a. fig.*).

ˌ**un'chal·lenge·a·ble** *adj.* □ unanfechtbar, unbestreitbar; ˌ**un'chal·lenged** *adj.* unbestritten, 'unwiderˌsprochen, unangefochten.

un·change·a·ble [ˌʌn'tʃeɪndʒəbl] *adj.* □ unveränderlich, unwandelbar; **un·changed** [ˌʌn'tʃeɪndʒd] *adj.* unverändert; ˌ**un'chang·ing** [-dʒɪŋ] *adj.* □ unveränderlich.

ˌ**un'charged** *adj.* **1.** nicht beladen; **2.** ⚖ nicht angeklagt; **3.** ϟ nicht (auf)geladen; **4.** ungeladen (*Schußwaffe*); **5.** ✝ a) unbelastet (*Konto*), b) unberechnet.

ˌ**un'char·i·ta·ble** *adj.* □ lieblos, hartherzig, unfreundlich.

ˌ**un'chart·ed** *adj.* auf keiner (Land)Karte verzeichnet, unbekannt, unerforscht (*a. fig.*).

ˌ**un'chaste** *adj.* □ unkeusch; ˌ**un'chas·ti·ty** *s.* Unkeuschheit *f*.

ˌ**un'checked** *adj.* **1.** ungehindert, ungehemmt; **2.** unkontrolliert, ungeprüft.

ˌ**un'chiv·al·rous** *adj.* unritterlich, 'ungaˌlant.

ˌ**un'chris·tened** *adj.* ungetauft.

ˌ**un'chris·tian** *adj.* □ unchristlich.

un·ci·al ['ʌnsɪəl] **I** *adj.* **1.** Unzial...; **II** *s.* **2.** Unzi'ale *f* (*abgerundeter Großbuchstabe*); **3.** Unzi'alschrift *f*.

un·ci·form ['ʌnsɪfɔ:m] **I** *adj.* hakenförmig; **II** *s. anat.* Hakenbein *n*.

ˌ**un'cir·cum·cised** *adj.* unbeschnitten; '**unˌcir·cum'ci·sion** *s. bibl. die* Unbeschnittenen *pl.*, *die* Heiden *pl.*

ˌ**un'civ·il** *adj.* □ **1.** unhöflich, grob; **2.** *obs.* → ˌ**un'civ·i·lized** *adj.* unzivilisiert.

ˌ**un'claimed** *adj.* **1.** nicht beansprucht, nicht geltend gemacht; **2.** nicht abgeholt *od.* abgehoben.

ˌ**un'clasp** *v/t.* **1.** lösen, auf-, loshaken, -schnallen; öffnen; **2.** loslassen.

ˌ**un'clas·si·fied** *adj.* **1.** nicht klassifiziert: ***~ road*** Landstraße *f*; **2.** ⚔ offen, nicht geheim.

un·cle ['ʌŋkl] *s.* **1.** Onkel *m*: ***cry ~*** *Am.* F aufgeben; **2.** *sl.* Pfandleiher *m*.

ˌ**un'clean** *adj.* □ unrein (*a. fig.*).

ˌ**un'clean·li·ness** *s.* **1.** Unreinlichkeit *f*, Unsauberkeit *f*; **2.** *fig.* Unreinheit *f*; ˌ**un'clean·ly** *adj.* **1.** unreinlich; **2.** *fig.* unrein, unkeusch.

ˌ**un'clench I** *v/t.* **1.** *Faust* öffnen; **2.** *Griff* lockern; **II** *v/i.* **3.** sich öffnen *od.* lockern.

ˌ**un'cloak** *v/t.* **1.** *j-m* den Mantel abnehmen; **2.** *fig.* enthüllen, -larven.

un·close [ˌʌn'kləʊz] **I** *v/t.* **1.** öffnen; **2.** *fig.* enthüllen; **II** *v/i.* **3.** sich öffnen.

ˌ**un'clothe** *v/t.* entkleiden, -blößen, -hüllen (*a. fig.*); ˌ**un'clothed** *adj.* unbekleidet.

ˌ**un'cloud·ed** *adj.* **1.** unbewölkt, wolkenlos; **2.** *fig.* ungetrübt.

un·co ['ʌŋkəʊ] *Scot. od. dial.* **I** *adj.* ungewöhnlich, seltsam; **II** *adv.* äußerst, höchst: ***the ~ guid*** die ach so guten Menschen.

ˌ**un'cock** *v/t.* *Gewehr*(*hahn*) *etc.* entspannen.

ˌ**un'coil** *v/t.* (*v/i.* sich) abwickeln *od.* abspulen *od.* aufrollen.

ˌ**un·col'lect·ed** *adj.* **1.** nicht (ein)gesammelt; **2.** ✝ (noch) nicht erhoben (*Gebühren*); **3.** *fig.* nicht gefaßt *od.* gesammelt.

ˌ**un'col·o(u)red** *adj.* **1.** ungefärbt; **2.** *fig.* ungeschminkt, objek'tiv.

un·come-at-a·ble [ˌʌnkʌm'ætəbl] *adj.* F unerreichbar; unzugänglich: ***it's ~*** ‚da ist nicht ranzukommen'.

ˌ**un'come·ly** *adj.* **1.** unschön, reizlos; **2.** *obs.* unschicklich.

un'com·fort·a·ble *adj.* □ **1.** unangenehm, beunruhigend; **2.** unbehaglich, ungemütlich (*beide a. fig. Gefühl etc.*), unbequem: ***~ silence*** peinliche Stille; **3.** *fig.* unangenehm berührt.

ˌ**un·com'mit·ted** *adj.* **1.** nicht begangen (*Verbrechen etc.*); **2.** (***to***) nicht verpflichtet (zu), nicht gebunden (an *acc.*); **3.** ⚖ nicht inhaftiert *od.* eingewiesen; **4.** *parl.* nicht an e-n Ausschuß *etc.* verwiesen; **5.** *pol.* neu'tral, blockfrei; **6.** nicht zweckgebunden: ***~ funds.***

un'com·mon I *adj.* □ ungewöhnlich: a) selten, b) außergewöhnlich, -ordentlich; **II** *adv. obs.* äußerst, ungewöhnlich; **un'com·mon·ness** *s.* Ungewöhnlichkeit *f*.

ˌ**un·comˈmu·ni·ca·ble** *adj.* **1.** nicht mitteilbar; **2.** ⚕ nicht ansteckend; ˌ**un·comˈmu·ni·ca·tive** *adj.* □ nicht *od.* wenig mitteilsam, verschlossen.

ˌ**un·comˈpan·ion·a·ble** *adj.* ungesellig, nicht ˈumgänglich.

un·com·plain·ing [ˌʌnkəmˈpleɪnɪŋ] *adj.* □ klaglos, ohne Murren, geduldig; ˌ**un·comˈplain·ing·ness** [-nɪs] *s.* Klaglosigkeit *f*.

ˌ**un·comˈplai·sant** *adj.* □ ungefällig.

ˌ**un·comˈplet·ed** *adj.* ˈunvollˌendet.

ˌ**unˈcom·pli·cat·ed** *adj.* unkompliziert, einfach.

ˈ**unˌcom·pliˈmen·ta·ry** *adj.* **1.** nicht *od.* wenig schmeichelhaft; **2.** unhöflich.

un·com·pro·mis·ing [ʌnˈkɒmprəmaɪzɪŋ] *adj.* □ **1.** komproˈmißlos; **2.** unbeugsam, unnachgiebig; **3.** *fig.* entschieden, eindeutig.

ˌ**un·conˈcealed** *adj.* unverhohlen.

un·con·cern [ˌʌnkənˈsɜːn] *s.* **1.** Sorglosigkeit *f*, Unbekümmertheit *f*; **2.** Gleichgültigkeit *f*; ˌ**un·conˈcerned** [-nd] *adj.* □ **1.** (*in*) unbeteiligt (an *dat.*), nicht verwickelt (in *acc.*); **2.** uninteressiert (***with*** an *dat.*), gleichgültig; **3.** unbesorgt, unbekümmert (***about*** um, wegen): ***be ~ about*** sich über *et.* keine Gedanken *od.* Sorgen machen; ˌ**un·conˈcern·ed·ness** [-nɪdnɪs] → ***unconcern.***

ˌ**un·conˈdi·tion·al** *adj.* □ **1.** unbedingt, bedingungslos: ***~ surrender*** bedingungslose Kapitulation; **2.** uneingeschränkt, vorbehaltlos.

ˌ**un·conˈdi·tioned** *adj.* **1.** → ***unconditional***; **2.** unbedingt: a) *phls.* absoˈlut, b) *psych.* angeboren: ***~ reflex.***

ˌ**un·conˈfined** *adj.* □ unbegrenzt, unbeschränkt.

ˌ**un·conˈfirmed** *adj.* **1.** unbestätigt, nicht erhärtet, unverbürgt; **2.** *eccl.* a) nicht konfirmiert (*Protestanten*), b) nicht gefirmt (*Katholiken*).

ˌ**un·conˈgen·ial** *adj.* □ **1.** ungleichartig, nicht kongeniˈal; **2.** nicht zusagend, unangenehm, ˈunsymˌpathisch (***to*** *dat.*); **3.** unfreundlich.

ˌ**un·conˈnect·ed** *adj.* **1.** unverbunden, getrennt; **2.** ˈunzuˌsammenhängend; **3.** ungebunden, ohne Anhang; **4.** nicht verwandt.

un·con·quer·a·ble [ˌʌnˈkɒŋkərəbl] *adj.* □ ˈunüberˌwindlich (*a. fig.*), unbesiegbar; ˌ**unˈcon·quered** [-kəd] unbesiegt, nicht erobert.

ˈ**unˌcon·sciˈen·tious** *adj.* □ nicht gewissenhaft, nachlässig.

un·con·scion·a·ble [ʌnˈkɒnʃnəbl] *adj.* □ **1.** gewissen-, skrupellos; **2.** unvernünftig, nicht zumutbar; **3.** ‚unverschämt', unglaublich, eˈnorm.

unˈcon·scious I *adj.* □ **1.** unbewußt: ***be ~ of*** nichts ahnen von, sich *e-r Sache* nicht bewußt sein; **2.** ⚕ bewußtlos, ohnmächtig; **3.** unbewußt, unwillkürlich; unfreiwillig (*a. Humor*); **4.** unabsichtlich; **5.** *psych.* unbewußt; **II** *s.* **6.** ***the ~*** *psych.* das Unbewußte; **unˈcon·scious·ness** *s.* **1.** Unbewußtheit *f*; **2.** ⚕ Bewußtlosigkeit *f*.

ˌ**unˈcon·se·crat·ed** *adj.* ungeweiht.

ˌ**un·conˈsid·ered** *adj.* **1.** unberücksichtigt; **2.** unbedacht, ˈunüberˌlegt.

ˈ**unˌcon·stiˈtu·tion·al** *adj.* □ *pol.* verfassungswidrig.

ˌ**un·conˈstrained** *adj.* □ zwanglos, ungezwungen; ˌ**un·conˈstraint** *s.* Ungezwungenheit *f*, Zwanglosigkeit *f*.

ˌ**un·conˈtest·ed** *adj.* unbestritten, unangefochten: ***~ election*** *pol.* Wahl *f* ohne Gegenkandidaten.

ˈ**unˌcon·traˈdict·ed** *adj.* ˈunwiderˌsprochen, unbestritten.

ˌ**un·conˈtrol·la·ble** *adj.* □ **1.** unkontrollierbar; **2.** unbändig, unbeherrscht: ***an ~ temper***; ˌ**un·conˈtrolled** *adj.* □ **1.** nicht kontrolliert, unbeaufsichtigt; **2.** unbeherrscht, zügellos.

ˌ**un·conˈven·tion·al** *adj.* □ ˈunkonvenˌtioˌnell: a) unüblich, b) ungezwungen, form-, zwanglos; ˈ**un·conˌven·tionˈal·i·ty** *s.* Zwanglosigkeit *f*, Ungezwungenheit *f*.

ˌ**un·conˈvert·ed** *adj.* **1.** unverwandelt; **2.** *eccl.* unbekehrt (*a. fig. nicht überzeugt*); **3.** ✝ nicht konvertiert; ˌ**un·conˈvert·i·ble** *adj.* **1.** nicht verwandelbar; **2.** nicht vertauschbar; **3.** ✝ nicht konvertierbar.

ˌ**un·conˈvinced** *adj.* nicht überˈzeugt; ˌ**un·conˈvinc·ing** *adj.* nicht überˈzeugend.

ˌ**unˈcooked** *adj.* ungekocht, roh.

ˌ**unˈcord** *v/t.* auf-, losbinden.

ˌ**unˈcork** *v/t.* **1.** entkorken; **2.** *fig.* F *Gefühlen etc.* Luft machen; **3.** *Am.* F *et.* ‚vom Stapel lassen'.

ˌ**un·corˈrob·o·rat·ed** *adj.* unbestätigt, nicht erhärtet.

un·count·a·ble [ˌʌnˈkaʊntəbl] *adj.* **1.** unzählbar; **2.** zahllos; ˌ**unˈcount·ed** [-tɪd] *adj.* **1.** ungezählt; **2.** unzählig.

ˌ**unˈcouple** *v/t.* **1.** *Hunde etc.* aus der Koppel (los)lassen; **2.** loslösen, trennen; **3.** ⚙ aus-, loskuppeln.

un·couth [ʌnˈkuːθ] *adj.* □ **1.** ungeschlacht, unbeholfen, plump; **2.** grob, ungehobelt; **3.** *poet.* öde, wild (*Gegend*); **4.** *obs.* wunderlich.

ˌun'cov·e·nant·ed *adj.* **1.** nicht vertraglich festgelegt; **2.** nicht vertraglich gebunden.

un'cov·er I *v/t.* **1.** aufdecken, freilegen; *Körperteil, a. Kopf* entblößen: **~ o.s.** → 5; **2.** *fig.* aufdecken, enthüllen; **3.** ⚔ ohne Deckung lassen; **4.** *Boxen etc.*: ungedeckt lassen; **II** *v/i.* **5.** den Hut abnehmen; **un'cov·ered** *adj.* **1.** unbedeckt (*a. barhäuptig*); **2.** unbekleidet, nackt; **3.** ⚔, *sport etc.* ungedeckt, ungeschützt; **4.** ⚕ ungedeckt (*Wechsel etc.*).

ˌun'crit·i·cal *adj.* □ unkritisch, kri'tiklos (**of** gegenüber).

ˌun'cross *v/t. gekreuzte Arme od. Beine* geradelegen; **ˌun'crossed** *adj.* nicht gekreuzt: **~ cheque** (*Am.* **check**) ⚕ Barscheck *m*.

unc·tion ['ʌŋkʃn] *s.* **1.** Salbung *f*, Einreibung *f*; **2.** ⚕ Salbe *f*; **3.** *eccl.* a) (heiliges) Öl, b) Salbung *f* (*Weihe*), c) *a.* **extreme ~** Letzte Ölung; **4.** *fig.* Balsam *m* (*Linderung, Trost*) (**to** für); **5.** *fig.* Inbrunst *f*, Pathos *n*; **6.** *fig.* Salbung *f*, unechtes Pathos: **with ~** a) salbungsvoll, b) mit Genuß; **'unc·tu·ous** [-ktjʊəs] *adj.* □ **1.** ölig, fettig: **~ soil** fetter Boden; **2.** *fig.* salbungsvoll, ölig.

ˌun'cul·ti·vat·ed *adj.* **1.** ✓ unbebaut, unkultiviert; **2.** *fig.* brachliegend (*Talent etc.*); **3.** *fig.* ungebildet, unkultiviert.

ˌun'cul·tured *adj.* unkultiviert (*a. fig. ungebildet*).

ˌun'curbed *adj.* **1.** abgezäumt; **2.** *fig.* ungezähmt, zügellos.

ˌun'cured *adj.* **1.** ungeheilt; **2.** ungesalzen, ungepökelt.

ˌun'curl *v/t.* (*v/i.* sich) entkräuseln *od.* glätten.

ˌun·cur'tailed *adj.* ungekürzt, unbeschnitten.

ˌun'cut *adj.* **1.** ungeschnitten; **2.** unzerschnitten; **3.** ✓ ungemäht; **4.** ungeschliffen (*Diamant*); **5.** unbeschnitten (*Buch*); **6.** *fig.* ungekürzt.

ˌun'dam·aged *adj.* unbeschädigt, unversehrt.

ˌun'damped *adj.* **1.** *bsd.* ♪, ⚡, *phys.* ungedämpft; **2.** unangefeuchtet; **3.** *fig.* nicht entmutigt.

un·date ['ʌndeɪt] *adj.* wellig, wellenförmig.

un·dat·ed¹ ['ʌndeɪtɪd] → **undate.**

ˌun'dat·ed² *adj.* **1.** undatiert, ohne Datum; **2.** unbefristet.

un·daunt·ed [ˌʌn'dɔːntɪd] *adj.* □ unerschrocken.

ˌun·de'ceive *v/t.* **1.** *j-m* die Augen öffnen, *j-n* desillusio'nieren; **2.** aufklären (**of** über *acc.*), e-s Besser(e)n belehren; **ˌun·de'ceived** *adj.* **1.** nicht irregeführt; **2.** aufgeklärt, e-s Besser(e)n belehrt.

ˌun·de'cid·ed *adj.* □ **1.** unentschieden, offen: **leave s.th. ~**; **2.** unbestimmt, vage; **3.** unentschlossen; **4.** unbeständig (*Wetter*).

ˌun·de'ci·pher·a·ble *adj.* **1.** nicht zu entziffern(d), nicht entzifferbar; **2.** unerklärlich, nicht enträtselbar.

ˌun·de'clared *adj.* **1.** nicht bekanntgemacht, nicht erklärt: **~ war** Krieg *m* ohne Kriegserklärung; **2.** ⚕ nicht deklariert.

ˌun·de'fend·ed *adj.* **1.** unverteidigt; **2.** ⚖ a) unverteidigt, ohne Verteidiger, b) 'unwiderˌsprochen (*Klage*).

ˌun·de'filed *adj.* unbefleckt, rein (*a. fig.*).

ˌun·de'fin·a·ble *adj.* undefinierbar, unbestimmt.

ˌun·de'fined *adj.* **1.** unbegrenzt; **2.** unbestimmt, vage.

ˌun·de'mand·ing *adj.* **1.** anspruchslos (*a. fig.*); **2.** leicht: **~ task.**

ˌun·de'mon·stra·tive *adj.* zu'rückhaltend, reserviert, unaufdringlich.

ˌun·de'ni·a·ble *adj.* □ unleugbar, unbestreitbar.

'un·deˌnom·i'na·tion·al *adj.* **1.** nicht konfessio'nell gebunden; **2.** *ped.* interkonfessio'nell, Gemeinschafts..., Simultan...: **~ school.**

un·der ['ʌndə] **I** *prp.* **1.** *allg.* unter (*dat. od. acc.*); **2.** *Lage*: unter (*dat.*), 'unterhalb von (*od. gen.*): **from ~ ...** unter *dem Tisch etc.* hervor; **get out from ~** *Am. sl.* a) sich herauswinden, b) den Verlust wettmachen; **3.** *Richtung*: unter (*acc.*); **4.** unter (*dat.*), am Fuße von (*od. gen.*); **5.** *zeitlich*: unter (*dat.*), während: **~ his rule**; **~ the Stuarts** unter den Stuarts; **~ the date of** unter dem Datum vom *1. Januar etc.*; **6.** unter *der Autorität, Führung etc.*: **he fought ~ Wellington**; **7.** unter (*dat.*), unter dem Schutz von: **~ arms** unter Waffen; **~ darkness** im Schutz der Dunkelheit; **8.** unter (*dat.*), geringer als, weniger als: **persons ~ 40 (years of age)** Personen unter 40 (Jahren); **in ~ an hour** in weniger als 'einer Stunde; **9.** *fig.* unter (*dat.*): **~ alcohol** unter Alkohol; **~ an assumed name** unter e-m angenommenen Namen; **~ supervision** unter Aufsicht; **10.** gemäß, laut, nach: **~ the terms of the contract**; **claims ~**

a contract Forderungen aus e-m Vertrag; **11.** in (*dat.*): ***~ construction*** im Bau; ***~ repair*** in Reparatur; ***~ treatment*** ⚕ in Behandlung; **12.** bei: ***he studied physics ~ Maxwell***; **13.** mit: ***~ s.o.'s signature*** mit j-s Unterschrift, (eigenhändig) unterzeichnet von j-m; ***~ separate cover*** mit getrennter Post; **II** *adv.* **14.** dar'unter, unter; → ***go*** (***keep*** *etc.*) ***under***; **15.** unten: ***as ~*** wie unten (angeführt); **III** *adj.* **16.** unter, Unter…; **17.** unter, nieder, 'untergeordnet, Unter…; **18.** *nur in Zssgn* ungenügend, zu gering: ***an ~dose***; **ˌ~'act** [-ər'æ-] *v/t. u. v/i. thea. etc.* unter'spielen, unter'treiben (*a. fig.*); **ˌ~·a'chieve** [-ərə-] *v/i.* weniger leisten *od.* schlechter abschneiden als erwartet; **ˌ~'age** [-ər'eɪ-] *adj.* minderjährig; **'~ˌa·gent** [-ərˌeɪ-] *s.* 'Untervertreter *m*; **'~·arm** [-ərɑːm] **I** *adj.* **1.** Unterarm…; **2.** → ***underhand*** 2; **II** *adv.* **3.** mit e-r 'Unterarmbewegung; **ˌ~'bid** *v/t.* [*irr.* → ***bid***] unter'bieten; **ˌ~'bred** *adj.* unfein, ungebildet; **'~·brush** *s.* 'Unterholz *n*, Gestrüpp *n*; **'~ˌcar·riage** *s.* **1.** ✈ Fahrwerk *n*; **2.** *mot. etc.* Fahrgestell *n*; **3.** ⚔ 'Unterlaˌfette *f*; **ˌ~'charge I** *v/t.* **1.** *j-m* zu wenig berechnen; **2.** *et.* zu gering berechnen; **3.** *Batterie etc.* unter'laden; **4.** *Geschütz etc.* zu schwach laden; **II** *s.* **5.** zu geringe Berechnung *od.* Belastung; **6.** ungenügende (Auf)Ladung; **'~·clothes** *s. pl.*, **'~ˌcloth·ing** *s.* 'Unterkleidung *f*, -wäsche *f*; **'~·coat** *s.* **1.** ⚙, *paint.* Grundierung *f*; **2.** *zo.* Wollhaarkleid *n*; **'~ˌcov·er** *adj.* **1.** Geheim…: ***~ agent***, ***~ man*** (*bsd.* eingeschleuster) Geheimagent, Spitzel *m*; **'~·croft** *s.* ⚠ 'unterirdisches Gewölbe, Krypta *f*; **'~ˌcur·rent** *s.* 'Unterströmung *f* (*a. fig.*); **ˌ~'cut I** *v/t.* [*irr.* → ***cut***] **1.** unter'höhlen; **2.** (im Preis) unter'bieten; **3.** *Golf*, *Tennis etc.*: *Ball* mit 'Unterschnitt spielen; **II** *s.* ***'undercut*** **4.** Unter'höhlung *f*; **5.** *Golf*, *Tennis etc.*: unter'schnittener Ball; **6.** *Küche*: *Brit.* Fi'let *n*, zartes Lendenstück; **ˌ~·de'vel·oped** *adj. phot. u. fig.* 'unterentwickelt: ***~ child***; ***~ country*** Entwicklungsland *n*; **'~·dog** *s. fig.* **1.** Verlierer *m*, Unter'legene(r *m*) *f*; **2.** a) *der* (sozi'al *etc.*) Schwächere *od.* Benachteiligte, b) *der* (zu Unrecht) Verfolgte; **ˌ~'done** *adj.* nicht gar, nicht 'durchgebraten; **'~·dose** ⚕ **I** *s.* **1.** zu geringe Dosis; **II** *v/t.* ***ˌunder'dose*** **2.** *j-m* e-e zu geringe Dosis geben; **3.** *et.* 'unterdosieren; **ˌ~'dress** *v/t.* (*v/i.* sich) zu einfach kleiden; **ˌ~'es·ti·mate** [-ər'estɪmeɪt] **I** *v/t.* unter'schätzen; **II** *s.* [-mət] *a.* **'~ˌes·ti'ma·tion** [-ərˌe-] Unter'schätzung *f*; 'Unterbewertung *f*; **ˌ~·ex'pose** [-dərɪ-] *v/t. phot.* 'unterbelichten; **ˌ~·ex'po·sure** [-dərɪ-] *s. phot.* 'Unterbelichtung *f*; **ˌ~'fed** *adj.* 'unterernährt; **ˌ~'feed·ing** *s.* 'Unterernährung *f*; **ˌ~'foot** *adv.* **1.** unter den Füßen, unten, am Boden *zertrampeln etc.*; **2.** *fig.* in der Gewalt, unter Kon'trolle; **'~·frame** *s. mot. etc.* 'Untergestell *n*, Rahmen *m*; **'~ˌgar·ment** *s.* 'Unterkleid(ung *f*) *n*; *pl.* 'Unterwäsche *f*; **ˌ~'go** *v/t.* [*irr.* → ***go***] **1.** *e-n Wandel etc.* erleben, 'durchmachen; **2.** sich *e-r Operation etc.* unter'ziehen; **3.** erdulden; **ˌ~'grad·u·ate** *univ.* **I** *s.* Stu'dent(in); **II** *adj.* Studenten…; **'~·ground I** *s.* **1.** *bsd. Brit.* 'Untergrundbahn *f*, U-Bahn *f*; **2.** *pol.* 'Untergrund(bewegung *f*) *m*; **3.** *Kunst*: Underground *m*; **II** *adj.* **4.** 'unterirdisch: ***~ cable*** ⚙ Erdkabel *n*; ***~ car park***, ***~ garage*** Tiefgarage *f*; ***~ railway*** (*Am.* ***railroad***) → 1; ***~ water*** Grundwasser *n*; **5.** ⚒ unter Tag(e): ***~ mining*** Untertag(e)bau *m*; **6.** ⚙ Tiefbau…: ***~ engineering*** Tiefbau *m*; **7.** *fig.* Untergrund…, Geheim…, verborgen: ***~ movement*** *pol.* Untergrundbewegung *f*; **8.** *Kunst*: Underground…: ***~ film***; **III** *adv.* ***ˌunder'ground*** **9.** unter der *od.* die Erde, 'unterirdisch; **10.** *fig.* im verborgenen, geheim: ***go ~*** a) *pol.* in den Untergrund gehen, b) untertauchen; **'~·growth** *s.* 'Unterholz *n*, Gestrüpp *n*; **ˌ~'hand** *adj. u. adv.* **1.** *fig.* a) heimlich, verstohlen, b) 'hinterlistig; **2.** *sport* mit der Hand unter Schulterhöhe ausgeführt: ***~ service*** *Tennis*: Tiefaufschlag *m*; **ˌ~'hand·ed** *adj.* ☐ **1.** → ***underhand*** 1; **2.** ✝ knapp an Arbeitskräften, 'unterbelegt; **ˌ~·in'sure** [-ərɪ-] *v/t.* (*v/i.* sich) 'unterversichern; **ˌ~'lay I** *v/t.* [*irr.* → ***lay***[1]] **1.** (dar)'unterlegen; **2.** *et.* unter'legen, stützen; **3.** *typ. Satz* zurichten; **II** *v/i.* **4.** ⚒ sich neigen, einfallen; **III** *s.* ***'underlay*** **5.** 'Unterlage *f*; **6.** *typ.* Zurichtebogen *m*; **7.** ⚒ schräges Flöz; **'~·lease** *s.* 'Unterverpachtung *f*, -miete *f*; **ˌ~'let** *v/t.* [*irr.* → ***let***[1]] **1.** unter Wert verpachten *od.* vermieten; **2.** 'unterverpachten, -vermieten; **ˌ~'lie** *v/t.* [*irr.* → ***lie***[2]] **1.** liegen unter (*dat.*); **2.** zu'grunde liegen (*dat.*); **3.** ✝ unter'liegen (*dat.*), unter'worfen sein (*dat.*); **ˌ~'line I** *v/t.* **1.** unter'streichen (*a. fig. betonen*); **II** *s.* ***'underline*** **2.** Unter'streichung *f*; **3.** *thea.* (Vor)Ankündigung *f* am Ende e-s The'aterplaˌkats; **4.** 'Bildˌunterschrift *f*.

un·der·ling ['ʌndəlɪŋ] *s. contp.* Unter-

ˈgebene(r *m*) *f*, (kleiner) Handlanger, ‚Kuli' *m*.

ˌun·der|ˈly·ing *adj*. **1.** darˈunterliegend; **2.** *fig*. zuˈgrundeliegend; **3.** ✝ *Am*. Vorrangs...; **ˌ~ˈmanned** [-ˈmænd] *adj*. a) ⚓ ˈunterbemannt, b) (persoˈnell) ˈunterbesetzt; **ˌ~ˈmen·tioned** *adj*. unten erwähnt; **ˌ~ˈmine** *v/t*. **1.** ⚙ untermiˈnieren (*a. fig.*); **2.** unterˈspülen, auswaschen; **3.** *fig*. unterˈgraben, (allˈmählich) zuˈgrunde richten; **ˈ~·most I** *adj*. unterst; **II** *adv*. zuˈunterst.

un·der·neath [ˌʌndəˈniːθ] **I** *prp*. **1.** unter (*dat. od. acc.*), ˈunterhalb (*gen.*); **II** *adv*. **2.** unten, darˈunter; **3.** auf der ˈUnterseite.

ˌun·der|ˈnour·ished *adj*. ˈunterernährt; **ˈ~·pants** *s. pl*. ˈUnterhose *f*; **ˈ~·pass** *s*. (ˈStraßen- *etc.*)Unterˌführung *f*; **ˌ~ˈpay** *v/t*. [*irr*. → ***pay***] ✝ ˈunterbezahlen; **ˌ~ˈpin** *v/t*. ⚠ (unter)ˈstützen, unterˈmauern (*beide a. fig.*); **ˌ~ˈpin·ning** *s*. **1.** ⚠ Unterˈmauerung *f*, ˈUnterbau *m* (*a. fig.*); **2.** F ‚Fahrgestell' *n* (*Beine*); **ˌ~ˈplay** *v/t. u. v/i*. **1.** → ***underact***; **2.** ***~ one's hand*** *fig*. nicht alle Trümpfe ausspielen; **ˈ~·plot** *s*. Nebenhandlung *f*, Epiˈsode *f* (*Roman etc.*); **ˌ~ˈpop·u·lat·ed** *adj*. ˈunterbevölkert; **ˌ~ˈprint** *v/t*. **1.** *typ*. a) gegendrucken, b) zu schwach drucken; **2.** *phot*. ˈunterkopieren; **ˌ~ˈpriv·i·leged** *adj*. ✝, *pol*. ˈunterpriviˌlegiert, schlechtergestellt; **ˌ~·proˈduc·tion** *s*. ✝ ˈUnterproduktiˌon *f*; **ˌ~ˈproof** *adj*. ✝ ˈunterproˌzentig (*Spirituosen*); **ˌ~ˈrate** *v/t*. **1.** unterˈschätzen, ˈunterbewerten (*a. sport*); **2.** ✝ zu niedrig veranschlagen; **ˌ~·reˈac·tion** *s*. zu schwache Reaktiˈon; **ˈ~·seal** *mot*. **I** *s*. ˈUnterbodenschutz *m*; **II** *v/t*. mit Unterbodenschutz versehen; **ˌ~ˈscore** *v/t*. unterˈstreichen (*a. fig. betonen*); **ˌ~ˈsec·re·tar·y** *s. pol*. ˈStaatssekreˌtär *m*; **ˌ~ˈsell** *v/t*. [*irr*. → ***sell***] ✝ **1.** *j-n* unterˈbieten; **2.** *Ware* verschleudern, unter Wert verkaufen; **ˌ~ˈsexed** *adj*.: ***be ~*** e-n unterentwickelten Geschlechtstrieb haben; **ˈ~·shirt** *s*. ˈUnterhemd *n*; **ˌ~ˈshoot** *v/t*. [*irr*. → ***shoot***]: ***~ the runway*** ✈ vor der Landebahn aufsetzen; **ˈ~·shot** *adj*. **1.** ⚙ ˈunterschlächtig (*Wasserrad*); **2.** mit vorstehendem ˈUnterkiefer; **ˌ~ˈsigned I** *adj*. unterˈzeichnet; **II** *s*.: ***the undersigned*** a) der (die) Unterˈzeichnete, b) die Unterˈzeichneten *pl*.; **ˌ~ˈsize(d)** *adj*. **1.** unter Norˈmalgröße; **2.** winzig; **ˈ~·skirt** *s*. ˈUnterrock *m*; **ˌ~ˈslung** *adj*. ⚙, *mot*. Hänge...(*-kühler etc.*), Unterzug...(*-rahmen*); unterˈbaut (*Feder etc.*); **ˈ~·soil** *s*. ˈUntergrund *m*; **ˌ~ˈstaffed** *adj*. ˈunterbesetzt.

un·der·stand [ˌʌndəˈstænd] [*irr*. → ***stand***] **I** *v/t*. **1.** verstehen: a) begreifen, b) einsehen, c) *wörtlich etc.* auffassen, d) Verständnis haben für: ***~ each other*** *fig*. sich *od*. einander verstehen, *a*. zu e-r Einigung kommen; ***give s.o. to ~*** j-m zu verstehen geben; ***make o.s. understood*** sich verständlich machen; ***do I*** (*od*. ***am I to***) ***~ that ...*** soll das etwa heißen, daß ...; ***be it understood*** wohlverstanden; ***what do you ~ by ...?*** was verstehen Sie unter (*dat.*)?; **2.** sich verstehen auf (*acc.*), wissen (***how to*** *inf*. wie man *et. macht*): ***he ~s horses*** er versteht sich auf Pferde; ***she ~s children*** sie kann mit Kindern umgehen; **3.** (als sicher) annehmen, vorˈaussetzen: ***an understood thing*** e-e ausgemachte *od*. abgemachte Sache; ***that is understood*** das versteht sich (von selbst); ***it is understood that*** ⚖ es gilt als vereinbart, daß; **4.** erfahren, hören: ***I ~ ...*** wie ich höre; ***I ~ that*** ich hörte *od*. man sagte mir, daß; ***it is understood*** es heißt, wie verlautet; **5.** (***from***) entnehmen (*dat. od.* aus), schließen (aus); **6.** *bsd. ling*. sinngemäß ergänzen, hinˈzudenken; **II** *v/i*. **7.** verstehen: a) begreifen, b) *fig*. (volles) Verständnis haben; **8.** Verstand haben; **9.** hören: ***..., so I ~*** wie ich höre; **ˌun·derˈstand·a·ble** [-dəbl] *adj*. verständlich; **ˌun·derˈstand·a·bly** [-dəblɪ] *adv*. verständlich(erweise); **ˌun·derˈstand·ing** [-dɪŋ] **I** *s*. **1.** Verstehen *n*; **2.** Verstand *m*, Intelliˈgenz *f*; **3.** Verständnis *n* (***of*** für); **4.** *gutes etc.* Einvernehmen (***between*** zwischen); **5.** Verständigung *f*, Vereinbarung *f*, Überˈeinkunft *f*, Abmachung *f*: ***come to an ~ with s.o.*** zu e-r Einigung mit j-m kommen; **6.** Bedingung *f*: ***on the ~ that*** unter der Bedingung *od*. Voraussetzung, daß; **II** *adj*. ☐ **7.** verständig; **8.** verständnisvoll.

un·der|·state [ˌʌndəˈsteɪt] *v/t*. **1.** zu gering angeben; **2.** (bewußt) zuˈrückhaltend darstellen, unterˈtreiben; **3.** abschwächen, mildern; **ˌ~ˈstate·ment** *s*. **1.** zu niedrige Angabe; **2.** Unterˈtreibung *f*, Underˈstatement *n*; **ˌ~ˈsteer** *v/i*. *Auto* unterˈsteuern; **ˈ~ˌstrap·per** → ***underling***; **ˈ~ˌstud·y** *thea*. **I** *v/t*. **1.** *Rolle* als zweite Besetzung einstudieren; **2.** für *e-n Schauspieler* einspringen; **II** *s*. **3.** zweite Besetzung; *fig*. Ersatzmann *m*; **ˌ~ˈtake** *v/t*. [*irr*. → ***take***] **1.** *Aufgabe* überˈnehmen, *Sache* auf sich *od*. in die Hand nehmen; **2.** *Reise etc.* unterˈnehmen; **3.** *Risiko*, *Verantwortung etc.*

über'nehmen, eingehen; **4.** sich erbieten, sich verpflichten (***to do*** zu tun); **5.** garantieren, sich verbürgen (***that*** daß); **'~ˌtak·er** *s.* Leichenbestatter *m*, Be'stattungsinstiˌtut *n*; **ˌ~'tak·ing** *s.* **1.** 'Übernahme *f e-r Aufgabe*; **2.** Unter'nehmung *f*, -'fangen *n*; **3.** ✝ Unter'nehmen *n*, Betrieb *m*: ***industrial ~***; **4.** Verpflichtung *f*; **5.** Garan'tie *f*; **6.** ***'underˌtaking*** Leichenbestattung *f*; **ˌ~'tenant** *s.* 'Untermieter(in), -pächter(in); **ˌ~-the-'count·er** *adj.* heimlich, dunkel, 'illeˌgal; **ˌ~'timed** *adj. phot.* 'unterbelichtet; **'~·tone** *s.* **1.** gedämpfter Ton, gedämpfte Stimme: ***in an ~*** halblaut; **2.** *fig.* 'Unterton *m*; *Börse*: Grundton *m*; **3.** gedämpfte Farbe; **'~·tow** *s.* ⚓ **1.** Sog *m*; **2.** 'Widersee *f*; **ˌ~'val·ue** *v/t.* unter'schätzen, 'unterbewerten, zu gering ansetzen; **'~·vest** *s. Brit.* 'Unterhemd *n*; **'~·wear** → ***underclothes***; **'~·weight I** *s.* 'Untergewicht *n*; **II** *adj.* ***ˌunder'weight*** 'untergewichtig: ***be ~*** Untergewicht haben; **'~·wood** *s.* 'Unterholz *n*, Gestrüpp *n* (*a. fig.*); **'~·world** *s. allg.* 'Unterwelt *f*; **'~·write** *v/t.* [*irr.* → ***write***] **1.** a) *et.* da'runterschreiben, b) *fig. et.* unter'schreiben; **2.** ✝ a) *Versicherungspolice* unter'zeichnen, *Versicherung* über'nehmen, b) *et.* versichern, c) die Haftung über'nehmen für; **2.** *Aktienemission etc.* garantieren; **'~ˌwrit·er** *s.* ✝ **1.** Versicherer *m*, Versicherung(sgesellschaft) *f*; **2.** Mitglied *n e-s* Emissi'onskonˌsortiums; **3.** Ver'sicherungsaˌgent *m*; **'~ˌwrit·ing** *s.* ✝ **1.** (See)Versicherung(sgeschäft *n*) *f*; **2.** Emissi'onsgaranˌtie *f*: ***~ syndicate*** Emissionskonsortium *n*.

ˌun·de'served *adj.* unverdient; **ˌun·de'serv·ed·ly** [-ɪdlɪ] *adv.* unverdientermaßen; **ˌun·de'serv·ing** *adj.* ☐ unwert, unwürdig (***of*** *gen.*): ***be ~ of*** kein *Mitgefühl etc.* verdienen.

ˌun·de'signed *adj.* ☐ unbeabsichtigt, unabsichtlich; **ˌun·de'sign·ing** *adj.* ehrlich, aufrichtig.

'un·deˌsir·a'bil·i·ty *s.* Unerwünschtheit *f*; **ˌun·de'sir·a·ble I** *adj.* ☐ **1.** nicht wünschenswert; **2.** unerwünscht, lästig: ***~ alien***; **II** *s.* **3.** unerwünschte Per'son; **ˌun·de'sired** *adj.* unerwünscht, 'unwillˌkommen; **ˌun·de'sir·ous** *adj.* nicht begierig (***of*** nach): ***be ~ of*** *et.* nicht wünschen *od.* (haben) wollen.

ˌun·de'tach·a·ble *adj.* nicht (ab)trennbar *od.* abnehmbar.

ˌun·de'tect·ed *adj.* unentdeckt.

ˌun·de'ter·mined *adj.* **1.** unentschieden, schwebend, offen: ***an ~ question***; **2.** unbestimmt, vage; **3.** unentschlossen, unschlüssig.

ˌun·de'terred *adj.* nicht abgeschreckt, unbeeindruckt (***by*** von).

ˌun·de'vel·oped *adj.* **1.** unentwickelt; **2.** unerschlossen (*Gebiet*).

un·de·vi·at·ing [ʌn'di:vɪeɪtɪŋ] *adj.* ☐ **1.** nicht abweichend; **2.** unentwegt, unbeirrbar.

un·dies ['ʌndɪz] *s. pl.* F ('Damen-) ˌUnterwäsche *f*.

'unˌdif·fer'en·ti·at·ed *adj.* undifferenziert.

ˌun·di'gest·ed *adj.* unverdaut (*a. fig.*).

un'dig·ni·fied *adj.* würdelos.

ˌun·di'lut·ed *adj.* unverdünnt, *a. fig.* unverwässert, unverfälscht.

ˌun·di'min·ished *adj.* unvermindert.

ˌun·di'rect·ed *adj.* **1.** ungeleitet, führungslos, ungelenkt; **2.** unadressiert; **3.** *phys.* ungerichtet.

ˌun·dis'cerned *adj.* ☐ unbemerkt; **ˌun·dis'cern·ing** *adj.* ☐ urteils-, einsichtslos, unkritisch.

ˌun·dis'charged *adj.* **1.** unbezahlt; unbeglichen; **2.** (noch) nicht entlastet: ***~ debtor***; **3.** nicht abgeschossen (*Feuerwaffe*); **4.** nicht entladen (*Schiff etc.*).

un'dis·ci·plined *adj.* **1.** undiszipliniert, zuchtlos; **2.** ungeschult.

ˌun·dis'closed *adj.* ungenannt, geheimgehalten, nicht bekanntgegeben.

ˌun·dis'cour·aged *adj.* nicht entmutigt.

ˌun·dis'cov·er·a·ble *adj.* unauffindbar, nicht zu entdecken(d); **ˌun·dis'cov·ered** *adj.* **1.** unentdeckt; **2.** unbemerkt.

ˌun·dis'crim·i·nat·ing *adj.* ☐ **1.** unterschiedslos; **2.** urteilslos, unkritisch.

ˌun·dis'cussed *adj.* unerörtert.

ˌun·dis'guised *adj.* ☐ **1.** unverkleidet, unmaskiert; **2.** *fig.* unverhüllt.

ˌun·dis'mayed *adj.* unerschrocken.

ˌun·dis'posed *adj.* **1.** ***~ of*** nicht verteilt *od.* vergeben, ✝ *a.* unverkauft; **2.** abgeneigt, nicht bereit *od.* (dazu) aufgelegt (***to do*** zu tun).

ˌun·dis'put·ed *adj.* ☐ unbestritten.

ˌun·dis'tin·guish·a·ble *adj.* ☐ **1.** nicht erkenn- *od.* wahrnehmbar; **2.** nicht unter'scheidbar, nicht zu unter'scheiden(d) (***from*** von); **ˌun·dis'tinguished** *adj.* **1.** sich nicht unter'scheidend (***from*** von); **2.** 'durchschnittlich, nor'mal; **3.** → ***undistinguishable.***

ˌun·dis'turbed *adj.* ☐ **1.** ungestört; **2.** unberührt, gelassen.

ˌun·di'vid·ed *adj.* ☐ **1.** ungeteilt (*a. fig. Aufmerksamkeit etc.*); **2.** ✝ nicht verteilt: ***~ profits.***

un·do [ˌʌn'du:] *v/t.* [*irr.* → **do**] **1.** *Paket, Knoten, a. Kragen, Mantel etc.* aufmachen, öffnen; aufknöpfen, -knüpfen, -lösen; losbinden; *j-m* den Reißverschluß *etc.* aufmachen; *Saum etc.* auftrennen; → ***undone***; **2.** *fig.* ungeschehen *od.* rückgängig machen, aufheben; **3.** *fig. et. od. j-n* ruinieren, zu'grunde richten; *Hoffnungen etc.* zu'nichte machen; **ˌun'do·ing** *s.* **1.** *das* Aufmachen *etc.*; **2.** Ungeschehen-, Rückgängigmachen *n*; **3.** Zu'grunderichtung *f*; **4.** Unglück *n*, Verderben *n*, Ru'in *m*; **ˌun'done I** *p.p. von* **undo**; **II** *adj.* **1.** ungetan, unerledigt: ***leave s.th.*** ~ et. unausgeführt lassen, et. unterlassen; ***leave nothing*** ~ nichts unversucht lassen; **2.** offen: ***come*** ~ aufgehen; **3.** ruiniert, ‚erledigt', ‚hin': ***he is*** ~ es ist aus mit ihm.

un·doubt·ed [ʌn'daʊtɪd] *adj.* ☐ unbezweifelt, unbestritten; unzweifelhaft; **un'doubt·ed·ly** [-lɪ] *adv.* zweifellos, ohne (jeden) Zweifel.

un·dreamed, *a.* **un·dreamt** [*beide* ʌn'dremt] *adj. oft* ~***-of*** ungeahnt, nie erträumt, unerhört.

ˌun'dress I *v/t.* **1.** (*v/i.* sich) entkleiden *od.* ausziehen; **II** *s.* **2.** Alltagskleid(ung *f*) *n*; **3.** Hauskleid *n*; **4.** ***in a state of*** ~ a) halb bekleidet, im Negligé, b) unbekleidet; **5.** ⚔ 'Interimsuniˌform *f*; **ˌun'dressed** *adj.* **1.** unbekleidet; **2.** *Küche*: a) ungarniert, b) unzubereitet; **3.** ⚙ a) ungegerbt (*Leder*), b) unbehauen (*Holz, Stein*); **4.** ⚕ unverbunden (*Wunde etc.*).

ˌun'drink·a·ble *adj.* nicht trinkbar.

ˌun'due *adj.* (☐ → ***unduly***) **1.** 'übermäßig, über'trieben; **2.** ungehörig, unangebracht, ungebührlich; **3.** *bsd.* ⚖ unzulässig: ~ ***influence*** unzulässige Beeinflussung; **4.** ✝ noch nicht fällig.

un·du·late ['ʌndjʊleɪt] **I** *v/i.* **1.** wogen, wallen, sich wellenförmig (fort)bewegen; **2.** wellenförmig verlaufen; **II** *v/t.* **3.** in wellenförmige Bewegung versetzen, wogen lassen; **4.** wellen; **III** *adj.* ☐ **5.** → **'un·du·lat·ed** [-tɪd] *adj.* wellenförmig, wellig, Wellen...: ~ ***line*** Wellenlinie *f*; **'un·du·lat·ing** [-tɪŋ] *adj.* ☐ **1.** → ***undulated***; **2.** wallend, wogend; **un·du·la·tion** [ˌʌndjʊ'leɪʃn] *s.* **1.** wellenförmige Bewegung; Wallen *n*, Wogen *n*; **2.** *geol.* Welligkeit *f*; **3.** *phys.* Wellenbewegung *f*, -linie *f*; **4.** *phys.* Schwingung(sbewegung) *f*; **5.** ♪ Undulati'on *f*; **'un·du·la·to·ry** [-lətrɪ] *adj.* wellenförmig, Wellen...

ˌun'du·ly *adv. von* **undue** 1–3: ***not*** ~ ***worried*** nicht übermäßig *od.* über Gebühr besorgt.

ˌun'du·ti·ful *adj.* ☐ **1.** pflichtvergessen; **2.** ungehorsam; **3.** unehrerbietig.

un'dy·ing *adj.* ☐ **1.** unsterblich, unvergänglich (*Liebe, Ruhm etc.*); **2.** unendlich (*Haß etc.*).

ˌun'earned *adj.* unverdient, nicht erarbeitet: ~ ***income*** ✝ Einkommen *n* aus Vermögen, Kapitaleinkommen *n*.

ˌun'earth *v/t.* **1.** *Tier* aus der Höhle treiben; **2.** ausgraben (*a. fig.*); **3.** *fig. et.* ans (Tages)Licht bringen, aufstöbern, ausfindig machen.

un'earth·ly *adj.* **1.** 'überirdisch; **2.** unirdisch, 'übernaˌtürlich; **3.** schauerlich, unheimlich; **4.** F unmöglich (*Zeit*): ***at an*** ~ ***hour.***

un'eas·i·ness *s.* **1.** (*körperliches u. geistiges*) Unbehagen; **2.** (innere) Unruhe; **3.** Unbehaglichkeit *f e-s Gefühls etc.*; **4.** Unsicherheit *f*; **un'eas·y** *adj.* ☐ **1.** unruhig, unbehaglich, besorgt, ner'vös: ***feel*** ~ ***about s.th.*** über et. beunruhigt sein; **2.** unbehaglich (*Gefühl*), beunruhigend (*Verdacht etc.*); **3.** unruhig: ~ ***night***; **4.** unsicher (*im Sattel etc.*); **5.** gezwungen, unsicher (*Benehmen etc.*).

ˌun'eat·a·ble *adj.* ungenießbar.

'unˌe·co'nom·ic, **'unˌe·co'nom·i·cal** *adj.* ☐ unwirtschaftlich.

ˌun'ed·i·fy·ing *adj. fig.* wenig erbaulich, unerquicklich.

ˌun'ed·u·cat·ed *adj.* ungebildet.

ˌun·em'bar·rassed *adj.* **1.** nicht verlegen, ungeniert; **2.** unbehindert; **3.** von (Geld)Sorgen frei.

ˌun·e'mo·tion·al *adj.* ☐ **1.** leidenschaftslos, nüchtern; **2.** teilnahmslos, passiv, kühl; **3.** gelassen.

ˌun·em'ploy·a·ble I *adj.* **1.** nicht verwendbar, unbrauchbar; **2.** arbeitsunfähig (*Person*); **II** *s.* **3.** Arbeitsunfähige(r *m*) *f*; **ˌun·em'ployed I** *adj.* **1.** arbeits-, erwerbs-, stellungslos; **2.** ungenützt, brachliegend: ~ ***capital*** ✝ totes Kapital; **II** *s.* **3.** ***the*** ~ *pl.* die Arbeitslosen *pl.*; **ˌ~·em'ploy·ment** *s.* Arbeitslosigkeit *f*: ~ ***benefit*** Arbeitslosenunterstützung *f*; ~ ***insurance*** Arbeitslosenversicherung *f*.

ˌun·en'cum·bered *adj.* **1.** ⚖ unbelastet (*Grundbesitz*); **2.** (***by***) unbehindert (durch), frei (von).

un'end·ing *adj.* ☐ endlos, nicht enden wollend, unaufhörlich.

ˌun·en'dowed *adj.* **1.** nicht ausgestattet (***with*** mit); **2.** nicht dotiert (***with*** mit), ohne Zuschuß; **3.** nicht begabt (***with*** mit).

ˌ**un·en'dur·a·ble** *adj.* □ unerträglich.
ˌ**un·en'gaged** *adj.* frei: a) nicht gebunden *od.* verpflichtet, b) nicht verlobt, c) unbeschäftigt.
ˌ**un-'Eng·lish** *adj.* unenglisch.
ˌ**un·en'light·ened** *adj. fig.* **1.** unerleuchtet; **2.** unaufgeklärt.
ˌ**un'en·ter·pris·ing** *adj.* □ nicht *od.* wenig unter'nehmungslustig, ohne Unter'nehmungsgeist.
ˌ**un'en·vi·a·ble** *adj.* □ nicht zu beneiden(d), wenig beneidenswert.
ˌ**un'e·qual** *adj.* □ **1.** ungleich (*a. Kampf*), 'unterschiedlich; **2.** nicht gewachsen (***to*** *dat.*); **3.** ungleichförmig; ˌ**un'e·qual(l)ed** *adj.* **1.** unerreicht, 'unüberˌtroffen (***by*** von, ***for*** in *od.* an *dat.*); **2.** beispiellos, *nachgestellt*: ohne'gleichen: ***~ ignorance.***
ˌ**un·e'quiv·o·cal** *adj.* □ **1.** unzweideutig, eindeutig; **2.** aufrichtig.
ˌ**un'err·ing** *adj.* □ unfehlbar, untrüglich.
ˌ**un·es'sen·tial I** *adj.* unwesentlich, unwichtig; **II** *s.* Nebensache *f*.
ˌ**un'e·ven** *adj.* □ **1.** uneben: ***~ ground***; **2.** ungerade (*Zahl*); **3.** ungleich(mäßig, -artig); **4.** unausgeglichen (*Charakter etc.*); ˌ**un'e·ven·ness** *s.* Unebenheit *f etc.*
ˌ**un·e'vent·ful** *adj.* □ ereignislos: ***be ~*** *a.* ohne Zwischenfälle verlaufen.
ˌ**un·ex'am·pled** *adj.* beispiellos, unvergleichlich, *nachgestellt*: ohne'gleichen: ***not ~*** nicht ohne Beispiel.
un·ex·celled [ˌʌnɪk'seld] *adj.* 'unüberˌtroffen.
ˌ**un·ex'cep·tion·a·ble** *adj.* □ untadelig, einwandfrei.
ˌ**un·ex'cep·tion·al** *adj.* □ **1.** nicht außergewöhnlich; **2.** ausnahmslos; **3.** → ***unexceptionable.***
ˌ**un·ex'cit·ing** *adj.* nicht *od.* wenig aufregend.
un·ex·pect·ed [ˌʌnɪk'spektɪd] *adj.* □ unerwartet, unvermutet.
ˌ**un·ex'pired** *adj.* (noch) nicht abgelaufen *od.* verfallen (*Frist etc.*), noch in Kraft.
ˌ**un·ex'plain·a·ble** *adj.* unerklärlich; ˌ**un·ex'plained** *adj.* unerklärt.
ˌ**un·ex'plored** *adj.* unerforscht.
ˌ**un·ex'pressed** *adj.* unausgesprochen.
ˌ**un'ex·pur·gat·ed** *adj.* nicht gereinigt, ungekürzt (*Bücher etc.*).
un'fad·ing *adj.* □ **1.** unverwelklich (*a. fig.*); **2.** *fig.* unvergänglich; **3.** nicht verblassend (*Farbe*).
un'fail·ing *adj.* □ **1.** unfehlbar; **2.** nie versagend; **3.** treu; **4.** unerschöpflich, unversiegbar.
ˌ**un'fair** *adj.* □ unfair: a) unbillig, ungerecht, b) unehrlich, *bsd.* ☤ unlauter, c) nicht anständig, d) unsportlich (*alle* ***to*** gegen'über): ***~ competition*** unlauterer Wettbewerb; ˌ**un'fair·ly** *adv.* **1.** unfair, unbillig(erweise) *etc.*; zu Unrecht: ***not ~*** nicht zu Unrecht; **2.** 'übermäßig; ˌ**un'fair·ness** *s.* Unfairneß *f*, Ungerechtigkeit *f etc.*
ˌ**un'faith·ful** *adj.* □ **1.** un(ge)treu, treulos; **2.** unaufrichtig; **3.** nicht wortgetreu, ungenau (*Abschrift, Übersetzung*); ˌ**un'faith·ful·ness** *s.* Untreue *f*, Treulosigkeit *f*.
un'fal·ter·ing *adj.* □ **1.** nicht schwankend, sicher (*Schritt etc.*); **2.** fest (*Stimme, Blick*); **3.** *fig.* unbeugsam, entschlossen.
ˌ**un·fa'mil·iar** *adj.* □ **1.** nicht vertraut, unbekannt (***to*** *dat.*); **2.** ungewohnt, fremd (***to*** *dat. od.* für).
ˌ**un'fash·ion·a·ble** *adj.* □ 'unmoˌdern, altmodisch.
ˌ**un'fas·ten I** *v/t.* aufmachen, losbinden, lösen, öffnen; **II** *v/i.* sich lösen, aufgehen; ˌ**un'fas·tened** *adj.* unbefestigt, lose.
ˌ**un'fa·ther·ly** *adj.* unväterlich, lieblos.
un·fath·om·a·ble [ʌn'fæðəməbl] *adj.* □ unergründlich (*a. fig.*); ˌ**un'fath·omed** *adj.* unergründet.
ˌ**un'fa·vo(u)r·a·ble** *adj.* □ **1.** unvorteilhaft (*a. Aussehen*), ungünstig (***for, to*** für); widrig (*Wetter, Umstände etc.*); **2.** ☤ passiv (*Zahlungsbilanz etc.*); ˌ**un'fa·vo(u)r·a·ble·ness** *s.* Unvorteilhaftigkeit *f*.
ˌ**un'fea·si·ble** *adj.* unausführbar.
un·feel·ing [ʌn'fiːlɪŋ] *adj.* □ gefühllos; **un'feel·ing·ness** [-nɪs] *s.* Gefühllosigkeit *f*.
un'feigned *adj.* □ **1.** ungeheuchelt, **2.** wahr, echt.
ˌ**un'felt** *adj.* ungefühlt.
ˌ**un·fer'ment·ed** *adj.* ungegoren.
ˌ**un'fet·ter** *v/t.* **1.** losketten; **2.** *fig.* befreien; ˌ**un'fet·tered** *adj. fig.* unbehindert, unbeschränkt, frei.
ˌ**un'fil·i·al** *adj.* □ lieb-, re'spektlos, pflichtvergessen (*Kind*).
ˌ**un'filled** *adj.* **1.** un(aus)gefüllt; **2.** unbesetzt (*Posten, Stelle*); **3.** ***~ orders*** ☤ nicht ausgeführte Bestellungen, Auftragsbestand *m*.
ˌ**un'fin·ished** *adj.* **1.** unfertig (*a. fig. Stil etc.*); ⚙ unbearbeitet; **2.** 'unvollˌendet (*Symphonie etc.*); **3.** unerledigt: ***~ business*** *parl.* unerledigte Punkte *pl.* (*der Geschäftsordnung*).

ˌ**unˈfit** I *adj.* □ **1.** untauglich (*a.* ⚔), ungeeignet (***for*** für, zu): ~ ***for*** (***military***) ***service*** (wehr)dienstuntauglich; **2.** unfähig, unbefähigt (***for*** zu *et.*, ***to do*** zu tun); II *v/t.* **3.** ungeeignet *etc.* machen (***for*** für); ˌ**unˈfit·ness** *s.* Untauglichkeit *f*; ˌ**unˈfit·ted** *adj.* **1.** ungeeignet, untauglich; **2.** nicht (gut) ausgerüstet (***with*** mit); ˌ**unˈfit·ting** *adj.* □ **1.** ungeeignet, unpassend; **2.** unschicklich.

ˌ**unˈfix** *v/t.* losmachen, lösen: ~ ***bayonets!*** ⚔ Seitengewehr an Ort!; ˌ**unˈfixed** *adj.* **1.** unbefestigt, lose; **2.** *fig.* schwankend.

ˌ**unˈflag·ging** *adj.* □ unermüdlich.

ˌ**unˈflap·pa·ble** *adj.* F unerschütterlich, nicht aus der Ruhe zu bringen.

ˌ**unˈflat·ter·ing** *adj.* □ **1.** nicht *od.* wenig schmeichelhaft; **2.** ungeschminkt.

ˌ**unˈfledged** *adj.* **1.** *orn.* ungefiedert, (noch) nicht flügge; **2.** *fig.* unreif.

un·flinch·ing [ʌnˈflɪntʃɪŋ] *adj.* □ **1.** unerschütterlich, unerschrocken; **2.** entschlossen, unnachgiebig.

un·fly·a·ble [ˌʌnˈflaɪəbl] *adj.* ✈ **1.** fluguntüchtig; **2.** ~ ***weather*** kein Flugwetter.

ˌ**unˈfold** I *v/t.* **1.** entfalten, ausbreiten, öffnen; **2.** *fig.* a) enthüllen, darlegen, b) entwickeln; II *v/i.* **3.** sich entfalten *od.* öffnen; **4.** *fig.* sich entwickeln.

ˌ**unˈforced** *adj.* □ ungezwungen.

ˌ**un·foreˈsee·a·ble** *adj.* ˈunvorˌhersehbar; ˌ**un·foreˈseen** *adj.* ˈunvorˌhergesehen, unerwartet.

un·for·get·ta·ble [ˌʌnfəˈgetəbl] *adj.* □ unvergeßlich: ***of*** ~ ***beauty.***

un·for·giv·a·ble [ˌʌnfəˈgɪvəbl] *adj.* unverzeihlich; ˌ**un·forˈgiv·en** *adj.* unverziehen; ˌ**un·forˈgiv·ing** *adj.* □ unversöhnlich, nachtragend.

ˌ**un·forˈgot·ten** *adj.* unvergessen.

ˌ**unˈformed** *adj.* **1.** ungeformt, formlos; **2.** unfertig, unentwickelt; unausgebildet.

unˈfor·tu·nate I *adj.* □ **1.** unglücklich, Unglücks…; verhängnisvoll, un(glück)selig; **2.** bedauerlich; II *s.* **3.** Unglückliche(r *m*) *f*; **unˈfor·tu·nate·ly** *adv.* unglücklicherweise, bedauerlicherweise, leider.

ˌ**unˈfound·ed** *adj.* □ unbegründet, grundlos.

ˌ**unˈfreeze** *v/t.* **1.** auftauen; **2.** ✝ *Preise etc.* freigeben; **3.** *Gelder* zur Auszahlung freigeben.

ˌ**un·freˈquent·ed** *adj.* **1.** nicht *od.* wenig besucht; **2.** einsam.

ˌ**unˈfriend·ed** *adj.* ohne Freund(e).

ˌ**unˈfriend·li·ness** *s.* Unfreundlichkeit *f*;

ˌ**unˈfriend·ly** *adj.* **1.** unfreundlich (*a. fig. Zimmer etc.*) (***to*** zu); **2.** ungünstig (***for***, ***to*** für).

ˌ**unˈfrock** *v/t. eccl. j-m* das Priesteramt entziehen.

ˌ**unˈfruit·ful** *adj.* □ **1.** unfruchtbar; **2.** *fig.* frucht-, ergebnislos; ˌ**unˈfruit·ful·ness** *s.* **1.** Unfruchtbarkeit *f*; **2.** *fig.* Fruchtlosigkeit *f.*

ˌ**unˈfund·ed** *adj.* ✝ unfundiert.

ˌ**unˈfurl** I *v/t. Fahne etc.* entfalten, -rollen; *Fächer* ausbreiten; ⚓ *Segel* losmachen; II *v/i.* sich entfalten.

ˌ**unˈfur·nished** *adj.* **1.** nicht ausgerüstet *od.* versehen (***with*** mit); **2.** unmöbliert: ~ ***room.***

un·gain·li·ness [ʌnˈgeɪnlɪnɪs] *s.* Plumpheit *f*, Unbeholfenheit *f*; **un·gain·ly** [ʌnˈgeɪnlɪ] *adj.* unbeholfen, plump, linkisch.

ˌ**unˈgal·lant** *adj.* □ **1.** ˈungaˌlant (***to*** zu, gegenüber); **2.** nicht tapfer.

ˌ**unˈgear** *v/t.* ⚙ auskuppeln.

ˌ**unˈgen·er·ous** *adj.* □ **1.** nicht freigebig, knauserig; **2.** kleinlich.

ˌ**unˈgen·ial** *adj.* unfreundlich.

ˌ**unˈgen·tle** *adj.* □ unsanft, unzart.

unˈgen·tle·man·like → ***ungentlemanly***; **unˈgen·tle·man·li·ness** *s.* **1.** unfeine Art; **2.** ungebildetes *od.* unfeines Benehmen; **unˈgen·tle·man·ly** *adj.* unfein.

un-get-at-a·ble [ˌʌngetˈætəbl] *adj.* unnahbar.

ˌ**unˈgird** *v/t.* losgürten.

ˌ**unˈglazed** *adj.* **1.** unverglast; **2.** unglasiert.

ˌ**unˈgloved** *adj.* ohne Handschuh(e).

ˌ**unˈgod·li·ness** *s.* Gottlosigkeit *f*; ˌ**unˈgod·ly** *adj.* **1.** gottlos (*a. weitS. verrucht*); **2.** F scheußlich, schrecklich, heillos.

un·gov·ern·a·ble [ˌʌnˈgʌvənəbl] *adj.* □ **1.** unlenksam; **2.** zügellos, unbändig, wild; ˌ**unˈgov·erned** *adj.* unbeherrscht.

ˌ**unˈgrace·ful** *adj.* □ ˈungraziˌös, ohne Anmut; plump, ungelenk.

ˌ**unˈgra·cious** *adj.* □ ungnädig.

ˌ**un·gramˈmat·i·cal** *adj.* □ *ling.* ˈungramˌmatisch.

unˈgrate·ful *adj.* □ undankbar (***to*** gegen) (*a. fig. unangenehm*); **unˈgrate·ful·ness** *s.* Undankbarkeit *f.*

ˌ**unˈgrat·i·fied** *adj.* unbefriedigt.

ˌ**unˈground·ed** *adj.* □ **1.** unbegründet; **2.** a) ungeschult, b) ohne sichere Grundlagen (*Wissen*).

ˌ**unˈgrudg·ing** *adj.* □ **1.** bereitwillig; **2.** neidlos, großzügig: ***be*** ~ ***in*** reichlich *Lob etc.* spenden.

un·gual ['ʌŋgwəl] *adj. zo.* Nagel..., Klauen..., Huf...

ˌun'guard·ed *adj.* □ **1.** unbewacht (*a. fig. Moment etc.*); *a.* ⚙ ungeschützt; *a. sport, Schach*: ungedeckt; **2.** unbedacht.

un·guent ['ʌŋgwənt] *s.* Salbe *f.*

ˌun'guid·ed *adj.* **1.** ungeleitet, führer-, führungslos; **2.** nicht (fern)gelenkt.

un·gu·late ['ʌŋgjʊleɪt] *zo.* **I** *adj.* hufförmig; mit Hufen; Huf...: ~ ***animal*** → **II** *s.* Huftier *n.*

ˌun'hal·lowed *adj.* **1.** nicht geheiligt, ungeweiht; **2.** unheilig, pro'fan.

ˌun'ham·pered *adj.* ungehindert.

ˌun'hand *v/t. obs.* *j-n* loslassen.

ˌun'hand·i·ness *s.* **1.** Unhandlichkeit *f*; **2.** Ungeschick(lichkeit *f*) *n.*

ˌun'hand·some *adj.* □ unschön (*a. fig. Benehmen etc.*).

ˌun'hand·y *adj.* □ **1.** unhandlich (*Sache*); **2.** unbeholfen, ungeschickt.

un'hap·pi·ly *adv.* unglücklicherweise, leider; **un'hap·pi·ness** *s.* Unglück(seligkeit *f*) *n*, Elend *n*; **un'hap·py** *adj.* □ unglücklich: a) traurig, elend, b) un(glück)selig, unheilvoll, c) unpassend, ungeschickt (*Bemerkung etc.*).

ˌun'harmed *adj.* unversehrt.

ˌun·har'mo·ni·ous *adj.* 'unharˌmonisch (*a. fig.*).

ˌun'har·ness *v/t. Pferd* ausspannen.

un'health·i·ness *s.* Ungesundheit *f*; **un'health·y** *adj.* □ *allg.* ungesund: a) kränklich (*a. Aussehen etc.*), b) gesundheitsschädlich, c) (*moralisch*) schädlich, d) F gefährlich, e) *fig.* krankhaft.

ˌun'heard *adj.* **1.** ungehört: ***go*** ~ unbeachtet bleiben; **2.** ⚖ ohne rechtliches Gehör; **ˌun'heard-of** *adj.* unerhört, beispiellos.

un·heed·ed [ˌʌn'hi:dɪd] *adj.* □ unbeachtet: ***go*** ~ unbeachtet bleiben; **ˌun'heed·ful** *adj.* □ unachtsam, sorglos; nicht achtend (***of*** auf *acc.*); **ˌun'heed·ing** [-dɪŋ] *adj.* □ sorglos, unachtsam.

ˌun'help·ful *adj.* □ **1.** nicht hilfreich, ungefällig; **2.** (***to***) nutzlos (für), wenig dienlich (*dat.*).

un·hes·i·tat·ing [ʌn'hezɪteɪtɪŋ] *adj.* □ **1.** ohne Zaudern *od.* Zögern, unverzüglich; **2.** anstandslos, bereitwillig, *adv. a.* ohne weiteres.

ˌun'hin·dered *adj.* ungehindert.

ˌun'hinge *v/t.* **1.** *Tür etc.* aus den Angeln heben (*a. fig.*); **2.** die Angeln entfernen von; **3.** *fig. Nerven, Geist* zerrütten; **4.** *fig.* *j-n* aus dem Gleichgewicht bringen.

ˌun·his'tor·ic, **ˌun·his'tor·i·cal** *adj.* □ **1.** 'unhiˌstorisch; **2.** ungeschichtlich, legen'där.

ˌun'hitch *v/t.* **1.** loshaken, -machen; **2.** *Pferd* ausspannen.

ˌun'ho·ly *adj.* □ **1.** unheilig; **2.** ungeheiligt, nicht geweiht; **3.** gott-, ruchlos; **4.** F a) scheußlich, schrecklich, b) ‚unmöglich' (*Zeit*).

ˌun'hon·o(u)red *adj.* **1.** ungeehrt; unverehrt; **2.** † nicht honoriert.

ˌun'hook **I** *v/t.* auf-, loshaken; **II** *v/i.* sich auf- *od.* loshaken (lassen).

un'hoped, **un'hoped-for** *adj.* unverhofft, unerwartet.

ˌun'horse *v/t.* aus dem Sattel heben *od.* werfen.

ˌun'house *v/t.* **1.** (aus dem Hause) vertreiben; **2.** obdachlos machen.

ˌun'hur·ried *adj.* □ gemütlich, gemächlich.

ˌun'hurt *adj.* **1.** unverletzt; **2.** unbeschädigt.

u·ni·cel·lu·lar [ˌju:nɪ'seljʊlə] *adj. biol.* einzellig: ~ ***animal***, ~ ***plant*** Einzeller *m.*

u·ni·col·o(u)r [ˌju:nɪ'kʌlə], **ˌu·ni'col·o(u)red** [-əd] *adj.* einfarbig.

u·ni·corn ['ju:nɪkɔ:n] *s.* Einhorn *n.*

un·i·de·aed [ˌʌnaɪ'dɪəd] *adj.* i'deenlos.

ˌun·i'den·ti·fied *adj.* nicht identifiziert, unbekannt: ~ ***flying object*** unbekanntes Flugobjekt.

u·ni·di·men·sion·al [ˌju:nɪdɪ'menʃənl] *adj.* 'eindimensioˌnal.

u·ni·fi·ca·tion [ˌju:nɪfɪ'keɪʃn] *s.* **1.** Vereinigung *f*; **2.** Vereinheitlichung *f.*

u·ni·form ['ju:nɪfɔ:m] **I** *adj.* □ **1.** gleich(-förmig), uni'form; **2.** gleichbleibend, -mäßig, kon'stant; **3.** einheitlich, über'einstimmend, gleich, Einheits...; **4.** einförmig, -tönig; **II** *s.* **5.** Uni'form *f*, Dienstkleidung *f*; (Schwestern)Tracht *f*; **III** *v/t.* **6.** uniformieren (*a.* ⚔ *etc.*): ~***ed*** uniformiert, in Uniform; **u·ni·form·i·ty** [ju:nɪ'fɔ:mətɪ] *s.* **1.** Gleichförmigkeit *f*, -mäßigkeit *f*, Gleichheit *f*, Über'einstimmung *f*; **2.** Einheitlichkeit *f*; **3.** Einförmigkeit *f*, -tönigkeit *f.*

u·ni·fy ['ju:nɪfaɪ] *v/t.* **1.** verein(ig)en, zs.-schließen; **2.** vereinheitlichen.

u·ni·lat·er·al [ˌju:nɪ'lætərəl] *adj.* □ einseitig (*a.* ⚕ *u.* ⚖).

ˌun·il'lu·mi·nat·ed *adj.* **1.** unerleuchtet (*a. fig.*); **2.** *fig.* unwissend.

ˌun·im'ag·i·na·ble *adj.* □ unvorstellbar; **ˌun·im'ag·i·na·tive** *adj.* □ phantasielos, einfallslos; **ˌun·im'ag·ined** *adj.* ungeahnt.

ˌun·im'paired *adj.* unvermindert, unbeeinträchtigt, ungeschmälert.

ˌun·im'pas·sioned *adj.* leidenschaftslos.

ˌ**un·imˈpeach·a·ble** *adj.* ☐ **1.** unanfechtbar; **2.** untad(e)lig.

ˌ**un·imˈped·ed** *adj.* ☐ ungehindert.

ˌ**un·imˈpor·tant** *adj.* unwichtig.

ˌ**un·imˈpos·ing** *adj.* nicht imponierend *od.* impoˈsant, eindruckslos.

ˌ**un·imˈpres·sion·a·ble** *adj.* nicht zu beeindrucken(d), (für Eindrücke) unempfänglich.

ˌ**un·imˈpres·sive** → ***unimposing.***

ˌ**un·inˈflect·ed** *adj. ling.* unflektiert.

ˌ**unˈin·flu·enced** *adj.* unbeeinflußt (***by*** durch, von); ˈ**unˌin·fluˈen·tial** *adj.* ohne Einfluß, nicht einflußreich.

ˌ**un·inˈformed** *adj.* **1.** (***on***) nicht informiert *od.* unterˈrichtet (über *acc.*), nicht eingeweiht (in *acc.*); **2.** ungebildet.

ˌ**un·inˈhab·it·a·ble** *adj.* unbewohnbar; ˌ**un·inˈhab·it·ed** *adj.* unbewohnt.

ˌ**un·inˈi·ti·at·ed** *adj.* uneingeweiht, nicht eingeführt (***into*** in *acc.*).

ˌ**unˈin·jured** *adj.* **1.** unverletzt; **2.** unbeschädigt.

ˌ**un·inˈspired** *adj.* schwunglos, ohne Feuer; ˌ**un·inˈspir·ing** *adj.* nicht begeisternd, wenig anregend.

ˌ**un·inˈstruct·ed** *adj.* **1.** nicht unterˈrichtet, unwissend; **2.** nicht instruiert, ohne Verhaltensmaßregeln; ˌ**un·inˈstruc·tive** *adj.* nicht *od.* wenig instrukˈtiv *od.* lehrreich.

ˌ**un·inˈsured** *adj.* unversichert.

ˌ**un·inˈtel·li·gent** *adj.* ☐ ˈunintelliˌgent, beschränkt, geistlos, dumm.

ˈ**un·inˌtel·li·giˈbil·i·ty** *s.* Unverständlichkeit *f*; ˌ**un·inˈtel·li·gi·ble** *adj.* ☐ unverständlich.

ˌ**un·inˈtend·ed** *adj.*, ˌ**un·inˈten·tion·al** *adj.* ☐ unbeabsichtigt, unabsichtlich, ungewollt.

ˌ**unˈin·ter·est·ed** *adj.* ☐ interˈesselos, uninteressiert (***in*** an *dat.*), gleichgültig; ˌ**unˈin·ter·est·ing** *adj.* ☐ ˈuninteresˌsant.

ˈ**unˌin·terˈrupt·ed** *adj.* ☐ ˈununterˌbrochen: a) ungestört (***by*** von), b) kontinuierlich, fortlaufend, anhaltend: **~ *working hours*** durchgehende Arbeitszeit.

ˌ**un·inˈvit·ed** *adj.* un(ein)geladen; ˌ**un·inˈvit·ing** *adj.* ☐ nicht *od.* wenig einladend *od.* verlockend *od.* anziehend.

un·ion [ˈjuːnjən] *s.* **1.** *allg.* Vereinigung *f*, (*a. eheliche*) Verbindung; **2.** Eintracht *f*, Harmoˈnie *f*; **3.** *pol.* Zs.-schluß *m*; **4.** *pol. etc.* Uniˈon *f*: a) (Staaten-) Bund *m*, *z.B. die* U.S.A. *pl.*, b) Vereinigung *f*, (Zweck)Verband *m*, Bund *m*, (*a. Post-, Zoll- etc.*)Verein *m*, c) *Brit. Vereinigung unabhängiger Kirchen*; **5.** Gewerkschaft *f*: **~ *dues*** *pl.* Gewerkschaftsbeitrag *m*; **6.** *Brit. hist.* a) *Kirchspielverband zur Armenpflege*, b) Armenhaus *n*; **7.** ⚙ Anschlußstück *n*, (Rohr)Verbindung *f*; **8.** ⚙ Mischgewebe *n*; **9.** ⚓ Gösch *f* (*Flaggenfeld mit Hoheitsabzeichen*): **~ *flag*** → ***union jack*** 1; ˈ**un·ion·ism** [-nɪzəm] *s.* **1.** *pol.* Unioˈnismus *m*, unioˈnistische Bestrebungen *pl.*; **2.** Gewerkschaftswesen *n*; ˈ**un·ion·ist** [-nɪst] *s.* **1.** ♎ *pol. hist.* Unioˈnist *m*; **2.** Gewerkschaftler *m*; ˈ**un·ion·ize** [-naɪz] *v/t.* gewerkschaftlich organisieren.

un·ion| jack *s.* **1.** ***Union Jack*** Union Jack *m* (*brit. Nationalflagge*); **2.** ⚓ → ***union*** 9; **~ joint** *s.* Rohrverbindung *f*; **~ shop** *s.* ✝ *bsd. Am. Betrieb, der nur Gewerkschaftsmitglieder einstellt od. Arbeitnehmer, die bereit sind, innerhalb von 30 Tagen der Gewerkschaft beizutreten*; **~ suit** *s. Am.* Hemdhose *f* mit langem Bein.

u·nip·a·rous [juːˈnɪpərəs] *adj.* **1.** ⚕ erst einmal geboren habend; **2.** *zo.* nur ˈein Junges gebärend (*bei e-m Wurf*); **2.** ⚘ nur ˈeine Achse *od.* ˈeinen Ast treibend.

u·ni·par·tite [ˌjuːnɪˈpɑːtaɪt] *adj.* einteilig.

u·ni·po·lar [ˌjuːnɪˈpəʊlə] *adj.* **1.** *phys.*, ⚡ einpolig, Einpol...; **2.** *anat.* monopoˈlar (*Nervenzelle*).

u·nique [juːˈniːk] **I** *adj.* ☐ **1.** einzig; **2.** einmalig, einzigartig; unerreicht, *nachgestellt*: ohneˈgleichen; **3.** F außer-, ungewöhnlich; großartig; **4.** ⚖ eindeutig; **II** *s.* **5.** Seltenheit *f*, Unikum *n*; **uˈnique·ness** [-nɪs] *s.* Einzigartig-, Einmaligkeit *f*.

ˈ**u·ni·sex** *adj.* Unisex...

ˌ**u·niˈsex·u·al** *adj.* ☐ **1.** eingeschlechtig; **2.** *zo.*, ⚘ getrenntgeschlechtlich.

u·ni·son [ˈjuːnɪzn] *s.* **1.** ♪ Ein-, Gleichklang *m*, Uniˈsono *n*: ***in* ~** unisono, einstimmig (*a. fig.*); **2.** *fig.* Einklang *m*, Überˈeinstimmung *f*: ***in* ~ *with*** in Einklang mit; **u·nis·o·nous** [juːˈnɪsənəs] *adj.* **1.** ♪ a) gleichklingend, b) einstimmig; **2.** *fig.* überˈeinstimmend.

u·nit [ˈjuːnɪt] *s.* **1.** *allg.* Einheit *f* (*Einzelding*): **~ *of account*** (***trade, value***) ✝ (Ver)Rechnungs- (Handels-, Währungs)einheit; ***dwelling* ~** Wohneinheit; **~ *factor*** *biol.* Erbfaktor *m*; **~ *furniture*** Anbaumöbel *pl.*; **~ *price*** ✝ Einheitspreis *m*; **~ *wages*** ✝ Stück-, Akkordlohn *m*; **2.** *phys.* (Grund-, Maß-) Einheit *f*: **~ (*of*) *power*** (***time***) Leistungs- (Zeit)einheit; **3.** Ⱥ Einer *m*, Einheit *f*; **4.** ⚔ Einheit *f*, Verband *m*, Truppenteil *m*; **5.** ⚙ a) (Bau)Einheit *f*, b) Aggreˈgat *n*, Anlage *f*: ***~ construction*** Baukastenbauweise *f*; **6.** *fig.* Kern *m*, Zelle *f*: ***the family as the ~ of society***.

U·ni·tar·i·an [ˌjuːnɪˈteərɪən] **I** *s. eccl.* Uniˈtarier(in); **II** *adj.* uniˈtarisch; ˌ**U·niˈtar·i·an·ism** [-nɪzəm] *s. eccl.* Unitaˈrismus *m*; **u·ni·tar·y** [ˈjuːnɪtərɪ] *adj.* Einheits… (*a.* ϟ), Ⱥ *a.* uniˈtär; einheitlich.

u·nite [juːˈnaɪt] **I** *v/t.* **1.** verbinden (*a.* ⚗, ⚙), vereinigen; **2.** (ehelich) verbinden, verheiraten; **3.** *Eigenschaften* in sich vereinigen; **II** *v/i.* **4.** sich vereinigen; **5.** ⚗, ⚙ sich verbinden (***with*** mit); **6.** sich zs.-tun: ***~ in doing s.th.*** et. geschlossen *od.* vereint tun; **7.** sich anschließen (***with*** *dat. od.* an *acc.*); **8.** sich verheiraten; **uˈnit·ed** [-tɪd] *adj.* vereinigt; vereint (*Kräfte etc.*), gemeinsam: ***≈ Kingdom*** *das* Vereinigte Königreich (*Großbritannien u. Nordirland*); ***≈ Nations*** Vereinte Nationen; ***≈ States*** *die* Vereinigten Staaten *von Nordamerika*, *die* U.S.A. *pl.*

u·nit·ize [ˈjuːnɪtaɪz] *v/t.* **1.** zu e-r Einheit machen; **2.** ⚙ nach dem ˈBaukastenprinˌzip konstruieren; **3.** in Einheiten verpacken.

u·nit trust *s.* ⚚ Inˈvestmenttrust *m.*

u·ni·ty [ˈjuːnətɪ] *s.* **1.** Einheit *f* (*a.* Ⱥ, ⚖): ***the dramatic unities*** *thea.* die drei Einheiten; **2.** Einheitlichkeit *f* (*a. e-s Kunstwerks*); **3.** Einigkeit *f*, Eintracht *f*: ***~ (of sentiment)*** Einmütigkeit *f*; ***at ~*** in Eintracht, im Einklang; **4.** *nationale etc.* Einheit.

u·ni·va·lent [ˌjuːnɪˈveɪlənt] *adj.* ⚗ einwertig.

u·ni·ver·sal [ˌjuːnɪˈvɜːsl] **I** *adj.* ☐ **1.** (ˈall)umˌfassend, univerˈsal, Universal…(*-genie*, *-erbe etc.*), gesamt, gloˈbal: ***~ knowledge*** umfassendes Wissen; ***~ succession*** ⚖ Gesamtnachfolge *f*; **2.** allgemein (*a. Wahlrecht*, *Wehrpflicht etc.*): ***~ partnership*** ⚖ allgemeine Gütergemeinschaft; ***the disappointment was ~*** die Enttäuschung war allgemein; **3.** allgemein(gültig), univerˈsell: ***~ rule***; ***~ remedy*** ⚕ Universalmittel *n*; **4.** allgemein, ˈüberall üblich *od.* anzutreffen(d); **5.** ˈweltumˌfassend, Welt…: ***~ language*** Weltsprache *f*; ***≈ Postal Union*** Weltpostverein *m*; ***~ time*** Weltzeit *f*; **6.** ⚙ Universal…(*-gerät etc.*): ***~ current*** ϟ Allstrom *m*; ***~ joint*** Universal-, Kardangelenk *n*; **II** *s.* **7.** *das* Allgemeine; **8.** *Logik*: allgemeine Aussage; **9.** *phls.* Allgemeinbegriff *m*; ˌ**u·niˈver·sal·ism** [-səlɪzəm] *s. eccl.*, *phls.* Universaˈlismus *m*; **u·ni·ver·sal·i·ty** [ˌjuːnɪvɜːˈsælətɪ] *s.* **1.** *das* ˈAllumˌfassende, Allgemeinheit *f*; **2.** Universaliˈtät *f*, Vielseitigkeit *f*, umˈfassende Bildung; **3.** Allgemeingültigkeit *f*; ˌ**u·niˈver·sal·ize** [-səlaɪz] *v/t.* allgemeingültig machen; allgemein verbreiten; **u·ni·verse** [ˈjuːnɪvɜːs] *s.* **1.** Uniˈversum *n*, (Welt)All *n*, Kosmos *m*; **2.** Welt *f*; ˌ**u·niˈver·si·ty** [-sətɪ] **I** *s.* Universiˈtät *f*, Hochschule *f*: ***Open ≈***, ***≈ of the Air*** Fernsehuniversität *f*; ***at the ≈ of Oxford***, ***at Oxford ≈*** auf *od.* an der Universität Oxford; **II** *adj.* Universitäts…, Hochschul…, akaˈdemisch: ***~ education*** Hochschulbildung *f*; ***~ extension*** *Art* Volkshochschule *f*; ***~ man*** Akademiker *m*; ***~ place*** Studienplatz *m*; ***~ professor*** ordentlicher Professor.

u·ni·vo·cal [ˌjuːnɪˈvəʊkl] **I** *adj.* ☐ eindeutig, unzweideutig; **II** *s.* Wort *n* mit nur ˈeiner Bedeutung.

ˌ**unˈjust** *adj.* ☐ ungerecht (***to*** gegen); **unˈjus·ti·fi·a·ble** *adj.* ☐ nicht zu rechtfertigen(d), unverantwortlich; **unˈjus·ti·fied** *adj.* ungerechtfertigt, unberechtigt; ˌ**unˈjust·ness** *s.* Ungerechtigkeit *f.*

un·kempt [ˌʌnˈkempt] *adj.* **1.** *obs.* ungekämmt, zerzaust; **2.** *fig.* ungepflegt, unordentlich, verwahrlost.

unˈkind *adj.* ☐ **1.** unfreundlich (***to*** zu); **2.** rücksichtslos, herzlos (***to*** gegen); **unˈkind·li·ness** *s.* Unfreundlichkeit *f*; **unˈkind·ly** → ***unkind***; **unˈkind·ness** *s.* Unfreundlichkeit *f etc.*

ˌ**unˈknow·ing** *adj.* ☐ **1.** unwissend; **2.** unwissentlich, unbewußt; **3.** nicht wissend, ohne zu wissen (***that*** daß, ***how*** wie *etc.*).

ˌ**unˈknown I** *adj.* **1.** unbekannt (***to*** *dat.*); → ***quantity*** 2; **2.** nie gekannt, beispiellos (*Entzücken etc.*); **II** *adv.* **3.** (***to s.o.***) ohne (j-s) Wissen; **III** *s.* **4.** *der* (*die*, *das*) Unbekannte; **5.** Ⱥ Unbekannte *f.*

ˌ**unˈla·bel(l)ed** *adj.* nicht etikettiert, ohne Etiˈkett *od.* Aufschrift.

ˌ**unˈla·bo(u)red** *adj.* mühelos (*a. fig. ungezwungen*, *leicht*).

ˌ**unˈlace** *v/t.* aufschnüren.

ˌ**unˈlade** *v/t.* [*irr.* → ***lade***] **1.** aus-, entladen; **2.** ⚓ *Ladung etc.* löschen; ˌ**unˈlad·en** *adj.* **1.** unbeladen: ***~ weight*** Leergewicht *n*; **2.** *fig.* unbelastet (***with*** von).

ˌ**unˈla·dy·like** *adj.* nicht damenhaft, unfein.

ˌ**un·laˈment·ed** *adj.* unbeklagt, unbeweint, unbetrauert.

ˌun'latch *v/t.* aufklinken.

ˌun'law·ful *adj.* □ **1.** ⚖ rechtswidrig, 'widerrechtlich, ungesetzlich, 'illeˌgal: ~ ***assembly*** Auflauf *m*, Zs.-rottung *f*; **2.** unerlaubt; **3.** unehelich; **ˌun'law·ful·ness** *s.* Ungesetzlichkeit *f etc.*

ˌun'learn [*irr.* → ***learn***] **I** *v/t.* verlernen, vergessen; **II** *v/i.* 'umlernen.

un·learned¹ [ˌʌn'lɜːnt] *adj.* nicht er- *od.* gelernt.

un·learn·ed² [ˌʌn'lɜːnɪd] *adj.* ungelehrt.

ˌun'learnt → ***unlearned¹***.

ˌun'leash *v/t.* **1.** losbinden, *Hund* loskoppeln; **2.** *fig.* entfesseln, auslösen, loslassen.

ˌun'leav·ened *adj.* ungesäuert (*Brot*).

un·less [ən'les] **I** *cj.* wenn ... nicht; so'fern ... nicht; es sei denn (, daß) ...; außer wenn ...; ausgenommen (wenn) ...; vor'ausgesetzt, daß nicht ...; **II** *prp.* außer.

ˌun'let·tered *adj.* **1.** analpha'betisch; **2.** ungebildet, ungelehrt; **3.** unbeschriftet, unbedruckt.

ˌun'li·censed *adj.* **1.** unerlaubt; **2.** nicht konzessioniert, (amtlich) nicht zugelassen, ohne Li'zenz.

ˌun'licked *adj. fig.* a) ungehobelt, ungeschliffen, roh, b) unreif: ~ ***cub*** grüner Junge.

ˌun'lik·a·ble *adj.* 'unsymˌpathisch.

ˌun'like I *adj.* **1.** ungleich, (vonein'ander) verschieden; **2.** unähnlich; **II** *prp.* **3.** unähnlich (***s.o.*** j-m), verschieden von, anders als: ***that is very ~ him*** das sieht ihm gar nicht ähnlich; **4.** anders als, nicht wie; **5.** im Gegensatz zu.

ˌun'like·a·ble → ***unlikable.***

un'like·li·hood, **un'like·li·ness** *s.* Unwahrscheinlichkeit *f*; **un'like·ly I** *adj.* **1.** unwahrscheinlich; **2.** (ziemlich) unmöglich: ~ ***place***; **3.** aussichtslos; **II** *adv.* **4.** unwahrscheinlich.

ˌun'lim·ber *v/t. u. v/i.* **1.** ⚔ abprotzen; **2.** *fig.* (sich) bereitmachen.

un'lim·it·ed *adj.* **1.** unbegrenzt; unbeschränkt (*a. Haftung etc.*): ~ ***company*** ✝ *Brit.* Gesellschaft *f* mit unbeschränkter Haftung; **2.** ✝ *Börse*: nicht limitiert; **3.** *fig.* grenzen-, uferlos.

ˌun'lined¹ *adj.* ungefüttert: ~ ***coat.***

ˌun'lined² *adj.* **1.** unliniert, ohne Linien; **2.** faltenlos (*Gesicht*).

ˌun'link *v/t.* **1.** losketten; **2.** *Kettenglieder* trennen; **3.** *Kette* ausein'andernehmen.

ˌun'liq·ui·dat·ed *adj.* ✝ **1.** a) ungetilgt (*Schuld etc.*), b) nicht festgestellt (*Betrag etc.*); **2.** unliquidiert: ~ ***company.***

ˌun'list·ed *adj.* **1.** nicht verzeichnet; **2.** *teleph. Am.* Geheim...: ~ ***number***; **3.** ✝ nicht notiert (*Wertpapier*).

ˌun'load I *v/t.* **1.** ab-, aus-, entladen; ⚓ *Ladung* löschen; **2.** *fig.* (von e-r Last) befreien, erleichtern; **3.** *Waffe* entladen; **4.** *Börse*: *Aktien* (*massenhaft*) abstoßen, auf den Markt werfen; **5.** F (***on, onto***) a) *j-n, et.* ‚abladen' (bei), b) abwälzen (auf *acc.*), c) *Wut etc.* auslassen (an *dat.*); **II** *v/i.* **6.** aus-, abladen; **7.** gelöscht *od.* ausgeladen werden.

ˌun'lock *v/t.* **1.** aufschließen, öffnen; **2.** *Waffe* entsichern; **ˌun'locked** *adj.* unverschlossen.

un'looked-for *adj.* unerwartet, 'unvorˌhergesehen, über'raschend.

ˌun'loose, **un'loos·en** *v/t.* **1.** *Knoten etc.* lösen; **2.** *Griff etc.* lockern; **3.** losmachen, -lassen.

ˌun'lov·a·ble *adj.* nicht *od.* wenig liebenswert; **ˌun'loved** *adj.* ungeliebt; **ˌun'love·ly** *adj.* unschön, reizlos; **ˌun'lov·ing** *adj.* □ kalt, lieblos.

un'luck·i·ly *adv.* unglücklicherweise; **un'luck·y** *adj.* □ unglücklich: a) vom Pech verfolgt: ***be ~*** Pech *od.* kein Glück haben, b) fruchtlos: ~ ***effort***, c) ungünstig: ~ ***moment***, d) unheilvoll, Unglücks...: ~ ***day.***

ˌun'made *adj.* ungemacht.

ˌun'make *v/t.* [*irr.* → ***make***] **1.** aufheben, 'umstoßen, wider'rufen, rückgängig machen; **2.** *j-n* absetzen; **3.** vernichten; **4.** 'umbilden.

ˌun'man *v/t.* **1.** entmannen; **2.** *j-n* s-r Kraft berauben; **3.** *j-n* verzagen lassen, entmutigen; **4.** verrohen (lassen); **5.** *e-m Schiff etc.* die Mannschaft nehmen: ***~ned*** unbemannt.

un'man·age·a·ble *adj.* □ **1.** schwer zu handhaben(d), unhandlich; **2.** *fig.* unfügsam, unlenksam, 'widerspenstig: ~ ***child***; **3.** unkontrollierbar (*Lage*).

ˌun'man·li·ness *s.* Unmännlichkeit *f*; **ˌun'man·ly** *adj.* **1.** unmännlich; **2.** weibisch; **3.** feige.

un'man·ner·li·ness *s.* schlechtes Benehmen; **un'man·ner·ly** *adj.* ungezogen, 'unmaˌnierlich.

ˌun'marked *adj.* **1.** nicht markiert, unbezeichnet, ungezeichnet (*a. Gesicht*); **2.** unbemerkt; **3.** *sport* ungedeckt.

ˌun'mar·ket·a·ble *adj.* ✝ **1.** nicht marktgängig *od.* -fähig; **2.** unverkäuflich.

ˌun'mar·riage·a·ble *adj.* nicht heiratsfähig; **ˌun'mar·ried** *adj.* unverheiratet, ledig.

un·mask [ˌʌn'mɑːsk] **I** *v/t.* **1.** *j-m* die

Maske abnehmen, *j-n* demaskieren; **2.** *fig. j-n* entlarven, *j-m* die Maske her'unterreißen; **II** *v/i.* **3.** sich demaskieren; **4.** *fig.* die Maske fallen lassen; ˌ**un'mask·ing** [-kɪŋ] *s. fig.* Entlarvung *f.*

ˌ**un'matched** *adj.* unvergleichlich, unerreicht, 'unüberˌtroffen.

ˌ**un'mean·ing** *adj.* □ sinn-, bedeutungslos; nichtssagend (*a. Gesicht*); ˌ**un'meant** *adj.* unbeabsichtigt.

ˌ**un'meas·ured** *adj.* **1.** ungemessen; **2.** unermeßlich, grenzenlos, unbegrenzt; **3.** unmäßig.

ˌ**un·me'lo·di·ous** *adj.* □ 'unmeˌlodisch.

un'men·tion·a·ble I *adj.* **1.** unaussprechlich, ta'bu: ***an ~ topic*** ein Thema, über das man nicht spricht; **2.** → ***unspeakable***; **II** *s. pl. humor. die* Unaussprechlichen *pl.* (*Unterwäsche*); ˌ**un'men·tioned** *adj.* unerwähnt.

ˌ**un'mer·chant·a·ble** → ***unmarketable***.

un'mer·ci·ful *adj.* □ unbarmherzig.

ˌ**un'mer·it·ed** *adj.* □ unverdient(ermaßen *adv.*).

ˌ**un·me'thod·i·cal** *adj.* 'unmeˌthodisch, sys'tem-, planlos.

ˌ**un'mil·i·tar·y** *adj.* **1.** 'unmiliˌtärisch; **2.** nicht mili'tärisch, Zivil...

un'mind·ful *adj.* □ unachtsam; uneingedenk (***of*** *gen.*): ***be ~ of*** a) nicht achten auf (*acc.*), b) nicht denken an (*acc.*).

ˌ**un·mis'tak·a·ble** *adj.* □ **1.** 'unˌmißverständlich; **2.** unverkennbar.

un'mit·i·gat·ed *adj.* □ **1.** ungemildert, ganz; **2.** voll'endet, Erz..., *nachgestellt*: durch u. durch: ***an ~ liar***.

ˌ**un'mixed** *adj.* □ **1.** unvermischt; **2.** *fig.* ungemischt, rein, pur.

ˌ**un'mod·i·fied** *adj.* unverändert, nicht abgeändert.

ˌ**un·mo'lest·ed** *adj.* unbelästigt, ungestört: ***live ~*** in Frieden leben.

ˌ**un'moor** ⚓ **I** *v/t.* **1.** abankern, losmachen; **2.** vor 'einem Anker liegen lassen; **II** *v/i.* **3.** den *od.* die Anker lichten.

ˌ**un'mor·al** *adj.* 'amoˌralisch.

ˌ**un'mort·gaged** *adj.* ⚖ **1.** unverpfändet; **2.** hypo'thekenfrei, unbelastet.

ˌ**un'mount·ed** *adj.* **1.** unberitten: ***~ police***; **2.** nicht aufgezogen (*Bild etc.*); **3.** ⚙, ⚔ unmontiert; **4.** nicht gefaßt (*Stein*).

ˌ**un'mourned** *adj.* unbetrauert.

ˌ**un'mov·a·ble** *adj.* □ unbeweglich; ˌ**un'moved** *adj.* □ **1.** unbewegt; **2.** *fig.* ungerührt, unbewegt; **3.** *fig.* unerschütterlich, standhaft, gelassen; ˌ**un'mov·ing** *adj.* regungslos.

ˌ**un'mur·mur·ing** *adj.* □ ohne Murren, klaglos.

ˌ**un'mu·si·cal** *adj.* □ **1.** 'unmusiˌkalisch (*Person*); **2.** 'unmeˌlodisch.

ˌ**un'muz·zle** *v/t.* **1.** *e-m Hund* den Maulkorb abnehmen: ***~d*** ohne Maulkorb; **2.** *fig. j-m* freie Meinungsäußerung gewähren.

ˌ**un'nam·a·ble** *adj.* unsagbar.

ˌ**un'named** *adj.* **1.** namenlos; **2.** nicht namentlich genannt, ungenannt.

un'nat·u·ral *adj.* □ **1.** 'unnaˌtürlich; **2.** künstlich, gekünstelt; **3.** 'widernaˌtürlich (*Laster, Verbrechen etc.*); **4.** ungeheuerlich, ab'scheulich; **5.** ungewöhnlich; **6.** ano'mal.

ˌ**un'nav·i·ga·ble** *adj.* nicht schiffbar, unbefahrbar.

un'nec·es·sar·i·ly *adv.* unnötigerweise; **un'nec·es·sar·y** *adj.* □ **1.** unnötig, nicht notwendig; **2.** nutzlos, 'überflüssig.

ˌ**un'need·ed** *adj.* nicht benötigt, nutzlos; ˌ**un'need·ful** *adj.* □ unnötig.

ˌ**un'neigh·bo(u)r·ly** *adj.* nicht gutnachbarlich, unfreundlich.

ˌ**un'nerve** *v/t.* entnerven, zermürben, *j-n* die Nerven *od.* den Mut verlieren lassen.

ˌ**un'not·ed** *adj.* **1.** unbeachtet, unberühmt; **2.** → ***unnoticed*** 1.

ˌ**un'no·ticed** *adj.* **1.** unbemerkt, unbeobachtet; **2.** → ***unnoted*** 1.

ˌ**un'num·bered** *adj.* **1.** unnumeriert; **2.** *poet.* ungezählt, zahllos.

ˌ**un·ob'jec·tion·a·ble** *adj.* □ einwandfrei.

ˌ**un·ob'lig·ing** *adj.* ungefällig.

ˌ**un·ob'serv·ant** *adj.* unaufmerksam, unachtsam: ***be ~ of*** *et.* nicht beachten; ˌ**un·ob'served** *adj.* □ unbeobachtet, unbemerkt.

ˌ**un·ob'struct·ed** *adj.* **1.** unversperrt, ungehindert: ***~ view***; **2.** *fig.* unbehindert.

ˌ**un·ob'tain·a·ble** *adj.* **1.** ⚕ nicht erhältlich; **2.** unerreichbar.

ˌ**un·ob'tru·sive** *adj.* □ unaufdringlich: a) zu'rückhaltend, bescheiden, b) unauffällig; ˌ**un·ob'tru·sive·ness** *s.* Unaufdringlichkeit *f.*

ˌ**un'oc·cu·pied** *adj.* frei: a) unbewohnt, leer(stehend), b) unbesetzt, c) unbeschäftigt.

ˌ**un·of'fend·ing** *adj.* **1.** nicht beleidigend; **2.** nicht anstößig.

ˌ**un·of'fi·cial** *adj.* □ **1.** nichtamtlich, 'inoffiziˌell; **2.** ***~ strike*** ⚕ wilder Streik.

ˌ**un'op·ened** *adj.* **1.** ungeöffnet, verschlossen: ***~ letter***; **2.** ⚕ unerschlossen: ***~ market***.

ˌ**un·op'posed** *adj.* **1.** unbehindert; **2.** unbeanstandet: **~ by** ohne Widerstand *od.* Einspruch seitens (*gen.*).

ˌ**un'or·gan·ized** *adj.* **1.** 'unorˌganisch; **2.** unorganisiert, wirr; **3.** nicht organisiert.

ˌ**un'or·tho·dox** *adj.* **1.** *eccl.* 'unorthoˌdox; **2.** *fig.* 'unorthoˌdox, unüblich, 'unkonventioˌnell.

'**unˌos·ten'ta·tious** *adj.* □ unaufdringlich, unauffällig: a) prunklos, schlicht, b) anspruchslos, zu'rückhaltend, c) de'zent (*Farben etc.*).

ˌ**un'owned** *adj.* herrenlos.

ˌ**un'pack** *v/t. u. v/i.* auspacken.

ˌ**un'paid** *adj.* **1.** *a.* **~-for** unbezahlt; rückständig (*Zinsen etc.*); **2.** ✝ noch nicht eingezahlt (*Kapital*); **3.** unbesoldet, unbezahlt, ehrenamtlich (*Stellung*).

un'pal·at·a·ble *adj.* □ **1.** unschmackhaft, schlecht (schmeckend); **2.** *fig.* unangenehm, 'widerwärtig.

un'par·al·leled *adj.* einmalig, beispiellos, *nachgestellt*: ohne'gleichen.

un'par·don·a·ble *adj.* □ unverzeihlich.

'**unˌpar·lia'men·ta·ry** *adj. pol.* 'unparlamenˌtarisch.

ˌ**un'pat·ent·ed** *adj.* nicht patentiert.

'**unˌpa·tri'ot·ic** *adj.* (□ **~ally**) 'unpatriˌotisch.

ˌ**un'paved** *adj.* ungepflastert.

ˌ**un'ped·i·greed** *adj.* ohne Stammbaum.

ˌ**un'peo·ple** *v/t.* entvölkern.

ˌ**un·per'ceived** *adj.* □ unbemerkt.

ˌ**un·per'formed** *adj.* **1.** nicht ausgeführt, ungetan, unverrichtet; **2.** *thea.* nicht aufgeführt (*Stück*).

'**unˌper·son** *s. fig.* 'Unperˌson *f.*

ˌ**un·per'turbed** *adj.* nicht beunruhigt, gelassen, ruhig.

ˌ**un'pick** *v/t. Naht etc.* (auf)trennen; ˌ**un'picked** *adj.* **1.** ungepflückt; **2.** ✝ unausgesucht, unsortiert (*Proben*).

ˌ**un'pin** *v/t.* **1.** die Nadeln entfernen aus; **2.** losstecken, -machen.

ˌ**un'pit·ied** *adj.* unbemitleidet; ˌ**un'pit·y·ing** *adj.* □ mitleid(s)los.

ˌ**un'placed** *adj.* **1.** nicht 'untergebracht; nicht angestellt, ohne Stellung; **2.** *Rennsport*: unplaciert.

ˌ**un'plait** *v/t.* **1.** glätten; **2.** *das Haar etc.* aufflechten.

ˌ**un'play·a·ble** *adj.* **1.** *sport* unbespielbar (*Boden*, *Platz*); **2.** ♪ unspielbar; **3.** *thea.* nicht bühnenreif.

un'pleas·ant *adj.* □ *allg.* unangenehm: a) unerfreulich, b) unfreundlich, c) unwirsch (*Person*); **un'pleas·ant·ness** *s.* **1.** *das* Unangenehme; **2.** Unannehmlichkeit *f*; **3.** 'Mißhelligkeit *f*, Unstimmigkeit *f.*

ˌ**un'pledged** *adj.* **1.** nicht verpflichtet; **2.** ⚖ unverpfändet.

ˌ**un'plug** *v/t.* den Pflock *od.* Stöpsel *od.* Stecker entfernen aus.

ˌ**un'plumbed** *adj. fig.* unergründet, unergründlich.

ˌ**un·po'et·ic**, ˌ**un·po'et·i·cal** *adj.* □ 'unpoˌetisch, undichterisch.

ˌ**un'pol·ished** *adj.* **1.** unpoliert (*a. Reis*), ungeglättet, ungeschliffen; **2.** *fig.* unausgefeilt (*Stil etc.*); **3.** *fig.* ungeschliffen, ungehobelt.

ˌ**un'pol·i·tic** → ***unpolitical*** 1; ˌ**un·po'lit·i·cal** *adj.* **1.** (po'litisch) unklug; **2.** 'unpoˌlitisch, an Poli'tik uninteressiert; **3.** 'unparˌteiisch.

ˌ**un'polled** *adj. pol.* **1.** nicht gewählt habend: **~ elector** Nichtwähler *m*; **2.** *Am.* nicht (in die Wählerliste) eingetragen.

ˌ**un·pol'lut·ed** *adj.* **1.** unverschmutzt, unverseucht (*Wasser etc.*); **2.** *fig.* unbefleckt.

ˌ**un'pop·u·lar** *adj.* □ 'unpopuˌlär, unbeliebt; '**unˌpop·u'lar·i·ty** *s.* 'Unpopulariˌtät *f*, Unbeliebtheit *f.*

ˌ**un·pos'sessed** *adj.* **1.** herrenlos (*Sache*); **2.** **~ of s.th.** nicht im Besitz e-r Sache.

ˌ**un'post·ed** *adj.* **1.** nicht informiert, 'ununterˌrichtet; **2.** *Brit.* nicht aufgegeben (*Brief*).

ˌ**un'prac·ti·cal** *adj.* □ unpraktisch; **un'prac·ticed** *Am.*, **un'prac·tised** *Brit. adj.* ungeübt (**in** in *dat.*).

un'prec·e·dent·ed *adj.* □ **1.** beispiellos, unerhört, noch nie dagewesen; **2.** ⚖ ohne Präze'denzfall.

ˌ**un·pre'dict·a·ble** *adj.* unvorhersehbar, unberechenbar (*a. Person*): **he is quite ~** *a.* er ist sehr schwer auszumachen.

ˌ**un'prej·u·diced** *adj.* **1.** unvoreingenommen, vorurteilsfrei, *a.* ⚖ unbefangen; **2.** *a.* ⚖ unbeeinträchtigt.

ˌ**un·pre'med·i·tat·ed** *adj.* □ **1.** 'unüberˌlegt; **2.** unbeabsichtigt; **3.** ⚖ ohne Vorsatz.

ˌ**un·pre'pared** *adj.* □ **1.** unvorbereitet: **an ~ speech**; **2.** (**for**) nicht vorbereitet *od.* gefaßt (auf *acc.*), nicht gerüstet (für).

'**unˌpre·pos'sess·ing** *adj.* wenig anziehend, 'unsymˌpathisch.

ˌ**un·pre'sent·a·ble** *adj.* nicht präsen'tabel.

ˌ**un·pre'sum·ing** *adj.* nicht anmaßend *od.* vermessen, bescheiden.

ˌ**un·pre'tend·ing**, ˌ**un·pre'ten·tious** *adj.* □ anspruchslos.

un'prin·ci·pled *adj.* **1.** ohne (feste) Grundsätze, haltlos, cha'rakterlos (*Per-*

son); **2.** gewissenlos, charakterlos (*Benehmen*).

un·print·a·ble [ˌʌnˈprɪntəbl] *adj.* nicht druckfähig *od.* druckreif (*a. fig. anstößig*); ˌ**unˈprint·ed** [-tɪd] *adj.* **1.** ungedruckt (*Schriften*); **2.** unbedruckt (*Stoffe etc.*).

ˌ**unˈpriv·i·leged** *adj.* nicht privilegiert *od.* bevorrechtigt: **~ *creditor*** ⚖ Massegläubiger *m*.

ˌ**un·proˈduc·tive** *adj.* □ ˈunprodukˌtiv (*a. fig.*), unergiebig (***of*** an *dat.*), unfruchtbar (*a. fig.*), ˈunrenˌtabel: **~ *capital*** ✝ totes Kapital; ˌ**un·proˈduc·tive·ness** *s.* ˈUnproduktiviˌtät *f*, Unfruchtbarkeit *f*, Unergiebigkeit *f*, ˈUnrentabiliˌtät *f*.

ˌ**un·proˈfes·sion·al** *adj.* □ **1.** keiner freien Berufsgruppe zugehörig; **2.** nicht berufsmäßig; **3.** berufswidrig: **~ *conduct***; **4.** unfachmännisch.

ˌ**unˈprof·it·a·ble** *adj.* □ **1.** nicht einträglich *od.* gewinnbringend *od.* lohnend, ˈunrenˌtabel; **2.** unvorteilhaft; **3.** nutz-, zwecklos; ˌ**unˈprof·it·a·ble·ness** *s.* **1.** Uneinträglichkeit *f*; **2.** Nutzlosigkeit *f*.

ˌ**un·proˈgres·sive** *adj.* □ **1.** nicht fortschrittlich, rückständig; **2.** rückschrittlich, konservaˈtiv, reaktioˈnär.

ˌ**unˈprom·is·ing** *adj.* □ nicht vielversprechend, ziemlich aussichtslos.

ˌ**unˈprompt·ed** *adj.* sponˈtan.

ˌ**un·proˈnounce·a·ble** *adj.* unaussprechlich.

ˌ**un·proˈpi·tious** *adj.* □ ungünstig.

ˌ**un·proˈpor·tion·al** *adj.* □ unverhältnismäßig, ˈunproportioˌnal.

ˌ**un·proˈtect·ed** *adj.* **1.** ungeschützt, schutzlos; **2.** ungedeckt.

ˌ**unˈproved**, ˌ**unˈprov·en** *adj.* unerwiesen.

ˌ**un·proˈvid·ed** *adj.* □ **1.** nicht versehen (***with*** mit): **~ *with*** ohne; **2.** unvorbereitet; **3. ~ *for*** unversorgt (*Kind*); **4. ~ *for*** nicht vorgesehen.

ˌ**un·proˈvoked** *adj.* □ **1.** unprovoziert; **2.** grundlos.

ˌ**unˈpub·lish·a·ble** *adj.* zur Veröffentlichung ungeeignet; ˌ**unˈpub·lished** *adj.* unveröffentlicht.

ˌ**unˈpunc·tu·al** *adj.* □ unpünktlich; ˈ**unˌpunc·tuˈal·i·ty** *s.* Unpünktlichkeit *f*.

ˌ**unˈpun·ished** *adj.* unbestraft, ungestraft: ***go* ~** straflos ausgehen.

un-put-down-a-ble [ˌʌnpʊtˈdaʊnəbl] *adj.* F so faszinierend, daß man es nicht mehr aus der Hand legen kann (*Buch*).

ˌ**unˈqual·i·fied** *adj.* □ **1.** unqualifiziert: a) unbefähigt, ungeeignet (***for*** für), b) unberechtigt; **2.** uneingeschränkt, unbedingt, bedingungslos; **3.** F ausgesprochen (*Lügner etc.*).

un·quench·a·ble [ˌʌnˈkwentʃəbl] *adj.* □ **1.** unlöschbar; **2.** *fig.* unstillbar.

un·ques·tion·a·ble [ʌnˈkwestʃənəbl] *adj.* □ **1.** unzweifelhaft, fraglos; **2.** unbedenklich; **unˈques·tioned** [-tʃənd] *adj.* **1.** ungefragt; **2.** unbezweifelt, unbestritten; **unˈques·tion·ing** [-nɪŋ] *adj.* □ bedingungslos, blind: **~ *obedience***; **unˈques·tion·ing·ly** [-nɪŋlɪ] *adv.* ohne zu fragen, ohne Zögern.

ˌ**unˈquote** *v/i.*: **~!** Ende des Zitats!; ˌ**unˈquot·ed** *adj.* **1.** nicht zitiert; **2.** *Börse*: nicht notiert.

unˈrav·el I *v/t.* **1.** *Gewebe* ausfasern; **2.** *Gestricktes* auftrennen; **3.** entwirren; **4.** *fig.* entwirren, enträtseln; **II** *v/i.* **5.** sich entwirren *etc.*

un·read [ˌʌnˈred] *adj.* **1.** ungelesen; **2.** a) unbelesen, ungebildet, b) unbewandert (***in*** in *dat.*).

ˌ**unˈread·a·ble** *adj.* **1.** unleserlich (*Handschrift etc.*); **2.** schwer zu lesen (*Buch etc.*); **3.** nicht lesenswert (*Buch etc.*).

ˌ**unˈread·i·ness** *s.* mangelnde Bereitschaft; ˌ**unˈread·y** *adj.* □ nicht bereit *od.* fertig (***for*** zu).

ˌ**unˈreal** *adj.* □ **1.** unwirklich; **2.** wesenlos; **3.** → ˈ**unˌre·alˈis·tic** *adj.* (□ **~*ally***) wirklichkeitsfremd, ˈunreaˌlistisch; ˌ**un·reˈal·i·ty** *s.* **1.** Unwirklichkeit *f*; **2.** Wesenlosigkeit *f*.

ˌ**unˈre·al·iz·a·ble** *adj.* nicht realisierbar: a) nicht zu verwirklichen(d), b) ✝ nicht verwertbar, unverkäuflich; ˌ**unˈre·al·ized** *adj.* **1.** nicht verwirklicht *od.* erfüllt; **2.** nicht vergegenwärtigt *od.* erkannt.

ˌ**unˈrea·son** *s.* **1.** Unvernunft *f*; **2.** Torheit *f*; **unˈrea·son·a·ble** *adj.* □ **1.** unvernünftig; **2.** unvernünftig, unbillig, unmäßig, ˈübermäßig; unzumutbar; **unˈrea·son·a·ble·ness** *s.* **1.** Unvernunft *f*; **2.** Unbilligkeit *f*, Unmäßigkeit *f*; Unzumutbarkeit *f*; **unˈrea·son·ing** *adj.* □ **1.** vernunftlos; **2.** unvernünftig, blind.

ˌ**un·reˈceipt·ed** *adj.* ✝ unquittiert.

ˌ**un·reˈcep·tive** *adj.* nicht aufnahmefähig, unempfänglich (***of***, ***to*** für).

ˌ**un·reˈclaimed** *adj.* **1.** *fig.* ungebessert; **2.** ungezähmt; **3.** unkultiviert (*Land*).

ˌ**unˈrec·og·niz·a·ble** *adj.* □ nicht ˈwiederzuerkennen(d); ˌ**unˈrec·og·nized** *adj.* **1.** nicht (ˈwieder)erkannt; **2.** nicht anerkannt.

ˌ**unˈrec·on·ciled** *adj.* unversöhnt (***to*** mit).

un·re·cord·ed [ˌʌnrɪˈkɔːdɪd] *adj.* **1.** (geschichtlich) nicht überˈliefert *od.* aufgezeichnet *od.* belegt; **2.** nicht eingetragen *od.* registriert; **3.** ⚖ nicht beurkundet; **4.** a) nicht (auf Tonband *etc.*) aufgenommen, b) Leer...: ~ ***tape***.

ˌ**un·reˈdeemed** *adj.* **1.** *eccl.* unerlöst; **2.** ✝ a) ungetilgt (*Schuld*), b) uneingelöst (*Wechsel*); **3.** uneingelöst (*Pfand*, *Versprechen*); **4.** *fig.* ungemildert (***by*** durch); Erz...: ~ ***rascal***.

ˌ**un·reˈdressed** *adj.* **1.** nicht wiedergutgemacht; **2.** nicht abgestellt (*Mißstand*).

ˌ**unˈreel** *v/t.* (*v/i.* sich) abspulen.

ˌ**un·reˈfined** *adj.* **1.** ⚙ nicht raffiniert, ungeläutert, roh, Roh...; **2.** *fig.* ungebildet, unfein, unkultiviert.

ˌ**un·reˈflect·ing** *adj.* □ **1.** nicht reflektierend; **2.** gedankenlos, ˈunüberˌlegt.

ˌ**un·reˈformed** *adj.* **1.** unverbessert; **2.** ungebessert (*Person*).

ˌ**un·reˈfut·ed** *adj.* ˈunwiderˌlegt.

ˌ**un·reˈgard·ed** *adj.* unberücksichtigt, unbeachtet; ˌ**un·reˈgard·ful** *adj.* unachtsam, ohne Rücksicht (***of*** auf *acc.*).

un·re·gen·er·a·cy [ˌʌnrɪˈdʒenərəsɪ] *s.* *eccl.* Sündhaftigkeit *f*; ˌ**un·reˈgen·er·ate** [-rət] *adj.* **1.** *eccl.* nicht ˈwiedergeboren; **2.** nicht gebessert.

ˌ**unˈreg·is·tered** *adj.* **1.** nicht registriert *od.* eingetragen (*a.* ✝, ⚖); **2.** (amtlich) nicht zugelassen (*Auto etc.*); nicht approbiert (*Arzt etc.*); **3.** nicht eingeschrieben (*Brief*).

ˌ**un·reˈgret·ted** *adj.* unbedauert, unbeklagt.

ˌ**un·reˈhearsed** *adj.* **1.** *thea.* ungeprobt; **2.** überˈraschend, sponˈtan.

ˌ**un·reˈlat·ed** *adj.* **1.** ohne Beziehung (***to*** zu); **2.** nicht verwandt (***to***, ***with*** mit) (*a. fig.*); **3.** nicht berichtet.

ˌ**un·reˈlent·ing** *adj.* □ **1.** unbeugsam, unerbittlich; **2.** unvermindert.

ˈ**un·reˌli·aˈbil·i·ty** *s.* Unzuverlässigkeit *f*; ˌ**un·reˈli·a·ble** *adj.* □ unzuverlässig.

ˌ**un·reˈlieved** *adj.* □ **1.** ungelindert; **2.** nicht unterˈbrochen, ˈununterˌbrochen; **3.** ⚔ a) nicht abgelöst (*Wache*), b) nicht entsetzt (*Festung etc.*).

un·re·mit·ting [ˌʌnrɪˈmɪtɪŋ] *adj.* □ unablässig, beharrlich.

ˌ**un·reˈmu·ner·a·tive** *adj.* nicht lohnend *od.* einträglich, ˈunrenˌtabel.

ˌ**un·reˈpair** *s.* Baufälligkeit *f*, Verfall *m*: ***in*** (***a state of***) ~ in baufälligem Zustand.

ˌ**un·reˈpealed** *adj.* **1.** nicht widerˈrufen; **2.** nicht aufgehoben.

ˌ**un·reˈpent·ant** *adj.* reuelos, unbußfertig; ˌ**un·reˈpent·ed** [-tɪd] *adj.* unbereut.

ˌ**un·rep·reˈsent·ed** *adj.* nicht vertreten.

ˌ**un·reˈquit·ed** *adj.* □ **1.** unerwidert: ~ ***love***; **2.** unbelohnt (*Dienste*); **3.** ungesühnt (*Missetat*).

un·re·served [ˌʌnrɪˈzɜːvd] *adj.* □ **1.** uneingeschränkt, vorbehalt-, rückhaltlos, völlig; **2.** freimütig, offen(herzig); **3.** nicht reserviert; ˌ**un·reˈserv·ed·ness** [-vɪdnɪs] *s.* Offenheit *f*, Freimütigkeit *f*.

ˌ**un·reˈsist·ed** *adj.* ungehindert: ***be*** ~ keinen Widerstand finden; ˌ**un·reˈsist·ing** *adj.* □ ˈwiderstandslos.

ˌ**un·reˈsolved** *adj.* **1.** ungelöst: ~ ***problem***; **2.** unschlüssig, unentschlossen; **3.** ⚗, ♪ *etc.* unaufgelöst.

ˌ**un·reˈspon·sive** *adj.* □ **1.** unempfänglich (***to*** für): ***be*** ~ (***to***) nicht reagieren *od.* ansprechen (auf *acc.*); **2.** teilnahmslos, kalt.

un·rest [ˌʌnˈrest] *s.* Unruhe *f*, *pol. a.* Unruhen *pl.*; ˌ**unˈrest·ful** *adj.* □ **1.** ruhelos; **2.** ungemütlich; **3.** unbequem; ˌ**unˈrest·ing** *adj.* □ rastlos, unermüdlich.

ˌ**un·reˈstrained** *adj.* □ **1.** ungehemmt (*a. fig. ungezwungen*); **2.** hemmungs-, zügellos; **3.** uneingeschränkt; ˌ**un·reˈstraint** *s.* **1.** Ungehemmtheit *f*, *fig. a.* Ungezwungenheit *f*; **2.** Hemmungslosigkeit *f*.

ˌ**un·reˈstrict·ed** *adj.* □ uneingeschränkt, unbeschränkt.

ˌ**un·reˈturned** *adj.* **1.** nicht zuˈrückgegeben; **2.** unerwidert, unvergolten: ***be*** ~ unerwidert bleiben; **3.** *pol.* nicht (*ins Parlament*) gewählt.

ˌ**un·reˈvealed** *adj.* nicht offenˈbart, verborgen, geheim.

ˌ**un·reˈvised** *adj.* nicht revidiert (*a. fig. Ansicht etc.*).

ˌ**un·reˈward·ed** *adj.* unbelohnt.

ˌ**unˈrhymed** *adj.* ungereimt, reimlos.

ˌ**unˈrid·dle** *v/t.* enträtseln.

ˌ**unˈrig** *v/t.* **1.** ⚓ abtakeln; **2.** abmontieren.

unˈright·eous *adj.* □ **1.** nicht rechtschaffen; **2.** *eccl.* ungerecht, sündig; **unˈright·eous·ness** *s.* Ungerechtigkeit *f*.

ˌ**unˈrip** *v/t.* aufreißen, -schlitzen.

ˌ**unˈripe** *adj.* *allg.* unreif; ˌ**unˈripe·ness** *s.* Unreife *f*.

unˈri·val(l)ed *adj.* **1.** ohne Riˈvalen *od.* Gegenspieler; **2.** unerreicht, unvergleichlich; ✝ konkurˈrenzlos.

ˌ**unˈroll I** *v/t.* **1.** entrollen, -falten; **2.** abwickeln; **II** *v/i.* **3.** sich entfalten; sich ausein'anderrollen.

ˌ**un·ro'man·tic** *adj.* (□ **~ally**) *allg.* 'unroˌmantisch.

ˌ**un'roof** *v/t. Haus* abdecken.

ˌ**un'rope** *v/t.* **1.** losbinden; **2.** *mount.* (*a. v/i.* sich) ausseilen.

ˌ**un'round** *v/t. ling. Vokale* entrunden.

ˌ**un'ruf·fled** *adj.* **1.** ungekräuselt, glatt; **2.** *fig.* gelassen, unerschüttert.

ˌ**un'ruled** *adj.* **1.** *fig.* unbeherrscht; **2.** unliniert (*Papier*).

un·ru·li·ness [ʌn'ru:lɪnɪs] *s.* **1.** Unlenkbarkeit *f*, 'Widerspenstigkeit *f*; **2.** Ausgelassenheit *f*, Unbändigkeit *f*; **un·ru·ly** [ʌn'ru:lɪ] *adj.* **1.** unlenksam, aufsässig; **2.** ungebärdig; ausgelassen; **3.** ungestüm.

ˌ**un'sad·dle I** *v/t.* **1.** *Pferd* absatteln; **2.** *j-n* aus dem Sattel werfen; **II** *v/i.* **3.** absatteln.

ˌ**un'safe** *adj.* □ unsicher, gefährlich.

ˌ**un'said** *adj.* ungesagt, unerwähnt.

ˌ**un'sal·a·ble** *adj.* **1.** unverkäuflich; **2.** nicht gangbar (*Waren*).

ˌ**un'sal·a·ried** *adj.* unbezahlt, ehrenamtlich: **~ clerk** ✝ Volontär *m*.

ˌ**un'sale·a·ble** → **unsalable**.

ˌ**un'sanc·tioned** *adj.* nicht sanktioniert, nicht gebilligt *od.* geduldet.

ˌ**un'san·i·tar·y** *adj.* **1.** ungesund; **2.** 'unhygiˌenisch.

'**unˌsat·is'fac·to·ri·ness** *s.* *das* Unbefriedigende, Unzulänglichkeit *f*; '**unˌsat·is'fac·to·ry** *adj.* □ unbefriedigend, ungenügend, unzulänglich; ˌ**un'sat·is·fied** *adj.* **1.** unbefriedigt; **2.** unzufrieden; **3.** ✝ a) unbefriedigt (*Anspruch*, *Gläubiger*), b) unbezahlt, c) unerfüllt (*Bedingung*); ˌ**un'sat·is·fy·ing** *adj.* → **unsatisfactory**.

ˌ**un'sa·vo(u)r·i·ness** *s.* **1.** Unschmackhaftigkeit *f*; **2.** Widerlichkeit *f*; ˌ**un'sa·vo(u)r·y** *adj.* □ **1.** unschmackhaft; **2.** *a. fig.* 'unappeˌtitlich, unangenehm.

ˌ**un'say** *v/t.* [*irr.* → **say**] wider'rufen.

ˌ**un'scal·a·ble** *adj.* unersteigbar.

ˌ**un'scathed** [-'skeɪðd] *adj.* (völlig) unversehrt, unbeschädigt.

ˌ**un'sched·uled** *adj.* **1.** nicht pro'grammgemäß; **2.** außerplanmäßig (*Abfahrt etc.*).

ˌ**un'schol·ar·ly** *adj.* **1.** unwissenschaftlich; **2.** ungelehrt.

ˌ**un'schooled** *adj.* **1.** ungeschult, nicht ausgebildet; **2.** unverbildet.

'**unˌsci·en'tif·ic** *adj.* (□ **~ally**) unwissenschaftlich.

ˌ**un'scram·ble** *v/t.* **1.** F entwirren; **2.** entschlüsseln, dechiffrieren; **3.** ⚡ aussteuern.

ˌ**un'screened** *adj.* **1.** ungeschützt, *a.* ⚡ nicht abgeschirmt; **2.** ungesiebt (*Sand etc.*); **3.** nicht über'prüft.

ˌ**un'screw I** *v/t.* ⚙ ab-, auf-, losschrauben; **II** *v/i.* sich her'aus- *od.* losdrehen; sich losschrauben lassen.

ˌ**un'script·ed** *adj.* improvisiert (*Rede etc.*).

un'scru·pu·lous *adj.* □ skrupel-, bedenken-, gewissenlos.

ˌ**un'seal** *v/t.* **1.** *Brief etc.* entsiegeln *od.* öffnen; **2.** *fig. j-m die Augen*, *Lippen* öffnen; **3.** *fig.* enthüllen; ˌ**un'sealed** *adj.* **1.** a) unversiegelt, b) geöffnet; **2.** *fig.* nicht besiegelt.

un'search·a·ble *adj.* □ unerforschlich, unergründlich.

un'sea·son·a·ble *adj.* □ **1.** unzeitig; **2.** *fig.* unpassend, ungünstig.

ˌ**un'sea·soned** *adj.* **1.** nicht (aus)gereift; **2.** nicht abgelagert (*Holz*); **3.** *fig.* nicht abgehärtet (**to** gegen); **4.** *fig.* unerfahren; **5.** ungewürzt.

ˌ**un'seat** *v/t.* **1.** *Reiter* abwerfen; **2.** *j-n* absetzen, des Postens entheben; **3.** *pol. j-m* s-n Sitz (im Parla'ment) nehmen; ˌ**un'seat·ed** *adj.* ohne Sitz(gelegenheit): **be ~** nicht sitzen.

ˌ**un'seaˌwor·thy** *adj.* ⚓ seeuntüchtig.

ˌ**un·se'cured** *adj.* **1.** ungesichert (*a.* ✝ *Schuld*); **2.** unbefestigt; **3.** ✝ ungedeckt, nicht sichergestellt.

ˌ**un'seed·ed** *sport* ungesetzt (*Spieler etc.*).

ˌ**un'see·ing** *adj. fig.* blind: **with ~ eyes** mit leerem Blick, blind.

un'seem·li·ness *s.* Unziemlichkeit *f*; **un'seem·ly** *adj.* unziemlich, ungehörig.

ˌ**un'seen I** *adj.* **1.** ungesehen, unbemerkt; **2.** unsichtbar; **3.** *ped.* unvorbereitet (*Übersetzungstext*); **II** *s.* **4. the ~** die Geisterwelt; **5.** *ped. Brit.* unvorbereitete 'Herüberˌsetzung *f*.

ˌ**un'self·ish** *adj.* □ selbstlos, uneigennützig; ˌ**un'self·ish·ness** *s.* Selbstlosigkeit *f*, Uneigennützigkeit *f*.

ˌ**un·sen'sa·tion·al** *adj.* wenig sensatio'nell *od.* aufregend.

ˌ**un'ser·vice·a·ble** *adj.* □ **1.** nicht verwendbar, unbrauchbar (*Gerät etc.*); **2.** betriebsunfähig.

ˌ**un'set·tle** *v/t.* **1.** *et.* aus s-r (festen) Lage bringen; **2.** *fig.* beunruhigen; *a. j-n*, *j-s Glauben etc.* erschüttern, ins Wanken bringen; **3.** *fig.* verwirren, durchein'anderbringen; *j-n* aus dem (gewohnten) Gleis werfen; **4.** in Unordnung bringen; ˌ**un'set·tled** *adj.* **1.** ohne festen Wohnsitz; **2.** unbesiedelt

(*Land*); **3.** *fig.* unbestimmt, ungewiß, *a. allg.* unsicher (*Zeit etc.*); **4.** unentschieden, unerledigt (*Frage*); **5.** unbeständig, veränderlich (*Wetter*; ⚕ *Markt*); **6.** schwankend, unentschlossen (*Person*); **7.** (geistig) gestört, aus dem (seelischen) Gleichgewicht; **8.** unstet (*Charakter*, *Leben*); **9.** ⚕ unbezahlt, unerledigt; **10.** ⚖ nicht zugeschrieben; nicht reguliert (*Erbschaft*).

ˌun'sex *v/t. Frau* vermännlichen: **~ *o.s.*** alles Frauliche ablegen.

ˌun'shack·le *v/t. j-n* befreien (*a. fig.*); **ˌun'shack·led** *adj.* ungehemmt.

ˌun'shad·ed *adj.* **1.** unverdunkelt, unbeschattet; **2.** *paint.* nicht schattiert.

un'shak·a·ble *adj.* unerschütterlich; **ˌun'shak·en** *adj.* □ **1.** unerschüttert, fest; **2.** unerschütterlich.

ˌun'shape·ly *adj.* unförmig.

ˌun'shaved, **ˌun'shav·en** *adj.* unrasiert.

ˌun'sheathe *v/t. das Schwert* aus der Scheide ziehen.

ˌun'shed *adj.* unvergossen (*Tränen*).

ˌun'shell *v/t.* (ab)schälen, enthülsen.

ˌun'shel·tered *adj.* ungeschützt, schutz-, obdachlos.

ˌun'ship *v/t.* ⚓ a) *Ladung* löschen, ausladen, b) *Passagiere* ausschiffen, c) *Ruder*, *Mast etc.* abbauen.

ˌun'shod *adj.* **1.** unbeschuht, barfuß; **2.** unbeschlagen (*Pferd*).

ˌun'shorn *adj.* ungeschoren.

un·shrink·a·ble [ˌʌn'ʃrɪŋkəbl] *adj.* nicht einlaufend (*Stoffe*); **un'shrink·ing** *adj.* □ unverzagt, fest.

ˌun'sift·ed *adj.* **1.** ungesiebt; **2.** *fig.* ungeprüft.

ˌun'sight *adj.*: ***buy s.th. ~, unseen*** et. unbesehen kaufen; **ˌun'sight·ed** *adj.* **1.** nicht gesichtet; **2.** ungezielt (*Schuß*); **3.** ohne Vi'sier (*Gewehr etc.*).

un'sight·ly *adj.* unansehnlich, häßlich.

ˌun'signed *adj.* **1.** unsigniert, nicht unter'zeichnet; **2.** ♪ unbezeichnet.

ˌun'sized¹ *adj.* nicht nach Größe(n) geordnet *od.* sortiert.

ˌun'sized² *adj.* ⚙ **1.** ungrundiert; **2.** ungeleimt.

ˌun'skil·ful *adj.* □ ungeschickt.

ˌun'skilled *adj.* **1.** unerfahren, ungeschickt; **2.** ⚕ ungelernt: **~ *worker*; *the ~ labo(u)r*** *coll.* die Hilfsarbeiter *pl.*

ˌun'skill·ful *Am.* → ***unskilful***.

ˌun'skimmed *adj.* nicht entrahmt: **~ *milk*** Vollmilch *f.*

ˌun'slaked *adj.* **1.** ungelöscht (*Kalk*; *a. Durst*); **2.** *fig.* ungestillt.

ˌun'sleep·ing *adj.* **1.** schlaflos; **2.** *fig.* immer wach.

ˌun'smil·ing *adj.* □ ernst.

ˌun'smoked *adj.* **1.** ungeräuchert; **2.** nicht aufgeraucht: **~ *cigar*.**

ˌun'snarl *v/t.* entwirren.

un'so·cia·ble *adj.* □ ungesellig, nicht 'umgänglich, reserviert.

ˌun'so·cial *adj.* □ **1.** 'unsoziˌal; **2.** 'asoziˌal, gesellschaftsfeindlich; **3.** ***work ~ hours*** *Brit.* außerhalb der normalen Arbeitszeit arbeiten.

ˌun'soiled *adj.* rein, sauber, *fig. a.* unbefleckt.

ˌun'sold *adj.* unverkauft; → ***subject*** 14.

ˌun'sol·der *v/t.* ⚙ ab-, loslöten.

ˌun'sol·dier·ly *adj.* 'unsolˌdatisch.

ˌun·so'lic·it·ed *adj.* **1.** unaufgefordert, unverlangt; **2.** freiwillig.

ˌun'solv·a·ble *adj.* unlösbar.

ˌun'solved *adj.* ungelöst.

ˌun·so'phis·ti·cat·ed *adj.* **1.** unverfälscht; **2.** lauter, rein; **3.** ungekünstelt, na'türlich, unverbildet; **4.** na'iv, harmlos; **5.** unverdorben.

ˌun'sought, **un'sought-for** *adj.* ungesucht, ungewollt.

ˌun'sound *adj.* □ **1.** ungesund (*a. fig.*): ***of ~ mind*** geistesgestört, unzurechnungsfähig; **2.** verdorben, schlecht (*Ware etc.*), faul (*Obst*); **3.** morsch, wurmstichig; **4.** brüchig, rissig; **5.** unzuverlässig; 'unsoˌlide (*a.* ⚕); **6.** nicht stichhaltig, anfechtbar: **~ *argument*; 7.** falsch, verkehrt: **~ *doctrine*** Irrlehre *f*; **~ *policy*** verfehlte Politik; **ˌun'sound·ness** *s.* **1.** Ungesundheit *f* (*a. fig.*); **2.** Verdorbenheit *f*; **3.** *fig.* Unzuverlässigkeit *f*; **4.** Anfechtbarkeit *f*; **5.** Verfehltheit *f*, *das* Verkehrte.

un'spar·ing *adj.* □ **1.** freigebig, verschwenderisch (***in***, ***of*** mit): ***be ~ in*** nicht kargen mit *Lob etc.*; ***be ~ in one's efforts*** keine Mühe scheuen; **2.** reichlich, großzügig; **3.** schonungslos (***of*** gegen).

un'speak·a·ble *adj.* □ **1.** unsagbar, unsäglich, unbeschreiblich; **2.** F scheußlich, entsetzlich.

ˌun'spec·i·fied *adj.* nicht (einzeln) angegeben, nicht spezifiziert.

ˌun'spir·it·u·al *adj.* □ ungeistig.

ˌun'spoiled, **ˌun'spoilt** *adj.* **1.** *allg.* unverdorben; **2.** unbeschädigt; **3.** nicht verzogen (*Kind*).

ˌun'spo·ken *adj.* un(aus)gesprochen, ungesagt; stillschweigend: **~-*of*** unerwähnt; **~-*to*** unangeredet.

ˌun'sport·ing, **ˌun'sports·man·like** *adj.* unsportlich, unfair.

ˌun'spot·ted *adj.* **1.** fleckenlos; **2.** *fig.* makellos, unbefleckt; **3.** F unentdeckt.

ˌ**un'sprung** *adj.* ⚙ ungefedert.

ˌ**un'sta·ble** *adj.* **1.** *a. fig.* unsicher, nicht fest, schwankend, la'bil; **2.** *fig.* unbeständig, unstet(ig); **3.** ⚗ 'instaˌbil.

ˌ**un'stained** *adj.* **1.** → ***unspotted*** 1, 2; **2.** ungefärbt.

ˌ**un'stamped** *adj.* ungestempelt; ✉ unfrankiert (*Brief*).

ˌ**un'states·man·like** *adj.* unstaatsmännisch.

ˌ**un'stead·i·ness** *s.* **1.** Unsicherheit *f*; **2.** *fig.* Unstetigkeit *f*, Schwanken *n*; **3.** Unzuverlässigkeit *f*; **4.** Unregelmäßigkeit *f*; ˌ**un'stead·y** *adj.* □ **1.** unsicher, wack(e)lig; **2.** *fig.* unstet(ig); unbeständig, schwankend (*beide a.* ⚕ *Kurse, Markt*); **3.** *fig.* 'unsoˌlide; **4.** unregelmäßig.

ˌ**un'stick** *v/t.* [*irr.* → ***stick***[2]] lösen, losmachen.

un'stint·ed *adj.* uneingeschränkt, unbegrenzt; **un'stint·ing** [-tɪŋ] → ***unsparing*** 1, 2.

ˌ**un'stitch** *v/t.* auftrennen: **~*ed*** a) aufgetrennt, b) ungesteppt (*Falte*); ***come ~ed*** aufgehen (*Naht*).

ˌ**un'stop** *v/t.* **1.** entstöpseln, -korken, aufmachen; **2.** frei machen.

ˌ**un'strained** *adj.* **1.** unfiltriert, ungefiltert; **2.** nicht angespannt (*a. fig.*); **3.** *fig.* ungezwungen.

ˌ**un'strap** *v/t.* ab-, losschnallen.

ˌ**un'stressed** *adj.* **1.** *ling.* unbetont; **2.** ⚙ unbelastet.

ˌ**un'string** *v/t.* [*irr.* → ***string***] **1.** *Perlen etc.* abfädeln; **2.** ♪ entsaiten; **3.** *Bogen, Saite* entspannen; **4.** *j-s Nerven* ka'puttmachen, *j-n* (nervlich) ‚fertigmachen', demoralisieren.

ˌ**un'strung** *adj.* **1.** ♪ a) saitenlos, unbezogen (*Saiteninstrument*), b) entspannt (*Saite, Bogen*); **2.** abgereiht (*Perlen*); **3.** *fig.* entnervt, mit den Nerven am Ende.

ˌ**un'stuck** *adj.* : ***come ~*** a) sich lösen, b) *fig.* scheitern.

ˌ**un'stud·ied** *adj.* ungesucht, ungekünstelt, na'türlich.

ˌ**un·sub'mis·sive** *adj.* □ nicht unter'würfig, 'widerspenstig.

ˌ**un·sub'stan·tial** *adj.* □ **1.** unstofflich, unkörperlich; **2.** unwesentlich; **3.** wenig stichhaltig *od.* fundiert: ***~ arguments***; **4.** gehaltlos (*Essen*).

ˌ**un·sub'stan·ti·at·ed** *adj.* **1.** unbegründet; **2.** nicht erhärtet.

ˌ**un·suc'cess** *s.* 'Mißerfolg *m*, Fehlschlag *m*; ˌ**un·suc'cess·ful** *adj.* □ **1.** erfolglos: a) ohne Erfolg, b) miß'glückt, miß'lungen: ***be ~*** keinen Erfolg haben (***in doing s.th.*** bei *od.* mit et.); ***~ take-off*** ✈ Fehlstart *m*; **2.** 'durchgefallen (*Kandidat*); zu'rückgewiesen (*Bewerber*); ⚖ unter'legen (*Partei*); ˌ**un·suc'cess·ful·ness** [-sək'sesfʊlnɪs] *s.* Erfolglosigkeit *f*.

ˌ**un'suit·able** *adj.* □ **1.** unpassend, ungeeignet (***to, for*** für); **2.** unangemessen, unschicklich (***to, for*** für); ˌ**un'suit·ed** → ***unsuitable*** 1.

ˌ**un'sul·lied** *adj. mst fig.* unbefleckt.

ˌ**un'sung** *poet.* **I** *adj.* unbesungen; **II** *adv. fig.* sang- u. klanglos.

ˌ**un·sup'port·ed** *adj.* **1.** ungestützt; **2.** *fig.* unbestätigt, ohne 'Unterlagen; **3.** *fig.* nicht unter'stützt (*Antrag etc., a. Kinder etc.*).

ˌ**un'sure** *adj. allg.* unsicher, nicht sicher (***of*** *gen.*).

ˌ**un·sur'mount·a·ble** *adj.* 'unüberˌwindlich (*Hindernis etc.*) (*a. fig.*).

ˌ**un·sur'pass·a·ble** *adj.* □ 'unüberˌtrefflich; ˌ**un·sur'passed** *adj.* 'unüberˌtroffen.

ˌ**un·sus'cep·ti·ble** *adj.* **1.** unempfindlich (***to*** gegen); **2.** *fig.* unempfänglich (***to*** für).

un·sus·pect·ed [ˌʌnsə'spektɪd] *adj.* □ **1.** unverdächtig(t); **2.** unvermutet, ungeahnt; ˌ**un·sus'pect·ing** [-ɪŋ] *adj.* □ **1.** nichtsahnend, ahnungslos: ***~ of*** ohne *et.* zu ahnen; **2.** → ***unsuspicious*** 1.

ˌ**un·sus'pi·cious** *adj.* □ **1.** arglos, nicht argwöhnisch; **2.** unverdächtig, harmlos.

ˌ**un'sweet·ened** *adj.* **1.** ungesüßt; **2.** *fig.* unversüßt.

un·swerv·ing [ʌn'swɜːvɪŋ] *adj.* □ unbeirrbar, unerschütterlich.

ˌ**un'sworn** *adj.* **1.** unbeeidet; **2.** unvereidigt (*Zeuge etc.*).

ˌ**un·sym'met·ri·cal** *adj.* □ 'unsymˌmetrisch.

'**unˌsym·pa'thet·ic** *adj.* (□ ***~ally***) teilnahmslos, ohne Mitgefühl.

ˌ**un·sys·tem'at·ic** *adj.* (□ ***~ally***) 'unsysteˌmatisch, planlos.

ˌ**un'taint·ed** *adj.* □ **1.** fleckenlos (*a. fig.*); **2.** unverdorben: ***~ food***; **3.** *fig.* unbeeinträchtigt (***with*** von).

ˌ**un'tal·ent·ed** *adj.* untalentiert, unbegabt.

ˌ**un'tam·a·ble** *adj.* □ un(be)zähmbar; ˌ**un'tamed** *adj.* ungezähmt.

ˌ**un'tan·gle** *v/t.* **1.** entwirren (*a. fig.*); **2.** aus einer schwierigen Lage befreien.

ˌ**un'tanned** *adj.* **1.** ungegerbt (*Leder*); **2.** ungebräunt (*Haut*).

ˌ**un'tapped** *adj.* unangezapft (*a. fig.*): ***~ resources*** ungenützte Hilfsquellen.

ˌ**un'tar·nished** *adj.* **1.** ungetrübt; **2.** makellos, unbefleckt (*a. fig.*).

ˌun'tast·ed *adj.* ungekostet (*a. fig.*).

ˌun'taught *adj.* **1.** ungelehrt, nicht unter'richtet; **2.** unwissend, ungebildet; **3.** ungelernt, selbstentwickelt (*Fähigkeit etc.*).

ˌun'taxed *adj.* unbesteuert.

ˌun'teach·a·ble *adj.* **1.** unbelehrbar (*Person*); **2.** unlehrbar (*Sache*).

ˌun'tem·pered *adj.* **1.** ⚙ ungehärtet, unvergütet (*Stahl*); **2.** *fig.* ungemildert (***with***, ***by*** durch).

ˌun'ten·a·ble *adj. fig.* unhaltbar.

ˌun'ten·ant·a·ble *adj.* unbewohn-, unvermietbar; **ˌun'ten·ant·ed** *adj.* **1.** unbewohnt, leer(stehend); **2.** ⚖ ungemietet, ungepachtet.

ˌun'tend·ed *adj.* **1.** unbehütet, unbeaufsichtigt; **2.** vernachlässigt.

ˌun'thank·ful *adj.* □ undankbar.

un'think·a·ble *adj.* undenkbar, unvorstellbar: ***the ~*** das Undenkbare; **ˌun'think·ing** *adj.* □ **1.** gedankenlos; **2.** nicht denkend.

ˌun'thought *adj.* **1.** 'unüberˌlegt; **2.** *mst* ***~-of*** a) unerwartet, unvermutet, b) unvorstellbar.

ˌun'thread *v/t.* **1.** *Nadel* ausfädeln; den Faden her'ausziehen aus; **2.** *Perlen etc.* abfädeln; **3.** *a. fig.* sich hin'durchfinden durch, her'ausfinden aus; **4.** *mst fig.* entwirren.

ˌun'thrift·y *adj.* □ **1.** verschwenderisch; **2.** unwirtschaftlich (*a. Sache*).

ˌun'throne *v/t. a. fig.* entthronen.

un'ti·di·ness *s.* Unordentlichkeit *f*; **un'ti·dy** *adj.* □ unordentlich.

ˌun'tie *v/t.* aufknoten, auf-, losbinden, *Knoten* lösen.

un·til [ən'tɪl] **I** *prp.* bis (*zeitlich*): ***not ~ Monday*** erst (am) Montag; **II** *cj.* bis: ***not ~*** erst als *od.* wenn, nicht eher als.

ˌun'tilled *adj.* ✓ unbebaut.

un'time·li·ness *s.* Unzeit *f*, falscher *od.* verfrühter Zeitpunkt; **un'time·ly** *adj. u. adv.* unzeitig: a) verfrüht, b) ungelegen, unpassend.

un'tir·ing *adj.* □ unermüdlich.

un·to ['ʌntʊ] *prp. obs. od. poet. od. bibl.* → ***to*** I.

ˌun'told *adj.* **1.** a) unerzählt, b) ungesagt: ***leave nothing ~*** nichts unerwähnt lassen; **2.** unsäglich (*Leiden etc.*); **3.** ungezählt, zahllos; **4.** unermeßlich.

un'touch·a·ble I *adj.* **1.** unberührbar; **2.** unantastbar, unangreifbar; **3.** unerreichbar, unnahbar; **II** *s.* **4.** Unberührbare(r *m*) *f* (*bei den Hindus*); **ˌun'touched** *adj.* **1.** unberührt (*a. Essen*) (*a. fig.*); unangetastet (*a. Vorrat*); **2.** *fig.* ungerührt, unbeeinflußt; **3.** nicht zu'rechtgemacht, *fig.* ungeschminkt; **4.** *phot.* unretuschiert; **5.** *fig.* unerreicht.

un·to·ward [ˌʌntə'wɔːd] *adj.* **1.** *obs.* ungefügig, 'widerspenstig; **2.** widrig, ungünstig, unglücklich (*Umstand etc.*); **ˌun·to'ward·ness** [-nɪs] *s.* **1.** *obs.* 'Widerspenstigkeit *f*; **2.** Widrigkeit *f*, Ungunst *f*.

ˌun'trace·a·ble *adj.* unauffindbar, nicht ausfindig zu machen(d).

ˌun'trained *adj.* **1.** ungeschult (*a. fig.*), *a.* ⚔ unausgebildet; **2.** *sport* untrainiert; **3.** ungeübt; **4.** undressiert (*Tier*).

un'tram·mel(l)ed *adj. bsd. fig.* ungebunden, ungehindert.

ˌun·trans'lat·a·ble *adj.* □ 'unüberˌsetzbar.

ˌun'trav·el(l)ed *adj.* **1.** unbefahren (*Straße etc.*); **2.** nicht (weit) her'umgekommen (*Person*).

ˌun'tried *adj.* **1.** a) unerprobt, ungeprüft, b) unversucht; **2.** ⚖ a) unerledigt, (noch) nicht verhandelt (*Fall*), b) (noch) nicht vor Gericht gestellt.

ˌun'trimmed *adj.* **1.** unbeschnitten (*Bart, Hecke etc.*); **2.** ungepflegt, nicht (ordentlich) zu'rechtgemacht; **3.** ungeschmückt.

ˌun'trod·den *adj.* unberührt (*Wildnis etc.*): ***~ paths*** *fig.* neue Wege.

ˌun'trou·bled *adj.* **1.** ungestört, unbelästigt; **2.** ruhig (*Geist, Zeiten etc.*); **3.** ungetrübt (*a. fig.*).

ˌun'true *adj.* □ **1.** untreu (***to*** *dat.*); **2.** unwahr, falsch, irrig; **3.** (***to***) nicht in Über'einstimmung (mit), abweichend (von); **4.** ⚙ a) unrund, b) ungenau; **ˌun'tru·ly** *adv.* fälschlich(erweise).

ˌun'trustˌwor·thi·ness *s.* Unzuverlässigkeit *f*; **ˌun'trustˌwor·thy** *adj.* □ unzuverlässig, nicht vertrauenswürdig.

ˌun'truth *s.* **1.** Unwahrheit *f*; **2.** Falschheit *f*; **ˌun'truth·ful** *adj.* □ **1.** unwahr (*Person od. Sache*); unaufrichtig; **2.** falsch, irrig.

ˌun'tuned *adj.* **1.** ♪ verstimmt; **2.** *fig.* verwirrt; **3.** → **ˌun'tune·ful** *adj.* □ 'unmeˌlodisch.

ˌun'turned *adj.* nicht 'umgedreht; → ***stone*** 1.

ˌun'tu·tored *adj.* **1.** ungebildet, ungeschult; **2.** unerzogen; **3.** unverbildet, na'türlich; **4.** unkultiviert.

ˌun'twine, **ˌun'twist I** *v/t.* **1.** aufdrehen, -flechten; **2.** *bsd. fig.* entwirren, lösen; **II** *v/i.* **3.** sich aufdrehen, aufgehen.

ˌun'used *adj.* **1.** unbenutzt, ungebraucht, nicht verwendet; **2.** a) ungewohnt, nicht gewöhnt (***to*** an *acc.*), b) nicht gewohnt (***to doing*** zu tun).

un'u·su·al *adj.* □ un-, außergewöhnlich: ***it is ~ for him to*** es ist nicht s-e Art zu *inf.*

un'ut·ter·a·ble *adj.* □ **1.** unaussprechlich (*a. fig.*); **2.** → ***unspeakable*** 1; **3.** unglaublich, Erz...: ~ ***scoundrel***; **ˌun'ut·tered** *adj.* unausgesprochen, ungesagt.

ˌun'val·ued *adj.* **1.** nicht (ab)geschätzt, untaxiert; **2.** ☤ nennwertlos (*Aktien*); **3.** nicht geschätzt, wenig geachtet.

un'var·ied *adj.* unverändert, einförmig.

ˌun'var·nished *adj.* **1.** ungefirnißt; **2.** *fig.* ungeschminkt: ~ ***truth***; **3.** *fig.* schlicht, einfach.

un'var·y·ing *adj.* □ unveränderlich, gleichbleibend.

ˌun'veil I *v/t.* **1.** *Gesicht etc.* entschleiern, *Denkmal etc.* enthüllen (*a. fig.*): ***~ed*** a) unverschleiert, b) unverhüllt (*a. fig.*); **2.** sichtbar werden lassen; **II** *v/i.* **3.** den Schleier fallen lassen, sich enthüllen (*a. fig.*).

ˌun'ver·i·fied *adj.* unbelegt, unbewiesen.

ˌun'versed *adj.* unbewandert (***in*** in *dat.*).

ˌun'voiced *adj.* **1.** unausgesprochen, nicht geäußert; **2.** *ling.* stimmlos.

ˌun'vouched, *a.* **un'vouched-for** *adj.* unverbürgt.

ˌun'vouch·ered *adj.* : ~ ***fund*** *pol. Am.* Reptilienfonds *m.*

ˌun'want·ed *adj.* unerwünscht.

un'war·i·ness *s.* Unvorsichtigkeit *f.*

ˌun'war·like *adj.* unkriegerisch.

ˌun'warped *adj.* **1.** nicht verzogen (*Holz*); **2.** *fig.* 'unparˌteiisch.

un'war·rant·a·ble *adj.* □ unverantwortlich, ungerechtfertigt, nicht vertretbar, untragbar, unhaltbar; **un'war·rant·a·bly** *adv.* in unverantwortlicher *od.* ungerechtfertigter Weise; **un'war·rant·ed** *adj.* □ **1.** ungerechtfertigt, unberechtigt, unbefugt; **2.** ***ˌun'warranted*** unverbürgt, ohne Gewähr.

un'war·y *adj.* □ **1.** unvorsichtig; **2.** 'unüberˌlegt.

ˌun'washed *adj.* ungewaschen: ***the great ~*** *fig. contp.* der Pöbel.

ˌun'watched *adj.* unbeobachtet.

ˌun'wa·tered *adj.* **1.** unbewässert; nicht begossen, nicht gesprengt (*Rasen etc.*); **2.** unverwässert (*Milch etc.*; *a.* ☤ *Kapital*).

un'wa·ver·ing *adj.* □ unerschütterlich, standhaft, unentwegt.

un·wea·ried [ʌn'wɪərɪd] *adj.* □ **1.** nicht ermüdet; **2.** unermüdlich; **un'wea·ry·ing** [-ɪɪŋ] *adj.* □ unermüdlich.

ˌun'wed(·ded) *adj.* unverheiratet.

ˌun'weighed *adj.* **1.** ungewogen; **2.** nicht abgewogen, unbedacht.

un'wel·come *adj.* □ 'unwillˌkommen (*a. fig. unangenehm*).

ˌun'well *adj.* unwohl, unpäßlich (*a. euphem.*).

ˌun'wept *adj.* **1.** unbeweint; **2.** unvergossen (*Tränen*).

ˌun'whole·some *adj.* □ *allg.* ungesund (*a. fig.*); **ˌun'whole·some·ness** *s.* Ungesundheit *f.*

un·wield·i·ness [ʌn'wiːldɪnɪs] *s.* **1.** Unbeholfenheit *f*, Schwerfälligkeit *f*; **2.** Unhandlichkeit *f*; **un'wield·y** *adj.* □ **1.** unbeholfen, plump, schwerfällig; **2.** a) unhandlich, b) sperrig.

ˌun'will·ing *adj.* □ un-, 'widerwillig: ***be ~ to do*** abgeneigt sein, *et.* zu tun, *et.* nicht tun wollen; ***I am ~ to admit it*** ich gebe es ungern zu; **un'will·ing·ly** *adv.* ungern, 'widerwillig; **un'will·ing·ness** *s.* 'Widerwille *m*, Abgeneigtheit *f.*

un·wind [ˌʌn'waɪnd] [*irr.* → ***wind***[2]] **I** *v/t.* **1.** ab-, auf-, loswickeln, abspulen; **II** *v/i.* **2.** sich ab- *od.* loswickeln; **3.** F sich entspannen.

un·wink·ing [ˌʌn'wɪŋkɪŋ] *adj.* □ unverwandt, starr (*Blick*).

ˌun'wis·dom *s.* Unklugheit *f*; **ˌun'wise** *adj.* □ unklug, töricht.

ˌun'wished *adj.* **1.** ungewünscht; **2.** *a.* ***~-for*** unerwünscht.

un'wit·ting *adj.* □ unwissentlich, unabsichtlich.

un'wom·an·li·ness *s.* Unweiblichkeit *f*; **un'wom·an·ly** *adj.* unweiblich, unfraulich.

un'wont·ed *adj.* □ **1.** nicht gewöhnt (***to*** an *acc.*), ungewohnt (***to*** *inf.* zu *inf.*); **2.** ungewöhnlich.

ˌun'work·a·ble *adj.* **1.** unaus-, 'unˌdurchführbar (*Plan*); **2.** ⚙ nicht bearbeitungsfähig; **3.** ⚙ a) nicht betriebsfähig, b) ⚒ nicht abbauwürdig.

ˌun'worked *adj.* **1.** unbearbeitet (*Boden etc.*), roh (*a.* ⚙); **2.** ⚒ unverritzt: ~ ***coal*** anstehende Kohle.

ˌun'work·man·like *adj.* unfachmännisch, unfachgemäß, stümperhaft.

ˌun'world·li·ness *s.* **1.** Weltfremdheit *f*; **2.** Uneigennützigkeit *f*; **3.** Geistigkeit *f*; **ˌun'world·ly** *adj.* **1.** unweltlich, nicht weltlich (gesinnt), weltfremd; **2.** uneigennützig; **3.** unirdisch, geistig.

ˌun'worn *adj.* **1.** ungetragen (*Kleid etc.*); **2.** nicht abgetragen.

un'wor·thi·ness *s.* Unwürdigkeit *f*; **un'wor·thy** *adj.* □ unwürdig (***of*** *gen.*): ***he***

is ~ of it er verdient es nicht, er ist es nicht wert; ***he is ~ of respect*** er verdient keine Achtung.

un·wound [ˌʌn'waʊnd] *adj.* **1.** abgewickelt; **2.** abgelaufen, nicht aufgezogen (*Uhr*).

ˌun'wrap *v/t.* auswickeln, -packen.

ˌun'wrin·kled *adj.* nicht gerunzelt *od.* zerknittert, faltenlos, glatt.

ˌun'writ·ten *adj.* **1.** ungeschrieben: ***~ law*** a) ⚖ ungeschriebenes Recht, b) *fig.* ungeschriebenes Gesetz; **2.** *a.* ***~-on*** unbeschrieben.

ˌun'wrought *adj.* unbe-, unverarbeitet, roh: ***~ goods*** Rohstoffe.

un'yield·ing *adj.* ☐ **1.** nicht nachgebend (***to*** *dat.*), fest (*a. fig.*), unbiegsam, starr; **2.** *fig.* unnachgiebig, hart, unbeugsam.

ˌun'yoke *v/t.* **1.** aus-, losspannen; **2.** *fig.* (los)trennen, lösen.

ˌun'zip *v/t.* den Reißverschluß aufmachen an (*dat.*).

up [ʌp] **I** *adv.* **1.** a) nach oben, hoch, (her-, hin)'auf, aufwärts, in die Höhe, em'por, b) oben (*a. fig.*): ***... and ~*** u. (noch) höher *od.* mehr, von ... aufwärts; ***~ and ~*** immer höher; ***three stor(e)ys ~*** drei Stock hoch, oben im dritten Stock(werk); ***~ and down*** auf u. ab, hin u. her; *fig.* überall; ***~ from the country*** vom Lande; ***~ till now*** bis jetzt; **2.** nach *od.* im Norden: ***~ from Cuba*** von Cuba aus in nördlicher Richtung; **3.** a) in der *od.* in die (*bsd.* Haupt)Stadt, b) *Brit. bsd.* in *od.* nach London; **4.** am *od.* zum Studienort, im College *etc.*: ***he stayed ~ for the vacation***; **5.** *Am.* F in (*dat.*): ***~ north*** im Norden; **6.** aufrecht, gerade: ***sit ~***; **7.** her'an, her, auf ... (*acc.*) zu, hin: ***he went straight ~ to the door*** er ging geradewegs auf die Tür zu *od.* zur Tür; **8.** ***~ to*** a) hin'auf nach *od.* zu, b) bis (zu), bis an *od.* auf (*acc.*), c) gemäß, entsprechend; → ***date***² 5; ***~ to town*** in die Stadt, *Brit. bsd.* nach London; ***~ to the chin*** bis ans *od.* zum Kinn; ***~ to death*** bis zum Tode; ***be ~ to*** F a) *et.* vorhaben, *et.* im Schilde führen, b) gewachsen sein (*dat.*), c) entsprechen (*dat.*), d) *j-s* Sache sein, abhängen von *j-m*, e) fähig *od.* bereit sein zu, f) vorbereitet *od.* gefaßt sein auf (*acc.*), g) vertraut sein mit, bewandert sein in (*dat.*); ***what are you ~ to?*** was hast du vor?, was machst du (***there*** da)?; → ***trick*** 2; ***he is ~ to no good*** er führt nichts Gutes im Schilde; ***it is ~ to him*** es liegt an ihm, es hängt von ihm ab, es ist s-e Sache; ***it is not ~ to much*** es taugt nicht viel; ***he is not ~ to much*** mit ihm ist nicht viel los; **9.** *mit Verben* (*siehe jeweils diese*): a) auf..., aus..., ver..., b) zu'sammen...: ***add ~*** zs.-zählen; ***eat ~*** aufessen; **II** *adj.* **10.** aufwärts..., nach oben gerichtet; **11.** im Innern (des Landes *etc.*); **12.** nach der *od.* zur Stadt: ***~ train***; ***~ platform*** Bahnsteig *m* für Stadtzüge; **13.** a) oben (befindlich), b) hoch (*a. fig.*): ***be ~*** *fig.* an der Spitze sein, obenauf sein; ***he is ~ in*** (*od.* ***on***) ***that subject*** F in diesem Fach ist er gut beschlagen *od.* weiß er (gut) Bescheid; ***prices are ~*** die Preise sind hoch *od.* gestiegen; ***wheat is ~*** ✝ Weizen steht hoch (im Kurs), der Weizenpreis ist gestiegen; **14.** auf(gestanden), auf den Beinen (*a. fig.*): ***~ and about*** F (wieder) auf den Beinen; ***~ and coming*** → ***up-and-coming***; ***~ and doing*** a) auf den Beinen, b) rührig, tüchtig; ***be ~ late*** lange aufbleiben; ***be ~ against*** F *e-r Schwierigkeit etc.* gegenüberstehen; ***be ~ against it*** F ‚dran' sein, in der Klemme sein *od.* sitzen; ***be ~ to*** → 8; **15.** *parl. Brit.* geschlossen: ***Parliament is ~*** das Parlament hat s-e Sitzungen beendet *od.* hat sich vertagt; **16.** (zum Sprechen) aufgestanden: ***the Home Secretary is ~*** der Innenminister spricht; **17.** (*bei verschiedenen Substantiven*) a) aufgegangen (*Sonne*, *Samen*), b) hochgeschlagen (*Kragen*), c) hochgekrempelt (*Ärmel etc.*), d) aufgespannt (*Schirm*), e) aufgeschlagen (*Zelt*), f) hoch-, aufgezogen (*Vorhang etc.*), g) aufgestiegen (*Ballon etc.*), h) aufgeflogen (*Vogel*), i) angeschwollen (*Fluß etc.*); **18.** schäumend (*Apfelwein etc.*); **19.** in Aufregung, in Aufruhr: ***his temper is ~*** er ist aufgebracht; ***the whole country was ~*** das ganze Land befand sich in Aufruhr; **20.** F ‚los', im Gange: ***what's ~?*** was ist los?; ***is anything ~?*** ist (irgend et-)was los?; ***the hunt is ~*** die Jagd ist eröffnet; → ***arm***² 1, ***blood*** 2; **21.** abgelaufen, vor'bei, um (*Zeit*): ***the game is ~*** *fig.* das Spiel ist aus; ***it's all ~*** alles ist aus; ***it's all ~ with him*** es ist aus mit ihm; **22.** ***~ with*** *j-m* ebenbürtig *od.* gewachsen; **23.** ***~ for*** bereit zu: ***be ~ for discussion*** zur Diskussion stehen; ***be ~ for election*** auf der Wahlliste stehen; ***be ~ for examination*** sich e-r Prüfung unterziehen; ***be ~ for sale*** zum Kauf stehen; ***be ~ for trial*** ⚖ a) vor Gericht stehen, b) verhandelt werden; ***be*** (***had***) ***~ for*** F vorgeladen werden wegen; ***the***

case is ~ before the court der Fall wird (vor Gericht) verhandelt; **24.** *sport etc. um e-n Punkt etc.*vor'aus: ***be one ~***; ***one ~ for you!*** eins zu null für dich! (*a. fig.*); **25.** *Baseball*: am Schlag; **26.** *sl.* a) hoffnungsvoll, opti'mistisch, b) in Hochstimmung; **III** *int.* **27.** ***~!*** auf!, hoch!, her'auf!, hin'auf!, her'an!; ***~*** (***with you***)***!*** (steh) auf!; ***~ ...!*** hoch (lebe) ...!; **IV** *prp.* **28.** auf ... (*acc.*) (hinauf), hinauf, em'por (*a. fig.*): ***~ the hill*** (***river***) den Berg (Fluß) hinauf, bergauf (flußaufwärts); ***~ the street*** die Straße hinauf *od.* entlang; ***~ yours!*** V ‚leck mich'!; **29.** in das Innere *e-s Landes etc.*: ***~*** (***the***) ***country*** landeinwärts; **30.** oben an *od.* auf (*dat.*): ***~ the tree*** (oben) auf dem Baum; ***~ the road*** weiter oben an der Straße; **V** *s.* **31.** ***the ~s and downs*** das Auf u. Ab, die Höhen u. Tiefen *des Lebens*; ***on the ~ and ~*** F a) im Steigen (begriffen), im Kommen, b) in Ordnung, ehrlich; **32.** F Preisanstieg *m*; **33.** *sl.* Aufputschmittel *n*; **34.** F Höhergestellte(r *m*) *f*; **VI** *v/i.* **35.** ***~ with*** *sl. et.* hochreißen: ***he ~ped with his gun***; **36.** *Am. sl.* Aufputschmittel nehmen; **VII** *v/t.* **37.** *Preis*, *Produktion etc.* erhöhen; **38.** *Am.* F *j-n* (im Rang) befördern (***to*** zu).

ˌup-and-'com·ing *adj.* aufstrebend.

ˌup-and-'down *adj.* auf- und ab gehend: ***~ looks*** kritisch musternde Blicke; ***~ motion*** Aufundabbewegung *f*; ***~ stroke*** ⚙ Doppelhub *m*.

u·pas ['ju:pəs] *s.* **1.** *a.* ***~-tree*** ⚘ Upasbaum *m*; **2.** a) Upassaft *m* (*Pfeilgift*), b) *fig.* Gift, verderblicher Einfluß.

'up·beat I *s.* **1.** ♪ Auftakt *m*; **2.** ***on the ~*** *fig.* im Aufschwung; **II** *adj.* **3.** F beschwingt.

'up-bow [-bəʊ] *s.* ♪ Aufstrich *m*.

up'braid *v/t. j-m* Vorwürfe machen, *j-n*, *a. et.* tadeln, rügen: ***~ s.o. with*** (*od.* ***for***) ***s.th.*** j-m et. vorwerfen, j-m wegen e-r Sache Vorwürfe machen; **up'braid·ing I** *s.* Vorwurf *m*, Tadel *m*, Rüge *f*; **II** *adj.* □ vorwurfsvoll, tadelnd.

'upˌbring·ing *s.* **1.** Erziehung *f*; **2.** Groß-, Aufziehen *n*.

'up·cast I *adj.* em'porgerichtet (*Blick etc.*), aufgeschlagen (*Augen*); **II** *s. a.* ***~ shaft*** ⚒ Wetter-, Luftschacht *m*.

'up·chuck I *v/i.* (sich er)brechen; **II** *v/t. et.* erbrechen.

'upˌcom·ing *adj. Am.* kommend, be'vorstehend.

ˌup'coun·try I *adv.* land'einwärts; **II** *adj.* im Inneren des Landes (gelegen *od.* lebend), binnenländisch; *contp.* bäurisch; **III** *s. das* (Landes)Innere, Binnen-, Hinterland *n*.

'upˌcur·rent *s.* ✈ Aufwind *m*.

up'date I *v/t.* **1.** auf den neuesten Stand bringen; **II** *s.* ***'update*** **2.** 'Unterlage(n *pl.*) *f etc.* über den neuesten Stand; **3.** auf den neuesten Stand gebrachte Versi'on *etc.*, neuester Bericht (***on*** über *acc.*).

'up·do *s.* F 'Hochfriˌsur *f*.

'up·draft *Am.*, **'up·draught** *Brit. s.* Aufwind *m*.

up'end *v/t.* F **1.** hochkant stellen, *Faß etc.* aufrichten; **2.** *Gefäß* 'umstülpen; **3.** *fig.* ‚auf den Kopf stellen'.

'up·front *adj. Am.* F **1.** freimütig, di'rekt; **2.** vordringlich; **3.** führend; **4.** Voraus...

'up·grade I *s.* **1.** Steigung *f*: ***on the ~*** *fig.* im (An)Steigen (begriffen); **II** *adj.* **2.** *Am.* ansteigend; **III** *adv.* **3.** *Am.* berg'auf; **IV** *v/t.* ***up'grade*** **4.** höher einstufen; **5.** *j-n* (im Rang) befördern: ***~ s.o.'s status*** *fig.* j-n ‚aufwerten'; **6.** ✝ a) (die Quali'tät *gen.*) verbessern, b) *Produkt* durch ein besseres Erzeugnis ersetzen.

up·heav·al [ʌp'hi:vl] *s.* **1.** *geol.* Erhebung *f*; **2.** *fig.* 'Umwälzung *f*, 'Umbruch *m*: ***social ~s***.

up'heave *v/t. u. v/i.* [*irr.* → ***heave***] (sich) heben.

ˌup'hill I *adv.* **1.** den Berg hin'auf, berg'auf; **2.** aufwärts; **II** *adj.* **3.** bergauf führend, ansteigend; **4.** hochgelegen, oben (auf dem Berg) gelegen; **5.** *fig.* mühselig, hart: ***~ work***.

up'hold *v/t.* [*irr.* → ***hold***[2]] **1.** hochhalten, aufrecht halten; **2.** halten, stützen (*a. fig.*); **3.** *fig.* aufrechterhalten, unter'stützen; **4.** ⚖ *Urteil* (in zweiter In'stanz) bestätigen; **5.** *fig.* beibehalten; **6.** *Brit.* in'stand halten; **up'hold·er** *s.* Erhalter *m*, Verteidiger *m*, Wahrer *m*: ***~ of public order*** Hüter *m* der öffentlichen Ordnung.

up·hol·ster [ʌp'həʊlstə] *v/t.* **1.** a) (auf-, aus)polstern, b) beziehen: ***~ed goods*** Polsterware(n *pl.*) *f*; **2.** *Zimmer* (mit Teppichen, Vorhängen *etc.*) ausstatten; **up'hol·ster·er** [-tərə] *s.* Polsterer *m*; **up'hol·ster·y** [-tərɪ] *s.* **1.** 'Polstermateriˌal *n*, Polsterung *f*, (Möbel)Bezugsstoff *m*; **2.** Polstern *n*.

'up·keep *s.* **1.** a) In'standhaltung *f*, b) In'standhaltungskosten *pl.*; **2.** 'Unterhalt(skosten *pl.*) *m*.

up·land ['ʌplənd] **I** *s. mst pl.* Hochland *n*; **II** *adj.* Hochland(s)...

up'lift I *v/t.* **1.** em'porheben; **2.** *Augen*,

Stimme, *a. fig. Stimmung*, *Niveau* heben; **3.** *fig.* a) aufrichten, Auftrieb verleihen (*dat.*), b) erbauen; **II** *s.* **'*uplift* 4.** *fig.* a) (innerer) Auftrieb, b) Erbauung *f*; **5.** *fig.* a) Aufschwung *m*, b) Hebung *f*, (Ver)Besserung *f*; **6.** **~ *brassiere*** Stützbüstenhalter *m*.

up·on [ə'pɒn] *prp.* → ***on*** (***upon*** *ist bsd. in der Umgangssprache weniger geläufig als* **on**, *jedoch in folgenden Fällen üblich*): a) *in verschiedenen Redewendungen*: **~ *this*** hierauf, darauf(hin), b) *in Beteuerungen*: **~ *my word*** (***of hono*[*u*]*r***)***!*** auf mein Wort!, c) *in kumulativen Wendungen*: ***loss* ~ *loss*** Verlust auf Verlust, dauernde Verluste; ***petition* ~ *petition*** ein Gesuch nach dem anderen, d) *als Märchenanfang*: ***once* ~ *a time there was*** es war einmal.

up·per ['ʌpə] **I** *adj.* **1.** ober, höher, Ober...(*-arm*, *-deck*, *-kiefer*, *-leder etc.*): **~ *case*** *typ.* a) Oberkasten *m*, b) Versal-, Großbuchstaben *pl.*; **~ *circle*** *thea.* zweiter Rang; **~ *class*** *sociol.* Oberschicht *f*; **~ *crust*** F *die* Spitzen *pl.* der Gesellschaft; ***get the* ~ *hand*** *fig.* die Oberhand gewinnen; **♀ *House*** *parl.* Oberhaus *n*; **~ *stor*(*e*)*y*** oberes Stockwerk; ***there is something wrong in his* ~ *stor*(*e*)*y*** F *fig.* er ist nicht ganz richtig im Oberstübchen; **II** *s.* **2.** *mst pl.* Oberleder *n* (*Schuh*): ***be*** (***down***) ***on one's* ~*s*** F a) die Schuhe durchgelaufen haben, b) *fig.* ‚total abgebrannt' *od.* ‚auf dem Hund' sein; **3.** F a) Oberzahn *m*, b) obere ('Zahn)Pro‚these, c) (Py'jama- *etc.*)Oberteil *n*; **4.** *sl.* Aufputschmittel *n*; **'~·cut** *Boxen*: **I** *s.* Aufwärts-, Kinnhaken *m*; **II** *v/t.* [*irr.* → ***cut***] *j-m* e-n Aufwärtshaken versetzen.

'up·per·most I *adj.* oberst, höchst; **II** *adv.* ganz oben, oben'an, zu'oberst; an erster Stelle: ***say whatever comes* ~** sagen, was e-m gerade einfällt.

up·pish ['ʌpɪʃ] *adj.* □ F **1.** hochnäsig; **2.** anmaßend.

up·pi·ty ['ʌpətɪ] → ***uppish***.

up'raise *v/t.* erheben: ***with hands* ~*d*** mit erhobenen Händen.

up·right I *adj.* □ [‚ʌp'raɪt] **1.** auf-, senkrecht, gerade: **~ *piano*** → 7; **~ *size*** Hochformat *n*; **2.** aufrecht (sitzend, stehend, gehend); **3.** ['ʌpraɪt] *fig.* aufrecht, rechtschaffen; **II** *adv.* [‚ʌp'raɪt] **4.** aufrecht, gerade; **III** *s.* ['ʌpraɪt] **5.** (senkrechte) Stütze, Träger *m*, Ständer *m*, Pfosten *m*, (Treppen)Säule *f*; **6.** *pl. sport* (Tor)Pfosten *pl.*; **7.** ♪ ('Wand-) Kla‚vier *n*, Pi'ano *n*; **up·right·ness** ['ʌpraɪtnɪs] *s. fig.* Geradheit *f*, Rechtschaffenheit *f*.

'up‚ris·ing *s.* **1.** Aufstehen *n*; **2.** *fig.* Aufstand *m*, (Volks)Erhebung *f*.

‚up'riv·er → ***upstream***.

'up·roar *s. fig.* Aufruhr *m*, Tu'mult *m*, Toben *n*, Lärm *m*: ***in*** (***an***) **~**in Aufruhr; **up·roar·i·ous** [ʌp'rɔːrɪəs] *adj.* □ **1.** lärmend, laut, stürmisch (*Begrüßung etc.*), tosend (*Beifall*), schallend (*Gelächter*); **2.** tumultu'arisch, tobend; **3.** ‚toll', zum Brüllen (komisch).

up'root *v/t.* **1.** ausreißen; *Baum etc.* entwurzeln (*a. fig.*); **2.** *fig.* her'ausreißen (***from*** aus); **3.** *fig.* ausmerzen, -rotten.

up'set[1] **I** *v/t.* [*irr.* → ***set***] **1.** 'umwerfen, -kippen, -stoßen; *Boot* zum Kentern bringen; **2.** *fig. Regierung* stürzen; **3.** *fig. Plan* 'umstoßen, über den Haufen werfen, vereiteln; → ***apple-cart***; **4.** *fig. j-n* umwerfen, aus der Fassung bringen, bestürzen, durchein'anderbringen; **5.** in Unordnung bringen; *Magen* verderben; **6.** ⚙ stauchen; **II** *v/i.* [*irr.* → ***set***] **7.** 'umkippen, -stürzen; 'umschlagen, kentern (*Boot*); **III** *s.* **8.** 'Umkippen *n*; ⚓ 'Umschlagen *n*, Kentern *n*; **9.** Sturz *m*, Fall *m*; **10.** 'Umsturz *m*; **11.** Unordnung *f*, Durchein'ander *n*; **12.** Bestürzung *f*, Verwirrung *f*; **13.** Vereitelung *f*; **14.** (*a.* ⚕ Magen)Verstimmung *f*, Ärger *m*; **15.** Streit *m*, Meinungsverschiedenheit *f*; **16.** *sport* Über'raschung *f* (*unerwartete Niederlage etc.*).

'up·set[2] *adj. attr.* **1.** verdorben (*Magen*): **~ *stomach*** Magenverstimmung *f*; **2.** **~ *price*** Anschlagspreis *m* (*Auktion*).

'up·shot *s.* (End)Ergebnis *n*, Ende *n*, Ausgang *m*, Fazit *n*: ***in the* ~** am Ende, schließlich.

'up·side *s.* Oberseite *f*; **~ *down*** *adv.* **1.** das Oberste zu'unterst, mit dem Kopf *od.* Oberteil nach unten, verkehrt (her'um); **2.** *fig.* drunter u. drüber, vollkommen durchein'ander: ***turn everything* ~** alles auf den Kopf stellen; **‚~-'down** *adj.* auf den Kopf gestellt, 'umgekehrt: **~ *flight*** ✈ Rückenflug *m*; **~ *world*** *fig.* verkehrte Welt.

up·si·lon [juːp'saɪlən] *s.* Ypsilon *n* (*Buchstabe*).

‚up'stage I *adv. thea.* **1.** im *od.* in den 'Hintergrund der Bühne; **II** *adj.* **2.** zum 'Bühnen‚hintergrund gehörig; **3.** F hochnäsig; **III** *v/t.* **4.** *fig. j-m* ‚die Schau stehlen', *j-n* in den 'Hintergrund drängen; **5.** F *j-n* hochnäsig behandeln; **IV** *s.* **6.** *thea.* 'Bühnen‚hintergrund *m*.

‚up'stairs I *adv.* **1.** die Treppe hin'auf, nach oben; → ***kick*** 9; **2.** e-e Treppe höher; **3.** oben, in e-m oberen Stockwerk: ***a bit weak ~*** F leicht ‚behämmert'; **4.** im oberen Stockwerk (gelegen), ober; **II** *s. pl. a. sg. konstr.* **5.** oberes Stockwerk, Obergeschoß *n.*

up'stand·ing *adj.* **1.** aufrecht (*a. fig. ehrlich, tüchtig*); **2.** großgewachsen, (groß u.) kräftig.

'up·start I *s.* Em'porkömmling *m*, Parve'nü *m*; **II** *adj.* em'porgekommen, Parvenü..., neureich.

'up·state *Am.* **I** *s.* 'Hinterland *n e-s Staates*; **II** *adj. u. adv.* aus dem *od.* in den *od.* im ländlichen *od.* nördlichen Teil des Staates, in *od.* aus der *od.* in die Pro'vinz.

ˌup'stream I *adv.* **1.** strom'aufwärts; **2.** gegen den Strom; **II** *adj.* **3.** strom'aufwärts gerichtet; **4.** (weiter) strom'aufwärts gelegen.

'up·stroke *s.* **1.** Aufstrich *m beim Schreiben*; **2.** ⚙ (Aufwärts)Hub *m.*

up'surge I *v/i.* aufwallen; **II** *s.* ***'upsurge*** Aufwallung *f*; *fig. a.* Aufschwung *m.*

'up·sweep *s.* **1.** Schweifung *f* (*Bogen etc.*); **2.** 'Hochfriˌsur *f*; **up'swept** *adj.* **1.** nach oben gebogen *od.* gekrümmt; **2.** hochgekämmt (*Frisur*).

'up·swing *s. fig.* Aufschwung *m.*

up·sy-dai·sy [ˌʌpsɪ'deɪzɪ] *int.* F hoppla!

'up·take *s.* **1.** Auffassungsvermögen *n*: ***be quick on the ~*** schnell begreifen, ‚schnell schalten'; ***be slow on the ~*** schwer von Begriff sein, e-e ‚lange Leitung' haben; **2.** Aufnahme *f*; **3.** ⚙ a) Steigrohr *n*, -leitung *f*, b) 'Fuchs(kaˌnal) *m.*

'up·throw *s.* **1.** 'Umwälzung *f*; **2.** *geol.* Verwerfung *f* (ins Hangende).

'up·thrust *s.* **1.** Em'porschleudern *n*, Stoß *m* nach oben; **2.** *geol.* Horstbildung *f.*

'up·tight *adj.* **1.** *sl.* ner'vös (***about*** wegen); **2.** ‚zickig'; **3.** steif, verklemmt; **4.** ‚pleite'.

ˌup-to-'date *adj.* **1.** a) mo'dern, neuzeitlich, b) zeitnah, aktu'ell (*Thema etc.*); **2.** a) auf der Höhe (*der Zeit*), auf dem laufenden, auf dem neuesten Stand, b) modisch; **ˌup-to-'date·ness** [-nɪs] *s.* **1.** Neuzeitlichkeit *f*, Moderni'tät *f*; **2.** Aktuali'tät *f.*

ˌup-to-the-'min·ute *adj.* allerneuest, allerletzt.

up'town I *adv.* **1.** im *od.* in den oberen Stadtteil; **2.** in den Wohnvierteln, in die Wohnviertel; **II** *adj.* **3.** im oberen Stadtteil (gelegen); **4.** in den Wohnvierteln (gelegen *od.* lebend).

'up·trend *s.* Aufschwung *m*, steigende Ten'denz.

up'turn I *v/t.* **1.** 'umdrehen; **2.** (*v/i.* sich) nach oben richten *od.* kehren; *Blick* in die Höhe richten; **II** *s.* ***'upturn*** **3.** (An-)Steigen *n* (*der Kurse etc.*); **4.** *fig.* Aufschwung *m*; **ˌup'turned** *adj.* **1.** nach oben gerichtet *od.* gebogen: ***~ nose*** Stupsnase *f*; **2.** 'umgeworfen, 'umgekippt, ⚓ gekentert.

up·ward ['ʌpwəd] **I** *adv. a.* **'up·wards** [-dz] **1.** aufwärts (*a. fig.*): ***from five dollars ~*** von 5 Dollar an (aufwärts); **2.** nach oben (*a. fig.*); **3.** mehr, dar'über (hin'aus): ***~ of 10 years*** mehr als *od.* über 10 Jahre; **II** *adj.* **4.** nach oben gerichtet; (an)steigend (*Tendenz etc.*): ***~ glance*** Blick *m* nach oben; ***~ movement*** ✝ Aufwärtsbewegung *f.*

u·rae·mi·a [ˌjʊə'riːmjə] *s.* ⚕ Urä'mie *f*; **u·ra·nal·y·sis** [ˌjʊərə'næləsɪs] *s.* ⚕ U'rin-, 'Harnunterˌsuchung *f.*

u·ra·nite ['jʊərənaɪt] *s. min.* Ura'nit *n*, U'ranglimmer *m.*

u·ra·ni·um [jʊ'reɪnjəm] *s.* U'ran *n.*

u·ra·nog·ra·phy [ˌjʊərə'nɒgrəfɪ] *s.* Himmelsbeschreibung *f.*

u·ra·nous ['jʊərənəs] *adj.* ⚗ Uran..., u'ranhaltig.

U·ra·nus ['jʊərənəs] *s. ast.* Uranus *m* (*Planet*).

ur·ban ['ɜːbən] *adj.* städtisch, Stadt...: ***~ district*** Stadtbezirk *m*; ***~ guerilla*** Stadtguerilla *m*; ***~ planning*** Stadtplanung *f*; ***~ renewal*** Stadtsanierung *f*; ***~ sprawl, ~ spread*** unkontrollierte Ausdehnung e-r Stadt; **ur·bane** [ɜː'beɪn] *adj.* □ **1.** ur'ban: a) weltgewandt, -männisch, b) kulti'viert, gebildet; **2.** höflich, liebenswürdig; **ur·bane·ness** [ɜː'beɪnɪs] *s.* **1.** (Welt)Gewandtheit *f*; Bildung *f*; **2.** Höflichkeit *f*, Liebenswürdigkeit *f*; **'ur·ban·ism** [-nɪzəm] *s. Am.* **1.** Stadtleben *n*; **2.** Urba'nistik *f*; **3.** → ***urbanization***; **'ur·ban·ite** [-naɪt] *s. Am.* Städter(in); **ur·ban·i·ty** [ɜː'bænətɪ] → ***urbaneness***; **ur·ban·i·za·tion** [ˌɜːbənaɪ'zeɪʃn] *s.* **1.** Verstädterung *f*; **2.** Verfeinerung *f*; **'ur·ban·ize** [-naɪz] *v/t.* urbanisieren: a) verstädtern, städtischen Cha'rakter verleihen (*dat.*), b) verfeinern.

ur·chin ['ɜːtʃɪn] *s.* **1.** Bengel *m*, Balg *m*, *n*; **2.** *zo.* a) *dial.* Igel *m*, b) *mst* ***sea ~*** Seeigel *m.*

u·re·a ['jʊərɪə] *s.* ⚗, *biol.* Harnstoff *m*, Karba'mid *n*; **'ure·al** [-əl] *adj.* Harnstoff...

u·re·mi·a → ***uraemia***.

u·re·ter [jʊə'riːtə] *s. anat.* Harnleiter *m*; **ˌu're·thra** [-'riːθrə] *s. anat.* Harnröhre *f*; ˌ**uˈret·ic** [-ˈretɪk] *adj. physiol.* **1.** harntreibend, diuˈretisch; **2.** Harn…

urge [ɜːdʒ] **I** *v/t.* **1.** *a.* ***~ on*** (*od.* ***forward***) (an-, vorwärts)treiben, anspornen (*a. fig.*); **2.** *fig. j-n* drängen, dringend bitten *od.* auffordern, dringen in *j-n*, *j-m* (heftig) zusetzen: ***be ~d to do*** sich genötigt sehen zu tun; ***~d by necessity*** der Not gehorchend; **3.** drängen *od.* dringen auf (*acc.*); (hartnäckig) bestehen auf (*dat.*); Nachdruck legen auf (*acc.*): ***~ s.th. on s.o.*** j-m et. eindringlich vorstellen *od.* vor Augen führen, j-m et. einschärfen; ***he ~d the necessity for immediate action*** er drängte auf sofortige Maßnahmen; **4.** *als Grund* geltend machen, *Einwand etc.* ins Feld führen; **5.** *Sache* vorˈan-, betreiben, beschleunigen; **II** *v/i.* **6.** drängen: ***~ against*** sich nachdrücklich aussprechen gegen; **III** *s.* **7.** Drang *m*, (An)Trieb *m*: ***creative ~*** Schaffensdrang; ***sexual ~*** Geschlechtstrieb; **8.** Inbrunst *f*: ***religious ~***; ˈ**ur·gen·cy** [-dʒənsɪ] *s.* **1.** Dringlichkeit *f*; **2.** (dringende) Not, Druck *m*; **3.** Drängen *n*; **4.** *parl. Brit.* Dringlichkeitsantrag *m*; **5.** Eindringlichkeit *f*; ˈ**ur·gent** [-dʒənt] *adj.* □ **1.** dringend (*a. Mangel*; *a. teleph. Gespräch*), dringlich, eilig: ***the matter is ~*** die Sache eilt; ***be in ~ need of*** *et.* dringend brauchen; **2.** drängend: ***be ~ about*** (*od.* ***for***) ***s.th.*** zu et. drängen, auf et. dringen; ***be ~ with s.o.*** j-n drängen, in j-n dringen (***for*** wegen, ***to do*** zu tun); **3.** zu-, aufdringlich; **4.** hartnäckig.

u·ric [ˈjʊərɪk] *adj.* Urin…, Harn…: ***~ acid*** Harnsäure *f.*

u·ri·nal [ˈjʊərɪnl] *s.* **1.** Uˈrinflasche *f* (*für Kranke*); **2.** Harnglas *n*; **3.** a) Uˈrinbekken *n* (*in Toiletten*), b) Pisˈsoir *n*; **u·ri·nal·y·sis** [ˌjʊərɪˈnæləsɪs] *pl.* **-ses** [-siːz] → ***uranalysis***; **u·ri·nar·y** [ˈjʊərɪnərɪ] *adj.* Harn…, Urin…: ***~ bladder*** Harnblase *f*; ***~ calculus*** ⚕ Blasenstein *m*; **u·ri·nate** [ˈjʊərɪneɪt] *v/i.* urinieren; **u·rine** [ˈjʊərɪn] *s.* Uˈrin *m*, Harn *m.*

urn [ɜːn] *s.* **1.** Urne *f*; **2.** ˈTee- *od.* ˈKaffeemaˌschine *f.*

u·ro·gen·i·tal [ˌjʊərəʊˈdʒenɪtl] *adj.* ⚕ urogeniˈtal.

u·rol·o·gy [ˌjʊəˈrɒlədʒɪ] *s.* ⚕ Uroloˈgie *f.*

ur·sine [ˈɜːsaɪn] *adj. zo.* bärenartig, Bären…

U·ru·guay·an [ˌjʊərʊˈgwaɪən] **I** *adj.* uruguˈayisch; **II** *s.* Uruguˈayer(in).

us [ʌs; əs] *pron.* **1.** uns (*dat. od. acc.*): ***all of ~*** wir alle; ***both of ~*** wir beide; **2.** *dial.* wir: ***~ poor people.***

us·a·ble [ˈjuːzəbl] *adj.* brauch-, verwendbar.

us·age [ˈjuːzɪdʒ] *s.* **1.** Brauch *m*, Gepflogenheit *f*, Usus *m*: (***commercial***) ***~*** Handelsbrauch, Usance *f*; **2.** übliches Verfahren, Praxis *f*; **3.** Sprachgebrauch *m*: ***English ~***; **4.** Gebrauch *m*, Verwendung *f*; **5.** Behandlung(sweise) *f.*

us·ance [ˈjuːzns] *s.* ✝ **1.** (übliche) Wechselfrist, Uso *m*: ***at ~*** nach Uso; ***bill at ~*** Usowechsel *m*; **2.** Uso *m*, Uˈsance *f*, Handelsbrauch *m.*

use I *s.* [juːs] **1.** Gebrauch *m*, Benutzung *f*, Benützung *f*, An-, Verwendung *f*: ***for ~*** zum Gebrauch; ***for ~ in schools*** für den Schulgebrauch; ***directions for ~*** Gebrauchsanweisung *f*; ***in ~*** in Gebrauch, gebräuchlich; ***be in daily ~*** täglich gebraucht werden; ***in common ~*** allgemein gebräuchlich; ***come into ~*** in Gebrauch kommen; ***out of ~*** nicht in Gebrauch; ***fall*** (*od.* ***go*** *od.* ***pass***) ***out of ~*** außer Gebrauch kommen, ungebräuchlich werden; ***with ~*** durch (ständigen) Gebrauch; ***make ~ of*** Gebrauch machen von, benutzen; ***make*** (***a***) ***bad ~ of*** (e-n) schlechten Gebrauch machen von; **2.** a) Verwendung(szweck *m*) *f*, b) Brauchbarkeit *f*, Verwendbarkeit *f*, c) Zweck *m*, Sinn *m*, Nutzen *m*, Nützlichkeit *f*: ***of ~*** (***to***) brauchbar (für), nützlich (*dat.*), von Nutzen (für); ***it is of no ~ doing*** *od.* ***to do*** es ist unnütz *od.* nutz- *od.* zwecklos zu tun, es hat keinen Zweck zu tun; ***is this of ~ to you?*** können Sie das (ge-) brauchen?; ***crying is no ~*** Weinen führt zu nichts; ***what is the ~*** (***of it***)***?*** was hat es (überhaupt) für einen Zweck?; ***put to*** (***good***) ***~*** (gut) an- *od.* verwenden; ***have no ~ for*** a) nicht brauchen können, mit *et. od. j-m* nichts anfangen können, b) *bsd. Am.* F nichts übrig haben für; **3.** Fähigkeit *f*, *et.* zu gebrauchen, Gebrauch *m*: ***he lost the ~ of his right eye*** er kann auf dem rechten Auge nicht mehr sehen; ***have the ~ of one's limbs*** sich bewegen können; **4.** Gewohnheit *f*, Brauch *m*, Übung *f*, Praxis *f*: ***once a ~ and ever a custom*** jung gewohnt, alt getan; **5.** Benutzungsrecht *n*; **6.** ⚖ a) Nutznießung *f*, b) Nutzen *m*; **II** *v/t.* [juːz] **7.** gebrauchen, Gebrauch machen von (*a. von e-m Recht etc.*), benutzen, benützen, *a. Gewalt* anwenden, *a. Sorgfalt* verwenden, sich bedienen (*gen.*), *Gelegenheit etc.* nutzen, sich zuˈnutze machen: ***~ one's brains*** den Verstand gebrauchen, s-n Kopf anstrengen; ***~***

one's legs zu Fuß gehen; **8.** ~ ***up*** a) *et.* auf-, verbrauchen, b) F *j-n* erschöpfen, ‚fertigmachen'; → ***used*** 2; **9.** behandeln, verfahren mit: ~ ***s.o. ill*** j-n schlecht behandeln; ***how has the world ~d you?*** wie ist es dir ergangen?; **III** *v/i.* **10.** *nur pret.* [ju:st] pflegte (***to do*** zu tun): ***it ~d to be said*** man pflegte zu sagen; ***he ~d to live here*** er wohnte früher hier; ***he does not come as often as he ~d*** (***to***) er kommt nicht mehr so oft wie früher *od.* sonst; **use·a·ble** ['ju:zəbl] → ***usable***; **used** [ju:zd] *adj.* **1.** gebraucht, getragen (*Kleidung*): ~ ***car*** *mot.* Gebrauchtwagen *m*; **2.** ~ ***up*** a) aufgebraucht, verbraucht (*a. Luft*), b) F ‚erledigt', ‚fertig', erschöpft; **3.** [ju:st] a) gewohnt (***to*** zu *od. acc.*), b) gewöhnt (***to*** an *acc.*): ***he is ~ to working late*** er ist gewohnt, lange zu arbeiten; ***get ~ to*** sich gewöhnen an (*acc.*); **use·ful** ['ju:sfʊl] *adj.* □ **1.** nützlich, brauchbar, (zweck)dienlich, (gut) verwendbar: ~ ***tools***; ***a ~ man*** ein brauchbarer Mann; ~ ***talks*** nützliche Gespräche; ***make o.s.*** ~ sich nützlich machen; **2.** *bsd.* ⚙ nutzbar, Nutz...: ~ ***efficiency*** Nutzleistung *f*; ~ ***load*** Nutzlast *f*; ~ ***plant*** Nutzpflanze *f*; '**use·ful·ness** [-fʊlnɪs] *s.* Nützlichkeit *f*, Brauchbarkeit *f*, Zweckmäßigkeit *f*; **use·less** ['ju:slɪs] *adj.* □ **1.** nutz-, sinn-, zwecklos, unnütz, vergeblich: ***it is ~ to*** es erübrigt sich zu; **2.** unbrauchbar; '**use·less·ness** [-lɪsnɪs] *s.* Nutz-, Zwecklosigkeit *f*, Unbrauchbarkeit *f*; **us·er** ['ju:zə] *s.* **1.** Benutzer (-in); **2.** ✝ Verbraucher(in); **3.** ⚖ Nießbrauch *m*, Benutzungsrecht *n*.

'**U-shaped** *adj.* U-förmig: ~ ***iron*** ⚙ U-Eisen *n*.

ush·er ['ʌʃə] **I** *s.* **1.** Türhüter *m*; **2.** Platzanweiser(in); **3.** a) ⚖ Gerichtsdiener *m*, b) *allg.* 'Aufsichtsper,son *f*; **4.** Zere'monienmeister *m*; **5.** *Brit. obs.* Hilfslehrer *m*; **II** *v/t.* **6.** (*mst* ~ ***in*** her'ein-, hin'ein)führen, (-)geleiten; **7.** ~ ***in*** *a. fig.* ankündigen, *e-e Epoche etc.* einleiten; **ush·er·ette** [,ʌʃə'ret] *s.* Platzanweiserin *f*.

u·su·al ['ju:ʒʊəl] *adj.* □ üblich, gewöhnlich, gebräuchlich: ***as*** ~ wie gewöhnlich, wie sonst; ***the ~ thing*** das Übliche; ***it has become the ~ thing*** (***with us***) es ist (bei uns) gang u. gäbe geworden; ***it is ~ for shops to close at 6 o'clock*** die Geschäfte schließen gewöhnlich um 6 Uhr; ***the ~ pride with her*** ihr üblicher Stolz; '**u·su·al·ly** [-əlɪ] *adv.* (für) gewöhnlich, in der Regel, meist(ens).

u·su·fruct ['ju:sju:frʌkt] *s.* ⚖ Nießbrauch *m*, Nutznießung *f*; **u·su·fruc·tu·ar·y** [,ju:sju:'frʌktjʊərɪ] **I** *s.* Nießbraucher(in); **II** *adj.* Nutzungs...: ~ ***right***.

u·su·rer ['ju:ʒərə] *s.* Wucherer *m*; **u·su·ri·ous** [ju:'zjʊərɪəs] *adj.* □ wucherisch, Wucher...: ~ ***interest*** → ***usury*** 2; **u·su·ri·ous·ness** [ju:'zjʊərɪəsnɪs] *s.* Wuche'rei *f*.

u·surp [ju:'zɜ:p] *v/t.* **1.** an sich reißen, sich 'widerrechtlich aneignen, sich bemächtigen (*gen.*); **2.** sich ('widerrechtlich) anmaßen; **3.** *Aufmerksamkeit etc.* mit Beschlag belegen; **u·sur·pa·tion** [,ju:zɜ:'peɪʃn] *s.* **1.** Usurpati'on *f*: a) 'widerrechtliche Machtergreifung *od.* Aneignung, Anmaßung *f e-s Rechts etc.*, b) ~ ***of the throne*** Thronraub *m*; **2.** unberechtigter Eingriff (***on*** in *acc.*); **u'surp·er** [-pə] *s.* **1.** Usur'pator *m*, unrechtmäßiger Machthaber, Thronräuber *m*; **2.** unberechtigter Besitzergreifer; **3.** *fig.* Eindringling *m* (***on*** in *acc.*); **u'surp·ing** [-pɪŋ] *adj.* □ usurpa'torisch.

u·su·ry ['ju:ʒʊrɪ] *s.* **1.** (Zins)Wucher *m*: ***practise*** ~ Wucher treiben; **2.** Wucherzinsen *pl.* (***at*** auf *acc.*): ***return s.th. with*** ~ *fig. et.* mit Zins u. Zinseszins heimzahlen.

u·ten·sil [ju:'tensl] *s.* **1.** (*a. Schreib- etc.*) Gerät *n*, Werkzeug *n*; Gebrauchs-, Haushaltsgegenstand *m*: (***kitchen***) ~ Küchengerät; **2.** Geschirr *n*, Gefäß *n*; **3.** *pl.* Uten'silien *pl.*, Geräte *pl.*; (Küchen)Geschirr *n*.

u·ter·ine ['ju:təraɪn] *adj.* **1.** *anat.* Gebärmutter..., Uterus...; **2.** von der'selben Mutter stammend: ~ ***brother*** Halbbruder mütterlicherseits; **u·ter·us** ['ju:tərəs] *pl.* **-ter·i** [-təraɪ] *s. anat.* Uterus *m*, Gebärmutter *f*.

u·til·i·tar·i·an [,ju:tɪlɪ'teərɪən] **I** *adj.* **1.** utilita'ristisch, Nützlichkeits...; **2.** praktisch, zweckmäßig; **3.** *contp.* gemein; **II** *s.* **4.** Utilita'rist(in); ,**u·til·i'tar·i·an·ism** [-nɪzəm] *s.* Utilita'rismus *m*.

u·til·i·ty [ju:'tɪlətɪ] **I** *s.* **1.** *a.* ✝ Nutzen *m* (***to*** für), Nützlichkeit *f*; **2.** *et.* Nützliches, nützliche Einrichtung; **3.** a) *a.* ***public*** ~ (***company*** *od.* ***corporation***) öffentlicher Versorgungsbetrieb, *pl. a.* Stadtwerke *pl.*, b) *pl.* Leistungen *pl.* der öffentlichen Versorgungsbetriebe, *bsd.* Strom-, Gas- u. Wasserversorgung *f*; **4.** ⚙ Zusatzgerät *n*; **II** *adj.* **5.** ✝, ⚙ Gebrauchs...(*-güter*, *-möbel*, *-wagen etc.*); **6.** Mehrzweck...; ~ **man** *s.* [*irr.*] **1.** *bsd. Am.* Fak'totum *n*; **2.** *thea.* vielseitig einsetzbarer Chargenspieler.

u·ti·liz·a·ble ['ju:tɪlaɪzəbl] *adj.* verwendbar, verwertbar, nutzbar; **u·ti·li·za·tion** [ˌjuːtɪlaɪˈzeɪʃn] *s.* Nutzbarmachung *f*, Verwertung *f*, (Aus)Nutzung *f*, An-, Verwendung *f*; **u·ti·lize** [ˈjuːtɪlaɪz] *v/t.* **1.** (aus)nutzen, verwerten, sich *et.* nutzbar *od.* zu'nutze machen; **2.** verwenden.

ut·most [ˈʌtməʊst] **I** *adj.* äußerst: a) entlegenst, fernst, b) *fig.* höchst, größt; **II** *s. das* Äußerste: ***the ~ that I can do***; ***do one's ~*** sein äußerstes *od.* möglichstes tun; ***at the ~*** allerhöchstens; ***to the ~*** aufs äußerste; ***to the ~ of my powers*** nach besten Kräften.

U·to·pi·a [juːˈtəʊpjə] *s.* **1.** U'topia *n* (*Idealstaat*); **2.** *oft* ♀ *fig.* Uto'pie *f*; **U'to·pi·an** [-jən], *a.* ♀ **I** *adj.* u'topisch, phan'tastisch; **II** *s.* Uto'pist(in), Phan'tast (-in); **U'to·pi·an·ism** [-jənɪzəm], *a.* ♀ *s.* Uto'pismus *m*.

u·tri·cle [ˈjuːtrɪkl] *s.* **1.** *zo.*, ⚘ Schlauch *m*, bläs-chenförmiges Luft- *od.* Saftgefäß; **2.** ⚕ U'triculus *m* (*Säckchen im Ohrlabyrinth*).

ut·ter [ˈʌtə] **I** *adj.* □ → ***utterly***; **1.** äußerst, höchst, völlig; **2.** endgültig, entschieden: ~ ***denial***; **3.** *contp.* ausgesprochen, voll'endet (*Schurke*, *Unsinn etc.*); **II** *v/t.* **4.** *Gedanken*, *Gefühle* äußern, ausdrücken, aussprechen; **5.** *Laute etc.* ausstoßen, von sich geben, her'vorbringen; **6.** *Falschgeld etc.* in 'Umlauf setzen, verbreiten; **ut·ter·ance** [ˈʌtərəns] *s.* **1.** (stimmlicher) Ausdruck, Äußerung *f*: ***give ~ to*** *e-m Gefühl etc.* Ausdruck verleihen; **2.** Sprechweise *f*, Aussprache *f*, Vortrag *m*; **3.** *a. pl.* Äußerung *f*, Aussage *f*, Worte *pl.*; **'ut·ter·er** [-ərə] *s.* **1.** Äußernde(r *m*) *f*; **2.** Verbreiter(in); **'ut·ter·ly** [-lɪ] *adv.* äußerst, abso'lut, völlig, ganz, to'tal; **'ut·ter·most** [-məʊst] → ***utmost***.

'U-turn *s.* **1.** *mot.* Wende *f*; **2.** *fig.* Kehrtwende *f*.

u·vu·la [ˈjuːvjʊlə] *pl.* **-lae** [-liː] *s. anat.* Zäpfchen *n*; **'u·vu·lar** [-lə] **I** *adj.* Zäpfchen..., *ling. a.* uvu'lar; **II** *s. ling.* Zäpfchenlaut *m*, Uvu'lar *m*.

ux·o·ri·ous [ʌkˈsɔːrɪəs] *adj.* □ treuliebend, -ergeben; **ux'o·ri·ous·ness** [-nɪs] *s.* treue Ergebenheit (*des Gatten*).

V

V, **v** [viː] *s.* V *n*, v *n* (*Buchstabe*).

vac [væk] *Brit.* F *für* ***vacation***.

va·can·cy [ˈveɪkənsɪ] *s.* **1.** Leere *f* (*a. fig.*): ***stare into ~*** ins Leere starren; **2.** leerer *od.* freier Platz; Lücke *f* (*a. fig.*); **3.** leer(stehend)es *od.* unbewohntes Haus; **4.** freie *od.* offene Stelle, unbesetztes Amt, Vaˈkanz *f*; *univ.* freier Studienplatz *m*; *pl. Zeitung*: Stellenangebote *pl.*; **5.** a) Geistesabwesenheit *f*, b) geistige Leere, c) Geistlosigkeit *f*; **6.** Untätigkeit *f*, Muße *f*; **ˈva·cant** [-nt] *adj.* □ **1.** leer, frei, unbesetzt (*Sitz, Zimmer, Zeit etc.*); **2.** leer(stehend), unbewohnt, unvermietet (*Haus*); unbebaut (*Grundstück*): ***~ possession*** sofort beziehbar; **3.** frei, offen (*Stelle*), vaˈkant, unbesetzt (*Amt*); **4.** a) geistesabwesend, b) leer: ***~ mind***; ***~ stare***, c) geistlos.

va·cate [vəˈkeɪt] *v/t.* **1.** *Wohnung etc.*, ⚔ *Stellung etc.* räumen; *Sitz etc.* freimachen; **2.** *Stelle* aufgeben, aus *e-m Amt* scheiden: ***be ~d*** freiwerden (*Stelle*); **3.** *Truppen etc.* evakuieren; **4.** ⚖ *Vertrag, Urteil etc.* aufheben; **vaˈca·tion** [-eɪʃn] **I** *s.* **1.** Räumung *f*; **2.** Niederlegung *f od.* Erledigung *f e-s Amtes*; **3.** (Gerichts-, *univ.* Seˈmester-, *Am.* Schul)Ferien *pl.*: ***the long ~*** die großen Ferien, die Sommerferien; **4.** *bsd. Am.* Urlaub *m*: ***on ~*** im Urlaub; ***~ shutdown*** Betriebsferien *pl.*; **II** *v/i.* **5.** *bsd. Am.* in Ferien sein, Urlaub machen; **vaˈca·tion·ist** [-eɪʃnɪst] *s. Am.* Urlauber(in).

vac·ci·nal [ˈvæksɪnl] *adj.* ⚕ Impf…; **vac·ci·nate** [ˈvæksɪneɪt] *v/t. u. v/i.* impfen (***against*** gegen); **vac·ci·na·tion** [ˌvæksɪˈneɪʃn] *s.* (Schutz)Impfung *f*; **ˈvac·ci·na·tor** [-neɪtə] *s.* **1.** Impfarzt *m*; **2.** Impfnadel *f*; **ˈvac·cine** [-siːn] ⚕ **I** *adj.* Impf…, Kuhpocken…: ***~ matter*** → II; **II** *s.* Impfstoff *m*, Vakˈzine *f*: ***bovine ~*** Kuhlymphe *f*; **vac·cin·i·a** [vækˈsɪnjə] *s.* ⚕ Kuhpocken *pl.*

vac·il·late [ˈvæsɪleɪt] *v/i. mst fig.* schwanken; **ˈvac·il·lat·ing** [-tɪŋ] *adj.* □ schwankend (*mst fig. unschlüssig*); **vac·il·la·tion** [ˌvæsɪˈleɪʃn] *s.* Schwanken *n* (*mst fig. Unschlüssigkeit, Wankelmut*).

va·cu·i·ty [væˈkjuːətɪ] *s.* **1.** → ***vacancy*** 1, 5; **2.** *fig.* Nichtigkeit *f*, Plattheit *f*; **vac·u·ous** [ˈvækjʊəs] *adj.* □ **1.** → ***vacant*** 4; **2.** nichtssagend (*Redensart*); **3.** müßig (*Leben*); **vac·u·um** [ˈvækjʊəm] **I** *pl.* **-ums** [-z] *s.* **1.** ⚙, *phys.* Vakuum *n*, (*bsd.* luft)leerer Raum; **2.** *fig.* Vakuum *n*, Leere *f*, Lücke *f*; **II** *adj.* **3.** Vakuum…: ***~ bottle*** (*od.* ***flask***) Thermosflasche *f*; ***~ brake*** ⚙ Unterdruckbremse *f*; ***~ can***, ***~ tin*** Vakuumdose *f*; ***~ cleaner*** Staubsauger *m*; ***~ drier*** Vakuumtrockner *m*; ***~ ga(u)ge*** Unterdruckmesser *m*; ***~-packed*** vakuumverpackt; ***~-sealed*** vakuumdicht; ***~ tube***, ***~ valve*** ⚡ Vakuumröhre *f*; **III** *v/t.* **4.** (mit dem Staubsauger) saugen *od.* reinigen.

va·de me·cum [ˌveɪdɪˈmiːkəm] *s.* Vadeˈmekum *n*, Handbuch *n*.

vag·a·bond [ˈvægəbɒnd] **I** *adj.* **1.** vagabundierend (*a.* ⚡); **2.** Vagabunden…, vagaˈbundenhaft; **3.** nomadisierend; **4.** Wander…, unstet: ***a ~ life***; **II** *s.* **5.** Vagaˈbund(in), Landstreicher(in); **6.** F Strolch *m*; **III** *v/i.* **7.** vagabundieren; **ˈvag·a·bond·age** [-dɪdʒ] *s.* **1.** Landstreicheˈrei *f*, Vagaˈbundenleben *n*; **2.** *coll.* Vagaˈbunden *pl.*; **ˈvag·a·bond·ism** [-dɪzəm] → ***vagabondage*** 1; **ˈvag·a·bond·ize** [-daɪz] → ***vagabond*** 7.

va·gar·y [ˈveɪgərɪ] *s.* **1.** wunderlicher Einfall; *pl. a.* Phantasteˈreien *pl.*; **2.** Kaˈprice *f*, Grille *f*, Laune *f*; **3.** *mst pl.* Extravaˈganzen *pl.*: ***the vagaries of fashion***.

va·gi·na [vəˈdʒaɪnə] *pl.* **-nas** *s.* **1.** *anat.* Vaˈgina *f*, Scheide *f*; **2.** ⚘ Blattscheide *f*; **vagˈi·nal** [-nl] *adj.* vagiˈnal, Vaginal…, Scheiden…: ***~ spray*** Intimspray *n*.

va·gran·cy [ˈveɪgrənsɪ] *s.* **1.** Landstreicheˈrei *f* (*a.* ⚖); **2.** *coll.* Landstreicher *pl.*; **ˈva·grant** [-nt] **I** *adj.* □ **1.** wandernd (*a. weitS. Zelle etc.*), vagabundierend; **2.** → ***vagabond*** 3 *u.* 4; **3.** *fig.* kapriziˈös, launisch; **II** *s.* **4.** → ***vagabond*** 5.

vague [veɪg] *adj.* □ **1.** vage: a) undeutlich, nebelhaft, verschwommen (*alle a.*

fig.), b) unbestimmt (*Gefühl, Verdacht, Versprechen etc.*), dunkel (*Ahnung, Gerücht etc.*), c) unklar (*Antwort etc.*): **~ hope** vage Hoffnung; **not the ~st idea** nicht die leiseste Ahnung; **be ~ about s.th.** sich unklar ausdrücken über (*acc.*); **2.** → **vacant** 4a; **'vague·ness** [-nɪs] *s.* Unbestimmtheit *f*, Verschwommenheit *f*.

vain [veɪn] *adj.* □ **1.** eitel, eingebildet (**of** auf *acc.*); **2.** *fig.* eitel, leer (*Vergnügen etc.*; *a. Drohung, Hoffnung etc.*), nichtig; **3.** vergeblich, fruchtlos: **~ efforts**; **4. in ~** vergeblich: a) vergebens, um'sonst, b) unnütz; **ˌ~'glo·ri·ous** *adj.* □ prahlerisch, großsprecherisch, -spurig.

vain·ness ['veɪnnɪs] *s.* **1.** Vergeblichkeit *f*; **2.** Hohl-, Leerheit *f*.

vale[1] [veɪl] *s. poet. od. in Namen*: Tal *n*: **~ of tears** Jammertal *n*.

va·le[2] ['veɪlɪ] (*Lat.*) **I** *int.* lebe wohl!; **II** *s.* Lebe'wohl *n*.

val·e·dic·tion [ˌvælɪ'dɪkʃn] *s.* **1.** Abschied(nehmen *n*) *m*; **2.** Abschiedsworte *pl.*; **val·e·dic·to·ri·an** [ˌvælɪdɪk'tɔːrɪən] *s. Am. ped., univ.* Abschiedsredner *m*; **ˌval·e'dic·to·ry** [-ktərɪ] **I** *adj.* Abschieds…: **~ address** → II; **II** *s. bsd. Am. ped., univ.* Abschiedsrede *f*.

va·lence ['veɪləns], **'va·len·cy** [-sɪ] ⚗, ⚘, *biol., phys.* Wertigkeit *f*, Va'lenz *f*.

val·en·tine ['væləntaɪn] *s.* **1.** Valentinsgruß *m* (*zum Valentinstag, 14. Februar, dem od. der Liebsten gesandt*); **2.** am Valentinstag erwählte(r) Liebste(r), *a. allg.* Schatz *m*.

va·le·ri·an [və'lɪərɪən] *s.* ⚘, *pharm.* Baldrian *m*; **va·le·ri·an·ic** [vəˌlɪərɪ'ænɪk], **va'ler·ic** [-'lerɪk] *adj.* ⚗ Baldrian…, Valerian…

val·et ['vælɪt] **I** *s.* a) (Kammer)Diener *m*, b) Hausdiener *m im Hotel*; **II** *v/t. j-n* bedienen, versorgen; **III** *v/i.* Diener sein.

val·e·tu·di·nar·i·an [ˌvælɪtjuːdɪ'neərɪən] **I** *adj.* **1.** kränklich, kränkelnd; **2.** rekonvales'zent; **3.** a) ge'sundheitsfaˌnatisch, b) hypo'chondrisch; **II** *s.* **4.** kränkliche Per'son; **5.** Rekonvales'zent(in); **6.** ‚Ge'sundheitsaˌpostel' *m*; **7.** Hypo'chonder *m*; **ˌval·e·tu·di'nar·i·an·ism** [-nɪzəm] *s.* **1.** Kränklichkeit *f*; **2.** Hypochon'drie *f*; **ˌval·e'tu·di·nar·y** [-nərɪ] → **valetudinarian**.

Val·hal·la [væl'hælə], **Val'hall** [-'hæl] *s. myth.* Wal'halla *f*.

val·iant ['væljənt] *adj.* □ tapfer, mutig, heldenhaft, he'roisch.

val·id ['vælɪd] *adj.* □ **1.** gültig: a) stichhaltig, triftig (*Beweis, Grund*), b) begründet, berechtigt (*Anspruch, Argument etc.*), c) richtig (*Entscheidung etc.*); **2.** ⚖ (rechts)gültig, rechtskräftig; **3.** wirksam (*Methode etc.*); **'val·i·date** [-deɪt] *v/t.* ⚖ a) für (rechts)gültig erklären, rechtswirksam machen, b) bestätigen; **val·i·da·tion** [ˌvælɪ'deɪʃn] *s.* Gültigkeit(serklärung) *f*; **va·lid·i·ty** [və'lɪdətɪ] *s.* **1.** Gültigkeit *f*: a) Triftigkeit *f*, Stichhaltigkeit *f*, b) Richtigkeit *f*; **2.** ⚖ Rechtsgültigkeit *f*, -kraft *f*; **3.** Gültigkeit(sdauer) *f*.

va·lise [və'liːz] *s.* Reisetasche *f*.

Val·kyr ['vælkɪə], **Val·kyr·ia** [væl'kɪərjə], **Val·kyr·ie** [-'kɪərɪ] *s. myth.* Walküre *f*.

val·ley ['vælɪ] *s.* **1.** Tal *n*: **down the ~** talabwärts; **2.** △ Dachkehle *f*.

val·or *Am.* → **valour**.

val·or·i·za·tion [ˌvælərаɪ'zeɪʃn] *s.* ✝ Valorisati'on *f*, Aufwertung *f*; **val·or·ize** ['væləraɪz] *v/t.* ✝ valorisieren, aufwerten, den Preis *e-r Ware* heben *od.* stützen.

val·or·ous ['vælərəs] *adj.* □ *rhet.* tapfer, mutig, heldenhaft, -mütig; **val·our** ['vælə] *s.* Tapferkeit *f*, Heldenmut *m*.

val·u·a·ble ['væljʊəbl] **I** *adj.* □ **1.** wertvoll: a) kostbar, teuer, b) *fig.* nützlich: **for ~ consideration** ⚖ entgeltlich; **2.** abschätzbar; **II** *s.* **3.** *pl.* Wertsachen *pl.*, -gegenstände *pl.*

val·u·a·tion [ˌvæljʊ'eɪʃn] *s.* **1.** Bewertung *f*, (Ab)Schätzung *f*, Wertbestimmung *f*, Taxierung *f*, Veranschlagung *f*; **2.** a) Schätzungswert *m* (festgesetzter) Wert *od.* Preis, Taxe *f*, b) Gegenwartswert *m* e-r 'Lebensverˌsicherungspoˌlice; **3.** Wertschätzung *f*, Würdigung *f*: **we take him at his own ~** wir beurteilen ihn so, wie er sich selbst sieht; **val·u·a·tor** ['væljʊeɪtə] *s.* ✝ (Ab)Schätzer *m*, Ta'xator *m*.

val·ue ['væljuː] **I** *s.* **1.** *allg.* Wert *m* (*a.* ⚘, ⚗, *phys. u. fig.*): **moral ~s** *fig.* sittliche Werte; **be of ~ to** *j-m* wertvoll *od.* nützlich sein; **2.** Wert *m*, Einschätzung *f*: **set a high ~ (up)on** a) großen Wert legen auf (*acc.*), b) *et.* hoch einschätzen; **3.** ✝ Wert *m*: **assessed ~** Taxwert; **at ~** zum Tageskurs; **book ~** Buchwert; **commercial ~** Handelswert; **4.** ✝ a) (Verkehrs)Wert *m*, Kaufkraft *f*, Preis *m*, b) Gegenwert *m*, -leistung *f*, c) Währung *f*, Va'luta *f*, d) *a.* **good ~** re'elle Ware, Quali'tätsware *f*, e) → **valuation** 1 *u.* 2, f) Wert *m*, Preis *m*, Betrag *m*: **for ~ received** Betrag erhalten; **to the ~ of** im *od.* bis zum Betrag von; **give (get) good ~ (for**

one's money) reell bedienen (bedient werden); ***it is excellent ~ for money*** es ist äußerst preiswert, es ist ausgezeichnet; **5.** *fig.* Wert *m*, Gewicht *n e-s Wortes etc.*; **6.** *paint.* Verhältnis *n* von Licht u. Schatten, Farb-, Grauwert *m*; **7.** ♪ Noten-, Zeitwert *m*; **8.** *ling.* Lautwert *m*; **II** *v/t.* **9.** a) den Wert *od.* Preis *e-r Sache* bestimmen *od.* festsetzen, b) (ab-) schätzen, veranschlagen, taxieren (***at*** auf *acc.*); **10.** ✝ *Wechsel* ziehen ([***up***]***on*** auf *j-n*); **11.** *Wert, Nutzen, Bedeutung* schätzen, (*vergleichend*) bewerten; **12.** (hoch)schätzen, achten; **ˌ~-ˈadd·ed tax** *s.* ✝ Mehrwertsteuer *f.*

val·ued [ˈvæljuːd] *adj.* **1.** (hoch)geschätzt; **2.** taxiert, veranschlagt (***at*** auf *acc.*): ***~ at £ 100*** £ 100 wert.

ˈval·ue|-free *adj.* wertfrei; **~ judg(e)·ment** *s.* Werturteil *n.*

val·ue·less [ˈvæljulɪs] *adj.* wertlos; **ˈval·u·er** [-juə] → ***valuator***.

val·ue stress *s.* *Phonetik*: Sinnbetonung *f.*

va·lu·ta [vəˈluːtə] (*Ital.*) *s.* ✝ Vaˈluta *f.*

valve [vælv] *s.* **1.** ⚙ Venˈtil *n*, Absperrvorrichtung *f*, Klappe *f*, Hahn *m*, Reguˈlierorˌgan *n*: ***~ gear*** Ventilsteuerung *f*; ***~-in-head engine*** kopfgesteuerter Motor; **2.** ♪ Klappe *f* (*Blasinstrument*); **3.** ⚕ (*Herz- etc.*)Klappe *f*: ***cardiac ~***; **4.** *zo.* (Muschel)Klappe *f*; **5.** ♀ a) Klappe *f*, b) Kammer *f* (*beide e-r Fruchtkapsel*); **6.** ⚡ *Brit.* (Elekˈtronen-, Fernseh-, Radio)Röhre *f*: ***~ amplifier*** Röhrenverstärker *m*; **7.** ⚙ Schleusentor *n*; **8.** *obs.* Türflügel *m*; **ˈvalve·less** [-lɪs] *adj.* venˈtillos; **ˈval·vu·lar** [-vjʊlə] *adj.* **1.** klappenförmig, Klappen...: ***~ defect*** ⚕ Klappenfehler *m*; **2.** mit Klappe(n) *od.* Venˈtil(en) (versehen); **3.** ♀ klappig; **ˈval·vule** [-vjuːl] *s.* kleine Klappe; **val·vu·li·tis** [ˌvælvjʊˈlaɪtɪs] *s.* ⚕ (Herz-) Klappenentzündung *f.*

va·moose [vəˈmuːs], **vaˈmose** [-ˈməʊs] *Am. sl.* **I** *v/i.* ‚verduften', ‚Leine ziehen'; **II** *v/t.* fluchtartig verlassen.

vamp¹ [væmp] **I** *s.* **1.** a) Oberleder *n*, b) (Vorder)Klappe *f* (*Schuh*), c) (aufgesetzter) Flicken; **2.** ♪ (improvisierte) Begleitung; **3.** *fig.* Flickwerk *n*; **II** *v/t.* **4.** *mst* ***~ up*** a) flicken, reparieren, b) vorschuhen; **5.** ***~ up*** F a) *et.* ‚aufpolieren', ‚aufmotzen', b) *Zeitungsartikel etc.* zs.-stoppeln; **6.** ♪ (aus dem Stegreif) begleiten; **III** *v/i.* **7.** ♪ improvisieren.

vamp² [væmp] F **I** *s.* Vamp *m*; **II** *v/t.* a) *Männer* verführen, ‚ausnehmen', b) *j-n* becircen.

vam·pire [ˈvæmpaɪə] *s.* **1.** Vampir *m*: a) *blutsaugendes Gespenst*, b) *fig.* Erpresser(in), Blutsauger(in); **2.** *a.* ***~ bat*** *zo.* Vampir *m*, Blattnase *f*; **3.** *thea.* kleine Falltür auf der Bühne; **ˈvam·pir·ism** [-ərɪzəm] *s.* **1.** Vampirglaube *m*; **2.** Blutsaugen *n* (*e-s Vampirs*); **3.** *fig.* Ausbeutung *f.*

van¹ [væn] *s.* **1.** ⚔ Vorhut *f*, Vorˈausabˌteilung *f*, Spitze *f*; **2.** ⚓ Vorgeschwader *n*; **3.** *fig.* vorderste Reihe, Spitze *f.*

van² [væn] *s.* **1.** Last-, Lieferwagen *m*; **2.** Gefangenenwagen *m* (*Polizei*); **3.** F a) Wohnwagen *m*: ***gipsy's ~*** Zigeunerwagen *m*, b) *Am.* ˈWohnmoˌbil *n*; **4.** 🚂 *Brit.* (geschlossener) Güterwagen; Dienst-, Gepäckwagen *m.*

van³ [væn] *s.* **1.** *obs. od. poet.* Schwinge *f*, Fittich *m*; **2.** *Brit.* Getreideschwinge *f*; **3.** ⚒ *Brit.* Schwingschaufel *od.* -probe *f.*

va·na·di·um [vəˈneɪdjəm] *s.* ⚗ Vaˈnadium *n.*

Van·dal [ˈvændl] **I** *s.* **1.** *hist.* Vanˈdale *m*, Vanˈdalin *f*; **2.** ♀ *fig.* Vanˈdale *m*; **II** *adj. a.* **Van·dal·ic** [vænˈdælɪk] **3.** *hist.* vanˈdalisch, Vandalen...; **4.** ♀ *fig.* vanˈdalenhaft, zerstörungswütig; **ˈvan·dal·ism** [-dəlɪzəm] *s.* *fig.* Vandaˈlismus *m*: a) Zerstörungswut *f*, b) *a.* ***act(s) of ~*** mutwillige Zerstörung; **ˈvan·dal·ize** *v/t.* **1.** mutwillig zerstören, verwüsten; **2.** wie die Vanˈdalen hausen in (*dat.*).

Van·dyke [ˌvænˈdaɪk] **I** *adj.* **1.** von Van Dyck, in Van Dyckscher Maˈnier; **II** *s.* **2.** *oft* ♀ *abbr. für* a) ***~ beard***, b) ***~ collar***; **3.** Zackenmuster *n*; **~ beard** *s.* Spitz-, Knebelbart *m*; **~ col·lar** *s.* Vanˈdyckkragen *m.*

vane [veɪn] *s.* **1.** Wetterfahne *f*, -hahn *m*; **2.** Windmühlenflügel *m*; **3.** (Proˈpeller-, Ventiˈlator- *etc.*)Flügel *m*; (Turˈbinen-, ✈ Leit)Schaufel *f*; **4.** *surv.* Diˈopter *n*; **5.** *zo.* Fahne *f* (*Feder*); **6.** (Pfeil)Fiederung *f.*

van·guard [ˈvængɑːd] → ***van¹***.

va·nil·la [vəˈnɪlə] *s.* ♀, ✝ Vaˈnille *f.*

van·ish [ˈvænɪʃ] *v/i.* **1.** (plötzlich) verschwinden; **2.** (langsam) (ver-, ent-) schwinden, daˈhinschwinden, sich verlieren (***from*** von, aus); **3.** (spurlos) verschwinden: ***~ into (thin) air*** sich in Luft auflösen; **4.** ♄ verschwinden, Null werden.

van·ish·ing| cream [ˈvænɪʃɪŋ] *s.* (*rasch eindringende*) Tagescreme; **~ line** *s.* Fluchtlinie *f*; **~ point** *s.* **1.** Fluchtpunkt *m* (*Perspektive*); **2.** *fig.* Nullpunkt *m.*

van·i·ty [ˈvænətɪ] *s.* **1.** *persönliche* Eitelkeit; **2.** *j-s* Stolz *m* (*Sache*); **3.** Leer-,

Hohlheit *f*, Eitel-, Nichtigkeit *f*: ≈ ***Fair*** *fig.* Jahrmarkt *m* der Eitelkeit; **4.** *Am.* Toi'lettentisch *m*; **5.** *a.* ~ ***bag*** (*od.* ***box, case***) Hand-, Kos'metiktäschchen *n*, -koffer *m*.

van·quish ['væŋkwɪʃ] **I** *v/t.* besiegen, über'wältigen, *a. fig. Stolz etc.* über'winden, bezwingen; **II** *v/i.* siegreich sein, siegen; '**van·quish·er** [-ʃə] *s.* Sieger *m*, Bezwinger *m*.

van·tage ['vɑːntɪdʒ] *s.* **1.** *Tennis*: Vorteil *m*; **2.** ***coign*** (*od.* ***point***) ***of*** ~ günstiger (Angriffs- *od.* Ausgangs)Punkt; ~ **ground** *s.* günstige Lage *od.* Stellung (*a. fig.*); ~ **point** *s.* **1.** Aussichtspunkt *m*; **2.** günstiger (Ausgangs)Punkt; **3.** → ***vantage ground.***

vap·id ['væpɪd] *adj.* □ **1.** schal: ~ ***beer***; **2.** *fig.* a) schal, seicht, leer, b) öd(e), fad(e); **va·pid·i·ty** [væ'pɪdətɪ], '**vap·id·ness** [-nɪs] *s.* **1.** Schalheit *f* (*a. fig.*); **2.** *fig.* a) Fadheit, b) Leere *f*.

va·por *Am.* → ***vapour.***

va·por·i·za·tion [ˌveɪpəraɪ'zeɪʃn] *s. phys.* Verdampfung *f*, -dunstung *f*.

va·por·ize ['veɪpəraɪz] **I** *v/t.* **1.** ⚗, *phys.* ver-, eindampfen, verdunsten (lassen); **2.** ⚙ vergasen; **II** *v/i.* **3.** verdampfen, verdunsten; '**va·por·iz·er** [-zə] *s.* ⚙ **1.** Ver'dampfungsappaˌrat *m*, Zerstäuber *m*; **2.** Vergaser *m*; '**va·por·ous** [-rəs] *adj.* □ **1.** dampfig, dunstig; **2.** *fig.* nebelhaft; **3.** duftig (*Gewebe*).

va·pour ['veɪpə] **I** *s.* **1.** Dampf *m* (*a. phys.*), Dunst *m* (*a. fig.*): ~ ***bath*** Dampfbad *n*; ~ ***trail*** ✈ Kondensstreifen; **2.** a) ⚙ Gas *n*, b) *mot.* Gemisch *n*: ~ ***motor*** Gasmotor *m*; **3.** ⚕ a) (Inhalati'ons)Dampf *m*, b) *obs.* (*innere*) Blähung; **4.** *fig.* Phan'tom *n*, Hirngespinst *n*; **5.** *pl. obs.* Schwermut *f*; **II** *v/i.* **6.** (ver)dampfen; **7.** *fig.* schwadronieren, prahlen.

var·an ['værən] *s. zo.* Wa'ran *m*.

var·ec ['værek] *s.* **1.** Seetang *m*; **2.** ⚗ Varek *m*, Seetangasche *f*.

var·i·a·bil·i·ty [ˌveərɪə'bɪlətɪ] *s.* **1.** Veränderlichkeit *f*, Schwanken *n*, Unbeständigkeit *f* (*a. fig.*); **2.** *A*, *phys.*, *a. biol.* Variabili'tät *f*.

var·i·a·ble ['veərɪəbl] **I** *adj.* □ **1.** veränderlich, 'unterschiedlich, wechselnd; schwankend (*a. Person*): ~ ***cost*** ✝ bewegliche Kosten *pl.*; ~ ***wind*** *meteor.* Wind aus wechselnder Richtung; **2.** *bsd. A*, *ast.*, *biol.*, *phys.* vari'abel, wandelbar, *A*, *phys. a.* ungleichförmig; **3.** ⚙ regelbar, ver-, einstellbar: ~ ***capacitor*** Drehkondensator *m*; ~ ***gear*** Wechselgetriebe *n*; ***infinitely*** ~ stufenlos regelbar; ~***-speed*** mit veränderlicher Drehzahl; **II** *s.* **4.** veränderliche Größe, *bsd. A* Vari'able *f*, Veränderliche *f*; **5.** *ast.* vari'abler Stern; '**var·i·a·ble·ness** [-nɪs] → ***variability***; '**var·i·ance** [-ɪəns] *s.* **1.** Veränderung *f*; **2.** Abweichung *f* (*a.* ⚖ *zwischen Klage u. Beweisergebnis*); **3.** Uneinigkeit *f*, Meinungsverschiedenheit *f*, Streit *m*: ***be at*** ~ (***with***) uneinig sein (mit *j-m*); → 4; ***set at*** ~ entzweien; **4.** *fig.* 'Widerstreit *m*, -spruch *m*, Unvereinbarkeit *f*: ***be at*** ~ (***with***) unvereinbar sein (mit *et.*), im Widerspruch stehen (zu); → 3; '**var·i·ant** [-ɪənt] **I** *adj.* abweichend, verschieden; 'unterschiedlich; **II** *s.* Vari'ante *f*: a) Spielart *f*, b) abweichende Lesart; **var·i·a·tion** [ˌveərɪ'eɪʃn] *s.* **1.** Veränderung *f*, Wechsel *m*, Schwankung *f*; **2.** Abweichung *f*; **3.** ♪, *A*, *ast.*, *biol. etc.* Variati'on *f*; **4.** ('Orts)ˌMißweisung *f*, mag'netische Deklinati'on *f* (*Kompaß*).

var·i·col·o(u)red ['veərɪkʌləd] *adj.* bunt: a) vielfarbig, b) *fig.* mannigfaltig.

var·i·cose ['værɪkəʊs] *adj.* ⚕ krampfad(e)rig, vari'kös: ~ ***vein*** Krampfader *f*; ~ ***bandage*** Krampfaderbinde *f*; **var·i·co·sis** [ˌværɪ'kəʊsɪs], **var·i·cos·i·ty** [ˌværɪ'kɒsətɪ] *s.* Krampfaderleiden *n*, Krampfader(n *pl.*) *f*.

var·ied ['veərɪd] *adj.* □ verschieden(artig); mannigfaltig, abwechslungsreich, bunt.

var·i·e·gate ['veərɪgeɪt] *v/t.* **1.** bunt gestalten (*a. fig.*); **2.** *fig.* (durch Abwechslung) beleben, variieren; '**var·i·e·gat·ed** [-tɪd] *adj.* **1.** bunt(scheckig, -gefleckt), vielfarbig; **2.** → ***varied***; **var·i·e·ga·tion** [ˌveərɪ'geɪʃn] *s.* Buntheit *f*.

va·ri·e·ty [və'raɪətɪ] *s.* **1.** Verschieden-, Buntheit *f*, Mannigfaltigkeit *f*, Vielseitigkeit *f*, Abwechslung *f*; **2.** Vielfalt *f*, Reihe *f*, Anzahl *f*, *bsd.* ✝ Auswahl *f*: ***owing to a*** ~ ***of causes*** aus verschiedenen Gründen; **3.** Sorte *f*, Art *f*; **4.** *allg.*, *a.* ⚘, *zo.* Ab-, Spielart *f*; **5.** ⚘, *zo.* a) Varie'tät *f* (*Unterabteilung e-r Art*), b) Vari'ante *f*; **6.** Varie'té *n*: ~ ***artist*** Varietékünstler *m*; ~ **meat** *s. Am.* Inne'reien *pl.*; ~ **show** *s.* Varie'té(vorstellung *f*) *n*; ~ **store** *s.* ✝ *Am.* Kleinkaufhaus *n*; ~ **the·a·tre** *s.* Varie'té(theˌater) *n*.

var·i·form ['veərɪfɔːm] *adj.* vielgestaltig (*a. fig.*).

va·ri·o·la [və'raɪələ] *s.* ⚕ Pocken *pl.*

var·i·om·e·ter [ˌveərɪ'ɒmɪtə] *s.* ⚙, ⚡, *phys.* Vario'meter *n*.

var·i·o·rum [ˌveərɪ'ɔːrəm] **I** *adj.* ~ ***edi-***

tion → **II** *s.* Ausgabe *f* mit Anmerkungen verschiedener Kommenta'toren *od.* mit verschiedenen Lesarten.

var·i·ous ['veərɪəs] *adj.* □ **1.** verschieden(artig); **2.** mehrere, verschiedene; **3.** → ***varied***.

var·ix ['veərɪks] *pl.* **-i·ces** ['værɪsi:z] *s.* ⚕ Krampfader(knoten *m*) *f*.

var·let ['vɑ:lɪt] *s.* **1.** *hist.* Knappe *m*, Page *m*; **2.** *obs.* Schelm *m*, Schuft *m*.

var·mint ['vɑ:mɪnt] *s.* **1.** *zo.* Schädling *m*; **2.** F Ha'lunke *m*.

var·nish ['vɑ:nɪʃ] **I** *s.* ⚙ **1.** Lack *m*: ***oil ~*** Öllack *m*; **2.** *a.* ***clear ~*** Klarlack *m*, Firnis *m*; **3.** ('Möbel)Poli,tur *f*; **4.** *Töpferei*: Gla'sur *f*; **5.** *fig.* Firnis *m*, Tünche *f*, äußerer Anstrich; **II** *v/t. a.* ***~ over*** **6.** a) lackieren, firnissen, b) glasieren; **7.** *Möbel* (auf)polieren; **8.** *fig.* über'tünchen, beschönigen.

var·si·ty ['vɑ:sətɪ] *s.* F **1.** ,Uni' *f* (*Universität*); **2.** *a.* ***~ team*** *sport Am.* Universi'täts- *od.* College- *od.* Schulmannschaft *f*.

var·y ['veərɪ] **I** *v/t.* **1.** (ver-, *a.* ⚖ ab)ändern; **2.** variieren, 'unterschiedlich gestalten, Abwechslung bringen in (*acc.*), wechseln mit *et.*, *a.* ♪ abwandeln; **II** *v/i.* **3.** sich (ver)ändern, variieren (*a. biol.*), wechseln, schwanken; **4.** verschieden sein, abweichen (***from*** von); **'var·y·ing** [-ɪɪŋ] *adj.* wechselnd, 'unterschiedlich, verschieden.

vas·cu·lar ['væskjʊlə] *adj.* ⚘, *physiol.* Gefäß...(*-pflanzen*, *-system etc.*): ***~ tissue*** ⚘ Stranggewebe *n*.

vase [vɑ:z] *s.* Vase *f*.

vas·ec·to·my [væ'sektəmɪ] *s.* ⚕ Vasekto'mie *f*.

vas·e·line ['væsɪli:n] *s.* ⚗ Vase'lin *n*.

vas·sal ['væsl] **I** *s.* **1.** Va'sall(in), Lehnsmann *m*; **2.** *fig.* 'Untertan *m*, Unter'gebene(r *m*) *f*; **3.** *fig.* Sklave *m* (***to*** *gen.*); **II** *adj.* **4.** Vasallen...; **'vas·sal·age** [-səlɪdʒ] *s.* **1.** *hist.* Va'sallentum *n*, Lehnspflicht *f*, (***to*** gegenüber); **2.** *coll.* Va'sallen *pl.*; **3.** *fig.* a) Abhängigkeit *f* (***to*** von), b) 'Unterwürfigkeit *f*.

vast [vɑ:st] **I** *adj.* □ **1.** weit, ausgedehnt, unermeßlich; **2.** *a. fig.* ungeheuer, (riesen)groß, riesig, gewaltig: ***~ difference***; ***~ quantity***; **II** *s.* **3.** *poet.* Weite *f*; **'vast·ly** [-lɪ] *adv.* gewaltig, in hohem Maße; ungemein, äußerst: ***~ superior*** haushoch überlegen, weitaus besser; **'vast·ness** [-nɪs] *s.* **1.** Weite *f*, Unermeßlichkeit *f* (*a. fig.*); **2.** ungeheure Größe, riesige Zahl, Unmenge *f*.

vat [væt] **I** *s.* ⚙ **1.** großes Faß, Bottich *m*, Kufe *f*; **2.** a) *Färberei*: Küpe *f*, b) *a.* ***tan ~*** *Gerberei*: Lohgrube *f*; **II** *v/t.* **3.** (ver)küpen, in ein Faß *etc.* füllen; **4.** in e-m Faß *etc.* behandeln: ***~ted*** faßreif (*Wein etc.*).

Vat·i·can ['vætɪkən] *s.* Vati'kan *m*: ***~ council*** Vatikanisches Konzil.

vaude·ville ['vəʊdəvɪl] *s.* **1.** *Brit.* heiteres Singspiel (mit Tanzeinlagen); **2.** *Am.* Varie'té *n*.

vault[1] [vɔ:lt] **I** *s.* **1.** ⚠ (*a. poet.* Himmels)Gewölbe *n*, Wölbung *f*; **2.** Kellergewölbe *n*; **3.** Grabgewölbe *n*, Gruft *f*: ***family ~***; **4.** Tre'sorraum *m*; **5.** *anat.* Wölbung *f*, (Schädel)Dach *n*; (Gaumen)Bogen *m*; (Zwerchfell)Kuppel *f*; **II** *v/t.* **6.** (über)'wölben; **III** *v/i.* **7.** sich wölben.

vault[2] [vɔ:lt] **I** *v/i.* **1.** springen, sich schwingen, setzen (***over*** über *acc.*); **2.** *Reitsport*: kurbettieren; **II** *v/t.* **3.** über'springen; **III** *s.* **4.** *bsd. sport* Sprung *m*; **5.** *Reitsport*: Kur'bette *f*.

vault·ed ['vɔ:ltɪd] *adj.* **1.** gewölbt, Gewölbe...; **2.** über'wölbt.

vault·er ['vɔ:ltə] *s.* Springer *m*.

vault·ing[1] ['vɔ:ltɪŋ] *s.* ⚠ **1.** Spannen *n* e-s Gewölbes; **2.** Wölbung *f*; **3.** Gewölbe *n* (*od. pl. coll.*).

vault·ing[2] ['vɔ:ltɪŋ] *s.* Springen *n*; ***~ horse*** *s. Turnen*: (Lang-, Sprung)Pferd *n*; ***~ pole*** *s. sport* Sprungstab *m*.

vaunt [vɔ:nt] **I** *v/t.* sich rühmen (*gen.*), sich brüsten mit; **II** *v/i.* (***of***) sich rühmen (*gen.*), sich brüsten (mit); **III** *s.* Prahle'rei *f*; **'vaunt·er** [-tə] *s.* Prahler(in); **'vaunt·ing** [-tɪŋ] *adj.* □ prahlerisch.

'V-Day *s.* Tag *m* des Sieges (*im 2. Weltkrieg; 8. 5. 1945*).

've [v] F *abbr. für* ***have***.

veal [vi:l] *s.* Kalbfleisch *n*: ***~ chop*** Kalbskotelett *n*; ***~ cutlet*** Kalbsschnitzel *n*.

vec·tor ['vektə] **I** *s.* **1.** ⚹, *a.* ✈ Vektor *m*; **2.** ⚕, *vet.* Bak'terienüber,träger *m*; **II** *v/t.* **3.** *Flugzeug* (mittels Funk *od.* Ra'dar) leiten, (auf Ziel) einweisen.

V-E Day → ***V-Day***.

vee [vi:] **I** *s.* V *n*, v *n*, Vau *n* (*Buchstabe*), **II** *adj.* V-förmig, V-...: ***~ belt*** Keilriemen *m*; ***~ engine*** V-Motor *m*.

veep [vi:p] *s. Am.* F ,Vize' *m* (*Vizepräsident*).

veer [vɪə] **I** *v/i. a.* ***~ round*** **1.** sich ('um-)drehen; 'umspringen, sich drehen (*Wind*); *fig.* 'umschwenken (***to*** zu); **2.** ⚓ (ab)drehen, wenden; **II** *v/t.* **3.** *a.* ***~ round*** *Schiff etc.* wenden, drehen, schwenken; **4.** ⚓ *Tauwerk* fieren, abschießen: ***~ and haul*** fieren u. holen;

III *s.* **5.** Wendung *f*, Drehung *f*, Richtungswechsel *m*.

veg·e·ta·ble [ˈvədʒtəbl] **I** *s.* **1.** *allg.* (*bsd.* Gemüse-, Futter)Pflanze *f*: ***be a mere ~, live like a ~*** *fig.* (nur noch) dahinvegetieren; **2.** *a. pl.* Gemüse *n*; **3.** ✓ Grünfutter *n*; **II** *adj.* **4.** pflanzlich, vegetaˈbilisch, Pflanzen…: ***~ diet*** Pflanzenkost *f*; ***~ kingdom*** Pflanzenreich *n*; ***~ marrow*** Kürbis(frucht *f*) *m*; **5.** Gemüse…: ***~ garden***; ***~ soup***.

veg·e·tal [ˈvedʒɪtl] *adj.* **1.** ⚘ → ***vegetable*** 4 *u.* 5; **2.** *physiol.* vegetaˈtiv; **veg·e·tar·i·an** [ˌvedʒɪˈteərɪən] **I** *s.* **1.** Vegeˈtarier(in); **II** *adj.* **2.** vegeˈtarisch; **3.** Vegetarier…; **veg·e·tar·i·an·ism** [ˌvedʒɪˈteərɪənɪzəm] *s.* Vegetaˈrismus *m*, vegeˈtarische Lebensweise; **ˈveg·e·tate** [-teɪt] *v/i.* **1.** (*wie e-e Pflanze*) wachsen; vegetieren; **2.** *contp.* (daˈhin)vegetieren; **veg·e·ta·tion** [ˌvedʒɪˈteɪʃn] *s.* **1.** Vegetatiˈon *f*, Pflanzenwelt *f*, -decke *f*: ***luxuriant ~***; **2.** Vegetieren *n*, Pflanzenwuchs *m*; **3.** *fig.* (Daˈhin)Vegetieren *n*; **4.** ⚕ Wucherung *f*; **ˈveg·e·ta·tive** [-tətɪv] *adj.* □ *biol.* **1.** vegetaˈtiv: a) wie Pflanzen wachsend, b) wachstumsfördernd, c) Wachstums…; **2.** Vegetations…, pflanzlich.

ve·he·mence [ˈviːɪməns] *s.* **1.** *a. fig.* Heftigkeit *f*, Veheˈmenz *f*, Gewalt *f*, Wucht *f*; **2.** *fig.* Ungestüm *n*, Leidenschaft *f*; **ˈve·he·ment** [-nt] *adj.* □ *a. fig.* heftig, gewaltig, veheˈment, *fig. a.* ungestüm, leidenschaftlich, hitzig.

ve·hi·cle [ˈviːɪkl] *s.* **1.** Fahrzeug *n*, Beförderungsmittel *n*, *engS.* Wagen *m*; **2.** a) *a.* ***space ~*** Raumfahrzeug *n*, b) ˈTrägeraˌkete *f*; **3.** *fig.* a) Ausdrucksmittel *n*, Medium *n*, Veˈhikel *n*, b) Träger *m*, Vermittler *m*; **4.** ⚗, *biol.* Trägerflüssigkeit *f*; **5.** *pharm.*, ⚗, ⚙ Bindemittel *n*; **ve·hic·u·lar** [vɪˈhɪkjʊlə] *adj.* Fahrzeug…, Wagen…: ***~ traffic***.

veil [veɪl] **I** *s.* **1.** (Gesichts- *etc.*)Schleier *m*: ***take the ~*** *eccl.* den Schleier nehmen (*Nonne werden*); **2.** *phot.* (*a.* Nebel-, Dunst)Schleier *m*; **3.** *fig.* Schleier *m*, Maske *f*, Deckmantel *m*: ***draw a ~ over*** den Schleier des Vergessens breiten über (*acc.*); ***under the ~ of darkness*** im Schutze der Dunkelheit; ***under the ~ of charity*** unter dem Deckmantel der Nächstenliebe; **4.** ⚘, *anat.* → ***velum***; **5.** *eccl.* a) (Tempel)Vorhang *m*, b) Velum *n* (*Kelchtuch*); **6.** Verschleierung *f der Stimme*; **II** *v/t.* **7.** verschleiern, -hüllen (*a. fig.*); **III** *v/i.* **8.** sich verschleiern; **veiled** [-ld] *adj.* verschleiert (*a. phot.*, *fig.*) (*a. Stimme*); **ˈveil·ing** [-lɪŋ] *s.* **1.** Verschleierung *f* (*a. phot. u. fig.*); **2.** ✝ Schleier(stoff) *m*.

vein [veɪn] *s.* **1.** *anat.* Vene *f*; **2.** *allg.* Ader *f*: a) *anat.* Blutgefäß *n*, b) ⚘ Blattnerv *m*, c) Maser *f* (*Holz*, *Marmor*), d) *geol.* (Erz)Gang *m*, e) Wasserader *f*; **3.** *fig.* a) *poetische etc.* Ader, Veranlagung *f*, Hang *m* (**of** zu), b) (Ton)Art *f*, c) Stimmung *f*: ***be in the ~ for*** in Stimmung sein zu; **veined** [-nd] *adj.* **1.** *allg.* geädert; **2.** gemasert; **ˈvein·ing** [-nɪŋ] *s.* Äderung *f*, Maserung *f*; **ˈvein·let** [-lɪt] *s.* **1.** Äderchen *n*; **2.** ⚘ Seitenrippe *f*.

ve·la [ˈviːlə] *pl. von* ***velum***.

ve·lar [ˈviːlə] **I** *adj. anat.*, *ling.* veˈlar, Gaumensegel…, Velar…; **II** *s. ling.* Gaumensegellaut *m*, Veˈlar(laut) *m*; **ˈve·lar·ize** [-əraɪz] *v/t. ling. Laut* velarisieren.

veld(t) [velt] *s. geogr.* Gras- *od.* Buschland *n* (*Südafrika*).

vel·le·i·ty [veˈliːətɪ] *s.* kraftloses, zögerndes Wollen.

vel·lum [ˈveləm] *s.* **1.** (ˈKalbs-, ˈSchreib-) Pergaˌment *n*, Veˈlin *n*: ***~ cloth*** Pausleinen *n*; **2.** *a.* ***~ paper*** Veˈlinpaˌpier *n*.

ve·loc·i·pede [vɪˈlɒsɪpiːd] *s.* **1.** *hist.* Veloziˈped *n* (*Lauf-*, *Fahrrad*); **2.** *Am.* (Kinder)Dreirad *n*.

ve·loc·i·ty [vɪˈlɒsətɪ] *s. bsd.* ⚙, *phys.* Geschwindigkeit *f*: ***at a ~ of*** mit e-r Geschwindigkeit von; ***initial ~*** Anfangsgeschwindigkeit.

ve·lour(s) [vəˈlʊə] *s.* ✝ Veˈlours *m*.

ve·lum [ˈviːləm] *pl.* **-la** [-lə] *s.* **1.** ⚘, *anat.* Hülle *f*, Segel *n*; **2.** *anat.* Gaumensegel *n*, weicher Gaumen; **3.** ⚘ Schleier *m an Hutpilzen*.

vel·vet [ˈvelvɪt] **I** *s.* **1.** Samt *m*: ***be on ~*** *sl.* glänzend dastehen; **2.** *zo.* Bast *m an jungen Geweihen etc.*; **II** *adj.* **3.** samten, aus Samt, Samt…; **4.** samtartig, -weich, samten (*a. fig.*): ***an iron hand in a ~ glove*** *fig.* e-e eiserne Faust unter dem Samthandschuh; ***handle s.o. with ~ gloves*** *fig.* j-n mit Samthandschuhen anfassen; **vel·vet·een** [ˌvelvɪˈtiːn] *s.* Manˈ(s)chester *m*, Baumwollsamt *m*; **ˈvel·vet·y** [-tɪ] → ***velvet*** 4.

ve·nal [ˈviːnl] *adj.* □ käuflich, bestechlich, korˈrupt; **ve·nal·i·ty** [viːˈnælətɪ] *s.* Käuflichkeit *f*, Korˈruptheit *f*, Bestechlichkeit *f*.

ve·na·tion [viːˈneɪʃn] *s.* ⚘, *zo.* Geäder *n*.

vend [vend] *v/t.* a) *bsd.* ⚖ verkaufen, b) zum Verkauf anbieten, c) hausieren mit; **vend·ee** [venˈdiː] *s.* ⚖ Käufer *m*; **ˈvend·er** [-də] *s.* **1.** (Straßen)Verkäufer *m*, (-)Händler *m*; **2.** → ***vendor***.

ven·det·ta [venˈdetə] *s.* Blutrache *f*.

vend·i·ble ['vendəbl] *adj.* □ verkäuflich.

vend·ing ma·chine ['vendɪŋ] *s.* (Ver'kaufs)Auto,mat *m.*

ven·dor ['vendɔ:] *s.* **1.** ⚖ Verkäufer(in); **2.** (Ver'kaufs)Auto,mat *m.*

ven·due ['vendju:] *s. bsd. Am.* Aukti'on *f*, Versteigerung *f.*

ve·neer [və'nɪə] **I** *v/t.* **1.** ⚙ a) *Holz* furnieren, einlegen, b) *Stein* auslegen, c) *Töpferei*: (mit dünner Schicht) über'ziehen; **2.** *fig.* um'kleiden, e-n äußeren Anstrich geben; **3.** *fig. Eigenschaften etc.* über'tünchen, verdecken; **II** *s.* **4.** ⚙ Fur'nier(holz, -blatt) *n*; **5.** *fig.* Tünche *f*, äußerer Anstrich; **ve'neer·ing** [-ərɪŋ] *s.* **1.** ⚙ a) Furnierholz *n*, b) Furnierung *f*, c) Fur'nierarbeit *f*; **2.** *fig.* → ***veneer*** 5.

ven·er·a·bil·i·ty [,venərə'bɪlətɪ] *s.* Ehrwürdigkeit *f*; **ven·er·a·ble** ['venərəbl] *adj.* □ **1.** ehrwürdig (*a. R.C.*) (*a. fig. Bauwerk etc.*), verehrungswürdig; **2.** *Anglikanische Kirche*: Hoch(ehr)würden *m* (*Archidiakon*): **2 *Sir***; **ven·er·a·ble·ness** ['venərəblnɪs] *s.* Ehrwürdigkeit *f.*

ven·er·ate ['venəreɪt] *v/t.* **1.** verehren; **2.** in Ehren halten; **ven·er·a·tion** [,venə'reɪʃn] *s.* (***of***) a) Verehrung *f* (*gen.*), b) Ehrfurcht *f* (vor *dat.*); **'ven·er·a·tor** [-tə] *s.* Verehrer(in).

ve·ne·re·al [və'nɪərɪəl] *adj.* **1.** geschlechtlich, Geschlechts..., Sexual...; **2.** ⚕ a) ve'nerisch, Geschlechts..., b) geschlechtskrank: ~ ***disease*** Geschlechtskrankheit *f*; **ve·ne·re·ol·o·gist** [və,nɪərɪ'ɒlədʒɪst] *s.* ⚕ Venero'loge *m*, Facharzt *m* für Geschlechtskrankheiten.

Ve·ne·tian [və'ni:ʃn] **I** *adj.* venezi'anisch: ~ ***blind*** (Stab)Jalousie *f*; ~ ***glass*** Muranoglas *n*; **II** *s.* Venezi'aner(in).

Ven·e·zue·lan [,vene'zweɪlən] **I** *adj.* venezo'lanisch; **II** *s.* Venezo'laner(in).

venge·ance ['vendʒəns] *s.* Rache *f*, Vergeltung *f*: ***take*** ~ (***up***)***on*** Vergeltung üben *od.* sich rächen an (*dat.*); ***with a*** ~ F a) mächtig, mit Macht, wie besessen, wie der Teufel, b) *jetzt* erst recht, c) im Exzess, übertrieben; **'venge·ful** [-fʊl] *adj.* □ *rhet.* rachsüchtig, -gierig.

ve·ni·al ['vi:njəl] *adj.* □ verzeihlich: ~ ***sin*** *R.C.* läßliche Sünde.

ven·i·son ['venzn] *s.* Wildbret *n.*

ven·om ['venəm] *s.* **1.** *zo.* (Schlangen- *etc.*)Gift *n*; **2.** *fig.* Gift *n*, Gehässigkeit *f*; **'ven·omed** [-md], **'ven·om·ous** [-məs] *adj.* □ **1.** giftig: ~ ***snake*** Giftschlange *f*; **2.** *fig.* giftig, gehässig; **'ven·om·ous·ness** [-məsnɪs] *s.* Giftigkeit *f*, *fig. a.* Gehässigkeit *f.*

ve·nose ['vi:nəʊs] → ***venous***; **ve·nos·i·ty** [vɪ'nɒsətɪ] *s. biol.* **1.** Äderung *f*; **2.** ⚕ Venosi'tät *f*; **ve·nous** ['vi:nəs] *adj.* □ *biol.* **1.** Venen..., Adern...; **2.** ve'nös: ~ ***blood***; **3.** ⚘ geädert.

vent [vent] **I** *s.* **1.** (Luft)Loch *n*, (Abzugs)Öffnung *f*, Schlitz *m*, ⚙ *a.* Entlüfter(stutzen) *m*: ~ ***window*** → ***ventipane***; **2.** Spundloch *n* (*Faß*); **3.** ⚔ *hist.* Schießscharte *f*; **4.** Fingerloch *n* (*Flöte etc.*); **5.** (Vul'kan)Schlot *m*; **6.** *orn.*, *ichth.* After *m*; **7.** *zo.* Aufstoßen *n* zum Luftholen (*Otter etc.*); **8.** Auslaß *m* (*a. fig.*): ***find*** (***a***) ~ *fig.* sich entladen (*Gefühl*); ***give*** ~ ***to*** → 9; **II** *v/t.* **9.** *fig. e-m Gefühl* Luft machen, *Wut etc.* auslassen (***on*** an *dat.*); **10.** ⚙ a) e-e Abzugsöffnung *etc.* anbringen an (*dat.*), b) *Rauch etc.* abziehen lassen, c) ventilieren; **III** *v/i.* **11.** *hunt.* aufstoßen (zum Luftholen) (*Otter etc.*); **'vent·age** [-tɪdʒ] → ***vent*** 1, 4, 8.

ven·ter ['ventə] *s.* **1.** *anat.* a) Bauch (-höhle *f*) *m*, b) (Muskel- *etc.*)Bauch *m*; **2.** *zo.* (In'sekten)Magen *m*; **3.** ⚖ Mutter(leib *m*) *f*: ***child of a second*** ~ Kind *n* von e-r zweiten Frau.

'vent·hole → ***vent*** 1.

ven·ti·late ['ventɪleɪt] *v/t.* **1.** ventilieren, (be-, ent-, 'durch)lüften; **2.** *physiol.* Sauerstoff zuführen (*dat.*); **3.** *fig.* ventilieren: a) zur Sprache bringen, erörtern, b) *Meinung etc.* äußern; **4.** → ***vent*** 9; **'ven·ti·lat·ing** [-tɪŋ] *adj.* Ventilations..., Lüftungs...; **ven·ti·la·tion** [,ventɪ'leɪʃn] *s.* **1.** Ventilati'on *f*, (Be-, Ent)Lüftung *f* (*beide a. Anlage*), Luftzufuhr *f*; ⚒ Bewetterung *f*; **2.** a) (freie) Erörterung, öffentliche Diskussi'on, b) Äußerung *f e-s Gefühls etc.*, Entladung *f*; **'ven·ti·la·tor** [-tə] *s.* Venti'lator *m*, Entlüfter *m*, Lüftungsanlage *f.*

ven·ti·pane ['ventɪpeɪn] *s. mot.* Ausstellfenster *n.*

ven·tral ['ventrəl] *adj.* □ *biol.* ven'tral, Bauch...

ven·tri·cle ['ventrɪkl] *s. anat.* Ven'trikel *m*, (Körper)Höhle *f*, *bsd.* (Herz-, Hirn-) Kammer *f*; **ven·tric·u·lar** [ven'trɪkjʊlə] *adj. anat.* ventriku'lär, Kammer...

ven·tri·lo·qui·al [,ventrɪ'ləʊkwɪəl] *adj.* bauchrednerisch, Bauchrede...

ven·tril·o·quism [ven'trɪləkwɪzəm] *s.* Bauchreden *n*; **ven'tril·o·quist** [-ɪst] *s.* Bauchredner(in); **ven'tril·o·quize** [-kwaɪz] **I** *v/i.* bauchreden; **II** *v/t. et.* bauchrednerisch sagen; **ven'tril·o·quy**

[-kwɪ] *s.* Bauchreden *n.*

ven·ture [ˈventʃə] **I** *s.* **1.** Wagnis *n*: a) Risiko *n*, b) (gewagtes) Unterˈnehmen; **2.** ✝ a) (geschäftliches) Unterˈnehmen, Operatiˈon *f*, b) Spekulatiˈon *f*; **3.** Spekulatiˈonsobˌjekt *n*, Einsatz *m*; **4.** *obs.* Glück *n*: ***at a ~*** aufs Geratewohl, auf gut Glück; **II** *v/t.* **5.** *et.* riskieren, wagen, aufs Spiel setzen: ***nothing ~ nothing have*** (*od.* ***gain***[***ed***]) wer nicht wagt, der nicht gewinnt; **6.** *Bemerkung etc.* (zu äußern) wagen; **III** *v/i.* **7.** (es) wagen, sich erlauben (***to do*** zu tun); **8.** ***~*** (***up***)***on*** sich an *e-e Sache* wagen; **9.** sich *wohin* wagen; **ˈven·ture·some** [-səm] *adj.* □ waghalsig: a) kühn, verwegen (*Person*), b) gewagt, risˈkant (*Tat*); **ˈven·ture·some·ness** [-səmnɪs] *s.* Waghalsigkeit *f*; **ˈven·tur·ous** [-ərəs] *adj.* □ → ***venturesome.***

ven·ue [ˈvenjuː] *s.* **1.** ⚖ a) Gerichtsstand *m*, zuständiger Verhandlungsort *m*, *Brit. a.* zuständige Grafschaft, b) örtliche Zuständigkeit; **2.** a) Schauplatz *m*, b) Treffpunkt *m*, Tagungsort *m*, c) *sport* Austragungsort *m.*

Ve·nus [ˈviːnəs] *s. allg.* Venus *f.*

ve·ra·cious [vəˈreɪʃəs] *adj.* □ **1.** wahrˈhaftig, wahrheitsliebend; **2.** wahr (-heitsgetreu): ***~ account***; **ve·rac·i·ty** [vəˈræsətɪ] *s.* **1.** Wahrˈhaftigkeit *f*, Wahrheitsliebe *f*; **2.** Richtigkeit *f*; **3.** Wahrheit *f.*

ve·ran·da(h) [vəˈrændə] *s.* Veˈranda *f.*

verb [vɜːb] *s. ling.* Zeitwort *n*, Verb(um) *n*; **ˈver·bal** [-bl] **I** *adj.* □ **1.** Wort… (*-fehler*, *-gedächtnis*, *-kritik etc.*); **2.** mündlich (*a. Vertrag etc.*): ***~ message***; **3.** (wort)wörtlich: ***~ copy***, ***~ translation***; **4.** wörtlich, Verbal…: ***~ note*** *pol.* Verbalnote *f*; **5.** *ling.* verˈbal, Verbal…, Zeitwort…: ***~ noun*** → 6; **II** *s.* **6.** *ling.* Verˈbalˌsubstantiv *n*; **ˈver·bal·ism** [-bəlɪzəm] *s.* **1.** Ausdruck *m*; **2.** Verbaˈlismus *m*, Wortemacheˈrei *f*; **3.** Wortklaubeˈrei *f*; **ˈver·bal·ist** [-bəlɪst] *s.* **1.** *bsd. ped.* Verbaˈlist(in); **2.** wortgewandte Perˈson; **ˈver·bal·ize** [-bəlaɪz] **I** *v/t.* **1.** in Worte fassen, formulieren; **2.** *ling.* in ein Verb verwandeln; **II** *v/i.* **3.** viele Worte machen; **ver·ba·tim** [vɜːˈbeɪtɪm] **I** *adv.* verˈbatim, (wort)wörtlich, Wort für Wort; **II** *adj.* → ***verbal*** 3; **III** *s.* wortgetreuer Bericht; **ˈver·bi·age** [-bɪɪdʒ] *s.* **1.** Wortschwall *m*; **2.** Diktiˈon *f*; **ver·bose** [vɜːˈbəʊs] *adj.* □ wortreich, weitschweifig; **ver·bos·i·ty** [vɜːˈbɒsətɪ] *s.* Wortreichtum *m.*

ver·dan·cy [ˈvɜːdənsɪ] *s.* **1.** (frisches) Grün; **2.** *fig.* Unerfahrenheit *f*; Unreife *f*; **ˈver·dant** [-nt] *adj.* □ **1.** grün, grünend; **2.** *fig.* grün, unreif.

ver·dict [ˈvɜːdɪkt] *s.* **1.** ⚖ (Wahr)Spruch *m* der Geschworenen, Verˈdikt *n*: ***~ of not guilty*** Erkennen *n* auf „nicht schuldig"; ***bring in*** (*od.* ***return***) ***a ~ of guilty*** auf schuldig erkennen; **2.** *fig.* Urteil *n* (***on*** über *acc.*).

ver·di·gris [ˈvɜːdɪgrɪs] *s.* Grünspan *m.*

ver·dure [ˈvɜːdʒə] *s.* **1.** (frisches) Grün; **2.** Vegetatiˈon *f*, saftiger Pflanzenwuchs; **3.** *fig.* Frische *f*, Kraft *f.*

verge [vɜːdʒ] **I** *s.* **1.** *mst fig.* Rand *m*, Grenze *f*: ***on the ~ of*** am Rande *der Verzweiflung etc.*, dicht vor (*dat.*); ***on the ~ of tears*** den Tränen nahe; ***on the ~ of doing*** nahe daran, zu tun; **2.** ✓ (Beet)Einfassung *f*, (Gras)Streifen *m*; **3.** ⚖ *Brit. hist.* Gerichtsbezirk *m* rund um den Königshof; **4.** ⚙ a) ˈüberstehende Dachkante, b) Säulenschaft *m*, c) Schwungstift *m* (*Uhrhemmung*), d) Zugstab *m* (*Setzmaschine*); **5.** a) *bsd. eccl.* Amtsstab *m*, b) *hist.* Belehnungsstab *m*; **II** *v/i.* **6.** *mst fig.* grenzen *od.* streifen (***on*** an *acc.*); **7.** (***on***, ***into***) sich nähern (*dat.*), (in *e-e Farbe etc.*) ˈübergehen; **8.** sich (hin)neigen (***to***[***wards***] nach); **ˈver·ger** [-dʒə] *s.* **1.** Kirchendiener *m*, Küster *m*; **2.** *bsd. Brit. eccl.* (Amts)Stabträger *m.*

ver·i·est [ˈverɪɪst] *adj.* (*sup. von* ***very*** II) *obs.* äußerst: ***the ~ child*** (selbst) das kleinste Kind; ***the ~ nonsense*** der reinste Unsinn; ***the ~ rascal*** der ärgste *od.* größte Schuft.

ver·i·fi·a·ble [ˈverɪfaɪəbl] *adj.* nachweis-, nachprüfbar, verifizierbar; **ver·i·fi·ca·tion** [ˌverɪfɪˈkeɪʃn] *s.* **1.** Nachprüfung *f*; **2.** Echtheitsnachweis *m*, Richtigbefund *m*; **3.** Beglaubigung *f*, Beurkundung *f*; (⚖ eidliche) Bestätigung; **ver·i·fy** [ˈverɪfaɪ] *v/t.* **1.** *auf die Richtigkeit hin* (nach)prüfen; **2.** die Richtigkeit *od.* Echtheit *e-r Angabe etc.* feststellen *od.* nachweisen, verifizieren; **3.** *Urkunde etc.* beglaubigen; beweisen, belegen; **4.** ⚖ eidlich beteuern; **5.** bestätigen; **6.** *Versprechen etc.* erfüllen, wahrmachen.

ver·i·ly [ˈverəlɪ] *adv. bibl.* wahrlich.

ver·i·si·mil·i·tude [ˌverɪsɪˈmɪlɪtjuːd] *s.* Wahrˈscheinlichkeit *f.*

ver·i·ta·ble [ˈverɪtəbl] *adj.* □ wahr (-haft), wirklich, echt.

ver·i·ty [ˈverətɪ] *s.* **1.** (Grund)Wahrheit *f*: ***of a ~*** wahrhaftig; ***eternal verities*** ewige Wahrheiten; **2.** Wahrheit *f*; **3.** (*j-s*) Wahrˈhaftigkeit *f.*

ver·juice [ˈvɜːdʒuːs] *s.* **1.** Obst-, Traubensaft *m* (*bsd. von unreifen Früchten*); **2.** Essig *m* (*a. fig.*).

ver·meil ['vɜːmeɪl] **I** *s.* **1.** *bsd. poet. für* ***vermilion***; **2.** ⚙ Ver'meil *n*: a) feuervergoldetes Silber *od.* Kupfer, vergoldete Bronze, b) hochroter Gra'nat; **II** *adj.* **3.** *poet.* purpur-, scharlachrot.

ver·mi·cel·li [ˌvɜːmɪ'selɪ] (*Ital.*) *s. pl.* Fadennudeln *pl.*

ver·mi·cide ['vɜːmɪsaɪd] *s. pharm.* Wurmmittel *n*; **ver·mic·u·lat·ed** [vɜː'mɪkjʊleɪtɪd] *adj.* **1.** wurmstichig; **2.** △ geschlängelt; **ver·mi·form** ['vɜːmɪfɔːm] *adj. biol.* wurmförmig: *~* ***appendix*** *anat.* Wurmfortsatz *m*; **ver·mi·fuge** ['vɜːmɪfjuːdʒ] → ***vermicide***.

ver·mil·ion [və'mɪljən] **I** *s.* **1.** Zin'nober *m*; **2.** Zin'noberrot *n*; **II** *adj.* **3.** zin'noberrot; **III** *v/t.* **4.** mit Zin'nober *od.* zin'noberrot färben.

ver·min ['vɜːmɪn] *s. mst pl. konstr.* **1.** *zo. coll.* a) Ungeziefer *n*, b) Schädlinge *pl.*, Para'siten *pl.*, c) *hunt.* Raubzeug *n*; **2.** *fig. contp.* Geschmeiß *n*, Pack *n*; '*~*-ˌ**kill·er** *s.* **1.** Kammerjäger *m*; **2.** Ungeziefervertilgungsmittel *n*.

ver·min·ous ['vɜːmɪnəs] *adj.* □ **1.** voller Ungeziefer; verlaust, verwanzt, verseucht; **2.** durch Ungeziefer verursacht: *~* ***disease***; **3.** *fig.* a) schädlich, b) niedrig, gemein.

ver·mo(u)th ['vɜːməθ] *s.* Wermut(wein) *m*.

ver·nac·u·lar [və'nækjʊlə] **I** *adj.* □ **1.** einheimisch, Landes…(*-sprache*); **2.** mundartlich, Volks…, Heimat…: *~* ***poetry***; **3.** ⚕ en'demisch, lo'kal: *~* ***disease***; **II** *s.* **4.** Landes-, Mutter-, Volkssprache *f*; **5.** Mundart *f*, Dia'lekt *m*; **6.** Jar'gon *m*; **7.** Fachsprache *f*; **8.** → **ver'nac·u·lar·ism** [-ərɪzəm] *s.* volkstümlicher *od.* mundartlicher Ausdruck; **ver'nac·u·lar·ize** [-əraɪz] *v/t.* **1.** *Ausdrükke etc.* einbürgern; **2.** in Volkssprache *od.* Mundart über'tragen, mundartlich ausdrücken.

ver·nal ['vɜːnl] *adj.* □ **1.** Frühlings…; **2.** *fig.* frühlingshaft, Jugend…; *~* **e·qui·nox** *s. ast.* 'Frühlingsäquiˌnoktium *n* (*21. März*).

ver·ni·er ['vɜːnjə] *s.* ⚙ **1.** Nonius *m* (*Gradteiler*); **2.** Fein(ein)steller *m*, Verni'er *m*; *~* **cal·(l)i·per(s)** *s.* ⚙ Schublehre *f* mit Nonius.

Ver·o·nese [ˌverə'niːz] **I** *adj.* vero'nesisch, aus Ve'rona; **II** *s.* Vero'neser(in).

ve·ron·i·ca [vɪ'rɒnɪkə] *s.* **1.** ⚘ Ve'ronika *f*, Ehrenpreis *m*; **2.** *R.C. u. paint.* Schweißtuch *n* der Ve'ronika.

ver·sa·tile ['vɜːsətaɪl] *adj.* □ **1.** vielseitig (begabt *od.* gebildet); gewandt, wendig, beweglich; **2.** unbeständig, wandelbar; **3.** ⚘, *zo.* (frei) beweglich; **ver·sa·til·i·ty** [ˌvɜːsə'tɪlətɪ] *s.* **1.** Vielseitigkeit *f*, Gewandtheit *f*, Wendigkeit *f*, geistige Beweglichkeit; **2.** Unbeständigkeit *f*.

verse [vɜːs] **I** *s.* **1.** a) Vers(zeile *f*) *m*, b) (Gedicht)Zeile *f*, c) *allg.* Vers *m*, Strophe *f*: *~* ***drama*** Versdrama *n*; → ***chapter*** 1; **2.** *coll. ohne art.* a) Verse *pl.*, b) Poe'sie *f*, Dichtung *f*; **3.** Vers (-maß *n*) *m*: ***blank*** *~* a) Blankvers, b) reimloser Vers; **II** *v/t.* **4.** in Verse bringen; **III** *v/i.* **5.** dichten, Verse machen.

versed[1] [vɜːst] *adj.* bewandert, beschlagen, versiert (***in*** in *dat.*).

versed[2] [vɜːst] *adj.* ⩕ 'umgekehrt: *~* ***sine*** Sinusversus *m*.

ver·si·fi·ca·tion [ˌvɜːsɪfɪ'keɪʃn] *s.* **1.** Verskunst *f*, Versemachen *n*; **2.** Versbau *m*; **ver·si·fi·er** ['vɜːsɪfaɪə] *s.* Verseschmied *m*, Dichterling *m*; **ver·si·fy** ['vɜːsɪfaɪ] → ***verse*** 4 *u.* 5.

ver·sion ['vɜːʃn] *s.* **1.** (*a.* 'Bibel)Überˌsetzung *f*; **2.** *thea. etc.* (*Bühnen- etc.*) Fassung *f*; **3.** Darstellung *f*, Fassung *f*, Lesart *f*, Versi'on *f*; **4.** Spielart *f*, Vari'ante *f*; **5.** ⚙ (*Export- etc.*)Ausführung *f*, Mo'dell *n*.

ver·sus ['vɜːsəs] *prp.* ⚖, *a. sport u. fig.* gegen, kontra.

vert [vɜːt] *eccl.* F **I** *v/i.* 'übertreten, konvertieren; **II** *s.* Konver'tit(in).

ver·te·bra ['vɜːtɪbrə] *pl.* **-brae** [-briː] *s. anat.* **1.** (Rücken)Wirbel *m*; **2.** *pl.* Wirbelsäule *f*; '**ver·te·bral** [-rəl] *adj.* □ verte'bral, Wirbel(säulen)…: *~* ***column*** Wirbelsäule *f*; '**ver·te·brate** [-rɪt] **I** *adj.* **1.** mit e-r Wirbelsäule (versehen), Wirbel…(*-tier*); **2.** *zo.* zu den Wirbeltieren gehörig; **II** *s.* **3.** Wirbeltier *n*; '**ver·te·brat·ed** [-reɪtɪd] → ***vertebrate*** I.

ver·tex ['vɜːteks] *pl. mst* **-ti·ces** [-tɪsiːz] *s.* **1.** *biol.* Scheitel *m*; **2.** ⩕ Scheitelpunkt *m*, Spitze *f* (*beide a. fig.*); **3.** *ast.* a) Ze'nith *m*, b) Vertex *m*; **4.** *fig.* Gipfel *m*; '**ver·ti·cal** [-tɪkl] **I** *adj.* □ **1.** senk-, lotrecht, verti'kal: *~* ***clearance*** ⚙ lichte Höhe; *~* ***engine*** ⚙ stehender Motor; *~* ***section*** △ Aufriß *m*; *~* ***take-off*** ✈ Senkrechtstart *m*; *~* ***take-off plane*** *od.* ***aircraft*** ✈ Senkrechtstarter *m*; **2.** *ast.*, ⩕ Scheitel…, Höhen…, Vertikal…: *~* ***angle*** Scheitelwinkel *m*; *~* ***circle*** *ast.* Vertikalkreis *m*; *~* ***section*** △ Aufriß *m*; **II** *s.* **3.** Senkrechte *f*.

ver·tig·i·nous [vɜː'tɪdʒɪnəs] *adj.* □ **1.** wirbelnd; **2.** schwindlig, Schwindel…;

3. schwindelerregend, schwindelnd: **~ *height***; **ver·ti·go** [ˈvɜːtɪgəʊ] *pl.* **-goes** *s.* ⚕ Schwindel(gefühl *n*, -anfall *m*) *m*.

ver·tu [vɜːˈtuː] → ***virtu***.

ver·vain [ˈvɜːveɪn] *s.* ⚘ Eisenkraut *n*.

verve [vɜːv] *s.* (künstlerische) Begeisterung, Schwung *m*, Feuer *n*, Verve *f*.

ver·y [ˈverɪ] **I** *adv.* **1.** sehr, äußerst, außerordentlich: **~ *good*** a) sehr gut, b) einverstanden, sehr wohl; **~ *well*** a) sehr gut, b) meinetwegen, na schön; ***not* ~ *good*** nicht sehr *od.* besonders *od.* gerade gut; **2. ~ *much*** (*in Verbindung mit Verben*) sehr, außerordentlich: ***he was* ~ *much pleased***; **3.** (*vor sup.*) aller…: ***the* ~ *last drop*** der allerletzte Tropfen; **4.** völlig, ganz; **II** *adj.* **5.** gerade, genau: ***the* ~ *opposite*** genau das Gegenteil; ***the* ~ *thing*** genau *od.* gerade das (Richtige); ***at the* ~ *edge*** ganz am Rand, am äußersten Rand; **6.** bloß: ***the* ~ *fact of his presence***; ***the* ~ *thought*** der bloße Gedanke, schon der Gedanke; **7.** rein, pur, schier: ***from* ~ *egoism***; ***the* ~ *truth*** die reine Wahrheit; **8.** frisch: ***in the* ~ *act*** auf frischer Tat; **9.** wahr, wirklich: **~ *God of* ~ *God*** *bibl.* wahrer Gott vom wahren Gott; ***the* ~ *heart of the matter*** der Kern der Sache; ***in* ~ *deed*** (***truth***) tatsächlich (wahrhaftig); **10.** (*nach* **this**, **that**, **the**) (der-, die-, das)ˈselbe, (der, die, das) gleiche *od.* nämliche: ***that* ~ *afternoon***; ***the* ~ *same words***; **11.** selbst, soˈgar: ***his* ~ *servants***; **12.** → ***veriest***.

ver·y| high fre·quen·cy [ˈverɪ] *s.* ⚡ ˈHochfreˌquenz *f*, Ultraˈkurzwelle *f*.

Ver·y| light [ˈvɪərɪ; ˈverɪ] *s.* ⚔ ˈLeuchtpaˌtrone *f*; **~ pis·tol** *s.* ⚔ ˈLeuchtpiˌstole *f*; **~'s night sig·nals** *s.* ⚔ Siˈgnalschießen *n* mit ˈLeuchtmunitiˌon.

ve·si·ca [ˈvesɪkə] *pl.* **-cas** (*Lat.*) *s.* **1.** *biol.* Blase *f*, Zyste *f*; **2.** *anat.*, *zo.* (Harn-, Gallen-, *ichth.* Schwimm)Blase *f*; **ˈves·i·cal** [-kl] *adj.* Blasen…; **ˈves·i·cant** [-kənt] **I** *adj.* **1.** ⚕ blasenziehend; **II** *s.* **2.** ⚕ blasenziehendes Mittel, Zugpflaster *n*; **3.** ⚔ ätzender Kampfstoff; **ˈves·i·cate** [-keɪt] **I** *v/i.* Blasen ziehen; **II** *v/t.* Blasen ziehen auf (*dat.*); **ves·i·ca·tion** [ˌvesɪˈkeɪʃn] *s.* Blasenbildung *f*; **ˈves·i·ca·to·ry** [-keɪtərɪ] → ***vesicant***; **ˈves·i·cle** [-kl] *s.* Bläs-chen *n*; **ve·sic·u·lar** [vɪˈsɪkjʊlə] *adj.* **1.** Bläs-chen…, Blasen…; **2.** blasenförmig, blasig; **3.** blasig, Bläs-chen aufweisend.

ves·per [ˈvespə] *s.* **1.** ♀ *ast.* Abendstern *m*; **2.** *poet.* Abend *m*; **3.** *pl. eccl.* Vesper *f*, Abendgottesdienst *m*, -andacht *f*; **4.** *a.* **~ *bell*** Abendglocke *f*, -läuten *n*.

ves·sel [ˈvesl] *s.* **1.** Gefäß *n* (*a. anat.*, ⚘ *u. fig.*); **2.** ⚓ (*a.* ✈ Luft)Schiff *n*, (Wasser)Fahrzeug *n*.

vest [vest] **I** *s.* **1.** *Brit.* ˈUnterhemd *n*; **2.** *Brit.* † *od. Am.* Weste *f*; **3.** a) Damenweste *f*, b) Einsatzweste *f*; **4.** *poet.* Gewand *n*; **II** *v/t.* **5.** *bsd. eccl.* bekleiden; **6.** (***with***) *fig.* *j-n* bekleiden, ausstatten (mit *Befugnissen etc.*), bevollmächtigen; *j-n* einsetzen (in *Eigentum*, *Rechte etc.*); **7.** *Recht etc.* überˈtragen, verleihen (***in s.o.*** j-m): ***~ed interest***, ***~ed right*** sicher begründetes Anrecht, unabdingbares Recht; ***~ed interests*** *die* maßgeblichen Kreise (*e-r Stadt etc.*); **8.** *Am. Feindvermögen* mit Beschlag belegen: ***~ing order*** Beschlagnahmeverfügung *f*; **III** *v/i.* **9.** *bsd. eccl.* sich bekleiden; **10.** ˈübergehen (***in*** auf *acc.*) (*Vermögen etc.*); **11.** (***in***) zustehen (*dat.*), liegen (bei) (*Recht etc.*).

ves·ta [ˈvestə] *s. Brit. a.* **~ *match*** kurzes Streichholz.

ves·tal [ˈvestl] **I** *adj.* **1.** *antiq.* veˈstalisch; **2.** *fig.* keusch, rein; **II** *s.* **3.** *antiq.* Veˈstalin *f*; **4.** Jungfrau *f*; **5.** Nonne *f*.

ves·ti·bule [ˈvestɪbjuːl] *s.* **1.** (Vor)Halle *f*, Vorplatz *m*, Vestiˈbül *n*; **2.** 🚂 *Am.* (Harˈmonika)Verbindungsgang *m zwischen zwei D-Zug-Wagen*; **3.** *anat.* Vorhof *m*; **~ school** *s. Am.* Lehrwerkstatt *f* (*e-s Industriebetriebs*); **~ train** *s. bsd. Am.* D-Zug *m*.

ves·tige [ˈvestɪdʒ] *s.* **1.** *obs. od. poet.* Spur *f*; **2.** *bsd. fig.* Spur *f*, ˈÜberrest *m*, -bleibsel *n*; **3.** *fig.* Spur *f*, *ein* bißchen; **4.** *biol.* Rudiˈment *n*, verkümmertes Orˈgan *od.* Glied; **ves·tig·i·al** [veˈstɪdʒɪəl] *adj.* **1.** spurenhaft, restlich; **2.** *biol.* rudimenˈtär, verkümmert.

vest·ment [ˈvestmənt] *s.* **1.** Amtstracht *f*, Robe *f*, *a. eccl.* Orˈnat *m*; **2.** *eccl.* Meßgewand *n*; **3.** Gewand *n*, Kleid *n* (*beide a. fig.*).

ˌvest-ˈpock·et *adj. fig.* im ˈWestentaschenforˌmat, Westentaschen…, Klein…, Miniatur…

ves·try [ˈvestrɪ] *s. eccl.* **1.** Sakriˈstei *f*; **2.** Bet-, Gemeindesaal *m*; **3.** *Brit.* a) *a.* ***common* ~**, ***general* ~**, ***ordinary* ~** Gemeindesteuerpflichtige *pl.*, b) *a.* ***select* ~** Kirchenvorstand *m*; **~ clerk** *s. Brit.* Rechnungsführer *m* der Kirchgemeinde; **ˈ~man** [-mən] *s.* [*irr.*] Gemeindevertreter *m*.

ves·ture [ˈvestʃə] *s. obs. od. poet.* a) Gewand *n*, Kleid(ung *f*) *n*, b) Hülle *f* (*a. fig.*), Mantel *m*.

ve·su·vi·an [vɪˈsuːvjən] **I** *adj.* **1.** ♀ *geogr.* veˈsuvisch; **2.** vulˈkanisch; **II** *s.* **3.** *obs.*

Windstreichhölzchen *n*.

vet[1] [vet] F **I** *s*. **1.** Tierarzt *m*; **II** *v/t*. **2.** *Tier* unter'suchen *od.* behandeln; **3.** *humor.* a) *j-n* verarzten, b) *j-n* auf Herz u. Nieren prüfen, (*a.* po'litisch) über'prüfen.

vet[2] [vet] *Am.* F *für* ***veteran***.

vetch [vetʃ] *s.* ⚘ Wicke *f*; **'vetch·ling** [-lɪŋ] *s.* ⚘ Platterbse *f*.

vet·er·an ['vetərən] **I** *s.* **1.** Vete'ran *m* (*alter Soldat od. Beamter*); **2.** ⚔ *Am.* ehemaliger Kriegsteilnehmer; **3.** *fig.* ‚alter Hase'; **II** *adj.* **4.** alt-, ausgedient; **5.** kampferprobt: ~ ***troops***; **6.** *fig.* erfahren: ~ ***golfer***; **7.** ~ ***car*** *mot.* Oldtimer *m*.

vet·er·i·nar·i·an [ˌvetərɪ'neərɪən] → **vet·er·i·nar·y** ['vetərɪnərɪ] **I** *s.* Tierarzt *m*, Veteri'när *m*; **II** *adj.* tierärztlich: ~ ***medicine*** Tiermedizin *f*; ~ ***surgeon*** → I.

ve·to ['viːtəʊ] *pol.* **I** *pl.* **-toes** *s.* **1.** Veto *n*, Einspruch *m*: ***put a*** (*od.* ***one's***) ~ (***up***)***on*** → 3; **2.** *a.* ~ ***power*** Veto-, Einspruchsrecht *n*; **II** *v/t.* **3.** sein Veto einlegen gegen, Einspruch erheben gegen; **4.** unter'sagen, verbieten.

vet·ting ['vetɪŋ] *s. pol.* F 'Sicherheitsüberˌprüfung *f*.

vex [veks] *v/t.* **1.** *j-n* ärgern, belästigen, aufbringen, irritieren; → ***vexed***; **2.** quälen, bedrücken, beunruhigen; **3.** schikanieren; **4.** *j-n* verwirren, *j-m* ein Rätsel sein; **5.** *obs. od. poet. Meer* aufwühlen.

vex·a·tion [vek'seɪʃn] *s.* **1.** Ärger *m*, Verdruß *m*; **2.** Plage *f*, Qual *f*; **3.** Belästigung *f*; **4.** Schi'kane *f*; **5.** Beunruhigung *f*, Sorge *f*; **vex·a·tious** [vek'seɪʃəs] *adj.* □ **1.** lästig, verdrießlich, ärgerlich, leidig; **2.** ⚖ schika'nös: ***a*** ~ ***suit***; **vex·a·tious·ness** [vek'seɪʃəsnɪs] *s.* Ärgerlich-, Verdrießlich-, Lästigkeit *f*; **vexed** [vekst] *adj.* □ **1.** ärgerlich (***at s.th.***, ***with s.o.*** über *acc.*); **2.** beunruhigt (***with*** durch, von); **3.** ('viel)umˌstritten, strittig: ~ ***question***; **vex·ing** ['veksɪŋ] → ***vexatious*** 1.

vi·a ['vaɪə] (*Lat.*) **I** *prp.* via, über (*acc.*): ~ ***London***; ~ ***air mail*** per Luftpost; **II** *s.* Weg *m*: ~ ***media*** *fig.* Mittelding *od.* -weg.

vi·a·ble ['vaɪəbl] *adj. a. fig.* lebensfähig: ~ ***child***; ~ ***industry***.

vi·a·duct ['vaɪədʌkt] *s.* Via'dukt *m*.

vi·al ['vaɪəl] *s.* (Glas)Fläschchen *n*, Phi'ole *f*: ***pour out the*** ~***s of one's wrath*** *bibl. u. fig.* die Schalen s-s Zornes ausgießen (***upon*** über *acc.*).

vi·and ['vaɪənd] *s. pl.* **1.** Lebensmittel *pl.*; **2.** ('Reise)ProviˌBant *m*.

vi·at·i·cum [vaɪ'ætɪkəm] *pl.* **-cums** *s. eccl.* Vi'atikum *n* (*bei der letzten Ölung gereichte Eucharistie*).

vibes [vaɪbz] *s. pl.* F **1.** *mst sg konstr.* ♪ Vibra'phon *n*; **2.** Ausstrahlung *f* (*e-r Person*).

vi·bran·cy ['vaɪbrənsɪ] *s.* Reso'nanz *f*, Schwingen *n*; **vi·brant** ['vaɪbrənt] *adj.* **1.** vibrierend: a) schwingend (*Saite etc.*), b) laut schallend (*Ton*); **2.** zitternd, bebend (***with*** vor *dat.*): ~ ***with energy***; **3.** pulsierend (***with*** von): ~ ***cities***; **4.** kraftvoll, lebensprühend: ***a*** ~ ***personality***; **5.** erregt; **6.** *ling.* stimmhaft (*Laut*).

vi·bra·phone ['vaɪbrəfəʊn] *s.* ♪ Vibra'phon *n*.

vi·brate [vaɪ'breɪt] **I** *v/i.* **1.** vibrieren: a) zittern (*a. phys.*), b) (nach)klingen, (-)schwingen (*Töne*); **2.** pulsieren (***with*** von); **3.** zittern, beben (***with*** vor *Erregung etc.*); **II** *v/t.* **4.** in Schwingungen versetzen; **5.** vibrieren *od.* schwingen *od.* zittern lassen, rütteln; **vi'bra·tion** [-eɪʃn] *s.* **1.** Schwingen *n*, Vibrieren *n*, Zittern *n*: ~***-proof*** erschütterungsfrei; **2.** *phys.* Vibrati'on *f*: a) Schwingung *f*, b) Oszillati'on *f*; **3.** *fig.* a) Pulsieren *n*, b) *pl.* Ausstrahlung *f e-r Person*; **vi'bra·tion·al** [-eɪʃənl] *adj.* Schwingungs...; **vi'bra·tor** [-eɪtə] *s.* **1.** ⚙ Vi'brator *m* (*a.* ⚕), 'Rüttelappaˌrat *m*; **2.** ⚡ Oszil'lator *m*: a) Summer *m*, b) Zerhacker *m*; **3.** ♪ Zunge *f*, Blatt *n*; **vi·bra·to·ry** ['vaɪbrətərɪ] *adj.* **1.** schwingungsfähig; **2.** vibrierend; **3.** Vibrations..., Schwingungs...

vic·ar ['vɪkə] *s. eccl.* **1.** *Brit.* Vi'kar *m*, ('Unter)Pfarrer *m*; **2.** *Protestantische Episkopalkirche in den USA*: a) ('Unter)Pfarrer *m*, b) Stellvertreter *m* des Bischofs; **3.** *R.C.* a) ***cardinal*** ~ Kardinalvikar *m*, b) ♀ ***of*** (***Jesus***) ***Christ*** Statthalter *m* Christi (*Papst*); **4.** Ersatz *m*; **'vic·ar·age** [-ərɪdʒ] *s.* **1.** Pfarrhaus *n*; **2.** Vikari'at *n* (*Amt des Vikars*); **'vic·ar gen·er·al** *s. eccl.* Gene'ralviˌkar *m*.

vi·car·i·ous [vaɪ'keərɪəs] *adj.* □ **1.** stellvertretend; **2.** *fig.* mit-, nachempfunden, *Erlebnis etc.* aus zweiter Hand: ~ ***pleasure***.

vice[1] [vaɪs] *s.* **1.** Laster *n*: a) Untugend *f*, b) schlechte (An)Gewohnheit; **2.** Lasterhaftigkeit *f*, Verderbtheit *f*: ~ ***squad*** Sittenpolizei *f*, 'Sittendezerˌnat *n*; **3.** körperlicher Fehler, Gebrechen *n*; **4.** *fig.*, *a.* ⚖ Mangel *m*, Fehler *m*; **5.** Verirrung *f*, Auswuchs *m*; **6.** Unart *f* (*Pferd*).

vice² [vaɪs] *s.* ⚙ Schraubstock *m* (*a. fig.*).
vi·ce³ [ˈvaɪsɪ] *prp.* an Stelle von.
vice⁴ [vaɪs] *s.* F ‚Vize' *m* (*abbr. für* **vice admiral** *etc.*).
vice- [vaɪs] *in Zssgn* stellvertretend, Vize…
vice| ad·mi·ral *s.* ⚓ ˈVizeadmiˌral *m*; ˌ**~-ˈchair·man** *s.* [*irr.*] stellvertretender Vorsitzender, ˈVizepräsiˌdent *m*; ˌ**~-ˈchan·cel·lor** *s.* **1.** ˈVizekanzler *m*; **2.** *Brit. univ.* (geschäftsführender) Rektor; ˌ**~-ˈcon·sul** *s.* ˈVizeˌkonsul *m*; ˌ**~-ˈge·rent** [-ˈdʒerənt] **I** *s.* Stellvertreter *m*, Statthalter *m*; **II** *adj.* stellvertretend; ˌ**~-ˈpres·i·dent** *s.* ˈVizepräsiˌdent *m*: a) stellvertretender Vorsitzender, b) ✝ *Am.* Diˈrektor *m*, Vorstandsmitglied *n*; ˌ**~ˈre·gal** *adj.* vizeköniglich; **~·reine** [ˌvaɪsˈreɪn] *s.* Gemahlin *f* des Vizekönigs; **~·roy** [ˈvaɪsrɔɪ] *s.* Vizekönig *m*; ˌ**~ˈroy·al** *adj.* vizeköniglich.
vi·ce ver·sa [ˌvaɪsɪˈvɜːsə] (*Lat.*) *adv.* ˈumgekehrt, vice versa.
vic·i·nage [ˈvɪsɪnɪdʒ] → ***vicinity***; ˈ**vic·i·nal** [-nl] *adj.* benachbart, ˈumliegend, nah; **vi·cin·i·ty** [vɪˈsɪnətɪ] *s.* **1.** Nähe *f*, Nachbarschaft *f*: ***in close ~ to*** in unmittelbarer Nähe von; ***in the ~ of 40*** *fig.* um (die) 40 herum; **2.** Nachbarschaft *f*, (nähere) Umˈgebung: ***the ~ of London.***
vi·cious [ˈvɪʃəs] *adj.* ☐ **1.** lasterhaft, verderbt, ˈunmoˌralisch; **2.** verwerflich: ***~ habit***; **3.** bösartig, boshaft, gemein: ***~ attack***; **4.** bös-, unartig (*Tier*); **5.** heftig, ‚bös': ***a ~ blow***; **6.** F scheußlich, schlimm: ***~ headache***; **7.** *a.* ⚖ fehler-, mangelhaft; **8.** *obs.* schädlich: ***~ air***; **~ cir·cle** *s.* **1.** Circulus *m* vitiˈosus, Teufelskreis *m*; **2.** *phls.* Zirkel-, Trugschluß *m.*
vi·cious·ness [ˈvɪʃəsnɪs] *s.* **1.** Lasterhaftigkeit *f*, Verderbtheit *f*; **2.** Verwerflichkeit *f*; **3.** Bösartigkeit *f*, Gemeinheit *f*; **4.** Fehlerhaftigkeit *f*.
vi·cis·si·tude [vɪˈsɪsɪtjuːd] *s.* **1.** Wandel *m*, Wechsel *m*; **2.** *pl.* Wechselfälle *pl.*, *das* Auf u. Ab: ***the ~s of life***; **3.** *pl.* Schicksalsschläge *pl.*; **vi·cis·si·tu·di·nous** [vɪˌsɪsɪˈtjuːdɪnəs] *adj.* wechselvoll.
vic·tim [ˈvɪktɪm] *s.* **1.** Opfer *n*: a) (Unfall- *etc.*)Tote(r *m*) *f*, b) Leidtragende(r *m*) *f*, c) Betrogene(r *m*) *f*: ***fall a ~ to*** zum Opfer fallen (*dat.*); **2.** Opfer(tier) *n*; ˈ**vic·tim·ize** [-maɪz] *v/t.* **1.** *j-n* (auf-)opfern; **2.** quälen, schikanieren, belästigen; **3.** prellen, betrügen.
vic·tor [ˈvɪktə] **I** *s.* Sieger(in); **II** *adj.* siegreich, Sieger…
vic·to·ri·a [vɪkˈtɔːrɪə] *s.* Vikˈtoria *f* (*zweisitziger Einspänner*); ♀ **Cross** *s.* Vikˈtoriakreuz *n* (*brit. Tapferkeitsauszeichnung*).
Vic·tor·i·an [vɪkˈtɔːrɪən] **I** *adj.* **1.** Viktoriˈanisch: ***~ Period***; **2.** viktoriˈanisch: ***~ habits***; **II** *s.* **3.** Viktoriˈaner(in).
vic·to·ri·ous [vɪkˈtɔːrɪəs] *adj.* ☐ **1.** siegreich (***over*** über *acc.*): ***be ~*** den Sieg davontragen, siegen; **2.** Sieges…; **vic·to·ry** [ˈvɪktərɪ] *s.* **1.** Sieg *m* (*a. fig.*): ***~ ceremony*** Siegerehrung *f*; ***~ rostrum*** Siegespodest *n*; **2.** *fig.* Triˈumph *m*, Erfolg *m*, Sieg *m*: ***moral ~.***
vict·ual [ˈvɪtl] **I** *s. mst pl.* Eßwaren *pl.*, Lebensmittel *pl.*, Proviˈant *m*; **II** *v/t.* (*v/i.* sich) verpflegen *od.* verproviantieren *od.* mit Lebensmitteln versorgen; ˈ**vict·ual·(l)er** [-lə] *s.* **1.** (ˈLebensmittel-) Lieferant *m*; **2.** *a.* ***licensed ~*** *Brit.* Schankwirt *m*; **3.** ⚓ Proviˈantschiff *n*; ˈ**vict·ual·(l)ing** [-lɪŋ] *s.* Verproviantierung *f*: ***~ ship*** Proviantschiff *n*.
vi·de [ˈvaɪdiː] (*Lat.*) *int.* siehe!
vi·de·li·cet [vɪˈdiːlɪset] (*Lat.*) *adv.* nämlich, das heißt (*abbr.* ***viz***; *lies*: ***namely, that is***).
vid·e·o [ˈvɪdɪəʊ] **I** *pl.* **-os** *s.* F **1.** ‚Video' *n* (*Videotechnik*); **2.** *Computer*: Bildschirm-, Datensichtgerät *n*; **3.** *Am.* (***on*** im) Fernsehen *n*; **II** *adj.* **4.** Video…: ***~ cassette*** (***recorder***); ***~ disc*** Bildplatte *f*; **5.** *Computer*: Bildschirm…: ***~ terminal*** → 2; **6.** *Am.* F Fernseh…: ***~ program***; ˈ**~·phone** F *für* ***videotelephone***; ˈ**~·tape I** *s.* Videoband *n*; **II** *v/t.* auf Videoband aufnehmen, aufzeichnen; ˈ**~ˌtel·e·phone** *s.* ˈBildteleˌfon *n*.
vie [vaɪ] *v/i.* wetteifern: ***~ with s.o. in*** (*od.* ***for***) ***s.th.*** mit j-m in *od.* um et. wetteifern.
Vi·en·nese [ˌvɪeˈniːz] **I** *s. sg. u. pl.* **1.** a) Wiener(in), b) Wiener(innen) *pl.*; **2.** *ling.* Wienerisch *n*; **II** *adj.* **3.** wienerisch, Wiener(…).
view [vjuː] **I** *v/t.* **1.** (sich) ansehen, betrachten, besichtigen, in Augenschein nehmen, prüfen; **2.** *fig.* ansehen, auffassen, betrachten, beurteilen; **3.** überˈblicken, -ˈschauen; **4.** *obs.* sehen; **II** *s.* **5.** (An-, Hin)Sehen *n*, Besichtigung *f*: ***at first ~*** auf den ersten Blick; ***on nearer ~*** bei näherer Betrachtung; **6.** Sicht *f* (*a. fig.*): ***in ~*** a) in Sicht, sichtbar, b) *fig.* in (Aus)Sicht; ***in ~ of*** *fig.* im Hinblick auf (*acc.*), in Anbetracht *od.* angesichts (*gen.*); ***in full ~ of*** direkt vor *j-s* Augen; ***on ~*** zu besichtigen(d), ausgestellt; ***on the long ~*** *fig.* auf weite Sicht; ***out of ~*** außer Sicht, nicht zu sehen; ***come in ~***

in Sicht kommen, sichtbar werden; ***have in ~*** *fig.* im Auge haben, beabsichtigen; ***keep in ~*** *fig.* im Auge behalten; **7.** Aussicht *f*, (Aus-)Blick *m* (***of***, ***over*** auf *acc.*); Szene'rie *f*; **8.** *paint.*, *phot.* Ansicht *f*, Bild *n*: ***~s of London***; ***sectional ~*** ⚙ Ansicht im Schnitt; **9.** *fig.* 'Überblick *m* (***of*** über *acc.*); **10.** Absicht *f*: ***with a ~ to*** a) (*ger.*) mit *od.* in der Absicht zu (*tun*), zu dem Zweck (*gen.*), b) im Hinblick auf (*acc.*); **11.** *fig.* Ansicht *f*, Auffassung *f*, Urteil *n* (***of***, ***on*** über *acc.*): ***in my ~*** in m-n Augen, m-s Erachtens; ***form a ~ on*** sich ein Urteil bilden über (*acc.*); ***take the ~ that*** die Ansicht *od.* den Standpunkt vertreten, daß; ***take a bright*** (***dim***, ***grave***) ***~ of*** *et.* optimistisch (pessimistisch, ernst) beurteilen; **12.** Vorführung *f*: ***private ~ of a film***; **view·a·ble** ['vju:əbl] *adj.* **1.** sichtbar; **2.** *fig.* sehenswert; **view data** *s. pl.* Bildschirmtext *m*; **view·er** ['vju:ə] *s.* **1.** Betrachter(in); **2.** Fernsehzuschauer (-in); **'view·er·ship** *s.* Fernsehpublikum *n*.

'view|,find·er *s. phot.* (Bild)Sucher *m*; **~ hal·loo** *s. hunt.* Hal'lo(ruf *m*) *n* (*beim Erscheinen des Fuchses*).

'view|·phone *s.* 'Bildtele,fon *n*; **'~·point** *s. fig.* Gesichts-, Standpunkt *m*.

view·y ['vju:ɪ] *adj.* F verstiegen, über'spannt, ‚fimmelig'.

vig·il ['vɪdʒɪl] *s.* **1.** Wachsein *n*, Wachen *n* (*zur Nachtzeit*); **2.** Nachtwache *f*: ***keep ~*** wachen (***over*** bei); **3.** *eccl.* a) *mst pl.* Vi'gilie(n *pl.*) *f*, Nachtwache *f* (*vor Kirchenfesten*), b) Vi'gil *f* (*Vortag e-s Kirchenfests*): ***on the ~ of*** am Vorabend von (*od. gen.*); **'vig·i·lance** [-ləns] *s.* **1.** Wachsamkeit *f*: ***~ committee*** *od.* ***group*** *bsd. Am.* Bürgerwehr *f*, Selbstschutzgruppe *f*; **2.** ⚕ Schlaflosigkeit *f*; **'vig·i·lant** [-lənt] *adj.* □ wachsam, 'umsichtig, aufmerksam; **vig·i·lan·te** [,vɪdʒɪ'læntɪ] *s.* Mitglied *n* e-s ***vigilance committee***.

vi·gnette [vɪ'njet] **I** *s. typ.*, *phot. etc.* Vi'gnette *f*; **II** *v/t.* vignettieren.

vig·or *Am.* → ***vigour***.

vig·or·ous ['vɪgərəs] *adj.* □ **1.** *allg.* kräftig; **2.** kraftvoll, vi'tal; **3.** lebhaft, ak'tiv, tatkräftig; **4.** e'nergisch, nachdrücklich; wirksam; **vig·our** ['vɪgə] *s.* **1.** (Körper-, Geistes)Kraft *f*, Vitali'tät *f*; **2.** Ener'gie *f*; **3.** *biol.* Lebenskraft *f*; **4.** *fig.* Nachdruck *m*, Wirkung *f*.

Vi·king, *a.* ♀ ['vaɪkɪŋ] *hist.* **I** *s.* Wiking (-er) *m*; **II** *adj.* Wikinger…

vile [vaɪl] *adj.* □ **1.** *obs.* wertlos; **2.** gemein, schändlich, abstoßend, schmutzig; **3.** F scheußlich, ab'scheulich, mise'rabel: ***a ~ hat***; ***~ weather***; **'vile·ness** [-nɪs] *s.* **1.** Gemeinheit *f*, Schändlichkeit *f*; **2.** F Scheußlichkeit *f*.

vil·i·fi·ca·tion [,vɪlɪfɪ'keɪʃn] *s.* **1.** Schmähung *f*, Verleumdung *f*, -unglimpfung *f*; **2.** Her'absetzung *f*; **vil·i·fi·er** ['vɪlɪfaɪə] *s.* Verleumder(in); **vil·i·fy** ['vɪlɪfaɪ] *v/t.* **1.** schmähen, verleumden, verunglimpfen; **2.** her'absetzen.

vil·la ['vɪlə] *s.* **1.** Villa *f*, Landhaus *n*; **2.** *Brit.* a) Doppelhaushälfte *f*, b) 'Einfa,milienhaus *n*.

vil·lage ['vɪlɪdʒ] **I** *s.* Dorf *n*; **II** *adj.* dörflich, Dorf…; **'vil·lag·er** [-dʒə] *s.* Dorfbewohner(in), Dörfler(in).

vil·lain ['vɪlən] *s.* **1.** *a. thea. u. humor.* Schurke *m*, Bösewicht *m*; **2.** *humor.* Schlingel *m*; **3.** → ***villein***; **vil·lain·age** ['vɪlɪnɪdʒ] → ***villeinage***; **'vil·lain·ous** [-nəs] *adj.* □ **1.** schurkisch, Schurken…, schändlich; **2.** F → ***vile*** 2, 3; **'vil·lain·y** [-nɪ] *s.* **1.** Schurke'rei *f*; **2.** → ***vileness***.

vil·lein ['vɪlɪn] *s. hist.* **1.** Leibeigene(r) *m*; **2.** *später*: Zinsbauer *m*; **'vil·lein·age** [-nɪdʒ] *s.* **1.** Leibeigenschaft *f*; **2.** 'Hintersassengut *n*.

vil·li·form ['vɪlɪfɔ:m] *adj. biol.* zottenförmig; **vil·lose** ['vɪləʊs], **vil·lous** ['vɪləs] *adj. biol.* zottig; **'vil·lus** [-ləs] *pl.* **-li** [-laɪ] *s.* **1.** *anat.* (Darm)Zotte *f*; **2.** ⚘ Zottenhaar *n*.

vim [vɪm] *s.* F Schwung *m*, ‚Schmiß' *m*: ***full of ~*** ‚toll in Form'.

vin·ai·grette [,vɪneɪ'gret] *s.* **1.** Riechfläschchen *n*, -dose *f*; **2.** *a.* ***~ sauce*** *Küche*: Vinai'grette *f* (*Soße*).

vin·ci·ble ['vɪnsɪbl] *adj.* besiegbar, über'windbar.

vin·cu·lum ['vɪŋkjʊləm] *pl.* **-la** [-lə] *s.* **1.** ⅍ Strich *m* (*über mehreren Zahlen*), Über'streichung *f* (*an Stelle von Klammern*); **2.** *bsd. fig.* Band *n*.

vin·di·ca·ble ['vɪndɪkəbl] *adj.* haltbar, zu rechtfertigen(d); **vin·di·cate** ['vɪndɪkeɪt] *v/t.* **1.** in Schutz nehmen, verteidigen (***from*** vor *dat.*, gegen); **2.** rechtfertigen (***o.s.*** sich), bestätigen; **3.** ⚖ a) Anspruch erheben auf (*acc.*), beanspruchen, b) *Recht*, *Anspruch* geltend machen, c) *Recht etc.* behaupten; **vin·di·ca·tion** [,vɪndɪ'keɪʃn] *s.* **1.** Verteidigung *f*, Rechtfertigung *f*: ***in ~ of*** zur Rechtfertigung von (*od. gen.*); **2.** ⚖ a) Behauptung *f*, b) Geltendmachung *f*; **'vin·di·ca·to·ry** [-keɪtərɪ] *adj.* □ **1.** rechtfertigend, Rechtfertigungs…; **2.** rächend, Straf…

vin·dic·tive [vɪnˈdɪktɪv] *adj.* □ **1.** rachsüchtig; **2.** als Strafe: ~ ***damages*** ⚖ tatsächlicher Schadensersatz zuzüglich e-r Buße; **vinˈdic·tive·ness** [-nɪs] *s.* Rachsucht *f.*

vine [vaɪn] ⚘ **I** *s.* **1.** (*Hopfen- etc.*)Rebe *f*, Kletterpflanze *f*; **2.** Wein(stock) *m*, (Wein)Rebe *f*; **II** *adj.* **3.** Wein…, Reb(-en)…; **ˈ~-clad** *adj. poet.* weinlaubbekränzt; **ˈ~ˌdress·er** *s.* Winzer *m*; ~ **fret·ter** *s.* Reblaus *f.*

vin·e·gar [ˈvɪnɪgə] **I** *s.* **1.** (Wein)Essig *m*: ***aromatic*** ~ aromatischer Essig, Gewürzessig; **2.** *pharm.* Essig *m*; **3.** *fig.* Verdrießlichkeit *f*; **4.** *Am.* F → ***vim***; **II** *v/t.* **5.** Essig tun an (*acc.*); **ˈvin·e·gar·y** [-ərɪ] *adj.* **1.** (essig)sauer (*a. fig.*); **2.** a) griesgrämig, b) ätzend.

ˈvine|ˌgrow·er *s.* Weinbauer *m*, Winzer *m*; **ˈ~ˌgrow·ing** *s.* Weinbau *m*; ~ **leaf** *s.* [*irr.*] Wein-, Rebenblatt *n*: ***vine leaves*** Weinlaub *n*; ~ **louse** *s.* [*irr.*] Reblaus *f*; ~ **mil·dew** *s.* ⚘ Traubenfäule *f.*

vin·er·y [ˈvaɪnərɪ] *s.* **1.** Treibhaus *n* für Reben; **2.** → **vine·yard** [ˈvɪnjəd] *s.* Weinberg *m od.* -garten *m.*

vin·i·cul·tur·al [ˌvɪnɪˈkʌltʃərəl] *adj.* weinbaukundlich; **vin·i·cul·ture** [ˈvɪnɪkʌltʃə] *s.* Weinbau *m* (*Fach*).

vi·nos·i·ty [vaɪˈnɒsətɪ] *s.* **1.** Weinartigkeit *f*; **2.** Weinseligkeit *f*; **vi·nous** [ˈvaɪnəs] *adj.* **1.** weinartig, Wein…; **2.** weinhaltig; **3.** *fig.* weinselig; **4.** weingerötet: ~ ***face***; **5.** weinrot.

vin·tage [ˈvɪntɪdʒ] *s.* **1.** Weinertrag *m*, -ernte *f*; **2.** Weinlese(zeit) *f*; **3.** (guter) Wein, (herˈvorragender) Jahrgang: ~ ***wine*** Spitzenwein *m*; **4.** F a) Jahrgang *m*, b) Herstellung *f*, *mot. etc. a.* Baujahr *n*: ~ ***car*** *mot.* Oldtimer *m*; **ˈvin·tag·er** [-dʒə] *s.* Weinleser(in).

vint·ner [ˈvɪntnə] *s.* Weinhändler *m.*

vi·nyl [ˈvaɪnɪl] ⚗ **I** *s.* Viˈnyl *n*; **II** *adj.* Vinyl…: ~ ***polymers*** Vinylpolymere *pl.*

vi·ol [ˈvaɪəl] *s.* ♪ *hist.* Viˈole *f*: ***bass*** ~ Viola *f* da gamba, Gambe *f.*

vi·o·la¹ [vɪˈəʊlə] *s.* ♪ **1.** Viˈola *f*, Bratsche *f*; **2.** → ***viol.***

vi·o·la² [ˈvaɪələ] *s.* ⚘ Veilchen *n*, Stiefmütterchen *n.*

vi·o·la·ble [ˈvaɪələbl] *adj.* □ verletzbar (*bsd. Gesetz*, *Vertrag*); **vi·o·late** [ˈvaɪəleɪt] *v/t.* **1.** *Eid*, *Vertrag*, *Grenze etc.* verletzen, *Gesetz* überˈtreten, *bsd. Versprechen* brechen, *e-m Gebot*, *dem Gewissen* zuˈwiderhandeln; **2.** *Frieden*, *Stille*, *Schlaf* (grob) stören; **3.** *a. fig.* Gewalt antun (*dat.*); **4.** *Frau* schänden, vergewaltigen; **5.** *Heiligtum etc.* entweihen, schänden; **vi·o·la·tion** [ˌvaɪəˈleɪʃn] *s.* **1.** Verletzung *f*, Überˈtretung *f*, Bruch *m e-s Eides*, *Gesetzes*; Zuˈwiderhandlung *f*: ***in*** ~ ***of*** unter Verletzung von; **2.** (grobe) Störung; **3.** Vergewaltigung *f* (*a. fig.*), Schändung *f e-r Frau*; **4.** Entweihung *f*, Schändung *f*; **ˈvi·o·la·tor** [-leɪtə] *s.* **1.** Verletzer(in), Überˈtreter(-in); **2.** Schänder(in).

vi·o·lence [ˈvaɪələns] *s.* **1.** Gewalt(tätigkeit) *f*; **2.** ⚖ Gewalt(tat, -anwendung) *f*: ***by*** ~ gewaltsam; ***crimes of*** ~ Gewaltverbrechen *pl.*; **3.** Verletzung *f*, Unrecht *n*, Schändung *f*: ***do*** ~ ***to*** Gewalt antun (*dat.*), *Gefühle etc.* verletzen, *Heiliges* entweihen; **4.** *bsd. fig.* Heftigkeit *f*, Ungestüm *n*; **ˈvi·o·lent** [-nt] *adj.* □ **1.** heftig, gewaltig, stark: ~ ***blow***; ~ ***tempest***; **2.** gewaltsam, -tätig (*Person od. Handlung*), Gewalt…: ~ ***death*** gewaltsamer Tod; ~ ***interpretation*** *fig.* gewaltsame Auslegung; ~ ***measures*** Gewaltmaßnahmen *pl.*; ***lay*** ~ ***hands on*** Gewalt antun (*dat.*); **3.** *fig.* heftig, ungestüm, hitzig; **4.** grell, laut (*Farben*, *Töne*).

vi·o·let [ˈvaɪəlɪt] **I** *s.* **1.** ⚘ Veilchen *n*: ***shrinking*** ~ F scheues Wesen (*Person*); **2.** Veilchenblau *n*, Vioˈlett *n*; **II** *adj.* **3.** veilchenblau, vioˈlett.

vi·o·lin [ˌvaɪəˈlɪn] *s.* ♪ Vioˈline *f*, Geige *f*: ***play the*** ~ Geige spielen, geigen; ***first*** ~ erste(r) Geige(r); ~ ***case*** Geigenkasten *m*; ~ ***clef*** Violinschlüssel *m*; **vi·o·lin·ist** [ˈvaɪəlɪnɪst] *s.* Violiˈnist(in), Geiger(in).

vi·ol·ist [ˈvaɪəlɪst] *s.* ♪ **1.** *hist.* Viˈolenspieler(in); **2.** [vɪˈəʊlɪst] Bratˈschist(in).

vi·o·lon·cel·list [ˌvaɪələnˈtʃelɪst] *s.* ♪ (Violon)Celˈlist(in); **vi·o·lonˈcel·lo** [-ləʊ] *pl.* **-los** *s.* (Violon)ˈCello *n.*

VIP [ˌviːaɪˈpiː] *s. sl.* ‚hohes' *od.* ‚großes Tier' (*aus **Very Important Person***).

vi·per [ˈvaɪpə] *s.* **1.** *zo.* Viper *f*, Otter *f*, Natter *f*; **2.** *zo. a.* ***common*** ~ Kreuzotter *f*; **3.** *allg.* Giftschlange *f* (*a. fig.*): ***cherish a*** ~ ***in one's bosom*** *fig.* e-e Schlange an s-m Busen nähren; ***generation of*** ~***s*** *bibl.* Natterngezücht *n*; **ˈvi·per·ine** [-əraɪn] *adj. zo.* a) vipernartig, b) Vipern…; **ˈvi·per·ish** [-ərɪʃ] *adj.*, **ˈvi·per·ous** [-ərəs] *adj.* □ **1.** → ***viperine***; **2.** *fig.* giftig, tückisch.

vi·per's grass *s.* ⚘ Schwarzwurzel *f.*

vi·ra·go [vɪˈrɑːgəʊ] *pl.* **-gos** *s.* **1.** Mannweib *n*; **2.** Zankteufel *m*, ‚Drachen' *m*, Xanˈthippe *f.*

vi·res [ˈvaɪəriːz] *pl. von* ***vis.***

vir·gin [ˈvɜːdʒɪn] **I** *s.* **1.** a) Jungfrau *f* (*a. ast.*), b) ‚Jungfrau' *f* (*Mann*); **2.** a) *eccl.*

the (Blessed)* ♀ *(Mary) die Heilige Jungfrau, b) *Kunst:* Ma'donna *f;* **II** *adj.* **3.** jungfräulich, unberührt (*beide a. fig. Schnee etc.*): **~ *forest*** Urwald *m;* ***♀ Mother*** *eccl.* Mutter *f* Gottes; ***the ♀ Queen*** *hist.* die jungfräuliche Königin (*Elisabeth I von England*); **~ *queen*** *zo.* unbefruchtete (Bienen)Königin; **~ *soil*** a) jungfräulicher Boden, ungepflügtes Land, b) *fig.* Neuland *n,* c) *fig.* unberührter Geist; **4.** rein, keusch, jungfräulich: **~ *modesty*;** **5.** ⚙ a) rein, unvermischt (*Stoffe etc.*), b) jungfräulich, gediegen (*Metalle*): **~ *gold* (*oil*)** Jungferngold *n* (-öl *n*); **~ *wool*** Schurwolle *f;* **6.** *fig.* Jungfern...: **~ *cruise*** Jungfernfahrt *f;* **'vir·gin·al** [-nl] *adj.* □ **1.** jungfräulich, Jungfern...: **~ *membrane*** *anat.* Jungfernhäutchen *n;* **2.** → ***virgin*** 4; **3.** *zo.* unbefruchtet; **'vir·gin·hood** [-hʊd] *s.* Jungfräulichkeit *f,* Jungfernschaft *f.*

Vir·gin·i·a [və'dʒɪnjə] *s. a.* **~ *tobacco*** Virginia(tabak) *m;* **~ creep·er** *s.* ⚘ Wilder Wein, Jungfernrebe *f.*

Vir·gin·i·an [və'dʒɪnjən] **I** *adj.* Virginia...; **II** *s.* Vir'ginier(in).

vir·gin·i·ty [və'dʒɪnətɪ] *s.* **1.** Jungfräulichkeit *f,* Jungfernschaft *f;* **2.** Reinheit *f,* Keuschheit *f,* Unberührtheit *f* (*a. fig.*).

Vir·go ['vɜːgəʊ] *s. ast.* Jungfrau *f.*

vir·i·des·cent [ˌvɪrɪ'desnt] *adj.* grün (-lich); **vi·rid·i·ty** [vɪ'rɪdətɪ] *s.* **1.** *biol.* grünes Aussehen; **2.** *fig.* Frische *f.*

vir·ile ['vɪraɪl] *adj.* **1.** männlich, kräftig (*beide a. fig. Stil etc.*), Männer..., Mannes...: **~ *voice*;** **2.** *physiol.* po'tent: **~ *member*** männliches Glied; **vi·ril·i·ty** [vɪ'rɪlətɪ] *s.* **1.** Männlichkeit *f;* **2.** Mannesalter *n,* -jahre *pl.;* **3.** *physiol.* Po'tenz *f,* Zeugungskraft *f;* **4.** *fig.* Kraft *f.*

vi·rol·o·gy [ˌvaɪə'rɒlədʒɪ] *s.* ⚕ Virolo'gie *f,* Virusforschung *f.*

vir·tu [vɜː'tuː] *s.* **1.** Kunst-, Liebhaberwert *m:* ***article of ~*** Kunstgegenstand *m;* **2.** *coll.* Kunstgegenstände *pl.;* **3.** → ***virtuosity*** 2.

vir·tu·al ['vɜːtʃʊəl] *adj.* □ **1.** tatsächlich, praktisch, eigentlich; **2.** ⚙, *phys.* virtu'ell; **'vir·tu·al·ly** [-əlɪ] *adv.* eigentlich, praktisch, im Grunde (genommen).

vir·tue ['vɜːtjuː] *s.* **1.** Tugend(haftigkeit) *f:* ***woman of ~*** tugendhafte Frau; ***lady of easy ~*** leichtes Mädchen; **2.** Rechtschaffenheit *f;* **3.** Tugend *f:* ***make a ~ of necessity*** aus der Not e-e Tugend machen; **4.** Wirksamkeit *f,* Wirkung *f,* Erfolg *m;* **5.** (gute) Eigenschaft, Vorzug *m;* (hoher) Wert; **6. *by* (*od. in*) *~ of*** kraft *e-s Gesetzes, e-r Vollmacht etc.,* auf Grund von (*od. gen.*), vermöge (*gen.*).

vir·tu·os·i·ty [ˌvɜːtjʊ'ɒsətɪ] **I** *s.* **1.** Virtuosi'tät *f,* blendende Technik, meisterhaftes Können; **2.** Kunstsinn *m,* -liebhabe'rei *f;* **II** *adj.* **3.** virtu'os, meisterhaft; **vir·tu·o·so** [ˌvɜːtjʊ'əʊzəʊ] *pl.* **-si** [-siː] *s.* **1.** Virtu'ose *m;* **2.** Kunstkenner *m.*

vir·tu·ous ['vɜːtʃʊəs] *adj.* □ **1.** tugendhaft; **2.** rechtschaffen.

vir·u·lence ['vɪrʊləns], **'vir·u·len·cy** [-sɪ] *s.* ⚕ *u. fig.* Viru'lenz *f,* Giftigkeit *f,* Bösartigkeit *f;* **'vir·u·lent** [-nt] *adj.* □ **1.** giftig, bösartig (*Gift, Krankheit*) (*a. fig.*); **2.** ⚕ viru'lent (*a. fig.*), sehr ansteckend.

vi·rus ['vaɪərəs] *s.* **1.** ⚕ Virus *n:* a) Krankheitserreger *m,* b) Gift-, Impfstoff *m;* **2.** *fig.* Gift *n,* Ba'zillus *m:* ***the ~ of hatred.***

vis [vɪs] *pl.* **vi·res** ['vaɪəriːz] (*Lat.*) *s. bsd. phys.* Kraft *f:* **~ *inertiae*** Trägheitskraft; **~ *mortua*** tote Kraft; **~ *viva*** kinetische Energie; **~ *major*** ⚖ höhere Gewalt.

vi·sa ['viːzə] **I** *s.* Visum *n:* a) Sichtvermerk *m* (*im Paß etc.*), b) Einreisebewilligung *f;* **II** *v/t.* ein Visum eintragen in (*acc.*).

vis·age ['vɪzɪdʒ] *s. poet.* Antlitz *n.*

vis-à-vis ['viːzɑːviː; vizavi] (*Fr.*) **I** *adv.* gegen'über (***to, with*** von); **II** *s.* Gegen'über *n:* a) Visa'vis *n,* b) *fig.* ('Amts-) Kolˌlege *m.*

vis·cer·a ['vɪsərə] *s. pl. anat.* Eingeweide *pl.:* ***abdominal ~*** Bauchorgane *pl.;* **'vis·cer·al** [-rəl] *adj. anat.* Eingeweide...

vis·cid ['vɪsɪd] *adj.* **1.** klebrig (*a.* ⚘); **2.** *bsd. phys.* vis'kos, dick-, zähflüssig; **vis·cid·i·ty** [vɪ'sɪdətɪ] *s.* **1.** Klebrigkeit *f;* **2.** → ***viscosity.***

vis·cose ['vɪskəʊs] *s.* ⚙ Vis'kose *f* (*Art Zellulose*): **~ *silk*** Viskose-, Zellstoffseide *f;* **vis·cos·i·ty** [vɪs'kɒsətɪ] *s. phys.* Viskosi'tät *f,* (Grad *m* der) Zähflüssigkeit *f,* Konsi'stenz *f.*

vis·count ['vaɪkaʊnt] *s.* Vi'comte *m* (*brit. Adelstitel zwischen* ***baron*** *u.* ***earl***); **'vis·count·cy** [-sɪ] *s.* Rang *m od.* Würde *f* e-s Vi'comte; **'vis·count·ess** [-tɪs] *s.* Vicom'tesse *f;* **'vis·count·y** [-tɪ] → ***viscountcy.***

vis·cous ['vɪskəs] → ***viscid.***

vi·sé ['viːzeɪ] **I** *s.* → ***visa*** I; **II** *v/t. pret. u. p.p.* **-séd** → ***visa*** II.

vise [vaɪs] *Am.* → ***vice***²**.**

vis·i·bil·i·ty [ˌvɪzɪ'bɪlətɪ] *s.* **1.** Sichtbarkeit *f;* **2.** *meteor.* Sicht(weite) *f:* ***high* (*low*)**

~ gute (schlechte) Sicht; ~ (***conditions***) Sichtverhältnisse *pl.*; **vis·i·ble** ['vɪzəbl] *adj.* □ **1.** sichtbar; **2.** *fig.* (er-, offen-) sichtlich, merklich, deutlich, erkennbar; **3.** ⚙ sichtbar (gemacht), graphisch dargestellt; **4.** *pred.* a) zu sehen (*Sache*), b) zu sprechen (*Person*).

Vis·i·goth ['vɪzɪgɒθ] *s. hist.* Westgote *m*, -gotin *f*.

vi·sion ['vɪʒn] **I** *s.* **1.** Sehkraft *f*, -vermögen *n*: ***field of*** ~ Blickfeld *n*; **2.** *fig.* a) visio'näre Kraft, (Seher-, Weit)Blick *m*, b) Phanta'sie *f*, Vorstellungsvermögen *n*, Einsicht *f*: ***bold*** ~ kühne (Zukunfts)Ideen; **3.** Visi'on *f*: a) Traum-, Wunschbild *n*, b) *oft pl. psych.* Halluzinati'onen *pl.*, Gesichte *pl.*; **4.** a) Anblick *m*, Bild *n*, b) Traum *m*, et. Schönes; **II** *adj.* **5.** *TV* Bild...: ~ ***mixer***, ~ ***control*** Bildregie *f*; **III** *v/t.* **6.** *fig.* (er-) schauen; '**vi·sion·ar·y** [-nərɪ] **I** *adj.* **1.** visio'när, (hell)seherisch; **2.** phan'tastisch, verstiegen, ‚traumtänzerisch': ***a*** ~ ***scheme***; **3.** unwirklich, eingebildet; **4.** Visions...; **II** *s.* **5.** Visio'när *m*, Hellseher *m*; **6.** Phan'tast *m*, Träumer *m*, Schwärmer *m*, ‚Traumtänzer' *m*.

vis·it ['vɪzɪt] **I** *v/t.* **1.** besuchen: a) *j-n*, *Arzt*, *Kranke*, *Lokal etc.* aufsuchen, b) inspizieren, in Augenschein nehmen, c) *Stadt*, *Museum etc.* besichtigen; **2.** ⚖ durch'suchen; **3.** heimsuchen (***s.th. upon*** *j-n* mit et.): a) befallen (*Krankheit*, *Unglück*), b) *bibl. u. fig.* (be-) strafen, *Sünden* vergelten (***upon*** an *dat.*); **4.** *bibl.* belohnen, segnen; **II** *v/i.* **5.** e-n Besuch *od.* Besuche machen; **6.** *Am.* F plaudern; **III** *s.* **7.** Besuch *m*: ***on a*** ~ auf Besuch (***to*** bei *j-m*, in *e-r Stadt etc.*); ***make*** (*od.* ***pay***) ***a*** ~ e-n Besuch machen; ~ ***to the doctor*** Konsultation *f* beim Arzt, Arztbesuch *m*; **8.** (for'meller) Besuch, *bsd.* Inspekti'on *f*; **9.** ⚖, ⚓ Durch'suchung *f*; **10.** *Am.* F Plausch *m*; '**vis·it·ant** [-tənt] **I** *s.* **1.** *rhet.* Besucher (-in); **2.** *orn.* Strichvogel *m*; **II** *adj.* **3.** *rhet.* auf Besuch; **vis·it·a·tion** [ˌvɪzɪ'teɪʃn] *s.* **1.** Besuchen *n*; **2.** offizi'eller Besuch, Besichtigung *f*, Visitati'on *f*: ***right of*** ~ ⚓ Durchsuchungsrecht *n* (*auf See*); ~ (***of the sick***) *eccl.* Krankenbesuch; **3.** *fig.* Heimsuchung: a) (gottgesandte) Prüfung *f*, Strafe *f* (Gottes), b) himmlischer Beistand: ***2 of our Lady*** *R.C.* Heimsuchung Mariae; **4.** *zo.* massenhaftes Auftreten; **5.** F langer Besuch; **vis·it·a·to·ri·al** [ˌvɪzɪtə'tɔːrɪəl] *adj.* Visitations..., Überwachungs..., Aufsichts...: ~ ***power*** Aufsichtsbefugnis *f*; '**vis·it·ing** [-tɪŋ] *adj.* Besuchs..., Besucher...: ~ ***book*** Besuchsliste *f*; ~ ***card*** Visitenkarte *f*; ~ ***hours*** Besuchszeit *f*; ~ ***nurse*** *Am.* Gemeindeschwester *f*; ~ ***professor*** *univ.* Gastprofessor *m*; ~ ***team*** *sport* Gastmannschaft *f*; ***be on*** ~ ***terms with s.o.*** j-n so gut kennen, daß man ihn besucht; '**vis·i·tor** [-tə] *s.* **1.** Besucher(in) (***to*** *gen.*), (*a.* Kur)Gast *m*; *pl.* Besuch *m*: ***summer*** ~***s*** Sommergäste *pl.*; ~***s' book*** a) Fremdenbuch *n*, b) Gästebuch *n*; **2.** Visi'tator *m*, In'spektor *m*; **vis·i·to·ri·al** [ˌvɪzɪ'tɔːrɪəl] → ***visitatorial***.

vi·sor ['vaɪzə] *s.* **1.** *hist. u. fig.* Vi'sier *n*; **2.** (Mützen)Schirm *m*; **3.** *mot.* Sonnenblende *f*.

vis·ta ['vɪstə] *s.* **1.** (Aus-, 'Durch)Blick *m*, Aussicht *f*; **2.** Al'lee *f*; **3.** ⚠ Gale'rie *f*, Korridor *m*; **4.** (lange) Reihe, Kette *f*: ***a*** ~ ***of years***; **5.** *fig.* Ausblick *m*, -sicht *f* (***of*** auf *acc.*), Möglichkeit *f*, Perspek'tive *f*: ***his words opened up new*** ~***s***.

vis·u·al ['vɪzjʊəl] **I** *adj.* □ **1.** Seh..., Gesichts...: ~ ***acuity*** Sehschärfe *f*; ~ ***angle*** Gesichtswinkel *m*; ~ ***nerve*** Sehnerv *m*; ~ ***test*** Augentest *m*; **2.** visu'ell (*Eindruck*, *Gedächtnis etc.*): ~ ***aid(s)*** *ped.* Anschauungsmaterial *n*; ~ ***arts*** bildende Künste; ~ ***display unit*** *Computer*: Datensichtgerät *n*; ~ ***instruction*** *ped.* Anschauungsunterricht *m*; **3.** sichtbar: ~ ***objects***; **4.** optisch, Sicht...(*-anzeige*, *-bereich*, *-zeichen etc.*); **II** *s.* **5.** *typ.*, ✝ a) (Roh)Skizze *f* e-s Layouts, b) 'Bildeleˌment *n* e-r Anzeige; **vis·u·al·i·za·tion** [ˌvɪzjʊəlaɪ'zeɪʃn] *s.* Vergegenwärtigung *f*; '**vis·u·al·ize** [-laɪz] *v/t.* sich vergegenwärtigen *od.* vor Augen stellen, sich vorstellen, sich ein Bild machen von; '**vis·u·al·iz·er** [-laɪzə] *s.* ✝ graphischer I'deengestalter.

vi·ta ['viːtə] (*Lat.*) *pl.* **-tae** [-taɪ] *s. Am.* Lebenslauf *m*.

vi·tal ['vaɪtl] **I** *adj.* **1.** Lebens...(*-frage*, *-funktion*, *-funke etc.*): ~ ***energy*** (*od.* ***power***) Lebenskraft *f*; ~ ***statistics*** a) Bevölkerungsstatistik *f*, b) *humor.* Körpermaße *pl.*; ***Bureau of 2 Statistics*** *Am.* Personenstandsregister *n*; **2.** lebenswichtig (*Industrie*, *Organ etc.*): ~ ***parts*** → 8; **3.** (hoch)wichtig, entscheidend (***to*** für): ~ ***problems***; ***of*** ~ ***importance*** von entscheidender Bedeutung; **4.** wesentlich, grundlegend; **5.** *mst fig.* le'bendig: ~ ***style***; **6.** vi'tal, lebensprühend; **7.** lebensgefährlich: ~ ***wound***; **II** *s.* **8.** *pl.* a) *anat.* ‚edle Teile' *pl.*, lebenswichtige Or'gane *pl.*, b) *fig.* *das* Wesentliche, wichtige Bestandteile *pl.*; **vi-**

tal·i·ty [vaɪˈtælətɪ] *s.* **1.** Vitaliˈtät *f*, Lebenskraft *f*; **2.** Lebensfähigkeit *f*, -dauer *f* (*a. fig.*); **vi·tal·i·za·tion** [ˌvaɪtəlaɪˈzeɪʃn] *s.* Belebung *f*, Aktivierung *f*; **ˈvi·tal·ize** [-təlaɪz] *v/t.* **1.** beleben, kräftigen; **2.** mit Lebenskraft erfüllen; **3.** *fig.* a) verleˈbendigen, b) leˈbendig gestalten.

vi·ta·min(e) [ˈvɪtəmɪn] *s.* Vitaˈmin *n*.

vi·ti·ate [ˈvɪʃɪeɪt] *v/t.* **1.** *allg.* verderben; **2.** beeinträchtigen; **3.** a) *Luft etc.* verunreinigen, b) *fig. Atmosphäre* vergiften; **4.** *Argument etc.* widerˈlegen; **5.** *bsd.* ⚖ ungültig machen, aufheben; **vi·ti·a·tion** [ˌvɪʃɪˈeɪʃn] *s.* **1.** Verderben *n*, Verderbnis *f*; **2.** Beeinträchtigung *f*; **3.** Verunreinigung *f*; **4.** Widerˈlegung *f*; **5.** ⚖ Aufhebung *f*.

vit·i·cul·ture [ˈvɪtɪkʌltʃə] *s.* Weinbau *m*.

vit·re·ous [ˈvɪtrɪəs] *adj.* **1.** Glas…, aus Glas, gläsern; **2.** glasartig, glasig: ~ ***body*** *anat.* Glaskörper *m des Auges*; ~ ***electricity*** positive Elektrizität; **3.** *geol.* glasig; **vi·tres·cent** [vɪˈtresnt] *adj.* **1.** verglasend; **2.** verglasbar.

vit·ri·fac·tion [ˌvɪtrɪˈfækʃn], **vit·ri·fi·ca·tion** [ˌvɪtrɪfɪˈkeɪʃn] *s.* ⚙ Ver-, Überˈglasung *f*, Sinterung *f*; **vit·ri·fy** [ˈvɪtrɪfaɪ] ⚙ **I** *v/t.* ver-, überˈglasen, glasieren, sintern; *Keramik*: dicht brennen; **II** *v/i.* (sich) verglasen.

vit·ri·ol [ˈvɪtrɪəl] *s.* **1.** ⚗ Vitriˈol *n*: ***blue*** ~, ***copper*** ~ Kupfervitriol, -sulfat *n*; ***green*** ~ Eisenvitriol, Ferrosulfat *n*; ***white*** ~ Zinksulfat *n*; **2.** ⚗ a) Vitriˈolsäure *f*, b) ***oil of*** ~ Vitriolöl *n*, rauchende Schwefelsäure; **3.** *fig.* a) Gift *n*, Säure *f*, b) Giftigkeit *f*, Schärfe *f*; **vit·ri·ol·ic** [ˌvɪtrɪˈɒlɪk] *adj.* **1.** vitriˈolisch, Vitriol…: ~ ***acid*** → ***vitriol*** 2b; **2.** *fig.* ätzend, beißend: ~ ***remark***; **ˈvit·ri·ol·ize** [-laɪz] *v/t.* **1.** ⚗ vitriolisieren; **2.** *j-n* mit Vitriol bespritzen *od.* verletzen.

vi·tu·per·ate [vɪˈtju:pəreɪt] *v/t.* **1.** beschimpfen, schmähen; **2.** scharf tadeln; **vi·tu·per·a·tion** [vɪˌtju:pəˈreɪʃn] *s.* **1.** Schmähung *f*, (wüste) Beschimpfung; *pl.* Schimpfworte *pl.*; **2.** scharfer Tadel *m*; **viˈtu·per·a·tive** [-pərətɪv] *adj.* □ **1.** schmähend, Schmäh…; **2.** tadelnd.

vi·va¹ [ˈvi:və] (*Ital.*) **I** *int.* Hoch!; **II** *s.* Hoch(ruf *m*) *n*.

vi·va² [ˈvaɪvə] → ***viva voce***.

vi·va·cious [vɪˈveɪʃəs] *adj.* □ lebhaft, munter; **vi·vac·i·ty** [vɪˈvæsətɪ] *s.* Lebhaftigkeit *f*, Munterkeit *f*.

vi·var·i·um [vaɪˈveərɪəm] *pl.* **-i·a** [-ɪə] *s.* Viˈvarium *n* (*Aquarium, Terrarium etc.*).

vi·va vo·ce [ˌvaɪvəˈvəʊsɪ] **I** *adj. u. adv.* mündlich; **II** *s.* mündliche Prüfung; **vi·va-vo·ce** [ˌvaɪvəˈvəʊsɪ] *v/t.* mündlich prüfen.

viv·id [ˈvɪvɪd] *adj.* □ **1.** *allg.* lebhaft: a) impulˈsiv (*Mensch*), b) intenˈsiv (*Gefühle, Phantasie*), c) leuchtend (*Farbe etc.*), d) deutlich, klar (*Schilderung etc.*); **2.** leˈbendig (*Porträt etc.*); **ˈviv·id·ness** [-nɪs] *s.* **1.** Lebhaftigkeit *f*; **2.** Leˈbendigkeit *f*.

viv·i·fy [ˈvɪvɪfaɪ] *v/t.* **1.** ˈwiederbeleben; **2.** *fig.* Leben geben (*dat.*), beleben, anregen; **3.** *fig.* intensivieren; **4.** *biol.* in lebendes Gewebe verwandeln; **vi·vip·a·rous** [vɪˈvɪpərəs] *adj.* □ **1.** *zo.* lebendgebärend; **2.** ⚘ noch an der Mutterpflanze keimend (*Samen*); **viv·i·sect** [ˌvɪvɪˈsekt] *v/t. u. v/i.* vivisezieren, lebend sezieren; **viv·i·sec·tion** [ˌvɪvɪˈsekʃn] *s.* Vivisektiˈon *f*.

vix·en [ˈvɪksn] *s.* **1.** *zo.* Füchsin *f*; **2.** *fig.* ‚Drachen' *m*, Xanˈthippe *f*; **ˈvix·en·ish** [-nɪʃ] *adj.* zänkisch.

vi·zier [vɪˈzɪə] *s.* Weˈsir *m*.

vi·zor → ***visor***.

V-J Day *s.* Tag *m* des Sieges der Alliˈierten über Japan (*im 2. Weltkrieg*; *2. 9. 1945*).

vo·ca·ble [ˈvəʊkəbl] *s.* Voˈkabel *f*.

vo·cab·u·lar·y [vəʊˈkæbjʊlərɪ] *s.* Vokabuˈlar *n*: a) Wörterverzeichnis *n*, b) Wortschatz *m*.

vo·cal [ˈvəʊkl] **I** *adj.* □ → ***vocally***; **1.** stimmlich, mündlich, Stimm…, Sprech…: ~ ***c(h)ords*** Stimmbänder *pl.*; **2.** ♪ Vokal…, Gesang(s)…, gesanglich: ~ ***music*** Vokalmusik *f*; ~ ***part*** Singstimme *f*; ~ ***recital*** Liederabend *m*; **3.** klingend, ˈwiderhallend (***with*** von); **4.** stimmbegabt, der Sprache mächtig; **5.** laut, vernehmbar, *a.* gesprächig: ***become*** ~ *fig.* laut werden, sich vernehmen lassen; **6.** *ling.* a) voˈkalisch, b) stimmhaft; **II** *s.* **7.** (gesungener) Schlager; **vo·cal·ic** [vəʊˈkælɪk] *adj.* voˈkalisch; **ˈvo·cal·ism** [-kəlɪzəm] *s.* **1.** Vokalisatiˈon *f* (*Vokalbildung u. -aussprache*); **2.** Voˈkalsyˌstem *n e-r Sprache*; **ˈvo·cal·ist** [-kəlɪst] *s.* ♪ Sänger(in); **vo·cal·i·za·tion** [ˌvəʊkəlaɪˈzeɪʃn] *s.* **1.** *bsd.* ♪ Stimmgebung *f*; **2.** *ling.* a) Vokalisatiˈon *f*, b) stimmhafte Aussprache; **ˈvo·cal·ize** [-kəlaɪz] **I** *v/t.* **1.** *Laut* aussprechen, *a.* singen; **2.** *ling.* a) *Konsonanten* vokalisieren, b) stimmhaft aussprechen; **3.** → ***vowelize*** 1; **II** *v/i.* **4.** (*beim Singen*) vokalisieren.

vo·ca·tion [vəʊˈkeɪʃn] *s.* **1.** (*eccl.* göttliche, *allg.* innere) Berufung (***for*** zu); **2.** Begabung *f*, Eignung *f* (***for*** für); **3.** Beruf *m*, Beschäftigung *f*; **vo'ca·tion·al** [-ʃənl] *adj.* □ beruflich, Berufs… (*-ausbildung, -krankheit, -schule etc.*): ~ ***guidance*** Berufsberatung *f*.

voc·a·tive ['vɒkətɪv] **I** *adj. ling.* vokativisch, Anrede…: ~ ***case*** → **II** *s.* Vokativ *m*.

vo·cif·er·ate [vəʊ'sɪfəreɪt] *v/i.* schreien, brüllen; **vo·cif·er·a·tion** [vəʊˌsɪfə'reɪʃn] *s. a. pl.* Schreien *n*, Brüllen *n*, Geschrei *n*; **vo'cif·er·ous** [-fərəs] *adj.* □ **1.** laut schreiend, brüllend; **2.** lärmend, laut; **3.** lautstark: ~ ***protest***.

vod·ka ['vɒdkə] *s.* Wodka *m*.

vogue [vəʊg] *s.* **1.** *allg.* (herrschende) Mode: ***all the*** ~ (die) große Mode, der letzte Schrei; ***be in*** ~ (in) Mode sein; ***come into*** ~ in Mode kommen; **2.** Beliebtheit *f*: ***be in full*** ~ großen Anklang finden, sehr im Schwange sein; ***have a short-lived*** ~ sich e-r kurzen Beliebtheit erfreuen; ~ **word** *s.* Modewort *n*.

voice [vɔɪs] **I** *s.* **1.** Stimme *f* (*a. fig. des Gewissens etc.*): ***the still, small*** ~ (***within***) *fig.* die leise Stimme des Gewissens; ***in*** (***good***) ~ ♪ (gut) bei Stimme; ***in a low*** ~ mit leiser Stimme; ~ ***box*** Kehlkopf *m*; ~ ***radio*** ⚡ Sprechfunk *m*; ~ ***range*** ♪ Stimmumfang *m*; **2.** *fig.* Ausdruck *m*, Äußerung *f*: ***find*** ~ ***in*** Ausdruck finden in (*dat.*); ***give*** ~ ***to*** → 7; **3.** *fig. allg.* Stimme *f*: a) Entscheidung *f*: ***give one's*** ~ ***for*** stimmen für; ***with one*** ~ einstimmig, b) Stimmrecht *n*: ***have a*** (***no***) ~ ***in*** et. (nichts) zu sagen haben bei *od.* in (*dat.*), c) Sprecher(in), Sprachrohr *n*; **4.** ♪ a) *a.* ~ ***quality*** Stimmton *m*, b) (Orgel)Stimme *f*; **5.** *ling.* a) stimmhafter Laut, b) Stimmton *m*; **6.** *ling.* Genus *n* des Verbs: ***active*** ~ Aktiv *n*; ***passive*** ~ Passiv *n*; **II** *v/t.* **7.** Ausdruck geben *od.* verleihen (*dat.*), *Meinung etc.* äußern, in Worte fassen; **8.** ♪ *Orgelpfeife etc.* regulieren; **9.** *ling.* (stimmhaft) (aus)sprechen; **voiced** [-st] *adj.* **1.** *in Zssgn mit leiser etc.* Stimme: ***low-***~; **2.** *ling.* stimmhaft; **'voice·less** [-lɪs] *adj.* **1.** ohne Stimme, stumm; **2.** sprachlos; **3.** *parl.* nicht stimmfähig; **4.** *ling.* stimmlos; **'voice-ˌo·ver** *s. Film, TV*: 'Off-Kommenˌtar *n*.

void [vɔɪd] **I** *adj.* □ **1.** leer; **2.** ~ ***of*** ohne, bar (*gen.*), arm an (*dat.*), frei von; **3.** unbewohnt; **4.** unbesetzt, frei (*Amt*); **5.** ⚖ nichtig, ungültig, -wirksam; → ***null*** 1; **II** *s.* **6.** (*fig.* Gefühl *n* der) Leere *f*, leerer Raum; **7.** *fig.* Lücke *f*: ***fill the*** ~ die Lücke schließen; **8.** ⚖ unbewohntes Gebäude; **III** *v/t.* **9.** räumen (***of*** von); **10.** ⚖ a) aufheben, b) anfechten; **11.** *physiol. Urin etc.* ausscheiden; **'void·a·ble** [-dəbl] *adj.* ⚖ aufheb- *od.* anfechtbar; **'void·ance** [-dəns] *s.* Räumung *f*; **'void·ness** [-nɪs] *s.* **1.** Leere *f*; **2.** ⚖ Nichtigkeit *f*, Ungültigkeit *f*.

voile [vɔɪl] *s.* Voile *m*, Schleierstoff *m*.

vo·lant ['vəʊlənt] *adj.* **1.** *zo.* fliegend (*a. her.*); **2.** *poet.* flüchtig.

vol·a·tile ['vɒlətaɪl] *adj.* **1.** *phys.* verdampfbar, (leicht) flüchtig, vola'til, ä'therisch (*Öl etc.*); **2.** *fig.* flüchtig, vergänglich; **3.** *fig.* a) le'bendig, lebhaft, b) launisch, unbeständig, flatterhaft; **vol·a·til·i·ty** [ˌvɒlə'tɪlətɪ] *s.* **1.** *phys.* Verdampfbarkeit *f*, Flüchtigkeit *f* (*a. fig.*); **2.** *fig.* a) Lebhaftigkeit *f*, b) Unbeständig-, Flatterhaftigkeit *f*; **vol·a·til·i·za·tion** [vɒˌlætɪlaɪ'zeɪʃn] *s. phys.* Verflüchtigung *f*, Verdampfung *f*; **vol·a·til·ize** [vɒ'lætɪlaɪz] *v/t.* (*v/i.* sich) verflüchtigen, verdunsten, verdampfen.

vol-au-vent ['vɒləʊvɑ̃:ŋ; vɔlovɑ̃] (*Fr.*) *s.* Vol-au-'vent *m* (*gefüllte Blätterteigpastete*).

vol·can·ic [vɒl'kænɪk] *adj.* (□ ~***ally***) **1.** *geol.* vul'kanisch, Vulkan…; **2.** *fig.* ungestüm, explo'siv; **vol·ca·no** [vɒl'keɪnəʊ] *pl.* **-no(e)s** *s.* **1.** *geol.* Vul'kan *m*; **2.** *fig.* Vul'kan *m*, Pulverfaß *n*: ***sit on the top of a*** ~ (wie) auf e-m Pulverfaß sitzen; **vol·can·ol·o·gy** [ˌvɒlkə'nɒlədʒɪ] *s.* Vulkanolo'gie *f*.

vole[1] [vəʊl] *s. zo.* Wühlmaus *f*.

vole[2] [vəʊl] *s. Kartenspiel*: Gewinn *m* aller Stiche.

vo·li·tion [vəʊ'lɪʃn] *s.* **1.** Willensäußerung *f*, -akt *m*, (Willens)Entschluß *m*: ***on one's own*** ~ aus eigenem Entschluß; **2.** Wille *m*, Wollen *n*, Willenskraft *f*; **vo'li·tion·al** [-ʃənl] *adj.* □ Willens…, willensmäßig; **vol·i·tive** ['vɒlɪtɪv] *adj.* **1.** Willens…; **2.** *ling.* voli'tiv.

vol·ley ['vɒlɪ] **I** *s.* **1.** (Gewehr-, Geschütz)Salve *f*; (Pfeil-, Stein- *etc.*)Hagel *m*; *Artillerie, Flak*: Gruppe *f*: ~ ***bombing*** ✈ Reihenwurf *m*; **2.** *fig.* Schwall *m*, Strom *m*, Flut *f*: ***a*** ~ ***of oaths***; **3.** *sport*: a) *Tennis*: Volley *m* (*Schlag*), (*Ball a.*) Flugball *m*, b) *Fußball*: Volleyschuß *m*: ***take a ball at*** *od.* ***on the*** ~ → 6; **4.** *Badminton*: Ballwechsel *m*; **II** *v/t.* **5.** in e-r Salve abschießen; **6.** *sport*: *den Ball* volley nehmen, (*Fußball a.*) (di'rekt) aus der Luft nehmen; **7.** *mst* ~ ***out*** *od.* ***forth*** e-n Schwall von *Worten etc.* von sich geben; **III** *v/i.* **8.** e-e Salve *od.* Salven abgeben; **9.** hageln (*Geschosse*), krachen (*Geschütze*); **10.** *sport*: a) *Tennis*: volieren, b) *Fußball*: volley schießen; **'~·ball** *s. sport* **1.** Volleyball(spiel *n*) *m*; **2.** Volleyball *m*.

vol·plane ['vɒlpleɪn] ✈ **I** *s*. Gleitflug *m*; **II** *v/i*. im Gleitflug niedergehen.

volt[1] [vɒlt] *s*. *fenc. u. Reitsport*: Volte *f*.

volt[2] [vəʊlt] *s*. ϟ Volt *n*; **'volt·age** [-tɪdʒ] *s*. ϟ (Volt)Spannung *f*; **vol·ta·ic** [vɒl'teɪɪk] *adj*. ϟ vol'taisch, gal'vanisch (*Batterie*, *Element*, *Strom etc*.): ~ ***couple*** Elektrodenmetalle *pl*.

volte-face [ˌvɒlt'fɑːs; vɔltəfas] (*Fr*.) *s*. *fig*. (to'tale) (Kehrt)Wendung.

volt·me·ter ['vəʊltˌmiːtə] *s*. ϟ Voltmeter *m*, Spannungsmesser *m*.

vol·u·bil·i·ty [ˌvɒljʊ'bɪlətɪ] *s*. *fig*. a) glatter Fluß (*der Rede*), b) Zungenfertigkeit *f*, Redegewandtheit *f*, c) Redseligkeit *f*, d) Wortreichtum *m*; **vol·u·ble** ['vɒljʊbl] *adj*. □ **1.** a) geläufig (*Zunge*), fließend (*Rede*), b) zungenfertig, (rede-)gewandt, c) redselig, d) wortreich; **2.** ♀ windend.

vol·ume ['vɒljuːm] *s*. **1.** Band *m e-s Buches*; Buch *n* (*a. fig*.): ***a three-~ novel*** ein dreibändiger Roman; ***speak ~s*** (***for***) *fig*. Bände sprechen (für); **2.** ⚗, ⚗, *phys. etc*. Vo'lumen *n*, (Raum)Inhalt *m*; **3.** *fig*. 'Umfang *m*, Vo'lumen *n*: ***~ of imports***; ***~ of traffic*** Verkehrsaufkommen *n*; **4.** *fig*. Masse *f*, Schwall *m*; **5.** ♪ Klangfülle *f*, 'Stimmvoˌlumen *n*, -ˌumfang *m*; **6.** ϟ Lautstärke *f*: ***~ control*** Lautstärkeregler *m*; **'vol·umed** [-md] *adj*. *in Zssgn* …bändig: ***a three-~ book***; **vol·u·met·ric** [ˌvɒljʊ'metrɪk] *adj*. (□ ***~ally***) ⚗, ⚗ volu'metrisch: ***~ analysis*** ⚗ volumetrische Analyse, Maßanalyse *f*; ***~ density*** Raumdichte *f*; **vol·u·met·ri·cal** [ˌvɒljʊ'metrɪkl] *adj*. □ → ***volumetric***; **vo·lu·mi·nous** [və'ljuːmɪnəs] *adj*. □ **1.** vielbändig (*literarisches Werk*); **2.** produk'tiv: ***a ~ author***; **3.** massig, 'umfangreich, volumi'nös: ***~ correspondence***; **4.** bauschig; **5.** ♪ voll: ***~ voice***.

vol·un·tar·i·ness ['vɒləntərɪnɪs] *s*. **1.** Freiwilligkeit *f*; **2.** (Willens)Freiheit *f*; **vol·un·tar·y** ['vɒləntərɪ] **I** *adj*. □ **1.** freiwillig, spon'tan: ***~ contribution***; ***~ death*** Freitod *m*; **2.** frei, unabhängig; **3.** ⚖ a) vorsätzlich, schuldhaft, b) freiwillig, unentgeltlich, c) außergerichtlich, gütlich: ***~ settlement; ~ jurisdiction*** freiwillige Gerichtsbarkeit; **4.** durch freiwillige Spenden unter'halten (*Schule etc*.); **5.** *physiol*. willkürlich: ***~ muscles***; **6.** *psych*. volunta'ristisch; **II** *s*. **7.** a) freiwillige *od*. wahlweise Arbeit, b) *a*. ***~ exercise*** *sport* Kür(übung) *f*; **8.** ♪ Orgelsolo *n*.

vol·un·teer [ˌvɒlən'tɪə] **I** *s*. **1.** Freiwillige(r *m*) *f* (*a*. ⚔); **2.** ⚖ unentgeltlicher Rechtsnachfolger; **II** *adj*. **3.** freiwillig, Freiwilligen…; **4.** ♀ wildwachsend; **III** *v/i*. **5.** sich freiwillig melden *od*. erbieten (***for*** für, zu), als Freiwilliger eintreten *od*. dienen; **IV** *v/t*. **6.** *Dienste etc*. freiwillig anbieten *od*. leisten; **7.** sich *e-e Bemerkung* erlauben; **8.** (freiwillig) zum besten geben: ***he ~ed a song***.

vo·lup·tu·ar·y [və'lʌptjʊərɪ] *s*. Lüstling *m*, sinnlicher Mensch; **vo'lup·tu·ous** [-tʃʊəs] *adj*. □ **1.** wollüstig, sinnlich; geil, lüstern; **2.** üppig, sinnlich: ***~ body***; **vo'lup·tu·ous·ness** [-jʊəsnɪs] *s*. **1.** Wollust *f*, Sinnlichkeit *f*, Geilheit *f*, Lüsternheit *f*; **2.** Üppigkeit *f*.

vo·lute [və'ljuːt] *s*. **1.** Schnörkel *m*, Spi'rale *f*; **2.** ⚠ Vo'lute *f*, Schnecke *f*; **3.** *zo*. Windung *f* (*Schneckengehäuse*); **vo'lut·ed** [-tɪd] *adj*. **1.** gewunden, spi'ral-, schneckenförmig; **2.** ⚠ mit Vo'luten (versehen); **vo'lu·tion** [-juːʃn] *s*. **1.** Drehung *f*; **2.** *anat*., *zo*. Windung *f*.

vom·it ['vɒmɪt] **I** *v/t*. **1.** (er)brechen; **2.** *fig*. *Feuer etc*. (aus)speien; *Rauch*, *a*. *Flüche etc*. ausstoßen; **II** *v/i*. **3.** (sich er)brechen, sich über'geben; **4.** Rauch ausstoßen; Lava auswerfen, Feuer speien (*Vulkan*); **III** *s*. **5.** Erbrechen *n*; **6.** *das* Erbrochene; **7.** ⚕ Brechmittel *n*; **8.** *fig*. Unflat *m*; **'vom·i·tive** [-tɪv], **'vom·i·to·ry** [-tərɪ] **I** *s*. ⚕ Brechmittel *n*; **II** *adj*. Erbrechen verursachend, Brech…

voo·doo ['vuːduː] **I** *s*. **1.** Wodu *m*, Zauberkult *m*; **2.** Zauber *m*, Hexe'rei *f*; **3.** *a*. ***~ doctor***, ***~ priest*** (Wodu)Zauberer *m*, Medi'zinmann *m*; **4.** Fetisch *m*, Götze *m*; **II** *v/t*. **5.** behexen; **'voo·doo·ism** *s*. Wodukult *m*.

vo·ra·cious [və'reɪʃəs] *adj*. □ gefräßig, gierig, unersättlich (*a. fig*.); **vo'ra·cious·ness** [-nɪs], **vo·rac·i·ty** [vɒ'ræsətɪ] *s*. Gefräßigkeit *f*, Unersättlichkeit *f*, Gier *f* (***of*** nach).

vor·tex ['vɔːteks] *pl*. **-ti·ces** [-tɪsiːz] *s*. Wirbel *m*, Strudel *m* (*a. phys. fig*.); **'vor·ti·cal** [-tɪkl] *adj*. □ **1.** wirbelnd, kreisend, Wirbel…; **2.** wirbel-, strudelartig.

vo·ta·ress ['vəʊtərɪs] *s*. Geweihte *f* (*etc*., → ***votary***); **vo·ta·ry** ['vəʊtərɪ] *s*. **1.** *eccl*. Geweihte(r *m*) *f*; **2.** *fig*. Verfechter(in), (Vor)Kämpfer(in); **3.** *fig*. Anhänger(-in), Verehrer(in), Jünger(in), Enthusi'ast(in).

vote [vəʊt] **I** *s*. **1.** (Wahl)Stimme *f*, Votum *n*: ***~ of censure***, ***~ of no confidence*** *parl*. Mißtrauensvotum; ***~ of confidence*** *parl*. Vertrauensvotum; ***give one's ~ to*** (*od*. ***for***) s-e Stimme geben (*dat.*), stimmen für; **2.** Abstimmung *f*, Wahl *f*: ***put s.th. to the ~***, ***take a ~ on s.th.*** über e-e Sache abstimmen lassen; ***take the ~*** abstimmen; **3.** Stimmzettel *m*, Stimme *f*: ***cast one's ~*** s-e Stimme abgeben; **4.** ***the ~*** das Stimm-, Wahlrecht; **5.** a) Stimme *f*, Stimmzettel *m*, b) ***the ~*** *coll.* die Stimmen *pl.*: ***the Labour ~***, c) Wahlergebnis *n*; **6.** Beschluß *m*: ***a unanimous ~***; **7.** (Geld)Bewilligung *f*; **II** *v/i.* **8.** (ab-)stimmen, wählen, s-e Stimme abgeben: ***~ against*** stimmen gegen; ***~ for*** stimmen für (*a.* F *für et. sein*); **III** *v/t.* **9.** abstimmen über (*acc.*), wählen, stimmen für: ***~ down*** niederstimmen; ***~ s.o. in*** j-n wählen; ***~ s.o. out*** (***of office***) j-n abwählen; ***~ s.th. through*** et. durchbringen; ***~ that*** dafür sein, daß, vorschlagen, daß; **10.** (durch Abstimmung) wählen *od.* beschließen *od. Geld* bewilligen; **11.** allgemein erklären für *od.* halten für; **'vote-ˌcatch·er** *s.*, **'vote-ˌget·ter** *s.* ,'Wahllokomoˌtive' *f*, Stimmenfänger *m*; **'vote·less** [-lɪs] *adj.* ohne Stimmrecht *od.* Stimme; **'vot·er** [-tə] *s.* Wähler(in), Wahl-, Stimmberechtigte(r *m*) *f*.

vot·ing ['vəʊtɪŋ] **I** *s.* (Ab)Stimmen *n*, Abstimmung *f*; **II** *adj.* Stimm..., Wahl...; **~ age** *s.* Wahlalter *n*; **~ ma·chine** *s.* 'Wahlmaˌschine *f*; **~ pa·per** *s.* Stimmzettel *m*; **~ share** *s.* ✝ Stimmrechtaktie *f*; **~ stock** *s.* ✝ **1.** stimmberechtigtes 'Aktienkapiˌtal; **2.** *bsd. Am.* 'Stimmrechtsˌaktie *f*; **~ pow·er** *s.* ✝ Stimmrecht *n*.

vo·tive ['vəʊtɪv] *adj.* Weih..., Votiv..., Denk...: ***~ medal*** (Ge)Denkmünze *f*; ***~ tablet*** Votivtafel *f*.

vouch [vaʊtʃ] **I** *v/i.* **1.** ***~ for*** (sich ver-)bürgen für; **2.** ***~ that*** dafür bürgen, daß; **II** *v/t.* **3.** bezeugen; bestätigen, (urkundlich) belegen; **4.** (sich ver)bürgen für; **'vouch·er** [-tʃə] *s.* **1.** Zeuge *m*, Bürge *m*; **2.** 'Unterlage *f*, Doku'ment *n*: ***support by ~*** dokumentarisch belegen; **3.** (Rechnungs)Beleg *m*, Quittung *f*: ***~ check*** ✝ *Am.* Verrechnungsscheck; ***~ copy*** Belegdoppel *n*; **4.** Gutschein *m*; **5.** Eintrittskarte *f*; **vouch'safe** [-'seɪf] *v/t.* **1.** (gnädig) gewähren; **2.** geruhen zu *tun*; **3.** sich her'ablassen zu: ***he ~d me no answer*** er würdigte mich keiner Antwort.

vow [vaʊ] **I** *s.* **1.** Gelübde *n* (*a. eccl.*); *oft pl.* (feierliches) Versprechen, (Treu-)Schwur *m*: ***be under a ~*** ein Gelübde abgelegt haben, versprochen haben (***to do*** zu tun); ***take*** (*od.* ***make***) ***a ~*** ein Gelübde ablegen; ***take ~s*** *eccl.* Profeß ablegen, in ein Kloster eintreten; **II** *v/t.* **2.** geloben; **3.** (sich) schwören, (sich) geloben, hoch u. heilig versprechen (***to do*** zu tun); **4.** feierlich erklären.

vow·el ['vaʊəl] **I** *s. ling.* **1.** Vo'kal *m*, Selbstlaut *m*; **II** *adj.* **2.** vo'kalisch; **3.** Vokal..., Selbstlaut...: ***~ gradation*** Ablaut *m*; ***~ mutation*** Umlaut *m*; **vow·el·ize** ['vaʊəlaɪz] *v/t.* **1.** *hebräischen od. kurzschriftlichen Text* mit Vo'kalzeichen versehen; **2.** *Laut* vokalisieren.

voy·age ['vɔɪɪdʒ] **I** *s. längere* (See-, Flug-)Reise: ***~ home*** Rück-, Heimreise; ***~ out*** Hinreise *f*; **II** *v/i.* (*bsd.* zur See) reisen; **III** *v/t.* reisen durch, bereisen; **voy·ag·er** ['vɔɪədʒə] *s.* (See)Reisende(r *m*) *f*.

vo·yeur·ism [vwɑː'jɜːrɪzəm] *s.* Voy'eurtum *n*.

'V|-sign *s.* **1.** Siegeszeichen *n* (*mit gespreizten Fingern*), *Am. a.* Zeichen der Zustimmung; **2.** *Brit.* ,Vogel' *m*; **'~-type en·gine** *s. mot.* V-Motor *m*.

vul·can·ite ['vʌlkənaɪt] *s.* Ebo'nit *n*, Vulka'nit *n* (*Hartgummi*); **'vul·can·ize** [-aɪz] *v/t. Kautschuk* vulkanisieren: ***~d fibre*** (*Am.* ***fiber***) ⚗ Vulkanfiber *f*.

vul·gar ['vʌlgə] **I** *adj.* □ → ***vulgarly***; **1.** (all)gemein, Volks...: ***~ herd*** *die* Masse, *das* gemeine Volk; ***2 Era*** *die* christlichen Jahrhunderte; **2.** volkstümlich: ***~ superstitions***; **3.** vul'gärsprachlich, in der Volkssprache (verfaßt *etc.*): ***~ tongue*** Volkssprache *f*; ***2 Latin*** Vulgärlatein *n*; **4.** ungebildet, ungehobelt; **5.** vul'gär, unfein, ordi'när, gewöhnlich, unanständig, pöbelhaft; **6.** ⅍ gemein, gewöhnlich: ***~ fraction***; **II** *s.* **7.** ***the ~*** *pl.* das (gemeine) Volk; **vul·gar·i·an** [vʌl'geərɪən] *s.* **1.** vul'gärer Mensch, Ple'bejer *m*; **2.** Parve'nü *m*, Protz *m*; **'vul·gar·ism** [-ərɪzəm] *s.* **1.** Unfeinheit *f*, vul'gäres Benehmen; **2.** Gemeinheit *f*, Unanständigkeit *f*; **3.** *ling.* Vulga'rismus *m*, vul'gärer Ausdruck; **vul·gar·i·ty** [vʌl'gærətɪ] *s.* **1.** ungehobeltes Wesen, vul'gäre Art; **2.** Gewöhnlichkeit *f*, Pöbelhaftigkeit *f*; **3.** Unsitte *f*, Ungezogenheit *f*; **'vul·gar·ize** [-əraɪz] *v/t.* **1.** popularisieren, popu'lär machen, verbreiten; **2.** her'abwürdigen, vulgarisieren; **'vul·gar·ly** [-lɪ] *adv.* **1.** allgemein, gemeinhin, landläufig; **2.** → ***vulgar*** 4, 5.

vul·ner·a·bil·i·ty [ˌvʌlnərə'bɪlətɪ] *s.* Verwundbarkeit *f*; **vul·ner·a·ble** ['vʌlnərəbl] *adj.* **1.** verwundbar (*a. fig.*); **2.** angreifbar; **3.** anfällig (***to*** für); **4.** ⚔, *sport* ungeschützt, offen; **vul·ner·ar·y** [ˈvʌlnərərɪ] **I** *adj.* Wund…, Heil…; **II** *s.* Wundmittel *n.*

vul·pine [ˈvʌlpaɪn] *adj.* **1.** fuchsartig, Fuchs…; **2.** *fig.* füchsisch, verschlagen.

vul·ture [ˈvʌltʃə] *s. zo.* Geier *m* (*a. fig.*).

vul·va [ˈvʌlvə] *pl.* **-vae** [-vi:] *s. anat.* Vulva *f*, (äußere) weibliche Scham.

vy·ing [ˈvaɪɪŋ] *adj.* □ wetteifernd.

W

W, w [ˈdʌbljuː] *s.* W *n*, w *n* (*Buchstabe*).

Waac [wæk] *s.* ⚔ F *Brit.* Arˈmeehelferin *f* (*aus* ***Women's Army Auxiliary Corps***).

Waaf [wæf] *s.* ⚔ F *Brit.* Luftwaffenhelferin *f* (*aus* ***Women's Auxiliary Air Force***).

WAC, ***Wac*** [wæk] *s.* ⚔ F *Am.* Arˈmeehelferin *f* (*aus* ***Women's Army Corps***).

wack·y [ˈwækɪ] *adj.* ‚blöd'.

wad [wɒd] **I** *s.* **1.** Pfropf(en) *m*, (*Watte etc.*)Bausch *m*, Polster *n*; **2.** Paˈpierknäuel *m*, *n*; **3.** a) (Banknoten)Bündel *n*, (-)Rolle *f*, b) *Am.* F Haufen *m* Geld, c) Stoß *m* Paˈpiere; **4.** ⚔ *hist.* Ladepfropf *m*; **II** *v/t.* **5.** zu e-m Bausch *etc.* zs.-pressen; **6.** ~ ***up*** *Am.* fest zs.-rollen; **7.** *Öffnung* ver-, zustopfen; **8.** *Kleidungsstück etc.* wattieren, auspolstern, füttern; **wad·ding** [ˈwɒdɪŋ] **I** *s.* **1.** Einlage *f* (*zum Polstern od. Verpacken*); **2.** Watte *f*; **3.** Wattierung *f*; **II** *adj.* **4.** Wattier…

wad·dle [ˈwɒdl] **I** *v/i.* watscheln; **II** *s.* watschelnder Gang.

wade [weɪd] **I** *v/i.* waten: ~ ***through*** F *fig.* sich durchkämpfen durch; ~ ***in(to)*** F *fig.* a) ‚hinˈeinsteigen', sich einmischen (in *acc.*), b) sich ‚reinknien' (in *e-e Arbeit etc.*): ~ ***into a problem*** ein Problem anpacken *od.* angehen; **II** *v/t.* durchˈwaten; **III** *s.* Waten *n*; ˈ**wad·er** [-də] *s.* **1.** *orn.* Wat-, Stelzvogel *m*; **2.** *pl.* (hohe) Wasserstiefel *pl.*

wa·fer [ˈweɪfə] *s.* **1.** Obˈlate *f* (*a.* ⚕ *u. Siegelmarke*); **2.** (*bsd.* Eis)Waffel *f*: ***as thin as a*** ~, ~***-thin*** hauchdünn (*a. fig.*); **3.** *a.* ***consecrated*** ~ *eccl.* Hostie *f*, Obˈlate *f*; **4.** ⚡ Mikroplättchen *n*.

waf·fle [ˈwɒfl] **I** *s.* Waffel *f*; **II** *v/i.* F ‚quasseln'; ˈ~**-ˌi·ron** *s.* Waffeleisen *n*.

waft [wɑːft] **I** *v/t.* **1.** *wohin* wehen, tragen; **II** *v/i.* **2.** (herˈan)getragen werden, schweben; **III** *s.* **3.** Flügelschlag *m*; **4.** Wehen *n*; **5.** (Duft)Hauch *m*, (-)Welle *f*; **6.** *fig.* Anwandlung *f*, Welle *f* (*von Freude, Neid etc.*); **7.** ⚓ Flagge *f* im Schau (*Notsignal*).

wag [wæg] **I** *v/i.* **1.** wackeln; wedeln, wippen (*Schwanz*): ~ ***one's tongue*** tratschen; ***set tongues*** ~***ging*** viel Gerede verursachen; → ***tail*** 1; **II** *v/t.* **2.** wackeln *od.* wedeln *od.* wippen mit *dem Schwanz etc.*; *den Kopf* schütteln *od.* wiegen: ~ ***one's finger at*** *j-m* mit dem Finger drohen; **3.** (hin- u. her)bewegen, schwenken; **III** *s.* **4.** Wackeln *n*; Wedeln *n*, (Kopf)Schütteln *n*; **5.** Witzbold *m*, Spaßvogel *m*.

wage¹ [weɪdʒ] *v/t. Krieg* führen, *Feldzug* unterˈnehmen (***on***, ***against*** gegen): ~ ***effective war on*** *fig. e-r Sache* wirksam zu Leibe gehen.

wage² [weɪdʒ] *s.* **1.** *mst pl.* ✝ (Arbeits-)Lohn *m*: ~***s per hour*** Stundenlohn; **2.** *pl.* ✝ Lohnanteil *m* (*an der Produktion*); **3.** *pl. sg. konstr. fig.* Lohn *m*: ***the*** ~***s of sin*** *bibl.* der Sünde Sold; ~ **a·gree·ment** *s.* ✝ Taˈrifvertrag *m*; ~ **bill** *s.* (aus)bezahlte (Gesamt)Löhne *pl.*; ~ **claim** *s.* Lohnforderung *f*; ~ **dis·pute** *s.* Lohnkampf *m*; ~ **earn·er** *s.* Lohnempfänger(in); ~ **freeze** *s.* Lohnstopp *m*; ~ **fund** *s.* Lohnfonds *m*; ~ **in·cen·tive** *s.* Lohnanreiz *m*; ˈ~**-in·ten·sive** *adj.* ˈlohnintenˌsiv; ~ **lev·el** *s.* ˈLohniˌveau *n*; ~ **pack·et** *s.* Lohntüte *f*.

wa·ger [ˈweɪdʒə] **I** *s.* **1.** Wette *f*; **II** *v/t.* **2.** wetten um, setzen auf (*acc.*); wetten mit (***that*** daß); **3.** *fig. Ehre etc.* aufs Spiel setzen; **III** *v/i.* **4.** wetten, e-e Wette eingehen.

wage| rate *s.* Lohnsatz *m*; ~ **scale** *s.* ✝ **1.** Lohnskala *f*; **2.** (ˈLohn)Taˌrif *m*; ~ **set·tle·ment** *s.* Lohnabschluß *m*; ~ **slave** *s.* Lohnsklave *m*; ~ **slip** *s.* Lohnstreifen *m*, -zettel *m*.

wag·ger·y [ˈwægərɪ] *s.* Schelmeˈrei *f*, Schalkhaftigkeit *f*; **wag·gish** [ˈwægɪʃ] *adj.* □ schalkhaft, schelmisch, spaßig, lose; **wag·gish·ness** [ˈwægɪʃnɪs] → ***waggery***.

wag·gle [ˈwægl] → ***wag*** I *u.* II.

wag·gon [ˈwægən] *s.* **1.** (Last-, Roll-)Wagen *m*; **2.** 🚂 *Brit.* (offener) Güterwagen, Wagˈgon *m*: ***by*** ~ ✝ per Achse; **3.** *Am.* a) (Liefer-, Verkaufs-, Poliˈzei- *etc.*)Wagen *m*, b) *mot.* Kombi(wagen) *m*; **4. the** ♀ *ast.* der Große Wagen; **5.** F *fig.* → ***water wag(g)on.***

wag·gon·er [ˈwægənə] *s.* **1.** (Fracht-) Fuhrmann *m*; **2.** ♀ *ast.* Fuhrmann *m.*

ˈwag·gon|·load *s.* **1.** Wagenladung *f*, Fuhre *f*; **2.** Wagˈgonladung *f*: ***by the ~*** waggonweise; **~ train** *s.* **1.** ⚔ Arˈmeetrain *m*; **2.** 🚂 *Am.* Güterzug *m*; **~ vault** *s.* ⚠ Tonnengewölbe *n.*

Wag·ne·ri·an [vɑːgˈnɪərɪən] ♪ **I** *adj.* wagnerisch, wagneriˈanisch, Wagner...; **II** *s. a.* **Wag·ner·ite** [ˈvɑːgnəraɪt] Wagneriˈaner(in).

wag·on *etc. bsd. Am.* → ***waggon*** *etc.*

wa·gon-lit [ˈvægɔ̃ːnˈliː; vagɔ̃li] *(Fr.) s.* 🚂 Schlafwagen(abteil *n) m.*

ˈwag·tail *s. orn.* Bachstelze *f.*

waif [weɪf] *s.* **1.** ⚖ a) *Brit.* weggeworfenes Diebesgut, b) herrenloses Gut, *bsd.* Strandgut *n* (*a. fig.*); **2.** a) Heimatlose(r *m*) *f*, b) verlassenes *od.* verwahrlostes Kind: ***~s and strays*** verwahrloste Kinder, c) streunendes *od.* verwahrlostes Tier; **3.** *fig.* ˈÜberrest *m.*

wail [weɪl] **I** *v/i.* (weh)klagen, jammern (***for*** um, ***over*** über *acc.*); schreien, wimmern, heulen (*a. Sirene, Wind*) (***with*** vor *Schmerz etc.*); **II** *v/t.* bejammern; **III** *s.* (Weh)Klagen *n*, Jammern *n*; (Weh)Geschrei *n*, Wimmern *n*; **ˈwail·ing** [-lɪŋ] **I** *s.* → ***wail*** III; **II** *adj.* □ (weh)klagend *etc.*; Klage...: ♀ ***Wall*** Klagemauer *f.*

wain [weɪn] *s.* **1.** *poet.* Karren *m*, Wagen *m*; **2.** ♀ → ***Charles's Wain.***

wain·scot [ˈweɪnskət] **I** *s.* (*bsd. untere*) (Wand)Täfelung, Tafelwerk *n*, Holzverkleidung *f*; **II** *v/t. Wand etc.* verkleiden, (ver)täfeln; **ˈwain·scot·ing** [-tɪŋ] *s.* **1.** → ***wainscot*** I; **2.** Täfelholz *n.*

waist [weɪst] *s.* **1.** Taille *f*; **2.** a) Mieder *n*, b) *bsd. Am.* Bluse *f*; **3.** Mittelstück *n*, schmalste Stelle (*e-s Dinges*), Schweifung *f* (*e-r Glocke etc.*); **4.** ⚓ Mitteldeck *n*, Kuhl *f*; **ˈ~·band** [-stb-] *s.* (Hosen-, Rock)Bund *m*; **~·coat** [ˈweɪskəʊt] *s.* (*a.* Damen)Weste *f*, (ärmellose) Jacke; *hist.* Wams *n*; **ˌ~-ˈdeep** *adj. u. adv.* bis zur Taille *od.* Hüfte, hüfthoch.

waist·ed [ˈweɪstɪd] *adj.* mit e-r ... Taille: ***short-~.***

ˌwaist|-ˈhigh → ***waist-deep***; **ˈ~·line** *s.* **1.** Gürtellinie *f*, Taille *f*; **2.** ˈTaille(nˌumfang *m*) *f*: ***watch one's ~*** auf s-e Linie achten.

wait [weɪt] **I** *v/i.* **1.** warten (***for*** auf *acc.*): ***~ for s.o. to come*** warten, daß *od.* bis j-d kommt; ***~ up for s.o.*** aufbleiben u. auf j-n warten; ***keep s.o. ~ing*** j-n warten lassen; ***that can ~*** *fig.* das kann warten, das hat Zeit; ***dinner is ~ing*** das Essen wartet *od.* ist bereit; ***you just ~!*** F na warte!; ***~ for it!*** F *Brit.* a) immer mit der Ruhe, b) du wirst's kaum glauben!; **2.** (ab)warten, sich gedulden: ***~ and see!*** ‚abwarten u. Tee trinken'!; ***I can't ~ to see him*** ich kann es kaum noch erwarten, bis ich ihn sehe; **3.** ***~ (up)on*** a) *j-m* dienen, b) *j-m* aufwarten, *j-n* bedienen, c) *j-m* s-e Aufwartung machen, d) *fig. e-r Sache* folgen, *et.* begleiten (*Umstand*); **4.** *a.* ***~ at table*** (bei Tisch) bedienen; **II** *v/t.* **5.** warten auf (*acc.*), abwarten: ***~ one's opportunity*** e-e günstige Gelegenheit abwarten; ***~ out*** das Ende (*gen.*) abwarten; **6.** F aufschieben, mit *dem Essen etc.* warten (***for s.o.*** auf j-n); **III** *s.* **7.** a) Warten *n*, b) Wartezeit *f*: ***have a long ~*** lange warten müssen; **8.** Lauer *f*: ***lay a ~ for*** *j-m* e-n Hinterhalt legen; ***lie in ~*** im Hinterhalt liegen; ***lie in ~ for*** *j-m* auflauern; **9.** *pl.* a) Weihnachtssänger *pl.*, b) *hist.* ˈStadtmusiˌkanten *pl.*;

ˈwait·er [-tə] *s.* **1.** Kellner *m*, *in der Anrede*: (Herr) Ober *m*; **2.** Servier-, Präsentierteller *m.*

wait·ing [ˈweɪtɪŋ] **I** *s.* **1.** → ***wait*** 7; **2.** Dienst *m bei Hofe etc.*, Aufwarten *n*: ***in ~*** a) diensttuend; → ***lady-in-waiting*** *etc.*, b) ⚔ *Brit.* in Bereitschaft; **II** *adj.* **3.** (ab)wartend; → ***game***[1] 4; **4.** Warte...: ***~ list, ~ period*** *allg.* Wartezeit *f*; ***~ room*** a) 🚂 Wartesaal *m*, b) ⚕ *etc.* Wartezimmer *n*; ***~ girl*** *s.*, ***~ maid*** *s.* Kammerzofe *f.*

wait·ress [ˈweɪtrɪs] *s.* Kellnerin *f*; *in der Anrede*: Fräulein *n.*

waive [weɪv] *v/t. bsd.* ⚖ **1.** verzichten auf (*acc.*), sich *e-s Rechtes, Vorteils* begeben; **2.** *Frage* zuˈrückstellen; **ˈwaiv·er** [-və] *s.* ⚖ **1.** Verzicht *m* (***of*** auf *acc.*), Verzichtleistung *f*; **2.** Verzichterklärung *f.*

wake[1] [weɪk] *s.* **1.** ⚓ Kielwasser *n* (*a. fig.*): ***in the ~ of*** a) im Kielwasser *e-s Schiffes*, b) *fig.* im Gefolge (*gen.*); ***follow in s.o.'s ~*** *fig.* in j-s Kielwasser segeln; ***bring s.th. in its ~*** et. nach sich ziehen, et. zur Folge haben; **2.** ✈ Luftschraubenstrahl *m*; **3.** Sog *m.*

wake[2] [weɪk] **I** *v/i.* [*irr.*] **1.** *oft* ***~ up*** auf-, erwachen, wach werden (*alle a. fig. Person, Gefühl etc.*); **2.** wachen, wach sein *od.* bleiben; **3.** ***~ to*** sich *e-r Gefahr etc.* bewußt werden; **4.** *vom Tode od. von den Toten* auferstehen; **II** *v/t.* [*irr.*] **5.** *a.* ***~ up*** (auf)wecken, wachrütteln (*a. fig.*); **6.** *fig.* erwecken, *Erinnerungen*,

Gefühle wachrufen, *Streit etc.* erregen; **7.** *fig. j-n, j-s Geist etc.* aufrütteln; **8.** (*von den Toten*) auferwecken; **III** *s.* **9.** *bsd. Irish* a) Totenwache *f*, b) Leichenschmaus *m*; **10.** *hist.* Kirchweih(fest *n*) *f*, Kirmes *f*; **11.** *Brit.* Betriebsferien *pl.*; **'wake·ful** [-fʊl] *adj.* □ **1.** wachend; **2.** schlaflos; **3.** *fig.* wachsam; **'wak·en** [-kən] → ***wake***[2] 1, 3, 5, 6 *u.* 7; **'wak·ing** [-kɪŋ] **I** *s.* **1.** (Er)Wachen *n*; **2.** (Nacht-) Wache *f*; **II** *adj.* **3.** wach: ~ ***dream*** Tagtraum *m*; ***in his ~ hours*** in s-n wachen Stunden, *a.* von früh bis spät.

wale [weɪl] *s.* **1.** → ***weal***[2]; **2.** *Weberei*: a) Rippe *f* (*e-s Gewebes*), b) Salleiste *f*, feste Webkante; **3.** ⚙ a) Verbindungsstück *n*, b) Gurtholz *n*; **4.** ⚓ a) Berg-, Krummholz *n*, b) Dollbord *m* (*e-s Boots*).

walk [wɔːk] **I** *s.* **1.** Gehen *n*: ***go at a ~*** im Schritt gehen; **2.** Gang(art *f*) *m*, Schritt *m*: ***a dignified ~***; **3.** Spaziergang *m*: ***go for*** (*od.* ***take***) ***a ~*** e-n Spaziergang machen; ***take s.o. for a ~*** j-n spazierenführen, mit j-m spazierengehen; **4.** (Spazier)Weg *m*: a) Prome'nade *f*, b) Strecke *f*: ***a ten minutes' ~ to the station*** zehn (Geh)Minuten zum Bahnhof; ***quite a ~*** ein gutes Stück zu gehen; **5.** Al'lee *f*; **6.** (Geflügel)Auslauf *m*; → ***sheepwalk***; **7.** Route *f e-s Hausierers etc.*, Runde *f e-s Polizisten etc.*; **8.** *fig.* a) (Arbeits)Gebiet *n*, b) *mst* ***~ of life*** (sozi'ale) Schicht *od.* Stellung, *a.* Beruf *m*; **II** *v/i.* **9.** gehen (*a. sport*), zu Fuß gehen; **10.** im Schritt gehen (*a. Pferd*); **11.** spazierengehen, wandern; **12.** 'umgehen (*Geist*): ***~ in one's sleep*** nachtwandeln; **III** *v/t.* **13.** *Strecke* zu'rücklegen, (zu Fuß) gehen; **14.** *Bezirk* durch'wandern, *Raum* durch'schreiten; **15.** auf u. ab (*od.* um'her)gehen in *od.* auf (*dat.*); **16.** *Pferd* a) führen, b) im Schritt gehen lassen; **17.** *j-n wohin* führen: ***~ s.o. off his feet*** j-n abhetzen; **18.** spazierenführen; **19.** um die Wette gehen mit;

Zssgn mit adv. u. prp.:

walk| a·bout, ~ **a·round I** *v/i.* um'hergehen, -wandern; **II** *v/t. j-n* um'herführen; ~ **a·way** *v/i.* **1.** weg-, fortgehen: ***~ from*** *sport j-m* (einfach) davonlaufen, *j-n* ‚stehenlassen'; **2.** ***~ with*** a) mit *et.* durchbrennen, b) *et.* ‚mitgehen' lassen, c) *e-n Kampf etc.* spielend gewinnen; ~ **off I** *v/i.* **1.** da'von-, fortgehen; **2.** → ***walk away*** 2; **II** *v/t.* **3.** *j-n* abführen; **4.** *s-n Rausch, Zorn etc.* durch e-n Spaziergang vertreiben; ~ **out I** *v/i.* **1.** hin'ausgehen: ***~ on*** F *j-n* im Stich lassen, verlassen; **2.** ***~ with s.o.*** F mit j-m ‚gehen' *od.* ein Verhältnis haben; **3.** ✝ in (den) Streik treten; **4.** *pol.* zu'rücktreten; **II** *v/t.* **5.** *Hund etc.* ausführen; **6.** *j-n* auf e-n Spaziergang mitnehmen; ~ **o·ver** *v/i. fig.* spielend gewinnen; ~ **up** *v/i.* **1.** hin'aufgehen, her'aufkommen: ***~ to s.o.*** auf j-n zugehen; **2.** *Straße* entlanggehen.

'walk·a·bout *s.* **1.** Wanderung *f*; **2.** ‚Bad *n* in der Menge' (*e-s Politikers etc.*).

walk·a·thon ['wɔːkəθɒn] **1.** *sport* Marathongehen *n*; **2.** 'Dauertanztur,nier *n*.

'walk·a·way → ***walkover*** 2.

walk·er ['wɔːkə] *s.* **1.** Spaziergänger(in): ***be a good ~*** gut zu Fuß sein; **2.** *sport* Geher *m*; **3.** *orn. Brit.* Laufvogel *m*; **,~-'on** [-ərɒn] *s.* → ***walk-on*** 1.

walk·ie-talk·ie [ˌwɔːkɪ'tɔːkɪ] *s.* tragbares Funksprechgerät, Walkie-talkie *n*.

'walk-in I *adj.* **1.** begehbar: ***~ closet*** → 2; **II** *s.* **2.** begehbarer Schrank; **3.** Kühlraum *m*; **4.** *Am.* F leichter Wahlsieg.

walk·ing ['wɔːkɪŋ] **I** *adj.* **1.** gehend, wandernd; *bsd. fig.* wandelnd (*Leiche, Lexikon*): ***~ wounded*** ⚔ Leichtverwundete *pl.*; **2.** Geh…, Marsch…, Spazier…: ***drive at a ~ speed*** *mot.* (im) Schritt fahren; ***within ~ distance*** zu Fuß erreichbar; **II** *s.* **3.** (Spazieren)Gehen *n*; Wandern *n*; **4.** *sport* Gehen *n*; ~ **boots** *s. pl.* Wanderstiefel *pl.*; ~ **chair** → ***gocart*** 1; ~ **del·e·gate** *s.* Gewerkschaftsbeauftragte(r) *m*; ~ **gen·tle·man** *s.* [*irr.*], ~ **la·dy** → ***walk-on*** 1; ~ **pa·pers** *s. pl. sl.* **1.** Ent'lassung(spaˌpiere *pl.*) *f*; **2.** ‚Laufpaß' *m*; ~ **part** *s. thea.* Sta'tistenrolle *f*; ~ **stick** *s.* Spazierstock *m*; ~ **tick·et** → ***walking papers***; ~ **tour** *s.* Wanderung *f*.

'walk|-on *s. Film, thea.* **1.** Sta'tist(in), Kom'parse *m*, Kom'parsin *f*; **2.** *a.* ***~ part*** Sta'tisten-, Kom'parsenrolle *f*; **'~-out** *s.* **1.** ✝ Ausstand *m*, Streik *m*; **2.** Auszug *m*; **'~ˌo·ver** *s. sport* **1.** einseitiger Wettbewerb; **2.** ‚Spaziergang' *m*, leichter Sieg (*a. fig.*); **'~-ˌup** *Am.* F **I** *adj.* ohne Fahrstuhl (*Haus*); **II** *s.* (Wohnung *f* in e-m) Haus ohne Fahrstuhl; **'~·way** *s.* **1.** Laufgang *m*; **2.** *Am.* Gehweg *m*.

wall [wɔːl] **I** *s.* **1.** Wand *f* (*a. fig.*): ***up against the ~, with one's back to the ~*** in e-r aussichtslosen Lage; ***drive*** (*od.* ***push***) ***s.o. to the ~*** *fig.* a) j-n an die Wand drücken, b) j-n in die Enge treiben; ***go to the ~*** a) an die Wand gedrückt werden, b) ✝ Konkurs machen; ***drive*** (*od.* ***send***) ***s.o. up the ~*** F j-n ‚auf die Palme bringen'; ***run*** (*od.*

bang*) *one's head against a ~ F mit dem Kopf durch die Wand wollen; **2.** ⚙ (Innen)Wand *f*; **3.** Mauer *f* (*a. fig.*): ***a ~ of silence***; ***the*** ♀ a) die (Berliner) Mauer, b) die Klagemauer (*in Jerusalem*); **4.** Wall *m* (*a. fig.*), (Stadt-, Schutz)Mauer *f*: ***within the ~s*** in den Mauern (e-r Stadt); **5.** *anat.* (*Brust-, Zell- etc.*)Wand *f*; **6.** Häuserseite *f*: ***give s.o. the ~*** a) j-n auf der Häuserseite gehen lassen (*aus Höflichkeit*), b) *fig.* j-m den Vorrang lassen; **7.** ⚒ (Abbau-, Orts)Stoß *m*; **II** *v/t.* **8.** *a.* ***~ in*** mit e-r Mauer *od.* e-m Wall um'geben, um'mauern: ***~ in*** (*od.* ***up***) einmauern; **9.** *a.* ***~ up*** a) ver-, zumauern, b) (aus)mauern, um'wanden; **10.** *fig.* ab-, einschließen, *den Geist* verschließen (***against*** gegen).

wal·la·by ['wɒləbɪ] *pl.* **-bies** [-bɪz] *s. zo.* Wallaby *n* (*kleineres Känguruh*).

wal·lah ['wɒlə] *s.* F ‚Knülch' *m.*

wall| bars *s. pl. sport* Sprossenwand *f*; **~ brack·et** *s.* 'Wandarm *m*, -kon₁sole *f*; **~ creep·er** *s. orn.* Mauerläufer *m*; **~ cress** *s.* ⚘ Acker-, *Brit. a.* Gänsekresse *f.*

wal·let ['wɒlɪt] *s.* **1.** kleine Werkzeugtasche; **2.** a) Brieftasche *f*, b) (*flache*) Geldtasche.

'wall-eye *s.* **1.** *vet.* Glasauge *n*; **2.** ⚕ a) Hornhautfleck *m*, b) auswärtsschielendes Auge; **'wall-eyed** *adj.* **1.** *vet.* glasäugig (*Pferd etc.*); **2.** ⚕ a) mit Hornhautflecken, b) (auswärts)schielend.

'wall|₁flow·er *s.* **1.** ⚘ Goldlack *m*; **2.** F *fig.* ‚Mauerblümchen' *n* (*Mädchen*); **~ fruit** *s.* Spa'lierobst *n*; **~ map** *s.* Wandkarte *f.*

Wal·loon [wɒ'lu:n] **I** *s.* **1.** Wal'lone *m*, Wal'lonin *f*; **2.** *ling.* Wal'lonisch *n*; **II** *adj.* **3.** wal'lonisch.

wal·lop ['wɒləp] **I** *v/t.* **1.** F a) (ver)prügeln, verdreschen, b) j-m eine ‚knallen', c) *sport* ‚über'fahren' (*besiegen*); **II** *v/i.* **2.** F rasen, sausen; **3.** brodeln; **III** *s.* **4.** F a) wuchtiger Schlag, b) Schlagkraft *f*, c) *Am.* Mordsspaß *m*; **'wal·lop·ing** [-pɪŋ] **I** *adj.* F riesig, Mords...; **II** *s.* F ‚Dresche' *f*, Tracht *f* Prügel.

wal·low ['wɒləʊ] **I** *v/i.* **1.** sich wälzen *od.* suhlen (*Schweine etc.*) (*a. fig.*): ***~ in money*** *fig.* in Geld schwimmen; ***~ in pleasure*** im Vergnügen schwelgen; ***~ in vice*** dem Laster frönen; **II** *s.* **2.** Sich'wälzen *n*; **3.** Schwelgen *n*; **4.** *hunt.* Suhle *f*; **5.** *fig.* Sumpf *m.*

wall| paint·ing *s.* Wandgemälde *n*; **'~₁pa·per I** *s.* Ta'pete *f*; **II** *v/t. u. v/i.* tapezieren; **~ plug** *s.* ⚡ Netzstecker *m*; **~ sock·et** *s.* ⚡ (Wand)Steckdose *f*; ♀ **Street** *s.* Wall Street *f*: a) *Bank- u. Börsenstraße in New York*, b) *fig.* der amer. Geld- u. Kapi'talmarkt, c) *fig.* die amer. 'Hochfi₁nanz; **~ tent** *s.* Steilwandzelt *n*; **₁~-to-'~** *adj.*: ***~ carpet*** Spannteppich *m*; ***~ carpeting*** Teppichboden *m*; **~ tree** *s.* Spa'lierbaum *m.*

wal·nut ['wɔ:lnʌt] *s.* ⚘ **1.** Walnuß *f* (*Frucht*); **2.** Walnuß(baum *m*) *f*; **3.** Nußbaumholz *n.*

wal·rus ['wɔ:lrəs] *s.* **1.** *zo.* Walroß *n*; **2.** *a.* ***~ m(o)ustache*** Schnauzbart *m.*

waltz [wɔ:ls] **I** *s.* **1.** Walzer *m*; **II** *v/i.* **2.** (*v/t.* mit *j-m*) Walzer tanzen, walzen; **3.** *vor Freude etc.* her'umtanzen; **~ time** *s.* ♪ Walzertakt *m.*

wan [wɒn] *adj.* ☐ **1.** bleich, blaß, fahl; **2.** schwach, matt (*Lächeln etc.*).

wand [wɒnd] *s.* **1.** Rute *f*; **2.** Zauberstab *m*; **3.** (Amts-, Kom'mando)Stab *m*; **4.** ♪ Taktstock *m.*

wan·der ['wɒndə] *v/i.* **1.** wandern: a) ziehen, streifen, b) schlendern, bummeln, c) *fig.* schweifen, irren, gleiten (*Auge, Gedanken etc.*): ***~ in*** hereinschneien (*Besucher*); ***~ off*** a) davonziehen, b) sich verlieren (***into*** in *acc.*) (*a. fig.*); **2.** *a.* ***~ about*** um'herwandern, -ziehen, -irren, -schweifen (*a. fig.*); **3.** *a.* ***~ away*** irregehen, sich verirren (*a. fig.*); **4.** abirren, -weichen (***from*** von) (*a. fig.*): ***~ from the subject*** vom Thema abschweifen; **5.** phantasieren: a) irrereden, faseln, b) im Fieber reden; **6.** geistesabwesend sein; **'wan·der·ing** [-dərɪŋ] **I** *s.* **1.** Wandern *n*; **2.** He'rumziehen *n*; **3.** *mst pl.* a) Wanderung(en *pl.*) *f*, b) Wanderschaft *f*; **4.** *mst pl.* Phantasieren *n*: a) Irrereden *n*, Faseln *n*, b) Fieberwahn *m*; **II** *adj.* ☐ **5.** wandernd, Wander...; **6.** um'herschweifend, Nomaden...; **7.** unstet: ***the*** ♀ ***Jew*** der Ewige Jude; **8.** irregehend, abirrend (*a. fig.*): ***~ bullet*** verirrte Kugel; **9.** ⚘ Kriech..., Schling...; **10.** ⚕ Wander...(*-niere, -zelle*).

wan·der·lust ['wɒndəlʌst] (*Ger.*) *s.* Wanderlust *f*, Fernweh *n.*

wane [weɪn] **I** *v/i.* **1.** abnehmen (*a. Mond*), nachlassen, schwinden (*Einfluß, Kräfte, Interesse etc.*); **2.** schwächer werden, verblassen (*Licht, Farben etc.*); **3.** zu Ende gehen; **II** *s.* **4.** Abnehmen *n*, Abnahme *f*, Schwinden *n*: ***be on the ~*** → 1 *u.* 3; ***in the ~ of the moon*** bei abnehmendem Mond.

wan·gle ['wæŋgl] *sl.* **I** *v/t.* **1.** *et.* ‚drehen' *od.* ‚deichseln' *od.* ‚schaukeln'; **2.** *et.* ‚organisieren' (*beschaffen*): ***~ o.s. s.th.***

et. für sich ‚herausschlagen'; **3.** ergaunern: **~ s.th. out of s.o.** j-m et. abluchsen; **~ s.o. into doing s.th.** j-n dazu bringen, et. zu tun; **4.** ‚frisieren' (*fälschen*); **II** *v/i.* **5.** mogeln, ‚schieben'; **6.** sich her'auswinden (**out of** aus *dat.*); **III** *s.* **7.** Kniff *m*, Trick *m*; **8.** Schiebung *f*, Moge'lei *f*; **'wan·gler** [-lə] *s.* Gauner *m*, Schieber *m*, Mogler *m*.

wank [wæŋk] *v/i. Brit.* V ‚wichsen' (*masturbieren*).

wan·na ['wɒnə] F *für* **want to**: **I ~ go**.

want [wɒnt] **I** *v/t.* **1.** wünschen: a) (haben) wollen, b) *vor inf.* (*et. tun*) wollen: **I ~ to go** ich möchte gehen; **I ~ed to go** ich wollte gehen; **what do you ~ (with me)?** was hab' ich damit zu tun?; **I ~ you to try** ich möchte, daß du es versuchst; **I ~ it done** ich wünsche *od.* möchte, daß es getan wird; **~ed** gesucht (*in Annoncen*; *a. von der Polizei*); **you are ~ed** du wirst gewünscht *od.* gesucht, man will dich sprechen; **2.** ermangeln (*gen.*), nicht (genug) haben, es fehlen lassen an (*dat.*): *obs.* **he ~s judg(e)ment** es fehlt ihm an Urteilsvermögen; **3.** a) brauchen, nötig haben, erfordern, benötigen, bedürfen (*gen.*), b) müssen, sollen: **you ~ some rest** du hast etwas Ruhe nötig; **this clock ~s repairing** (*od.* **to be repaired**) diese Uhr müßte *od.* sollte repariert werden; **it ~s doing** es muß getan werden; **you don't ~ to be rude** Sie brauchen nicht grob zu werden; **you ~ to see a doctor** du solltest e-n Arzt aufsuchen; **II** *v/i.* **4.** ermangeln (**for** *gen.*): **he does not ~ for talent** es fehlt ihm nicht an Begabung; **he ~s for nothing** es fehlt ihm an nichts; **5.** (**in**) es fehlen lassen (an *dat.*), ermangeln (*gen.*); → **wanting** 2; **6.** Not leiden; **III** *s.* **7.** *pl.* Bedürfnisse *pl.*, Wünsche *pl.*: **a man of few ~s** ein Mann mit geringen Bedürfnissen *od.* Ansprüchen; **8.** Notwendigkeit *f*, Bedürfnis *n*, Erfordernis *n*; Bedarf *m*; **9.** Mangel *m*, Ermangelung *f*: **a (long-) felt ~** → **feel** 2; **~ of care** Achtlosigkeit *f*; **~ of sense** Unvernunft *f*; **from** (*od.* **for**) **~ of** aus Mangel an (*dat.*), in Ermang(e)lung (*gen.*); **be in (great) ~ of s.th.** et. (dringend) brauchen *od.* benötigen; **in ~ of repair** reparaturbedürftig; **10.** Bedürftigkeit *f*, Armut *f*, Not *f*: **be in ~** Not leiden; **want ad** *s.* F **1.** Stellengesuch *n*; **2.** Stellenangebot *n*; **want·age** ['wɒntɪdʒ] *s.* ✝ Fehlbetrag *m*, Defizit *n*; **'want·ing** [-tɪŋ] **I** *adj.* **1.** fehlend, mangelnd; **2.** ermangelnd (**in** *gen.*): **be ~ in** es fehlen lassen an (*dat.*); **be ~ to** *j-n* im Stich lassen, *e-r Erwartung* nicht gerecht werden, *e-r Lage* nicht gewachsen sein; **he is never found ~** auf ihn ist immer Verlaß; **3.** nachlässig (**in** in *dat.*); **II** *prp.* **4.** ohne: **a book ~ a cover**.

wan·ton ['wɒntən] **I** *adj.* □ **1.** mutwillig: a) ausgelassen, wild, b) leichtfertig, c) böswillig (*a.* ⚖), d) rücksichtslos; **~ negligence** ⚖ grobe Fahrlässigkeit; **2.** liederlich, ausschweifend; **3.** wollüstig, geil; **4.** üppig (*Haar*, *Phantasie etc.*); **II** *s.* **5.** *obs.* a) Buhlerin *f*, Dirne *f*, b) Wüstling *m*; **III** *v/i.* **6.** um'hertollen; **7.** ⚘ wuchern; **'wan·ton·ness** [-nɪs] *s.* **1.** Mutwille *m*; **2.** Böswilligkeit *f*; **3.** Liederlichkeit *f*; **4.** Geilheit *f*, Lüsternheit *f*.

wap·en·take ['wæpənteɪk] *s.* Hundertschaft *f*, Bezirk *m* (*Unterteilung der nördlichen Grafschaften Englands*).

war [wɔː] **I** *s.* **1.** Krieg *m*: **~ of aggression** (**attrition**, **independence**, **nerves**, **succession**) Angriffs- (Zermürbungs-, Unabhängigkeits-, Nerven-, Erbfolge)krieg; **be at ~ (with)** a) Krieg führen (gegen *od.* mit), b) *fig.* im Streit liegen *od.* auf (dem) Kriegsfuß stehen (mit); **make ~** Krieg führen, kämpfen (**on**, **upon**, **against** gegen, **with** mit); **go to ~ (with)** Krieg beginnen (mit); **carry the ~ into the enemy's country** (*od.* **camp**) a) den Krieg ins feindliche Land *od.* Lager tragen, b) *fig.* zum Gegenangriff 'übergehen; **he has been in the ~s** *fig. Brit.* es hat ihn arg mitgenommen; → **declare** 1; **2.** Kampf *m*, Streit *m* (*a. fig.*); **3.** Feindseligkeit *f*; **II** *v/i.* **4.** kämpfen, streiten (**against** gegen, **with** mit); **5.** → **warring** 2; **III** *adj.* **6.** Kriegs…

war·ble ['wɔːbl] **I** *v/t. u. v/i.* trillern, schmettern (*Singvögel od. Person*); **II** *s.* Trillern *n*; **'war·bler** [-lə] *s.* **1.** trillernder Vogel; **2.** a) Grasmücke *f*, b) Teichrohrsänger *m*.

'war|-ˌblind·ed *adj.* kriegsblind; **~ bond** *s.* Kriegsschuldverschreibung *f*; **~ cloud** *s. mst pl.* (drohende) Kriegsgefahr; **~ crime** *s.* Kriegsverbrechen *n*; **~ crim·i·nal** *s.* Kriegsverbrecher *m*; **~ cry** *s.* Schlachtruf *m* (*der Soldaten*) (*a. fig.*), Kriegsruf *m* (*der Indianer*).

ward [wɔːd] **I** *s.* **1.** (Stadt-, Wahl)Bezirk *m*: **~ heeler** *pol. Am.* F (Wahl)Bezirksleiter *m* (*e-r Partei*); **2.** a) ('Krankenhaus)Statiˌon *f*: **~ sister** Stationsschwester *f*, b) (Kranken)Saal *m od.* (-)Zimmer *n*; **3.** a) (Gefängnis)Trakt *m*, b) Zelle *f*; **4.** *obs.* Gewahrsam *m*, Haft *f*;

5. ⚖ a) Mündel *n*: ~ ***of court***, ~ ***in chancery*** Mündel unter Amtsvormundschaft, b) Vormundschaft *f*: ***in*** ~ unter Vormundschaft (stehend); **6.** Schützling *m*; **7.** ⚙ a) Gewirre *n* (*e-s Schlosses*), b) (Einschnitt *m* im) Schlüsselbart *m*; **8.** ***keep watch and*** ~ Wache halten; **II** *v/t*. **9.** ~ ***off*** *Schlag etc.* parieren, abwehren, *Gefahr* abwenden.

war| dance *s*. Kriegstanz *m*; ~ **debt** *s*. Kriegsschuld *f*.

ward·en ['wɔːdn] *s*. **1.** *obs*. Wächter *m*; **2.** Aufseher *m*, (*bsd*. Luftschutz)Wart *m*; Herbergsvater *m*; → ***game warden***; **3.** *mst hist*. Gouver'neur *m*; **4.** (*Brit*. 'Anstalts-, *Am*. Ge'fängnis)Di,rektor *m*, (*a*. Kirchen)Vorsteher *m*; *Brit. univ*. Rektor *m e-s College*: ℒ ***of the Mint*** *Brit*. Münzwardein *m*.

ward·er ['wɔːdə] *s*. **1.** *obs*. Wächter *m*; **2.** *Brit*. a) (Mu'seums- *etc*.)Wärter *m*, b) Aufsichtsbeamte(r) *m* (*Strafanstalt*); '**ward·ress** [-drɪs] *s*. *Brit*. Aufsichtsbeamtin *f*.

ward·robe ['wɔːdrəʊb] *s*. **1.** Garde'robe *f*, Kleiderbestand *m*; **2.** Kleiderschrank *m*; **3.** Garde'robe *f* (*a. thea*.): a) Kleiderkammer *f*, b) Ankleidezimmer *n*; ~ **bed** *s*. Schrankbett *n*; ~ **trunk** *s*. Schrankkoffer *m*.

ward·room ['wɔːdrʊm] *s*. ⚓ Offi'ziersmesse *f*.

ward·ship ['wɔːdʃɪp] *s*. Vormundschaft *f* (***of***, ***over*** über *acc*.).

ware[1] [weə] *s*. **1.** *mst pl*. Ware(n *pl*.) *f*, Ar'tikel *m* (*od. pl*.), Erzeugnis(se *pl*.) *n*: ***peddle one's*** ~***s*** *fig. contp*. mit s-m Kram hausieren gehen; **2.** Geschirr *n*, Porzel'lan *n*, Töpferware *f*.

ware[2] [weə] *v/i. u. v/t. obs*. sich vorsehen (vor *dat*.): ~***!*** Vorsicht!

'**ware·house I** *s*. [-haʊs] **1.** Lagerhaus *n*, Speicher *m*: ***customs*** ~ ✝ Zollniederlage *f*; **2.** (Waren)Lager *n*, Niederlage *f*; **3.** *bsd. Brit*. Großhandelsgeschäft *n*; **4.** *Am. contp*. ‚Bude' *f*, ‚Schuppen' *m*; **II** *v/t*. [-haʊz] **5.** auf Lager nehmen, (ein)lagern; **6.** *Möbel etc*. zur Aufbewahrung geben *od*. nehmen; **7.** unter Zollverschluß bringen; ~ **ac·count** *s*. Lagerkonto *n*; ~ **bond** *s*. **1.** Lagerschein *m*; **2.** Zollverschlußbescheinigung *f*; '~**·man** [-mən] *s*. [*irr*.] ✝ **1.** Lage'rist *m*, Lagerverwalter *m*; **2.** Lagerarbeiter *m*; **3.** *Brit*. Großhändler *m*.

'**war·fare** *s*. **1.** Kriegführung *f*; **2.** (*a. Wirtschafts- etc*.)Krieg *m*; **3.** *fig*. Kampf *m*, Fehde *f*, Streit *m*.

war| game *s*. ⚔ **1.** Kriegs-, Planspiel *n*; **2.** Ma'növer *n*; ~ **god** *s*. Kriegsgott *m*; ~ **grave** *s*. Kriegs-, Sol'datengrab *n*; ~ **guilt** *s*. Kriegsschuld *f*; '~**·head** *s*. ⚔ Spreng-, Gefechtskopf *m* (*e-s Torpedos etc*.); '~**·horse** *s*. **1.** *poet*. Schlachtroß *n* (*a. fig*. F); **2.** F alter Haudegen *od*. Kämpe (*a. fig*.).

war·i·ness ['weərɪnɪs] *s*. Vorsicht *f*, Behutsamkeit *f*.

'**war·like** *adj*. **1.** kriegerisch; **2.** Kriegs…

war·lock ['wɔːlɒk] *s*. *obs*. Zauberer *m*.

'**war·lord** *s*. *rhet*. Kriegsherr *m*.

warm [wɔːm] **I** *adj*. □ **1.** *allg*. warm (*a. Farbe etc*.; *a. fig. Herz, Interesse etc*.): ***a*** ~ ***corner*** *fig*. e-e ‚ungemütliche Ecke' (*gefährlicher Ort*); ***a*** ~ ***reception*** ein warmer Empfang (*a. iro. von Gegnern*); ~ ***work*** a) schwere Arbeit, b) gefährliche Sache, c) heißer Kampf; ***keep s.th.*** ~ (F *fig*. sich) et. warmhalten; ***make it*** (*od*. ***things***) ~ ***for s.o.*** j-m die Hölle heiß machen; ***this place is too*** ~ ***for me*** *fig*. hier brennt mir der Boden unter den Füßen; **2.** erhitzt, heiß; **3.** a) glühend, leidenschaftlich, eifrig, b) herzlich; **4.** erregt, hitzig; **5.** *hunt*. frisch (*Fährte etc*.); **6.** F ‚warm', nahe (dran) (*im Suchspiel*): ***you are getting*** ~***er*** *fig*. du kommst der Sache (schon) näher; **II** *s*. **7.** *et*. Warmes, warmes Zimmer *etc*.; **8.** ***give*** (***have***) ***a*** ~ *et*. (sich) (auf)wärmen; **III** *v/t*. **9.** *a*. ~ ***up*** (an-, auf-, er)wärmen, *Milch etc*. warm machen: ~ ***over*** *Am. Speisen etc*., *a. fig. alte Geschichten etc*. aufwärmen; ~ ***one's feet*** sich die Füße wärmen; **10.** *fig. Herz etc*. (er)wärmen; **11.** ~ ***up*** *fig*. a) Schwung bringen in (*acc*.), b) *Zuschauer etc*. einstimmen; **12.** F verprügeln, -sohlen; **IV** *v/i*. **13.** *a*. ~ ***up*** warm werden, sich erwärmen; *Motor etc*. warmlaufen; **14.** ~ ***up*** *fig*. in Schwung kommen (*Party etc*.); **15.** *fig*. (***to***) a) sich erwärmen (für), b) warm werden (mit *j-m*); **16.** (***for***) a) *sport* sich aufwärmen (für), b) sich vorbereiten (auf *acc*.); ,~-'**blood·ed** *adj*. **1.** *zo*. warmblütig: ~ ***animals*** Warmblüter *pl*.; **2.** *fig*. heißblütig; ,~'**heart·ed** *adj*. □ warmherzig.

warm·ing ['wɔːmɪŋ] *s*. **1.** (Auf-, An-) Wärmen *n*, Erwärmung *f*; **2.** F Tracht *f* Prügel, ‚Senge' *f*; ~ **pad** *s*. ⚡ Heizkissen *n*.

warm·ish ['wɔːmɪʃ] *adj*. lauwarm.

war|·mon·ger ['wɔː,mʌŋgə] *s*. Kriegshetzer *m*; '~,**mon·ger·ing** [-ərɪŋ] *s*. Kriegshetze *f*, -treibe'rei *f*.

warmth [wɔːmθ] *s*. **1.** Wärme *f*; **2.** *fig*. Wärme *f*: a) Herzlichkeit *f*, b) Eifer *m*, Begeisterung *f*; **3.** Heftigkeit *f*, Erregtheit *f*.

'warm·up *s*. **1.** a) *sport* Aufwärmen *n*, b) *fig*. Vorbereitung (**for** auf *acc*.); **2.** Warmlaufen *n* (*des Motors etc*.); **3.** *TV etc*.: Einstimmung *f* (*des Publikums*).

warn [wɔːn] *v/t*. **1.** warnen (**of, against** vor *dat*.): **~ s.o. against doing s.th.** j-n davor warnen, et. zu tun; **2.** *j-n* (warnend) hinweisen, aufmerksam machen (**of** auf *acc*., **that** daß); **3.** ermahnen *od*. auffordern (**to do** zu tun); **4.** *j-m* (dringend) raten, nahelegen (**to do** zu tun); **5.** (**of**) *j-n* in Kenntnis setzen *od*. verständigen (von), *j-n* wissen lassen (*acc*.), *j-m* ankündigen (*acc*.); **6.** verwarnen; **7. ~ off** (**from**) a) abweisen, -halten (von), b) hin'ausweisen (aus); **'warn·ing** [-nɪŋ] **I** *s*. **1.** Warnen *n*, Warnung *f*: **give s.o.** (**fair**) **~, give** (**fair**) **~ to s.o.** j-n (rechtzeitig) warnen (**of** vor *dat*.); **take ~ by** (*od*. **from**) sich *et*. zur Warnung dienen lassen; **2.** a) Verwarnung *f*, b) (Er)Mahnung *f*; **3.** *fig*. Warnung *f*, warnendes Beispiel; **4.** warnendes An- *od*. Vorzeichen (**of** für); **5.** 'Warnsiˌgnal *n*; **6.** Benachrichtigung *f*, (Vor)Anzeige *f*, Ankündigung *f*: **give ~** (**of**) *j-m* ankündigen (*acc*.), Bescheid geben (über *acc*.); **without any ~** völlig unerwartet; **7.** a) Kündigung *f*, b) (Kündigungs)Frist *f*: **give ~** (**to**) (*j-m*) kündigen; **at a minute's ~** a) ✝ auf jederzeitige Kündigung, b) ✝ fristlos, c) in kürzester Frist, jeden Augenblick; **II** *adj*. ☐ **8.** warnend, Warn...(*-glocke, -meldung, -schuß etc*.): **~ colo(u)r, ~ coloration** *zo*. Warn-, Trutzfarbe *f*; **~ light** a) ⚙ Warnlicht *n*, b) ⚓ Warn-, Signalfeuer *n*; **~ strike** ✝ Warnstreik *m*; **~ triangle** *mot*. Warndreieck *n*.

warn't [wɑːnt] *dial*. *für* a) **wasn't**, b) **weren't**.

War| Of·fice *s*. *Brit*. *hist*. 'Kriegsminiˌsterium *n*; **♀ or·phan** *s*. Kriegswaise *f*.

warp [wɔːp] **I** *v/t*. **1.** *Holz etc*. verziehen, werfen, krümmen; ✈ *Tragflächen* verwinden; **2.** *j-n, j-s Geist* nachteilig beeinflussen, verschroben machen; *j-s Urteil* verfälschen; → **warped** 3; **3.** a) verleiten (**into** zu), b) abbringen (**from** von); **4.** *Tatsache etc*. entstellen, verdrehen, -zerren; **5.** ⚓ *Schiff* bugsieren, verholen; **6.** *Weberei*: *Kette* anscheren, anzetteln; **7.** ✓ a) mit Schlamm düngen, b) *a*. **~ up** verschlammen; **II** *v/i*. **8.** sich werfen *od*. verziehen *od*. krümmen, krumm werden (*Holz etc*.); **9.** entstellt *od*. verdreht werden; **III** *s*. **10.** Verziehen *n*, Verkrümmung *f*, -werfung *f* (*von Holz etc*.); **11.** *fig*. Neigung *f*; **12.** *fig*. a) Entstellung *f*, Verzerrung *f*, b) Verschrobenheit *f*; **13.** *Weberei*: Kette(nfäden *pl*.) *f*, Zettel *m*: **~ and woof** Kette u. Schuß; **14.** ⚓ Bugsiertau *n*, Warpleine *f*; **15.** ✓, *geol*. Schlamm (-ablagerung *f*) *m*, Schlick *m*.

war| paint *s*. **1.** Kriegsbemalung *f* (*der Indianer*); **2.** F a) ‚volle Kriegsbemalung', b) große Gala; **~ path** *s*. Kriegspfad *m* (*der Indianer*): **be on the ~** a) auf dem Kriegspfad sein (*a*. *fig*.), b) *fig*. kampflustig sein.

warped [wɔːpt] *adj*. **1.** verzogen (*Holz etc*.), krumm (*a*. ⚒); **2.** *fig*. verzerrt, verfälscht; **3.** *fig*. ‚verbogen', verschroben: **~ mind**; **4.** par'teiisch.

war plane *s*. Kampfflugzeug *n*.

war·rant ['wɒrənt] **I** *s*. **1.** *a*. **~ of attorney** Vollmacht *f*; Befugnis *f*, Berechtigung *f*; **2.** Rechtfertigung *f*: **not without ~** nicht ohne gewisse Berechtigung; **3.** Garan'tie *f*, Gewähr *f* (*a*. *fig*.); **4.** Berechtigungsschein *m*: **dividend ~** ✝ Dividenden-, Gewinnanteilschein *m*; **5.** ⚖ (Voll'ziehungs- *etc*.)Befehl *m*: **~ of apprehension** a) Steckbrief *m*, b) *a*. **~ of arrest** Haftbefehl *m*; **~ of attachment** Beschlagnahmeverfügung *f*; **a ~ is out against him** er wird steckbrieflich gesucht; **6.** ⚔ Pa'tent *n*, Beförderungsurkunde *f*: **~** (**officer**) a) ⚓ (Ober)Stabsbootsmann *m*, Deckoffizier *m*, b) ⚔ *etwa*: (Ober)Stabsfeldwebel *m*; **7.** ✝ (Lager-, Waren)Schein *m*: **bond ~** Zollgeleitschein; **8.** ✝ (Rück-) Zahlungsanweisung *f*; **II** *v/t*. **9.** *bsd*. ⚖ bevollmächtigen, autorisieren; **10.** rechtfertigen, berechtigen zu; **11.** *a*. ✝ garantieren, zusichern, haften für, gewährleisten: **I can't ~ that** das kann ich nicht garantieren; **~ed for three years** drei Jahre Garantie; **I'll ~** (**you**) F a) mein Wort darauf, b) ich könnte schwören; **12.** bestätigen, erweisen; **'war·rant·a·ble** [-təbl] *adj*. ☐ **1.** vertretbar, gerechtfertigt, berechtigt; **2.** *hunt*. jagdbar (*Hirsch*); **'war·rant·a·bly** [-təblɪ] *adv*. mit Recht, berechtigterweise; **war·ran·tee** [ˌwɒrən'tiː] *s*. ✝, ⚖ Sicherheitsempfänger *m*; **'war·rant·er** [-tə], **'war·ran·tor** [-tɔː] *s*. Sicherheitsgeber *m*; **'war·ran·ty** [-tɪ] *s*. **1.** ✝, ⚖ Ermächtigung *f*, Vollmacht *f* (**for** zu); **2.** Rechtfertigung *f*; **3.** *bsd*. ⚖ Bürgschaft *f*, Garan'tie *f*; **4.** *a*. **~ deed** ⚖ a) 'Rechtsgaranˌtie *f*, b) *Am*. 'Grundstücksüberˌtragungsurkunde *f*.

war·ren ['wɒrən] *s*. **1.** Ka'ninchengehege *n*; **2.** *hist*. *Brit*. Wildgehege *n*; **3.** *fig*.

Laby'rinth *n*, *bsd.* a) 'Mietska,serne *f*, b) enges Straßengewirr.

war·ring ['wɔːrɪŋ] *adj.* **1.** sich bekriegend, (sich) streitend; **2.** *fig.* 'widerstreitend, entgegengesetzt.

war·ri·or ['wɒrɪə] *s. poet.* Krieger *m.*

war| risk in·sur·ance *s.* ✝ Kriegsversicherung *f*; '**~·ship** *s.* Kriegsschiff *n.*

wart [wɔːt] *s.* **1.** ⚕, ♀, *zo.* Warze *f*: ***~s and all*** *fig.* mit all s-n Fehlern u. Schwächen; **2.** ♀ Auswuchs *m*; '**wart·ed** [-tɪd] *adj.* warzig.

'**war·time I** *s.* Kriegszeit *f*; **II** *adj.* Kriegs...

wart·y ['wɔːtɪ] *adj.* warzig.

war|·wea·ry ['wɔː,wɪərɪ] *adj.* kriegsmüde; **~ whoop** *s.* Kriegsgeheul *n* (*der Indianer*); **~ wid·ow** *s.* Kriegerwitwe *f*; '**~·worn** *adj.* **1.** kriegszerstört, vom Krieg verwüstet; **2.** kriegsmüde.

war·y ['weərɪ] *adj.* □ vorsichtig: a) wachsam, *a.* argwöhnisch, b) 'umsichtig, c) behutsam: ***be ~*** sich hüten (***of*** vor *dat.*, ***of doing*** *et.* zu tun).

was [wɒz; wəz] *1. u. 3. sg. pret. ind. von* ***be***; *im pass.* wurde: ***he ~ killed***; ***he ~ to have come*** er hätte kommen sollen; ***he didn't know what ~ to come*** er ahnte nicht, was noch kommen sollte; ***he ~ never to see his mother again*** er sollte seine Mutter nie mehr wiedersehen.

wash [wɒʃ] **I** *s.* **1.** Waschen *n*, Wäsche *f*: ***at the ~*** in der Wäsche(rei); ***give s.th. a ~*** et. (ab)waschen; ***have a ~*** sich waschen; ***come out in the ~*** a) herausgehen (*Flecken*), b) *fig.* F in Ordnung kommen, c) *fig.* F sich zeigen; **2.** (*zu waschende od. gewaschene*) Wäsche: ***in the ~*** in der Wäsche; **3.** Spülwasser *n* (*a. fig. dünne Suppe etc.*); **4.** Spülicht *n*, Küchenabfälle *pl.*; **5.** *fig. contp.* Gewäsch *n*, leeres Gerede; **6.** ⚕ Waschung *f*; **7.** (*Augen-, Haar- etc.*)Wasser *n*; **8.** Wellenschlag *m*, (Tosen *n* der) Brandung *f*; **9.** ⚓ Kielwasser *n* (*a. fig.*); **10.** ✈ a) Luftstrudel *m*, b) glatte Strömung; **11.** *geol.* a) (Alluvi'al)Schutt *m*, b) Schwemmland *n*; **12.** seichtes Gewässer; **13.** 'Farb,überzug *m*: a) dünn aufgetragene (Wasser)Farbe, b) △ Tünche *f*; **14.** ⚙ a) Bad *n*, Abspritzung *f*, b) Plattierung *f*; **II** *adj.* **15.** waschbar, -echt, Wasch...: ***~ glove*** Waschlederhandschuh *m*; ***~ silk*** Waschseide *f*; **III** *v/t.* **16.** waschen: ***~ (up) dishes*** Geschirr (ab)spülen; → ***hand*** *Redew.*; **17.** (ab)spülen; (-)spritzen; **18.** be-, um-, über'spülen (*Fluten*); **19.** (fort-, weg-) spülen, (-)schwemmen: ***~ ashore***; **20.** *geol.* graben (*Wasser*); → ***wash away*** 2, ***wash out*** 1; **21.** a) tünchen, b) dünn anstreichen, c) tuschen; **22.** *Erze* waschen, schlämmen; **23.** ⚙ plattieren; **IV** *v/i.* **24.** sich waschen; waschen (*Wäscherin etc.*); **25.** sich *gut etc.* waschen (lassen), waschecht sein; **26.** *bsd. Brit.* F a) standhalten, b) ‚ziehen', stichhaltig sein: ***that won't ~*** (***with me***) das zieht nicht (bei mir); **27.** (*vom Wasser*) gespült *od.* geschwemmt werden; **28.** fluten, spülen (***over*** über *acc.*); branden, schlagen (***against*** gegen), plätschern; *Zssgn mit adv.*:

wash| a·way I *v/t.* **1.** ab-, wegwaschen; **2.** weg-, fortspülen, -schwemmen; **II** *v/i.* **3.** weggeschwemmt werden; **~ down** *v/t.* **1.** abwaschen, -spritzen; **2.** hin'unterspülen (*a. Essen mit e-m Getränk*); **~ off** → ***wash away***; **~ out I** *v/t.* **1.** auswaschen, ausspülen, unter'spülen (*a. geol. etc.*); **2.** F *Plan etc.* fallenlassen, aufgeben; **3.** ***washed out*** a) → ***washed-out***, b) wegen Regens abgesagt *od.* abgebrochen (*Veranstaltung*); **II** *v/i.* **4.** sich auswaschen, verblassen; **5.** sich wegwaschen lassen (*Farbe*); **~ up I** *v/t.* **1.** *Geschirr* spülen; **2.** → ***washed-up***; **II** *v/i.* **3.** F sich (Gesicht u. Hände) waschen; **4.** Geschirr spülen.

wash·a·ble ['wɒʃəbl] *adj.* waschecht, -bar; *Tapete*: abwaschbar.

wash|·ba·sin ['wɒʃ,beɪsn] *s.* Waschbecken *n*, -schüssel *f*; '**~·board** *s.* **1.** Waschbrett *n*; **2.** Fuß-, Scheuerleiste *f* (*an der Wand*); **~ bot·tle** *s.* ⚗ **1.** Spritzflasche *f*; **2.** (Gas)Waschflasche *f*; '**~·bowl** → ***washbasin***; '**~,cloth** *s. Am.* Waschlappen *m.*

washed|-out [,wɒʃt'aʊt] *adj.* **1.** verwaschen, verblaßt; **2.** F ‚fertig', ‚erledigt' (*erschöpft*); **,~-'up** *adj.* F ‚erledigt', ‚fertig': a) erschöpft, b) völlig ruiniert.

wash·er ['wɒʃə] *s.* **1.** Wäscher(in); **2.** 'Waschma,schine *f*; **3.** (Ge'schirr)Spülma,schine *f*; **4.** *Papierherstellung*: Halb(zeug)holländer *m*; **5.** ⚙ 'Unterlegscheibe *f*, Dichtungsring *m*; '**~,wom·an** *s.* [*irr.*] Waschfrau *f*, Wäscherin *f.*

wash·e·te·ri·a [,wɒʃə'tɪərɪə] *s. Brit.* **1.** 'Waschsa,lon *m*; **2.** (Auto)Waschanlage *f.*

'**wash·hand** *adj. Brit.* Handwasch...: ***~ basin*** (Hand)Waschbecken *n*; ***~ stand*** (Hand)Waschständer *m.*

wash·i·ness ['wɒʃɪnɪs] *s.* **1.** Wässerigkeit *f* (*a. fig.*); **2.** Verwaschenheit *f.*

wash·ing ['wɒʃɪŋ] **I** *s.* **1.** → ***wash*** 1, 2; **2.** *oft pl.* Spülwasser *n*; **3.** ⚙ nasse Aufbereitung, Erzwäsche *f*; **4.** 'Farb,überzug *m*; **II** *adj.* **5.** Wasch…, Wäsche…; **~ ma·chine** *s.* 'Waschma,schine *f*; **~ so·da** *s.* (Bleich)Soda *f, n*; **,~-'up** *s.* Abwasch *m* (*a. Geschirr*): ***do the ~*** Geschirr spülen; ***~ liquid*** Spülmittel *n*.

wash| leath·er *s.* **1.** Waschleder *n*; **2.** Fenster(putz)leder *n*; **'~·out** *s.* **1.** *geol.* Auswaschung *f*; **2.** Unter'spülung *f* (*e-r Straße etc.*); **3.** *sl.* a) ‚Niete' *f*, Versager *m* (*Person*), b) ‚Pleite' *f*, ‚Reinfall' *m*, c) ⚔ ‚Fahrkarte' *f* (*Fehlschuß*); **'~·rag** *s. Am.* Waschlappen *m*; **'~·room** *s. Am.* (öffentliche) Toi'lette; **~ sale** *s.* ✝ *Börse*: Scheinverkauf *m*; **'~·stand** *s.* **1.** Waschständer *m*; **2.** Waschbecken *n* (*mit fließendem Wasser*); **'~·tub** *s.* Waschwanne *f*.

wash·y ['wɒʃɪ] *adj.* □ **1.** verwässert, wässerig (*beide a. fig. kraftlos, seicht*); **2.** verwaschen, blaß (*Farbe*).

WASP [wɒsp] *s. Am.* prote'stantischer weißer Angelsachse (*aus* ***White Anglo-Saxon Protestant***).

wasp [wɒsp] *s. zo.* Wespe *f*; **'wasp·ish** [-pɪʃ] *adj.* □ *fig.* a) reizbar, b) gereizt, giftig.

was·sail ['wɒseɪl] *s. obs.* **1.** (Trink)Gelage *n*; **2.** Würzbier *n*.

wast [wɒst; wəst] *obs. 2. sg. pret. ind. von* ***be***: ***thou ~*** du warst.

wast·age ['weɪstɪdʒ] *s.* **1.** Verlust *m*, Abgang *m*, Verschleiß *m*; **2.** Vergeudung *f*: ***~ of energy*** a) Energieverschwendung *f*, b) *fig.* Leerlauf *m*.

waste [weɪst] **I** *adj.* **1.** öde, wüst, unfruchtbar, unbebaut (*Land*): ***lie ~*** brachliegen; ***lay ~*** verwüsten; **2.** a) nutzlos, 'überflüssig, b) ungenutzt, 'überschüssig: ***~ energy***; **3.** unbrauchbar, Abfall…; **4.** ⚙ a) abgängig, Abgangs…, Ab…(*-gas etc.*), b) Abfluß…, Ablauf…; **II** *s.* **5.** Verschwendung *f*, Vergeudung *f*: ***~ of energy*** (***money***, ***time***) Kraft- (Geld-, Zeit)verschwendung; ***go*** (*od.* ***run***) ***to ~*** a) brachliegen, verwildern, b) vergeudet werden, c) verlottern, -fallen; **6.** Verfall *m*, Verschleiß *m*, Abgang *m*, Verlust *m*; **7.** Wüste *f*, (Ein)Öde *f*: ***~ of water*** Wasserwüste; **8.** Abfall *m*; ⚙ *a.* Abgänge *pl.*, *bsd.* a) Ausschuß *m*, b) Putzbaumwolle *f*, c) Wollabfälle *pl.*, d) Werg *n*, e) *typ.* Makula'tur *f*, f) Gekrätz *n*; **9.** ⚒ Abraum *m*; **10.** ⚖ Wertminderung *f* (*e-s Grundstücks durch Vernachlässigung*); **III** *v/t.* **11.** *Geld, Worte, Zeit etc.* verschwenden, vergeuden (***on*** an *acc.*): ***you are wasting your breath*** du kannst dir deine Worte sparen; ***a ~d talent*** ein ungenutztes Talent; **12.** ***be ~d*** nutzlos sein, ohne Wirkung bleiben (***on*** auf *acc.*), am falschen Platz stehen; **13.** zehren an (*dat.*), aufzehren, schwächen; **14.** verwüsten, verheeren; **15.** ⚖ Vermögensschaden verursachen bei, *Besitztum* verkommen lassen; **16.** a) F *Sportler etc.* ‚verheizen', b) *Am. sl. j-n* ‚'umlegen'; **IV** *v/i.* **17.** *fig.* vergeudet *od.* verschwendet werden; **18.** sich verzetteln (***in*** in *dat.*); **19.** vergehen, (ungenutzt) verstreichen (*Zeit, Gelegenheit etc.*); **20.** *a.* ***~ away*** a) abnehmen, schwinden, b) da'hinsiechen, verfallen; **21.** verschwenderisch sein: ***~ not, want not*** spare in der Zeit, so hast du in der Not; **'~,bas·ket** *s.* Abfall-, *bsd.* Pa'pierkorb *m*; **~ dis·pos·al** *s.* Müllbeseitigung *f*.

waste·ful ['weɪstfʊl] *adj.* □ **1.** kostspielig, unwirtschaftlich, verschwenderisch; **2.** verschwenderisch (***of*** mit): ***be ~ of*** verschwenderisch umgehen mit; **3.** *poet.* wüst, öde; **'waste·ful·ness** [-nɪs] *s.* Verschwendung(ssucht) *f*.

waste| gas *s.* ⚙ Abgas *n*; **~ heat** *s.* ⚙ Abwärme *f*; **'~·land** *s.* Ödland *n* (*a. fig.*); **~ oil** *s.* Altöl *n*; **,~'pa·per** *s.* **1.** 'Abfallpa,pier *n*, Makula'tur *f* (*a. fig.*); **2.** 'Altpa,pier *n*; **,~'pa·per bas·ket** *s.* Pa'pierkorb *m*; **~ pipe** *s.* ⚙ Abfluß-, Abzugsrohr *n*; **~ prod·uct** *s.* **1.** ⚙ 'Abfallpro,dukt *n*; **2.** *biol.* Ausscheidungsstoff *m*.

wast·er ['weɪstə] *s.* **1.** → ***wastrel*** 1 *u.* 3; **2.** *metall.* a) Fehlguß *m*, b) Schrottstück *n*.

waste| steam *s.* ⚙ Abdampf *m*; **~ wa·ter** *s.* Abwasser *n*; **~ wool** *s.* Twist *m*.

wast·ing ['weɪstɪŋ] *adj.* **1.** zehrend, schwächend: ***~ disease***; → ***palsy*** 1; **2.** schwindend, abnehmend.

wast·rel ['weɪstrəl] *s.* **1.** a) Verschwender *m*, b) Taugenichts *m*; **2.** He'rumtreiber *m*; **3.** ✝ 'Ausschuß(ar,tikel *m*, -ware *f*) *m*, fehlerhaftes Exem'plar.

watch [wɒtʃ] **I** *s.* **1.** Wache *f*, Wacht *f*: ***be*** (***up***)***on the ~*** a) wachsam *od.* auf der Hut sein, b) (***for***) Ausschau halten (nach), lauern (auf *acc.*), achthaben (auf *acc.*); ***keep*** (***a***) ***~*** (***on*** *od.* ***over***) Wache halten, wachen (über *acc.*), aufpassen (auf *acc.*); → ***ward*** 8; **2.** (Schild-) Wache *f*, Wachtposten *m*; **3.** *mst pl. hist.* (Nacht)Wache *f* (*Zeiteinteilung*): ***in the silent ~es of the night*** in den stillen Stunden der Nacht; **4.** ⚓ (Schiffs)Wache *f* (*Zeitabschnitt u. Mannschaft*); **5.** *hist.* Nachtwächter *m*; **6.** *obs.* a) Wachen *n*, wache Stunden *pl.*, b) Totenwache *f*; **7.** (Taschen-, Armband)Uhr *f*; **II** *v/i.* **8.** zusehen, zuschauen; **9.** (***for***) warten, lauern (auf *acc.*), Ausschau halten (nach); **10.** wachen (***with*** bei), wach sein; **11.** ***~ over*** wachen über (*acc.*), bewachen, aufpassen auf (*acc.*); **12.** ⚔ Posten stehen, Wache halten; **13.** ***~ out*** (***for***) a) → 9, b) aufpassen, achtgeben: ***~ out!*** Vorsicht!, paß auf!; **III** *v/t.* **14.** beobachten: a) *j-m* zuschauen (***working*** bei der Arbeit), b) ein wachsames Auge haben auf (*acc.*), *a. Verdächtigen* über'wachen, c) *Vorgang etc.* verfolgen, im Auge behalten, d) ⚖ *den Verlauf e-s Prozesses* verfolgen; **15.** *Vieh* hüten, bewachen; **16.** *Gelegenheit* abwarten, abpassen, wahrnehmen: ***~ one's time***; **17.** achthaben auf (*acc.*) (*od.* ***that*** daß): ***~ one's step*** a) vorsichtig gehen, b) F sich vorsehen; ***~ your step!*** Vorsicht!; **'~·boat** *s.* ⚓ Wach(t)boot *n*; **~ box** *s.* **1.** ⚔ Schilderhaus *n*; **2.** 'Unterstand *m* (*für Wachmänner etc.*); **'~·case** *s.* Uhrgehäuse *n*; **'~·dog** *s.* Wachhund *m* (*a. fig.*): ***~ committee*** Überwachungsausschuß *m*.

watch·er ['wɒtʃə] *s.* **1.** Wächter *m*; **2.** Beobachter(in); **3.** j-d, der Kranken- *od.* Totenwache hält.

watch·ful ['wɒtʃfʊl] *adj.* □ wachsam, aufmerksam, *a.* lauernd (***of*** auf *acc.*); **'watch·ful·ness** [-nɪs] *s.* **1.** Wachsamkeit *f*; **2.** Vorsicht *f*; **3.** Wachen *n* (***over*** über *dat.*).

watch|·house ['wɒtʃhaʊs] *s.* (Poli'zei-)Wache *f*; **'~,mak·er** *s.* Uhrmacher *m*; **'~,mak·ing** *s.* Uhrmache'rei *f*; **'~·man** [-mən] *s.* [*irr.*] **1.** (Nacht)Wächter *m*; **2.** *hist.* Nachtwächter *m* (*e-r Stadt etc.*); **~ night** *s. eccl.* Sil'vestergottesdienst *m*; **~ of·fi·cer** *s.* ⚓ 'Wachoffi,zier *m*; **~ pock·et** *s.* Uhrtasche *f*; **~ spring** *s.* Uhrfeder *f*; **'~·strap** *s.* Uhr(arm)band *n*; **'~,tow·er** *s.* ⚔ Wach(t)turm *m*; **'~·word** *s.* **1.** Losung *f*, Pa'role *f* (*a. fig. e-r Partei etc.*); **2.** *fig.* Schlagwort *n*.

wa·ter ['wɔːtə] **I** *v/t.* **1.** bewässern, *Rasen*, *Straße etc.* sprengen, *Pflanzen* (be-) gießen; **2.** *Vieh* tränken; **3.** mit Wasser versorgen; **4.** *oft* ***~ down*** verwässern: a) verdünnen, *Wein* panschen, b) *fig. Erklärung etc.* abschwächen, c) *fig.* mundgerecht machen: ***a ~ed-down liberalism*** ein verwässerter Liberalismus; **5.** ✝ *Aktienkapital* verwässern; **6.** ⚙ *Stoff* wässern, moirieren; **II** *v/i.* **7.** wässern (*Mund*), tränen (*Augen*): ***his mouth ~ed*** das Wasser lief ihm im Mund zusammen (***for***, ***after*** nach); ***make s.o.'s mouth ~*** j-m den Mund wässerig machen; **8.** ⚓ Wasser einnehmen; **9.** trinken, zur Tränke gehen (*Vieh*); **10.** ✈ wassern; **III** *s.* **11.** Wasser *n*: ***in deep ~(s)*** *fig.* in Schwierigkeiten, in der Klemme; ***hold ~*** *fig.* stichhaltig sein; ***keep one's head above ~*** *fig.* sich (gerade noch) über Wasser halten; ***make the ~*** ⚓ vom Stapel laufen; ***throw cold ~ on*** *fig. e-r Sache* e-n Dämpfer aufsetzen, wie e-e kalte Dusche wirken auf (*acc.*); ***still ~s run deep*** stille Wasser sind tief; → ***hot*** 13, ***oil*** 1, ***trouble*** 6; **12.** *oft pl.* Brunnen *m*, Wasser *n* (*e-r Heilquelle*): ***drink*** (*od.* ***take***) ***the ~s*** (***at***) e-e Kur machen (in *dat.*); **13.** *oft pl.* Wasser *n od. pl.*, Gewässer *n od. pl.*, *a.* Fluten *pl.*: ***by ~*** zu Wasser, auf dem Wasserweg; ***on the ~*** a) zur See, b) zu Schiff; ***the ~s*** *poet.* das Meer, die See; **14.** Wasserstand *m*; → ***low water***; **15.** (Toi'letten)Wasser *n*; **16.** Wasserlösung *f*; **17.** *physiol.* Wasser *n* (*Sekret*, *z. B. Speichel*, *a. Urin*): ***the ~(s)*** das Fruchtwasser; ***make*** (*od.* ***pass***) ***~*** Wasser lassen, urinieren; ***~ on the brain*** Wasserkopf *m*; ***~ on the knee*** Kniegelenkerguß *m*; **18.** Wasser *n* (*reiner Glanz e-s Edelsteins*): ***of the first ~*** reinsten Wassers (*a. fig.*); **19.** Wasser(glanz *m*) *n*, Moi'ré *n* (*Stoff*); **~ bath** *s.* Wasserbad *n* (*a.* ⚗); **~ bed** *s.* ⚕ Wasserbett *n*, -kissen *n*; **~ bird** *s. zo. allg.* Wasservogel *m*; **~ blis·ter** *s.* ⚕ Wasserblase *f*; **'~·borne** *adj.* **1.** auf dem Wasser schwimmend; **2.** zu Wasser befördert (*Ware*), auf dem Wasser stattfindend (*Verkehr*), Wasser...; **~ bot·tle** *s.* **1.** Wasserflasche *f*; **2.** Feldflasche *f*; **'~-bound** *adj.* vom Wasser eingeschlossen *od.* abgeschnitten; **~ bus** *s.* (Linien)Flußboot *n*; **~ butt** *s.* Wasserfaß *n*, Regentonne *f*; **~ can·non** *s.* Wasserwerfer *m*; **~ car·riage** *s.* Trans'port *m* zu Wasser, 'Wassertrans,port *m*; ♒ **Car·ri·er** → ***Aquarius***; **'~-cart** *s.* Wasserwagen *m*, *bsd.* Sprengwagen *m*; **~ chute** *s.* Wasserrutschbahn *f*; **~ clock** *s.* ⚙ Wasseruhr *f*; **~ clos·et** *s.* ('Wasser)Klo,sett *n*; **'~,col·o(u)r I** *s.* **1.** Wasser-, Aqua'rellfarbe *f*; **2.** Aqua'rellmale,rei *f*; **3.** Aqua'rell *n* (*Bild*); **II** *adj.* **4.** Aquarell...; **'~,col·o(u)r·ist** *s.* Aqua'rellmaler(in); **'~-cooled** *adj.* ⚙ wassergekühlt; **'~-,cool·ing** *s.* ⚙ Wasserkühlung *f*; **'~·course** *s.* **1.** Wasserlauf *m*; **2.** Fluß-, Strombett *n*; **3.** Ka'nal *m*; **'~·craft** *s.* Wasserfahrzeug(e *pl.*) *n*; **'~·cress** *s. oft pl.* ⚘ Brunnenkresse *f*; **~ cure** *s.* ⚕ **1.** Wasserkur *f*; **2.** Wasserheilkunde *f*; **'~·fall** *s.* Wasserfall *m*; **'~ˌfind·er** *s.* (Wünschel)Rutengänger *m*; **'~·fog** *s.* Tröpfchennebel *m*; **'~·fowl** *s. zo.* **1.** Wasservogel *m*; **2.** *coll.* Wasservögel *pl.*; **'~·front** *s.* Hafengebiet *n*, -viertel *n*; an ein Gewässer grenzendes (Stadt)Gebiet; **~ gage** *Am.* → ***water gauge***; **~ gate** *s.* **1.** Schleuse *f*; **2.** Fluttor *n*; **~ gauge** *s.* ⚙ **1.** Wasserstands(an)zeiger *m*; **2.** Pegel *m*, Peil *m*, hy'draulischer Wasserdruckmesser; **3.** *Wasserdruck, gemessen in **inches** Wassersäule*; **~ glass** *s.* Wasserglas *n* (*a.* ⚗): **~ *egg*** Kalkei *n*; **~ gru·el** *s.* (dünner) Haferschleim; **~ heat·er** *s.* Warmwasserbereiter *m*; **~ hose** *s.* Wasserschlauch *m*; **~ ice** *s.* Fruchteis *n*.

wa·ter·i·ness ['wɔːtərɪnɪs] *s.* Wäßrigkeit *f*.

wa·ter·ing ['wɔːtərɪŋ] **I** *s.* **1.** (Be)Wässern *n etc.*; **II** *adj.* **2.** Bewässerungs...; **3.** Kur..., Bade...; **~ can** *s.* Gießkanne *f*; **~ cart** *s.* Sprengwagen *m*; **~ place** *s.* **1.** *bsd. Brit.* a) Bade-, Kurort *m*, Bad *n*, b) (See)Bad *n*; **2.** (Vieh)Tränke *f*, Wasserstelle *f*; **~ pot** *s. Am.* Gießkanne *f*.

wa·ter| jack·et *s.* ⚙ (Wasser)Kühlmantel *m*; **~ jump** *s. sport* Wassergraben *m*; **~ lev·el** *s.* **1.** Wasserstand *m*, -spiegel *m*; **2.** ⚙ a) Pegelstand *m*, b) Wasserwaage *f*; **3.** *geol.* (Grund)Wasserspiegel *m*; **~ lil·y** *s.* ⚘ Seerose *f*, Wasserlilie *f*; **'~·line** *s.* ⚓ Wasserlinie *f e-s Schiffs od. als Wasserzeichen*; **'~·logged** *adj.* **1.** voll Wasser (*Boot etc.*); **2.** vollgesogen (*Holz etc.*).

Wa·ter·loo [ˌwɔːtə'luː] *s.*: ***meet one's ~*** *fig.* sein Waterloo erleben.

wa·ter| main *s.* Haupt(wasser)rohr *n*; **'~·man** [-mən] *s.* [*irr.*] **1.** ⚓ Fährmann *m*; **2.** *sport* Ruderer *m*; **3.** *myth.* Wassergeist *m*; **'~·mark I** *s.* **1.** Wasserzeichen *n* (*in Papier*); **2.** ⚓ Wassermarke *f*, *bsd.* Flutzeichen *n*; → ***high*** (***low***) ***watermark***; **II** *v/t.* **3.** *Papier* mit Wasserzeichen versehen; **'~ˌmel·on** *s.* ⚘ 'Wassermeˌlone *f*; **~ me·ter** *s.* Wasserzähler *m*, -uhr *f*; **~ pipe** *s.* **1.** ⚙ Wasser(leitungs)rohr *n*; **2.** orien'talische Wasserpfeife; **~ plane** *s.* Wasserflugzeug *n*; **~ plate** *s.* Wärmeteller *m*; **~ po·lo** *s. sport* Wasserballspiel *n*; **'~·proof I** *adj.* wasserdicht; **II** *s.* wasserdichter Stoff *od.* Mantel *etc.*, Regenmantel *m*; **III** *v/t.* imprägnieren; **~ re·cyc·ling** *s.* Wasseraufbereitung *f*; **ˌ~-re'pel·lent** *adj.* wasserabstoßend; **'~·scape** [-skeɪp] *s. paint.* Seestück *n*; **~ seal** *s.* ⚙ Wasserverschluß *m*; **'~·shed** *s. geogr.* **1.** *Brit.* Wasserscheide *f*; **2.** Einzugs-, Stromgebiet *n*; **3.** *fig.* a) Trennungslinie *f*, b) Wendepunkt *m*; **'~·side I** *s.* Küste *f*, See-, Flußufer *n*; **II** *adj.* Küsten..., (Fluß)Ufer...; **'~-ski** *v/i.* Wasserski laufen; **ˌ~-'sol·u·ble** *adj.* ⚗ wasserlöslich; **'~·spout** *s.* **1.** Abtraufe *f*; **2.** *meteor.* Wasserhose *f*; **~ sup·ply** *s.* Wasserversorgung *f*; **~ ta·ble** *s.* **1.** △ Wasserabflußleiste *f*; **2.** *geol.* Grundwasserspiegel *m*; **'~·tight** *adj.* **1.** wasserdicht: ***keep s.th. in ~ compartments*** *fig.* et. isoliert halten *od.* betrachten; **2.** *fig.* a) unanfechtbar, b) sicher, c) stichhaltig (*Argument*); **~ vole** *s. zo.* Wasserratte *f*; **~ wag·(g)on** *s.* Wasser(versorgungs)wagen *m*: ***be on*** (***off***) ***the ~*** F nicht mehr (wieder) trinken; ***go on the ~*** F das Trinken sein lassen; **~ wag·tail** *s. orn.* Bachstelze *f*; **'~-wave I** *s.* Wasserwelle *f* (*im Haar*); **II** *v/t.* in Wasserwellen legen; **'~·way** *s.* **1.** Wasserstraße *f*, Schiffahrtsweg *m*; **2.** ⚓ Wassergang *m* (*Decksrinne*); **'~·works** *s. pl. oft sg. konstr.* **1.** Wasserwerk *n*; **2.** a) Fon'täne(n *pl.*) *f*, b) Wasserspiel *n*: ***turn on the ~*** F (los-)heulen; **3.** F (Harn)Blase *f*.

wa·ter·y ['wɔːtərɪ] *adj.* **1.** Wasser...: ***a ~ grave*** ein nasses Grab; **2.** wässerig: a) feucht (*Boden*), b) regenverkündend (*Sonne etc.*): **~ *sky*** Regenhimmel *m*; **3.** triefend: a) *allg.* voll Wasser, naß (*Kleider*), b) tränend (*Auge*); **4.** verwässert: a) fad(e) (*Speise*), b) wässerig, blaß (*Farbe*), c) *fig.* seicht (*Stil*).

watt [wɒt] *s.* ⚡ Watt *n*; **watt·age** ['wɒtɪdʒ] *s.* ⚡ Wattleistung *f*.

wat·tle ['wɒtl] **I** *s.* **1.** *Brit. dial.* Hürde *f*; **2.** *a. pl.* Flecht-, Gitterwerk *n*: ***~ and daub*** △ mit Lehm beworfenes Flechtwerk; **3.** ⚘ (au'stralische) A'kazie; **4.** a) *orn.* Kehllappen *pl.*, b) *ichth.* Bartfäden *pl.*; **II** *v/t.* **5.** aus Flechtwerk herstellen; **6.** *Ruten* zs.-flechten; **'wat·tling** [-lɪŋ] *s.* Flechtwerk *n*.

waul [wɔːl] *v/i.* jämmerlich schreien, jaulen.

wave [weɪv] **I** *s.* **1.** Welle *f* (*a. phys.*; *a. im Haar etc.*), Woge *f* (*beide a. fig. von Gefühl etc.*): ***the ~s*** *poet.* die See; ***~ of indignation*** Woge der Entrüstung; ***make ~s*** *fig. Am.* ‚Wellen schlagen'; **2.** (*Angriffs-, Einwanderer- etc.*)Welle *f*: ***in ~s*** in aufeinanderfolgenden Wellen; **3.** ⚙ a) Flamme *f* (*im Stoff*), b) *typ.* Guil'loche *f* (*Zierlinie auf Wertpapieren etc.*); **4.** Wink(en *n*) *m*, Schwenken *n*; **II** *v/i.* **5.** wogen (*a. Kornfeld etc.*); **6.** wehen, flattern, wallen; **7.** (***to s.o.*** j-m zu)winken, Zeichen geben; **8.** sich wellen (*Haar*); **III** *v/t.* **9.** *Fahne*, *Waffe etc.* schwenken, schwingen, hin- u. herbewegen: **~ one's arms** mit den Armen fuchteln; **~ one's hand** (mit der Hand) winken (**to** *j-m*); **10.** *Haar etc.* wellen, in Wellen legen; **11.** ⚙ a) *Stoff* flammen, b) *Wertpapiere etc.* guillochieren; **12.** *j-m* zuwinken: **~ aside** *j-n* beiseite winken, *fig. j-n od. et.* mit e-r Handbewegung abtun; **13.** *et.* zuwinken: **~ a farewell** nachwinken (**to s.o.** j-m); **~band** *s.* ϟ Wellenband *n*; **'~·length** *s.* ϟ, *phys.* Wellenlänge *f*: **be on the same ~** *fig.* auf der gleichen Wellenlänge liegen.

wa·ver ['weɪvə] *v/i.* **1.** (sch)wanken, taumeln; flackern (*Licht*); zittern (*Hände*, *Stimme etc.*); **2.** *fig.* wanken: a) unschlüssig sein, schwanken (**between** zwischen), b) zu weichen beginnen.

wa·ver·er ['weɪvərə] *s. fig.* Unentschlossene(r *m*) *f*; **'wa·ver·ing** [-vərɪŋ] *adj.* □ **1.** flackernd; **2.** zitternd; **3.** (sch)wankend (*a. fig.*).

wave trap *s.* ϟ Sperrkreis *m*.

wav·y ['weɪvɪ] *adj.* □ **1.** wellig, gewellt (*Haar*, *Linie etc.*); **2.** wogend.

wax[1] [wæks] **I** *v/i.* **1.** wachsen, zunehmen (*bsd. Mond*) (*a. fig. rhet.*): **~ and wane** zu- u. abnehmen; **2.** *vor adj.*: *alt*, *frech*, *laut etc.* werden; **II** *s.* **3. be in a ~** F e-e Stinkwut haben.

wax[2] [wæks] **I** *s.* **1.** (Bienen-, Pflanzen- *etc.*)Wachs *n*: **like ~** *fig.* (wie) Wachs *in j-s Händen*; **2.** Siegellack *m*; **3.** *a.* **cobbler's ~** Schusterpech *n*; **4.** Ohrenschmalz *n*; **II** *v/t.* **5.** (ein)wachsen, bohnern; **6.** verpichen; **7.** (auf Schallplatte) aufnehmen; **'~·cloth** *s.* **1.** Wachstuch *n*; **2.** Bohnertuch *n*; **~ doll** *s.* Wachspuppe *f*.

wax·en ['wæksən] → **waxy**.

wax| light *s.* Wachskerze *f*; **~ pa·per** *s.* 'Wachspa,pier *n*; **'~·work** *s.* **1.** 'Wachsfi,gur *f*; **2.** *a. pl. sg. konstr.* 'Wachsfi,gurenkabi,nett *n*.

wax·y ['wæksɪ] *adj.* □ **1.** wächsern (*a. Gesichtsfarbe*), wie Wachs; **2.** *fig.* weich (wie Wachs), nachgiebig; **3.** ⚕ Wachs...: **~ liver**.

way[1] [weɪ] *s.* **1.** Weg *m*, Pfad *m*, Straße *f*, Bahn *f* (*a. fig.*): **~ back** Rückweg; **~ home** Heimweg; **~ in** Eingang *m*; **~ out** *bsd. fig.* Ausweg; **~ through** Durchfahrt *f*, -reise *f*; **~s and means** Mittel u. Wege, *bsd. pol.* Geldbeschaffung(smaßnahmen) *f*; **Committee of** 𝔖**s and Means** *parl.* Finanz-, Haushaltsausschuß *m*; **the ~ of the Cross** *R.C.* der Kreuzweg; **over** (*od.* **across**) **the ~** gegenüber; **ask the** (*od.* **one's**) **~** nach dem Weg fragen; **find a ~** *fig.* e-n (Aus-) Weg finden; **lose one's ~** sich verirren *od.* verlaufen; **take one's ~** sich aufmachen (**to** nach); **2.** *fig.* Gang *m*, (üblicher) Weg: **that is the ~ of the world** das ist der Lauf der Welt; **go the ~ of all flesh** den Weg allen Fleisches gehen (*sterben*); **3.** Richtung *f*, Seite *f*: **which ~ is he looking?** wohin schaut er?; **this ~** a) hierher, b) hier entlang, c) → 6; **the other ~ round** umgekehrt; **4.** Weg *m*, Entfernung *f*, Strecke *f*: **a long ~ off** weit (von hier) entfernt; **a long ~ off perfection** alles andere als vollkommen; **a little ~** ein kleines Stück (Wegs); **5.** (freie) Bahn, Platz *m*: **be** (*od.* **stand**) **in s.o.'s ~** j-m im Weg sein (*a. fig.*); **give ~** a) nachgeben, b) (zurück)weichen, c) sich *der Verzweiflung etc.* hingeben; **6.** Art *f* u. Weise *f*, Weg *m*, Me'thode *f*: **any ~** auf jede *od.* irgendeine Art; **any ~ you please** ganz wie Sie wollen; **in a big** (**small**) **~** im großen (kleinen); **one ~ or another** irgendwie, so oder so; **some ~ or other** auf die eine oder andere Weise, irgendwie; **~ of living** (**thinking**) Lebens- (Denk)weise; **to my ~ of thinking** nach m-r Meinung; **in a polite** (**friendly**) **~** höflich (freundlich); **in its ~** auf s-e Art; **in what** (*od.* **which**) **~** inwiefern, wieso; **the right** (**wrong**) **~** (**to do it**) richtig (falsch); **the same ~** genauso; **the ~ he does it** so wie er es macht; **this** (*od.* **that**) **~** so; **that's the ~ to do it** so macht man das; **7.** Brauch *m*, Sitte *f*: **the good old ~s** die guten alten Bräuche; **8.** Eigenart *f*: **funny ~s** komische Manieren; **it is not his ~** es ist nicht s-e Art *od.* Gewohnheit; **she has a winning ~ with her** sie hat e-e gewinnende Art; **that is always the ~ with him** so macht er es (*od.* geht es ihm) immer; **9.** Hinsicht *f*, Beziehung *f*: **in a ~** in gewisser Hinsicht; **in one ~** in 'einer Beziehung; **in some ~s** in mancher Hinsicht; **in the ~ of food** an Lebensmitteln, was Nahrung anbelangt; **no ~** keineswegs; **10.** (*bsd.* Gesundheits)Zustand *m*, Lage *f*: **in a bad ~** in e-r schlimmen Lage; **live in a great** (**small**) **~** auf großem Fuß (in kleinen Verhältnissen *od.* sehr bescheiden) leben; **11.** Berufszweig *m*, Fach *n*: **it is not in his ~** es schlägt nicht in sein Fach; **he is in the oil ~** er ist im Ölhandel (beschäftigt); **12.** F Um'gebung *f*, Gegend *f*: **somewhere London ~** irgendwo in der Gegend von London; **13.** ⚙ a) (Hahn)Weg *m*, Bohrung *f*, b) *pl.* Führungen *pl.* (*bei Maschinen*); **14.** Fahrt(geschwindigkeit) *f*: ***gather*** (***lose***) **~** Fahrt vergrößern (verlieren); **15.** *pl. Schiffbau*: a) Helling *f*, b) Stapelblöcke *pl.*;

Besondere Redewendungen:

by the ~ a) im Vorbeigehen, unterwegs; b) am Weg(esrand), an der Straße, c) *fig.* übrigens, nebenbei (bemerkt); ***but that is by the ~!*** doch dies nur nebenbei; ***by ~ of*** a) (auf dem Weg) über (*acc.*), durch, b) *fig.* in der Absicht zu, um ... zu, c) als *Entschuldigung etc.*; ***by ~ of example*** beispielsweise; ***by ~ of exchange*** auf dem Tauschwege; ***be by ~ of being angry*** im Begriff sein aufzubrausen; ***be by ~ of doing*** (***s.th.***) a) dabei sein(, et.) zu tun, b) pflegen *od.* gewohnt sein *od.* die Aufgabe haben(, et.) zu tun; → ***family*** 5; ***in the ~ of*** a) auf dem Weg *od.* dabei zu, b) hinsichtlich (*gen.*); ***in the ~ of business*** auf dem üblichen Geschäftsweg; ***put s.o. in the ~*** (***of doing***) j-m die Möglichkeit geben (zu tun); ***no ~!*** F nichts da!; ***on the*** (*od.* ***one's***) **~** unterwegs, auf dem Wege; ***be well on one's ~*** im Gange sein, schon weit vorangekommen sein (*a. fig.*); ***out of the ~*** a) abgelegen, b) *fig.* ungewöhnlich, ausgefallen, c) *fig.* abwegig; ***nothing out of the ~*** nichts Ungewöhnliches; ***go out of one's ~*** ein übriges tun, sich besonders anstrengen; ***put s.o. out of the ~*** *fig.* j-n aus dem Wege räumen (*töten*); → ***harm*** 1; ***under ~*** a) ⚓ in Fahrt, unterwegs, b) *fig.* im *od.* in Gang; ***be in a fair*** (*od.* ***good***) **~** auf dem besten Wege sein, die besten Möglichkeiten haben; ***come*** (***in***) ***s.o.'s ~*** *bsd. fig.* j-m über den Weg laufen, j-m begegnen; ***go a long ~ to***(***wards***) viel dazu beitragen zu, ein gutes Stück weiterhelfen bei; ***go s.o.'s ~*** a) den gleichen Weg gehen wie j-d, b) j-n begleiten; ***go one's ~***(***s***) seinen Weg gehen, *fig.* s-n Lauf nehmen; ***have a ~ with*** mit *j-m* umzugehen wissen; ***have one's own ~*** s-n Willen durchsetzen; ***if I had my*** (***own***) **~** wenn es nach mir ginge; ***have it your ~!*** du sollst recht haben!; ***you can't have it both ~s*** du kannst nicht beides haben; ***know one's ~ about*** sich auskennen (*fig.* ***in*** mit); ***lead the ~*** (*a. fig.* mit gutem Beispiel) vorangehen; ***learn the hard ~*** Lehrgeld bezahlen müssen; ***make ~*** a) Platz machen (***for*** für), b) vorwärtskommen (*a. fig. Fortschritte machen*); ***make one's ~*** sich durchsetzen, s-n Weg machen; → ***mend*** 2, ***pave***, ***pay*** 3; ***see one's ~ to do s.th.*** e-e Möglichkeit sehen, et. zu tun; ***work one's ~ through college*** sich sein Studium durch Nebenarbeit verdienen, Werkstudent sein; ***work one's ~ up*** *a. fig.* sich hocharbeiten.

way² [weɪ] *adv.* F weit *oben, unten etc.*: **~** ***back*** weit entfernt; **~** ***back in 1902*** (schon) damals im Jahre 1902.

'way|·bill *s.* **1.** Passa'gierliste *f*; **2.** ✝ Frachtbrief *m*, Begleitschein *m*; **'~ˌfar·er** [-ˌfeərə] *s. obs.* Reisende(r) *m*, Wandersmann *m*; **'~ˌfar·ing** [-ˌfeərɪŋ] *adj.* reisend, wandernd; **ˌ~'lay** *v/t.* [*irr.* → ***lay¹***] *j-m* auflauern; **'~·leave** *s.* ⚖ *Brit.* Wegerecht *n*; **ˌ~-'out** *adj.* F **1.** ex'zentrisch, ausgefallen, ‚irr(e)'; **2.** ‚toll', ‚super'; **'~·side I** *s.* Straßen-, Wegrand *m*: ***by the ~*** am Wege, am Straßenrand; ***fall by the ~*** *fig.* auf der Strecke bleiben; **II** *adj.* am Wege (stehend), an der Straße (gelegen): ***a ~ inn.***

way| sta·tion *s.* 🚂 *Am.* 'Zwischenstaˌtion *f*; **~ train** *s. Am.* Bummelzug *m*.

way·ward ['weɪwəd] *adj.* ☐ **1.** launisch, unberechenbar; **2.** eigensinnig, 'widerspenstig; ⚖ verwahrlost (*Jugendliche*[*r*]); **3.** ungeraten: ***a ~ son***; **'way·ward·ness** [-nɪs] *s.* **1.** 'Widerspenstigkeit *f*, Eigensinn *m*; **2.** Launenhaftigkeit *f*.

'way·worn *adj.* reisemüde.

we [wiː; wɪ] *pron. pl.* wir *pl.*

weak [wiːk] *adj.* ☐ **1.** *allg.* schwach (*a. zahlenmäßig*) (*a. fig. Argument*, *Spieler*, *Stil*, *Stimme etc.*; *a. ling.*): **~** ***in Latin*** *fig.* schwach in Latein; → ***sex*** 2; **2.** ⚕ schwach: a) empfindlich, b) kränklich; **3.** (cha'rakter)schwach, la'bil, schwächlich: **~** ***point*** (*od.* ***side***) schwacher Punkt, schwache Seite, Schwäche *f*; **4.** schwach, dünn (*Tee etc.*); **5.** ✝ schwach, flau (*Markt*); **'weak·en** [-kən] **I** *v/t.* **1.** *j-n od. et.* schwächen; **2.** *Getränk etc.* verdünnen; **3.** *fig. Beweis etc.* abschwächen, entkräften; **II** *v/i.* **4.** schwach *od.* schwächer werden, nachlassen, erlahmen; **'weak·en·ing** [-knɪŋ] *s.* (Ab)Schwächung *f*.

ˌweak-'kneed *adj.* F **1.** feig; **2.** → ***weak-minded*** 2.

weak·ling ['wiːklɪŋ] *s.* Schwächling *m*; **'weak·ly** [-lɪ] **I** *adj.* schwächlich; **II** *adv. von* ***weak***; **ˌweak-'mind·ed** *adj.* **1.** schwachsinnig; **2.** cha'rakterschwach.

weak·ness ['wiːknɪs] *s.* **1.** *allg.* (*a.* Cha'rakter)Schwäche *f*; **2.** Schwächlichkeit *f*, Kränklichkeit *f*; **3.** schwache Seite, schwacher Punkt; **4.** Nachteil *m*, Schwäche *f*, Mangel *m*; **5.** F Schwäche

f, Vorliebe *f* (***for*** für); **6.** ✝ Flauheit *f*.
ˌ**weak**|-ˈ**sight·ed** *adj.* ⚕ schwachsichtig; ˌ**~-ˈspir·it·ed** *adj.* kleinmütig.
weal¹ [wi:l] *s.* Wohl *n*: ***~ and woe*** *das* Wohl u. Wehe, gute u. schlechte Tage; ***the public*** (*od.* ***common*** *od.* ***general***) ***~*** das Allgemeinwohl.
weal² [wi:l] *s.* Schwiele *f*, Strieme(n *m*) *f* (*auf der Haut*).
wealth [welθ] *s.* **1.** Reichtum *m* (*a. fig.* *Fülle*) (***of*** an *dat.*, von); **2.** Reichtümer *pl.*; **3.** ✝ a) Besitz *m*, Vermögen *n*: ***~ tax*** Vermögenssteuer *f*, b) *a.* ***personal ~*** Wohlstand *m*; ˈ**wealth·y** [-θɪ] *adj.* □ reich (*a. fig.* ***in*** an *dat.*), wohlhabend.
wean [wi:n] *v/t.* **1.** *Kind, junges Tier* entwöhnen; **2.** *a.* ***~ away from*** *fig. j-n* abbringen von, *j-m et.* abgewöhnen.
weap·on [ˈwepən] *s.* Waffe *f* (*a.* ⚘, *zo. u. fig.*); ˈ**weap·on·less** [-lɪs] *adj.* wehrlos, unbewaffnet; ˈ**weap·on·ry** [-rɪ] *s.* Waffen *pl.*
wear¹ [weə] **I** *v/t.* [*irr.*] **1.** *am Körper* tragen (*a. Bart, Brille, a. Trauer*), *Kleidungsstück a.* anhaben, *Hut a.* aufhaben: ***~ the breeches*** (*od.* ***trousers*** *od.* ***pants***) F *fig.* die Hosen anhaben (*Ehefrau*); ***she ~s her years well*** *fig.* sie sieht jung aus für ihr Alter; ***~ one's hair long*** das Haar lang tragen; **2.** *Lächeln, Miene etc.* zur Schau tragen, zeigen; **3.** ***~ away*** (*od.* ***down***, ***off***, ***out***) *Kleid etc.* abnutzen, abtragen, *Absätze* abtreten, *Stufen etc.* austreten; *Löcher* reißen (***in*** in *acc.*): ***~ into holes*** ganz abtragen, *Schuhe* durchlaufen; **4.** eingraben, nagen: ***a groove worn by water***; **5.** *a.* ***~ away*** *Gestein etc.* auswaschen, -höhlen; *Farbe etc.* verwischen; **6.** *a.* ***~ out*** ermüden, *a. Geduld* erschöpfen; → ***welcome*** 1; **7.** *a.* ***~ down*** zermürben: a) entkräften, b) *fig.* niederringen, *Widerstand* brechen: ***worn to a shadow*** nur noch ein Schatten (*Person*); **II** *v/i.* [*irr.*] **8.** halten, haltbar sein: ***~ well*** a) sehr haltbar sein (*Stoff etc.*), sich gut tragen (*Kleid etc.*), b) *fig.* sich gut halten, wenig altern (*Person*); **9.** *a.* ***~ away*** (*od.* ***down***, ***off***, ***out***) sich abtragen *od.* abnutzen, verschleißen: ***~ away*** *a.* sich verwischen; ***~ off*** *fig.* sich verlieren (*Eindruck*, *Wirkung*); ***~ out*** *fig.* sich erschöpfen; ***~ thin*** a) fadenscheinig werden, b) sich erschöpfen (*Geduld etc.*); **10.** *a.* ***~ away*** langsam vergehen, daˈhinschleichen (*Zeit*): ***~ to an end*** schleppend zu Ende gehen; **11.** ***~ on*** sich daˈhinschleppen (*Zeit, Geschichte etc.*); **III** *s.* **12.** Tragen *n*: ***clothes for everyday ~*** Alltagskleidung *f*; ***have in constant ~*** ständig tragen; **13.** (Be)Kleidung *f*, Mode *f*: ***be the ~*** Mode sein, getragen werden; **14.** Abnutzung *f*, Verschleiß *m*: ***~ and tear*** a) ⚙ Abnutzung, Verschleiß (*a. fig.*), b) ✝ Abschreibung *f* für Wertminderung; ***for hard ~*** strapazierfähig; ***the worse for ~*** abgetragen, mitgenommen (*a. fig.*); **15.** Haltbarkeit *f*: ***there is still a great deal of ~ in it*** das läßt sich noch gut tragen.
wear² [weə] ⚓ **I** *v/t.* [*irr.*] *Schiff* halsen; **II** *v/i.* [*irr.*] vor dem Wind drehen (*Schiff*).
wear·a·ble [ˈweərəbl] *adj.* tragbar (*Kleid*).
wea·ri·ness [ˈwɪərɪnɪs] *s.* **1.** Müdigkeit *f*; **2.** *fig.* ˈÜberdruß *m*.
wear·ing [ˈweərɪŋ] *adj.* **1.** Kleidungs...; **2.** abnützend; **3.** ermüdend, zermürbend.
wea·ri·some [ˈwɪərɪsəm] *adj.* □ ermüdend (*mst fig. langweilig*).
ˌ**wear-reˈsist·ant** *adj.* strapaˈzierfähig.
wea·ry [ˈwɪərɪ] **I** *adj* □ **1.** müde, matt (***with*** von, vor *dat.*); **2.** müde, ˈüberdrüssig (***of*** *gen.*): ***~ of life*** lebensmüde; **3.** ermüdend: a) beschwerlich, b) langweilig; **II** *v/t.* **4.** ermüden (*a. fig. langweilen*); **III** *v/i.* **5.** überdrüssig *od.* müde werden (***of*** *gen.*).
wea·sel [ˈwi:zl] *s.* **1.** *zo.* Wiesel *n*; **2.** F *contp.* ‚Schlange' *f*, ‚Ratte' *f*.
weath·er [ˈweðə] **I** *s.* **1.** a) Wetter *n*, Witterung *f*, b) Unwetter *n*: ***in fine ~*** bei schönem Wetter; ***make good*** (*od.* ***bad***) ***~*** ⚓ auf gutes (schlechtes) Wetter stoßen; ***make heavy ~ of s.th.*** *fig.* ‚viel Wind machen' um et.; ***under the ~*** F a) nicht in Form (*unpäßlich*), b) e-n Katzenjammer habend, c) ‚angesäuselt'; **2.** ⚓ Luv-, Windseite *f*; **II** *v/t.* **3.** dem Wetter aussetzen, *Holz etc.* auswittern; *geol.* verwittern (lassen); **4.** a) ⚓ *den Sturm* abwettern, b) *a.* ***~ out*** *fig. Sturm, Krise etc.* überˈstehen; **5.** ⚓ luvwärts umˈschiffen; **III** *v/i.* **6.** *geol.* verwittern; ˈ**~-ˌbeat·en** *adj.* **1.** vom Wetter mitgenommen; **2.** verwittert; **3.** wetterhart; ˈ**~·board** *s.* **1.** ⚙ a) Wasserschenkel *m*, b) Schal-, Schindelbrett *n*, c) *pl.* Verschalung *f*; **2.** ⚓ Waschbord *n*; ˈ**~-board·ing** *s.* Verschalung *f*; ˈ**~-bound** *adj.* schlechtwetterbehindert; **~ bu·reau** *s.* Wetteramt *n*; **~ chart** *s.* Wetterkarte *f*; ˈ**~·cock** *s.* **1.** Wetterhahn *m*; **2.** *fig.* wetterwendische Perˈson; ˈ**~-eye** [-əraɪ] *s.*: ***keep one's ~ open*** *fig.* gut aufpassen; **~ fore·cast** *s.* ˈWetterbericht *m*, -vorˌhersage *f*; ˈ**~·man** [-mæn]

s. [*irr.*] F **1.** Meteoro'loge *m*; **2.** Wetteransager *m*; '**~·proof** *adj.* wetterfest; **~ sat·el·lite** *s.* 'Wettersatel,lit *m*; **~ side** *s.* **1.** → ***weather*** 2; **2.** Wetterseite *f*; **~ sta·tion** *s.* Wetterwarte *f*; **~ strip** *s.* Dichtungsleiste *f*; **~ vane** *s.* Wetterfahne *f*; '**~-worn** → ***weather-beaten***.

weave [wi:v] **I** *v/t.* [*irr.*] **1.** weben, wirken; **2.** zs.-weben, flechten; **3.** (ein-)flechten (***into*** in *acc.*), verweben, -flechten (***with*** mit, ***into*** zu) (*a. fig.*); **4.** *fig.* ersinnen, erfinden; **II** *v/i.* [*irr.*] **5.** weben; **6.** hin- u. herpendeln (*a. Boxer*), sich schlängeln *od.* winden; **7.** ***get weaving*** *Brit.* F ‚sich ranhalten'; **III** *s.* **8.** Gewebe *n*; **9.** Webart *f*; '**weav·er** [-və] *s.* **1.** Weber(in); Wirker(in); **2.** *a.* ***~-bird*** *orn.* Webervogel *m*; '**weav·ing** [-vɪŋ] **I** *s.* Weben *n*, Webe'rei *f*; **II** *adj.* Web...: **~ *loom*** Webstuhl *m*; **~ *mill*** Weberei *f*.

wea·zen ['wi:zn] → ***wizen***.

web [web] *s.* **1.** a) Gewebe *n*, Gespinst *n*, b) Netz *n* (*der Spinne etc.*) (*alle a. fig.*): ***a ~ of lies*** ein Lügengewebe; **2.** Gurt(band *n*) *m*; **3.** *zo.* a) Schwimm-, Flughaut *f*, b) Bart *m e-r Feder*; **4.** ⚙ Sägeblatt *n*; **5.** (Pa'pier- *etc.*)Bahn *f*, (-)Rolle *f*; **webbed** [webd] *adj. zo.* schwimmhäutig: **~ *foot*** Schwimmfuß *m*; **web·bing** ['webɪŋ] *s.* **1.** Gewebe *n*; **2.** → ***web*** 2.

'**web|·foot** *s.* [*irr.*] *zo.* Schwimmfuß *m*; '**~-,foot·ed**, '**~-toed** *adj.* schwimmfüßig.

wed [wed] **I** *v/t.* **1.** *rhet.* ehelichen, heiraten: ***~ded bliss*** eheliches Glück; **2.** vermählen (***to*** mit); **3.** *fig.* eng verbinden (***with***, ***to*** mit): ***be ~ded to s.th.*** a) an et. fest gebunden *od.* gekettet sein, b) sich e-r Sache verschrieben haben; **II** *v/i.* **4.** sich vermählen.

we'd [wi:d; wɪd] F *für* a) ***we would***, ***we should***, b) ***we had***.

wed·ding ['wedɪŋ] *s.* Hochzeit *f*, Trauung *f*; **~ an·ni·ver·sa·ry** *s.* (*dritter etc.*) Hochzeitstag; **~ break·fast** *s.* Hochzeitsessen *n*; **~ cake** *s.* Hochzeitskuchen *m*; **~ day** *s.* Hochzeitstag *m*; **~ dress** *s.* Hochzeits-, Brautkleid *n*; **~ ring** *s.* Trauring *m*.

we·del ['wedl] *v/i. Skisport*: wedeln.

wedge [wedʒ] **I** *s.* **1.** ⚙ Keil *m* (*a. fig.*): **~ *writing*** Keilschrift *f*; ***the thin end of the ~*** *fig.* ein erster kleiner Anfang; **2.** a) keilförmiges Stück (*Land etc.*), b) Ecke *f* (*Käse etc.*), c) Stück *n* (*Kuchen*); **3.** ⚔ 'Keil(formati,on *f*) *m*; **4.** *Golf*: Wedge *m* (*Schläger*); **II** *v/t.* **5.** ⚙ a) verkeilen, festklemmen, b) (mit e-m Keil) spalten: **~ *off*** abspalten; **6.** (ein-)keilen, (-)zwängen (***in*** in *acc.*): **~ *o.s. in*** sich hineinzwängen; **~ (fric·tion) gear** *s.* ⚙ Keilrädergetriebe *n*; **~ heel** *s.* (Schuh *m* mit) Keilabsatz *m*; '**~-shaped** *adj.* keilförmig.

wed·lock ['wedlɒk] *s.* Ehe(stand *m*) *f*: ***born in lawful*** (***out of***) **~** ehelich (unehelich) geboren.

Wednes·day ['wenzdɪ] *s.* Mittwoch *m*: ***on ~*** am Mittwoch; ***on ~s*** mittwochs.

wee[1] [wi:] *adj.* klein, winzig: ***a ~ bit*** ein klein wenig; ***the ~ hours*** die frühen Morgenstunden.

wee[2] [wi:] F **I** *s.* ‚Pi'pi' *n*; **II** *v/i.* ‚Pi'pi machen'.

weed [wi:d] **I** *s.* **1.** Unkraut *n*: ***ill ~s grow apace*** Unkraut verdirbt nicht; **~ *killer*** Unkrautvertilgungsmittel *n*; **2.** F a) ‚Glimmstengel' *m* (*Zigarre*, *Zigarette*), b) ‚Kraut' *n* (*Tabak*), c) ‚Grass' *n* (*Marihuana*); **3.** *sl.* Kümmerling *m* (*schwächliches Tier*, *a. Person*); **II** *v/t.* **4.** *Unkraut od. Garten etc.* jäten; **5.** **~ *out***, **~ *up*** *fig.* aussondern, -merzen; **6.** *fig.* säubern; **III** *v/i.* **7.** (Unkraut) jäten; '**weed·er** [-də] *s.* **1.** Jäter *m*; **2.** ⚙ Jätwerkzeug *n*; **weed kil·ler** *s.* Unkrautvertilgungsmittel *n*.

weeds [wi:dz] *s. pl. mst* ***widow's ~*** Witwen-, Trauerkleidung *f*.

weed·y ['wi:dɪ] *adj.* **1.** voll Unkraut; **2.** unkrautartig; **3.** F a) schmächtig, b) schlaksig, c) klapperig.

week [wi:k] *s.* Woche *f*: ***by the ~*** wochenweise; ***for ~s*** wochenlang; ***today ~***, ***this day ~*** a) heute in 8 Tagen, b) heute vor 8 Tagen; '**~·day** **I** *s.* Wochen-, Werktag *m*: ***on ~s*** werktags; **II** *adj.* Werktags...; **,~'end** **I** *s.* Wochenende *n*; **II** *adj.* Wochenend...: **~ *speech*** Sonntagsrede *f*; **~ *ticket*** Sonntags(rückfahr)karte *f*; **III** *v/i.* das Wochenende verbringen; **,~'end·er** [-'endə] *s.* Wochenendausflügler(in); '**~-ends** *adv. Am.* an Wochenenden.

week·ly ['wi:klɪ] **I** *adj. u. adv.* wöchentlich; **II** *s. a.* **~ *paper*** Wochenzeitung *f*, -(zeit)schrift *f*.

wee·ny ['wi:nɪ] *adj.* F winzig.

weep [wi:p] **I** *v/i.* [*irr.*] **1.** weinen, Tränen vergießen (***for*** vor *Freude etc.*, um *j-n*): **~ *at*** (*od.* ***over***) weinen über (*acc.*); **2.** a) triefen, b) tröpfeln, c) ⚕ nässen (*Wunde etc.*); **3.** trauern (*Baum*); **II** *v/t.* [*irr.*] **4.** *Tränen* vergießen, weinen; **5.** beweinen; **III** *s.* **6.** ***have a good ~*** F sich tüchtig ausweinen; '**weep·er** [-pə] *s.* **1.** Weinende(r *m*) *f*, *bsd.* Klageweib *n*; **2.** a) Trauerbinde *f od.* -flor *m*, b) *pl.*

Witwenschleier *m*; ˈ**weep·ie** → ***weepy*** 3; ˈ**weep·ing** [-pɪŋ] **I** *adj.* □ **1.** weinend; **2.** ⚘ Trauer…: ***~ willow*** Trauerweide *f*; **3.** triefend, tropfend; **4.** ⚕ nässend; **II** *s.* **5.** Weinen *n*; ˈ**wee·py** [ˈwiːpɪ] F **I** *adj.* **1.** weinerlich; **2.** rührselig; **II** *s.* **3.** ‚Schnulze' *f*.

wee·vil [ˈwiːvɪl] *s. zo.* **1.** Rüsselkäfer *m*; **2.** *allg.* Getreidekäfer *m*.

ˈ**wee·wee** → ***wee***[2].

weft [weft] *s. Weberei*: a) Einschlag(faden) *m*, Schuß(faden) *m*, b) Gewebe *n* (*a. poet.*).

weigh[1] [weɪ] **I** *s.* **1.** Wiegen *n*; **II** *v/t.* **2.** (ab)wiegen (***by*** nach); **3.** (*in der Hand*) wiegen; **4.** *fig.* (sorgsam) er-, abwägen (***with***, ***against*** gegen): ***~ one's words*** s-e Worte abwägen; **5.** ***~ anchor*** ⚓ a) den Anker lichten, b) auslaufen (*Schiff*); **6.** (nieder)drücken; **III** *v/i.* **7.** wiegen, *2 Kilo etc.* schwer sein; **8.** *fig. schwer etc.* wiegen, ins Gewicht fallen, ausschlaggebend sein (***with s.o.*** bei j-m): ***~ against s.o.*** a) gegen j-n sprechen, b) gegen j-n ins Feld geführt werden; **9.** *fig.* lasten (***on***, ***upon*** auf *dat.*); *Zssgn mit adv.*:

weigh| down *v/t.* niederdrücken (*a. fig.*); **~ in I** *v/t.* **1.** ✈ *sein Gepäck* wiegen lassen; **2.** *sport* a) *Jockei* nach dem Rennen wiegen, b) *Boxer*, *Gewichtheber etc.* vor dem Kampf wiegen; **II** *v/i.* **3.** ✈ sein Gepäck wiegen lassen; **4.** *sport* gewogen werden: ***he ~ed in at 200 pounds*** er brachte 200 Pfund auf die Waage; **5.** a) eingreifen, sich einschalten, b) ***~ with*** *Argument etc.* vorbringen; **~ out I** *v/t.* **1.** *Ware* auswiegen; **2.** *sport Jockei* vor dem Rennen wiegen; **II** *v/i.* **3.** *sport* gewogen werden.

weigh[2] [weɪ] *s.*: ***get under ~*** ⚓ unter Segel gehen.

ˈ**weigh·bridge** *s.* Brückenwaage *f*.

weigh·er [ˈweɪə] *s.* **1.** Wäger *m*, Waagemeister *m*; **2.** → **weigh·ing ma·chine** [ˈweɪɪŋ] *s.* ⚙ Waage *f*.

weight [weɪt] **I** *s.* **1.** Gewicht *n* (*a. Maß u. Gegenstand*): ***~s and measures*** Maße u. Gewichte; ***by ~*** nach Gewicht; ***under ~*** ⚕ untergewichtig, zu leicht; ***lose*** (***put on***) ***~*** *an Körpergewicht* ab-(zu)nehmen; ***pull one's ~*** *fig.* sein(en) Teil leisten; ***throw one's ~ about*** F sich aufspielen *od.* ‚breitmachen'; ***that takes a ~ off my mind*** da fällt mir ein Stein vom Herzen; **2.** *fig.* Gewicht *n*: a) Last *f*, Wucht *f*, b) (*Sorgen- etc.*)Last *f*, Bürde *f*, c) Bedeutung *f*, d) Einfluß *m*, Geltung *f*: ***of ~*** gewichtig, schwerwiegend; ***men of ~*** bedeutende *od.* einflußreiche Leute; ***the ~ of evidence*** die Last des Beweismaterials; ***add ~ to*** *e-r Sache* Gewicht verleihen; ***carry*** (*od.* ***have***) ***~ with*** viel gelten bei; ***give ~ to*** *e-r Sache* große Bedeutung beimessen; **3.** *sport* a) *a.* ***~ category*** Gewichtsklasse *f*, b) Gewicht *n* (*Gerät*), c) (Stoß)Kugel *f*; **II** *v/t.* **4.** a) beschweren, b) belasten (*a. fig.*): ***~ the scales in favo(u)r of s.o.*** j-m e-n (unerlaubten) Vorteil verschaffen; **5.** ⚕ *Stoffe etc.* durch Beimischung *von Mineralien etc.* schwerer machen; ˈ**weight·i·ness** [-tɪnɪs] *s.* Gewicht *n*, *fig. a.* (Ge)Wichtigkeit *f*.

weight·less [ˈweɪtlɪs] *adj.* schwerelos; ˈ**weight·less·ness** [-nɪs] *s.* Schwerelosigkeit *f*.

weight| lift·er *s. sport* Gewichtheber *m*; **~ lift·ing** *s. sport* Gewichtheben *n*; **~ watch·er** *s.* j-d, der auf sein Gewicht achtet.

weight·y [ˈweɪtɪ] *adj.* □ **1.** schwer, gewichtig, *fig. a.* schwerwiegend; **2.** *fig.* einflußreich, gewichtig (*Person*).

weir [wɪə] *s.* **1.** (Stau)Wehr *n*; **2.** Fischreuse *f*.

weird [wɪəd] *adj.* □ **1.** *poet.* Schicksals…: ***~ sisters*** Schicksalsschwestern, Nornen; **2.** unheimlich; **3.** F ulkig, ‚verrückt'; **weir·do** [ˈwɪədəʊ] *pl.* **-dos** *s.* F ‚irrer Typ'.

welch [welʃ] → ***welsh***[2].

wel·come [ˈwelkəm] **I** *s.* **1.** Willkomm(-en *n*) *m*, Empfang *m* (*a. iro.*): ***bid s.o. ~*** → 2; ***outstay*** (*od.* ***overstay*** *od.* ***wear out***) ***one's ~*** länger bleiben als man erwünscht ist; **II** *v/t.* **2.** bewillkommnen, willˈkommen heißen; **3.** *fig.* begrüßen: a) *et.* gutheißen, b) gern annehmen; **III** *adj.* **4.** willkommen, angenehm (*Gast*, *a. Nachricht etc.*): ***make s.o. ~*** j-n herzlich empfangen *od.* aufnehmen; **5.** ***you are ~ to it*** Sie können es gerne behalten *od.* nehmen, es steht zu Ihrer Verfügung; ***you are ~ to do it*** es steht Ihnen frei, es zu tun; das können Sie gerne tun; ***you are ~ to your own opinion*** *iro.* meinetwegen können Sie denken, was Sie wollen; (***you are***) ***~!*** nichts zu danken!, keine Ursache!, bitte (sehr)!; ***and ~*** *iro.* meinetwegen, wenn's Ihnen Spaß macht; **IV** *int.* **6.** willˈkommen (***to*** in *England etc.*).

weld [weld] **I** *v/t.* ⚙ (ver-, zs.-)schweißen: ***~ on*** anschweißen (***to*** an *acc.*); ***~ together*** zs.-schweißen, *fig. a.* zs.-schmieden; **II** *v/i.* ⚙ sich schweißen lassen; **III** *s.* ⚙ Schweißstelle *f*, -naht *f*; ˈ**weld·a·ble** [-dəbl] *adj.* schweißbar;

ˈ**weld·ed** [-dɪd] *adj.* geschweißt, Schweiß...: *~ **joint*** Schweißverbindung *f*; ˈ**weld·er** [-də] *s.* ⚙ **1.** Schweißer *m*; **2.** Schweißbrenner *m*, -gerät *n*; ˈ**weld·ing** [-dɪŋ] *adj.* Schweiß...

wel·fare [ˈwelfeə] *s.* **1.** Wohl *n*, *e-r Person*: *a.* Wohlergehen *n*; **2.** a) (***public***) *~* (öffentliche) Wohlfahrt, b) *Am.* Soziˈalhilfe *f*: ***be on ~*** Sozialhilfe beziehen; *~* **state** *s. pol.* Wohlfahrtsstaat *m*; *~* **stat·ism** [ˈsteɪtɪzəm] → ***welfarism***; *~* **work** *s. Am.* Soziˈalarbeit *f*; *~* **work·er** *s. Am.* Soziˈalarbeiter(in).

wel·far·ism [ˈwelfeərɪzəm] *s.* wohlfahrtsstaatliche Poliˈtik.

wel·kin [ˈwelkɪn] *s. poet.* Himmelszelt *n*: ***make the ~ ring with shouts*** die Luft mit Geschrei erfüllen.

well[1] [wel] **I** *adv.* **1.** gut, wohl: ***be ~ off*** a) gut versehen sein (***for*** mit), b) wohlhabend *od.* gut daran sein; ***do o.s.*** (*od.* ***live***) *~* gut leben, es sich wohl sein lassen; ***be ~ up in*** bewandert sein in *e-m Fach etc.*; **2.** gut, recht, geschickt: ***do ~*** gut *od.* recht daran tun (***to do*** zu tun); ***sing ~*** gut singen; ***~ done!*** gut gemacht!, bravo!; ***~ roared, lion!*** gut gebrüllt, Löwe!; **3.** gut, freundschaftlich: ***think*** (*od.* ***speak***) ***~ of*** gut denken (*od.* sprechen) über (*acc.*); **4.** gut, sehr: ***love s.o. ~*** j-n sehr lieben; ***it speaks ~ for him*** es spricht sehr für ihn; **5.** wohl, mit gutem Grund: ***one may ~ ask this question*** man kann wohl *od.* mit gutem Grund so fragen; ***you cannot very ~ do that*** das kannst du nicht gut tun; ***not very ~*** wohl kaum; **6.** recht, eigentlich: ***he does not know ~ how*** er weiß nicht recht wie; **7.** gut, genau, gründlich: ***know s.o. ~*** j-n gut kennen; ***he knows only too ~*** er weiß nur zu gut; **8.** gut, ganz, völlig: ***he is ~ out of sight*** er ist völlig außer Sicht; **9.** gut, beträchtlich, weit: ***~ away*** weit weg; ***he walked ~ ahead of them*** er ging ihnen ein gutes Stück voraus; ***until ~ past midnight*** bis lange nach Mitternacht; **10.** gut, tüchtig, gründlich: ***stir ~***; **11.** gut, mit Leichtigkeit: ***you could ~ have done it*** du hättest es leicht tun können; ***it is very ~ possible*** es ist durchaus *od.* sehr wohl möglich; ***as ~*** ebenso, außerdem; (***just***) ***as ~*** ebenso (-gut), genauso(gut); ***as ~ ... as*** sowohl ... als auch, nicht nur ... sondern auch; ***as ~ as*** ebensogut wie; **II** *adj.* **12.** wohl, gesund: ***be*** (*od.* ***feel***) *~* sich wohl fühlen; **13.** in Ordnung, richtig, gut: ***I am very ~ where I am*** ich fühle mich hier sehr wohl; ***it is all very ~ but*** *iro.* das ist ja alles schön u. gut, aber; **14.** gut, günstig: ***that is just as ~*** das ist schon gut so; ***very ~*** sehr wohl, nun gut; ***~ and good*** schön und gut; **15.** ratsam, richtig, gut: ***it would be ~*** es wäre angebracht *od.* ratsam; **III** *int.* **16.** nun, na, schön: ***~!*** (*empört*) na, hör mal!; ***~ then*** nun (also); ***~ then?*** (*erwartend*) na, und?; ***~, ~!*** so, so!, (*beruhigend*) schon gut; **17.** (*überlegend*) (t)ja, hm; **IV** *s.* **18.** *das* Gute: ***let ~ alone!*** laß gut sein!, laß die Finger davon!

well[2] [wel] **I** *s.* **1.** (*gegrabener*) Brunnen, Ziehbrunnen *m*; **2.** *a. fig.* Quelle *f*; **3.** a) Mineˈralbrunnen *m*, b) *pl.* (*in Ortsnamen*) Bad *n*; **4.** *fig.* (Ur)Quell *m*; **5.** ⚙ a) (Senk-, Öl- *etc.*)Schacht *m*, b) Bohrloch *n*; **6.** △ a) Fahrstuhl-, Luft-, Lichtschacht *m*, b) (Raum *m* für das) Treppenhaus *n*; **7.** ⚓ a) Pumpensod *m*, b) Fischbehälter *m*; **8.** ⚙ eingelassener Behälter: a) *mot.* Kofferraum *m*, b) Tintenbehälter *m*; **9.** ⚖ *Brit.* eingefriedigter Platz für Anwälte; **II** *v/i.* **10.** quellen (***from*** aus): ***~ up*** (*od.* ***forth, out***) hervorquellen; ***~ over*** überfließen.

ˌ**well|-adˈvised** *adj.* ˈwohlüberˌlegt, klug; ˌ**~-apˈpoint·ed** *adj.* gutausgestattet; ˌ**~-ˈbal·anced** *adj. fig.* **1.** ausgewogen: ***~ diet***; **2.** (innerlich) ausgeglichen; ˌ**~-beˈhaved** *adj.* wohlerzogen, artig; ˌ**~-ˈbe·ing** *s.* **1.** Wohl(ergehen) *n*; **2.** *mst* ***sense of ~*** Wohlgefühl *n*; ˌ**~-beˈlov·ed** *adj.* vielgeliebt; ˌ**~-ˈborn** *adj.* von vornehmer Herkunft, aus guter Faˈmilie; ˌ**~-ˈbred** *adj.* **1.** wohlerzogen; **2.** gebildet, fein; ˌ**~-ˈcho·sen** *adj.* (gut-) gewählt, treffend: ***~ words***; ˌ**~-conˈnect·ed** *adj.* mit guten Beziehungen *od.* mit vornehmer Verwandtschaft; ˌ**~-diˈrect·ed** *adj.* wohl-, gutgezielt (*Schlag etc.*); ˌ**~-disˈposed** *adj.* wohlgesinnt; ˌ**~-ˈdone** *adj.* **1.** gutgemacht; **2.** ˈdurchgebraten (*Fleisch*); ˌ**~-ˈearned** *adj.* wohlverdient; ˌ**~-ˈfa·vo(u)red** *adj. obs.* gutaussehend, hübsch; ˌ**~-ˈfed** *adj.* gut-, wohlgenährt; ˌ**~-ˈfound·ed** *adj.* wohlbegründet; ˌ**~-ˈgroomed** *adj.* gepflegt; ˌ**~-ˈground·ed** *adj.* **1.** → ***well-founded***; **2.** mit guter Vorbildung (*in e-m Fach*).

ˈ**well·head** *s.* **1.** → ***wellspring***; **2.** Brunneneinfassung *f*.

ˌ**well|-ˈheeled** *adj.* F ‚(gut)betucht'; ˌ**~-inˈformed** *adj.* **1.** ˈgutunterˌrichtet; **2.** (vielseitig) gebildet.

Wel·ling·ton (**boot**) [ˈwelɪŋtən] *s.* Schaft-, Gummi-, Wasserstiefel *m*.

well|-in·ten·tioned [ˌwelɪnˈtenʃnd] *adj.*

1. gut, wohlgemeint; **2.** wohlmeinend (*Person*); **ˌ~-ˈjudged** *adj.* wohlberechnet, angebracht; **ˌ~ˈkept** *adj.* **1.** gepflegt; **2.** streng gehütet: ***~ secret***; **ˌ~-ˈknit** *adj.* **1.** drahtig (*Figur*, *Person*); **2.** ˈgutdurchˌdacht; **ˌ~-ˈknown** *adj.* **1.** weithin bekannt; **2.** wohlbekannt; **ˌ~-ˈmade** *adj.* **1.** gutgemacht; **2.** gutgewachsen, gutgebaut (*Person od. Tier*); **ˌ~-ˈman·nered** *adj.* wohlerzogen, mit guten Maˈnieren; **ˌ~-ˈmatched** *adj.* **1.** *sport* gleich stark; **2.** ***a ~ couple*** ein Paar, das gut zs.-paßt; **ˌ~-ˈmean·ing** → ***well-intentioned***; **ˌ~-ˈmeant** *adj.* gutgemeint; **ˈ~-nigh** *adv.* fast, so gut wie: ***~ impossible***; **ˌ~-ˈoff** *adj.* wohlhabend, gutsituiert; **ˌ~-ˈoiled** *adj. fig.* F **1.** gutfunktionierend; **2.** ziemlich ‚angesäuselt'; **ˌ~-proˈpor·tioned** *adj.* wohlproportioniert, gutgebaut; **ˌ~-ˈread** [-ˈred] *adj.* (sehr) belesen; **ˌ~-ˈreg·u·lat·ed** *adj.* wohlgeregelt, -geordnet; **ˌ~-ˈround·ed** *adj.* **1.** (wohl)beleibt; **2.** *fig.* a) abgerundet, eleˈgant (*Stil*, *Form etc.*), b) ausgeglichen, c) vielseitig (*Bildung etc.*); **ˌ~-ˈspent** *adj.* **1.** gutgenützt (*Zeit*); **2.** sinnvoll ausgegeben (*Geld*); **ˌ~-ˈspo·ken** *adj.* **1.** redegewandt; **2.** höflich im Ausdruck.

ˈwell·spring *s.* Quelle *f*, *fig. a.* (Ur-)Quell *m.*

ˌwell|-ˈtem·pered *adj.* **1.** gutmütig; **2.** ♪ wohltemperiert (*Klavier*, *Stimmung*); **ˈ~-ˌthought-ˈout** *adj.* ˈwohlerwogen, -durchˌdacht; **ˌ~-ˈtimed** *adj.* (zeitlich) wohlberechnet; *sport* gutgetimed; **ˌ~-to-ˈdo** *adj.* wohlhabend; **ˌ~-ˈtried** *adj.* (wohl)erprobt, bewährt; **ˌ~-ˈturned** *adj. fig.* wohlgesetzt, eleˈgant (*Worte*); **ˈ~-ˌwish·er** *s.* **1.** Gönner(in); **2.** Befürworter(in); **3.** *pl.* jubelnde Menge; **ˌ~-ˈworn** *adj.* **1.** abgetragen, abgenutzt; **2.** *fig.* abgedroschen.

Welsh[1] [welʃ] **I** *adj.* **1.** waˈlisisch; **II** *s.* **2.** ***the ~*** die Waˈliser *pl.*; **3.** *ling.* Waˈlisisch *n.*

welsh[2] [welʃ] *v/i.* F **1.** mit den (Wett-)Gewinnen ˈdurchgehen (*Buchmacher*): ***~ on*** a) *j-n* um s-n (Wett)Gewinn betrügen, b) *j-n* ‚verschaukeln'; **2.** sich ‚drücken' (***on*** vor *dat.*).

Welsh cor·gy *s.* Welsh Corgi *m* (*walisische Hunderasse*).

welsh·er [ˈwelʃə] *s.* F **1.** betrügerischer Buchmacher; **2.** ‚falscher Hund'.

Welsh|·man [ˈwelʃmən] *s.* [*irr.*] Waˈliser *m*; **~ rab·bit**, **~ rare·bit** *s.* überˈbackene Käseschnitte.

welt [welt] **I** *s.* **1.** Einfassung *f*, Rand *m*; **2.** *Schneiderei*: a) (Zier)Borte *f*, b) Rollsaum *m*, c) Stoßkante *f*; **3.** Rahmen *m* (*Schuh*); **4.** a) Strieme(n *m*) *f*, b) F (heftiger) Schlag; **II** *v/t.* **5.** a) *Kleid etc.* einfassen, b) *Schuh* auf Rahmen arbeiten, c) *Blech* falzen: ***~ed*** randgenäht (*Schuh*); **6.** F ‚verdreschen'.

wel·ter [ˈweltə] **I** *v/i.* **1.** *poet.* sich wälzen (***in*** in *s-m Blut etc.*) (*a. fig.*); **II** *s.* **2.** Wogen *n*, Toben *n* (*Wellen etc.*); **3.** *fig.* Tuˈmult *m*, Durcheinˈander *n*, Wirrwarr *m*, Chaos *n.*

ˈwel·ter·weight *s. sport* Weltergewicht (-ler *m*) *n.*

wen [wen] *s.* ⚕ (Balg)Geschwulst *f*, *bsd.* Grützbeutel *m am Kopf*: ***the great ~*** *fig.* London *n.*

wench [wentʃ] **I** *s.* **1.** *obs. od. humor.* (*bsd.* Bauern)Mädchen *n*, Weibsbild *n*; **2.** *obs.* Hure *f*, Dirne *f*; **II** *v/i.* **3.** huren.

wend [wend] *v/t.* ***~ one's way*** sich wenden, s-n Weg nehmen (***to*** nach, zu).

went [went] *pret. von* ***go***.

wept [wept] *pret u. p.p. von* ***weep***.

were [wɜː; wə] **1.** *pret. von* ***be***: *du* warst, *Sie* waren; *wir*, *sie* waren, *ihr* wart; **2.** *pret. pass.*: wurde(n); **3.** *subj. pret.* wäre(n).

were·wolf [ˈwɪəwʊlf] *s.* [*irr.*] Werwolf *m.*

west [west] **I** *s.* **1.** Westen *m*: ***the wind is coming from the ~*** der Wind kommt von Westen; **2.** Westen *m* (*Landesteil*); **3.** ***the*** ♀ *geogr.* der Westen: a) Westengland *n*, b) die *amer.* Weststaaten *pl.*, c) das Abendland; **4.** *poet.* West (-wind) *m*; **II** *adj.* **5.** westlich, West…; **III** *adv.* **6.** westwärts, nach Westen: ***go ~*** a) nach Westen *od.* westwärts gehen *od.* ziehen, b) *sl.* ‚draufgehen' (*sterben*, *kaputt- od. verlorengehen*); **7.** ***~ of*** westlich von; **ˈwest·er·ly** [-təlɪ] **I** *adj.* westlich, West…; **II** *adv.* westwärts, gegen Westen.

west·ern [ˈwestən] **I** *adj.* **1.** westlich, West…: ***the ♀ Empire*** *hist.* das weströmische Reich; **2.** *oft* ♀ westlich, abendländisch; **3.** ♀ ˈwestameriˌkanisch, (Wild)West…; **II** *s.* **4.** → ***westerner***; **5.** Western *m*: a) Wildˈwestfilm *m*, b) Wildˈwestroˌman *m*; **ˈwest·ern·er** [-nə] *s.* **1.** Westländer *m*; **2.** *a.* ♀ *Am.* Weststaatler *m*; **3.** *oft* ♀ Abendländer *m*; **ˈwest·ern·ize** [-naɪz] *v/t.* verwestlichen; **ˈwest·ern·most** [-məʊst] *adj.* westlichst.

West In·di·an I *adj.* westˈindisch; **II** *s.* Westˈindier(in).

West·pha·li·an [westˈfeɪljən] **I** *adj.* westˈfälisch; **II** *s.* Westˈfale *m*, Westˈfälin *f.*

west·ward ['westwəd] *adj. u. adv.* westlich, westwärts, nach Westen; **'west·wards** [-dz] *adv.* → ***westward***.

wet [wet] **I** *adj.* **1.** naß, durch'näßt (***with*** von): ***~ through*** durchnäßt; ***~ to the skin*** naß bis auf die Haut; ***~ blanket*** *fig.* a) Dämpfer *m*, kalte Dusche, b) Störenfried *m*, Spielverderber(in); fader Kerl; ***throw a ~ blanket on*** *e-r Sache* e-n Dämpfer aufsetzen; ***~ paint!*** frisch gestrichen!; ***~ steam*** ⚙ Naßdampf *m*; **2.** regnerisch, feucht (*Klima*); **3.** ⚙ naß, Naß…(*-gewinnung etc.*); **4.** *Am.* ‚feucht' (*nicht unter Alkoholverbot stehend*); **5.** F feuchtfröhlich; **6.** a) blöd, ‚doof', b) ***all ~*** falsch, verkehrt: ***you are all ~!*** du irrst dich gewaltig!; **II** *s.* **7.** Flüssigkeit *f*, Feuchtigkeit *f*, Nässe *f*; **8.** Regen(wetter *n*) *m*; **9.** F Drink *m*: ***have a ~*** ‚einen heben'; **10.** *Am.* F Gegner *m* der Prohibiti'on; **11.** F a) Blödmann *m*, b) *Brit.* Weichling *m*; **III** *v/t.* [*irr.*] **12.** benetzen, anfeuchten, naßmachen, nässen: ***~ through*** durchnässen; → ***whistle*** 7; **13.** F *ein Ereignis etc.* ‚begießen': ***~ a bargain***; **'~·back** *s. Am. sl. illegaler Einwanderer aus Mexiko*; **~ cell** *s.* ↯ 'Naßele,ment *n*; **~ dock** *s.* ⚓ Flutbecken *n*.

weth·er ['weðə] *s. zo.* Hammel *m*.

wet·ness ['wetnɪs] *s.* Nässe *f*, Feuchtigkeit *f*.

'wet| nurse *s.* (Säug)Amme *f*; **'~-nurse** *v/t.* **1.** säugen; **2.** *fig.* verhätscheln; **~ pack** *s.* ⚕ feuchter 'Umschlag; **~ suit** *s. sport* Kälteschutzanzug *m*.

wey [weɪ] *s. obs. ein Trockengewicht.*

whack [wæk] F **I** *v/t.* **1.** a) *j-m* e-n (knallenden) Schlag versetzen, b) *sport* F haushoch schlagen: ***~ed*** F ‚fertig', ‚geschafft'; **2.** ***~ up*** F (auf)teilen; **3.** ***~ up*** *Am.* F a) et. organisieren, b) *j-n* antreiben; **II** *s.* **4.** (knallender) Schlag; **5.** (An)Teil *m* (***of*** an *dat.*); **6.** Versuch *m*: ***take a ~ at*** e-n Versuch machen mit; **7.** ***out of ~*** nicht in Ordnung; **'whack·er** [-kə] *s. sl.* **1.** Mordsding *n*; **2.** faustdicke Lüge; **'whack·ing** [-kɪŋ] **I** *adj. u. adv.* F Mords…; **II** *s.* F (Tracht *f*) Prügel *pl.*

whale [weɪl] **I** *pl.* **whales** *bsd. coll.* **whale** *s. zo.* Wal *m*: ***a ~ of*** F Riesen…, Mords…; ***a ~ of a lot*** e-e Riesenmenge; ***a ~ of a fellow*** F ein Riesenkerl; ***be a ~ for*** (*od.* ***on***) F ganz versessen sein auf (*acc.*); ***be a ~ at*** F e-e ‚Kanone' sein in (*dat.*); ***we had a ~ of a time*** wir hatten e-n Mordsspaß; **II** *v/i.* Walfang treiben; **III** *v/t.* F ‚verdreschen'; **'~·bone** *s.* Fischbein(stab *m*) *n*; **~ calf** *s.* [*irr.*] *zo.* junger Wal; **~ fish·er·y** *s.* **1.** Walfang *m*; **2.** Walfanggebiet *n*; **~ oil** *s.* Walfischtran *m*.

whal·er ['weɪlə] *s.* Walfänger *m* (*Person u. Boot*).

whal·ing[1] ['weɪlɪŋ] **I** *s.* Walfang *m*; **II** *adj.* Walfang…: ***~ gun*** Harpunengeschütz *n*.

whal·ing[2] ['weɪlɪŋ] F **I** *adj. u. adv.* e'norm, Mords…; **II** *s.* (Tracht *f*) Prügel *pl.*

wham·my ['wæmɪ] *s.* F **1.** böser Blick; **2.** ‚Hammer' *m*: a) böse Sache, b) knallharter Schlag *etc.*

whang [wæŋ] F **I** *s.* Knall *m*, Krach *m*, Bums *m*; **II** *v/t.* knallen, hauen; **III** *v/i.* knallen (*a. schießen*), krachen, bumsen; **IV** *int.* krach!, bums!

wharf [wɔːf] ⚓ **I** *pl.* **wharves** [-vz] *od.* **wharfs** *s.* **1.** Kai *m*; **II** *v/t.* **2.** *Waren* löschen; **3.** *Schiff* am Kai festmachen; **'wharf·age** [-fɪdʒ] *s.* **1.** Kaianlage(n *pl.*) *f*; **2.** Kaigeld *n*; **'wharf·in·ger** [-fɪndʒə] *s.* ⚓ **1.** Kaimeister *m*; **2.** Kaibesitzer *m*.

what [wɒt] **I** *pron. interrog.* **1.** was, wie: ***~ is her name?*** wie ist ihr Name?; ***~ did he do?*** was hat er getan?; ***~ is he?*** was ist er (von Beruf)?; ***~'s for lunch?*** was gibt's zum Mittagessen?; **2.** was für ein, welcher, *vor pl.* was für: ***~ an idea!*** was für e-e Idee!; ***~ book?*** was für ein Buch?; ***~ luck!*** welch ein Glück!; **3.** was (*um Wiederholung e-s Wortes bittend*): ***he claims to be ~?*** was will er sein?; **II** *pron. rel.* **4.** (das) was: ***this is ~ we hoped for*** (gerade) das erhofften wir; ***I don't know ~ he said*** ich weiß nicht, was er sagte; ***it is nothing compared to ~ …*** es ist nichts im Vergleich zu dem, was …; **5.** was (auch immer); **III** *adj.* **6.** was für ein, welch: ***I don't know ~ decision you have taken*** ich weiß nicht, was für e-n Entschluß du gefaßt hast; **7.** alle *od.* jede die, alles was: ***~ money I had*** was ich an Geld hatte, all mein Geld; **8.** soviel(e) … wie;

Besondere Redewendungen:

and ~ not, and ~ have you F und was nicht sonst noch alles; ***~ about?*** wie wär's mit *od.* wenn?, wie steht's mit?; ***~ for?*** wozu?, wofür?; ***~ if?*** und wenn nun?, (und) was geschieht, wenn?; ***~ next?*** a) was sonst noch?, b) *iro.* sonst noch was?, das fehlte noch!; ***~ news?*** was gibt es Neues?; (***well,***) ***~ of it?***, ***so ~?*** na, und?, na, wenn schon?; ***~ though?*** was tut's, wenn?; ***~ with*** infolge, durch, in Anbetracht (*gen.*); ~ ***with ..., ~ with ...*** teils durch ..., teils durch ...; ***but ~*** F daß (*nicht*); ***I know ~*** F ich weiß was, ich habe e-e Idee; ***she knows ~'s ~*** F sie weiß Bescheid; sie weiß, was los ist; ***I'll tell you ~*** ich will dir (mal) was sagen.

what|-d'you-call-it ['wɒtdjʊˌkɔːlɪt] (*od.* **-'em** [-em] *od.* **-him** *od.* **-her**), **'~-d'ye-ˌcall-it** [-djəˌkɔːlɪt] (*od.* **-'em** [-em] *od.* **-him** *od.* **-her**) *s.* F Dings(da, -bums) *m, f, n*; **~'e'er** *poet.* → ***whatever***; **~'ev·er I** *pron.* **1.** was (auch immer), alles was: ***take ~ you like!***; ***~ you do*** was du auch tust; **2.** was auch; trotz allem, was: ***do it ~ happens!***; **3.** F was denn, was in aller Welt: ***~ do you want?*** was willst du denn?; **II** *adj.* **4.** welch ... auch (immer): ***for ~ reasons he is angry*** aus welchen Gründen er auch immer ärgerlich ist; **5.** *mit neg.*: über'haupt, gar *nichts, niemand etc.*: ***no doubt ~*** überhaupt *od.* gar kein Zweifel; **'~·not** *s.* Eta'gere *f.*

what's [wɒts] F *für* ***what is***; **'~-her-name** [-səneɪm], **'~-his-name** [-sɪzneɪm], **'~-its-name** *s.* F Dings(da) *m, f, n*: ***Mr. what's-his-name*** Herr Dingsda, Herr Soundso.

what·so'ev·er → ***whatever***.

wheal [wiːl] → ***wale***.

wheat [wiːt] *s.* ⚘ Weizen *m*: ***~ belt*** *geogr. Am.* Weizengürtel *m*.

whee·dle ['wiːdl] **I** *v/t.* **1.** *j-n* um'schmeicheln; **2.** *j-n* beschwatzen, über'reden (***into doing s.th.*** et. zu tun); **3.** ***~ s.th. out of s.o.*** j-m et. abschwatzen *od.* abschmeicheln; **II** *v/i.* **4.** schmeicheln; **'whee·dling** [-lɪŋ] *adj.* □ schmeichlerisch.

wheel [wiːl] **I** *s.* **1.** *allg.* Rad *n* (*a.* ⚙): ***the ~s of government*** die Regierungsmaschinerie; ***the ~ of Fortune*** *fig.* das Glücksrad; ***~s within ~s*** *fig.* a) ein kompliziertes Räderwerk, b) e-e äußerst komplizierte *od.* schwer durchschaubare Sache; ***a big ~*** *Am.* F ein ‚großes Tier'; → ***fifth wheel***, ***shoulder*** 1, ***spoke***[1] 4; **2.** ⚙ Scheibe *f*; **3.** Lenkrad *n*: ***at the ~*** a) am Steuer, b) *fig.* am Ruder; **4.** F a) (Fahr)Rad *n*, b) Auto *n*, ‚fahrbarer 'Untersatz'; **5.** *hist.* Rad *n* (*Folterinstrument*): ***break s.o. on the ~*** j-n rädern *od.* aufs Rad flechten; ***break a (butter)fly (up)on the ~*** *fig.* mit Kanonen nach Spatzen schießen; **6.** *pl. fig.* Räder(werk *n*) *pl.*, Getriebe *n*; **7.** Drehung *f*, Kreis(bewegung *f*) *m*; ⚔ Schwenkung *f*: ***right (left) ~!*** rechts (links) schwenkt!; **II** *v/t.* **8.** *j-n od. et.* fahren, schieben, *et. a.* rollen; **9.** ⚔ schwenken lassen; **III** *v/i.* **10.** sich (im Kreis) drehen; **11.** *a.* ***~ about*** *od.* ***(a)round*** sich (rasch) 'umwenden *od.* -drehen; **12.** ⚔ schwenken; **13.** rollen, fahren; **14.** F radeln; **'~ˌbar·row** *s.* Schubkarre(n *m*) *f*; **'~·base** *s.* ⚙ Radstand *m*; **~ brake** *s.* Radbremse *f*; **'~·chair** *s.* Rollstuhl *m*.

wheeled [wiːld] *adj.* **1.** fahrbar, Roll..., Räder...: ***~ bed*** ⚕ Rollbett *n*; **2.** *in Zssgn* ...räd(e)rig: ***three-~***.

wheel·er ['wiːlə] *s.* **1.** *in Zssgn* Fahrzeug *n* mit ... Rädern: ***four-~*** Vierradwagen *m*, Zweiachser *m*; **2.** → ***wheel horse***; **3.** → **ˌ~-'deal·er** *s. Am.* F ‚ausgekochter' Bursche, *a.* (raffinierter) Geschäftemacher; **ˌ~-'deal·ing** *s.* F **1.** Machenschaften *pl.*; **2.** Geschäftemache'rei *f*.

wheel horse *s.* Stangen-, Deichselpferd *n*.

wheel·ing and deal·ing ['wiːlɪŋ] → ***wheeler-dealing***.

'wheel·wright [-raɪt] *s.* ⚙ Stellmacher *m*.

wheeze [wiːz] **I** *v/i.* **1.** keuchen, schnaufen; **II** *v/t.* **2.** *a.* ***~ out*** *et.* keuchen(d her'vorstoßen); **III** *s.* **3.** Keuchen *n*, Schnaufen *n*, pfeifendes Atmen *od.* Geräusch; **4.** *sl.* a) *thea.* (improvisierter) Scherz, Gag *m*, b) Jux *m*, Ulk *m*, c) alter Witz; **'wheez·y** [-zɪ] *adj.* □ keuchend, asth'matisch (*a. humor. Orgel etc.*).

whelk[1] [welk] *s. zo.* Wellhorn(schnecke *f*) *n*.

whelk[2] [welk] *s.* ⚕ Pustel *f*.

whelm [welm] *v/t. poet.* **1.** ver-, über'schütten, versenken, -schlingen; **2.** *fig.* a) über'schütten *od.* -'häufen (***in***, ***with*** mit), b) über'wältigen.

whelp [welp] **I** *s.* **1.** *zo.* a) Welpe *m* (*junger Hund, Fuchs od. Wolf*), b) *allg.* Junge(s) *n*; **2.** Balg *m, n* (*ungezogenes Kind*); **II** *v/t. u. v/i.* **3.** (Junge) werfen.

when [wen] **I** *adv.* **1.** *fragend*: wann; **2.** *relativ*: als, wo, da: ***the years ~ we were poor*** die Jahre, als wir arm waren; ***the day ~*** der Tag, an dem *od.* als; **II** *cj.* **3.** wann: ***she doesn't know ~ to be silent*** sie weiß nicht, wann sie schweigen muß; **4.** zu der Zeit *od.* in dem Augenblick, als: ***~ (he was) young, he lived in M.*** als er noch jung war, wohnte er in M.; ***we were about to start ~ it began to rain*** wir wollten gerade fortgehen, als es anfing zu regnen *od.* da fing es an zu regnen; ***say ~!*** F sag halt!, sag, wenn du genug hast! (*bsd. beim Eingießen*); **5.** (dann,) wenn; **6.** (immer) wenn, so'bald, so'oft; **7.** worauf'hin, und dann; **8.** ob'wohl, wo … (doch), da … doch; **III** *pron.* **9.** wann, welche Zeit: ***from ~ does it date?*** aus welcher Zeit stammt es?; ***since ~?*** seit wann?; ***till ~?*** bis wann?; **10.** *relativ*: ***since ~*** und seitdem; ***till ~*** und bis dahin; **IV** *s.* **11.** ***the ~ and where of s.th.*** das Wann und Wo e-r Sache.

whence [wens] *bsd. poet.* **I** *adv.* **1.** wo'her: a) von wo(her), *obs.* von wannen, b) *fig.* wo'von, wo'durch, wie: ***~ comes it that*** wie kommt es, daß; **II** *cj.* **2.** von wo'her; **3.** *fig.* wes'halb, und deshalb.

ˌwhen(·so)'ev·er I *cj.* wann (auch) immer, einerlei wann, (immer) wenn, so'oft (als), jedesmal wenn; **II** *adv. fragend*: wann denn (nur).

where [weə] **I** *adv.* (*fragend u. relativ*) **1.** wo; **2.** wo'hin; **3.** wor'in, inwie'fern, in welcher Hinsicht; **II** *cj.* **4.** (da) wo; **5.** da'hin *od.* irgendwo'hin wo, wo'hin; **III** *pron.* **6.** (*relativ*) (da *od.* dort,) wo: ***he lives not far from ~ it happened*** er wohnt nicht weit von dort, wo es geschah; **7.** (*fragend*) wo: ***~ … from?*** woher?, von wo?; ***~ … to?*** wohin?; **~·abouts I** *adv. od. cj.* [ˌweərə'baʊts] wo ungefähr *od.* etwa; **II** *s. pl.* ['weərəbaʊts] *sg. konstr.* Aufenthalt(sort) *m*, Verbleib *m*; **~·as** [weər'æz] *cj.* **1.** wohin'gegen, während, wo … doch; **2.** ⚖ da; in Anbetracht dessen, daß (*im Deutschen mst unübersetzt*); **~·at** [weər'æt] *adv. u. cj.* **1.** wor'an, wo'bei, wor'auf; **2.** (*relativ*) an welchem (welcher) *od.* dem (der), wo; **~'by** *adv. u. cj.* **1.** wo'durch, wo'mit; **2.** (*relativ*) durch welchen (welche[s]); **'~·fore I** *adv. od. cj.* **1.** wes'halb, wo'zu, war'um; **2.** (*relativ*) wes'wegen, und deshalb; **II** *s. oft pl.* **3.** *das* Weshalb, *die* Gründe *pl.*; **~'from** *adv. u. cj.* wo'her, von wo; **~·in** [weər'ɪn] *adv.* wor'in, in welchem (welcher); **~·of** [weər'ɒv] *adv. u. cj.* wo'von; **~·on** [weər'ɒn] *adv. od. cj.* **1.** wor'auf; **2.** (*relativ*) auf dem (der) *od.* den (die, das), auf welchem (welcher) *od.* welchen (welche, welches); **ˌ~·so'ev·er** → ***wherever*** 1; **~'to** *adv. od. cj.* wo'hin; **~·up·on** [weərə'pɒn] *adv. od. cj.* **1.** worauf('hin); **2.** (*als Satzanfang*) darauf'hin.

wher·ev·er [weər'evə] *adv. od. cj.* **1.** wo (-'hin) auch immer; ganz gleich, wo (-hin); **2.** F wo(hin) denn (nur)?

where|'with *adv. od. cj.* wo'mit; **'~·with·al** *s.* Mittel *pl.*, *das* Nötige, *das* nötige (Klein)Geld.

wher·ry ['werɪ] ⚓ *s.* **1.** Jolle *f*; **2.** Skullboot *n*; **3.** Fährboot *n*; **4.** *Brit.* Frachtsegler *m*.

whet [wet] **I** *v/t.* **1.** wetzen, schärfen, schleifen; **2.** *fig. Appetit* anregen; *Neugierde etc.* anstacheln; **II** *s.* **3.** Wetzen *n*, Schärfen *n*; **4.** *fig.* Ansporn *m*, Anreiz *m*; **5.** (Appe'tit)Anreger *m*, Aperi'tif *m*.

wheth·er ['weðə] *cj.* **1.** ob (***or not*** oder nicht); ***~ or no*** auf jeden Fall, so oder so; **2.** ***~ … or*** entweder *od.* sei es, daß … oder.

'whet·stone *s.* **1.** Wetz-, Schleifstein *m*; **2.** *fig.* Anreiz *m*, Ansporn *m*.

whew [hwuː] *int.* **1.** *erstaunt*: (h)ui!, Mann!; **2.** *angeekelt*, *erleichtert*, *erschöpft*: puh!

whey [weɪ] *s.* Molke *f*; **'~·faced** *adj.* käsig, käseweiß.

which [wɪtʃ] **I** *interrog.* **1.** welch (*aus e-r bestimmten Gruppe od. Anzahl*): ***~ of you?*** welcher *od.* wer von euch?; **II** *pron.* (*relativ*) **2.** welch, der (die, das) (*bezogen auf Dinge*, *Tiere od. obs. Personen*); **3.** (*auf den vorhergehenden Satz bezüglich*) was; **4.** (*in eingeschobenen Sätzen*) (etwas,) was; **III** *adj.* **5.** (*fragend od. relativ*) welch: ***~ place will you take?*** auf welchem Platz willst du sitzen?; **~'ev·er**, **ˌ~·so'ev·er** *pron. u. adj.* welch (auch) immer; ganz gleich, welch.

whiff [wɪf] **I** *s.* **1.** Luftzug *m*, Hauch *m*; **2.** Duftwolke *f* (*a.* übler) Geruch; **3.** Zug *m* (*beim Rauchen*); **4.** Schuß *m Chloroform etc.*; **5.** *fig.* Anflug *m*; **6.** F Ziga'rillo *n*, *m*; **II** *v/i. u. v/t.* **7.** blasen, wehen; **8.** paffen, rauchen; **9.** (*nur v/i.*) ‚duften', (unangenehm) riechen.

whif·fle ['wɪfl] *v/i. u. v/t.* wehen.

Whig [wɪg] *pol. hist.* **I** *s.* **1.** *Brit.* Whig *m* (*Liberaler*); **2.** *Am.* Whig *m*: a) Natio'nal(republiˌkan)er *m* (*Unterstützer der amer. Revolution*), b) *Anhänger e-r Oppositionspartei gegen die Demokraten um 1840*); **II** *adj.* **3.** Whig…, whig'gistisch; **Whig·gism** ['wɪgɪzəm] *s. pol.* Whig'gismus *m*.

while [waɪl] **I** *s.* **1.** Weile *f*, Zeit(spanne) *f*: ***a long ~ ago*** vor e-r ganzen Weile; (***for***) ***a ~*** e-e Zeitlang; ***for a long ~*** lange (Zeit), seit langem; ***in a little ~*** bald, binnen kurzem; ***the ~*** derweil, währenddessen; ***between ~s*** zwischendurch; ***worth*** (***one's***) ***~*** der Mühe wert, (sich) lohnend; ***it is not worth*** (***one's***) ***~*** es ist nicht der Mühe wert, es lohnt sich nicht; → ***once*** 1; **II** *cj.* **2.** (*zeitlich*) während; **3.** so'lange (wie); **4.** während, wo(hin)'gegen; **5.** wenn auch, ob'wohl, zwar; **III** *v/t.* **6.** *mst* ~ ***away*** sich *die Zeit* vertreiben; **whilst** [waɪlst] → ***while*** II.

whim [wɪm] *s.* **1.** Laune *f*, Grille *f*, wunderlicher Einfall, Ma'rotte *f*: ***at one's own*** ~ ganz nach Laune; **2.** ⚒ Göpel *m*.

whim·per ['wɪmpə] **I** *v/t. u. v/i.* wimmern, winseln; **II** *s.* Wimmern *n*, Winseln *n*.

whim·sey → ***whimsy***.

whim·si·cal ['wɪmzɪkl] *adj.* □ **1.** launen-, grillenhaft, wunderlich; **2.** schrullig, ab'sonderlich, seltsam; **3.** hu'morig, launig; **whim·si·cal·i·ty** [wɪmzɪ'kælətɪ], **'whim·si·cal·ness** [-nɪs] *s.* **1.** Grillenhaftigkeit *f*, Wunderlichkeit *f*; **2.** → ***whim*** 1; **whim·sy** ['wɪmzɪ] **I** *s.* Laune *f*, Grille *f*, Schrulle *f*; **II** *adj.* → ***whimsical***.

whin[1] [wɪn] *s.* ⚘ *bsd. Brit.* Stechginster *m*.

whin[2] [wɪn] → ***whinstone***.

whine [waɪn] **I** *v/i.* **1.** winseln, wimmern; **2.** greinen, quengeln, jammern; **II** *v/t.* **3.** *et.* weinerlich sagen, winseln; **III** *s.* **4.** Gewinsel *n*; **5.** Gejammer *n*, Gequengel *n*; **'whin·ing** [-nɪŋ] *adj.* □ weinerlich, greinend; winselnd.

whin·ny ['wɪnɪ] **I** *v/i.* wiehern; **II** *s.* Wiehern *n*.

whin·stone ['wɪnstəʊn] *s. geol.* Ba'salt (-tuff) *m*, Trapp *m*.

whip [wɪp] **I** *s.* **1.** Peitsche *f*, Geißel *f*; **2.** ***be a good*** (***poor***) ~ gut (schlecht) kutschieren; **3.** *hunt.* Pi'kör *m*; **4.** *parl.* a) Einpeitscher *m*, b) parlamen'tarischer Geschäftsführer, c) Rundschreiben *n*, Aufforderung(sschreiben *n*) *f* (*bei e-r Versammlung etc. zu erscheinen*): ***three-line*** ~ a) Aufforderung, unbedingt zu erscheinen, b) (abso'luter) Fraktionszwang (***on a vote*** bei e-r Abstimmung); **5.** ⚙ a) Wippe *f* (*a.* ⚡), b) *a.* ~***-and-derry*** Flaschenzug *m*; **6.** *Näherei*: über'wendliche Naht; **7.** *Küche*: Creme(speise) *f*; **II** *v/t.* **8.** peitschen; **9.** (aus)peitschen, geißeln (*a. fig.*); **10.** *a.* ~ ***on*** antreiben; **11.** schlagen: a) verprügeln: ~ ***s.th. into*** (***out of***) ***s.o.*** j-m et. einbleuen (mit Schlägen austreiben), b) *bsd. sport* F besiegen, ‚über'fahren'; **12.** reißen, raffen: ~ ***away*** wegreißen; ~ ***from*** wegreißen *od.* fegen von; ~ ***off*** a) weg-, herunterreißen, b) *j-n* entführen; ~ ***on*** *Kleidungsstück* überwerfen; ~ ***out*** (plötzlich) zücken, (schnell) *aus der Tasche* ziehen; **13.** *Gewässer* abfischen; **14.** a) *Schnur etc.* um'wickeln, ⚓ *Tau* betakeln, b) *Schnur* wickeln (***about*** um *acc.*); **15.** über'wendlich nähen, über'nähen, um'säumen; **16.** *Eier*, *Sahne* (schaumig) schlagen: ~***ped cream*** Schlagsahne *f*; ~***ped eggs*** Eischnee *m*; **17.** *Brit.* F ‚klauen'; **III** *v/i.* **18.** sausen, flitzen, schnellen; ~ **in** *v/t.* **1.** *hunt.* *Hunde* zs.-treiben; **2.** *parl.* zs.-trommeln; ~ **round** *v/i.* **1.** sich ruckartig 'umdrehen; **2.** F den Hut her'umgehen lassen; ~ **up** *v/t.* **1.** antreiben; **2.** *fig.* aufpeitschen; **3.** a) *Leute* zs.-trommeln, b) *Essen etc.* ‚herzaubern'.

whip| aer·i·al (*bsd. Am.* **an·ten·na**) *s.* ⚡ 'Staban,tenne *f*; **'~·cord** *s.* **1.** Peitschenschnur *f*; **2.** Whipcord *m* (*schräggeripptes Kammgarn*); ~ **hand** *s.* rechte Hand *des Reiters etc.*: ***get the*** ~ ***of s.o.*** die Oberhand gewinnen über j-n; ***have the*** ~ ***of*** *j-n* an der Kandare *od.* in der Gewalt haben; **'~·lash** *s.* **1.** → ***whipcord*** 1; **2.** *a.* ~ ***injury*** ⚕ 'Peitschenschlagsyn,drom *n*.

whip·per ['wɪpə] *s.* Peitschende(r *m*) *f*; **,~-'in**, *pl.* **,~s-'in** → ***whip*** 3 *u.* 4; **'~,snap·per** *s.* **1.** Drei'käsehoch *m*; **2.** Gernegroß *m*, Gelbschnabel *m*, Springinsfeld *m*.

whip·pet ['wɪpɪt] *s.* **1.** *zo.* Whippet *m* (*kleiner englischer Rennhund*); **2.** ⚔ *hist. leichter* Panzerkampfwagen.

whip·ping ['wɪpɪŋ] *s.* **1.** (Aus)Peitschen *n*; **2.** (Tracht *f*) Prügel *pl.*, Hiebe *pl.* (*a. fig.* F *Niederlage*); **3.** 'Garnum,wick(e)lung *f*; ~ **boy** *s. hist.* Prügelknabe *m*, *fig. a.* Sündenbock *m*; ~ **cream** *s.* Schlagsahne *f*; ~ **post** *s. hist.* Schandpfahl *m*; ~ **top** *s.* Kreisel *m* (*der mit Peitsche getrieben wird*).

whip·ple·tree ['wɪpltri:] *s.* Ortscheit *n*, Wagenschwengel *m*.

whip| ray *s. ichth.* Stechrochen *m*; **'~-round** *s. Brit.* F spon'tane (Geld-) Sammlung: ***have a*** ~ → ***whip round*** 2; **'~·saw I** *s.* (zweihändige) Schrotsäge; **II** *v/t.* mit der Schrotsäge sägen; **III** *v/i. bsd. Poker*: *Am.* zs.-spielen mit.

whir → ***whirr***.

whirl [wɜ:l] **I** *v/i.* **1.** wirbeln, sich drehen: ~ ***about*** (*od.* ***round***) a) herumwirbeln, b) sich rasch umdrehen; **2.** sausen, hetzen, eilen; **3.** wirbeln, sich drehen (*Kopf*): ***my head*** ~***s*** mir ist schwindelig; **II** *v/t.* **4.** *allg.* wirbeln: ~ ***up dust*** Staub aufwirbeln; **III** *s.* **5.** Wirbeln *n*; **6.** Wirbel *m*: a) schnelle Kreisbewegung, b) Strudel *m*: ***give s.th. a*** ~ a) et. herumwirbeln, b) F et. (aus)probieren; **7.** *fig.* Wirbel *m*: a) Trubel *m*, wirres Treiben, b) Schwindel *m* (*der Sinne* *etc.*): ***a ~ of passion***; ***her thoughts were in a ~*** ihre Gedanken wirbelten durcheinander; **'~·blast** *s.* Wirbelsturm *m.*

whirl·i·gig ['wɜːlɪgɪg] *s.* **1.** a) Windrädchen *n*, b) Kreisel *m etc.* (*Spielzeug*); **2.** Karus'sell *n* (*a. fig. der Zeit*); **3.** *fig.* Wirbel *m der Ereignisse etc.*

'whirl|·pool *s.* Strudel *m* (*a. fig.*); **'~·wind** *s.* Wirbelwind *m* (*a. fig. Person*): ***a ~ romance*** e-e stürmische Romanze.

'whirl·y·bird ['wɜːlɪ-] *s. Am.* F Hubschrauber *m.*

whirr [wɜː] **I** *v/i.* schwirren, surren; **II** *v/t.* schwirren lassen; **III** *s.* Schwirren *n*, Surren *n.*

whisk [wɪsk] **I** *s.* **1.** Wischen *n*, Fegen *n*; **2.** Wischer *m*: a) leichter Schlag, b) schnelle Bewegung (*bsd. Tierschwanz*); **3.** Husch *m*: ***in a ~*** im Nu; **4.** (*Stroh- etc.*)Wisch *m*, Büschel *n*; **5.** (Staub-, Fliegen)Wedel *m*; **6.** *Küche*: Schneebesen *m*; **II** *v/t.* **7.** *Staub etc.* (weg)wischen, (-)fegen; **8.** fegen, *mit dem Schwanz* schlagen; **9.** ***~ away*** (*od.* ***off***) schnell verschwinden lassen, wegzaubern, -nehmen; *j-n* schnellstens wegbringen, entführen; **10.** *Sahne, Eischnee* schlagen; **III** *v/i.* **11.** wischen, huschen, flitzen: ***~ away*** forthuschen; **'whisk·er** [-kə] *s.* **1.** *pl.* Backenbart *m*; **2.** a) Barthaar *n*, b) F Schnurrbart *m*; **3.** *zo.* Schnurr-, Barthaar *n* (*von Katzen etc.*); **'whisk·ered** [-kəd] *adj.* **1.** e-n Backenbart tragend; **2.** *zo.* mit Schnurrhaaren versehen.

whis·key ['wɪskɪ] *s.* **1.** (*bsd.* in den USA u. Irland hergestellter) Whisky; **2.** → **whis·ky** *s.* Whisky *m*: ***~ and soda*** Whisky Soda *m*; ***~ sour*** Whisky mit Zitrone.

whis·per ['wɪspə] **I** *v/i. u. v/t.* **1.** wispern, flüstern, raunen (*alle a. poet. Baum, Wind etc.*): ***~ s.th. to s.o.*** j-m et. zuflüstern; **2.** *fig. b.s.* flüstern, tuscheln, munkeln; **II** *s.* **3.** Flüstern *n*, Wispern *n*, Geflüster *n*: ***in a ~, in ~s*** im Flüsterton; **4.** Getuschel *n*; **5.** a) geflüsterte *od.* heimliche Bemerkung, b) Gerücht *n*; **6.** Raunen *n*; **'whis·per·er** [-ərə] *s.* **1.** Flüsternde(r *m*) *f*; **2.** Zuträger(in), Ohrenbläser(in); **'whis·per·ing** [-pərɪŋ] **I** *adj.* ☐ **1.** flüsternd; **2.** Flüster...: ***~ baritone***; ***~ campaign*** Flüsterkampagne *f*; ***~ gallery*** Flüstergalerie *f*; **II** *s.* **3.** → ***whisper*** 3.

whist[1] [wɪst] *int. dial.* pst!, st!, still!

whist[2] [wɪst] *s.* Whist *n* (*Kartenspiel*): ***~ drive*** Whistrunde *f.*

whis·tle ['wɪsl] **I** *v/i.* **1.** pfeifen (*Person, Vogel, Lokomotive etc.*; *a. Kugel, Wind etc.*) (***to s.o.*** j-m); ***~ for*** *j-m, s-m Hund etc.* pfeifen; ***he may ~ for it*** F darauf kann er lange warten, das kann er sich in den Kamin schreiben; ***~ in the dark*** *fig.* den Mutigen markieren; **II** *v/t.* **2.** *Melodie etc.* pfeifen; **3.** ***~ back*** *Hund etc.* zurückpfeifen; ***~ up*** *fig.* a) herbeordern, b) ins Spiel bringen; **III** *s.* **4.** Pfeife *f*: ***blow the ~ on*** F a) *j-n, et.* ‚verpfeifen', b) *et.* ausplaudern, c) *j-n, et.* stoppen; ***pay for one's ~*** den Spaß teuer bezahlen; **5.** (*sport a.* Ab)Pfiff *m*; Pfeifton *m*; **6.** Pfeifen *n* (*des Windes etc.*); **7.** F Kehle *f*: ***wet one's ~*** ‚einen heben'; **'~·stop** *s. Am.* **1.** 🚂 Bedarfshaltestelle *f*; **2.** *fig.* Kleinstadt *f*, ‚Kaff' *n*; **3.** *pol.* kurzer Besuch (*e-s Kandidaten*); **'~-stop** *v/i. Am. pol.* von Ort zu Ort reisen u. Wahlreden halten.

whis·tling ['wɪslɪŋ] *s.* Pfeifen *n*; **~ buoy** *s.* ⚓ Pfeifboje *f*; **~ thrush** *s. orn.* Singdrossel *f.*

whit [wɪt] *s.* (*ein*) bißchen: ***no ~, not a ~*** keinen Deut, kein Jota, kein bißchen.

white [waɪt] **I** *adj.* **1.** *allg.* weiß: ***as ~ as snow*** schneeweiß; **2.** blaß, bleich: ***as ~ as a sheet*** leichenblaß; → ***bleed*** 10; **3.** weiß(rassig): ***~ supremacy*** Vorherrschaft der Weißen; **4.** *fig.* a) rechtschaffen, b) harmlos, c) *Am.* F anständig: ***that's ~ of you***; **II** *s.* **5.** Weiß *n*, weiße Farbe: ***dressed in ~*** weiß *od.* in Weiß gekleidet; **6.** Weiße *f*, weiße Beschaffenheit; **7.** Weiße(r *m*) *f*, Angehörige(r *m*) *f* der weißen Rasse; **8.** *a.* ***~ of egg*** Eiweiß *n*; **9.** *a.* ***~ of the eye*** *das* Weiße im Auge; **10.** *typ.* Lücke *f*; **11.** *zo.* Weißling *m*; **12.** *pl.* ⚕ Weißfluß *m*, Leukor'rhöe *f*; **~ ant** *s. zo.* Ter'mite *f*; **'~·bait** *s. ein* Weißfisch *m*, Breitling *m*; **~ bear** *s. zo.* Eisbär *m*; **⁓ Book** *s. pol.* Weißbuch *n*; **~ bronze** *s.* 'Weißmeˌtall *n*; **'~·cap** *s.* schaumgekrönte Welle; **~ coal** *s.* ⚙ weiße Kohle, Wasserkraft *f*; **ˌ~-'col·lar** *adj.* Büro...: ***~ worker*** (Büro)Angestellte(r *m*) *f*; ***~ crime*** Weiße-Kragen-Kriminalität *f*; **~ el·e·phant** *s.* **1.** *zo.* weißer Ele'fant; **2.** F lästiger Besitz; **⁓ En·sign** *s.* ⚓ *Brit.* Kriegsflagge *f*; **'~-faced** *adj.* blaß: ***~ horse*** Blesse *f*; **~ feath·er** *s.*: ***show the ~*** sich feige zeigen, ‚kneifen'; **⁓ Fri·ar** *s. R.C.* Karme'liter(mönch) *m*; **~ frost** *s.* (Rauh-) Reif *m*; **~ goods** *s. pl.* **1.** Weißwaren *pl.*; **2.** Haushaltswäsche *f*; **'~-haired** *adj.* weiß- *od.* hellhaarig: ***~ boy*** *Am.* F Liebling *m* (*des Chefs etc.*).

ˌWhite'hall *s. Brit.* Whitehall *n*: a) *Stra-*

ße in Westminster, London, Sitz der Ministerien, b) *fig. die brit. Regierung od. ihre Politik.*

white| heat *s.* Weißglut *f* (*a. fig. Zorn*): ***work at a ~*** mit fieberhaftem Eifer arbeiten; **~ hope** *s.* **1.** *Am. sl.* weißer Boxer, der Aussicht auf den Meistertitel hat; **2.** F ‚*die* große Hoffnung' (*Person*); **~ horse** *s.* **1.** *zo.* Schimmel *m*, weißes Pferd; **2.** → ***whitecap***; **ˌ~-ˈhot** *adj.* **1.** weißglühend (*a. fig. vor Zorn etc.*); **2.** *fig.* rasend (*Eile etc.*); **♀ House** *s. das* Weiße Haus (*Regierungssitz des Präsidenten der USA in Washington*); **~ lie** *s.* Notlüge *f*; **~ line** *s.* weiße Linie, Fahrbahnbegrenzung *f*; **ˈ~-ˌliv·ered** *adj.* feig(e); **~ mag·ic** *s.* weiße Maˈgie (*Gutes bewirkende Zauberkunst*); **~ man** *s.* [*irr.*] **1.** → ***white*** 7; **2.** F ‚feiner Kerl'; **~ man's bur·den** *s. fig. die* Bürde des weißen Mannes; **~ meat** *s.* weißes Fleisch (*vom Geflügel, Kalb etc.*); **~ met·al** *s.* ⚙ a) Neusilber *n*, b) ˈWeißmeˌtall *n*.

whit·en [ˈwaɪtn] **I** *v/i.* **1.** weiß werden; **2.** bleich *od.* blaß werden; **II** *v/t.* **3.** weiß machen; **4.** bleichen; **ˈwhite·ness** [-nɪs] *s.* **1.** Weiße *f*; **2.** Blässe *f*; **ˈwhit·en·ing** [-nɪŋ] *s.* **1.** Weißen *n*; **2.** Schlämmkreide *f*.

white| noise *s.* ⚡ weißes Rauschen; **~ sale** *s.* ✝ Weiße Woche; **~ sauce** *s.* helle Sauce; **~ sheet** *s.* Büßerhemd *n*: ***stand in a ~*** *fig.* s-e Sünden bekennen; **ˌ~-ˈslave** *adj.*: **~ *agent*** → **~ slav·er** *s.* Mädchenhändler *m*; **ˈ~·smith** *s.* ⚙ **1.** Klempner *m*; **2.** *metall.* Feinschmied *m*; **ˈ~·thorn** *s.* ♀ Weißdorn *m*; **ˈ~·throat** *s. orn.* (Dorn)Grasmücke *f*; **~ tie** *s.* **1.** weiße Fliege; **2.** Abendanzug *m*; **~ trash** *s. Am.* F **1.** arme weiße Bevölkerung; **2.** arme(r) Weiße(r) (*in den amer. Südstaaten*); **ˈ~·wash I** *s.* **1.** Tünche *f*; **2.** flüssiges Hautbleichmittel; **3.** *fig.* F a) Tünche *f*, Beschönigung *f*, b) Ehrenrettung *f*, *contp.* ‚Mohrenwäsche' *f*, c) ✝ *Brit.* Schuldentlastung *f*; **4.** *sport* F ‚Zu-ˈNull-Niederlage' *f*; **II** *v/t.* **5.** a) tünchen, b) weißen, kalken; **6.** *fig.* a) überˈtünchen, b) reinwaschen, rehabilitieren, c) ✝ *Brit. Bankrotteur* wieder zahlungsfähig erklären; **7.** *sport* F *Gegner* zu Null schlagen; **~ wine** *s.* Weißwein *m*.

whit·ey [ˈwaɪtɪ] *s. Am. contp.* **1.** Weiße(r) *m*; **2.** *oft* ♀ *coll.* die Weißen.

whith·er [ˈwɪðə] *adv. poet.* **1.** (*fragend*) woˈhin: **~ *England?*** (*Schlagzeile*) England, wohin *od.* was nun?; **2.** (*relativ*) wohin: a) (*verbunden*) in welchen *etc.*, zu welchem *etc.*, b) (*unverbunden*) daˈhin, wo.

whit·ing¹ [ˈwaɪtɪŋ] *s. ichth.* Weißfisch *m*, Merˈlan *m*.

whit·ing² [ˈwaɪtɪŋ] *s.* Schlämmkreide *f*.

whit·ish [ˈwaɪtɪʃ] *adj.* weißlich.

whit·low [ˈwɪtləʊ] *s.* ⚕ ˈUmlauf *m*, Nagelgeschwür *n*.

Whit [wɪt] *in Zssgn* Pfingst…: **~ *Monday***; **~ *Sunday***.

Whit·sun [ˈwɪtsn] **I** *adj.* Pfingst…, pfingstlich; **II** *s.* → **ˈ~·tide** *s.* Pfingsten *n od. pl.*, Pfingstfest *n*.

whit·tle [ˈwɪtl] *v/t.* **1.** (zuˈrecht)schnitzen; **2. ~ *away*** *od.* ***off*** wegschnitze(l)n, -schnippeln; **3. ~ *down***, **~ *away***, **~ *off*** *fig.* a) (Stück für Stück) beschneiden, stutzen, verringern, b) *Gesundheit etc.* schwächen.

whiz(z) [wɪz] **I** *v/i.* **1.** zischen, schwirren, sausen (*Geschoß etc.*); **II** *s.* **2.** Zischen *n*, Sausen *n*; **3.** *Am.* F a) ‚Kaˈnone' *f* (*Könner*), b) tolles Ding; **III** *adj.* **4.** F ‚toll', ‚super'; **~ kid** *s.* F ‚Wunderkind' *n*, Geˈnie *n*, *a.* ‚Senkrechtstarter' *m*.

who [huː; hʊ] **I** *interrog.* **1.** wer: ***♀'s ♀*** Wer ist Wer? (*Verzeichnis prominenter Persönlichkeiten*); **~ *goes there?*** ⚔ (halt,) wer da?; **2.** F (*für* ***whom***) wen, wem; **II** *pron.* (*relativ*) **3.** (*unverbunden*) wer: ***I know ~ has done it***; **4.** (*verbunden*): welch, der (die, das): ***the man ~ arrived yesterday***.

whoa [wəʊ] *int.* brr!, halt!

who·dun·(n)it [ˌhuːˈdʌnɪt] *s.* F ‚Krimi' *m* (*Kriminalroman etc.*).

who·ev·er [huːˈevə] **I** *pron.* (*relativ*) wer (auch) immer, jeder der; **II** *interrog.* F (*für* ***who ever***) wer denn nur.

whole [həʊl] **I** *adj.* □ → ***wholly***; **1.** ganz, voll(kommen, -ständig): **~ *number*** ⅍ ganze Zahl; ***a ~ lot of*** F e-e ganze Menge; **2.** heil: a) unversehrt: ***with a ~ skin*** mit heiler Haut, b) unbeschädigt, ‚ganz'; **3.** Voll(wert)…: **~ *food***; **~ *meal*** Vollweizenmehl *n*; **~ *milk*** Vollmilch *f*; (***made***) ***out of ~ cloth*** *Am.* F völlig aus der Luft gegriffen, frei erfunden; **II** *s.* **4.** *das* Ganze, Gesamtheit *f*: ***the ~ of London*** ganz London; ***the ~ of my property*** mein ganzes Vermögen; **5.** Ganze(s) *n*, Einheit *f*: ***in ~ or in part*** ganz oder teilweise; ***on the ~*** im (großen u.) ganzen, alles in allem; **ˈ~-bound** *adj.* in Ganzleder (gebunden); **ˌ~-ˈcol·o(u)red** *adj.* einfarbig; **ˌ~-ˈheart·ed** *adj.* □ aufrichtig, rückhaltlos, voll, von ganzem Herzen; **ˌ~-ˈhog·ger** [-ˈhɒgə] *s. sl.* kompromißloser Mensch; *pol.* ‚Hundert-

(ˈfünfzig)proˌzentige(r)‘ *m*; ˌ**~-ˈlength I** *adj.* Ganz…, Voll…: ~ ***portrait*** Vollporträt *n*, Ganzbild *n*; **II** *s.* Porˈträt *n od.* Statue *f* in voller Größe; ~ **life insur·ance** *s.* Erlebensfall-Versicherung *f*; ˈ**~·meal** *adj.* Vollkorn…

whole·ness [ˈhəʊlnɪs] *s.* **1.** Ganzheit *f*; **2.** Vollständigkeit *f*.

ˈ**whole·sale I** *s.* **1.** ✝ Großhandel *m*: ***by*** ~ → 4; **II** *adj.* **2.** ✝ Großhandels…, Engros…: ~ ***dealer*** → ***wholesaler***; ~ ***purchase*** Einkauf *m* im großen, Engroseinkauf *m*; ~ ***trade*** Großhandel *m*; **3.** *fig.* a) Massen…, b) ˈunterschiedslos, pauˈschal: ~ ***slaughter*** Massenmord *m*; **III** *adv.* **4.** ✝ im großen, en gros; **5.** a) *fig.* in Bausch u. Bogen, ˈunterschiedslos, b) massenhaft; ˈ**wholeˌsal·er** [-ˌseɪlə] *s.* ✝ Großhändler *m*; Grosˈsist *m*.

whole·some [ˈhəʊlsəm] *adj.* □ **1.** gesund (*bsd. heilsam, bekömmlich*) (*a. fig. Humor, Strafe etc.*); **2.** gut, nützlich, zuträglich; ˈ**whole·some·ness** [-nɪs] *s.* **1.** Gesundheit *f*, Bekömmlichkeit *f*; **2.** Nützlichkeit *f*.

ˌ**whole|-ˈtime** → ***full-time***; ~ **tone** *s.* ♪ Ganzton *m*; ˈ**~-wheat** *adj.* Vollkorn…

whol·ly [ˈhəʊllɪ] *adv.* ganz, gänzlich, völlig.

whom [hu:m] **I** *pron.* (*interrog.*) **1.** wen; **2.** (*Objekt-Kasus von* **who**): ***of*** ~ von wem; ***to*** ~ wem; **II** *pron.* (*relativ*) **3.** (*verbunden*) welchen, welche, welches, den (die, das); **4.** (*unverbunden*) wen; den(jenigen), welchen; die(jenige), welche; *pl.* die(jenigen), welche; **5.** (*Objekt-Kasus von* **who**): ***of*** ~ von welchem *etc.*, dessen, deren; ***to*** ~ dem (der, denen); ***all of*** ~ ***were dead*** welche alle tot waren; **6.** welchem, welcher, welchen, dem (der, denen): ***the master*** ~ ***she serves*** der Herr, dem sie dient.

whoop [hu:p] **I** *s.* **1.** a) Schlachtruf *m*, b) (*bsd.* Freuden)Schrei *m*: ***not worth a*** ~ F keinen Pfifferling wert; **2.** ⚕ Keuchen *n* (*bei Keuchhusten*); **II** *v/i.* **3.** schreien, brüllen, *a.* jauchzen; **4.** ⚕ keuchen; **III** *v/t.* **5.** *et.* brüllen; **6.** ~ ***it up*** *Am. sl.* a) ‚auf den Putz hauen‘, ‚toll feiern‘; b) die Trommel rühren (***for*** für).

whoop·ee [ˈwʊpi:] *Am.* F **I** *s.*: ***make*** ~ ‚auf den Putz hauen‘, ‚toll feiern‘, *a.* Sauf- *od.* Sexparties feiern; **II** *int.* [wʊˈpi:] juchˈhu!

whoop·ing cough [ˈhu:pɪŋ] *s.* ⚕ Keuchhusten *m*.

whoops [wʊps] *int.* hoppla!

woosh [wʊʃ; wu:ʃ] *v/i.* zischen, sausen.

whop [wɒp] *v/t.* F vertrimmen (*a. fig. besiegen*); **whop·per** [ˈwɒpə] *s. sl.* **1.** Mordsding *n*; **2.** (faust)dicke Lüge; **whop·ping** [ˈwɒpɪŋ] *adj. u. adv.* F eˈnorm, Mords…

whore [hɔ:] **I** *s.* Hure *f*; **II** *v/i.* huren; ˈ**~·house** *s.* Borˈdell *n*.

whorl [wɜ:l] *s.* **1.** ⚘ Quirl *m*; **2.** *anat.*, *zo.* Windung *f*; **3.** ⚙ Wirtel *m*.

whor·tle·ber·ry [ˈwɜ:tlˌberɪ] *s.* **1.** ⚘ Heidelbeere *f*: ***red*** ~ Preiselbeere *f*; **2.** → ***huckleberry***.

whose [hu:z] *pron.* **1.** (*fragend*) wessen: ~ ***is it?*** wem gehört es?; **2.** (*relativ*) dessen, deren.

who·sit [ˈhu:zɪt] *s.* F ‚Dingsda‘ *m*, *f*, *n*.

ˌ**who·soˈev·er** → ***whoever***.

why [waɪ] **I** *adv.* **1.** (*fragend u. relativ*) warˈum, wesˈhalb, woˈzu: ~ ***so?*** wieso?, warum das?; ***the reason*** ~ (der Grund) weshalb; ***that is*** ~ deshalb; **II** *int.* **2.** nun (gut); **3.** (ja) naˈtürlich; **4.** ja doch (*als Füllwort*); **5.** naˈnu; aber (… doch): ~, ***that's Peter!*** aber das ist ja *od.* doch Peter!; **III** *s.* **6.** *das* Warˈum, Grund *m*: ***the*** ~ ***and wherefore*** das Warum u. Weshalb.

wick [wɪk] *s.* Docht *m*.

wick·ed [ˈwɪkɪd] *adj.* □ **1.** böse, gottlos, schlecht, sündhaft, verrucht: ***the*** ~ ***one*** *bibl.* der Böse, Satan *m*; **2.** böse, schlimm (*ungezogen*, *a. humor. schalkhaft*) (*a.* F *Schmerz*, *Wunde etc.*); **3.** boshaft, bösartig (*a. Tier*); **4.** gemein; **5.** *sl.* ‚toll‘, großartig; ˈ**wick·ed·ness** [-nɪs] *s.* Gottlosigkeit *f*; Schlechtigkeit *f*, Verruchtheit *f*; Bosheit *f*.

wick·er [ˈwɪkə] **I** *s.* a) Weidenrute *f*, b) Korbweide *f*, c) → ***wickerwork***; **II** *adj.* aus Weiden geflochten, Weiden…, Korb…, Flecht…: ~ ***basket*** Weidenkorb *m*; ~ ***chair*** Rohrstuhl *m*; ~ ***furniture*** Korbmöbel *pl.*; ˈ**~·work** *s.* **1.** Flechtwerk *n*; **2.** Korbwaren *pl.*

wick·et [ˈwɪkɪt] *s.* **1.** Pförtchen *n*; **2.** (Tür *f* mit) Drehkreuz *n*; **3.** (*mst vergittertes*) Schalterfenster; **4.** *Kricket*: a) Dreistab *m*, Tor *n*, b) Spielfeld *n*: ***be on a good*** (***sticky***) ~ gut (schlecht) stehen (*a. fig.*); ***take a*** ~ e-n Schläger ausmachen; ***keep*** ~ Torwart sein; ***win by 2*** **~*s*** das Spiel gewinnen, obwohl 2 Schläger noch nicht geschlagen haben; ***first*** (***second*** *etc.*) ~ ***down*** nachdem der erste (zweite *etc.*) Schläger ausgeschieden ist; ˈ**~ˌkeep·er** *s.* Torhüter *m*.

wide [waɪd] **I** *adj.* □ → ***widely***; **1.** breit (*a. bei Maßangaben*): ***a*** ~ ***forehead*** (***ribbon***, ***street***); ~ ***screen*** (*Film*) Breitwand *f*; ***5 feet*** ~ 5 Fuß breit; **2.** weit, ausgedehnt: ~ ***distribution***; ~ ***dif-***

ference großer Unterschied; ***a ~ public*** ein breites Publikum; ***the ~ world*** die weite Welt; **3.** *fig.* a) ausgedehnt, um'fassend, 'umfangreich, weitreichend, b) reich (*Erfahrung*, *Wissen etc.*): ***~ culture*** umfassende Bildung; ***~ reading*** große Belesenheit; **4.** a) weit (-gehend, -läufig), b) weitherzig, großzügig: ***take ~ views*** weitherzig *od.* großzügig sein; **5.** weit offen, aufgerissen: ***~ eyes***; **6.** weit, lose, nicht anliegend: ***~ clothes***; **7.** weit entfernt (***of*** von *der Wahrheit etc.*), weit'ab *vom Ziel*; → ***mark***[1] 11; **II** *adv.* **8.** weit: ***~ apart*** weit auseinander; ***~ open*** a) weit offen, b) völlig ungedeckt (*Boxer*), c) *fig.* schutzlos, d) → ***wide-open*** 2; ***far and ~*** weit u. breit; **9.** weit'ab (*vom Ziel*, *der Wahrheit etc.*): ***go ~*** weit danebengehen; **ˌ~-'an·gle** *adj. phot.* Weitwinkel...: ***~ lens***; **ˌ~-a'wake I** *adj.* **1.** hellwach (*a. fig.*); **2.** *fig.* aufgeweckt, ‚hell'; **3.** *fig.* wachsam, aufmerksam; voll bewußt (***to*** *gen.*); **II** *s.* **'wide-awake 1.** Kala'breser *m* (*Schlapphut*); **ˌ~-'eyed** *adj.* **1.** mit (weit) aufgerissenen Augen; **2.** *fig.* na'iv, kindlich.

wide·ly ['waɪdlɪ] *adv.* weit: ***~ scattered*** weitverstreut; ***~ known*** weit u. breit *od.* in weiten Kreisen bekannt; ***~ discussed*** vieldiskutiert; ***be ~ read*** sehr belesen sein; ***differ ~*** a) sehr verschieden sein, b) sehr unterschiedlicher Meinung sein.

wid·en ['waɪdn] *v/t. u. v/i.* **1.** breiter machen (werden); **2.** (sich) erweitern (*a. fig.*); **3.** (sich) vertiefen (*Kluft*, *Zwist*); **'wide·ness** [-nɪs] *s.* **1.** Breite *f*; **2.** Ausdehnung *f* (*a. fig.*).

ˌwide|-'o·pen *adj.* **1.** weitgeöffnet; **2.** *Am.* äußerst ‚großzügig' (*Stadt etc.*, *bezüglich Glücksspiel etc.*); **'~·spread** *adj.* **1.** weitausgebreitet, ausgedehnt; **2.** weitverbreitet.

widg·eon ['wɪdʒən] *pl.* **-eons**, *coll.* **-eon** *s. orn.* Pfeifente *f.*

wid·ow ['wɪdəʊ] *s.* Witwe *f*: ***~'s mite*** *bibl.* Scherflein *n* der (armen) Witwe; **'wid·owed** [-əʊd] *adj.* **1.** verwitwet; **2.** verwaist, verlassen; **'wid·ow·er** [-əʊə] *s.* Witwer *m*; **'wid·ow·hood** [-əʊhʊd] *s.* Witwenstand *m.*

width [wɪdθ] *s.* **1.** Breite *f*, Weite *f*: ***2 feet in ~*** 2 Fuß breit; **2.** (Stoff-, Ta'peten-, Rock)Bahn *f.*

wield [wi:ld] *v/t.* **1.** *Macht*, *Einfluß etc.* ausüben (***over*** über *acc.*); **2.** *rhet.* *Werkzeug*, *Waffe* handhaben, führen, schwingen: ***~ the pen*** die Feder führen, schreiben; → ***sceptre***.

wie·ner ['wi:nə] *s. Am.*, **'wie·nie** ['wi:nɪ] *s.* F Wiener Würstchen *n.*

wife [waɪf] *pl.* **wives** [waɪvz] *s.* **1.** (Ehe-)Frau *f*, Gattin *f*: ***wedded ~*** angetraute Gattin; ***take to ~*** zur Frau nehmen; **2.** Weib *n*; **'wife·hood** [-hʊd] *s.* Ehestand *m e-r Frau*; **'wife·like** [-laɪk], **'wife·ly** [-lɪ] *adj.* (haus)fraulich; **wife swapping** *s.* F Partnertausch *m*; **wif·ie** ['waɪfɪ] *s.* F Frauchen *n.*

wig [wɪg] *s.* Pe'rücke *f*; **wigged** [wɪgd] *adj.* mit Perücke (versehen); **wig·ging** ['wɪgɪŋ] *s. Brit.* F Standpauke *f.*

wig·gle ['wɪgl] **I** *v/i.* **1.** → ***wriggle*** 1; **2.** wackeln, schwänzeln; **II** *v/t.* **3.** wackeln mit.

wight [waɪt] *s. obs. od. humor.* Wicht *m*, Kerl *m.*

wig·wam ['wɪgwæm] *s.* Wigwam *m*, Indi'anerzelt *n*, -hütte *f.*

wild [waɪld] **I** *adj.* □ **1.** *allg.* wild: a) *zo.* ungezähmt, in Freiheit lebend, gefährlich, b) ⚘ wildwachsend, c) verwildert, 'wildroˌmantisch, verlassen (*Land*), d) unzivilisiert, bar'barisch (*Volk*, *Stamm*), e) stürmisch: ***a ~ coast***, f) wütend, heftig (*Sturm*, *Streit etc.*), g) irr, verstört: ***a ~ look***, h) scheu (*Tier*), i) rasend (***with*** vor *dat.*): ***~ with fear***, j) F wütend (***about*** über *acc.*): ***drive s.o. ~*** F j-n wild machen, j-n ‚auf die Palme bringen', k) ungezügelt (*Person*, *Gefühl*), l) unbändig: ***~ delight***, m) F toll, verrückt, n) ausschweifend, o) (***about***) versessen *od.* scharf (auf *acc.*), wild (nach), p) hirnverbrannt, unsinnig, abenteuerlich: ***~ plan***, q) plan-, ziellos: ***a ~ guess*** e-e wilde Vermutung; ***a ~ shot*** ein Schuß ins Blaue, r) wirr, wüst: ***~ disorder***; **II** *adv.* **2.** aufs Gerate'wohl: ***run ~*** a) ⚘ ins Kraut schießen, b) verwildern (*Garten etc.*, *a. fig.*); ***shoot ~*** ins Blaue schießen; ***talk ~*** a) (wild) drauflosreden, b) sinnloses Zeug reden; **III** *s. rhet.* **3.** *a. pl.* Wüste *f*; **4.** *a. pl.* Wildnis *f*; **~ boar** *s. zo.* Wildschwein *n*; **'~·cat I** *s.* **1.** *zo.* Wildkatze *f*; **2.** *fig.* Wilde(r *m*) *f*; **3.** → ***wildcatting*** 2; **4.** ✝ 'Schwindelunterˌnehmen *n*; **5.** ✝ wilder Streik; **II** *adj.* **6.** ✝ a) unsicher, spekula'tiv, b) Schwindel...: ***~ company***, c) ungesetzlich, wild: ***~ strike***; **'~ˌcat·ting** [-ˌkætɪŋ] *s.* **1.** wildes Spekulieren; **2.** wilde *od.* spekula'tive Ölbohrung.

wil·der·ness ['wɪldənɪs] *s.* **1.** Wildnis *f*, Wüste *f* (*a. fig.*): ***voice*** (***crying***) ***in the ~*** a) *bibl.* Stimme des Predigers in der Wüste, b) *fig.* Rufer *m* in der Wüste; ***be sent into the ~*** *fig. pol.* in die Wüste geschickt werden; **2.** wildwachsendes Gartenstück; **3.** *fig.* Masse *f*, Gewirr *n*.

ˌ**wild**|-ˈ**eyed** *adj.* mit wildem Blick; ˈ**~-**ˌ**fire** *s.* **1.** verheerendes Feuer: ***spread like ~*** sich wie ein Lauffeuer verbreiten (*Nachricht etc.*); **2.** ⚔ *hist.* griechisches Feuer; ˈ**~·fowl** *s. coll.* Wildvögel *pl.*; **~ goose** *s.* [*irr.*] Wildgans *f*; ˌ**~-**ˈ**goose chase** *s. fig.* vergebliche Mühe, fruchtloses Unterfangen.

wild·ing [ˈwaɪldɪŋ] *s.* ⚘ a) Wildling *m* (*unveredelte Pflanze*), *bsd.* Holzapfelbaum *m*, b) *Frucht e-r solchen Pflanze.*

ˈ**wild·life** *s. coll.* wildlebende Tiere *pl.*: ***~ park*** Naturpark *m*.

wild·ness [ˈwaɪldnɪs] *s. allg.* Wildheit *f*.

ˈ**wild**ˌ**wa·ter** *s.* Wildwasser *n*: ***~ sport***.

wile [waɪl] **I** *s.* **1.** *mst pl.* List *f*, Trick *m*; *pl.* Kniffe *pl.*, Schliche *pl.*, Ränke *pl.*; **II** *v/t.* **2.** verlocken, *j-n wohin* locken; **3.** → ***while*** 6.

wil·ful [ˈwɪlfʊl] *adj.* □ **1.** *bsd.* ⚖ vorsätzlich: ***~ deceit*** arglistige Täuschung; ***~ murder*** Mord *m*; **2.** eigenwillig, -sinnig, halsstarrig; ˈ**wil·ful·ness** [-nɪs] *s.* **1.** Vorsätzlichkeit *f*; **2.** Eigenwille *m*, -sinn *m*, Halsstarrigkeit *f*.

wil·i·ness [ˈwaɪlɪnɪs] *s.* (Arg)List *f*, Verschlagenheit *f*, Gerissenheit *f*.

will[1] [wɪl] **I** *v/aux.* [*irr.*] **1.** (*zur Bezeichnung des Futurs, Brit. mst nur 2. u. 3. sg. u. pl.*) werden: ***he ~ come*** er wird kommen; **2.** wollen, werden, willens sein zu: ***~ you pass me the bread, please?*** reichen Sie mir doch bitte das Brot!; ***~ do!*** *sl.* wird gemacht!; **3.** (*immer, bestimmt, unbedingt*) werden (*oft a. unübersetzt*): ***birds ~ sing*** Vögel singen; ***boys ~ be boys*** Jungen sind nun einmal so; ***accidents ~ happen*** Unfälle wird es immer geben; ***you ~ get in my light!*** du mußt mir natürlich (immer) im Licht stehen!; **4.** *Erwartung, Vermutung od. Annahme*: werden: ***they ~ have gone now*** sie werden *od.* dürften jetzt (wohl) gegangen sein; ***this ~ be your train, I suppose*** das ist wohl dein Zug, das dürfte dein Zug sein; **5.** → ***would***; **II** *v/i. u. v/t.* **6.** wollen, wünschen: ***as you ~!*** wie du willst!; → ***would*** 3, ***will***[2] II.

will[2] [wɪl] **I** *s.* **1.** Wille *m* (*a. phls.*): a) Wollen *n*, b) Wunsch *m*, Befehl *m*, c) (Be)Streben *n*, d) Willenskraft *f*: ***an iron ~*** ein eiserner Wille; ***good ~*** guter Wille (→ *a.* ***goodwill***); ***~ to peace*** Friedenswille; ***~ to power*** Machtwille, -streben; ***at ~*** nach Wunsch *od.* Belieben *od.* Laune; ***of one's own*** (***free***) ***~*** aus freien Stücken; ***with a ~*** mit Lust u. Liebe, mit Macht; ***have one's ~*** s-n Willen haben *od.* durchsetzen; **2.** *a.* ***last ~ and testament*** ⚖ letzter Wille, Testaˈment *n*; **II** *v/t.* **3.** wollen, entscheiden; **4.** ernstlich *od.* fest wollen; **5.** *j-n* (durch Willenskraft) zwingen (***to do*** zu tun): ***~ o.s.*** (***in***)***to*** sich zwingen zu; **6.** ⚖ (letzt)willig a) verfügen, b) vermachen (***to*** *dat.*); **III** *v/i.* **7.** wollen.

willed [wɪld] *adj.* ...willig, mit e-m ... Willen; → ***strong-willed*** *etc.*

will·ful, **will·ful·ness** *bsd. Am.* → ***wilful***, ***wilfulness***.

wil·lies [ˈwɪlɪz] *s. pl.* F: ***get the ~*** ‚Zustände' bekommen; ***it gives me the ~*** dabei wird mir ganz anders, dabei läuft es mir eiskalt den Rücken runter.

will·ing [ˈwɪlɪŋ] *adj.* □ **1.** *pred.* gewillt, willens, bereit: ***I am ~ to believe*** ich glaube gern; **2.** (bereit)willig; **3.** gern geschehen *od.* geleistet: ***a ~ gift*** ein gern gegebenes Geschenk; ˈ**will·ing·ly** [-lɪ] *adv.* bereitwillig, gern; ˈ**will·ing·ness** [-nɪs] *s.* (Bereit)Willigkeit *f*, Bereitschaft *f*, Geneigtheit *f*.

will-less [ˈwɪllɪs] *adj.* willenlos.

will-o'-the-wisp [ˌwɪləðəˈwɪsp] *s.* **1.** Irrlicht *n* (*a. fig.*); **2.** *fig.* Illusiˈon *f*, Phanˈtom *n*.

wil·low[1] [ˈwɪləʊ] *s.* **1.** ⚘ Weide *f*: ***wear the ~*** *fig.* um den Geliebten trauern; **2.** F *Kricket*: Schlagholz *n*.

wil·low[2] [ˈwɪləʊ] **I** *s. Spinnerei*: Reißwolf *m*; **II** *v/t. Baumwolle etc.* wolfen, reißen.

wil·low·y [ˈwɪləʊɪ] *adj.* **1.** weidenbestanden *od.* -artig; **2.** *fig.* a) biegsam, geschmeidig, b) gertenschlank.

ˈ**will**ˌ**pow·er** *s.* Willenskraft *f*.

wil·ly-nil·ly [ˌwɪlɪˈnɪlɪ] *adv.* wohl oder übel, nolens volens.

wilt[1] [wɪlt] *obs. od. poet. du* willst.

wilt[2] [wɪlt] *v/i.* **1.** (ver)welken, welk *od.* schlaff werden; **2.** F *fig.* a) schlappmachen, ‚eingehen', b) nachlassen.

wil·y [ˈwaɪlɪ] *adj.* □ gerissen.

wim·ple [ˈwɪmpl] *s.* **1.** *hist.* Rise *f*; **2.** (Nonnen)Schleier *m*.

win [wɪn] **I** *v/t.* [*irr.*] **1.** *Kampf, Spiel etc., a. Sieg, Preis* gewinnen: ***~ s.th. from*** (*od.* ***of***) ***s.o.*** j-m et. abgewinnen; ***~ one's way*** *fig.* s-n Weg machen; → ***day*** 5, ***field*** 6; **2.** *Reichtum, Ruhm etc.* erlangen, *Lob* ernten; zu *Ehren* gelangen; → ***spur*** 1; **3.** *j-m Lob etc.* einbringen, -tragen; **4.** *Liebe, Sympathie, a. e-n Freund, j-s Unterstützung* gewinnen; **5.** *a.* ***~ over*** *j-n* für sich gewinnen, auf s-e Seite ziehen, *a. j-s Herz* erobern; **6.** *j-n* dazu bringen (***to do*** zu tun): *~ s.o. round* j-n ‚rumkriegen'; **7.** *Stelle*, *Ziel* erreichen: *~ the shore*; **8.** *sein Brot*, *s-n Lebensunterhalt* verdienen; **9.** ⚔ *sl.* ‚organisieren'; **10.** ⚒, *min.* a) *Erz*, *Kohle* gewinnen, b) erschließen; **II** *v/i.* [*irr.*] **11.** gewinnen, siegen: *~ hands down* F spielend gewinnen; *~ out* F sich durchsetzen (*over* gegen); *~ through* a) durchkommen, b) ans Ziel gelangen (*a. fig.*), c) *fig.* sich durchsetzen; **III** *s.* **12.** *bsd. sport* Sieg *m.*

wince [wɪns] **I** *v/i.* (zs.-)zucken, zs.-, zu'rückfahren (*at* bei, *under* unter *dat.*); **II** *s.* (Zs.-)Zucken *n.*

winch [wɪntʃ] ⚙ **I** *s.* **1.** Winde *f*, Haspel *f*; **2.** Kurbel *f*; **II** *v/t.* **3.** hochwinden.

wind¹ [wɪnd; *poet. a.* waɪnd] **I** *s.* **1.** Wind *m*: *before the ~* vor dem *od.* im Wind; *between ~ and water* a) ⚓ zwischen Wind u. Wasser, b) in der *od.* die Magengrube, c) *fig.* an e-r empfindlichen Stelle; *in(to) the ~'s eye* gegen den Wind; *like the ~* wie der Wind (*schnell*), *to the four ~s* in alle (vier) Winde, in alle (Himmels)Richtungen; *under the ~* ⚓ in Lee; *be in the ~ fig.* (heimlich) im Gange sein, in der Luft liegen; *cast* (*od. fling, throw*) *to the ~s fig. Rat etc.* in den Wind schlagen, *Klugheit etc.* außer acht lassen; *get* (*have*) *the ~ up sl.* ‚Manschetten' *od.* ‚Schiß' kriegen (haben); *know how the ~ blows fig.* wissen, woher der Wind weht; *put the ~ up s.o.* F j-n ins Bockshorn jagen; *raise the ~* F (das nötige) Geld auftreiben; *sail close to the ~* a) ⚓ hart am Wind segeln, b) *fig.* mit e-m Fuß im Zuchthaus stehen, sich hart an der Grenze des Erlaubten bewegen; *sow the ~ and reap the whirlwind* Wind säen u. Sturm ernten; *have* (*od. take*) *the ~ of* a) *e-m Schiff* den Wind abgewinnen, b) *fig.* e-n Vorteil *od.* die Oberhand haben über (*acc.*); *take the ~ out of s.o.'s sails fig.* j-m den Wind aus den Segeln nehmen; *~ and weather permitting* bei gutem Wetter; → *ill* 4; **2.** ⚙ a) (*Gebläse- etc.*) Wind *m*, b) Luft *f in e-m Reifen etc.*; **3.** ⚕ (Darm)Wind(e *pl.*) *m*, Blähung(en *pl.*) *f*: *break ~* e-n Wind abgehen lassen; **4.** ♪ *the ~ coll.* die Blasinstrumente *pl.*, *a.* die Bläser *pl.*; **5.** *hunt.* Wind *m*, Witterung *f* (*a. fig.*): *get ~ of* a) wittern, b) *fig.* Wind bekommen von; **6.** Atem *m*: *have a good ~* e-e gute Lunge haben; *have a long ~* e-n langen Atem haben (*a. fig.*); *get one's second ~* den zweiten Wind bekommen, den toten Punkt überwunden haben; *sound in ~ and limb* kerngesund; *have lost one's ~* außer Atem sein; **7.** Wind *m*, leeres Geschwätz; **II** *v/t.* **8.** *hunt.* wittern; **9.** *be ~ed* außer Atem *od.* erschöpft sein; **10.** verschnaufen lassen.

wind² [waɪnd] **I** *s.* **1.** Windung *f*, Biegung *f*; **2.** Um'drehung *f*; **II** *v/t.* [*irr.*] **3.** winden, wickeln, schlingen (*round* um *acc.*): *~ off* (*on to*) *a reel et.* ab- (auf-) spulen; **4.** *oft ~ up* a) auf-, hochwinden, b) *Garn etc.* aufwickeln, -spulen, c) *Uhr etc.* aufziehen, d) *Saite etc.* spannen; **5.** a) *Kurbel* drehen, b) kurbeln: *~ forward* (*back*) *Film* weiter- (zurück-) spulen; *~ up* (*down*) *Autofenster* hoch- (herunter)kurbeln; **6.** ⚓ *Schiff* wenden; **7.** (sich) *wohin* schlängeln: *~ o.s.* (*od. one's way*) *into s.o.'s affection fig.* sich j-s Zuneigung erschleichen; **III** *v/i.* [*irr.*] **8.** sich winden *od.* schlängeln (*a. Straße etc.*); **9.** sich winden *od.* wickeln *od.* schlingen (*round* um *acc.*); *~ off v/t.* abwickeln, -spulen; *~ up* **I** *v/t.* **1.** → *wind²* 4, 5; **2.** *fig.* anspannen, erregen, (hin'ein)steigern; **3.** *bsd. Rede* (ab-) schließen; **4.** † a) *Geschäft* abwickeln, b) *Unternehmen* auflösen, liquidieren; **II** *v/i.* **5.** (*bsd.* s-e Rede) schließen (*by saying* mit den Worten); **6.** F *wo* enden, ‚landen': *he'll ~ in prison*; **7.** † Kon'kurs machen.

wind·bag ['wɪndbæg] *s.* F *contp.* Schwätzer *m*, Schaumschläger *m.*

'wind|·blown ['wɪnd-] *adj.* **1.** windig; **2.** windschief; **3.** (vom Wind) zerzaust; **4.** Windstoß...: *~ hairdo*; **'~·break** *s.* **1.** Windschutz *m* (*Hecke etc.*); **2.** Windbruch *m*; **'~-ˌbro·ken** *adj. vet.* kurzatmig (*Pferd*); **'~ˌcheat·er** *s. Brit.* Windjacke *f*; **~ cone** *s.* ✈ Luftsack *m.*

wind·ed ['wɪndɪd] *adj.* **1.** außer Atem; **2.** *in Zssgn* …atmig: *short-~.*

wind egg [wɪnd] *s.* Windei *n.*

wind·er ['waɪndə] *s.* **1.** Spuler(in); **2.** ⚙ Winde *f*; **3.** ⚘ Schlingpflanze *f*; **4.** a) Schlüssel *m* (*zum Aufziehen*), b) Kurbel *f.*

'wind|·fall ['wɪnd-] *s.* **1.** Fallobst *n*; **2.** Windbruch *m*; **3.** *fig.* (unverhoffter) Glücksfall *od.* Gewinn; **'~ˌflow·er** *s.* ⚘ Ane'mone *f*; **~ force** *s.* Windstärke *f*; **~ ga(u)ge** *s.* Wind(stärke-, -geschwindigkeits)messer *m*, Anemo'meter *n.*

wind·i·ness ['wɪndɪnɪs] *s.* Windigkeit *f* (*a. fig. contp.*).

wind·ing ['waɪndɪŋ] **I** *s.* **1.** Winden *n*, Spulen *n*; **2.** (Ein-, Auf)Wickeln *n*, (Um)'Wickeln *n*; **3.** Windung *f*, Biegung *f*; **4.** Um'wick(e)lung *f*; **5.** ⚡

Wicklung *f*; **II** *adj.* □ **6.** gewunden: a) sich windend *od.* schlängelnd, b) Wendel...(*-treppe*); **7.** krumm, schief (*a. fig.*); **~ sheet** *s.* Leichentuch *n*; **~ tack·le** *s.* ⚓ Gien *n* (*Flaschenzug*); **ˌ~-ˈup** *s.* **1.** Aufziehen *n* (*Uhr etc.*): **~ *mechanism*** Aufziehwerk *n*; **2.** ✝ a) Abwicklung *f*, Erledigung *f* (*e-s Geschäfts*), b) Liquidatiˈon *f*, Auflösung *f* (*e-r Firma*); **~ *sale*** (Total)Ausverkauf *m*.

wind| in·stru·ment [wɪnd] *s.* ♪ ˈBlasinstruˌment *n*; **ˈ~ˌjam·mer** [-ˌdʒæmə] *s.* **1.** ⚓ Windjammer *m* (*Schiff*); **2.** *Am. sl.* → ***windbag***.

wind·lass [ˈwɪndləs] **I** *s.* **1.** ⚙ Winde *f*; **2.** ⚒ Förderhaspel *f*; **3.** ⚓ Ankerspill *n*; **II** *v/t.* hochwinden.

wind·less [ˈwɪndlɪs] *adj.* windstill.

wind·mill [ˈwɪnmɪl] *s.* **1.** Windmühle *f*: ***tilt at*** (*od.* ***fight***) **~*s*** *fig.* gegen Windmühlen kämpfen; ***throw one's cap over the ~*** a) Luftschlösser bauen, b) jede Vorsicht außer acht lassen; **2.** Windrädchen *n*.

win·dow [ˈwɪndəʊ] *s.* **1.** Fenster *n* (*a.* ⚙, *geol.*; *a. im Briefumschlag*): ***look out of*** (*od.* ***at***) ***the ~*** zum Fenster hinaussehen; **2.** Fensterscheibe *f*; **3.** Schaufenster *n*, Auslage *f*; **4.** (Bank- *etc.*)Schalter *m*; **5.** ⚔ *Radar*: Störfolie *f*.

win·dow| box *s.* Blumenkasten *m*; **~ clean·er** *s.* Fensterputzer *m*; **~ dis·play** *s.* ˈSchaufensterauslage *f*, -reˌklame *f*; **ˈ~-dress** *v/t.* **1.** ✝ *Bilanz* verschleiern, ‚frisieren'; **2.** ‚aufputzen'; **~ dress·er** *s.* ˈSchaufensterdekoraˌteur *m*; **~ dress·ing** *s.* **1.** ˈSchaufensterdekoratiˌon *f*; **2.** *fig.* Aufmachung *f*, Mache *f*; **3.** ✝ Biˈlanzverschleierung *f*, ‚Frisieren' *n*.

win·dowed [ˈwɪndəʊd] *adj.* mit Fenster(n) (versehen).

win·dow| en·ve·lope *s.* ˈFensterˌbriefˌumschlag *m*; **~ gar·den·ing** *s.* Blumenzucht *f* am Fenster; **~ jam·ming** *s.* ⚔ *Radar*: Folienstörung *f*; **ˈ~-pane** *s.* Fensterscheibe *f*; **ˈ~-screen** *s.* **1.** Fliegenfenster *n*; **2.** Zierfüllung *f* e-s Fensters (*aus Buntglas, Gitter etc.*); **~ seat** *s.* Fensterplatz *m*; **~ shade** *s. Am.* Rouˈleau *n*, Jalouˈsie *f*; **ˈ~-ˌshop·per** *s.* j-d, der e-n Schaufensterbummel macht; **ˈ~-ˌshop·ping** *s.* Schaufensterbummel *m*: ***go ~*** e-n Schaufensterbummel machen; **~ shut·ter** *s.* Fensterladen *m*; **ˈ~-sill** *s.* Fensterbrett *n*, -bank *f*.

ˈwind|·pipe [ˈwɪnd-] *s. anat.* Luftröhre *f*.

wind| pow·er [wɪnd] *s.* Windkraft *f*; **~ rose** *s. meteor.* Windrose *f*; **ˈ~·sail** *s.* **1.** Windflügel *m*; **2.** ⚓ Windsack *m*; **ˈ~·screen** *s. Brit.*, **ˈ~ˌshield** *s. Am. mot.* Windschutzscheibe *f*: **~ *washer*** Scheibenwaschanlage *f*; **~ *wiper*** Scheibenwischer *m*; **ˈ~·sleeve** *s.*, **ˈ~·sock** *s.* ✈ Luftsack *m*; **ˈ~·swept** [ˈwɪnd-] *adj.* **1.** vom Wind gepeitscht; **2.** *fig.* Windstoß...(*-frisur*); **ˈ~ˌsurf·ing** *s.* Windsurfen *n*; **~ tun·nel** *s.* ✈, *phys.* ˈWindkaˌnal *m*; **ˈ~·up** [ˈwaɪnd-] *s.* **1.** → ***winding-up*** 2; **2.** Schluß *m*, Ende *n*.

wind·ward [ˈwɪndwəd] **I** *adv.* wind-, luvwärts; **II** *adj.* windwärts, Luv..., Wind...; **III** *s.* Windseite *f*, Luv(seite) *f*.

wind·y [ˈwɪndɪ] *adj.* □ **1.** windig: a) stürmisch (*Wetter*), b) zugig (*Ort*); **2.** *fig.* a) windig, hohl, leer, b) geschwätzig; **3.** ⚕ blähend; **4.** *Brit. sl.* nerˈvös, ängstlich.

wine [waɪn] **I** *s.* **1.** Wein *m*: ***new ~ in old bottles*** *bibl.* junger Wein in alten Schläuchen (*a. fig.*); **2.** *Brit. univ.* Weinabend *m*; **II** *v/t.*: ***~ and dine s.o.*** j-n fürstlich bewirten; **ˈ~ˌbib·ber** [-ˌbɪbə] *s.* Weinsäufer(in); **ˈ~ˌbot·tle** *s.* Weinflasche *f*; **~ cool·er** *s.* Weinkühler *m*; **~ cra·dle** *s.* Weinkorb *m*; **ˈ~·glass** *s.* Weinglas *n*; **ˈ~ˌgrow·er** *s.* Weinbauer *m*; **ˈ~ˌgrow·ing** *s.* Wein(an)bau *m*: **~ *area*** Weinbaugebiet *n*; **~ list** *s.* Weinkarte *f*; **~ mer·chant** *s.* Weinhändler *m*; **ˈ~·press** *s.* Weinpresse *f*, -kelter *f*.

win·er·y [ˈwaɪnərɪ] *s.* Weinkelleˈrei *f*.

ˈwine|·skin *s.* Weinschlauch *m*; **~ stone** *s.* ⚗ Weinstein *m*; **ˈ~ˌtast·er** *s.* Weinprüfer *m*; **ˈ~ˌtast·ing** *s.* Weinprobe *f*.

wing [wɪŋ] **I** *s.* **1.** *orn.* Flügel *m* (*a.* ⚘, *zo.*, *a.* ⚙, ⛺, *a. pol.*); *rhet.* Schwinge *f*, Fittich *m* (*a. fig.*): ***on the ~*** a) im Fluge, b) *fig.* auf Reisen; ***on the ~s of the wind*** mit Windeseile; ***under s.o.'s ~(s)*** *fig.* unter j-s Fittichen *od.* Schutz; ***clip s.o.'s ~s*** j-m die Flügel stutzen; ***lend ~s to*** a) *Hoffnung etc.* beflügeln, b) j-m Beine machen; ***spread*** (*od.* ***try***) ***one's ~s*** versuchen, auf eigenen Beinen zu stehen *od.* sich durchzusetzen; ***singe one's ~s*** *fig.* sich die Finger verbrennen; ***take ~*** a) aufsteigen, davonfliegen, b) aufbrechen, c) *fig.* beflügelt werden; **2.** Federfahne *f* (*Pfeil*); **3.** *humor.* Arm *m*; **4.** (Tür-, Fenster- *etc.*) Flügel *m*; **5.** *mst pl. thea.* (ˈSeiten)Kuˌlisse *f*: ***wait in the ~s*** *fig.* sich bereithalten; **6.** ✈ Tragfläche *f*; **7.** *mot.* Kotflügel *m*; **8.** ⚔, ⚓ Flügel *m* (*Aufstellung*); **9.** ✈ a) *brit. Luftwaffe*: Gruppe *f*, b) *amer. Luftwaffe*: Geschwader *n*, c) *pl.* F ‚Schwinge' *f* (*Pilotenabzeichen*); **10.** *sport* a) Flügel *m* (*Spielfeldteil*), b) → ***winger***; **II** *v/t.* **11.** mit Flügeln *etc.*

versehen; **12.** *fig.* beflügeln (*beschleunigen*); **13.** *Strecke* (durch)'fliegen; **14.** a) *Vogel* anschießen, flügeln, b) F *j-n* (*bsd.* am Arm) verwunden; **III** *v/i.* **15.** fliegen; **~ as·sem·bly** *s.* ✈ Tragwerk *n*; **'~·beat** *s.* Flügelschlag *m*; **~ case** *s. zo.* Flügeldecke *f*; **~ chair** *s.* Ohrensessel *m*; **~ com·mand·er** *s.* ✈, ⚔ **1.** *Brit.* Oberst'leutnant *m* der Luftwaffe; **2.** *Am.* Ge'schwaderkommo,dore *m*; **~ cov·ert** *s. zo.* Deckfeder *f*.

wing·ding ['wɪŋdɪŋ] *s. sl.* **1.** (*a.* Wut-) Anfall *m*; **2.** ‚tolles Ding'.

winged [wɪŋd] *adj.* □ **1.** *orn.*, *a.* ⚘ geflügelt; Flügel… ; *in Zssgn* …flügelig: ***the ~ horse*** *fig.* der Pegasus; ***~ screw*** ⚙ Flügelschraube *f*; ***~ words*** *fig.* geflügelte Worte; **2.** *fig.* a) beflügelt, schnell, b) beschwingt.

wing·er ['wɪŋə] *s. sport* Außen-, Flügelstürmer *m*.

wing| feath·er *s. orn.* Schwungfeder *f*; **'~-,heav·y** *adj.* ✈ querlastig; **~ nut** *s.* ⚙ Flügelmutter *f*; **'~,o·ver** *s.* ✈ Immelmann-Turn *m*; **~ sheath** → ***wing case***; **'~·span** ✈, **'~·spread** *s. orn.*, ✈ Spannweite *f*.

wink [wɪŋk] **I** *v/i.* **1.** blinzeln, zwinkern: ***~ at*** a) *j-m* zublinzeln, b) *fig.* ein Auge zudrücken bei, *et.* ignorieren; ***as easy as ~ing*** *Brit.* F kinderleicht; ***like ~ing*** F wie der Blitz; **2.** blinken, flimmern (*Licht*); **II** *v/t.* **3.** mit *den Augen* blinzeln *od.* zwinkern; **III** *s.* **4.** Blinzeln *n*, Zwinkern *n*, Wink *m* (*mit den Augen*): ***forty ~s*** Nickerchen *n*; ***not to sleep a ~, not to get a ~ of sleep*** kein Auge zutun; → ***tip***³ 5; ***in a ~*** im Nu.

win·kle ['wɪŋkl] **I** *s. zo.* (eßbare) Strandschnecke; **II** *v/t.* ***~ out*** a) her'ausziehen (*a. fig.* F), b) F *j-n* aussieben, -sondern.

win·ner ['wɪnə] *s.* **1.** Gewinner(in), *sport a.* Sieger(in); **2.** sicherer Gewinner; **3.** ‚todsichere' Sache; **4.** ‚Schlager' *m*.

win·ning ['wɪnɪŋ] **I** *adj.* □ **1.** *bsd. sport* siegreich, Sieger…, Sieges…; **2.** entscheidend: ***~ hit***; **3.** *fig.* gewinnend, einnehmend; **II** *s.* **4.** ⚒ Abbau *m*, Gewinnung *f*; **5.** *pl.* Gewinn *m* (*bsd. im Spiel*); **6.** Gewinnen *n*, Sieg *m*; **~ post** *s. sport* Zielpfosten *m*.

win·now ['wɪnəʊ] **I** *v/t.* **1.** a) *Getreide* schwingen, b) *Spreu* trennen (***from*** von); **2.** *fig.* sichten; **3.** *fig.* trennen, (unter)'scheiden (***from*** von); **II** *s.* **4.** Wanne *f*, Futterschwinge *f*.

wi·no ['waɪnəʊ] *pl.* **-nos** *s. Am. sl.* ‚Weinsüffel' *m*, Weinsäufer(in).

win·some ['wɪnsəm] *adj.* □ **1.** gewinnend: ***~ smile***; **2.** (lieb)reizend.

win·ter ['wɪntə] **I** *s.* **1.** Winter *m*; **2.** *poet.* Lenz *m*, (Lebens)Jahr *n*: ***a man of fifty ~s***; **II** *v/i.* **3.** (*a. v/t. Tiere, Pflanzen*) über'wintern; **III** *adj.* **4.** winterlich; Winter…: ***~ crop*** ✓ Winterfrucht *f*; ***~ garden*** Wintergarten *m*; ***~ sleep*** Winterschlaf *m*; ***~ sports*** Wintersport *m*; **win·ter·ize** ['wɪntəraɪz] *v/t.* auf den Winter vorbereiten, *bsd.* ⚙ winterfest machen; **'win·ter·tide** *s.* Winter(zeit *f*) *m*; **'~·weight** *adj.* Winter…: ***~ clothes***.

win·tri·ness ['wɪntrɪnɪs] *s.* Kälte *f*, Frostigkeit *f*; **win·try** ['wɪntrɪ] *adj.* **1.** winterlich, frostig; **2.** *fig.* a) trüb(e), b) alt, c) frostig: ***~ smile***.

wipe [waɪp] **I** *s.* **1.** (Ab)Wischen *n*: ***give s.th. a ~*** et. abwischen; **2.** F a) (harter) Schlag, b) *fig.* Seitenhieb *m*; **II** *v/t.* **3.** (ab-, sauber-, trocken)wischen, abreiben, reinigen: ***~ s.o.'s eye*** (***for him***) *sl.* j-n ausstechen; ***~ one's lips*** sich den Mund wischen; → ***floor*** 1; **~ off** *v/t.* **1.** ab-, wegwischen; **2.** *fig.* bereinigen, auslöschen, *Rechnung* begleichen: ***wipe s.th. off the slate*** et. begraben *od.* vergessen; **~ out** *v/t.* **1.** auswischen; **2.** wegwischen, (aus)löschen, tilgen (*a. fig.*): ***~ a disgrace*** e-n Schandfleck tilgen, e-e Scharte auswetzen; **3.** *Armee, Stadt etc.* vernichten, ‚ausradieren'; *Rasse etc.* ausrotten; **~ up** *v/t.* **1.** aufwischen; **2.** (ab)trocknen.

wip·er ['waɪpə] *s.* **1.** Wischer *m* (*Person od. Vorrichtung*); **2.** Wischtuch *n*; **3.** ⚙ a) Hebedaumen *m*, b) Abstreifring *m*, c) ⚡ Kon'takt-, Schleifarm *m*; **4.** → ***wipe*** 2.

wire ['waɪə] **I** *s.* **1.** Draht *m*; **2.** ⚡ Leitung(sdraht *m*) *f*; → ***live***² 3; **3.** ⚡ (Kabel)Ader *f*; **4.** F Tele'gramm *n*: ***by ~*** telegraphisch; **5.** *pl.* a) Drähte *pl. e-s Marionettenspiels*, b) *fig.* geheime Fäden *pl.*, Beziehungen *pl.*: ***pull the ~*** a) der Drahtzieher sein, b) s-e Beziehungen spielen lassen; **6.** *opt.* Faden *m im Okular*; **7.** ♪ Drahtsaite(n *pl.*) *f*; **II** *adj.* **8.** Draht…: ***~ brush***; **III** *v/t.* **9.** mit Draht(geflecht) versehen; **10.** mit Draht zs.-binden *od.* befestigen; **11.** ⚡ Leitungen legen in, (be)schalten, verdrahten: ***~ to*** anschließen an (*acc.*); **12.** F *e-e Nachricht od. j-m* telegraphieren; **13.** *hunt.* mit Drahtschlingen fangen; **IV** *v/i.* **14.** F telegraphieren: ***~ away*** *od.* ***in*** *sl.* loslegen, sich ins Zeug legen; **~ cloth** → ***wire gauze***; **~ cut·ter** *s.* ⚙ Drahtschere *f*; **'~·draw** *v/t.* [*irr.* → ***draw***] **1.** ⚙ *Metall* drahtziehen; **2.** *fig.* a) in die Länge ziehen, b) *Argument* über'spitzen; '**~·drawn** *adj. fig.* a) langatmig, b) über'spitzt; **~ en·tan·gle·ment** *s.* ⚔ Drahtverhau *m*; **~ ga(u)ge** *s.* ⚙ Drahtlehre *f*; **~ gauze** *s.* Drahtgaze *f*, -gewebe *n*, -netz *n*; '**~·haired** *adj. zo.* Drahthaar…: **~ *terrier*.**

wire·less ['waɪəlɪs] ⚡ **I** *adj.* **1.** drahtlos, Funk…: ***~ message*** Funkspruch *m*; **2.** *Brit.* Radio…, Rundfunk…: ***~ set*** → 3; **II** *s.* **3.** *Brit.* 'Radio(appaˌrat *m*) *n*: ***on the ~*** im Radio *od.* Rundfunk; **4.** *abbr. für* ***~ telegraphy***, ***~ telephony*** *etc.*; **III** *v/t. Brit.* **5.** *Nachricht etc.* funken; **~ car** *s. Brit.* Funkstreifenwagen *m*; **~ op·er·a·tor** *s.* ✈ (Bord)Funker *m*; **~ pi·rate** *s.* Schwarzhörer *m*; **~ (re·ceiv·ing) set** *s.* (Funk)Empfänger *m*; **~ sta·tion** *s.* (*a.* 'Rund)FunkstatiˌOn *f*; **~ te·leg·ra·phy** *s.* drahtlose Telegra'phie, 'Funktelegraˌphie *f*; **~ te·leph·o·ny** *s.* drahtlose Telepho'nie, Sprechfunk *m*.

'**wire|·man** [-mən] *s.* [*irr.*] **1.** Tele'graphen-, Tele'phonarbeiter *m*; **2.** E'lektroinstallaˌteur *m*; **3.** 'Abhörspeziaˌlist *m*; **~ net·ting** *s.* ⚙ **1.** Drahtnetz *n*; **2.** *pl.* Maschendraht *m*; '**~ˌpho·to** *s.* 'Bildteleˌgramm *n*; '**~ˌpull·er** *s. fig.* ‚Drahtzieher' *m*; '**~ˌpull·ing** *s. bsd. pol.* ‚Drahtziehe'rei *f*; **~ rod** *s.* ⚙ Walz-, Stabdraht *m*; **~ rope** *s.* Drahtseil *n*; **~ rope·way** *s.* Drahtseilbahn *f*; **~ ser·vice** *s. Am.* 'Nachrichtenagenˌtur *f*; '**~·tap** *v/t. u. v/i.* (*j-s*) Tele'fongespräche abhören, (*j-s*) Leitung(en) anzapfen; '**~ˌtap·ping** *s.* Abhören *n*, Anzapfen *n* (von Tele'phonleitungen); '**~ˌwalk·er** *s.* 'Drahtseilakroˌbat(in), Seiltänzer(in); '**~·worm** *s. zo.* Drahtwurm *m*; '**~-wove** *adj.* **1.** Velin…(*-papier*); **2.** aus Draht geflochten.

wir·ing ['waɪərɪŋ] *s.* **1.** Verdrahtung *f* (*a.* ⚡); **2.** ⚡ a) (Be)Schaltung *f*, b) Leitungsnetz *n*: ***~ diagram*** Schaltplan *m*, -schema *n*.

wir·y ['waɪərɪ] *adj.* □ **1.** Draht…; **2.** drahtig (*Haar*, *Muskeln*, *Person etc.*); **3.** a) vibrierend, b) me'tallisch (*Ton*).

wis·dom ['wɪzdəm] *s.* Weisheit *f*, Klugheit *f*; **~ tooth** *s.* [*irr.*] Weisheitszahn *m*: ***cut one's ~ teeth*** *fig.* vernünftig werden.

wise¹ [waɪz] **I** *adj.* □ → ***wisely***; **1.** weise, klug, erfahren, einsichtig; **2.** gescheit, verständig; **3.** wissend, unter'richtet: ***be none the ~r*** (***for it***) nicht klüger sein als zuvor; ***without anybody being the ~r for it*** ohne daß es j-d gemerkt hätte; ***~r after the event*** um e-e Erfahrung klüger; ***be ~ to*** F Bescheid wissen über (*acc.*); ***get ~ to*** F *et.* ‚spitzkriegen', *j-n od. et.* durch'schauen; ***put s.o. ~ to*** F j-m *et.* ‚stecken'; **4.** schlau, gerissen; **5.** F neunmalklug: ***~ guy*** ‚Klugscheißer' *m*; **6.** *obs.* ***~ man*** Zauberer *m*; ***~ woman*** a) Hexe *f*, b) Wahrsagerin *f*, c) weise Frau (*Hebamme*); **II** *v/t.* **7.** ***~ up*** *Am.* F *j-n* informieren (***to*** über *acc.*); **III** *v/i.* **8.** ***~ up*** *Am.* F a) ‚schlau' werden, b) ***~ up to*** *et.* ‚spitzkriegen'.

wise² [waɪz] *s. obs.* Art *f*, Weise *f*: ***in any ~*** auf irgendeine Weise; ***in no ~*** in keiner Weise, keineswegs; ***in this ~*** auf diese Art u. Weise.

-wise [waɪz] *in Zssgn* a) …artig, nach Art von, b) …weise, c) F …mäßig.

'**wise|ˌa·cre** [-ˌeɪkə] *s.* Neunmalkluge(r) *m*, Besserwisser *m*; '**~·crack** F **I** *s.* witzige *od.* treffende Bemerkung; Witze'lei *f*; **II** *v/i.* witzeln, ‚flachsen'; '**~ˌcrack·er** *s.* F Witzbold *m*.

wise·ly ['waɪzlɪ] *adv.* **1.** weise (*etc.*; → ***wise¹*** 1 *u.* 2); **2.** klug, kluger-, vernünftigerweise; **3.** (wohl)weislich.

wish [wɪʃ] **I** *v/t.* **1.** (sich) wünschen; **2.** wollen, wünschen: ***I ~ I were rich*** ich wollte, ich wäre reich; ***I ~ you to come*** ich möchte, daß du kommst; ***~ s.o. further*** (*od.* ***at the devil***) j-n zum Teufel wünschen; ***~ o.s. home*** sich nach Hause sehnen; **3.** hoffen: ***I ~ it may prove true***; ***it is to be ~ed*** es ist zu hoffen *od.* wünschen; **4.** *j-m Glück*, *Spaß etc.* wünschen: ***~ s.o. well*** (***ill***) j-m wohl- (übel)wollen; ***~ s.th. on s.o.*** j-m et. (*Böses*) wünschen, j-m et. aufhalsen; → ***joy*** 1; **5.** *j-m guten Morgen etc.* wünschen; *j-m Adieu etc.* sagen: ***~ s.o. farewell***; **II** *v/i.* **6.** wünschen: ***~ for*** sich *et.* wünschen, sich sehnen nach; ***he cannot ~ for anything better*** er kann sich nichts Besseres wünschen; **III** *s.* **7.** Wunsch *m*: a) Verlangen *n* (***for*** nach), b) Bitte *f* (***for*** um *acc.*), c) *das* Gewünschte: ***you shall have your ~*** du sollst haben, was du dir wünschst; → ***father*** 5; **8.** *pl. gute* Wünsche *pl.*, Glückwünsche *pl.*: ***good ~es***; '**wish·bone** *s.* **1.** *orn.* Brust-, Gabelbein *n*; **2.** *mot.* Dreiecklenker *m*: ***~ suspension*** Schwingarmfederung *f*; **wish·ful** ['wɪʃfʊl] *adj.* □ **1.** vom Wunsch erfüllt, begierig (***to do*** zu tun); **2.** sehnsüchtig: ***~ thinking*** Wunschdenken *n*.

wish·ing| bone ['wɪʃɪŋ] → ***wishbone*** 1; **~ cap** *s.* Zauber-, Wunschkappe *f*.

wish-wash ['wɪʃwɒʃ] *s.* **1.** labberiges Zeug (*a. fig. Geschreibsel*); **2.** *fig.* Geschwätz *n*; **wish·y·wash·y** ['wɪʃɪˌwɒʃɪ] *adj.* labberig: a) wäßrig, b) *fig.* saft- u.

kraftlos, seicht.

wisp [wɪsp] *s.* **1.** (*Stroh- etc.*)Wisch *m*, (*Heu-*, *Haar*)Büschel *n*; (*Haar*)Strähne *f*; **2.** Handfeger *m*; **3.** Strich *m*, Zug *m* (*Vögel*); **4.** Fetzen *m*, Streifen *m*: **~ of smoke** Rauchfetzen *m*; **a ~ of a boy** ein schmächtiges Bürschchen; **'wisp·y** [-pɪ] *adj.* **1.** büschelig (*Haar etc.*); **2.** dünn, schmächtig.

wist·ful ['wɪstfʊl] *adj.* □ **1.** sehnsüchtig, wehmütig; **2.** nachdenklich, versonnen.

wit[1] [wɪt] *s.* **1.** *oft pl.* geistige Fähigkeiten *pl.*, Intelli'genz *f*; **2.** *oft pl.* Verstand *m*: **be at one's ~s' end** mit s-r Weisheit zu Ende sein; **have one's ~s about one** s-e fünf Sinne beisammen haben; **keep one's ~s about one** e-n klaren Kopf behalten; **live by one's ~s** sich mehr oder weniger ehrlich durchs Leben schlagen; **out of one's ~s** von Sinnen, verrückt; **frighten s.o out of his ~s** j-n zu Tode erschrecken; **3.** Witz *m*, Geist *m*, Es'prit *m*; **4.** witziger Kopf, geistreicher Mensch; **5.** *obs.* Witz *m*, witziger Einfall.

wit[2] [wɪt] *v/t. u. v/i.* [*irr.*] *obs.* wissen: **to ~** *bsd.* ⚖ das heißt, nämlich.

witch [wɪtʃ] **I** *s.* **1.** Hexe *f*, Zauberin *f*: **~es' sabbath** Hexensabbat *m*; **2.** *fig.* alte Hexe; **3.** F betörendes Wesen, bezaubernde Frau; **II** *v/t.* **4.** be-, verhexen; **'~·craft** *s.* **1.** Hexe'rei *f*, Zaube'rei *f*; **2.** Zauber(kraft *f*) *m*; **~ doc·tor** *s.* Medi'zinmann *m*.

witch·er·y ['wɪtʃərɪ] *s.* **1.** → ***witchcraft***; **2.** *fig.* Zauber *m*.

witch hunt *s. bsd. pol.* Hexenjagd *f* (**for, against** auf *acc.*).

witch·ing ['wɪtʃɪŋ] *adj.* □ **1.** Hexen...: **~ hour** Geisterstunde *f*; **2.** → ***bewitching***.

wit·e·na·ge·mot [ˌwɪtɪnəgɪ'məʊt] *s. hist. gesetzgebende Versammlung im Angelsachsenreich.*

with [wɪð] *prp.* **1.** mit (*vermittels*): **cut ~ a knife**; **fill ~ water**; **2.** (zs.) mit: **he went ~ his friends**; **3.** nebst, samt: **~ all expenses**; **4.** mit (*besitzend*): **a coat ~ three pockets**; **~ no hat** ohne Hut; **5.** mit (*Art u. Weise*): **~ care**; **~ a smile**; **~ the door open** bei offener Tür; **6.** in Über'einstimmung mit: **I am quite ~ you** ich bin ganz Ihrer Ansicht *od.* ganz auf Ihrer Seite; **7.** mit (*in derselben Weise, im gleichen Grad, zur selben Zeit*): **the sun changes ~ the seasons**; **rise ~ the sun**; **8.** bei: **sit (sleep) ~ s.o.**; **work ~ a firm**; **I have no money ~ me**; **9.** (*kausal*) durch, vor (*dat.*), von, an (*dat.*): **die ~ cancer** an Krebs sterben; **stiff ~ cold** steif vor Kälte; **wet ~ tears** von Tränen naß, tränennaß; **tremble ~ fear** vor Furcht zittern; **10.** bei, für: **~ God all things are possible** bei Gott ist kein Ding unmöglich; **11.** gegen, mit: **fight ~ s.o.**; **12.** bei, auf seiten (von): **it rests ~ you to decide** die Entscheidung liegt bei dir; **13.** trotz, bei: **~ all her brains** bei all ihrer Klugheit; **14.** angesichts; in Anbetracht der Tatsache, daß: **you can't leave ~ your mother so ill** du kannst nicht weggehen, wenn deine Mutter so krank ist; **15. ~ it** *sl.* a) ‚auf Draht', ‚schwer auf der Höhe', b) modebewußt, c) up to date, modern: **get ~ it!** mach mit!, sei kein Frosch!

with·al [wɪ'ðɔːl] *obs.* **I** *adv.* außerdem, 'oben'drein, da'bei; **II** *prp.* (*nachgestellt*) mit.

with·draw [wɪð'drɔː] [*irr.* → ***draw***] **I** *v/t.* **1.** (**from**) zu'rückziehen, -nehmen (von, aus): a) wegnehmen, entfernen (von, aus), *Schlüssel etc.*, *a.* ⚔ *Truppen* abziehen, her'ausziehen (aus), b) entziehen (*dat.*), c) einziehen, d) *fig. Auftrag, Aussage etc.* wider'rufen, *Wort etc.* zu'rücknehmen: **~ a motion** e-n Antrag zurückziehen; **2.** ✝ a) *Geld* abheben, *a. Kapital* entnehmen, b) *Kredit* kündigen; **II** *v/i.* **3.** (**from**) sich zu'rückziehen (von, aus): a) sich entfernen, b) zu'rückgehen, ⚔ *a.* sich absetzen, c) zu'rücktreten (von *e-m Posten*, *Vertrag*), d) austreten (aus *e-r Gesellschaft*), e) *fig.* sich distanzieren (von *j-m*, *e-r Sache*): **~ within o.s.** *fig.* sich in sich selbst zurückziehen; **with'draw·al** [-ɔːəl] *s.* **1.** Zu'rückziehung *f*, -nahme *f* (*a. fig. Widerrufung*) (*a.* ⚔ *von Truppen*): **~ (from circulation)** Einziehung, Außerkurssetzung *f*; **2.** ✝ (Geld)Abhebung *f*, Entnahme *f*; **3.** *bsd.* ⚔ Ab-, Rückzug *m*; **4.** (**from**) Rücktritt *m* (von *e-m Amt*, *Vertrag etc.*), Ausscheiden *n* (aus); **5.** Entzug *m*; **6.** ⚕ Entziehung *f*: **~ cure**; **~ symptoms** Entziehungs-, Ausfallserscheinungen *pl.*; **7.** *sport* Startverzicht *m*; **with'drawn** [-ɔːn] **I** *pp von* ***withdraw***; **II** *adj.* **1.** *psych.* in sich gekehrt; **2.** zu'rückgezogen.

with·er ['wɪðə] **I** *v/i.* **1.** *oft* **~ up** (ver-)welken, verdorren, austrocknen; **2.** *fig.* a) vergehen (*Schönheit etc.*), b) ‚eingehen' (*Firma etc.*), c) *oft* **~ away** schwinden (*Hoffnung etc.*); **II** *v/t.* **3.** (ver)welken lassen, ausdörren, -trocknen: **~ed** *fig.* verhutzelt; **4.** *fig. j-n mit e-m Blick etc.*, *a. j-s Ruf* vernichten; **with·er·ing** ['wɪðərɪŋ] *adj.* □ **1.** ausdörrend; **2.** *fig.*

vernichtend: ***a ~ look*** (***remark***).

with·ers ['wɪðəz] *s. pl. zo.* 'Widerrist *m* (*Pferd etc.*): ***my ~ are unwrung*** *fig.* das trifft mich nicht.

with'hold *v/t.* [*irr.* → ***hold***²] **1.** zu'rück-, abhalten (***s.o. from*** j-n von *et.*): ***~ o.s. from s.th.*** sich e-r Sache enthalten; ***~ing tax*** Quellensteuer *f*; **2.** vorenthalten, versagen (***s.th. from s.o.*** j-m et.).

with·in [wɪ'ðɪn] **I** *prp.* **1.** innerhalb von (*od. gen.*), in (*dat.*) (*beide a. zeitlich binnen*): ***~ 3 hours*** binnen *od.* in nicht mehr als 3 Stunden; ***~ a week of his arrival*** e-e Woche nach *od.* vor s-r Ankunft; **2.** im *od.* in den Bereich von: ***~ call*** (***hearing***, ***reach***, ***sight***) in Ruf-(Hör-, Reich-, Sicht)weite; ***~ the meaning of the Act*** im Rahmen des Gesetzes; ***~ my powers*** a) im Rahmen m-r Befugnisse, b) soweit es in m-n Kräften steht; ***~ o.s.*** *sport* ohne sich zu verausgaben (*laufen etc.*); ***live ~ one's income*** nicht über s-e Verhältnisse leben; **3.** im 'Umkreis von, nicht weiter (entfernt) als: ***~ a mile of*** bis auf e-e Meile von; → ***ace*** 3; **II** *adv.* **4.** (dr)innen, drin, im Innern: ***~ and without*** innen u. außen; ***from ~*** von innen; **5.** a) im *od.* zu Hause, drinnen, b) ins Haus, hi'nein; **6.** *fig.* innerlich, im Innern; **III** *s.* **7.** *das* Innere.

with·out [wɪ'ðaʊt] **I** *prp.* **1.** ohne (***doing*** zu tun): ***~ difficulty***; ***~ his finding me*** ohne daß er mich fand *od.* findet; ***~ doubt*** zweifellos; → ***do without***, ***go without***; **2.** außerhalb, jenseits, vor (*dat.*); **II** *adv.* **3.** (dr)außen, äußerlich; **4.** ohne: ***go ~*** leer ausgehen; **III** *s.* **5.** *das* Äußere: ***from ~*** von außen; **IV** *cj.* **6.** *a.* ***~ that*** *obs. od.* F a) wenn nicht, außer wenn, b) ohne daß.

with'stand [*irr.* → ***stand***] *v/t.* wider'stehen (*dat.*): a) sich wider'setzen (*dat.*), b) aushalten (*acc.*), standhalten (*dat.*).

wit·less ['wɪtlɪs] *adj.* □ **1.** geist-, witzlos; **2.** dumm, einfältig; **3.** verrückt; **4.** ahnungslos.

wit·ness ['wɪtnɪs] **I** *s.* **1.** Zeuge *m*, Zeugin *f* (*a.* ⚖ *u. fig.*): ***be a ~ of s.th.*** Zeuge von et. sein; ***call s.o. to ~*** j-n als Zeugen anrufen; ***a living ~ to*** ein lebender Zeuge (*gen.*); ***~ for the prosecution*** (*Brit. a.* ***for the Crown***) Belastungszeuge; ***prosecuting ~*** a) Nebenkläger(in), b) Belastungszeuge; ***~ for the defence*** (*Am.* ***defense***) Entlastungszeuge; ♀ *eccl.* Zeuge Je'hovas; **2.** Zeugnis *n*, Bestätigung *f*, Beweis *m* (***of***, ***to*** *gen. od.* für): ***bear ~ to*** (*od.* ***of***) Zeugnis ablegen von, *et.* bestätigen; ***in ~ whereof*** zum Zeugnis *od.* urkundlich dessen; **II** *v/t.* **3.** bezeugen, beweisen: ***~ Shakespeare*** als Beweis dient Shakespeare; **4.** Zeuge sein von, zu'gegen sein bei, (mit)erleben (*a. fig.*); **5.** *fig.* zeugen von, Zeuge sein von; **6.** ⚖ *j-s Unterschrift* beglaubigen, *Dokument* als Zeuge unter'schreiben; **III** *v/i.* **7.** zeugen, Zeuge sein, Zeugnis ablegen, ⚖ *a.* aussagen (***against*** gegen, ***for***, ***to*** für): ***~ to s.th.*** *fig.* et. bezeugen; ***this agreement ~eth*** ⚖ dieser Vertrag be-inhaltet; ***~ box*** *bsd. Brit.*, ***~ stand*** *Am. s.* ⚖ Zeugenstand *m*.

wit·ted ['wɪtɪd] *adj. in Zssgn* ...denkend, ...sinnig; → ***half-witted*** *etc.*

wit·ti·cism ['wɪtɪsɪzəm] *s.* witzige Bemerkung.

wit·ti·ness ['wɪtɪnɪs] *s.* Witzigkeit *f*.

wit·ting·ly ['wɪtɪŋlɪ] *adv.* wissentlich.

wit·ty ['wɪtɪ] *adj.* □ witzig, geistreich.

wives [waɪvz] *pl. von* ***wife***.

wiz [wɪz] F *für* ***wizard*** 2.

wiz·ard ['wɪzəd] **I** *s.* **1.** Zauberer *m*, Hexenmeister *m* (*beide a. fig.*); **2.** *fig.* Ge'nie *n*, Leuchte *f*, ‚Ka'none' *f*; **II** *adj.* **3.** magisch, Zauber...; **4.** F ‚phan'tastisch'; **'wiz·ard·ry** [-drɪ] *s.* Zaube'rei *f*, Hexe'rei *f* (*a. fig.*).

wiz·en ['wɪzn], **'wiz·ened** [-nd] *adj.* verhutzelt, schrump(e)lig.

wo, **woa** [wəʊ] *int.* brr! (*zum Pferd*).

wob·ble ['wɒbl] **I** *v/i.* **1.** wackeln; schwanken (*a. fig.* ***between*** zwischen); **2.** schlottern (*Knie etc.*); **3.** ⚙ a) flattern (*Rad*), b) ‚eiern' (*Schallplatte*); **II** *s.* **4.** Wackeln *n*; Schwanken *n* (*a. fig.*); ⚙ Flattern *n*; **'wob·bly** [-lɪ] *adj.* wack(e)lig.

woe [wəʊ] **I** *int.* wehe!, ach!; **II** *s.* Weh *n*, Leid *n*, Kummer *m*, Not *f*: ***face of ~*** jämmerliche Miene; ***tale of ~*** Leidensgeschichte *f*; ***~ is me!*** wehe mir!; ***~*** (***be***) ***to ...!***, ***~ betide ...!*** wehe (*dat.*)!, verflucht sei(en) ...!; → ***weal***¹; **woe·be·gone** ['wəʊbɪˌgɒn] *adj.* **1.** leid-, jammervoll, vergrämt; **2.** verwahrlost; **woe·ful** ['wəʊfʊl] *adj.* □ *rhet. od. humor.* **1.** kummer-, sorgenvoll; **2.** elend, jammervoll; **3.** *contp.* erbärmlich, jämmerlich.

wog [wɒg] *s. sl. contp.* farbiger Ausländer.

woke [wəʊk] *pret. von* ***wake***².

wold [wəʊld] *s.* **1.** hügeliges Land; **2.** Hochebene *f*.

wolf [wʊlf] **I** *pl.* **wolves** [-vz] *s.* **1.** *zo.* Wolf *m*: ***a ~ in sheep's clothing*** *fig.* ein Wolf im Schafspelz; ***lone ~*** *fig.* Einzelgänger *m*; ***cry ~** fig.* blinden Alarm schlagen; ***keep the ~ from the door** fig.* sich über Wasser halten; **2.** *fig.* a) Wolf *m*, räuberische *od.* gierige Per'son, b) F ,Casa'nova' *m*, Schürzenjäger *m*; **3.** ♪ Disso'nanz *f*; **II** *v/t.* **4.** *a.* ***~ down** Speisen* (gierig) verschlingen; **~ call** *s. Am.* F *bewundernder Pfiff od. Ausruf (beim Anblick e-r attraktiven Frau)*; **~ cub** *s. zo.* junger Wolf.

wolf·ish ['wʊlfɪʃ] *adj.* □ **1.** wölfisch (*a. fig.*), Wolfs...; **2.** *fig.* wild, gefräßig: ***~ appetite*** Wolfshunger *m*.

wolf pack *s.* **1.** Wolfsrudel *n*; **2.** ⚓, ⚔ Rudel *n* U-Boote.

wolf·ram ['wʊlfrəm] *s.* **1.** ⚗ Wolfram *n*; **2.** → **'wolf·ram·ite** [-maɪt] *s. min.* Wolfra'mit *m*.

wol·ver·ine ['wʊlvəriːn] *s. zo.* (Amer.) Vielfraß *m*.

wolves [wʊlvz] *pl. von* ***wolf***.

wom·an ['wʊmən] **I** *pl.* **wom·en** ['wɪmɪn] *s.* **1.** Frau *f*, Weib *n*: ***~ of the world*** Frau von Welt; ***play the ~*** empfindsam *od.* ängstlich sein; → ***women***; **2.** a) Hausangestellte *f*, b) Zofe *f*; **3.** (*ohne Artikel*) das weibliche Geschlecht, die Frauen *pl.*, das Weib: ***born of ~*** vom Weibe geboren (*sterblich*); ***~'s reason*** weibliche Logik; **4.** ***the ~** fig.* das Weib, die Frau, das typisch Weibliche; **5.** F a) (Ehe)Frau *f*, b) Freundin *f*, Geliebte *f*; **II** *adj.* **6.** weiblich, Frauen...: ***~ doctor*** Ärztin *f*; ***~ student*** Studentin *f*.

wom·an·hood ['wʊmənhʊd] *s.* **1.** Stellung *f* der (erwachsenen) Frau: ***reach ~*** e-e Frau werden; **2.** Weiblich-, Fraulichkeit *f*; **3.** → ***womankind*** 1; **'wom·an·ish** [-nɪʃ] *adj.* □ **1.** *contp.* weibisch; **2.** → ***womanly***; **'wom·an·ize** [-naɪz] **I** *v/t.* weibisch machen; **II** *v/i.* F hinter den Weibern her sein; **'wom·an·iz·er** [-naɪzə] *s.* F Schürzenjäger *m*.

ˌwom·an|'kind *s.* **1.** *coll.* Frauen(welt *f*) *pl.*, Weiblichkeit *f*; **2.** → ***womenfolk*** 2; **'~·like** *adj.* wie e-e Frau, fraulich, weiblich.

wom·an·li·ness ['wʊmənlɪnɪs] *s.* Fraulich-, Weiblichkeit *f*; **wom·an·ly** ['wʊmənlɪ] *adj.* fraulich, weiblich (*a. weitS.*).

womb [wuːm] *s. anat.* Gebärmutter *f*; *weitS.* (Mutter)Leib *m*, Schoß *m* (*a. fig. der Erde, der Zukunft etc.*); **~ en·vy** *s. psych.* Gebärneid *m*; **ˌ~-to-'tomb** *adj.* von der Wiege bis zur Bahre.

wom·en ['wɪmɪn] *pl. von* ***woman***: ***~'s rights*** Frauenrechte; ***~'s team** sport* Damenmannschaft *f*; **'~·folk** *s. pl.* **1.** → ***womankind*** 1; **2.** *die* Frauen *pl.* (*in e-r Familie*), *mein etc.* ,Weibervolk' *n* (da'heim).

Wom·en's| Lib [lɪb] F, **~ Lib·e·ra·tion (Move·ment)** *s.* 'Frauenemanzipatiˌonsbewegung *f*; **~ Lib·ber** ['lɪbə] *s.* F Anhängerin *f* der Emanzipati'onsbewegung, *contp.* ,E'manze' *f*.

won [wʌn] *pret. u. p.p. von* ***win***.

won·der ['wʌndə] **I** *s.* **1.** Wunder *n*, *et.* Wunderbares, Wundertat *f*, -werk *n*: ***a ~ of skill*** ein (wahres) Wunder an Geschicklichkeit (*Person*); ***the 7 ~s of the world*** die 7 Weltwunder; ***work*** (*od.* ***do***) ***~s*** Wunder wirken; ***promise ~s*** *j-m* goldene Berge versprechen; (***it is***) ***no*** (*od.* ***small***) ***~ that*** kein Wunder, daß; ***~s will never cease*** es gibt immer noch Wunder; → ***nine*** 1, ***sign*** 8; **2.** Verwunderung *f*, (Er)Staunen *n*: ***filled with ~*** von Staunen erfüllt; ***for a ~*** a) erstaunlicherweise, b) ausnahmsweise; ***in ~*** erstaunt, verwundert; **II** *v/i.* **3.** sich (ver)wundern, erstaunt sein (***at, about*** über *acc.*): ***not to be ~ed at*** nicht zu verwundern; **4.** a) neugierig *od.* gespannt sein, gern wissen mögen (***if, whether, what*** *etc.*), b) sich fragen *od.* über'legen: ***I ~ whether I might ...?*** dürfte ich vielleicht ...?, ob ich wohl ... kann?; ***I ~ if you could help me*** vielleicht können Sie mir helfen; ***well, I ~!*** na, ich weiß nicht (recht)!; **~ boy** *s.* ,Wunderknabe' *m*; **~ child** *s.* [*irr.*] *Am.* Wunderkind *n*; **~ drug** *s.* Wunderdroge *f*, -mittel *n*.

won·der·ful ['wʌndəfʊl] *adj.* □ wunderbar, -voll, herrlich: ***not so ~*** F nicht so toll.

won·der·ing ['wʌndərɪŋ] *adj.* □ verwundert, erstaunt, staunend.

'won·der·land *s.* Wunder-, Märchenland *n* (*a. fig.*).

won·der·ment ['wʌndəmənt] *s.* Verwunderung *f*, Staunen *n*.

'won·der|-struck *adj.* von Staunen ergriffen (***at*** über *acc.*); **'~-ˌwork·er** *s.* Wundertäter(in); **'~-ˌwork·ing** *adj.* wundertätig.

won·drous ['wʌndrəs] *rhet.* **I** *adj.* □ wundersam, -bar; **II** *adv.* a) wunderbar(erweise), b) außerordentlich.

won·ky ['wɒŋkɪ] *adj. Brit. sl.* wack(e)lig (*a. fig.*).

won't [wəʊnt] F *für* ***will not***.

wont [wəʊnt] **I** *adj.*: ***be ~ to do*** gewohnt sein *od.* pflegen zu tun; **II** *s.* Gewohnheit *f*, Brauch *m*; **'wont·ed** [-tɪd] *adj.* **1.** *obs.* gewohnt; **2.** gewöhnlich, üblich; **3.** *Am.* eingewöhnt (***to*** in *dat.*).

woo [wu:] *v/t.* **1.** werben *od.* freien um, *j-m* den Hof machen; **2.** *fig.* trachten nach, buhlen um; **3.** *fig.* a) *j-n* um'werben, b) locken, drängen (***to*** zu).

wood [wʊd] **I** *s.* **1.** *oft pl.* Wald *m*, Waldung *f*, Gehölz *n*: ***be out of the ~*** (*Am.* ***~s***) F über den Berg sein; ***he cannot see the ~ for the trees*** er sieht den Wald vor lauter Bäumen nicht; → ***halloo*** III; **2.** Holz *n*: ***touch ~!*** unberufen!; **3.** (Holz)Faß *n*: ***wine from the ~*** Wein (direkt) vom Faß; **4.** ***the ~*** ♪ → ***woodwind*** 2; **5.** → ***wood block*** 2; **6.** *Bowling*: (*bsd.* abgeräumter) Kegel; **7.** *pl.* *Skisport*: ‚Bretter' *pl.*; **8.** *Golf*: Holz (-schläger *m*) *n*; **II** *adj.* **9.** hölzern, Holz...; **10.** Wald...; **~ al·co·hol** *s.* ⚗ Holzgeist *m*; **~ a·nem·o·ne** *s.* ⚘ Buschwindrös-chen *n*; **'~·bind**, **'~·bine** *s.* **1.** ⚘ Geißblatt *n*; **2.** *Am.* wilder Wein; **~ block** *s.* **1.** Par'kettbrettchen *n*; **2.** *typ.* a) Druckstock *m*, b) Holzschnitt *m*; **~ carv·er** *s.* Holzschnitzer *m*; **~ carv·ing** *s.* Holzschnitze'rei *f* (*a. Schnitzwerk*); **'~·chuck** *s. zo.* (amer.) Waldmurmeltier *n*; **~ coal** *s.* **1.** *min.* Braunkohle *f*; **2.** Holzkohle *f*; **'~·cock** *s. orn.* Waldschnepfe *f*; **'~·craft** *s.* **1.** die Fähigkeit, im Wald zu (über)leben; **2.** Holzschnitze'rei *f*; **'~·cut** *s. typ.* **1.** Holzstock *m* (*Druckform*); **2.** Holzschnitt *m* (*Druckerzeugnis*); **'~ˌcut·ter** *s.* **1.** Holzfäller *m*; **2.** *Kunst*: Holzschneider *m*.

wood·ed ['wʊdɪd] *adj.* bewaldet, waldig, Wald...

wood·en ['wʊdn] *adj.* □ **1.** hölzern, Holz...: ***♀ Horse*** *das* Trojanische Pferd; ***~ spoon*** a) Holzlöffel *m*, b) *bsd. sport* Trostpreis *m*; **2.** *fig.* hölzern, steif (*a. Person*); **3.** *fig.* ausdruckslos (*Gesicht etc.*); **4.** stumpf(sinnig).

wood| en·grav·er *s.* Holzschneider *m*; **~ en·grav·ing** *s.* **1.** Holzschneiden *n*; **2.** Holzschnitt *m*.

'wood·en|ˌhead·ed *adj.* F dumm.

wood| gas *s.* ⚙ Holzgas *n*; **~ grouse** *s. orn.* Auerhahn *m*.

wood·i·ness ['wʊdɪnɪs] *s.* **1.** Waldreichtum *m*; **2.** Holzigkeit *f*.

wood| king·fish·er *s. orn.* Königsfischer *m*; **'~·land I** *s.* Waldland *n*, Waldung *f*; **II** *adj.* Wald...; **~ lark** *s. orn.* Heidelerche *f*; **~ louse** *s.* [*irr.*] *zo.* Bohrassel *f*; **'~·man** [-mən] *s.* [*irr.*] **1.** *Brit.* Förster *m*; **2.** Holzfäller *m*; **3.** Jäger *m*; **4.** Waldbewohner *m*; **~ naph·tha** *s.* ⚗ Holzgeist *m*; **~ nymph** *s.* **1.** *myth.* Waldnymphe *f*; **2.** *zo. eine* Motte; **3.** *orn. ein* Kolibri *m*; **'~ˌpeck·er** *s. orn.* Specht *m*; **~ pi·geon** *s. orn.* Ringeltaube *f*; **'~·pile** *s.* Holzhaufen *m*, -stoß *m*; **~ pulp** *s.* ⚙ Holz(zell)stoff *m*, Holzschliff *m*; **'~·ruff** *s.* ⚘ Waldmeister *m*; **~·print** → ***woodcut*** 2; **'~·shav·ings** *s. pl.* Hobelspäne *pl.*; **'~·shed** *s.* Holzschuppen *m*.

woods·man ['wʊdzmən] *s.* [*irr.*] *s.* Waldbewohner *m*.

wood| sor·rel *s.* ⚘ Sauerklee *m*; **~ spir·it** *s.* ⚗ Holzgeist *m*; **~ tar** *s.* ⚗ Holzteer *m*; **~ tick** *s. zo.* Holzbock *m*; **'~·wind** [-wɪnd] ♪ **I** *s.* **1.** 'Holzblasinstruˌment *n*; **2.** *oft pl.* 'Holzblasinstruˌmente *pl.* (*e-s Orchesters*), Holz(bläser *pl.*) *n*; **II** *adj.* **3.** Holzblas...; **~ wool** *s.* ⚕ Zellstoffwatte *f*; **'~·work** *s.* △ **1.** Holz-, Balkenwerk *n*; **2.** Holzarbeit(en *pl.*) *f*; **'~ˌwork·ing I** *s.* Holzbearbeitung *f*; **II** *adj.* holzbearbeitend, Holzbearbeitungs...: ***~ machine***; **'~·worm** *s. zo.* Holzwurm *m*.

wood·y ['wʊdɪ] *adj.* **1.** a) waldig, Wald..., b) waldreich; **2.** holzig, Holz...

'wood·yard *s.* Holzplatz *m*.

woo·er ['wu:ə] *s.* Freier *m*, Anbeter *m*.

woof[1] [wu:f] *s.* **1.** *Weberei*: a) Einschlag *m*, (Ein)Schuß *m*, b) Schußgarn *n*; **2.** Gewebe *n*.

woof[2] [wʊf] *v/i.* bellen.

woof·er ['wu:fə] *s.* ⚡ Tieftonlautsprecher *m*.

woo·ing ['wu:ɪŋ] *s.* (*a. fig.* Liebes)Werben *n*, Freien *n*, Werbung *f*.

wool [wʊl] **I** *s.* **1.** Wolle *f*: ***dyed in the ~*** in der Wolle gefärbt, *bsd. fig.* waschecht; → ***cry*** 2; **2.** Wollfaden *m*, -garn *n*; **3.** Wollstoff *m*, -tuch *n*; **4.** Zell-, Pflanzenwolle *f*; **5.** (*Baum-, Glas- etc.*)Wolle *f*; **6.** F ‚Wolle' *f*, (kurzes) wolliges Kopfhaar: ***lose one's ~*** ärgerlich werden; ***pull the ~ over s.o.'s eyes*** F j-n hinters Licht führen; **II** *adj.* **7.** wollen, Woll...; **~ card** *s.* Wollkrempel *m*, -kratze *f*; **~ clip** *s.* ✝ (jährlicher) Wollertrag; **~ comb·ing** *s.* Wollkämmen *n*; **'~-dyed** *adj.* in der Wolle gefärbt.

wool·en *Am.* → ***woollen***.

'wool|ˌgath·er·ing I *s. fig.* Verträumtheit *f*, Spintisieren *n*; **II** *adj.* verträumt, spintisierend; **'~ˌgrow·er** *s.* Schafzüchter *m*; **~ hall** *s.* ✝ *Brit.* Wollbörse *f*.

wool·i·ness *Am.* → ***woolliness***.

wool·len ['wʊlən] **I** *s.* **1.** Wollstoff *m*; **2.** *pl.* Wollsachen *pl.* (*a. wollene Unterwäsche*), Wollkleidung *f*; **II** *adj.* **3.** wollen, Woll...: ***~ goods*** Wollwaren; **~ drap·er** *s.* Wollwarenhändler *m*.

wool·li·ness ['wʊlɪnɪs] *s.* **1.** Wolligkeit *f*; **2.** *paint. u. fig.* Verschwommenheit *f*;

wool·ly ['wʊlɪ] **I** *adj.* **1.** wollig, weich, flaumig; **2.** Wolle tragend, Woll...; **3.** *paint. u. fig.* verschwommen; belegt (*Stimme*); **II** *s.* **4.** wollenes Kleidungsstück, *bsd.* Wolljacke *f*; *pl.* → ***woollen*** 2.

'**wool|·pack** *s.* **1.** Wollsack *m* (*Verpackung*); **2.** Wollballen *m* (*240 englische Pfund*); **3.** *meteor.* Haufenwolke *f*; '**~·sack** *s. pol.* a) Wollsack *m* (*Sitz des Lordkanzlers im englischen Oberhaus*), b) *fig.* Amt *n* des Lordkanzlers; '**~ˌsort·er** *s.* Wollsortierer *m* (*Person od. Maschine*): ***~'s disease*** ⚕ Lungenmilzbrand; '**~ˌsta·pler** *s.* ⚚ **1.** Woll(groß)-händler *m*; **2.** Wollsortierer *m*; '**~-work** *s.* Wollsticke'rei *f*.

wool·y *Am.* → ***woolly***.

woo·pies ['wu:pɪz] *s. pl.* wohlhabende Seni'oren *pl.* (= ***well-off older people***).

wooz·y ['wu:zɪ] *adj. Am. sl.* **1.** (*von Alkohol etc.*) benebelt; **2.** a) wirr (im Kopf, b) ‚komisch' (im Magen).

wop [wɒp] *s. sl. contp.* ‚Itaker' *m*, ‚Spa'ghettı(fresser)' *m*.

word [wɜ:d] **I** *s.* **1.** Wort *n*: ***~s*** a) Worte, b) *ling.* Wörter; ***~ for ~*** Wort für Wort, (wort)wörtlich; ***at a ~*** sofort, aufs Wort; ***in a ~*** mit 'einem Wort, kurz (-um); ***in other ~s*** mit anderen Worten; ***in so many ~s*** wörtlich, ausdrücklich; ***the last ~*** a) das letzte Wort (***on*** in *e-r Sache*), b) das Allerneueste *od.* -beste (***in*** an *dat.*); ***have the last ~*** das letzte Wort haben; ***have no ~s for*** nicht wissen, was man zu *e-r Sache* sagen soll; ***put into ~s*** in Worte fassen; ***too silly for ~s*** unsagbar dumm; ***cold's not the ~ for it!*** F kalt ist gar kein Ausdruck!; ***he is a man of few ~s*** er macht nicht viele Worte, er ist ein schweigsamer Mensch; ***he hasn't a ~ to throw at a dog*** er macht den Mund nicht auf; **2.** Wort *n*, Ausspruch *m*: ***~s*** Worte, Rede, Äußerung; ***by ~ of mouth*** mündlich; ***have a ~ with s.o.*** (kurz) mit j-m sprechen; ***have a ~ to say*** et. (Wichtiges) zu sagen haben; ***put in*** (*od.* ***say***) ***a*** (***good***) ***~ for*** ein (gutes) Wort einlegen für; ***I take your ~ for it*** ich glaube es dir; **3.** *pl.* Text *m e-s Lieds etc.*; **4.** *pl.* Wortwechsel *m*, Streit *m*: ***have ~s*** (***with***) sich streiten *od.* zanken mit; **5.** a) Befehl *m*, Kom'mando *n*, b) Losung *f*, Pa'role *f*, c) Zeichen *n*, Si'gnal *n*: ***give the ~*** (***to do***); ***pass the ~*** durch-, weitersagen; ***sharp's the ~!*** (jetzt aber) dalli!; **6.** Bescheid *m*, Nachricht *f*: ***leave ~*** Bescheid hinterlassen (***with*** bei); ***send ~ to*** *j-m* Nachricht geben; **7.** Wort *n*, Versprechen *n*: ***~ of hono(u)r*** Ehrenwort; ***break*** (***give*** *od.* ***pass, keep***) ***one's ~*** sein Wort brechen (geben, halten); ***take s.o. at his ~*** j-n beim Wort nehmen; ***he is as good as his ~*** er ist ein Mann von Wort; er hält, was er verspricht; (***up***)***on my ~!*** auf mein Wort!; **8.** ***the*** 2 *eccl.* das Wort Gottes, das Evan'gelium; **II** *v/t.* **9.** in Worte fassen, (in Worten) ausdrücken, formulieren: ***~ed as follows*** mit folgendem Wortlaut; **~ ac·cent** *s. ling.* 'Wortakˌzent *m*; '**~-blind** *adj.* ⚕ wortblind; '**~·book** *s.* **1.** Vokabu'lar *n*; **2.** Wörterbuch *n*; **3.** ♪ Textbuch *n*, Li'bretto *n*; '**~-ˌcatch·er** *s. contp.* Wortklauber *m*; '**~-deaf** *adj. psych.* worttaub; **~ for·ma·tion** *s. ling.* Wortbildung *f*; ˌ**~-for-'word** *adj.* (wort)wörtlich.

word·i·ness ['wɜ:dɪnɪs] *s.* Wortreichtum *m*, Langatmigkeit *f*; '**word·ing** [-ɪŋ] *s.* Fassung *f*, Formulierung *f*, Wortlaut *m*.

word·less ['wɜ:dlɪs] *adj.* **1.** wortlos, stumm, **2.** schweigsam.

ˌ**word|-of-'mouth** *adj.* mündlich: ***~ advertising*** Mundwerbung *f*; **~ or·der** *s. ling.* Wortstellung *f* (*im Satz*); **~ painting** anschauliche Schilderung; ˌ**~-'perfect** *adj.* **1.** *thea. etc.* textsicher; **2.** per'fekt auswendig gelernt: ***~ text***; **~ picture** → ***word painting***; '**~·play** *s.* Wortspiel *n*; **~ pow·er** *s.* Wortschatz *m*; **~ pro·cess·ing** *s. Computer*: Textverarbeitung *f*; '**~ˌsplit·ting** *s.* Wortklaube'rei *f*.

word·y ['wɜ:dɪ] *adj.* □ **1.** Wort...: ***~ warfare*** Wortkrieg *m*; **2.** wortreich, langatmig.

wore [wɔ:] *pret. von* ***wear***[1], *pret. u. p.p. von* ***wear***[2].

work [wɜ:k] **I** *s.* **1.** Arbeit *f*: a) Tätigkeit *f*, Beschäftigung *f*, b) Aufgabe *f*, c) Hand-, Nadelarbeit *f*, Sticke'rei *f*, Nähe'rei *f*, d) Leistung *f*, e) Erzeugnis *n*: ***~ done*** geleistete Arbeit; ***a beautiful piece of ~*** e-e schöne Arbeit; ***good ~!*** gut gemacht!; ***total ~ in hand*** ⚚ Gesamtaufträge *pl.*; ***~ in process material*** ⚚ Material in Fabrikation; ***at ~*** a) bei der Arbeit, b) in Tätigkeit, in Betrieb; ***be at ~ on*** arbeiten an (*dat.*); ***do ~*** arbeiten; ***be in*** (***out of***) ***~*** (keine) Arbeit haben; (***put***) ***out of ~*** arbeitslos (machen); ***set to ~*** an die Arbeit gehen; ***have one's ~ cut out*** (***for one***) (‚schwer) zu tun' haben; ***make ~*** Arbeit verursachen; ***make sad ~ of*** arg wirtschaften mit; ***make short ~ of*** kurzen Prozeß *od.* nicht viel Federlesens machen mit; ***it's all in the day's ~*** das ist nichts Besonderes, das gehört alles (mit) dazu; **2.** *phys.* Arbeit *f*: ***convert heat into ~***; **3.** *künstlerisches etc.* Werk (*a. coll.*): ***the ~(s) of Bach***; **4.** a) Werk *n* (*Tat u. Resultat*): ***the ~ of a moment*** *es war* das Werk e-s Augenblicks, b) *bsd. pl. eccl.* (gutes) Werk; **5.** ⚙ → ***workpiece***; **6.** *pl.* a) (*bsd.* öffentliche) Bauten *pl. od.* Anlagen *pl.*, b) ⚔ Befestigungen *pl.*, (Festungs)Werk *n*; **7.** *pl. sg. konstr.* Werk *n*, Fa'brik(anlagen *pl.*) *f*, Betrieb *m*: ***iron~s*** Eisenhütte *f*; ***~s council*** (***engineer***, ***outing***, ***superintendent***) Betriebsrat (-ingenieur, -ausflug, -direktor) *m*; ***~ manager*** Werkleiter *m*; **8.** *pl.* (Trieb-, Uhr- *etc.*)Werk *n*, Getriebe *n*; **9.** ***the ~s*** *sl.* alles, der ganze Krempel; ***give s.o. the ~s*** j-n ‚fertigmachen'; ***shoot the ~s*** *Kartenspiel od. fig.* aufs Ganze gehen; **II** *v/i.* **10.** (***at***) arbeiten (an *dat.*), sich beschäftigen (mit): ***~ to rule*** Dienst nach Vorschrift tun; **11.** arbeiten (*fig. kämpfen* ***against*** gegen, ***for*** für *e-e Sache*), sich anstrengen; **12.** ⚙ a) funktionieren, gehen (*beide a. fig.*), b) in Betrieb *od.* in Gang sein; **13.** *fig.* ‚klappen', gehen, gelingen, sich machen lassen: ***it won't ~*** es geht nicht; **14.** (*p.p. oft* ***wrought***) wirken (*a. Gift etc.*), sich auswirken ([***up***]***on***, ***with*** auf *acc.*, bei); **15.** sich bearbeiten lassen; **16.** sich (*hindurch-, hoch- etc.*)arbeiten: ***~ into*** eindringen in (*acc.*); ***~ loose*** sich losarbeiten, sich lockern; **17.** in (heftiger) Bewegung sein; **18.** arbeiten, zucken (*Gesichtszüge etc.*), mahlen (*Kiefer*) (***with*** vor *Erregung etc.*); **19.** ⚓ *gegen den Wind etc.* fahren, segeln; **20.** gären; arbeiten (*a. fig. Gedanken etc.*); **21.** (hand)arbeiten, stricken, nähen; **III** *v/t.* **22.** *a.* ⚙ a) bearbeiten, *Teig* kneten, b) verarbeiten, (ver)formen, gestalten (***into*** zu); **23.** *Maschine etc.* bedienen, *Wagen* führen, lenken; **24.** ⚙ (an-, be)treiben: ***~ed by electricity***; **25.** ✓ *Boden* bearbeiten, bestellen; **26.** *Betrieb* leiten, *Fabrik etc.* betreiben, *Gut etc.* bewirtschaften; **27.** ⚒ *Grube* abbauen, ausbeuten; **28.** *geschäftlich* bereisen, bearbeiten; **29.** *j-n, Tiere tüchtig* arbeiten lassen, antreiben; **30.** *fig. j-n* bearbeiten, *j-m* zusetzen; **31.** arbeiten mit, bewegen: ***he ~ed his jaws*** s-e Kiefer mahlten; **32.** a) ***~ one's way*** sich (*hindurch- etc.*)arbeiten, b) verdienen, erarbeiten; → ***passage*** 6; **33.** sticken, nähen, machen; **34.** gären lassen; **35.** errechnen, lösen; **36.** (*p.p. oft* ***wrought***) her'vorbringen, -rufen, *Veränderung etc.* bewirken, *Wunder* wirken *od.* tun, führen zu, verursachen: ***~ hardship***; **37.** (*p.p. oft* ***wrought***) fertigbringen, zu'stande bringen: ***~ it*** F es ‚deichseln'; **38.** *sl. et.* ‚her'ausschlagen', ‚organisieren'; **39.** *in e-n Zustand* versetzen, erregen: ***~ o.s. into a rage*** sich in e-e Wut hineinsteigern;

Zssgn mit adv.:

work| a·round → ***work round***; **~ a·way** *v/i.* (flott) arbeiten (***at*** an *dat.*); **~ in I** *v/t.* einarbeiten, -flechten, -fügen; **II** *v/i.* ***~ with*** harmonieren mit, passen zu; **~ off** *v/t.* **1.** weg-, aufarbeiten; **2.** *überflüssige Energie* loswerden; **3.** *Gefühl* abreagieren (***on*** an *dat.*); **4.** *typ.* abdrucken, -ziehen; **5.** *Ware etc.* loswerden, abstoßen (***on*** an *acc.*); **6.** *Schuld* abarbeiten; **~ out I** *v/t.* **1.** ausrechnen, *Aufgabe* lösen; **2.** *Plan* ausarbeiten; **3.** bewerkstelligen; **4.** ⚒ abbauen, (*a. fig. Thema etc.*) erschöpfen; **II** *v/i.* **5.** sich her'ausarbeiten, zum Vorschein kommen (***from*** aus); **6.** ***~ at*** sich belaufen auf (*acc.*); **7.** ‚klappen', *gut etc.* gehen, sich *gut etc.* anlassen: ***~ well*** (***badly***); **8.** *sport* trainieren; **~ o·ver** *v/t.* **1.** über'arbeiten; **2.** *sl. j-n* ‚in die Mache nehmen'; **~ round** *v/i.* **1.** ***~ to*** a) *ein Problem etc.* angehen, b) sich 'durchringen zu; **2.** ***~ to*** kommen zu, Zeit finden für; **3.** drehen (*Wind*); **~ to·geth·er** *v/i.* **1.** zs.-arbeiten; **2.** inein'andergreifen (*Zahnräder*); **~ up I** *v/t.* **1.** verarbeiten (***into*** zu); **2.** ausarbeiten, entwickeln; **3.** *Thema* bearbeiten; sich einarbeiten in (*acc.*), gründlich studieren; **4.** *Geschäft etc.* auf- *od.* ausbauen; **5.** a) *Interesse etc.* entwickeln, b) sich *Appetit etc.* holen; **6.** *Gefühl*, *Nerven*, *a. Zuhörer etc.* aufpeitschen, -wühlen, *Interesse* wecken: ***work o.s. up*** sich aufregen; ***~ a rage***, ***work o.s. up into a rage*** sich in e-e Wut hineinsteigern; ***worked up*** aufgebracht; **II** *v/i.* **7.** *fig.* sich steigern (***to*** zu).

work·a·ble ['wɜːkəbl] *adj.* ☐ **1.** bearbeitungsfähig, (ver)formbar; **2.** betriebsfähig; **3.** 'durch-, ausführbar (*Plan etc.*); **4.** ⚒ abbauwürdig.

work·a·day ['wɜːkədeɪ] *adj.* **1.** Alltags…; **2.** *fig.* all'täglich.

work·a·hol·ic [ˌwɜːkə'hɒlɪk] *s.* Arbeitssüchtige(r *m*) *f*; Arbeitstier *n*.

'work|·bench *s.* ⚙ Werkbank *f*; **'~·book** *s.* **1.** ⚙ Betriebsanleitung *f*; **2.** *ped.* Arbeitsheft *n*; **'~·box** *s.* Nähkasten *m*; **~ camp** *s.* Arbeitslager *n*; **'~·day** *s.* Arbeits-, Werktag *m*: ***on ~s*** werktags.

work·er ['wɜːkə] *s.* **1.** a) Arbeiter(in), b) Angestellte(r *m*) *f*, c) Fachmann *m*, d) *allg.* Arbeitskraft *f*: **~s** Belegschaft *f*, Arbeiterschaft *f*; **2.** *fig.* Urheber(in); **3.** *a.* **~ ant, ~ bee** *zo.* Arbeiterin *f* (*Ameise, Biene*); **~ di·rec·tor** *s.* ✝ 'Arbeitsdi,rektor *m*; **~ par·tic·i·pa·tion** *s.* ✝ Mitbestimmung *f*.

'**work|,fel·low** *s.* 'Arbeitskame,rad *m*; **~ force** *s.* ✝ **1.** Belegschaft *f*; **2.** 'Arbeitskräftepotenti,al *n*; '**~·girl** *s.* Fa'brikarbeiterin *f*; '**~·horse** *s.* Arbeitspferd *n* (*a. fig.*); '**~·house** *s.* **1.** *Brit. obs.* Armenhaus *n* (mit Arbeitszwang); **2.** ⚖ *Am.* Arbeitshaus *n*.

work·ing ['wɜːkɪŋ] **I** *s.* **1.** Arbeiten *n*; **2.** *a. pl.* Tätigkeit *f*, Wirken *n*; **3.** ⚙ Be-, Verarbeitung *f*; **4.** ⚙ a) Funktionieren *n*, b) Arbeitsweise *f*; **5.** Lösen *n e-s Problems*; **6.** mühsame Arbeit, Kampf *m*; **7.** Gärung *f*; **8.** *mst pl.* ⚒, *min.* a) Abbau *m*, b) Grube *f*; **II** *adj.* **9.** arbeitend, berufs-, werktätig: **~ population**; **~ student** Werkstudent *m*; **10.** Arbeits...: **~ method** Arbeitsverfahren *n*; **11.** ⚙, ✝ Betriebs...(*-kapital, -kosten,* ⚡ *-spannung etc.*); **12.** grundlegend, Ausgangs..., Arbeits...: **~ hypothesis**; **~ title** Arbeitstitel *m* (*e-s Buchs etc.*); **13.** brauchbar, praktisch: **~ knowledge** ausreichende Kenntnisse; **~ class** *s.* Arbeiterklasse *f*; **,~-'class** *adj.* der Arbeiterklasse, Arbeiter...; **~ con·di·tion** *s.* **1.** ⚙ a) Betriebszustand *m*, b) *pl.* Betriebsbedingungen *pl.*; **2.** Arbeitsverhältnis *n*; **~ day** → **workday**; **~ draw·ing** *s.* ⚙ Werk(statt)zeichnung *f*; **~ hour** *s.* Arbeitsstunde *f*; *pl.* Arbeitszeit *f*; **~ load** *s.* **1.** ⚡ Betriebsbelastung *f*; **2.** ⚙ Nutzlast *f*; **~ lunch** *s.* Arbeitsessen *n*; **~ ma·jor·i·ty** *s. pol.* arbeitsfähige Mehrheit; '**~·man** *s.* [*irr.*] → **workman**; **~ mod·el** *s.* ⚙ Ver'suchsmo,dell *n*; **~ or·der** *s.* ⚙ Betriebszustand *m*: **in ~** in betriebsfähigem Zustand; **,~-'out** *s.* **1.** Ausarbeitung *f*; **2.** Lösung *f* (*e-r Aufgabe*); **~ stroke** *s. mot.* Arbeitstakt *m*; **~ sur·face** *s.* ⚙ Arbeits-, Lauffläche *f*.

work·less ['wɜːklɪs] *adj.* arbeitslos.

'**work|·load** *s.* Arbeitspensum *n*; '**~·man** [-mən] *s.* [*irr.*] **1.** Arbeiter *m*; **2.** Handwerker *m*; '**~·man·like** [-laɪk], '**~·ly** [-lɪ] *adj.* kunstgerecht, fachmännisch; '**~·man·ship** [-ʃɪp] *s.* **1.** *j-s* Werk *n*; **2.** Kunst(fertigkeit) *f*; **3.** *gute etc.* Ausführung; Verarbeitungsgüte *f*; Quali'tätsarbeit *f*; '**~·men's com·pen·sa·tion act** [-mənz] *s.* Arbeiterunfallversicherungsgesetz *n*; '**~·out** *s.* **1.** F *sport* (Konditi'ons)Training *n*; **2.** Versuch *m*, Erprobung *f*; '**~,peo·ple** *s. pl.* Belegschaft *f*; **~ per·mit** *s.* Arbeitserlaubnis *f*; '**~·piece** *s.* ⚙ Arbeits-, Werkstück *n*; '**~·place** *s. Am.* Arbeitsplatz *m*; **~ shar·ing** *s.* ✝ Arbeitsaufteilung *f*; **~ sheet** *s.* **1.** 'Arbeitsbogen *m*, -,unterlage *f*; **2.** *Am.* ✝ 'Rohbi,lanz *f*; '**~·shop** *s.* **1.** Werkstatt *f*: **~ drawing** ⚙ Werkstatt-, Konstruktionszeichnung *f*; **2.** *ped.* Werkraum *m*; **3.** *fig.* a) Werkstatt *f* (*e-r Künstlergruppe etc.*): **~ theatre** (*Am.* **theater**) Werkstattheater *n*, b) Workshop *m*, Kurs *m*, Semi'nar *n*; '**~·shy** *adj.* arbeitsscheu; '**~,ta·ble** *s.* Werktisch *m*; **,~-to-'rule** *s.* Dienst *m* nach Vorschrift; '**~·wear** *s.* Arbeitskleidung *f*; '**~,wom·an** *s.* [*irr.*] Arbeiterin *f*.

world [wɜːld] **I** *s.* **1.** *allg.* Welt *f*: a) Erde *f*, b) Himmelskörper *m*, c) (Welt)All *n*, d) *fig. die* Menschen *pl.*, *die* Leute *pl.*, e) Sphäre *f*, Mili'eu *n*, f) (Na'tur)Reich *n*: (**animal**) **vegetable ~** (Tier-) Pflanzenreich, -welt; **lower ~** Unterwelt; **the commercial ~, the ~ of commerce** die Handelswelt; **the ~ of letters** die gelehrte Welt; **a ~ of difference** ein himmelweiter Unterschied; **other ~s** andere Welten; **all the ~** die ganze Welt, jedermann; **all the ~ over** in der ganzen Welt; **all the ~ and his wife** F Gott u. die Welt; alles, was Beine hatte; **for all the ~** in jeder Hinsicht; **for all the ~ like** (*od.* **as if**) genauso wie (*od.* als ob); **for all the ~ to see** vor aller Augen; **from all over the ~** aus aller Herren Länder; **not for the ~** nicht um die (*od.* alles in der) Welt; **in the ~** (auf) der Welt; **out of this** (*od.* **the**) **~** *sl.* phantastisch; **bring** (**come**) **into the ~** zur Welt bringen (kommen); **carry the ~ before one** glänzenden Erfolg haben; **have the best of both ~s** die Vorteile beider Seiten genießen; **put into the ~** in die Welt setzen; **think the ~ of** große Stücke halten auf (*acc.*); **she is all the ~ to him** sie ist sein ein u. alles; **how goes the ~ with you?** wie geht's, wie steht's?; **what** (**who**) **in the ~?** was (wer) in aller Welt?; **it's a small ~!** die Welt ist ein Dorf!; **2. a ~ of** e-e Welt von, e-e Unmenge *Schwierigkeiten etc.*; **II** *adj.* **3.** Welt...: **~ champion** (**language, literature, politics, record** *etc.*); ♀ **Court** *s.* Internationaler Ständiger Gerichtshof; ♀ **Cup** *s.* **1.** *Skisport etc.*: Weltcup *m*; **2.** Fußballweltmeisterschaft *f*; '**~-,fa·mous** *adj.* weltberühmt.

world·li·ness ['wɜːldlɪnɪs] *s.* Weltlichkeit *f*, weltlicher Sinn.

world·ling ['wɜːldlɪŋ] *s.* Weltkind *n.*

world·ly ['wɜːldlɪ] *adj. u. adv.* **1.** weltlich, irdisch, zeitlich: **~ *goods*** irdische Güter; **2.** weltlich (gesinnt): **~ *innocence*** Weltfremdheit *f*; **~ *wisdom*** Weltklugheit *f*; **,~-'wise** *adj.* weltklug.

world| pow·er *s. pol.* Weltmacht *f*; **~ se·ries** *s. Baseball*: US-Meisterschaftsspiele *pl.*; **'~,shak·ing** *adj. a. iro.* welterschütternd: ***it isn't ~ after all***; **~ view** *s.* Weltanschauung *f*; **2 War** *s.* Weltkrieg *m*: **~ *I* (*II*)** erster (zweiter) Weltkrieg; **'~-,wea·ry** *adj.* weltverdrossen; **'~·wide** *adj.* weltweit, auf der ganzen Welt: **~ *reputation*** Weltruf *m*; **~ *strategy*** ⚔ Großraumstrategie *f*.

worm [wɜːm] **I** *s.* **1.** *zo.* Wurm *m* (*a. fig. contp. Person*): ***even a ~ will turn*** *fig.* auch der Wurm krümmt sich, wenn er getreten wird; **2.** *pl.* ⚕ Würmer *pl.*; **3.** ⚙ a) (Schrauben-, Schnecken)Gewinde *n*, b) (Förder-, Steuer- *etc.*)Schnecke *f*, c) (Rohr-, Kühl)Schlange *f*; **II** *v/t.* **4. ~ *one's way*** (*od.* ***o.s.***) a) sich *wohin* schlängeln, b) *fig.* sich einschleichen (***into*** in *j-s Vertrauen etc.*); **5. ~ *a secret out of s.o.*** j-m ein Geheimnis entlocken; **6.** ⚕ von Würmern befreien; **III** *v/i.* **7.** sich schlängeln, kriechen; **8.** sich winden; **~ drive** *s.* ⚙ Schneckenantrieb *m*; **'~-,eat·en** *adj.* **1.** wurmstichig; **2.** *fig.* veraltet; **~ gear** *s.* ⚙ **1.** Schneckengetriebe *n*; **2.** → ***worm wheel***; **'~'s-eye view** *s.* 'Froschperspek,tive *f*; **~ thread** *s.* ⚙ Schneckengewinde *n*; **~ wheel** *s.* ⚙ Schneckenrad *n*; **'~·wood** *s.* **1.** ⚘ Wermut *m*; **2.** *fig.* Bitterkeit *f*: ***be*** (***gall and***) **~ *to*** *j-n* bitter ankommen.

worm·y ['wɜːmɪ] *adj.* **1.** wurmig, voller Würmer; **2.** wurmstichig; **3.** wurmartig; **4.** *fig.* kriecherisch.

worn [wɔːn] **I** *p.p. von* ***wear***[1]; **II** *adj.* **1.** getragen (*Kleider*); **2.** → ***worn-out*** 1; **3.** erschöpft, abgespannt; **4.** *fig.* abgedroschen: **~ *joke***; **,~-'out** *adj.* **1.** abgetragen, -genutzt; **2.** völlig erschöpft, todmüde, zermürbt; **3.** → ***worn*** 4.

wor·ried ['wʌrɪd] *adj.* **1.** gequält; **2.** sorgenvoll, besorgt; **3.** beunruhigt, ängstlich; **'wor·ri·er** [-ɪə] *s.* j-d, der sich ständig Sorgen macht; **'wor·ri·ment** [-ɪmənt] *s.* F **1.** Plage *f*, Quäle'rei *f*; **2.** Angst *f*, Sorge *f*; **'wor·ri·some** [-ɪsəm] *adj.* **1.** quälend; **2.** lästig; **3.** beunruhigend; **4.** unruhig.

wor·ry ['wʌrɪ] **I** *v/t.* **1.** a) zausen, schütteln, beuteln, b) *Tier* (ab)würgen (*Hund etc.*); **2.** quälen, plagen (*a. fig. belästigen*); *fig. j-m* zusetzen: **~ *s.o. into a decision*** j-n so lange quälen, bis er e-e Entscheidung trifft; **~ *s.o. out of s.th.*** a) j-n mühsam von et. abbringen, b) j-n durch unablässiges Quälen um et. bringen; **3.** a) ärgern, b) beunruhigen, quälen, *j-m* Sorgen machen: **~ *o.s.*** → 7; **4. ~ *out*** *Plan etc.* ausknobeln; **II** *v/i.* **5.** zerren, reißen (***at*** an *dat.*); **6.** sich quälen *od.* plagen; **7.** sich beunruhigen, sich Gedanken *od.* Sorgen machen (***about***, ***over*** um, wegen); **8. ~ *along*** sich mühsam *od.* mit knapper Not durchschlagen; **~ *through s.th.*** sich durch et. hindurchquälen; **III** *s.* **9.** Kummer *m*, Besorgnis *f*, Sorge *f*, (innere) Unruhe; **10.** (Ursache *f* von) Ärger *m*, Aufregung *f*; **11.** Quälgeist *m*; **12.** a) Schütteln *n*, Beuteln *n*, b) Abwürgen *n* (*bsd. vom Hund*); **'wor·ry·ing** [-ɪɪŋ] *adj.* □ beunruhigend, quälend.

worse [wɜːs] **I** *adj.* (*comp. von* ***bad***, ***evil***, ***ill***) **1.** schlechter, schlimmer (*beide a.* ⚕), übler, ärger: **~ *and* ~** immer schlechter *od.* schlimmer; ***the* ~** desto schlimmer; ***so much*** (*od.* ***all***) ***the* ~** um so schlimmer; **~ *luck!*** leider!, unglücklicherweise!, um so schlimmer!; ***to make it* ~** (*Redew.*) um das Unglück vollzumachen; → ***wear***[1] 14; ***he is ~ than yesterday*** es geht ihm schlechter als gestern; **2.** schlechter gestellt: (***not***) ***to be the ~ for*** (keinen) Schaden gelitten haben durch, (nicht) schlechter gestellt sein wegen; ***he is none the ~*** (***for it***) er ist darum nicht übler dran; ***you would be none the ~ for a walk*** ein Spaziergang würde dir gar nichts schaden; ***be*** (***none***) ***the ~ for drink*** (nicht) betrunken sein; **II** *adv.* **3.** schlechter, schlimmer, ärger: ***none the ~*** nicht schlechter; ***be ~ off*** schlechter daran sein; ***you could do ~ than ...*** du könntest ruhig ...; **III** *s.* **4.** Schlechtere(s) *n*, Schlimmere(s) *n*: **~ *followed*** Schlimmeres folgte; → ***better***[1] 2; ***from bad to ~*** vom Regen in die Traufe; ***a change for the ~*** e-e Wendung zum Schlechten; **'wors·en** [-sn] **I** *v/t.* **1.** schlechter machen, verschlechtern; **2.** *Unglück etc.* verschlimmern; **3.** *j-n* schlechter stellen; **II** *v/i.* **4.** sich verschlechtern *od.* verschlimmern; **'wors·en·ing** [-snɪŋ] *s.* Verschlechterung *f*, -schlimmerung *f*.

wor·ship ['wɜːʃɪp] **I** *s.* **1.** *eccl.* a) (*a. fig.*) Anbetung *f*, Verehrung *f*, Kult(us) *m*, b) (***public* ~** öffentlicher) Gottesdienst, Ritus *m*: ***place of* ~** Kultstätte *f*, Gotteshaus *n*; ***the ~ of wealth*** *fig.* die Anbetung des Reichtums; **2.** (*der*, *die*, *das*) Angebetete; **3.** ***his*** (***your***) ~ *bsd. Brit.* Seiner (Euer) Hochwürden (*Anrede, jetzt bsd. für Bürgermeister u. Richter*); **II** *v/t.* **4.** anbeten, verehren, huldigen (*dat.*) (*alle a. fig. vergöttern*); **III** *v/i.* **5.** beten, s-e Andacht verrichten; **wor·ship·er** *Am.* → ***worshipper***; **'wor·ship·ful** [-fʊl] *adj.* □ **1.** verehrend, anbetend (*Blick etc.*); **2.** *obs.* (ehr)würdig, achtbar; **3.** (*in der Anrede*) hochwohllöblich, hochverehrt; **'wor·ship·per** [-pə] *s.* **1.** Anbeter(in), Verehrer(in): ~ ***of idols*** Götzendiener *m*; **2.** Beter(in): ***the ~s*** die Andächtigen, die Kirchgänger.

worst [wɜːst] **I** *adj.* (*sup. von* ***bad***, ***evil***, ***ill***) schlechtest, schlimmst, übelst, ärgst: ***and, which is ~*** und, was das schlimmste ist; **II** *adv.* am schlechtesten *od.* übelsten, am schlimmsten *od.* ärgsten; **III** *s. der* (*die*, *das*) Schlechteste *od.* Schlimmste *od.* Ärgste: ***at*** (***the***) ~ schlimmstenfalls; ***be prepared for the ~*** aufs Schlimmste gefaßt sein; ***do one's ~*** es so schlecht *od.* schlimm wie möglich machen; ***do your ~!*** mach, was du willst!; ***let him do his ~!*** soll er nur!; ***get the ~ of it*** den kürzeren ziehen; ***if*** (*od.* ***when***) ***the ~ comes to the ~*** wenn es zum Schlimmsten kommt, wenn alle Stricke reißen; ***he was at his ~*** er zeigte sich von seiner schlechtesten Seite, er war in denkbar schlechter Form; ***see s.o.*** (***s.th.***) ***at his*** (***its***) ~ j-n (et.) von der schlechtesten *od.* schwächsten Seite sehen; ***the illness is at its ~*** die Krankheit ist auf ihrem Höhepunkt; ***the ~ of it is*** das Schlimmste daran ist; **IV** *v/t.* über'wältigen, schlagen.

wor·sted ['wʊstɪd] ⚙ **I** *s.* **1.** Kammgarn *n*, -wolle *f*; **2.** Kammgarnstoff *m*; **II** *adj.* **3.** wollen, Woll...: ~ ***wool*** Kammwolle *f*; ~ ***yarn*** Kammgarn *n*; **4.** Kammgarn...

wort[1] [wɜːt] *in Zssgn* ...kraut *n*, ...wurz *f*.

wort[2] [wɜːt] *s.* (Bier)Würze *f*: ***original ~*** Stammwürze.

worth [wɜːθ] **I** *adj.* **1.** (*e-n bestimmten Betrag*) wert (***to*** *dat. od.* für): ***he is ~ a million*** er besitzt *od.* verdient e-e Million, er ist e-e Million wert; ***for all you are ~*** F so sehr du kannst, ‚auf Teufel komm raus'; ***my opinion for what it may be ~*** m-e unmaßgebliche Meinung; ***take it for what it is ~!*** *fig.* nimm es für das, was es wirklich ist!; **2.** *fig.* würdig, wert (*gen.*): ~ ***doing*** wert getan zu werden; ~ ***mentioning*** (***reading***, ***seeing***) erwähnens- (lesens-, sehens-) wert; ***be ~ the trouble***, ***be ~ it*** F sich lohnen, der Mühe wert sein; → ***powder*** 1, ***while*** 1; **II** *s.* **3.** Wert *m* (*a. fig. Bedeutung, Verdienst*): ***of no ~*** wertlos; ***get the ~ of one's money*** für sein Geld et. (Gleichwertiges) bekommen; ***20 pence's ~ of stamps*** Briefmarken im Wert von 20 Pence, für 20 Pence Briefmarken; ***men of ~*** verdiente *od.* verdienstvolle Leute.

wor·thi·ly ['wɜːðɪlɪ] *adv.* **1.** nach Verdienst, angemessen; **2.** mit Recht; **3.** würdig; **'wor·thi·ness** [-ɪnɪs] *s.* Wert *m*; **worth·less** ['wɜːθlɪs] *adj.* □ **1.** wertlos; **2.** *fig.* un-, nichtswürdig.

ˌworth'while *adj.* lohnend, der Mühe wert.

wor·thy ['wɜːðɪ] **I** *adj.* □ → ***worthily***; **1.** würdig, achtbar, angesehen; **2.** würdig, wert (***of*** *gen.*): ***be ~ of*** *e-r Sache* wert *od.* würdig sein, *et.* verdienen; ***he is not ~ of her*** er ist ihrer nicht wert *od.* würdig; ~ ***of credit*** a) glaubwürdig, b) ✝ kreditwürdig; ~ ***of a better cause*** e-r besseren Sache würdig; **3.** würdig (*Gegner, Nachfolger etc.*), angemessen (*Belohnung*); **4.** *humor.* trefflich, wakker (*Person*); **II** *s.* **5.** große Per'sönlichkeit, Größe *f*, Held(in) (*mst pl.*); **6.** *humor. der* Wackere.

would [wʊd; wəd] **1.** *pret. von* ***will***[1] I: a) wollte(st), wollten: ***he ~ not go*** er wollte durchaus nicht gehen, b) pflegte(st), pflegten zu (*oft unübersetzt*): ***he ~ take a walk every day*** er pflegte täglich e-n Spaziergang zu machen; ***now and then a bird ~ call*** ab u. zu ertönte ein Vogelruf; ***you ~ do that!*** du mußtest das natürlich tun!, das sieht dir ähnlich!, c) *fragend*: würdest *du*?, würden *Sie*?: ***~ you pass me the salt, please?***, d) *vermutend*: ***that ~ be 3 dollars*** das wären (dann) 3 Dollar; ***it ~ seem that*** es scheint fast, daß; **2.** *konditional*: würde(st), würden: ***she ~ do it if she could***; ***he ~ have come if ...*** er wäre gekommen, wenn ...; **3.** *pret. von* ***will***[1] II: *ich* wollte *od.* wünschte *od.* möchte: ***I ~ it were otherwise***; ~ (***to***) ***God*** wollte Gott; ***I ~ have you know*** ich muß Ihnen (schon) sagen.

would-be ['wʊdbiː] **I** *adj.* **1.** Möchtegern...: ~ ***critic*** Kritikaster *m*; ~ ***painter*** Farbenkleckser *m*; ~ ***poet*** Dichterling *m*; ~ ***huntsman*** Sonntagsjäger *m*; ~ ***witty*** geistreich sein sollend (*Bemerkung etc.*); **2.** angehend, zukünftig: ~ ***author***, ~ ***wife***; **II** *s.* **3.** Gernegroß *m*, Möchtegern *m*.

wound[1] [waʊnd] *pret. u. p.p. von* ***wind***[2]

u. ***wind***[3].

wound[2] [wu:nd] **I** *s.* **1.** Wunde *f* (*a. fig.*), Verletzung *f*, -wundung *f*: ***~ of entry*** (***exit***) ⚔ Einschuß *m* (Ausschuß *m*); **2.** *fig.* Verletzung *f*, Kränkung *f*; **II** *v/t.* **3.** verwunden, verletzen (*beide a. fig. kränken*); **'wound·ed** [-dɪd] *adj.* verwundet, verletzt (*beide a. fig. gekränkt*): ***~ veteran*** Kriegsversehrte(r) *m*; ***the ~*** die Verwundeten; ***~ vanity*** gekränkte Eitelkeit.

wove [wəʊv] *pret. u. obs. p.p. von* ***weave***; **'wo·ven** [-vən] *p.p. von* ***weave***: ***~ goods*** Web-, Wirkwaren.

wove pa·per *s.* ⚙ Ve'linpaˌpier *n.*

wow [waʊ] **I** *int.* Mann!, toll!; **II** *s. bsd. Am. sl.* a) Bombenerfolg *m*, b) ‚tolles Ding', c) ‚toller Kerl', ‚tolle Frau' *etc.*: ***he*** (***it***) ***is a ~*** er (es) ist 'ne Wucht; **III** *v/t. j-n* hinreißen.

wrack[1] [ræk] *s.* **1.** → ***wreck*** 1 *u.* 2; **2.** ***~ and ruin*** Untergang u. Verderben; ***go to ~*** untergehen; **3.** Seetang *m.*

wrack[2] → ***rack***[4] I.

wraith [reɪθ] *s.* **1.** Geistererscheinung *f* (*bsd. von gerade Gestorbenen*); **2.** Geist *m*, Gespenst *n.*

wran·gle ['ræŋgl] **I** *v/i.* (sich) zanken *od.* streiten, sich in den Haaren liegen; **II** *s.* Streit *m*, Zank *m*; **'wran·gler** [-lə] *s.* **1.** Zänker(in), streitsüchtige Per'son; **2.** *univ. Brit. Student in Cambridge, der bei der höchsten mathematischen Abschlußprüfung den 1. Grad erhalten hat*; **3.** guter Debattierer; **4.** *Am.* Cowboy *m.*

wrap [ræp] **I** *v/t.* [*irr.*] **1.** wickeln, hüllen; *a. Arme* schlingen (***round*** um *acc.*); **2.** *mst* ***~ up*** (ein)wickeln, (-)packen, (-)hüllen, (-)schlagen (***in*** in *acc.*): ***~ o.s. up*** (***well***) sich warm anziehen; **3.** ***~ up*** F a) *et.* glücklich ‚über die Bühne' bringen, b) abschließen, beenden; ***~ it up*** die Sache (erfolgreich) zu Ende führen; ***that ~s it up*** (***for today***)***!*** das wär's (für heute)!; **4.** *oft* ***~ up*** *fig.* (ein)hüllen, verbergen, *Tadel etc.* (ver)kleiden (***in*** in *acc.*): ***~ped up in mystery*** *fig.* geheimnisvoll, rätselhaft; ***~ped*** (*od.* ***wrapt***) ***in silence*** in Schweigen gehüllt; ***be ~ped up in*** a) völlig in Anspruch genommen sein von (*e-r Arbeit etc.*), ganz aufgehen in (*s-r Arbeit, s-n Kindern etc.*), b) versunken sein in (*acc.*); **5.** *fig.* verwickeln, -stricken (***in*** in *acc.*); **II** *v/i.* [*irr.*] **6.** sich einhüllen: ***~ up well!*** zieh dich warm an!; **7.** sich legen *od.* wickeln *od.* schlingen (***round*** um); **8.** sich legen (***over*** um) (*Kleider*); **9.** ***~ up!*** *sl.* halt's Maul!; **III** *s.* **10.** Hülle *f*, *bsd.* a) Decke *f*, b) Schal *m*, Pelz *m*, c) 'Umhang *m*, Mantel *m*: ***keep s.th. under ~s*** *fig.* et. geheimhalten; **'~·a·round I** *adj.* ⚙ Rundum..., Vollsicht...(*-verglasung*): ***~ windshield*** (*Brit.* ***windscreen***) *mot.* Panoramascheibe *f*; **II** *s.* Wickelbluse *f*, -kleid *n.*

wrap·per ['ræpə] *s.* **1.** (Ein)Packer(in); **2.** Hülle *f*, Decke *f*, 'Überzug *m*, Verpackung *f*; **3.** ('Buch)ˌUmschlag *m*, Schutzhülle *f*; **4.** *a.* ***postal ~*** ✉ Kreuz-, Streifband *n*; **5.** a) Schal *m*, b) 'Überwurf *m*, c) Morgenrock *m*; **6.** Deckblatt *n* (*der Zigarre*); **'wrap·ping** [-pɪŋ] *s.* **1.** *mst pl.* Um'hüllung *f*, Hülle *f*, Verpackung *f*; **2.** Ein-, Verpacken *n*: ***~-paper*** Einwickel-, Packpapier *n.*

wrapt [ræpt] *pret. u. p.p. von* ***wrap.***

wrath [rɒθ] *s.* Zorn *m*, Wut *f*: ***the ~ of God*** der Zorn Gottes; ***he looked like the ~ of god*** F er sah gräßlich aus; **'wrath·ful** [-fʊl] *adj.* □ zornig, grimmig, wutentbrannt; **'wrath·y** [-θɪ] *adj.* □ *bsd.* F → ***wrathful.***

wreak [ri:k] *v/t. Rache* (aus)üben, *Wut etc.* auslassen ([***up***]***on*** an *dat.*).

wreath [ri:θ] *pl.* **wreaths** [-ðz] *s.* **1.** Kranz *m* (*a. fig.*), Gir'lande *f*, (Blumen-) Gewinde *n*; **2.** (*Rauch- etc.*)Ring *m*; **3.** Windung *f* (*e-s Seiles etc.*); **4.** (Schnee-*etc.*)Wehe *f*; **wreathe** [ri:ð] **I** *v/t.* **1.** winden, wickeln (***round, about*** um); **2.** a) *Kranz etc.* flechten, winden, b) (zu Kränzen) flechten; **3.** um'kränzen, -'geben, -'winden; **4.** bekränzen, schmücken; **5.** kräuseln: ***~d in smiles*** lächelnd; **II** *v/i.* **6.** sich winden *od.* wikkeln; **7.** sich ringeln *od.* kräuseln (*Rauchwolke etc.*).

wreck [rek] **I** *s.* **1.** ⚓ a) (Schiffs)Wrack *n*, b) Schiffbruch *m*, Schiffsunglück *n*, c) ⚖ Strandgut *n*; **2.** Wrack *n* (*mot. etc., a. fig. bsd. Person*), Ru'ine *f*, Trümmerhaufen *m* (*a. fig.*): ***nervous ~*** *fig.* Nervenbündel *n*; ***she is the ~ of her former self*** sie ist nur (noch) ein Schatten ihrer selbst; **3.** *pl.* Trümmer *pl.* (*oft fig.*); **4.** *fig.* a) Ru'in *m*, 'Untergang *m*, b) Zerstörung *f*, Vernichtung *f von Hoffnungen etc.*; **II** *v/t.* **5.** *allg.* zertrümmern, -stören, *Schiff* zum Scheitern bringen (*a. fig.*): ***be ~ed*** a) → 8, b) in Trümmer gehen, c) entgleisen (*Zug*); **6.** *fig.* zu'grunde richten, ruinieren, ka'puttmachen, *Gesundheit a.* zerrütten, *Pläne, Hoffnungen etc.* vernichten, zerstören; **7.** ⚓, ⚙ abwracken; **III** *v/i.* **8.** Schiffbruch erleiden, scheitern (*a. fig.*); **9.** verunglücken; **10.** zerstört *od.* vernichtet werden (*mst fig.*); **'wreck·age**

[-kɪdʒ] *s.* **1.** Wrack(teile *pl.*) *n*, (Schiffs-, *allg.* Unfall)Trümmer *pl.*; **2.** *fig.* Strandgut *n* (des Lebens); **3.** → ***wreck*** 4; **wrecked** [-kt] *adj.* **1.** gestrandet, gescheitert (*a. fig.*); **2.** schiffbrüchig (*Person*); **3.** zertrümmert, zerstört, vernichtet (*alle a. fig.*); zerrüttet (*Gesundheit etc.*): **~ *car*** Schrottauto *n*; **ˈwreck·er** [-kə] *s.* **1.** Strandräuber *m*; **2.** Saboˈteur *m*, Zerstörer *m* (*beide a. fig.*); **3.** ⚓ a) Bergungsschiff *n*, b) Bergungsarbeiter *m*; **4.** ⚙ Abbrucharbeiter *m*; **5.** *mot. Am.* Abschleppwagen *m*; **ˈwreck·ing** [-kɪŋ] *adj.* **1.** *Am.* Bergungs…: **~ *crew*; ~ *service* (*truck*)** *mot.* Abschleppdienst *m* (-wagen *m*); **2.** *Am.* Abbruch…: **~ *company*** Abbruchfirma *f*.

wren¹ [ren] *s. orn.* Zaunkönig *m*.

Wren² [ren] *s.* ⚔ *Brit.* F Angehörige *f* des ***Women's Royal Naval Service***, Maˈrinehelferin *f*.

wrench [rentʃ] **I** *s.* **1.** (drehender *od.* heftiger) Ruck, heftige Drehung; **2.** ⚕ Verzerrung *f*, -renkung *f*, -stauchung *f*: ***give a ~ to*** → 7; **3.** *fig.* Verdrehung *f*, -zerrung *f*; **4.** *fig.* (Trennungs)Schmerz *m*: ***it was a great ~*** der Abschied tat sehr weh; **5.** ⚙ Schraubenschlüssel *m*; **II** *v/t.* **6.** (mit e-m Ruck) reißen, zerren, ziehen: **~ *s.th.* (*away*) *from s.o.*** j-m et. entwinden *od.* -reißen (*a. fig.*); **~ *open*** *Tür etc.* aufreißen; **7.** ⚕ verrenken, verstauchen; **8.** verdrehen, verzerren (*a. fig. entstellen*).

wrest [rest] **I** *v/t.* **1.** (gewaltsam) reißen: **~ *from*** *j-m et.* entreißen, -winden, *fig. a.* abringen; **2.** *fig. Sinn, Gesetz etc.* verdrehen; **II** *s.* **3.** Ruck *m*, Reißen *n*; **4.** ♪ Stimmhammer *m*.

wres·tle [ˈresl] **I** *v/i.* **1.** *a. sport* ringen (*a. fig.* ***for*** um, ***with God*** mit Gott); **2.** *fig.* sich abmühen, kämpfen (***with*** mit); **II** *v/t.* **3.** ringen *od.* kämpfen mit; **III** *s.* **4.** → ***wrestling*** I; **5.** *fig.* Ringen *n*, schwerer Kampf; **ˈwres·tler** [-lə] *s. sport* Ringer *m*, Ringkämpfer *m*; **ˈwres·tling** [-lɪŋ] **I** *s. bsd. sport u. fig.* Ringen *n*; **II** *adj.* Ring…: **~ *match*** Ringkampf *m*.

wretch [retʃ] **1.** *a.* ***poor ~*** armes Wesen, armer Kerl *od.* Teufel (*a. iro.*); **2.** Schuft *m*; **3.** *iro.* Wicht *m*, ‚Tropf' *m*; **wretch·ed** [ˈretʃɪd] *adj.* □ **1.** elend, unglücklich, *a.* deprimiert (*Person*); **2.** erbärmlich, miseˈrabel, schlecht, dürftig; **3.** scheußlich, ekelhaft, unangenehm; **4.** *gesundheitlich* elend: ***feel ~*** sich elend *od.* schlecht fühlen; **wretch·ed·ness** [ˈretʃɪdnɪs] *s.* **1.** Elend *n*, Unglück *n*; **2.** Erbärmlichkeit *f*, Gemeinheit *f*.

wrig·gle [ˈrɪgl] **I** *v/i.* **1.** sich winden (*a. fig. verlegen od. listig*), sich schlängeln, zappeln: **~ *along*** sich dahinschlängeln; **~ *out*** sich herauswinden (***of s.th.*** aus e-r Sache) (*a. fig.*); **II** *v/t.* **2.** wackeln *od.* zappeln mit; mit *den Hüften* schaukeln; **3.** schlängeln, winden, ringeln: **~ *o.s.* (*along*, *through*)** sich (entlang-, hindurch)winden; **~ *o.s. into*** *fig.* sich einschleichen in (*acc.*); **~ *o.s. out of*** sich herauswinden aus; **III** *s.* **4.** Windung *f*, Krümmung *f*; **5.** schlängelnde Bewegung, Schlängeln *n*, Ringeln *n*, Wackeln *n*; **ˈwrig·gler** [-lə] *s.* **1.** Ringeltier *n*, Wurm *m*; **2.** *fig.* aalglatter Kerl.

wright [raɪt] *s. in Zssgn* …verfertiger *m*, …macher *m*, …bauer *m*.

wring [rɪŋ] **I** *v/t.* [*irr.*] **1.** **~ *out*** *Wäsche etc.* (aus)wringen, auswinden; **2.** a) *e-m Tier den Hals* abdrehen, b) *j-m den Hals* ˈumdrehen: ***I'll ~ your neck***; **3.** verdrehen, zerren (*a. fig.*); **4.** a) *Hände* (*verzweifelt*) ringen, b) *j-m die Hand* (kräftig) drücken, pressen; **5.** *j-n* drükken (*Schuh etc.*); **6.** **~ *s.o.'s heart*** *fig.* j-m sehr zu Herzen gehen, j-m ans Herz greifen; **7.** abringen, entreißen, -winden (***from s.o.*** j-m): **~ *admiration from*** *j-m* Bewunderung abnötigen; **8.** *fig. Geld, Zustimmung* erpressen (***from*, *out of*** von); **II** *s.* **9.** Wringen *n*, (Aus)Winden *n*; Pressen *n*, Druck *m*: ***give s.th. a ~*** → 1 *u.* 4b; **wring·er** [ˈrɪŋə] *s.* ˈWringmaˌschine *f*: ***go through the ~*** F ‚durch den Wolf gedreht werden'; **wring·ing** [ˈrɪŋɪŋ] *adj.* **1.** Wring…: **~ *machine*** → ***wringer***; **2.** *a.* **~ *wet*** F klatschnaß.

wrin·kle¹ [ˈrɪŋkl] **I** *s.* **1.** Runzel *f*, Falte *f* (*im Gesicht*); *a.* Kniff *m* (*in Papier etc.*); **2.** Unebenheit *f*, Vertiefung *f*, Furche *f*; **II** *v/t.* **3.** *oft* **~ *up*** a) *Stirn, Augenbrauen* runzeln, b) *Nase* rümpfen; **4.** *Stoff, Papier etc.* falten, kniffen, zerknittern; **III** *v/i.* **5.** Falten werfen, Runzeln bekommen, sich runzeln, runz(e)lig werden, knittern.

wrin·kle² [ˈrɪŋkl] *s.* F **1.** Kniff *m*, Trick *m*; **2.** Wink *m*, Tip *m*; **3.** Neuheit *f*; **4.** Fehler *m*.

wrin·kly [ˈrɪŋklɪ] *adj.* **1.** faltig, runz(e)lig (*Gesicht etc.*); **2.** leicht knitternd (*Stoff*); **3.** gekräuselt.

wrist [rɪst] *s.* **1.** Handgelenk *n*; **2.** ⚙ → ***wrist pin***; **ˈ~·band** [-stb-] *s.* **1.** Bündchen *n*, (ˈHemd)Manˌschette *f*; **2.** Armband *n*; **ˈ~·drop** *s.* ⚕ Handgelenkslähmung *f*.

wrist·let ['rɪstlɪt] *s.* **1.** Pulswärmer *m*; **2.** Armband *n*: **~ *watch*** → ***wristwatch***; **3.** *sport* Schweißband *n*; **4.** *humor. od. sl.* Handschelle *f*.

wrist| pin *s.* ⚙ Zapfen *m*, *bsd.* Kolbenbolzen *m*; '**~·watch** *s.* Armbanduhr *f*.

writ [rɪt] *s.* **1.** ⚖ a) behördlicher Erlaß, b) gerichtlicher Befehl, c) *a.* ***~ of summons*** (Vor)Ladung *f*: ***~ of attachment*** a) Haftbefehl *m*, b) *dinglicher* Arrest(befehl); ***~ of execution*** Vollstreckungsbefehl; ***take out a ~ against s.o., serve a ~ on s.o.*** j-n vorladen (lassen); **2.** ⚖ *hist. Brit.* Urkunde *f*; **3.** *pol. Brit.* Wahlausschreibung *f* für das Parla'ment; **4.** ***Holy*** (*od.* ***Sacred***) ♀ *die* Heilige Schrift.

write [raɪt] [*irr.*] **I** *v/t.* **1.** *et.* schreiben: ***writ(ten) large*** *fig.* deutlich, leicht erkennbar; **2.** (auf-, nieder)schreiben, schriftlich niederlegen, notieren, aufzeichnen: ***it is written that*** es steht geschrieben, daß; ***it is written on*** (*od.* ***all over***) ***his face*** es steht ihm im Gesicht geschrieben; **3.** *Scheck etc.* ausschreiben, -füllen; **4.** *Papier etc.* vollschreiben; **5.** *j-m et.* schreiben, schriftlich mitteilen: ***~ s.o. s.th.***; **6.** *Buch etc.* verfassen, *a. Musik* schreiben: ***~ poetry*** dichten, Gedichte schreiben; **7.** ***~ o.s.*** sich bezeichnen als; **II** *v/i.* **8.** schreiben; **9.** schreiben, schriftstellern; **10.** schreiben, schriftliche Mitteilung machen: ***it's nothing to ~ home about*** *fig.* das ist nichts Besonderes, darauf brauchst du dir (braucht er sich *etc.*) nichts einzubilden; ***~ to ask*** schriftlich anfragen; ***~ for s.th.*** et. anfordern, sich et. kommen lassen;

Zssgn mit adv.:

write| down *v/t.* **1.** → ***write*** 2; **2.** *fig.* a) (schriftlich) her'absetzen, herziehen über (*acc.*), b) nennen, bezeichnen *od.* hinstellen als; **3.** ✝ abschreiben; **~ in** *v/t.* einfügen, -tragen; **~ off** *v/t.* **1.** (schnell) her'unterschreiben, ‚hinhauen'; **2.** ✝ (vollständig) abschreiben (*a. fig.*); **~ out** *v/t.* **1.** *Namen etc.* ausschreiben; **2.** abschreiben: ***~ fair*** ins reine schreiben; **3.** ***write o.s. out*** sich ausschreiben (*Autor*); **~ up** *v/t.* **1.** ausführlich darstellen *od.* beschreiben; **2.** *ergänzend* nachtragen, *Text* weiterführen; **3.** loben(d erwähnen), her'ausstreichen, anpreisen; **4.** ✝ e-n zu hohen Buchwert angeben für.

'**write|-down** *s.* ✝ Abschreibung *f*: '**~-off** *s.* a) ✝ (gänzliche) Abschreibung, b) *mot.* F To'talschaden: ***it's a ~*** F das können wir abschreiben.

writ·er ['raɪtə] *s.* **1.** Schreiber(in): ***~'s cramp*** (*od.* ***palsy***) Schreibkrampf *m*; **2.** Schriftsteller(in), Verfasser(in), Autor *m*, Au'torin *f*: ***the ~*** der Verfasser (= *ich*); ***~ for the press*** Journalist(in); **3.** ***~ to the signet*** *Scot.* No'tar *m*, Rechtsanwalt *m*; '**writ·er·ship** [-ʃɪp] *s. Brit.* Schreiberstelle *f*.

'**write-up** *s.* **1.** lobender Pressebericht *od.* Ar'tikel; **2.** ✝ zu hohe Buchwertangabe.

writhe [raɪð] *v/i.* **1.** sich krümmen, sich winden (***with*** vor *dat.*); **2.** *fig.* sich winden, leiden (***under***, ***at*** unter *e-r Kränkung etc.*).

writ·ing ['raɪtɪŋ] **I** *s.* **1.** Schreiben *n* (*Tätigkeit*); **2.** Schriftstelle'rei *f*; **3.** schriftliche Ausfertigung *od.* Abfassung; **4.** Schreiben *n*, Schriftstück *n*, *et.* Geschriebenes, *a.* Urkunde *f*: ***in ~*** schriftlich; ***the ~ on the wall*** *fig.* die Schrift an der Wand, das Menetekel; **5.** Schrift *f*, *literarisches* Werk; Aufsatz *m*, Ar'tikel *m*; **6.** Brief *m*; **7.** Inschrift *f*; **8.** Schreibweise *f*, Stil *m*; **9.** (Hand)Schrift *f*; **II** *adj.* **10.** schreibend, *bsd.* schriftstellernd: ***~ man*** Schriftsteller *m*; **11.** Schreib...; **~ book** *s.* Schreibheft *n*; **~ case** *s.* Schreibmappe *f*; **~ desk** *s.* Schreibtisch *m*; **~ pad** *s.* 'Schreibˌunterlage *f*, -block *m*; **~ pa·per** *s.* 'Schreib-, 'Briefpaˌpier *n*; **~ ta·ble** *s.* Schreibtisch *m*.

writ·ten ['rɪtn] **I** *p.p. von* ***write***; **II** *adj.* **1.** schriftlich: ***~ examination***; ***~ evidence*** ⚖ Urkundenbeweis *m*; ***~ language*** Schriftsprache *f*; **2.** geschrieben: ***~ law***; ***~ question*** *parl.* kleine Anfrage.

wrong [rɒŋ] **I** *adj.* □ → ***wrongly***; **1.** falsch, unrichtig, verkehrt, irrig: ***be ~*** *a.* a) unrecht haben, sich irren (*Person*), b) falsch gehen (*Uhr*); ***you are ~ in believing*** du irrst dich, wenn du glaubst; ***prove s.o. ~*** beweisen, daß j-d im Irrtum ist; **2.** verkehrt, falsch: ***bring the ~ book***; ***do the ~ thing*** das Falsche tun, es verkehrt machen; ***get hold of the ~ end of the stick*** *fig.* es völlig mißverstehen, es verkehrt ansehen; ***the ~ side*** die verkehrte *od.* falsche (*von Stoff*: linke) Seite; (***the***) ***~ side out*** das Innere nach außen (gekehrt) (*Kleidungsstück etc.*); ***be on the ~ side of 40*** über 40 (Jahre alt) sein; ***he will laugh on the ~ side of his mouth*** das Lachen wird ihm schon vergehen; ***have got out of bed*** (***on***) ***the ~ side*** F mit dem linken Bein zuerst aufgestanden sein; → ***blanket*** 1; **3.** nicht in Ordnung:

s.th. is ~ with it es stimmt et. daran nicht; ***what is ~ with you?*** was ist los mit dir?, was hast du?; ***what's ~ with ...?*** a) was gibt es auszusetzen an (*dat.*)?, b) F wie wär's mit...?; **4.** unrecht: ***it is ~ of you to laugh***; **II** *adv.* **5.** falsch, unrichtig, verkehrt: ***get it ~*** es ganz falsch verstehen; ***go ~*** a) nicht richtig funktionieren *od.* gehen (*Uhr etc.*), b) schiefgehen (*Vorhaben etc.*), c) auf Abwege *od.* die schiefe Bahn geraten (*bsd. Frau*), d) fehlgehen; ***where did we go ~?*** was haben wir falsch gemacht?; ***get in ~ with s.o.*** *Am.* F es mit j-m verderben; ***get s.o. in ~*** *Am.* F j-n in Mißkredit bringen (***with*** bei); ***take s.th. ~*** et. übelnehmen; **III** *s.* **6.** Unrecht *n*: ***do s.o. ~*** j-m ein Unrecht zufügen; **7.** Irrtum *m*, Unrecht *n*: ***be in the ~*** unrecht haben; ***put s.o. in the ~*** j-n ins Unrecht setzen; **8.** Kränkung *f*, Beleidigung *f*; **9.** ⚖ Rechtsverletzung *f*: ***private ~*** Privatdelikt *n*; ***public ~*** öffentliches Delikt; **IV** *v/t.* **10.** *j-m* Unrecht tun (*a. in Gedanken etc.*), *j-n* ungerecht behandeln: ***I am ~ed*** mir geschieht Unrecht; **11.** *j-m* schaden, Schaden zufügen, *j-n* benachteiligen; **ˌ~ˈdo·er** *s.* Übel-, Missetäter(in), Sünder(in); **ˌ~ˈdo·ing** *s.* **1.** Missetat *f*, Sünde *f*; **2.** Vergehen *n*, Verbrechen *n*.

wrong·ful [ˈrɒŋfʊl] *adj.* □ **1.** ungerecht; **2.** beleidigend, kränkend; **3.** ⚖ unrechtmäßig, ˈwiderrechtlich, ungesetzlich.

ˌwrongˈhead·ed *adj.* □ **1.** querköpfig, verbohrt (*Person*); **2.** verschroben, verdreht, hirnverbrannt.

wrong·ly [ˈrɒŋlɪ] *adv.* **1.** → ***wrong*** II; **2.** ungerechterweise, zu *od.* mit Unrecht; **3.** irrtümlicher-, fälschlicherweise; **wrong·ness** [ˈrɒŋnɪs] *s.* **1.** Unrichtigkeit *f*, Verkehrtheit *f*, Fehlerhaftigkeit *f*; **2.** Unrechtmäßigkeit *f*; **3.** Ungerechtigkeit *f*.

wrote [rəʊt] *pret. u. obs. p.p. von* **write**.

wroth [rəʊθ] *adj.* zornig, erzürnt.

wrought [rɔːt] **I** *pret. u. p.p. von* **work**; **II** *adj.* **1.** be-, ge-, verarbeitet: ***~ goods*** Fertigwaren; **2.** a) gehämmert, geschmiedet, b) schmiedeeisern; **3.** gewirkt; **~ i·ron** *s.* Schmiedeeisen *n*; **ˌ~-ˈi·ron** *adj.* schmiedeeisern; **~ steel** *s.* Schmiede-, Schweißstahl *m*; **ˌ~-ˈup** *adj.* aufgebracht, erregt.

wrung [rʌŋ] *pret. u. p.p. von* **wring**.

wry [raɪ] *adj.* □ **1.** schief, krumm, verzerrt: ***make*** (*od.* ***pull***) ***a ~ face*** e-e Grimasse schneiden; **2.** *fig.* a) verschroben: ***~ notion***, b) gequält: ***~ smile***, c) sarˈkastisch: ***~ humo(u)r***; **ˈ~-mouthed** *adj.* **1.** schiefmäulig; **2.** *fig.* a) wenig schmeichelhaft, b) sarˈkastisch; **ˈ~·neck** *s. orn.* Wendehals *m*.

X

X, x [eks] **I** *pl.* **X's, x's, Xs, xs** ['eksız] *s.* **1.** X *n*, x *n* (*Buchstabe*); **2.** ⅍ a) x *n* (*1. unbekannte Größe od. abhängige Variable*), b) x-Achse *f*, Ab'szisse *f* (*im Koordinatensystem*); **3.** *fig.* X *n*, unbekannte Größe; **4.** → 6; **II** *adj.* **5.** X-…, X-förmig; **6.** ~ ***film*** nicht jugendfreier Film (*ab 18*).

Xan·thip·pe [zæn'θıpı] *s. fig.* Xan'thippe *f*, Hausdrachen *m*.

xe·nog·a·my [zi:'nɒgəmı] *s.* ⚘ Fremdbestäubung *f*.

xen·o·pho·bi·a [ˌzenə'fəʊbjə] *s.* Xenopho'bie *f*, Fremdenfeindlichkeit *f*; **ˌxen·o'pho·bic** [-bık] *adj.* xeno'phob, fremdenfeindlich.

xe·ra·si·a [zı'reızıə] *s.* ⚕ Trockenheit *f* des Haares.

xe·ro·phyte ['zıərəʊfaıt] *s.* ⚘ Trockenheitspflanze *f*.

xiph·oid ['zıfɔıd] *adj. anat.* **1.** schwertförmig; **2.** Schwertfortsatz…: ~ ***appendage***, ~ ***process*** Schwertfortsatz *m*.

Xmas ['krısməs] F *für* ***Christmas***.

X-ray [ˌeks'reı] **I** *s.* ⚕, *phys.* **1.** X-Strahl *m*, Röntgenstrahl *m*; **2.** Röntgenaufnahme *f*, -bild *n*; **II** *v/t.* **3.** röntgen: a) ein Röntgenbild machen von, b) durch'leuchten; **4.** bestrahlen; **III** *adj.* **5.** Röntgen…

xy·lene ['zaıli:n] *s.* ⚗ Xy'lol *n*.

xy·lo·graph ['zaıləgrɑ:f] *s.* Holzschnitt *m*; **xy·log·ra·pher** [zaı'lɒgrəfə] *s.* Holzschneider *m*; **xy·lo·graph·ic** [ˌzaılə'græfık] *adj.* Holzschnitt…; **xy·log·ra·phy** [zaı'lɒgrəfı] *s.* Xylogra'phie *f*, Holzschneidekunst *f*.

xy·lo·phone ['zaıləfəʊn] *s.* ♪ Xylo'phon *n*.

xy·lose ['zaıləʊs] *s.* ⚗ Xy'lose *f*, Holzzucker *m*.

Y

Y, **y** [waɪ] **I** *pl.* **Y's**, **y's**, **Ys**, **ys** [waɪz] *s.* **1.** Y *n*, y *n*, Ypsilon *n* (*Buchstabe*); **2.** ⅍ a) y *n* (*2. unbekannte Größe od. abhängige Variable*), b) y-Achse *f*, Ordi'nate *f* (*im Koordinatensystem*); **II** *adj.* **3.** Y-…, Y-förmig, gabelförmig.

y- [ɪ] *obs. Präfix zur Bildung des p.p., entsprechend dem deutschen* ge-.

yacht [jɒt] ⚓ **I** *s.* **1.** (Segel-, Motor-) Jacht *f*: ~ ***club*** Jachtklub *m*; **2.** (Renn-) Segler *m*; **II** *v/i.* **3.** auf e-r Jacht fahren; **4.** (sport)segeln; **yacht·er** ['jɒtə] → ***yachtsman***; **yacht·ing** ['jɒtɪŋ] **I** *s.* **1.** Jacht-, Segelsport *m*; **2.** (Sport)Segeln *n*; **II** *adj.* **3.** Segel…, Jacht…

yachts·man ['jɒtsmən] *s.* [*irr.*] **1.** Jachtfahrer *m*; **2.** (Sport)Segler *m*; **'yachts·man·ship** [-ʃɪp] *s.* Segelkunst *f*.

yah [jɑː] *int.* a) puh!, b) ätsch!

ya·hoo [jə'huː] *s.* **1.** bru'taler Kerl; **2.** Saukerl *m*.

yak¹ [jæk] *v/i.* F quasseln.

yak² [jæk] *s.* Yak *m*, Grunzochs *m*.

yank¹ [jæŋk] F **I** *v/t.* (mit e-m Ruck her'aus)ziehen, (*hoch- etc.*)reißen; **II** *v/i.* reißen, heftig ziehen; **III** *s.* (heftiger) Ruck.

Yank² [jæŋk] F *für* ***Yankee***.

Yan·kee ['jæŋkɪ] *s.* Yankee *m* (*Spitzname*): a) Neu-'Engländer(in), b) Nordstaatler(in) (*der USA*), c) (*allg., von Nichtamerikanern gebraucht*) ('Nord-) Ameri͵kaner(in): ~ ***Doodle*** *amer. Volkslied*.

yap [jæp] **I** *s.* **1.** Kläffen *n*, Gekläff *n*; **2.** F a) Gequassel *n*, b) ‚Schnauze' *f* (*Mund*); **II** *v/i.* **3.** kläffen; **4.** F a) quasseln, b) ‚meckern'.

yard¹ [jɑːd] *s.* **1.** Yard *n* (= *0,914 m*); **2.** → ***yardstick*** 1: ***by the*** ~ yardweise; ~ ***goods*** Kurzwaren; **3.** ⚓ Rah(e) *f*.

yard² [jɑːd] *s.* **1.** Hof(raum) *m*; **2.** Arbeits-, Bau-, Stapel)Platz *m*; **3.** 🚂 *Brit.* Rangier-, Verschiebebahnhof *m*; **4.** ***the*** ♀ → ***Scotland Yard***; **5.** ✓ Hof *m*, Gehege *n*: ***poultry*** ~; **6.** *Am.* Winterweideplatz *m* (*für Elche u. Rotwild*).

yard·age ['jɑːdɪdʒ] *s.* in Yards angegebene Zahl *od.* Länge, Yards *pl.*

'yard·man [-mən] *s.* [*irr.*] **1.** 🚂 Rangier-, Bahnhofsarbeiter *m*; **2.** ⚓ Werftarbeiter *m*; **3.** ✓ Stall-, Viehhofarbeiter *m*; ~ **mas·ter** *s.* 🚂 Rangiermeister *m*; **'~·stick** *s.* **1.** Yard-, Maßstock *m*; **2.** *fig.* Maßstab *m*.

yarn [jɑːn] **I** *s.* **1.** Garn *n*; **2.** ⚓ Kabelgarn *n*; **3.** F abenteuerliche (*a. weitS. erlogene*) Geschichte, (Seemanns)Garn *n*: ***spin a*** ~ e-e Abenteuergeschichte erzählen, ein (Seemanns)Garn spinnen; **II** *v/i.* **4.** F (Geschichten) erzählen, ein Garn spinnen, (mitein'ander) klönen.

yar·row ['jærəʊ] *s.* ⚘ Schafgarbe *f*.

yaw [jɔː] *v/i.* **1.** ⚓ gieren (*vom Kurs abkommen*); **2.** ✈ (*um Hochachse*) gieren, scheren; **3.** *fig.* schwanken.

yawl [jɔːl] *s.* ⚓ **1.** Segeljolle *f*; **2.** Be'sankutter *m*.

yawn [jɔːn] **I** *v/i.* **1.** gähnen (*a. fig. Abgrund etc.*); **2.** *fig.* a) sich weit u. tief auftun, b) weit offenstehen; **II** *v/t.* **3.** gähnen(d sagen); **III** *s.* **4.** Gähnen *n*; **'yawn·ing** [-nɪŋ] *adj.* □ gähnend (*a. fig.*).

y·clept [ɪ'klept] *adj. obs. od. humor.* genannt, namens.

ye¹ [jiː] *pron. obs. od. bibl. od. humor.* **1.** ihr, Ihr; **2.** euch, Euch, dir, Dir; **3.** du, Du; **4.** F *für* ***you***: ***how d'ye do?***

ye² [jiː] *archaisierend für* ***the***.

yea [jeɪ] **I** *adv.* **1.** ja; **2.** für'wahr, wahr'haftig; **3.** *obs.* ja so'gar; **II** *s.* **4.** Ja *n*; **5.** *parl. etc.* Ja(stimme *f*) *n*: ~***s and nays*** Stimmen für u. wider; ***the*** ~***s have it!*** der Antrag ist angenommen!

yeah [jeə] *adv.* F ja, klar: ~***?*** so?, na, na!

yean [jiːn] *zo.* **I** *v/t.* werfen (*Lamm, Zicklein*); **II** *v/i.* a) lammen (*Schaf*), b) zickeln (*Ziege*); **'yean·ling** [-lɪŋ] *s.* a) Lamm *n*, b) Zicklein *n*.

year [jɜː] *s.* **1.** Jahr *n*: ~ ***of grace*** Jahr des Heils; ***for*** ~***s*** jahrelang, seit Jahren, auf Jahre hinaus; ~ ***in***, ~ ***out*** jahrein, jahraus; ~ ***by*** ~, ***from*** ~ ***to*** ~, ~ ***after*** ~ Jahr für Jahr; ***in the*** ~ ***one*** *humor.* vor undenklichen Zeiten; ***take*** ~***s off s.o.*** j-n um Jahre jünger machen; **2.** *pl.* Alter *n*: ~***s of discretion*** gesetztes *od.*

vernünftiges Alter; ***well on in ~s*** hochbetagt; ***be getting on in ~s*** in die Jahre kommen; ***he bears his ~s well*** er ist für sein Alter noch recht rüstig; **3.** *ped. univ.* Jahrgang *m*; **'~·book** *s.* Jahrbuch *n.*

year·ling ['jɜ:lɪŋ] **I** *s.* **1.** Jährling *m*: a) einjähriges Tier, b) einjährige Pflanze; **2.** *Pferdesport*: Einjährige(s) *n*; **II** *adj.* **3.** einjährig.

'year·long *adj.* einjährig.

year·ly ['jɜ:lɪ] **I** *adj.* jährlich, Jahres…; **II** *adv.* jährlich, jedes Jahr (einmal).

yearn [jɜ:n] *v/i.* **1.** sich sehnen, Sehnsucht haben (***for***, ***after*** nach, ***to do*** danach, zu tun); **2.** (*bsd.* Mitleid, Zuneigung) empfinden (***to***[***wards***] für, mit); **'yearn·ing** [-nɪŋ] **I** *s.* Sehnsucht *f*, Sehnen *n*, Verlangen *n*; **II** *adj.* □ sehnsüchtig, sehnend, verlangend.

yeast [ji:st] **I** *s.* **1.** (Bier-, Back)Hefe *f*; **2.** Gischt *f*, Schaum *m*; **3.** *fig.* Triebkraft *f*; **II** *v/i.* **4.** gären; **~ pow·der** *s.* Backpulver *n.*

yeast·y ['ji:stɪ] *adj.* **1.** heftig; **2.** gärend; **3.** schäumend; **4.** *fig. contp.* leer, hohl; **5.** *fig.* a) unstet, b) 'überschäumend.

yegg(**·man**) ['jeg(mən)] *s.* [*irr.*] *Am. sl.* ‚Schränker' *m*, Geldschrankknacker *m.*

yell [jel] **I** *v/i.* **1.** schreien, brüllen (***with*** vor *dat.*); **II** *v/t.* **2.** gellen(d ausstoßen), schreien; **III** *s.* **3.** gellender (Auf-) Schrei; **4.** *Am. univ.* (rhythmischer) Anfeuerungs- *od.* Schlachtruf.

yel·low ['jeləʊ] **I** *adj.* **1.** gelb (*a. Rasse*): ***~-haired*** flachshaarig; ***the ~ peril*** die gelbe Gefahr; **2.** *fig.* a) *obs.* neidisch, mißgünstig, b) F feig: ***~ streak*** feiger Zug; **3.** sensati'onslüstern; → ***yellow paper***, ***yellow press***; **II** *s.* **4.** Gelb *n*: ***at ~*** *Am.* bei (*od.* auf) Gelb (*Verkehrsampel*); **5.** Eigelb *n*; **6.** ⚘, ⚕ *od. vet.* Gelbsucht *f*; **III** *v/t.* **7.** gelb färben; **IV** *v/i.* **8.** sich gelb färben, vergilben; **~ card** *s.*: ***be shown the ~*** *Fußball*: die gelbe Karte (gezeigt) bekommen; **'~-dog I** *s.* **1.** Köter *m*, ‚Prome'nadenmischung' *f*; **2.** *fig.* gemeiner *od.* feiger Kerl; **II** *adj.* **3.** a) hundsgemein, b) feig; **4.** *Am.* gewerkschaftsfeindlich; **~ earth** *s. min.* **1.** Gelberde *f*; **2.** → ***yellow ochre***; **~ fe·ver** *s.* ⚕ Gelbfieber *n*; **'~ˌham·mer** *s. orn.* Goldammer *f.*

yel·low·ish ['jeləʊɪʃ] *adj.* gelblich.

yel·low| jack *s.* **1.** ⚕ Gelbfieber *n*; **2.** ⚓ Quaran'täneflagge *f*; **~ met·al** *s.* 'Muntzmeˌtall *n*; **~ o·chre** (*Am.* **o·cher**) *s. min.* gelber Ocker, Gelberde *f*; **~ pag·es** *s. pl. teleph.* (*die*) gelben Seiten, Branchenverzeichnis *n*; **~ pa·per** *s.* Sensati'ons-, Re'volverblatt *n*; **~ press** *s.* Sensati'ons-, Boule'vardpresse *f*; **~ soap** *s.* Schmierseife *f.*

yelp [jelp] **I** *v/i.* **1.** a) (auf)jaulen, b) aufschreien; **2.** (*a. v/t.*) kreischen; **II** *s.* **3.** a) (Auf)Jaulen *n*, b) Aufschrei *m.*

yen[1] [jen] *s.* Yen *m* (*japanische Münzeinheit*).

yen[2] [jen] F *für* ***yearning*** I.

yeo·man ['jəʊmən] *s.* [*irr.*] **1.** *Brit. hist.* a) Freisasse *m*, b) ⚔ berittener Mi'lizsolˌdat: ***~ service*** *fig.* treue Dienste *pl.*; **2.** *a.* ***⁀ of the Guard*** 'Leibgarˌdist *m*; **3.** ⚓ Ver'waltungsˌunteroffiˌzier *m*; **'yeo·man·ry** [-rɪ] *s. coll. hist.* **1.** Freisassen *pl.*; **2.** ⚔ berittene Mi'liz.

yep [jep] *adv.* F ja.

yes [jes] **I** *adv.* **1.** ja, ja'wohl: ***say ~*** (***to***) a) ja sagen (zu), (*e-e Sache*) bejahen (*beide a. fig.*), b) einwilligen (in *acc.*); **2.** ja, gewiß, aller'dings; **3.** (ja) doch; **4.** ja so'gar; **5.** *fragend od. anzweifelnd*: ja?, wirklich?; **II** *s.* **6.** Ja *n*; **7.** *fig.* Ja (-wort) *n*; **8.** *parl.* Ja(stimme *f*) *n*; **~ man** *s.* [*irr.*] F Jasager *m.*

yes·ter ['jestə] *adj.* **1.** *obs. od. poet.* gestrig; **2.** *in Zssgn* → ***yesterday*** 2; **'~·day** [-dɪ] **I** *adv.* **1.** gestern: ***I was not born ~*** *fig.* ich bin (doch) nicht von gestern; **II** *adj.* **2.** gestrig, vergangen, letzt: ***~ morning*** gestern früh; **III** *s.* **3.** der gestrige Tag: ***the day before ~*** vorgestern; ***~'s paper*** die gestrige Zeitung; ***of ~*** von gestern; ***~s*** vergangene Tage *od.* Zeiten; **4.** *fig. das* Gestern; **ˌ~-'year** *adv. u. s. obs. od. poet.* voriges Jahr.

yet [jet] **I** *adv.* **1.** (immer) noch, jetzt noch: ***not ~*** noch nicht; ***nothing ~*** noch nichts; ***~ a moment*** (nur) noch einen Augenblick; **2.** schon (jetzt), jetzt: (***as***) ***~*** bis jetzt, bisher; ***have you finished ~?*** bist du schon fertig?; ***not just ~*** nicht gerade jetzt; **3.** (doch) noch, schon (noch): ***he will win ~***; **4.** noch, so'gar (*beim Komparativ*): ***~ better*** noch besser; ***~ more important*** sogar noch wichtiger; **5.** noch (da'zu), außerdem: ***another and ~ another*** noch einer u. noch einer dazu; ***~ again*** immer wieder; ***nor ~*** (und) auch nicht; **6.** dennoch, trotzdem, je'doch, aber: ***but ~*** aber doch *od.* trotzdem; **II** *cj.* **7.** aber (dennoch *od.* zu'gleich), doch.

yew [ju:] ⚘ **I** *s.* **1.** *a.* ***~ tree*** Eibe *f*; **2.** Eibenholz *n*; **II** *adj.* **3.** Eiben…

Yid [jɪd] *s. sl.* Jude *m*; **Yid·dish** ['jɪdɪʃ] *ling.* **I** *s.* Jiddisch *n*; **II** *adj.* jiddisch.

yield [ji:ld] **I** *v/t.* **1.** *als Ertrag* ergeben, (ein-, her'vor)bringen, *a. Ernte* erbringen, *bsd. Gewinn* abwerfen, *Früchte, a. Zinsen etc.* tragen, *Produkte etc.* liefern: ***~ 6 %*** ✝ 6 % (Rendite) abwerfen; **2.** *Resultat* ergeben, liefern; **3.** *fig.* gewähren, zugestehen, einräumen (***s.th. to s.o.*** j-m et.): ***~ consent*** einwilligen; ***~ the point*** sich (*in e-r Debatte*) geschlagen geben; ***~ precedence to*** *j-m* den Vorrang einräumen; **4.** *a.* ***~ up*** a) auf-, hergeben, b) (***to***) abtreten (an *acc.*), über'lassen, -'geben (*dat.*), ausliefern (*dat. od.* an *acc.*): ***~ o.s. to*** *fig.* sich *e-r Sache* überlassen; ***~ a secret*** ein Geheimnis preisgeben; ***~ the palm*** (***to s.o.***) sich (j-m) geschlagen geben; ***~ place to*** Platz machen (*dat.*); → ***ghost*** 2; **II** *v/i.* **5.** *guten etc.* Ertrag geben *od.* liefern, *bsd.* ✓ tragen; **6.** nachgeben, weichen (*Sache u. Person*): ***~ to despair*** sich der Verzweiflung hingeben; ***~ to force*** der Gewalt weichen; ***I ~ to none*** ich stehe keinem nach (***in*** in *dat.*); **7.** sich fügen (***to*** *dat.*); **8.** einwilligen (***to*** in *acc.*); **III** *s.* **9.** Ertrag *m*: a) Ernte *f*, b) Ausbeute *f* (*a.* ⚙, *phys.*), Gewinn *m*: ***~ of tax(es)*** Steueraufkommen *n*, -ertrag *m*; **10.** ✝ a) Zinsertrag *m*, b) Ren'dite *f*; **11.** ⚙ a) Me'tallgehalt *m von Erz*, b) Ausgiebigkeit *f von Farben etc.*, c) Nachgiebigkeit *f von Material*; **'yield·ing** [-dɪŋ] *adj.* ☐ **1.** ergiebig, einträglich: ***~ interest*** ✝ verzinslich; **2.** nachgebend, dehnbar, biegsam; **3.** *fig.* nachgiebig, gefügig; **yield point** *s.* ⚙ Fließ-, Streckgrenze *f*, -punkt *m*.

yip [jɪp] *Am.* F *für* ***yelp***; **yip·pee** [jɪ'piː; 'jɪpɪ] *int.* hur'ra!

yob [jɒb] *s. Brit.* F Rowdy *m*.

yo·del ['jəʊdl] **I** *v/t. u. v/i.* jodeln; **II** *s.* Jodler *m* (*Gesang*).

yo·ga ['jəʊgə] *s.* Joga *m*, *n*, Yoga *m*, *n*.

yo·gh(o)urt ['jɒgət] *s.* Joghurt *m*, *n*.

yo·gi ['jəʊgɪ] *s.* Jogi *m*, Yogi *m*.

yo-heave-ho [ˌjəʊhiːv'həʊ], **yo-ho** [jəʊ'həʊ] *int.* ⚓ hau-'ruck!

yoicks [jɔɪks] *hunt.* **I** *int.* hussa!; **II** *s.* Hussa(ruf *m*) *n*.

yoke [jəʊk] **I** *s.* **1.** ✓, *antiq. u. fig.* Joch *n*: ***~ of matrimony*** Joch der Ehe; ***pass under the ~*** sich unter das Joch beugen; **2.** *sg. od. pl.* Paar *n*, Gespann *n*: ***two ~ of oxen***; **3.** ⚙ a) Schultertrage *f* (*für Eimer etc.*), b) Glockengerüst *n*, c) Bügel *m*, d) ⚡ (Ma'gnet-, Pol)Joch *n*, e) *mot.* Gabelgelenk *n*, f) doppeltes Achslager, g) ⚓ Ruderjoch *n*; **4.** Passe *f*, Sattel *m* (*an Kleidern*); **II** *v/t.* **5.** *Tiere* anschirren, anjochen; **6.** *fig.* paaren, verbinden (***with, to*** mit); **III** *v/i.* **7.** verbunden sein (***with*** mit *j-m*): ***~ together*** zs.-arbeiten; ***~ bone*** *s. anat.* Jochbein *n*; **'~ˌfel·low** *s. obs.* **1.** Mitarbeiter *m*; **2.** (Lebens)Gefährte *m*, (-)Gefährtin *f*.

yo·kel ['jəʊkl] *s.* Bauer(ntrampel) *m*.

'yoke·mate → ***yokefellow***.

yolk [jəʊk] *s.* **1.** *zo.* Eidotter *m*, *n*, Eigelb *n*; **2.** Woll-, Fettschweiß *m* (*der Schafwolle*).

yon [jɒn] *obs. od. dial.* **I** *adj. u. pron.* jene(r, s) dort (drüben); **II** *adv.* → ***yonder*** I; **'yon·der** [-də] **I** *adv.* **1.** da *od.* dort drüben; **2.** *obs.* da drüben hin; **II** *adj. u. pron.* **3.** → ***yon*** I.

yore [jɔː] *s.*: ***of ~*** vorzeiten, ehedem, vormals; ***in days of ~*** in alten Zeiten.

York·shire ['jɔːkʃə] *adj.* aus der Grafschaft Yorkshire, Yorkshire...: ***~ flannel*** ✝ *feiner Flanell aus ungefärbter Wolle*; ***~ pudding*** *gebackener Eierteig, der zum Rinderbraten gegessen wird.*

you [juː; jʊ; jə] *pron.* **1.** a) (*nom.*) du, ihr, Sie, b) (*dat.*) dir, euch, Ihnen, c) (*acc.*) dich, euch, Sie: ***don't ~ do that!*** tu das ja nicht!; ***that's a wine for ~!*** das ist vielleicht ein (gutes) Weinchen!; **2.** man: ***that does ~ good*** das tut einem gut; ***what should ~ do?*** was soll man tun?

you'd [juːd; jʊd; jəd] F *für* a) ***you would***, b) ***you had***.

young [jʌŋ] **I** *adj.* jung (*a. fig. frisch, neu, unerfahren*): ***~ ambition*** jugendlicher Ehrgeiz; ***~ animal*** Jungtier *n*; ***~ children*** kleine Kinder; ***~ love*** junge Liebe; ***her ~ man*** F ihr Schatz; ***~ Smith*** Smith junior; ***a ~ state*** ein junger Staat; ***~ person*** ⚖ Jugendliche(r), Heranwachsende(r) (*14 bis 17 Jahre alt*); ***the ~ person*** *fig.* die (unverdorbene) Jugend; ***~ in one's job*** unerfahren in s-r Arbeit; **II** *s. coll.* (Tier)Junge *pl.*: ***with ~*** trächtig; **young·ish** ['jʌŋɪʃ] *adj.* ziemlich jung; **'young·ster** [-stə] *s.* **1.** Bursch(e) *m*, Junge *m*; Kleine(r *m*) *f*; **2.** *sport* Youngster *m*.

your [jɔː] *pron. u. adj.* **1.** a) *sg.* dein(e), b) *pl.* euer, eure, c) *sg. od. pl.* Ihr(e); **2.** *impers.* F a) so ein(e), b) der (die, das) vielgepriesene *od.* -gerühmte.

yours [jɔːz] *pron.* **1.** a) *sg.* dein, der (die, das) dein(ig)e, die dein(ig)en, b) *pl.* euer, eure(s), der (die, das) eur(ig)e, die eur(ig)en, c) *Höflichkeitsform, sg. od. pl.* Ihr, der (die, das) Ihr(ig)e, die Ihr(ig)en: ***this is ~*** das gehört dir (euch, Ihnen); ***what is mine is ~*** was mein ist, ist (auch) dein; ***my sister and ~*** meine u. deine Schwester; → ***truly*** 2; **2.** a) die Dein(ig)en (Euren, Ihren), b) das Dein(ig)e, deine Habe: ***you and ~***;

3. ✝ Ihr Schreiben.

your'self *pl.* **-'selves** [-vz] *pron.* (*in Verbindung mit* **you** *od. e-m Imperativ*) **1.** a) *sg.* (du, Sie) selbst, b) *pl.* (ihr, Sie) selbst: ***by ~*** a) selbst, selber, selbständig, allein, b) allein, für sich; ***be ~!*** F nimm dich zusammen!; ***you are not ~ today*** du bist (Sie sind) heute ganz anders als sonst *od.* nicht auf der Höhe; ***what will you do with ~ today?*** was wirst du (werden Sie) heute anfangen?; **2.** *refl.* a) *sg.* dir, dich, sich, b) *pl.* euch, sich: ***did you hurt ~?*** hast du dich (haben Sie sich) verletzt?

youth [ju:θ] **I** *s.* **1.** *allg.* Jugend *f*: a) Jungsein *n*, b) Jugendfrische *f*, c) Jugendzeit *f*, d) *coll. sg. od. pl. konstr.* junge Leute *pl. od.* Menschen *pl.*; **2.** Frühstadium *n*; **3.** *pl.* ***youths*** [-ðz] junger Mann, Jüngling *m*; **II** *adj.* **4.** Jugend...: ***~ hostel*** Jugendherberge *f*; **'youth·ful** [-fʊl] *adj.* □ **1.** jung (*a. fig.*); **2.** jugendlich; **3.** Jugend...: ***~ days***; **'youth·ful·ness** [-fʊlnɪs] *s.* Jugend(lichkeit) *f*.

yowl [jaʊl] **I** *v/t. u. v/i.* jaulen, heulen; **II** *s.* Jaulen *n*, Heulen *n*.

yuck [jʌk] *int. sl.* pfui Teufel!

Yu·go·slav → ***Jugoslav***.

yule [ju:l] *s.* Weihnachts-, Julfest *n*; **~ log** *s.* Weihnachtsscheit *n im Kamin*; **'~·tide** *s.* Weihnachtszeit *f*.

yum·my ['jʌmɪ] F **I** *adj.* a) *allg.* ‚prima', ‚toll', b) lecker (*Mahlzeit etc.*); **II** *int.* → ***yum-yum***.

yum-yum [ˌjʌm'jʌm] *int.* F mm!, lecker!

yup·pie ['jʌpɪ] *s. junger, karrierebewußter und ausgabefreudiger Mensch mit urbanem Lebensstil* (*häufig bestimmten Modetrends folgend*).

Z

Z, z [*Brit.* zed; *Am.* zi:] *s.* Z *n*, z *n* (*Buchstabe*).

za·ny [ˈzeɪnɪ] **I** *s.* **1.** *hist.* Hansˈwurst *m*; **2.** *fig. contp.* Blödmann *m*; **II** *adj.* **3.** närrisch; **4.** *fig.* ‚blöd'.

zap [zæp] **I** *v/t. sl.* **1.** *j-n* abknallen; **2.** *j-m* ein Ding verpassen (*Kugel, Schlag etc.*): ***~!*** zack!; **3.** *fig. j-n* ‚fertigmachen'; **II** *s.* **4.** ‚Schmiß' *m*.

zeal [zi:l] *s.* **1.** (Dienst-, Arbeits-, Glaubens- *etc.*)Eifer *m*: ***full of ~*** (dienst-*etc.*)eifrig; **2.** Begeisterung *f*, Hingabe *f*, Inbrunst *f*.

zeal·ot [ˈzelət] *s.* (*bsd.* Glaubens)Eiferer *m*, Zeˈlot *m*, Faˈnatiker(in); **ˈzeal·ot·ry** [-trɪ] *s.* Zeloˈtismus *m*, faˈnatischer (Glaubens- *etc.*)Eifer.

zeal·ous [ˈzeləs] *adj.* □ **1.** (dienst)eifrig; **2.** eifernd, faˈnatisch; **3.** eifrig bedacht (***to do*** darauf, zu tun, ***for*** auf *acc.*); **4.** heiß, innig; **5.** begeistert; **ˈzeal·ous·ness** [-nɪs] → ***zeal***.

ze·bra [ˈzi:brə] *pl.* **-bras** *od. coll.* **-bra** *s. zo.* Zebra *n*; **~ cross·ing** *s. Verkehr*: Zebrastreifen *m*.

zed [zed] *s. Brit.* **1.** Zet *n* (*Buchstabe*); **2.** ⚙ Z-Eisen *n*.

Zen (Bud·dhism) [zen] *s.* ˈZen(-Budˌdhismus *m*) *n*.

ze·ner di·ode [ˈzi:nə] *s.* ⚡ ˈZenerdiˌode *f*.

ze·nith [ˈzenɪθ] *s.* Zeˈnit *m*: a) *ast.* Scheitelpunkt *m* (*a. Ballistik*), b) *fig.* Höhe-, Gipfelpunkt *m*: ***be at one's*** (*od.* ***the***) ***~*** den Zenit erreicht haben, im Zenit stehen.

Zeph·a·ni·ah [ˌzefəˈnaɪə] *npr. u. s. bibl.* (das Buch) Zeˈphanja *m*.

zeph·yr [ˈzefə] *s.* **1.** *poet.* Zephir *m*, Westwind *m*, laues Lüftchen; **2.** sehr leichtes Gewebe, *a.* leichter Schal *etc.*; **3.** ✝ a) *a.* ***~ cloth*** Zephir *m* (*Gewebe*), b) *a.* ***~ worsted*** Zephirwolle *f*, c) *a.* ***~ yarn*** Zephirgarn *n*.

ze·ro [ˈzɪərəʊ] **I** *pl.* **-ros** *s.* **1.** Null *f* (*Zahl od. Zeichen*); **2.** *phys.* Null (-punkt *m*) *f*, Ausgangspunkt *m* (*Skala*), *bsd.* Gefrierpunkt *m*; **3.** A Null (-punkt *m*, -stelle) *f*; **4.** *fig.* Null-, Tiefpunkt *m*: ***at ~*** auf dem Nullpunkt (angelangt); **5.** *fig.* Null *f*, Nichts *n*; **6.** ⚔ → ***zero hour***; **7.** ✈ Höhe *f* unter 1000 Fuß: ***at ~*** in Bodennähe; **II** *v/t.* **8.** ⚙ auf Null (ein)stellen; **III** *v/i.* **9.** ***~ in on*** a) ⚔ sich einschießen auf (*acc.*) (*a. fig.*), b) *a. fig.* immer dichter herˈankommen an (*acc.*), einkreisen, c) *fig.* sich konzentrieren auf (*acc.*); **IV** *adj.* **10.** *bsd. Am.* F null; ***~ option*** *pol.* Nullösung *f*; **~ con·duc·tor** *s.* ⚡ Nulleiter *m*; **~ grav·i·ty** *s. phys.* (Zustand *m* der) Schwerelosigkeit *f*; **~ growth** *s.* **1.** ✝ Nullwachstum *n*; **2.** *a.* ***zero population growth*** Bevölkerungsstillstand *m*; **~ hour** *s.* **1.** ⚔ X-Zeit *f*, Stunde *f* X (*festgelegter Zeitpunkt des Beginns e-r Operation*); **2.** *fig.* genauer Zeitpunkt, kritischer Augenblick.

zest [zest] **I** *s.* **1.** Würze *f* (*a. fig. Reiz*): ***add ~ to*** *e-r Sache* Würze *od.* Reiz verleihen; **2.** *fig.* (***for***) Genuß *m*, Lust *f*, Freude *f* (an *dat.*), Begeisterung *f* (für), Schwung *m*: ***~ for life*** Lebenshunger *m*; **II** *v/t.* **3.** würzen (*a. fig.*); **ˈzest·ful** [-fʊl] *adj.* □ **1.** reizvoll; **2.** schwungvoll, begeistert.

zig·zag [ˈzɪgzæg] **I** *s.* **1.** Zickzack *m*; **2.** Zickzacklinie *f*, -bewegung *f*, -kurs *m* (*a. fig.*); **3.** Zickzackweg *m*, Serpenˈtine(nstraße) *f*; **II** *adj.* **4.** zickzackförmig, Zickzack…; **III** *adv.* **5.** im Zickzack; **IV** *v/i.* **6.** im Zickzack fahren, laufen *etc.*, *a.* verlaufen (*Weg etc.*).

zilch [zɪltʃ] *s. Am. sl.* Null *f*, Nichts *n*.

zinc [zɪŋk] **I** *s.* ⚗ Zink *n*; **II** *v/t. pret. u. p.p.* **zinc(k)ed** [-kt] verzinken; **zin·cog·ra·pher** [zɪŋˈkɒgrəfə] *s.* Zinkoˈgraph *m*, Zinkstecher *m*; **ˈzinc·ous** [-kəs] *adj.* ⚗ Zink…; **zinc white** *s.* Zinkweiß *n*.

zing [zɪŋ] F **I** *s.* → ***zip*** 1 *u.* 2; **II** *v/i.* → ***zip*** 4; **III** *v/t.* → ***zip*** 8.

Zi·on [ˈzaɪən] *s. bibl.* Zion *m*; **ˈZi·on·ism** [-nɪzəm] *s.* Zioˈnismus *m*; **ˈZi·on·ist** [-nɪst] **I** *s.* Zioˈnist(in); **II** *adj.* zioˈnistisch, Zionisten…

zip [zɪp] **I** *s.* **1.** Schwirren *n*, Zischen *n*; **2.** F ‚Schmiß' *m*, Schwung *m*; **3.** F → ***zip fastener***; **II** *v/i.* **4.** schwirren, zischen; **5.** F ‚Schmiß' haben; **III** *v/t.* **6.**

schwirren lassen; **7.** mit e-m Reißverschluß schließen *od.* öffnen; **8.** *a.* ~ ***up*** F a) ‚schmissig' machen, b) Schwung bringen in (*acc.*); ~ **ar·e·a** *s. Am.* Postleitzone *f*; ~ **code** *s. Am.* Postleitzahl *f*; ~ **fas·ten·er** *s.* Reißverschluß *m.*

zip·per ['zɪpə] **I** *s.* Reißverschluß *m*: ~ ***bag*** Reißverschlußtasche *f*; **II** *v/t.* mit Reißverschluß versehen; **zip·py** ['zɪpɪ] *adj.* F ‚schmissig'.

zith·er ['zɪθə] *s.* ♪ Zither *f*; **'zith·er·ist** [-ərɪst] *s.* Zitherspieler(in).

zo·di·ac ['zəʊdɪæk] *s. ast.* Tierkreis *m*: ***signs of the*** ~ Tierkreiszeichen *pl.*; **zo·di·a·cal** [zəʊ'daɪəkl] *adj.* Tierkreis…, Zodiakal…

zom·bi(e) ['zɒmbɪ] *s.* **1.** Schlangengottheit *f*; **2.** Zombie *m* (*wiederbeseelte Leiche*); **3.** F a) ‚Monster' *n*, b) ‚Roboter' *m*, c) Trottel *m*; **4.** *Am.* (*ein*) Cocktail *m.*

zon·al ['zəʊnl] *adj.* □ **1.** zonenförmig; **2.** Zonen…; **zone** [zəʊn] **I** *s.* **1.** *allg.* Zone *f*: a) *geogr.* (Erd)Gürtel *m*, b) Gebietsstreifen *m*, Gürtel *m*, c) *fig.* Bereich *m*, (*a.* Körper)Gegend *f*, d) *poet.* Gürtel *m*: ***torrid*** ~ heiße Zone; ***wheat*** ~ Weizengürtel; ~ ***of occupation*** Besatzungszone; **2.** a) (Verkehrs)Zone *f*, *a.* Teilstrecke *f*, b) 🚂, 📞 *Am.* (Gebühren)Zone *f*, c) 📯 Post(zustell)bezirk *m*; **II** *v/t.* **3.** in Zonen aufteilen.

zonked [zɒŋkt] *adj. sl.* **1.** ‚high' (*im Drogenrausch*); **2.** ‚stinkbesoffen'.

zoo [zu:] *s.* Zoo *m.*

zo·o·blast ['zəʊəblæst] *s. zo.* tierische Zelle.

zo·o·chem·is·try [ˌzəʊə'kemɪstrɪ] *s. zo.* Zooche'mie *f.*

zo·og·a·my [zəʊ'ɒgəmɪ] *s. zo.* geschlechtliche Fortpflanzung.

zo·og·e·ny [zəʊ'ɒdʒənɪ] *s. zo.* Zooge'nese *f*, Entstehung *f* der Tierarten.

zo·og·ra·phy [zəʊ'ɒgrəfɪ] *s.* beschreibende Zoolo'gie.

zo·o·lite ['zəʊəlaɪt] *s.* fos'siles Tier.

zo·o·log·i·cal [ˌzəʊə'lɒdʒɪkl] *adj.* □ zoo'logisch: ~ ***garden(s)*** [zʊ'lɒdʒɪkl] zoologischer Garten; **zo·ol·o·gist** [zəʊ'ɒlədʒɪst] *s.* Zoo'loge *m*, Zoo'login *f*; **zo'ol·o·gy** [-dʒɪ] *s.* Zoolo'gie *f*, Tierkunde *f.*

zoom [zu:m] **I** *v/i.* **1.** surren; **2.** sausen; **3.** ✈ steil hochziehen; **4.** *phot.*, *Film*: zoomen: ~ ***in on s.th.*** a) et. heranholen, b) *fig.* et. ‚einkreisen'; **II** *v/t.* **5.** surren; **6.** *Flugzeug* hochreißen; **III** *s.* **7.** ✈ Steilflug *m*; **8.** *fig.* Hochschnellen *n*; **9.** *phot.*, *Film*: a) *a.* ~ ***lens*** 'Zoom(-objekˌtiv) *n*, b) *a.* ~ ***travel*** Zoomfahrt *f*; **10.** *Am.* (*ein*) Cocktail *m*; **'zoom·er** [-mə] *s.* → ***zoom*** 9a.

zo·o·phyte ['zəʊəfaɪt] *s. zo.* Zoo'phyt *m*, Pflanzentier *n.*

zo·ot·o·my [zəʊ'ɒtəmɪ] *s.* Zooto'mie *f*, 'Tieranatoˌmie *f.*

zos·ter ['zɒstə] *s.* ⚕ Gürtelrose *f.*

zounds [zaʊndz] *int. obs.* sapper'lot!

zy·go·ma [zaɪ'gəʊmə] *pl.* **-ma·ta** [-mətə] *s. anat.* **1.** Jochbogen *m*; **2.** Jochbein(fortsatz *m*) *n.*

zy·mo·sis [zaɪ'məʊsɪs] *pl.* **-ses** [-si:z] *s.* **1.** ⚗ Gärung *f*; **2.** ⚕ Infekti'onskrankheit *f*; **zy'mot·ic** [-'mɒtɪk] *adj.* (□ ~***ally***); **1.** ⚗ gärend, Gärungs…; **2.** ⚕ Infektions…

Anhänge

Englische und amerikanische Abkürzungen

A

a ***acre*** Acre *m*.

AA ***anti-aircraft*** Fla, Flugabwehr *f*; *Brit.* ***Automobile Association*** Automo'bilklub *m*; ***Alcoholics Anonymous*** Ano'nyme Alko'holiker *pl*.

AAA *Brit.* ***Amateur Athletic Association*** 'Leichtathˌletikverband *m*; ***American Automobile Association*** Amer. Automo'bilklub *m*.

a.a.r. ***against all risks*** gegen jede Gefahr.

AB ***able(-bodied) seaman*** 'Vollmaˌtrose *m*; *Am.* ***Bachelor of Arts*** (*siehe* ***BA***).

abbr., **abbrev.** ***abbreviated*** abgekürzt; ***abbreviation*** Abk., Abkürzung *f*.

ABC ***American Broadcasting Company*** Amer. Rundfunkgesellschaft *f*.

abr. ***abridged*** (ab)gekürzt; ***abridg(e)ment*** (Ab-, Ver)Kürzung *f*.

AC ***alternating current*** Wechselstrom *m*.

a/c ***account current*** Kontokor'rent *n*; ***account*** Kto., Konto *n*; Rechnung *f*.

ACC ***Allied Control Council*** Alliierter Kon'trollrat (*in Berlin*).

acc. ***according to*** gem., gemäß, entspr., entsprechend; ***account*** Kto., Konto *n*; Rechnung *f*.

acct. ***account*** Kto., Konto *n*; Rechnung *f*.

AD ***Anno Domini*** im Jahre des Herrn.

add(r). ***address*** Adr., A'dresse *f*.

Adm. ***Admiral*** Adm., Admi'ral *m*.

addnl. ***additional*** zusätzlich.

advt. ***advertisement*** Anz., Anzeige *f*, Ankündigung *f*.

AEC *Am.* ***Atomic Energy Commission*** A'tomenerˌgie-Kommissiˌon *f*.

AFC ***automatic frequency control*** auto'matische Fre'quenz(fein)abstimmung *f*.

AFEX ['eɪfeks] ***Air Force Exchange*** (*Verkaufsläden für Angehörige der amer. Luftstreitkräfte*).

AFL-CIO ***American Federation of Labor & Congress of Industrial Organizations*** (*größter amer. Gewerkschaftsverband*).

AFN ***American Forces Network*** (*Rundfunkanstalt der amer. Streitkräfte*).

aft(n). ***afternoon*** Nachmittag *m*.

AIDS [eɪdz] ***Acquired Immune Deficiency Syndrome*** Aids *n*, Im'munschwächekrankheit *f*.

AK ***Alaska*** (*Staat der USA*).

AL, Ala. ***Alabama*** (*Staat der USA*).

Alas. ***Alaska*** (*Staat der USA*).

Alta. ***Alberta*** (*Kanad. Provinz*).

AM ***amplitude modulation*** (*Frequenzbereich der Kurz-, Mittel- u. Langwellen*); *Am.* ***Master of Arts*** (*siehe* ***MA***).

Am. ***America*** A'merika *n*; ***American*** ameri'kanisch.

a.m. ***ante meridiem*** (*Lat.* = ***before noon***) morgens, vormittags.

AMA ***American Medical Association*** Amer. Ärzteverband *m*.

amp. ***ampere*** A, Am'pere *n*.

AP ***Associated Press*** (*amer. Nachrichtenagentur*).

approx. ***approximate(ly)*** annähernd, etwa.

appx. ***appendix*** Anh., Anhang *m*.

Apr. ***April*** A'pril *m*.

APT *Brit.* ***Advanced Passenger Train*** (*Hochgeschwindigkeitszug*).

AR ***Arkansas*** (*Staat der USA*).

ARC ***American Red Cross*** *das* Amer. Rote Kreuz.

Ariz. ***Arizona*** (*Staat der USA*).

Ark. ***Arkansas*** (*Staat der USA*).

ARP ***Air-Raid Precautions*** Luftschutz *m*.

arr. ***arrival*** Ank., Ankunft *f*.

art. ***article*** Art., Ar'tikel *m*; ***artificial*** künstlich.

AS ***Anglo-Saxon*** Angelsächsisch *n*, angelsächsisch; ***anti-submarine*** U-Boot-Abwehr…

ASA ***American Standards Association*** Amer. 'Normungs-Organisatiˌon *f*.

ASCII ['æski:] ***American Standard Code for Information Interchange*** (*standardisierter Code zur Darstellung alphanumerischer Zeichen*).

asst. ***assistant*** Asst., Assi'stent(in).

asst'd ***assorted*** assortiert, gem., gemischt.

ATC ***air traffic control*** Flugsicherung *f.*
Aug. ***August*** Aug., Au'gust *m.*
auth. ***author(ess)*** Verfasser(in).
av. ***average*** 'Durchschnitt *m*; Hava'rie *f.*
avdp. ***avoirdupois*** Handelsgewicht *n.*
Ave. ***Avenue*** Al'lee *f*, Straße *f.*
AWACS ['eɪwæks] ***Airborne Warning and Control System*** (*luftgestütztes Frühwarn- und Überwachungssystem*).
AWOL ***absence without leave*** unerlaubte Entfernung von der Truppe.
AZ ***Arizona*** (*Staat der USA*).

B

b. ***born*** geboren.
BA ***Bachelor of Arts*** Bakka'laureus *m* der Philoso'phie; ***British Academy*** Brit. Akade'mie *f*; ***British Airways*** Brit. Luftverkehrsgesellschaft *f.*
BAgr(ic) ***Bachelor of Agriculture*** Bakka'laureus *m* der Landwirtschaft.
b&b ***bed and breakfast*** Über'nachtung *f* mit Frühstück.
BAOR ***British Army of the Rhine*** Brit. 'Rheinarˌmee *f.*
Bart. ***Baronet*** Baronet *m.*
BBC ***British Broadcasting Corporation*** Brit. Rundfunkgesellschaft *f.*
bbl. ***barrel*** Faß *n.*
BC ***before Christ*** vor Christus; ***British Columbia*** (*Kanad. Provinz*).
BCom(m) ***Bachelor of Commerce*** Bakka'laureus *m* der Wirtschaftswissenschaften.
BD ***Bachelor of Divinity*** Bakka'laureus *m* der Theolo'gie.
bd. ***bound*** gebunden (*Buchbinderei*).
BDS ***Bachelor of Dental Surgery*** Bakka'laureus *m* der 'Zahnmediˌzin.
bds. ***boards*** kartoniert (*Buchbinderei*).
BE ***Bachelor of Education*** Bakka'laureus *m* der Erziehungswissenschaft; ***Bachelor of Engineering*** Bakka'laureus *m* der Ingeni'eurwissenschaft(en); *siehe* ***B/E***.
B/E ***bill of exchange*** Wechsel *m.*
Beds. ***Bedfordshire*** (*engl. Grafschaft*).
Berks. ***Berkshire*** (*engl. Grafschaft*).
b/f ***brought forward*** 'Übertrag *m.*
BFBS ***British Forces Broadcasting Service*** (*Rundfunkanstalt der brit. Streitkräfte*).
B'ham ***Birmingham*** (*Stadt in England*).
b.h.p. ***brake horse-power*** Brems-PS *f od. pl.*, Bremsleistung *f* in PS.
BIF ***British Industries Fair*** Brit. Indu'striemesse *f.*
BIS ***Bank for International Settlements*** BIZ, Bank *f* für internatio'nalen Zahlungsausgleich.
bk. ***book*** Buch *n.*
BL ***Bachelor of Law*** Bakka'laureus *m* des Rechts.
B/L ***bill of lading*** (See)Frachtbrief *m.*
bl. ***barrel*** Faß *n.*
bldg. ***building*** Geb., Gebäude *n.*
BLit(t) ***Bachelor of Literature*** Bakka'laureus *m* der Litera'tur.
bls. ***bales*** Ballen *pl.*; ***barrels*** Faß *pl.* (*bei Mengenangaben*).
Blvd. ***Boulevard*** Boule'vard *m.*
BM ***Bachelor of Medicine*** Bakka'laureus *m* der Medi'zin; ***British Museum*** Britisches Mu'seum.
BMA ***British Medical Association*** Brit. Ärzteverband *m.*
BMus ***Bachelor of Music*** Bakka'laureus *m* der Mu'sik.
b.o. ***branch office*** Zweigstelle *f*, Fili'ale *f*; ***body odo(u)r*** Körpergeruch *m*; ***buyer's option*** 'Kaufoptiˌon *f*; ***box office*** (The'ater)Kasse *f.*
B.o.T. ***Board of Trade*** Brit. 'Handelsminiˌsterium *n.*
bot. ***bought*** gekauft; ***bottle*** Flasche *f.*
BPharm ***Bachelor of Pharmacy*** Bakka'laureus *m* der Pharma'zie.
BPhil ***Bachelor of Philosophy*** Bakka'laureus *m* der Philoso'phie.
BR ***British Rail*** (*Eisenbahn in Großbritannien*).
B/R ***bills receivable*** Wechselforderungen *pl.*
Br. ***Britain*** Großbri'tannien *n*; ***British*** britisch.
BRCS ***British Red Cross Society*** *das* Brit. Rote Kreuz.
Brit. ***Britain*** Großbri'tannien *n*; ***British*** britisch.
Bros. ***brothers*** Gebr., Gebrüder *pl.* (*in Firmenbezeichnungen*).
BS *Am.* ***Bachelor of Science*** Bakka'laureus *m* der Na'turwissenschaften; ***British Standard*** Brit. Norm *f.*
B/S ***bill of sale*** Über'eignungsvertrag *m.*
BSc *Brit.* ***Bachelor of Science*** Bakka'laureus *m* der Na'turwissenschaften.
BSG ***British Standard Gauge*** (*brit. Norm*).
B.S.I. ***British Standards Institution*** Brit. 'Normungs-Organisatiˌon *f.*
BST ***British Summer Time*** Brit. Sommerzeit *f.*
Bt. ***Baronet*** Baronet *m.*
BTA ***British Tourist Authority*** Brit. Fremdenverkehrsbehörde *f.*
bt. fwd. ***brought forward*** 'Übertrag *m.*
B.th.u, **Btu** ***British Thermal Unit(s)*** Brit. Wärmeeinheit(en *pl.*) *f.*
bu. ***bushel*** Scheffel *m.*

Bucks. ***Buckinghamshire*** (*engl. Grafschaft*).

bus. *Am.* ***business*** Arbeit *f*, *die* Geschäfte *pl.*

C

C ***Celsius***, ***centigrade*** Celsius, hundertgradig (*Thermometer*).

c ***cent***(***s***) Cent *m* (*amer. Münze*); ***century*** Jahr'hundert *n*; ***circa*** ca., circa, ungefähr; ***cubic*** Kubik...

CA ***California*** (*Staat der USA*); ***chartered account*** Frachtrechnung *f*; *Brit.* ***chartered accountant*** beeidigter 'Bücherreˌvisor *od.* Wirtschaftsprüfer; ***current account*** Girokonto *n*.

CAB *Brit.* ***Citizens' Advice Bureau*** (*Bürgerberatungsorganisation auf freiwilliger Basis*).

c.a.d. ***cash against documents*** Zahlung *f* gegen Doku'mentaushändigung.

Cal(**if**). ***California*** (*Staat der USA*).

Cambs. ***Cambridgeshire*** (*engl. Grafschaft*).

Can. ***Canada*** Kanada *n*; ***Canadian*** ka'nadisch.

C & W ***country and western*** (*Musik*).

Cantab. ***Cantabrigiensis*** (*Titel etc.*) der Universi'tät Cambridge.

Capt. ***Captain*** Kapi'tän *m*, Hauptmann *m*, Rittmeister *m*.

Card. ***Cardinal*** Kardi'nal *m*.

CARE [keə] ***Cooperative for American Relief Everywhere*** (*amer. Organisation, die Hilfsmittel an Bedürftige in aller Welt versendet*).

Cath. ***Catholic*** kath., ka'tholisch.

CB ***Citizens' Band*** C'B-Funk *m* (*Wellenbereich für privaten Funkverkehr*); ***Companion of*** (***the Order of***) ***the Bath*** Ritter *m* des Bath-Ordens; (*a.* **C/B**) ***cash book*** Kassabuch *n*.

CBC ***Canadian Broadcasting Corporation*** Ka'nadische Rundfunkgesellschaft.

CBS ***Columbia Broadcasting System*** (*amer. Rundfunkgesellschaft*).

CC ***City Council*** Stadtrat *m*; *Brit.* ***County Council*** Grafschaftsrat *m*.

cc *Brit.* ***cubic centimetre***(***s***), *Am.* ***cubic centimeter***(***s***) ccm, Ku'bikzentiˌmeter *m*, *n od. pl.*

CD ***compact disc*** CD(-Platte) *f*; ***Corps Diplomatique*** (*Fr.* = ***Diplomatic Corps***) CD *n*, Diplo'matisches Korps.

CE ***Church of England*** angli'kanische Kirche; ***civil engineer*** 'Bauingeniˌeur *m*.

cert. ***certificate*** Bescheinigung *f*.

CET ***Central European Time*** MEZ, 'mitteleuroˌpäische Zeit.

cf. ***confer*** vgl., vergleiche.

Ch. ***chapter*** Kap., Ka'pitel *n*.

ch. ***chain*** (*Länge einer*) Meßkette *f*; ***chapter*** Kap., Ka'pitel *n*; ***chief*** ltd., leitende(r) ..., oberste(r) ...

c.h. ***central heating*** ZH, Zen'tralheizung *f*.

ChB ***Chirurgiae Baccalaureus*** (*Lat.* = ***Bachelor of Surgery***) Bakka'laureus *m* der Chirur'gie.

Ches. ***Cheshire*** (*engl. Grafschaft*).

C.I. ***Channel Islands*** Ka'nalinseln *pl.*

C/I ***certificate of insurance*** Ver'sicherungspoˌlice *f*.

CIA ***Central Intelligence Agency*** (*Geheimdienst der USA*).

CID ***Criminal Investigation Department*** (*brit. Kriminalpolizei*).

c.i.f. ***cost, insurance, freight*** Kosten, Versicherung und Fracht einbegriffen.

C.-in-C. ***Commander-in-Chief*** Oberkommandierende(r) *m* (*dem Land-, Luft- und Seestreitkräfte unterstehen*).

cir(**c**). ***circa*** ca., circa, ungefähr; ***circular*** Rundschreiben *n*; ***circulation*** 'Umlauf *m*, Auflage *f* (*Zeitung etc.*).

ck(**s**). ***cask*** Faß *n*; ***casks*** Fässer *pl.*

cl. ***class*** Klasse *f*.

cm *Brit.* ***centimetre***(***s***), *Am.* ***centimeter***(***s***) cm, Zenti'meter *m*, *n od. pl.*

CND ***Campaign for Nuclear Disarmament*** Feldzug *m* für ato'mare Abrüstung.

CO ***Colorado*** (*Staat der USA*); ***Commanding Officer*** Komman'deur *m*; ***conscientious objector*** Kriegsdienstverweigerer *m*.

Co. ***Company*** Gesellschaft *f*; ***county*** *Brit.* Grafschaft *f*, (Verwaltungs)Bezirk *m*.

c/o ***care of*** p.A., per A'dresse, bei.

COD, **c.o.d.** ***cash*** (*Am.* ***collect***) ***on delivery*** zahlbar bei Lieferung, per Nachnahme.

C. of E. ***Church of England*** angli'kanische Kirche; ***Council of Europe*** ER, Eu'roparat *m*.

COI *Brit.* ***Central Office of Information*** (*staatliches Auskunftsbüro zur Verbreitung amtlicher Publikationen etc.*).

Col. ***Colorado*** (*Staat der USA*); ***Colonel*** Oberst *m*.

Colo. ***Colorado*** (*Staat der USA*).

conc. ***concerning*** betr., betreffend, betrifft.

Conn. ***Connecticut*** (*Staat der USA*).

Cons. ***Conservative*** konserva'tiv (*Brit. pol.*); ***Consul*** Konsul *m*.

cont., contd ***continued*** fortgesetzt.
Corn. ***Cornwall*** (*engl. Grafschaft*).
Corp. ***Corporal*** Korpo'ral *m*, 'Unterofˌfiˌzier *m*; ***Corporation*** (*siehe Wörterverzeichnis*).
corr. ***corresponding*** entspr., entsprechend.
cp. ***compare*** vgl., vergleiche.
CPA *Am.* ***certified public accountant*** beeidigter 'Bücherreˌvisor *od.* Wirtschaftsprüfer.
c.p.s. ***cycles per second*** Hertz *pl.*
CT ***Connecticut*** (*Staat der USA*).
ct(s) ***cent(s)*** (*amer. Münze*).
cu(b). ***cubic*** Kubik...
cu.ft. ***cubic foot*** Ku'bikfuß *m.*
cu.in. ***cubic inch*** Ku'bikzoll *m.*
Cumb. ***Cumberland*** (*ehemal. engl. Grafschaft*).
cum d(iv). ***cum dividend*** mit Divi'dende.
CUP ***Cambridge University Press*** Verlag *m* der Universi'tät Cambridge.
c.w.o. ***cash with order*** Barzahlung bei Bestellung.
cwt ***hundredweight*** (*etwa 1*) Zentner *m.*

D

d. *Brit.* ***penny, pence*** (*bis 1971 verwendete Abkürzung*); ***died*** gest., gestorben.
DA ***deposit account*** Depo'sitenkonto *n*; *Am.* ***district attorney*** Staatsanwalt *m.*
DAR *Am.* ***Daughters of the American Revolution*** Töchter *pl.* der amer. Revoluti'on (*patriotische Frauenvereinigung*).
DAT ***digital audio tape*** (*in Cassetten befindliches Tonband für Digitalaufnahmen mit DAT-Recordern*).
DB ***daybook*** Jour'nal *n.*
DC ***direct current*** Gleichstrom *m*; ***District of Columbia*** Di'strikt Columbia (*mit der amer. Hauptstadt Washington*).
DCL ***Doctor of Civil Law*** Doktor *m* des Zi'vilrechts.
DD ***Doctor of Divinity*** Dr. theol., Doktor *m* der Theolo'gie.
d-d *euphem. für* ***damned*** verdammt.
DDS ***Doctor of Dental Surgery*** Dr. med. dent., Doktor *m* der 'Zahnmeˌdiˌzin.
DDT ***dichlorodiphenyltrichloroethane*** DDT, Di'chlorodiphe'nyltrichloroäˌthan *n* (*Insekten u. Seuchenbekämpfungsmittel*).
DE ***Delaware*** (*Staat der USA*).
Dec. ***December*** Dez., De'zember *m.*
dec. ***deceased*** gest., gestorben.
DEd ***Doctor of Education*** Dr. paed., Doktor *m* der Päda'gogik.
def. ***defendant*** Beklagte(r *m*) *f.*
deg. ***degree(s)*** Grad *m od. pl.*
Del. ***Delaware*** (*Staat der USA*).
DEng ***Doctor of Engineering*** Dr.-Ing., Doktor *m* der Ingeni'eurwissenschaften.
dep. ***departure*** Abf., Abfahrt *f.*
Dept. ***Department*** Ab'teilung *f.*
Derby. ***Derbyshire*** (*engl. Grafschaft*).
dft. ***draft*** Tratte *f.*
diff. ***different*** versch., verschieden; ***difference*** 'Unterschied *m.*
Dir. ***Director*** Dir., Di'rektor *m.*
disc. ***discount*** Dis'kont *m*, Abzug *m.*
dist. ***distance*** Entfernung *f*; ***district*** Bez., Bezirk *m.*
div. ***dividend*** Divi'dende *f*; ***divorced*** gesch., geschieden.
DIY ***do-it-yourself*** „mach es selber!"; (*in Zssgn*) Heimwerker...
DJ ***disc jockey*** Diskjockey *m*; ***dinner jacket*** Smoking(jacke *f*) *m.*
DLit(t) ***Doctor of Letters, Doctor of Literature*** Doktor *m* der Litera'turwissenschaft.
do. ***ditto*** do., dito; dgl., desgleichen.
doc. ***document*** Doku'ment *n*, Urkunde *f.*
dol. ***dollar(s)*** Dollar *m* (*od. pl.*).
Dors. ***Dorsetshire*** (*engl. Grafschaft*).
doz. ***dozen(s)*** Dutzend *n od. pl.*
DP ***displaced person*** Verschleppte(r *m*) *f*; ***data processing*** DV, Datenverarbeitung *f.*
d/p ***documents against payment*** Doku'mente *pl.* gegen Zahlung.
DPh(il) ***Doctor of Philosophy*** Dr. phil., Doktor *m* der Philoso'phie.
Dpt. ***Department*** Abteilung *f.*
Dr. ***Doctor*** Dr., Doktor *m*; ***debtor*** Schuldner *m.*
dr. ***dra(ch)m*** Dram *n*, Drachme *f* (*Handelsgewicht*); ***drawer*** Tras'sant *m.*
d.s., d/s ***days after sight*** Tage nach Sicht (*bei Wechseln*).
DSc ***Doctor of Science*** Dr. rer. nat., Doktor *m* der Na'turwissenschaften.
DST ***Daylight-Saving Time*** Sommerzeit *f.*
DTh(eol) ***Doctor of Theology*** Dr. theol., Doktor *m* der Theolo'gie.
Dur. ***Durham*** (*engl. Grafschaft*).
dwt. ***pennyweight*** Pennygewicht *n.*
dz. ***dozen(s)*** Dutzend *n* (*od. pl.*).

E

E ***east*** O, Ost(en *m*); ***east(ern)*** ö, östlich; ***English*** engl., englisch.

E. & O. E. ***errors and omissions excepted*** Irrtümer und Auslassungen vorbehalten.

EC ***European Community*** EG, Euro'päische Gemeinschaft; ***East Central*** London Mitte-Ost (*Postbezirk*).

ECE ***Economic Commission for Europe*** 'Wirtschaftskommissi,on *f* für Eu'ropa (*des Wirtschafts- u. Sozialrates der UN*).

ECG ***electrocardiogram*** EKG, E'lektrokardio,gramm *n*.

ECOSOC ***Economic and Social Council*** Wirtschafts- und Sozi'alrat *m* (*der UN*).

ECSC ***European Coal and Steel Community*** EGKS, Euro'päische Gemeinschaft für Kohle und Stahl.

ECU ***European Currency Unit(s)*** Euro'päische Währungseinheit(en *pl.*) *f*.

Ed., ed. ***edition*** Aufl., Auflage *f*; ***edited*** hrsg., her'ausgegeben; ***editor*** Hrsg., Her'ausgeber *m*.

EDP ***electronic data processing*** EDV, elek'tronische Datenverarbeitung.

E.E., E./E. ***errors excepted*** Irrtümer vorbehalten.

EEC ***European Economic Community*** EWG, Euro'päische Wirtschaftsgemeinschaft.

EFTA ['eftə] ***European Free Trade Association*** EFTA, Euro'päische Freihandelsgemeinschaft.

Eftpos ***electronic funds transfer at point of sale*** Zahlungsart „ec-Kasse".

e.g. ***exempli gratia*** (*Lat.* = ***for instance***) z. B., zum Beispiel.

EMA ***European Monetary Agreement*** EWA, Euro'päisches Währungsabkommen.

enc(l). ***enclosure(s)*** Anl., Anlage(n *pl.*) *f*.

Eng(l). ***England*** Engl., England *n*; ***English*** engl., englisch.

ESA ***European Space Agency*** Euro'päische Weltraumbehörde.

ESP ***extrasensory perception*** außersinnliche Wahrnehmung.

Esq(r). ***Esquire*** (*in Briefadressen, nachgestellt*) Herrn.

ESRO ***European Space Research Organization*** ESRO, Euro'päische Organisati'on für Weltraumforschung.

Ess. ***Essex*** (*engl. Grafschaft*).

est. ***established*** gegr., gegründet; ***estimated*** gesch., geschätzt.

E Sx ***East Sussex*** (*engl. Grafschaft*).

ETA ***estimated time of arrival*** vor'aussichtliche Ankunft(szeit).

etc., &c. ***et cetera, and the rest, and so on*** etc., usw., und so weiter.

ETD ***estimated time of departure*** vor'aussichtliche Abflugzeit *bzw.* Abfahrtszeit.

EURATOM [juər'ætəm] ***European Atomic Energy Community*** Eura'tom *f*, Euro'päische A'tomgemeinschaft.

excl. ***exclusive, excluding*** ausschl., ausschließlich, ohne.

ex div. ***ex dividend*** ohne (*od.* ausschließlich) Divi'dende.

ex int. ***ex interest*** ohne (*od.* ausschließlich) Zinsen.

F

F ***Fahrenheit*** (*Thermometereinteilung*); *univ.* ***Fellow*** (*siehe Wörterverzeichnis* ***fellow*** 6).

f. ***farthing*** (*ehemalige brit. Münze*); ***fathom*** Faden *m*, Klafter *m, n, f*; ***feminine*** w., weiblich; ***foot, feet*** Fuß *m od. pl.*; ***following*** folgend.

FA *Brit.* ***Football Association*** Fußballverband *m*.

f.a.a. ***free of all average*** frei von Beschädigung.

Fah(r). ***Fahrenheit*** (*Thermometereinteilung*).

FAO ***Food and Agriculture Organization*** Organisati'on *f* für Ernährung und Landwirtschaft (*der UN*).

f.a.s. ***free alongside ship*** frei Längsseite (See)Schiff.

FBI ***Federal Bureau of Investigation*** Amer. Bundeskrimi'nalamt *n*; ***Federation of British Industries*** Brit. Indu'strieverband *m*.

FCC ***Federal Communications Commission*** Amer. 'Bundeskommissi,on *f* für das Nachrichtenwesen.

Feb. ***February*** Febr., Februar *m*.

fig. ***figure(s)*** Abb., Abbildung(en *pl.*) *f*.

FL, Fla. ***Florida*** (*Staat der USA*).

FM ***frequency modulation*** UKW (*Frequenzbereich der Ultrakurzwellen*).

fm ***fathom(s)*** Faden *m od. pl.*, Klafter *m, n, f od. pl.*

FO *Brit.* ***Foreign Office*** Auswärtiges Amt.

fo(l). ***folio*** Folio *n*, Seite *f*.

f.o.b. ***free on board*** frei Schiff.

f.o.r. ***free on rail*** frei Wag'gon.

FP ***freezing point*** Gefrierpunkt *m*; ***fireplug*** Hy'drant *m*.

Fr. ***France*** Frankreich *n*; ***French*** franz., fran'zösisch.

fr. ***franc(s)*** Franc(s *pl.*) *m*, Franken *m od. pl.*

Fri. ***Friday*** Fr., Freitag *m*.

ft ***foot, feet*** Fuß *m od. pl.*

FTC ***Federal Trade Commission*** Amer. Bundes'handelskommissi,on *f* (*zur Verhinderung unlauteren Wettbewerbs*).

fur. ***furlong(s)*** (*Längenmaß*).

G

g ***gram(s), gramme(s)*** g, Gramm *n od. pl.*; ***gallon(s)*** Gal'lone(n *pl.*) *f*.

g. ***ga(u)ge*** Nor'malmaß *n*; 🚂 Spur *f*; ***guinea*** Gui'nee *f* (*105 p*).

GA ***general agent*** Gene'ralvertreter *m*; ***general assembly*** Hauptversammlung *f*; *siehe* ***Ga.***

Ga. ***Georgia*** (*Staat der USA*).

gal(l). ***gallon(s)*** Gal'lone(n *pl.*) *f*.

GATT [gæt] ***General Agreement on Tariffs and Trade*** Allgemeines Zoll- und Handelsabkommen.

GB ***Great Britain*** GB, Großbri'tannien *n*.

G.B.S. ***George Bernard Shaw*** (*irischer Dramatiker*).

GCB (***Knight***) ***Grand Cross of the Bath*** (Ritter *m* des) Großkreuz(es) *n* des Bath-Ordens.

GCE ***General Certificate of Education*** (*siehe Wörterverzeichnis*).

GCSE ***General Certificate of Secondary Education*** (*neue, seit Sommer 1987 gültige Abschlußprüfung, die u. a. auch das* ***GCE*** *ablöste*).

Gen. ***General*** Gene'ral *m*.

gen. ***general(ly)*** allgemein.

Ger. ***German*** deutsch, Deutsche(r *m*) *f*; ***Germany*** Deutschland *n*.

GI ***government issue*** von der Regierung ausgegeben, Staatseigentum *n*; *der* amer. Sol'dat.

gi. ***gil(s)*** Viertelpinte(n *pl.*) *f*.

GLC ***Greater London Council*** Stadtrat *m* von Groß-London.

Glos. ***Gloucestershire*** (*engl. Grafschaft*).

GMT ***Greenwich Mean Time*** WEZ, 'westeuro,päische Zeit.

GNP ***gross national product*** Bruttosozi'alpro,dukt *n*.

gns. ***guineas*** Gui'neen *pl.*

GOP *Am.* ***Grand Old Party*** Republi'kanische Par'tei.

Gov. ***Government*** Regierung *f*; ***Governor*** Gouver'neur *m*.

Govt, govt ***government*** Regierung *f*.

GP ***general practitioner*** Arzt *m* (Ärztin *f*) für Allge'meinmedi,zin; ***Gallup Poll*** 'Meinungs,umfrage *f* (*insbes. zum Wählerverhalten*).

GPO ***General Post Office*** Hauptpostamt *n*.

gr. ***grain(s)*** Gran *n* (*od. pl.*); ***gross*** brutto; Gros *n od. pl.* (*12 Dutzend*).

gr.wt ***gross weight*** Bruttogewicht *n*.

gs ***guineas*** Gui'neen *pl.*

gtd, guar. ***guaranteed*** garantiert.

H

h. ***hour(s)*** Std., Stunde(n *pl.*) *f*, Uhr (*bei Zeitangaben*); ***height*** Höhe *f*.

h&c ***hot and cold*** warm u. kalt (*Wasser*).

Hants. ***Hampshire*** (*engl. Grafschaft*).

HBM ***His (Her) Britannic Majesty*** Seine (Ihre) Bri'tannische Maje'stät.

HC *Brit.* ***House of Commons*** 'Unterhaus *n*; ***Holy Communion*** heiliges Abendmahl, heilige Kommuni'on.

hdbk ***handbook*** Handbuch *n*.

HE ***high explosive*** hochexplo'siv; ***His Eminence*** Seine Emi'nenz *f*; ***His (Her) Excellency*** Seine (Ihre) Exzel'lenz *f*.

Heref. ***Herefordshire*** (*ehemal. engl. Grafschaft*).

Herts. ***Hertfordshire*** (*engl. Grafschaft*).

HF ***high frequency*** 'Hochfre,quenz *f*; *Brit.* ***Home Fleet*** Flotte *f* in den Heimatgewässern.

hf ***half*** halb.

hf.bd ***half bound*** in Halbfranz gebunden (*Halbleder*).

hhd ***hogshead*** (*Hohlmaß, etwa 240 Liter*); großes Faß.

HI ***Hawaii*** (*Staat der USA*).

HL *Brit.* ***House of Lords*** Oberhaus *n*.

HM ***His (Her) Majesty*** Seine (Ihre) Maje'stät.

HMS ***His (Her) Majesty's Service*** Dienst *m*, ✉ Dienstsache *f*; ***His (Her) Majesty's Ship (Steamer)*** Seiner (Ihrer) Maje'stät Schiff *n* (Dampfschiff *n*).

HMSO ***His (Her) Majesty's Stationery Office*** (*Brit. Staatsdruckerei*).

HO ***Head Office*** Hauptge'schäftsstelle *f*, Zen'trale *f*; *Brit.* ***Home Office*** 'Innenmini,sterium *n*.

Hon. ***Honorary*** ehrenamtlich; ***Hono(u)rable*** (*der od. die*) Ehrenwerte (*Anrede und Titel*).

HP, hp ***horsepower*** PS, Pferdestärke *f*; ***high pressure*** Hochdruck *m*; ***hire purchase*** Ratenkauf *m*.

HQ, Hq. ***Headquarters*** Stab(squartier *n*) *m*, Hauptquartier *n*.

HR *Am.* ***House of Representatives*** Repräsen'tantenhaus *n*.

hr ***hour*(*s*)** Stunde(n *pl.*) *f*.

HRH ***His*** (***Her***) ***Royal Highness*** Seine (Ihre) Königliche Hoheit.

hrs ***hours*** Std., Stunden *pl*.

HT, h.t. ***high tension*** Hochspannung *f*.

ht ***height*** H., Höhe *f*.

Hunts. ***Huntingdonshire*** (*ehemal. engl. Grafschaft*).

HWM ***high-water mark*** Hochwasserstandsmarke *f*.

I

I. ***island*(*s*), *isle*(*s*)** Insel(n *pl.*) *f*.

IA, Ia. ***Iowa*** (*Staat der USA*).

IATA [aɪ'ɑːtə] ***International Air Transport Association*** Internatio'naler Luftverkehrsverband.

IBA ***Independent Broadcasting Authority*** (*Dachorganisation der brit. privaten Fernseh- u. Rundfunkanstalten*).

ib(id). ***ibidem*** (*Lat.* = ***in the same place***) ebd., ebenda.

IBRD ***International Bank for Reconstruction and Development*** Internatio'nale Bank für Wieder'aufbau und Entwicklung, Weltbank *f*.

IC ***integrated circuit*** inte'grierter Schaltkreis.

ICAO ***International Civil Aviation Organization*** Internatio'nale Zi'villuftfahrt-Organisatiˌon.

ICBM ***intercontinental ballistic missile*** interkontinen'taler bal'listischer Flugkörper, Interkontinen'talraˌkete *f*.

ICFTU ***International Confederation of Free Trade Unions*** Internatio'naler Bund Freier Gewerkschaften.

ICJ ***International Court of Justice*** IG, Internatio'naler Gerichtshof.

ICU ***intensive care unit*** Inten'sivstatiˌon *f*.

ID ***Idaho*** (*Staat der USA*); ***identity*** Identi'tät *f*; ***Intelligence Department*** Nachrichtenamt *n*.

Id(a). ***Idaho*** (*Staat der USA*).

i.e. ***id est*** (*Lat.* = ***that is to say***) d.h., das heißt.

IHP, ihp ***indicated horsepower*** i. PS, indizierte Pferdestärke.

IL, Ill. ***Illinois*** (*Staat der USA*).

ILO ***International Labo*(*u*)*r Organization*** Internatio'nale 'Arbeitsorganisatiˌon.

ILS ***instrument landing system*** Instru'mentenˌlandesyˌstem *n*.

IMF ***International Monetary Fund*** IWF, Internatio'naler Währungsfonds.

Imp. ***Imperial*** Reichs..., Empire...

IN ***Indiana*** (*Staat der USA*).

in. ***inch*(*es*)** Zoll *m* (*od. pl.*).

Inc. ***Incorporated*** (amtlich) eingetragen.

incl. ***inclusive, including*** einschl., einschließlich.

incog. ***incognito*** in'kognito (*unter anderem Namen*).

Ind. ***Indiana*** (*Staat der USA*).

inst. ***instant*** d. M., dieses Monats.

IOC ***International Olympic Committee*** Internatio'nales O'lympisches Komi'tee.

I. of M. ***Isle of Man*** (*engl. Insel*).

I. of W. ***Isle of Wight*** (*engl. Insel*; *Grafschaft*).

IOM *siehe* **I. of M.**

IOU ***I owe you*** Schuldschein *m*.

IOW *siehe* **I. of W.**

IPA ***International Phonetic Association*** Internatio'nale Pho'netische Gesellschaft.

IQ ***intelligence quotient*** Intelli'genzquotiˌent *m*.

Ir. ***Ireland*** Irland *n*; ***Irish*** irisch.

IRA ***Irish Republican Army*** IRA, 'Irisch-Republi'kanische Ar'mee.

IRBM ***intermediate-range ballistic missile*** 'Mittelstreckenraˌkete *f*.

ISBN ***international standard book number*** ISB'N-Nummer *f*.

ISDN ***integrated services digital network*** dienste-integrierendes digi'tales Fernmeldenetz.

ISO ***International Organization for Standardization*** IOS, Internatio'nale Organisati'on für Standardisierung, Internatio'nale 'Normenorganisatiˌon.

ITV ***Independent Television*** (*unabhängige brit. kommerzielle Fernsehanstalten*).

IUD ***intrauterine device*** Intraute'rinpesˌsar *n*, -spiˌrale *f*.

IYHF ***International Youth Hostel Federation*** Internatio'naler Jugendherbergsverband.

J

J. ***judge*** Richter *m*; ***justice*** Ju'stiz *f*; Richter *m*.

Jan. ***January*** Jan., Januar *m*.

JATO ['dʒeɪtəʊ] ***jet-assisted takeoff*** Start *m* mit 'Startraˌkete.

JC ***Jesus Christ*** Jesus Christus *m*.

JCB ***Juris Civilis Baccalaureus*** (*Lat.*

= ***Bachelor of Civil Law***) Bakka'laureus *m* des Zi'vilrechts.

JCD ***Juris Civilis Doctor*** (*Lat.* = ***Doctor of Civil Law***) Doktor *m* des Zi'vilrechts.

Jnr ***junior*** *siehe* ***Jr***, ***jun***(***r***).

JP ***Justice of the Peace*** Friedensrichter *m*.

Jr ***junior*** (*Lat.* = ***the younger***) jr., jun., der Jüngere.

JUD ***Juris Utriusque Doctor*** (*Lat.* = ***Doctor of Civil and Canon Law***) Doktor *m* beider Rechte.

Jul. ***July*** Jul., Juli *m*.

Jun. ***June*** Jun., Juni *m*.

jun(**r**). ***junior*** (*Lat.* = ***the younger***) jr., jun., der Jüngere.

K

Kan(**s**). ***Kansas*** (*Staat der USA*).

KC ***Knight Commander*** Kom'tur *m*, Großmeister *m*; *Brit.* ***King's Counsel*** Kronanwalt *m*.

KCB ***Knight Commander of the Bath*** Großmeister *m* des Bath-Ordens.

Ken. ***Kentucky*** (*Staat der USA*).

kg ***kilogram***(***me***)(***s***) kg, Kilogramm *n* (*od. pl.*).

kHz ***kilohertz*** kHz, Kilo'hertz *n od. pl.*

KIA ***killed in action*** gefallen.

KKK ***Ku Klux Klan*** (*geheime Terrororganisation in den USA*).

km *Brit.* ***kilometre***(***s***), *Am.* ***kilometer***(***s***) km, Kilo'meter *m* (*od. pl.*).

KO, **k.o.** ***knockout*** K.o., Knock-out *m*.

k.p.h. *Brit.* ***kilometre***(***s***) ***per hour***, *Am.* ***kilometer***(***s***) ***per hour*** 'Stundenkilo,meter *m* (*od. pl.*).

KS ***Kansas*** (*Staat der USA*).

kV ***kilovolt***(***s***) kV, Kilo'volt *n* (*od. pl.*).

kW ***kilowatt***(***s***) kW, Kilo'watt *n* (*od. pl.*).

KY, **Ky** ***Kentucky*** (*Staat der USA*).

L

L *Brit.* ***learner*** (***driver***) Fahrschüler(in) (*Plakette an Kraftfahrzeugen*).

l. ***left*** l., links; ***length*** Länge *f*; ***line*** Z., Zeile *f*; Lin., Linie *f*; (*meist* **l**) *Brit.* ***litre***(***s***), *Am.* ***liter***(***s***) l, Liter *m*, *n* (*od. pl.*).

£ ***pound***(***s***) ***sterling*** Pfund *n* (*od. pl.*) Sterling (*Währung*).

LA ***Los Angeles*** (*Stadt in Kalifornien*); ***Louisiana*** (*Staat der USA*).

La. ***Louisiana*** (*Staat der USA*).

£A ***Australian pound*** au'stralisches Pfund (*Währung*).

Lab. ***Labrador*** (*Kanad. Halbinsel*).

Lancs. ***Lancashire*** (*engl. Grafschaft*).

lang. ***language*** Spr., Sprache *f*.

lat. ***latitude*** geo'graphische Breite.

lb. ***pound***(***s***) Pfund *n* (*od. pl.*) (*Gewicht*).

L/C ***letter of credit*** Kre'ditbrief *m*.

LCJ *Brit.* ***Lord Chief Justice*** Lord'oberrichter *m*.

Ld. ***Lord*** Lord *m*.

£E ***Egyptian pound*** ä'gyptisches Pfund (*Währung*).

Leics. ***Leicestershire*** (*engl. Grafschaft*).

Lincs. ***Lincolnshire*** (*engl. Grafschaft*).

LJ *Brit.* ***Lord Justice*** Lordrichter *m*.

ll. ***lines*** Zeilen *pl.*; Linien *pl.*

LL D ***Legum Doctor*** (*Lat.* = ***Doctor of Laws***) Dr. jur., Doktor *m* der Rechte.

LMT ***local mean time*** mittlere Ortszeit (*in USA*).

loc. cit. ***loco citato*** (*Lat.* = ***in the place cited***) a. a. O., am angeführten Ort.

lon(**g**). ***longitude*** geo'graphische Länge.

LP ***long-playing record*** LP, Langspielplatte *f*; ***Labour Party*** (*brit. Linkspartei*); *siehe* **l.p.**

l.p. ***low pressure*** Tiefdruck *m*.

L'pool ***Liverpool*** *n*.

LSD ***lysergic acid diethylamide*** LSD, Lysergsäurediäthylamid *n*.

LSE ***London School of Economics*** (*renommierte Londoner Wirtschaftshochschule*).

LSO ***London Symphony Orchestra*** *das* Londoner Sinfo'nie-Or,chester.

Lt. ***Lieutenant*** Leutnant *m*.

l.t. ***low tension*** Niederspannung *f*.

Lt.-Col. ***Lieutenant-Colonel*** Oberst'leutnant *m*.

Ltd. ***limited*** mit beschränkter Haftung.

Lt.-Gen. ***Lieutenant-General*** Gene'ralleutnant *m*.

M

m ***male*** m, männlich; ***masculine*** m, männlich; ***married*** verh., verheiratet; *Brit.* ***metre***(***s***), *Am.* ***meter***(***s***) m, Meter *m*, *n od. pl.*; ***mile***(***s***) M., Meile(n *pl.*) *f*; ***minute***(***s***) min., Min., Mi'nute(n *pl.*) *f*.

MA ***Master of Arts*** Ma'gister *m* der Philoso'phie; ***Massachusetts*** (*Staat der USA*); ***military academy*** Mili'tärakade,mie *f*.

Maj. ***Major*** Ma'jor m.

Maj.-Gen. ***Major-General*** Gene'ralma,jor *m*.

Man. ***Manitoba*** (*Kanad. Provinz*).
Mar. ***March*** März *m*.
Mass. ***Massachusetts*** (*Staat der USA*).
max. ***maximum*** Max., Maximum *n*.
MB ***Medicinae Baccalaureus*** (*Lat.* = ***Bachelor of Medicine***) Bakka'laureus *m* der Medi'zin.
MC ***Master of Ceremonies*** Zere'monienmeister *m*; *Am.* Conférencier *m*; *Am.* ***Member of Congress*** Parla'mentsmitglied *n*.
MD ***Maryland*** (*Staat der USA*); ***Managing Director*** geschäftsführender Di'rektor; ***Medicinae Doctor*** (*Lat.* = ***Doctor of Medicine***) Dr. med., Doktor *m* der Medi'zin.
M/D ***months' date*** Monate nach heute.
Md. ***Maryland*** (*Staat der USA*).
MDS ***Master of Dental Surgery*** Ma'gister *m* der 'Zahnmedi,zin.
ME, Me. ***Maine*** (*Staat der USA*).
med. ***medical*** med., medi'zinisch; ***medicine*** Med., Medi'zin *f*; ***medieval*** mittelalterlich.
mg ***milligram(me)(s)*** mg, Milligramm *n od. pl.*
MI ***Michigan*** (*Staat der USA*).
mi. ***mile(s)*** M., Meile(n *pl.*) *f*.
Mich. ***Michigan*** (*Staat der USA*).
Middx. ***Middlesex*** (*ehemal. engl. Grafschaft*).
min. ***minute(s)*** min., Min., Mi'nute(n *pl.*) *f*; ***minimum*** Min., Minimum *n*.
Minn. ***Minnesota*** (*Staat der USA*).
Miss. ***Mississippi*** (*Staat der USA*).
mm *Brit.* ***millimetre(s)***, *Am.* ***millimeter(s)*** mm, Milli'meter *m*, *n od. pl.*
MN ***Minnesota*** (*Staat der USA*).
MO ***Missouri*** (*Staat der USA*); ***mail order*** *siehe Wörterverzeichnis*; ***money order*** Postanweisung *f*, Zahlungsanweisung *f*.
Mo. ***Missouri*** (*Staat der USA*).
Mon. ***Monday*** Mo., Montag *m*.
Mont. ***Montana*** (*Staat der USA*).
MP *Brit.* ***Member of Parliament*** Abgeordnete(r) *m* des 'Unterhauses; ***Military Police*** Mili'tärpoli,zei *f*.
mph ***miles per hour*** Stundenmeilen *pl.*
MPharm ***Master of Pharmacy*** Ma'gister *m* der Pharma'zie.
Mr ['mɪstə] ***Mister*** Herr *m*.
Mrs ['mɪsɪz] *ursprünglich* ***Mistress*** Frau *f*.
MS ***Mississippi*** (*Staat der USA*); ***manuscript*** Mskr(pt)., Manu'skript *n*; ***motorship*** Motorschiff *n*.
Ms [mɪz] Frau *f* (*neutrale Anredeform für unverheiratete und verheiratete Frauen*).
MSc ***Master of Science*** Ma'gister *m* der Na'turwissenschaften.
MSL ***mean sea level*** mittlere (See)Höhe, Nor'malnull *n*.
MSS ***manuscripts*** Manu'skripte *pl.*
MT ***Montana*** (*Staat der USA*).
Mt ***Mount*** Berg *m*.
mt ***megaton*** Megatonne *f*.
M'ter ***Manchester*** *n*.
MTh ***Master of Theology*** Ma'gister *m* der Theolo'gie.
Mx ***Middlesex*** (*ehemal. engl. Grafschaft*).

N

N ***north*** N, Nord(en *m*); ***north(ern)*** n, nördlich.
n ***neuter*** n, Neutrum *n*, neu'tral; ***noun*** Subst., Substantiv *n*; ***noon*** Mittag *m*.
NAAFI ['næfɪ] *Brit.* ***Navy, Army and Air Force Institutes*** (*Truppenbetreuungsinstitution der brit. Streitkräfte, u. a. für Kantinen u. Geschäfte zuständig*).
NASA ['næsə] *Am.* ***National Aeronautics and Space Administration*** Natio'nale Luft- u. Raumfahrtbehörde *f*.
nat. ***national*** nat., natio'nal; ***natural*** nat., na'türlich.
NATO ['neɪtəʊ] ***North Atlantic Treaty Organization*** Nordat'lantikpakt-Organisati,on *f*.
NB ***New Brunswick*** (*Kanad. Provinz*).
NBC *Am.* ***National Broadcasting Corporation*** Natio'nale Rundfunkgesellschaft.
NC ***North Carolina*** (*Staat der USA*).
N.C.B. *Brit.* ***National Coal Board*** Natio'nale Kohlenbehörde.
n.d. ***no date*** ohne Datum.
ND, N Dak. ***North Dakota*** (*Staat der USA*).
NE ***Nebraska*** (*Staat der USA*); ***northeast*** NO, Nord'ost(en *m*); ***northeast(ern)*** nö, nord'östlich.
Neb(r). ***Nebraska*** (*Staat der USA*).
neg. ***negative*** neg., negativ.
Nev. ***Nevada*** (*Staat der USA*).
NF ***Newfoundland*** (*Kanad. Provinz*).
N/F ***no funds*** keine Deckung.
Nf(l)d ***Newfoundland*** (*Kanad. Provinz*).
NH ***New Hampshire*** (*Staat der USA*).
NHS *Brit.* ***National Health Service*** Staatlicher Gesundheitsdienst.
NJ ***New Jersey*** (*Staat der USA*).
NM, N Mex. ***New Mexico*** (*Staat der USA*).
No. ***North*** N, Nord(en *m*); ***numero*** Nr., Nummer *f*; ***number*** Zahl *f*.
Norf. ***Norfolk*** (*engl. Grafschaft*).
Northants. ***Northamptonshire*** (*engl. Grafschaft*).

Northd., **Northumb.** ***Northumberland*** (*engl. Grafschaft*).
Notts. ***Nottinghamshire*** (*engl. Grafschaft*).
Nov. ***November*** Nov., No'vember *m.*
n.p. or d. ***no place or date*** ohne Ort oder Datum.
NS ***Nova Scotia*** (*Kanad. Provinz*).
NSB *Brit.* ***National Savings Bank*** *etwa* Postsparkasse *f.*
NSPCA ***National Society for the Prevention of Cruelty to Animals*** (*brit. Tierschutzverein*).
NSW ***New South Wales*** (*Bundesstaat Australiens*).
NT ***New Testament*** NT, Neues Testa'ment; ***Northern Territory*** (*Verwaltungsbezirk Australiens*).
nt.wt. ***net weight*** Nettogewicht *n.*
NV ***Nevada*** (*Staat der USA*).
NW ***northwest*** NW, Nord'west(en *m*); ***northwest*(*ern*)** nw, nord'westlich.
NWT ***Northwest Territories*** (*N-Kanada östl. des Yukon Territory*).
NY ***New York*** (*Staat der USA*).
NYC ***New York City*** (die Stadt) New York.
N Yorks. ***North Yorkshire*** (*engl. Grafschaft*).

O

O. ***Ohio*** (*Staat der USA*); ***order*** Auftr., Auftrag *m.*
o/a ***on account of*** auf Rechnung von.
OAP ***old-age pensioner*** (Alters)Rentner(in), 'Ruhegeldemˌpfänger(in).
OAS ***Organization of American States*** Organisati'on *f* ameri'kanischer Staaten.
OAU ***Organization of African Unity*** Organisati'on *f* für Afri'kanische Einheit.
ob. ***obiit*** (*Lat.* = ***died***) gest., gestorben.
Oct. ***October*** Okt., Ok'tober *m.*
OECD ***Organization for Economic Cooperation and Development*** Organisati'on *f* für wirtschaftliche Zu'sammenarbeit und Entwicklung.
OH ***Ohio*** (*Staat der USA*).
OHMS ***On His*** (***Her***) ***Majesty's Service*** im Dienste Seiner (Ihrer) Maje'stät; ✉ Dienstsache *f.*
OK ***Oklahoma*** (*Staat der USA*); *siehe* **O.K.**
O.K. (*möglicherweise aus:*) ***all correct*** in Ordung.
Okla. ***Oklahoma*** (*Staat der USA*).
o.n.o. ***or near*(*est*) *offer*** VB, Verhandlungsbasis *f.*
Ont. ***Ontario*** (*Kanad. Provinz*).
OPEC ['əupek] ***Organization of Petroleum Exporting Countries*** Organisati'on *f* der Erdöl exportierenden Länder.
OR ***Oregon*** (*Staat der USA*).
o.r. ***owner's risk*** auf Gefahr des Eigentümers.
Ore(g). ***Oregon*** (*Staat der USA*).
OT ***Old Testament*** AT, Altes Testa'ment.
OUP ***Oxford University Press*** Verlag *m* der Universi'tät Oxford.
Oxon. ***Oxfordshire*** (*engl. Grafschaft*); ***Oxoniensis*** (*Titel etc.*) der Universi'tät Oxford.
oz. ***ounce*(*s*)** Unze(n *pl.*) *f.*

P

p ***penny***, ***pence*** (*brit. Münze*).
p. ***page*** S., Seite *f*; ***part*** T., Teil *m.*
PA, Pa. ***Pennsylvania*** (*Staat der USA*).
p.a. ***per annum*** (*Lat.* = ***yearly***) jährlich.
PAN AM [ˌpæn'æm] ***Pan American World Airways*** (*amer. Luftverkehrsgesellschaft*).
par(a). ***paragraph*** Par., Para'graph *m*, Abschnitt *m.*
PAYE ***pay as you earn*** (*Brit. Quellenabzugsverfahren. Arbeitgeber zieht Lohn- bzw. Einkommensteuer direkt vom Lohn bzw. Gehalt ab*).
PC *Brit.* ***police constable*** Schutzmann *m*; ***Personal Computer*** PC, Perso'nalcomˌputer *m*; *Am.* ***Peace Corps*** Friedenscorps *n.*
p.c. ***per cent*** %, Pro'zent *n od. pl.*; ***postcard*** Postkarte *f.*
p/c ***price current*** Preisliste *f.*
pcl. ***parcel*** Pa'ket *n.*
pcs. ***pieces*** Stück(e) *pl.*
PD ***Police Department*** Poli'zeibehörde *f*; ***per diem*** (*Lat.* = ***by the day***) pro Tag.
pd. ***paid*** bez., bezahlt.
PEI ***Prince Edward Island*** (*Kanad. Provinz*).
PEN [pen], *mst* **PEN Club** (***International Association of***) ***Poets, Playwriters, Editors, Essayists and Novelists*** PEN-Club *m* (*Internationaler Verband von Dichtern, Dramatikern, Redakteuren, Essayisten und Romanschriftstellern*).
Penn(a). ***Pennsylvania*** (*Staat der USA*).
per pro(c). ***per procurationem*** (*Lat.* = ***by proxy***) pp., ppa., per Pro'kura.
PhD ***Philosophiae Doctor*** (*Lat.* =

Doctor of Philosophy) Dr. phil., Doktor *m* der Philoso'phie.
Pk. ***Park*** Park *m*; ***Peak*** Spitze *f*, (Berg-) Gipfel *m*.
Pl. ***Place*** Platz *m*.
PLC, Plc, plc *Brit.* ***public limited company*** AG, Aktiengesellschaft *f*.
p.m. ***post meridiem*** (*Lat.* = ***after noon***) nachm., nachmittags, ab., abends.
PO ***post office*** Postamt *n*; ***postal order*** Postanweisung *f*.
POB ***post-office box*** Postschließfach *n*.
p.o.d. ***pay on delivery*** Nachnahme *f*.
POO ***post-office order*** Postanweisung *f*.
pos(it). ***positive*** pos., positiv.
POW ***prisoner of war*** Kriegsgefangene(r) *m*.
p.p. ***per procurationem*** (*Lat.* = ***by proxy***) pp., ppa., per Pro'kura.
pp. ***pages*** Seiten *pl*.
PR ***public relations*** PR, Öffentlichkeitsarbeit *f*.
pref. ***preface*** Vw., Vorwort *n*.
Pres. ***President*** Präsi'dent *m*.
pro. ***professional*** professio'nell, Berufs...
Prof. ***Professor*** Pro'fessor *m*.
prol. ***prologue*** Pro'log *m*.
Prot. ***Protestant*** Prot., Prote'stant *m*.
prox. ***proximo*** (*Lat.* = ***next month***) n. M., nächsten Monats.
PS ***postscript*** PS, Post'skript *n*, Nachschrift *f*.
PT ***physical training*** Leibeserziehung *f*.
pt. ***part*** Teil *m*; ***payment*** Zahlung *f*; ***pint*** (*Brit. 0,57 l, Am. 0,47 l*); ***point*** *siehe Wörterverzeichnis.*
PTA ***Parent-Teacher Association*** Eltern-Lehrer-Vereinigung *f*.
Pte. *Brit.* ***Private*** Sol'dat *m* (*Dienstgrad*).
PTO, p.t.o. ***please turn over*** b.w., bitte wenden.
Pvt. *Am.* ***Private*** Sol'dat *m* (*Dienstgrad*).
PW ***prisoner of war*** Kriegsgefangene(r) *m*.
PX ***Post Exchange*** (*Verkaufsläden für Angehörige der amer. Streitkräfte*).

Q

q. ***query*** Anfrage *f*.
QC *Brit.* ***Queen's Counsel*** Kronanwalt *m*.
Qld. ***Queensland*** (*Bundesstaat Australiens*).
qr ***quarter*** (*etwa 1*) Viertel'zentner *m* (*Handelsgewicht*).
qt ***quart*** Quart *n* (*Brit. 1,14 l, Am. 0,95 l*).
qu. ***query*** Anfrage *f*.
Que. ***Quebec*** (*Kanad. Provinz*).
quot. ***quotation*** Kurs-, Preisnotierung *f*.
qy. ***query*** Anfrage *f*.

R

R. ***Réaumur*** (*Thermometereinteilung*); ***River*** Strom *m*, Fluß *m*.
r. ***right*** r., rechts.
RA *Brit.* ***Royal Academy*** Königliche Akade'mie.
RAC *Brit.* ***Royal Automobile Club*** Königlicher Automo'bilklub.
RAF ***Royal Air Force*** Königlich-Brit. Luftwaffe *f*.
RC ***Red Cross*** RK, *das* Rote Kreuz; ***Roman Catholic*** r.-k., römisch-ka'tholisch.
Rd ***Road*** Str., Straße *f*.
recd ***received*** erhalten.
ref(c). (***in***) ***reference*** (***to***) (mit) Bezug *m* (auf); Empf., Empfehlung *f*.
regd ***registered*** eingetragen; ✉ eingeschrieben.
reg. tn ***register ton*** RT, Re'gistertonne *f*.
res. ***residence*** Wohnsitz, -ort *m*; ***research*** Forschung *f*; ***reserve*** Re'serve *f*, Reserve...
resp. ***respective(ly)*** bzw., beziehungsweise.
ret(d). ***retired*** i. R., im Ruhestand.
Rev(d). ***Reverend*** Ehrwürden (*Titel u. Anrede*).
RI ***Rhode Island*** (*Staat der USA*).
RLO *Brit.* ***Returned Letter Office*** Bü'ro *n* für unzustellbare Briefe.
rm ***room*** Zi., Zimmer *n*.
RMA *Brit.* ***Royal Military Academy*** Königliche Mili'tärakade,mie (*Sandhurst*).
RN ***Royal Navy*** Königlich-Brit. Ma'rine *f*.
RP ***received pronunciation*** Standardaussprache *f* (*des Englischen in Südengland*); ***reply paid*** Rückantwort bezahlt (*bei Telegrammen*).
r.p.m. ***revolutions per minute*** U/min., Um'drehungen *pl.* pro Mi'nute.
RR *Am.* ***Railroad*** Eisenbahn *f*.
RS *Brit.* ***Royal Society*** Königliche Gesellschaft (*traditionsreicher u. bedeutendster naturwissenschaftlicher Verein Großbritanniens*).

RSPCA ***Royal Society for the Prevention of Cruelty to Animals*** (*brit. Tierschutzverein*).
RSVP ***répondez s'il vous plaît*** (*Fr.* = ***please reply***) u. A. w. g., um Antwort wird gebeten; Antwort erbeten.
rt ***right*** r., rechts.
Rt Hon. ***Right Honourable*** (*der od. die*) Sehr Ehrenwerte (*Titel u. Anrede*).
RU ***Rugby Union*** 'Rugby-Uni,on *f*.
Ry *Brit.* ***Railway*** Eisenbahn *f*.

S

S ***south*** S, Süd(en *m*); ***south(ern)*** s, südlich.
s ***second(s)*** s, sec, sek., Sek., Se'kunde(n *pl.*) *f*; ***shilling(s)*** Schilling(e *pl.*) *m*.
SA ***South Africa*** 'Süd'afrika *n*; ***South America*** S.A., 'Süda'merika *n*; ***South Australia*** (*Bundesstaat Australiens*); ***Salvation Army*** H.A., 'Heilsar,mee *f*.
s.a.e. ***stamped addressed envelope*** frankierter, mit (eigener) Anschrift versehener Briefumschlag.
Salop ***Shropshire*** (*engl. Grafschaft*).
SALT [sɔːlt] ***Strategic Arms Limitation Talks*** (*Verhandlungen zwischen der Sowjetunion und den USA über einen Vertrag zur Begrenzung und zum Abbau strategischer Waffensysteme*).
Sask. ***Saskatchewan*** (*Kanad. Provinz*).
Sat. ***Saturday*** Sa., Samstag *m*, Sonnabend *m*.
S Aus(tr). ***South Australia*** (*Bundesstaat Australiens*).
SB ***sales book*** Verkaufsbuch *n*.
SC ***South Carolina*** (*Staat der USA*); ***Security Council*** Sicherheitsrat *m* (*der UN*).
Sch. ***school*** Sch., Schule *f*.
SD, S Dak. ***South Dakota*** (*Staat der USA*).
SDP *Brit.* ***Social Democratic Party*** Sozi'aldemo,kratische Par'tei.
SE ***southeast*** SO, Süd'ost(en *m*); ***southeast(ern)*** sö, süd'östlich; ***Stock Exchange*** Börse *f*.
SEATO ['siːtəʊ] ***South-East Asia Treaty Organization*** Südost'asienpakt-Organisati,on *f*.
Sec. ***Secretary*** Sekr., Sekre'tär *m*; Mi'nister *m*.
sec. ***second(s)*** s, sec, sek., Sek., Se'kunde(n *pl.*) *f*; ***secondary*** *siehe Wörterverzeichnis*.
sen(r). ***senior*** (*Lat.* = ***the elder***) sen., der Ältere.
Sep(t). ***September*** Sep(t)., Sep'tember *m*.
Serg(t). ***Sergeant*** Fw, Feldwebel *m*; Wachtmeister *m*.
SF ***science fiction*** Science-'fiction *f* (*Literatur*).
Sgt. *siehe* ***Serg(t)***.
sh ***share*** Aktie *f*; ***sheet*** Druckbogen *m* (*Buchdruck*); ***shilling(s)*** Schilling(e *pl.*) *m*.
SHAPE [ʃeɪp] ***Supreme Headquarters Allied Powers Europe*** 'Oberkom,mando *n* der Alliierten Streitkräfte in Eu'ropa.
SM ***Sergeant-Major*** Oberfeldwebel *m*; Oberwachtmeister *m*.
S/N ***shipping note*** Frachtannahmeschein *m*, Schiffszettel *m*.
Soc. ***Society*** Gesellschaft *f*; Verein *m*.
Som(s). ***Somerset(shire)*** (*engl. Grafschaft*).
SOS SOS (*Internationales Seenotzeichen*).
sp.gr. ***specific gravity*** sp.G., spe'zifisches Gewicht.
S.P.Q.R. ***small profits, quick returns*** kleine Gewinne, rasche Umsätze.
Sq. ***Square*** Platz *m*.
sq. ***square*** Quadrat…
sq.ft ***square foot*** Qua'dratfuß *m*.
sq.in. ***square inch*** Qua'dratzoll *m*.
Sr ***senior*** (*Lat.* = ***the elder***) sen., der Ältere.
SS ***steamship*** Dampfer *m*; ***saints*** *die* Heiligen *pl*.
St. ***Saint …*** St., Sankt …; ***Street*** Str., Straße *f*; ***Station*** B(h)f., Bahnhof *m*.
st. ***stone*** (*Gewicht*).
STA ***scheduled time of arrival*** planmäßige Ankunft(szeit).
Sta. ***Station*** B(h)f., Bahnhof *m*.
Staffs. ***Staffordshire*** (*engl. Grafschaft*).
STD *Brit.* ***subscriber trunk dialling*** Selbstwählfernverkehr *m*; ***scheduled time of departure*** planmäßige Abflugzeit *bzw.* Abfahrtszeit.
stg ***sterling*** Sterling *m* (*brit. Währungseinheit*).
STOL [stɒl] ***short takeoff and landing (aircraft)*** STOL-, Kurzstart(-Flugzeug *n*) *m*.
Str. ***Strait*** Straße *f* (*Meerenge*).
sub. ***substitute*** Ersatz *m*.
Suff. ***Suffolk*** (*engl. Grafschaft*).
Sun. ***Sunday*** So., Sonntag *m*.
supp(l). ***supplement*** Nachtrag *m*.
Suss. ***Sussex*** (*ehemal. engl. Grafschaft*).
SW ***southwest*** SW, Süd'west(en *m*).

Sy ***Surrey*** (*engl. Grafschaft*).

S Yorks. ***South Yorkshire*** (*engl. Grafschaft*).

Sx ***Sussex*** (*ehemal. engl. Grafschaft*).

T

t ***ton***(***s***) Tonne(n *pl.*) *f* (*Handelsgewicht*).

Tas. ***Tasmania*** (*Bundesstaat Australiens*).

TB ***tuberculosis*** Tb, Tbc, Tuberku'lose *f*.

TC ***Trusteeship Council*** Treuhandschaftsrat *m* (*der UN*).

TD ***Treasury Department*** Fi'nanzmini,sterium *n* der USA.

tel. ***telephone*** Tel., Tele'fon *n*.

Tenn. ***Tennessee*** (*Staat der USA*).

Ter(**r**). ***Terrace*** (*in Straßennamen*) Häuserreihe *f* (*in Hanglage od. über einem Hang gelegen*); ***Territory*** (Hoheits)Gebiet *n*, Terri'torium *n*.

Tex. ***Texas*** (*Staat der USA*).

tgm. ***telegram*** Tele'gramm *n*.

TGWU ***Transport and General Workers' Union*** Trans'portarbeitergewerkschaft *f*.

Th., **Thu**(**r**)., **Thurs.** ***Thursday*** Do., Donnerstag *m*.

TMO ***telegraph money order*** tele'graphische Geldanweisung.

TN ***Tennessee*** (*Staat der USA*).

tn ***ton***(***s***) Tonne(n *pl.*) *f* (*Handelsgewicht*).

TO ***Telegraph*** (***Telephone***) ***Office*** Tele'grafen-(Fernsprech)amt *n*; ***turnover*** 'Umsatz *m*.

TRH *Brit.* ***Their Royal Highnesses*** Ihre Königlichen Hoheiten.

TU ***Trade***(***s***) ***Union***(***s***) Gew., Gewerkschaft(en *pl.*) *f*.

Tu. ***Tuesday*** Di., Dienstag *m*.

TUC *Brit.* ***Trades Union Congress*** Gewerkschaftsverband *m*.

Tue(**s**). ***Tuesday*** Di., Dienstag *m*.

TV ***television*** FS, Fernsehen *n*; Fernseh…

TWA ***Trans World Airlines*** (*amer. Luftverkehrsgesellschaft*).

TX ***Texas*** (*Staat der USA*).

U

U ***universal*** allgemein (*zugelassen*) (*Kinoprogramm ohne Jugendverbot*).

UFO ***unidentified flying object*** Ufo *n*.

UHF ***ultrahigh frequency*** UHF, Ultra'hochfrequenz(-Bereich *m*) *f*, Dezi'meterwellenbereich *m*.

UK ***United Kingdom*** Vereinigtes Königreich (*England, Schottland, Wales u. Nordirland*).

ult(**o**). ***ultimo*** (*Lat.* = ***in the last*** [***month***]) v. Mts., vorigen Monats.

UMW ***United Mine Workers*** Vereinigte Bergarbeiter *pl.* (*amer. Gewerkschaftsverband*).

UN ***United Nations*** Vereinte Nati'onen *pl.*

UNESCO [juː'neskəʊ] ***United Nations Eductional, Scientific, and Cultural Organization*** Organisati'on *f* der Vereinten Nati'onen für Wissenschaft, Erziehung und Kul'tur.

UNICEF ['juːnɪsef] ***United Nations Children's Fund*** (*früher* ***United Nations International Children's Emergency Fund***) Kinderhilfswerk *n* der Vereinten Nati'onen.

UNO ***United Nations Organization*** UNO *f*.

UNSC ***United Nations Security Council*** Sicherheitsrat *m* der Vereinten Nati'onen.

UPI ***United Press International*** (*amer. Nachrichtenagentur*).

US ***United States*** Vereinigte Staaten *pl.*

USA ***United States of America*** Vereinigte Staaten *pl.* von A'merika; ***United States Army*** Heer *n* der Vereinigten Staaten.

USAF(**E**) ***United States Air Force*** (***Europe***) Luftwaffe *f* der Vereinigten Staaten (in Eu'ropa).

USN ***United States Navy*** Ma'rine *f* der Vereinigten Staaten.

USS ***United States Senate*** Se'nat *m* der Vereinigten Staaten; ***United States Ship*** (Kriegs)Schiff *n* der Vereinigten Staaten.

USSR ***Union of Soviet Socialist Republics*** UdSSR, Uni'on *f* der Sozia'listischen Sow'jetrepu,bliken.

UT, **Ut.** ***Utah*** (*Staat der USA*).

UV ***ultraviolet*** UV, 'ultravio,lett.

V

V ***Volt***(***s***) V, Volt *n* (*od. pl.*).

v. ***very*** sehr; ***verse*** V., Vers *m*; ***versus*** (*Lat.* = ***against***) gegen; ***vide*** (*Lat.* = ***see***) s., siehe; ***volt***(***s***) V, Volt *n* (*od. pl.*).

VA, **Va.** ***Virginia*** (*Staat der USA*).

VAT ***value added tax*** MwSt., Mehrwertsteuer *f*.

VCR ***video cassette recorder*** 'Videore,corder *m*.

VD ***venereal disease*** Geschlechtskrankheit *f*.

VHF ***very high frequency*** VHF, UKW, Ultrakurzwelle(n *pl.*) *f*, Meterwellenbereich *m*.

Vic. ***Victoria*** (*Bundesstaat Australiens*).

VIP ***very important person*** VIP *m*, ‚hohes Tier'.

Vis(c). ***Viscount(ess)*** Vi'comte *m* (Vicom'tesse *f*).

viz. ***videlicet*** (*Lat.* = ***namely***) nämlich.

vol. ***volume*** Bd., Band *m* (*eines Buches*).

vols. ***volumes*** Bde., Bände *pl.*

VP(res.) ***Vice President*** 'Vizepräsi,dent *m* (*stellvertretender Vorsitzender, Vorstandsmitglied etc.*).

vs. ***versus*** (*Lat.* = ***against***) gegen.

VSOP ***very superior old pale*** (*Bezeichnung für 20–25 Jahre alten Branntwein, Portwein etc.*).

VT, Vt. ***Vermont*** (*Staat der USA*).

VTOL ['vi:tɒl] ***vertical takeoff and landing (aircraft)*** Senkrechtstarter *m*.

v.v. ***vice versa*** (*Lat.* = ***conversely***) 'umgekehrt.

W

W ***west*** West(en *m*); ***west(ern)*** w, westlich; ***watt(s)*** W, Watt *n* (*od. pl.*).

w ***watt(s)*** W, Watt *n* (*od. pl.*); ***week*** Wo., Woche *f*; ***width*** Weite *f*, Breite *f*; ***wife*** (Ehe)Frau *f*; ***with*** mit.

WA ***Washington*** (*Staat der USA*); *siehe* ***W Aus(tr).***

War(ks). ***Warwickshire*** (*engl. Grafschaft*).

Wash. ***Washington*** (*Staat der USA*).

WASP [wɒsp] ***White Anglo-Saxon Protestant*** (*protestantischer Amerikaner britischer od. nordeuropäischer Abstammung*).

W Aus(tr). ***Western Australia*** (*Bundesstaat Australiens*).

WC ***West Central*** London Mitte-West (*Postbezirk*); ***water closet*** WC, 'Wasserklo,sett *n*.

Wed(s). ***Wednesday*** Mi., Mittwoch *m*.

w.e.f. ***with effect from*** mit Wirkung vom.

WEU ***Western European Union*** 'Westeuro,päische Uni'on.

WFTU ***World Federation of Trade Unions*** Weltgewerkschaftsbund *m*.

WHO ***World Health Organization*** Weltge'sundheitsorganisati,on *f* (*der UN*).

WI ***West Indies*** 'West'indien *n*; *siehe* ***Wis(c).***

Wilts. ***Wiltshire*** (*engl. Grafschaft*).

Wis(c). ***Wisconsin*** (*Staat der USA*).

wk ***week*** Wo., Woche *f*; ***work*** Arbeit *f*.

wkly ***weekly*** wöchentlich.

wks ***weeks*** Wo., Wochen *pl.*

w/o ***without*** o., ohne.

Worcs. ***Worcestershire*** (*ehemal. engl. Grafschaft*).

WP, w.p. ***weather permitting*** (nur) bei gutem Wetter.

w.p.a. ***with particular average*** mit Teilschaden (*Versicherung inklusive Teilschaden*).

w.p.m. ***words per minute*** Wörter *pl.* pro Mi'nute.

w.r.t. ***with reference to*** bezüglich.

W Sx ***West Sussex*** (*engl. Grafschaft*).

W/T ***wireless telegraphy (telephony)*** drahtlose Telegra'fie (Telefo'nie).

wt ***weight*** Gewicht *n*.

WV, W Va. ***West Virginia*** (*Staat der USA*).

WW I (*od.* **II**) ***World War I*** (*od.* ***II***) der erste (*od.* zweite) Weltkrieg.

WY, Wyo. ***Wyoming*** (*Staat der USA*).

W Yorks. ***West Yorkshire*** (*engl. Grafschaft*).

X

x-d. ***ex dividend*** ohne Divi'dende.

x-i. ***ex interest*** ohne Zinsen.

Xm., Xmas ['krɪsməs] ***Christmas*** Weihnacht(en *n*) *f*.

Xn ***Christian*** christlich.

Xroads ***crossroads*** Straßenkreuzung *f*.

Xt ***Christ*** Christus *m*.

Xtian ***Christian*** christlich.

Y

yd(s) ***yard(s)*** Elle(n *pl.*) *f* (*Längenmaß*).

YHA ***Youth Hostels Association*** Jugendherbergsverband *m*.

YMCA ***Young Men's Christian Association*** CVJM, Christlicher Verein junger Männer.

Yorks. ***Yorkshire*** (*ehemal. engl. Grafschaft*).

yr ***year*** Jahr *n*; ***your*** *siehe Wörterverzeichnis*; ***younger*** jünger(e, -es); junior.

yrs ***years*** Jahre *pl.*; ***yours*** *siehe Wörterverzeichnis.*

YWCA ***Young Women's Christian Association*** Christlicher Verein junger Frauen und Mädchen.

Eigennamen

A

Ab·er·deen [ˌæbəˈdiːn] *Stadt in Schottland*; ˌ**Ab·erˈdeen·shire** [-ʃə] *schottische Grafschaft* (*bis 1975*).
Ab·er·yst·wyth [ˌæbəˈrɪstwɪθ] *Stadt in Wales*.
A·bra·ham [ˈeɪbrəhæm] Abraham *m*.
A·chil·les [əˈkɪliːz] Aˈchilles *m*.
A·da [ˈeɪdə] Ada *f*, Adda *f*.
Ad·am [ˈædəm] Adam *m*.
Ad·di·son [ˈædɪsn] *englischer Autor*.
Ad·e·laide [ˈædəleɪd] *Stadt in Australien*; Adelheid *f*.
A·den [ˈeɪdn] Aden *n* (*Hauptstadt des Südjemen*).
Ad·i·ron·dacks [ˌædɪˈrɒndæks] *pl. Gebirgszug im Staat New York* (*USA*).
Ad·olf [ˈædɒlf], **A·dol·phus** [əˈdɒlfəs] Adolf *m*.
A·dri·an [ˈeɪdrɪən] Adrian *m*, Adriˈane *f*.
A·dri·at·ic Sea [ˌeɪdrɪˈætɪk ˈsiː] *das* Adriˈatische Meer.
Ae·ge·an Sea [iːˈdʒiːən ˈsiː] *das* Äˈgäische Meer, *die* Äˈgäis.
Aes·chy·lus [ˈiːskɪləs] Äschylus *m*.
Ae·sop [ˈiːsɒp] Äˈsop *m*.
Af·ghan·i·stan [æfˈgænɪstæn] Afˈghanistan *n*.
Af·ri·ca [ˈæfrɪkə] Afrika *n*.
Ag·a·tha [ˈægəθə] Aˈgathe *f*.
Ag·gie [ˈægɪ] *Koseform für* ***Agatha***, ***Agnes***.
Ag·nes [ˈægnɪs] Agnes *f*.
Aix-la-Cha·pelle [ˌeɪkslɑːʃæˈpel] Aachen *n*.
Al·a·bam·a [ˌæləˈbæmə] *Staat der USA*.
Al·an [ˈælən] *m*.
A·las·ka [əˈlæskə] *Staat der USA*.
Al·ba·ni·a [ælˈbeɪnjə] Alˈbanien *n*.
Al·ba·ny [ˈɔːlbənɪ] *Haupststadt des Staates New York* (*USA*).
Al·bert [ˈælbət] Albert *m*.
Al·ber·ta [ælˈbɜːtə] *Provinz in Kanada*.
Al·bu·quer·que [ˈælbəkɜːkɪ] *Stadt in New Mexiko* (*USA*).
Al·der·ney [ˈɔːldənɪ] *brit. Kanalinsel*.
Al·der·shot [ˈɔːldəʃɒt] *Stadt in Südengland*.
A·leu·tian Is·lands [əˌluːʃjənˈaɪləndz] *pl. die* Aleˈuten *pl*.
Al·ex [ˈælɪks] *abbr. für* ***Alexander***.
Al·ex·an·der [ˌælɪgˈzɑːndə] Alexˈander *m*.
Al·ex·an·dra [ˌælɪgˈzɑːndrə] Alexˈandra *f*.
Alf [ælf] *abbr. für* ***Alfred***.
Al·fred [ˈælfrɪd] Alfred *m*.
Al·ge·ri·a [ælˈdʒɪərɪə] Alˈgerien *n*.
Al·ger·non [ˈældʒənən] *m*.
Al·giers [ælˈdʒɪəz] Algier *n*.
Al·ice [ˈælɪs] Aˈlice *f*, Else *f*.
Al·i·son [ˈælɪsn] *f*.
Al·lan [ˈælən] *m*.
Al·le·ghe·nies [ˈælɪgenɪz; *Am.* ˌælɪˈgeɪnɪz] *pl. Gebirge im Osten der USA*.
Al·le·ghe·ny [ˈælɪgenɪ; *Am.* ˌælɪˈgeɪnɪ] *Fluß in Pennsylvania* (*USA*); **~ Mountains** *siehe* ***Alleghenies***.
Al·len [ˈælən] *m*.
Al·sace [ælˈsæs], **Al·sa·ti·a** [ælˈseɪʃjə] das Elsaß.
A·man·da [əˈmændə] Aˈmanda *f*.
Am·a·zon [ˈæməzən] Amaˈzonas *m*.
A·me·lia [əˈmiːljə] Aˈmalie *f*.
A·mer·i·ca [əˈmerɪkə] Aˈmerika *n*.
A·my [ˈeɪmɪ] *f*.
An·chor·age [ˈæŋkərɪdʒ] *Stadt in Alaska* (*USA*).
An·des [ˈændiːz] *pl. die* Anden *pl*.
An·dor·ra [ænˈdɔːrə] Anˈdorra *n*.
An·drew [ˈændruː] Anˈdreas *m*.
An·dy [ˈændɪ] *abbr. für* ***Andrew***.
An·ge·la [ˈændʒələ] Angela *f*.
An·gle·sey [ˈæŋglsɪ] *walisische Grafschaft* (*bis 1974*).
An·gli·a [ˈæŋglɪə] *lateinischer Name für England*.
An·go·la [æŋˈgəʊlə] Anˈgola *n*.
An·gus [ˈæŋgəs] *schottische Grafschaft* (*bis 1975*); *Vorname m*.
A·ni·ta [əˈniːtə] Aˈnita *f*.
Ann [æn], **An·na** [ˈænə] Anna *f*, Anne *f*.
An·na·bel(le) [ˈænəbel] Annaˈbella *f*.
An·nap·o·lis [əˈnæpəlɪs] *Hauptstadt von Maryland* (*USA*).
Anne [æn] Anna *f*, Anne *f*.
Ant·arc·ti·ca [æntˈɑːktɪkə] *die* Antˈarktis.
An·the·a [ˈænθɪə; ænˈθɪə] *f*.
An·tho·ny [ˈæntənɪ, ˈænθənɪ] Anton *m*.
An·til·les [ænˈtɪliːz] *pl. die* Anˈtillen *pl*.
An·to·ny [ˈæntənɪ] Anton *m*.
An·trim [ˈæntrɪm] *nordirische Grafschaft*.
Ant·werp [ˈæntwɜːp] Antˈwerpen *n*.
Ap·en·nines [ˈæpɪnaɪnz] *pl. der* Appenˈnin, *die* Apenˈninen *pl*.

Ap·pa·la·chians [ˌæpəˈleɪtʃjənz] *pl. die* Appaˈlachen *pl.*

A·ra·bi·a [əˈreɪbjə] Aˈrabien *n.*

Ar·chi·bald [ˈɑːtʃɪbəld] Archibald *m.*

Ar·chi·me·des [ˌɑːkɪˈmiːdiːz] Archiˈmedes *m.*

Arc·tic [ˈɑːktɪk] *die* Arktis.

Ar·den [ˈɑːdn] *Familienname.*

Ar·gen·ti·na [ˌɑːdʒənˈtiːnə] Argenˈtinien *n.*

Ar·gen·tine [ˈɑːdʒəntaɪn]: ***the ~*** Argenˈtinien *n.*

Ar·gyll(·shire) [ɑːˈgaɪl(ʃə)] *schottische Grafschaft (bis 1975).*

Ar·is·toph·an·es [ˌærɪˈstɒfəniːz] Ariˈstophanes *m.*

Ar·is·tot·le [ˈærɪstɒtl] Ariˈstoteles *m.*

Ar·i·zo·na [ˌærɪˈzəʊnə] *Staat der USA.*

Ar·kan·sas [ˈɑːkənsɔː] *Fluß in USA; Staat der USA.*

Ar·ling·ton [ˈɑːlɪŋtən] *Ehrenfriedhof bei Washington DC (USA).*

Ar·magh [ɑːˈmɑː] *nordirische Grafschaft.*

Ar·me·ni·a [ɑːˈmiːnjə] Arˈmenien *n.*

Ar·nold [ˈɑːnəld] Arnold *m.*

Art [ɑːt] *abbr. für* ***Arthur***.

Ar·thur [ˈɑːθə] Art(h)ur *m*; ***King ~*** König Artus.

As·cot [ˈæskət] *Ort in Südengland (Pferderennen).*

A·sia [ˈeɪʃə] Asien *n*; ***~ Minor*** Kleinˈasien *n.*

As·syr·i·a [əˈsɪrɪə] Asˈsyrien *n.*

Ath·ens [ˈæθɪnz] Aˈthen *n.*

At·lan·ta [ətˈlæntə] *Hauptstadt von Georgia (USA).*

At·lan·tic (O·cean) [ətˈlæntɪk (ətˌlæntɪkˈəʊʃn)] *der* Atˈlantik, *der* Atˈlantische Ozean.

Auck·land [ˈɔːklənd] *Hafenstadt in Neuseeland.*

Au·den [ˈɔːdn] *englischer Dichter.*

Au·drey [ˈɔːdrɪ] *f.*

Au·gus·ta [ɔːˈgʌstə] *Hauptstadt von Maine (USA).*

Au·gus·tus [ɔːˈgʌstəs] August *m.*

Aus·ten [ˈɒstɪn] *Familienname.*

Aus·tin [ˈɒstɪn] *Hauptstadt von Texas (USA).*

Aus·tra·lia [ɒˈstreɪljə] Auˈstralien *n.*

Aus·tri·a [ˈɒstrɪə] Österreich *n.*

A·von [ˈeɪvən] *Fluß in Mittelengland; englische Grafschaft.*

Ax·min·ster [ˈæksmɪnstə] *Stadt in Südwest-England.*

Ayr(·shire) [ˈeə(ʃə)] *schottische Grafschaft (bis 1975).*

A·zores [əˈzɔːz] *pl. die* Aˈzoren *pl.*

B

Bab·y·lon [ˈbæbɪlən] Babylon *n.*

Ba·con [ˈbeɪkən] *englischer Philosoph.*

Ba·den-Pow·ell [ˌbeɪdnˈpəʊəl] *Gründer der Boy Scouts.*

Ba·ha·mas [bəˈhɑːməz] *pl. die* Baˈhamas *pl.*

Bah·rain [bɑːˈreɪn] Bahˈrain *n.*

Bai·le A·tha Cli·ath [ˌblɔːˈkliː] *gälischer Name für* ***Dublin***.

Bal·dwin [ˈbɔːldwɪn] Balduin *m*; *amer. Autor.*

Bâle [bɑːl] Basel *n.*

Bal·four [ˈbælfə] *brit. Staatsmann.*

Bal·kans [ˈbɔːlkənz] *pl. der* Balkan.

Bal·mor·al [bælˈmɒrəl] *Residenz des englischen Königshauses in Schottland.*

Bal·tic Sea [ˌbɔːltɪkˈsiː] *die* Ostsee.

Bal·ti·more [ˈbɔːltɪmɔː] *Hafenstadt in Maryland (USA).*

Banff(·shire) [ˈbænf(ʃə)] *schottische Grafschaft (bis 1975).*

Ban·gla·desh [ˌbæŋgləˈdeʃ] Banglaˈdesch *n.*

Bar·ba·dos [bɑːˈbeɪdəʊz] Barˈbados *n.*

Bar·ba·ra [ˈbɑːbərə] Barbara *f.*

Bark·ing [ˈbɑːkɪŋ] *Stadtbezirk von Groß-London.*

Bar·net [ˈbɑːnɪt] *Stadtbezirk von Groß-London.*

Bar·ry [ˈbærɪ] *m.*

Bart [bɑːt] *abbr. für* ***Bartholomew***.

Bar·thol·o·mew [bɑːˈθɒləmjuː] Bartholoˈmäus *m.*

Bas·il [ˈbæzl] Baˈsilius *m.*

Bath [bɑːθ] *Badeort in Südengland.*

Bat·on Rouge [ˌbætənˈruːʒ] *Hauptstadt von Louisiana (USA).*

Bat·ter·sea [ˈbætəsiː] *Stadtteil von London.*

Ba·var·i·a [bəˈveərɪə] Bayern *n.*

Bea·cons·field [ˈbiːkənzfiːld] *Adelsname Disraelis.*

Beards·ley [ˈbɪədzlɪ] *engl. Zeichner u. Illustrator.*

Be·a·trice [ˈbɪətrɪs] Beaˈtrice *f.*

Bea·ver·brook [ˈbiːvəbrʊk] *brit. Zeitungsverleger.*

Beck·et [ˈbekɪt]: ***Saint Thomas à ~*** der heilige Thomas Becket.

Beck·ett [ˈbekɪt] *irischer Dichter u. Dramatiker.*

Beck·y [ˈbekɪ] *f.*

Bed·ford [ˈbedfəd] *Stadt in Mittelengland; a.* **ˈBed·ford·shire** [-ʃə] *englische Grafschaft.*

Beer·bohm [ˈbɪəbəʊm] *engl. Kritiker u. Karikaturist.*

Bel·fast [ˌbelˈfɑːst; ˈbelfɑːst] Belfast *n.*

Bel·gium ['beldʒəm] Belgien *n.*
Bel·grade [ˌbel'greɪd] Belgrad *n.*
Bel·gra·vi·a [bel'greɪvjə] *Stadtteil von London.*
Be·lin·da [bɪ'lɪndə; bə-] Be'linda *f.*
Be·lize [be'li:z] Be'lize *n.*
Bell, **Bel·la** ['bel(ə)] *abbr. für* ***Isabel.***
Ben [ben] *abbr. für* ***Benjamin.***
Ben·e·dict ['benɪdɪkt, 'benɪt] Benedikt *m.*
Ben·gal [ˌbeŋ'gɔ:l] Ben'galen *n.*
Be·nin [be'nɪn] Be'nin *n.*
Ben·ja·min ['bendʒəmɪn] Benjamin *m.*
Ben Nev·is [ˌben'nevɪs] *höchster Berg Schottlands u. Großbritanniens.*
Berke·ley ['bɜ:klɪ] *Stadt in Kalifornien*; ['bɑ:klɪ] *irischer Bischof u. Philosoph.*
Berk·shire ['bɑ:kʃə] *englische Grafschaft*; **~ Hills** [ˌbɜ:kʃɪə'hɪlz] *pl. Gebirgszug in Massachusetts (USA).*
Ber·lin [bɜ:'lɪn] Ber'lin *n.*
Ber·mu·das [bə'mju:dəz] *pl. die* Ber'mudas *pl.*, *die* Ber'mudainseln *pl.*
Ber·nard ['bɜ:nəd] Bernhard *m.*
Bern(e) [bɜ:n] Bern *n.*
Ber·nie ['bɜ:nɪ] *abbr. für* ***Bernard.***
Bern·stein ['bɜ:nstaɪn; -sti:n] *amer. Dirigent u. Komponist.*
Bert [bɜ:t] *abbr. für* ***Albert, Bertram, Bertrand, Gilbert, Hubert.***
Ber·tha ['bɜ:θə] Berta *f.*
Ber·tram ['bɜ:trəm], **Ber·trand** ['bɜ:trənd] Bertram *m.*
Ber·wick(·shire) ['berɪk(ʃə)] *schottische Grafschaft (bis 1975).*
Ber·yl ['berɪl] *f.*
Bess, **Bes·sy** ['bes(ɪ)], **Bet·s(e)y** ['betsɪ], **Bet·ty** ['betɪ] *abbr. für* ***Elizabeth.***
Bex·ley ['bekslɪ] *Stadtbezirk von Groß-London.*
Bhu·tan [bu:'tɑ:n] Bhu'tan *n.*
Bill, **Bil·ly** ['bɪl(ɪ)] Willi *m.*
Bir·ken·head ['bɜ:kənhed] *Hafenstadt in Nordwest-England.*
Bir·ming·ham ['bɜ:mɪŋəm] *Industriestadt in Mittelengland*; *Stadt in Alabama (USA).*
Bis·cay ['bɪskeɪ; -kɪ]: ***Bay of ~*** *der* Golf von Bis'caya.
Bis·marck ['bɪzmɑ:k] *Hauptstadt von North Dakota (USA).*
Blooms·bur·y ['blu:mzbərɪ] *Stadtteil von London.*
Bo·ad·i·cea [ˌbəʊədɪ'sɪə] *Königin in Britannien.*
Bob [bɒb] *abbr. für* ***Robert.***
Bo·he·mi·a [bəʊ'hi:mjə] Böhmen *n.*
Boi·se ['bɔɪzɪ; -sɪ] *Hauptstadt von Idaho (USA).*
Bol·eyn ['bʊlɪn]: ***Anne ~*** *zweite Frau Heinrichs VIII. von England.*
Bo·liv·i·a [bə'lɪvjə] Bo'livien *n.*
Bom·bay [ˌbɒm'beɪ] Bombay *n.*
Bo·na·parte ['bəʊnəpɑ:t] Bona'parte (*Familienname zweier französischer Kaiser*).
Booth [bu:ð] *Gründer der Heilsarmee.*
Bor·ders ['bɔ:dəz] *Verwaltungsregion in Schottland.*
Bor·is ['bɒrɪs] Boris *m.*
Bos·ton ['bɒstən] *Hauptstadt von Massachusetts (USA).*
Bo·tswa·na [bɒ'tswɑ:nə] Bo'tswana *n.*
Bourne·mouth ['bɔ:nməθ] *Seebad in Südengland.*
Brad·ford ['brædfəd] *Industriestadt in Nordengland.*
Bra·zil [brə'zɪl] Bra'silien *n.*
Breck·nock(·shire) ['breknɒk(ʃə)], **Brec·on(·shire)** ['brekən(ʃə)] *walisische Grafschaft (bis 1974).*
Bren·da ['brendə] *f.*
Brent [brent] *Stadtbezirk von Groß-London.*
Bri·an ['braɪən] *m.*
Bridg·et ['brɪdʒɪt] Bri'gitte *f.*
Brigh·ton ['braɪtn] *Seebad in Südengland.*
Bris·bane ['brɪzbən] *Hauptstadt von Queensland (Australien).*
Bris·tol ['brɪstl] *Hafenstadt in Südengland.*
Bri·tain ['brɪtn] Bri'tannien *n.*
Bri·tan·ni·a [brɪ'tænjə] *poet.* Bri'tannien *n.*
Brit·ish Co·lum·bi·a [ˌbrɪtɪʃkə'lʌmbɪə] *Provinz in Kanada.*
Brit·ta·ny ['brɪtənɪ] die Bre'tagne.
Brit·ten ['brɪtn] *englischer Komponist.*
Broad·way ['brɔ:dweɪ] *Straße in Manhattan, New York City (USA). Zentrum des amer. kommerziellen Theaters.*
Brom·ley ['brɒmlɪ] *Stadtbezirk von Groß-London.*
Bron·të ['brɒntɪ] *Name dreier englischer Autorinnen.*
Bronx [brɒŋks] *Stadtbezirk von New York (USA).*
Brook·lyn ['brʊklɪn] *Stadtbezirk von New York (USA).*
Brow·ning ['braʊnɪŋ] *englischer Dichter.*
Bruce [bru:s] *m.*
Bruges [bru:ʒ] Brügge *n.*
Bru·nei ['bru:naɪ] Brunei *n.*
Bruns·wick ['brʌnzwɪk] Braunschweig *n.*
Brus·sels ['brʌslz] Brüssel *n.*
Bry·an ['braɪən] *m.*
Bu·chan·an [bju:'kænən] *Familienname.*

Bu·cha·rest [ˌbju:kəˈrest] Bukarest *n.*
Buck·ing·ham(**·shire**) [ˈbʌkɪŋəm(ʃə)] *englische Grafschaft.*
Bu·da·pest [ˌbju:dəˈpest] Budapest *n.*
Bud·dha [ˈbʊdə] Buddha *m.*
Bul·gar·i·a [bʌlˈgeərɪə] Bulˈgarien *n.*
Bur·gun·dy [ˈbɜ:gəndɪ] Burˈgund *n.*
Bur·ki·na Fas·o [bʊəˌki:nəˈfæsəʊ] Burˈkina Faso *n* (*Staat in Westafrika, frühere Bezeichnung: Obervolta*).
Bur·ma [ˈbɜ:mə] Birma *n.*
Burns [bɜ:nz] *schottischer Dichter.*
Bu·run·di [bʊˈrʊndɪ] Buˈrundi *n.*
Bute(**·shire**) [ˈbju:t(ʃə)] *schottische Grafschaft* (*bis 1975*).
By·ron [ˈbaɪərən] *englischer Dichter.*

C

Caer·nar·von(**·shire**) [kəˈnɑ:vən(ʃə)] *walisische Grafschaft* (*bis 1974*).
Cae·sar [ˈsi:zə] Cäsar *m.*
Cain [keɪn] Kain *m.*
Cai·ro [ˈkaɪərəʊ] Kairo *n.*
Caith·ness [ˈkeɪθnes] *schottische Grafschaft* (*bis 1975*).
Ca·lais [ˈkæleɪ] Caˈlais *n.*
Cal·cut·ta [kælˈkʌtə] Kalˈkutta *n.*
Cal·e·do·nia [ˌkælɪˈdəʊnjə] Kaleˈdonien *n* (*poet. für Schottland*).
Cal·ga·ry [ˈkælgərɪ] *Stadt in Alberta* (*Kanada*).
Cal·i·for·nia [ˌkælɪˈfɔ:njə] Kaliˈfornien *n* (*Staat der USA*).
Cam·bo·dia [kæmˈbəʊdjə] Kamˈbodscha *n.*
Cam·bridge [ˈkeɪmbrɪdʒ] *englische Universitätsstadt; Stadt in Massachusetts* (*USA*), *Sitz der Harvard University; a.* ˈ**Cam·bridge·shire** [-ʃə] *englische Grafschaft.*
Cam·den [ˈkæmdən] *Stadtbezirk von Groß-London.*
Cam·er·oon [ˈkæməru:n; *bsd. Am.* ˌkæməˈru:n] Kamerun *n.*
Camp·bell [ˈkæmbl] *Familienname.*
Can·a·da [ˈkænədə] Kanada *n.*
Ca·nar·y Is·lands [kəˌneərɪˈaɪləndz] *pl. die* Kaˈnarischen Inseln *pl.*
Can·ber·ra [ˈkænbərə] *Hauptstadt von Australien.*
Can·ter·bury [ˈkæntəbərɪ] *Stadt in Südengland.*
Cape Ca·nav·er·al [ˌkeɪpkəˈnævərəl] *Raketenversuchszentrum in Florida* (*USA*).
Cape Town [ˈkeɪptaʊn] Kapstadt *n.*
Cape Verde Is·lands [ˌkeɪpˈvɜ:d ˈaɪləndz] *pl. die* Kapˈverden *pl.*
Ca·pri [ˈkæprɪ; ˈkɑ:-; *Am. a.* kæˈpri:] Capri *n.*
Car·diff [ˈkɑ:dɪf] *Hauptstadt von Wales.*
Car·di·gan(**·shire**) [ˈkɑ:dɪgən(ʃə)] *walisische Grafschaft* (*bis 1974*).
Ca·rin·thi·a [kəˈrɪnθɪə] Kärnten *n.*
Carl [kɑ:l] Karl *m*, Carl *m.*
Car·lisle [kɑ:ˈlaɪl] *Stadt in Nordwestengland.*
Car·low [ˈkɑ:ləʊ] *Grafschaft in der Provinz Leinster* (*Irland*); *Hauptstadt dieser Grafschaft.*
Car·lyle [kɑ:ˈlaɪl] *englischer Autor.*
Car·mar·then(**·shire**) [kəˈmɑ:ðn(ʃə)] *walisische Grafschaft* (*bis 1974*).
Car·ne·gie [kɑ:ˈnegɪ] *amer. Industrieller.*
Car·ol(**e**) [ˈkærəl] Kaˈrola *f.*
Car·o·line [ˈkærəlaɪn], **Car·o·lyn** [ˈkærəlɪn] Karoˈline *f.*
Car·pa·thi·ans [kɑ:ˈpeɪθjənz] *pl. die* Karˈpaten *pl.*
Car·rie [ˈkærɪ] *abbr. für* ***Caroline.***
Car·son Cit·y [ˌkɑ:snˈsɪtɪ] *Hauptstadt von Nevada* (*USA*).
Car·ter [ˈkɑ:tə] *39. Präsident der USA.*
Cath·er·ine [ˈkæθərɪn] Kathaˈrina *f*, Kat(h)rin *f.*
Cath·y [ˈkæθɪ] *abbr. für* ***Catherine.***
Cav·an [ˈkævən] *Grafschaft im der Republik Irland zugehörigen Teil der Provinz Ulster; Hauptstadt dieser Grafschaft.*
Cax·ton [ˈkækstən] *erster englischer Buchdrucker.*
Ce·cil [ˈsesl, ˈsɪsl] *m.*
Ce·cile [ˈsesɪl; *Am.* sɪˈsi:l], **Ce·cil·ia** [sɪˈsɪljə; sɪˈsi:ljə], **Cec·i·ly** [ˈsɪsɪlɪ; ˈsesɪlɪ] Cäˈcilie *f.*
Ced·ric [ˈsi:drɪk; ˈsedrɪk] *m.*
Cel·ia [ˈsi:ljə] *f.*
Cen·tral [ˈsentrəl] *Verwaltungsregion in Schottland.*
Cen·tral Af·ri·can Re·pub·lic [ˈsentrəlˌæfrɪkənrɪˈpʌblɪk] *die* Zenˈtralafriˌkanische Repuˈblik.
Cey·lon [sɪˈlɒn] Ceylon *n.*
Chad [tʃæd] *der* Tschad.
Cham·ber·lain [ˈtʃeɪmbəlɪn] *Name mehrerer brit. Staatsmänner.*
Char·ing Cross [ˌtʃærɪŋˈkrɒs] *Stadtteil von London.*
Char·le·magne [ˈʃɑ:ləmeɪn] Karl der Große.
Charles [tʃɑ:lz] Karl *m.*
Charles·ton [ˈtʃɑ:lstən] *Hauptstadt von West Virginia* (*USA*).
Char·lotte [ˈʃɑ:lət] Charˈlotte *f.*
Chas [tʃæz] *abbr. für* ***Charles.***
Chau·cer [ˈtʃɔ:sə] *englischer Dichter.*

Chel·sea ['tʃelsɪ] *Stadtteil von London.*

Chel·ten·ham ['tʃeltnəm] *Stadt in Südengland.*

Chesh·ire ['tʃeʃə] *englische Grafschaft.*

Ches·ter·field ['tʃestəfi:ld] *Industriestadt in Mittelengland.*

Chev·i·ot Hills [ˌtʃevɪət'hɪlz] *pl. Grenzgebirge zwischen England u. Schottland.*

Chey·enne [ʃaɪ'æn] *Hauptstadt von Wyoming (USA).*

Chi·ca·go [ʃɪ'kɑ:gəʊ; *bsd. Am.* ʃɪ'kɔ:gəʊ] *Industriestadt in USA.*

Chil·e ['tʃɪlɪ] Chile *n.*

Chi·na ['tʃaɪnə] China *n*; ***Republic of ~*** *die* Repu'blik China; ***People's Republic of ~*** *die* Volksrepublik China.

Chip·pen·dale ['tʃɪpəndeɪl] *englischer Kunsttischler.*

Chris [krɪs] *abbr. für* ***Christina, Christine, Christian, Christopher.***

Christ·church ['kraɪsttʃɜ:tʃ] *Stadt in Neuseeland; Stadt in Hampshire (England).*

Chlo·e ['kləʊɪ] Chloe *f.*

Chris·tian ['krɪstjən] Christian *m.*

Chris·ti·na [krɪ'sti:nə], **Chris·tine** ['krɪsti:n, krɪ'sti:n] Chri'stine *f.*

Chris·to·pher ['krɪstəfə] Christoph(er) *m.*

Chrys·ler ['kraɪzlə] *amer. Industrieller.*

Church·ill ['tʃɜ:tʃɪl] *brit. Staatsmann.*

Cin·cin·nat·i [ˌsɪnsɪ'nætɪ] *Stadt in Ohio (USA).*

Cis·sie ['sɪsɪ] *abbr. für* ***Cecily.***

Clack·man·nan(·shire) [klæk'mænən (-ʃə)] *schottische Grafschaft (bis 1975).*

Clap·ham ['klæpəm] *Stadtteil von Groß-London.*

Clar·a ['kleərə], **Clare** [kleə] Klara *f.*

Clare [kleə] *Grafschaft in der Provinz Munster (Irland).*

Clar·en·don ['klærəndən] *Name mehrerer englischer Staatsmänner.*

Claud(e) [klɔ:d] Claudius *m.*

Clem·ent ['klemənt] Klemens *m*, Clemens *m.*

Cle·o·pat·ra [klɪə'pætrə] Kle'opatra *f.*

Cleve·land ['kli:vlənd] *Industriestadt in USA; englische Grafschaft.*

Cliff [klɪf] *abbr. für* ***Clifford.***

Clif·ford ['klɪfəd] *m.*

Clive [klaɪv] *Begründer der brit. Herrschaft in Indien; Vorname m.*

Clwyd ['klu:ɪd] *walisische Grafschaft.*

Clyde [klaɪd] *Fluß in Schottland.*

Cole·ridge ['kəʊlərɪdʒ] *englischer Dichter.*

Col·in ['kɒlɪn] *m.*

Co·logne [kə'ləʊn] Köln *n.*

Co·lom·bi·a [kə'lɒmbɪə] Ko'lumbien *n.*

Co·lom·bo [kə'lʌmbəʊ] *Hauptstadt von Sri Lanka.*

Col·o·ra·do [ˌkɒlə'rɑ:dəʊ] *Staat der USA; Name zweier Flüsse in USA.*

Co·lum·bi·a [kə'lʌmbɪə] *Fluß in USA; Hauptstadt von South Carolina (USA);* ***District of ~ (DC)*** *Bundesdistrikt (mit der Hauptstadt Washington) der USA.*

Co·lum·bus [kə'lʌmbəs] *Entdecker Amerikas; Hauptstadt von Ohio (USA).*

Com·o·ro Is·lands [ˌkɒmərəʊ'aɪləndz] *pl. die* Ko'moren *pl.*

Con·cord ['kɒŋkəd] *Hauptstadt von New Hampshire (USA).*

Con·fu·cius [kən'fju:ʃjəs, -ʃəs] Kon'fuzius *m (chinesischer Philosoph).*

Con·go ['kɒŋgəʊ] der Kongo.

Con·nacht ['kɒnət], *früher* **Con·naught** ['kɒnɔ:t] *Provinz in Irland.*

Con·nect·i·cut [kə'netɪkət] *USA-Staat.*

Con·nie ['kɒnɪ] *abbr. für* ***Conrad, Constance, Cornelia.***

Con·rad ['kɒnræd] Konrad *m.*

Con·stance ['kɒnstəns] Kon'stanze *f*; ***Lake ~*** *der* Bodensee.

Con·stan·ti·no·ple [ˌkɒnstæntɪ'nəʊpl] Konstanti'nopel *n.*

Cook [kʊk] *englischer Weltumsegler.*

Coo·per ['ku:pə] *amer. Autor.*

Co·pen·ha·gen [ˌkəʊpn'heɪgən] Kopen'hagen *n.*

Cor·dil·le·ras [ˌkɔ:dɪ'ljeərəs] *pl. die* Kordil'leren *pl.*

Cor·inth ['kɒrɪnθ] Ko'rinth *n.*

Cork [kɔ:k] *Grafschaft in der Provinz Munster (Irland); Hauptstadt dieser Grafschaft u. der Provinz Munster.*

Cor·ne·lia [kɔ:'ni:ljə] Cor'nelia *f.*

Corn·wall ['kɔ:nwəl] *englische Grafschaft.*

Cos·ta Ri·ca [ˌkɒstə'ri:kə] Costa Rica *n.*

Cov·ent Gar·den [ˌkɒvənt'gɑ:dn] *die Londoner Oper.*

Cov·en·try ['kɒvəntrɪ] *Industriestadt in Mittelengland.*

Craig [kreɪg] *m.*

Crete [kri:t] Kreta *n.*

Cri·me·a [kraɪ'mɪə] die Krim.

Crom·well ['krɒmwəl] *englischer Staatsmann.*

Croy·don ['krɔɪdn] *Stadtbezirk von Groß-London.*

Cru·soe ['kru:səʊ]: ***Robinson ~*** *Romanheld.*

Cu·ba ['kju:bə] Kuba *n.*

Cum·ber·land ['kʌmbələnd] *englische Grafschaft (bis 1974).*

Cum·bri·a ['kʌmbrɪə] *englische Grafschaft.*

Cyn·thi·a ['sɪnθɪə] *f.*
Cy·prus ['saɪprəs] Zypern *n.*
Cy·rus ['saɪərəs] Cyrus *m.*
Czech·o·slo·va·ki·a [ˌtʃekəʊsləʊ'vækɪə] die Tschechoslowa'kei.

D

Dag·en·ham ['dægənəm] *Stadtteil von London.*
Da·ho·mey [də'həʊmɪ] Da'home *n* (*früherer Name von* ***Benin***).
Dai·sy ['deɪzɪ] *Koseform von* ***Margaret***.
Dal·las ['dæləs] *Stadt in Texas* (*USA*).
Dal·ma·ti·a [dæl'meɪʃjə] Dal'matien *n.*
Dam·o·cles ['dæməkliːz] Damokles *m.*
Dan [dæn] *abbr. für* ***Daniel***.
Dan·iel ['dænjəl] Daniel *m.*
Dan·ube ['dænjuːb] Donau *f.*
Daph·ne ['dæfnɪ] Daphne *f.*
Dar·da·nelles [ˌdɑːdə'nelz] *pl. die* Darda'nellen *pl.*
Dar·jee·ling [dɑː'dʒiːlɪŋ] *Stadt in Indien.*
Dart·moor ['dɑːtˌmʊə] *Landstrich in Südwest-England.*
Dart·mouth ['dɑːtməθ] *Stadt in Devon* (*England*).
Dar·win ['dɑːwɪn] *englischer Naturforscher.*
Dave [deɪv] *abbr. für* ***David***.
Da·vid ['deɪvɪd] David *m.*
Dawn [dɔːn] *f.*
Dean [diːn] *m.*
Deb·by ['debɪ] *abbr. für* ***Deborah***.
Deb·o·rah ['debərə] *f.*
Dee [diː] *Fluß in England*; *Fluß in Schottland.*
De·foe [dɪ'fəʊ] *englischer Autor.*
Deir·dre ['dɪədrɪ] (*Ir.*) *f.*
Del·a·ware ['deləweə] *Staat der USA*; *Fluß in USA.*
Den·bigh(**·shire**) ['denbɪ(ʃə)] *walisische Grafschaft* (*bis 1974*).
Den·is ['denɪs] *m.*
De·nise [də'niːz; də'niːs] De'nise *f.*
Den·mark ['denmɑːk] Dänemark *n.*
Den·nis ['denɪs] *m.*
Den·ver ['denvə] *Hauptstadt von Colorado* (*USA*).
Dept·ford ['detfəd] *Stadtteil von Groß-London.*
Der·by(**·shire**) ['dɑːbɪ(ʃə)] *englische Grafschaft.*
Der·ek, **Der·rick** ['derɪk] *m.*
Des [dez] *abbr. für* ***Desmond***.
Des Moines [dɪ'mɔɪn] *Hauptstadt von Iowa* (*USA*).
Des·mond ['dezmənd] *m.*
De·troit [də'trɔɪt] *Industriestadt in Michigan* (*USA*).
De·viz·es [dɪ'vaɪzɪz] *Stadt in Wiltshire* (*England*).
Dev·on(**·shire**) ['devn(ʃə)] *englische Grafschaft.*
Dew·ey ['djuːɪ] *amer. Philosoph.*
Di·an·a [daɪ'ænə] Di'ana *f.*
Dick [dɪk] *abbr. für* ***Richard***.
Dick·ens ['dɪkɪnz] *englischer Autor.*
Dis·rae·li [dɪs'reɪlɪ] *brit. Staatsmann.*
Dol·ly ['dɒlɪ] *abbr. für* ***Dorothy***.
Do·lo·mites ['dɒləmaɪts] *pl. die* Dolo'miten *pl.* (*Teil der Ostalpen*).
Dom·i·nic ['dɒmɪnɪk] Domi'nik *m.*
Do·min·i·can Re·pub·lic [dəˌmɪnɪkənrɪ'pʌblɪk] *die* Domini'kanische Repu'blik.
Don [dɒn] *abbr. für* ***Donald***.
Don·ald ['dɒnld] *m.*
Don·cas·ter ['dɒŋkəstə] *Stadt in South Yorkshire* (*England*).
Don·e·gal ['dɒnɪ'gɔːl; *Ir.* ˌdʌnɪgɔːl] *Grafschaft im der Republik Irland zugehörigen Teil der Provinz Ulster.*
Don Juan [ˌdɒn'dʒuːən] Don Ju'an *m.*
Donne [dʌn, dɒn] *englischer Dichter.*
Don Quix·ote [ˌdɒn'kwɪksət] Don Qui'chotte *m.*
Do·reen [dɔː'riːn; 'dɔːriːn] *f.*
Dor·is ['dɒrɪs] Doris *f.*
Dor·o·thy ['dɒrəθɪ] Doro'thea *f.*
Dor·set(**·shire**) ['dɔːsɪt(ʃə)] *englische Grafschaft.*
Dos Pas·sos [ˌdɒs'pæsɒs] *amer. Autor.*
Doug [dʌg] *abbr. für* ***Douglas***.
Doug·las ['dʌgləs] *Vorname m*; *schottische Adelsfamilie.*
Do·ra ['dɔːrə] Dora *f.*
Do·ver ['dəʊvə] *Hafenstadt in Südengland*; *Hauptstadt von Delaware* (*USA*).
Down [daʊn] *nordirische Grafschaft.*
Down·ing Street ['daʊnɪŋstriːt] *Straße in London mit der Amtswohnung des Premierministers.*
Drei·ser ['draɪsə; -zə] *amer. Autor.*
Dry·den ['draɪdn] *englischer Dichter.*
Dub·lin ['dʌblɪn] *Hauptstadt von Irland*; *Grafschaft in der Provinz Leinster* (*Irland*).
Du·luth [djuː'luːθ; *Am.* də'luːθ] *Stadt in Minnesota* (*USA*).
Dul·wich ['dʌlɪdʒ] *Stadtteil von Groß-London.*
Dum·bar·ton(**·shire**) [dʌm'bɑːtn(ʃə)] *schottische Grafschaft* (*bis 1975*).
Dum·fries and Gal·lo·way [dʌmˌfriːsən'gæləweɪ] *Verwaltungsregion in Schottland*; **Dum'fries·shire** [-ʃə] *schottische Grafschaft* (*bis 1975*).
Dun·can ['dʌŋkən] *m.*
Dun·e·din [dʌ'niːdɪn] *Hafenstadt in Neuseeland.*

Dun·ge·ness [ˌdʌndʒɪˈnes; dʌndʒˈnes] *Landspitze in Kent (England).*
Dun·kirk [dʌnˈkɜːk] Dünˈkirchen *n.*
Dur·ban [ˈdɜːbən] *Hafenstadt in Südafrika.*
Dur·ham [ˈdʌrəm] *englische Grafschaft.*
Dyf·ed [ˈdʌvɪd] *walisische Grafschaft.*

E

Ea·ling [ˈiːlɪŋ] *Stadtbezirk von Groß-London.*
East Lo·thi·an [ˌiːstˈləʊðjən] *schottische Grafschaft (bis 1975).*
East Sus·sex [ˌiːstˈsʌsɪks] *englische Grafschaft.*
Ec·ua·dor [ˈekwədɔː] Ecuaˈdor *n.*
Ed·die [ˈedɪ] *abbr. für* ***Edward****.*
Ed·gar [ˈedgə] Edgar *m.*
Ed·in·burgh [ˈedɪnbərə] Edinburg *n.*
Ed·i·son [ˈedɪsn] *amer. Erfinder.*
E·dith [ˈiːdɪθ] Edith *f.*
Ed·mon·ton [ˈedməntən] *Hauptstadt von Alberta (Kanada).*
Ed·mund [ˈedmənd] Edmund *m.*
Ed·ward [ˈedwəd] Eduard *m.*
E·gypt [ˈiːdʒɪpt] Äˈgypten *n.*
Ei·leen [ˈaɪliːn; *Am.* aɪˈliːn] *f.*
Ei·re [ˈeərə] *Name der Republik Irland.*
Ei·sen·how·er [ˈaɪznˌhaʊə] *34. Präsident der USA.*
E·laine [eˈleɪn; ɪˈleɪn] *siehe* ***Helen****.*
El·ea·nor [ˈelɪnə] Eleoˈnore *f.*
E·li·jah [ɪˈlaɪdʒə] Eˈlias *m.*
El·i·nor [ˈelɪnə] Eleoˈnore *f.*
El·i·ot [ˈeljət] *englischer Dichter.*
E·li·za [ɪˈlaɪzə] *abbr. für* ***Elizabeth****.*
E·liz·a·beth [ɪˈlɪzəbəθ] Eˈlisabeth *f.*
El·len [ˈelɪn] *siehe* ***Helen****.*
El·lis Is·land [ˌelɪsˈaɪlənd] *Insel im Hafen von New York (USA).*
El Sal·va·dor [elˈsælvədɔː] El Salvaˈdor *n.*
El·sa [ˈelsə], **El·sie** [ˈelsɪ] Elsa *f*, Else *f.*
Em·er·son [ˈeməsn] *amer. Dichter u. Philosoph.*
Em·i·ly [ˈemɪlɪ] Eˈmilie *f.*
Em·ma [ˈemə] Emma *f.*
Em·mie, **Em·my** [ˈemɪ] *Koseform für* ***Emma****.*
En·field [ˈenfiːld] *Stadtbezirk von Groß-London.*
Eng·land [ˈɪŋglənd] England *n.*
E·nid [ˈiːnɪd] *f.*
E·noch [ˈiːnɒk] *m.*
Ep·som [ˈepsəm] *Stadt in Südengland (Pferderennen).*
Equa·to·ri·al Guin·ea [ˌekwəˈtɔːrɪəl ˈgɪnɪ] Äquatoriˈalguiˌnea *n.*
Er·ic [ˈerɪk] Erich *m.*
Er·i·ca [ˈerɪkə] Erika *f.*
E·rie [ˈɪərɪ] *Hafenstadt in Pennsylvania (USA);* ***Lake ~*** der Eriesee *(in Nordamerika).*
Er·nest [ˈɜːnɪst] Ernst *m.*
Er·nie [ˈɜːnɪ] *abbr. für* ***Ernest****.*
Es·sex [ˈesɪks] *englische Grafschaft.*
Es·t(h)o·nia [eˈstəʊnjə] Estland *n.*
Eth·el [ˈeθl] *f.*
E·thi·o·pi·a [ˌiːθɪˈəʊpjə] Äthiˈopien *n.*
E·ton [ˈiːtn] *Stadt in Berkshire (England) mit berühmter Public School.*
Eu·gene [ˈjuːdʒiːn] Eugen *m.*
Eu·ge·ni·a [juːˈdʒiːnjə] Euˈgenie *f.*
Eu·nice [ˈjuːnɪs] Euˈnice *f.*
Eu·phra·tes [juːˈfreɪtiːz] Euphrat *m.*
Eur·a·sia [jʊəˈreɪʃə; -ʒə] Euˈrasien *n.*
Eu·rip·i·des [jʊəˈrɪpɪdiːz] Euˈripides *m.*
Eu·rope [ˈjʊərəp] Euˈropa *n.*
Eus·tace [ˈjuːstəs] Euˈstachius *m.*
E·va [ˈiːvə] Eva *f.*
Ev·ans [ˈevənz] *Familienname.*
Eve [iːv] Eva *f.*
Ev·e·lyn [ˈiːvlɪn; ˈevlɪn] *m, f.*
Ev·er·glades [ˈevəgleɪdz] *pl. Sumpfgebiet in Florida (USA).*
Ex·e·ter [ˈeksɪtə] *Hauptstadt von Devonshire (England).*

F

Faer·oes [ˈfeərəʊz] *pl. die* Färöer *pl.*
Falk·land Is·lands [ˌfɔː(l)kləndˈaɪləndz] *pl. die* Falklandinseln *pl.*
Fal·staff [ˈfɔːlstɑːf] *Bühnenfigur bei Shakespeare.*
Fan·ny [ˈfænɪ] *abbr. für* ***Frances****.*
Far·a·day [ˈfærədɪ] *englischer Chemiker u. Physiker.*
Farn·bor·ough [ˈfɑːnbərə] *Stadt in Hampshire (England).*
Far·oes [ˈfeərəʊz] *siehe* ***Faeroes****.*
Faulk·ner [ˈfɔːknə] *amer. Autor.*
Fawkes [fɔːks] *Haupt der Pulververschwörung (1605).*
Fed·er·al Re·pub·lic of Ger·ma·ny [ˈfedərəlrɪˌpʌblɪkəvˈdʒɜːmənɪ] *die* ˈBundesrepuˌblik Deutschland.
Fe·li·ci·a [fəˈlɪsɪə] Feˈlizia *f.*
Fe·lic·i·ty [fəˈlɪsətɪ] Feˈlizitas *f.*
Fe·lix [ˈfiːlɪks] Felix *m.*
Fe·lix·stowe [ˈfiːlɪkstəʊ] *Stadt in Suffolk (England).*
Felt·ham [ˈfeltəm] *Stadtteil von Groß-London.*
Fer·man·agh [fəˈmænə] *nordirische Grafschaft.*
Fiel·ding [ˈfiːldɪŋ] *englischer Autor.*
Fife [faɪf] *Verwaltungsregion in Schottland; a.* **ˈFife·shire** [-ʃə] *schottische Grafschaft (bis 1975).*

Fi·ji [ˌfiːˈdʒiː; *bsd. Am.* ˈfiːdʒiː] Fidschi *n.*
Finch·ley [ˈfɪntʃlɪ] *Stadtteil von London.*
Fin·land [ˈfɪnlənd] Finnland *n.*
Fi·o·na [fɪˈəʊnə] *f.*
Firth of Forth [ˌfɜːθəvˈfɔːθ] *Meeresbucht an der schottischen Ostküste.*
Fitz·ger·ald [fɪtsˈdʒerəld] *Familienname.*
Flan·ders [ˈflɑːndəz] Flandern *n.*
Flem·ing [ˈflemɪŋ] *brit. Bakteriologe.*
Flint(·shire) [ˈflɪnt(ʃə)] *walisische Grafschaft (bis 1974).*
Flo·ra [ˈflɔːrə] Flora *f.*
Flor·ence [ˈflɒrəns] Floˈrenz *n*; Florenˈtine *f.*
Flor·i·da [ˈflɒrɪdə] *Staat der USA.*
Flush·ing [ˈflʌʃɪŋ] *Stadtteil von New York*; Vlissingen *n.*
Folke·stone [ˈfəʊkstən] *Seebad in Südengland.*
Ford [fɔːd] *amer. Industrieller; 38. Präsident der USA.*
For·syth [fɔːˈsaɪθ] *Familienname.*
Fort Lau·der·dale [ˌfɔːtˈlɔːdədeɪl] *Stadt in Florida (USA).*
Fort Worth [ˌfɔːtˈwɜːθ] *Stadt in Texas (USA).*
Foth·er·in·ghay [ˈfɒðərɪŋgeɪ] *Schloß in Nordengland.*
Fow·ler [ˈfaʊlə] *Familienname.*
France [frɑːns] Frankreich *n.*
Fran·ces [ˈfrɑːnsɪs] Franˈziska *f.*
Fran·cis [ˈfrɑːnsɪs] Franz *m.*
Frank [fræŋk] Frank *m.*
Frank·fort [ˈfræŋkfət] *Hauptstadt von Kentucky (USA); seltene englische Schreibweise für Frankfurt.*
Frank·lin [ˈfræŋklɪn] *amer. Staatsmann; Verwaltungsbezirk der Northwest Territories (Kanada).*
Fred [fred] *abbr. für* ***Alfred, Frederic(k).***
Fre·da [ˈfriːdə] Frieda *f.*
Fred·die, Fred·dy [ˈfredɪ] *Koseformen für* ***Frederic(k), Alfred.***
Fred·er·ic(k) [ˈfredrɪk] Friedrich *m.*
Fres·no [ˈfreznəʊ] *Stadt in Kalifornien (USA).*
Fris·co [ˈfrɪskəʊ] *umgangssprachliche Bezeichnung für* ***San Francisco.***
Frost [frɒst] *amer. Dichter.*
Ful·bright [ˈfʊlbraɪt] *amer. Politiker.*
Ful·ham [ˈfʊləm] *Stadtteil von London.*
Ful·ton [ˈfʊltən] *amer. Erfinder.*

G

Ga·bon [ˈgæbɒn] Gaˈbun *n.*
Gains·bor·ough [ˈgeɪnzbərə] *englischer Maler.*
Gal·la·gher [ˈgæləhə] *Familienname.*
Gal·lup [ˈgæləp] *amer. Statistiker.*
Gals·wor·thy [ˈgɔːlzwɜːðɪ] *englischer Autor.*
Gal·way [ˈgɔːlweɪ] *Grafschaft in der Provinz Connaught (Irland); Hauptstadt dieser Grafschaft.*
Gam·bia [ˈgæmbɪə] Gambia *n.*
Gan·ges [ˈgændʒiːz] Ganges *m.*
Gar·eth [ˈgæreθ] *m.*
Gar·ry, Gar·y [ˈgærɪ] *m.*
Gaul [gɔːl] Gallien *n.*
Ga·vin [ˈgævɪn] *m.*
Ga·za Strip [ˈgɑːzəstrɪp] *der* Gazastreifen.
Gene [dʒiːn] *abbr. für* ***Eugene, Eugenia.***
Ge·ne·va [dʒɪˈniːvə] Genf *n.*
Gen·o·a [ˈdʒenəʊə] Genua *n.*
Geoff [dʒef] *abbr. für* ***Geoffr(e)y.***
Geof·fr(e)y [ˈdʒefrɪ] Gottfried *m.*
George [dʒɔːdʒ] Georg *m.*
Geor·gia [ˈdʒɔːdjə; *Am.* -dʒə] *Staat der USA.*
Ger·ald [ˈdʒerəld] Gerald *m*, Gerold *m.*
Ger·al·dine [ˈdʒerəldiːn] Geralˈdine *f.*
Ger·ard [ˈdʒerɑːd; *bsd. Am.* dʒeˈrɑːd] Gerhard *m.*
Ger·man Dem·o·crat·ic Re·pub·lic [ˈdʒɜːməndeməˌkrætɪkrɪˈpʌblɪk] *die* Deutsche Demoˈkratische Repuˈblik.
Ger·ma·ny [ˈdʒɜːmənɪ] Deutschland *n.*
Ger·ry [ˈdʒerɪ] *abbr. für* ***Gerald, Geraldine.***
Gersh·win [ˈgɜːʃwɪn] *amer. Komponist.*
Ger·tie [ˈgɜːtɪ] Gertie *f.*
Ger·trude [ˈgɜːtruːd] Gertrud *f.*
Get·tys·burg [ˈgetɪzbɜːg] *Stadt in Pennsylvania (USA).*
Gha·na [ˈgɑːnə] Ghana *n.*
Ghent [gent] Gent *n.*
Gi·bral·tar [dʒɪˈbrɔːltə] Giˈbraltar *n.*
Giel·gud [ˈgiːlgʊd]: ***Sir John ~*** *berühmter englischer Schauspieler.*
Gil·bert [ˈgɪlbət] Gilbert *m.*
Giles [dʒaɪlz] Julius *m.*
Gill [dʒɪl; gɪl] *abbr. für* ***Gillian.***
Gil·li·an [ˈdʒɪlɪən; ˈgɪlɪən] *f.*
Glad·stone [ˈglædstən] *brit. Staatsmann.*
Glad·ys [ˈglædɪs] *f.*
Gla·mor·gan·shire [gləˈmɔːgənʃə] *walisische Grafschaft (bis 1974).*
Glas·gow [ˈglɑːsgəʊ] *Stadt in Schottland.*
Glen [glen] *m.*
Glo·ri·a [ˈglɔːrɪə] Gloria *f.*
Glouces·ter [ˈglɒstə] *Stadt in Südengland; a.* ˈ**Glouces·ter·shire** [-ʃə] *englische Grafschaft.*

Glynde·bourne ['glaındbɔ:n] *kleiner Ort in East Sussex (England) mit Opernfestspielen.*
God·frey ['gɒdfrı] Gottfried *m.*
Go·li·ath [gəʊ'laıəθ] Goliath *m.*
Gor·don ['gɔ:dn] *Familienname; Vorname m.*
Go·tham ['gəʊtəm] *Ortsname; fig.* ‚Schilda' *n.*
Grace [greıs] Gracia *f*, Grazia *f.*
Gra·ham ['greıəm] *Familienname; Vorname m.*
Gram·pi·an ['græmpjən] *Verwaltungsregion in Schottland.*
Grand Can·yon [ˌgrænd'kænjən] *Durchbruchstal des Colorado in Arizona (USA).*
Great Brit·ain [ˌgreıt'brıtn] Großbri'tannien *n.*
Great·er Lon·don [ˌgreıtə'lʌndən] *Stadtgrafschaft, bestehend aus der City of London u. 32 Stadtbezirken.*
Great·er Man·ches·ter [ˌgreıtə'mæntʃıstə] *Stadtgrafschaft in Nordengland.*
Greece [gri:s] Griechenland *n.*
Greene [gri:n] *englischer Autor.*
Green·land ['gri:nlənd] Grönland *n.*
Green·wich ['grınıdʒ] *Stadtbezirk Groß-Londons;* **~ *Village*** *Stadtteil von New York (USA).*
Greg [greg] *abbr. für* ***Gregory***.
Greg·o·ry ['gregərı] Gregor *m.*
Gre·na·da [gre'neıdə] Gre'nada *n.*
Gre·ta ['gri:tə, 'gretə] *abbr. für* ***Margaret***.
Grims·by ['grımzbı] *Hafenstadt in Humberside (England).*
Gri·sons ['gri:zɔ̃:ŋ] Grau'bünden *n.*
Gros·ve·nor ['grəʊvnə] *Platz u. Straße in London.*
Gua·te·ma·la [ˌgwætı'mɑ:lə] Guate'mala *n.*
Guern·sey ['gɜ:nzı] *brit. Kanalinsel.*
Guin·ea ['gını] Gui'nea *n;* **Guin·ea-Bis·sau** [ˌgınıbı'saʊ] Guinea-Bis'sau *n.*
Guin·e·vere ['gwınıˌvıə] *Gemahlin des Königs Artus.*
Guin·ness ['gınıs, gı'nes] *Familienname.*
Gul·li·ver ['gʌlıvə] *Romanheld.*
Guy [gaı] Guido *m.*
Guy·ana [gaı'ænə] Gu'yana *n.*
Gwen [gwen] *abbr. für* ***Gwendolen***, ***Gwendoline***, ***Gwendolyn***.
Gwen·do·len, **Gwen·do·line**, **Gwen·do·lyn** ['gwendəlın] *f.*
Gwent [gwent] *walisische Grafschaft.*
Gwy·nedd ['gwınəð, -eð] *walisische Grafschaft.*

H

Hack·ney ['hæknı] *Stadtbezirk von Groß-London.*
Hague [heıg]: ***the ~*** Den Haag.
Hai·ti ['heıtı] Ha'iti *n.*
Hal [hæl] *abbr. für* ***Harold***, ***Henry***.
Hal·i·fax ['hælıfæks] *Hauptstadt von Neuschottland (Kanada); Stadt in West Yorkshire (England).*
Hal·ley ['hælı] *englischer Astronom.*
Ham·il·ton ['hæmltən] *Familienname; Stadt in der Provinz Ontario (Kanada).*
Ham·let ['hæmlıt] *Bühnenfigur bei Shakespeare.*
Ham·mer·smith ['hæməsmıθ] *Stadtbezirk von Groß-London.*
Hamp·shire ['hæmpʃə] *englische Grafschaft.*
Hamp·stead ['hæmpstıd] *Stadtteil von Groß-London.*
Han·o·ver ['hænəʊvə] Han'nover *n.*
Ha·ra·re [hə'rɑ:reı] *Hauptstadt von Zimbabwe.*
Har·dy ['hɑ:dı] *englischer Autor.*
Ha·rin·gey ['hærıŋgeı] *Stadtbezirk von Groß-London.*
Har·lem ['hɑ:ləm] *Stadtteil von New York.*
Har·old ['hærəld] Harald *m.*
Har·ri·et, **Har·ri·ot** ['hærıət] *f.*
Har·ris·burg ['hærısbɜ:g] *Hauptstadt von Pennsylvania (USA).*
Har·row ['hærəʊ] *Stadtbezirk Groß-Londons mit berühmter Public School.*
Har·ry ['hærı] *abbr. für* ***Harold***, ***Henry***.
Hart·ford ['hɑ:tfəd] *Hauptstadt von Connecticut (USA).*
Har·tle·pool ['hɑ:tlıpu:l] *Hafenstadt in Cleveland (England).*
Har·vard U·ni·ver·si·ty ['hɑ:vədˌju:nı'vɜ:sətı] *Universität in Cambridge, Massachusetts (USA).*
Har·vey ['hɑ:vı] *Vorname m; Familienname.*
Har·wich ['hærıdʒ] *Hafenstadt in Südost-England.*
Has·tings ['heıstıŋz] *Stadt in Südengland.*
Ha·van·a [hə'vænə] Ha'vanna *n.*
Ha·ver·ing ['heıvərıŋ] *Stadtbezirk von Groß-London.*
Ha·wai·i [hə'waıi:] *Staat der USA.*
Haw·thorne ['hɔ:θɔ:n] *amer. Schriftsteller.*
Ha·zel ['heızl] *f.*
Heath·row ['hi:θrəʊ] *Großflughafen von London.*
Heb·ri·des ['hebrıdi:z] *pl. die* He'briden *pl.*

Hel·en ['helɪn] He'lene *f.*
Hel·e·na ['helɪnə] *Hauptstadt von Montana (USA).*
Hel·i·go·land ['helɪgəʊlænd] Helgoland *n.*
Hel·sin·ki ['helsɪŋkɪ] Helsinki *n.*
Hem·ing·way ['hemɪŋweɪ] *amer. Autor.*
Hen·ley ['henlɪ] *Stadt an der Themse (Ruderregatta).*
Hen·ry ['henrɪ] Heinrich *m.*
Hep·burn ['hebɜːn; 'hepbɜːn] *amer. Filmschauspielerin.*
Her·bert ['hɜːbət] Herbert *m.*
Her·e·ford and Worces·ter [ˌherɪfədn'wʊstə] *englische Grafschaft;* **'Her·e·ford·shire** [-ʃə] *englische Grafschaft (bis 1974).*
Hert·ford(·shire) ['hɑːfəd(ʃə)] *englische Grafschaft.*
Hesse ['hesɪ] Hessen *n.*
High·land ['haɪlənd] *Verwaltungsregion in Schottland.*
Hil·a·ry ['hɪlərɪ] Hi'laria *f;* Hi'larius *m.*
Hil·da ['hɪldə] Hilda *f*, Hilde *f.*
Hil·ling·don ['hɪlɪŋdən] *Stadtbezirk von Groß-London.*
Hi·ma·la·ya [ˌhɪmə'leɪə] *der* Hi'malaja.
Hi·ro·shi·ma [hɪ'rɒʃɪmə] *Hafenstadt in Japan.*
Ho·bart ['həʊbɑːt] *Hauptstadt des australischen Bundesstaates Tasmanien.*
Ho·garth ['həʊgɑːθ] *englischer Maler.*
Hol·born ['həʊbən] *Stadtteil von London.*
Hol·land ['hɒlənd] Holland *n.*
Hol·ly·wood ['hɒlɪwʊd] *Filmstadt in Kalifornien (USA).*
Holmes [həʊmz] *Familienname.*
Ho·mer ['həʊmə] Ho'mer *m.*
Hon·du·ras [hɒn'djʊərəs] Hon'duras *n.*
Hong Kong [ˌhɒŋ'kɒŋ] Hongkong *n.*
Ho·no·lu·lu [ˌhɒnə'luːluː] *Hauptstadt von Hawaii (USA).*
Hor·ace ['hɒrəs] Ho'raz *m (römischer Dichter u. Satiriker); Vorname m.*
Houns·low ['haʊnzləʊ] *Stadtbezirk von Groß-London.*
Hous·ton ['hjuːstən; 'juːstən] *Stadt in Texas (USA).*
How·ard ['haʊəd] *m.*
Hu·bert ['hjuːbət] Hubert *m*, Hu'bertus *m.*
Hud·son ['hʌdsn] *Familienname; Fluß im Staat New York (USA).*
Hugh [hjuː] Hugo *m.*
Hughes [hjuːz] *Familienname.*
Hull [hʌl] *Hafenstadt in Humberside (England).*
Hum·ber ['hʌmbə] *Fluß in England;* **'Hum·ber·side** [-saɪd] *englische Grafschaft.*
Hume [hjuːm] *englischer Philosoph.*
Hum·phr(e)y ['hʌmfrɪ] *m.*
Hun·ga·ry ['hʌŋgərɪ] Ungarn *n.*
Hun·ting·don(·shire) ['hʌntɪŋdən(ʃə)] *englische Grafschaft (bis 1974).*
Hux·ley ['hʌkslɪ] *englischer Autor; englischer Biologe.*
Hyde Park [ˌhaɪd'pɑːk] *Park in London.*

I

I·an [ɪən; 'iːən] Jan *m.*
I·be·ri·an Pen·in·su·la [aɪˌbɪərɪənpɪ'nɪnsjʊlə] *die* I'berische Halbinsel.
Ice·land ['aɪslənd] Island *n.*
I·da ['aɪdə] Ida *f.*
I·da·ho ['aɪdəhəʊ] *Staat der USA.*
Il·ford ['ɪlfəd] *Stadtteil von Groß-London.*
Il·li·nois [ˌɪlɪ'nɔɪ] *Staat der USA; Fluß in USA.*
In·di·a ['ɪndjə] Indien *n.*
In·di·an·a [ˌɪndɪ'ænə] *Staat der USA.*
In·di·an·ap·o·lis [ˌɪndɪə'næpəlɪs] *Hauptstadt von Indiana (USA).*
In·do·ne·sia [ˌɪndəʊ'niːzjə] Indo'nesien *n.*
In·dus ['ɪndəs] Indus *m.*
In·ver·ness(·shire) [ˌɪnvə'nes(ʃə)] *schottische Grafschaft (bis 1975).*
I·o·wa ['aɪəʊə; 'aɪəwə] *Staat der USA.*
Ips·wich ['ɪpswɪtʃ] *Hauptstadt von Suffolk (England).*
I·ran [ɪ'rɑːn] I'ran *m.*
I·raq [ɪ'rɑːk] I'rak *m.*
Ire·land ['aɪələnd] Irland *n.*
I·rene [aɪ'riːnɪ; 'aɪriːn] I'rene *f.*
I·ris ['aɪərɪs] Iris *f.*
Ir·ving ['ɜːvɪŋ] *amer. Autor.*
I·saac ['aɪzək] Isaak *m.*
Is·a·bel ['ɪzəbəl] Isa'bella *f.*
Ish·er·wood ['ɪʃəwʊd] *englischer Schriftsteller u. Dramatiker.*
Is·lam·a·bad [ɪz'lɑːməbɑːd] *Hauptstadt von Pakistan.*
Isle of Man [ˌaɪləv'mæn] *Insel in der Irischen See, die unmittelbar der englischen Krone untersteht, aber nicht zum Vereinigten Königreich gehört.*
Isle of Wight [ˌaɪləv'waɪt] *englische Grafschaft, Insel im Ärmelkanal.*
I·sle·worth ['aɪzlwəθ] *Stadtteil von Groß-London.*
Is·ling·ton ['ɪzlɪŋtən] *Stadtbezirk von Groß-London.*
Is·o·bel ['ɪzəbel] Isa'bella *f.*
Is·ra·el ['ɪzreɪəl] Israel *n.*
Is·tan·bul [ˌɪstən'buːl] Istanbul *n.*
It·a·ly ['ɪtəlɪ] I'talien *n.*
I·van ['aɪvən] Iwan *m.*

I·vor ['aɪvə] *m.*
I·vo·ry Coast ['aɪvərɪkəʊst] *die* Elfenbeinküste.
I·vy ['aɪvɪ] *f.*

J

Jack [dʒæk] Hans *m.*
Jack·ie ['dʒækɪ] *abbr. für* **Jacqueline**.
Jack·son ['dʒæksn] *Hauptstadt von Mississippi (USA).*
Jack·son·ville ['dʒæksnvɪl] *Hafenstadt in Florida (USA).*
Ja·cob ['dʒeɪkəb] Jakob *m.*
Jac·que·line ['dʒækli:n] *f.*
Jaf·fa ['dʒæfə] *Hafenstadt in Israel.*
Ja·mai·ca [dʒə'meɪkə] Ja'maika *n.*
James [dʒeɪmz] Jakob *m.*
Jane [dʒeɪn] Jo'hanna *f.*
Jan·et ['dʒænɪt] Jo'hanna *f.*
Jan·ice ['dʒænɪs] *f.*
Ja·pan [dʒə'pæn] Japan *n.*
Ja·son ['dʒeɪsn] *m.*
Jas·per ['dʒæspə] Kaspar *m.*
Ja·va ['dʒɑːvə] Java *n.*
Jean [dʒi:n] Jo'hanna *f.*
Jeff [dʒef] *abbr. für* **Jeffrey**.
Jef·fer·son ['dʒefəsn] *3. Präsident der USA.*
Jef·fer·son Cit·y [ˌdʒefəsn'sɪtɪ] *Hauptstadt von Missouri (USA).*
Jef·frey ['dʒefrɪ] Gottfried *m.*
Je·ho·vah [dʒɪ'həʊvə] Je'hova *m.*
Jen·ni·fer ['dʒenɪfə] *f.*
Jen·ny ['dʒenɪ; 'dʒɪnɪ] *Koseform für* **Jane**.
Jer·e·my ['dʒerɪmɪ] Jere'mias *m.*
Je·rome [dʒə'rəʊm] Hie'ronymus *m.*
Jer·ry ['dʒerɪ] *abbr. für* **Jeremy**, **Jerome**, **Gerald**, **Gerard**.
Jer·sey ['dʒɜ:sɪ] *brit. Kanalinsel.*
Je·ru·sa·lem [dʒə'ru:sələm] Je'rusalem *n.*
Jes·si·ca ['dʒesɪkə] *f.*
Je·sus ['dʒi:zəs] Jesus *m.*
Jill [dʒɪl] *abbr. für* **Gillian**.
Jim(·my) ['dʒɪm(ɪ)] *abbr. für* **James**.
Jo [dʒəʊ] *abbr. für* **Joanna**, **Joseph**, **Josephine**.
Joan [dʒəʊn], **Jo·an·na** [dʒəʊ'ænə] Jo'hanna *f.*
Job [dʒəʊb] Hiob *m.*
Joc·e·lin(e), **Joc·e·lyn** ['dʒɒslɪn] *f.*
Joe [dʒəʊ] *abbr. für* **Joseph**, **Josephine**.
Jo·han·nes·burg [dʒəʊ'hænɪsbɜ:g] *Stadt in Südafrika.*
John [dʒɒn] Jo'hannes *m*, Johann *m.*
John·ny ['dʒɒnɪ] Häns-chen *n.*
John o' Groats [ˌdʒɒnə'grəʊts] *Dorf an der Nordostspitze des schottischen Festlandes. Gilt volkstümlich als nördlichster Punkt des festländischen Großbritannien.*
John·son ['dʒɒnsn] *36. Präsident der USA; englischer Lexikograph.*
Jon·a·than ['dʒɒnəθən] Jonathan *m.*
Jon·son ['dʒɒnsn] *englischer Dichter.*
Jor·dan ['dʒɔ:dn] Jor'danien *n.*
Jo·seph ['dʒəʊzɪf] Joseph *m.*
Jo·se·phine ['dʒəʊzɪfi:n] Jose'phine *f.*
Josh·u·a ['dʒɒʃwə] Josua *m.*
Joule [dʒu:l] *englischer Physiker.*
Joy [dʒɔɪ] *f.*
Joyce [dʒɔɪs] *irischer Autor; Vorname f.*
Ju·dith ['dʒu:dɪθ] Judith *f.*
Ju·dy ['dʒu:dɪ] *abbr. für* **Judith**.
Jul·ia ['dʒu:ljə] Julia *f.*
Jul·ian ['dʒu:ljən] Juli'an(us) *m.*
Ju·li·et ['dʒu:ljət; -ljet] Julia *f*, Juli'ette *f.*
Jul·ius ['dʒu:ljəs] Julius *m.*
June [dʒu:n] *f.*
Ju·neau ['dʒu:nəʊ] *Hauptstadt von Alaska (USA).*
Jus·tin ['dʒʌstɪn] Ju'stin(us) *m.*

K

Kam·pu·che·a [ˌkæmpʊ'tʃɪə] Kam'bodscha *n.*
Kan·sas ['kænzəs] *Staat der USA; Fluß in USA.*
Kan·sas Cit·y [ˌkænzəs'sɪtɪ] *Stadt in Missouri (USA); Stadt in Kansas (USA).*
Ka·ra·chi [kə'rɑ:tʃɪ] Ka'ratschi *n.*
Kar·en ['kɑ:rən; 'kærən] Karin *f.*
Kash·mir [ˌkæʃ'mɪə] Kaschmir *n.*
Ka·tar [kæ'tɑ:] Katar *n (Scheichtum am Persischen Golf).*
Kate [keɪt] Käthe *f.*
Kath·a·rine, **Kath·er·ine** ['kæθərɪn] Katha'rina *f*, Kat(h)rin *f.*
Kath·leen ['kæθli:n] *f.*
Kath·y ['kæθɪ] *abbr. für* **Katharine**, **Katherine**.
Kay [keɪ] Kai *m, f*, Kay *m, f.*
Keats [ki:ts] *englischer Dichter.*
Kee·wa·tin [ki:'wɒtɪn; *Am.* ki:'weɪtn] *Verwaltungsbezirk der Northwest Territories (Kanada).*
Keith [ki:θ] *m.*
Kel·vin ['kelvɪn] *brit. Mathematiker u. Physiker.*
Ken [ken] *abbr. für* **Kenneth**.
Ken·ne·dy ['kenɪdɪ] *35. Präsident der USA;* **~ International Airport** *Großflughafen von New York (USA).*
Ken·neth ['kenɪθ] *m.*

Ken·sing·ton [ˈkenzɪŋtən] *Stadtteil von London.*

Ken·sing·ton and Chel·sea [ˌkenzɪŋtənənˈtʃelsɪ] *Stadtbezirk von Groß-London.*

Kent [kent] *englische Grafschaft.*

Ken·tuck·y [kenˈtʌkɪ] *Staat der USA; Fluß in USA.*

Ken·ya [ˈkenjə] Kenia *n.*

Ker·ry [ˈkerɪ] *Grafschaft in der Provinz Munster (Irland).*

Kev·in [ˈkevɪn] *m.*

Kew [kjuː] *Stadtteil von Groß-London. Botanischer Garten.*

Keynes [keɪns] *englischer Wirtschaftswissenschaftler.*

Kil·dare [kɪlˈdeə] *Grafschaft in der Provinz Leinster (Irland).*

Kil·ken·ny [kɪlˈkenɪ] *Grafschaft in der Provinz Leinster (Irland); Hauptstadt dieser Grafschaft.*

Kin·car·dine(·shire) [kɪnˈkɑːdɪn(ʃə)] *schottische Grafschaft (bis 1975).*

Kings·ton up·on Hull [ˌkɪŋstənəpɒnˈhʌl] *offizielle Bezeichnung für* ***Hull***.

Kings·ton up·on Thames [ˌkɪŋstənəpɒnˈtemz] *Stadtbezirk von Groß-London; Hauptstadt von Surrey (England).*

Kin·ross(·shire) [kɪnˈrɒs(ʃə)] *schottische Grafschaft (bis 1975).*

Kirk·cud·bright(·shire) [kɜːˈkuːbrɪ(ʃə)] *schottische Grafschaft (bis 1975).*

Kit(·ty) [ˈkɪt(tɪ)] *abbr. für* ***Catherine, Katherine***.

Klon·dyke [ˈklɒndaɪk] *Fluß in Kanada; Landschaft in Kanada.*

Knox [nɒks] *schottischer Reformator.*

Knox·ville [ˈnɒksvɪl] *Stadt in Tennessee (USA).*

Ko·re·a [kəˈrɪə] Koˈrea *n*; ***Democratic People's Republic of ~*** *die* Demoˈkratische ˈVolksrepuˌblik Koˈrea; ***Republic of ~*** *die* Repuˈblik Koˈrea.

Kos·ci·us·ko [ˌkɒsɪˈʌskəʊ]: ***Mount ~*** *höchster Berg Australiens, im Bundesstaat New South Wales.*

Krem·lin [ˈkremlɪn] *der* Kreml.

Ku·wait [kʊˈweɪt] Kuˈwait *n.*

L

Lab·ra·dor [ˈlæbrədɔː] *Provinz in Kanada.*

La Guar·dia [ləˈgwɑːdɪə; ləˈgɑːdɪə] *ehemaliger Bürgermeister von New York;* ***~ Airport*** *Flughafen in New York.*

Laing [læŋ; leɪŋ] *Familienname.*

Lake Hu·ron [ˌleɪkˈhjʊərən] der Huronsee (*in Nordamerika*).

Lake Su·pe·ri·or [ˌleɪksuːˈpɪərɪə] der Obere See (*in Nordamerika*).

Lam·beth [ˈlæmbəθ] *Stadtbezirk von Groß-London;* ***~ Palace*** *Londoner Residenz des Erzbischofs von Canterbury.*

Lan·ark(·shire) [ˈlænək(ʃə)] *schottische Grafschaft (bis 1975).*

Lan·ca·shire [ˈlæŋkəʃə] *englische Grafschaft.*

Lan·cas·ter [ˈlæŋkəstə] *Stadt in Nordwest-England; Stadt in USA.*

Land's End [ˌlændzˈend] *westlichster Punkt Englands, in Cornwall.*

La·nier [ləˈnɪə] *amer. Dichter.*

Lan·sing [ˈlænsɪŋ] *Hauptstadt von Michigan (USA).*

Laoigh·is [liːʃ; ˈleɪɪʃ] *siehe* ***Leix***.

La·os [ˈlɑːɒs; laʊs] Laos *n.*

Lar·ry [ˈlærɪ] *abbr. für* ***Laurence, Lawrence***.

La·tham [ˈleɪθəm; ˈleɪðəm] *Familienname.*

Lat·in A·mer·i·ca [ˌlætɪnəˈmerɪkə] LaˈteinaˌmerikA *n.*

Lat·via [ˈlætvɪə] Lettland *n.*

Laugh·ton [ˈlɔːtn] *Familienname.*

Lau·ra [ˈlɔːrə] Laura *f.*

Lau·rence [ˈlɒrəns] Lorenz *m.*

Law·rence [ˈlɒrəns] Lorenz *m*; *Familienname.*

Lear [lɪə] *Bühnenfigur bei Shakespeare.*

Leb·a·non [ˈlebənən] *der* Libanon.

Leeds [liːdz] *Industriestadt in Ostengland.*

Le·fe·vre [ləˈfiːvə; ləˈfeɪvə] *Familienname.*

Legge [leg] *Familienname.*

Leices·ter [ˈlestə] *Hauptstadt der englischen Grafschaft* **ˈLeices·ter·shire** [-ʃə].

Leigh [liː] *Familienname; Vorname m.*

Lein·ster [ˈlenstə] *Provinz in Irland.*

Lei·trim [ˈliːtrɪm] *Grafschaft in der Provinz Connaught (Irland).*

Leix [liːʃ] *Grafschaft in der Provinz Leinster (Irland).*

Le·o [ˈliːəʊ] Leo *m.*

Leon·ard [ˈlenəd] Leonhard *m.*

Les·ley [ˈlezlɪ; *Am.* ˈleslɪ] *f.*

Les·lie [ˈlezlɪ; *Am.* ˈleslɪ] *m.*

Le·so·tho [ləˈsuːtuː; ləˈsəʊtəʊ] Leˈsotho *n.*

Lew·is [ˈluːɪs] Ludwig *m*; *amer. Autor.*

Lew·i·sham [ˈluːɪʃəm] *Stadtbezirk von Groß-London.*

Lex·ing·ton [ˈleksɪŋtən] *Stadt in Massachusetts (USA).*

Li·be·ria [laɪˈbɪərɪə] Liˈberia *n.*

Lib·y·a [ˈlɪbɪə] Libyen *n.*

Liech·ten·stein [ˈlɪktənstaɪn] Liechtenstein *n.*

Lil·i·an ['lɪlɪən] *f.*
Lil·y ['lɪlɪ] Lilli *f*, Lili *f*, Lilly *f*, Lily *f*.
Lim·er·ick ['lɪmərɪk] *Grafschaft in der Provinz Munster (Irland); Hauptstadt dieser Grafschaft.*
Lin·coln ['lɪŋkən] *16. Präsident der USA; Hauptstadt von Nebraska (USA); Stadt in der englischen Grafschaft* **'Lin·coln·shire** [-ʃə].
Lin·da ['lɪndə] Linda *f*.
Lind·bergh ['lɪndbɜːg] *amer. Flieger.*
Li·o·nel ['laɪənl] *m.*
Li·sa ['liːzə; 'laɪzə] Lisa *f*.
Lis·bon ['lɪzbən] Lissabon *n*.
Lith·u·a·nia [ˌlɪθjuː'eɪnjə] Litauen *n*.
Lit·tle Rock ['lɪtlrɒk] *Hauptstadt von Arkansas (USA).*
Liv·er·pool ['lɪvəpuːl] *Hafenstadt in Nordwest-England; Verwaltungszentrum von* **Merseyside**.
Live·sey ['lɪvsɪ; -zɪ] *Familienname.*
Liv·ing·stone ['lɪvɪŋstən] *englischer Afrikaforscher.*
Li·vo·nia [lɪ'vəʊnjə] Livland *n*.
Liv·y ['lɪvɪ] Livius *m*.
Liz [lɪz] *abbr. für* **Elizabeth**.
Li·za ['laɪzə] Lisa *f*.
Lloyd [lɔɪd] *Familienname; Vorname m.*
Loch Lo·mond [ˌlɒk'ləʊmənd], **Loch Ness** [ˌlɒk'nes] *Seen in Schottland.*
Locke [lɒk] *englischer Philosoph.*
Lo·is ['ləʊɪs] *f.*
Lom·bar·dy ['lɒmbədɪ] die Lombar'dei.
Lon·don ['lʌndən] London *n*; **City of ~** *London im engeren Sinn. Zentraler Stadtbezirk von Groß-London u. eines der größten Finanzzentren der Welt.*
Lon·don·der·ry [ˌlʌndən'derɪ] *nordirische Grafschaft.*
Long·ford ['lɒŋfəd] *Grafschaft in der Provinz Leinster (Irland).*
Lor·na ['lɔːnə] *f.*
Lor·raine [lɒ'reɪn] Lothringen *n*.
Los Al·a·mos [ˌlɒs'æləmɒs] *Stadt in New Mexico (USA); Atomforschungszentrum.*
Los An·ge·les [lɒs'ændʒɪliːz] *Stadt in Kalifornien (USA).*
Lo·thi·an ['ləʊðjən] *Verwaltungsregion in Schottland.*
Lou [luː] *abbr. für* **Louis**, **Louisa**, **Louise**.
Lou·is ['luːɪ; 'lʊɪ; *bsd. Am.* 'luːɪs] Ludwig *m*.
Lou·i·sa [luː'iːzə] Lu'ise *f*.
Lou·ise [luː'iːz] Lu'ise *f*.
Lou·i·si·a·na [luːˌiːzɪ'ænə] *Staat der USA.*
Lou·is·ville ['luːɪvɪl] *Stadt in Kentucky (USA).*
Louth [laʊð] *Grafschaft in der Provinz Leinster (Irland).*
Lowes [ləʊz] *Familienname.*
Lowes·toft ['ləʊstɒft] *Hafenstadt in Suffolk (England).*
Low·ry ['laʊərɪ; 'laʊrɪ] *Familienname.*
Lu·cia ['luːsjə] Lucia *f*, Luzia *f*.
Lu·cius ['luːsjəs] *m.*
Lu·cy ['luːsɪ] *abbr. für* **Lucia**.
Lud·gate ['lʌdgɪt; -geɪt] *Familienname.*
Luke [luːk] Lukas *m*.
Lux·em·bourg ['lʌksəmbɜːg] Luxemburg *n*.
Lyd·i·a ['lɪdɪə] Lydia *f*.
Lynn [lɪn] *f.*
Ly·ons ['laɪənz] Lyon *n*; *Familienname.*

M

Mab [mæb] *Feenkönigin.*
Ma·bel ['meɪbl] *f.*
Ma·cau·lay [mə'kɔːlɪ] *englischer Historiker.*
Mac·beth [mək'beθ] *Bühnenfigur bei Shakespeare.*
Mac·Car·thy [mə'kɑːθɪ] *Familienname.*
Mac·Gee [mə'giː] *Familienname.*
Mac·ken·zie [mə'kenzɪ] *Strom in Nordwestkanada; Verwaltungsbezirk der Northwest Territories (Kanada).*
Mac·Leish [mə'kliːʃ] *amer. Dichter.*
Mac·leod [mə'klaʊd] *Familienname.*
Mad·a·gas·car [ˌmædə'gæskə] Mada'gaskar *n*.
Mad·e·leine ['mædlɪn; -leɪn] Magda'lena *f*, Magda'lene *f*.
Ma·dei·ra [mə'dɪərə] Ma'deira *n*.
Madge [mædʒ] *abbr. für* **Margaret**.
Mad·i·son ['mædɪsn] *4. Präsident der USA; Hauptstadt von Wisconsin (USA).*
Ma·dras [mə'drɑːs] Madras *n*.
Mag·da·len ['mægdəlɪn] Magda'lena *f*, Magda'lene *f*; **~ College** ['mɔːdlɪn] *College in Oxford.*
Mag·da·lene ['mægdəlɪn] Magda'lena *f*, Magda'lene *f*; **~ College** ['mɔːdlɪn] *College in Cambridge.*
Mag·gie ['mægɪ] *abbr. für* **Margaret**.
Ma·ho·met [mə'hɒmɪt] Mohammed *m*.
Maine [meɪn] *Staat der USA.*
Ma·jor·ca [mə'dʒɔːkə] Mal'lorca *n* (*Baleareninsel*).
Ma·la·wi [mə'lɑːwɪ] Ma'lawi *n*.
Ma·lay·sia [mə'leɪzɪə] Ma'laysia *n*.
Mal·colm ['mælkəm] *m.*
Mal·dives ['mɔːldɪvz] *pl. die* Male'diven *pl.*
Ma·li ['mɑːlɪ] Mali *n*.

Mal·ta ['mɔːltə] Malta *n.*

Ma·mie ['meɪmɪ] *abbr. für* ***Mary, Margaret.***

Man·ches·ter ['mæntʃɪstə] *Industriestadt in Nordwest-England. Verwaltungszentrum von* ***Greater Manchester.***

Man·chu·ri·a [mæn'tʃʊərɪə] die Mandschu'rei.

Man·dy ['mændɪ] *abbr. für* ***Amanda.***

Man·hat·tan [mæn'hætn] *Stadtbezirk von New York (USA).*

Man·i·to·ba [ˌmænɪ'təʊbə] *Provinz in Kanada.*

Mar·ga·ret ['mɑːgərɪt] Marga'reta *f*, Marga'rete *f.*

Mar·ge·ry ['mɑːdʒərɪ] *siehe* ***Margaret.***

Mar·gie ['mɑːdʒɪ] *abbr. für* ***Margaret.***

Ma·ri·a [mə'raɪə; mə'rɪə] Ma'ria *f.*

Mar·i·an ['meərɪən; 'mærɪən] Mari'anne *f.*

Ma·rie ['mɑːrɪ; mə'riː] Ma'rie *f.*

Mar·i·lyn ['mærɪlɪn] *f.*

Mar·i·on ['mærɪən; 'meərɪən] Marion *f.*

Mar·jo·rie, Mar·jo·ry ['mɑːdʒərɪ] *f.*

Mar·lowe ['mɑːləʊ] *englischer Dichter.*

Mar·tha ['mɑːθə] Mart(h)a *f.*

Mar·tin ['mɑːtɪn; *Am.* 'mɑːrtn] Martin *m.*

Mar·y ['meərɪ] Ma'ria *f*, Ma'rie *f.*

Mar·y·land ['meərɪlænd; *bsd. Am.* 'merɪlənd] *Staat der USA.*

Mar·y·le·bone ['mærələbən] *Stadtteil von London.*

Mas·sa·chu·setts [ˌmæsə'tʃuːsɪts] *Staat der USA.*

Ma(t)·thew ['mæθjuː] Mat'thäus *m.*

Maud [mɔːd] *abbr. für* ***Magdalen(e).***

Maugham [mɔːm] *englischer Autor.*

Mau·reen ['mɔːriːn; *bsd. Am.* mɔː'riːn] *f.*

Mau·rice ['mɒrɪs] Moritz *m.*

Mau·ri·ta·nia [ˌmɒrɪ'teɪnjə] Maure'tanien *n.*

Mau·ri·ti·us [mə'rɪʃəs] Mau'ritius *n.*

Ma·vis ['meɪvɪs] *f.*

Max [mæks] Max *m.*

Max·ine ['mæksiːn; *bsd. Am.* mæk'siːn] *f.*

May [meɪ] *abbr. für* ***Mary.***

May·o ['meɪəʊ] *Name zweier amer. Chirurgen; Grafschaft in der Provinz Connaught (Irland).*

Mc·Cart·ney [mə'kɑːtnɪ] *englischer Musiker u. Komponist. Mitglied der „Beatles".*

Meath [miːð; miːθ] *Grafschaft in der Provinz Leinster (Irland).*

Med·i·ter·ra·ne·an (Sea) [ˌmedɪtə'reɪnjən('siː)] *das* Mittelmeer.

Meg [meg] *abbr. für* ***Margaret.***

Mel·bourne ['melbən] *Stadt in Australien.*

Mel·ville ['melvɪl] *amer. Autor.*

Mem·phis ['memfɪs] *Stadt in Tennessee (USA); antike Ruinenstadt am Nil, Nordägypten.*

Mer·i·on·eth(·shire) [ˌmerɪ'ɒnɪθ(ʃə)] *walisische Grafschaft (bis 1974).*

Mer·sey·side ['mɜːzɪsaɪd] *Stadtgrafschaft in Nordwest-England.*

Mer·ton ['mɜːtn] *Stadtbezirk von Groß-London.*

Me·thu·en ['meθjʊɪn] *Familienname.*

Mex·i·co ['meksɪkəʊ] Mexiko *n.*

Mi·am·i [maɪ'æmɪ] *Badeort in Florida (USA).*

Mi·chael ['maɪkl] Michael *m.*

Mi·chelle [miː'ʃel; mɪ'ʃel] Mi'chèle *f*, Mi'chelle *f.*

Mich·i·gan ['mɪʃɪgən] *Staat der USA;* ***Lake ~*** der Michigansee *(in Nordamerika).*

Mick [mɪk] *abbr. für* ***Michael.***

Mid·dles·brough ['mɪdlzbrə] *Hauptstadt von Cleveland (England).*

Mid·dle·sex ['mɪdlseks] *englische Grafschaft (bis 1974).*

Mid Gla·mor·gan [ˌmɪdglə'mɔːgən] *walisische Grafschaft.*

Mid·lands ['mɪdləndz] *pl. die* Midlands *pl. (die zentral gelegenen Grafschaften Mittelenglands: Warwickshire, Northamptonshire, Leicestershire, Nottinghamshire, Derbyshire, Staffordshire, West Midlands u. der Ostteil von Hereford and Worcester).*

Mid·lo·thi·an [mɪd'ləʊðjən] *schottische Grafschaft (bis 1975).*

Mid·west [ˌmɪd'west] *der* Mittlere Westen *(USA).*

Mi·ers ['maɪəz] *Familienname.*

Mike [maɪk] *abbr. für* ***Michael.***

Mi·lan [mɪ'læn] Mailand *n.*

Mil·dred ['mɪldrɪd] Miltraud *f*, Miltrud *f.*

Miles [maɪlz] *m.*

Mil·li·cent ['mɪlɪsnt] *f.*

Mil·lie, Mil·ly ['mɪlɪ] *abbr. für* ***Amelia, Emily, Mildred, Millicent.***

Mil·ton ['mɪltən] *englischer Dichter.*

Mil·wau·kee [mɪl'wɔːkiː] *Industriestadt in Wisconsin (USA).*

Min·ne·ap·o·lis [ˌmɪnɪ'æpəlɪs] *Stadt in Minnesota (USA).*

Min·ne·so·ta [ˌmɪnɪ'səʊtə] *Staat der USA.*

Mi·ran·da [mɪ'rændə] Mi'randa *f.*

Mir·i·am ['mɪrɪəm] *f.*

Mis·sis·sip·pi [ˌmɪsɪ'sɪpɪ] *Staat der USA; Fluß in USA.*

Mis·sou·ri [mɪ'zʊərɪ] *Staat der USA; Fluß in USA.*
Mitch·ell ['mɪtʃl] *Familienname; Vorname m.*
Moi·ra ['mɔɪərə] *f.*
Moll [mɒl], **Mol·ly** ['mɒlɪ] *Koseformen für* ***Mary.***
Mo·na·co ['mɒnəkəʊ] Mo'naco *n.*
Mon·a·ghan ['mɒnəhən] *Grafschaft im der Republik Irland zugehörigen Teil der Provinz Ulster.*
Mon·go·lia [mɒŋ'gəʊljə] die Mongo'lei.
Mon·go·li·an Peo·ple's Re·pub·lic [mɒŋ'gəʊljən,pi:plzrɪ'pʌblɪk] *die* Mon'golische 'Volksrepu,blik.
Mon·i·ca ['mɒnɪkə] Monika *f.*
Mon·mouth(·shire) ['mɒnməθ(ʃə)] *walisische Grafschaft (bis 1974).*
Mon·roe [mən'rəʊ] *5. Präsident der USA; amer. Filmschauspielerin.*
Mon·tan·a [mɒn'tænə] *Staat der USA.*
Mont·gom·er·y [mənt'gʌmərɪ] *brit. Feldmarschall; Hauptstadt von Alabama (USA); a.* **Mont'gom·er·y·shire** [-ʃə] *walisische Grafschaft (bis 1974).*
Mont·pe·lier [mɒnt'pi:ljə] *Hauptstadt von Vermont (USA).*
Mont·re·al [,mɒntrɪ'ɔ:l] *Stadt in Kanada.*
Mo·ra·vi·a [mə'reɪvjə] Mähren *n.*
Mor·ay(·shire) ['mʌrɪ(ʃə)] *schottische Grafschaft (bis 1975).*
More [mɔ:]: ***Thomas ~*** Thomas Morus.
Mo·roc·co [mə'rɒkəʊ] Ma'rokko *n.*
Mos·cow ['mɒskəʊ] Moskau *n.*
Mo·selle [məʊ'zel] Mosel *f.*
Mount Ev·er·est [,maʊnt'evərɪst] *höchster Berg der Erde.*
Mount Mc·Kin·ley [,maʊntmə'kɪnlɪ] *höchster Berg der USA, in Alaska.*
Mo·zam·bique [məʊzəm'bi:k] Moçam'bique *n.*
Mu·nich ['mju:nɪk] München *n.*
Mun·ster ['mʌnstə] *Provinz in Irland.*
Mu·ri·el ['mjʊərɪəl] *f.*
Mur·ray ['mʌrɪ] *Familienname; Fluß in Australien.*
My·ra ['maɪərə] *f.*

N

Nab·o·kov [nə'bəʊkɒf] *amer. Schriftsteller russischer Herkunft.*
Nairn(·shire) ['neən(ʃə)] *schottische Grafschaft (bis 1975).*
Na·mib·ia [nə'mɪbɪə] Na'mibia *n.*
Nan·cy ['nænsɪ] *f.*
Nan·ga Par·bat [,nʌŋgə'pɑ:bət] *Berg im Himalaya.*
Na·o·mi ['neɪəmɪ] *f.*
Na·ples ['neɪplz] Ne'apel *n.*
Na·po·le·on [nə'pəʊljən] Na'poleon *m.*
Nash·ville ['næʃvɪl] *Hauptstadt von Tennessee (USA).*
Na·tal [nə'tæl] Natal *n.*
Nat·a·lie ['nætəlɪ] Na'talia *f*, Na'talie *f.*
Na·than·iel [nə'θænjəl] Na't(h)anael *m.*
Na·u·ru [nɑ:'u:ru:] Na'uru *n.*
Naz·a·reth ['næzərɪθ] Nazareth *n.*
Neal [ni:l] *m.*
Ne·bras·ka [nɪ'bræskə] *Staat der USA.*
Ned [ned] *abbr. für* ***Edmund, Edward.***
Neil(l) [ni:l] *Vorname m; Familienname.*
Nell, Nel·ly ['nel(ɪ)] *abbr. für* ***Eleanor, Ellen, Helen.***
Nel·son ['nelsn] *brit. Admiral.*
Ne·pal [nɪ'pɔ:l] Nepal *n.*
Neth·er·lands ['neðələndz] *pl. die* Niederlande *pl.*
Ne·va·da [ne'vɑ:də] *Staat der USA.*
Nev·il, Nev·ille ['nevɪl] *m.*
New·ark ['nju:ək; *Am.* 'nu:ərk] *Stadt in New Jersey (USA).*
New Bruns·wick [,nju:'brʌnzwɪk] *Provinz in Kanada.*
New·bury ['nju:bərɪ] *Stadt in Berkshire (England).*
New·cas·tle ['nju:,kɑ:sl] *siehe* ***Newcastle-upon-Tyne****; Stadt in New South Wales (Australien).*
New·cas·tle-up·on-Tyne ['nju:,kɑ:slə,pɒn'taɪn] *Hauptstadt von Tyne and Wear (England).*
New Del·hi [,nju:'delɪ] *Hauptstadt von Indien.*
New Eng·land [,nju:'ɪŋglənd] Neu'England *n (USA).*
New·found·land ['nju:fəndlənd] Neu'fundland *n (Provinz in Kanada).*
New Guin·ea [,nju:'gɪnɪ] Neugui'nea *n.*
New·ham ['nju:əm] *Stadtbezirk von Groß-London.*
New Hamp·shire [,nju:'hæmpʃə] *Staat der USA.*
New Jer·sey [,nju:'dʒɜ:zɪ] *Staat der USA.*
New Mex·i·co [,nju:'meksɪkəʊ] *Staat der USA.*
New Or·le·ans [,nju:'ɔ:lɪənz] *Hafenstadt in Louisiana (USA).*
New South Wales [,nju:saʊθ'weɪlz] Neusüd'wales *n (Bundesstaat Australiens).*
New·ton ['nju:tn] *englischer Physiker.*
New York [,nju:'jɔ:k; *Am.* ,nu:'jɔ:k] *Staat der USA; größte Stadt der USA.*
New Zea·land [,nju:'zi:lənd] Neu'seeland *n.*
Ni·ag·a·ra [naɪ'ægərə] Nia'gara *m.*
Nic·a·ra·gua [,nɪkə'rægjʊə] Nica'ragua *n.*

Nich·o·las ['nɪkələs] Nikolaus *m*.
Nick [nɪk] *abbr. für* ***Nicholas***.
Ni·gel ['naɪdʒəl] *m*.
Ni·ger ['naɪdʒə] Niger *m* (*Fluß in Westafrika*); [niː'ʒeə] Niger *n* (*Republik in Westafrika*).
Ni·ge·ri·a [naɪ'dʒɪərɪə] Ni'geria *n*.
Nile [naɪl] Nil *m*.
Nix·on ['nɪksən] *37. Präsident der USA*.
No·bel [nəʊ'bel] *schwedischer Industrieller, Stifter des Nobelpreises*.
No·el ['nəʊəl] *m*.
No·ra ['nɔːrə] Nora *f*.
Nor·folk ['nɔːfək] *englische Grafschaft; Hafenstadt in Virginia* (*USA*) *u. Hauptstützpunkt der US-Atlantikflotte*.
Nor·man ['nɔːmən] *m*.
Nor·man·dy ['nɔːməndɪ] die Norman'die.
North·amp·ton [nɔː'θæmptən] *Stadt in Mittelengland; a.* **North'amp·ton·shire** [-ʃə] *englische Grafschaft*.
North Cape ['nɔːθkeɪp] *das* Nordkap.
North Car·o·li·na [ˌnɔːθkærə'laɪnə] *Staat der USA*.
North Da·ko·ta [ˌnɔːθdə'kəʊtə] *Staat der USA*.
North·ern Ire·land [ˌnɔːðn'aɪələnd] Nord'irland *n*.
North·ern Ter·ri·to·ry [ˌnɔːðn'terɪtərɪ] 'Nordterriˌtorium *n* (*Australien*).
North Sea [ˌnɔːθ'siː] *die* Nordsee.
North·um·ber·land [nɔː'θʌmbələnd] *englische Grafschaft*.
North·west Ter·ri·tor·ies [ˌnɔːθ'west'terɪtərɪz] Nord'westterriˌtorien *pl.* (*Kanada*).
North York·shire [ˌnɔːθ'jɔːkʃə] *englische Grafschaft*.
Nor·way ['nɔːweɪ] Norwegen *n*.
Nor·wich ['nɒrɪdʒ] *Stadt in Ostengland*.
Not·ting·ham ['nɒtɪŋəm] *Industriestadt in Mittelengland; a.* **'Not·ting·ham·shire** [-ʃə] *englische Grafschaft*.
No·va Sco·tia [ˌnəʊvə'skəʊʃə] Neu'schottland *n* (*Provinz in Kanada*).
Nu·rem·berg ['njʊərəmbɜːg] Nürnberg *n*.

O

Oak·land ['əʊklənd] *Hafenstadt in Kalifornien* (*USA*).
O'Ca·sey [əʊ'keɪsɪ] *irischer Dramatiker*.
O'Con·nor [əʊ'kɒnə] *Familienname*.
O·ce·an·i·a [ˌəʊʃɪ'eɪnjə] Oze'anien *n*.
O·dets [əʊ'dets] *amer. Dramatiker*.
Of·fa·ly ['ɒfəlɪ] *Grafschaft in der Provinz Leinster* (*Irland*).
O'Fla·her·ty [əʊ'fleətɪ; əʊ'flæhətɪ] *irischer Romanschriftsteller*.
O'Har·a [əʊ'hɑːrə; *Am.* əʊ'hærə] *Familienname*.
O·hi·o [əʊ'haɪəʊ] *Staat der USA; Fluß in den USA*.
O·kla·ho·ma [ˌəʊklə'həʊmə] *Staat der USA;* ~ **Cit·y** *Hauptstadt von Oklahoma* (*USA*).
O'Lear·y [əʊ'lɪərɪ] *Familienname*.
Ol·ive ['ɒlɪv] O'livia *f*.
Ol·i·ver ['ɒlɪvə] Oliver *m*.
O·liv·i·a [ɒ'lɪvɪə] *f*.
O·liv·i·er [ə'lɪvɪeɪ]: ***Sir Laurence*** ~ *berühmter englischer Schauspieler*.
O·lym·pia [əʊ'lɪmpɪə] *Hauptstadt von Washington* (*USA*).
O·ma·ha ['əʊməhɑː; *Am. a.* -hɔː] *Stadt in Nebraska* (*USA*).
O·man [əʊ'mɑːn] O'man *n*.
O'Neill [əʊ'niːl] *amer. Dramatiker*.
On·ta·ri·o [ɒn'teərɪəʊ] *Provinz in Kanada;* ***Lake*** ~ der Ontariosee (*in Nordamerika*).
Or·ange ['ɒrɪndʒ] O'ranien *n* (*Herrscherfamilie*); O'ranje *m* (*Fluß in Südafrika*).
Or·e·gon ['ɒrɪgən] *Staat der USA*.
Ork·ney ['ɔːknɪ] *insulare Verwaltungsregion Schottlands* (*bis 1975 schottische Grafschaft*); ~ **Is·lands** [ˌɔːknɪ'aɪləndz] *pl. die* Orkneyinseln *pl.*
Or·well ['ɔːwəl] *englischer Autor*.
Os·borne ['ɒzbən] *englischer Dramatiker*.
Os·car ['ɒskə] Oskar *m*.
O'Shea [əʊ'ʃeɪ] *Familienname*.
Ost·end [ɒ'stend] Ost'ende *n*.
O'Sul·li·van [əʊ'sʌlɪvən] *Familienname*.
Os·wald ['ɒzwəld] Oswald *m*.
Ot·ta·wa ['ɒtəwə] *Hauptstadt von Kanada*.
Ouach·i·ta ['wɒʃɪtɔː] *Fluß in Arkansas u. Louisiana* (*USA*).
Oug·ham ['əʊkəm] *Familienname*.
Ouse [uːz] *englischer Flußname*.
Ow·en ['əʊɪn] *Familienname*.
Ow·ens ['əʊɪnz] *amer. Leichtathlet*.
Ox·ford ['ɒksfəd] *englische Universitätsstadt; a.* **'Ox·ford·shire** [-ʃə] *englische Grafschaft*.
O·zark Moun·tains [ˌəʊzɑːk'maʊntɪnz] *pl.*, **O·zark Pla·teau** [ˌəʊzɑːk'plætəʊ] *Plateau westlich des Mississippi in Missouri, Arkansas u. Oklahoma* (*USA*).

P

Pa·cif·ic (**O·cean**) [pə'sɪfɪk (pəˌsɪfɪk'əʊʃn)] *der* Pa'zifik, *der* Pa'zifische Ozean.

Pad·ding·ton ['pædɪŋtən] *Stadtteil von London.*

Pad·dy ['pædɪ] *abbr. für **Patricia**, **Patrick**.*

Paign·ton ['peɪntən] *Teilstadt von **Torbay** in Devon (England).*

Paine [peɪn] *amer. Staatstheoretiker englischer Herkunft.*

Pais·ley ['peɪzlɪ] *radikaler nordirischer protestantischer Politiker; Industriestadt in Schottland.*

Pak·i·stan [ˌpɑːkɪs'tɑːn] Pakistan *n.*

Pal·es·tine ['pæləstaɪn] Palä'stina *n.*

Pall Mall [ˌpæl'mæl] *Straße in London.*

Palm Beach [ˌpɑːm'biːtʃ; *Am. a.* ˌpɑːlm-] *Seebad in Florida (USA).*

Pal·mer ['pɑːmə; *Am. a.* 'pɑːl-] *Familienname.*

Pam [pæm] *abbr. für **Pamela**.*

Pam·e·la ['pæmələ] Pa'mela *f.*

Pan·a·ma [ˌpænə'mɑː; 'pænəmɑː] Panama *n.*

Pa·pua New Gui·nea ['pɑːpʊəˌnjuː'gɪnɪ; 'pæpjʊə-] Papua-Neugui'nea *n.*

Par·a·guay ['pærəgwaɪ] Para'guay *n.*

Par·is ['pærɪs] Pa'ris *n.*

Pat [pæt] *abbr. für **Patricia**, **Patrick**.*

Pa·tience ['peɪʃns] *f.*

Pa·tri·cia [pə'trɪʃə] Pa'trizia *f.*

Pat·rick ['pætrɪk] Pa'trizius *m.*

Paul [pɔːl] Paul *m.*

Pau·la ['pɔːlə] Paula *f.*

Pau·line [pɔː'liːn; 'pɔːliːn] Pau'line *f.*

Pearl [pɜːl] *f.*

Pearl Har·bor [ˌpɜːl'hɑːbə] *Hafenstadt auf Hawaii (USA).*

Pears [pɪəz; peəz] *Familienname.*

Pear·sall ['pɪəsɔːl; -səl] *Familienname.*

Pear·son ['pɪəsn] *Familienname.*

Peart [pɪət] *Familienname.*

Pee·bles(·shire) ['piːblz(ʃə)] *schottische Grafschaft (bis 1975).*

Peg(·gy) ['peg(ɪ)] *abbr. für **Margaret**.*

Pe·king [ˌpiː'kɪŋ] Peking *n.*

Pem·broke(·shire) ['pembrʊk(ʃə)] *walisische Grafschaft (bis 1974).*

Pe·nel·o·pe [pɪ'neləpɪ] Pe'nelope *f.*

Penn·syl·va·nia [ˌpensɪl'veɪnjə] *Staat der USA.*

Pen·ny ['penɪ] *abbr. für **Penelope**.*

Pen·zance [pen'zæns] *westlichste Stadt Englands, in Cornwall.*

Pepys [piːps] *Verfasser berühmter Tagebücher.*

Per·cy ['pɜːsɪ] *m.*

Per·sia ['pɜːʃə; *Am.* 'pɜrʒə] Persien *n.*

Perth [pɜːθ] *Hauptstadt von West-Australien; Stadt in Tayside (Schottland); siehe **Perthshire**.*

Perth·shire ['pɜːθʃə] *schottische Grafschaft (bis 1975).*

Pe·ru [pə'ruː] Pe'ru *n.*

Pete [piːt] *abbr. für **Peter**.*

Pe·ter ['piːtə] Peter *m*, Petrus *m.*

Pe·ter·bor·ough ['piːtəbrə] *Stadt in Cambridgeshire (England).*

Phil·a·del·phia [ˌfɪlə'delfjə] *Stadt in Pennsylvania (USA).*

Phil·ip ['fɪlɪp] Philipp *m.*

Phi·lip·pa ['fɪlɪpə] Phi'lippa *f.*

Phil·ip·pines ['fɪlɪpiːnz] *pl. die* Philip'pinen *pl.*

Phoe·be ['fiːbɪ] Phöbe *f.*

Phoe·nix ['fiːnɪks] *Hauptstadt von Arizona (USA).*

Phyl·lis ['fɪlɪs] Phyllis *f.*

Pic·ca·dil·ly [pɪkə'dɪlɪ] *Straße in London.*

Pied·mont ['piːdmənt] Pie'mont *n.*

Pierce [pɪəs] *Familienname; Vorname m.*

Pierre [pɪə; *Am.* pɪər] *Hauptstadt von South Dakota (USA).*

Pin·ter ['pɪntə] *englischer Dramatiker.*

Pitts·burgh ['pɪtsbɜːg] *Stadt in Pennsylvania (USA).*

Plan·tag·e·net [plæn'tædʒənɪt] *englisches Herrschergeschlecht.*

Pla·to ['pleɪtəʊ] Plato(n) *m.*

Plym·outh ['plɪməθ] *Hafenstadt in Südengland.*

Poe [pəʊ] *amer. Dichter u. Schriftsteller.*

Po·land ['pəʊlənd] Polen *n.*

Pol·ly ['pɒlɪ] *Koseform von **Mary**.*

Pol·y·ne·sia [ˌpɒlɪ'niːzjə; *Am.* -'niːʒə] Poly'nesien *n.*

Pom·er·a·nia [ˌpɒmə'reɪnjə] Pommern *n.*

Pope [pəʊp] *englischer Dichter.*

Port-au-Prince [ˌpɔːtəʊ'prɪns] *Hauptstadt von Haiti.*

Port E·liz·a·beth [ˌpɔːtɪ'lɪzəbəθ] *Hafenstadt in Südafrika.*

Port·land ['pɔːtlənd] *Hafenstadt in Maine (USA); Stadt in Oregon (USA).*

Ports·mouth ['pɔːtsməθ] *Hafenstadt in Südengland; Hafenstadt in Virginia (USA).*

Por·tu·gal ['pɔːtjʊgl; 'pɔːtʃʊgl] Portugal *n.*

Po·to·mac [pə'təʊmək] *Fluß in USA.*

Pound [paʊnd] *amer. Dichter.*

Pow·ell ['pəʊəl; 'paʊəl] *Familienname.*

Pow·lett ['pɔːlɪt] *Familienname.*

Pow·ys ['pəʊɪs; 'paʊɪs] *walisische Grafschaft; Familienname.*

Prague [prɑːg] Prag *n.*

Pre·to·ria [prɪ'tɔːrɪə] *Hauptstadt von Südafrika.*

Priest·ley ['priːstlɪ] *englischer Romanschriftsteller.*

Prince Ed·ward Is·land [prɪnsˌedwəd-'aɪlənd] *Provinz in Kanada.*
Prince·ton ['prɪnstən] *Universitätsstadt in New Jersey (USA).*
Pris·cil·la [prɪ'sɪlə] Pris'cilla *f.*
Prit·chard ['prɪtʃəd] *Familienname.*
Prov·i·dence ['prɒvɪdəns] *Hauptstadt von Rhode Island (USA).*
Pru·dence ['pruːdns] Pru'dentia *f.*
Prus·sia ['prʌʃə] Preußen *n.*
Puer·to Ri·co [ˌpwɜːtəʊ'riːkəʊ] Puerto Rico *n.*
Pugh [pjuː] *Familienname.*
Pul·itz·er ['pʊlɪtsə; 'pjuː-] *amer. Journalist, Stifter des Pulitzerpreises.*
Pun·jab [ˌpʌn'dʒɑːb] Pan'dschab *n.*
Pur·cell ['pɜːsl] *englischer Komponist.*
Pyr·e·nees [ˌpɪrə'niːz; *Am.* 'pɪrəniːz] *pl. die* Pyre'näen *pl.*

Q

Qa·tar [kæ'tɑː; *Am.* 'kɑːtər] Quatar *n.*
Que·bec [kwɪ'bek] *Provinz u. Stadt in Kanada.*
Queen·ie ['kwiːnɪ] *f.*
Queens [kwiːnz] *Stadtbezirk von New York (USA).*
Queens·land ['kwiːnzlənd] *Bundesstaat Australiens.*
Quen·tin ['kwentɪn; *Am.* -tn] Quin'tin (-us) *m.*
Qui·nault ['kwɪnlt] *Familienname.*
Quin·c(e)y ['kwɪnsɪ] *Familienname; Vorname m, f.*

R

Ra·chel ['reɪtʃəl] Ra(c)hel *f.*
Rad·nor(·shire) ['rædnə(ʃə)] *walisische Grafschaft (bis 1974).*
Rae [reɪ] *Familienname; Vorname m, f.*
Ra·leigh ['rɔːlɪ; 'rɑːlɪ] *englischer Seefahrer; Hauptstadt von North Carolina (USA).*
Ralph [reɪf; rælf] Ralf *m.*
Ran·dolph ['rændɒlf] *m.*
Ran·dy ['rændɪ] *abbr. für* ***Randolph.***
Rat·is·bon ['rætɪzbɒn] Regensburg *n.*
Ra·wal·pin·di [ˌrɑːwəl'pɪndɪ] *Stadt in Pakistan.*
Ray [reɪ] *m, f.*
Ray·mond ['reɪmənd] Raimund *m.*
Read·ing ['redɪŋ] *Stadt in Südengland.*
Rea·gan ['reɪgən] *40. Präsident der USA.*
Re·bec·ca [rɪ'bekə] Re'bekka *f.*
Red·bridge ['redbrɪdʒ] *Stadtbezirk von Groß-London.*
Reg [redʒ] *abbr. für* ***Reginald.***
Re·gi·na [rɪ'dʒaɪnə] Re'gina *f*, Re'gine *f; Hauptstadt von Saskatchewan (Kanada).*
Reg·i·nald ['redʒɪnld] Re(g)inald *m.*
Reid [riːd] *Familienname.*
Ren·frew(·shire) ['renfruː(ʃə)] *schottische Grafschaft (bis 1975).*
Rhine [raɪn] Rhein *m.*
Rhode Is·land [ˌrəʊd'aɪlənd] *Staat der USA.*
Rhodes [rəʊdz] *brit.-südafrikan. Staatsmann;* Rhodos *n.*
Rho·de·sia [rəʊ'diːzjə; *Am.* -ʒə] Rho'desien *n (heutiger Name:* ***Zimbabwe****).*
Rhon·dda ['rɒndə] *Stadt in Mid Glamorgan (Wales).*
Rich·ard ['rɪtʃəd] Richard *m.*
Rich·ard·son ['rɪtʃədsn] *englischer Autor.*
Rich·mond ['rɪtʃmənd] *Hauptstadt von Virginia (USA); Stadtbezirk von New York (USA), heute üblicherweise* ***Staten Island*** *genannt; siehe* ***Richmond-upon-Thames.***
Rich·mond-up·on-Thames ['rɪtʃməndəˌpɒn'temz] *Stadtbezirk von Groß-London.*
Ri·ta ['riːtə] Rita *f.*
Ro·a·noke [ˌrəʊə'nəʊk] *Fluß in Virginia u. North Carolina (USA); Stadt in Virginia (USA);* **~ *Island*** *Insel vor der Küste von North Carolina (USA).*
Rob·ert ['rɒbət] Robert *m.*
Rob·in ['rɒbɪn] *abbr. für* ***Robert.***
Rob·in Hood [ˌrɒbɪn'hʊd] *legendärer englischer Geächteter, Bandenführer u. Wohltäter der Armen zur Zeit Richards I.*
Roch·es·ter ['rɒtʃɪstə] *Stadt im Staat New York (USA); Stadt in Kent (England).*
Rock·e·fel·ler ['rɒkɪfelə] *amer. Industrieller.*
Rock·y Moun·tains [ˌrɒkɪ'maʊntɪnz] *pl. Gebirge in USA.*
Rod [rɒd] *abbr. für* ***Rodney.***
Rod·ney ['rɒdnɪ] *m.*
Rog·er ['rɒdʒə] Rüdiger *m;* Roger *m.*
Ro·ma·nia [ruː'meɪnjə; rʊ-; *Am.* rəʊ-] Ru'mänien *n.*
Rome [rəʊm] Rom *n.*
Ro·me·o ['rəʊmɪəʊ] *Bühnenfigur bei Shakespeare.*
Ron [rɒn] *abbr. für* ***Ronald.***
Ron·ald ['rɒnld] Ronald *m.*
Roo·se·velt ['rəʊzəvelt] *Name zweier Präsidenten der USA.*
Ros·a·lie ['rəʊzəlɪ; 'rɒz-] Ro'salia *f*, Ro'salie *f.*
Ros·a·lind ['rɒzəlɪnd] Rosa'linde *f.*

Ros·com·mon [rɒsˈkɒmən] *Grafschaft in der Provinz Connaught (Irland); Hauptstadt dieser Grafschaft.*
Rose [rəʊz] Rosa *f.*
Rose·mar·y [ˈrəʊzmərɪ; *Am.* -merɪ] ˈRosemaˌrie *f.*
Ross and Cro·mar·ty [ˌrɒsənˈkrɒmətɪ] *schottische Grafschaft (bis 1975).*
Rouse [raʊs; ruːs] *Familienname.*
Routh [raʊθ] *Familienname.*
Rox·burgh(·shire) [ˈrɒksbərə(ʃə)] *schottische Grafschaft (bis 1975).*
Roy [rɔɪ] *m.*
Ru·dolf, Ru·dolph [ˈruːdɒlf] Rudolf *m*, Rudolph *m.*
Rud·yard [ˈrʌdjəd] *m.*
Rug·by [ˈrʌgbɪ] *berühmte Public School.*
Ru·pert [ˈruːpət] Rupert *m.*
Rus·sell [ˈrʌsl] *englischer Philosoph.*
Rus·sia [ˈrʌʃə] Rußland *n.*
Ruth [ruːθ] Ruth *f.*
Rut·land(·shire) [ˈrʌtlənd(ʃə)] *englische Grafschaft (bis 1974).*
Rwan·da [rʊˈændə] Ruˈanda n.

S

Sac·ra·men·to [ˌsækrəˈmentəʊ] *Hauptstadt von Kalifornien (USA).*
Sa·ha·ra [səˈhɑːrə; *Am. a.* səˈhærə; səˈheərə] Saˈhara *f.*
Sa·lem [ˈseɪləm] *Hauptstadt von Oregon (USA).*
Salis·bu·ry [ˈsɔːlzbərɪ] *früherer Name von* ***Harare****; Stadt in Südengland.*
Sal·ly [ˈsælɪ] *abbr. für* ***Sara(h)***.
Salt Lake Cit·y [ˌsɔːltleɪkˈsɪtɪ] *Hauptstadt von Utah (USA).*
Sam [sæm] *abbr. für* ***Samuel***.
Sa·man·tha [səˈmænθə] *f.*
Sa·moa [səˈməʊə] Saˈmoa *n (Inselgruppe im Pazifik);* **Western ~** West-Saˈmoa *n (unabhängiger Inselstaat).*
Sam·son [ˈsæmsn] Samson *m*, Simson *m.*
Sam·u·el [ˈsæmjʊəl] Samuel *m.*
San An·to·nio [ˌsænænˈtəʊnɪəʊ] *Stadt in Texas (USA).*
San Ber·nar·di·no [sænˌbɜːnəˈdiːnəʊ] *Stadt in Kalifornien (USA).*
Sand·hurst [ˈsændhɜːst] *Ort in Berkshire (England) mit berühmter Militärakademie.*
San Di·e·go [ˌsændɪˈeɪgəʊ] *Hafenstadt u. Flottenstützpunkt in Kalifornien (USA).*
San·dra [ˈsændrə] *abbr. für.* ***Alexandra***.
San·dy [ˈsændɪ] *abbr. für* ***Alexander***, ***Alexandra***.
San Fran·cis·co [ˌsænfrənˈsɪskəʊ] San Franˈzisko *n (USA).*
San Ma·ri·no [ˌsænməˈriːnəʊ] San Maˈrino *n.*
San·ta Fe [ˌsæntəˈfeɪ] *Hauptstadt von New Mexico (USA).*
Sar·a(h) [ˈseərə] Sara *f.*
Sar·di·nia [sɑːˈdɪnjə] Sarˈdinien *n.*
Sas·katch·e·wan [səsˈkætʃɪwən] *Provinz in Kanada.*
Sas·ka·toon [ˌsæskəˈtuːn] *Stadt in Saskatchewan (Kanada).*
Sau·di A·ra·bi·a [ˌsaʊdɪəˈreɪbɪə] Saudi-Aˈrabien *n.*
Sa·voy [səˈvɔɪ] Saˈvoyen *n.*
Saw·yer [ˈsɔːjə] *Familienname.*
Sax·o·ny [ˈsæksnɪ] Sachsen *n.*
Scan·di·na·vi·a [ˌskændɪˈneɪvjə] Skandiˈnavien *n.*
Sche·nec·ta·dy [skɪˈnektədɪ] *Stadt im Staat New York (USA).*
Scot·land [ˈskɒtlənd] Schottland *n.*
Scott [skɒt] *schottischer Autor; englischer Polarforscher.*
Seam·us [ˈʃeɪməs] *siehe* ***James***.
Sean [ʃɔːn] *siehe* ***John***.
Searle [sɜːl] *Familienname.*
Se·at·tle [sɪˈætl] *Hafenstadt im Staat Washington (USA).*
Sedg·wick [ˈsedʒwɪk] *Familienname.*
Sel·kirk(·shire) [ˈselkɜːk(ʃə)] *schottische Grafschaft (bis 1975).*
Sen·e·gal [ˌsenɪˈgɔːl] Senegal *n.*
Seoul [səʊl] Seˈoul *n.*
Sev·ern [ˈsevən] *Fluß in Wales u. Westengland.*
Sew·ell [ˈsjuːəl; *Am.* ˈsuːəl] *Familienname.*
Sey·chelles [seɪˈʃelz] *pl. die* Seyˈchellen(-Inseln) *pl.*
Sey·mour [ˈsiːmɔː; *schottisch* ˈseɪmɔː] *m.*
Shake·speare [ˈʃeɪkˌspɪə] *englischer Dichter u. Dramatiker.*
Shar·jah [ˈʃɑːdʒə] Schardscha *n (Mitglied der Vereinigten Arabischen Emirate).*
Shaw [ʃɔː] *irischer Dramatiker.*
Shef·field [ˈʃefiːld] *Industriestadt in Mittelengland.*
Shei·la [ˈʃiːlə] *siehe* ***Celia***.
Shel·ley [ˈʃelɪ] *englischer Dichter.*
Sher·lock [ˈʃɜːlɒk] *m.*
Shet·land [ˈʃetlənd] *insulare Verwaltungsregion Schottlands;* **~ Is·lands** [ˌʃetləndˈaɪləndz] *pl. die* Shetlandinseln *pl.*
Shir·ley [ˈʃɜːlɪ] *f.*
Shrop·shire [ˈʃrɒpʃə] *englische Grafschaft.*
Shy·lock [ˈʃaɪlɒk] *Bühnenfigur bei Shakespeare.*
Si·am [ˌsaɪˈæm; ˈsaɪæm] Siam *n (früherer Name Thailands).*

Si·be·ri·a [saɪˈbɪərɪə] Siˈbirien *n.*
Sib·yl [ˈsɪbɪl] Siˈbylle *f.*
Sic·i·ly [ˈsɪsɪlɪ] Siˈzilien *n.*
Sid [sɪd] *abbr. für* **Sidney** (*Vorname*).
Sid·ney [ˈsɪdnɪ] *Familienname; Vorname m, f.*
Si·er·ra Le·one [sɪˌerəlɪˈəʊn] Sierra Leˈone *n.*
Sik·kim [ˈsɪkɪm] Sikkim *n.*
Si·le·sia [saɪˈliːzjə] Schlesien *n.*
Sil·vi·a [ˈsɪlvɪə] Silvia *f.*
Si·mon [ˈsaɪmən] Simon *m.*
Si·nai (Pen·in·su·la) [ˈsaɪnɪaɪ (ˌ-pɪˈnɪnsjʊlə] Sinai(halbinsel *f*) *n.*
Sin·clair [ˈsɪŋkleə] *amer. Autor; Vorname m.*
Sin·ga·pore [ˌsɪŋgəˈpɔː] Singapur *n.*
Sing Sing [ˈsɪŋsɪŋ] *Staatsgefängnis von New York (USA).*
Sli·go [ˈslaɪgəʊ] *Grafschaft in der Provinz Connaught (Irland); Hauptstadt dieser Grafschaft.*
Sloan [sləʊn] *amer. Maler.*
Slough [slaʊ] *Stadt in Berkshire (England).*
Snow·don [ˈsnəʊdn] *Berg in Wales.*
Soc·ra·tes [ˈsɒkrətiːz] Sokrates *m.*
Sol·o·mon [ˈsɒləmən] Salomo *m.*
So·ma·lia [səʊˈmɑːlɪə] Soˈmalia *n.*
So·mers [ˈsʌməz] *Familienname.*
Som·er·set(·shire) [ˈsʌməsɪt(ʃə)] *englische Grafschaft.*
So·nia [ˈsɒnɪə] Sonja *f.*
So·phi·a [səʊˈfaɪə] Soˈphia *f*, Soˈfia *f.*
So·phie [ˈsəʊfɪ] Soˈphie *f*, Soˈfie *f.*
So·phy [ˈsəʊfɪ] Soˈphie *f*, Soˈfie *f.*
Soph·o·cles [ˈsɒfəkliːz] Sophokles *m.*
South Af·ri·ca [ˌsaʊθˈæfrɪkə] Südˈafrika *n.*
South·amp·ton [saʊθˈæmptən] *Hafenstadt in Südengland.*
South Aus·tra·lia [ˌsaʊθɒˈstreɪljə] Südauˈstralien *n* (*Bundesstaat Australiens*).
South Car·o·li·na [ˌsaʊθkærəˈlaɪnə] *Staat der USA.*
South Da·ko·ta [ˌsaʊθdəˈkəʊtə] *Staat der USA.*
South Gla·mor·gan [ˌsaʊθgləˈmɔːgən] *walisische Grafschaft.*
Sou·they [ˈsaʊθɪ; ˈsʌðɪ] *englischer Dichter.*
South·wark [ˈsʌðək; ˈsaʊθwək] *Stadtbezirk von Groß-London.*
South York·shire [ˌsaʊθˈjɔːkʃə] *Stadtgrafschaft in Nordengland.*
So·viet Un·ion [ˌsəʊvɪətˈjuːnjən] *die* Soˈwjetuniˌon.
Spain [speɪn] Spanien *n.*
Spring·field [ˈsprɪŋfiːld] *Hauptstadt von Illinois (USA); Stadt in Massachusetts (USA); Stadt in Missouri (USA).*
Sri Lan·ka [ˌsriːˈlæŋkə] Sri Lanka *n.*
Staf·ford(·shire) [ˈstæfəd(ʃə)] *englische Grafschaft.*
Stan [stæn] *abbr. für* **Stanley** (*Vorname*).
Stan·ley [ˈstænlɪ] *englischer Afrikaforscher; Vorname m.*
Stat·en Is·land [ˌstætnˈaɪlənd] *Insel an der Mündung des Hudson River in New York; Stadtbezirk von New York.*
Stein·beck [ˈstaɪnbek] *amer. Autor.*
Stel·la [ˈstelə] Stella *f.*
Steph·a·nie [ˈstefənɪ] Stephanie *f*, Stefanie *f.*
Ste·phen [ˈstiːvn] Stephan *m*, Stefan *m.*
Ste·phen·son [ˈstiːvnsn] *englischer Erfinder.*
Steu·ben [ˈstjuːbən; ˈstuː-; ˈʃtɔɪ-] *amer. General preußischer Herkunft im amer. Unabhängigkeitskrieg.*
Steve [stiːv] *abbr. für* **Stephen, Steven.**
Ste·ven [ˈstiːvn] *siehe* **Stephen.**
Ste·ven·son [ˈstiːvnsn] *englischer Autor.*
Stew·art [stjʊət; ˈstjuːət; *Am.* ˈstuːərt] *Familienname; Vorname m.*
Stir·ling(·shire) [ˈstɜːlɪŋ(ʃə)] *schottische Grafschaft (bis 1975).*
St. John [sn*t*ˈdʒɒn] *Hafenstadt an der Mündung des gleichnamigen Flusses in New Brunswick (Kanada);* [ˈsɪndʒən] *Familienname.*
St. John's [sn*t*ˈdʒɒnz] *Hauptstadt von Neufundland (Kanada).*
St. Law·rence [sntˈlɒrəns] Sankt-ˈLorenz-Strom *m.*
St. Louis [sntˈlʊɪs; *Am.* ˌseɪntˈluːɪs] *Industriestadt in Missouri (USA).*
Stone·henge [ˌstəʊnˈhendʒ] *prähistorisches megalithisches Bauwerk bei Salisbury in Wiltshire (England).*
St. Pan·cras [sn*t*ˈpæŋkrəs] *Stadtteil von London.*
St. Paul [sn*t*ˈpɔːl; *Am.* ˌseɪnt-] *Hauptstadt von Minnesota (USA).*
Stra·chey [ˈstreɪtʃɪ] *englischer Biograph.*
Strat·ford on A·von [ˌstrætfədɒnˈeɪvn] *Stadt in Mittelengland.*
Strath·clyde [stræθˈklaɪd] *Verwaltungsregion in Schottland.*
Stu·art [stjʊət; ˈstjuːət; *Am.* ˈstuːərt] *schottisch-englisches Herrschergeschlecht; Vorname m.*
Styr·i·a [ˈstɪrɪə] die Steiermark.
Su·dan [suːˈdɑːn] *der* Suˈdan.
Sud·bur·y [ˈsʌdbərɪ] *Stadt in Ontario (Kanada); Ort in Suffolk (England).*
Sue [sjuː; suː] *abbr. für* **Susan.**

Su·ez ['sʊɪz; *Am.* suː'ez; 'suːez] Suez *n.*
Suf·folk ['sʌfək] *englische Grafschaft.*
Sul·li·van ['sʌlɪvən] *Familienname.*
Su·ri·nam [ˌsʊərɪ'næm] Suri'nam *n.*
Su·ri·na·me [ˌsʊərɪ'nɑːmə] Suri'nam *n.*
Sur·rey ['sʌrɪ] *englische Grafschaft.*
Su·san ['suːzn] Su'sanne *f.*
Su·sie ['suːzɪ] Susi *f.*
Sus·que·han·na [ˌsʌskwɪ'hænə] *Fluß im Osten der USA.*
Sus·sex ['sʌsɪks] *englische Grafschaft.*
Suth·er·land ['sʌðələnd] *schottische Grafschaft (bis 1975).*
Sut·ton ['sʌtn] *Stadtbezirk von Groß-London.*
Su·zanne [suː'zæn] Su'sanne *f*, Su'sanna *f.*
Swan·sea ['swɒnzɪ] *Hafenstadt in Wales.*
Swa·zi·land ['swɑːzɪlænd] Swasiland *n.*
Swe·den ['swiːdn] Schweden *n.*
Swift [swɪft] *irischer Autor.*
Swit·zer·land ['swɪtsələnd] die Schweiz.
Syd·ney ['sɪdnɪ] *Hauptstadt von New South Wales (Australien) u. größte Stadt Australiens.*
Syl·vi·a ['sɪlvɪə] Silvia *f*, Sylvia *f.*
Synge [sɪŋ] *irischer Dichter u. Dramatiker.*
Syr·a·cuse ['sɪrəkjuːs] *Stadt im Staat New York (USA)*; [*Brit.* 'saɪərəkjuːz] Syrakus *n* (*Stadt auf Sizilien*).
Syr·ia ['sɪrɪə] Syrien *n.*

T

Ta·hi·ti [tɑː'hiːtɪ; tə-] Ta'hiti *n.*
Tai·wan [ˌtaɪ'wɑːn] Taiwan *n.*
Tal·la·has·see [ˌtælə'hæsɪ] *Hauptstadt von Florida (USA).*
Tam·pa ['tæmpə] *Stadt in Florida (USA).*
Tan·gier [tæn'dʒɪə] Tanger *n.*
Tan·za·nia [ˌtænzə'nɪə] Tansa'nia *n.*
Tas·ma·nia [tæz'meɪnjə] Tas'manien *n* (*Insel u. Bundesstaat Australiens*).
Tay·lor ['teɪlə] *Familienname.*
Tay·side ['teɪsaɪd] *Verwaltungsregion in Schottland.*
Ted(·dy) ['ted(ɪ)] *abbr. für* ***Edward***, ***Theodore***.
Tees·side ['tiːzsaɪd] *frühere Bezeichnung der Industrieregion um Middlesbrough (Nordengland), heute zu* ***Cleveland*** *gehörig.*
Teign·mouth ['tɪnməθ] *Stadt in Devon (England).*
Ten·e·rife, *früher* **Ten·e·riffe** [ˌtenə'riːf] Tene'riffa *n.*
Ten·nes·see [ˌtenə'siː] *Staat der USA*; *Fluß in USA.*
Ten·ny·son ['tenɪsn] *englischer Dichter.*
Ter·ence ['terəns] *m.*
Te·re·sa [tə'riːzə] Te'resa *f*, Te'rese *f.*
Ter·ry ['terɪ] *abbr. für* ***Terence***, ***T(h)eresa***.
Tess, **Tes·sa** ['tes(ə)] *abbr. für* ***T(h)eresa***.
Tex·as ['teksəs] *Staat der USA.*
Thack·er·ay ['θækərɪ] *englischer Romanschriftsteller.*
Thai·land ['taɪlænd] Thailand *n.*
Thames [temz] Themse *f* (*Fluß in Südengland*).
That·cher ['θætʃə] *englische Premierministerin.*
The·a [θɪə; 'θiːə] Thea *f.*
The·o ['θiːəʊ; 'θɪəʊ] Theo *m.*
The·o·bald ['θɪəʊbɔːld] Theobald *m.*
The·o·dore ['θɪədɔː] Theodor *m.*
The·re·sa [tɪ'riːzə] The'resa *f*, The'rese *f.*
Tho·mas ['tɒməs] Thomas *m.*
Tho·reau ['θɔːrəʊ; *Am.* θə'rəʊ] *amer. Schriftsteller, Philosoph u. Sozialkritiker.*
Thu·rin·gi·a [θjʊə'rɪndʒɪə] Thüringen *n.*
Thu·ron [tʊ'rɒn] *Familienname.*
Ti·bet [tɪ'bet] Tibet *n.*
Ti·gris ['taɪgrɪs] Tigris *m.*
Tim [tɪm] *abbr. für* ***Timothy***.
Tim·o·thy ['tɪməθɪ] Ti'motheus *m.*
Ti·na ['tiːnə] *abbr. für* ***Christina***, ***Christine***.
Tin·dale ['tɪndl] *Familienname.*
Tip·per·ary [ˌtɪpə'reərɪ] *Grafschaft in der Provinz Munster (Irland).*
To·bi·as [tə'baɪəs] To'bias *m.*
To·by ['təʊbɪ] *abbr. für* ***Tobias***.
To·go ['təʊgəʊ] Togo *n.*
To·kyo ['təʊkjəʊ] Tokio *n.*
To·le·do [tə'liːdəʊ] *Stadt in Ohio (USA)*; [*Brit.* tɒ'leɪdəʊ] *Stadt u. Provinz in Zentralspanien.*
Tol·kien ['tɒlkiːn] *englischer Schriftsteller u. Philologe.*
Tom(·my) ['tɒm(ɪ)] *abbr. für* ***Thomas***.
Ton·ga ['tɒŋə] Tonga *n* (*Inselgruppe u. Königreich im südwestl. Pazifik*).
To·ny ['təʊnɪ] Toni *m.*
To·pe·ka [təʊ'piːkə] *Hauptstadt von Kansas (USA).*
Tor·bay [ˌtɔː'beɪ] *Stadt in Devon (England)*; *a.* ***Tor Bay*** *Bucht des Ärmelkanals an der Küste von Devon.*
To·ron·to [tə'rɒntəʊ] *Stadt in Kanada.*
Tor·quay [ˌtɔː'kiː] *Teilstadt von* ***Torbay*** *in Devon (England).*
Tot·ten·ham ['tɒtnəm] *Stadtteil von Groß-London.*
Tour·neur ['tɜːnə] *Familienname.*

Tow·er Ham·lets [ˈtaʊəˌhæmlɪts] *Stadtbezirk von Groß-London.*

Toyn·bee [ˈtɔɪnbɪ] *englischer Historiker.*

Tra·cy [ˈtreɪsɪ] *amer. Filmschauspieler; Vorname f, (seltener) m.*

Tra·fal·gar [trəˈfælgə]: ***Cape*** ~ Kap *n* Traˈfalgar (*an der Südwestküste Spaniens*); ~ ***Square*** *Platz in London.*

Trans·vaal [ˈtrænzvɑːl] Transˈvaal *n.*

Tran·syl·va·nia [ˌtrænsɪlˈveɪnjə] Siebenˈbürgen *n.*

Trent [trent] *Fluß in Mittelengland;* Triˈent *n.*

Tren·ton [ˈtrentən] *Hauptstadt von New Jersey* (*USA*).

Tre·vel·yan [trɪˈveljən; -ˈvɪl-] *Name zweier englischer Historiker.*

Treves [triːvz] Trier *n.*

Trev·or [ˈtrevə] *m.*

Tri·e·ste [triːˈest] Triˈest *n.*

Trin·i·dad and To·ba·go [ˌtrɪnɪdædntəʊˈbeɪgəʊ] Trinidad und Toˈbago *n.*

Trol·lope [ˈtrɒləp] *englischer Romanschriftsteller.*

Troy [trɔɪ] Troja *n* (*antike Stadt in Kleinasien am Eingang der Dardanellen*); *Name mehrerer Städte in USA* (*im Staat New York; in Michigan; in Ohio*).

Tru·man [ˈtruːmən] *33. Präsident der USA.*

Tuc·son [tuːˈsɒn; ˈtuːsɒn] *Stadt in Arizona* (*USA*).

Tu·dor [ˈtjuːdə] *englisches Herrschergeschlecht.*

Tu·ni·sia [tjuːˈnɪzɪə; *Am.* tuːˈniːʒə; -ˈnɪʒə] Tuˈnesien *n.*

Tur·key [ˈtɜːkɪ] die Türˈkei.

Tur·ner [ˈtɜːnə] *englischer Landschaftsmaler.*

Tus·ca·ny [ˈtʌskənɪ] die Tosˈkana.

Twain [tweɪn] *amer. Autor.*

Twick·en·ham [ˈtwɪknəm] *Stadtteil von Groß-London.*

Tyn·dale [ˈtɪndl] *englischer Bibelübersetzer.*

Tyne and Wear [ˌtaɪnəndˈwɪə] *Stadtgrafschaft in Nordengland.*

Ty·rol [ˈtɪrəl; tɪˈrəʊl] Tiˈrol *n.*

Ty·rone [tɪˈrəʊn] *nordirische Grafschaft.*

U

U·gan·da [juːˈgændə] Uˈganda *n.*

U·ist [ˈjuːɪst]: ***North*** ~, ***South*** ~ *zwei Inseln der Äußeren Hebriden* (*Schottland*).

U·kraine [juːˈkreɪn] *die* Ukraˈine.

Ul·ster [ˈʌlstə] *Provinz im Norden Irlands, seit 1921 zweigeteilt. 3 Grafschaften gehören heute zur Republik Irland, die restlichen 6 bilden das heutige Nordirland, Teil des Vereinigten Königreichs von Großbritannien u. Nordirland.*

U·lys·ses [juːˈlɪsiːz] *m.*

Un·ion of So·viet So·cial·ist Re·pub·lics [ˌjuːnjənəvˌsəʊvɪətˌsəʊʃəlɪstrɪˈpʌblɪks] *die* Uniˈon der Soziaˈlistischen Soˈwjetrepuˌbliken.

U·nit·ed Ar·ab E·mir·ates [juːˈnaɪtɪdˌærəbeˈmɪərəts] *pl. die* Vereinigten Aˈrabischen Emiˈrate *pl.*

U·nit·ed King·dom [juːˌnaɪtɪdˈkɪŋdəm] *das* Vereinigte Königreich (*Großbritannien u. Nordirland*).

U·nit·ed States of A·mer·i·ca [juːˌnaɪtɪdˌsteɪtsəvəˈmerɪkə] *pl. die* Vereinigten Staaten von Aˈmerika *pl.*

Up·dike [ˈʌpdaɪk] *amer. Schriftsteller.*

Up·per Vol·ta [ˌʌpəˈvɒltə] Oberˈvolta *n* (*ehemalige Bezeichnung für* ***Burkina Faso***).

U·ri·ah [ˌjʊəˈraɪə] Uˈria(s) *m*, Uriel *m.*

Ur·quhart [ˈɜːkət] *schottischer Schriftsteller u. Übersetzer.*

Ur·su·la [ˈɜːsjʊlə] Ursula *f.*

U·ru·guay [ˈjʊərʊgwaɪ; ˈʊrə-] Uruguay *n.*

U·tah [ˈjuːtɑː; -tɔː] *Staat der USA.*

Ut·tox·e·ter [juːˈtɒksɪtə; ʌˈtɒksɪtə] *Ort in Staffordshire* (*England*).

V

Val·en·tine [ˈvæləntaɪn] Valentin *m*; Valenˈtine *f.*

Val(l)·let·ta [vəˈletə] *Hauptstadt von Malta.*

Van·brugh [ˈvænbrə; vænˈbruː] *englischer Dramatiker u. Baumeister.*

Van·cou·ver [vænˈkuːvə] *Hafenstadt in Kanada.*

Van·der·bilt [ˈvændəbɪlt] *amer. Finanzier.*

Va·nes·sa [vəˈnesə] *f.*

Vat·i·can [ˈvætɪkən] *der* Vatiˈkan; ~ **Cit·y** [ˌvætɪkənˈsɪtɪ] Vatiˈkanstadt *f.*

Vaughan [vɔːn] *Familienname;* ~ **Wil·liams** [ˌvɔːnˈwɪljəmz] *englischer Komponist.*

Vaux [vɔːz; vɒks; vɔːks; vəʊks] *Familienname;* **de** ~ [dɪˈvəʊ] *Familienname.*

Vaux·hall [ˌvɒksˈhɔːl] *Stadtteil von London.*

Ven·e·zu·e·la [ˌveneˈzweɪlə] Venezuˈela *n.*

Ven·ice [ˈvenɪs] Veˈnedig *n.*

Ve·ra [ˈvɪərə] Vera *f.*

Ver·gil [ˈvɜːdʒɪl] *siehe* ***Virgil.***

Ver·mont [vɜːˈmɒnt] *Staat der USA.*

Ver·ner [ˈvɜːnə] *Familienname.*

Ver·non [ˈvɜːnən] *m.*
Ve·ron·i·ca [vɪˈrɒnɪkə; və-] Veˈronika *f.*
Vick·y [ˈvɪkɪ] *abbr. für* ***Victoria.***
Vic·tor [ˈvɪktə] Viktor *m.*
Vic·to·ri·a [vɪkˈtɔːrɪə] Vikˈtoria *f*; *Bundesstaat Australiens*; *Hauptstadt von British Columbia* (*Kanada*); *Hauptstadt der brit. Kronkolonie Hongkong.*
Vi·en·na [vɪˈenə] Wien *n.*
Viet·nam, **Viet Nam** [ˌvjetˈnæm] Vietˈnam *n.*
Vi·o·la [ˈvaɪələ; ˈvɪəʊlə] Viˈola *f.*
Vi·o·let [ˈvaɪələt] Vioˈletta *f*, Vioˈlette *f.*
Vir·gil [ˈvɜːdʒɪl] Verˈgil *m* (*römischer Dichter*).
Vir·gin·ia [vəˈdʒɪnjə] *Staat der USA*; *Vorname f.*
Vis·tu·la [ˈvɪstjʊlə] Weichsel *f* (*Fluß*).
Viv·i·an [ˈvɪvɪən] *m*, (*seltener*) *f.*
Viv·i·en [ˈvɪvɪən] *f.*
Viv·i·enne [ˈvɪvɪən; vɪvɪˈen] *f.*
Vol·ga [ˈvɒlgə] Wolga *f.*
Vosges [vəʊʒ] *pl. die* Voˈgesen *pl.*

W

Wa·bash [ˈwɔːbæʃ] *Nebenfluß des Ohio in Indiana u. Illinois* (*USA*).
Wad·dell [wɒˈdel; ˈwɒdl] *Familienname.*
Wad·ham [ˈwɒdəm] *Familienname.*
Wales [weɪlz] Wales *n.*
Wal·lace [ˈwɒlɪs] *englischer Autor.*
Wal·la·sey [ˈwɒləsɪ] *Stadt in Merseyside* (*England*).
Wal·pole [ˈwɔːlpəʊl] *Name zweier englischer Schriftsteller.*
Wal·ter [ˈwɔːltə] Walter *m.*
Wal·tham For·est [ˌwɔːlθəmˈfɒrɪst] *Stadtbezirk von Groß-London.*
Wands·worth [ˈwɒndzwəθ] *Stadtbezirk von Groß-London.*
War·hol [ˈwɔːhɔːl; ˈwɔːhəʊl] *amer. Pop-art-Künstler u. Filmregisseur.*
War·saw [ˈwɔːsɔː] Warschau *n.*
War·wick(**·shire**) [ˈwɒrɪk(ʃə)] *englische Grafschaft.*
Wash·ing·ton [ˈwɒʃɪŋtən] *1. Präsident der USA*; *Staat der USA*; *a.* ***~ DC*** *Bundeshauptstadt der USA.*
Wa·ter·ford [ˈwɔːtəfəd] *Grafschaft in der Provinz Munster* (*Irland*); *Hauptstadt dieser Grafschaft.*
Wa·ter·loo [ˌwɔːtəˈluː] *Ort in Belgien.*
Wat·son [ˈwɒtsn] *Familienname.*
Watt [wɒt] *schottischer Erfinder.*
Waugh [wɔː] *englischer Romanschriftsteller.*
Wayne [weɪn] *amer. Filmschauspieler.*
Weald [wiːld]: ***the ~*** *Landschaft im südöstlichen England. Früher ausgedehntes Waldgebiet.*
Web·ster [ˈwebstə] *amer. Lexikograph.*
Wedg·wood [ˈwedʒwʊd] *englischer Keramiker.*
Wel·ling·ton [ˈwelɪŋtən] *brit. Feldherr*; *Hauptstadt von Neuseeland.*
Wem·bley [ˈwemblɪ] *Stadtteil von Groß-London.*
Wen·dy [ˈwendɪ] *f.*
Went·worth [ˈwentwəθ] *Familienname.*
West Brom·wich [ˌwestˈbrɒmɪdʒ] *Stadt in West Midlands* (*England*).
West·ern Aus·tra·lia [ˌwestənɒˈstreɪljə] ˈWestauˌstralien.
West·ern Isles [ˌwestənˈaɪlz] *Insulare Verwaltungsregion Schottlands.*
West·ern Sa·moa [ˌwestənsəˈməʊə] Westsaˈmoa *n.*
West Gla·mor·gan [ˌwestgləˈmɔːgən] *walisische Grafschaft.*
West In·dies [ˌwestˈɪndɪz] *pl.*: ***the ~*** die Westˈindischen Inseln *pl.*
West Lo·thi·an [ˌwestˈləʊðjən] *schottische Grafschaft* (*bis 1975*).
West·meath [westˈmiːð] *Grafschaft in der Provinz Leinster* (*Irland*).
West Mid·lands [ˌwestˈmɪdləndz] *pl. Stadtgrafschaft in Mittelengland.*
West·min·ster [ˈwestmɪnstə] *a.* ***City of ~*** *Stadtbezirk von Groß-London.*
West·mor·land [ˈwestmələnd] *englische Grafschaft* (*bis 1974*).
West·pha·lia [westˈfeɪljə] Westˈfalen *n.*
West Vir·gin·ia [ˌwestvəˈdʒɪnjə] *Staat der USA.*
West York·shire [ˌwestˈjɔːkʃə] *Stadtgrafschaft in Nordengland.*
Wex·ford [ˈweksfəd] *Grafschaft in der Provinz Leinster* (*Irland*); *Hauptstadt dieser Grafschaft.*
Wey·mouth [ˈweɪməθ] *Badeort in Dorset* (*Südengland*); *Stadt in Massachusetts* (*USA*).
Whal·ley [ˈweɪlɪ; ˈwɔːlɪ] *Familienname.*
Whar·am [ˈweərəm] *Familienname.*
Whar·ton [ˈwɔːtn] *amer. Romanschriftstellerin.*
Whi·tack·er [ˈwɪtəkə] *Familienname.*
Whit·a·ker [ˈwɪtəkə] *Familienname.*
Whit·by [ˈwɪtbɪ] *Fischereihafen in North Yorkshire* (*England*); *Stadt in Ontario* (*Kanada*).
White·hall [ˌwaɪtˈhɔːl] *Straße in London.*
Whit·man [ˈwɪtmən] *amer. Dichter.*
Whit·ta·ker [ˈwɪtəkə] *Familienname.*
Wick·low [ˈwɪkləʊ] *Grafschaft in der Provinz Leinster* (*Irland*).
Wig·town(**·shire**) [ˈwɪgtən(ʃə)] *schottische Grafschaft* (*bis 1975*).

Wilde [waɪld] *englischer Dichter.*
Wil·der ['waɪldə] *amer. Autor.*
Wil·fred ['wɪlfrɪd] Wilfried *m.*
Will [wɪl] *abbr. für* ***William.***
Wil·liam ['wɪljəm] Wilhelm *m.*
Wil·ming·ton ['wɪlmɪŋtən] *Hafenstadt in Delaware (USA); Hafenstadt in North Carolina (USA).*
Wil·son ['wɪlsn] *Familienname.*
Wilt·shire ['wɪltʃə] *englische Grafschaft.*
Wim·ble·don ['wɪmbldən] *Stadtteil von Groß-London (Tennisturniere).*
Win·ches·ter ['wɪntʃɪstə] *Hauptstadt von Hampshire (England) mit berühmter Public School.*
Wind·sor ['wɪnzə] *Stadt in Berkshire (England); Stadt in Ontario (Kanada).*
Win·i·fred ['wɪnɪfrɪd] *f.*
Win·nie ['wɪnɪ] *abbr. für* ***Winifred.***
Win·ni·peg ['wɪnɪpeg] *Hauptstadt von Manitoba (Kanada).*
Win·ston ['wɪnstən] *m.*
Wis·con·sin [wɪs'kɒnsɪn] *Staat der USA; Fluß in Wisconsin (USA).*
Wi·tham ['wɪðəm] *Familienname; Fluß in Lincolnshire (England).*
Wit·ham ['wɪtəm] *Stadt in Essex (England).*
Wolds [wəʊldz]: ***the ~*** *Höhenzug in Nordostengland.*
Wolfe [wʊlf] *amer. Autor.*
Wol·lon·gong ['wʊləŋgɒŋ] *Industrie- u. Hafenstadt in New South Wales (Australien).*
Wol·sey ['wʊlzɪ] *englischer Kardinal u. Staatsmann.*
Wol·ver·hamp·ton ['wʊlvəˌhæmptən] *Industriestadt in West Midlands (England).*
Woolf [wʊlf] *englische Autorin.*
Wool·wich ['wʊlɪdʒ] *Stadtteil von Groß-London.*
Wor·ces·ter ['wʊstə] *Industriestadt in Mittelengland; a.* **'Wor·ces·ter·shire** [-ʃə] *englische Grafschaft (bis 1974).*
Words·worth ['wɜːdzwəθ] *englischer Dichter.*
Wren [ren] *englischer Architekt.*
Wright [raɪt] *Name zweier amer. Flugpioniere.*
Wyc·liffe ['wɪklɪf] *englischer Reformator u. Bibelübersetzer.*
Wy·man ['waɪmən] *Familienname.*
Wy·o·ming [waɪ'əʊmɪŋ] *Staat der USA.*

X

Xan·thip·pe [zæn'θɪpɪ] Xan'thippe *f.*

Y

Yale [jeɪl] *hoher britischer Kolonialbeamter u. Förderer der Yale University in New Haven, Connecticut (USA).*
Yeat·man ['jiːtmən; 'jeɪt- 'jet-] *Familienname.*
Yeats [jeɪts] *irischer Dichter u. Dramatiker.*
Yel·low·stone ['jeləʊstəʊn] *Fluß im Nordwesten der USA; Nationalpark in Wyoming, Montana u. Idaho (USA).*
Ye·men ['jemən] *der* Jemen; ***~ Arab Republic*** Arabische Republik Jemen; ***People's Democratic Republic of ~, Democratic ~*** Demokratische Volksrepublik Jemen, der Demokratische Jemen.
Yeo·vil ['jəʊvɪl] *Stadt in Somersetshire (England).*
Yonge [jʌŋ] *Familienname.*
Yon·kers ['jɒŋkəz; *Am.* 'jɑːŋkərz] *Stadt im Staat New York (USA).*
York [jɔːk] *Stadt in Nordost-England;* **'York·shire** [-ʃə]: (***North, South, West***) *~ Grafschaften in England.*
Yo·sem·i·te Na·tion·al Park [jəʊ'semɪtɪˌnæʃənl'pɑːk] *Nationalpark in Kalifornien (USA).*
Yu·go·sla·via [ˌjuːgəʊ'slɑːvjə] Jugo'slawien *n.*
Yu·ill ['juːɪl] *Familienname.*
Yu·kon ['juːkɒn] *Strom im nordwestlichen Nordamerika; a.* ***the ~*** *siehe* ***Yukon Territory***; **~ Ter·ri·tor·y** [ˌjuːkɒn'terɪtərɪ] *Territorium im äußersten Nordwesten Kanadas.*
Y·vonne [ɪ'vɒn] I'vonne *f,* Y'vonne *f.*

Z

Zach·a·ri·ah [ˌzækə'raɪə], **Zach·a·ry** ['zækərɪ] Zacha'rias *m.*
Za·ire [zɑː'ɪə; *Am. a.* 'zaɪər] Za'ire *n.*
Zam·bia ['zæmbɪə] Sambia *n.*
Zan·zi·bar [ˌzænzɪ'bɑː; *Am.* 'zænzəbɑːr] Sansibar *n (zu Tansania gehörige Insel vor der Ostküste Afrikas).*
Zel·da ['zeldə] *f.*
Zet·land ['zetlənd] *schottische Grafschaft (bis 1975).*
Zim·ba·bwe [zɪm'bɑːwɪ; -bweɪ] Sim'babwe *n (seit 1980 Name für* ***Rhodesia****).*
Zo·e ['zəʊɪ] Zoe *f.*
Zu·rich ['zjʊərɪk] Zürich *n.*

Unregelmäßige Verben

Diese Liste der unregelmäßigen englischen Verben berücksichtigt auch viele der zusammengesetzten unregelmäßigen Verben; sie ist deshalb umfangreicher als üblich.

Infinitiv **Infinitive**	**Präteritum** **Preterite**	**Partizip Perfekt** **Past Participle**
abide	abode, abided	abode, abided
arise	arose	arisen
awake	awoke, awaked	awoken, awaked
backbite	backbit	backbitten, backbit
backslide	backslid	backslid, backslidden
be	was, were	been
bear	bore	borne
beat	beat	beaten, beat
become	became	become
befall	befell	befallen
beget	begot	begotten
begin	began	begun
behold	beheld	beheld
bend	bent	bent
bereave	bereft, bereaved	bereft, bereaved
beseech	besought, beseeched	besought, beseeched
beset	beset	beset
bespeak	bespoke	bespoken
bestrew	bestrewed	bestrewed, bestrewn
bestride	bestrode	bestridden, bestrid
bet	bet, betted	bet, betted
betake	betook	betaken
bethink	bethought	bethought
bid	bad(e), bid	bade, bid, bidden
bide	bode, bided	bided
bind	bound	bound
bite	bit	bitten, bit
bleed	bled	bled
blow	blew	blown
break	broke	broken
breed	bred	bred
bring	brought	brought
broadcast	broadcast, broadcasted	broadcast, broadcasted
browbeat	browbeat	browbeaten
build	built	built
burn	burnt, burned	burnt, burned
burst	burst	burst
buy	bought	bought
cast	cast	cast
catch	caught	caught
chide	chid, chided	chidden, chid, chided
choose	chose	chosen
cleave	cleft, clove, cleaved	cleft, cloven, cleaved
cling	clung	clung
come	came	come

cost	cost	cost
creep	crept	crept
cut	cut	cut
deal	dealt	dealt
deepfreeze	deepfroze, -freezed	deepfrozen, -freezed
dig	dug	dug
dive	dived, *Am.* dove	dived
do	did	done
draw	drew	drawn
dream	dreamt, dreamed	dreamt, dreamed
drink	drank	drunk
drive	drove	driven
dwell	dwelt, dwelled	dwelt, dwelled
eat	ate	eaten
fall	fell	fallen
feed	fed	fed
feel	felt	felt
fight	fought	fought
find	found	found
flee	fled	fled
fling	flung	flung
fly	flew	flown
forbear	forebore	foreborne
forbid	forbade, forbad	forbidden
forecast	forecast, forecasted	forecast, forecasted
forego	forewent	foregone
foreknow	foreknew	foreknown
foresee	foresaw	foreseen
foretell	foretold	foretold
forget	forgot	forgotten, forgot
forgive	forgave	forgiven
forgo	forwent	forgone
forsake	forsook	forsaken
forswear	forswore	forsworn
freeze	froze	frozen
gainsay	gainsaid	gainsaid
get	got	got, *Am.* gotten
gild	gilded, gilt	gilded, gilt
gird	girded, girt	girded, girt
give	gave	given
go	went	gone
grind	ground	ground
grow	grew	grown
hamstring	hamstrung	hamstrung
hang	hung, hanged	hung, hanged
have	had	had
hear	heard	heard
heave	heaved, hove	heaved, hove
hew	hewed	hewn, hewed
hide	hid	hidden, hid
hit	hit	hit
hold	held	held
hurt	hurt	hurt
inlay	inlaid	inlaid
inset	inset	inset
keep	kept	kept
kneel	knelt, kneeled	knelt, kneeled

knit	knitted, knit	knitted, knit
know	knew	known
lade	laded	laded, laden
lay	laid	laid
lead	led	led
lean	leant, leaned	leant, leaned
leap	leapt, leaped	leapt, leaped
learn	learnt, learned	learnt, learned
leave	left	left
lend	lent	lent
let	let	let
lie	lay	lain
light	lit, lighted	lit, lighted
lose	lost	lost
make	made	made
mean	meant	meant
meet	met	met
misbecome	misbecame	misbecome
miscast	miscast	miscast
misdeal	misdealt	misdealt
misgive	misgave	misgiven
mishear	misheard	misheard
mislay	mislaid	mislaid
mislead	misled	misled
misread	misread	misread
misspell	misspelt, misspelled	misspelt, misspelled
misspend	misspent	misspent
mistake	mistook	mistaken
misunderstand	misunderstood	misunderstood
mow	mowed	mown, mowed
offset	offset	offset
outbid	outbid	outbid, outbidden
outdo	outdid	outdone
outgo	outwent	outgone
outgrow	outgrew	outgrown
outride	outrode	outridden
outrun	outran	outrun
outsell	outsold	outsold
outshine	outshone	outshone
outsit	outsat	outsat
outspeed	outsped, outspeeded	outsped, outspeeded
outswim	outswam	outswum
outwear	outwore	outworn
overbear	overbore	overborne
overbid	overbid, overbade	overbid, overbidden
overbuild	overbuilt	overbuilt
overbuy	overbought	overbought
overcast	overcast	overcast
overcome	overcame	overcome
overdo	overdid	overdone
overdraw	overdrew	overdrawn
overdrive	overdrove	overdriven
overeat	overate	overeaten
overfeed	overfed	overfed
overgrow	overgrew	overgrown
overhang	overhung	overhung
overhear	overheard	overheard
overlay	overlaid	overlaid

overlie	overlay	overlain
overpay	overpaid	overpaid
override	overrode	overridden
overrun	overran	overrun
oversee	oversaw	overseen
overset	overset	overset
oversew	oversewed	oversewed, oversewn
overshoot	overshot	overshot
oversleep	overslept	overslept
overspeed	oversped, overspeeded	oversped, overspeeded
overspend	overspent	overspent
overspread	overspread	overspread
overtake	overtook	overtaken
overthrow	overthrew	overthrown
overwind	overwound	overwound
partake	partook	partaken
pay	paid	paid
put	put	put
read	read	read
rebroadcast	rebroadcast, rebroadcasted	rebroadcast, rebroadcasted
rebuild	rebuilt	rebuilt
recast	recast	recast
redo	redid	redone
redraw	redrew	redrawn
regrind	reground	reground
remake	remade	remade
rend	rent	rent
repay	repaid	repaid
reread	reread	reread
resell	resold	resold
reset	reset	reset
retake	retook	retaken
retell	retold	retold
rethink	rethought	rethought
rewrite	rewrote	rewritten
rid	rid, ridded	rid, ridded
ride	rode	ridden
ring	rang, rung	rung
rise	rose	risen
rive	rived	rived, riven
run	ran	run
saw	sawed	sawn, sawed
say	said	said
see	saw	seen
seek	sought	sought
sell	sold	sold
send	sent	sent
set	set	set
sew	sewed	sewn, sewed
shake	shook	shaken
shave	shaved	shaved, shaven
shed	shed	shed
shine	shone, shined	shone, shined
shit	shit, shat	shit
shoe	shod, shoed	shod, shoed
shoot	shot	shot
show	showed	shown, showed
shrink	shrank, shrunk	shrunk

shut	shut	shut
sing	sang, sung	sung
sink	sank, sunk	sunk
sit	sat	sat
slay	slew	slain
sleep	slept	slept
slide	slid	slid, slidden
sling	slung	slung
slink	slunk	slunk
slit	slit	slit
smell	smelt, smelled	smelt, smelled
smite	smote	smitten
sow	sowed	sown, sowed
speak	spoke	spoken
speed	sped, speeded	sped, speeded
spell	spelt, spelled	spelt, spelled
spend	spent	spent
spill	spilt, spilled	spilt, spilled
spin	spun, span	spun
spit	spat, spit	spat, spit
split	split	split
spoil	spoilt, spoiled	spoilt, spoiled
spoonfeed	spoonfed	spoonfed
spread	spread	spread
spring	sprang, sprung	sprung
stand	stood	stood
stave	staved, stove	staved, stove
steal	stole	stolen
stick	stuck	stuck
sting	stung	stung
stink	stank, stunk	stunk
strew	strewed	strewn, strewed
stride	strode	stridden, strid, strode
strike	struck	struck
string	strung	strung
strive	strove, strived	striven, strived
sublet	sublet	sublet
swear	swore	sworn
sweat	sweat, sweated	sweat, sweated
sweep	swept	swept
swell	swelled	swollen, swelled
swim	swam, swum	swum
swing	swung	swung
take	took	taken
teach	taught	taught
tear	tore	torn
telecast	telecast	telecast
tell	told	told
think	thought	thought
thrive	thrived, throve	thrived, thriven
throw	threw	thrown
thrust	thrust	thrust
tread	trod	trodden, trod
typecast	typecast	typecast
unbend	unbent	unbent
unbind	unbound	unbound
underbid	underbid	underbid, underbidden
undercut	undercut	undercut
undergo	underwent	undergone

underlay	underlaid	underlaid
underlet	underlet	underlet
underlie	underlay	underlain
underpay	underpaid	underpaid
undersell	undersold	undersold
understand	understood	understood
undertake	undertook	undertaken
underwrite	underwrote	underwritten
undo	undid	undone
unlade	unladed	unladen, unladed
unlearn	unlearned, unlearnt	unlearned, unlearnt
unmake	unmade	unmade
unsay	unsaid	unsaid
unstick	unstuck	unstuck
unstring	unstrung	unstrung
unwind	unwound	unwound
uphold	upheld	upheld
upset	upset	upset
wake	woke, waked	woken, waked
wear	wore	worn
weave	wove	woven
wed	wedded, wed	wedded, wed
weep	wept	wept
wet	wetted, wet	wetted, wet
win	won	won
wind	wound	wound
withdraw	withdrew	withdrawn
withhold	withheld	withheld
withstand	withstood	withstood
wring	wrung	wrung
write	wrote	written

Zahlwörter

Grundzahlen

0 nought, zero, cipher; *teleph.* 0 [əʊ] *null*
1 one *eins*
2 two *zwei*
3 three *drei*
4 four *vier*
5 five *fünf*
6 six *sechs*
7 seven *sieben*
8 eight *acht*
9 nine *neun*
10 ten *zehn*
11 eleven *elf*
12 twelve *zwölf*
13 thirteen *dreizehn*
14 fourteen *vierzehn*
15 fifteen *fünfzehn*
16 sixteen *sechzehn*
17 seventeen *siebzehn*
18 eighteen *achtzehn*
19 nineteen *neunzehn*
20 twenty *zwanzig*
21 twenty-one *einundzwanzig*
22 twenty-two *zweiundzwanzig*
30 thirty *dreißig*
31 thirty-one *einunddreißig*
40 forty *vierzig*
41 forty-one *einundvierzig*
50 fifty *fünfzig*
51 fifty-one *einundfünfzig*
60 sixty *sechzig*
61 sixty-one *einundsechzig*
70 seventy *siebzig*
71 seventy-one *einundsiebzig*
80 eighty *achtzig*
81 eighty-one *einundachtzig*
90 ninety *neunzig*
91 ninety-one *einundneunzig*
100 a *od.* one hundred *hundert*
101 hundred and one *hundert(und)-eins*
200 two hundred *zweihundert*
300 three hundred *dreihundert*
572 five hundred and seventy-two *fünfhundert(und)zweiundsiebzig*
1000 a *od.* one thousand *(ein)tausend*
1066 ten sixty-six *tausendsechsund-sechzig*
1971 nineteen (hundred and) seventy-one *neunzehnhunderteinundsiebzig*
2000 two thousand *zweitausend*
5044 *teleph.* five 0 double four *fünfzig vierundvierzig*
1000000 a *od.* one million *eine Million*
2000000 two million *zwei Millionen*
1000000000 a *od.* one milliard, *Am.* billion *eine Milliarde*

Ordnungszahlen

1. first *erste*
2. second *zweite*
3. third *dritte*
4. fourth *vierte*
5. fifth *fünfte*
6. sixth *sechste*
7. seventh *siebente*
8. eighth *achte*
9. ninth *neunte*
10. tenth *zehnte*
11. eleventh *elfte*
12. twelfth *zwölfte*
13. thirteenth *dreizehnte*
14. fourteenth *vierzehnte*
15. fifteenth *fünfzehnte*
16. sixteenth *sechzehnte*
17. seventeenth *siebzehnte*
18. eighteenth *achtzehnte*
19. nineteenth *neunzehnte*
20. twentieth *zwanzigste*
21. twenty-first *einundzwanzigste*
22. twenty-second *zweiundzwanzigste*
23. twenty-third *dreiundzwanzigste*
30. thirtieth *dreißigste*
31. thirty-first *einunddreißigste*

40. fortieth *vierzigste*
41. forty-first *einundvierzigste*
50. fiftieth *fünfzigste*
51. fifty-first *einundfünfzigste*
60. sixtieth *sechzigste*
61. sixty-first *einundsechzigste*
70. seventieth *siebzigste*
71. seventy-first *einundsiebzigste*
80. eightieth *achtzigste*
81. eighty-first *einundachtzigste*
90. ninetieth *neunzigste*
100. (one) hundredth *hundertste*
101. hundred and first *hundertunderste*
200. two hundredth *zweihundertste*
300. three hundredth *dreihundertste*
572. five hundred and seventy-second *fünfhundertundzweiundsiebzigste*
1000. (one) thousandth *tausendste*
1950. nineteen hundred and fiftieth *neunzehnhundertfünfzigste*
2000. two thousandth *zweitausendste*
1000000. millionth *millionste*
2000000. two millionth *zweimillionste*

Bruchzahlen und andere Zahlenwerte

½ one *od.* a half *ein halb*
1½ one and a half *anderthalb*
2½ two and a half *zweieinhalb*
⅓ one *od.* a third *ein Drittel*
⅔ two thirds *zwei Drittel*
¼ one *od.* a quarter, one fourth *ein Viertel*
¾ three quarters, three fourths *drei Viertel*
⅕ one *od.* a fifth *ein Fünftel*
3⅘ three and four fifths *drei vier Fünftel*
⅝ five eighths *fünf Achtel*
12/20 twelve twentieths *zwölf Zwanzigstel*
75/100 seventy-five hundredths *fünfundsiebzig Hundertstel*
.45 point four five *null Komma vier fünf*
2.5 two point five *zwei Komma fünf*

once *einmal*
twice *zweimal*
three (four) times *drei- (vier)mal*
twice as much (many) *zweimal* od. *doppelt so viel(e)*
firstly (secondly, thirdly), in the first (second, third) place *erstens (zweitens, drittens)*
7 + 8 = 15 seven and eight are fifteen *sieben und* od. *plus acht ist fünfzehn*
9 − 4 = 5 nine less four are five *neun minus* od. *weniger vier ist fünf*
2 × 3 = 6 twice three are *od.* make six *zweimal drei ist sechs*
20 : 5 = 4 twenty divided by five make four *zwanzig dividiert* od. *geteilt durch fünf ist vier*

Englische und amerikanische Maße und Gewichte

Längenmaße
Linear Measure

1 inch = 2,54 cm
1 foot = 12 inches = 30,48 cm
1 yard = 3 feet = 91,44 cm
1 (statute) mile
= 1760 yards = 1,609 km
1 hand = 4 inches = 10,16 cm
1 rod (perch, pole)
= 5½ yards = 5,029 m
1 chain = 4 rods = 20,117 m
1 furlong = 10 chains
= 201,168 m

Nautische Maße
Nautical Measure

1 fathom = 6 feet = 1,829 m
1 cable's length
= 100 fathoms = 182,9 m
⚓ ⚔ *Brit.* = 608 feet
= 185,3 m
⚓ ⚔ *Am.* = 720 feet
= 219,5 m
1 nautical mile
= 10 cables' length
= 1,852 km

Flächenmaße
Square Measure

1 square inch = 6,452 cm^2
1 square foot = 144 square inches
= 929,029 cm^2
1 square yard = 9 square feet
= 8361,26 cm^2
1 acre = 4840 square yards
= 4046,8 m^2
1 square mile = 640 acres
= 259 ha = 2,59 km^2
1 square rod (square pole,
square perch) = 30¼ square yards
= 25,293 m^2

1 rood	= 40 square rods	
	= 1011,72 m^2	
1 acre	= 4 roods = 4046,8 m^2	

Raummaße
Cubic Measure

1 cubic inch	= 16,387 cm^3	
1 cubic foot	= 1728 cubic inches	
	= 0,02832 m^3	
1 cubic yard	= 27 cubic feet	
	= 0,7646 m^3	

Britische Hohlmaße

British Measure of Capacity

Trocken- und Flüssigkeitsmaße
Dry and Liquid Measure

1 gill	= 0,142 l	
1 pint	= 4 gills	= 0,568 l
1 quart	= 2 pints	= 1,136 l
1 gallon	= 4 quarts	= 4,5459 l
1 quarter	= 64 gallons	= 290,935 l

Trockenmaße – Dry Measure

1 peck	= 2 gallons	= 9,092 l
1 bushel	= 4 pecks	= 36,368 l

Flüssigkeitsmaße – Liquid Measure

1 barrel	= 36 gallons	= 163,656 l

Amerikanische Hohlmaße

American Measure of Capacity

Trockenmaße – Dry Measure

1 pint	= 0,5506 l	
1 quart	= 2 pints	= 1,1012 l
1 gallon	= 4 quarts	= 4,405 l
1 peck	= 2 gallons	= 8,8096 l
1 bushel	= 4 pecks	= 35,2383 l

Flüssigkeitsmaße – Liquid Measure

1 gill	= 0,1183 l	
1 pint	= 4 gills	= 0,4732 l
1 quart	= 2 pints	= 0,9464 l
1 gallon	= 4 quarts	= 3,7853 l
1 barrel	= 31.5 gallons	
	= 119,228 l	
1 hogshead	= 2 barrels	= 238,456 l
1 barrel petroleum		
	= 42 gallons	= 158,97 l

Apothekermaße
(Flüssigkeiten)

Apothecaries'
Fluid Measure

1 minim	*Brit.*	= 0,0592 ml
	Am.	= 0,0616 ml
1 fluid dram		= 60 minims
	Brit.	= 3,5515 ml
	Am.	= 3,6966 ml
1 fluid ounce		= 8 drams
	Brit.	= 0,0284 l
	Am.	= 0,0296 l
1 pint	*Brit.*	= 20 fluid ounces
		= 0,5683 l
	Am.	= 16 fluid ounces
		= 0,4732 l

Handelsgewichte
Avoirdupois Weight

1 grain	=	0,0648 g
1 dram	=	27.3438 grains
	=	1,772 g
1 ounce	=	16 drams = 28,35 g
1 pound	=	16 ounces = 453,59 g
1 hundredweight	=	1 quintal
Brit.	=	112 pounds
	=	50,802 kg
Am.	=	100 pounds
	=	45,359 kg
1 long ton		
Brit.	=	20 hundredweights
	=	1016,05 kg
1 short ton		
Am.	=	20 hundredweights
	=	907,185 kg
1 stone	=	14 pounds = 6,35 kg
1 quarter		
Brit.	=	28 pounds
	=	12,701 kg
Am.	=	25 pounds
	=	11,339 kg

Troygewichte
Troy Weight

1 grain	=	0,0648 g
1 pennyweight		
	=	24 grains = 1,5552 g
1 ounce	=	20 pennyweights
	=	31,1035 g
1 pound	=	12 ounces
	=	373,2418 g

Vergleichstabelle Schuhlängenmaße

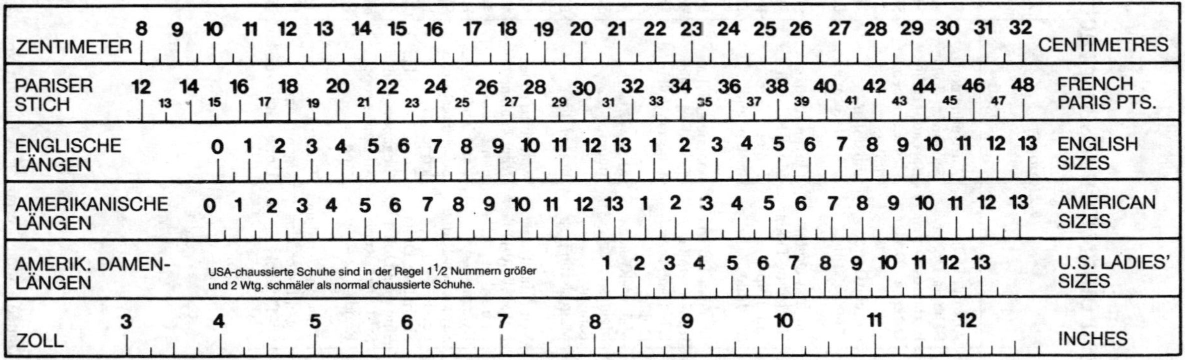

ZENTIMETER	8 9 10 11 12 13 14 15 16 17 18 19 20 21 22 23 24 25 26 27 28 29 30 31 32	CENTIMETRES
PARISER STICH	12 13 14 15 16 17 18 19 20 21 22 23 24 25 26 27 28 29 30 31 32 33 34 35 36 37 38 39 40 41 42 43 44 45 46 47 48	FRENCH PARIS PTS.
ENGLISCHE LÄNGEN	0 1 2 3 4 5 6 7 8 9 10 11 12 13 1 2 3 4 5 6 7 8 9 10 11 12 13	ENGLISH SIZES
AMERIKANISCHE LÄNGEN	0 1 2 3 4 5 6 7 8 9 10 11 12 13 1 2 3 4 5 6 7 8 9 10 11 12 13	AMERICAN SIZES
AMERIK. DAMEN-LÄNGEN	USA-chaussierte Schuhe sind in der Regel 1 1/2 Nummern größer und 2 Wtg. schmäler als normal chaussierte Schuhe. 1 2 3 4 5 6 7 8 9 10 11 12 13	U.S. LADIES' SIZES
ZOLL	3 4 5 6 7 8 9 10 11 12	INCHES

Abgedruckt mit freundlicher Genehmigung der Klökner Ferromatik Desma GmbH, Werk Achim

Währungen einiger englischsprachiger Länder

Land	Währung		Abkürzung	Untereinheit
	deutsch	*englisch*		
Australien	Austral. Dollar	Australian dollar	$A	100 cents
Bahamas	Bahama-Dollar	Bahamian dollar	$B	100 cents
Barbados	Barbados-Dollar	Barbados dollar	$BDS	100 cents
Dominica	Ostkarib. Dollar	East Caribbean dollar	$EC	100 cents
Fidschi	Fidschi-Dollar	Fiji dollar	$F	100 cents
Großbritannien und Nordirland	Pfund Sterling	pound sterling	£ stg.	100 new pence
Guyana	Guyana-Dollar	Guyana dollar	$G	100 cents
Hongkong	Hongkong-Dollar	Hong Kong dollar	$HK	100 cents
Indien	Ind. Rupie	Indian rupee	Rs	100 paise
Irland	Ir. Pfund	Irish pound	£Ir	100 new pence
Jamaika	Jamaika-Dollar	Jamaican dollar	$J	100 cents
Kanada	Kanad. Dollar	Canadian dollar	$Can	100 cents
Liberia	Liberianischer Dollar	Liberian dollar	$L	100 cents
Malawi	Malawi-Kwacha	Malawi kwacha	K	100 tambala
Malaysia	Malaysischer Ringgit	ringgit	$M	100 sen
Malta	Maltesische Lira	lira, *pl.* liri	LM, £m	100 cents = 1000 mils
Mauritius	Mauritius-Rupie	Mauritius rupee	Mau Rs	100 cents
Neuseeland	Neuseeland-Dollar	New Zealand dollar	$NZ	100 cents
Nigeria	Naira	naira	₦	100 kobo
Sambia	Kwacha	Zambian kwacha	K	100 ngwee
Seychellen	Seychellen-Rupie	Seychelles rupee	SR	100 cents
Sierra Leone	Leone	leone	Le	100 cents
Simbabwe	Simbabwe-Dollar	Zimbabwe dollar	$Z	100 cents
Singapur	Singapur-Dollar	Singapore dollar	$S	100 cents
Sri Lanka	Sri-Lanka-Rupie	Sri Lanka rupee	SL Rs	100 cents
Südafrika, Republik	Rand	rand	R	100 cents
Tansania	Tansania-Schilling	Tanzanian shilling	TSh	100 cents
Uganda	Uganda-Schilling	Uganda shilling	USh	100 cents
Vereinigte Staaten von Amerika	US-Dollar	United States dollar	$US	100 cents

* Angaben nach United Nations Terminology Bulletin No. 334, Juli 1987.

Kennzeichnung der Kino-Filme (in Großbritannien)

U Universal. Suitable for all ages.
Für alle Altersstufen geeignet.

PG Parental Guidance. Some scenes may be unsuitable for young children.
Einige Szenen ungeeignet für Kinder. Erklärung und Orientierung durch Eltern sinnvoll.

15 No person under 15 years admitted when a "15" film is in the programme.
Nicht freigegeben für Jugendliche unter 15 Jahren.

18 No person under 18 years admitted when an "18" film is in the programme.
Nicht freigegeben für Jugendliche unter 18 Jahren.

Kennzeichnung der Kino-Filme (in USA)

G General audiences. All ages admitted.
Für alle Altersstufen geeignet.

PG Parental guidance suggested. Some material may not be suitable for children.
Einige Szenen ungeeignet für Kinder. Erklärung und Orientierung durch Eltern sinnvoll.

R Restricted. Under 17 requires accompanying parent or adult guardian.
Für Jugendliche unter 17 Jahren nur in Begleitung eines Erziehungsberechtigten.

X No one under 17 admitted.
Nicht freigegeben für Jugendliche unter 17 Jahren.

Buchstabieralphabete

	Deutsch	*Britisches Englisch*	*Amerikanisches Englisch*	*International*	*Zivil-Luftfahrt (ICAO)*
A	Anton	Andrew	Abel	Amsterdam	Alfa
Ä	Ärger	–	–	–	–
B	Berta	Benjamin	Baker	Baltimore	Bravo
C	Cäsar	Charlie	Charlie	Casablanca	Charlie
CH	Charlotte	–	–	–	–
D	Dora	David	Dog	Danemark	Delta
E	Emil	Edward	Easy	Edison	Echo
F	Friedrich	Frederick	Fox	Florida	Foxtrot
G	Gustav	George	George	Gallipoli	Golf
H	Heinrich	Harry	How	Havana	Hotel
I	Ida	Isaac	Item	Italia	India
J	Julius	Jack	Jig	Jérusalem	Juliett
K	Kaufmann	King	King	Kilogramme	Kilo
L	Ludwig	Lucy	Love	Liverpool	Lima
M	Martha	Mary	Mike	Madagaskar	Mike
N	Nordpol	Nellie	Nan	New York	November
O	Otto	Oliver	Oboe	Oslo	Oscar
Ö	Ökonom	–	–	–	–
P	Paula	Peter	Peter	Paris	Papa
Q	Quelle	Queenie	Queen	Québec	Quebec
R	Richard	Robert	Roger	Roma	Romeo
S	Samuel	Sugar	Sugar	Santiago	Sierra
Sch	Schule	–	–	–	–
T	Theodor	Tommy	Tare	Tripoli	Tango
U	Ulrich	Uncle	Uncle	Upsala	Uniform
Ü	Übermut	–	–	–	–
V	Viktor	Victor	Victor	Valencia	Victor
W	Wilhelm	William	William	Washington	Whiskey
X	Xanthippe	Xmas	X	Xanthippe	X-Ray
Y	Ypsilon	Yellow	Yoke	Yokohama	Yankee
Z	Zacharias	Zebra	Zebra	Zürich	Zulu

Wichtige Abkürzungen in diesem Wörterbuch

a.	auch, *also*.
abbr.	*abbreviation*, Abkürzung.
acc.	*accusative* (*case*), Akkusativ.
act.	*active voice*, Aktiv.
adj.	*adjective*, Adjektiv.
adv.	*adverb*, Adverb.
allg.	allgemein, *generally*.
Am.	*(originally) American English*, (ursprünglich) amerikanisches Englisch.
amer. amer.	amerikanisch, *American*.
anat.	*anatomy*, Anatomie.
antiq.	*antiquity*, Antike.
Arab.	*Arabic*, arabisch.
ast.	*astronomy*, Astronomie.
art.	*article*, Artikel.
attr.	*attributive*(*ly*), attributiv.
bibl.	*biblical*, biblisch.
biol.	*biology*, Biologie.
Brit.	*in British usage only*, nur im britischen Englisch gebräuchlich.
brit. brit.	britisch, *British*.
b.s.	*bad sense*, im schlechten Sinne.
bsd.	besonders, *particularly*.
cj.	*conjunction*, Konjunktion.
coll.	*collectively*, als Sammelwort.
comp.	*comparative*, Komparativ.
contp.	*contemptuously*, verächtlich.
dat.	*dative* (*case*), Dativ.
dem.	*demonstrative*, Demonstrativ...
dial.	*dialectal*, dialektisch.
eccl.	*ecclesiastical*, kirchlich, geistlich.
e-e, *e-e*	eine, *a* (*an*).
e-m, *e-m*	einem, *to a* (*an*).
e-n, *e-n*	einen, *a* (*an*).
engS.	im engeren Sinne, *in the narrower sense*.
e-r, *e-r*	einer, *of a* (*an*), *to a* (*an*).
e-s, *e-s*	eines, *of a* (*an*).
et., *et.*	etwas, *something*.
etc.	*et cetera*, usw.
euphem.	*euphemistically*, beschönigend.
F	*familiar*, umgangssprachlich.
f	*feminine*, weiblich.
fenc.	*fencing*, Fechten.
fig.	*figuratively*, im übertragenen Sinne, bildlich.
Fr.	*French*, französisch.
gen.	*genitive* (*case*), Genitiv.
geogr.	*geography*, Geographie.
geol.	*geology*, Geologie.
Ger.	*German*, deutsch.
ger.	*gerund*, Gerundium.
Ggs.	Gegensatz, *antonym*.
her.	*heraldry*, Heraldik, Wappenkunde.
hist.	*historical*, historisch; inhaltlich veraltet.
humor.	*humorously*, scherzhaft.
hunt.	*hunting*, Jagd.
ichth.	*ichthyology*, Ichthyologie, Fischkunde.
impers.	*impersonal*, unpersönlich.
ind.	*indicative* (*mood*), Indikativ.
inf.	*infinitive* (*mood*), Infinitiv.
int.	*interjection*, Interjektion.
interrog.	*interrogative*, Interrogativ...
Ir.	*Irish*, irisch.
iro.	*ironically*, ironisch.
irr.	*irregular*, unregelmäßig.
Ital.	*Italian*, italienisch.
j-d, *j-d*	jemand, *someone*.
j-m, *j-m*	jemandem, *to someone*.
j-n, *j-n*	jemanden, *someone*.
j-s, *j-s*	jemandes, *someone's*.
konkr.	konkret, *concretely*.
konstr.	konstruiert, *construed*.
Lat.	*Latin*, lateinisch.
ling.	*linguistics*, Linguistik, Sprachwissenschaft.
lit.	*literary*, literarisch.